가산난야(伽山蘭若)는 법성자연(法性自然)과 불성유정(佛性有情)이 현현(顯現)하는 본지풍광(本地風光)의 불국토(佛國土)를 기립니다.

伽山
佛教大辭林
KASAN ENCYCLOPAEDIA OF BUDDHISM

伽山智冠 編著

18

자선괘탑 · 지성

伽山佛教文化研究院

刊 行 辭

불교가 발상된 지 어언 이천육백여 년이 지나는 동안 동양의 여러 나라에 전파되었고, 그 나라마다 문화·역사의 깊은 淵源이 되어 崇高한 삶의 모습을 창조하는 원동력이 되었다. 그리고 오늘에 이르러서는 세기를 넘어서는 인류의 久遠한 지혜로 그 餘光을 더욱 발하고 있다. 우리나라 또한 천칠백년의 불교전래 역사를 간직하여, 사상 및 문화 전반에 걸쳐 지대한 영향을 미쳤을 뿐 아니라 수승한 민족사 중흥의 근간이 되어왔다. 정신사를 포함하는 문화사 전반에 걸쳐 우리 민족사를 주도해 온 한국불교사에 있어서 불교대백과사전 편찬은 매우 중요한 작업이 아닐 수 없다.

불교의 교리는 經律論 三藏으로 구성된 대장경이라는 방대한 체계로 이루어졌고, 그 호한한 체계 속에는 대장경이 이루어진 역사만큼이나 오래되고 다양한 술어와 심오한 法相들이 담겨져 있다. 이러한 어려운 술어와 법상의 이해를 온전히 하고자 과거 譯經과 함께 어휘채록과 연구작업들이 병행되었다.

그 결과 중국에서는『經律異相』,『法苑珠林』,『一切經音義』,『翻譯名義集』,『三藏法數』등이 만들어져 대장경의 이해를 도왔으며, 우리나라에서는 고려 숙종 때 大覺國師 義天이 엮은『釋苑詞林』250권이 편찬되어 고전적 의미의 불교사전의 성격을 갖춘 작업이 이루어지기도 하였다.

근대 이후 耘虛스님께서 일본의 모범불교사전을 번역하고 거기에 우리나라 불교의 중요술어를 추가하여 1961년『불교사전』1권을 발행하였는데 이것이 우리나라 최초의 대중적 불교사전이었다. 그 후 편자가 불교종합사전의 필요함을 깊이 느끼고 그 편찬을 발원하게 된 것은 먼저 국내에서는 三學을 연찬하는 승가의 후학들에게는 물론, 점차 저변이 확대되고 있는 한국학 및 불교연구자들에게 불교술어를 정리하는 일이 더없이 필요한 일이라고 생각했기 때문이다. 더구나 동남아 불교권에서 불교연구의 근간이 될 만한 불교종합사전들이 발간되는 것을 보고 더욱 그 뜻을 굳히게 되었다. 불교대사전의 편찬이 불교연구와 그 문화의 저변을 확대해 가는 불교중흥의 근간임을 자각하고 미력이나마 편찬의 원력을 뒤로 돌릴 수 없었다. 수년 동안 고심한 끝에 자신의 능력을 헤아리지 않고 1982년 음력 5월 11일 삼각산 경국사 극락보전에서 삼천배의 기도·발원한 후 바로 편찬작업에 착수하였다.

이때 편자는 동국대학교 불교대학장에 재임 중이었으므로 학장실 한쪽 구석에 자료수집본부를 두고, 처음 약 3년 동안에는 동국대학교 역경원 박경훈부장에게 자료 채집감독을 맡겼으나, 그 후 편자가 동국대학교 총장직을 맡는 등의 사유로 기초자료조사 작업기간으로만 약 십여 년이 소요되었다. 그 후 편자는 이런저런 공직을 정리하고 사전편찬 등 연구작업에 전념하기 위해 1991년 6월 16일 사단법인 가산불교문화연구원을 개원하고서야 비로소 사전편찬을 본격적인 법인주요사업으로 추진할 수 있게 되었다. 1차 수집한 자료를 정밀하게 검색한 결과 2차 자료채록의 필요성을 절감하였고, 아울러 편수안도 재구성하게 되었다. 그동안 전산화에 힘입어 동남아 및 구미 학계에서는 많은 사전·색인 등 자료들이 공개되었으며, 일본은 이미 종합사전을 끝내고 분야별 테마사전을 출간하고 있었기 때문이다. 전산화시대를 맞아 자료채집과 편집작업에 엄청난 효율을 얻게 되었고 불교대사전의 시대적 효용성과 편수지침 등은 새롭게 정비될 수밖에 없었다. 따라서 법인사업 이관 후 편수실에서는 편찬의 이념, 편집의 목표, 편수안 등을 재검토하고 나아가 항목의 범위, 분류 및 확정에 있어 새로운 검증 작업을 위해 전산환경을 확충하고는 대·중·소분과별 분류 등 분류코드 1,232종을 프로그램화하여 기존 항목을 세분화하고 재검색하였다. 그리고 사전 활용도를 전문화하고 원전에 기초해 내용을 서술한다는 목표 아래 국내 원전자료를 전산화하고, 우리나라에는 출간되지 않은 산스크리트어, 팔리어, 티베트어 사전 어휘 등을 한글 자료화하는 등 편찬 이념의 구현과 편집 목표의 달성을 위해 편수작업을 밀도 있게 진행한 결과, 1994년 한국불교항목을 전체항목의 약 30%로 새로이 추가추출하고 15만여 항목의 기초자료 작업을 완료하였다.

이러한 재정초작업에 다시 3년여 기간이 지나고 1994년 여름이 지나서야 본격적인 집필・윤문작업에 착수할 수 있었다. 우선 재정적 여건을 고려하여 한글순 연차간행을 기획하고, 순차 집필・윤문에 온 힘을 기울인 결과 1999년 1월에 1・2권, 출간 이후 매년 한 권씩 출간하여 이번에는 제13권을 간행하게 되었다. 편자의 감회가 더욱 깊다.

그간 전체 편수기획 등 어려운 연구원 살림을 맡아 추진하고 있는 본 연구원 연구실장 古玉스님, 편찬실 가족을 이끌고 변함없이 정진하는 책임연구원 金榮郁 박사, 崔晶圭・馬海崙・韓栽相・鄭恩姬・孫秀昌 상임연구원, 편수편집실의 연구원들, 20년여 동안 편찬실을 거쳐 간 연구원들과 전임연구원 등 열을 다해 정진한 원내 여러 가족들에게 먼저 고마움과 격려의 마음을 전하며, 아울러 전문항목을 맡아 원외에서 집필해준 본원 전문연구위원 鄭炳三교수・金成哲・李淑姬 박사 등과 원외 집필자 여러분께 심심한 감사의 마음을 표한다.

그리고 긴 기간에 걸쳐 진행되는 사전작업을 대작불사라 여겨 1983년 이후 오랜 기간 동안 꾸준히 후원해주신 후원회원 여러분과 특히 1998년 이후부터 출간비 일부를 지원해 주고 있는 대한불교조계종과 2002년 이후 지원을 아끼지 않는 문화체육관광부, 2006년 이후부터 시작된 한국연구재단의 지원 그리고 종단 사부대중 여러분과, 원로의원 東椿큰스님, 전국비구니회 회장 明星스님 등의 뜻 깊은 후원금은 연구원 가족 모두에게 크나큰 격려가 되고 있다. 아울러 특별후원자 여러분들에게도 항상 깊은 감사를 드린다.

앞으로도 미비한 작업을 보완하고 중단 없는 성취를 위해 不退轉의 정진을 계속할 것이며, 한국정신사의 참다운 自尊을 일깨우고 나아가 한국에 있어 불교술어의 일차 결집이라는 사명 아래 소중한 결과물이 되도록 더욱 정진하고자 한다.

2011년 6월 16일

明倫洞 伽山蘭若에서

伽山智冠 적음

佛教大辭林編纂發願文

一心頂禮法身佛 甚深微妙八萬法
修行流通賢聖僧 冥薰加被願成就
晉宋齊梁及唐代 新羅百濟求法僧
各其冒死發故國 專心求法利國民
去人成百歸無十 後者安知前者難
爲法向竺一念進 黃沙遮日眼不開
鳥道險路猛獸窟 飛梯架路捫索虛
後賢若未諳斯旨 往往將經容易看
梵漢相含難解語 研經學人額頭痛
我念於此多年來 雜多之務未着手
壬戌之年始起筆 欲編佛教大辭典
天龍八部常擁護 唯願諸佛作證明
從初至末無障碍 加被文殊大智慧
彙彙無違佛本意 速成完刊告佛前
以此編纂勝功德 韓國佛教益宣揚
蒙佛甘露咸利益 一切衆生得解脫
願我臨終無病苦 預知時至往路明
此身遍現恒沙界 歷微塵劫度衆生
聞我名者發菩提 見我形者得安樂
若一衆生未成佛 終不於此取正覺
辭典佛事同參者 筆者援者及念者
一切同登涅槃床 普爲提唱涅槃歌

불교대사림편찬발원문(번역)

일심으로 청정법신 비로자나와
무상심심 미묘하온 팔만법장과
전법하는 스님들께 원하옵나니
가호하사 제소원을 살펴주소서
구법위해 진송제양 당대를비롯
신라백제 고구려의 스님들이여!
죽음조차 무릅쓰고 고국을떠나
국민위한 그마음은 비할데없네!
백명중에 돌아온이 열명안되니
후인들이 전인난을 어찌알리요!
일념으로 천축향해 가는길에는
황사비가 가득하여 눈을못뜨다!
가는길엔 맹수들이 우글거리고
험한곳엔 밧줄잡고 건너갔으니
후인들은 이런고난 아는이없어
개중에는 용이하게 경을대하네!
범한어가 합친어휘 알기어려워
학인들은 이부분에 골치를앓다
제가이점 해결코자 생각했으나
이런저런 잡된일로 얽매였다가
임술년에 이르러서 비로소집필
한국불교 대사전을 편찬하노니
천용팔부 호법신장 옹호하옵고
시방삼세 부처님은 증명하소서
시작부터 마침까지 장애가없고
문수보살 대지혜의 가피를입어
어휘마다 부처님의 본의에부합
하루속히 완간하여 고불하리다
이사전을 편찬하온 공덕으로써
한국불교 선양함에 도움이되고
감로수를 마신이는 모두가이익
일체중생 빠짐없이 해탈하소서
저자신이 임종할때 병고가없고
떠날때를 미리알아 앞이밝으며
이몸으로 항사세계 두루하여서
미진겁이 지나도록 도생하리다
나의이름 듣는이는 발심을하고
저의모양 보는자는 낙을얻으며
한중생도 남아있어 성불못하면
영원토록 정각도를 취치않으리!
사전불사 뜻을모아 동참한자중
집필자나 후원자나 염려한사람
모두함께 열반상에 높이앉아서
중생위해 열반가를 제창하리다

불기 2525년(1982) 壬戌 5월 11일
三角山 慶國寺에서
比丘 釋智冠 三千拜

발간에 즈음하여

가산불교대사림 편찬은 가산지관대종사伽山智冠大宗師님의 대원력大願力으로 시작되고 대정진大精進으로 성취된 대작불사大作佛事였다. 2500여년 이어온 불교의 역사·사상·문화 등과 관련된 십만을 넘어서는 술어와 주요구에 대하여 경율론經律論 삼장三藏을 비롯한 수많은 선어록禪語錄은 물론 최근의 연구성과들도 살펴 풀고 다듬어 성취하여왔다. 보석처럼 빛나는 한 떨기 꽃들을 수만번 손보고 모아 다듬는 작업이었기에 연구원대중들의 모든 일상은 한결같았고 정성을 다하였다.

대사림 한권은 단행본 수십 권에 맞먹는 원고지 2만매 분량이다. 이런 지난至難한 작업을『가산불교대사림』이라는 본책 20여권의 결과물로 출간해왔다. 대종사의 원력에 올라 뒤돌아 보지않고 정진한 대중들의 각고刻苦의 산물이다. 불교를 공부하는 모든 이들에게 자양滋養이 될 수 있도록 항목 하나하나마다 갓난아이를 돌보듯 보듬고 살피는 작업은 한 치의 소홀함도 용납할 수 없었기에 대중들 모두 얼음위를 걷는 듯 하였다.

이러한 토대 위에서의 대사림편찬작업은 전문적이면서도 낱낱의 항목에 최적의 정보를 안착시켜왔다. 독자들은 단순히 술어 하나를 찾는 데 그치지 않고, 충실한 서술에 이끌려 저도 모르게 불교의 세계로 깊숙히 들어가고 깨우쳐간다. 매 항목마다 이 수준까지 이르도록 고군분투하는 대중들을 보면 참으로 숙연해지지 않을 수 없었다.

2012년에 열반하신 가산지관대종사께서는 1960년 이후 해인사 강주로서 학인들을 지도하면서 불교사전편찬의 원력을 키우셨고, 1982년 불교대사전편찬발원문을 지어 불전에 기도 올리고는 대원행의 길을 시작하셨다. 지난하고 길었지만 1999년 금과옥조의 성과물인 대사림 1권과 2권이 처음 탄생했을 때, '과연 지관큰스님이시다.'라며 세간世間이 칭송稱頌을 아끼지 않았다. 그리고 출간기념법회出刊紀念法會에는 사해四海의 용상대덕龍象大德들이 모두 모여 수희찬탄隨喜讚歎하였다. 촌음寸陰을 아껴가며 몸소 주요 표제어를 고르시고 옥고玉稿를 집필하여 마치시고는, 연구원들의 원고를 바로잡고 지도해주시며 그 크나큰 원행을 한 치의 흔들림 없이 계속하셨다. 2011년 팔순 생신일(음 5월 11일)에 열반이 임박했음을 미리 아시고 남은 작업을 연구원대중들에게 부촉하시는 유훈遺訓을 손수 남기셨다. 그리고 음력 성도재일인 납월파일을 넘기시고는 양력 2012년 1월 2일 열반에 드셨다.

애통하고 애통하다! 이제 유촉遺囑을 받드는 일만이 우리에게 남겨졌다. 정법중흥正法中興을 통한 애민중생哀愍衆生이라는 대종사님의 간곡한 원행願行을 이어, 대종사님의 유촉도량인 가산난야伽山蘭若에서 대종사님의 원행인 정법상전正法相傳의 유업遺業이 끊임없이 피어나길 간절히 기원한다.

2022년 12월 10일

理事長 文憲八 拜上

편찬의 기본방침

■ 본 불교대사림은 불교사상 및 문화 일반에 대한 종합적 이해를 도모하기 위해 불교사전의 범주를 근본불교술어는 물론, 범불교권 국가에서 특수하게 변형·토착화되거나 새로이 창출된 각종 술어도 포함하여 불교문화에 대한 특수성과 보편성을 함께 이해시킴을 목표로 한다.

■ 특별히 한국인의 불교 이해를 기반으로 하여 불교전래 후 천칠백여 년에 이르는 토착화 과정에서 정착된 한국불교 고유의 사상적, 문화적 관련항목을 최대한 발굴·정리, 이를 자주적이고 종합적으로 서술함으로써 대내적으로는 한국불교 및 민족문화에 대한 넓고 깊은 이해와 긍지를 도모하고 대외적으로는 한국불교문화의 세계화를 추구한다.

■ 이러한 목표를 달성하기 위해 광범위한 항목을 발굴·선정·수록하고, 표제어의 한글순은 물론, 내용 기술에 있어 실질적인 한글화를 도모하여 누구나 쉽게 활용가능한 대중적 사전이 될 수 있도록 한다.

■ 한자어, 산스크리트어, 팔리어, 티베트어 등 범불교권 언어를 병기하여, 술어 설명에 엄밀을 기하며, 정확한 전거(典據)를 바탕으로 내용을 기술하여, 연구자의 이해를 도울 수 있게 사전 활용도를 깊고 폭넓게 전문화한다.

■ 한국인에게 불교의 사상과 문화를 폭넓게 이해시키기 위해 일차적으로는 불교항목 전반에 대한 백과사전적 이해를 가능하게 하며, 나아가 한국의 불교문화를 폭넓게 이해하고 심도 있게 다루어야 한다는 목표 아래 한국불교 관련 항목이 종합적으로 서술되도록 항목조정과 본문서술에 신중을 기한다.

■ 본 사림은 15만여 항목, 본책 15권 규모로 1998년부터 연차적으로 간행하되, 〈색인편〉과 함께 〈보유편〉을 부록으로 두어 사전 간행 후의 연구성과를 반영하고 항목을 보완할 수 있도록 한다.

항목선정

■ 명실상부한 불교종합백과사전이 될 수 있도록 시간적으로는 불교발생기부터 현재까지, 공간적으로는 발생지 인도로부터 티베트, 중국 나아가 구미지역에 이르기까지, 문헌상으로는 초기 불전에서부터 최근 문헌에 이르기까지 불교의 모든 용어를 가능한 한 총망라하여 어휘를 직접 채집, 수록하는 것을 항목 선정의 기본 원칙으로 한다.

■ 특별히 한국불교 고유의 사상과 문화에 관련된 항목은 최대한 발굴하여 이를 우선으로 선정한다.

■ 원내 편수원칙에 의한 1,232종의 분류코드에 따라 불교대사림 항목분류표를 작성, 이에 의거하여 체계적으로 항목을 선정하고 수적인 균형을 도모한다.

■ 항목 채집 및 1차 선정항목의 대조·확인과 기술 내용 점검을 위해 이미 간행된 국내외 사전류, 색인류 외 연구서적 등을 가능한 한 최대한 대조·검색한다.

■ 더불어 내용서술이 동일한 항목의 이칭(異稱), 별칭(別稱) 등은 대표항목 본문에 포함·서술하여 항목 처리를 원활하게 하고, 항목들 간의 유기적 연결을 통해 선정 항목을 종합적으로 이해할 수 있도록 공항목과 관련항목을 둔다.

■ 산스크리트어, 팔리어, 티베트어, 한자어 등에서 유래한 음사어 항목은 한자 읽기가 있으면 우리말 한자음으로, 음사가 여럿인 경우에는 원음에 가까운 음으로 대표항목을 선정한다.

■ 각 분과별 항목의 세부 선정 원칙은 다음과 같다.

- 사상·공안 – 경·율·론(經律論) 삼장(三藏) 및 소(疏), 초(抄), 사기(私記) 등에 이르는 교종의 제반 사상과 선종의 각 종파별 사상 및 공안(公案) 그리고 가풍(家風)을 모두 다룬다.

- 언어·문자 - 불교와 유관한 주문, 방언을 포함하여 불교권의 주요 언어인 산스크리트어, 팔리어, 티베트어 및 그 외 특수언어에 대한 개관을 포함한다.
- 인물 - 불교 발전이나 변동을 주도하면서 사상과 문화 발전에 기여하였으며 그 생애와 활동을 서술할 필요가 있는 실존인물을 선정하되, 단 현대 인물의 경우에는 집필 당시를 기준으로 생존 인물은 제외한다. 또한 일반인의 경우 성명을, 스님인 경우에는 법명(휘 諱)을 본항목으로 하되, 호(號)나 자(字)가 더 널리 알려져 있는 경우에는 호나 자를 대표항목으로 선정한다.
- 사원 - 현존하는 전통사찰은 물론, 기록으로만 남아있는 사찰과 폐사지(廢寺址)라 할지라도 모두 포함한다.
- 사건 - 불교사에 의미가 있는 사건 및 기록들을 포함한다.
- 교단 및 의례 - 원시교단에서부터 현재까지의 불교 역사에서 의미를 갖는다고 간주되는 교단사 및 교단의 양태, 불교의례의 양태 등을 포함한다.
- 문헌 - 삼장 및 소, 초, 사기, 문집, 탁본은 물론 불교의 사상, 문화, 역사 등을 언급한 외전 등을 포함하며, 경전성립과 대장경 조판 및 인경 사례 등도 기술한다. 단, '불설(佛說)…'로 시작되는 경전의 이름은 '불설'을 생략하고 표제어로 선정한다.
- 예술 - 문화사적으로 중요한 가치가 있는 문학, 미술, 음악, 무용, 건축 공예품 등을 포함한다.
- 문화재 - 국가지정문화재를 중심으로 선정하되, 불교사적으로 중요한 의미가 있는 유물·유적이라면 가능한 한 포함한다.
- 기타 - 불교의 전문용어가 아닌 일반용어도 불교전적을 해독하는 데 필요하거나 불교를 이해하는 데 필요한 술어라면 가능한 한 수록한다.

항목배열

■ 한글 가나다순으로 하되, 초·중·종성의 배열 순서는 다음과 같이 한다.

- 초성 - ㄱ ㄲ ㄴ ㄷ ㄸ ㄹ ㅁ ㅂ ㅃ ㅅ ㅆ ㅇ ㅈ ㅉ ㅊ ㅋ ㅌ ㅍ ㅎ
- 중성 - ㅏ ㅐ ㅑ ㅒ ㅓ ㅔ ㅕ ㅖ ㅗ ㅘ ㅙ ㅚ ㅛ ㅜ ㅝ ㅞ ㅟ ㅠ ㅡ ㅢ ㅣ
- 종성 - ㄱ ㄲ ㄳ ㄴ ㄵ ㄶ ㄷ ㄹ ㄺ ㄻ ㄼ ㄽ ㄾ ㄿ ㅀ ㅁ ㅂ ㅄ ㅅ ㅆ ㅇ ㅈ ㅊ ㅋ ㅌ ㅍ ㅎ

■ 같은 음·같은 글자인 항목은 다음 원칙에 따라 배열한다.

- 개념 → 교리·사상 → 인물 → 자연물 → 지명 → 의식 → 문헌 → 제도 → 사원 → 단체 → 사건 → 유물·유적순으로 하되
  ① 시간적인 경우는 시대순으로
  ② 공간적인 경우는 가나다순으로 한다.
- 한자가 다를 경우 별도 항목으로 처리하며, 항목 첫글자 한자의 총획수에 따라 배열하되 총획수가 같을 경우, 부수(部首)의 획수에 따라 배열한다.
- 한자가 같은 경우 동일 항목 내에 ❶·❷ … 식으로 병렬 나열한다.
- 사원의 이름이 같을 경우 지역별로 배열하되, 서울 → 광주 → 대구 → 대전 → 부산 → 인천 → 강원도 → 경기도 → 경상도 → 전라도 → 제주도 → 충청도 → 평안도 → 함경도 → 황해도 → 중국 → 기타 순으로 하는 것을 원칙으로 한다.

표제어표기

■ 표제어는 신명 견명조 한글로 표기하고 그에 해당하는 한자어 및 산스크리트어, 팔리어, 티베트어 등이 있을 경우 이를 순차적으로 병기하되, 이때 산스크리트어는 Ⓢ, 팔리어는 Ⓟ, 티베트어는 Ⓣ 문자로 구분하며, 콤마와 마침표를 사용하여 나열한다.

예) **감로** 甘露 Ⓢ amṛta, Ⓟ amata, Ⓣ bdud-rtsi.

■ 한글과 한자음의 우리말 표기는 문교부 제정 표준용어집 및 국정교과서의 한글맞춤법 표기원칙에 따르되, 다만 오래전부터 한자음이 변하여 우리말화한 것이거나 산스크리트어의 음사한자인 경우에는 상용화된 대로 표기한다.

- 우리말화한 경우

예) **도량** 道場 (○) **도장** 道場 (×)
시방 十方 (○) **십방** 十方 (×)

• 산스크리트어의 음사한자인 경우

예) **보리** 菩提 (○) **보제** 菩提 (×)
바라밀 波羅蜜 (○) **파라밀** 波羅蜜 (×)
다라니 陀羅尼 (○) **타라니** 陀羅尼 (×)

■ 한글과 숫자의 혼합 표기는 한글맞춤법 표기안에 따라 적절히 사용한다.

■ 특수 분야 용어는 관련학계의 통설을 따르되, 학계에서 용어가 통일되지 않은 경우에는 편집위원회의 결정에 따른다.

■ 공항목 및 관련항목의 처리와 표기

• 공항목은 항목에 대한 서술 내용이 없는 것으로 ➡를 사용하여 그 본항목으로 참조표시를 하며, 관련항목은 동등한 위치에 있거나 상호보완적 관계에 있는 항목으로 내용 서술 후 ⇨를 사용하여 참조표시를 한다.

예1) **가니라** 迦尼羅 ➡ 갈니가수 羯尼迦樹

예2) **가니타** 迦尼吒 Ⓢ kaniṣṭha의 음사어. 고대 인도 쿠샤나(Ⓢ Kuṣāṇa : 貴霜)왕조의 제3대 왕인 가니색가(Ⓢ Kaniṣka)왕의 다른 이름이다. ⇨ 가니색가왕 迦膩色迦王

• 공항목 내지 관련항목이 다수 열거될 경우에는 관련의 중요도 순으로, 병렬관계일 경우에는 가나다순으로 게재하며, 항목 간을 콤마로 구분한다.

예) **가나함모니불** 迦那含牟尼佛 ➡ 가나가모니 迦那伽牟尼, 구나함모니 拘那含牟尼

본문서술

■ 본문 서술방식은 한글전용을 원칙으로 하여 일반인도 이해하기 쉽도록 가능한 한 풀어쓰되, 필요한 경우 괄호를 사용하여 이를 보완한다.

• 어려운 술어나 전문용어 등은 처음 서술되는 부분에서 그에 해당하는 한자, 산스크리트어, 팔리어, 티베트어 및 기타 용어 등을 ( ) 안에 병기한다.

예) **가가라** 伽伽羅 ❶ Ⓢ Karkaṭa, Ⓟ Kakkaṭa의 음사어. 부처님께서 바이샬리의 중각강당(重閣講堂 Ⓢ Kūṭāgāraśālā)에 …

• 또한 추가 설명이 필요한 경우에는 : 표식 아래에 간단한 해설을 덧붙이도록 하며, 산스크리트어, 팔리어, 티베트어 등의 음사어인 경우에도 원어를 먼저 쓰고 그 뒤에 : 를 사용하여 그 뜻을 부기한다.

예1) 니야야(Ⓢ Nyāya : 正理)

예2) 8개소의 불탑을 친견하려고 고비사막을 지나 총령(葱嶺 : Pamir고원)을 넘어 …

• 집필자명, 참고문헌, 표에서는 원어를 노출시키며, ' '나 『 』 속의 한글, 원어 병렬표기시에도 괄호를 사용하지 않는다.

■ 맞춤법 및 띄어쓰기는 항목표기에서와 마찬가지로 문교부 제정 한글맞춤법 및 국정교과서의 표기 원칙을 기본으로 하되, 학계에서 용어가 통일되지 않은 것은 집필자의 견해 혹은 편집위원회의 결정에 따르며, 사전 편집상 필요에 따라 약간의 예외를 둔다.

■ 불교에서 상용하는 복합명사는 붙여쓰기로 한다.

예) 일체중생 (○) 일체 중생 (×)
시방세계 (○) 시방 세계 (×)

■ 중국·일본 등 한자문화권의 한자어는 우리말 한자음으로 표기하되, 고유명사인 경우에는 일본 혹은 중국 현지음으로도 표기한다.

■ 상용하는 술어의 음사어가 2종 이상일 경우에는 인용문에 준하여 표기하되, 한자어 인용시에는 한자에 준하고 범어 인용시에는 범어 음사에 준한다.

예) 아뢰야식(阿賴耶識 Ⓢ ālaya-vijñāna) (○)
알라야식(Ⓢ ālaya-vijñāna : 阿賴耶識) (○)

■ 연대는 서력기원으로 표기하되, 필요시 괄호 안에 불기년(佛紀年), 왕조년(王朝年) 등을 부기한다. 다만 본문 서술 중 불기년 혹은 왕조년이 중요한 경우에는 먼저 밝힐 수 있다.

■ 인명은 일반인의 경우 성명을 쓰고, 스님인 경우 원칙상 법명(휘 諱)을 쓰되, 호(號)나 자(字)가 더 널리 알려져 있는 경우에는 이를 따른다.

■ 산스크리트어, 팔리어, 티베트어의 표기

• 각각 그 약자에 해당하는 Ⓢ·Ⓟ·Ⓣ 문자를 사

용하여 구별하며,

- 첫글자는 소문자를 원칙으로 하나, 단 인명·지명·불·보살·책이름 등은 대문자로 시작한다.

  예) **가니색가왕** 迦膩色迦王 Ⓢ Kaniṣka, Candana-kaniṣka, Ⓟ Kanisika. 2세기 무렵 고대 인도의 이란계 쿠샤나(Ⓢ Kuṣāṇa : 貴霜·月支國·月氏國)왕조의 제3대 왕인 카니쉬카 1세.

- 산스크리트어·팔리어의 복합어 표기는 관습적 사용에 준하되, 수사는 하이픈(-) 없이 띄어쓰기를 한다. 단 2개 이상의 단어로 구성된 복합어의 경우에는 식별의 편의를 위해 매 단어마다 하이픈을 사용한다.

  예) **개시오입** 開示悟入 Ⓢ samādāpana-saṃdarśana-pratibodhana-avatāraṇa.

■ 본항목에 대한 서술이 병렬로 나열되었을 경우에는 ❶·❷ 등을 사용하고, 하나의 단어에서 비롯된 부연 설명일 경우에는 ①·② 등을, 더 부연할 때에는 ㉠·㉡ 등을 사용한다. 이때 명사형으로 끝날 경우에는 쉼표를, 동사형으로 끝날 경우에는 마침표를 사용하는 것을 원칙으로 한다.

예1) **기린사** 麒麟寺 ❶ 충청남도 온양군 고달산에 있었던 절. 지금은 폐사(廢寺)되었다. 〔참고문헌〕『東國輿地勝覽』 권19, 『韓國寺刹全書』 권상. ❷ 함경남도 신흥군 원평면 천불산(千佛山)에 있었던 절. …

예2) **간경파** 看經派 한국사찰 간경제도의 한 측면. 강하(講下) 학인을 독서파(讀書派)와 간경파로 나누는데, 간경파는 다시 3과(科)로 분류된다. 곧 ① 능엄(楞嚴)·기신(起信)·반야(般若)·원각(圓覺)의 사교과(四敎科), ② 화엄(華嚴) 1부 현담(玄談) 삼현십지(三玄十地)에 『탐현기 探玄記』를 겸수하는 대교과(大敎科), ③ 전등(傳燈)·염송(拈頌) 양부에 속하는 격외과(格外科) 등을 말한다. 〔참고문헌〕『韓國近世佛敎百年史』 권2 敎育編年 pp.1~3.

■ 학계에서 논란이 있는 항목 서술은 집필자의 관점을 중시하되, 이설(異說)을 함께 소개함으로써 독자들에게 판단의 자료를 제공한다.

출전 및 참고문헌

■ 내용 서술의 이해에 도움이 될 문헌, 논문 등을 다음의 원칙에 따라 인용, 수록한다.

- 본문 서술시 원문에 대한 직접 인용이 필요한 경우에는 우리말로 번역하고 원문을 부기한다.
- 직·간접적으로 인용한 책은 〔참고문헌〕에서 다시 게재하며, 본문 중에서는 한글로, 〔참고문헌〕에서는 원전어로 문헌명을 표기한다.

  예) **가** 笳 Ⓢ vaṃśa, Ⓟ vaṃsa. 대나무피리(竹笛). 2권본 『나선비구경』(대정장32, p.696c13)에 "마치 사람이 대나무피리를 불어 숨을 내쉬었다가 다시 들이키지 못하는 것과 같다. 如人吹笳氣出 不復還入", … 〔참고문헌〕『那先比丘經』, *Mil.*, *Vv-a.210.*

- 〔참고문헌〕 위치는 항목의 맨 끝으로 하되, 단 본 항목에 대한 서술이 ❶·❷로 병렬 나열되었을 경우에는 그 끝에 게재한다.

  예) **굴암** 窟庵 ❶ 경상남도 창원시 현동면 대장리에 있었던 절. 창건연대·창건주 등 자세한 사실은 알 수 없다. 〔참고문헌〕『韓國寺刹全書』 권상. ❷ 경상북도 선산군 연악산(淵嶽山)에 있었던 절. 자세한 사적은 알 수 없다. 〔참고문헌〕『韓國寺刹全書』 권상 p.129b.

- 문헌·저서명의 경우에 동양서는 『 』, 서양서는 *이탤릭체*를 사용하여 표기하고, 논문·작품·편명 및 신문기사·법조문제목 등의 경우 「 」를 사용하되, 출판사·출판연대 등은 괄호 안에 묶어 표기한다.

  예) **고인명** 古因明 인도 불교논리학을 집대성한 진나 … 〔참고문헌〕 *Caraka-Saṃhitā*, 『方便心論』, 『解深密經』, 『瑜伽師地論』, 『大乘阿毘達磨集論』, 『如實論』, 『集量論』, 『因明正理門論』, *Buddhist Logic*(F.T. Stcherbatsky, U.S.S.R, Leningrad, 1930), 『대승불교』 pp.332~338(도서출판 여래).

- 참고문헌이 여럿일 경우에는 우선
  ① 본문서술 중 인용된 순서대로 하되, 원전, 학술저서, 논문 순으로 하며,
  ② 대장경류의 경우 체제 순으로 한다.

■ 자주 인용되는 문헌의 경우 약호를 사용할 수 있고, 2단 내지 다단으로 편집된 인용서의 단 표시는 a, b, c 등으로 하고 필요한 경우 행을 숫자로 표시한다.

- 고려장 : 고려대장경
- 한불전 : 한국불교전서
- 대정장 : 대정신수대장경
- 卍속장 : 卍속장경

예1) 고려장45, p.250a : 고려대장경 제45권, 250페이지 첫째 단을 의미

예2) 대정장21, pp.234~250, No.234 : 대정신수대장경 제21권, 234페이지에서부터 250페이지까지에 수록된 경으로 경의 고유번호는 234라는 의미

예3) 한불전2, p.698a1 : 한국불교전서 제2권 698페이지 첫째 단 첫째 줄을 의미

■ 한문본, 산스크리트어본, 팔리본 등의 상용문헌은 다음 장의 약명표기 범례에 따른다. ⇨문헌약명표기범례

■ 선사의 어록의 경우, 해당 선사의 가장 잘 알려진 법호나 법명에 '語錄'을 더하여 문헌명으로 쓰는 것을 일반화한다.

예) 대혜보각선사어록 → 대혜어록
명각선사어록 → 설두어록

기호 및 약호

Ⓢ	산스크리트어
Ⓟ	팔리어
Ⓣ	티베트어
" "	완전한 문장 인용시
' '	재인용, 강조시 및 시호·관직명·탑호·비명·주문·경전의 한 구절 등 불완전한 문장 인용시
『 』	문헌·저서명
「 」	논문·작품·경전의 품명·편명 및 신문기사 표기시
- -	부제
~	부터·까지 (페이지·연도 등에서)
·	문장 내 가운뎃점으로, 비슷한 사항을 나열할 때 사용
…	내용 생략시
( )	한자 및 원어 부기 및 풀이
〔 〕	소제목
:	본문 설명 부분에서 부연 설명시
→	법맥의 대수 표시
➡	공항목 표시
⇨	관련항목 표시

도판 및 기타자료

■ 본 사전에서는 내용을 시각적으로 부각시키고 본문의 이해를 돕기 위하여 사진, 삽화, 도표, 지도 등 도판 자료 약 천오백여 종을 본문의 해당 부분 혹은 별면 화보에 수록한다.

■ 도판자료는 해당 항목의 성격과 내용을 부각시키는 데 중점을 두고 선정한다.

■ 자체에서 제작하지 않은 자료는 그 제공자 또는 제작자를 밝히며, 유일본·희귀자료 등 특수자료는 소장처를 밝힌다.

• 본 권의 희귀자료는 국립중앙박물관, 대한불교조계종 산하 성보박물관 등의 협찬과 『佛教植物辭典』(國書刊行會)의 도판자료 사용으로 이루어졌다.

■ 전체 색인은 한글, 한자어, 산스크리트어, 팔리어, 티베트어 별로 작성하여 〈색인편〉 별책으로 발간한다.

■ 각 페이지마다 상단에 해당 페이지의 첫 표제어(짝수쪽)와 마지막 표제어(홀수쪽)를 기재하여 항목 찾기에 편의를 도모한다.

문헌 약명 표기범례

산스크리트본 약명

● T 는 대정신수대장경 번호임
● [편자 출간년도]는 * 梵·藏本 정보임

Abh-k	Abhidharma-kośa-kārikā [V.V.Gokhale 1946] 阿毘達磨俱舍論本頌 T1560
Abh-k-bh	Abhidharmakośa-bhāṣya [P.Pradhan 1975] 阿毘達磨俱舍論 T1558·阿毘達磨俱舍釋論 T1559
Abh-d	Abhidharmadīpa [P.S.Jaini 1959] 阿毘達磨燈論
Abh-d-ṭ	Abhidharmadīpa-ṭika [P.S.Jaini 1959] 阿毘達磨燈明論釋
Abh-s	Abhidharmasamuccaya [P.Pradhan 1950] 大乘阿毘達磨集論 T1605
Abh-s-bh	Abhidharmasamuccaya-bhāṣya [N.Tatia 1976] 大乘阿毘達磨雜集論 T1606
Abh-vy	Sphuṭārthā Abhidharmakośa-vyākhyā [U.Wogihara 1932-1936] 阿毘達磨俱舍論疏
Abhis-a	Abhisamayālaṃkāra [Th.Stcherbatsky·E.Obermiller 1929] * 梵藏對照本 現觀莊嚴論
Adhy-pr	Adhyardhaśatikā Prajñāpāramitā [T.Tomabechi 2009] 大樂金剛不空眞實三麽耶經 [理趣經] T243
Ag-p	Agni-purāṇa
Arth-ś	Artha-śāstra [R.P.Kangle 1960] 實利論
Aṣṭ-pr	Aṣṭasāhasrikā Prajñāpāramitā [P.L.Vaidya 1960·S.Karashima 2013] 大般若波羅蜜多經 第四會 T220(4)·T228
AV	Atharva-veda
Av-ś	Avadāna-śataka [P.L.Vaidya 1958] 撰集百緣經 T200
Bh-p	Bhāgavata-purāṇa
Bhai	Bhaiṣajyaguruvaidūryaprabharāja-sūtra [P.L.Vaidya 1961] 藥師琉璃光如來本願功德經 T450·T449·T451·灌頂經 卷第十二 T1331
Bhav-p	Bhaviṣya-purāṇa
Bodh-bh	Bodhisattva-bhūmi [N.Dutt 1966] 瑜伽師地論 本地分菩薩地 T1579(I.15)·菩薩地持經 T1581·菩薩善戒經 T1582
Bodh-c	Bodhicaryāvatāra [P.L.Vaidya 1960] 菩提行經 T1662
Brahma-p	Brahma-purāṇa
Brahmāṇḍa-p	Brahmāṇḍa-purāṇa
Brahmav-p	Brahmavaivarta-purāṇa
Buddh-c	Buddha-carita [E.H.Johnston 1978] 佛所行讚 T192
Cat-ś	Catuḥ-śataka [K.Lang 1986] * 梵藏合本 廣百論本 T1570
Daś-bh	Daśabhūmika-sūtra [P.L.Vaidya 1967] 大方廣佛華嚴經 十地品 T278(22)·T279(26)
Daś-ś	Daśapadārtha-śāstra 勝宗十句義論 T2138
Devībh-p	Devībhāgavata-purāṇa
Dharm-s	Dharma-saṃgraha [P.L.Vaidya 1961] 法集名數經 T764
Divy	Divyāvadāna [E.B.Cowell·R.A.Neil 1959] 根本說一切有部毘奈耶皮革事 T1447
Gaṇḍ-vy	Gaṇḍa-vyūha [P.L.Vaidya 1960] 大方廣佛華嚴經 入法界品 T278(34)·T279(39)·T293·T295
Gāruḍa-p	Gāruḍa-purāṇa
Gauḍ-SK	Sāṃkhya-kārikā의 Gauḍapāda-bhāṣya [T.G.Mainkar 1972]
Guhy-s	Guhya-samāja-tantra [Y.Matsunaga 1978] 一切如來金剛三業最上祕密大教王經 T885
Ht	Hevajra-tantra [D.L.Snellgrove 1959] * 梵藏對照本 大悲空智金剛大教王儀軌經 T892
Jāt-m	Jātaka-mālā
Kār-vy	Guṇa-kāraṇḍa-vyūha 大乘莊嚴寶王經 T1050

Kāśy Kāśyapa-parivarta [M.I.Vorobyova-Desyatovskaya 2002] 大寶積經 第四十三普明菩薩會 T310(43)

Kūrma-p Kūrma-purāṇa

Lak-ś Lakṣaṇānusāra-śāstra 隨相論 T1641

Lal-v Lalita-vistara [P.L.Vaidya 1958] 普曜經 T186・方廣大莊嚴經 T187

Laṅk Laṅkāvatāra-sūtra [B.Nanjio 1956] 楞伽阿跋多羅寶經 T670・入楞伽經 T671・大乘入楞伽經 T672

Liṅga-p Liṅga-purāṇa

Madhy-k Madhyamaka-kārikā 中論頌

Madhy-ś Madhyamaka-śāstra [P.L.Vaidya 1960] 中論 T1564

Madhy-v Madhyamaka-kārikā-vṛtti 中論註

Madhy-vibh Madhyānta-vibhāga-bhāṣya [G.M.Nagao 1964] 中邊分別論 T1599・辯中邊論 T1600

Madhy-vibh-ṭ Madhyānta-vibhāga-ṭīkā [S.Lévi 1934] 中邊分別論釋疏

Mahāvad-s Mahāvadāna-sūtra [T.Fukita 2003] 長阿含經 大本經

Mah-saṃ Mahāyānasaṃgraha [E.Lamotte 1973] *藏本 攝大乘論 T1592・T1593・攝大乘論本 T1594

Mah-v Mahāvastu-avadāna [E.Senart 1882-1897] 大事

Mañj-m Ārya-mañjuśrī-mūlakalpa [T.Ganapati 1920-1925] 大方廣菩薩藏文殊師利根本儀軌經 T1191

Mārk-p Mārkaṇḍeya-purāṇa

Māṭ-v Sāṃkhya-kārikā의 Māṭharācārya-vṛtti [V.P.Sharma 1970]

Matsya-p Matsya-purāṇa

MBh Mahābhārata [BHORI 1972]

Mmayu Mahāmāyūrī Vidyārājñī [S.Takubo 1972] 佛母大孔雀明王經 T982・T984・T985

Mp-s Mahāparinirvāṇa-sūtra [E.Waldschmidt 1950-1951] 長阿含經(遊行經) T1・佛般泥洹經 T5・T6・T7・大般涅槃經 T374・T375・大般泥洹經 T376・根本說一切有部毘奈耶雜事 卷第三十五~三十九 T1451

Mukta-v Muktavali

Mvyut Mahāvyutpatti [榊亮三郎 1916]・[石濱裕美子・福田洋一 1989] 飜譯名義大集

Nār-p Nāradīya-purāṇa

Nyāy-s Nyāya-sūtra 正理經

Nyāy-pr Nyāya-praveśa [A.B.Dhruva 1930] 因明入正理論 T1630

Padma-p Padma-purāṇa

Pad-s Padārthadharma-saṃgraha [V.P.Dvivedin 1895] 句義法綱要

Pañ-s Pañcaskandhaka [L.Xuezhu・E.Steinkellner 2008] 大乘五蘊論 T1612

Pañca-pr Pañcaviṃśatisāhasrikā Prajñāpāramitā [N.Dutt 1934・T.Kimura 1986-2009] 大般若波羅蜜多經 第二會 T220(2)・摩訶般若波羅蜜經 T223

Prajñ-h Prajñāpāramitā-hṛdaya-sūtra [E.Conze 1958] 般若波羅蜜多心經 T251

Prajñ-vy Abhisamayālaṃkārālokā Prajñāpāramitā-vyākhyā [U.Wogihara 1932] 現觀莊嚴論光明般若波羅蜜多釋

Prak-ś Prakaranāryāvāca-śāstra 顯揚聖敎論 T1602

Pras Prasannapadā [P.L.Vaidya 1987] 明句論

Prāt-m Prātimokṣa-sūtra [A.Ch.Banerjee 1977] 根本說一切有部契經 T1454

R	Rāmāyaṇa
Rāṣṭr	Rāṣṭrapāla-paripṛcchā [P.L.Vaidya 1961] 大寶積經 第十八護國菩薩會 T310(18)
Ratna-ut	Ratnagotravibhāga-mahāyānottaratantra-śāstram [E.H.Johnston 1950] 究竟一乘寶性論 T1611
ṚV	Ṛg-veda
Śa-v	Śayanāsanavastu
Śālis	Śālistamba-sūtra [P.L.Vaidya 1960] 了本生死經 T708・T709・T710・T711・T712
Saddh-p	Saddharma-puṇḍarīka-sūtra [H.Kern・B.Nanjio 1977] 妙法蓮華經 T262・T263・T264
Saṅ-v	Saṅghabheda-vastu [R.Gnoli 1977]
Sam-r	Samādhirāja-sūtra [P.L.Vaidya 1961] 月燈三昧經 T639・T640
Samā-bh	Samāhita-bhūmi [M.Delhey 2009] *梵藏合本 瑜伽師地論 本地分三摩呬多地 T1579(I.6)
Sāṃkhy-k	Sāṃkhya-kārikā [V.P.Sharma 1970] 數論頌
Sap-p	Saptapadārthi 七句義論
Sapt-pr	Saptaśatakā Prajñāpāramitā [P.L.Vaidya 1961] 大般若波羅蜜多經 第七曼殊室利分 T220(7)
Sar-s	Sarvārtha-siddhi [P.Shastri 1944]
Śata-śa	Śatapañcāśatka [D.R.Shackleton Bailey 1951] 一百五十讚佛頌 T1680
ŚBr	Śatapatha-brāhmaṇa
Śikṣ	Śikṣāsamuccaya [C.Bendall 1902] 大乘集菩薩學論 T1636
Skanda-p	Skanda-purāṇa
Śrāv-bh	Śrāvaka-bhūmi [K.Shukla 1973] 瑜伽師地論 本地分聲聞地 T1579(I.13·14)
Sukh-vy. I	Sukhāvatī-vyūha(大本) [K.Fujita 2011] 大寶積經 第五無量壽如來會 T310(5)・無量壽經 T360・T361・T362・T363・T364
Sukh-vy. II	Sukhāvatī-vyūha(小本) [K.Fujita 2011] 阿彌陀經 T366・T367
Sūtr	Mahāyāna-sūtrālaṃkāra [S.Lévi 1907] 大乘莊嚴經論 T1604
Suv-pr	Suvarṇa-prabhāsa-sūtra [H.Idzumi・B.Nanjio 1931] 金光明經 T663・T664・T665
Suvik-pr	Suvikrāntavikrāmi-paripṛcchā [P.L.Vaidya 1961] 大般若波羅蜜多經 第十六般若波羅蜜多分 T220(16)
SV	Sāma-veda
Tarka-s	Tarka saṃgraha 論理綱要
TBr	Taittirīya-brāhmaṇa
TC	Tattvacintāmaṇi 眞實如意寶珠
TS	Tattvārthādhigama-sūtra・Tattvārtha-sūtra [S.Sanghavi 1939] 諦義證得經
Udāna-v	Udānavarga [F.Bernhard 1965] 法集要頌經 T211・出曜經 T212
Vām-p	Vāmana-purāṇa
Vaiś-s	Vaiśeṣika-sūtra [Jambuvijayaji 1961] 勝論經
Vajr-pr	Vajracchedikā Prajñāpāramitā [E.Conze 1957] 大般若波羅蜜多經 第九能斷金剛分 T220(9)・金剛般若波羅蜜經 T235・T236・T237・T238・T239
Vajr-s	Vajra-sūcī 金剛針論 T1642
Var-p	Varāha-purāṇa
Vāyu-p	Vāyu-purāṇa
Vigr	Vigrahavyāvartanī [Y.Yonezawa 2008] 迴諍論 T1631

Vijñ-t	Triṃśikā-vijñapti-kārikā 唯識三十論頌 T1586・T1587
Vijñ-t-bh	Triṃśikā-vijñapti-bhāṣyā [H.Buescher 2007] 唯識三十頌釋
Vijñ-v	Viṃśatikā Vijñaptimātratā-siddhiḥ [S.Lévi 1925] 唯識二十論 T1590
Vikī-n	Vimalakīrtinirdeśa [大正大學綜合佛教研究所・梵語佛典研究會 2004] *梵藏漢對照本 維摩詰經 T474・維摩詰所說經 T475・說無垢稱經 T476
Vin-v	Mūlasarvāstivādavinaya-vastu
Viṣṇu-p	Viṣṇu-purāṇa
Yogā-bh	Yogācārabhūmi [V.Bhattacharya 1957] 瑜伽師地論本地分五識身相應地·意地·有尋有伺等三地 T1579(I.1-5)
YV	Yajur-veda

팔리본 약명

• 저본은 PTS, 한역명은 남전대장경을 따름

Abhidh-av	Abhidhammāvatāra(入阿毘達磨論)
Abhidh-s	Abhidhammattha-saṅgaha(攝阿毘達磨義論)
Abhidh-v	Abhidhammattha-vibhāvanī(攝阿毘達磨義論의 註釋書)
AN	Aṅguttara-nikāya(增支部)
Ap	Apadāna(譬喩經)
As	Atthasālinī(法集論註)
Bv	Buddha-vaṃsa(佛種姓經)
Bv-a	Buddha-vaṃsa-aṭṭhakathā(佛種姓經의 註釋書)
Cp	Cariyā-piṭaka(所行藏經)
Cp-a	Cariyā-piṭaka-aṭṭhakathā(所行藏經의 註釋書)
Cv	Cūḷa-vaṃsa(小史)
Dhātuk	Dhātu-kathā(界論)
Dhātuk-a	Dhātu-kathā-pakaraṇa-aṭṭhakathā(界論의 註釋書)
Dhātum	Dhātu-mañjūsā(語根寶函)
Dhātup	Dhātu-pāṭha(語根頌)
Dhp	Dhammapada(法句經)
Dhp-a	Dhammapada-aṭṭhakathā(法句經의 註釋書)
Dhs	Dhammasaṅganī(法集論)
Dīp	Dīpa-vaṃsa(島史)
DN	Dīgha-nikāya(長部)
Dukap	Duka-paṭṭhāna(二法發趣論, 發趣論의 一部)
Dukap-a	Duka-paṭṭhāna-aṭṭhakathā(二法發趣論의 註釋書)
It	Itivuttaka(如是語經)
It-a	Itivuttaka-aṭṭhakathā, Paramatthadīpanī Ⅱ(如是語經의 註釋書)
Gv	Gandha-vaṃsa(書史)
Jā	Jātaka(本生經)
Khp	Khuddakapāṭha(小誦經)
Khp-a	Khuddakapāṭha-aṭṭhakathā(小誦經의 註釋書)
Kkh	Kaṃkhāvitaraṇī(Pātimokkha의 註釋書)
Kv	Kathā-vatthu(論事)
Kv-a	Kathā-vatthu-pakaraṇa-aṭṭhakathā(論事의 註釋書)
Mhv	Mahā-vaṃsa(大史)
Mil	Milinda-pañha(彌蘭王問經)
MN	Majjhima-nikāya(中部)
Mp	Manoratha-pūraṇī, Aṅguttara-nikāya-aṭṭhakathā(增支部의 註釋書)
MPS	Mahāparinibbānasutta(大般涅槃經)
Nett	Netti-pakaraṇa(導論)
Nett-a	Netti-pakaraṇa-aṭṭhakathā(導論의 註釋書)
Nidd.I	Mahā-niddesa(大義釋)
Nidd.II	Culla-niddesa(小義釋)

Nidd-a	Niddesa-vaṇṇanā, Saddhammapajotikā Ⅰ-Ⅱ(義釋의 註釋書)
Pāt	Pātimokkha(波羅提木叉)
Paṭis	Paṭisambhidā-magga(無碍解道)
Paṭis-a	Paṭisambhidā-magga-atthakathā, Saddhamma-pakāsinī(無碍解道의 註釋書)
Paṭṭh	Paṭṭhāna(發趣論)
Paṭṭh-a	Paṭṭhāna-atthakathā(發趣論의 註釋書)
Peṭ	Peṭakopadesa(藏釋)
Pj.I	Khuddhakapāṭha-aṭṭhakathā, Paramatthajotikā Ⅰ(小誦經의 註釋書)
Pj.II	Suttanipāta-aṭṭhakathā, Paramatthajotikā Ⅱ(經集經의 註釋書)
Pp	Puggala-paññatti(人施設論)
Pp-a	Puggala-paññatti-aṭṭhakathā(人施設論의 註釋書)
Ppk-a	Pañca-pakaraṇa-aṭṭhakathā(Pāli 七論中 Dhātu-kathā, Puggala-paññatti, Kathā-vatthu, Yamaka, Paṭṭhāna 五論의 註釋書)
Ps	Majjhima-nikāya-atthakathā, Papañca-sūdanī(中部의 註釋書)
Pv	Petavatthu(餓鬼事經)
Pv-a	Petavatthu-aṭṭhakathā, Paramatthadīpanī Ⅳ(餓鬼事經의 註釋書)
Sadd	Saddanīti(文法正理)
Sās	Sāsana-vaṃsa(教史)
SN	Saṃyutta-nikāya(相應部)
Sn	Sutta-nipāta(經集)
Sp	Samanta-pāsādikā, Vinaya-piṭaka-aṭṭhakathā(律藏의 註釋書, 善見律毘婆沙)
Spk	Sārattha-pakāsinī, Saṃyutta-nikāya-aṭṭhakathā(相應部의 註釋書)
Sv	Sumaṅgala-vilāsinī, Dīgha-nikāya-aṭṭhakathā(長部의 註釋書)
ṭ	ṭīkā(復註)
Th	Theragāthā(長老偈經)
Th-a	Theragāthā-aṭṭhakathā, Paramatthadīpanī Ⅴ(長老偈經의 註釋書)
Thī	Therīgāthā(長老尼偈經)
Thī-a	Therīgāthā-aṭṭhakathā, Paramatthadīpanī Ⅵ(長老尼偈經의 註釋書)
Tikap	Tika-paṭṭhāna(三法發趣論, 發趣論의 一部)
Tikap-a	Tika-paṭṭhāna-aṭṭhakathā(三法發趣論의 註釋書)
Ud	Udāna(自說經)
Ud-a	Udāna-aṭṭhakathā, Paramatthadīpanī Ⅰ(自說經의 註釋書)
Vibh	Vibhaṅga(分別論)
Vibh-a	Vibhaṅga-aṭṭhakathā, Sammohavinodanī(分別論의 註釋書)
Vin	Vinaya-piṭaka(律藏)
Vism	Visuddhi-magga(淸淨道論)
Vv	Vimāna-vatthu(天宮事經)
Vv-a	Vimāna-vatthu-aṭṭhakathā, Paramatthadīpanī Ⅲ(天宮事經의 註釋書)
Yam	Yamaka(雙論)
Yam-a	Yamaka-pakaraṇa-aṭṭhakathā(雙論의 註釋書)

한문본 약명

고려장	고려대장경(高麗大藏經)
한불전	한국불교전서(韓國佛敎全書)
대정장	대정신수대장경(大正新修大藏經)
卍속장	만속장경(卍續藏經)
가흥장	가흥대장경(嘉興大藏經)
영락장	명판대장경(明板大藏經) 북장본(北藏本)

大正新修大藏經

業報差別經	불위수가장자설업보차별경(佛爲首迦長者說業報差別經) 隋 瞿曇法智譯 1卷 대정장1 T80
得度因緣經	급고장자녀득도인연경(給孤長者女得度因緣經) 宋 施護譯 3卷 대정장2 T130
五百弟子本起經	불오백제자자설본기경(佛五百弟子自說本起經) 西晉 竺法護譯 1卷 대정장4 T199
大般若經	대반야바라밀다경(大般若波羅蜜多經) 唐 玄奘譯 600卷 대정장5~7 T220
大品般若經	마하반야바라밀경(摩訶般若波羅蜜經) 後秦 鳩摩羅什譯 90品 대정장8 T223
小品般若經	소품반야바라밀경(小品般若波羅蜜經) 後秦 鳩摩羅什譯 29品 대정장8 T227
三法藏經	불모출생삼법장반야바라밀다경(佛母出生三法藏般若波羅蜜多經) 宋 施護譯 25卷 대정장8 T228
勝天王般若經	승천왕반야바라밀경(勝天王般若波羅蜜經) 陳 月婆首那譯 7卷 대정장8 T231
文殊般若經	문수사리소설마하반야바라밀경(文殊師利所說摩訶般若波羅蜜經) 梁 曼陀羅仙譯 2卷 대정장8 T232
金剛經	금강반야바라밀경(金剛般若波羅蜜經) 姚秦 鳩摩羅什譯 1卷 대정장8 T235
理趣經	대락금강불공진실삼마야경(大樂金剛不空眞實三麽耶經) 唐 不空譯 1卷 대정장8 T243
金剛不空三昧大敎王經	최상근본대락금강불공삼매대교왕경(最上根本大樂金剛不空三昧大敎王經) 宋 法賢譯 7卷 대정장8 T244
仁王經	인왕반야바라밀경(仁王般若波羅蜜經) 後秦 鳩摩羅什譯 2卷 대정장8 T245
仁王護國經	인왕호국반야바라밀다경(仁王護國般若波羅蜜多經) 唐 不空譯 2卷 대정장8 T246
理趣六波羅蜜多經	대승이취육바라밀다경(大乘理趣六波羅蜜多經) 唐 般若譯 10卷 대정장8 T261
法華經	묘법연화경(妙法蓮華經) 姚秦 鳩摩羅什譯 7卷 대정장9 T262
尼乾子所說經	대살차니건자소설경(大薩遮尼乾子所說經) 元魏 菩提留支譯 10卷 대정장9 T272
六十卷本 華嚴經	대방광불화엄경(大方廣佛華嚴經) 東晉 佛馱跋陀羅譯 60卷 대정장9 T278
八十卷本 華嚴經	대방광불화엄경(大方廣佛華嚴經) 唐 實叉難陀譯 80卷 대정장10 T279
四十卷本 華嚴經	대방광불화엄경(大方廣佛華嚴經) 唐 般若譯 40卷 대정장10 T293
佛華嚴入如來德智經	불화엄입여래덕지부사의경계경(佛華嚴入如來德智不思議境界經) 隋 闍那崛多譯 2卷 대정장10 T303
十住斷結經	최승문보살십주제구단결경(最勝問菩薩十住除垢斷結經) 姚秦 竺佛念譯 10卷 대정장10 T309
如來祕密大乘經	여래부사의비밀대승경(如來不思議祕密大乘經) 宋 法護譯 20卷 대정장11 T312
勝鬘經	승만사자후일승대방편방광경(勝鬘師子吼一乘大方便方廣經) 劉宋 求那跋陀羅譯 1卷 대정장12 T353
過度人道經	아미타삼야삼불살루불단과도인도경(阿彌陀三耶三佛薩樓佛檀過度人道經) 吳 支謙譯 2卷 대정장12 T362
觀無量壽經	관무량수불경(觀無量壽佛經) 劉宋 畺良耶舍譯 1卷 대정장12 T365
四十卷本 大般涅槃經	대반열반경(大般涅槃經) 北涼 曇無讖譯 40卷 대정장12 T374

三十六卷本 大般涅槃經 대반열반경(大般涅槃經) 劉宋 慧嚴等 36卷 대정장12 T375

菩薩處胎經 보살종도술천강신모태설광보경(菩薩從兜術天降神母胎說廣普經) 姚秦 竺佛念譯 7卷 대정장12 T384

海意菩薩所問經 해의보살소문정인법문경(海意菩薩所問淨印法門經) 宋 惟淨等譯 18卷 대정장13 T400

藥師如來本願經 약사유리광여래본원공덕경(藥師琉璃光如來本願功德經) 唐 玄奘譯 1卷 대정장14 T450

藥師七佛本願功德經 약사유리광칠불본원공덕경(藥師琉璃光七佛本願功德經) 唐 義淨譯 2권 대정장14 T451

彌勒上生經 관미륵보살상생도솔천경(觀彌勒菩薩上生兜率天經) 劉宋 沮渠京聲譯 1卷 대정장14 T452

文殊問字母品 문수문경자모품제십사(文殊問經字母品第十四) 唐 不空譯 1卷 대정장14 T469

維摩經 유마힐소설경(維摩詰所說經) 姚秦 鳩摩羅什譯 3卷 대정장14 T475

如來藏經 대방등여래장경(大方等如來藏經) 東晉 佛陀跋陀羅譯 1卷 대정장16 T666

楞伽經 능가아발다라보경(楞伽阿跋多羅寶經) 劉宋 求那跋陀羅譯 4卷 대정장16 T670

圓覺經 대방광원각수다라요의경(大方廣圓覺修多羅了義經) 唐 佛陀多羅譯 1卷 대정장17 T842

菩薩行門諸經要集 대승수행보살행문제경요집(大乘修行菩薩行門諸經要集) 唐 智嚴譯 3卷 대정장17 T847

大日經 대비로자나성불신변가지경(大毘盧遮那成佛神變加持經) 唐 善無畏譯 7卷 대정장18 T848

要略念誦經 대비로자나불설요략염송경(大毘盧遮那佛說要略念誦經) 唐 菩提金剛譯 1卷 대정장18 T849

攝大軌 섭대비로자나성불신변가지경입연화태장해회비생만다라광대염송의궤공양방편회(攝大毘盧遮那成佛神變加持經入蓮華胎藏海會悲生曼荼攞廣大念誦儀軌供養方便會) 唐 輸婆迦羅譯 3卷 대정장18 T850

廣大儀軌 대비로자나경광대의궤(大毘盧遮那經廣大儀軌) 唐 善無畏譯 3卷 대정장18 T851

玄法寺儀軌 대비로자나성불신변가지경연화태장비생만다라광대성취의궤공양방편회(大毘盧遮那成佛神變加持經蓮華胎藏悲生曼荼羅廣大成就儀軌供養方便會) 唐 法全撰 2卷 대정장18 T852

青龍寺儀軌 대비로자나성불신변가지경연화태장보리당표치보통진언장광대성취유가(大毘盧遮那成佛神變加持經蓮華胎藏菩提幢標幟普通眞言藏廣大成就瑜伽) 唐 法全集 3卷 대정장18 T853

阿闍梨住阿字觀門 대비로자나경아사리진실지품중아사리주아자관문(大毘盧遮那經阿闍梨眞實智品中阿闍梨住阿字觀門) 唐 惟謹述 1卷 대정장18 T863

金剛頂經 금강정일체여래진실섭대승현증대교왕경(金剛頂一切如來眞實攝大乘現證大教王經) 唐 不空譯 3卷 대정장18 T865・2卷 T874

金剛頂略出念誦經 금강정유가중약출염송경(金剛頂瑜伽中略出念誦經) 唐 金剛智譯 4卷 대정장18 T866

金剛峰瑜祇經 금강봉누각일체유가유기경(金剛峰樓閣一切瑜伽瑜祇經) 唐 金剛智譯 2卷 대정장18 T867

分別聖位經 약술금강정유가분별성위수증법문(略述金剛頂瑜伽分別聖位修證法門) 唐 不空譯 1卷 대정장18 T870

三十七尊心要 금강정유가약술삼십칠존심요(金剛頂瑜伽略述三十七尊心要) 唐 不空譯 1卷 대정장18 T871

三十七尊出生義 금강정유가삼십칠존출생의(金剛頂瑜伽三十七尊出生義) 唐 不空譯 1卷 대정장18 T872

蓮華部儀軌 금강정연화부심념송의궤(金剛頂蓮華部心念誦儀軌) 唐 不空譯 1卷 대정장18 T873

金剛頂經釋字母品 유가금강정경석자모품(瑜伽金剛頂經釋字母品) 唐 不空譯 1卷 대정장18 T880

眞實攝經 일체여래진실섭대승현증삼매대교왕경(一切如來眞實攝大乘現證三昧大教王經) 宋 施護等譯 30卷 대정장18 T882

金剛三業經 일체여래금강삼업최상비밀대교왕경(一切如來金剛三業最上祕密大教王經) 宋 施護譯 7卷 대정장18 T885

大祕密王曼拏羅經 일체여래대비밀왕미증유최상미묘대만나라경(一切如來大祕密王未曾有最上微妙大曼拏羅經) 宋

	天息災譯 5卷 대정장18 T889
大明觀想儀軌經	환화망대유가교십분노명왕대명관상의궤경(幻化網大瑜伽敎十忿怒明王大明觀想儀軌經) 宋 法賢譯 1卷 대정장18 T891
大悲空智經	대비공지금강대교왕의궤경(大悲空智金剛大敎王儀軌經) 宋 法護譯 5卷 대정장18 T892
破地獄祕密陀羅尼法	삼종실지파지옥전업장출삼계비밀다라니법(三種悉地破地獄轉業障出三界祕密陀羅尼法) 唐 善無畏譯 1卷 대정장18 T905
三種悉地眞言儀軌	불정존승심파지옥전업장출삼계비밀삼신불과삼종실지진언의궤(佛頂尊勝心破地獄轉業障出三界祕密三身佛果三種悉地眞言儀軌) 唐 善無畏譯 1卷 대정장18 T906
佛頂三界祕密陀羅尼	불정존승심파지옥전업장출삼계비밀다라니(佛頂尊勝心破地獄轉業障出三界祕密陀羅尼) 唐 善無畏譯 1卷 대정장18 T907
建立壇法	건립만다라급간택지법(建立曼荼羅及揀擇地法) 唐 慧琳集 1卷 대정장18 T911
藥師念誦儀軌供養法	약사유리광왕칠불본원공덕경염송의궤공양법(藥師琉璃光王七佛本願功德經念誦儀軌供養法) 元 沙囉巴譯 1卷 대정장19 T926
無量壽儀軌	무량수여래관행공양의궤(無量壽如來觀行供養儀軌) 唐 不空譯 1卷 대정장19 T930
觀想曼拏羅淨諸惡趣經	불설대승관상만나라정제악취경(佛說大乘觀想曼拏羅淨諸惡趣經) 宋 法賢譯 2卷 대정장19 T939
楞嚴經	대불정여래밀인수증요의제보살만행수능엄경(大佛頂如來密因修證了義諸菩薩萬行首楞嚴經) 唐 般剌蜜帝譯 10卷 대정장19 T945
一字頂輪王經	보리장소설일자정륜왕경(菩提場所說一字頂輪王經) 唐 不空譯 5卷 대정장19 T950
一字心呪經	대다라니말법중일자심주경(大陀羅尼末法中一字心呪經) 唐 寶思惟譯 1卷 대정장19 T956
金輪呪王經	여의보주전륜비밀현신성불금륜주왕경(如意寶珠轉輪祕密現身成佛金輪呪王經) 唐 不空譯 1卷 대정장19 T961
瑜伽法軌儀	존승불정수유가법궤의(尊勝佛頂脩瑜伽法軌儀) 唐 善無畏譯 2卷 대정장19 T973
佛眼修行儀軌	대비로자나불안수행의궤(大毘盧遮那佛眼修行儀軌) 唐 一行記 1卷 대정장19 T981
仁王護國般若儀軌	인왕호국반야바라밀다경다라니염송의궤(仁王護國般若波羅蜜多經陀羅尼念誦儀軌) 唐 不空譯 1卷 대정장19 T994
法華儀軌	성취묘법연화경왕유가관지의궤(成就妙法蓮華經王瑜伽觀智儀軌) 唐 不空譯 1卷 대정장19 T1000
般若理趣釋	대락금강불공진실삼매야경반야바라밀다이취석(大樂金剛不空眞實三昧耶經般若波羅蜜多理趣釋) 唐 不空譯 2卷 대정장19 T1003
大寶樓閣陀羅尼經	대보광박누각선주비밀다라니경(大寶廣博樓閣善住祕密陀羅尼經) 唐 不空譯 3卷 대정장19 T1005
寶篋印陀羅尼經	일체여래심비밀전신사리보협인다라니경(一切如來心祕密全身舍利寶篋印陀羅尼經) 唐 不空譯 1卷 대정장19 T1022A
阿嚕力經	아리다라다라니아로력경(阿唎多羅陀羅尼阿嚕力經) 唐 不空譯 1卷 대정장20 T1039
請觀世音經	청관세음보살소복독해다라니주경(請觀世音菩薩消伏毒害陀羅尼呪經) 東晉 難提譯 1卷 대정장20 T1043
千手千眼儀軌經	금강정유가천수천안관자재보살수행의궤경(金剛頂瑜伽千手千眼觀自在菩薩修行儀軌經) 唐 不空譯 2卷 대정장20 T1056
千手經	천수천안관세음보살광대원만무애대비심다라니경(千手千眼觀世音菩薩廣大圓滿無礙大悲心陀羅尼經) 唐 伽梵達摩譯 1卷 대정장20 T1060

千光眼經	천광안관자재보살비밀법경(千光眼觀自在菩薩祕密法經) 唐 三昧蘇嚩羅譯 1卷 대정장20 T1065
𠷢𠸪曼荼羅儀軌	섭무애대비심대다라니경계일법중출무량의남방만원보타락해회오부제존등홍서력방위급위의형색집지삼마야표치만다라의궤(攝無礙大悲心大陀羅尼經計一法中出無量義南方滿願補陀落海會五部諸尊等弘誓力方位及威儀形色執持三摩耶𠷢𠸪曼荼羅儀軌) 唐 不空譯 1卷 대정장20 T1067
千手觀音法儀軌	천수관음조차제법의궤(千手觀音造次第法儀軌) 唐 善無畏譯 1卷 대정장20 T1068
十一面儀軌	십일면관자재보살심밀언염송의궤경(十一面觀自在菩薩心密言念誦儀軌經) 唐 不空譯 3卷 대정장20 T1069
大樂軌	대락금강살타수행성취의궤(大樂金剛薩埵修行成就儀軌) 唐 不空譯 1卷 대정장20 T1119
五祕密儀軌	금강정유가금강살타오비밀수행염송의궤(金剛頂瑜伽金剛薩埵五祕密修行念誦儀軌) 唐 不空譯 1卷 대정장20 T1125
慈氏菩薩念誦法	자씨보살약수유가염송법(慈氏菩薩略修瑜伽念誦法) 唐 善無畏譯 2卷 대정장20 T1141
金剛頂經供養儀軌	금강정경유가문수사리보살공양의궤(金剛頂經瑜伽文殊師利菩薩供養儀軌) 唐 不空譯 1卷 대정장20 T1175
文殊大教王經	대승유가금강성해만수실리천비천발대교왕경(大乘瑜伽金剛性海曼殊實利千臂千鉢大教王經) 唐 不空譯 10卷 대정장20 T1177A
文殊師利根本儀軌經	대방광보살장문수사리근본의궤경(大方廣菩薩藏文殊師利根本儀軌經) 宋 天息災譯 20卷 대정장20 T1191
妙吉祥大教經	묘길상평등비밀최상관문대교왕경(妙吉祥平等祕密最上觀門大教王經) 宋 慈賢譯 5卷 대정장20 T1192
略出護摩儀	묘길상평등관문대교왕경약출호마의(妙吉祥平等觀門大教王經略出護摩儀) 宋 慈賢譯 1卷 대정장20 T1194
底哩念誦祕密法	저리삼매야부동존성자염송비밀법(底哩三昧耶不動尊聖者念誦祕密法) 唐 不空譯 3卷 대정장21 T1201
八大童子軌	성무동존일자출생팔대동자비요법품(聖無動尊一字出生八大童子祕要法品) 大興善寺翻經院述 1卷 대정장21 T1204
西方軍吒利法	서방다라니장중금강족아밀리다군다리법(西方陀羅尼藏中金剛族阿蜜哩多軍吒利法) 唐 義操譯 1卷 대정장21 T1212
聖迦柅忿怒儀軌經	성가니분노금강동자보살성취의궤경(聖迦柅忿怒金剛童子菩薩成就儀軌經) 唐 不空譯 3卷 대정장21 T1222
烏樞瑟摩明王經	대위력오추슬마명왕경(大威力烏樞瑟摩明王經) 唐 阿質達霰譯 3卷 대정장21 T1227
宿曜經	문수사리보살급제선소설길흉시일선악수요경(文殊師利菩薩及諸仙所說吉凶時日善惡宿曜經) 唐 不空譯 2卷 대정장21 T1299
七佛所說神呪經	칠불팔보살소설대다라니신주경(七佛八菩薩所說大陀羅尼神呪經) 失譯 4卷 대정장21 T1332
五分律	미사새부화혜오분율(彌沙塞部和醯五分律) 劉宋 佛陀什共竺道生等譯 30卷 대정장22 T1421
薩婆多毘尼	살바다부비니마득륵가(薩婆多部毘尼摩得勒伽) 劉宋 僧伽跋摩譯 10卷 대정장23 T1441
有部律	근본설일체유부비나야(根本說一切有部毘奈耶) 唐 義淨譯 50卷 대정장23 T1442
有部苾芻尼毘奈耶	근본설일체유부필추니비나야(根本說一切有部苾芻尼毘奈耶) 唐 義淨譯 20卷 대정장23 T1443
有部律出家事	근본설일체유부비나야출가사(根本說一切有部毘奈耶出家事) 唐 義淨譯 4卷 대정장23 T1444
有部律藥事	근본설일체유부비나야약사(根本說一切有部毘奈耶藥事) 唐 義淨譯 18卷 대정장24 T1448
有部律破僧事	근본설일체유부비나야파승사(根本說一切有部毘奈耶破僧事) 唐 義淨譯 20卷 대정장24 T1450
有部律雜事	근본설일체유부비나야잡사(根本說一切有部毘奈耶雜事) 唐 義淨譯 40卷 대정장24 T1451

尼陀那目得迦　근본설일체유부니다나목득가(根本說一切有部尼陀那目得迦) 唐 義淨譯 10卷 대정장24 T1452
有部百一羯磨　근본설일체유부백일갈마(根本說一切有部百一羯磨) 唐 義淨譯 10卷 대정장24 T1453
有部律頌　근본설일체유부비나야송(根本說一切有部毘奈耶頌) 唐 義淨譯 3卷 대정장24 T1459
瓔珞本業經　보살영락본업경(菩薩瓔珞本業經) 姚秦 竺佛念譯 2卷 대정장24 T1485
伽耶山頂經論　문수사리보살문보리경론(文殊師利菩薩問菩提經論) 元魏 菩提流支譯 2卷 대정장26 T1531
集異門足論　아비달마집이문족론(阿毘達磨集異門足論) 唐 玄奘譯 20卷 대정장26 T1536
法蘊足論　아비달마법온족론(阿毘達磨法蘊足論) 唐 玄奘譯 12卷 대정장26 T1537
識身足論　아비달마식신족론(阿毘達磨識身足論) 唐 玄奘譯 16卷 대정장26 T1539
界身足論　아비달마계신족론(阿毘達磨界身足論) 唐 玄奘譯 3卷 대정장26 T1540
品類足論　아비달마품류족론(阿毘達磨品類足論) 唐 玄奘譯 18卷 대정장26 T1542
發智論　아비달마발지론(阿毘達磨發智論) 唐 玄奘譯 20卷 대정장26 T1544
大毘婆沙論　아비달마대비바사론(阿毘達磨大毘婆沙論) 唐 玄奘譯 200卷 대정장27 T1545
婆須蜜所集論　존바수밀보살소집론(尊婆須蜜菩薩所集論) 符秦 僧伽跋澄等譯 10卷 대정장28 T1549
俱舍論　아비달마구사론(阿毘達磨俱舍論) 唐 玄奘譯 30卷 대정장29 T1558
俱舍釋論　아비달마구사석론(阿毘達磨俱舍釋論) 陳 眞諦譯 22卷 대정장29 T1559
順正理論　아비달마순정리론(阿毘達磨順正理論) 唐 玄奘譯 80卷 대정장29 T1562
顯宗論　아비달마장현종론(阿毘達磨藏顯宗論) 唐 玄奘譯 40卷 대정장29 T1563
寶性論　구경일승보성론(究竟一乘寶性論) 後魏 勒那摩提譯 4卷 대정장31 T1611
外道小乘涅槃論　제바보살석능가경중외도소승열반론(提婆菩薩釋楞伽經中外道小乘涅槃論) 後魏 菩提流支譯 1卷 대정장32 T1640
發菩提心論　금강정유가중발아누다라삼막삼보리심론(金剛頂瑜伽中發阿耨多羅三藐三菩提心論) 唐 不空譯 1卷 대정장32 T1665
百五十讚佛頌　일백오십찬불송(一百五十讚佛頌) 唐 義淨譯 1卷 대정장32 T1680
般若理趣分述讚　대반야바라밀다경반야이취분술찬(大般若波羅蜜多經般若理趣分述讚) 唐 窺基撰 3卷 대정장33 T1695
般若心經幽贊　반야바라밀다심경유찬(般若波羅蜜多心經幽贊) 唐 窺基撰 2卷 대정장33 T1710
法華玄義　묘법연화경현의(妙法蓮華經玄義) 隋 智顗說 20卷 대정장33 T1716
法華文句　묘법연화경문구(妙法蓮華經文句) 隋 智顗說 20卷 대정장34 T1718
法華玄贊　묘법연화경현찬(妙法蓮華經玄贊) 唐 窺基撰 20卷 대정장34 T1723
華嚴經搜玄記　대방광불화엄경수현분제통지방궤(大方廣佛華嚴經搜玄分齊通智方軌) 唐 智儼述 5卷 대정장35 T1732
華嚴經疏　대방광불화엄경소(大方廣佛華嚴經疏) 唐 澄觀撰 60卷 대정장35 T1735
華嚴經疏鈔　대방광불화엄경수소연의초(大方廣佛華嚴經隨疏演義鈔) 唐 澄觀述 90卷 대정장36 T1736
七處九會頌釋章　신역화엄경칠처구회송석장(新譯華嚴經七處九會頌釋章) 唐 澄觀述 1卷 대정장36 T1738
華嚴經決疑論　약석신화엄경수행차제결의론(略釋新華嚴經修行次第決疑論) 唐 李通玄撰 4卷 대정장36 T1741
華嚴經骨目　대방광불화엄경원행관문골목(大方廣佛華嚴經願行觀門骨目) 唐 湛然撰 2卷 대정장36 T1742
無量壽經疏妙宗鈔　관무량수불경소묘종초(觀無量壽佛經疏妙宗鈔) 宋 知禮述 6卷 대정장37 T1751
楞伽經註解　능가아발다라보경주해(楞伽阿跋多羅寶經註解) 明 宗泐・如玘 同註 8卷 대정장39 T1789
圓覺經略疏　대방광원각수다라요의경약소(大方廣圓覺修多羅了義經略疏) 唐 宗密述 4卷 대정장39 T1795
大日經疏　대비로자나성불경소(大毘盧遮那成佛經疏) 唐 一行記 20卷 대정장39 T1796

大日經供養次第法疏	대비로자나경공양차제법소(大毘盧遮那經供養次第法疏) 唐 不可思議撰 2卷 대정장39 T1797
金剛頂經義訣	금강정경대유가비밀심지법문의결(金剛頂經大瑜伽祕密心地法門義訣) 唐 不空撰 1卷 대정장39 T1798
敎跡義記	불정존승다라니경교적의기(佛頂尊勝陀羅尼經敎跡義記) 唐 法崇述 2卷 대정장39 T1803
四分律行事鈔	사분율산번보궐행사초(四分律刪繁補闕行事鈔) 唐 道宣撰 12卷 대정장40 T1804
往生論註	무량수경우파제사원생게주(無量壽經優婆提舍願生偈註) 北魏 曇鸞註解 2卷 대정장40 T1819
華嚴五敎章	화엄일승교의분제장(華嚴一乘敎義分齊章) 唐 法藏述 4卷 대정장45 T1866
華嚴孔目章	화엄경내장문등잡공목장(華嚴經內章門等雜孔目章) 唐 智儼集 4卷 대정장45 T1870
華嚴三寶章	화엄경명법품내입삼보장(華嚴經明法品內立三寶章) 唐 法藏述 2卷 대정장45 T1874
註華嚴法界觀門頌	주화엄경제법계관문송(註華嚴經題法界觀門頌) 宋 本嵩述・琮湛註 2卷 대정장45 T1885
敎誡律儀	교계신학비구행호율의(敎誡新學比丘行護律儀) 唐 道宣述 1卷 대정장45 T1897
南嶽思大立誓願文	남악사대선사입서원문(南嶽思大禪師立誓願文) 陳 慧思撰 1卷 대정장46 T1933
觀念法門	관념아미타불상해삼매공덕법문(觀念阿彌陀佛相海三昧功德法門) 唐 善導集記 1卷 대정장47 T1959
蓮宗寶鑑	여산연종보감(廬山蓮宗寶鑑) 元 普度編 10卷 대정장47 T1973
淨土法事讚	전경행도원왕생정토법사찬(轉經行道願往生淨土法事讚) 唐 善導集記 2卷 대정장47 T1979
般舟三昧行道往生讚	의관경등명반주삼매행도왕생찬(依觀經等明般舟三昧行道往生讚) 唐 善導撰 1卷 대정장47 T1981
臨濟錄	진주임제혜조선사어록(鎭州臨濟慧照禪師語錄) 唐 慧然集 1卷 대정장47 T1985
汾陽語錄	분양무덕선사어록(汾陽無德禪師語錄) 宋 楚圓集 3卷 대정장47 T1992・卍속장120, p.84
雪竇語錄	명각선사어록(明覺禪師語錄) 宋 惟蓋竺編 6卷 대정장47 T1996
大慧語錄	대혜보각선사어록(大慧普覺禪師語錄) 宋 蘊聞編 30卷 대정장47 T1998A
書狀	대혜보각선사서(大慧普覺禪師書) 宋 大慧普覺禪師語錄內有 대정장47 T1998A
宗門武庫	대혜보각선사종문무고(大慧普覺禪師宗門武庫) 宋 道謙編 1卷 대정장47 T1998B
虛堂錄	허당화상어록(虛堂和尙語錄) 元 妙源編 10卷 대정장47 T2000
宏智廣錄	굉지선사광록(宏智禪師廣錄) 宋 集成等編 9卷 대정장48 T2001
碧巖錄	불과원오선사벽암록(佛果圜悟禪師碧巖錄) 宋 重顯頌古・克勤評唱 10卷 대정장48 T2003
從容錄	만송노인평창천동각화상송고종용암록(萬松老人評唱天童覺和尙頌古從容庵錄) 宋 正覺頌古・元 行秀評唱 6卷 대정장48 T2004
宗寶本 壇經	육조대사법보단경(六祖大師法寶壇經) 元 宗寶編 1卷 대정장48 T2008
傳心法要	황벽산단제선사전심법요(黃檗山斷際禪師傳心法要) 唐 裵休集 1卷 대정장48 T2012A
宛陵錄	황벽단제선사완릉록(黃檗斷際禪師宛陵錄) 唐 裵休集 1卷 대정장48 T2012B
證都序	선원제전집도서(禪源諸詮集都序) 唐 宗密述 4卷 대정장48 T2015
唯心訣	영명지각선사유심결(永明智覺禪師唯心訣) 宋 延壽撰 1卷 대정장48 T2018
修心訣	고려국보조선사수심결(高麗國普照禪師修心訣 : 牧牛子修心訣) 高麗 知訥撰 1卷 대정장8 T2020・한불전4, p.708
百丈淸規	칙수백장청규(勅修百丈淸規) 元 德煇重編 10卷 대정장48 T2025
法住記	대아라한난제밀다라소설법주기(大阿羅漢難提蜜多羅所說法住記) 唐 玄奘譯 1卷 대정장49 T2030

慈恩傳	대당대자은사삼장법사전(大唐大慈恩寺三藏法師傳) 唐 慧立本・彦悰箋 10卷 대정장50 T2053
法藏和尙傳	당대천복사고사주번경대덕법장화상전(唐大薦福寺故寺主翻經大德法藏和尙傳) 新羅 崔致遠撰 1卷 대정장50 T2054
法顯傳	고승법현전(高僧法顯傳) 東晉 法顯記 1卷 대정장51 T2085
僧史略	대송승사략(大宋僧史略) 宋 贊寧撰 3卷 대정장54 T2126
十句義論	승종십구의론(勝宗十句義論) 慧月造 唐 玄奘譯 1卷 대정장54 T2138
續開元釋敎錄	대당정원속개원석교록(大唐貞元續開元釋敎錄) 唐 圓照集 3卷 대정장55 T2156
眞言密敎部類總錄	제아사리진언밀교부류총록(諸阿闍梨眞言密敎部類總錄) 日本 安然集 2卷 대정장55 T2176
瑜祇經修行法	금강봉누각일체유가유기경수행법(金剛峰樓閣一切瑜伽瑜祇經修行法) 日本 安然述 3卷 대정장61 T2228

卍續藏經

妙法蓮華三摩耶經	묘법연화삼매비밀삼마야경(妙法蓮華三昧祕密三摩耶經) 唐 不空譯 1卷 卍속장3, p.817
勢至圓通章疏鈔	능엄경세지원통장소초(楞嚴經勢至圓通章疏鈔) 淸 續法集 2卷 卍속장24, p.890
準提陀羅尼經會釋	칠구지불모소설준제다라니경회석(七俱胝佛母所說準提陀羅尼經會釋) 淸 弘贊會釋 3卷 卍속장37, p.429
四分戒本疏行宗記	사분율함주계본소행종기(四分律含注戒本疏行宗記) 唐 道宣撰・宋 元照述 21卷 卍속장62 p.309
金剛經科儀會要註解	소석금강경과의회요주해(銷釋金剛經科儀會要註解) 宋 宗鏡述・明 覺連重集 9卷 卍속장92, p.235
華嚴五敎章復古記	화엄일승교의분제장복고기(華嚴一乘敎義分齊章復古記) 宋 師會述・善熹述 6卷 卍속장103, p.393
施食壇儀	수설유가집요시식단의주(修設瑜伽集要施食壇儀註) 明 袾宏補註 1卷 卍속장104, p.830
頌古聯珠通集	선종송고연주통집(禪宗頌古聯珠通集) 南宋 法應集・元 普會續集 40卷 卍속장115, p.1
直註雪竇頌古	경절노인천기직주설두현화상송고(熒絶老人天奇直註雪竇顯和尙頌古) 明 本瑞直註・道霖性福集編 2卷 卍속장117, p.506
睦州語錄	목주회상어록(睦州和尙語錄) 古尊宿語錄6, 卍속장118, p.223
首山語錄	여주수산념화상어록(汝州首山念和尙語錄) 古尊宿語錄8, 卍속장118, p.242
鳳巖集	석문산자조선사봉암집(石門山慈照禪師鳳巖集) 古尊宿語錄9, 卍속장118, p.257
趙州語錄	조주진제선사어록병행장(趙州眞際禪師語錄幷行狀) 古尊宿語錄13~14, 卍속장118, p.304
雲門廣錄	운문광진선사광록(雲門匡眞禪師廣錄) 古尊宿語錄15, 卍속장118, p.352
五祖法演語錄	서주백운산해회연화상어록(舒州白雲山海會演和尙語錄) 古尊宿語錄20, 卍속장118, p.411
大愚語錄	균주대우지화상어록(筠州大愚芝和尙語錄) 古尊宿語錄25, 卍속장118, p.478
佛眼語錄	서주용문불안화상어록(舒州龍門佛眼和尙語錄) 古尊宿語錄33~34, 卍속장118, p.580
投子語錄	투자화상어록(投子和尙語錄) 古尊宿語錄36, 卍속장118, p.620
雲峰語錄	운봉열선사초주취암어록(雲峰悅禪師初住翠巖語錄) 古尊宿語錄40~41, 卍속장118, p.671
東林雲門頌古	동림화상운문암주송고(東林和尙雲門庵主頌古) 古尊宿語錄47, 卍속장118, p.795
佛照奏對錄	불조선사주대록(佛照禪師奏對錄) 古尊宿語錄48, 卍속장118, p.822

楊岐語錄	양기회선사어(楊岐會禪師語) 續古尊宿語要3, 卍속장118, p.939
禪要	고봉원묘선사선요(高峰原妙禪師禪要) 元 持正錄 1卷 卍속장122, p.703
餐香錄	위림도패선사찬향록(爲霖道霈禪師餐香錄) 太泉錄 2卷 卍속장125, p.816
憨山集	감산노인몽유집(憨山老人夢遊集) 明 福善日錄 55卷 卍속장127, p.205
法輪寶懺	법계성범수륙대재법륜보참(法界聖凡水陸大齋法輪寶懺) 淸 咫觀記 10卷 卍속장129, p.691
地藏十王經	불설지장보살발심인연시왕경(佛說地藏菩薩發心因緣十王經) 唐 藏川述 1卷 卍속장150, p.769

韓國佛敎全書

均如傳	대화엄수좌원통양중대사균여전(大華嚴首座圓通兩重大師均如傳) 高麗 赫連挺撰 1卷 한불전4, p.511
定慧結社文	권수정혜결사문(勸修定慧結社文) 高麗 知訥著 1卷 한불전4, p.698
法集別行錄節要	법집별행록절요병입사기(法集別行錄節要幷入私記) 高麗 知訥著 1卷 한불전4, p.740
證道歌頌事實	남명천화상송증도가사실(南明泉和尙頌證道歌事實) 瑞龍禪老 連公 3卷 한불전6, p.102
金剛經五家解說誼	금강반야바라밀경오가해설의(金剛般若波羅蜜經五家解說誼) 朝鮮 己和說誼 2卷 한불전7, p.10
刪補集	천지명양수륙재의범음산보집(天地冥陽水陸齋儀梵音刪補集) 朝鮮 釋智還集 3卷 한불전11, p.458

기타총서 약명

SBB	Sacred Books of the Buddhist
SBE	Sacred Books of the East
PTS	Pali Text Society
BST	Buddhist Sanskrit Text
北京版	北京版 西藏大藏經

자선괘탑 自禪掛塔 오조법연(五祖法演)의 제자인 오조표자(五祖表自)가 괘탑의 조건으로 내건 화두. 『선원몽구』 권하(卍속장148, p.268b18)에 "자선괘탑 : 〈오조법연의 법제자〉 기주의 오조표자선사가 조사의 자리를 이은 뒤로 납자들이 사방에서 몰려와 쉴 날이 없었다. 표자는 시자문에 이러한 방을 붙였다. '동산에는 삼구가 있다. 누구라도 제대로 말하면 괘탑할 수 있다'. 납자들이 모두 실패하였다. 어느 날 어떤 학인이 좌구를 들고 지름길로 방장실로 가서는 표자에게 '저는 대답할 수 없지만 그냥 괘탑하고 싶습니다'라는 말을 듣고 표자는 크게 기뻐하며 유나를 불러 밝은 창 아래 앉게 하였다. 自禪掛塔 〈五祖演法嗣〉 蘄州五祖表自禪師 嗣祖席 衲子四至不可遏 師榜侍者門曰 東山有三句 若人道得掛塔 衲子皆披靡 一日 有僧携坐具 徑造丈室 謂師曰 某甲道不得 祇要掛塔 師大喜 呼維那 於明窓下安排"라고 하였다. 〔참고문헌〕『禪苑蒙求』, 『嘉泰普燈錄』 권11(卍속장137, p.188b4), 『五燈會元』 권19(卍속장138, p.749b9).

자선근 慈善根 자비야말로 일체선을 내는 바탕이라는 뜻. 사무량심(四無量心 Ⓢ catvāry apramāṇāni : 四無量) 중 자무량심(慈無量心 Ⓢ maitrī : 慈)이 으뜸이다. 이런 뜻에서 자비는 진실을 사유하는 것이어서 곧바로 여래이며, 대승이라고도 부를 수 있다. 『순정리론』 권55(대정장29, p.648c12)에 "욕탐개의 먹이는 갈망할 만한 것들이며, 이 번뇌를 다스리는 것은 부정상이다. 진에개의 먹이는 증오할 만한 것이고, 이 번뇌를 다스리는 것은 자선근이다. 欲貪蓋食 謂可愛相 此蓋對治 謂不淨想 瞋恚蓋食 謂可憎相 此蓋對治 謂慈善根", 『화엄경소초』 권21(대정장36, p.163b28)에 "『화엄경소』의 '자선근력으로 월애삼매광을 비춘다'는 말은 무슨 뜻인가? 자선근이란 40권본 『대반열반경』 권15(대정장12, p.454c1)의 '선남자야, 보살의 사무량심은 일체제선근본이다' 아래에서 널리 설했다. 즉 자비심으로 보시를 행하고, 대원을 발한 다음 이렇게 말한다. '선남자야, 일체의 성문·연각·보살·모든 불여래 등의 모든 선근은 자비가 근본이다. 선남자야, 보살마하살이 자비심을 닦으면 이와 같은 한량없는 선근을 낳는다. 부정관 등도 모두 이것에서 생겨난다. 끝내는 이런 법들은 자비가 근본이다. 以慈善根力 放月愛光者 慈善根 卽涅槃第十五經云 復次 善男子 菩薩四無量心 能爲一切諸善根本 下廣說 慈心行施 發起大願竟云 善男子 一切聲聞 緣覺菩薩 諸佛如來 所有善根 慈爲根本 善男子 菩薩摩訶薩 修習慈心 能生如是無量善根 謂不淨觀等 皆從此生 結云 如是等法 慈爲根本", "선남자야, 이런 뜻에서 자비는 진실이고 허망하지 않다. 어떤 사람이 「어떤 것이 일체 모든 선의 근본인가?」라고 물으면 자비라고 말해야 한다. 이런 뜻으로 진실하고 허망하지 않다. 선남자야, 능히 선하고 자비로우면 진실한 사유며, 진실한 사유야말로 자비다. 자비가 여래이고 자비가 대승이며, 대승이 자비이고 자비가 여래다'. 善男子 以是義故 慈是眞實 非虛妄也 若有人問 誰是一切諸善根本 當言慈是 以是義故 實非虛妄 善男子 能爲善慈者 名實思惟 實思惟者 卽名爲慈 慈卽如來 慈卽大乘 大乘卽慈 慈卽如來"라고 하였다. 〔참고문헌〕『順正理論』, 『華嚴經疏鈔』, 『華嚴經疏』 권7(대정장35, p.554a12), 『大般涅槃經』. ⇨ 자무량심 慈無量心

자설 自說 Ⓢ Ⓟ Udāna, Ⓣ ched-du-brjod-pa'i-sde. 묻지 않아도 스스로 설함. 십이부경(十二部經) 또는 구부경(九部經) 중 하나. 음사어는 우다나(優陀那)·오다남(烏拕南) 등이며 무문자설(無問自說)·불청설(不請說)이라고도 한다. 팔리경중 보리품(菩提品 Ⓟ Bodhivagga)·목진린다품(目眞鄰陀品 Ⓟ Mucalindavagga)·난다품(難陀品 Ⓟ Nandavagga)·미혜품(彌醯品 Ⓟ Meghiyavagga)·소나장로품(蘇那長老品 Ⓟ Sonatherassavagga)·생맹품(生盲品 Ⓟ Jaccandhavagga)·소품(小品 Ⓟ Cūḷavagga)·바타리촌인품(波吒離村人品 Ⓟ Pāṭaligāmiyavagga) 등 팔품(八品) 각각에 십경(十經)씩 팔십경(八十經)이 있다. 『대승아비달마잡집론』 권11(대정장31, p.743c11)에 "자설이란 무엇인가? 모든 경중에 때론 여래께서 기쁜 마음으로 스스로 말씀하셨다. 저 게송같은 것인데 '이와 같은 법에 용맹정진하며 살펴 잘 사유하면 이때야말로 범지라 할 만하다'. 自說者 謂諸經中 或時如來 悅意自說 如伽他曰 若於如是法 發勇猛精進 靜慮諦思惟 爾時名梵志", 『유가사지론』 권25(대정장30, p.418c12 : *Śrāv-bh.*, p.137)에 "자설이란, 이 중에서는 청하는 보특가라의 이름과 종성을 드러낸 일이 없지만, 미래까지 정법이 오래 머물고 성스러운 가르침 영원히 머물도록 하고자 청한 일 없어도 설하셨으니, 자설이라 한다. 云何自說 謂於是中 不顯能請 補特伽羅 名字種姓 爲令當來 正法久住 聖教久住 不請而說 是名自說 udānā katamā. yatpudgalasya nāma gotramaparikīrttyatvā, uddiśya bhāṣitamā yatyāmvā saddharmasthitaye, śāsanasthitaye ca. iyamucyate udānā"라고 하였다. 〔참고문헌〕『大乘阿毘達磨雜集論』, 『瑜伽師地論』, 『仁王護國經』 권상(대정장8, p.839b11), *Śrāv-bh.* ⇨ 우다나 優陀那 1, 십이부경 十二部經, 구부경 九部經

자설경 自說經 Ⓢ udāna, Ⓣ ched-du-brjod-pa'i-sde. 묻지 않았지만 스스로 설하신 경. 『구사론기』 권1(대정장41, p.11a9)에 "오다남은 자설이라 한역한다. 이것은 십이부경 중 다섯 번째인 자설경이다. 부처님께 묻는 이가 없어도 부처님 스스로 설하셨기에 붙여진 이름이다. 鄔陀南 此云自說 卽十二部經中 第五自說經也

無人問佛 佛自說故"라고 하였다. [참고문헌]『俱舍論記』, 『大乘義章』 권1(대정장44, p.468c26), *Abh-k-bh.95.* ⇨십이부경 十二部經, 자설 自說, 무문자설 無問自說, 오다남 鄔陀南 ②, 우다나 憂陀那 ①

자설공능 自說功能 스스로 공능을 말함. 다섯 가지 삿되게 삶을 영위하는(五邪命) 것 중 하나. 『비니관요사의』 권1(卍속장63, p.972b16)에 "둘째 자설공능은 모든 비구가 재주 많은 입으로 이로운 말로 남을 누르고 자기를 높이는 것이다. 스스로 공능을 드러내 보는 이들이 마음으로 믿어 우러르게 하고 이양을 구하므로 사명이라 한다. 二自說功能 謂諸比丘以辯口利詞 抑人揚己 自逞功能 令所見者 心生信敬 而求利養 是爲邪命"라고 하였다. [참고문헌]『毘尼關要事義』. ⇨오사명 五邪命

자섭 自攝 계정혜(戒定慧) 삼학으로 스스로를 거두는 것. 타섭(他攝)과 상대한다. 『장아함경』 권3 「유행경 遊行經」(대정장1, p.17a4 : *Mahāparinibbāna-sutta, DN.2,* p.120)에 "생각에 방일함 없고 비구계를 갖추며 스스로를 고요한 마음으로 거두어 그 마음을 수호하라. 念無放逸 比丘戒具 自攝定意 守護其心 appamattā satīmanto susīlā hotha bhikkhavo, susamāhita-saṅkappā sacittam anurakkhatha", 『보살계본소』 권하(대정장40, p.684c3)에 "보살은 스스로를 거두고 다른 이로 하여금 따라 배우게 한다. 그러므로 비록 자신을 거둔다 하지만 바로 타인을 이롭게 한다. 菩薩自攝令他隨學 故雖自攝則是利他"라고 하였다. [참고문헌]『長阿含經』, 『菩薩戒本疏』, *DN.* ⇨이섭 二攝, 타섭 他攝

자성 自性 ① Ⓢ svabhāva, svalakṣaṇa, Ⓣ ngo-bo-nyid, rang-bzhin. 제법(諸法)이 스스로 유지하는 고유한 성. 모든 법(一切法)은 각각의 고유한 임시의 자성을 유지하며(任持自性) 세계에 나타나고 서로 어울려 다른 줄 안다(軌生物解). 차별한 뜻에서의 자성이지만 끝내는 공(空)이고 무자성(無自性)이기에 임시로 자성을 가져 자유로울 수 있다. 일체법(一切法) 스스로의 성이라는 뜻에는 다시 마음(心), 법계(法界), 진여(眞如), 불성(佛性), 여래장(如來藏)이라는 이름도 있다. 일체 중생이 차별 없이 갖춘 평등한 성의 뜻이다. 그러나 이 뜻도 끝내는 제법의 무자성(無自性)·공(空)을 깨우쳐야 얻을 수 있는 자성이다. 그리고 이 차별한 자성이 본래 공한 뜻을 깨우치기 위해 드러내는 말이 무자성(無自性)이다. 이런 뜻은 여러 갈래로 다시 분별하였으니 『현식론』(대정장31, p.881c25)에 "진실성이란 일체법의 여여성이며, 분별이란 무상으로 그 성을 삼고, 의타성이란 무생 바로 그 성이다. 성이라 말하는 것은 그 스스로에 다섯 가지 뜻이 있다. 첫째는 자성종류의 뜻이다. 일체의 병·옷 등이 사대 종류의 뜻을 벗어나지 않으니, 한결같이 사대성이기에 이것이 자성의 뜻이다. 둘째는 인성의 뜻이다. 일체사념처는 성법을 연한 도리이니, 이 도리를 연하여 능히 성법을 낳으니 이 또한 인의 뜻이다. 셋째 생의 뜻이다. 사물이 생하지 않으면 그 성을 볼 수 없는데, 생하는 뜻 알 수 있으므로 성은 생을 알게 한다. … 넷째는 불괴의 뜻이다. 이 성은 범부에 있어도 물들지 않고, 성인에게 있다 해서 깨끗한 것 아니어서 불괴라고 한다. 다섯째는 비밀장의 뜻이다. 친근하면 행이 깨끗하고 어기면 멀리 떠난다. 이 법은 얻기 어려운데, 깊이 숨었기에 비밀이고 감춘 뜻이다. 眞實性者 一切諸法如如性 分別者 無相爲其性 依他者 無生是其性 所言性者 自有五義 一者 自性種類義 一切瓶衣等 不離四大種類義 同是四大性 是自性義 二者 因性義 一切四念處 聖法所緣道理 緣此道理 能生聖法 亦是因義 三者生義 若物無生 則性不可見 生義可見 故性訓生 … 四 不壞義 此性在凡夫不染 在聖不淨 故名不壞 五 祕密藏義 親近則行淨 乖違則遠離 此法難得 幽隱故名祕密 卽名藏義"라고 하였다. 『대승아비달마잡집론』 권15(대정장31, p.768c16)에는 네 가지 자성을 든 다음 같은 책 권16(대정장31, p.769b22)에서 그 각각을 풀었으니, 곧 "실자성이란 제법에는 실로 성이 있다. 가자성이란 제법에 임시로 있는 성이다. 세속자성이란 제법이 세속에서 유지하는 성이다. 승의자성이란 제법에 뛰어난 뜻으로 유지되는 성이다. 實自性者 謂諸法實有性 假自性者 謂諸法假有性 世俗自性者 謂諸法世俗有性 勝義自性者 謂諸法勝義有性"라고 하였다. 『능가경』 권1(대정장16, p.483b11)에서는 집성자성(集性自性 Ⓢ samudaya-svabhāva)·성자성(性自性 Ⓢ bhāva-svabhāva)·상성자성(相性自性 Ⓢ lakṣaṇa-svabhāva)·대종성자성(大種性自性 Ⓢ mahā-bhūta-svabhāva)·인성자성(因性自性 Ⓢ hetu-svabhāva)·연성자성(緣性自性 Ⓢ pratyaya-svabhāva)·성성자성(成性自性 Ⓢ niṣpatti-svabhāva)의 일곱 가지 자성을 설하고 있으며, 『해심밀경』 권2(대정장16, p.694b26)에서는 변계소집자성(遍計所執自性)·의타기자성(依他起自性)·원성실자성(圓成實自性)의 세 가지 자성을 드러낸다. [차별한 뜻에서의 자성] 『현식론』(대정장31, p.880b17)에 "식을 떠나 따로 체는 없으므로 삼계에는 오직 식이 있을 뿐이라고 말한다. 계란 자성의 뜻이다. 자성에는 두 가지다. 첫째, 섞이지 않는다는 뜻이다. 욕계의 성은 색계와 다르고, 색계는 무색계가 아니다. 둘째, 자성의 성은 바뀌지도 않고 옮겨가지도 않는다는 뜻이다. 욕계는 욕계일 뿐이고, 색계는 색계일 뿐이며, 무색계는 무색계일 뿐이다. 離識無別體故 言三界唯有識也 界者 自性義 自性有兩 一者 不雜義 欲性異色 色非無色也 二者 性是不改不轉爲義 欲爲欲 色爲色 無色爲無色", 60권본 『화엄경』

권5(대정장9, p.425a17)에 "중생과 갖가지 법 그리고 국토, 저들을 분별하여 차별 없음을 뚜렷이 알고 자성 그대로 잘 관찰할 수 있으니, 이러면 불법의 이치를 뚜렷이 알리라. 衆生諸法及國土 分別了知無差別 善能觀察如自性 是則了知佛法義", 『앙굴마라경』 권2(대정장2, p.525b26)에 "십지보살도 이와 같다. 자신중에 자성을 관찰하여 이러저러하고 헤아릴 수 없이 많은 온갖 성에 대한 갖가지 다른 견 일으킨다. 여래장은 이렇게 들어가지 않는다. 十地菩薩 亦復如是 於自身中 觀察自性 起如是如是 無量諸性 種種異見 如來之藏 如是難入", 『섭대승론석』 권3(대정장31, p.174c22)에 "인은 집제이고 과는 고제이다. 그러므로 이 두 법의 자성은 어긋난다. 因是集諦 果是苦諦 故此兩法 自性相違"라고 하였다. 〔무차별·무자성의 뜻으로서의 자성〕 『십팔공론』(대정장31, p.862a24)에서는 "불성이야말로 모든 법의 자성이다. 佛性者 卽是諸法自性"라고 하였으니, 이 자성을 근거로 다섯 가지 과실을 버린다. 곧 자신이 하열하다고 여기는 나약한 마음을 버리며(除下劣心), 불성이 평등하게 누구에게나 있다는 진실을 모르고 자기에게만 있는 듯이 생각하는 오만한 마음을 버리게 하며(除高心), 허망에 집착하여 진실을 버리는 잘못을 없이 하고(除著虛妄棄捨眞實), 아견 능히 버리며(能除我見), 정법을 믿고 받아들임으로써 두려움도 없이 한다(除怖畏). 60권본 『화엄경』 권1(대정장9, p.395b7)에 "일체법에 자성이 없음을 분명히 알아 제법의 평등한 상을 그대로 따른다. 了達一切 無有自性 隨順諸法 平等之相", 『화엄오교장』 권4(대정장45, p.502b15)에 "종교를 잡아 보면 이 교중에 제6식과 제7식 등도 여래장의 연을 따르는 뜻이니, 별도의 자성은 없다. 約終敎 以此敎中 六七識等 亦是如來藏隨緣義 無別自性", 『중관론소』 권1(대정장42, p.6a3)에 "만법은 모두 다 인연이어서 자성은 있을 수 없다. 以萬法皆是因緣 無有自性", 같은 책 권3(대정장42, p.41a24)에 "외도는 자성에 집착하여 모두 인연중가를 잃는다. 만일 그 인연중가를 잃는다면 일체법은 무너진다. 이 때문에 무엇보다 먼저 자성을 논파하여 인연을 알도록 한다. 外人執自性 則具失因緣中假 若失其因緣中假 則破一切法 是故 命初破自 卽識因緣", 『십이문론』(대정장30, p.160a9)에 "만일 법에 자성이 없다면 다른 법의 성도 없고 자타 또한 없다. 왜 그런가? 타로 인한 성이어서 스스로의 성은 없다. 若法自性無 他性亦無 自他亦無 何以故 因他性故 無自性", 『대지도론』 권52(대정장25, p.434b8)에 "모든 법에 자성이 없다는 말은, 성이 공하니 제법 각각의 성을 부수는 뜻이다. 諸法無有自性者 以性空破諸法各各性"라고 하였다. 또 『요의반야경』(대정장8, p.845c9)에 "사리자야, 마땅히 알아야 한다. 색법의 자성은 나지도 사라지지도 않으며 물들지도 않고 깨끗한 것도 아니니, 저들을 자성이라 한다. 연한 법 아니어서 모든 의혹에서 벗어나 있으며 따라 나온 곳도 없고 머무는 곳도 없이 진실 그대로 일어나서 삼제를 벗어났기 때문이다. 색법이 이와 같으니 수상행식도 이와 같다. 舍利子 當知 色法自性 不生不滅 非染非淨 彼名自性 亦非緣法 離諸疑惑 無所從來 亦無所住 如實所生 離三際故 色法如是 受想行識 亦復如是", 『여환삼마지무량인법문경』 권중(대정장12, p.362a8)에 "마땅히 알아야 하리. 진실의 이름이 자성이다. 여기에는 보는 일도 없고 듣는 일도 없으며 본래 사라지지도, 다시 나는 일도 없다. 當知眞實名自性 是中非見亦非聞 本來無滅復無生", 『대승본생심지관경』 권8(대정장3, p.327c15)에 "이와 같은 법계의 자성은 번뇌가 없어 상중하도 없다. 왜 그런가? 이는 무위법으로서 성이 평등하기 때문이다. 如是法界 自性無垢 無上中下 差別之相 何以故 是無爲法 性平等故"라고 하였다. 또 돈황본 『단경』(대정장48, p.340b15)에 "일체중생이 스스로 어두운 마음 있어서 밖을 향해 닦고 부처를 찾아 자성을 깨우치지 못하니, 바로 이들이 소근인이다. 그들은 돈오의 교설을 들으면 믿지 못하고 밖을 향해 닦는다. 다만 자심에 있어서 스스로 본성을 일으켜 언제나 정견 일으키게 한다. 爲一切衆生 自有迷心 外修覓佛 未悟自性 卽是小根人 聞其頓敎 不信外修 但於自心 令自本性 常起正見", 같은 책(대정장48, p.341b27)에 "부처란 바로 자성이 짓는다. 자신 밖에서 구하지 마라. 자성이 미하면 부처가 중생이고, 자성이 깨우치면 중생이 부처다. 佛是自性作 莫向身外求 自性迷 佛卽是衆生 自性悟 衆生卽是佛", 『제방문인참문어록』 권하(卍속장110, p.860b9)에 "'어떻게 하면 부처가 될 수 있는지요?' '중생심을 버릴 일도 없고, 다만 자성을 물들이지 마라'. 曰 云何得作佛去 師曰 不用捨衆生心 但莫汚染自性"라고 하였다. 〔참고문헌〕 『顯識論』, 『大乘阿毘達磨雜集論』, 『楞伽經』, 『解深密經』, 『華嚴經』, 『央掘魔羅經』, 『攝大乘論釋』, 『十八空論』, 『華嚴五教章』, 『中觀論疏』, 『十二門論』, 『大智度論』, 『了義般若經』, 『如幻三摩地無量印法門經』, 『大乘本生心地觀經』, 『壇經』, 『諸方門人參問語錄』, *Abh-k-bh.8·13., Bodh-bh.270., Yogā-bh.62.* ⇨ 자상 自相❶, 삼성 三性❶, 본원자성 本源自性, 집성자성 集性自性, 성자성 性自性, 상성자성 相性自性, 대종성자성 大種性自性, 인성자성 因性自性, 연성자성 緣性自性, 성성자성 成性自性, 칠종자성 七種自性, 무성 無性❶, 무자성 無自性, 공 空

❷ Ⓢ prakṛti, Ⓣ rang-'khrungs. 상키야(Ⓢ Sāṃkhya : 數論)에서 주장하는 이십오제(二十五諦) 중 첫 번째. 우주의 모든 현상을 전개하는 물질적 원리이자 원인. 정신원리인 푸루샤(Ⓢ puruṣa : 神我)와 대칭한다. 만유에 대하여 불변부동의 근본원인이라는 의미에서 승인(勝因)이라 하며, 명제(冥諦)·명성(冥性) 또는 범(梵)이라고도 한다. 『성유식론술기』 권1(대정장43, p.

252b15)에 "자성이란 명성이다. 지금 자성이라 하는데 예전에는 명성이라고 하였다. 오늘날에는 승성이라고도 하는데, 대 등을 낳기 이전에 스스로의 분상에만 머물러 있으면 자성이라 하고, 대 등을 낳은 이후는 승성이라고 하니 작용이 두드러지기 때문이다. 自性者 冥性也 今名自性 古名冥性 今亦名勝性 未生大等 但住自分 名爲自性 若生大等 便名勝性 用增勝故", 『성유식론집해』 권1(卍속장81, p.318a9)에 "자세히 늘어놓으면 스물다섯 가지 원리가 있지만, 처음을 다 거두면 간략히 셋이다. 첫째는 자성, 둘째는 아지, 셋째는 변이이다. 자성은 제일의제로서 승성이라고도 한다. 아직 대 등을 낳지 않고 다만 자신에게 머물러 있기에 자성이라 한다. 廣爲二十五 初總略爲三者 一 自性 二 我知 三 變異 自性是第一諦 亦名勝性 未生大等 但住自分 名爲自性", 『금칠십론』 권상(대정장54, p.1245c4)에 "자성이란 변이함이 없는 근본원인이다. 自性者 無異本因"라고 하였다. 〔참고문헌〕『成唯識論述記』, 『成唯識論集解』, 『金七十論』, *Sāṃkhy-k.48.* ⇨ 상키야학파 Sāṃkhya學派, 이십오제 二十五諦, 이십삼제 二十三諦, 프라크리티 prakṛti, 푸루샤 puruṣa, 발라다나 鉢羅陀那, 불료 不了❶, 승인 勝因❸, 범 梵❺, 명제 冥諦, 명성 冥性, 무이 無異❷ ❸ 인명(因明) 삼지작법(三支作法) 중 종(宗)의 주어. 유체(有體)라고도 한다. 술어에 해당하는 차별(差別)과 대칭한다. ⇨ 유체 有體❷, 자상 自相❷

자성가 自性假 삼가시설(三假施設) 중 하나. 인연에 의하여 생겨난 일체의 법에 자성이 없다는 말. 법가(法假)와 같은 뜻이다. 『법화경현찬요집』 권28(卍속장54, p.658a1)에 "셋째 법가이니, 오온 등 모든 법의 본체가 허망하기 때문이다. 즉 인연에 따라 생겨나서 참된 자성이 없다. 三者 法假 蘊等諸法之體虛幻故 從緣生起 無實自性"라고 하였다. 〔참고문헌〕『法華經玄贊要集』. ⇨ 자성 自性❶, 법가 法假, 삼가시설 三假施設❶

자성가립심사 自性假立尋思 Ⓢ svabhāva-prajñapti-paryeṣaṇā, Ⓣ ngo-bo-nyid-du-btags-pa-yongs-su-tshol-ba. 자성은 임시로 있을 뿐이라고 살펴 사유함. 사심사(四尋思) 중 하나로, 보살이 세간의 제법을 잘 알아 행하지만 그 모든 자성들은 임시로 있는 것들이라고 살펴 아는 뜻이다. 자체가립심사(自體假立尋思)라고도 하며 『보살지지경』에는 자성시설구(自性施設求)라 하였다. 『유가사지론』 권36(대정장30, p.490b7 : *Bodh-bh.*, p.36)에 "자성가립심사란 보살들은 자성을 임시로 세우고는 단지 자성은 방편으로 세울 뿐이라고 보는 것이 자성자립심사다. 自性假立尋思者 謂諸菩薩於自性假立 唯見自性假立 是名自性假立尋思 svabhāvaprajñaptau svabhāvaprajñaptimātradarśanaṃ svabhāvaprajñaptiparyeṣaṇā", 『대승아비달마잡집론』 권11(대정장31, p.745c5)에 "자체가립심사란 제법은 말하고 들어 아는 중에 밀어 그 바탕을 구하지만, 이는 오직 임시로 세운 언설을 인으로 한 성일 뿐이다. 능히 한 말과 들은 말이 상응한다는 것은 이 둘이 서로 알아차리는 인의 자성이라는 것이다. 왜 그러한가? 이름과 말을 잘 아는 이는 말한 것을 듣고 기억하여 문득 들은 말을 이해하기 때문이고, 이런 종류들이 서로 서서 상응하는 중에도 안 등의 자상은 오직 임시로 서 있을 뿐이니, 저 살덩이 등의 이름일 뿐이다. 만약 이와 같이 관찰한다면 이를 자체가립심사라 한다. 自體假立尋思者 謂於諸法能詮所詮相應中 推求自體 唯是假立言說因性 能詮所詮相應者 謂此二互爲領解因性 所以者何 善名言者 但聞能詮由憶念門 便於所詮得生領解 或但得所詮由憶念門 便於能詮得生領解 於如是種類共立相應中 眼等自相唯是假立 但於肉團等名言因中起此名言故 若如是觀察 是名自體假立尋思"라고 하였다. 〔참고문헌〕『瑜伽師地論』, 『大乘阿毘達磨雜集論』, 『菩薩地持經』 권2(대정장30, p.895c18), *Bodh-bh.*, *Abh-s.82.*, *Abh-s-bh.99.* ⇨ 자성 自性❶, 자성구 自性求, 사심사 四尋思

자성가립심사소인여실지 自性假立尋思所引如實智 Ⓢ svabhāva-prajñapty-eṣaṇā-gataṃ yathābhūta-parijñāna, Ⓣ ngo-bo-nyid-du-btags-pa-tshol-bar-gyur-pa-yang-dag-pa-ji-lta-bzhin-du-yongs-su-shes-pa. 자성가립심사로 이끈 여실지. 사여실지(四如實智) 중 하나로 자체가립심사소인여실지(自體假立尋思所引如實智)라고도 한다. 『유가사지론』 권36(대정장30, p.490b27 : *Bodh-bh.*, p.37)에 "무엇이 자성가립심사소인여실지인가? 보살들이 자성가립을 헤아려 사유하여 오직 자성은 임시로 있을 뿐임을 여실히 통달한다. 색 등으로 상상한 일들의 자성이 임시여서 저 일들의 자성은 아니고 저 일인 듯한 성을 드러낼 뿐이라고 잘 안다. 또 저 사물의 자성은 마치 변화・영상・메아리・그림자・물에 비친 달・아지랑이 물・몽환과 같이 상사하게 현현하는 것이지, 그것의 체가 아니라고 안다. 만약 이와 같이 여실하게 가장 깊디깊은 실재(義)가 작용하는 경계를 아는 것을 자성가립심사소인여실지라 한다. 云何自性假立尋思所引如實智 謂諸菩薩於自性假立尋思 唯有自性假立已 如實通達 了知色等想事中所有自性假立 非彼事自性而似彼事自性顯現 又能了知彼事自性 猶如變化影像嚮應光影 水月焰水夢幻 相似顯現而非彼體 若能如是如實了知 最甚深義所行境界 是名自性假立尋思所引如實智 svabhāvaprajñaptyeṣaṇāgataṃ yathābhūtaparijñānaṃ katamat yataśca bodhisattvaḥ rūpādisaṃjñake vastuni svabhāvaprajñaptau prajñaptimātratāṃ paryeṣya tathā svabhāvaprajñaptyā at atsvabhāvasya vastunaḥ tatsvabhāvābhāsatāṃ yathābhūtaṃ prativiḍhyati prajānāti. tasya nirmāṇapratibimbapratiśrutkā-pratibhāsodakacandrasvapnamāyopamaṃ tatsvabhāvaṃ paśyataḥ tadābhāsamatanmayam idṃ tṛtīyaṃ yathābhūtaṃ parijñānaṃ sugambhīrārthagocaram", 『대승아비달마집론』 권6(대정장31, p.687b8 : *Abh-s.*, p.82)에 "무엇이 자체가립심사소인여실지인가? 실유의 자성이란 얻을 수 없는 것임을 여실히 아는 것이다. 云何自體假立尋思所引如實智 謂如實知實有自性不可得智 svabhāvaprajñaptiparyeṣitaṃ yathābhūtaparijñānaṃ katamat yathābhūtasya dravyasvabhāvānupalabdhijñānam"라고 하였다. 〔참고문헌〕『瑜伽師地論』, 『大乘阿毘達磨集論』, *Bodh-bh.*, *Abh-s.* ⇨ 자성 自性❶, 사여실지 四如實智, 자성가립심사 自性假立尋思

자성견 自性見 스스로의 성이 보다. 『돈오입도요문론』 권상(卍속장110, p.841a13)에 "〔문〕 몸과 마음은 무엇으로 보는가? 눈이 보는가, 귀가 보는가, 코가 보는가? 아니면 몸과 마음이 같이 보는가? 〔답〕 봄에는 여러 가지로 볼 수 없다. 〔문〕 이미 여러 가지 보는 것이 없다면 어떻게 보는가? 〔답〕 자성이 본다. 왜 그런가? 자성은 본래 청정하여 고요히 공적하니, 비고 고요한 바탕중에 능히 이렇게 보는 일이 일어난다. 問 身心以何爲見 是眼見 耳見 鼻見 及身心等見 答 見無如許種見 云 既無如許種見 復何見 答 是自性見 何以故 爲自性本來清淨湛然空寂 卽於空寂體中 能生此見"라고 하였다. 〔참고문헌〕『頓悟入道要門論』. ⇨ 자성 自性❶

자성계 自性戒 ❶ Ⓢ svabhāva-śīla, Ⓣ tshul-khrims-kyi-ngo-bo-nyid. 보살의 계바라밀다(戒波羅蜜多 Ⓢ śīla-pāramitā)로서 구종상계(九種相戒) 중 하나다. 계의 총상(總相)이다. 『유가사지론』 권40(대정장30, p.510c16 : *Bodh-bh.*, p.95)에 "무엇이 보살의 자성계인가? 요약하면 네 가지 공덕을 갖추면 보살의 자성계이다. 무엇이 네 가지인가? 첫째는 다른 이로부터 바르게 수지함(parataḥ samyaksamādānataḥ)이고, 둘째는 선하고 깨끗한 뜻으로 기꺼워함(su-viśuddhāśayatā)이고, 셋째는 범한 뒤에는 반드시 청정하게 함(vyatikrama-pratyāpatti)이고, 넷째는 깊이 공경하고 전념하여 다시는 범하지 않음(avyatikrama ādara-jātasya-upasthita-smṛtitā)이다. … 이와 같은 보살의 네 가지 공덕을 온전히 갖춘 자성시라는 마땅히 알라, 가장 아름답고 깨끗한 계다. 바르게 받고 따라 배운다면 자타를 이롭게 하고, 무량중생에게 이익과 안락을 주며, 세간의 모든 천신과 인간 등을 아껴 가엾이 여겨 의리도 이익도 안락도 준다. 이것은 무량정계임을 알아야 하니, 무량중생을 섭수하는 보살이 배워야 할 바이기 때문이다. 이것은 모든 유정에 이익을 주는 정계임을 알아야 하니, 바로 눈앞에서 모든 유정이 이익안락을 짓기 때문이다. 이것은 큰 과로 얻는 승리의 정계임을 알아야 할 것이니, 거둬 가지고 따른다면 무상정등보리과와 함께 하는 것이어서 그 이름은 바로 보살의 자성계다. 云何菩薩自性戒 謂若略說具四功德 當知是名菩薩自性戒 何等爲四 一 從他正受 二 善淨意樂 三 犯已還淨 四 深敬專念無有違犯 … 如是菩薩具四功德自性尸羅 應知卽是妙善淨戒 正受隨學 能利自他 利益安樂無量衆生 哀愍世間諸天人等 令得義利利益安樂故 應知卽是無量淨戒 攝受無量菩薩所學故 應知卽是饒益一切有情淨戒 現前能作一切有情利益安樂故 應知卽是能獲大果勝利淨戒 攝受隨與無上正等菩提果故 是名菩薩自性戒"라고 하였다. 〔참고문헌〕『瑜伽師地論』, *Bodh-bh.* ⇨ 구종상계 九種相戒, 자성 自性❶

❷ 자성에 이미 구족한 계. 자성에 그릇됨(非)이 없는 뜻에서 일체유정은 이미 삼라만상의 모습으로 계를 구족했다는 말이다. 돈황본 『단경』(대정장48, p.342b25)에 "마음 바탕에 그릇됨 없으면 바로 자성계다. 心地無非 是自性戒", 『찬향록』 권상(卍속장125, p.818a11)에 "무엇을 계라 하는가? 육조대사는 '본성에 잘못이 없으면 자성계'라고 하였다. 위로는 제불에 이르고 아래로는 꿈틀거리는 벌레에 이르기까지, 각자 이 성을 갖추지 않음이 없고 각각 이 계 갖추지 않음이 없음을 알라. 바람 소리와 새의 지저귐 모두 석가모니불의 율의 펼침이고, 산색도 물빛도 온통 노사나불의 심지계다. 그런 까닭에 선사는 '오계란 무엇인가? 매화는 눈을 이기고 핀다. 사미계란 무엇인가? 석순은 이끼를 뚫고 나온다. 비구계란 무엇인가? 황하 저 밑바닥까지 얼었다. 보살계란 무엇인가? 윤택한 비로 넉넉히 적신다'고 한 것이다. 여러분이 이들 말에서 속속들이 알아차린다면, 하늘과 땅 그리고 대지의 삼라만상이 모두 그 사람 자신에게 마땅한 성계광명이다. 어찌 가사를 입고 좌구를 펼쳐서 계단에 올라 갈마한 다음에야 계를 얻는다 하겠는가? 何者爲戒 六祖大師云 本性無非自性戒 須知上至諸佛 下至蠢動 無不各具此性 亦無不各具此戒 風聲鳥語 皆演迦文律儀 山色江光 盡闡舍那心地 所以先師云 如何是五戒 梅花鬪雪開 如何是沙彌戒 石笋破蒼苔 如何是比丘戒 黃河連底凍 如何是菩薩戒 膏雨足霧霈 諸人向者裏徹去 則盡乾坤 大地森羅萬象 皆是當人自己性戒光明 又何待披衣展具 登壇羯磨 然後爲得戒耶"라고 하였다. 〔참고문헌〕『壇經』, 『餐香錄』. ⇨ 자성 自性❶

자성계정혜 自性戒定慧 자성에 본래 실현되어 있는 계정혜. 『위림도패환산록』 권1(卍속장125, p.929b14)에 "그런 까닭에 육조대사는 '마음 바탕 그릇됨 없으면 자성계고, 마음 바탕 어지럽지 않으면 자성정이며, 마음

바탕 어리석음 없으면 자성혜다'라고 하였다. 누구라도 분명하게 자성의 계정혜를 밝힌다면 백천법문과 무량한 묘한 뜻도 본래 스스로 두렷이 밝으리니, 밖을 빌려서 찾을 일 아니다. 티끌 중에 묻힌 대장부라 할 만하다. 비록 이렇기는 하지만 다만 저 학인이 고덕에게 묻기를 '무엇이 계정혜인지요?'라고 함에 고덕은 '나의 이곳에는 노비의 자식은 없다'라 하였으니, 대답해 보라! 고덕의 속뜻은 무엇이었을까? 빈 손으로 고향에 돌아오니 아무도 알아보지 못하고, 존당에 바칠 물건마저 없구나. 所以 六祖大師云 心地無非自性戒 心地無亂自性定 心地無癡自性慧 若人端的明得 自性戒定慧 則百千法門 無量妙義 本自圓成 不假外覓 可謂塵中大丈夫也 雖然如是 只如僧問古德云 如何是戒定慧 古德答云 我這裏 無奴兒婢子 且道 古德意作麽生 撒手到家人不識 更無一物獻尊堂", 『화엄경행원품소초』 권1(卍속장7, p.813a18)에 "그 본성은 밝게 알아 어둡지 않으면 단멸이 아니다. 이는 하택대사께서 말한 '텅 비어 고요하면 비춘다' 한 것으로, 자성의 계정혜라는 뜻을 삼은 것이다. 其本性 靈知不昧 故非斷滅 卽荷澤大師 說空寂照 爲自性戒定慧之意也"라고 하였다. 〔참고문헌〕『爲霖道霈還山錄』, 『華嚴經行願品疏鈔』. ⇨ 자성 自性[1], 자성계 自性戒

자성공 自性空 Ⓢ svabhāva-śūnya, bhāva-svabhāva-śūnyatā, prakṛti śūnyatā, Ⓣ rang-bzhin-kyis-stong-pa-nyid. 모든 법의 자성이 공인 것. 삼공(三空) 또는 십팔공(十八空) 중 하나다. 성자성공(性自性空)·본성공(本性空)·성공(性空)이라고도 한다. 『대승입능가경』 권2(대정장16, p.599a1 : *Laṅk.*, p.74)에 "어떤 것을 자성공이라고 하는가? 일체법의 자성이 생기지 않는 것을 자성공이라고 한다. 云何自性空 謂一切法自性不生 是名自性空 bhāvasvabhāvaśūnyatā punarmahāmate katamā. yaduta svayaṃ svabhāvābhāvotpattito mahāmate bhāvasvabhāvaśūnyatā bhavati sarvadharmāṇām. tenocyate bhāvasvabhāvaśūnyateti", 『대지도론』 권44(대정장25, p.382b1)에 "보살은 이 모든 법의 각각의 상을 분별하여 아는데, 이 법은 모두 인연화합을 따라 생하므로 성이 없고, 무성이기에 자성공이다. 菩薩分別知 此諸法各各相 是法皆從因緣和合生故無性 無性故自性空", 『성유식론』 권8(대정장31, p.47b9)에 "공에는 세 가지 있다. … 셋째 자성공이니, 이공으로 나타나는 것이 자성이기 때문이다. 空有三者 … 三 自性空 二空所顯爲自性故", 『변중변론』 권중(대정장31, p.469a25 : *Madhy-vibh.*, p.39)에 "공에는 세 가지가 있다. … 셋째 자성공이니, 원성실성을 말한다. 이공으로 나타나는 것이 자성이기 때문이다. 空有三者 … 三 自性空 謂圓成實 二空所顯 爲自性故 pariniṣpannalakṣaṇaṃ śūnyatāsvabhāvam eveti prakṛtir evāsya śūnyatā"라고 하였다. 〔참고문헌〕『大乘入楞伽經』, 『大智度論』, 『成唯識論』, 『辯中邊論』, *Laṅk.*, *Madhy-vibh.*, *Sam-r.69·206.* ⇨ 삼공 三空[4], 십팔공 十八空, 공 空, 자성 自性[1]

자성구 自性求 Ⓢ svabhāva-prajñapti-paryeṣaṇā, Ⓣ ngo-bo-nyid-gdags-pa-yongs-su-tshol-ba. 자성(自性)을 미루어 아는 것. 사종구(四種求 : 四尋思) 중 하나로, 자성이란 이름과 사물이 임시로 설정된 것에 지나지 않는다고 미루어 아는 뜻이다. 자성심사(自性尋思)라고도 한다. 『대승장엄경론』 권12(대정장31, p.653c7)에 "보살들은 네 가지로 제법을 구한다. 첫째는 이름을 구하고, 둘째는 사물을 미루어 구하고, 셋째는 자성을 미뤄보며, 넷째는 차별 또한 미루어 안다. … 자성구란 무엇인가? 이름과 사물의 자성을 미루어 아는 것이니, 모두 임시적인 것이라고 아는 것을 자성구라 한다. 諸菩薩四種求諸法 一 名求 二 物求 三 自性求 四 差別求 … 自性求者 推名自性 及物自性 知俱是假 此謂自性求"라고 하였다. 〔참고문헌〕『大乘莊嚴經論』, *Sūtr.168.* ⇨ 사종구 四種求, 사심사 四尋思

자성궤 資成軌 도와 성취하는 본보기. 천태종의 삼궤(三軌 : 眞性 觀照 資成) 중 하나로, 진성법계에 의지해 온갖 행으로 무량중선을 다 갖출 수 있기에 제3의 해탈신이고 여래장이다. 『법화현의』 권5(대정장33, p.741b25)에 "앞에서 밝힌 제행들이 열든 합하든 거칠든 묘하든 이미 자성궤의 상이다. … 진정한 교승의 바탕이 되고 도를 도와 교승을 성취해 다 갖추었기에 자성궤라 한다. 前明諸行 若開 若合 若麤 若妙 已是資成軌相也 … 正爲乘體 助道成乘具 名資成軌", 『법화경삼대부보주』 권2(卍속장43, p.951b11)에 "수미산의 높고 광대함을 겨자씨중에 넣을 수 있는 것 등이 자성궤다. 이것을 부사의용이라고 한다. 能以須彌之高廣內芥子中等卽資成軌 此卽名爲不思議用也", 『종경록』 권90(대정장48, p.906b28)에 "천태는 세 가지 궤법으로 유통한다. 첫째 진성궤, 둘째 관조궤, 셋째 자성궤이니 이것이 세 가지 덕이다. 진성궤로서 일승의 바탕을 삼아 법신을 성취하고, 일체중생이 모두 일승이기에 관조궤를 반야로 삼는다. 다만 진성의 공적에 의지하여 항상 비추니, 바로 관조제일의 공이어서 자성궤를 해탈로 삼는다. 진성법계에 의지하여 온갖 행에 무량선을 다 머금었기에 바로 여래장이다. 又台敎類通三軌法 一 眞性軌 二 觀照軌 三 資成軌 卽是三德 以眞性軌爲一乘體 此爲法身 一切衆生悉一乘故 以觀照軌爲般若 只點眞性寂而常照 便是觀照第一義空 以資成軌爲解脫 只點眞性法界 含藏諸行無量衆善 卽如來藏"라고 하였다. 〔참고문헌〕『法華玄義』, 『法華經三大部補注』, 『宗鏡錄』. ⇨ 삼궤 三軌[1]

자성극성 自性極成 주장하고자 하는 명제인 종(宗)이 끝내 성취되었다는 뜻. 인명(因明) 용어로 사종극성(四種極成 : 自性極成・境界極成・差別極成・依轉極成) 중 하나다. 입론자(立論者)와 대론자(對論者)가 모두 의심하지 않고 인정하는 뜻으로, 자성불극성(自性不極成)과 상대한다. 자성은 주장명제(宗)의 주어를 말하며, 유법(有法)・소별(所別) 등이라고도 한다. 극성(極成)은 반론의 여지가 없는 뜻이다. 『인명입정리론』(대정장32, p.11b3)에 "이 중에서 종(宗)이란, 끝내 성취된 법과 끝내 구별되는 뜻이 있어 차별로 자성을 삼는 것이다. 스스로 즐겨 세운 바 자성이 종이다. 예를 들면 '소리는 무상하다'고 하는 것과 같다. 此中宗者 謂極成有法 極成能別 差別爲性 隨自樂爲 所成立性 是名爲宗 如有成立聲是無常", 『인명입정리론소』 권상(대정장44, p.94a14)에 "지금 진나는 인과 유로 능립을 삼고 종은 소립이다. 자성과 차별 두 가지는 모두 끝내 성취되어야 하지만, 이것은 다만 종이 의지함이지 논쟁해서 얻어진 것은 아니다. 今者陳那 因喩爲能立 宗爲所立 自性差別 二並極成 但是宗依 未成所諍"라고 하였다. 〔참고문헌〕『因明入正理論』, 『因明入正理論疏』. ⇨ 극성 極成

자성념주 自性念住 Ⓢ svabhāva-smṛty-upasthāna, Ⓣ ngo-bo-nyid-kyi-dran-pa-nye-bar-gzhag-pa. 삼념주(三念住 : 自性・相雜・所緣) 중 하나. 신수심법(身受心法) 사념주(四念住) 각각에 삼념주가 있다. 『순정리론』 권60(대정장29, p.675c6)에 "이러한 사념주는 각각 세 가지니 자성・상잡・소연의 차별이다. 자성념주는 혜를 체로 하니 경에서 일취도라고 한 것이다. '일'이란 '홀로'의 뜻인데, 싸움에서 승리를 구하는 이는 이것을 잡고 번뇌라는 원수를 해치고, 이것에 의지하여 행하여 원적으로 나아간다. 그러므로 이것을 취도라고 한다. 오직 이것만이 독존하므로 '일취도'라고 하는데, '이것'은 곧 혜이니, 번뇌를 끊고 열반으로 나아감에서 혜가 가장 수승하기 때문이다. 此四念住 各有三種 自性相雜所緣別故 自性念住 以慧爲體 契經說爲一趣道故 是獨義 求戰勝者 由此執此害煩惱怨 依此而行 能趣圓寂 是故於此 立趣道名 唯此獨尊 名一趣道 此即是慧 於斷煩惱 趣涅槃中 慧最勝故", 같은 책(대정장29, 675c17)에 "혜 중에서 어떤 것이 자성념주인가? 오직 문・사・수 등에 의해 성취되는 것만 취함을 안다. 이 중에서 '문'에 따른 가행으로 일어나 특별한 뜻을 연하는 혜를 문소성이라 한다. 또 사유를 따른 가행으로 일어나는데, 이름을 기다리지도 정에 있지도 않아서 특별한 뜻을 연하는 혜를 일컬어 사소성이라고 한다. 정 중에 있으면서 특별한 뜻을 따라 관하지만 이름을 상대하지 않는 혜로 닦아 성취한 것이어서, 바로 이것을 또한 삼념주라고 한다. 慧中何等名自性念住 應知 唯取 聞思修所成 此中隨聞 加行所起 緣別義慧 名聞所成 若隨思義 加行所起 非不待名 亦非在定 緣別義慧 名思所成 若在定中 隨觀別義 不待名慧 名修所成 卽此亦名 三種念住"라고 하였다. 〔참고문헌〕『順正理論』, 『瑜伽師地論』 권28(대정장30, p.442a13), *Śrāv-bh.306*. ⇨ 삼념주 三念住[2], 사념주 四念住, 문사수삼혜 聞思修三慧, 자성 自性[1]

자성단 自性斷 Ⓢ svabhāva-prahāṇa, Ⓣ rang-gi-ngo-bo-ni-spong-ba. 삼단(三斷) 또는 사단(四斷) 중 하나로 번뇌의 자성을 끊어 다시는 생하지 않도록 하는 것. 연박단(緣縛斷)과 대칭한다. 『순정리론』 권6(대정장29, p.362c28)에 "어떤 법이 번뇌이거나 하나의 과 등을 상대하여 다스릴 때, 저들이 끊어지는 것을 자성단이라고 한다. 若法是結 及一果等 對治生時 於彼得斷 名自性斷", 『화엄경탐현기』 권10(대정장35, p.300c25)에 "첫째 자성단이란, 모든 번뇌와 상응하는 심심소의 불선・유부무기 등 모든 염오법을 견도와 수도가 일어나 번뇌의 종자를 길이 끊는 것을 말한다. 一 自性斷 謂諸煩惱 及相應心心所 不善有覆無記 諸染汚法 見修道生 惑種永斷", 『유식개몽문답』 권하(卍속장98, p.491a17)에 "〔문〕 자성의 뜻은 무엇인가? 〔답〕 근본혹(根本惑)・수혹(隨惑) 등은 무루지가 생하면 그 자체를 끊기에 자성단이라고 한다. 問 自性義 答 根隨等惑 無漏智生 斷彼自體 名自性斷"라고 하였다. 〔참고문헌〕『順正理論』, 『華嚴經探玄記』, 『唯識開蒙問答』, *Abh-k-bh.236*. ⇨ 삼단 三斷[2], 사단 四斷[2], 단혹 斷惑, 연박단 緣縛斷

자성대왕대비 慈聖大王大妃 1418~1483. 조선 제7대 왕 세조(世祖)의 비(妃). 시호는 자성흠인경덕선렬명순원숙휘신혜의신헌정희왕후(慈聖欽仁景德宣烈明順元淑徽愼惠懿神憲貞熹王后). 1455년(세조1)에 정희왕후(貞熹王后)로 책봉되었으며, 성종(成宗) 즉위 후에는 자성대왕대비라고 불렸다. 불교를 몹시 숭상하여, 사은사(謝恩使)를 통해 불경을 구입하거나 몸소 간행하였다. 『성종실록』 권9 2년(1471) 1월 20일에 "(예문관 부제학 김지경이 불경을 구입하는 것이 옳지 않다고 상소하자) 왕께서 이르시기를 '대왕대비께서 구하시는 것이니 나는 어쩔 수가 없다'고 하였다. 傳曰 大王大妃求之 予不得已也", 『금강경삼가해』 발문에 "자성대왕대비 전하께서는 자비심이 광대하시고 효성이 망극하여, 불조의 법인이 어둠에 묻히고 삼성(세종・문종・세조)의 홍원이 펼쳐지지 않음을 걱정하셨습니다. 이에 선승 학조에게 명하여 『금강삼해』 한글 번역을 다시 교정하고 『남명』을 이어 한글로 번역하게 하였습니다. 작업을 마치자 『삼가해』 300본, 『남명』 500본을 간행하여 여러 사찰에 널리 베푸셨습니다. 慈聖大王大妃殿下 慈悲廣大誠孝罔極 懼佛祖之法印堙晦 三聖之誓願未伸 乃命禪德學

祖 更彼金剛三解譯及續譯南明 旣訖 命印三家解三百本 南明五百本 廣施諸刹"라고 하였다. [참고문헌] 『成宗實錄』, 『金剛經三家解』. ⇨ 금강경삼가해 金剛經三家解, 남명천선사계송언해 南明泉禪師繼頌諺解

자성등류 自性等流 Ⓢ prakṛti-naiṣyandika, Ⓣ rang-bzhin-gyi-rgyu-mthun-pa-las-byung-ba. 사종등류(四種等流) 중 하나로 자성(自性)을 그대로 유지한 채 상속생멸(相續生滅)하는 것. 본성등류(本性等流)라고도 한다. 『유가사지론약찬』 권2(대정장43, p.20a29)에 "자성등류란 옛 위에 머물러 상속생멸하는 것이다. 自性等流者 謂住舊位 相續生滅"라고 하였다. [참고문헌] 『瑜伽師地論略纂』, 『瑜伽師地論』 권3(대정장30, p.290c24), *Yogā-bh.57.* ⇨ 등류 等流, 자성 自性❶

자성륜신 自性輪身 삼륜신(三輪身) 중 하나로 한량없는 공덕을 갖춘 부처님의 자성법신(自性法身). 『행법간엽초』 권중(대정장78, p.888b3)에 "모든 부처님께는 다 삼륜이 있으니, 이것은 곧 삼밀이다. 자성륜은 신밀이고, 정법륜은 어밀이며, 교령륜은 의밀이다. 諸佛 皆有三輪 是卽三密也 自性輪 身密 正法輪 語密 敎令輪 意密"라고 하였다. [참고문헌] 『行法肝葉鈔』. ⇨ 자성신 自性身, 삼륜신 三輪身, 삼밀 三密

자성망상 自性妄想 Ⓢ svabhāva-vikalpa, Ⓣ rang-bzhin-la-rnam-par-rtog-pa. 팔종망상(八種妄想) 중 하나로 모든 법에 자성이 있다고 분별하는 망상. 자성분별(自性分別)·자체분별(自體分別)이라고도 한다. 『능가경』 권2(대정장16, p.496b22 : *Laṅk.*, p.128)에 "대혜야! 자성망상이란, 자성을 가진다고 하니 이렇게 함은 악견망상과 다르지 않으니, 이를 자성망상이라 한다. 大慧 云何自性妄想 謂自性持此如是 不異惡見妄想 是名自性妄想 tatra svabhāvavikalpaḥ katamaḥ. yaduta bhāvasvabhāvāvadhāraṇamidamevamidaṃ nānyatheti tīrthyavikalpadṛṣṭyā vikalpayanti", 『보살지지경』 권2(대정장30, p.895b25)에 "자성망상이란, 색 등의 가명의 현상에 대해 망상하여 '이것이 색이다'라고 여기니 이를 자성망상이라 한다. 云何自性妄想 於色等假名事 若妄想言是色 是名自性妄想", 『금강반야론회석』 권하(대정장40, p.780b10)에 "자성망상은 제법에 자성이 있다고 여기는 것을 말한다. 이것을 자성분별이라고도 한다. 自性妄想 謂執諸法有自性 亦名自性分別", 『대승의장』 권5(대정장44, p.575a28)에 "이러한 다섯 가지 중 자성망상이 그 근본이다. 이것에 의지하여 차별망상이 일어난다. 이것은 선택된 자성법중에 차별상을 취하는 것을 말한다. 就此五中 自性妄想 是其根本 依此起於差別妄想 謂於所取自性法中 取差別相"라고 하였다. [참고문헌] 『楞伽經』, 『菩薩地持經』, 『金剛般若論會釋』, 『大乘義章』, *Laṅk.* ⇨ 자성분별 自性分別, 팔종망상 八種妄想, 자성 自性❶

자성멸 自性滅 Ⓢ prakṛti-nirodha, svabhāva-nirodha, Ⓣ rang-bzhin-gyis-'gog-pa. 삼멸제(三滅諦 : 自性滅·二取滅·本性滅) 중 하나. 변계소집자성(遍計所執自性)이 본래 없음을 말한다. 『성유식론』 권8(대정장31, p.47b17)에 "멸제의 세 가지란, 첫째 자성멸이니, 그 자성이 생하지 않기 때문이다. 滅諦三者 一 自性滅 自性不生故", 『법화경현찬요집』 권29(卍속장54, p.702b14)에 "멸제는 세 가지다. 첫째는 자성멸이니, 연이 된 염법은 아법 두 집착일 뿐이어서 본체 없는 것을 자성멸이라고 한다. 둘째는 이취멸이니, 능취와 소취의 두 가지가 모두 없기 때문이고, 셋째는 본성멸이니, 곧 진여의 당체다. 滅諦有三種 一 自性滅 所緣染法 我法二執 本體是無 名自性滅 二者 二取滅 能取所取 二皆無故 三 本性滅 卽眞如當體故"라고 하였다. [참고문헌] 『成唯識論』, 『法華經玄贊要集』, *Madhy-vibh.40.* ⇨ 삼멸제 三滅諦, 멸제 滅諦, 사성제 四聖諦

자성무기 自性無記 Ⓢ prakṛty-avyākṛta, Ⓣ rang-bzhin-gyis-lung-du-ma-bstan-pa. 오종유위무기(五種有爲無記 : 五無記) 중 하나로 산하(山河) 등과 명근(命根)·명구문신(名句文身) 등 선악(善惡)의 성이 없어 무기인 것을 말한다. 『유가사지론』 권66(대정장30, p.668a8)에 "(다섯 가지 유위무기 중) 다섯째는 자성무기다. 이 중에서 자성무기란 모든 색근이니, 기르고 자라는 것이란 모든 색처 등이고, 이숙 등으로 거두지 않는다 한 것은 선하거나 물드는 색처와 성처를 제한 뜻이다. 五 自性無記 此中自性無記 謂諸色根 是長養者 及外諸有色處等 非異熟等所攝者 除善染汚色處聲處", 『유가론기』 권15(대정장42, p.650c14·한불전14, p.157c9)에 "『대법론』에서 '명근을 이숙무기라 하지 않고 자성무기'라고 하는 것은, 이 이숙은 삼성문에서 그 자성이 무기이기 때문이니, 자성무기는 오근·명구문신·명근·중동분 등에 두루 통함을 알아야 한다. 對法論說 命根不名 異熟無記 但名自性無記者 卽此異熟 於三性門 自性是其無記故 但知自性無記 寬通五根 名句文身 命根 衆同分等"라고 하였다. [참고문헌] 『瑜伽師地論』, 『瑜伽論記』 · 권13(대정장42, p.612c6), *Yogā-bh.190.* ⇨ 무부무기 無覆無記, 무기 無記, 삼성 三性❷, 오근 五根❶, 명구문신 名句文身, 명근 命根, 중동분 衆同分

자성무분별지 自性無分別之知 자성에서 일어난 분별하지 않는 인식. 『도서』 권상(대정장48, p.405a19)에 "『보장론』에서도 말하기를 '유를 알면 무너짐이 있고 무를 알면 패하지 않는다〈이것은 모두 유와 무를 아는 지혜이다〉. 진정한 앎은 유와 무를 헤아리지 않는다〈유무를 헤아리지 아니한즉 자성에서 일어난 분별하지 않는 지혜다〉'라고 하였다. 이와 같이 영지의 마음을 열어 보이면 바로 진성과 부처가 다름이 없다. 寶藏論亦云 知有有壞 知無無敗〈此皆能知有無之智〉 眞知之知 有無不計〈旣不計有無卽自性無分別之知〉 如是開示靈知之心 卽是眞性與佛無異"라고 하였다. 〔참고문헌〕『都序』, 『寶藏論』(대정장45, p.144a22). ⇨ 자성분별 自性分別, 자성 自性 ❶

자성미타 自性彌陀 자성의 아미타불(阿彌陀佛). 염불(念佛)과 간화법(看話法)을 결합한 선정일치(禪淨一致)의 수행법에도 빈번하게 나타난다. 『낙방문류』 권5 「권염불송 勸念佛頌」(대정장47, p.220a28)에 "자성미타불을 알고자 하는가? 그대 조석으로 움직이는 일념중에 있다. 欲知自性彌陀佛 在汝朝昏一念中", 『감산집』 권10(卍속장127, p.338a17)에 "오직 마음이 정토요 자성이 아미타불이니, 원래 당한 이의 일념에서 벗어나지 않는다. 이것이 진실로 법을 행하는 것이다. 唯心淨土 自性彌陀 元不離當人一念 是爲眞實法行", 『태고어록』 「시낙암거사염불약요 示樂庵居士念佛略要」(한불전6, p.679c6)에 "부처님께서 설하신 일대장교, 사람마다 스스로 성을 깨닫는 방편을 내보이심이라. 방편은 비록 다양하지만 요점을 말하자면 마음만이 정토요 자성이 미타다. 마음이 청정하면 불국토가 청정하고, 자성이 나타나면 불신도 나타난다는 말이 바로 이 뜻을 가리킨다. 佛說一大藏教 指示人人自覺性之方便也 方便雖多 以要言之 則唯心淨土 自性彌陀 心淨則佛土淨 性現卽佛身現 正謂此耳", 『나옹화상가송』(한불전6, p.743a9)에 "자성미타 어디에 있을까? 때때로 념념이 잊을 일 없이 하네. 홀연히 어느 날 품었던 모든 생각을 잊으면, 물물두두 덮여 가린 것 없게 되리라. 미타억념 들으려 하지 않아도 이육시중에 자세히 간한다. 문득 어느 아침 몸소 기억해 한몸과 같아서 동과 서가 터럭만큼의 틈도 없으리라. 自性彌陀何處在 時時念念不須忘 驀然一日如忘憶 物物頭頭不覆藏 彌陀憶念不須聞 二六時中子細看 驀得一朝親憶着 東西不隔一毫端"라고 하였다. 〔참고문헌〕『樂邦文類』, 『憨山集』, 『太古語錄』, 『懶翁和尙歌頌』. ⇨ 자성미타유심정토 自性彌陀唯心淨土, 미타비외득 彌陀非外得, 유심정토 唯心淨土, 아미타불 阿彌陀佛, 영명연수선사참선염불사료간 永明延壽禪師參禪念佛四料揀

자성미타유심정토 自性彌陀唯心淨土 자성이 아미타불이고 마음만이 정토라는 말. 『선관책진』 「사자봉천여칙선사보설 師子峯天如則禪師普說」(대정장48, p.1102b11)에 "또한 염불과 참선이 같지 않다고 스스로 의심하는 사람들도 있다. 이들은 참선이 다름 아닌 마음을 알고 자성을 보려하는 것이고, 염불이란 자성이 아미타불이고 마음이 정토임을 깨우치는 것임을 알지 못하니, 어찌 두 가지 이치이겠는가! 경에 '부처님을 기억하며 부처님을 생각하면 지금 당장이나 미래 언제인가 반드시 부처님을 친견하리라'고 하였다. 기왕에 '눈앞에 부처님을 친견한다'고 하였으니 참선하여 도를 깨우치는 일과 무엇이 다르랴! 又有自疑 念佛與參禪不同 不知參禪 只圖識心見性 念佛者 悟自性彌陀唯心淨土 豈有二理 經云 憶佛念佛 現前當來 必定見佛 旣曰現前見佛 則與參禪悟道 有何異哉"라고 하였다. 〔참고문헌〕『禪關策進』, 『楞嚴經』 권5(대정장19, p.128b1). ⇨ 자성미타 自性彌陀, 유심정토 唯心淨土, 기심미타 己心彌陀, 정토 淨土

자성변계 自性遍計 Ⓢ svabhāva-parikalpa, Ⓣ ngo-bo-nyid-du-kun-tu-rtog-pa. 자성이 있다고 헤아리는 것. 변계소집(遍計所執)의 하나이다. 『섭대승론석』 권4(대정장31, p.404b20)에 "자성변계란, 안(眼) 등에 법을 일으키는 체가 있다고 집착하여 취하는 모든 것을 말한다. 自性遍計者 謂總執取眼等有法事體", 『현양성교론』 권16(대정장31, p.558a10)에 "무엇이 여섯 가지 변계인가? 첫째는 자성변계이니 색 등에 실로 자상이 있다고 널리 헤아리는 것을 말한다. 何等名爲六種遍計 一 自性遍計 謂遍計色等實有自相"라고 하였다. 〔참고문헌〕『攝大乘論釋』, 『顯揚聖教論』, *Mah-saṃ.33.* ⇨ 변계소집성 遍計所執性, 자성 自性 ❶

자성본용 自性本用 자성 본래의 용. 연을 따르지 않고도 고요히 비추는 뜻이다. 자성용(自性用)이라고도 한다. 연을 따라 일어나는 용은 수연용(隨緣用)이다. 종밀(宗密)은 자성 본래의 용이 하택종의 종지에는 있으나 홍주종에는 없다고 해석하였다. 『중화전심지선문사자승습도』(卍속장110, p.874b2)에 "〔문〕 홍주종은 말하고 움직이는 것 등이 심성을 드러내는 것이어서, 이것이 가르침을 드러낸 것이며 심성의 활동이라고 주장하는데 무엇이 빠졌는가? 〔답〕 신심의 본체에 두 가지 활동이 있다. 하나는 자성 본래의 활동이고, 다른 하나는 연에 따른 활동이다. 예컨대 동으로 만든 거울이 있다면 동의 재질은 자성의 바탕이고, 동의 밝음은 자성의 활동이며, 비춘 상은 연에 따른 활동이다. 영상은 연을 마주해야 비로소 나타나니 드러난 모습은 천차만별이다. 밝음은 자성의 불변하는 밝음이고 밝음은 오직 하나의 맛이다. 비유컨대 마음이 항상 고요함은 자성의 바탕이고, 마음이 항상 아는 것은 자성의 활동이며, 말하고 분별하고 움직이는 것들은 연에 따른 활동이다. 지금 홍주종이 지시하는 능히 말하는 등은 단지 연을 따른 활동일 뿐이니, 자성의 용은 결여하고 있다. 問 洪州以能語言動作等顯於心性 卽當顯教 卽是其用 何所闕耶 答 眞心本體有二

種用 一者 自性本用 二者 隨緣應用 猶如銅鏡 銅之質是自性體 銅之明是自性用 明所現影是隨緣用 影卽對緣方現 現有千差 明卽自性常明 明唯一味 以喩心常寂是自性體 心常知是自性用 此能語言 能分別動作等 是隨緣應用 今洪州指示能語言等 但是隨緣用 闕自性用也"라고 하였다. 〔참고문헌〕『中華傳心地禪門師資承襲圖』. ⇨ 자성 自性❶

자성분별 自性分別 Ⓢ svabhāva-vikalpa, Ⓣ ngo-bo-nyid-kyi-rnam-par-rtog-pa. 자성을 가려 아는 일. 삼분별(三分別) 또는 팔종분별 중 하나로 육식(六識)이 육경의 자성을 가려 아는 뜻이며, 그 바탕은 심(尋) 또는 심과 사(伺)다. 자성사유(自性思惟)·임운분별(任運分別) 등이라고도 한다. 『대비바사론』 권42(대정장27, p.219b7)에 "대략 세 가지 분별이 있다. 첫째는 자성분별이니 심과 사를 말한다. 略有三種分別 一 自性分別 謂尋伺", 『구사론』 권2(대정장29, p.8b3 : *Abh-k-bh.*, p.22)에 "오식신에는 비록 자성분별이 있으나 그 나머지 둘에는 없으니 무분별이라 한 것이다. 예를 들면 다리가 하나인 말을 다리가 없는 말이라고 하는 것과 같다. 자성분별의 바탕은 '심'일 뿐이다. 由五識身 雖有自性 而無餘二 說無分別 如一足馬 名爲無足 自性分別體唯是尋 tadeṣāṃ svabhāvavikalpo'sti. netarau. tasmādavikalpakā ityucyante. yathā ekapādako'śvo'pādaka iti. tatra svabhāvavikalpo vitarkaḥ"라고 하였다. 〔참고문헌〕『大毘婆沙論』, 『俱舍論』, *Abh-k-bh.* ⇨ 자성사유 自性思惟, 심사 尋伺, 삼분별 三分別❷, 팔종분별 八種分別, 자성 自性❶

자성불생 自性不生 Ⓢ svabhāva-anutpatti, svabhāva-abhāva-utpattitaḥ, Ⓣ rang-bzhin-kyis-mi-skye-ba. 자성은 일어난 적 없다네. 자성공(自性空)의 뜻이니, 인연화합으로 모든 법이 일어날 뿐 그 어떤 것이 일으킨 것 아니어서 공(空)이라는 뜻이다. 『대승입능가경』 권2(대정장16, p.599a1 : *Laṅk.*, p.74)에 "무엇이 자성공인가? 일체법 자성이 일어난 적 없기에 자성공이라고 한다. 云何自性空 謂一切法 自性不生 是名自性空 bhāvasvabhāvaśūnyatā punarmahāmate katamā. yaduta svayaṃ svabhāvābhāvotpattito mahāmate bhāvasvabhāvaśūnyatā bhavati sarvadharmāṇām. tenocyate bhāvasvabhāvaśūnyateti", 『대승기신론』(대정장32, p.583a4)에 "비록 모든 법의 자성불생을 생각한다 해도 다시 인연화합의 선악업과 고락 등의 보는 잃을 일도 무너질 일도 없다고 생각해야 하고, 비록 인연화합의 선악업과 고락 등의 보를 생각할지라도 또한 그 모든 자성은 얻을 수 없다고 생각한다. 雖念諸法自性不生 而復卽念因緣和合善惡之業 苦樂等報不失不壞 雖念因緣善惡業報 而亦卽念性不可得"라고 하였다. 〔참고문헌〕『大乘入楞伽經』, 『大乘起信論』, *Laṅk.*, *Madhy-vibh.40.* ⇨ 자성공 自性空, 일체법 一切法

자성불선 自性不善 Ⓢ svabhāvato 'kuśalaṃ, Ⓣ ngo-bo-nyid-mi-dge-ba. 사종불선(四種不善) 중 하나로 자성이 불선(不善 Ⓢ a-kuśala : 惡)인 것. 무참(無慚)·무괴(無愧)와 탐(貪) 등의 삼불선근(三不善根)이 이에 속한다. 자성선(自性善)의 상대어이다. 『구사론』 권13(대정장29, p.71b5)에 "자성불선이란 무참·무괴·삼불선근을 말한다. 즉 유루법 중에서 오직 무참·무괴와 탐·진 등의 삼불선근은 상응하거나 그 이외의 법에 의해 등기하지 않아서 그 자체가 바로 '불선'이므로 마치 독약과 같다. 自性不善 謂無慚愧三不善根 由有漏中 唯無慚愧 及貪瞋等 三不善根 不待相應 及餘等起 體是不善 猶如毒藥", 『대승아비달마잡집론』 권4(대정장31, p.709b11)에 "자성불선이란 무엇인가? 염오의와 상응하는 것과 색계와 무색계의 번뇌 등을 제한 그 이외의 악행을 일으키는 번뇌와 수번뇌를 말한다. 이는 다시 무엇인가? 욕계에 매이지만 마음대로 일어나지 않는 것이 '불선'이고, 마음대로 악행을 일으킨다면 이것도 '불선'이다. 그 이외의 것은 유부무기다. 自性不善者 謂除染汚意相應 及色無色界煩惱等 所餘能發惡行煩惱隨煩惱 此復云何 謂欲界繫不任運起者是不善 若任運起能發惡行者 亦是不善 所餘是有覆無記"라고 한다. 〔참고문헌〕『俱舍論』, 『大乘阿毘達磨雜集論』, *Abh-k-bh.202.*, *Abh-s-bh.23.* ⇨ 사종불선 四種不善, 무참 無慚, 무괴 無愧, 삼불선근 三不善根, 자성선 自性善

자성사 自性事 Ⓢ svabhāva-vastu, Ⓣ rang-gyi-dngos-po. 오종사(五種事) 중 하나. 법자체. 자성류(自性類)라고도 한다. 『구사론』 권6(대정장29, p.35a6 : *Abh-k-bh.*, p.94)에 "사(事)에는 대략 다섯 가지가 있다. 첫째 자성사이니, 마치 어떤 곳에서 말하길 '이미 이 일이 있었다 하면, 그는 이 사를 성취한 것이다'라고 하는 것과 같다. 事者 略有五種 一 自性事 如有處言 若已得此事 彼成就此事 pañcavidhavastu. svabhāvavastu yathoktaṃ yadvastu pratilabdhaṃ samanvāgataḥ sa tena vastuneti", 『구사론기』 권6(대정장41, p.129c18)에 "첫째 자성사란 무엇인가? 제법자체를 말한다. 곧 자체를 사라고 한다. 一 自性事 謂諸法自體 卽自體名事"라고 하였다. 〔참고문헌〕『俱舍論』, 『俱舍論記』, *Abh-k-bh.* ⇨ 오종사 五種事

자성사 慈聖寺 평안북도 정주시 오성리 오봉산(五峯山 : 一名 慈聖山)에 있던 절. 『동국여지승람』 권52 평안도 정주목 불우에 이름과 위치가 기록되어 있으며, 『여지도서』 평안도 정주 사찰·『가람고』에는 "주 남쪽 4

0리 자성산에 있다. 在州南四十里 慈聖山"라고 하였다. ［참고문헌］『東國輿地勝覽』, 『輿地圖書』, 『伽藍考』, 『梵宇攷』, 『韓國寺刹全書』 권하 p.971a2.

자성사 資聖寺 중국 절강성(浙江省) 영파시(寧波市) 봉화현(奉化縣)에서 서북쪽으로 60리 지점에 있는 설두산(雪竇山)에 위치한 절. 중국 십찰(十刹) 중 다섯 번째. 설두사(雪竇寺)·폭정사(瀑頂寺) 등이라고도 한다. 진(晋)대 이미 꼭대기에 한 비구니가 폭포원(瀑布院)이라는 암자를 짓고 거처한 적이 있었다. 841년(회창1) 그 암자를 개축하였고, 이어서 892년(경복1) 상통(常通)·의성(宜城) 등지에서 찾아와 주석하면서 시방선원(十方禪院)으로 개산하게 되었다. 952년(광순2) 영명연수(永明延壽)가 주석하였고, 1000년(함평3) 자성사라는 사액을 받았다. 그 뒤 1288년(지원25) 화재를 당하여 2년이 지나 복건하였다. 설두중현(雪竇重顯)이 자성사 제6조로서 이곳에서 『설두송고 雪竇頌古』를 지었고, 여정(如淨)과 지감(智鑑)이 공부하던 곳이기도 하다. ［참고문헌］『佛祖歷代通載』 권14(대정장49, p.604c8), 『宋高僧傳』 권1(대정장50, p.712a2), 『雪竇寺志』, 『大明一統志』 권46. ⇨ 설두사 雪竇寺, 십찰 十刹 ❹

자성사유 自性思惟 삼사유(三思惟) 중 각(覺)을 말한다. 『잡아비담심론』 권1(대정장28, p.880b2)에 "자성사유란 '각'을 말한다. 自性思惟者 謂覺也"라고 하였다. ［참고문헌］『雜阿毘曇心論』. ⇨ 삼사유 三思惟

자성산란 自性散亂 Ⓢ prakṛti-vikṣepa, svabhāva-vikṣepa, Ⓣ rang-bzhin-gyis-rnam-par-gyeng-ba. 자성에 고요히 머무는(靜定) 공능이 아예 없어 산란 자체인 오식신(五識身). 오종산란(五種散亂) 또는 육종산란(六種散亂) 중 하나다. 자성산동(自性散動)이라고도 한다. 『변중변론』 권하(대정장31, p.474c18 : *Madhy-vibh.*, p.65)에 "정에서 나오는 것은 오식신을 연유해야 하니, 이것이 자성산란인을 알아야 한다. 出定 由五識身 當知卽是 自性散亂 tatra vyutthānaṃ samādhitaḥ pañcabhir vijñānakāyaiḥ prakṛtivikṣepaḥ", 『대승아비달마잡집론』 권1(대정장31, p.699b17 : *Abh-s-bh.*, p.8)에 "자성산란이란 오식신을 말한다. 그 자성은 안으로 고요히 하는 내적인 정정의 공능은 없기 때문이다. 自性散亂者 謂五識身 由彼自性 於內靜定 無功能故 svabhāvavikṣepaḥ pañcavijñānakāyāḥ, prakṛtyaivādhyātmaṁ samādhātumaśakyatvāt"라고 하였다. ［참고문헌］『辯中邊論』, 『大乘阿毘達磨雜集論』, *Madhy-vibh.*, *Abh-s-bh.* ⇨ 오종산란 五種散亂, 육종산란 六種散亂, 산란 散亂, 오식신 五識身

자성삼보 自性三寶 마음 즉 여래장의 자성이 바로 삼보인 뜻. 마음의 청정무루(淸淨無漏)·난사(難思) 등의 뜻과 여래장의 공(空)·불공(不空)·공불공화합의 뜻 등을 자성삼보라 한다. 『화엄경합론찬요』 권중(卍속장88, p.753b3)에 "불법승 생각하여 떠나지 않으니, 법신의 지혜로운 행으로 다스려 익히는 법칙이다. 비로자나이 부처님이시고, 문수는 이 법보이며, 보현은 바로 승보여서 자성삼보를 어떻게도 떠나지 않는다. 不離念佛法僧者 以法身智行爲治習之法則 毗盧遮那是佛 文殊是法 普賢是僧 自性三寶無可離也", 『능엄경지장소』 권6(卍속장24, p.553a18)에 "자성을 잡아서 말하면, 공여래장이어서 청정자성불 가득한 뜻이고, 불공여래장이어서 항사덕자성법 구족한다. 공불공여래장으로 화합하여 다툼이 없는 자성의 승보다. 청정하여 물들지 않아 무루이고, 성덕 서로 사무쳐 헤아릴 수 없다. 무루여서 난사고 난사여서 무루이니 불가사의하다. 이것이야말로 자성삼보다. 約自性者 空如來藏 彌滿淸淨自性佛也 不空如來藏 具恒沙德自性法也 空不空如來藏 和合無諍自性僧也 淸淨無染故無漏 性德交徹故難思 卽無漏而難思 卽難思而無漏 故不可議 是乃歸依自性三寶", 『아미타경직해정행』(卍속장33, p.748a6)에 "삼보에는 두 뜻이 있다. 하나는 세간삼보, 또 하나는 출세간삼보다. 세간에서 삼보란 조각하고 주물로 붓고 새기고 그려서 불보로 삼은 것이다. 누런 빛 책 붉게 묶음은 법보라 하고, 계 가진 비구는 화합하여 다툼 없으니 승보라 한다. 출세간삼보란, 자성의 바탕 신령하게 깨우칠 줄 알아 온갖 법 비춰 아니 불보라 부르고, 항하사모래처럼 많은 성덕 모두 가져 머무니 법보라는 이름이다. 성상이 둘이 아니어서 고요하고 비춰 어긋남 없으면 그 이름 승보다. 또한 최상승인 자성삼보라 하니, 이에 의지한즉 삼계를 벗어나고 세간의 존경 받아 칭송해서 보배라 말한다. 三寶者有二義 一曰世間三寶 一曰出世間三寶 所云世間三寶者 雕鑄塑畫 名爲佛寶 黃卷赤軸 名爲法寶 持戒比邱 和合無諍 名爲僧寶 出世間三寶者 性體靈覺 照了諸法 名爲佛寶 恒沙性德 皆可執持 名爲法寶 性相無二 寂照無違 名爲僧寶 此三者又名最上乘 自性三寶 依此修行 卽出三界 世間尊敬之稱 故言寶也"라고 하였다. ［참고문헌］『華嚴經合論纂要』, 『楞嚴經指掌疏』, 『阿彌陀經直解正行』. ⇨ 귀의자성삼보 歸依自性三寶, 삼보 三寶❶, 여래장 如來藏❶

자성삼지 自成三智 스스로 성취하는 세 가지 지. 『법화현찬』 권2(대정장34, p.674a19)에 "자성삼지란 모든 중생이 거두어 가지는 세 가지 지혜의 인이다. 첫 번째 지혜는 여실지를 아는 것이니 자리지이고, 두 번째 지혜는 일어난 것들을 아는 지혜니 이타지이며, 세 번째 지혜는 진리지이니 지혜의 실성이다. 自成三智者 是諸衆生攝取三智之因 初智 知如實智 自利智也 次智 是知事

智 利他智也 後智 是眞理智 智實性也"라고 하였다. [참고문헌] 『法華玄贊』. ⇨ 지 智

자성상 自性常 Ⓢ prakṛtyā nityatā, Ⓣ rang-bzhin-gyis-rtag-pa-nyid. 필경에 무루여서 간단없이 언제나 계시는 자성법신. 삼상(三常) 중 하나로 평등하여 변함없는 자성신(自性身 : 眞如法身)을 말하며, 본성상(本性常)·응연상(凝然常)이라고도 한다. 『대승장엄경론』 권3(대정장31, p.606c18 : *Sūtr.*, p.46)에 "일체제불께서는 모두 한결같이 언제나 머무신다. 자성이 항상하기에 일체제불의 자성신도 상주하시고, 필경에 무루이기에 틈 없이 떳떳하기 때문이다. 일체 모든 부처님의 식신 또한 상주하시니 설법에 단절이 없으신 것이다. 상속하기에 일체제불의 화신도 상주하신다. 비록 여기에서 사라지신다 해도 다시 저기에 나타나신다. 一切諸佛 悉同常住 由自性常故 一切諸佛 自性身常住 畢竟無漏故 由無間常故 一切諸佛 食身常住 說法無斷絶故 由相續常故 一切諸佛 化身常住 雖於此滅 復彼現故 teṣu ca triṣu kāyeṣu yathākramaṃ trividhā nityatā veditavyā yena nityakāyās tathāgatā ucyante. prakṛtyā nityatā svābhāvikasya svabhāvena nityatvāt. asraṃsanena sāṃbhogikasya dharmasaṃbhāgo vicchedāt. prabandhena nairmāṇikasyāntarvyaye punaḥ punar nirmāṇadarśanāt"라고 하였다. [참고문헌] 『大乘莊嚴經論』, *Sūtr.* ⇨ 본성상 本性常, 응연상 凝然常, 삼상 三常❶, 자성신 自性身

자성선 自性善 Ⓢ svabhāvataḥ kuśala, Ⓣ ngo-bo-nyid-dge-ba. 자성이 선인 뜻. 사종선(四種善) 중 하나로 신(信 Ⓢ śraddhā)·참(慚 Ⓢ hrī)·괴(愧 Ⓢ apatrāpya)·무탐(無貪 Ⓢ alobha) 등이 이에 속한다. 자성불선(自性不善)의 상대어다. 『구사론』 권13(대정장29, p.71a23)에 "자성선이란 참과 괴선근을 말한다. 즉 유위법 중에서 오직 참과 괴와 무탐 등의 세 가지 선근은 상응하거나 그 이외의 법과 함께 일어나지 않아 그 체성이 선이어서 저 좋은 약과 같다. 自性善者 謂慚愧根 以有爲中 唯慚與愧 及無貪等 三種善根 不待相應 及餘等起 體性是善 猶如良藥", 『대승아비달마집론』 권2(대정장31, p.669b1 : *Abh-s.*, p.22)에 "어떤 것들이 자성선인가? 신(信) 등 열한 가지 심소유법을 말한다. 何等自性善 謂信等 十一心所有法 svabhāvataḥ kuśalaṃ katamat. śraddhādaya ekādaśa caitasikā dharmāḥ"라고 하였다. [참고문헌] 『俱舍論』, 『大乘阿毘達磨集論』, *Abh-s.*, *Abh-k-bh.202.* ⇨ 선 善, 사종선 四種善, 참 慚, 괴 愧, 삼선근 三善根❶, 자성불선 自性不善

자성선 自性禪 Ⓢ dhyāna-svabhāva, Ⓣ bsam-gtan-gyi-ngo-bo-nyid. 일체선법에 안주해서 지관(止觀) 등을 닦는 일. 구종대선(九種大禪) 중 하나다. 정려자성(靜慮自性)이라고도 한다. 『보살지지경』 권6(대정장30, p.921c39 : *Bodh-bh.*, p.143)에 "무엇이 자성선인가? 보살장에 대하여 듣거나 사유하기 전에 세간선과 출세간선을 행하며 일심으로 안주하니, 지분이나 관분이나 이것들과 유사한 법이나 지관분에 머무는 것을 자성선이라고 한다. 云何自性禪 於菩薩藏 聞思前行 世間出世間善 一心安住 或止分 或觀分 或此二同類 或俱分 是名自性禪 katamo bodhisattvānāṃ dhyāna-svabhāvaḥ. bodhisattvapiṭaka-śravaṇa-cintā-pūrvakaṃ yallaukikaṃ lokottaraṃ bodhisattvānāṃ kuśalaṃ cittaikāgryañ-cittasthitiḥ śamatha-pakṣyā vā vipaśyanā-pakṣyā vā yuganaddhavāhimārgaṃ tad-ubhayā-pakṣyā vā. ayaṃ bodhisattvānāṃ dhyāna-svabhāvo veditavyaḥ"라고 하였다. [참고문헌] 『菩薩地持經』, *Bodh-bh.* ⇨ 구종대선 九種大禪

자성선사 自性禪師 명(明)대 스님. 불랑이라는 호와 법명을 합하여 불랑성(佛朗性)이라고도 부른다. 속성은 한(韓)씨. 혜해지(慧海智)선사를 은사로 출가하였고, 부모미생전(父母未生前) 본래면목(本來面目)을 화두로 궁구하였다. 천계륵(天界泐 1318~1390)의 법을 이었다. [참고문헌] 『五燈全書』 권57(卍속장141, p.222b14), 『續指月錄』 권7(卍속장143, p.902a10), 『續燈正統』 권15(卍속장144, p.677a9).

자성수 自性受 Ⓢ svabhāva-vedanā, svabhāva-vedanīyatā, Ⓣ ngo-bo-nyid-kyis-myong-bar-'gyur-ba. 자성으로 받아들임. 오수(五受 : 自性受·現前受·所緣受·相應受·異熟受) 또는 오종순수(五種順受) 중 하나. 자성순수(自性順受)라고도 한다. 『대비바사론』 권115(대정장27, p.596a27)에 "자성수란 저 삼수(三受)와 같은 것이니, 낙수·고수·불고불락수 등을 일컫는다. 自性受者 如說三受 謂樂受 苦受 不苦不樂受", 『순정리론』 권2(대정장29, p.338c25)에 "모든 '수'는 대략 두 가지다. 첫째는 집취수, 둘째는 자성수다. 집취수란 능히 스스로 반연한 경을 받아들임을 말하며, 자성수란 능히 스스로 따라 '촉'을 받아들임을 말한다. 그래서 세존께서 말씀하신다. '순락수촉·순고수촉·순불고불락수촉이 있다'. 이것은 '낙수' 등이 '촉'을 수용하는 뜻이다. 소연수가 받아들이는 한 경의 법과는 차별한 상으로 알기 어려우니, 마치 계경에서 말하길 '구족히 받아들인다' 할 때의 영수라는 말이 언뜻 혜에 의지한 듯 하기 때문에, 저 계경에서 차후에 다시 설하길 '후유를 받지 않음을 여실히 안다' 한 것이다. 비록 '수'도 경계를 받아들이지만 이 '받아들임'은 그 자성을 알기 어렵기에 '촉'

을 받아들이는 것을 '자성수'라 하여 함께하지 않는 뜻의 차별을 쉽게 알 수 있다. 說諸受 略有二種 一 執取受 二 自性受 執取受者 謂能領納 自所緣境 自性受者 謂能領納 自所隨觸 故世尊言 順樂受觸 順苦受觸 及順不苦不樂受觸 是樂受等 所領觸義 領所緣受 與一境法 差別之相 難可了知 如契經言 具足領受 此領受言 似依慧說 故彼契經 次後復說 不受後有 如實了知 雖受亦能領納境界 而此領納 自性難知 故領納觸 爲自性受 此不共餘 易了差別"라고 하였다. [참고문헌]『大毘婆沙論』, 『順正理論』, *Abh-k-bh.229.* ⇨ 수 受[1], 오종순수 五種順受, 삼수 三受

자성시 自性施 Ⓢ dāna-svabhāva, Ⓣ sbyin-pa'i-ngo-bo-nyid. 타인이 희망하는 대로 몸과 재물을 아낌없이 보시하는 것. 구종시(九種施) 중 하나다. 『유가사지론』 권39(대정장30, p.505b6 : *Bodh-bh.*, p.80)에 "무엇이 보살의 자성시인가? 모든 보살이 자기의 몸과 재물에 대해 조금도 아까워하지 않고 일체의 보시해야할 물건을 보시하는 것을 말한다. 즉 탐욕 없는 선천적인 생각과 이로 인한 생각으로 일체의 죄없는 보시물을 보시하고, 신어이업으로 율의 및 아급마견, 반드시 과가 있다는 견해 등에 머물러 바라고 구하는 바에 따라 곧바로 이 물건을 보시하는 것을 보살의 자성시라고 함을 알아야 한다. 云何菩薩自性施 謂諸菩薩 於自身財 無所顧惜 能施一切 所應施物 無貪俱生思 及因此所發 能施一切 無罪施物 身語二業 安住律儀 阿笈摩見 定有果見 隨所希求 卽以此物 而行惠施 當知是名 菩薩自性施 kaśca dānasya svabhāvaḥ. yā cetanā sarvapariṣkāra svadehanirapekṣasya bodhisattvasya kevaladhyātmikavastuparityāgāya kāyavākkarmānavadyaś ca sarvadeyavastuparityāgaḥ. saṃvarasthāyinaḥ āgamadṛṣṭeḥ phaladarśino yo yenārthī tasya ca tadvastupratipādanā bodhisattvasya danasvabhāvo veditavyaḥ", 『보살지지경』 권4(대정장30, p.906a20)에 "자성시란, 보살이 탐욕이 없는 마음으로 재물이나 몸을 아낌없이 하고 신업과 구업을 일으켜 베풀 물건을 베풀고, 법도에 맞는 재물을 베풀며, 율의에 머물고, 미래의 과보를 알아서 이와 같은 뜻으로 중생에게 베푸는 것을 자성시라고 한다. 自性施者 謂菩薩思願 與無貪俱 不惜財身 起身口業 捨所施物 捨如法財 住律儀處 見未來果 以如是義 施與衆生 是名自性施"라고 하였다. [참고문헌]『瑜伽師地論』, 『菩薩地持經』, *Bodh-bh.*

자성식심 自性識心 자성의 식과 심. 유위(有爲)의 무구식(無垢識 Ⓢ amala-vijñāna)을 말한다. 또는 대원경지(大圓鏡智)와 상응하는 식과 심으로 청정한 의타기(淨分依他)로서의 심을 말한다. 『성유식론학기』 권중본(한불전3, p.549c12)에 "『성유식론장중추요』 권하(대정장43, p.634c8)에 '『무상론』과 『대승동성경』에 따르면, 무구식은 이 자성식심이며, 또 진여의 뜻이다. 따라서 무구식은 두 가지에 통합을 안다'고 하였다. 원측(圓測)은 '『무상론』 부분은 진제의 오역이다'라고 하였다〈지금 『성유식론장중추요』를 살펴보면, 이 무구식을 대원경지와 상응하는 심품(心品)이라 하였으니 유위에 통함을 알 수 있다. 또 『대승장엄경론』 권6(대정장31, p.623a8)에 '여기서는 심의 진여를 심이라 하는 것임을 알아야 할 것이다. 즉 이 심을 자성청정이라 한다. 이 심은 곧 아마라식(阿摩羅識 Ⓢ amala-vijñāna)이다'고 하였으니 무위에 통함을 알 수 있다〉. 樞要云 依無相論同性經 無垢識是自性識心 卽眞如理 故知無垢通二種也 測云 其無相論眞諦謬〈今存樞要 此旣云鏡智相應 知通有爲 大莊嚴論第六云 此中應知 說心眞如名之爲心 卽說此心爲自性清淨 此心是阿摩羅識知通無爲〉"라고 하였다. [참고문헌]『成唯識論學記』, 『成唯識論掌中樞要』, 『大乘莊嚴經論』. ⇨ 무구식 無垢識, 아마라식 阿摩羅識, 자성청정 自性淸淨, 정분의타기성 淨分依他起性

자성신 自性身 Ⓢ svabhāva-kāya, dharma-kāya, Ⓣ ngo-bo-nyid-kyi-sku, chos-kyi-sku. 삼신(三身) 또는 사신(四身) 중 하나. 모든 여래가 한결같이 가지신 몸으로 오직 진여이고 진지인 몸들을 말한다. 자성법신(自性法身 Ⓢ svābhāvika-dharma-kāya)이라고도 한다. 밀교에서는 대일여래(大日如來)를 가리키며, 본지신(本地身)이라고도 한다. 『대승본생심지관경』 권2(대정장3, p.298b21)에 "오직 하나의 불보에 세 가지 몸을 갖추니 첫째는 자성신, 둘째는 수용신, 셋째는 변화신이나. 제일의 물신에게는 커다란 단덕이 있으니, 이공이 나툰 것이며, 일체제불이 다 평등하다. … 자성신은 시작도 끝도 없고, 일체상을 여의었으며, 모든 희론을 끊었고, 두루 원만하여 끝이 없으며, 응연히 항상 머문다. 唯一佛寶 具三種身 一 自性身 二 受用身 三 變化身 第一佛身 有大斷德 二空所顯 一切諸佛 悉皆平等 … 其自性身 無始無終 離一切相 絶諸戲論 周圓無際 凝然常住", 『섭대승론석』 권13(대정장31, p.249c18)에 "[논] 이 가운데 자성신이란 제여래법신이다. [석] 이 삼신 중 자성을 법신으로 삼는다면 자성신 두 가지는 정해져 있다. 어찌하여 자성신이 법신인가? 모든 장애를 소멸하였기 때문이고, 모든 선법이 원만하기 때문이어서 오직 진여와 진지만으로 오롯이 존재하기에 법신이라고 한다. 論曰 此中自性身者 是諸如來法身 釋曰 此三身中 若以自性爲法身 自性有二種定 以何自性爲法身 一切障滅故 一切白法圓滿故 唯有眞如 及眞智獨存 說名法身", 『대승아비달마잡집론』 권1(대정장31, p.694c24)에 "자성신이란 무엇인가? 모든 선서께서 함께 가지시는 법신을 말한다. 自性身者 謂諸善逝 共有法身"라고 하였다. [참고문헌]『大乘本生心地觀經』, 『攝大乘論釋』, 『大乘阿毘達

磨雜集論』, *Sūtr.104·189.* ⇨ 법신 法身, 본지신 本地身, 삼신 三身 **1**, 사종법신 四種法身

자성연생 自性緣生 모든 법의 자성은 아뢰야식(阿賴耶識)에 의지해 생기한다는 것. 아뢰야식이라는 통인(通因)에 의지해 다양한 개별적 현상이 발생한다는 뜻. 아뢰야식의 삼상(三相) 중 자상(自相)의 측면을 말하는 것이다. 『섭대승론석』 권2(대정장31, p.164a17)에 "〔논〕 아리야식(阿梨耶識 : 아뢰야식)에 의지해 제법이 생기하니, 이를 분화된 자성의 연생이라 한다. 〔석〕 제법의 종자를 말미암고 아리야식에 의지하기에, 제법이 생하려 할 때 외연도 만약 갖추어진다면, 아리야식에 의지해 곧 다시 생기한다. 제법의 생기는 아리야식을 공통된 인으로 하니 이 인을 분별자성이라 한다. 왜 그러한가? 가지가지 제법의 체성이 나뉘어 다르게 생기한다고 해도, 공통적으로 아리야식을 인으로 하기 때문이다. 제법의 연생된 자성을 분화하는 것은 이 아리야식이 유일하다. 論曰 依止阿黎耶識 諸法生起 是名分別自性緣生 釋曰 由諸法種子 依阿黎耶識 諸法欲生時 外緣若具 依阿梨耶識 則更得生 諸法生以阿黎耶識爲通因 是名分別自性 何以故 種種諸法體性 生起分別差別 同以阿黎耶識爲因故 若分別諸法緣生自性 此唯阿黎耶識", 『성유식론별초』 권1(卍속장77, p.876a6)에 "자성연생이란, 제8식이 능히 인연을 가져 직접 제법을 낳는다는 말이다. 自性緣生 謂第八識能持因緣 親生諸法故", 『유가론기』 권3(대정장42, p.370c19·한불전13, p.190c24)에 "인연이란, 무명의 종자는 오직 무명을 낳을 뿐이지 그 밖의 지분 등은 낳을 수 없다는 것이다. 자종자는 자상에 대해서만 서로 바라지, 그 밖의 지분에 대해서는 그럴 수 없으니 곧 자성연생이다. 因緣者 無明種子 唯生無明 不生餘支 等 自自相望 不望餘支 卽是自性緣生", 『유가사지론약찬』 권4(대정장43, p.63b29)에 "연생에는 세 가지가 있다. 첫째는 자성연생이니, 제8이숙식이 자성을 연생하는 것을 말한다. 緣生有三 一 自性緣生 謂第八異熟識 緣生自性故"라고 하였다. 〔참고문헌〕 『攝大乘論釋』, 『成唯識論別抄』, 『瑜伽論記』, 『瑜伽師地論略纂』. ⇨ 아뢰야식 阿賴耶識, 연생 緣生, 자성 自性 **1**

자성용 自性用 마음의 바탕 공적하여 만물을 다 비추지만 물들지 않는 뜻이다. 수연용(隨緣用)에 대칭한다. 『원각경소초수문요해』 권2(卍속장15, p.510b3)에 "진심은 공적으로 체를 삼고 지로 용을 삼는다. 용에 두 가지다. 첫째는 자성용이니 곧 지(知)와 각(覺)인데, 이는 곧 체의 용이기에 자성용이라 한다. 마치 저 보주의 광명은 항상 비추지만 있는 색을 수용하지 않는 것과 같다. 眞心以空寂爲體智爲用 用有二種 一 自性用 卽知與覺 乃卽體之用故 云自性用 如珠之光明 常自照耀 不容有色", 『반야심경해』(卍속장42, p.27a15)에 "불성이라는 진공에는 두 가지 용이 있다. 첫째는 자성용이고, 둘째는 수연용이다. 비유하면 밝은 거울 텅 비어 걸려있어 어떤 물건이 오든 묻지 않고 거울 빛으로 다 능히 비추는 공이 있듯 하니, 자성용이라 한다. 또한 문득 사물이 이르면 그 사물 따라 모습대로 비춰주는 것이니, 이를 수연용이라 한다. 佛性眞空 有二種用 一 自性用 一 隨緣用 譬如明鏡空懸 不問物之來否 鏡光具能現之功 曰自性用 忽有物至 隨物現形 曰隨緣用"라고 하였다. 〔참고문헌〕 『圓覺經疏鈔隨文要解』, 『般若心經解』.

자성우 自性愚 삼종우(三種愚) 중 하나로 자성에 대한 무명(愚癡). 오온(五蘊)이 무아임을 알지 못하는 무지. 『현양성교론』 권15(대정장31, p.556a22)에 "〔논〕 자성우란, 일체유정에게 무시이래로 유전해 온 무지이다. 論曰 自性愚者 謂一切有情無始流轉無智", 『유가사지론약찬』 권6(대정장43, p.91b3)에 "자성우란, 오온의 자성에 대해 무지해 무아를 자아(我)라고 계탁하는 것이다. 自性愚者 愚五蘊性 無我計我"라고 하였다. 〔참고문헌〕 『顯揚聖敎論』, 『瑜伽師地論略纂』. ⇨ 삼종우 三種愚 **3**, 우치 愚癡, 오온 五蘊, 무아 無我

자성원리 自性遠離 Ⓢ svabhāva-vimukta. 자성을 멀리 떠나다. 일체법의 자성이 공한 줄 알아 떠나는 뜻이다. 『대반야경』 권578(대정장7, p.987b8)에 "모든 유기법·무기법·유루법·무루법·유위법·무위법·세간법·출세간법 등은 공적하고 청정한 구의 뜻이니, 이것이 보살구의 뜻이다. 그 까닭은 무엇인가? 모든 법은 자성이 공하기에 '자성원리'이고, '원리'이기 때문에 자성이 적정하며, 적정하기에 자성이 청정하고, 청정하기에 깊고 깊은 반야바라밀다는 가장 청정하다. 이러한 반야바라밀다가 곧 보살구의 뜻이니, 보살들은 모두 닦고 배워야 하는 것임을 알아야 한다. 一切有記無記法 有漏無漏法 有爲無爲法 世間出世間法 空寂淸淨句義 是菩薩句義 所以者何 以一切法自性空故 自性遠離 由遠離故 自性寂靜 由寂靜故 自性淸淨 由淸淨故 甚深般若波羅蜜多 最勝淸淨 如是般若波羅蜜多 當知卽是 菩薩句義 諸菩薩衆 皆應修學", 『유교경론』(대정장26, p.288a25)에 "자성원리문이 있어서 네 가지로 다스려 보인다. 첫째 아상에 집착하는 장애이니 이 장애를 다스린다. 저 경에서 '너희 비구들이여, 적정과 무위와 안락 등을 구한다면'이라 하였는데, 여기에서 적정이란 법무아공이고, 무위란 무상공이며, 안락이란 무취사원공이다. 둘째 아소라는 장애이니 오중이 난삽하게 일어나 차례가 없기 때문인데, 이 장애를 다스린다. 경에 '시끄럽고 어지러운 것을 여의어야 한다'고 한 것이다. 셋째 아와 아소, 이 두 가지가 없음에도 희론을 일으키는 장애이니 이 장애를 다스린다. 저 경에서 '홀로 조용한 곳에 머무는 것이다'라 한 것이다. 넷째 무위라는 으뜸가는 공덕이 없는 장애이니, 하늘도 중히 여길 만한 법이기에 이 장애를 다스린다. 저 경에서 '고요한 곳에 머무는 사람을 제석의 모든 하늘이 공경하고 존중한다' 한 것이다. 自性遠離門者 示現四種對治 一者 我相執著障 此障對治 如經 汝等比丘 若求寂靜無爲安樂故 於中寂靜者 示法無我空故 無爲者 無相空故 安樂者 無取捨願空故 二者 我所障 五衆亂起 無次第故 此障對治 如經 當離憒鬧故 三者 彼二無相障 此障對治 如經 獨處閑居故 四者 無爲首功德障 以其天可重法故 此障對治 如經 靜處之人 帝釋諸天 所共敬重故"라고 하였다. [참고문헌]『大般若經』, 『遺敎經論』, *Aṣṭ-pr. 132.* ⇨ 자성 自性❶, 자성공 自性空

자성이욕 自性離欲 Ⓢprakṛti-vairāgya, Ⓣrang-bzhin-gyis-'dod-chags-dang-bral-ba. 자성이 청정이 아닌 법이면 그 법에 대한 의욕을 등져 떠나는 뜻. 육종이욕(六種離欲) 또는 십종이욕(十種離欲) 중 하나다. 『유가사지론』 권63(대정장30, p.650a16)에 "모든 정려는 이욕으로 현현한다. 이욕에는 간략히 여섯 가지가 있음을 알아야 할 것이다. 첫째는 자성이욕이다. … 자성이욕이란, 그 자성이 깨끗하지 않아 수용할 수 없는 것들을 싫어하고 등지는 것, 또 고통스러운 것을 싫어하고 등지는 것, 또 가령 이미 초정려의 염을 여의어 제2정려 등에 머무는 동안 심(尋)과 사(伺) 등에 대해 싫어하여 등지는 것을 말하니, 이를 자성이욕이라 한다. 諸靜慮離欲所顯 當知離欲 略有六種 一 自性離欲 … 自性離欲者 謂於自性不淨 非所受用事中 諸厭背性 又於苦受諸厭背性 又若已離初靜慮染 住於第二靜慮等中 於尋伺等諸厭背性 是名自性離欲", 『대승아비달마잡집론』 권4(대정장31, p.710b29)에 "이러한 거슬러 등지는 의미가 반드시 끊는다는 뜻은 아니다. 그 사성을 발비남기에 그에 대한 욕을 여의는 것을 자성이욕이라 한다. … 자성이욕이란, 고통으로 여기거나 고통스럽게 여긴 법을 싫어 등지는 것이다. 是違背義 不必斷義 由自性故離欲 名自性離欲 … 自性離欲者 謂於苦受及順苦受處法生厭背性"라고 하였다. [참고문헌]『瑜伽師地論』, 『大乘阿毘達磨雜集論』, *Abh-s.25., Abh-s-bh.29.* ⇨ 이욕 離欲❶

자성인 自性忍 Ⓢsvabhāva-kṣānti, Ⓣbzod-pa'i-ngo-bo-nyid. 보살이 닦아 익힌 지혜로 일체의 자성을 견뎌 참아내는 것. 구종인(九種忍) 중 하나다. 한편 지전보살이나 구학만이 자성인이고, 그 전은 사택력이나 작의여서 자성인이 아니라고 한다. 『유가사지론』 권42(대정장30, p.523a19 : *Bodh-bh.*, p.130)에 "아홉 가지 상의 인을 보살의 인바라밀다(忍波羅蜜多 Ⓢkṣānti-pāramitā : 忍辱波羅蜜)라 한다. 첫째는 자성인이다. … 무엇이 보살의 자성인인가? 모든 보살이 때론 사택력을 의지처로 삼고, 때론 자성에 대해 원과 해를 견뎌 참음으로써 일체에 두루 다 견뎌 참아낸다. 널리 일체에 대해 모두 견뎌 참는 것은 염 없는 마음으로 순정한 자비심 때문에 견뎌 참는 것이다. 이는 보살인의 자성에 대한 간략한 설명임을 알아야 할 것이다. 謂九種相忍 名爲菩薩忍波羅蜜多 一 自性忍 … 云何菩薩自性忍 謂諸菩薩 或思擇力爲所依止 或由自性堪忍怨害 遍於一切 皆能堪忍 普於一切 皆能堪忍 由無染心 純悲愍故 能有堪忍 當知此則略說菩薩忍之自性 tatra katamā bodhisattvasya svabhāvakṣāntiḥ. yā pratisaṃkhyānabalasanniśrayeṇa vā prakṛtyā vā parāpakārasya marṣaṇā sarveṣāñca marṣaṇā sarvasya ca marṣaṇā nirāmiṣeṇa ca cittena kevalayā karuṇayā marṣaṇā. ayaṃ samāsato bodhisattvasya kṣāntisvabhāvo veditavyaḥ", 『유가론기』 권10(대정장42, p.541c3 · 한불전13, p.820c12)에 "사유한 혜로 견디는 것을 사택력이라 하고, 닦은 혜로 참은 것을 자성인이라 하니 닦은 혜의 자성으로 능히 견뎌 참기 때문이다. 두 번째 해석은 다음과 같다. 지전의 인이기에 사택력이라 한 것이니, 작의에 따른 것이기 때문이다. 지상의 인이기에 자성인이라 하니, 자연히 일어나기 때문이다. 세 번째 해석은 다음과 같다. 초학의 인이기에 사택력이고, 구학이 성취한 것이기에 자성인이라 한다. 思慧忍名思擇力 修慧忍名自性 以修慧自性能堪忍故 二云 地前忍者思擇力由作意故 地上忍名自性忍 任運起故 三云 初學忍名思擇力 久學成名自性忍"라고 하였다. [참고문헌]『瑜伽師地論』, 『瑜伽論記』, *Bodh-bh.* ⇨ 감인 堪忍, 인바라밀 忍波羅蜜, 인욕바라밀 忍辱波羅蜜, 자성 自性❶

자성일편 自成一片 저절로 한 조각 이루리. 타성일편(打成一片)이라고도 한다. 『선원청규』 권8 「좌선의 坐禪儀」(卍속장111, p.920b3)에 "일체선악 사량해서 될 일 아니다. 생각 일어난즉 알아차려라. 알아차린즉 버린다. 오래오래 연을 잊어가면 저절로 한 조각 성취하리니, 이것이 좌선의 요술이다. 一切善惡 都莫思量 念起卽覺 覺之卽失 久久忘緣 自成一片 此坐禪之要術也", 『청주집』(卍속장110, p.43b17)에 "자성일편 : 만일 마침내 생사심 끊으려면 념념이 머리에 붙은 불을 끄듯 해야 하리. … 이와 같이 간절히 공부하여 오래도록 순숙하면 자연스럽게 상응하여 한 편 되기를 구하지 않아도 저절로 한 조각 될 것이다. 自成一片 若果爲生死心切 念念若救頭然 … 如此下苦切工夫 久久純熟 自然相應 不求成片而自成一片矣"라고 하였다. [참고문헌]『禪苑淸規』, 『淸珠集』. ⇨ 타성일편 打成一片

자성정 自性定 마음 바탕 본래 적정하여 그대로 정

(定)이라는 뜻. 『종경록』 권97(대정장48, p.940a6)에 "제4조 도신대사는 '무릇 마음의 정을 알고자 한다면, 정좌할 때 앉아 있음을 아는 것이 마음이며, 망상이 일어나고 있음을 아는 그 마음이며, 어떤 망상도 일어나고 있지 않음을 아는 그 마음이며, 안과 밖이 따로 없음을 아는 그 마음인 줄 알아야 한다. 이치는 마음으로 돌아가고 마음 이미 청정하니, 그 정이 곧 본성이다. 안과 밖이 오직 한 마음일 뿐이니 이것이 지혜의 상이다. 밝게 알아 동요하지 않는 마음을 자성정이라 한다'고 하였다. 第四祖道信大師云 夫欲識心定者 正坐時知坐是心 知有妄起是心 知無妄起是心 知無內外是心 理盡歸心 心旣淸淨 淨卽本性 內外唯一心 是智慧相 明了無動心 名自性定", 『수심결』(대정장48, p.1008a4・한불전4, p.711c13)에 "만약 법의 뜻을 베풀자면 이로도 천 가지 문이 있지만 정과 혜 아닌 것이 없고, 그 벼리만을 취하자면 자성상에 체와 용 이 두 가지 뜻 밖에 없으니, 앞서 말한 공적과 영지가 이것이다. 정은 체이고 혜는 그 용이다. 다시 말해 체의 용이기 때문에 혜는 정과 떠날 수 없다. 바꿔 말해 용의 체이기에 정은 혜와 떨어질 수 없다. 정이 곧 혜이기에 고요한 중에 항상 알고, 혜가 곧 정이기에 알아차리는 중에도 고요하다. 조계(曹溪 : 慧能)는 '마음자리 어지럽지 않으면 자성정이고, 마음 바탕 어리석지 않으면 자성혜다'라고 하였다. 만약 이처럼 맡겨 움직이는 그대로 고요하면서도 다 아니, 막힘과 비춤은 둘이 없어서 돈문의 사람은 정혜를 쌍으로 닦는다. 若設法義 入理千門 莫非定慧 取其綱要 則但自性上體用二義 前所謂空寂靈知是也 定是體 慧是用也 卽體之用故 慧不離定 卽用之體故 定不離慧 定則慧故 寂而常知 慧則定故 知而常寂 如曹溪云 心地無亂自性定 心地無癡自性慧 若悟如是 任運寂知 遮照無二 則是爲頓門箇者雙修定慧也"라고 하였다. [참고문헌] 『宗鏡錄』, 『修心訣』. ⇨ 자성계 自性戒, 자성혜 自性慧[2], 자성계정혜 自性戒定慧

자성정 自性淨 Ⓢ śuddhi-prakṛti, prakṛti-prabhāsvara, svabhāva-śuddha, Ⓣ rang-bzhin-gyis-'od-gsal-ba. 스스로의 성 그대로 깨끗하다. 자성청정심(自性淸淨心)의 뜻이어서 이구청정(離垢淸淨)에 대칭한다. 『보성론』 권4(대정장31, p.840c19 : *Ratna-ut.*, p.78)에 "중생의 허물 헛되게 취했으니 오염된 것임을 알지 못하기 때문이다. 실은 저 허물은 없으니, 자성은 깨끗한 것이 공덕이다. 妄取衆生過 不知客染心 實無彼諸過 自性淨功德 abhūtaṃ sattvadoṣāste kṛtrimāgantukatvataḥ, bhūtaṃ taddoṣanairātmyaṃ śuddhiprakṛtayo guṇāḥ", 『대승장엄경론』 권10(대정장31, p.643a23 : *Sūtr.*, p.141)에 "'경 깨우쳐 뛰어나게 닦는다' 하였는데, 몸은 저 환으로 드러난 듯함을 알고, 저 꿈과 같아 삿된 알음알이임을 안다. 허공과 같아 자성이 깨끗한 줄 알고, 법은 저 객일 뿐이니 객이란 얽힌 번뇌여서 저 허공의 티끌과 안개 같다고 아는 것이다. 覺境勝修者 謂知身如幻色相似故 知受如夢皆邪覺故 知心如空自性淨故 知法如客 客謂纏垢 譬如虛空有烟雲塵霧故 kathaṃ parijñātaḥ kāyasya māyopamatvaparijñayā tathaivābhūtarūpasaṃprakhyānāt. vedanāyāḥ. svapnopamatvaparijñayā tathaiva mithyānubhavāt. cittasya prakṛtiprabhāsvaratvapraijñayā ākāśavat. dharmāṇām āgantukakatvaparijñayā ākāśāganturajodhūmābhranīhāropakleśavat", 『변중변론술기』 권하(대정장44, p.41b23)에 "법계본성은 도무지 잡염이 없으니 이는 곧 본래자성의 깨끗한 뜻이다. 法界本性都無雜染 卽是本來自性淨義", 원효(元曉)의 『금강삼매경론』 권중(대정장34, p.984b29・한불전1, p.641a8)에 "'자성정'에 대해 『보성론』에서는 저 경설을 끌어 말하길 '선심도 념념이 머물지 않아 번뇌에 물들지 않고, 불선심도 찰나찰나 주하지 않아 번뇌에 물들지 않는다. 번뇌가 마음에 닿지 않고 마음도 번뇌에 닿지 않으니, 만난 일도 없는 법이 어떻게 물들 수 있겠는가'. 自性淨者 如寶性論引經說言 善心念念滅不住 非煩惱所染 不善心念念滅不住 非煩惱所染 煩惱不觸心 心不觸煩惱 云何不觸法而能得染心"라고 하였다. [참고문헌] 『寶性論』, 『大乘莊嚴經論』, 『辯中邊論述記』, 『金剛三昧經論』, *Ratna-ut.*, *Sūtr.* ⇨ 자성청정 自性淸淨, 자성청정심 自性淸淨心, 이구청정 離垢淸淨, 객진번뇌 客塵煩惱

자성정심 自性淨心 자성청정심(自性淸淨心)의 줄임말. 원효(元曉)의 『금강삼매경론』 권중(대정장34, p.984c6・한불전1, p.641a15)에 "'마음은 본래 깨끗하기에 뜻으로 번뇌의 티끌 없다 하였다'는 말은 자성의 청정한 마음인 본각의 뜻으로는 그 어떤 객진으로도 물들일 수 없다는 뜻이다. 心本淨故 理無穢故者 自性淨心本覺之理 非諸塵穢之所入故"라고 하였다. [참고문헌] 『金剛三昧經論』, 『金剛三昧經』(대정장9, p.369b27). ⇨ 자성청정심 自性淸淨心, 자성 自性[1]

자성정자성혜 自性定自性慧 마음이 고요하여(寂) 비추면(照) 자성 그대로 정(定)이고 자성이 그대로 지혜(慧)라는 뜻. 『종경록』 권97(대정장48, p.941a13)에 "남악(南嶽) 사대화상(思大和尙 : 慧思)은 '… 고요한즉 바로 자성정이고 비춘즉 그대로 자성혜다. 정이 바로 혜의 바탕이고 혜는 그대로 정의 용이니, 정을 떠난 혜는 없고 혜를 버린 정도 없다. 정에 들 때가 바로 혜이고 혜가 빛날 때 그대로 정이다. 왜 그런가? 성 스스로 여의기에 저 등과 불빛이 비록 이름은 둘이지만 그 몸 나눌 수 없어서 등에 있는 빛이고 빛나야 등이다. 등 떠나 빛날 수 없고 빛나지 않으면 등 또한 따로 있을 수 없다. 등은 빛의 바탕이요, 빛은 등의 일이라네. 이런 즉 정혜는 쌍으로 닦아서 서로 떨어지지 못하네. 南嶽思大和尙云 … 卽寂是自性定 卽照是自性慧 卽定是慧體 卽慧是定用 離定無別慧 離慧無別定 卽定之時卽是慧 卽慧之時卽是定 卽定之時無有定 卽慧之時無有慧 何以故 性自如故 如燈光雖有二名 其體不別 卽燈是光 卽光是燈 離燈無別光 離光無別燈 卽燈是光體 卽光是燈用 卽定慧雙修不相去離"라고 하였다. 〔참고문헌〕『宗鏡錄』. ⇨ 정혜쌍수 定慧雙修, 정혜등지 定慧等持

자성정혜 自性定慧 자성 그대로의 정과 혜. 돈오와 짝이 되며 점수(漸修)는 수상정혜(隨相定慧)다. 보조지눌(普照知訥 1158~1210)의 『수심결』(대정장48, p.1008c1 · 한불전4, p.712c11)에 "만일 두 문(돈문과 점문) 나아가 각각 그 행한 바를 가리자면, 자성정혜를 닦음은 돈문이다. 이는 공 없는 공으로 움직여 한 쌍으로 고요하니, 스스로 자성을 닦아 스스로 불도를 이룬다. 若就兩門 各判所行 則修自性定慧者 此是頓門 用無功之功 並運雙寂 自修自性 自成佛道者也"라고 하였다. 〔참고문헌〕『修心訣』. ⇨ 돈오 頓悟, 돈문 頓門, 정혜등지 定慧等持, 정혜쌍수 定慧雙修, 권수정혜결사문 勸修定慧結社文, 수상문 隨相門 ❸

자성주불성 自性住佛性 자성으로서만 불성에 머물다. 범부중생의 때묻은 진여를 말한다. 삼불성(三佛性 : 三位佛性) 중 하나다. 자주불성(自住佛性) · 주자성성(住自性性)이라고도 한다. 『불성론』 권2(대정장31, p.794a21)에 "세 가지 불성이란 응득인 중에 갖춘 삼성이니, 첫째는 주자성성이다. … 〔기〕 주자성이란 불도(佛道)에 들기 전의 범부위를 말한다. 三種佛性者 應得因中 具有三性 一 住自性性 … 記曰 住自性者 謂道前凡夫位", 『대승법원의림장』 권7(대정장45, p.366b14)에 "불성에는 세 가지가 있으니 첫째가 자성주불성이니, 발심하기 전에 머무는 자성위를 말한다. 佛性有三一自性住佛性 未發心前住自性位", 『반야심경약소연수기』 권하(대정장33, p.565c14)에 "자성주불성이란 무엇인가? 잡염중생위중의 유구진여이다. 自性住佛性者 雜染衆生位中 有垢眞如"라고 하였다. 〔참고문헌〕『佛性論』, 『大乘法苑義林章』, 『般若心經略疏連珠記』. ⇨ 삼위불성 三位佛性

자성증어 自性增語 자성에 말을 더함(Ⓢ adhivacana). 사물의 자성에 말을 더해 불러내서 모두가 함께 이해할 수 있게 하는 명(名 Ⓢ nāma)의 뜻이다. 원측(圓測)의 『해심밀경소』 권6(한불전1, p.325b9)에 "『대비바사론』에 따르면 이름에 세 가지 뜻이 있다. 따르고 부르고 합하는 수 소 합이다. 따라서 그 논에서는 '〈문〉 어째서 이름(名)이라 하는가? 〔답〕 명이란, 명으로 따름을 삼는다. 부르는 것이며 합하는 것이다. 수란 소리내는 대로 바로 상응하는 것을 말하고, 부른다는 것은 이 뜻을 세워 부르는 대로 바로 응하는 것을 말하며, 합이란 말한 바에 따라 의미에 대한 앎이 일어나게 하는 것을 말한다'고 하였다. 『대승오온론』에서는 '제행의 자성에 말을 더하는 것을 자성으로 한다' 하였다. … 또 『유가사지론』에 '〔문〕 명이란 어떤 의미인가? 〔답〕 갖가지 사물에 대해 함께 알 수 있게 하기에 명이라 하고, 또 갖가지 상을 뜻으로 지을 수 있기에 명이라 하며, 또 말로 불러낼 수 있기에 명이라 한다'고 하였다. 依毗婆沙有其三義 謂隨召合 故彼論云 何故名名 答 名者 名爲隨名爲召 名爲合 隨者 如其所作 卽往相應 召者 爲此義立如求便應 合者 隨造頌轉 令與義會 五蘊論云 諸行自性增語爲性 … 又依瑜伽八十一云 問 名是何義 答 能令種種共所了知 故名爲名 又能令意作種種相 故名爲名 又由語言之所呼召 故名爲名"라고 하였다. 〔참고문헌〕『解深密經疏』, 『大毘婆沙論』 권14(대정장27, p.70c25), 『瑜伽師地論』 권81(대정장30, p.750b18), 『大乘五蘊論』(대정장31, p.849c21). ⇨ 증어 增語

자성진여 自性眞如 자성이 진여라는 말. 자성은 법신이고 천만겁 지나도 항상 새롭기에 진여라 부른다. 『금광명최승왕경소』 권2(대정장39, p.214a24)에 "법신은 오직 자성진여일 뿐이다. 法身唯是自性眞如", 『번역명의집』 권5(대정장54, p.1128b20)에 "여래장이란 자성진여에 머무는 것이다. 모든 부처님의 지지(智地)를 여래장이라고 한다. 如來藏者 住自性眞如也 諸佛智地 名如來藏", 『아미타경직해정행』(卍속장33, p.743a3)에 "〔문〕 불토는 어떤 이유로 황금을 귀중하게 여기는가? 〔답〕 황금이란 그 자성이 진여평등하기 때문이다. 진여란 잡스러움과 더러움 없으며, 변하거나 옮김도 없어 만겁을 지나도 항상 새롭다. 평등이란 더하지도 덜하지도 않아 고하가 없는 것이다. 수많은 성인 깨달은 이법, 이것이 성의 뜻인데, 성의 뜻을 황금에 비유한다. 황금은 흙에 묻혀 있다가 흙에서 금이 나오는데, 흙에서 나온 금은 천 번 녹여도 그 색이 달라지지 않으므로 금을 불성에 비유한다. 만겁을 지나도 항상 새롭기에 불성을 금에 비유한다. 或問曰 佛土因何以黃金爲重耶 答云 黃金者 則自性眞如平等故 眞如者 無雜無穢 無變無遷 歷萬劫而常新 平等者 不增不減 不高不下 爲千聖所證之理 此卽性義也 性義喩金 金藏土 土生金 出土之純金 千番鎔鑄其色不異 所以金喩佛性 歷萬劫而常新 佛性喩金"라고 하였다. 〔참고문헌〕『金光明最勝王經疏』, 『翻譯名義集』, 『阿彌陀經直解正行』. ⇨ 자성 自性 ❶, 진여 眞如

자성차별 自性差別 ❶ Ⓢ svabhāva-viśeṣaṇa, Ⓣ rang-bzhin-gi-ngo-bo'i-khyad-par. 이런저런 법에 있

어서의 자성차별. 『대비바사론』 권31(대정장27, p.160b7)에 "〔문〕 비(悲)와 대비(大悲)에는 어떤 차별이 있는가? 〔답〕 대략 여덟 가지 차별이 있다. 첫째 자성차별이니, '비'는 무진선근을 자성으로 하고, 대비는 무치선근을 자성으로 삼는다. 問 悲與大悲 有何差別 答 應知略有 八種差別 一 自性差別 謂悲無嗔善根爲自性 大悲無癡善根爲自性", 『유가사지론』 권53(대정장30, p.593c13)에 "〔문〕 어떤 것이 식(識)의 자성인가? 〔답〕 간략히 여섯 가지니, 안식부터 의식까지가 이 식의 자성차별이다. 問 何等是識自性 答 略有六種 所謂眼識 乃至意識是識自性差別"라고 하였다. 〔참고문헌〕 『大毘婆沙論』, 『瑜伽師地論』, 『大乘阿毘達磨集論』 권3(대정장31, p.671b20), *Abh-k-bh.301*. ⇨ 자성 自性 ❷ 인명(因明)의 종법오명(宗法五名) 중 하나로 주장명제인 종(宗)의 자성과 차별을 말한다. 자성은 주장명제의 주어(主語)를 말하고, 차별은 술어(述語)를 가리킨다. 한편 자성은 유법(有法)의 소별(所別)이고 차별은 법(法)의 능별(能別)이다. 『인명입정리론소』 권상(대정장44, p.94a14)에 "지금 진나는 인(因)과 유(喩)를 능립이라 하고, 종은 소립이라 한다. 자성과 차별 둘 다 끝내 성취되는데, 이것은 종으로서의 의지일 뿐 아직 쟁론에서 성취된 것은 아니다. 今者陳那 因喩爲能立 宗爲所立 自性差別 二並極成 但是宗依 未成所諍", 『인명입정리론소』 권1(卍속장86, p.662a11)에 "모든 법에는 두 가지가 있다. 첫째 자성이니 색성향 등을 말하고, 둘째 차별이니 상무상 등을 말한다. 자성에 두 가지 이름이 있으니 첫째는 유법이고, 둘째는 소별이다. 차별에도 두 가지 이름이 있으니 첫째는 법이고 둘째는 능별이다. 상이나 무상 등으로 규칙성이 있는 것은 법이고, 색성 등으로 법이 있게 되면 유법이라 한다. 곧 이 색 등의 자성은 상무상 등으로 차별하기에 다른 것이라 하고, 상무상 등은 색 등의 자성을 차별하기 때문에 다르게 하는 것이라고 한다. 諸法有二 一 自性 謂色聲香等 二 差別 謂常無常等 自性有兩名 一 有法 二 所別 差別有兩名 一 法 二 能別 常無常等 有軌則義 名之爲法 卽色聲等 能有此法 故名有法 卽此色等 自性爲常無常之所差別 令殊內外 故名所別 常無常等 旣能差別 色等自性 故名能別"라고 하였다. 〔참고문헌〕 『因明入正理論疏』. ⇨ 종법오명 宗法五名

자성천진불 自性天眞佛 자성 그대로 천진한 부처. 『능엄경종통』 권8(卍속장25, p.290a11)에 "마음의 빛 은밀히 돌아오면 부처님 향하여 편안히 머문다. 부처님의 고요하고 묘하여 언제나 한결같음 얻어 경을 마주해도 동요하지 않아 부처님의 위없이 묘한 깨끗함 얻어 번뇌 밟지만 물들지 않는다. 이것이 진실로 무위자성의 천진한 부처다. 이렇게 머물러 짓고 함도, 증하고 얻음도 없이 한다. 얻음이 있으면 반드시 잃음도 있는 법이니, 얻음이 없으면 잃음도 없다. 心光密迴 向佛安住 得佛寂妙常凝 對鏡而不動 得佛無上妙淨 涉塵而不染 此眞無爲自性天眞佛也 安住於此 無作無爲 無證無得 凡有得必有失 無得則無失"라고 하였다. 〔참고문헌〕 『楞嚴經宗通』. ⇨ 본원자성천진불 本源自性天眞佛

자성청정 自性清淨 Ⓢ prakṛti-pariśuddha, prakṛti-pariśuddhi, prakṛti-prabhāsvara, prakṛti-prabhāsvaratva, prakṛti-prabhāsvaratā, prakṛti-viśuddha, prakṛti-viśuddhi, Ⓟ pakati-parisuddha, pakati-pabhassara, Ⓣ rang-bzhin-gyis-'od-gsal-ba-nyid. 자성 물듦이 없어 그대로 청정함. 여여(如如)·공(空)·무상(無相)·진실(眞實)·법계(法界)의 다른 이름이다. 이종청정(二種淸淨) 또는 사종청정(四種淸淨) 중 하나다. 『인왕호국경』 권상(대정장8, p.836c29)에 "대왕이여, 나는 늘 중생들에게 말한다. '삼계의 무명을 끊어 다한 이를 부처라 하며, 자성청정은 본각성이라 하니 곧 제불의 일체지지다'. 大王 我常語諸衆生 但斷三界無明盡者 卽名爲佛 自性淸淨 名本覺性 卽是諸佛一切智智", 『대보적경』 권39(대정장11, p.226b17)에 "사리자야, 나는 보리의 자성청정을 증득하였다. 무엇이 자성청정인가? 사리자야, 보리의 자성 그 바탕은 물들 일 없어 허공과 같고, 허공성이며 허공과 같으니, 보리와 허공은 평등하고 평등하여 구경에는 성이 청정하다. 어리석은 범부는 이와 같은 자성청정을 깨닫지 못하고 객진번뇌에 물든다. 일체중생들이 자성청정을 알지 못하므로 여래께서 대비심을 일으켜 말씀하신다. '나는 이제 정히 열어 보이리니 그들이 자성청정을 깨닫도록 하겠다'. 舍利子 我證菩提自性清淨 云何名爲自性淸淨 舍利子 菩提之性 體無染汚 菩提之性 與虛空等 菩提之性是虛空性 菩提之性 同於虛空 菩提虛空 平等平等 究竟性淨 愚癡凡夫 不覺如是自性淸淨 而爲客塵煩惱之所染汚 一切衆生 於是 自性淸淨 不能解了 如來於彼 發起大悲 我今定當開示 令其解了如是自性淸淨故", 『불모반야바라밀다원집요의석론』 권3(대정장25, p.907a10)에 "네 가지 청정이란 첫째 자성청정, 둘째 이구청정, 셋째 소연청정, 넷째 평등청정이다. 자성청정이란 곧 무차별하여 둘이 없는 지이다. 그것이 행하는 상은 어떠한가? 자성이란 본성이 허망하거나 거짓되지 않은 것을 말하니, 곧 진아성이다. 자성 중에는 이와 같은 성이 있으니 저 마니보주 서로 비춰 화합하듯 한다. 저 부처님께서 말씀하셨듯 일체중생은 곧 여래장이며, 저 일체법과 선서 등은 무자성이라고 말씀하셨다. 이와 같은 말씀이 바로 자성청정이다. 所言四種淸淨者 一 自性淸淨 二 離垢淸淨 三 所緣淸淨 四 平等淸淨 初自性淸淨者 卽是無差別無二之智 行相云何 自性者 謂本性 不虛假 卽眞我性 於自性中 有如是相 如摩尼寶 映現和合 如佛所言 一切衆

生 卽如來藏 彼一切法 與善逝等 而無自性 此如是說 卽自性清淨",『섭대승론석』 권6(대정장31, p.191c20)에 "네 가지 청정법이라 했는데 첫째, 이 법 본래자성 청정하다는 것이니 여여·공·실제·무상·진실·법계 등이라고 한다. 〔석〕 이 법의 자성은 본래청정하므로 이 청정을 여여라고 하는데, 일체중생들에게 평등하게 있으니 더불어 통하는 상이기 때문이다. 이 법이 있으므로 일체법을 여래장이라고 한다. 四種淸淨法者 一 此法本來自性淸淨 謂如如 空 實際 無相 眞實 法界 釋曰 由是法自性 本來淸淨 此淸淨名如如 於一切衆生 平等有 以是通相故 由此法是有故 說一切法 名如來藏",『대승장엄경론』 권6(대정장31, p.623a2 : *Sūtr.*, p.88)에 "게로 말한다. 심성이 깨끗하되 객진에 물듦을 설해 마쳤네. 심진여를 떠나 심성의 맑음이 달리 있는 것 아니네. 〔석〕 물의 자성이 스스로 깨끗하되 객구로 흐려지듯, 이와 같이 심성도 스스로 깨끗하지만 객진에 붙든다. 이 뜻을 이미 알았다면, 이 뜻으로 말미암아 마음의 진여를 떠나 다른 마음도 따로 있지 않다고 한다. 즉 의타상을 설하여 자성청정이라 한 것이다. 偈曰 已說心性淨而爲客塵染 不離心眞如別有心性淨 釋曰 譬如水性自淸而爲客垢所濁 如是心性自淨 而爲客塵所染 此義已成 由是義故 不離心之眞如別有異心 謂依他相說爲自性清淨 〈śloka〉 matam ca cittaṃ prakṛti-prabhāsvaraṃ sadā tadāgantuka-doṣadūṣitaṃ, na dharmatā-cittamṛte 'nya-cetasaḥ prabhāsvaratvaṃ prakṛtau vidhīyate. 〈bhāṣya〉 yathā toyaṃ prakṛtyā prasannam āgantukena tu kāluṣyeṇa luḍitaṃ bhavaty evaṃ cittaṃ prakṛtyā prabhāsvaraṃ matam āgantukais tu doṣair dūṣitam iti. na ca dharmatā-cittād ṛte 'nyasya cetasaḥ paratantra-lakṣaṇasya prakṛti-prabhāsvaratvaṃ vidhīyate"라고 하였다. 〔참고문헌〕『仁王護國經』, 『大寶積經』, 『佛母般若波羅蜜多圓集要義釋論』, 『攝大乘論釋』, 『大乘莊嚴經論』, *Sūtr.*, *Laṅk.358.*, *Ratna-ut.12·14·80.* ⇨ 사종청정 四種淸淨❷, 사청정법 四淸淨法❸, 자성청정심 自性淸淨心, 진여심 眞如心, 본래자성청정 本來自性淸淨, 심성본정 心性本淨

자성청정묘장 自性淸淨妙藏 금금강지(金金剛地). 불가사의한 무변공덕을 갖춘 묘각위(妙覺位)의 불과(佛果)를 말한다. 『석마하연론』 권2(대정장32, p.607a18)에 "일체법 비록 설하지만 설하는 이도 설할 것도 없으며, 일체법 염하지만 염하는 이도 염할 것도 없음을 안다면 이것을 수순이라고 한다. 설도 염도 떠나면 득입이라 한 것은 차제로 저 두 가지 의심을 끊는다. 말하자면 수순에는 본래 두 가지가 있고, 그 두 가지란 첫째 생멸수순이고, 둘째 진여수순이다. 생멸수순중에 다시 두 가지인데, 그 두 가지란 첫째는 향상수순, 둘째는 향하수순이다. 향상수순이란 신위로부터 금강지에 이르기까지이니, 보리과를 향한 수순방편이기 때문이다. 향하수순이란 자성의 청정묘장으로부터 제일념인 신위에 이르기까지이니, 야야지(耶耶地 : 邪邪地)를 향한 수순방편이기 때문이다. 若知一切法 雖說無有 能說可說 雖念亦無 能念可念 是名隨順 若離說念 名爲得入者 如其次第決彼二疑 所謂隨順 自有二種 云何爲二 一者 生滅隨順 二者 眞如隨順 生滅隨順中 而有其二種 云何爲二 一者 向上隨順 二者 向下隨順 向上隨順者 從信乃至金剛 能爲菩提果隨順方便故 向下隨順者 從自性淨妙藏 乃至第一念信 能爲耶耶地隨順方便故", 원효(元曉)의 『본업경소』 권하(한불전1, p.519b14)에 "자성청정묘장이란 제여래의 무변공덕이 미치지 않음이 없는 뜻이니, 염정에 통하여 미혹지에 있을지라도 물들지 않으므로 정이라 하고, 정지에 있어서도 깨끗해지려 하지 않아 묘하기에 자성청묘장이라고 한다. 저 『부상의경』에서 말씀하셨으니, 어찌하여 여래의 공덕이 불가사의하다고 하는가? 일체여래의 항하사겁의 무변공덕은 혹지에 있거나 청정지에 있을지라도 서로 거두고 상응하여 일찍이 서로 여읜 적 없으니, 더러움도 깨끗함도 없어 불가사의하기 때문이다. 自性淸淨妙藏者 謂諸如來 無邊功德 無所不通 通於染淨 在於惑地 不染曰淸 在於淨地 不淨曰妙 故名自性淸妙之藏 如無上依經言 云何如來爲功德不可思議 一切如來 恒河沙劫 無邊功德 在於惑地 及於淨地 相攝相應 未曾相離 無垢無淨 不可思議故"라고 하였다. 〔참고문헌〕『釋摩訶衍論』, 『本業經疏』. ⇨ 묘각 妙覺

자성청정불성관 自性淸淨佛性觀 중생의 자성이 청정한 불성이라고 보다. 여래장(如來藏)을 말한다. 『보성론』 권2(대정장31, p.825a2)에 "두 가지 수행이 있으니 여실수행과 변수행인데, 깨달아 알기 어려운 뜻이다. 여실수행이란, 중생의 자성청정한 불성경계를 보는 것이다. 게로 말한다. '가림 것 없는 깨끗한 지라 하니, 중생들의 자성청정성인 불성경계 여실히 본다네'. 변수행이라 하니, 십지의 일체경계에 가득하여 일체중생에게 일체지가 있음을 본다. 有二種修行 謂如實修行 及遍修行 難證知義 如實修行者 謂見衆生自性淸淨佛性境界故 偈言 無障淨智者 如實見衆生 自性淸淨性佛法身境界故 遍修行者 謂遍十地一切境界故 見一切衆生有一切智故", 『제법무쟁삼매법문』 권상(대정장46, p.628a21)에 "좌선하고자 할 때 마땅히 먼저 몸의 바탕 관해야 하니 여래장이다. 자성청정심이라고도 하고, 진실심이라고도 한다. 안에 있지 않고, 밖에 있지 않으며, 중간에도 있지 않고, 단도 아니며, 상도 아니고, 중도도 아니며, … 앞도 없고, 뒤도 없으며, 중간도 없고, 옛날부터 명자도 없었다. 이렇게 진신을 관찰해 마치고는 다음에 신신을 관하며, 다시 심신을 관찰한다. 欲坐禪時 應先觀身本 身

本者 如來藏也 亦名自性淸淨心 是名眞實心 不在內 不在外 不在中間 不斷不常 亦非中道 … 無前 無後 無中間 從昔已來無名字 如是觀察眞身竟 次觀身身 復觀心身"라고 하였다. 〔참고문헌〕『寶性論』, 『諸法無諍三昧法門』, 『觀無量壽佛經疏』 권3(대정장37, p.267b5), *Ratna-ut.15.* ⇨ 유식법신관 唯識法身觀, 여래장 如來藏■

자성청정심 自性淸淨心 Ⓢ prakṛti-pariśuddhi-citta, Ⓣ sems-rang-bzhin-gyis-'od-gsal-ba. 청정한 본래 마음. 우리의 마음은 본래 청정하다는 말. 성정심(性淨心)・본성청정심(本性淸淨心) 등이라고도 하며, 여래장심(如來藏心)・불성(佛性)・진여(眞如)・법계(法界)・법성(法性)의 다른 이름이다. 『무외삼장선요』(대정장18, p.945b17)에 "자성청정심은 세 가지 뜻 때문에 저 달과 같다. 첫째 자성청정의 뜻이니, 탐욕의 티끌을 여의기 때문이다. 둘째 청량의 뜻이니, 분노의 뜨거운 번뇌를 여의기 때문이다. 셋째 광명의 뜻이니, 어리석음의 암흑을 여의기 때문이다. 自性淸淨心 以三義故 猶如於月 一者 自性淸淨義 離貪欲垢故 二者 淸凉義 離瞋熱惱故 三者 光明義 離愚癡闇故", 『석마하연론』 권2(대정장32, p.608c14)에 "『부증불감경』(대정장16, p.467b25)에서 이렇게 말씀하셨다. '여래장의 본제와 상응하는 체와 청정법은 여실하여 허망하지 않으며, 이탈한 적 없는 지혜롭고 불가사의한 법이다. 시작 없는 본제로부터 이 청정하고 상응하는 법체가 있기 때문이다'라고 하였다. 이 경문은 무슨 뜻을 밝히는가? 일체중생의 자성청정심은 시작 없는 그때부터 삼지를 구족하고, 사덕이 원만하여 잃은 적이 없음을 나타내 보이기 위한 것이다. 不增不減契經中 作如是說 如來藏本際相應體 及淸淨法 此法如實 不虛妄 不離不脫 智不思議法 無始本際來 有此淸淨 相應法體故 此經文明何義 所謂顯示一切諸衆生 自性淸淨心 從無始已來 具足三智 圓滿四德無所闕失故", 『대승지관법문』 권1(대정장46, p.642a21)에 "이 마음이 곧 자성청정심이다. 또한 진여・불성・법신・여래장・법계・법성 등이라고 한다. 이와 같은 이름은 한량없고 가없기에 뭇 이름들이라 한다. 다음에는 이름의 뜻을 푼다. 〔문〕 어찌하여 자성청정심이라고 하는가? 〔답〕 이 마음은 무시이래로 무명염법에 덮였으나 성의 청정함에는 바뀜이 없기에 정하다고 한다. 此心卽是自性淸淨心 又名眞如 亦名佛性 復名法身 又稱如來藏 亦號法界 復名法性 如是等名 無量無邊 故言衆名 次辨釋名義 問曰 云何名爲自性淸淨心耶 答曰 此心 無始以來 雖爲無明染法所覆 而性淨無改 故名爲淨"라고 하였다. 〔참고문헌〕『無畏三藏禪要』, 『釋摩訶衍論』, 『不增不減經』, 『大乘止觀法門』, *Ratna-ut.15・22.* ⇨ 법성 法性■, 불성 佛性, 여래장 如來藏■, 진여 眞如, 본원 本源■, 심성본정 心性本淨, 불상응심 不相應心

자성청정열반 自性淸淨涅槃 일체법의 실상진여의 뜻이다. 사종열반(四種涅槃) 중 하나로, 일체법 스스로 청정한 진여적멸(眞如寂滅)의 바탕을 말한다. 본래자성청정열반(本來自性淸淨涅槃)・본래청정열반(本來淸淨涅槃)・성정열반(性淨涅槃) 등이라고도 한다. 『반야이취석』 권상(대정장19, p.610c15)에 "두 가지 장애, 곧 번뇌장과 소지장을 끊음으로 말미암아 네 가지 더할 나위 없는 적멸을 증득한다. 말하자면 첫째 자성청정열반, 둘째 유여의열반, 셋째 무여의열반, 넷째 무주열반이다. 앞의 세 가지는 이생(異生)・성문・연각 등에 통하고, 네 번째 것은 오직 부처님께서 홀로 증득하시고, 여러 이승과는 함께하지 않으신다. 由斷二種障 謂煩惱所知之障 證得四種圓寂 所謂一者 自性淸淨涅槃 二者 有餘依涅槃 三者 無餘依涅槃 四者 無住涅槃 前三通異生聲聞緣覺 第四唯佛獨證 不同諸異乘", 『반야심경유찬』 권하(대정장33, p.541b5)에 "첫째 자성청정열반이란 일체법의 실상진여를 말한다. 一 自性淸淨涅槃 謂一切法實相眞如"라고 하였다. 〔참고문헌〕『般若理趣釋』, 『般若心經幽贊』. ⇨ 본래자성청정열반 本來自性淸淨涅槃, 사종열반 四種涅槃, 자성청정 自性淸淨, 열반 涅槃

자성청정장 自性淸淨藏 Ⓢ prakṛti-pariśuddha-garbha, Ⓣ rang-bzhin-gyis-yongs-su-dag-pa'i-snying-po. 자성청정한 채로인 여래장(自性淸淨如來藏). 오종장(五種藏) 중 하나로 번뇌중에 있지만 물들지 않는 불성을 말한다. 『불성론』 권2(대정장31, p.796b22)에 "다섯째는 자성청정장이다. 비밀로 장(藏)의 뜻을 삼는다. 일체법이 이 성에 따르면 내라 하는데, 정(正)이어서 사(邪)가 아니므로 청정이라 한다. 만약 일체법이 이 이법을 거스르면 외라 하는데, 이것은 '사'이고 '정'이 아니므로 염탁이라 한다. 그래서 자성청정장이라고 한다. 五者 自性淸淨藏 以祕密是其藏義 若一切法 隨順此性 則名爲內 是正非邪 則爲淸淨 若諸法違逆此理 則名爲外 是邪非正 名爲染濁 故言自性淸淨藏", 『화엄경소』 권5(대정장35, p.536b26)에 "둘째 자성청정장은 번뇌 중에서도 물들 일 없다. 二 自性淸淨藏 謂在纏不染"라고 하였다. 〔참고문헌〕『佛性論』, 『華嚴經疏』, 『寶性論』 권4(대정장31, p.839a24), 『華嚴經疏鈔』 권19(대정장36, p.146c16), *Ratna-ut.72.* ⇨ 오종장 五種藏■, 여래장 如來藏, 불성 佛性

자성해탈 自性解脫 Ⓢ prakṛti-vimukta, Ⓣ rang-bzhin-kyis-rnam-par-grol-ba. 자성 본래로 해탈이라는 말. 이해탈(二解脫) 중 하나로, 비록 번뇌에 가려 있지만 본래 물든 적 없어서 성정해탈(性淨解脫)이라고도 한다. 『대승의장』 권18(대정장44, p.822c10)에 "해탈에도 두 가지다. 첫째 자성해탈이니 성정해탈이라고도 한다. 마음은 그 본성 비록 깨끗하지만 망정에 가려 계박이라 한다. 후에 망정 물듦을 버리면 그 성이 번뇌에서 벗어나므로 성해탈이라 한다. 또 해탈한 다음 돌이켜 번뇌에 물듦을 보건대, 본래 있던 것 아니어서 지금 비로소 청정해진 것은 아니기에 자성해탈이라고 한다. 解脫亦二 一 自性解脫 亦得名爲 性淨解脫 眞脫之心 本性雖淨 而爲妄隱 說爲繫縛 後除妄染 彼性出累 名性解脫 又得脫已 返望惑染 從來不有 今非始淨 故亦名爲 自性解脫"라고 하였다. [참고문헌]『大乘義章』, *Laṅk.146.* ⇨ 성정해탈 性淨解脫, 이해탈 二解脫 ❶

자성혜 自性慧 ❶ Ⓢ prajñā-svabhāva, Ⓣ shes-rab-kyi-ngo-bo-nyid. 자성에 대한 혜. 구종혜(九種慧) 중 하나로 일체를 깨우쳐 아는 무분별지(無分別智)와 다시 제법을 간택하여 자세히 아는 후득지(後得智)를 말한다. 『유가사지론』 권43(대정장30, p.528c2)에 "아홉 가지 상의 혜를 보살의 혜바라밀다(慧波羅蜜多 Ⓢ prajñā-pāramitā : 般若波羅蜜)라 한다. 첫째는 자성혜이다. … 무엇이 보살의 자성혜인가? 모든 알아야 할 바에 능히 깨우쳐 들어가고, 또 모든 알아야 할 바에 이미 깨우쳐 든 뒤 모든 법을 간택한다. 널리 일체의 오명처(五明處)를 연하여 구른다. 첫째는 내명처(內明處 Ⓢ adhyātma-vidyā)이고, 둘째는 인명처(因明處 Ⓢ hetu-vidyā)이며, 셋째는 의방명처(醫方明處 Ⓢ cikitsā-vidyā)이고, 넷째는 성명처(聲明處 Ⓢ śabda-vidyā)이며, 다섯째는 공업명처(工業明處 Ⓢ śilpakarma-sthāna-vidyā)다. 응당 알아야 하리. 이것이 바로 보살의 모든 혜의 자성이다. 謂九種相慧 名爲菩薩慧波羅蜜多 一者 自性慧 … 云何菩薩自性慧 謂能悟入一切所知 及已悟入一切所知 簡擇諸法 普緣一切五明處轉 一 內明處 二 因明處 二 醫方明處 四 聲明處 五 工業明處 當知卽是菩薩一切慧之自性", 『유가론기』 권10(대정장42, p.544b15 · 한불전13, p.835a20)에 "자성혜를 풀이하면서 혜경(惠景)과 규기(窺基) 등은 말했다. '「모든 알아야 할 바에 능히 깨우쳐 드는 것이다」라 하였으니 바로 무분별지이고, 「또 모든 알아야 할 바에 이미 깨달아 들어가고 나온 뒤 모든 법을 간택한다」라 한 것은 후득지다'라고 하였다. 신태(神泰)는 '자성혜에는 두 가지 용이 있다. 첫째는 모든 알아야 할 경 중에 깨우쳐 드는 것이고, 둘째는 깨달아 들어간 뒤에는 거듭 다시 간택하는 것이니 널리 일체오명처를 연해 간택한다'고 하였다. 원측(圓測)은 '여기서 첫 번째 것은 진혜의 연임을 밝힌 것이고, 두 번째인 「두루 반연해」 이하는 세간지혜의 연임을 밝힌 것이다'라고 하였다. 解自性中景基等云 說謂能悟入一切所知者 卽無分別智也 及已悟入一切所知 簡擇諸法等 是後得智 泰云 自性慧有二用 一 能悟入一切所知境 二 悟入已 於所知境中 重更簡擇 普緣一切五明處而簡擇也 測云 此中初明緣眞慧 二普緣下明緣俗慧"라고 하였다. [참고문헌]『瑜伽師地論』, 『瑜伽論記』, *Bodh-bh.146.* ⇨ 무분별지 無分別智, 후득지 後得智 ❷ 자성 그대로 지혜라는 뜻. 종보본 『단경』(대정장48, p.358c10)에 "무릇 일체만법은 모두 자성을 좇아 용을 일으킴을 알아야 하니, 이것이 진실한 계정혜의 법이다. 나의 게송을 들어라. '마음밭에 그릇됨 없으니 자성계이고, 마음밭에 무명이라고는 없으니 자성혜이며, 마음바탕 어지럽지 않으니 자성정이다. 더할 일도 덜할 것도 없어 스스로 금강이고, 몸은 가고 오지만 본래삼매다'라고 하였다. 須知一切萬法 皆從自性起用 是眞戒定慧法 聽吾偈曰 心地無非自性戒 心地無癡自性慧 心地無亂自性定 不增不減自金剛 身去身來本三昧"라고 하였다. [참고문헌]『壇經』, 『修心訣』(한불전4, p.711c19). ⇨ 자성계 自性戒, 자성정 自性定, 자성계정혜 自性戒定慧

자성회 自性會 대일여래(大日如來)의 자성신(自性身)과 그 권속인 성중(聖衆)이 함께 모인 회좌(會座). 대일여래인 법신(法身)이 자신의 권속과 함께 삼세에 걸쳐 법락(法樂)을 누리기 위해 태장(胎藏) · 금강(金剛) 양부의 대경(大經)을 설한 집회를 가리킨다. ⇨ 자성신 自性身, 서상삼신 瑞相三身

자성희 自性喜 Ⓢ prakṛti-tuṣṭi. 자성(自性 Ⓢ prakṛti)이 일체법의 인임을 아는 기쁨. 상키야(Ⓢ Sāṃkhya : 數論)에서 말하는 네 가지 의내희(依內喜) 중 하나다. 『금칠십론』 권하(대정장54, p.1257a26)에 "'내(內)에 의거하여 네 가지 희가 있으니, 자성 · 취 · 시 · 감이다'라 하였다. '내에 의지한다' 하니 각(覺 Ⓢ buddhi) · 만(慢 Ⓢ ahaṃkāra) · 심(心 Ⓢ manas) 등에 의해서 네 가지 기쁨이 생기는데, 첫째는 자성에서 생기는 기쁨이다. … 네 가지 기쁨을 나타내기 위해서 비유한다. 즉, 여러 바라문이 세속을 버리고 출가하는데, 어떤 사람이 '당신은 무엇을 알아서 출가하는가?' 하니, 이 사람이 답한다. '나는 자성이 삼세간의 진실한 인임을 알았기에 출가한다'. 이 사람은 오직 자성이 인이라는 것만 알았지 상무상, 유지무지, 유덕무덕, 변비변 등은 알지 못한다. 다만 유와 인만을 알기에 환희한다. 이 사람에게 해탈은 없다. 이 기쁨은 자성으로 일어난다 할 뿐이다. 依內有四喜 自性取時感者 依內者 依覺慢心 生四種喜 一 由自性喜 … 爲現四喜 作如是譬 譬諸婆羅門 捨俗出家 有人問言 汝何所解 而得出家 是人答言 我知自性 是三世間 眞實因 故我出家 是人唯知 自性是因 不知常無常 有智無智 有德無德 是遍非遍 但知有及因 故生歡喜 是人無解脫 是喜由自性生"라 하였다. [참고문헌]『金七十論』, *Sāṃkhy-k.49.* ⇨ 의내희 依內喜, 사희 四喜 ❸

자소득 自所得 [S] sva-adhigama, [T] rang-gi-rtogs-pa. スス로 깨닫다. 자소증(自所證)과 같은 뜻이다.『중변분별론』권하(대정장31, p.459a17 : *Madhy-vibh.*, p.54)에 "수습도위(修習道位 : 修道位) 중에서 도의 갈래를 드러내 세운다. 견도분을 결단코 나누는 것은 바로 정견이다. 이 정견은 세간정견이고 출세간정견은 후득이지만 이 지혜를 인으로 스스로 깨우친 도와 과로 결정하고 분별한다. 修習道位中 顯立道分 見道分決分是正見 此見世間正見 出世正見後得 因此智自所得道及果 決定分別 bhāvanā-mārge 'sya paricchedāṅgaṃ samyag-dṛṣṭir laukikī lokottara-pṛṣṭhalabdhā yayā sva-adhigamaṃ paricchinatti"라고 하였다. [참고문헌]『中邊分別論』, *Madhy-vibh.* ⇨ 자소증 自所證

자소승사 子昭承嗣 자소가 법 이어 받음을 묻다. 법안문익(法眼文益)에게 물었던 공안. 장경혜릉(長慶慧稜) 문하에서 오래 공부했던 법안이 결국은 지장(地藏)의 법을 이은 일을 법안과 나눈 일화다. 자소도 장경 밑에 있다가 법안의 후사를 이었다.『종용록』64칙「자소승사」(대정장48, p.267a4)에 "자소수좌가 법안에게 물었다. '화상께서 처음으로 법좌에 앉으셨는데 어떤 분의 법을 이어 받으셨는지요?'〈일찍이 지금 이렇게 한가한 일 있을 줄 알았다면, 마음 잘 쓰지 않았던 그 때가 후회된다〉 '지장을 이었다'〈은혜는 돌아갈 곳이 있다〉 '장경선사의 은혜 크게 지시는군요'〈팔은 밖으로 굽지 않는 법이다〉 '나는 장경의 결정적인 한 말씀 알지 못했다'〈거짓 꾸민 줄 모르는군〉 '어째서 묻지 않으셨는지요?'〈이리를 끌어서 집안에 똥을 싸게 만든 꼴이다〉 '만상 중에 오롯이 홀로인 몸이라는 (장경의) 구 어떤 뜻인가?'〈눈앞에 모조리 드러내었다〉. 자소가 불자를 꼿꼿이 세웠다〈두 겹의 공안일세〉. '이것은 장경 문하에서 배운 도리다. 수좌분상에서는 어떻게 하겠는가?'〈오늬를 쪼개고, 진지도 빼앗았다〉. 이에 자소가 아무 말도 못했다〈겨우 한 번 뛰었을 뿐이구나〉. '만상 중에 홀로 드러난 몸이라는 바로 이 말은 만상 없이한 뜻인가 그대로 둔 것인가?'〈작은 넝쿨에 걸려 넘어져서 큰 칡넝쿨에 얽혔구나〉 '없애지 않습니다'〈말해 두 토막으로 내는군〉 '두 개로구나'〈눈 밝은 종사는 속이기 어렵다〉. 이 문답을 지켜보며 따르던 학인들이 모두 '만상을 없앱니다'라고 말하자〈점점 볼 수가 없군〉, 법안이 말했다. '만상 중 홀로 드러낸 몸이다. 자, 보라!'〈하나의 내기판에 두 패가 빛난다〉. 擧 子昭首座問法眼 和尙開堂 承嗣何人〈早知今日成閑管 悔不當時用好心〉 眼云 地藏〈恩歸有地〉 昭云 太辜負長慶先師〈肘膊不向外曲〉 眼云 某甲不會長慶一轉語〈佯打不知〉 昭云 何不問〈引得狼來屋裏屙〉 眼云 萬象之中獨露身意作麼生〈覿面相呈〉 昭乃竪起拂子〈兩重公案〉 眼云 此是長慶處學得底 首座分上 作麼生〈劈筈奪窠〉 昭無語〈只跳得一跳〉 眼云 只如萬象之中獨露身 是撥萬象 不撥萬象〈却被葫蘆倒繳藤〉 昭云 不撥〈話作兩橛〉 眼云 兩箇〈明眼難謾〉 參隨左右皆云 撥萬象〈轉見不堪〉 眼云 萬象之中獨露身 聻〈兩彩一賽〉"라고 하였다.『경덕전등록』권24「법안문익전」(대정장51, p.398b27)과『법안어록』(대정장47, p.588b26) 등에는 "법안이 '만상 중에 오롯이 드러난 몸이거늘 어찌 온통 없다느니 버리지 않는다느니 하느냐?'라고 한 소리를 듣고 자방(자소)이 활연히 깨우쳐 알았고, 게를 지어 자신의 진심을 바쳤다. 師云 萬象之中獨露身 說什麽撥不撥 子方豁然悟解 述偈投誠"라고 되어 있다. [참고문헌]『從容錄』,『景德傳燈錄』,『法眼語錄』.

자소일성천지경 自笑一聲天地驚 스스로 한바탕 웃어 천지를 깨우다. 임제의현(臨濟義玄)의 구다.『임제록』(대정장47, p.506b13)에 "봉림에 이르러 봉림이 물었다. '물어볼 일이 있는데 괜찮겠소?' '멀쩡한 살점을 도려내 흠집을 낼 일 있습니까?' '바다에 뜬 달 맑고 밝아 그림자도 없고, 헤엄치는 물고기 홀로 길을 잃을 뿐' '바다에 뜬 달 이미 그림자 없는 노는 물고기 어찌 길을 잃을 수 있겠소?' '바람 살펴 물결이 일어날 줄 알고, 물결의 일렁임 보아 들판의 깃발 나부낌도 짐작합니다' '둥근 달이 홀로 비추어 강산은 고요하기만 한데, 저절로 터지는 한바탕 웃음소리에 천지가 놀랍니다'. 到鳳林 林問 有事相借問 得麽 師云 何得剜肉作瘡 林云 海月澄無影 遊魚獨自迷 師云 海月旣無影 遊魚何得迷 鳳林云 觀風知浪起 翫水野帆飄 師云 孤輪獨照江山靜 自笑一聲天地驚",『청허집』권4(한불전7, p.703b20)에 "인휘선자에게 주는 글 : … 아! 마구니가 이르지 못하는 곳을 중생은 나날이 쓰지만 알지 못하고, 부처가 이르지 못하는 곳을 모든 성인들은 연 따라 함께하면서도 알아차리지 못한다. 필경 이 무슨 일인가? 둥근 달이 홀로 강산 비춰 고요한데, 저절로 터지는 한바탕 웃음소리에 천지가 놀란다. 贈印徽禪子 … 咦 魔不到處 衆生日用而不知 佛不到處 諸聖隨緣而不會 畢竟是箇什麽 孤輪獨照江山靜 自笑一聲天地驚"라 하였다. [참고문헌]『臨濟錄』,『淸虛集』.

자소증 自所證 [S] sva-adhigama, pratyātmavedya, [T] rang-gi-rtogs-pa, so-so-rang-gis-rig-par-bya. 스스로 깨우친 것. 자소득(自所得)이라고도 한다.『변중변론』권중(대정장31, p.472b7)에 "수도위에 도지(道支)를 건립한다. 이 '도지'로 넓게는 여덟 가지이고, 간략하게는 네 가지다. 첫째는 분별지이니 정견을 말한다. 이것은 세간이지만 출세간후득이다. 견도위 중에서 스스로 깨우친 것을 분별하기 때문이다. 於修道位 建立道支 故此道支 廣八略四 一 分別支 謂正見 此雖是世間 而出世後得 由能分別 見道位中 自所證故"라고 하였다. [참고문헌]『辯中邊論』,『中邊分別論』권하(대정장31, p.459a18), *Madhy-vibh.54.*, *Sūtr.77.* ⇨ 자소득

自所得, 팔정도 八正道

자손파 子孫派 도교(道敎)의 도관(道觀)을 총괄하는 시방파(十方派) 예하의 도관을 이르는 말. 불교에 견주면 시방파는 총림(叢林)에, 자손파는 본·말사(本末寺)에 해당한다. ⇨ 도관 道觀, 시방파 十方派

자쇠손순염처법 自衰損順厭處法 스스로 숨 죽여 없애며 싫어함 따라 성취하는 법. 사순염처법(四順厭處法) 중 하나로 신구의(身口意)로 지은 자신의 악행(惡行)을 싫어하고 바른 이치에 따르는 것을 말한다. 『집이문족론』 권2(대정장26, p.374b8)에 "자쇠손순염처법에 의지하여 싫어함 내고 이답게 승하게 된다. 저 한 류의 등이 자기의 신악행·어악행·의악행 등을 관해 보고는 극에 달하고 점점 더 익숙해지는 것을 상황에 따라 관찰해 보고는 이렇게 생각하는 것과 같다. '나는 방일을 인으로 방일에 의지해 방일에 머물며, 방일로 말미암아 이런 악한 일을 지었다. 나는 이제 반드시 악하고 선하지 않은 법을 아직 생겨나지 않은 것은 생겨나지 않게 하고, 이미 생겨난 것은 영원히 끊을 것이다'. 그가 이와 같이 벗어나려는 용맹으로 말미암아 싫어함 이끌어내니 이것이 염이다. 이미 싫음을 이끌어낸 다음에는 이치에 맞게 사유하여 다시 성도가 일어나게 하고 언제나 일어나게 하며, 생겨나게 하고 언제나 생겨나게 하며, 구르고 뒤쳐 드러나게 하고 닦아 쌓고 출현하게 하는 것을 도가 뜻대로 이긴다고 한다. 이와 같은 것을 자쇠손순염처법에 의하여 싫어하고 이에 맞게 사유하여 성도를 낳는 것이다. 依自衰損順厭處法 而生於厭 如理勝者 如有一類等隨觀見自身惡行 語惡行 意惡行 究竟圓滿 增上淳熟 便作是念 我因放逸 依放逸 住放逸 由放逸故 造斯惡事 我今當令 惡不善法 未生者不生 已生者永斷 彼由如是出離勇猛 所引生厭 是名爲厭 旣生厭已 如理思惟 復令聖道起等起 生等生 轉現轉 修集出現 是名道如理勝 如是名爲依自衰損厭如理勝"라고 하였다. [참고문헌] 『集異門足論』. ⇨ 사순염처법 四順厭處法

자수 子秀 1664~1737. 조선후기 스님. 자는 고송(孤松), 호는 무경(無竟), 속성은 홍(洪)씨, 본관은 남양(南陽). 아버지의 휘는 세창(世昌), 어머니는 김씨이다. 김씨부인이 어느 날 밤 돌부처님이 스님으로 변화하여 나타나 아들이 되기를 원한다는 태몽을 꾼 다음, 1664년(현종5) 2월 13일 해시(亥時) 전라북도 전주에서 태어났다. 10세 때 관상 보는 이 말하기를 출가하여 스님이 되면 큰 도인이 될 것이라고 예언하였다. 1675년(숙종1) 12세 때 출가하고자 하였으나 부모는 완강히 반대하였다. 자수는 절에 가서 학업을 닦겠다고 빙자하여 전주 종남산(終南山) 송광사(松廣寺)로 가서 문식(文式)을 은사로 하여 스님이 되었고, 이어 수학하였는데, 대의를 통달하고 부지런히 하였으므로 사람들이 기동(奇童)이라고 칭송하였다. 16세 때 징파(澄波)를 계사로 하여 비구계를 받은 후 부모를 찾아뵈었더니 '너는 이미 출가한 몸이니 부지런히 불도를 닦아 나의 고취를 뽑아 달라'고 하였다. 추줄산(崷崒山) 운문사(雲門寺)로 찾아가 추계유문(秋溪有文 1614~1689)의 문하에서 10여 년간 수학하고 그의 법을 전해 받았으니 부용영관(芙蓉靈觀)의 6세 법손(淸虛休靜→靜觀一禪→任性沖彦→圓應志勤→秋溪有文→無竟子秀)이다. 숙종(재위 1674~1720) 때 팔도의 고승 49명을 선발하여 사나사(舍那寺)에서 대불사를 베풀 때 추계와 사미인 자수도 선발되었다. 영호남으로 다니면서 선지식을 찾아 내전(內典)은 물론 구주(九疇)·십익(十翼)·하락(河洛)·도서(圖書)·노자·장자 등 제자백가(諸子百家)도 두루 통달하였다. 1688년(숙종14)에 추줄산 쌍계암(雙溪庵)으로 돌아와 스님을 시봉하다가 1689년 9월 2일 스승 유문의 입적을 맞았는데, 아버지의 상(喪)마저 함께 만났다. 먼저 부친의 장사를 치르고 와서 스님의 다비를 봉행하고 사리를 얻어 전주 송광사의 북쪽(훗날 東峰으로 옮겼음)에 부도를 세우고 봉안하였다. 김천 불영산(佛靈山) 청암사(青巖寺)에서 모운진언(慕雲震言 1622~1703) 강백으로부터 『기신론』·『원각경초 圓覺經鈔』·『화엄경』 등을 수학하였고, 덕유산(德裕山)에서 진허경정(震虛敬淨)으로부터 선문(禪文)도 공부했다. 그 후 30세인 1693년(숙종19) 추줄산 숭암사(崇巖寺) 스님들의 추대로 백련사(白蓮社)에서 개당(開堂 : 첫 강원조실)하였다가, 다음 해인 1694년 추줄산 내원암(內院庵)으로 옮겼는데 대중이 운집하여 대강시(大講市)를 이루었다. 48세 때인 1711년(숙종37) 5월 10일 어머니가 돌아가므로 가까운 곳에 장사 지냈다. 1712년 가을 전주 청량산(淸凉山) 원암사(圓巖寺) 강원조실로 초

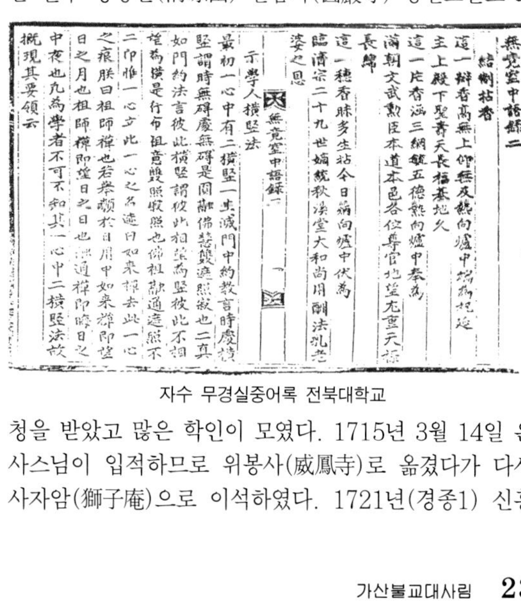

자수 무경실중어록 전북대학교

청을 받았고 많은 학인이 모였다. 1715년 3월 14일 은사스님이 입적하므로 위봉사(威鳳寺)로 옮겼다가 다시 사자암(獅子庵)으로 이석하였다. 1721년(경종1) 신흥

사(新興寺) 적조암(寂照庵)에서 지냈으며, 1734년(영조10) 봄 고경(古鏡) 등에게 명하여 부용영관·정관일선·임성충언·원응지근·추계유문 등 5대 조사의 영정을 그리게 하여 전주 송광사에 봉안하였다. 1737년(영조13) 7월 22일 위봉사 쌍계암에서 세수 74, 법랍 58세를 일기로 입적하였다. 저서로는 『불조선격 佛祖禪格』·『자기삼궁 自己三宮』·『보경삼매 寶鏡三昧』·『촬이학류편 撮理學類編』·『하락주설 河洛註說』 등이 있었으나 모두 일실되었고, 『무경집』 3권(한불전9, pp.368a1~420c6), 『무경실중어록 無竟室中語錄』 2권(한불전9, pp.421a1~442a24), 『불조선격』의 초록인 『불조진심선격초 佛祖眞心禪格抄』(한불전9, pp.442b1~458b9) 등만 전한다. 제자에는 설영(雪暎)·처우(處愚)·영봉(靈峰) 등이 있다. 〔참고문헌〕『無竟集』 권3 「無竟堂大師行狀」(한불전9, pp.418a17~420b9).

자수 自守 조선후기 회암정혜(晦庵定慧 1685~1741)의 은사. 「청암사회암당정혜대사비문 青巖寺晦庵堂定慧大師碑文」에 "(정혜가) 9세 때 범어사 자수선사에게 가서 스님이 되었다. 生九歲 自投於梵魚寺自守禪師"라고 하였다. 〔참고문헌〕『朝鮮佛教通史』 권상 p.540, 『朝鮮寺刹史料』 권상 p.384. ⇨정혜 定慧

자수 慈受 남송대 운문종 스님 회심(懷深 1077~1132)의 법호. ⇨회심 懷深

자수 慈手 자비로운 손. 구원의 손길을 말한다. 오른손을 자수라 하고, 왼손은 비수(悲手)라고도 한다. 『대방등대집경보살염불삼매분』 권6(대정장13, p.851c27)에 "여래의 자비로운 손으로 친히 어루만지시는 안락세계를 나는 보고 알았네. 아촉응공양족존께서 대비의 광명으로 요익케 하시네. 如來慈手親摩覺 安樂世界我見知 阿閦應供兩足尊 大悲光明作饒益"라고 하였다. 〔참고문헌〕『大方等大集經菩薩念佛三昧分』. ⇨비수 悲手

자수 觜宿 Ⓢ Mṛgaśira, Ⓣ mgo. 이십팔수(二十八宿) 중 하나. 녹수수(鹿首宿)라고도 한다. 북두만다라(北斗曼荼羅) 중 외원(外院)의 서쪽에 자리하고, 태장현도만다라(胎藏現圖曼荼羅)에서는 외원 동쪽에 자리한다. 범어 므리가(Ⓢ mṛga) 시라(Ⓢ śira)가 사슴의 머리를 뜻하여 녹수(鹿首)로 한역되었는데 조수천(鳥首天)으로 와전되기도 하였다. 태장만다라에서 존형은 오른손바닥으로 가슴을 덮고 왼손으로 권형을 만들어 세워 연꽃을 들었는데, 꽃 위에 보주가 있으며 가부좌하고 앉은 모습이다. 삼매야형은 연꽃 위의 별이고 종자는 (mṛ) 또는 (ro)다. 수인은 이십팔수총인(二十八宿總印)이고 진언은 '나마 사만타붓다남 므리가시로낙샤트라 스바하 namaḥ samanta buddhānāṃ mṛgaśiro-nakṣatra svāhā 두루하신 제불께 귀의합니다. 자수여 스바하'이다. 『수요경』 권하(대정장21, p.395c4)에 "자수 : 긴급한 일을 하거나 온화하고 선한 일 모두 길하다. 흰 즙이 나는 나무나 풀을 파종하기에 알맞다. 또한 왕이 집을 짓고 깃발과 좌상을 만들기에 적합하다. 또한 새 집에 들어가고 장가가고 시집가거나 이발하고 목욕하는 일, 상서로운 법을 구하거나 새 옷을 입고 장식하거나 즐거운 일을 하거나 동물을 길들이는 일, 재앙을 없애고 근신하며 주술하는 작법, 성요에 제사 지내거나 상투를 만드는 일에 모두 길하다. 觜宿 作急要事 及和善事並吉 宜種蒔白汁樹草等 又宜王者 作舍作纛床座 又入新宅嫁娶 修理髮洗浴 作求吉勝法 著新衣嚴飾 作喜樂 調畜生 作除災謹身 呪術壇場之法 祭星曜 作髻並吉"라고 하였다. 〔참고문헌〕『宿曜經』. ⇨녹수수 鹿首宿, 이십팔수 二十八宿

자수기도 慈受棄徒 자수회심(慈受懷深)이 무리를 버리다. 회심이 주석하던 절을 도사궁(道士宮)으로 바꾸자 문도를 버리고 떠난 뒤에 오히려 불감혜근(佛鑑慧勤)의 화두에서 깨우친 인연. 『선원몽구』 권중 「자수기도」(卍속장148, p.230b14)에 "뜻밖에 조정에서 자복사를 신소궁〈도사궁〉으로 삼자 그것을 계기로 버리고 (불감혜근이 주석하는) 장산으로 가서 서암에 머물렀다. 배움을 청하는 뜻을 보이자 불감혜근이 말했다. '자복(자수)은 이런 종류의 일을 알았으면 바로 잊으시오' '제가 실은 여전히 마음이 평온하지 않습니다. 화상께서 외면하지 마시길 바라옵니다'. 불감이 천녀이혼의 화두를 들어주었고 자수는 이를 반복하여 궁구한 끝에 의문으로 쌓였던 장애가 완벽하게 트여 게송 한 수를 바쳤다. '다만 이전부터 들어왔던 이야기였는데, 무심코 들어보고 나니 교란하는 화두였다네. 한밤중에 한 줄기 거센 바람 일어나, 날려서 떨어진 복사꽃 그 얼마나 많았던가!' 불감이 궤안을 어루만지며 말했다. '이것이 어찌 살아 있는 조사의 뜻이 아니겠는가!' 그 뒤 얼마 지나지 않아 임금의 명을 받아 초산에 주석하였다. 偶朝廷以資福 爲神霄宮〈道士宮也〉 因棄往蔣山留西庵 陳請益 鑑曰 資福知是般事便休 師云 某實未穩 望和尙不外 鑑擧倩女離魂話 反覆窮之 大豁疑礙 呈偈曰 祇是舊時行履處 等閑擧著便

諦訛 夜半一陣狂風起 吹落桃花知幾多 鑑拊几曰 這底 豈不是活祖師意 未幾 被旨住焦山"라고 하였다. [참고문헌] 『禪苑蒙求』, 『五燈會元』 권16 「慈受懷深章」(卍속장138, p.642b3). ⇨ 천녀이혼 倩女離魂

자수니 資壽尼 송대 비구니 묘총(妙總 1095~1170)의 별명. '자수사(資壽寺)의 비구니'라는 뜻. 묘총이 대혜종고(大慧宗杲)에게 인가를 받고 평강(平江 : 江蘇省)의 자수사에서 개당하였기에 이런 이름으로 불렀다. 『불조역대통재』 권20(대정장49, p.700b7)에 "자수니 무착선사가 입적하였다. 스님의 휘는 묘총이다. 資壽尼無著禪師入寂 師諱妙總"라고 하였다. [참고문헌] 『佛祖歷代通載』. ⇨ 묘총 妙總

자수법락 自受法樂 부처님께서 스스로 법락을 누리시다. 『불지경론』 권7(대정장26, p.327b20)에 "수용신은 두 분을 갖춘다. 첫째는 자수법락분이니, 삼무수겁 동안 자리행을 닦아서 증득한 색 등의 실신을 만족하여 스스로 미묘희락을 수용함을 말한다. 受用身者 具有二分 一 自受法樂分 謂三無數劫 修自利行 滿足所證色等實身 令自受用微妙喜樂", 『보살계본소』 권상(대정장40, p.662b22)에 "『십지론』에 의하면, (부처님께서는) 성도하신 처음 칠일 동안 때론 스스로 법락을 누리시고 인연을 사유하셨는데, 이렇게 하시며 법을 설하시지 않으셨다. 依十地論 成道初七日 或自受法樂 思惟因緣 故未起說"라고 하였다. [참고문헌] 『佛地經論』, 『菩薩戒本疏』. ⇨ 자수용 自受用, 타수용 他受用, 수용신 受用身

자수심화상광록 慈受深和尙廣錄 송대 스님인 자수회심(慈受懷深)의 어록. 시자(侍者) 선청(善淸) 등 엮음. 4권 卍속장126, pp.533a1~617a7에 수록되어 있다. 1135년(소흥5) 간행되었다. 자복사(資福寺)·초산사(焦山寺)·혜림사(慧林寺) 등지에서 남긴 말이나 게송 그리고 그 보유로서 의한산시(擬寒山詩)·혜림선원승당(慧林禪院陞堂)·송고(頌古) 등으로 구성되어 있다. 책머리에 1133년(소흥3) 한구(韓駒)가 지은 「서문 序文」이 붙어 있고, 권3 첫 부분에 1135년(소흥5)에 쓴 「광록서 廣錄序」가 수록되어 있다.

자수용 自受用 ❶ 스스로만이 수용함. 스스로 성취한 대법계와 법락을 다른 이와 나눌 수 없어 스스로만이 누리는 뜻이다. 『불지경론』 권1(대정장26, p.293b12)에 "첫째 자수용이다. 모든 여래께서 삼무수겁 동안 닦은 가없는 선근으로 감득한 주변법계를 스스로 수용하여 크나큰 법락으로 삼는다. 온갖 공덕이 그렇듯 처음 부처가 된 이래 미래가 다하도록 상속하여 변하지 않으니, 대보살들이라고 해도 볼 수는 없고 다만 들을 수 있을 뿐이다. 이와 같은 정토는 무량하기에 제불께서 비록 보실지라도 능히 그 무량한 변제 헤아리실 수는 없다. 볼 수 있을지는 몰라도 그 수량이 얼마만큼인지 가늠할 수는 없다. 一 自受用 謂諸如來三無數劫 所修無邊善根所感周遍法界 爲自受用大法樂故 從初得佛盡未來際 相續無變 如諸功德 諸大菩薩 亦不能見 但可得聞 如是淨土 以無量故 諸佛雖見 亦不能測其量邊際"라고 하였다. [참고문헌] 『佛地經論』. ⇨ 타수용 他受用, 자수용신 自受用身, 자수용토 自受用土 ❷ 자기만이 받아 씀. 『잡아함경』 권19(대정장2, p.138b21)에 "과거세에 … 비구였던 그는 중승을 위해 의복과 음식을 빌어다가 공양하고 남은 것을 번번이 자신을 위해 가져다 썼는데, 그 죄로 인해 지옥에서 무량한 고통을 받고 있다. 過去世時 … 比丘 爲衆僧乞衣食 供僧之餘 輒自受用 緣斯罪故 已地獄中受無量苦", 『유가사지론』 권74(대정장30, p.710b28)에 "만약 보살들이 오직 스스로만 향유한다면 자신을 이롭게 하는 것이어서 남을 이롭게 하는 것이라 할 수 없고, 현재의 이익일 수 있지만 미래의 이익이라 할 수 없다. 若諸菩薩唯自受用名自饒益 非饒益他 名現法利 非後法利"라고 하였다. [참고문헌] 『雜阿含經』, 『瑜伽師地論』.

자수용삼매 自受用三昧 스스로만이 수용한 삼매. 『앙산어록』(대정장47, p.587b12)에 "학인이 물었다. '대이삼장이 왜 세 번째에도 혜충국사를 보지 못했습니까?' '앞의 두 번은 경과 마음을 범하였고 후에는 자수용삼매에 들어갔기 때문에 볼 수 없었다'. 僧問 大耳三藏第三度爲甚麽不見國師 師云 前兩度是涉境心 後入自受用三昧所以不見", 『속전등록』 권32 「거사자원소전 居士字元昭傳」(대정장51, p.694a19)에 "오랫동안 진헐청료선사에게 참학하여 자수용삼매를 얻고 극치로 여겼다. 후에 대혜를 방문하여 양서암에서 대중을 따라 입실하였다. 대혜가 구자무불성화두를 들어서 물었고 공이 대답하려 하자 대혜가 죽비로 때렸다. 공이 답하지 않았다. 久參眞歇了禪師 得自受用三昧爲極致 後訪大慧 於洋嶼庵 隨衆入室 慧擧狗子無佛性話問之 公擬答 慧以竹篦便打 公無對", 『조정사원』 권7(卍속장113, p.197b4)에 "여래께서 자수용삼매에 드시면 모든 등지를 넘어서기에 어떤 성문이 헤아려서도 알 수 있는 경지가 아니다. 若如來入自受用三昧 超諸等持 非諸聲聞可能測知", 『현사사비광록』 권상(卍속장126, p.352a13)에 "학인이 물었다. '무엇이 자수용삼매입니까?' '허다한 삼매를 써서 무엇 하겠는가?' '무엇이 옳습니까?' '무엇이 옳지 않은가?' 問 如何是自受用三昧 師云 用如許多三昧作麽 進云 如何卽是 師云 如何不是"라고 하였다. [참고문헌] 『仰山語錄』, 『續傳燈錄』, 『祖庭事苑』, 『玄沙師備廣錄』.

자수용신 自受用身 스스로만이 닦아 모은 무변진실공덕을 수용하고 누리는 몸. 두 가지 수용신(受用身) 중 하나다. 또는 삼신(三身)·사신(四身)·육신(六身) 중 하나다. 『대승입도차제』(대정장45, p.467a9)에 "자수용신이란 여래께서 삼무수겁동안 쌓아온 가없는 진실공덕과 청정색신으로서, 상속하는 것이고 가득찬 물처럼 고요한 것이며 미래가 다할 때까지 항시 광대한 깨달음의 즐거움을 스스로 누리는 것이다. 스스로 수용하는 즐거움이기에 자수용이라 한다. 自受用身 謂諸如來 三無數劫所集 無邊眞實功德 及淨色身 相續湛然 盡未來際 恒自受用廣大法樂 以自受樂 名自受用", 『대승법원의림장』 권7(대정장45, p.360b18)에 "자수용신은 스스로 법락을 향수할 뿐이다. 때와 마땅함에 응해 그 몸을 드러내지 않는다. … 자타로 다르지만 법락에서는 차이가 없기에 합하여 수용신이라 한다. 자수용신은 유위공덕법을 바탕으로 하여서 부처의 공유법은 아니다. 이 둘은 각각 별체여서 법의 진성도 자성신도 아니다. 이것은 무위계 공덕을 바탕으로 하지 않기에 법신이라고도 할 수 없다. 自受用身 自受法樂 非應機宜而顯現故 … 自他雖殊 受樂無別 合名受用 自受用身 雖是有爲功德法本 非佛共有 是各別體 非法眞性 非自性身 非是無爲界功德本 不名法身", 『법화현찬』 권9(대정장34, p.830a27)에 "자수용신 실로 법계에 가득하지만 그 모습은 보기 어려우니, 이에 좁은 견해로 자체를 해석하고 용에 들어 드러낸다. '별도의 소재'라 한 것은 용이 드러나는 곳이 몸으로서 그 소재다. 自受用身 實遍法界 相狀難見 仍隨小情 以釋自體 擧用顯之 云別所在 有起用處 身卽在故"라고 하였다. [참고문헌] 『大乘入道次第』, 『大乘法苑義林章』, 『法華玄贊』. ⇨ 수용신 受用身, 삼신 三身❶, 육신 六身, 타수용신 他受用身, 자성신 自性身

자수용토 自受用土 사종불토(四種佛土) 중 하나. 자수용의 국토. 대원경지(大圓鏡智)와 상응하는 정식(淨識)이 변현한 불국토(佛國土)로서 자수용신(自受用身)이 의지하는 순정(純淨)한 무루(無漏)의 국토다. 타수용토(他受用土)에 대칭한다. 『불지경론』 권1(대정장26, p.294b14)에 "자수용토 비록 법계에 가득하지만 낱낱은 스스로 변해서 각각 스스로 그 주가 되어도 서로 장애하지 않는다. 自受用土 雖遍法界 一一自變 各自爲主 不相障礙", 『아미타경소』(대정장37, p.311b24)에 "자수용토의 경우 삼대아승기겁 동안 수행한 선근과 만행으로 감득한 것으로서, 그 국토의 청정함과 신묘함은 대보살이라 할지라도 볼 수 없고 다만 들을 수 있을 뿐이니, 오직 부처만이 스스로 수용하신다. 若自受用土 從三大阿僧祇 所修善根萬行所感 其土淨妙 諸大菩薩 亦不可見 但可得聞 唯佛自受用", 『설무구칭경소』 권2(대정장38, p.1030a18)에 "자수용토와 타수용토 그리고 변화토 모두 부처의 후득지로 상응한 정식(淨識)을 떠나지 않지만, 그 식에는 차이가 있다. 자수용토는 그대로 제8식이다. 自他受用 及變化土 皆不離於佛後得智相應淨識 然識有異 自受用土 卽第八識", 『약술법상의』 권3(대정장71, p.150a21)에 "자수용토 : 『성유식론』 권10(대정장31, p.58b29)에서는 '자수용신은 다시 자신의 국토에 의지한다. 말하자면 대원경지로 상응한 정식이다. 예전부터 수행해 온 자리의 무루이자 순정한 불국토이다. 인연이 성숙함에 따라 성불한 바로 그때부터 미래제가 다하도록 상속하고 변하며 순정불토를 두루 가득하게 함이 끝 없고 뭇 보배로 장엄하여 자수용신도 항상 의지해 머문다. 저 정토의 양만큼 불신량도 또한 그러하다' 하였고, 『대승법원의림장』 권7 「불토장」(대정장45, p.370b10)에서는 '(불국토는) 오직 무루색온이기에 색향미촉이 상속하여 네 가지 진 끊임없고, 성진(聲塵) 또한 함께해 다섯 가지 진으로 체성을 삼는다. 사상과 색법을 모두 갖춘다'고 하였다. 自受用土 唯識論十云 自受用身 還依自土 謂圓鏡智 相應淨識 由昔所修 自利無漏 純淨佛土 因緣成熟 從初成佛 盡未來際 相續變爲 純淨佛土 周圓無際 衆寶莊嚴 自受用身 常依而住 如淨土量 身量亦爾 佛土章云 唯以無漏色蘊 色香味觸 相續四塵 間斷亦聲 五塵爲體性 具事相色法功德"라고 하였다. [참고문헌] 『佛地經論』, 『阿彌陀經疏』, 『說無垢稱經疏』, 『略述法相義』, 『成唯識論』, 『大乘法苑義林章』. ⇨ 수용토 受用土, 자수용신 自受用身, 타수용토 他受用土, 사종불토 四種佛土

자수원 慈壽院 조선시대 한양에 있던 불교수행원. 왕실 여성들이 불교에 귀의하여 여생을 보낸 곳이다. 『동국여지비고』 권1 경도(京都) 혁폐공서(革廢公署)에 "북학〈태종조에 증설하였으나, 얼마 지나지 않아 폐지되었다. 후에 자수원이 되었다. 현종 2년에 원을 헐고 다시 북학을 세웠다〉. 北學〈太宗朝增置 尋罷 後爲慈壽院 顯宗二年毁院復建〉", 『궁궐지』에 "현종이 명을 내려 자수·인수 양 원을 철거하였다. 顯宗命撤慈壽仁壽兩尼院"라고 하였다. [참고문헌] 『東國輿地備攷』, 『宮闕志』, 『韓國寺刹全書』 권하 p.971a1 欄外. ⇨ 인수원 仁壽院, 정업원 淨業院

자수첩 資壽捷 송대 운문종(雲門宗) 스님. 천의의회(天衣義懷 993~1064)의 제자. 천주(泉州 : 福建省) 자수원(資壽院)에 주석하였다. 『오등회원』 권16(卍속장138, p.620a15)에 "'무엇이 불법대의인지요?' '무쇠소가 돌알을 낳는다' '무엇이 학인 맞이할 구인지요?' '삼문 앞에서 합장한다'. 僧問 如何是佛法大意 師曰 鐵牛生石卵 曰 如何是接人句 師曰 三門前合掌"라는 등의 문답이 전한다. [참고문헌] 『五燈會元』, 『續傳燈錄』 권8(대정장51, p.514b24)·권12(대정장51, p.546c11), 『建中靖國續燈錄』 권30(卍속장136, p.403b1).

자숙선사어록 子肅禪師語錄 청대 스님인 자숙초원(子肅超遠 1631~1689)의 어록. 법제자 성명(性明) 엮음. 시자 해활(海闊) 등 기록. 1권. 가흥장37, pp.723a1~734b20, No.B396에 수록되어 있다. 1703년(강희42) 간행되었다. 원제목은 『종남산반룡자숙선사어록 終南山蟠龍子肅禪師語錄』이다. 책머리에 붙어 있는 행탁(行鐸)의 「서문 序文」에 이어 상당(上堂)·소참(小參)·조참(早參)·만참(晩參)·시중(示衆)·입실(入室)·감험(勘驗)·염고(拈古)·송고(頌古)·찬(讚)·불사(佛事)·잡저(雜著)·행실(行實)·탑명(塔銘) 등 자숙선사 일대의 어요(語要)로 구성되어 있다.

자순 子淳 ➡단하 丹霞 ❷

자승자박 自繩自縛 스스로 묶어 자신을 얽매다. 『오등엄통』 권22 「걸봉세우장 傑峯世愚章」(卍속장139, p.982a5)에 "'어찌 영겁토록 빠져 헤매는가? 성인을 바라 해탈을 구하지 않는다 하니, 사조는 무슨 생각으로 해탈법문을 구걸하는가?' '맨살 상처내는 꼴이고 스스로 묶고 얽어매는구나'. 曰 寧可永劫受沉淪 不向諸聖求解說 四祖因甚乞求解脫法門 師曰 好肉剜瘡 自繩自縛"라고 하였다. 〔참고문헌〕『五燈嚴統』.

자시 自是 ❶ 스스로 옳다고 여기다. 이렇게 하는 이는 빛나지도 않고(不彰) 오래가지도 않는다(不長). 『보속고승전』 권3 「유붕전 有朋傳」(卍속장134, p.71b14)에 "어느 날 개원자기(開元子琦)선사를 찾아갔다가 발이 문지방을 닿기도 전에 마음으로 문득 (그 의문이 해결되어) 깨우쳤다. 자기가 나와서 거꾸로 물었다. '좌주께서 이곳은 왜 오셨는지요?' '듣는 것 귀하게 여기고 보는 일 업신여겨서는 안 되겠군요' '대난하신 분께서 쏙 이렇게 하셔야 합니까?' '스스로 옳다하니 오래하지 못하리라'. 一日謁開元琦禪師 足未及閫 心忽領悟 琦出逆問曰 座主來此何爲 答曰 不敢貴耳賤目 琦口 老老大大 何必如是 答曰 自是者不長", 『절의론』 권5(대정장52, p.815c19)에 "태상(노자)이 말했다. '스스로 안다고 내세우는 사람은 지혜롭지 못하고, 스스로 옳다고 하는 사람은 빛나지 못한다' … 스스로 옳다고 말하는 사람은 도덕이 필시 드러나지 않는다. 太上曰 自見者不明 自是者不彰 … 自言是者 其道德必不顯彰也"라고 하였다. 〔참고문헌〕『補續高僧傳』, 『折疑論』, 『老子』 제24장. ❷ 다만. 본래. 『조당집』 권8 「운거도응장 雲居道膺章」(대장경보편25, p.452b7)에 "'보배 구슬을 캐려면 어떻게 합니까?' '바다에서 떠돌다 나찰 귀신의 나라로 들어가거라' '말씀을 너무 아끼시는군요' '스스로 그렇다 할 것이 그대에겐 없기 때문이다'. 問 欲採寶珠時 如何 師云 漂入羅刹鬼國 僧曰 大慳惜生 師云 自是你無分", 『조주어록』(고존숙어록14, 卍속장118, p.320b2)에 "'여러 장님들 코끼리를 더듬고는 제 각각 다르게 말합니다. 무엇이 진짜 코끼리인지요?' '가짜는 없다. 다만 알지 못할 뿐이다'. 問 衆盲摸象 各說異端 如何是眞象 師云 無假 自是不知"라고 하였다. 〔참고문헌〕『祖堂集』, 『趙州語錄』.

자시국 赭時國 Ⓢ Chaj. 서역의 고대 국가. 『위서 魏書』 「서역전 西域傳」에는 자설(者舌), 『수서 隋書』 「서역전」에는 석국(石國)이라 하였다. 우즈베키스탄(Uzbekistan) 타슈켄트(Tashkent) 지역에 당한다. 『자은전』 권2(대정장50, p.227c8)에 "(노적건국에서) 또 서쪽으로 2백 리를 가서 자시국〈석국으로 한역한다〉에 도착했는데, 이 나라 서쪽은 엽엽하(시르다리아강)에 임해 있다. 또 서쪽으로 일천여 리를 가서 솔도리슬나국에 도착했는데, 이 나라 동쪽은 엽엽하에 임해 있다. 又西二百里 至赭時國〈唐言石國〉 國西臨葉葉河 又西千餘里 至窣堵利瑟那國 國東臨葉葉河", 『대당서역기』 권1(대정장51, p.871b11)에 "자시국은 그 둘레가 천여 리 정도이다. 서쪽으로는 엽하에 임해 있다. 동서로 좁고 남북으로 길다. 토산물과 기후는 노적건국과 마찬가지이다. 성읍은 수십 곳으로 각기 군장이 있는데 우두머리 격의 군주는 없었고 돌궐족에 복속되어 있었다. 赭時國 周千餘里 西臨葉河 東西狹南北長 土宜氣序 同笯赤建國 城邑數十 各別君長 旣無總主 役屬突厥", 『일체경음의』 권83(대정장54, p.844a21)에 "자시국〈앞 글자는 저와 야를 반절한 음으로 나라 이름이다. 석국으로 한역한다〉. 赭時國〈上遮夜反國名也 唐言石國也〉"라고 하였다. 〔참고문헌〕『慈恩傳』, 『大唐西域記』, 『一切經音義』.

자시무명과시무명 子時無明果時無明 무시이래(無始以來) 무명이지만 업식과 함께 하는 인으로서의 자시무명과 과로서 드러나는 망상의 무명으로 나눈 뜻이다. 『대승지관법문』 권1(대정장46, p.643a1)에 "허상종자는 홀로 과를 드러내지 못하기 때문인데, 만약 자시무명이 없으면 업식도 없고, 만약 업식이 없으면 허상종자도 능히 과를 성취해 현현시킬 수도 없으니 또한 그 자체로도 성립하지 못한다. 이런 까닭에 화합해야 비로소 허상과도 드러난다. 虛狀種子不能獨現果故 若無子時無明 卽無業識 若無業識 卽虛狀種子不能顯現成果 亦卽自體不立 是故和合方現虛狀果也", 같은 책 권1(대정장46, p.645c16)에 "〔문〕 과시무명과 망상은 하나인가, 다른가? 자시무명은 업식과 하나인가, 다른가? 〔답〕 하나이지도, 다르지도 않다. 왜인가? 정심으로는 알 수 없기 때문이다. 움직임 알아차리지 못함 없은즉 움직이지 않은 것이다. 또 만약 무명이 없으면 업식이 없다. 또 움직임과 불각이 화합하여 함께 일어나면 분별하지 못한다. 그러므로 자시무명과 업식은 다르지 않다. 또 불각은 미혹하고 어둡다는 뜻이니, 과거의 과시무명에 의해 훈습되어 일어났기에 바로 저 과시무명으로 인을 삼는다. 움직임이란 스스로 이 변이의 뜻이어서 망상의 훈습으로 일어난 것으로서 저 망상을 인으로 삼는다. 이런 까닭에 자시무명과 업식은 하나는 아니다. 이것이 자시무명과 업식이 하나이지도 다르지도 않은 이치이다. 問曰 果時無明與妄想爲一爲異 子時無明與業識爲一爲異 答曰 不一不異 何以故 以淨心不覺故 動無不覺卽不動 又復 若無無明卽無業識 又復 動與不覺 和合俱起 不可分別 故子時無明與業識不異也 又不覺自是迷闇之義 過去果時無明所熏起故 卽以彼果時無明爲因也 動者自是變異之義 由妄想所熏起故 卽以彼妄想爲因也 是故子時無明與業識不一 此是子時無明與業識不一不異也", 『화엄경문답』 권상(대정장45, p.605b29)에 "자시무명과 과시무명은 두 가지 뜻으로 인연의 일들을 드러내 보인다. 첫째는 인의 뜻이고 둘째는 과의 뜻이다. 인의 뜻으로 시점을 취하여 자시무명이라 하고, 과의 뜻으로 시점을 취하여 과시무명이라 한다. 무명으로 행하게 하여 끊이지 않게 하는 것을 '자시'라 일컫고, 바로 그 때에 일어난 과를 과시무명이라 할 뿐이어서 달리 두 개의 시는 아니다. 子時無明果時無明者 以二種義 緣事現示 謂一 因義 二 果義 以因義取時爲子時無明 以果義取時 爲果時無明 以無明令行生不斷名爲子時 卽爾時以所生行果者 爲果時無明 非別二時"라고 하였다. [참고문헌] 『大乘止觀法門』, 『華嚴經問答』, 『楞嚴經疏解蒙鈔』 권8(卍속장21, p.554a7). ⇨ 무명 無明

자시불각취 自屎不覺臭 자기 똥 냄새는 맡지 못한다는 말. 어떻게 해도 허물 벗어나기 어려운 뜻이다. 『운문광록』 권하(대정장47, p.570c2)에 "운문이 경을 보는 학인에게 물었다. '머릿글이 무엇인가?' 학인이 경을 집어 들자 운문이 말했다. '나에게도 있다' '화상도 가지고 계시면서 어째서 묻는지요?' '이렇게 하면 어찌 하겠는가?' '무슨 잘못이라도 있는지요?' '자기 똥 냄새는 맡지 못한다'. 운문이 대신 응답한다. '이제야 알겠군요'. 師問看經僧 表首是什麽字 僧拈起經 師云 我也有 僧云 和尙旣有爲什麽却問 師云 爭奈與麽何 僧云 有什麽過 師云 自屎不覺臭 代云 今日方知", 『가태보등록』 권4 「보령인용장 保寧仁勇章」(卍속장137, p.96b14)에 "'부처란 무엇인지요?' '자기 똥은 냄새나지 않는 법이다'. 問 如何是佛 曰 自屎不覺臭", 같은 책 권28 「경산대혜보각과선사십수 徑山大慧普覺果禪師十首」(卍속장137, p.395b2)에 "바람이 점차 세지다(明招의 화두) : 한밤 샛별이 정오에 나타나자, 어리석은 이는 여전히 새벽닭 울기를 기다리네. 가엾다, 자기 똥냄새는 맡지 못하는 법이지만, 게다가 남에게 거듭 집어서 보여주려 하네. 風頭稍硬 夜半明星當午現 愚夫猶待曉雞鳴 可怜自屎不覺臭 又欲重新拈似人", 『벽암록』 77칙 「송 頌」(대정장48, p.204c13)에 "불조 넘는 이야기 묻는 선객들 매우 많지만〈각각이 드러낸 문득 짓는 삼씨나 좁쌀처럼 많다〉, 꿰맨 곳 터졌는데 보았는가?〈이미 말하기 전 열렸다! 자기 똥 냄새는 맡지 못하는 법이다〉. 超談禪客問偏多〈箇箇出來 便作這般見解 如麻似粟〉 縫罅披離見也麽〈已在言前 開也 自屎不覺臭〉", 『불과격절록』 30칙 「본칙 本則」(卍속장117, p.473a6)에 "현사가 경청에게 물었다. '나는 한 법도 보지 못함을 큰 허물로 여긴다. 그대가 대답해 보라. 무슨 법을 못 보는가?〈화상이시여, 자기 똥은 냄새를 맡지 못하시는군요〉. 玄沙問鏡淸 我不見一法 爲大過患 你道 不見什麽法〈和尙 自屎不覺臭〉"라고 하였다. [참고문헌] 『雲門廣錄』, 『嘉泰普燈錄』, 『碧巖錄』, 『佛果擊節錄』.

자신 自身 Ⓢ ātman, ātma-bhāva, svāsāṃtānika, Ⓟ attan, Ⓣ bdag-nyid, rang-gi-rgyud-la-yod-pa. 스스로의 몸. 또는 몸을 가진 자기. 다른 이와 구별되는 나의 뜻이다. 『구사론』 권1(대정장29, p.4c19 : *Abh-k-bh.*, p.13)에 "스스로의 몸을 안이라 하고 그 나머지를 밖이라 한다. 自身名內 所餘名外 ādhyātmikaṃ svāsāṃtānikaṃ bāhyam-anyad", 같은 책 권22(대정장29, p.117b1 : *Abh-k-bh.*, p.337)에 "나의 것들이란 의복 등을 말하고 내 일이란 자신을 말한다. 我所事者 謂衣服等 我事者 謂自身 mamakāra-vastu cīvarādayo 'haṃkāravastv-ātmabhāvaḥ", 종보본 『단경』(대정장48, p.350b26)에 "이 행을 닦는 것이 반야행이다. 닦지 않으면 범부이고 한 순간 닦아 행해도 자신은 부처와 같다. 修此行者 是般若行 不修卽凡 一念修行 自身等佛"라고 하였다. [참고문헌] 『俱舍論』, 『壇經』, *Abh-k-bh.* ⇨ 자기 自己

자신 自信 조선후기 스님. 우담홍기(優曇洪基 1822~1881)의 은사이다. 『동사열전』 권5 「우담강백전 優曇講伯傳」(한불전10, p.1058b21)에 "순흥 희방사에서 자신장로를 은사로 하여 머리를 깎고 가사를 입었다. 順興希芳寺 依自信長老 圓頂方袍"라고 하였다. [참고문헌] 『東師列傳』. ⇨ 홍기 洪基

자신내증 自身內證 Ⓢ pratyātma-adhigama, sva-pratyātma-adhigama, Ⓣ so-so-rang-gis-rig-pa. 스스로의 몸으로 깨우쳐 앎. 자내증(自內證)이라고도 한다. 『입능가경』 권5(대정장16, p.541c5 : *Laṅk.*, p.143)에 "부처님께서 대혜보살에게 말씀하셨다. '대혜야, 여래께서는 두 가지 법에 의지하여 말씀을 하신다. 무엇이 그 두 가지인가? 나는 이와 같이 말한다. 첫째는 자신내증법에 의지하며, 둘째는 본주법에 의지하니, 나는 이 두 가지 법에 의지하여 말했다. 대혜야, 무엇이 자신내증법에 의지함인가? 저 과거의 제불여래께서 증득하신 법을 말한다. 나 또한 이와 같이 더하지도 덜하지도 않아서 자신내증의 모든 경계를 증득하여 언어분별상을 떠나고, 두 가지 이름도 떠났다'. 佛告大慧言 大慧 如來依二種法 說如是言 何者爲二 我說如是 一者 依自身內證法 二者 依本住法 我依此二法 作如是言 大慧 云何依自身內證法 謂彼過去 諸佛如來 所證得法 我亦如是證得 不增不減 自身內證 諸境界行 離言語分別相 離二種字故 bhagavān-āha. dharma-dvayaṃ mahāmate saṃdhāya mayaitaduktam. katamad-dharma-dvayam. yaduta pratyātma-dharmatāṃ ca saṃdhāya paurāṇasthiti-dharmatāṃ ca. idaṃ mahāmate dharma-dvayaṃ saṃdhāyedam-uktaṃ mayā. tatra svapratyātma-dharmatānusaṃdhiḥ katamat-taistathāgatair-adhigataṃ tanmayāpy-adhigatam-anūnam-anadhikaṃ svapratyātma-gatigocaraṃ vāg-vikalpa-rahitam-akṣaragati-dvaya-vinirmuktam", 같은 책 권8(대정장16, p.560a17)에 "대혜야, 어떤 것이 보살의 반야바라밀인가? 보살이 여실히 자심분별상을 관찰하지만 분별을 보지 않아 이변에 떨어지지 않는다. 여실수행에 의지하여 몸을 뒤쳐서 한 법도 일어난 일이 없으며 한 법이 멸함도 본 적 없다. 자신이 내증으로 성행을 닦아 행할 뿐이니 이것을 보살의 반야바라밀이라고 이름 한다. 大慧 何者菩薩般若波羅蜜 菩薩 如實觀察 自心分別之相 不見分別 不墮二邊 依如實修行轉身 不見一法生 不見一法滅 自身內證 聖行修行 是名菩薩般若波羅蜜"라고 하였다. 〔참고문헌〕『入楞伽經』, 『寶性論』 권4(대정장31, p.843a1), *Laṅk.119.*

자신불 自身佛 자기 자신에게 갖추어진 부처. 『종경록』 권23(대정장48, p.541b29)에 "정관수성례란 자기 자신의 부처에게 스스로 예배하는 것을 밝힌 것이다. 다른 경과 다른 몸의 부처에 의지하지 않는다. 왜 그러한가? 모든 중생은 본래 불성의 평등한 본각을 갖추고 법계에 수순하지만, 연기로 타올라 미혹하기에 다른 몸을 공경하는 것이다. 正觀修誠禮者 此明自禮自身佛 不緣他境他身佛 何以故 一切衆生 自有佛性平等本覺 隨順法界緣起熾然 但爲迷故 唯敬他身", 『능엄경여설』 권5(卍속장20, p.870a7)에 "스스로 마음이 열린 이는 자신의 부처를 본다. 이것은 단지 아미타불을 볼 뿐이어서 근심하지도 않고 깨우치려 하지도 않는다. 自得心開者 見自身佛 所謂但得見彌陀 不愁不開悟也"라고 하였다. 〔참고문헌〕『宗鏡錄』, 『楞嚴經如說』. ⇨ 즉신성불 卽身成佛

자신종류 自身種類 계·취·생(界趣生)을 같이해서 나도 각자의 몸을 따로 가져 유지하는 뜻. 『잡아비담심론』 권9(대정장28, p.943a22)에 "자신종류라 한다. 하나의 계·하나의 취·하나의 생〈일생은 사생 중의 하나이다〉으로 같이 나지만 가지가지 스스로의 몸을 가지게 되는 뜻이다. 自身種類者 同生一界一趣一生〈一生者四生中一〉而有種種自身"라고 하였다. 〔참고문헌〕『雜阿毘曇心論』. ⇨ 종류 種類

자실오타 自失誤他 자신도 그르치고 다른 이도 잘못 인도한다는 말. 『관무량수불경소』 권1(대정장37, p.249b4)에 "하품의 세 사람은 나쁜 범부를 만나 악업을 행하였다. 임종 때에야 선에 의지하고 부처님의 원력에 올라타 왕생하여 극락의 연꽃 위에 도달한 후에 비로소 발심하는 셈이니 어찌 대승을 배우기 시작한 사람이라고 할 수 있겠는가? 이러한 견해를 짓는다면 자신도 그르치고 다른 이도 잘못 인도하는 것이니 그 해로움이 매우 심하다. 下品三人 是遇惡凡夫 以惡業故 臨終藉善 乘佛願力 乃得往生 到彼華開 方始發心 何得言是始學大乘人也 若作此見 自失誤他 爲害玆甚"라고 하였다. 〔참고문헌〕『觀無量壽佛經疏』.

자실인의 慈室忍衣 자비(慈悲)의 방과 인욕(忍辱)의 옷. 자비와 인욕을 말한다. 『선문제조사게송』 권하 「설두명각선사방장명 雪竇明覺禪師方丈銘」(卍속장116, p.979b14)에 "자비의 방과 인욕의 옷은 잠시라도 떠나서는 안 된다. 慈室忍衣 不可須臾而離", 『지관보행전홍결』 권3(대정장46, p.248a19)에 "입실 등이라 하니, 자실은 해탈이고 인의는 법신이며 공좌는 반야다. 言入室等者 慈室解脫 忍衣法身 空座般若"라고 하였다. 〔참고문헌〕『禪門諸祖師偈頌』, 『止觀輔行傳弘決』. ⇨ 자인 慈忍❶, 인욕 忍辱, 자비 慈悲❶

자심 刺心 육십심(六十心) 중 하나. 좋은 일이든 나쁜 일이든 후회하거나 불안해하여 가시밭에 든 듯 하는 마음. 『대일경』 권1(대정장18, p.3a13)에 "자심이란 무엇인가? 항상 나쁜 생각을 일으키는 것을 본질로 한다. 云何刺心 謂一切處 發起惡作爲性", 『대일경소』 권2(대정장39, p.599a3)에 "'자심이란 무엇인가? 일체처에서 나쁜 짓 하는 것으로 성을 삼는다 하였다. 저 가시나무 숲은 모든 곳에 손상하고 방해함이 많아 가까이 하는 이를 불안하게 하듯 이 마음 역시 그러하다. 만약 큰 보시와 같은 선한 일을 행하고도 다시 돌이켜 후회하는 마음을 일으키고, 악한 일을 저지르고 나서도 스스로 생각하여 부끄러움과 두려움을 품는다. 그러므로 항상 나쁜 생각을 하거나 걱정하고 불안해한다. 이렇게 하는 중에 다스리는 법이 있으니, 범함이 있으면 속히 참회하여 없애고 들떠 후회하지 않으며, 좋은 일 했으면 마땅히 스스로 사유하여 기쁘고 다행이라 여긴다. 云何刺心 謂一切處 惡作爲性者 猶如棘叢 於一切處 多所損妨 令近者不安 此心亦爾 若行善事 如大施等 旣作已 便生追悔之心

若作惡事竟 復自思惟 亦懷慚懼 是故常懷惡作 動慮不安 此中對治法 若有犯 速務懺除 勿生掉悔 所爲善事 應自思惟生慶幸心"라고 하였다. [참고문헌]『大日經』, 『大日經疏』. ⇨ 육십심 六十心

자심 慈心 Ⓢ maitra-citta, Ⓟ metta-citta, Ⓣ byams-pa'i-sems. 아껴 살피지만 집착함이 없는 마음. 사무량심(四無量心) 중 하나인 자무량심(慈無量心). 또는 십장양심(十長養心)·입중오법(入衆五法)·거죄오덕(擧罪五德) 중 하나이기도 하다. 『장아함경』 권15 「구라단두경 究羅檀頭經」(대정장1, p.100c17)에 "부처님께서 말씀하셨다. '소에서 우유를 짜는 동안의 시간만큼이라도 자애로운 마음으로 일체중생을 생각할 수 있다면 그 복은 가장 뛰어나다'. 佛言 若能以慈心念一切衆生 如搆牛乳頃 其福最勝", 『대장엄론경』 권2(대정장4, p.266a7)에 "자심을 일으키면 성냄과 해침을 능히 버린다. 성냄과 해침이 없기에 몸과 입으로 선을 일으킨다. 若起慈心時 能除滅瞋害 以無瞋害故 則起身口善", 『달마다라선경』 권하(대정장15, p.319c6)에 "수행자가 자심을 널리 닦으려면 먼저 마음을 한 대상에 묶어두고 점차로 익혀 무량하도록 한다. … 부처님께서는 '중생을 유익하게 하는 것을 자심이라 한다'고 말씀하셨다. 修行者 若欲廣修慈心 先當繫心所緣 漸習令無量 … 饒益衆生 說名慈心", 『능가경』 권4(대정장16, p.513c18)에 "수행자에게 자심이 생기지 않게 하므로 고기를 먹어서는 안 된다. 令修行者慈心不生故 不應食肉", 『유마경의소』 권6(대정장38, p.981c21)에 "중생을 이롭게 하되 대가를 바라지 않는 이것이야말로 자심이다. 자심은 즐거움을 주는 것이기에 그 보답 바라지 않는다. 饒益衆生而不望報 此慈心也 慈心與樂故不望報", 『대지도론』 권1(대정장25, p.60a25)에 "자심을 사유하는 것은 진에병에 좋은 대치법이라 부를 만해도, 탐욕의 병에 대해서는 좋다고 할 수도 없으며 대치법도 아니다. 왜 그러한가? 자심은 중생에게서 좋은 일을 구하고 공덕을 관하는 것이니, 탐욕스러운 사람이 좋은 일을 구하고 공덕을 관한다면 탐욕만 더할 것이기 때문이다. 思惟慈心 於瞋恚病中 名爲善對治法 於貪欲病中 不名爲善 非對治法 所以者何 慈心於衆生中 求好事 觀功德 若貪欲人求好事 觀功德者 則增益貪欲故"라고 하였다. [참고문헌]『長阿含經』, 『大莊嚴論經』, 『達摩多羅禪經』, 『楞伽經』, 『維摩經義疏』, 『大智度論』, *Saddh-p.449.*, *Bodh-bh.6.*, *DN.3.237.* ⇨ 자 慈, 자비 慈悲, 자비심 慈悲心, 사무량심, 四無量心

자심동자 慈心童子 지옥 중생들의 고통을 대신 받겠다는 서원을 세운 동녀(童女). 자동녀(慈童女)라고도 한다. 『범망보살계경의소발은사의』(卍속장59, p.828b8)에 "자심동자는 우연하게 모친의 머리카락 한 가닥을 잘랐다가 화륜지옥에 떨어져 죄인들이 무량한 고통을 받는 것을 보고서 곧바로 '저들이 받는 고통을 내가 모두 대신 하겠다'라고 서원을 세워 말했다. 서원을 마치자 불구덩이가 곧바로 사라졌다. 慈心童子偶斷母髮一莖 墮火輪地獄 見諸罪者 受苦無量 卽立誓言 彼之所受 我悉代之 發是誓已 火輪卽滅"라고 하였다. [참고문헌]『梵網菩薩戒經義疏發隱事義』.

자심불 自心佛 자기 마음이 부처라는 뜻. 『분양어록』 권하(대정장47, p.628c5)에 "곧바로 본심을 가리키다. 자기의 마음이 부처임을 믿는 중생이 적으니 기꺼이 받아들이려 하지 않고 대부분 굴욕을 당하네. 망상과 탐욕 그리고 성냄의 번뇌에 얽힌 것들 모두 무명의 소굴을 애착하기 때문이네. 直指本心 衆生少信自心佛 不肯承當多受屈 妄想貪嗔煩惱纏 都緣爲愛無明窟", 종보본 『단경』(대정장48, p.353c1)에 "이 일은 자기의 본분에서 일어나야 한다. 모든 때 찰나찰나마다 그 마음을 스스로 청정하게 하고 스스로 닦고 스스로 행하여 자기가 법신임을 알고, 자기 마음이 부처임을 보며, 스스로 제도하고 스스로 지켜야 비로소 얻는다. 此事須從自事中起 於一切時 念念自淨其心 自修自行 見自己法身 見自心佛 自度自戒 始得", 『대일경소지심초』 권12(臺灣國圖善本18, p.468a6)에 "일행대사가 풀이하였다. '장엄비장의 깊은 뜻을 펼친다면 지옥과 천당, 이승과 일승이 모두 자심불의 명자일 뿐이니 어찌 버리거나 취하겠는가?' 大師釋云 若深開荘嚴秘藏 則地獄天堂 二乘一乘 皆是自心佛之名字 焉捨焉取"라고 하였다. [참고문헌]『汾陽語錄』, 『壇經』, 『大日經疏指心鈔』.

자심비심삼매 慈心悲心三昧 자심과 비심으로 머무는 삼매. 『좌선삼매경』 권하(대정장15, p.278a26)에 "행자는 우선 초지에서 상지에 이르고, 다시 '상지'에서 '자심'을 익히고 행한다. 먼저 스스로 즐거움을 얻어서 분노의 독을 부수고, 그 다음 시방의 무량한 중생들에게 미치면 이때 곧 자심삼매를 얻는다. 비심으로 중생의 괴로움을 가엾이 여겨 뭇 번뇌를 무너뜨리고, 널리 무량한 중생들에게 미치면 이때 문득 비심삼매를 얻는다. 有行者 先從初地 乃至上地 復於上地 習行慈心 先自得樂 破瞋恚毒 次及十方無量衆生 是時 便得慈心三昧 悲心憐愍衆生之苦 能破衆惱 廣及無量衆生 是時 便得悲心三昧"라고 하였다. [참고문헌]『坐禪三昧經』, 『觀佛三昧海經』 권6(대정장15, p.674b25). ⇨ 자삼매 慈三昧, 자심정 慈心定, 자무량심 慈無量心

자심삼보 自心三寶 스스로 마음이 그대로 삼보라는 뜻. 자성삼보(自性三寶)라고도 한다. 종보본 『단경』(대정장48, p.354b11)에 "이제 이미 스스로 깨우쳤으면 각자 자기 마음의 삼보에 귀의한다. 안으로 심성을 고르고 밖으로 다른 사람을 공경하니, 이것이야말로 스스로 귀의하는 일이다. 今既自悟 各須歸依自心三寶 內調心性 外敬他人 是自歸依也", 『열반경소삼덕지귀』 권7(卍속장58, p.580a17)에 "경에서 불을 각이라고 한 것은 불이란 능히 관하는 지이기 때문이다. 받아 깨우치는 것이 법이어서 관해야 할 경을 불각이라고 한다. 경과 지가 화합하니 각이 곧 불각이고 불각이 곧 각이다. 십계의 의보와 정보는 모두 나의 마음의 삼보와 같은 바탕이니 그 뜻이 분명하다. 經佛名爲覺等者 佛卽能觀智故 受覺名法 是所觀境 故名不覺 境智和合 覺卽不覺 不覺卽覺 十界依正 悉我自心三寶一體 其義皎爾"라고 하였다. 〔참고문헌〕『壇經』, 『涅槃經疏三德指歸』. ⇨ 자성삼보 自性三寶, 삼보 三寶, 각 覺, 불각 不覺

자심시도 自心是道 자기 마음 그대로 도라는 뜻. 『최상승론』(대정장48, p.379b4)에 "이 논은 처음부터 끝까지 온통 자기 마음 그대로 도임을 드러낸다. 그것이 과와 행이라는 두 문 가운데 어느 문에 속하는지는 아직 알지 못한다. 此論從首至末 皆顯自心是道 未知果行二門是何門攝"라고 하였다. 〔참고문헌〕『最上乘論』.

자심시불 自心是佛 자기 마음 그대로가 부처라는 말. 시심시불(是心是佛)·즉심즉불(卽心卽佛) 등과 같은 뜻으로 쓴다. 종보본 『단경』(대정장48, p.362a3)에 "그대들 각자의 마음 그대로가 부처이니 더 이상 의심하지 마라. 밖으로는 한 물건도 능히 건립할 것 없으니, 모두가 이 본심일 뿐이어서 만 가지 법을 낸다. 汝等自心是佛 更莫狐疑 外無一物 而能建立 皆是本心 生萬種法", 『경덕전등록』 권6 「마조도일전 馬祖道一傳」(대정장51, p.246a4)에 "그대들은 모든 사람들이 각자 자기 마음 그대로 부처임을 믿으니 이 마음이 바로 부처의 마음이다. 汝等諸人 各信自心是佛 此心卽是佛心", 『소실육문』 「혈맥론 血脈論」(대정장48, p.373c3)에 "중생이 전도되어 자기 마음 그대로 부처임을 느끼지도 알지도 못한다. 만일 자기 마음 그대로가 부처라고 안다면 당연히 마음 밖에서 부처를 찾지 않을 것이다. 衆生顚倒 不覺不知 自心是佛 若知自心是佛 不應心外覓佛"라고 하였다. 〔참고문헌〕『壇經』, 『景德傳燈錄』, 『少室六門』. ⇨ 시심시불 是心是佛, 즉심즉불 卽心卽佛, 자심불 自心佛

자심정 慈心定 일체중생에 대한 자심(慈心 Ⓟ metta-citta)을 품고, 이 생각에 머물러 오직 자심만을 닦는 정(定). 자정(慈定 Ⓢ maitrī-samāpanna)이라고도 한다. 『집이문족론』 권15(대정장26, p.430b28)에 "〔문〕 이 중에서 출리란 무엇을 말하는가? 〔답〕 진에의 속박을 영원히 끊는 것도 출리라 하고, 진에의 속박을 초월하는 것도 출리라고 하며, 모든 '자심정' 또한 출리라 한다. 여기서는 이런 뜻 중에서 '자심정'의 이름이 출리다. 問 此中出離 何所謂耶 答 嗔縛永斷 亦名出離 超越嗔縛 亦名出離 諸慈心定 亦名出離 今此義中 意說 慈心定名出離", 『법온족론』 권7(대정장26, p.486a9)에 "이 생에서 가까운 과거나 현재에 제3정려에 들어 저 낙상을 취하여 다음과 같은 마음을 일으키고 다음과 같이 말한다. 원컨대 '모든 유정중생들이 모두 이와 같은 수승한 즐거움 얻기를 바라옵니다'. 이와 같다면 그의 마음과 말과 수승한 견해는 모두 매우 훌륭하고 청정하며 온순하고 자량이 되므로, 자심정의 가행이라 하며 '자심정'에 들었다고도 한다. 또 이 정 중에 모든 심의식 등이 '자'와 함께 하는 마음이라 하고, 모든 사·등사·현전등사·이사·당사·조심의업 등을 '자'를 갖춘 의업이라 하며, 모든 마음의 승해·이승해·당승해 등을 '자'를 갖춘 승해라 하고, 또 이 정 중에 수·상·욕·작의·염·정·혜 등을 '자'를 갖춘 모든 법이라 하는데, 이와 같은 모든 법도 자심정의 가행이라 하며 자심정에 들었다고 한다. 또한 자심정에는 두 가지가 있으니 첫째는 협소한 자심정, 둘째는 무량한 자심정이다. 若有此生 近曾現入 第三靜慮 取彼樂相 起如是心 發如是言 願諸有情 皆得如是如是勝樂 彼心言及 勝解皆是 勝善 淨妙 隨順 乃至資糧 乃可名慈心定加行 亦名入慈心定 又此定中 諸心意識 名慈俱有心 諸思等思 現前等思 已思當思 造心意業 名慈俱有意業 諸心勝解 已勝解 當勝解 名慈俱有勝解 又此定中若受若想 若欲若作意 若念若定 若慧等 名慈俱有諸法 如是諸法 亦得名慈心定加行 亦名入慈心定 復次慈心定 有二種 一 狹小 二 無量"라고 하였다. 〔참고문헌〕『集異門足論』, 『法蘊足論』. ⇨ 비심정 悲心定

자심지삼보 自心之三寶 자심 그대로의 삼보. 본래 청정한 자신의 본심을 불법승(佛法僧) 삼보와 관련시켜 이해하는 방식이다. 『홍계법의』 권상(卍속장106, p.971b7)에 "불이란 무엇인가? 지금의 일념자심은 저 구슬이나 거울과 같아서 매우 신령하여 어둡지 않고, 대단히 뚜렷하여 항상 알지만 알아도 앎이 없어 모든 연에 매일 일 없다. 두 가지 상념을 일으키지 않는 마음이 불이다. 법이란 무엇인가? 이렇게 알고 나서도 어둡지 않은 마음을 지금 분명하게 얻는다면 이것이 본심제불이니, 더 이상 의심과 두려움을 일으키지 않고 비혹과 상념도 일어나지 않아 법보다. 승(僧)이란 무엇인가? 이 앎 그대로 물들지 않고 고요하면서 흔들리지 않아 항상 맑고 항상 깨끗하면서 때에 적절하게 중생에 응하니, 마치 물에 비친 달과 같아 승보다. 이것이 자심 그대로의 삼보다. 모든 부처님은 이 마음을 체득하였으므로 정각이라 하고, 모든 법은 이 마음을 말할 뿐이어서 묘법이라 하며, 중승은 이 마음을 깨우쳤으므로 정중이라 한다. 그러므로 눈앞에서 청하는 모든 불법승을 알려면 자심 그대로의 삼보를 먼저 깨우친다. 所謂佛者何 卽今一念自心 如珠如鏡 靈靈不昧 了了常知 知而無知 不寄諸緣 不生二念者 是也 所謂法者何 卽今了得 此無知不昧之心 卽是本心諸佛 更不生疑生怖 起惑起念者 是也 所謂僧者何 卽此知而不染 湛而不搖 常淸常淨 隨時應物 如水中月者 是也 此自心之三寶也 諸佛得此心 故云正覺 諸法詮此心 故云妙法 衆僧了此心 故稱淨衆 是知 現前所請 諸佛法僧 乃先證自心之三寶也"라고 하였다. [참고문헌]『弘戒法儀』.

자심진언 自心眞言 불보살(佛菩薩)의 자내증(自內證)에 들게 하는 진언. 『대일경의석』 권7(卍속장36, p.726a1)에 "『대일경』에서 '이때 허공장보살이 청정경계삼매에 들어 자심진언을 설했다'고 한 것은 그 뜻이 다음과 같다. 이 삼매에 들 때 바로 제불경계 필경에는 청정하여 허공과 같음을 안다. 그러므로 보문만다라는 모두 다 일체상을 떠나서 오직 마음 부처를 스스로 증할 뿐이다. 남에게 보일 수 없지만 자재한 신력으로 드나들고 주고받으며 널리 은밀하게 중생을 제도하여 다함이 없다. 經云 爾時虛空藏菩薩 入淸淨境界三昧 說自心眞言者 謂入此三昧時 卽知諸佛境界 畢竟淸淨 猶如虛空 是故普門漫荼羅 皆悉離一切相 唯是心佛自證 不可示人 而已自在神力 出納取與 周給衆生 不可窮盡"라고 하였다. [참고문헌]『大日經義釋』,『大日經』 권2(대정장18, p.14a18).

자씨 慈氏 Ⓢ Maitrī. 미륵보살의 다른 이름. 미륵(Ⓢ Maitreya : 梅呾利耶)을 자(慈)라는 족성(族姓)으로 바꾸어 부른 말이다. 자씨보살(慈氏菩薩)·자씨존(慈氏尊)·자존(慈尊)이라고도 한다. 『대지도론』 권9(대정장25, p.124b6)에 "비록 일체제불이 이 보배를 지녔지만 저 부처님만 보배를 이름으로 삼았다. 예컨대 미륵의 이름이 자씨다. 일체제불이 자비를 지녔지만 단지 미륵을 자로 이름하는 것과 같다. 雖一切諸佛 皆有此寶 但彼佛卽以此寶爲名 如彌勒名爲慈氏 諸佛雖皆有慈 但彌勒卽以慈爲名"라고 하였다. [참고문헌]『大智度論』. ⇨ 자씨보살 慈氏菩薩, 매달리야 梅呾利耶

자씨궁 慈氏宮 미륵불이 하생하기 전까지 보처의 지위에서 머무는 도솔천의 천궁(天宮). 내원궁(內院宮)이라고도 한다. 『자씨보살염송법』 권상(대정장20, p.590a21)에 "만약 현세에서 색신을 버리기 전에 속히 증득하여 미륵보살의 도솔천 자씨궁 설법에 동참하고 대실지를 얻으려는 이는 반드시 이 유가염송에 의지하면 위없는 대성취를 기필코 얻는다. 若欲現世不捨色身 速證慈氏宮同會說法 得大悉地者 必依此愈誐念誦 必獲無上大悉地"라고 하였다. [참고문헌]『慈氏菩薩念誦法』. ⇨ 내원궁 內院宮, 자씨미륵 慈氏彌勒

자씨궤 慈氏軌 ➡ 자씨보살약수유아염송법 慈氏菩薩略修愈誐念誦法

자씨미륵 慈氏彌勒 미륵보살을 일컫는 말. 『무량수경의소』 권상(대정장37, p.94b27)에 "자씨미륵은 성이 자이므로 '자씨'라고 한 것이다. 이름은 아일다(Ⓢ Ajita)인데 한역하면 무승이다. 慈氏彌勒 姓慈 故曰慈氏 字阿逸多 此云無勝", 『법원주림』 권25(대정장53, p.472c3)에 "아난이 부처님께 아뢰었다. '어떠한 연기를 지었기에 미륵이라고 부릅니까?' '과거 오래전부터 자삼매를 닦고 뜻을 정함에 유연하여 다시는 해치려는 마음 없었다. 그래서 이름을 미륵이라 하였다〈범어로 미륵이라 하고 자씨라 한역한다. 그러므로 미륵이라는 말도 성이다〉. 阿難白佛 不審從何造起 名爲彌勒 佛言 過去久遠 習慈三昧 定意柔軟 更無害心 故字彌勒〈梵云彌勒 此曰慈氏 故彌勒者 亦是姓也〉"라고 하였다. [참고문헌]『無量壽經義疏』,『法苑珠林』. ⇨ 미륵 彌勒 ❶

자씨보살 慈氏菩薩 Ⓢ Maitreya. 미륵보살의 다른 이름. 이 보살이 자증(自證)을 성취한 후 자비의 마음을 일으켜 중생을 제도하므로 붙여진 이름이다. 도솔천에 머물다가 현겁의 석가모니부처님께서 열반에 드신 후 56억7천만년 후 용화수(龍華樹) 아래로 하생하는 미래불이다. 『일체경음의』 권14(대정장54, p.394c19)에 "미제예〈옛 범어 음사는 미륵이다. 다 와전으로 생략되어 바르지 않다. 바른 범어 음사는 매달리이다. 자씨보살(Ⓢ Maitrī)이라고 한역한다〉. 彌帝隸〈梵語古云彌勒 皆訛略不正也 正梵音云 每怛哩 唐言慈氏菩薩名〉", 밀교의 금강계만다라에서는 현겁16존을 필두로 하여 동쪽 제2열 북단에 위치한다. 성신회(成身會)에서의 밀호는 신질금강(迅疾金剛)이고, 종자는 (a) (mai), 삼형은 군지(軍持), 인상(印相)은 허심합장하고 두 검지를 안으로 구부려 맞닿게하고 엄지를 그 위에 덮는다. 미세회(微細會)에서는 왼손으로 군지를 받들고 오른손으로는 군지의 꼭지를 잡고 있는 형상이고, 공양회(供養會)와 항삼세회(降三世會) 모두 양손으로 연화대 위의 군지를 잡고 있으며, 삼매야회(三昧耶會)와 항삼세삼매야회(降三世三昧耶會)에서는 군지만을 표한다. 종자 아(a)는 본불생(本不生)을 의미하며 마이(mai)는 존명인 마이뜨리아의 머리글자이다. 삼형을 군지라 하는 것은 쿤디(kuṇḍī)의 음사어로써 지혜의 물로 법비를 내리는 뜻이다. 진언은 『현겁16존 賢劫十六尊』에서는 '옴 마이뜨레야 아 스바하 oṃ maitreya a svāhā 옴 미륵존이시여! 아 스바하'이

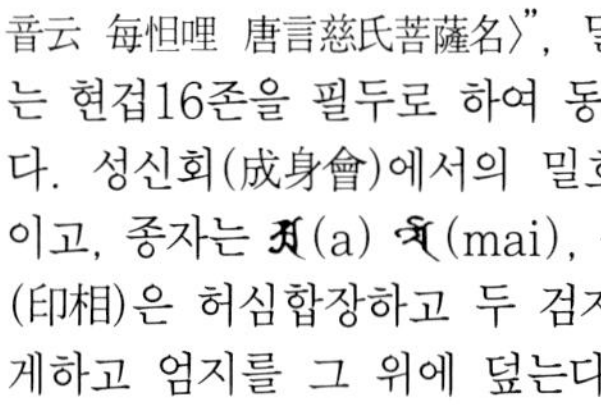

고, 『정제악취경 淨諸惡趣經』에서는 '옴 마이뜨리야 하라나야 스바하 oṃ maitrīya haraṇāya svāhā 옴 자비깊으신 이여 드리우소서 스바하' 이다. 『대일경소』 권1(대정장39, p.582b15)에 "자씨보살이란 부처님의 사무량심 중에서 자에서는 으뜸임을 말한다. 이 자는 여래종성 중에 일어나 능히 일체세간에서 부처의 가문이 끊이지 않게 한다. 그러므로 자씨라고 하였다. 앞에서 말한 보현은 자증의

삼매야회와 항삼세삼매야회

미세회 · 공양회와 항삼세회

덕이니 본원이 이미 만족하여 중생을 교화하여 이 도를 얻도록 한 것이다. 그러므로 보현 다음으로 자씨를 밝힌다. 慈氏菩薩者 謂佛四無量心 今以慈爲稱首 此慈從如來種姓中生 能令一切世間不斷佛家 故曰慈氏 上云普賢 是自證之德 本願已滿 欲化衆生令得此道 故次明之", 『성유식론요의등』 권1(대정장43, p.666b4)에 "여섯째, 『변중변론』〈『이벽창중론』이라 한다〉. 이 논의 본송은 자씨보살이 지었고 논에 대한 해석은 천친보살이 지었다. … 아홉째, 『대장엄론』〈『장엄체의론』이라 한다〉. 이 논의 본송은 자씨보살이 지었고, 해석은 천친보살이 지었다. 열째, 『분별유가론』〈『섭산귀관론』이라 한다〉. 이것은 자씨보살이 지은 것이다. 六 辨中邊論〈名離僻彰中論〉 此論本頌是慈氏菩薩造 釋論天親菩薩造 … 九 大莊嚴論〈名莊嚴體義論〉 此論本頌慈氏菩薩造 釋天親菩薩造 十 分別瑜伽論〈名攝散歸觀論〉 此是慈氏菩薩之所造也", 『자은전』 권3(대정장50, p.237a4)에 "금색인이 푸른색을 가리키면서 화상에게 말했다. '그대는 아는가? 이는 관자재보살이다' 다시 은색을 가리키며 말했다. '이는 자씨보살이다' 화상이 자씨보살에게 예배하고 물었다. '계현 항상 존자께서 계신 곳에 나고자 바라지만 갈 수 있을지 모르겠습니다' 자씨보살이 대답했다. '그대 널리 정법을 펼쳤으니 후에 마땅히 그곳에 난다'. 其金色人指碧色者語和上曰 汝識不 此是觀自在菩薩 又指銀色曰 此是慈氏菩薩 和上卽禮拜慈氏 問曰 戒賢常願生於尊處 不知得不 報曰 汝廣傳正法 後當得生"라고 하였다. [참고문헌] 『一切經音義』, 『大日經疏』, 『成唯識論了義燈』, 『慈恩傳』. ⇨ 미륵 彌勒❶, 미륵보살 彌勒菩薩, 미제례보살 彌帝隸菩薩

자씨보살서원다라니경 慈氏菩薩誓願陀羅尼經 Ⓢ Āryamaitrinapratijñā-nāma-dhāraṇī, Ⓣ 'phags-pa byams-pas dam-bcas-pa shes-bya-ba'i gzungs. 송대 법현(法賢) 한역. 1권. 『자씨보살다라니경』이라고도 한다. 고려장34, p.480a10~b15, No.1224 · 대정장20, p.600b15~c9, No.1143에 수록되어 있다. 티베트역본(北京版 No.330)도 전한다. 자씨보살의 서원으로 성립한 다라니를 설하는 경전이다. 부처님께서 자씨보살에게 중생들이 오탁악세(五濁惡世)를 벗어날 수 있는 다라니를 설하셨다. 말세에 불법이 쇠퇴할 때 이 다라니를 수지하고 독송하는 이가 있다면 설령 무간지옥에 떨어질 만한 무거운 죄를 지었더라도 구제할 것이라고 서원을 세웠다. 또한 이 다라니를 수지하는 이는 자씨보살이 미래에 성불할 때 함께 아누다라삼막삼보리를 얻으리라는 수기를 받는다는 법문이다.

자씨보살소설대승연생도간유경 慈氏菩薩所說大乘緣生稻稈喩經 Ⓢ Āryaśālistamba-nāma-mahāyānasūtra, Ⓣ 'phags-pa sā-lu'i ljang-ba shes-bya-ba theg-pa chen-po'i mdo. 당대 불공삼장(不空三藏) 한역. 1권. 고려장36, pp.925b1~928c13, No.1297 · 대정장16, pp.819a3~821b4, No.710에 수록되어 있다. 티베트역본(北京版 No.876)도 전한다. 『대승사려사담마경 大乘舍黎娑擔摩經』 1권(대정장16, No.711) · 『요본생사경 了本生死經』 1권(대정장16, No.708) · 『도간경 稻芉經』 1권(대정장16, No.709) 등과 동본이역이다. 줄여서 도간유경 · 자씨소설도간유경 등이라고도 한다. 십이인연(十二因緣)에 대해 설하는 경전이다. 부처님께서 왕사성 영추산(靈鷲山 : 또는 영취산)에 계실 때 볏짚을 보시고서 대중들에게 말씀하시기를 '연생(緣生)을 보면 법(法)을 보는 것이고, 법을 보면 부처를 보는 것이다'라고 말씀하셨다. 연생이란 무명(無明)은 행(行)에 연하여 생하고, 행은 식(識)에 연하여 생기는 것이라고 설명하면서 십이인연에 대해 설한다. [참고문헌] *Śikṣ.219.* ⇨ 대승사려사담마경 大乘舍黎娑擔摩經, 도간경 稻芉經, 요본생사경 了本生死經, 십이인연 十二因緣

자씨보살약수유아염송법 慈氏菩薩略修愈誐念誦法 당대 선무외(善無畏)삼장 한역. 2권. 미륵보살(彌勒菩薩)의 염송법을 설한 의궤. 대정장20, pp.590a3~600a15, No.1141에 수록되어 있다. 미륵법의 근본의궤에 해당한다. 금강계와 태장의 합궤(合軌)이다. 미륵보살과 대일여래가 본래 둘이 아닌 일체이므로 이 염송법을 닦음으로써 반드시 실지(悉地)를 성취할 수 있음을 설한

다. 권상은 「입법계오대관문품 入法界五大觀門品」·「봉헌본존향화등품 奉獻本尊香花等品」·「지송진언품 持誦眞言品」으로, 권하는 「지송본존진언법품 持誦本尊眞言法品」·「화상품 畵像品」·「대만나라품 大漫拏囉品」·「관일생보처제불집회관정만나라품 觀一生補處諸佛集會灌頂漫拏攞品」·「호마품 護摩品」·「분별실지법품 分別悉地法品」·「대삼매야상실지품 大三昧耶像悉地品」 등 모두 10품으로 구성되어 있다. 권상에서는 오지륜(五智輪) 사상을 설하고 보리심진언과 수인을 비롯하여 작법에 필요한 다양한 인명(印明)을 설하고 있다. 권하에서는 존상의 화상과 채색을 설하고, 만다라의 크기와 형태 및 제존의 형상에 대해 자세하게 기술하고 있다. 마지막 「실지품」에서는 본존을 금은으로 주조하거나 백단으로 만들 것을 설하고 있다. [참고문헌] 『眞言密敎部類總錄』 권상(대정장55, p.1125a27).

자씨불 慈氏佛 미륵불(彌勒佛)의 다른 이름. 자씨여래(慈氏如來)라고도 한다. 『수호국계주다라니경』 권10(대정장19, p.576c6)에 "만약 성문승종성중생으로서 이 경을 듣는다면 미륵보살의 용화제일성문회에서 가장 뛰어난 성문이 될 것이다. 若聲聞乘種姓衆生 得聞此經 於慈氏佛龍華第一聲聞會中 當爲最上第一聲聞", 『미륵경유의』(대정장38, p.265b8)에 "사람의 수명이 팔만사천세가 될 때 미륵불이 세간에 출현한다. 이때는 안락한 인민이 많을 때이니 하생하는 것이다. 『대현겁경』에서 '자씨불의 광명이 사십리를 비춘다'고 하였다. 人壽八萬四千歲時 彌勒佛出興世 于時安樂人民熾盛時下生也 大賢劫經云 慈氏佛光照四十里", 『전법정종기』(대정장51, p.718a3)에 "(석존께서) 게송을 마친 후에 대가섭에게 다시 말씀하셨다. '나는 금실로 만든 승가리의를 또한 그대에게 부촉할 것이니 그대는 이것을 보처의 지위에 있는 자씨불에게까지 전하라〈미륵불이라고도 한다〉. 偈已復謂大迦葉曰 吾將金縷僧迦梨衣 亦付於汝 汝其轉授補處慈氏佛〈亦云彌勒佛〉"라고 하였다. [참고문헌] 『守護國界主陀羅尼經』, 『彌勒經遊意』, 『傳法正宗記』. ⇨ 미륵 彌勒 1

자씨삼회 慈氏三會 미래세에 자씨인 미륵보살(彌勒菩薩)이 용화수(龍華樹) 아래에서 정등각을 이루고 일체중생을 세 차례에 걸쳐 모두 교화하기로 예정되어 있는 법회. 미륵삼회(彌勒三會)·용화삼회(龍華三會) 등이라고도 한다. 『삼미륵경소』(대정장38, p.323a2)에 "자씨삼회로 사람들의 제도가 끝난다는 설을 인정하면 중생들이 점차로 나태해지기 때문에 저 낭적산으로 가서 그 위에 또 하나의 문을 열어둔 것이니, 『대지도론』에서 '미륵불이 세 차례의 법회를 끝마치고 모든 대중을 데리고 저 산 정상으로 올라가서 대가섭의 골쇄신을 보이면 대중들이 마침내 정진심을 일으킨다'라고 한 것과 같다. 應說慈氏三會度人已 衆生漸有懈怠故 往狼迹山 開彼上門 如智度論云 彌勒佛三會已訖 將諸大衆 往彼山頂 示大迦葉骨鎖身 大衆遂起精進心", 『우산화상어록』 권7(가흥장40, p.552b14)에 "학인이 우산에게 물었다. '미래에 자씨가 삼회에 걸쳐 법을 설하고 만억의 사람을 제도할 것입니다. 지금 천녕사의 칠처에서 널리 법회를 열어 제도한 사람은 몇이나 됩니까?' '그 수를 이루다 기억하지 못한다'. 問 當來慈氏三會 說法度人萬億 卽今天寧七處弘開 度人多少 師云 不記其數"라고 하였다. [참고문헌] 『三彌勒經疏』, 『雨山和尙語錄』, 『佛祖統紀』 권5(대정장49, p.170c8). ⇨ 미륵삼회 彌勒三會, 용화삼회 龍華三會, 미륵신앙 彌勒信仰, 미륵보살 彌勒菩薩

자씨상 慈氏像 미륵상(彌勒像). 『삼국유사』 권5(대정장49, p.1013c5·한불전6, p.360b15) 감통(感通)7 월명사도솔가(月明師兜率歌)에 "동자는 내원의 탑으로 들어가 사라졌으며 차와 염주는 남쪽 벽에 그려진 자씨상 앞에 놓여 있었다. 童入內院塔中而隱 茶珠在南壁畵慈氏像前"라고 하였다. [참고문헌] 『三國遺事』. ⇨ 자씨 慈氏, 미륵상 彌勒像

자씨서원경 慈氏誓願經 ➡ 자씨보살서원다라니경 慈氏菩薩誓願陀羅尼經

자씨암 慈氏庵 전라북도 부안군에 있던 암자. 백광홍(白光弘 1522~1556)의 『기봉집』 권3 「자씨암〈재부안〉 慈氏菴〈在扶安〉」(한국문집총간 속집3, p.248b16)에 "자씨당 중간에서 갈 길을 물으니, 청림은 이곳에서 3리를 가야한다고 하네. 慈氏堂中問前路 靑林去此里三奇"라고 하였다. [참고문헌] 『岐峯集』.

자씨여래 慈氏如來 미륵불의 다른 이름. 자씨불(慈氏佛)이라고도 한다. 『현겁경』 권7(대정장14, p.50c23)에 "자씨여래가 나는 국토는 묘의라는 이름의 성이고 왕자가 머무는 곳이며 그 부처님의 위광은 사십리를 비춘다. 브라만종으로서 부친은 범호이고 모친은 범경이며 아들은 덕력이고 시자는 해씨이다. 지혜가 가장 뛰어난 제자는 혜광이고 신족은 견정진이다. 부처님께서 세간에 머무시는 동안 사람의 수명은 팔만사천세에 이른다. 1회에 96억명에게 경전을 설하고, 2회에 94억명에게 설하며, 3회에 92억명에게 설하는데 모두 아라한과를 증득한다. 사리와 아울러 큰 사원을 일으키고 정법이 팔만세 동안 존립한다. 慈氏如來 所生土地 城名妙意 王者所處 其佛威光 照四十里 梵志種 父名梵乎 母字梵經 子曰德力 侍者曰海氏 智慧上首弟子號慧光 神足曰堅精進 佛在世時 人壽八萬四千歲 一會說經九十六億 二會九十四億 三會九十二億 皆得阿羅漢 舍利幷合共興大寺 正法存

立八萬歲"라고 하였다. 〔참고문헌〕『賢劫經』.

자씨전 慈氏殿 미륵불(彌勒佛)을 모신 전각. 대자보전(大慈寶殿)이라고도 한다. 『위림선사여박암고』 권4 「중흥보복선사기 重興寶福禪寺記」(卍속장126, p.56a4)에 "전각의 뒤는 조음당인데 모두 7영이고, 앞은 자씨전인데 모두 5영이다. 殿後爲潮音堂 凡七楹 前爲慈氏殿 凡五楹", 『고려사』 권8 세가(世家)8 문종 24년(1070) 2월 5일에 "흥왕사에 행차하였다. 자씨전이 새로 창건되었으므로 경성대회를 열고 하룻밤을 묵은 후에 돌아왔다. 幸興王寺 以新創慈氏殿 設慶成大會 經宿而還"라고 하였다. 〔참고문헌〕『爲霖禪師旅泊菴稿』, 『高麗史』. ⇨ 자씨 慈氏, 미륵전 彌勒殿

자씨존 慈氏尊 미륵보살을 높여 부르는 말. 자씨(慈氏)·자존(慈尊)라고도 한다. 『미륵하생성불경』(대정장14, p.426a17)에 "부처님께서 사리자에게 말씀하셨다. '지극한 마음으로 잘 들어야 한다. 미래에 자씨존이 그대를 위해 자세하게 설법할 것이다. 그때 바닷물은 점차 줄어 삼천이백유선나가 되어 전륜왕의 길이 드러날 것이다'. 佛告舍利子 應至心諦聽 當來慈氏尊 爲汝廣宣說 爾時大海水 以漸減三千二百踰繕那 爲顯輪王路"라고 하였다. 〔참고문헌〕『彌勒下生成佛經』. ⇨ 자존 慈尊 2

자씨하생 慈氏下生 도솔천에 머물던 미륵보살이 사바세계로 내려와 세간을 교화하는 일. 『미륵하생성불경』(대정장14, p.428b11)에 "만약 선남자와 선녀인이 이 법을 듣고 외우고 독송하여 다른 이에게 연설하고 설한 대로 수행하고 향과 꽃으로 공양하고 경전을 서사한다면 이 사람들은 미래에 반드시 미륵보살이 세간에 출현함을 만나 세 번의 법회에서 다 구제된다. 若有善男子 善女人 聞此法已 受持讀誦 爲他演說 如說修行 香花供養 書寫經卷 是諸人等 當來之世 必得値遇 慈氏下生 於三會中 咸蒙救度", 『인천안목』 권2(대정장48, p.308b13)에 "이때 대가섭은 부처님의 가사를 지니고 계족산에서 멸진정에 들어서 미륵보살의 하생을 기다리며 두 손으로 나누어 받았다. 於是大迦葉 持佛袈裟 於雞足山中 入寂滅定 待慈氏下生 兩手分付"라고 하였다. 〔참고문헌〕『彌勒下生成佛經』, 『人天眼目』.

자아게 自我偈 자아로 시작하는 게. 『법화경』 권5 「여래수량품 如來壽量品」에 있는 25행 102구로 된 게(偈). 아득한 날에 이미 성도하신 부처님은 과거세에 이미 중생들을 제도하셨고, 현재에 이르기까지 사바세계에서 온갖 방편으로 중생을 교화해 오셨으며 미래에도 상주불멸하시니, 언제나 중생이 원할 때마다 출현하여 제도하실 것이라는 법문으로 마지막 일절이 '자아게'인데, 같은 책 권5(대정장9, p.43b12)에 "내가 부처가 된 이래로 지나온 모든 겁수는 무량백천만억 아승기니라. 自我得佛來 所經諸劫數 無量百千萬 億載阿僧祇"라고 하였다. 〔참고문헌〕『法華經』. ⇨ 구원실성 久遠實成

자아법 自餓法 Ⓢ anaśana, Ⓣ zas-mi-za-ba. 스스로 굶주리는 고행(苦行). 자아외도(自餓外道)의 수행법이다. 『백론소』 권상(대정장42, p.247c19)에 "자아법이란 무엇인가? 하루에 과일 세 개를 먹거나 혹은 바람을 마시고 연유를 먹거나 때론 기를 마신다. 自餓法者 或一日食三果 或吸風服蘇 或服氣也", 『법원주림』 권66(대정장53, p.793a18)에 "『대반열반경』에서 다음과 같이 말한다. '외도가 자아고행으로 도를 얻는다면 일체의 축생들도 모두 도를 얻을 것이다. 그러므로 외도들이 자아법을 배우고, 연못에 몸을 던지거나 불 속에 뛰어들며, 높은 바위에서 몸을 던지고, 한쪽 다리를 들고 서있으며, 오열로 몸을 지진다. … 이런 것이 무상해탈의 인(因) 된다고 한다면 이런 이치는 없다. 보살마하살이 이런 법을 행하여 해탈을 얻은 이를 보지 못하였다'. 그러므로 우선 마음을 다스리고 치우쳐 몸을 괴롭게 한다고 도를 얻는 것은 아니다. 涅槃經云 若外道自餓苦行得道者 一切畜生 悉應得道 是故 外道 受自餓法 投淵赴火 自墜高巖 常翹一脚 五熱炙身 … 乃云 是等能爲 無上解脫因者 無有是處 不見菩薩摩訶薩人行如是法得解脫者 是故 先須調心 不偏苦身 卽得道果"라고 하였다. 〔참고문헌〕『百論疏』, 『法苑珠林』, 40권본 『大般涅槃經』 권16(대정장12, p.462a11), *Abh-k-bh.307.* ⇨ 자아외도 自餓外道

자아외도 自餓外道 스스로 단식하며 굶주림을 견디는 고행하는 외도. 십종외도(十種外道) 또는 육종고행외도(六種苦行外道) 중 하나다. 『문수대교왕경』 권10(대정장20, p.773c19)에 "무엇이 사교(邪敎) 여섯 유파의 핵심인가? … 다섯째는 구사리자(拘賖梨子 Ⓢ Gośālīputra)로서 스스로 굶고 배고픔을 인내하며 먹지 않는 것을 수습하는 외도이다. 말로는 사람들에게 스스로 득도했다고 하면서 먹지도 마시지도 않으니 이를 자아외도의 불식법이라 한다. 云何名爲邪敎六宗根部之法 … 五者 拘賖梨子 修習自餓忍飢不食外道 口言告人自稱得道不饑不渴 是名自餓外道不食之法", 『석씨요람』 권상(대정장54, p.276c26)에 "또 부처님께서 일식법을 제정하신 데에는 네 가지 뜻이 있다. 첫째는 자아외도를 파척하기 위함이다. … 『불본행집경』에서는 '단식으로 인해 큰 복을 얻게 되는 것이라면, 들짐승 따위야 말로 큰 복을 얻을 것이다〈 … 먹지 않는 경우라면 자아외도 같은 부류이다〉. 又佛制一食而有四意 一 爲破自餓外道 … 佛本行集經云 若因斷食當得大福者 其野獸等 應得大福〈 … 若不食 則與自餓外道同儔也〉", 『번역명의집』 권2(대정장54, p.1084 c22)에 "살차니건 : 계박을 떠난다는 뜻의 이계라고 하는 자아외도다. 살차니건은 또한 묶이지 않는다는 뜻의 불계로도 한역한다. 털을 뽑고 옷을 입지 않으며 쌓아 모으지 않는다. 薩遮尼乾 此云離繫 自餓外道 尼乾亦翻不繫 拔髮露形 無所貯蓄"라고 하였다. 〔참고문헌〕『文殊大教王經』, 『釋氏要覽』, 『翻譯名義集』, 『佛本行集經』 권20(대정장3, p.746c11). ⇨ 십종외도 十種外道, 육종고행외도 六種苦行外道

자안 子安 고려후기 법상종 스님인 미수(彌授 1240~1327)의 초휘(初諱). 〔참고문헌〕 李智冠 『校勘譯註歷代高僧碑文』 高麗篇4 p.324. ⇨ 미수 彌授

자안 慈眼 Ⓢ kṛpa-maitra-locana, Ⓣ snying-rje-byams-pa'i-spyan. 자비로운 눈. 불보살이 중생을 자신의 몸처럼 여기는 대자대비(大慈大悲)의 눈. 『화엄경소』 권57(대정장35, p.933a27)에 "재물을 베풀되 집착하지 않음은 혜안에서 성취되고, 두려움 없는 보시는 자안에서 성취되며, 법공양은 법안에서 열린다. 財施無著成於慧眼 無畏之施成於慈眼 法施開於法眼", 『대일경소』 권5(대정장39, p.633c19)에 "이 삼매는 바로 자비의 보안을 바탕으로 삼아서 중생을 관찰하여 제도하고 인도하여 이롭게 한다. 자비로운 눈의 광명이 있지 않은 곳이 없으므로 변체원정광이라 한다. 此三昧 正以慈普眼爲體 觀察應度衆生而導利之 慈眼之光 無所不遍 故云遍體圓淨光也", 『천광안경』(대정장20, p.125a24)에 "보살은 몸에 마흔 개의 손을 갖추고 있고, 모든 손바닥에 각각 하나의 자비로운 눈을 갖고 있네. 菩薩於身上 具足四十手 一一手掌中 各有一慈眼"라고 하였다. 〔참고문헌〕『華嚴經疏』, 『大日經疏』, 『千光眼經』, *Saddh-p. 453.* ⇨ 자안시중생 慈眼視衆生

자안시중생 慈眼視衆生 Ⓢ sarvasattva-kṛpa-maitra-locana, Ⓣ sems-can-kun-la-snying-rje-byams-pa'i-spyan. 자비로운 눈으로 중생을 본다는 말. 불보살이 대자대비(大慈大悲)의 마음으로 중생을 가엾게 여긴다는 뜻. 『법화경』 권7(대정장9, p.58a28)에 "관세음보살은 청정한 성인이시니 고통과 번뇌와 죽음의 액난에서 의지할 수 있네. 일체의 공덕을 갖추시고 자비로운 눈으로 중생을 바라보시니 복덕의 바다가 헤아릴 수 없네. 觀世音淨聖 於苦惱死厄 能爲作依怙 具一切功德 慈眼視衆生 福聚海無量", 『법화경구해』 권8(卍속장48, p.241a17)에 "(경전에서) '일체공덕을 갖추고 자비로운 눈으로 중생을 바라본다'라고 한 구절은 신통과 지혜의 방편을 갖추고 자비로운 눈 등으로 중생을 본다는 뜻이다. 具一切功德 慈眼視衆生 具足神通智慧方便 以慈悲眼等視衆生", 『법화경통의』 권7(卍속장49, p.945b6)에 "일체공덕을 갖추었으므로 십사무외를 행할 수 있고, 자비로운 눈으로 중생을 보기 때문에 서른두 가지 응신으로 중생을 교화할 수 있다. 以具一切功德 故能十四無畏 以慈眼視衆生 故能三十二應爲衆生"라고 하였다. 〔참고문헌〕『法華經』, 『法華經句解』, 『法華經通義』, *Saddh-p.453.* ⇨ 자안 慈眼

자암 子庵 경상남도 김해시 진영읍 본산리 자암산(子庵山)에 있던 암자. 〔참고문헌〕『韓國寺刹全書』 권하 p.967a2 欄外.

자암 慈庵 조선후기 스님 전평(典平)의 호. 〔참고문헌〕『東師列傳』 권3 「燕海講師傳」(한불전10, p.1027a15). ⇨ 전평 典平

자암사 紫巖寺 전라남도 화순군 이서면 영평리 무등산(無等山 : 一名 瑞石山)에 있는 규봉사(圭峰寺). 〔참고문헌〕『韓國寺刹全書』 권하 p.969a19. ⇨ 규봉사 圭峰寺

자애 自愛 ❶ Ⓢ ātma-kāma, Ⓣ bdag-legs-su-'dod-pa. 자기에 대한 애착. 번뇌와 불선법(不善法)이 일어나는 인이다. 『금광명최승왕경』 권1(대정장16, p.407b25)에 "자신을 애착하는 이는 쫓고 구하는 마음을 일으키고 추구하는 마음 때문에 온갖 괴로움을 당한다. 모든 부처와 여래는 자기에 대한 애착을 없앴기에 쫓고 구하는 마음을 영원히 끊는다. 구함 없으면 열반이다. 若自愛者 便起追求 由追求故 受衆苦惱 諸佛如來 除自愛故 永絶追求 無追求故 名爲涅槃", 『섭대승론석』 권8(대정장31, p.206a21)에 "자기에 대한 애착을 버리면 이를 환(歡)이라 하고, 타인에 대한 애착을 일으키면 이를 희(喜)라고 한다. 捨自愛名歡 生他愛名喜", 같은 책 권12(대정장31, p.246c13)에 "보살은 스스로 항상 빈궁한 과보를 받기를 바랄지언정 한 순간이라도 부귀와 즐거움의 보를 받기를 원하지 않는다. 그러나 온갖 악법인연을 짓는 것은 자기를 애착하고 타인을 미워하기 때문이니, 이 두 가지 인연이 악법을 생장시킨다. 菩薩願彼恒受貧窮報 不願彼於一刹那中受富樂報 而作諸惡法因緣 謂自愛憎他 此二因緣能生長惡法", 『법화문구』 권6(대정장34, p.75b4)에 "자기만을 귀하게 여기면 교만이 되고, 자기를 애착하면 탐욕이 되며, 타인을 애착하면 음욕이 되고, 스스로 분노하면 성냄이 된다. 自貴爲憍 自愛爲貪 愛他爲淫 自忿爲恚"라고 하였다. 〔참고문헌〕『金光明最勝王經』, 『攝大乘論釋』, 『法華文句』, *Mvyut.245.* ❷ 자기를 아껴서 바르게 행위함. 신구의 삼업을 청정하게 하고 삼보에 귀의함을 말한다. 『자애경』(대정장17, p.549a23)에 "부처님께서 말씀하셨다. '스스로를 아끼는 법이란 먼저 삼보에 스스로 귀의하며, 법으로 부모를 모시고, 자비로 중생을 사랑하며, 어리석은 이를 불쌍하게 여기고, 정진하는 이를 보고 기뻐하며, 평등하게 널리 보호하고, 중생을 편안하게 제도하는 것이다. 이러한 네 가지 은혜를 베풀고 궁핍한 이에게 보시하면 중생은 원한이 없게 된다. 천들이 보살피고 기르니 감옥・칼날・중독・갈증 등의 횡액이 생기지 않는다. 가족이 편안하고 친족이 흥성하며 중생에게 재앙이 없다. 죽어서는 천상에 오르고 항상 지혜와 더불어 있으니 이것을 자애라고 한다. 佛言 自愛之法 先三自歸 以法養親 慈愛人物 悲愍愚惑 見正喜進 平等普護 安濟衆生 施斯四恩 布施窮乏 衆生無怨 諸天祐育 衆橫不加 牢獄 利劍 諸毒 消歇 親安族興 生無災患 死得上天 常與明會 斯謂自愛者也"라고 하였다. 〔참고문헌〕『自愛經』. ⇨ 삼귀의 三歸依

자애 慈哀 Ⓟ mettā. 자비로움으로 애닯다 여김. 『별역잡아함경』 권11(대정장2, p.452c13)에 "세존이시여! 오직 원컨대 여래께서 자비로움으로 애닯게 여기셔서 저의 출가를 허락해 주시길 바랍니다. 世尊 唯願如來 慈哀憐愍 聽我出家", 『방광반야경』 권4(대정장8, p.27c7)에 "공무상을 깨닫고, 바람마저 없는 혜를 증득하며, 신구의를 깨끗이 하고, 일체중생 자애롭게 여기되 중생이 있다고 생각하지 않는다. 覺空無相 證不願慧 淨身口意 慈哀一切衆生 亦不念有衆生"라고 하였다. 〔참고문헌〕『別譯雜阿含經』, 『放光般若經』, 『佛說義足經』 권하(대정장4, p.186a6), *Sn.187.*

자애 慈愛 Ⓢ priya, Ⓟ anukampanti, Ⓣ dga'-ba. 큰 사랑으로 아끼다. 『장아함경』 권1 「대본경 大本經」(대정장1, p.5c27)에 "유모에게 자애가 있으니 자녀가 태어나면 양육하네. 乳母有慈愛 子生卽育養", 『선생자경』(대정장1, p.254a15)에 "옛 성인이 제정하신 법을 증득하여 자식은 효도하고 부모는 자애해야 한다. 得古聖制法 爲子必孝 爲父母慈愛", 『법구비유경』 권4(대정장4, p.606c16)에 "왕은 신하와 백성의 주인이니 항상 아랫사람을 아끼고 사랑해야 하네. 王爲臣民主 常以慈愛下", 『선비요법경』 권하(대정장15, p.264a9)에 "원컨대 제가 성불할 때 모든 천과 인을 널리 제도하고 몸과 마음이 걸림 없이 모든 이를 널리 아끼고 사랑하기를 바랍니다. 願我成佛時 普度諸天人 身心無罣礙 普慈愛一切", 『유가사지론』 권35(대정장30, p.479b5 : *Bodh-bh.*, p.4)에 "보살들의 본성은 연품을 성취하여 신어의 업이 불선이어도 포악하지 않다. … 칼・몽둥이・손・흙덩이 등으로 유정을 괴롭히고 해치지 않으며, 모든 중생을 늘 아끼고 사랑한다. 諸菩薩本性成就軟品 不善身語意業 不極暴惡 … 不以刀杖手塊等事惱害有情 於諸衆生性常慈愛 bodhisattvaḥ prakṛtyā mṛdunā kāya-vāṅ-manas-karmaṇā samanvāgato bhavaty-akuśalena na-atyartha-raudreṇa … pāṇi-loṣṭa-daṇḍa-śastrādibhiś-ca sattvānām-aviheṭhanajātīyo bhavati. prakṛti-vatsalaś-ca bhavati sattva-priyaḥ", 『자은전』 권7(대정장50, p.260b7)에 "법사가 그들에게 보살계를 주고 아울러 보살행법을 자세하게 설하고, 임금을 모시되 충심을 다하고 아랫사람에게 자애를 베풀기를 권계하였다. 法師卽授之 幷爲廣說菩薩行法 勸其事君盡忠 臨下慈愛"라고 하였다. 〔참고문헌〕『長阿含經』, 『善生子經』, 『法句譬喩經』, 『禪祕要法經』, 『瑜伽師地論』, 『慈恩傳』, *Bodh-bh.*, *DN.3.189.* ⇨ 자비 慈悲

자애경 自愛經 동진(東晉) 때 담무란(曇無蘭) 한역. 1권. 『자애불자애경 自愛不自愛經』이라고도 한다. 고려장20, pp.1164b1~1166b5, No.832・대정장17, pp.548c03~550a14, No.742에 수록되어 있다. 부처님께서 사위성 기수급고독원에 계실 때 자애(自愛)의 법을 물은 왕에게 진정한 자애에 대해 세 가지로 설법하였던 내용이다. 삼보에 귀의하고 부모를 봉양하고 사람을 사랑하며, 어리석은 이를 불쌍하게 여기고 정견을 세우며, 중생을 평등하게 보호하고 제도하는 것이 자애라고 설한다. 또한 가장 무거운 다섯 가지 죄를 다음과 같이 제시한다. 첫째 불효불충(不孝不忠)・살친살군(殺親殺君)・가멸국란(家滅國亂) 등의 세 가지, 둘째 아라한을 목표로 하는 것, 셋째 부처님을 비방하는 것, 넷째 청정한 사문을 유혹하는 것, 다섯째 부처님의 묘탑(廟塔)을 훼손하고 훔치는 것이다. 위의 다섯 가지를 자신과 자기의 종족을 죽이는 법으로 시설한다. 〔참고문헌〕『歷代三寶紀』 권7(대정장49, p.69b24), 『出三寶記集』 권3(대정장55, p.17c4). ⇨ 자애 自愛 ❷

자애심 慈愛心 자애로운 마음. 일체중생을 평등하게 아끼고 사랑하는 마음을 말한다. 『서동자경』(대정장14, p.802b4)에 "천억 겁 동안 항상 자애심을 행하고 한 가지 보시도 받지 않으면서 무상도를 깨우치리라. 經歷千億劫 恒行慈愛心 不可以一施 得覺無上道", 『대지도론』 권72(대정장25, p.569a8)에 "마땅히 자애로운 마음을 행해야 한다. 세간의 법은 처자식과 소말을 애착하고 원수를 미워하지만 보살은 이 세간법을 돌려서 모든 중생에게 다만 자애로운 마음을 행할 뿐이다. 當行慈愛心 世間法 愛念妻子 牛馬等 憎惡怨賊等 菩薩轉此世間法 但行慈愛心 於一切衆生"라고 하였다. 〔참고문헌〕『逝童子經』, 『大智度論』. ⇨ 자애 慈愛, 자비심 慈悲心

자야 者耶 Ⓢ Jayā. 태장계만다라 문수원에 자리하는 존격. 4자매 중 하나로서 금강계 사바라밀보살 중 금강바라밀보살에 상응한다. 종자는 𑖕(ja), 밀호는 금강(金剛), 삼매야형은 금강봉(金剛棒). 존형은 살색의 동녀형(童女形)으로서, 왼손은 손바닥을 위로 향한 채 허리춤에 두고 오른손으로 독고저를 쥔 채 길상좌에 앉은 모습이다. 수인은 제봉교자인(諸奉教者印)이다. 진언은 '나마 사만타붓다남 아 비스마야니예 스바하 namaḥ samantabuddhānāṃ āḥ vismayanīye svāhā 널리 모든 부처님께 귀의합니다. 아 두렵게 하는 이여! 스바하'이다. 열반의 경지에서 상주불변하는 깨달음을 상징한다.

자야난다 Ⓢ Jayānanda, Ⓣ rgyal-ba-kun-dga'. 11~12세기 경의 인도 후기중관파(後期中觀派) 학자. 캐시미르 출신. 티베트에 들어가 역경(譯經)에 종사하였으며, 월칭(月稱 Ⓢ Candrakīrti)의 학설을 적극적으로 도입하였고, 월칭의 *Madhyamakāvatāra*(入中論)에 대한 주석서인 *Madhyamakāvatāra-ṭīkā*(入中論釋疏)를 저술하였다. ⇨ 입중론 入中論

자야데바 Ⓢ Jayadeva. 12세기말 인도 시인. 벵골의 켄둘리 마을에서 브라만의 아들로 태어났다. 락슈마나세나 왕의 궁정시인이 되었다. '목동의 노래'를 뜻하는 그의 서정시 『기타 고빈다 *Gīta Govinda*』는 비슈누파 문학의 선구로 평가된다. 이 시는 12장으로 구성되어 있으며, 비슈누신의 화신인 목동 크리슈나와 목녀(牧女) 라다와의 연애를 아름답고 신비롭게 묘사하여 널리 애창되었다. ⇨ 기타고빈다 Gītāgovinda

자야바르만칠세 Jayavarman七世 1120~1215(또는 1125~1219). 크메르제국(캄보디아)의 왕. 앙코르 왕가 출신. 1181년 61세의 나이에 왕위에 올라 이후 30년 동안 재위한 크메르제국의 마지막 왕이다. 그는 정복사업을 통하여 참파(베트남)·라오스·말레이 반도와 미얀마 일부 등에 걸치는 광대한 지역을 지배하여 캄보디아의 전성기를 이끌었다. 또한 이전의 여러 왕과 달리 대승불교를 신봉하였으며, 대승불교식 사원인 앙코르톰(Angkor Thom)의 바욘(Bayon)을 비롯하여 지방에 수많은 사원과 병원을 건축함으로써 오늘날의 앙코르유적을 남겼다. 〔참고문헌〕 David Chandler *A History of Cambodia*(Perseus Books, 2007).

자양 子陽 신라 스님. 포산(包山 : 대구광역시 달성군 유가면 일대에 있는 琵瑟山)에 주석하였다. 『삼국유사』 권5(대정장49, p.1016b22·한불전6, p.365b20) 피은(避隱)8 포산이성(包山二聖)에 "지금 산중에서 일찍이 아홉 성인에 대해 기록하였는데, 남겨진 이야기는 자세하진 않지만 관기·도성·반사·첩사·도의·자양·성범·금물녀·백우사라고 한다. 今山中嘗記九聖 遺事則未詳 曰觀機 道成 搬師 楪師 道義 子陽 成梵 今勿女 白牛師"라고 하였다. 〔참고문헌〕 『三國遺事』. ⇨ 관기 觀機 [2], 첩사 楪師

자양가추 自揚家醜 스스로 집안의 흉한 꼴을 드러내다. 몽땅 다 드러내 남김없이 하는 뜻이다. 『종용록』 71칙 「본칙 本則」(대정장48, p.272a4)에 "취암이 하안거를 마치는 날 대중에게 보여 말했다〈여전히 말이 적다고 싫어하는 투다〉. '한 철 이래 도반들 줄곧 이야기를 해왔는데〈스스로 집안의 흉한 꼴을 드러내다〉, 살펴보라! 취암의 눈썹이 남아 있느냐?〈입에 모래가 섞여 있어도 해로운 줄 모르는구나〉'. 翠巖 夏末 示衆云〈猶嫌少在〉 一夏以來 爲兄弟說話〈自揚家醜〉 看 翠巖眉毛在麽〈不害口磣〉", 『오등회원속략』 권2 「죽천법림장 竹泉法林章」(卍속장138, p.918b7)에 "법좌에 올라 조주의 '포삼화'를 들었다. '조주가 비록 태아검을 잘 휘둘러 학인의 혀 잘라내긴 하였지만, 스스로 집안의 흉한 꼴 드러냄 피하진 못했네. 나라면 그렇게 하지 않을 것이다. 만일 학인이 「만법이 하나로 돌아가는데 그 하나는 어디로 돌아가는가?」라고 묻는다면, 다만 「오늘도 어제처럼 무덥구나」라고 답하리라'. 上堂 擧 趙州布衫話 師曰 趙州雖則 善用太阿 截斷者僧舌頭 未免自揚家醜 靈隱則不然 忽有僧問 萬法歸一 一歸何處 只向他道 今日熱如昨日", 『물초대관어록』(卍속장121, p.176b16)에 "무쇠소 어젯밤 뿔 꺾어버렸으니 스스로 집안의 추한 모습 드러냈네. 허공을 쳐부수어 요란한 소리가 울리니 착각 가져다 착각을 덧붙인다. 鐵牛昨夜拗折角 自揚家醜 撞破虛空鳴嘷嘷 將錯就錯"라고 하였다. 〔참고문헌〕 『從容錄』, 『五燈會元續略』, 『物初大觀語錄』. ⇨ 가추 家醜, 가추외양 家醜外揚

자양진인장평숙어록 紫陽眞人張平叔語錄 송대 장평숙의 어록. 1권. 원제목은 『대자원통선선자양진인장평숙어록 大慈圓通禪仙紫陽眞人張平叔語錄』이다. 1867년(동치6) 간행되었다. 청나라 세종(世宗) 때인 1733년(옹정11)에 성립한 『어선어록』 권8, 卍속장119, pp.366a15~373a6에 수록되어 있다. 세종의 「서 序」(卍속장119, p.365b9)에 "자양진인은 「오진편」을 지음으로써 원문의 비밀스러운 요지를 밝혔다. 또한 게송 등 32편을 지었는데 그 하나하나가 본성의 바탕에서 달마가 전한 최상 일승의 미묘한 종지를 풀어서 내놓은 작품이었다. 紫陽眞人 作悟眞篇 以明元門祕要 復作頌偈等 三十二篇 一一從性地 演出西來 最上一乘之妙旨"라고 하였다. 〔참고문헌〕 『御選語錄』.

자어상위 自語相違 Ⓢ svavacana-viruddha. 스스로 한 말이 어긋남. 인명용어. 주장명제 자체의 모순을 일컫는 말로 저 '토분은 쇠로 만든 화분이다'와 같은 경우다. 자어상위과(自語相違過)라고도 한다. 『인명입정리론』(대정장32, p.11c2)에 "자어상위란 무엇인가? 예를 들면 '나의 어머니는 석녀다'라고 하는 것과 같다. 自語相違者 如言我母是其石女"라고 하였다. 〔참고문헌〕『因明入正理論』. ⇨ 자어상위과 自語相違過

자어상위과 自語相違過 Ⓢ svavacana-viruddha, Ⓣ rang-gi-tshig-gis-bsal-ba. 주장명제(宗)의 주어(有法)와 술어(法)가 모순되는 오류. 인명(因明) 용어로 삼십삼과(三十三過)의 종구과(宗九過) 중 하나다. 『인명입정리론』(대정장32, p.11c2)에 "자어상위란, 저 나의 어머니는 석녀라고 말하는 것과 같다. 自語相違者 如言我母是其石女", 『인명입정리론소』 권중(대정장44, p.116b22)에 "종이 의지하는 것은 곧 법과 유법이다. 유법은 체이고 법은 그 뜻이다. 뜻은 그 체에 의지하여 서로 모순되지 않아야 성립한다. 지금 '나의 어머니'라 하였으니 자식이 있음을 분명하게 알며, 다시 '석녀'라 하였으니 자식이 없음을 명확하게 나타낸다. '나의 어머니'라는 체와 '석녀'라는 뜻은 주어와 술어가 서로 의지하여 따를 수 없고, 자신의 말이 이미 어긋나니 대론자에게 무엇을 주장할 수 있겠는가? 그러므로 허물이다. 宗之所依 謂法有法 有法是體 法是其義 義依彼體 不相乖角 可相順立 今言我母 明知有子 復言石女 明委無兒 我母之體 與石女義 有法及法 不相依順 自言旣已乖反 對敵何所申立 故爲過也"라고 하였다. 〔참고문헌〕『因明入正理論』, 『因明入正理論疏』, *Nyāy-pr.2.* ⇨ 삼십삼과 三十三過, 종구과 宗九過, 사종구과 似宗九過

자어업 慈語業 Ⓟ mettaṃ vacīkammaṃ. 자애로운 말을 하는 행위. 육가희법(六可喜法) 중 하나다. 『여래비밀대승경』 권17(대정장11, p.741c6)에 "또한 여섯 가지 방법으로 세간을 애호할 수 있다. … 둘째는 자어업을 행하는 것이다. 스승이나 선지식 그리고 범행을 함께하는 이 내지 일체중생에게 남김없이 존중하고 아끼는 마음을 내는 것이니, 이것이 두 번째 어업의 화합(和敬)이다. 復有六法而能護世 … 二者 行慈語業 於師尊所及善知識同梵行者乃至一切衆生 悉起尊重愛樂意念 是爲第二語業和敬", 『집이문족론』 권15(대정장26, p.431c1)에 "또 필추가 대사, 지혜가 있는 이, 범행을 함께하는 이에게 자어업을 일으킨다면 이를 두 번째 가희법이라 한다. 이 법으로 인해 자애로운 마음을 이끌어낼 수 있다. 復有苾芻 於大師所及諸有智同梵行者 起慈語業 是名第二可喜法 由此法故 能發可愛"라고 하였다. 〔참고문헌〕『如來祕密大乘經』, 『集異門足論』, *MN.1.206.* ⇨ 육가희법 六可喜法, 육화경 六和敬, 구자화경 口慈和敬

자언 訾言 비난하여 말함. 『출삼장기집』 권11(대정장55, p.78a29)에 "방등을 크게 찬탄하고 그 이익됨을 널리 드러내려 애썼으니 비난할 수 없다. 隆讚方等 契闊顯益 不可訾言", 『북산록』 권8(대정장52, p.622a23)에 "비난하고 속이며 군주와 부모를 범하는 것을 입으로 짓는 죄라고 할 수 있다. 訾言勃詐 凌犯君親 方謂口之罪也"라고 하였다. 〔참고문헌〕『出三藏記集』, 『北山錄』.

자언비니 自言毘尼 Ⓢ pratijñā-kāraka, Ⓟ paṭiññāta-karaṇa, Ⓣ khas-blang-bar-'os-pa. 대중 가운데 있으면서 스스로 말해 허물을 다스림. 칠멸쟁법(七滅諍法) 중 하나로 자언치(自言治)와 같다. 『마하승기율』 권13(대정장23, p.333a27)에 "이때 존자 아난이 부처님 계신 곳에 가서 예배하고 말씀드렸다. '세존이시여! 자언비니로 멸한다고 하시는데, 무엇을 일러 자언비니로 멸한다고 합니까?' 부처님께서 아난에게 말씀하셨다. '만약 비구와 비구가 서로 허물을 말한다면 바라이부터 월비니까지에 해당한다. 아난아! 이 때 대중을 모아야 한다. 대중이 모이면 경과 율, 그리고 세존께서 말씀하신 대로 이 비구의 사실에 따라 스스로 고백하여 멸한다'. 爾時 尊者阿難 往詣佛所 頭面禮足 白佛言 世尊 所謂自言毘尼滅 云何名自言毘尼滅 佛告阿難 若比丘比丘相說罪過 若波羅夷 乃至越毘尼罪 阿難 爾時應集僧 集僧已 如修多羅 如毘尼 如世尊敎 隨此比丘事實 與自言毘尼滅"라고 하였다. 〔참고문헌〕『摩訶僧祇律』, *Vin.2.83.* ⇨ 자발로율 自發露律, 자언치 自言治, 칠멸쟁법 七滅諍法

자언빈 自言擯 스스로 죄를 고백하고 멸빈당함. 『오분율』 권3(대정장22, p.15c7)에 "미다라가 말했다. '타파는 청정한데 내가 그를 비방하면 승중이 반드시 스스로 고백하게 하여 저를 멸빈시킬 것입니다. 내가 대중을 떠나면 어디에 의지합니까?' 자지형제가 말했다. '내가 그대를 증명하여 타파를 멸빈시킬 텐데 무엇 때문에 그대 스스로 고백하여 멸빈되려 하는가?' '만약 타파가 멸빈된다면 저는 어찌 다르겠습니까?' 자지형제가 말했다. '세존께서 타파만 쫓아내시도록 하겠다. 나는 이미 멸빈을 당했는데 또 무엇이 괴롭겠는가? 우리들은 서로 편하게 될 것이다'. 여동생은 형을 어려워하여 명을 감히 거스르지 못하고 부처님께서 계신 곳에 가서 위와 같이 말씀드렸다. 彌多羅言 陀婆淸淨 我若謗之 僧必當作自言擯我 我旣出衆 當何所依 慈地等言 我當證汝 擯於陀婆 何緣使汝得自言擯 彌多羅言 若僧擯陀婆 我豈得異 慈地等言 但令世尊斥逐陀婆 爲吾受擯 亦復何苦 我等自當好相安處 妹敬重兄 不敢違命 便到佛所 如上白佛"라고 하였다. 〔참고문헌〕『五分律』. ⇨ 멸빈 滅擯

자언치 自言治 Ⓢ pratijñā-kāraka, Ⓟ paṭiññāta-karaṇa, Ⓣ khas-blang-bar-'os-pa. 칠멸쟁법(七滅諍法) 중 하나. 대중 중에 스스로 말하게 하여 다스리는

라고 하였다. [참고문헌]『俱舍論記』, 『俱舍論頌疏論本』. ⇨자계자연 字界字緣

자연 自然 ❶Ⓢanābhogam, Ⓣlhun-gyis-grub-pa, lhun-grub-pa. 스스로 그러함. 유정(有情)의 어떤 조작도 없어 유위법(有爲法)이 아닌 뜻이고, 일체희론과 일체분별을 떠난 적정(寂靜)한 바탕을 말한다. 법이자연(法爾自然)이라고도 한다. 『보성론』 권2(대정장31, p.822c14 : *Ratna-ut.*, p.8)에 "유위를 멀리 떠남을 무위라 한다. 마땅히 안다. 또한 유위란 생겨 머물고 사라지는 법이니, 저 유위가 없으므로 불체에는 처음과 중간과 끝이 없다. 그러므로 무위법신이라고 한다. … 또한 일체희론과 허망분별을 멀리 떠난 적정한 바탕이므로 자연이라고 한다. 遠離有爲 名曰無爲 應知又有爲者 生住滅法 無彼有爲 是故佛體 非初中後 故得名無爲法身 … 又復遠離一切戲論虛妄分別 寂靜體故 名爲自然 saṃskṛtaviparyayeṇāsaṃskṛtaṃ veditayvam. tatra saṃskṛtamucyate yasyotpādo 'pi prajñāyatesthitirapi bhaṅgo 'pi prajñāyate. tadabhāvādbuddhatvamanādimadhyanidhanamasaṃskṛtadharmakāya prabhāvitaṃ draṣṭavyam. sarvaprapañcavikalpopaśāntatvādanābhogam"라고 하였다. [참고문헌]『寶性論』, *Ratna-ut.* ⇨법이자연 法爾自然, 무위자연 無爲自然 ❷스스로 계를 가지다(自然得)의 뜻. 『대승의장』 권10(대정장44, p.662a23)에 "자연이라고 한 것은 부처님 한 분의 최후의 몸이다. 처음 출가했을 때 저절로 있는 그대로의 특별한 해탈계를 얻었고 스승에게 받지 않았음을 말한다. 그러므로 자연이라고 한 것이다. 言自然者 謂佛一人 於最後身 初出家時 自然發得 別解脫戒 不從師受 故曰自然"라고 하였다. [참고문헌]『大乘義章』. ⇨십종구족 十種具足 ❸무인론(無因論). 인연(因緣)을 부정하는 뜻으로 외도의 주장이다. 『삼론현의』(대정장45, p.3a29)에 "만약 사연이 다른 것에서 생한다면 그것은 다시 다른 것에서 생길 것이고 이와 같이 되면 끝이 없게 될 것이다. 만약 사연이 자연히 있고 다른 것을 따라 생기지 않는다면 만물도 사연에서 생기지 않아야 하니 무인에 떨어진다. 그러므로 다른 것을 따라 생한다고 하면 끝이 없고, 끝이 있으면 무인이다. 이러한 두 가지 관점으로 인하여 인과를 믿지 않는다. 若四緣更從他生 則他復從他 如是無窮 若其四緣 自然而有 不從他生者 萬物亦應不由四緣 當墮無因 故從則無窮 窮則無因 由此二門 則不信因果", 『중관론소』 권1(대정장42, p.7a27)에 "무인외도는 만법이 자연으로 생하고 인을 따라 나지 않는다고 여긴다. 無因外道 謂萬法自然而生 不從因生", 『대승의장』 권6(대정장44, p.595a1)에 "어떤 이는 자연의 성은 세간변이니 빈천과 부귀는 모두 자연이고 과거의 인에 말미암지 않는다고 말한다. 復有人言 自然之性 是世間邊 貧賤富貴 皆是自然 不由往因", 『능엄경정맥소』 권2(卍속장18, p.400a11)에 "외도가 설하는 자연은 안으로는 심성이고 밖으로는 만물이 모두 본래 인이 없고 자연히 그러하다고 말한 것이다. 이것은 인과를 아예 없다고 여겨 수증을 세우지 않는다. 그러므로 부처님께서 인연을 자세하게 설하여 이를 논파하셨다. 外道說自然者 大義謂內而心性 外而萬物悉本無因 自然而然 斯則撥無因果 不立修證 故佛廣說因緣 以破之", 같은 책 권4(卍속장18, p.536a12)에 "외도의 자연이란 예컨대 팔만겁후에 자연히 성도하는 것이 마치 실뭉치가 끝까지 굴러가서 정지하는 것과 같다는 것이니, 모두 저절로 되는 것이고 수증에 의지하지 않는다는 뜻이다. 外道自然 如八萬劫後自然成道 猶如縷丸極處停止 皆自然不假修證之意也"라고 하였다. [참고문헌]『三論玄義』, 『中觀論疏』, 『大乘義章』, 『楞嚴經正脈疏』. ⇨자성 自性[2], 적정 寂靜, 무인 無因, 무인론 無因論, 십이인연 十二因緣 ❹생몰연대 미상. 『보협론 寶篋論』의 저자. 『중편조동오위』 권중(한불전6, p.234a15)에 "『보협론』. 사명산 대방광원각사 자연 지음. 寶篋論 四明山 大方廣圓覺寺 自然述"이라고 하였다. [참고문헌]『重編曹洞五位』. ⇨보협론 寶篋論

자연 慈演 조선후기 스님. 연주극현(蓮舟極玄 1827~?)의 수계제자이다. 『동사열전』 권5 「연주강백전 蓮舟講伯傳」(한불전10, p.1063a22)에 "계를 설하여 득도시킨 이들이 자연·법흔 등 십여 명이었다. 說戒度人者 慈演法欣等十餘人"라고 하였다. [참고문헌]『東師列傳』. ⇨극현 極玄

자연 資緣 돕는 연. 자도지연(資道之緣)의 줄임말. 삶을 영위하거나 수도하는 이들에게 꼭 필요한 공양물이나 생활용품 등을 말한다. 『대반야경』 권393(대정장6, p.1031b29)에 "어떤 보살마하살이 정계바라밀다를 수행할 때, 방편선교로 모든 유정중생들이 생필품의 부족으로 번뇌가 치성하여 선을 닦지 못하는 것을 보고 가엾이 여겨 다음과 같이 말한다. '너희들이 생필품이 부족하여 선을 닦을 수 없다면, 내가 너희들에게 음식·의복·와구 등 갖가지 물품을 베풀겠다. 너희들은 번뇌의 악업을 일으키지 말고, 보시 등의 선을 바르게 닦고 익혀야 한다'. 有菩薩摩訶薩修行淨戒波羅蜜多時 方便善巧見諸有情資具匱乏 煩惱熾盛 不能修善 憐愍告言 汝等 若爲資緣匱乏 不能修善 我當施汝飮食 衣服及臥具等種種資緣 汝等勿起煩惱惡業 應正修習布施等善", 『대비바사론』 권13(대정장27, p.62c18)에 "어떤 경우에는 후천적인 눈이 수승하고 타고난 눈은 그렇지 못하다. 마치 부귀한 이가 타고난 눈은 좋지 않은데, 도움이 되는 물품이 많기에 기르고 가꾼 눈이 수승하다. 어떤 경우에는 타고난 눈이 수승하고 후천적인 눈은 그렇지 못하다. 예를 들면 빈천한 이의 타고난 눈은 수승한데 도움이 되는 물품이 부족하기에 후천적인 눈이 좋지 못하다. 有長養眼勝 非異熟生 如有富貴者 異熟生眼劣 資緣多故 長養眼勝 有異熟生眼勝 非長養眼 如有貧賤者 異熟生眼勝 乏資緣故 長養眼劣"라고 하였다. 〔참고문헌〕『大般若經』, 『大毘婆沙論』. ⇨ 자구 資具

자연계 自然界 일정한 무리 특히 승중이 머무는 계(界). 즉 영역을 정하는 것은 결계(結界)라 한다. 이 계 내에서는 공양·갈마 등을 함께 해야하며, 따로 무리지어 해서는 안된다. 이종결계(二種結界) 중 하나로 자연의 조건에 따라 경계를 정하는데 네 가지로 나누면 공·유·수·륙(空有水陸)이며, 각각 난야(蘭若)·취락(聚落)·수(水)·도(道)에 해당한다. 난야를 다시 유난(有難)과 무난(無難)으로 구분하고, 취락을 가분별(可分別)과 불가분별(不可分別)로 구분하여 여섯으로 나눈다. 작법계(作法界)와 상대한다. 『오분율』 권18(대정장22, p.124a17)에 "모든 하천·모든 호수·모든 바다는 결계할 수 없다. 만약 물속을 가야한다면 무리 중 힘이 있는 사람이 있어서 물을 뿌려 미치는 곳으로 자연계를 삼는다. 一切河 一切湖池 一切海 皆不得結作界 若水中行 以衆中有力人 水灑所及處 爲自然界", 『사분율행사초』 권상(대정장40, p.14b2)에 "자연계란, 작법을 마치기 전에는 온통 자연이다. 공과 유가 같지 않고 물과 육지가 차별되었다. 후에 모이기 어렵게 되자 문득 열어 경계를 따라 승중을 거두고 각각 분한이 있게 하였다. 사람이 이르는 곳이면 저절로 계가 일어났으니 자연계라 한다. 처에 따라 네 가지로 다르고, 정한 양에 따라 여섯 가지 차별이 있다. 自然界者 未制作法已前統通自然 或空有不同 水陸差別 後因難集 便開隨境攝 各有分限 人所至處 任運界起 故曰自然也 約處有四種不同 定量分六相差別", 『사부율병론요용초』 권하(대정장85, p.716c2)에 "계에는 여러 가지가 있지만 승중의 결계에는 취락계·광야자연계가 있는데 사방이 1구로사이다. 이 모든 계 안에서는 따로 무리지어 공양하거나 갈마 등 작법을 할 수 없다. 凡界有多種 僧結界者 有聚落界 有曠野自然界 方一拘盧舍 此諸界內 不得別衆 食及作法事"라고 하였다. 〔참고문헌〕『五分律』, 『四分律行事鈔』, 『四部律幷論要用抄』. ⇨ 이종결계 二種結界, 작법계 作法界

자연구계 自然具戒 석가모니부처님의 인중득계(因中得戒)를 나타낸 말. 석가모니부처님은 수계갈마(受戒羯磨)에 의지하지 않고 인위(因位)에서 저절로 계를 갖추었기에 자연득(自然得) 자수계(自受戒)라고 한다. 『오분율』 권15(대정장22, p.102b8)에 "보살이 깨닫기 전 수행할 때 한 사냥꾼이 가사 걸친 것을 보고서 그곳으로 가서 입고 있던 값비싼 옷과 바꾸어 입었다. 보살은 다시 앞으로 수마나나무를 향해 가니 나무 아래에 이발사가 있었고 삭발했다. 석제환인이 팔을 굽혔다가 펴는 짧은 시간에 보살 앞에 와서 옷으로 머리카락을 받아들고 천궁으로 돌아갔다. 보살은 삭발하고 나서 생각했다. '나는 이제 이미 출가하였으니 저절로 계를 갖추었다'. 菩薩前行 見一獵人著袈裟衣 往至其所 以所著衣價直百千用以貿之 得著而去 菩薩復前向須摩那樹 樹下有剃頭師 求令除髮 卽爲剃之 釋提桓因如屈伸臂頃 至菩薩前 以衣承髮 持還天宮 剃已 作是念 我今已爲出家 自然具戒"라고 하였다. 〔참고문헌〕『五分律』. ⇨ 자연득 自然得 ❶

자연득 自然得 ❶ 십종구족(十種具足) 중 하나. 부처님께서 스승 없이 스스로 계를 구족하신 일. 『석선바라밀차제법문』 권2(대정장46, p.484a14)에 "스스로 계를 얻으셨으니 부처님이 바로 그러한 사람이다. 스승 없이 자신이 일으킨 일이다. 自然得戒卽佛是其人 無師自發", 『범망경술기권제일』(대정장85, p.728a20)에 "자연득은 부처님과 독각에 해당한다. 『순정리론』 권37(대정장29, p.551b2)에서는 '자연이라는 것은 지자(智)는 스승을 따르지 않았어도 이 같은 지혜를 증득할 때 구족계를 얻었다'라고 하였다. 〔문〕 어째서 아라한이 스스로 계를 얻음은 말하지 않고, 독각이 얻는다하는가? 〔답〕 독각은 근이 예리하기에 스스로 계를 얻지만, 아라한은 근이 둔중하기에 글로는 말하지 않는다. 自然得者 謂佛獨覺 正理論云 自然謂智以不從師 證此智時 得具足戒 問何故 不說阿羅漢自然得戒 唯說獨覺得耶 答 獨覺利根自然得戒 阿羅漢鈍根故不說文"라고 하였다. 〔참고문헌〕『釋禪波羅蜜次第法門』, 『梵網經述記卷第一』, 『順正理論』. ⇨ 십종구족 十種具足, 십종득계연 十種得戒緣 ❷ Ⓢ svābhāvikatva, Ⓣ ngo-bo-nyid. 저절로 얻음. 자체본유(自體本有)라고도 한다. 열네 가지 공의(十四空義) 중 하나인 성공(性空)의 뜻. 『중변분별론』 권상 「상품相品」(대정장31, p.453a7 : *Madhy-vibh.*, p.26)에 "청정계성이 됨이니 성의 뜻은 종류의 뜻이다. 저절로 얻기에 세운 이름이 성이다. 이 공을 성공이라 한다. 爲淸淨界性 性義者 種類義 自然得故 故立名性 此空名性空 gotrasya ca viśuddhy-artham. gotraṃ hi prakṛtiḥ svābhāvikatvāt"라고 하였다. 〔참고문헌〕『中邊分別論』, 『辯中邊論』 권상(대정장31, p.466a25), *Madhy-vibh.* ⇨ 자체본유 自體本有

자연무생인 自然無生忍 삼무생인(三無生忍) 중 하나. 의타기성(依他起性)이어서 공(空)임을 잘 알아 적정에 머무는 것. 『유가사지론』 권74(대정장30, p.705a16)에 "의타기자성으로 인해 자연무생인을 세운다. 由依他起自性故 立自然無生忍", 『설무구칭경소』 권2(대정장3

8, p.1011b2)에 "둘째는 자연무생인이니, 의타기성을 관하면 오직 인연에 의지할 뿐 자연적으로 생겨나지는 않기 때문이다. 二 自然無生忍 觀依他起 唯假因緣 非自然生故", 『금광명최승왕경소』 권1(대정장39, p.187c26)에 "무원해탈문에 의지하여 의타기성을 관하고 자연무생인을 깨닫는다. 依無願脫門 觀依他起 悟自然無生忍"라고 하였다. [참고문헌] 『瑜伽師地論』, 『說無垢稱經疏』, 『金光明最勝王經疏』. ⇨ 삼무생인 三無生忍, 의타기성 依他起性, 무생인 無生忍

자연법이 自然法爾 스스로 그러해서 법 그대로임. 법에 따라 그러한 것. 법이자연(法爾自然)이라고도 한다. 자연과 법이는 같은 뜻으로 거듭 강조한 뜻이다. 『법화현의』 권8(대정장33, p.785c9)에 "만약 세간의 고락의 법이 비슈뉴(Ⓢ Viṣṇu)라는 천성에서 생긴다거나, 아니면 세성(Ⓢ prakṛti)을 좇아 생긴다거나 물질인 미진(微塵)에서 생긴다고 한다면 이 모두는 삿된 인연생이다. 만약 자연히 법이 그러하다 하여 누군가 짓는 이 없다고 여긴다면 이도 또한 인연없이 생함이다. 若謂世間苦樂之法 從毘紐天生 或言從世性生 微塵生 皆邪因緣生 若言自然法爾 無誰作者 此無因緣生", 『번역명의집』 권2(대정장54, p.1085a17)에 "『대비바사론』에서는 '법은 마땅히 그러해서 고쳐 바뀌지 않는 것으로서, 이법 논리적으로 따질 수 없는 것이다. 이것이 법이의 의미이다'라고 하였다. 자연과 법이는 같은 의미이다. 婆沙云 法應爾不可改易 不可徵詰 是法爾義 自然與法爾同"라고 하였다. [참고문헌] 『法華玄義』, 『翻譯名義集』, 『大毘婆沙論』 권191(대정장27, p.954b19). ⇨ 법이 法爾, 자연 自然 1, 법이자연 法爾自然, 본래법이 本來法爾

자연복 自然服 Ⓢ śāṇaka. 성인이 출현할 때 자라나는 상서로운 풀. 구지수초(九枝秀草)라고도 하고 상낙가(商諾迦)·상낙가유(商諾迦猶)라고 음사한다. 『경덕전등록』 권1 「상나화수전 商那和修傳」(대정장51, p.206c28)에 "범어 상낙가는 자연복이라고 한역하는데 인도의 구지수초의 이름이다. 아라한과를 증득하는 성인이 탄생하면 이 풀이 정결한 땅에서 자란다. 상나화수가 태어날 상서로운 풀이 이에 응하였다. 옛날 여래께서 교화를 펼치시다가 마돌라국에 이르렀는데, 어느 푸른 숲에서 가지와 잎사귀가 무성한 것을 보시고 아난에게 말씀하셨다. '이 숲은 우류다라고 한다. 내가 멸도한 후 일백년이 지나서 상나화수라는 비구가 이곳에서 묘법의 바퀴를 굴릴 것이다'. 과연 백년 후에 상나화수가 태어나서 출가하여 도를 증득했다. 梵云商諾迦 此云自然服 卽西域九枝秀草名也 若羅漢聖人降生 則此草生於淨潔之地 和脩生時 瑞草斯應 昔如來行化 至摩突羅國 見一青林枝葉茂盛 語阿難曰 此林地名優留茶 吾滅度後一百年 有比丘商那和脩 於此地轉妙法輪 後百歲果誕 和脩出家證道", 『전법정종기』 권2(대정장51, p.720c22)에 "범어 상낙가유는 한역하면 자연복이다. 본래 인도에 상서로운 풀이 있다. 항상 수승한 땅에서 나는데 도를 증득한 성인이 세간에 출현하면 이 풀은 아홉 가지로 변화하여 이에 응한다. 존자가 탄생하자 과연 풀이 변화했다. 梵曰商諾迦猶 此曰自然服者 始西域有瑞草 常產於勝地 遇得道聖人出世 其草則化爲九枝以應之 及尊者之生而化草果然"라고 하였다. [참고문헌] 『景德傳燈錄』, 『傳法正宗記』. ⇨ 상낙가 商諾迦, 상나화수 商那和修

자연사 紫烟寺 황해북도 서흥군 고성리 대현산성(大峴山城) 안에 있던 절. 『여지도서』 황해도 서흥 성지에 "만력 정유왜란(1597·선조30) 때 감사 유영순과 부사 조정견이 (대현산성을) 수축하고, 자연사도 새로 창건하였다. 萬曆丁酉倭亂 始爲修築 監司柳永珣 府使趙廷堅 新創紫烟寺"라고 하였다. [참고문헌] 『輿地圖書』, 『伽藍考』, 『梵宇攷』, 『韓國寺刹全書』 권하 p.970a12.

자연석가 自然釋迦 스스로 그렇게 되신 석가모니부처님. 석가모니부처님께서 스승이나 도리에 의지하지 않고 스스로 깨우쳐 성도를 성취하셨음을 말한다. 『완릉록』(대정장48, p.387a11)에 "미리 철저하게 사무치지 않으면 납월 30일 밤이 왔을 때 그대는 반드시 들떠 어지러울 것이다. 어떤 외도는 다른 이가 공부한단 말하는 것을 보자마자 냉소하지만 오히려 이것은 있다. 내가 다시 그대에게 묻겠다. 홀연하게 임종을 맞을 때에 그대는 무엇으로 생사와 대적하겠는가? 그대 한번 사량해보라. 도리어 도리가 있다면 어떻게 하늘에 오르는 미륵이 되고 자연석가가 되겠는가? 預前若打不徹 臘月三十夜到來管取爾熱亂 有般外道 纔見人說做工夫 他便冷笑 猶有遮箇在 我且問爾 忽然臨命終時 爾將何抵敵生死 爾且思量看 却有個道理 那得天生彌勒自然釋迦", 『능엄경현의』 권2(卍속장20, p.27a3)에 "지극한 도리 텅 비고 그윽하니 무명의 체상 본래부터 있지 않다. 한가한 중생의 분별로 헤아려 성불을 논한다면 어느 곳에 천생미륵과 자연석가가 있겠는가? 蓋約至理虛玄 無明體相 本自不有 以閑衆生之情計耳 究論成佛 何處有天生彌勒自然釋迦"라고 하였다. [참고문헌] 『宛陵錄』, 『楞嚴經玄義』. ⇨ 자연성불도 自然成佛道

자연성 自然成 스스로 이루어진다는 말. 『아유월치차경』 권중(대정장9, p.214a20)에 "바람 품고 법의 자취 받드니, 바른 지혜엔 걸림 없어 도덕이 자연히 성취되고, 시방 모든 곳 열어 교화하리라. 志願奉法迹 正慧無罣礙 道德自然成 開化諸十方", 80권본 『화엄경』 권59(대정장10, p.316a17)에 "때로는 보리수 아래 앉아서 저절로 정각을 성취한다. 或坐菩提樹 自然成正覺", 『경덕전등록』 권3 「보리달마전 菩提達磨傳」(대정장51, p.219c18)에 "한 송이 꽃에서 다섯 잎이 피면, 열매가 저절로 이루어지리라. 一華開五葉 結果自然成"라고 하였다. [참고문헌]『阿惟越致遮經』, 『華嚴經』, 『景德傳燈錄』.

자연성불도 自然成佛道 Ⓢ svayaṃ svayaṃ bhuvaḥ, Ⓣ sangs-rgyas-rang-byung-ba. 스스로 그렇게 불도를 이루었다는 말. 다른 이나 특별한 이론에 의지하지 않고 스스로 깨달은 지혜로 불도를 이루었다는 뜻이다. 『법화경』 권1(대정장9, p.4c12)에 "다시 여래들을 뵈니 저절로 불도를 이루시고 몸의 색 저 황금산과 같다. 단정하고 엄숙하니 참으로 미묘하네. 又見諸如來 自然成佛道 身色如金山 端嚴甚微妙", 『법화문구』 권3(대정장34, p.35b11)에 "자연스레 불도를 이루었다 하니, 방편도는 마음을 더하여 수습하고 참된 깨달음 일으키는 즉시 자연스럽게 상황에 맡겨서 이와 합한다는 뜻이다. 自然成佛道者 方便道 則加心修習 發眞道 卽是自然任運 與理合也", 『대일경소』 권14(대정장39, p.730b1)에 "이 법은 가르쳐 줄 이 없으니 다른 이의 깨달음에 의지하지 않고 증득한다. 이는 스승 없이 스스로 깨달은 지혜이니 스스로 그렇게 불도를 이룬 것이다. 此法無人能教授者 不由他悟而得證之 卽是自覺無師之智 自然成佛道"라고 하였다. [참고문헌]『法華經』, 『法華文句』, 『大日經疏』, *Saddh-p.24.* ⇨ 자연석가 自然釋迦

자연오도 自然悟道 자연히 불도를 깨우치다. 어떤 것에도 의지하지 않고 깨우친다는 뜻. 『법화현의』 권4(대정장33, p.729b9)에 "부처가 없는 세상에 태어나면 자연히 불도를 깨달으니 이것이 독각이다. 부처가 있는 세상에 태어나면 십이인연법을 듣고 이것을 받아들여 득도하므로 인연각이라 한다. 若出無佛世 自然悟道 此卽獨覺 若出佛世 聞十二因緣法 稟此得道 故名因緣覺", 『정명현론』 권7(대정장38, p.901a4)에 "연각은 사람에 의지해 가르침을 빌리고 과인은 자연히 불도를 깨닫는다. 그러므로 성문장이라고만 하고, 연각장이라 하지 않는다. 緣覺因人藉教 果人自然悟道 是以但名聲聞藏 不名緣覺藏也"라고 하였다. [참고문헌]『法華玄義』, 『淨名玄論』. ⇨ 독각 獨覺❶, 연각 緣覺

자연외도 自然外道 Ⓟ adhicca-samuppannika. 십종(十種) 또는 삼십종외도 중 하나. 모든 것이 인도 연도 없이 저절로 생겨난다고 주장하는 외도. 무인외도(無因外道 Ⓟ ahetu-vādin, ahetuka-vādin)라고 한다. 『설무구칭경소』 권3(대정장38, p.1046c24)에 "아기다시사흠바라(Ⓟ Ajita Kesakambala)는 자연외도이니, 일체법은 모두 저절로 생겨난다고 주장한다. 阿耆多翅舍欽婆羅 卽自然外道 說一切法 皆自然生", 『일체경음의』 권26(대정장54, p.480c11)에 "납의범지〈자연외도이다. 일체법은 저절로 있는 것이라고 주장하니, 역시 변견에 속한다〉. 納衣梵志〈是自然外道 說一切法自然有 亦邊見攝〉"라고 하였다. [참고문헌]『說無垢稱經疏』, 『一切經音義』, *DN.1.29.* ⇨ 무인외도 無因外道, 십종외도 十種外道, 삼십종외도 三十種外道

자연의계 自然衣界 섭의계(攝衣界) 중 하나. 이 계 중에는 작법계가 아니어서 이삼의숙계(離三衣宿戒)를 범할 일 없어서 자연호의계(自然護衣界)라고도 한다. 보통 『오분율』 권5·『마하승기율』 권8·『십송율』 권5 등에서는 십오계(十五界)지만, 『사분율』 권6에서는 십일계(十一界)다. 『사분율행사초』 권중(대정장40, p.65c15)에 "『오분율』에 따르면 작법의계든 자연의계든 비구는 그중에서 마음대로 오고 갈 수 없기에 이를 별계라고 한다. 그와 반대면 동계다. 작법의계에 대한 논의는 하권에서 밝히겠으며 여기서는 자연의계에 대해 밝히겠는데 십오계가 있다. 『사분율』에서는 십일종이 있다고 하였다. 五分云 若作法衣界 及自然衣界 比丘於中 不得自在往反 是名別界 反上同界 若論作法 下卷明之 今明自然有十五界 四分有十一種", 『율종신학명구』 권하(卍속장105, p.662b16)에 "십오자연계 : 첫째 승가람계, 둘째 촌계, 셋째 수계, 넷째 장계, 다섯째 거계, 여섯째 선계, 일곱째 사계, 여덟째 당계, 아홉째 고계, 열째 창계, 열한째 난야, 열두째 도행, 열셋째 주계, 열넷째 수계, 열다섯째 정계이다. 十五自然界 一 僧伽藍界 二 村界 三 樹界 四 場界 五 車界 六 船界 七 舍界 八 堂界 九 庫界 十 倉界 十一 蘭若 十二 道行 十三 洲界 十四 水界 十五 井界", 『비니토요』 권중(卍속장70, p.289a4)에 "이 『사분율』의 자연의계에는 십일종이다. 첫째는 승가람계, 둘째는 촌계, 셋째는 수계, 넷째는 장계, 다섯째는 거계, 여섯째는 선계, 일곱째는 사계, 여덟째는 당계, 아홉째는 고계, 열째는 창계, 열한째는 아란야계이다. 此律自然衣界 有十一種 一 僧伽藍界 二 村界 三 樹界 四 場界 五 車界 六 船界 七 舍界 八 堂界 九 庫界 十 倉界 十一 阿蘭若界"라고 하였다. [참고문헌]『五分律』, 『摩訶僧祇律』, 『十誦律』, 『四分律』, 『四分律行事鈔』, 『律宗新學名句』, 『毘尼討要』, 『佛制比丘六物圖』(대정장45, p.899c17). ⇨ 섭의계 攝衣界, 자연계 自然界

자연인 自然人 스스로 그러한 사람. 무엇에도 의지한 일 없이 스스로 깨우친 부처님을 말한다. 『성실론』 권1(대정장32, p.239b3)에 "[문] 나는 이제 그대가 『성실론』을 설하는 것을 알겠다. 그런데 그대는 먼저 말하기에 앞서 이른바 부처라고 하는 마땅히 예배해야 할 분에게 예배하였다. 무엇 때문에 부처라고 하고, 어떤 공덕을 이루었기에 마땅히 예배하는가? [답] 부처의 이름은 스스로 그러한 사람이다. 일체종지로 일체법 자상차별을 알고 모든 불선법을 떠나서 선법을 모아 항상 모든 중생의 이익을 구하기에 부처라고 한다. 問曰 我今知汝說成實論 汝先言前 禮所應禮 所謂爲佛 何故名佛 成何功德 故應禮耶 答曰 佛名自然人 以一切種智 知一切法 自相差別 離一切不善 集一切善 常求利益 一切衆生 故名爲佛"라고 하였다. [참고문헌] 『成實論』.

자연인 自然因 ❶ 육인(六因) 중 하나. 인(因)이 그 과(果)와 동류인 것. 동류인(同類因 Ⓢ sabhāga-hetu)·습인(習因) 등과 같은 뜻이다. 『아비담심론』 권1(대정장28, p.811c7)에 "자연인이란 저것이 스스로 상사한 것을 말한다. 예를 들면 선을 익히면 선을 낳고, 불선을 익히면 불선을 낳으며, 무기를 익히면 무기를 낳는 것과 같고, 사물의 종이 그 류에 따라 서로 인이 되는 것과 같은 경우다. 自然因者 謂彼自已相似 如習善生善 習不善生不善 習無記生無記 如物種隨類相因"라고 하였다. [참고문헌] 『阿毘曇心論』. ⇨ 동류인 同類因, 습인 習因, 육인 六因❶ ❷ 자연(自然)이 인(因). 자연이 과의 인임을 말한다. 『성유식론』 권2(대정장31, p.9b22)에 "(種子六義 중) 다섯째는 뭇 연을 기다린다. 즉 반드시 스스로 뭇 연과의 합을 기다려 공능이 수승해져 비로소 종자가 된다. 이것은 외도가 '자연인'이 여러 연을 기다리지 않고 항상 갑자기 과를 낳는다는 집착을 부정한다. 또한 그 이외의 부파에서 연이 항상 존재한다고 하는 것을 부정하고, 기다리는 연도 항상 있는 것이 아님을 드러낸다. 五 待衆緣 謂此要待 自衆緣合 功能殊勝 方成種子 此遮外道 執自然因 不待衆緣 恒頓生果 或遮餘部 緣恒非無 顯所待緣 非恒有性"라고 하였다. [참고문헌] 『成唯識論』. ⇨ 자연외도 自然外道

자연임운 自然任運 스스로 맡겨 움직이다. 조작함이 없는 뜻이다. 『법화문구』 권3(대정장34, p.35b11)에 "자연히 불도를 이룬다 하였으니 방편도는 마음을 더해 닦고 익히는 것이고 수행하는 것이다. 참된 도를 일으키면 곧바로 자연스럽게 상황에 따르고 이치에 합한다. 自然成佛道者 方便道則加心修習 發眞道卽是自然任運 與理合也", 『종경록』 권76(대정장48, p.839c22)에 "견성하지 못한 사람이라면 편안하게 있어서는 안 된다. 손을 맞잡고 짓지도 않고 행하지도 않으며, 물이 이르면 저절로 개울이 되는 것처럼 자연히 맡겨 움직인다. 그러므로 또한 단지 일심만을 알아서 스스로 그렇게 하여 짓는 일 없다. 若未見性人 不可安然 拱手傚無作無修 直須水到渠成 自然任運 故又但了一心 自然無作"라고 하였다. [참고문헌] 『法華文句』, 『宗鏡錄』. ⇨ 임운 任運

자연자 自然慈 Ⓢ svayaṃbhu-maitrī, Ⓣ rang-byung-gi-byams-pa. 저절로 행하는 보살의 자비. 일부러 마음을 내거나 특별한 인이 없이 저절로 자비를 행한다. 『유마힐경』 권하(대정장14, p.528a29 : *Vikī-n.*, p.262)에 "부처님의 자비를 행하여 범부들을 깨우치고 스스로 일으킨 자비를 행하여 스스로 정도를 깨닫는다. 行佛之慈 覺諸凡人 行自然慈 以自覺正 buddhamaitrī suptasattva-prabodhanatayā. svayaṃbhumaitrī svayamabhisaṃbodhanatayā", 『주유마힐경』 권6(대정장38, p.384c22)에 "구마라집이 말했다. '인이 없은즉 자연이다. 자연이란 스승 없는 뜻이다'. 승조가 말한다. '대승의 도는 스승이 없이 이루어지므로 이를 자연이라 한다. 보살의 진정한 자비는 인 없이 나아가므로 자연이라 할 수 있다'. 什曰 無因卽自然 自然卽無師義也 肇曰 大乘之道 無師而成 謂之自然 菩薩眞慈 亦無因而就 可名自然乎"라고 하였다. [참고문헌] 『維摩詰經』, 『注維摩詰經』, *Vikī-n.* ⇨ 자 慈

자연자체무 自然自體無 스스로 그러해서 스스로의 체는 없다는 말. 세친(世親)의 『섭대승론석』 권5(대정장31, p.345c9)에 "스스로 그러할 뿐 스스로의 체는 없고 자성 또한 견고하게 머물지 않는다. 마치 있지도 않은 것을 집착하고 취하듯 한다. 그러므로 자성 없음을 받아들여서 스스로의 체 없다 하였으니 법 사라져 버린 다음에도 다시는 생기지 않는다. 그러므로 무자성이다. 自然自體無 自性不堅住 如執取不有 故許無自性 … 自體無者由法滅已 不復更生 故無自性", 무성(無性)의 『섭대승론석』 권5(대정장31, p.408a27)에 "스스로 그러해서 스스로의 체 없다는 것은 뭇 연들에 의지하기에 스스로 그렇게 없는 것이라고 한다. 自然自體無者 依衆緣故 名自然無"라고 하였다. [참고문헌] 『攝大乘論釋』.

자연주 自然住 ❶ 사성제(四聖諦) 중 고멸제(苦滅諦)를 달리 이르는 말. 번뇌가 다한 열반을 일컫는다. 60권본 『화엄경』 권4(대정장9, p.420b12)에 "(사성제 중) 고멸제란 무엇인가? 무장애·이구정·적정·무상·불사·무소유·인연단·멸·진실·자연주 등이라고도 한다. 所說苦滅諦者 或言無障礙 或言離垢淨 或言寂靜 或言無相 或言不死 或言無所有 或言因緣斷 或言滅 或言眞實 或言自然住"라고 하였다. [참고문헌] 『華嚴經』. ⇨ 고멸제 苦滅諦, 멸제 滅諦 ❷ Ⓢ sthitaṃ svayaṃ, Ⓣ bdag-nyid-'dug-pa. 애쓰지 않아도 저절로 머무는 것. 『대승장엄경론』 권12(대정장31, p.652b14)에 "보살은 두드러진 육바라밀로 여섯 가지 결정을 얻는다. … 여섯째는 애써 일부러 하지 않는 결정이니, 지혜로 무생인을 얻어 무분별지로 스스로 그렇게 머문다. 菩薩 由六度增上 得六種決定 … 六者 無功用決定 由智得無生忍

無分別智 自然住故"라고 하였다. 〔참고문헌〕『大乘莊嚴經論』, *Sūtr.169.* ⇨ 육종결정 六種決定 ❶

자연지 自然智 Ⓢ svayaṃbhū-jñāna, Ⓣ rang-byung-gi-ye-shes. 공용(功用)에 의하지 않아도 저절로 생겨나는 부처님의 일체종지(一切種智). 수행이나 가르침에 의지하지 않고 본래 갖춘 법신(法身)의 묘지(妙智)를 말한다. 무사지(無師智)・무공용지(無功用智) 등이라고도 한다. 『법화의소』 권3(대정장34, p.486b23)에 "불지・여래지・자연지란 무엇인가? 불지는 일체종지이고, 여래지는 일체지이며, 자연지는 무공용지이다. 위의 두 가지 지혜는 저절로 알기에 뜻을 기울일 필요가 없다. 그러므로 자연지라고 한다. 佛智 如來智 自然智 佛智一切種智也 如來智卽一切智也 自然智則無功用智 上之二智 任運而知 不須作意 故稱自然", 『화엄경소』 권49(대정장35, p.880b2)에 "자연지란 자각성지다. 自然智者 自覺聖智也"라고 하였다. 〔참고문헌〕『法華義疏』, 『華嚴經疏』, *Saddh-p.228.* ⇨ 일체종지 一切種智, 무공용지 無功用智, 무사지 無師智 ❶, 자각성지 自覺聖智

자연지혜 自然智慧 Ⓢ svayaṃbhū-jñāna, Ⓣ rang-byung-gi-ye-shes. 타인에게 의지하지 않고 일어나는 불보살의 지혜. 중생에게 갖추어진 불성에서 저절로 일어나는 지혜를 말한다. 『유가사지론』「보살지 菩薩地」에서는 무사자연묘지(無師自然妙智)라고도 부른다. 『대보적경』 권41(대정장11, p.237c9)에 "이와 같은 대비로 건립한 여래의 자연지혜다. 그러므로 대비라고 한다. 如是大悲建立 如來自然智慧 以是因故名爲大悲", 『수호국계주다라니경』 권7(대정장19, p.559a16)에 "스승이 없이 얻은 자연지혜다. 善得無師 自然智慧", 『법화문구』 권10(대정장34, p.142c13)에 "여래지혜란 도종지이고 자연지혜란 일체종지를 말한다. 如來智慧者 道種智也 自然智慧者 一切種智也", 『법화의소』 권11(대정장34, p.619b12)에 "저절로 일어나는 지혜는 공과 유의 두 가지를 저절로 알 수 있으니 곧 공용이 없는 지혜이다. 自然智慧空有二種任運能知 卽無功用慧也", 『대일경소』 권1(대정장39, p.585a7)에 "불타는 각이라 한역하며 열어 펼친다는 뜻이다. 저절로 일어나는 지혜에 의지하여 일체법을 두루 알아차리는 것을 말한다. 佛陀名覺 是開敷義 謂由自然智慧 遍覺一切法"라고 하였다. 〔참고문헌〕『大寶積經』, 『守護國界主陀羅尼經』, 『法華文句』, 『法華義疏』, 『大日經疏』, *Bodh-bh.223.*

자연쾌락 自然快樂 저절로 즐겁다는 말. 『대반니원경』 권5(대정장12, p.882c20)에 "설령 여래상주라는 두 글자가 잠시 귀에 스치기만 한 사람이라도 천상에 태어나거나 해탈을 구하고자 한다면 반드시 성인의 과보를 증득하고 저절로 즐겁게 된다. 假使如來常住 二字暫經耳者 欲生天上 及求解脫 必得聖果 自然快樂", 『무량수경』 권상(대정장12, p.271b24)에 "삼악도의 고난이라는 이름이 없고, 오직 저절로 즐겁다는 소리만 있다. 그러므로 그 불국토의 이름을 극락이라 한다. 無有三塗苦難之名 但有自然快樂之音 是故其國 名曰極樂"라고 하였다. 〔참고문헌〕『大般泥洹經』, 『無量壽經』.

자연허무 自然虛無 스스로 그렇게 비어 없음. 무위의 열반(涅槃)을 말한다. 『대방등정왕경』(대정장14, p.591b14)에 "모든 법 있는 것 없어서 스스로 그렇게 텅 비어 참된 것 아니라네. 이렇게 스스로 비어 없는 것 그 모습이 바로 열반이라네. 諸法無所有 自然虛不眞 其自然虛無 是相便滅度"라고 하였다. 〔참고문헌〕『大方等頂王經』. ⇨ 무위해탈 無爲解脫, 적멸열반 寂滅涅槃

자연허무신 自然虛無身 스스로 그렇게 비어 다른 것 없는 몸. 무량수불의 국토에 왕생한 중생의 몸을 묘사한 말이다. 『무량수경』 권상(대정장12, p.271c8)에 "(극락정토의 중생은) 세간에 드물게 얼굴이 단정하고, 용모가 미묘하다. 하늘도 인간도 아니어서 모두 자연허무의 몸으로 극없는 바탕이다. 顔貌端正 超世希有 容色微妙 非天非人 皆受自然虛無之身 無極之體", 『무량수경의기』 권하(대정장85, p.240b19)에 "모두 자연허무신을 받았다는 것은 이 몸 다 비워 묘하여 불 밖에서 빛나 사무치니 저 빛과 그림자 같다. 무극의 체란 몸이 거대하여 헤아릴 수 없으며 수명 역시 길다는 뜻이다. 皆受自然虛無之身者 明此身虛妙 火外映徹 如光如影也 無極之體者 身大無量 壽命亦長也"라고 하였다. 〔참고문헌〕『無量壽經』, 『無量壽經義記』.

자연현전 自然現前 저절로 눈앞에 드러남. 또는 마음의 본래 성품이나 지혜가 쌓은 공덕 등이 스스로 모습을 드러내는 일을 말한다. 『대방광불화엄경부사의불경계분』(대정장10, p.908a9)에 "비유하자면 저 사람이 바다 중에 양손에 물을 퍼올려 마신즉 바로 섬부주 중의 한 강물을 이미 마신 것과 같다. 이와 같이 하고 이와 같이 해서 만약 보리해에서 닦고 익히면 일체삼마지와 온갖 인(忍)과 온갖 지(地), 온갖 다라니를 이미 모두 닦고 익힌다. 이런 까닭에 늘 응당 용맹정진하여 방일함을 멀리 여의어야 한다. 이와 같이 사유하면 저절로 눈앞에 드러나서 능히 모든 부처를 본다. 譬如有人 於大海中 飮一掬水 卽爲已飮 贍部洲中 所有河水 如是如是 若修習菩提海 一切三摩地 諸忍諸地 諸陀羅尼 皆已修習 是故常應精勤勇猛 遠離放逸 如是思惟 自然現前 能見諸佛", 『신화엄경론』 권36(대정장36, p.969b28)에 "일체의 번뇌가 자연스레 드러나지 않고 일체의 밝은 지혜가 저절로 현전한다. 一切煩惱 自然不現 一切明智 自然現前", 『수심결』(대정장48, p.1009a3)에 "간절히 글에 집착해서는 안 되고 반드시 그 뜻을 깨우쳐야 하니 하나하나를 자기에게 돌아가게 하여 본래의 종지에 계합하면 스승없이도 아닌 지혜 저절로 눈앞에 드러나고 천진의 이치가 분명히 그러하여 어둡지 않다. 切莫執文 直須了義 一一歸就自己 契合本宗 則無師之智 自然現前 天眞之理 了然不昧", 『조계진각국사어록』(한불전6, p.21a5)에 "학인이 진각에게 물었다. '어떻게 상응합니까?' '선악을 쌍으로 잊으면 저절로 눈앞에 드러난다. 보지 못했는가? 육조는 「선악을 도무지 헤아리지 않으면 저절로 마음 그 바탕에 들어 맑아서 늘 고요하여 묘용 또한 항하의 모래알처럼 많으리라」하였고, 또 덕산은 대중에게 말하기를 「일에 대해서 마음 두지 않고 마음에 일 없으면 허하면서 신령하고 공하면서 신묘하다」라고 하였다'. 問 如何相應 答 善惡雙忘 自然現前 不見六祖有言 善惡都莫思量 自然得入心體 湛然常寂 妙用恒沙 又德山示衆云 但無心於事 無事於心 虛而靈 空而妙", 같은 책 「시청원도인 示淸遠道人」(한불전6, p.27a5)에 "좋다거나 나쁘다거나 더럽다거나 깨끗하다거나 있다거나 없다는 등의 일체의 모든 법을 단번에 내려놓아 늘 한 조각 비워서 막힘없으니 한 물건도 없이하여 짓지도 붙일 일도 없다. 곧바로 내려 무심하여 묵묵히 스스로 계합하면 성이 공덕 가득 저절로 눈앞에 드러나 조그만 흠결도 없을 것이다. 다만 사람들이 스스로 믿지 않고 기꺼이 내려놓지 않을까만을 걱정한다. 若善若惡 若染若淨 若有若無 一切諸法 一時放下 常令方寸 虛豁豁地 不着一物 亦不作不着之想 直下無心 默默自契 則性具功德 自然現前 更無欠小矣 但恐人自不信 不肯放下"라고 하였다. [참고문헌] 『大方廣佛華嚴經不思議佛境界分』, 『新華嚴經論』, 『修心訣』, 『曹溪眞覺國師語錄』. ⇨ 현전 現前

자엽 刺葉 쪼갠 잎. 가사(袈裟)의 조엽(條葉)을 바늘로 꿰매는 이음. 박음질을 해서 2조(條)를 꿰맨 것을 가리킨다. 개엽(開葉)에 대칭한다. 『유부백일갈마』 권10(대정장24, p.497a28)에 "인도의 삼의는 모두 자엽으로 봉합하지만 유독 중국(東夏)에서만 개방하여 꿰매지 않는데, 율장을 자세히 보고 검토해 보니 실로 열어놓은 법은 없었다. 西國三衣 並皆刺葉縫合 唯獨東夏 開而不縫 詳觀律撿 實無開法"라고 하였다. [참고문헌] 『有部百一羯磨』. ⇨ 개엽 開葉, 개봉 開縫

자영 子英 북송대 운문종(雲門宗) 스님. 절강성(浙江省) 전당(錢塘) 출신. 법운법수(法雲法秀 1027~1090)의 제자. 법을 전수받고 곳곳으로 행각한 다음 풍주(灃州 : 湖南省)의 협산(夾山)에 주석하였다. 그 다음에 강소성(江蘇省) 강녕부(江寧府) 보녕사(保寧寺) 등의 절에 두루 주석하였다. 『속전등록』 권12(대정장51, p.536b17)에 "해와 달은 아울러 빛을 발할 수 없고, 강과 바다는 깊이를 다툴 수 없다. 日月不能並明 河海不能競深"라고 시작하는 법문이 전한다. [참고문헌] 『續傳燈錄』, 『建中靖國續燈錄』 권17(卍속장136, p.249a17), 『五燈會元』 권16(卍속장138, p.631a14).

자영 子榮 북송대 운문종(雲門宗) 스님. 지문광조(智門光祚)의 법을 이었고 양주(襄州 : 湖北省) 연경산에 주석하며 교화하였다. 『천성광등록』 권23(卍속장135, p.831a4)에 "만일 종승을 들어 주창하는 일이라면 어떤 성인일지라도 틀림없이 손해를 볼 수밖에 없다. 이러한 나의 말을 이상하게 여기지 마라. 그러나 눈썹은 아낄 일 없다 피해서 될 일 아니다. 若論擧唱宗乘 千聖也須失利 莫怪恁麽道 不惜眉毛 避之不及"라 하였다. [참고문헌] 『天聖廣燈錄』, 『續傳燈錄』 권2(대정장51, p.476a17), 『五燈會元』 권15(卍속장138, p.591b8).

자영명 字影名 글로 비춘 이름. 언어를 떠난 진심으로 나툰 그림자를 말한다. 『석마하연론』 권2(대정장32, p.606a19)에 "언설의 모양을 떠난 것에 두 가지 이름이 있다. 무엇이 두 가지인가? 첫째는 자자명이고 둘째는 자영명이다. 離言說相 名有二種 云何爲二 一者 字字名 二者 字影名", 『석마하연론기』 권2(卍속장73, p.42b2)에 "자영명이란 하나뿐인 진심을 말한다. 마치 크고 밝은 거울처럼 모든 부처의 몸으로 하는 말씀이 그 중에 드러나고 한결같은 음으로 베풀어 보인다. 그러므로 모든 부처가 함께 설한다고 말한다. 이 이름은 이미 진심으로 나툰 그림자다. 그러므로 능히 말씀으로 보인 심심한 진리다. 字影名 謂一眞心 如大明鏡 諸佛身說 悉於中現 同音宣示 故云共說 此名旣是眞心現影 故能詮示 甚深眞理"라고 하였다. [참고문헌] 『釋摩訶衍論』, 『釋摩訶衍論記』. ⇨ 이언설상 離言說相, 자자명 字字名

자예 自譽 Ⓟ attukkaṃsaka. 스스로 자기를 칭찬함. 자찬탄(自讚歎)과 같은 의미이다. 『증일아함경』 권23(대정장2, p.665c28 : *Bhayabherava-sutta, MN. 1*, p.19)에 "남을 비방하고 자신을 칭찬하는 사문과 바라문들은 비록 한적한 곳에 있다해도 오히려 부정한 생각을 품는 셈이다. 諸有沙門 婆羅門毁彼自譽 雖在閑居之處 猶有不淨之想 attukkaṃsakā paravambhī araññe vanapatthāni pantāni senāsanāni paṭisevanti, attukkaṃsana paravambhana-sandosa-hetu have te bhonto samaṇa-brāhmaṇā akusalaṃ bhaya-bheravaṃ avhayanti", 『사분율』 권57(대정장22, p.991b25)에 "이때 부처님께서 비구들에게 말씀하셨다. '두 가지의 사람이 안락하지 못한 상태에 머문다. …

다시 두 가지가 있으니 첫째는 자신을 칭찬하는 것이고, 둘째는 타인을 비방하는 것이다'. 爾時 佛告諸比丘 有二種人 住不安樂 … 復有二法 一 自譽 二 毁他"라고 하였다. 〔참고문헌〕『增壹阿含經』, 『四分律』, *MN.*

자오 慈悟 고려후기 스님. 원명국사(圓明國師) 설봉충감(雪峰冲鑑 1274~1338)의 스승이다. 「임주대보광선사중창비문 林州大普光禪寺重刱碑文」에 "부모님의 명을 받아 선원사에서 출가하였으며, 자오국사를 스승으로 모시고 예를 갖추었다. 命父母 祝髮於禪源寺 禮慈悟國師以爲師"라고 하였다. 〔참고문헌〕『韓國金石全文』 中世下 p.1190. ⇨ 충감 冲鑑

자오심 自悟心 ❶ 스스로 깨우쳐 아는 마음. 보리심을 말한다. 『대승본생심지관경』 권8(대정장3, p.328c3)에 "선남자야, 아가타약은 모든 병을 다스린다. 병이 있는 이가 복용하면 반드시 낫는데, 병이 나으면 약도 병에 따라 버린다. 병이 없는 이가 약을 복용하면 약이 도리어 병을 얻는다. 선남자야, 본래 공이라는 약을 베푼 것은 유에 집착하는 병을 버리게 함이다. 유에 집착하면 병이 되지만, 공에 집착해도 그러하다. 지혜 있는 이라면 누가 약을 먹고 병을 얻겠는가? 선남자야, 유라는 견해를 일으키는 것은 공이라는 견해를 일으키는 것보다 나으니, 공으로 유에 집착하는 병을 다스릴 수 있지만 공을 다스릴 약은 없다. 선남자야, 이런 인연으로 공약을 먹어서 사견을 버리게 한 다음 스스로 깨우쳐 아는 마음으로 보리를 발하니, 이 각오심이 곧 보리여서 두 상은 없다. 善男子 如阿伽陀藥 能療諸病 若有病者 服之必差 其病旣愈 藥隨病除 無病服藥 藥還成病 善男子 本設空藥 爲除有病 執有成病 執空亦然 誰有智者 服藥取病 善男子 若起有見 勝起空見 空治有病 無藥治空 善男子 以是因緣 服於空藥 除邪見已 自覺悟心 能發菩提 此覺悟心 卽菩提心 無有二相", "선남자야, 스스로 깨우쳐 밝은 마음에는 네 가지 뜻이 있으니 어떤 것이 그 네 가지인가? 즉 모든 범부중생에게 두 가지 마음이 있고, 모든 불보살에게 두 가지 마음이 있다. 선남자야, 범부중생의 두 가지 마음의 상은 어떠한가? 첫째 안식부터 의식까지 한결같이 자신의 경을 하는 것을 자오심(自悟心)이라 하고, 둘째 오근을 여의고 심과 심소가 화합하여 경을 연하는 것을 자오심이라 한다. 선남자야, 이와 같은 두 가지 마음으로 보리를 발한다. 선남자야, 현인과 성인의 두 가지 마음의 상은 어떠한가? 첫째는 진실한 이치를 관하는 지혜이고, 둘째는 일체경계를 관하는 지혜이다. 선남자야, 이와 같은 네 가지를 자오심이라 한다. 善男子 自覺悟心 有四種義 云何爲四 謂諸凡夫 有二種心 諸佛菩薩 有二種心 善男子 凡夫二心 其相云何 一者 眼識乃至意識 同緣自境 名自悟心 二者 離於五根 心心所法 和合緣境 名自悟心 善男子 如是二心 能發菩提 善男子 賢聖二心 其相云何 一者 觀眞實理智 二者 觀一切境智 善男子 如是四種 名自悟心", 『출요경』 권4(대정장4, p.628a7)에 "네가 부정(不淨)을 사유하고 관상하면, 스스로 깨달아서 마음속으로 이해하게 될 것이다. 네가 지금 이해하지 못하는 까닭은 (이것을) 사유하고 관상하지 않기 때문이다. 汝今思惟內觀不淨之想 便當自悟 意中得解 汝今所以不得解者 斯由不思惟想故"라고 하였다. 〔참고문헌〕『大乘本生心地觀經』, 『出曜經』, 『因明入正理論』(대정장32, p.11a29). ⇨ 보리심 菩提心 ❷ 삼보(三寶) 중 하나인 불보(佛寶)를 달리 이르는 말. 『대반열반경집해』 권19(대정장37, p.458b28)에 "자오란 부처님이니, 상이다. 깨달아야 하는 것은 법이니, 법은 그 다음이다. 법에 귀의하는 것은 승이니 승가는 하위다. 自悟者佛 爲上也 所悟者法 法爲次也 歸法者僧 僧居下也"라 하였다. 〔참고문헌〕『大般涅槃經集解』. ⇨ 불보 佛寶

자옥선옹 紫玉禪翁 당대 선사 도통(道通 731~813)의 별칭. 당주(唐州 : 河南省) 자옥산(紫玉山)에서 주석했기 때문에 붙은 이름이다. 〔참고문헌〕『宋高僧傳』 권17 「藥山唯儼傳」(대정장50, p.816b23), 『祖庭事苑』 권3(卍속장113, p.62b6). ⇨ 도통 道通❶

자온 子溫 ?~1296. 송말원초(宋末元初)의 화승(畫僧). 자는 중언(仲言), 호는 일관(日觀)·지비자(知非子)·지귀자(知歸子)·온일관(溫日觀). 가흥(嘉興 : 浙江省) 화정(華亭) 출신. 어려서 출가하여 갈령(葛嶺) 마노사(瑪瑙寺)에 머물렀으며, 술을 좋아하였다. 초서(草書)에 능했고, 포도를 잘 그렸으므로 온포도(溫葡萄)라고 불렸다. 〔참고문헌〕『佛敎繪畫史料』 권5 「陳眉公訂正畫禪」(대장경보편18, p.205a3).

자옹여선사어록 子雍如禪師語錄 청대 비구니 자옹성여(子雍成如 1648~?)의 어록. 시자(侍者) 조원(祖圓) 등 엮음. 4권. 가흥장39, pp.819a1~832a5, No.B465에 수록되어 있다. 1701년(강희40) 「발문 跋文」과 함께 간행되었다. 벽하선원(碧霞禪院)의 비구니였던 자옹선사 일대의 어록이다. 권1은 영경선원(永慶禪院), 권2는 우화암(雨花菴), 권3은 조해(朝海), 권4는 벽하선원에서 각각 행한 상당(上堂)·소참(小參)·법어(法語)·기연(機緣)·시중(示衆)·게송(偈頌) 등을 수록하였다. 책머리에 영잠(永潛)의 「서 序」, 말미에는 왕치(王治)의 「발 跋」이 붙어 있다.

자왕생관 自往生觀 극락왕생(極樂往生)을 성취하는 십육관(十六觀) 중 하나. 보관관상(普觀觀想)이라고도 한다. 『관무량수경의소』(대정장37, p.181c7)에 "그 다음의 한 문은 자왕생관이다. 여기에 다섯이 있다. 첫째, 왕생상이다. 둘째, 열두 번째 관 이하의 관상의 법도를 밝힌다. 셋째, 이 이하를 보고 분재 성취함을 드러낸다. 넷째, 다 들어 맺는다. 다섯째, 이익을 분명하게 관한다. 次下一門 自往生觀 於中有五 一 往生想 二 與十二下明其觀儀 三 見此下彰成分齊 四 總結之 五 明觀益"라고 하였다. [참고문헌] 『觀無量壽經義疏』. ⇨ 보관관상 普觀觀想, 십육관 十六觀

자우 自優 1769~1830. 조선후기 스님. 자는 우재(優哉), 호는 설담(雪潭), 속성은 김씨, 본관은 담양(潭陽). 아버지의 휘는 원삼(元三), 어머니는 대방(帶方 : 전라북도 남원) 양(梁)씨다. 어머니가 단정한 사미가 와서 하룻밤 쉬어가기를 청탁하는 태몽을 꾼 후, 1769년(영조45)에 태어났다. 일찍 부모를 여의고 14세 때인 1783년에 옥천 복천사(福泉寺)로 찾아가 서곡(瑞谷)을 은사로, 모은지훈(暮隱智薰)을 계사로 하여 스님이 되었다. 이어 20세도 되기 전에 이미 노덕(老德)의 학풍을 성취하여 모은의 법을 이어받았다. 견문을 넓히기 위해 지리산으로 호암체정(虎巖體淨 1687~1748)을 참방(參訪)한 후 가야산 해인사에서 수년간 경론을 열람하였다. 1796년(정조20) 27세 때 법사인 모은의 부음(訃音)을 듣고 오백여 리나 되는 먼 거리를 찾아가 영전에 예배를 드린 다음, 다시 남쪽으로 와서 설봉선사(雪峰禪師)의 회하에서 수년간 보임(保任)하였다. 1798년(정조22) 대중의 청을 받아 도갑사(道岬寺) 동림암(東林庵)에 강석(講席)을 베풀면서 모은에게 염향(拈香)하였으니, 그는 청허휴정(淸虛休靜)의 제5대 법손으로 그 법맥은 다음과 같다. 즉 청허휴정→소요태능(逍遙太能)→제월경헌(霽月敬軒)→화월성눌(華月聖訥)→모은지훈→설담자우로 이어진다. 스님은 경율론 삼장은 물론 육경(六經)·『노자도덕경 老子道德經』·『장자남화경 莊子南華經』 등 제자백가에 두루 정통하였다. 영·호남의 명산대찰을 두루 거치고, 말년에는 다시 복천사의 연대(蓮臺)로 돌아와 주석하다가 1830년(순조30) 1월 29일 입적하니 세수 62, 법랍 47세였다. 저서는 『설담집』 2권이 있다. 수법제자 20여 명이 있는데, 그 중 나암승제(懶庵勝濟)·춘담법함(春潭法咸)·운담정일(雲潭鼎馹) 등이 뛰어났다. [참고문헌] 『雪潭集』 권하 「雲潭大和尙塔誌」(한불전9, p.747b11).

자운 紫雲 자줏빛 구름. 상서로운 구름. 『인왕경』 권하(대정장8, p.830c22)에 "사자후왕부처님께서 시방의 부처님과 큰 보살과 함께 제일의제를 논의하셨다. 이때 성안의 보살이 광명화를 가지고 석가모니부처님 위에 흩뿌리니 하나의 화대가 이루어졌다. 그 화대안의 시방부처님과 모든 하늘이 천화를 석가모니부처님 위에 흩뿌리니 허공 중에 자운의 일산이 만들어져 삼천대천세계를 덮었다. 師子吼王佛 共十方佛 大菩薩 論第一義諦時 城中菩薩 持光明華 散釋迦牟尼佛上 成一華臺 臺中十方佛 諸天 散天華 於釋迦牟尼佛上 虛空中 成紫雲蓋覆三千大千世界"라고 하였다. [참고문헌] 『仁王經』.

자운 慈雲 **1** 자비로운 구름. 만덕을 품은 부처님 자비의 비유다. 『법화현찬』 권7(대정장34, p.785a2)에 "지혜의 구름은 윤택함마저 머금으니 마치 자비로운 마음을 가진 용이 구름을 일으켜 비를 품고 있다가 칠일동안 기다리다가 농부가 농사를 시작하면 비로소 비를 내리는 것과 같다. 부처님의 자비의 구름도 만덕을 품고 있다가 중생의 근기를 기다려서 자취를 드러내고 근기의 성숙에 응하여 법을 드러낸다. 慧雲含潤 如慈心 龍起雲含雨七日住 待農夫作了方始下雨 喩佛慈雲內含萬德 待生機而降跡 應器熟而宣揚"라고 하였다. [참고문헌] 『法華玄贊』. **2** 송대 스님 준식(遵式 964~1032)의 사호(賜號). 1020년(천희4)에 진종(眞宗)이 하사하였다. [참고문헌] 『佛祖統紀』 권10(대정장49, p.208a21). ⇨ 자운참주 慈雲懺主, 준식 遵式 **3** 일본 임제종(臨濟宗) 묘의(妙意 1274~1345)의 호. [참고문헌] 『延寶傳燈錄』 권15, 『續扶桑禪林僧寶傳』. **4** 조선중기 의승군(義僧軍). 자는 윤눌(潤訥), 휘는 옥형(玉炯). 전라남도 여수시 덕충동 종고산(鐘鼓山) 석천사(石泉寺)에 주석하였다. 임진왜란 때 이순신 장군의 휘하에서 거북선의 설계와 조선(造船)에 지대한 역할을 하였다. 스님의 부도가 구례 화엄사(華嚴寺)에 있다. [참고문헌] 「石泉寺上樑文」. ⇨ 석천사 石泉寺[7] **5** 1768년(영조44)에 화엄사 각황전을 중수한 처관(處寬)의 호. [참고문헌] 『華嚴寺誌』. ⇨ 처관 處寬 **6** 일본 조동종 스님 연산조방(聯山祖芳 1775~1847)의 실호(室號). [참고문헌] 『海雲山歷住略記』. **7** 조선후기 영암 월출산(月出山) 도갑사(道岬寺) 스님 천우(天祐 1817~?)의 호. [참고문헌] 『東師列傳』 권6 「慈雲禪師傳」(한불전10, p.1074a14). ⇨ 천우 天祐 **8** 한국불교 계율중흥조인 성우(盛祐 1911~1992)의 법호. [참고문헌] 智冠 『韓國高僧碑文總集 朝鮮朝·近現代』 p.1290. ⇨ 성우 盛祐

자운사 紫雲寺 **1** 서울특별시 관악구 신림동 관악산(冠岳山)에 있는 자운암(紫雲庵). [참고문헌] 『伽藍考』, 『梵宇攷』, 『韓國寺刹全書』 권하 p.969a20. ⇨ 자운암 紫雲庵 **2** 광주광역시 동구 지산동에 있는 절. 대한불교조계종 제21교구 본사 송광사(松廣寺)의 말사로서, 1940년경에 창건되었다. 2002년에 현 위치로 이전하기 전의 자운사에는 전강영신(田岡永信 1898~1975)·고암상언(古庵祥彦 1899~1988)·이산도광(離山導光 1922~1984)·용음종환(龍唫鍾煥 1922~1999) 등의 스님들이 정진하였고, 비구니 혜운(慧雲)이 1973년부터 주석하면서 중창하였다. 현존 당우로는 대웅전과 요사 등이 있으며, 성보문화재로는 보물 제1507호 목조아미타여래좌상및복장유물이 송광사성보박물관에 있다.

자운사 慈雲寺 ❶ 경기도 파주시 임진강 서쪽 언덕에 있던 절. 『동국여지승람』 권11 경기 파주목 고적에 이름과 위치가 언급되어 있다. [참고문헌] 『東國輿地勝覽』, 『韓國寺刹全書』 권하 p.971a11. ❷ 평안북도 곽산군 곽산읍 능한산(凌漢山)에 있던 절. 『범우고』에 이름과 위치가 전한다. [참고문헌] 『梵宇攷』, 『韓國寺刹全書』 권하 p.971a13. ❸ 황해도 개성군 영평문(永平門) 밖에 있던 절. 고려 태조가 창건한 십대사(十大寺) 중 하나이다. 『삼국유사』 권1(대정장49, p.961b1 · 한불전6, p.267a25) 왕력(王曆)에 "기묘년(919 · 태조2)에 도읍을 송악군으로 옮겼다. 이해에 법왕사 · 자운사 · 왕륜사 · 내제석원 · 사나사를 창건하였다. 己卯移都松岳郡 是年創法王 慈雲 王輪 內帝釋 舍那"라고 하였다. 『고려사』 권31 세가(世家)31 충렬왕 26년(1300) 12월 29일에 "왕이 자운사에 행차하여 대장경을 전독하였다. 幸慈雲寺轉藏經", 같은 책 권35 세가35 충숙왕(忠肅王) 9년(1322) 8월 21일에 "백관을 자운사에 모아서 (원나라의) 중서성에 올릴 글을 썼다. 會百官慈雲寺 上書中書省"라고 한 것으로 보아 고려시대에 중요한 역할을 했던 사찰로 추정된다. [참고문헌] 『三國遺事』, 『高麗史』, 『東文選』, 『韓國寺刹全書』 권하 p.971a4. ⇨ 십대사 十大寺

자운사목조아미타여래좌상및복장유물 紫雲寺木造阿彌陀如來坐像◯腹藏遺物 고려시대 불상과 복장유물. 보물 제1507호. 불상 아미타여래좌상은 높이 85cm에 어깨 너비 38cm이고 무릎 폭은 60cm이다. 2000년 불상을 개금(改金)할 때 복장유물이 확인되었고, 현재는 송광사성보박물관에 소장되어 있다. 복장유물은 1388년(우왕14) 묵서로 작성된 「중수기문 重修記文」 1점(9편), 1611년(광해군3)에 작성된 「중수원문 重修願文」 2점(3편)과 「시주물목 施主物目」 1점(3편)이 있다. 또 「인본다라니 印本陀羅尼」 2점, 1184년(명종14)에 제작된 『소자본묘법연화경 小字本妙法蓮華經』, 1215년(고종2)에 간행된 『주금강반야바라밀경 注金剛般若波羅密經』 등 전적류 10건, 직물 57건, 후령통(喉鈴筒) 등 금속 및 기타유물 14점 총 81건이 수습되었다. 처음부터 자운사에 봉안된 불상은 아니며, 초대 주지였던 혜운(慧雲)이 1939년 고창 선운사에서 이운해 온 것으로 알려져 있다. 복장유물로 볼 때 불상의 제작과 복장유물의 납입 시기는 13세기로 추정된다. 그리고 1388년 2차 개금중수(改金重修)가 있었고, 1611년 3차 중수가 있었다. 불상은 어깨가 넓고 건장하며, 머리를 약간 숙이고 있다. 머리는 나발에 정상계주와 중간계주가 있다. 둥근 얼굴에 이마는 넓으나 눈 · 코 · 입이 얼굴 중심부로 모여 있어 다소 경직된 표정이다. 법의는 통견으로 걸쳤으며 승각기와 띠매듭은 없다. 전체적인 옷주름은 가늘면서 자연스럽게 표현되었다. 수인은 아미타구품인(阿彌陀九品印)의 설법인(說法印)을 하고 있으나 현재의 손은 보수된 것으로 보인다. 조각 기법이 자연스럽고 장중하면서도 균형감 있는 형태의 불상으로, 고려 후기 불상에서 조선전기의 불상양식으로 이어지는 특징을 보여준다. 또 복장유물 중 『주금강반야바라밀경』은 국내에서 처음 발견된 자료로 조성연대가 확실하여 서지학과 불교연구에도 중요한 자료적 가치가 있는 성보다. [참고문헌] 『문화재대관 보물-불교조각Ⅰ』(문화재청, 2016) pp.268~270. ⇨ 자운사 紫雲寺

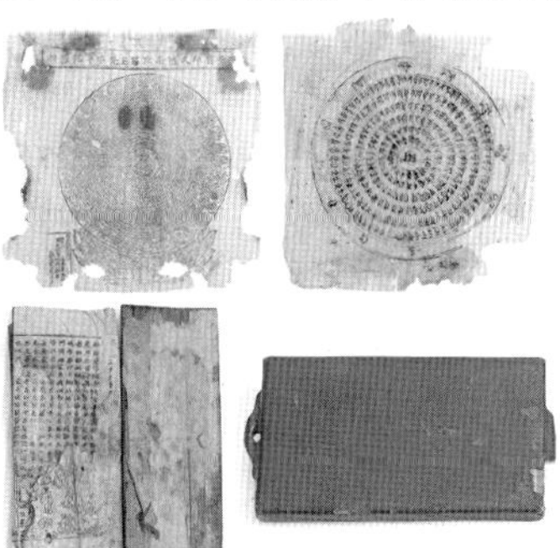

복장유물 중 일부

자운사목조아미타여래좌상

자운사의지대사비잔편문 慈雲寺依止大師碑殘片文 자운사(慈雲寺) 의지대사의 비문(碑文) 잔편(殘片). 현존하는 잔편은 높이 21.2㎝, 남아있는 글자는 각행 10여자 8행이다. 『해동금석원』과 『한국금석전문』 등에 수록되어 있으며, 이지관(李智冠)이 교감역주(校勘譯註)하였다. 전문은 다음과 같다. "자운사 의지대사 존룡 성수의 천장과 태자의 천추와 제왕궁 공주의 복을 축원하오니, 각각 보체 안녕하옵고, 문무 양반은 충정으로 왕을 보좌하여 간과가 영원히 멈추고 나라는 태평하며 국민은 평안하고 법계의 모든 중생들이 삼계의 고를 벗어나 극락세계에 왕생하도록 이끌어 주시옵소서. 길이 공양을 올리나이다. 때는 명창 3년(1192) 임자. 慈雲寺依止大師存龍 祝 聖壽天長 太子千秋 諸王宮公主 各保安寧 文虎兩班 忠貞補佐 干戈永息 國泰民安 法界衆生 離苦得落之願 永充供養 時 明昌三年壬子"라고 하였다. [참고문헌〕『海東金石苑』, 『韓國金石全文』, 『校勘譯註歷代高僧碑文』 高麗篇4 p.345.

자운암 紫雲庵 서울특별시 관악구 신림동 관악산(冠岳山)에 있는 암자. 대한불교조계종 직할교구 본사 조계사(曹溪寺)의 말사이다. 자운사(紫雲寺)·자운암(慈雲庵)이라고도 하였다. 『가람고』·『범우고』 등에 이름과 위치가 전한다. 『한국사찰전서』에 수록된 『봉은본말사지』와 영해정의(影海定誼)의 「자운암중수상량문 紫雲庵重修上樑文」의 사적을 보면, 1396년(태조5)에 무학대사(無學大師)가 창건하였다고 전한다. 이후 1737년(영조13) 5월에는 법당을 중수하고, 요사를 신축하였으며, 1777년(정조1)에는 대수(大秀)가 법우(法宇)를 중건하고 보광문(普光門)을 신축하였다. 일제강점기인 1914년에는 주지 세선(世禪)이 법당을 중수하고 요사를 신축하였고, 1936년에는 영월(映月)이 칠성각을 세우고 불상과 불화를 봉안하였다. 1976년에 대웅전·칠성각·산신각을 중창하였다. 현존 당우로는 대웅전·천수대비전(千手大悲殿)·칠성각·산신각·요사 등이 있으며, 칠성각 뒤쪽에 마애불입상이 있다. 〔참고문헌〕『伽藍考』, 『梵宇攷』, 『韓國寺刹全書』 권하 p.969b1.

자운암 慈雲庵 ❶ 서울특별시 관악구 신림동 관악산(冠岳山)에 있는 자운암(紫雲庵). 〔참고문헌〕『韓國寺刹全書』 권하 p.971a18. ⇨ 자운암 紫雲庵 ❷ 서울특별시 서대문구 진관외동 삼각산(三角山)에 있던 암자. 일제강점기에는 봉은사(奉恩寺)의 말사였으며, 진관사(津寬寺)에서 약 500정(町) 떨어진 곳에 위치하였다. 『봉은본말사지』에는 '약 백 년 전에 용파대사(龍坡大師)가 창건하였다'라고 하였다. 〔참고문헌〕『奉恩本末寺誌』, 『韓國寺刹全書』 권하 p.971a14. ⇨ 진관사 津寬寺 ❸ 강원도 통천군에 있던 암자. 『가람고』에는 "현 서쪽 20리 후봉산에 있다. 在後峰山 縣西二十里", 『범우고』에는 "금강산 동쪽에 있다. 在金剛山東"라고 하였다. 〔참고문헌〕『伽藍考』, 『梵宇攷』, 『韓國寺刹全書』 권하 p.971a18.

자운참주 慈雲懺主 송대 천태종 스님 자운준식(慈雲遵式 964~1032)의 별칭. 왕생정토참의(往生淨土懺儀)·금광명참법(金光明懺法)·청관음소복독해참의(請觀音消伏毒害懺儀) 등 여러 참의를 간행하여 세간에 유포하고 국가를 위해 참법을 행하였기에 붙여진 이름이다. 『보속고승전』 권2(卍속장134, p.57a12)에 "건흥원년(1022)에 장의태후는 자운법사가 정진하므로 사신을 통해 백금을 보내고 산중에서 국가를 위해 참법을 행하도록 명했다. 천태의 교문이 이 때 입장되었다. 乾興元年 章懿太后 以師熏修精進 遣使齎白金 命于山中 爲國行懺 天台敎文 于是入藏矣", 『관음경지험기』 권하(卍속장134, p.971a10)에 "법사가 천축사 수백간을 창건할 때 광명참당을 건립하는데 대들보 하나, 벽돌 한 장 쌓을 때마다 반드시 대비주를 일곱 번씩 염송했다. 세 차례의 난리를 겪으면서 불이 항상 저절로 꺼졌으니 원력이 견고하기에 그렇게 된 것이다. 제자 백여 명을 득도시켰고 학도는 천여 명에 달했다. 오직 정토를 종지로 삼아 학인에게 권하였다. 『정토결의행원이문』과 『정토참법』·『금광명』·『관음제본참의』를 지어 세간에 유포시켰다. 천성 10년에 좌탈하였으니 세수 69세였다. 사람들이 큰 별이 영추봉(靈鷲峰 : 또는 영취봉)에 떨어지는 것을 보았다. 이때부터 자운참주라고 불렀다. 師創下天竺寺數百間 建光明懺堂 每架一椽一甃 必誦大悲呪七遍 三經寇難 火皆自滅 由願力堅固所致也 度弟子百餘 學徒千數 惟宗淨土勸人 著淨土決疑行願二門 及淨土懺法 金光明 觀音諸本懺儀行世 天聖十年坐逝 年六十九 衆見大星殞於靈鷲峰 時號慈雲懺主"라고 하였다. 〔참고문헌〕『補續高僧傳』, 『觀音經持驗記』. ⇨ 준식 遵式

자웅사 自雄寺 전라북도 익산시 용안면 법성리 우슬산(牛瑟山)에 있는 자명사(自鳴寺). ⇨ 자명사 自鳴寺

자원 子元 ?~1166. 남송(南宋)대 스님. 백련종(白蓮宗)의 창시자. 호는 만사휴(萬事休), 성은 모(茅)씨, 이름은 불래(佛來). 평강(平江 : 江蘇省 蘇州市) 곤산(崑山) 출신. 어려서 부모를 여의고, 본주(本州) 연상사(延祥寺)의 지통(志通)을 스승으로 삼아 『법화경』을 배웠으며, 19살 때 출가하여 지관선법(止觀禪法)을 익혔다. 여산(廬山) 혜원(慧遠)의 가르침을 흠모하였으며, 정업(淨業)을 닦았다. 세상 사람들에게 삼보(三寶)에 귀의하고, 오계를 잘 지키며, 항상 아미타불을 생각할 것을 권했다. 『연종신조참의 蓮宗晨朝懺儀』를 편찬하여 중생들의 정토왕생을 기원하였으며, 전산호(澱山湖)에 연종참당(蓮宗懺堂)을 세웠다. 『사토삼관선불도 四土三觀選佛圖』를 지어 연종(蓮宗)을 드러내고 백련종을 창시하였다. 1166년(정화6)에 덕수전에서 정토법문을 강설하고 자조종주(慈照宗主)란 호를 하사받았다. 그해 탁성(鐸城)에서 입적하였다. 『서행집 西行集』·『법화백심 法華百心』·『미타절요 彌陀節要』·『권인발원게 勸人發願偈』 등이 있다. 『왕생집』 권1(대정장51, p.134b19)에 "송의 자원은 … 어려서 지관을 익히다가 선정 중에서 까마귀가 우는 소리를 듣고 도를 깨닫고, 이렇게 노래하였다. '이십여 년 동안 종이 위에서 찾아오고 찾아가도 더욱 답답할 뿐이었다네. 문득 까마귀 울음소리를 듣고 비로소 종전에 잘못 용심하였음을 알았다네'. 이에 타인을 이롭게 하려는 마음이 간절해져 널리 염불을 권장하고, 법계의 중생을 대신하여 예불·참회하였으며, 정토에 태어나기를 기원하였다. 백련참당을 짓고, 『사토삼관선불도』를 지었다. 宋子元 … 少習止觀 定中 聞鴉聲悟道 頌曰 二十餘年紙上尋 尋來尋去轉沈吟 忽然聽得慈鴉叫 始信從前錯用心 於是利他心切 普勸念佛 代爲法界衆生 禮佛懺悔 祈生安養 叔白蓮懺堂 述四土三觀選佛圖"라고 하였다. 〔참고문헌〕『往生集』, 『佛祖統紀』 권47(대정장49, p.425a7). ⇨ 백련종 白蓮宗

자원 慈圓 고려후기 조계산 송광사(松廣寺) 십육조사(十六祖師) 중 제11세인 묘엄국사(妙嚴國師)의 시호. 『불조록찬송』(한불전12, p.347c17)에 "시호 자원과 아울러 탑호를 하사하시니 그 도덕 우러러도 그지없음을 알겠네! 賜諡慈圓兼塔號 是知道德仰無厭"라고 하였다. 〔참고문헌〕『佛祖錄讚頌』.

자원 資遠 고려후기 스님. 백운경한(白雲景閑 1299~1374)의 제자로서 대선사(大禪師) 법계에 올랐다. 경한이 보낸 편지인 「기제자대선사자원서 寄弟子大禪師資遠書」(『백운화상어록』 권하・한불전6, p.667a17)가 있다. 〔참고문헌〕『白雲和尙語錄』. ⇨ 경한 景閑

자원만 自圓滿 Ⓢ ātma-saṃpad, Ⓣ bdag-gi-'byor-ba. 십삼종자량도(十三種資糧道) 중 하나. 사람의 몸을 잘 얻는 것 등 오종지분을 원만히 갖춘 뜻이다. 타원만(他圓滿 Ⓢ para-saṃpad)의 상대어이다. 『유가사지론』 권21 「성문지」(대정장30, p.396b15 : *Śrāv-bh.*, p.5)에 "자원만이란 사람의 몸을 얻고, 성처에 나며, 제근에 결함이 없고, 승처에 대하여 깨끗한 믿음을 내며, 모든 업장을 여의는 것이다. 云何自圓滿 謂善得人身 生於聖處 諸根無缺 勝處淨信 離諸業障 manuṣyatvaṃ … āryāyatane pratyājātiḥ … indriyairavikalatā … āyatanagataḥ prasādaḥ … aparivṛttakarmāntatā … tasmād ātma-saṃpad-ity-ucyate"라고 하였다. 〔참고문헌〕『瑜伽師地論』, 『梵網經述記』 권1(대정장85, p.730a9). *Śrāv-bh.* ⇨ 자량위 資糧位, 타원만 他圓滿

자월암 慈月庵 ❶ 광주광역시 광산구 서석산(瑞石山)에 있던 암자. 『동국명산기』에 "서북으로 너덜지대를 따라가면 자월암에 도착한다. 암자의 동쪽에는 풍혈대가 있고, 서쪽에는 입석대가 병풍처럼 서 있으니 곧 장추대이다. 臺西北從石磴至慈月庵 庵東有風穴臺 庵西立石如屛 卽藏秋臺也"라고 하였다. 〔참고문헌〕『東國名山記』, 『韓國寺刹全書』 권하 p.971b3. ❷ 강원도 고성군 금강산에 있던 영은암(靈隱庵). 〔참고문헌〕『韓國寺刹全書』 권하 p.971b5. ⇨ 영은암 靈隱庵

자위부은 子爲父隱 자식이 아버지의 허물을 덮는다는 말. 제자가 스승의 속뜻을 간파하고 있지만 분명하게 드러내지 않음을 말한다. 아버지가 자식의 허물을 덮어준다는 부위자은(父爲子隱)과 대구로 쓰이기도 한다. 『허당록』 권3(대정장47, p.1005c8)에 "한 학인이 허당에게 물었다. '앙산이 「화상께서는 어떻게 생각하시는지요?」라고 물음에 위산이 말없이 있자, 앙산이 「화상께서는 체를 터득하시긴 했지만 용을 터득하진 못했군요」라고 한 취지는 무엇인지요?' '자식이 아버지의 허물을 덮는다'. 僧云 仰山云 未審和尙作麽生 潙山良久 仰山云 和尙只得其體 不得其用 師云 子爲父隱"라고 하였다. 〔참고문헌〕『虛堂錄』. ⇨ 부위자은 父爲子隱

자유 資裕 고려후기 유가법상종(瑜伽法相宗)의 승통. 명종(재위 1170~1197)이 스님의 법계를 수좌에서 승통으로 승격하는 비서(祕署 : 決裁)를 하면서 한림원생 이인로(李仁老 1152~1220)에게 「유가업수좌자유위승통교서 瑜伽業首座資裕爲僧統敎書」를 짓게 하였다. 〔참고문헌〕『東文選』. ⇨ 유가업수좌자유위승통교서관고 瑜伽業首座資裕爲僧統敎書官誥

자유분 自由分 어떤 속박도 없어 자유로운 경계. 그 어떤 것 의지할 일 없고 부처마저 구하지 않는 뜻을 깨우쳐 얻는 분이다. 자유로운 여지. 무자유분(無自由分)과 대칭한다. 『백장어록』(고존숙어록2, 卍속장118, p.173a14)에 "살고 싶으면 살고 죽고 싶으면 죽으며 가거나 머물거나 자유롭다. 이러한 사람에게야말로 자유분이 있다. 마음이 산란하지 않다면 부처를 구하거나 보리와 열반을 구할 필요도 없다. 만일 부처에 집착하여 구한다면 탐욕에 예속되고 탐은 병이 된다. 그러므로 '부처라는 병은 다스리기 어렵다'고 하는 것이다. 要生卽生 要死卽死 去住自由 者箇人 有自由分 心若不亂 不用求佛 求菩提涅槃 若著佛求 屬貪 貪變成病 故云 佛病最難治", 『원오어록』 권15(대정장47, p.784c24)에 "자식을 얻은 저 사람들이 밟아 향해 나아가는 것을 살펴보라. 그들이 어찌 보금자리 지키려하던가! 여기서 변화를 잘 관찰하면 그들의 마음을 짚어낼 수 있고, 그들의 마음을 짚어내었다면 자유분 있을 것이며, 자유분 있다면 남의 행보 따라 가지는 않을 것이고, 남을 따라가지 않는다면 어디를 가건 스스로 얻지 못할 일 있겠는가. 看他得底人 步驟趣向 豈守窠窟耶 箇裏 若善觀其變 則能原其心 旣能原其心 則有自由分 旣有自由分 則不隨他去也 旣不隨他去 何往而不自得哉", 『굉지광록』 권3(대정장48, p.29b17)에 "조주가 '부처가 있는 곳에 머물러서는 안 되고, 부처가 없는 곳은 급히 달려 지나가라'고 한 말을 들어 말했다. … 정위에서 깊음 세우지 않고 편위에서는 어떤 물도 없게 해야 비로소 능히 잡기도 놓기도 하여 자유분 있게 된다. 擧趙州云 有佛處不得住 無佛處急走過 師云 … 正不立玄 偏不附物 方能把住放行 有

自由分", 『고림청무어록』 권4(卍속장123, p.494a17)에 "종횡으로 묘를 얻고 좌우로는 근원과 마주치며 땅도 하늘도 뒤치고 돌린다. 비로소 자유분 있으리라. 縱橫得妙 左右逢原 轉地回天 方有自由分"라고 하였다. 〔참고문헌〕『百丈語錄』, 『圜悟語錄』, 『宏智廣錄』, 『古林淸茂語錄』. ⇨ 무자유분 無自由分, 자유자재 自由自在

자유삼매 自由三昧 온통 자유여서 그 밖이 없이 함. 『보제어록』 권상(대정장82, p.501a25)에 "'높으면 높은 대로 응하고 낮으면 낮은 대로 대할 뿐이니 뒤섞여 아득한 그 속에 무슨 밀고 당기겠는가? 납승의 작용은 진실로 자유다. 한가롭게 마음 놓고 고목당 중에 앉기도 하며, 묵묵히 팔짱끼고 위음왕불세계 밖에서 노닐기도 한다. 말해 보라. 무엇을 가리켜 납승의 자유삼매처인가?' 잠깐 침묵하다가 말했다. '윤편은 나무 깎는 기술을 자식에게도 전수하지 못하였고, 포정이 칼을 놀리면 온전한 소는 없다'. 高則高應 低則低酬 渾崙裏許 何有錐鉤 衲僧作用 眞是自由 放閑枯木堂中坐 拱默威音世外遊 且道 作麽生是 衲僧自由三昧處 良久云 輪扁斲木不授子 庖丁游刃無全牛", 같은 책 권하(대정장82, p.515a29)에 "옛 성현 가신 자취에 떨어지지 않고, 납승의 해묵은 보금자리도 털어버린다. 건추를 잡거나 불자를 세우니 뛰어난 종장이고, 중생과 어울리며 이익을 주니 친절한 노파다. 자유삼매로 오고가며 남을 따르기도 한다. 不墮先聖途轍 脫却衲僧舊窠 拈槌竪拂 作家宗匠 接物利生 親切老婆 自由三昧 去來隨他"라고 하였다. 〔참고문헌〕『普濟語錄』. ⇨ 자유분 自由分, 자유자재 自由自在

자유자재 自由自在 스스로를 말미암고 스스로 존재하다. 성색(聲色)등 객진(客塵)에 떨어지지도 생사(生死)에 묶이지도 않아 그 어디에도 걸림없이 자유로운 뜻이다. 『혜상보살문대선권경』 권상(대정장12, p.158b22)에 "그때 세존께서 애경보살이 허공에 올라가 마치 기러기왕처럼 신족으로 걸림 없이 자유자재함을 보셨다. 於時 世尊 見愛敬菩薩 昇在虛空 譬如鴈王 神足無礙 自由自在", 『월등삼매경』 권5(대정장15, p.576b12)에 "자유자재한 힘을 얻었으므로 … 이것을 여래몸이라 한다. 得自由自在力故 … 是爲如來身", 『원오어록』 권10(대정장47, p.760b2)에 "만일 이것만의 본색을 자유자재하여 무거운 짐 질 수 있는 이라면 결코 소리 들리기 전후 구 그 어디에도 떨어지지 않을 뿐만 아니라 머뭇거려 애써 찾아 헤매지도 않는다. 곧바로 내려 당장에 드러내 분명하게 한다. 그런 까닭에 '이 일로 말하자면 눈썹을 깜박이는 순간 이미 어긋난다'고 한다. 若是箇本色 自由自在 承當擔荷得底 更不落聲前句後 亦不用擬議尋思 直下當陽 分明領取 所以道 若論此事 眨上眉毛 早已蹉過", 『허당록』 권2(대정장47, p.997a6)에 "그대가 만일 사람 가지 않은 곳에서 한 가닥의 길을 찾은 뒤 거침없어 상황 마주할 때마다 자유자재한다면 이제는 나와 한 무리일 것이다. 爾若向無人行處 尋得一條路子 蕩蕩地 臨機自由自在 便是我同流", 『경덕전등록』 권23 「화광범전 華光範傳」(대정장51, p.393a15)에 "'우두가 사조를 만나 깨우치기 이전에는 어떠했는지요?' '자유자재했겠지' '만나고 깨우친 다음에는 어떠했는지요?' '자유자재했지'. 問 牛頭未見四祖時 如何 師曰 自由自在 曰 見後如何 師曰 自由自在", 『초석범기어록』 권9(卍속장124, p.157b14)에 "소리도 색도 가두지 않고, 생사 또한 묶어 두지 않는다. 자유자재하여 얻음도 없고 잃음도 없이 일체처에서 해탈하고 모든 곳에서 두렷이 가득하다. 깨끗이 벗어던져 이렇다 할 것 없고 걸칠 것 없이 맨몸이어서 잡을 수도 없다. 聲色籠罩不住 生死繫縛不得 自由自在 無得無失 一切處解脫 一切處圓滿 淨倮倮絶承當 赤灑灑沒可把"라고 하였다. 〔참고문헌〕『慧上菩薩問大善權經』, 『月燈三昧經』, 『圜悟語錄』, 『虛堂錄』, 『景德傳燈錄』, 『楚石梵琦語錄』. ⇨ 자유분 自由分, 자유삼매 自由三昧

자육상 子肉想 Ⓢ putra-māṃsavat, Ⓣ kha-zas-ni-bu-sha-bzhin. 자식의 살이라 생각하다. 육식(肉食)을 자식의 살이라고 생각하라는 가르침을 말한다. 40권본 『대반열반경』 권4(대정장12, p.386a11)에 "'네가 이제 나의 뜻을 잘 알았구나. 호법보살은 이와 같아야 한다. 선남자야, 오늘부터 성문제자의 식육을 허락하지 않는다. 만일 단월의 보시를 받을 때라도 마땅히 자식의 살덩이라 사유하며 관해야 한다'. 가섭보살은 이렇게 말씀드렸다. '세존이시여, 어찌하여 여래께서는 식육을 허락하지 않으십니까?' '선남자야, 식육은 큰 자비의 종자를 끊는다'. 가섭은 다시 여쭈었다. '여래께서는 어찌하여 이전에는 비구에게 삼종정육을 먹는 것을 허락하셨습니까?' '가섭아, 이 삼종정육은 사정에 따라 점차로 제정한 것이다'. 汝今乃能善知我意 護法菩薩 應當如是 善男子 從今日始 不聽聲聞弟子食肉 若受檀越信施之時 應觀是食 如子肉想 迦葉菩薩 復白佛言 世尊 云何如來不聽食肉 善男子 夫食肉者 斷大慈種 迦葉又言 如來何故先聽比丘食三種淨肉 迦葉 是三種淨肉 隨事漸制", 『능가경』 권4(대정장16, p.513c12)에 "한량없는 인연때문에 육식을 해서는 안 된다. 그러므로 내가 지금 너에게 간략하게 설하겠다. 즉 일체중생은 본래부터 구르고 구르는 인연으로 항상 육친이니, 친척이라는 생각으로 육식을 해서는 안 된다. 당나귀·노새·낙타·여우·개·소·말·사람·짐승 등의 고기를 백정이 섞어서 팔기 때문에 육식을 해서는 안 된다. 이는 부정한 기분으로 생장한 것이므로 육식을 해서는 안 된다. … 한적한 숲 속에서 범이나 이리가 냄새를 맡으니 육식을 해서는 안 된다. 음식을 먹는데 절도가 없어지므로 육식을 해서는 안 된다. 수행자가 싫어하여 여의려고 하지 않기에 육식을 해서는 안 된다. 또한 나는 항상 이렇게 말했다. '음식을 먹을 때 자식의 살점을 먹는다 생각하고, 약을 먹는다고 생각하라'. 그러므로 육식을 해서는 안 된다. 有無量因緣 不應食肉 然我今當爲汝略說 謂 一切衆生 從本已來 展轉因緣 常爲六親 以親想故 不應食肉 驢騾駱駝 狐狗牛馬 人獸等肉 屠者雜賣故 不應食肉 不淨氣分 所生長故 不應食肉 … 空閑林中 虎狼聞香故 不應食肉 令飮食無節量故 不應食肉 令修行者 不生厭離故 不應食肉 我常說言 凡所飮食 作食子肉想 作服藥想故 不應食肉"라고 하였다. 〔참고문헌〕『大般涅槃經』, 『楞伽經』, *Laṅk.249.* ⇨ 육식 肉食, 식육 食肉, 정육 淨肉, 삼정육 三淨肉

자윤심작의 滋潤心作意 Ⓢ cittābhiṣyandano manaskāraḥ, Ⓣ sems-mngon-par-brlan-par-'gyur-ba'i-yid-la-byed-pa. 초수업자(初修業者)가 수습해야 할 네 가지 작의 중 두 번째. 선법을 향해 기뻐하는 작의. 『유가사지론』 권31(대정장30, p.458c1 : *Śrāv-bh.*, p.406)에 "무엇을 자윤심작의라 하는가? 이 작의로 기꺼이 존중해야 할 법에 대해 마음으로 기뻐하게 하는 것을 자윤심작의라 한다. … 모든 선품(白品)을 향하는 것은 자윤심작의를 말미암는다. 云何滋潤心作意 謂由此作意於可欣尙法 令心欣樂 是名滋潤心作意 … 向諸白品 由滋潤心作意故 tatra katamaścittābhiṣyandano manaskāraḥ. yenāyaṃ prasadanīyena manaskāreṇa cittamabhipramodayatyayaṃ. cittābhiṣyandano manaskāraḥ … śuklapakṣābhimukhaṃ kṛtvā abhisyandanīyena manaskāreṇa", 『대명삼장법수』 권12(영락장181, p.836b1)에 "둘째 자윤심작의 : 자윤이란, 적셔 자라게 하고 기름지게 한다는 것이다. 이를테면 기꺼이 숭상해야 할 법에 대해 자라나고 윤택하게 하며 마음으로 하여금 기뻐하게 하는 것을 말하니, 이를 자윤심작의라 한다. 二 滋潤心作意 滋潤者 滋長沃潤也 謂於可欣尙之法 滋長沃潤 令心忻樂 是名滋潤心作意"라고 하였다. 〔참고문헌〕『瑜伽師地論』, 『大明三藏法數』, *Śrāv-bh.* ⇨ 사종작의 四種作意, 초수업자 初修業者

자융 自融 1615~1691. 청대 임제종(臨濟宗) 스님. 자는 환율(幻聿), 호는 거령(巨靈), 속성은 정(程)씨. 신안(新安 : 廣東省 寶安) 출신. 여산(廬山)에서 출가한 뒤로 천동밀운(天童密雲) · 석거통승(石車通乘) · 산옹도민(山翁道忞) 등의 문하에서 공부하였다. 그 뒤로 광윤사(廣潤寺)에 은거하며 제자 성뢰(性磊)와 함께 『남송원명선림승보전 南宋元明禪林僧寶傳』 15권(卍속장137, pp.626a1~768b18)을 편찬하였다. 1691년(강희30) 세수 77세로 입적하였다. 〔참고문헌〕『五燈全書』 권73(卍속장141, p.515a12).

자은 慈恩 ❶ 자비의 은덕. 또는 인자한 은혜. 『중본기경』 권상(대정장4, p.152b28)에 "제자 가섭은 부처님의 자은을 입어 죄의 속박에서 벗어났습니다. 弟子迦葉蒙佛慈恩 解脫罪縛"라고 하였다. 〔참고문헌〕『中本起經』. ❷ 당대 법상종(法相宗)을 창종한 대자은사(大慈恩寺) 규기(窺基 632~682)의 칭호. 자은법사(慈恩法師) · 자은대사(慈恩大師) · 자은유식법사(慈恩唯識法師)라고도 한다. 규기의 스승이자 대자은사의 상좌(上座) 현장(玄奘)은 자은삼장(慈恩三藏)으로 구별해서 부른다. 『성유식론요의등』 권2(대정장43, p.695a26)에 "따라서 자은과 서명의 설에는 오류가 없다. 故慈恩西明所說不謬", 같은 책 권1(대정장43, p.659a26)에 "자은법사의 『이부종륜론술기』에서는 '중천축국의 출가학도들은 삼장에 빠짐없이 정통했다'고 했다. 慈恩法師宗輪疏云 中天竺國 出家學道遍通三藏", 『구사론본의초』 권15(대정장63, p.274a2)에 "자은대사는 현장삼장의 문하에 친히 입문했으며 그 종지를 전수받아 해석이 틀릴 수 없으니 그 누가 지남이 아니라고 하겠는가. 慈恩大師親入三藏之門室 禀其相傳 解釋之所定 誰不爲指南哉", 『인명입정리론의찬요』(대정장44, p.159b9)에 "자은유식법사 역시 세 가지로 해석하는데, 첫 번째와 세 번째 것은 과실이 없고 두 번째 것은 사능립의 오류로 해석한다. 慈恩唯識法師 亦有三釋 初後無違 中釋似過", 『인왕호국반야바라밀다경소』 권상(대정장33, p.433b19)에 "자은법사의 『대승법원의림장』에서는 양자 모두 논파한다. … 자은삼장은 『해심밀경』 제2권에 의지해 삼시교를 세웠다. 慈恩法師法苑具破 … 慈恩三藏依解深密經第二卷立三時教"라고 하였다. 〔참고문헌〕『成唯識論了義燈』, 『俱舍論本義抄』, 『因明入正理論義纂要』, 『仁王護國般若波羅蜜多經疏』. ⇨ 규기 窺基, 법상종 法相宗

자은교 慈恩敎 법상종(法相宗)을 달리 일컫는 말. 『불조통기』 권39(대정장49, p.369b15)에 "영순 원년(682) 11월에 자은법사 규기가 시적하자 법사의 진영을 그려서 제사를 지내라는 명을 모든 사찰에 내렸다. 법사는 현장법사 『유가사지론』의 유식종지를 품받았고, 백부(百部)의 논주라 불렸으며, 세간에서는 자은교라 하며 존숭했다. 永淳元年十一月 慈恩法師窺基示寂 勅諸寺圖形以祀 師稟奘法師 瑜伽師地 唯識宗旨 號百部論主 世宗爲慈恩教", 『융흥편년통론』 권14(卍속장130, p.559a11)에 "선대의 현장은 서역의 계현논사로부터 『유가사지론』의 유식종을 몸소 전수받았고, 규기는 그 도리를 남김없이 깨달아 그 원류를 드넓혔으니 세상의 후세 사람들이 삼승법상현리종이라 높여 부르면서 자은교라 일컬었다. 先是 奘公親授西域戒賢師瑜伽師地唯識宗 而基盡領其妙 恢廓源流 天下後世尊之 目爲三乘法相顯理宗 謂之慈恩敎"라고 하였다. 〔참고문헌〕『佛祖統紀』, 『隆興編

年通論』, 『佛祖歷代通載』 권12(대정장49, p.583c3). ⇨ 규기 窺基, 법상종 法相宗, 자은종 慈恩宗

자은사 慈恩寺 ❶ 인천광역시 강화군 불은면 고능리에 있던 절. 『전등본말사지』 p.340에 "그 터가 불은면 고능리에 있다. 其址在佛恩面 高陵里"라고 하였다. 〔참고문헌〕 『傳燈本末寺誌』(亞細亞文化社, 1978), 『韓國寺刹全書』 권하 p.971a19. ❷ 평안남도 순천군에 있던 절. 『여지도서』 평안도 자산 사찰에 "(다른 사찰과 함께) 모두 자모성 내에 있다. 俱在慈母城內"라고 하였다. 〔참고문헌〕 『輿地圖書』, 『伽藍考』, 『梵宇攷』, 『韓國寺刹全書』 권하 p.971b2. ❸ 황해북도 개성시에 있던 절. 『사탑고적고』에 "옛터가 경기도 개성군 송도면 고려정 노군교에 있다. 古址在京畿道 開城郡 松都面 高麗町 勞軍橋", 『고려사』 권43 세가(世家)43 공민왕 20년(1371) 4월 28일에 "영전에 행차하여 상량을 보았으며, 또 자은사에 행차하였다. 幸影殿 觀上梁 仍幸慈恩寺"라고 하였다. 〔참고문헌〕 『寺塔古蹟攷』, 『高麗史』, 『韓國寺刹全書』 권하 p.971a20. ❹ 당 고종(高宗)이 태자일 때 모후(母后)인 문덕황후(文德皇后)를 위해 건립한 절. 대자은사(大慈恩寺)라고도 한다. 『불조통기』 권53(대정장49, p.464a14)에 "황태자는 문덕황후를 위해 자은사를 건립했다. 皇太子 爲文德皇后 建慈恩寺", 같은 책 권39(대정장49, p.366c26)에 "영휘 3년(652)에 현장법사는 자은사에 부도를 건립하여 서천의 사리·경전·불상을 봉안할 것을 청하였다. ○ 중천축 사문 무극고(Ⓢ Atikūṭa : 阿地瞿多)가 장안(長安 : 陝西省 西安)에 와 『다라니집경』을 번역하였는데, 그때 나제(Ⓢ nadī)도 자은사에서 역경을 하고 있었다. 三年 奘法師 請於慈恩寺建浮圖 藏西天舍利經像 ○ 中天竺沙門無極高 至長安譯陀羅尼集經 時那提於慈恩寺譯經"라고 하였다. 〔참고문헌〕 『佛祖統紀』. ⇨ 대자은사 大慈恩寺❷

자은사대안탑 慈恩寺大雁塔 중국 당대 전탑. 64m. 현장(玄奘)이 서역에서 가져온 경전과 불상을 모시기 위하여 652년(영휘3)에 건립한 탑이다. 처음에는 5층으로 조성하였으나 10세기 전반에 중수, 11세기에 대화재, 15·17세기에 중수를 거치면서 7층탑이 되었다. 『대당대자은사삼장법사전』 권7(대정장50, p.260c15)에 "영휘 3년 3월. 법사는 정문(端門)의 남쪽에 돌로 만든 부도를 세워서 서역에서 가져온 경전과 불상을 안치하려고 하였다. 그 뜻은 세상이 무상하여 경본이 산실될까 염려되고 화난을 방지하기 위해서였다. … 이에 벽돌을 써서 조성하기로 하고, 다시 서원으로 옮겼다. 탑 기면(基面)은 각각 140척인데, 서역의 제도를 모방하였고 중국의 옛 법식을 따르지 않았다. 탑은 5층이고 상륜과 노반이 있으며, 높이는 180척이다. 층마다 그 안에 모두 사리를 봉안하였고, 어떤 곳에는 일이천 립이 있어서 모두 만여 립(粒)이나 되었다. 상층은 돌로 방을 만들었고 남면에는 두 기의 비가 있는데, 태종의 「대당삼장성교서 大唐三藏聖敎序」와 고종의 「성교서기 聖敎序記」가 새겨져 있다. 글씨는 상서우복야 하남공 저수량의 필적이다. 三年春三月 法師欲於寺端門之陽 造石浮圖 安置西域所將經像 其意恐人代不常 經本散失 兼防火難 … 於是用甎 仍改就西院 其塔基面 各一百四十尺 倣西域制度 不循此舊式也 塔有五級 幷相輪露槃 凡高一百八十尺 層層中心 皆有舍利 或一千二千 凡一萬餘粒 上層以石爲室 南面有兩碑 載二聖三藏聖敎序記 其書卽尙書右僕射河南公褚遂良之筆也"라고 하였다. 〔참고문헌〕 『大唐大慈恩寺三藏法師傳』. ⇨ 대안탑 大雁塔, 안탑성교서 雁塔聖敎序, 대자은사 大慈恩寺, 현장 玄奘

자은삼장 慈恩三藏 당대 법상종(法相宗)의 개조(開祖)인 삼장법사(三藏法師) 현장(玄奘 602~664)의 칭호. 『자은전』 권7(대정장50, p.260a17)에 "법사는 이곳(자은사)으로 돌아온 뒤 번역에 매진하면서 잠시도 허비하는 일이 없었다. 매일 스스로 그 날의 과제를 세웠는데 낮 동안 일이 있어 채우지 못했으면, 밤에라도 반드시 그 과제를 이어서 했다. 이경(乙夜)이 지나서야 붓을 내려놓고 경전을 거둔 다음 부처님께 예를 올리며 행도(行道)를 하였고, 삼경에 잠깐 눈을 붙였다가 오경에 다시 일어나 범본을 독송하면서 붉은 점을 차례로 찍어 아침에 번역할 부분을 가려 놓았다. 매일 재계를 마치고는 황혼 무렵 두 시간씩 신역 경론을 강론하였고, 여러 주의 학승들이 항시 청강을 와서는 의문을 해소하고 의미를 물었다. 自此之後 專務翻譯 無棄寸陰 每日自立程課 若晝日有事不充 必兼夜以續之 過乙之後 方乃停筆 攝經已復禮佛行道 至三更暫眠 五更復起 讀誦梵本 朱點次第 擬明旦所翻 每日齋訖 黃昏二時講新經論 及諸州聽學僧等 恒來決疑請義", 원측(圓測)의 『인왕경소』 권상(대정장33, p.371a1·한불전1, p.33c2)에 "자은삼장이 번역한 경전들에는 모두 오파삭가·오파사가로 되어 있다. 근사남·근사녀라고 한역한다. 慈恩三藏 所譯諸經皆云鄔波索迦 鄔波斯迦 此云近事男近事女", 같은 책 권상(대정장33, p.360b10·한불전1, p.17a18)에 "진제삼장과 자은삼장은 각기 하나의 주장에 의거하고 있다. … 자은삼장은 변계소집성만을 버릴 뿐, 의타기성과 원성실성은 버리지 않는다. (전자는 범부의) 정(情) 속에는 있지만 이치상 없고, 후자는 이치상 있지만 (범부의) 정 속에는 없다. 眞諦慈恩三藏 各依一宗 … 慈恩三藏 但遣所執 不遣二性 情有理無 理有情無"라고 하였다. 〔참고문헌〕 『慈恩傳』, 『仁王經疏』. ⇨ 현장 玄奘

자은종 慈恩宗 법상종(法相宗)을 달리 일컫는 말. 당대 자은사(慈恩寺)의 현장(玄奘)을 자은삼장(慈恩三藏)이라 불렀던 데서 비롯하였으며, 현장의 제자로 법상종을 실질적으로 창종(創宗)한 규기(窺基) 역시 자은사에 머물러 자은법사(慈恩法師)로 일컬어지는 데서도 그 유래가 있다. 『섭대승론석약소』 권1(대정장68, p.123b1)에 "중국에는 자은종이 있는데, 삼승과 오성의 가르침을 요의의 진실로 삼고, 일승의 일성의 가르침을 불요의의 방편으로 삼는다. 支那有慈恩宗 以三乘五性之敎 爲了義眞實 以一乘一性之敎 爲不了義方便"라고 하였다. 〔참고문헌〕『攝大乘論釋略疏』. ⇨법상종 法相宗, 자은 慈恩 ❷, 자은교 慈恩敎

자은팔종 慈恩八宗 당대 자은대사 규기(窺基)가 법상종(法相宗)의 입장에서 일대시교를 여덟 가지로 분류한 교판(敎判). 『아미타경통찬소』 「서문 序文」(대정장37, p.329c8)에 "학파(宗)에는 여덟 가지가 있다. 첫째는 자아와 법이 모두 유라고 주장하는(我法俱有宗) 독자부(犢子部 Ⓢ Vātsīputrīya) 등이고, 둘째는 법은 유이고 아는 유가 아니라고 주장하는(有法無我宗) 설일체유부(薩婆多 Ⓢ Sarvāstivāda) 등이며, 셋째는 (현재법과 무위법은 유이고) 과거법과 미래법은 유가 아니라고 주장하는(法無去來宗) 대중부(大衆部 Ⓢ Mahāsāṃghika) 등이고, 넷째는 현재법은 가와 실에 통한다고 주장하는(現通假實宗) 설가부(說假部 Ⓢ Prajñaptivādin) 등이고, 다섯째는 속제는 허망하고 진제는 실하다고 주장하는(俗妄眞實宗) 설출세부(說出世部 Ⓢ Lokottaravādin) 등이고, 여섯째는 모든 것은 이름일 뿐이라고 주장하는(諸法但名宗) 일설부(一說部) 등이고, 일곱째는 승의에서는 모든 것이 공이라고 주장하는(勝義皆空宗) 반야 등의 경전과 용수 등이 설한 『중론』·『백론』 등이고, 여덟째는 유식중도(唯識中道) 교의는 원만하고 진실해서 모든 이치와 상응한다고 주장하는(應理圓實宗) 『화엄경』·『법화경』 등과 무착 등이 설한 중도교다. 宗有八者 一 我法空有宗 犢子部等是 二 有法無我宗 薩婆多等是 三 法無去來宗 大衆部等是 四 現通假實宗 說假部等是 五 俗妄眞實宗 說出世部等是 六 諸法但名宗 一說部等是 七 勝義皆空宗 般若等經 龍樹等說中 百論等是 八 應理圓實宗 華嚴 法華等及無著等說中道敎是"라고 하였다. 〔참고문헌〕『阿彌陀經通贊疏』. ⇨아법구유종 我法俱有宗, 유법무아종 有法無我宗, 법무거래종 法無去來宗, 현통가실종 現通假實宗, 속망진실종 俗妄眞實宗, 제법단명종 諸法但名宗, 승의개공종 勝義皆空宗, 응리원실종 應理圓實宗, 법상종 法相宗

자응 慈應 조선후기 신화(信和 1658~1737)의 법호. 〔참고문헌〕『朝鮮佛敎通史』 권상 p.534. ⇨신화 信和

자응무도지 自應無倒智 Ⓢ aprayatna-aviparītatva-jñāna, Ⓣ 'bad-pa-med-par-yang-phyin-ci-log-med-par-'gyur-ba-shes-pa. 스스로 마땅히 전도됨이 없는 지. 사지(四智) 중 하나. 수행하지 않으면 무전도(無顚倒)를 성취할 수 없음을 아는 지혜. 자응무전지(自應無顚智)라고도 한다. 『성유식론』 권7(대정장31, p.39a8)에 "네 가지 지혜를 성취한 보살은 유식무경에 능히 깨우쳐 들어간다. … 셋째 자응무도지이다. 어리석은 범부지로 만약 실경을 얻는다면, 그는 자연히 전도되지 않아야 하고 노력하지 않고도 해탈을 얻어야 한다. 成就四智菩薩 能隨悟入 唯識無境 … 三 自應無倒智 謂愚夫智 若得實境 彼應自然 成無顚倒 不由功用 應得解脫", 『성유식론술기』 권7(대정장43, p.488c29)에 "〔논〕 셋째 자응무도지이다 ~ 해탈을 얻어야 한다. 〔술〕 일체범부가 이미 실경을 알았다면, 경이 허망하지 않기에 일체범부는 마땅히 공용이 없이도 자연히 해탈을 성취해야 한다. (그러나) 해탈을 성취하지 못하므로 유식일 뿐이다. 論 三 自應無倒智 至應得解脫 述曰 若一切凡夫 已得實境 由境非妄故 卽一切凡夫 應不由功用 自成解脫 解脫不成 故唯有識"라고 하였다. 〔참고문헌〕『成唯識論』, 『成唯識論述記』, *Mah-saṃ.30*. ⇨보살소관사지 菩薩所觀四智, 사지 四智 ❷, 전도 顚倒

자의 子儀 ❶ ?~986. 북송대 스님. 별호는 심인수월선사(心印水月禪師), 속성은 진(陳)씨. 절강성(浙江省) 낙청(樂淸) 출신. 처음에는 항주(杭州) 천축산(天竺山)에 거처하였다. 『경덕전등록』 권21 「자의전」(대정장51, p.378a6)에 따르면, 복주(福州) 고산(鼓山)의 신안국사(神晏國師)를 친견하고 "자의가 '힘써 공부하는 경지는 어떤지요?'라고 물음에 고산이 '그대는 어찌 힘을 쓰는가?'라고 되묻자 이에 자의는 그 말뜻을 그대로 알아차렸다. 師曰 省力處如何 鼓山曰 汝何費力 師自此承言領旨"라는 문답을 계기로 법제자가 되었다. 그 뒤 절중(浙中)으로 갔을 당시 오월(吳越)의 충의왕(忠懿王)이 그 도풍을 떠받들며 나한사(羅漢寺)·광복사(光福寺)에서 법을 펼쳐달라고 청하면서 금란의(金襴衣)를 시여하였다. 986년(옹희3) 입적하였으나 연수는 알 수 없고 문인들이 탑을 조성하였다. 〔참고문헌〕『景德傳燈錄』, 『五燈會元』 권8(卍속장138, p.293b5), 『五燈嚴統』 권8(卍속장139, p.366a4), 『上天竺寺志』 권5. ❷ 1269~1326. 원대 스님. 호는 봉산(鳳山), 속성은 진(陳)씨. 회계(會稽 : 浙江省) 상우(上虞) 출신. 15세에 출가하여 천태교학을 학습하였다. 그 전후로 화경치당(華涇治堂)·운몽택공(雲夢澤公) 등에게 법을 묻기도 하였다. 일찍이 『법화경』 세 질을 필사하였는데 초질은 먹으로 썼고, 두 번째는 금니로 필사하였으며, 세 번째는 손가락 피로 썼다. 여요(餘姚 : 浙江省 杭州) 적경사(積慶

寺)·천축사(天竺寺)·하천축사(下天竺寺) 등에 주석할 때마다 도속의 대중이 운집하였으며, 그 가운데 당대의 고관과 저명한 학자들도 적지 않았다. 무종(武宗)·인종(仁宗)·영종(英宗)으로 이어지는 삼대왕조에서 그 명성은 더욱 두터워지면서 불지홍범해월보정묘혜대사(佛智弘範海月寶淨妙惠大師)라는 호도 주어졌다. 1326년(태정3) 세수 58, 법랍 43세로 입적하였다. 『금강담파상사행업전 金剛膽巴上師行業傳』·『독교사기 讀敎私記』와 시문집인 『천유집 天遊集』 등을 남겼다. 〔참고문헌〕『續佛祖統紀』 권상(卍속장131, p.716b13).

자의 字義 ❶ 자(字)가 가진 의미. 진언행자가 진언의 자를 관할 때 그 자의 의미를 가리키는 말이다. 예컨대 아(阿 𑖀) 자의 경우 본불생(本不生)이 자의가 된다. 반면 문자 그대로의 뜻·형상·소리는 자상(字相)이라 한다. 『대일경소』 권10(대정장39, p.680c25)에 "이 진언은 𑖀자를 바탕으로 한다. 이것은 본불생이라는 뜻을 낸다. 생로병사의 일체유전하는 법이지만, 저 법인즉 그 바탕 항상 본래 일어난 적 없으니 이것이 𑖀자의 뜻이다. 이로써 제법자성이 불생임을 안다. 此眞言 以阿字爲體 卽是本不生義生者 生老病死 一切流轉之法 彼卽體常自不生 是阿字義也 以知諸法自性不生"라고 하였다. 〔참고문헌〕『大日經疏』. ⇨ 자문 字門, 자륜 字輪, 실담 悉曇 ❷ Ⓢ Ⓟ vyañjana. 명사를 만드는 음절. 『사분율』 권11(대정장22, p.639a14)에 "자의는 두 사람이 함께 외워 앞서지도 않고 뒤따르지도 않게 '아·라·파·차·나(𑖀 𑖨 𑖢 𑖓 𑖡)'를 염송하는 것이다. 비자의란 예컨대 한 사람이 아직 '아'라고 말하지 않았는데 다른 한 사람이 미리 앞서 '아'라고 말하는 경우를 말한다. 字義者 二人共誦 不前不後 阿羅波遮那 非字義者 如一人未稱言阿也 第二人抄前言阿也"라고 하였다. 〔참고문헌〕『四分律』. ❸ 산스크리트어의 열네 모음(母音). a·ā·i·ī·u·ū·ṛ·ṝ·ḷ·ḹ·e·ai·o·au 등을 말한다. 40권본 『대반열반경』 권8(대정장12, p.413a7)에 "선남자야! 열네 가지 음이 있으니 이를 자의라 한다. 말한 바 자란 무엇인가? 열반을 말한다. 열반은 영원하므로 흐르지 않는다. 흐르지 않는다면 다함이 없다. 다함이 없음은 여래금강신이다. 이러한 열네 음을 자본이라 한다. 善男子 有十四音 名爲字義 所言字者 名曰涅槃 常故不流 若不流者 則爲無盡 夫無盡者 卽是如來金剛之身 是十四音名曰字本"라고 하였다. 〔참고문헌〕『大般涅槃經』. ⇨ 십사음 十四音, 실담 悉曇

자의 紫衣 조정에서 고승대덕(高僧大德)에게 공양하였던 자주색 가사(袈裟). 자복(紫服)·자가사(紫袈裟)라고도 한다. 부처님께서 제정한 법의(法衣)는 아니며, 당(唐)대인 690년(재초원년) 측천무후(則天武后)가 『대운경 大雲經』을 한역하는데 공이 있던 법랑(法朗) 등에게 공양한 것이 효시였다. 『소실지갈라경』 권상(대정장18, p.606c17)에 "신구의 등으로 받는 좋은 집과 좋은 음식에 집착하지 않아야 하고, 나쁜 집과 나쁜 음식을 받아도 버리지 않아야 하며, 자색의 옷은 입지 않아야 한다. 身口意等所受好房舍 及好飮食 皆不應著 應受惡房舍 及惡飮食 皆不應棄 不應著紫衣裳", 『석씨요람』 권상(대정장54, p.268c23)에 "자의 : 오부의색(五部衣色)은 아니고, 조정에서 사문에게 하사하였기에 오늘날 숭상한다. 『승사략』에서 이렇게 말한다. '『당서』에 따르면, 측천무후 때 법랑 등 아홉 분의 스님이 『대운경』을 중역하여 마치니, 자주색가사와 은구대를 하사하였다'. 이것이 자의를 하사한 시초이다. 이후로 모든 왕조에서 이런 하사품을 내려주었다. 紫衣 此非五部衣色 乃是國朝 賜沙門故 今尙之 僧史略云 按唐書 則天朝有僧法朗等九人 重譯大雲經畢 並賜紫袈裟 銀龜袋 此賜衣之始也 自後諸代 皆行此賜"라고 하였다. 〔참고문헌〕『蘇悉地羯羅經』, 『釋氏要覽』, 『僧史略』 권하(대정장54, p.248c7). ⇨ 자가사 紫袈裟, 법의 法衣, 사자 賜紫

자의 慈意 Ⓢ maitra-manas, Ⓣ byams-yid. 자비의 마음. 타인에게 이익을 주려는 의도를 말한다. 음사어는 매달리말나(每怛利末那)이다. 『대보적경』 권3(대정장11, p.20a16)에 "항상 많이 듣고 배워서 중생을 위해 법을 설하고 크나큰 자비의 마음을 일으켜서 무상의 깨달음을 구하네. 常獲勝多聞 爲衆生說法 發生大慈意 求無上菩提"라고 하였다. 〔참고문헌〕『大寶積經』, *Saddh-p.452.* ⇨ 매달리말나 每怛利末那, 자의업 慈意業

자의문 字義門 자(字)의 뜻으로 여는 문. 『반야경』의 경우 사십이자문(四十二字門)으로 자의문을 열고, 경전에 따라 삼십육자문(三十六字門)·오십이자문(五十二字門)·이십사자문(二十四字門) 등으로 다르게 시설한다. 『법화현론』 권10(대정장34, p.448a21)에 "자의문이란 다음과 같다. 『대지도론』에서 '보살이라는 자에는 무량한 뜻이 있다'라고 하였다. 지금 관음이라는 자에도 무량공덕의 뜻이 있다. 그러므로 이것이 자의문이다. 字義門者 釋論云菩薩字有無量義 今釋觀音字有無量功德義 故是字義門"라고 하였다. 〔참고문헌〕『法華玄論』. ⇨ 자문 字門, 실담 悉曇

자의업 慈意業 Ⓟ mettaṃ mano-kammaṃ. 자비로운 마음으로 행함. 『여래비밀대승경』 권17(대정장11, p.741c6)에 "다시 여섯 가지 법이 있어서 능히 세상을 수호한다. 어떤 것이 그 여섯 가지인가? … 셋째는 자애로운 의업을 행하여, 존경하는 스승과 선지식과 함께 범행하는 이 나아가 모든 중생에 이르기까지 다 존중하고 사랑하는 생각을 일으키는 것이다. 이것이 세 번째 의업으로 고르게 섬기는 것이다. 復有六法 而能護世 何等爲六 … 三者 行慈意業 於師尊所 及善知識 同梵行者 乃至一切衆生 悉起尊重 愛樂意念 是爲第三意業和敬"라고 하였다. [참고문헌]『如來祕密大乘經』, 『集異門足論』 권15(대정장26, p.431c4), *MN.1.206.*, *AN.3.132.*

자이 自爾 스스로 그러함. 유위(有爲)의 어떤 조작도 없는 뜻이다. 자연(自然)·법이(法爾)라고도 한다. 『대지도론』 권31(대정장25, p.292b3)에 "뭇 연이 줄거나 사라지면 법도 있을 수 없다. 예컨대 불이 꺼지면 뜨거운 물이 식는 것과 같다. 저 경에서 '눈이 공이고, 아는 없으며 아의 것들도 없다. 왜 그러한가? 자성이 본래 그러하고, 귀코혀몸의근과 색에서 법 등 역시 그러하다'라고 한 것과 같다. 衆緣若少若無 則無有法 如火滅湯冷 如經說 眼空 無我 無我所 何以故 性自爾 耳 鼻 舌 身 意 色乃至法等 亦復如是", 『법화현의석첨』 권13(대정장33, p.905c6)에 "자이란 자연의 다른 이름일 뿐이다. 自爾秖是自然之異名耳", 『화엄경소』 권14(대정장35, p.604a1)에 "능훈하는 법과 훈습되는 법들은 본래 그러하다. 能所熏等法本自爾", 같은 책 권24(대정장35, p.677a20)에 "부처가 있든 부처가 없든 이 법 스스로 그러하니 이를 무위라고 한다. 有佛無佛 此法自爾 名曰無爲", 『수습지관좌선법요』(대정장46, p.473b27)에 "그러므로 이 삼제의 자성이 스스로 그러하니 이러한 삼제에 미하면 도리어 삼혹이 된다. 然此三諦性之自爾 迷玆三諦 轉成三惑"라고 하였다. [참고문헌]『大智度論』, 『法華玄義釋籤』, 『華嚴經疏』, 『修習止觀坐禪法要』. ⇨ 법이 法爾, 자연 自然, 자연법이 自然法爾

자이나교 Jainism 육사외도(六師外道) 중 하나. 인도 사문 전통의 대표적인 종교. 인도에서 가장 오래된 종교로 붓다(Ⓢ Buddha)와 동시대 인물인 마하비라(Ⓢ Mahāvīra)가 중흥시켰다. 엄격한 고행주의와 상대주의 지식론 그리고 업을 물질로 설명하는 특유의 실재론으로 유명하고, 특히 불살생계(不殺生戒)를 철저하게 실천하는 윤리관으로 서양학자들의 많은 주목을 받았다. '자이나'라는 말은 승리자를 뜻하는 지나(Ⓢ jina)에서 유래했으며 '지나를 따르는 사람들'이라는 뜻이고, 지나는 마하비라의 별칭이다.

자이나교 상징

[교조와 기원] 자이나교에 따르면 마하비라는 제24대 조사이고, 제1대 조사는 리샤바(Ⓢ Ṛṣabha)라는 인물로 B.C.12세기 경에 실존했다고 알려져 있다. 음사어는 늑사바(勒娑婆)이며, 불경에서는 고행주의와 상대주의 인과론을 펼친 것으로 소개된다. 마하비라는 늑사바의 고행주의 수행론과 상대주의적 인식론을 계승하면서 나체수행과 철저한 불살생계 등으로 자이나교의 체계를 정립하고 중창하였다. 그의 생몰연대는 여러 설이 있으나 일반적으로는 B.C.599~527로 추정한다. 그는 인도 동북부 바이샬리 근교에 위치한 쿤다지역의 크샤트리야 가문의 둘째 아들로 태어났다. 노예가 매 맞는 광경을 보고 출가를 결심하여 30세 때 출가하였다. 12년 고행 끝에 샬라(Ⓢ Śala)나무 아래서 완전지(Ⓢ kevala-jñāna)를 얻고 많은 제자에게 가르침을 전파한 후, 72세 때 파탈리푸트라 근교의 파바(Ⓢ Pāva)마을에서 열반하였다. 그는 '위대한 영웅'이라는 뜻의 대웅(大雄)이라 한역하며, 본명은 바르다마나(Ⓢ Vardhamāna)이다. 또한 니르그란타 갸타푸트라(Ⓢ Nirgrantha-jñātaputra, Ⓟ Nigaṇṭha-Nātaputta)라고도 불리며, 니건자(尼乾子)·니건타(尼乾陀)·니건타야제자(尼乾陀若提子)·니건타사제불다라(尼乾陀闍提弗多羅)·니연자(尼延子) 등으로 음사한다. 깨달음을 얻어 해탈을 이루었다는 뜻에서 다양한 별칭이 있는데, 그중에는 '붓다'처럼 불교의 석가모니 별호와 겹치기도 한다. 마하비라와 석가모니는 비슷한 시대에 비슷한 지역에서 활동했고 별명도 겹치는 등 유사한 면이 많아 초기 유럽학자들은 이 둘을 동일인물로 본 사례도 있다. [교단 및 부파] 자이나교 교단은 마하비라 생존 당시 열한 명의 제자를 중심으로 대중을 갖추었고, 아홉 개 집단(Ⓢ gaṇa)으로 나뉘어 각각의 지도자(Ⓢ gaṇadhara)에게 지도받게 하는 등 체계적으로 운영되었다. 마하비라 입멸 후 B.C.3세기 경 마가다지방에 대기근이 일어나 수행자들이 걸식생활을 지속하기 어렵게 되자, 당시 교단장인 바드라바후(Ⓢ Bhadrabāhu)가 일만이천의 수행자를 이끌고 남부지방으로 피난갔다. 12년 후 상황이 안정되어 마가다로 돌아와 보니 남아있던 스툴라바드라(Ⓢ Sthūlabhadra)의 무리가 흰 옷을 입고 생활하고 있었다. 이를 계기로 자이나교는 나체수행을 고집하는 공의파(空衣派 Ⓢ Digambara)와 흰 천으로 몸을 가리는 백의파(白衣派 Ⓢ Śvetāmbara)로 분열되었다. 이후 자이나 교리를 결집할 필요성을 느낀 백의파가 공의파와 함께 결집을 단행하려 했으나, 바드라바후가 이를 거절하였다. 하는 수 없이 백의파 오백명이 모여 마하비라의 직설 14푸르바(Ⓢ pūrva)를 하나의

마하비라사원

앙가(Ⓢ aṇga)로 엮고 여기에 11앙가를 더하여 12앙가의 근본경전을 정리하였다. 최초로 결집된 이 경전은 이후 전소되었고, 기원후 5세기경 발라비에서 백의파 데바르디의 주도로 제2차 결집을 단행하였다. 현재 전하는 경전체계는 12부지(副支 Ⓢ upāṇga)·6단경(斷經 Ⓢ cheyasutra)·4근경(根經 Ⓢ mūlasūtra)·2별경(別經 Ⓢ chulikasūtra)·10찬집(纂集 Ⓢ prakirna) 등이다. 기본적으로 백의파는 흰 천과 입마개·물주전자 등을 소지할 수 있고, 공의파는 벌레를 쓸어내는 털채 외에는 아무것도 소지할 수 없다 점에서 차이가 있다. 또한 백의파는 흰 천을 몸에 두를 수 있으므로 여성수행자의 출가를 적극적으로 허용했고 여성수행자의 해탈도 인정했다. 하지만 공의파는 여성수행자의 출가를 다음 생에 남자수행자로 태어나기 위한 과정의 하나로 보았고 여러 제약이 따랐다. 두 부파는 계율에 관한 내용 외에 교리 상에 큰 차이는 없다. 처음에 백의파의 결집을 인정하지 않던 공의파도 10세기 이후 결집을 단행하면서 백의파 경전을 참고하기도 했다. 10세기 이후 탄트리즘과 이슬람 등의 영향으로 사원건축이나 의례가 번성하는 등 자이나의 기본 정신도 변질되었다. 17세기 이후 정화운동을 벌여 사원건축과 의례를 금지하고, 백의파 중에도 나체수행을 하거나 공의파 중에도 여성수행자의 수행과 해탈을 인정하는 등의 여러 부파가 생겨났다. 〔**교리와 수행체계**〕 자이나교는 불교의 사제(四諦)에 해당하는 근본교리로서 7제(諦 Ⓢ tattva)를 제시하는데, 즉 영혼(Ⓢ jīva)·비영혼(Ⓢ ajīva)·업의 유입(Ⓢ asrava)·속박(Ⓢ bandha)·업의 제어(Ⓢ saṃvara)·업의 단멸(Ⓢ nirjarā)·해탈(Ⓢ mokṣa)을 말하며, 여기에 공덕(Ⓢ pūnya)과 죄과(Ⓢ pāpa)를 포함시켜 9제로 설명한다.

자이나교탑기단부 탁실라 시르캅 도시유적

엘로라 제32굴 자이나사원 인드라사바

영혼과 비영혼은 우주의 모든 것을 포함하는 두 범주이다. 영혼은 정신성을 본질로 하는 실체이며 다수의 개아(個我)로 설명된다. 비영혼은 운동·정지·시간·허공·물질의 다섯 가지 비정신적 실체를 말하며, 특히 중생의 윤회를 결정하는 업을 물질 범주에 포함시켰다. 그래서 이 세계는 영혼과 업물질의 결합(Ⓢ karma-śarīra : 業身)으로 구성되며, 인간과 동식물은 물론 사대(四大) 등의 모든 무생물도 이와 같이 형성된다고 주장한다. 따라서 모든 생물은 영혼을 가졌으므로 폭력 등으로 상해를 입혀서는 안 된다고 주장한다. 이러한 상대주의적 태도는 지식론에도 이어져 스야드바다(Ⓢ syādvāda : 相對主義·不定主義) 이론으로 체계화되었다. 자이나교에서 영혼은 본래 순수한 정신작용을 본질로 하므로 일체지를 인식할 능력이 있지만, 육체 등에 속박되어 인식의 한계를 갖는다. 즉 해탈을 달성한 영혼은 일체지를 회복할 수 있고, 그렇지 못한 영혼은 육체적·공간적·시간적 한계 내에서 상대적 인식만 할 수 있다. 속박된 상태의 영혼은 모두 한계를 지니지만 그 본질은 일체지를 가진 순수한 존재이며, 모두 존중받을 가치를 갖는다. 즉 자이나교에서 해탈의 주체는 영혼이고 해탈을 통해 벗어나야 할 대상은 육체이다. 따라서 육체적 고행을 통해 영혼이 자신의 순수성을 자각하는 과정이 고행주의로 나타난 것이다. 이러한 영혼의 정화 과정은 14단계 구나스타나(Ⓢ guṇasthāna) 이론으로 정립되었고, 그 구체적 방법은 육체적 고행과 함께 정신적인 4단계의 명상(네 가지 불쾌함·유해함·진리·순수)으로 성취한다. 특히 네 가지 순수한 명상(Ⓢ śukla-dhyāna)은 삼매에서 일어나는 의식으로, 이로써 영혼은 완전히 정화되고 최종적으로 육체 및 업물질과 분리되어 해탈에 이른다. 이는 곧 육체적 죽음을 의미한다. 그래서 자이나교에서는 명상의 최종 단계 및 제14단계 구나스타나에 이른 수행자가 살레카나(Ⓢ sallekhanā : 斷食死)라는 적극적인 방법을 통해 해탈을 완성하는 것을 허용한다. 자살 여부에 대한 논쟁이 있긴 하지만 자이나교에서 살레카나는 고도의 명상을 통해 영혼이 이미 육체와 분리된 상태에 이른 것이므로 영혼에 대한 상해는 아니며 따라서 자살이라고 보지 않는다. 〔**불교와의 관계**〕 자이나교는 불교와 동시대에 비슷한 지역에서 흥기하여 똑같이 아쇼카왕을 통해 인도 전역으로 확대되었다. 또한 베다 전통을 거부하는 사문 집단으로서 많은 공통점이 있다. 붓다와 마하비라의 유사성 외에도 근본 계율인 오계(五戒 : 불살생·불망어·불투도·불사음·불음주)와 오서(五誓 : 불살생·불망어·불투도·불사음·무소유), 신구의 삼업(三業), 무명(無明)으로 인한 속박 등 교리 용어 개념에서 많은 부분을 공유한다. 후대에 와서도 논리학적인 부분에서 서로 논쟁을 거듭하며 많은 영향을 주고받았다. 한편 불교는 힌두교에 흡수되었지만 자이나교는 여전히 명맥을 유지하고 있다. 신도들도 불살생계를 철저히 지키려고 농업보다는 상업에 종사했으므로 현재 인도에서 부유층을 형성하고 있다. 〔참고문헌〕 라다크리슈난 이거룡옮김 『인도철학사Ⅱ』(한길사, 1996), 에띠엔 라모뜨 호진옮김 『인도불교사』(시공사, 2006), B.K.Matilal *The central philosophy of Jainism*(Ahmedabad : L.D.Institute of Indology, 1981), Paul Dundas *The Jains*(Psychology Press, 2002). ⇨ 니건타야제자 尼乾陀若提子, 늑사바 勒娑婆, 나형외도 裸形外道, 니건자외도 尼犍子外道, 나야설 那耶說, 니건타법 尼乾陀法, 공의파 空衣波, 백의파 白衣派, 부정주의 不定主義

자이력 自爾力 행위의 결과를 초래하는 힘. 『법화문구기』 권4(대정장34, p.224c23)에 "승하면 천상과 인간계에 마땅히 나고, 열하면 지옥에 태어나는 과보를 얻으니 그 육도(六道)에 스스로 그러한 힘이 있기 때문이다. 若勝天人應得 若劣地獄應得 以其道有自爾力故", 『법화경문구보정기』 권3(卍속장45, p.126b6)에 "자이력이란 단지 스스로 그러하다는 말이니 곧 인연이어서 업의 힘에 의해 초래된 것을 말한다. 自爾力者 只自爾之言 卽是因緣 業力所感耳"라고 하였다. [참고문헌] 『法華文句記』, 『法華經文句輔正記』. ⇨ 자이 自爾

자이품 自異品 인명(因明) 용어. 입론자(立論者)는 인정하지 않지만 대론자(對論者)는 인정하는 이품(異品). 타동품(他同品)과 같은 뜻이다. 이품이란 주장명제인 종(宗)의 술어와 다른 품을 말한다. 원효(元曉)의 『판비량론』(한불전1, p.815a14)에 "무성(無性)의 『섭대승론 攝大乘論』에서 제8식(識)을 성립시키기 위하여 저 소승을 상대하여 두 가지 비량을 세웠다. 즉 제8식의 교법은 성언량이다. 무아와 유사하고 사아함과 같다. 또한 8식의 교법은 도리에 맞는다. 성교이기 때문이니, 6식의 교법과 같다. 이와 같이 거듭하여 8식이 있음을 증명한다. 이와 같이 그 내용에 따라 비량을 세운다. … 이 중에서 일반적으로 인정하는 6식은 '타이품'이 되고, 대승에서 허용하는 8식은 '자이품'이 된다. 無性攝論 爲成第八 對彼小乘 立二比量 謂八識教 是聖言攝 似無我故 如四阿含 又八識教 契當道理 是聖教故 如六識教 如是展轉 證有八識 今於此中 直就所詮 而立比量 … 此中極成六識爲他異品 自許八識 爲自異品"라고 하였다. [참고문헌] 『判比量論』. ⇨ 타동품 他同品, 타이품 他異品, 공이품 共異品, 자동품 自同品, 공동품 共同品

자익 子益 남송대 임제종(臨濟宗) 스님. 호는 검관(劍關). 검주(劍州 : 四川省) 출신. 출가하여 무준사범(無準師範 1178~1249)의 가르침을 받고 법을 얻은 다음 1239년(가희3) 융흥부(隆興府 : 江西省) 홍화사(興化寺)에 주지로 들어갔으며, 그 뒤로 여러 절을 두루 돌아다녔다. 『검관자익선사어록』 1권을 남겼다. 그 첫 머리(卍속장122, p.81a4)에 홍화사 입원(入院) 법문으로 "삼문을 가리키며 말했다. '나의 이 한 문에는 빗장이나 자물쇠가 본래 없고 닫힌 듯 열린 듯 동과 서로 오락가락한다. 그렇기는 하나 아무리 많이 들어도 한 번 보느니만 못하다'. 指三門 我此一門 初無關鍵 半合半開 東扇西扇 雖然 千聞不如一見"라는 등의 대목에 그 선풍이 보인다. [참고문헌] 『劍關子益禪師語錄』.

자인 字印 밀교의 종자(種子字)와 인계(印契). 제존(諸尊)의 삼종신(三種身 : 字印形) 중 두 가지에 해당한다. 『대일경』 권6(대정장18, p.44a16)에 "부처님께서 말씀하셨다. '비밀주여! 제존에게 세 가지 몸이 있다. 종자자와 인계 그리고 형상이다. 종자자에 두 가지가 있으니 소리와 보리심이다. 인계에 두 가지가 있으니 유형과 무형이다'. 佛言祕密主 諸尊有三種身 所謂字印形像 彼字有二種 謂聲及菩提心 印有二種 所謂有形無形", 『대일경소』 권20(대정장39, p.783b6)에 "(경전에서) '부처님께서 비밀주에게 말씀하시기를 「본존형에 세 가지가 있으니 종자자·인계·형을 말한다」라고 하였다'는 구절에서 형은 존형이다. '종자자에 두 가지가 있으니 소리와 보리심이다'라고 한 것은 진언행자가 처음 종자자를 수행할 때 대략 두 가지 관법으로 자의를 관하는 것을 말한다. 첫째는 다만 보리심을 관하는 것이다. 보리심이 바로 종자자이다. 아·가·차·탁·다·파 등은 단지 그 첫 자를 든 것이지만 모든 자가 다 이것에 해당한다. 처음이므로 보리심이라 한다. 次佛言祕密主 本尊形有三事 謂字印形也 形卽尊形也 彼字二種 聲菩提心者 謂行者最初修行字 略有二種 觀於字義 一但觀菩提心 此菩提心卽是字也 謂阿迦遮吒多婆等 但擧其首 然諸字皆是也 以爲初首故 云菩提心也", "또는 자륜을 관하는 것인데 이는 외우는 진언을 윤형으로 삼아 몸에 들어가는 것을 말한다. 예컨대 앞서 「지송품」에서 설한 것과 같다. 또는 종자자를 관하는 것도 이에 해당한다. 또는 종자자를 관하지 않고 단지 소리 내어 염송하는 것이다. 앞에서 이 소리를 관한다고 했던 것을 말한다. 예컨대 방울과 목탁소리 등이 순서대로 끊어짐이 없고 이 소리로 날숨과 들숨을 고르게 하는 것에 해당한다. 앞의 설이 모두 이에 해당한다. 이것으로 종자자에 대한 설명을 마쳤다. 或觀字輪 謂以所持眞言爲輪形入身 如上持誦品說 或觀種子字皆是也 或不觀字 但念於聲 謂上觀此聲 如鈴鐸聲等 次第不絶 及以此聲 調出入息 如上說皆是也 已說字竟", "인형에도 두 가지가 있으니 유형과 무형이 있다. 형이란 청·황·적·백 등의 색과 방·원·삼각의 형태, 그리고 굴신·좌립·주처 등의 부류를 말한다. 인이란 집지한 인이다. 이것은 칼·금강륜·견삭·금강저 따위에 해당한다. 초심자는 별도의 대상을 관한다. 이는 먼저 그림 그려진 존형 등을 관하고서 이에 따라 관하는 것을 말한다. 이를 유형이라 한다. 이후에 관행이 점차 두텁고 순일해지면 가지력 때문에 저절로 존형이 나타나 마음에 상응한다. 이때 이 본존은 마음에서 나타난 것이지 외부 경계를 분별한 것이 아니다. 그러므로 무형이라 한다. 印形亦有二種 謂有形無形也 形卽是靑黃赤白等色 方圓三角等形 屈伸坐立及所住處之類也 印謂所執印卽刀輪羂索金剛杵之類也 初心別緣而觀 謂先觀畫尊等 約此而觀 名爲有形 後漸淳純 又以加持力故 自然而現 與心相應 爾時此本尊 但從心現 不別外緣 故云無形也"라고 하였다. 〔참고문헌〕『大日經』, 『大日經疏』. ⇨ 인계 印契, 종자자 種子字, 존형 尊形, 자문 字門, 삼밀 三密

자인 慈忍 ❶ 자비(慈悲)와 인욕(忍辱). 『별역잡아함경』 권3(대정장2, p.390a18)에 "석제환인이 천왕위에 머물되 긴 밤 동안 자비와 인욕을 닦았으니 그대들 비구는 이와 같이 배워야 한다. 釋提桓因居天王位 猶能長夜修於慈忍 汝等比丘 當如是學", 『삼법장경』 권20(대정장8, p.658a12)에 "보살은 이렇게 생각해야 한다. '나는 모든 중생에 대해 자비와 인욕을 행할 것이다. 설령 저들이 악한 마음을 일으켜서 능욕한다고 해도 나는 한 순간도 화 내지 않을 텐데 하물며 되갚겠는가? 내가 잠시라도 화내거나 한탄하는 마음을 낸다면 큰 손실이 될 것이다'. 菩薩應作是念 我於一切衆生 當行慈忍 設彼起惡來相陵辱 我尙不生一念瞋心 況復加報 我或暫起瞋恨心者深爲大失", 40권본 『화엄경』 권22(대정장10, p.764a21)에 "화내고 해치려는 마음을 가진 이로 하여금 자비와 인욕을 행하게 한다. 有瞋害者 令行慈忍", 『법화문구』 권8(대정장34, p.108b3)에 "또한 자비와 인욕이 모든 복덕을 세우고 공에 머묾이 모든 지혜를 이룬다. 지혜는 눈이니 오안이고, 복덕은 발이니 육바라밀이다. 又慈忍立一切福德 空座成一切智慧 智慧是目 所謂五眼 福德是足 所謂六度", 『법화현론』 권1(대정장34, p.361b26)에 "비록 자비와 인욕을 행하더라도 항상 필경공이고, 비록 필경공이지만 항상 자비와 인욕을 행한다. 자비와 인욕은 필경공을 꺼리지 않고, 필경공은 자비와 인욕을 꺼리지 않는다. 雖行慈忍 常畢竟空 雖畢竟空 常行慈忍 慈忍不妨畢竟空 畢竟空不妨慈忍", 『법화유의』(대정장34, p.649c2)에 "항상 자비와 인욕을 행함을 선정이라 하고, 이것이 필경공임을 아는 것을 지혜라 한다. 常行慈忍 名之爲定 知畢竟空目之爲慧", 『지관보행전홍결』 권3(대정장46, p.233c27)에 "왕이 칼을 뽑아 그의 손발과 코와 귀까지 자르고 물었다. '그대는 마음이 흔들리는가?' '저는 자비와 인욕을 닦아 마음이 흔들리지 않습니다' '그대의 몸은 이렇게 힘이 없는데 입으로는 비록 흔들리지 않는다고 해도 누가 믿겠는가?' 이때 선인이 맹세하며 말했다. '내가 진실로 자비와 인욕을 닦은 이라면 피가 젖이 될 것이다'. 그러자 바로 젖으로 변하였다. 왕은 크게 놀라서 채녀들을 데리고 달아났다. 王卽拔劍 截其手足 及以耳鼻 而問之言 汝心動不 答言我修慈忍 心不動也 王言 汝一身在此無有勢力 雖口言不動 誰當信者 是時仙人卽作誓言 若我實是修慈忍者 血當爲乳 卽變爲乳 王大驚走將諸婇女而去"라고 하였다. 〔참고문헌〕『別譯雜阿含經』, 『三法藏經』, 『華嚴經』, 『法華文句』, 『法華玄論』, 『法華遊意』, 『止觀輔行傳弘決』, *Sam-r.* ⇨ 인욕 忍辱, 자비 慈悲, 자인십리 慈忍十利, 육바라밀 六波羅蜜, 필경공 畢竟空 ❷ 신라 스님. 원랑선사(圓郎禪師) 대통(大通 816~883)의 사형이다. 「월광사원랑선사대보선광탑비문 月光寺圓朗禪師大寶禪光塔碑文」에 "사형인 자인선사가 당나라로부터 귀국하니 선사는 때때로 나아가 뵈었다. 자인선사는 그가 평소에 품고 있는 생각을 살펴보고는 (더이상) 가르칠 사람이 아님을 알아, 이에 떠나라는 뜻을 설하고 큰스님이 되려는 마음을 격양시켰다. 師兄 慈忍禪師 自唐歸國 師時造謁 忍禪師察其雅懷 知非所敎 乃設馬轎之義 激揚龍象之心"라고 하였다. 이에 원랑선사는 856년(문성왕18) 사신을 따라 당나라에 가서 앙산(仰山)에 있던 징허(澄虛)선사를 섬기다가 법을 전해 받고 귀국하였다. 〔참고문헌〕『朝鮮金石總覽』 권상 p.84, 李智冠 『校勘譯註歷代高僧碑文』 新羅篇 p.213. ⇨ 대통 大通

자인십리 慈忍十利 Ⓢ daśa-ānuśaṃsāḥ kṣānti-pratiṣṭhitasya maitrī-vihāriṇaḥ. 자비(慈悲)와 인욕(忍辱)에 머물면 얻게 되는 열 가지 이익. 『월등삼매경』 권6(대정장15, p.584b7 : *Sam-r.*, p.161)에 "동자여! 보살마하살이 자비와 인욕에 머물면 열 가지 이익이 있다. 열 가지란 무엇인가? 첫째, 불에 타지 않는다. 둘째, 칼에 베이지 않는다. 셋째, 독에 중독되지 않는다. 넷째, 물에 떠내려가지 않는다. 다섯째, 비인의 보호를 받는다. 여섯째, 색신의 상호에 장엄을 얻는다. 일곱째, 악도로 들어가는 길이 닫힌다. 여덟째, 원하는 대로 범천에 태어난다. 아홉째, 밤낮으로 늘 평안하다. 열째, 몸에서 희락이 떠나지 않는다. 동자여! 이것이 보살이 성취하는 자비와 인욕의 열 가지 이익이다. 童子 菩薩摩訶薩 住於慈忍 有十種利益 何等爲十 一者 火不能燒 二者 刀不能割 三者 毒不能中 四者 水不能漂 五者 爲非人護 六者 得身相莊嚴 七者 閉諸惡道 八者 隨其所樂生於梵天 九者 晝夜常安 十者 其身不離喜樂 童子 是爲菩薩成就十種慈忍利益 daśeme kumāra ānuśaṃsāḥ kṣāntipratiṣṭhitasya maitrīvihāriṇo bodhisattvasya mahāsattvasya. katame daśa. agninā na dahyate. śastreṇa na hanyate. viṣamasya na kramate. udakena na mriyate. devatāścainaṃ rakṣanti. lakṣaṇālaṃkṛtaṃ ca kāyaṃ pratilabhate. sarvadurgatidvārāṇi cāsya pithitāni bhavanti. brahmaloke cāsyopapattirbhavati. sukhena cāsya rātriṃdivāni vrajanti. prītisukhaṃ cāsya kāyaṃ na vijah āti. ime kumāra daśānuśaṃsāḥ kṣāntipratiṣṭhitasya maitrīvihāriṇo bodhisattvasya mahāsattvasya"라고 하였다. ［참고문헌］『月燈三昧經』, 『彌勒菩薩所問經論』 권7(대정장26, p.264c28), 『法苑珠林』 권82 「忍德部」(대정장53, p.894c16), *Sam-r*. ⇨ 자인 慈忍 **1**

자인형 字印形 종자자(種子字)·인계(印契)·존형(尊形)의 삼비밀신(三祕密身)을 함께 이르는 말. 종자자는 부처님의 공덕을 나타내는 범자(梵字)를 말하고, 인계는 부처님 본래의 서원을 나타내는 탑(塔)·오고저(五鈷杵)·검(劍) 등의 인상(印相)을 일컬으며, 존형은 부처님의 형신을 가리킨다. 『대일경』 권6(대정장18, p.44a16)에 "모든 존위에는 세 가지 몸이 있으니, 자·인·형상을 말한다. 諸尊有三種身 所謂字印形像"라고 하였다. ［참고문헌］『大日經』. ⇨ 자인 字印, 삼비밀신 三祕密身, 삼밀 三密, 종자 種子, 인계 印契

자인화상 慈忍和尙 고려후기 스님. 원감국사(圓鑑國師) 충지(冲止 1226~1292)가 주석하는 계봉(鷄峯)에 자인화상이 문도를 거느리고 오셨으므로 이에 충지가 황공한 심정을 담아 시(詩) 2수(首)를 지어 스님의 주실(籌室：祖室)에 올렸다. 『해동조계제육세원감국사가송』 「상자인화상시병서 上慈忍和尙詩幷序」(한불전6, p.371c3) 중 제1수에 "어린 새 결국에는 날개 달고 솟구치게 하셨으니 노파의 깊은 애정 더 논할 수 없으리. 은근히 계봉에 도착하시니 뼈가 가루된들 이 은혜 어찌 갚으리요! 哺鷇終教揷翼騫 老婆深愛更休論 殷勤送到鷄峯下 粉骨如何報此恩"라고 하였다. ［참고문헌］『海東曹溪第六世圓鑑國師歌頌』. ⇨ 충지 冲止

자입문다라니 字入門陀羅尼 자(字)로 일체법의 실상에 들어가는 다라니. 사십이자로 모든 문자를 대신한다. 『대지도론』 권28(대정장25, p.268a23)에 "다음으로 다라니가 있으나 사십이자로 모든 언어와 문자를 아우른다. 사십이자란 무엇인가? 아·라·파·차·나(𑖀 𑖨 𑖢 𑖓 𑖡) 등을 말한다. 아디(Ⓢ ādi)는 초(初)라고 한역하고 아누파나anutpanna는 불생(不生)으로 한역한다. 다라니를 행하는 보살이 아 자를 들으면 일체법이 처음부터 불생이라는 경지에 들어간다. 이러한 자들을 들음에 따라 일체법의 실상에 들어간다. 이를 자입문다라니라고 한다. 復次 有陀羅尼 以是四十二字攝一切語言名字 何者是四十二字 阿 羅 波 遮 那等 阿提 秦言初 阿耨波柰 秦言不生 行陀羅尼菩薩 聞是阿字 卽時入一切法初不生 如是等字字 隨所聞 皆入一切諸法實相中 是名字入門陀羅尼"라고 하였다. ［참고문헌］『大智度論』. ⇨ 실담 悉曇, 사십이자문 四十二字門, 자문 字門

자자 自恣 Ⓢ pravāraṇā, Ⓟ pavāraṇā, Ⓣ dgag-dbye. 안거(安居)가 끝나는 날 스님들이 청정한 대중에 의지해 서로 자기가 범한 잘못이나 죄를 고백하고 대중의 뜻에 따라 참회하여 청정하게 하니 스스로를 돕는 뜻에서 자자(自資)라 하고 대중의 뜻에 따르므로 수의(隨意)라고도 한다. 이를 통해 승가는 청정과 화합을 유지한다. 발라바라나(鉢剌婆剌拏)·발화라(鉢和羅) 등으로 음사하고, 만족(滿足)·희열(喜悅)·수의사(隨意事) 등으로 한역한다. 자자를 행하는 날을 자자일(自恣日)이라고 한다. 부처님께서 안거가 끝나는 때를 세모(歲暮)라고 하셨는데, 안거가 끝나면 법세(法歲)가 하나 늘어나므로 승수세일(僧受歲日)이라고도 한다. 우리나라에서는 자장율사(慈藏律師) 이후 널리 행하여 오늘에 이른다. 또한 안거일에 스님들에게 재를 올리는 전통이 지금까지 이어오는데 목련존자와 그 어머니에 얽힌 이야기에서 유래한 『우란분경 盂蘭盆經』에 근거한 우란분공(盂蘭盆供)도 이때 행한다. 『마하승기율』 권27(대정장22, p.451b6)에 "자자법이란 무엇인가? 부처님께서 여러 비구들에게 이렇게 말씀하셨다. '오늘부터 여러 제자들을 위하여 자자법을 제정하겠다. 그것은 삼월(三月)·삼어(三語)·안거경(安居竟)·시처안거(是處安居)와 시처자자(是處自恣)·종상좌(從上座)·화합(和合) 등이다'. '삼월'이란 무엇인가? 4월 16일부터 7월 15일까지이다. '삼어'란 무엇인가? 견문의(見聞疑：죄를 보았거나 죄에 대해 들었거나 죄인 듯한 것)이다. '안거경'이란 무엇인가? 전안거는 4월 16일부터 7월 15일까지이고, 후안거는 5월 16일부터 8월 15일까지이다. … '시처안거'와 '시처자자'란 무엇인가? 어떤 비구가 마을에서 안거하였는데 '성안에서 자자일에 여러 가지로 공양하고 밤새워 설법한다'는 말을 듣고, 대중이 그곳에 가고자 하면 14일에 (이곳에서 자자를 마치고) 그곳으로 가야 한다. 만일 이곳에서 안거하고 그 이외의 다른 곳에서 자자하는 것은 월비니죄(越毘尼罪)다. '종상좌'란 무엇인가? 아래로부터 역순으로는 할 수 없고, 윗자리부터 차례대로 내려가야 한다. 自恣法者 佛告諸比丘 從今日 爲諸弟子 制自恣法 三月 三語 安居竟 是處安居 是處自恣 從上座和合 三月者 從四月十六日 至七月十五日 三語者 見 聞 疑 安居竟者 前安居 從四月十六日 至七月十五日 後安居 從五月十六日 至八月十五日 … 是處安居 是處自恣者 若比丘聚落中安居 聞城中自恣日 種種供養 竟夜說法 衆欲往者 應十四日自恣已得去 若此處安居 餘處自恣者 越毘尼罪 從上座者 不得從小逆作次第 應從上座 次第下", 『십송율』 권23(대정장23, p.165c25)에 "부처님께서 비구들에게 말씀하셨다. '자자에 네 종류가 있으니, 그 네 종류는 무엇인가? 첫째 법에 맞지 않게 별중으로 행하는 자자(非法別自恣), 둘째 법다이 화합하지 못한 채로 행하는 자자(非法和合自恣), 셋째 별도의 대중이 법도에 맞게 행하는 자자(有法別自恣), 넷째 여법히 화합하여 행하는 자자(有法和合自恣)이다. … 이중에서 부처님께서는 화합한 대중이 법도에 맞게 행하는 자자만 허락하셨다. 佛語諸比丘 自恣有四種 何等四 一 非法別自恣 二 非法和合自恣 三 有法別自恣 四 有法和合自恣 … 是中有法和合自恣 如是佛聽", 『미사새갈마본』(대정장22, p.222b10)에 "승등자자법〈함께 거주하며 도를 닦을 경우, 간혹 허물이 있을 수 있다. 그러므로 하안거 마지막 날에 여법하게 비구들이 땅에 풀을 깔고, 그 위에서 자자를 행하여 타인이 죄를 드러낼 것을 청하였다〉. 僧等自恣法〈共居習道 或有愆違 故令夏三月最後日 於如法 比丘衆塗地布草 於上自恣 請他擧罪〉"라고 하였다. [참고문헌] 『摩訶僧祇律』, 『十誦律』, 『彌沙塞羯磨本』, *Vin.1.159.* ⇨ 자자오덕 自恣五德, 자자일 自恣日, 발라바라나 鉢剌婆剌拏, 수의사 隨意事, 승자자일 僧自恣日, 불환희일 佛歡喜日, 안거 安居, 우란분재 盂蘭盆齋

자자 自煮 Ⓟ sāmaṃ pakkaṃ. 음식이나 약을 자기 손으로 직접 만드는 것. 『오분율』 권14(대정장22, p.96c3)에 "만약 비구니가 자기 손으로 직접 생물로 음식을 만들어 먹으면 바일제이다. 若比丘尼 自煮生物作食 波逸提", 『사분율』 권42(대정장22, p.871a20)에 "이때 세존께서 감기에 걸렸는데 의사가 세 가지 약을 섞으라고 하였기에 아난을 불러서 '세 가지를 섞은 약을 가져오라'고 하셨다. 이때 아난이 부처님의 지시를 받고 세 가지를 섞은 약을 직접 만들어서 부처님께 드렸다. 이때 세존께서는 그러한 사실을 아시고서 일부러 아난에게 물으셨다. '누가 이 약을 만들었느냐?' 아난이 대답했다. '제가 직접 만들었습니다' '직접 만들어 먹어서는 안 된다. 만약 직접 만들었다면 법대로 처분해야 한다'. 爾時 世尊患風 醫教和三種藥 喚阿難 取三種和藥來 時阿難受佛教 自煮三種和藥已 授與佛 時世尊知而故問阿難 誰煮此藥 答言 我自煮 佛告阿難 不應自煮而服 若自煮 如法治", 같은 책 권59(대정장22, p.1001c22)에 "내가 곡식이 귀한 시기에 비구들을 안타깝게 여겼기에 네 가지 일을 허용하였으니, 승방 안에 음식을 두는 것·승방 안에서 음식을 만드는 것·직접 음식을 만드는 것·직접 음식을 취하여 먹는 것이다. 我於穀貴時 慈愍諸比丘故 放捨四事 內宿 內煮 自煮 自取食"라고 하였다. [참고문헌] 『五分律』, 『四分律』, *Vin.1.211.*

자자 者字 Ⓢ ca-kāra. 실담자 [실담자]. 실담사십이자문 또는 오십자문 중 하나. 『방광대장엄경』 권4(대정장3, p.560a9 : *Lal-v.*, p.89)에 "자 자를 말할 때 사제를 관하는 소리가 나온다. 唱者字時 出觀四諦聲 ca-kāre catur-ārya-satya-śabdaḥ", 80권본 『화엄경』 권76(대정장10, p.418a12 : *Gaṇḍ-vy.*, p.353)에 "자 자를 외울 때 보륜단차별이라는 이름의 반야바라밀문에 든다. 唱者字時 入般若波羅蜜門 名普輪斷差別 ca-kāraṃ parikīrtayataḥ samanta-cakra-vibhakti-cchedanaṃ nāma prajñāpāramitā-mukham-avakrāntam", 『금강정경유가문수사리보살법』(대정장20, p.705b6)에 "자자는 묘행이라는 뜻이다. 者字者 妙行義", 『금강정경만수실리보살오자심다라니품』(대정장20, p.710b6)에 "자자는 온갖 작용이 없음을 말한다. 者字 無有諸行"라고 하였다. [참고문헌] 『方廣大莊嚴經』, 『華嚴經』, 『金剛頂經瑜伽文殊師利菩薩法』, 『金剛頂經曼殊室利菩薩五字心陀羅尼品』, *Lal-v.*, *Gaṇḍ-vy.* ⇨ 실담 悉曇

자자거과 自恣擧過 안거(安居) 마지막 날(自恣日) 스스로 허물을 드러내 참회함. 『백장청규』 권2(대정장48, p.1121c24)에 "범단의 빈치와 자자거과로써 그 대중을 훈계하였다. 梵檀擯治 自恣擧過 以肅其衆", 『목련오백문계율중경중사경석』 권하(卍속장95, p.658b5)에 "자자일에 허물을 드러내고 대중 앞에 분명히 참회한다. 안으로 마음에서 숨기고 덮을 것이 없으면 밖으로 율은 청정을 얻고, 선정과 해탈을 모두 지니게 된다. 自恣擧過 發露懺悔 內心無隱覆 外律獲清淨 禪定解脫 皆有之矣"라고 하였다. [참고문헌] 『百丈清規』, 『目連五百問戒律中輕重事經釋』. ⇨ 자자 自恣, 범단 梵檀, 빈치 擯治

자자건도 自恣犍度 Ⓟ pavāraṇā-kkhandhaka. 율장 건도(犍度) 중 하나로 자자법이 제정된 인연의 시작. 자자의 작법, 자자에 올 수 없는 병든 비구, 5인 이하의 경우 자자가 성취되는지, 천재지변의 경우, 그외 자자에서 드러난 죄를 참회하지 않을 경우 등을 다스리는 22항의 조문이 있다. 『사분율』·『오분율』·『섭승율』에서는 다 자자라 하였으나, 『근본유부율』에서는 수의(隨意)라 하였다. 자자의 작법을 설명하는 장(章). 『사분율』 권54(대정장22, p.968b6)에 "자자에 관한 모든 법을 한 곳에 모은 것이 자자건도다. 一切自恣法集一處 爲自恣犍度"라고 하였다. [참고문헌] 『四分律』, 『四分律疏飾宗義記』 권8(卍속장66, p.520a15), *Vin.1.157.* ⇨ 자자 自恣, 건도 犍度, 이십건도 二十犍度, 율장 律藏

자자명 字字名 언어를 떠난 진여를 상응하는 것 중 하나. 많은 문자에 의지하여 이름을 성취하고 법을 알게 되는 뜻이다. 『석마하연론기』 권2(卍속장73, p.42a10)에 "자자명이란 많은 문자를 빌어서 이 이름을 성취함이다. 字字名者 謂假多字成此名故"라고 하였다. [참고문헌] 『釋摩訶衍論記』. ⇨ 자영명 字影名

자자오덕 自恣五德 자자(自恣)를 행하는 이가 갖추어야 하는 다섯 가지 덕목. 『사분율행사초』 권상(대정장4

0, p.42c22)에 "애착하지 않고, 화내지 않으며, 두려워하지 않고, 어리석지 않으며, 자자와 자자 아님을 아는 것을 자자오덕이라 한다. 不愛恚怖癡 知自恣不自恣 此名自恣五德", 『비니작지속석』 권9(卍속장65, p.209b3)에 "자자하는 사람이 만약 애착이 있다면 친하고 두터운 정으로 아끼고 보호하여 남에게 잘못이 있어도 말하지 않게 된다. 만약 성냄이 있다면 원한을 가슴에 쌓아 죄가 없는데도 죄가 있다고 말하게 된다. 두려움이 있다면 겁내는 마음이 일찌감치 존재하여 두려운 상대를 만나면 입을 다물고 나약한 이를 만나면 잘못을 찾는다. 만약 어리석음이 있으면 자기가 오히려 몽매하고 무지하니 다른 이가 계를 지켰는지 범했는지 알지 못한다. 자자와 자자 아님을 알지 못하면 아직 자자하기 전 현전의 좌중에서 몇 명이 아직 오지 않았는지 알지 못하여 말하고 싶어도 온전하게 사람을 알지 못한다. 이러한 다섯 가지 허물이 없으면 계를 수지할 수 있는 사람이니 자자의 다섯 가지 덕을 갖추었다고 한다. 自恣人 若有愛 則親厚之情惜護 他有過而不言 若有恚 則怨恨之念積懷 他無罪而言有 若有怖 則怯畏之心早存 遇強懼且緘口 逢懦輒與搜求 若有癡 已尚蒙昧無知 他人持犯莫曉 若不知自恣 未自恣 則現前座衆不諳有幾未來 說欲全不識人 無此五過 能持戒者 則具自恣五德也"라고 하였다. [참고문헌] 『四分律行事鈔』, 『毘尼作持續釋』. ⇨ 자자 自恣, 오덕五德[2], 불애 不愛, 불에 不恚, 불치 不癡[2], 불포 不怖

자자일 自恣日 하안거(夏安居) 마지막 날. 『사분율』과 『오분율』 등의 구율(舊律)에서는 음력 7월 16일. 『십송율』이나 『유부율』 등 신율(新律)에서는 8월 16일로 잡는다. 안거기간 동안 보고 듣고 의심나는 것 즉 견·문·의(見聞疑)라는 세 가지로 일어나거나 저지른 각자의 허물을 대중에게 고백하고 참회하는 일로 누구도 빠져서는 안된다. 『선림상기전』 권3(불광장, 禪藏, p.159)에 "자자일 : 『사분율행사초』 권상 「자자종요편」(대정장40, p.42b7)에 이렇게 말한다. '그러므로 90일 동안의 수도로 몸과 마음을 세밀하게 수련하지만 사람이 흔히 자기 자신에게는 어두워 스스로 허물을 보지 못하기에 마땅히 청정한 대중을 우러러 의지해 자비를 드리우고 깨우쳐 내려주기를 청한다. 한껏 자신의 죄과를 펼쳐 보이고 승중에 기대어 허물을 들어보이니 안으로는 사사로이 숨김이 없고 밖으로는 조그만 허물이라도 드러내어 몸과 마음을 타인에게 의탁하므로 스스로를 돕는다고 한다'. 『번역명의집』 권4(대정장54, p.1123a20)에는 '(안거를 뜻하는) 발라바라나(Ⓢ pravāraṇā)에 대하여 『음의지귀』에 한역하여 뜻에 따른다(隨意)라 한다고 하였다'. 自恣日 行事鈔 自恣宗要篇云 然九旬修道 精練身心 人多迷已 不自見過 理宜仰憑淸衆 垂慈誨示 縱宣已罪 恣僧擧過 內彰無私隱 外顯有瑕疵 身口託於他人 故曰自恣 飜譯名義集云 鉢剌婆剌拏 音義指歸 譯爲隨意", 『오분율』 권29(대정장22, p.185c22)에 "비구니대중이 자자를 행할 때 마땅히 비구중에게 보았거나 들었거나 의심스러운 세 가지를 청해야 한다. 比丘尼自恣時 應從比丘衆 請三事見聞疑罪", 『사분율』 권29(대정장22, p.765c14)에 "그때 비구니들이 세존께서 계를 제정하시어 비구니는 하안거를 마치고 마땅히 비구 대중에게 가서 삼사를 설하고 자신의 견문의를 숨김없이 드러내도록 하셨다는 소리를 들었다. 時諸比丘尼聞 世尊制戒聽比丘尼 夏安居竟 應往比丘僧中 說三事自恣見聞疑", 『사분율수현록』 권3(卍속장95, p.389b11)에 "7월 16일이 안거 마지막 날로 자자일이다. 七月十六日 是最後自恣日也"라고 하였다. [참고문헌] 『禪林象器箋』, 『四分律行事鈔』, 『翻譯名義集』, 『五分律』, 『四分律』, 『四分律搜玄錄』. ⇨ 자자 自恣, 승자자일 僧自恣日

자자청 自恣請 뜻대로 가져다 쓰도록 단월이 허락한 일. 『사분율』 권7(대정장22, p.610a11)에 "만약 비구가 옷을 잃어버렸거나 빼앗겼거나 태웠거나 물에 흘려보낸 경우 가까운 마을의 거사나 거사의 부인이 스스로 가져가라 청하여 많이 준 옷이 아니라면 이 비구는 옷을 받고 만족할 줄 알아야 한다. 만약 지나친 것이 있다면 니살기바일제이다. 若比丘失衣 奪衣 燒衣 漂衣 若非親里居士居士婦 自恣請多與衣 是比丘當知足受衣 若過者尼薩耆波逸提", 『선견율비바사』 권15(대정장24, p.775a29)에 "자자청이란 단월이 비구에게 '필요한 것이 있으면 마음대로 가져가십시오'라고 말하는 것이다. 이를 자자청이라 한다. 自恣請者 檀越語比丘言 若有所須 隨意取是 名自恣請"라고 하였다. [참고문헌] 『四分律』, 『善見律毘婆娑』, *Vin.3.212.*

자작 自作 Ⓢ sva-kṛta, svayaṃ kṛta, Ⓟ sayaṃkata, Ⓣ bdag-gis-byas-pa, bdag-nyid-kyis-byas-pa. 스스로 짓다. 일체(一切)는 인연(因緣)으로 생하기에 자작(自作)도 타작(他作)도 아닌 뜻에서 쓰는 말이다. 『잡아함경』 권12(대정장2, p.81a19 : *Nalakalapiya-sutta, SN.2,* p.113)에 "존자 사리불이여, 늙고 죽음은 자기가 지은 것이 아니고, 다른 사람이 지은 것도 아니며, 자기와 다른 사람이 지은 것도 아니고, 자기와 다른 사람이 짓지 않아 인 없이 지어진 것도 아닙니다. 태어남을 연으로 하기에 늙고 죽음이 있을 뿐입니다. 尊者舍利弗 老死非自作 非他作 非自他作 亦非非自他作無因作 然彼生緣故有老死 na kho āvuso koṭṭhita sayaṃkataṃ jarāmaraṇaṃ na paraṃkataṃ jarāmaraṇaṃ na sayaṃkatañca paraṃkatañca jarāmaraṇaṃ nāpi asayaṃkāram aparaṃkāram adhiccasamuppannaṃ jarāmaraṇam api ca jātipaccayā jarāmaraṇanti", 『중론』 권2 「관고품 觀苦品」(대정장30, p.16b29 : *Pras.*, p.100)에 "고통이 만약 스스로 짓는 것이라면 연을 따라 생하지 않으리. 이 음이 있기에 저 음이 생할 뿐이네. 苦若自作者 則不從緣生 因有此陰故 而有彼陰生 svayaṃ kṛtaṃ yadi bhavet-pratītya na tato bhavet, skandhānimānamī skandhāḥ saṃbhavanti pratītya hi", 같은 책(대정장30, p.16c2)에 "만일 고통이 스스로 짓는 것이면 뭇연을 따라 생하지 않으리라. '스스로'란 자성을 따라 생한다는 말이니, 이 일은 그렇지 않다. 若苦自作 則不從衆緣生 自名從自性生 是事不然"라고 하였다. 〔참고문헌〕『雜阿含經』, 『中論』, *SN.*, *Pras.*, *Bodh-bh.160.* ⇨ 아작 我作, 타작 他作, 공작 共作, 작자 作者❶

자작공양 自作供養 Ⓢ svayaṃ-kṛtā pūjā, Ⓣ bdag-gis-byas-pa'i-mchod-pa. 십종공양(十種供養) 중 하나. 자신이 직접 부처님이나 탑(塔)에 공양하는 것. 타작공양(他作供養)의 상대어이다. 『유가사지론』 권44(대정장30, p.533c15 : *Bodh-bh.*, p.160)에 "모든 보살이 여래나 탑에 공양을 베풀고자 하여 오로지 손수 하며, 노비·벗·관리들·친속 등을 시키지 않고, 게으름이나 모든 방일에 의하지 않고 공양을 베푸는 것을 보살의 자작공양이라고 한다. 若諸菩薩 於如來所 若制多所 欲設供養 唯自手作 不使奴婢作 使朋友僚庶親屬 不依懈惰諸放逸處 而設供養 是名菩薩自作供養 tatra yad bodhisattvastathāgate vā tathāgatacaitye vā pūjāṃ kartukāmaḥ svayameva svahastaṃ karoti na dāsīdāsakarmaṃkarapauruṣeyamitrāmātyajñātisālohitaiḥ kārayatyālasyakausīdyaṃ pramādasthānaṃ vā niśritya. iyaṃ bodhisattvasya svayaṃkṛtā pūjā veditavyā", 『보살지지경』 권7(대정장30, p.925c28)에 "만약 보살이 여래나 지제(支提 : 불탑)에 손수 친히 공양하고, 나태하거나 게을러 다른 사람에게 베풀도록 시키지 않는 것을 보살의 자작공양이라고 한다. … 자작공양을 베푼 이는 대과보를 얻고, 타작공양을 베푼 이는 대대과보를 얻으며, 자작타작공양을 베푼 이는 최대대과를 얻는다. 若菩薩於如來及支提 手自供養 不依懈墮令他施作 是名菩薩自作供養 … 自作供養者 得大果報 他作供養者 得大大果報 自作他作供養者 得最大大果"라고 하였다. 〔참고문헌〕『瑜伽師地論』, 『菩薩地持經』, *Bodh-bh.* ⇨ 십종공양 十種供養❶, 타작공양 他作供養

자작업 自作業 Ⓢ karma-svaka, svaṃ karma karoti, Ⓣ las bdag gir byed pa, rang-gi-las-byed-pa. 스스로 지은 업. 또는 자기가 행한 업에 따른 과보를 받는 것. 『승군왕소문경』(대정장14, p.789c28)에 "병의 공포가 시작되면 마음으로 선업을 생각하여 아주 작은 소리로 부모님께 이렇게 말씀드린다. '저는 지금 매우 두렵습니다. 몹쓸 경계가 눈앞에 나타나고 목숨이 끊어지려 하니, 부모님께서 저를 위해 여러 가지 유익한 일을 행하시고, 부처님과 스님들께 보시하여 구호하여 주시옵소서'. 이렇게 말하고서 바로 목숨이 끊어져 이곳을 떠나 다른 곳에 다시 나는데, 자기가 지은 업에 따라 모든 과보를 받는다. 病怖方始 起心念作善業 微出其聲 告父母言 我今大怖 惡境現前 壽命將斷 父母爲我 作諸利益 施佛及僧 願垂救護 如是言已 於剎那間 其命卽斷 此處旣謝 他處復生 隨自作業 受諸果報", 『정법염처경』 권5(대정장17, p.26c2)에 "선한 것이나 선하지 않은 것이나, 업과는 모두 다 결정되고, 스스로 업을 지어 스스로 받으니, 모두 업에 얽힘이라네. 若善若不善 業果皆決定 自作業自食 皆爲業所縛"라고 하였다. 〔참고문헌〕『勝軍王所問經』, 『正法念處經』, *Yogā-bh.120.*

자작자수 自作自受 스스로 짓고 스스로 받는다는 말. 자업자득(自業自得)과 통한다. 40권본 『대반열반경』 권13(대정장12, p.445a25)에 "이들 모든 외도는 비록 업의 과보는 스스로 짓고 스스로 받는다는 도리를 알지만 여전히 악법을 멀리 벗어날 수는 없었다. 是諸外道 雖知業果 自作自受 而猶不能 遠離惡法", 『대반열반경의기』 권6(대정장37, p.774c10)에 "자기 몸으로 업을 짓고 다시 스스로 그 과보를 받는 관계를 자작자수라 한다. 自身作業 還自受果 名自作自受", 『감산집』 권39(卍속장127, p.784b8)에 "금생에 받아서 쓴 것은 밖에서 온 것이 아니라 모두 스스로 짓고 스스로 받았을 뿐이다. 그러므로 '전세에 심은 인(因)을 알고자 한다면 금생에 받고 있는 것이 그것이다'라고 한다. 今生所受用者 不從外來 盡是自作自受耳 故曰 若知前世因 今生受者是"라고 하였다. 〔참고문헌〕『大般涅槃經』, 『大般涅槃經義記』, 『憨山集』. ⇨ 자업자득 自業自得

자장 慈藏 신라 스님. 율장(律藏)을 연구하여 교단의 기틀을 다지고, 승단의 기강을 확립한 신라불교 최초의 율사(律師)이다. 속성은 김(金)씨. 진한(辰韓)의 진골(眞骨) 출신. 아버지는 소판(蘇判 : 신라 17관등 중 제3관등) 무림(武林)이니, 청렴(淸廉)한 공직자로 널리 존경을 받았으나, 늦게까지 후사(後嗣)를 얻지 못하여 걱정을 하던 끝에 불교에 귀의하여 돈독한 불자(佛子)가 되었다. 가산을 털어 관세음보살탱화 일천존(一千尊)을 조성하여 전국 각 사찰에 봉안하고 발원하기를 '이 공덕으로 한 아들을 점지해 주신다면, 부처님께 바쳐 신라불교를 크게 융성토록 하겠습니다'라고 굳게 다짐했다. 그 후 어느 날 밤 어머니의 꿈에 별이 떨어져 가슴속으로 들어오는 태몽을 꾼 다음, 부처님의 탄생일과 같은 음력 4월 8일에 태어났다. 이름을 선종랑(善宗

郎)이라 하였는데, 천성(天性)이 총명하고 모습은 단엄(端嚴)하였다. 어려서부터 글을 배워 수(數)·사(史)·경(經)·적(籍)·약(略)·도(圖) 등 모든 서적을 두루 섭렵하였지만 마음에 끌리는 것은 없었다. 그러던 차에 부모가 모두 돌아가시니 더욱 세상영화가 싫어지고 인간무상을 깊이 느끼고는 마침내 불교에 투신하여 스님이 될 것을 결심하였다. 재산일부를 떼어 처자의 생활비로 주고, 가옥(家屋)은 희사하여 원녕사(元寧寺)라 이름하였다. 토지(土地)와 원림(園林) 등도 모두 팔아서 어려운 사람들에게 나누어 준 다음, 자신은 깊은 산 속으로 들어가 맹수를 피하지 않고 고골관(枯骨觀 : 不淨觀)을 닦았다. 자그마한 토굴을 지어 머리를 들보에 매어놓고 방안에 가시덩굴을 둘러 놓고 정진하였으니 졸음이 엄습하면 가시가 몸을 찌르게 하여 잠을 쫓았다. 때마침 조정에서는 태보(台輔 : 宰相)가 궐위(闕位)되어 적당한 인물을 찾고 있었는데, 추천을 받은 스님은 선덕여왕이 보낸 사신을 여러 차례 돌려보냈다. 왕은 크게 분노하여 이번에도 불응하거든 왕을 무시한 죄로 목을 베어오라고 했다. 사신이 가서 왕의 뜻을 전하니, 스님은 "내 차라리 하루라도 계를 지키다 죽을지언정 백년을 산다해도 계를 어기고는 살지 않으리. 吾寧一日持戒而死 不願百年破戒而生"라는 굳은 의지를 보이면서 목을 내밀었다. 왕이 크게 감탄하여 더욱 존경하였으니, 국가와 국민을 위한 훌륭한 복전이 되어 달라고 당부했다. 산중에서 먹을 양식이 없어도 전혀 걱정하지 않았으니 새들이 과일을 물어다 공양하므로 스님은 그를 취해 공양하곤 했다. 어느 날 밤에 천인이 와서 청하여 오계를 주는 꿈을 꾼 다음 산에서 내려오니 마을남녀들이 앞을 다투어 찾아와 계를 받았다. 이를 계기로 스님 스스로 변방에 태어난 것을 탄식하고, 승실(僧實) 등 10여 명(『서역중회해동불조원류』에는 僧實·祖日·穀成 등)과 함께 당나라 유학길에 오르는데 사료마다 유학연도를 다르게 전한다. 『삼국사기』·『삼국유사』·『동사열전』·『조선불교통사』에는 636년, 『당고승전』에는 638년이며, 귀국연도는 다같이 643년이다.

자장감금 『석씨원류응화사적』권3 양주불암사판 1673년

당에 가서는 태종의 칙명으로 승광별원(勝光別院)에 주석하다가 장안(長安 : 陝西省 西安) 종남산(終南山)에 있는 운제사(雲際寺) 동쪽 절벽 언덕에 토굴을 맺고 3년 동안 정진하였다. 이후 다시 장안으로 가니 황제가 위로하고 많은 사람들로부터 존경을 받았으니 스님으로부터 계를 받거나 스님께 공양을 올린 사람이 너무 많아 그 수를 헤아릴 수 없었다. 중국 5대 명산 중 하나인 태원부(太原府 : 山西省 代州 五臺縣) 북쪽의 오대산 정상에 모셔진 문수보살상 앞에서 7일간 기도하던 중 문수보살이 나타나 이마를 만지면서 "아라바자나(呵囉婆佐曩 : 了知一切法) 달예치카나(達嚟哆佉嘢 : 自性無所有) 나가히가나(曩伽呬伽曩 : 如是解法性) 달예노사나(達嚟盧舍那 : 卽見盧舍那)"라는 법게(法偈)를 설하셨다. 아울러 부처님의 분신사리(分身舍利) 일백과·부처님이 수하시던 금란가사(金襴袈裟)·부처님 정골(頂骨)과 지절(指節) 등을 함께 주면서 말씀하시길, "너는 이 성물(聖物)을 가지고 신라로 돌아가 경주의 남쪽 추서산(鷲棲山 : 靈鷲山) 밑에 독룡(毒龍)이 사는 못을 메우고 금강계단을 축조하여 이 부처님 사리를 봉안하라. 그리하면 오곡이 풍성하고 국민이 편안할 뿐만 아니라, 삼재가 사라지고 만대에 영원하여 불법이 오래 머물고, 천룡팔부가 항상 옹호할 것이다"라고 하였다. 선덕여왕의 귀국 명령을 받고 다시 낙양으로 들어가 태종을 배알하고 비단 200필·잡채(雜綵) 500필 등의 하사품을 받은 후, 홍복사(弘福寺)에서 고별법회를 하였다. 대장경 1부·불상·번개(幡蓋) 등을 가지고 귀국하여 의제(衣制)·관대(冠帶)·직제(職制) 등 중국의 많은 문화와 제도를 전하였다. 귀국 후 왕명으로 분황사(芬皇寺 : 一說에는 王芬寺)에 주석하였다. 한여름 동안 궁중으로 초빙되어 『대승론 大乘論』을 강설하였다. 『삼국유사』 권3(대정장 49, p.990c2·한불전6, p.320c11) 탑상(塔像)4 황룡사구층탑(皇龍寺九層塔)에는 스님이 중국 오대산에서 기도를 마치고 낙양으로 가는 도중, 홀연히 신인을 만나 황룡사구층탑을 건립하게 된 인연도 전한다. 자장이 황룡사에서 보살계본인 『범망경 梵網經』 권하를 강설할 때는 일곱주야 동안 하늘에서 감로가 내렸고, 운무가 강당을 자욱이 덮었다. 대국통(大國統)에 임명되어 교단을 정비하고 포교하였다. 영추산에 통도사(通度寺)를 창건하여 사리를 봉안한 금강계단을 설립하고, 『화엄경 華嚴經』과 남산종지(南山宗旨)를 선양하여 스님들의 일체 규유(規猷)를 주관하였다. 초하루와 그믐날마다 포살(布薩)을 행하게 하는 한편, 매년 봄과 겨울 두 차례에 걸쳐 계율 고시를 보여 계율의 지범(持犯)을 알게 하였고 민중들에게도 널리 불법을 알게하니 열에 여덟아홉이 불교에 귀의하였다. 오대산

제사신라국사자장율사지진 통도사성보박물관 1804년

월정사(月精寺)·양산 통도사·정선 정암사(淨巖寺 : 一名 葛來寺)·영월 법흥사(法興寺) 등을 창건하고 모시고 온 부처님 사리를 봉안하였으니 지금의 적멸보궁이다. 스님 자신이 출생한 집을 원녕사(元寧寺)로 만들고 낙성법회에 『화엄경』을 강설할 때 오십이선지식(五十二善知識)이 여인으로 현신하여 청법하였으므로 52그루의 기념수를 심고 지식수(知識樹)라고 이름했다. 스님의 입적연대는 알 수 없으나, 정암사를 창건하고 주석하면서 마지막으로 한번 더 문수보살의 친견을 발원하였고, 어느 날 남루한 가사를 입은 늙은 거사가 갈궤(葛簣 : 칡으로 만든 삼태기)에 죽은 개를 짊어지고 찾아왔으나 알아보지 못하였다. 이에 거사가 말하기를 '돌아가자 빨리! 아상(我相)이 있는 자 어찌 나를 볼 수 있으랴!' 하고 곧 짊어졌던 칡 삼태기를 거꾸로 쏟으니 죽은 개는 사자보좌(獅子寶座)로 변하였고, 거사는 곧 문수보살로 화현하여 사자좌를 타고 날아가 버렸다. 스님께서 가사장삼을 입고 광명을 따라 남쪽고개까지 좇아갔으나 만나지 못하고 입적하였다. 화장한 후 유골은 석혈중(石穴中)에 봉안했다. 저서에는 『제경계소 諸經戒疏』 10여 권·『출관행법 出觀行法』 1권·『미타경소의기 彌陀經疏義記』·『사분율갈마사기 四分律羯磨私記』 등이 있었으나, 모두 일실되고 전하지 않는다. 1804년(순조4)에 계한(戒閑)·성인(性仁) 등이 조성한 제사신라국사자장율사지진(帝師新羅國師慈藏律師之眞)이 통도사에 전한다. 『삼국유사』 권4(대정장49, p.1005a13·한불전6, p.346a1) 의해(義解)5 자장정률(慈藏定律)과 『당고승전』 권24(대정장50, p.639a8) 및 『동사열전』 권1(한불전10, p.997a15)에 행적이 전한다. [참고문헌] 『三國遺事』, 『唐高僧傳』, 『東師列傳』, 『西域中華海東佛祖源流』(한불전10, p.129a9), 『三國史記』 권5 新羅本紀5 善德王 5年·14年 3月, 『朝鮮佛教通史』 권상 pp.67~76, 『通度寺誌』(亞細亞文化社, 1979). ⇨ 신라국대승통석자장전 新羅國大僧統釋慈藏傳, 적멸보궁 寂滅寶宮

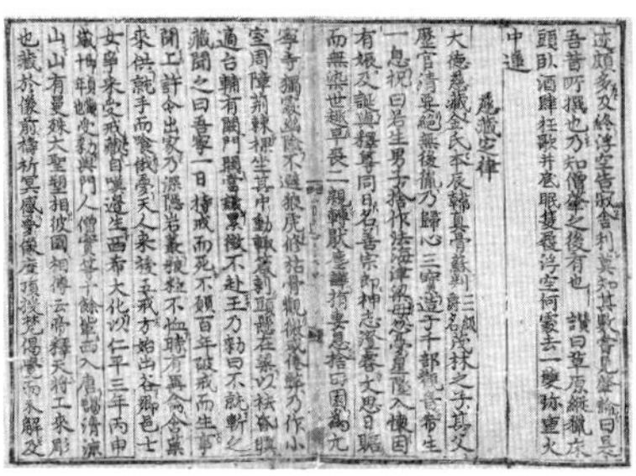

자장정률 『삼국유사』 범어사본 국보제306-4호

자장암 慈藏庵 ❶ 강원도 인제군 북면 용대리 설악산(雪岳山)에 있던 암자. 백담사(百潭寺)의 산내암자였다. 「백담사속암일람 百潭寺屬庵一覽」(『건봉사본말사적』, p.70)에 '유지(遺址)가 있으나 창건과 폐지의 연대가 미상이다'라고 하였다. [참고문헌] 『乾鳳寺本末事蹟』(亞細亞文化社, 1977), 『韓國寺刹全書』 권하 p.971b13. ⇨ 백담사 百潭寺 ❷ 경상남도 양산시 하북면 지산리 영축산(靈鷲山 : 또는 영취산)에 있는 암자. 제15교구 본사 통도사(通度寺)의 산내암자이다. 자장(慈藏)이 통도사를 창건하기 전에 이곳 바위벽 아래 움집을 짓고 수도하였다. 바위벽에 엄지손가락만 한 구멍이 있는데, 이와 관련된 설화가 전한다. 「승유어급변화금와 僧遺魚及變化金蛙」(『조선불교통사』 권하, p.278)에 "추서산 통도사 자장암 옆에는 돌구멍이 있는데, 엄지손가락만하다. 안에 개구리 한 쌍이 있는데, 몸은 청색이고 입은 금색이다. 때때로 벌이 되는 등 변화를 예측할 수 없으며, 뜨거운 솥 위라도 자유롭게 뛰어다녔다. … 세상에 전하기를, 그 개구리는 자장율사가 신통력으로 기른 것이라고 하였다. 鷲棲山通度寺之慈藏菴側 有一石竇 可容一拇指 中有一雙蛙子 青身金口 時或爲蜂 變化莫測 雖熱鍋之上 跳踉自在 … 世傳其蛙 乃慈藏律師 以神通蓄之者云"라고 하였다. 이후 회봉(檜峯)이 중창하였으나 연대는 알 수 없고, 1963년에 용복(龍福)이 중수하였다. 현존 당우로는 관음전·수세전(壽世殿)·자장전·선실·요사 등이 있다. [참고문헌] 『朝鮮佛教通史』, 『韓國寺刹全書』 권하 p.971b9. ⇨ 통도사 通度寺 ❸ 경상북도 포항시 남구 오천읍 항사리 운제산(雲梯山)에 있는 암자. 오어사(吾魚寺)의 산내암자이며, 자장사(慈藏寺)라고도 하였다. 신라 자장율사가 창건하였다고 전하며, 『동국여지승람』 권23 경상도 영일현 불우·『가람고』·『범우고』에 절의 이름과 위치가 전한다. 현존 당우로는 대성전·대웅전·관음전·나한전·산신각·삼성각 등이 있으며, 1998년에 태국으로부터 부처님 진신사리를 모셔 봉안한 세존진보탑(世尊眞寶塔)이 있다. [참고문헌] 『東國輿地勝覽』, 『伽藍考』, 『梵宇攷』, 『韓國寺刹全書』 권하 p.971b11. ⇨ 오어사 吾魚寺 ❹ 충청북도 제천시에 있던 암자. 『가람고』에 "부서북에 있다. 암자는 산등성이 깊이 있다. 在府西北 庵據山脊幽處", 『범우고』에 "부 서쪽 20리에 있다. 在府西二十里"라고 하였다. [참고문헌] 『伽藍考』, 『梵宇攷』, 『韓國寺刹全書』 권하 p.971b7.

자장율사 慈藏律師 한국불교 최초의 율사. 「가야산해인사금강계단호계첩 伽倻山海印寺金剛戒壇護戒牒」에 "선덕왕사인 자장율사가 정관 12년(638년·선덕여왕7)에 구법차 당나라에 들어갔다. … (귀국 후) 통도사를 창건하여 계단을 설치하고 계율을 크게 펼쳤다. 善德王師慈藏律師 貞觀十二年求法入唐 … 創通度寺 設戒壇 大昌戒律"라고 하였다. [참고문헌] 伽山智冠 『한국불교계율전통-韓國佛教戒法의 自主的傳承』 p.149. ⇨ 자장 慈藏

자장자폐 自障自蔽 스스로 해탈의 장애를 만들고 지혜를 가린다는 말. 애착과 의심으로 자기 스스로 일으킨 장애를 말한다. 『정토지귀집』 권하(卍속장108, p.167

b2)에 "자장자폐 : 백정법사가 말한다. '정토업을 닦는 이는 항상 많지만 그 문을 얻어 지름길을 만든 이는 거의 없고, 정토를 논하는 이는 항상 많지만 그 핵심을 얻어 곧장 지시한 이는 드물다. 스스로 장애를 일으키고 스스로 가리는 폐단을 말하는 것을 듣지 못하였다. 스스로 장애하는 것으로는 애착만 한 것이 없고, 스스로 가리는 것으로는 의심만 한 것이 없으니, 다만 의심하고 애착하는 두 가지 마음에 장애가 없다고 깨닫게 하면 정토에 이르는 하나의 문에서 떨어지지 않는다. 自障自蔽 柏庭法師曰 修淨業者常多 得其門而徑造者無幾 談淨土者常多 得其要而直指者或寡矣 未聞有以自障自蔽爲說者 自障者莫若愛 自蔽者莫若疑 但使疑愛二心 了無障礙 則淨土一門未始間隔"라고 하였다. 〔참고문헌〕『淨土指歸集』.

자장장타 自障障他 스스로를 장애하는 동시에 다른 이도 방해한다는 말. 그릇된 교법(敎法)을 믿어 자신을 해롭게 함은 물론 남까지 잘못되게 하는 뜻으로 자손손타(自損損他)라고도 한다. 『아미타경의소』(대정장37, p.362b10)에 "임종 때 보는 부처를 마구니라고 여기거나 또는 자기 마음의 업이 드러난 것일 뿐 실제로 부처가 온 것이 아니라고 말하는 것은 중생과 부처가 한 몸이고 감응하고 교섭함을 모르고 자기를 장애하고 다른 이를 장애하니 잘못함이 얕지 않다. 或謂臨終見佛以爲魔者 或云自心業現 實無他佛來者 斯蓋不知生佛一體 感應道交 自障障他 爲過不淺", 『낙방문류』 권4(대정장47, p.210a7)에 "전일한 염불을 버리고 잡업을 닦는 이는 백 명 중에 한두 명이나 겨우 얻고, 천 명 중에 서너 명만 드물게 얻는다. 왜 그러한가? 잡스러운 경계가 어지럽게 작동하여 정념을 잃기 때문이고, 부처님의 본원과 상응하지 않기 때문이며, 가르침과 어긋나기 때문이고, 부처님의 말씀을 따르지 않기 때문이며, 집중된 마음이 이어지지 않기 때문이고, 부처님의 은혜에 보답하려는 마음이 상속하지 못하기 때문이다. 비록 업행을 닦더라도 항상 명예나 이익과 상응하므로 잡스러운 인연을 가까이하기 좋아하니 정토왕생의 바른 실천에 대해 스스로를 장애하고 다른 이도 장애하기 때문이다. 若捨專念修雜業者 百中希得一二 千中希得三四 何以故 乃由雜緣亂動失正念故 與佛本願 不相應故 與教相違故 不順佛語故 繫念不相續故 心不相續念報佛恩故 雖作業行 常與名利相應故 樂近雜緣 自障障他往生正行故"라고 하였다. 〔참고문헌〕『阿彌陀經義疏』, 『樂邦文類』.

자재 自在 **1** Ⓢ aiśvarya, vaśa, vaśitā, Ⓟ vaśitā, Ⓣ dbang-phyug, dbang. 속박이나 장애가 없음. 물리적인 장애 뿐 아니라 마음이 하고자 하는 대로 하여도 장애가 없어 자유로운 뜻이다. 불보살의 공덕 중 하나이다. 『장아함경』 권1 「대본경 大本經」(대정장1, p.8b9)에 "여래는 견주거나 같이 할 수 없다. 안은과 출리라는 두 가지 관행을 많이도 수습하였네. 선인은 저쪽 언덕으로 건너갔으니 그 마음이 자재를 얻고 온갖 번뇌 끊었네. 如來無等等 多修於二觀 安隱及出離 仙人度彼岸 其心得自在 斷除衆結使", 『비화경』 권1(대정장3, p.167a8)에 "한때 부처님께서 왕사성 기사굴산에서 대비구승 육만이천과 함께 계셨다. 모두 아라한으로서 모든 번뇌 다하여 다시 번뇌가 없었으며 일체자재하고 마음과 지혜에 해탈을 얻었다. 一時 佛在王舍城耆闍崛山 與大比丘僧 六萬二千人俱 皆阿羅漢 諸漏已盡 無復煩惱 一切自在 心得解脫 慧得解脫", 80권본 『화엄경』 권3(대정장10, p.10c6)에 "지국건달바왕은 자유자재한 방편의 힘을 얻어 일체중생을 해탈문으로 거두어들인다. 持國乾闥婆王 得自在方便 攝一切衆生解脫門", 『대방광여래부사의경계경』(대정장10, p.909b21)에 "제불이 깨우쳐 마쳐서는 집착함이 없으므로 시방일체세계를 일념에 나타내 보이시고, 무량불사도 걸림 없이 자재하며 이익을 성취하시니, 일체중생을 모두 무량심묘해탈문으로 깨우쳐 들게 하신다. 諸佛覺已 皆無所著 故能十方一切世界一念示現 無量佛事 自在無礙 利益成就 一切衆生 皆令悟入無量深妙解脫門故", 『대지도론』 권69(대정장25, p.542b10)에 "세존이시여! 이 미친듯 어리석은 사람 마구니의 부림받아 자재하지 못하고 지혜도 없어 부처님의 뜻에 통달할 수 없습니다. 世尊 是狂癡之人 爲魔所使 不得自在 以少智故 不能通達佛意", 『임제록』(대정장47, p.498b8)에 "길에 들어선 무리들이여! 지금 눈앞에 밝고 역력하게 듣는 이, 이 사람 처처에서 걸림 없고 시방을 관통하며 삼계에 자재하니 모든 경계차별에 들어가더라도 능히 돌려 불러들이지 않는다. 한 찰나에 법계에 사무쳐 드니 부처를 만나 부처에게 설하고, 조사를 만나 조사를 설하며, 아라한을 만나 아라한을 설하고, 아귀를 만나 아귀를 설한다. 모든 곳을 향하니 국토에서 놀고 중생을 교화하되 일념도 떠난 적 없고, 가는 곳마다 청정하여 광명이 시방에 사무쳐서 만법이 한결같이 떳떳하다. 道流 即今目前孤明歷歷地聽者 此人處處不滯 通貫十方 三界自在 入一切境差別 不能回換 一刹那間 透入法界 逢佛說佛 逢祖說祖 逢羅漢說羅漢 逢餓鬼說餓鬼 向一切處 游履國土 教化衆生 未曾離一念 隨處清淨 光透十方 萬法一如"라고 하였다. 〔참고문헌〕『長阿含經』, 『悲華經』, 『華嚴經』, 『大方廣如來不思議境界經』, 『大智度論』, 『臨濟錄』, *Śrāv-bh.152·464.*, *Bodh-bh.16·20.* ⇨ 사종자재 四種自在, 십종자재 十種自在, 오종자재 五種自在, 이종자재 二種自在, 팔종자재 八種自在, 자유자재 自由自在 **2** ➡ 신통자재 神通自在

자재 資財 Ⓢ bhoga, bhava-bhoga, upakaraṇa, deya-dharma, draviṇaṃ pariṣkāram, Ⓣ yo-byad, sbyin-par-bya-ba'i-chos, rdzas-dang-yo-byad, longs-spyod. 도와 무엇인가를 성취케하는 것들. 삶을 유지토록 돕는 물품들, 또는 보살이 일체중생을 위해 얻게 되는 위없는 물품들과 성법・념・보리(聖法念菩提) 등의 중생을 깨우치기 위한 법들을 말한다. 진제(眞諦)는 욕진(欲塵)이라 한역하였다. 40권본『화엄경』 권23(대정장10, p.767a1)에 "'내가 지금 널리 일체중생들이 필요로 하는 대로 보시하여 모두 충족케하리'. 즉시 염부제 안의 크고 작은 모든 성과 모든 취락에 명하여, 창고를 열어 여러 가지 물건들을 꺼내 네거리에 쌓아 놓도록 하였는데, 곧 금・은・유리・마니 등의 보물, 의복・음식・꽃・향・화만・일산・도향(塗香)・말향(末香)・갖가지 영락・궁전과 집의 평상・좌구 등 일체의 돕는 물품을 빠짐없이 갖추어 족하지 않음이 없었다. 我今普施 一切衆生 隨有所須 悉令充足 卽時頒下 閻浮提內 大小諸城 及諸聚落 悉開庫藏 出種種物 置四衢道 所謂 金 銀 瑠璃 摩尼等寶 衣服 飮食 華 香 鬘 蓋 塗香 末香 種種瓔珞 宮殿屋宅 床榻 敷具 一切資財 無不備足", 『대보적경』 권43(대정장11, p.250c24)에 "보살마하살은 정법을 구하기 위하여 가고 오며 나아가고 멈추며 스승을 따라 그의 말과 같이 하여 끝내 거스르지 않으니, 이와 같은 선근력을 성취하였기에 다시 네 가지 가장 수승한 자재를 얻는다. 어떤 것이 그 네 가지 자재인가? 첫째 보살마하살은 나는 곳마다 대왕이 쓰는 자재를 얻으니, 그 밖의 중생들이 쓰는 하열자구가 아니다. 둘째 보살마하살은 나는 곳에서 욕심을 여의는 법을 받아 선인의 자재를 얻으니, 깨끗한 신심으로 집을 버리고 도에 들어가므로 성법재라 한다. 셋째 보살마하살은 나는 곳에서 전생을 기억하므로 기억의 자재(念財)를 얻으니, 이 기억으로 태어나는 곳마다 끝내 보리의 마음을 잊지 않는다. 넷째 보살마하살이 아누다라삼막삼보리를 증득하면 보리의 자재라 하니, 언제나 사중・천・용・야차・건달박・아소락・게로다・긴날락・모호락가・인・비인 등에게 앞뒤로 둘러싸인다. 사리자야, 이것을 보살마하살이 시라바라밀다를 행하기에 얻는 네 가지 가장 수승한 자재라 한다. 菩薩摩訶薩爲求法故 去來進止 隨順於師 如其所言 終不違逆 成就如是善根力故 復獲四種 最勝資財 何等爲四 一者 菩薩摩訶薩所生之處 獲得大王 所用資財 非餘衆生下劣資具 二者 菩薩摩訶薩所生之處 受離欲法 獲得仙財 以淨信心 捨家入道 名聖法財 三者 菩薩摩訶薩所生之處 得宿命念 名獲念財 由此念故 生生之處 終不忘失 菩提之心 四者 菩薩摩訶薩證得阿耨多羅三藐三菩提已 名菩提財 常爲四衆 天 龍 藥叉 健達縛 阿素洛 揭路茶 緊捺洛 牟呼洛伽 人非人等 前後圍遶 舍利子 是名菩薩摩訶薩行尸羅波羅蜜多故 證得四種最勝資財"라고 하였다. 〔참고문헌〕『華嚴經』, 『大寶積經』, *Abh-k-bh.227.*, *Bodh-bh.87・143・230.*

자재견 自在見 자재천(自在天 Ⓢ Īśvara)이 만물을 만드는 주재자(主宰者)라고 여기는 견해. 타작(他作)의 한 예다. 80권본『화엄경』 권77(대정장10, p.423a10)에 "자재천 견해를 떠난다. 다른 것을 말미암지 않음을 알기 때문이다. 離自在見 知不由他故", 『화엄경소』 권60(대정장35, p.956a4)에 "자재견이란 자재천이 능히 만물을 출생시킨다는 생각을 말한다. 그러므로 스스로의 업에 말미암기 때문이지 다른 것에 말미암지 않음을 알아야한다. 自在見者 謂自在天能生萬物 故知由自業故不由他"라고 하였다. 〔참고문헌〕『華嚴經』, 『華嚴經疏』. ⇨자재천 自在天❶, 타작 他作

자재경 自在經 ❶자재천외도(自在天外道)의 경전. 자재천(自在天 Ⓢ Īśvara)이 최고신이며 만물의 주재자라고 주장하는 경전이다. 『십이문론』(대정장30, p.166b3)에 "만약 자재천이 중생을 만든다면 누가 또 이 자재천을 만드는가? 자재천이 스스로 만든다면 옳지 않으니, 저 사물이 스스로 만들 수 없는 것과 같다. 만약 다시 만드는 이가 있다면, 자재천이라고 할 수 없다. 또 자재천이 만드는 이라면, 만들 때 장애가 없어서 생각으로 만들 수 있다. 예를 들면『자재경』에서 다음과 같이 말한 것과 같다. '자재천은 만물을 만들고자 하여 여러 고행을 행하여 기어다니는 벌레들을 낳았다. 또 고행을 행하여 날아다니는 새들을 낳았고, 고행을 행하여 인천 등을 낳았다'. 고행을 행하여 처음에 독충을 낳았고, 다음에 날아다니는 새를 낳았으며, 후에 인천 등을 낳았다 한다. 마땅히 알아야 하리. 중생은 업을 좇아 인연으로 날 뿐이지 고행을 좇아 있게 된 것이 아니다. 若自在作衆生者 誰復作是自在 若自在自作 則不然 如物不能自作 若更有作者 則不名自在 復次 若自在是作者 則於作中 無有障礙 念卽能作 如自在經說 自在欲作萬物 行諸苦行 卽生諸腹行蟲 復行苦行 生諸飛鳥 復行苦行 生諸人天 若行苦行 初生毒蟲 次生飛鳥 後生人天 當知衆生從業因緣生 不從苦行有"라고 하였다. 〔참고문헌〕『十二門論』. ⇨대자재천 大自在天, 대자재천외도 大自在天外道 ❷➡자재왕보살경 自在王菩薩經

자재계 自在戒 대론십종계(大論十種戒) 중 하나. 정계를 가져 번뇌에 구속 없어 자재하고 또는 보살이 죄자성을 잘 알아 중생을 이롭게 하는 마음에 머물러 집착없이 계를 가지는 뜻이다. 『대지도론』 권22(대정장25, p.226a7)에 "계를 따르고 외연을 따르지 않는다. 저 자재인이 묶인 일 없는 것처럼 이 정계를 가져 갈애 등에 구속되지 않는다. 이를 자재계라고 한다. 隨戒 不隨外緣 如自在人 無所繫屬 持是淨戒 不爲愛等所拘 是爲自在戒", 『석선바라밀차제법문』 권2(대정장46, p.484c29)에 "여덟째 자재계 : 보살이 계를 수지하되 갖가지 파계의 연중에서도 자재를 얻고, 또한 보살이 죄와 죄 아님도 정할 수 없음을 알기에 다만 중생을 이롭게 하는 인연만을 따라 계의 마음을 가져서 집착함이 없으므로 자재계라고 한다. 八持自在戒 菩薩持戒 於種種破戒緣中 而得自在 亦可言菩薩知罪不罪不可得故 但隨利益衆生 而持戒心無所執故 名自在戒"라고 하였다. [참고문헌]『大智度論』, 『釋禪波羅蜜次第法門』. ⇨ 대론십종계 大論十種戒

자재등인종 自在等因宗 자재천 등 인(因)으로 세간의 상이 있게 됐다는 견해. 십육이론(十六異論 : 十六種外道・外道十六宗) 중 하나로 자재등작자론(自在等作者論 Ⓢ īśvarādi-kartṛ-vāda)이라고도 한다. 이 세상은 자재천・장부・대범천 또는 물질등이 모든 것을 변화한 것이라 믿는 외도의 견해다.『대승법원의림장』 권1(대정장45, p.250a4)에 "자재등인종이란 불평등인이라는 것을 헤아림이다. 섬길것을 따라 (외도의) 이름으로 삼았으니, 예를 들면 대자재천(大自在天 Ⓢ Maheśvara : 莫醯伊濕伐羅) 등과 같은 것이다. 모든 법은 대자재천의 변화라고 하고, 장부의 변화나 대범의 변화라고 주장하기도 하며, 시・방・공・아 등이 (모든 법의) 인이라고도 한다. 自在等因宗 謂不平等因者計 隨其所事 卽以爲名 如莫醯伊濕伐羅等 或執諸法 大自在天變化 或丈夫變化 或大梵變化 或時 方 空 我等爲因"라고 하였다. [참고문헌]『大乘法苑義林章』, 『一切經音義』 권25(대정장54, p.472a6), *Yogā-bh.144.* ⇨ 십육이론 十六異論, 대자재천 大自在天, 자재등작자론 自在等作者論

자재등작자론 自在等作者論 Ⓢ īśvarādi-kartṛ-vāda, Ⓣ dbang-phyug-la-sogs-pa-byed-pa-por-smra-ba. 십육이론(十六異論 : 十六種外道・外道十六宗) 중 하나. 자재천(自在天 Ⓢ Īśvara) 등이 만물을 만든다거나 원인이라고 주장하는 외도.『유가사지론』 권7(대정장30, p.309a26 : *Yogā-bh.*, p.144)에 "자재등작자론이란, 저 유일한 것이 있다 하니, 어떤 사문이나 바라문이 다음과 같은 소견을 일으키고, 다음과 같은 견으로 주장을 세운다. '무릇 세간에는 저 사부인 보특가라가 있어 저 일체를 수용하니 자재천의 변화가 인이거나 그 밖의 장부의 변화를 인으로 삼는다'. 이와 같은 것들은 곧 자재천 등의 불평등인을 주장하는 사람들이 이런 계교를 만든다. 自在等作者論者 由如有一 或沙門 或婆羅門 起如是見 立如是論 凡諸世間 所有士夫補特伽羅 所受彼一切 或以自在變化爲因 或餘丈夫變化爲因 諸如是等 謂說自在等不平等因論者 作如是計 īśvarādikarttṛvādaḥ katamaḥ. yathāpīhaikatyaḥ śramaṇo vā brāhmaṇo veti vistareṇa pūrvavat. yatkiñcidayaṃ puruṣapudgalaḥ pratisaṃvedayate sarva tadīśvaranirmāṇahetukaṃ vā puruṣāntaranirmāṇahetukaṃ vety evamādi. tadyathā īśvarādiviṣmahetuvādinaḥ"라고 하였다. [참고문헌]『瑜伽師地論』, *Yogā-bh.* ⇨ 십육이론 十六異論, 대자재천 大自在天

자재심 自在心 육십심(六十心) 중 하나. 일체는 다 뭇 인연들로 일어날 뿐임을 알아 자재를 얻는 뜻이어서 자재천(自在天 Ⓢ Īśvara)이 일체를 조작하는 뜻이 아님을 분명히 한다.『대일경』 권1「입진언문주심품 入眞言門住心品」(대정장18, p.2c27)에 "무엇을 자재심이라고 하는가? 사유하여 일체가 뜻대로 되기를 바라는 것이다. 云何自在心 謂思惟欲我一切如意"라고 하였는데,『대일경소』 권2(대정장39, p.597b26)에서 "자재인즉 외도에서 섬기는 천신이다. 그 종에서는 자재천이 생각하는대로 즉시 모든 중생과 고락사 등도 만들어낸다고 헤아린다. 이 법을 닦는 이는 또한 늘 마음에 품기를 저 본존처럼 되기를 바란다. 진언행자가 자주 이와 같은 실지만을 떠올리면서 '나의 생각대로 성취되리라'고 마음으로 생각한다. 마땅히 알아야한다. 바로 그것이 자재심이고 한편 선습이 그렇게 하게 하는 것임을, 마땅히 모든 법은 온통 뭇인연들에 속한 것들일 뿐이지 자재라는 것은 있을수 없다고 관해야 한다. 이렇게 저 자재의 따른 뜻을 다스린다. 自在卽外道所事天神也 彼宗計自在天能隨念 造諸衆生 及苦樂等事 修此法者 亦常係念 願得如其本尊 若眞言行人 數念如是悉地 念我隨念成就 當知是自在心 亦先習使然也 當觀諸法皆悉屬衆因緣 無有自在 是所對治"라고 주석하였다. [참고문헌]『大日經』, 『大日經疏』. ⇨ 육십심 六十心, 자재 自在, 자재천 自在天 ■

자재아 自在我 자재(自在)를 자성으로 삼은 아. 팔자재 뜻 중에 하나로 여래의 후득지를 자성으로 삼은 뜻이다. 육종아(六種我) 중 하나다.『보성론』 권3(대정장31, p.829c28)에 "대신을 얻었다 하니, 여래께서 제일 청정진여법신을 얻은 것을 말한다. 저것은 제불여래의 실아여서 자재한 몸을 얻은 것이다. 제일 청정한 몸을 얻었으므로 게송으로 '제불이 청정한 몸을 얻으셨기 때문'이라 한 것은 이런 뜻이다. 모든 부처님께서 청정자재함을 얻으셨다고 하니, 게송으로 '커다란 몸을 얻으셨기 때문이라 하는 것'은 이런 뜻이다. 이런 뜻에 의하여 모든 불여래께서 무루계중에서 제일의 '자재아'를 얻으신 것이다. 得大身者 謂如來得第一淸淨眞如法身 彼是諸佛如來實我 以得自在體 以得第一淸淨身 偈言諸佛得淨體故 以是義故 諸佛名得淸淨自在 偈言是名得大身故 以是義故 依於此義 諸佛如來 於無漏界中 得爲第一最自在我",『범망경보살계본소』 권1(대정장40, p.606a22)에 "'아'의 뜻에는 대략 여섯 가지가 있는데, … 다섯째는 자재아이다. 팔자재 등을 말하니, 여래의 후득지를 그 자성으로 삼았다. 我義 略有六種 … 五 自在我 謂八自在等

如來後得智爲性"라고 하였다. 〔참고문헌〕『寶性論』, 『梵網經菩薩戒本疏』. ⇨ 육종아 六種我, 팔자재 八自在

자재암 自在庵 경기도 동두천시 상봉암동 소요산(逍遙山)에 있는 암자. 대한불교조계종 제25교구 본사 봉선사(奉先寺)의 말사이다. 654년(무열왕1)에 원효(元曉)가 창건하였는데, 관음보살을 친견하고 자재무애의 수행을 쌓았다는 전설을 인연하여 절의 이름을 지었다. 이후의 연혁은 「자재암지 自在庵誌」·「소요산영원사중건기 逍遙山靈源寺重建記」·「자재암재차중건기」 등에 기록되어 있다. 974년(광종25)에 각규(覺圭)가 중창하였고, 1153년(의종7)에 각령(覺玲)이 화재로 소실된 대웅전과 요사 등을 복구하였다. 1339년(충숙왕 복위8)에 원증국사(圓證國師) 태고보우(太古普愚 1301~1382)가 산내암자인 백운암(白雲庵)을 소재로 하여 「백운암가」를 지었는데, 『태고화상어록』 권상(한불전6, p.684b10)에 전한다. 1872년(고종9)에 원공(元空)·제암(濟庵)이 중창하면서 절의 이름을 영원사라 하였다. 당시의 당우로는 영산전·만월보전(滿月寶殿)·독성각·산신각·별원(別院) 등이 있었다. 1907년에 만월보전을 제외한 다른 건물이 전부 소실되었고, 1909년에 성파(性坡)·제암이 중창하면서 다시 자재암이라 하였다. 6·25한국전쟁 때 다시 소실되었다. 1961년과 1968년에 대웅전과 요사, 1978년과 1982년에 삼성각과 일주문을 다시 세웠고 1984년에 부설 유치원을 개원하였다. 현존 당우로는 대웅전·나한전·삼성각·일주문·백운암·요사 등이 있으며 성보문화재로는 보물 제1211호 『반야바라밀다심경약소』가 있다. 이외에도 「자재암재차중건기」의 "원효·의상·윤필 삼대성사의 진영을 새로 조성하여 봉안하였다. 元曉 義湘 尹弼 三大聖師畵幀 新成奉安"라는 기록을 통해 세 스님의 진영이 있었음을 알 수 있다. 관련 기문으로 「약사전중수단확기 藥師殿重修丹雘記」·「약사여래영험기 藥師如來靈驗記」·「자재재암백련사결사문 自在在庵白蓮社結社文」·「산령각중건기 山靈閣重建記」 등이 남아 있다. 〔참고문헌〕『太古和尙語錄』, 「自在庵再次重建記」, 『韓國寺刹全書』 권하 p.967a11, 『奉先寺本末寺誌』(亞細亞文化社, 1978) pp.150~174.

자재왕보살경 自在王菩薩經 Ⓢ Āryavikurvāṇarāja-paripṛcchā-nāma-mahāyānasūtra, Ⓣ 'phags-pa rnam-par-'phrul-pa'i rgyal-pos shus-pa shes-bya-ba theg-pa chen-po'i mdo. 중국 요진(姚秦) 때 구마라집 한역. 2권. 고려장7, pp.1161a1~1177a27, No.75·대정장13, pp.924b20~935b7, No.420에 수록되어 있다. 티베트역본(北京版 No.834)이 전하며, 이역본으로 『분신왕문경 奮迅王問經』이 있다. 자재왕보살이 부처님에게 자재에 대해 묻자 부처님께서 계자재(戒自在)·오신통자재(五神通自在)에서부터 무애혜자재(無礙慧自在) 등과, 십력(十力)·사무소외(四無所畏)·십팔불공법(十八不共法) 등을 설했다. ⇨ 분신왕문경 奮迅王問經

자재인 自在人 자재한 사람. 『소실육문』 「혈맥론 血脈論」(대정장48, p.373c17)에 "부처를 찾으려면 곧바로 반드시 성을 보아야 하니 성이 바로 부처이고 부처가 바로 자재인이니, 일도 없고 지을 일도 없는 사람이다. 만약 성을 보지 못하면 종일토록 아득하여 밖을 향해서 내달리며 부처를 구하고 찾는다 해도 원래 얻는 일은 아니다. 若要覓佛 直須見性 性卽是佛 佛卽是自在人 無事無作人 若不見性 終日茫茫 向外馳求覓佛 元來不得", 『남전보원선사어요』(고존숙어록20, 卍속장118, p.294b18)에 "마음을 쉬고 본원에 달하기에 여여불이라고 부르니 끝끝내 의지할 것 없어서 자재인이다. 息心達本源 故號如如佛 畢竟無依自在人", 『전심법요』(대정장48, p.384a12)에 "물었다. '어떻게 해야 계급에 떨어지지 않습니까?' 황벽이 말하였다. '종일토록 밥을 먹어도 한 알의 밥알 씹은 적이 없고 종일토록 돌아다녀도 한 평의 땅도 밟은 적이 없다. 이러할 때에는 남과 나 등의 상이 없다. 종일토록 일체사를 떠나지 않지만 여러 경계에도 어둡지 않으니 바야흐로 자재인이라고 이름 붙인다. 시시로 념념이 일체상 보지 않는다. 전후의 삼제 함부로 헤아리지 마라. 전제 가버린 적 없고 금제 머문 일 없으며 후제 온일 없다네. 조용히 바르게 앉아 움직임에 맡기지만 얽맬 일 없어야 비로소 해탈이라 이름 한다'. 問 如何得不落階級 師云 終日喫飯 未曾咬著一粒米 終日行 未曾踏著一片地 與摩時無人我等相 終日不離一切事 不被諸境惑 方名自在人 更時時念念不見一切相 莫認前後三際 前際無去 今際無住 後際無來 安然端坐 任運不拘 方名解脫"라고 하였다. 〔참고문헌〕『少室六門』, 『南泉普願禪師語要』, 『傳心法要』. ⇨ 비자재인 非自在人, 팔대자재아 八大自在我, 삼제 三際

자재인사 自在因師 자재천(自在天 Ⓢ Īśvara)이 세계의 인이라고 주장하는 논사(論師). 『금칠십론』 권하(대정장54, p.1260b20)에 "이십사의 중 어떤 것도 저 자성처럼 유연한 것은 없다. 이와 같음을 어떻게 알 수 있는가? 다른 이가 보는 것을 감당할 수 없기 때문이다. (그러나) 외도(外道)는 다음과 같이 말한다. '이것은 그렇지 않다. 인아는 독존이어서 자성을 보는 것을 연유하지 않는다. 예를 들면 자재천이 세간 모든 것의 인이라고 집착하는 논사의 설과 같으니 「아는 어리석고 자성이 없어 스스로 고락에 안주할 뿐, 자재천이 그렇게 한다. 천상과 지옥으로 가게 한다」. 이런 집착으로 만약 내가 자성을 보고, 자성은 여윌 수 없어서 자성이 유연하다는 뜻도 얻을 수 없다. 二十四義中 無有一物 如其柔軟 云何知如此 不能忍受他見故 外曰 是義不然 人我獨存 不由見自性故 如執自在因師說 我癡無自性 自安樂苦中 自在天使去 天上及地獄 因此執故 若我見自性 自性不得離 故自性柔軟 不得成"라고 하였다. [참고문헌]『金七十論』. ⇨ 대자재천외도 大自在天外道

자재자 自在者 Ⓢsvayaṃ-bhū, vaśa-vartitva, Ⓣdbang-bsgyur-ba-nyid. 스스로 존재하여 자유로운 아(我). 오온(五蘊)에 대한 상견(常見)으로 무아(無我)의 뜻을 알지 못해 일으킨 집착이다.『대지도론』권23(대정장25, p.230c4)에 "무아상이라 한 것은, 고통인 즉 바로 무아다. 왜 그러한가? 오수음은 온통 다 바로 고통의 상이기에 자재일 수 없고, 만약 자재함이 없다면 이는 바로 아는 없는 것이다. 아의 자재함이 있다면, 몸이 고통받게 하는 일은 없어야 한다. 無我想者 苦則是無我 所以者何 五受陰中 盡皆是苦相 無有自在 若無自在 是則無我 若有我自在者 不應令身有苦", 같은 책 권26(대정장25, p.253c9)에 "부처님께서는 단멸견에 떨어지려는 중생들 위해 '아가 있어 후세에 죄와 복을 받는다'라고 말씀하신다. 상견에 매몰되려고 하는 중생들에게는 '아도 없고 짓는 이도 없고 받는 이도 없으니, 이 오온이라는 가명을 여의면, 그 어떤 법에도 자재자는 없다'라고 말씀하신다. 佛爲衆生欲墮斷滅見者 說言 有我受後世罪福 若人欲墮常見者 爲說言 無我 無作者 受者 離是五衆假名 更無一法自在者",『구사론』권25(대정장29, p.129c28 : *Abh-k-bh.*, p.375)에 "색 등 소연경 중에 아라는 견을 허망하게 더하여 작자·향수자·자재 등으로 뒤처 말하지만, 실아의 성은 아니다. 치우쳐 집착하는 견 등은 이를 따라 생겨나기에, 이 모두를 없는 일에 의지한 번뇌라고 말한다. 謂於色等所緣境中我見妄增 作者受者自在而轉 非實我性 邊執見等隨此而生 故並說爲依無事惑 ātmadṛṣṭihi rūpādike vastuni kārakavedakavaśavartitvenātmatvamabhūtamadhyāropayati tadadhiṣṭhānānuvṛttāścāntagrāhadṛṣṭacyādaya ityavastukā ucyante"라고 하였다. [참고문헌]『大智度論』,『俱舍論』, *Abh-k-bh.*, *Laṅk.192.* ⇨ 무아 無我, 상견 常見, 존우 尊佑, 삼론 三論, 주재 主宰

자재천 自在天 ❶ Ⓢ Īśvara, Ⓟ Issara, Ⓣ dbang-phyug. 대자재천(大自在天 Ⓢ Maheśvara)이라고도 한다. 고대 인도 바라문교(婆羅門敎) 또는 힌두교에서는 세계를 창조하고 주재하는 최고신으로 숭배한다. 이른바 쉬바(Ⓢ Śiva)로 널리 알려져 있으며, 마혜수라(摩醯首羅)라는 음사어로도 자주 불린다. 불교에 수용되어서는 색계(色界) 구경천(究竟天)에 위치하고, 흔히 삼목팔비(三目八臂)에 흰 소(白牛)를 탄 모습으로 형상화한다. 또 십이천(十二天)에서는 동북방을 수호하는 이사나천(伊舍那天 Ⓢ Īśāna)으로 해석되기도 한다. 36권본『대반열반경』권3「장수품 長壽品」(대정장12, p.621c7)에 "가섭보살이 부처님께 아뢰었다. '세존이시여! 출세간법과 세간법은 어떤 차별이 있습니까? 저 부처님 말씀과 같이「부처란 언제나인 법이어서 변역이 없다」라고 말하며, 세간에서도 말하길 또한「범천이 영원하고 자재천 영원하여 바뀌고 변하지 않는다」라고 한다. 아가 상이고 성이 상이고 미진 또한 상이서, 만약 여래도 이 상법이라 말한다면 여래 어찌하여 언제나 나타나시지 않으시는가, 언제 나타나지 않으심은 어떤 차별 때문인가, 범천 내지 미진이라는 세간의 성 또한 드러나지 않는다'. 迦葉菩薩白佛言 世尊 出世之法 與世間法 有何差別 如佛所言 佛是常法 不變易法 世間亦說 梵天是常 自在天常 無有變易 我常性常 微塵亦常 若言如來 是常法者 如來何故 不常現耶 若不常現 有何差別 何以故 梵天乃至微塵 世性亦不現故", 같은 책 권17「범행품 梵行品」(대정장12, p.719b20)에 "〈외도 주장〉 일체중생은 모두 자재천이 만들어낸 것이다. 자재천이 기쁘면 중생은 안락함을 누리고, 자재천이 분노하면 중생이 괴롭다. 일체중생이 죄를 짓든 복을 받든 이는 자재천이 하는 일이다. 一切衆生 悉是自在天之所作 自在天喜 衆生安樂 自在天瞋 衆生苦惱 一切衆生若罪若福 乃是自在天之所爲",『입능가경』권4「집일체불법품 集一切佛法品」(대정장16, p.534a25 : *Laṅk.*, p.103)에 "세존이시여! 외도들은 자성 또는 자재천, 시(時), 미진 등이 인이 되어 일체법을 발생시킨다고 합니다. 여래께서는 인연에 의지해 모든 법이 생겨난다고 설하시지 스스로 건립한 법이 있다고 설하시지 않습니다. 世尊 外道說言 從於自性 自在天 時 微塵等因 生一切法 如來亦說 依於因緣而生諸法 而不說有自建立法 tīrthakarā api bhagavan … yad uta pradhāneśvarapuruṣakālāṇupratyayebhyo bhāvānāmutpattayaḥ. kiṁ-tu bhagavatā pratyayaparyāyāntareṇotpattirvarṇyate bhāvānām na ca siddhāntaviśeṣāntaram",『우바새계경』권5「정삼귀품 淨三歸品」(대정장24, p.1062c9)에 "선남자야! 여러 외도들이 설하기를 '일체세간은 모두 자재천이 지은 것이다'라고 한다. 또한 설하기를 '미래세에 백 겁이 지나고 나면 환(幻)이 출현할 것이다'라고 한다. '환'이라고 말하는 것이 바로 부처이다. 만약 자재천이 능히 부처를 만들어냈다면 이 부처가 어떻게 자재천에 귀의하는 뜻을 부술 수 있겠는가? 만약 자재천이 부처를 만들어낼 수 없다면, 어떻게 일체가 모두 자재천의 작품이라고 할 수 있겠는가? 외도들은 또 설하기를 '대범천왕·대자재천·비뉴천주가 모두 하나다'라고 한다. 또 설하기를 '태어난 곳이 각각 다르다'라고 한다. 자재천이란 자재천이라 부르고 상이라 하고 주라 하고 유라 하고 율타라 하고 시바라고 한다. 이 낱낱의 이름은 각기 다른 사연을 갖고 있다. 善男子 諸外道說 一切世間 皆是自在天之所作 亦復說言 未來之世 過百劫已 當有幻出 所言幻者 卽是佛也 若自在天能作佛者 是佛云何能破歸依自在天義 若自在天不能作佛 云何說言一切皆是自在天作 外道復說 大梵天王 大自在天 毘紐天主 悉皆是一 復說 生處各各別異 自在天者 名自在天 名常 名主 名有 名曰律陀 名曰尸婆 是一一名 各有異事",『구사론』 권7「분별근품 分別根品」(대정장29, p.37c20)에 "일체세간은 오직 앞서 설한 여러 인과 여러 연으로 일어나는 것일 뿐이지 자재천·아(我 Ⓢ Puruṣa)·승성(勝性 Ⓢ Pradhāna) 등의 하나의 인으로 일어나는 것은 아니다. 一切世間 唯從如上所說 諸因諸緣所起 非自在天 我勝性等 一因所起",『구사론기』 권7(대정장41, p.140a3)에 "도회외도의 설을 푼다. 자재천이 나와서 삼계를 지나며 세 가지 몸이 있다. 첫째는 법신이니 법계에 가득하다. 둘째는 수용신이니 색계 위 자재천궁에서 머무니, 불법중에 마혜수라천으로 눈 세 개에 팔이 여덟 개이며 몸의 크기는 일만육천유선나다. 셋째는 화신이니 형체를 바꾸면서 육도에서 갖가지 방법으로 교화한다. 解塗灰外道說 自在天出過三界有三身 一 法身 遍充法界 二 受用身 居住色界上自在天宮 卽佛法中 說摩醯首羅天 三目八臂 身長萬六千踰繕那 三 化身 隨形六道種種教化",『반야등론석』 권1(대정장30, p.53b20)에 "어떤 것들이 잘못된 인인가? 자성과 자재천이다. 何等惡因 所謂自性及自在天"라고 하였다. 〔참고문헌〕『大般涅槃經』,『入楞伽經』,『優婆塞戒經』,『俱舍論』,『俱舍論記』,『般若燈論釋』,『彌勒菩薩所問經論』 권8(대정장26, p.267a23),『翻譯名義集』 권2(대정장54, p.1077c18), *Laṅk.*, *Abh-k-bh.101.* ⇨ 대자재천 大自在天, 마혜수라 摩醯首羅, 쉬바 Śiva, 이사나천 伊舍那天 ❷ 타화자재천(他化自在天 Ⓢ Para-nirmita-vaśa-vartin)의 줄인 이름. 『법화경』 권7「관세음보살보문품 觀世音菩薩普門品」(대정장9, p.57a27 : *Saddh-p.*, p.444)에서 관세음보살이 삼십삼신(三十三身)으로 응현(應現)하는 것을 설하는 중에 "범왕의 몸으로 제도할 수 있다면 범왕의 몸으로 나타나 설법하고, 제석의 몸으로 제도할 수 있다면 제석 몸을 나퉈 설법하며, 자재천의 몸으로 제도할 수만 있다면 자재천의 몸을 나투어 설법하고, 대자재천의 몸으로 제도할 수 있다면 대자재천의 몸으로 나타나 설법한다. 應以梵王身得度者 卽現梵王身而爲說法 應以帝釋身得度者 卽現帝釋身而爲說法 應以自在天身得度者 卽現自在天身而爲說法 應以大自在天身得度者 卽現大自在天身而爲說法 keṣāṃcid-brahmarūpeṇāvalokiteśvaro bodhisattvo mahāsattvaḥ sattvānāṃ dharmaṃ deśayati. keṣāṃcicchakrarūpeṇāvalokiteśvaro bodhisattvo mahāsattvaḥ sattvānāṃ dharmaṃ deśayati. … īśvaravaineyānāṃ sattvānāmīśvararūpeṇa dharmaṃ deśayati. maheśvaravaineyānāṃ sattvānāṃ maheśvararūpeṇa dharmaṃ deśayati"라고 하며 자재천과 대자재천을 구별하였다. 이에 대하여『법화경문구기전난』 권4(卍속장46, p.550a1)에서 "자재천신은 욕계정상에 머무니 곧 마왕으로서 적색삼매를 닦는다. 대자재천신은 색계정상에 머무니 곧 마혜수라로서 흰 소를 타고 팔은 여덟 개, 눈은 세 개다. 自在天身 欲界頂 卽魔王也 修赤色三昧 大自在天身 色界頂 卽摩醯首羅 騎白牛八臂三目"라고 하였다. 곧 자재천을 타화자재천으로 지목한 것이며, 이와 같은 구별은 다른 경과 주석에서도 확인할 수 있다. 〔참고문헌〕『法華經』,『法華經文句記箋難』,『法華經演義』 권7(卍속장52, p.535b16),『大乘本生心地觀經』 권1(대정장3, p.291c9),『大般若經』 권566(대정장7, p.921c4), *Saddh-p.* ⇨ 타화자재천 他化自在天

자재천마 自在天魔 사마(四魔) 중 하나. 타화자재천마(他化自在天魔)·자재천자마(自在天子魔)·천마(天魔)라고도 한다. 욕계(欲界) 제6천 타화자재천은 온갖 환술로 수행자를 방해하기에 붙여진 이름이다.『반야이취분술찬』 권1(대정장33, p.29c20)에 "보리수 아래에서 자재천마를 무너뜨리셨다. 菩提樹下 破自在天魔",『대승법원의림장』 권6(대정장45, p.348c22)에 "욕계의 제6 타화천자마와 그의 권속들과 더불어 부사의해탈보살이 변한 것이 자재천마다. 欲界第六他化天子魔 及眷屬 并不思議解脫菩薩之所化作 名自在天魔",『범망경직해』 권상(卍속장61, p.75a14)에 "천마라고 말한 것은 곧 욕계의 제6 타화자재천마다. 수행인이 열심히 훌륭한 선을 수행하여 삼계의 생사를 넘어서고자 할 때 이 천마가 장애를 일으킨다. 갖가지 요란한 일을 일으켜서 수행인이 세간과 출세간의 선한 낙인락과를 성취하지 못하게 한다. 그러므로 천마라고 한다. 言天魔者 乃卽欲界 第六他化自在天魔 若修行人 勤修勝善 欲超三界生死 而此天魔 爲作障礙 發起種種擾亂之事 令修行人 不能成就世出世善樂因樂果 故名天魔"라고 하였다. 〔참고문헌〕『般若理趣分述讚』,『大乘法苑義林章』,『梵網經直解』. ⇨ 타화자재천 他化自在天, 사마 四魔 ❶

자재행 自在行 ❶ Ⓢ kāmacārin, Ⓣ dgyes-dgur-spyod. 자재한 행위. 미망(迷妄)도 전도(轉倒)가 없어 자유로운 행을 말한다.『대승장엄경론』 권4(대정장31, p.611c12 : *Sūtr.*, p.59)에 "〔게〕 미혹의 인은 체가 없기에 미혹 없어 자재히 행한다. 전도의 인도 체가 없기에 전도 없어 자재하게 구른다. 〔석〕 '미혹의 인은 바탕 없어 미혹 없어 자재하게 행한다'란 세간의 나무나 돌 등은 체가 없는 것이긴 해도 미혹의 인이 되는데, 만약 미혹 없음을 증득하면, 행한 그대로 자재해서 다른 것에 의지하지 않는다. '전도의 인도 바탕 없어 전도 없이 자재히 구른다'란 이와 같은 소의가 아직 구르지 않아서 비록 체 없이도 전도의 인이 되는데, 만약 전의가 일어났을 때는 전도 없기에 성인도 또한 자재함을 증득하고 자재함에 의지해 행한다. 偈曰 迷因無體故 無迷自在行 倒因無體故 無倒自在轉 釋曰 迷因無體故 無迷自在行者 世間木石等 雖復無體而爲迷因 若得無迷 行則自在 不依於他 倒因無體故 無倒自在轉者 如是依未轉時 雖復無體而爲倒因 若得轉時 由無倒故 聖人亦得自在依自在行 〈śloka〉 tannimitte yathā loko hy abhrāntaḥ kāmataś caret, parāvṛttāv aparyas taḥ kāmacārī tathā patiḥ yatiḥ. 〈bhāṣya〉 yathā tannimitte kāṣṭhādāv abhrānto lokaḥ kāmataś carati svatantras tathā 'śrayaparāvṛttvaparyasta āryaḥ kāmacārī bhavati svatantraḥ."라고 하였다. 〔참고문헌〕『大乘莊嚴經論』, *Sūtr.* ⇨ 자재 自在❶, 삼자재 三自在❷ ❷ Ⓢ īśvara, Ⓣ dbang-phyug. 모든보살을 부르는 별명. 『대승장엄경론』 권12(대정장31, p.656a16 : *Sūtr.*, p.174)에 "다음으로 보살들의 이름이 차별함을 설하겠다. 〔게〕 보살들은 … 또한 자재행이라 부른다. … 〔석〕 이 열여섯 가지 이름은 모두 그 뜻에 의지해 세웠다. 일체보살 모두 이러한 이름 가져야 하니 이러한 이름을 듣는다면 곧바로 보살인 줄 안다. 次說菩薩諸名差別 偈曰 應知諸菩薩 … 亦名自在行 … 釋曰 此十六名 皆依義立 一切菩薩 總有此名 若人聞有此名 應知卽是菩薩 〈śloka〉 bodhisattvasāmānyanāmavibhāge aṣṭau ślokāḥ. 〈bhāṣya〉 bodhisatvo … īśvaro … 〈bhāṣya〉 etāni ṣoḍaśa sarvabodhisatvānām anvarthanāmāni sāmanyena."라고 하였다. 〔참고문헌〕『大乘莊嚴經論』, *Sūtr.*

자재흑 自在黑 Ⓢ Īśvarakṛṣṇa. 4~5세기경 인도 상키야(Ⓢ Sāṃkhya : 數論)의 논사(論師). 음사어는 이습벌라흘리사나(伊濕伐羅訖哩史拏)이고, 성은 구식(拘式 Ⓢ Kauśika, Kuśala)이다. *Sāṃkhya-kārikā*(數論頌)의 저자이다. 『화엄경소초』 권13(대정장36, p.99c7)에 "『금칠십론』에 따르면 겁비라(劫毘羅 Ⓢ Kapila)라는 외도가 있었는데 황적색이라 한역한다. … 그는 하늘에서 태어나 저절로 네 가지 덕을 갖추었으니, 법·지·이욕·자재이다. 이런 지혜를 얻고서 대비심(大悲心)으로 설법하였다. 우선 아수화(阿修和 Ⓢ Āsuri)선인에게 설하였으며, 그 다음 아수화는 반시가(般尸訶 Ⓢ Pañcaśikha)에게 전하였고, … 발바화(跋婆和 Ⓢ Bhāvari)는 자재흑에게 전하였다. 반시가가 이 지혜를 자세하게 설하니, 6만 게송이었다. 자재흑의 성은 '구식'이다. 案金七十論中 謂有外道 名劫毘羅 此云黃赤色 … 其人從空而生 自然四德 一 法 二 智 三 離欲 四 自在 得此智已 依大悲說 先爲阿脩和仙人說 次阿脩和傳般尸訶 … 跋婆和傳與自在黑 般尸訶廣說此智 有六十千偈 其自在黑姓拘式"라고 하였다. 〔참고문헌〕『華嚴經疏鈔』, 『金七十論』 권하(대정장54, p.1262b8). ⇨ 상키야카리카 Sāṃkhya-kārikā, 상키야학파 Sāṃkhya學派

자적 慈寂 신라 스님 홍준(洪俊 882~939)의 시호. 〔참고문헌〕 李智冠『校勘譯註歷代高僧碑文』 高麗篇1 p.189. ⇨ 홍준 洪俊

자정 自淨 Ⓟ saṃsuddhi. 저절로 맑아짐. 의심을 없앰. 『불설의족경』 권상(대정장4, p.177c7 : *Suddhaṭṭhaka-sutta, Sn.*, p.154)에 "저 계 지켜 행하는 사람 있으면 묻기도 전에 앞서 갖추어 보이네. 의심 있으면 바로 법도가 아니니, 기꺼이 와서 배우면 저절로 맑아지리. 如有守戒行人 問不及先具演 有疑正非法道 欲來學且自淨 passāmi suddhaṃ paramaṃ arogaṃ diṭṭhena saṃsuddhi narassa hoti, etābhijānaṃ paraman ti ñatvā suddhānupassī ti pacceti ñāṇaṃ"라고 하였다. 〔참고문헌〕『佛說義足經』, *Sn.*

자정 慈定 Ⓢ maitrī-samāpatti, maitrī-samāpanna, Ⓣ byams-pa-la-snyoms-par-zhugs-pa. 자비의 삼매. 일체중생을 위한 자비만이 가득한 정(定). 사무량심(四無量心) 중 자무량심정을 말한다. 『대반야경』 권48(대정장5, p.272c2)에 "사리자야, 보살마하살이 일체지지심으로 대비를 으뜸으로 하여 자정에 들어 이렇게 생각한다. '나는 일체유정을 구세하여 안락하게 하리라'. … 사리자야, 이것은 보살마하살이 무량정에 의지하여 보시바라밀다를 수행하면서 일체유정을 이롭고 안락하게 하기 위해 대승에 나아가는 것이다. 舍利子 若菩薩摩訶薩 以應一切智智心 大悲爲上首 入慈定時 作如是念 我當拯濟 一切有情 令得安樂 … 舍利子 是爲菩薩摩訶薩依無量定 修布施波羅蜜多 爲欲利樂 諸有情故 發趣大乘", 『구사론』 권15(대정장29, p.82c6 : *Abh-k-bh.*, p.232)에 "셋째 자정으로부터 나오다. 즉 이 정중에서 인연있는 무량유정을 한층 안락하게 하려 따라 쫓는다. 정에서 나올 때, 유위의 무량한 최승공덕으로 익혀 닦은 몸을 상속하며 굴린다. 三 從慈定出 謂此定中 有緣無量有情爲境 增上安樂意樂隨逐 出此定時 有爲無量 最勝功德所熏修身 相續而轉 maitrīvyutthitasyāpramāṇasattvasukhādhyāśayānugatātyudagrāpramāṇapuṇyaparibhāvanānugatā ca saṃtativartate"라고 하였다. 〔참고문헌〕『大般若經』, 『俱舍論』, *Abh-k-bh.*, *Yogā-bh.104.* ⇨ 사무량심 四無量心

자정 慈靜 고려후기 스님 일인(一印)의 시호. 〔참고문

헌]『曹溪山松廣寺史庫』(亞細亞文化社, 1977) p.463. ⇨ 일인 一印❷

자정국존 慈淨國尊 고려후기 법상종 스님 미수(彌授 1240~1327)의 시호. [참고문헌] 李智冠『校勘譯註歷代高僧碑文』高麗篇4 p.324. ⇨ 미수 彌授, 자안 子安

자정사 慈正寺 평안남도 용강군 자정산(慈正山)에 있던 절. 『동국여지승람』 권52 평안도 삼화현 불우에 이름과 위치가 기록되어 있으나, 『범우고』에는 "지금은 폐사되었다. 今廢"라고 하였다. [참고문헌]『東國輿地勝覽』,『梵宇攷』,『韓國寺刹全書』 권하 p.971b15.

자정암 慈靜庵 전라남도 순천시 송광면 조계산 불일암(佛日庵)의 옛 이름. 1975년에 법정(法頂)이 암자를 중수하면서 지금의 이름으로 바꾸었다. [참고문헌]『韓國寺刹全書』 권하 p.971b17. ⇨ 불일암 佛日庵❷

자제미명 慈濟微命 따뜻한 마음으로 미물의 목숨 건지다. 『남해기귀내법전』 권1(대정장54, p.205a10)에 "만일 홰김에 작은 가지 하나라도 꺾으면 당장에 용호에서 나고, 따뜻한 마음으로 미물의 목숨 건지면 제석천에 오르니, 선악의 과보 참으로 명백하다. 且如 恚損輕枝 現生龍戶 慈濟微命 交昇帝居 善惡之報 固其明矣"라고 하였다. [참고문헌]『南海寄歸內法傳』.

자제사 慈濟寺 황해북도 장단군 임진(臨津)에 있던 절. 『고려사』 권6 세가(世家)6 정종 11년(1045) 2월 1일에 "임진 과교원에 이름을 내렸는데, 자제사라고 하였다. 賜臨津課橋院號 曰慈濟寺"라 하였고, 『동국여지승람』 권12 경기 장단도호부에 전한다. [참고문헌]『高麗史』,『東國輿地勝覽』,『韓國寺刹全書』 권하 p.971b19.

자조 自照 나옹혜근(懶翁惠勤 1320~1376)의 제자인 일주(一珠)의 법호. [참고문헌] 李智冠『校勘譯註歷代高僧碑文』高麗篇4 p.408. ⇨ 일주 一珠❶

자조 慈照 ❶ 자비로 비추는 것. 『화엄경소』 권5(대정장35, p.539c28)에 "이제 처음은 월천자다. 달이란 결(缺)이니, 일그러짐 있기 때문이다. 아래 면은 흰색 파지가보의 수정이 서늘하게 비춘다. 보살이 청량함을 얻어 자비로 생사의 밤을 자비롭게 비춤을 드러낸 것이니, 저 '보살은 청량한 달처럼 필경공의 경계에 노니네'(대정장9, p.670c21)라고 한 구절과 같다. 今初 月天子 月者 缺也 有虧缺故 下面頗胝迦寶水精所成 能冷能照 表菩薩得淸涼慈照生死夜 如云菩薩淸涼月等", 『법원주림』 권11(대정장53, p.365c17)에 "지혜의 태양이 이미 떠올라 빛은 팔대지옥 깨끗이 하고, 현묘한 공덕으로 높이 드러내니 자비로 사생을 비추네. 慧日旣開 光淸八獄 玄功闡化 慈照四生"라고 하였다. [참고문헌]『華嚴經疏』,『法苑珠林』. ❷ 중국 북송(北宋) 때 임제종(臨濟宗) 스님 곡은온총(谷隱蘊聰)의 법호. ⇨ 온총 蘊聰 ❸ 중국 남송(南宋) 때 백련종(白蓮宗)을 창시한 자원(子元 ?~1166)의 법호 또는 사호(賜號). 상황 고종(高宗)을 알현하여 법문을 설한 뒤 '자조'라는 호를 하사 받았기 때문에 이를 법호로 삼았다. ⇨ 자원 子元

자조자정자도 自調自淨自度 이승(二乘 : 聲聞・緣覺)이 스스로만을 위해 수행함을 세 가지로 일컫은 말. 『대지도론』 권61(대정장25, p.488a16)에 "이승의 복덕은 모두 자조・자정・자도를 위한 것이다. 계를 지키는 것이 자조이고, 선을 닦는 것은 자정이며, 지혜는 자도다. 또 자조란 정어・정업・정명이고, 자정이란 정념・정정이며, 자도란 정견・정사유・정방편이다. 다시 보시한 인연으로 자조하고, 계를 지킨 인연으로 자정하며, 선정을 닦은 인연으로 자도한다. 二乘福德 皆爲自調 自淨 自度 持戒者 是自調 修禪者 是自淨 智慧者 是自度 復次 自調者 正語 正業 正命 自淨者 正念 正定 自度者 正見 正思惟 正方便 復次 布施因緣故自調 持戒因緣故自淨 修定因緣故自度", 『금강반야소』 권2(대정장33, p.101c25)에 "네 가지 마음이란 첫째 광대심, 둘째 제일심, 셋째 상심, 넷째 부전도심이다. [문] 무슨 까닭에 네 가지 마음을 말하는가? [답] 보살은 범부나 이승의 자조자도와 다르기 때문이다. 四心者 一 廣大心 二者 第一心 三者 常心 四者 不顚倒心 問 何因緣 建乎四心 答 凡爲菩薩 異凡夫二乘 自調自度", 『지관보행전홍결』 권7(대정장46, p.383c17)에 "[문] 어떤 이유에서 이승을 지목하여 자조자정자도를 이룰 뿐 회향하지 않는다라고 하는가? [답] 계는 자조이고, 선은 자정이며, 혜는 자도다. 이승은 오직 스스로 이 세 가지만을 닦기 때문이다. 問曰 何故名二乘爲自調自淨自度 而不迴向 答 戒爲自調 禪爲自淨 慧爲自度 二乘唯自修此三故"라고 하였다. [참고문헌]『大智度論』,『金剛般若疏』,『止觀輔行傳弘決』. ⇨ 삼자 三自❶, 이승 二乘❷, 성문 聲聞, 연각 緣覺

자조종 慈照宗 남송(南宋)대 자조자원(慈照子元 ?~1166)이 창시한 백련종(白蓮宗)을 말한다. 자원이 상황이 된 고종(高宗 재위 1127~1162)을 1166년(건도 2) 덕수전에서 알현하고 정토법문을 설한 후에 '자조종주 慈照宗主'라는 호를 하사 받았기에, 백련종을 '자조종'이라고도 한다. [참고문헌]『往生集』 권1(대정장51, p.134b18),『淨土全書』 권하(卍속장109, p.459a8). ⇨ 백련종 白蓮宗, 자원 子元

자존 自尊 본존(本尊)을 달리 이르는 말. 『대일경』 권6(대정장18, p.44b28)에 "세속의 굴레 다 벗어난 마음, 모든 자(字)에서 멀리 벗어남을 알아야 하리라. 자존은 오직 하나의 상이어서, 두 가지 없으니 취하거나 드러내지 못하네. 當知出世心 遠離於諸字 自尊爲一相 無二無取著", 『대일경소』 권20(대정장39, p.783a14)에 "본존은 자존이라고도 하는데, 스스로 지닌 존귀함의 뜻이다. 尊亦云自尊 謂自所持之尊也"라고 하였다. 〔참고문헌〕『大日經』, 『大日經疏』. ⇨ 본존 本尊

자존 慈尊 ❶ 자비롭고 우러를 분. 모든 부처님 일체중생을 위한 자비로 가득하신 뜻에서 붙여진 이름이다. 『대보적경』 권58(대정장11, p.339c2)에 "세존이시여! 저 석가여래께서 아주 옛날 크게 자비롭고 일으키기 어려운 원을 일으켜서 이러한 악세계중 나타나셨습니다. 이와 같이 자비로운 분 만나기 매우 어려우니 저는 지금 마땅히 가서 예불하고 공양드리리. 世尊 彼釋迦如來 乃能往昔發是大悲難發之願 現於如此惡世界中 如是慈尊甚爲難遇 我今當往禮覲供養", 『낙방문류』 권5(대정장47, p.215c23)에 "서방 안락국토의 자비로운 존자이신 미타세주께 머리 숙여 예배하니 저는 온갖 경에 의지하여 반드시 왕생하리라 결정코 믿습니다. 稽首西方安樂刹 彌陀世主大慈尊 我依種種修多羅 成就往生決定信"라고 하였다. 〔참고문헌〕『大寶積經』, 『樂邦文類』. ❷ 미륵보살(彌勒菩薩)을 가리키는 말. 자씨존(慈氏尊)이라고도 한다. 『유가사지론석』 권1(대정장30, p.883c16)에 "무착보살이 초지에 올라 법광정을 증득하고 대신통을 얻으셨나. 위대하신 미륵보살을 모셔 이 논을 설해주실 것을 청하였다. 無著菩薩位登初地 證法光定 得大神通 事大慈尊 請說此論", 『대비바사론』 권29(대정장27, p.152c14)에 "천취에 있다한 것은 욕계천중에 보처에 계신 미륵보살이 천들에게 실법하는 것이다. 天趣有者 欲界天中 如補處慈尊 爲諸天說法"라고 하였다. 〔참고문헌〕『瑜伽師地論釋』, 『大毘婆沙論』. ⇨ 미륵 彌勒❶

자존월 慈尊月 미래세에 출현할 미륵보살의 교화를 달빛에 비유한 말. 『원문』(대정장74 p.135a6)에 "석가모니부처님의 태양 숨은 지 오래되었지만 미륵보살의 달빛은 아직 비추지 않았네. 牟尼之日久隱 慈尊月未照"라고 하였다. 〔참고문헌〕『願文』. ⇨ 미륵 彌勒❶

자주 慈霔 자비의 큰비. 주(霔)는 여름철에 퍼붓듯이 내리는 비를 말한다. 지의(智顗)가 594년(개황14)의 여름 옥천사(玉泉寺)에서의 법문을 비유하는 말이기도 하다. 『마하지관』 권1(대정장46, p.1a7)에 "지관 또는 명정은 전대에는 들은 적이 없었는데, 지자께서 대수 개황 14년 4월 26일부터 형주의 옥천사에서 여름 한 철 동안 펼쳐 드러내셨으니 두 때에 걸쳐 자비의 큰비를 내리셨다. 止觀明靜 前代未聞 智者 大隋開皇十四年四月二十六日 於荊州玉泉寺 一夏敷揚 二時慈霔", 『지관보행전홍결』 권1(대정장46, p.142c24)에 "자주란 자비로운 마음으로 설함이 저 여름철 큰비와 같았다는 뜻이다. 慈霔者 慈心所說如霔大雨", 『천태지자대사재기례찬문』(대정장46, p.966c13)에 "마음을 한 데 모아 옥천보각에서 『마하지관』을 설하시던 때의 천태지자님께 머리 숙여 절합니다. '90일 동안 자비의 큰비로 원행을 펼치시고, 십법 거침없이 말씀하시어 묘승을 세우셨나이다'. 一心頂禮 玉泉寶閣說摩訶止觀時身 天台智者 九旬慈霔開圓行 十法融談立妙乘"라고 하였다. 〔참고문헌〕『摩訶止觀』, 『止觀輔行傳弘決』, 『天台智者大師齋忌禮讚文』.

자주법주 自洲法洲 스스로를 섬으로 여기고 법을 섬으로 여김. 『잡아함경』 권24(대정장2, p.8a22)에 "세존께서 제비구들에게 말씀하셨다. '스스로를 섬으로 여겨 머물고 스스로를 의지해 머물며 법을 섬으로 여겨 머물고 법에 의지해 머물 뿐 다른 것을 섬으로 삼거나 의지하지 마라'. 世尊告諸比丘 住於自洲 住於自依 住於法洲 住於法依 不異洲不異依"라고 하였다. 〔참고문헌〕『雜阿含經』. ⇨ 자주이자의법주이법의 自洲以自依法洲以法依

자주보특가라 自住補特伽羅 Ⓟ ṭhitatto puggala. 순류행등(順流行等)의 사보특가라(四補特伽羅) 중 하나. 정을 닦아 오하분결(五下分結) 천계(天界 : 色界無色界)에 나서 다시는 욕계(欲界)로 환생하지 않는 유정. 『집이문족론』 권9(대정장26, p.404b14)에 "〈문〉 어떤 것이 자주보특가라인가? 〔답〕 세존께서 이렇게 말씀하셨다. '비구들이여, 알아야 하리. 세간의 한 류의 보특가라는 아련야(阿練若 Ⓢ araṇya : 寂靜處)에 머물거나 나무 아래나 조용한 곳에 머물며, 익히고 닦아서 많이 행하고 바르게 사유하여 이와 같은 적정심정을 증득한다. 이런 정심을 따라 오순하분결을 끊고 화생의 몸을 받아 곧 그곳에서 열반하며, 다시는 물러나 욕계에 나지 않는다. 이런 사람을 자주보특가라라 한다'. 〔문〕 어찌하여 자주보특가라라고 하는가? 〔답〕 이 보특가라는 자신이 '화생'하는 세계에 머물러 열반하며, 퇴보하여 이 욕계에 다시 태어나지 않기 때문에 자주보특가라라고 한다. 云何自住補特伽羅 答 如世尊說 苾芻當知 世有一類補特伽羅 住阿練若 或居樹下 或處空閑 若習若修 若多所作 若正思惟 證得如是寂靜心定 隨此定心 斷五順下分結 當受化生 卽於彼處 得般涅槃 不復退還 生此欲界 是名自住補特伽羅 問 何故名自住補特伽羅 答 此補特伽羅 自住化生界 得般涅槃 不復退還 生此欲界 故名自住補特伽羅"라고 하였다. 〔참고문헌〕『集異門足論』, *AN.2.5.* ⇨ 순류행보특가라 順流行補特伽羅, 역류행보특가라 逆流行補特伽

羅, 도피안보특가라 到彼岸補特伽羅, 사보특가라 四補特伽羅, 오하분결 五下分結

자주이자의법주이법의 自洲以自依法洲以法依 Ⓟ atta dīpā viharatha attasaraṇā dhammadīpā dhamma saraṇā. 스스로를 섬으로 삼아 의지하고 법을 섬으로 여겨 의지하다. 범어 드비파(Ⓢ dvīpa)는 섬(島)의 뜻과 등불(燈)의 뜻이 있어 자치연(自熾燃·自熾然)으로 한역한다. 『잡아함경』 권24(대정장2, p.177a7)에 "아난이 부처님께 아뢰었다. '세존이시여! 무엇이 스스로 섬이 되어 스스로 의지하는 것이며, 무엇이 법을 섬으로 삼아 법에 의지하는 것입니까? 무엇이 다른 것을 섬으로 여기지 않고 다른 것에 의지하지 않는 것입니까?' 부처님이 아난에게 말씀하셨다. '비구라면 내신과 신관념처에서 부지런히 방편삼고 정지와 정념으로 세간의 탐욕과 근심 조복한다. 외신과 내신 그리고 수와 심에서도 이와 같이 하고, 법과 법을 보아 념하는 곳에서도 또한 이와 같이 한다. 아난아! 이것이 바로 자기를 섬으로 삼고서 스스로 의지하는 것이며, 법을 섬으로 삼아 법을 의지하는 것이어서, 다른 것을 섬으로 삼지 않고 다른 것을 섬으로 여겨 의지하지 않는 것이라고 한다'. 阿難白佛 世尊 云何自洲以自依 云何法洲以法依 云何不異洲不異依 佛告阿難 若比丘 身身觀念處 精勤方便 正智正念 調伏世間貪憂 如是外身內外身受心 法法觀念處 亦如是說 阿難 是名自洲以自依 法洲以法依 不異洲不異洲依", 『대일경의석연밀초』 권8(卍속장37, p.187b17)에 "마땅히 스스로 섬이 되어 스스로 의지해야 하며〈타인을 의지하지 말라〉, 마땅히 법을 섬으로 여기고서 법을 의지해야 한다〈사념주관(四念住觀) 등이다〉. 當作自洲而自依〈莫依他人〉當作法洲而法依〈四念住觀等〉"라고 하였다. 〔참고문헌〕『雜阿含經』, 『大日經義釋演密鈔』, 『佛所行讚』 권5(대정장4, p.44b16), *SN.5.163*. ⇨ 자등명법등명 自燈明法燈明, 자치연치연어법 自熾燃熾燃於法, 법주 法洲 ❶

자중 字衆 글자의 무리. 문신(文身). 두 개 이상의 자(字)를 말한다. 『품류족론』 권1(대정장26, p.694a28)에 "명신이란 어떤 것인가? 자를 더한 뜻이다. 구신이란 어떤 것인가? 자(字)를 채운 뜻이다. 문신이란 어떤 것인가? 자의 무리다. 名身云何 謂增語 句身云何 謂字滿 文身云何 謂字衆", 『대비바사론』 권14(대정장27, p.71b17)에 "어떤 것을 다문신(多文身)이라 하는가? 〔답〕 여러 문자들을 다문신이라고 한다. 云何多文身 答 諸字衆 是謂多文身"라고 하였다. 〔참고문헌〕『品類足論』, 『大毘婆沙論』. ⇨ 문신 文身, 명구문신 名句文身

자증 自證 Ⓢ pratyātmavedya, pratyātma-adhigama, Ⓣ so-so-rang-gis-rig-pa. 스스로 깨우쳐 알다. 자내증(自內證)·자득(自得)·자신내증(自身內證)이라고도 한다. 『장아함경』 권13 「아마주경 阿摩晝經」(대정장1, p.83c3)에 "여래가 세간에 출현하면 응공 정변지 명행족 선서 세간해 무상사 조어장부 천인사 불세존이다. 일체의 모든 천·세인·사문·바라문·천마·범왕 중에 홀로 깨닫고 스스로 증득하여 다른 이를 위해 법을 설하되 처음 말씀도 좋고 중간의 말씀도 좋으며 마지막 말씀도 좋다. 若如來出現於世 應供正遍知明行足 爲善逝 世間解 無上士調御丈夫 天人師 佛世尊 於一切諸天世人 沙門婆羅門 天魔梵王中 獨覺自證 爲人說法 上語亦善 中語亦善 下語亦善", 『대승입능가경』 권1 「라바나왕권청품 羅婆那王勸請品」(대정장16, p.588a3)에 "우리들은 오늘 능가성(楞伽城 Ⓢ Laṅkāpura)의 대중과 함께 한 마음으로 함께 말을 떠나 스스로 깨우쳐 아신 법을 듣고자 합니다. 我等於今日 及住楞伽衆 一心共欲聞 離言自證法", 『대지도론』 권52(대정장25, p.431c17)에 "일체 부처님의 제자 중 도를 얻은 이는 무아를 스스로 알고 스스로 증득한다. 도를 아직 얻지 못한 이는 나머지 법공을 믿고 무아를 믿는 것처럼 하지 못한다. 一切佛弟子 得道者 自知自證無我 未得道者 信餘法空 不能如信無我", 『원오어록』 권14 「시인선인 示印禪人」(대정장47, p.780a16)에 "한 번 얻으면 영원히 얻으니 어찌 헛되이 밖으로 구하는가? … 대개 한 가지만 오롯이 하는 것을 오래도록 한 인연으로 하룻날 별안간에 이르는 것이니 이 어찌 밖에서 얻은 것이겠는가? 모두 스스로 증득하고 스스로 깨우쳤기 때문이다. 一得永得 豈假外求 … 蓋緣專一久之 一日瞥地 此豈外得之 皆由自證自悟"라고 하였다. 〔참고문헌〕『長阿含經』, 『大乘入楞伽經』, 『大智度論』, 『圜悟語錄』, *Laṅk*. ⇨ 자내증 自內證

자증분 自證分 Ⓢ svasaṃvedana, svasaṃvid. 식(識)의 사분(四分 : 見分 相分 自證分 證自證分) 중 하나. 견분(見分)을 아는 것이어서 자체분(自體分), 식이 스스로를 아는 뜻에서 자증(自證) 또는 자증지(自證知)라고도 한다. 『성유식론』 권2(대정장31, p.10b2)에 "식을 떠나 경계가 있다고 집착한다는 것은 저들이 설하는 외경은 소연이고, 상분은 행상이며 견분은 사라고 한다. 이것은 심과 심소의 자체상이기 때문이다. 심과 심소는 소의와 '소연'을 함께하고, '행상'이 서로 유사하다. '사'는 비록 수가 같지만 행상이 각각 다르다. 식·수·상 등의 상이 각각 다르기 때문이다. 식을 떠나 경계가 없음을 통달한 사람은 곧바로 상분이 소연이고, 견분이 행상이며, 상분과 견분이 의지하는 자체분을 '사'라고 하는데, 곧 자증분이다. 이것이 없다면, 스스로 심과 심소법을 기억할 수 없어야 한다. 예를 들면 일찍이 만난 적 없는 경은 반드시 기억할 수 없어야 하기 때문이다. 執有離識所緣境者 彼說外境是所緣 相分名行相 見分名事

是心心所自體相故 心與心所 同所依緣 行相相似 事雖數等 而相各異 識受想等相各別故 達無離識所緣境者 則說相分是所緣 見分名行相 相見所依自體名事 卽自證分 此若無者 應不自憶 心心所法 如不曾更境必不能憶故"라고 하였다. [참고문헌]『成唯識論』, 『八識規矩補註』 권상(대정장45, p.470b10). ⇨ 자체분 自體分, 사분 四分 ❶

자증삼매 自證三昧 ➡ 자수용삼매 自受用三昧

자증상 自增上 Ⓢ ātma-ādhipateyā, Ⓟ atta-ādhipateyya, Ⓣ bdag-gi-dbang-du-byas-pa. 삼증상(三增上) 중 하나. 스스로의 뛰어난 힘으로 선법이나 무루지를 체득하여 열반에 이르는 것을 말한다. 『집이문족론』 권6(대정장26, p.390b27)에 "자증상이란 무엇인가? [답] 저 세존께서 말씀하셨다. '모든 비구들이 아련야에 머물거나 나무 아래 머물거나 조용한 데에 머물면서 배워야 할 법을 배우며 이런 생각은 해야 한다. … 이와 같이 자기 자신의 증상력으로 선유루나 무루도를 일으키는 것을 자증상이라고 한다. 自增上云何 答 如世尊說 有諸苾芻 居阿練若 或在樹下 或住空閑 學所學法 應作是念 … 如是自我增上勢力 起善有漏 或無漏道 名自增上"라고 하였다. [참고문헌]『集異門足論』, 『大毘婆沙論』 권21(대정장27, p.107a15), 『大乘廣五蘊論』(대정장31, p.852a17), *Śrāv-bh.104.*, *DN.3.220.*, *AN.1.147.* ⇨ 법증상 法增上, 세증상 世增上, 삼증상 三增上

자지비구 慈地比丘 Ⓟ Mettiyabhummajakā bhikkhu. 부처님 재세 시 비방을 일삼았던 비구. 자비구(慈比丘)와 지비구(地比丘) 두 명의 비구로 보는 전승도 있다. 육군비구(六群比丘) 중 가장 악한 이로 꼽기도 하는데 주로 남을 비방하는 죄를 저질렀다. 먼저 『잡아함경』 권38(대정장2, p.279c14)에 따르면 다음과 같은 일화가 전한다. '부처님이 왕사성(王舍城 Ⓢ Rājagṛha : 羅閱祇城)에서 머무실 때 다표마라자(陀驃摩羅子 Ⓟ Dabba Mallaputta : 沓婆摩羅子·實力子)가 오랫동안 대중공양을 담당하고 있었다. 당시 자지비구는 여러 번 차례를 지키지도 않았으면서도 음식이 맛이 없다며 불만이 가득했다. 그는 이런 불만을 타표마라자 탓으로 돌리고 앙갚음하려 하였다. 자지비구는 누이인 비구니 밀다라(蜜多羅 Ⓟ Mettiyā : 慈比丘尼)를 시켜 바라이죄를 지었다고 소문을 내어 모함하게 하였다. 결국 밀다라는 멸빈을 당하였고 자지는 꾸짖고 훈계를 받았다'. 『사분율』 권3(대정장22, p.587c1)·『마하승기율』 권6(대정장22, p.280b4) 등에도 전하는데, 자지비구가 '근거 없이 중죄를 지었다고 비방한 것'을 승가바시사죄(僧伽婆尸沙罪)로 제정하였고, 무근방타중죄계(無根謗他重罪戒)라고 하였다. 『사분율』 권4(대정장22, p.589b11)에 다음과 같이 전한다. '부처님이 나열기성(羅閱祇城)에서 머무실 때 자지비구가 기사굴산 밑에서 암수양(羊) 한 쌍이 교미하는 것을 본 다음, 숫양은 답바마라자(沓婆摩羅子)라고 꾸미고 암양은 자비구니(慈比丘尼)라고 꾸미고서 여러 비구들에게 답바마라자와 자비구니가 음행을 저지르는 것을 보았노라고 헛소문을 퍼뜨렸다'. 결국 거짓임이 드러나, 자지비구는 승가바시사죄를 얻었다. 이와 같이 '근거를 다른 데 가탁하여 비방하는 계'를 가근방계(假根謗戒)라고 한다. 한편 『오분율』 권3(대정장22, p.15b11)과 남방전승에 따르면, 자지비구는 1인이 아니고, 형제가 되는 자비구와 지비구(慈地兄弟) 2인이라고 하였다. 또 『선견율비바사』 권13(대정장24, p.766b9)에서는 "자지비구는 육군비구 중에서 죄악이다. 慈地比丘者 是六群比丘中是第一"라고 하며, 육군비구로 분류하기도 하였다. [참고문헌]『雜阿含經』, 『四分律』, 『摩訶僧祇律』, 『五分律』, 『善見律毘婆沙』, 『四分律名義標釋』 권7(卍속장70, p.502a3), 李智冠 『南北傳六部律藏比較硏究』 pp.105~109, *Vin.2.76.* ⇨ 육군비구 六群比丘, 가근방계 假根謗戒

자지옥 炙地獄 Ⓢ tāpana, Ⓣ tsha-ba. 팔대지옥(八大地獄 : 八熱地獄) 중 하나. 화염으로 전신을 불태우는 지옥. 소자지옥(燒炙地獄)·소자대지옥(燒炙大地獄)·염열지옥(炎熱地獄) 등이라고도 한다. 『삼법도론』 권하(대정장25, p.28a9)에 "자지옥이란 화염이 대철위산과 서로 맞먹는다. 철 꼬챙이로 꽂아서 철판에 올려놓고 두루 돌려가며 굽는데, 한 쪽이 적당히 익으면 철판이 저절로 돌아가며 뒤집기를 반복한다. 그가 이 세간에 있을 때 사람을 찔러서 죽였기 때문에 그곳에 태어난 것이다. 炙地獄者 大鐵山火焰相搏 以鐵弗鏟之 周匝倚炙 一面適熟 鏟自然轉 反覆顚倒 彼於此間 貫刺殺人 故生彼中"라고 하였다. [참고문헌]『大寶積經』, 『三法度論』, 『佛藏經』 권중(대정장15, p.795b3), *Mvyut.215.* ⇨ 소자지옥 燒炙地獄, 소자대지옥 燒炙大地獄, 염열지옥 炎熱地獄, 팔열지옥 八熱地獄, 지옥 地獄

자진원오국사정조탑비문 慈眞圓悟國師靜照塔碑文 조계산(曹溪山) 수선사(修禪社)의 제5세 법주(法主) 천영(天英 1215~1286)의 행장을 새긴 비문. 이익배(李益培 ?~1292)가 비문을 짓고, 굉묵(宏默)이 글씨를 썼으며, 충지(沖止)가 왕명을 받들어 석재를 마련하여 1286년(충렬왕12)에 조계산 불대사(佛臺寺)에 탑비를 건립하였는데, '조계산제오세증시자진원오국사비명병서 曹溪山第五世贈謚慈眞圓悟國師碑銘幷序'라는 이름의 비문은 『한국금석전문』 중세하 pp.1053~1057과 『조계산송광사사고』 상 인물부(人物部)에 전한다. 『조선금석총람』 권상 pp.595~596에는 '조계산제오세증시자진원오국사비명병서'의 일부만 발췌하고 자구의 출입을 더한 '조계산수선사제오세자진국사비 曹溪山修禪社第五世慈眞國師碑 '라고 이름을 바꿔 붙인 송광사소장 사본이 실려 있다. 교감역주는 이지관 『교감역주역대고승비문』 고려편4 pp.163~187에 수록되어 있는데, 1286년 2월 12일에 "'태어남이야 저 옷 입는 것이고, 죽음이야 저 옷을 벗어버림과 같으니, 누구신가. 이 옷 입고 벗으시는 이', 조금 있다 말씀하시네, 보지 못했는가. '목우자가 이르시길 「천 가지 만 가닥 온통 여기에 있다」라고 한 것을'이라 하고는 그 말이 끝나자마자 조용히 입적하였다. 生也如着袴 死也如脫裙 那箇是着脫底人 良久云 不見 牧牛子道 千種萬般 摠在這裡 言說訖 泊然而化"라고 하였다. 29일에 문도들이 지금의 전남 고흥군 두원면인 두원현 동쪽에 다비하고 유골을 수습하여 3월 6일에 조계산 수선사로 돌아왔으며, 6월 9일에 대원사(大原寺) 서쪽 산기슭에 모셨다. 현재 보성 대원사에 대원사자진국사부도가 자리하고 있다. 〔참고문헌〕『朝鮮金石總覽』 권상, 『韓國金石全文』 중세하, 『曹溪山松廣寺史庫』(亞細亞文化社, 1977) p.443, 『校勘譯註歷代高僧碑文』 高麗篇4(1997). ⇨천영 天英, 대원사자진국사부도 大原寺慈眞國師浮屠

자진원오국사정조탑비제액 탁본

자징 自澄 1638~1717. 조선후기 스님. 호는 설봉(雪峰), 속성은 김(金)씨. 아버지의 휘는 희린(希璘). 어느 날 어머니가 폭풍과 우뢰(風雷)의 태몽을 꾼 다음, 1638년(인조16) 평안도 영변에서 태어났다. 9세 때 부모가 모두 죽자 숙부(叔父)인 성린(性璘)이 묘향산(妙香山) 보현사(普賢寺)로 데리고 가서 글을 가르쳤는데 무슨 책이든 한 번만 보면 외울 정도로 총명하였다. 15세 때 평안도 영변 용문산 용문사(龍門寺)에서 풍담의심(楓潭義諶 1592~1665)을 은사로 하여 스님이 되었고 그로부터 경론을 배웠다. 금강산(金剛山)·백운산(白雲山)·보개산(寶蓋山 : 深源寺) 등으로 다니면서 많은 선지식을 친견하고 법을 물었는데, 그 가운데 취미수초(翠微守初)와 송원(松原) 등은 불교계에 큰 그릇이 될 것이라고 소중히 여겼다. 오랫동안 학인을 지도하다가 학인을 해산하고 금강산으로 들어가 이십 년 동안 자취를 감추고 참선정진 하였다. 말년에는 금강산 발연(鉢淵) 서쪽 폭포정사(瀑布精舍)에서 주석하던 중, 어느 날 가벼운 병세를 보이더니 1717년(숙종43) 9월 13일 임종게(臨終偈)를 읊은 후 가사장삼을 갈아입고 조용히 입적하였으니 세수 80, 법랍 65세였다. 다비 후 사리 2과를 얻어 표훈사(表訓寺) 남쪽과 발연의 서쪽에 각각 1과씩 나누어 봉안했다. 제자인 자익(自益)이 주선하여 병산거사(屛山居士)로부터 비문을 받고, 월곡산인(月谷山人)이 써서 1722년(경종2)에 세운 비가 강원도 외금강면 용계리 발연사(鉢淵寺)에 있다. 〔참고문헌〕 智冠 『韓國高僧碑文總集 朝鮮朝·近現代』 pp.322~324, 奎章閣所藏搨本 28168, 藏書閣所藏搨本 2348.

자차사 自此寺 평안남도 평원군 순안면 담화리에 있던 절. 『사탑고적고』에 '고지(古址)에 석축 일부분이 남아 있으며, 기와편이 산재해 있다'라고 하였다. 〔참고문헌〕 『寺塔古蹟攷』, 『韓國寺刹全書』 권하 p.968b6.

자찬훼타계 自讚毁他戒 Ⓢ ātma-utkarṣaṇā para-paṃsanā śīla, Ⓣ bdag-bstod-pa-dang-gzhan-smod-pa tshul-khrims. 범망계(梵網戒)에서는 십중대계(十重大戒) 또는 십바라이(十波羅夷) 중 하나이고, 유가계(瑜伽戒)에서는 사바라이법(四波羅夷法) 중 하나다. 자신을 찬탄하고 남을 헐뜯는 것. 『대반야경』 권54(대정장5, p.303c15)에 "보살마하살은 제5지 극난승지에 머무를 때 열 가지 법을 응당 멀리 여의어야 한다. 어떤 것들이 그 열 가지인가? … 다섯 번째, 응당 '자신은 찬탄하고 남은 헐뜯는 것'을 멀리 여읜다. 菩薩摩訶薩 住第五極難勝地時 應遠離十法 何等爲十 … 五者 應遠離自讚毁他", 『범망경』 권하(대정장24, p.1004c19)에 "불자들아, 스스로를 칭찬하고 타인을 비방하지 말며, 다른 이로 하여금 스스로 칭찬하고 타인을 비방하도록 하지 말며, 타인을 비방하는 인도 연도 법도 업 등도 짓지 마라. 보살은 모든 중생을 대신하여 비방을 받고, 나쁜 일은 자기에게 향하게 하며, 좋은 일은 타인에게 향해야 하거늘 스스로 자기의 덕은 칭찬하고, 타인이 잘한 일은 숨겨서 타인이 비방을 받도록 하는 것은 보살의 바라이죄이다. 若佛子 自讚毁他 亦敎人自讚毁他 毁他因 毁他緣 毁他法 毁他業 而菩薩應代 一切衆生 受加毁辱 惡事自向己 好事與他人 若自揚己德 隱他人好事 令他人受毁者 是菩薩波羅夷罪", 『우바새오계위의경』(대정장24, p.1116c26)에 "이와 같이 보살계에 머무르는 이에게는 네 가지 바라이법이 있다. 어떤 것들이 그 네 가지인가? (첫 번째로) 만약 보살이 이양 때문에 자신을 찬탄하고 남을 헐뜯으면 이를 보살바라이라고 한다. 如是住菩薩戒者 有四波羅夷法 何等爲四 若菩薩爲利養故自讚毁他 是名菩薩波羅夷", 『유가사지론』 권40(대정장30, p.515b21 : *Bodh-bh.*, p.108)에 "이와 같이 보살이 계율의에 머무름에 네 가지 타승처법(他勝處法)이 있으니, 어떤 것들이 그 네 가지인가? 만약 어떠한 보살이든 이양과 공경을 탐하여 구하고자 하여 자신을 찬탄하고 남을 헐뜯으면 이를 첫 번째 타승처법이라고 한다. 如是菩薩住戒律儀 有其四種他勝處法 何等爲四 若諸菩薩爲欲貪求利養恭敬 自讚毁他 是名第一他勝處法 evañca śīlasaṃvaravyavasthitasya bodhisattvasya catvārah pārājayikasthānīyadharmā bhavanti. katame catvārah. lābhasatkārādhyavasitasyātmotkarṣaṇā parapaṃsanā bodhisattvasya pārājāyikasthānīyo dharmaḥ"라고 하였다. 〔참고문헌〕『大般若經』, 『梵網經』, 『優婆塞五戒威儀經』, 『瑜伽師地論』, 『解深密經』 권4(대정장16, p.706b12), *Bodh-bh.75.* ⇨ 부자찬훼타계 不自讚毁他戒, 십바라이 十波羅夷, 십중대계 十重大戒

자책가 自責歌 작자 및 시대 미상의 453구 장편가사. 『자책가 自策歌』라고도 한다. 권수근(權守根)이 보유해 온 '화청 和請'류 공판본(孔版本)으로 전승되었다. 국립중앙도서관에 소장된 순한글 필사본에는 『회심곡 回心曲』이 합철되어 전한다. "원아(願我)는 금유차일(今有此日) 사바세계 남섬부주(南贍部洲) 동양하고 대한민국 금차(今此) 수월도량(水月道場) 지극지성(至極至誠) 천혼제자(薦魂濟者) … 주인공 주인공아 세간탐착 그만하고 참괴심을 일우와다 일슥념불 엇뎌하뇨 … 방편돗대 놉프 달고 정신놋대 구지 잡고 졔대셩현 인졉노에 아미타불 옥호광을 휜줄이 빗춰시녀 사십팔원 대원풍을 대히공에 빗계 부니 십만억 국토외를 경각간에 왕생하니 이 아니 념불션이 만션 중에 샹션인가 나무아미타불"라 하였다. 〔참고문헌〕 이상보 『한국불교가사전집』(민속원, 1996) pp.476~484. ⇨ 나옹화상승원가 懶翁和尙僧元歌

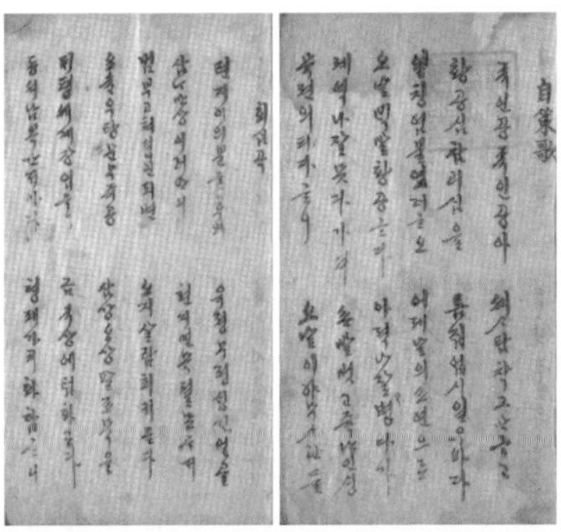

자책가 국립중앙도서관

자척 自擲 Ⓢ ātmānaṃ prakṣipet. 스스로를 내던지다. 온몸을 던지는 투신(投身)과 같은 뜻이다. 『중변분별론』 권상(대정장31, p.454c26 : *Madhy-vibh.*, p.35)에 "삼지법계를 인으로 흘러 전한 것으로 들은 바 정법이 가장 으뜸임을 알아, 이 법을 얻기 위하여 넓이가 삼천대천세계만큼 넓은 불구덩이라도 능히 그 중에 스스로를 던질 수 있다. 因三地法界傳流 知所聞正法第一 爲得此法 廣量三千大千世界火坑 能自擲其中 yena dharmadhātuniṣyandasya śrutasyāgratāṃ viditvā tadarthaṃ trisāhasramahāsāhasrapramāṇāyām api agnikhadāyām ātmānaṃ prakṣipet"라고 하였다. 〔참고문헌〕『中邊分別論』, 『薩婆多毘尼』 권1(대정장23, p.571a2), *Madhy-vibh.*

자천사 資薦寺 황해북도 장단군 송림현에 있던 불정사(佛頂寺). 〔참고문헌〕『韓國寺刹全書』 권하 p.972b1. ⇨ 불정사 佛頂寺 ❶

자청 諮請 Ⓢ paripṛcchā, Ⓣ yongs-su-'dri-bar-byed-pa. 묻고 청함. 법을 묻고 듣고자 청하다. 『불퇴전법륜경』 권1(대정장9, p.226b13)에 "그 중의 보살들이 서로 함께 묻고 청하였으니 물음을 드러내 논의하였다. 其中菩薩 互共諮請 發問論議", 36권본 『대반열반경』 권3(대정장12, p.619a26)에 "우리들의 지혜 저 모기나 파리와 같은데 어떻게 여래의 깊은 법 묻고 청하겠습니까? 我等智慧 猶如蚊蚋 何能諮請如來深法"라고 하였다. 〔참고문헌〕『不退轉法輪經』, 『大般涅槃經』, 『慈恩傳』 권1(대정장50, p.225a10), *Sam-r.68.*

자체 字體 ❶ Ⓢ dhātu. 글자의 바탕. 범어의 어근을 말한다. 자계(字界)라고도 한다. 이와 달리 단어를 파생시키는 접사는 자연(字緣)이라 한다. 『자은전』 권3(대정장50, p.239a17)에 "다시 『기론약경 記論略經』에 일천송이 있고 또 자체에 관한 삼백송이 있다. 또 자연에 관한 것은 두 가지가 있으니, 첫째는 『문택가 聞擇迦』(Ⓢ Mandaka)라 하며 삼천송이고 둘째는 『온나지 溫那地』(Ⓢ Unādi)라 하며 이천오백송이다. 이는 자연과 자체를 변별한 것이다. 또 『팔계론 八界論』의 팔백송이 있는데 여기에서는 합성어의 자연과 자체를 간략히 다룬다. 復有記論略經有一千頌 又有字體三百頌 又有字緣兩種 一名間擇迦三千頌 二名溫那地二千五百頌 此別辯字緣字體 又有八界論 八百頌 此中略合字之緣體"라고 하였다. 〔참고문헌〕『慈恩傳』, 『瑜伽論記』 권5(대정장42, p.414b3). ⇨ 자계 字界, 자계자연 字界字緣 ❷ 글자의 모양. 『양고승전』 권1 「축담마라찰 竺曇摩羅刹」(대정장50, p.326c9)에 "스승을 좇아 서역에 이르러 여러 나라를 돌아다녔다. 외국의 다른 언어에는 36종이 있고 글씨 또한 그와 같았는데, 법호(法護 : 竺曇摩羅刹)는 모두 두루 배워서 훈고와 음의와 자체를 모두 꿰뚫어 알지 못하는 것이 없었다. 隨師至西域 遊歷諸國 外國異言 三十六種 書亦如之 護皆遍學 貫綜詁訓音義字體 無不備識"라고 하였다. 〔참고문헌〕『梁高僧傳』.

자체무성 自體無性 유위법(有爲法)에는 자체의 고유한 본성이 없다는 것. 『십지경론』 권10(대정장26, p.179b25)에 "자성은 남이 없다한 것은 이 법도 무아이고 저 법도 무아여서 자체에 성이 없기 때문이니, 저 경에서

'유성(有性) 있을리 없다'라고 한 것과 같다. 自性無生者是法無我 彼法無我 自體無性故 如經非有有性故",『대승중관석론』권1(대정장30, p.136c12)에 "또는 물단지 등과 같이 스스로 생기하는 법이 있음을 볼 수 없다. 스스로의 몸은 성이 없기 때문이다. 或如瓶等 卽不見有自生之法 如前瓶等 自體無性故",『대반열반경의기』권7(대정장37, p.809c29)에 "'중생의 성과 허공의 성 모두 실체가 없다'라고 하였는데, 생공이란 그 중생의 성이고 허공은 바로 앞서 말한 법공이다. 낮고 깊음 비록 다르지만 모두 본래 자체에 고유한 본성이 없기 때문에 공이라 한다. 衆生之性與虛空性俱無實者 生空是其衆生之性 虛空是前所辯法空 淺深雖殊 俱是本來自體無性故名爲空"라고 하였다. 〔참고문헌〕『十地經論』,『大乘中觀釋論』,『大般涅槃經義記』.

자체본유 自體本有 Ⓢsvābhāvika, svābhāvikatva, Ⓣngo-bo-nyid. 스스로의 바탕으로 본래 있는 것.『변중변론』권상(대정장31, p.466a25)에 "모든 성종성은 그 스스로의 바탕으로 본래 있는 것이어서 익혀 성취한 것이 아니기에 본성이라고 한다. 諸聖種姓 自體本有 非習所成 說名本性",『주대승입능가경』권9(대정장39, p.499b9)에 "원성실성은 자체로 본유한 것이니 새로이 생겨남 기다리지 않고 미래가 다할 그 끝까지 상주하며 영구히 끊어져 사라지지 않는다. 圓成實性 自體本有 不待新生 盡未來際 究竟常住 永不斷滅"라고 하였다. 〔참고문헌〕『辯中邊論』,『注大乘入楞伽經』, *Madhy-vibh.26.* ⇨본유 本有, 자연득 自然得[2], 자연법이 自然法爾

자체부정 自體不淨 Ⓢprakṛtyāśuci. 오종부정(五種不淨) 중 하나. 삼십육물(三十六物)의 부정한 요소로 몸이 구성되어 있어 자체로 청정하지 않다는 뜻이다.『유가사지론』권7(대정장30, p.312c6 : *Yogā-bh.*, p.158)에 "깨끗한 물건을 가져 받으면 청정해질 수 있다는 말이다. 세간에서는 개 등을 부정하다고 다들 보면서도 그대들은 개처럼 생활하는 것(狗戒)을 지켜나가는 일로 청정해질 수 있다는 주장을 하니 이는 도리에 맞지 않다. 부정한 것을 집수한 이라면 그 자체가 부정한데, 다른 것을 깨끗하게 할 수 있다니 이는 도리에 맞지 않다. 若由執受淨物 得淸淨者 世間共見狗等不淨 而汝立計執受狗等得淸淨者 不應道理 若由執受不淨物者 自體不淨而令他淨 不應道理 kaccidicchasi śucivastūpādānato vā śuddhimaśucivastūpādānato veti. sacecchuci vastūpādānataḥ. tena kukkurādayo'śucisammatā loka iti tadupādānena śuddhirna yujyate. sacedaśucivastūpādānataḥ. tena prakṛtyāśuci vastu śuddhaye saṃvartata iti na yujyate",『법화경현찬요집』권7(卍속장53, p.632a9)에 "지수화풍이 임시로 화합하여 피부·살·힘줄·뼈 등 서른여섯 가지 부정한 것으로 그 몸이 이루어져 있기에 그 자체로 부정한 것이라 한다. 地水火風 假合連持 皮肉筋骨 三十六物 以成其身 名自體不淨"라고 하였다. 〔참고문헌〕『瑜伽師地論』,『法華經玄贊要集』, *Yogā-bh.* ⇨오종부정 五種不淨[1], 삼십육물 三十六物, 부정관 不淨觀

자체분 自體分 호법(護法 ⓈDharmapāla)의 사분설(四分說) 중 세 번째 분(分). 또는 상분(相分)과 견분(見分)을 있게 하는 제8아뢰야식(阿賴耶識) 그 자체. 자증분(自證分 Ⓢsvasaṃvedana)이라고도 한다.『섭대승론석론』권2(대정장31, p.277a14)에 "아리야식으로 인을 삼기에 모든 법이 생겨날 수 있다. 이 식을 자체분이라고 한다. 謂阿梨耶識爲因故 諸法得生 此名自體分".『성유식론술기』권7(대정장43, p.486c16)에 "견분과 상분은 자체분이 변한 것이기에, 자체분의 용이기에, 자체는 이 이분의 의지다. 見相二分 是自體分之所變故 是自體分之用故 說自體是二分所依", 같은 책 권3(대정장43, p.318c24)에 "〔술〕 자체분이 없다면 스스로 심과 심소법을 기억하지 못할 것이다. 왜 그러한가? 마치 전에 만난 적 없는 경은 결코 기억할 수 없어야 하기 때문이다. 이는 전에 만난 일 없는 경은 결코 기억할 수 없어야 함을 말한다. 또 견분심이 과거나 현재에 스스로 반연한 적이 없어서 과거가 되어버렸다. 어떻게 이 이미 사라진 마음을 기억할 수 있겠는가? 과거를 상분으로 반연하는 게 아니기 때문이다. 내가 지금 비록 상분으로 그 경을 반연할 수는 없지만 자증분을 반연하기 때문이다. 述曰 謂無自體分 應不自憶心心所法 所以者何 如不曾更境 必不能憶故 謂若曾未得之境 必不能憶 心昔現在曾不自緣 旣過去已 如何能憶此已滅心 以不曾爲相分緣故 我今雖不令爲相分緣 然自證分緣故",『성유식론요의등』권6(대정장43, p.787c21)에 "(능취와 소취의) 이취는 변계소집이고, 이취의 근거인 식으로서 자체분은 의타기이다. 二取卽遍計所執 二取所依識自體分是依他起"라고 하였다. 〔참고문헌〕『攝大乘論釋論』,『成唯識論述記』,『成唯識論了義燈』. ⇨자증분 自證分, 아뢰야식 阿賴耶識, 사분 四分[1], 유식 唯識

자체상 自體相 Ⓢsvalakṣaṇa, svabhāva-lakṣaṇa, Ⓣrang-gi-mtshan-nyid. 어떤 법이 가지는 그 자체의 특징. 줄여서 자상(自相)이라고도 한다.『현양성교론』권16(대정장31, p.557b23)에 "변계소집에는 어떤 자체상도 없다. 遍計所執 皆無自體相",『성유식론술기』권2(대정장43, p.301a18)에 "자상이란 자체상을 말한다. 自相者 自體相也",『대승기신론』권상(대정장32, p.587b16)에 "진여의 자체상이란 일체의 범부·성문·연각·보살·제불에게 증감이 없으며 과거에 생겨난 것도 아니고 미래에 사라지는 것도 아니며 구경까지 항상 한 것이며 무시이래로 본래의 성으로 모든 공덕을 갖춘다. 眞如自體相者 一切凡夫聲聞緣覺菩薩諸佛 無有增減 非前際生 非後際滅 常恒究竟 從無始來 本性具足一切功德"라고 하였다. [참고문헌]『顯敭聖敎論』, 『成唯識論述記』, 『大乘起信論』, *Madhy-vibh.18.* ⇨ 자상 自相

자체상사 自體相似 Ⓢ svabhāva-sādṛśya, Ⓣ ngo-bo-nyid-'dra-ba. 스스로의 바탕 서로 닮아있음. 『유가사지론』 권15(대정장30, p.357a5)에 "자체의 상사함이란, 저 펴고 구르지만 그 모양 서로 닮아있다. 自體相似者 謂彼展轉 其相相似", 『현양성교론』 권11(대정장31, p.531c29)에 "자체상사란, 저 상모들 서로서로 닮은 듯하다는 말이다. 自體相似者 謂彼相貌更互相似", 『대승아비달마집론』 권1(대정장31, p.665c11 : *Abh-s.*, p.11)에 "이런 저런 유정들이 종종의 류에 있어 스스로의 몸 그럴 듯하게 닮아있어 세운 것을 중동분이라 한다. 謂如是如是有情 於種種類 自體相似假立衆同分 teṣāṁ teṣāṁ sattvānāṁ tasmiṁ stasmin sattvanikāye ātmabhāvasadṛśatāyāṁ nikāyasabhāga iti prajñaptiḥ", 『대승아비달마잡집론』 권2(대정장31, p.700b18 : *Abh-s-bh.*, p.10)에 "'각자의 류'란 인간이나 천 등 그 종류 차별하고 '그 자체의 상사함'이란 한 종류에 있어 그렇다는 것이다. 於種種類者 於人天等種類差別 於自體相似者 於一種類性 tasmistasmin sattvanikāya iti devamanuṣyādiṣu sattvajātiṣu. ātmabhāvasadṛśatāyāmityekajātīyatāyām"라고 하였다. [참고문헌]『瑜伽師地論』, 『顯敭聖敎論』, 『大乘阿毘達磨集論』, 『大乘阿毘達磨雜集論』, *Abh-s.*, *Abh-s-bh.*

자체상훈습 自體相熏習 진여 스스로 그 바탕과 모습 익혀 가꾼다는 말. 중생이 진여의 이름으로 시작없는 때로부터 무루법과 부사의업 갖추고 스스로 그 바탕과 모습 익혀 가꾸는 뜻이다. 용훈습(用熏習)과 상대한다. 진제(眞諦) 역본 『대승기신론』(대정장32, p.578b19)에 "진여훈습의 뜻은 두 가지다. 첫째는 자체상훈습이고, 둘째는 용훈습이다. 자체상훈습이란 시작없는 때로부터 무루법인 채로 불가사의업마저 갖추고서 경계의 성을 짓는 것이다. 이 두 가지 뜻에 따라 항상 훈습을 하고 힘이 있기에 능히 중생들로 하여금 생사의 고통에 염증을 느끼고 기꺼이 열반을 구하게 하니, 스스로 자신에게 진여법이 있음을 믿게 해서 마음을 일으켜 수행하게 한다. 眞如熏習義 有二種 云何爲二 一者 自體相熏習 二者 用熏習 自體相熏習者 從無始世來 具無漏法 備有不思議業 作境界之性 依此二義 恒常熏習 以有力故 能令衆生厭生死苦 樂求涅槃 自信己身有眞如法 發心修行", 『기신론소』 권하(대정장44, p.217c26)에 "먼저 자체훈습을 밝힌다. 이 중에는 두 가지다. 첫째는 곧장 밝히고 둘째는 의심을 보낸다. 처음 중에 말하길 '시작도 없는 때부터 완전히 무루법인 채로 불가사의한 업을 갖추었다'라고 한 말은 본각불공문에 있는 것이고, '경계의 성을 짓는다'라고 한 말은 여실공문경에 나아가서 설한 것이다. 이 본래 있는 경지의 힘에 의지하여 망심을 그윽히 훈습하여 싫어함과 기꺼워함 등을 일으킨다. 先明自體熏習 於中有二 一者直明 二者遣疑 初中言具無漏法備有不思議業者 是在本覺不空門也 作境界之性者 是就如實空門境說也 依此本有境智之力 冥熏妄心 令起厭樂等也"라고 하였다. [참고문헌]『大乘起信論』, 『起信論疏』, 『釋摩訶衍論』 권5(대정장32, p.633c29). ⇨ 진여훈습 眞如熏習, 용훈습 用熏習, 진여 眞如, 훈습 熏習

자체애 自體愛 Ⓢ ātmabhāva-tṛṣṇā. 스스로의 몸(我)에 대한 목마름. 『유가사지론』 권100(대정장30, p.880a17)에 "내 문이 스스로 애착하여 물들어 따르므로 유애미라고 하고, 이와 반대되는 것이 무애미다. 內門自體愛染隨故 名有愛味 與此相違 名無愛味", 『대승아비달마잡집론』 권5(대정장31, p.714c4 : *Abh-s-bh.*, p.39)에 "이 자체애는 오직 갖추어 나는 것으로서 알아채기 어려운 경이다. 유부무기성으로 거둔다. 이에 능히 아 스스로의 몸이라고 분별해서 차별경계를 낳는다. 此自體愛 唯是俱生 不了所緣境 有覆無記性攝 而能分別我自體 生差別境界 sā punarātmabhāvatṛṣṇā sahajāni rūpitālaṁvanānivṛtāvyākṛtā ca. ātmabhāvajātiścā syāḥ prakārāparicchedenālaṁvanaṁ veditavyam", 『유가론기』 권1(대정장42, p.321c5 · 한불전13, p.30b12)에 "이 스스로의 몸이라는 갈망은 이미 숨어 잠겨있다. 此自體愛 旣是隱沒", 『유식론동학초』 권33(대정장66, p.3b19)에 "자체애가 일어날 때는 이미 이견도 함께 행한다. … 자체애가 일어날 때는 현행하는 자신의 오온을 반연해 아애를 일으키기 때문이다. 起自體愛之時 旣與我見俱行 … 起自體愛之時 緣現自身五蘊起我愛故", 『약술법상의』 권2(臺灣國圖善本36, p.83a3)에 "중유를 적셔 자체애를 일으키고, 생유를 물들여 경계애를 일으킨다. 사유에 있어서는 중유를 보지 못해 아가 있지 않아서 자체애를 일으킨다고 말한다. 於潤中有 起自體愛 於潤生有 起境界愛 以於死有 不見中有 謂我無有 起自體愛"라고 하였다. [참고문헌]『瑜伽師地論』, 『大乘阿毘達磨雜集論』, 『瑜伽論記』, 『唯識論同學鈔』, 『略述法相義』, *Abh-s-bh.* ⇨ 아애 我愛

자체정 自體淨 스스로의 바탕 깨끗함. 『니건자소설경』 권6(대정장9, p.345c22)에 "비유하면 저 물을 깨끗하게 하는 마니보주는 스스로의 바탕 깨끗하기에 능히 온갖 탁한 물을 청정하게 하는 것과 같다. 譬如淨水摩尼寶

珠 自體淨故 而能淸淨一切濁水", 『십지경론』 권4(대정장26, p.145c15)에 "자체정에는 세 가지 계가 있으니 첫째는 여의는 계로 깨끗함이고, 둘째는 선법을 섭수하는 계정이고, 셋째는 중생을 이익하게 하는 계정이다. 自體淨者 有三種戒 一 離戒淨 二 攝善法戒淨 三 利益衆生戒淨", 『화엄경탐현기』 권11(대정장35, p.316c4)에 "정지에서는 삼취정계에 과실로 인한 범계가 없기에 자체정이라 한다. 謂正地三聚無誤犯垢 名自體淨"라고 하였다. [참고문헌] 『尼乾子所說經』, 『十地經論』, 『華嚴經探玄記』. ⇨ 삼취정계 三聚淨戒

자체훈습 自體熏習 ➡ 자체상훈습 自體相熏習

자초 自超 1327~1405. 고려말 조선초 스님. 원(元)나라로 가서 유학하고 돌아와 불교의 흥왕(興旺)을 꾀하였던 스님이다. 특히 조선 개국 후 태조의 한양(漢陽) 천도를 도왔다. 호는 무학(無學), 헌호는 계월헌(溪月軒), 왕사호는 묘엄존자(妙嚴尊者), 속성은 박씨. 아버지의 휘는 인일(仁一), 어머니는 고성(固城) 채씨(蔡氏)다. 1327년(충숙왕14) 9월 20일 경상도 삼기군(三岐郡 : 지금의 합천군 삼가면)에서 태어났다. 1344년(충숙왕복위5) 18세 때 혜감국사(慧鑑國師)의 제자인 소지(小止)를 은사로 하여 스님이 되었고, 아울러 비구계를 받았다. 그 후 용문산(龍門山) 혜명국사(慧明國師)에게서 법을 배웠으며, 1346년(충목왕2) 겨울부터 『능엄경 楞嚴經』을 보다가 깨달음을 얻었고, 1349년(충정왕1)에는 충청도 진주(鎭州) 태영산(胎靈山) 길상사(吉祥寺)에서 주석, 1352년(공민왕1) 여름에는 묘향산(妙香山) 금강굴에 주석하면서 용맹정진하여 오매일여(寤昧一如)의 경지를 얻었다. 이듬해가을 구법차(求法次) 원나라 왕도인 연경(燕京)에 이르러 인도에서 온 지공(指空)을 만나 예배를 드리고 일어나 여쭙되 "삼천팔백리의 먼 길을 멀다하지 않고 스님을 친견하게 되었사오니 법을 내려 주십시오" 하고 청법하니 지공이 이르기를 "네가 고려 사람을 모두 죽인 다음에라야 일러주리라. 高麗人都殺了 蓋許之也"라고 하였다. 1354년 1월 연경 법천사(法泉寺)에서 6년 먼저 입원(入元)한 나옹혜근(懶翁惠勤)을 만났으며, 무영(霧靈)·오대산(五臺山) 등을 순례한 후 서산(西山) 영암사(靈巖寺)로 나옹을 찾아가 함께 몇 년 동안 지냈다. 4년 간의 유학을 마치고 1356년(공민왕5) 여름 귀국하여 양산 천성산(千聖山) 원효암(元曉庵)에 주석하다가 1359년 해주 신광사(神光寺)로 나옹을 찾아뵈었고 나옹은 불자(拂子)를 선물로 주었다. 고달산(高達山)에 암자를 짓고 정진하던 중 1371년(공민왕20) 44세 때와 1376년 회암사(檜巖寺) 낙성법회 때에 왕사로 책봉하려 하였으나 모두 사양하였다. 1392년(태조1) 태조가 왕도를 옮기고자 터 잡아줄 것을 요청하였고 스님은 완강히 사양하다가, 마지 못하여 태조와 함께 한양과 계룡산 등을 함께 다니면서 상토하여 마침내 한양으로 결정하였다. 1398년(태조7) 왕사직을 사임하고 대중지도도 모두 끊고 회암사에 있다가 금강산 진불암(眞佛庵)으로 들어갔다. 1405년(태종5) 가벼운 병을 보이므로 시자가 약을 올리고자 하였으나 '여든에 병이 있다고 하여 약을 써서 무엇하겠느냐'면서 거절하였다. 그 해 4월 다시 금강산 금장암(金藏庵)으로 옮기고는 여기서 입적할 것이라고 하였다. 8월에 의안대군(義安大君)이 한번 뵙고자 한다는 편지를 받고는 산중에 깊이 묻혀 만날 때를 약속할 수 없으니 다음 날 부처님 회상에서 만나자고 회답하고는 대중들에게 '나는 오래지 않아 떠날 것이다'라고 하였다. 과연 그 말과 같이 그 해 9월 11일 세수 79, 법랍 61세로 입적하였다. 『동사열전』 권1 「무학왕사전」(한불전10, p.1006b10)에 인용된, 청허휴정(淸虛休靜)의 「석왕사기 釋王寺記」에 따르면 이성계(李成桂)가 아직 왕이 되기 전에 안변 석왕사 토굴로 스님을 찾아가, 지난 밤에 세 개의 서까래 위에 자신이 누워 있는 꿈해몽을 청하였고 이 꿈은 필시 왕이 될 암시라 여겨 그 토굴 자리에 절을 짓고 3년 동안 오백나한(五百羅漢)의 성재(聖齋)를 베풀라 하여 석왕사가 창건되었다. 저서로는 『인공음 印空吟』 1권이 있었으나 일실되었고, 『무학비결 無學祕訣』의 사본이 조선총독부 대정 10년(1921) 목록 및 『고선책보 古鮮冊譜』 등에 제목만 보인다. 『무학국사어록 無學國師語錄』 1권이 『나려예문지 羅麗藝文誌』에 화산(華山) 소장이라고 전하나 확실하지는 않다. 『불조종파지도 佛祖宗派之圖 : 傳鉢源流傳燈圖』는 스님이 1394년(태조3) 6월 25일 판각하여 난타사(難陀寺)에 보관하였던 판을 1531년(중종26) 5월

태조왕사무학대화상진영
함양 용추사 1781년

조선국태조왕사무학대화상
여주 신륵사 19세기

에 중간한 것으로 현재 순천 송광사에 있다. 변계량(卞季良)이 왕명으로 비문을 짓고 공부(孔府)가 써서 1410년(태종10)에 세운 묘엄존자탑비와 무학대사탑 및 쌍사자석등이 양주 회암사에 있다. 〔참고문헌〕『太祖實錄』, 『太宗實錄』, 『東師列傳』, 『朝鮮佛教通史』 권상 pp.377~382, 李智冠 『校勘譯註歷代高僧碑文』 朝鮮篇1 pp.80~100, 「檜巖寺無學王師妙嚴尊者塔碑」(『朝鮮金石總覽』 권하, pp.1280~1283). ⇨ 무학 無學❸, 묘엄존자 妙嚴尊者❷, 무학왕사자초비 無學王師自超碑, 무학왕사어록 無學王師語錄, 회암사지무학대사탑 檜巖寺址無學大師塔

자추사 剌楸寺 경상북도 경주시 동천동 소금강산(小金剛山)에 있는 백률사(栢栗寺). 527년(법흥왕14)에 순교한 이차돈(異次頓)을 추모해 창건하였다. 『삼국유사』 권3(대정장49, p.987c17・한불전6, p.316b1) 흥법(興法)3 원종흥법염촉멸신(原宗興法厭髑滅身)에 "마침내 북산 서쪽 마루에 장사지냈다. 나인들이 이를 슬퍼하여 좋은 터를 정해 난야를 지었는데, 이름을 자추사라고 하였다. 遂乃葬北山之西嶺 內人哀之 卜勝地造蘭若 名曰刺楸寺"라고 하였다. 〔참고문헌〕『三國遺事』, 『韓國寺刹全書』 권하 p.968b8. ⇨ 백률사 栢栗寺

자치연치연어법 自熾燃熾燃於法 Ⓟ atta-dīpā dhamma-dīpā. 스스로를 태워 빛나며 법에도 불타듯 하여 빛나다. 한편, 범어 드비파(Ⓢ dvīpa)를 등불이 아닌 '섬'이라는 뜻으로 새겨서 자주(自洲)라고 한역하기도 한다. 『장아함경』 권2 「유행경 遊行經」(대정장1, p.15b6)에 "아난아! 마땅히 스스로 타오르며 빛나고 법에도 타오르며 빛나게 한다. 다른 것을 타오르며 빛나는 등불로 여겨서는 안 된다. 마땅히 자기에게 귀의할 것이며 법에 귀의를 해야지, 다른 것에 귀의해서는 안 된다 阿難 當自熾燃 熾燃於法 勿他熾燃 當自歸依 歸依於法 勿他歸依"라고 하였다. 〔참고문헌〕『長阿含經』, 『增壹阿含經』 권12(대정장2, p.607b14), *DN.2.100.* ⇨ 자주이자의법주이법의 自洲以自依法洲以法依, 자등명법등명 自燈明法燈明, 법등명 法燈明

자칭비구 自稱比丘 Ⓢ pratijñā-bhikṣu, Ⓣ khas-'che-ba'i-dge-slong. 여법한 득도 등 절차없이 스스로를 비구라 칭함. 사종비구(四種比丘) 또는 팔종비구(八種比丘) 중 하나로 자언비구(自言比丘)・자칭필추(自稱苾芻)라고도 하고 비구니인 경우에는 자칭비구니(自稱比丘尼)라고 한다. 『사분율명의표석』 권3(卍속장70, p.449b3)에 "자칭비구 : 『유부율』에서는 '만약 어떤 사람이 실제로 필추가 아니면서 스스로 나는 필추이다라고 말하거나 또는 몰래 승가에 들어와서 스스로를 필추라고 칭하니 이를 자언필추라고 한다'(대정장23, p.630a5)라고 하였고, 『십송율』에서는 '또 다시 적주비구가 머리카락과 수염을 깎고 가사를 입고서 스스로 나는 비구다라고 말하면 이를 자언비구라고한다'(대정장23, p.2b1)라고 하였으며, 『오분율』에서는 '스스로 머리카락을 자르고 스스로 칭하여 비구라고 하는데 우리 법 중에는 있을 수 없으니 출가시켜 구족계를 주어서는 안 된다. 만약 이미 구족계를 받았더라도 곧바로 추방해야 한다'(대정장22, p.118a14)라고 하였다. 自稱比丘 根本云 若人實非苾芻 自言我是苾芻 或是賊住 自稱苾芻 是謂自言苾芻 十誦云 又復賊住比丘 剃除鬚髮 著袈裟 自言我是比丘 是名自言比丘 五分云 若自剃頭 自稱比丘 於我法中不生 不應與出家受具足戒 若已受具足戒 卽應滅擯"라고 하였다. 〔참고문헌〕『四分律名義標釋』, 『四分律』 권1(대정장22, p.571a24), *Abh-k-bh.223.*, *Śrāv-bh.341.* ⇨ 사종비구 四種比丘❶, 팔종비구 八種比丘

자칭비구니 自稱比丘尼 스스로 비구니라고 칭하는 이. 『사분율명의표석』 권19(卍속장70, p.681b13)에 "자칭비구니 : 어떤 사람이 실제로 비구니가 아니면서 스스로 나는 비구니이다라고 말하거나 또는 몰래 대중에 들어와 머무는 경우다〈적주는 스스로 머리카락을 자르고 불계(佛戒)를 받지도 않았으면서 몰래 승계를 듣거나 또는 함께 갈마포살하기에 적주라고 한다. 이런 사람은 후에라도 출가를 허락해서는 안 된다〉. 自稱比丘尼 謂人實非比丘尼 自言我是比丘尼 或是賊住者〈賊住 謂自剃髮 不受佛戒 盜聽僧戒 或共羯磨布薩 名爲賊住 此人後不聽與出家〉"라고 하였다. 〔참고문헌〕『四分律名義標釋』, 『四分律』 권22(대정장22, p.714a16). ⇨ 자칭비구 自稱比丘

자타공무인 自他共無因 법이 생겨나는 인을 네 가지로 분별한 것. 이 네 가지로도 제법이 일어나는 뜻이 될 수 없음(不生)을 밝혔다. 자(自)는 종자(從自 Ⓢ svataḥ)의 뜻이고, 타(他)는 종타(從他 Ⓢ parataḥ)의 뜻이고, 공(共)은 자타가 함께 하여 인이 되는 종자타공(從自他共 Ⓢ dvābhāṃ)의 뜻이고, 무인(無因 Ⓢ ahetu)은 인이 없다는 뜻이다. 『중론』 권1(대정장30, p.2b6 : *Madhy-k.*, p.1)에서 "어떠한 법이든 스스로 생하지 않고, 또한 다른 것으로부터 생기지도 않으며, 함께 하지도 않고, 인이 없지도 않다. 그러므로 무생임을 안다. 諸法不自生 亦不從他生 不共不無因 是故知無生 na svato nāpi parato na dvābhyāṃ nāpy ahetutaḥ, utpannā jātu vidyante bhāvāḥ kva cana ke cana"라고 한 제1게송에 의지한다. 『금강반야바라밀경파취착불괴가명론』 권하(대정장25, p.897a20)에 "저 논서(『중론』)에서는 자・타・공・무인으로 모든 법을 관찰하였더니 본래 남이 없는 뜻이라고 하였다. 彼論中 以自他共無因 觀察諸法 本無生義", 『인왕호국반야경소』 권4(대정장3

3, p.271a1)에 "자·타·공·무인으로 색과 심(色心) 두 가지 법을 구하여도 얻을 수가 없다. 이로부터 지혜를 얻으니 무생인이라고 한다. 以自他共無因 求色心二法 不可得 於此得智 名無生忍"라고 하였다. 〔참고문헌〕『中論』, 『金剛般若波羅蜜經破取著不壞假名論』, 『仁王護國般若經疏』, 『宗鏡錄』 권61(대정장48, p.766b3), *Madhy-k.* ⇨사구분별 四句分別, 무생법인 無生法忍

자타공삼량 自他共三量 ➡삼비량 三比量, 자비량 自比量, 타비량 他比量, 공비량 共比量

자타락사법 自墮落四法 **1** 보살이 스스로 타락하는 네 가지 법. 『덕광태자경』(대정장3, p.413a9)에 "보살은 네 가지로 행하여 스스로 타락한다. 어떤 것이 그 네 가지인가? 첫째 보살이 교만하고 공경하지 않아 스스로 타락한다. 둘째 부처님의 가르침은 거듭하여 익히지 않고 아첨을 익혀 스스로 타락한다. 셋째 보살이 공양을 구하고 이익을 탐하여 스스로 타락한다. 넷째 보살이 아첨과 삿된 행위로 공양을 구하여 스스로 타락한다. 이것이 '사사법'이니, 보살은 이것 때문에 스스로 타락하는 것이다. 菩薩有四事法 自墮落 何等爲四 一者 菩薩憍慢而不恭敬 爲自墮落 二者 菩薩作無反復 習於諛諂 爲自墮落 三者 菩薩求供養貪利 爲自墮落 四者 菩薩佞諂邪行求於供養 爲自墮落 是爲四事法 菩薩爲自墮落"라고 하였다. 〔참고문헌〕『德光太子經』, 『法律三昧經』(대정장15, p.459a19). **2** 저절로 떨어지다. 『불본행집경』 권56(대정장3, p.912b17)에 "세존께서 정념과 정의로 난다에게 이렇게 말씀하셨다. '오너라, 그대 비구들아, 나의 법안으로 들어와 범행을 하고 모든 고통 남김없이 하라'. 이때 여래께서 이렇게 말씀하시니, 난다의 수염과 머리카락이 곧 저절로 떨어져 마치 비구가 그 수염과 머리카락을 깎고서 칠일이 지난 것과 같았다. 世尊 正念正意 告難陀言 來 汝比丘 入我法中 行於梵行 盡諸苦故 爾時 如來作是語已 難陀鬚髮 卽自墮落 猶如比丘 剃其鬚髮 始經七日"라고 하였다. 〔참고문헌〕『佛本行集經』.

자타유스 Jaṭāyus 인도의 대서사시 『라마야나 *Rāmāyaṇa*』에 나오는 독수리. 삼파티(Saṃpāti)와 형제이다. 『라마야나』에 따르면 자타유스는 악마 라바나(Ravana)가 라마(Rama)왕의 부인 시타(Sita)를 납치할 때, 시타의 비명을 듣고 날아가 라바나를 맹렬하게 공격하며 싸웠으나 두 날개를 잃었다. 그리고 뒤늦게 도착한 라마에게 시타의 행방을 알려주고, 라마에게 간청하여 그에 의해 최후를 맞았으며 라마는 그를 위해 정성스럽게 장례를 지냈다. 〔참고문헌〕 *R.* ⇨삼파티 Saṃpāti

자타의정 自他依正 자기와 다른 이의 의보(依報)와 정보(正報). 자기와 다른 이의 중생세간과 국토세간의 과가득한 세계 안팎을 뜻한다. 『화엄경소』 권4(대정장35, p.533b27)에 "역지신은 능히 자기와 다른 이의 의보와 정보를 지킨다. 力持身 能持自他依正", 『지관보행전홍결』 권5(대정장46, p.308c1)에 "과가 가득 찼기에 자타의정 일체를 갖추고 채웠다. 由果滿故 自他依正 一切俱滿", 『법화경구해』 권6(卍속장48, p.193a4)에 "세계의 안팎은 바로 자타의 의정이보이다. 世界內外 卽是自他依正二報"라고 하였다. 〔참고문헌〕『華嚴經疏』, 『止觀輔行傳弘決』, 『法華經句解』. ⇨의정이보 依正二報, 의보 依報, 정보 正報, 중생세간 衆生世間, 기세간 器世間

자타이선 自他利禪 Ⓢ sva-parārtha-samyag-upanidhyānāya dhyānam. 보살의 일체행선(一切行禪 : 一切種靜慮 Ⓢ sarvākāra-dhyāna), 또는 십삼종선(十三種禪) 중 하나. 자신과 타인을 이롭게 하는 정정(正定)을 말하며, 자타이정심사유정려(自他利正審思惟靜慮 Ⓣ bdag-dang-gzhan-gyi-don-legs-par-nges-par-bsam-pa'i-bsam-gtan)라고도 한다. 『보살지지경』 권6(대정장30, p.922a7 : *Bodh-bh.*, p.144)에 "어떤 것이 보살의 일체행선인가? 여섯 가지와 일곱 가지를 말한다. 간략하게 말하면 열세 가지이니, 선선·무기화화선·지분관분선·자타이선 … 현법낙주제일의선 등이다. 이것을 십삼종보살일체행선이라고 한다. 云何菩薩一切行禪 謂六種七種 略說十三種 善禪 無記化化禪 止分觀分禪 自他利禪 … 現法樂住第一義禪 是名十三種菩薩一切行禪 tatra katamadbodhisattvasya sarvākāra-dhyānam. tatṣaḍvidhaṃ saptavidhaṃ caikadhyamabhisaṃkṣipya trayodaśavidhaṃ veditavyam. kuśalaṃ dhyānamavyākṛtaṃ ca nirmitanirmāṇāya dhyānaṃ śamathapakṣyaṃ vipaśyanāpakṣyaṃ

자타카 녹본생구종 돈황막고257굴 북위 常書鴻 摹

svaparārthasamyagupanidhyānāya dhyānaṃ … dṛṣṭadharmasukhavihārāya parārthakriyāyai ca dhyānam. itīdaṃ trayodaśākāraṃ bodhisattvānāṃ dhyānaṃ sarvākāramityucyate"라고 하였다. [참고문헌] 『菩薩地持經』, 『瑜伽師地論』 권43(대정장30, p.528a13), *Bodh-bh.* ⇨ 일체행선 一切行禪

자타이식 自他異識 나와 남으로 다른 식. 몸이 의지함이 달라 육취(六趣)로도 달리 하는 식. 아뢰야식(阿賴耶識)이 변현(變現)한 구종식(九種識 : 身識 塵識 用識 世識 器識 數識 四種言說識 自他異識 善惡生死識) 중 하나. 자타차별식(自他差別識)이라고도 한다. 『현식론』(대정장31, p.878c27)에 "현식(顯識)에는 아홉 가지가 있으니, … 여덟째 자타이식이란 무엇인가? 처에 의지함이 각각 다르고, 육취로 같지 않음을 말한다. 의처란 몸이니, 육취의 몸을 자타이식이라고 한다. 顯識者有九種 … 第八 自他異識者 謂依處各異 六趣不同 依處者身也 六趣身 謂自他異識"라고 하였다. [참고문헌] 『顯識論』. ⇨ 현식 顯識, 아뢰야식 阿賴耶識

자타작 自他作 Ⓟ sayaṃ katañca parakatañca. 자신과 타인이 함께 짓는 말. 생로병사를 짓는 주체를 네 가지로 분별하는(自作 他作 自他作 非自非他作) 것 중에 하나다. 『잡아함경』 권12(대정장2, p.81a20)에 " '존자, 사리불이여! 노사는 자작이 아니고 타작이 아니며 자타작이 아니고 비자비타무인작이 아닙니다. 저 생을 연하기에 노사가 있을 뿐이다. 尊者舍利弗 老死非自作 非他作 非自他作 亦非非自他作無因作 然彼生緣故有老死", 『유가사지론』 권19(대정장30, p.386a16)에 "혹은 자작으로 고락를 초래한다고 헤아리고, 혹은 타작이라고 계탁하며, 혹은 자타작, 혹은 자작도 아니고 타작도 아니고, 인 없이 생겨나 고락 불러들인다고 한다. 或計自作 而招苦樂 或計他作 或自他作 或非自作亦非他作 不由因生 而招苦樂"라고 하였다. [참고문헌] 『雜阿含經』, 『瑜伽師地論』, 『大乘中觀釋論』 권9(대정장30, p.157c23), 『顯揚聖教論』 권17(대정장31, p.563a29), *SN.2.19.* ⇨ 자작 自作, 타작 他作, 무인론 無因論

자타카 Jātaka 불보살의 선생 이야기. 불보살의 선생담을 집성한 경의 이름이기도 하다. 현존하는 소부경전 『쿳다카니카야 *Khuddakanikāya*』 중 22편으로 구성된 547주제의 자타카가 전한다. 본생경(本生經)·본생

연등불수기 나가르주나콘다 3세기

담(本生譚) 등으로 한역한다. 『대승아비달마잡집론』 권11(대정장31, p.743c20)에 "본생이란 모든 보살들께서 행하신 어김없이 상응한 일이다. 本生者 所謂宣說諸菩薩行本相應事", 『대비바사론』 권126(대정장27, p.660a24)에 "본생이란 무엇인가? 모든 경중에 과거를 지나면서 일어난 일들을 말씀하신 것이니 저 곰이나 사슴 등의 모든 본생들의 이야기이며, 저 부처님께서 제바달다의 일을 인연하여 말씀하시는 등 오백이나 되는 본생의 일들이다. 本生云何 謂諸經中宣說過去所經生事 如熊鹿等諸本生經 如佛因提婆達多說五百本生事等"라고 하였다. 산스크리트 문헌으로는 『자타카말라 *Jātakamālā*』·『디비야바다나 *Divyāvadāna*』 등이 있으며, 한문경전으로는 『육도집경 六度集經』·『생경 生經』·『보살본연경 菩薩本緣經』·『보살본생만론 菩薩本生鬘論』 등의 이름으로 전한다. 자타카는 인도에는 산치(Sānchī) 대탑의 문·아잔타(Ajantā) 석굴의 벽화 등이 있고, 중국에는 신상(新疆)의 천불동(千佛洞)·돈황(敦煌)의 막고굴(莫高窟) 등이 있다. [참고문헌] 『大乘阿毘達磨雜集論』, 『大毘婆沙論』, Naomi Appleton, *Jataka Stories in Theravada Buddhism : Narrating the Bodhisatta Path* (Routledge, 2016), Viggo Fausbøll, *Buddhist Birth Stories, Jātaka Tales* (Trübner&Company, 1880). ⇨ 십이부경 十二部經, 본생경 本生經, 본생도 本生圖, 본연경 本緣經, 구분교 九分教

자타카 녹본생구종 돈황막고257굴 북위 常書鴻 摹

자타평등 自他平等 Ⓢātma-para-samatā, Ⓣbdag-dang-gzhan-mnyam-pa-nyid. 자신과 다른 이가 평등함. 입지보살의 더할 나위 없는 마음이다. 『대승장엄경론』 권2 「발심품 發心品」(대정장31, p.596a19)에 "사평등 중 … 두 번째는 중생평등이니 자타평등을 얻는 데에 이르기 때문이다. 四平等者 … 二 衆生平等 由至得自他平等故", 같은 책 권9 「범주품 梵住品」(대정장31, p.637b20 : *Sūtr.*, p.125)에 "깊어 더할 나위 없다고 한 이유는, 입지의 모든 보살은 자타평등을 얻기 때문이다. 深極者 入地諸菩薩 得自他平等故 adhyāśayād bhūmipraviṣṭānām ātmaparasamatāśayalābhāt", 『섭대승론석』 권8(대정장31, p.206b25)에 "보살은 이미 자타평등을 얻었으므로 다른 이의 고통을 없애고자 하기를 마치 자신의 고통을 없애듯이 한다. 由菩薩已得自他平等 求滅他苦 如求滅自苦", 『부자합집경』 권15 (대정장11, p.963b20)에 "아만상이 본래 무체성임을 관찰하고 자타가 평등하여 여타의 악습을 끊어 없애니, 마음으로 청정함을 얻는다. 觀察我慢之相 本無體性 自他平等 斷除餘習 心得淸淨"라고 하였다. 〔참고문헌〕『大乘莊嚴經論』, 『攝大乘論釋』, 『父子合集經』, *Sūtr.144·176.*

자타평등법성 自他平等法性 Ⓢātma-para-samatā. 자타가 평등한 법성. 보살이 초지에서 일체법공을 증득하여 자타가 평등함을 깨우친다. 이 지의 장애가 있으니 불염오무지(不染汚無知) 즉 범부성무명이다. 『변중변론』 권상(대정장31, p.468a16 : *Madhy-vibh.*, p.35)에 "〔논〕 변행 등 십법계중에는 물들지 않은 무지가 있어 십지공덕을 장애하니, 다음과 같이 건립하여 십지장애를 삼는다. 말하자면 초지중에 증한 법계를 변행의라고 하는데, 이것을 통달함으로 말미암아 자타평등법성을 증득한다. 論曰 於遍行等 十法界中 有不染無知 障十地功德 如次建立 爲十地障 謂初地中 所證法界 名遍行義 由通達此 證得自他平等法性 dharmadhātau daśavidhe sarvatragādyarthe yad akliṣṭam ajñānaṃ tad daśasu bodhisatvabhūmiṣv āvaraṇaṃ yathākramaṃ tadvipakṣatvāt. yad uta … prathamayā hi bhūmyā dharmadhātoḥ sarvatragārthaṃ pratividhyati. yenātmaparasamatāṃ pratilabhate", 『변중변론술기』 권상(대정장44, p.13c26)에 "〔논〕 '초지중에서'부터 '평등법성'까지. 〔술〕 이하에서는 앞서 두 송으로 말한 법계장애다. 이 지에서 제법계일체법공을 증해서 자타평등법성을 깨닫는다. 이 지의 장애란, 저 구역 『섭대승론』 권10에서 말한 것처럼 범부성무명이다. 論 謂初地中 至平等法性 述曰 自下明先二頌所障法界 此地證諸法界一切法空故 得自他平等法性 此地障者 如舊攝論 第十卷說 凡夫性無明"라고 하였다. 『중변분별론』 권상(대정장31, p.454c23)에서는 자타평등일분(自他平等一分)이라고 하였다. 〔참고문헌〕『辯中邊論』, 『辯中邊論述記』, 『中邊分別論』, 『成唯識論述記』 권10(대정장43, p.592a7), *Madhy-vibh.*

자탑 髭塔 부처님의 콧수염을 모신 탑. 『법원주림』 권10의 설에 따르는데, 범왕(梵王)이 깎은 부처님의 콧수염이 변하여 만들어졌으며, 이후 나찰(羅刹)이 부처님의 명을 받고 조성하였다고 전한다. 『법원주림』에 따르면, 이 탑은 『도선율사감응기 道宣律師感應記』를 근거로 하지만 미상의 저술이고, 유사한 제목의 『도선율사감통록 道宣律師感通錄』(대정장52, No.2017)에는 자탑에 관한 내용이 보이지 않는다. 『법원주림』 권10(대정장53, p.363a4)에 "부처님께서 대중에게 말씀하셨다. '… 범왕이 곧장 유정천으로 올라와서 나의 머리카락을 깎았다. 그런 다음 내 양쪽 콧수염을 깎았고 콧수염이 떨어지자 큰 광명이 뿜어져 나와 염부제까지 비추면서 두 개의 보탑으로 바뀌었다. 높기로는 유정천에 이르고 온갖 것으로 장엄되었다. 내가 성불한 이래 이 탑이 가장 먼저 생겼다. 시방제불이 동시에 나에게 말하였다. 「두 기의 이 자탑은 앞으로 범왕에게 주어서 수호하게 하라」'. … 세존이 열반할 때 예순 기의 자탑을 저 무언보살에게 당부하고 수호하도록 하여 나쁜 왕이 허물지 못하게 하였으니, 염부제의 육십대국 안 문자가 유통되는 곳에다가 한 나라 당 한 탑씩 설치하였다. 佛告大衆 … 梵王便昇有頂 始剃我髮 後剃我兩髭 髭旣落已 便放大光 下至閻浮 化成二寶塔 高至有頂 具衆莊嚴 我成佛來此塔最先 十方諸佛 一時告我言 將此二髭塔 付與梵王 令彼守護 … 世尊涅槃時 六十髭塔 付彼無言菩薩 令加守護 勿令惡王損壞 於閻浮提六十大國內有文字處 一國置一塔"라고 하였다. 〔참고문헌〕『法苑珠林』. ⇨ 탑 塔

자태욕 姿態欲 몸짓과 표정에 대한 탐착. 삼욕(三欲)과 육욕(六欲) 중 하나로 위의자태욕(威儀姿態欲)이라고 한다. 『법화경문구보정기』 권5(卍속장45, p.173b10)에 "자태욕이란 곧 아름다운 용모와 좋은 몸가짐이다. 姿態欲 謂美容貌善進止"라고 하였다. 〔참고문헌〕『法華經文句輔正記』, 36권본 『大般涅槃經』 권11(대정장12, p.675c2), 『摩訶止觀』 권6(대정장46, p.70b1). ⇨ 위의자태욕 威儀姿態欲, 삼욕 三欲❶, 육욕 六欲❷

자통법 自通法 Ⓟattūpanāyikaṃ dhammapariyāyaṃ desissāmi. 스스로에게 통하여 다른 이에게도 미루어 보아 통하게 하는 계법(戒法). 곧 자타 모두에게 통용하는 보편적인 법. 『잡아함경』 권37(대정장2, p.273b15 : *Veḷudvāreyyā-sutta*, *SN.5*, p.353)에 "어떤 것들이 자통법인가? 성제자가 이와 같이 배우는 것을 말한다. '나는 이런 생각을 한다. 「만약 어떤 이가 나를 죽이려 하면 나는 기쁘지 않다. 내가 만약 기쁘지 않다면 다른 이 또한 그럴 것이니 어찌 남을 죽이겠는가?」 이런 생각을 하고 난 후에는 불살생계를 받고 살생을 즐기지 않으니 앞서 설한 것과 같다. 「내가 다른 이가 나에게서 훔치는 것을 기뻐하지 않듯이 다른 이 또한 그와 같으니 내가 어찌 다른 이에게 훔치겠는가?」 이런 까닭에 불도계를 지니고 훔치는 것을 즐기지 않으니 앞에서 설한 것과 같다. … 이와 같은 일곱 가지를 성계라고 한다. 何等自通之法 謂聖弟子作如是學 我作是念 若有欲殺我者 我不喜 我若所不喜 他亦如是 云何殺彼 作是覺已 受不殺生 不樂殺生 如上說 我若不喜人盜於我 他亦不喜 我云何盜他 是故持不盜戒 不樂於盜 如上說 … 如是七種名爲聖戒 attūpanāyikaṃ vo gahapatayo dhamma-pariyāyaṃ desissāmi. … ariyasāvako iti paṭisañcikkhati … yo kho myāyaṃ dhammo appiyo amanāpo parassa peso dhammo appiyo amanāpo. yo kho myāyam dhammo appiyo amanāpo kathāhaṃ paraṃ tena saṃyojeyyan ti"라고 하였다. [참고문헌] 『雜阿含經』, *SN*.

자통홍제존자 慈通弘濟尊者 사명유정(四溟惟政 1544~1610)의 시호. 「해인사사명대사석장비문 海印寺四溟大師石藏碑文」에 "대사의 세수는 67, 법랍은 55세이며 사호는 자통홍제존자다. 師享世壽六十七而法臘五十五 賜諡曰慈通弘濟尊者"라고 하였다. [참고문헌] 李智冠 『校勘譯註歷代高僧碑文』 朝鮮篇1 p.107. ⇨ 유정 惟政❶

자티 Jāti 태어남. 출생(生)의 뜻을 가진 범어. 한역어는 생(生). 사(闍·社)·사제(闍提)라고 음사한다. ⇨ 생 生❶, 사 闍

자파안정 刺破眼睛 눈동자를 베어 부수다. 맹인과 다름없는 눈을 베어 부수고 진실의 눈을 뜨라는 뜻으로 자파여안(刺破汝眼)이라고도 한다. 『벽암록』 47칙 「송 頌」(대정장48, p.183b21)에 "밤이 되자 다시 유봉을 마주하고 잠들었다〈그대의 눈동자를 베어 부수라. 이 또한 바람도 없는데 물결을 일으킨다. 답해 보라! 이는 법신일까? 불신일까? 그대에게 30방 면해주리〉. 夜來却對乳峯宿〈刺破爾眼睛 也是無風起浪 且道 是法身 是佛身 放爾三十棒〉", 『경덕전등록』 권17 「나산도한전 羅山道閑傳」(대정장51, p.341b18)에 "'무엇이 이 백가지 풀 끝에 온통 조사의 뜻인가?' '그대의 눈을 베어 부수리'. 問 如何是百草頭上盡是祖師意 師曰 刺破汝眼", 『초석범기어록』 권16 「송정선인 送淨禪人」(卍속장124, p.240a12)에 "할 말 없어 사자의 포효와 같고, 말 한들 여우 울음같으리. 양머리에 앉아 끊어 숨통을 틀어막고서야 도리어 활짝 열렸으니, 눈동자 베어 부순다. 물송아지 수초를 달게 먹었으니, 이 길 저 길 따라 어지러이 헤매리. 無所說師子吼 有所說野干鳴 坐斷兩頭 築著鼻孔 打開八字 刺破眼睛 水牯牛兒甘水草 從他岐路亂縱橫", 『종문염고휘집』 권21(卍속장115, p.757a1)에 "동명감이 말한다. '당시에 영운의 눈동자는 복사꽃에 찔려 무너졌지만, 지금에 이르도록 예전 그대로 눈멀었다'. 東明鑑云 當時 靈雲眼睛被桃花刺破 直至如今 依然成瞎"라 하였다. [참고문헌] 『碧巖錄』, 『景德傳燈錄』, 『楚石梵琦語錄』, 『宗門拈古彙集』.

자품 咨稟 여쭈어 알리다. 자품(諮稟)으로도 쓴다. 『선원청규』 권1 「입실 入室」(卍속장111, p.884a12)에 "입실할 때에 이르면 시자는 행자에게 향을 채비하게 하고 마주하는 쪽에 절하는 자리를 마련하여〈어떤 곳에서는 절을 올리지 않아서 자리도 펴지 않는다〉 마치면 주지에게 자품한다. 入室時到 侍者令行者裝香 當面設拜席〈有處不拜 更不展席〉竟 咨稟住持人", 『백장청규』 권4 「시자진퇴 侍者進退」(대정장48, p.1134c14)에 "구시자는 주지를 따라 방장실에 올라가서 다음과 같이 자품한다〈아무개 등은 오랫동안 화상을 모셨습니다. 이제 물러나고자 하며 대중을 따라 도에 힘쓰려 합니다. 엎드려 자비를 바랍니다〉. 향을 사르고 꽂은 다음 좌복을 펼치고 삼배를 올린 다음에 물러난다. 舊侍者隨住持上方丈 咨稟云〈某等久侍和尚 今欲告退 隨衆辦道 伏望慈悲〉 揷香大展三拜而退"라고 하였다. [참고문헌] 『禪苑淸規』, 『百丈淸規』, 40권본 『大般涅槃經』 권21(대정장12, p.490c21), 『宋高僧傳』 권2 「善無畏傳」(대정장50, p.715c5).

자하 自下 조선후기 해남 미황사(美黃寺) 스님 경신(敬信 1798~1862)의 호. [참고문헌] 『朝鮮佛敎通史』 권상 p.591. ⇨ 경신 敬信❺

자하경신선사비문 自下敬信禪師碑文 자하경신(1798~1862)의 비문. 이봉낙현(离峯樂玹) 지음. 지관(智冠) 『한국고승비문총집 조선조·근현대』 pp.708~709에 수록되어 있다. 비문에 "교로는 방편을 넘어섰고, 선으로는 제호를 맛보았다. 살타파륜의 농유를 본받고 선재의 남순을 사모하여, 명산을 편력하며 널리 선지식을 참방하였다. 성담수의(性潭守意 ?~1847)의 심등을 잇고, 해송(海松)의 문하에서 법당을 세웠다. 敎涉筌蹄 禪嘗醍醐 效波侖之東遊 慕善財之南巡 徧歷名山 飽參知識 繼心燈

자하선사사리탑
장흥 보림사 1862년

於性潭之室 竪法幢於海松之門"라고 하였다. 상좌 보인(普印)이 사리를 수습하여 1862년 장흥 보림사(寶林寺) 송대암 남쪽 기슭에 탑을 세웠다. 〔참고문헌〕『韓國高僧碑文總集 朝鮮朝·近現代』. ⇨경신 敬信 **5**

자한각선사어록 自閒覺禪師語錄 명말청초(明末淸初) 스님 자한행각(自閒行覺 1610~1662)의 어록. 사법문인(嗣法門人) 홍섬(洪暹) 엮음. 8권. 가흥장33, pp.535a2~562a23, No.B287에 수록되어 있다. 청대 간행되었다. 어록(語錄)·시중(示衆)·소참(小參)·염고(拈古)·송고(頌古)·서문(書問)·시게(詩偈) 등을 수록하였다. 문인 초후(超吼)가 지은 「행장 行狀」과 1672년(강희11) 등옥(等玉)이 지은 「발문 跋文」이 붙어 있다.

자합국 子合國 고대 서역 또는 중앙아시아에 있던 나라 이름. 차구가국(遮拘迦國)·차구반국(遮拘槃國)·주구파국(朱駒波國·朱俱波國)·작구가국(斫句迦國)·저거국(沮渠國) 등의 이름으로도 불렸다. 지금 중국 신장 위구르 자치구의 협성(叶城) 일대로 추정한다. 동진대 고승 법현(法顯)이 인도로 가는 길에 지났다. 『고승법현전』(대정장51, p.857c3)에 "법현 등은 자합국을 향해 나아갔다. 길에서 25일을 보내고서야 그 나라에 도착하였다. 국왕이 정진함에 천여 명의 스님이 있었으며 대부분 대승을 익혔다. 여기에서 15일을 머물렀다가 이곳으로부터 남쪽으로 4일을 내려가서 총령산에 이르렀고 휘국에 도착하여 안거하였다. 法顯等進向子合國 在道二十五日 便到其國 國王精進 有千餘僧 多大乘學 住此十五日已 於是南行四日至葱嶺山 到於麾國安居"라고 하였다. 〔참고문헌〕『高僧法顯傳』.

자항 慈航 **1** 자비의 배. 자주(慈舟)라고도 한다. 항(航)은 바다를 지나는 아주 큰 배다. 『대반야경』 권590 「근바라밀다분서 勤波羅蜜多分序」(대정장7, p.1049c24)에 "대저 살펴보면 지극히 움직임에는 흔들림이 없고 묘한 경책은 그저 고요할 뿐이다. 하늘 수레 그윽히 물러나 구르는 것을 본보기로 하고, 자비로운 큰 배 다 비우고 내려 건지는 그림자일 뿐이다. 이 나아가게 하는 덕의 까닭만은 귀하게 여기니, 애쓰는 소리따라 짓는다. 觀夫 至運無動 妙警伊寂 梵輪冥退轉之規 慈航虛下濟之影 斯進德所以爲貴 勤音所由而作也", 『만선동귀집』 권하(대정장48, p.987b19)에 "바라밀의 지혜 노를 갖추고 대반야의 자비 배에 올라타 삼유(三有)라는 아픔의 나루를 넘어 보현의 원해(願海)로 들어간다. 備波羅蜜之智楫 駕大般若之慈航 越三有之苦津 入普賢之願海"라고 하였다. 〔참고문헌〕『大般若經』, 『萬禪同歸集』, 『宗鏡錄』 권4(대정장48, p.435c11). ⇨자항보제 慈航普濟 **2** 조선후기 스님. 호는 영제(永濟). 보담종언(寶潭宗彦 1859~1945)의 은사다. 「봉원사보담당종언대화상비문 奉元寺寶潭堂宗彦大和尙碑文」에 "고종 임신년(1872·고종9)에 금강산 신계사로 들어가 영제자항에게 득도하였다. 高宗壬申 入金剛山神溪寺 得度於永濟慈航"라고 하였다. 〔참고문헌〕智冠 『韓國高僧碑文總集 朝鮮朝·近現代』 p.861. ⇨종언 宗彦

자항박화상어요 慈航朴和尙語要 송대 스님 자항요박(慈航了朴)의 어록. 1권. 속고존숙어요4, 卍속장119, pp.62a8~63b1에 수록되어 있다. 1238년(가희2) 간행되었다. 상당어(上堂語) 9편과 무시개심(無示介諶 1080~1148)에게 바치는 게송 1수를 수록하였다.

자항보제 慈航普濟 자비의 배로 널리 건지다. 자항보도(慈航普渡)라고도 한다. 「허백당명조대사비문 虛白堂明照大寺碑文」에 "자비의 배로 널리 건지니 이름과 업적도 이미 넘쳐서 승속이 모두 추앙하였다. 慈航普濟 名業旣隆 緇俗咸仰"라고 하였다. 〔참고문헌〕李智冠 『校勘譯註歷代高僧碑文』 朝鮮篇1 p.459, 『梵網經菩薩戒初津』 권7(卍속장95, p.173a6). ⇨자항 慈航 **1**

자해심 慈解心 자심해탈(慈心解脫 Ⓟ mettā-cetovimutti)·자해탈(慈解脫)이라고도 한다. 『사리불아비담론』 권7(대정장28, p.578a16)에 "만약 자해심을 가까이 하여 거듭 닦고 익혀 마치고는, 하는 일마다 그렇게 해서 근신하고, 알아차리고 잘 정진했다면, 진에가 마음을 뒤덮는 일은 있을 수 없다. 若慈解心親近 多修學已 作乘作物已 謹愼已 識已 善進已 若瞋恚覆心者 無有是處"라고 하였다. 〔참고문헌〕『舍利弗阿毘曇論』. ⇨자행인 慈行人, 사무량심 四無量心, 비해심 悲解心

자해해타 自害害他 스스로도 해치고 다른 이도 해침. 『장아함경』 권10 「석제환인문경 釋提桓因問經」(대정장1, p.64c12)에 "입으로 하는 그러한 말은 자신을 해치고 남을 해치며 둘 다 해친다. 이러한 말을 버리고 말한 바대로 하면 자신을 해칠 일도 남을 해칠 일도 없고, 둘 다 해치는 일도 없다. 彼口所言 自害害他 亦二俱害 捨此言已 如所言 不自害 不害他 不二俱害", 『대비바사론』 권151(대정장27, p.771c11)에 "어떻게 얻은 몸이어야 스스로 해칠 일도 없고 남이 해칠 일도 없는 것인가? 색무색계에 나는 이, 일체의 중유, 일체지옥, 무상정·멸진정·자정에 머무는 이다. 云何所得自體 不爲自害亦不他害 謂生色無色界 一切中有 一切地獄 住無想定滅盡定慈定"라고 하였다. 〔참고문헌〕『長阿含經』, 『大毘婆沙論』. ⇨타해 他害

자행 慈行 조선후기 해남 대흥사(大興寺) 스님 책활

(策活 1782~1862)의 호. 〔참고문헌〕『東師列傳』 권4 「慈行禪師傳」(한불전10, p.1046a12). ⇨ 책활 策活

자행동녀 慈行童女 Ⓢ Maitrāyaṇī. 선재동자(善財童子)가 참방한 오십삼선지식(五十三善知識) 중 한 명. 미다라니동녀(彌多羅尼童女)라고도 한다. 사자당왕(師子幢王)의 딸로서 사자분신성(師子奮迅城) 안의 비로자나장전(毘盧遮那藏殿)에서 반야바라밀보장엄문(般若波羅蜜普莊嚴門)을 설한다. 80권본 『화엄경』 권65 「입법계품 入法界品」(대정장10, p.348c3)에 "마치 맑은 물 중에 허공의 태양과 달, 별들의 뭇 그림자 가득 비추듯 하니, 이 모든 것 자행동녀의 과거선근력으로 얻은 것이다. 그때 선재동자는 보았던 여러 부처님 모습 떠올리며 합장하고 자행동녀를 우러러보았다. 그때 동녀가 선재에게 말하였다. '선남자여! 이것은 반야바라밀보장엄문입니다. 나는 삼십육항하사 부처님 계신 곳에서 이 법을 구하여 얻었습니다. 저 모든 여래들은 각기 다른 법을 열어 저를 이 반야바라밀보장엄문에 들어가게 하였습니다. 如淨水中 普見虛空日月星宿 所有衆像 如此皆是慈行童女過去世中善根之力 爾時 善財童子 憶念所見諸佛之相 合掌瞻仰慈行童女 爾時 童女告善財言 善男子 此是般若波羅蜜普莊嚴門 我於三十六恒河沙佛所 求得此法 彼諸如來 各以異門 令我入此般若波羅蜜普莊嚴門"라고 하였다. 〔참고문헌〕『華嚴經』, *Gaṇḍ-vy.97.* ⇨ 오십삼선지식 五十三善知識, 입법계품 入法界品

자행인 慈行人 자비롭게 행하는 이. 자비수행으로 아라한이 된 이. 『사리불아비담론』 권8(대정장28, p.586b15)에 "무엇을 자행인이라 하는가? 만약 어떤 사람이 자해심을 얻어 부지런히 이 행을 수행한다면 자행인이라 한다. … 또한 자행인은, 만약 어떤 사람이 자비로 알고 마음을 고르게 하여 마쳐서는 수행하고 유연해지리니, 차제로 정결정에 올라 수다원과·사다함과·아나함과·아라한과를 얻는다. 이들을 자행인이라 한다. 云何慈行人 若人得慈解心 多行是行 是名慈行人 … 復次慈行人 若人得慈解調心已 修行柔軟已 次第上正決定 得須陀洹果 斯陀含果 阿那含果 阿羅漢果 是名慈行人"라고 하였다. 〔참고문헌〕『舍利弗阿毘曇論』. ⇨ 자 慈

자행타행인 自行他行因 스스로 행하면 다른 이도 함께 행하게 하는 인. 『십지경론』 권10(대정장26, p.184a25)에 "인은 스스로 행한 인과 다른 행인 등을 거둔다. 저 경에서 '스스로 원력을 잘 일으키기에 제불의 가피를 잘 더한다'고 설한 것과 같다. 因攝自行他行因等 如經自起願力故 善加諸佛所加故"라고 하였고, 이에 대해서 『화엄경탐현기』 권14(대정장35, p.364b24)에서는 "'인은 스스로 행하고 다른 이가 행한 인 등을 거둔다'고 하였으니, 이는 능히 감하는 이와 감응받는 이가 하나로 마주한다. 곧 스스로 대원을 일으켜 자행으로 삼고, 이 자행이 다른 이와 함께하는 부처의 행도 능히 더해져 인이 되기에 '타행인등'이라고 한 것이다. 因攝自行他行因等者 此能感所感爲一對 謂自起大願名爲自行 此之自行與他佛行 能加爲因故 名他行因等"라고 주석하였다. 또 『화엄경소』 권42(대정장35, p.825a29)에서는 "안으로 대원을 따라 자타행의 인이 되고, 또 밖으로 부처가 거둠도 힘입으니 두 인을 성취한다. 內由大願 爲自行他行之因 又外蒙佛攝 得成二因"라고 해설하였다. 〔참고문헌〕『十地經論』, 『華嚴經探玄記』, 『華嚴經疏』.

자행화타 自行化他 스스로 행하고 다른 이도 물들임. 자리이타(自利利他)의 뜻이다. 『대반야경』 권569(대정장7, p.939b24)에 "보살은 응당 이치에 맞고 역량에 맞게 정법을 수행한다. 그렇게 한즉 사문공덕과 복전공덕을 드러나게 한다. 보살은 이와 같이 스스로 행하고 다른 이도 물들여 일찍이 그쳐 폐한 적이 없다. 菩薩應當 如理如量 修行正法 卽令顯現 沙門功德 福田功德 菩薩如是 自行化他 未嘗休廢", 『승만보굴』 권상(대정장37, p.27a8)에 "〔문〕 처음은 자행의 원이고 그 다음은 화타의 원이다. 이제 세 번째는 무슨 원인가? 〔답〕 자행화타에 통하는 것이다. 정법을 호지함으로써 금강신을 얻으니, 스스로 금강신을 얻고자 함에 또한 법을 보호하는 것이 필요하고 다른 이로 하여금 금강신을 얻게 함에 또한 법을 보호하는 것이 필요하다. 그러므로 자타에 통한다고 하는 것이다. 問 初是自行願 次是化他願 今第三是何願耶 答 通自行化他也 以護持正法 得金剛身 欲自得金剛身 亦須護法 令他得金剛身 亦須護法 故通自他也", 『법화현의』 권1(대정장33, p.685a25)에 "이름을 풀어 자행화타를 통틀어 논하자면, 그 바탕 내 것도 남의 것도 아니지만 으뜸이 되는 것은 스스로 행하는 것이고, 쓰임은 다른 이를 물들인다. 서로 오고 가는 모습으로 자타를 분별할 뿐이다. 釋名通論自行化他 體非自非他 宗是自行 用是化他 教相分別自他", 『종경록』 권33(대정장48, p.608c22)에 "자기 심성을 알아차리기 때문에 불성이라 하고, 그 '성'으로부터 무루공덕을 일으켜 스스로 행하고 다른 이 물들여서 법의 이로움 다함 없게 하니 장이라고 하며, 믿기 어렵고 알기 어렵기 때문에 비밀이라 하고, 법성이 그윽하고 깊기에 열반이라고 한다. 以覺自心性 故名爲佛性 以從性起無漏功德 自行化他 法利無盡 故稱爲藏 以難信難知 故云祕密 以法性幽奧 故名涅槃"라고 하였다. 〔참고문헌〕『大般若經』, 『勝鬘寶窟』, 『法華玄義』, 『宗鏡錄』, 『勝天王般若經』 권3(대정장8, p.703b22), 『法華玄義』 권7(대정장33, p.770c11). ⇨ 자리이타 自利利他, 상구보리하화중생 上求菩提下化衆生

자허 自許 스스로 받아들임. 인명용어. 입론자 자신이 인정하는 것. 대론자나 증의자인 타인이 인정하고 긍정하는 조건인 타허(他許)의 상대어다. 『유가론기』 권13(대정장42, p.595b1・한불전14, p.10b22)에 "현장삼장은 다음과 같이 말했다. '진실이므로 끝내 성취된다. 「색은 안식을 여의지 않는다」〈주장〉. 스스로 받아들인다. 「(색이) 처음 세 가지는 거두지만 안근은 거두지 않기 때문이다」〈이유〉. 비유하면 안식과 같다〈비유〉'. 신라의 원효법사는 결정상위에서 다음과 같이 말했다. '참이므로 끝내 성립한다. 「색은 결정코 안식을 여읜다」. 스스로 받아들이길 「(색이) 처음 세 가지는 거두나 안식은 거두지 않기 때문이다」. 비유하면 안근과 같다'. 三藏所立云 眞故極成 色不離於眼識〈宗〉 自許 初三攝 眼所不攝故〈因〉 猶如眼識〈喩〉 新羅曉法師 決定相違云 眞故極成 色定離於眼識 自許 初三攝 眼識不攝故 猶如眼根"라고 하였다. 〔참고문헌〕『瑜伽論記』, 『成唯識論掌中樞要』 권하(대정장43, p.647a8). ⇨타허 他許, 인명 因明

자현 慈賢 오대(五代) 역경승(譯經僧). 중인도 마가다국(摩伽陀國) 출신. 거란(契丹)의 국사(國師)가 되어, 『금강최쇄다라니 金剛摧碎陀羅尼』・『묘길상평등비밀최상관문대교왕경 妙吉祥平等祕密最上觀門大教王經』・『대비심다라니경 大悲心陀羅尼經』 등의 밀교경전을 한역하여 삼장법사(三藏法師)라는 칭호와 가사를 하사받았다. 그가 한역한 밀교의 오부구권(五部九卷)은 명본대장경(明本大藏經)에 수록되어 있다. 『사분율명의표석』 권24(卍속장70, p.768a12)에 "우담발화(優曇鉢華 Ⓢ udumbara) : 우담바라・오담발라 등이라고도 음사한다. 중천축의 마가다국 출신의 자현법사는 이렇게 말한다. '오동주라로 음사하는 것이 옳다'. 優曇鉢華 或云優曇婆羅 新云烏曇跋羅 中天竺摩竭陀國 慈賢法師言 梵云塢東朱囉 正也"라고 하였다. 〔참고문헌〕『四分律名義標釋』, 『新續高僧傳』 권1(대장경보편27, p.34a6).

자혈사경 刺血寫經 피로써 경을 베끼다. 40권본『화엄경』 권40(대정장10, p.845c7)에 "살을 벗겨 종이 만들고 뼈를 꺾어 붓을 만들며 피로 먹물 삼아 경전을 서사하되, 쌓아 수미산과 같다 해도 법을 소중히 여기기에 신명을 아까워하지 않는다. 剝皮爲紙 折骨爲筆 刺血爲墨 書寫經典 積如須彌 爲重法故 不惜身命", 『세조실록』 권44 13년(1467) 11월 13일 기사에 "피를 내어 경문을 서사하려는 것은 비록 너희들(日本 출신 冷泉津藤氏 일가)의 지극한 정성이겠으나 너희는 고향을 멀리 떠나와 타향살이를 하는 처지다. 바람이 찬데 배를 타다 병이 걸릴까 염려되니 (자혈사경을) 해서는 안 된다. 또 옛 사람들이 뼈를 두들겨 골수를 취하고 팔을 자르고 몸을 태우는 등의 일을 한 것은 오온을 공이라고 여겨 한 일이다. 만약 고통과 아픔을 참아 견딜 수 있다면 능히 물을 자르고 빛을 뿜는 일만 하지 못하리니, 물을 토막 내거나 빛을 불어 날릴 수 없다면 오히려 하지 아니함만 못하다. 刺血寫經 雖汝至誠 然汝遠離鄕土 羇寓異國 恐風寒乘之 因而疾作 則不可 且古人敲骨取髓 斷臂燃身等事 皆蘊空者所爲 若忍痛耐辛 不能如割水吹光 則反不如不爲之爲愈也"라고 하였다. 〔참고문헌〕『華嚴經』, 『世祖實錄』. ⇨사경 寫經

자혈제기 刺血濟饑 피를 내어 굶주린 중생을 구제하다. 『현우경』 권2 「자력왕혈시품 慈力王血施品」(대정장4, p.360b8)에 미가라발라왕(彌佉羅拔羅王 Ⓢ Maitrī-bala : 慈力)이 굶주린 야차에게 자신의 피를 먹인 고사에 따른다. 부처님의 전생이다. '뼈를 두드려서 골수를 빼낸다'는 뜻의 고골취수(敲骨取髓)와 함께 쓴다. 『경덕전등록』 권3 「보리달마전 菩提達磨傳」(대정장51, p.219b9)에 "달마선사는 여전히 단정히 앉아 면벽만 할 뿐, 가르침 간절함 들은 척도 하지 않았다. 이에 신광(神光 : 慧可)이 생각하였다. '옛 사람은 도를 구함에 뼈를 두드려서 골수를 취하고 피를 내어 굶주린 이를 구제하였으며, 머리 풀어 진 땅을 덮고 절벽에 몸을 던져 범을 먹였건만'. 師常端坐面牆 莫聞誨勵 光自惟曰 昔人求道 敲骨取髓 刺血濟饑 布髮掩泥 投崖飼虎"라고 하였다. 〔참고문헌〕『賢愚經』, 『景德傳燈錄』. ⇨미가라발라 彌佉羅拔羅, 고골취수 敲骨取髓, 달마대사 達磨大師

자혜 慈惠 ❶자애로운 은혜. 『무량수경』 권상(대정장12, p.271c20)에 "세간의 제왕은 인간 중에 가장 존귀한데 모두 과거에 덕을 쌓은 결과이니, 자혜로 널리 베풀고 인애로 두루 구제하며 몸소 믿고 선을 닦아 거스르고 다투는 일이 없다. 世間帝王 人中獨尊 皆由宿世 積德所致 慈惠博施 仁愛兼濟 履信修善 無所違爭", 『대지도론』 권16(대정장25, p.178c16)에 "이치 상 말하자면 모습이 사람이라 할 수 없지만, 능히 자혜가 있다면 비록 짐승의 모습이더라도 실로 사람이다. 以理而言之 非以形爲人 若能有慈惠 雖獸實是人"라고 하였다. 〔참고문헌〕『無量壽經』, 『大智度論』. ❷고려후기 스님. 진공(眞空)의 제자로서 익재(益齋) 이제현(李齊賢)과 교분이 두터웠다. 1361년(공민왕10)에 홍건적의 침입으로 지장사(地藏寺)가 불타자 중수하기 시작하여 1376년(우왕2)에 장경을 전독(轉讀)하고 낙성법회를 열었다. 이색(李穡 1328~1396)의 『목은문고』 권2 「보개산지장사중수기 寶蓋山地藏寺重修記」(한국문집총간5, p.12b8)에 "석 자혜는 처음에 좌주이신 익재선생의 부중에서 나와 만났다. 큰 키에 이마가 넓었으며 모습이 순박하고 다부졌고 하는 말이 곧았으므로 선생께서 매우 아끼셨다. 보개산 지장사에서 주석하였다. 선생이 돌아가실 적에도 자혜가 곁을 떠나지 않으며 마치 자제가 부형을 대하듯이 하였으므로 나는 진실로 상인이 스님들 중에서도 뛰어남을 알았다. … 그 스승을 물으니 진공대노라 하였다. 釋慈惠 始予相遇 於座主益齋先生府中 長身巨顙 貌樸實而出言也直 先生甚愛之 其所居則寶蓋山地藏寺也 先生之易簀也 惠又不離側 若子弟之於父兄 予固知上人出於衆髠遠甚 … 問其師則眞空大老也"라고 하였다. 〔참고문헌〕『牧隱文藁』. ⇨지장사 地藏寺

자혜 慈慧 조선전기 스님. 「백암사전장법회당사방 白巖寺轉藏法會堂司榜」(『조선사찰사료』 권상 p.175)에 "이 절과 대장경은 국사 각엄존자의 원찰과 원경으로, 문중 제자들이 대대로 이어 머물렀다. 지금 당두이며 전양가도승록인 대사 자혜·원융대사 회극공·화엄계에 소속된 전 용천사주 법련과 아울러 사부대중이 함께 광대한 원을 발하였다. 玆寺與一藏 國師覺儼尊者 願刹願經 門中上足 代代相承而住 今堂頭前兩街都僧錄大師慈慧 圓融大師晦極公 與華嚴契內前龍泉社主法蓮 并及四衆 同發廣大願"라고 하였다. 〔참고문헌〕『朝鮮寺刹史料』.

자혜사 慈惠寺 ❶ 황해남도 신천군 서원리 천봉산(天峯山)에 있는 절. 국보유적 제80호. 『동국여지승람』 권42 황해도 신천군 불우에 "증산에 있다. 在甑山"라고 하였으며, 『여지도서』 황해도 신천 사찰·『가람고』·『범우고』에도 이름과 위치가 전한다. 창건 연대는 미상이며, 조선전기에 효령대군(孝寧大君 1396~1486)이 원찰(願刹)로 삼았다. 1572년(선조5)에 중건, 1871년(고종8)에 중수하였다. 일제강점기에는 대본사 패엽사(貝葉寺)의 말사였다. 6·25한국전쟁 때 크게 훼손되었으며, 1961년에 중수하였다. 현존 당우로는 대웅전·요사 등이 있으며, 성보문화재로는 국보유적 제169호 오층석탑·제170호 석등이 있다. 〔참고문헌〕『東國輿地勝覽』, 『輿地圖書』, 『伽藍考』, 『梵宇攷』, 『韓國寺刹全書』 권하 p.972a3, 『북한의 전통사찰』 권6 황해남도(대한불교조계종 민족공동체추진본부, 2011) pp.207~237. ❷ 위치 미상. 『고려사』 권94 열전(列傳)7 지채문(智蔡文)에 "채문과 이원이 자혜사에 주둔하였다. 거란 임금이 다시 을름을 보내 서경(西京)을 공격하게 하였다. … 드디어 사정 및 법언스님과 함께 병사 구천 명을 거느리고 임원역 남쪽에서 맞아 싸웠다. 蔡文與李元 出屯慈惠寺 契丹主復遣乙凜擊之 … 遂與思政及僧法言 率兵九千 迎擊于林原驛南"라고 하였는데, 전기의 주내용이 거란군과 벌인 서경 전투의 경과이므로, 자혜사 역시 서경 인근에 있었을 것으로 짐작된다. 〔참고문헌〕『高麗史』.

자혜사 전경

자호견폐 子湖犬吠 자호이종(子湖利蹤)이 사람을 무는 개를 비유로 드러낸 공안. 『선문염송설화』 499칙(한불전5, p.397a23)에 "자호암의 이종선사가 문 앞에 패를 세웠는데 패에는 다음과 같이 씌어 있었다. '자호에게는 개 한 마리가 있다. 위로 사람의 머리를 물고 중간으로는 사람의 허리를 물며 아래로는 사람의 다리를 문다. 머뭇거리다가는 목숨을 잃을 것이다'. 때로는 새로 들어온 학인이 인사하러 오기라도 하면 자호는 당장에 '개를 조심하라!'고 소리 지르고 그 학인이 고개 돌려 살피려 하자마자 자호는 바로 방장으로 돌아간다. 〈설화〉 '자호에게는 개 한 마리가 있다'라는 말은 자라 코 모양을 한 남산의 독사(雪峯義存의 말)와 같은 무리로서 함부로 건드려서는 안 되는 한 마리 생물이다. '위로는 사람의 머리를 ~ 다리를 문다'라는 말은 범부나 성인이나 그 중간이나 무엇도 세울 수 없는 뜻이다. '머뭇거린 즉시 목숨을 잃는다'고 한 말은 그것에게 물려 죽고 말리라는 뜻이다. '개를 조심하라'고 내지른 소리는 개를 풀어놓은 시절이다. 자호가 문득 방장으로 돌아갔다 함은, 곧바로 무한을 얻음이다. 子湖嵓利蹤禪師 門下立牌 牌上書云 子湖有狗 上取人頭 中取人腰 下取人脚 擬議則喪身失命 或新到才相看 師便喝云 看狗 僧才迴首 師便歸方丈 〈說話〉 子湖有狗者 南山鼈鼻蛇之類 難干犯地一隻活物也 上取人頭云云者 凡聖中間 皆不立也 擬議則喪身失命者 被他咬殺也 喝云看狗者 放狗地時節也 便歸方丈者 直得無限也", "천복본일(薦福本逸)이 읊는다 '자호 방 앞에 사람의 발길 끊어진 까닭, 법당 앞 개가 사나웠다네. 그림자만 보거나 소리만 들어도 간담 서늘하니, 눈앞에서 마주치고 어찌 목숨 잃지 않으랴!' 薦福逸頌 子湖堂上絶人行 只爲堂前狗子獰 見影聞聲心膽慴 當頭寧免喪殘生", "불일지재(佛日智才)가 이 공안에서 '바로 방장으로 돌아갔다'까지 들고는 후에 조주가 가서 '어떤 것이 자호의 개입니까?' 하고 묻자 자호가 개 짖는 소리를 냈고, 조주가 '시끄럽게 짖기만 하는 똥개로군'이라 하자 자호가 그만두었다는 문답을 들고 말했다. '눈 밝은 사람이라면 드는 즉시 바로 안다. 후에 설두 사옹은 「꼬리를 태운 호랑이를 풀어놓아 주리라」고 짚어 말했다. 여러 선덕들이여, 이 두 선인을 잘 살펴보라. 비록 각자 한 팔을 내밀었다고는 하나 상대를 속이는 이는 망하는 법이다. 안녕히!' 佛日才 上堂 擧此話 至便歸方丈 後趙州去問 如何是子湖犬 湖作犬吠 州云 喋屎犬 湖便休去 師云 若是明眼人 擧着便知 後來雪竇師翁拈 至放出焦尾大虫 諸禪

德 看他二先達 雖然各出一隻手 也是欺敵者亡 珎重"라고 하였다. [참고문헌]『禪門拈頌說話』.

자호사 慈護寺 위치미상. 허홍재(許洪材 ?~1170)가 쓴『동문선』권9「자호사루 慈護寺樓」에 "나그네 길 바람과 서리로 차가운데, 절집에 꽃나무는 그윽하네. 客路風霜冷 僧軒花木幽"라고 하였다. [참고문헌]『東文選』.

자호이종선사어록 子湖利蹤禪師語錄 당대 선사 자호이종(800~880)의 어록. 1권. 고존숙어록12, 卍속장118, pp.300a8~304a7에 수록되어 있다. 소흥년간(1131~1162) 간행되었다. 원제목은『구주자호산제일대신력선사어록 衢州子湖山第一代神力禪師語錄』이다. 시중(示衆)·문답(問答)·송(頌)으로 구성되어 있다. 정업원(定業院) 3세 혜각(慧覺)의「서 序」와「찬 讚」이 붙어 있다. ⇨이종 利蹤

자호좌전 子湖左轉 자호가 유철마를 만나 나눈 법담. 『종감법림』권19「자호이종장 子湖利踪章」(卍속장116, p.276b5)에 "자호가 유철마가 오자 이에 물었다. '오랫동안 유철마 소리 들렸다. 옳다 그르다 할 일 아니다' '감히 무어라 드릴 말씀 없습니다' '왼편으로 돌고 오른편으로 돈다' '화상께서는 뒤치지 마시길'. 자호는 문득 때렸다. 子湖因劉鐵磨到乃問 久響劉鐵磨 莫便是否 日不敢 師曰 左轉右轉 日 和尙莫顚倒 師便打"라고 하였다. [참고문헌]『宗鑑法林』,『祖庭事苑』권2(卍속장113, p.47b13).

자홍 子弘 조선전기 스님.『현정론』「간기 刊記」(한불전7, p.225b15)에 "가정 5년(1526·중종21) 병술 칠월 일에 전라도 광양 백운산 초천사에서 개판하였으며, 간선산인은 자홍이다. 嘉靖五年丙戌七月日 全羅道光陽地白雲山招川寺開板 幹善山人 子弘"라고 하였다. [참고문헌]『顯正論』. ⇨현정론 顯正論

자홍 慈弘 조선후기 스님. 법호는 기어(騎魚).『여유당전서』「문집 文集」권17 위기어승자홍증언(爲騎魚僧慈弘贈言)에 "불법 비록 지나치게 넘친 가르침이지만 그 설한 말씀 진망과 유무의 상이라 한즉 나 유생 본연의 기질로 가려 알 뿐입니다. 사문 자홍이 수정난야에 머문다 하니 올 가을에는 능주로 가서 공양하고자 이렇게 써서 다짐해 봅니다. 佛法雖誣誕 其所說眞妄有無之相 則吾儒本然氣質之辨也 沙門慈弘 棲于水精蘭若 今年秋就食于綾州 書此以戒之"라 하였다. [참고문헌]『與猶堂全書』.

자화사 慈化寺 경상도에 있던 절.『태조실록』권12 6년(1397) 7월 5일에 "지금 장경사의 정의가 또 법손을 칭하며 경상도의 자화사를 청하고 있다. 지금은 국초이니, 마땅히 이러한 폐단을 혁파할 것이다. 今長慶寺僧定宜 又稱法孫 求慶尙慈化寺 今當國初 宜革此弊"라고 하였다. [참고문헌]『太祖實錄』.

자화사 慈華寺 대구 달성군 공산(公山)에 있던 절.『동국여지승람』권26 경상도 대구도호부 불우에 이름과 위치가 전한다.『여지도서』경상도 대구 사찰에 "지금은 없다. 今無"라고 하였다. [참고문헌]『東國輿地勝覽』,『輿地圖書』,『梵宇攷』,『韓國寺刹全書』권하 p.972a10.

자환희경 自歡喜經 Ⓟ Sampasādanīya-sutta.『장아함경』권12에 실려 있는 제18경. 후진(後秦) 때 불타야사(佛陀耶舍)와 축불념(竺佛念)이 공역한 것으로 고려장17, pp.919b11~923b10·대정장1, pp.76b23~79a29에 수록되어 있다.「청정경 淸淨經」이라고도 하며, 송대 법현(法賢)이 한역한『신불공덕경 信佛功德經』(고려장34, No.1248·대정장1, No.18)과는 동본이역이다. 부처님이 나란다성(那難陀城 Ⓟ Nālandā) 파바리암바림(波波利菴婆林 Ⓟ Pāvārikambavana)에 머물 때 존자 사리불(舍利佛)이 부처님의 공덕을 찬탄한 것이 주요한 내용이다. 경의 말미에는 부처님이 존자 울다이(鬱陀夷 Ⓟ Udāyi)에게 소욕지족을 강조하며 끝을 맺는다.『법계성범수륙대재법륜보참』권2(卍속장129, p.889a1)에 "한마음으로『신불공덕경』에 봉청합니다. 〈예배드리고 보는 것은 앞에서와 같이 한다〉. 송대 중인도 사문 법현이 한역하였다. 부처님이 비라원에 있을 때 사리불이 부처님의 갖가지 가장 훌륭한 공덕을 찬탄한 내용이다.『장아함경』「자환희경」과 동본이다. 一心奉請信佛功德經 〈拜觀同上〉 宋中印土沙門法賢譯 佛在毗羅園中 舍利弗歎佛種種最勝功德 長阿含自歡喜經同本"라고 하였다. [참고문헌]『法界聖凡水陸大齋法輪寶懺』, *DN.3.99.* ⇨신불공덕경 信佛功德經

자회 自回 남송대 임제종(臨濟宗) 스님. 대주(臺州 : 浙江省 臨海) 출신. 석공(石工)을 업으로 하였다. 비록 문자를 몰랐지만 공종(空宗)의 교법을 배우려는 마음을 품었으며 항상 남에게『법화경』독송을 부탁하여 듣고는 끊임없이 입으로 암송하였다. 후에 대수원정(大隨元靜 1065~1135) 문하로 출가하였다. 대수가 경전 암송을 그만두고 조주감파(趙州勘婆) 공안을 참구하도록 일렀다. 한 찰나도 공안을 떠나지 않고 참구하다가 어느 날 벼랑의 바위를 뚫는 작업을 하던 중 바위에서 불꽃이 사방으로 튀는 모습을 보고 문득 크게 깨달았다.『오등회원』권20(卍속장138, p.785b3)에 따르면, 당시 그 소회를 가지고 "삼군이 움직이지 않아도 깃발은 번득이는 법, 노파는 다름 아닌 마왕의 다리이거늘, 조주의 자루 없는 쇠빗자루여! 전란의 먼지 깨끗이 쓸어없애니 텅 비어 적막하구나. 三軍不動旗閃爍 老婆正是魔王脚 趙州無柄鐵掃帚 掃蕩煙塵空索索"라는 게송을 바쳐 대수에게 인가를 받았다고 한다. 이 일로 하여 석두화상(石頭和尙)·회석두(回石頭)라 불렸다. [참고문헌] 『五燈會元』, 『大明高僧傳』 권6(대정장50, p.922b5), 『續傳燈錄』 권30(대정장51, p.677a19).

자회 自晦 스스로 감추는 것. 자신의 이름이나 모습 또는 공덕 등을 감추고 드러내지 않는 것. 『경덕전등록』 권8 「타지화상전」(대정장51, p.261c2)에 "흔주의 타지화상은 강서(江西 : 馬祖)에게서 종지를 깨달은 다음 스스로 그 이름을 감추었다. 보통 학인이 와서 질문을 하면 몽둥이로 땅바닥을 내려치는 것을 보여주었을 뿐이었으니, 당시 그를 일컬어 타지화상이라고 하였다. 忻州打地和尙 自江西領旨 自晦其名 凡學者致問 惟以棒打地而示之 時謂之打地和尙"라고 하였다. [참고문헌] 『景德傳燈錄』, 『虛堂錄』 권7(대정장47, p.1036a2).

자회 滋灰 Ⓢ pāṃśu, Ⓣ mdud-pa. 물들이는 재. 초목을 태워서 얻은 재로 옷감을 물들인다. 『대승장엄경론』 권3(대정장31, p.604b17)에 "비유하면, 자회의 힘으로 의복을 물들여서 갖가지 색이 나는 것과 같다. … [석] … 비유하면 의복을 물들일 때 자회의 힘에 의지하더라도 어떤 곳에는 갖가지 색이 나지만, 또 어떤 곳에는 갖가지 색이 나지 않는 것과 같다. 삼승의 정계 또한 이와 같아서 행원력(Ⓢ tathā-āvedha-vaśāt)에 의지하더라도 제불의 해탈로는 갖가지 지혜를 증득할 수 있지만, 이승의 해탈로는 갖가지 지혜를 증득할 수 없다. 譬如滋灰力 染衣種種色 … 釋曰 … 譬如染衣由滋灰力 有處得種種色 有處不得種種色 三乘淨界亦爾 由行願力 諸佛解脫得種種智 二乘解脫不得種種智", 같은 책 권5(대정장31, p.614c25)에 "'아견이 훈습해서 마음이 흘러 제취에서 구른다'란, 두 가지 아견으로 적셔 물들임 있기 때문에 훈습이라 하고, 이 훈습을 인으로 삼기에 생사에 유전한다는 것이다. 我見熏習 心流轉於諸趣者 有二種我見滋灰 故言熏習 由此熏習爲因 是故流轉生死"라고 하였다. [참고문헌] 『大乘莊嚴經論』, *Sūtr.39.*

자효사 慈孝寺 황해북도 개성시에 있던 절. 『고려사』 권18 세가(世家)18 의종 19년(1165) 1월 28일·21년 5월 12일에 "자효사에 갔다. 幸慈孝寺", 같은 책 권19 세가19 의종 23년 5월 14일에 "자효사로 거처를 옮겼다. 移御慈孝寺"라고 하였다. 이후 홍언박(洪彦博 1309~1363)이 쓴 「자효사차련루시운 慈孝寺次蓮樓詩韻」이 『동문선』 권21에 전하나, 『동국여지승람』 권5 개성부 고적에 이름만 전한다. [참고문헌] 『高麗史』, 『東文選』, 『東國輿地勝覽』, 『韓國寺刹全書』 권하 p.972a6.

자효사 資孝寺 황해북도 곡산군에 있던 절. 정약용(丁若鏞)이 곡산부사(谷山府使)로 재직하던 1797년(정조21) 경에 지은 시 「유자효사 遊資孝寺」(『여유당전서』 시문집 권3·한국문집총간281, p.62a13)에는 향나무가 빼곡한 산문·친절한 상좌와 고양이를 쓰다듬고 있는 노스님 등의 모습이 묘사되었다. 신위(申緯) 또한 1813~1816년 곡산부사로 재임 중에 지은 「상산사십영 象山四十詠」(『경수당전고』 제2책·한국문집총간291, p.43a12)에 "자효사. 옛 사람들이 지성으로 서천으로 가는 명복을 빌었네. 資孝寺 昔人有至性 冥福薦西天 白首孤兒在 山門一泫然"라고 하였다. 1872년(고종9)에 제작된 「곡산부지도 谷山府地圖」에도 현존 사찰로 기록되어 있고, 1925년 8월 27일 『조선총독부관보』에도 주지임명 기록이 전한다. [참고문헌] 『與猶堂全書』, 『警修堂全藁』, 『地方圖』, 『朝鮮總督府官報』.

자훈 資熏 도와 익게 하다. 『대승기신론의기』 권하(대정장44, p.270c5)에 "물들여 익힘으로써 망심이 있게 된다 하였으니, 무명에 의지해 진여를 물들여 움직이게 하니 업식의 마음이 있게 된다. 이 망심이야말로 도리어 무명을 도와 물들여 한층 더하여 알지 못하게 한다. 그렇게 거듭 굴러서 전식도 현식도 있게 한다. 以熏習故有妄心者 依無明熏動眞如 有業識心也 以此妄心 還資熏無明 增其不了 令其轉成轉識及現識"라고 하였다. [참고문헌] 『大乘起信論義記』. ⇨ 이종훈 二種熏, 훈습 熏習

자흔 自欣 1804~1875. 조선후기 스님. 호는 만휴(萬休), 속성은 서(徐)씨. 1804년(순조4) 전라남도 영암군 덕진면 금강리(錦江里 : 지금의 羅州地方)에서 태어났다. 어릴 때 부모를 여의고 스님이 되기를 결심하여, 두륜산(頭輪山) 대흥사(大興寺)로 찾아가 행자로 있다가 16세 때인 1820년(순조20)에 탁권(卓權)을 은사, 형암(荊庵)을 계사로 하여 스님이 되었다. 참선은 초의(草衣)로부터, 경론은 화담경화(華潭敬和 1786~1848)와 운흥사(雲興寺)의 대운한명(大雲漢明)·불호사(佛護寺)의 인곡영환(仁谷永奐) 등 강사로부터 수학한 후, 설곡윤훤(雪谷允暄 ?~1837)의 법을 이어받았다. 그 후 만일암(挽日庵)의 조실에서 학인을 지도하였다. 전계제자로 예암광준(禮庵廣俊), 전법제자로 덕암영준(德庵永俊) 등이 있다. 1875년(고종12) 1월 28일 신시에 대흥사 신월암(新月庵)에서 세수 72, 법랍 56세를 일기로 입적하였다. 백파(白坡) 신헌영(申獻永)이 스님의 영찬(影讚)을 짓고 썼다고 하며, 대흥사 보련각(寶蓮閣)의 조사진영(祖師眞影)에 스님의 진영도 있다. 초의(草衣)를 통해 당대의 명필 김정희(金正喜)와 교유하였으며, 『완당전집』 권5 「여초의 與草衣」(한국문집총간301, p.106b9)에 "자흔과 향훈이 각기 멀리서 차를 보내주어 그 마음이 도타우니 나를 대신하여 감사를 전해주십시오. 自欣向熏之各有遠貽 其意良厚 爲我代致款謝也". 같은 책(p.107a14)에 "호의는 무탈하며 자흔과 향훈 또한 편안한지요? 각기 달력을 보내드리니 나눠주시고 또한 이처럼 멀리서 보내는 감사의 뜻 전해주시길 바랍니다. 縞衣無恙 自欣向熏亦安好 各有蓂及分傳亦及此遠款也"라고 하였다. 〔참고문헌〕『東師列傳』 권4 「萬休禪伯傳」(한불전10, p.1046c11), 『阮堂全集』.

자흥성순염처법 自興盛順厭處法 사순염처법(四順厭處法) 중 하나. 스스로 뛰어난 선법에 의지해 염처에서도 이치에 맞게 더욱 더 바른 길로 매진하는 것. 『집이문족론』 권2(대정장26, p.374b25)에 "자흥성순염처법에 의하여 싫어하고, 이치에 맞게 사유하여 성도를 낳는다는 것은 무슨 뜻인가? 저 한 류의 사람이 자기의 신묘행·어묘행·의묘행 등이 마침내 원만해지고 점점 더 성숙해진다. … 닦아 쌓아 출현하게 하는 것을 도여리승이라 한다. 이와 같은 것을 자흥성순염처법에 의하여 싫어하고, 이치에 맞게 수승하게 된다고 한다. 依自興盛順厭處法 而生於厭 如理勝者 如有一類 等隨觀見 自身妙行語妙行 意妙行 究竟圓滿 增上淳熟 便作是念 我因不放逸依不放逸 住不放逸 由不放逸故 … 修集出現 是名道如理勝 如是名爲依自興盛厭如理勝"라고 하였다. 〔참고문헌〕『集異門足論』. ⇨ 사순염처법 四順厭處法

작 斫 Ⓢcheda, Ⓣgcod-pa. 쪼개다. 『구사론』 권2(대정장29, p.9a6 : *Abh-k-bh.*, p.24)에 "어떤 법의 이름을 쪼갠다 하는가? 땔감 등의 색취로서 서로 붙어 상속하는 것을 도끼 등으로 나누어 각각 상속이 일어나게 하는 법을 쪼갬이라고 한다. 신 등의 색근은 쪼개지는 것이라 할 수 없는데, 온전히 끊어 둘이 되게 할 수 없기 때문이다. 신근 등은 둘로 나눌 수 없는데, 팔다리는 몸을 떠나면 움직일 수 없기 때문이다. 또 신근 등은 또 능히 쪼갤 수 없으니, 정묘하기가 저 구슬의 빛과 같다. 何法名斫 薪等色聚 相逼續生 斧等分隔 令各續起 此法名斫 身等色根 不名所斫 非可全斷 令成二故 非身根等可成二分 支分離身 則無根故 又身根等 亦非能斫 以淨妙故 如珠寶光 chedo nāma ka eṣa dharmaḥ. saṃbandhotpādinaḥ saṃghātasrotaso vibhaktotpādanam. na kāyendriyādīni cchidyante. niravaśeṣāṅgacchede tadadvaidhīkaraṇāt. na hīndriyāṇi dvidhā bhavanti. chinnasyāṅgasya nirindriyatvāt. na cāpi cchindanti. maṇiprabhāvadandhatvāt"라고 하였다. 〔참고문헌〕『俱舍論』, *Abh-k-bh.*

작 柞 산자(橵子). 서까래 위에 흙을 받치려고 작은 나뭇가지를 엮어 올린 것. 몸을 떠받치고 있는 마음(意)의 비유다. 작(笮·筰)이라고도 한다. 『칠처삼관경』(대정장2, p.876a8)에 "누각이든 당우든 건물 위를 덮은 경우에는 비가 내린다 해도 산자도 젖지 않고 서까래도 젖지 않으며 벽도 젖지 않는다. 젖지 않으니 벽도 썩지 않고 서까래도 썩지 않으며 산자도 썩지 않는다. 이런 비유처럼 마음(意)을 지키면 몸도 지키고 말도 지킨다. 마음·몸·말을 이미 지켰다면 죽을 때도 좋게 죽어서 선함을 받아 지녀 좋은 곳에 태어난다. 若樓若堂 屋上覆蓋若便雨來 柞亦不漬 椽亦不漬 壁亦不漬 已不漬 壁亦不腐椽亦不腐 柞亦不腐 如是譬喩 意以守 身亦守 口亦守 已意身口守 便死時善死 便善受持 便得善處"라고 하였다. 〔참고문헌〕『七處三觀經』.

작가 作家 무엇인가를 잘 만들어내는 뛰어난 사람. 본래 시문(詩文)을 잘 짓는 사람을 뜻하지만, 종가(宗家)인 선종의 종지를 솜씨있게 드러낼 줄 아는 선사(禪師)를 말한다. 작가선객(作家禪客)·작가종사(作家宗師)·작가종장(作家宗匠) 등의 말도 파생되었다. 『경덕전등록』 권9 「보안전 普岸傳」(대정장51, p.267a21)에 "한 학인이 법을 물으러 왔을 때 보안이 주장자로 한 방 때렸다. 그 학인이 다가서서 주장자를 잡자 보안이 '노승이 조금 전에는 성급했다'라고 함에 그 학인이 도리어 보안에게 주장자 한 방을 먹이자 보안이 말했다. '작가로구나, 작가야!' 有僧到參 師打一拄杖 其僧近前把住拄杖 師曰 老僧適來造次 僧却打師一拄杖 師曰 作家 作家", 『임제록』(대정장47, p.496b17)에 "산승에게 오늘 상시의 간청이 있으니 어찌 강종을 감추겠는가? 당장에 진지 열어 깃발을 내걸 수 있어야 하지 않겠는가? 山僧此日 以常侍堅請 那隱綱宗 直下展陣開旗麽", 『조주어록』(고존숙어록14, 卍속장118, p.323b16)에 "작가라면 바로 묻지 않았을 것이다. 作家卽不與麽問"라고 하였다. 〔참고문헌〕『景德傳燈錄』, 『臨濟錄』, 『趙州語錄』. ⇨ 작가선객 作家禪客, 작가종사 作家宗師, 작가종장 作家宗匠, 대기대용 大機大用

작가라 斫迦羅 ❶Ⓢcakra의 음사어. 바퀴. 윤(輪)·위(圍)라고 한역한다. 삭가라(爍迦羅)·작갈라(斫羯羅·灼羯羅)·작글라(斫訖羅)라고도 한다. 『번역명의집』 권3(대정장54, p.1105b9)에 "발절라(Ⓢvajra) : 작가라(Ⓢcakra)라고도 한다. 『대지도론』에서는 '월사'라고 하였다. 신역은 박좌라라고 한다. 『대당서역기』에서는 벌라사라고 하였는데 금강으로 한역한다. 跋折羅 亦云斫迦羅 大論云越闍 新云縛左羅 西域記云伐羅闍 此云金剛", 같은 책 권5(대정장54, p.1140b29)에 "작글라 : 중국에서는 윤으로 한역한다. 斫訖羅 此土翻輪"라고 하였다. [참고문헌]『翻譯名義集』. ⇨윤 輪[1], 삭가라 爍迦羅 [2] Ⓢ Cakravāḍa. 철위산(鐵圍山). 자가라(柘迦羅)·작갈라(斫羯羅·灼羯羅)라고도 한다. 『기세경』 권1(대정장1, p.312a19)에 "비나야가산 밖에 산이 있는데 작가라라고 한다〈윤위라고 한역한다. 곧 철위산이다〉. 毘那耶迦山外有山 名斫迦羅〈隋言輪圍 卽是鐵圍山也〉", 『번역명의집』 권3(대정장54, p.1098c24)에 "자〈지와 야를 반절한 음〉가라 : 작갈라라고 하거나 작가라라고도 한다. 현응법사는 '윤산이라고 한역한다. 구역에서는 철위라고 하였는데, 위는 윤의 뜻이니 역자가 뜻으로 번역했다'라고 하였다. 柘〈之夜〉迦羅 或云灼羯羅 又云斫迦羅 應法師云 此云輪山 舊云鐵圍 圍卽輪義 譯人義立"라고 하였다. [참고문헌]『起世經』, 『翻譯名義集』. ⇨철위산 鐵圍山, 윤위산 輪圍山, 윤산 輪山

작가라바 斫迦邏婆 Ⓢ cakravāka, Ⓟ cakkavaka의 음사어, Ⓣ ngur-pa. 원앙(鴛鴦). 원은 수컷이고 앙은 암컷이니 둘을 함께 부르는 말이다. 라(邏)는 라(羅)로도 쓰며, 작가라바가(斫迦羅婆迦)라고도 한다. 『지장본원경과주』 권2(卍속장35, p.527b1)에 "범어 작가라바는 원앙으로 한역한다. 암수가 한 짝인 새이다. 머물 때는 짝지어 있고 날 때는 쌍으로 난다. 수컷과 암컷이 일찍이 서로 떨어진 적이 없다. 사람이 한 마리를 잡으면 한 마리가 그리워하다가 죽는다. 그러므로 까치는 밖으로 싸우기를 좋아하고 원앙은 안으로 그리워하기를 좋아한다고 하였다. 세속에서 수컷이 우는 소리를 원이라 하고 암컷이 우는 소리를 앙이라 한다. 梵名斫迦邏婆 此云鴛鴦 匹鳥也 止則相耦 飛則相雙 雄雌未嘗相離 人得其一 一思而死 故曰鵲好外反 鴛好內思 俗云 雄鳴曰鴛 雌鳴曰鴦"라고 하였다. [참고문헌]『地藏本願經科註』, *Mvyut.214.* ⇨원앙 鴛鴦

작가라벌랄지갈라사 斫迦羅伐辣底曷羅闍 Ⓢ cakravarti-rāja의 음사어. 전륜왕(轉輪王). 작가라벌랄지(斫迦羅伐辣底)·작가라벌랄지알라사(斫迦羅伐辣底遏羅闍)·작갈라말라지(斫羯囉韈喋底)·차가월라(遮加越羅·遮迦越羅) 등으로도 음사한다. 『번역명의집』 권3(대정장54, p.1094a24)에 "작가라벌랄지갈라사 : 차가월라라고도 음사하고, 전륜왕으로 한역한다. 『구사론』에서 '염부제의 사람 수명이 무량한 데서부터 팔만 세에 이르기까지 전륜왕이 태어난다. 팔만 세에서 감소될 때 중생의 부귀와 복락과 수명이 줄어들고 갖가지 악이 점차 왕성해져서 대인의 그릇을 가진 이가 아니면 전륜왕이 되지 못한다. 금강륜을 돌려서 모든 이를 이끌고 항복시키므로 전륜왕이라 한다'. 斫迦羅伐辣底曷羅闍 或遮迦越羅 此云轉輪王 俱舍云 從此洲人壽無量歲 乃至八萬歲 有轉輪王生 減八萬時有情富樂 壽量損減 衆惡漸盛 非大人器 故無輪王 由輪旋轉 應導威伏一切 名轉輪王"라고 하였다. [참고문헌]『翻譯名義集』. ⇨전륜왕 轉輪王

작가라인다라 斫迦囉因陀羅 ➡사갈라인다라 賒羯羅因陀羅

작가바라산 斫迦婆羅山 Ⓢ Cakravāḍa. 철위산(鐵圍山). 작가바라산(灼柯婆羅山)·작갈라산(斫羯羅山)이라고도 한다. 『대보적경』 권63(대정장11, p.362b12)에 "공덕을 갖추어 공양을 받아 마땅하여 갠지스 강의 모래알보다 많은 꽃을 가득 쌓아 공양드리니 마치 작가바라산과 같네. 具足功德應受供 多於恒河沙數等 積滿花聚而供養 猶如斫迦婆羅山", 『입세아비담론』 권10(대정장32, p.225a11)에 "이 안에 사천하가 있고 그 사이에 땅과 바깥에 큰 바다가 있다. 이 가운데에 작가바라산이 있다. 此中有四天下 有中間州地及外大海 此中有灼柯婆羅山"라고 하였다. [참고문헌]『大寶積經』, 『立世阿毘曇論』. ⇨철위산 鐵圍山, 윤위산 輪圍山, 윤산 輪山

작가선객 作家禪客 작가인 선객. 언제나 선객일 수 있는 이. 본분을 드러내는 솜씨있는 선수행자 또는 문답 상대자. 『임제록』(대정장47, p.506a25)에 "양주의 화엄 처소에 갔을 때 화엄이 주장자에 기대어 조는 척하였다. 임제가 '노화상께서 졸고 계시면 어쩝니까?' '뛰어난 선객은 분명히 같지 않구나' '시자야, 차를 끓여 와서 화상께 올리거라'. 화엄이 유나를 불러서 말했다. '제3위에 이 상좌를 안배하거라'. 到襄州華嚴 嚴倚拄杖作睡勢 師云 老和尚 瞌睡作麽 嚴云 作家禪客 宛爾不同 師云 侍者 點茶來與和尚喫 嚴乃喚維那 第三位安排這上座", 『벽암록』 10칙 「본칙 本則」(대정장48, p.150a23)에 "목주가 어떤 학인에게 물었다 '어디서 오는 길인가?'〈풀그림자로 낚싯줄 탐색하듯 한다〉. 학인이 다시 할 하였다〈뛰어난 선객일세. 그래도 밝은 사람인 척 꾸미지 마라. 여전히 이렇게 할 줄 아는군〉. 睦州問僧 近離甚處〈探竿影草〉 僧便喝〈作家禪客 且莫詐明頭 也解恁麽去〉", 『설두어록』 권2(대정장47, p.683c12)에 "여기에 작가선객 있기는 한가? 還有作家禪客麽", 『공곡집』 90칙 「평창 評唱」(卍속장117, p.628a15)에 "뛰어난 선객이라면 결코 머뭇거리며 의심하지 말고, 영리한 납승이라면 반드시 자세히 살핀다. 문을 나와 시비 넘치는 저자로 들지만 눈 뜨고 인의 아는 이 잘 가린다. 作家禪客 切忌遲疑 伶利衲僧 直須諦細 出門雖入是非市 開眼好看仁義人"라고 하였다. [참고문헌]『臨濟錄』, 『碧巖錄』, 『雪竇語錄』, 『空谷集』. ⇨작가 作家, 선객 禪客[1], 본분종사 本分宗師

작가전장 作家戰將 전장의 장수 지을 줄 아는 이. 전장(戰將)이라고도 한다. 『운문광록』 권중(대정장47, p.

560b20)에 "화산이 대중에게 이르길 '작가로서 전투에 능한 뛰어난 장수 있는가? 나와 보라'고 하자, 당시 어떤 학인이 나와서 '저들 속에 과연 있을까요?'라고 하였더니 운문은 '격!'이라 하고 말았다. 擧 禾山示衆云 有作家戰將麽 出來 時有僧出云 未審彼中 還有也無 師云 格", 『원오어록』 권17(대정장47, p.795b3)에 "암두는 호랑이 머리에 걸터앉기를 잘 했고 게다가 호랑이 꼬리를 땋기에도 능했다. 흡사 작가로서의 전장의 장수가 적진에 임하여 적을 포획하면서도 7사를 완비하듯 하니 기특하다 하지 않을 수 없다. 巖頭 旣善據虎頭 又能收虎尾 大似作家戰將 臨陣扣敵 七事俱全 不妨奇特", 『경덕전등록』 권12 「징심민덕전 澄心旻德傳」(대정장51, p.299a24)에 "홍화화상이 대중에게 말했다. '만일 작가로서 전장의 장수라면 문득 칼 한 자루 쥐고 곧바로 적진에 뛰어들 일이니, 문득 더 이상 이럴까 저걸까 주저하지 말기를'. 興化和尙 示衆云 若是作家戰將 便請單刀直入 更莫如何若何"라고 하였다. [참고문헌] 『雲門廣錄』, 『圜悟語錄』, 『景德傳燈錄』. ⇨ 작가 作家, 전장 戰將

작가종사 作家宗師 살림살이 하는 종사. 『양기어록』(대정장47, p.640b28)에 "'안다는 일 무엇인지요?' '구름이 산마루에 일어난다' '종사 살림살이 그대로 남는군요' '늘 생각하고 말하는 이로군'. 進云 知底事 作麽生 師云 雲生嶺上 進云 作家宗師 天然猶在 師云 念言語漢", 『설두어록』 권3(대정장47, p.688b19)에 "일천오백인 종사 지을 줄 아는 이 태원부노인 눈길 한번에 항복의 깃발을 높이 올렸다. 一千五百人 作家宗師 被孚老一覰 便高竪降旗", 『벽암록』 56칙 「평창 評唱」(대정장48, p.190b2)에 "흠산은 바로 종사 지을 줄 알아서 곧바로 저 물음 떨어지는 곳 알아차렸다. 欽山是作家宗師 便知他問頭落處"라고 하였다. [참고문헌] 『楊岐語錄』, 『雪竇語錄』, 『碧巖錄』. ⇨ 작가 作家

작가종장 作家宗匠 작가인 종장. 종장 지을 줄 아는 이. 『염팔방주옥집』 「서 序」(卍속장119, p.203b13)에 "『팔방주옥집』 열람하여 몇 가지 헤아리고는 이내 작가종장이 누르거나 올리고 거두고 펼쳐 다함이 여기에 있음을 알게 되었다. 八方珠玉集 閱之數則 乃見作家宗匠 抑揚卷舒 盡於斯矣", 『열조제강록』 권14(卍속장112, p.390a8)에 "만일 뛰어난 종장이 아니었다면 도둑의 소굴 모조리 털릴 뻔하였다. 若不是作家宗匠 洎被打破蔡州", 『종감법림』 권7(卍속장116, p.108a15)에 "파조선사는 하는 일마다 자재하였고 주고 빼앗을 때 당해서는 진실로 솜씨 좋은 종장이었다. 破竈 垂手自在 縱奪臨時 固是作家宗匠"라고 하였다. [참고문헌] 『拈八方珠玉集』, 『列祖提綱錄』, 『宗鑑法林』. ⇨ 작가종사 作家宗師, 작가 作家

작가지식 作家知識 작가로서의 선지식(善知識). 뛰어난 기량을 지닌 선지식. 『조당집』 권19 「경산홍인장 徑山鴻諲章」(대장경보편25, p.658a5)에 "나는 호남의 석상이 뛰어난 선지식이라 들었다. 내 문하에 있는 백명 정도의 소사 중에 어찌 영리한 인물이 없는가! 누가 그곳에 가서 그 문하의 도풍을 부지런히 배운 다음 옮겨와서 몰래 이 늙은이를 구제하겠는가? 我聞 湖南石霜 是作家知識 我一百來少師中 豈無靈利者 誰去彼中 懃學彼中氣道 轉來密救老漢"라고 하였다. [참고문헌] 『祖堂集』, 『碧巖錄』 61칙 「垂示」(대정장48, p.193b1). ⇨ 작가 作家, 선지식 善知識

작갑사 鵲岬寺 경상북도 청도군 운문면 신원리 호거산(虎踞山) 운문사(雲門寺)의 옛 이름. 『삼국유사』 권4(대정장49, p.1003c9 · 한불전6, p.343b21) 의해(義解)5 보양이목(寶壤梨木)에 "이 곳이 전대의 가람터임을 알고는 절을 창건하고 주석하였으며, 이름을 작갑사라고 하였다. 知是前代伽藍墟也 畢創寺而住焉 因名鵲岬寺"라고 하였다. [참고문헌] 『三國遺事』, 『韓國寺刹全書』 권하 p.972b2. ⇨ 운문사 雲門寺 1

작계 作戒 몸(色)과 입(聲)과 뜻(意)으로 계(戒)를 새겨 가지는 것. 계체(戒體) 즉 계의 바탕은 무표색(無表色)으로 성취되는 뜻에서 무작계(無作戒)라고 한다. 작(作)과 무작(無作)은 표(表)와 무표(無表), 교(敎)와 무교(無敎)라고도 한다. 36권본 『대반열반경』 권32(대정장12, p.822c22)에 "또한 두 가지다. 첫째는 작계이고 둘째는 무작계다. 이 사람은 작계만을 갖추었고 무작계는 갖추지 않았기에 계를 다 갖추지 못했다고 한다. 復有二種 一者 作戒 二者 無作戒 是人唯具作戒 不具無作戒 是故名爲戒不具足", 『사분율행사초자지기』 권중(대정장40, p.268a15)에 "여기에서 작계라 함은 몸으로 지음은 첫 번째 색(可見有對色)이고, 입으로 지음은 두 번째 색(不可見有對色) 가운데 성진(聲塵)이며, 신구의 무작(無作戒 : 無表色)은 모두 세 번째 색(不可見無對色)에 해당된다〈이는 색취 중에 세 가지 색을 분별하였다〉. 넷째로 색 중에 다시 두 가지다. 첫째는 본래 받은 색법으로 사대를 말하고, 둘째는 방편색으로 운동조작을 말한다. 작계란 본보 아닌 방편이며, 무작계는 둘 다에 해당되지 않는 색법이다〈이 몸과 입으로 드러내는 색법 중에 두 색을 분별한다〉. 今作戒者 身作卽初色 口作卽第二色中聲塵 身口無作竝第三色〈此色聚中 三色分別〉 四 色中又有二 一 本報色 謂四大也 二 方便色 謂運動造作也 作戒非本報是方便 無作非二色〈此身口色中 二色分別〉", 『비니심』(대정장85, p.662a17)에 "또한 계 받음에 작계와 무작계가 있다. 처음 계사를 마주하고는 계를 받겠다고 작심하고서 몸과 입을 움직이며 이 법을 지어 가지기에 작계라고 하며, 계를 얻은 후에는 마음에 품고 가져서 다시 하려 하지 않기에 무작계라고 한다. 又受戒之中 有作戒 有無作戒 初對師前 作心受戒 運動身口 造成此法 故名作戒 得戒已後 懷之在心 不復營爲 故名無作戒也"라고 하였다. [참고문헌]『大般涅槃經』,『四分律行事鈔資持記』,『毘尼心』. ⇨ 표색 表色, 무표색 無表色, 무작계 無作戒, 작무작 作無作 ■, 계 戒

작광증 作光增 현장(玄奘)이 방문했을 당시 갈야국사국(羯若鞠闍國) 왕의 부왕(父王) 이름.『대당서역기』권5(대정장51, p.894a20)에 "지금 왕은 본래 브라만 종족이다. 갈리사벌탄나〈희증으로 한역한다〉라는 이름의 왕이 다스리고 있었다. … 부친의 이름은 바라갈라벌탄나〈작광증으로 한역한다〉이었고 형의 이름은 갈라사벌탄나〈왕증으로 한역한다〉였다. 今王 本吠奢種也 字曷利沙伐彈那〈唐言 喜增〉 君臨有土 … 父字波羅羯羅伐彈那〈唐言 作光增〉 兄字曷邏闍伐彈那〈唐言 王增〉"라고 하였다. [참고문헌]『大唐西域記』. ⇨ 갈야국사국 羯若鞠闍國

작구 作具 Ⓢ karaṇa. 행위나 작용을 하도록 미리 갖춘 인연들. 오지근(五知根)과 오작근(五作根) 등이 있어서 이끌고 가져서 비추는(引持照) 일을 할 수 있게 하는 것들을 말한다.『성유식론』권8(대정장31, p.42b3)에 "넷째 사용과이니, 모든 작자가 갖은 작구를 빌어 사업을 가려 성취한다. 四者 士用 謂諸作者 假諸作具 所辦事業",『금칠십론』권중(대정장54, p.1253b13)에 "작구 열세 가지라 한 것은 이 논의 곳곳에서 설한 작구가 열세 가지일 뿐이니, 오지근·오작근·각·만·심 등이다. 이 열세 가지가 어떤 일을 하는가? 능히 견인하고 집지하며 비춘다. 이 일에는 열 가지가 있는데, 소리 등 오진과 언어 등 다섯 가지 일로 열 가지 일이다. 이 일에는 세 종류가 있으니 첫째는 견인하고, 둘째는 비추고, 셋째는 집지한다. 이 중 세 가지는 견인하며, 오지근은 비추고, 오작근은 집지한다. 이런 세 가지로 십삼근을 건립한다. 그러므로 견인하고 이끌어 가져서 비춘다고 한다. 作具數十三者 此論中處處說 作具決定唯十三 五知根 五作根 及覺慢心等 此十三作何事 能作牽執照 其事有十種 聲等五塵 語言等五事 此十是其事 是事有三種 一 應牽 二 應照 三 應執 是中 三有所牽 五知具所照 五作具執持 因此三事故立十三根 故說應引持照了"라고 하였다. [참고문헌]『成唯識論』,『金七十論』, *Sāṃkhy-k.35*. ⇨ 십삼작구 十三作具

작구가국 斫句迦國 인도의 고대 국가. 저거(沮渠)·차구가(遮拘迦)·주구파(朱俱波)·사거국(莎車國)이라고도 한다. 코탄(Khotan : 憂闐)과 카슈가르(Kashgar : 疏勒) 사이에서 야르칸드(Yarkand : 莎車) 부근에 있었던 것으로 추정된다. 중국 수당대에 대승불교의 중심지로서 많은 경전을 보유하였다고 전한다.『대당서역기』권12(대정장51, p.942c24)에 "작구가국은 둘레가 천 여리이고 나라의 큰 도성은 둘레가 십 여리이다. 견고하고 험준하며 인구가 많고 산악이 이어져 있으며 자갈이 많고 두 개의 강이 걸쳐 있다. 포도·배·능금을 재배하는데 그 열매가 많다. 계절은 춥고 사람은 조급하고 난폭하며 풍속은 속이기를 잘하고 공공연히 도둑질을 한다. 문자는 구살단나국과 같지만 언어는 다르다. 예의가 경박하고 학예가 얕다. 삼보를 믿고 복덕을 좋아한다. 가람의 수는 열 곳이지만 훼손된 곳이 많다. 승도는 백여 명이고 대승의 가르침을 익히고 배운다. … 인도에서 성과를 증득한 많은 사람들이 신통력으로 가볍게 날아올라 멀리 이곳으로 와서 머물다가 적멸에 든 아라한이 많았기 때문에 솔도파(窣堵波 Ⓢ stūpa : 塔)도 많다. 지금도 세 명의 아라한이 암굴 속에 살면서 멸심정(滅心定)에 들어있다. … 이 나라에는 대승경전의 부수(部數)가 아주 많다. 부처님의 가르침이 이르른 곳 중에서 이곳보다 융성한 곳은 없을 것이다. 斫句迦國 周千餘里 國大都城 周十餘里 堅峻險固 編戶殷盛 山阜連屬 礫石彌漫 臨帶兩河 頗以耕植 蒲陶梨柰 其菓寔繁 時風寒 人躁暴 俗唯詭詐 公行劫盜 文字同瞿薩旦那國 言語有異 禮義輕薄 學藝淺近 淳信三寶 好樂福利 伽藍數十 毀壞已多 僧徒百餘人 習學大乘教 … 印度果人 多運神通 輕舉遠遊 棲止於此 諸阿羅漢 寂滅者衆 以故多有窣堵波也 今猶現有 三阿羅漢 居巖穴中 入滅心定 … 此國中 大乘經典 部數尤多 佛法至處 莫斯爲盛也"라고 하였다. [참고문헌]『大唐西域記』,『法苑珠林』권29(대정장53, p.497a17). ⇨ 사거국 莎車國

작념 作念 마음으로 생각하다.『인선경』(대정장1, p.215c13)에 "이때 천들이 다시 이렇게 생각했다. '대범천왕은 어떻게 일일이 우리 마음을 정말로 알 수 있을까?' 그 천들은 두려움이 일어나서 마음에 번민을 품었다. "時 彼諸天又復作念 大梵天王 云何一一實知我心 彼諸天等 卽生驚怖 心懷愁惱",『증일아함경』권14(대정장2, p.618b5)에 "이때 세존께서 다시 이렇게 생각하셨다. '얼마나 괴로웠을까? 나의 법을 듣지 않고 임종을 맞았구나. 만약 나의 법을 들었더라면 바로 해탈할 수 있었을텐데'. 是時 世尊復作念曰 何其苦哉 不聞吾法 而取命終 設當聞吾法者 卽得解脫"라고 하였다. [참고문헌]『人仙經』,『增壹阿含經』. ⇨ 염 念 ■

작랍 嚼蠟 밀랍을 씹듯 하다. 욕락을 대하지만 무미(無味)여서 물들지 않는 뜻이다.『능엄경』권8(대정장19, p.145c26)에 "'나는 욕심이 없이 그대에 응하여 행사하니 멋대로 나뒹굴 때도 저 밀랍을 씹듯 하여 목숨이

다한 후에는 월화지에 난다'. 이와 같은 류들을 낙변화천이라 한다. 我無欲心 應汝行事 於橫陳時 味如嚼蠟 命終之後 生越化地 如是一類 名樂變化天", 『수능엄의소주경』 권8(대정장39, p.942a3)에 "경에 무심하면 경 멋대로 닥치더라도 경 스스로 마음에 있어서 이미 맛보았거늘 어찌 저 밀랍 씹은 듯하다 하는가. 無心於境 境自橫來 境自有心 已何所味 故云味如嚼蠟等", 『능엄경원통소』 권8(卍속장19, p.844b17)에 "이 경에서는 욕정의 맛을 저 밀랍 씹듯 하여 인으로 삼고, 낙경 스스로 변화수용하는 것을 과로 삼았다. 此經 以欲情味如嚼蠟爲因 以樂境自變化受用爲果"라고 하였다. [참고문헌] 『楞嚴經』, 『首楞嚴義疏注經』, 『楞嚴經圓通疏』.

작략 作略 방편을 짓다. 선사가 적극적으로 정안(正眼)을 드러내는 행위를 말한다. 『원오어록』 권12(대정장47, p.769b14)에 "반드시 대장부의 의기라야 비로소 이와 같은 작략 있고, 또한 남의 말과 지시에 의지할 일 없어 남의 속임수에 당하지 않는다. 須是大丈夫漢意氣 方有如是作略 亦不依他言語指示 不受他欺謾", 같은 책 권15(대정장47, p.783b6)에 "저 본색종풍의 훌쩍 벗어난 듯 우뚝한 면모를 보라. 작략을 귀하게 여기지 않고 오직 그들의 안목이 바름만을 섬긴다. 看他本色宗風 迥然殊絶 不貴作略 只欽他眼正", 『종용록』 27칙 「평창 評唱」(대정장48, p.244c13)에 "주렴을 가리킨 (法眼文益의) 말씀에는 사람 위하여 지은 대단한 방편 있다. 두 학인 주렴을 말아 올렸고 두 사람 분상에 맞게 두 갈래 길(得失) 보였다. 指簾話 極有爲人作略 二僧捲簾 在當人分上 自有兩條路子", 『종감법림』 권55(卍속장116, p.696b1)에 "석두가 비록 격을 벗어난 책략 지었지만 노인께서 놓은 조롱에 걸려든 일 어찌하랴! 누대에로 전한 후손들 모두 온통 저 울타리에 갇혀버렸네. 石頭 雖有格外作略 爭奈被者老漢羅籠 帶累後代兒孫 都落在者圈䙡裏", 『불과격절록』 15칙 「평창 評唱」(卍속장117, p.463a14)에 "저 위로부터 내려온 종풍 어찌 본보기를 듣고서 얻었겠는가! 반드시 이 통은 밑바닥 없는 듯하여 대용만이 현전하여야 비로소 그나마 책략이라 할 수 있다. 看他從上宗風 豈是規模 聞聽得來 須是桶底子脫相似 大用現前 始有如此作略"라고 하였다. [참고문헌] 『圜悟語錄』, 『從容錄』, 『宗鑑法林』, 『佛果擊節錄』.

작례 作禮 Ⓢ abhivandya, Ⓟ abhivādeti, Ⓣ phyag-'tshal-ba. 예를 갖추다. 『비바시불경』 권하(대정장1, p.158a29)에 "이때 세존께서 이 계를 설하시는 동안 제천의 천자들이 천의 위력으로 천궁으로 내려와 비바시불 앞에서 예를 다해 합장하고서 바라제목차를 들었다. 爾時 世尊說此戒時 復有諸天天子 以天威力 來下天宮 詣毘婆尸佛前 作禮合掌 聽受波羅提目叉", 『대루탄경』 권3(대정장1, p.293b10)에 "사문들은 모두 차수하고 가르침의 말씀을 들었으며 각자 앞에서 부처님께 예를 올렸다. 諸沙門皆叉手 受敎言語 各前爲佛作禮", 『중아함경』 권60 「전유경 箭喩經」(대정장1, p.804b9 : *Cūḷa mālunkya-sutta, MN.1*, p.427)에 "이때 존자 만동자는 해질 무렵에 좌선에서 일어나 부처님이 계신 곳으로 가서 머리를 숙여 예배드리고 한 쪽에 앉았다. 於是尊者鬘童子則於晡時 從燕坐起 往詣佛所 稽首作禮 却坐一面 atha kho āyasmā māluṅkyāputto sāyanhasamayaṃ paṭisallāṇā vuṭṭhito yena bhagavā ten'upasaṅkami, upasaṅkamitvā bhagavantaṃ abhivādetvā ekamantaṃ nisīdi", 『연등회요』 권7 「황벽희운장 黃蘗希運章」(卍속장136, p.549a4)에 "어느 날 여섯 명의 신참 비구가 도착하여 만나보았다. 다섯이 예를 올렸는데 한 명이 좌구를 들어올려 일원상을 만들었다. 황벽이 말했다. '듣자하니 사냥개 한 마리가 아주 독하다던데'. 一日六人新到相看 五人作禮 一人提起坐具 作一圓相 師云 我聞有一隻獵狗甚惡"라고 하였다. [참고문헌] 『毘婆尸佛經』, 『大樓炭經』, 『中阿含經』, 『聯燈會要』, *MN.*, *Saddh-p.300*. ⇨ 경례 敬禮, 예경 禮敬

작례방편 作禮方便 밀교의 9종 참회예법 중 하나. 시방삼세삼보에게 귀명하고 공경을 드리는 예법. 귀명방편(歸命方便)이라고도 한다. 『대일경』 권7(대정장18, p.46a21)에 "작례방편진언은 '옴 나마 살바달타얼다 가야바흘질다 파나밤나난가로미(oṃ namaḥ sarva-tathāgata-kāya-vāk-citta-pāda-vandanaṃ karomi)'이다. 이것으로 인하여 진실한 언어로 예를 올리니 시방의 모든 부처님들께 널리 예경을 드릴 수 있다. 作禮方便眞言曰 唵南麽薩婆怛他蘖多 迦耶嚩吃質多 播娜鑁娜難迦嚕弭 由此作禮眞實言 卽能遍禮十方佛", 『대일경공양차제법소』 권상(대정장39, p.794a16)에 "진언중에 작례방편이라고 한 것은 이렇게 해야 진실언작례이기 때문이다. 진언은 곧바로 실상지다. 제존은 실상지로 몸과 마음을 삼으니 실상지로 진언을 외운 즉시 실상지제존께로 두루 미치고, 실상지제존께서 일시에 진언예경을 받는다. 그러므로 시방제불께 능히 모두 예배드린다고 하였다. 眞言中作禮方便者 由此作禮眞實言者 眞言卽是實相智 諸尊以實相智爲身心 以實相智眞言誦 卽遍至實相智尊 實相智尊一時頓受眞言禮 故言卽能遍禮十方佛"라고 하였다. [참고문헌] 『大日經』, 『大日經供養次第法疏』. ⇨ 구방편 九方便, 밀교참법 密敎懺法

작례이거 作禮而去 예를 다한 후에 가다. 부처님 설법 후에 오는 마지막 구로 청자(請者)가 귀의하였음을 드러낸다. 『잡아함경』 권1(대정장2, p.5c18)에 "이때 그 비구가 부처님께서 말씀하시는 것을 듣고 뛸 듯이 기뻐하며 예를 다한 후 돌아갔다. 時 彼比丘聞佛所說 踊躍歡喜 作禮而去", 『별역잡아함경』 권5(대정장2, p.410b9)에 "이때 범왕은 세존을 찬탄하고 깊이 수희심을 일으키고서 예배드리고 돌아갔다. 爾時 梵王讚歎世尊 深生隨喜 作禮而去", 『법화경』 권7(대정장9, p.62a27)에 "부처님께서 이 경전을 설하실 때 보현 등의 보살들과 사리불 등의 성문들 및 천·용·인·비인 등 일체의 무리들이 모두 크게 환희하며 부처님의 말씀을 기억하고 예배드리고 돌아갔다. 佛說是經時 普賢等諸菩薩 舍利弗等諸聲聞 及諸天龍人非人等 一切大會 皆大歡喜 受持佛語 作禮而去"라고 하였다. 〔참고문헌〕『雜阿含經』, 『別譯雜阿含經』, 『法華經』. ⇨ 작례 作禮

작례치경원 作禮致敬願 아미타불이 인위에서 발한 48원(願) 중 제37원. 『무량수경』 권상(대정장12, p.268c28)에서 "설사 내가 성불하여 시방세계의 무량한 불가사의제불세계와 모든 천과 인민들이 나의 이름을 듣고서 오체투지하고 머리를 숙여 예배하면서 환희하고 믿고 즐거워하면서 보살행을 닦으니, 모든 천과 세상사람 중에 예경을 드리지 않는 이가 없을 것이다. 만약 그렇지 않으면 나는 정각을 취하지 않으리라. 設我得佛 十方無量 不可思議 諸佛世界 諸天人民 聞我名字 五體投地 稽首作禮 歡喜信樂 修菩薩行 諸天世人 莫不致敬 若不爾者 不取正覺", 『무량수경연의술문찬』 권중(대정장37, p.153a5·한불전2, p.50b13)에 "〔경〕 내가 성불한다면~정각을 취하지 않으리라. 〔술〕 이것은 넷째 작례치경원이라고 한다. 經曰 設我得佛 至不取正覺者 述云 此第四作禮致敬願也"라고 하였다. 〔참고문헌〕『無量壽經』, 『無量壽經連義述文贊』. ⇨ 미타인행사십팔원 彌陀因行四十八願, 사십팔원 四十八願

작루지세 作樓至勢 루지의 위세를 짓다. 루지불의 모양새를 취한다는 뜻으로 루지란 범어 루디타(Ⓢ Rudita, Rucika)의 음사어로 현겁천불(賢劫千佛) 중 마지막 부처님의 명호나. 과거세에 선륜성왕의 천명의 아들 중 한 명으로 태어났지만, 이들이 성불할 차례를 산가지로 헤아린 결과 가장 마지막에 성불하리라 하니 눈물 흘려 울었다 하여 제곡불(啼哭佛), 또는 그래도 끝내 기꺼이 중생을 사랑하였다 하여 애락불(愛樂佛)이라고도 한역한다. 후세로 전하여 금강역사(金剛力士)를 루지라고 하기도 한다. 『연등회요』 권8 「앙산혜적장 仰山慧寂章」(卍속장136, p.564a14)에 "앙산이 원상(○) 하나를 그려서 만 자를 둘러싸니 학인이 루지불 모양새를 취했다. 앙산이 말했다. '그렇다, 그래. 이것은 모든 부처님께서 지켜주시는 바로 그것이다. 그대도 이와 같고 나도 이와 같으니 잘 호지해야 하리'. 그 학인이 절을 올리더니 허공으로 올라가 사라졌다. 師作圓相 圍却卍字 僧作樓至勢 師云 如是如是 此是諸佛之所護念 汝旣如是 吾亦如是 善自護持 其僧作禮 騰空而去", 『종용록』 77칙 「평창 評唱」(대정장48, p.276c8)에 "범어 루지는 눈물 흘리며 운다는 뜻의 제읍이라 한역한다. 현겁천불에게는 천 명의 왕자가 있었고, 마지막으로 산가지를 얻어 최후에 성불한다는 소식에 마침내 눈물 흘려 울면서 '나는 얼마나 쌓은 것 없으면 마지막이라는 산가지를 얻었을까?'라고 하다가 문득 다시 웃으며 '나는 장차 999분의 부처님을 모두 친견하여 방편으로 장엄하리라'고 하였다. 지금 호법신장 중 몽둥이를 쥔 이가 바로 그이다. 그 학인이 마지막에 루지의 모양새를 지은 그 뜻을 알 만하다. 梵語樓至 此云啼泣 賢劫千佛 爲千王子 末後得籌 最後成佛 遂啼泣云 我何薄祐 窮底得籌 忽復笑云 我當盡取 九百九十九佛 方便粧嚴 今護法神 執杵者 是 僧末後作樓至勢 其意可知"라고 하였다. 〔참고문헌〕『聯燈會要』, 『從容錄』. ⇨ 루지불 樓至佛, 금강역사 金剛力士, 인왕 仁王, 집지금강 執持金剛

작리대사 雀梨大寺 구자국(龜玆國)에 있던 절. 삼장 구마라집(鳩摩羅什)의 모친(耆婆 Ⓢ Jivā)이 구마라집을 잉태하고서 법문을 들었던 절이다. 『출삼장기집』 권14 「구마라집전 鳩摩羅什傳」(대정장55, p.100b2)에 "구마라집이 탯속에 있을 적에 그의 모친의 지혜가 평소에 배가 되었다. 작리대사로 가서 경을 듣는데 갑자기 자연스레 천축어가 술술 들렸다. 대중이 모두 기이함에 감탄하였고, 아라한 달마구사가 말하기를 '이는 분명 지혜로운 아들을 회임한 징조입니다'라고 하였다. 什之在胎 其母慧解倍常 往雀梨大寺聽經 忽自通天竺語 衆咸歎異 有羅漢達摩瞿沙曰 此必懷智子"라고 하였다. 〔참고문헌〕『出三藏記集』, 『梁高僧傳』 권2 「鳩摩羅什傳」(대정장50, p.330a19). ⇨ 구자 龜玆, 구마라집 鳩摩羅什

작리부도 雀離浮圖 가니색가가람(迦膩色迦伽藍) 동쪽에 있던 탑. 작리불도(雀離佛圖)·작리부도(雀離浮屠·雀梨浮圖), 가니색가대탑이라고 한다. 『낙양가람기』 권5(대정장51, p.1021a240에 "다시 서남쪽으로 60리를 가면 건다라성에 이르며, 성 동남쪽 7리 떨어진 곳에 작리부도가 있다. 「도영전」에서는 다음과 같이 말하고 있다. '(부도는) 성 동쪽 4리 떨어진 곳에 있는데, 그 유래를 헤아려보면 바로 여래께서 세상에 계실 때 제자들과 함께 이곳을 돌아다니며 교화를 펼치셨는데, 그때 성 동쪽을 가리키며 「내가 입멸한 후 삼백 년이 지나 가니색가라는 왕이 이곳에 부도를 세울 것이다」라고 말씀하셨던 곳이다'. 復西南行六十里 至乾陀羅城 東南七里 有雀離浮圖 道榮傳云城東四里 推其本源 乃是如來在世之時 與弟子遊化此土 指城東曰 我入涅槃後三百年 有國王名迦尼色迦 此處起浮圖"라고 하였다. 〔참고문헌〕『洛陽

伽藍記』. ⇨ 가니색가대탑 迦膩色迦大塔, 가니색가가람 迦膩色迦伽藍

작마 作麽 작마생(作麽生)의 줄임말. 마(麽)는 마(摩)로도 쓴다. 강학도량에서는 '자마'로도 읽는다. 『경덕전등록』 권26(대정장51, p.420b15)에 "인천의 대중 앞에서 잠꼬대 하다니? 人天大衆前 寱語作麽", 『조당집』 권5 「대전장 大顚章」(대장경보편25, p.391b13)에 "대전이 돌아보면서 '무슨 일인가?'라고 묻자 답했다. '먼저 정을 움직여야 지혜 뽑는다'. 師乃迴視云 作摩 對曰 先以定動 然後智拔"라고 하였다. 〔참고문헌〕『景德傳燈錄』, 『祖堂集』. ⇨ 작마생 作麽生

작마생 作麽生 무엇인가. 어떠한가. 어떤 말을 인연으로 분별의 경계 끝까지 파헤쳐가는 의단(疑團)을 유지시키는 방편이다. 즘마생(怎麽生)·사마생(似麽生) 또는 작마(作麽)·작생(作生)·작물생(作勿生)·작몰생(作沒生)·작물생(作物生)이라고도 한다. 여하료(如何了)·즘마양(怎麽樣) 등으로도 쓰며, 본래 송대의 속어로서 선종의 술어가 되었다. 마는 마(摩)로도 쓰는데, 이는 『조당집』에서 다수 보인다. 『임제록』(대정장47, p.503a25)에 "후에 위산이 앙산에게 물었다. '이 두 존숙의 뜻은 무엇일까?' '화상의 생각은 어떠신지요?' '자식을 길러봐야 어버이의 자애를 알 수 있는 법이다' '그렇지 않습니다' '그대는 어떻게 생각하느냐?' '도둑을 끌어들여 자기 집을 터는 꼴과 아주 비슷합니다'. 後潙山問仰山 此二尊宿 意作麽生 仰山云 和尙作麽生 潙山云 養子方知父慈 仰山云 不然 潙山云 子又作麽生 仰山云 大似勾賊破家", 『경덕전등록』 권4 「숭혜전 崇慧傳」(대정장51, p.229c15)에 "'달마가 이 땅에 오기 이전에도 불법이 있었는지요?' '오기 이전은 그만두고 지금의 일은 어떤가?' 問 達磨未來此土時 還有佛法也無 未來時且置 即今事作麽生", 『조당집』 권3 「조과장 鳥窠章」(대장경보편25, p.352b4)에 "화상의 본분사는 무엇인지요? 作摩生是和尙本分事", 같은 책 권4 「단하천연장 丹霞天然章」(대장경보편25, p.381b10)에 "한 학인이 '무엇이 정수리에 붙은 눈인지요?'라고 묻자 동산이 말했다. '향상에 어둡지 않다'. 僧便問 作摩生是在頂上底眼 洞山云 不昧向上"라고 하였다. 〔참고문헌〕『臨濟錄』, 『景德傳燈錄』, 『祖堂集』. ⇨ 작마 作麽, 의단 疑團

작마작마 作麽作麽 '무엇인가, 무엇인가?'라고 거듭 묻는 말. 활구(活句)를 유인하는 말이다. 『경덕전등록』 권14 「운암담성전 雲巖曇晟傳」(대정장51, p.315a8)에 "'선대에서 이어온 모든 성인들은 어디로 떠나셨는지요?' '무엇이라 했느냐, 무엇이라 했느냐?' 問 從上諸聖 什麽處去 師良久云 作麽作麽"라고 하였는데, 이 '작마작마'라는 말에 대해 『불과격절록』 17칙(卍속장117, p.464b13)에 "한 배 탄 사람끼리 너무 속여먹는군. 賺殺一船人", 『직주천동송고』 권1(卍속장117, p.786b16)에 "온몸으로 짊어졌으니 비추고 씀이 동시다. 全身擔荷 照用同時"라고 착어(著語)를 붙였다. 〔참고문헌〕『景德傳燈錄』, 『佛果擊節錄』, 『直註天童頌古』. ⇨ 작마 作麽

작모작양 作模作樣 본뜨고 그럴듯하게 하다. 분별하는 이가 분별하니, 분별에 분별을 더하는 뜻이다. 『임제록』(대정장47, p.500a12)에 "진불은 형체 없고 진법은 모양 없거늘, 그대들이 다만 허망한 분별 끝에서 본뜨고 모양 짓는다. 설령 찾아 얻더라도 그 모두가 여우들 혼빼는 일이어서 결코 진실한 부처가 아닌 외도견해다. 진실로 도를 배우는 사람이라면 부처도 보살이나 나한도 취하지 않는다. 眞佛無形 眞法無相 儞秖麽幻化上頭 作模作樣 設求得者 皆是野狐精魅 並不是眞佛 是外道見解 夫如眞學道人 並不取佛 不取菩薩羅漢", 같은 책(대정장47, p.501a5)에 "저 진정한 학인 있어 문득 할 하고 먼저 아교단지 던지듯 한마디 하거늘, 선지식은 경계 분간하지 못해 문득 헛된 경계상에 본뜨고 모양 짓는다. 학인이 다시 할 하여도 앞의 사람 놓을 줄 모른다. 이야말로 고질병이어서 고칠 수 없다. 이를 가리켜 '나그네가 주인을 넘본다'고 한다. 如有眞正學人 便喝先拈出 一箇膠盆子 善知識 不辨是境 便上他境上 作模作樣 學人便喝 前人不肯放 此是膏肓之病 不堪醫 喚作客看主"라고 하였다. 〔참고문헌〕『臨濟錄』.

작무 作務 힘써 일하다. 좌선(坐禪)·간경(看經) 등의 본분사 이외에 대중이 함께 하는 일을 말한다. 보청(普請)이라 하였고 지금은 대중운력(大衆運力)이라 한다. 『백장청규증의기』 권5 「주지장 住持章」(卍속장111, p.656b2)에 "작무에 이르기까지도 대중과 더불어 수고를 고르게 한다. 백장과 같은 현인도 하루 일하지 않으면 하루 먹지 않고 절도를 지켰으니 주지의 뜻을 알 만하다. 至於作務 猶與衆均其勞 賢如百丈 而有一日不作 一日不食之節 則住持之義可知", 『백장어록』(고존숙어록1, 卍속장118, p.163b1)에 "백장이 대중운력으로 밭을 갈다가 돌아보며 물었다. '운사리! 밭가는 일이 쉽지 않구나'. 황벽희운이 말했다. '대중이 해야 할 작무입니다' '수도하는 본분을 번거롭게 할 수 있다' '어찌 노무를 그만두겠습니까?' '밭은 얼마나 갈았는가?' 황벽이 호미질하는 시늉을 하자 백장이 할 하였고 황벽은 귀를 막고 가버렸다. 師因普請開田 回問 運闍梨 開田不易 檗云 衆僧作務 師云 有煩道用 檗云 爭敢辭勞 師云 開得多少田 檗作鋤田勢 師便喝 檗掩耳而出", 『사분율명의표석』 권17 「여래의량 如來衣量」(卍속장70, p.656b5)에 "작무할 때 반드시 잘 간수해서 진흙에 옷을 더럽히지 마라.

若作務時 應須善護 勿令泥土汙衣", 『율종회원』 권2(卍속장105, p.866a17)에 "모든 작무는 제정된 법 아님이 없다. 一切作務 無非制法", 『감산집』 권3 「시회우수선인 示懷愚修禪人」(卍속장127, p.248a11)에 "작무는 대중보다 앞서 하고, 밤낮으로 게을리 하지 않는다. 作務爲衆先 晝夜無倦"라고 하였다. 〔참고문헌〕『百丈清規證義記』, 『百丈語錄』, 『四分律名義標釋』, 『律宗會元』, 『憨山集』. ⇨ 보청 普請, 일일부작일일불식 一日不作一日不食, 작무의 作務衣

작무의 作務衣 Ⓢantarvāsa. 삼의(三衣) 중 오조의(五條衣)로 작무시에도 입는 옷이다. 안타회(安陀會)·행도작무의(行道作務衣)라고도 한다. 『비니일용절요』(卍속장106, p.130b1)에 "범어 안타회는 작무의라고 한역한다. 오조가사이며 한 조각은 길고 한 조각은 짧다. 절에서 일하거나 길에 출입할 때 이 옷을 입어야 한다. 梵語安陀會 此云作務衣 五條 一長一短 凡寺中執勞服役 路途出入往還 當著此衣", 『전계정범』 권2(卍속장107, p.48b2)에 "그대들의 보따리에 각각 오조의가 있다. 범어로 안타회라고 하는데 작무의라고 한역한다. 하의라고도 하고 잡작의라고도 한다. 汝等袱中 各有五條衣 梵語安陀會 此云作務衣 亦云下衣 亦云雜作衣"라고 하였다. 〔참고문헌〕『毘尼日用切要』, 『傳戒正範』, *Mvyut.271.* ⇨ 오조의 五條衣, 안타회 安陀會, 삼의 三衣❶

작무작 作無作 ❶ 작(作)과 무작(無作). 신업(身業)과 구업(口業)을 짓는 것을 작이라 하고 짓지 않음을 무작이라 한다. 신역(新譯)에서는 표(表)·무표(無表業)라고 한역하고 『성실론』에서는 교업(教)·무교(無教)라고 한다. 『대지도론』 권13(대정장25, p.155a1)에 "불살생으로 무량선법을 얻는다. 짓거나 짓지 않거나 복덕이 항상 밤낮으로 일어나기 때문이다. 不殺生 得無量善法 作無作 福常日夜生故"라고 하였다. 〔참고문헌〕『大智度論』. ⇨ 표무표 表無表 ❷ 작색(作色)과 무작색(無作色). 신역의 표색(表色)·무표색(無表色)이다. 『반야등론석』 권10(대정장30, p.99b29)에 "작색과 무작색이란 무엇인가? 몸과 입의 모양을 가져 다른 이가 알게 하면 작색이고, 몸과 입 등으로 행하거나 말하지 않아서 다른 이들이 알지 못하게 하면 무작색이다 云何名作無作色 以身口色 令他解者 名爲作色 不以身口色令他解者 名無作色"라고 하였다. 〔참고문헌〕『般若燈論釋』. ⇨ 작색 作色❶, 무작색 無作色

작물 作勿 ➡ 작마생 作麽生

작물 作物 Ⓟvatthu-kata. 가르침 스스로 익혀 몸에 스며서 허망하지 않은 뜻. 『사리불아비담론』 권7(대정장28, p.578a16)에 "만약 자해심을 가까이하여 거듭 닦고 익혀 마치면 타고 오름을 지어 무언가 지어 마쳤기에 부지런히 삼가하고 알아차려 잘 정진한다. 진에로 덮힌 마음이라면 이 일은 있을 수 없다. 만약 희해심을 가까이하여 거듭 수학하고 가르침도 있고 스스로 지음도 있게 된다. 근신하고 간별하고 잘 정진했다면 기쁘지 않은 마음에 뒤덮이는 그러한 일을 있을 수 없다. 若慈解心親近 多修學已 作乘作物已 謹愼已 識已 善進已 若瞋恚覆心者 無有是處 若喜解心親近已 多修學已 作乘作物已 謹愼已 識已 善進已 爲不樂心所覆 無有是處"라고 하였다. 〔참고문헌〕『舍利弗阿毘曇論』.

작반 作伴 함께하는 것. 심(心)과 심소법(心所法) 등이 함께하는 뜻이다. 『아비담심론경』 권1(대정장28, p.836c9)에 "작반이란, 심과 심소법이 서로 짝하는 것과 유위의 사상(四相)을 말한다. 作伴者 心心數法彼此爲伴 及諸有爲相"라고 하였다. 〔참고문헌〕『阿毘曇心論經』.

작법 作法 Ⓢkarma. 법에 맞게 행하는 일. 갈마(羯磨)의 번역어다. 『일체경음의』 권59(대정장54, p.699a5)에 "갈마〈거와 알의 반음. 작법판사라 번역한다〉. 羯磨〈居謁反 此譯云作法辦事〉", 『범망경보살계초진』 권7(卍속장95, p.176a8)에 "범어 갈마는 작법 또는 판사로 한역되니 … 여래법으로 행하여 대중의 일을 판별함을 말한다. 梵語羯磨 此云作法 亦云辦事 … 謂作如來之法 而辦衆僧之事", 『법계성범수륙승회수재의궤』 권1(卍속장129, p.530b6)에 "위로부터 결계하는 작법이 성취되면 상하사방이 광박엄정하여 제불찰과 같아진다. 上來結界作法已成 上下四方 廣博嚴淨 如諸佛刹"라고 하였다. 수계작법(受戒作法)·갈마작법(羯磨作法)·결수작법(結手作法)·영산작법(靈山作法)·식당작법(食堂作法)·다비작법(茶毘作法) 등이 있다. 〔참고문헌〕『一切經音義』, 『梵網經菩薩戒初津』, 『法界聖凡水陸勝會修齋儀軌』. ⇨ 갈마 羯磨❷, 승가작법 僧伽作法, 결계 結界❶

작법 영산재 천수바라시연

작법계 作法界 결계(結界 : 自然界 作法界)법 중 하나. 갈마(羯磨) 즉 작법을 위해 대중이 모일 수 있는 공간을 정하는 것이다. 대계(大界)·계장(戒場)·소계(小界)의 세 가지가 있고, 대계는 작법의 소리가 미치는 곳이어야 하고, 소계란 그 한계 내에 있는 경우다. 자연계(自然

界)와 상대한다. 『사분율행사초』 권상(대정장40, p.7a2)에 "작법계의 경우 세 가지로 다르다. 계장이 있는 경우는 네 곳에 승중을 모아서 각각 작법을 행할 수 있다. 첫째 계장에서 하거나 , 둘째 공터에서 이거나, 셋째 대계에서 하거나, 넷째 계 밖의 곳이다. 계장이 없는 경우 두 곳으로 각각 승중을 모은다. 소계의 경우 별도의 상을 세우지 않고 바로 앉은 자리를 결계로 하니 밖이 없이 모인다. 若作法界 則有三別 有戒場者 四處集僧 各得行事 一 在戒場 二 在空地 三 在大界 四 在界外 若無戒場 二處各集 若小界者 旣不立相 直指坐處 無外可集", 『사분율산보수기갈마』 권상(대정장40, p.493a8)에 "계에 두 가지가 있고 작법계의 경우에는 세 가지가 있을 뿐이니 대계·계장·소계를 말한다. 소계는 밖이 없이 모인다. 계장과 대계는 소리가 들리는 한에서는 끝까지 다 보인다. 夫界有二 若作法界 則唯三種 謂大界戒場小界 若論小界無外可集 若戒場大界 並盡唱制限集之", 『사분율행사초자지기』 권상(대정장40, p.188b4)에 "『선견율비바사』에 의하면 물속에서는 작법계를 결할 수 없다. 〔소〕 이것은 물은 떠서 흔들려 서로 알아보지 못하기 때문이다. 요즈음 물이 없어 언덕에 표한다면 결계의 뜻은 성립한다. 若準善見 水中不得結作法界 疏云 此論以水相虛浮體相難識故也 今則約岸分標 義亦可得如結界中"라고 하였다. 〔참고문헌〕 『四分律行事鈔』, 『四分律刪補隨機羯磨』, 『四分律行事鈔資持記』. ⇨ 이종결계 二種結界, 결계 結界❶, 대계 大界, 계장 戒場, 소계 小界, 자연계 自然界, 갈마 羯磨

작법관정 作法灌頂 작법절차에 따른 관정. 작법에서 인입(引入)·투화(投花)을 포함하여 보관(寶冠)·명경(明鏡)을 수여하고 산개행도(傘蓋行道)와 육종공양 등의 작법을 갖추어 행하는 관정을 말한다. 특정한 작법이 없고 직중(職衆)을 필요로 하지 않으며 스승과 제자만 있으면 성립하는 관정인 무작법관정(無作法灌頂)과 상대한다. 무작법관정은 관정을 거듭하여 받는 경우에 쓸 수 있고 처음 관정 받는 이는 반드시 작법관정을 받아야 한다. 작법관정에는 정의(庭儀)·당상(堂上)·평좌(平座)·무직중(無職衆)의 네 가지가 있는데 앞의 세 가지는 내의(內儀)에 쓰이고 마지막 한 가지는 외의(外儀)에 쓰인다. 직중이 있는 경우 삼매야계법을 활용하여 외의의 예찬을 염송하고 아울러 호마법과 신공(神供)을 닦는다. 직중이 없는 경우는 교수사 또는 아사리가 호마와 신공을 닦는다. ⇨ 관정 灌頂

작법득 作法得 삼사(三師)와 칠증(七證)을 청하여 득도갈마를 행하여 계를 받는 것. 십종득계연(十種得戒緣 : 十種具足) 중 하나이며 갈마득(羯磨得)·십중득(十衆得)이라고도 한다. 『구사론소』 권15(대정장41, p.655c14)에 "별해탈계는 작법득에 말미암는다. 別解脫戒由作法得"라고 하였다. 〔참고문헌〕 『俱舍論疏』. ⇨ 갈마득 羯磨得, 삼사칠증 三師七證, 십종구족 十種具足

작법무 作法舞 법에 의지해 몸으로 춤추다. 요잡(繞匝) 등의 법다운 장엄무(莊嚴舞)를 말한다. 영산재(靈山齋)·수륙재(水陸齋)·생전예수재(生前豫修齋)·상주권공재(常住勸供齋)·각배재(各拜齋) 등에 수반되는 나비무·바라무·법고무·타주무 등을 일컫는다. 나비무는 나비 모양의 장삼을 입고 추므로 착복무(着服舞)라고도 하고, 다게(茶偈)·도량게(道場偈)·기경(起經)·사방요신(四方搖身)·정례(頂禮)·향화게(香花偈)·운심게(運心偈)·자귀의불(自歸依佛)·만다라(曼茶羅)·삼귀의(三歸依)·모란찬(牧丹讚)·오공양작법(五供養作法)·지옥고(地獄苦)·구원겁중(久遠劫中) 등에서 행한다. 바라무는 바라를 울리며 요잡을 하고 천수(千手)·사다라니(四陀羅尼)·명(鳴)·내림게(來臨偈)·관욕게(灌浴偈)·화의재진언(化衣財眞言)·회향게(廻向偈)·막바라 등에서 행한다. 법고무는 법고춤과 홍고춤작법이 있으며, 타주무는 식당작법(食堂作法)에서 행한다. ⇨ 나비무 ○○舞, 바라춤 嘜囉○, 법고춤 法鼓○, 타주무 打柱舞

작법참회 作法懺悔 율장에 의지하여 참회하고 죄를 다스려 없게 하는 것. 작법은 갈마의 뜻으로 대중중에서 행하는 참회작법이며 참회기간을 정해 별주(別住)하게 한 후 죄를 없게 하는 이십중갈마(二十衆羯磨)법 등이 그 예다. 삼종참회(三種懺悔) 중 하나다. 스스로 죄를 드러내고 삼업(三業 : 身口意)으로 참회하여 죄를 없애는 법도 작법참(作法懺)이라고 한다. 『석선바라밀차제법문』 권2(대정장46, p.485c6)에 "먼저 작법참회를 밝힌다. 선한 일을 지어서 악한 일을 뒤치니 참회라고 한다. 저 율장에서 한결같이 이 법으로 죄를 멸한다. 왜 그러한가? 참 제2편 이십중작별주 이하의 뜻과 같다. 출죄 등의 갈마작법이 성취되면 죄를 없앴다고 한다. 여기서는 갖가지 상모 드러난 것을 논하지 않고 또한 지혜로 공을 관하는 일도 논하지 않는다. 그러므로 단지 작법참회라는 것만 안다. 갈마를 번역한 것이 작법이다. 이와 같이 이하 3편이 모두 이 작법이다. 이 일은 쉽게 알 수 있으니, 뜻은 율중에 자세히 밝혔다. 初明作法懺悔者 以作善事反惡事故 故名懺悔 如毘尼中 一向用此法滅罪 何以故 如懺第二篇二十衆作別住下意 出罪等羯磨作法成就 卽名爲滅 此不論見種種相貌 亦不論智慧觀空故知但是作法懺悔 羯磨 此翻作法 如是乃至下三篇 並是作法 此事易知 義如律中廣明", 『관심론소』 권1(대정장46, p.591a3)에 "작법참이란 저 율장에서 밝혔듯이 범한 죄의 경중에 따라 때론 그에 따른 작법을 하거나 또는 이십승출죄작법을 한다. 작법이 성취되면 죄는 소멸한다. 作法儀 如律所明 隨犯罪輕重 或對首作法 或二十僧出罪作法 法成卽云罪滅", 『사교의주휘보보굉기』 권9(卍속장102, p.747a17)에 "작법참이란 몸으로 예배하고 입으로 칭념하며, 의식으로 사유하면서 삼업으로 짓는 것을 한결같이 법으로 다스린다. 言作法懺者 謂身禮拜 口稱唱 意思惟 三業所作 一依法度"라고 하였다. [참고문헌] 『釋禪波羅蜜次第法門』, 『觀心論疏』, 『四敎儀註彙補輔宏記』. ⇨ 삼종참회 三種懺悔 ❶

작봉죽원 鵲封竹園 Ⓢ Veṇuvana kalandakanivāpa, Ⓟ Veḷuvana kalandakanivāpa. 가란다죽원(迦蘭陀竹園)을 달리 이르는 말. 작(鵲)으로 한역하는 가란다가 모여 사는 대나무 숲이라는 뜻이다. 줄여서 작원(鵲園)이라고도 한다. 『백유경』(대정장4, p.546a16)에 "언젠가 부처님께서 왕사성 작봉죽원에서 대비구보살마하살 및 팔부대중 삼만육천 명과 함께 계셨다. 一時佛在王舍城 在鵲封竹園 與諸大比丘菩薩摩訶薩 及諸八部三萬六千人俱"라고 하였다. [참고문헌] 『百喩經』, 『時非時經』(대정장17, p.738b14), *SN.1.212*. ⇨ 작원 鵲園, 가란다죽원 迦蘭陀竹園

작불 作佛 Ⓢ jino bhaviṣyati, Ⓣ rgyal-bar-'ong. 부처가 되다. 부처를 짓다의 뜻으로 성불(成佛)과 같다. 『반니원경』 권하(대정장1, p.186c12)에 "이제 부처가 되어 생사를 이미 끊었으니 이후로 다시는 몸을 짓는 일 없다. 今得作佛 已斷生死 從是已後 不復造身", 『중아함경』 권13 「설본경 說本經」(대정장1, p.511a13)에 "부처님께서 말씀하셨다. '미륵이여! 그대는 먼 미래에 사람의 수명이 팔만세가 될 때 부처가 될 것이고 이름은 미륵여래라고 할 것이다'. 佛復告曰 彌勒 汝於未來久遠人壽八萬歲時 當得作佛 名彌勒如來", 『법화경』 권1(대정장9, p.5a18 : *Saddh-p.*, p.26)에 "이 덕장보살은 무루실상으로 마음이 이미 통달하여 장차 부처가 되리니, 그 이름 정신이다. 是德藏菩薩 於無漏實相 心已得通達 其次當作佛 號曰爲淨身 śrīgarbha eṣo vidu bodhisattvo gatim-gato jñāni anāsravasmin, spṛśiṣyate uttamam-agrabodhiṃ vimalāgranetro ti jino bhaviṣyati", 『완릉록』(대정장48, p.385c28)에 "그대가 지금 듣고서 보리심을 일으키고 장차 한 마음으로 불법을 배워서 오로지 부처가 되려고 한다면, 설령 이렇게 삼아승기겁에 맡겨 닦고 또한 저 보화불이 되더라도 그대 본원의 참된 부처와 무슨 관계가 있겠는가? 爾今聞發菩提心 將謂一箇心學取佛去 唯擬作佛 任爾三祇劫修亦秖得箇報化佛 與爾本源眞性佛有何交涉"라고 하였다. [참고문헌] 『般泥洹經』, 『中阿含經』, 『法華經』, 『宛陵錄』, *Saddh-p.* ⇨ 성불 成佛

작불사 作佛事 Ⓢ tathāgata-kṛtyaṃ kṛtam. 불사를 짓다. 부처되는 일을 수행하다. 『잡아함경』 권25(대정장2, p.177b16)에 "굴다에게 아들이 있을 것이다. 이름이 우파굴다이고 내가 멸도하고 백 년 후에 불사를 행하여 교수사 중에 최고가 될 것이다. 掘多有子 名優波掘多 我滅度後百歲 當作佛事 於敎授師中 最爲第一", 『법화경』 권5 「종지용출품 從地踊出品」(대정장9, p.41c6 : *Saddh-p.*, p.311)에 "세존이시여! 어떻게 이렇게 짧은 시간에 크게 불사를 지으십니까? 부처님의 세력과 부처님의 공덕으로 이와 같이 교화하시어 무량대보살중이 응당 아누다라삼막삼보리를 얻도록 하셨습니다. 世尊 云何於此少時 大作佛事 以佛勢力 以佛功德 敎化如是無量大菩薩衆 當成阿耨多羅三藐三菩提 tat-kathaṃ bhagavaṃs-tathāgatena-iyatā kālāntareṇa-idam-aparimitaṃ tathāgata-kṛtyaṃ kṛtam tathāgatena tathāgata-vṛṣabhitā tathāgata-parākramaḥ kṛtaḥ. yo 'yaṃ bodhisattvagaṇo bodhisattva-rāśiriyatā bhagavan-kālāntareṇa-anuttarāyāṃ samyaksaṃbodhau samādāpitaḥ paripācitaśca"라고 하였다. [참고문헌] 『雜阿含經』, 『法華經』, 60권본 『華嚴經』 권31(대정장9, p.595b10), 『佛祖統紀』 권48(대정장49, p.434a19), *Saddh-p.* ⇨ 불사 佛事

작불작조 作佛作祖 부처를 짓고 조사를 짓다. 작불조(作佛祖)·성불작조(成佛作祖)라고도 한다. 『운문광록』 권상(대정장47, p.552b27)에 "바늘 끝만큼이라도 그대에게 막고 가리는 것 있다면 나에게 가져오라. 무엇을 일러 부처를 짓고 조사를 짓는다 하고, 무엇을 일러 산하대지와 일월성신을 짓는다 하며, 무엇이 사대오온을 짓는가? 나는 이러한 말을 사람이 거의 살지 않는 시골 노파의 이야기라고 하겠다. 若有針鋒 與汝爲隔爲礙 與我拈將來 喚什麽作佛作祖 喚什麽作山河大地日月星辰 將什麽爲四大五蘊 我與麽道 喚作三家村裏老婆說話", 『자죽림전우형화상어록』 「예불발원의서 禮佛發願儀序」(가흥장28, p.698c3)에 "부처를 짓고 조사를 지음에 예가 그 첫 문이다. 성현이 됨에도 예야말로 진실한 지름길이다. 그러므로 예는 세간법의 중추이고 출세간법에서도 근본이다. 作佛作祖 禮爲初門 成聖成賢 禮實要徑 是則禮乃世間法之樞機 出世法之根本也"라고 하였다. [참고문헌] 『雲門廣錄』, 『紫竹林顓愚衡和尙語錄』. ⇨ 작불조 作佛祖, 성불작조 成佛作祖

작불조 作佛祖 부처와 조사가 된다는 말. 작불작조(作佛作祖)라고도 한다. 『아미타경약해원중초』 권하(卍속장91, p.820b15)에 "영명연수가 선도 있고 정토도 있다고 말한 것은 저 뿔 달린 호랑이와 같다. 현세에 사람의 스승이 되고 내생에 부처도 조사도 된다. 이 게송은 바로 원돈의 사람을 위한 것이다. 永明所謂有禪有淨土 猶如戴角虎 今世爲人師 來生作佛祖 此偈正爲圓頓人"라고 하였다. [참고문헌] 『阿彌陀經略解圓中鈔』.

작비 灼臂 팔에 불 붙이다. 소신공양(燒身供養)의 일종으로 연비(燃臂)라고도 한다. 『낙방문류』 권3(대정장47, p.191a18)에 "(부인의) 임종일에 곡하는 이는 목놓아 울었고 심지어 정수리를 태우고 팔에 불 붙여서 명복을 빌었다. 死之日 哭者失聲 至於煉頂灼臂 以薦冥福", 『오등회원』 권56 「용지일원영녕장 龍池一源永寧章」(卍속장141, p.220b11)에 "선사가 입적하자 말랐던 샘이 평소와 달리 솟아올랐다. 그때 스님과 단월이 그리워 추모하였으니, 심지어 정수리를 태우거나 팔에 불을 붙여 공양하는 이도 있었다. 及師順寂 噴涌異常 時 緇白戀慕至有然頂灼臂以供養者"라고 하였다. [참고문헌] 『樂邦文類』, 『五燈會元』. ⇨ 연비 燃臂, 소신공양 燒身供養

작사명 作邪命 Ⓟ micchājīvena jīvikaṃ kappeti. 삿된 일을 하여 목숨을 유지함. 삿된 업으로 생계를 이어가는 등이다. 『대보적경』 권113(대정장11, p.641b11)에 "가섭이여! 이와 같은 악비구는 선법의식을 떠나서 삿된 방법으로 생활을 영위하여 삼악도에 떨어진다. 迦葉 如是惡比丘 離善法儀式 作邪命行 墮三惡道", 『범망경』 권하(대정장24, p.1007a23)에 "불자여! 만약 나쁜 마음으로 이양을 위해서 남녀의 색을 팔거나, 자기 손으로 음식을 만들어 스스로 빻고 스스로 절구질 하거나, 남녀를 점쳐주고 꿈으로 길흉을 해석하며 태중의 아기가 아들인지 딸인지 알려주거나, 주술·공예에 종사하거나, 매를 길들이거나, 온갖 독약을 섞거나 뱀독·생금은독·충독을 만드는 것들은 온통 자비심이 없는 일이다. 일부러 이러한 일을 한다면 경구죄를 범하는 것이다. 若佛子 以惡心故 爲利養故 販賣男女色 自手作食 自磨自舂 占相男女 解夢吉凶 是男是女 呪術工巧調鷹方法 和合百種毒藥千種毒藥 蛇毒生金銀蠱毒 都無慈心 若故作者 犯輕垢罪"라고 하였다. [참고문헌] 『大寶積經』, 『梵網經』, *DN.1.9.* ⇨ 사명 邪命 ■

작사위수주 作事位修住 Ⓢ kṛtya-anuṣṭhāna-avasthā. 적극적으로 행하면서 머무는 위. 십팔수분위(十八修分位 : 十八修住位) 중 하나로 성소작위(成所作位)다. 현장 본 『변중변론』에는 성소작위(成所作位)라 하였다. 『중변분별론』 권하(대정장31, p.459c4 : *Madhy-vibh.*, p.56)에 "수주위에는 열여덟 가지가 있다. … 열여덟 번째는 일을 짓는 위에 닦아 머문다. 모든 부처가 화신인 때다. 修住位有十八 … 十八 作事位修住 諸佛化身 kṛtyānuṣṭhānāvasthā nirmāṇakāyaḥ"라고 하였다. [참고문헌] 『中邊分別論』, 『辯中邊論』 권중(대정장31, p.473a26), *Madhy-vibh.* ⇨ 성소작위 成所作位, 수분위 修分位, 십팔수분위 十八修分位

작사지 作事智 Ⓢ kṛtya-anuṣṭhāna-jñāna, Ⓣ bya-ba-sgrub-pa'i-ye-shes. 일을 성취하는 지. 화신(化身)을 나투어 중생구제의 화업(化業)을 성취하는 여래의 지혜. 전5식을 뒤쳐 얻는 지혜로 사지(四智 : 成所作智 妙觀察智 平等性智 大圓鏡智) 중 하나인 성소작지(成所作智)다. 『대승장엄경론』 권3(대정장31, p.606c25)에 "일체제불께는 네 가지 지혜가 있다. … 넷째는 하는 일마다 지혜롭게 하는 지혜로서 … 전5식을 뒤쳐서 얻은 작사지다. 一切諸佛有四種智 … 四者 作事智 … 轉前五識得作事智", 같은 책 권3(대정장31, p.607b17 : *Sūtr.*, p.47)에 "저 작사지로 일체세계중에서 갖가지 변화의 일을 짓는다. 헤아릴 수 없고 가이 없어 생각으로 가늠할 수 없다. 이러한 업은 온통 일체중생의 이익을 위해서다. 이 작사지야말로 화신이다. 彼作事智於一切世界中作種種變化事 無量無邊不可思議 如此等業 皆爲利益一切衆生故 此作事智卽是化身 kṛtyānuṣṭhānajñānaṃ sarvalokadhātuṣu nirmāṇair nānāprakārair aprameyair acintyaiś ca sarvasatvārthakaraṃ", 『성유식론』 권5(대정장31, p.29a27)에 "또 부처의 오식은 삼세를 연하기 때문이고, 여래에게는 정심이 아닐 때가 없기 때문이고, 5식이 온통 작사지이기 때문이다. 又佛五識緣三世故 如來無有不定心故 五識皆有作事智故"라고 하였다. [참고문헌] 『大乘莊嚴經論』, 『成唯識論』, *Sūtr.* ⇨ 성소작지 成所作智, 사지 四智 ■

작상 作想 Ⓢ saṃjñā-karaṇa, Ⓣ ming-byed-pa. 상(想)을 짓다. 이름(名)을 푼 뜻이다. 이름(名)을 떠올리면 마음에 그 모양을 떠올리기(想) 때문이다. 『구사론』 권5(대정장29, p.29a11 : *Abh-k-bh.*, p.80)에 "이름은 상을 짓는다. 저 색성향미 등을 말할 때 떠올리는 것이다. 구란 말하는 뜻을 다한다. 가령 '제행은 무상하다' 등의 문장을 말할 때의 것이다. 名謂作想 如說色聲香味等想 句者謂章 詮義究竟 如說諸行無常等章 tatra saṃjñākaraṇaṃ nāma. tadyathā rūpaṃ śabda ityevamādiḥ. vākyaṃ padaṃ yāvatā 'rthaparisamāptis tadyathā anityā vata saṃskārā ityevamādi", 『구사론소』 권5(대정장41, p.551c17)에 '명을 작상이라 한 것은, 색 등에 대해 색 등의 이름을 기억하게 하는 것에 따라 색 등에 대해 색 등의 상을 일으키는 것이다. 이름이 상의 인인 것을 이름하여 작상이라 한다. 名謂作想者 由於色等念色等名 令於色等起色等想 名是想因名爲作想", 『구사론기』 권5(대정장41, p.108b2)에 "작상이라는 말에서 '작'은 만들어낸다는 뜻이다. 심소 중에 상(想)은 모습(像)을 취하기 때문에 이 이름인 명을 지어 건립한 것이다. 이 상이 지어낸 것을 이름해서 작상이라 한다. … 또 풀면, 이름을 반연하면 상이 일어나고 능히 상을 짓기 때문에 작상이라 이름한다. 또 풀이하면, 지어 말하게 되는 것이니 천·사람 등이라는 이름에 의지해서 천이다 사람이다 하는 등의 상이 일어나기에 작상이라 이름한다. … 또 풀면, 이렇듯 상이라는 것은 이름의 별칭이다. 이름은 모두 다 능히 말하기 위한 요긴한 상응 즉 합의된 약속이 수립된 것이니, 이러한 상으로 말미암아 말로 드러낼 수 있기 때문이어서 이름이 '작'이 되고 '작'은 이 상이어서 이름은 상을 짓는 일이 된다. 言作想者 作謂造作 由心所中想取像已 建立造作此名 是想所作 名爲作想 … 又解 謂緣於名 能起於想 能作想故 故名作想 又解 作之言發 由天人等名 發天人等想 故名作想 … 又解 此言想者 卽是名之別稱 以名皆是立能詮之要契 卽由此想 能有詮表 故名爲作 卽作是想 名爲作想"라고 하였다. [참고문헌]『俱舍論』, 『俱捨論疏』, 『俱舍論記』, *Abh-k-bh.* ⇨명색 名色

작상인연경 作像因緣經 ➡우전왕작불형상경 優塡王作佛形像經

작색 作色 **1** 표색(表色 Ⓢ vijñapti-rūpa)의 구역(舊譯). 『대승법원의림장』 권3(대정장45, p.299a18)에 "이름을 들어보면 첫째는 표색이고, 둘째는 무표색이다. 구역에서는 작색과 무작색이라고 하였다. 列名者 一 表色 二 無表色 舊名作色 無作色"라고 하였다. [참고문헌]『大乘法苑義林章』. ⇨표색 表色 **2** 낯빛을 바꾸다. 안색을 바꾸다. 화난 표정 짓는 것을 말한다. 『경덕전등록』 권18 「교연전 皎然傳」(대정장51, p.350a24)에 "물었다. '옛사람이 말하기를 「무명이 바로 불성이니 번뇌 수고로이 버리지 않는다」라고 하였습니다. 어떻게 무명이 바로 불성입니까?' 신사가 분연하게 낯빛을 바꾸고 주먹을 치켜들고는 꾸짖었다. '오늘 이 스님을 때려 쫓아내리라'. 問 古人有言 無明卽佛性 煩惱不須除 如何是無明卽佛性 師忿然作色擧拳呵曰 今日打遮師僧去也", 『당고승전』 권8 「석혜원전 釋慧遠傳」(대정장50, p.490c13)에 "혜원이 소리 높혀 말했다. '폐하께서는 지금 왕권의 위력을 믿고 제멋대로 삼보를 파괴하였으니 사견인임에 틀림없습니다. 아비지옥은 귀천을 가리지 않습니다. 폐하께서는 어찌 두려워하지 않으십니까?' 무제(武帝)는 짐짓 낯빛을 바꾸며 크게 노했다. 遠抗聲曰 陛下今恃王力自在破滅三寶 是邪見人 阿鼻地獄 不揀貴賤 陛下何得不怖 帝勃然作色大怒"라고 하였다. [참고문헌]『景德傳燈錄』, 『唐高僧傳』.

작색여성 作色厲聲 불쾌한 얼굴과 화난 목소리. 『서장』 「답유통판장 答劉通判狀」(대정장47, p.926b8)에 "사야다가 말했다. '그대의 스승은 도와 거리가 멀다. 설령 진겁을 지나 고행하더라도 온통 허망한 뿌리일 뿐이다'. 그 문도가 분을 이기지 못하고 낯빛 변하고 화난 목소리로 사야다에게 말했다. '존자야말로 어떤 덕을 닦았기에 나의 스승을 욕하십니까?' 사야다가 말했다. '나는 도를 구한 적 없어 전도되지도 않았고, 예불하지 않으나 교만하지도 않으며, 오래 앉아있지 않으나 게으르지도 않고, 한 끼만 먹지는 않으나 잡식을 하지도 않으며, 만족할 줄 모르나 탐욕하지도 않는다. 마음에 바라고 구하는 일 없어 그저 이름을 도라 할 뿐이다'. 闍夜多曰 汝師與道遠矣 設苦行歷於塵劫 皆虛妄之本也 其徒不勝憤 皆作色厲聲 謂闍夜多曰 尊者蘊何德行 而譏我師 闍夜多曰 我不求道 亦不顚倒 我不禮佛 亦不輕慢 我不長坐 亦不懈怠 我不一食 亦不雜食 我不知足 亦不貪欲 心無所希 名之曰道"라고 하였다. [참고문헌]『書狀』.

작선득복 作善得福 선을 행하고 복을 얻다. 『분별공덕론』 권5(대정장25, p.50b27)에 "이때 파설이라는 왕이 있었는데, 삿되고 전도된 견해를 믿어 현세와 후세에 선을 행하여 복을 얻고 악을 행하여 당하는 재앙을 알지 못하였으며, 죽으면 신이 사라지고 다시 생을 받지 않는다고 여겼고, 부처를 믿지도 않았으며 열반을 알지도 못했다. 時有國王名曰波絏 信邪倒見 不知今世後世 作善得福 爲惡受殃 謂死神滅 不復受生 不信有佛 不識涅槃", 『나선비구경』 권하(대정장32, p.702b18 : *Mil.*, p.83)에 "왕이 다시 나선에게 물었다. '사람이 선한 일을 해서 얻는 복이 큽니까? 악한 일을 행하여 당하는 재앙이 큽니까?' 나선이 말했다. '사람이 선을 행하여 얻는 복이 크고 악을 행하여 얻는 재앙은 작습니다'. 王復問那先 人家作善得福大耶 作惡得殃大耶 那先言 人作善得福大 作惡得殃小 rājā āha, bhante nāgasena, kataman-nu kho bahutaraṃ puññaṃ vā apuññaṃ vā ti. puññaṃ kho mahārāja bahutaraṃ, apuññaṃ thokan-ti"라고 하였다. [참고문헌]『分別功德論』, 『那先比丘經』, *Mil.* ⇨선인선과 善因善果, 인과응보 因果應報

작선사 綽禪師 도작(道綽 562~645)을 가리킨다. 서하선사(西河禪師)라고도 한다. 『정토론』 권하(대정장47, p.102c6)에 "작선사는 『소아미다경』에 의지하여 이레 동안 염불하면 백만 번을 칭념할 수 있음을 확인하였다. 그러므로 『대집경』·『약사경』·『소아미타경』에서 모두 칠일염불을 권하는 것은 이러한 뜻임이 분명하다. 綽禪師 依小阿彌陀經七日念佛 撿得百萬遍也 是故大集經 藥師經 小阿彌陀經 皆勸七日念佛者 此意明矣", 『낙방문류』 권3(대정장47, p.192c26)에 "선도법사는 출신을 알 수 없다. 당 정관년간(627~649)에 서하 도작선사가 구품도량에서 『관경』을 강송하는 것을 보고서 선도는 크게 기뻐하며 말했다. '이것은 참으로 부처로 가는 지름길이다. 나머지 행업을 닦아서는 멀리 돌아 이루기 어렵지만 오직 이 관문에 의지하면 빨리 생사를 벗어난다. 善導師者 不知何許人 唐貞觀中 見西河綽禪師九品道場講誦觀經 導大喜曰 此眞入佛之津要 修餘行業 迂僻難成 唯此觀門 速超生死"라고 하였다. 〔참고문헌〕『淨土論』, 『樂邦文類』. ⇨ 도작 道綽

작성 作聲 소리나는 경쇠 또는 발(簾) 등을 흔들어 대중에게 알리는 소식이다. 또 단지 쓸데없이 떠든다는 말이기도 하다. 『선림상기전』 권15(불광장, 禪藏, p.1111)에 "작성 : 『백장청규』 「좌선」에 '발을 잡고 있다가 패를 내리면서 발을 가볍게 흔들어 소리를 내면 주지와 당두가 방에서 나온다'라는 뜻이며, 또한 「일용궤범」에도 '이불을 개면서 털어서 소리를 내면 안 된다'라고 한다. 푸는 사람은 '소리를 낸다란 속된 말이다'라고 한다. 作聲 敕修清規 坐禪云 撐簾下牌 輕撼作聲 住持頭首出堂 又 日用軌範云 摺被不得抖擻作聲 解者曰 作聲者 俗話也"라고 하였다. 〔참고문헌〕『禪林象器箋』, 『百丈清規』 권5(대정장48, p.1142c22).

작소화상 鵲巢和尙 조과도림(鳥窠道林 741~824)의 별명. 『경덕전등록』 권4 「조과도림전」(대정장51, p.230b15)에 "또한 그 옆에는 까치도 둥지를 틀고 자연스럽게 사람들과 어울렸기에 가리켜 작소화상이라고도 한다. 復有鵲巢于其側 自然馴狎人 亦目爲鵲巢和尙"라고 하였다. 〔참고문헌〕『景德傳燈錄』. ⇨ 도림 道林

작식 嚼食 Ⓢ khādanīyaṃ bhojanīyam, Ⓟ khādaniya, khādaniya bhojaniya. 씹어 먹어야 하는 음식. 비구가 상식(常食)으로 하는 다섯 가지 음식을 말한다. 가단니(珂但尼)·거다니(佉陀尼)라고 음사하고, 오작식(五嚼食)·부정식(不正食)이라고도 한다. 『비니지지회집』 권7(卍속장61, p.809a13)에 "거사니는 작식으로 한역한다. 이것에 다섯 가지가 있으니 가지·잎사귀·꽃·열매·고운 가루를 말한다. 佉闍尼 翻云嚼食 此有五種 謂枝葉華果細末食"라고 하였다. 〔참고문헌〕『毘尼止持會集』, *Divy.50.*, *Vin.1.27.* ⇨ 오작식 五嚼食, 부정식 不正食, 가단니 珂但尼, 거다니식 佉陀尼食

작신아 作身我 선니외도(先尼外道)의 두 가지 아(我) 중 하나로 만들어진 몸으로서의 아를 말한다. 집착한 영원한 아는 상신아(常身我)라 하였다. 40권본 『대반열반경』 권39(대정장12, p.594a23)에 "선니외도는 다음과 같이 말했다. '구담이여, 나의 법 중에 두 가지 「아」가 있으니, 첫째는 작신아, 둘째 상신아다. 작신아를 위하여 악을 여의는 법을 닦아 지옥에 들어가지 않고, 여러 가지 선한 법을 닦아 천상에 난다'. 先尼言 瞿曇 我法中我 則有二種 一 作身我 二者 常身我 爲作身我 修離惡法 不入地獄 修諸善法 生於天上", 『대반열반경소』 권32(대정장38, p.222a18)에 "선니외도는 '아에는 두 가지가 있으니, 첫째는 작신아 둘째는 상신아다'라고 하였는데, 선니외도는 본래 상신아를 생각하였으나 논파되자 바꾸어 두 가지 아를 만들어냈다. … 상신아가 작신 중에 있다면 작신은 무상일 것이고, 상신아 또한 무상이어야 한다. 만약 상신아가 작신 중에 없다면 두루한 뜻이 있을 수 없다. 선니외도는 이 때문에 다시 집의 비유를 들어, 집주인은 상신에 비유하고 집은 작신에 비유하였다. 즉 집은 이미 탔으나 그 주인은 벗어났으니, 마치 작신은 무상하고 상신은 가버린 것과 같다. 先尼言 我有二種 一 作身我 二 常身我者 先尼本計 常身之我 爲被破故 轉成二我 … 若常身我 在作身中 作身無常 常身之我 亦應無常 若常身我 不在作身 則非遍義 先尼因此 更擧舍譬 舍主譬常身 舍譬作身 舍旣被燒 主卽出去 如作身無常 常身卽去"라고 하였다. 〔참고문헌〕『大般涅槃經』, 『大般涅槃經疏』. ⇨ 사주 舍主, 상신아 常身我

작심 作心 마음 먹은 것을 행하는 일. 『대방등대집경』 권9(대정장13, p.55c11)에 "부지런히 행하고 정진하는 데 무릇 네 가지 법이 있다. … 둘째는 작심이다. … 이와 같은 네 가지 법은 부처님의 법을 갖추는 인연이다. … 작이란 선법의 인을 더하는 것이며 … 작이란 듣고 난 다음 능히 말하는 것이며 … 작심은 능히 일체를 베푸는 것이며 … 작심은 와서 구하는 이를 보면 자민심을 내는 것이며 … 일체의 선을 닦는 것이면 모두 작심이다. 勤行精進凡有四法 … 二者 作心 … 如是四法 卽是具足佛法因緣 … 作者 名爲增善法因 … 作者 聞已能說 … 作者 能一切施 … 作者 見來求者生慈愍心 … 修一切善 悉名爲作", 『아육왕경』 권7(대정장50, p.155b8)에 "장로 아난은 부처님 법이 낳은 아들로서 법장을 수호하였습니다. 작심하여 삼유를 멸하게 하였으니, 적정에 뜻을 두고는 비사리국으로 갔으니 이는 열반에 들고자 하였기 때문이었다. 長老阿難 佛法生子 守護法藏 其以作心 令三有滅 以寂靜意 往毘舍離國 爲涅槃故"라고 하였다. 〔참고문헌〕『大方等大集經』, 『阿育王經』.

작심의업 作心意業 마음으로 짓고 뜻으로 행하다. 의업인 사업(思業)을 가리킨다. 『집이문족론』 권5(대정장26, p.385c22)에 "업이란 행위함에 모든 사(思)와 함께 한다. 등사(等思 Ⓢ saṃcetanā)·현등사(現等思 Ⓢ abhisaṃcetanā)·이사(已思 Ⓢ cetayita)·사류(思類 Ⓢ cetanāgata)이니, 마음으로 짓고(Ⓢ cittābhisaṃskāra) 뜻으로 행하는(Ⓢ manaskarma) 것을 업이라 한다. 業者 謂施俱行諸思 等思現等思 已思思類 作心

意業 是名業"라고 하였다. [참고문헌]『集異門足論』. ⇨ 의업 意業, 사 思, 조심의업 造心意業

작십마 作什麽 '무엇 하는가?' 또는 '~해서 어찌 하자는 말인가?'라는 힐문(詰問) 또는 반문하는 뜻으로 쓴다. 『경덕전등록』 권10 「조주종심전 趙州從諗傳」(대정장51, p.277a1)에 "또한 협산에 이르러 주장자를 법당에 들이고는 협산이 말했다. '무엇 하시오?' '물 깊이를 재는 중이오' '물 한 방울도 없는데 무엇을 재겠단 말씀인지?' 조주가 주장자를 매고 나갔다. 又到夾山 將拄杖入法堂 夾山曰 作什麽 曰 探水 夾山曰 一滴也無 探什麽 師倚杖而出", 『조당집』 권9 「영암장 靈巖章」(대장경보편25, p.484a1)에 "'무엇이 공부하는 이의 자기본분사인지요?' '순금을 버리고 기와조각을 주워서야 어찌 하자는 말이냐?' 僧問 如何是學人自己本分事 師云 抛却眞金 拾得瓦礫作什摩"라고 하였다. [참고문헌]『景德傳燈錄』, 『祖堂集』. ⇨ 십마 什麽

작악무과 作惡無過 악업을 지어도 과실이 없다는 견해. 인과를 부정하는 사견(邪見) 중 하나이며, 악취공(惡取空)에 빠진 이의 견해이기도 하다. 『달마대사혈맥론』(卍속장110, p.811a4)에 "어떤 사람은 인과란 없다라고 여겨 기세등등하게 악업을 짓고서는 함부로 '본래 공이라서 악을 지어도 과실이 없다'라고 한다. 이와 같은 사람은 무간암흑지옥에 떨어져 영원히 빠져 나올 기약이 없다. 지혜로운 이라면 이와 같은 견해를 일으켜서는 안 된다. 有人撥無因果 熾然作惡業 妄言本空 作惡無過 如此之人 墮無間黑暗地獄 永無出期 若是智人 不應作如是見解"라고 하였다. [참고문헌]『達磨大師血脉論』, 『少室六門』「血脈論」(대정장48, p.374a28). ⇨ 사견 邪見, 악취공 惡取空, 악인정기 惡人正機

작양지 嚼楊枝 Ⓟ danta-kaṭṭhati, danta-kaṭṭhaṃ khādati. 버드나무 가지를 씹는다는 말. 양치질을 뜻한다. 비타가(毘鐸佉)라고 음사한다. 부처님께서 제정한 비구십팔물(比丘十八物) 중 하나로 식사 후 이를 닦는 데 사용하는 버드나무가지다. 오늘날의 칫솔인 셈이고, 일본에서는 이를 요지(楊枝 : ようじ)라고 한다. 40권본 『화엄경』 권11(대정장10, p.713b14)에 "첫째, 양치질에 열 가지 공덕이 있다. 첫째, 묵은 음식물을 부순다. 둘째, 담음을 없앤다. 셋째, 온갖 독을 해독한다. 넷째, 치아의 때를 제거한다. 다섯째, 입을 향기롭게 한다. 여섯째, 눈을 밝게 한다. 일곱째, 인후를 윤택하게 한다. 여덟째, 입술을 트지 않게 한다. 아홉째, 목소리를 크게 한다. 열째, 먹을 때 맛을 잃지 않게 한다. 아침 식사 후에 모두 양치질을 하되 쓰고 매운 것들을 치목으로 삼아 세심하게 활용하면 이와 같은 공덕을 갖춘다. 初嚼楊枝 具十德者 一 銷宿食 二 除痰癊 三 解衆毒 四 去齒垢 五 發口香 六 能明目 七 澤潤咽喉 八 脣無皴裂 九 增益聲氣 十 食不爽味 晨朝食後 皆嚼楊枝 諸苦辛物 以爲齒木 細心用之 具如是德", 『보운경』 권2(대정장16, p.217b8)에 "양치질 할 때 일체중생의 갖가지 더러움을 모두 없애기를 바란다면 … 이것을 보살선해방편회향이라고 한다. 若嚼楊枝時 願一切衆生 種種垢穢 皆悉得除 … 是名菩薩善解方便迴向", 『사분율』 권53(대정장22, p.960c15)에 "이때 비구들의 입에서 냄새가 났으니 부처님께서 말씀하셨다. '양치질을 해야 한다. 양치질하지 않으면 다섯 가지 허물이 있다. 입에서 냄새가 나고, 맛을 구별하지 못하며, 열음이 늘고, 음식을 넘기지 못하고, 눈이 밝지 않다. 양치질 하지 않음에 이와 같은 다섯 가지 허물이 있다. 양치질에 다섯 가지 이익이 있다. 첫째, 입에서 냄새가 나지 않으며, 둘째 맛을 구별하며, 셋째 열음이 없어지고, 넷째 음식을 넘기며, 다섯째 눈이 밝아진다. 양치질에 이와 같은 다섯 가지 이익이 있다. 時諸比丘口臭 佛言 應嚼楊枝 不嚼楊枝 有五事過 口氣臭 不別味 增益熱癊 不引食 眼不明 不嚼楊枝 有如是五過 嚼楊枝有五事利益 一 口氣不臭 二 別味 三 熱癊消 四 引食 五 眼明 嚼楊枝有如是五事利益"라고 하였다. [참고문헌]『華嚴經』, 『寶雲經』, 『四分律』, *Vin.2.137·138.* ⇨ 비탁가 毘鐸佉, 양지 楊枝

작양지진언 嚼楊枝眞言 양치질할 때 읊는 진언. 게송은 80권본 『화엄경』 권14에 나오는데, 『비니일용록』(卍속장106, p.110b8)에 "작양지의 게송과 주문은 다음과 같다. 〈게〉 손으로 양지를 집고 마땅히 중생 모두 묘법을 얻고 구경의 청정 얻기를 바라네. 작양지를 씹을 때 마땅히 중생이 그 마음을 고르고 깨끗이 하여 모든 번뇌 삼켜버리길 서원하네(대정장10, p.70b27). 〈주〉 '옴 람 옴 람 〈스물한 번〉 사하 '〈람(嚂)은 예전의 람(囕)이다〉. 또 다른 주문은 다음과 같다. '옴 아모가 미마예 이바가라 승수다네 발두마 구마라 이바승수다야 다라다라 소미마러사바하'〈일곱 번. 혹 번잡하여 꺼려질 시에는 다만 '옴 람'이라는 진언만 염한다〉. 嚼楊枝偈呪云 手執楊枝 當願衆生 皆得妙法 究竟淸淨 嚼楊枝時 當願衆生 其心調淨 噬諸煩惱 唵 嚂 唵 嚂〈二十一遍〉 莎訶〈嚂 舊即囕〉 又呪曰 唵 阿暮伽 彌摩隸 爾嚩迦囉 僧輸馱爾 鉢頭摩 俱麽囉 爾嚩僧輸陀耶 陀囉陀囉 素彌麽哰娑縛訶〈七遍 或憚繁 但念前唵囕眞言〉", 「관욕 灌浴」(『석문의범』 권하 p.60)에 "작양지진언〈왼손 엄지로 검지 아랫마디를 누르면서 금강권을 짓는다〉 : 옴 박아라하 사하. 嚼楊枝眞言〈左手大拇指 捻無名指下節 作金剛拳〉 唵 縛阿羅賀 莎訶"라고 하였다. [참고문헌]『華嚴經』 권14(대정장10, p.70b28), 『毘尼日用錄』, 『釋門儀範』. ⇨ 작양지 嚼楊枝

작업 作業 ❶Ⓢ kṛtaṃ karma, Ⓣ byas-pa'i-las. 사업(思業)과 사이업(思已業). 고락(苦樂) 등의 과보를 초래하는 신·구·의(身口意)로 짓는 세 가지 행업(行業)을 말한다. 부작업(不作業 Ⓢ akṛtaṃ karma)의 상대어이다. 『유가사지론』 권9(대정장30, p.319b13 : *Yogā-bh.*, p.190)에 "작업이란 무엇인가? 사업이나 사업이후 일으키는 신업과 어업을 말한다. 作業者 謂若思業 若思已所起身業語業 kṛtaṃ karma katamat. yac cetitaṃ cetayitvā punaḥ kāyena vācā samutthāpitaṃ"라고 하였다. 〔참고문헌〕『瑜伽師地論』, *Yogā-bh.* ⇨사업 思業, 사이업 思已業, 구업 九業, 부작업 不作業 ❷Ⓢ karman, kriyā, Ⓣ las. 하는 일. 행위(行爲). 몸이나 말로 하는 행위를 말한다. 『대비바사론』 권15(대정장27, p.73b20)에 "'업이 이름을 낳는다'란 무슨 말인가? 짓는 업에 따라 이름을 건립하는 것을 말한다. 예를 들면 그림을 잘 그리는 이를 화사라 하고, 금이나 철을 단련하는 이를 금철사라 하는 이와 같은 것 등이다. 業生名者 謂依作業立名 如善畫者 名爲畫師 鍛金鐵者 名金鐵師 如是等"라고 하였다. 〔참고문헌〕『大毘婆沙論』, *Yogā-bh.4.* ❸정토문에서 안심(安心)과 기행(起行)을 완성시키는 행법(行法). 왕생정토의 삼심오념(三心五念)의 인행(因行)을 완전하게 하기 위하여 공경수(恭敬修)·무여수(無餘修)·무간수(無間修)·장시수(長時修)의 사수(四修)를 행하는 것을 말한다. ⇨안심기행작업 安心起行作業, 사수 四修❶, 삼심 三心❶

작업관정 作業灌頂 세 가지 전법관정(傳法灌頂) 중 하나. 구지관정(具支灌頂)·사업관정(事業灌頂)이라고도 한다. 칠 일 동안 제자에게 예참시키고 관정아사리 역시 진언을 외우고 단(壇)을 베풀어 향화와 공양물을 바치면서 제자에게 비인(祕印)을 전하는 관정을 말한다. 『금강봉누각일체유가유기경』 권하 「금강살타보리심내작업관정실지품」(대정장18, p.267b5)에 "훔(hūṃ)을 부르고, 금강아사리는 모든 제자들을 교수한다. 각 면을 가려 둘러치고 가지하여 아사리로 하여금 저 금강살타의 서원 가르쳐 꽃 중에 인쳐둔다. 저들 지분 흩어서 꽃 떨어진 곳 따라 행인은 우러러 받든다. 저 본명인을 가르쳐 지어 성취하게 하니, 그 이름 금강수다. 안으로 작업관정하니 극히 비밀한 중에도 비밀이다. 그래서 이 이름이 오부의 근원이라 한다. 금강은 바로 보배의 빛이고 연화는 그대로 갈마여서 저 서로 어울려 그 몸 하나이니 이 몸 그대로 다섯 부처다. (hūṃ) 吽(引) 金剛阿闍梨 教授諸弟子 以緋繒掩面 與彼作加持 令次阿闍梨 教彼薩埵誓 置華於印中 令彼散支分 隨華所墮處 行人而尊奉 教彼本明印 令其作成就 此名金剛手 內作業灌頂 極祕密中祕 此名五部源 金剛卽寶光 蓮華卽羯磨 如和同一體 卽此身五佛"라고 하였다. 〔참고문헌〕『金剛峰樓閣一切瑜伽瑜祇經』. ⇨구지관정 具支灌頂, 사업관정 事業灌頂, 관정 灌頂❶, 오불 五佛, 오지 五智❶

작연 灼然 환하게 빛나다. 분명하여 더할 나위 없음을 뜻한다. 작연(酌然)이라고도 한다. 『법화현의석첨』 권14(대정장33, p.919a19)에 "비추어 십계를 나누니 각각 스스로 환하다. 照分十界 各具灼然", 『운문광록』 권상(대정장47, p.551c25)에 "'부모가 모두 돌아가셨을 때는 어떤지요?' '모두 돌아가신 일은 그만두고 도대체 무엇이 그대의 부모인가?' '고통이 깊습니다' '말해 뭐하겠는가. 그렇고 말고.' 問 父母俱喪時 如何 師云 俱喪且置 那箇是爾父母 僧云 苦痛深 師云 酌然 酌然", 『원오어록』 권11(대정장47, p.764a10)에 "빛나 그러한데 목전의 일도 아니고, 목전에서 쓰지도 않는다. 한 구 있으니 천성이 보려 해도 보지 못하고, 한 구 있으니 천성이 머리를 내밀지 못하며, 또 한 구 있어 천성이 함께 얽혀 함께 쓴다. 말해 보라. 이 한 구 필경에는 어디로부터 왔을까? 灼然 不是目前事 亦非目前機 有一句子 千聖覷他不見 有一句子 千聖出頭不得 有一句子 千聖同塵共用 且道 此一句 畢竟從什麽處流出", 『연등회요』 권20 「동산양개장 洞山良价章」(卍속장136, p.764b16)에 "동산이 '무정이 법을 설한다는 말은 어떤 경의 말씀인지요?'라고 묻자 혜충(慧忠)이 대답하였다. '분명히 그러하지만 말은 경전과 관계없고 군자가 이야기거리도 아니다'. 師云 無情說法 該何典教 忠云 酌然 言不干典 非君子之所談"라고 하였다. 〔참고문헌〕『法華玄義釋籤』, 『雲門廣錄』, 『圜悟語錄』, 『聯燈會要』.

작용 作用 Ⓢ kāritra, kriyā, Ⓟ kicca, Ⓣ bya-ba, byed-pa. ❶유위법(有爲法)이 삼세(三世)로 움직이고, 생주이멸(生住異滅)하는 뜻이다. 『입아비달마론』 권하(대정장28, p.987c20)에 "작용이란 무엇인가? 생주이멸을 말한다. 作用者何 謂生住異滅", 『구사론』 권20(대정장29, p.104c26 : *Abh-k-bh.*, p.297)에 "작용을 잡아서 위에 차별이 있으니, 위가 같지 않기 때문에 삼세를 세움에 다름이 있다. 그는(존자 세우) 이렇게 말한다. '저 모든 법의 작용이 아직 있지 않음을 미래라고 하며, 작용이 있을 때를 현재라 하고, 작용이 이미 멸함을 과거라고 하지만 체에 다름이 있는 것은 아니다'. 以約作用 位有差別 由位不同 立世有異 彼謂諸法 作用未有 名爲未來 有作用時 名爲現在 作用已滅 名爲過去 非體有殊 〈bhāṣya〉 yo 'yamavasthā 'nyathikaḥ, tasya kila 〈kārikā〉 adhvānaḥ kāritreṇa vyavasthitāḥ. 〈bhāṣya〉 yadā sa dharmaḥ kāritraṃ na karoti tadā 'nāgataḥ. yadā karoti tadā pratyutpannaḥ. yadā kṛtvā niruddhastadā 'tīta iti"라고 하였다. 〔참고문헌〕『入阿毘達磨論』, 『俱舍論』, *Abh-k-bh.* ⇨

유위사상 有爲四相 ❷ 견문각지(見聞覺知)로 세간을 이해하거나, 생멸(生滅)하는 심소(心所) 등을 말한다. 『현양성교론』 권5(대정장31, p.503a15)에 "〔논〕 처음에 세속제로 아를 설하고 법을 설하고, 작용을 설한다. … 작용을 설한다는 것이란 무엇인가? 능히 보고 들으며, 능히 일어나고 사라지는 이런 등을 세속제라고 한다. 論曰 初世俗諦 說我說法 及說作用 … 說作用者 謂說能見 能聞 能生 能滅 如是等 是謂世俗諦", 『대승아비달마잡집론』 권3(대정장31, p.708c18 : *Abh-s-bh.*, p.27)에 "작용의 현전이란 무엇인가? 안(眼) 등의 법이 바로 식(識) 등과 그에 의지해 일어나는 등의 일을 말한다. 作用現前者 謂眼等法 正爲識等 所依等事故 kāritra pratyupasthānataścakṣurādīnāṁ vijñānāśrayādib hāvāt"라고 하였다. 〔참고문헌〕 『顯揚聖敎論』, 『大乘阿毘達磨雜集論』, *Abh-s-bh.* ⇨ 용 用❶, 역용 力用, 체 體

작용 作俑 인형을 만들다. 본보기를 지어내서 대대로 어둡게 되는 뜻이다. 순장할 때 함께 묻는 용(俑 : 偶人)을 만든 데서 유래했다. 『맹자』 「양혜왕 梁惠王」에서 "중니는 '처음 용을 만든 이는 그 후손이 없을 것이다'라고 하였는데, 그것이 사람 모양을 본 떠 썼기 때문이다. 仲尼曰 始作俑者 其無後乎 爲其象人而用之也"라고 한 구절에 근거한다. 『선림보훈필설』 권하(卍속장113, p.780a8)에 "앞사람은 인형을 만들고 뒷사람은 그것을 답습하였으니, 모두 다 도리가 무엇인지를 살피지 못했다. 前者作俑之 後者蹈襲之 總不察道理之何如也", 『오등전서』 권73 「천동효석장 天童曉皙章」에 (卍속장141, p.526a7)에 "달마대사는 동토로 온 적이 없고 사람마다 눈썹은 가로지고 코는 세로졌다. 세계가 본래 스스로 태평한데 팔을 잘라 용을 짓는 일 두려워할 만하고, 무단히 신발 한 짝을 흘렸으니 후손들 도망치려 해도 숨을 곳 없다. 達磨未來東土 人人眉橫鼻竪 世界本自太平 斷臂作俑可怖 無端遺下隻履 兒孫逃竄無處"라고 하였다. 〔참고문헌〕 『禪林寶訓筆說』, 『五燈全書』, 『釋門正統』 권6 (卍속장130, p.851a14). ⇨ 작모작양 作模作樣

작용도리 作用道理 Ⓢ kārya-kāraṇa-yukti, Ⓣ bya-ba-byed-pa'i-rigs-pa. 짓고 씀에 나름의 길과 뜻이 있다는 말. 제법(諸法)이 온(蘊)으로 생한 이후에는 각각의 차별한 인과 연으로 움직이는 뜻이다. 사종도리(四種道理 : 四道理) 중 하나로 인과도리(因果道理)라고도 한다. 『유가사지론』 권25(대정장30, p.419b16 : *Śrāv-bh.*, p.142)에 "어째서 작용도리라고 하는가? 온들이 일어난 후에는 스스로 연을 따른다. 따라서 스스로 작용하여 각각 차별하다. 이를테면 눈으로 능히 색을 보며, 귀는 소리를 듣고, 코는 냄새를 맡으며, 혀로 맛보고, 몸으로 느끼고, 마음으로 능히 법을 안다. 云何名爲作用道理 謂諸蘊生已由自緣 故有自作用各各差別 謂眼能見色 耳能聞聲 鼻能嗅香 舌能嘗味 身能覺觸 意能了法 kāryakāraṇayuktiryā tadutpannānāṃ skandhānāṃ svena hetunā svena pratyaryena tasmiṃstasmin svakāryakaraṇe viniyogastadyathā. cakṣuṣā rūpāṇi draṣṭavyāni. śrotreṇa śabdāḥ śrotavyāḥ", 『대승아비달마잡집론』 권11(대정장31, p.745b15 : *Abh-s-bh.*, p.99)에 "작용도리란 다른 모습의 법들은 각기 달리 작용한다는 것이다. 저 안근 등은 안식 등의 소의로 작용하며, 색 등의 경계는 안식 등의 소연으로 작용하며, 안 등의 제식이 색 등을 달리 알아본다. 금은장인 등이 금은 등의 사물을 능숙하게 잘 다루듯 한다. 作用道理者 謂異相諸法 各別作用 如眼根等爲眼識等所依作用 色等境界爲眼識等所緣作用 眼等諸識了別色等 金銀匠等善修造金銀等物 kārya kāraṇayuktistadyathā cakṣurādīnāṁ cakṣurvijñānādyāśrayabhāvaḥ rūpādīnām ālaṁbanabhāvaḥ, cakṣurvijñānādīnāṁ rūpādiprativijñāpanam, suvarṇakārādīnāṁ ca śilpināṁ suvarṇādighaṭanam"라고 하였다. 〔참고문헌〕 『瑜伽師地論』, 『大乘阿毘達磨雜集論』, *Śrāv-bh.*, *Abh-s-bh.* ⇨ 인과도리 因果道理, 사종도리 四種道理, 사도리 四道理

작용자재 作用自在 짓고 움직임에 자재함. 이종자재(二種自在) 중 하나다. 『화엄경소』 권56(대정장35, p.923a29)에 "자재에는 두 가지 뜻이 있다. 첫째는 경을 관함에 자재하고, 둘째는 작용의 자재다. 自在有二義 一觀境自在 二 作用自在", 『화엄경탐현기』 권17(대정장35, p.427c29)에 "해탈에 두 가지가 있다. 첫째는 작용자재로서 해탈이니 저 「부사의법품」의 십종부사의해탈 등이다. 解脫有二種 一作用自在名爲解脫 如上不思議法品十種不思議解脫等", 『화엄공목장』 권4(대정장45, p.579c5)에 "해탈이란 온갖 장애를 벗어나는 소승해탈, 작용에 자재한 삼승해탈, 다함없이 자재한 일승해탈이 있다. 解脫者 小乘解脫 解脫諸障 三乘解脫 作用自在 一乘解脫 無盡自在"라고 하였다. 〔참고문헌〕 『華嚴經疏』, 『華嚴經探玄記』, 『華嚴孔目章』. ⇨ 이종자재 二種自在

작원 鵲園 Ⓢ Veṇuvana kalandakanivāpa. 가란다주원(迦蘭陀竹園)을 달리 이르는 말. 가란다(kāraṇḍa)를 작(鵲)으로 한역하여 붙여진 이름이다. 가란다죽림(迦蘭陀竹林)이라고도 한다. 『광홍명집』 권20(대정장52, p.244c13)에 "법성이란 공적하여, 마음의 행로 끊어졌으나 감응하고 따라 통하며 모양따라 이끌고 맞이한다. 그러므로 작원에서 선으로 인도하고 마원에서 널리 펼치셨다. 夫法性空寂 心行處斷 感而遂通 隨方引接 故鵲園善誘 馬苑弘宣", 『번역명의집』 권2(때정장54, p.1089c10)에 "가란다 : 호성조라고 한역한다. 모양은 까치를 닮았고 대나무 숲에 모여 산다. 또는 쥐 이름이라고도 한다. 迦蘭陀 此云好聲鳥 形如鵲 群棲竹林 或言鼠名"라고 하였다. [참고문헌] 『廣弘明集』, 『翻譯名義集』, *Av-ś.1.* ⇨ 가란다죽원 迦蘭陀竹園, 가란다 迦蘭陀 ❶

작원문 作願門 정토왕생을 위해 닦는 오념문(五念門) 중 하나. 왕생원을 세우고 전일한 마음으로 행하고 삼업(三業)으로 지은 공덕에 따라 서방정토에 왕생하기를 발원하는 문. 『무량수경우파제사』(대정장26, p.231b17)에 "작원문이란 무엇인가? 마음으로 항상 원을 세우고 한결같은 마음으로 전념하여 필경 안락국토에 왕생하고자 여실하게 사마타를 닦는 것을 말한다. 云何作願 心常作願 一心專念 畢竟往生 安樂國土 欲如實修行奢摩他故", 『왕생예찬게』(대정장47, p.438c24)에 "작원문은 전념하여 낮과 밤의 모든 시간과 모든 장소에서 삼업과 사위의 공덕을 닦되 처음과 중간과 마지막을 불문하고 모두 진실한 마음에서 극락국토에 왕생하기를 발원하는 것을 말한다. 作願門 所謂專心 若晝若夜 一切時一切處 三業四威儀 所作功德 不問初中後 皆須眞實心中 發願願生彼國 故名作願門"라고 하였다. [참고문헌] 『無量壽經優波提舍』, 『往生禮讚偈』. ⇨ 오념문 五念門

작의 作意 Ⓢ manaskāra, manasikāra, Ⓟ manasikāra, Ⓣ yid-la-byed-pa. ❶ 뜻을 짓다. 마음을 움직여 만나는 경과 화합하고 업이 되게 하는 것을 말한다. 유부(有部)에서는 대지법(大地法) 중 하나며, 법상종(法相宗)에서는 오변행(五遍行) 중 하나다. 『구사론』 권7(대정장29, p.40a7)에서는 자상(自相)·공상(共相)·승해(勝解)의 삼종작의를 말하고, 『유가사지론』 권33(대정장30, p.465b29)에서 요상(了相)·승해(勝解)·원리(遠離)·섭락(攝樂)·관찰(觀察)·가행구경(加行究竟)·가행구경과(加行究竟果)의 칠종작의를 말하며, 『대승장엄경론』 권4(대정장31, p.610c4)·권5(대정장31, p.616a17)·권7(대정장31, p.624a21)에서는 각각 열여덟 가지·마흔네 가지·열한 가지 작의 등을 시설한다. 『품류족론』 권1(대정장26, p.693a15)에 "작의란 무엇인가? 마음을 들어 깨우는 자성이다. 여기에는 세 가지가 있으니, 학작의·무학작의·비학비무학작의를 말한다. 作意云何 謂心警覺性 此有三種 謂學作意 無學作意 非學非無學作意", 『현양성교론』 권1(대정장31, p.481a13)에 "작의란 무엇인가? 즉 아뢰야식종자로 일어난다. 마음에 의지하여 일어나 마음과 함께 구르며 상응하니, 마음을 움직이는 것을 바탕으로 하고, 마음을 끌어 업이 되게 한다. 이것은 마음과 더불어 같이 한 경을 연하기에 화합하여 화합하지 않음이 없다고 한다. 저 경에서 설하길 '이것에 뜻을 지은즉 이것을 요별하고, 이것을 분명히 알면 이것에 뜻을 낸 것이다. 그러므로 이 둘(心王과 作意心所)은 항상 화합하여 화합하지 않음이 없으니, 이 두 가지 법이 별개의 다른 것이라고 할 수 없다'. 作意者 謂從阿賴耶識種子所生 依心所起與心俱轉相應 動心爲體 引心爲業 由此與心同緣一境 故說和合 非不和合 如經中說 若於此作意 卽於此了別 若於此了別 卽於此作意 是故 此二 恒和合 非不和合 此二法 不可施設 離別殊異", 『대승아비달마잡집론』 권1(대정장31, p.697a28)에 "작의란, 마음 일어나 움직이는 것을 바탕삼아, 연한 경에 마음을 가져서 업을 삼는다. '연한 경에 마음을 가진다'란 경에 있어 거듭거듭 마음을 끌어낸다. 그리하여 마음 정을 얻는 것을 작의를 얻었다고 한다. 作意者 發動心爲體 於所緣境 持心爲業 於所緣境 持心者 謂卽於此境 數數引心 是故 心得定者 名得作意"라고 하였다. [참고문헌] 『俱舍論』, 『瑜伽師地論』, 『大乘莊嚴經論』, 『品類足論』, 『顯揚聖敎論』, 『大乘阿毘達磨雜集論』, *Abh-k-bh.108.*, *Sūtr.56·91·103.*, *Abh-s.5.* ⇨ 삼작의 三作意, 삼종작의 三種作意, 사종작의 四種作意, 칠종작의 七種作意, 십일종작의 十一種作意, 십팔종작의 十八種作意, 사십작의 四十作意, 억憶, 십대지법 十大地法, 오변행 五遍行, 오위칠십오법 五位七十五法 ❷ 정한 마음을 수행함. 『구사론』 권5(대정장29, p.25a5 : *Abh-k-bh.*, p.70)에 "앞의 무상정은 해탈을 구하기 위하여 출리상작의를 우선으로 하지만, 이 멸진정은 정주를 구하기 위하여 지식상작의를 우선으로 한다. 앞의 무상정은 제4정려에 있지만, 이 멸진정은 오직 유정에만 있는 비상비비상처다. 前無想定 爲求解脫 以出離想作意爲先 此滅盡定 爲求靜住 以止息想作意爲先 前無想定 在後靜慮 此滅盡定 唯在有頂 卽是非想非非想處 〈kārikā〉 vihārārthaṃ 〈bhāṣya〉 śāntavihārasaṃjñāpūarvakeṇa manasikāreṇa enāṃ samāpadyante. tāṃ tu niḥsaraṇasaṃjñā pūrvakeṇa. sā khalvapi caturthadhyānabhūmikā. iyaṃ tu 〈kārikā〉 bhavāgrajā. 〈bhāṣya〉 naivasaṃjñānāsaṃjñāyatanabhūmikaiva"라고 하였다. [참고문헌] 『俱舍論』, 『順正理論』 권12(대정장29, p.401b23), *Abh-k-bh.*

작의공덕 作意功德 일부러 뜻을 내는 공덕. 이승(二乘)을 버리고 대승(大乘)을 구하는 공덕을 말한다. 수(隨)·진(陳) 역본에는 정사유공덕(正思惟功德)이라 하였다. 무성(無性)의 『섭대승론석』 권5(대정장31, p.413a3)에 "작의공덕이란, 성문승과 독각승에 대한 친애를 버리는 것이고, 대승공덕에 대한 친애와 상응하는 것이다. 作意功德者 捨愛聲聞獨覺乘故 大乘功德愛相應故", 세친(世親)의 『섭대승론석』 권5(대정장31, p.348b13)에 "열넷째는 가행을 채우는 업으로서, 이것은 여섯 구로 차별하다. … (다섯째는) 작의의 공덕이다. 十四成滿加行業 此有六句差別 … 作意功德故"라고 하였다.

〔참고문헌〕『攝大乘論釋』. ⇨가행 加行, 작의 作意

작의무도 作意無倒 Ⓢmanaskāre 'viparyāsaḥ, Ⓣyid-la-byed-pa-la-phyin-ci-ma-log-pa. 뜻을 지음에 여실하여 뒤집힘이 없는 것. 십무도(十無倒) 중 하나로 훈습된 말과 그 말에 의지해 일으키는 명언작의(名言作意)에서 희론상(戲論想)을 여읜 뜻이고, 사유무도(思惟無倒)라고도 한다. 『변중변론』 권하(대정장31, p.474c28 : *Madhy-vibh.*, p.65)에 "〔논〕 열 가지 일에 대한 여실지견에 의지해 열 가지 무도의 이름을 세운다. … 작의에 있어서 전도가 없다 한다. 〔송〕 작의에 있어서 전도되지 않음은 저 말이란 훈습이고 말로 뜻을 지음이 저에 의지한다는 것이다. 두 가지인 듯 드러나기 때문이다. 〔논〕 취한 것도 취한 뜻도 말로 훈습한 것이어서 명언작의라 하니, 곧 이 작의야말로 바로 능취분별이 의지하는 바이고, 이것은 능히 그럴 듯한 능취소취의 인을 드러나게 한 것이기에 이 작의야말로 희론상으로 훈습된 것이기에 명언작의라 한다. … 작의에 전도됨이 없기에 전도된 인연을 곧바로 멀리 여읠 수 있다. 論曰 依十事中如實智見 應知建立十無倒名 … 於作意無倒者 頌曰 於作意無倒 知彼言熏習 言作意彼依 現似二因故 論曰 所取能取 言所熏習 名言作意 卽此作意 是所能取分別所依 是能現似二取因故 由此作意 是戲論想之所熏習 名言作意 … 由作意無倒 於倒因緣 能正遠離 〈bhāṣya〉 tatra … 〈kārikā〉 tajjalpabhāvito jalpamanaskāras tadāśrayaḥ, manaskāre 'viparyāso dvayaprakhyānakāraṇe. 〈bhāṣya〉 grāhyagrāhakajalpaparibhāvito jalpamanaskāras tasya grāhyagrāhakavikalpasyāśrayo bhavatīty ayaṃ manaskāre 'viparyāsaḥ. katamasmin manaskāre grāhyagrāhakasaṃprakhyānakāraṇe sa hy asau jalpamanaskāro 'bhilāpasaṃjñāparibhāvitatvāt grāhyagrāhakavikalpāśrayo veditavyaḥ"라고 하였다. 〔참고문헌〕『辯中邊論』, *Madhy-vibh.* ⇨사유무도 思惟無倒, 십무도 十無倒

작의사유 作意思惟 Ⓢmanasi-karaṇa, manasi-kṛta, Ⓣyid-la-byed-pa. 뜻을 지어 사유함. 작의(作意)의 뜻을 한층 강조한 뜻이기도 하다. 『변중변론술기』 권중(대정장44, p.30c6)에 "〔논〕 '자주자주 대승에 대해 작의사유할 때' 〔술〕 두 번째 구를 푼다. 자주자주 알기를 항상한다. 혜로써 대승으로 관한 경을 작의사유하여 소승을 가려내 오직 대승을 설한다. 論曰 數數作意思惟大乘 述曰 釋第二句 數數解恒 以慧作意思惟大乘所觀之境 簡小敎故但說大乘", 40권본 『화엄경』 권19(대정장10, p.748c7)에 "선지식의 가르침을 념하는 데 마음에 잠시도 잊는 일 없으며, 뜻을 지어 사유하여 근들이 흩어짐이 없다. 念善知識所有敎誨 心無暫捨 作意思惟 諸根不散", 『유가사지론』 권17(대정장30, p.372c22)에 "무엇을 탐욕이 일어나 마쳐서야 적정해진다고 하는가? 다섯 가지 인이다. 첫째는 부정함을 작의사유하기 때문이고, 둘째는 고통을 작의사유하기 때문이며, 셋째는 무아를 작의사유하기 때문이다. 넷째는 마음을 매어둔 채 자주 싫어하여 떠나기 때문이며, 다섯째는 번뇌를 남김 없이 영원히 사라지게 하기 때문이다. 云何貪欲生已 由是寂靜 謂五因故 一 由作意思惟不淨 二 由作意思惟於苦 三 由作意思惟無我 四 由繫念多修厭離 五 由隨眠無餘永滅"라고 하였다. 〔참고문헌〕『辯中邊論述記』, 『華嚴經』, 『瑜伽師地論』. ⇨작의 作意

작의산란 作意散亂 Ⓢmanasikāra-vikṣepa, Ⓣyid-la-byed-pa'i-rnam-par-gyeng-ba. 뜻을 짓지만 오히려 산란함. 이욕(離欲)에 집착하여 오히려 장애가 되는 소승의 하열한 작의를 말한다. 육종산란(六種散亂) 중 하나로 구역은 사유산동(思惟散動)이다. 『변중변론』 권하(대정장31, p.474c22 : *Madhy-vibh.*, p.65)에 "'마음이 하열하다 함'은 곧바로 작의산란이다. 하열승에 의지해 일으켜 작의하기 때문이다. 心下劣者 卽作意散亂 依下劣乘起作意故 hīnacittatvaṃ. manasikāravikṣepaḥ hīnayānamanasikārasamudācārāt", 『대승아비달마잡집론』 권1(대정장31, p.699c2 : *Abh-s-bh.*, p.8)에 "작의산란이란 여승이나 여정에 의지하거나 들어 흐르고 흩어지는 것들(流散 Ⓢprasara)이다. '나머지 승에 의지하고 그 밖의 정에 든다'란 앞서 수습한 바를 버리고서 산란을 일으키는 것이다. 마땅히 알라. 능히 이욕을 장애하는 것만으로 업을 삼기 때문이다. 이는 수번뇌성의 산란에 의지해서 설하는 것이다. 作意散亂者 謂於餘乘餘定 若依若入所有流散 謂依餘乘或入餘定 捨先所習發起散亂 當知能障離欲爲業 謂依隨煩惱性散亂說 manaskāravikṣepaḥ samāpattyantaraṁ vā samāpadyamānasya yānāntaraṁ vā saṁśrayataḥ pūrvasmāddhyutthānato veditavyaḥ. vairāgyaparipanthakarmaka ityupakleśātmakaṁ vikṣepamadhikṛtya"라고 하였다. 〔참고문헌〕『辯中邊論』, 『大乘阿毘達磨雜集論』, *Madhy-vibh. Abh-s-bh.* ⇨사유산란 思惟散亂, 육종산란 六種散亂

작의업 作意業 뜻으로 짓는 업. 사이업(思已業) 또는 의사업(意思業)을 말한다. 『섭대승론석』 권5(대정장31, p.185a10)에 "〔논〕 마치 저 뜻 짓는 업을 신구 등의 업이라 이름하는 것과 같다. 〔석〕 이렇듯 뜻으로 짓는 업은 비록 하나지만, 몸에 의지해 일어나면 신업이라 하고, 입을 통해서 일어나면 구업이라 한다. 의식 또한 이러해서 의지처에 따라 따로 이름을 얻는다. 論曰 譬如作意業得身口等業名 釋曰 此作意業雖復是一 若依身門起

名身業 若依口門起名口業 意識亦爾 隨依止得別名"라고 하였다. 〔참고문헌〕『攝大乘論釋』. ⇨사이업 思已業, 의사업 意思業, 의업 意業

작의정행 作意正行 Ⓢmanasikāra-pratipatti, Ⓣyid-la-byed-pa-bsgrub-pa. 뜻을 지어 바르게 행함. 『변중변론』에서 시설한 육정행(六正行) 중 하나로 문사수(聞思修) 삼혜(三慧)로 대승교법을 사유하는 것이고, 구역은 사택수(思擇修)다. 『변중변론』 권하(대정장31, p.474b6 : *Madhy-vibh.*, p.63)에 "작의정행이라 하니 그 상이 어떠한가? 〔송〕 보살은 삼혜로써 시설된 법다이 항시 대승을 사유하니 작의정행이다. 〔논〕 만약 보살들이 듣고 사유하고 수습해서 성취한 묘혜를 거듭거듭 뜻을 지어 대승을 사유할 때, 저 보시 등 계경 등에서 시설한 법에 의지한다면, 이를 작의정행이라 한다. 作意正行 其相云何 頌曰 菩薩以三慧 恒思惟大乘 如所施設法 名作意正行 論曰 若諸菩薩 以聞思修所成妙慧 數數作意思惟大乘 依布施等 如所施設契經等法 如是名爲作意正行 〈bhāṣya〉 manasikārapratipattiḥ katamā. 〈kārikā〉 yathāprajñaptito dharmamahāyānamanaskriyā, bodhisatvasya satataṃ prajñayā triprakārayā. 〈bhāṣya〉 dānādīny adhikṛtya yathāprajñaptānāṃ sūtrādidharmāṇāṃ mahāyāne manasikaraṇam abhīkṣṇaṃ śrutacintābhāvanāmayyā prajñayā manasikārapratipattiḥ", 같은 책 권하(대정장31, p.474b18 : *Madhy-vibh.*, p.63)에 "작의정행에는 어떤 도와 함께하는 것이 있는가? 〔송〕 그것을 조반하는 짝은 바로 십법행임을 알아야 한다. 〔논〕 이와 같은 작의정행은 십법행으로 거두는대로 행한다. 作意正行有何助伴 頌曰 此助伴應知 卽十種法行 論曰 應知如是作意正行由十法行之所攝受 〈kārikā〉 saṃyuktā dharmacaritaiḥ sā jñeyā daśabhiḥ punaḥ. 〈bhāṣya〉 sā punar manasikārapratipattiḥ. daśabhir dharmacaritaiḥ parigṛhītā veditavyā"라고 하였다. 이역본인 『중변분별론』 권하(대정장31, p.461a10)에서는 사량수행(思量修行)이라고 하였다. 〔참고문헌〕『辯中邊論』, 『中邊分別論』, *Madhy-vibh.* ⇨사량수행 思量修行, 육정행 六正行, 십종법행 十種法行, 문사수 聞思修

작인 作人 ❶Ⓢpuruṣāṇāṃ karma kurvatām. 일하는 사람. 『법화경』 권2(대정장9, p.17a22 : *Saddh-p.*, p.107)에 "나는 늙고 그대는 젊다. 그대는 항상 일할 때 속이거나 게으르고 화내고 원망하는 말이 없으니 도무지 그대에게 저 모든 악들을 본 적이 없다. 나머지 작인들도 그와 같고 지금 이후로 낳은 자식들도 그와 같으리라. 我年老大 而汝少壯 汝常作時 無有欺怠 瞋恨怨言 都不見汝有此諸惡 如餘作人 自今已後 如所生子 śāṭhyaṃ vā vakratā vā kauṭilyaṃ vā māno vā mrakṣo vā kṛtapūrvaḥ karoṣi vā. sarvathā te bhoḥ puruṣa na samanupaśyāmyekamapi pāpakarma yat haiṣāmanyeṣāṃ puruṣāṇāṃ karma kurvatām"라고 하였다. 〔참고문헌〕『法華經』, *Saddh-p.* ❷사람이 된다는 말. 『삼국유사』 권3(대정장49, p.997c15 · 한불전6, p.332c3) 탑상(塔像)4 어산불영(魚山佛影)에 "옛날에 알이 하늘에서 바닷가에 내려와서 사람이 되어 나라를 다스렸으니 그가 바로 수로왕이다. 昔天卵下于海邊 作人御國 卽首露王"라고 하였다. 〔참고문헌〕『三國遺事』.

작인 作因 ❶Ⓢkāraṇa-hetu. 짓는 인. 두 가지 인(作因 生因) 중 하나로 어떤 법을 지어내는 인이 되는 것을 말한다. 40권본 『대반열반경』 권21(대정장12, p.492c3)에 "두 가지 인이 있으니, 첫째는 작인, 둘째는 요인이다. 예를 들면 옹기장이 · 물레 · 새끼줄 등과 같은 것을 작인이라고 한다. 有二因 一者 作因 二者 了因 如陶師輪繩 是名作因"라고 하였다. 〔참고문헌〕『大般涅槃經』, 『法苑珠林』 권68(대정장53, p.800a16), *Laṅk.83.* ⇨이인 二因❶, 생인 生因❶ ❷바이셰쉬카(ⓈVaiśeṣika : 勝論)에서 말하는 이십사덕(二十四德) 중 21번째 행(行) 중 하나. 운동의 힘을 말한다. 『십구의론』(대정장54, p.1263b21)에 "행이란 무엇인가? 행은 두 가지니, 첫째는 염인, 둘째는 작인이다. … 작인이란, 창이나 돌을 던지는 경우에 질애 있는 물체에 의지하여 생겨나는 세용을 작인이라고 한다. 行云何 此有二種 一 念因 二 作因 … 作因者 謂攢擲等 生業所生 依附一實 有質礙實 所有勢用 是名作因"라고 하였다. 〔참고문헌〕『十句義論』. ⇨염인 念因, 이십사덕 二十四德

작일 昨日 지난 날. 어제. 가까운 과거의 어느 날. 『증일아함경』 권15(대정장2, p.621a7)에 "사문이여, 어제 어떤 이유로 오지 않았는가? 沙門 昨日何故不來", 『방거사어록』 권상(卍속장120, p.56b7)에 "단하(丹霞)가 어느 날 방거사에게 물었다. '지난 날 만남이 오늘과 비교해서 어떠신가?' '여법하게 며칠 전 일을 들어 종안을 보여주시죠'. 霞一日問居士 昨日相見 何似今日 士曰 如法擧昨日事來 作箇宗眼"라고 하였다. 〔참고문헌〕『增壹阿含經』, 『龐居士語錄』.

작자 作者 Ⓢkartṛ, Ⓟkattar, Ⓣbyed-pa-po. ❶짓는 이. 행위하는 이의 뜻이다. 연기(緣起) · 무아(無我) · 무자성(無自性) · 공(空)인 제일의제에서는 주재자(主宰者)로서의 작자는 있을 수 없다(無作者). 그러나 세간유위의 분상에서 기억하고 분별하는 작자는 세울 수 있다. 『잡아함경』 권13 「제일의공경 第一義空經」(대정장2, p.92c16)에 "무엇을 제일의공경이라 하는가?

비구들이여! 눈으로 볼 때 온 곳이 없으며 보지 않을 때 간 곳이 없다. 이와 같이 눈은 실이 없이도 보고 본 뒤에는 다해 사라진다. 업보는 있지만 짓는 이는 없다. 이 음이 사라지고 나면 다른 음이 상속한다. 세속에서 헤아리는 법은 아니다. 云何爲第一義空經 諸比丘 眼生時 無有來處 滅時 無有去處 如是眼不實而生 生已盡滅 有業報而無作者 此陰滅已 異陰相續 除俗數法", 『중론』 권2 「관작작자품 觀作作者品」(대정장30, p.12b6)에 "〔문〕 현재 행위가 있고 행위자가 있고 행위를 가능하게 하는 일들이 일어난다면, 이 세 가지가 화합하여 과보가 있게 된다. 이 때문에 행위자와 업을 짓는 일은 반드시 있다. 〔답〕 앞의 여러 품들에서 일체법을 파하여 남김없이 하였으니, 저 삼상(三相：生住滅)도 파하여 삼상이 없기에 유위도 있는 것이 아니며, 유위 없으므로 무위도 없다. 유위와 무위가 없다면 일체법 온통 짓는 일도 짓는 이도 없다. 행위와 행위자가 유위 중에 이미 파했고 무위라면 무위 중에 이미 무너졌기 때문이다. 그러므로 이에 대해 다시 묻지 말아야 하지만, 그대는 집착의 마음이 강하기에 다시 물었으니 이제 다시 답해 보겠다. 〈게〉 결정코 짓는 이 있다면 결정된 업 지을 수 없고, 결정코 짓는 이 없다면 정함이 없는 업 지을 수 없다. 問曰 現有作有作者 有所用作法 三事和合 故有果報 是故應有作者作業 答曰 上來品品中 破一切法 皆無有餘 如破三相 三相無故 無有有爲 有爲無故 無無爲 有爲無爲無故 一切法盡無作作者 若是有爲 有爲中已破 若是無爲 無爲中已破 不應復問 汝著心深故 而復更問 今當復答 決定有作者 不作決定業 決定無作者 不作無定業", 같은 책 권2 「관작작자품」(대정장30, p.13a17)에 "〈게〉 업으로 인해 작자가 있다면 작자로 인해 업이 있게 되어 업을 성취하는 뜻이 이와 같으면 다시 다른 일이 있을 수 없다. 업 미리 결정된 것이 아니어서 사람으로 인해 업을 일으키고 업을 인해 작자가 있게 된다. 작자 역시 결정된 것이 아니라면 작업이 있게 하는 인으로 작자라는 이름이 있으니 두 가지로 화합하여 작자와 짓는 일 성취할 수는 있다. 만약 화합을 좇아 일어난다고 한 즉 무자성이니 자성이 없기 때문에 공이다. 공이어서 생겨난 것이 없지만 범부는 기억하고 상상하여 분별하기에 이에 따라 업을 지음이 있고 업을 짓는 이 있다고 설할 뿐 제일의제 중에는 짓는 일도 짓는 이도 없다. 因業有作者 因作者有業 成業義如是 更無有餘事 業先無決定 因人起業 因業有作者 作者亦無決定 因有作業 名爲作者 二事和合故 得成作作者 若從和合生 則無自性 無自性故空 空則無所生 但隨凡夫憶想分別故 說有作業有作者 第一義中 無作業無作者", 『대승장엄경론』 권7(대정장31, p.627b2)에 "어떤 것을 삼륜이라고 하는가? 첫째 행위자, 둘째 행위, 셋째 행위한 것을 삼륜이라고 한다. 何謂三輪 一者 作者 二者 業 三者 所作 是謂三輪"라고 하였다. 〔참고문헌〕 『雜阿含經』, 『中論』, 『大乘莊嚴經論』, *Sūtr.98.* **2** 외도(外道) 십육지견(十六知見：十六神我) 중 하나. 조물주 또는 창조자 등을 집착하는 대자재천외도(大自在天外道)나 범천외도(梵天外道)의 대자재천이나 대범(大梵) 등을 말한다. 『구사론』 권4(대정장29, p.20c28 : *Abh-k-bh.*, p.59)에 "범왕은 완전한 적멸의 상태를 알지 못하므로 곧 갈피를 잡지 못하고 이렇게 대답했다. '나는 이 범중 가운데 대범이고, 자재이며, 작자이고, 화자이며, 생자이고, 양자이며, 모든 것의 아버지다'. 梵王不知無餘滅位 便矯亂答 我於此梵衆 是大梵 自在 作者 化者 生者 養者 是一切父 aprajānan kṣepamakārṣīt. aha masmin brahmā īśvaraḥ kartā nirmātā sraṣṭā sṛjaḥ pitṛbhūto bhūtānāmiti", 『구사론기』 권4(대정장41, p.81a5)에 "능히 기세간을 만드는 이를 '작자'라고 한다. 能作器世間 名作者"라고 하였다. 〔참고문헌〕 『俱舍論』, 『俱舍論記』, *Abh-k-bh.*, *DN.1.18.* ⇨ 십육지견 十六知見 **3** ➡ 작가 作家

작작사 汋汋寺 황해남도 벽성군 나덕면 구룡동(九龍洞：一名 寺谷)에 있던 절. 1900년대에 찬술된 『사탑고적고』에 따르면 '평지에 건물지가 약간 남아있을 뿐 다른 유물은 없다'라고 하였다. 〔참고문헌〕 『寺塔古蹟攷』, 『韓國寺刹全書』 권상 p.595b8.

작장로 作長老 ➡ 삼장로 三長老

작적불수본 作賊不須本 도둑질에 밑천은 필요 없다는 말. 선사는 방편으로 제접할 뿐이니 새롭게 쓰는 일 없고 근기 따라 빌어 맞춘다. 세간의 모든 일 또한 연기하는 공의 출현일 뿐, 방편을 빌어서 하는 말들이라면 도둑질과 다름없다. 빌어쓰는 방편마저 정해진 법이 없기에 본전마저 없이 빌려 쓴다고 한다. 『벽암록』 67칙 「송 頌」(대정장48, p.197c2)에 "그때 지공노인이 곁에 없었다면〈도둑질에 밑천은 필요 없다. 짝을 끌고 가는 문둥이가 있구나〉, 그(傅大士) 또한 (달마처럼) 서둘러 나라를 떠나는 사람 되었으리라〈한 장 판결문만으로 충분하다. 곧바로 때리리라〉. 當時不得誌公老〈作賊不須本 有牽伴底癩兒〉也是栖栖去國人〈正好一狀領過 便打〉", 『송고구거』(가흥장29, p.182c11)에 "칠척주장자를 가볍게 집어 드니〈도둑질에 밑천은 필요 없구나. 언제나처럼 빈손이니 어찌 소매 접을 일 있겠나〉, 범부나 성인이나 가지런히 가르쳐 바람자게 하네〈악! 한 입에 남김없이 삼켜버렸다. 오래된 사당 지키는 사자상일세〉. 烏藤七尺輕拈出〈作賊不須本 慣用白拈手段 何不袖卻〉 凡聖齊敎落下風〈惡 賴一口呑盡 也是古廟裏師子〉"라고 하였다. 〔참고문헌〕 『碧巖錄』, 『頌古鉤距』.

작적인심허 作賊人心虛 도둑질하는 사람의 마음은 허하다는 말. 도둑질 하는 이 본래 꽉찬 마음 없어야 하니, 선사가 정한 법 없이 자재유재로 방편 빌어 제접하는 뜻이다. 『벽암록』 8칙 「본칙 本則」(대정장48, p.148b3)에 "보복이 말했다. '도둑질하는 사람의 마음은 빈털털이다'〈분명하구나! 도둑이라야 도둑을 알아본다〉. 保福云 作賊人心虛〈灼然 是賊識賊〉", 『위산어록』(대정장47, p.578a18)에 "오조사계(五祖師戒)가 말했다. '덕산은 흡사 도둑질하는 사람의 마음이 텅빈듯 하였고, 위산은 도둑이 지나간 다음에 활시위를 당기듯 하였다'. 五祖戒云 德山 大似作賊人心虛 潙山 也是賊過後張弓", 『운문광록』 권하(대정장47, p.573a9)에 "운문이 학인에게 물었다. '어디서 하안거를 보냈는가?' '화상께서 진실로 물으신다면 대답 드리죠' '도둑질하는 사람의 마음 아무 것도 없다'. 師問僧 甚處過夏 僧云 和尙實問卽道 師云 作賊人心虛", 『설두어록』 권2(대정장47, p.679c14)에 "법좌에 올라앉아 '봄 산은 겹겹이 어지럽게 푸르고, 봄물 출렁거려 푸른 하늘이네. 고요한 천지 간에 홀로 서서 바라보니 어디가 끝인가?'라고 한 뒤 법좌에서 내려오자 문득 돌아보며 시자에게 말했다. '조금 전 누군가 방장을 살핀 일 있었더냐?' '있었습니다' '도둑질하는 사람의 마음은 허하다'. 上堂云 春山疊亂靑 春水漾虛碧 寥寥天地間 獨立望何極 便下座 却顧謂侍者云 適來有人 看方丈麼 云 有 師云 作賊人心虛", 『밀암어록』(대정장47, p.972a17)에 "도둑질하는 사람 마음 허하여 훔친 물건을 끌어안고 억울하다 울부짖는다. 덕산(도둑)의 방 빗물처럼 내리치고 임제(도둑)의 할이 천둥 치듯 하더라도, 이야말로 평화로운 땅에 창과 칼이며 태평시절에 첩자 노릇이다. 납승들에게는 한 가닥 활로는 있다. 천 성인이 일찍이 밟은 적이 없고 터는 넓지만 사람은 드물다. 作賊人心虛 抱贓叫屈 德山棒如雨點 臨濟喝似雷奔 正是平地上干戈 太平時細作 衲僧家有一條活路 千聖不曾蹈著 土曠人稀", 『속전등록』 권27 「대혜종고전 大慧宗杲傳」(대정장51, p.651b15)에 "또한 목주는 학인들이 찾아오는 모습을 보면 문득 말하길 '공안 보아 마쳤으니 30방 맞을 잘못 놓아버린다'라고 한 말을 들었으니 운봉문열(雲峰文悅)은 '도둑질하는 사람의 마음은 허하다'라고 말했다. 대혜는 '또 하나 덧붙였구나'라 하고 말을 마치고는 충밀에게 물었다. '그대가 대답해 보라. 내가 이렇게 한 말에 잘못이 있느냐?' '도둑질하는 사람의 마음은 허하지요' '세 개나 되었군'. 又擧 睦州凡見僧來便云 見成公案放爾三十棒 雲峯悅云 作賊人心虛 師曰 又添得一箇 道了 問沖密云 爾道 我恁麽道 還有過也無 沖密云 作賊人心虛 師曰 三箇也"라고 하였다. 〔참고문헌〕『碧巖錄』, 『潙山語錄』, 『雲門廣錄』, 『雪竇語錄』, 『密菴語錄』, 『續傳燈錄』.

작절 斫截 자르다. 끊어내다. 『대방광보협경』 권상(대정장14, p.469a23)에 "문수사리여! 설산의 나무가 비록 잘렸더라도 오래지 않아 다시 자라는 것과 같다. 문수사리여! 이와 같이 여래께서 갖가지 불사를 지으신 후에 열반에 드시지만 삼보의 종자 심었기에 끊어지지 않는다. 文殊師利 如雪山樹 雖復斫截 不久還生 如是 文殊師利 如來施作諸佛事已便入涅槃 三寶之種而不斷絕"라고 하였다. 〔참고문헌〕『大方廣寶篋經』.

작정 作淨 ❶ Ⓟ kappa-karaṇa. 행하여 깨끗하게 하다. 정(淨)은 계를 범하지 않은 뜻이다. 비구의 의식주와 행위가 법에 의지해 계를 어기는 일이 없는 뜻이다. 『십송율』 권5(대정장23, p.30b13)에 "만약 비구가 1일에 옷을 얻으면 2일에 베풀고, 2일에 옷을 얻으면 3일에 내놓고 … 9일에 얻으면 10일에 내놓아야 한다. 10일에 옷을 얻으면 10일인 때에 (만약 여법하게 만들었거나 수지했다면) 비구는 이 옷을 다른 사람에게 주어야 한다. 만약 다른 이에게 주지 않거나 여법하게 만들지 않거나 수지하지 않고 11일째에 이르러 때가 끝나면 니살기바일제이다. 若比丘 初一日得衣畜二日捨 二日得衣三日捨 … 九日得衣十日捨 十日得衣十日時 比丘是衣應與人 若作淨 若受持 若不與人 不作淨 不受持 至十一日地了時 尼薩耆波夜提"라고 하였다. 〔참고문헌〕『十誦律』, *Vin.5.174.* ❷ Ⓢ vi-√kḷp, vikalpita, vikalpayet, Ⓣ bsngos-zin-pa, bsngos-pa. 청정하게 함. 『유가사지론』 권39(대정장30, p.508c1 : *Bodh-bh.*, p.89)에 "무엇이 방편을 잘 알아 베풂인가? 제보살이 먼저 모아놓은 일체자구와 시물을 깨끗이 하고자 깨끗한 뜻과 기쁨으로 시방제불보살께 베푼다. 마치 저 필추가 자기 옷과 물건을 깨끗이 하고자 친교사나 궤범사에게 드리는 것과 같다. 云何施設方便善巧 謂諸菩薩先於所畜一切資具一切施物 爲作淨故以淨意樂 捨與十方諸佛菩薩 譬如苾芻於己衣物爲作淨故 捨與親教軌範師等 tatra-idam-upāyakauśalyam. prāg-eva bodhisattvena sarva-pariṣkārāḥ sarvadeya-dharmā daśasu dikṣu viśaddhenāśayena buddha-bodhisattvānāṃ visṛṣṭā bhavanti vikalpitās-tadyathāpi nāma bhikṣur-ācāryāya vā upādhyāyāya vā cīvaraṃ vikalpayet"라고 하였다. 〔참고문헌〕『瑜伽師地論』, *Bodh-bh.*

작정인 作淨人 비구가 계를 범하지 않았음을 증명하는 제삼자. 현장에 있었기에 부정(不淨)이 없었음을 증명하는 사람을 말한다. 『십송율』 권14(대정장23, p.98b21)에 "만약 비구가 식가에서 홀로 여인과 함께 앉아 있으면 세 가지 일이 일어나니 하나의 바일제에 해당한다. 첫째 음식이 있는 집, 둘째 홀로 여인과 함께 있음, 셋째 깊숙한 곳에 자리 잡고 앉음이다. 만약 자리에서 일어났다가 도로 앉으면 다시 세 가지 일이 성립하니 하나의 바일제를 범한 것이다. 일어났다가 다시 앉은 만큼 바일제를 범하게 된다. 만약 문을 닫았지만 밖에 작정인이 있었다면 바일제고, 만약 문을 열었으나 밖에 작정인이 있었다면 바일제에 돌길라다. 만약 문을 열었고 안에도 작정인이 있으면 범한 것이 아니다. 若比丘 有食家中 獨與一女人共坐 三事起 一波逸提 一者 有食家 二者 獨共一女人 三者 深處坐 若從坐起還坐 更得三事起 一波逸提 隨起還坐 隨得爾所 波逸提 若閉戶向 外有作淨人者 波逸提 若開戶向 外有作淨人者 突吉羅 若開戶向 內有作淨人者 不犯"라고 하였다. [참고문헌]『十誦律』.

작조 作祖　조사(祖師)를 짓다.『운문광록』권상(대정장47, p.548b8)에 "그대는 또한 무엇을 일러 부처를 짓는다 하고, 무엇을 일러 조사를 짓는다고 하는가? 바로 부처와 조사를 뛰어넘는 말씀을 설해주면 문득 물어 삼계를 벗어난다. 爾且喚什麽作佛 喚什麽作祖 卽說超佛越祖之談 便問箇出三界""라고 하였다. [참고문헌]『雲門廣錄』. ⇨ 작불작조 作佛作祖

작지 作持　지어 가지다. 적극적으로 선법(善法) 등을 행위하여 몸소 가지는 뜻이다. 악을 그쳐 버리는 뜻의 지지(止持)에 상대한다.『사분율행사초』권중(대정장40, p.91a20)에 "작지를 밝힌다. 악은 이미 떠났으니 섬겨 반드시 선을 닦아야 한다. 반드시 삼업을 독려하고 계행을 수습하며 선을 일으켜 유지하고 지키는 것을 작이라 한다. 지는 앞의 설명과 같다. 明作持 惡旣已離 事須修善 必以策勤三業 修習戒行 有善起護 名之爲作 持如前解",『사분율행사초자지기』권중(대정장40, p.332b1)에 "저 지지란 이와 상대하여 악법을 그치는 것을 종으로 삼고, 작지란 선법을 수습하는 것을 종으로 삼는다고 한 것이 그것이다. 彼止持云此對不作惡法爲宗 作持云此對修習善法爲宗是也",『유마의기』권4(대정장38, p.502a26)에 "해야 하는 것은 작지라 하고, 하지 말아야 하는 것은 작범이라 한다. 是應作者是作持也 是不應作是作犯也"라고 하였다. [참고문헌]『四分律行事鈔』,『四分律行事鈔資指記』,『維摩義記』. ⇨ 지지 止持

작지계 作持戒　Ⓟ cāritta-sīla. 적극적으로 짓고 가지는 계(戒). 작지문(作持門)·작선문(作善門)이라고도 한다. 갈마 즉 작법에 의지해 성취된 비구의 수계 등을 말한다. 지지계(止持戒)와 상대한다.『사분율행사초』권중(대정장40, p.91a17)에 "지지란 방편으로 본래 받은 계를 정념에 따라 수호한다는 뜻이다. 몸과 입으로 온갖 악을 짓지 않도록 하기에 그친다(止)고 하고, 막아 어기는 일이 없어 계체의 빛이 청결하고 본래 받은 그대로 따르는 것을 가진다(持)고 한다. 가지는 일이 그치는 행위로 말미암아 성취되기에 지지계라 부른다. 초편에 류가 그 예이다. 두 번째로 작지를 밝힌다. 악을 이미 떠났다면 반드시 선을 닦아야 한다. 기필코 삼업으로 계행을 닦아 익히도록 권하여 선을 일으켜 보호하는 것을 이름하여 짓는다(作) 하고, 가지는 뜻은 앞의 풀이와 같다. 言止持者 方便正念 護本所受 禁防身口 不造諸惡 目之曰止 止而無違 戒體光潔 順本所受 稱之曰持 持由止成 號止持戒 如初篇之類 二明作持 惡旣已離 事須修善 必以策勤三業 修習戒行 有善起護 名之爲作 持如前解",『유가론기』권24(대정장42, p.863a26·한불전14, p.932a11)에 "받아 가져서 섭수한 것에 머물지 않을 경우 작지계라 한다. 受持非止所攝等者 作持戒也",『사분율행사초간정기』권13(卍속장68, p.785a1)에 "계체의 광명이 깨끗하여 본래 받은 대로 수순함을 일컬어 지라 한다. 또한 화합하기에 지라고 해야 한다. 일부러 작법하여 성취되기에 작지계라고 부른다. 戒體光潔 順本所受 稱之曰持 亦合云持 由作成號作持戒"라고 하였다. [참고문헌]『四分律行事鈔』,『瑜伽論記』,『四分律行事鈔簡正記』, *Mil.133.* ⇨ 작지문 作持門, 작지 作持, 지지계 止持戒, 작법 作法, 갈마 羯磨, 계 戒

작지문 作持門　대중이 갈마 등을 행하여 건도(犍度)로 제정된 일체법을 적극적으로 가지는 뜻이고, 망념을 거슬러 진여(眞如)에 수순(隨順)하는 문으로 작선문(作善門)·작지계(作持戒)·수선문(修善門)이라고도 하고, 지지문(止持門)에 맞선다.『사분율행사초자지기』권상(대정장40, p.167c15)에 "법이란 작지문의 일체 지은 법이니 저 결계·설계·안거·자자·의약·수정 및 나머지 모든 대중의 특별한 갈마이다. 法卽作持門一切制法 如結說安恣衣藥受淨及餘一切衆別羯磨",『사분율행사초비』권11(卍속장67, p.859a6)에 "작지문에서는 단지 법사만 밝힐 뿐, 익힐 것과 익혀서는 안 되는 것들은 여기서 밝히는 바가 아니다. 作持門中 法事但明 可學不可學者 非此所明",『기신론소필삭기』권20(대정장44, p.405a14)에 "만약 어떤 이가 일체선법을 수행한다면 저절로 진여법에 놀아간다. 온갖 선행으로 밖으로는 허망한 물듦을 거스르고 안으로는 진여를 따르므로 순리라고 한다. 이것이 작지문이다. 若人修行一切善法 自然歸順眞如法故 以諸善行 外違妄染 內順眞如 故云順理 卽作持門也"라고 하였다. [참고문헌]『四分律行事鈔自持記』,『四分律行事鈔批』,『起信論疏筆削記』. ⇨ 작지계 作持戒, 작지 作持, 지지문 止持門, 이십건도 二十犍度

작지임멸사병 作止任滅四病　원각(圓覺)을 구하는 이가 범하기 쉬운 네 가지 잘못. 법을 증득하기 위해 떠나야 하는 네 가지 병통으로 짓는 병(作病)·그치는 병(止病)·맡겨 의지하는 병(任病)·버린다는 병(滅病)을 말한다.『원각경유해』권4(卍속장15, p.907a3)에 "이하에서 네 가지 병을 분별한다. 네 가지 병을 없앤다는 것은 첫째 작병, 둘째 지병, 셋째 임병, 넷째 멸병이다. 이것은 먼저 다 드러내 말하자면 선지식이 증득한 묘법이다. 이 법은 의지해야 할 바탕에서만이 작·지·임·멸의 네 가지 병을 떠난다. 그러므로 마음의 병은 끝이 없지만 핵심은 이 네 가지 뿐이다. 그 중 하나만 있어도 스승이 될 수 없다. 此下分別四病 令除四病者 一者 作病 二者 止病 三者 任病 四者 滅病 此且先總標起云 彼善知識所證妙法 此法是所依之體 上脫離作止任滅四病 然心病無邊 要唯此四 隨有其一 卽不堪爲師"라고 하였다. 〔참고문헌〕『圓覺經類解』. ⇨사병 四病 ❸

작처 作處 ❶ Ⓟ vatthu. 비구가 머물 곳을 결정하는 일. 무난처(無難處)와 유행처(有行處)를 충족해야 한다. 무난처란 많은 사람들이 모여 있는 취락이나 유흥가·저잣거리·방목처·절벽·맹수가 나오는 곳·묘지·전원 등이 아니어야 하고, 유행처란 길이 없어 고립된 곳이면 안 된다. 『오분율』 권2(대정장22, p.14a15 : *Saṃghādisesa*, *Vin.3*, p.149)에 "만약 비구가 스스로 방을 지으려하되 시주가 없다면 자신을 위해 만들되 반드시 규모에 맞게 지어야 한다. 길이는 12불걸수이고 너비는 7걸수이다. 비구들이 지낼 곳을 구하려면 비구들은 지낼 곳을 보여줘야 하는데 어려운 일이 없는 곳이고 오고 갈 수 있는 곳이어야 한다. 만약 비구들이 지낼 곳을 구하지 않거나 규격을 넘으면 승가바시사다. 若比丘 自乞作房 無主 爲身 應如量作 長佛十二搩手 廣七搩手 應將諸比丘求作處 諸比丘應示作處 無難處 有行處 若不將諸比丘求作處 若過量 僧伽婆尸沙 saññācikāya pana bhikkhunā kuṭiṃ kārayamānena assāmikaṃ attuddesaṃ pamāṇikā kāretabbā. tatr' idaṃ pamāṇaṃ, dīghaso dvādasa vidatthiyo sugata-vidatthiyā tiriyaṃ satt' antarā. bhikkhū abhinetabbā vatthu-desanāya, tehi bhikkhūhi vatthuṃ desetabbaṃ anārambhaṃ saparikkamanaṃ. sārambhe ce bhikkhu vatthusmiṃ aparikkamane saññācikāya kuṭiṃ kareyya bhikkhū vā anabhineyya vatthu-desanāya pamāṇaṃ vā atikkāmeyya saṃghādiseso'ti"라고 하였다. 〔참고문헌〕『五分律』, *Vin*. ❷ 일 하는 곳. 일자리. 『법화경』 권2(대정장9, p.17a8)에 "너희들은 그곳에 가서 궁자에게 '일할 곳이 있는데 너에게 두 배로 주겠다'고 달래 말하거라. 궁자가 승낙하면 데려와서 일을 시켜라. 만약 무슨 일을 하느냐고 물으면 '분뇨를 치우는 일을 시키는데 우리 두 사람도 너와 함께 일한다'고 말하라. 汝可詣彼 徐語窮子 此有作處 倍與汝直 窮子若許 將來使作 若言 欲何所作 便可語之 雇汝除糞 我等二人亦共汝作"라고 하였다. 〔참고문헌〕『法華經』. ⇨궁자유 窮子喩

작추 斫芻 Ⓢ cakṣus의 음사어. 눈(眼). 작걸추(斫乞芻)·작흘추(斫吃芻) 등이라고도 한다. 한역어는 행진(行盡)이다. 『섭대승론석』 권8(대정장31, p.364c9)에 "각각의 낱자가 잇달아서 드러나 전하고 이로써 그 뜻이 성립한다. 이것이 상응의 뜻이다. 가령 작추라고 말하는 경우 이 두 낱자를 끊지 않아야 눈이라는 뜻이 성립한다. 謂別別字相續宣傳 以成其義 是相應義 如言斫芻 二字不斷 說成眼義", 『대승법원의림장』 권3(대정장45, p.298b1)에 "『유가사지론』에서는 '언제나 온갖 색을 보며, 보고는 다시 버리기에 눈이라고 한다'고 하였다. 범어로는 작추라 하는데, 작은 행(行)의 뜻이고 추는 진(盡)의 뜻이다. 능히 경에 대해 행하고, 보는 행을 다하기에 모든 색도 보아 다하는 뜻에서 행진이라고도 한다. 瑜伽第三云 屢觀衆色 觀而復捨 故名爲眼 梵云斫芻 斫者行義 芻者盡義 謂能於境行 盡見行 盡見諸色 故名行盡"라고 하였다. 〔참고문헌〕『攝大乘論釋』, 『大乘法苑義林章』, 『瑜伽師地論』 권3(대정장30, p.294a1). ⇨달타게다 작흘추 怛他揭多斫吃芻, 행진 行盡

작치목 嚼齒木 치목을 씹는다는 말. 치목을 씹어서 치아를 청결하게 하는 양치질을 말한다. 『유부율잡사』 권13(대정장24, p.264c2)에 "그러므로 나는 지금 비구들이 치목을 씹어야 한다고 제정한다. 왜 그러한가? 치목을 씹는 것에 다섯 가지 뛰어난 이익이 있다. 다섯 가지란 무엇인가? 첫째, 황열을 없앤다. 둘째, 가래를 제거한다. 셋째, 구취가 없다. 넷째, 음식을 먹을 수 있다. 다섯째, 눈이 밝아진다. 是故我今制諸苾芻應嚼齒木 何以故 嚼齒木者有五勝利 云何爲五 一者 能除黃熱 二者 能去痰癊 三者 口無臭氣 四者 能飡飮食 五者 眼目明淨", 『남해기귀내법전』 권1(대정장54, p.208c2)에 "매일 아침마다 치목을 씹어 치아와 혀를 닦아야 하니 여법하게 힘써야 한다. 깨끗하게 양치하고서야 비로소 경례를 행한다. 만약 그렇지 못하면 예를 받거나 남에게 예를 드리는 것이 모두 죄가 된다. 이 때 사용하는 치목은 범어로 탄치가슬이라고 하는데 탄치는 치라고 한역하고, 가슬이는 그 나무를 말한다. 긴 것은 12지, 짧아도 8지 이상이며 크기는 새끼손가락만하고 한쪽이 풀어져 있다. 오래 씹어서 목구멍까지 깨끗하게 닦아야 한다. 만약 윗사람을 가까이 할 경우에는 왼손으로 입을 가려야 한다. 每日旦朝 須嚼齒木 揩齒刮舌 務令如法 盥漱淸淨 方行敬禮 若其不然 受禮禮他 悉皆得罪 其齒木者 梵云憚哆家瑟詑 憚哆譯之爲齒 家瑟詑卽是其木 長十二指 短不減八指 大如小指 一頭緩 須熟嚼良久 淨刷牙關 若也逼近尊人 宜將左手掩口"라고 하였다. 〔참고문헌〕『有部律雜事』, 『南海寄歸內法傳』. ⇨작양지 嚼楊枝, 치목 齒木

작파세 作怕勢 일부러 두려워하는 듯한 모양새. 맞서 겨루지만 주빈(主賓)의 자리를 잘 알아 응하는 뜻이다. 『분양어록』 권중(대정장47, p.617a15)에 "사조가 우두법융선사를 만났을 적에 바위 뒤에 호랑이를 보듯 두려운 행세 지었다. 四祖接牛頭融禪師 見菴後虎 祖師作怕勢", 『직주설두송고』 권2(卍속장117, p.527a11)에 "어떤 학인이 동봉암주의 처소에 와서 물었다. '여기서 호랑이를 만난다면 도대체 어떻게 해야 할까요?'〈사태 빌어 칼날 감춘다〉. 암주가 호랑이 소리를 내자〈기세로 기세 보인다〉, 학인이 두려운 듯 하였고〈보이는 대로 본다〉, 암주는 크게 웃었다〈마음 아는 벗을 칭찬하네〉. 僧到桐峰庵主處 便問 者裏忽逢大虫 又作麽生〈借事藏鋒〉 主作虎聲〈以機示機〉 僧作怕勢〈就見行見〉 主大笑〈賞其知音〉"라고 하였다. 〔참고문헌〕『汾陽語錄』, 『直註雪竇頌古』.

작패 斫牌 **1** 패를 쪼개다. 작작패세(作斫牌勢)로 쓴다. 곧 패를 깎는 듯 한다의 뜻이다. 일어난 일의 결과를 점수 매기지 않는 뜻이니, 공 구르듯 하는 말들에 주착함 없이 응하는 형세를 말한다. 일본 도충(道忠)이 『갈등어전 葛藤語箋』 권6에서 보인 고증에 따르면, 추환(搥丸)이라는 공놀이에서 사용하는 점수가 새겨진 막대기(點數棒)인 패를 쪼개는 모양새를 가리킨다고 한다. 『벽암록』 44칙 「평창 評唱」(대정장48, p.181c4)에 "설봉이 하루는 현사가 오는 모습을 보고 세 개의 나무공을 일제히 굴렸고, 현사는 문득 패 쪼개는 모양새 지었다. 설봉이 진실로 인정하였다. 卽雪峯一日 見玄沙來 三箇木毬一齊輥 玄沙便作斫牌勢 雪峯深肯之", 『석계심월어록』 권상(卍속장123, p.63b2)에 "대중이여, 설봉이 공을 굴렸으니 물러나 패를 쪼갤 이 누구인가? 大衆 雪峰毬子輥也 退步斫牌者誰", 『가태보등록』 권10 「천유장 天游章」(卍속장137, p.175b6)에 "상골(설봉)은 공 굴리는 능력을 이미 다했고, 현사의 패를 쪼개는 기량도 바닥이 났다. 알겠는가? 불똥이 고의 속으로 들어온 격이니 일은 사정이 급한 집에서나 일어날 일이다. 象骨輥毬能已盡 玄沙斫牌伎亦窮 還知麽 火星入袴口 事出急家門"라고 하였다. 〔참고문헌〕『碧巖錄』, 『石溪心月語錄』, 『嘉泰普燈錄』. **2** 덕산선감(德山宣鑑)이 길에 '부처가 와도 물리치고 달마가 와도 물리친다'고 새겨진 패를 세운 일화를 선감작패(宣鑑斫牌)라 전한다. 『동림운문송고』(고존숙어록47, 卍속장118, p.818a16)에 "〔고칙〕 양기화상이 학인에게 물었다. '밤송이 그대는 어떻게 삼키겠으며, 금강울타리 그대는 어떻게 넘겠는가?' 〔동림의 송〕 말문을 닫아거는 양기노인의 비결이여, 만리장성이 한 가닥 쇠막대기로다. 작패선객(덕산) 온 듯 하더라도, 쇠망치 휘두르기 전에 뇌문 이미 조각나리라. 擧 楊岐和尙問僧 栗棘蓬 你作麽生呑 金剛圈 你作麽生跳 東林頌 楊岐老人瑣口訣 萬里長城一條鐵 斫牌禪客如到來 不動金槌腦門裂"라고 하였다. 〔참고문헌〕『東林雲門頌古』. ⇨ 선감작패 宣鑑斫牌, 덕산탁패 德山卓牌

작행삼매 作行三昧 Ⓢ kārākāro nāma samādhi, Ⓣ bya-ba-byed-pa-zhes-bya-ba'i-ting-nge-'dzin. 백팔삼매(百八三昧) 중 하나. 다른 모든 삼매를 일으켜 행하게 하는 삼매. 『대품반야경』 권5(대정장8, p.252a26)에 "무엇이 작행삼매인가? 이 삼매에 머물면 모든 삼매 각각에 짓는 바 있다. 이를 작행삼매라 한다. 云何名作行三昧 住是三昧 能令諸三昧各有所作 是名作行三昧", 『대지도론』 권47(대정장25, p.400b12)에 "작행삼매란 무엇인가? 이 삼매의 힘을 얻으면 앞서 얻은 모든 삼매도 능히 일으킨다. 作行三昧者 得是三昧力 能發起先所得諸三昧"라고 하였다. 〔참고문헌〕『大品般若經』, 『大智度論』, *Pañca-pr.201.* ⇨ 백팔삼매 百八三昧

작화 爝火 횃불. 작은 불. 태양이나 달의 큰 빛에 상대하는 불빛으로 방편교설이나 작은 지혜를 비유한다. 『서방합론』 권10(대정장47, p.418b27)에 "이와 같이 비록 해와 달이 있다 해도 마치 횃불이 태양에 있는 듯 하리니, 어찌 빛도 비춤도 있다 하겠는가? 如是雖有日月 如爝火之處太陽 豈有光照", 『홍명집』 권6(대정장52, p.40c11)에 "이것은 모두 큰 밝음 펼치기 전이어서 방편으로 한 곳만을 마주한 것이니, 해와 달이 떠올랐으니 횃불은 마땅히 사라진다. 남김없이 완전하게 설하였다면 나머지 방편은 저절로 잦아들기 마련이다. 此皆大明未啓權接一方 日月出矣 爝火宜廢 無餘旣說 衆權自寢", 『법원주림』 권89(대정장53, p.936a8)에 "선한 인은 비록 미약하더라도 얻는 과는 매우 크니, 마치 저 작은 횃불이 큰 산을 태울 수 있는 것과 같다. 하나의 선이라도 큰 악을 부수는 것 또한 작은 등불이 숱한 어둠을 부수는 것과 같다. 善因雖微 獲果甚大 如小爝火 能燒大山 一善能破大惡 亦如少燈 能破多闇"라고 하였다. 〔참고문헌〕『西方合論』, 『弘明集』, 『法苑珠林』.

작화상 綽和尙 ➡ 도작 道綽

잔 殘 **1** Ⓢ avaśeṣa, Ⓟ avasesa, Ⓣ lhag-ma-yod. 비구로서 범계를 했지만 참회하고 승가에 남을 수 있다는 뜻의 승잔(僧殘 Ⓢ saṃghavaśeṣa)의 줄임말이다. 바라이(波羅夷 Ⓢ pārājika) 중죄를 무잔(無殘)이라고 한다. 『비니모경』 권3(대정장24, p.812c20)에 "무엇을 잔이라고 하는가? 죄를 없게 하기에 잔이라고 한다. 무엇을 무잔이라고 하는가? 사바라이이니 죄를 없이 할 수 없어 승가에 남지 못하므로 무잔이라고 한다. 云何名殘 罪可除 是以故名殘也 云何無殘 四波羅夷 罪不可除 是故名無殘"라고 하였다. 〔참고문헌〕『毘尼母經』, *Prāt-m.16.* ⇨ 승잔 僧殘 **2** ➡ 잔식법 殘食法

잔각고금도철 剗却古今途轍 옛과 지금의 자취 남김없이 지워버리다. 『원오어록』 권19(대정장47, p.801c4)에 "〔고칙〕 한 학인이 향림에게 물었다. '무엇이 방 안의 등잔 하나인지요?' '세 사람이 입증하면 거북이도 자라가 된다'. 〈송〉 밝디 밝아 맑은 불빛, 세상 그 어디에도 감추지 못한다네. 소리로도 잡아 꺼낼 수 없으니, 형색인들 어찌 드러낼 수 있으랴! 당장에 못도 쇠도 잘라버리고, 고금에 전해진 자취마저 지워버려야, 임제와 덕산 높이 드러내리라. 세 사람이 입증하면 거북이 자라가 된다니, 다르긴 다르구나! 한 번 물 마시면 또 한 번 목마르리. 擧 僧問香林 如何是室內一盞燈 林云 三人證龜成鼈 皎皎清光 遍界莫藏 聲抛不出 色豈能彰 直下斬釘截鐵 剗却古今途轍 高出臨濟德山 三人證龜成鼈 別別 一回喫水一回噎"라고 하였다. 〔참고문헌〕 『圜悟語錄』.

잔갱수반 殘羹餿飯 남은 국 쉰 밥. 쓰다 남은 분별을 경계하는 뜻이다. 『천성광등록』 권12 「삼성혜연장 三聖慧然章」(卍속장135, p.705b3)에 "삼성이 덕산에게 참문하러 가서 절하려고 좌구를 펼치려하자 덕산이 말했다. '사리야! 취건(발우를 받치는 보자기) 펼 일 없다. 보자하니 남은 국도 쉰밥도 없다' '베풀 곳 없어 다행이지만, 설사 있다 해도 어디를 향해 두어야 하리요?' 師參德山 纔展座具 德山云 闍梨 不用展炊巾 者裏無殘羹餿飯 師云 賴遇無 設有 向什麽處著", 『건중정국속등록』 권7 「기신해인장 起信海印章」(卍속장136, p.125a15)에 "마갈에서 방문을 잠그셨던 부처님은 계교 없었기 때문이고, 비야리에서 말문을 닫았던 유마는 기량 온통 다했기 때문이다. 방망이 한번 휘두르고 소리 한번 지른다고 납승이라 할 수 없고, 불자 들고 눈썹을 치켜뜨는 것도 남은 국과 쉰밥일 뿐이라네. 摩竭掩室 計校未成 毗耶杜詞 伎倆俱盡 一棒一喝 未稱衲僧 擧拂揚眉 殘羹餿飯", 『황룡혜남어록』(대정장47, p.634c8)에 "법좌에 올라 말했다. '범성의 분별이 다하고 바탕 드러나 참되고 떳떳하다. 헛된 연들을 곧바로 떠나기만 하면 여여한 부처이리라. 비록 이 말 옛 사람(潙山)이 남긴 남은 국과 쉰밥과 같지만, 얼마나 많은 사람들이 그 맛을 알지 못했던가. 내가 이렇게 든다한들 손해가 적지 않으니 집어낼 사람 있는가? 만일 집어낸다면 문득 부처의 병도 조사의 병도 알고, 집어내지 못한다면 섬부의 무쇠소가 하늘과 땅을 삼키리라'. 선상을 치고 법좌에서 내려왔다. 上堂云 凡聖情盡 體露眞常 但離妄緣 卽如如佛 雖是古人殘羹餿飯 有多少人 不能得喫 黃龍與麽擧 失利也不少 還有人檢點得出麽 若檢點得出 便識佛病祖病 若檢點不得 陝府鐵牛呑乾坤 擊禪床 下座", 『오등회원』 권20 「혜통청단장 慧通清旦章」(卍속장138, p.809b9)에 "부처를 말하고 조사를 말한다 해도 참으로 좋은 살점에 상처내는 듯하다. 옛을 들먹이고 지금을 드러낸들 마치 남은 밥이나 쉰 국이다. 說佛說祖 正如好肉剜瘡 擧古擧今 猶若殘羹餿飯"라고 하였다. 〔참고문헌〕 『天聖廣燈錄』, 『建中靖國續燈錄』, 『黃龍慧南語錄』, 『五燈會元』.

잔과 殘果 사후에도 남는 과(果). 시신 등을 말한다. 원과(遠果)라고도 한다. 『성유식론요의등』 권3(대정장43, p.721c14)에 "〔문〕 만약 노사를 이끄는 인이라고 한다면 갑자기 사라지므로 과를 끌어들일 힘이 없다. 이것은 생지(生支)로 인해 인인이 되는데, 갑자기 멸하여 잔과를 이끌지 못하는 게 무슨 상관이 있는가? 〔답〕 시신은 생(生)에 대해서는 잔과가 되지만 노사에 대해서는 정과(正果)다. 이 때문에 생은 (시신에) 대해 인인이 되고 노사는 (시신에) 대해 생인(生因)이 된다. (卯生·濕生·胎生의) 삼생에는 생인과 인인이 있어서 사후에 시신이 있지만, 화생에는 생인이 결여되어 사후에 시신이 없다. 問 若取老死 而爲引因 由頓滅故 無力引果 此由生支 而爲引因 何關頓滅 不引殘果 答 屍骸望生 卽爲殘果 望於老死 卽爲正果 故生望爲引 老死望爲生 三生有生引 死後有屍骸 化生闕能生 死後無屍骸", 『성유식론소초』 권5(卍속장80, p.376b11)에 "천친이 정과와 잔과를 세웠다면, (잔과는) 오직 묘생·습생·태생에만 통한다. 이 세 가지로 나서 죽은 후에 모두 시신이 있어 잔이라고 한다. 若天親立正果殘果 唯通卵生濕生胎生 此三生死後 皆有屍名殘"라고 하였다. 〔참고문헌〕 『成唯識論了義燈』, 『成唯識論疏抄』. ⇨ 원과 遠果

잔괄영마 剗刮瑩磨 갈아 없애고 빛나게 닦다. 『대안반수의경』 「강승회서 康僧會序」(대정장15, p.163a29)에 "좋은 스승을 만나서 갈고 닦는다면 엷은 미세한 티끌마저 남김없이 쓸어버릴 수 있다. 若得良師 剗刮瑩磨 薄塵微曀 蕩使無餘"라고 하였다. 〔참고문헌〕 『大安般隨意經』.

잔기약 殘棄藥 Ⓢpūtimukta-bhaiṣajya, Ⓟpūtimutta-bhesajja, Ⓣsman-bkus-te-bor-ba. 남겨 버린 것으로 만든 약. 사의(四依) 중 하나로 분뇨 등의 배설물로 만든 약. 또는 배설물. 진기약(陳棄藥)·부란약(腐爛藥)·난부약(爛腐藥) 등이라고도 한다. 『오분율』 권17(대정장22, p.120b20)에 "비구는 목숨이 다할 때까지 잔기약에 의지하여 머물고 출가하여 구족계를 받는다. 만약 할 수 있다면 '할 수 있다'라고 말해야 한다. 比丘盡形壽 依殘棄藥住 出家受具足戒 若能 當言能", 『역조석씨자감』 권1(卍속장132, p.10a9)에 "사의〈분소의에 의지하고, 잔기약에 의지하며, 걸식에 의지하고, 나무 아래 머무는 것에 의지한다〉. 四依〈依糞掃衣 依殘棄藥 依乞食 依樹下居〉"라고 하였다. 〔참고문헌〕 『五分律』, 『歷朝釋氏資鑑』, *Vin.1.96.* ⇨ 진기약 陳棄藥, 부란약 腐爛藥

잔숙식 殘宿食 Ⓟ sannidhi-kāraka-bhojana. 탁발한 음식을 보관하였다가 다음날 먹는 것. 탁발한 지 하루가 지난 음식을 말한다. 『오분계본』(대정장22, p.203b19)에 "만약 비구에게 잔숙식이 주어져서 먹게 되면 바야제이다. 若比丘 與殘宿食 食者 波夜提", 『사분율』 권14(대정장22, p.663a21)에 "만약 비구가 잔숙식을 먹는 것은 바일제이다. 若比丘 殘宿食而食者 波逸提", 『십송율』 권13(대정장23, p.93b8)에 "만약 비구가 다른 비구에게 잔숙식을 먹도록 하여 그가 먹는다면 모두 바일제다. 若比丘 教餘比丘 噉殘宿食 若彼噉者 俱波逸提", 『사분율행사초』 권중(대정장40, p.82b5)에 "율중 잔숙식이란 오늘 음식을 받아서 내일까지 보관한 것이다. 모든 사문과 불자로서 대계를 받은 이라면 모두 청정하지 못하여 계를 범한 것이다. 律中殘宿食者 今日受已至明日 於一切沙門釋子受大戒者 皆不淸淨"라고 하였다. 〔참고문헌〕『五分戒本』, 『四分律』, 『十誦律』, 『四分律行事鈔』, *Vin.2.306*. ⇨ 숙식 宿食 ❶

잔식법 殘食法 Ⓟ atiritta-bhojana. 비구가 공양을 마치고 남은 음식을 다른 이에게 줄 수 있도록 하는 작법. 여식법(餘食法)이라고도 한다. 『오분율』 권7(대정장22, p.52c16)에 "비구들이 잔식법을 몰라서 부처님께 여쭈었다. 부처님께서 말씀하셨다. '음식을 발우 안에 받아서 손으로 경건하게 떠받들며 편단우견하고 오른 무릎을 땅에 대며 이렇게 말한다. 「장로는 일심으로 생각합니다. 저 아무개는 충분히 먹었으니, 저를 위해 잔식법을 해주십시오」. 그러면 저 비구는 발우를 들고 묻는다. 「이 음식을 저에게 주십니까?」 그러면 「드립니다」라고 답한다. (그러면 저 비구는) 음식을 조금 먹고 나머지를 돌려준다. 만약 전혀 먹지 않고 받기만 한 경우에는 돌려주면서 「이것은 나의 잔식이니 그대에게 준다」라고 말한다. 이 경우 역시 잔식이라 한다. 諸比丘不知作殘食法 白佛 佛言 持食著鉢中 手擎 偏袒右肩 右膝著地 作是言 長老一心念 我某甲食已足 爲我作殘食法 彼比丘 爲取鉢問言 是食與我耶 答言 與 便爲食少許 餘殘還之 若都不食 但取已 還之 語言 此是我殘 與汝 亦名殘食", 『오분계본』(대정장22, p.203b14)에 "비구가 잔식법을 받지 않고도 더 먹는 것은 바일제다. 若比丘 不受殘食法 更食者 波夜提", 『사분율명의표석』 권13(卍속장70, p.598b5)에 "작여식법 : 잔식법이라고도 한다. 언젠가 어떤 비구가 마을에 들어가 걸식하는데 많은 음식을 얻어서 한 곳에서 함께 공양하고, 남은 음식을 들고 사원에 들어와서 비구들에게 주었다. 비구들은 이미 족히 먹은 뒤라 더 이상 먹으려 하지 않아 결국 버리게 되었다. 부처님께서 말씀하셨다. '비구들이 다른 곳에서 가져온 음식은 여식법을 하고서 먹는 것을 허락한다'. 作餘食法 或名殘食法 時有比丘 入村乞食 大得積聚 一處共食 卽持餘食 來至寺中 與諸比丘 諸比丘足食已 不敢食 遂棄之 佛言 聽諸比丘 從彼處持食還 作餘食法 而食之"라고 하였다. 〔참고문헌〕『五分律』, 『五分戒本』, 『四分律名義標釋』, *Vin.4.82*. ⇨ 여식법 餘食法, 족식계 足食戒

잔자선 剗子禪 낫이나 호미질하듯 하는 선. 잔자는 낫이나 호미 등의 도구를 말한다. 『운곡어록』 권하(卍속장127, p.172b7)에 "부전호 : 천축에서 인가한 썩어 문드러진 도장 부수어버리고, 중국의 잔자선도 남김없이 쓸어내노라. 낱낱은 가슴 속에서 흘러넘치니, 바른 종지는 눈먼 나귀 곁에서 사라지리라. 不傳號 碎除竺國冬瓜印 掃盡眞丹剗子禪 一一胸襟流出底 正宗滅却瞎驢邊"라고 하였다. 〔참고문헌〕『雲谷語錄』.

잔해고 殘害苦 잔혹하게 죽임을 당하는 괴로움. 『정법염처경』 권22(대정장17, p.128c24)에 "인간 세계에서는 죽음이 큰 괴로움이지만, 축생의 세계에서는 서로 잔혹하게 죽이는 고통이다. 於人道中 死爲大苦 於畜生中 相殘害苦", 『대지도론』 권20(대정장25, p.211c7)에 "늙고 병들며 잔혹하게 죽음을 당하는 중생들의 괴로움을 슬픈 마음으로 관하자니 행자는 연민의 마음이 일어났다. 悲心觀衆生 老病殘害苦 行者憐愍心生"라고 하였다. 〔참고문헌〕『正法念處經』, 『大智度論』.

잠 箴 질병을 물리치는 침. 규범 또는 본보기로서의 글. 잠언(箴言)·경구(警句) 등이다. 『선림보훈합주』 권2(卍속장113, p.368a14)에 "잠 : 법도로 경계함이다. 또한 약침이 되기도 하니, 독한 병을 없앤다. 箴 規誡也 亦作藥針 能除毒病也"라고 하였다. 〔참고문헌〕『禪林寶訓合註』. ⇨ 잠규 箴規 ❶

잠가 暫假 휴가를 청하는 것. 기단(起單)이라고도 한다. 『백장청규』 권4 「유나 維那」(대정장48, p.1132b18)에 "또는 다른 연유로 잠시 가를 청하여 출입하는 경우 계랍부·가부·당사수지부를 식섭 객사에게 수어 일을 대신 처리하게 한다. 或有他緣 或暫假出入 將戒臘簿假簿堂司須知簿 親送過客司令攝之", 『선림상기전』 권9(불광장, 禪藏, p.675)에 "잠가. 청가 또는 잠가라고도 하는데 잠시 휴가를 청한다는 뜻이다. 暫假 請假亦曰暫假 謂暫時請假也", 『운와기담』 권상(卍속장148, p.20a17)에 "일조(一祖)스님이 잠시 휴가를 청했는데 진정극문 화상이 허락하지 않았다. 祖請暫假 眞淨不許"라고 하였다. 〔참고문헌〕『百丈淸規』, 『禪林象器箋』, 『雲臥紀譚』. ⇨ 기단 起單, 청가 請假

잠견자전 蠶繭自纏 Ⓢ kauśeya-krimayo. 누에가 스스로 실을 뽑아 자신의 몸을 감는다는 말. 중생이 스스로의 번뇌망상으로 속박하는 것을 비유한다. 작견자박(作繭自縛)·자승자박(自繩自縛)이라고도 한다. 『대승본생심지관경』 권1(대정장3, p.293b9)에 "일체중생은 어리석어 오욕락을 탐하고 오역죄를 저지릅니다. 온갖 지옥에 들어가 끝없이 전전하며 스스로 지은 업 때문에 큰 괴로움을 받으니 세간의 누에가 스스로 결박하는 것과 같습니다. 一切衆生 以愚癡故 貪五欲樂 造五逆罪 入諸地獄 輪轉無窮 自業所因 受大苦惱 如世蠶繭 自爲縈纏", 『입능가경』 권5(대정장16, p.545b5 : *Laṅk.*, p. 163)에 "만약 소리에 집착하여 진실하다고 여긴다면, 마치 누에가 자기 몸을 감는 것처럼 자기 마음으로 지은 망상에 속박되고서도 범부가 알지 못하는 셈이네. 若取聲爲實 如蠶繭自纏 自心妄想縛 凡夫不能知 bhāva-jñāna-ruta-grāhāt-kauśeyakrimayo yathā, badhyante svavikalpena bālāḥ saṃdhyavipaścitāḥ"라고 하였다. [참고문헌] 『大乘本生心地觀經』, 『入楞伽經』, *Laṅk.* ⇨ 잠토사자박 蠶吐絲自縛, 자승자박 自繩自縛

잠규 箴規 **1** 가르쳐 본보기가 되게 하다. 잠은 병을 다스리는 침이고, 규는 길이나 양을 재는 본보기다. 『일체경음의』 권80(대정장54, p.827b3)에 "잠규〈잠은 집과 심을 반절한 음이다. 공안국(孔安國)의 『상서』 주석에 '잠은 규와 같다'라고 하였으며, 가규(賈逵)의 『국어』 주석에 '잠은 교를 뜻한다'라 하였고, 두예(杜預)의 『좌전』 주석에 '계를 뜻한다'라고 하였다〉. 箴規〈上執深反 孔注尙書云 箴猶規也 賈注國語云 箴敎也 杜注左傳云 戒也〉", 『심부주』 권4(卍속장111, p.138a10)에 "갖가지 모든 법은 마음으로 정량을 삼는다. 선현들이 이어받고 후학들이 함께 따르니 만대의 법도이자 시방의 본보기라 할 만하다. 一切諸法 以心爲定量 先賢所稟 後學同遵 可爲萬代之箴規 十方之龜鏡", 『당호법사문법림별전』 권상(대정장50, p.198c8)에 "무덕년(618) 첫 해 돌이켜 석가모니의 가르침 임하니 법연에 빠짐없이 나아가고 강학처를 두루 다니며 공부했다. 생각건대 신주는 황제의 땅이라서 쉽게 교화하리라 여겼다. 그래서 제법도량에 머무르며 마음을 정혜에 기울였다. 武德年首 還莅釋宗 備踐法筵 周遊講肆 意以神州帝壤 易可箴規 因住濟法道場 栖心定慧"라고 하였다. [참고문헌] 『一切經音義』, 『心賦注』, 『唐護法沙門法琳別傳』. ⇨ 잠 箴 **2** 청규(淸規)의 다른 이름. 대중이 지켜야 할 규율. 『선원청규』 권2 「소참 小參」(卍속장111, p.886b1)에 "일에는 크고 작음이 없으니 아울러 모두 잠규와 합한다. 事無大小 並合箴規"라고 하였다. [참고문헌] 『禪苑淸規』. ⇨ 청규 淸規

잠룡재연 潛龍在淵 용이 못에 잠긴 듯하다는 말. 공부인의 움직임이 없을 때의 비유로, 움직인즉 새가 하늘을 날 듯 한다(似鳥飛空)고 한다. 『종용록』 27칙 「송 頌」(대정장48, p.244c24)에 "고요하기로는 잠룡이 못에 잠긴 듯하고〈부처님 눈으로 보려 해도 볼 수 없다〉, 벗어났다 하면 나는 새 둥지에서 벗어난 듯하네〈이마에 손 긋고 보려 해도 미칠 수 없네〉. 其安也潛龍在淵〈佛眼覰不見〉 其逸也翔鳥脫絆〈斫頭望不及〉", 『직주천동송고』 권1 「착어 著語」(卍속장117, p.790a8)에 "법안과 천동은 그 도가 맑고 덕은 익어서 가만히 있으면 저 용이 못에 잠긴 듯하고, 나온즉 새가 허공을 날 듯 한다. 法眼天童 道純德熟 處之如龍在淵 出之似鳥飛空"라고 하였다. [참고문헌] 『從容錄』, 『直註天童頌古』.

잠쇄일선인 賺殺一船人 한 배 탄 사람을 몹시 속이다. 잠쇄일강인(賺殺一舡人)이라고도 한다. 『벽암록』 43칙 「본칙 本則」(대정장48, p.180a17)에 "동산이 말했다. '추위도 더위도 없는 곳으로 감이 어떠하냐?'〈천하의 그 누구도 찾을 수 없고 몸 감추지만 그림자 드러난다. 소하가 가짜 은성을 팔아먹었다〉. '어디가 추위도 더위도 없는 곳인지요?'〈(동산이) 한 배 탄 사람을 몹시 속인다. 애먼 것 따라 구루니 낚시에 문득 걸린다〉. 山云 何不向無寒暑處去〈天下人尋不得 藏身露影 蕭何賣却假銀城〉 僧云 如何是無寒暑處〈賺殺一船人 隨他轉也 一釣便上〉", 『백운수단화상어』(속고존숙어요3, 卍속장118, p.951a16)에 "유위 비록 거짓이지만 버린즉 도업을 이룰 수 없고, 무위 비록 진실이지만 집착한즉 지혜로운 자성 밝힐 수 없다. 옛 사람은 이곳 향해 길 빌려 지나갔으니 온통 대지는 발 아래에 있다. 만일 장안성 향해 가려한즉 한 배 탄 이들 속여야 하리. 有爲雖僞 棄之則道業不成 無爲雖眞 著之則慧性不明 古人向這裏 借路經過 盡大地 總在脚跟下 若向長安城裏 則賺殺一船人", 『천성광등록』 권20 「나한광과장 羅漢匡果章」(卍속장135, p.799b5)에 "어떤 학인이 광과선사에게 물었다. '제가 뵈러 왔으니 스님께서 한 수 가르쳐주시기 바랍니다' '그대는 어디 사는 사람인가?' '그 말씀을 들으니 스님의 가르침을 받은 것과 다름 없군요' '그대가 한 배 탄 사람 알 수 없게 하는구나'. 問 學人上來 請師一接 師云 汝是什麽處人 進云 恁麽則得遇於師也 師云 賺殺一船人"라고 하였다. [참고문헌] 『碧巖錄』, 『白雲守端和尙語』, 『天聖廣燈錄』.

잠연 潛然 잠겨 조용함. 『불심경』 권하(대정장19, p.8c5)에 "이때 아난은 대중중에 고요히 근심만 하였고, 그동안 모든 경율의 일체장문이 온통 닫혀버렸다. 爾時 阿難處大衆中 潛然憂愁 於其中間 諸有經律 一切藏門 俱然掩閉"라고 하였다. [참고문헌] 『佛心經』.

잠영 簪纓 관모(冠帽)의 끈과 비녀. 권세와 영화의 비유다. 영잠(纓簪)이라고도 한다. 『동산어록』(대정장47, p.521b6)에 "동산이 신산승밀(神山僧密)과 길을 가는데, 갑자기 나타난 흰 토끼가 뛰어갔다. 신산이 말했다. '빠르구나!' 동산이 신산에게 물었다. '어떠했습니까?' '마치 벼슬 없이 재상된 듯 하다' '점잖은 분께서 그런 말도 하시는군요' '그대는 어떠했는가?' '누대에 걸친 영화가 잠깐 사이에 혼백이 된 듯 합니다'. 師與神山行次 忽見白兎走過 神山云 俊哉 師云 作麽生 神山云 大似白衣拜相 師云 老老大大 作這箇語話 神山云 爾作麽生 師云 積代簪纓 暫時落魄"라고 하였다. [참고문헌]『洞山語錄』,『宏智廣錄』권1(대정장48, p.6c18),『人天眼目』권3「曹山五位君臣圖」(대정장48, p.316b9),『廣弘明集』권13(대정장52, p.184c7). ⇨영잠 纓簪

잠입무애 潛入無礙 잠기듯 들어 걸림없음. 십무애(十無礙) 중 하나다.『화엄경소』권1(대정장35, p.506a14)에 "잠기듯 들어 걸림없이 중생계에 든다. 저 여래장 비록 중생이 되더라도 자성을 잃지 않는다. 그러므로「여래출현품」에서 '부처님 지혜 잠기듯 중생심에 든다' 하였고, 또한 '중생심중에 부처가 있어 정등각을 이룬다 하며, 또한 모든 중생을 한 모공에 거둔다' 하였으며, 선화천왕은 이르길 '그대 마땅히 부처님의 한 모공 관해야 한다. 일체중생이 모두 그중에 있다'고 하였다. 潛入無礙 入衆生界 如如來藏 雖作衆生 不失自性故 故出現品云 佛智潛入衆生心 又云 衆生心中有佛 成正覺等 又亦攝一切衆生 在一毛孔 善化天王云 汝應觀佛一毛孔 一切衆生悉在中等"라고 하였다. [참고문헌]『華嚴經疏』. ⇨십무애 十無礙, 여래장 如來藏

잠주무상 暫住無常 잠시 머물러 영원함이 없음. 이종무상(二種無常) 중 하나로 찰나에도 머물지 않는 염념무상(念念無常)에 상대한다.『금칠십론』권1(대정장54, p.1247a23)에 "무상에는 두 가지가 있다. 첫째는 잠주무상이다. … 잠주무상이란 서로 어긋나는 연이 오지 않아 잠시 머무는 것을 말한다. 비유하면 저 산과 나무 등과 같이 화재가 나지 않는 한 잠시 그대로 머문다. 無常有二種 一 暫住無常 … 暫住無常者 相違緣未來 是時則暫住 譬如山樹等 未有火災時 是則暫停住"라고 하였다. [참고문헌]『金七十論』. ⇨상속무상 相續無常, 일기무상 一期無常, 염념무상 念念無常, 이종무상 二種無常

잠주의 暫住義 Ⓢ itvara-pratyupasthāpana-artha, Ⓣ ring-po-mi-thogs-pa-nye-bar-gnas-pa'i-don. 잠시 머무는 뜻. 연기의 여덟 가지 뜻 중에 하나.『유가사지론』권9(대정장30, p.322a23 : *Yogā-bh.*, p.203)에 "연기의란 어떤 것인가? 즉 유정을 여의는 뜻이 연기의이며, 유정을 여의기에 다시 무상의가 연기의이고, 무상에서 다시 잠시 머무는 뜻이 연기의이며, 잠주에서 다시 의타의가 연기의이고 … 인과가 서로 그럴듯하게 닮아 구르니 다시 자업소작의가 연기의다. 緣起義云何 謂離有情義 是緣起義 於離有情 復無常義 是緣起義 於無常 復暫住義 是緣起義 於暫住 復依他義 是緣起義 … 於因果相似轉 復自業所作義 是緣起義 niḥsattvārthaḥ pratītyasamutpādārthaḥ. sati niḥsattve'nityārthaḥ. satyanityattve itvarapratyupasthāpanārthaḥ. satītvarapratyupasthāne paratantrārthaḥ … satyanurūpahetuphalapravartane karmasvabhāvārthaḥ pratītyasamutpādārthaḥ",『유가론기』권3(대정장42, p.366c25 · 한불전13, p.179c17)에 "셋째 잠주의란, 생겨나자마자 지나가버리니 잠시도 머물지 않기 때문이다.『대법론』에서는 유찰나의라고 한다. 이것으로 정량부의 색근 · 명근 등 모든 연생법은 일기사상이지 찰나는 아니라고 함을 논파한다. 三 暫住義者 生時過已 無暫住故 對法論名 有刹那義 此破正量部色命根等 諸緣生法 一期四相 非刹那故"라고 하였다. [참고문헌]『瑜伽師地論』,『瑜伽論記』, *Yogā-bh.* ⇨일기사상 一期四相, 팔문연기의 八門緣起義

잠진 潛眞 718~788. 당(唐)대 역경승. 자(字)는 의장(義璋), 속성은 왕(王)씨. 하주(夏州 : 內蒙古自治區) 삭방(朔方) 출신. 20세에 출가하였으며, 738년(개원26) 불공(不空)의 제자가 되어 영각사(靈覺寺)에 이름을 올리고, 그 다음해 구족계(具足戒)를 받았다. 764년(광덕2) 불공의 주청(奏請)으로 대흥선사(大興善寺) 49명의 대덕 중 한 사람이 되었다. 현교와 밀교에 두루 통달하였으며, 불공이『인왕반야경 仁王般若經』을 한역할 때는 증의(證義),『대집대허공장보살소문경급문수사리보살불찰장엄경 大集大虛空藏菩薩所問經及文殊師利菩薩佛刹莊嚴經』을 한역할 때는 윤문(潤文)을 맡았다. 이외에『문수사리보살불찰장엄경소 文殊師利菩薩佛刹莊嚴經疏』3권 ·『보리심의 菩提心義』1권 ·『발보리심계 發菩提心戒』1권 ·『삼취정계 三聚淨戒』1권 ·『십선법계 十善法戒』1권 등을 지었다. 788년(정원4) 흥선사에서 세수 71, 법랍 49세로 입적하였다. [참고문헌]『宋高僧傳』권5(대정장50, p.736b14),『新修科分六學僧傳』권18(卍속장133, p.743a5). ⇨불공 不空

잠출환몰인 暫出還沒人 사종인(四種人) 중 하나. 잠시 생사를 초월하였으나 악업 때문에 다시 퇴전하는 사람. 40권본『대반열반경』권36(대정장12, p.574c15)에 "잠출환몰이란 큰 물고기가 악업을 받아서 몸은 무거운데 물이 얕은 곳에 머물다가 잠깐 광명을 보고 빛 때문에 물 밖으로 나갔지만 몸이 무거워서 다시 물에 빠지는 것과 같다. 暫出還沒者 如是大魚 受惡業故 身重處淺 暫見光明 因光故出 重故還沒",『대반열반경소』권30(대정장38, p.208b19)에 "둘째, 잠출환몰인이란 악지식을 만나면 늘 그 사람을 위하다가 선지식을 만나면 다시 정진하여 머무는 사람이다. 第二暫出還沒人 若遇惡友卽恒爲此人 若遇善友則進爲住人"라고 하였다. [참고문헌]『大般涅槃經』,『大般涅槃經疏』. ⇨사종인 四種人

잠토사자박 蠶吐絲自縛 누에가 스스로 실을 뽑아 집을 짓고 그 안에 스스로를 가둠. 중생이 분별 일으켜 스스로를 속박하는 것에 대한 비유다.『천은어록』권4(가흥장25, p.532c24)에 "안팎이 서로 응하여 미혹을 일으키고 업을 지으면서 잠시도 쉬지 않아서 저 누에가 고치 짓고 스스로를 가두듯 하여 해탈할 기약이 없다. 모든 행자들 생사에서 벗어나고자 한다면 반드시 스스로 용맹한 마음을 일으켜 이 십팔계가 본래 텅 비고 막힘없어 한 터럭 막아서 장애하는 일 없음을 참구해야 하리. 所以 內外相應 起惑造業 無暫停息 如蠶作繭自縛自纏 無有解脫之期 諸行者 若要了脫生死 須是自家發起勇猛心 參究勘破 這一十八界 本來空空蕩蕩 無有一毫遮障處",『경덕전등록』권29「지공화상십사과송 誌公和尙十四科頌」(대정장51, p.451a14)에 "성문이 법에 집착하는 좌선은 마치 누에가 실을 토해내어 스스로를 가두는 것과 같다. 聲聞執法坐禪 如蠶吐絲自縛"라고 하였다. [참고문헌]『天隱語錄』,『景德傳燈錄』,『百癡語錄』권6(가흥장28, p.33a21). ⇨자승자박 自繩自縛

잠팰갸초 'Jam-dpal-rgya-mtsho 1758~1804. 티베트불교 겔룩전통의 제8대 달라이라마. 음사어 이름은 강백가목착(姜白嘉穆錯). 7대 달라이라마인 캘상갸초(sKal-bzang-rgya-mtsho 1708~1757)의 환생으로 지목받은 후, 1762년에 포탈라궁으로 거처를 옮겨 당대의 유명한 스승들로부터 교육받았다. 티베트정부 내각을 이끌어달라는 요청이 있었지만, 공부가 끝나지 않았다는 이유로 여러 번 고사하다 1781년에야 제안을 수락했다. 하지만 정치활동보다는 종교생활에 더 관심을 기울였고, 통치하는 동안 국정에는 크게 관여하지 않았다. 노블링카(Nor-bu-gling-ka)를 짓고 여름별장으로 사용하기 시작했다. 스승인 제6대 판첸라마(dPal-ldan-ye-shes 1738~1780)와 예셰갤첸(Ye-shes-rgyal-mtshan 1713~1793)의 전기와 의례집 등을 주요 저작으로 남겼다. [참고문헌] Don rdor *Gangs ljongs lo rgyus thog gi grags can mi sna* (Lhasa : Bod ljongs mi dmangs dpe skrun khang, 1993).

잠해 湛海 조선후기 스님 덕기(德基 1860~1933)의 법호. '湛'은 '담'으로도 읽는다. [참고문헌] 智冠『韓國高僧碑文總集 朝鮮朝·近現代』pp.864~865. ⇨덕기 德基

잡각 雜覺 범부의 이러저러한 각관(覺觀 : 尋伺). 사념처(四念處)로 다스린다.『십지경론』권1(대정장26, p.127c24)에 "정각을 찬탄하는 이유는 두 가지다. 첫째는 다스려 거두고, 둘째는 온갖 허물을 벗어난다. 이 중에 염지를 갖추어야 다스려 거둔다. 다스림에는 두 가지다. 첫째는 잡각이다. 둘째는 잡각인인 억상분별이다. '염'이란 사념처이고 잡각을 다스린다. '지'란 진여무상지이고 잡각인으로서의 억상분별을 다스린다. 歎淨覺有二種 一 攝對治 二 離諸過 是中念智具者 攝對治故 所治有二種 一者 雜覺 二者 雜覺因 憶想分別故 念者 四念處 對治雜覺故 智者 眞如無相智 對治雜覺因憶想分別故",『화엄경소』권32(대정장35, p.744c24)에 "잡각이란 범부의 심사 및 네 가지 전도와 상응하니, 곧 현상에 미혹된 전도로 사념처로 다스린다. 雜覺 謂凡夫尋伺 與四倒相應 卽迷事倒 以四念爲治"라고 하였다. [참고문헌]『十地經論』,『華嚴經疏』,『華嚴經探玄記』권9(대정장35, p.289c4),『華嚴經疏鈔』권54(대정장36, p.430a2). ⇨각관 覺觀, 심사 尋伺, 잡각인 雜覺因, 삼도 三倒, 사도 四倒, 사전도 四顚倒, 사념처 四念處, 정각 淨覺

잡각인 雜覺因 잡각의 인. 억상분별(憶想分別) 또는 삼도(三倒 : 想倒·心倒·見倒)를 말한다.『화엄경소초』권54(대정장36, p.430a4)에서 "잡각인이란 상도·심도·견도이니, 능히 사도를 일으키기에 잡각인이라고 한다. 억상분별이 바로 삼도다. 억은 마음이 잘못된 것이고 상은 떠올림의 잘못이고 분별은 견의 잘못이니, 마음을 또한 전도시키면서 있는 그대로 볼 수 없게 한다. 염정인과상을 허망하게 취한다. 雜覺因者 想心見倒 能生四倒 名雜覺因 憶想分別 卽三倒也 憶是心倒 想是想倒 分別是見倒 令心亦倒 不能見如 妄取染淨因果相故"라고 하였다. [참고문헌]『十地經論』,『華嚴經疏鈔』,『華嚴經探玄記』권9(대정장35, p.289c7),『華嚴經疏』권32(대정장35, p.744c25). ⇨삼도 三倒, 억상분별 憶想分別

잡득안래 眨得眼來 눈 깜박이는 사이에 오다. 찰나에도 분별하는 모양새를 말한다.『무문관』「서문 序文」(대정장48, p.292b22)에 "설혹 주저하더라도 창 틈으로 말 달리는 모습 본 듯하니, 눈을 깜박이는 순간 왔다가 빨리도 지나가버린다. 設或躊躇 也似隔窓看馬騎 眨得眼來 早已蹉過",『증도가주』(卍속장114, p.921a8)에 "한 구로 기에 맞서 당해 어떤 조짐도 없이 한다. 때로는 핵심을 집어내 때에 당한 이에게 보이지만, 눈 깜박이는 사이 앞서 가버린다. 一句當機絶朕兆 有時拈出示時人 眨得眼來先蹉了",『송원숭악선사어』(속고존숙어요4, 卍속장119, p.43b17)에 "이렇게 들어 보이려 하니 곧바로 저 마른 하늘의 우르르 쾅쾅 울리는 한줄기 날벼락과 같아서, 눈 깜박이는 찰나에 이미 저편으로 지나가버린다. 恁麽揭示 直下如靑天轟 一箇霹靂相似 眨得

眼來 已過那裏去了"라고 하였다. [참고문헌]『無門關』, 『證道歌註』, 『松源崇嶽禪師語』. ⇨ 잡상미모 眨上眉毛, 잡안차과 眨眼蹉過, 잡잡지 眨眨地

잡림원 雜林苑 Ⓢ Miśrakāvanam, Miśrakāvaṇaṃ, Ⓣ 'dres-pa'i-tshal. 제석사원 중 하나. 제석천이 머무는 선견성(善見城)의 서쪽에 있는 동산이며, 구역(舊譯)은 상잡원(相雜園)이다. 『순정리론』 권31(대정장29, p.519a1)에 "성 밖의 사방은 사원으로 장엄하는데, 이것은 저 모든 하늘들이 함께 노니는 곳이다. … 셋째는 잡림원이니, 모든 하늘들이 그 안에 들어가면 가지고 노는 것이 다 같아 온갖 기쁨을 낳는다. 城外四面 四苑莊嚴 是彼諸天 共遊戲處 … 三 雜林苑 諸天入中 所玩皆同 俱生勝喜"라고 하였다. [참고문헌]『順正理論』, *Abh-k-bh.168*. ⇨ 제석사원 帝釋四苑, 사원 四苑

잡문 雜門 종종의 지혜로 종종의 수행을 하고 종종의 과를 얻는 문. 『화엄경소초』 권10(대정장36, p.77b24)에 "또한 이르길 다겁에 오직 이 한 문만을 닦는다고 하였으니 바로 순문이다. 모든 선지식이 다 추진하여 마치 저 여러 보살들의 갖가지 지견과 갖가지 수행과 갖가지 증득과 같은 것들은 잡문이다. 又云 多劫唯修此一門者 卽純門也 諸善知識 皆推進云 如諸菩薩種種知見 種種修行 種種證得者 此雜門也", 같은 책 권21(대정장36, p.162c21)에 "'순잡이 서로 걸림 없고 인과로 서로 어울린다'는 것은 저 여래상 같아 네 구를 갖춘다. 첫째는 일인일상이고, 둘째는 하나의 인으로 일어난 일체상이다. 이들은 모두 순문이다. 셋째는 일체인으로 일어난 하나의 상이고, 넷째는 일체인으로 일어난 일체상이다. 이들은 모두 잡문이다. 바르고 순하면서 항상 섞이고, 섞이지만 항상 순해서 무애라 한다. 言純雜無礙因果相融者 然如來相 亦具四句 一 一因一相 二 一因一切相 此皆純門 三 一切因一相 四 一切因一切相 皆是雜門 正純恒雜 雜而常純 故云無礙", 『법계도기총수록』 권하(대정장45, p.763b21)에 "한 가지 행을 오래도록 닦으면 순문이라 하고, 온갖 행을 고르게 마치면 잡문이라고 한다. 一行長修 則云純門 萬行齊終 則云雜門也"라고 하였다. [참고문헌]『華嚴經疏鈔』, 『法界圖記叢髓錄』.

잡밀 雜密 잡부(雜部)의 밀교. 『대일경 大日經』과 『금강정경 金剛頂經』에 따른 양부(兩部), 곧 태장(胎藏)과 금강계(金剛界)에 속하지 않는 다양한 형식의 밀교를 말한다. 태장과 금강계를 거두는 양부는 순밀(純密)이라고 부르고, 그외 다라니경(陀羅尼經)·신주경(神呪經)·의궤경(儀軌經)·수요경(宿曜經) 등을 잡밀이라 한다. 초기경전으로서 세간방편에 따라 성립되었다. 태장과 금강계를 대표하는 『대일경』과 『금강정경』이 삼밀(三密)과 도상(圖像)을 온전히 하였기에 홍법대사(弘法大師) 공해(空海 774~835)는 『진언종소학경율론목록 眞言宗所學經律論目錄』, 이른바 『삼학록 三學錄』에서 밀교경전을 분류하여 금강정종경(金剛頂宗經)·태장종경(胎藏宗經)·잡부진언경(雜部眞言經)의 셋으로 나누었고, 『수호국계주다라니경 守護國界主陀羅尼經』·『이취육바라밀다경 理趣六波羅蜜多經』·『불모대공작명왕경 佛母大孔雀明王經』·『다라니집경 陀羅尼集經』 등 60여 부를 잡부진언경에 상재하였다. ⇨ 순밀 純密, 순밀잡밀 純密雜密, 밀교 密敎

잡보성명론 雜寶聲明論 호법(護法)이 지은 성명론(聲明論). 『성유식론장중추요』 권상(대정장43, p.623a29)에 "호법보살이 지은 이만오천 게송을 『잡보성명론』이라 한다. 인도에서 성명으로는 최고의 논서로 여겨 세상에 성행하였다. 護法菩薩 造二萬五千頌 名雜寶聲明論 西方以爲聲明究竟之極論 盛行於世"라고 하였다. [참고문헌]『成唯識論掌中樞要』. ⇨ 성명론 聲明論, 성명 聲明 ❶

잡보장경 雜寶藏經 Ⓢ Saṃyuktaratnapiṭaka-sūtra. 원위(元魏) 때인 472년(연흥2) 길가야(吉迦夜)·담요(曇曜) 공역. 10권. 또는 8권이나 13권. 『잡장경 雜藏經』·『잡법장경 雜法藏經』이라고도 한다. 고려장30, pp.170b1~243a6, No.1001·대정장4, pp.447a4~499a27, No.203에 수록되어 있다. 본경은 다른 인연집 등에서 갖가지 인연(因緣)과 비유(譬喩)·본생담(本生譚) 등을 뽑아 모은 것이다. 부처님께서 출세하시기 전 십사왕(十奢王)과 마라왕자(摩羅王子) 이야기, 부처님 입멸(入滅) 후 200년경에 있었던 그리스왕 미란다와 나선비구(那先比丘) 간의 문답, 400년경의 일인 기야다(祇夜多)존자와 월지국(月氏人) 전단계니타왕(栴檀罽尼吒王) 간의 문답 등 부처님이나 제자들 이야기와 부처님 입멸 후 일화 등 총 백스물한 가지 이야기들이 수록되었다. 「효양편 孝養篇」(권1~2)·「비방편 誹謗篇」(권3)·「시행편 施行篇」(권4~7)·「교화편 敎化篇」(권8~9)·「투쟁편 鬪諍篇」(권10)의 5편으로 구성되어 있다. [참고문헌]『出三藏記集』 권2(대장장55, p.13b6), 『開元釋敎錄』 권6(대정장55, p.540a10).

잡비유경 雜譬喩經 ❶ 후진(後秦) 때 도략(道略) 편집. 1권. 『백유경 百喩經』이라고도 한다. 고려장30, pp.417b1~430c5, No.1016·대정장4, pp.522b16~531b3, No.207에 수록되어 있으며, 인과(因果)와 인연(因緣)의 이야기들을 설함으로써 불도를 닦아 깨닫게 하는 내용이다. 불교설화문학의 맛과 깊이를 보여주는 내용으로, 작리사사장사미하유(雀離寺師將沙彌下喩)부터 범왕장수유(梵王長壽喩)까지 모두 서른아홉 가지 비유담이 실려 있다. 본경의 이역본이라 하는, 도략이 편집하고 요진(姚秦) 때 구마라집(鳩摩羅什)이 한역한 『중경찬잡비유 衆經撰雜譬喩』 2권(대정장4, No.208)에는 마흔두 가지 비유담이 실려 있고, 내용상 다른 부분이 많아 별본으로 보기도 한다. ⇨중경찬잡비유 衆經撰雜譬喩 ❷ 후한(後漢) 때 지루가참(支婁迦讖) 한역. 1권. 『신비유경 新譬喩經』이라고도 한다. 고려장30, pp.330a1~334a19, No.1007·대정장4, pp.499b3~502a22, No.204에 수록되어 있다. 열한 가지 비유담이 실려 있다. ❸ 후한(後漢) 때 한역. 역자 미상. 2권. 『보살도인경 菩薩度人經』이라고도 한다. 고려장30, pp.402b1~414a20, No.1014·대정장4, pp.502a25~510b2, No.205에 수록되어 있다. 보살이 중생을 인도하여 불법으로 이끄는 인연담 등 스물아홉 가지 비유담이 실려 있으며, 불법귀의의 공덕을 설한다. ❹ 오(吳)대 강승회(康僧會) 한역. 2권. 본래의 경명은 『구잡비유경 舊雜譬喩經』이다. 고려장30, pp.301b1~318c15, No.1005·대정장4, pp.510b5~522b12, No.206에 수록되어 있다. 권상에 서른네 가지와 권하에 스물일곱 가지 인연담이 실려 있다. ⇨구잡비유경 舊雜譬喩經

잡상 雜相 십이연기(十二緣起) 중 다른 것과 섞이는 지(支). 무명(無明)·애(愛)·취(取)를 제외한 나머지 아홉 지분을 말한다. 『성유식론관심법요』 권8(卍속장82, p.625a2)에 "무명·애·취는 독상이라 하니, 그 나머지 지분과 서로 섞이지 않는다는 뜻이며, 나머지 지분은 잡상이다. 독상의 독은 순수하다는 말이다. 나머지 아홉이 잡상이라는 것은, 이미 여섯 지분을 물들이고 나서 합하여 유가 되기 때문이며, 식 등 다섯 지분은 생등이라 하기 때문이다. 無明愛取 說名獨相 不與餘支 相交雜故 餘是雜相 獨卽純也 餘九是雜相者 已潤六支 合爲有故 卽識等五 名生等故"라고 하였다. [참고문헌] 『成唯識論觀心法要』. ⇨십이연기 十二緣起, 독상 獨相

잡상관 雜想觀 십육관(十六觀) 중 하나. 아미타불이 자유자재하시는 모습과 협시인 관세음보살과 대세지보살을 관상하는 것. 잡관상(雜觀想·雜觀相)·잡명불보살관(雜明佛菩薩觀)이라고도 한다. 『관무량수경』(대정장12, p.344c1)에 "아미타불은 신통력이 뜻대로이시니 시방국에 변현이 자재하다. 때로는 큰 몸으로 허공을 가득 채우고, 때로는 작은 몸으로 나타나 장륙이나 팔척이다. 드러난 몸은 모두 진금색이고 원광에 화불과 보련화는 위에 설한 것과 같다. 관세음보살과 대세지보살은 그 어디에서든 몸을 중생과 같이 하지만, 다만 머리모양을 보아야 관세음인지 대세지인지 안다. 이 두 보살은 아미타불을 도와서 일체를 널리 교화한다. 이것을 잡상관이라고 하니 이름 붙여 제13관이다. 阿彌陀佛 神通如意

『관무량수경』 1853년

於十方國 變現自在 或現大身 滿虛空中 或現小身 丈六八尺 所現之形 皆眞金色 圓光化佛 及寶蓮花 如上所說 觀世音菩薩及大勢至 於一切處 身同衆生 但觀首相 知是觀世音 知是大勢至 此二菩薩 助阿彌陀佛 普化一切 是爲雜想觀 名第十三觀"라고 하였다. [참고문헌] 『觀無量壽經』, 『樂邦文類』 권5(대정장47, p.218c3), 『觀無量壽佛經圖頌』(卍속장33, p.106a7). ⇨십육관 十六觀

잡상미모 眨上眉毛 눈을 깜박이며 눈썹을 치켜 올린다는 말. 줄여서 잡상미라고도 한다. 무엇인가 분별하는 외양으로 잡득안(眨得眼)과 통한다. 『허당록』 권6(대정장47, p.1027b28)에 "들어 삼각인화상이 말한다. '이 일로 말하자면 눈 깜박이며 눈썹 치켜 올리는 순간 이미 어긋나버린다'. 그때 마곡이 나와서 '눈 깜박이고 눈썹 올리는 것은 묻지 않겠습니다. 무엇이 이 일인지요?'라고 묻자 삼각이 '놓쳤다'라고 함에 마곡이 선상을 뒤집어엎었고 삼각은 곧바로 때렸다. 따로 마곡의 첫 물음에 허당이 말했다. '쇠 물리고 안장마저 얹었군'. 擧 三角印和尙示衆 若論此事 眨上眉毛 早已蹉過了也 時麻谷出問 眨上眉毛卽不問 如何是此事 角云 蹉過了也 谷乃掀倒禪床 角便打 別麻谷初問云 啣鐵負鞍去", 『경덕전등록』 권24 「소주백운전 韶州白雲傳」(대정장51, p.404b17)에 "눈 깜박이고 눈썹 움직인즉 벌써 지나가버린다. 어찌 하물며 소리 전에 알아차리고 말한 다음에 움직이겠는가! 眨上眉毛 早是蹉過 何況聲前薦得 句後投機"라고 하였다. [참고문헌] 『虛堂錄』, 『景德傳燈錄』. ⇨잡득안래 眨得眼來, 잡안차과 眨眼蹉過

잡색거 雜色車 ❶ Ⓢ Caitrarathavana, Caitrarath am udyānam, Ⓣ shing-rta-sna-tshogs-kyi-tshal, skyed-mos-tshal-nag-pa-can. 제석천의 네 개의 정원(帝釋四苑) 중 하나. 제석천이 머무는 선견성(善見城) 남쪽에 있는 동산으로 중거원(衆車苑)이라고도 한다. 『기세인본경』 권6(대정장1, p.396c8)에 "비구들아, 선법당은 여러 하늘들이 모이는 곳인데, 그 남쪽에 삼십삼천왕을 위한 하나의 동산이 있어 잡색거라고 한다. 諸比丘 其善法堂 諸天聚集處所 南面 爲三十三天王有一園苑 名雜色車"라고 하였다. [참고문헌] 『起世因本經』, 『起世經』 권6(대정장1, p.341c12), 『佛祖統紀』 권31(대정장49, p.307c26), *Abh-k-bh.168.* ⇨제석사원 帝釋四苑, 사원 四苑 ❷ Ⓢ citraṃ ratha. 여러 가지 색으로 장엄한 왕의 수레. 오음(五陰)의 몸을 비유한다.

『출요경』 권24(대정장4, p.738b14)에 "'이와 같이 이 몸을 잘 관하라. 마치 임금의 잡색거와 같다' 하였으니, 마치 임금의 수레가 갖가지 색으로 장엄되어 비록 형상과 색은 있을지라도 견고하지 못하여 무거운 짐을 견딜 수 없는 것과 같다. 그러므로 이렇게 말한다. '이와 같이 이 몸을 잘 관하라. 저 임금의 잡색거와 같다'. '어리석은 사람 집착하기 마련이니 멀리 여의길 힘쓰라'란 무슨 말인가? 어리석은 사람은 탐착하여 즐기고 물들지만, 지혜로운 사람은 버리기를 마치 똥을 버리듯 한다. 그러므로 말한다. '어리석은 사람 물들어 착하나, 저를 멀리함에 힘쓰라'. 如是當觀身 如王雜色車者 如國王車 雜色莊嚴 雖有形色 亦不牢固 不任重載 是故說曰 如是當觀身 如王雜色車也 愚者所染著 善求遠離彼者 愚人所貪 翫而習之 智者所棄 若捐糞除 是故說曰 愚者所染著 善求遠離彼也"라고 하였다. [참고문헌] 『出曜經』, *Udāna-v.340.*

잡색거원 雜色車苑 제석사원 중 중거원(衆車園 Ⓢ Caitraratham-udyānam)의 다른 이름. 『기세인본경』 권6(대정장1, p.397b2)에 "또 무슨 인연으로 잡색거원이라 하는가? 비구들이여! 잡색거원중에 삼십삼천이 들어가면 잡색과 선잡색이란 두 바위 위에 앉아 세간의 온갖 색상과 언어를 논하고 설하기에 잡색거원이라 부른다. 又何因緣 名雜色車苑 諸比丘 雜色車園中 三十三天王入已 坐於雜色及善雜色二石之上 論說世間種種雜類色相語言 是故稱爲雜色車苑", 『불조통기』 권31(대정장49, p.307c26)에 "중거원〈『기세인본경』에서는 '잡색거원'이라 했고, 『잡아함경』에서는 '동문 밖'이라고 했다〉. 衆車苑〈起世因本云 雜色車苑 雜阿含云 東門外〉"라고 하였다. [참고문헌] 『起世因本經』, 『佛祖統紀』. ⇨ 중거원 衆車苑

잡생세계 雜生世界 갖가지로 나는 세계. 『왕생론주』 권하(대정장40, p.838a29)에 "이는 어찌하여 불가사의인가? 무릇 갖가지로 나는 세계이니 태생·난생·습생·화생의 권속이고, 고통이나 쾌락을 받는 것이 천차만별이니 갖가지 업 때문이다. 저 안락국토에는 아미타여래의 정각으로 청정한 꽃에서 화생하지 않는 이가 없으니 한결같이 염불하여 다른 길이 없기 때문이다. 멀리 사해 안을 다 거두면 모두가 형제다. 권속 무량하니 어찌 이루다 생각하여 헤아리겠는가? 此云何不思議 凡是雜生世界 若胎若卵若濕若化眷屬 若干苦樂萬品 以雜業故 彼安樂國土 莫非是阿彌陀如來正覺淨華之所化生 同一念佛無別道故 遠通夫四海之內 皆爲兄弟也 眷屬無量 焉可思議"라고 하였다. [참고문헌] 『往生論註』.

잡생촉수 雜生觸受 갖가지로 나서 세상과 마주하고 받아들이다. 삼계(三界)로 윤회하는 유정(有情)의 삶을 말한다. 『대지도론』 권1(대정장25, p.60a6)에 "갖가지 보와 업 있어서 갖가지로 세간에 나고 갖가지로 세상을 보고 느낀다. 雜報業故 雜生世間 得雜觸雜受"는 구절에 근거한다. 『왕생론주』 권상(대정장40, p.828a18)에 "삼계라 한다. 먼저 이 욕계이니 육욕천과 사천하의 인간·축생·아귀·지옥 등이다. 둘째는 색계로 초선·제2선천·제3선천·제4선천 등이다. 셋째는 무색계로 공처천·식처천·무소유처천·비상비비상처천 등이다. 이러한 삼계는 다 나고 죽는 범부가 떠돌며 전전하는 깜깜한 집일 뿐이다. 비록 거듭 고락이 조금 다르지만 길든 짧든 문득 바뀌니, 다 들어 보아도 유루가 아닌 것이 없다. 기대고 엎드려 서로 태워서는 돌고 돌아 끝이 없다. 갖가지로 나서 세상을 만나고 느낀다. 네 가지 뒤치며 오래도록 얽어매니 인도 되고 과가 되며 허위로 서로를 익힌다. 三界者 一是欲界 所謂六欲天 四天下人畜生 餓鬼地獄等是也 二是色界 所謂初禪二禪三禪四禪天等是也 三是無色界 所謂空處識處無所有處非想非非想處天等是也 此三界蓋是生死凡夫流轉之闇宅 雖復苦樂小殊 脩短暫異 統而觀之 莫非有漏 倚伏相乘 循環無際 雜生觸受 四倒長拘 且因且果 虛僞相襲"라고 하였다. [참고문헌] 『大智度論』, 『往生論註』. ⇨ 촉 觸, 수 受

잡쇄계 雜碎戒 Ⓢ kṣudrakānukṣudrakāṇi śikṣā-padāni, Ⓟ khuddānukhuddakāni sikkhā-padāni. 이러저러한 작은 계. 소소계(小小戒)라고 한다. 보통은 오편칠취 중 니살기바일제(尼薩耆波逸提 Ⓢ naiḥsargika-prāyaścittika : 捨墮) 이하의 계들을 뜻하나, 계율 상에 합의된 규정은 없다. 『사분율』 권54(대정장22, p.967b10)에 "그때 아난이 곧장 자리에서 일어나 편단우견하고 오른 무릎을 땅에 대고 대가섭에게 합장하고 아뢰었다. '제가 몸소 부처님께 들은 부처님 말씀 기억하기로는 「지금 이후로 여러 비구들을 위한 잡쇄계를 버려라」고 하셨습니다'. 가섭이 아난에게 물었다. '아난이여! 그대는 세존께 「무엇이 잡쇄계입니까?」라고 물었는가?' '그때 저는 시름에 젖어 무뢰하게도 실수로 「세존이시여! 무엇이 잡쇄계입니까?」라고 묻지를 못했습니다'. 그때 여러 비구들이 모두 한 마디씩 하였다. '나에게 물으러 오면 그대에게 잡쇄계를 설해주겠다'. 그중에 어떤 이는 '사바라이를 제한 나머지가 잡쇄계다'라고 하였고, 어떤 이는 '사바라이와 십삼사(十三事 : 僧伽婆尸沙)를 제한 나머지가 모두 잡쇄계다'라고 하였다. … 그때 대가섭은 여러 비구들에게 말하였다. '여러 장로들이여! 지금 여러 사람이 말하는 것이 각기 다르니 무엇이 잡쇄계인지 알 수 없습니다. 지금 이후로 함께 제정하여야 합니다. 부처님께서 먼저 제정하지 않는 것에 대해서는 이제 더 이상 제정해서는 안 되고 부처님께서 먼저 제정한 것에 대해서는 이제 버려서는 안 됩니다. 부처님께서 제정한 것을 따라서 배워야 합니다'. 時阿難卽從坐

起 偏露右肩 右膝著地 合掌白大迦葉言 我親從佛聞 憶持佛語 自今已去 爲諸比丘 捨雜碎戒 迦葉問言 阿難 汝問世尊不 何者是雜碎戒 阿難答言 時我愁憂 無賴失不問 世尊 何者是雜碎戒 時諸比丘皆言 來我當語汝雜碎戒 中或有言 除四波羅夷 餘者是雜碎戒 或有言 除四波羅夷十三事 餘者皆是雜碎戒 … 時大迦葉告諸比丘言 諸長老 今者衆人言各不定 不知何者是雜碎戒 自今已去 應共立制 若佛先所不制 今不應制 佛先所制 今不應却 應隨佛所制而學", 『마하승기율』 권14(대정장22, p.338c21)에 "잡쇄계는 사바라이와 십삼승가바시사를 제한 것이다. 여러 비구로 하여금 의심을 품게 하면 바일제를 얻는다. 雜碎戒者 除四事十三事 餘者是也 使諸比丘生疑悔者 得波夜提", 『사분율명의표석』 권16(卍속장70, p.635a14)에 "잡쇄계 : 잡쇄계는 (五篇 중에서) 하위 세 편의 계를 일컫는다. 『선견율비바사』 권16(대정장24, p.786b16)에서는 '이부정(二不定 : 어느 편에 속하는지 결정되지 않은 상태)에서 중학(衆學 Ⓢ duṣkṛta : 突吉羅)까지를 잡쇄라고 한다'라고 하였고, 『살바다비니비바사』 권6(대정장23, p.543a15)에서는 '천나(闡那 Ⓢ Chanda : 六群比丘 중 일인)가 일컫기를 12년 전에 부처님께서 게송 1수를 늘 설하였으니, 「지금 설하는 오편을 잡쇄라고 한다」라고 하셨다'라고 하였다. 雜碎戒 雜碎戒者 謂下三篇戒也 善見律云 從二不定 乃至衆學 是名雜碎 薩婆多論云 闡那 謂十二年前 佛常說一偈 今說五篇 名爲雜碎"라고 하였다. [참고문헌] 『四分律』, 『摩何僧祇律』, 『四分律名義標釋』, 『善見律毘婆娑』, 『薩婆多毘尼毘婆沙』, 『五分律』 권6(대정장22, p.41b19), *Vin.4.142.* ⇨ 소소계 小小戒, 계 戒, 오편칠취 五篇七聚, 율장 律藏

잡쇄의 雜碎衣 조각조각 이은 옷. 삼의(三衣) 중 대의(大衣)인 승가리(僧伽梨 Ⓢ saṃghāṭī)를 달리 일컫는 이름. 삼의 중 가장 많은 천 조각을 이었기에 이렇게 부른다. 『사분율행사초』 권하(대정장40, p.105a25)에 "대의를 잡쇄의라고 하는데, 조수가 많기 때문이다. 大衣云 雜碎衣 以條數多故", 『불제비구육물도』(대정장45, p.897c22)에 "범어로 '승가리'라고 하는 것은 한역하여 '잡쇄의'〈조의 모양이 많기 때문이다〉라고 한다. 梵云 僧伽梨 此云 雜碎衣〈條相多故〉"라고 하였다. 한편 『선견율비바사』 권14(대정장24, p.772b12)에서는 "주라파리가라의는 한역하여 잡쇄의라고 한다. 朱羅波利迦羅衣 漢言雜碎衣"라고 하여 '승가리'와 구분하였는데, 이 '주라파리가라'는 줄여서 파리가라의라고도 하는 것으로 다음과 같은 해석이 있다. 『사분율행사초』 권하(대정장40, p.109b20)에 "파리가라의〈한역하여 조신의(助身衣)〉를 제작한다. 作波利迦羅衣〈晉言 助身衣〉", 『사분율명의표석』 권8(卍속장70, p.525a6)에 "파리가라의 : 『선견율비바사』에서는 '주라파리가라의는 한역하면 잡쇄의이다'라고 하였다. 곧 여러 조각으로 찢어져 있는 직물이다. 波利迦羅衣 善見律云 朱羅波利迦羅衣 漢言 雜碎衣也 卽是碎雜之布也"라고 하였다. [참고문헌] 『四分律行事鈔』, 『佛制比丘六物圖』, 『善見律毘婆沙』, 『四分律名義標釋』. ⇨ 가사 袈裟, 승가리 僧伽梨, 대의 大衣[1], 삼의 三衣[1]

잡수 雜修 Ⓢ vyavakiraṇa, vyavakīrṇa-bhāvita, Ⓣ spel-ba, spel-mar-sgom-pa. 모든 선업을 닦거나 유루무루를 섞어 닦는 뜻. 『화엄경소초』 권46(대정장36, p.355c1)에 "유루와 무루를 섞어서 닦는 까닭에 잡수라고 한다. 漏與無漏 間雜而修 故名雜修", 『낙방문류』 권4(대정장47, p.210a27)에 "잡수는 산만하게 여러 선업을 닦으며 회향하고 장엄하는 것이다. 雜修者 謂散漫修諸善業 迴向莊嚴也"라고 하였다. [참고문헌] 『華嚴經疏鈔』, 『樂邦文類』, *Abh-k-bh.235 · 362.*, *Abh-s.91.* ⇨ 전수 專修, 이수 二修[1]

잡수구행식 雜受俱行識 십육행심(十六行心) 중 하나. 고락사(苦樂捨) 등 삼수(三受)로 섞여 상응하여 일어나는 식(識). 『해심밀경』 권3(대정장16, p.702b23)에 "어떤 것을 마음이 일어남을 잘 안다고 하는가? 즉 십육행심이 일어나는 차별을 여실히 아는 것을 마음 일어남을 잘 안다고 한다. 십육행심의 생기차별이란 무엇인가? 첫째 지각할 수 없으나 견고한 그릇과 같은 식의 발생이니 아다나식이다. … 아홉째 고와 함께하는 식의 일어남이니 곧 지옥식이다. 열째 잡수와 함께하는 식이 일어남이니 곧 욕행식이다. 云何善知心生 謂如實知 十六行心 生起差別 是名善知心生 十六行心生起差別者 一者 不可覺知堅住器識生 謂阿陀那識 … 九者 苦俱行識生 謂地獄識 十者 雜受俱行識生 謂欲行識", 원측(圓測)의 『해심밀경소』 권7(한불전1, p.369b17)에 "열 번째 잡수와 함께하는 식의 일어남이니 곧 욕행식이다. [석] 열 번째 마음을 밝힌다. 즉 사람중에서 욕계천과 그 일분 그리고 아귀와 축생중에서 식을 뒤쳐 상응하여 고락사 등이 서로 뒤섞여 함께 전변하는 식이다. 『해심밀경』에서는 말한다. '잡수로 상응하는 식이니, 저 욕계식과 같다'. 十者 雜受俱行識生 謂欲行識 釋曰 明第十心 謂於人中 若欲界天 及於一分 鬼傍生中 轉識相應 苦受 樂受 不樂受 相雜俱轉 深密經云 雜受相應識 如欲界識"라고 하였다. [참고문헌] 『解深密經』, 『解深密經疏』.

잡수낙혜 雜修樂慧 상류반열반(上流般涅槃) 중 하나로 색계 제4선천인 오정거천(五淨居天)에 올라 반열반을 이루는 불환과(不還果)의 성자. 잡수가 아닌 선정으로 유정천(有頂天)에 올라 반열반을 이루면 무잡수낙정(無雜修樂定)이다. 『사교의주휘보보광기』 권6(卍속장102, p.561b15)에 "잡수낙혜를 끌어온 것은 오정거천에서 나는 것을 말한다. 所引雜修樂慧者 生五淨居天也", 『서곡명목구해』 권3에 "상류에는 두 가지가 있다. 첫째는 잡수낙혜이고, 둘째는 무잡수낙정이다. 上流有二 一雜修樂慧 二無雜修樂定也"라고 하였다. 〔참고문헌〕『四教儀註彙補輔宏記』, 『西谷名目句解』. ⇨ 상류반열반 上流般涅槃, 오종불환 五種不還, 낙혜 樂慧

잡수림 雜樹林 Ⓢ miśrakāvana. 삼십삼천(三十三天)의 동산. 잡림원(雜林苑)이라고도 한다. 『대보적경』 권120(대정장11, p.684b10)에 "파야원과 구라원에 있을 때는 벌들의 왕처럼 보였고 잡수림에 자리할 때는 천화관과 같았는데 지금 무엇 때문에 오쇠상의 침해를 받았습니까? 우리들을 떠나서 어디로 가려 하십니까? 在波耶園 及拘羅園 猶如蜂王 處雜樹林 如天花冠 今者 云何爲五衰相之所加害 捨離我等 將何處去"라고 하였다. 〔참고문헌〕『大寶積經』, *Divy.194.* ⇨ 잡림원 雜林苑

잡수정려 雜修靜慮 Ⓢ dhyāna vyavakīrṇa, dhyānaṃ vyavakīryate. 유루정려(有漏靜慮)와 무루정려(無漏靜慮)를 섞어서 닦는 것. 무루정려의 힘으로 유루정려를 도와 물러나지 않게 하고 현법에 기꺼이 머물게도 한다. 잡수정(雜修定)이라고도 한다. 『구사론』 권24(대정장29, p.125c10)에 "또한 무슨 인연으로 정려를 섞어서 닦는가? … 〔논〕 사정려를 잡수하려는 모든 이는 반드시 먼저 제4정려를 잡수해야 한다. 왜냐하면 저 등지가 가장 감당할 만하기 때문이며, 온갖 낙행 중에서 가장 뛰어나기 때문이다. 이와 같은 온갖 정려를 잡수하는 이는 아라한이나 불환이다. 復爲何緣 雜修靜慮 … 論曰 諸欲雜修四靜慮者 必先雜修第四靜慮 以彼等持最堪能故 諸樂行中彼最勝故 如是雜修諸靜慮者 是阿羅漢 或是不還", "다음으로 이후로는 오로지 일념무루만을 좇아 일념유루 이끌고 일으켜 현전하여 틈새없이 바로 일념무루를 낳는다. 이와 같이 유루의 중간찰나 앞뒤 찰나에 무루가 섞이기에 잡수정이라 하고, 근본이 원만하게 성취되어 앞의 두 찰나는 무간도인 듯하고 세 번째 찰나는 해탈도인 듯하다. 이와 같이 제4정려를 마치면 이러한 세력에 편승하여 그것이 상응하는 바에 따라 역시 그 아래 세 정려를 잡수한다. 먼저 욕계인취의 삼주에서 이와 같은 온갖 정려를 잡수하고서, 후에 물러나 색계 중에 날 경우 역시 앞에서와 같이 정려를 잡수한다. 정려를 잡수하는 것은 세 가지 이유 때문이니 첫째는 오정거천(五淨居天)에 나기 위해서, 둘째는 현법낙주를 위해서, 셋째는 번뇌를 일으켜 물러나는 것을 막기 위해서다. 즉 불환 중의 모든 이근자는 현법낙주와 오정거천에 나기 위해, 모든 둔근자는 역시 물러남을 막기 위해 정려를 잡수한다. 그는 물러남이 두렵기 때문이고, 이와 같은 잡수는 미(味)로 상응하는 등지를 멀리하게 하기 때문이다. 모든 아라한으로 '이근자'라면 현법낙주를 위해, 만약 '둔근자'라면 역시 번뇌를 일으켜 물러나는 것을 막기 위해서다. 次後唯從一念無漏 引起一念有漏現前 無間復生 一念無漏 如是有漏 中間刹那 前後刹那 無漏雜故名雜修定 根本圓成 前二刹那 似無間道 第三刹那 似解脫道 如是雜修 第四定已 乘此勢力 隨其所應 亦能雜修 下三靜慮 先於欲界 人趣三洲 如是雜修 諸靜慮已 後若退失生色界中 亦能如前雜修靜慮 雜修靜慮 爲三種緣 一 爲受生 二 爲現樂 三 爲遮止起煩惱退 謂不還中 諸利根者 爲現法樂 及生淨居 諸鈍根者 亦爲遮退 彼畏退故 如是雜修令味相應 等持遠故 諸阿羅漢 若利根者 爲現法樂 若鈍根者 亦爲遮防 起煩惱退"라고 하였다. 〔참고문헌〕『俱舍論』, *Abh-k-bh.362·363.* ⇨ 사정려 四靜慮, 정려 靜慮, 사주 四洲, 오정거천 五淨居天, 현법낙주 現法樂住

잡아비담심론 雜阿毘曇心論 Ⓢ Saṃyuktābhidharmahṛdaya-śāstra. 법구(法救 Ⓢ Dharmatrāta) 지음. 유송(劉宋) 때인 434(원가11) 또는 435년(원가12)에 승가발마(僧伽跋摩 Ⓢ Saṃghavarman) 등 한역. 『대비바사론 大毘婆沙論』의 요약본인 『아비담심론 阿毘曇心論』(대정장28, No.1550)의 주석서다. 설일체유부(說一切有部)의 대표적 논서 중 하나이며 『잡심론 雜心論』이라 하고 『잡아비담비바사 雜阿毘曇毘婆沙』·『잡아비담바사 雜阿毘曇婆沙』·『잡아비담경 雜阿毘曇經』·『잡아비달마론 雜阿毘達磨論』이라고도 한다. 부진(苻秦)의 승가제바(僧伽提婆)가 한역한 16권본, 동진(東晉)의 법현(法顯)과 불타발다라(佛陀跋陀羅)가 공역한 13권본, 유송(劉宋)의 이업바라(伊業波羅)가 한역한 13권본 등도 있었으나 전하지 않는다. 본서는 총 12품으로 구성되어 있다. 제1 「서품 序品」에서는 본 논서를 짓게 된 이유를 밝히고 아비담(阿毘曇)·비바사(毘婆沙) 등의 자의(字義)를 풀이하였다. 제2 「계품 界品」에서는 5음(陰)·12입(入)·18계(界) 등 만유(萬有)를 논한다. 제3 「행품 行品」에서는 제법연생(諸法緣生)과 육인(六因)·사연(四緣) 등을 설명한다. 제4 「업품 業品」에서는 유루(有漏)·무루(無漏)의 업(業)을 풀고 율의(律儀)와 불율의(不律儀)·십업도(十業道)·삼장(三障) 등을 논한다. 제5 「사품 使品」에서는 구십팔사(九十八使) 등 번뇌에 대해서 말하고 업인(業因)도 설명한다. 제6 「현성품 賢聖品」에서는 사념처(四念處)·십육행(十六行)·열반 등을 설명한다. 제7 「지품 智品」에서는 사지(四智)·십지(十智)·십팔불공법(十八不共法) 등 지(智)를 풀어낸다. 제8 「정품 定品」에서는 선정(禪定)의 공덕과 삼삼마지(三三摩地)·육통(六通)·사무량(四無量)·팔승처(八勝處) 등을 설명한다. 제9 「수다라품 修多羅品」에서는 삼계(三界)·사십처(四十處)·십이연(十二緣)·삼십칠각품(三十七覺品)·이십이근(二十二

根) 등을 설명한다. 제10 「잡품 雜品」에서는 불상응(不相應)·삼무위(三無爲)·구과(九果)·삼종신족(三種神足) 등을 설명한다. 제11 「택품 擇品」에서는 전법륜(轉法輪)·율의·4종입태(入胎)·사식(四食)·삼보귀의(三寶歸依)·심(心)의 성상(性相)·중음(中陰)·삼세실유(三世實有)·보살(菩薩) 등을 논한다. 제12 「논품 論品」에서는 앞서 말한 각 품을 교법(敎法)에 의지해 유기적으로 논한다. 본서의 주석서로는 유송(劉宋) 혜통(慧通)의 『잡심의소 雜心義疏』·남제(南齊) 지림(智林)의 『비담잡심기 毘曇雜心記』·수(隋) 정숭(靖嵩)의 『잡심소 雜心疏』 등이 있다. ⇨아비담심론 阿毘曇心論

잡아함경 雜阿含經 **1** Ⓢ Saṃyukta-āgama, Ⓟ Saṃyutta-nikāya, Ⓣ yang-dag-par-ldan-pa'i-lung. 유송(劉宋)대인 435년~436년 경에 중인도 출신 구나발다라(求那跋陀羅 Ⓢ Guṇabhadra) 공덕현(功德賢) 한역. 50권. 사아함(四阿含) 중 하나. 고려장18, pp.707a1~1217b21, No.650·대정장2, pp.1a3~373b18, No.99에 수록되어 있으며, 총 1,362경으로 구성되어 있다. 오근(五根)·오력(五力)·칠각지(七覺支)·팔성도(八聖道) 등의 계경을 근거로 설일체유부소전으로 본다. 『유가사지론 瑜伽師地論』 권85(대정장30, p.772c11)에는 설일체유부소전의 잡아함 내용을 전하고 있는데, 온(蘊)·처(處), 연기(緣起), 식(食), 제(諦), 계·수(界受), 제자와 여래 설법(弟子如來說), 념주·정단·신족·근·력·각지·도지·입출식·학·증정(念住 正斷 神足 根 力 覺支 道支 入出息 學 證淨), 팔중(八衆) 등 9사(事)를 들었고, 『유부율잡사 有部律雜事』 권39(대정장24, p.407b21)에서는 오온상응·육처·십팔계상응·연기·성제상응·성문소설·불소설·념처·정근·신족·근·력·각·도분상응·가타상응(五蘊相應 六處 十八界相應 緣起 聖諦相應 聲聞所說 佛所說 念處 正勤 神足 根 力 覺 道分相應 伽陀相應)이라 하였으며, 남전 상응부(相應部) 경전인 *Saṃyutta-nikāya*와도 상응한다. 『잡아함경』 50권에는 알 수 없는 이유로 여러 권의 순서 등이 착간되었음이 꽤 일찍 알려졌는데 번역 후 80년 경 6세기초 승우(僧祐)의 『출삼장기집 出三藏記集』과 『석가보 釋迦譜』 등에 의해서다. 이후 근대에 와서 1908년 일본 매기정치(妹崎正治)를 시작으로 1971년 대만 인순(仁順)의 『잡아함경회편 雜阿含經會編』, 향정량(向正亮)의 『유가론』 「섭사분 攝事分」 비교연구 등이 축적되었다. 이렇게 연구한 결과 이 경을 크게 나누어 계경(契經 sūtra)류 21권, 기야(祇夜 geya)류 13권, 『아육왕설화』 등 2권과 제자와 여래의 기설(記說 vyākaraṇa) 26권으로 분류하였다. 부분 이역본으로 50권 『잡아함경』 이전으로 추정되는 16권 등은 법장부 또는 화지부 전승으로 추정하는 『별역잡아함경 別譯雜阿含經』(대정장2, No.100) 등이 있다. 『오분율』 권30(대정장22, p.191a25)에 "이것은 여러 가지로 섞인 말씀이다. 비구·비구니·우바새·우바이·천자·천녀 등을 위하여 말씀하셨으니, 이제 이것을 모아 1부로 만들어 '잡아함'이라 한다. 此是雜說 爲比丘 比丘尼 優婆塞 優婆夷 天子 天女說 今集爲一部 名雜阿含", 『마하승기율』 권32(대정장22, p.491c16)에 "아난존자가 이와 같이라 하여 일체법장을 송출하였다. 문구가 긴 것을 모아서 장아함이라 하였고, 문구가 중간인 것을 모아서 중아함이라 하였고, 문구가 여러 가지인 것은 모아서 잡아함이라 하였으니, 즉 근잡·역잡·각잡·도잡이다. 이와 같이 비등한 것을 잡이라고 하였다. 하나가 더하고 둘이 더하며 셋이 더하고, 나아가 백이 더하는 데까지 그 수와 류에 따라 서로 모아 증일아함이라 하였다. 尊者 阿難 誦如是等 一切法藏 文句長者 集爲長阿含 文句中者 集爲中阿含 文句雜者 集爲雜阿含 所謂根雜 力雜 覺雜 道雜 如是比等名爲雜 一增 二增 三增 乃至百增 隨其數類相從 集爲增一阿含"라고 하였다. [참고문헌] 『五分律』, 『摩訶僧祇律』, *Mvyut.65.* ⇨사아함 四阿含, 별역잡아함경 別譯雜阿含經, 아함 阿含, 아함경 阿含經 **2** 오(吳)대 한역. 역자 미상. 1권. 고려장19, pp.700b1~710a16, No.745·대정장2, pp.493a4~499c1, No.101에 수록되어 있다. 총 27개의 경으로 구성되어 있는데, 이 중에서 17개 경은 구나발다라(求那跋陀羅) 한역 『잡아함경』(대정장2, No.99)과 상응하며, 13개 경은 남전 팔리장경의 상응부(相應部)에 실려있다. 또 9번째 경은 축법호(竺法護) 한역 『신관경 身觀經』(대정장15, No.612)과 온전히 같고 27번째 경은 안세고(安世高) 한역 『칠처삼관경 七處三觀經』(대정장2, No.150A)과 매우 유사하며, 각각의 경은 오래 전에 성립되었다고 보지만 본 경만 기원후 중국에 불교가 전해진 이후 편집되었다고 추정한다.

잡안차과 眨眼蹉過 눈을 깜박이자 지나가 버렸네. 헤아리는 찰나에 어긋나버린다는 뜻. 『허당집』 77칙 「송頌」(卍속장124, p.594a14)에 "한 점 신령하고 밝아 육근으로 거둘 수 없네〈천 가지로 자유롭고 만백 가지로 자재하다〉, 환하여 그러한데 어찌 다시 눈 비벼 보겠는가?〈눈을 깜박이자 지나가 버린다〉. 이 중 소식 알기 어렵네〈쉬어야 하리〉, 오로지 허공만 남몰래 머리를 끄떡이는구나〈천기를 누설하네〉. 一點靈明六不收〈千自由百自在〉 昭然何用更凝眸〈眨眼蹉過〉 箇中消息人難委〈且休歇過〉 獨有虛空暗點頭〈泄漏天機〉", 『오등전서』 권120 「무념심유장 無念深有章」(卍속장142, p.202b9)에 "아무도 귀 기울일 곳 없고, 말할 여지가 없으며, 뜻 붙일 일 없으니 누구도 다가설 여지가 없다. 좁은 길에서 만나지만 눈을 깜박이자 어긋난다. 이곳에 이르면 정감도 마르고 생각도 끊어지며 마음도 다하고 신마저 길을 잃는다. 추위도 더위도 모두 잊고, 잠도 음식도 잊은 채로 잡고 더듬을 것 없는 그곳에서 한껏 깨우쳐야 하리. 無你側耳處 無你下口處 無你著意處 無你近傍處 狹路相逢 眨眼蹉過 到者裏情枯想絶 思盡神窮 寒暑兩忘 寢食俱廢 于無可捉摸處 驀地猛省"라고 하였다. 〔참고문헌〕『虛堂集』, 『五燈全書』. ⇨ 잡득안래 眨得眼來, 잡상미모 眨上眉毛

잡연 雜緣 ❶ Ⓢ saṃbhinna-ālambana, Ⓣ 'dres-pa-la-dmigs-pa. 법념주에 머물면서 두 가지 이상을 혼연으로 삼는 것. 이합관(二合觀) 여섯 가지, 삼합관(三合觀) 네 가지, 사합관(四合觀) 한 가지 등이 있다. 상대어는 부잡연(不雜緣)이다. 『대비바사론』 권185(대정장27, p.928b14)에 "잡연의 법념주란 바로 오온에 있어서 두 가지를 연으로 삼거나 혹은 세 가지를 연으로 삼거나 혹은 네 가지를 연으로 삼거나 혹은 다섯 가지 모두를 연으로 삼는 것이다. 두 가지를 연으로 하는 것이란 색과 수를 연으로 하는 것, 색과 상을 연으로 하는 것 … 상과 식을 연으로 하는 것, 행과 식을 연으로 하는 것 등을 말한다. 세 가지를 연으로 하는 것이란 색과 수와 상을 연으로 하는 것 … 상과 행과 식을 연으로 하는 것 등을 말한다. 네 가지를 대상으로 하는 것이란 색과 수와 상과 행을 연으로 하는 것 … 수와 상과 행과 식을 연으로 하는 것을 말한다. 혹은 다섯 가지 모두를 연으로 하는 것이란 색수상행식 일체를 모두 연으로 하는 것을 말한다. 택멸무위가 유루의 법념주라면 색 등의 다른 법과 합하여 연으로 하지만, 여기에서 말하는 것은 무루이기에 부잡연일 뿐이다. 若雜緣法念住 則於五蘊或二二緣 或三三緣 或四四緣 或五總緣 二二緣者 謂色受緣 色想緣 … 想識緣 行識緣 三三緣者 謂色受想緣 … 想行識緣 四四緣者 謂色受想行緣 … 受想行識緣 或五總緣者 謂色受想行識 一切總緣 其擇滅無爲 若有漏法念住 亦與色等餘法合緣 此中所說 是無漏故 唯不雜緣"라고 하였다. 〔참고문헌〕『大毘婆沙論』, 『俱舍論』 권23(대정장29, p.119a26), *Abh-k-bh.343*. ⇨ 사념주 四念住, 부잡연 不雜緣 ❷ 염불 외의 다른 연. 『낙방문류』 권4(대정장47, p.210a1)에 "〔문〕 무슨 까닭에 법을 짓지 않고 곧바로 다 버리고 오로지 명호만을 부르도록 하는 것은 무슨 뜻인가? … 념념이 상속하여 목숨을 마칠 때까지를 기한잡고 하니 열이면 열, 백이면 백이 정토에 난다. 왜냐하면 밖으로 '잡연'이 없어 정념을 얻기 때문이고, 부처님의 본원과 상응하기 때문이며, 가르침을 어기지 않기 때문이고, 부처님의 말씀에 따르기 때문이다. 問曰 何故不令作觀 直遣專稱名號者 有何意耶 … 念念相續 畢命爲期者 十卽十生 百卽百生 何以故 無外雜緣 得正念故 與佛本願相應故 不違敎故 順佛語故"라고 하였다. 〔참고문헌〕『樂邦文類』, 『往生禮讚偈』(대정장47, p.439b18).

잡연법념주 雜緣法念住 잡연(雜緣 Ⓢ saṃbhinna-ālambana)의 법념주(法念住 : 法念處 Ⓢ dharma-smṛty-upasthāna). 법념주에 있으면서도 사념주(四念住 : 身受心法)의 사행상(非常 苦 空 非我)을 다 들어 관하는 것을 말한다. 오직 법만을 관찰하는 것은 부잡연법념주(不雜緣法念住)다. 『구사론』 권23(대정장29, p.119a22 : *Abh-k-bh.*, p.343)에 "이 사념주는 차제로 저 정낙상아(淨樂常我 Ⓢ śuci-sukha-nitya-ātma)의 네 가지 전도를 대치하기에 오직 네 가지만 있어서 증감이 없다. 네 가지 중 세 가지는 오직 '부잡연'이고, 네 번째 소연만이 '잡연'과 '부잡연'에 통한다. 만약 오직 '법'만을 관하면 '부잡연'이라 하며, 신 등에서 두 가지나 세 가지 혹은 네 가지를 다 거둬 관하면 '잡연'이라고 한다. 이와 같이 신 등을 섞어 연하여 법을 념하여 마쳐서는 다시 무엇을 닦아야 하는가? 〔송〕 저 법념주에 머물며 다 들어 네 가지 소연을 관하여 비상(非常)·고(苦)·공(空)·비아(非我)의 행상을 닦는다. 〔논〕 저 관행자는 모든 잡연을 반연하는 법념주에 머물며, 소연인 '신' 등 네 가지 경을 다 들어 관하여 네 가지 행상인 비상·고·공·비아를 닦는다. 此四念住 如次治彼 淨樂常我 四種顚倒 故唯有四 不增不減 四中三種 唯不雜緣 第四所緣 通雜不雜 若唯觀法 名不雜緣 若於身等 二三或四 總而觀察 名爲雜緣 如是熟修 雜緣身等 法念住已 復何所修 頌曰 彼居法念住 總觀四所緣 修非常及苦 空非我行相 論曰 彼觀行者 居緣總雜 法念住中 總觀所緣 身等四境 修四行相 所謂非常 苦 空 非我 〈bhāṣya〉 śucisukhanityātmaviparyāsanāṃ caturṇāṃ pratipakṣeṇa catvāri smṛtyupasthā nānyuktāni yathākramaṃ nādhikanyūnāni evaṃ ca trīṇyasaṃbhinnālambanāni caturthamubhayathā. yadidharmāneva paśyatyasaṃbhinnālambanam. atha kāyādīnāṃ dve trīṇi catvāri vā samastāni paśyati saṃbhinnalambanam. evaṃ kāyādyālambanāni smṛtyupasthānānyabhyasya 〈kārikā〉 sa dharmasmṛtyupasthāne samastālambane sthitaḥ, ānatyaduḥkhataḥ śūnyānātmatastānvipaśyati. 〈bhāṣya〉 saṃbhinnalambane dharmasmṛtyupasthāne sthitastān kāyādīn sarvānabhisamasya caturbhirākāraiḥ paśyati. anityato duḥkhataḥ śūnyato 'nātmataśca". 『순정리론』 권61(대정장29, p.677c13)에 "잡연법념주는 모두 네 가지다. 이·삼·사·오온 등으로 경이 차별하기 때문이다. 오직 다 거둬 다섯을 연으로 삼은 것이 여기에서 닦을 것이다. 여기(法念住)에 머물며 사행상을 닦으니, 즉 일체 신수심법 등의 무상·고·공·무아라고 다 들어 관한다. 雜緣法念住 總有四種 二三四五蘊爲境別故 唯總緣五 名此所修 彼居此中 修四行相 總觀一切身受心法 所謂無常 苦 空 無我", 『구사론기』 권23(대정장41, p.344a

19)에 "단·촉·식·사(段觸識思) 네 가지 식을 대치하기 위하여 차제로 '신' 등의 사념주를 건립한다. 그러므로 오직 네 가지만 있을 뿐이어서 증감은 없다. '네 가지 중에서 세 가지'까지가 잡연이라고 한 것은, 네 가지 소연에 '잡'과 '부잡'이 있음을 드러낸 것이다. 네 가지 중 앞 세 가지는 낱낱을 따로 관하니 오직 '부잡연'일 뿐이고, 네 번째 소연인 법념주만은 '잡'과 '부잡'에 통한다. 오직 법만 관한다면 '부잡연'이지만, '신' 등 네 가지(色受想行)에서 두 가지를 합하여 관하거나 세 가지를 합하여 관하거나 네 가지를 다 관하는 것이다. 즉 두 가지씩 합하여 관하는 것은 여섯 가지고, 세 가지씩 합하여 관하는 것은 네 가지며, 네 가지를 합하여 관하는 것에 한 가지가 있으니, 통틀어 열한 가지인 것을 잡염법이라 하는데 모두 '법'이라 이름한다. 우선 부잡연인 신수심법이니, 부잡연법념주를 따라 머문 후에 틈새없이 잡염법념주를 이끌어 일으킨다. 或爲對治 段觸識思食 如次建立 身等四念住 故唯有四 不增不減 四中三種至名爲雜緣者 顯四所緣 有雜不雜 四中前三 一一別觀 唯不雜緣 第四所緣 通雜不雜 若唯觀法 名不雜緣 於身等四 或二合觀 或三合觀 或四總觀 二二合觀有六 三三合觀有四 四合觀有一 總有十一 名雜緣法 通名法故 先不雜緣 身受心法 從不雜緣法念住後 無間引起 雜緣法念住"라고 하였다. 〔참고문헌〕『俱舍論』, 『順正理論』, 『俱舍論記』, 『顯宗論』 권30(대정장29, p.920c29), *Abh-k-bh.* ⇨ 사념주 四念住, 법념처 法念處

잡염 雜染 Ⓢ saṃkleśa, Ⓣ kun-nas-nyon-mongs-pa. 갖가지로 물들다. 유루(有漏)의 염오법(染汚法)인 불선법(不善法)과 유부무기법(有覆無記法)을 말한다. 염(染)이나 염오(染汚)라고 하면 번뇌(煩惱)를 말하고, 잡염이라 하면 선·악·무기(無記) 또는 애견만무명(愛見慢無明)의 네 가지 무기근(無記根)에 물든 일체유루법을 일컫기도 한다. 음사어는 승길례삭(僧吉隸爍)이고 청정(淸淨)의 상대어다. 번뇌잡염·업잡염·생잡염의 세 가지 잡염을 말한다. 번뇌잡염은 일체의 번뇌와 수번뇌를 다 모아 일컫는 말이며, 혹잡염(惑雜染)이라고도 한다. 업잡염이란 번뇌에서 생기는 신어의 삼업을 말한다. 생잡염이란 번뇌와 업에 의하여 삼계에 나는 괴로움을 말하며 고잡염(苦雜染)이라고도 한다. 이상 세 가지 잡염에 장잡염(障雜染)을 더하면 네 가지 잡염이다. 『대승아비달마잡집론』 권9(대정장31, p.736a14 : *Abh-s-bh.*, p.78)에 "잡염이란 어떤 것인가? 네 가지 무기근(無記根)을 말하니, 첫째는 애(愛), 둘째는 견(見), 셋째는 만(慢), 넷째는 무명(無明)이다. 이러한 네 가지 미혹으로 그 마음을 물들이니, 여러 가지 물든 정려정문에서 색계와 무색계의 모든 유부무기인 번뇌와 수번뇌가 자라나 끊이지 않는다. 그 까닭은 무엇인가? 애가 있기에 상지정려에 맛들여 잡염에 물들고, 정정의 경안락을 탐미한다. 견이 있기에 상지정려를 보아 잡염에 물들고, 그 정려에 의지해서 선제 등의 견을 헤아리고, 만이 있기에 상지정려가 대단하다는 잡염에 물든다. 승정증득함 의지하여 높은 만을 일으키기 때문이다. 무명 때문에 상지정려를 의심하는 잡염에 물든다. 해탈을 구하는 이가 진실도리에 아직 통달하지 못하여 승품증득에 대해 항상 해탈인지 해탈 못한 것인지 의심하는데, 이와 같은 번뇌는 항상 그 마음을 물들여 색계와 무색계의 크고 작은 미혹이 상속유전한다. 雜染者 謂四無記根 一 愛 二 見 三 慢 四 無明 由此四惑 染汚其心 於諸染汚 靜慮定門 令色無色界 一切有覆無記 煩惱隨煩惱 生長不絶 所以者何 由有愛故 味上靜慮 雜染所染 貪味淨定 輕安樂故 由有見故 見上靜慮 雜染所染 依止靜慮 發起計度 先際等見故 由有慢故 慢上靜慮 雜染所染 依證勝定 起高慢故 由無明故 疑上靜慮 雜染所染 求解脫者 由未通達 眞實道理 於勝品所證 常生疑惑 爲解脫耶 不解脫耶 如是煩惱 恒染其心 令色無色 大小二惑 相續流轉 kathaṃ saṃkleśataḥ. catvāryavyākṛtamūlāni tṛṣṇā dṛṣṭirmāno'vidyā ca, taiḥ saṃkliṣṭacittānāṃ kliṣṭadhyānamukhena rūpārūpyāvacarasarvanivṛtāvyākṛtakleśopakleśāvartanāt. tatra tṛṣṇayāsvādasaṃkleśena saṃkliśyate, prasrabdhisukhāsvādāt. dṛṣṭyā dṛṣṭyuttaradhyāyitayā saṃkliśyate, dhyānaṃ niścitya pūrvāntakalpādidṛṣṭisamutthāpanāt. mānena mānottaradhyāyitayā saṃkliśyate, tena viśeṣādhigamenonnatigamanāt. avidyayā vicikitsottaradhyāyitayā saṃkliśyate, tattvāprativedhena mokṣakāmasya tasminviśeṣādhigame mokṣo na mokṣa iti vicikitsotpādanāt", 『분별연기초승법문경』 권상(대정장16, p.837c21)에 "'세존이시여, 어떤 것을 무명소연의 수승이라고 합니까?' 세존께서 이렇게 답하셨다. '무명소연이 곧 일체이니 인이나 과의 뭇 허물과 모든 잡염품이고, 나아가 일체로서 인이나 과의 여러 가지 공덕과 모든 청정품인데, 이것을 무명소연의 수승이라고 한다'. … '세존이시여, 어떤 것을 무명인연의 수승이라고 합니까?' 세존께서 이렇게 답하셨다. '이 무명이 널리 일체에 있어서의 모든 번뇌잡염·업잡염·생잡염이니, 능히 인연의 근본의지처를 짓는다'. 世尊 云何無明所緣殊勝 世尊告曰 無明所緣 卽是一切 若因若果 有衆過患 諸雜染品 及以一切 若因若果 有衆功德 諸淸淨品 是名無明所緣殊勝 … 世尊 云何無明因緣殊勝 世尊告曰 如是無明 普於一切 煩惱雜染 諸業雜染 諸生雜染 能作因緣根本依處", 『유가사지론』 권56(대정장30, p.612c20)에 "의심이라는 잡염에 물들기에 일체의 어리석은 범부중생은 의혹을 갖게 되고, 다른 이를 믿고 따르며 다른 길로 나아가 현법 중에서 온갖 고뇌를 받아 안은히 머물지 못한다.

애라는 잡염에 물들기 때문에 후유의 생로병 등 일체의 커다란 고통을 불러들인다. 由疑雜染所雜染故 一切愚夫 獲得疑惑 信順於他引趣異路 於現法中多受苦惱 不安隱住 由愛雜染所雜染故 引生後有生老病等一切大苦"라고 하였다. [참고문헌] 『大乘阿毘達磨雜集論』, 『分別緣起初勝法門經』, 『瑜伽師地論』, *Abh-s-bh.*, *Abh-k-bh.15・40.* ⇨ 삼잡염 三雜染, 번뇌잡염 煩惱雜染, 업잡염 業雜染, 생잡염 生雜染, 유루 有漏❶, 유루법 有漏法, 유부무기 有覆無記, 불선 不善, 염오 染汚, 난 難❼, 청정 淸淨

잡염등기시설건립 雜染等起施設建立 Ⓢ saṃkleśa-prajñapti-vyavasthāna. 번뇌・업・생(煩惱 業 生)이라는 세 가지 잡염(雜染)을 계・상・여리작의・불여리작의・잡염등기(界 相 如理作意 不如理作意 雜染等起)의 다섯 갈래로 열어 보인 문. 『유가사지론』 권8(대정장30, p.313a19 : *Yogā-bh.*, p.160)에 "무엇이 잡염시설건립인가? 즉 세 가지 잡염 때문이다. 어떤 것이 그 세 가지인가? 첫째 번뇌잡염, 둘째 업잡염, 셋째 생잡염이다. 云何雜染施設建立 謂由三種雜染應知 何等爲三 一 煩惱雜染 二 業雜染 三 生雜染 tatra saṃkleśaprajñaptivyavasthānaṃ katamat. tatribhiḥ saṃkleśair veditavyaṃ. te punaḥ katame. kleśasaṃkleśaḥ karmasaṃkleśo janmasaṃkleśaśca"라고 하였다. [참고문헌] 『瑜伽師地論』, *Yogā-bh.* ⇨ 잡염 雜染, 시설건립 施設建立❶, 삼지 三地❶, 심사 尋伺

잡염법 雜染法 Ⓟ dhammā parāmaṭṭhā. 유루법(有漏法). 번뇌에 물든 일체의 법을 말하며, 사성제(四聖諦) 중 고제(苦諦)와 집제(集諦)에 해당한다. 구역(舊譯)은 유예오법(有穢汚法)이며, 비잡염법(非雜染法 : 無漏法・淸淨法)의 상대어이다. 『대승보살장정법경』 권2(대성상11, p.783c19)에 "잡염에는 열이 있다. 어떤 것이 그 열인가? 첫째 인색한 허물로서의 잡염, 둘째 계를 허문 잡염, 셋째 성내는 허물로서의 잡염, 넷째 게으름이라는 잡염, 다섯째 산란이라는 잡염, 여섯째 악한 혜라는 잡염, 일곱째 들은 일 없는 잡염, 여덟째 의혹이라는 잡염, 아홉째 믿고 이해함이 없는 잡염, 열째 존중하지 않는 잡염이다. 이와 같은 열 가지 잡염법이 세간에 모이는데, 나는 이것을 보아 마치고는 널리 무잡염법에 안주하도록 하였다. 그러므로 깨끗한 믿음으로 출가하여 아누다라삼막삼보리과에 나아가 깨우쳤다. 雜染有十 何等爲十 一者 慳悋垢雜染 二者 毁戒垢雜染 三者 瞋恚垢雜染 四者 懈怠垢雜染 五者 散亂垢雜染 六者 惡慧垢雜染 七者 無聞垢雜染 八者 疑惑垢雜染 九者 無信解垢雜染 十者 不尊重垢雜染 如是十種諸雜染法 世間合集 我見是已 普令安住 無雜染法 是故 我乃淨信出家 趣證阿耨多羅三藐三菩提果", 『품류족론』 권6(대정장26, p.715c20)에 "잡염법이란 무엇인가? 유루법을 말한다. 비잡염법이란 무엇인가? 무루법을 말한다. 雜染法云何 謂有漏法 非雜染法云何 謂無漏法", 『유가사지론』 권70(대정장30, p.687c13)에 "법념주를 닦는 이는 열한 가지 잡염법을 응당 바로 분명히 안다. 즉 첫째 탐욕, 둘째 성냄, 셋째 어리석음, 넷째 모으는 일, 다섯째 흩어지는 일, 여섯째 혼침, 일곱째 도거, 여덟째 수번뇌상, 아홉째 불락원리, 열째 애미, 열한째 증상만이다. 修法念住者 應正了知 十一種雜染法 一 貪 二 瞋 三 癡 四 聚 五 散 六 沈 七 掉 八 隨煩惱相 九 不樂遠離 十 愛味 十一 增上慢"라고 하였다. [참고문헌] 『大乘菩薩藏正法經』, 『品類足論』, 『瑜伽師地論』, *Dhs.208.* ⇨ 유루법 有漏法, 잡염 雜染, 잡염상 雜染相, 비잡염법 非雜染法

잡염상 雜染相 Ⓢ saṃkleśa-lakṣaṇa, Ⓣ kun-nas-nyon-mongs-pa'i-mtshan-nyid. 갖가지 물든 모양. 번뇌에 물든 일체법인 유루법(有漏法)을 말한다. 허망분별로 일어나 커지는 일체 염상(染相)이라고도 한다. 『변중변론』 권상(대정장31, p.465a28)에 "다음으로 '잡염상'을 설하겠다. [송] 부장(覆障 Ⓢ chādana)과 안립(安立 Ⓢ ropaṇa), 장도(將導 Ⓢ nayana)와 섭(攝 Ⓢ saṃparigraha)과 원만(圓滿 Ⓢ pūraṇa), 삼분별(三分別 Ⓢ triparicchedа)과 수용(受用 Ⓢ upabhoga), 인기(引起 Ⓢ karṣaṇa)와 연박(連縛 Ⓢ nibandhana), 현전(現前 Ⓢ ābhimukhya)과 고과(苦果 Ⓢ duḥkhana) 등 때문이니, 오직 이것이 세간을 괴롭힐 뿐이라오. 세 가지・두 가지・일곱 가지 잡염 허망분별로 연유한다네. 次當說 此雜染相 頌曰 覆障及安立 將導攝圓滿 三分別受用 引起幷連縛 現前苦果故 唯此惱世間 三二七雜染 由虛妄分別", "[논] 덮어 가림이란 무명이 여실한 이치를 가려서 참된 소견을 막는 것이다. 안립이란 제행으로 본식 중에 업을 훈습해 심는 것이다. 장도란 식을 취함이 있어 모든 유정을 이끌어 나게 한다. 섭이란 명색으로 거두는 것으로 유정 스스로 몸을 갖게 된다. 원만이란 육내처로 모든 유정들이 온전하게 된다. 論曰 覆障故者 謂由無明 覆如實理 障眞見故 安立故者 謂由諸行 植本識中 業熏習故 將導故者 謂有取識 引諸有情 至生處故 攝故者 謂名色攝 有情自體故 圓滿故者 謂六內處 令諸有情 體具足故", "여기서 설하는 십이유지로 세간을 핍박해서 안은하지 못하다. 세 가지 잡염이란 첫째는 번뇌잡염(煩惱雜染 Ⓢ kleśa-saṃkleśa)이니 무명・애・취를 말하고, 둘째는 업잡염(業雜染 Ⓢ karma-saṃkleśa)이니 행・유를 말하며, 셋째는 생잡염(生雜染 Ⓢ janma-saṃkleśa)이니 그 나머지를 말한다. … 일곱 가지 잡염(Ⓢ saptadhā saṃkleśaḥ)이란 무엇인가? 일곱 가지 인을 말한다. 첫째는 전도인(顚倒因 Ⓢ viparyāsa-hetu)이니 무명을 말하고, 둘째는 견인인(牽

引因 Ⓢ ākṣepa-hetu)이니 행을 말하며, 셋째는 장도인(將導因 Ⓢ upanaya-hetu)이니 식을 말하고, … 일곱째는 염포인(厭怖因 Ⓢ udvega-hetu)이니 생과 노사 등을 말한다. 이런 모든 잡염은 모두 허망분별로 말미암아 나고 자라지 않음이 없다. 唯此所說 十二有支 逼惱世間 令不安隱 三雜染者 一 煩惱雜染 謂無明 愛 取 二 業雜染 謂行 有 三 生雜染 謂餘支 … 七雜染者 謂七種因 一 顚倒因 謂無明 二 牽引因 謂行 三 將導因 謂識 … 七 厭怖因 謂生 老死 此諸雜染 無不皆由虛妄分別而得生長"라고 하였다. 〔참고문헌〕『辯中邊論』, 『顯揚聖敎論』 권1(대정장31, p.485a27), *Madhy-vibh.21*. ⇨ 유루법 有漏法, 잡염 雜染, 잡염법 雜染法, 염상 染相

잡염의타 雜染依他 의타기성(依他起性) 중 잡염의 의타기인 염분의타기성(染分依他起性). 허망분별에 의하여 생기는 일체잡염법을 말한다. 『섭대승론본』 권중(대정장31, p.140c7)에 "『아비달마대승경』 중에서 박가범께서는 다음과 같이 말씀하셨다. '법에는 세 가지가 있으니 첫째 잡염분(Ⓢ saṃkleśāṃśika, Ⓣ kun-nas-nyon-mongs-pa'i-char-gtogs-pa), 둘째 청정분, 셋째 이 두 가지 분이다'. 어떤 숨겨진 뜻으로 이와 같이 말씀하시는가? 의타기자성 중의 변계소집자성이 잡염분이고, 원성실자성이 청정분이며, 저 의타기자성은 이 두 가지이다. 이런 숨겨진 뜻으로 이와 같이 말씀하신다. 阿毘達磨大乘經中 薄伽梵說 法有三種 一 雜染分 二 淸淨分 三 彼二分 依何密意 作如是說 於依他起自性中 遍計所執自性是雜染分 圓成實自性是淸淨分 卽依他起是彼二分 依此密意 作如是說", 『섭대승론석』 권5(대정장31, p.345b11)에 "〔석〕『아비달마대승경』 중에서 이런 숨겨진 뜻에 따라 세 가지 법이 있다고 설하였다. 첫째 잡염분이니, 변계소집자성이 잡염이기 때문이다. 둘째 청정분이니, 원성실자성이 청정이기 때문이다. 셋째 이 두 가지이니, 의타기자성이 이 두 가지에 통하기 때문이다. 釋曰 阿毘達磨大乘經中 由此密意 說有三法 一 雜染分 謂遍計所執自性是雜染故 二 淸淨分 謂圓成實自性是淸淨故 三 彼二分 謂依他起自性通彼二故", 원측(圓測)의 『해심밀경소』 권4(한불전1, p.234b15)에 "일체의 번뇌·업·생 등의 잡염은 연을 따라 생기기에 모두 의타라고 부른다. 무릇 의타기에 스스로 두 가지니, 첫째 잡염이고 둘째 청정이다. 그러므로 『성유식론』 권8(대정장31, p.46b5)에서 다음과 같이 말한다. '유루도 무루도 모두 의타기다. 뭇 연들에 의지하여 일어나기 때문이다. 『유식삼십론송』 제8에서 분별연소생이라 한 것도 마땅히 염분의타를 말한다'. 一切煩惱 業生雜染 從緣生故 皆名依他 汎論依他 自有二種 一者 雜染 二者 情淨 故成唯識第八云 有漏無漏 皆依他起 依他衆緣 而得起故 頌言分別緣所生者 應知亦說 染分依他"라고 하였다. 〔참고문헌〕『攝大乘論本』, 『攝大乘論釋』, 『解深密經疏』, 『成唯識論』, *Mah-saṃ.39*. ⇨ 염분의타기성 染分依他起性, 의타기성 依他起性, 잡염법 雜染法

잡예어 雜穢語 Ⓢ saṃbhinna-pralāpa, saṃbhinna-pralāpitā, saṃbhinna-pralāpin, Ⓟ sampha-ppalāpa, Ⓣ tshig-bkyal-pa, tshig-bkyal-pa-nyid, ngag-kyal-pa. 물든 마음으로 하는 말들. 십악(十惡) 중 하나로 꾸미는 말(佞), 물들이는 노래(歌), 사론(邪論) 등으로 기어(綺語)·무용어(無用語)·무의어(無義語) 등도 이에 거둔다. 『구사론』 권16(대정장29, p.88a15 : *Abh-k-bh.*, p.246)에 "일체염심으로 일으키는 모든 말을 잡예어라고 한다. 그 까닭은 무엇인가? 염오심이 일으키는 말은 모두 갖가지로 물든 말이기 때문이다. … 이것은 영(佞)·가(歌)·사론(邪論) 등을 말한다. '영'이란 꾸며 말한다. 저 비구가 옳지 못하게 살면서 꾸며 말하는 것 등이다. '가'란 노래하는 것을 말한다. 마치 세상의 사람이 염오심으로 노래를 읊조리며 서로 어울리고, 창기들이 들떠 다른 이를 기쁘게 하고자 염오심으로 노래하는 것이다. '사론'이란 모든 부정견으로 집착한 말을 자세히 가려 하는 것이다. '등'이란 물든 마음으로 일으키는 비탄이나 세속의 모든 희론언사를 일컫는다. 앞의 세 종류의 말과 다른 염오심이 일으키는 일체의 말은 모두 잡예어에 속한다. 전륜성왕이 출현할 때에도 노래하는데, 어찌하여 잡예어에 속하지 않는가? 그의 말은 출리심에서 생긴 것이기에 벗어나게 할 뿐 물들이지 않는다. 一切染心 所發諸語 名雜穢語 所以者何 染所發言 皆雜穢語故 … 此謂佞歌 及邪論等 佞謂諂佞 如有苾芻 邪命居懷 發諂佞語 歌謂歌詠 如世有人 以染汚心 諷吟相調 及倡妓者 爲悅他情 以染汚心 作諸詞曲 言邪論者 謂廣辯說 諸不正見 所執言詞 等謂染心所發悲嘆 及諸世俗 戲論言詞 但異前三 染心所發 一切皆是 雜穢語收 輪王現時 亦有歌詠 如何不是 雜穢語收 由彼語從出離心發 能引出離 非預染心 yat kliṣṭacittasya pareṣāmapriyavacanamarthābhijñe tatraiva ca yat vivakṣitaṃ tat pāruṣyam. … tadyathā bhikṣurmithyājīvī lapanāṃ karoti raktāśca kecit gāyanti nāṭacye ca naṭāḥ pareṣāṃ rañjanārthaṃ pralapanti. kukśāstrāṇi ca taddṛṣṭayo 'pi gadanti. evaṃ paridevasaṃganikādikamapi yadanyanmṛṣāvādādibhyaḥ kliṣṭaṃ vākkarma tatsaṃbhinnapralāpaḥ. kathaṃ cakravartikāle gītaṃ cāsti na ca saṃbhinnapralāpaḥ. naiṣkramyopasaṃhitāni hi tadānīṃ giyante sma na grāmyarasopasaṃhitāni"라고 하였다. 〔참고문헌〕『俱舍論』, 『華嚴經探玄記』 권11(대정장35, p.318b24), *Abh-k-bh.* ⇨ 잡예어악행 雜穢語惡行, 기어 綺語, 무의어 無義語, 십악 十惡

잡예어악행 雜穢語惡行 사어악행(四語惡行) 중 하나. 때에도 법에도 진실에도 맞지 않고, 어지럽고 이해할 수 없으며 무의미한 말을 하는 행위. 『집이문족론』 권10(대정장26, p.409a1)에 "어떤 것이 잡예어악행인가? [답] 세존께서 말씀하셨다. '비구들아, 이런 것을 알아야 한다. 잡예어를 한다는 것은 때에 맞지 않는 말, 사실이 아닌 말, 참이 아닌 말, 법에 맞지 않는 말, 뜻 없는 말, 생각없이 하는 말, 떠드는 말을 하니 비유나 풀이가 없으며, 이해할 수 없거나 서로 가까이 할 수 없으며, 뒤섞여 어지러워 법이 아니니 능히 이끌어 낼 뜻이 없으니 잡예어를 하거나 잡예어를 여의지 않는다'. 云何雜穢語惡行 答 如世尊說 苾芻當知 有雜穢語者 說非時語 非實語 非眞語 無法語 無義語 不寂語 不靜語 無喩無釋 不相應不相近 雜亂無法 能引無義 說雜穢語 不離雜穢語"라고 하였다. [참고문헌] 『集異門足論』. ⇨ 잡예어 雜穢語, 사어악행 四語惡行

잡작의 雜作衣 안타회(安陀會 Ⓢ antarvāsa). 갖추어서 원내도행잡작의(院內道行雜作衣)라고 한다. 『비니일용록』(卍속장106, p.113b5)에 "범어 안타회는 안달라바사라고도 음사하고 중숙의(中宿衣)〈곧 오조의(五條衣)〉·하착의(下著衣)·잡작의라고도 한역한다. 한 쪽은 길고, 한 쪽은 짧은 1조로 한다. 보통 사원에서 노역을 하거나 길로 나가 출입하며 왔다 갔다 할 때는 이 옷을 착용해야 한다. 梵語安陀會 或云 安怛羅婆娑 此云 中宿衣〈卽五條衣〉 亦云 下著衣 亦云 雜作衣 一長一短 凡寺中執勞服役 路途出入往還 當著此衣"라고 하였다. [참고문헌] 『毗尼日用錄』, 『沙彌十戒威儀錄要』(卍속장106, p.694b13). ⇨ 안달바사 安怛婆沙, 안타회 安陀會, 원내도행잡작의 院內道行雜作衣, 오조의 五條衣, 삼의 三衣❶

잡잡지 匝匝地 이러궁저러쿵 쓸데없는 소리 가득한 모양. 불이 붙어 탈 때 나는 소리에서 가져와 이것저것 가리지 않고 쏟아내는 뜻이기도 하다. 잡잡지(咂咂地)라고도 쓴다. 『벽암록』 8칙 「평창 評唱」(대정장48, p.148b19)에 "이 말(본칙에 나오는 翠嵒의 말)에 기특함 없다면 운문·보복·장경 세 사람이 시끌시끌하게 다른 이들과 주고받았던들 무슨 일 있겠는가? 此語若無奇特 雲門保福長慶三人 咂咂地與他酬唱 作什麽", 같은 책 63칙 「평창」(대정장48, p.194c15)에 "그가 (고양이를) 들지 않았을 때라도 이러쿵저러쿵 떠들며 한껏 도리를 지어내었을까? 他若不提起時 亦匝匝地 作盡道理", 『섭현귀성어록』(고존숙어록23, 卍속장118, p.457a15)에 "만일 선을 말하고 도를 말하며 부처와 법을 말하며 또 이 소리 저 소리로 하늘과 땅에 가득하다면 다시 광교(섭현귀성 자신)에게 무슨 말을 해야 될까? 만일 지극한 이치에 따라 말한다면 그럴듯하기만한 무리는 열반당으로 들어가 죽이나 밥을 먹으며 목숨 이어감이 오를 듯하다. 若是說禪說道 說佛說法來 又匝匝地 遍天遍地 也更敎廣敎 說箇什麽卽得 若約至理論 似此之輩 且去涅槃堂內 粥飯裏將養 始得", 『응암담화어록』 권7(卍속장120, p.857b6)에 "만일 심지 막힘없이 밝히지 못한다면 어떻게 십이시중에 마음을 일으켜 움직이는 생각들 그칠 수 있겠는가! 저 천파만파로 그런 듯한 것들 어떻게 녹여 없앨 수 있겠는가! 若心地不洞明 如何歇得 十二時中 起心動念 匝匝地 如千波萬浪相似 如何消融得去"라고 하였다. [참고문헌] 『碧巖錄』, 『葉縣歸省語錄』, 『應庵曇華語錄』, 『無準師範語錄』 권5(卍속장121, p.960a2).

잡장 雜藏 ❶ 사장(四藏) 또는 오장(五藏) 또는 팔장(八藏) 중 하나. 삼장(三藏)의 범주 밖에 따로 묶어 여러 가지 교설을 집성한 것. 부파에 따라 결집경전을 이장(二藏)·삼장(三藏)·사장·오장 등으로 분별하였는데, 예컨대 경량부(經量部)는 이장, 유부(有部)는 삼장, 대중부(大衆部)는 사장 또는 오장으로 구별하였다. 이 중 대중부는 경율론 삼장에 잡장을 더하여 불제자나 보살의 교행뿐만 아니라 인천의 찬송까지를 거두어 잡장이라 하였다. 『증일아함경』 권1 「서품 序品」(대정장2, p.550c9)에 "계경은 제1장, 율은 제2장, 아비담은 제3장이며 방등대승의 뜻 중 깊고 그윽한 것들과 여러 계경은 잡장을 삼았다. 契經一藏律二藏 阿毘曇經爲三藏 方等大乘義玄邃 及諸契經爲雜藏", 『분별공덕론』 권1(대정장25, p.32b6)에 "잡장이라는 것은 비단 한 사람만의 설이 아니다. 때론 부처님 말씀이고, 때론 제자의 설이며, 어떤 것은 여러 천들의 찬송이며, 어떤 것들은 과거 삼아승기겁의 보살의 본생 등이다. 경문의 뜻이 하나가 아니기에 삼장보다 다양하여 잡장이라 한다. 所謂雜藏者 非一人說 或佛所說 或弟子說 或諸天讚誦 或說宿緣三阿僧祇菩薩所生 文義非一 多於三藏 故曰雜藏也", 『대지도론』 권49(대정장25, p.412a8)에 "사장은 이른바 아함·아비담·비니·잡장이다. 四藏 所謂阿含 阿毘曇 毘尼 雜藏", 『보살처태경』 권7 「출경품 出經品」(대정장12, p.1058b19)에 "최초로 드러낸 경이 태화장이니 첫째요, 중음장이 둘째요, 마하연방등장이 셋째요, 계율장이 넷째요, 십주보살장이 다섯째요, 잡장이 여섯째요, 금강장이 일곱째요, 불장이 여덟째이다. 이것을 '석가문부처님 경법구족'이라고 한다. 最初出經 胎化藏爲第一 中陰藏第二 摩訶衍方等藏第三 戒律藏第四 十住菩薩藏第五 雜藏第六 金剛藏第七 佛藏第八 是爲釋迦文佛經法具足矣"라고 하였다. [참고문헌] 『增壹阿含經』, 『分別功德論』, 『大智度論』, 『菩薩處胎經』, 『四分律行事鈔資持記』 권상(대정장40, p.171c3). ⇨ 사장 四藏❶, 오장 五藏❶, 팔장 八藏, 보잡장 寶雜藏 ❷ Ⓢ Kṣudraka-piṭaka. 굴다가아함(屈陀伽阿含)을 뜻하는 말. 소부경(小部經)들의 모음 즉 잡집장(雜集藏)이라고도 한다. 잡류아급마(雜類阿笈摩)라고도 하고, 오부(五部) 니카야 중에서는 쿳다카니카야(Ⓟ Khuddaka-Nikāya)와 상응한다. 『마하승기율』 권32(대정장22, p.491c16)에 "존자 아난은 이와 같은 등의 일체법장을 외웠으니 문구가 긴 것은 모아서 장아함이 되었고, 문구가 중간인 것은 모아서 중아함이 되었으며, 문구가 다양한 것은 모아서 잡아함이라 하였다. 이른바 근기의 다양함·힘의 다양함·깨달음의 다양함·도의 다양함 등 이와 같이 엇비슷한 것들을 잡이라고 한다. 하나 둘 셋 점점 더해서 백까지 더하며 그 수와 류에 따라 서로 붙이고 모아서 증일아함을 만들었다. 잡장이라 함은 이른바 벽지불·아라한이 스스로 설한 본행인연이니, 이와 같은 것들에 비견되는 여러 게송들을 바로 잡장이라고 부른다. 尊者阿難 誦如是等 一切法藏 文句長者 集爲長阿含 文句中者 集爲中阿含 文句雜者 集爲雜阿含 所謂根雜力雜 覺雜道雜 如是比等名爲雜 一增二增三增 乃至百增 隨其數類相從 集爲增一阿含 雜藏者 所謂辟支佛 阿羅漢自說本行因緣 如是等比諸偈誦 是名雜藏", 『오분율』 권30(대정장22, p.191a28)에 "여타의 다양한 설로부터 이제 한 부로 모아서 잡장이라고 한다. 自餘雜說 今集爲一部 名爲雜藏"라고 하였다. [참고문헌] 『摩訶僧祇律』, 『五分律』, 『法住記』(대정장49, p.14b6). ⇨ 굴다가니가야 屈陀迦尼迦耶, 오아함 五阿含, 오부니카야 五部Nikāya, 아함 阿含

잡장경 雜藏經 동진(東晉)대 법현(法顯) 한역. 1권. 고려장19, pp.786b1~790b23, No.767·대정장17, pp.557b12~560b6, No.745에 수록되어 있다. 신족제일 목련(目連)이 고통받는 아귀(餓鬼)들에게 숙세인연과 아울러 선행의 과와 인연도 설한다. 한편 수(隋)대 법경(法經)이 찬집한 『중경목록』 권3(대정장55, p.129a25)과 언종(彦琮)이 찬집한 『중경목록』 권2(대정장55, p.160a29) 등에는 불타발다라(佛陀跋陀羅)와 법현의 공역이라고 하였다. [참고문헌] 『衆經目錄』.

잡전 雜傳 전등(傳燈)이나 사서류(史書類)의 편성 중 하나. 열전(列傳)으로 등재할 만큼은 아니나, 후세에 남겨둘만큼 의미있는 인물들에 대한 전기다. 『불조통기』 권21 「제사잡전 諸師雜傳」(대정장49, p.241a22)에 "잡전을 지은 것은 여러 스님의 순정하지 못한 점도 기록하여 정각은 종지를 등진 기록이고 신지로 조록을 망친 것을 기록하며 초암은 이렇게 질서를 어지럽힌 점을 기록하였다. 雜傳之作 將以錄諸師之未醇正者 故淨覺以背宗錄 神智以破祖錄 草菴以失緖錄"라고 하였다. [참고문헌] 『佛祖統紀』, 『禪關策進』 「序文」(대정장48, p.1097c23), 『廣弘明集』 권3(대정장52, p.110b28).

잡주 雜住 **1** 진에(瞋恚)나 해태(懈怠)에 머물러 생사류(生死流)를 따르는 것. 『불본행집경』 권22(대정장3, p.754b7)에 "'두 가지 잡주'란 성냄이나 해태를 말한다. 무명중생은 이와 같이 수행하지 못하고, 이 다섯 갈래(五道)로 미혹하여 빠져 물들고 집착하니, 번뇌의 고해중에 머물러 생사의 흐름을 따른다. 二雜住者 所謂瞋恚 復二雜住 所謂懈怠 無明衆生 不如是修 迷沒染著此五處所 住於煩惱苦海之中 順生死流"라고 하였다. [참고문헌] 『佛本行集經』. **2** Ⓢ saṃsarga, Ⓣ 'du-'dzi, 'du-'dzi'i-gnas-pa, 'dre-bar-gnas-pa. 무리에 섞이기 좋아하여 성중과 함께 하지 못함. 『유가사지론』 권25(대정장30, p.420a26 : *Śrāv-bh.*, p.146)에 "무리들과 자주 모이기를 좋아해서 저런 일 중에 마음이 흩어져 움직여 요란하다. 혹은 섞여 머무르길 즐긴다. 이 인연으로 여러 재가중과 출가중과는 만날 수 없다. 사모하여 보려하고 만나면 헤어지려 하지 않는다. 多愛樂數與衆會 彼彼事中 令心散動 令心擾亂 或樂雜住 由此因緣 諸在家衆及出家衆 若未會遇 思慕欲見 若已會遇 不欲別離 tatra ca-abhimato bhavaty-abhīkṣṇena gaṇa-sannipāta-bahulo bhavati. teṣu teṣv-adhikaraṇeṣu vyākṣipta-mānaso bhavati. vyākula-mānasaḥ. saṃsarga-ārāmo bhavati. gṛhastha-pravrajitānām-asamavahitānāṃ ca viyogaṃ gacchati"라고 하였다. [참고문헌] 『瑜伽師地論』, *Śrāv-bh.* **3** 외도가 독존의 지성(Ⓢ puruṣa)은 온갖 곳에 머물지만 어디에도 섞이지 않는다고 주장하는 뜻. 『섭대승론석』 권2(대정장31, p.164c29)에 "[논] 혹은 여덟 가지 자재아를 주장하기도 한다. [석] 비세사와 나야수마가 아에 집착하는 것과 같으니, 어떤 모양이고 어떤 덕인가? 지성이 그 성품이며, 여덟 가지 자재로 덕을 삼았다. 불이 열을 그 상으로 여기듯이 '아'도 역시 이와 같다. 독존하거나 섞여 있을지라도 그 지성은 바뀌지 않기에 지성이 그 상이다. 論曰 或執八自在我 釋曰 如鞞世師 那耶修摩 執我者 何相何德 智性爲相 八自在爲德 如火以熱爲相 我亦如此 若獨存及雜住 智性無改故 以智性爲相"라고 하였다. [참고문헌] 『攝大乘論釋』. ⇨ 팔자재아 八自在我

잡집론 雜集論 안혜(安慧)보살이 합유(合糅)하고, 당대 현장(玄奘)이 한역한 『대승아미달마잡집론』(대정장31, No.1606)의 줄인 이름. ⇨ 대승아비달마잡집론 大乘阿毘達磨雜集論

잡집론고적기 雜集論古迹記 신라 태현(太賢) 지음. 4권. 『대승아비달마잡집론』의 주석서로서 『잡집고적』·『잡집론고적』이라고도 한다. 『신편제종교장총록』 권3 「해동유본견행록 海東有本見行錄」(대정장55, p.1176c7·한불전4, p.694c2)에 책 이름이 수록되어 있다.

〔참고문헌〕『新編諸宗教藏總錄』. ⇨ 대승아비달마잡집론 大乘阿毘達磨雜集論

잡집장 雜集藏 잡장(雜藏)을 달리 일컫는 말. 『대당서역기』 권9(대정장51, p.923a2)에 "아난이 아라한과를 증득한 곳에서 서쪽으로 20여 리를 가면 솔도파가 있는데 무우왕이 건립했다. 대중부의 결집이 있던 곳으로 여러 유학·무학 수 백 수 천 명이 대가섭이 주도한 결집 대중으로 참여하지 못하고 이곳에 와서 서로 말하기를 '여래 재세 시에는 한 스승 밑에서 함께 배웠는데, 법왕께서 적멸에 드시자 우리무리를 가려 다르다 한다. 부처님의 은혜에 보답하려면 법장을 모아야 합니다'라고 하였다. 이에 범성이 함께 모이고 현인과 지자가 모두 모여들어 다시 소달람장·비나야장·아비달마장·잡집장·금주장을 결집하여 별도로 오장을 만들었다. 이 결집은 범인과 성인이 함께 모였기에 대중부라고 일컫는다. 阿難證果 西行二十餘里 有窣堵波 無憂王之所建也 大衆部結集之處 諸學無學數百千人 不預大迦葉結集之衆 而來至此 更相謂曰 如來在世 同一師學 法王寂滅 簡異我曹 欲報佛恩 當集法藏 於是凡聖咸會 賢智畢萃 復集素呾纜藏 毘柰耶藏 阿毘達磨藏 雜集藏 禁呪藏 別爲五藏 而此結集 凡聖同會 因而謂之大衆部"라고 하였다. 〔참고문헌〕『大唐西域記』. ⇨ 잡장 雜藏❶, 오장 五藏❶

잡함 雜含 『잡아함경 雜阿含經』의 줄임말. 『법화문구기』 권7(대정장34, p.291a16)에 "『잡함』에서 다음과 같이 말하였다. '풍운천(風雲天)이 이렇게 생각한다. 「나는 지금 신력으로 재미나게 놀아보고 싶다」라고. 이렇게 생각하는 찰나 풍운이 곧바로 일어난다. 전천·뇌천·청천·한천·열천 또한 이와 같다'(대정장2, p.220b9). 雜含云 風雲天作是念 我今欲以神力遊戱 作是念時 風雲卽起 電天雷天 晴寒熱天 亦復如是"라고 하였다. 〔참고문헌〕『法華文句記』, 『止觀輔行傳弘決』 권6(대정장46, p.334c29). ⇨ 잡아함경 雜阿含經❶

잡행 雜行 ❶보살이 중생을 위한다는 구실로 비구가 보살법을 무너뜨리고 비구가 사견으로 정법을 훼손하는 등의 행위. 정행(淨行)과 상대한다. 『대지도론』 권56(대정장25, p.458b26)에 "스스로 말하기를 '나는 일체 중생을 위하는 까닭에 불도를 구한다'라고 하면서 온갖 행을 행하여 보살법을 부순다. 이런 죄 때문에 여러 불보살들이 지켜 보호하지 않으니 마구니가 틈을 얻는다. 自言 我爲一切衆生故 求佛道 而行雜行 壞菩薩法 以是罪故 諸佛菩薩所不守護 魔得其便", 『제법무행경』 권하(대정장15, p.759b11)에 "이 비구(喜根法師)는 진실되지 못하여 사견으로 중생을 교화한다 하니 이 잘못된 행이란 '음욕에도 장애가 없고 성냄에도 장애가 없으며 어리석음에도 장애가 없으니 일체 모든 법에 장애란 없다'라고 설한다. 是比丘不實 以邪見道 敎化衆生 是雜行者 說婬欲無障礙 瞋恚無障礙 愚癡無障礙 一切諸法 皆無障礙"라고 하였다. 〔참고문헌〕『大智度論』, 『諸法無行經』. ⇨ 부정행 不淨行❷, 정행 淨行❶ ❷정한 수행법 외의 행 즉 여행(餘行)이라고도 하고, 정행(正行)과 상대한다. 『관무량수불경소』 권4(대정장37, p.272a29)에 "행에는 두 가지가 있으니, 첫째는 정행이고 둘째는 잡행이다. … 정행과 그것을 돕는 행 두 가지를 제외하고 나머지 모든 선행을 모두 잡행이라고 한다. 行有二種 一者正行 二者雜行 … 除此正助二行已外 自餘諸善 悉名雜行", 『범망경보살계본소』 권3(대정장40, p.628c3)에 "불법 안의 이들은 대부분 네 가지 위에서 행을 일으킨다. 곧 삼학과 잡행이다. 佛法內人多約四位起行 謂三學及雜行"라고 하였다. 〔참고문헌〕『觀無量壽佛經疏』, 『梵網經菩薩戒本疏』. ⇨ 여행 餘行❸, 정행 正行❶

잡화 雜華 ❶여러 빛깔과 모양의 꽃들. 80권본 『화엄경』 권15 「현수품 賢首品」(대정장10, p.80a11)에 "타화자재천이 뛰어난 향기의 갖가지 잡화를 뿌려서 장엄하였네. 他化自在雨妙香 種種雜華爲莊嚴", 『번역명의집』 권3(대정장54, p.1103c8)에 "나바(Ⓢ Navamālikā)는 잡화라고 한역한다. 那婆 此云雜華"라고 하였다. 〔참고문헌〕『華嚴經』, 『翻譯名義集』, 『慈恩傳』 권2(대정장50, p.229c9). ⇨ 나바마리 那婆摩利 ❷➡ 잡화경 雜華經

잡화경 雜華經 Ⓢ Gaṇḍavyūha-sūtra. 『대방광불화엄경 大方廣佛華嚴經』의 별명. 화(華)는 화(花)로도 쓴다. 『화엄경탐현기』 권1(대정장35, p.120c25)에 "일곱 번째는 경의 제목을 해석하는 것이다. 개괄적으로 해석하자면 십명이 있다. … 셋째는 비유로서의 이름(喩名)이니, 『열반경』과 『관불삼매경』에 따르면 이 경에 이름을 붙여 『잡화경』이라고 하였다. 만행이 얽히듯 꾸미며 연기(緣起)가 한 데 모여서 이루어졌기 때문에 비유로 이름을 표방한 것이니 마치 잡화와 같을 뿐이다. … 여섯째는 사물로서의 이름(事名)이니, 화엄이라는 명칭은 범어로는 건나표하(健拏驃訶 Ⓢ Gaṇḍavyūha)이다. '건나'는 잡화이고 '표하'는 엄식이다. 第七釋經題目者 略釋十名 … 三喩名者 依涅槃經 及觀佛三昧經 名此經爲雜華經 以萬行交飾 緣起集成 從喩標名 猶雜華耳 … 六事名者 華嚴之稱 梵語名爲 健拏驃訶 健拏名雜華 驃訶名嚴飾", 36권본 『대반열반경』 권19(대정장12, p.736c2)에 "시라와 시라바라밀에서부터 반야와 반야바라밀에 이르기까지 부처님께서 『잡화경』에서 널리 설한 것과 같다. 尸羅 尸羅波羅蜜 乃至般若 般若波羅蜜 如佛雜花經中廣說", 『관불삼매해경』 권9 「본행품 本行品」(대정장15, p.687b11)에 "부처님의 진실한 상호는 내가 처음 성도할 때 마가다국 적멸도량에서 보현과 현수 등 여러 대보살들에게 『잡화경』을 통해 이미 널리 분별하였다. 佛實相好 我初成道 摩伽陀國 寂滅道場 爲普賢 賢首等 諸大菩薩 於雜華經 已廣分別"라고 하였다. 〔참고문헌〕『華嚴經探玄記』, 『大般涅槃經』, 『觀佛三昧海經』.

잡화운 雜華雲 여러 가지 꽃이 어우러져 구름인 듯한 모양. 화(華)는 화(花)로도 쓴다. 불보살의 공덕을 장엄하려고 비처럼 허공에 뿌리기 때문에 구름(雲)이라 한다. 60권본 『화엄경』 권48(대정장9, p.703c19)에 "무진원만천은 뭇 암흑을 송두리째 없애고, 각천은 잡화운을 꽃비로 내리게 한다. 無盡圓滿天除滅衆闇 覺天雨雜華雲", 『관무량수경』(대정장12, p.343a8)에 "때로는 금강대가 되고 때로는 진주망을 짓고 때로는 잡화운을 짓는다. 시방 어디에서나 뜻대로 변화시켜 불사를 지어 베푸니, 이것이 화좌상이다. 或爲金剛臺 或作眞珠網 或作雜花雲 於十方面 隨意變現 施作佛事 是爲花座想", 『불조통기』 권28 「왕생고니전 往生高尼傳」(대정장49, p.281c20)에 "법성(法盛)은 금릉의 도량사에서 16관상을 익혔다. 어느 날 저녁 불상에 절을 올리고 있었다. 병중이라 선잠이 들었는데, 대사가 잡화운에 올라타 보석 빛을 내뿜으며 맞이하러 찾아오는 모습을 보았다. 法盛 居金陵道場寺 習十六觀想 一夕禮像 遇病假寐 見大士乘雜華雲 出寶色光 前來相迎"라고 하였다. 〔참고문헌〕『華嚴經』, 『觀無量壽經』, 『佛祖統紀』.

잡화포 雜貨鋪 여러 가지 물품을 파는 점포. 구체적 현실 세계에서 활발한 작용을 강조하는 마조(馬祖) 문하의 선풍을 비유하는 말이다. 이와 대조적으로 본분사(本分事)를 중시하는 석두(石頭) 문하의 선풍은 '순금만 취급하는 점포'라는 뜻에서 진금포(眞金鋪)라고 한다. 『조당집』 권4 「약산유엄장 藥山惟儼章」(대장경보편25, p.386b9)에 "도오원지(道吾圓智)는 사형이 돌아오는지를 관망하다가 하루는 편지를 썼는데, 편지에는 '석두는 진금포이고, 강서는 잡화포입니다. 사형은 그곳에다 뿌리를 내리고 무엇을 하고 있습니까? 부디 어서 빨리 돌아오십시오'라는 내용이 적혀 있었다. 운암담성(雲嵒曇晟)은 이 편지를 받아 본 후 오직 시름에만 잠겼다. 只觀望師兄來 有一日造書 書上說 石頭是眞金鋪 江西是雜貨鋪 師兄在彼中 堕根作什摩 千萬千萬 速來速來 雲嵒得這个信後 只管憂愁", 『경덕전등록』 권11 「앙산혜적전 仰山慧寂轉」(대정장51, p.282c24)에 "그래서 석두는 진금포이고, 나의 이쪽은 잡화포라고 말하는 것이다. 어떤 사람이 와서 쥐똥을 찾으면 나는 또한 그것을 집어 주고, 어떤 이가 와서 순금을 찾으면 나는 또한 그것을 집어 준다. 所以道 石頭是眞金鋪 我遮裏是雜貨鋪 有人來覓鼠糞 我亦拈與 他來覓眞金 我亦拈與"라고 하였다. 〔참고문헌〕『祖堂集』, 『景德傳燈錄』. ⇨ 진금포 眞金鋪

장 章 ❶Ⓢ vākya, Ⓣ ngag. 뜻을 드러낼 수 있는 글의 단위로 명구문신(名句文身)중 구(句)와 같다. 문장(文章) 또는 명제(命題). 범어 바키야는 장(章) 외에 언(言)·어언(語言)·경언(經言)·언론(言論)·설(說)·소설(所說)·어자(語字) 등으로도 한역된다. 음사어는 박가(薄迦)이다. 『구사론』 권5(대정장29, p.29a9 : *Abh-k-bh.*, p.80)에 "명신(名身) 등(等)의 류는 그 뜻이 어떠한가? 〔송〕 명신 등이란, 상(想)·장(章)·자(字) 등을 통틀어 설한다. 〔논〕 '등'이란 구신과 문신을 함께 취하는 것이다. 이렇게 알아야 한다. 명(名)이란 상(想)을 짓는다. 저 색·성·향·미 등의 상이다. 구란 '장'을 말하니, 뜻을 드러내는 것이 성취된 것이다. 예를 들면 '모든 현상은 덧없다'는 등의 장이다. 혹은 업용·덕·시 등의 상응과 차별을 능히 가려 안다. 이런 장을 '구'라고 한다. 문이란 자(字)를 말한다. 名身等類 其義云何 頌曰 名身等所謂 想章字總說 論曰 等者 等取 句身文身 應知此中 名謂作想 如說色聲香味等想 句者謂章 詮義究竟 如說諸行無常等章 或能辯了 業用德時 相應差別 此章稱句 文者謂字 〈bhāṣya〉 nāmakāyādayaḥ katame. 〈kārikā〉 nāmakāyādayaḥ saṃjñāvākyākṣarasamuktayaḥ. 〈bhāṣya〉 ādigrahaṇena padavyañjanakāyagrahaṇam. tatra saṃjñākaraṇaṃ nāma. tadyathā rūpaṃ śabda ityevamādiḥ. vākyaṃ padaṃ yāvatā'rthaparisamāptistadyathā anityā vata saṃskārā ityevamādi yena kriyāguṇakālasaṃbandhaviśeṣā gamyante. vyañjanamakṣaraṃ"라고 하였다. 〔참고문헌〕『俱舍論』, *Abh-k-bh.* ⇨ 박가 薄迦, 구 句 ❶, 명구문 名句文, 불상응법 不相應法 ❷Ⓢ adhyāya, Ⓟ ajjhāya. 구분 또는 구별. 책의 내용을 크게 나누는 단락의 이름으로 편(編)보다 작고 절(節)보다 크다. 〔참고문헌〕『六度集經』 권1(대정장3, p.1a6)·권4(대정장3, p.16c8), *Bv.55.*

장 葬 장사지내다. 『반니원경』 권하(대정장1, p.186c16)에 "현자 아난이 부처님께 말씀드렸다. '부처님께서 멸도하신 뒤에는 어떻게 장례를 치릅니까?' 부처님께서 이렇게 말씀하셨다. '너희들은 잠자코 있도록 하라. 범지와 거사가 스스로 잘 할 것이다'. 아난이 부처님께 다시 여쭈었다. '범지와 거사는 장례법을 어떻게 해야 합니까?' 부처님께서 말씀하셨다. '전륜왕법과 같게 한다'. 賢者阿難白佛言 佛滅度後 當作何葬 佛言 汝默 梵志居士自樂爲之 又問 梵志居士 爲葬法當云何 佛言 當如轉輪王法"라고 하였다. 〔참고문헌〕『般泥洹經』, 『釋氏要覽』. ⇨ 빈송 賓送, 송망 送亡, 장법 葬法, 사장 四葬, 토장 土葬, 기장 棄葬, 다비 茶毘, 화장 火葬, 폭장 曝葬

장 障 Ⓢ Ⓟ āvaraṇa, Ⓣ sgrib-pa. 덮어 가리거나 막는 것. 어떤 법의 일어남이나 머뭄을 방해하는 것 또는 열반·보리·해탈 등을 장애하는 번뇌를 말한다. 장애(障礙)의 줄임말이며, 애(礙)라고도 한다. 이장(二障)·삼장(三障)·사장(四障)·오장(五障)·십장(十障) 등 여러 가지의 장애가 있다. 〔**이장(二障)**〕 혜해탈(慧解脫)을 장애하는 번뇌장(煩惱障)과 선정(禪定)을 장애하는 정장(定障 : 解脫障)이나 번뇌를 낳는 아집(我執)이 근본이 되어 열반을 장애하는 번뇌장과 미혹을 낳는 법집(法執)이 근본이 되어 지혜를 장애하는 소지장(所知障)을 말하는데, 소지장은 다시 피장(皮障)·부장(膚障)·골장(骨障)의 세 가지로 나뉜다. 〔**삼장(三障)**〕 유가비밀삼마지(瑜伽祕密三摩地)를 저해하는 아만중장(我慢重障)·질투중장(嫉妬重障)·탐욕중장(貪欲重障), 선정수행을 방해하는 침혼암폐장(沈昏闇蔽障)·악념사유장(惡念思惟障)·경계통박장(境界通迫障), 삼신(三身)의 현현에 장애가 되는 혹장(惑障)·업장(業障)·지장(智障), 선정에 대한 장애인 사마타장(奢摩他障)·비발사나장(毘鉢舍那障)·구장(俱障)을 말한다. 〔**사장(四障)**〕 위없는 깨달음에 장애가 되는 천제장(闡提障)·외도장(外道障)·성문장(聲聞障)·연각장(緣覺障), 자비희사(慈悲喜捨) 등의 사범주(四梵住)를 막는 네 가지 장애인 진(瞋)·뇌(惱)·우(憂)·욕(欲), 대승심을 어지럽히는 승장(乘障)·교화중생장(教化衆生障)·취집불법만족공덕장(聚集佛法滿足功德障)·필경취집일체불법장(畢竟聚集一切佛法障) 등을 말한다. 〔**오장(五障)**〕 수도에 장애가 되는 번뇌장·업장·생장(生障)·법장(法障)·소지장, 여인의 오장 등을 말한다. 〔**십장(十障)**〕 십지(十地)에서 다스리는 장애인 범부아상장(凡夫我相障)·사행어중생신등장(邪行於衆生身等障)·암상어문사수등제법망장(闇相於聞思修等諸法忘障)·해법만장(解法慢障)·신정아만장(身淨我慢障)·미번뇌습장(微煩惱習障)·세상습장(細相習障)·어무상유행장(於無相有行障)·불능선이익중생장(不能善利益衆生障)·어제법중부득자재장(於諸法中不得自在障)을 말한다. 『대방등대집경』 권34(대정장13, p.233b23)에 " 또한 만약 어떤 중생이 분노의 마음을 자주 일으키거나 이승을 염한다면 이는 곧 장애가 되리라. 이 모든 장애로 인하여 불법에서 물러나게 되며 이 장애를 일으키지 말아야 불법을 원만히 얻을 수 있으리. 復有諸衆生 數起瞋恚心 及念二乘等 是則爲障礙 以是諸障故 退失於佛法 不起是障者 得佛法滿足", 『아비담심론경』 권2(대정장28, p.843b27)에 "세 가지 장애가 있으니, 업장·번뇌장·보장을 말한다. 성도와 성도의 방편을 장애하기 때문에 '장'이라고 한다. 有三種障 所謂業障 煩惱障 報障 障礙聖道 及聖道方便 故名爲障", 『대승장엄경론』 권4(대정장31, p.608c20)에 "'장'이란 서로 어긋나는 뜻이다. 자주 잊는 것은 이미 생긴 믿음에 장애가 되고, 게으름은 아직 생기지 않은 믿음에 장애가 된다. 障者 相違義 多忘者 於已生信爲障 懈怠者 於未生信爲障", 『대승의장』 권5(대정장44, p.561b22)에 "장이라는 말에는 그 뜻에 따라 같지 않고 많은 종류가 있으니, 혹은 번뇌, 혹은 사(使), 혹은 결(結), 혹은 전(纏), 혹은 박(縛), 혹은 유(流), 혹은 액(扼), 혹은 취(取), 혹은 루(漏), 혹은 구(垢), 혹은 혹(惑), 혹은 장이라고 하며 이렇듯 하나가 아니다. … 성도를 능히 장애하므로 장이라고 한다. 所言障者 隨義不同 乃有多種 或名煩惱 或名爲使 或名爲結 或名爲纏 或名爲縛 或名爲流 或名爲扼 或名爲取 或名爲漏 或名爲垢 或說爲惑 或說爲障 如是非一 … 能礙聖道 說以爲障"라고 하였다. 〔참고문헌〕 『大方等大集經』, 『阿毘曇心論經』, 『大乘莊嚴經論』, 『大乘義章』, *Madhy-vibh.28.*, *Sūtr.8.* ⇨ 장애 障礙, 이장 二障, 삼장 三障, 사장 四障, 오장 五障, 여인오장 女人五障, 십중장 十重障, 삼유대 三有對, 장애유대 障礙有對

장 藏 ❶ Ⓢ piṭaka, kośa, Ⓟ piṭaka, kosa, Ⓣ sde-snod. 물건을 담는 그릇이나 창고. 품어 거두고 모아 흩어지지 않게 하는 뜻으로, 삼장(三藏) 등에서의 장(藏)은 피타카(Ⓢ Ⓟ piṭaka)의 번역어이고, 필득가(必栘家)·비적가(比摘家)·비타가(比咤迦) 등으로 음사한다. 코샤(Ⓢ Ⓟ kośa)의 번역어이기도 한데 이때의 음사는 구사(俱舍)이다. 『선견율비바사』 권1(대정장24, p.676c10)에 "장이란 그릇이다. 어째서 그릇이라고 하는가? 그릇이란 능히 여러 가지 뜻을 한데 모을 수 있기 때문이다. 藏者 器也 何謂爲器 器者 能聚集衆義也", 『섭대승론석』 권1(대정장31, p.321c14)에 "이 삼장(三藏 : 素怛纜藏·毘奈耶藏·阿毘達磨藏) 세 가지와 이장(二藏 : 聲聞藏·菩薩藏) 두 가지를 어떤 연유로 '장'이라고 하는가? 능히 거두기 때문이니, 알아야 하는 모든 뜻을 거두는 것을 말한다. 此三及二 何緣名藏 由能攝故 謂攝一切所應知義", 『대승기신론의소』(대정장44, p.194c4)에 "안아 머금고 모아서 쌓는 것을 장이라 한다. 包含蘊積 名之爲藏", 『석마하연론』 권1(대정장32, p.593b16)에 "행의 법도를 가져서 따라 응해 잃지 않기에 장이라 이름 한다. 持其行法 隨應不失 所以立名 曰藏焉也", 『번역명의집』 권4(대정장54, p.1110c27)에 "구사 : 비타(比吒 Ⓢ piṭaka)·적가(摘迦 Ⓢ ṭīkā) 등이라고도 하며 '장'이라 한역하는데, 안아 품고 거두어 가지는 뜻이다. 가져 모으지 않으면 재물을 쌓을 수 없고, 모아놓지 않으면 문의 뜻을 담을 수 없다. 그러므로 『섭론』에서 다음과 같이 말한다. '어찌하여 장이라 하는가? 〔답〕 능히 거두기 때문이다. 즉 일체의 마땅히 알아야 할 것을 거둬서 흩어지지 않게 하므로 장이라 한다'. 『사교의』에서는 말한다. '지금 세 가지 이름이 각각 일체문리를 머금기에 「장」이라고 한다. 아함은 정장(定藏)이고, 비니는 계장(戒藏)이며, 아비담은 혜장(慧藏)이다'. 俱舍 或云 比吒 或云 摘迦 此翻爲藏 卽包含攝持之義 非藏無以積錢財 非藏無以蘊文義 故攝論云 何名爲藏 答 由能攝故 謂攝一切所應知義 無令分散 故名爲藏 四敎義云 今言三名 各含一切文理 故名藏也 阿含卽定藏 毘尼卽戒藏 阿毘曇卽慧藏"라고 하였다. 〔참고문헌〕『善見律毘婆沙』, 『攝大乘論釋』, 『大乘起信論義疏』, 『釋摩訶衍論』, 『翻譯名義集』, *Bodh-bh.68·107.* ⇨ 비적가 比摘迦, 비타가구사 比吒迦俱舍, 삼장 三藏❶❷, 이장 二藏, 사장 四藏❶, 오장 五藏❶, 팔장 八藏 ❷ ➡ 장식 藏識 ❸ ➡ 여래장 如來藏 ❹ ➡ 장교 藏敎

장가방 醬街坊 장을 담당하는 가방화주(街坊化主). 미쟁(味噌 : 된장)·장유(醬油 : 간장) 등을 탁발하고 출납을 관장하는 소임. 장두(醬頭)라고도 한다. 『선원청규』 권4 「가방수두탄두화엄두 街坊水頭炭頭華嚴頭」(卍속장111, p.896b14)에 "죽가방·미맥가방·채가방·장가방·수두·탄두·등두·화엄두·반야두·경두·미타두는 모두 밖으로는 단월에게 권하여 복전을 증장시키고, 안으로는 선림을 도와 도과를 기르고 유지시킨다. 粥街坊 米麥街坊 菜街坊 醬街坊 水頭 炭頭 燈頭 華嚴頭 般若頭 經頭 彌陀頭 竝是 外勸檀越增長福田 內助禪林資持道果"라고 하였다. 〔참고문헌〕『禪苑淸規』·권3 「監院」(卍속장111, p.891a9). ⇨ 가방화주 街坊化主

장가삼개아 張家三箇兒 장씨 집안의 세 아이. 암두전활(巖頭全豁)을 이은 현천언(玄泉彦)이 던진 말이다. 『경덕전등록』 권17 「현천언전」(대정장51, p.341a11)에 "학인이 현천에 물었다. '무엇이 부처입니까?' '장씨 집안의 세 아이' '저는 알아듣지 못했습니다' '첫째 아이, 둘째 아이, 셋째 아이를 모른단 말인가'. 問 如何是佛 師曰 張家三箇兒 曰 學人不會 師曰 孟仲季便不會"라고 하였다. 〔참고문헌〕『景德傳燈錄』, 『聯燈會要』 권23(卍속장136, p.818a18). ⇨ 장삼이사 張三李四

장가호도극도 章嘉呼圖克圖 장가의 호도극도. 장가 지방의 성자라는 뜻. 내몽고(內蒙古)의 사대호도극도(四大呼圖克圖) 중 한 분이며, 장가활불(章嘉活佛)이라고도 한다. '장가'란 티베트어 lcang-skya의 음사어이고, 장가(張家·章佳) 등이라고도 하는데, 티베트의 지명이다. '호도극도'란 몽고어 후툭투(Qutugtu)의 음사어이고, 호토호도(胡土胡圖)·호토극도(胡土克圖) 등이라고도 하는데, 성자(聖者)라는 뜻이다. 장가격근(章嘉格根 Lcang-skya gegen) 또는 격근(格根 gegen : 빛을 발하는 이)이라고도 하는데, 문수(文殊)보살의 화신으로 여겨지며 외몽고의 철포존단파호도극도(哲布尊丹巴呼圖克圖)와 함께 몽고의 2대라마(喇嘛)로 일컬어진다. 〔참고문헌〕聖嚴 『西藏佛敎史』(Dharma Drum Publishing Corp, 1997) p.192. ⇨ 호도극도 呼圖克圖

장갑 莊甲 장주(莊主)를 돕는 갑간(甲幹). 경작을 돌보는 소임. 『선림상기전』 권7 「장갑」(불광장, 禪藏, p.514)에 "도충이 말한다. '장갑은 갑간이며 장주에 소속된다. 그러므로 장갑이라고 한다. 忠曰 莊甲卽甲幹 屬莊主 故曰莊甲也", 『백장청규』 권3 「개당축수 開堂祝壽」(대정장48, p.1126b1)에 "다음으로 참두가 여러 행자를 이끌고 향을 꼽고 예배한다. 그 다음 직청·교번·장갑·작두·노랑·인복이 참배한다. 마치면 주지는 객위로 가서 관원과 여러 산문의 손님들에게 감사를 표하고 차례대로 요사채를 돈다. 次參頭領衆行者 揷香禮拜 次直廳 轎番 莊甲 作頭 老郎 人僕 參拜 畢 住持卽往客位 致謝官員諸山 次第巡寮"라고 하였다. 〔참고문헌〕『禪林象器箋』, 『百丈淸規』. ⇨ 갑간 甲幹, 장주 莊主

장갑사 長岬寺 충청북도 청원군 미원면 대덕리 좌구산(坐龜山)에 있던 절. 『고려사』 「고려세계 高麗世系」에 "작제건(作帝建 : 고려태조왕건의 조부)은 만년에 속리산 장갑사에 살면서 항상 불교경전을 읽다가 죽었다. 作帝建 晩居俗離山長岬寺 常讀釋典而卒"라 하였기에 좌구산과 속리산의 경계에 위치했던 사찰로 추정된다. 1162년(의종16)에 구층청석탑(九層靑石塔)과 석가모니불상조성내력을 적은 기문이 전한다. 『동국여지승람』 권16 충청도 청안현 불우에 전한다. 〔참고문헌〕『高麗史』, 『東國輿地勝覽』, 『韓國寺刹全書』 권하 p.972b16.

장갑사석탑기 長岬寺石塔記 1162년(의종16)에 청주 장갑사에 구층청석탑(九層靑石塔)을 조성한 내력을 적은 글. 기문은 『한국금석전문』 중세상 p.802에 있다. 기문에 "봉불제자 고려국 청주목 내 청당 땅의 장갑사 주지 중대사 영춘이 … 돌아가신 아버지(仁宗)께서 생사를 초탈하여 정토에 나시며, 살아계신 어머니(恭睿太后)께서 수명이 늘어 오래 사시고, 나아가 모든 영가가 함께 피안에 오르기를 발원합니다. 삼가 9층 청석탑 1좌를 조성하며 아울어 향대에 석가모니불을 모셔 금강의 종자를 세우고자 합니다. 奉佛弟子高麗國淸州牧內淸塘地長岬寺住持重大師靈椿 … 先亡嚴父 超生淨土 現存慈母 延命長生 普及含靈齊登彼岸之願 敬造靑石塔一座九層 兼香臺安置釋迦文佛 以立金剛種子云"라고 하였다. 〔참고문헌〕『韓國金石全文』 中世上. ⇨ 장갑사 長岬寺

장객 莊客 장주(莊主) 아래 소임. 갑간(甲幹). 『선림상기전』 권7 「장객」(불광장, 禪藏, p.515)에 "도충이 말한다. '장객은 장전이다'. 忠曰 莊客卽莊佃也", 『선원청규』 권9 「훈동행 訓童行」(卍속장111, p.929b1)에 "좋은 방편으로 행자와 장객을 어울려 화합케 하라. … 계를 지키며 행자를 검속하여 비위와 관련된 일을 짓지 말게 할 것이며, 장객이 상주물인 돈과 곡식을 훔치지 못하게 막으라. 善巧調和行者莊客 … 護戒鈐束行者 不作非違之事 防關莊客不偸常住錢穀"라고 하였다. 〔참고문헌〕『禪林象器箋』, 『禪苑淸規』, 『禪林寶訓』 권3(대정장48, p.1031b28). ⇨ 갑간 甲幹, 장전 莊佃, 장주 莊主

장경 長境 Ⓢ adhikam-ālambana, Ⓣ lhag-par-dmigs-pa. 특별하게 수승한 경계. 각별하게 두드러진 경계. 『순정리론』 권29(대정장29, p.506c4)에 "안(眼) 등의 오촉을 유대라 하는데, 근을 상대함이 있어서 의지처가 되기 때문이고, 오직 유대법만으로 경을 삼기 때문이다. 제6의촉을 증어라고 한다. 증어란 명(名)을 말하는데, 명은 의촉이 연으로 삼는 장경이기 때문에 치우쳐 이것만을 증어촉이라고 한다. 의식은 명(名)과 의(義)를 모두 경으로 삼고 오식은 명을 경으로 삼지 않기에 장경이라고 한 것이다. 예를 들면 '안식은 단지 「푸르름」만을 알 뿐, 이런 것이 푸른 것인 것을 알지 못하지만, 의식은 푸르다는 말도 알고 「이것이 푸른 것이다」라는 것도 안다. … '라고 말한 것과 같다. 그러므로 유대촉이라는 이름은 의지하는 경을 따른 것이고, 장경에 의지하여 증어촉이라는 이름을 건립한 것이다. 어떤 사람은 이렇게 말한다. '의식을 「증어」라고 하는데, 말을 하는데 뛰어난 것이기 때문이다'. 眼等五觸 說名有對 以有對根爲所依故 唯有對法爲境界故 第六意觸 說名增語 增語謂名 名是意觸所緣長境 故偏就此名增語觸 意識通用名義爲境 五不緣名 故說爲長 如說眼識 但能了青 不了是青 意識了青 亦了是青 乃至廣說 故有對觸名從所依境 就所長境立增語觸名 有說 意識 名爲增語 於發語中 爲增上故"라고 하였다. 〔참고문헌〕『順正理論』, 『俱舍論』 권10(대정장29, p.52c7), *Abh-k-bh.114.*

장경 長慶 설봉의존(雪峰義存)의 사법 제자인 혜릉(慧稜)의 법호. 『운문광록』 권중(대정장47, p.561a3)에 "운문이 들었다. '장경이 수재에게 물었다. 부처님 가르침에 「중생은 날마다 쓰면서도 알지 못한다」라고 하고, 유서(『周易』 「繫辭傳」)에서도 「날마다 쓰면서도 알지 못한다」라고 하는데, 알지 못하는 것은 무엇입니까?」 수재가 답했다. 「크게 열린 길 알지 못합니다」'. 이를 두고 운문이 말했다. '진짜로 알지 못하는군'. 擧 長慶問秀才云 佛敎云 衆生日用而不知 儒書亦云 日用而不知 不知箇什麽 秀才云 不知大道 師云 酌然不知"라고 하였다. 〔참고문헌〕『雲門廣錄』.

장경 長檠 키가 큰 등잔걸이. 짧은 것은 단경(短檠)이라고 한다. 『선림상기전』 권19 「장경」(불광장, 禪藏, p.1479)에 "도충이 말한다. '장경은 높이가 다섯 자이고 그 위에 나무등잔을 놓는다. 쇠못을 심고 세워서 밀랍을 태운다. 선림법당이나 불전 등에서 쓴다'. 『한창려집』 「단등경가」에서는 '장경은 여덟 자여서 공연히 길기만 하고, 단경은 두 자이지만 편리하고도 밝다'라고 하였다. 忠曰 長檠高可五尺 上安木盞 植立鐵釘而燃蠟燭 凡禪林法堂佛殿等用之 韓昌黎集 短燈檠歌云 長檠八尺空自長 短檠二尺便且光"라고 하였다. 〔참고문헌〕『禪林象器箋』, 『空谷集』 65칙 「評唱」(卍속장117, p.600b4), 『天如惟則語錄』 권5(卍속장122, p.894a12).

장경 章敬 ❶ 755~815. 당대 스님 회휘(懷暉)를 가리키는 말. 경조부(京兆府) 장경사(章敬寺)에 주석했기 때문에 이렇게 불렸다. 마조도일(馬祖道一)의 사법 제자이다. 『벽암록』 20칙 「평창 評唱」(대정장48, p.160c17)에 "또한 마곡(麻谷)이 석장을 들고 장경에게 가서 선상을 세 바퀴 돈 다음 석장을 한 번 흔들고서 똑바로 서 있었다. 이에 장경이 말했다. '옳다! 옳다!' 다시 남전(南泉)에게 가서 이전처럼 선상을 돈 다음 석장을 흔들어 소리를 내고서 서 있었다. 그러자 남전이 말했다. '옳지 않다! 옳지 않다! 이것 바람의 힘으로 움직인 것이어서 마침내 무너지리라'. 이에 마곡이 말했다. '장경은 옳다고 했는데, 화상께서는 어째서 옳지 않다고 하십니까?' '장경이 옳다 했다면 그대는 옳지 않다'. 又麻谷持錫到章敬 遶禪床三匝 振錫一下 卓然而立 敬云 是 是 又到南泉 依前遶床 振錫而立 南泉云 不是 不是 此是風力所轉 終成敗壞 谷云 章敬道是 和尙爲什麽道不是 南泉云 章敬卽是 是汝不是"라고 하였다. 〔참고문헌〕『碧巖錄』. ❷ 당말오대(唐末五代) 운문종 스님. 운문문언(雲門文偃)의 사법 제자로서 소주(韶州 : 廣東省)에 주석하였다. 그 밖에 자세한 전기는 알 수 없다. 장경진일보미(章敬進一步迷)라는 공안이 전한다.

장경각 藏經閣 경전을 봉안한 전각. 경장(經藏)·경각(經閣)·경루(經樓)·경고(經庫)·경당(經堂)·수다라장(修多羅藏) 등 장경(藏經)의 의미를 부여한 대장전(大藏殿), 법보전(法寶殿)·해장전(海藏殿), 목판을 봉안한다는 의미의 판전(板殿) 등 다양한 이름으로 불린다. 목판(木板)과 서적(書籍)의 재질상 채광과 통풍이 중요하므로, 지면으로부터 높이 올린 장가에 창호에 간살로 바람이 잘 통하게 한 고루(庫樓) 형태의 건축물을 배수가 용이한 높은 지대 위에 위치한다. 고려대장경목판(국보 제32호)을 봉안한 국보 제52호 합천해인사장경판전(陜川海印寺藏經板殿)이 세계적이다. 해인사장경판전은 남북 양쪽으로 나뉘어 배치되었는데, 북쪽 판전은 '법보전(法寶殿)'으로서 세 구역으로 나누어 중앙에는 비로자나불을 봉안한 법당을 마련하였으며, 남쪽 판전은 '수다라장(修多羅藏)'으로서 역시 세 구역으로 나누고 가운데에는 판전으로 드나드는 중문(中門)을 두었다. 이외 경남문화재자료 제144호 통도사장경각도 있으며, 서울유형문화재 제83호 봉은사판전현판(奉恩寺板殿懸板)은 추사(秋史) 김정희(金正

해인사 장경판전 · 수다라장 · 장경판전내부 국보제52호 조선전기

喜)의 글씨로 유명하다. 장경각 관련 기문으로는 이유원(李裕元 1814~1888)의 「해인사장경각중수기 海印寺藏經閣重修記」(『가오고략』 12책 · 한국문집총간315, p.482c1)과 이건창(李建昌 1852~1898)의 「설악산오세암장경각기 雪嶽山五歲菴藏經閣記」(『명미당집』 권10 · 한국문집총간349, p.154b14) 등이 있다. 〔참고문헌〕『嘉梧藁略』, 『明美堂集』, 『四佳集』. ⇨ 대장전 大藏殿, 법보전 法寶殿, 수다라장 修多羅藏 **2**, 고려대장경판 高麗大藏經板

장경각 중국 천주 개원사 명

장경권렴 長慶捲簾 장경이 발을 말아 올렸다는 말. 장경혜릉이 발을 말아 올리다 깨달음을 얻은 데서 유래한다. 『만여어록』 권7(가흥장26, p.465c9)에 "만여가 대중에게 보였다. '영운(靈雲)은 복사꽃을 보고 도를 깨달았고 향엄(香嚴)은 대나무에 부딪치는 소리 듣고 마음 밝혔으며, 장경은 발을 말아 올리다가 뚫어 사무쳤고 현사(玄沙)는 발가락으로 돌을 찼다가 크게 깨달았다. 대중이여! 말해 보라. 이 뛰어난 네 노인 깨달았다 하니 그 무엇인가? 알겠는가? 마땅히 알아야 하리. 이 일은 등한시 할 일이 아니니 고인이 이 한 가지 인연 위해서 천리만리로 사람 찾아 구해 결택한 것 아님을. 示衆 靈雲見桃花悟道 香嚴聞擊竹明心 長慶捲簾透徹 玄沙埿指豁然 大衆 且道 者四大老 畢竟悟箇甚麽 還會麽 當知 此事不是等閒 古人爲一則因緣 不明千里萬里求人決擇"라고 하였다. 〔참고문헌〕『萬如語錄』, 『高峰語錄』 권상(卍속장122, p.671a15).

장경발공 章敬撥空 장경회운(章敬懷惲)이 학인과 심지법문(心地法門) 문답 중에 손 내밀어 허공을 떨친(撥空) 인연. 『선원몽구』 권상(卍속장148, p.215b1)에 "장경발공〈(장경은) 마조의 제자이다. 출전은 『경덕전등록』 권7이다〉 : 경조부 장경사의 회운선사. 누군가 장경에게 물었다. '선사께서 전한 심지법문은 이 진여심입니까 망상심입니까, 진도 아니고 망도 아닌 마음입니까? 아니면 삼승교 밖에 따로 전한 마음입니까?' '그대는 눈앞의 허공을 보는가?' '믿어 알기를 항상 목전에 있다 하나 사람들 스스로 보지 못할 뿐입니다' '그대는 그림자 그릇되이 알지 마라' '화상께서는 어떠십니까?' 장경이 허공에 손을 세 번 떨쳤다. '어찌하여 이러십니까?' '그대가 훗날 이해할 날이 있을 걸세'. 章敬撥空〈馬祖法嗣 傳燈七〉 京兆府章敬寺 懷惲禪師 或問 禪師所傳心地法門 爲是眞如心 妄想心 非眞非妄心 爲是三乘教外別傳底心 師云 汝見目前虛空麽 曰 信知 常在目前 人自不見 師曰 汝莫認影像 曰 和尙作麽生 師以手撥空三下 曰 作麽生卽是 師曰 汝向後會去在"라고 하였다. 〔참고문헌〕『禪苑蒙求』, 『景德傳燈錄』 권7(대정장51, p.252c5).

장경사 長庚寺 **1** 경기도 용인시 처인구 원삼면 학일리에 있는 절. 대한불교조계종 제2교구 본사 용주사(龍珠寺)의 말사이다. 고려말 백운경한(白雲景閑 1299~1374)이 쌍운암(雙雲庵)으로 창건하였다. 임진왜란 당시 전소하여 폐사되었고, 이후 철종(재위 1849~1863) 때 해주(海州) 오씨(吳氏)가 장경사로 중창하였다. 1972년에 기봉(基鳳)이 아미타삼존불을 봉안하였고, 1976년에 주지 영무(英茂)가 법당을 중건하고 1977년에 요사를 중수하였다. 현존 당우로는 극락보전과 요사 등이 있다. 〔참고문헌〕『韓國寺刹全書』 권하 p.972b19. ⇨ 쌍운암 雙雲庵 **2** 평안북도 곽산군 당상리에 있던 절. 절터에 북한 보존유적 제130호 오층탑이 있는데 고려시대 석탑으로 추정한다. 〔참고문헌〕『북한문화재해설집 1 석조물편』(국립문화재연구소, 1997) pp.27~28.

장경사 長境寺 평안북도 곽산군 장경산(長境山 · 長頸山)에 있던 절. 장경사(長頸寺)라고도 한다. 『동국여지승람』 권53 평안도 곽산군 불우에 이름과 위치가 기록되어 있다. 『여지도서』 평안도 곽산 사찰 · 『가람고』에는 "군 북쪽 20리 장경산에 있다. 在長頸山 郡北二十里"라고 하였다. 〔참고문헌〕『東國輿地勝覽』, 『輿地圖書』, 『伽藍考』, 『韓國寺刹全書』 권하 p.973a1 · 974b1.

장경사 長慶寺 **1** 경기도 광주시 남한산성면 산성리 남한산성 내에 있는 절. 문화재자료 제15호. 대한불교조계종 직할교구 본사 조계사(曹溪寺)의 말사이다. 남한산성의 축성과 방어를 위해 창건한 사찰로, 1624년(인

조2) 또는 1638년(인조16)에 벽암각성(碧巖覺性)이 창건하였다. 『범우고』에 "산성 내에 있다. 병자년 이후에 창건하였는데, 각각 승장을 두고 6도의 스님을 정하여 교대로 와서 성첩을 수호하게 하였다. 在山城內 丙子後刱建 各置僧將定六道僧分番來守以護城堞"라고 하였다. 1907년에 일본군이 경내의 화약고를 폭파하여 진남루(鎭南樓)가 전소하였으며, 1909년에 폐사된 개원사(開元寺)의 누각으로 복구하였다. 1943년에 주지 명진(明眞)이 법당을 중수하였으나 1971년에 소실되어 이듬해 신축하였다. 1974년에 대웅전에 영산회상도를 봉안하였고, 1985년에 종각, 1988년에 진남루, 1990년에 삼성각, 1991년에 동쪽의 요사를 중수하였다. 현존 당우로는 대웅전·진남루·칠성각·대방·종각·요사 등이 있고, 성보문화재로는 1682년(숙종8)에 300근을 들여 주성한 유형문화재 제282호 강희이십일년명동종(康熙二十一年銘銅鐘)이 있다. [참고문헌] 『梵宇攷』, 『輿地圖書』 京畿道 廣州 寺刹, 『伽藍考』, 『韓國寺刹全書』 권하 p.973a4. ⇨각성 覺性[8] ❷ 전라남도 장성군에 있던 절. 『여지도서』 전라도 광주 사찰에 "모두 부 북쪽 40리에 있는 입암산성 내에 있다. 俱在府北四十里 笠巖山城內"라고 하였다. [참고문헌] 『輿地圖書』, 『伽藍考』, 『韓國寺刹全書』 권하 p.974a14. ❸ 평안남도 평양시에 있던 절. 김구(金坵 1211~1278)가 쓴 「경자세조몽고과서경 庚子歲朝蒙古過西京」(『동문선』6)에 "날이 저물어 황량한 장경사에 도착하였다. 晩抵荒涼長慶寺", 『동국여지승람』 권51 평안도 평양부 불우에 "부성 안에 있다. 在府城中"라고 하였으나, 『범우고』에는 "지금은 폐사되었다. 今廢"라고 하였다. [참고문헌] 『東文選』, 『東國輿地勝覽』, 『梵宇攷』, 『韓國寺刹全書』 권하 p.974a15. ❹ 황해남도 안악군에 있던 절. 『여지도서』 황해도 안악 고적에 "석탑〈군 남쪽 3리 장금방에 있다. 세간에 전하기를, '옛날에 장경사가 있었는데, 사찰은 지금 폐사되었다'라고 하였다〉. 石塔〈在郡南三里長今坊 俗傳古有長慶寺而寺則今廢云〉"라고 하였다. [참고문헌] 『輿地圖書』. ❺ 황해북도 개성시에 있던 절. 『고려사』 권8 세가(世家)8 문종 11년(1057) 10월 14일에 "팔관회를 개설하고 장경사에 행차하였다. 設八關會 幸長慶寺"라고 하였다. 1102년(숙종7) 9월 4일에 왕이 인예태후(仁睿太后)의 기신도량(忌辰道場)인 이곳에 행차하여 분향했으며, 같은 달 24일에도 행차하였다. 1109년(예종4) 4월 11일에는 동지추밀원사(同知樞密院事) 허경(許慶)을 보내서 문두루도량(文豆婁道場)을 개설하였으며, 1116년(예종11) 4월 4일에는 행차하여 산천제사(山川諸祠)에 비를 빌었다. 1132년(인종10) 4월 8일에는 예종의 기일이므로 왕이 행차하여 분향하였다. 이상의 기록을 통해 고려 왕실에서 중요시한 사찰이었음을 알 수 있다. [참고문헌] 『高麗史』, 『韓國寺刹全書』 권하 p.974a6.

장경사 章敬寺 중국 서안부(西安府 : 陝西省)에 위치한 사찰. 장안성(長安城) 통화문(通化門) 밖에 있다. 767년(대력2) 7월에 대종(代宗)의 총애를 받던 내시 어조은(魚朝恩)이 숙종(肅宗)의 비였던 장경황태후를 위해 건립하였다. 768년(대력3)에 우두종 경산법흠(徑山法欽)이 대종의 초청을 받고서 국일국사(國一國師)라는 사호를 받고 황명에 의해 주지가 되었으며, 후에 장경회휘(章敬懷暉)도 이곳에 주석하였다.

장경소향사 藏經燒香使 고려대 임금을 대신하여 대장경에 향을 올리는 사신. 『고려사』 권10 세가(世家)10 선종 5년(1088) 2월 17일에 "요가 압록강변에 각장(榷場 : 북방민족 경계에 개설한 무역장)을 설치할 것을 의논하자, 중추원부사 이안을 장경소향사로 의탁하여 귀주로 가서 비밀리에 변방일을 살피게 하였다. 以遼議置榷場於鴨江岸 遣中樞院副使李顔 托爲藏經燒香使 往龜州 密備邊事"라고 하였다. [참고문헌] 『高麗史』.

장경암 長慶庵 강원도 회양군 장양면 장연리 금강산(金剛山)에 있던 암자. 대본사 유점사(楡岾寺)의 말사였고, 장안사(長安寺)의 산내암자였다. 창건연대는 미상하나 『장안사지』에 따르면, 1343년(충혜왕복위4)에 굉변(宏卞)이 조성한 옥제(玉製) 아미타불좌상이 있었다고 한다. 『동국여지승람』 등 지리지에는 절 이름이 보이지 않지만, 이경석(李景奭 1595~1671)의 『백헌집』 권10 「풍악록 楓嶽錄」(한국문집총간95, p.496b7)에 "지장봉은 장안사의 동쪽에 있으며, 봉우리 아래 쪽에는 지장암, 남쪽에는 장경암이 있다. 地藏峰在寺之東 峰下有地藏庵 南有長慶庵"라고 하였다. 1863년(철종14)에 풍은부원군(豐恩府院君) 조만영(趙萬永)의 시주로 중수되었으며, 『장안사지』 「시장경암기 施長慶庵記」(『유점사본말사지』, p.370)에 "(상공 조민영이) 정인 표훈 두 절에 크게 희사하고 또 백금을 주어 은혜가 나(華隱護敬)의 작은 암자에까지 이르렀다 大捨長表兩寺 又以百金 惠及於貧道小庵"라고 하였다. 1901년(광무5)에 쌍명(雙明)이 후불탱·신중탱·독성탱을 조성하였다. 일제강점기 당우로는 1785년(정조9)에 건립한 요사(寮舍) 28칸과 산신각 1칸이 있었으며, 토지로 답(畓) 3719평(524.52원)과 전(田) 1489평(35.95원)이 있었다. [참고문헌] 『長安寺誌』, 『白軒集』, 『楡岾寺本末寺誌』(亞細亞文化社, 1977), 『韓國寺刹全書』 권하 p.974a17.

장경여래어 長慶如來語 장경혜릉(長慶慧稜)과 보복종전(保福從展)이 여래어를 주제로 문답한 공안. 장경이종어(長慶二種語)·장경유삼독(長慶有三毒)·장경아라한삼독(長慶阿羅漢三毒)이라고도 한다. 『선문염송설화』 1105칙(한불전5, p.765c13)에 "복주의 장경혜릉선사가 언젠가 말했다. '차라리 아라한에게 삼독이 있다고 설할지언정 여래에게 두 가지 말이 있다고 설해서는 안 된다. 여래에게 말이 없다는 것이 아니라 다만 두 가지 말이 없다는 것일 뿐이다'. 보복이 장경에게 말했다. '어떻게 하는 것이 여래어일까?' '귀머거리가 어찌 들을 수 있겠소' '참으로 자네가 두 번째 문에다 대고 말했다는 것을 알겠네' '어떤 것이 여래어입니까?' '차 마시게'. 福州長慶慧稜禪師有時云 寧說阿羅漢有三毒 不說如來有二種語 不道如來無語 只是無二種語 保福云 作麽生是如來語 師云 聾人爭得聞 福云 情知汝向第二門頭道 師云 作麽生是如來語 福云 喫茶去", "〈설화〉 설령 운운하였으니, 아라한을 한역하면 '번뇌가 없다'는 뜻이다. 이와 같이 운운한 것은 다만 '두 가지 말이 있다고 설해서는 안 된다'라는 사실을 말하고자 한 것이다. 두 가지 말이란 사이를 갈라놓는 말과 화합하는 말이다. 사이를 갈라놓는 말은 듣는 이는 비록 듣기 즐거우나 설하는 이는 설하기 즐겁지 않은 것, 또는 설하는 이는 설하기 즐거우나 듣는 이는 듣기 즐겁지 않은 것이다. 화합하는 말이란 설하는 이 능히 설할 수 없고, 듣는 이 능히 들을 수 없는 것이다. 그러나 이 뜻 또한 여전히 다하지는 못한다. 〈說話〉 寧說阿羅漢云云者 阿羅漢 此云無煩惱 如是云云者 只要道得 不說有二種語也 二種語者 離間語和合語 離間語者 聽者雖樂聽 說者不樂說也 說者雖樂說 聽者不樂聽也 和合語者 說者無能可說 聽者無能可聽者 然此義未穩", "『법화경』 권1(대정장9, p.8a17)에서 '시방의 불국토에는 오직 일승법만 있네. 이승도 없고 삼승도 없으니 부처님의 방편설은 예외라네'라고 하였으므로 두 가지 말은 없다. 그러나 이 말이 장경이 처음에 설한 것의 근거는 아니다. 法華云 十方國土中 唯有一乘法 無二亦無三 除佛方便說 故無二種語也 然此語 非長慶初說有來處也"라고 하였다. [참고문헌] 『禪門拈頌說話』, 『法華經』, 『碧巖錄』 95칙 「本則」(대정장48, p.218a23).

장경원 長慶院 중국 복주(福州 : 福建省) 후관현(候官縣)의 이산(怡山)에 위치한 사찰. 서선사(西禪寺)라고도 한다. 당나라 함통년간(860~874)에 대안(大安)이 개창하면서 처음에는 이산선원(怡山禪院)이라 하였다. 당말오대(唐末五代)에는 혜릉(慧稜)이 주석하면서 장경원으로 개칭하였고, 송대 홍성하였다. 명대에는 장경사(長慶寺)로 고쳤으며, 숭정년간(1628~1644)에 도독(道獨)이 주석하였다. 천왕전(天王殿)·대웅전·법당·장경각·객당(客堂)·방장·선불장(選佛場) 등의 건물이 남아 있다. ⇨서선사 西禪寺

장경유삼독 長慶有三毒 ➡장경여래어 長慶如來語

장경의종류 藏經◯種類 중국·한국·일본에서 이룩한 목판대장경과 활자본대장경의 종류. [**중국간행판**] ① 개보판(開寶板) : 촉판대장경판(蜀板大藏經板)이라고도 한다. 971년(개보4) 송 태조의 칙명에 따라 태평흥국사(太平興國寺)에서 판각하여 983년(태평흥국8)에 완성하였고 1,076부(部)·480함(函)·5,048권이다. ② 거란판(契丹板) : 거란의 흥종(興宗 재위 1031~1055) 때 남경(南京 : 지금의 북경)에서 시작하여 1072년(함옹8)에 완성하였는데, 579질(帙)·480질·74질 등 일정하지 않다. ③ 금장판(金藏板) : 금각장경(金刻藏經)이라고도 한다. 산서(山西) 해주(解州) 천녕사(天寧寺)에서 1173년(대정13)에 완성한 사간판(寺刊板)이다. 682함·6,900여 권이고 매항 14자(字)·매면 23항으로 되어 있다. ④ 숭녕만수판(崇寧萬壽板) : 1080년(원풍3) 복주(福州) 동선사(東禪寺) 주지 충진(冲眞) 등이 모연을 시작하여 1103년(숭녕2)에 480함으로 완성하였다. 1112년(정화2)에 84함, 1172년(건도8)에 31함을 증보하여 총595함·6,434권이다. 매면 6항·매항 17자·매판 30항씩 새겨져 있다. ⑤ 복주개원사판(福州開元寺板) : 비로장(毘盧藏)이라고도 한다. 1112년에 개원사 스님인 본명(本明)·본오(本悟)·행숭(行崇)·법초(法超)·유충(惟冲)·요일(了一) 등이 개인적으로 합심하여 1154년(소흥24)에 564함으로 완성하였다. 1172년(건도8)에 선종부의 3함을 추가하여 567함·6,117권이고 천자문(千字文)으로 제호(題號) 순을 삼았다. ⑥ 사계원각판(思溪圓覺板) : 호주판(湖州板)이라고도 한다. 호주 사계 원각원에서 새긴 사판(私板)이다. 1132년(소흥2)에 왕영종(王永從)과 대자원(大慈院)의 정범(淨梵) 및 원각원(圓覺院)의 회침(懷琛) 등이 새긴 것으로 1,421부·548함·5,480권이다. ⑦ 사계자복판(思溪資福板) : 오흥(吳興) 자복사에서 새긴 사판(私板)으로 1175년(순희2)부터 시작하였고, 1,464부·599함이다. ⑧ 적사판(磧砂板) : 연성원판(延聖院板)이라고도 한다. 남송 이종(理宗 재위 1225~1264) 때 조안국(趙安國)과 법음(法音) 등이 발원하여 1231년(소정4) 적사 연성원에서 새긴 사판으로서 1,532부·591함·6,362권이고 1면 6항·1항 17자의 체제이다. ⑨ 보녕사판(普寧寺板) : 백운종문장경(白雲宗門藏經)이라고도 한다. 1277년(지원14)에 여항(餘杭) 보녕사(普寧寺)의 도안(道安)·여일(如一) 등 스님이 모연하여 1290년(지원27)에 완성한 사판 장경이다. 1,437부·588함이고, 매면 6항·매판 30항·매항 17자씩 새겨져 있다. ⑩ 홍법사판(弘法寺板) : 1277년(지원14)에 원 세조가 북평(北平) 홍법사(弘法寺)에 명하여 1294년(지원31)에 완각하였다. 1,654부·7,182권으로서 매면 5항·매항 17자씩 새겨져 있다. ⑪ 남장판(南藏板) : 남경판(南京板)이라고도 한다. 두 가지 판이 있는데, 하나는 홍무남장(洪武南藏)으로 1372년(홍무

5)에 명 태조가 남경(南京 : 金陵) 장산사(蔣山寺)에 명하여 1403년(영락1)에 완성하였는데, 1,625부 · 7,000여 권이다. 다른 하나는 영락남장(永樂南藏)이니 성조(成祖)의 명에 의해 1412년(영락10)부터 1413년까지 새긴 것으로 636함 · 1,625부 · 6,331권, 판수(板數)는 57,160매이고, 매면 30항 · 매항 17자로 되어 있다. ⑫ 북장판(北藏板) : 성조의 칙령에 따라 1410년(영락8)부터 1440년(정통5)까지 30년간 북경에서 새긴 대장경이다. 636함 · 1,615부 · 6,361권이고, 매면 5항 · 매항 17자 · 매판 25항으로 되어 있다. ⑬ 무림판(武林板) : 소경사판(昭慶寺板)이라고도 한다. 1422년(영락20) 항주(杭州) 소경사에서 새긴 대장경판으로 1982년에 발견된 9종 경전의 산본(散本) 17권이 잔존하며, 매판 30항 · 매면 5항 · 매항 17자로 되어 있다. ⑭ 능엄사판(楞嚴寺板) : 가흥장판(嘉興藏板)이라고도 한다. 1582년(만력10)에 밀장도개(密藏道開)의 발원으로 시작하여 1586년(만력14)에 장안에서 거사 십여 명과 의논하였고, 이어 오대산 묘덕암(妙德庵)에서 진가(眞可) · 덕청(德淸) 등의 스님과 여러 거사들이 원조하였다. 1620년경 절강성 가흥 능엄사에서 인쇄하여 장경을 완성하였다. 이후 청 성조 1666년(강희5)의 추가 개판으로 총1,618부 · 7,334권이 되었다. ⑮ 용장판(龍藏板) : 건륭장경이라고도 한다. 1735년(옹정13) 청 세종의 명에 따라 북경에서 각판을 시작하여 1738년(건륭3)에 완성하였다. 718함 · 1,662부 · 7,168권이며, 매면 5항 · 매항 17자 · 매판 25항의 체제로 되어있다. ⑯ 백납판(百納板) : 백납장경이라고도 한다. 청 목종 때인 1866년(동치5)에 양인산(楊仁山)이 금릉(金陵)에 각경처(刻經處)를 두고 각 사의 분각부분(分刻部分)을 북경 · 천진 · 금릉 · 강북 · 양주 · 비릉 · 소주 · 항주 등지로부터 집합한 것이므로 백납본이라 이름하고 1936년(민국25) 부평가경처본과 병합하여 새긴 것이다. ⑰ 빈가판대장경(頻伽版大藏經) : 1911년(선통3) 상해(上海) 빈가정사에서 활자로 편집을 시작하여 1920년에 완간하였다. 40함 · 414책 · 1,916부 · 8,416권이고 매면 22항 · 매항 45자, 화장활자본(華裝活字本 : 方冊)이다. ⑱ 보혜대장경(普慧大藏經) : 민국증수대장경(民國增修大藏經)이라고도 한다. 1944년 상해 법장사(法藏寺) 보혜대장경간행회에서 장유교(蔣維喬)의 주관으로 황사부(黃士復) 등과 함께 간행을 시작하여 1955년에 완간하였는데, 활자본으로서 100책 · 21함이다. ⑲ 중화대장경(中華大藏經) : 중화장이라고도 한다. 1956년에 굴영광(屈映光)과 조항홀(趙恒惕) 등이 함께 간행하였다. ⑳ 불교대장경 : 1977년부터 1983년까지 대만 불교출판사에서 활자로 간행한 것으로 빈가장경을 저본(底本)으로 하였다. ㉑ 불광대장경(佛光大藏經) : 1977년 불광산의 성운(星雲)화상 등이 불광대장경 편수위원회를 조직하였는데 자장(慈莊) · 자혜(慈惠) · 자용(慈容) · 자이(慈怡) · 자가(慈嘉) · 의엄(依嚴) · 의공(依空) · 의순(依淳) · 달화(達和) 등 20여 명의 비구니가 중심이 되었다. 정리(整理) · 분단(分段) · 표점(標點) · 고정(考訂) · 주석(註釋) 등 16분야로 나누어 분담하되 자이가 주편(主編)이 되고 20여 명이 종사하여 1978년부터 1988년까지 11년간에 걸쳐 완간하였다. 색인 포함 6권으로 22,608어휘 · 10여 만 항목에 도합 700여 만 자를 수록하였다. 이때 고려장경을 저본으로 하고 명본 · 빈가장경 · 卍속장 · 대정신수장경 등과 대감(對勘)하였다. 〔일본간행판〕 ① 천해판(天海板) : 관영사판(寬永寺版) · 동예산판(東叡山版) 등이라고도 한다. 관영사의 개산조 천해의 발원으로 1637년(관영14)부터 1648년(경안1) 사이에 이루어졌다. 1,453부 · 665함 · 6,323권, 매면 6항 · 1항 17자의 목활자판(木活字板)이고 절첩본(折帖本)이다. ② 황벽산만복사판(黃蘗山萬福寺板) : 1669년(관문9)부터 1681년(천화1)까지 개판한 것으로 1,618부 · 7,334권, 판목(板木)은 48,275편(片)이다. ③ 대일본교증축각대장경(大日本校證縮刻大藏經) : 축쇄장경(縮刷藏經) · 홍교장(弘敎藏)이라고도 한다. 일본 최초의 활자인쇄장경으로서 도전번근(島田蕃根)과 복전행계(福田行誡) 등이 1880년(명치13)부터 1885년(명치18)까지 5년간 동경(東京) 증상사(增上寺)에 소장된 고려장경을 저본으로 하고 송 · 원 · 명본 등 본 장경과 대교(對校)하여 동경 홍교서원에서 출판하였다. 경 · 율 · 론 · 비밀 · 잡 등 5부 25문(門)으로 구분하였다. 1,918부 · 8,539권, 국판(菊版) 5호 활자로 1단(段) 조판이고 면당 20항 · 매항 45자의 체제이다. ④ 만자정속장경(卍字正續藏經) : 1902년(명치35)부터 1905년까지 4년간 인징(忍澂)이 황벽본과 고려대장경을 대교하여 경도(京都) 장경서원(藏經書院)에서 4호 활자로 완성하였다. 1,625부(一說에는 1,622부) · 7,082권으로 체제는 상하 양단, 매단에 20항 · 매항 22자씩이다. 그 후 1905년에서 1912년 사이에 장경서원에서 증보하여 150투(套) · 750책 · 950여 명의 저작을 수록, 1,756부 · 7,144권으로 간행하였다. 판식은 상하 양단 · 매단 18항 · 매항 20자씩이다. ⑤ 일본대장경 : 중야달혜(中野達慧)가 주편이 되어 1919년(대정8)부터 1921년(대정10)까지 3년간 일본대장경편찬회에서 간행하였는데, 일본불교 찬술을 중심으로 엮었다. ⑥ 대정신수대장경(大正新修大藏經) : 대정장 · 대정본(大正本)이라고도 한다. 일본의 불교학자 고남순차랑(高楠順次郎) · 도변해욱(渡邊海旭) · 소야현묘(小野玄妙) 등이 동경대정일체경간행회(東京大正一切經刊行會)를 조직하고 1924년(대정13)부터 1934년(소화9)까지 11년 동안에 걸쳐 완성하였다. 정편(正篇) 55책 · 속편 30책 · 별권 15책(圖像 12책, 法寶總目 3책) 등 전질

100책으로 엮었다. 내용은 3,360부(一說 3,493부)·13,520권, 체제는 매면 상·중·하 3단·매단 29항·매항 약 17자이다. ⑦ 소화재증축쇄장(昭和再證縮刷藏):1935년(소화10)에 영목영진(鈴木靈眞) 등이 간행하였다. 〔한국간행판〕 ① 고려대장경판:초조판(初雕板)은 1011년(현종2) 1월 거란군이 개경(開京:개성)까지 침입하자 왕은 나주(羅州)로 피란한 가운데 적군을 물리치고자 대장경 각판을 시작하였다. 1087년(선종4) 흥왕사(興王寺)의 대장전(大藏殿)이 낙성될 때까지 6대 76년에 걸쳐 완성한 것으로 1,076부·5,924권이었는데, 개보판인 촉판대장경보다 876권이나 더 많은 셈이다. 대구 부인사(符仁寺)에 봉안하였으나, 1232년(고종19)에 몽고병에 의해 불탔다. 현재 합천 해인사에 봉안되어 있는 재조본(再雕本) 국보 고려팔만대장경판은 몽고의 침입을 당한 고종이 강화도로 파천(播遷)하여 그곳에 있으면서 부처님의 가호로 몽고군을 퇴멸시킴과 동시에 국민의 뜻을 하나로 모으기 위하여 1236년(고종23) 10월부터 1251년(고종38)까지 무려 16년간에 걸쳐 새긴 것이다. 1,512부·6,791권으로 매판 길이 2자 3치·너비 8치·두께 1치 2푼·무게 2,600~3,700그램, 판면의 길이 1자 5치·너비는 7치 5푼, 좌우의 계선(界線)이 있고, 매면 23항·1항 14자(자경 5품)씩 전후 양면에 444자를 새겼고 맨 끝부분에 경명·장수·천자문의 차례로 함호(函號)를 새기고 있다. ② 의천(義天)의 『신편제종교장총록 新編諸宗敎藏總錄』:대각국사 의천이 『교장총록』 서문에서 말하기를 '섭도진(聶道眞)·도안(道安)부터 명전(明佺)·선율사(宣律師)에 이르기까지 많은 스님들이 경록(經錄)을 지었으나 동본(同本)을 다르게 역출했거나, 구목(舊目)을 신명(新名)으로 바꾸어 의혹스러운 부분이 적지 않을 뿐만 아니라 진위(眞僞)를 가리기 어려우며 혹은 한 경을 양본(兩本)으로 하고, 지품(支品)을 별번(別飜)으로 한 것 등이 40여 종이나 되었다. 그중 지승(智昇)의 『개원석교록 開元釋敎錄』 20권의 내용이 가장 정요(精要)로웠다. 나는 일찍부터 비록 경론은 그대로 보존되고 있지만 장소(章疏)가 혹여 없어지면 불법을 유포할 방법이 없다. 그리하여 지승의 호법정신을 본받아 교적(敎迹)을 수집하는 것을 나의 임무로 삼아 쉬지 않고 부지런히 한 지 20여 년 만에 여러 종(宗)에서 찬술한 신구장소(新舊章疏)를 간행한다'라고 하였다. 송·원·거란·일본 등지에서 수집하고 아울러 국내 특히 남방 사찰로 다니면서 먼지와 좀벌레(蟲蠹)에 쌓여 있는 것 등을 수집한 것이 경부(經部) 561부 2,719권·율부(律部) 142부 467권·논부(論部) 307부 1,692권으로 전체 1,010부 4,878권이다. 의천은 개풍 흥왕사에 교장도감(敎藏都監)을 설치하고 이를 모두 판각하려 하였으나 불행하게도 1101년(숙종6) 세수 47세로 입적하였으므로 완간을 보지 못하였다. ③ 한글대장경:대한불교조계종단의 3대사업(교육·역경·포교) 중에서 역경은 가장 우선되는 사업이었다. 1962년 종회에서 역경위원회법을 제정하고, 손경산(孫京山) 총무원장과 동국대 김법린(金法麟) 총장이 동국대 내에 역경원을 부설키로 합의하여 1964년 3월 1일 운허(耘虛)를 초대 역경원장으로 선임하고 1965년부터 『장아함경』을 출간하였다. 1979년부터는 영암(映巖)이 제2대 원장에 취임하고 운허는 명예원장으로 있다가 1980년 11월 17일 입적하였는데 이때까지 제100권까지 간행되었다. 1987년 6월 3일 영암 입적 후 제3대 원장에 자운(慈雲)이 취임, 1992년 2월 7일(음력 1월 4일) 자운도 입적하고, 제4대 원장에 월운(月雲)이 취임하였다. 73년까지 67책, 76년에 67책, 94년에 26책, 95년에 28책, 96년에 32책, 97년에 30책, 98년에 33책 등 283책이 간행되었다. 2000년에는 색인 등 35책을 간행하였는데 국판 체제로 매책 700쪽의 총 319권(1권은 총목록임)을 완간하여 2001년 9월 5일 서울 잠실체육관에서 한글대장경 완간법회를 거행했다. 여기에는 영암·자운·석주 대종사 등과 인홍(仁弘) 비구니, 이후락 거사, 정부 등의 아낌없는 정성과 성원이 있었으나, 핵심은 오로지 운허의 원력이 그 바탕이 된 것이었다. ④ 고려대장경영인본:고려장·해인사소장장경이라고도 한다. 1957년부터 조계종립 동국대학교의 초대 총장인 백성욱(白性郁)의 발원으로 우리의 장경을 세계에 널리 알리는 한편 학자들이 불교를 연구함에 있어 장경을 쉽게 접할 수 있도록 하기 위해 영인본 출간을 시작하였다. 제2대 정두석(鄭斗石)·제3대 김법린·제4대 조명기(趙明基)·제5대 김동익(金東益)·제6대 서돈각(徐燉珏)·제7대 이선근(李宣根) 총장에 이르기까지 19년 동안 영인하였다. 총 48책으로 제43권까지는 본판(本板)이고, 제44권부터는 보유판(補遺板)이며, 제48권은 총제목·해제(解題)·색인이다. 체제는 매면 3단, 매단 24항, 매항 14자씩 새겨졌고, 판수는 81,258판이고, 1,515부·6,791권이며, 총 자수(字數)는 52,330,152자이다.

장경이종어 長慶二種語 ➡ 장경여래어 長慶如來語

장경판 藏經板 부처님의 일대장교(一大藏敎)를 새긴 경판. 대장경판(大藏經板)이라고도 하며, 장경판을 봉안한 전각을 판전(板殿)·판당(板堂)이라고 한다. 『불조역대통재』 권22(대정장49, p.724b14)에 "홍법사의 장경판은 지나온 세월이 오래되었으니 제산의 대사와 대덕에게 명하여 오류를 교정하고 장식을 새롭게 하며 부족한 것을 보완하여 무궁토록 전해지게 하라. 弘法寺藏經板 歷年久遠 命諸山師德 校正訛謬 鼎 新嚴飾 補足以傳無窮"라고 하였다. 〔참고문헌〕 『佛祖歷代通載』. ⇨

일대장교 一大藏敎, 대장경판 大藏經板, 판전 板殿

장경판전 藏經板殿 고려대장경판을 봉안한 전각. 국보 제52호 해인사장경판전(海印寺藏經板殿)은 남쪽 수다라장(修多羅藏)과 북쪽 법보전(法寶殿)에 국간판(國刊板)인 팔만대장경을 봉안하였으며, 동·서 양쪽에 사간판당(寺刊板堂)을 두었다. ⇨ 대장전 大藏殿, 장경각 藏經閣, 법보전 法寶殿, 수다라장 修多羅藏②, 고려대장경판 高麗大藏經板

장경호 張敬浩 1899~1975. 근현대 사업가이자 불교대중화운동의 선구자. 호는 대원거사(大圓居士), 본관은 인동(仁洞). 1899년 9월 7일 부산 동래 초량에서 태어났다. 아버지의 휘는 윤식(允植), 어머니는 문염이(文念伊) 여사이다. 불교에 대한 신심이 돈독하였던 어머니를 따라 7세 때 이미 불교에 귀의했다. 아버지로부터 한문을 배우다가 14세 때 보성고보(普城高普)에 입학했고, 18세 때에 추명순(秋命順 : 법명은 積善華) 여사와 결혼했다. 1919년 21세 때 보성고보를 졸업하고 3·1독립운동에 참여한 뒤, 일경(日警)을 피해 친구 허정(許政)과 함께 숨어 다니다가 일본으로 도피하였다. 1920년 귀국한 후 신심이 더욱 깊어져서 1925년 27세 때 양산 통도사 선방에서 동안거에 참여하여 구하천보(九河天輔)로부터 법문을 듣고 참선을 배웠다. 1926년 음력 1월 15일 해젯날 부처님께 고하기를 "앞으로 상업에 종사하여 많은 돈을 벌어서 불교에 헌납하여 중생교화에 쓰도록 하겠습니다"라고 서원을 세운 후로 근검절약하며 사업을 폈다. 그 후로부터 죽을 때까지 사업을 하는 동안 해마다 동안거만은 빠지지 않고 절에서 수행을 했으며, 평상시 집에서도 아침저녁으로 하루 4시간씩 참선공부를 했다. 가끔 효봉원명(曉峰元明)·향곡혜림(香谷蕙林)·경봉정석(鏡峰靖錫) 등과 함께 정진하기도 했다. 시작한 사업마다 성공하여 마침내 1954년 동국제강주식회사(東國製鋼株式會社)를 설립하였고, 이후에는 모두 열여덟 개 회사를 거느리는 그룹으로 발전하여 국내 5대 기업의 하나로 성장했다. 그리고 불교의 대중화를 위해 1967년 불서보급사를 개설하여 불교서적의 출판과 보급에 힘을 썼으며, 1970년에는 재단법인 대원정사(大圓精舍)를 세워 장학사업을 폈고, 여러 군부대 내에 법당을 건립하여 군포교를 후원하는 등 각종 불사에 지원을 아끼지 않았다. 1973년 서울 남산의 남쪽 후암동에 대원불교회관을 건립하여 신행단체인 대원회를 육성했다. 또한 여러 차례 불교방송을 설립하려 했으나 뜻을 이루지 못했다. 1975년 7월 당시 박정희(朴正熙) 대통령에게 '나의 사재(私財) 전부인 30억 6천만원을 희사하오니, 불교의 중흥을 위해 써달라'는 부탁을 남기고 그 해 9월 9일 서거했다. 이를 기본재산으로 하여 1978년 8월 재단법인 대한불교진흥회가 설립되었으며, 1990년 5월 1일 개국한 BBS불교방송 설립의 기반이 되기도 하였다. 〔참고문헌〕『月刊 大圓』31.

장계 牆界 Ⓢ vajra-prakāra. 밀교의 다섯 가지 결계법(結界法) 중 하나. 금강장(金剛牆)·방우계금강장(方隅界金剛牆) 등이라고도 한다. 『염송결호법보통제부』(대정장18, p.901b24)에 "염송을 마치고 금강사방삼매야계(金剛四方三昧耶契)를 맺고 오른쪽으로 돌면서 세 차례 금강저(金剛杵)를 휘두르고 마음에 드는 원근의 장소에 장계를 정한다. 念誦已 以契右旋三遍揮之 隨心遠近成牆界"라고 하였다. 〔참고문헌〕『念誦結護法普通諸部』. ⇨ 금강장 金剛牆, 방우계금강장 方隅界金剛牆

장계사 長溪寺 전라북도 남원시 운봉읍 용산리 지리산(智異山)에 있던 절. 『동국여지승람』 권39 전라도 운봉현 불우에 이름과 위치가 전하며, 『범우고』에는 "지리산에 있었으나, 지금은 폐사되었다. 在智異山 今廢"라고 하였다. 〔참고문헌〕『東國輿地勝覽』, 『梵宇攷』, 『韓國寺刹全書』 권하 p.974b2.

장계외도 杖髻外道 Ⓢ laguḍa-śikhīyaka parivrājaka, Ⓣ kun-du-rgyu-dbyug-thogs-thor-tshugs-can. 지팡이를 짚고 상투를 튼 외도. 부처님 재세 시 출가외도로 뇌라니거(牢羅尼佉)·장승외도(杖勝外道) 등이라고도 한다. 『대비바사론』 권74(대정장27, p.383b10)에 "부처님께서 이 세상에 계실 때, 장계라고 하는 출가외도가 있었는데, 과거와 미래를 부정하였다. 佛在世有出家外道 名爲杖髻 撥無過去未來", 『구사론』 권20(대정장29, p.105b15)에 "무슨 까닭에 세존께서는 저 장계외도에 따라 업(業)은 과거에 멸진하고 변괴하였을지라도 오히려 이것은 있다라고 하시는가? 어찌 저들은 업이 일찍이 있었다는 것을 인정하지 않는데, 지금 세존께서는 거듭 있다고 말씀하시는가? 저 업이 견인하여 현재 상속중인 여과공능을 은밀하게 있다고 하신 것이다. 그렇지 않다면 저 과거업이 현재의 실유성이니, 과거가 어떻게 성립하겠는가? 이치가 반드시 그러해야 한다. 그러므로 박가범께서는 『승의공경』에서 다음과 같이 말씀하셨다. '안근이 생할 때 오는 곳이 없으며, 안근이 멸할 때도 지어 모이는 것 없다. 수 본래 없다가 지금 있고, 있다가 다시 없어진다'. 과거와 미래의 안근이 실유한다면 경전에서 '본래 없다'는 등의 말씀을 하지 않으셔야 한다. 何緣世尊 依彼杖髻外道 說業過去盡滅變壞而猶是有 豈彼不許 業曾有性 而今世尊 重爲說有 依彼所引 現相續中 與果功能 密說爲有 若不爾者 彼過去業 現實有性 過去豈成 理必應爾 以薄伽梵 於勝義空契經中說 眼根生位 無所從來 眼根滅時 無所造集 本無今有 有已還

無 去來眼根 若實有者 經不應說 本無等言"라고 하였다. 〔참고문헌〕『大毘婆沙論』, 『俱舍論』, 『俱舍論記』 권20(대정장41, p.312b1), *Abh-k-bh.299.*

장고사 長鼓寺 강원도 평강군 이수덕리 장고산(長鼓山)에 있던 절. 『광해군일기』 권43 10년(1618) 1월 14일에 "평강에 정배된 정당시가 묵은 혐의로 무고하기를, '장고사 스님 태인이 상을 향해 부도한 말을 자주 하였는데, 함께 사는 스님 현관·법잠 및 학생 권대형도 같이 들었다.'하였다. … 당시는 무고죄에 걸려 장을 맞고 죽었으며, 태인 등은 모두 풀려났다. 有平康定配人鄭當時 因宿嫌誣告 長鼓寺僧人太仁 多發向上不道之言 同居僧玄冠 法岑及學生權大衡參聽云 … 當時坐誣告杖斃 太仁等皆得釋", 『한국사찰전서』 권하 p.974b3에 "건륭 13년(1748·영조24) 무진 3월에 장고산사에 오십삼불을 조성하였으며, 상월정원을 증석으로 삼았다. 乾隆十三年戊辰三月 長鼓山寺五十三佛造成 霜月淨源作證席"라고 하였다. 〔참고문헌〕『光海君日記』, 『韓國寺刹全書』.

장고행니건 長苦行尼揵 Ⓟ Dīghatapassī nigaṇṭha. 자이나교(Ⓢ Jaina)의 개조인 니건타야제자(尼乾陀若提子 Ⓟ Nigaṇṭha nāṭaputta)의 제자. 『중아함경』 권32 「우파리경 優婆離經」(대정장1, p.628a19)에 어느 때 부처님께서는 나란다(那難陀 Ⓟ Nālandā)를 유행하며, 파바리나림(波婆離㮈林 Ⓟ Pāvārikambavana)에 머무셨다. 그 때 장고행니건은 오후에 천천히 걸어 부처님의 처소에 가서 서로 인사를 나누고, 물러나 한쪽에 앉았다. 이에 세존께서 이렇게 물으셨다. '고행자여, 니건친자는 몇 가지 행을 시설하여 악업을 행하지 않고, 악업을 짓지 않게 하는가?' 장고행니건은 다음과 같이 대답하였다. '구담이시여, 제 스승 니건친자는 저희들에게 어떤 행을 시설하여 악업을 행하지 않게 하고, 악업을 짓지 않게 하지 않습니다. 단지 저희들에게 벌을 시설하여 악업을 행하지 않게 하고 악업을 짓지 않게 할 뿐입니다'. 一時 佛遊那難陀 在波婆離㮈林 爾時 長苦行尼揵 中後彷徉 往詣佛所 共相問訊 却坐一面 於是 世尊問曰 苦行 尼揵親子 施設幾行 令不行惡業 不作惡業 長苦行尼揵答曰 瞿曇 我尊師 尼揵親子 不爲我等 施設於行 令不行惡業 不作惡業 但爲我等 施設於罰 令不行惡業 不作惡業"라고 하였다. 〔참고문헌〕『中阿含經』, *MN.1.371·372.* ⇨니건타야제자 尼乾陀若提子

장곡사 長谷寺 충청남도 청양군 대치면 장곡리 칠갑산(七甲山)에 있는 절. 대한불교조계종 제6교구 본사 마곡사(麻谷寺)의 말사이다. 1777년(정조1)에 학연(學演)이 지은 「칠갑산장곡사금당중수기」에 "그 안에 사찰이 있는데, 이름은 장곡사라 한다. 언제 창건하였는지는 알 수 없으나, 지금 총림에서는 보조국사의 도량이라 부른다. 또한 일찍이 고려시대에 세 번 중창하였다. 其中有寺名曰長谷 不知創於何代而至今叢林稱之以普照國師之道場 亦嘗三次重創於麗代"라고 하였다. 고려 보조지눌이 아니라 통일신라 보조선사체징이다. 상대웅전에 모셔져 있는 국보 제58호 철조약사여래좌상은 나말여초에 조성된 것으로 추정한다. 이후 『동국여지승람』 권19 충청도 청양현 불우·『여지도서』 충청도 청양 사찰·『범우고』·『가람고』 등에 이름과 위치가 전하고 있으며, 1777년에 상대웅전 등을 중수하였으며, 1866년(고종3)·1906년(광무10)·1960년에 대규모 중창불사를 거행하였다. 우리나라에서 유일하게 위아래로 대웅전이 있으며, 이외 응진전·지장전·설선당·운학루·봉향각·염화실·삼성각·심검당·요사·범종각 등이 있다. 성보문화재로는 국보 제300호 미륵불괘불탱, 보물 제162호 상대웅전·제174호 철조비로자나불좌상및석조대좌·제181호 하대웅전·제337호 금동약사여래좌상 등이 있다. 조선후기에 건립된 유형문화재 제151호 설선당도 있다. 〔참고문헌〕「七甲山長谷寺金堂重修記」, 『東國輿地勝覽』, 『輿地圖書』, 『梵宇攷』, 『伽藍考』, 『韓國寺刹全書』 권하 p.974b6, 『長谷寺實測調查報告書』(文化財管理局, 1988) p.35.

장곡사금동약사여래좌상 長谷寺金銅藥師如來坐像 고려후기 금동약사여래좌상. 보물 제337호. 높이 90.2cm. 하대웅전에 봉안되어 있다. 1959년 발원문을 포함한 42건 45점의 복장(腹藏)이 발견되어, 1346년(충목왕2)에 조성된 사실이 밝혀졌다. 복장 중 『금강경』의 말미에는 1326년(충숙왕13)에 『금강경』 1만 권을 찍어 널리 보시한다는 내용이 묵서되어 있고, 발원문은 길이 1,058cm·너비 48cm의 붉은 비단에 적혀 있다. 발원문의 앞부분 115cm 정도는 『직지심경 直指心經』

장곡사금동약사여래좌상 개금전·개금후

의 저자인 친전사(親傳師) 백운경한(白雲景閑 1298~1374)의 발원내용으로 약사여래의 공덕과 왕실, 백관의 복과 국태민안을 기원하였다. 불상 조성에 참여한 1,07

8명의 시주자 명단이 전한다. 현재 불상은 별도의 대좌와 광배 없이 두껍게 개금되어 불단 위에 모셔져 있다. 상호는 둥근 방형으로 이목구비가 뚜렷하고 단정하여 자비로운 불격이 잘 드러난다. 수인은 오른손은 가슴 위로 올려 엄지와 중지를 맞대고 있으며, 왼손에는 둥근 그릇을 들고 있다. 통견의 법의 안에는 승기지 띠매듭이 보이고, 왼쪽 가슴 아래에는 화문이 새겨진 정교한 치레 장식이 있으며, 옷주름이 부드럽고 자연스럽다. 전체적으로 안정감 있는 단아한 불신이 정교할 뿐 아니라, 명문을 통해 조성시기 및 발원과 제작주체, 고려후기 약사여래신앙과 도상을 알려주는 귀중한 성보이다. 〔참고문헌〕『문화재대관 보물-불교조각Ⅰ』(문화재청, 2016) pp.272~274, 『장곡사 上·下 대웅전 정밀실측보고서』上(문화재청, 2010) pp.323~328. ⇨ 장곡사 長谷寺

장곡사미륵불괘불탱 長谷寺彌勒佛掛佛幀 조선후기 괘불탱. 국보 제300호. 세로 8.09m·가로 5.66m. 삼베에 채색. 1673년(현종14)에 철학(哲學)을 수화승(首畵僧)으로 5명의 화승이 그린 것으로, 총 80여 명이 시주하였다. 화면을 꽉 채운 본존을 중심으로 6여래와 6보살, 10대 제자, 사천왕과 범천·제석천, 여러 천부중 등 총 38명의 권속들을 좌우대칭으로 배치하고, 각 존상 옆의 붉은 방제(傍題)에 각각의 명호(名號)를 기록하였으며, 화면의 테두리는 범자(梵字)를 품은 연화문을 그려 장식하였다. 장엄신(莊嚴身)의 본존은 화염과 화불로 장식된 보관(寶冠)을 쓰고, 영락(瓔珞)으로 신체를 장엄하였으며, 양손으로는 연꽃을 들고 있다. 그런데 본존 옆 방제는 미륵존불(彌勒尊佛)인데, 화기에는 "장곡사대웅전 앞마당 영산대회 괘불탱 長谷寺大雄殿庭中 靈山大會掛佛幀"이라고 하여 오랫동안 주목을 받아왔다. 그러나 1652년에 간행된 『오종범음집 五種梵音集』의 영산회작법에서는 석가모니를 찬탄하면서 삼신불(三身佛)과 미륵불을 함께 찬하고, 1634년의 『영산대회작법절차』에서도 미륵불과 석가모니불을 참경(懺經)의 주존으로 의식도량에 봉청(奉請)하고 있어서, 영산법회와 미륵불의 관계에 주목하고 있다. 본존

장곡사미륵불괘불탱

좌우 맨 윗단에는 아미타·석가·다보·약사여래가 계시고, 그 아래에는 대세지·보현·문수·관음보살이 있다. 본존의 협시로 묘사된 향좌 법림보살(法琳菩薩)과 향우 대묘상보살(大妙相菩薩)은 본존을 축소한 형상이며, 그 위에는 향좌 비로자나불(毘盧舍那佛)과 향우 노사나불(盧舍那佛)을 크게 묘사하였다. 맨 아랫단에는 사천왕과 아사세왕(阿闍世王)·위제희(韋提希) 등도 그려져 있다. 본존의 비례가 다소 비현실적이기도 하지만 안정되게 배치한 권속들의 구도와 주색·녹색·황색, 다양한 명도의 청색 등으로 밝고 화려하다. 17세기에 유행했던 장엄불형식괘불의 대표적인 작품으로서, 당시의 괘불도상과 신앙을 이해하는데 중요한 성보다. 〔참고문헌〕『괘불조사보고서Ⅰ』(국립문화재연구소, 1992) pp.141~145, 『청양장곡사괘불탱』(통도사성보박물관 괘불탱 특별전, 2012). ⇨ 장곡사 長谷寺

장곡사상대웅전 長谷寺上大雄殿 조선시대 목조건축. 보물 제162호. 정면 3칸·측면 2칸의 다포식 맞배지붕 건물이다. 상대웅전은 장곡사 사역 맨 위쪽에 정남향으로 자리잡고 있으며, 우측의 응진전·요사와 함께 별도의 영역을 형성하고 있다. 건물은 자연석 기단 위에 원형 초석을 놓고 그 위에 배흘림기둥을 세웠다. 다포 양식이지만 기둥과 기둥 사이에는 평방(平枋) 없이 창방만 설치하고 그 가운데에 공포를 하나씩 배치하여 주심포와 다포가 절충된 양식을 보여준다. 법당 내부 바닥에는 전돌을 깔았는데, 원래의 방전(方塼) 일부는 고려시대에 제작된 것으로 추정되며 나머지는 근래 보수하면서 새로 만든 것이다. 창건 이래 고려시대 세 번의 중창과 조선시대까지 계속 수리를 거치면서 건물의 구조와 양식도 변형되었다. 1777년(정조1)에 작성된 「칠갑산장곡사금당중수기 七甲山長谷寺金堂重修記」에 "그중 금당이 가장 뛰어난데, 예로부터 수계승의 패(牌)를 걸던 곳이다. 법당 바닥에는 전돌을 깔았고, 석조로 된 대좌에는 석불 2좌를 모시고, 탁자 위에는 금불 3좌를 봉안하였다. 동벽의 불화는 여러 세대가 지나 오래되었는데, 어제 그린 것처럼 선명하다. 전해오

장곡사상대웅전·내부

길 오도자가 그린 것이라고 한다. 就中金堂最勝 從古修戒僧所掛牌 其法堂下鋪甓用 石臺安石佛二座 又有金佛三座安卓子 東壁畵佛 歷世旣久 宛然如昨 傳稱吳道子所畵" 라고 하였고, 당시 금당으로 불리던 상대웅전의 중수를 위해, 스님과 신도들이 여러 해에 걸쳐 계(契)를 조직하여 비용을 마련했다고 하였다. 일제강점기에 실측조사를 한 일본학자 소천경길(小川敬吉)의 도면에도 상대웅전 정칸과 우협칸에 비로자나불좌상과 약사여래좌상이 있고, 좌협칸에는 아미타불·관음보살·세지보살의 삼존상이 있어서 중수기의 기록처럼, 전각 안에 총 5존의 불상이 있었다. 현재 상대웅전 안에는 아미타불·비로자나불·약사불 삼존의 철불이 봉안되어 있으며, 비로자나불좌상과 약사불좌상은 각각 보물 제174호·국보 제58호로 지정되었다. 〔참고문헌〕『장곡사上·下대웅전 정밀실측보고서』上(문화재청, 2010) pp.149~244, 『長谷寺實測調査報告書』(문화공보부 문화재관리국, 1988) pp.51~113. ⇨ 장곡사 長谷寺

장곡사아미타극락회상도 長谷寺阿彌陀極樂會上圖 조선후기 불화. 세로 369.5cm·가로 266cm. 삼베에 채색. 상대웅전 좌협칸의 아미타삼존상 뒤편에 헌괘(獻掛)되어 있었으나, 현재는 동국대박물관에서 소장하고 있다. 1777년(정조1)에 작성된 「금당중수기」에서 언급한 동쪽 벽의 벽화로 추정되고 있다. 하단의 화기에 의하면, 1708년(숙종34)에 화승(畵僧) 인문(印文) 등이 조성하였다. 아미타불을 중심으로 팔대보살과 사방불, 십대제자, 제석과 범천, 사천왕 등이 좌우대칭으로 둘러싸고 있다. 아미타불은 방형 연화대좌 위에 결가부좌를 하였고, 키형 광배를 하고 있다. 육계가 높고, 중앙계주와 정상계주가 있다. 머리 위와 좌우에서 다섯 줄기 흰 빛이 나와 주변을 비춘다. 통견으로 걸친 붉은 법의에는 둥근 화문을 그렸고, 군의(裙衣)를 묶은 흰 띠매듭은 대좌까지 길게 늘어졌다. 얼굴은 둥글고 이목구비가 단정하며, 어깨와 다리가 넓어 전체적으로 건장하다. 왼손은 아래로 내리고, 오른손은 가슴까지 들어 엄지와 중지를 맞대고 있다. 녹색 원형 두광이 있는 팔대보살들은 모두 천의를 걸치고, 합장하거나 연꽃을 들고 있다. 아미타불 좌우 보병을 얹은 연꽃을 든 관음보살과 경책을 얹은 연꽃을 든 대세지보살이다. 우측 지장보살은 보주(寶珠)와 석장(錫杖)을 들고 있으며, 연분홍색 두건을 머리에 쓰고 있다. 또 좌우에 사천왕을 배치하였는데, 좌측 남방 증장천왕(增長天王)은 훼손되었으나 나머지 존상은 온전하다. 상단 좌측에 가섭·사리불·범천 등이 있고, 상단 우측에 아난·수보리·제석천 등이 있다. 주조색은 적색과 녹색으로 밝고 부드러운 분위기를 이루며, 섬세한 문양, 세련된 필선을 보여준다. 〔참고문헌〕『한국의 불화』 권18(성보문화재연구원, 1999) pp.65~72. ⇨ 장곡사 長谷寺, 장곡사상대웅전 長谷寺上大雄殿

장곡사아미타극락회상도

장곡사철조비로자나불좌상및석조대좌 長谷寺鐵造毘盧遮那佛坐像◯石造臺座 고려전기 철불좌상과 석조대좌. 보물 제174호. 불상높이 61cm·대좌높이 165cm. 상대웅전 중앙에 봉안된 철불좌상으로, 석등(石燈)의 기단부를 전용(轉用)한 팔각 연화좌 위에 앉아 있다. 전체적으로 불신이 아담하고 방형에 가깝다. 불상의 나발과 육계는 거의 구별되지 않고, 얼굴은 이목구비를 작게 표현하였다. 편단우견으로 걸친 가사의 옷주름은 매우 자연스러우며, 수인은 가슴 앞에서 지권인(智拳印)을 하고 있다. 통일신라 하대에 조성된 비로자나불상의 계보를 이으면서도, 도식화된 표현기법과 양식 등에서 고려전기 불상의 특징을 잘 보여준다. 대좌는 한 돌로 조성하여 지대석과 팔엽복련의 하대석과 팔각 간주석 그리고 팔엽앙련의 상대석으로 구성되었다. 목제로 조성된 광배는 채색 꽃무늬로 장식된 두광과 신광을 둘러싼 화염문으로 조각되어 있는데, 나란히 봉안된 약사여래좌상의 광배와 같은 양식으로 조선시대에 제작된 것으로 추정된다. 〔참고문헌〕『文化財大觀 寶物篇-石造Ⅱ』(文化財廳, 2005) pp.292~293. ⇨ 장곡사 長谷寺

장곡사철조비로자나불좌상및석조대좌

장곡사철조약사여래좌상및석조대좌 長谷寺鐵造藥師如來坐像◯石造臺座 신라말 고려초 철불좌상과 대좌. 국보 제58호. 불상높이 86cm. 상대웅전의 오른편에 봉안된 철불좌상으로 장곡사에서 가장 이른 시기에 조성된 불상으로 추정된다. 근년까지 호분(胡粉)이 칠해져 있다가 최근에 개금하였다. 불신은 아담한 편이나 비례가 적절하고, 이목구비가 섬세하여 단아한 상호이다. 법의는 편단우견(偏袒右肩)으로 착용하고, 결가부좌한 발목 앞에는 부채꼴모양의 주름이 접혀있다. 수인은 오른손은 항마촉지인(降魔觸地印), 왼손에는 약합(藥盒)을 올려놓은 형식으로 이러한 약기인(藥器印)은 우리나라 약사불 도상의 특징이다. 편단우견의 착의에 항마촉지인, 발목 앞 부채꼴모양 주름 등의 표현이 석굴암 불상과 유사하지만, 양감이 줄어든 신체와 부드러운 상호 등에서 9세기 불상의 특징이 보인다. 광배는 꽃무늬로 장식된 두광·신광과 이를 둘러싼 화염문이 조각된 목제광배로서, 불상 앞에 놓인 순치 10년(1653·효종 4)명 불단(佛壇)과 문양 채색 등이 유사하여 비슷한 시기에 함께 제작된 것으로 추정된다. 대좌는 전형적인 고려시대의 방형대좌로서 비교적 완형이 잘 보존되어 있으나, 대좌의 폭과 크기 등이 전체적으로 불상에 비해 크다. 널찍한 지대석의 모서리 구멍은 천개(天蓋) 혹은 닫집을 받치는 기둥자리로 추정된다. 하대석은 복련(覆蓮)을 새기고 각 모서리에는 귀꽃을 큼직하게 조각하였고, 중대석에는 연꽃 모양의 안상(眼象)을 조각하였으며, 상대석은 연꽃잎 안에 세 겹 꽃무늬를 새긴 앙련(仰蓮)으로 장식하였다. 불상·광배·대좌가 각각 재료와 제작시기는 다르지만 철조약사여래좌상의 단아한 조형양식, 거의 완형(完形)으로 남아있는 섬세한 석조대좌 등이 통일신라말 고려시대 불교미술의 중요한 자료로 평가된다. [참고문헌] 『장곡사上·下대웅전정밀실측보고서』 권상(문화재청, 2010) pp.230~235, 『한국의 국보』(문화재청 동산문화재과, 2007) pp.354~357. ⇨ 장곡사 長谷寺

장곡사철조약사여래좌상 및석조대좌

장곡사하대웅전 長谷寺下大雄殿 조선후기 목조건축. 보물 제181호. 정면 3칸·측면 2칸의 다포식 맞배지붕 건물이다. 하대웅전은 상대웅전 아래에 동남향으로 자리잡고 있으며, 하대웅전 영역은 사동중정형(四棟中庭形)으로 중앙의 마당을 중심으로 전면에는 운학루(雲鶴樓), 후면에는 하대웅전, 좌우에는 설선당(說禪堂)과 봉향각(奉香閣)이 있다. 건물은 나지막한 기단 위에 주춧돌을 놓고 민흘림기둥을 세웠다. 작은 규모의 건물이지만 화려한 다포 양식이고, 특히 측면에도 평방(平枋)을 올리고 공포를 배치한 것은 불교 전각에서는 보기 드문 예이다. 외부 공포의 쇠서(牛舌)가 아래로 곡선을 이루고, 내부 공포의 살미(山彌)가 교두형(翹頭形)인 부분에서 조선후기 이전의 건축양식을 볼 수 있다. 전면 가운데 칸은 사분합문(四分閤門), 양쪽 옆 칸은 이분합문(二分閤門)이고, 천장은 우물천장이며 바닥에는 마루를 깔았다. 불단에는 1346년(충목왕2)에 조성된 보물 제337호 금동약사여래좌상이 있다. [참고문헌] 『장곡사上·下대웅전정밀실측보고서』 上(문화재청, 2010) pp.247~332, 『長谷寺實測調查報告書』(문화공보부 문화재관리국, 1988) pp.115~161. ⇨ 장곡사 長谷寺

장곡사하대웅전

장공끽주이공취 張公喫酒李公醉 장씨가 술을 마시자 이씨가 취하다. 장옹끽주이옹취(張翁喫酒李翁醉)라고도 한다. 『운문광록』 권중 「실중어요 室中語要」(대정장47, p.558c8)에 "운문이 언제인가 주장자로 노주를 치고서 말했다. '삼승십이분교로 들어맞게 설할 수 있는가? 설한들 들어맞을 리 없겠지'. 다시 말했다. '돌! 이런 여우 귀신들'. 학인이 물었다. '스님의 뜻은 어떻습니까?' '장씨가 술을 마셨는데 이씨가 취하는구나'. 師或時以拄杖打露柱一下云 三乘十二分教說得著麽 自云 說不著 復云 咄 者野狐精 僧問 秖如師意 作麽生 師云 張公喫酒李公醉", 『오가종지찬요』 권상 「제종삼현요 濟宗三玄要」(卍속장114, p.510b5)에 "제2 구중현 : 장씨가 술을 마셨는데 이씨가 취했다. 앞에도 삼삼이고 뒤에도 삼삼이며, 여섯에 여섯이어서 서른여섯이다. 그 말속에 뜻으로 난 길은 없다. 비록 체 상에서 발한 것일지라도 이 한 마디로 체를 얽어맬 수는 없다. 第二句中玄 如張公喫酒李公醉 前三三後三三 六六三十六 其言無意路 雖是體上發 此一句不拘於體故"라고 하였다. [참고문헌] 『雲門廣錄』, 『五家宗旨纂要』, 『黃龍慧南語錄』(대정장47, p.633a26), 『大慧語錄』 권9(대정장47, p.847b16), 『般若心經注』(卍속장41, p.795b9). ⇨ 장삼이사 張三李四

장과노답파호로 張果老踏破葫蘆 장과노가 호리병을 밟아 부순다는 말. 의지처를 산산이 부수어 어디에도 기대지 못하게 하는 납자(衲子)의 수법을 비유한다. 호리병은 도교(道教)에서 말하는 이 세상과 다른 별천지(別天地) 또는 신선이 사는 선경(仙境)을 가리킨다. 신선을 대표하는 장과노가 자신이 누리는 선경마저 버리고 참으로 신선이 된다는 생각에 따라 납자의 결정적 수법을 드러내었다. 호로는 불노장생의 약(仙丹)을 담았다는 뜻에서 약호로(藥葫蘆)라고도 한다. 『송고연주통집』 권5(卍속장115, p.49a4)에 "장과노 호리병 밟아 부수고, 여동빈 보검을 잃었네. 둘 다 손 털고 만나니, 상자

자 약 아닌 것이 없었다. 돌아와 문수에게 말했다. '약 아닌 것이 없습니다' '이 약이라 할 만한 것 캐서 가져 오너라'. 선재가 풀 한 포기를 집어 문수에게 건네자 문수가 말했다. '이 약은 능히 사람을 죽일 수도 살릴 수도 있다'. 文殊令善財採藥曰 是藥者 採將來 善財徧觀大地 無不是藥 却來白曰 無不是藥者 殊曰 是藥者 採將來 財乃拈一莖草 度與殊 殊曰 此藥能殺人 亦能活人", "오조사계(五祖師戒)가 선재동자에게 말했다. '부끄럽구나'. 五祖戒出善財語云 慚愧", "수산성념(首山省念)이 말했다. '문수는 마치 귀 막고 방울을 훔치듯이'. 首山念云 文殊大似掩耳偸鈴"라고 하였다. [참고문헌] 『宗鑑法林』. **3** 문 끝에 붙어 행위가 끝났음을 드러내는 말. 장거(將去)로도 쓴다. 『설두어록』 권4(대정장47, p.696b10)에 "'석두가 회양대사에게 물었다. 「성인들을 흠모하지도 않고 자신의 영을 중하게 여기지도 않을 때는 어떻습니까?」 「그대의 질문은 너무 고원하구나. 어째서 아래 향해 묻지 않느냐?」' 설두가 달리 말했다. '30방을 누가 얻어맞게 할까?' 石頭問讓大師 不慕諸聖 不重己靈時 如何 讓云 子問太高生 何不向下問將來 別云 三十棒教誰喫"라고 하였다. [참고문헌] 『雪竇語錄』.

장래불 將來佛 앞으로 오실 부처님. 『출요경』 권2(대정장4, p.617a14)에 "이때 범지는 길을 가다 얼마 안 되어 다시 이렇게 생각했다. '내가 세존의 처소에서 장래의 부처님에 대해 여쭸지만, 물러나면서 과거의 모든 불세존들에 대해 여쭙는 걸 깜빡했구나. 지금 다시 세존의 처소로 돌아가서 과거의 부처님들에 대해 여쭤야겠다'. 爾時 梵志行道未遠 復作是念 我向所啓問將來佛 然吾退忘不問過去諸佛世尊 我今宜還至世尊所 問過去佛"라고 하였다. [참고문헌] 『出曜經』. ⇨ 당래제불 當來諸佛, 당성불 當成佛, 미래불 未來佛, 미륵 彌勒[1]

장래세 將來世 앞으로 올 세상. 미래. 미래세(未來世)와 같은 뜻. 『잡아함경』 권25(대정장2, p.177b15)에 "이때 세존께서 아난 존자에게 말씀하셨다. '이 마투라국에서 미래에 반드시 한 상인의 아들이 있을 것인데 이름은 굴다이며, 이 굴다에게 우파굴다라는 아들이 있을 것인데 내가 입멸한 지 100년 후에 틀림없이 불사를 지을 것이며 교수사 중에서 가장 뛰어날 것이다. 아난이여! 너는 멀리 저 청색 총림이 보이느냐?' 爾時 世尊告尊者阿難 此摩偸羅國 將來世當有商人子 名曰掘多 掘多有子 名優波掘多 我滅度後百歲 當作佛事 於教授師中 最爲第一 阿難 汝遙見彼青色叢林不"라고 하였다. [참고문헌] 『雜阿含經』. ⇨ 미래세 未來世

장려 杖藜 명아주 줄기로 만든 주장자. 여장(藜杖)이라고도 하고, 려(藜)는 려(黎)로도 쓴다. 『석씨계고략』 권3(대정장49, p.827a1)에 "약왕은 성은 위씨이고, 이름은 고, 자는 노사이다. 소륵국 출신으로 개원 25년(737)에 수도로 들어왔다. 비단 두건에 모직 도포를 입고서 장려를 짚고 다녔다. 허리에는 수백 개의 호리병을 차고 약떡을 두루 나누어 주었는데, 검은 개 한 마리가 좇아다녔다. 보통 환자가 있을 때 오래도록 바라보기만 하여도 곧바로 병이 나았다. 藥王 姓韋氏 名古 字老師 疎勒國人 開元二十五年至京 紗巾毳袍 杖藜而行 腰懸數百葫蘆 普施藥餌 以一黑犬自隨 凡有患者 古視之卽愈", 『임간록』 권상(卍속장148, p.600a14)에 "여항정(餘杭政)선사는 일찍이 자신의 모습을 그리고서 스스로 찬문을 짓기를 '얼굴은 늙고 몸은 야윈 채로 장려에 기대었으니, 분명 수보리를 그려냈네. 해공(解空 : 須菩提)은 소리와 색 끊으라 하지 않았으니, 마치 홀로 떨어진 원숭이가 달 아래서 우는 소리 들리는 듯하네'라고 하였다. 餘杭政禪師 嘗自寫照 又自爲之贊曰 貌古形踈倚杖黎 分明畫出須菩提 解空不許離聲色 似聽孤猿月下啼"라고 하였다. [참고문헌] 『釋氏稽古略』, 『林間錄』.

장련상 長連床 길게 늘어선 평상. 선원(禪院)에서 좌선할 때 앉는 긴 선상(禪床). 장련탑(長連榻)이라고도 한다. 상(床)은 상(牀)으로도 쓴다. 『운문광록』 권상(대정장47, p.548a9)에 "어떤 학인이 나와서 예배를 올리고 질문을 하려는 때에 운문선사가 주장자로 쫓으며 말했다. '이와 같은 무리들이 부처의 종자를 없앤다. 긴 선상 위에 앉아서 공양이나 받는 스님아! 함께 이야기할 만한 것이 뭐가 있겠는가? 이 나무 등걸이나 치는 놈아!' 이렇게 말하면서 주장자로 모두 쫓아버렸다. 有僧出禮拜 擬伸問次 師以拄杖趁云 似這般滅胡種 長連床上納飯阿師 堪什麽共語處 這般打野榸漢 以拄杖一時趁下", 같은 책 권상(대정장47, p.551a26)에 "학인이 운문에게 물었다. '무엇이 서쪽에서 온 뜻입니까?' '장련상 위에서 죽도 먹고 밥도 먹는다'. 問 如何是西來意 師云 長連床上 有粥有飯", 『설두어록』 권3(대정장47, p.687c11)에 "학인이 운문에게 물었다. '무엇이 법신향상사입니까?' '그대에게 향상에 대해 말하는 것은 어렵지 않다. 어떻게 법신인 줄 아는가?' '화상께서 일러 주시기 바랍니다' '감정은 차치하고 무엇을 법신이라 알고 있는가?' '이렇다고도 저렇다고도 하니 이 모두 길게 늘어선 상 위에서 배워 얻지 않았겠습니까?' '내가 다시 그대에게 묻겠다. 법신이 밥은 먹는가?' 학인은 말이 없었다. 僧問雲門 如何是法身向上事 云向上與爾道卽不難 作麽生會法身 僧云 請和尙鑑 云鑑卽且致 作麽生會法身 僧云 與麽與麽云者 箇是長連床上學得底 我且問爾 法身還喫飯麽 僧無語", 『경덕전등록』 권22 「향림징원전 香林澄遠傳」(대정장51, p.387a23)에 "학인이 향림에게 물었다. '어떤 것이 현입니까?' '오늘 오고 내일 간다' '현 중에

현은 무엇입니까?' '장련상 위다'. 問 如何是玄 師曰 今日來 明日去 曰 如何是玄中玄 師曰 長連床上", 『조당집』 권7 「암두전활장 巖頭全豁章」(대장경보편25, p.436b11)에 "암두가 설봉에게 소리 지르고 말했다. '그대여 잠을 펴 자는가? 매일 장련상 위에 있는 꼴이 흡사 깡촌에 있는 토지신 같구나. 언젠가 뒷날에 남의 집 남녀들인이 박히도록 홀리고 있겠구나. 師便喝云 你也喧眠去摩 每日在長連牀上 恰似漆村裏土地相似 他時後日 魔魅人家男女去在"라고 하였다. [참고문헌] 『雲門廣錄』, 『雪竇語錄』, 『景德傳燈錄』, 『祖堂集』, 『禪林象器箋』 권19 「長連床」(불광장, 禪藏, p.1540). ⇨ 선상 禪床, 연상 連床

장련탑 長連榻 장련상(長連床)을 달리 이르는 말. 『선원청규』 권10 「백장규승송 百丈規繩頌」(卍속장111, p.933b8)에 "장련탑에 오르고자 해야 하니 항상 성승을 마주할 수 있네. 欲上長連榻 常應面聖僧"라고 하였다. [참고문헌] 『禪苑淸規』. ⇨ 장련상 長連床

장렴 帳簾 승당(僧堂) 앞뒷문에 드리우는 발. 『선원청규』 권10 「백장규승송 百丈規繩頌」(卍속장111, p.933b18)에 "장렴을 내리려 함에는 반드시 종 울려 듣게 하며 아주 가지런히 정리한다. 遇下帳簾 須當候鐘鳴 須至整齊"라고 하였다. [참고문헌] 『禪苑淸規』.

장령수탁선사어록 長靈守卓禪師語錄 송(宋)대 임제종(臨濟宗) 황룡파(黃龍派) 선사 장령수탁(1065~1123)의 어록. 전법제자 무시개심(無示介諶) 편집. 1권. 卍속장120, pp.307a1~335b4에 수록되어 있다. 천녕만수사(天寧萬壽寺)와 능인자복선원(能仁資福禪院)에서 설한 법어와 수어(垂語) 100칙·게송(偈頌)·행장(行狀) 등으로 구성되어 있다. ⇨ 수탁 守卓

장로 長老 Ⓢ āyuṣmat, sthavira, Ⓟ āyasmā, thera, Ⓣ tshe-dang-ldan-pa, gnas-brtan. 법랍(法臘)이 높은 연장자. 또는 지혜와 학덕을 갖춘 위엄있는 스님. 음사어는 실타설라(悉他薛羅)·아유솔만(阿瑜率漫)·체라(涕羅) 등이며, 상수(上首)·수좌(首座)·기년(耆年)·기숙(耆宿)·기구(耆舊)·노숙(老宿)·장숙(長宿)·주위(住位) 등이라고도 한다. 연기장로(年耆長老 Ⓟ jāti-thera)·법장로(法長老 Ⓟ dhamma-thera)·작장로(作長老 Ⓟ sammuti-thera) 등 삼장로(三長老)와 생년상좌(生年上座)·법성상좌(法性上座)·세속상좌(世俗上座) 등 삼종상좌(三種上座)라 일컫기도 한다. 장로는 법랍이 높은 연장자나 불법(佛法)에 정통한 스님에 대해 높여 부르는 것(敬稱)임을 알 수 있다. 『방광대장엄경』 권11(대정장3, p.606b22)에 "그때 세존께서 다섯 사람에게 다음과 같이 말씀하셨다. '너희들은 여래라 하지 않으니 장로라 한다. 너희들에게 오래도록 어떤 이익도 없으리라'. 爾時 世尊 語五人言 汝等不應 稱喚如來 爲長老也 令汝長夜無所利益", 『금강반야경찬술』 권상(대정장33, p.128a18)에 "서방에서는 법랍이 높은 이를 장로라고 한다. 반면에 어리지만 덕이 있는 경우도 있으므로 대덕이란 이름이 있다. 西方 以耆尊爲長老也 若少而有德故 有大德之名", 『금강반야경소론찬요』 권상(대정장33, p.157c7)에 "장로란 덕이 뛰어나고 법랍이 높은 이를 말한다. 당역에서는 구수라고 한역하였는데 수는 수명을 말한다. 위역에서는 혜명이라고 한역하였는데 지혜를 목숨으로 여긴다는 뜻이다. 長老者 德長年老 唐譯云 具壽 壽卽是命 魏譯云 慧命 以慧爲命", 『아미타경소』(대정장37, p.315b14)에 "『선견율』에서는 '법랍이 높은 이를 대덕이라 하고, 낮은 이를 장로라고 부른다'라고 했고, 『증일아함경』에서는 '지금 이후로 비구들은 군·경·상이라고 불릴 수 없으며 법랍이 많은 이는 존이라 칭하고 적은 이는 현이라 부른다. 또 어린 비구는 큰 비구에게 장로라고 부르며, 큰 비구는 (작은 비구에게) 어린 비구라는 말로 부른다'라고 했다. 이 두 글에 따르면, 존비로 정한 것이 아니다. 여기서는 『장아함경』의 '장로에는 세 가지가 있다. 첫째는 법랍이 높은 이, 둘째는 법을 아는 이, 셋째는 부르기 좋게 하는 것이다'라는 말과 『대지도론』에서 『보정경』을 이끌어 '중생을 널리 교화하는 보살이니, 사리불을 기년이라고 불렀다'라는 말에 근거한다. 여기서 장로라는 말은 첫째 법랍이 높고 둘째 법을 안다는 뜻이니, 세속에서 선생이란 칭호가 있는 것과 같다. 장로라는 이름은 덕을 찬미한 것이지 이름을 말하는 것이 아니다. 善見律云 老者而言 大德 少者而稱 長老 增一阿含云 佛言 自今已後 諸比丘不得君卿相 向大者稱尊 少者稱賢 又小比丘 向大比丘 稱長老 大比丘 稱小比丘字 准此二文 尊卑不定 今據長阿含云 老有三 一 年耆 二 知法 三 善作 又智度論引寶頂經 普化菩薩 呼舍利弗爲耆年 今稱長老者 一是年尊 二者知法 如俗有先生之稱 長老之名 謂讚美其德 不言其諱", 『사분율소식종의기』 권8(卍속장66, p.522a13)에 "장로는 범어 음사어로 아유솔만이라고 하며, 구수·유수·장수라고도 한역한다. 수명을 구족하여 요절이나 횡사가 없는 뜻이다. 장로와 관련된 이름은 다르지만 범본에서는 다르지 않다. 법랍이 낮은 이를 장로라고 부르고 법랍이 높은 이를 대덕이라 부르는데 논에 있는 글이다. 長老者 梵云 阿瑜率滿 此云 具壽 或云 有壽 或云 長壽 具足壽命 無諸夭橫 是其意也 長老名異 梵本不殊也 喚小卽爲長老 喚大便爲大德 見論有文也", 『선림상기전』 권5(불광장, 禪藏, p.320)에 "『전등록』「선문규식」에 '무릇 도안을 갖추고 존경할 만한 덕을 지닌 사람을 장로라고 부르는데, 이는 서역에서 도가 높고 법랍이 높은 이를 수보리 등으로 부르는 것과 같다'라고 하였고, 『백장청규』「주지장」에 '처음으로 (백장)선사를 받들어 주지로 삼고 장로로 존중하였다'라고 하였다. 傳燈錄禪門規式云 凡具道眼 有可尊之德者 號曰長老 如西域道高臘長 呼須菩提等之謂也 敕修清規 住持章云 始奉其師爲住持 而尊之曰長老"라고 하였다. 〔참고문헌〕『方廣大莊嚴經』, 『金剛般若經贊述』, 『金剛般若經疏論纂要』, 『阿彌陀經疏』, 『四分律疏飾宗義記』, 『禪林象器箋』, *Sukh-vy. I.5., Śrāv-bh.352., AN.2.22.* ⇨ 구수 具壽, 기구 耆舊, 노숙 老宿, 상좌 上座❶, 수좌 首座❶, 아유솔만 阿瑜率漫, 삼장로 三長老, 삼상좌 三上座

장로 長路 머나먼 길. 떠나 이별하거나 생사와 같이 기나긴 고통의 길 또는 돌아올 수 없는 죽음의 길을 비유한다. 『대장엄론경』 권8(대정장4, p.302b11)에 "정신이 매우 다급하게 산란하여 마치 맹인이 먼 길에 들어선 모양과 같았다. 精神甚荒擾 如盲涉長路", 『대보적경』 권120(대정장11, p.684c5)에 "나는 이제 생사(죽음)의 먼 길에 임하였으니 악수하고 이별 인사를 보내지 않으련다. 나는 그대들 무리와 다시 보지는 못하리라. 我今臨茲 生死長路 不垂執別 我與汝曹 不復見矣", 『감산집』 권40 「제달관대사문 祭達觀大師文」(卍속장127, p.805b15)에 "내가 눈물을 뿌리며 먼 길에 임하자 스님께서는 내 손을 잡고 자비로운 표정으로 말씀이 없으셨다. 予揮涕以臨長路兮 師執手含悲而不語"라고 하였다. 〔참고문헌〕『大莊嚴論經』, 『大寶積經』, 『憨山集』.

장로구담 長老瞿曇 Ⓢ āyuṣman Gautama. 외도가 부처님을 부르는 호칭 중 하나. 이 호칭은 일반적으로는 경칭이지만 부처님에 대해서는 불경(不敬)이다. 『방광대장엄경』 권11(대정장3, p.605c25)에 "(아자바라는 외도가 말했다.) '장로 구담이시여, 모든 감각기관은 고요하고 단정하여 사랑스럽고 몸의 빛깔은 염부금이나 첨파화처럼 번득이는군요'. 長老瞿曇 諸根恬靜 端正可愛 身色晃耀 如閻浮金 及瞻波花", 같은 책 권11(대정장3, p.606b22)에 "그때 세존께서 다섯 사람에게 말씀하셨다. '그대들은 여래를 장로라 불러서는 안 된다. 그래서는 그대들이 지나갈 아득한 무명의 밤에 어떤 이익도 없을 것이다'. 爾時 世尊語五人言 汝等不應稱喚 如來爲長老也 令汝長夜 無所利益"라고 하였다. 〔참고문헌〕『方廣大莊嚴經』, 『佛本行集經』 권22(대정장3, p.755a27), *Lal-v.296·297.* ⇨ 구담 瞿曇❶

장로자각색선사좌선의 長蘆慈覺賾禪師坐禪儀 ➡ 좌선의 坐禪儀

장로장로니게 長老長老尼偈 Ⓟ Theragāthā Therīgāthā. 장로와 장로니들의 노래. 부처님 제자 중 장로와 장로니들이 읊은 게송을 모은 팔리경으로 체라가타(涕羅伽陀), 체리가타(涕利伽陀)로 각각 음사한다. 남전대장경(南傳大藏經) 제25권 소부경(小部經 Ⓟ Khuddaka-nikāya) 제3권이다. 팔리성전협회(Pali Text Society)의 팔리어본 초판은 1883년에, 재판(再版)은 1966년(*Th.*, pp.1~115, *Thī.*, pp.123~174)에 간행되었다. 기원전 6~3세기경 성립한 것으로 추정하며, 장로게는 264명의 장로들의 게송과 서문 세 게송을 포함하여 21집(集 Ⓟ nipāta) 1,279게송으로 구성되었고, 장로니게(長老尼偈)는 69명의 장로니들이 읊은 게송을 모은 16집 522게송으로 이루어졌다. 팔리본에는 완비된 형태로 현재 전하나, 북전에는 범문의 일부만이 남아 전한다. 5세기경 담마팔라(Ⓟ Dhammapāla)가 이 경전과 관련 있는 장로의 생애·지명·왕명·종족 등에 관한 진귀한 자료를 모아 『眞諦燈 *Paramatthadīpanī*』을 남겼다. 욕망을 떠남, 번뇌의 사라짐, 열반의 평온 등을 서정적으로 표현하고 있어 그 문학적 사상적 가치를 높이 평가한다. Rhys Davids의 *Psalms of the Sisters*(1909), H.Frowde의 *Psalms of the Brethren*(1937), K.R.Norman의 *The Elders' Verses I, Theragāthā*(1969) 등의 번역이 있다. 〔참고문헌〕에띠엔 라모뜨 호진옮김 『인도불교사Ⅱ』(시공사, 2006) p.489, 淨海 『南傳佛教史』(正聞出版社, 1981) p.101, B.C. Law *A History of Pāli Literature*(Indica Books, 2000) p.270. ⇨ 남전대장경 南傳大藏經

장로화상종선근인연도 長老和尙種善根因緣圖 함께 선근을 심은 세월에 따라 함께 나는 인연이 다름을 설한 짧은 글. 함께 동거동락하는 현재 인연의 소중함을 되돌려 봄은 물론 특히 부모와 더불어 스승제자의 인연이 그지없이 지중함을 담은 글이다. 동종선근설(同種善根說)이라고 한다. 〔참고문헌〕海印寺板 『日用作法』 81張 右面 8行, 『僧家日用食時默言作法』(『韓國佛教儀禮資料叢書』 권3, p.564b8). ⇨ 동종선근설 同種善根說

장록호표 獐鹿虎豹 노루와 호랑이 또는 노루와 사슴 그리고 호랑이와 표범. 『보운경』 권2(대정장16, p.220c24)에 "보살은 능히 두려워 떨게 할 수 있다는 것은 무슨 말인가? 마치 장록과 호표가 불을 보면 놀라고 두려워하며 죄다 멀리 달아나는 것처럼 천신과 마구니와 그 권속들도 보살이 갖춘 지혜의 불길의 위덕을 보면 죄다 멀리 달아난다. 이것이 보살이 두렵게 할 수 있다는 것이다. 云何名菩薩能令驚怖 譬如獐鹿虎豹 見火驚恐 皆悉遠走 若天若魔 及魔眷屬 見菩薩智火威德 皆悉遠走 是名菩薩能令驚怖"라고 하였다. 〔참고문헌〕『寶雲經』.

장륙 丈六 ❶ 1장(丈) 6척(尺)의 줄임말. 불신(佛身)

의 크기를 뜻하는 말. 중국 주대(周代)의 도량형을 기준으로 하고 대략 4.85미터에 해당한다. 사람의 키를 8척이라 할 때 부처님의 신체를 그 두 배 크기로 상정한 것이다. 불상(佛像)은 이것을 기준으로 1배・5배・10배 또는 2분의1・5분의1・10분의 1 크기로 제작한다. 이 크기의 불상을 장륙불(丈六佛), 이 불상을 모신 법당을 장륙당(丈六堂)이라 한다. 『장수왕경』(대정장3, p.387c14)에 "우리 스승께서는 천 중의 천이시니 삼계에서 가장 존귀하시네. 상호를 갖춘 몸은 일장육척이고 신통력으로 허공위를 돌아다니시네. 吾師天中天 三界無極尊 相好身丈六 神通遊虛空", 『사자월불본생경』(대정장3, p.444a8)에 "이때 대왕 빈바사라는 좋은 코끼리에 올라타고 앞뒤에 따르는 대중들과 함께 부처님께서 계신 곳으로 갔다. 가란다죽원에 도착하여 코끼리에서 내려와 멀리 세존께서 중각에 계신 것을 보니, 몸빛은 자금색이고 신장은 일장육척이며 칠보화에 앉아 계셨으며 삼십이상 팔십종호 하나하나에서 광명을 방출하고 있어 마치 자금산과 같았다. 爾時 大王頻婆娑羅 駕乘名象 與諸大衆 前後導從 往詣佛所 到迦蘭陀竹園 卽便下象 遙見世尊 在重閣上 身紫金色 方身丈六 坐七寶花 三十二相 八十種好 皆放光明 如紫金山", 『보요경』 권8(대정장3, p.532b11)에 "이때 마갈국 병사왕은 다음과 같이 들었다. 석가족 왕자의 몸에 기특한 상호가 있는데 삼십이상과 팔십종호이고, 큰 몸은 일장육척이며, 몸은 자금색이고 나라와 왕위를 버리고 사문이 되어 스스로 부처가 되었다. 時 摩竭國甁沙王 聞釋種王子 身有奇相 三十有二 八十種好 巨身丈六 體紫金色 棄國捐王 行作沙門 得自然佛", 『법화문구』 권1(대정장34, p.4c19)에 "불이란 깨달은 이이고 아는 이이다. 도량수 아래에서 세간과 출세간의 총상과 별상을 깨달았으니 세간을 깨달았다는 것이 고제와 집제이고, 출세간을 깨달았다는 것이 도제와 멸제이다. 또한 남을 깨닫게 할 수도 있다. 신체의 크기는 일장육척이고 수명은 팔십인 노비구의 모습이다. 보리수 아래에서 삼십사심의 번뇌와 습기를 모조리 없애는 것이 곧 삼장불의 자각각타이다. 佛名覺者知者 於道場樹下 知覺世間出世間總相別相 覺世卽苦集 覺出世卽道滅 亦能覺他 身長丈六壽八十老比丘像 菩提樹下 三十四心 正習俱盡者 卽三藏佛自覺覺他"라고 하였다. 〔참고문헌〕『長壽王經』, 『師子月佛本生經』, 『普曜經』, 『法華文句』. ⇨ 장륙불 丈六佛 ❷ 고려후기 스님. 원감국사(圓鑑國師) 충지(冲止 1226~1292)와 같은 시대 스님이다. 호는 장륙이고, 휘의 상자(上字)는 미상하며 하자(下字)는 진(璡)이다. 『해동조계제육세원감국사가송』 「송장륙선사진공여경 送丈六禪師璡公如京」(한불전6, p.388b10)에 "어린시절 그대 부친과 노닐었는데 손 꼽아 헤아리니 40년이 흘렀네. 지금 다시 그대와 바늘에 겨자씨 꽂히듯 드물게 합하였으니 인연에도 다행히 유래가 있음을 알겠도다. 少年曾共乃翁遊 屈指俄經四十秋 今復與君針芥合 是知緣幸有來由"라고 하였다. 〔참고문헌〕『海東曹溪第六世圓鑑國師歌頌』. ⇨ 충지 冲止

장륙금신 丈六金身 일장육척이나 되시는 금빛 몸. 석가모니부처님의 몸. 석가모니부처님의 키가 일장육척(一丈六尺)이고 몸의 색이 자금색(紫金色)이었다는 전승에 유래한다. 광의로는 불신(佛身)을 의미한다. 『설두어록』 권2(대정장47, p.684b16)에 "쓰레기더미 상에 장륙금신을 천한 이 만난 즉 귀하다. 벌거벗은 몸으로 천 길 낭떨어지에 우뚝 서니 지혜로운 이를 만난 즉 어둡다. 糞掃堆上 現丈六金身 遇賤則貴 赤肉團上 壁立千仞 遇明則暗", 『대혜어록』 권20 「시진여도인 示眞如道人」(대정장47, p.895c4)에 "어느 땐 풀 한 포기 집어 장륙금신을 만들고, 어느 때는 장륙금신으로 풀 한 포기 짓는다. 가지가지 변화로 일체법 성취하고 일체법 부순다. 일곱 번 뒤치고 여덟 번 넘어져도 온통 이 알아챔 없는 마음을 벗어나지 않는다. 有時 拈一莖草 作丈六金身 有時 將丈六金身 却作一莖草 種種變化 成就一切法 毁壞一切法 七顚八倒 皆不出此無所了心", 『범망경보살계초진』(卍속장95, p.9a2)에 "법신은 무상인데도 두렷이 밝아 시방을 널리 비춘다. 보신의 만덕은 팔만사천상호를 갖추고, 화신인 장륙금신은 삼십이상과 팔십종호를 갖추었다. 然法身無相 圓明徧照十方 報身萬德 具八萬四千相好 化身丈六金身 具三十二相 八十種好"라고 하였다. 〔참고문헌〕『雪竇語錄』, 『大慧語錄』, 『梵網經菩薩戒初津』. ⇨ 장륙불 丈六佛, 금색신 金色身 ❶, 불신 佛身

장륙불 丈六佛 일장육척이나 되시는 부처님. 삼신불(三身佛) 또는 사불(四佛) 중 하나다. 『법화문구』 권2(대정장34, p.29b16)에 "장륙불이 방광한다 하면 삼장의 뜻이고, 존특불과 장륙불이 함께 방광한다 하면 통교의 뜻이다. 존특불만 방광하는 경우는 별교의 뜻이고, 장륙불이 그대로 비로자나법신이어서 방광한다 하면 원교의 뜻이다. 若丈六佛放光者 三藏義也 若尊特佛 與丈六佛 共放光者 通義也 若尊特佛 獨放光者 別義也 若丈六佛 卽毘盧遮那法身 放光者 圓義也", 『유마경무아소』 권1(卍속장30, p.58a14)에 "부처님께는 일체지에 의지하여 장륙불이 있고, 도종지에 의지하여 장륙의 존특불이 있으며, 일체종지에 의지하여 법신불이 있다. 佛者 依一切智 有丈六佛 依道種智 有丈六尊特佛 依一切種智 有法身佛"라고 하였다. 〔참고문헌〕『法華文句』, 『維摩經無我疏』. ⇨ 장륙금신 丈六金身, 열응신 劣應身, 반장륙 半丈六, 삼신 三身 ❶, 사불 四佛 ❹

장륙불상 丈六佛像 일장육척(一丈六尺) 크기의 불상. 『선비요법경』 권상(대정장15, p.248c6)에 "이관법이란 먼저 불상을 관하되 모든 불꽃광명 끝마다 불빛 속에 각각 하나의 장륙불상으로 짓는다. 이 상이 성취되면 불이 점차 꺼지고 연꽃으로 변한다. 易觀法者 先觀佛像 於諸火光端 各作一丈六佛像想 此想成時 火漸漸歇 變成蓮華", 『유방기초』(대정장51, p.991b12)에 "진주별가에서 대화상이 사원을 짓는다는 소문을 듣고 모든 노비들을 보내 각각 대들보 하나씩을 바치도록 했다. 삼일 만에 금방 가지고 왔는데 불전과 강단과 전탑을 만들었으며 대들보 나무가 남아 다시 석가모니장륙불상도 조성했고, 계단에 올라 수계하고 율을 강하여 사람들을 제도했다. 振州別駕 聞大和上造寺 卽遣諸奴 各令進一椽 三日內一時將來 卽構佛殿 講堂 塼塔 椽木餘 又造釋迦文丈六佛像 登壇受戒 講律度人"라고 하였다. [참고문헌] 『禪祕要法經』, 『遊方記抄』. ⇨ 장륙불 丈六佛

장륙비로자나소상찬 丈六毘盧遮那塑像贊 고려후기 이규보(李奎報 1168~1241) 지음. 『동국이상국집』 권19(한국문집총간1, p.492c1)와 『동문선』 권50에 수록되어 있다. 1223년(고종10)에 거란의 침입으로 폐허가 된 묘향산(妙香山) 보현사(普賢寺)에 장륙비로자나불상을 조성했던 학주(學珠)가 향산사(香山寺)에도 장륙비로자나소상을 조성하고 이규보에게 청한 기문이다. 기문에 "눈 부릅뜨고 보면 더욱 미세하여 터럭이나 하루살이와도 비교하기 어렵고, 눈 감고 보면 너무도 커서 천지육합이 오히려 작다네. 瞠目而視愈微眇 秋毫蠛蠓難與較 閉眼而觀斗巍大 天地六合尙爲小"라고 하였다. [참고문헌] 『東國李相國集』, 『東文選』. ⇨ 향산사 香山寺

장륙사 莊陸寺·藏陸寺 ➡ 장육사 莊陸寺

장륙상 丈六像 일장육척의 불상. 장륙은 당척(唐尺)으로 4.8m 정도이며, 석가모니의 몸은 장륙으로서 8척 범부 보다 수승하다고 전한다. 『관무량수불경』 권1(대정장12, p.344b25)에 "부처님께서 아난과 위제희에게 말씀하셨다. 만약 서방에 나기를 지극한 마음으로 바란다면, 먼저 장륙상이 연못 위에 있음을 관해야만 하니 앞에서 말한 것과 같다. 무량수불은 불신이 무변하므로 범부심력으로 미칠 대상이 아니다. 그러나 저 여래의 숙원력 때문에 관상하는 자는 반드시 성취하게 된다. 불상만을 관상해도 무량한 복을 얻는데 하물며 불신의 구족하신 모습을 거듭 관상함에 있어서랴! 佛告阿難及韋提希 若欲至心生西方者 先當觀於一丈六像在池水上 如先所說 無量壽佛身量無邊 非是凡夫心力所及 然彼如來宿願力故 有憶想者必得成就 但想佛像得無量福 況復觀佛具足身相", 『불조통기』 권14(대정장49, p.222b10)에 "(法師齊玉이) 처음에 소계의 보장사로 출가하여 매년 음력 12월에 정업결사를 크게 일으켰으며 횡산으로 옮겨서는 장륙상을 세우고 도속을 이끌며 수행하였다. 初出居苕溪寶藏 每於歲終大興淨業之社 遷橫山立丈六像 率道俗修行", 『삼국유사』 권4(대정장49, p.1004a4·한불전6, p.344a14) 의해(義解)5 양지사석(良志使錫)에 "흙으로 영묘사장륙상을 빚을 때에, 스스로 정에 들어 정수로써 대면한 부처님의 모습을 법식으로 삼으니, 성안의 남녀가 다투어 진흙을 실어날랐다. 其塑靈廟之丈六也 自入定以正受所對爲揉式 故傾城士女爭運泥土"라고 하였다. [참고문헌] 『觀無量壽佛經』, 『佛祖統紀』, 『三國遺事』. ⇨ 불상 佛像, 석가장륙 釋迦丈六, 황룡사장륙상 皇龍寺丈六像, 장륙팔척 丈六八尺

장륙신 丈六身 일장육척의 신체. 부처님의 응화신(應化身)을 말한다. 『보살영락경』 권14(대정장16, p.118c28)에 "여래의 장륙신 금강처럼 부수기 어렵다네. 원컨대 모양 없는 법으로 싹트는 조짐 널리 이르게 하시옵소서. 如來丈六身 金剛至難壞 願以無形法 普及諸萌兆", 『관무량수불경의소』 권하(대정장37, p.297c11)에 "경에서 '그 가득찬 빛중에 오백화신불 계신다. 저 석가모니부처님과 낱낱의 화신불마다 오백의 화현한 보살과 무량제천이 있어서 모신다'고 하였다. '예컨대 석가모니부처님' 운운한 것은 장륙신이다. 其圓光中 有五百化佛 如釋迦牟尼佛 一一化佛 有五百化菩薩 無量諸天 以爲侍者 如釋迦者 丈六身也", 『금광명경문구기』 권3(대정장39, p.124a4)에 "부모가 낳아준 몸이 장륙신이다. 삼장과 둔근에 통하여 감응한 존특상이니, 이것은 타수용보다. 父母生身 丈六身也 三藏及通鈍根 所感尊特 卽是他受用報", 『천태사교의』(대정장46, p.777c1)에 "삼십사심으로 견사습기를 단박에 끊고 보리수 아래 자란 풀을 자리 삼아 앉아 열응의 장륙신의 부처가 되셨고, 범왕의 권청 받아들여 법륜을 세 번 굴리고 세 가지 근기의 중생을 제도하며 세간에 팔십 년간 머무시며 노비구의 모습 나투셨다. 三十四心 頓斷見思習氣 坐木菩提樹下 生草爲座 成劣應丈六身佛 受梵王請 三轉法輪 度三根性 住世八十年 現老比丘相", 『원오어록』 권4(대정장47, p.731b1)에 "원오선사가 말했다. '눈앞에 진진찰찰 화장세계바다 중에 하나같이 머물고, 정문은 밀밀당당하여 온통 이 무생법인이다. 한 포기 풀 집어 장륙신을 나투고 보푸라기 하나를 불어 정법안을 전하였다. 무도 떠나 유도 버려 범도 끊고 성도 끊네. 여덟 글자 부셔 여니 분명하여 그대로 나투고 안다. 師乃云 目擊塵塵刹刹 同居華藏海中 頂門密密堂堂 渾是無生法忍 拈一莖草 現丈六身 吹一布毛 傳正法眼 離無離有 絶聖絶凡 八字打開 分明顯示了也"라고 하였다. [참고문헌] 『菩薩瓔珞經』, 『觀無量壽佛經義疏』, 『金光明經文句記』, 『天台四教儀』, 『圜悟語錄』. ⇨ 장륙 丈六[1], 장륙불 丈六佛

장륙자금신 丈六紫金身 키는 일장육척이고 피부는 자금색이라는 말. 부처님의 응화신(應化身)을 형용하는 말이다. 『무량의경』(대정장9, p.385a12)에 "장륙에 자금으로 빛나는 몸 나투시니, 단정하고 가지런히 비추고 빛나 너무도 밝게 사무치네. 호상에 달빛 돌듯 하고 목에는 일광을 둘렀다. 곱슬한 머리 감청이고 정수리엔 육계가 있네. 示爲丈六紫金暉 方整照曜甚明徹 毫相月旋項日光 旋髮紺靑頂肉髻", 『능엄경원통소』 권8(卍속장19, p.837b17)에 "(아미타불은) 팔만사천의 상호와 광명을 구족하고 수명은 무앙수겁이므로 무량수불이라고 부른다. 서방국토의 중생으로 태어난 이는 수명이 무량하고 모두 삼십이상을 갖추기 때문이다. 또한 석가모니부처님의 응신이라면 이 사바예토에서 단지 장륙의 자금신으로 삼십이상 팔십종호를 갖추리라. 具足八萬四千相好光明 所有壽命 無央數劫 是故稱爲無量壽佛 以彼國土衆生生者 壽命無量 皆具三十二相故也 又如釋迦之應 此娑婆穢土 但丈六紫金之身 三十二相八十隨形好而已"라고 하였다. [참고문헌] 『無量義經』, 『阿彌陀經圓通疏』. ⇨ 장륙 丈六❶, 장륙신 丈六身

장륙존특합신불 丈六尊特合身佛 장륙신과 존특신이 함께 있는 불신(佛身). 존특신은 법성신(法性身)을 말한다. 『금광명경문구』 권1(대정장39, p.48a17)에 "천태지의 대사는 '장륙신불은 진제에 머문다'고 하였다. 장륙존특합신불은 쌍으로 진제에 머물고, 존특신불은 쌍으로 속제에 머물며, 법신불은 중도에 머문다. 天台師云 丈六身佛 住眞諦也 丈六尊特合身佛 雙住眞中也 尊特身佛 雙住俗中也 法身佛 住中道也", 『금광명경문구신기』 권1(卍속장31, p.539a16)에 "대승초문에서 정통은 중도이고 방통은 진제이다. 그러므로 장륙존특합신불이라고 하였다. 합이란 함께 한다는 뜻이다. 계내의 분단생사하는 장륙생신과 계외의 법성존특신이 함께 하기 때문이다. 그러므로 『법화문구』 권2(대정장34, p.29b17)에서 '만약 존특불과 장륙불이 함께 광명을 방출한다면 통의에 해당한다'라고 하였다. 大乘初門 正通中道 傍通眞諦 是故 名爲丈六尊特合身佛也 合者 共也 界內分段丈六生身 與夫界外法性尊特 共合故也 故法華文句云 若尊特佛 與丈六佛 共放光者 通義也"라고 하였다. [참고문헌] 『金光明經文句』, 『金光明經文句新記』, 『法華文句』. ⇨ 장륙신 丈六身, 존특 尊特

장륙팔척 丈六八尺 장륙과 팔척. 불신(佛身)을 의미한다. 불신은 서면 일장육척이고 앉으면 팔척이므로 붙여진 이름이다. 『관무량수경』(대정장12, p.344c1)에 "아미타부처님께서는 신통이 여의하여 시방세계의 국토에 자재하게 변화하여 나투시니 때로는 허공을 가득 채운 큰 몸을 나투시고, 때로는 장륙팔척의 작은 몸을 나투시는데 나투신 몸이 모두 진금의 색이네. 阿彌陀佛 神通如意 於十方國 變現自在 或現大身 滿虛空中 或現小身 丈六八尺 所現之形 皆眞金色", 『염불삼매보왕론』 권중(대정장47, p.141a1)에 "경전에서 '장륙팔척의 작은 몸을 나투신다'라고 한 말은 모두 중생의 마음 속 물에 비친 부처라는 뜻이다. 부처에게 형상이 없거늘 어찌 두 가지가 있겠는가? 정토와 예토 역시 자타의 분별일 뿐이다. 經云 或現小身 丈六八尺者 皆衆生心水中佛也 佛尙無形 豈有二哉 淨國穢土 亦自彼耳", 『왕생예찬게』(대정장47, p.446b26)에 "아미타부처님의 몸은 한량 없고 끝이 없는데 중생에게 작은 몸을 관하라고 거듭 권유하였으니, 장륙팔척의 몸을 근기에 따라 나투시고 원광 속의 화신불은 진불과 같기 때문이네. 彌陀身量極無邊 重勸衆生觀小身 丈六八尺隨機現 圓光化佛等前眞"라고 하였다. [참고문헌] 『觀無量壽經』, 『念佛三昧寶王論』, 『往生禮讚偈』. ⇨ 장륙 丈六❶, 장륙불 丈六佛

장륜 張掄 남송대 거사. 자는 재보(材甫). 고종(高宗) 때 균주(均州 : 湖北省)의 방어사(防禦使)가 되었고 후에 양절서로부도총관(兩浙西路副都總管)이 되었다. 염불 수행에 정진하여 정토에 왕생하기를 바랐기 때문에 만년에는 자택의 동쪽에 도량을 짓고 연못을 파 연꽃을 심었으며 혜원(慧遠)의 백련사(白蓮社) 유풍을 모방하여 아내를 데리고 염불 만 번을 하는 것을 일과로 삼았다. 1166년(건도2)에는 고종이 친히 쓴 '연사 蓮社'라는 두 글자를 하사받았다. 직접 지은 「고종황제어서연사기 高宗皇帝御書蓮社記」와 「결연사보권문 結蓮社普勸文」이 『낙방문류 樂邦文類』에 수록되어 있으며, 별도로 『소흥내부고기평 紹興內府古器評』이라는 저서도 있다.

장릉 張陵 34~156. 동한(東漢) 때 오두미도(五斗米道 : 天師道)의 창시자. 장도릉(張道陵)이라고도 한다. 패국(沛國 : 江蘇省) 풍현(豐縣) 출신. 일찍이 태학(太學)에 들어가 오경(五經)에 통달하였으며 파군(巴郡) 강주(江州 : 重慶市)의 현령을 지냈다. 후에 강서(江西)의 용호산(龍虎山)에 들어가 수도하였는데 따르며 배우는 이들이 제법 많았으며, 도교 관련 서적을 24편 짓고 스스로 태청현원(太淸玄元)이라 칭하고서 도교 일파를 창립하였는데 여기에 들어가려는 사람들은 누구나 쌀 다섯 말을 바쳐야 했으므로 오두미도라고 불렸다. 부적을 태운 물과 주문을 외우는 술법으로 질병을 치료하여 많은 백성들이 신봉하였으며 후세에 도교도들이 천사(天師)라고 존숭하였다. 생존 당시에는 오두미도의 세력이 크지 않았지만 사후 손자인 장로(張魯)에 의해 교세가 크게 발전하였다. [참고문헌] 『佛祖統紀』 권35(대정장49, p.337a29). ⇨ 오두미교 五斗米敎

장림 杖林 Ⓢ Yaṣṭivana, Ⓟ Laṭṭhivana, Laṭṭhivan uyyāna. 고대 중인도 마가다국(摩伽陀國) 왕사성(王舍城) 밖에 있던 숲. 신슬지림(申瑟知林)·예슬지림(洩瑟知林)이라고 음사한다. 『불본행집경』 권44(대정장3, p.857a13)에 "세존께서는 여러 비구들과 왕사성에 이르러 그 장림 안에 거주하셨다. 이 때 그 장림에는 특별한 탑 하나 있었는데, 선안주(Ⓟ Supatiṭṭha cetiya)라고 하였다. 世尊與諸比丘 至王舍城 居住於彼杖林之內 是時 彼林別有一塔 名善安住"라고 하였다. [참고문헌] 『佛本行集經』, *Vin.1.35.* ⇨ 신슬지림 申瑟知林, 예슬지림 洩瑟知林, 왕사성 王舍城

장림산 杖林山 산 이름. 장림(杖林 Ⓢ Yaṣṭivana)이라는 대나무 숲이 있었기 때문에 이렇게 불렸다. 장림은 마갈다국 왕사성 밖에 있던 숲으로 신슬지림(申瑟知林)이라고도 하며, 부처님께서 빈바사라왕에게 설법하셨던 곳으로 알려져 있다. 지금의 라즈기르(Rajgir) 서남부에 있는 자크티반(Jakhtiban)산에 해당된다. 『빈바사라왕경』(대정장1, p.825a27)에 "이때 세존께서 일어나셔서 '나는 지금 장림산의 영탑이 있는 곳으로 가야겠다'라고 생각하셨다. 이렇게 생각하시고 나서 비구 대중과 함께 그곳으로 가셨으며, 도착한 뒤에 그곳에 편안하게 머무셨다. 이때 마가다국의 빈바사라왕은 불세존께서 장로들과 대아라한 수천 명과 함께 계시다는 소식을 듣고 장림산의 영탑이 있는 곳으로 갔다. 爾時 世尊而起思念 我今可往杖林山中靈塔之處 作是念已 與苾芻衆 俱往彼處 到彼處已 安居其中 時 摩伽陀國 頻婆娑羅王 聞佛世尊與諸耆舊大阿羅漢數滿千人 住杖林山靈塔之處", 『조정사원』 권6(卍속장113, p.153b8)에 "장림산 : 『대당서역기』 권9(대정장51, p.920a8)에 '옛날 마갈다국에 어떤 바라문이 석가모니부처님의 신장이 일장육척이란 소문을 듣고는 늘 의혹을 품어 믿지 않았다. 이에 일장육척 길이의 대나무 지팡이로 부처님의 신장을 재려고 했지만, 그때마다 늘 대나무 길이가 늘어나 일장육척을 넘어갔다. 이렇게 항상 길이가 늘어나서 실증할 수 없게 되자 마침내 지팡이를 던져 버리고 가버렸는데, 그 지팡이 뿌리 내려 지금은 대나무 숲으로 크고 무성하여 산과 골짜기를 뒤덮고 있다'고 하였다. 杖林山 西域記云 昔 摩竭陀國 有婆羅門 聞釋迦佛身長丈六 常懷疑惑 未之信也 乃以丈六竹杖 欲量佛身 恒於丈端 出過丈六 如是增高 莫能窮實 遂投杖而去 因植根焉 今竹材脩茂 被山滿谷"라고 하였다. [참고문헌] 『頻婆娑羅王經』, 『祖庭事苑』, 『大唐西域記』. ⇨ 신슬지림 申瑟知林, 장륙 丈六 ■

장마족경 掌馬族經 Ⓢ Āśvalāyana-sūtra, Ⓟ Assalāyana-sutta. 『중아함경』 권37 「아섭화경 阿攝和經」(고려장18, pp.103a20~107c14·대정장1, pp.663b25~666c12)과 같은 경. 부처님께서 말씀하시는 사종성(四種姓)의 청정평등을 논파하기 위하여 아섭화라연다나마납(阿攝惒邏延多那摩納 Ⓟ Assalāyana māṇava)를 보내 논의하는 내용이다. 이역본으로 동진(東晋) 때 담무란(曇無蘭)이 한역한 『범지알바라연문종존경 梵志頞波羅延問種尊經』(대정장1, No.71)이 있다. 『구사론』 권8(대정장29, p.45a1 : *Abh-k-bh.*, p.121)에 "『장마족경』에서 하신 말씀 어떻게 풀어야 할까. '너는 다음과 같은 것을 아는가? 이 건달박이 눈앞에 나타난다면, 바라문인가 찰제리인가 베사인가 수달라인가 동쪽에서 왔는가 남쪽이나 서쪽이나 북쪽에서 왔는가?' 이 전의 오온은 이미 무너졌으니 왔다고 할 수 없고, 여기에서 왔다 하면 진실로 중유일 뿐이다. 云何釋 掌馬族經 如彼經言 汝今知不 此健達縛 正現前者 爲婆羅門 爲刹帝利 爲是吠舍 爲戍達羅 爲東方來 爲南西北 前蘊已壞 不可言來 此所言來 固唯中有 yadyevamāśvalāyanasūtram katham nīyate. jānanta bhavanto yo 'sau gandharvaḥ pratyupasthitaḥ. kṣatriyo vā 'sau brāhmaṇo vā vaiśyo vā śūdro vā. yadi vā pūrvasyā diśa āgato yadi vā dakṣiṇasyā paścimāyā uttrasyā iti. nahi skandhabhedasyāgamanaṃ yujyate", 『구사론기』 권8(대정장41, p.157c13)에 "『장마족경』이라 하였으니, 부모가 모두 말을 관장하기에 '장마족'이라 한다. 이 사람은 저 종족 중에서 났기에 이것으로 이름을 삼았다. 부처님께서는 장마족 사람들에게 이 경전을 설하셨다. 掌馬族經 父祖皆執掌馬故 名掌馬族 此人彼族中生 故以爲名 佛爲掌馬族人說此經"라고 하였다. [참고문헌] 『俱舍論』, 『俱舍論記』, *Abh-k-bh.*, *MN.2.147.* ⇨ 아섭화경 阿攝和經, 범지알바라연문종존경 梵志頞波羅延問種尊經

장만천망 張幔天網 하늘 망 넓게 펴다. 운문문언(雲門文偃)의 고준하며 주도면밀한 선기로 벗어날 길 없게 하는 뜻으로, 포만천망(布幔天網)이라고도 한다. 『선림유취』 권1(卍속장117, p.11b18)에 "월암선과(月庵善果)가 말하였다. '운문대사는 하늘 망 넓게 쳐서 용도 사로잡고 봉황도 포획했다'. 月庵果云 雲門大師 張幔天網 撈龍打鳳"라고 하였다. [참고문헌] 『禪林類聚』, 『雲門廣錄』 권중(대정장47, p.566c16). ⇨ 문언 文偃

장면 牆面 벽과 마주하다. 면장(面牆)이라고도 한다. 장(牆)은 장(墻)으로도 쓴다. 『종용록』 71칙 「평창 評唱」(대정장48, p.272b14)에 "『상서』에 '배우지 않으면 벽이나 마주한 듯 하다.' 소에는 '장벽 마주하니 보이는 것이 없다'고 하였다. 尙書 不學牆面 疏 面牆無所覩見", 『굉지광록』 권8 「삼선인지발구송 森禪人持鉢求頌」(대정장48, p.97a14)에 "돌아와 벽 마주하고 앉으니 가을 하늘은 물에 맞닿고 달은 황혼지네. 就歸來牆面坐秋空連水月黃昏", 『경덕전등록』 권30(대정장51, p.464b1)에 "벽이나 마주하고 부끄러워할 줄도 모르는 이를 진실로 책상머리로 나와 앉아 있게 하셨습니다. 牆面之無慚者 誠出於席間床下矣"라고 하였다. [참고문헌] 『從容錄』, 『宏智廣錄』, 『景德傳燈錄』, 『宏智廣錄』 권8(대정장48, p.88c4). ⇨ 면장 面牆

장멸과 障滅果 Ⓢ vipakṣa-phala, Ⓣ mi-mthun-pa 'i-phyogs-kyi-'bras-bu. 십과(十果) 중 하나. 장애를 멸할 수 있는 최초의 과(果)를 말한다. 대치과(對治果)라고도 한다. 『변중변론』 권하(대정장31, p.473b18 : *Madhy-vibh.*, p.57)에 "간략하게 그 이외의 과를 말하면, 그 차별에 열 가지가 있다. … 여섯째 장멸과이니, 능단도 곧 최초의 과를 말한다. 장애를 멸할 수 있기 때문에 장멸(障滅)이라고 한다. 略說餘果 差別有十 … 六 障滅果 謂能斷道 卽最初果 能滅障故 說爲障滅 vipakṣaphalaṃ prahāṇamārgo yad evādiphalaṃ. pratipakṣo 'bhipretaḥ"라고 하였다. [참고문헌] 『辯中邊論』, 『中邊分別論』 권하(대정장31, p.460a14), *Madhy-vibh.* ⇨ 십과 十果 ❶, 능단도 能斷道

장명등 長明燈 오래도록 밝게 빛나는 등. 밤낮을 가리지 않고 부처님 앞에 항상 밝혀 두는 등을 말한다. 속명등(續明燈)·무진등(無盡燈)·상명등(常明燈)·상야등(常夜燈)·상등(常燈) 등이라고도 한다. 한편 길이 빛나 꺼지지 않는 정각심에 비유한다. 『현성집가타일백송』(대정장32, p.775b8)에 "만일 장명등으로 부처님과 현성께 공양한다면, 저 인천중에 나고 세 가지 눈도 늘 청정하리라. 若以長明燈 供養佛賢聖 生彼人天中 三眼常淸淨", 『사분율행사초자지기』 권하4(대정장40, p.415a1)에 "다음으로 부처님께 공양하는 등에 대하여 밝히겠다. 요즘 말하는 장명등이 그것이다. 부처님에게 명암이 있다면 밤에는 켜고 낮에는 꺼야 마땅하겠지만, 밝고 어둠이 없기에 밤낮을 가리지 않는다 次明供佛燈 今時所謂長明燈也 若佛有明暗 則當夜點晝滅 以無明暗故 不間晝夜", 『소실육문』 「파상론 破相論」(대정장48, p.368c2)에 "장명등이란 바로 정각의 마음이다. 깨우쳐 밝게 아는 것을 비유하여 등이라 한다. 그러므로 해탈을 구하는 모든 사람은 몸을 등대로 삼고, 마음을 등심지로 삼으며, 늘려가는 온갖 계행은 기름을 더하는 것으로 여기고, 지혜 밝아 그침 없으니 이와 같이 진실하고 바른 깨달음의 등은 모든 무명의 어리석은 어둠을 비춘다. 長明燈者 卽正覺心也 覺之明了 喩之爲燈 是故 一切求解脫者 身爲燈臺 心爲燈炷 增諸戒行 以爲添油 智慧明達 喩如燈火常燃 如是眞正覺燈 而照一切無明癡暗", 『법안어록』(대정장47, p.592a16)에 "어떤 사람이 학인에게 물었다. '무슨 등을 켭니까?' '장명등입니다' '언제 켠 등입니까?' '지난 해 켰습니다' '오래 밝은 것 어디에 있습니까?' 학인은 말이 없었다. 장경이 대신하여 답한다. '만일 이와 같이 하지 않는다면 당신이 남에게 속지 않으리라 알겠소'. 법안이 따로 답한다. '이로우면 군자도 움직인다'. 有人問僧 點甚麼燈 僧云 長明燈 云 甚麼時點 云 去年點 云 長明何在 僧無語 長慶代云 若不如此 知公不受人謾 師別云 利動君子"라고 하였다. [참고문헌] 『賢聖集伽陀一百頌』, 『四分律行事鈔資持記』, 『少室六門』, 『法眼語錄』. ⇨ 장등 長燈, 등명 燈明 ❶, 무진등 無盡燈 ❷, 상명등 常明燈, 상야등 常夜燈

장명사 長命寺 경기도 안성시 죽산면 죽산리 비봉산(飛鳳山)에 있던 절. 고려 전기에 죽주(竹州) 호장(戶長) 등 읍사(邑社)의 구성원들이 참여한 향도(香徒)가 오층석탑을 조성하였다. 1972년에 절터에서 2층만 남아 있는 석탑·탑지석·청동원통형사리합·석조연화대좌가 발견되었으나, 현재 절터에는 연화대좌만 남아 있고 석탑의 행방은 알 수 없다. 「장명사탑지」(『기내사원지』, p.714)에 "통화 15년(997·성종16) 정유 4월 27일에 국태민안을 발원하며 장명사오층석탑을 조성하였다. 향도의 성명은 다음과 같다. 동량 대행명도교위인 호장 안제경, 창정 최겸, 박사 선연운□□□□김위등 료색 광염사 현긍, 유장 지미지이다. 統和十五年丁酉四月二十七日 國泰人安 願以 長命寺五層石塔造立 香徒姓名如後 棟梁 大行明徒校尉戶長安帝京 倉正崔廉 博士 禪煙雲□□□□金位等 料色 光念師玄肯 鍮匠只未知"라고 하였다. [참고문헌] 『畿內寺院誌』.

장명사 長明寺 ❶ 강원도 태백시 장성동에 있는 절. 대한불교조계종 제4교구 본사 월정사(月精寺)의 말사이다. 원래는 지금의 삼성각 자리에 있던 작은 암자였으나 일제강점기에 조선총독부 산하 삼척탄광개발주식회사(現 대한석탄공사)에서 암자를 헐어버리고 석탄산업재해 순직자의 위패를 모신 추모사찰로 건립하였다. 1945년의 증축과 이후 몇 번의 중수를 거쳐 지금에 이르고 있다. 현존 당우로는 대웅전·명부전·삼성각·종각·요사채 등이 있으며, 대웅전에는 조선후기에 조성된 유형문화재 제144호 목불좌상이 봉안되어 있다. 이 목불좌상은 원래 금강산의 한 사찰에 있었으나 광복 이후 옮겨온 것으로 전한다. ❷ 황해북도 개성시 동흥동에 있던 절. 『사탑고적고』에 '경기도 개성부 동본정(東本町 : 동흥동)에 있다'라고 하였다. [참고문헌] 『寺塔古蹟攷』, 『韓國寺刹全書』 권하 p.974b15.

장물 長物 Ⓢ Ⓟ atireka-lābha. 한 비구에게 오래 머물러 있는 물건. 꼭 필요치 않은 여분의 물품으로 삼의

일발(三衣一鉢) 이외에 쌓아 두는 물건을 말한다. 여장(餘長)·여장물(餘長物)·영장(盈長) 등이라고도 하며, 줄임말은 장(長)이다. 의장물(衣長物)·발장물(鉢長物)·약장물(藥長物)의 삼장물(三長物), 또는 장의(長衣)·일월의(一月衣)·급시의과후축(急施衣過後畜)·장발(長鉢)·잔약(殘藥)의 오종장물(五種長物)을 일컫는다. 물건의 종류에 따라 7일·10일·1개월 등 정해진 기간 동안 소지하는 것이 허락되는데, 이 기간을 넘어서 소지하면 사타죄(捨墮罪)다. 단 설정(說淨)한 장물은 정해진 기간이 없다. 『유가사지론』 권75(대정장30, p.711c15)에 "만약 출가보살이 삼의 이외 소유한 장물은 부처님께서 비축을 허락하시고 몸으로 받아 쓰고 따라서 안락하게 머문다. 만약 생각하고 가려내어 구하는 이에게 준다면 마땅히 죄가 없다. 若有出家菩薩 除三衣外 所有長物 佛所聽畜 身所受用 順安樂住 若故思擇施來求者 當知無罪", 『살바다비니비바사』 권4(대정장23, p.526b24)에 "장물에는 대략 다섯 종류가 있으니 첫째 귀중한 보물, 둘째 돈과 보물 같은 것, 세 번째 적절한 양을 넘어서는 의복이나 옷감, 넷째 합당한 양에 맞지 않는 의복이나 옷감, 다섯째 일체미곡 등과 모든 금전이나 보물이며, 비구는 이것을 쌓아두어서는 안 된다. 長物凡有五種 一 重寶 二 錢及似寶 三 若衣若衣財應量已上 四 一切不應量若衣若衣財 五 一切穀米等一切錢寶 比丘不得畜", 『사분율행사초』 권하(대정장40, p.109b10)에 "장물이나 나머지 물건들은 깨끗이 한 다음에 두어야 한다. 『살바다비니비바사』에서는 '백일물 각각은 하나씩만 비축할 수 있다. 백일물 이외는 모두 장물이다. 長物及餘 令說淨畜 初中薩婆多云 百一物各得畜一 百一之外皆是長物"라고 하였다. 〔참고문헌〕 『瑜伽師地論』, 『薩婆多毘尼毘婆沙』, 『四分律行事鈔』, 『大乘集菩薩學論』 권22(대정장32, p.134b9), *Vin.1.96.* ⇨ 여장 餘長, 영장 盈長, 삼장물 三長物, 삼의일발 三衣一鉢, 비구육물 比丘六物, 백일물 百一物

장미대오 將迷待悟 간화십종병(看話十種病) 중 하나. 미한 채로 깨달음을 기다리는 잘못을 일컫는다. 장심대오(將心待悟)도 같은 뜻이다. 『수심결』(한불전4, p.710a16)에 "도는 앎과 모름에 속하지 않으니, 그대 미한 채로 깨달음 기다리는 마음 버리고 나의 말을 들어보라. 道不屬知不知 汝除却將迷待悟之心 聽我言說", 『간화결의론』(한불전4, p.735a4)에 "다만 (無字를) 이리저리 끌고 당기며 들어 알아차리면 될 뿐, 이쪽으로도 안 되고 저쪽으로도 안 된다. 있다와 없다 해서도 안 되고, … 미한 채로 깨달음을 기다려서도 안 된다. 곧바로 모름지기 움직이는 바 없는 마음이어야 하니, 마음 둘 곳 없을 때라도 공에 떨어질까 두려워하지 마라. 이러한 중에 오히려 좋은 상태다. 只管提撕擧覺 左來也不是 右來也不是 不得作有無會 … 不得將迷待悟 直須無所用心 心無所之時 莫怕落空 這裏却是好處", 『조계진각국사어록』 「시공장도자 示空藏道者」(한불전6, p.31c19)에 "미한 채로 깨달음을 기다려서도 안 되니, 아무 맛도 없고 더듬어 잡을 곳도 없는 경계를 꺼리지 말고 다만 끌고 당겨 들어서 깨우친 채로 볼 뿐. 不得將迷待悟 莫嫌沒滋味沒撈摸 但提撕擧覺看"라고 하였다. 〔참고문헌〕 『修心訣』, 『看話決疑論』, 『曹溪眞覺國師語錄』. ⇨ 간화십종병 看話十種病, 장심대오 將心待悟, 대오 待悟

장미승 長眉僧 빈두로존자(賓頭盧尊者 Ⓢ Ⓟ Piṇḍolabhāradvāja)를 일컫는 말. 오래 살았고 눈썹이 길었기 때문에 이렇게 불렸다. 『불조통기』 권39(대정장49, p.367c18)에 "건봉(乾封) 2년 10월 3일 도선율사가 종남산에서 입적했는데, 대중은 천인들이 한목소리로 미륵의 내원으로 돌아가자고 청하는 걸 들었다. 일찍이 정업사에서 석조 계단을 세우고 오악과 사독의 사문들 위해 거듭 구족계를 주었는데, 한 눈썹이 긴 스님이 와서 말했다〈바로 세간에 머물렀던 빈두로존자이다〉. '옛날 가섭불께서도 일찍이 여기에 계단을 세우셨다'. 이에 도선율사가 단경을 지었고 세간에 유행하였다. 二年十月三日 宣律師 於終南山 順寂 衆聞天人同聲 請歸彌勒內院 嘗於淨業寺 建石戒壇 爲岳瀆沙門 再受具戒 有長眉僧 來謂之曰〈卽住世賓頭盧〉 昔迦葉佛曾此立壇 師乃撰壇經 行於世"라고 하였다. 〔참고문헌〕 『佛祖統紀』. ⇨ 빈두로 賓頭盧

장미승 십육나한탱
문경 김룡사 1803년

장박죽 蔣薄粥 장산(蔣山 : 江蘇省 南京 鍾山)의 박죽. 박죽은 묽은 죽으로 희죽(稀粥)이라고도 하는데, 팔종죽(八種粥) 중 하나이기도 하다. 박(薄)을 부(簿)로 잘못 쓴 경우가 있다. 『오등회원속략』 권3 「담방수충장 曇芳守忠章」(卍속장138, p.969a4)에 "태자인 양왕(梁王 : 훗날의 元 文宗)이 건강에 이르렀는데, 그날 저녁 절에 불이 났다. 다음날 양왕이 절에 방문하여 담방에게 물었다. '복구는 어떻습니까?' '대단월이 있는 것에 힘입고 있습니다' '절이 이미 불타버렸는데, 부처님은 어디에 머뭅니까?' '옛 부처는 지나가버렸고, 지금 새 부처가 다시 왔습니다'. 양왕이 크게 기뻐하며 다시 말했다. '납자의 이른바 장박죽은 어떻습니까?' '장차 전하께서는 잊었다 하실 것입니다' '납자의 이른바 버선 세 짝은 어떻습니까?' '나라 안의 산천을 죄다 두루 돌아다니다가 오늘 아침이 되어서야 직접 제왕의 집에 도착하였습니다'. 양왕이 (훗날) '광혜원오대선사'라고 호를 하사하였다. 梁王至建康 是夕寺菑 明日王詣寺問曰 興復若何 師曰 賴有大檀越在 王曰 寺旣燬矣 佛依何住 師曰 古佛過去 今佛再來 王大喜又曰 衲子所謂蔣薄粥者 何也 師曰 將謂殿下忘却 王曰 衲子所謂三隻韈者 何也 師曰 國內山川都踏遍 今朝親到帝王家 賜廣惠圓悟大禪師"라고 하였다. [참고문헌]『五燈會元續略』, 『曇芳守忠語錄』 권하(卍속장123, p.338b5). ⇨ 박죽 薄粥

장발 杖鉢 석장(錫杖)과 발우(鉢盂). 행각승이 늘 지니는 물건이다. 『당고승전』 권18 「정단전 靜端傳」(대정장50, p.576c6)에 "삼의를 입고 법에 맞게 석장와 발우를 지니며 하나의 평상으로 하루 한끼 공양을 함으로써 내생에 보를 마친다. 服御三衣 應法杖鉢 一床一食 用卒生報", 『견여원밀어록』(卍속장125, p.108b2)에 "정축년 봄이 되자 스스로 석장과 발우를 지고 절에서 나갔지만 대중 가운데 끝내 한 사람도 알아챈 이가 없었다. 至丁丑春 自負杖鉢出山 大衆竟無一知者"라고 하였다. [참고문헌]『唐高僧傳』, 『見如元謐語錄』, 『宋高僧傳』 권24 「玄奘傳」(대정장50, p.863c24).

장발 長鉢 Ⓢ atireka-pātra, Ⓟ atireka-patta. 여분의 발우. 규정 이외에 여분으로 가지고 있는 발우를 말한다. 비구는 원래 한 개의 발우만 지니고 있어야 하며, 여분의 발우를 얻었을 때에는 반드시 10일 이내에 다른 이에게 베풀어야 한다. 그렇지 않을 경우에 사타죄(捨墮罪 : 尼薩耆波逸提)이며 축장발과한계(畜長鉢過限戒)라고 한다. 『오분율』 권5(대정장22, p.34c3)에 "이때 한 비구가 혼자만 두 개의 발우를 얻고서 이렇게 생각했다. '부처님께서는 내가 여분의 발우를 가지고 있는걸 하룻밤조차 허락하지 않으셨다'. 그러고는 바로 발우 하나를 다른 비구에게 베풀고, 그 후에 남은 하나의 발우마저 부서지자 발우 없이 돌아다녔다. 이에 비구들이 그에게 '그대는 전에 두 개의 발우를 얻었는데, 지금은 왜 하나도 없는가?'라고 묻자 앞서 있었던 일을 말했고 비구들은 이를 부처님께 말씀드렸다. 부처님께서는 이 일로 비구들을 모이게 한 후 그 비구에게 물으셨다. '그대는 다른 비구에게 발우를 주고 나서 며칠 뒤에 남은 발우가 부서졌는가?' '10일입니다'. 그러자 부처님께서는 그가 욕심이 적고 만족할 줄 안다고 칭찬하셨으며, 계를 지켜 가진 것마저 칭찬하신 다음 비구들에게 말씀하셨다. '지금부터 이 계에 대해 다음과 같이 설하겠노라. 비구가 여분의 발우를 10일까지는 가지고 있을 수 있지만 이 기한을 넘기면 니살기바일제다'. 爾時 有一比丘 獨得二鉢 作是念 佛不聽我畜長鉢一宿 卽持一鉢 施餘比丘 施後鉢破 無鉢遊行 諸比丘問言 汝先得二鉢 今何故無 答以上事 諸比丘以是白佛 佛以是事 集比丘僧 問彼比丘 汝與他鉢 幾日後鉢破 答言 十日 佛讚少欲知足 讚戒 讚持戒已 告諸比丘 從今是戒 應如是說 若比丘 長鉢乃至十日 若過 尼薩耆波逸提", 팔리율장 *Nissaggiya*(*Vin. 3*, p.243)에 "열흘 동안 여분의 발우를 갖고 있어도 좋다. 열흘을 넘기면 니살기바일제다. dasāhaparamaṃ atireka-patto dhāretabbo, taṃ atikkāmayato nis saggiyaṃ pācittiyan ti"라고 하였다. [참고문헌]『五分律』, *Vin.*, *Prāt-m.29*.

장발과한계 長鉢過限戒 ➡ 축장발과한계 畜長鉢過限戒

장방록 長房錄 『역대삼보기 歷代三寶紀』의 다른 이름. 저자 비장방(費長房)의 이름을 따서 이렇게 부른다. ⇨ 역대삼보기 歷代三寶紀

장백사 長柏寺 경상북도 상주시 내서면 북장리 천주산(天柱山 : 一名 露陰山·露嶽山)에 있는 남장사(南長寺)의 옛 이름. 장백사(長白寺)라고도 한다. 『고운집』 권2 「진감화상비명 眞監和尙碑銘」(한국문집총간1, p.177a16)에 "비로소 상주 노악 장백사〈지금 남장사〉에 석장을 내려놓자, 의원집에 아픈 이 많은 것처럼 사람들이 구름처럼 모여들었다. 방장이 비록 널찍하였지만 물정상 비좁게 여겨졌으므로 마침내 걸어서 강주〈지금의 진주〉 지리산으로 갔다. 始憩錫於尙州露嶽長柏寺〈今南長寺〉 醫門多病 來者如雲 方丈雖寬 物情自隘 遂步至康州〈今晉州〉智異山"라고 하였다. [참고문헌]『孤雲集』, 『韓國寺刹全書』 권하 p.974b16·b20, 李智冠『校勘譯註歷代高僧碑文』 新羅篇 p.143. ⇨ 남장사 南長寺

장법 杖法 지팡이 법. 비구가 지팡이를 가져 땅을 짚고 다니거나 소리나게 하여 벌레들을 미리 물러나게 하는 등 살생하지 않게 하는 용도다. 『십송율』 권56(대정장23, p.417a18)에 "지팡이를 가지게 한 것은 부처님께서 허락하신 일이다. 작고 가는 지팡이이니, 철이나 동으로 된 견고한 것으로 하되, 위에는 고리를 달아 소리 나게 한다. 杖法者 佛聽杖穳 若鐵 若銅 爲堅牢故 上作樓環"라고 하였다. [참고문헌]『十誦律』.

장법 葬法 돌아가신 이를 보내 마치는 법. 장사(葬事) 지내는 법을 말한다. 『사분율행사초』(대정장40, p.145b20)에 "둘째 장법을 밝힌다. 중국에는 네 가지 장법이 있다. 수장은 강물에 던지고, 화장은 불에 태우며, 토장은 언덕에 묻고, 노림장은 들판에 버려 수리새와 호랑이를 먹이는 것이다. … 『증일아함경』에 모든 비구들이 목련의 시신 위에 향화를 뿌렸고 『승기율』에도 이와 같이 공양하였다. 『사분율』 중에는 세존께서 오중을 위해 탑을 세울 수 있게 하셨고, 어린 사미 이상으로부터 모두 상좌의 무덤에 예를 갖추게 되었다. … 『증일아함경』에 이르기를 '여래께서 스스로 어머니 상여의 한 모퉁이를 잡고 아난과 나운이 각기 수레의 한 다리를 잡게 하였다'라고 하였으니 다른 사람이 대신 지는 일이 없게 하여 은혜를 갚도록 하였으므로 이에 따라야 한다. 화상과 아사리는 법신을 장양하였고 부모형제는 생신을 장양하였으므로 몸소 스스로 시신을 잡아서 보내드리니, 그 은덕을 어찌 능히 다 갚으리요! 『선견율』에 속가의상으로 보내드려서는 안 되니 무상을 관하는 뜻에 어긋나기 때문이라 하였다. 만약 손으로 어머니 시신을 잡거나 렴하는 것은 무죄라고 하였다. 二明葬法 中國四葬 水葬投之江流 火葬焚之以火 土葬埋之岸 勞林葬棄之中野爲鵰虎所食 … 增一諸比丘 以香華散目連屍上 僧祇得供養亦爾 四分中世尊五衆得起塔 從小沙彌尼已上並得禮上座塚也 … 增一云如來自輿母床一角 阿難羅云等各輿一脚 不令餘人代擔 爲報恩故準此 和尙闍梨長養法身 父母兄姊長養生身 躬自抱屍而送 恩德豈能盡也 善見不得送白衣喪 除爲觀無常故 若手執母屍殯殮無罪"라고 하였다. 〔참고문헌〕『四分律行事鈔』. ⇨ 다비 茶毘, 다비법 茶毘法, 사장 四葬, 삼장 三葬, 상장의례 喪葬儀禮, 장 葬

장벽와력 牆壁瓦礫 담장과 벽과 기와와 자갈. 무정물(無情物)을 대표하여 비유로 쓴다. 『대승본생심지관경』 권6(대정장3, p.319c14)에 "자기의 몸과 마음을 관함에 마치 죽은 나무처럼 한다. 담장이나 벽 그리고 기와와 자갈과 같아서 다르지 않다고 여겨 일체법에도 분별이 있을 리 없다. 觀自身心 猶如枯樹 牆壁瓦礫 等無有異 於一切法 無有分別", 『경덕전등록』 권28 「남양혜충국사어 南陽慧忠國師語」(대정장51, p.438a9)에 "학인이 또 남양에게 물었다. '어떤 것이 불심입니까?' '담장과 벽과 기와와 자갈이 그것이다' '경과 크게 어긋납니다. 『대반열반경』에 「담장과 벽과 같은 무정물을 여의었기에 불성이다」라고 하였는데, 지금은 이것이 불심이라고 하시니 알지 못하겠습니다. 심(心)과 성(性)은 다릅니까, 다르지 않습니까?' '미하면 다르지만, 깨달으면 다르지 않다'. 僧又問 阿那箇是佛心 師曰 牆壁瓦礫是 僧曰 與經大相違也 涅槃云 離牆壁無情之物 故名佛性 今云是佛心 未審心之與性爲別不別 師曰 迷卽別悟卽不別", 같은 책 권10 「장사경잠전 長沙景岑傳」(대정장51, p.275b15)에 "학인이 장사에게 물었다. '무엇이 문수입니까?' '담장과 벽과 기와와 자갈이 그것이다' '무엇이 관음입니까?' '음성과 언어가 그것이다' '무엇이 보현입니까?' '중생의 마음이 그것이다' '무엇이 부처입니까?' '중생의 색신이 바로 그것이다'. 僧問 如何是文殊 師云 牆壁瓦礫是 又問 如何是觀音 師云 音聲語言是 又問 如何普賢 師云 衆生心是 又問 如何是佛 師云 衆生色身是"라고 하였다. 〔참고문헌〕『大乘本生心地觀經』, 『景德傳燈錄』, 40권본 『大般涅槃經』 권37(대정장12, p.581a22).

장벽유이 墻壁有耳 장벽에도 귀가 있다. 벽변유서이(壁邊有鼠耳)·벽유이(壁有耳)라고도 한다. 『백운수단어록』 권1(卍속장120, p.417a5)에 "법좌에 올라 들기를, 동산에게 어떤 학인이 '망승은 입적하고 나서 어디로 가는지요?'라고 묻자, 동산이 '불탄 뒤에 자라난 한 줄기 띠풀이다'라고 말했다. '나라면 그렇게 말하지 않았을 것이다. 「망승은 입적하고 나서 어디로 가는가?」라고 묻는다면 「벽에도 귀가 있다」고 답하리라'. 上堂 擧僧問洞山 亡僧遷化 向什麽處去 洞山云 火過後一莖茅 龍門卽不然 亡僧遷化 什麽處去 答云 墻壁有耳", 『무문혜개어록』 권상(대정장120, p.512b14)에 "허공은 무심하지만 벽에는 귀가 있으니, 말로 가는 길 아니어서 오직 곧바로 가리킨다. 虛空無心 墻壁有耳 不涉言詮 單提直指", 『초석범기어록』 권2(卍속장124, p.78b13)에 "'조옹의 밭은 어떤 것인지요?' '발밑을 보라' '누구에게 팔아넘기셨는지요?' '듣는 일도 제대로 하지 못하는구나' '값이 비싸지도 싸지도 않은데 얼마에 사시겠는지요?' '3생 60겁이다' '화상께 짓눌려버린 꼴은 어쩔 수 없군요' '담장에 누군가 붙어서 엿들을라'. 且如何是祖翁田地 師云 看脚下 進云 賣與阿誰 師云 聽事不眞 進云 不作貴不作賤 作麽生買 師云 三生六十劫 進云 爭奈被和尙坐斷了也 師云 墻壁有耳", 『자수회심광록』 권1(卍속장126, p.536b5)에 "법좌에 올라 이르길 '한 법이라도 있다면 비로자나불이 범부로 떨어지고, 만법이 모두 없다면 보현보살이 그 경계를 잃을 것이며, 있거나 없거나 도무지 다함 얻으면 범부와 성인이 뒤섞여 같으리라. … 일러보라! 비출 줄도 알고 쓸 줄도 알며, 능히 죽이고 능히 살리는 한 구 어떻게 말해야 할까?' 가만히 있다가 말했다. '담벼락에도 귀는 있다'. 上堂云 一法若有 毗盧墮在凡夫 萬法若無 普賢失其境界 若得有無都盡 凡聖混同 … 且道 有照有用 能殺能活一句 作麽生道 良久云 墻壁有耳"라고 하였다. 〔참고문헌〕『白雲守端語錄』, 『無門慧開語錄』, 『楚石梵琦語錄』, 『慈受懷深廣錄』. ⇨ 벽변유서이 壁邊有鼠耳, 벽유이 壁有耳

장별삼계 長別三界 길이 삼계와 헤어지다. 십선보살(十善菩薩 : 十信菩薩)이 대심(大心)을 발하여 삼악도(三惡道)의 괴로움(苦)을 여의어서 삼계를 오래도록 여의는 것을 말한다. 『인왕경』 권상(대정장8, p.827b14)에 "십선보살이 대심을 발하여 오래도록 삼계 고통의 굴레를 여의네. 중품이나 하품의 십선업도를 행하는 이는 속산왕(粟散王 : 작은 나라의 왕)이 되고, 상품의 십선업도를 행하는 이는 철륜왕이 된다. 습종성(習種性)의 동륜왕은 두 천하(를 다스리며), 은륜은 세 천하(를 다스리는) 성종성이라네. 도종성(道種性)은 견고한 덕으로 전륜왕이 되고, 칠보의 금빛으로 온 천하를 다스린다오. 十善菩薩發大心 長別三界苦輪海 中下品善粟散王 上品十善鐵輪王 習種銅輪二天下 銀輪三天性種性 道種堅德轉輪王 七寶金光四天下", 원측(圓測)의 『인왕경소』 권중(대정장33, p.393b20 · 한불전1, p.69b1)에 "〔경〕 십선보살이~고륜해를 여의네. 〔석〕 두 번째로 그 발심을 밝힌다. 본기에 의해서 말한다. 십신보살이 대심을 발하여 삼계에서 벗어나기를 구하는데, 아직 여읜 삼계에서 벗어나지는 못하였으나 삼악도의 고통은 능히 멀리 여의었기에 다 들어 '장별삼계'라고 한다. 經 十善菩薩〈至〉苦輪海 釋曰 第二 明其發心 依本記云 十信菩薩 由發大心 求出三界 雖未卽能 永出三界 以能遠離 三惡道苦 是故 總言 長別三界"라고 하였다. 〔참고문헌〕『仁王經』, 『仁王經疏』. ⇨ 십선보살 十善菩薩

장병린 章炳麟 1868~1936. 중국의 불교학자. 호는 태염(太炎). 여항(余杭 : 浙江省) 출신. 처음에는 고증학을 연구하다가 청나라 언론검열에 반발하여 본토를 떠나 대만과 일본을 떠돌았다. 일본에서 손문(孫文)을 만났고, 1903년 동경에서 중국망국이십이년기념회(中國亡國二十二年記念會)를 만들고 귀국하여 애국학회(愛國學會)를 창립하였으며 이듬해 투옥되었다. 감옥에서 3년 동안 유식(唯識)을 공부했으며 석방된 후에 일본으로 가서 대장경(大藏經)을 연구하고 동맹회(同盟會)에 가입했다. 북경 용천사(龍泉寺)에 유폐되었다가 원세개(袁世凱)가 죽은 후에 풀려났다. 이후 소주(蘇州)에 머물며 국학강습회(國學講習會)를 창립했다. 저서에 『대승기신론변 大乘起信論弁』·『대승불교연기론 大乘佛教緣起論』·『건립종교론 建立宗教論』·『무신론 無神論』·『인무아론 人無我論』·『오무론 五無論』 등이 있다.

장보 將寶 Ⓢ pariṇāyaka-ratna, Ⓟ pariṇāyaka-ratana. 전륜성왕(轉輪聖王)이 지닌다는 칠보(七寶) 중 하나. 군대를 통솔하는 장군(將軍)을 보배에 비유하고 주병신보(主兵臣寶)라고도 한다. 『대반야경』 권351(대정장6, p.804a23)에 "선현이여! 마땅히 알라. 전륜성왕에게는 칠보가 구족되어 있으니, 그 칠보란 윤보·상보·마보·주장신보·여보·장보·여의주보이다. 善現當知 如轉輪王 七寶具足 所謂 輪寶 象寶 馬寶 主藏臣寶 女寶 將寶 如意珠寶", 『일체경음의』 권4(대정장54, p.328b14)에 "장보〈(첫 글자는) 정과 양을 반절한 음이다. 『고성 考聲』에 '장수를 뜻한다'라고 하였고, 『문자집략 文字集略』에 '군의 주장(主將)을 말한다'라고 하였으며, 『설문 說文』에 '거느린다는 뜻이다. 촌(寸)과 장(醬)을 줄인 소리며, (將帥를 뜻하는데) 수는 쇠와 류를 반절한 음이다'라고 하였다. 경에서 장보라고 했는데, 전륜성왕의 주병인 신장을 말한다〉. 將寶〈精樣反 考聲云 將帥也 文字集略云 軍主也 說文 率也 從寸從醬省聲也 帥音衰類反 經言將寶 轉輪聖王主兵神將也〉"라고 하였다. 〔참고문헌〕『大般若經』, *DN.3.59.* ⇨ 칠보 七寶

장복의 章服儀 ➡ 석문장복의 釋門章服儀

장부 丈夫 Ⓢ puruṣa, Ⓟ purisa, Ⓣ pho. 사부(士夫)라고도 하며, 보로사(補盧沙)·부루사(富樓沙)·부류사(浮溜沙)·포로사(布路沙) 등으로 음사한다. **1** 성년 남자. 또는 모든 감각 기관이 완전하게 갖춰진 남자를 가리킨다. 『화엄경탐현기』 권8(대정장35, p.261b9)에서는 『열반경』의 내용을 인용하여 장부의 뜻을 네 가지로 제시하고 있다. "첫째는 스스로 올바른 사람, 둘째는 남을 올바르게 하는 사람, 셋째는 질문에 따라 답할 수 있는 사람, 넷째는 인연의 의미에 대해 잘 이해하고 있는 사람이다. 이 네 가지를 다 갖추고 있으면 남녀를 불문하고 모두 장부라고 하지만, 이를 갖추고 있지 못하면 남자라 할지라도 장부라고 부르지 않는다. 그리고 여인이라 할지라도 자신에게 불성이 있음을 믿으면 장부라고 하지만, 남자임에도 자신에게 불성이 있음을 알지 못하면 여인이라 부른다. 具四相義卽名丈夫 謂自正 正他 能隨問答 善解因緣義 若不具此四種相義 雖曰男子不名丈夫 女以反上卽名丈夫 又云 雖是女人能信自身有佛性者 卽是丈夫 若有男子不知自身有佛性者 我說彼人猶是女人"라 하였고, 또 『유가사지론』의 내용을 인용하여 장부의 뜻을 일곱 가지로 제시하고 있다. 같은 책(대정장35, p.261b16)에 "첫째는 오랫동안 장수하는 사람, 둘째는 훌륭하고 단정한 모습을 한 사람, 셋째는 병이 없고 괴로움이 적은 사람, 넷째는 종도 아니고 여인도 아니며 남근이 제 기능을 못하는 이도 아닌 사람, 다섯째는 지혜가 대단히 뛰어난 사람, 여섯째는 하는 말이 위엄 있는 사람, 일곱째는 근본이 되는 업을 지닌 사람이다. 依瑜伽中 丈夫有七義 一 長壽久住 二 妙色端嚴 三 無病少惱 四 非僕非女非半擇迦 五 智慧猛利 六 發言威肅 七 有大宗業 具此七法名爲丈夫"라고 하였다. 소승에서는 칠성(七聖)을 칠장부(七丈夫) 또는 칠사부(七士夫)라고 부른다. 또 부처님을 두고 사람 가운데 가장 뛰어난 분이라는 뜻에서 대장부라 칭하기도 하는데, 이 때문에 부처님의 신체에 갖춰진 32상을 가리켜 대장부상(大丈夫相)이라 부른다. 『지관보행전홍결』 권2(대정장46, p.196a23)에 "장부란 말은, 사람의 신장이 한 장이기에 장부라고 한다. 여기서는 사람 중에서도 가장 뛰어난 이를 가리키니, 이래야만 장부라 이름붙인다. 『백호통 白虎通』(「三綱六紀」)에서 '부(夫)는 붙들다(扶)는 뜻이다. 도(道)를 붙들어 가까이함'이니 여기서도 같은 뜻이다. 이치를 붙들고 가야 비로소 장부라고 하며, 불성의 이치를 깨달아야만 비로소 장부라고 한다. 그러므로『열반경』에서 '불성을 깨달으면 여인이라 할지라도 남자라고 부른다' 하였으니, 여기서 남자는 장부를 말한다. 言丈夫者 人長一丈 故曰丈夫 此則指人中最勝者 方名丈夫 白虎通曰 夫者 扶也 以道扶接故也 今亦如是 以理扶之 方名丈夫 見佛性理 方名丈夫 故涅槃曰 見佛性者 雖是女人 亦名男子 男子卽丈夫也"라고 하였다. [참고문헌]『華嚴經探玄記』,『止觀輔行傳弘決』, *Bodh-bh.20.* ⇨사부 士夫 ❶ ❷ 세계를 출생시키는 인(因)으로서의 푸루샤(Ⓢ Puruṣa). 상키야의 설로 신아(神我)라고도 한다.『반야등론석』권1(대정장30, p.54a1)에 "또한 저들은 장부에 집착하여 생인(生因)이라고 여긴다 하였으니, 일체 세간이 장부를 인으로 한다는 말이다. 이는 무슨 뜻인가? 실이 정연하게 짜여 그물이 되거나 월주에서 물이 나오거나 나무에서 가지와 잎 등이 나오는 것처럼, 일체 중생이 저 장부를 인으로 하는 것도 마찬가지다. 소위 과거·미래·운동·정지 등과 원근·내외와 같은 일체는 전부 장부를 인으로 삼는다. 復次彼執丈夫爲生因者 說如是言 一切世間 丈夫爲因故 是義云何 如糸齊織網 如月珠出水 如樹生枝葉等 一切衆生 以彼爲因 亦復如是 所謂彼過去未來 動不動等 遠近內外 如是一切 皆丈夫爲因",『능가경주해』권1(대정장39, p.351a23)에 "사부는 장부라고도 하는데, 십육지견의 하나이며, 신아의 다른 이름이다. 若士夫 亦名丈夫 卽十六知見之一 神我之別名也"라고 하였다. [참고문헌]『般若燈論釋』,『楞伽經註解』, *Sāṃkhy-k.43.* ⇨사부 士夫 ❷

장부 長部 ➡디가니카야 Dīgha-nikāya

장부과 丈夫果 Ⓢ puruṣakāra-phala, Ⓣ skyes-bu-byed-pa'i-'bras-bu. 오과(五果) 중 하나. 인간이 뜻을 가져 행위한 과를 말한다.『대승장엄경론』권9(대정장31, p.637a17 : *Sūtr.*, p.124)에 "즐거움을 준다(與樂)란 '장부과'다. 장부가 행한 것이기 때문이다. 與樂者 是丈夫果 丈夫所作故 sukhāvahatāyakatvena puruṣakāraphalaṃ", 같은 책 권9(대정장31, p.636b7 : *Sūtr.*, p.123)에 "셋째 중생을 성숙시키는 것이 장부과이다. 三者 成熟衆生 是丈夫果 satvān paripācayatīti puruṣakāraphalaṃ"라고 하였다. [참고문헌]『大乘莊嚴經論』, *Sūtr.* ⇨사용과 士用果, 오과 五果 ❶

장부배 丈夫拜 장부의 절.『오등회원』권7「설봉의존장 雪峰義存章」(卍속장138, p.238a14)에 "설봉이 문도를 거느리고 남쪽으로 유력하였다. 그때 황열반(黃涅槃)이 설봉이 올 것을 미리 알고, 지팡이를 짚고 앞서 맞이하러 갔다. 소계에서 서로 만나자 설봉이 황열반에게 물었다. '어디서 오는 길입니까?' '벽지암입니다'. 설봉이 '바위에도 주인이 있습니까?'라고 묻자 황열반이 대나무 지팡이로 설봉의 가마를 톡톡 두드렸다. 설봉이 가마에서 나와 상견하니, 황열반이 '옛 낭군님, 안녕하셨습니까?' 설봉이 재빨리 장부배로 절을 하자 황열반이 여인배로 절 하였다. 설봉이 '여인이었는가?'라고 묻자 황열반이 다시 절을 두 번 하고서 대나무 지팡이로 땅에 금을 그으며 설봉의 가마 오른쪽으로 세 번 돌았다. 설봉이 말했다. '나는 삼계 안쪽 사람이고 그대는 삼계 바깥쪽 사람입니다. 그대가 앞서 가면 내가 뒤따라 가겠소'. 황열반이 되돌아가자 설봉이 따라갔다. 낭산에 머무르며 며칠을 쉬는데, 황열반이 공양함에 수행하는 대중들도 어느 것 하나 모자란 것이 없었다. 師領徒南遊時黃涅槃預知師至 搘筞前迎 抵蘇溪邂逅 師問 近離何處 槃曰 辟支巖 師曰 巖中還有主麼 槃以竹筞敲師轎 師乃出轎相見 槃曰 曾郎萬福 師遽展丈夫拜 槃作女人拜 師曰 莫是女人麼 槃又設兩拜 遂以竹筞畫地 右繞師轎三匝 師曰 某甲三界內人 你三界外人 你前去 某甲後來 槃回 師隨至 止囊山憩數日 槃供事 隨行徒衆 一無所缺"라고 하였다. [참고문헌]『五燈會元』,『費隱語錄』권4(가흥장26, p.123a8),『禪林象器箋』권10「丈夫拜」(불광장, 禪藏, p.714). ⇨여인배 女人拜

장불사 長佛寺 ❶ 전라남도 화순군 이서면 무등산(無等山 : 一名 瑞石山)에 있던 절.『동국여지승람』권40 전라도 화순현 불우에 이름과 위치가 전한다. 홍명원(洪命元 1573~1623)이 광주목사로 재직하던 중인 1615~1617 년경 이 절에 유숙하며 지은 시「입산숙장불사인첩전운정순상 入山宿長佛寺因疊前韻呈巡相」(『해봉집』권2·한국문집총간82, p.210b8)이 전한다.『범우고』에 "지금은 폐사되었다. 今廢"라고 하였다. [참고문헌]『東國輿地勝覽』,『海峯集』,『梵宇攷』,『韓國寺刹全書』권하 p.975a1. ❷ 황해남도 은율군 산동리 구월산(九月山)에 있던 절.『동국여지승람』권43 황해도 은율현 불우·『가람고』·『범우고』에 절 이름이 보인다.『여지도서』황해도 은율 사찰에 "정곡사 남쪽 5리에 있다. 在停穀寺南去五里", 홍경모(洪敬謨 1774~1851)가 송화현감(松禾縣監)으로 재직하던 1812~1813년 경에 쓴「구월산기 九月山記」(『관암전서』제19책·한국문집총간 속집b113, p.569b3)에 "절(정곡사)의 남쪽에 장불사가 있다. 寺之南有長佛寺"라고 하였다. [참고문헌]『東國輿地勝覽』,『伽藍考』,『梵宇攷』,『輿地圖書』,『冠巖全書』,『韓國寺刹全書』권하 p.975a3.

장비유 長譬喩 ➡장아바다나경 長阿波陀那經

장사 藏司 지장(知藏)이 머무는 요사. 또는 지장을 달리 일컫는 말. 장주(藏主)라고도 한다.『백장청규』권4

「지장」(대정장48, p.1131a24)에 "직무는 경장을 관장하고 겸하여 의학에도 통해야 한다. 대개 경을 보려는 이들 먼저 경당에 들어간다. 먼저 당주에게 아뢰고 함께 장사로 가서 서로 보게 한다. 職掌經藏 兼通義學 凡看經者 初入經堂 先白堂主 同到藏司相看", 『선림상기전』 권2 「장사」(불광장, 禪藏, p.98)에 "장사는 장주의 요사이다〈사람을 장사라고 부르는 경우에는 장주가 이것이다〉. 藏司者 藏主寮也〈若呼人爲藏司 則藏主是也〉"라고 하였다. 〔참고문헌〕『百丈淸規』, 『禪林象器箋』, 『五燈會元』 권14 「投子道宣章」(卍속장138, p.551a16). ⇨ 지장 知藏

장사 藏師 **1** 당(唐)대 북종선(北宗禪) 선사. 법호는 항마(降魔), 속성은 왕(王)씨. 조주(趙州) 출신. 장선사(藏禪師)라고도 한다. 혼자 지내는 것을 유독 좋아하여 7세에 출가하고는 혼자 지내면서도 귀신 따위를 전혀 두려워하지 않아서 항마라는 호가 생겼다. 광복원(廣福院) 명찬선사(明讚禪師) 문하에서 배우며 구족계를 받고 계율을 수습한 후 남종론(南宗論 : 南山律宗)을 강의하였다. 북종의 교화가 널리 성행한다는 소리를 듣고 대통신수(大通神秀 605~706)를 찾아가 '항마'라는 호를 가지고 문답하였다. 신수의 현기(懸記)에 따라 태산(泰山)으로 들어가 교화를 펼쳤다. 산동(山東)에 오래 머무르며 교화를 펼치니, 금여곡(金輿谷) 낭공(朗公)의 행화에 버금가게 되었다. 세수 91세에 입적하였다. 법을 이은 제자로는 서경적만(西京寂滿)·서경정장(西京定莊)·남악혜은(南嶽慧隱) 3명의 이름이 전한다. 〔참고문헌〕『宋高僧傳』 권8(대정장50, p.760a9), 『景德傳燈錄』 권4(대정장51, p.232b15). **2** 이름에 장(藏)자가 들어가는 스님의 약칭. 현수법장(賢首法藏)·자장율사(慈藏律師) 등을 일컫는다. 『삼국유사』 권3(대정장49, p.998b20·한불전6, p.334a5) 탑상(塔像)4 대산오만진신(臺山五萬眞身)에 "이 산이 이름난 진성주처인 것은 자장법사로부터 시작되었다. … (淨嵒寺는 두타信義가) 상사께서 머무시던 곳을 찾아와 암자를 얽고 주석하였다. 此山之署名眞聖住處者 始自慈藏法師 … 來尋藏師憩息之地 創庵而居"라고 하였다. 〔참고문헌〕『三國遺事』, 『法界圖記叢髓錄』 권상(대정장45, p.716b22·한불전6, p.768b5). ⇨ 법장 法藏, 자장 慈藏

장사막망상 長沙莫妄想 장사경잠(長沙景岑)이 답하기 어려운 학인의 질문에 '망상 피우지 마라'라고 응수한 공안. 『연등회요』 권6 「장사경잠장」(卍속장136, p.538a13)에 "축상서가 장사에게 물었다. '지렁이를 두 쪽으로 자르니 양 끝머리 모두 꿈틀댑니다. 불성은 어느 쪽에 있는 것일까요?' '망상 피우지 마라' '어찌하여 움직이는 것입니까?' '모인즉 바람과 불이 미처 흩어지지 않아서다. 竺尙書問 蚯蚓斬爲兩段 兩頭俱動 未審佛性在阿那頭 師云 莫妄想 竺云 爭柰動何 師云 會卽風火未散"라고 하였다. 〔참고문헌〕『聯燈會要』, 『景德傳燈錄』 권10(대정장51, p.275c6), 『正法眼藏』 권3(卍속장118, p.143a13).

장사사 長沙寺 중국 호북성(湖北省) 형주부(荊州府) 강릉현(江陵縣)에 있는 절. 동진(東晋) 346년(영화2)에 장사 태수 등함지(滕含之)가 자택을 절로 고친 다음 도안(道安)의 제자 담익(曇翼)을 모셔와 주석하게 하였다. 379년(태원4)에는 도안의 제자 법우(法遇)가 경전을 강의하였는데 수백 명이 몰려왔다고 한다. 394년(태원19)에 담익이 아육왕상을 안치하였는데 그 상이 종종 신이함을 드러내기도 하였지만 후에 절과 함께 성 동쪽의 천황사(天皇寺)로 옮겨졌다. 유송(劉宋) 때에는 담마밀다(曇摩蜜多)가 주석하며 선원(禪院)을 운영하기도 하였다. 이곳은 혜원(慧遠)과 천태지의(天台智顗)가 득도(得度)했던 곳이며, 현압(玄鴨) 등이 『염불삼매경 念佛三昧經』을 한역한 장소이기도 하다.

장사유산 長沙遊山 장사경잠(長沙景岑) 봄날 산에서 노닐다. 장사방초낙화(長沙芳草落花)·장사축낙화회(長沙逐落花回)·장사춘의(長沙春意)라고도 한다. 『선문염송설화』 493칙(한불전5, p.394b3)에 "장사가 어느 날 산에서 노닐다가 돌아와 산문머리에 이르자 수좌가 물었다. '화상께서는 어디를 가셨다가 오십니까?' '산에서 노닐고 온다' '어디까지 다녀오신 것입니까?' '처음에는 향기 나는 풀 따라 갔다가 떨어지는 꽃을 좇아 돌아왔다' '완전히 봄이로군요' '가을 이슬 연꽃 방울지는 것 보다는 낫더구나'. 〈설화〉 '산에서 노닐고 온다'는 말은 화문을 나섰다가 돌아왔다는 것이다〈화는 곧 증이다〉. '처음에는 향기 나는 풀을 따라 갔다가'라고 운운한 이유는 우연히 초봄에 나갔다가 늦봄에 돌아왔기 때문이다. 방초와 낙화는 그 뜻 없지 않은가? 혹자는 '장사 지역에 방초고개와 낙화계곡이 있다'라고 하는데, 맞는 이야기인지 알 수 없다. 내가 생각건대, 있다손 치더라도 옛 사람들이 화상의 이 말을 계기로 하여 이름 붙인 것일 뿐이리라. '완전히 봄이로군요'라는 말은 화상의 뜻을 멋대로 봄이다. '가을에 이슬이 ~ 낫더구나'라고 한 말은 비단 봄 정취뿐만 아니라 가을 정취 또한 상관없다는 뜻이 아니겠는가? '처음에는 향기 나는 풀을 따라갔다가'라고 운운한 시절과 '가을에 이슬이 ~ 낫더구나'라고 운운한 것은 장사의 끝없는 마음이다. 長沙一日遊山 歸至門首 首座問 和尙什麽處去來 師云 遊山來 座云 到甚麽處來 師云 始隨芳草去 又逐落花迴 座云 大似春意 師云 也勝秋露滴芙蕖 〈說話〉 遊山來者 出來化門也〈化卽證也〉 始隨芳草去云云者 幸是初春出去 春晩還來故 芳草落花 其意不無耶 或云 長沙界有芳草嶺落花溪 未知是否 余謂雖有之 古人因和尙此語 名之爾 大似春意者 弄見和尙意

也 也勝秋露云云者 非但春意 秋意亦不干耶 始隨芳草去云云地時節也 勝秋露云云 是長沙無限意也", "설두중현(雪竇重顯)이 읊는다. '대지에 티끌 하나 없는데, 그 누가 눈을 뜨지 않는가? 처음에는 향기 나는 풀 따라 나섰다가 떨어지는 꽃 좇아 돌아왔네. 야윈 두루미 헐벗은 나무에서 발돋움하고, 시끄러운 원숭이 옛터에서 울부짖네. 장사의 끝없는 뜻이여!〈돌〉'. 〈설화〉 설두 송의 첫 두 구, 법이 그대로 떳떳하고 사람사람이 다 갖추었음이다. 다음 두 구는 봄정취로 꽃과 풀은 곧 경계다. '야윈 두루미' 운운한 구는 흡사 가을정취다. 원숭이와 두루미 인즉 사람이다. 이렇듯 봄의 정취이든 가을의 정취든 낱낱이 끝이 없다. 또 착어는 장사의 뜻 깊음이다. 雪竇顯頌 大地絶纖埃 何人眼不開 始隨芳草去 又逐落花迴 羸鶴翹寒木 狂猿嘯古臺 長沙無限意〈咄〉〈說話〉 雪竇 二句 法法圓成 人人具足也 次二句 春意也 花草則境也 羸鶴云云者 似是秋意也 猿鶴則人也 然則春意秋意 一一無限 又著語 明長沙意深"라고 하였다. 〔참고문헌〕『禪門拈頌說話』, 『碧巖錄』 36칙 「本則」(대정장48, p.174b3).

장사전득 長沙轉得 장사가 뒤쳐 얻다. 『선문염송설화』 491칙(한불전5, p.392a4)에 "장사에게 학인이 '어떻게 해야 산하대지 뒤쳐서 자기 자신에게 돌아오게 할 수 있습니까?'라고 묻자 장사가 반문하였다. '어떻게 해야 자기를 뒤쳐 산하대지 될 수 있을까?' 학인이 '모르겠습니다'라고 답하자 '호남성은 백성을 먹여 살리기 알맞으니, 쌀값도 싸고 땔감도 풍부하여 사방 이웃들이 넉넉하다'라고 한 다음 송을 읊었다. '누가 뒤칠 수 있나 묻지만, 산하대지를 뒤쳐 누구에게 주겠는가! 원통은 두 쪽이 없고, 법성은 본래 돌아갈 곳 없다'. 〈설화〉 '어떻게 해야 산하대지'라고 운운한 학인의 질문에 이미 자신의 견해를 드러내 보였다. 예를 들어 『조론』에서 '성인에게는 자기란 없으니 자기 아니라 할 것도 없다'라 한 말이나, 또는 '만물을 다 품어 자기로 삼는 자 오직 성인일 것이다'라고 한 말과 같다. '어떻게 해야 자기' 운운한 장사의 반문은 도리어 눈동자 바꾸어버렸다. 본조의 여경국사는 '말 비록 뒤집은듯 보이지만 속뜻은 바꾸지 않았다. 답이란 상대를 어르는듯 하지만 핵심은 앞의 말을 더욱 두렷하게 함이다'라고 하였다. 長沙因僧問 如何轉得 山河國土 歸自己去 師云 如何轉得自己 成山河國土去 僧云不會 師云 湖南城下好養民 米賤柴多足四隣 乃有頌曰 誰問山河轉 山河轉向誰 圓通無兩畔 法性本無歸〈說話〉如何轉得山河云云者 呈似己見也 如肇論云 聖人無己 靡所不己 又云 會萬物爲自己者 其唯聖人乎 如何轉得自己云云者 換却眼睛也 本朝餘慶國師云 言雖似轉 意標不轉 答似謾他 要圓前話也", "천동정각(天童正覺)이 염한다. '비록 나그네와 주인이 서로 주고 받았으나 진흙과 물 나뉘진 못했네. 혹여 콧구멍 찢고 뒤쳐 이렇게 저렇게 해도 얻을 것 없다. 또 합한들 어떻게 하랴. 저 왕의 령은 점점 엄해 저자에선 꼼짝도 못할텐데'. 天童覺拈 雖然賓主互換 要且泥水不分 或然裂轉鼻孔 恁麽不恁麽摠不得 又合作麽生 如今王令稍嚴 不許人攙行奪市", "원오극근이 염한다. '남에게 소 한 마리를 꾸었다가 말 한 마리로 갚는구나'. 圜悟勤拈 得人一牛 還人一馬", "대혜종고가 법좌에 올라 '산하대지 뒤쳐서 자기에게 돌리긴 쉬워도 자기를 뒤쳐 산하대지로 돌아가긴 어렵다. 누가 있어 어렵지도 쉽지도 않은 구절을 말한다 해도 다시 찾아와 손에 쥔 몽둥이 청해야 하리'. 〈설화〉 '산하대지를 바꾸어 ~ 어렵다'라고 한 말은 어려움과 쉬움 벗어나지 못한다. 어렵지도 쉽지도 않음 알았다 해도 그 중간에 앉아 있게 될 터이니, 손안의 몽둥이 면치 못하리. 어찌해야 옳은가? 雲門杲 上堂 擧此話云 轉山河大地歸自己則易 轉自己歸山河大地則難 有人道得 不難不易句 却來徑山手裏請棒喫〈說話〉 轉山河至難者 未免難易 雖知不難不易 亦坐在中間故 未免手中棒 如何卽是"라고 하였다. 〔참고문헌〕『禪門拈頌說話』, 『頌古聯珠通集』 권16(卍속장115, p.194a2), 『宗門拈古彙集』 권17(卍속장115, p.713a7), 『宗鑑法林』 권19(卍속장116, p.274b10), 『景德傳燈錄』 권10 「長沙景岑傳」(대정장51, p.275c8).

장사진보 長沙進步 ➡간두진보 竿頭進步, 백척간두 百尺竿頭, 백척간두진일보 百尺竿頭進一步

장사천화 長沙遷化 남전보원(南泉普願)의 이류중행(異類中行)을 주제로 장사경잠(長沙景岑)이 제시한 공안. 『선문염송설화』 497칙(한불전5, p.396a21)에 "장사에게 학인이 물었다. '남전은 입적 후 어디로 갔습니까?' '동쪽 집에서는 나귀가 되고 서쪽 집에서는 말이 되었겠지' '무슨 뜻인지요?' '올라타고 싶으면 올라타고 내리고 싶으면 내린다'. 〈설화〉 '남전은 어디로 갔습니까'라고 한 말은 남전이 '산 아래 단월 집에 한 마리 물소로 태어나리라'고 하였기에 던진 질문이다. '동쪽 집에서는 ~ 말이 된다'라고 한 대답은 사람과 다른 존재로 살아간다(異類中行)는 뜻이다. '올라타고 ~ 내려라'고 한 말은 동쪽 집과 서쪽 집의 일이라면 이류에 온전히 치우쳤으니 도리어 정위로 돌려야 하는가? 동쪽 집에 말이 되고 서쪽 집에 나귀 되는 시절이야말로 나귀 타고 말 내리는 사람들 비로소 알아챈다 해야 하리. 長沙因僧問 南泉遷化 向什麽處去 師云 東家作驢 西家作馬 僧云 未審意旨如何 師云 要騎便騎 要下便下〈說話〉南泉遷化云云者 南泉云 山下檀越家 作一頭水牯牛故問也 東家作驢云云者 異類中行也 要騎便騎云云者 是東家西家邊事 則異類全偏 却須歸正耶 東家作馬 西家作驢地時節 也須識取 騎驢下馬地人始得也"라고 하였다. 〔참고문헌〕『禪門拈頌說話』. ⇨이류중행 異類中行

장사황학 長沙黃鶴 최호(崔顥)의 황학루(黃鶴樓) 시를 소재로 한 장사경잠(長沙景岑)의 공안. 『선문염송설화』 492칙(한불전5, p.392b23)에 "어느 수재가 『불명경』을 보고 장사에게 물었다. '백천제불 단지 그 이름만 들을 뿐이니, 도대체 어느 국토에 거하시며, 중생을 교화하시기는 하는지요?' '황학루에 최호가 시를 지은 후로 수재도 지은 적이 있는가?' '아직 없습니다' '별일 없거든 한 수 지어보게'. 〈설화〉 '헤아릴 수 없이 ~ 있을 뿐인데'라고 한 말은 (명호만 나열한) 경에 의심을 일으킨 것이다. '황학루 ~ 적이 있는가'라고 한 말은 무슨 뜻인가? 최호의 시는 다음과 같다. '옛사람 이미 황학 타고 떠났네. 이곳 덩그러니 황학루만 남았네. 황학은 한번 가면 돌아오지 않고, 흰 구름 천 년을 허공에서 유유하고, 맑게 갠 시냇물엔 한양 나무 역력하고, 향기로운 풀은 앵무주에 무성하구나. 날 저무는데 내 고향은 어디쯤인지! 안개 자욱한 강 위로 마음 더욱 서럽구나'. 이백은 '눈앞에 펼쳐진 풍광을 말로 다할 수 없구나. 최호가 지은 시가 저 위에 걸려 있으니'라고 하였다. 최호의 시는 고금의 절창이어서 그 뒤를 이을 자 아무도 없었다. … 납승의 질문에 '죽은 먹었느냐'고 한 조주의 반문과, 수재의 질문에 답하지 않고 '황학루에 최호가 시를 지은 후로 수재도 지은 적이 있는가', '별일 없거든 한 수 지어보게'라고 한 말에 가리켜 보인 것 있는가 없는가? 長沙因有秀才 看佛名經 乃問 百千諸佛 但聞其名 未審居何國土 還化物也無 師云 黃鶴樓崔顥題後 秀才還曾題未 云未曾 師云 無事 題取一篇 〈說話〉 百千諸佛 但聞其名云云者 如經起疑也 黃鶴樓崔顥題云云者 崔顥詩云 昔人已乘黃鶴去 此地空餘黃鶴樓 黃鶴一去不復返 白雲千載空悠悠 晴川歷歷漢陽樹 芳草萋萋鸚鵡洲 日暮鄉關何處是 烟波江上使人愁 李白題云 眼前有景不能道 崔顥題詩在上頭 則崔顥題詩 古今絶唱 無人繼得 … 對衲僧云 喫粥了也 未對秀才云 黃鶴樓崔顥題後云云 至無事題取一篇 有指示無指示", "백운지병(白雲知昺)이 핵심을 집어 말한다. '조개 속에 진주 있어도 쪼개보아야 볼 수 있고, 말중에 울림 있어도 깨친 후에야 아는 법이다. 설령 수많은 부처님께서 세상에 출현하시어 몸과 국토를 나타내고 법을 설하여 중생을 이롭게 하신다 해도 그 누구에게서도 벗어날 수 없다. 장사가 전하고자 했던 소식을 아는가? 아리따운 여인 이미 은하수로 돌아갔건만, 어리석은 사내는 여전히 화롯가에 깃들여 있네'. 〈설화〉 '조개 속에 ~ 아는 법이다'라고 한 말은 장사의 의중을 알고자 한다면 언구 중에서 찾지 말아야 하리. 그런 까닭에 '아리따운 여인 이미 은하수로 돌아갔건만 ~ 기다리네'라고 한 것이다. 白雲昺拈 蚌腹有珠 剖時方見 言中有響 悟後方知 任是諸佛出世 現身現土 說法利生 也出他不得 還見長沙爲人處麽 姹女已歸霄漢去 獃郎猶在火邊棲 〈說話〉 蚌腹云云者 若是長沙意 不可向言句中討 故云姹女已歸云云"라고 하였다. 〔참고문헌〕『禪門拈頌說話』, 『頌古聯珠通集』 권16(卍속장115, p.191a7), 『禪林類聚』 권1(卍속장117, p.10a8).

장산보장암기 藏山寶藏菴記 괄허취여(括虛取如) 지음. 『괄허집』 권2(한불전10, p.316b2)에 수록되어 있다. 1776년(영조52)에 강원도 영월 보장암의 중창주 두심(斗心)의 청탁으로 처조(處照)·두심의 중창사적을 적고 두 스님의 이름과 암자 이름을 드러내 중창공덕을 찬탄한 글이다. 기문 중에 "비추고 비춤이여! 알면은 비춘다. 처하는 곳마다 비추지만 언제나 고요하다. 비추고 고요함이 동시인 그때, 그곳 비춰 보배 감추었다 하리. 마음이여, 마음! 알아차리면 바로 마음이네. 마음 기울여 경을 보고 경이 기울어 마음 본다. 마음도 경도 온통 잊은 그곳, 이곳이야말로 마음 기울여 보배 가득한 곳이라네. 照乎照乎 知爲照乎 處照而常寂 處寂而常照 照寂同時之底 是處照之寶藏 心乎心乎 知爲心乎 斗心而觀境 斗境而觀心 心境兩忘之底 是斗心之寶藏也"라고 하였다. 〔참고문헌〕『括虛集』. ⇨ 보장암 寶藏庵

장산사 蔣山寺 중국 남경(南京) 종산(鍾山·鍾阜)에 있던 절. 도림사(道林寺) 또는 개선사(開善寺)라고도 한다. 『남조사고』 권1(대장경보편14, p.656a16)에 "도림사는 종부의 남쪽에 있는데, 장산사라고도 부른다. 송나라 원가(424~453) 초에 서역스님 강량야사가 건업에 와서 정사를 짓고 주석하였는데, 바로 이 절이다. 道林寺在鍾阜之陽 亦號蔣山寺 宋元嘉初 有西域僧 畺良耶舍來建業 築精舍以棲禪 卽是寺也"라고 하였다. 원나라에서 문사들과 교유한 고려 스님 굉연(宏演)이 쓴 「추야숙장산사 秋夜宿蔣山寺」가 『동문선』 권8에 수록되어 있는데 "대강 남쪽 종산에 있는 절의 높디높은 누각에서 전단향이 풍기네. 大江之南鍾山寺 巍巍樓閣開旃檀"라고 하였다. 〔참고문헌〕『南朝寺考』, 『東文選』. ⇨ 도림사 道林寺 5, 개선사 開善寺 3, 강량야사 畺良耶舍

장산삼장 蔣山三障 장산찬원(蔣山贊元)이 왕안석에게 일러준 세 가지 장애. 공무에 마음이 편안하지 못하고, 매사에 쉽게 분노하며, 학문으로 이치를 숭상하니 알음알이 어리석음만 더한다 하였다. 『가태보등록』 권23 「왕안석거사장 王安石居士章」(卍속장137, p.317a14)에 "왕안석이 장산을 왕래하면서 찬원선사를 따라 노닐다가 어느 날 조사의 뜻을 물었으나 찬원은 답하지 않았다. 왕공이 집요하게 물어오자 찬원이 말했다. '공은 반야에 장애가 셋이나 되고, 불도에 가까운 자질은 하나 있지만 한 량은 설어서 익혀야 하지 않을까 생각합니다' '그 말씀을 듣고 싶습니다' '공은 기개 강대하고 세연은 깊습니다. 강대한 기개로 깊은 세연을 만나니 반드시 한 몸으로 천하의 무거운 짐을 떠맡아 나라를 다스리고자 품은 뜻 버릴 수 없어 마음이 평안하지 못한 것입니다. 평안하지 못한 마음으로 세상을 경영하려는 뜻을 지니고 있으니, 어느 때나 되어야 일념이 만년일 수 있겠습니까! 또한 쉽게 노하고 배우고 물으며 이치를 숭상하지만, 도에서는 아는 것이 어리석음이 될 뿐입니다. 이상이 그 세 가지 장애입니다. 특히 명예와 이익을 떨어진 머리카락처럼 여기고, 두타행 하듯이 담박한 생활을 즐기니 이것이야말로 불도를 가까이 함입니다. 다만 마땅히 교법으로 더욱 무성하게 자라도록 해야 좋습니다'. 왕공이 재배하였다. 그 뒤 『수능엄경』을 읽고 그 종지를 깊이 터득하였다. 往來蔣山 從贊元禪師游 一日 問元 祖師意旨 元不答 公益扣之 元曰 公於般若 有障者三 其近道之質一 更須一兩生來 恐純熟 公曰 願聞其說 元曰 公受氣剛大 世緣深 以剛大氣 遭深世緣 必以身任天下之重 懷經濟之志 用舍不能 則心未平 以未平之心 持經世之志 何時能一念萬年哉 又多怒 而學問尙理 於道爲所知愚 此其三也 特視名利如脫髮 甘澹泊如頭陀 此爲近道 且當以教乘滋茂之 可也 公再拜 後於首楞嚴 深得其旨"라고 하였다. 〔참고문헌〕『嘉泰普燈錄』.

장삼 長衫 가사 밑에 걸쳐 입는 법의(法衣) 중 하나. 상의(上衣)인 편삼(偏衫)을 길게 하여 위의를 더하였다. 인도에선 없던 형태의 법의로 중국·한국 등 승가에서 춥고 더운 기후를 고려하여 거기에 위의를 더하여 갖춰 입게 되었다. 『원감국사가송』「조계산제육세증시원감국사비명병서 曹溪山第六世贈諡圓鑑國師碑銘幷序」(한불전6, p.410b8)에 "황제가 친히 영접하여 빈주의 예로써 접대하고, 사전의 은혜로 높이 받들었다. 따라서 온 나라가 도덕을 숭앙하며 만민이 인의로 귀화되었다. 그리하여 황제가 금란가사, 푸른색 실로 수놓은 장삼, 백모로 만든 불자 한 쌍 등의 도구를 하사하였다. 皇帝親自迎迓 對以賓主之禮 褒師傳之恩 擧國仰德 萬民歸仁 授金襴袈裟 碧繡長衫 白拂一雙 皆道具也"라고 하였다. 사명대사(四溟大師) 유정(惟政 1544~1610)의 금란가사와 장삼이 밀양 표충사(表忠寺)에 소장되어 있는데, 국가민속문화재 제29호로 지정되어 있다. 〔참고문헌〕『圓鑑國師歌頌』, 李智冠『校勘譯註歷代高僧碑文』 高麗篇4 p.306. ⇨ 가사 袈裟, 법의 法衣, 보조장삼 普照長衫, 사명대사금란가사장삼 泗溟大師錦襴袈裟長衫

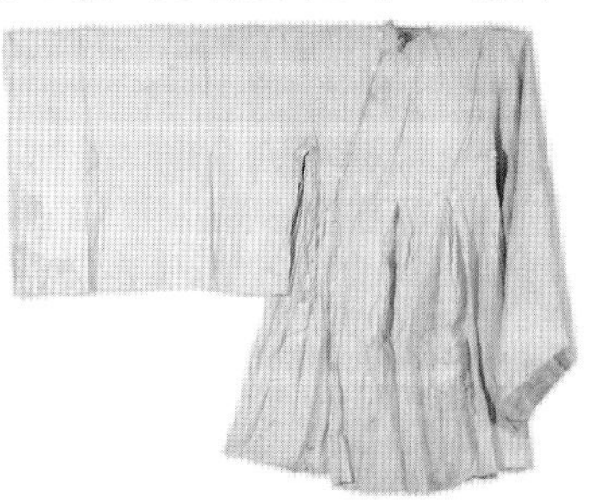

사명대사장삼 표사성보박물관
국가민속문화재제29호 조선후기

장삼이사 張三李四 장씨네 셋째와 이씨네 넷째. 평범한 사람 일반을 일컫는다. 『운문광록』 권상 「십이시가 十二時歌」(대정장47, p.553b16)에 "해질 무렵 신시가 되면 장삼이사가 모여서 진실을 말하네. 晡時申張三李四會言眞", 『대혜어록』 권8(대정장47, p.843b13)에 "대중에게 보였다. '학인이 운문에게 「무엇이 도입니까?」 하니 운문이 「한 자에 사무쳐 벗어남이다」라고 하였는데, 한 자를 뚫어 나온다 해도 오히려 그럴듯하지 않다. 급히 머리 돌리니 장삼이사더라'. 법좌에서 내려왔다. 示衆 擧僧問雲門 如何是道 門云 透出一字 師云 透出一字 却不相似 急轉頭來 張三李四 下座", 『금강경오가해설의』(한불전7, p.41a9)에 "눈은 옆으로 코는 바로 된 몸은 천 만의 부처뿐만 아니라 장삼이사도 온통 다 같다. 眼橫鼻直身 非但千萬佛 張三李四皆同有"라고 하였다. 〔참고문헌〕『雲門廣錄』, 『大慧語錄』, 『金剛經五家解說誼』, 『景德傳燈錄』 권19 「保福從展傳」(대정장51, p.355a11). ⇨ 오장삼흑이사 烏張三黑李四

장상 長牀 대중이 포살·좌선·공양 등을 할 때 앉는 자리. 『사분계본여석』 권7(卍속장63, p.151a12)에 "포살 때 사람이 많으니 장상·장판·초좌를 만들어야 한다. 布薩時人多 應作長牀 長板 草座", 『조정사원』 권8(卍속장113, p.234b11)에 "달마가 양나라에 와서 위나라에 은거한 이래 여섯 조사로 이어지고 마조의 시대에 이르기까지 대략 이백오십여 년이 흘렀으나 아직 좌선할 장소가 없었다. 홍주 백장대지선사 회해가 비로소 창의하였으니 대소승에 구애받지 않고 경전과 율법에서 절충하고 전범을 베풀어 승당에 장상을 펼치고 좌선·공양·휴식하는 법구로 삼았다. 自達磨來梁 隱居魏地 六祖相繼 至於大寂之世 凡二百五十餘年 未有禪居 洪州百丈大智禪師懷海 方且剏意 不拘大小乘 折中於經律法 以設制範 堂布長牀 爲禪宴食息之具"라고 하였다. 〔참고문헌〕『四分戒本如釋』, 『祖庭事苑』. ⇨ 장련상 長連床

장상영 張商英 1043~1121. 북송(北宋) 때 관료이자 거사. 자는 천각(天覺), 호는 무진거사(無盡居士), 시호는 문충공(文忠公). 사천성 신진(新津) 출신. 19세에 출사하여, 벼슬은 휘종(徽宗) 때 승상(丞相)에 이르렀다. 임제종 황룡파(黃龍派)의 동림상총(東林常總)·진정극문(眞淨克文)·도솔종열(兜率從悅) 뿐만 아니라 양기파(楊岐派)인 원오극근(圜悟克勤)·대혜종고(大慧宗杲) 등 당대의 선사들과 교유하였다. 도솔종열 문하에서 종지를 깨우치고 법을 받았으며, 저술로는 『호법론 護法論』 1권과 『속청량전 續淸涼傳』 2권이 전한다. 〔참고문헌〕『續傳燈錄』 권26(대정장51, p.643c29), 『嘉泰普燈錄』 권23(卍속장137, p.319b6), 『居士分燈錄』 권하(卍속장147, p.898b4). ⇨ 무진거사 無盡居士

장생 長生 ❶ 오래 살다. 장수(長壽)라고도 한다. 『무량청정평등각경』 권4(대정장12, p.297a17)에 "자애롭고 효순함을 기꺼워하지 않고 천지를 악하게 거스르면서도, 그 중에 요행을 바라 장생을 얻고 자기 몸은 영원히 죽지 않기를 원한다. 모든 행위 모아 마땅히 돌아가고 나아가니, 반드시 생사 더없이 고통스럽고 선악의 길에서 몸으로 악업 짓고 원수 갚으며 뭇 취에 들어 건져 나올 길이 없다. 不肯慈孝 惡逆天地 於其中間 求望僥倖 欲得長生 躬得不死 會當歸就 生死勤苦 善惡之道 身所作惡 殃咎衆趣 不得度脫", 『무량수경』 권하(대정장12, p.277a16)에 "이와 같이 세상 사람들의 마음이 모두 그러하니, 어리석고 몽매하여 스스로의 지혜로 어디로부터 나고 죽어서 어디로 가는지 모르며, 어질지 못하고 순할 줄 몰라 천지를 거역하고, 그러면서 요행을 바라 오래 살고자 하지만 결국 죽음으로 돌아간다. 如是世人 心意俱然 愚癡矇昧而自以智慧 不知生所從來 死所趣向 不仁不順 逆惡天地 而於其中 悕望僥倖 欲求長生 會當歸死", 『대반열반경집해』 권19(대정장37, p.455c10)에 "상주를 말하는 대승경전은 지혜로운 이에게는 감로가 되고 어리석은 이에게는 독약이 된다. 어리석은 이는 지혜로운 이의 감로를 먹으면 요절하지만, 지혜로운 이는 어리석은 이의 독약을 먹고 장생한다. 大乘常典 於智者爲甘露 於愚者爲毒藥 愚者服智者之甘露 而早夭 智者服愚者之毒藥 則長生也"라고 하였다. 〔참고문헌〕『無量淸淨平等覺經』, 『無量壽經』, 『大般涅槃經集解』. ⇨ 장수 長壽, 장생불사 長生不死 ❷ 당대 교연(皎然)의 법호. 장생산(長生山)에서 따온 이름이다. ⇨ 교연 皎然[4]

장생고 長生庫 사중(寺衆)의 주요 물품을 비축하여 두는 곳. 특히 장생전(長生錢) 즉 무진재(無盡財)를 두고 관리하는 곳이기도 하다. 당대에는 무진장원(無盡藏院), 송대에 장생고라 하였다. 『사명존사교행록』 권7 「보운원이익장생고기 寶雲院利益長生庫記」(대정장46, p.933b12)에 "주지 종영(宗塋)이 … 일백만전을 마련하고 내외도속이 또 백만전을 마련하였으며 태사 위국사공 연국부인이 보시한 비녀와 귀걸이 등을 합하여 이익장생고가 되었다. 세시의 토목과 종고 등을 마련하는 필요한 것이 끝이 없었다. … 1192년(소희3) 7월 밝은 날에 귤주 노납 보담이 적음. 住持塋公 … 得錢一百萬 內外道俗又得錢百萬 太師魏國史公捐國夫人 簪珥以施之 合爲利益長生庫 以備歲時土木鐘鼓無窮之須 … 紹熙三年七月旦日橘洲老衲寶曇記", 『보타락가산전』 권1(대정장51, p.1138a6) "순우 8년(1248) 무신에 제사 안이중이 비를 빌어 감응이 있자, 2만전과 쌀 50석을 보시하여 장생고에 두었다. 淳祐八年戊申 制帥顏頤仲 禱雨有應 施錢二萬 米五十石 置長生庫", 『보속고승전』 권3(卍속장134, p.227a8)에 "절의 생산이 적어지자 비옥한 밭 오백여 무를 늘려 재발을 넉넉히 하였으며, 장생고를 설립하고 매월 이식을 취하여 대중을 위한 삭망축성분수를 하며 대장경문인쇄와 천불성상보수에 보탬이 되었다. 寺產素瘠 增置腴田五百餘畝 以裕齋鉢 立長生庫取月息 爲衆朔望祝聖焚修 資印贖大藏經文 雕補千佛聖像"라고 하였다. 〔참고문헌〕『四明尊者教行錄』, 『補陀洛迦山傳』, 『補續高僧傳』. ⇨ 장생전 長生錢, 무진장 無盡藏[5], 무진장원 無盡藏院, 사원경제 寺院經濟

장생부 長生符 불교의 교법(敎法)을 비유하는 말. 『법화현의』 권10(대정장33, p.804a5)에 "(『提謂經』에서) 다시 말하기를 '불사의 경지를 얻고자 한다면 장생부를 차고 불사의 약을 먹으며 장락인을 가져야 하리'라고 하였다. 장생부란 삼승법이 바로 그것이고 장락인이라 하면 곧바로 열반도가 그것이다. 又云 欲得不死地 當佩長生之符 服不死之藥 持長樂之印 長生符者 卽三乘法是 長樂印者 卽泥洹道是", 『금광명경문구』 권1(대정장39, p.50c14)에 "또한 오계는 대승법문이다. 『제위경』에서 오계야말로 장생의 부이고 불사의 인을 차는 것이다'라고 하였으니, 곧 영원한 덕이다. 又五戒亦是大乘法門 提謂經云 五戒是佩長生之符不死之印 卽常德也"라고 하였다. 〔참고문헌〕『法華玄義』, 『金光明經文句』.

장생부단 長生不斷 길게 생사(生死)가 이어져 끊임이 없다는 말. 『관능가경기』 권8(卍속장26, p.36a12)에 "무명주지를 일으켜서 칠식과 함께 하니, 마치 바닷물결 같은 몸이 오랫동안 생멸하여 끊임이 없는 듯하다. … 〈기〉 … 이 장식에 의지하여 무명주지를 일으키고 변하여 전칠식의 물결 일으켜 생멸하니 쉴 줄 모른다. 그러므로 여래장 역시 칠식을 따라 생사를 유전한다. 마치져 바닷물결 바람따라 물결 이는 것과 같다. 그러므로 생사상속하여 긴 겁의 세월에도 끊이지 않는다. 生無明住地 與七識俱 如海浪身 長生不斷 … 依此藏識 生無明住地 變起前七識浪 生滅不停 故如來藏 亦隨七識 流轉生死 如海波澄 因風起浪 故生死相續 長劫不斷"라고 하였다. 〔참고문헌〕『觀楞伽經記』.

장생불사 長生不死 영원히 살아 죽지 않는 것. 생사윤회를 벗어나는 길이다. 『관무량수불경의소』 「서 序」(대정장37, p.279a11)에 "오직 이 정관만이 마침내 무생으로 나아가니, 의심과 장애를 버리는 신묘한 처방이고 장생불사의 요술임을 믿어야 하리. 唯玆正觀 畢趣無生 信是除疑捨障之神方 長生不死之要術也", 『왕생집』 권1 「신란 神鸞」(대정장51, p.129a29)에 "신란이 후에 보리유지를 만나서 물었다. '부처님에게 장생불사의 묘술이 있습니까?' 보리유지가 웃으며 말했다. '장생불사야말로 우리 부처님의 길입니다'. 그리고는 『십육관경』을 주면서 말했다. '이것을 배우면 삼계에 다시 나지 않고 육도에 더는 갈 일이 없으며, 그 수명으로 말할 것 같으면 항하사반석겁에 비할 수 없으니, 이것이 우리 부처님의 길이 사는 길입니다'. 後遇菩提流支 乃問曰 佛有長生不死術乎 支笑曰 長生不死 吾佛道也 乃授十六觀經曰 學此則三界無復生 六道無復往 其爲壽也 河沙劫石 莫能比焉 此吾金仙氏之長生也"라고 하였다. 〔참고문헌〕『觀無量壽佛經義疏』,『往生集』. ⇨ 반석겁 盤石劫

장생불사지신방 長生不死之神方 오래도록 살며 죽지 않는 신기한 방술. 『관무량수불경의소』「간기 刊記」(대정장37, p.305b21)에 "『관무량수경』은 깨끗한 업의 바른 인이요 장애를 버리는 훌륭한 행이요 범을 넘어 성에 드는 묘술이요 오래 살며 죽지 않는 신기한 방술이다. 觀無量壽經者 淨業之正因 除障之勝行 超凡入聖之妙術 長生不死之神方也"라고 하였다. 〔참고문헌〕『觀無量壽佛經義疏』.

장생사 長生寺 ❶ 경기도 화성시 절명산(絶命山)에 있던 절. 『동국여지승람』 권9 경기 남양도호부 불우에 이름과 위치가 전하며, 『범우고』에는 "지금은 폐사되었다. 今廢"고 하였다. 〔참고문헌〕『東國輿地勝覽』,『梵宇攷』,『韓國寺刹全書』 권하 p.975a12. ❷ 전라남도 여수시 쌍봉동에 있던 절. 절터에서 1086년(선종3)에 조성된 범종이 출토되었다. 〔참고문헌〕『韓國金石全文』 中世上(亞細亞文化社, 1984) p.529. ⇨ 장생사종 長生寺鍾

장생사종 長生寺鍾 고려시대 범종. 국립광주박물관 소장. 높이 50.7cm. 1969년 7월 30일 전라남도 여수시 쌍봉동에서 출토되었다. 국내에 현존하는 고려 범종 가운데 출토지가 확실하면서 명문까지 남아있는 드문 사례다. 연곽 바로 아래 명문에 "장생사의 금종이다. 무게는 50근이다. 동량사주 □장·덕한·경무·□정·춘원이 16근을 시납하였다. 태안 2년(1086·선종3) 12월일. 長生寺金鍾重五十斤 棟樑寺主□藏 德漢 京戊 □正 春元 施納十六斤 太安二年十二月日"이라고 하였다. 종의 정상부에는 종을 매다는 고리인 U형 용뉴(龍鈕)가 있고, 그 뒷부분에는 우리나라 종에서만 볼 수 있는 대나무 형태의 음통(音筒)이 솟아있다. 종신(鐘身)의 상대(上帶) 바로 아래에는 4개의 연곽(蓮廓)을 빙 둘러 배치하고, 그 사이 하단에는 당좌(撞座)와 합장하고 앉아있는 천인상도 번갈아 그려져 있다. 정면 당좌 위 따로 위패형장식 안에 '성수천장 聖壽天長'도 주조되어 있다. 11세기 고려범종의 주요 편년자료다. 〔참고문헌〕『韓國金石全文』 中世上 p.529,『韓國의 梵鐘』(國立文化財硏究所, 1996) pp.268~269.

장생사종 국립광주박물관 1086년

장생전 長生錢 무진재(無盡財)를 달리 이르는 말. 조금 다른 뜻의 고질전(庫質錢)이나 사당은(祠堂銀)도 있다. 사찰에서 운용하던 곡식과 기금 등으로, 원금(母)과 그에 따른 이자(子)가 거듭하여 끊이지 않게 하여 사중의 살림을 도왔기에 세간에서 '장생전'이라고 이름 붙였다. 『석씨요람』 권하(대정장54, p.304b3)에 "사원의 장생전 : 율장에서 '무진재'라고 하는데, 대개 이자와 원금이 돌고 돌아 다함이 없게 하기 때문이다. 寺院長生錢 律云 無盡財 蓋子母展轉無盡故",『불조통기』 권33(대정장49, p.319a2)에 "세간에서 장생전이라고 말하는 것이 이것이다. 이자와 원금이 불어나기 때문에 무진이라고 칭한다. 世言長生錢者是也 子母滋生 故稱無盡"라고 하였다. 〔참고문헌〕『釋氏要覽』,『佛祖統紀』,『禪林象器箋』 권20「長生錢」(불광장, 禪藏, p.1601). ⇨ 무진재 無盡財, 고질전 庫質錢, 사당은 祠堂銀, 장생고 長生庫

장생초 長生草 약초 이름. 우리나라에서는 '부처손'이라는 이름으로 알려져 있다. 『남악총승집』 권상「화개봉 華蓋峯」(대정장51, p.1059c7)에 "산 북쪽에는 장생초가 많이 자란다. 끊어서 오래 말려두면 완전히 쪼그라들지만 그것을 끓여서 불리면 처음처럼 새파래진다. 임신부가 출산을 앞두고 이것을 끓여서 마시면 곧바로 편하게 출산한다. 山北多生長生草 收之雖久乾甚略 以湯沃之 則青翠如初生 若孕婦臨産 煎湯飮之 卽時便下",『검남회등록』 권4「숭목불종장 嵩目佛宗章」(卍속장145, p.774b4)에 "봄날이 오가며 좋아지니 바람의 온화한 기운 미묘하네. 장생초는 점점 자라고 온세계에 만발한 꽃 날리네. 春日交多時 風和暖氣微 長生草漸長 遍界香雲飛",『아미산지』 권8에 "장생초 : 산의 음습한 곳에서 많이 자란다. 줄기와 잔잎을 다듬어 쓴다. 빛깔이 마치 측백나무나 전나무처럼 윤기가 나고 겨울을 나면서도 시들지 않기 때문에 '장생'이라 한다. 長生草 山陰蕨地多有之 修莖茸葉 色似柏檜而澤 經冬不凋 故曰長生"라고 하였다. 〔참고문헌〕『南嶽總勝集』,『黔南會燈錄』,『峨眉山志』.

장생표주 長生標柱 사찰의 경계를 표시하는 기둥. 승가 안에서 보면 결계(結界)의 표시이고, 살생을 금하고 승가의 정재(淨財)임을 외부에 알리는 표시다. 884년(헌강왕10) 김영(金穎)이 지은 「보림사보조체징선사비명 寶林寺普照體澄禪師碑銘」에 "원표대덕(元表大德)은 법력으로써 나라 다스림에 도움 되었다. 건원 2년(759·경덕왕18)에 왕이 특별히 명하여 장생표주를 세우게 하였는데 지금까지도 남아 있다. 表德以法力施于有

장생표주 통도사국장생표 보물제74호 양산통도사 1085년 통도사국장생표 탁본

政 是以建元二年 特教植長生標柱 至今存焉"라고 하였다. 그 후 문성왕(재위 839~856)이 혜철국사(惠哲國師 785~861)를 위하여 곡성 대안사(大安寺) 사방에 세운 금살지당(禁殺之幢)과 고려 선종이 1085년(선종2)에 세운 보물 제74호 양산통도사국장생석표(梁山通度寺國長生石標) 등이 있다. 〔참고문헌〕李智冠『校勘譯註歷代高僧碑文』新羅篇 p.109. ⇨국장생표 國長生標, 통도사국장생석표 通度寺國長生石標

장생표탑 長生標塔　사찰의 경계를 표시한 설치물. 장생표·장생표주(長生標柱)라고도 한다. 『삼국유사』 권4(대정장49, p.1003b11·한불전6, p.343a13) 의해(義解)5 보양이목(寶壤梨木)에 "개운 3년(946·정종1) 병진에 「운문산선원장생표탑공문」에 이르기를, '장생은 11개이니, 아니점·기서현·묘현·서북매현〈면지촌이라고도 함〉·북저족문 등이다'라고 하였다. 開運三年丙辰 雲門山禪院長生標塔公文一道 長生十一 阿尼岾 嘉西峴 畝峴 西北買峴〈一作面知村〉 北猪足門等"라고 하였다. 〔참고문헌〕『三國遺事』. ⇨장생표주 長生標柱

장서 藏嶼　당말오대(唐末五代) 조동종(曹洞宗) 스님. 법호는 보자(報慈), 시호는 광화대사(匡化大師). 진주(鎭州 : 河北省 石家莊) 출신. 처음에는 조주(趙州)에게 참학하였고, 그 후 용아거둔(龍牙居遁 815~923) 문하에서 종지를 깨치고 법을 이었다. 당시 초왕(楚王)의 귀의를 받고 청에 따라 담주(潭州 : 湖南省 長沙) 보자산(報慈山)에서 주석하였다. 법을 이은 제자로는 성흥존(聖興存)이 있다. 〔참고문헌〕『景德傳燈錄』 권20(대정장51, p.365a24)·권23(대정장51, p.388c5), 『祖堂集』 권12(대장경보편25, p.527a14). ⇨거둔 居遁

장석 匠石　뛰어난 재주를 가졌던 석공. 『장자』「서무귀 徐無鬼」에 등장하는 인물. 『종용록』 2칙 (대정장48, p.228c23)에 "장자가 장례를 치르고 혜자의 묘를 지나가다 따르는 이를 돌아보며 말했다. '영 출신 사람이 석회를 개어서 자기의 코끝에 파리 날개처럼 얇게 바르고 장석을 시켜 떼어내게 하였네. 장석이 바람 소리가 들릴 정도로 도끼를 휘두르며 눈을 감고 손을 놀릴 뿐이었는데, 석회는 모두 없어지고 코도 다치지 않았으며 영 출신 사람은 서서 낯빛을 잃지 않았네'. 莊子送葬 過惠子之墓 顧謂從者曰 郢人堊漫其鼻端 若蠅翼 使匠石斲之 匠石運斤成風 聽而斲之 瞑目恣手 盡堊而鼻不傷 郢人立不失容", 『선림보훈합주』 권1(卍속장113, p.329a16)에 "백운은 시방을 관통하는 바른 안목을 갖추고 장석의 공력을 발휘하였으며 걸림없는 변재를 베풀었다. 白具通方正眼　運匠石之功　施無礙之辯"라고 하였다. 〔참고문헌〕『從容錄』, 『禪林寶訓合註』. ⇨영장 郢匠

장석 掌石　손바닥처럼 평평한 돌. 『법화의소』 권9(대정장34, p.579c2)에 "땅이 손바닥처럼 평평하다는 것에는 두 가지 해석이 있다. 하나는 부처님의 손바닥이 평평한 것을 사물을 지시하여 말했다는 해석이다. 다른 하나는 바다 밑에 돌이 있는데 한 변의 길이가 사천 리이고 거울의 면처럼 평평하니 이를 장석이라 한다는 해석이다. 地平如掌者 釋有二 一云 佛手掌平 指事爲言 二云 海底有石 方四千里 平如鏡面 名爲掌石也", 『법화경대성』 권6(卍속장51, p.297b6)에 "손바닥이 부처님과 같다는 말은 동시대 세상 사람들과 같지 않다는 뜻이다. 또는 바다 밑에 장석이라는 돌이 있는데 티끌 한 조각만큼도 평평하지 않은 곳이 없다고 하였다. 掌如佛手 非同世人掌也 有云海底有石 名掌石 無有一微塵許不平"라고 하였다. 〔참고문헌〕『法華義疏』, 『法華經大成』.

장선 壯善　조선후기 스님. 호는 기봉(騎峰). 전라남도 화순군 동복면에서 태어났다. 어릴 때 영암 월출산(月出山) 도갑사(道岬寺)로 찾아가 스님이 되었다. 20세가 넘은 후 침송회성(枕松會聖)으로부터 구족계를 받았고, 여러 강백(講伯)을 찾아다니면서 경론을 연마하고, 문암영유(聞庵永愈)강주의 법을 이어받았다. 도현원장(道玄元章)으로부터 화법(畫法)을 배워 불화조성에도 깊은 조예가 있었다. 한때 대흥사(大興寺) 표충서원(表忠書院 : 淸虛影閣)의 원장직을 맡았으며, 전라남도 담양군 추월산(秋月山) 보리사(菩提寺)의 전좌(典座)를 맡아 대중을 외호하기도 했다. 광주 무등산(無等山) 원효사(元曉寺)·화순 모후산(母后山) 유마사(維摩寺)·강진 수인사(修仁寺)·해남 정관사(鼎串寺) 등에 주석했다. 영암 도갑사·해남 대흥사에서는 말없이 선수행을 하였다. 법을 이은 제자로는 남하성연(南河性衍)과 환명경

법(煥溟敬法) 두 사람이 있다. 〔참고문헌〕『東師列傳』 권5「騎峰禪師傳」(한불전10, p.1059a16).

장선화 張善和 당대 장안에서 소 도살을 직업으로 삼았던 이. 왕생악배(往生惡輩)와 십념왕생(十念往生)을 성취한 이다. 『용서증광정토문』 권5「당장선화 唐張善和」(대정장47, p.268b5)에 "장선화는 소 잡는 것을 생업으로 하였다. 임종을 앞두고 몇 두의 소머리를 보게 되었는데, 그것이 사람으로 변하여서는 '너는 나를 죽였다'라고 말하였다. 장선화는 겁에 질려 아내에게 부탁하였다. '급히 스님을 불러 나를 구해주시오'. 스님이 당도하여 말하였다. '『십육관경』에서 설한 바에 따르면 만약 사람이 임종을 앞두고 지옥의 상이 나타나면 지극한 마음으로 나모아미타불이라고 열 번 칭념하면 정토에 왕생할 수 있다고 합니다'. 장선화는 '곧 지옥에 들어갈 것이니 향로를 구할 겨를이 없습니다'라고 말하고는 곧장 왼손으로 불을 들고 오른손으로 향을 집어 서쪽을 바라보고 전념을 다해 절절히 염불을 하였다. 채 십념을 채우지도 아니하였는데 '내 눈에 아미타불이 서쪽에 오시는 것이 보입니다. 제게 보좌를 내어주시는군요'라는 말을 마치고서 숨을 거두었다. 善和殺牛爲業 臨終見牛數頭 作人言云 汝殺我 善和大恐告妻云 急請僧來救我 僧至云 十六觀經說 若人臨終 地獄相現 至心十稱 南謨阿彌陀佛 卽得往生淨土 善和云 便入地獄也 不暇取香爐 卽以左手擎火 右手拈香 面西專切念佛 未滿十聲 乃云 我見阿彌陀佛從西來 與我寶坐 言訖而終"라고 하였다. 〔참고문헌〕『龍舒增廣淨土文』, 『寶王三昧念佛直指』 권하(대정장47, p.378c4), 『佛祖統紀』 권28(대정장49, p.288c20). ⇨ 십념왕생 十念往生, 왕생 往生

장설취선사어록 丈雪醉禪師語錄 명말청초(明末清初)대 임제종 스님 장설통취(丈雪通醉 1610~1693)의 어록. 철강(徹綱) 등의 제자들이 편집하여 1698년(강희37) 간행. 10권. 가흥장27, pp.309a1~350a30, No. B194에 수록되어 있다. 권1~4는 상당(上堂)·소참(小參)·만참(晚參)으로 이루어져 있고, 권5는 문답기연(問答機緣)·감변기연(勘辨機緣)·광록(廣錄), 권6은 송고(頌古)·제찬(諸贊)·분등(分燈), 권7은 법어(法語)·불사(佛事), 권8은 서문(書問)·행실(行實), 권9와 권10은 게(偈)로 구성되어 있다. 담정묵(譚貞默)·엄대참(嚴大參)·왕옥생(王玉生)의 서문을 서두에 붙였다. ⇨ 통취 通醉

장섭 仗涉 1849~1900. 조선후기 스님. 호는 완허(翫虛), 속성은 이씨, 본관은 완산(完山). 아버지의 이름은 태일(泰一), 어머니는 성산(星山) 배(裵)씨. 1849년(헌종15) 10월 7일 경남 합천군 초계면에서 출생하였다. 19세 때 해인사(海印寺)로 찾아가 예봉평신(禮峰平信)을 은사로 하여 스님이 된 후, 30년 동안 좌우를 떠나지 않고 시봉하였다. 평신의 지도에 따라 소유 토지와 재산을 모두 해인사에 헌납하여 사우(寺宇)를 보수하였다. 공무(公務)에 충실하고 사무(私務)에는 초연하여 대중으로부터 존경을 받았다. 평신의 법을 이어 받아 후학을 지도하다가 1900년(광무4) 12월 29일 세수 52, 법랍 33세를 일기로 입적하였다. 스님의 법맥은 상봉정원(霜峰淨源)→낙암의눌(洛巖義訥)→해봉유기(海峰有璣)→영허찬혜(永虛贊慧)→운곡언보(雲谷言輔)→호운지선(浩雲志璇)→예봉평신→완허장섭으로 이어진다. 남전한규(南泉翰圭)가 지은「완허장섭선사행장」(『남전선사문집』, p.144)이 있다. 진영이 해인사에 전하는데, 영제(影題)는 예봉당직전완허당대선사장섭지진(禮峯堂直傳翫虛堂大禪師仗涉之眞)이며 1905년에 환경재수(幻鏡在修)가 그리고 남전한규가 영찬(影贊)을 지었다. 〔참고문헌〕『南泉禪師文集』, 『霜峰門譜』 第29張, 李智冠『伽耶山海印寺誌』 p.779.

예봉당직전완허당대선사장섭지진
해인사성보박물관 근대

장섭희 藏攝喜 쌓아 거둠으로 얻는 즐거움. 이익희(利益喜)와 상대한다. 『십지경론』 권3(대정장26, p.142c23)에 "장섭희란 금은 등을 말한다. 藏攝喜者 謂金銀等", 『화엄경탐현기』 권11(대정장35, p.312c28)에 "금 등을 거두는 이익이니, 사람들을 기쁘게 하므로 장섭희라고 한다. 金等攝益 令物生喜 名藏攝喜", 『십지론의소』 권3(대정장85, p.772c17)에 "저장하여 쌓으므로 장섭희가 있다. 貯積故有藏攝喜"라고 하였다. 〔참고문헌〕『十地經論』, 『華嚴經探玄記』, 『十地論義疏』.

장성내계리오층석탑 長城內溪里五層石塔 고려시대 석탑. 유형문화재 제131호. 높이 4.57m. 전라남도 장성군 삼계면 내계리 천방사지(千方寺址)에 있다. 원래는 사창 장터에 있었으나 1981년 1월 국립광주박물관의 주관하에 현재의 위치로 옮겼다. 단층 기단 위에 놓인 오층탑으

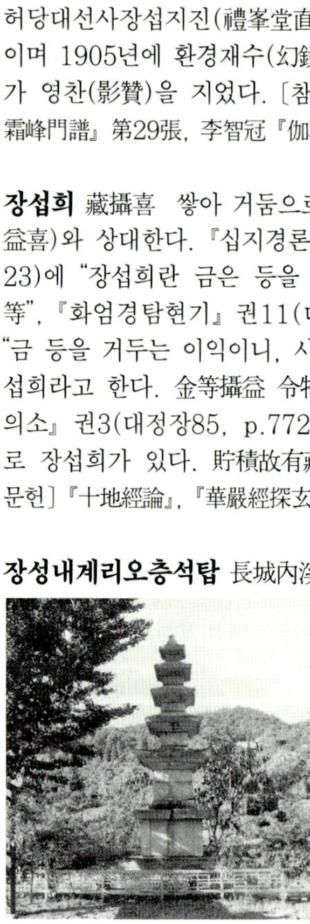

장성내계리오층석탑

로, 기단은 2단 괴의 3단 판석(板石)이다. 초층 탑신은 2개의 석재를 올려놓았고, 4면에 우주(隅柱)를 새겼다. 옥개석은 네 귀퉁이가 약간씩 들려 있으며, 층급받침은 초층부터 3층까지는 3단, 4층과 5층은 2단으로 점점 줄어든다. 상륜부는 최근에 들어 육각원뿔형 신부재를 올려놓았다. 일정하지 않은 탑의 체감률, 불안정한 형태와 양식으로 보아 고려시대 이후 조성으로 추정된다. 〔참고문헌〕『韓國의 寺址』 전라남도2(문화재청·佛敎文化財硏究所, 2011) pp.53~54. ⇨ 천방사 千方寺

장성원덕리미륵석불 長城院德里彌勒石佛 고려시대 불상. 유형문화재 제13호. 높이 5m·어깨폭 1.13m. 전라남도 장성군 북이면 원덕리 옛 신흥사(新興寺) 터에 있다. 불상은 2개의 돌을 이어 만든 거대한 돌기둥 형태의 석불이다. 머리에 쓴 팔각형 보관(寶冠)은 보물 제96호 충주미륵리석조여래입상(忠州彌勒里石造如來立像)과 같은 고려시대 석불입상에서 주로 보인다. 상호는 납작한 방형으로, 나발과 장승처럼 커다란 눈은 선각으로 간략히 처리하고, 코와 입술도 큼직하게 표현하였다. 목에는 삼도가 형식적으로 선각되어 있고, 손은 오른손을 내리고 왼손을 가슴에 올려두고 있다. 통견의 옷주름도 형식적인 양각선으로만 표현되어 있다. 입체감이 거의 없는 평면적인 불신(佛身)과 토속적인 상호 표현 등으로 미루어 고려시대의 작품으로 추정된다. 〔참고문헌〕『文化遺蹟分布地圖-全南 長城郡』(長城郡·全南文化財硏究院, 2005) p.212. ⇨ 신흥사 新興寺 🅱

장성지성 將聲止聲 소리로 소리를 그치게 하다. 『금광명경문구』 권1(대정장39, p.52a6)에 "저 유마힐이 후궁에 들어 후궁중에 있으면서 뛰어난 교화로 궁녀들을 바르게 하듯이 한다. 먼저 애욕의 갈고리로 이끈 후에 불도에 들게 하니, 이는 욕 아닌 욕이다. 욕으로 욕을 그치게 함이 마치 쐐기로 쐐기를 뽑거나 소리로 소리를 그치게 하는 것과 같다. 如維摩詰 若入後宮 後宮中尊化正宮女 先以欲鉤牽後 令入佛道 斯乃非欲之欲 以欲止欲 如以屑出屑 將聲止聲", 『금광명경문구기』 권2상(대정장39, p.99b9)에 "소리로 소리를 그치게 한다는 것은, 『대지도론』 권6(대정장25, p.105c15)에 '비유하자면 집사비구가 손을 들어 「대중은 모두 조용히 하시오!」라고 소리를 지르는 예와 같으니, 이는 소리로 소리를 그만두게 하는 것이지 소리를 더하는 일은 아니다'라고 하였다. 將聲止聲者 大論第七云 譬如執事比丘 擧手唱言 衆皆寂靜 是爲以聲遮聲 非求聲也", 『주대승입능가경』 권4(대정장39, p.459b3)에 "그러므로 여래께서 말씀하신 오분론은 쐐기로 쐐기를 뽑거나 소리로 소리를 그치게 한다. 곧 마구니나 외도의 부당한 주장을 꺾고 불법의 강종을 정하는 일이다. 스스로 깨우친 성스러운 지혜로 증한 경계에서 유다 무다 하는 모든 이견을 떠나게 한다. 가르침 알 리 없는 어리석은 이들은 오히려 성이 있다고 여겨 하나이니 다른 것이니 단멸이니 영원하니 망상분별한다. 故如來所說 五分論者 如以楔出楔 將聲止聲也 所謂摧魔外之異執 定佛法之綱宗 令諸衆生 於自覺聖智 所證境界 離有無等 諸異見故 愚夫迷教者 猶計有性 一異斷常 妄想分別"라고 하였다. 〔참고문헌〕『金光明經文句』, 『金光明經文句記』, 『大智度論』, 『注大乘入楞伽經』.

장성현백암사쌍계루기 長城縣白巖寺雙溪樓記 고려후기 이색(李穡 1328~1396) 지음. 『목은문고』 권2(한국문집총간5, p.25a20)에 수록되어 있다. 1370년(공민왕19)에 폭우로 무너진 백암사(現 白羊寺)의 교루(橋樓)를 청수(淸叟)가 중수하고 이색이 이름 붙인 기문으로, "징공청수가 절간윤공에게 누각의 이름을 부탁하였다. 아울러 삼봉 정도전의 기문을 보여주었는데 사찰의 내력은 상세하였다. 그러나 흐르는 물과 그 위를 떠있는 모습들은 모두 생략되어 기록하지 않았으므로, 그 이름을 짓기 어려웠다. 이에 절간은 그곳을 찾았다. 澄公淸叟 因絶礀倫公名其樓 且以三峯鄭氏記相示 寺之故詳矣 而溪之爲溪 樓之爲樓 皆略之而不書 蓋難乎命其名矣 於是 從絶礀訊之"라고 하였다. 〔참고문헌〕『牧隱文藁』, 『東文選』 권74. ⇨ 백양사 白羊寺

장송 葬送 죽은 이를 장사지내 보내는 것. 『아난문사불길흉경』(대정장14, p.755c14)에 "장송·이사·혼인은 세간의 일이다. 葬送之事 移徙 姻娶 是爲世間事也", 『불멸도후관렴장송경』(대정장12, p.1114b12)에 "내가 멸도한 후에 범지를 두어 세간법에 맞게 예를 다해 장사치르라. 吾滅度後 當有梵志 理家盡禮葬送", 『법구비유경』 권3(대정장4, p.594c11)에 "마을 사람들이 사문이 삼매에 든 것을 보고 목숨이 다했다고 여기고 함께 의논하여 말하기를 '사문이 죽었으니 함께 장송을 해야 한다'라고 하였다. 村人見之 謂爲命終 共相謂曰 沙門已死 當共葬送"라고 하였다. 〔참고문헌〕『阿難問事佛吉凶經』, 『佛滅度後棺斂葬送經』, 『法句譬喩經』.

장수 長壽 ❶ Ⓢ jīvita, dīrghāyus, Ⓟ jīvatu, dīghāyu, Ⓣ gson-pa, tshe-ring-ba. 목숨이 오래가다. 『중아함경』 권4 「사자경 師子經」(대정장1, p.441b16)에 "만약 이와 같이 무량선법과 낙과로 낙보를 받으면 선처에 나고 장수를 누린다. 若如是比無量善法與樂果 受於樂報 生於善處而得長壽", 『현우경』 권4(대정장4, p.373b13)에 "이때 세존께서 대중들에게 오계법을 설하셨으니, 소위 살생하지 않으니 장수하고 … 술 마시지 않아서 총명요달 한다. 爾時 世尊 爲諸大衆 說五戒法 所謂不殺得長壽 … 不飮酒得聰明了達", 『불조통기』 권33

(대정장49, p.319c15)에 "목숨마저 베푼 이는 세세토록 장수하고 재물과 부가 무량하다. 其施命者 世世長壽 財富無量"라고 하였다. 〔참고문헌〕『中阿含經』, 『賢愚經』, 『佛祖統紀』, *Bodh-bh.168.*, *Vin.2.140.*, *MN.3.176.* ❷ 사덕(四德 : 常樂我淨) 중 상(常)을 푼 뜻이다. 『법화문구』 권2(대정장34, p.17a18)에 "본이란 본래 대적멸정에 머문다는 뜻이다. 장수란 바로 영원함이고, 병 없음이 바로 즐거움이며, 일찍 죽지 않음이 그대로 아이고, 적정은 바로 깨끗함이다. 本者 本住大寂滅定 長壽是常 無病是樂 不夭是我 寂靜是淨"라고 하였다. 〔참고문헌〕『法華文句』. ⇨ 상락아정 常樂我淨

장수 張宿 Ⓢ pūrva-phalgunī, Ⓣ gre. 이십팔수(二十八宿) 중 하나. 전파구니(前頗求尼)·전덕수(前德宿)·간착천(間錯天)·초파구(初破求) 등이라고도 한다. 태장만다라 남방에 위치한다. 보통 두 개의 별이 있으나 경우에 따라 세 개 또는 여섯 개라고도 한다. 선천(善天)을 주관하며, 바수신(婆藪神)에 속한다. 몸은 살색이고 보살의 모습으로 왼손은 세워서 손바닥을 바깥으로 향하고 식지·중지·무명지를 구부렸으며, 왼손은 주먹을 쥐고 연꽃을 쥐었는데 연꽃 위에 붉은 구슬이 있는 형상이다. 삼매야형은 연꽃 위의 별(蓮上星)이고 종자자는 (mi)이다. 진언은 '나마 사만타붓다남 푸르바 팔구나 낙샤트라 스바하. namaḥ samanta buddhānāṃ pūrvaphalgunī nakṣatra svāhā 두루하신 제불께 귀명합니다. 장수여! 스바하'이다. 〔참고문헌〕『摩登伽經』 권하(대정장21, p.407b16), *Mvyut.166.* ⇨ 이십팔수 二十八宿

장수 漿水 물. 또는 음식의 탕이나 즙. 마시는 것들을 통칭한다. 장수(醬水)라고도 한다. 『대승본생심지관경』 권6(대정장3, p.318b6)에 "이 죄를 받아 아귀로 태어나 기갈의 고통을 받고 무량한 세월동안 물이나 음식의 이름도 듣지 못했다. 受是罪已 生餓鬼中 困飢渴苦 無量千劫 不聞漿水飮食之名", 『경덕전등록』 권8 「남전보원전 南泉普願傳」(대정장51, p.257c25)에 "남전선사가 또 다른 때에 황벽에게 물었다. '정혜등학의 이치는 무엇입니까?' '하루 종일 한 물건에도 의지하지 않는 것입니다' '장로는 보셨습니까?' '네' '음료수 값은 차치하고 짚신 값은 누구에게 받을까?' 師又別時問黃檗 定慧等學 此理如何 黃檗云 十二時中不依倚一物 師云 莫是長老見處麽 黃檗云 不敢 師云 漿水價且置 草鞋錢敎阿誰還", 『사분율행사초자지기』 권하(대정장40, p.379c6)에 "밥을 담근 물은 지금의 장수와 같다. 漬飯漿 卽今之漿水也"라고 하였다. 〔참고문헌〕『大乘本生心地觀經』, 『景德傳燈錄』, 『四分律行事鈔資持記』.

장수멸죄경 長壽滅罪經 ➡ 장수멸죄호제동자다라니경 長壽滅罪護諸童子陀羅尼經

장수멸죄호제동자경 長壽滅罪護諸童子經 장수멸죄호제동자다라니경. 『장수멸죄호제동자다라니경』 권1(卍속장150, p.750a11)에 "불제자로서 이 『장수멸제호제동자경』을 수지하는 이는 우리들 지천이 항상 땅에서 맛있는 것을 내어 저 사람을 풍족케 하고 그 몸 속에서 수명을 더욱 늘어나게 할 것이다. … 제동자가 생후 7일이면 우리들 지신이 마땅히 옹호하여 단명치 않게 하리라. 若佛弟子 受持此長壽滅罪護諸童子經者 我等地天 常出地味 滋潤彼人 令其身中 增益壽命 … 若諸童子 生一七日 我等地神 當擁護之 無令斷命"라고 하였다. 〔한국에서의 유통〕 고려시대 이래로 조선후기까지 단독 또는 『부모은중경』과 합본 형태로 간인(刊印)·서사(書寫)되었다. 국보 제282호 흑석사목조아미타불좌상복장전적·보물 제959호 기림사소조비로자나불복장전적·보물 제1247호 광덕사조선사경(廣德寺朝鮮寫經) 등에도 포함되어 있으며, 그 외 현존하는 다수의 판본이 보물·유형문화재 등으로 지정되어 있다. 보물 제701호. 세로 32cm·가로 11.3cm. 절첩본(折帖本) 1첩. 삼성미술관리움 소장. 판각기법·지질(紙質)·인쇄 상태 등으로 보아 1378년(우왕4)에 간행된 것으로 추정된다. 이 경〈그림1〉은 제1·2장의 일부분이 탈락된 것을 제외하면 비교적 완전한 상태이며, 경의 앞부분 3절지(折紙)에 새긴 2폭의 변상도〈그림2·3〉는 매우 정교하다. 말미 간기(刊記)에 "무오년 5월에 중각하였다. 권선은 비구 자연·비구 각관·비구 해선이며, 시주는 비구 법홍과 김신주이다. 戊午 五月日 重刻 勸善 比丘自延 同願 比丘覺寬 同願 比丘解禪 施主 比丘法弘 金臣柱", 또 간기 다음에는 "시주 윤원통, 간선도인 신잠 施主 尹原通 幹善道人 信岑"이라는 묵서(墨書)가 있다. 보물 제1092호. 세로 24.5cm·가로 14.4cm. 선장본(線裝本). 개인소장. 고려시대 판을 조선 1416년(태종16)에

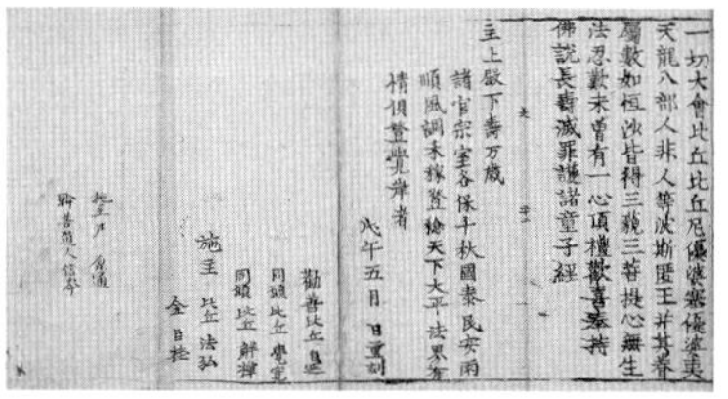
장수멸죄호제동자경 보물제701호 고려후기

다시 새긴 판본으로서 희선(希善)이 주관하여 새겼다. 첩봉(疊峯)이 지은 발문에 "『법화경』과 『은중경』은 불법의 정수이며 『장수경』 또한 참된 가르침의 묘결이다. … 판목을 마련하여 간행코자 생각하고 널리 알아보니 불사는 큰데 힘이 미진하여 독판하기 어려우므로 널리 단월에게 권하여 비용을 마련하였다. 이에 갑신년(1404·태종4) 여름에 시작하여 먼저 『법화경』과 『은중경』의 목판을 마련하여 정해년(1407) 10월에 마쳤다. 『장수경』은 판목이 비록 존재하나 오랜 세월동안 닳고 깨져 인경하는 이들이 병통으로 여기므로 또 중간하기로 하고 판목마련을 권선하여 지금 병신년(1416) 정월에 새기기 시작하여 2월에 마쳤다. 法華恩重經 佛法之精髓 長壽經 亦眞詮之妙訣 … 竊念鋟梓刋行 以廣見聞 事巨力微 不克獨辦 勸諸檀越 鳩材募二 乃於甲申夏始事 先將法華恩重經鋟梓 丁亥十月功訖 長壽經則旧 板雖存 歲久刓裂 印者病之 且念重刋 備板勸二 自今丙申正月始事 及於二月日功畢"라고 하였다. 시도유형문화재로는 부산 제76호·인천 제75호·경기 제215호·경남 제612호·충북 제303호 등이 있다. 〔참고문헌〕『長壽滅罪護諸童子陀羅尼經』.

장수멸죄호제동자경 변상도

장수멸죄호제동자다라니경 長壽滅罪護諸童子陀羅尼經 당대 계빈국(罽賓國) 출신 불타파리(佛陀波利) 한역. 1권. 줄여서 『장수멸죄경』 또는 『장수경』이라고도 한다. 卍속장150, p.742a1~754b8에 수록되어 있다. 석가모니부처님께서 문수보살에게 불멸 이후의 오탁악세에서 일체중생의 죄를 없애고 장수를 얻기 위한 방편을 설하시는 법문이다. 이 경전을 수지·독송·서사하면 아픈 아이가 낫고, 죽은 이를 위해 이 경전을 공양하면 악도를 벗어나는 공덕이 있다고 설한다.

장수사 長水寺 경상남도 함양군 안의면 상원리 덕유산(德裕山)에 있는 용추사(龍湫寺). 『동국여지승람』 권31 경상도 안음현 불우에 "지우산에 있다. 절 앞에 폭포가 있으며, 그 아래쪽에 용추가 있다. 在智雨山 寺前有瀑布 其下有龍湫", 『선종영가집』 간기(刊記)에 "정덕 15년(1520·중종15) 경진 6월에 경상도 안음현 지우산 장수사에서 개간본으로 중간하였다. 正德十五年庚辰六月 慶尙道安陰縣智牛山長水寺 重以開刊"라고 하였다. 〔참고문헌〕『東國輿地勝覽』, 『禪宗永嘉集』, 『梵宇攷』, 『韓國寺刹全書』 권하 p.975a14. ⇨ 용추사 龍湫寺 ■

장수사 長壽寺 ❶ 경상남도 산청군에 있던 절. 『대각국사문집』 권17(한불전4, p.559a20)에 시 「유제강성군 장수사 留題江城郡長壽寺」가 수록되어 있으며, 시제(詩題) 옆에 "순종(順宗 : 고려 제12대 왕. 재위 1083년 7~10월)의 태를 이 절에 봉안하였다. 順王胎衣 藏在此寺"라고 하였다. 〔참고문헌〕『大覺國師文集』. ❷ 경상북도 경주시 토함산(吐含山)에 있던 절. 보물 제912호 경주마동삼층석탑(慶州馬洞三層石塔)이 있는 곳으로 추정된다. 몽성사(夢成寺)라고도 한다. 『삼국유사』 권5(대정장49, p.1018a18·한불전6, p.368a4) 효선(孝善) 9 대성효이세부모신문대(大城孝二世父母神文代)에 창건연기설화가 전하는데, "이미 장성하였는데, 사냥을 좋아하였다. 하루는 토함산에 올라 곰 한 마리를 잡고 산 아래 마을에서 하룻밤을 묵었다. 꿈에 곰이 귀신으로 변해 말하기를, '너는 어째서 나를 죽였느냐? 나는 그 대가로 너를 잡아먹겠다'라고 하였다. 대성이 두렵고 부끄러워 용서를 빌었다. 귀신이 '나를 위해 절을 지을 수 있겠느냐?'라고 묻자, 대성이 맹세하며 승낙하였다. 깨어보니 이불이 땀에 젖어 있었다. 이후로 사냥을 하지 않았고 곰을 위해 곰을 잡은 곳에 장수사를 창건하였다. 旣壯 好遊獵 一日登吐含山捕一熊 宿山下村 夢熊變爲鬼訟曰 汝何殺我 我還啖汝 城怖懅請容赦 鬼曰 能爲我創佛寺乎 城誓之曰喏 旣覺 汗流被蓐 自後禁原野 爲熊創長壽寺於其捕地"라고 하였다. 임진왜란 이후 소실된 것으로 보이며, 담화화상(曇華和尙)이 중창한 후 1630년(인조8)·1652년(효종3)·1667년(현종8)·1683년(숙종9)·1729년(영조5)에 중수되었으나 조선말에 폐사(廢寺)된 것으로 보인다. 〔참고문헌〕『三國遺事』, 『韓國寺刹全書』 권하 p.975a18. ⇨ 몽성사 夢成寺 ❸ 함경북도 길주군 성불산(成佛山)에 있던 절. 장수암(長壽庵)이라고도 한다. 『동국여지승람』 권50 함경도 길성현 불우에 이름과 위치가 전하며, 『범우고』에는 "지금은 폐사되었다. 今廢"고 하였다. 〔참고문헌〕『東國輿地勝覽』, 『梵宇攷』, 『韓國寺刹全書』 권하 p.975b16. ❹ 황해남도 연백군에 있던 절. 『동국여지승람』 권43 황해도 연안도호부 불우에 절의 이름과 위치가 전하며, 『여지도서』 황해도 연안 사찰·『범우고』에는 "지금은 폐사되었다. 今廢"라고 하였다. 〔참고문헌〕『東國輿地勝覽』, 『輿地圖書』, 『梵宇攷』, 『韓國寺刹全書』 권하 p.975b14. ❺ 중국 하남성(河南省) 남양시 석천현(淅川縣) 백애산(白崖山)에 있는 절. 창건 당시 향엄사(香嚴寺) 또는 향엄장수사(香嚴長壽寺)라고 불렸다. 당나라 상원년간(760~762)에 혜충국사(慧忠國師)가 머물렀다. 오대(五代)를 거치면서 큰 선찰(禪刹)이 되었고 송대는 주로 향엄사로 불렸다. 원대후기 홍건적의 난으로 훼손되었고 현재의 건물은 명대 재건된 것이다. ⇨ 향엄사 香嚴寺

장수생 長壽生 Ⓟ Dīghitikosala-jātaka. 장수왕(長壽王)의 본생(本生). 장수왕의 본생이야기는 『중아함경』 권17의 「장수왕본기경 長壽王本起經」·『육도집경 六度集經』 권1의 열 번째 소경(小經)·『장수왕경 長壽王經』·『증일아함경 增壹阿含經』 권16 「고당품 高幢品」의 여덟 번째 소경, *Dīghitikosala-jātaka*(*Jā.3*, pp. 211~213) 등이다. 『해탈도론』 권6(대정장32, p.427b8)에 "세존이 보살이었을 때의 본생인연을 설한다. 토끼 새끼의 몸이 되어 항상 보시를 행했던 것을 기억해야 하며, 가호본생이나 마하구빈다본생에서 출리생을 기억해야 하고, 인욕본생에서 인을 기억해야 하며, 보명본생에서 실어를 기억해야 하고 … 사슴본생을 기억해야 하며, 장수본생에서 부왕의 말씀을 따랐던 것을 기억해야 하고, 여섯 개의 어금니를 가진 흰 코끼리로 태어나 선인을 공경했던 것을 기억해야 하며, 백마로 태어나 나찰국에 이르러 모든 중생을 제도했던 것을 기억해야 하고, 사슴으로 태어나 다른 사슴들의 목숨을 보호하려고 자신의 목숨을 버렸던 것을 기억해야 하며, 원숭이로 태어나 주어진 큰 고통에서 해탈케 한 것을 잊지 않아야 한다. 世尊爲菩薩時 說本生因緣 作兎子身 常行布施 當念可護生 或摩訶瞿頻陀生 當念出離生 忍辱生 當念忍 普明生 當念實語 … 當念麋生 當念長壽生 逐父語 當念六牙白象恭敬仙人 當念白馬生 往羅刹國 渡諸衆生 當念鹿生 護彼壽命 捨自壽命 當念猴生 令得解脫 所屬大苦"라고 하였다. 〔참고문헌〕『解脫道論』. ⇨ 장수왕 長壽王, 본생경 本生經, 자타카 Jātaka

장수암 長壽庵 ❶ 평안남도 덕천시 은덕동 장수산(長壽山)에 있던 암자. 〔참고문헌〕『梵宇攷』, 『韓國寺刹全書』 권하 p.975b20. ❷ 함경북도 길주군 성불산(成佛山)에 있던 장수사(長壽寺). 〔참고문헌〕『梵宇攷』, 『韓國寺刹全書』 권하 p.975b18. ⇨ 장수사 長壽寺 ❸

장수양악탑 長水陽岳塔 고려시대 석탑. 유형문화재 제21호. 높이 2.0m. 전라북도 장수군 계북면 양악리사지에 있다. 단층기단부와 4층까지의 탑재가 남아 있다. 방형 지대석 위에 세장(細長)한 초층 탑신석과 별석으로 만든 옥개석이 놓여 있고, 그 위에는 우주(隅柱)가 새겨진 이층 탑신석이 있다. 이층 이상의 옥개석은 모두 위층의 탑신석과 한 돌로 조성되어 있다. 초층 탑신이외의 옥개석은 하단에 3단의 받침이 있으며 상단에 1단의 굄이 있다. 탑의 가장 위에는 복발(覆鉢) 모양의 석재가 올려져 있다. 옥개석과 탑신이 하나의 돌로 이루어진 것과 탑신의 윗부분의 너비가 좁아지는 등 일반적인 석탑조성의 방식과는 다른 특징이 있다. 〔참고문헌〕『全羅北道의 佛教遺蹟』(국립전주박물관, 2001) p.401, 『韓國의 寺址』 강원도·전라북도(문화재청·佛教文化財研究所, 2013) pp.772~773.

장수양악탑

장수왕 長壽王 Ⓟ Dīghīti, Dīghāyu. 과거세(過去世) 고살라국(Ⓟ Kosalā : 拘娑羅國) 왕의 이름. 석가모니부처님의 전생이다. 『중아함경』 권17 「장수왕본기경 長壽王本起經」(대정장1, p.532c9)에 의하면, '가사국(加赦國 Ⓟ Kāsi)의 범마달다왕(梵摩達哆王 Ⓟ Brahmadatta)과 싸움을 벌이던 장수왕은 전쟁의 폐해를 깨닫고 시골로 숨어들어 학문을 넓히고 풍류를 즐기며 살아가던 중 장생동자(長生童子 Ⓟ Dīghāyukumāra)라는 아들을 낳았다. 범마달다왕에게 잡혀 죽을 때, 장수왕은 아들 장생동자에게 원수에게 복수하지 말고 참으라고 가르쳤다. 후에 장생동자가 범마달다왕에게 복수할 수 있었지만 아버지 장수왕의 가르침에 따라 그렇게 하지 않았다'고 하며, 『육도집경』 권1(대정장3, p.6a14)에 의하면 이때의 장수왕은 석가모니부처님의 전생이고, 장생동자는 아난이며, 범마달다는 제바달다(提婆達多)이다. 〔참고문헌〕『中阿含經』, 『六度集經』, *Jā.3.211*. ⇨ 장수생 長壽生, 범마달 梵摩達 ❷

장수왕경 長壽王經 역자 미상. 1권. 고려장14, pp.30b1~32c14, No.306·대정장3, pp.386a3~388a13에 수록되어 있다. 『개원석교록』 권12 「대승경단역 大乘經單譯」(대정장55, p.605c10)에 "『장수왕경』 1권. 『승우록』에 따르면 도안(道安)의 실역경 목록에 분류되어 있다〈지금은 서진시대 목록에 붙인다〉고 하였다. 앞의 이 『장수왕경』에 대해 『대주록』 등에서는 아함에서 나온 것이라고도 하였는데, 삼가 살펴보니 사아함 안에는 모두 이 경이 없다. 그나마 『증일아함경』 권16에 장수왕연기가 있으나 문장과 주제가 전혀 다르다. 이는 곧 대승에서 의도를 갖고 편집한 것이다. 長壽王經一卷 僧祐錄云 安公失譯經〈今附西晉錄〉 右此長壽王經 大周錄等云 出阿含 謹按 四阿含內 並無此經 雖增一第十六中 有長壽王緣起 文意全異 此乃大乘 故編於此"라고 하였으나, 『육도집경』 권1 「보시도무극장 布施度無極章」의 열 번째 본생담(대정장3, p.5a20)이 이 경의 내용과 매우 흡사하다. 〔참고문헌〕『開元釋教錄』, 『六度集經』, 『增壹阿

含經』 권16(대정장2, p.626c5). ⇨ 장수왕 長壽王, 장수생 長壽生, 육도집경 六度集經

장수일발 漿水一鉢 한 발우의 물. 부처님께 물 한 그릇 보시한 외도의 노파가 그 인연으로 오십겁에 천상에 나서 복을 받고 벽지불이 되어 성불한 고사다. 『영평청규』 권상 「전좌교훈 典座教訓」(대정장82, 322a1)에 "깊은 마음에서 나오는 진실한 마음과 공경하는 마음이 중요하다. 알지 못하는가? 장수일발로 십호께 공양하여 노파가 생전의 수승한 공덕을 스스로 얻었고, 아육왕이 암라 열매 반쪽을 사원에 보시하여 싹을 틔운 것이 그의 최후의 대선근이었음을. 부처님께서 수기를 주시고 큰 과보를 감한다. 비록 부처님과 연을 맺지만 대개 허하여 적은 실만 같지 못하니, 바로 이런 것이 사람들의 행이다. 深生眞實心 敬重心 爲詮要 不見麽漿水一鉢 也供十號兮自得老婆生前之妙功德 菴羅半果 也捨一寺兮能萠育王最後之大善根 授記莂 感大果 雖佛之緣 多虛不如少實 是人之行也"라고 하였다. 〔참고문헌〕『永平淸規』.

장수제일 長壽第一 부처님 제자 중 가장 장수한 사람. 바구라(婆拘羅 Ⓢ Ⓟ Bakkula)를 가리킨다. 『분별공덕경』 권4(대정장25, p.46a18)에 "바구라는 장수제일이다. 백년의 수명에 육십년을 더한 사람이다. 이 사람은 오탁악세의 수명 중 가장 기이하고 특별하다. 婆拘羅長壽第一 於百年壽中而加六十者 此人五濁壽命 最爲奇特"라고 하였다. 〔참고문헌〕『分別功德經』. ⇨ 바구라 婆拘羅 ❶, 박구라 薄句羅, 박구라무병 薄拘羅無病

장수천 長壽天 Ⓢ dīrghāyuṣka-deva, Ⓟ devā dīghā yukā, Ⓣ lha-tshe-ring-po. 팔난(八難) 중 하나. 색계(色界) 사선천(四禪天) 중 넷째 무상천(無想天). 이곳에 사는 중생의 수명이 오백대겁이므로 붙여진 이름이다. 또는 무색계(無色界)의 제4천인 비상비비상천(非想非非想天)을 가리키기도 한다. 이곳의 천은 수명이 팔만 겁이다. 수명이 길어 무상(無常)하다는 생각을 일으키지 못하여 불법도 만나기 어렵기에 난처(難處)라 한다. 『대지도론』 권38(대정장25, p.337b28)에 "사리불이여! 어떤 보살마하살은 방편을 쓰지 않고 초선에서 사선까지 들어가고 또한 육바라밀을 행한다. 이 보살마하살은 선정을 얻었기에 장수천에 태어나고 그의 수명이 끝나고 그 다음 생 사이에 사람의 몸을 얻고 제불을 만난다. 舍利弗 有菩薩摩訶薩 不以方便 入初禪 乃至第四禪 亦行六波羅蜜 是菩薩摩訶薩得禪故 生長壽天 隨彼壽終 來生是間 得人身 値諸佛", 『화엄경소초』 권56(대정장36, p.439a24)에 "다섯째 장수의 좁고 넓음을 회통한다. 곧 『대지도론』 권38에서 말한 장수천은 비상비비상천처를 말한다. 수명이 팔만대겁이기 때문이다. 또 어떤 이는 일체무색정을 다 장수라고 부른다. 변화할 모양이 없기에 득도할 수 없고 항상 범부로 머문다. 일설에는 무상천을 장수라 한다. 득도할 수 없기 때문이다. 일설에는 초선에서 사선까지 정거천을 제하고 모두 장수천이라 한다. 第五會長壽寬狹 卽智論三十八云 長壽天者 謂非想非非想天處 八萬大劫故 或有人云 一切無色定通名長壽 以無形可化故 不任得道 常是凡夫處故 或說無想天 名爲長壽 亦不任得道故 或說從初禪至四禪 除淨居天 皆名長壽", 『대승의장』 권8(대정장44, p.629b15)에 "장수천이란 색계와 무색계에서 수명의 과보가 긴 것을 말한다. 최소 반겁이 되어야 장수천이라 한다. 이 천 중에는 적정하고 안은하니 범부가 이곳에 나면 많은 이들이 열반이라고 여기고 정식을 지키는 데 깊이 집착한다. 또한 의지하여 벗어날 수 있는 불법이 없으므로 난처라 한다. 長壽天者 色無色界 命報延長 下極半劫 名長壽天 彼天之中 寂靜安隱 凡夫生彼 多謂涅槃 保著情深 又無佛法 可依求出 所以是難"라고 하였다. 〔참고문헌〕『大智度論』, 『華嚴經疏鈔』, 『大乘義章』, *Aṣṭ-pr.211.*, *SN.3.85.* ⇨ 난처 難處 ❶, 팔난 八難

장순 將順 청을 받고 데리고 가서 참회하게 하는 일. 『사분율』 권34(대정장22, p.804c5)에 "부처님께서 말씀하셨다. '그렇게 해서는 아니 된다'. 그는 꾸짖음과 책망을 당했지만 그를 데려가 가르침에 따르게 할 사람이 없었다. 더러 멀리 갔거나, 또는 쉬고 있거나, 불법을 좋아하지 않는 사람들이 있었다. 부처님께서 말씀하셨다. '나머지 사람이 이와 같이 생각하고 참회 받는 것을 허락한다. 화상아사리가 되어 참회시키고 화합시키고자 하면 참회를 받아도 된다'. 佛言 不應爾 彼被呵責已 無人爲將順 或遠行 或休道 或不樂佛法 佛言 聽餘人作如是意受 爲其和尙阿闍梨 欲令懺悔和合故受", 『사분율행사초』 권상(대정장40, p.34a8)에 "만약 제자가 스승에게 꾸짖음을 당하면 다른 비구들로 하여금 그를 화상아사리가 머문 곳으로 데려가 조복하고 화합시켜서 빨리 참회를 받도록 한다. 若弟子被師訶責 令餘比丘 爲將順故 於和尙闍梨所 調和令早受懺"라고 하였다. 〔참고문헌〕『四分律』, 『四分律行事鈔』. ⇨ 참회 懺悔

장승법수 藏乘法數 원대 서암가수(西菴可遂) 지음. 1책. 대장경(大藏經)에 수록된 명수(名數)를 수집하여 수순(數順)에 따라 배열한 사전이다. 1355년(공민왕4)에 구양현(歐陽玄)이 쓴 서문(敍文)에 "자정사 강금강(姜金剛)이 서암수공이 지은 『장승법수』의 선본을 진상하니, 황제가 불교의 간결한 요지를 얻은 것을 기뻐하며 판목에 새겨 전하게 하였다. 資正使姜公得西庵遂公所作藏乘法數善本以進 上喜其淂釋氏簡要命鋟梓以傳"라고 하였다. 이후 우리나라로 전래되었으며, 1389년(창왕1)

에 무학자초(無學自超)가 중간(重刊)하였다. 권두에 구양현의 서문과 보은선사(報恩禪寺) 사문 굉연(宏演)이 쓴 서문(序文)이 있으며, 권말에 한산부원군(韓山府院

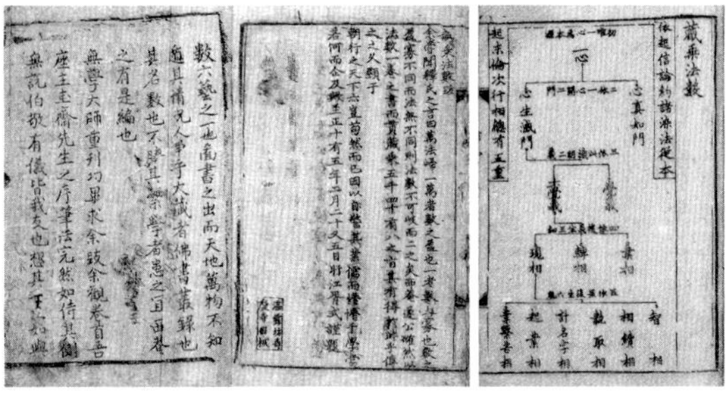

장승법수 본문 및 발문

君) 이색(李穡)이 쓴 발문(跋文)이 있다. 본문은 「석가종파 釋迦宗派」·「장승법수」·「팔식심왕제문요간 八識心王諸門料簡」·「제불신토 諸佛身土」·「제승개합통유육종 諸乘開合通有六種」·「서역차방제사판교명수 西域此方諸師判教名數」·「수증지위오교개합부동 修證地位五教開合不同」 등으로 구성되어 있다. 현존하는 판본들 중 3종이 보물로 지정되어 있는데, 제703-1·2호에는 이색의 발문이 있으며 제704호에는 발문이 없다.

장승온 張勝溫 남송대 대리국(大理國) 출신 화가. 회화로 이름이 높았으며, 특히 불상·천왕 등을 섬세하게 잘 그렸다. 필법이 정치하고 배색이 화려한 것이 특색이다. 대표작품인 「범상도권 梵像圖卷」이 대만(臺灣) 국립고궁박물관(國立故宮博物館)에서 소장 중이다.

장승요 張僧繇 중국 남조 양(梁)대 화가. 오국(吳國) 출신. 고개지(顧愷之)·육탐미(陸探微)와 함께 육조(六朝)의 삼대화가로 알려졌다. 관직은 천감년간(502~519)에 무릉왕국시랑(武陵王國侍郎)이 되었고 우장군(右將軍)을 거쳐 오흥태수(吳興太守)에 이르렀다. 불교가 융성하던 양무제 재위 시 불화와 인물화에 뛰어나 규모 있는 작업을 이끌었다. 색채와 형상을 표현함에서 특히 사실적 묘사에도 뛰어났다. 인도와 서역의 화법을 받아들여 입체감 나게 하는 요철법(凹凸法)을 쓰기도 하였다. 대표작으로 「오성이십팔수신형도 五星二十八宿神形圖」가 현재까지 전한다. 한편 화룡점정(畵龍點睛) 고사의 장본인이기도 하며, 불교문헌에서는 신묘한 필법을 대표하는 인물로 빈번히 등장하는데 줄여서 승요(僧繇·僧瑤)라고도 한다. 『불조통기』 권37(대정장49, p.352a29)에 "강릉 천황사에 백당이 있는데 명제에 의해 지어진 것이며, 장승요가 노사나상과 중니십철을 그렸다. 황제가 '석가모니의 문도가 어찌하여 공자 문하의 성현을 그렸는가?'라고 물으니, 승요가 '훗날 반드시 이 그림의 덕을 볼 것입니다'라고 답하였다. 급기야 후주가 들어서 불법을 훼손하니 천하의 사탑이 불탔다. 오직 이 전당만이 중니의 상이 있어서 허물어지지 않았다. 〈『역대명화기』에 나온다〉. 江陵天皇寺有柏堂 明帝之所建 張僧繇畫盧舍那像 及仲尼十哲 帝問 釋門何爲畫孔聖 僧繇曰 後當賴此耳 及後周滅佛法 焚天下寺塔 獨此殿有宣尼像乃不毀〈名畫記〉", 『경덕전등록』 권18 「취암영명전 翠巖永明傳」(대정장51, p.352c26)에 "학인이 물었다. '장승요는 무엇 때문에 지공화상의 진영을 그리지 않았을까요?' '어떻게 해야 합당하겠는가?' 問 僧繇爲什麽寫誌公眞不得 師曰 作麽生合殺"라고 하였다. [참고문헌] 『佛祖統紀』, 『景德傳燈錄』, 『註華嚴經題法界觀門頌』 권상(대정장45, p.693a9), 『大慧語錄』 권12(대정장47, p.860b16), 『宏智廣錄』 권4(대정장48, p.46b13).

장시 將是 ~라고 생각하다. 장위(將謂)·장작(將作)이라고도 한다. 『역대법보기』(대정장51, p.188a14)에 "적 등의 여러 장수들이 공양하러 그곳에 갔다가 이 선사를 보았는데 김화상과 용모가 똑같았다. 적 등이 처음 보고서 김화상의 화신이라고 생각했다. 逖共諸軍將齋供養到彼 見此禪師 與金和上容貌一種 逖等初見 將是金和上化身"라고 하였다. [참고문헌] 『歷代法寶記』. ⇨ 장위 將謂, 장작 將作

장시무간 長時無間 오랫동안 끊어지지 않고 지속하는 모양. 또는 영원히 헛된 것이 들어올 틈이 없다는 말. 『벽암록』 94칙 「수시 垂示」(대정장48, p.217b9)에 "소리 전의 한 소식 천성일지라도 전하지 못하고, 눈 앞의 실 한가닥 오랜 세월 끊어진 일 없다. 垂示云 聲前一句 千聖不傳 面前一絲 長時無間", 『원오심요』 권4 「시등상인 示燈上人」(卍속장120, p.773a18)에 "천지만물은 생겼다 무너짐 있지만 이것만은 변하여 옮기지 않는다. 옛 사람 말씀하시길 만법과 짝하지 않는 사람이라고 하였고, 여래정변지각이라 부릅니다. 다만 진실 그대로 받아들여서 한 생각도 일어나지 않도록 하면, 본래 자리에 사무쳐 움직일 일 없을 것입니다. 가거나 머물거나 온갖 행위를 할 때 애초에 막아설 것 없어 력력하게 오롯이 밝기만 하니, 한 기틀 한 경계 한 구 한 말마다 모두 법계를 품어서 본래 진여와 바탕에서 합합니다. 天地萬物有成壞 此箇無變無移 古人謂之 不與萬法爲侶底人 亦號如來正徧知覺 但諦實承當 使一念不生 徹透本來元不動搖長時無間 若行若住 百種作爲 初不妨礙 歷歷孤明 一機一境 一句一言 皆含法界 稱本眞如"라고 하였다. [참고문헌] 『碧巖錄』, 『圜悟心要』.

장시무비 長時無比 Ⓢ āyatatva-paramatā. 긴 세월로는 견줄 수 없다는 뜻. 열두 가지 비할 데 없는 수행(十二種修行) 중에 두 번째다. 『중변분별론』 권하(대정장31, p.460b26 : *Madhy-vibh.*, p.61)에 "다음과 같은 열두 가지의 비교할 데 없는 수행이 있으니, 첫째 광대무비, 둘째 장시무비, 셋째 증상무비, 넷째 무진무비, 다섯째 무간무비, 여섯째 무난무비, 일곱째 자재무비, 여덟째 섭치무비, 아홉째 극작무비, 열째 지득무비, 열한째 승류무비, 열두째 구경무비 등이다. … 어떤 것이 장시무비인가? 낱낱의 처소에서 삼아승기겁 동안 닦고 익혀서 성취하는 것이다. 如是十二種無比修行 一 廣大無比 二 長時無比 三 增上 四 無盡 五 無間 六 無難 七 自在 八 攝治 九 極作 十 至得 十一 勝流 十二 究竟 … 何者 長時無比 一一處 三阿僧祇劫 修習得成故 ity eṣā dvādaśavidhā paramā matā. yad utaudāryaparamatā āyatatvaparamatā adhikāraparamatā akṣayatvaparamatā nairantaryaparamatā akṛcchratvaparamatā. vittatvaparamatā parigrahaparamatā. ārambhaparamatā pratilambhaparamatā niṣyandaparamatā niṣpattiparamatā ca … āyatatvaparamatā trikalpāsaṃkhyeyaparibhāvanāt"라고 하였다. [참고문헌]『中邊分別論』, *Madhy-vibh.* ⇨장시최승 長時最勝

장시수 長時修 ❶ 기나긴 세월에 닦다. 『화엄경탐현기』 권9(대정장35, p.279b19)에 "바르게 일으켜 행하여 닦고 행이 삼세를 통하면 이를 일체세라 한다. 다겁이 다하도록 한다면 일체겁이라 한다. 이것이 바로 장시수다. 正起行修 行通三際 名一切世 各盡多劫 名一切劫 此是長時修"라고 하였다. [참고문헌]『華嚴經探玄記』. ❷ 근행사수(勤行四修) 중 하나. 평생토록 수행하는 것. 『왕생예찬게』(대정장47, p.439a9)에 "목숨이 마칠 때를 기한으로 서원을 세워 멈추지 않는 것이 장시수다. 畢命爲期 誓不中止 卽是長時修"라고 하였다. [참고문헌]『往生禮讚偈』. ⇨사수 四修

장시수행금강심 長時修行金剛心 십금강심(十金剛心) 중 하나. 헤아릴 수 없이 긴 시간 동안 보살도를 행함. 『범망경직해사의』(卍속장61, p.221a11)에 "장시수행금강심이라 하였으니, 미래세의 겁이 헤아릴 수 없고 끝이 없어서 다할 수 없지만, 그 겁이 다하도록 나는 마땅히 보살도를 행하여 중생을 교화하되 피로해하거나 게을리하지 않음이다. 長時修行金剛心 謂未來世劫 無量無邊 不可窮劫 我當盡彼劫中 行菩薩道 敎化衆生 永無疲倦故"라고 하였다. [참고문헌]『梵網經直解事義』. ⇨십금강심 十金剛心❶

장시최승 長時最勝 Ⓢ āyatatva-paramatā, Ⓣ yun-ring-ba-dam-pa. 긴 세월로는 가장 뛰어남. 십이종최승정행(十二種最勝正行 : 十二種無比修) 중 하나. 십바라밀(十波羅蜜)이 수승한 열두 가지 이유 중 하나이며, 긴긴 세월 물러남 없이 행하는 뜻이다. 장시무비(長時無比)와 같다. 『변중변론』 권하(대정장31, p.473c16 : *Madhy-vibh.*, p.60)에 "[논] 열 가지 바라밀다(波羅蜜多)에는 수행의 차별에 따라 여섯 가지 정행이 있다. 첫째는 최승정행, 둘째는 작의정행, 셋째는 수법정행, 넷째는 이이변정행, 다섯째는 차별정행, 여섯째 무차별정행 등이다. 최승정행의 상이란 어떤 것인가? [게] 최승에는 열두 가지가 있다네. 말하자면 광대와 장시, 의처와 무진, 무간과 무리성, 자재와 섭수와 발기, 득과 등류와 구경 등이라오. 이것으로 말미암아 십도(十度)을 말하여, 바라밀다라 한다네. [논] 최승정행에는 열두 가지가 있으니, 첫째는 광대최승, 둘째는 장시최승, 셋째는 의처최승, … 열두 번째는 구경최승이다. 이중에서 … 장시최승이란 무엇인가? 삼무수겁 동안 익히고 닦아 성취함이다. 論曰 卽於十種波羅蜜多 隨修差別 有六正行 一 最勝正行 二 作意正行 三 隨法正行 四 離二邊正行 五 差別正行 六 無差別正行 最勝正行 其相云何 頌曰 最勝有十二 謂廣大長時 依處及無盡 無間無難性 自在攝發起 得等流究竟 由斯說十度 名波羅蜜多 論曰 最勝正行 有十二種 一 廣大最勝 二 長時最勝 三 依處最勝 … 十二 究竟最勝 此中 … 長時最勝者 三無數劫 熏習成故 〈bhāṣya〉 ity eṣā ṣaḍvidhā pratipattir yad uta paramā pratipattiḥ. manaskārapratipattir anudharmapratipattiḥ. antadvayavarjitā pratipattiḥ viśistā pratipattiḥ. aviśiṣṭā ca pratipattiḥ. tatra 〈kārikā〉 paramā dvādaśātmikā. audāryam āyatatvaṃ ca adhikāro 'kṣayātmatā, nairantaryam akṛcchratvaṃ vittatvaṃ ca parigrahaḥ. ārambhaprāptiniṣyandaniṣpattiḥ paramā matā, 〈bhāṣya〉 ity eṣā dvādaśavidhā paramā matā. yad utaudāryaparamatā āyatatvaparamatā adhikāraparamatā … niṣpattiparamatā ca. tatra … āyatatvaparamatā trikalpāsaṃkhyeyaparibhāvanāt"라고 하였다. [참고문헌]『辯中邊論』, 『中邊分別論』 권하(대정장31, p.460b26), *Madhy-vibh.* ⇨장시무비 長時無比, 육정행 六正行❷, 최승정행 最勝正行, 무비수행 無比修行

장식 長食 단월이 출가자를 위해 미리 마련해 놓은 음식. 『살바다비니』 권2(대정장23, p.576b17)에 "장식을 먹는 이는 계를 범하지 않는다〈장식. 재가자의 집에서 일찍 일어나 밥을 지어서 먹기 전에 미리 출가인의 몫을 덜어 두는 것을 장식이라 한다. 이 음식을 먹은 이는 계를 범하지 않는다〉. 長食 食者不犯〈長食者 謂白衣舍早起作食熟 未食先留出家人分 名爲長食 食此食者 不犯〉", 『십송율』 권23(대정장23, p.165a15)에 "장식이 있다면 깨끗한 그릇에 담아 뚜껑을 덮어 한 곳에 두고 음식이 부족한 이는 이 장식을 먹는다. 若有長食 盛淨器中 蓋著一處 食不足者 食此長食", 『사분비구니초』 권중(卍속장64, p.116b10)에 "『승기율』에서 '장식을 방에 가져오면 투란차를 범한다'고 하였다. 僧祇云 若將長食還房 偸蘭遮"라고 하였다. [참고문헌] 『薩婆多毘尼』, 『十誦律』, 『四分比丘尼鈔』.

장식 將息 휴식(休息)하다. 양생(養生)하다. 병을 치료하고자 요양한다는 뜻이다. 『법화현론』 권3(대정장34, p.388c9)에 "여러 중생들의 역량의 차이에 따라 다른 문자를 세울 뿐이니, 예컨대 환자를 요양하기 위해서 한 가지 음식으로 여러 가지 다른 맛을 내는 것과 같다. 但隨諸衆生力 爲之立異字 如將息病人 以一種食 作諸異味", 『남해기귀내법전』 권3(대정장54, p.224a10)에 "병이 생기면 반드시 쉬어야 한다. 凡是病生 卽須將息"라고 하였다. [참고문헌] 『法華玄論』, 『南海寄歸內法傳』.

장식 藏識 Ⓢ ālaya-vijñāna, Ⓣ kun-gzhi'i-rnam-par-shes-pa. 팔식(八識) 중 하나. 제8아뢰야식(阿賴耶識)을 말한다. 장(藏)은 범어 알라야(Ⓢ ālaya)의 한역인데, 제8식(識)이 능장(能藏)·소장(所藏)·집장(執藏) 등의 뜻을 갖기에 이렇게 부른다. 현장은 제8식을 '장식'이라 한역하였으나 진제(眞諦)는 중생의 근본식(根本識)으로 없어지지 않는다는 뜻에서 무몰식(無沒識)이라 한역하였다. '능장'이란 모든 종자(種子)를 함장(含藏)한다는 말이고, '소장'이란 전7식이 훈습한 종자가 저장된다는 뜻이며, '집장'이란 능집장(能執藏)인 제7말나식(末那識)이 상주불변의 실아(實我)로 잘못 집착하는 소집장(所執藏)임을 일컫는다. 『번역명의집』 권6(대정장54, p.1153b19)에 "아뢰야식 : 아리야식이라고도 한다. 『대승기신론』에서는 이렇게 말한다. '아리야식에 의하여 무명이 있다고 설한다. 깨닫지 못하는 사이에 일어나고, 능히 보고, 능히 나투고, 능히 경계를 취한다'. 진제삼장(眞諦三藏)은 이름에 나아가길 '무몰식'이라 한역하였으니 잃지 않는다는 뜻을 취한 것이고, 현장법사(玄奘法師)는 뜻에 따라 '장식'이라 한역하였으니 모든 법의 종자를 함장하기 때문이다. 또 이 식의 체는 세 가지 '장'의 뜻을 구족했으니 능장, 소장, 집장이기에 '장'이라고 한다. 말하자면 잡염법과 서로 연이 되기 때문이며, 유정이 집착하여 자내아로 삼기 때문이다. 또 종자·근신·기세간 등 세 가지 경을 능히 가려 알기에 이름하길 식이라 한다. 阿賴耶 或阿梨耶 起信云 以依阿梨耶識 說有無明 不覺而起 能見 能現 能取境界 眞諦就名 翻名無沒識 取不失之義 奘師就義 翻爲藏識 能含藏諸法種故 又此識體 具三藏義 能藏 所藏 執藏 故名爲藏 謂與雜染 互爲緣故 有情執爲自內我故 復能了別 種子 根身及器世間 三種境故 名之爲識"라고 하였다. [참고문헌] 『翻譯名義集』, 『大乘起信論』 권1(대정장32, p.577b4), 『成唯識論述記』 권4(대정장43, p.350a23), *Vijñ-t-bh.50.* ⇨ 아뢰야식 阿賴耶識, 무몰식 無沒識, 애장 愛藏 ②

장식경 裝飾經 장식을 곁들인 경. 사경(寫經)을 수행할 때 금니(金泥)나 은니(銀泥)등으로 베끼고 나아가 불보살상과 금강저(金剛杵), 길상문(吉祥紋) 등을 장엄한다. 한편 판본(板本)에 의지해 인경한 경책을 엮을 때도 책가의(冊加衣) 등에 수를 놓거나 무늬를 새기는 등으로 제작된 경전을 일컫는다. ⇨ 사경 寫經, 감지금니 紺紙金泥, 감지은니대방광불화엄경권제31정원본 紺紙銀泥大方廣佛華嚴經卷第三十一貞元本, 현우경 賢愚經

장식료 將息寮 병이 깊은 스님들이 요양하는 요사. 무상원(無常院)·성행당(省行堂)·연수당(延壽堂)·열반당(涅槃堂)이라고도 한다. 『섭현귀성어록』(고존숙어록23, 卍속장118, p.463a17)에 "귀성선사가 장식료에 가서 병든 스님을 돌볼 때 학인이 물었다. '화상이시여! 사대육신 본래 공한데 병은 어디서 옵니까?' '사리 그대가 물은 자리에서 온다'. 이에 숨을 내쉬며 다시 말했다. '애초에 묻지 않았다면 어떻게 됩니까?' '손 놓고 허공에 눕겠지'. 그 학인이 '야' 하고 소리치고는 바로 입적했다. 師因去將息寮看病僧 僧乃問云 和尙 四大本空 病從何來 師云 從闍黎問處來 其僧喘氣 又進云 不問後如何 師云 撒手臥長空 其僧云 嘐 便告寂"라고 하였다. [참고문헌] 『葉縣歸省語錄』. ⇨ 열반당 涅槃堂, 연수당 延壽堂, 무상원 無常院, 성행당 省行堂

장신로영 藏身露影 몸 감추고는 그림자 드리우네. 『설두어록』 권4(대정장47, p.693c27)에 "'일 년에 한 번은 봄이다. 마쳐야 할 일 어찌해야 하나?' 스스로 답했다. '몸 감추었는데 그림자는 비치네'. 或云 年來一度春也 畢竟事作麽生 代云 藏身露影", 『정법안장』 권2(卍속장118, p.62b2)에 "앙산이 삼성에게 물었다. '그대의 이름은 무엇입니까?' '저는 혜적입니다' '혜적은 나요' '저는 혜연입니다'. 앙산이 껄껄 크게 웃었다. 대혜가 말하길, 몸 숨겨도 그림자 드리우는 저 두 사람, 곁에서 보는 이 있는 줄은 참으로 모르는구나'. 仰山問三聖 汝名甚麽 三聖云 我名慧寂 仰云 慧寂是我 聖云 我名慧然 仰山呵呵大笑 妙喜曰 兩箇藏身露影漢 殊不顧傍觀者"라고 하였다. [참고문헌] 『雪竇語錄』, 『正法眼藏』.

장심관대 將心管帶 마음 가져 헤아려 띠 두르듯 하니, 버리지 못해 전전긍긍함. 아무 생각 없어 목석같은 고심망회(枯心忘懷)와 댓구다. 『서장』 「답증종승장 答曾宗丞狀」(대정장47, p.934a24)에 "요즘 사람들은 흔히 소득심 있다고 여기며 도를 배우는데, 이는 곧 망상이 없는 중에 진망상이다. 다만 놓아버려 스스로 자유로울 일이다. 그러나 너무 잡아서도 안 되고 너무 느슨해도 안 되니, 다만 이렇게 공부하면 무한심력 다하여 여기저기 새로운 일이 나서 이미 익고, 익은 곳 이미 새롭게 한다. 십이시중에 자연히 마음 없어 품을 것 잊는 일도, 일부러 마음 가져 띠 두를 일도 없으리라. 而今人多是將有所得心學道 此是無妄想中眞妄想也 但放教自在 然不得太緊 不得太緩 只恁麽做工夫 省無限心力 左右生處已熟 熟處已生 十二時中 自然不著枯心忘懷 將心管帶矣", 『조계진각국사어록』「시종민상인 示宗敏上人」(한불전6, p.25c4)에 "이런 다반사도 알아 마치지 못했다면, 고개 돌려 이 화두를 간수한 채 게송 한 수를 들어보라. '죽은 듯 품은 것 잊을 일도 없이 하고, 애써 마음 가져 헤아려 두르지도 말아야 하리. 구자무불성(狗子無佛性)이라 하였으니 다만 보아 가져 어둡지 말아야 하리. 있다거나 없다는 견해도 짓지 말며, 참되다 없다 알려고 하지 말며, 병든 망상이라 하지도 말고, 온통 끌어 알려고도 하지 말라. 말의 길도 논리의 길로도 다니지 말며, 일 없이 생각없이 앉아 있지도 말며, 들어 일어난 곳에서 마땅함 얻으려 하지도 말고, 미하다 여겨 깨우칠 때 기다리지도 말라. 둘 바 없이 마음 쓰는 곳에 이르러 마침내 다 버려 물러날 곳 없게 되면 홀연히 깜깜한 칠통 부셔 깨지리니, 쾌하고 쾌하고 쾌하고 쾌하고 쾌하고 쾌하고 쾌하리라'. 不若知是般事了 轉頭廻來 看箇話頭 聽取一偈曰 莫枯心忘懷 莫將心管帶 狗子無佛性 只麽看不昧 不作有無見 不作眞無會 不作破病想 不作全提解 語路理路不得行 無事匣裏莫坐在 擧起之處勿承當 亦莫將迷要悟待 恰到無所用心處 終不於此却打退 忽然打破漆桶來 快快快快快快快"라고 하였다. [참고문헌] 『書狀』, 『曹溪眞覺國師語錄』. ⇨ 관대 管帶, 망회관대 忘懷管帶

장심대오 將心待悟 마음 가져 깨달음 기다리다. 장미대오(將迷待悟)와 통한다. 『서장』「답부추밀장 答富樞密狀」 제1서(대정장47, p.921a23)에 "다만 이 한 구에 전도가 세 가지니, 스스로 말하기를 '지해가 장애가 된다'고 하는 것이 그 하나요, 스스로 '아직 깨닫지 못하였다'고 말하며 기꺼이 미혹한 사람이 되는 것이 다른 하나요, 다시 미한 중에 있으면서 마음을 가져 깨달음을 기다리는 것이 나머지 하나다. 오직 이 세 가지 전도가 바로 생사의 근본이다. 반드시 한 생각도 일으키지 않아 전의 마음이 끊어져야 비로소 미혹 가히 깨트릴 것도 깨달음 기다릴 일도 없으며, 지해 장애될 일도 없다. 只此一句 顚倒有三 自言爲知解所障是一 自言未悟甘作迷人是一 更在迷中將心待悟是一 只這三顚倒 便是生死根本 直須一念不生 顚倒心絶 方知無迷可破 無悟可待 無知解可障", 『박산선경어』 권상(卍속장112, p.951b5)에 "마음 가져 깨닫길 기다린다면 끝내 깨닫지 못한다. 若將心待悟 終不悟"라고 하였다. [참고문헌] 『書狀』, 『博山禪警語』. ⇨ 장미대오 將迷待悟

장아바다나경 長阿波陀那經 육부아바다나(六部阿波陀那) 중 하나. 『중아함경』 권17 「장수왕본기경 長壽王本起經」(대정장1, pp.532c9~539b10)을 말하며, 『장비유 長譬喩』라고도 한다. 육부아바다나는 『장아바다나』·『대아바다나 大阿波陀那 : 大譬喩·大本經』·『억이아바다나 億耳阿波陀那』·『이십억아바다나 二十億阿波陀那』·『욕아바다나 欲阿波陀那』·『보살아바다나 菩薩阿波陀那』를 일컬으며, 아바다나(Ⓢ avadāna)는 십이부경(十二部經) 중 비유(譬喩)를 말한다. 『대지도론』 권33(대정장25, p.307b8)에 "아바다나란 무엇인가? 세간과 더불어 서로 닮아 있고 유연하여 천근한 말이다. 마치 『중아함경』 중의 『장아바다나경』, 『장아함경』 중의 『대아바다나』, 비니(毘尼) 중의 『억이아바다나』·『이십억아바다나』 등, 『해이백오십계경』 중의 『욕아바다나』의 일부, 『보살아바다나』의 일부에 나오는 것 등과 같은 것이다. 이와 같이 한량없는 아바다나가 있다. 阿波陀那者 與世間 相似柔軟淺語 如中阿含中 長阿波陀那經 長阿含中 大阿波陀那 毘尼中 億耳阿波陀那 二十億阿波陀那 解二百五十戒經中 欲阿波陀那一部 菩薩阿波陀那出一部 如是等無量阿波陀那"라고 하였다. [참고문헌] 『大智度論』. ⇨ 아바다나 阿波陀那, 아바다나 avadāna, 비유 譬喩, 십이부경 十二部經

장아자 長阿字 Ⓢ ā-kāra. 길게 소리나는 아(ā)자. 실담자 𑖁. 『방광대장엄경』 권4(대정장3, p.559c13 : *Lal-v.*, p.89)에 "그때 만 명의 동자들이 보살과 함께 스승 앞에서 같이 자모를 배웠다. … 장모음 아(𑖁 ā)자를 부르면 스스로도 이롭고 타인에게도 이로운 소리가 나온다. 爾時 有十千童子 而與菩薩 俱在師前 同學字母 … 唱長阿字時 出自利利他聲 bhikṣavo daśa dārakasahasrāṇi bodhisattvena sārdhaṁ lipiṁ śiṣyante sma. tatra bodhisattvādhisthānena teṣāṁ dārakāṇāṁ mātṛkāṁ vācayatāṁ … ākāre parikīrtyamāne ātmaparahitaśabdo niścarati sma"라고 하였다. [참고문헌] 『方廣大莊嚴經』, 『佛本行集經』 권11(대정장3, p.704a19), *Lal-v.* ⇨ 아자 阿字

장아함경 長阿含經 Ⓢ Dīrgha-āgama, Ⓟ Dīgha-nikāya. 후진(後秦) 홍시(弘始15) 413년 불타야사(佛陀耶舍 Ⓢ Buddhayaśas)와 축불념(竺佛念) 공역. 22권 4분(分) 30경(經). 고려장17, pp.815a1~1024c21, No.647·대정장1, pp.1a2~149c24, No.1에 수록되어 있다. 사아함(四阿含) 중 하나이고 이에 상응하는 팔리본은 오부니카야(五部nikāya) 중 *Dīgha-nikāya*이며, 아함경 중 비교적 긴 경문을 모은 것이기에 이렇게

부른다. 음사어는 지리감아감(地哩甘阿甘)이다. 제1분에는 ①「대본경 大本經」 ②「유행경 遊行經」 ③「전존경 典尊經」 ④「사니사경 闍尼沙經」 등 네 개의 소경(小經)이 있으며, 과거칠불과 석가모니불의 열반에 관한 이야기 등이 수록되어 있다. 이에 상응하는 팔리본 *DN.*와 남전장(南傳藏)의 경명은 ① *Mahāpadāna-s.*(大本經) ② *Mahāparinibbāna-s.*(大般涅槃經)와 *Mahāsudassana-s.*(大善生經) ③ *Mahāgovinda-s.*(大典尊經) ④ *Janavasabha-s.*(闍尼沙經)이다. 제2분에는 ⑤「소연경 小緣經」 ⑥「전륜성왕수행경 轉輪聖王修行經」 ⑦「폐숙경 弊宿經」 ⑧「산타나경 散陀那經」 ⑨「중집경 衆集經」 ⑩「십상경 十上經」 ⑪「증일경 增一經」 ⑫「삼취경 三聚經」 ⑬「대연방편경 大緣方便經」 ⑭「석제환인문경 釋提桓因問經」 ⑮「아누이경 阿㝹夷經」 ⑯「선생경 善生經」 ⑰「청정경 淸淨經」 ⑱「자환희경 自歡喜經」 ⑲「대회경 大會經」 등 열다섯 개의 소경이 있으며, 이에 상응하는 팔리본은 ⑤ *Aggañña-s.*(起世因本經) ⑥ *Cakkavattisīhanāda-s.*(轉輪聖王師子吼經) ⑦ *Pāyāsi-s.*(弊宿經) ⑧ *Udumbarikasīhanāda-s.*(優曇婆邏師子吼經) ⑨ *Saṅgīti-s.*(等誦經) ⑩ *Dasuttara-s.*(十上經) ⑬ *Mahānidāna-s.*(大緣經) ⑭ *Sakkapañha-s.*(帝釋所問經) ⑮ *Pāṭika-s.*(波梨經) ⑯ *Siṅgālovāda-s.*(敎授尸迦羅越經) ⑰ *Pāsādika-s.*(淸淨經) ⑱ *Sampasādanīya-s.*(自歡喜經) ⑲ *Mahāsamaya-s.*(大會經)이어서 ⑪과 ⑫번 상응경은 없다. 사성평등(四姓平等)·십이인연법(十二因緣法)과 법상(法相)·육방예경(六方禮敬) 등의 법문이다. 제3분에는 ⑳「아마주경 阿摩晝經」 ㉑「범동경 梵動經」 ㉒「종덕경 種德經」 ㉓「구라단두경 究羅檀頭經」 ㉔「견고경 堅固經」 ㉕「나형범지경 倮形梵志經」 ㉖「삼명경 三明經」 ㉗「사문과경 沙門果經」 ㉘「포타바루경 布吒婆樓經」 ㉙「노차경 露遮經」 등 열 개의 소경이 있으며, 이에 상응하는 팔리본은 ⑳ *Ambaṭṭha-s.*(阿摩晝經) ㉑ *Brahmajāla-s.*(梵網經) ㉒ *Soṇadaṇḍa-s.*(種德經) ㉓ *Kūṭadanta-s.*(究羅檀頭經) ㉔ *Kevaṭṭa-s.*(堅固經) ㉕ *Kassapasīhanāda-s.*(迦葉師子吼經) ㉖ *Tevijja-s.*(三明經) ㉗ *Sāmaññaphala-s.*(沙門果經) ㉘ *Poṭṭhapāda-s.*(布吒婆樓經) ㉙ *Lohicca-s.*(露遮經)이다. 브라만을 비롯한 외도비판이 실려 있다. 제4분은 「세기경 世記經」 하나이고 상응하는 팔리본은 없다. 사주(四洲)·지옥 등 세계의 기원 등에 대해 설하고 있다. 잡아함경의 부분 이역본으로는 『칠불경 七佛經』(대정장1, No.2)·『비바시불경 毘婆尸佛經』(대정장1, No.3) 등 50여 본이 전한다. 남전(南傳)의 오부 중 장부(長部)가 이에 해당하는데, 팔리본 장부경전인 *DN.*에는 「계온품 戒蘊品」 13경·「대품 大品」 10경·「바리품 波梨品」 11경의 3품 34경으로 구성되어 있고 한역 장아함에는 없는 여섯 경 *Mahāli-s.*(摩訶梨經), *Jāliya-s.*(闍利經), *Subha-s.*(須婆經), *Mahāsatipaṭṭhāna-s.*(大念處經), *Lakkhaṇa-s.*(三十二相經), *Āṭānāṭiya-s.*(阿吒曩胝經)이 더 전한다. 근래 신강(新疆)에서 「등송경 等誦經」과 「아타나지경 阿吒曩胝經」에 해당하는 범본이 발견되었으며, *Mahāpadāna-s.*(大本經)에 상응하는 범본 *Mahāvadāna-s.*의 복원본도 2003년 괴팅겐학술원(Akademie der Wissenschaften zu Göttingen)에서 출간되었다. 『마하승기율』 권32(대정장22, p.491c16)에 "존자 아난이 이와 같이 하여 일체법장을 송출하였는데, 문구가 긴 것을 모아 『장아함경』이 되었고, 문구가 중간 정도인 것을 모아 『중아함경』을 만들었다. 尊者阿難 誦如是等 一切法藏 文句長者 集爲長阿含 文句中者 集爲中阿含", 『선견율비바사』 권1(대정장24, p.677a19)에 "'어떤 것을 『장아함경』이라고 하는가?' '삼품 중 『범망경』이 처음이 되고, 사십사수다라가 모두 삼품에 드는데 이것을 『장아함경』이라고 한다'. 법사가 물었다. '어찌하여 그것을 장이라고 하는가?' '온갖 법을 모은 것이 가장 많기 때문에 장이라고 한다'. 何謂爲長阿含 三品中 梵網經爲初 四十四修多羅 悉入三品中 是名長阿含 法師問 云何名之爲長 聚衆法最多 故名爲長"라고 하였다. 〔참고문헌〕『摩訶僧祇律』, 『善見律毘婆沙』. ⇨ 사아함 四阿含, 오부니카야 五部Nikāya, 아함 阿含, 아함경 阿含經, 디가니카야 Digha-nikāya, 숫타피타카 Sutta-piṭaka

장아함십보법경 長阿含十報法經 후한(後漢)대 안세고(安世高) 한역. 2권. 『십보경』·『십보법경』·『십보법』·『십업경 十業經』·『다증도장경 多增道章經』 등이라고도 한다. 고려장19, pp.497a1~508c21, No.664·대정장1, pp.233b23~241c20, No.13에 수록되어 있다. 이 경전은 『장아함경』 「중집경 衆集經」·「증일경 增一經」 등과 함께 법수(法數)를 모은 것으로 『장아함경』 권9 「십상경 十上經」과 동본이역이다. 디가니카야 제34경 *Dasuttara-sutta*(*DN.3*, pp.272~293)와 상응한다. 「십상경」의 말을 인용하여 십문(十門)으로 나누면, 성법(成法)·수법(修法)·각법(覺法)·멸법(滅法)·퇴법(退法)·증법(增法)·난해법(難解法)·생법(生法)·지법(知法)·증법(證法)이 되는데, 총괄하여 550항의 법수를 모았다. 법수는 모두 10수를 기본범주로 삼아서 분류하였다. 『순정리론』에 『사리자증십경 舍利子增十經』이라는 이름으로 여러 차례 인용되고 있는 점 때문에 유부(有部)에서 중요하게 취급된 경전이었을 것으로 보며 유부 아비달마의 형성에 큰 영향을 끼쳤을 것이라고 평가한다. ⇨ 다증도장경 多增道章經, 십보경 十報經, 십상경 十上經

장안 長安 중국 고대왕조의 수도. 황하(黃河)의 지류인 위수(渭水) 유역의 관중분지(關中盆地)에 위치하였으며, 지금의 섬서성(陝西省) 서안(西安)에 해당한다. 시대에 따라 경조(京兆)·옹주(雍州)·서경(西京)·진창(晋昌)·영흥(永興) 등 다양한 이름으로 불렸고, 강역과 행정단위도 조금씩 달리 하였다. 위아래로 진령(秦嶺)산맥과 섬북(陝北)고원으로 둘러싸이고 서북쪽으로는 위수가 흘러 서북면에서 출몰하는 유목궐기를 진압하기에 유리하였고, 한편 동쪽으로 가까운 낙양(洛陽)에 이르면 개활지가 동남으로 펼쳐져 평원과 교통하기에 유리하였다. 또 진령산맥에서 발원하는 여러 수원이 위수로 인입되며 평야를 이루었으므로 물산 역시 풍족하였다. 이런 이유로 전한(前漢) 때부터 수도가 된 이래 여러 북조(北朝 : 前趙·前秦·後秦·西魏·北周)와 수·당(隋唐)에 이르기까지 약 천년 동안 수도의 지위를 유지하였다. 오랜 수도이자 서역(西域)으로 드나드는 거점이었기에 남북조시기와 수당대에 불교를 수용하고 재생산하는 핵심공간이기도 하였으니, 중요한 역경불사가 이곳 장안에서 지속적으로 이루어졌다. 전진(前秦)의 부견(符堅)은 379년(태원4·건원15) 양양(襄陽)에 머무르던 도안(道安)을 장안의 오중사(五重寺)로 데려와 후원하였으니, 도안은 『종리중경목록 綜理衆經目錄』을 정리하며 한역의 원칙(五失本三不易)과 경전을 나누고 해석하는 법(三科分釋) 등을 제시하였다. 도안의 이러한 기반 아래 삼장 구마라집(鳩摩羅什)의 역경이 가능하였다. 구마라집은 서역 구자국(龜玆國) 출신으로 후진(後秦)의 요흥(姚興)이 401년(홍시3) 장안으로 맞아들여 국사(國師)의 예로써 후원하였으니, 서명각(西明閣)·소요원(逍遙園)과 장안대사(長安大寺) 등에서 제자 승조(僧肇)·승엄(僧嚴)·승예(僧叡) 등과 함께 약 300여 권의 경론을 한역하였다. 이 시기를 거치면서 동아시아의 불교는 격의(格義)를 벗어나 독자적 정초를 확립하게 되었다. 북위(北魏)대 태무제(太武帝 재위 423~452)의 훼불로 장안의 불교 역량도 잠시 침체되기는 하였지만, 수 문제(文帝) 때 대흥선사(大興善寺) 등 여러 사찰이 건립되면서 활기를 되찾았고, 당대에 이르러서는 장안에서 현장(玄奘)·보리유지(菩提流支)·의정(義淨)·불공(不空) 등 중국과 서역의 여러 삼장들이 지속적으로 중요한 경론을 한역하며 거듭 발전하였다. 이에 따라 교학이 발전하며 다양한 종파가 흥기하는 자양분이 되었다. 현장과 규기(窺基)가 머무르던 자은사(慈恩寺)와 원측(圓測)이 머무르던 서명사(西明寺) 등을 거점으로 법상종(法相宗)이 일어나고, 삼론종(三論宗) 집대성자인 길장(吉藏)은 일엄사(日嚴寺)에 주석하기도 하였다. 도선(道宣)이 창시한 사분율종(四分律宗)은 인근 종남산(終南山)이 근거지이다. 두순(杜順)·지엄(智儼)·의상(義湘)은 종남산의 지상사(至相寺)에서 머무르고, 법장(法藏)은 장안의 태원사(太原寺)에서 머무르며 화엄종(華嚴宗)의 교학을 체계적으로 정립하였다. 이외에도 선종(禪宗)의 신수(神秀)·신회(神會), 정토종(淨土宗)의 선도(善導) 등이 장안을 무대로 활동하며 교화에 힘썼다. 현재까지 여러 종파불교의 본찰이 중수를 거쳐 남아있다. 뿐만 아니라 삼장 현장에게 헌정된 자은사의 대안탑(大雁塔)과 천복사(薦福寺)에 있는 소안탑(小雁塔) 등 여러 유물이 남아 당대의 융성했던 불교문화의 일면을 보여주고 있다. [참고문헌] 『歷代三寶紀』 권4(대정장49, p.53b21), 『梁高僧傳』 권5(대정장50, p.352c23), 『出三藏記集傳』 권14(대정장55, p.101b23), 『古今譯經圖紀』 권3(대정장55, p.359a11), 『阿彌陀經要解便蒙鈔』 권상(卍속장91, p.910b7). ⇨ 도안 道安❶, 구마라집 鳩摩羅什, 현장 玄奘, 규기 窺基, 원측 圓測, 도선 道宣, 법장 法藏❻, 신수 神秀, 신회 神會❶, 선도 善導, 자은사 慈恩寺❹, 서명사 西明寺❶, 지상사 至相寺, 대안탑 大雁塔

장안걸식가 長安乞食歌 장안 즉 세간중에 걸식하며 부른 노래. 조선후기 봉은사 스님 남호영기(南湖永奇 1820~1872)가 지은 380구의 긴 가사로 『화엄경소초중간조연서 華嚴經疏鈔重刊助緣序』에 「광대모연가 廣大募緣歌」와 함께 수록되어 있다. "여시문법如是問法 허ᄉᆞ오니 졔불만덕諸佛萬德 열반낙涅槃樂은 다겁사욕多劫捨慾 고행苦行이요 듕생뉸회衆生輪廻 화택문火宅門은 무량탐욕無量貪慾 불사不捨로다 이가시 일너시니 난행고행難行苦行 능能이ᄒᆞ야 자셩불과自性佛果 셰위보시 염불참션念佛參禪 하려니와 청정걸식淸淨乞食 하야보시 이걸식乞食을 허ᄌᆞ하면 어이구러 허잔말고 별別노행장行裝 따로업다 일개표ᄌᆞ一介瓢子 차고나니 집지응긔執持應器 다름업네 셰細대삭갓 씨고나니 백억百億하날 가감加減 업다 대명쳔디大明天地 발근일월日月 오탁겁듕五濁劫中 긔울삼고 반덕신상萬德眞相 자셩녕지自性靈智 생시광야生死曠野 등불삼고 독보건곤獨步乾坤 유행遊行하야 동대문東大門을 드러셔니 사위셩듕舍衛城中 다름업다 젼전가기轉轉家家 걸식乞食하야 득식창패得食唱唄 축원祝願허되 상공시방上空十方 제불諸佛이요 법계인쳔法界人天 보동공양普同供養 … 장안대도長安大道 네듯거라 열반졍로涅槃正路 웨몯되고 사구종노四衢鐘路 되엿너냐 호가용궁戶家龍宮 네듯거라 미원궁彌院宮이 웨몯되고 사바국궁娑婆國宮 되여너냐 … 고분셩鼓盆城아 네듯거라 열반셩涅槃城이 웨몯되고 한냥셩쳡漢陽城堞 되여너냐 셩외셩내城外城內 졔인諸人더라 정토회상淨土會上 웨몯가고 사바셩듕娑婆城中 되야너냐 … 사생칠체死生七體 불상허라 몯보너냐 못보너냐 자셩녕지自性靈智 못보너냐 활호담담濶浩淡淡 너른바다 의듀득요衣珠得饒 허여시며 말대되허末代太虛 공벽쳔空壁天에 계륜고랑桂輪孤朗 홀노놉다 진실식디眞實識地 읍시시면 일쳬듕생

一切衆生 씨잇시랴 진여법셩眞如法性 업시시면 항사보살恒沙菩薩 인닥글가 자셩원각自性圓覺 업시시면 삼셰졔불三世諸佛 과果잇실가 진여자셩眞如自性 한마음이 불보살佛菩薩의 관활管轄일시 션근종ᄌ善根種子 시머씨면 자연결과自然結果 아니볼가 다만발심發心 슈행修行ᄒ면 발심필경發心畢竟 둘아닐세 초발심初發心이 여여如如허면 얻지졍각正覺 못할손가 … 일대시교一大時敎 쑥밭칠셰 망상풍화妄想風化 업쓸진대 황엽黃葉엇지 잇슬손가 건곤일월乾坤日月 광장명廣長明은 어만물지於萬物之 역여逆旅로쇠 상락아졍常樂我淨 거룩ᄒ문 어졔불ᄌ佛子 법가法家로쇠 허샹텬일虛想遷日 허지말고 견셩오도見性悟道 어셔ᄒ야 슈불혜명修佛慧命 ᄒ야보시 하하 우습고 우습도다. ⇨ 영기 永奇

장안대도 長安大道 당나라 수도 장안을 연결하는 사통팔달의 큰 길. 어디로든 통하고 누구라도 다 받아들이는 종횡자재함을 비유한다. 대도통장안(大道通長安)도 같은 뜻이다. 『인천안목』 권3(대정장48, p.315c8)에 "장안의 큰 길에서 한가롭게 노니네. 가는 곳마다 사사로움이 없으니 공과 공이 합하는 듯하고, 법과 법이 한가지로 돌아가니 물이 물로 돌아가듯 하네. 長安大道長遊戲 處處無私空合空 法法同歸水歸水", 『종용록』 20칙 「시중 示衆」(대정장48, p.240a5)에 "이에 드는 깊은 이야기 셋은 조롱당하고 넷은 깨진다네. 장안의 큰 길 종횡으로 자유로운데 홀연히 입 열어 설파하고 발 들어 오락가락한다. 바랑 높이 걸고 주장자 꺾어야 하리. 일러보라! 누가 그 사람인가? 入理深談 嘲三擺四 長安大道 七縱八橫 忽然開口說破 擧步踏著 便可高掛鉢囊拗折拄杖 且道誰是其人", 『분양어록』 권상(대정장47, p.606a1)에 "'무엇이 화상의 취모검입니까?' '간장에게 맡겨 주조하지 않았기에 신광은 칼집 뚫고 나온다' '쓰는 이는 어떠합니까?' '괴이한 것 있어야 요괴 없애고, 생길 일 없으면 갈지 않는다' '다른 이에게 전하시겠습니까?' '장안의 큰 길 관문이 없어서 수레도 말도 함께 오고 감에 막는 일 없다'. 如何是和尙吹毛劍 師云 不假干將鑄 出匣透神光 用者如何 師云 有怪除妖孽 無生不用磨 還許別人傳也無 師云 長安大道無關鎖 車馬同流總不妨", 『오등전서』 권94 「무청극락남경진 武淸極樂南耕震」(卍속장141, p.863b14)에 "장안의 큰 길은 손바닥처럼 평평하지만 수많은 행인들이 대낮에 길을 잃는다. 長安大道平如掌 多少行人白晝迷"라고 하였다. 〔참고문헌〕 『人天眼目』, 『從容錄』, 『汾陽語錄』, 『五燈全書』. ⇨ 대도통장안 大道通長安

장안불구거 長安不久居 장안에 오래 머물지 않는다. 주착(住著)함을 경계하는 뜻으로, 함께 하는 공(共功)일수록 자취를 남기지 않는다. 『동산어록』(대정장47, p.510b10)에 "'무엇이 함께 할 공입니까?' '색을 얻지 않는다. 흰 가루에 깊은 자취 남기기 어렵고, 장안에는 오래 머물지 않는다'. 云如何是共功 師曰 不得色 又曰 素粉難沈跡 長安不久居", 『영각광록』 권27 「동산오위공훈 洞山五位功勳」(卍속장125, p.716b15)에 "함께 할 공이란, 여러 법은 어울려 일어난다. 그러므로 공이라고 하였다. 동산이 '색을 얻지 않는다'고 하였으니, 이에 앞선 위는 오직 한 색이어서 제법이 숨었다가, 지금 위에서 한 색이 다하고 제법이 함께 드러나니 하나의 색을 다시 얻을 수 없다. 흰 가루에는 깊은 흔적을 남기기 어렵고, 장안에 오래 머물지 않는다는 말 역시 앞선 위의 한 색을 가리키니, 오래 머물 수 없다는 뜻이다. 共功者 諸法並興 故曰共 洞山云 不得色者 乃爲前位是一色 諸法俱隱 今位一色消盡 諸法俱現 一色不可復得也 素粉難沈跡 長安不久居者 亦指前一色 不可久居也"라고 하였다. 〔참고문헌〕 『洞山語錄』, 『永覺廣錄』.

장안불리촌보 長安不離寸步 장안에서 한 발짝도 벗어나지 않는다. 본분을 벗어날 일 없다는 뜻이다. 『종용록』 30칙 「시중 示衆」(대정장48, p.247a5)에 "모든 마주해 기다리는 것들 끊고 두 가지 극단마저 눌러 의심덩어리 타파하는 데 어쩌랴, 한 구마저 없앨 일 없다. 장안에서 한 걸음 벗어난 일 없고, 태산에 단지 세 근만을 더한다. 무슨 법령이라도 있어 이렇게 말할 수 있을까? 絶諸對待 坐斷兩頭 打破疑團 那消一句 長安不離寸步 太山只重三斤 且道 據甚麽令 敢恁麽道"라고 하였다. 〔참고문헌〕 『從容錄』.

장안사 長安寺 ❶ 부산광역시 기장군 장안읍 장안리 불광산(佛光山)에 있는 절. 대한불교조계종 제14교구 본사 범어사(梵魚寺)의 말사이다. 673년(문무왕13)에 원효(元曉)가 쌍계사(雙溪寺)로 창건하였으며, 809년에 애장왕(哀莊王)이 다녀간 뒤 이름을 장안사로 변경하였다고 전한다. 임진왜란 때에 소실되었는데, 1660년(현종1)에 김방한(金邦翰 1635~1698)이 쓴 『오정집』 「장안사대웅전기 長安寺大雄殿記」에 "임진년의 병화로 남은 건물이 없었다. … 무인년(1638·인조16)에 태의가 탄식하며 뜻을 세우고, 옛터에 좌우 전당을 처음과 같이 중수하였는데, 대웅전을 짓지 못하였다. … 순치 갑오년(1654·효종5)에 원정이 앞날의 공을 새롭게 하고자, 권선문 한 권을 소매에 넣고 온갖 길을 다니며 시주를 받았다. 정유년(1657)에 경영하여, 무술년(1658)에 완공하였다. 壬辰兵焦土無餘堂 … 歲戊寅山人太儀者慨然有志 重修舊址左右堂殿而若初 所未建者大雄殿也 … 越順治甲午 元正資欲新前功 袖一卷而行乞萬程 經營丁酉 斷手戊戌"라고 하였다. 이후 『여지도서』 경상도 기장 사찰·『가람고』·『범우고』·『기장현읍지』 등 고문헌과 『해동지도』·『청구도』 등 고지도에 이름과 위치가 기록되어 있다. 현존 당우로는 대웅전·응진전·명부전·극락전·산신각·종각·해동전·불광헌 등이 있다. 성보문화재에는 보물 제1771호 대웅전·제1824호 석조석가여래삼불좌상, 유형문화재로는 1684년(숙종10)에 승호(勝湖) 등이 조성한 제85호 응진전석조석가삼존십육나한상·제86호 명부전석조지장시왕상과 제172호 응진전석조석가여래삼존상복장물일괄·제189호 명부전석조지장삼존및시왕상복장유물, 1856년(철종7)에 금암천여(錦庵天如) 등이 조성한 제87호 대웅전석가영산회상도·제89호 명부전지장보살도, 1882년(고종19)에 수룡기전(繡龍琪銓)과 관허의관(貫虛宜官)이 조성한 제88호 응진전석가영산회상도, 1744년(영조20)에 중건된 제106호 명부전, 1899년(광무3)에 건립된 제107호 응진전, 1576년(선조9)에 안동 광흥사(廣興寺)에서 70여 명이 시주하여 개판(開板)한 제171호『예수시왕생칠재의찬요』등이 있다. [참고문헌]『鰲亭集』,『輿地圖書』,『伽藍考』,『梵宇攷』,『機張縣邑誌』,『海東地圖』,『青丘圖』,『韓國寺刹全書』권하 p.976a7. **2** 강원도 회양군 내금강면 장연리 금강산(金剛山)에 있던 절. 금강산 4대 사찰 중 하나로 대본사 유점사(楡岾寺)의 말사였으며, 한국전쟁 전까지 "임제종제일가람 臨濟宗第一伽藍" 편액을 건 선종사찰이었다. [창건 및 연혁] 창건과 관련하여 1345년(충목왕1)에 이곡(李穀 1298~1351)이 지은『가정집』권6「금강산장안사중흥비」(한국문집총간3, p.137b16)에 "신라 법흥왕대(재위 514~540)에 창건하였으며, 고려 성왕대(재위 981~997)에 중흥하였다. 蓋刱於新羅法興王 而重興於高麗之成王", 1884년(고종21)에 금하(錦河)가 지은「강원도회양부금강산장안사사적 江原道淮陽府金剛山長安寺事蹟」(『유점사본말사지』 p.327)에 "신라 법흥왕대 혜량조사가 고구려로부터 와서 왕을 알현하니, 왕이 조사를 승통으로 삼았다. … 이에 왕이 조사에게 산의 서쪽 기슭에 절을 세우라고 명하고, 장안이라는 편액을 내렸다. 新羅法興王時 有惠亮祖師 自高句麗來 見於王 王以師爲僧統 … 於是 王命師 創寺於山之西麓 而賜額長安"라고 하였다. 그런데『삼국사기』권44 열전(列傳)4 거칠부(居柒夫)에서는 551년(진흥왕12)에 혜량법사가 신라에 귀의하였다는 기록에 의거하여 551년에 혜량법사가 장안사를 창건한 것으로 보기도 한다. 창건 이후 연혁은 〈표〉와 같다. 이후 1951년 한국전쟁 당시에 폭격으로 전소했으며, 현재는 사지(寺址)만 남아 있다. 1940년대에 장안사에는 대웅전·사성전

장안사 명부전지장보살도

〈표〉 장안사 사적

연 대	주 요 사 적
773년(혜공왕9)	진표(眞表)율사 중수
862년(경문왕2)	각현(覺賢)대사 비로자나불상 주조
946년(정종 1)	『법화경』·『금강경』비로전 봉안
970년(광종21)	화재로 전소
982년(성종 1)	회정(懷正)선사 중건
1343년(충혜왕後4)	굉변(宏卞)대사 중건
1459년(세조 5)	세조 후원 수선(修繕), 원당 신축
1477년(성종 8)	화재로 전소
1483년(성종14)	일청(一淸) 중건
1537년(중종32)	화재로 전소
1545년(인종 1)	일청 중건
1551년(명종 6)	일청 대종(大鐘) 주조
1567년(명종22)	수한(守閑) 대종 주조
1586년(선조19)	의인왕후(懿仁王后) 후원 법전(法殿) 중건
1622년(광해군14)	현민(玄敏) 법전 중건
1629년(인조 7)	만천교(萬川橋) 중건
1642년(인조20)	무경(無竟)대사부도 건립
1689년(숙종15)	법전·종 소실, 귀옥(歸玉) 대종 주조
1690년(숙종16)	서기(瑞機) 만천교 중건
1691년(숙종17)	만천교비 건립
1702년(숙종28)	귀옥 대웅전 중수
1706년(숙종32)	화재로 전소
1708년(숙종34)	표훈(表訓) 대종 주조
1712년(숙종38)	세겸(世謙)두타 대법당 중건
1728년(영조 4)	묘현(妙玄)대사 중창
1760년(영조36)	만천교 중수 및 비 건립
1774년(영조50)	사성전(四聖殿) 중수
1791년(정조15)	윤사국(尹師國) 중창, 경사(經師)를 위해 축창(築倉)
1819년(순조19)	비구니 보영(寶英) 관음암 개와(蓋瓦)
1842년(헌종 8)	조만영(趙萬永) 전각 3백여 칸을 신건, 원조(圓照)상인 지장암 문루 건립
1853년(철종 4)	안양암 중건
1863년(철종14)	조만영 장경암 중수. 김병기(金炳冀) 사찰 중수
1867년(고종 4)	손형수(孫瀅洙) 안양암, 혜봉(慧峰) 영원암 중수
1873년(고종10)	석담(石潭)대사 지장암·안양암 중수
1876년(고종13)	심공(心空) 대웅전 개금불사
1881년(고종18)	인단(仁曇) 사선전, 금하(金河) 하관음암, 치율(致律) 중관음암 중수
1882년(고종19)	남화(南化)대사 안양암 불사 시작
1883년(고종20)	비구니 대덕(大德) 하관음암 중수
1887년(고종24)	심공 비로전과 극락전 중수
1889년(고종26)	벽하(碧河)선사 극락전 중건
1890년(고종27)	성은(聖恩) 안양암 개와(改瓦)
1899년(광무 3)	해은안 전소
1902년(광무 6)	범왕루 중건
1911년	벽하 명부전 중수, 대웅전 석축 쌓음
1913년	용선(龍船) 영원암에 선원 설립
1914년	장안사사적비 건립 비구니 홍윤(洪允) 중관음암 중수
1919년	벽하 비로전·명부전의 계단 신축
1921년	의룡(懿龍) 도솔암 중건
1925년	김진홍(金鎭弘)『신수대장경』헌납
1926년	도솔암 화재
1929년	의룡 대법당 중수

(四聖殿)·명부전·비로전·해광전(海光殿)·극락전·어향각·대향각·소향각·범왕루(梵王樓)·신선루·양로방·만수정·운주문 등의 전각과 장경암(長慶庵)·중관음암(中觀音庵)·하관음암(下觀音庵)·지장암(地藏庵)·안양암(安養庵)·영원암(靈源庵)·도솔암(兜率庵) 등의 산내암자가 있었다. 그 외에 각종 기록에 남아 있거나 터가 남아 있는 암자로는 금장암(金藏庵)·선주암(善住庵)·개심암(開心庵)·묘덕암(妙德庵)·사자암(獅子庵)·묘봉암(妙峰庵)·삼장암(三藏庵)·옥천암(玉泉庵)·수월암(水月庵) 등이 있다. [문헌자료] 장안사 관련 사적문으로는「풍악산장안사사적기발 楓嶽山長安寺事蹟記跋」·「금강산장안사사적발」·「조선강원도회양부금강산장안사사적비명」등이 있고, 중수·중창기문으로는「금강산장안사수즙병중창기 金剛山長安寺修葺並重刱記」·「장안사사성전중수기」·「금강산장안사해광전범왕루중수기」·「장안사지장암중창기」·「장안사안양암중건기」·「금강산장안사안양암십육전중건기」·「영원암중수기」등이 있다. 상량문으로는「금강산장안사법당중건상량문」·「금강산장안사대웅전중수상량문」·「금강산장안사대법당중건상량문」등이 있고, 불사(佛事) 관련 기록으로는 「금강산장안사대웅전십육존상양차개금불사기문 金剛山長安寺大雄殿十六尊像兩次改金佛事記文」·「금강산장안사사성전인등시주축원책서 金剛山長安寺四聖殿引燈施主祝願冊序」·「불사연기서문」·「시장경암기 施長慶庵記」·「장안사안양암불사기」·「장안사영원암선방시주기」·「헌답시주기 獻畓施主記」, 모연문으로는「금강산장안사중수계하모연문 金剛山長安寺重修啓下募緣文」·「장안사중창권선문」·「장안사법당권문」·「금강산장안사법당조성권선문」·「금강산장안사조성달마인출제경찬소 金剛山長安寺造成達麻印出諸慶讚疏」·「금강산만천교권선문」·「장안사중관음암중수모연문」·「금강산장안사관음암개와기문」, 종명(鐘銘)으로는「금강산장안사신주종명 金剛山長安寺新鑄鐘銘」·「금강산장안사신주명」·「금강산장안사대종중주기」·「영원암중종기」등이 있다. 이상의 문헌자료들은『유점사본말사지』pp.

장안사 정선 풍악도첩 국립중앙박물관 1711년
김윤겸 봉래도권 국립중앙박물관 1768년

323~389에 수록되어 있다. 장안사는 문집에도 다수 등장하였는데, 허목(許穆)의『미수기언』권28「산수기 山水記」, 김창협(金昌協)의『농암집』권23「동유기 東游記」, 윤휴(尹鑴)의『백호전서』권34「풍악록 楓岳錄」, 이정구(李廷龜)의『월사집』권17「숙장안사증로승각심담유 宿長安寺贈老僧覺心曇裕」등에서 언급하였다. [석비 및 부도] 장안사에는 이곡이 비문을 지어 1335년에 세운 장안사비·장두현(張斗炫)이 비문을 써서 1691년에 세운 유명조선국봉래동장안사신건만천교갑계비(有明朝鮮國蓬萊洞長安寺新建萬川橋甲契碑)·계음각향(桂蔭覺香)이 비문을 지어 1760년에 세운 유명조선국회양부금강산장안사만천교중건비·찬일(讚日)이 비문을 짓고 새겨 1844년에 세운 장안사중수비·화은호경(華隱護敬)이 비문을 지어 1864년에 세운 보은송덕비(報恩頌德碑)·금화(錦華)가 비문을 지어 1887년에 세운 불향헌납비(佛餉獻納碑)·1904년에 세운 박창선유적비(朴昌善遺蹟碑)와 김한종유적비(金漢宗遺蹟碑)·혜근(惠勤)이 비문을 지어 1914년 6월에 세운 영원암선원창설비(靈源庵禪院刱設碑)·구산사문(龜山沙門) 영호(映湖)가 비문을 지어 1914년에 세운 장안사사적비·퇴경상로(退耕相老)가 비문을 지어 1925년에 세운 벽하선사공덕비(碧河禪師功德碑)·영호가 비문을 지어 1925년에 세운 김진홍여사기념공덕비(金鎭弘女史紀念功德碑) 등이 있었으나 지금은 존재하지 않으며 비문은『유점사본말사지』pp.350~365에 수록되어 있다. 또 금계당대사부도(錦溪堂大師浮屠)·금파당대사부도(金坡堂大師浮屠)·정관사부도(正觀師浮屠)·사학대사부도(思學大師浮屠)·무학화상모친부도(無學和尙母親浮屠)·송월당처사낙원부도(松月堂處士樂圓浮屠)·박씨마형부도(朴氏麻亮浮屠)·최법성부도(崔法性浮屠) 등이 있었으나, 현재에는 무경당영운지탑(無竟堂靈雲之塔)만이 남아 있다. [참고문헌]『稼亭集』,『楡岾寺本末寺誌』(亞細亞文化社, 1977),『三國史記』,『眉叟記言』,『農巖集』,『白湖全書』,『月沙集』,『林下筆記』,『東國輿地勝覽』권47 江原道 淮陽都護府 佛宇,『伽藍考』,『梵宇攷』,『韓國寺刹全書』권하 p.980b2,『북한의 전통사찰』권10 강원도(대한불교조계종 민족공동체추진본부, 2011) pp.286~291. **3** 경상남도 진주시 장안산(長安山)에 있던 절. 1932년에 편찬된 진주읍지인『진양지』권2 불우에 "임진년 이후에 초가집으로 중건하였다. 壬辰後重建草舍"라고 하였다. [참고문헌]『晉陽志』. **4** 경상북도 문경시 영순면 금림리에 있던 절. 이곳에 탑이 있어 인근 계곡이 탑골이라 불렸다. 사지 인근 민가에서 옥개석을 확인할 수 있으며, 일대에 토기·기와·자기가 산재해 있다. [참고문헌]『한국사지총람』권하(문화재청·佛教文化財研究所, 2010) p.170. **5** 경상북도 안동시 풍천면 하회리에 있던 절. 현재는 연화사(蓮花寺)가 있다.『영가지』권6 고적에 "풍산현 남쪽 화산 기슭에 있다. 절은 없어지고 터만 남았는데 석불과 석탑이 남아 있다. 在豐山縣南花山之麓 有廢基石佛石塔"라고 하였다. [참고문헌]『

永嘉誌』. **6** 경상북도 예천군 용궁면 향석리 비룡산(飛龍山)에 있는 절. 대한불교조계종 제8교구 본사 직지사(直指寺)의 말사이며, 장안암(長安庵)·남산사(南山寺)라고도 부른다. 759년(경덕왕18)에 운명(雲明)이 창건하였다고 전한다. 이규보(李奎報 1168~1241)의 『동국이상국집』 권6 「십구일우장안사유작 十九日寓長安寺有作」(한국문집총간1, p.354b2)에 "산에 이르니 속된 마음을 씻을 수 있네. 하물며 고승 지도림을 만났음에랴. 到山聊得滌塵襟 況遇高僧支道林"라고 하여, 고려시대에도 법등을 이었음을 알 수 있다. 1627년(인조5)에 덕잠(德潛)이 중건하였으며, 1709년(숙종35)에 청민(淸敏)이 종각을 중수하고 불량계(佛粮契)를 결성하였다. 1755년(영조31)에 법림(法琳)·지묵(智默)이 임봉의(林鳳儀)의 도움으로 전각을 중수하였으며, 1759년에 불량계를 재결성하였다. 1800년(정조24)에 효일(孝日)이 중수하였으며, 1830년(순조30)에 불상을 개금(改金)하고, 삼존상·삼성(三聖)·십육나한·제석·범천·사자상 2위 등을 개채(改彩)하였으며, 후불탱 2폭·신중탱·독성탱을 조성하였다. 1867년(고종4)에 설산(雪山)이 향로전, 1872년에 설곡(雪谷)이 법당과 요사, 1876년과 1881년에 백암(白巖)이 각각 종각과 산령각을 중수하였다. 1896년(건양1)과 1898년(광무2)에 세욱응봉(世旭鷹峯)이 각각 산령각과 법당을 중수하였다. 1982년에 법진(法眞)이 주석하면서 1994년까지 당우의 대부분을 중창하였다. 관련 자료로는 「장안사중창기 長安寺重刱記」(1627), 「경상도용궁현남용비산장안사종각중수기 慶尙道龍宮縣南龍飛山長安寺鐘閣重修記」(1709), 「장안사중수기」(1755), 「불량계중설서 佛粮契重設序」(1759), 「장안사등촉계기 長安寺燈燭契記」(1772), 「장안사중수기」(1801), 「강좌용궁현남령비룡산장안사불사기 江左龍宮縣南嶺飛龍山長安寺佛事記」(1830), 「예천군용궁면장안사사법낭향선종각중수기 醴泉郡龍宮面長安寺法堂香殿鐘閣重修記」(1881), 「장안사산신각중수기」(1881), 「장안사법당중수단확기 長安寺法堂重修丹雘記」(1899) 등이 있다. 현존 당우로는 대웅전·미타전·삼성각·범종각·용왕각·요사 등이 있다. 〔참고문헌〕『東國李相國集』, 『伽藍考』, 『梵宇攷』, 『韓國寺刹全書』 권하 p.976a9. **7** 전라북도 익산시 금마면 신용리 미륵산(彌勒山)에 있던 절. 『동국여지승람』 권34 전라도 여산군 불우에 이름과 위치가 기록되어 있으며, 『범우고』에는 "지금은 폐사되었다. 今廢"라고 하였다. 〔참고문헌〕『東國輿地勝覽』, 『梵宇攷』, 『韓國寺刹全書』 권하 p.976a3. **8** 전라북도 장수군 영추산(靈鷲山 : 또는 영취산)에 있던 절. 『동국여지승람』 권39 전라도 장수현 불우에 이름과 위치가 기록되어 있으며, 『범우고』에는 "지금은 폐사되었다. 今廢"라고 하였다. 〔참고문헌〕『東國輿地勝覽』, 『梵宇攷』, 『韓國寺刹全書』 권하 p.976a5. **9** 충청남도 당진시 송악읍 가교리 신암산(申庵山)에 있던 절. 『동국여지승람』 권19 충청도 면천군 불우에 이름과 위치가 기록되어 있으며, 『범우고』에는 "지금은 폐사되었다. 今廢"라고 하였다. 〔참고문헌〕『東國輿地勝覽』, 『梵宇攷』, 『韓國寺刹全書』 권하 p.976a1. **10** 북경시 석경산구(石景山區) 취미산(翠微山) 서남쪽에 위치한 절. 취미사(翠微寺)·선응사(善應寺)라고도 한다. 1504년(홍치17)에 창건되었고 1671년(강희10) 중수되었다. 서산팔대처(西山八大處) 중 하나로 꼽힌다. 서산의 지맥을 형성하는 취미산·평파산(平坡山)·노사산(盧師山)에 건립된 영광사(靈光寺)·삼산암(三山庵)·대비사(大悲寺)·용왕당(龍王堂)·향계사(香界寺)·보주동(寶珠洞)·증과사(證果寺)와 함께 팔대명찰로 불린다. 중국 근대의 혼란중에 대부분 파괴되었고, 현존하는 사찰은 최근에 중수된 것이다.

장안사종 長安寺鐘 **1** 강원도 회양군 금강산(金剛山) 장안사에 있던 범종. 현존하지 않으며, 주조기록만 전한다. 고려시대에 범종을 주조한 사실은 「연복사종명 演福寺鐘銘」(『조선금석총람』 권상, p.490)을 통해 알 수 있는데, "대원 지정 6년(1346·충목왕2) 봄에 자정원사 강금강과 좌장고부사 신예 등이 천자의 명을 받들어, 금과 비단을 가지고 와서 금강산에 종을 주조하였다. 大元至正六年春 資正院使姜公金剛 左藏庫副使辛侯裔 奉天子之命 以金幣來鑄鐘于金剛山"라고 하였다. 조선시대에도 범종을 주조하였는데, 이러한 사실은 『청허집』 권5 「금강산장안사신주종명병서 金剛山長安寺新鑄鍾銘并序」 2편(한불전7, p.708c8·p.716a2)과 「장안사대종중주기 長安寺大鐘重鑄記」(『조선금석총람』 권하, p.1054·『유점사본말사지』, pp.374~375)를 통해 알 수 있다. 〔참고문헌〕『朝鮮金石總覽』, 『淸虛集』, 『楡岾寺本末寺誌』(亞細亞文化社, 1977). ⇨ 장안사 長安寺 **2**, 금강산장안사신주종명병서 金剛山長安寺新鑄鍾銘并序, 개성연복사종 開城演福寺鍾 **2** 고려시대 범종. 일본 신석현(新潟縣) 좌도시(佐渡市) 장안사(長安寺) 소장. 높이 107.5cm·입지름 61cm. 표면에 불보살상이나 비천상 등을 시문(施紋)하지 않은 무문계열(無紋系列)의 종이다. 용뉴(龍鈕)는 입을 천판(天板) 위에 붙이고 있으며, 왼발은 결실되었다. 상대(上帶)와 하대(下帶)에는 당초문이 장식되어 있고, 네 개의 연곽(蓮廓)에는 아홉 개의 연봉우리가 높게 도드라져 있다. 종신의 중간부분에 한 줄의 횡대(橫帶)를 두르고, 이와 맞닿는 곳에 앞뒤로 두 개의 당좌(撞座)를 배치하였다. 당좌는 팔엽(八葉)의 연화문이다. 〔참고문헌〕최응천 「日本에 있는 韓國梵鐘의 종합적 고찰」(『東岳美術史學』8, 2007). ⇨ 범종 梵鐘

장안십대사 長安十大寺 중국 장안(長安 : 섬서성 서안)

에 있던 열 곳의 큰절. 『미륵상생경서응초』 권1(卍속장35, p.871a15)에 "대자은사는 바로 장안십대사 중 한 절이다. 大慈恩寺者 卽是長安十大寺中之一寺也", 『법화경현찬요집』 권1(卍속장53, p.357a10)에 "대자은사란, 어머니의 은혜에 보답하고자 창건하였으므로 자은사라 이름하였고 대는 십대사의 수이다. (십대사란) 좌가의 다섯 절로 안국·하은·천복·자은·홍선, 우가의 다섯 절로 장엄〈성수로 개칭〉·영태·서명〈복수로 개칭〉·홍복〈봉은으로 개칭〉·화도이다. 大慈恩寺者 報慈母之恩 故名慈恩寺 大者卽十大寺之數也 左街有五寺 安國荷恩薦福慈恩興善 右街有五寺 莊嚴〈改爲聖壽〉永泰西明〈改爲福壽〉興福〈改爲奉恩〉化度"라고 하였다. 〔참고문헌〕『彌勒上生經瑞應鈔』, 『法華經玄贊要集』.

장안암 長安庵 경상북도 예천군 지보면 용비산(龍飛山)에 있던 장안사(長安寺). 『여지도서』 경상도 용궁 사찰과 『가람고』에 "현 남쪽 2리에 있다. 在縣南二里"라고 하였다. 『범우고』에도 이름과 위치가 전한다. 〔참고문헌〕『輿地圖書』, 『伽藍考』, 『梵宇攷』, 『韓國寺刹全書』 권하 p.986a11. ⇨ 장안사 長安寺 [6]

장암사 長庵寺 평안북도 구성군 서양산(西陽山)에 있던 절. 『여지도서』 평안도 구성 사찰에 "부 남쪽 40리 서양산 아래에 있다. 在府南四十里 西陽山下"라고 하였다. 『가람고』와 『범우고』에도 이름과 위치가 전한다. 〔참고문헌〕『輿地圖書』, 『伽藍考』, 『梵宇攷』, 『韓國寺刹全書』 권하 p.986a13.

장애 障礙 Ⓢ āvaraṇa, antarāya, antarāyakara, vibandha, Ⓟ antarāya, antarāyika, paṭigha, vighāta, Ⓣ sgrib-pa, bar-du-gcod-pa, bar-chad, bgegs-byed-pa. 막거나 가리다. 어떤 법의 발생이나 머묾을 물리적으로 방해하는 것. 또는 열반·보리·해탈 등을 막아 가리는 번뇌를 말한다. 『중아함경』「정부동도경 淨不動道經」(대정장1, p.542b7 : *Āṇañjasappāya-sutta, MN.2,* p.261)에 "현세욕이나 후세욕이나, 혹은 현세색이나 후세색이나 저 일체란 바로 마경계이고 마의 먹잇감이다. 이로 인해 마음에 악하고 선하지 않은 한량없는 법과 탐욕(增伺)·성냄·투쟁 등이 생겨나니, 성스런 제자들이 장애를 겪는다'. 若現世欲及後世欲 若現世色及後世色 彼一切是魔境界 則是魔餌 因此令心生無量惡不善之法 增伺 瞋恚及鬪諍等 謂聖弟子學時爲作障礙 diṭṭha-dhammikā kāma-saññā, yā ca samparāyikā kāma-saññā … te ca ariyasāvakassa idham-anusikkhato antarāyāya saṃbhavanti", 『대승집보살학론』 권6(대정장32, p.93c2)에 "어떤 것을 장애라고 하는가? 탐이 장이고 성냄이 장이고 어리석음이 장이며, 보시도 장이고 지계·인욕·정진·선정·지혜 등을 모두 장이라고 한다. 그 까닭은 무엇인가? 어리석은 범부이생이 보시할 때 인색하여 아까워하면 깨끗한 믿음 일어나지 않고, 정신 일어나지 않아 손해심을 일으키며, 손해심으로 후회하여 번민하는 죄를 짓고 대지옥에 떨어진다. 云何說名障礙 謂貪爲障 瞋爲障 癡爲障 布施爲障 持戒 忍辱 精進 禪定 智慧 皆爲障礙 所以者何 愚夫異生 於布施時 爲慳惜者 不起淨信 由不淨信 發損害心 由損害故 生悔惱罪 墮大地獄", 『성실론』 권1(대정장32, p.241a15)에 "부처님께서 설하신 장애야말로 실로 장법이니, 불선이나 유루선을 말하는데 해탈을 막으므로 장애법이라고 한다. 장애를 여의기 위해 벗어나는 길을 설하셨다. 佛說障礙是實障法 所謂不善或善有漏 障解脫故 名障礙法 爲離障礙故說出道", 『설무구칭경소』 권4(대정장38, p.1067b)에 "번뇌가 거칠고 무거우면 습기라 하고 모든 선하지 않은 법을 장애라고 하니, 뛰어난 법을 장애하기 때문이다. 이러한 것을 끊으면 일체선법을 이끌어내고 증득할 수 있다. 煩惱麤重 名爲習氣 諸不善法 皆名障礙 礙勝法故 爲斷此等 便能引發 及能證得一切善法"라고 하였다. 〔참고문헌〕『中阿含經』, 『大乘集菩薩學論』, 『成實論』, 『說無垢稱經疏』, *MN., Laṅk.258., Bodh-bh.267., Śikṣ.90., SN.3.16.* ⇨ 장 障, 애 礙 [1], 장애유대 障礙有對, 번뇌 煩惱

장애산 障礙山 Ⓢ Vinataka, Ⓣ rnam-par-'dud. 수미산을 둘러싸는 구산팔해(九山八海)의 칠금산(七金山) 중 하나. 비나다(毘那多)·비나달가(毘那怛迦) 등으로 음사하며, 모양이 코끼리를 닮아서 상비산(象鼻山)이라고도 한다. 마이산(馬耳山)을 둘러싸고 있다. 『구사론송소의초』 권중(卍속장83, p.885b8)에 "상비라 하니 아마 바른 뜻은 아닐 것이다. 이곳에 장애신이 있는데 사람몸에 코끼리머리여서 보면 좋은 일이 있다고 하며 모두 장애산라 하고 봉우리가 그 신의 머리를 닮았다고 한다. 象鼻恐非正義 此云有障礙神 有一鬼神 人形象頭 凡見他勝事 皆爲障礙山 峯似彼神頭也", 『사교의주휘보보광기』 권3(卍속장102, p.408b12)에 "(수미산을 둘러싸는 구산팔해 중) 일곱째는 장애산이다. 높이와 너비는 각각 일천이백오십유순이다. 七 障碍山 高廣各一千二百五十由旬"라고 하였다. 〔참고문헌〕『俱舍論頌疏義鈔』, 『四教儀註彙補輔宏記』, *Mvyut.195.* ⇨ 칠금산 七金山, 비나다 毘那多 [1], 상비산 象鼻山

장애유대 障礙有對 Ⓢ āvaraṇa-pratighāta, Ⓣ sgrib-pa-la-thogs-pa. 가려 막기에 마주할 수 있음. 삼유대(三有對) 중 하나로 색법(色法)을 말한다. 극미(極微)로 이루어진 오근(五根)과 오경(五境)의 십계(十界)가 그 예다. 『구사론』 권2(대정장29, p.7a14 : *Abh-k*

-*bh*., p.19)에 "장애유대란 무엇인가? 십색계(十色界)이니 자체는 다른 처에서는 장애로 생기지 못한다. 예를 들면 손이 손을 장애하고, 혹은 돌이 돌을 장애하며, 혹은 서로 손과 돌이 장애한다. 障礙有對 謂十色界 自於他處 被礙不生 如手礙手 或石礙石 或二相礙 tatrāvaraṇa pratighātaḥ svadeśe parasyotpattipratibandhaḥ. yathā hasto haste pratihanyate upale vā. upalo 'pi tayoḥ"라고 하였다. 〔참고문헌〕『俱舍論』, 『大毘婆沙論』 권76(대정장27, p.391b18), *Abh-k-bh*. ⇨삼유대 三有對, 유대 有對, 대애 對礙, 경계유대 境界有對, 소연유대 所緣有對, 십계 十界❶, 색법 色法

장야 長夜 Ⓢ dīrgha-rātra, Ⓟ dīgha-ratta, Ⓣ yun-ring-po-nas. 길고 긴 밤. 무명(無明)에 덮혀 생사윤회하는 세월. 깨우쳐 알지 못하여 어둠에 갇힌 세월의 뜻이다. 『장아함경』 권4 「유행경 遊行經」(대정장1, p.29c15)에 "이때 향성바라문이 사람들에게 깨우쳐 말하길 '여러분! 긴긴 밤을 지나 부처님의 가르침을 받고 입으로 법을 외우며 마음속으로 인자하신 교화에 감복해 왔습니다. 일체중생이 늘 평안하고자 생각하는데 어찌 부처님사리로 다투며 서로 해칠 수가 있겠습니까? 여래께서 남긴 몸 널리 이롭게 하고자 한다면 마땅히 나눠 가져야만 할 것입니다'. 時 香姓婆羅門 曉衆人曰 諸賢 長夜受佛教誡 口誦法言 心服仁化 一切衆生 常念欲安 寧可諍佛舍利 共相殘害 如來遺形 欲以廣益 舍利現在 但當分取", 『오분율』 권18(대정장22, p.125a11)에 "우리들은 앞서 이러이러한 오편칠취(五篇七聚)에 속한 허물이 있으면 마땅히 서로 뉘우쳐야 하며, 범행 닦는 일을 물들여서는 안 됩니다. 기나긴 밤으로 고통받지 않습니까. 我等先犯如是如是某篇罪 應共悔過 莫汚染修梵行 長夜受苦", 『사분율』 권32(대정장22, p.787c22)에 "오비구는 여래께서 앉아 계신 모습을 보고 모두 칭송하며 '그대, 여래시여!'라고 말했다. 이때 부처님께서는 오비구에게 말씀하셨다. '그대들은 「그대, 여래·아라한·등정각이시여!」라고 칭송하지 마라. 여래위신은 헤아릴 수 없이 가장 뛰어나므로 그대들이 「그대, 여래시여!」라고 칭송한다면 긴긴 밤으로 헤아릴 수 없는 고통을 받을 것이다'. 五比丘見如來坐已 皆稱名 汝如來 時 佛告五比丘言 汝等莫稱名 汝如來 至眞 等正覺 如來威神 無量最勝 汝若稱名 汝如來 長夜受苦無量", 『구사론』 권5(대정장29, p.27b29 : *Abh-k-bh*., p.76)에 "무엇이 이 경에서 말씀하는 진실한 뜻입니까? 어리석은 범부들은 무명에 눈이 멀어 행의 상속을 두고 나와 나의 것들이라 집착하며, 기나긴 어둠중에 빠져 나오지 못한다. 세존께서는 저들의 집착을 끊기 위해 옮겨 상속하는 그 바탕 바로 유위이며 연생의 자성들임을 드러내셨다. 이 때문에 삼유의 유위상이 있다고 설하셨지만, 모든 제행의 한 찰나중에 세 상이 있다는 뜻은 아니다. 한 찰나에서 세 가지 상이 같이 일어나는가는 알아차리기 어렵다. 何謂此經所說實義 謂愚夫類無明所盲 於行相續 執我我所 長夜於中 而生耽著 世尊爲斷彼執著故 顯行相續 體是有爲 及緣生性 故作是說 有三有爲之有爲相 非顯諸行一刹那中具有三相 由一刹那 起等三相 不可知故 kaḥ punarasyārthaḥ. avidyāndhā hi bālāḥ saṃskārapravāhamātmāta ātmīyataścādhimuktā abhiṣvajante. tasya mithyādhimokṣasya vyāvarttanārthaṃ bhagavāṃstasya saṃskārapravāhasyasaṃskṛtatvaṃ pratītyasamutpannatāṃ dyotayitukāma idamāha, triṇīmāni saṃskṛtasya saṃskṛtalakṣaṇāni. na tu kṣaṇasya. nahi kṣaṇasyotpādādayaḥ prajñāyante", 『승만보굴』 권중(대정장37, p.28c29)에 "생사는 깊고 아득하기에 장이라고 하며, 스스로 비출 줄 모르기에 야라고 한다. 또한 생사는 벗어나기 어렵기에 장야라고 한다. 生死淵曠 名長 無解自照 稱夜 又生死難脫 故稱長夜"라고 하였다. 〔참고문헌〕『長阿含經』, 『五分律』, 『四分律』, 『俱舍論』, 『勝鬘寶窟』, *Abh-k-bh*., *DN.1.17*. ⇨무명 無明, 삼유 三有, 유위상 有爲相

장야 張野 여산(廬山) 백련사(白蓮社)의 십팔현(十八賢) 중 한 사람. 『여산기』 권3(대정장51, p.1040a27)에 "장야는 자가 내민이고 남양 완 지방 출신이다. 후에 심양 자상으로 이주했다. 도연명과 통혼하였다. 한문과 범어를 겸학하였으며 문장에 능했고 주읍에서 과거에 선발되었다. 남중랑·부공조·주치중·산기상시 등의 관직에 불렀으나 모두 나아가지 않았다. 천성이 효성스럽고 우애가 깊어 전택과 가업을 모두 동생에게 주었고 한 가지 음식이나 한 줌의 곡식이라도 모든 가족과 나누었다. 옷과 음식은 스스로 검소하게 하였는데 사람들이 감당하지 못하였으나 그 즐거움을 고치지 않았다. 지은 글 만여 자가 세상에 전한다. 선생은 혜원법사를 존경하여 유유민과 뇌차종 등과 함께 하였다. 혜원이 입적하자 서령에서 장례를 치뤘는데 사령운이 비명을 지었고 장야가 서를 썼다. 혜원의 문인으로 불렸다. 의희 14년 무오세에 춘추 69세로 생을 마쳤다. 張野字萊民 南陽宛人也 後徙潯陽柴桑 與陶元亮通婚姻 學兼華竺善屬文 州擧秀才 南中郎 府功曹 州治中 後徵散騎常侍 俱不就 天資孝友 田宅舊業悉推與弟 一味之甘一庾之粟 共九族分之 衣食躬自菲薄 人不堪其憂 不改其樂 凡所著述傳於世萬餘言 師敬遠公 與劉雷同轍 遠公卒葬西嶺 謝靈運爲銘 野序之 稱門人焉 義熙十四年戊午終 春秋六十九", 『불조통기』 권36(대정장49, p.343a17)에 "혜원법사가 산에서 도를 행할 때 명망 있는 선비 유유민 … 장야 … 불타발다라〈가유위 출신〉가 항상 함께 움직였다. 세상에서 여산십팔현이라고 부른다. 또한 승속 백스물두 명과 함께 결사를 맺고 염불했다. 初師在山行道 名儒劉遺民 張野 … 佛馱跋陀羅〈迦維衛人〉常同遊止 世號廬山十八賢復與僧俗百二十三人 結社念佛"라고 하였다. 〔참고문헌〕『廬山記』, 『佛祖統紀』. ⇨ 동림십팔현 東林十八賢, 여산십팔현 廬山十八賢, 혜원 慧遠

장야면복어생사 長夜眠伏於生死 긴긴 밤 생사에 잠들어 있다. 『대승보살장정법경』 권19(대정장11, p.826c21)에 "널리 베풀지 않으면 은애와 즐거움이 없고 일체 선법도 능히 행할 수 없으니, 과가 익어 수척하고 약한 몸을 받거나 아귀의 갖가지 경계가 일어나네. 긴긴 밤 동안 잠든 채 생사에 엎드려 있으니 오온의 보로 어리석어 두려움도 많네. 마시고 먹을 것 전혀 없어 기갈이 더하니, 넓고도 많은 온갖 고뇌 빠짐없이 받네. 그 많은 백천세를 지나도록 목마른 고통에 물소리마저 듣지 못하니, 보시도 선한 법도 다시는 볼 일 없고 세간의 온갖 아름다운 모습 얻을 수 없네. 不行布施無愛樂 一切善法不能行 果熟當招瘦弱身 或生餓鬼諸境界 長夜眠伏於生死 蘊報癡冥怖畏多 飮食俱無饑渴增 備受廣多諸苦惱 經歷多百千歲中 渴苦不聞水之聲 布施善道不復觀 不得世間諸善相"라고 하였다. 〔참고문헌〕『大乘菩薩藏正法經』.

장야면수 長夜眠睡 긴긴 밤 동안 잠들어 있다. 『정법염처경』 권10(대정장17, p.54b14)에 "저 중생들 마음은 이렇듯 견고하게 굳어서 이렇게 무량한 온갖 일체 고뇌에도 피곤한 줄 모르고, 긴긴 밤 동안 잠들어 깨어날 줄 모른다. 彼衆生心如是堅鞕 受如是等無量種種一切苦惱而不疲倦 長夜眠睡而不覺悟"라고 하였다. 〔참고문헌〕『正法念處經』.

장약 狀若 그 모양 ~와 같다. 『보살본생만론』 권11(대정장3, p.364b24)에 "성인의 도는 평등하여 허공과 같고, 조작하는 힘의 작용이 끝없이 변화한다. 聖道平等狀若虛空 造作力用遷變不窮", 『보살염불삼매경』 권5(대정장13, p.824a23)에 "이때 세계의 이름은 다련화였는데 그 땅은 부드럽기가 녹용과 같았으며 몸에 닿으면 천의와 같았고 모든 중생의 즐거움이 끝이 없었다. 爾時世界名多蓮花 其地柔軟 猶如鹿茸 若觸身時 狀若天衣 一切衆生 快樂無極"라고 하였다. 〔참고문헌〕『菩薩本生鬘論』, 『菩薩念佛三昧海經』.

장약 長藥 길게 지녀도 되는 약. 삼장물(三長物) 중 하나. 비구가 정해진 기한을 넘겨서 지녀도 범계가 되지 않는다. 『사분율행사초자지기』 권중(대정장40, p.345a4)에 "장약을 비축하는 것은 진형수약에 국한한다. 畜長藥是局盡形者"라고 하였다. 〔참고문헌〕『四分律行事鈔』. ⇨ 장발 長鉢, 장의 長衣, 삼장물 三長物

장양 長養 **1** Ⓢ aupacayika, vivardhana, Ⓣ rgyas-pa-las-'byung-ba. 길러 도탑게 하다. 사식(四食) 또는 음식·자조(資助)·수면(睡眠)·등지(等持)·범행(梵行) 등에 의해 신심(身心)이나 선근(善根)·공덕(功德) 등을 기르고 두텁게 함을 말한다. 『대승본생심지관경』 권2(대정장3, p.297b23)에 "어머니에게는 열 가지 덕이 있다. … 넷째는 양육이니 사시의 마땅함에 따라 능히 길러 도탑케 한다. 母有十德 … 四名 養育 隨四時宜 能長養故", 『잡아비담심론』 권10(대정장28, p.952c28)에 "저 단식은 모든 근과 사대를 장양하기에 식이라 하고, 촉이란 심심법을 장양하기에 '식'이며, 의사(意思)란 미래의 유를 장양하기에 '식'이라 하고, 식(識)이란 명색을 장양하기에 '식'이라 한다. 이렇게 사식을 말한다. 彼摶食者 長養諸根四大故說食 觸者 長養心心法故說食 意思者 長養當來有故說食 識者 長養名色故說食 是故說四食", 『유가사지론』 권54(대정장30, p.599c1)에 "장양류에 두 가지가 있다. 첫째는 처관변장양류(處寬遍長養流)이며, 둘째는 상증성장양류(相增盛長養流)이다. 앞의 장양류는 오직 색만을 장양하니 음식·수면·범행·등지 등으로 제색을 장양하는 것임을 알아야 한다. 여타 장양류들도 음식 등에 의지한 바로 수승한 작의를 닦을 수 있고, 오랫동안 순숙할 수 있기에 장양이라 할 수 있다. 모든 유색법은 이 두 가지 장양으로 말미암아 장양되며, 모든 무색법은 상증성만을 장양으로 여긴다. 또한 욕계색은 사식과 그 밖의 온갖 장양의 인연만으로 장양할 수 있으나, 색계제색은 단식·수면·범행 등을 말미암지 않고도 장양할 수 있다. 長養流者 亦有二種 一 處寬遍長養流 二 相增盛長養流 初長養流 唯色長養 當知由食 睡眠 梵行 等至 長養諸色 餘長養流 當知亦由食故 彼所依故 修勝作意故 長時淳熟故 而得長養 諸有色法 由二長養之所長養 諸無色法 唯相增盛 說名長養 又欲界色 具由四食 及餘一切長養因緣 而得長養 色界諸色 不由段食 睡眠梵行 而得長養", 『구사론기』 권2(대정장41, p.40c28)에 "둘째는 장양의 과다. 무릇 장양에 두 가지를 밝힌다. 첫째 장양의 용이 승한 것이니 십팔계에 통한다. 둘째 장양의 체를 더하는 것이니, 오근과 오경의 소분이다. 여기에서는 장양의 체에 근거하여 말한다. 二 所長養 泛明長養有二 一 長養用勝通十八界 二 長養體增 五根五境小分 此中據長養體說"라고 하였다. 〔참고문헌〕『大乘本生心地觀經』, 『雜阿毘曇心論』, 『瑜伽師地論』, 『俱舍論記』, 『俱舍論』 권2(대정장29, p.9b2), *Abh-k-bh.25.*, *Yogā-bh.56·64.* ⇨ 십장양심 十長養心, 소장양 所長養 **2** Ⓢ poṣadha, Ⓣ gso-sbyong. 포살(布薩)의 한역어. 『구사론』 권14(대정장29, p.75b7 : *Abh-k-bh.*, p.213)에 "근주란 무엇인가? 이 율의로 아라한에 가깝게 머무는 것을 말한다. 저를 따라 배우기 때문이다. 어떤 이는 말한다. '목숨이 다하도록 계에 머무는 것이다'. 이와 같은 율의를 '장양'이라고도 하는데, 박한 선근의 유정을 장양하여 선근이 점차 많아지도록 하기 때문이다. 言近住者 謂此律儀 近阿羅漢住 以隨學彼故 有說 此近盡壽戒住 如是律儀 或名長養 長養薄少善根有情 令其善根漸增多故 arhatāṃ samīpe vasantyanenetyupavāsasteṣāmanuśikṣaṇāt. yāvajjīvikasaṃvarasamīpe vasantyanenetyapare. alpakuśalamūlānāṃ kuśalamūlapoṣaṇāt poṣadha itivā", 『광홍명집』 권27(대정장52, p.306a19)에 "정주라는 말은 곧 포살의 한역 이름이다. 포살은 천축의 말이고 정주는 중국의 말로, 증진 또는 장양이라고 한다. 言淨住者 卽布薩之翻名 布薩天言 淨住人語 或云增進 亦稱長養"라고 하였다. [참고문헌] 『俱舍論』, 『廣弘明集』, *Abh-k-bh.* ⇨ 포살 布薩, 정주 淨住 ❸ Ⓢ viśākhā, Ⓟ visākhā. 비사거(毘舍佉)의 한역어. 비사거는 인도력으로 2월의 이름이다. 『구사론송소론본』 권8(대정장41, p.866b9)에 "비사거는 2월에 해당하는 별 이름으로, 별의 이름을 따서 이름 붙였다. 장양이라 한역하는데, 공덕이 생장한다는 뜻이다 毘舍佉 是二月星名 從星爲名 此云長養 卽功德生長也"라고 하였다. [참고문헌] 『俱舍論頌疏論本』, *Jā.1.68.* ⇨ 비사거 毘舍佉 ❶❷

장양등류 長養等流 ❶ 장양(長養 Ⓢ upacaya, aupacayika)과 등류(等流 Ⓢ niṣyanda, naiṣyandika). 색법(色法)이 생겨나고 유지되는 세 가지(異熟生 長養 等流) 속성중에 두세 번째. 『대비바사론』 권13(대정장27, p.63a7)에 "색에는 세 가지가 있으니 이숙생・장양・등류이다. 색과 같이 향・미・촉 등도 그러하다. 성에는 두 가지가 있으니 장양과 등류이다. 이숙생이 없으면 끊어짐 있게 되기에 법에 네 가지가 있다. 이숙생・등류・찰나・실사를 말한다. 실사란 모든 무위를 말한다. 色有三種 謂異熟生 長養等流 如色 香味觸亦爾 聲有二種 謂長養等流 無異熟生 有間斷故 法有四種 謂異熟生 等流 刹那 及實事 實事者 謂諸無爲", 『유가사지론』 권3(대정장30, p.290c22 : *Yogā-bh.*, p.56)에 "색이 모여 세 가지로 유전한다. 첫째 장양, 둘째 등류, 셋째 이숙생이다. 色聚有三種流轉 一者 長養 二者 等流 三者 異熟生 tasya khalu punaḥ rūpa-samudāyasya. tribhiḥ srotobhiḥ pravṛttir-bhavaty-aupacayikena naiṣyandikena vipākajena ca"라고 하였다. [참고문헌] 『大毘婆沙論』, 『瑜伽師地論』, *Yogā-bh.* ⇨ 장양 長養 ❶, 등류 等流 ❷ Ⓢ upacaya-naiṣyandika, Ⓣ rgyas-pa'i-rgyu-mthun-pa-las-byung-ba. 사종등류(四種等流 : 長養 異熟 變異 自性) 중 하나. 장양의 등류. 장양한 것의 전(前)과 후(後)가 같은 부류인 것을 말한다. 『유가사지론』 권3(대정장30, p.290c24 : *Yogā-bh.*, p.57)에 "등류에는 네 가지가 있으니, 첫째 장양등류, 둘째 이숙등류, 셋째 변이등류, 넷째 자성등류이다. 等流有四種 一 長養等流 二 異熟等流 三 變異等流 四 自性等流 naiṣyandikaṃ caturvidhaṃ. upacayanaiṣyandikaṃ vipākanaiṣyandikaṃ vikāranaiṣyandikaṃ prakṛtinaiṣyandikaṃ ca"라고 하였다. [참고문헌] 『瑜伽師地論』, *Yogā-bh.* ⇨ 등류 等流, 장양 長養 ❶

장양모 將羊毛 삼십사타(三十捨墮) 중 하나. 길에서 양털을 얻었을지라도 그것을 가지고 세 역 밖, 3유순, 또는 일구로사 이상 가져가지 않도록 하는 계(戒). 담모계(擔毛戒)・담모과삼유순계(擔毛過三由旬戒)・담양모과삼유순계(擔羊毛過三由旬戒)・지양모과한계(持羊毛過限戒)・도중담양모(道中擔羊毛) 등이라고도 한다. 『유부율송』 권상(대정장24, p.629b18 : *Nissaggiya, Vin.3,* p.233)에 "담양모학처(擔羊毛學處)라 하였으니, 〈송〉 자신이 양털을 지녀 역(驛) 세 곳 밖으로 가서는 안 된다. 적은 양의 양털로 모자 등을 만들어 조용히 지니는 것은 허물이 아니다. 마을의 반을 가면 악작이니 반구로사(俱盧舍 Ⓢ krośa)다. 일구로사를 넘으면 마을을 넘는 것이니 사타죄를 얻는다. 擔羊毛學處 不自將羊毛 行過三驛外 少許爲帽等 密持非是愆 半村擎惡作 及半俱盧舍 俱盧舍若過 越村便得墮 bhikkhuno pan' eva addhānamaggapaṭipannassa eḷakalomāni uppajjeyyuṃ. ākaṅkhamānena bhikkhunā paṭiggahetabbāni, paṭiggahetvā tiyojanaparamaṃ sahatthā hāretabbāni asante hārake, tato ce uttariṃ hareyya asante pi hārake nissaggiyaṃ pācittiyan ti"라고 하였다. [참고문헌] 『有部律頌』, *Vin.*, 李智冠 『南北傳六部律藏比較硏究』 p.149. ⇨ 지양모과한계 持羊毛過限戒, 삼십사타 三十捨墮, 니살기바일제 尼薩耆波逸提

장양색 長養色 Ⓢ aupacayika rūpa, Ⓣ rgyas-pa-las-byung-ba'i-gzugs. 후천적 음식 등으로 길러서 도타워지는 색. 오근(五根)과 오경(五境)을 말하며, 선척적인 전생의 선악업(善惡業)에 따른 과보인 이숙색(異熟色)에 상대한다. 『대비바사론』 권11(대정장27, p.52a14)에 "존자 세우는 말한다. '하나의 이숙색이 상속하여 아직 멸하지 않았을 때, 장양색과 등류색이 있게 되며, 다시 상속하여 생길 때 많은 류가 함께 생긴다. 그러므로 등무간연이 아니다'. 尊者世友說曰 一異熟色 相續未滅 有長養色 及等流色 復相續生 多類俱生 故非等無間緣", 『구사론』 권7(대정장29, p.36b24 : *Abh-k-bh.*, p.98)에 "존자 세우는 말한다. '한 몸중에 하나의 장양색이 상속하여 끊이지 않는데, 다시 두 번째의 장양색이 생기지만 서로 거스르거나 방해하지 않는다. 그러므로 등무간연을 세울 수 없다'. 尊者世友 作如是言 於一身中 一長養色 相續不斷 復有第二長養色生 不相違害

故不可立 等無間緣 avyākulas-tu samanantara-pratyayaḥ aniruddha eva-ekasminn-aupacayika-rūpa-santāne dvitīya-utpatter-iti bhadanta-vasumitraḥ"라고 하였다. [참고문헌]『大毘婆沙論』,『俱舍論』, *Abh-k-bh*. ⇨ 오근 五根❶, 오경 五境, 이숙색 異熟色, 등무간연 等無間緣, 색 色

장양생 長養生 길게 기르고 낳다.『순정리론』권35(대정장29, p.544c9)에 "산지를 연한 무표는 능히 대종을 짓고 오직 등류성일 뿐인데, 무슨 이유로 정지의 무표는 길게 길러 낳게 되는가? 수승한 마음이 눈앞에 나타나는 위에서는 반드시 대종제근을 길러 도탑게 하기 때문이다. 何緣散地 所有無表 能造大種 唯等流性 定地無表所長養生 以殊勝心 現在前位 必能長養 大種諸根",『구사론소』권2(대정장41, p.500a20)에 "음식 등으로 길러 도탑게 하고 낳기에 장양이 있다. 飮食等長養生 故有長養"라고 하였다. [참고문헌]『順正理論』,『俱舍論疏』.

장양성태 長養聖胎 성스런 태를 길러 도탑게 하다. 보양성태(保養聖胎)·성태장양(聖胎長養)이라고도 한다.『범망경고적기』권하(대정장40, p.702c1·한불전3, p.447c12)에 "열 가지 장양이란 십행이다. 성스런 태를 길러 도탑게 하기 때문이다. 十長養者 十行也 長養聖胎故",『수심결』(대정장48, p.1006c17·한불전4, p.710a1)에 "깨달음에 의지하여 닦아 점차 익혀 공을 이루고, 성스런 태를 기르고 도탑게 하여 오래오래 성인이 된다. 그러므로 점수라고 한다. 依悟而修 漸熏功成 長養聖胎 久久成聖 故云漸修也",『경덕전등록』권6「마조전 馬祖傳」(대정장51, p.246a16)에 "만약 이 마음을 바로 안다면 때에 따라 옷 입고 밥 먹으면서도 성태를 기르니, 상황에 맡겨 세월을 보낼 뿐이니 더 이상 무슨 일 있어 그대가 나의 가르침을 받으려 하는가? 若了此心乃可隨時著衣喫飯 長養聖胎任運過時 更有何事汝受吾敎",『능엄경요해』권15(卍속장17, p.838b4)에 "발심한 이후로 귀함을 낳을 때까지 입성태라 하고, 방편구족위에서 동진위까지를 장양성태라고 한다. 이 장양에 이르러 공을 마친다. 그러므로 왕자가 태에서 나옴에 비유한다. 自發心至生貴 名入聖胎 自方便具足至童眞 名長養聖胎 至此長養功終 故喩出胎王子"라고 하였다. [참고문헌]『梵網經古跡記』,『修心訣』,『景德傳燈錄』,『楞嚴經要解』. ⇨ 보양성태 保養聖胎, 성태 聖胎

장양안 長養眼 이종안(二種眼) 중 하나. 음식이나 수면(睡眠) 등으로 양성되는 후천적인 눈을 말한다. 이숙안(異熟眼:異熟生眼)의 상대어이다.『종경록』권52(대정장48, p.727b8)에 "금세에 있어 음식 등으로 작은 것을 길러 크게 하고, 여윈 것을 먹여 살찌게 하는 것을 장양안이라고 한다. 나머지 오근도 그러하다. 於今世時 因飮食等 長小令大 養瘦令肥 名長養眼 餘五根亦然"라고 하였다. [참고문헌]『阿毘曇毘婆沙論』,『宗鏡錄』. ⇨ 장양 長養❶, 이숙안 異熟眼

장양업 長養業 ➡ 장양 長養❷, 포살 布薩

장양인 長養因 길러 도탑게 하는 인. 증장인(增長因 Ⓢ vṛddhi-hetutva)이라고도 한다.『유가사지론』권16(대정장30, p.362c3)에 "장양인이란, 그 이전에 생겨난 선불선무기법을 수습하고 더 잘 수습하고 거듭 수습하기에, 그 이후에 생겨날 선불선무기법을 거듭 굴러 한층 승하게 함을 장양인이라 한다. 長養因者 謂前前所生善不善無記法 修習善修習 多修習故 能令後後所生善不善無記法展轉增勝 名長養因",『순정리론』권19(대정장29, p.449a10)에 "장양인이란 온갖 음식을 말한다. 長養因 謂諸飮食",『성유식론요의등』권2(대정장43, p.693b18)에 "장양인이라 하였으니, 색근 등은 사대종에 의지해 움직여서 증장할 수 있기 때문이다. 長養因 謂色根等依大種事 得增長故"라고 하였다. [참고문헌]『瑜伽師地論』,『順正理論』,『成唯識論了義燈』. ⇨ 장양 長養❶

장어목작명주 將魚目作明珠 물고기 눈을 가져 밝은 구슬로 여기다.『속전등록』권33「나암혜온전 蘿菴慧溫傳」(대정장51, p.696b9)에 "범부의 정식도 성인의 헤아림도 베어버릴 수는 없다. 이로 비추어 깨달아 안다 해도 오히려 드러내 보일 뿐이다. 부처와 조사의 뜻도 저 물고기 눈 가져 밝은 진주로 여기는 것과 같다. 凡情聖量不能剗除 理照覺知猶存露布 佛意祖意如將魚目作明珠"라고 하였다. [참고문헌]『續傳燈錄』.

장어사 藏魚寺 서울특별시 종로구 신영동에 있던 장의사(藏義寺). 한도십영(漢都十詠) 중 한 곳으로 세종 때 사가독서당(賜暇讀書堂)이 설치되기도 하였고, 서거정(徐居正 1420~1488)이 당대의 고승 일암(一菴)을 뵈러 가서 지은 싯구가 여럿 전한다.『사가집』「우용전운기일암전상인 又用前韻寄一菴專上人」(한국문집총간10, p.358a13)에 "예전에 상인과 함께 장어사에서 손님 성근보(成謹甫:성삼문)를 전송할 때 내가 시를 지어 '장어사로 스님을 찾아왔다가 차일암 가에서 떠나는 손님을 전송하네.'라고 하였다. 昔與上人 餞客藏魚寺 僕有詩云 藏魚寺裏尋僧到 遮日岩邊送客歸", 김안로(金安老 1481~1537)『희락당문고』권8「아조사가독서 我朝賜暇讀書」(한국문집총간21, p.441b10)에 "우리 조선 영묘(세종)께서 일찍이 중국의 제도를 본받아 휴가를 주어 독서를 하게 하였는데 … 처음에 여섯 명을 선발하여 장어사에서 긴 휴가를 주어 독서케 하셨다. 我朝英廟 肇倣

其制 賜暇讀書 … 初選六人 賜長暇于藏魚寺"라고 하였다. [참고문헌]『四佳集』, 『希樂堂文稿』. ⇨ 장의사 藏義寺 ❶, 한도십영 漢都十詠

장엄 莊嚴 Ⓢ vyūha, alaṃkāra, Ⓟ vibhūsana, alaṃkāra, Ⓣ bkod-pa, rgyan. 갖가지 보물·꽃·일산(日傘)·당(幢)·번(幡) 등으로 도량(道場)이나 국토를 꾸며 아름답게 하는 장엄이나, 삼매·지혜·신통 등 온갖 방편으로 장엄하고 채워 온갖 세계를 드러내는 뜻이다. 40권본『대반열반경』권27(대정장12, p.523a11)에서 지혜와 복덕의 이종장엄을 시설하고, 『왕생론주』권하(대정장40, p.836a16)에서는 국토·불·보살의 삼종장엄을 시설하며, 『대방등대집경』권1(대정장13, p.5c28)에서 계영락(戒瓔珞)·삼매영락(三昧瓔珞)·지혜영락(智慧瓔珞)·다라니영락(陀羅尼瓔珞)의 사종영락장엄도 시설한다. 이외에 60권본『화엄경』권10(대정장9, p.461c10) 에서는 색신(色身)·어언(語言)·의행(意行)·불찰(佛刹)·광명(光明)·권속(眷屬)·신력(神力)·불교(佛敎)·열반지(涅槃地)·지법(持法)의 십종장엄도 시설한다. 『방광대장엄경』권8(대정장3, p.587c24)에 "이런 팔만사천 보리수 하나하나의 나무아래에는 각각의 색류(色類)에 따라 사자좌를 깔았다. 즉 어떤 사자좌는 꽃으로 장엄하였고, 어떤 사자좌는 향으로 장엄하였으며, 어떤 사자좌는 전단으로 장엄하였고, 어떤 사자좌는 구슬보배로 장엄하였으며, 어떤 사자좌는 여러 가지 보배로 장엄하였다. 如是八萬四千菩提之樹 一一樹下 各隨色類 敷師子座 或有師子之座 以花莊嚴 或有師子之座 以香莊嚴 或有師子之座 以栴檀莊嚴 或有師子之座 以珠寶莊嚴 或有師子之座 以雜寶莊嚴", 『대방등대집경』권30(대정장13, p.207c27)에 "'내가 이제 부지런히 닦아 장엄하니 심성을 여의지 않는다'. 무엇이 심성이고 어떤 것이 장엄인가? 심성이란 저 허깨비와 같아서 주인도 없고 짓는 일도, 베풀 일도 없다. 장엄이란, 지어 베풀고 온통 돌이켜 부처님나라 엄정하게 한다. 심성이란 꿈에 본 듯 마음 모습 적멸함이며, 장엄이란 빠짐없이 계를 가져 닦아 익혀서 모든 것에 통한다. 심성이란 저 거울중에 그림자인듯 그 모습 청정하지만, 장엄이란 닦은 모든 인을 빠짐없이 무생법인에 회향하는 것이다. 심성이란 더운 날의 아지랑이처럼 구경에는 적멸한 것이며, 장엄이란 모든 선에 깊이 정진하여 무상불법에 회향하여 모두 갖추는 것이다. 심성이란 어떤 색도 아니고 상대할 수 없어 지을 수 없지만, 장엄이란 닦은 모든 선정과 해탈삼매를 부처님의 선정에 회향하여 구족케 한다. 심성이란 볼 수 없고 가질 수도 없는 것이며, 장엄이란 모든 의문 잘 분별하여 부처님 지혜에 회향하여 모두 갖춘다. 심성이란 연이 없으면 생기지 않는 것이고, 장엄이란 항상 선근을 관하는 것이다. 심성이란 인이 없으면 생기지 않는 것이며, 장엄이란 보리를 돕는 것으로 발심하는 것이다. 심성이란 육진을 버리므로 마음에 일어남이 없고, 장엄이란 부처님의 경계에 들어가는 것이다. 我今當勤 修習莊嚴 不離心性 云何心性 云何莊嚴 心性者 猶如幻化 無主無作 無有施設 莊嚴者 所作布施 悉以迴向 嚴淨佛土 心性者 如夢所見 心相寂滅 莊嚴者 具足持戒 修習諸通 心性者 如鏡中像 其相清淨 莊嚴者 所修諸忍 悉以迴向 無生法忍 心性者 如熱時焰 究竟寂滅 莊嚴者 於一切善 深發精進 迴向具足 無上佛法 心性者 無色無對 無所爲作 莊嚴者 一切所修 禪定解脫三摩跋提 迴向具足 佛之禪定 心性者 不可得見 亦不可取 莊嚴者 於一切問難 善能分別 迴向具足 佛之智慧 心性者 無緣不生 莊嚴者 常觀善根 心性者 無因不生 莊嚴者 因助菩提 而發起心 心性者 捨離六塵 心則無起 莊嚴者 入佛境界"라고 하였다. [참고문헌]『大般涅槃經』, 『往生論註』, 『大方等大集經』, 『華嚴經』, 『方廣大莊嚴經』, *Gaṇḍ-vy.5·6.*, *DN.1.5.*, *MN.1.10.* ⇨ 이종장엄 二種莊嚴, 삼종장엄 三種莊嚴 ❶, 사종영락장엄 四種瓔珞莊嚴, 이십구종장엄 二十九種莊嚴

장엄겁 莊嚴劫 삼겁(三劫) 중 하나. 삼대겁(三大劫) 중 과거의 대겁. 현재현겁(現在賢劫)이나 미래성수겁(未來星宿劫)에 대응하는 과거장엄겁을 말한다. 과거의 일대겁(一大劫 : 成·住·壞·空의 八十增減小劫) 중 화광불(華光佛)로부터 비사부불(毘舍浮佛)에 이르기까지 천불(千佛)이 출세하는 때를 말한다. 『삼미륵경소』(대정장38, p.317c26·한불전2, p.99c11)에 "장엄겁이란 일찍이 천불이 저 겁 중에 장엄했기 때문이다. … 그 천불이란 화광불을 처음으로 하여 비사불까지인데, 과거장엄겁 중에 성불하였다. 莊嚴劫者 曾千佛彼劫中莊嚴故 … 其千人者 華光佛爲首 至毘舍佛 於過去莊嚴劫中得成佛", 『불조통기』권30(대정장49, p.298a7)에 "사람의 수명이 팔만사천 세에서 백 년마다 수명이 일 년씩 줄어 십 세까지 줄어들고, 백 년마다 일 년씩 늘어나〈혹은 아들의 수명이 아버지의 곱절이라고도 함〉 다시 팔만사천 세까지 늘어난다. 이와 같이 한 번 줄었다 한 번 늘어나는 것이 일소겁이고, 스무 번 늘었다 줄어드는 것이 일중겁이며, 성주괴공의 네 가지 중겁을 통틀어 일대겁〈신역『바사론 婆沙論』〉이다. 여기서 말하는 과거현재미래의 삼세는 각각 일대겁이다. 과거장엄겁〈이 겁에는 성·주·괴·공이 각각 이십소겁임〉은 이십소겁〈일소겁마다 각각 한 번씩 증감한다. 이후도 이것과 같다〉 동안 이루어지고, 이십소겁 동안 머물며, 천불께서 차례대로 출세하시는데 처음 화광불로부터 시작하여 비사부불〈과거칠불(過去七佛)에서 삼불(三佛)은 장엄겁에 출세하시고, 사불(四佛)은 현겁에 출현하신다〉에 이르러 마친다. 人壽八萬四千歲 百年命減一年 減至十歲 百年增一年〈或云 子倍父壽〉 復增至八

萬四千歲 如是一減一增爲一小劫 二十增減爲一中劫 總成住壞空四中劫爲一大劫〈新婆沙論〉 今論過去現在未來三世各一大劫 過去莊嚴劫〈此劫 有成住壞空 各二十小劫〉 成二十小劫〈每一小劫 各一減一增 後放此〉 住二十小劫 有千佛次第出世 始自華光佛 終至毘舍浮佛〈過去七佛 有三佛在莊嚴劫四佛在見在賢劫〉"라고 하였다. 〔참고문헌〕『三彌勒經疏』, 『佛祖統紀』. ⇨ 과거장엄겁 過去莊嚴劫, 현재현겁 現在賢劫, 미래성수겁 未來星宿劫, 삼겁 三劫❶, 겁 劫

장엄경 莊嚴經 북송(北宋) 법현(法賢) 한역. 3권 또는 2권. 『불설대승무량수장엄경 佛說大乘無量壽莊嚴經』의 줄인 이름. 고려장34, pp.228a1~241b1, No.1139 · 대정장12, pp.318a3~326c2, No.363에 수록되어 있으며, 『대승무량수장엄왕경 大乘無量壽莊嚴王經』· 『무량수장엄경 無量壽莊嚴經』 등이라고도 하며, 『무량수경 無量壽經』(대정장12, No.360)의 이역본(異譯本)이다. 아미타불의 본원과 정토를 서술한 법문이며, 주석서로 서개(誓鎧)의 『장엄경모제기 莊嚴經毛渧記』 6권이 있다. ⇨ 무량수장엄경 無量壽莊嚴經

장엄구 莊嚴具 ❶ 밀교에서 작법(作法)할 때 도량을 장엄하는 법구(法具). 『다라니집경』 권4(대정장18, p.821c16)에 "또한 행자가 이 작법을 행할 때 법계의 모든 부처님께서 감응하신다. 모든 여래 · 모든 반야 · 모든 보살 · 모든 금강 · 모든 천룡 내지 팔부의 온갖 귀신들이 각각 갖가지 보배 · 향 · 꽃 · 영락장엄과 갖가지 당번 · 여러 보배 산개 · 온갖 장엄구를 가져오고 갖가지 기악과 갖가지 음식이 허공을 가득 채우고 모두 함께 행자가 공양하는 것을 돕는다. 又復行者作此法時 感得法界一切諸佛 一一如來 一一般若 一一菩薩 一一金剛 一一天龍 乃至八部諸鬼神等 各各齎持 諸寶香華 瓔珞莊嚴 及諸幢幡 衆妙寶蓋 諸莊嚴具 種種伎樂 種種飮食 遍滿虛空悉同相助 行者供養"라고 하였다. 〔참고문헌〕『陀羅尼集經』. ❷ Ⓢ bhūṣaṇa, bhūṣaṇa-alaṃkāra, ābharaṇa, alaṃkāra-upavicāra. 장식을 위한 도구. 『마하승기율』 권3(대정장22, p.247b7)에 "여인의 장엄구는 비녀 · 귀걸이 · 의복 등이고, 남자의 장엄구는 의관과 영락 등이다. 女人莊嚴具者 釵鐶衣服等 男子莊嚴具者 衣冠瓔珞等", 『정생왕인연경』 권3(대정장3, p.399a23)에 "만약 그 천의 남자와 여인들이 장엄구를 생각하면 마음이 일어나자마자 그것들이 저절로 손에 들어온다. 若彼天男 及天女等 思莊嚴具者 纔起心時 而自至手", 『불본행집경』 권11(대정장3, p.702b13)에 "갖가지 영락 · 구슬 · 문양 · 반지 · 팔찌 · 요패 · 금실로 된 띠 · 금방울 · 보배 그물 · 각종 마니를 장엄구로 삼는다. 種種瓔珞 珠璣印文 指環臂釧腰珮 金縷爲帶 金鈴寶網 種種摩尼 爲莊嚴具"라고 하였다. 〔참고문헌〕『摩訶僧祇律』, 『頂生王因緣經』, 『佛本行集經』, *Lal-v.140.*, *Gaṇḍ-vy.417.*, *Laṅk.38.*, *Bodh-bh.25.*

장엄론 莊嚴論 ❶ 무착(無著)이 저술하고 당대 바라바밀다라(波羅頗密多羅)가 한역한 『대승장엄경론 大乘莊嚴經論』(대정장31, No.1604)의 줄인 이름. ⇨ 대승장엄경론 大乘莊嚴經論 ❷ 마명(馬鳴)이 짓고 구마라집(鳩摩羅什)이 한역한 『대장엄론 大莊嚴論』(대정장4, No.201)의 다른 이름. ⇨ 대장엄론 大莊嚴論

장엄문 莊嚴門 꾸며 아름답게 가꾼 문. 중생을 위해 방편으로 꾸민 불사문(佛事門)을 말한다. 『종경록』 권28(대정장48, p.574a8)에 "「입법계품」에서 자행동녀가 말했다. '나는 삼십육항하사 부처님이 계신 곳에서 이 법을 닦았습니다. 그 여래들께서 각각 다른 법문으로 내가 반야바라밀의 넓은 장엄문에 들어가도록 하였으니, 순잡에 걸림이 없었습니다'. 入法界品中 慈行童女云 我於三十六恒河沙佛所 修得此法 彼諸如來 各以異門 令我入是般若波羅蜜普莊嚴門 卽純雜無礙也"라고 하였다. 〔참고문헌〕『宗鏡錄』, 80권본 『華嚴經』 권65(대정장10, p.348c8). ⇨ 불사문 佛事門, 장엄 莊嚴

장엄보리심경 莊嚴菩提心經 요진(姚秦) 구마라집(鳩摩羅什 344~413) 한역. 1권. 『보리심경』이라고도 한다. 고려장8, pp.1121a1~1124a7, No.95 · 대정장10, pp.961b3~963b3, No.307에 수록되어 있다. 『최승왕경 最勝王經』 「정지다라니품 淨地陀羅尼品」의 별역이며, 북위(北魏)대 길가야(吉迦夜)가 한역한 『대방광보살십지경 大方廣菩薩十地經』(대정장10, No.308)과 취지가 같다. 부처님께서 왕사성 기사굴산에서 대비구 · 보살들과 함께 계셨는데, 사무량의보살(思無量義菩薩)의 질문에 대한 답으로 보리심에 대해 설하신 법문이다. 십바라밀 · 십지를 설하고 각각의 위에서 닦는 삼마지와 그 위의 특징과 거기서 얻는 다라니에 대해 밝히고 있으며, 맨 마지막에는 십바라밀의 낱낱을 열 가지로 풀어 설한다. ⇨ 보리심경 菩提心經

장엄사 莊嚴寺 ❶ 중국 강소성(江蘇省) 남경(南京)에 있는 절. 동진(東晋)대인 348년(영화4) 사상(謝尙)이 그의 집을 절로 만든 것이며 탑사(塔寺)라고도 한다. 유송(劉宋)대인 459년(대명3) 사진서사(謝鎭西寺 : 謝寺)라고 이름을 바꾸었다. 혜차(慧次) · 승보(僧寶) · 승지(僧智) · 지종(智宗) 등이 여기에 머물렀으며, 진(陳)대인 569년(태건원년)에 화제가 일어나 중건하여 홍엄사(興嚴寺)라 하였으며, 남송(南宋)대인 소흥년간(1131~1162)에 진무묘(眞武廟) 북쪽으로 옮겼고, 명(明)대인 1423년(영락21) 진상(眞常)이 중흥하여 다시 장엄사라 하였다. [참고문헌]『梁高僧傳』 권8 「慧次傳」(대정장50, p.379c5), 『南朝寺考』(대장경보편14, p.630a14). ❷ 중국 강소성 남경 선양문(宣陽門) 밖 대사서락원(大社西樂園)에 있는 절. 유송(劉宋)대인 459년(대명3) 노태후(路太后)가 창건하였으며, 칠중탑(七重塔)이 있다. 양(梁)대 소장엄사를 짓자, 이와 구별하고자 대장엄사라고 하였다. 제(齊)대에는 도혜(道慧)·승달(僧達) 등이 『성실론』을 강론하였고, 양대에는 보창(寶唱)·승민(僧旻) 등이 『유마경』을 강설하였다. 진(陳)나라 무제(武帝)가 이 절에 사신(捨身)하고, 『금광명경 金光明經』의 대강을 강의하였으며, 무차대회(無遮大會)를 열었다. 수(隋)나라 이후에는 점차 쇠퇴하였으나, 당(唐)대 우두산의 혜충(慧忠)이 와서 살았다. [참고문헌]『歷代三寶紀』 권11(대정장49, p.99b17), 『佛祖統紀』 권36(대정장49, p.346c9). ❸ 중국 섬서성(陝西省) 서안(西安)에 있는 선정사(禪定寺)의 다른 이름. [참고문헌]『唐高僧傳』 권4 「玄奘傳」(대정장50, p.446c28). ⇨ 선정사 禪定寺[5] ❹ ➡ 소장엄사 小莊嚴寺

장엄삼매 莊嚴三昧 ➡ 장엄왕삼매 莊嚴王三昧, 일장엄삼매 一莊嚴三昧

장엄소 莊嚴疏 당(唐)대 문궤(文軌) 지음. 3권. 『인명입정리론소 因明入正理論疏』의 다른 이름. 현장(玄奘)의 강의에 의거하여 지은 책이며, 몇몇 내용은 규기(窺基)의 『인명대소 因明大疏』(대정장44, No.1840)와 다르다. 이 책은 산실되었다가 지나내학원(支那內學院)에서 일본에서 발견된 권1의 잔본(殘本), 금판대장경(金版大藏經)에서 발견된 권3의 잔본, 그리고 일본 선주(善珠)의 『인명론소등초 因明論疏燈鈔』, 명전(明詮)의 『인명대소리서 因明大疏裏書』 등 그 밖의 다른 책에 인용된 문구 등을 보아서 산행한 것이나. [참고문헌] 劉貴傑 『佛教哲學』(五南圖書出版股份有限公司, 2006) p.324, 沈劍英 『敦煌因明文獻研究』(上海古籍出版社, 2008) pp.25-27. ⇨ 인명입정리론소 因明入正理論疏

장엄수 莊嚴樹 ❶ 나무에서 영근 열매에서 장엄도구가 출현하기에 붙여진 이름. 『장아함경』 권18 「세기경 世記經」(대정장1, p.118a22)에 "장엄수가 있으니 높이는 칠십 리다. 꽃과 열매가 무성하고, 그 열매가 익었을 때 껍질이 저절로 터져 갖가지 몸을 치장하는 도구가 나온다. 그 나무의 높이는 육십 리이거나 오십 리이거나 사십 리 등이며, 가장 작은 것은 높이가 오 리인데, 모두 꽃과 열매가 무성하고 갖가지 몸을 치장하는 도구가 나온다. 有莊嚴樹 高七十里 花果繁茂 其果熟時 皮殼自裂 出種種嚴身之具 其樹或高六十里 五十 四十里 極小高五里 皆花果繁茂 出種種嚴身之具"라고 하였다. [참고문헌]『長阿含經』. ❷ 삼십삼천(三十三天) 중 열네 번째 하늘인 선행지천(旋行地天)의 광륜림(光輪林)에 깃든 새의 이름. 『정법염처경』 권28(대정장17, p.162c23)에 "이 사람은 목숨을 마치면 삼십삼천의 선행지에 난다. 이미 난 뒤에도 선업 때문에 온갖 보배들 찬란하게 빛나는데, 천녀들은 이것으로 공양한다. 공양하고서 광륜림으로 가면 종종의 음악소리 들리는데, 그 숲에 새가 있으니 장엄수라 하고 그 숲에 가득하다. 그 새들 덕택으로 가고 싶어 하는 곳이 있으면 생각대로 허공을 날아가고 숲 또한 따라 다닌다. 是人命終 生三十三天 旋行之地 既生之後 以善業故 一切衆寶 光明旋轉殊勝 天女 以爲供養 既供養已 詣光輪林 種種音樂 林中有鳥 名莊嚴樹 充滿林中 以鳥勢力 隨其心念 欲有所至 飛於虛空 林亦隨行"라고 하였다. [참고문헌]『正法念處經』.

장엄신 莊嚴身 Ⓢ ātma-bhāva-śobhā, āśraya-śobhā, Ⓣ lus-mdses-par-bya-ba, rten-mdses-pa. 오근(五根)의 증상사사(增上四事 : 莊嚴身 導養身 生識等 不共事) 중 하나. 소의신(所依身)이 장엄하여 오근이 이즈러짐 없이 온전한 뜻이다. 『구사론』 권3(대정장29, p.13b16 : *Abh-k-bh.*, p.38)에 "안(眼) 등의 오근은 각각 네 가지 일로 능히 더하고 오르는 공능이 있으니 첫째는 몸을 장엄하고, 둘째는 몸을 이끌어 기르며, 셋째는 식 등을 낳는다. 넷째는 함께하지 않고 하는 일이다. 우선 안이근이 몸을 장엄한다는 것은, 눈이 멀거나 귀가 먹으면 몸이 추루해지기 때문이다. 몸을 기른다는 것은, 보거나 들을 수 있어 험난한 곳을 피하기 때문이다. 식 등을 낳는다는 것은, 두 가지 식을 일으켜 상응하기 때문이다. 함께하지 않은 일이란, 색을 보고 소리를 듣는 등으로 다르기 때문이다. 비설신근으로 몸을 장엄한다는 것은 저 안근과 이근에서 말한 것과 같다. 眼等五根 各於四事 能爲增上 一 莊嚴身 二 導養身 三 生識等 四 不共事 且眼耳根 莊嚴身者 謂若盲聾 身醜陋故 導養身者 謂因見聞 避險難故 生識等者 謂發二識 及相應故 不共事者 謂能見色 聞聲別故 鼻舌身根 莊嚴身者 如眼耳說 cakṣuḥśrotrayostāvat pratyekaṃ caturṣvarthe vādhipatyam. ātmabhāvaśobhāyāmandhabadhira yorakāntarūpatvāt. ātmabhāvaparikarṣaṇe dṛṣṭvā śrutvā ca viṣamaparivarjanāt. cakṣuḥśrotravijñā nayoḥ sasaṃprayogayorutpattau. rūpadarśanaśa bdaśāravaṇayośćāsādhāraṇakāraṇatve. ghrāṇajih vākāyānāmātmabhāvaśobhāyāṃ pūrvavat"라고 하였다. [참고문헌]『俱舍論』, 『順正理論』 권9(대정장29, p.377b14), *Abh-k-bh.21*.

장엄심시 莊嚴心施 Ⓢ cittālaṅkārārthaṃ dānaṃ, Ⓣ sems-kyi-rgyan-gyi-don ba'i-phyir-sbyin-pa.

장오 藏旿　1776~1853. 조선후기 스님. 자는 은옹(隱翁), 호는 기봉(奇峰), 속성은 최(崔)씨. 경회(慶會 1532~1593)의 11세손이며 아버지의 휘는 보석(寶錫), 어머니는 조(曹)씨이다. 1776년(영조52) 10월 2일 전라도 화순에서 출생하였다. 6세 때 배움을 시작하여 12세 때 이미 경적에 두루 정통하였는데, 특히 『남화경南華經』에 정통하였으므로 이웃 사람들이 최장자(崔莊子)라 불렀다. 부모님이 돌아가신 후 전주 봉서사(鳳棲寺)로 찾아가 궤운(軌雲)을 은사로 스님이 되었고, 봉곡(鳳谷)강사에게서 비구계를 받았다. 순천 송광사(松廣寺) 보조암(普照庵)에서 묵암(默庵)으로부터 수학하고 두월우홍(斗月禹洪)의 법을 이었다. 그 후 낙안 징광사(澄光寺), 곡성 태안사(泰安寺), 구례 천은사(泉隱寺) 등에서 13년간 학인을 지도하다가 송광사로 돌아갔다. 1853년(철종4) 8월 16일 목욕하고 옷을 갈아입은 다음, 문인들을 불러놓고 "세상 법은 덧없다. 나도 오늘 떠난다. 世法無常 我今日當去矣"라고 한 후 가부좌를 맺고 적연히 입적하니 세수 78, 법랍 62세였다. 법계는 임제의현(臨濟義玄)의 제32세 법손이 된다. 해인사 인파조사(印波祖師)가 기봉을 찬양하면서 "법계장엄한 송광사, 여덟 사람이 하룻밤 사이에 지고 갔다네. 기봉스님 칠십생 뛰어난 재주로, 천고의 조계에 달 다시 뜨게 했다네. 法界莊嚴松廣寺 八人負去一宵間 奇峰七十生奇計 千古曹溪月再彎"라는 공덕게를 지었으며, 법손 허주덕진(虛舟德眞)이 행장을 지었다. 여규형(呂圭亨)이 비문을 짓고, 김돈희(金敦熙)가 써서 1918년에 세운 비〈그림1〉와 진영〈그림2〉이 송광사에 있다. 〔참고문헌〕『荷亭集』 권4 「奇峰禪師碑銘」, 『曹溪山松廣寺史庫』(亞細亞文化社, 1977) pp.637~645, 智冠『韓國高僧碑文總集 朝鮮朝·近現代』 pp.674~676.

장오 기봉대선사비 순천 송광사 1918년
기봉당대화상진영 순천 송광사 1931년 추정

장옥 章玉　근세 스님. 속성은 이(李)씨. 1919년 3·1운동 이후 항일독립투쟁이 점차 지방으로 확대됨에 따라 같은 해 4월 4일 밀양군 단장면 대룡리 단장 장날에 찰수(刹修)·학성(學城)·영식(永植)·성흡(性洽)·연운(蓮紜)·응석(應石) 등 도반과 함께 대한독립만세시위를 벌였다. 일본 헌병에 의해 364명이 검거되었고, 그 중 스님을 포함한 71명이 검사국으로 송치되었다. 〔참고문헌〕『獨立運動史』 권3(독립운동사편찬위원회, 1971) pp.225~226. ⇨ 영식 永植

장옹끽주이옹취 張翁喫酒李翁醉　장씨노인이 술을 먹었는데 이씨노인이 취한다는 말. 장공끽주이공취(張公喫酒李公醉)라고도 한다. 당나라 장작(張鷟)의 『이목기耳目記』에 나오는 속어이다. 『원오어록』 권17(대정장47, p.791c14)에 "학인이 명교에게 물었다. '새해 벽두에 불법이 있습니까?' '없다' '해마다 좋은 해인데 왜 없습니까?' '장씨노인이 술을 먹었는데 이씨노인이 취했구나' '노련하고 뛰어나셔도 용두사미군요' '오늘 거래에서 손해를 보았다'. 又僧問明教 新年頭還有佛法也無 教云無 僧云 年年是好年 爲什麽却無 教云 張翁喫酒李翁醉 僧云 老老大大龍頭蛇尾 教云 明教今日失利", 『종용록』 31칙 「본칙 本則」(대정장48, p.248a5)에 "운문이 말했다. '옛 부처가 노주와 교접한다. 이것은 몇 번째 기틀인가? 〈일곱 번 여덟 번 떨어졌다〉. 대중이 말이 없었다〈오히려 노주와 함께 참학한다〉. 운문이 대어하여 말했다. '남산에 구름이 일고 북산에 비 내린다〈장씨노인이 술을 먹었는데 이씨노인이 취했구나〉. 擧 雲門垂語云 古佛與露柱相交 是第幾機〈落七落八了也〉 衆無語〈却與露柱同參〉 自代云 南山起雲 北山下雨〈張翁喫酒李翁醉〉"라고 하였다. 〔참고문헌〕『圜悟語錄』, 『從容錄』.

장왕 藏王　금강장왕보살(金剛藏王菩薩)의 다른 이름. 일본 수험도(修驗道)에서 작법의 본존으로 모시기도 한다. 수험도에서 본존의 형상은 분노존으로 오른발을 들고 왼손에는 삼고저(三鈷杵)를 쥔 모습이다. 『청정법신비로자나심지법문성취일체다라니삼종실지』(대정장18, p.781a11)에 "만약 진언을 외우는 이가 불안을 느끼면 이것은 갖가지 마구니와 야가 등이 어지럽힌 것임을 알고 즉시 이 진언을 외우면 나와 시방의 장왕 및 권속들이 그에게 가서 보호하니 모든 야가마귀의 무리들이 놀라서 스스로 죽을 것이다. 若持呪之人覺有不安 當知卽是諸魔夜迦等惱亂 卽急誦此呪 我與十方藏王 及諸眷屬至彼作護 一切諸夜迦魔鬼衆 忙怕自死"라고 하였다. 〔참고문헌〕『淸淨法身毘盧遮那心地法門成就一切陀羅尼三種悉地』. ⇨ 금강장왕보살 金剛藏王菩薩

장외저 牆外底　담장 밖이다. 도(道)를 묻는 학인의 질문에 대한 조주(趙州)의 대답이다. 『대혜어록』 권16(대정장47, p.879b24)에 "다시 학인이 조주에게 물었다. '무엇이 길입니까?' '담장 밖에 있다' '저는 그 길을 물은 게 아닙니다' '그대는 무슨 도를 물었는가?' '저는 대도를 물었습니다' '대도는 장안으로 통한다'. 又僧問 如何是道 州云 牆外底 僧云 某甲不問這箇道 州云 爾問那箇

道 僧云 某甲問大道 州云 大道通長安", 『오등전서』 권120(卍속장142, p.208b11)에 "도란 닦음에 속하지 않고, 닦음에 속한다면 도가 아니다. 마음은 앎에 속하지 않고, 앎에 속한다면 마음이 아니다. 마음도 아니고 물건도 아니다. 무엇을 불러 도라 하겠는가? 담장 밖에 있는 것! 담장 밖에 있는 것! 이렇게 가다 보면 30리가 평안하니, 발밑을 어느 누가 알지 못하랴? 道不屬修 屬修非道 心不屬知 屬知非心 不是心 不是物 喚作道得麽 牆外底 牆外底 此去靖安三十里 足下何人不得知"라고 하였다. [참고문헌] 『大慧語錄』, 『五燈全書』.

장우 長愚 조선후기 스님. 호는 활연(豁然). 1769년(영조45) 안동 천등산 봉정사(鳳停寺)에서 『주범망경 注梵網經』과 『범망경보살계 梵網經菩薩戒』를 판각할 때 교정을 맡았고, 1773년(영조49) 남원 황령암(黃嶺庵)에서 『대방광불화엄경소연의초 大方廣佛華嚴經疏演義鈔』를 판각할 때에도 교정을 맡았다. 『용담집』「지리산황령암중창기 智異山黃嶺庵重創記」(한불전9, p.691c8)에 "1747년(영조23) 3월에 홀연히 팔인의 화를 당하여 전각이 전부 불탔다. … 당시 암주 활연당 장우대사와 도반 인관·옥경·교선·출형 등이 눈물을 흘리며 서로 보다가 중흥의 계획을 도모하였다. 我國聖上卽位廿四丁卯歲也 其年三月 忽見八人之禍 殿閣灰燼無餘 … 時爲是庵之主者 豁然堂長愚大師也 爲是庵之伴者 印寬玉鏡交禪出泂等也 垂淚相看 謀其重興之計"라고 하였다. [참고문헌] 『龍潭集』, 「注梵網經刊記」, 「梵網經菩薩戒刊記」, 「大方廣佛華嚴經疏演義鈔刊記」. ⇨ 황령암 黃嶺庵

장웅 壯雄 조선후기 스님. 호는 해명(海冥). 1865년(고종2) 남호영기(南湖永奇)와 남명장로(南冥長老)가 합심하여 해인사(海印寺) 소장 고려대장경 2부를 인경(印經)하고 오대산 적멸보궁(寂滅寶宮)과 설악산 오세암(五歲庵)에 봉안할 때, 「인성대장경발 印成大藏經跋」을 지었으며, 1883년(고종20) 해인사에서 인봉학서(茵峰鶴西)가 화주로 『육조단경』을 판각할 때에는 해인사의 산중 원로로 있었다. [참고문헌] 李智冠 『伽倻山海印寺誌』 p.294, 海印寺板 『六祖壇經』 刊記 山中秩.

장원사 長源寺 황해북도 개성시에 있던 절. 김상전(金尙銓 1663~1714)의 『영은집』 권2 「장원사〈재송도〉 長源寺〈在松都〉」에 "단청으로 붉은 빛 흐르는 듯 나는 듯한 누각이 강가를 베고 있는데, 바람 솔솔 불어도 먼지 한 점 없구나. 流丹飛閣枕江濱 蕭灑都無一點塵"라고 하였다. [참고문헌] 『瀛隱集』.

장원심 長願心 고려말 조선초 스님. 장원심(長遠心)이라고도 하며, 비전(悲田)을 실천하여 일생동안 복지행(福祉行)을 닦았다. 『태종실록』 권12 6년(1406) 윤7월 6일에 "장원심이란 스님은 본래 천례이나, 일부러 미친척 하며 굶주리고 추위에 떠는 사람을 보면 반드시 밥을 빌어다 먹이고 자신의 옷을 벗어 주었다. 병든 환자는 기필코 있는 힘을 다해 구휼하였으며, 장사지내줄 주인 없는 주검은 반드시 무덤에 묻어주었고, 도로와 교량을 수리하는 곳엔 어디든지 어김없이 있었으므로 마을의 아이들까지 그 이름을 모르는 사람이 없었다. 어젯밤(壬戌·초5일)에 흥천사 사리전에서 비를 빌었는데, 마침 이날 밤에 비가 왔다. 왕이 듣고서 가상히 여겨 저포 1필·정포 25필·쌀과 콩 20석을 하사하였다. 有僧名長願心者 本賤隷也 故爲佯狂 見人飢寒者 必乞食解衣而與之 有疾病者 必極力而救恤 死而無主者 必爲之埋瘞 修治道路橋梁 無所不至 閭里童稚 無不知其名者 壬戌之夜 祈雨於興天寺舍利殿 適是夜雨 上聞而嘉之 賜苧布一匹 正布二十五匹 米豆二十石", 『용재총화』 권6에 "국초에 장원심이란 스님은 … 사람됨이 유쾌하고 사리사욕도 없었다. … 병이 나서 장터에 드러누우면 시장사람들이 다투어 공양하였고 공후와 재추의 집에서 통에 음식을 담아와서 공양한 경우 또한 헤아릴 수 없었다. 나라에 수해·가뭄·요상한 재해가 있으면 제자를 모아 정근기도를 행하여 간혹 감응이 있었다. … 남에게서 받은 물건이 비록 무한했으나 남에게 베푼 것 또한 무수하였다. 國初有僧長遠心者 … 其爲人滑稽 無私無欲 … 病則臥市中 市人爭來饋之 公侯宰樞家 挈榼贈食者亦無算 國有水旱妖災 則聚弟子精勤祈禱 或有所應 … 受人贈物者雖無限 施遺於人者亦無數"라고 하였다. [참고문헌] 『太宗實錄』, 『慵齋叢話』. ⇨ 불교복지 佛敎福祉, 비전 悲田

장원암 壯元庵 광주광역시 동구 지산동 무등산 장원봉(壯元峯)에 있던 암자. 『여지도서』 전라도 광주 사찰·『가람고』·『범우고』에 절의 이름과 위치가 전하며, 1899년(광무3)에 간행된 『광주읍지』에는 "주 동쪽 10리 무등산 북쪽 장원봉 아래에 있다. 백천사라고도 한다. 在州東十里無等山北壯元峯下 一名栢川寺"라고 하였다. [참고문헌] 『輿地圖書』, 『伽藍考』, 『梵宇攷』, 『光州邑誌』, 『韓國寺刹全書』 권하 p.972b11. ⇨ 백천사 栢川寺

장위 將爲 ~라고 여기다. 가져 ~삼다. 장작(將作)·장위(將謂)와 같게 쓴다. 『동산어록』(대정장47, p.511c24)에 "요즘 사람들은 모두 이와 같이 중요하지 않은 것을 가져 자기라고 여길 뿐이니, 불법이 평지에서 침몰한다는 것이 바로 이것이다. 今時人例皆如此 只是認得驢前馬後底 將爲自己 佛法平沈 此之是也", 『조산어록』(대정장47, p.532a26)에 "후인이 공훈에 떨어져서 가져 향상사라 삼을까 걱정한다. 恐後人收落功勳 將爲向上事"라고 하였다. [참고문헌] 『洞山語錄』, 『曹山語錄』.

⇨장작 將作, 장위 將謂

장위 將謂 ~을 가져 ~라고 여기다. 알고 보니 잘못 알고 있었다는 뜻이 있다. 장위(將爲)라고도 한다. 『전심법요』(대정장48, p.380c7)에 "세상 사람들은 제불께서 심법을 전하셨다는 말을 듣고서는, 마음 위에 따로 한 법이 있어 증하고 취할 것 있다고 여기고 마음을 가져 법을 찾지만, 마음이 바로 법이고 법이 곧 마음이라는 것을 알지 못한다. 世人聞道 諸佛皆傳心法 將謂心上別有一法可證可取 遂將心覓法 不知心卽是法法卽是心", 『도서』 권상(대정장48, p.401b29)에 "진실로 진심을 알지 못하고 심 자를 들을 때마다 이것을 팔식이라고 여기지만, 팔식이란 단지 진심상의 연을 따른 뜻임을 알지 못한다. 良由不識眞心 每聞心字將謂只是八識 不知八識但是眞心上隨緣之義", 『경덕전등록』 권5 「혜충전 慧忠傳」(대정장51, p.244a24)에 "혜충국사가 어느 날 시자를 불렀더니 시자가 대답했다. 이렇게 세 번 불렀는데 시자가 매번 대답했다. 국사가 말하기를 '내가 그대를 저버렸다고 여겼는데 도리어 그대가 나를 저버렸구나'라고 하였다. 一日喚侍者 侍者應諾 如是三召皆應諾 師曰 將謂吾孤負汝 却是汝孤負吾"라고 하였다. [참고문헌] 『傳心法要』, 『都序』, 『景德傳燈錄』. ⇨장위 將爲

장위호수적갱유적수호 將謂胡鬚赤更有赤鬚胡 오랑캐라 수염이 붉다고 여겼는데 붉은 수염의 오랑캐가 또 있네. 『운문광록』 권상(대정장47, p.552c10)에 "법좌에 올라 말했다. '나에게 한마디 있는데 그대들이 알아듣길 바라지도 않는다. 말할 수 있는 이가 있는가?' 잠시 침묵하다가 '오랑캐라 수염이 붉다고 여겼는데 붉은 수염의 오랑캐가 또 있었다'라고 말한 후 법좌에서 내려왔다. 上堂云 我有一句語 不敢望爾會 還有人擧得麽 良久云 將謂胡鬚赤更有赤鬚胡 便下座", 『대혜어록』 권4(대정장47, p.827a3)에 "법좌에 올랐다. 학인이 물었다. '빈손에 호미 들고 물소를 타고 걸어갈 때는 어떻습니까?' '드렁허리가 기름통에 들어갔다'. 한 번 더 말하기를 '오랑캐라 수염이 붉다고 여겼는데 붉은 수염의 오랑캐가 또 있었다'라고 하였다. 上堂 僧問 空手把鋤頭 步行騎水牛時如何 師云 鱓魚走入油甕裏 進云 將謂胡鬚赤更有赤鬚胡", 『선문염송설화』 1202칙(한불전5, p.808c14)에 "달마의 수염이 붉은 줄 알고 있었는데, 붉은 수염을 기른 달마가 또 있었구나. 어떻게 해도 알 수 없는 대단한 두 사람이지만, 본 보아 표주박 그리는 일 면치는 못하리. 將謂胡鬚赤更有赤鬚胡 兩个沒量大漢 不免依樣畫葫蘆"라고 하였다. [참고문헌] 『雲門廣錄』, 『大慧語錄』, 『禪門拈頌說話』.

장위후백갱유후흑 將謂侯白更有侯黑 후백이라고 자처하려는데 더욱 뛰어난 후흑이 있었다는 말. 진(陳)의 상왕(商王)이 후백(侯白 : 猴白)을 수(隋)나라에 사신(使臣)으로 보냈는데, 수왕(隋王)이 외교적(外交的) 선기(先機)를 잡고 후백의 지모(智謀)를 시험하고 싶어 후흑(侯黑 : 猴黑)을 천한 종으로 변장시켜 시공(侍供)하게 했다. 후백이 후흑의 겉모양만 보고 업신여겨 옆으로 비스듬히 누워 방귀를 뀌면서 '너희 나라 말 값이 어떻게 되는가?'라고 물으니, 후흑이 '말 값이 일정하지 않습니다. 기운이 세고 모양도 좋아 사람이 탈만한 놈은 천만 냥 쯤이고 모양은 좋으나 힘이 약하되 근력이 강하여 물건운반에 사용할 만한 것은 사오백 냥 정도이며, 기운은 세지만 기량이 없어 옆으로 비스듬히 드러누워 방귀나 풍풍 뀌는 놈은 반푼의 가치도 없습니다'라고 답하였다. 후백이 깜짝 놀라 그의 이름을 물어보고 후흑임을 알고는 '내 스스로 후백이 가장 잘난 줄로 자처했으나, 나는 놈 밑에 기는 놈이 있다더니 후흑이 있음을 알았다'라고 하면서 찬탄한 데서 온 말이다. 또 오대(五代) 민(閩 : 福建省) 지역에 살았던 도둑 후백과 후흑에 관한 고사도 있다. 『종용록』 40칙 「평창 評唱」(대정장48, p.253c15)에 "운문은 '후백인 줄 알았는데 후흑이었다'고 하였다. 수대 후백은 자가 군소였는데 해학과 말주변이 뛰어난 선비였으며, 대장군 양소가 알아보았다. 후백은 『정이기』를 지었는데 사람과 신의 보응이 매우 상세하여 높이 평가할 만하다. 당대 이백은 시를 잘 지었는데, 후에 이적이 그를 본받았지만 조금도 비슷하지 않아 사람들에게 웃음거리로 전락했다. 여기서 말하는 후흑 역시 같은 류다. 어떤 책에서는 '내가 일찍이 후백이었는데, 그대는 다시 후흑이로구나'라고 하였으니 그 말이 더욱 심하다. 雲門道 將謂侯白更有侯黑 隋朝有侯白字君素 滑稽辯給之士也 大將軍楊素見知 撰旌異記 人神報應甚詳 亦可尙也 唐朝有李白 能詩 後有李赤效之 甚不類也 人傳爲笑 今言侯黑 亦其類也 有本云 我早侯白伊更侯黑 言更甚也", 『운문광록』(고존숙어록18, 卍속장118, p.394b1)에 "건봉화상이 시중하여 말했다. '하나를 말하면 둘을 말할 수 없고, 하나를 놓아버리면 두 번째 기틀에 떨어진다'. 운문이 말했다. '대중들이 「어제 어떤 이가 천태에서 와서 경산으로 갔다」고 합니다' '전좌는 내일 운력을 할 수 없겠다'. 건봉이 법좌에서 내려왔다. 운문이 건봉에게 물었다. '스님의 대답을 바랍니다' '그가 나에게 왔는가?' '그렇다면 제가 늦었습니다' '그럴수가! 그럴수가!' '후백인 줄 알았는데 후흑이었네'. 乾峰示衆云 擧一不得擧二 放過一著 落在第二 師云衆云昨日有人從天台來 却往徑山去 峰云 典座來日不得普請 便下座 師問乾峰 請師答話 峰云 到老僧也未 師云 與麽則學人在遲也 峰云 與麽那 與麽那 師云 將謂猴白更有猴黑", 『금강경오가해설의』 권하(한불전7, p.82a17)에 "눈은 동남쪽을 바라보면서 마음은 서북쪽에 있다. 장차 후백이라 말하려는데 다시 후흑이 있다. 일체중생이 일체심으로 다함없이 성색을 좇아 끝도 없구나. 할. 眼觀東南 意在西北 將謂侯白更有侯黑 一切衆生一切心 盡逐無窮聲與色 喝"라고 하였다. [참고문헌] 『從容錄』, 『雲門廣錄』, 『金剛經五家解說誼』, 雲興寺板 『金剛經五家解』 권하 p.43, 『景德傳燈錄』 권15 「投子大同傳」(대정장51, p.319a14), 『金剛經註』 권중 「冶父頌」(卍속장38, p.737b7), 『隋書』 권58 「陸爽侯白傳」, 『太平廣記』.

장유사 長遊寺 경상남도 김해시 대청동 불모산(佛母山)에 있는 절. 장유암(長遊庵)이라고도 한다. 대한불교조계종 제14교구 본사 범어사(梵魚寺)의 말사이다. 사전(寺傳)에 의하면 가락국 수로왕(首露王 재위 42~199)의 처남인 인도 아유타국(阿踰陁國)의 태자 장유화상(長游和尙 : 許寶玉)이 창건한 절로서, 불교의 남방전래(南方傳來)와 관련 있는 사찰이다. 5세기 질지왕(銍知王 재위 451~492년)대 장유화상의 수도처를 재건하고 장유사로 이름하였다고 전한다. 창건에 관한 사적은 『삼국유사』 권2(대정장49, p.984c27·한불전6, p.311b22) 기이(紀異)2 가락국기(駕洛國記)에 "시조의 8대손 김질왕(一名 질지왕)은 … 이 절(왕후사)이 있는 곳으로부터 500보 뒤에 장유사를 세우고 전시(田柴) 300결을 바쳤다. 元君八代孫金銍王 … 自有是寺五百後置長遊寺 所納田柴幷三百結", 「노왕옥후재도석탑 露王玉后載到石塔」(『조선불교통사』 권하, p.63)에는 "『김해김씨세보』 중 「김해유적」에 이르길 '장유사는 일명 불모사라고 한다. 허왕후의 아우인 보옥선이 점을 치며 숨어서 오랫동안 머무르던 곳이다. 후에 질지왕이 절을 짓고는 장유라고 이름하였다'라고 하였다. 金海金氏世譜中金海遺蹟云 長遊寺一名佛母寺 許王后弟寶玉仙卜幽長遊之處 後銍知王建寺 名曰長遊"라고 하였다. 1469년(예종1)에 편찬한 『경상도속찬지리지』에 선종(禪宗) 소속 사찰로 전하고 있어 조선전기까지 법등을 잇고 있음을 알 수 있으며, 주세붕(周世鵬 1495~1554)의 『무릉잡고』 권6 「장유사중창기 長遊寺重創記」(한국문집총간27, p.168b3)에는 "산인 천옥이 가락(김해)에서 와서 말하기를 '빈도가 가락의 장유사를 고쳐 지었습니다. 병신년(1536·중종31)에 불사를 시작하여 다음해인 정유년에 마쳤습니다. 당우는 60칸이며, 불전은 황금만을 사용하고 주단을 섞었는데 호화롭기가 남쪽지방에서 으뜸입니다. 山人天玉 自駕洛來其言曰 貧道改構駕洛之長遊寺 丙申歲始役 明年丁酉斷手 棟宇六十楹 佛殿純用黃金 雜以朱丹 奢麗甲南國云"라고 하였다. 임진왜란 때 소실된 이후 중창되었으나 다시 전소되었다. 근래에는 1915년에 주지 선포담(宣布潭)이 장유화상기적비(長遊和尙紀蹟碑)와 사찰 입구의 장유암정로비(長遊庵正路碑)를 세우고, 1935년에는 활해상인(活海上人)이 중건하고 가락고찰장유암중수비를 세웠다. 한국전쟁으로 다시 전소되었고, 1989년에 청봉(淸峰)이 대웅전과 삼성각을 신축하였다. 현존 당우로는 대웅전·삼성각·천왕문·요사 등이 있고, 성보문화재로는 고려말 조선초 조성으로 추정되는 문화재자료 제31호 장유화상사리탑이 있다. [참고문헌] 『三國遺事』, 『慶尙道續撰地理志』, 『武陵雜稿』, 『韓國寺刹全書』 권하 p.987b9. ⇨ 왕후사 王后寺

장유화상사리탑

장유화순 長幼和順 나이든 이와 젊은이가 어울려 따르다. 세대간에 화합하여 거스름이 없는 뜻이다. 『장아함경』 권2 「유행경 遊行經」(대정장1, p.11a26)에 "부처님께서 아난에게 말씀하셨다. '그렇다면 어른과 젊은이 등 모든 사람이 화합하여 순조로우니 점점 더욱 강성해져서 그 나라는 오랫동안 평온하고 침략받지 않을 것이다. 아난아, 너는 발지국 사람들이 임금과 신하가 화합하여 순하고 윗사람과 아랫사람이 서로 공경한다는 말을 들었느냐?' 아난이 '들었습니다'라고 대답하였다. '아난아, 그렇다면 어른과 젊은이 등 모든 사람이 화합하니 점점 더욱 강성해져서 그 나라는 오랫동안 평온하고 침략받지 않을 것이다. 아난아, 너는 발지국 사람들이 법을 받들고 꺼릴 줄 알며, 예의와 법도를 어기지 않는다는 말을 들었느냐?' 아난이 '들었습니다'라고 답하였다. 佛告阿難 若能爾者 長幼和順 轉更增盛 其國久安 無能侵損 阿難 汝聞跋祇國人 君臣和順 上下相敬不 答曰 聞之 阿難 若能爾者 長幼和順 轉更增盛 其國久安 無能侵損 阿難 汝聞跋祇國人 奉法曉忌 不違禮度不 答曰 聞之"라고 하였다. [참고문헌] 『長阿含經』.

장육 藏六 ❶ 여섯을 감추다. 거북이가 머리·꼬리·사지(四肢) 등 여섯 가지를 등껍질 속에 숨긴다는 말. 육근(六根)이 육경(六境)에 물들지 않도록 경계하는 뜻의 비유다. 『잡아함경』 권43(대정장2, p.311c10)에 "이때 세존께서 비구들에게 말씀하셨다. '과거세에 어떤 물속 풀 아래 거북이가 머물고 있었다. 그때 배고픈 여우가 먹이를 찾아다니다가 멀리서 거북이를 보고 서둘러 와서 잡았다. 거북이는 여우가 오는 것을 보고서 사지와 머리, 그리고 꼬리를 등껍질 속으로 감췄다. 여우는 기회를 엿보면서 거북이의 머리와 다리가 나오기를 기다렸다가 잡아먹으려 하였다. 오랫동안 기다려도 거북이는 머리도 다리도 내놓지 않았다. 여우는 배가 고파서

화를 내고 떠났다. 비구들이여! 그대들도 지금 이와 같이 마파순이 항상 그대들 주위에서 기회 엿보는 줄 알아야 한다. 그대들 눈으로 색에 집착하고, 귀로는 소리 들으며, 코가 냄새 맡고, 혀로는 맛을 보며, 몸으로 느끼며, 뜻으로 법을 떠올리며 언제나 나와 움직여서 여섯 갈래로 경에 물든다. 爾時 世尊告諸比丘 過去世時有河中草 有龜於中住止 時 有野干飢行覓食 遙見龜蟲 疾來捉取 龜蟲見來 卽便藏六 野干守伺 冀出頭足 欲取食之 久守 龜蟲永不出頭 亦不出足 野干飢乏 瞋恚而去 諸比丘 汝等今日 亦復如是 知魔波旬常伺汝便 冀汝眼著於色 耳聞聲 鼻嗅香 舌嘗味 身覺觸 意念法 欲令出生 染著六境"라고 하였다. [참고문헌]『雜阿含經』. ⇨귀장육 龜藏六
2 1899~1971. 근현대 스님. 처음 이름은 성전(聖典)이었으나 뒤에 장육으로 바꾸었다. 호는 홍경(弘經), 필명(筆名)은 맥문관주인(麥門館主人), 속성은 김씨, 속명은 훈경(勳經), 본관은 경주(慶州). 아버지의 휘는 정호(正鎬)이며, 어머니는 달성서씨다. 어려서부터 총명하여 일찍 유전(儒典)에 통달하였다. 24세 때 홀연히 세속을 등지고 출가하여 간성 건봉사로 찾아가 철우대후(鐵牛大吼)를 은사로 하여 스님이 되었다. 27세 때 유점사(楡岾寺)의 동선정의(東宣淨義)율사에게서 비구계를 받았다. 30세 때 건봉사에서 동선 강백 문하에서 대교과(大敎科)를 졸업하였다. 이어 철우의 법을 이었으니 청허(淸虛)의 9세 법손이 된다. 31세 때부터 건봉사 강주로 추대되어 후학을 지도하다가 35세 때 교(敎)를 접어 두고 덕숭산(德崇山) 수덕사(修德寺)의 만공(滿空)회상에서 초하안거를 성만하였다. 이후 제방으로 다니면서 참선정진을 계속하였다. 교단정화 불사가 끝나자 경상남도 도종무원장(道宗務院長)에 추대되었다가 얼마 후 양산 통도사(通度寺)에서 주석하였다. 천성이 결벽(潔癖)하여 일상도 생애도 담박하였고 붓글씨를 잘 써서 교계뿐만 아니라 전국에서 백미(白眉)로 인정을 받았다. 승속의 각계에 필적을 받아 가진 이가 많은데 거기에는 대개 맥문관주인이라 낙관하였다. 김해 영귀암(靈龜庵)에서 해자(楷字)로 써서 조각한 『금강경』 목판본이 현재 합천 해인사 사간판전(寺刊板殿)에 진장(鎭藏)되어 있다. 범패에도 능하여 조계종에서는 추종을 불허하였다. 말년에는 부산시 명지동 청량사(淸涼寺)에 주석하면서 사찰을 확충하고 토지를 매입하여 향공에 자뢰(資賴)토록 하고, 원불(願佛)로 모시고 있던 전단향목으로 조성한 인도불상은 통도사에 기증하였다. 1971년 8월 16일 청량사에서 세수 73, 법랍 50세를 일기로 입적하였다. 운허(耘虛)가 짓고 무불성관(無佛性觀)이 써서 1972년에 세운 행적비가 양산 통도사 입구 오른쪽 비림(碑林)에 있다. [참고문헌]「梁山通度寺弘經堂藏六大禪師碑文」(智冠 『韓國高僧碑文總集 朝鮮朝·近現代』 pp.1166~1167), 『耘虛禪師語文集』(동국역경원판, pp.329~330). ⇨홍경 弘經

장육사 莊陸寺 경상북도 영덕군 창수면 갈천리 운서산(雲棲山)에 있는 절. 대한불교조계종 제11교구 본사 불국사(佛國寺)의 말사이다. 『여지도서』 경상도 영해 사찰·『가람고』·『범우고』에는 '藏陸寺'로 전하나 지금의 사찰명은 '莊陸寺'이다. 1355년(공민왕4)에 나옹화상(懶翁和尙 1320~1376)이 창건하였으니, 1937년에 이현규(李鉉圭)가 쓴 「장육사흥원루중수기」에 "장육사는 본래 단구의 고찰이다. 고려후기에 선각왕사 나옹이 창건하였다고 세간에 전한다. 莊陸本丹邱古刹也 世傳麗季禪覺懶翁所建"라고 하였다. 세종 때에 산불로 전소되었으며, 이후 중창하였으나 임진왜란 때에 거의 폐사되었다. 1911년·1921년·1937년·1940년 등 근대에 지속적으로 중수하였으며, 1988년에 요사를 짓고 2001년에 범종각을 조성하였다. 현존 당우로는 대웅전·관음전·홍련암·미유암(瀰瑜庵)·육화당·탐진당(探眞堂)·삼륜당·산령각·범종각·흥원루·요사 등이 있으며, 성보문화재에는 보물 제993호 건칠관음보살좌상, 유형문화재로는 1677년(숙종3)에 중수한 제138호 대웅전, 1764년(영조40)에 두훈(科訓)·재옥(再玉) 등이 조성한 대웅전 후불탱인 제373호 영산회상도와 같은 시기에 동일 화사가 조성한 중단탱(中壇幀)인 제374호 지장보살도가 있는데, 균형잡힌 불신(佛身) 표현·섬세한 광배문양·녹색과 주색의 대비 등 18세기 중엽 불화의 특징을 잘 보여주는 성보다. [참고문헌]『輿地圖書』, 『伽藍考』, 『梵宇攷』, 「莊陸寺興遠樓重修記」, 『韓國寺刹全書』 권하 p.989a12.

장육사 藏陸寺 경상북도 영덕군 창수면 갈천리 운서산(雲棲山)에 있는 장육사(莊陸寺). 『범우고』에 "부 서쪽 30리에 있다. 在府西三十里", 『여지도서』 경상도 영해 사찰에 "부 서쪽 가을면산에 있다. 在府西加乙面山"라고 하였다. [참고문헌]『梵宇攷』, 『輿地圖書』, 『伽藍考』, 『韓國寺刹全書』 권하 p.988b14. ⇨장육사 莊陸寺

장육사건칠관음보살좌상 莊陸寺乾漆觀音菩薩坐像 조선전기 건칠보살상. 보물 제993호. 높이 86cm, 무릎너비 61cm. 관음전에 봉안되어 있다. 「불복장발원문 佛腹藏發願文」에 의하면 1395년(태조4)에 전판사(前判事) 백진(白瑨)과 아내 밀양군부인(密陽郡夫人) 박씨를 중심으로 영해부(寧海府 : 경북 영덕군)의 관리와 부민(府民) 등 승속 180여 명의 시주로 조성하였다. 발원문에 추기된 개금기(改金記)에는 "영락 5년(1407년·태종7) 정해 6월 11일에 용장사 선당 관음상을 개금하였다. 시주는 백진이고, 상금승은 향근이다. 永樂五年丁亥六月十一日 茸長寺禪堂觀音改金 施主白瑱 上金

僧向根"라고 하여 조성 12년 만에 개금하였고, 용장사 선당에 봉안하였다. 현재 보살상의 광배와 대좌는 유실되었다. 금속제 보관과 별조(別造)한 목제 손·귀를 제외한 불신 전체는 옻칠한 포를 4, 5겹 입힌 건칠기법으로 제작되었다. 보관은 얇은 삼각형 금동판에 화판(花瓣)을 높게 붙여 화려하게 장식하였고, 보관 안에는 보계(寶髻)가 없고 보발(寶髮)이 양쪽 어깨까지 길게 늘어져 있다. 방형의 얼굴은 눈·코가 길고 높으며, 뺨과 턱의 양감이 두드러지게 표현되어 강인한 상호이다. 상체를 약간 앞으로 숙인 채 결가부좌 하고 있으며, 통견(通肩)의 법의 위에는 온몸을 감싸는 화려한 영락(瓔珞)이 상의 뒷면까지 늘어져 있다. 가슴에 금구(金具)장식과 띠매듭이 있다. 양손은 나무로 만들고 못으로 고정하였는데, 오른손은 가슴까지 올려 하품중생인(下品中生印)을 결하고, 왼손은 무릎 위에서 엄지와 중지를 맞대었다. 발원문을 통해 불상 조성인연(造成因緣)을 알 수 있을 뿐만 아니라 고려말 조선초 불교조각 양식의 변화를 살필 수 있는 귀중한 불상이다. [참고문헌] 『문화재대관 보물 불교조각Ⅰ』(문화재청, 2016) pp.324~326. ⇨ 장육사 莊陸寺

장육사건칠관음보살좌상

장육팔척수기현 丈六八尺隨機現 응화신의 모습으로 근기 따라 나타난다는 말. 장육은 일어섰을 때의 신장이고, 팔척은 앉았을 때의 모습을 말한다. 『왕생예찬게』(대정장47, p.446b24)에 "바르게 가부좌하여 삼매에 드니 마음으로 칭념에 올라타 서방에 이르네. 아미타부처님의 극락세계를 바라보니 지상 위 허공에 칠보로 장엄되었네. 아미타부처님의 몸은 크기가 끝이 없으니 거듭 중생을 권하여 작은 몸을 보도록 하네. 장육팔척의 응화신이 중생의 근기에 따라 현현하니 원만한 광명의 화신불이 진법신과 같네. 원컨대 모든 중생이 함께 극락국토에 왕생하기를 바라네. 正坐跏趺入三昧 想心乘念至西方 覩見彌陀極樂界 地上虛空七寶莊 彌陀身量極無邊 重勸衆生觀小身 丈六八尺隨機現 圓光化佛等前眞 願共諸衆生 往生安樂國", 『금광명경문구신기』 권3(卍속장31, p.614b18)에 "아미타부처님의 신체는 육십만억나유타항하사유순이다. 화신의 경우에는 장육팔척의 몸이 중생 근기에 따르니 고정된 것이 아니다. 彌陀身高六十萬億那由他恒河沙由旬 若化往之身 丈六八尺隨機不定"라고 하였다. [참고문헌] 『往生禮讚偈』, 『金光明經文句新記』.

장은암 藏隱庵 전라남도 장흥군 용산면 운주리 불용산(佛聳山)에 있던 암자. 『지제지』에 "중대암·석수암·장은암·석대암은 모두 불용산에 있었으나, 「순치전장기」에는 '지금은 오직 암자 한 곳만 남아 있다'라고 하였다. 中臺庵 石水庵 藏隱庵 石臺庵 俱在佛聳山 有順治傳掌記 今只有一庵"라고 하였다. [참고문헌] 『支堤誌』, 『韓國寺刹全書』 권하 p.989a15.

장의 長衣 Ⓟ atireka-cīvara. 삼의(三衣) 이외의 옷. 비구가 수지할 수 있는 옷 이외에 별도의 옷으로 일정기간이 지나면 니살기바일제다. 『사분율』 권6(대정장22, p.602a16)에 "장의란 길이는 여래의 8지이고 너비는 4지에 해당한다. 長衣者 若長如來八指 若廣四指是", 『오분율』 권4(대정장22, p.23a26)에 "만약 비구가 장의를 가지고 하룻밤이 지나면 니살기바일제에 해당한다. 若比丘 畜長衣過一宿 尼薩耆波逸提", 『마하승기율』 권8(대정장22, p.292b9)에 "장의란 받아 지닐 수 있는 옷을 제한 여분의 옷이다. (이것이) 열흘이 지나면 니살기바일제다. 長衣者 除所受持衣 餘衣是 過十日 尼薩耆波夜提", 『십송율』 권5(대정장23, p.30b11)에 "장의란 무엇인가? 승가리·울다라승·안타위를 제한 나머지 옷을 장의라고 한다. 長衣者 除僧伽梨 鬱多羅僧 安陀衛 餘殘衣 名爲長衣"라고 하였다. [참고문헌] 『四分律』, 『五分律』, 『摩訶僧祇律』, 『十誦律』, *Vin.1.289.* ⇨ 사종의 四種衣, 장의과한계 長衣過限戒

장의계 長衣戒 삼의(三衣) 이외의 옷을 열흘 이상 소지하는 것을 금하는 계. 장의과한계(長衣過限戒)라고도 한다. 『사분율』 권6(대정장22, p.601c25)에 "만약 비구가 삼의 이외의 여벌옷을 비축해 둔다면 니살기바일제다. 若比丘畜長衣者 尼薩耆波逸提", 『선견율비바사』 권14(대정장24, p.773a13)에 "이 계는 몸과 마음과 입을 좇아 일어난다. 장의는 가지고 있어서는 안 되고, 허락받지 않은 옷이어서 열흘이 지나면 허물이 되며, 생각만 해서는 벗어날 수 없다. 알면서 열흘이 지나도 허물이 되고, 모르고서 열흘이 지나도 허물이 된다. 이 계는 삼수에 속한다. 장의계를 자세히 설하였다. 此戒 從身心口起 長衣不受持 不淨施 過十日得罪 不以想脫 知過十日得罪 不知過十日亦得罪 此戒三受所攝 長衣戒廣說竟"라고 하였다. [참고문헌] 『四分律』, 『善見律毘婆沙』, 李智冠 『南北傳六部律藏比較硏究』 pp.123~126. ⇨ 장의과한계 長衣過限戒, 삼장물 三長物

장의과한계 長衣過限戒 비구 250계 중 하나. 삼십사타(三十捨墮)에 속한다. 축장의과한계(畜長衣過限戒)·장의계(長衣戒)·장계(長戒)라고도 한다. 비구가 삼의(三衣) 또는 백일(百一) 자구(資具) 이외에 둘레 한 자여섯 촌(寸), 너비 여덟 촌 이상의 옷을 얻을 경우 열흘 안에 설정법(說淨法)을 행해야 한다. 그렇게 하지 않고 열흘이 지나면 사타를 범한다.『사분율행사초』권중(대정장40, p.64c4)에 "먼저 장의과한계에 대해서 대체로 세 가지 뜻을 논한다. 첫째, 쌓아 오래 두면 세속의 이익을 탐하였으므로 도의 공덕을 파괴하는 재물이다. 둘째, 비구가 비축한다면 속세와 다를 것이 없어 믿고 공경하는 마음을 잃는다. 셋째, 부처님의 사의를 거스르고 절검의 행을 부정하였으니 계를 범하는 여섯 가지 연을 갖춘다. 初長衣過限戒 多論三意 一 因開畜長 貪於俗利 壞道功德財 二 比丘積貯 與俗無別 失信敬心 三 違佛四依 非節儉行故 具六緣犯",『신산정사분승계본』(卍속장61, p.538a9)에 "만약 비구가 옷이 다되었고 가치나의도 이미 지나서 여분의 옷마저 얻은 지 열흘이 지났다. 부정한 보시물을 비축하여 기한을 넘기면 니살기바일제다. 若比丘 衣已竟 迦絺那衣已出 得長衣經十日 不淨施得畜 若過者 尼薩耆波逸提",『사분율행사초비』권8(卍속장67, p.710a7 : *Nissaggiya*, *Vin.3*, p.196)에 "첫째, 장의과한계의 뜻은 다음과 같다. 여분을 비축하는 것을 장이라 한다. 기한을 넘기므로 과한이라 하였다. 다르게 풀이하면 삼의 이외의 것을 장이라 하고, 기한을 어기면서 말하지 않은 것을 과한이라 한다. 이것은 미리 막아야 할 것이고 계란 능히 예방하는 것이다. 初長衣過限戒者 貯畜盈分 名之爲長 越於期數 故言過限 又解 三衣之外曰長 違期不說 名爲過限 此是所防 戒是能防 niṭṭhita-cīvarasmiṃ bhikkhunā ubbhatasmiṃ kaṭhine dasāha-paramaṃ atireka-cīvaraṃ dhāretabbaṃ, taṃ atikkāmayato nissaggiyaṃ pācittiyanti"라고 하였다. 〔참고문헌〕『四分律行事鈔』,『新刪定四分僧戒本』,『四分律行事鈔批』, *Vin.*, 李智冠『南北傳六部律藏比較硏究』, p.124. ⇨ 삼십사타 三十捨墮, 니살기바일제 尼薩耆波逸提

장의사 壯義寺 서울특별시 종로구 신영동에 있던 장의사(藏義寺).『삼국유사』권1(대정장49, p.971c24·한불전6, p.287a19) 기이(紀異)1 장춘랑파랑(長春郞罷郞)에 "대왕이 놀라고 이상하게 여겨 두 혼을 위하여 모산정에서 하루 동안 경전을 설하였다. 또한 한산주에 장의사를 창건하고 명복을 빌게 하였다. 大王驚怪之 爲二魂說經一日於牟山亭 又爲創壯義寺於漢山州 以資冥援"라고 하였다. 〔참고문헌〕『三國遺事』. ⇨ 장의사 藏義寺 ❶

장의사 庄義寺 서울특별시 종로구 신영동에 있던 장의사(藏義寺).『고려사』권5 세가(世家)5 현종 18년(1027) 6월 14일에 "양주에서 아뢰기를, '장의·삼천·청연 등 세 절의 스님들이 술을 빚지 말라는 법을 어기고 쌀 360여석으로 술을 빚었으니, 청컨대 율에 따라 단죄하시옵소서'라고 하였다. 楊州奏 庄義 三川 青淵等寺僧犯禁釀酒 共米三百六十餘石 請依律斷罪"라고 하였다. 〔참고문헌〕『高麗史』. ⇨ 장의사 藏義寺 ❶

장의사 莊義寺 서울특별시 종로구 신영동에 있던 장의사(藏義寺).『삼국사기』권5 신라본기(新羅本紀)5 태종무열왕 6년(659) 10월에 "왕이 몹시 놀라고 이상하게 여겨 두 집안의 자손들에게 후한 상을 내렸다. 또한 해당 관청에 명하여 한산주에 장의사를 창건하고 명복을 빌게 하였다. 王大驚異之 厚賞兩家子孫 仍命所司 創漢山州莊義寺 以資冥福"라고 하였다. 〔참고문헌〕『三國史記』. ⇨ 장의사 藏義寺 ❶

장의사 藏義寺 ❶ 서울특별시 종로구 신영동 삼각산(三角山)에 있던 절. 장의사(莊義寺)·장의산사(莊義山寺)·장의사(壯義寺)·장의사(庄義寺)·장어사(藏魚寺)라고도 하였다.『삼국사기』권5 신라본기(新羅本紀)5 태종무열왕 6년(659) 10월에 "왕이 몹시 놀라고 이상하게 여겨 두 집안 자손들에게 후한 상을 내렸다. 또한 해당 관청에 명하여 한산주에 장의사를 창건하고 명복을 빌게 하였다. 王大驚異之 厚賞兩家子孫 仍命所司 創漢山州莊義寺 以資冥福"라고 하였고,『삼국유사』권1(대정장49, p.971c24·한불전6, p.287a19) 기이(紀異)1 장춘랑파랑(長春郞罷郞)에 "대왕이 놀라고 이상하게 여겨 두 혼을 위하여 모산정에서 하루 동안 경전을 설하였다. 또한 한산주에 장의사를 창건하고 명복을 빌게 하였다. 大王驚怪之 爲二魂說經一日於牟山亭 又爲創壯義寺於漢山州 以資冥援"라고 하였다. 그 뒤의 사적은 전하지 않지만, 890년(진성왕4)에 원종대사(元宗大師) 찬유(璨幽 869~958)가 구족계를 받았고, 김정언(金廷彦)이 쓴「보원사법인국사보승탑비문 普願寺法印國師寶乘塔碑文」(이지관『교감역주 역대고승비문』고려편2, pp.74~116)에 "대사는 이내 신엄대덕이 장의산사에 머물면서 잡화를 설한다는 소식을 듣고…15세에 마침내 장의산사에서 구족계를 받았다. 大師 遒聞信嚴大德住莊義山寺 說雜華者…年十五 遂受具於莊義山寺"라고 하여, 914년(신덕왕3)에는 법인국사(法印國師) 탄문(坦文 900~975)이 구족계를 받았다. 그 뒤 태조 왕건의 여덟째 아들 안종(安宗)의 아들인 대량원군(大良院君 현종)이 1006년(목종2)에 삼각산 신혈사(神穴寺 지금의 서울시 은평구 진관사)에 유폐되었다가 사승(寺僧)의 지혜로 목숨을 구한 다음 1010년에 즉위하고서 삼각산 일대의 사찰을 후원하였는데,『고려사』권5 세가(世家)5 현종 18년(1027) 6월 14일에 "양주에서 아뢰기를, '장의·삼천·청연 등 절의 스님이 금령을 어기고 모두 쌀 360여석으로 술을 빚었으니, 청컨대 율에 따라 단죄하옵소서'라고 하였다. 楊州奏 庄義三川青淵等

寺僧犯禁釀酒共米三百六十餘石 請依律斷罪"라고 하였지만, 1068년(문종22)에 남경(南京 지금의 서울)에 신궁(新宮)을 건립한 다음 현종의 후손인 국왕과 왕후는『고려사』권10 세가10 선종 7년(1090) 10월 19일에 "왕이 승가굴에 행차하고 마침내 장의사에 행차하였다. 幸僧伽窟 遂幸藏義寺"라고 한 것처럼 행차할 때 장의사는 물론 승가굴·인수사(仁壽寺)·신혈사 등을 삼각산 일대 여러 사찰을 참례하여 행향(行香)하거나 재를 올리기도 하였다. 고려 국왕의 참례는 1110년(예종5) 윤8월 25일·1117년(예종12) 8월 28일·1126년(인종4) 10월 27일·1167년(의종21)에도 이어졌다.『한국사찰전서』권하 장의사에는 "조선 태조가 도성을 건립할 때 장의사를 훼철하여 불상과 금자화엄경·금정 등 일괄을 광주 망월사로 옮겨 보관하였다고 전한다. 朝鮮太祖建都時 毁壯義寺 以佛像及金字華嚴經金鼎一括 移藏于廣州望月寺云"라고도 하였지만, 조선 초기에도 국왕과 왕후의 국상(國喪) 중 칠칠재(七七齋)와 왕실의 기신재(忌晨齋)를 거행하는 왕실원찰로, 때로는 국가의 위난을 극복하기 위한 도량으로 자리하였다.『태조실록』권13 7년(1398) 2월 14일에 "(천변기양을 위해) 영성부원군 오사충을 장의사에 보내어 십이인연법석을 베풀었다. 遣寧城府院君吳思忠于藏義寺 設十二因緣法席"고 하였고,『세종실록』권11 3년(1421) 1월 19일에는 "지금부터 선왕의 기재는 내자시가 장의사에서 올리고, 선후의 기재는 내섬시가 진관사에서 올려, 영구히 정한 법식으로 삼게 하라. 自今先王忌齋 內資寺設於藏義寺 先后忌齋 內贍寺設於津寬寺 永爲定式"고 하였다. 1424년(세종6)에 서른 여덟 곳의 절을 선교(禪敎)양종 사찰로 정할 때 교종에 속하였는데,『세종실록』권24 6년 4월 5일에 "양주 장의사의 원속전은 200결인데 이번에 50결을 더하였으며, 머무르는 스님은 120명이다. 楊州藏義寺 元屬田二百結 今加給五十結 居僧一百二十"라고 하였다. 호불(好佛) 군주 세조 때에도 국왕이 요청한 불사가 여러 번 설행되어,『세조실록』권9 3년(1457) 9월 23일에 "충훈부가 장의사에서, 충익사는 영국사에서 축수재를 설행하였는데 모든 공신이 사적으로 준비하였다. 忠勳府於壯義寺 忠翊司於寧國寺 設祝壽齋 諸功臣私辦"고 하였고, 같은 책 권19 6년(1460) 3월 20일에는 "임금이 중궁과 함께 장의사에 행차하여 임금께서 불당에 오르실 때 승도가 작법하게 하였다. 上與中宮幸壯義寺 上就佛堂 令僧徒作法"고 하였으며, 같은 책 권30 9년(1463) 7월 2일에도 "장의사에 행차하자 사리분신하므로 어가를 수행한 백관이 하례를 올렸다. 이날 오색구름이 나타났다. 幸壯義寺 舍利分身 隨駕百官上箋賀 是日五色雲現"라고 하거나 같은 책 같은 해 9월 5일에 "앞서 내수소에서 조성한 불상 4위를 함원전에서 점안하고 이 때에 장의사에 봉안하였다. 先是 於內需所造佛像四軀 點眼于含元殿 至是 安于壯義寺"라고 하였다. 그러나 김안로(金安老 1481~1537)가 쓴「용천담적기 龍泉談寂記」'아조사가독서 我朝賜暇讀書'(『희락당문고』권8)에 "우리 왕조의 영릉(세종)이 그 제도를 모방하여 사가독서를 시행하였는데 선발된 이는 전후 3~4명에 불과하였다. 선릉(성종)대 이르러 규정을 점차 갖추어 처음으로 여섯명을 뽑아 장어사에서 사가독서하도록 하였다. 我朝英廟肇倣其制 賜暇讀書 其選前後不過三四人 逮至宣廟 其規寢備 初選六人 賜長暇于藏魚寺"라고 하여, 성종대 이후에는 점차 사세가 기울었다. 특히『연산군일기』권1 즉위년(1494) 12월 29일에 "승지 송질을 보내 장의사에서 수륙재를 지내게 하였다. 遣承旨宋軼行水陸齋于藏義寺"고 하여 여전히 왕실 불사를 설행하였지만, 1504년(연산군10) 윤4월 3일에 성종의 모후 인수대비 국상 초재를 마지막으로 훼철되기 시작하였는데, 같은 책 권54 10년 7월 13일에 "창의문 밖 장의사와 조지서 등 주변에 있는 사람들을 모두 내쫓으라. 昌義門外藏義寺及造紙署等處居人 無遺黜送"는 전교를 내린 다음날 장의사 스님들을 내쫓았다고 하였고, 7월 17일에는 "장의사 불상은 양종의 스님으로 하여금 삼각산 안팎의 절로 옮기고 스님들도 모두 내쫓아 절을 비우라. 藏義寺佛令兩宗僧徒 移之三角山內外寺 竝黜僧空之"고 하거나 7월 29일에는 "장의사 불상은 스님으로 하여금 8월 15일 이전에 다른 곳으로 옮기게 하라. 藏義寺佛令僧徒八月十五日前 盡移他處"고 하였으며, 권58 11년 5월 2일에는 "장의사동에 대나무를 심게 하라. 令掌苑署栽竹于藏義寺洞"고 하였고, 6월 29일에는 "장의사터에 따로 이궁을 지어 피어의 장소로 삼게 하라. 於藏義寺基別構離宮 以爲避御之所"고 하였으며, 권61 12년 2월 30일에는 "장의사를 철거하여 그 터에 넓은 화단을 축조하고 각종 화초를 심으라. 撤去藏義寺 於其基 廣築花階栽各種花卉"라고 교서를 내리기도 하였다. 그 뒤의 사적이나 절터의 흔적은 전하지 않지만, 세검정초등학교 교정에 보물로 지정된 당간지주만 남아 있어, 주변이 사역

〈표〉 장의사

연대(왕조년)	조선초 장의사설행불교의례
1398년(태조 7)	태조원비신의왕후국상 기재(9.22)
1408년(태종 8)	태조국상 제2재 후 참경법회(6.9)
1419년(세종 1)	정종국싱 제5재(11.1)
1422년(세종 4)	태종국상 초재(5.15)
1446년(세종28)	세종비소헌왕후국상 초재(3.29)
1452년(단종즉위년)	문종국상 초재(5.19)·제4재(6.11)·제6재(6.25)
1469년(성종즉위년)	예종국상 제4재(12.26)
1474년(성종 5)	성종비공혜왕후국상 초재(5.20)·제3재(5.4)·5재(5.18)
1483년(성종14)	세조비정희왕후국상초재(4.6)·제4재(4.26)
1494년(연산군즉위년)	성종국상 수륙재(초재일 12.29)
1504년(연산군10)	성종모후인수대비국상 초재(윤4.3)

의 일부였을 것으로 추정하고 있다. [참고문헌] 『三國史記』, 『三國遺事』, 『高麗史』, 『太祖實錄』, 『世宗實錄』, 『世祖實錄』, 『燕山君日記』, 『東國輿地勝覽』 권3 漢城府 佛宇, 『希樂堂文稿』 권8(한국문집총간21 p.441b10), 『韓國寺刹全書』 권하 p.989a18, 李智冠 『校勘譯註歷代高僧碑文』 高麗篇2. ⇨ 한도십영 漢都十詠 ❷경상남도 고성군 거류면 신용리 거류산(巨流山)에 있는 절. 대한불교조계종 제13교구 본사 쌍계사(雙磎寺)의 말사이며, 장의암(藏義庵)이라고도 한다. 632년(선덕왕1)에 원효(元曉)가 창건하였다고 전한다. 1885년(고종22)에 대홍수로 폐사되었다가 1891년에 성담(聖潭)이 중창하였다. 1917년에 호봉(虎峯)이 중건한 뒤, 1960년대에 신도들이 보광전 중건, 1969년에 정관(靜觀)이 법당을 중수하였고, 1979년에 성허(性虛)가 중창하였다. 관련 기문으로는 1891년(고종28)에 수룡호징(水龍浩澄)이 지은 「고성부거류산장의암중창기 固城府巨流山藏義庵重創記」·1920년에 작성된 「경상남도고성군거류산장의사중건공덕문」이 있다. 현재 대웅전·천불전·사성각·범종각·운해당(雲海堂) 등의 전각과 호봉의 승탑, 1994년에 건립한 자연보탑(自然寶塔)이 있는데, 사성각은 칠성·산신·독성 외에 특별히 용왕을 모셨다. 성보문화재로는 17세기후반~18세기 초반 조성으로 추정되는 관음석조반가상이 경상남도유형문화재로 지정되어 봉안되어 있다. [참고문헌] 『韓國寺刹全書』 권하 p.990a14.

장의사석조관음반가상 藏義寺石造觀音半跏像 조선후기 불상. 유형문화재 제511호. 높이 39.8cm. 보광전에 봉안되어 있다. 바위 위에 걸터앉아 오른쪽 다리를 왼쪽 다리 위에 올린 반가좌(半跏坐) 형식의 보살상으로, 불상과 대좌 모두 불석(佛石)으로 조성하였다. 불상은 금칠을 하고 대좌는 녹색으로 칠하여 뚜렷하게 구분되는데, 대좌는 폭이 넓고 돌덩이 같은 질감을 그대로 표현하였다. 불신(佛身)에 비해 큰 머리에는 높은 보관을 쓰고 있으며, 양 어깨 위로 보발(寶髮)이 길게 늘어져 있다. 네모난 얼굴에 표현된 일자형 눈과 짧은 원통형 코는 조선후기 불상에서 많이 볼 수 있는 특징이다. 상반신에는 천의를 걸치고 있으며, 무릎 아래에는 군의(裙衣)를 묶은 띠매듭과 같은 주름장식을 표현한 것이 특징이다. 이러한 주름장식은 조선후기의 사천왕상이나 시왕상, 동자상의 복식에서 간혹 볼 수 있다. 바위 형태의 대좌와 착의법 등이 조선후기 불상에서 보기 드문 특이한 요소이다. [참고문헌] 이희정 「조선후기 경상도지역 불석제 불상의 등장과 유행」(『불교미술사학』14, 2012) pp.35~70. ⇨ 장의사 藏義寺❷

장의사지당간지주 莊義寺址幢竿支柱 통일신라시대 당간지주. 보물 제235호. 높이 3.63m. 서울 세검정초등학교 안에 있다. 기단부나 간대(竿臺)가 남아 있지 않아 원래의 모습을 알 수 없다. 지주의 마주보는 안쪽 면, 바깥 면, 옆 면 모두 조각이 없다. 기둥머리의 윗부분은 바깥쪽을 둥글게 깎아 꼭대기가 부드러운 곡선을 이루고, 바깥면 모서리에도 모깎기수법을 사용하였다. 당간을 고정하기 위한 간구(杆溝)는 안쪽 면 윗부분에 둥근 구멍으로 남아 있다. 장식이 없는 소박한 형태의 당간지주이나 홈이 지주를 관통하는 기법, 지주 꼭대기의 바깥면이 곡면을 이루는 점 등으로 미루어 볼 때 경주 망덕사지(望德寺址) 당간지주와 같은 통일신라시대 작품으로 추측된다. [참고문헌] 『文化財大觀』 寶物篇 石造Ⅱ(文化財廳, 2005) pp.384~385. ⇨ 장의사 莊義寺

장의사지당간지주

장의암 藏義庵 경상남도 고성군 거류면 신용리 거류산(巨流山)에 있는 장의사(藏義寺). [참고문헌] 『韓國寺刹全書』 권하 p.990b4. ⇨ 장의사 藏義寺❷

장이화상 長耳和尙 오대(五代) 스님 행수(行修 ?~950)의 별칭. 설봉선사가 화상의 귀를 세 번 잡아당긴 후에 귀가 어깨까지 늘어졌다고 한다. 『감산집』 권24(卍속장127, p.561b3)에 "공양이 끝나고 왕이 연수에게 '오늘 공양한 스님 중에 성승이 오셨습니까?'라고 묻자 연수는 '장이화상은 정광고불의 응신입니다'라고 하였다. 齋罷 王問壽曰 今日齋僧 有聖僧降否 壽曰 長耳和尙乃定光古佛應身也"라고 하였다. [참고문헌] 『憨山集』, 『宋高僧傳』(대정장50, p.898c19). ⇨ 행수 行修

장일암 藏一庵 충청북도 옥천군 군북면 항곡리에 있던 암자. 『여지도서』 충청도 옥천 사찰에 "군 북쪽 15리에 있다. 在郡北十五里", 『범우고』에 "지금은 폐사되었다. 今廢", 1899년(광무3)에 간행된 『옥천읍지』에 "군 북쪽에 있었다. 지금은 청풍정의 옛 터가 되었다. 在郡北 今爲淸風亭址"라고 하였다. [참고문헌] 『與地圖書』, 『梵宇攷』, 『沃川邑誌』.

장일작월 將日作月 해를 가져 달이라 하다. 번일작월(翻日作月)·장착취착(將錯就錯)이라고도 한다. 『부용도해선사어』(속고존숙어요2, 卍속장118, p.905b5)에 "이 이후로 서천과 이 땅에서 모두 사슴을 가리켜 말이라 하였고, 소실과 황매에서 해를 가져 달이라 하였다.

달마가 이미 잘못 전했고 산승마저 잘못 말해 버렸으니, 오늘도 그릇됨 가져 그릇됨으로 나아가니 자세히 하는 것만이 오늘의 일일세. 自後西天此土 指鹿爲馬 少室黃梅 將日作月 祖師已是錯傳 山僧已是錯說 今日不免將錯就錯 曲爲今時"라고 하였다. [참고문헌]『芙蓉道楷禪師語』, 『月江正印語錄』 권상(卍속장123, p.224a1). ⇨ 번일작월 翻日作月, 장착취착 將錯就錯

장자 長者 Ⓢśreṣṭha, śreṣṭhin, gṛhapati, Ⓟseṭṭhin, gahapati, Ⓣtshong-dpon, khyim-bdag. 부유하고 신분이 높은 사람이나 덕이 높고 나이가 많은 사람. 『법화문구』 권5(대정장34, p.66b15)에서는 세장자(世長者)·출세장자(出世長者)·관심장자(觀心長者)의 삼종장자(三種長者)를 설한다. 『선견율비바사』 권4(대정장24, p.699b6)에 "장자란 신체가 장대하고, 연령이 많은 이이다. 또한 위엄과 덕망이 있는 이와 부유한 이를 장자라고 한다. 長者者 身體長大 亦年紀長大 又言 有威德 是名長者 財富者 亦名長者", 『법화현찬』 권10(대정장34, p.849a11)에 "마음이 평하고 성품이 곧으며, 말이 실하고 행실이 믿을 만하고, 나이는 많고 재물도 풍족한 이를 장자라 한다. 心平性直 語實行敦 齒邁財盈 名爲長者", 『번역명의집』 권2(대정장54, p.1083b9)에 "서방 인도의 호족이나 매우 부유한 상인으로 쌓은 재물이 매우 많은 이를 모두 장자라고 한다. 여기 중국에서는 그렇지 않으니, 일반적으로 덕이 있는 이를 일컫는다. 『풍속통의 風俗通義』에서 다음과 같이 말하였다. '춘추 말기에 정나라의 어떤 현자가 한 편의 책을 짓고 『정장자 鄭長者』라고 하였다. 말하자면 나이가 들고 덕이 있으니 다른 사람보다 어른으로 섬겨 장자라고 한 것이다'. 西土之豪族也 富商大賈 積財鉅萬 咸稱長者 此方則不然 蓋有德之稱也 風俗通云 春秋末 鄭有賢人 著一篇 號鄭長者 謂年耆德艾 事長於人 以之爲長者", 『석화엄교분기원통초』 권1(한불전4, p.252b16)에 "장자로써 부처를 비유한다는 뜻은 다음과 같다. 장자는 세 가지 덕을 갖추고 있으니 첫째 덕이 있고, 둘째 나이가 많으며, 셋째 막대한 부다. 덕을 갖춤에는 세 가지가 있으니 첫째 지혜를 지닌 것, 둘째 덕을 갖춘 것, 셋째 청정하여 물듦이 없다. 이것을 부처에 합하면 지혜는 반야, 덕은 법신, 청정은 해탈이다. 또 나이가 많은 것은 부처님의 한량없는 수명이고, 막대한 부는 부처님의 갖가지 공덕이다. 長者喩佛 謂長者具三德 一 有德 二 年高 三 巨富 有德中三 一 有智 二 有德 三 淸淨無染 以此合佛者 智則般若 德則法身 情淨則解脫 又年高則佛壽量無限 巨富則佛種種功德也"라고 하였다. [참고문헌]『法華文句』, 『善見律毘婆沙』, 『法華玄贊』, 『翻譯名義集』, 『釋華嚴敎分記圓通鈔』, *Aṣṭ-pr.78.*, *Av-ś.8.*, *Yogā-bh.72.*, *Śrāv-bh.62.*, *AN.1.26.* ⇨ 장자십덕 長子十德, 삼종장자 三種長者, 삼덕 三德

장자광 長髭曠 당대 스님. 출신지와 속성 등은 알 수 없다. 장자(長髭)·장자공덕(長髭功德)이라고도 한다. 석두희천(石頭希遷 700~790)을 참학하고 그 법을 이었다. 『경덕전등록』 권14 「장자광전」(대정장51, p.313a25)에 "담주(潭州 : 湖南省) 유현 장자광선사는 처음에 조계로 가서 육조혜능의 탑을 예배하고 돌아와 석두희천에게 참학했다. 석두선사가 물었다. '어디에서 오는가?' '영남에서 오는 길입니다' '영남에서 일존의 공덕은 성취하였는가?' '성취한 지는 오래되었고 점안만 하지 못했습니다' '점안하고 싶은가?' '부탁드립니다'. 석두화상이 한 발을 들자 장자광선사가 예배하였다. '그대는 무슨 도리를 보았기에 예배하는가?' '제가 본 것은 화로 위의 한 점 눈송이와 같습니다'. 潭州攸縣長髭曠禪師 初往曹谿禮祖塔 迴參石頭 石頭問 什麽處來 曰嶺南來 石頭曰 嶺頭一尊功德成就也未 師曰 成就久矣 只欠點眼在 石頭曰 莫要點眼麽 師曰 便請 石頭乃翹一足 師禮拜 石頭曰 汝見什麽道理便禮拜 師曰 據某甲所見如洪鑪上一點雪"라고 하였다. [참고문헌]『景德傳燈錄』

장자녀암제차사자후요의경 長者女菴提遮師子吼了義經 역자 미상. 1권. 고려장14, pp.48b1~51a18, No.514·대정장14, pp.962c18~964c29, No.580에 수록되어 있다. 장자의 딸인 암제차(菴提遮)가 문수사리에게 제법의 핵심을 설하는 내용이다. 부처님께서 사위국 기수급고독원에 계실 때 사위성에서 서쪽으로 20여 리 떨어진 장제촌(長提村)에 바라문 파사니가(婆私膩迦)의 출가한 장녀 암제차가 잠시 두모님을 뵙기 위해 친정에 있었다. 장자의 초대로 부처님께서 방문하셨을 때 암제차 혼자 방을 나오지 않았는데, 부처님께서 발우에 음식을 담아 그녀에게 보내자 그녀는 염력으로 남편을 불러 부부가 함께 부처님을 뵙는다. 이때 문수사리가 질문하자 생사(生死)·상무상(常無常)·공불공(空不空)과 여성의 신상(身相)에 대해 사자후를 펼친다. 이에 그 자리에 모인 비구와 천인들이 모두 보리심을 일으켰고, 부처님께서는 그녀가 정각을 이룰 것이라고 수기하셨으며 그 경전을 받들어 수지할 것을 당부하시는 법문이다.

장자문이경입화택 長者聞已驚入火宅 불난 집에 아들들이 있다는 얘기를 듣고서 깜작 놀라 집으로 들어가다. 삼계화택중에 있는 일체중생을 향한 부처님의 대자비심을 비유한다. 『법화경』 「비유품 譬喩品」의 구절. 『법화경』 권2(대정장9, p.14b5 : *Saddh-p.*, p.86)에 "이때 집주인은 문 밖에 서 있다가 어떤 사람이 말하는 것을 들었다. '당신 아들들이 앞서 놀려고 이 집에 들어갔소. 어려서 알지 못하고 오락에 빠져 있습니다'. 장자가 듣고서 깜짝 놀라며 불난 집으로 들어갔고 타거나 다치지 않았다. 是時 宅主 在門外立 聞有人言 汝諸子等 先因遊戲 來入此宅 稚小無知 歡娛樂著 長者聞已 驚入火宅 方宜救濟 令無燒害 puruṣaś-ca so tasya gṛhasya svāmī dvārasmi asthāsi vipaśyamānaḥ. śṛṇoti ca-asau svake atra putrān-krīḍāpanaiḥ krīḍana-sakta-buddhīn, ramanti te krīḍanakapramattā yathāpi bālā avijānamānāḥ. śrutvā ca so tatra praviṣṭu kṣipraṃ pramocana-arthāya tadātmajānām", 『법화경입소』 권3(卍속장47, p.189a8)에 "장자가 듣고서 깜짝 놀라 불난 집으로 들어갔다. 이 두 구야말로 크게 놀라고 두려워 큰 자비심을 일으켰다는 뜻이다. 長者聞已 驚入火宅 此二句 頌上卽大驚怖而起大悲心也"라고 하였다. [참고문헌] 『法華經』, 『法華經入疏』, *Saddh-p.* ⇨ 화택유 火宅喩, 법화칠유 法華七喩

장자법지처경 長者法志妻經 역자 미상. 1권. 고려장14, pp.40a1~41b6, No.511 · 대정장14, pp.944b19~945b19, No.572에 수록되어 있다. 부처님께서 기수급고독원에 계실 때 사위성에 들어가 걸식하시다가 장자 법지의 처와 그 하인을 교화하여 남자의 몸으로 전신(轉身)하게 하였다는 내용이다. 평소 법지의 처는 사치를 부리며 하인들을 괴롭혔는데 부처님의 방광(放光)을 보고 불법을 청했다. 부처님께서 십선(十善) · 육도(六度) · 사등심(四等心) 등을 설하시자 법지의 처는 무상(無上)의 깨달음을 일으켜 남자의 몸이 되었고, 부처님께서는 그녀가 장차 무구왕여래(無垢王如來)가 되리라고 수기하신 법문이다.

장자시보경 長者施報經 송대 법천(法天) 한역. 1권. 고려장34, pp.189c1~192c17, No.1181 · 대정장1, pp.880a9~882a17, No.74에 수록되어 있다. 『중아함경』 권39 「수달다경 須達哆經」(대정장1, pp.677a8~678a22) · 『증일아함경』 권19 「등취사제품 等趣四諦品」(대정장2, pp.643a25~646c2)에 상응하고, 『삼귀오계자심염리공덕경 三歸五戒慈心厭離功德經』 1권(대정장1, No.72)의 동본이역이다. 상응하는 팔리경전은 앙굿타라니카야 Navaka-nipata 제20경 *Velāma-sutta*(*AN.4*, pp.392~396)이다. 부처님께서 수달장자를 위해 과거에 수달장자가 큰 보시행을 하였으나 그것보다 자심(慈心)으로 삼보에 귀의하고 오계를 지키는 공덕이 더 크다는 것을 설하는 경전이다. 부처님께서 사위국의 기수급고독원에 계실 때 장자 급고독(給孤獨)에게 다음과 같이 설하셨다. 과거 미라마(彌羅摩)라는 브라만이 보시 대회가 열릴 때 많은 재물을 보시하였지만 이것은 어떤 사람이 정견(正見)을 가진 자에게 음식을 보시한 것만 못하다. 그러나 이것도 수다원에게 보시하는 것만 못하다. 수다원에게 보시하는 것도 아나함에게 보시하는 것만 못하고, 아나함에게 보시하는 것도 아라한에게 보시하는 것만 못하다. 이와 같이 차례로 모든 절에 보시하는 것도 삼보에 귀의하는 것만 못하고, 삼보에 귀의하는 것은 오계를 지키는 것만 못하다고 설한다. 이 설법을 듣고 수달장자는 사상(四相)을 여의고 청정한 마음으로 열반의 묘리를 깨닫는다는 법문이다.

장자십덕 長者十德 장자가 갖춘 열 가지 공덕. 『법화문구』 권5(대정장34, p.66b16)에 "세간의 장자는 열 가지 공덕을 갖춘다. 첫째 혈통의 귀함, 둘째 지위의 높음, 셋째 크게 부유함, 넷째 위의를 갖춰 용맹함, 다섯째 지혜가 깊음, 여섯째 나이가 많음, 일곱째 행의 청정, 여덟째 예를 갖춤, 아홉째 위로는 찬탄함, 열째 아랫사람들의 귀의함이다. 혈통은 삼황오제의 후예이고 문무의 관직을 맡은 집안이다. 지위는 승상을 보필하고 나라의 동량이 되는 자리이다. 부유하기로는 동 구릉에 금 골짜기처럼 풍요롭고 화려하다. 위세는 엄하기가 서릿발과 같고 무거우며 엄숙하지 않아도 된다. 지혜는 가슴이 무기고와 같고 방편이 출중하다. 나이는 까마득하게 많아 여러 사람의 의론이 조복한다. 행실은 티 없는 백옥과 같고 행동이 말과 같다. 예의는 절도와 순서가 있으며 세간에서 우러러 본다. 위로는 한 사람의 공경을 받으며, 아래로는 수많은 이들이 귀의한다. 열 가지 공덕을 갖추었기에 대장자라 한다. 世備十德 一 姓貴 二 位高 三 大富 四 威猛 五 智深 六 年耆 七 行淨 八 禮備 九 上歎 十 下歸 姓則三皇五帝之裔 左貂右揷之家 位則輔弼丞相鹽梅阿衡 富則銅陵金谷豊饒侈靡 威則嚴霜隆重不肅而成 智則胸如武庫權奇超拔 年則蒼蒼稜稜 物儀所伏 行則白珪無點 所行如言 禮則節度庠序 世所式瞻 上則一人所敬 下則四海所歸 十德具焉名大長者"라 하였다. [참고문헌] 『法華文句』. ⇨ 장자 長者, 삼종장자 三種長子

장자음열경 長者音悅經 오(吳)대 지겸(支謙) 한역. 1권. 『장자음열불란가섭경 長者音悅不蘭迦葉經』 · 『음열경』 · 『장자불란가섭경』 등이라고도 한다. 고려장19, pp.816a1~818a24, No.776 · 대정장14, pp.808a23~809c18, No.531에 수록되어 있다. 왕사성(王舍城)에 사는 음열장자가 네 가지 길상(吉祥)을 얻었다가 모두 잃은 일을 통해 인과를 설하시고 삼보에 귀의하여 복을 심을 것을 당부하는 내용이다. 부처님께서 기사굴산(耆闍崛山)에서 1,250명의 제자들과 함께 머무실 때 왕사성에 음열이라는 장자가 있었는데 자식이 없어 항상 근심하였다. 이에 부처님께서 그가 곧 네 가지 길상을 얻을 것을 말씀하시니 장자가 부처님께 보시했다. 이후 외도 불란가섭(不蘭迦葉)이 이것을 질투하여 부처님께 길상을 찬탄하는 게송을 얻어다가 음열장자에게 주었지만 장자는 화재로 이미 모든 것을 잃은 후였기에 분노하여 그를 때렸다. 부처님께서는 이 일이 과거세의 인연에서 비롯한 일이고, 음열장자가 삼보에 귀의하여 복을 쌓았지만 결혼한 후에 처를 따라 믿음을 버렸기에 길상을 잃었음을 설하신 인과법문이다.

장자자오뇌삼처경 長者子懊惱三處經 후한(後漢)대 안세고(安世高) 한역. 1권. 고려장20, p.1122a1~c21, No.815・대정장14, p.800a2~c4, No.525에 수록되어 있다. 인천(人天)의 무상함을 깨우쳐 무생법인(無生法忍)을 얻게 한 법문이다. 장자의 아들이 천인용(天人龍)의 계(界)에서 죽음을 당한 일화를 통해 업의 과보와 무상을 설하는 경이다. 부처님께서 기수급고독원에 계실 때 장자가 귀하게 얻은 아들이 혼인하는 날 신부를 위해 무우수(無憂樹)에 올라가 꽃을 따려다가 떨어져 죽었다. 이에 부처님께서는 비통에 빠진 장자에게 그 아들의 전생과 내생을 보여줌으로써 생사의 무상을 깨닫게 하셨다. 장자의 아들은 전생에 도리천(忉利天)에 머물던 천이었으나 선업과보가 다하자 인간에 장자의 아들로 태어났다. 그는 전생에 보시하기를 좋아하여 장자의 집안에 태어났지만 또한 전생에 사냥을 즐기는 악업으로 요절하고 말았다. 또한 장자의 아들은 죽은 후에 용의 세계에 태어나 금시조(金翅鳥)에게 잡아 먹힌다. 이를 들은 장자는 생사의 무상과 인과를 깨닫고 무생법인(無生法忍)을 얻었다는 법문이다.

장자자육과출가경 長者子六過出家經 유송(劉宋)대 혜간(慧簡) 한역. 1권. 『육과출가경』이라고도 한다. 고려장19, p.646a1~c22, No.724・대정장2, p.857a16~c15, No.134에 수록되어 있다. 사위성 승가라마(僧伽羅摩)장자의 아들이 과거에 여섯 번 출가하였으나 도를 얻지 못하다가 일곱 번째로 석가모니부처님께 귀의하여 아라한과를 증득하는 법문이다. 부처님께서는 그에게 모든 번뇌를 그치게 하는 지(止)와 모든 법을 관하는 관(觀)을 가르치시고, 범행(梵行)을 닦아 다시 나는 일 없도록 하라고 하셨다. 이에 지관과 범행을 닦아 아라한과를 얻었다. 이후 승가라마의 장모와 처가 찾아와 환속을 요구했지만 흔들리지 않아, 부처님께서 그가 마(魔)를 조복시켰다고 칭찬하셨다.

장자자장단자자단 長者自長短者自短 긴 것 본래 길고 짧은 것 스스로 짧다. 『벽암록』 31칙 「평창 評唱」(대정장48, p.171b8)에 "그대 만약 이 두 가지 착각에서 깨우친다면 더는 어떤 일에도 빠져들 일 없다. 산은 산이고 물은 물이다. 긴 것은 스스로 길고 짧은 것은 본래 짧다. 닷새마다 한 번 바람 불고 열흘마다 한 번 비가 온다. 그래서 사해의 물결이 늘 그렇고 모든 강은 흐르고 잦아든다고 하였다. 爾若向這兩錯下會得 更沒一星事 山是山水是水 長者自長短者自短 五日一風十日一雨 所以道 四海浪平百川潮落"라고 하였다. [참고문헌] 『碧巖錄』.

장자자제경 長者子制經 후한 때 안세고(安世高) 한역. 1권. 『장자서경 長者逝經』・『제경 制經』・『서경 逝經』 등이라고도 한다. 고려장11, pp.439a1~440c6, No.226・대정장14, pp.800c8~801c20, No.526에 수록되어 있다. 부처님께서 오백사문과 나열기 기사굴산에 계셨는데, 마침 성안에 단니가내(檀尼迦柰)라는 장자와 16살 되는 그의 아들 제(制)가 있었고, 장자가 사망하자 아들은 모친과 함께 살았다. 부처님께서 걸식하러 가시자 아들은 모친에게 몇 번이고 부처님께 공양하길 권했지만, 인색한 모친은 결국 공양하지 않았다. 이에 아들은 자신의 음식을 부처님께 공양하였고, 부처님께서는 그 아들에게 자신이 원하는 대로 자재를 얻을 것이라고 말씀하셨다. 이 말을 들은 제석(帝釋)은 부처가 될 수는 없다고 말하였지만, 그 아들은 자신은 미륵불을 친견하고 성불할 것이라고 말하였다. 부처님은 그에게 이미 육만의 부처님께 불사를 했기에 미래에는 차가월왕(遮迦越王)이 되어 천계를 오르내리며 수미가라(須彌迦羅)라는 이름의 부처가 될 것이라고 수기하신 법문이다. 동본이역으로 서진(西晉) 백법조(白法祖)가 한역한 『보살서경 菩薩逝經』(대정장14, No.528)과 지법도(支法度)가 한역한 『서동자경 逝童子經』(대정장14, No.527)이 있다. ⇨ 보살서경 菩薩逝經, 서동자경 逝童子經

장자중 長者衆 Ⓟ gahapati-parisā. 장자의 무리. 팔부중(八部衆)의 하나로 부유하고 유덕하며 나이가 많고 관직이 높은 사람들을 말한다. 『증일아함경』 권37(대정장2, p.754c15)에 "너희들은 팔부중이 있음을 알아야 한다. 어떤 것이 팔부중인가? 찰리중・바라문중・장자중・사문중・사천왕중・삼십삼천중・마중・범천중을 말한다. 有八部之衆 汝等當知 云何爲八 所謂刹利衆 婆羅門衆 長者衆 沙門衆 四天王衆 三十三天衆 魔衆 梵天衆"라고 하였다. [참고문헌] 『增壹阿含經』, 『集異門足論』 권18(대정장26, p.442c23) *AN.4.307.* ⇨ 장자 長者, 팔부중 八部衆

장자포금 長者布金 장자가 금을 깔다. 수달(須達 Ⓢ Sudatta)장자가 금을 깔아 기타림(祇陀林)을 사서 부처님승가에 공양한 고사(故事). 『아미타경요해』(대정장37, p.365c7)에 "파사익왕의 대신 수달다장자는 급고독으로 한역한다. 급고장자가 금을 깔아 숲을 사서 부처님과 승가에 공양했는데 약간의 땅에 금을 깔지 못했다. 기타 태자가 감탄하여 댓가를 받지 않고 그 약간의 땅을 보시했다. 그러므로 두 이름을 함께 쓴 것이다. 匿王大

臣名須達多長者 此翻給孤獨 給孤長者布金買園 供佛及僧 餘有少地未布 祇陀感歎 不復取價 施此少地 故並存二名也",『고승법현전』 권1(대정장51, p.860c15)에 "기수급고독원은 수달장자가 금전을 깔아 산 땅이다. 此園 卽須達長者 布金錢買地處也"라고 하였다. 〔참고문헌〕『阿彌陀經要解』,『高僧法顯傳』. ⇨ 수달 須達, 급고독장자 給孤獨長者, 기타태자 祇陀太子, 급고독원 給孤獨園

장작 將作 ~을 가져 ~라고 여기다. 장위(將謂·將爲)와 같은 뜻이다. 『조당집』 권8 「조산본적장 曹山本寂章」(대장경보편25, p.456a10)에 "그러므로 스승께서 이르시길 '몸을 수승한 곳에 두고 가져 등한히 하지 말아야 한다. 이 경지에 이르면 귀천을 나누지 않고 친소를 구별하지 않는다'고 하였다. 故先師云 體在妙處 莫將作等閑 到這裏不分貴賤 不別親疏", 『원오어록』 권14(대정장47, p.779a1)에 "조주선사는 '나는 남방에서 삼십 년 동안 죽과 밥 먹는 동안만 마음을 잡스럽게 썼다'고 하였으니, 고덕께서 이 일을 가져 등한히 하지 않았음을 알 수 있다. 곧바로 이렇듯 정중하였다. 趙州云 我在南方三十年 除粥飯二時是雜用心處 將知古德爲此箇事不將作等閑 直是鄭重"라고 하였다. 〔참고문헌〕『祖堂集』,『圜悟語錄』. ⇨ 장위 將謂, 장위 將爲

장장 鏘鏘 옥이나 금이 서로 부딪혀서 나는 아름다운 소리. 경건하고 단아한 풍모를 형용한다. 『당고승전』 권12 「혜각전 慧覺傳」(대정장50, p.520c18)에 "신장은 일곱 척이고 용모와 행동거지는 온화하며 걸음은 느긋하였으니 경건하고 단아한 모습이었다. 身長七尺 容止溫弘顧步淹融 鏘鏘然也", 『일체경음의』 권85(대정장54, p.857a3)에 "장장〈작과 양을 반절한 음이다. 『집훈』에서 '금옥의 소리이다. 문을 부수로 하여 창(閶)이라고 하거나, 족을 부수로 하여 장(蹡)이라고 하거나, 옥을 부수로 하여 장(瑲)이라고도 하는데 모두 옛 글자이다'라고 하였다. 『설문』에서는 '경쇠 소리이고 소리를 본뜬 글자다'라고 하였다〉. 鏘鏘〈鵲羊反 集訓云 金玉聲也 或從門作閶 或從足作蹡 或從玉作瑲 並古字也 說文 磬聲也 形聲字〉"라고 하였다. 〔참고문헌〕『唐高僧傳』,『一切經音義』.

장장점점 粧粧點點 꼼꼼히 찍어 발라 화장하는 것. 겉만 화려하게 꾸밈을 뜻한다. 줄여서 장점(粧點)이라고도 한다. 『고봉원묘어록』(卍속장122, p.660a6)에 "만참으로 법문을 하였다. '참구하되 실답게 참구하고 깨닫되 실답게 깨우치면 움직이고 뒤쳐 보여 행위함에 고금에 빛날 것이다. 만약 마음을 씀에 바르지 못하면 깨우친들 참되지 못하니, 꼼꼼히 찍어 발라 왁자지껄 풍성해 보이지만 사람들이 살짝만 다그쳐도 등롱을 노주라고 부르는 일 면치 못한다. 말해보라. 무엇이 실답게 참구하고 실답게 깨우친 소식일까?' 잠깐 침묵하다가 말하였다. '남산에 구름 일고, 북산에 비 내린다'. 晩參 參須實參 悟須實悟 動轉施爲 輝今耀古 若是操心不正 悟處不眞 粧粧點點 鬪鬪飣飣 被人輕輕撈著 未免喚燈籠作露柱 且道 如何是實參實悟底消息 良久云 南山起雲 北山下雨"라고 하였다. 〔참고문헌〕『高峰原妙語錄』,『闢妄救略說』 권9(卍속장114, p.359a2).

장장지 樁樁地 고목(枯木)만이 가득한 곳. 활로(活路) 없이 정처(靜處)에 주착해 있는 마음. 『서장』 「답유통판장 答劉通判狀」(대정장47, p.926c16)에 "문득 의욕하여 마음 움직여 알아차리려고 한다면, 그는 이미 십만 팔천 리 밖으로 지나가 버린다. 곧바로 마음 쓰는 자리마저 없이 하면 이것이야말로 가장 좋은 성력처다. 지금 도를 배우는 이들 대부분 힘을 써서 구하려 하지만, 구하려할수록 점점 멀어지고 향할수록 오히려 등지게 되거늘, 어찌 득실을 헤아리는 길에 떨어질 수 있겠는가? 시끄러운 곳에서 잃는 것이 많고 고요한 곳에서 잃는 것이 적다고 여기면서 주변에 조용하고 좋은 곳에서 이십여 년을 머물렀다. 조금이라도 힘 얻은 것 가져와 보일 뿐이다. 만약 죽은 고목처럼 하여 그저 고요한 중에 힘 얻으려 한다면, 어찌 시끄러운 곳에서 잃겠는가? 지금 뒤치는 힘 얻고자 한다면 고요한 곳과 시끄러운 곳이 매한가지다. 단지 조주무자 화두를 들다가 홀연하게 사무쳐 얻는다면 비로소 고요함과 시끄러움 양쪽 모두 거리끼지 않게 되고, 힘 쓰지 않고도 지탱하며 지탱한다는 생각도 짓지 않을 것이다. 擬欲起心動念承當 渠早已蹉過十萬八千了也 直是無爾用心處 這箇最是省力 而今學此道者 多是要用力求 求之轉失 向之愈背 那堪墮在得失解路上 謂鬧處失者多 靜處失者少 左右在靜勝處 住了二十餘年 試將些子得力底來看則箇 若將樁樁地底 做靜中得力處 何故却向鬧處失却 而今要得省力 靜鬧一如 但只透取趙州無字 忽然透得 方知靜鬧兩不相妨 亦不著用力支撑 亦不作無支撑解矣"라고 하였다. 〔참고문헌〕『書狀』.

장장출부득 長長出不得 해도 해도 벗어나지 못하다. 『경덕전등록』 권10 「경잠전 景岑傳」(대정장51, p.274a18)에 "언젠가 학인이 물었다. '무엇이 사문의 안목입니까?' '해도 해도 벗어날 수 없다. 부처가 되거나 조사가 되어도 벗어날 수 없고, 육도윤회에서도 빠져 나올 수 없다' '알 수 없습니다, 어떻게 해야 벗어날 수 있는지' '낮에 해 보고 밤에 별을 본다' '저는 모르겠습니다' '수미산색 푸르고도 푸르다'. 時有僧問 如何是沙門眼 師云 長長出不得 又云 成佛成祖出不得 六道輪迴出不得 僧云 未審出箇什麽不得 師云 晝見日夜見星 僧云 學人不會 師云 妙高山色靑又靑"라고 하였다. 〔참고문헌〕『景德傳燈錄』.

장재 長齋 정해진 긴 시간 재(齋)를 지키는 것. 재가자가 매월 육재(六齋)를 하룻낮 하룻밤 동안 지키는 것과, 일년중 정월·오월·구월에 15일 동안 계를 가져 지키는 일 등을 말한다. 『보살계의소』 권하(대정장40, p.578a10)에 "재가자들만을 위해 제정한 것으로 일 년에 세 번의 장재와 한 달에 여섯 번의 재가 있다. 재는 본래 재가의 계율이고 출가자는 죽을 때까지 재를 지켜야 하고 시기를 따지지 않는다. 但制在家 年三長齋月六齋 齋本爲在家 出家盡壽持齋 不論時節", 『범망경고적기』 권하(대정장40, p.713c19·한불전2, p.288a7)에 "일년에 세 번의 장재가 있다는 것은 『제위경』에서 '정월의 재가 십오일이고, 오월의 재가 십오일이며, 구월의 재가 십오일이다'라고 한 것이다. 삼재를 행하는 인연은 저 경에서 널리 설한대로다. 年三長齋者 提謂經云 正月本齋十五日 五月本齋十五日 九月本齋十五日 三齋因緣如經廣說"라고 하였다. [참고문헌] 『菩薩戒義疏』, 『梵網經古跡記』. ⇨ 재식 齋食, 과오불식 過午不食, 삼장재월 三長齋月, 삼장육재일 三長六齋日

장재 掌財 사중재물을 관장하는 소임. 쌀·소금 등의 물자와 금전을 다스려 고르게 한다. 『선림상기전』 권7(대장경보편19, p.256a16)에 "장재 : 도충이 말한다. '재물에 대한 소임을 말한다'. 『희수소담광록』 권3 「개선숭경선사어록 開善崇慶禪寺語錄」(卍속장122, p.237a10)에 '희수소담이 전현직 지객·장재·유나에게 감사의 의미로 법좌에 올라앉아 말했다. 「지나가는 나그네를 차로 영접함에 신참구참이 없이 하고, 수미를 재도 경중이 있게 한다. 손 끝에 자재함이 묘를 얻었다. 어찌 통을 두른 테 터지는 소리 들리는 듯 하는가?」'라고 하였고, … 『원수행단어록』 권4 「주항주경산홍성만수선사어록 住杭州徑山興聖萬壽禪寺語錄」(卍속장124, p.26a6)에 '원수행단이 영(泳)이라는 장재의 장례 때 유해에 불을 붙이기 전에 법어를 했다. 「저울판 위에서 무게를 재는 이도 다름 아닌 그대였고, 산가지 통에서 산가지를 꺼내어 이리저리 셈을 하던 이도 다름 아닌 그대였다. 일러 보라! 생사해 중 깊이 잠겨 노니는 이는 그대인가, 그대가 아닌가?」'라고 하였다. 掌財 忠曰 蓋財帛也 希叟曇禪師開善錄 謝新舊知客掌財維那 上堂云 茶迎過客無新舊 秤定須彌有重輕 活弄手頭雖得妙 何如聞爆桶箍聲 … 元叟端禪師徑山錄 爲泳掌財下火云 秤盤上分斤定兩是汝 算筒邊橫千豎百是汝 且道 生死海中涵泳游戲是汝不是汝"라고 하였다. [참고문헌] 『禪林象器箋』, 『希叟紹曇廣錄』, 『元叟行端語錄』.

장재암 長在庵 강원도 고성군 수동면 신대리에 있던 암자. 『사탑고적고』에 "석탑 1좌가 남아있는데 불완전하다. 有石塔一座不完全"라고 하였다. [참고문헌] 『寺塔古蹟攷』, 『韓國寺刹全書』 권하 p.987b11.

장재전재 樟梓栴材 녹나무·가래나무·전단나무로 만든 목재. 집짓기에 좋은 목재이다. 『육도집경』 권4(대정장3, p.23b29)에 "돌아와서 뒷간을 무너뜨리고 그 땅을 파서 새롭게 일구었다. 녹나무·가래나무·전단나무 목재로 기둥과 들보를 만들고 향탕을 땅에 뿌리고 전단·소합·울금 등 여러 향을 섞어서 칠을 만들었다. 모직과 여러 비단으로 좌석을 만들고 문양을 새겨서 여러 보석으로 보기 좋게 하니 휘황찬란하여 전당보다 뛰어났다. 還則裂廁 掘其地則新之 樟梓栴材 爲之柱梁 香湯沃地 栴檀蘇合鬱金諸香 和之爲泥 旃罽雜繒 以爲座席 彫文刻鏤 衆寶爲好 煒煒煌煌 有踰殿堂", 『일체경음의』 권78(대정장54, p.814a17)에 "장재〈앞 글자는 음이 '장'이고, 뒤 글자는 '자'와 '사'를 반절한 음이다. 모두 남방의 큰 나무 이름이다〉. 樟梓〈上音章 下音玆死反 並南方大木名也〉"라고 하였다. [참고문헌] 『六度集經』, 『一切經音義』.

장전 莊佃 당대 사원소유의 농지를 경작하던 소작농. 장객(莊客)·지객(地客)·장호(莊戶) 등이라고도 한다. 『선림상기전』 권7(불광장, 禪藏, p.514)에 "장전 : 장주에 속하는 농부를 말한다. 그 이름이 장주 항목에 보인다. 『소보운회』에서는 '전은 당과 련을 반절한 음이다', 『광운』에서는 '밭을 운영한다는 뜻이다', 『증운』에서는 '밭을 관리한다는 뜻이고, 또한 정과 년을 반절한 음이며, 토지를 관리하는 것을 말한다'라고 하였다. 『거가필용』에서는 '전객은 밭을 관리하고 이익을 나누는 사람을 말한다'고 하였고, 『화명유취』에서는 '『당운』에서는 「전은 밭을 만든다는 뜻이고 음은 전 자와 같다」고 하였다'. 莊佃 農夫之屬莊主者 其名見莊主處 小補韻會云 佃堂練切 廣韻營田 增韻治田 又亭年切 治土也 居家必用云 佃客 謂治田分利之人也 和名類聚云 唐韻佃作田也 音與田同"라고 하였다. [참고문헌] 『禪林象器箋』. ⇨ 장객 莊客, 지객 地客

장전주 藏殿主 대장경을 모신 전각을 관리하는 장주(藏主)를 보좌하는 소임. 전주(殿主)라고도 한다. 대장경을 보관하는 장전(藏殿)을 맡아서 관리한다. 『선원청규』 권6 「간장경 看藏經」(卍속장111, p.907b8)에 "시주가 대중에게 청하여 대장경을 보려고 할 경우에는 장하 또는 법당 위에 직세는 의자와 탁자를 안배하고, 전좌는 공과의 행자를 동원하며, 장주는 다탕·향화·등촉을 준비한다. 유나는 계랍에 따라 방을 내고 경과 좌위의 조패를 나누며 법사와 작범사리를 청한다. 서장은 개계와 파산의 문소 및 간경의 대방을 쓰고, 장전주는 경전을 내온다. 如遇施主請衆看大藏經 或藏下 或法堂上 直歲安排椅卓 典座排供過行者 藏主準備茶湯香華燈燭 維

那依戒臘 出牓分經幷坐位照牌 請法事 又作梵闍梨 書狀寫造開啓罷散 文疏幷看經大牓 藏殿主出經"라고 하였다. 〔참고문헌〕『禪苑淸規』. ⇨ 전주 殿主, 장주 藏主

장정 長淨 포살(布薩 Ⓢ poṣadha)을 달리 이르는 말. 『유부율』 권18(대정장23, p.722b24)에 "이때 세존께서 비구들에게 말씀하셨다. '그대들은 반드시 알라. 나는 이번 하안거 3개월 동안 말 없이 지낼 것이니, 비구는 문득 나를 보러 오지 마라. 단 비구가 나에게 식사를 청하는 경우나 장정일일 때는 예외다'. 爾時 世尊告諸苾芻曰 汝等當知 我欲於此夏安居 三月之內 宴默而住 勿令苾芻 輒來見我 除一苾芻爲我請食者 除長淨日", 『일체경음의』 권53(대정장54, p.659c1)에 "포사다〈첫 글자는 보와 모를 반절한 음이다. 범어 음사어이다. 경전에서는 재(齋)라고 하였는데 장정이라 한역한다. 대중을 소집하여 저지른 죄를 진술함으로써 선법(白法)과 청정한 업을 증장시키기 때문에 장정이라고 한다〉. 逋沙陀〈上報毛反 梵語也 經云齋 唐云長淨 卽集衆陳說所犯之罪 增長白法淸淨之業 名爲長淨也〉", 『사미율의요략증주』 권하(卍속장106, p.346b8)에 "포살을 장정이라 한역한다. 布薩 此云長淨"라고 하였다. 〔참고문헌〕『有部律』, 『一切經音義』, 『沙彌律儀要略增註』. ⇨ 장양 長養❷, 포살 布薩

장정사 長汀社 함경남도 정평군에 있던 절. 『태종실록』 권27 14년(1414) 6월 15일에 "영길도 예원 장정사의 불상이 땀을 흘렸다. 永吉道 預原 長汀社金人出汗"라고 하였다. 〔참고문헌〕『太宗實錄』.

장제냉반 長齏冷飯 채소를 날 것으로 길고 가늘게 썰어서 만든 찬 음식. 『전등옥영집』 권10 「봉린장 奉璘章」(대장경보편14, p.266a12)에 "학인이 물었다. '화상의 가풍은 어떠합니까?' '장제냉반이다' '너무 적막합니다' '승가는 이러해야 한다'. 問 如何是和尙家風 師曰 長齏冷飯 曰 又太寂寞生 師曰僧家合如是"라고 하였다. 〔참고문헌〕『傳燈玉英集』.

장제형 張提刑 생몰연대 미상. 남송 때 사대부. 이름은 소원(昭遠)이며, 남송 때 재상 장준(張浚 1097~1164)의 만형이다. 임주지주(臨州知州)를 역임하였으며, 원오극근(圜悟克勤)은 그를 철획선(鐵劃禪)으로 비유했다. 대혜종고(大慧宗杲)와 주고받은 편지의 답장이 『서장』 「답장제형장 答張提刑狀」(대정장47, p.927a24)에 실려 있다. 〔참고문헌〕『書狀』.

장조 長照 1887~1978. 현대 스님. 호는 봉하(峰霞), 속성은 박(朴)씨, 본관은 순천(順天). 1887년(고종24) 4월 6일 전라북도 고창군 상하면 하장리 565번지에서 태어났다. 1902년 7월 15일 15세 때 백양사(白羊寺) 운문암(雲門庵)에서 호명(浩溟)을 은사로, 호운(皓雲)을 계사로 사미계를 받고 스님이 되었다. 1908년 4월 15일 21세 때 합천 해인사(海印寺)에서 호은문성(虎隱文性)율사를 계사로 비구계와 보살계를 받았다. 1902년 6월부터 백양사에서 환응(幻應)에게서 사미과·사집과를 시작하여 1919년 불교중앙학림을 졸업할 때까지 무려 17년간 당대의 강장(講匠)으로부터 수학하였다. 함양 영원사(靈源寺) 금파(錦巴)에게서 『기신론 起信論』을, 부산 범어사(梵魚寺) 초월(初月)에게서 『능엄경 楞嚴經』을, 해인사 홍제암(弘濟庵) 만암(曼庵)으로부터 『반야경 般若經』과 『원각경 圓覺經』을, 양산 통도사(通度寺) 고경(古鏡)에게서 『화엄경현담 華嚴經玄談』을, 장성 백양사 환응에게서 『화엄경』을, 순창 구암사(龜岩寺) 석전(石顚)으로부터 『선문염송 禪門拈頌』과 『경덕전등록 景德傳燈錄』을 수료하였다. 이어 백양사 청류암(淸流庵)에 세운 광성의숙(廣成義塾) 세부측량과와 보통과를 졸업하고 불교중앙학림을 마쳤다. 그리고 1918년 대선(大選)·1923년 중덕(中德)·1929년 대덕(大德)·1932년 종사(宗師)·1939년 대종사(大宗師) 법계를 품수받았다. 1921년부터 1930년 초까지 백양사 전문강원 강사로 취임, 1930년 고창 상원사(上院寺) 주지, 장성 백양사 법무(法務 : 教務)와 감무(監務 : 총무) 등을 역임하였다. 1945년 12월부터 주지에 취임한 후, 고창 선운사(禪雲寺) 주지·정광학원(淨光學院) 대표이사·불교전남종무원장·영광 불갑사(佛岬寺) 주지 등 28년간 각 사찰 주지를 역임했다. 1974년 3월 나주 심향사(尋香寺)로 옮겼다. 1978년 음력 8월 28일 세수 92, 법랍 77세를 일기로 입적하였다. 상좌에는 보륜성오(普輪性悟)·동환금명(東煥錦明)·범일성관(梵日性寬) 등이 있다. 운허용하(耘虛龍夏)가 비문을 지어 세운 비가 백양사에 있고 진영도 백양사 진영각에 있다. 〔참고문헌〕『佛敎新聞』 제2414호(2008.4.2.).

장조범지 長爪梵志 Ⓢ Dīrghanakha, Ⓟ Dīghanakha. 부처님 제자. 사리불(舍利弗)의 외삼촌. 손톱을 깎지 않아 길었으므로 이렇게 불렸다. 구치라(俱絺羅)·마하구치라(摩訶俱絺羅 Ⓢ Mahākauṣṭhila)라고도 부른다. 『대비바사론』 권98(대정장27, p.509b21)에 "〔문〕 무슨 연유로 장조범지라고 하는가? 〔답〕 그 범지의 몸과 손톱이 모두 길었으므로 장조범지라고 한다. 〔문〕 그는 또 무슨 연유로 이 긴 손톱을 남겨두었는가? 〔답〕 저 탐습을 깎지 않았기 때문이다. 어떤 사람은 말한다. '그는 항상 산에 거처하여 손톱과 머리카락이 길어도 손톱을 깎거나 머리카락을 잘라주는 사람이 없었다'. 또 어떤 사람은 말한다. '그는 재가에 있을 때 현관악기를 즐겨 익혔는데, 후에 출가했음에도 여전히 긴 손톱을 좋아하여 깎지 않았다'. 다른 논사들은 말한다. '그는 외도법에 출가하였는데, 외도법에서는 손톱을 깎지 않는다. 그러므로 그를 장조범지라고 한다'. 問 何故名爲長爪梵志 答 由彼梵志身爪俱長 而且說爲長爪梵志 問 彼復何緣 留此長爪 答 彼貪習業無容剪故 有作是說 彼恒山居 爪髮雖長 無人剪剃 復有說者 彼在家時 樂習絃管 後雖出家 猶愛長爪 故不剪之 有餘師說 彼在外道法中出家 外道法中有留爪者 故說彼爲長爪梵志"라고 하였다. [참고문헌]『大毘婆沙論』, 『大智度論』 권1(대정장25, p.61b24). ⇨ 구치라 俱絺羅, 마하구치라 摩訶俱絺羅, 건조 建爪

장조범지청문경 長爪梵志請問經 Ⓢ Āryadīrghanakhaparivrājakaparipṛcchā-nāma-sūtra, Ⓣ 'phags-pa kun-tu rgyu-ba sen-rings-kyis shus-pa shes-bya-ba'i mdo. 당(唐)대인 700년(구시원년) 의정(義淨) 한역. 1권. 줄여서 『범지청문경』이라고도 한다. 고려장20, pp.1237a1～1238a13, No.869・대정장14, p.968a8～c19, No.584 등에 수록되어 있으며, 티베트역본(北京版 No.1009)도 전한다. 부처님께서 삼십이상(三十二相)을 갖추시게 된 업인(業因)과 팔지정계(八支淨戒)의 공덕을 장조범지에게 말씀하신 법문이다.

장종득보 莊宗得寶 오대(五代) 후당(後唐)의 왕 장종이 획득한 보배를 두고 홍화존장(興化存獎)과 문답했던 공안. 『경덕전등록』 권12 「홍화존장전」(대정장51, p.295b17)에 "장종이 어느 날 홍화존장에게 말했다. '내가 양나라를 병합하고 가치를 헤아릴 수 없는 밝은 구슬 한 알을 얻었는데 아직 값을 매길 수 있는 사람이 없었소' '폐하! 구슬을 보여 주십시오'. 이에 장종이 손으로 두건을 풀었다. '군왕의 보배를 감히 누가 값을 매기겠습니까?'〈현각징이 말했다. '말해보라! 홍화존장은 같은 빛임을 긍정한 것인가 부정한 것인가? 만약 긍정했다면 홍화의 안목은 어디에 있고, 만약 부정했다면 잘못은 어디에 있는가?〉 莊宗一日謂師曰 朕收大梁 得一顆無價明珠 未有人酬價 師曰 請陛下珠看 帝以手舒開幞頭脚 師曰 君王之寶誰敢酬價〈玄覺徵云 且道 興化肯同光 不肯同光 若肯同光 興化眼在什麽處 若不肯同光 過在什麽處〉"라고 하였다. [참고문헌]『景德傳燈錄』, 『禪苑蒙求』 권상(卍속장148, p.206b8).

장좌불와 長坐不臥 오래 앉아 눕지 않고 좌선(坐禪)하는 것. 종보본 『단경』(대정장48, p.358b21)에 "육조대사가 지성(志誠)에게 말했다. '그대의 스승은 대중에게 어떻게 가르치는가?' '항상 대중에게 마음에 흩어지지 않게 하여 관하고 고요히 하며, 오래 앉아 눕지 말라고 가르치십니다' '주심관정은 병이지 선이 아니다. 오래 앉아서 몸을 구속하는 것이 이치에 무슨 도움이 되겠는가?' 師曰 汝師若爲示衆 對曰 常指誨大衆 住心觀靜 長坐不臥 師曰 住心觀靜 是病非禪 長坐拘身 於理何益", 『소실육문』 「혈맥론 血脈論」(대정장48, p.375b28)에 "다만 견성하지 못한 이가 독경하고 염불하며 오랫동안 배움에 정진하고, 여섯 때로 도를 행하며 장좌불와하며 널리 배우고 많이 듣는 것을 불법으로 여길 뿐이다. 이러한 중생들은 모두 불법을 비방하는 사람들이다. 但不見性人 讀經念佛 長學精進 六時行道 長坐不臥 廣學多聞 以爲佛法 此等衆生 盡是謗佛法人", 『임제록』(대정장47, p.502a21)에 "장좌불와하고 육시로 도를 행하는 것이야말로 모두 업을 짓는 사람이다. 長坐不臥 六時行道 皆是造業底人", 『현사어록』(卍속장126, p.412b1)에 "고덕께서 말씀하시기를 '분별하여 성스럽다는 마음 둔다면 오히려 법진에 떨어짐이고, 자기라는 견을 떨치지 못하면 도리어 허물려 해 계를 지키지도 가질 수도 없다'고 하였다. 장좌불와하고 마음대로 공을 관하며 신을 모아 삼매에 드는 것도 문득 당하면 버려야 하니, 무슨 의미 있겠는가? 古德云 情存聖量 猶落法塵 己見未忘 還成滲漏 不可持齋持戒 長坐不臥 任意觀空 凝神入定 便當去也 有甚麽交涉"라고 하였다. [참고문헌]『壇經』, 『少室六門』, 『臨濟錄』, 『玄沙語錄』.

장주 莊主 사찰이 소유한 토지인 장원(莊園)을 관리하는 소임. 도장(都莊)이라고도 하며, 우리사찰에서는 농감(農監)이라고 한다. 장사(莊舍)를 보수하고 소작농을 감독하는 등 장원의 대소사를 처리한다. 장주를 보좌하는 부장(副莊)과 감수(監收)・갑간(甲幹) 등의 소임이 있는데 갑간은 감독하고, 감수는 세금을 걷는다. 옛 청규에는 없던 소임으로 후대에 생겼다. 『백장청규』 권4 「장주」(대정장48, p.1133b2)에 "전답을 살피고 장사를 수리하며 농사일을 감독하고 소작농을 안무(安撫)한다. 작은 일은 때에 맞게 처리하고 큰일은 사찰에 보고하여 가부를 결정한다. 視田界至修理莊舍 提督農務撫安莊佃 些少事故隨時消弭 事關大體申寺定奪"라고 하였다. [참고문헌]『百丈淸規』. ⇨ 도장 都莊, 감수 監收, 갑간 甲幹, 선림직위 禪林職位

장주 藏主 육두수(六頭首) 중 하나. 선원에서 장전(藏殿)을 주관하는 소임. 장사(藏司)・지장(知藏)이라고도 하며, 동장주(東藏主)와 서장주(西藏主)로 나뉜다. 대중이 대장경을 열람하고 경전을 볼 수 있도록 경전을 관리한다. 장전은 경전을 볼 수 있는 간경당(看經堂)과 경전을 보관하는 경장(經藏)으로 구분하는데 각각 간경수좌(看經首座)와 장전주(藏殿主)가 맡아서 관리하며 장주를 보필한다. ⇨ 동장 東藏, 서장주 西藏主, 장전주 藏殿主, 육두수 六頭首, 선림직위 禪林職位

장죽산 長竹山 Ⓟ Pācīnavaṃsa. 왕사성(王舍城 Ⓟ R

ājagaha)을 둘러싸고 있는 산 중에서 가장 높은 산인 비부라산(毘富羅山 Ⓟ Vepullapabbata)의 가라가손제불(迦羅迦孫提佛 Ⓟ Kakusandha-buddha : 拘留孫佛)대 이름. 이 산을 구나함모니불(拘那含牟尼佛)대에는 붕가산(朋迦山 Ⓟ Vaṅkakapabbata)이라 하였으며, 가섭불(迦葉佛)대에는 수파라수산(宿波羅首山 Ⓟ Supassapabbata)이라 하였다. 『잡아함경』 권34(대정장2, p.243b13)에 "어느 때 부처님께서 왕사성 비부라산 옆에 머물고 계셨다. 그때 세존께서 모든 비구들에게 이렇게 말씀하셨다. '일체행은 무상하고, 일체행은 항상하지 않아 불안한 변역의 법이다. 비구들아, 일체행을 마땅히 싫어하고 여의어야 하며 해탈 구하기를 좋아한다. 비구들아, 과거세에는 이 비부라산을 장죽산이라고 하였는데, 많은 사람들이 그 주변에 살고 있었으니 지미라읍이라고 하였다. 지미라읍 사람들의 수명은 사만세였다. 지미라읍 사람은 이 산 정상까지 나흘이면 왕복할 수 있었다. 그때 세상에는 부처님께서 계셨으니, 명호는 가라가손제여래응공등정각명행족선서세간해무상사조어장부천인사불세존이셨다. 세상에 출현하여 설법하고 교화하시는데 처음도 중간도 마지막도 좋아서 뜻과 내용이 훌륭하고, 순일하고 온통 청정하였고 범행 또한 청백하게 드러내 보이셨다. 저 장죽산은 지금 그 이름은 사라졌고 저미라읍 마을사람들도 다 죽었으며, 저 부처님께서도 이미 열반에 드셨다. 一時 佛住王舍城 毘富羅山側 爾時 世尊告諸比丘 一切行無常 一切行不恒 不安 變易之法 諸比丘 於一切行 當生厭離 求樂解脫 諸比丘 過去世時 此毘富羅山 名長竹山 有諸人民 圍遶山居 名低彌羅邑 低彌羅邑人 壽四萬歲 低彌羅邑人 上此山頂 四日乃得往反 時 世有佛 名迦羅迦孫提如來 應 等正覺 明行足 善逝 世間解 無上士 調御丈夫 天人師 佛世尊 出興於世 說法教化 初中後善 善義善味 純一滿淨 梵行清白 開發顯示 彼長竹山 於今名字亦滅 低彌羅聚落人民亦沒 彼佛如來已般涅"라고 하였다. [참고문헌] 『雜阿含經』, *SN.2.190・191.* ⇨ 비부라산 毘富羅山

장중론 掌中論 Ⓢ Hastavāla-prakaraṇa, Ⓣ cha-shas-kyi yan-lag ces-bya-ba'i rab-tu-byed-pa. 진나(陳那 Ⓢ Dignāga) 지음. 당(唐)대 의정(義淨) 한역. 1권. 고려장17, pp.787a1~788a7, No.637・대정장31, pp.884b10~885a17, No.1621에 수록되어 있다. 오언사구(五言四句)로 이루어진 본송 5수와 별송 1수에 대한 논이다. 진제는 삼계(三界)는 단지 헛된 이름(假名) 뿐이어서 실로 외경(外境)은 없다는 뜻을 드러내기 위해 제법자성(諸法自性)의 문을 결택하여 전도됨이 없게 하고자 이 논을 짓는다 하였다. 제1송은 새끼줄을 뱀으로 여기는(繩作蛇解) 비유로 경(境)의 오류를 드러내고, 제2송에서는 이렇게 외경의 자성을 관하여(詳觀自性時) 가명(假名)임을 깨우치고, 제3송에서 "미혹하고 산란한 마음을 버려 집착하지 않는다. 但由惑亂心 智者不應執", 제4송에서 "능히 연하지만 실로 있는 것 아닌 能緣亦非有" 줄 알아, 제5송에서 "지혜로운 이 이렇게 번뇌를 끊고 뱀의 공포로부터 벗어난다. 智人斷煩惱 易若除蛇怖"고 하였고, 마지막 제6별송에서는 "지혜로운 이 세간의 일 관하고 세간을 따라 행하지만 구하고자 하는 번뇌 끊어서 오직 진실하고 뛰어난 뜻만으로 빛난다. 智人觀俗事 當隨俗所行 欲求煩惱斷 要明眞勝義"라 하였다. 뱀・새끼줄 등의 비유는 티베트대장경에서 기록하고 있는 본서의 저자가 제바(提婆)라는 설의 부당함을 밝히는 근거가 되었다. 이역본(異譯本)으로 진제(眞諦)가 한역한 『해권론 解捲論』(대정장31, No.1620) 1권이 있다. 티베트역본(北京版 No.5244・5245・5248・5249)이 현존한다. ⇨ 해권론 解捲論

장중암마라과 掌中菴摩羅果 Ⓢ karatalāmalaka, Ⓣ lag-mthil-na-sgyu-ru-ra'i-'bru. 손바닥 중에 있는 암마라열매(Ⓢ āmalaka). 보기 어려운 것을 분명히 보아 안다는 비유다. 암마라과는 아마락가(阿摩洛迦)라고도 한다. 『능엄경』 권2(대정장19, p.111b15)에 "부처님께서 아난에게 말씀하셨다. '나는 지금 그대에게 묻겠다. 지금 그대는 아직 무루청정을 얻지 못했으니 부처의 위신력을 받아서 초선에서 무장애를 얻음을 본다. 그러나 아나율은 염부제를 보기를 마치 손바닥에서 암마라과를 보듯한다'. 佛告阿難 吾今問汝 今汝未得無漏清淨 承佛神力 見於初禪得無障礙 而阿那律見閻浮提 如觀掌中菴摩羅果", 『대승입능가경』 권5(대정장16, p.619c27 : *Laṅk.*, p.222)에 "이 여래장장식의 본성은 청정하지만 객진번뇌에 물들어 깨끗하지 못할 뿐이다. 모든 이승과 외도들은 억측사견으로 직접 증득하지 못하지만, 여래께서는 이것을 마치 손바닥 중의 암마륵과를 보듯 분명하게 직접 보신다. 此如來藏藏識 本性清淨 客塵所染而爲不淨 一切二乘 及諸外道 憶度起見 不能現證 如來於此 分明現見 如觀掌中菴摩勒果 ayaṃ tathāgatagarbhālayavijñānagocaraḥ sarvaśrāvakapratyekabuddhatīrthyavitarkadarśanānāṃ prakṛtipariśuddho 'pi sannaśuddha ivāgantukleśopakliṣṭatayā teṣāṃ ābhāti na tu tathāgatānām. tathāgatānāṃ punarmahāmate karatalāmalakavatpratyakṣagocaro bhavati", 40권본 『대반열반경』 권17 「범행품 梵行品」(대정장12, p.466a13)에 "선남자야, 마치 사람의 안근이 청정하여 무너지지 않는다면 스스로 손바닥 안의 아마륵과를 보듯 보살마하살은 분명하게 도를 본다. 보리와 열반 역시 이와 같다. 善男子 如人眼根清淨不壞 自觀掌中阿摩勒果 菩薩摩訶薩了了見道 菩提 涅槃亦復如是"라고 하였다. [참고문헌] 『楞嚴經』, 『大乘入楞伽經』, 『大

般涅槃經』, *Laṅk.* ⇨ 암마라과 菴摩羅果

장진론 掌珍論 ➡ 대승장진론 大乘掌珍論

장진론고적기 掌珍論古迹記 신라 태현(太賢) 지음. 1권. 『신편제종교장총록』 권3 「해동유본견행록 海東有本見行錄」(대정장55, p.1176c17・한불전4, p.694c12)에 전한다. 『동역전등목록』(대정장55, p.1159a14)・『삼론종장소』(대정장55, p.1138a13)에는 『장진론고적』이라 하였다. [참고문헌] 『新編諸宗敎藏總錄』, 『東域傳燈目錄』, 『三論宗章疏』. ⇨ 대승장진론 大乘掌珍論

장진론요간 掌珍論料簡 신라 원효(元曉 617~686) 지음. 1권. 『장진요간』이라고도 한다. 『동역전등목록』(대정장55, p.1159a15)에 "『장진론요간』 1권〈원효 지음. 6장〉 同料簡一卷〈元曉 六紙〉"라고 하였다. [참고문헌] 『東域傳燈目錄』. ⇨ 대승장진론 大乘掌珍論

장진론종요 掌珍論宗要 신라 원효(元曉 617~686) 지음. 1권. 『신편제종교장총록』 권3 「해동유본견행록 海東有本見行錄」(대정장55, p.1176c16・한불전4, p.694c11)에 책 이름이 보인다. [참고문헌] 『新編諸宗敎藏總錄』. ⇨ 대승장진론 大乘掌珍論

장진해탈 障盡解脫 장애를 다한 해탈. 성정해탈(性淨解脫)에 상대한다. 『금강경찬요간정기』 권1(대정장33, p.172a23)에 "『보성론』에도 두 가지 뜻이라고 하였다. 하나는 자성청정이니 성정해탈이고, 다른 하나는 이구청정이니 장진해탈이다. 寶性論中 亦有二義 一 自性淸淨 謂性淨解脫 二 離垢淸淨 謂障盡解脫"라고 하였다. [참고문헌] 『金剛經纂要刊定記』. ⇨ 이구청정 離垢淸淨, 이해탈 二解脫❶, 성정해탈 性淨解脫

장착취착 將錯就錯 그릇됨을 가져 그릇됨에 나아감. 꾸미면 꾸민 대로, 어긋났으면 어긋난 대로 깨우쳐 가다의 뜻이다. 『선문염송설화』 100칙 「설화 說話」(한불전5, p.107a22)에 "그릇됨 가져 그릇됨에 나아간다 하니 혜가가 '제 마음이 편치 않습니다'고 한 말이 이 착이고, 달마가 '마음이 없다'고 한 말 또한 다른 착이다. 將錯就錯者 慧可 我心未寧 是錯 達摩無心 又錯", 같은 책 664칙 「설화」(한불전5, p.507c17)에 "착을 가지고 착에 나아간다 하였으니, 덕산이 건낸 첫 물음이 바로 착이고, 용담의 지시처 또한 착이다. 將錯就錯者 德山初問處是錯 龍潭指示處 又錯也", 『벽암록』 85칙 「본칙 本則」(대정장48, p.210b19)에 "어떤 학인이 동봉암주 처에 이르러 물었다. '여기 계시다가 갑자기 호랑이를 만나면 어떻게 하시렵니까?'〈작가란 헛것 가지고 노는 사내일세. 풀로 엮은 둥지속에 보기 드문 인물이군〉 암주가 호랑이 포효하는 소리를 내었다〈착을 가져 착으로 대했다. 여전히 어금니도 발톱도 있군. 함께 살고 함께 죽는다. 말을 들으면 종지를 깨닫는다〉. 擧 僧到桐峯庵主處便問 這裏 忽逢大蟲時又作麼生〈作家弄影漢 草窠裏一箇半箇〉 庵主便作虎聲〈將錯就錯 却有牙爪 同生同死 承言須會宗〉", 『오조법연어록』(고존숙어록21, 卍속장118, p.427a1)에 "학인이 물었다. '달마가 면벽하는 소식은 무엇인지요?' '헤아려 견줌이 미숙하다' '이조가 눈 위에 서서 기다렸던 뜻은 무엇인지요?' '그릇됨 가져 그릇됨으로 나아간다'. 僧問 達磨面壁時如何 師云 計較未成 學云 二祖立雪時如何 師云 將錯就錯", 『원오어록』 권8(대정장47, p.749b22)에 "오늘 밤은 어쩔 수 없이 어긋난 대로 어긋남에 나아가 여러분과 더불어 엉킨 것들 깨트려 가겠다. 도리어 이 일 알아차리겠는가. 사방계 다하고 허공 끝 다해도 터럭 한 올 빠져나갈 여지가 없으니 이야말로 금강의 눈동자려니 다시 다른 물건 없다. 今夜事不獲已 將錯就錯 與諸人打葛藤去也 還知此事麼 盡十方界 窮虛空際 無絲毫透漏 是箇金剛眼睛 更無外物"라고 하였다. [참고문헌] 『禪門拈頌說話』, 『碧巖錄』, 『五祖法演語錄』, 『圜悟語錄』.

장찬공혈 藏竄孔穴 구멍으로 숨고 달아나다. 『법화경』에서 '욕계에서 색계를 찾아가는 것'을 비유로 표현한 말이다. 『법화경』 권2 「비유품 譬喩品」(대정장9, p.14a24)에 "악한 짐승과 독충 구멍으로 달아나 숨고, 비사사(毘舍闍 Ⓢ piśāca, piśācaka) 귀신 역시 그중 머물렀으나, 복덕이 없기에 불에 핍박당해, 서로서로 죽이고 해쳐 피를 마시고 살을 먹는다. 惡獸毒蟲 藏竄孔穴 毘舍闍鬼 亦住其中 薄福德故 爲火所逼 共相殘害 飮血噉肉", 『법화의소』 권6(대정장34, p.537a15)에 "'악한 짐승과 독충은 구멍으로 달아나 숨는다'라 하였다. 두 번째로 색계의 불이 일어나는 것을 밝힌다. 처음의 한 구는 재가중생이 욕계의 고통을 싫어하여 사선을 닦아 색계에 나고자 함을 밝혔기에 '악한 짐승과 독충은 구멍을 찾아 달아나 숨는다'라고 하였다. 惡獸毒虫藏竄孔穴者第二 明色界火起 初一句明 在家衆生 厭欲界苦 修於四禪求生色界 故言藏竄孔穴"라고 하였다. [참고문헌] 『法華經』, 『法華義疏』. ⇨ 욕계 欲界, 색계 色界

장처장사 場處場舍 승중(僧衆)이 계(界)를 정하여 머무는 곳이나 방사. 옷과 시주물 등의 수용과 대중갈마 등을 여법히 할 수 있는 곳을 말한다. 『십송율』 권5(대정장23, p.32c18)에 "장처에는 일계가 있고 별계가 있다. 여기에서 말하는 계란 곧 문이 있는 곳, 공양을 하는 곳, 가운데 마당과 변소, 물을 긷는 곳이 있어야 한다. 만약 비구는 한 장소에서 지내는데 옷이 다른 장소에 있으면, 응당 옷을 가지고 와야 한다. 만약 옷이 있는 곳으로 가거나 다른 옷을 받거나 옷을 가지고 오지 않거나 옷이 있는 곳으로 가지 않거나 다른 옷을 받지 않거나 해서 시간이 지나 날이 밝으면 니살기바일제다. 장사에도 일계가 있고 별계가 있다. 여기에서 말하는 계란 곧 문이 있는 곳, 공양을 하는 곳, 가운데 마당, 변소, 물을 긷는 곳이다. 만약 비구가 한 장사에 있으면서 다른 장사에서 지내야 한다면 응당 옷을 가지고 와야 한다. 만약 옷이 있는 곳으로 가거나 다른 옷을 받거나 옷을 가지고 오지 않거나 옷이 있는 곳으로 가지 않거나 다른 옷을 받지 않거나 해서 날이 밝으면 니살기바일제다. 場處有一界有別界 是中界者 謂門處食處 中庭廁處 取水處 若比丘在一場 衣在餘場 應取衣來 若至衣所 若受餘衣 若不取衣來 不至衣所 不受餘衣 至地了時 尼薩耆波逸提 場舍有一界有別界 是中界者 謂門處食處 中庭廁處 取水處 若比丘在一場舍 應在餘場舍 應取衣來 若至衣所 若受餘衣 若不取衣來 不至衣所 不受餘衣 至地了時 尼薩耆波夜提"라고 하였다. 〔참고문헌〕『十誦律』, 『四分律』 권6(대정장22, p.604a15).

장천사 障川寺 경상북도 경주시에 있던 절. 『여지도서』 경상도 경주 사찰에 "부 남쪽 60리에 있다. 在府南六十里"라고 하였다. 『가람고』·『범우고』·『동경잡기』에도 위치가 전한다. 〔참고문헌〕『輿地圖書』, 『伽藍考』, 『梵宇攷』, 『東京雜記』, 『韓國寺刹全書』 권하 p.988b20.

장천사 長川寺 울산광역시 울주군 두동면(옛 경주군 외남면) 천전리에 있던 절. 『승정원일기』 숙종 45년(1719) 2월 15일에 "경상좌병사의 장달을 읽고 울산 운흥사와 경주 장천사 두 곳의 금산을 혁파하는 것에 대해 결재하였다. 讀慶尙左兵使狀達 蔚山雲興寺 慶州長川寺 兩處禁山革罷事達下"라고 하였다. 절터에서 출토된 암막새 명문에 "강희 41년(1702·숙종28) 임오 3월일에 장천사 법당의 기와를 조성하였다. 康熙四十一年壬午三月日 長川寺法堂蓋瓦造成"라고 하였다. 이외에도 담장 2축, 배수로, 축대 등 약 30여 기의 유구가 조사되었다. 〔참고문헌〕『承政院日記』, 『蔚山圈廣域上水道事業(대곡댐)編入敷地內發掘調査報告書』(한국수자원공사, 2000).

장천암 長川庵 전라남도 장흥군 관산읍 농안리 천관산(天冠山) 장천동 계곡에 있던 암자. 조선후기 일부 사족 가문에서는 조상의 분묘 곁에 분암(墳庵)을 설치하고 지키도록 하면서 서당을 겸하여 운영하기도 하였다. 1779년(정조3)에 존재(存齋) 위백규(魏伯珪)가 지은 『지제지』에 "장천암은 지금 장흥위씨 분암이다. 長川庵 今爲長興魏氏墳庵", 『존재집』 권1 「독숙부계당〈위씨분암〉 獨宿俯溪堂〈魏氏墳菴〉」(한국문집총간243, p.10b4)에 "한분 스님은 먼저 주무시고 밝은 달빛 뜨락 가득 가을이네! 一僧先自宿 明月滿庭秋", 『송사집』 권17 「부계당추기 俯溪堂追記」(한국문집총간345, p.406b3)에 "부계당은 천관산 아래에 있으며 위씨의 묘재로서 서숙을 겸하였다. 堂於天冠之趾 魏氏墓齋 兼書塾"라고 하였다. 〔참고문헌〕『支提誌』, 『存齋集』, 『松沙集』, 『韓國寺刹全書』 권하 p.987b14. ⇨ 천관사 天冠寺, 지제지 支提誌

장춘랑 長春郎 신라 제29대 태종무열왕(太宗武烈王 재위 654~661)대의 화랑도(花郎徒). 황산벌전투에서 파랑(罷郎)과 함께 전사하였으며, 왕이 두 화랑의 명복을 빌며 장의사(壯義寺·莊義寺·藏義寺)를 창건하였다. 『삼국유사』 권1(대정장49, p.971c18·한불전6, p.287a13) 기이(紀異)1 장춘랑파랑(長春郎罷郎)에 "(신라가 백제를 공격할 무렵, 황산벌전투에서 전사한 장춘랑과 파랑이 왕의 꿈에 나타나 신라를 수호할 힘을 보태 줄 것을 청하자) 왕이 놀라고 괴이하게 여기면서 두 혼령을 위해 하루 동안 모산정에서 불경을 설하고, 한산주에 장의사를 창건하여 명복을 빌게 하였다. 大王驚怪之 爲二魂 說經一日於牟山亭 又爲創壯義寺於漢山州 以資冥援"라고 하였다. 한편 『삼국사기』 권5 신라본기(新羅本紀)5 태종무열왕 6년(659) 10월에는 "(죽은 장춘랑과 파랑이 왕에게 나타나 당나라 황제의 군사 파병 사실을 알려주니) 왕이 크게 놀라 기이하게 여기면서 두 집안의 자손들에게 후한 상을 내리고, 해당 관청에 명하여 한산주에 장의사를 창건하여 (두 화랑의) 명복을 빌게 하였다. 王大驚異之 厚賞兩家子孫 仍命所司創漢山州莊義寺 以資冥福"라고 하였다. 〔참고문헌〕『三國遺事』, 『三國史記』. ⇨ 장의사 藏義寺 ■

장춘사 長春寺 경상남도 함안군 칠북면 영동리 무릉산(武陵山)에 있는 절. 장춘암(長春庵)이라고도 하였다.

장춘사오층석탑

대한불교조계종 제12교구 본사 해인사(海印寺)의 말사이다. 832년(흥덕왕7)에 무주무염(無住無染 801~888)이 창건했다고 전하며, 통일신라시대의 석조여래좌상과 고려시대의 석탑이 장춘사의 오랜 역사를 말해준다. 『동국여지승람』 권32 경상도 칠원현 불우·『여지도서』 경상도 칠원 사찰·『범우고』에 이름과 위치가 기록되어 있고, 『가람고』에는 "현 북쪽 10리 무릉산에 있다. 在武陵山 縣北十里"라고 하였다. 조임도(趙任道 1585~1664)의 『간송집』 별집 권1에는 칠원 장곡사에서 독서한 사실과 관련 시문 등이 전한다. 일제강점기에는 범어사(梵魚寺)의 말사로 법등을 이었으며, 1970년대에 중수하였다. 현존 당우로는 문화재자료 제16호인 대웅전과 약사전·조사전·산신각·용왕각·무설전 등이 있고, 성보문화재로는 통일신라후기에서 고려초에 조성된 것으로 추정되는 약사불상인 유형문화재 제7호 석조여래좌상, 고려후기에 조성된 제68호 오층석탑, 17세기 중후반에 조각승 도잠(道岑)이 조성한 대웅전 불석제(佛石製) 불상인 제584호 석가여래삼존좌상이 있다. [참고문헌]『東國輿地勝覽』,『輿地圖書』,『梵宇攷』,『伽藍考』,『澗松集』,『韓國寺刹全書』권하 p.987b16.

장춘사석조석가여래삼존좌상 長春寺石造釋迦如來三尊坐像 조선후기 불상. 유형문화재 제584호. 높이 석가불상(본존) 93.2cm·문수보살상(좌) 90.5cm·보현보살상(우) 87.7cm. 대웅전에 봉안되어 있는 불석제(佛石製) 불좌상으로, 17세기 중반에 활동한 조각승 도잠(道岑)이 조성하였다. 삼존상은 신체비례, 수인 등이 거의 유사하고, 상체에 비해 결가부좌한 다리의 폭이 넓어서 안정감이 있다. 본존불은 머리와 육계(肉髻)의 구분이 거의 없고 2개의 계주(髻珠)가 장식되어 있다. 넙적하고 편평한 얼굴과 일직선의 눈, 원통형의 작은 코가 특징적이다. 본존불만 편단우견(偏袒右肩)의 법의를 착용하였고, 수평으로 입은 내의에는 연판 모양의 주름이 잡혀 있다. 협시보살상은 모두 통견(通肩)의 법의를 입었으며, 내의에는 주름이 표현되지 않았다. 수인은 모두 항마촉지인(降魔觸地印)에 가까운 손모양이고, 다리 사이에 넓게 펼쳐진 옷주름 표현도 공통적이다. 상호표현, 신체비례, 착의법 등 전형적인 조선후기 불상양식이다. [참고문헌] 이분희「조각승 승일파 불상조각의 연구」(『강좌미술사』26, 2006) pp.83~112. ⇨ 장춘사 長春寺

장춘암 長春庵 ❶ 경상남도 함안군 칠북면 영동리 무릉산(武陵山)에 있는 장춘사(長春寺). 『구천집』「장춘암산령각기 長春庵山靈閣記」(『한국사찰전서』권하, p.988a1)에 "장춘암은 무릉산에 있으며, 대개 신라시대에 창건되었다고 전한다. 암자 뒤편에 산령각이 있는데, 어느 해에 지어졌는지 알 수 없지만 암자와 함께 건립된 것으로 추측된다. 長春庵在武陵山中 蓋新羅時所刱建云 庵後 有山靈閣 閣之作 不知其年所 然意其與庵同設也"라고 하였다. [참고문헌]『龜川集』,『韓國寺刹全書』권하 p.987b20. ⇨ 장춘사 長春寺 ❷ 황해북도 금천군 성거산(聖居山) 금신사(金神寺) 위에 있던 암자. [참고문헌]『韓國寺刹全書』권하 p.988a13.

장춥외 byang-chub-'od 생몰연대 미상. 11세기 티베트 푸렝(spu-hreng)왕국의 왕. 음사어 이름은 강곡미(綱曲微). 구게왕국의 왕이자 삼촌이었던 예셰외(Ye-shes-'od)에게 왕위를 이어받고, 불교중흥이라는 그의 유지도 받아들여 낙초로차와(Ⓣ nag-'tsho-lo-tsā-ba 1011~1064)를 인도 비크라마쉴라(Vikramaśīla) 사원으로 보내 아티샤(Ⓢ Atiśa 982~1054)를 티베트에 초청하도록 하였다. 전하기를 예셰외 왕이 아티샤를 티베트로 초청하고자 인도로 가지고 갈 금을 모으던 중 몽골에 납치되었는데, 몽골왕은 예셰외의 몸값으로 금을 요구했다. 하지만 예셰외왕은 조카인 장춥외왕에게 자신의 목숨을 구하는 대신 그 금으로 아티샤를 티베트로 초청해 불교의 가르침을 전수받도록 했다. 인도에 머문다면 92세까지 살겠지만 티베트로 떠나면 수명이 단축될 것이라는 타라보살의 예언을 이미 들었던 아티샤였지만, 이러한 초청의 배경을 듣고 티베트에 법을 전하고자 낙초로차와와 여정을 함께 했다고 전한다. [참고문헌] Gos Lo-tsā-ba Gzhon-nu-dpal *Deb ther sgon po*, Roerich, Gerge and Gendün Chöphel(translator), *The Blue Annals 2nd ed*(Delhi : Motilal Banarsidas, 1996) pp.241~247. ⇨ 아티샤 Atiśa

장치 障治 Ⓢ vipakṣa-prātipakṣika, vipakṣa pratipakṣa, Ⓣ mi-mthun-pa'i-phyogs-dang-gnyen-po'i-phyogs. 장애를 다스림. 다스려야 할 장애(所治障)와 능히 다스리는 길(能對治)을 말한다. 『유가사지론』권69(대정장30, p.684a14)에 "어떤 것이 장치와 성(生)의 차별인가? 즉 다스려야 하는 장애에는 열다섯 가지 마음이 있다. 어떤 것이 그 열다섯 가지인가? 말하자면 욕계 얽매인 것에 모두 다섯 가지 마음이니, 견고·견집·견멸·견도와 수도로 끊는 마음이다. 저 욕계 매인 다섯 가지 마음처럼, 색계와 무색계도 그러하여 능히 다스리는 마음은 열여섯 째이니, 모든 무루학과 무학심이다. 云何障治生差別 謂所治障 有十五心 何等十五 謂欲界繫 總有五心 見苦 見集 見滅 見道 及修所斷 如欲界繫 總有五心 色無色界 當知亦爾 能對治心 是第十六 謂諸無漏學 無學心", 『변중변론』권중(대정장31, p.471b23 : *Madhy-vibh.*, p.50)에 "앞에서 사념주를 닦아서 이미 일체장을 다스리는 품류차별을 알았다. 이제는 다스려야 할 장법마저도 멀리 여의고, 대치도를 닦고 쌓기 위하여 사정단을 부지런히 닦아 익힌다. 前修念住已能遍知 一切障治 品類差別 今爲遠離 所治障法 及爲修集能對治道 於四正斷 精勤修習 smṛtyupasthānabhāvanayā vipakṣe pratipakṣe ca sarvaprakāraṃ parijñāte vipakṣāpagamāya pratipakṣopagamāya ca vīryañ caturdhā saṃpravartate"라고 하였다. [참고문헌]『瑜伽師地論』,『辯中邊論』, *Madhy-vibh.*, *Bodh-bh.69.* ⇨ 소대치 所對治, 능대치 能對治 ❷

장통별원 藏通別圓 천태종의 팔교(八敎) 중 화법사교(化法四敎)의 네 가지 이름. 삼장교(三藏敎)·대승통교(大乘通敎)·대승별교(大乘別敎)·원교(圓敎)를 말하며, 화의사교 중 점교(漸敎)에 해당한다. 『법화현의』 권6(대정장33, p.754b6)에 "곧장 점교에서 다시 사교를 밝힌 것이 삼장교·통교·별교·원교이다. 直就顯露漸敎中更明四敎者 卽是三藏通別圓也", 『화엄경소초』 권7(대정장36, p.50a4)에 "화법에 의하면 돈교는 두 가지를 아우르는데 원교와 별교에 해당한다. 점교는 네 가지 교법을 갖추는데 장교·통교·별교·원교를 말한다. 若約化法頓敎攝二 謂圓及別 漸敎具四 謂藏通別圓", 『지관의례』 권하(대정장46, p.453c26)에 "팔교란 점교·돈교·비밀교·부정교를 말한다. 점교에 다시 넷이 있으니 장·통·별·원이다. 이 네 가지와 앞의 넷을 겸하여 팔교라 한다. 八敎謂漸頓祕密不定 漸又四謂藏通別圓 此四兼前名爲八敎"라고 하였다. [참고문헌] 『法華玄義』, 『華嚴經疏鈔』, 『止觀義例』. ⇨ 삼장교 三藏敎[2], 통교 通敎, 별교 別敎, 원교 圓敎, 화법사교 化法四敎

장파사 長波寺 전라북도 완주군 모악산(母岳山)에 있던 절. 1760년(영조36)경에 간행된 『전주부읍지』에 "관문에서 40리에 있는 모악산에 있다. 在母岳山 自官門四十里"라고 하였으며, 『범우고』·『완산지』 권상에도 이름과 위치가 전한다. [참고문헌] 『全州府邑誌』, 『梵宇攷』, 『完山誌』, 『韓國寺刹全書』 권하 p.988a15.

장판 長版 대중의 공양때 등을 알리기 위해 치는 판. 장판(長板)으로도 쓰며, 운판(雲板)이라고도 한다. 『백장청규』 권8 「판 版」(대정장48, p.1155c21)에 "대판은 공양과 죽을 먹는 두 때에 세 번을 길게 친다. 목어를 친 후에 세 번 내리면서 첩첩이 치는데 이를 장판이라 한다. 大版齋粥二時長擊三通 木魚後三下疊疊擊之 謂之長版"라고 하였다. [참고문헌] 『百丈淸規』. ⇨ 운판 雲板, 목어 木魚, 사물 四物

장포법 裝包法 납자가 행각하거나 주석처를 옮겨 갈 때 짐을 싸는 방법. 앞에 거는 전포(前包)와 뒤에 거는 후포(後包), 또는 정포(頂包)와 장포(裝包) 두 가지 법이 있다. 『백장청규』 권5(대정장48, p.1140a3)에 "옛날에는 삿갓을 쓰고 삿갓 안에 경문과 다구 따위를 넣었다. 옷을 접은 전후포에 묶어 넣고 사부통과 계도를 꽂았다. 지금은 정포와 장포의 법이 있는데 청색 보자기 두 개를 쓴다. 먼저 한 조각으로 옷과 침구류를 수습하고 유단으로 바깥을 싼다. 다시 한 조각으로 거듭 바깥쪽을 싸고 네 모서리를 묶어 고정하고 소쇄로 연결하여 위에 고리를 묶는다. 도첩은 대가 있는데 가슴 앞에 매달고 가사는 흰 보자기로 묶어서 요포에 넣고 앞에 매단다. 속옷·신발·버선 등은 대에 넣어 뒤에 매단다. 오른손에 주장자를 든다. 古者戴笠 笠內安經文茶具之類 衣被束前後包 揷祠部筒戒刀 今則頂包裝包之法 用靑布袱二條 先以一條收拾衣被之屬 仍用油單裹於外 復用一條重包於外 四角結定用小鎖鎖之 仍繫包鉤於上 度牒有袋懸胸前 袈裟以帕子縛定 入腰包繫於前 下裳鞋襪有袋繫於後 右手携主杖"라고 하였다. [참고문헌] 『百丈淸規』, 『禪苑淸規』 권1(卍속장111, p.877b15). ⇨ 전포후포 前包後包, 정포 頂包

장표 長標 사중의 물품내력을 적은 긴 종이. 『선림상기전』 권13(불광장, 禪藏, p.1183)에 "장표 : 도충이 말한다. '종이를 길게 이어서 적었기에 장표라고 한다. 『백장청규』 「망승고의」에서 「호에 따라 옷값을 적고 건별로 장표를 적어 창의 때 쓸 수 있도록 준비한다」고 하였다'. 長標 忠曰 聯紙列寫 故言長標 敕修淸規 亡僧估衣云 隨號依價 逐件別寫長標 以備唱衣時用"라고 하였다. [참고문헌] 『禪林象器箋』, 『百丈淸規』 권6(대정장48, p.1148a20).

장하 長河 쉼없이 흐르는 기나긴 강물. 삼계유정이 쉼없이 잠겨 흐르는 세 갈래 애욕(三愛 : 欲色無色愛)을 강물에 비유한다. 『대비바사론』 권78(대정장27, p.403c26)에 "계경에서 장하라고 말한 것은 세 갈래 갈망의 물길을 비유하니, 곧 욕애·색애·무색애다. 如契經說言長河者 喩三種愛 謂欲愛色愛無色愛", 『선관책진』 「황룡사심신선사소참 黃龍死心新禪師小參」(대정장48, p.1098c6)에 "저 사대오온을 내려두고 무량겁 가져온 허다업식도 내려놓고 그저 내몸 발 밑 아래 끝까지 밀어 살피라. 이는 무슨 도리인가? 밀어 오고 밀어 가다보면 홀연히 마음 꽃 밝게 피어나 시방국토를 비추리라. 이때 마음 얻고 손수 응하리니 문득 능히 대지는 황금으로 짓고 긴 강 휘저어 소락도 만든다. 어찌 유쾌한 평생 아니겠는가! 放下箇四大五蘊 放下無量劫來許多業識 向自己根脚下推窮看 是甚麽道理 推來推去 忽然心華發明 照十方刹 可謂得之於心 應之於手 便能變大地作黃金 攪長河爲酥酪 豈不暢快平生"라고 하였다. [참고문헌] 『大毘婆沙論』, 『禪關策進』. ⇨ 대하 大河[1]

장하두수 藏下頭首 선원(禪院)에서 대장경을 관리하는 장주(藏主)를 보좌하는 소임을 맡은 스님. 장하라고도 한다. 일반적으로 간경당(看經堂)의 장하전주(藏下殿主)와 수좌(首座)를 가리킨다. 『선원청규』 권3 「청두수 請頭首」(卍속장111, p.893b15)에 "장하의 전주와 가방의 표백은 모두 장주의 소청에 따른다. 藏下殿主街坊表白 竝係藏主所請", 같은 책 권5(卍속장111, p.902a7)에 "장하두수는 장주의 처분에 의해 해임할 수 있다.

藏下頭首 卽於藏主處解罷"라고 하였다. 〔참고문헌〕『禪苑淸規』. ⇨장전주 藏殿主, 장주 藏主

장학 藏學 조선후기 스님. 호는 영담(永潭). 1899년(광무3)에 합천 해인사(海印寺)의 팔만대장경 4부를 인출(印出)하였던 용악혜견(龍岳慧堅 1830~1908)에게 법을 전해주었다. 『용악당사고집』「오송경당물종전장기 吾誦經堂物種傳掌記」(한불전11, p.564b5)에 "능파이순·영담장학·용악혜견 … 영담장학을 계승한 용악. 凌波耳順 永潭藏學 龍岳慧堅 … 永潭藏學 嗣 龍岳"라고 하였다. 〔참고문헌〕『龍岳堂私藁』, 智冠 『韓國高僧碑文總集 朝鮮朝·近現代』 p.794. ⇨혜견 慧堅

장항사 羉項寺 위치 미상. 『고려사』 권33 세가(世家) 33 충선왕복위년(1308) 12월 29일에 "왕의 이름 같은 이름을 금하여 꺼렸다. … 장항사를 홍제사로 바꾸었다. 禁嫌名 … 羉項寺爲弘濟寺"라고 하였다. 〔참고문헌〕『高麗史』, 『韓國寺刹全書』 권하 p.990a18.

장행 長行 Ⓢgadya, cūrṇika, Ⓣrkyang-pa. 문구의 자수(字數)에 제한이 없는 긴 산문체의 경론(經論). 운문체(Ⓢpadya)의 게송(偈頌)에 대비된다. 십이분교(十二分敎) 중 수다라(修多羅)가 이에 속한다. 『대승아비달마집론』 권6(대정장31, p.686a25 : *Abh-s.*, Pradhan E., p.78)에 "어떤 등이 계경인가? 장행으로 엮어서 말해야 할 뜻을 간략하게 설하는 것을 말한다. 여래께서 열 가지 뛰어난 이로움을 관찰하시고 장행을 엮어서 모든 법을 간략하게 설하신 까닭은 쉽게 건립하고, 쉽게 설하며, 쉽게 받아 지닐 수 있기 때문이다. 何等契經 謂以長行綴緝 略說所應說義 如來觀察十種勝利 緝綴長行 略說諸法 謂易可建立 易可宣說 易可受持 sūtraṁ katamat. yadabhipretārthaṁ sūcanākāreṇa gadyabhāṣitam. daśānuśaṁsān saṁpaśyan tathāgataḥ sūcanākāreṇa dharmaṁ deśayati sukhaṁ vyavasthāpayati sukhaṁ deśayati", 『백론소』 권상(대정장42, p.238b8)에 "베푸신 가르침을 다 들어 말하면 모두 세 가지가 있다. 첫째 장행만 있고 게송은 없는 것이니 『대품반야경』과 같은 것이고, 둘째 게송만 있고 장행이 없는 것이니 『법구경』과 같은 것이며, 셋째 두 가지 모두 있는 것이니 『법화경』 등과 같은 것이다. 경에서는 이미 그렇고, 논 역시 그러하다. 첫째는 게송만 있고 장행이 없는 것이니 『중론』과 같은 것이고, 둘째는 장행만 있고 게송이 없는 것이니 이 『백론』과 같은 것이며, 셋째는 두 가지를 모두 갖춘 것이니 『십이문론』과 같은 것이다. 總談設教 凡有三門 一 但有長行 無有偈頌 如大品之類 二 但有偈頌 無有長行 如法句之流 三 具存二說 如法華經等 在經旣爾 論亦例之 一 但有偈 無有長行 如中論也 二 但長行 無有偈頌 卽是斯文 三 具二種 如十二門論"라고 하였다. 〔참고문헌〕『大乘阿毘達磨集論』, 『百論疏』, *Abh-s.*, *Laṅk.363.* ⇨십이분교 十二分教, 수다라 修多羅[1], 가타 伽陀[1]

장행만 張行滿 신라화상 김대비(金大悲)의 사주를 받고 육조혜능(六祖慧能) 전신사리에서 정상(頂上)을 취하려 한 인물. 장정만(張淨滿)이라고 한 경우도 있다. 『조정사원』 권6(卍속장113, p.160a11)에 "장행만 : 출전은 『보림전』이다. 육조대사가 입멸하려고 할 때 대중에게 말하기를 '내가 죽은 다음 어떤 사람이 나의 머리를 훔치려고 할 것이다'라고 하였다. … 석각촌에서 달아난 이를 체포하여 캐묻자 관리에게 답하였다. '성은 장씨요 이름은 행만으로 여주 양현 출신입니다. 홍주 개원사의 신라스님 김대비에게 2천 냥을 받고 조사의 머리를 취하려고 했습니다. 그는 해동으로 돌아가 공양하고자 한다고 하였습니다'. 張行滿 寶林傳 六祖大師將欲入滅 乃謂衆曰 吾沒後 當有人竊取吾首 … 於石角村捕得之 因劾問 乃謂吏曰 姓張氏 名行滿 汝州梁縣人 受洪州開元寺新羅僧金大悲錢二十千 欲取祖師首 歸海東供養', 『천성광등록』 권15 「풍혈연소장 風穴延昭章」(卍속장135, p.735a10)에 "학인이 풍혈에게 물었다. '무엇이 여주(汝州 : 연소의 주석지인 풍혈산이 있는 하남의 한 지역)의 경계입니까?' '조사를 훔친 장행만이요, 인가가 연이어진 마을에는 혹부리(囊 : 여주 사람들은 혹이 많다는 속설을 두고 한 말) 집안이 꼭 있다'. 問 如何是汝州境 師云 盜竊祖師張行滿 疊閭連里置囊家"라고 하였다. 〔참고문헌〕『祖庭事苑』, 『天聖廣燈錄』·권7 「惠能章」(卍속장135, p.648b2). ⇨김대비 金大悲, 혜능 慧能

장행이양 將行利養 떠나려는 이를 송별하는 공양. 『유부율』 권21(대정장23, p.738a12)에 "떠나려 할 때 송별하는 공양을 하고, 먼 길에서 처음 돌아오면 많은 사람들이 애경하고 잘 아는 이에게 공양을 드린다. 凡欲去時 得將行利養 遠行初至 復得供給 多人愛敬衆所識知"라고 하였다. 〔참고문헌〕『有部律』. ⇨이양 利養[1]

장호 莊昊 1869~1930. 근대 스님. 호는 용허(龍虛), 속성은 이씨. 1869년(고종6) 11월 19일 경기도 안성에서 태어났다. 어려서부터 서당에서 한문공부를 하다가 1884년(고종21) 16세 때 안성 서운산(瑞雲山) 청룡사(青龍寺)로 찾아가 경사(敬思)를 은사로 하여 스님이 되었다. 2년간 스님 시봉을 마친 후 계룡산(鷄龍山) 동학사(東鶴寺)와 장성 백양사(白羊寺) 강원에서 대교과를 졸업하고 본사인 청룡사 내원암(內院庵)·공주 마곡사(麻谷寺)·보은 법주사(法住寺) 등의 강원 조실로 있으면서 학인을 지도하였다. 1930년 4월 24일 법주사에서 세수 62, 법랍 47세로 입적하였다. [참고문헌] 『法住寺誌』, 『靑龍寺誌』.

장홍 壯弘 조선후기 스님. 호는 금곡(錦谷). 전라도 나주에서 태어나 일찍이 쌍계사(雙溪寺)에서 스님이 되었다. 벽하대우(碧霞大雨 1676~1763)의 제자인 낭암시연(朗巖示演)을 모시고 법을 배우다가 법을 이었다. 완호윤우(玩虎倫佑 1758~1826)에게서 경(經)을 배웠고, 백파긍선(白坡亘璇 1767~1852)으로부터는 선을 익혔다. 『동사열전』 권5 「금곡강사전 錦谷講師傳」(한불전10, p.1061a9)에 "머리 위로 흰 구름이고, 발아래 맑은 개울 밟으시네. 걸망에 허공꽃을 담고 다니다가, 세월 따라 배움에 드니 긴 봄날이었네. 신월호윤과는 법문형제였다. 頭上所戴白雲 足下所履淸溪 腰包行藏空花 歲月入學長春 與信月好閨 爲法門兄弟"라고 하였다. [참고문헌] 『東師列傳』. ⇨ 시연 示演

장화사 長華寺 경기도 여주시 금사면 도곡리에 있던 절. 『사탑고적고』에는 '고려말에 창건되었고 19세기경에 폐사되었으며, 2존의 석불과 미륵상이 남아 있다'라고 하였다. 유형문화재 제160호 여주도곡리석불좌상이 장화사의 석불로 추정되고 있다. 현재 사지에는 장안사가 있다. [참고문헌] 『韓國寺刹全書』 권하 p.988b11, 『한국사지총람』 권상(문화재청·불교문화재연구소, 2010) p.131, 『여주군의 역사와 문화유적Ⅱ』(세종대학교박물관·여주군, 2004) pp.243~250.

장화사 章華寺 원(元) 태정년간(1324~1327)에 건립된 사찰. 본래 초(楚) 영왕(靈王)대인 기원전 535년에 지어진 장화대(章華臺)가 있었던 자리다. 현재 대웅보전·천왕전·장경루·방장당 등의 건물이 사시(沙市 : 湖北省 荊州市)에 남아있으나 청대 중수된 것이다. 옹정제(雍正帝)가 하사한 대장경 한 질과 불상 및 보물이 소장되어 있다.

장환 壯渙 조선후기 스님. 호는 금계(錦溪). 『동사열전』 권5 「남호선백전 南湖禪伯傳」(한불전10, p.1051b14)에 "삼각산 내원암에서 경판을 간행하고 인경까지 하였으니 동시에 『무량수경』을 간행하였다. 그때 모인 용상대덕은 인허성유 … 금계장환 … 성봉성호 등 모든 선사들이 자리를 증명하였다. 함풍 3년(1853·철종4) 계축 여름 삼각산 내원암 불사재도량은 남호영기(南湖永奇 1820~1872) 화주의 자비로운 원력이다. 三角山內院庵 刊板印布 同時同刊無量壽經 時會龍象大德 印虛性惟 … 錦溪壯渙 … 聖峰性顥等 諸禪師 皆會證席 咸豊三年癸丑夏 三角山內院庵 佛事齋場 南湖化主慈願力"라고 하였다. [참고문헌] 『東師列傳』.

장흥구룡리마애여래좌상 長興九龍里磨崖如來坐像 고려시대 불상. 유형문화재 제193호. 높이 4m·무릎 폭 3m. 전라남도 장흥군 부산면 구룡리사지(九龍里寺址)에 위치한다. 가파른 경사면 위 20m 높이의 병풍바위에 음각되어 있으며, 바위면의 요철과 마모가 매우 심하다. 불두에는 상투형 육계가 솟아 있고, 상호는 콧등이 유난히 돌출되어 있으며 눈과 입은 선각하였다. 통견(通肩)의 법의(法衣)를 걸쳤으며, 항마촉지인(降魔觸地印)을 하고 결가부좌한 모습이 희미하게 새겨져 있다. 『조계산송광사사고』에 실린 「원감국사일적 圓鑑國師逸蹟」에는 '원감국사 충지(冲止 1226~1293)의 진형(眞形)으로 전한다'라고 하였다. 충지설화와 조각기법 등으로 볼 때 13세기 조성으로 추정되는 성보다. [참고문헌] 『曹溪山松廣寺史庫』(亞細亞文化社, 1977) p.668, 『韓國의 寺址』 전라남도2(문화재청·불교문화재연구소, 2011) p.71. ⇨ 충지 冲止

장흥사 長興寺 ❶ 경기도 여주시 금사면 장흥리 상두산(象頭山)에 있던 절. 『동국여지승람』 권7 경기 여주목 불우에 이름과 위치가 전하며, 법견(法堅 1552~1634)의 『기암집』 권3 「여주상두산장흥사중창권선문 驪州象頭山長興寺重創勸善文」(한불전8, p.182a13)의 중창사적도 전한다. 박세당(朴世堂 1629~1703)의 『서계집』 권14 「황창부위변공묘표 黃昌副尉邊公墓表」(한국문집총간134, p.292a3)에 "금상 재위 병인년(1686·숙종12) 3월 6일에 여주 상두산 장흥사 북쪽 산기슭으로 이장하였는데, 그 장제는 모두 넉넉한 예식을 따랐다. 또 장흥사와 산기슭의 토전을 내리고 무덤을 지킬 노비도 내렸다. 今上丙寅三月六日 遷葬驪州象頭山之長興寺北麓 其庇葬祭 皆從優典 又賜長興寺及山麓土田 給守塚奴婢"라고 하여 왕실부마의 원찰이었음을 알 수 있으나, 『범우고』에는 "지금은 폐사되었다. 今廢"라고 하였다. 현재 사지(寺址)에는 약천암(藥泉庵)이 들어서 있고, 주변에 장대석 및 석재·와편(瓦片)도 남아있다. 성보문화재로는 1392년(홍무25·공양왕4)에 조성된 유형문화재 제76호 동종이 봉은사(奉恩寺)에 봉안되어 있다. [참고문헌] 『東國輿地勝覽』, 『奇巖集』, 『西溪集』, 『梵宇攷』, 『肅宗實錄』 권17 12년 3월 28일, 『韓國寺刹全書』 권하 p.988a17. ❷ 경상남도 거제시 장목면 장목리에 있는 절. 신라시대의 고찰이 있었다고 전하는 장소에 1920년대 덕산이 창건하였다. 현존 당우로는 대웅전·삼성전·범종각·요사 등이 있으며, 성보문화재로는 대웅전에 봉안되어 있는 유형문화재 제454호 지장보살시왕탱이 있다. [참고문헌] 『巨濟市誌』 권하(巨濟市誌編纂委員會, 2002) pp.1922~1923. ❸ 경상남도 진주시 명석면 남성리에 있던 절. 1955년 수로공사 중 청동유물 13점이 출토되었는데, 그중 청동경자(靑銅磬子)의 명문에 "대정 이십년(1180·명종10) 경자 3월일에 조성하여 바치다. … 한마음으로 중량 6근 8량인 경자 1개를 조성하여 고을 장흥사에 두었다. 大定二十年庚子三月日造上 … 同心爲鏡子一 重六斤八兩乙 造成爲州地長興寺"라고 하였다. 현재 절터는 농경지로 변하였다. 〔참고문헌〕『韓國의 寺址』 울산광역시·경상남도(문화재청·佛敎文化財硏究所, 2013) pp.323~325. **4** 경상북도 경주시 건천읍 방내리에 있던 절. 18세기에 제작된 『해동지도』·『여지도』에 이름과 위치가 기록되어 있다. 절터는 방내저수지 공사로 수몰되었으며, 지표조사시 '月生山長興寺'라는 명문기와가 발견되었다. 〔참고문헌〕『海東地圖』, 『輿地圖』, 『韓國寺刹全書』 권하 p.988b3, 『한국사지총람』 권하(문화재청·佛敎文化財硏究所, 2010) p.124. **5** 경상북도 의성군 점곡면 동변리에 있던 절. 고려시대에 창건되었다고 전하나, 현재 절터에는 석탑 기단석 일부만이 남아있다. 1900년경까지 칠층석탑이 있었으나 일제강점기 때 유출되었다고 전한다. 〔참고문헌〕『文化遺蹟總覽』 권중(文化財管理局, 1977) p.138. **6** 전라남도 나주시에 있던 절. 『조계진각국사어록』(한불전6, p.2b12)에 "계미년(1223·고종10) 7월 28일에 나주 장흥사에서 경찬회를 시작하였다. 癸未七月二十八日羅州長興寺慶讚會起始"라고 하였다. 〔참고문헌〕『曹溪眞覺國師語錄』, 『韓國寺刹全書』 권하 p.988a20. **7** 평안남도 평양시 부근에 있던 절. 정약용(丁若鏞 1762~1836)의 『대동수경』 권7(한국문집총간286, p.385b16)에 "패수는 또 서남쪽으로 흘러 바위 두 곳 아래를 지나는데, 평양에서 동북쪽으로 십리에 있는 땅이다. … 그 지역을 당포〈혹은 남포〉라 부르는데, 아래에 장흥사 옛터가 있다. 패수가 갈라져 두 줄기로 절을 휘감고는 다시 합한다. 浿水 又西南逕二巖下 卽平壤東北十里地也 … 其水曰唐浦〈亦云南浦〉 下有長興寺故基 浿水分爲二派 繞寺而復合也"라고 하였다. 〔참고문헌〕『大東水經』, 『韓國寺刹全書』 권하 p.988b4 欄外. **8** 위치 미상. 혜근(惠勤 1320~1376)이 장흥사 원당주의 청을 받아 육도를 설한 「장흥사원당주청육도보설 長興寺願堂主請六道普說」이 『나옹화상어록』(한불전6, p.720c5)에 전한다. 〔참고문헌〕『懶翁和尙語錄』.

장흥사지장시왕탱 長興寺地藏十王幀 조선후기 불화. 유형문화재 제454호. 면 바탕에 채색. 세로 124cm·가로 113.1cm. 거제 장흥사 대웅전에 봉안되어 있는 불화로, 지장보살과 시왕을 한 폭에 조성하였다. 화면 좌측 하단의 화기에 "대청 도광 2년(1822·순조22) 임오 10월 8일 봉암사 만일회에서 중단탱으로 새로 조성하여 본회에서 봉안하였다. 금어는 비구 의은, 편수는 비구 장우·지성·유겸·치학이다. 太淸道光二年壬午十月初八日 新畵成中壇幀 於鳳巖寺萬日會 因爲奉安於本會 … 金魚 比丘義銀 片手 比丘奘宇 比丘智性 比丘侑謙 比丘致學"라고 하였다. 화면 중앙에는 연화좌 위에 앉아 설법인(說法印)을 하고 있는 지장보살과 시위하는 무독귀왕(無毒鬼王)·도명존자(道明尊者)가 합장하고 서 있다. 좌우 양쪽으로는 각각 5존씩의 시왕(十王)이 있으며 그 뒤로 판관(判官)·사자(使者)·나찰(羅刹)·천동(天童)·천녀(天女) 등 총 19존상이 짜임새 있는 구도로 배치되어 있다. 채색은 주색을 위주로 하여 녹색과 청색을 사용하였고, 금관이나 일부 장신구에는 금분을 칠하였다. 조선후기 지장시왕도의 주요 편년자료이자 신앙결사 등을 살펴볼 수 있는 중요한 불화다. 〔참고문헌〕김정희 『조선시대 지장시왕도 연구』(일지사, 1996), 『韓國의 佛畵 畵記集』(성보문화재연구원, 2011) pp.572~573. ⇨ 장흥사 長興寺 **2**

장흥암 長興庵 경상남도 하동군 화개면에 있던 암자. 『가람고』·『범우고』에 이름과 위치가 전하나, 1930년에 간행된 『하동지속수』 권상 고적에 "군 북쪽 화개동에 있었으나, 지금은 폐사되었다. 在郡北花開洞 今墟"라고 하였다. 〔참고문헌〕『伽藍考』, 『梵宇攷』, 『河東誌續修』, 『韓國寺刹全書』 권하 p.988b5.

장흥원 長興院 황해북도 장풍군 월고리에 있던 현화사(玄化寺)의 부속 전각. 『고려사』 권18 세가(世家)18 의종 20년(1166) 6월 11일에 "왕이 현화사 장흥원에 행차하였다. 御玄化寺長興院", 같은 책 21년 3월 21일에 "왕이 비를 무릅쓰고 장흥원에 행차하여 각예와 함께 밤새 술을 마셨다. 王冒雨 幸長興院 與覺倪夜飮", 같은 책 4월 13일에 "장흥원으로 거처를 옮겼다. 시를 짓고는 여러 신하들에게 화답시를 쓰도록 하였다. 移御長興院 賦詩 命詞臣 和進"라고 하였다. 〔참고문헌〕『高麗史』, 『松京廣攷』 권8 佛宇2, 『韓國寺刹全書』 권하 p.988b7.

재 在 **1** ~에 있다. ~에 존재하다. 『완릉록』(대정장48, p.384a28)에 "도는 마음의 깨달음에 있지 어찌 언설에 있겠는가? 언설은 다만 어린아이를 깨우칠 뿐이다. 道在心悟 豈在言說 言說只是化童蒙耳"라고 하였다. 〔참고문헌〕『宛陵錄』. **2** 장소를 지시하는 어조사. 서술어 뒤에 붙어서 대상이나 장소를 나타낸다. 어(於)와 같은 뜻이다. 착재(著在)·집재(執在)·좌재(坐在) 등으로 활용한다. 『굉지광록』 권4(대정장48, p.57a16)에 "하나의 불신이 법계를 가득 채우는데 천 개의 불신은 어디에 자리할까? 一佛身旣滿法界 只如千佛身 著在什麽處"라고 하였다. 〔참고문헌〕『宏智廣錄』. **3** 단정 어기사. 당(唐)대의 속어로, 구절 끝에 붙어서 강한 어감을 나타낸다. 『전심법요』(대정장48, p.383b20)에 "만약 이와 같지 않다면 다른 날에 염라대왕이 그대의 자백을 도조리 받아낼 날이 반드시 있을 것이다. 若不如是 他日盡被閻老子拷爾在", 『운문광록』 권상(대정장47, p.545b19)에 "반드시 이 경지에 도달해야 한다. 또한 어지럽게 질문하면서 자기의 마음속이 캄캄해서도 안 된다. 그렇다면 내일이나 훗날 정말 큰 일이 있을 것이다. 須到者箇田地始得 亦莫趁口亂問 自己心裏黑漫漫地 明朝後日大有事在"라고 하였다. 〔참고문헌〕『傳心法要』, 『雲門廣錄』.

재 栽 ❶ Ⓢ khila, Ⓣ tha-ba. 심어 기르는 일. 번뇌의 싹을 심어 길음에 비유한다. 『구사론』 권13(대정장29, p.69b11 : *Abh-k-bh.*, p.197)에 "만약 색처등이 한결같이 유루라면, 이 경은 무슨 까닭에 차별하다 말하는가? 저 유루를 설함은 제색을 취함이 있으면 마음에 심어 덮는 일이기에, 성(聲) 등도 그러하다. 若色處等一向有漏 此經 何緣 差別而說 如說有漏 有取諸色 心栽覆事 聲等亦爾 yadi ca rūpāyatanādīni ekāntena sāsravāṇi syur iha sūtre kim artha viśeṣitāni syur yāni rūpāṇi sāsravāṇi sopādānīyāni cetaḥkhilamrakṣavastviti vistaraḥ", 『구사론기』 권13(대정장41, p.207a2)에 "재는 싹을 말하고, 부는 덮어 가림이다. 재와 부 두 가지는 번뇌의 다른 이름일 뿐이다. 栽謂栽蘖 覆謂覆障 栽覆二種 是惑異名", 『대비바사론』 권14(대정장27, p.69b29)에 "재에는 세 가지가 있으니, 탐진치 등을 말한다. 『품류족론』에서도 다음과 같이 말한다. 진이란 어떤 것인가? 유정에게 손해를 끼치고, 심어 자라게 하는 일이다. 어떤 곳에도 의를 재의 자성이라고 하지 않았는데, 여기에서는 어찌하여 설하는가? 〔답〕 저들이 서로 닮았기 때문이다. 말하자면 모든 번뇌 중에 재의 자성이 아닌 것이 없으면서 재사를 짓는 것이 마치 저 의와 같다. 『시설론』에서도 같이 말한다. '의심은 마음을 가리고 마음을 억세게 만들어 번뇌를 일으키는 것이라서 오히려 마음이 잘못된 결정도 하지 못하게 하는데 하물며 올바른 결정이겠는가? 비유하면 좋은 밭이라도 만일 갈지 않으면 곧 딱딱해지고 여러 나무뿌리나 등걸이 많아서 잡초도 심을 수 없거늘 좋은 묘목이겠는가?' 栽有三種 謂貪瞋癡 品類足論 亦作是說 瞋云何 謂於有情 作損害 作栽蘖 無處說疑 爲栽自性 此中 何以說耶 答 彼相似故 謂諸煩惱中 無有非栽自性 而作栽事 猶如疑者 如施設論說 疑覆蔽心 令心剛强 作栽蘖事 尙不令心 得邪決定 況正決定 譬如良田 若不耕墾 卽便堅硬 多諸株杌 穢草不植 何況嘉苗"라고 하였다. 〔참고문헌〕『俱舍論』, 『俱舍論記』, 『大毘婆沙論』, *Abh-k-bh.* ⇨ 오심재 五心栽 ❷ 십이지(十二支) 중의 촉(觸 Ⓟ phassa)과 같은 뜻이다. 『아함정행경』(대정장2, p.883c8)에 "비구들아, 도를 구하고자 한다면 너의 마음을 단정하게 해야 한다. 무명을 좇아 십이인연에 떨어져 곧 생사하게 된다. 어떤 것이 열두 가지인가? 첫째는 근본적인 어리석음, 둘째는 행, 셋째는 식, 넷째는 자, 다섯째는 육입, 여섯째는 재, 일곱째는 통, 여덟째는 애, 아홉째는 수, 열째는 유, 열한째는 생, 열두째는 사다. 선을 행한 이는 다시 사람이 되고, 악을 행한 이는 죽어서 지옥·아귀·축생 등에 들어간다. 諸比丘 欲求道者 當端汝心 從癡 但墮 十二因緣 便有生死 何等十二 一者 本爲癡 二者 行 三者 識 四者 字 五者 六入 六者 栽 七者 痛 八者 愛 九者 受 十者 有 十一者 生 十二者 死 施行善者 復得爲人 施行惡者 死入地獄 餓鬼 畜生中"라고 하였다. 〔참고문헌〕『阿含正行經』, 『佛般泥洹經』 권상(대정장1, p.163b13). ⇨ 십이지 十二支❶, 촉 觸

재 財 재물. 『일체경음의』 권30(대정장54, p.505c5)에 "『고성』에서 '돈이나 곡식과 비단 등을 재라고 한다'라고 하였다. 考聲云 錢穀匹帛曰財"라고 하였다. 〔참고문헌〕『一切經音義』.

재 齋 Ⓢ upavāsa, upoṣadha, poṣadha, Ⓟ uposatha, Ⓣ bsnyen-gnas. 계(戒)를 가져 몸과 마음을 가지런히 다스리다. 재계(齋戒)와 재식(齋食) 등을 말한다. 오포사타(烏晡沙他)라고 음사하고, 시식(時食)·오전식(午前食)·청정식(淸淨食)·증장(增長) 등으로 한역한다. 정오 이후에는 비시식(非時食)으로 정하여 먹지 않는다. 일정기간 계를 가져 지키는 일로 매월 6일 하룻낮 하룻밤 동안(六齋日) 여덟가지 계(八關齋)를 지키는 일등을 말한다. 굳이 재(齋)의 의미를 따로 드러내 때 아닌 때 먹지 않는(非時食) 뜻으로 8계(戒)와 분리하여 제9재(齋)라고도 한다. 이렇게 재계하고 재식을 수행하는 일은 사원에서 승중(僧衆)과 함께 하거나 승중을 청하여 공양을 베풀고 법을 청하여 듣는 반승재(飯僧齋)로 수행된다. 백승재·오백승재·천승재·일만승재(一萬僧齋)를 베풀어 법을 널리 펴고 계도 지켜 세간을 깨끗하게 한다. 석존재세시에도 왕실이나 재가자들이 청법(請法)하며 재를 베풀었으며 우리나라에서도 고려와 조선조를 거치며 왕실에서 반승재를 베풀고 청법함이 오래였다. 지금은 결재중 보름마다 포살일에 사부중이 함께 대승계를 외우고 가진 다음 단월들의 보시로 반승재를 베푼다. 이런 재공(齋供) 형태로 정착된 재를 제사(祭祠)로 여기는 일이 종종 있으나 불교는 애초에 제사를 섬기는 사제(司祭)전통을 혁파한 사문(沙門)으로서 재(齋)를 근본으로 한다. 정법(正法)의 토대인 승중(僧衆)을 존숭하고 불법을 널리 펴며 단월 스스로 계(戒)와 식(食)을 바르게 하는 뜻을 벗어난 일이 없다. 「상주권공재」·「영산재」·「수륙재」 등 모두 '청법게 請法偈'·'설법게 說法偈'를 시작으로 하며 '식당작법 食堂作法'을 중심에 두고 '유주무주고혼 有主無主孤魂'을 위로하며 '시아귀진언 施餓鬼眞言'으로 굶주린 유정까지 품어 구하는 뜻이어서 '제사 祭祠'와는 격별한 행의(行儀)다. 사십구재등의 재(齋)에서도 천도(薦度)의 뜻을 분명히 하였으니 윤회의 길을 바꿔 열반에 이르게 함이 본래의 뜻이다. 지옥에 간 어머니의 천도를 위해 목련존자가 베푼 우란분재(盂蘭盆齋) 또한 거꾸로 매달린 고통스런 유정의 삶을 바로잡는 일이었으니, 정법승중(正法僧衆)에게 반승(飯僧)으로 재(齋)를 베풀고 정법이 오래가게 해서 전도된 세간을 구제하여 일체중생을 요익코자 함이 재의 넓고 큰 뜻이다. 『기세경』 권7(대정장1, p.346c23)에 "매월 육오포사타〈증장이라 한역하니 재법을 수지하여 선근을 증장시킨다〉가 있다. 백월 반분에 15일(전보름)이 있고, 흑월 반분에도 15일(후보름)이 있다. 흑백 양월에 각각 삼재일이 있다. 무엇이 백월반분 세번 받는 재일인가? 음 8일·14일·15일이다. 흑월 반분 역시 23일·29일·30일이니 세번에 걸쳐 재를 받아 가진다. 一一月中 有六烏晡沙他〈隋言增長 謂受持齋法 增長善根〉 白月半分 有十五日 黑月半分 亦十五日 白黑二月 各有三齋 何者白月半分三受齋日 所謂月八日 十四日 十五日 黑月亦有三受齋日 如白月數", 『재경』(대정장1, p.911a15)에 "불법의 재란, 불도의 제자가 매월 육재일에 팔계를 받는 것이다. 佛法齋者 道弟子 月六齋之日 受八戒", 『팔관재경』(대정장1, p.913b12)에 "마치 저 아라한이 목숨이 다하도록 재를 범하지 않고 때에 맞게 공양하는 것처럼, 이와 같이 저 아무개는 오늘 하루 낮과 밤 동안 마음이 하고자 하는 바에 따르되 재를 범하지 않고, 타인이 재를 범하도록 하지도 않으며 때에 맞게 공양하겠습니다. 猶如阿羅漢 盡形壽不犯齋 隨時食 如是我字某名某 今一日一夜 隨意所欲 亦不犯齋 亦不教人使犯齋 隨時食", 『법원주림』 권88(대정장53, p.931c18)에 "〔문〕 모든 경론 중에 어떤 것을 팔관재라 하고 관계라고 하는가? 〔답〕 앞의 여덟 가지는 여덟 가지 악을 닫아 잠그고 모든 허물을 일으키지 않는 것이며, 때가 아닐 때 먹지 않는다(不非時食)란 '재'이니, '재(齋)'란 다스린다(齊)는 뜻이다. 즉 육정(六情)을 금하고 육진(六塵)에 물들지 않으며 다스려 모든 악을 끊고 온갖 선을 갖추어 닦기에 '재'라고 하는 것이다. 또 '재'와 '계'는 그 체는 하나로 이름만 다르다. 만일 이름에 따라 체를 정한다면 그 체의 형용은 조금 다르다. 즉 '재'란 정오가 지나면 먹지 않는다는 것을 이름한 것이고, '계'란 잘못을 막고 악을 그친다는 것을 그 뜻이다. 그러므로 『살바다론』에 '여덟 가지는 계이고 아홉 번째야말로 재라 할 수 있다 하였으니, 재와 계를 합한 수이기에 아홉이 있게 된다'라고 하였다. 問曰 諸經論中 何名八關齋 亦名關戒耶 答曰 前八是關閉八惡 不起諸過 不非時食者 是齋 齋者齊也 謂禁止六情 不染六塵 齊斷諸惡 具修衆善 故名齋也 又齋戒 體一名別 若尋名定體 體容小別 齋者過中不食爲名 戒者防非止惡爲義 故薩婆多論云 八箇是戒 第九是齋 齋戒合數 故有九也", 『잡아함경』 권28(대정장2, p.203a4)에 "어떤 것이 정견인가? 보시·설·재·선행·악행·선악행의 과보·이 세상·저 세상·부모님·중생으로 남·아라한에 잘 이르고 향하는 것·이 세상과 저 세상등이 있음을 잘 알아 스스로 알고 증득하여 구족히 머물고, 내가 나는 일 이미 다하였고, 지을 일 이미 지었고, 후세에 몸 받지 않음을 스스로 안다. 何等爲正見 謂說有施 有說 有齋 有善行 有惡行 有善惡行果報 有此世 有他世 有父母 有衆生生 有阿羅漢善到善向 有此世他世 自知作證 具足住 我生已盡 梵行已立 所作已作 自知不受後有", 『수능엄경』 권1(대정장19, p.106b24)에 "이때에 파사익왕이 부왕을 위하여 휘일(諱日: 忌日)에 재를 마련하고 부처님을 궁중으로 청하여 스스로 여래를 맞이하였으며, 널리 무상묘미의 진수를 차리고 아울러 다시 모든 대보살을 친히 맞아들였다. 성중에서는 장자와 거사가 동시에 스님들께 공양을 올렸다. 時波斯匿王 爲其父王 諱日營齋 請佛宮掖 自迎如來 廣設珍羞 無上妙味 兼復親延諸大菩薩 城中復有長者居士 同時飯僧", 『능엄경지장소』 권1(卍속장24, p.183b17)에 "첫번째는 왕신재공이다. … 처음에 둘이 있으니 첫째 파사익왕이 부처님께 재를 올린 것이고 둘째는 신민이 스님들께 공양을 올린 것이다. 一王臣齋供 … 初二 一匿王齋佛 二臣民供僧", 『범망경』 권2(대정장24, p.1008b11)에 "부모·형제·화상·아사리가 죽거나 입멸한 날과 삼칠일 및 칠칠일에 이르기까지 또한 대승경율을 독송하거나 강설하여 재회르 복을 구한다. 父母兄弟和上阿闍梨亡滅之日 及三七日 乃至七七日 亦應讀誦講說大乘經律 齋會求福", 『대반열반경집해』 권65 「가섭보살품 迦葉菩薩品」(대정장37, p.582b7)에 "대저 재란 정오의 때를 지나서는 먹지 않는다. 하룻낮 하룻밤을 깨끗하고 맑게 함이니 이것을 재라 한다. 夫齋者 過中不食 一日一夜淸素 謂之爲齋", 『석씨계고략』 권3(대정장49, p.828c9)에 "경에 이르되, 부처님 대제자 목건련존자는 신통제일이었다. 마침 어머니가 목숨을 마쳐 아귀중에 떨어져 있음을 목련이 보고서는 부처님께 제도하기를 구하였다. 부처님께서 말씀하시길, 7월 15일 대중 자자일에 재를 베풀어 공양하라. 부처님을 섬기고 대중에게 공양을 베풀며 경을 독송하니 어머니께서 이에 아귀도를 벗어났다. 經云 佛大弟子目犍連尊者神通第一 適母氏命終墮餓鬼中 目連往見之 白佛救度之 佛命以七月十五僧自恣日備設齋供 供佛齋僧念讀諸經 母乃脫離餓鬼", 『잡아함경』 권24(대정장2, p.174a28)에 "이때 세존께서 모든 대중과 함께 암라녀의 집으로 나아갔다. 자리에 앉으시자 때에 암라녀가 손수 갖가지 음식을 공양하였으며 공양을 마쳐서는 발우까지 씻어 마치니, 때에 암라녀가 작은 상을 부처님 앞에 놓고는 부처님께서 법을 설하시길 청하였다. 爾時 世尊與諸大衆 詣菴羅女舍 就座而

坐 時 菴羅女手自供養種種飮食 食訖 澡漱洗鉢竟 時 菴羅女持一小床 坐於佛前 聽佛說法", 『삼국유사』 권4(대정장49, p.1003a1・한불전6, p.342b2) 의해5 원광서학(圓光西學)에 "이제 세속오계 있게 되었으니 … 다섯번째 살생유택이다. 만약 이런 일 문득 해서는 안된다. 귀산 등이 말하기를 '다른 것이라면 이미 명을 받들었습니다. 소위 살생유택은 특히 아직 모르겠습니다'. 원광이 말하기를 '육재일과 봄여름에는 살생하지 않음이 바로 때를 가리는 것이다. 부리는 가축인 말과 소와 닭과 개는 죽이지 않으며, 살덩이 한점 되지 않는 세물도 죽이지 않음이 바로 물을 가리는 것이다. 이 또한 오직 그 쓰임만큼 해야지 함부로 죽여서 구해서는 안된다. 이것이 바로 세속의 선계다. 今有世俗五戒 … 五曰殺生有擇 若行之無忽 貴山等曰 他則旣受命矣 所謂殺生有擇 特未曉也 光曰 六齋日春夏月不殺 是擇時也 不殺使畜 謂馬牛犬雞 不殺細物 謂肉不足一臠 是擇物也 此亦唯其所用 不求多殺 此是世俗之善戒也", 『삼국사기』 권11 신라본기11 헌강왕 2년(876) 2월에 "황룡사에서 스님들께 재를 올리고 백고좌강경을 베푸니 왕이 친행하여 들었다. 皇龍寺齋僧 設百高座講經 王親幸聽之", 『고려사』 권12 세가12 예종 원년(1106) 7월 14일(계묘)에 "장령전에서 우란분재를 베풀어 숙종을 천도하여 명복을 빌고, 이튿날(갑진) 또 명승을 모셔 『목련경』을 강하였다. 設盂蘭盆齋于長齡殿以薦肅宗冥祐 甲辰又召名僧講目蓮經", 같은 책 권29 세가29 충렬왕 9년(1283) 9월 9일(기미)에 "왕과 공주가 금자대장원에서 반승하였다. 王與公主飯僧于金字大藏院", 『고려사』 권33 세가33 충선왕 1년(1309) 9월 25일(갑진)에 "왕이 수녕궁에서 일만의 스님들께 반승하라고 명하니, 마침내 그 궁을 희사하여 절로 만들고 모후를 추복하고 민천사라 사액하였다. 王命飯僧一萬於壽寧宮 遂舍其宮爲寺 追福母后 賜額曰旻天", 보정(寶鼎)의 『다송문고』 권1 「전독대장경발문〈을사년(1905) 3월 26일 회향〉 轉讀大藏經跋文〈乙巳三月二十六日回向〉」(한불전12, p.697a24)에 "엎드려 아뢰옵니다. 우리 세조대왕이 50부를 인경하고 오백승재를 베풀어 7일 동안 전독하였으며, 정희대비는 30부를 인경하고삼백승재를 베풀어 7일 동안 전독하였고, 우리 대황제폐하가 3부질을 인경하여 이백승재를 베풀어 7일 동안 전독하였다. … 법중규범의 위엄이 깊고 그윽하니 어찌 옛적 오백승대회와 다르리요. 그러한 후에 산중이 동참하여 재를 베풀고 3일정진하고 『범망경』과 『사분율』에 의지하여 결계하고 열어 보계를 설하니, 사중이 아울러 3단에 모였고 단상의 아사리께 원계를 받으니 회중 대덕위의 또한 엄숙하였다. 伏聞我世祖大王 印五十部 設五百僧齋 七日轉讀 貞熹大妃 印三十部 設三百僧齋 七日轉讀 我大皇帝陛下 印三部秩 設二百僧齋 七日轉讀 … 法衆矩規 威嚴深密 何異昔日五百僧大會也 然後山中同參設齋 三日精進 以梵網經 四分律 依律結界 開演寶戒 四衆幷集三壇 圓受壇上闍梨 會中大德之威儀嚴肅", 『가정집』 권10 「팔관재소 八關齋疏」에 "각황이신 세존께서 법을 설하신 뜻 모두 삼유의 아름다운 인이라 칭송하였다. 말세의 속된 세간 진실에 미한 이들에게 팔관의 바른 계를 가지게 함이다. 覺皇說法 皆稱三有之妙因 末俗迷眞 宜執八關之正戒", 『정토보서』 「정토과험 淨土果驗」 '왕신왕생류 王臣往生類'(한불전8, p.497c3)에 "오장국왕이 만기의 겨를에 … 짐은 국왕이 되어 비록 복락을 누리지만 무상은 면치 못하니 서방정토법문을 듣고는 정신을 깃들여 짐 마땅히 저 나라에 나길 바래서 육시로 염불하고 매양 부처님께 예 갖춰 공양하였다. 왕과 부인이 몸소 스스로 행하여 삼십년을 한결같이 하여 수지 않았으니 용모유열하였고 화현하신 부처님 맞이하러 오심에 상서 한번이 아니었다. 烏長國王 萬機之暇 … 朕爲國王 雖享福樂 不免無常 聞西方淨土 可以棲神 朕當發願 求生彼國 于是六時行道念佛 每供佛飯僧 王及夫人 躬自行膳 三十年不廢 臨崩 容色愉悅 化佛來迎 祥瑞不一", 『청주집』 「모연소 募緣疏」(한불전11, p.775a21)에 "널리 선을 행하고 믿어서 힘써 부처님 섬기고 스님들께 공양하는 것은, 모든 군자들과 더불어 무주심으로 복전의 씨앗 뿌리는 일이니 모두 다 함께 어느 날엔가는 함께 정토에 나고 법인을 깨우치는 연을 맺고자 함이다. 普告善信 庸助供佛飯僧之資者 欲與諸君子 以無住心下種福田 共結他日同躋樂邦咸證法忍之緣"라고 하였다. 〔참고문헌〕『起世經』, 『齋經』, 『八關齋經』, 『法苑珠林』, 『雜阿含經』, 『首楞嚴經』, 『楞嚴經指掌疏』, 『梵網經』, 『大般涅槃經集解』, 『釋氏稽古略』, 『雜阿含經』, 『三國遺事』, 『三國史記』, 『高麗史』, 『茶松文稿』, 『稼亭集』, 『淨土寶書』, 『淸珠集』, *Abh-k-bh.220.*, *DN.1.55.*, *SN.1.209.*, *Vin.3.113.* ⇨ 재계 齋戒, 육재 六齋, 팔관재 八關齋, 팔재계 八齋戒, 오포사타 烏哺沙他, 시식 時食[2], 비시식계 非時食戒, 재죽 齋粥, 우란분재 盂蘭盆齋, 재승 齋僧, 재식 齋食, 재시 齋時, 반승 飯僧, 반불재승 飯佛齋僧, 상주권공재 常住勸供齋, 영산재 靈山齋

재 纔 겨우 ~하자마자. ~하는 순간에 바로. 『운문광록』 권상(대정장47, p.546c10)에 "(대장부라면) 내가 입을 열자마자 돌덩이를 집어서 입을 막아버릴 것이다. 纔見老和尙開口便好 把特石驀口塞", 같은 책 권상(대정장47, p.547a23)에 "낙포화상은 '한 티끌 겨우 일어나자 온 세상이 전부 거둔다. 한 터럭 끝에 사자전신이다'라고 하였다. 洛浦和尙云 一塵纔起 大地全收 一毛頭 師子全身", 『전심법요』(대정장48, p.382c15)에 "옛 사람은 마음 지혜로워 겨우 한 번 듣고는 바로 배움마저 끊었다. 그래서 배움도 끊고 할 일 없는 한가한 도인이라고 불렀다. 古人心利 纔聞一言 便乃絶學 所以喚作絶學

無爲閒道人",『완릉록』(대정장48, p.384c5)에 "부처와 중생이란 모두 그대가 지은 허망한 견해일 뿐이다. 다만 본심 알지 못하여 거짓으로 견해 지으니, 겨우 부처라는 견해를 짓자마자 부처라는 장애를 겪고, 중생이라는 견해를 지으면 중생이라는 장애를 겪는다. 佛與衆生 盡是汝作妄見 只爲不識本心 謾作見解 纔作佛見 便被佛障 作衆生見 被衆生障"라고 하였다. 〔참고문헌〕『雲門廣錄』,『傳心法要』,『宛陵錄』.

재가 在家 Ⓢ gṛhastha, āgārika, Ⓟ gahaṭṭha, Ⓣ khyim-na-gnas-pa. 세간에서 가솔을 거느리고 살다. 육십이종유정(六十二種有情) 중 하나로 생업(生業)으로 생계를 영위하는 것을 말한다. 거가(居家)·주가(住家)·재가인(在家人) 등이라고도 하며, 출가(出家)의 상대어이다. 재가로서 불교에 귀의하여 삼귀오계(三歸五戒)를 받는 이는 불교교단의 사부대중(四部大衆) 또는 칠중(七衆)의 하나로, 재가의 남성신도를 우바새(優婆塞)라 하고, 재가의 여성신도를 우바이(優婆夷)라고 한다. 재가인은 흰색 옷(素衣)을 입고, 출가인은 검정색 옷(緇衣:染衣·緇門)을 입기 때문에 재가출가를 아울러 불러 '치소'라고 하며, 한 번 출가했다가 다시 재가속인의 생활로 돌아오는 것을 환속(還俗)·귀속(歸俗) 등이라고 한다. 가(家)를 세속가(世俗家)와 삼계뢰옥가(三界牢獄家) 두 가지로 부르기도 하는데, 신출가(身出家)는 전자를 벗어나는 것이고 심출가(心出家)는 후자를 벗어나는 것이다. 재가 중에서 유마(維摩)나 승만부인(勝鬘夫人) 등과 같이 대승의 뜻을 깨우친 보살도 있다. 『대반열반경』 권상(대정장1, p.196b2)에 "너희들은 알아야 하리. 재가에서 사는 이들에게 네 가지 법이 있으니, 반드시 닦아 익혀야 한다. 첫째 부모를 공경하고, 마음을 다하여 효도하고 봉양하는 것이다. 둘째 항상 선법으로 처자를 가르쳐 이끄는 것이다. 셋째 함께 일 돕는 이를 가엾이 생각하여 있고 없는 것을 살펴 아는 것이다. 넷째 선지식을 가까이하고 악인을 멀리하는 것이다. 너희들이 항상 이 네 가지 법을 행하면 현세에 사람들의 사랑과 공경을 받을 것이고, 장래에는 항상 선처에 날 것이다. 汝等當知 在家之人 有四種法 宜應修習 一者 恭敬父母 盡心孝養 二者 恒以善法 訓導妻子 三者 愍念僮僕 知其有無 四者 近善知識 遠離惡人 汝等 若恒行此四法 現世爲人之所愛敬 將來所生 常在善處",『잡아함경』 권4(대정장2, p.23a24)에 "'세존이시여, 세속의 사람으로 집에 있어야 하는 이는 몇 가지 법을 행하면, 현법의 안주와 낙주를 얻을 수 있습니까?' 부처님께서 바라문에게 말씀하셨다. '네 가지 법이 있으면, 재가의 속인도 현법의 안주와 낙주를 얻을 수 있다. 어떤 것이 그 네 가지인가? 방편을 다하고, 지켜 보호하며, 선지식을 늘 가까이 하고 바른 생활로 목숨을 이어가는 것을 말한다. 世尊 俗人在家 當行幾法 得現法安 及現法樂 佛告婆羅門 有四法 俗人在家 得現法安 現法樂 何等爲四 謂方便具足 守護具足 善知識具足 正命具足",『유가사지론』 권13(대정장30, p.343c25)에 "〔문〕 어떤 위여야 심정행자라고 하는가? 〔답〕 청정한 믿음을 얻는 것으로부터 출가위까지다. 이 출가와 재가위에는 추·중·세로 세 가지 번뇌가 있다. 재가자는 두 가지 장애 때문에 출가하지 못한다. 첫째는 불선업이니 항상 즐겨 몸과 말로 악행에 안주하는 것이고, 둘째는 삿되고 잘못된 견이니 세간의 진아라한에게는 정행과 정지 등이 없다고 하는 것이다. 이것은 정신 얻기 전에 장애가 된다. 問 從何位名 心淨行者 答 從得淨信 求出家位 此於在家 及出家位 有麤中細 三種垢穢 其在家者 由二爲障 不令出家 一 不善業 謂常樂安處 身語惡行 二 邪惡見 謂撥無世間 眞阿羅漢 正行正至 此於已得淨信位前 能爲障礙"라고 하였다. 〔참고문헌〕『大般涅槃經』,『雜阿含經』,『瑜伽師地論』, *Saddh-p.287.*, *Bodh-bh.57.*, *MN.1.64.* ⇨ 재가자 在家者, 우바새 優婆塞, 우바이 優婆夷, 사중 四衆❶, 칠중 七衆, 육십이종유정 六十二種有情, 출가 出家

재가계 在家戒 재가자(在家者)가 지켜야 하는 계. 불살생(不殺生)·불투도(不偸盜)·불음주(不飮酒)·불사음(不邪婬)·불망어(不妄語) 등의 오계. 또는 팔재계(八齋戒)나 십선계(十善戒) 나아가 넓게는 출가자와 다름없이 지켜 가지는 대승계도 거둔다. 『정법염처경』 권25(대정장17, p.142c18)에 "재가계란 오계를 말한다. 在家戒者 所謂五戒",『유마경의소』 권2(대정장38, p.929c4)에 "지금 십선을 행하는 것은 재가의 계이다. 今行十善 卽在家戒也",『보살계본소』 권하(대정장40, p.672b12)에 "팔계와 오계는 재가계이다. 八戒五戒 是在家戒也",『법원주림』 권89(대정장53, p.941b21)에 "재가계는 오계와 팔계를 말한다. 在家戒 謂五戒八戒是"라고 하였다. 〔참고문헌〕『正法念處經』,『維摩經義疏』,『菩薩戒本疏』,『法苑珠林』. ⇨ 오계 五戒, 팔계 八戒, 십선계 十善戒, 보살계 菩薩戒

재가백의 在家白衣 Ⓟ gihī odātavasanā. 백의(白衣)를 입은 재가제자(在家弟子). 물들인 가사(緇衣)를 입는 출가자와 구별하는 뜻이다. 『중아함경』 권52 「주나경 周那經」(대정장1, p.752c22 : *Sāmagāma-sutta*, *MN.2*, p.244)에 "니건친자에게는 백의를 입은 재가제자들이 있었는데, 모두 이 니건친자의 모든 제자들을 싫어하였다. 그들이 하는 말은 나쁜 법율이었으므로 괴로움에서 벗어나는 가르침도 아니고, 정각으로 나아가는 가르침도 아니며, 선서의 말씀도 아니기 때문이다. 尼揵親子 若有在家白衣弟子 彼皆厭患 此尼揵親子 諸弟子等 所以者何 以其所說 惡法律故 非是出要 不趣正覺 亦非善

逝之所說也 ye pi nigaṇṭhassa nātaputtassa sāvakā gihī odātavasanā, te pi nigaṇṭhesu nātaputtiyesu nibbindarūpā virattarūpā paṭivāṇarūpā yathā taṃ durakkhāte dhamma-vinaye duppavedite aniyyānike anupasamasaṃvattanike asammāsambuddhappavedite", 『별역잡아함경』 권8(대정장2, p.431b8)에 "부처님께서 석마남에게 말씀하셨다. '재가백의가 삼보에 귀의하면 이런 뜻으로 우바새라 하는데 네가 바로 그 사람이다'. 佛告釋摩男 在家白衣 歸依三寶 以是義故 名優婆塞 汝卽其人"라고 하였다. 〔참고문헌〕『中阿含經』, 『別譯雜阿含經』, *MN*.

재가보살 在家菩薩 출가하지 않고 보살행을 하는 사람. 『삼법장경』 권16(대정장8, p.642c25)에 "재가보살을 정사라고 하고, 대장부·가애대부·최상사부·선상사부·사부중선·길상사부·사부중중색연화·대부중백련화·사부정지자·인중룡·인중사자·조어자라고도 한다. 在家菩薩是名正士 亦名大丈夫 亦名可愛士夫 亦名最上士夫 亦名善相士夫 亦名士夫中僊 亦名吉祥士夫 亦名士夫中衆色蓮華 亦名士夫中白蓮華 亦名士夫正知者 亦名人中龍 亦名人中師子 亦名調御者", 『결정비니경』(대정장12, p.38b25)에 "재가보살은 마땅히 닦아 두 가지로 베푼다. 두 가지란 하나는 재물로 베풀고, 다른 하나는 법으로 베푼다. 在家菩薩 應修二施 云何爲二 一者 財施 二者 法施", 『대승기신론』 권하(대정장32, p.590b4)에 "무엇이 계를 닦는 문인가? 재가보살은 응당 살생·투도·사음·망어·양설·악구·기어·간탐·진질·첨광·사견을 떠나야 하고, 출가자라면 모든 번뇌를 항복시키기 위해 시끄러운 곳을 떠나 항상 적정한 곳에 머물며 닦아 익히고 그쳐 만족하며 두타 등을 행한다. 云何修戒門 所謂在家菩薩 當離殺生偸盜 邪婬妄言 兩舌惡口 綺語慳貪 瞋嫉諂誑邪見 若出家者爲欲折伏諸煩惱故 應離憒鬧常依寂靜 修習止足頭陀等行"라고 하였다. 〔참고문헌〕『三法藏經』, 『決定毘尼經』, 『大乘起信論』.

재가성인 在家聖人 사종인(四種人) 중 하나. 출가하지 않아 스님의 위의(威儀)를 갖추지는 못하나, 계법을 준수하고 마음을 조복하는 이. 『성실론』 권2(대정장32, p.249a22)에 "네 부류의 사람이 있다. 스님의 위의는 갖추었으나 승중에는 들지 못하는 이, 승중으로는 있으나 스님의 위의는 갖추지 못한 이, 스님의 위의도 갖추고 승중에도 드는 이, 스님의 위의도 없고 승중에도 들지 못하는 이다. 처음을 출가범부, 그 다음을 재가성인, 셋째는 출가성인, 넷째는 재가범부라 한다. 그러므로 알아야 한다. 신근 등을 여의면 스님의 무리에 들지 못한다. 그러므로 '신근' 등을 부지런히 행하고 정진해야 하며, '신근' 등을 얻으려면 부처님의 가르침을 듣고 외워 말씀대로 닦아 행한다. 有四種人 有入僧威儀不入僧數 有在僧數非僧威儀 有入僧威儀亦入僧數 有非僧威儀亦非僧數 初名 出家凡夫 次名 在家聖人 三名 出家聖人 四名 在家凡夫 以此故知 離信等根 則不入僧數 是故 當爲 信等諸根 勤行精進 欲得信等 當於佛法 聽受誦讀 如說修行"라고 하였다. 〔참고문헌〕『成實論』, 『百論疏』 권상(대정장42, p.233b15).

재가승 在家僧 재가에 머물며 불도(佛道)를 닦는 보살. 원효(元曉)의 『범망경보살계본사기』 권상(한불전1, p.599a18)에 "〔문〕 무엇 때문에 재가보살은 정음은 끊지 않습니까? 〔답〕『우바새계경』에서 '만약 물건을 얻으면 사등분하여 사분의 일은 부모와 처자에게 주고, 사분의 일은 팔며, 사분의 이는 모은다'고 하였다. 그러므로 처가 있음을 알 수 있다. 또한 『인왕경』에서도 '윤왕은 백 명의 아들과 천 명의 아들이 있다'고 했기 때문이다. 윤왕이란 지전을 좇아 십지보살에까지 이른다. 그러므로 재가승보살은 정음과 비도 두 가지를 끊지 않음을 알 수 있다. 問 何故在家菩薩不斷正婬 答優婆塞戒經云 若得物者四分 以一分與父母妻子 以一分販賣 以二分畜積 故知有自妻 亦仁王經云 輪王有百子及千子故 輪王者從地前至於第十地菩薩 故知在家僧菩薩者 不斷正婬非道二種"라고 하였다. 〔참고문헌〕『梵網經菩薩戒本私記』.

재가승촌 在家僧村 스님도 아니고 속인도 아닌 사람들(非僧非俗人)이 모여 사는 마을. 국경에 접해 있는 함경북도 경흥·경원·회녕·부령·종성·온성군 등에는 재가승이라는 특별한 집단이 있었는데, 처를 거느리고 고기를 먹는 등 거리낌이 없는 재가승이 모여 사는 마을을 재가승촌이라 하였다. 이능화(李能和)는 「북도연군재가승촌 北道沿郡在家僧村」(『조선불교통사』 권하, p.835)에서 "무리가 모여 산골짜기에 거주하며 스스로 촌락을 이루었는데, 그 거주하는 촌락을 산문이라 한다. 각 산문마다 공공의 불전이 있는데, 혼례와 상례 등을 그곳에서 행한다. 羣聚居生于山谷中自成村落 其所居村落名山門 每一山門 必有公共佛殿一處 婚喪之禮 行於寺中"라 하였는데, 재가승촌의 유래에 2가지 설이 있다 하였으니 "하나는 병자호란 때 패배한 조선의 인조가 약조하기를 여인 삼천과 암말 삼천필이었다. … 옛 여진의 귀족들을 모아 그 선발에 충당하고 이들을 재가승이라 부른다. … 다른 하나는 고려 윤관이 여진족의 남은 이들로 하여금 사원에 머무르게 하였으니 부처님을 받들며 머물러 스님인양 하였다. … 이상 두 가지 설은 모두 근거가 없는 것이며 하나의 사실만이 가장 진실이다. 一說 朝鮮仁祖丙子淸兵來圍南漢 當時結有約條 大乳女三千人 牝馬三千匹 … 募故女眞之遺族 充當其選 號曰在家僧 … 又一說 高麗尹瓘 驅逐女眞 其殘落者 造寺院以安處之 使

之奉佛 族居爲僧云云 … 已上二說 並屬無據 惟有一事最爲眞實"라고 하였다. 『고려도경』 권18 「재가화상 在家和尙」에 "재가화상은 가사를 입지 않으며, 계율을 지키지도 않는다. … 그들은 실형이 남은 역인인데, 동이들이 그들의 수염과 머리카락을 잘라버리고 화상이라 불렀을 뿐이다. 在家和尙 不服袈裟 不持戒律 … 其實刑餘之役人 夷人 以其髡削鬚髮 而名和尙耳"라고 하였다. 〔참고문헌〕『朝鮮佛敎通史』, 『高麗圖經』.

재가오계 在家五戒 재가에서 지키는 다섯 가지 계. 『원각경약소초』 권10(卍속장15, p.406b5)에 "재가오계란 첫째 불살생, 둘째 불투도, 셋째 불사음, 넷째 불망어, 다섯째 불음주식육을 말한다. 在家五戒 一 不得殺 二 不得盜 三 不邪淫 四 不妄語 五不飮酒食肉", 『대지도론』 권22(대정장25, p.227b17)에 "번뇌에 시달리며 집에 있다면 출가의 법을 설해주고, 금전에 집착하며 집에 있고자 하는 이는 재가오계법을 설해준다. 惱患居家者 爲說出家法 著錢財居家者 爲說在家五戒法"라 하였다. 〔참고문헌〕『圓覺經略疏鈔』, 『大智度論』. ⇨ 오계 五戒

재가이계 在家二戒 재가자가 가지는 두 가지 계. 오계와 팔재계를 말한다. 오계는 불살생·불투도·불사음·불음주·불망어이고 팔재계는 오계에 세 가지 계를 더했는데 첫째 높고 넓은 침상에 오르지 말아야 하고, 둘째 화만이나 영락을 착용하고 가무를 하거나 관람해서는 아니 되며, 셋째 때 아닌 때에 먹지 않는 것을 말한다. 『율종신학명구』 권상(卍속장105, p.617a10)에 "재가의 두 가지 계란 첫째는 오계이고 둘째는 팔계다. 在家二戒 一 五戒 二 八戒"라고 하였다. 〔참고문헌〕『律宗新學名句』. ⇨ 오계 五戒, 팔계 八戒

재가인 在家人 세간에 머물며 불도를 행하는 사람. 『문수사리문경』 권하(대정장14, p.507b4)에 "저 재가인이 이 삼매를 닦을 수 있는 것처럼 출가한 이도 역시 능히 수습하고 타인에게 널리 설하고 수행하도록 할 수 있다. 재가인이 이 삼매를 수습할 수 있다는 말은 무슨 뜻인가? 믿은 행업의 과보로 모든 재산을 희사하고, 삼보에 귀의하여 오계를 받으며, 구멍을 내거나 부수거나 물들이거나 빠짐이 없이 십선도를 받아서 모든 선업을 일으키도록 한다는 뜻이다. 如在家人 能修此定 出家之人 亦能修習 爲他廣說 令彼修行 云何在家人能修此定 以信業果報 捨一切財 歸依三寶 受持五戒 不穿不破 不汚不缺 受十善道 令起諸善", 『화엄경소』 권29(대정장35, p.717a2)에 "재가의 사람이라면 부모의 은혜가 승하고, 출가했다면 은사스님의 은혜가 뛰어나다. 在家人則父母恩勝 出家則師僧恩勝"라고 하였다. 〔참고문헌〕『文殊舍利問經』, 『華嚴經疏』. ⇨ 재가자 在家者

재가자 在家者 Ⓢgṛhin, gṛihī, Ⓟgihin, gihinī, gahaṭṭha. 출가하지 않고 불교를 믿는 사람. 남자인 경우 거사(居士)·우바새(優婆塞)·청신사(淸信士)라고 하고 여성인 경우 우바이(優婆夷)·청신녀(淸信女)라고 한다. 재와 법을 베푸는 사람이라는 뜻으로 단월(檀越)·시주(施主)라고도 한다. 『장아함경』 권1 「대본경 大本經」(대정장1, p.4c22)에 "점쳐 말했다. '이러한 상을 가진 이는 반드시 두 곳으로 나아가니 의심할 수 없습니다. 만약 재가자라면 전륜성왕이 되어서 사천하의 왕이 되니 네 가지 병사를 갖추고, 정법으로 다스리되 치우침이 없으며, 은혜가 천하에 미치고, 일곱 가지 보배가 저절로 이르며, 천 명의 자녀가 용감하고 굳세어 외적을 항복시키고, 군사를 쓸 일도 없이 천하가 태평할 것입니다. 만약 출가한다면 반드시 바른 깨달음을 이루고 여래십호를 갖출 것입니다. 占曰 有此相者 當趣二處 必然無疑 若在家者 當爲轉輪聖王 王四天下 四兵具足 以正法治 無有偏枉 恩及天下 七寶自至 千子勇健 能伏外敵 兵杖不用 天下太平 若出家學道 當成正覺 十號具足", 『대지도론』 권80(대정장25, p.625a5)에 "재가자는 헤아릴 수 없을 정도의 많은 계율의는 없다. 그러므로 계바라밀을 구족히 하여 머물지 못한다. 在家者無無量戒律儀 是故 不具足住尸羅波羅蜜", 『삼교평심론』 권상(대정장52, p.786c14)에 "출가한 사람을 위해 보살계를 베푼즉 비범행을 떠난다 하고, 재가자를 위해 우바새계를 베풀면 일러 삿된 음행을 떠난다고 한다. 비범행을 떠나는 것은 음욕을 완전하게 떠나는 것이고, 삿된 음행을 떠나는 것은 타인의 부녀를 범하지 않는 것이다. 爲出家者 說菩薩戒 則曰離非梵行 爲在家者 說優婆塞戒 則曰離邪婬 離非梵行者 永斷婬慾也 離邪婬者 不犯他人妻女也", 『석씨요람』 권상(대정장54, p.265a14)에 "출가자 중에 더러 선근공덕을 닦지 않는 이가 있다면 재가자만도 못하고, 만약 재가자로서 능히 선근공덕을 닦을 수 있다면 출가한 이보다 뛰어나다. 若出家者 或有不修善根 則不如在家 若在家者 能修善根 則勝出家"라고 하였다. 〔참고문헌〕『長阿含經』, 『大智度論』, 『三敎平心論』, 『釋氏要覽』, *Sam-r.152.*, *DN.3.125.* ⇨ 우바새 優婆塞, 우바이 優婆夷, 육십이종유정 六十二種有情

재가주 在家籌 포살갈마에 참석한 재가자의 수를 헤아리기 위해 사용하는 가늘고 긴 막대. 주로 대나무나 철제를 쓴다. 『범망보살계경소주』 권하 「반월포살법식·구행재가주 半月布薩法式·九行在家籌」(卍속장59, p.645a10)에 "모든 불제자들은 자세히 들으라 하고는 다음으로 재가주를 행한다〈세 번 부르고 한 번 울려 내리고서 주를 행한다〉. 주를 받을 때 게송은 전과 같다. 諸佛子諦聽 次行在家菩薩籌〈三唱鳴一下行籌〉 受籌偈如前"라고 하였다. 〔참고문헌〕『梵網菩薩戒經疏註』.

재가출가 在家出家 ❶ 속가에 머문채로 출가자 생활을 하는 것. 『경덕전등록』 권2 「승가난제전 僧伽難提傳」(대정장51, p.212a25)에 "실라벌성 보장엄왕의 아들이다. 태어나자마자 말을 할 줄 알았고 늘 불사를 찬탄하였다. 일곱 살이 되자 세간의 쾌락을 싫어하여 부모에게 게송으로 고하였다. '늘 자애로운 아버지께 머리 숙이고 골육을 낳아주신 어머니께 합장합니다. 저 이제 출가하고자 하니 다행이라 여겨 가엾이 허락해 주시기를 바랍니다'. 부모가 완고하게 막아서자 종일토록 먹지 않았다. 결국 그의 재가출가를 허락하였으니, 이름이 승가난제다. 室羅閥城 寶莊嚴王之子也 生而能言 常讚佛事 七歲卽厭世樂 以偈告其父母曰 稽首大慈父 和南骨血母 我今欲出家 幸願哀愍故 父母固止之 遂終日不食 乃許其在家出家 號僧伽難提"라고 하였다. 〔참고문헌〕『景德傳燈錄』. ❷ 재가자와 출가자를 함께 일컫는 말. 『나옹어록』 「시목상국인길 示睦相國仁吉」(한불전6, p.725a18)에 "이 일이야말로 재가출가에 달려있지 않으니, 초학후학에도 아니며 다생에 훈련에도 있지 않다. 홀연히 언어 열고 일으키니 당사자의 일념에 있으니 진실하고 뚜렷한 믿음(信)이라는 그 한 글자 속이다. 此事不在在家出家 亦不在初參後學 又不在多生熏鍊 忽得開發 只在當人一念眞實的的信字裏"라고 하였다. 〔참고문헌〕『懶翁語錄』, 『中阿含經』 권3 「思經」(대정장1, p.438a18), 『賢愚經』 권8(대정장4, p.404b14). ⇨ 재가 在家, 출가 出家

재간 財慳 이간(二慳) 중 하나로 재물에 인색함. 『법온족론』 권9(대정장26, p.495b25)에 "재간이란 소유에 대해 다섯 가지 보이는 것들을 애착하는 것이니 의복·음식·와구·의약·그 밖의 자구들을 다른 이가 얻지 못하도록 방해함이다. 자신이 소유한 애착할 만한 자구를 베풀지 않고 널리 베풀지 않으며 필요한 곳에도 널리 베풀지 않고, 버리지도 않고 널리 희사하지 않으며 필요한 곳에 따라 널리 희사하지 않으니, 마음으로 인색하고 아끼는 성질을 재물에 인색함이라 한다. 財慳者 謂於諸所有 可愛五塵 衣服飮食 臥具醫藥 及餘資具 障礙遮止 令他不得 於自所有 可愛資具 不施不遍施 不隨遍施 不捨不遍捨 不隨遍捨 心悋惜性 是名財慳"라고 하였다. 〔참고문헌〕『法蘊足論』. ⇨ 간 慳, 이간 二慳, 법간 法慳

재감 再勘 다시 감판(勘辨)한다는 말. 감판이란 종사가 학인의 기량과 깊이를 견뎌 살피는 일이다. 『봉암집』(고존숙어록9, 卍속장118, p.264b17)에 "석문자조선사가 학인을 점검하며 말했다. '깊은 산속에 법륜 하나 홀로 비추는데 어디로부터 여기에 왔는가?' '백마를 떠나 왔습니다' '다시 점검하지 않는다'. 학인이 말이 없었다. 師勘僧云 孤輪獨照深山裏 近離何方到此來 云 近離白馬 師云 更不再勘 僧無語", 『정법안장』 권하(卍속장118, p.129b15)에 "운거우화상이 시중하였다. '과거의 모든 여래를 다시 점검하지 않겠지만 현재 보살들의 허물을 그대로 놓아버려서는 안 되고, 미래의 수학인이야말로 한점 속이는 일 있어서도 안 된다. 雲居祐和尙示衆云 過去諸如來 更不再勘 現在諸菩薩 放過卽不可 未來修學人 謾佗一點不得"라고 하였다. 〔참고문헌〕『鳳巖集』, 『正法眼藏』. ⇨ 감변 勘辨

재강 齋講 재식(齋食)하고 강설(講說)함. 『증일아함경』 권3(대정장2, p.557b11)에 "능히 널리 권하여 이끌고 재강을 시설하여 세움에 있어서는 다라바마라 비구가 바로 그렇다. 能廣勸率 施立齋講 陀羅婆摩羅比丘是", 『분별공덕론』 권4(대정장25, p.42b13)에 "재강이란 무리들 모아 먹게 하고 마땅한 것을 가지런히 꿰게 하는 것이다. 잘 능히 권해 성취하기에 제일이라고 칭찬하였다. 齋講者 齋集部衆 綜習所宜 善能勸成故 稱第一也"라고 하였다. 〔참고문헌〕『增壹阿含經』, 『分別功德論』, 『彌勒下生成佛經』(대정장14, p.425a4), 『翻譯名義集』 권7(대정장54, p.1171a29). ⇨ 재 齋, 강 講

재경 齋竟 재(齋 Ⓢ upavāsa)를 마치는 것. 대중(大衆)이 공양을 마친 것을 말한다. 『목련문계율중오백경중사』(대정장24, p.977b20)에 "〔문〕 어떤 사람이 스스로 음식을 내어 재를 올렸는데, 재를 마치고서 남은 음식을 뒤에 온 스님이 먹을 수 있습니까? 〔답〕 건추를 쳤다면 먹을 수 있으나 건추를 치지 않았다면 도둑질을 하는 것이다. 問 人自出物供齋 齋竟去餘物 後僧來得食不 答 打揵椎得食 不打椎犯盜", 『구사론』 권14(대정장29, p.75a20 : *Abh-k-bh.*, p.213)에 "근주율의는 이른 아침에 받는다. 즉 이 계는 해가 뜰 때 받아야 하니, 이 계는 하루 낮밤을 지키는 것이기 때문이다. 모든 것 중에 이와 같이 기간을 중요하게 여겨야 하니, 즉 나는 항상 매월 8일 등에 반드시 이 근주율의를 받겠다고 한다. 만약 아침에 받지 못할 연유가 있다면 재를 마치고서도 역시 받을 수 있다. 近住律儀 於晨旦受 謂受此戒要日出時 此戒要經 一晝夜故 諸有先作 如是要期 謂我恒於月八日等 必當受此 近住律儀 若旦有礙緣 齋竟亦得受 kālyaṃ tāvatsūryodayakāle ahorātrikatvātsaṃvarasya. yastu pūrvakṛtasamādāno nityamaṣṭabhyāmupaceṣyāmīti sa bhuktvāpi gṛhṇīyāt"라고 하였다. 〔참고문헌〕『目連問戒律中五百輕重事』, 『俱舍論』, *Abh-k-bh.* ⇨ 근주율의 近住律儀, 재 齋

재경 齋經 오(吳)나라 지겸(支謙) 한역. 1권. 고려장19, pp.636b1~638a2, No.721·대정장1, pp.910c26~912a10, No.87에 수록되어 있다. 『우바이타사가경 優婆夷墮舍迦經』(대정장1, No.88)·『팔관재경 八

關齋經』(대정장1, No.89)과 함께 『중아함경』 권55(대정장1, pp.770a16~773a1, No.26에 수록된 「지재경 持齋經」의 이역본이다. 상응하는 팔리경전은 앙굿타라니카야 앗타카니파타(Atthakanipata) 제43경 *Visākhā-sutta*(*AN.4*, pp.255~258)이다. 오계와 팔재계 등 재계(齋戒)의 법과 공덕에 대해 말씀하신 내용이다. ⇨지재경 持齋經

재계 齋戒 Ⓢ upoṣadha, Ⓟ uposatha. 정법(正法)과 정율(正律)에 의지해 몸과 마음을 청정히 하는 일. 『제법무쟁삼매법문』 권하(대정장46, p.638b25)에 "또한 어떤 사람은 오역죄보다 더 무거운 죄를 지었다. 이 사람은 악지식을 만나 마구니가 마음에 들어와서 항상 이렇게 말한다. '나는 대승의 매우 깊은 공의 뜻을 안다'라고 말한다. 네 가지 바라이죄를 범하고, 음욕이 치성하며, 술 마시고 고기를 먹으며 재계를 지키지 않으면서 이렇게 말한다. '제법이 모두 공한데 누가 더럽고, 누가 깨끗한가? 누가 옳고, 누가 그른가? 누가 짓고 누가 받는가?' 이렇게 생각하며 위의를 깨트리고, 정명을 깨트린다. 무량중생이 게으름과 해태에 떨어져 도를 구하지 못하다가 이렇게 쉽게 행하는 악취공법을 보면 바로 파계한다. 復有一人 重於五逆 是人學道 値惡知識 魔鬼入心 常說是言 我解大乘甚深空義 犯四重罪 婬欲熾盛 飮酒食肉 不持齋戒 作如是言 諸法悉空 誰垢誰淨 誰是誰非 誰作誰受 作是念已 卽便破威儀 破正命 無量衆生 懶墮懈怠 不能求道 見此易行惡趣空法 卽便破戒", 『정토론』 권상(대정장47, p.88c10)에 "또한 『무량청정평등각경』에서 '무량청정평등보국에 왕생하고자 하는 세 가지 무리가 있다. 그 중 첫 번째 무리는 처자를 떠나서 애욕을 끊고 사문이 된다. 여인과 정을 통하지 않고, 육바라밀을 행하며, 재계를 청정히 하고, 지극한 마음을 끊어지지 않도록 하여 꿈속에서 부처님을 만나면 왕생한다'라고 한 것과 같다. 又如無量淸淨平等覺經云 欲生無量淸淨平等寶國中 有其三輩 第一輩者 去妻子斷愛欲 作沙門 不與女人交通 行六波羅蜜 齋戒淸淨 至心不斷 夢中見佛 則得往生也", 『통록촬요』(한불전7, p.825a5)에 "때 아닌 때 먹지 않는 것을 재라 한다. 재(齋)는 또 제(齊)이니 육정을 금해 그쳐서 육진에 물들지 않는다. 가지런히 하여 모든 악을 끊고 뭇 선을 갖추어 닦으니 이를 재라 한다. 또 재란 점심이 지나서는 먹지 않음을 말하고, 계란 악을 막아 그치는 뜻이다. 不非時食者 是齋 齋者齊也 謂禁止六情 不染六塵 齊斷諸惡 具修衆善 故名齋也 又齋者 過中不食爲名 戒者防非止惡爲義也"라고 하였다. [참고문헌] 『諸法無諍三昧法門』, 『淨土論』, 『通錄撮要』, 『無量淸淨平等覺經』 권3(대정장12, p.291c16), *SN.1.208.*, *AN.5.83.* ⇨재 齋, 팔재계 八齋戒

재고 齋鼓 공양의 때를 알리기 위해 치는 큰 북. 운고(雲鼓)라고도 한다. 『백장청규』 권8 「재고」(대정장48, p.1156a28)에 "3통을 친다. 상당할 때와 같으나 박자를 좀 더 빠르게 한다. 三通 如上堂時 但節會稍促而已", 『선원청규』 권6 「경중 警衆」(卍속장111, p.910a11)에 "재고와 죽고의 법〈모두 3회를 친다. 당에 오르는 법과 같으며 박자만 좀 더 빠를 뿐이다〉. 齋鼓粥鼓之法〈並擊三會 如陞堂之法 但節會稍促而已〉", 『선림상기전』 권18 「재고」(불광장, 禪藏, p.1386)에 "도충이 말한다. '재고는 고사 앞에 건다. 『비용청규』 「승당특위탕」에서 「고당 앞의 재고 1통을 울린다」고 하였다. 『백장청규』 「법기장」에서 「재고는 3통이다. 상당할 때와 같이 하되 절회를 조금 빠르게 한다」고 하였다'. 도충이 말한다. '절회에서 1통을 1회라 하고 절은 끊는 마디를 말한다. 공양할 때의 북은 상당할 때의 북처럼 길게 이어지면 안 된다는 말이다'. 忠曰 齋鼓 在庫司前 備用淸規僧堂特爲湯云 鳴庫堂前齋鼓一通 敕修淸規法器章云 齋鼓三通 如上堂時 但節會稍促而已 忠曰 節會者 一通爲一會 節裁節也 言齋時鼓 不可如上堂鼓 長久繫也", 『운문광록』 권중(대정장47, p.565c14)에 "운문선사가 재고 치는 소리를 듣고서 말했다. '그대는 노파선을 아는가?' 대신 말하였다. '북소리가 밥 먹으라고 부른다'. 師聞齋鼓聲云 爾還識得老婆禪麼 代云 鼓聲喚喫飯去"라고 하였다. [참고문헌] 『百丈淸規』, 『禪苑淸規』, 『禪林象器箋』, 『雲門廣錄』, 『備用淸規』 권3(卍속장112, p.82a1).

재고어장 材高語壯 높은 기량에 말마저 장하다. 『종용록』 18칙 「송 頌」(대정장48, p.238c17)에 "개에게 불성이 있네. 개에게 불성이 없네. 곧은 낚시로 목숨 버린 물고기를 낚네. 기식이나 좇고 향내나 맡는 운수납자 소란스레 떠들다가 흩어지네. 고르게 펴고 널리 흐르네〈재는 뛰어나고 말도 장하다〉. 농부가 처음에 신중하지 못함을 이상하게 여기지 말게나. 狗子佛性有 狗子佛性無 直釣元求負命魚 逐氣尋香雲水客 嘈嘈雜雜作分疎 平展演大鋪舒〈材高語壯〉 莫怪儂家不愼初"라고 하였다. [참고문헌] 『從容錄』.

재공 齋供 승가에 재를 올려 공양함. 『용서증광정토문』 권7(대정장47, p.275a20)에 "증씨 집안 부인이 일찍이 공양을 올리고 옷을 보시하여 화상이 그 은혜를 감사하게 여기며 말했다. '노승이 부인의 아이가 되겠습니다'. 어느 날 이 부인이 아들을 낳고 사람을 보내 살펴보게 하니 초당화상은 이미 좌탈하였다. 태어난 아들이 바로 증노공이다. 전생에 스님이었다. 일찍부터 복과 지혜를 닦았기에 소년에 등과하였고 나중에 재상이 되었다. 有曾家婦人 嘗爲齋供及布施衣物 和尙感其恩乃言 老僧與夫人作兒子 一日此婦人生子 使人看 草堂已坐化矣

所生子卽曾魯公也 以前世爲僧 嘗修福修慧故 少年登高科 其後作宰相"라고 하였다. [참고문헌] 『龍舒增廣淨土文』.

재공선백 材公禪伯 보조국사(普照國師) 지눌(知訥 1158~1210)과 함께 결사한 도반스님 득재(得才). 1182년(명종12)에 개최한 보제사(普濟寺) 담선법회(談禪法會)에서 지눌은 동학(同學) 10여인과 함께 결사수행을 다짐하였다. 『정혜결사문』(한불전4, p.707b11)에 "지난 무신년(1188·명종18) 이른 봄에 계를 맺었던 재공선백이 공산 거조사에 주석하다가, 정혜결사를 맺기로 한 것을 잊지 않고 하가산 보문난야에 있는 나에게 서신을 보내어 재삼 지극히 간청하였다. … 이 해 춘양지절에 선선자와 함께 거조사로 옮겨 갔다. 去戊申年早春 契內材公禪伯 得住公山居祖寺 不忘前愿 將結定慧社 馳書請予於下柯山普門蘭若 再三懇至 … 取是年春陽之節 與同行舡禪者 移栖是寺"라고 하였다. [참고문헌] 『定慧結社文』. ⇨ 득재 得才

재공양 財供養 Ⓟ āmisa-pūjā, āmisa-yāga. 이공양(二供養) 또는 삼공양(三供養) 중 하나. 재물이나 향(香)·화(華)·등(燈)·촉(燭)과 음식(飮食)·의약·와구 등을 승가나 다른 유정에게 베푸는 일. 재시(財施 Ⓟ āmisa-dāna)와 같다. 『대지도론』 권30(대정장25, p.276c21)에 "공양은 두 가지가 있다. 하나는 재공양이고 다른 하나는 법공양이다. 만약 꽃과 향 등의 공양만을 말한다면 법공양을 거두지 않는다. 供養具有二種 一者 財供養 二者 法供養 若但說華香等供養 則不攝法供養", 『집이문족론』 권2(대정장26, p.372a10)에 "재공양이란 무엇을 말하는가? [답] 뜻에 맞는 색·성·향·미·촉·의복·음식·와구·의약 및 기타 자구로 다른 유정에게 은혜를 베풀고 보시를 베풀며 능히 회사하고 두루 회사할 수 있는 것을 재보시라고 한다. 財供養云何 答 以可意色聲香味觸 衣服飮食臥具醫藥 及餘資具 於他有情 能惠能施 能隨惠施 能棄能捨能遍棄捨 是謂財供養"라고 하였다. [참고문헌] 『大智度論』, 『集異門足論』, *AN. 1.91·93.* ⇨ 재시 財施, 이종공양 二種供養❷, 삼공양 三供養❶, 공양 供養

재관 再觀 조선후기 연파혜장(蓮坡惠藏 1772~1811)의 은사. 호는 월송(月松). 「대흥사연파당혜장대사비문 大興寺蓮坡堂惠藏大師碑文」에 "집안이 가난하여 어릴 때 해남 대둔사로 찾아가 월송재관을 은사로 하여 스님이 되었다. 家且貧 幼而出家 落髮於大芚寺 受月松再觀恩"라고 하였다. [참고문헌] 智冠 『韓國高僧碑文總集 朝鮮朝·近現代』 p.670. ⇨ 혜장 惠藏

재관 宰官 Ⓢ amātya, Ⓣ gros-grogs. 일정한 지역을 책임지고 다스리는 관리. 관세음보살의 서른세 가지 응신(應身) 중 하나이기도 하다. 『법화경』 권7(대정장9, p.57b8)에 "재관의 몸으로 제도할 수 있는 이에게는 재관의 몸을 드러내서 설법한다. 應以宰官身得度者 卽現宰官身 而爲說法", 『일체경음의』 권27(대정장54, p.492a18)에 "재관〈첫 글자는 조와 태를 반절한 음이다. 『성류』에서는 '재는 다스리다(治)는 뜻이니, 고을을 다스리는 관리를 말한다'라고 하였다. 『광아』에서는 '재는 처리하다(制)는 뜻이니, 일을 처리하는 사람을 말한다'라고 하였다〉. 宰官〈上祖殆反 聲類宰治也 謂治邑吏 廣雅宰制也謂制事者也〉"라고 하였다. [참고문헌] 『法華經』, 『一切經音義』, *Bodh-bh.168.*

재교 齋教 유불도를 융합하여 삼교가 동일한 근원이라고 주장하는 종교. 백련교(白蓮教)의 성향도 있다. 백의불교(白衣佛教)·지재종(持齋宗)·재문(齋門)이라고도 한다. 명·청대(明靑代) 복건성(福建省)·절강성(浙江省)·강서성(江西省)·대만(臺灣) 등에서 유행했다. 6조 혜능(慧能)을 조사(祖師)로 섬기며, 설법하는 곳을 재당(齋堂)이라고 하였다. 청대에는 노관재교(老官齋教)라고도 불렸는데, 미륵불을 무극성조(無極聖祖)로 받들어 모셨다. 입교를 하면 보(普) 자를 법명으로 하고, 회중들은 통칭 노관이라 불렀으며, 대천행사(代天行事)·천국보유(天國普有)를 종지로 삼았다. 지역마다 의례와 규정은 조금씩 다르다. 농민들은 항상 재교를 봉기의 거점으로 삼았는데, 1604년(만력32) 복건성 농민봉기, 1748년(건륭13) 및 1866년(동치5) 복건성 농민봉기, 1915년 대만의 항일투쟁 등이 대표적이다. 대만에는 용화파(龍華派)·금당파(金幢派)·선천파(先天派)의 세 파가 있는데 모두 대륙에서 전해졌다. 이들 가운데 용화파가 청대 건륭제(재위 1736~1795) 말년에 가장 먼저 대만에 전해졌는데, 양자림(楊仔林)이 대남(臺南)의 배양서원(培養書院)에서 신도를 모아 경을 가르쳤다. 다음으로 금당파가 도광제(재위 1821~1850) 초년 전래되었고, 선천파는 함풍년간(1851~1861)에 대남에 전해졌다. 석가불과 관음보살을 본존으로 하는 곳이 대부분이지만, 용화파 중에는 아미타불·삼보불·관제(關帝)를 본존으로 삼는 곳도 있고, 금당파 중에는 아미타불·미륵을 본존으로 삼는 곳도 있다. 간혹 삼관대제(三官大帝)·태자야(太子爺)·마조(媽祖)·주생낭낭(註生娘娘) 등이 본존 곁에 함께 배사(配祀)되는 경우도 있다. 세 파의 교의(教義)는 대동소이하며 계율을 중시하여 오계(五戒)와 십선(十善)을 엄수한다. 특히 살생을 경계하고 채식을 권하는 것을 요지로 한다. 신도들은 대부분 식채(食菜) 또는 지재(持齋)라 하여 채식을 하며, 특히 아침 채식을 엄격히 지키는데 이것을 식조재(食早齋)라고 한다. 신도는 식채인(食菜人)이라고 부르는데, 남자는 재공(齋公)·여자는 재고(齋姑)라고 하며, 교도들은 서로 재우(齋友)라고 부른다. 경전은 모두 『금강경』(아침)과 『아미타경』(저녁)을 독송한다. 그러나 용화파는 교조인 나조(羅祖)의 5부6책·『나조행각십자묘송 羅祖行脚十字妙頌』·『삼조행각인유보권 三祖行脚因由寶卷』 등을 염송하기도 한다. 세 파 모두 유불도 삼교를 융합한 풍격을 갖추고 있지만, 금당파는 도교적 색채가 강하고 선천파는 유교적 색채가 좀 더 강하다. 그 중에서도 특히 용화파는 사회적 색채가 강하고 지계(持戒)가 비교적 느슨해서 세 파 가운데 교도가 가장 많았다. 대만의 재교는 세력이 크고 신도도 많았다. 그러나 1951년(민국40) 이후 대륙에서 정통불교가 대만에 들어오자 재교는 점차 몰락했다. 아직 재교의 오래된 재당이 남아있기도 하지만 대부분은 이미 순수한 불교사원으로 바뀌었다. 〔참고문헌〕 林子青 「臺灣佛教漫談」(『中國佛教史論集』8, 1979), 庭嘉 「臺灣的齋教由來」(『中國佛教史論集』8, 1979), 塚本善隆 「〔羅〕教の成立と流轉について」(『東方學報』17, 1949), 酒井忠夫 「近・現代中國にをける秘密結社」(酒井忠夫著作集6, 2002), J.J.M.De Groot *Sectarianism and Religious Persecution in China*(Irish University Press, 1973). ⇨ 무위교 無爲教, 백련교 白蓮教

재단법인경성양로원 財團法人京城養老院 1927년 경성부 청운동에 설립된 양로원. 현 서울특별시 종로구 구기동 청운양로원의 전신으로, 현존 양로원 중 가장 오랜 역사를 지닌다. 1927년에 경성부 필운동에 사는 불교신도 이정관심(李正觀心 : 李元禎)이 평생 모은 경기도 연천의 전답 5만5천여 평(2만원 상당의 백석추수거리)을 희사하고 청운동 국유임야를 대부받아 설립하였고, 이정관심과 김태흡(金泰洽) 등이 1929년에 재단법인으로 개편하였다. 민간 설립 전국 유일의 재단법인으로서 1933년 오긍선(吳兢善)이 원장으로 취임하면서 기독교계열 운영으로 전환되었다. 『부인신문』 1950년 3월 31일에 "지금으로부터 23년 전(1927년)에 불교신자 이원직여사가 늙고 쇠한 여관(女官)들의 무의무탁한 가엽슨 신세를 돌보아주기 위하여 그들의 안식처로서 사재를 기우려 청운동 4의 3과 4두필로 된 450평의 국유임야를 불하받아서 2층 본관을 건축한 것이 소위 양로원 발상지가 된 것이다"라고 하였다. 〔참고문헌〕 『婦人新聞』, 『佛教』78(佛教社, 1930) p.61. ⇨ 이정관심 李正觀心

재당 齋堂 대중이 공양하는 당우(堂宇). 여법하게 대중이 발우공양하는 당우를 말한다. 『선림상기전』 권2(불광장, 禪藏, p.81)에 "재당 : 도충이 말한다. '재당은 식당이다. 식당은 승당이다. 지금 일본 황벽산은 승당 외에 별도로 재당이 설치되어 있다. 대청선림은 이와 같으나 옛 규범은 아니다'. 『불조통기』에 '사마광이 휴가에 낙양 사찰들을 유람하였다. 회랑이 적막하였는데 갑자기 종소리와 북소리가 났다. 재당에 이르니 사문이 단좌하여 말없이 공양을 시작하였는데 사마광이 기뻐하며 일행에게 「삼대의 예악이 승가에 있지 않겠는가?」라고 말했다'라고 하였다. 齋堂 忠曰 齋堂 卽食堂也 食堂 卽僧堂也 今日本黃檗山僧堂外 別設齋堂 蓋大淸禪林如是 非古也 佛祖統紀云 司馬光 暇日遊洛陽諸寺 廊廡寂寂 忽聲鐘伐鼓 至齋堂 見沙門端坐 默默方進匕箸 光欣然 謂左右曰 不謂三代禮樂在緇衣中"라고 하였다. 〔참고문헌〕 『禪林象器箋』, 『佛祖統紀』 권45(대정장49, p.412c17). ⇨ 공양 供養, 식당 食堂, 승당 僧堂

재대방팔월 在碓房八月 육조혜능(六祖慧能)이 오조홍인(五祖弘忍)에게 인가받기 전에 디딜방아를 밟으며 일했던 여덟 달. 혜능이 홍인에게 '사람에는 남북이 있지만 불성에는 남북이 없다'라고 말한 이후 8개월 동안 디딜방아를 밟다가 게송을 바쳐서 홍인의 심인(心印)을 얻은 일화를 말한다. 『오등회원』 권1 「오조홍인장」(卍속장138, p.36a7)에 "함형년간(670~673)에 성은 노씨이고 혜능이라는 이름의 거사가 있었다. 신주에서 홍인선사를 뵈러 왔다. '어디에서 왔는가?' '영남에서 왔습니다' '무슨 일을 하고 싶은가?' '부처가 되고 싶을 뿐입니다' '영남 사람에게 불성이 없는데 어떻게 부처가 되겠는가?' '사람에게는 남북이 있지만 불성이 어찌 그렇겠습니까?' 오조가 그가 남다른 사람임을 알아보고서 꾸짖어 말했다. '방앗간으로 가라'. 혜능은 예를 올리고 물러나서 바로 방앗간에 들어가서 방앗간에서 밤낮으로 쉬지 않았으니 팔개월이 지났다. 咸亨中有一居士 姓盧名慧能 自新州來參謁 祖問曰 汝自何來 盧曰 嶺南 祖曰 欲須何事 盧曰 唯求作佛 祖曰 嶺南人無佛性 若爲得佛 盧曰 人卽有南北 佛性豈然 祖知是異人 乃訶曰 著槽廠去 盧禮足而退 便入碓房 服勞於杵臼之間 晝夜不息 經八月", 종보본 『단경』(대정장48, p.348a23)에 "혜능이 물러나와 후원에 이르자 어떤 행자가 혜능에게 디딜방아 밟는 일을 주었다. 8개월 여가 지나서 오조가 어느 날 혜능을 보고서 말했다. '나는 그대의 견해가 쓸 만하다고 생각했으나 악인들이 그대를 해칠 것이 두려워 말하지 않았다. 그대는 알고 있었는가?' 惠能退至後院 有一行者 差惠能破柴踏碓 經八月餘 祖一日忽見惠能曰 吾思汝之見可用 恐有惡人害汝 遂不與汝言 汝知之否"라고 하였다. 〔참고문헌〕 『五燈會元』, 『壇經』.

재도기 載道器 도를 실어 나르는 그릇. 언어와 문자를 말한다. 『벽암록』 12칙 「본칙 本則」(대정장48, p.152c28)에 "죽어 있는 사람들 하나같이 갈하기를 '동산이 단지 마삼근이라고 답한 것은 바로 부처라는 뜻이다'라고 하였지만 이 역시 아무 관계가 없다. 그대가 이렇게 동산의 구 아래 찾아 헤맨다 해도 미륵불하생할 때까지 찾아도 꿈에서도 보지 못한다. 왜 그러한가? 언어는 오직 도를 실어 나르는 그릇일 뿐이기 때문이다. 고인의 뜻 알지 못하고서 오로지 구 중에서 구한다면 붙잡을 만한 무엇이 있겠는가? 옛 사람이 말한 것을 듣지 못했는가? '도는 본래 말이 없지만 말로 인해 도를 드러낸다. 도 드러난즉 바로 말을 잊어야 하리. 만약 이곳에 이르렀다면 도리어 나에게 제일의 기틀 가져옴이 비로소 맞다. 단지 마삼근이라고만 한 것은 장안의 대로가 하나인 것처럼 발 들고 내림에 옳지 않음이 없다. 이 화두는 운문의 호떡과 같다. 死漢更有一般道 只這痲三斤便是佛 且得沒交涉 爾若恁麽去洞山句下尋討 參到彌勒佛下生 也未夢見在 何故 言語只是載道之器 殊不知古人意 只管去句中求 有什麽巴鼻 不見古人道 道本無言 因言顯道 見道卽忘言 若到這裏 還我第一機來始得 只這痲三斤 一似長安大路一條相似 擧足下足 無有不是 這箇話 與雲門餬餠話 是一般", 『사미율의비니일용합참』 권상(卍속장106, p.522a1)에 "언어는 도를 실어 나르는 그릇이고 행이란 공덕의 뿌리다. 말을 잃으면 도가 상하고, 행을 잃으면 덕 또한 잃는다. 言者 載道器 行者 德之本 失言道卽喪 失行德亦損", 『심진문집』 「후서 後序」(대정장52, p.750b20)에 "배움에는 물에 이르는 공이 있고, 문은 도를 실어 나르는 그릇이다. 배움에 만물을 불러 능히 이롭게 할 수 없다면 한갖 배움일 뿐이고, 문으로 능히 도를 펼칠 수 없다면 공허한 글일 뿐이다. 學有及物之功 文爲載道之器 學而不能利乎物 徒學也 文而不能衍乎道 空文也"라고 하였다. 〔참고문헌〕『碧巖錄』, 『沙彌律儀毘尼日用合參』, 『鐔津文集』.

재등 齋等 나란하다. 같다. 『무량수경연의술문찬』 권중(대정장37, p.153a22)에 "보란 바로 널리 가득히 하는 뜻이고, 등이란 가지런히 같게 하는 뜻이다. 普者 卽普遍義 等者 卽齊等義", 『아미타경의기』(대정장37, p.306c26)에 "공명조는 두 개의 머리에 하나의 몸이니 생사를 가지런히 함께 한다. 그러므로 목숨을 함께 한다고 한다. 共命 兩頭而同一體 生死齊等 故曰共命"라고 하였다. 〔참고문헌〕『無量壽經連義述文贊』, 『阿彌陀經義記』.

재래 再來 다시 오다. 환생이나 화신으로 다시 세간에 오다의 뜻이다. 『동산어록』(대정장47, p.524a13)에 "이때 설봉이 곁에서 모시고 있다가 물었다. '이 학인은 떠났다가 언제 옵니까?' 동산이 말했다. '그는 다만 갈 줄만 알지 다시 올 줄은 모른다'. 그 학인이 승당에 들어가 의발 아래에서 앉은 채로 입적했다. 설봉이 동산에게 알리자 동산이 말했다. '비록 그렇더라도 내가 세 번 나는 것에 비하랴'. 時雪峯侍立 問云 祇如這僧辭去 幾時却來 師云 他祇知一去 不解再來 其僧歸堂 就衣鉢下坐化 雪峯上報師 師云 雖然如此 猶較老僧三生在", 『불조통기』 권13(대정장49, p.218c10)에 "종간법사는 송양 모씨 출신이다. 어려서부터 불경을 보면 금방 스스로 외울 수 있었다. 부친이 '다시 온 사람이다'라고 말했다. 法師從諫 處之松陽毛氏 幼見佛經 輒能自誦 父曰 再來人也"라고 하였다. 〔참고문헌〕『洞山語錄』, 『佛祖統紀』.

재래불치반문전 再來不直半文錢 거듭 가져와 보았자 반푼의 값도 못한다는 말. 『벽암록』 1칙 「본칙 本則」(대정장48, p.140a17)에 "양무제가 달마대사에게 물었다. '성제의 제일의제는 무엇입니까?' '텅 비어서 성스러울 것도 없습니다' '저와 마주한 이는 누구입니까?' '모릅니다'〈咄咄. 반복하면 가치가 없다〉. 擧 梁武帝問達磨大師 如何是聖諦第一義 磨云 廓然無聖 帝曰 對朕者誰 磨云 不識〈咄 再來不直半文錢〉", 『무문혜개어록』 권상(卍속장120, p.508b9)에 "황룡이 오늘 다시 법륜 굴려 마쳤다. 어떤 이는 좋고 나쁜 줄도 모른다. 문득 이르길, '거듭 가져와 보았자 반 푼의 가치도 안 된다'라고 한다. 黃龍今日再轉法輪了也 有般漢不識好惡 便道再來不直半文錢"라고 하였다. 〔참고문헌〕『碧巖錄』, 『無門慧開語錄』.

재래한국불교전문강원교재제경대의 在來韓國佛教專門講院教材諸經大意 근래(1990년)까지 한국불교의 각 사찰 전문강원에서 교재로 강독하였던 이른바 사미과(沙彌科)·사집과(四集科)·사교과(四教科)·대교과(大教科) 및 수의과(隨意科)에 이르는 모든 경론들의 대의(大意)를 밝힌 것. 『치문경훈 緇門警訓』은 출가 사문들의 '들뜬 망념을 막고 삿된 업을 경계하는 것. 遏浮情 誡邪業', 대혜(大慧)의 『서장 書狀』은 '사견을 물리치고 정해를 나타내는 것. 斥邪見 顯正解', 고봉(高峰)의 『선요 禪要』는 '큰 뜻을 분발하여 조사의 현관을 뚫는 것. 憤大志 透玄關', 규봉(圭峰)의 『도서 都序』는 상종(相宗)인 식망수심종(息妄修心宗)과 공종(空宗)인 민절무기종(泯絶無寄宗) 및 성종(性宗)인 직현심성종(直顯心性宗)의 3종을 회통하여 일승원종(一乘圓宗)을 나타내고 보조(普照)의 『절요 節要』는 칠대돈점(七對頓漸)을 선택 수행하여 '돈점을 가려 영지를 나투는 것. 揀頓漸 顯靈知', 『대승기신론 大乘起信論』은 중생심인 '일심에 의지하여 진여문과 생멸문인 두 문이 있음을 밝힌 것. 依一心 開二門', 『능엄경 楞嚴經』은 '탁하고 오염된 애정을 버리고 묘명한 진심을 발굴하는 것. 棄濁染 發妙明', 『금강반야경 金剛般若經』은 '아집(我執)·법집(法執)의 이집을 떠나 아공(我空)·법공(法空)·구공(俱空) 삼공의 이치를 나타내는 것. 離二執 顯三空', 『원각경 圓覺經』은 '근본무명까지를 모두 끊고 불성을 나타내는 것. 斷無明 顯佛性', 『화엄경 華嚴經』은 '일체만법을 다 거느려 일심의 이치를 밝히는 것. 統萬法 明一心', 『

법화경 法華經』은 '일승·이승·삼승을 모두 하나로 회통하여 일불승으로 돌아가게 하는 것. 會三乘 歸一乘', 『경덕전등록 景德傳燈錄』은 '달마의 정통법맥을 두루 살펴 오종의 가풍을 나타내는 것. 遍正脉 顯五宗', 『선문염송 禪門拈頌』은 '달마선종의 격외도리(格外道理)를 거량하여 조사의 법령을 행하는 것. 擧格外 行祖令' 등이다. [참고문헌] 『僧家日用食時默言作法』, 『韓國佛敎儀禮資料叢書』 권3 p.566.

재량 才良 신라 제27대 선덕여왕(재위 632~647)대를 전후한 불교 신자이자 관리. 중국에 가서 불교를 배우고 귀국하여 신라에 신인종(神印宗 : 密敎)을 세운 명랑(明朗)법사의 아버지이다. 『삼국유사』 권5(대정장49, p.1011b12·한불전6, p.356c6) 신주(神呪)6 명랑신인(明朗神印)에 "명랑의 자는 국육이니, 사간인 재량의 아들이다. 어머니는 소판(蘇判) 무림공(茂林公)의 아들인 자장율사의 누이동생인 남간부인 또는 법괴랑이라 하였다. 남간부인이 세 아들을 두었는데 모두 출가하여 큰스님이 되었다. 장자인 맏아들은 국교대덕이고, 둘째는 의안대덕이며, 셋째는 명랑대덕이다. 師諱明朗 字國育 新羅沙干 才良之子 母曰 南澗夫人 或云法乘娘 蘇判茂林之子金氏 則慈藏之妹也 三息 長曰國教大德 次曰義安大德 師其季也"라 하다. [참고문헌] 『三國遺事』. ⇨ 명랑 明朗, 자장 慈藏

재물공양 財物供養 Ⓢ lābha-satkāra-pūjā, Ⓣ rnyed-pa-dang-bkur-sti'i-mchod-pa. 십종공양(十種供養) 중 하나. 재물 등의 자구공양(資具供養), 향화(香華) 등의 경구공양(敬具供養), 일체의 장엄구 등의 엄구공양(嚴具供養) 등을 말한다. 재경공양(財敬供養)이라고도 한다. 『보살지지경』 권7(대정장30, p.926a9)에 "보살이 여래와 탑사에 의복·음식·상·와구·탕약 등 여러 가지 자구로 문안드리고 예배하며 맞아들이고 합장하고, 훈향·말향·도향·갖가지 화만·기악·당번·증개·등명 등 갖가지로 오륜을 찬탄하며 예를 드리고 공경하며 오른쪽으로 돌고, 공양하되 다함이 없는 수승한 재보인 마니·진주·가패·옥석·산호·호박·자거·마노·금·은·적보 등으로 하며 왼쪽으로 돌며, 수승한 보배인 마니보배의 고리에 보배 방울을 달고서 금전을 흩뿌리고 금실로 둘러놓는데, 이런 여러 가지 보물을 보시하는 것을 재물공양이라고 한다. 若菩薩 於如來及支提 以衣食床臥湯藥衆具 問訊禮拜 奉迎合掌 熏香末香塗香 種種花鬘 伎樂幢幡 繒蓋燈明 種種讚歎五輪 作禮敬遶 右旋 以爲供養 無盡勝財 摩尼眞珠 珂貝玉石 珊瑚琥珀 車渠馬瑙 金銀赤寶 左旋 勝寶摩尼寶環 懸以寶鈴散以金錢 金縷圍遶 施如是等寶 是名財物供養"라고 하였다. [참고문헌] 『菩薩地持經』, 『大乘義章』 권14(대정장44, p.742b7), *Bodh-bh*. ⇨ 십종공양 十種供養❶

재물무염 財物無染 재물에 오염이 없는 것. 부처님께 공양한 재물이 법도에 맞게 획득한 것을 말한다. 심무염(心無染)과 대칭한다. 『대승의장』 권14(대정장44, p.742b14)에 "무염에는 두 가지가 있으니 『보살지지경』 설과 같다. 첫째 마음에 번뇌 없어야 하니 일체의 허물을 여읜 것이고, 둘째 재물무염이니 법도에 맞지 않는 허물을 벗어난 것이다. 無染有二 如地持說 一 心無染 離一切過 二 財物無染 離非法過"라고 하였다. [참고문헌] 『大乘義章』. ⇨ 무염공양 無染供養, 심무염 心無染

재법 齋法 Ⓟ uposatha. 오후에 먹지 않으며 하루동안 여덟가지로 계를 가지는 팔재계를 말한다. 앙굿타라니카야 *Saṅkhitta-sutta*(*AN.4*, p.250)에 "밤에 음식을 삼가고 때 아닌 때 먹는 것을 멀리 여의리라. 이로써 아라한을 본받으리니 재법이 바르게 지켜질 것이다. rattūparato virato vikāla-bhojanā, imināpi aṅgena arahataṃ anukaromi, uposatho ca me upavuttho bhavissati", 『대방편불보은경』 권6(대정장3, p.159c20)에 "재법은 정오를 지나면 먹지 않는 것으로 바탕을 삼는다. 여덟 가지 계법을 도와 성취케 하는 재의 바탕이다. 이것을 팔지재법이라 한다. 齋法過中不食爲體 八事助成齋體 共相支持 名八支齋法"라고 하였다. [참고문헌] 『大方便佛報恩經』, *AN* ⇨ 팔재계 八齋戒, 과중불식 過中不食, 불비시식계 不非時食戒, 비시식계 非時食戒, 시후불식 時後不食, 이비시식 離非時食

재법이시 財法二施 재시(財施)와 법시(法施)의 두 가지 보시(布施). 『대지도론』 권81(대정장25, p.629b20)에 "십선을 가르쳐 마치고는 다시 재시와 법시의 두 가지 보시로 중생을 만족시킨다. 이 공덕을 가져서 아누다라삼막삼보리에 회향하고, 몸과 마음으로 정진하여 수많은 국토를 지나며 중생을 위해 설법한다. 教十善已 復以財法二施 滿足衆生 持是功德 迴向阿耨多羅三藐三菩提 身心精進 過無數國 爲衆生說法", 40권본 『대반열반경』 권36(대정장12, p.576a14)에 "재시와 법시의 두 가지로 베풀지만 각각 두 가지가 있다. 하나는 성인의 경우이고, 다른 하나는 성인이 아닌 경우이다. 성인은 베풀고서 과보를 구하지 않으나, 성인이 아닌 이는 베풀고 나서 과보를 구한다. 성인의 법시는 법을 증장시키지만, 성법 아닌 보시로 온갖 유만을 더할 뿐이다. 財法二施 各有二種 一者 聖 二者 非聖 聖者施已 不求果報 非聖施已 求於果報 聖者法施 爲增長法 非聖法施 爲增諸有"라고 하였다. [참고문헌] 『大智度論』, 『大般涅槃經』. ⇨ 재시 財施, 법시 法施❶, 이종보시 二種布施❶

재복 在福 1918~1991. 현대 스님. 일찍부터 불교의 인재양성과 대중포교를 위해 대전에 보문학원을 설립한 근대교육 선구자이자 문학가. 호는 용봉(龍峰), 속성은 이씨. 2009년 5월에 그의 추모전집 8권이 출간되었는데, 『빈 배엔 달빛만 가득하고』·『보배는 그대 안에 있네』·『미움도 사랑도 벗으라네』·『말을 타면 발을 쉬어야지』·『겨자씨에 수미산이 들어가네』·『부처 속에는 부처가 없네』·『침묵 속의 끝없는 길이여』 등이다. 스님의 문학작품집인 『정사록초 靜思錄抄』에는 130여 점의 묵필이 수록되었다. 제8권에 수록된 「갑사대종환안기 甲寺大鍾還安記」는 일제가 갑사 대종(보물 제478호)을 전쟁물로 쓰기 위해 강제반출하려는 것을 호응(湖應)·범해(梵海) 두 스님이 탁발하여 얻은 시주금으로 되찾아 갑사에 다시 괘안(掛安)한 내력을 적은 기록이다. 〔참고문헌〕『현대불교신문』(2009.5.2).

재부 在膚 재피(在皮)·재골(在骨)과 함께 삼추중(三麤重) 중 하나다. 삼추중은 수행위에 따라 끊는 번뇌를 피·부·골 셋으로 나눈 뜻이다. 『화엄경소초』 권20(대정장36, p.152a17)에 "둘째, 재부는 팔지에서 비로소 끊는다. 二者 在膚 八地方斷", 『인왕호국경소』 권중1(대정장33, p.468b1)에 "둘째, 재부추중은 팔지에서 끊는다. 二者 在膚麤重 八地已斷"라고 하였다. 〔참고문헌〕『華嚴經疏鈔』, 『仁王護國經疏』. ⇨ 삼추중 三麤重 ❷

재부 栽覆 ➡ 재 栽 ❶

재불견 財不堅 재물이란 오래가지 못함. 삼불견(三不堅) 중 하나로 불견지법무역삼견(不堅之法貿易三堅) 중 하나이며, 무상한 재물을 가져 힘써 오래가게 하는 뜻이다. 『본사경』 권7(대정장17, p.695a27)에 "모든 지혜로운 이들은 마땅히 세 가지 견고하지 못한 법을 힘써 세 가지 견고함으로 바꾸어야 하니, 어떤 것이 세 가지인가? 첫째는 마땅히 견고하지 못한 재물을 견고한 재물을 바꾸는 것이다. … 어떤 것이 견고하지 못한 재물을 견고한 재물로 바꾸는 것인가? 이른바 청정한 믿음이 있는 온갖 선남자와 선여인들이 여법하게 정근하고, 손발을 수고로이 하고, 온 힘을 다하고 땀 흘려 얻은 재물을 마땅히 자신의 몸에 이바지하거나, 부모에게 바치거나, 처자·종·하인·벗·권속들에게 주거나, 밤낮으로 모여 즐거워하지만, 사문이나 바라문으로서 청정한 계를 갖추어 훌륭한 법을 성취하고, 부지런히 범행을 닦아 교만과 방일을 없애고, 인욕하여 부드러우며 정직한 길을 밟고 온갖 간사한 일을 버리고 열반성에 나아가는 이를 만나 청정한 신심으로 환희하며 공경하고, 마땅함에 따르고 때에 맞게 보시하여 멀리 위없고 안락한 열반을 구하거나 혹은 당래세의 인천의 즐거운 과보를 구한다면, 이것이야말로 견고하지 못한 재물을 힘써 견고한 재물로 바꾸는 것이다. 諸有智者 應以三種不堅之法貿易三堅 云何爲三 一者 應以不堅之財貿易堅財 … 云何應以不堅之財貿易堅財 謂有淨信諸善男子或善女人 如法精勤勞役手足 竭力流汗 所獲珍財 應自供身 奉上父母 賑給妻子 奴婢 僕使 朋友 眷屬 晝夜集會 歡娛受樂 而遇沙門或婆羅門 具淨尸羅 成調善法 勤修梵行 除去憍逸 忍辱 柔和 履正直路 棄諸邪道 趣涅槃城 以淨信心歡喜恭敬 如應如時 持用布施 遠求無上安樂涅槃 或希當來人天樂果 是名應以不堅之財貿易堅財"라고 하였다. 〔참고문헌〕『本事經』, 『雲棲法彙』권11(가흥장32, p.760b30). ⇨ 삼불견법 三不堅法, 명불견 命不堅, 신불견 身不堅

재불반승 齋佛飯僧 부처님께 예를 갖추고 스님들께 공양함. 『성종실록』 권78 8년(1477) 3월 6일에 "사람의 자식이 부모를 위하여 부처님께 재를 올리고 스님들께 공양을 올리는 일이 오늘날 늘 하는 일인데, 국모가 선왕을 위해 사경하는 것이 다스리는 도리에 어떤 해가 되겠는가? 人子爲親齋佛飯僧 今之常事 國母爲先王寫經 何害治道"라고 하였다. 〔참고문헌〕『成宗實錄』. ⇨ 재 齋

재삼노록 再三撈摝 두 번 세 번 집어 올리다. 노록은 물에 빠진 것을 건져 올리는 뜻이다. 록(摝)은 록(漉)으로도 쓴다. 『원오어록』 권10(대정장47, p.757b14)에 "만약 능히 눈으로 보지 않고 귀로 듣지 않으며 뜻으로 상상하지 않고 입으로 말하지 않을 수 있다면, 천리 만리라도 보아 속을 일 없고 천구 만구일지언정 도무지 뚫어 다한다. 만약 이렇게 알아차린다면 고금에 통하고 사무친다. 그렇더라도 다시 향상하는 일이 있음을 알아야 한다. 대중에게 묻노니 무엇이 향상사인가? 만고에 푸른 연못 허공에 뜬 달이니, 두 번 세 번 집어 올려 봐야 비로소 알게 되리. 若能不以眼見 不以耳聞 不以意想 不以口說 則千里萬里見誵訛 千句萬句都穿却 恁麼會得 可以通徹古今 更須知有向上事始得 敢問大衆 作麼生是向上事 萬古碧潭空界月 再三撈摝始應知", 『종문염고휘집』 권36(卍속장115, p.930b17)에 "반산수가 말했다. '저 학인 만고에 푸른 연못 향해 두번 세번 집어 올린다 한들 하늘을 뒤집고 땅을 뒤덮는 운문의 기량을 어찌 할 수 있겠는가?' 磬山修云 者僧向萬古碧潭再三撈摝 爭奈雲門有翻天覆地之能"라고 하였다. 〔참고문헌〕『圜悟語錄』, 『宗門拈古彙集』. ⇨ 노록 撈漉

재색 財色 재물과 색욕. 『불반니원경』 권1(대정장1, p.164b21)에 "지금 천하에서 사람이 된 이로서 재물과 색욕을 탐하지 않고 부처님의 신묘한 변화를 신봉하는 이는 죽어서 천상에 나지 않는 이 없습니다. 今在天下作人 不貪財色 奉佛神化 死無不生天上者", 『무량수경』 권하(대정장12, p.275a15)에 "분노에 미혹되고 재물과 색욕을 탐하여 눌러 앉은 채 도를 얻지 못하면 반드시 다시 악취에 나는 괴로움을 겪고 생사가 끝이 없을 것이다. 迷沒於瞋怒 貪狼於財色 坐之不得道 當更惡趣苦 生死無窮已", 『당고승전』 권23 「석도안전 釋道安傳」(대정장50, p.629c28)에 "재물과 색욕을 돌아보지 않고 세속과 더불어 무리를 짓지 않았으며 금과 옥을 귀하게 여기지 않고 다만 도를 귀하게 여겼다. 財色不顧 與世不群 金玉不貴 惟道爲珍", 『제경요집』 권7(대정장54, p.62a19)에 "세속에 머무는 것을 논하자면 몸으로는 부끄러움이 없고 마음으로는 창피한 줄 모르는 것이다. 처를 부양하고 재물과 색욕과 오욕으로 집안을 가득 채우며 매운 음식과 술과 고기를 먹는다. 가는 곳마다 이익을 구하고 애착에 물든 마음이 깊어서 잠시도 버리지 못하여 나쁜 인연들과 함께 머무는데 어찌 벗어날 수 있겠는가? 若論在俗 身居無慚之地 心有無愧之情 畜養妻兒 財色五欲 盈堂滿室 葷辛酒肉 隨求所得 愛染情深 無時暫捨 惡緣同住 豈得免之"라고 하였다. [참고문헌] 『佛般泥洹經』, 『無量壽經』, 『唐高僧傳』, 『諸經要集』.

재생족 再生族 Ⓢ Ⓟ dvi-ja, dvi-jāti. 인도의 사성(四姓) 중 수다라(Ⓢ śūdra)를 제한 나머지 종성(種姓). 먼저 어머니로부터 육체적으로 태어나고, 종교적인 통과의례를 거쳐 사회적으로 다시 태어나 부모의 족성에 따른 계급에 속하는 것을 말한다. 수다라에게는 이런 통과의례가 없기에 재생족이 아니라 일생족(一生族)이라고 한다. [참고문헌] *Sn.21.*, 聖嚴 『佛教入門』(Dharma Drum Publishing Corp, 2002) p.52. ⇨ 사성 四姓

재선일구 在先一句 가장 앞선 한 마디. 본래일구(本來一句)·최선일구(最先一句)라고도 한다. 『경덕전등록』 권18 「아호지부전 鵝湖智孚傳」(대정장51, p.350b12)에 "물었다. '무엇보다 먼저인 한마디 스님께 청합니다' '발밑에서 무엇을 찾습니까?' '지금 보고 묻고 있습니다' '이제 보니 스님은 몸을 바꿀 수 없겠군요'. 問 在先一句 請師道 師曰 脚跟下探取什麽 曰卽今見問 師曰 看闍梨變身不得"라고 하였다. [참고문헌] 『景德傳燈錄』. ⇨ 기특일구 奇特一句, 말후일구 末後一句

재설중승 齋設衆僧 단월이 승가대중에게 공양을 베푸는 일. 『문수사리근본의궤경』 권15(대정장20, p.890a19)에 "삼장월인 1월·5월·9월의 십오일에는 큰 공양을 열어 여래와 금강수보살께 봉헌하고 대중스님들에게 음식공양을 베푼다. 於三長月十五日 作大供養 奉獻如來及獻金剛手菩薩 齋設衆僧", 『선원청규』 권4(卍속장111, p.895b15)에 "단월의 재설·상간·행향은 모두 지객의 인도에 따른다. 檀越齋設相看行香 並係知客引領"라고 하였다. [참고문헌] 『文殊師利根本儀軌經』, 『禪苑清規』. ⇨ 재 齋, 공양 供養

재섭 財攝 물질적인 이익을 베풀어 중생을 거두는 것. 『섭대승론석』 권6(대정장31, p.198b24)에 "여법하게 얻은 의복 등의 재물로 중생을 섭수하는 것을 진실한 재섭이라 한다. 如法所得衣服等財物 以此攝衆生 是名眞實財攝", 『삼무성론』 권하(대정장31, p.875a18)에 "재섭이란 이익을 방편으로 중생을 성숙시키는 것을 말한다. 財攝者 是利益方便 爲令成熟", 『대승의장』 권14(대정장44, p.744a12)에 "사란 재물로 거두어 타인을 이롭게 하는 행이다. 捨者 以財攝利他行"라고 하였다. [참고문헌] 『攝大乘論釋』, 『三無性論』, 『大乘義章』.

재성 災星 재난의 전조로 나타나는 별. 『일자불정륜왕경』(대정장19, p.226b25)에 "밀적주는 대주왕이다. 재성과 변괴를 없애 완전하게 안락하도록 하고 또한 일체 천룡팔부의 귀신을 조복시켜 거둘 수 있다. 密跡主是大呪王 亦能滅諸災星變怪 作大安樂 亦能攝伏一切天龍八部神鬼", 『치성광도량염송의』(대정장46, p.979a14)에 "만약 그대가 악성과 재성의 이변에 전혀 관심을 갖지 않는다면 어떻게 업장이라고 하겠는가? 若爾惡星災星異都不關心 云何是業障"라고 하였다. [참고문헌] 『一字佛頂輪王經』, 『熾盛光道場念誦儀』. ⇨ 악성변괴 惡星變怪

재성결정 財成決定 Ⓢ sampatti-niyati-pāta, Ⓣ phun-tshugs-pa-la-nges-par-'gyur-ba. 육종결정(六種決定) 중 하나. 보시를 행하여 커다란 재물을 성취하는 뜻이다. 『대승장엄경론』 권12(대정장31, p.652b14 : *Sūtr.*, p.166)에 "(六種決定 중) 첫째 재성결정이란 베풂으로써 항상 커다란 재물을 성취하는 것이다. 一者 財成決定 由施常得大財成就故 saṃpattiniyatipāto nityam udārabhogasampattilābhāt"라고 하였다. [참고문헌] 『大乘莊嚴經論』, 『勸發菩提心集』 권하(대정장45, p.401a29), *Sūtr.* ⇨ 육종결정 六種決定 🅘

재성암 再醒庵 함경남도 문천군 덕원면 삼월리 반룡산(盤龍山)에 있던 절. 일제강점기에는 대본사 석왕사(釋王寺)의 말사였다. 『조선사찰사료』 권하 「재성암중수기」에 "갑오년(1834·순조34)에 지부 이희철이 우연히 삼세불이 나타나 광명을 발하는 꿈을 꾸었는데, 사내아이 둘이 차례로 태어났다. 그 뒤로 복을 비는 자에게는 누구든지 신비한 영험이 있었다. … 본 암자의 노비구니가 재력을 모아 수즙하기를 서원하였고, 선남선녀가 자비로운 마음으로 역과 비용을 보태니 면모가 일신하였다. … 화주는 비구니 쾌인과 상자덕만이다. 甲午李公熙哲氏知府時 偶得異夢三世佛現前光明 聯珠二男次第降生

踵後祈福者無不神驗 … 本菴老尼僧方鳩財力 以圖修葺伏願 善男善女特垂慈悲優助役費 渙然改觀 … 化主 比邱尼 快仁 常子德萬",『윤치호일기』권5 1900년 12월 14일에 '원산과 덕원 사람들이 연회를 준비하였는데, 전자는 남산에서, 후자는 관청에서 4분의 1마일 정도 떨어진 작은 암자인 재성암에서 열렸다'라고 하였다. 〔참고문헌〕『朝鮮寺刹史料』,『尹致昊日記』,『韓國寺刹全書』권하 p.990a20. ⇨석왕사 釋王寺

재소로 才蘇嚧 용아지재(龍牙智才)의 별칭. 모든 질문에 소로소로(蘇嚧蘇嚧)라고 답한 데서 유래했다.『나호야록』권상(卍속장142, p.974a18)에 "용아지재선사가 담수증공 효서의 청을 받고서 천녕에 선원을 열었다. 학인이 물었다. '덕산의 방과 임제의 할을 오늘 선사께서 이어 붙여 주시기 바랍니다' '소로소로' '소로소로는 있지만 조사가 서쪽에서 온 뜻은 없습니까?' '소로소로'. 이로 인하여 총림에서 그를 재소로라고 불렀다. 龍牙才禪師 受潭帥曾公孝序之請 旣開堂於天寧 有僧致問 德山棒臨濟喝 今日請師爲拈掇 答云 蘇嚧蘇嚧 進云 蘇嚧蘇嚧還有 西來意也無 答云 蘇嚧蘇嚧 由是叢林呼爲才蘇嚧"라고 하였다. 〔참고문헌〕『羅湖野錄』. ⇨지재 智才

재송도자 栽松道者 소나무 심는 도인. 오조홍인(五祖弘忍)의 전신(前身)이라고 전하는 노인이다.『건중정국속등록』권1(卍속장136, p.46b10)에 "이때 오조홍인대만선사는 어린이로서 득도했으니 재송도인의 후신이다. 황매현 동산에 머물며 현풍을 크게 진작했다. 爾時五祖弘忍大滿禪師 童兒得道 乃栽松道者後身 居黃梅東山大振玄風",『가태보등록』권1(卍속장137, p.42b16)에 "기주 황매현 출신으로 주씨 처녀에게서 났다. 재송도인이 몸을 빌려서 나서 모친의 성을 따랐다. 큰 의사의 소임을 받아 법을 이었고 파두산에서 교화했다. 蘄之黃梅人 出周氏處女 以栽松道者假陰而生 隨母姓焉 旣稟大毉之任 遂嗣 化破頭山",『오등회원』권1「오조홍인장 五祖弘忍章」(卍속장138, p.35b15)에 "오조홍인은 기주 황매현 출신이다. 이전에는 파두산에서 소나무를 심는 도인이었는데 사조에게 법문을 청하면서 '법도를 들을 수 있겠습니까?'라고 하자 사조가 말했다. '그대는 이미 연로한데 설령 듣는다 한들 널리 교화할 수 있겠는가? 만약 다시 온다면 내가 그대를 기다리겠네'. 도인이 죽어서 물가에 가서 빨래하는 한 여인을 보고 인사하고 말하였다. '묵을 수 있겠습니까?' '저는 부모형제가 있으니 가서 구해보겠습니다' '네. 제가 가겠습니다'. 여인이 수긍하자 지팡이를 돌려 떠났다. 여인은 주씨의 딸이었다. 집에 돌아오자 갑자기 배가 불렀다. 부모가 크게 노하여 쫓아냈다. 여인은 갈 곳 없어 낮에는 마을에서 길쌈을 하고 저녁에는 다른 집 처마 밑에 머물다가 아들 하나를 낳았는데 상서롭지 못하다고 여겨서 탁항에 버렸다. 다음날 보니 물을 거슬러 올라가는데 몸이 선명하여 크게 놀라 물에서 건졌다. 동자가 되어 어머니를 따라다니며 걸식하였는데 마을 사람들은 성도 없는 아이라고 불렀다. 어떤 지혜로운 이를 만났는데 탄식하며 말하기를 '이 아이는 일곱 가지 상호가 부족하여 여래가 되지 못한다'고 하였다. 후에 도신선사를 만나 법을 잇고 파두산에서 교화했다. 蘄州黃梅人也 先爲破頭山中栽松道者 嘗請於四祖曰 法道可得聞乎 祖曰 汝已老 脫有聞 其能廣化邪 儻若再來 吾尙可遲汝 迺去 行水邊 見一女子浣衣 揖曰 寄宿得否 女曰 我有父兄 可往求之 曰 諾我 卽敢行 女首肯之 遂回策而去 女周氏季子也 歸輒孕 父母大惡 逐之 女無所歸 日傭紡里中 夕止於衆館之下 已而生一子 以爲不祥 因抛濁港中 明日見之 泝流而上 氣體鮮明 大驚 遂擧之 成童 隨母乞食 里人呼爲無姓兒 逢一智者 歎曰 此子缺七種相 不逮如來 後遇信大師 得法嗣 化於破頭山"라고 하였다. 〔참고문헌〕『建中靖國續燈錄』,『嘉泰普燈錄』,『五燈會元』. ⇨홍인 弘忍

재송여승가 再送女僧歌 작자 미상. 90구. 고려대학교 도서관 소장.『악부 樂府』에 수록된「송여승가 送女僧歌」등 4편으로 구성된 연작가사(連作歌辭) 중 세 번째 작품이다. "선사님禪師任 ᄒᆞ신 말솜 말솜마다 올컨마는 … 선사님 간대마다 따라가면 안디리라 살인자殺人者 사死라 ᄒᆞ니 죽으면 네 알리라"로 거듭 세간의 남정네가 연정을 구하는 내용이지만,「여승재답사 女僧再答辭」에서 "장안호걸長安豪傑 분분紛紛ᄒᆞᆫ데 강포强暴ᄒᆞᆫ 욕辱을 면免ᄒᆞ고져 부모父母사랑 하직下直ᄒᆞ고"라 시작하고,「악부」본 말미에는 "날 갓흔 인생人生을랑 생각 마옵소셔 천세만세千歲萬歲를 태평太平으로 누리쇼서 ᄒᆞ올 말솜 일필로 못다ᄒᆞ와 대강 불비상사不備上謝 계묘삼월이십구일망월사옥선상사 癸卯三月二十九日望月寺玉禪上謝"라 하였다. 세간의 뜬정인줄 알면서도 단호하지만 달래듯 답해 마쳤다. 계묘는 어느 해인지 알 수 없다. 〔참고문헌〕李相寶『한국불교가사전집』(民俗苑, 1996) pp.108~109. ⇨송여승가 送女僧歌, 승답사 僧答辭, 여승재답사 女僧再答辭, 불교가사 佛敎歌辭

재수보살 財首菩薩 재로 뛰어나 칠보(七寶)를 지닌 보살.『관불삼매해경』권9(대정장15, p.689a22)에 "이때 재수보살이 부처님께 말했다. '세존이시여! 제가 과거의 헤아릴 수 없이 먼 과거세를 기억하니 그때도 석가모니라는 불세존이 계셨습니다. 그 부처님께서 멸도하신 후에 금당이라는 왕자가 있었는데 교만과 삿된 견해를 갖고 정법을 믿지 않았습니다. 정자재라는 비구선지식이 왕자에게「세간에 갖가지 보배로 장엄하여 지극하게 아낄만한 불상이 있으니 잠시라도 탑에 들어가면 부처님의 형상을 볼 수 있습니다」라고 하였습니다. 이 때 그 왕자가 선지식의 말에 따라 탑에 들어가 불상을 보고 그 상의 상호를 보고서 비구에게 말했습니다. 「불상의 단정함이 이와 같은데 하물며 진짜 부처님의 몸이야 말할 것도 없겠다」. 이렇게 말하자 비구가 말했습니다. 「그대는 지금 불상을 보고도 예를 올릴 수 없는 사람이군요. 응당 이렇게 말해야 합니다. 부처님께 귀의합니다!」 이 때 왕자가 합장하고 「부처님께 귀의합니다」라고 공경스럽게 말했습니다. 爾時 財首菩薩白佛言 世尊 我念過去無量世時 有佛世尊亦名釋迦牟尼 彼佛滅後 有一王子名曰金幢 憍慢邪見 不信正法 知識比丘名定自在 告王子言 世有佛像 衆寶嚴飾 極爲可愛 可暫入塔 觀佛形像 時彼王子 隨善友語 入塔觀像 見像相好 白言比丘 佛像端嚴 猶尙如此 況佛眞身 作是語已 比丘告言 汝今見像 若不能禮者 當稱南無佛 是時王子合掌 恭敬稱南無佛", "궁으로 돌아와 탑 속의 불상을 계속 생각했더니 밤에 꿈속에서 불상을 보았습니다. 불상을 보았기에 마음에 큰 환희가 일어나 사견을 버리고 삼보에 귀의하여 목숨이 다할 때까지 앞서 탑에 들어가 부처님께 귀의한 인연의 공덕으로 말미암아 항상 구백만억나유타 부처님을 뵈었습니다. 제불께서 계신 곳에서 항상 부지런히 정진하여 매우 깊은 염불삼매를 순서대로 얻었으며, 삼매의 힘으로 제불이 현전하여 그에게 수기하였고, 이로부터 백만아승기겁동안 악도에 떨어지지 않고 오늘 매우 깊은 수능엄삼매를 얻기에 이르렀습니다. 이때의 왕자가 지금의 저 재수입니다'. 還宮係念念塔中像 卽於後夜 夢見佛像 見佛像故 心大歡喜 捨離邪見 歸依三寶 隨壽命終 由前入塔稱南無佛因緣功德 恒得値遇九百萬億那由他佛 於諸佛所 常勤精進 逮得甚深念佛三昧 三昧力故 諸佛現前 爲其授記 從是以來 百萬阿僧祇劫 不墮惡道 乃至今日獲得甚深首楞嚴三昧 爾時王子 今我財首是也"라고 하였다. [참고문헌]『觀佛三昧海經』.

재승 齋僧 승가대중에게 공양을 베푸는 일. 『불조역대통재』 권12 「당고종 唐高宗」(대정장49, p.577b26)에 "656년 연호를 현경으로 바꾸었다. 정월 병인일에 대왕홍을 황태자로 책봉하였다. 이 날 자은사에서 사문 오천명에게 공양을 베풀었다. 改顯慶正月丙寅 立代王弘爲皇太子 是日 於慈恩寺 齋僧五千員", 『불조통기』 권36 「효무제 孝武帝」(대정장49, p.346a5)에 "6년 4월 8일 황제가 내전에서 불상을 목욕시키고 사문에게 공양을 베풀었다. 六年四月八日 帝於內殿 灌佛齋僧", 『선림상기전』 권14(불광장, 禪藏, p.1049)에 "재승 : 『운와기담』에 다음과 같이 전한다. '지주 매산 우구종선사가 연당거사 홍경선이 강동사절로 부임하던 길에 산사에서 묵으며 함께 야담을 나누었다. 홍경선이 물었다. 「승가에 음식을 베푸는 반승은 어느 경에 나오고 그 취지는 어디에 있습니까?」 선사가 말했다. 「『사십이장경』에 있는데 그 경전에서는 악한 사람 백 명을 먹이는 것보다 선한 사람 한 명을 먹이는 것이 낫고, 천억의 삼세제불에게 공양을 베푸는 것보다 무주무작무증의 한 사람에게 공양하는 것이 낫다고 합니다. 닦음도 증득도 없다 함은 바로 정념으로 홀로 해탈함이니 이 사람에게 공양할 수 있다면 그 공이 제불을 넘어섭니다. 앞서의 사람들로서 이 종지를 아는 이는 많았습니다」'. 齋僧 雲臥紀談云 池州梅山愚丘宗禪師 因練塘居士洪慶喜持江東使節 夜宿山間 相與夜話 洪問 以飯僧見於何經 其旨安在 宗曰 四十二章經有云 飯惡人百 不如飯一善人 乃至飯千億三世諸佛 不如飯一無住無作無證之者 其無修證則是正念獨脫 能飯斯人 則功超諸佛 然前輩知此旨者多矣"라고 하였다. [참고문헌]『後漢書』, 『佛祖歷代通載』, 『佛祖統紀』, 『禪林象器箋』, 『雲臥紀譚』 권상(卍속장148, p.12a6). ⇨재 齋, 공양 供養, 반불재승 飯佛齋僧, 반승 飯僧

재시 財施 Ⓢāmiṣa-dāna, Ⓟāmisa-dāna, Ⓣzang-zing-gi-sbyin-pa. 재물을 베푸는 일. 의복(衣服)·좌구(坐具)·음식(飮食)·전답(田畓) 등의 물질적 이익을 베푸는 것으로 재공양(財供養)이라고도 한다. 이보시(二布施) 또는 삼보시(三布施) 중 하나이며 가르침을 베푸는 일은 법시(法施)다. 『증일아함경』 권9(대정장2, p.588a12)에 "마땅히 법시를 행하여야 하니 생각과 욕망으로 행하지 마라. 왜 그러한가? 보시 중 뛰어난 것은 재시를 넘지 않는다. 그러나 법시는 그 중에 가장 존귀하다. 當行法施 莫行思欲之施 所以然者 施中之上 無過財施 然復法施於中最尊", 『출요경』 권23(대정장4, p.735c23)에 "재시라는 것은 오늘 보시를 받으면 내일 다시 구한다. 그 중에 끝내는 천상의 도를 구한다. 저 사람이 법을 들으면 겁에서 겁에 이르기까지 다함이 없다. 그러므로 '모든 보시 중에서 법시야말로 뛰어나다'라고 한다. 所謂財施者 今日受施 明當更求 其中至求 天上道者 彼人聞法 從劫至劫 無有窮盡 是故說曰 衆施法施勝也", 『대지도론』 권14(대정장25, p.162b20)에 "계를 가져 스스로 살피며 일체중생의 재물을 침해하지 않으면 그 이름 재시다. 持戒自撿 不侵一切衆生財物 是名財施", 『화엄경소』 권23(대정장35, p.673b8)에 "도둑질하지 않고 탐하지 않는 것이 재시다. 말로 저지르는 네 가지 잘못을 떠나고 음행 하지 않고 어리석지 않은 것이 법시다. 不盜不貪是財施 離口四過 不婬不癡是法施", 『화엄경소초』 권42(대정장36, p.327a28)에 "재시란 타인의 몸을 이롭게 하는 것이고, 무외시란 타인의 마음을 이롭게 하려는 것이다. 財施者 爲欲資益他身 無畏施者 爲欲資益他心", 『대반열반경집해』 권2(대정장37, p.387b17)에 "재시에 세 가지가 있으니 때에 맞는 물, 귀중한 물, 여법한 물이다. 財施有三 謂時物 重物 如法物也"

라고 하였다. 〔참고문헌〕『增壹阿含經』, 『出曜經』, 『華嚴經疏』, 『華嚴經疏鈔』, 『大般涅槃經集解』, *Dharm-s.337.*, *Bodh-bh.89.*, *MN.3.257.* ⇨ 재공양 財供養, 이종보시 二種布施❶, 삼시 三施❶, 보시 布施, 법시 法施❶

재시 齋時 법다이 공양하는 정식(定食)의 때. 사시(巳時) 이후에 대중이 공양하는 때를 말한다. 『백장청규』 권2 「사법사기 嗣法師忌」(대정장48, p.1119a14)에 "재시에 주지가 입당하여 향을 사르고 절하고서 자리로 돌아간다. 齋時 住持入堂 燒香展拜 歸位", 『범망경보살계본소』 권5(대정장40, p.638a1)에 "매일 삼시를 때를 정해 나누는데 새벽공양에 소식하고, 재시에는 정식이며, 나머지 때의 공양은 비시로서 탕약 등이다. 그러므로 삼시라고 한다. 日日三時約時分也 謂辰旦供養小食 齋時供養正食 餘時供非時湯藥等 故爲三時也"라고 하였다. 〔참고문헌〕『百丈清規』, 『梵網經菩薩戒本疏』.

재시용상방 齋時龍象榜 큰 재를 행할 때 그에 맞는 소임을 구성하고 소임 대중의 이름을 적어 알리는 방. 「재시용상방」(『석문의범』 권하, p.165a7)에 "증명・회주・선덕・병법・범음・범패・중수・판수・종두・도자・공발・명라・양산・위의・봉련・시자・당좌・중단・사단・고단・마단・상소・중소・하소・대령・영반・헌식・시식・서기・지빈・찰중・유나. 證明 會主 禪德 秉法 梵音 梵唄 衆首 判首 鍾頭 道者 攻鈸 鳴螺 陽傘 威儀 奉輦 侍子 堂佐 中壇 使壇 庫壇 馬壇 上疏 中疏 下疏 對靈 靈飯 獻食 施食 書記 知賓 察衆 維那"라고 하였다. 〔참고문헌〕『釋門儀範』. ⇨ 용상방 龍象榜, 재 齋

재식 齋食 대중에게 공양으로 베푸는 음식. 『분별선악보응경』 권하(대정장1, p.900c11)에 "또한 어떤 사람이 재식으로 부처님과 중승을 공양하면 열 가지 공덕이 있는데 그 열 가지란, 첫째 수명이 연장된다. 둘째 형색이 원만해진다. 셋째 팔다리에 기력이 있다 . 넷째 기억하여 잊지 않는다. 다섯째 지혜와 변재를 갖춘다. 여섯째 대중이 보고 기뻐한다. 일곱째 진보가 풍족해진다. 여덟째 인천에 자재하다. 아홉째 목숨을 마치고 하늘에 난다. 열째 원적을 속히 증득한다. 若復有人 齋食供養佛及衆僧 功德有十 云何爲十 一 壽命延長 二 形色圓滿 三 肢節多力 四 記憶不忘 五 智慧辯才 六 衆覩歡喜 七 豐足珍寶 八 人天自在 九 命終生天 十 速證圓寂", 『니다나목득가』 권8(대정장24, p.447a29)에 "그러나 이 필추는 대중이 다 먹기를 기다려야 하기에 때가 지나 먹다가 그만두어야 한다. 부처님께서 말씀하셨다. '검교인은 재식할 때 자기 것을 먼저 취하여 먹어도 응당 허물이 없다'라고 하였다. 然此苾芻 待衆食已 時過絶食 佛言 若撿挍人 應於齋食 先取自分 食之無過", 『경덕전등록』 권12 「용천문희전 龍泉文喜傳」(대정장51, p.294a10)에 "앙산이 전좌로 상주하게 하였는데 하루는 기이한 스님이 와서 재식을 구하였다. 문희는 자기 것을 덜어서 대접하였다. 앙산이 이미 알고서 물었다. '저번에 과위의 사람을 맞이하여 음식을 주었는가?' '제 것을 덜어서 드렸습니다' '그대는 큰 이익이 있으리라'. 仰山令典常住 一日有異僧 就求齋食 師減己分饋之 仰山預知問曰 適來果位人 汝給食否 答曰 輟己迴施 仰山曰 汝大利益"라고 하였다. 〔참고문헌〕『分別善惡報應經』, 『尼陀那目得迦』, 『景德傳燈錄』, 『曆代法寶記』(대정장51, p.188b8). ⇨ 시식 時食❷, 과오불식 過午不食

재식시 齋食時 공양받아 여법히 먹을 수 있는 때. 점심 공양의 때를 말하며, 그 때를 지나면 비시식(非時食 Ⓢ akāla-bhojana)이다. 『사미십계의칙경』(대정장24, p.936b20)에 "재식을 받는 때는 정오를 넘겨서는 안 되네. 若受齋食時 不得過中午", 『대비바사론』 권124(대정장27, p.647c4)에 "한번의 재식시와 비시로 정했기에 일주야의 근주율의는 아니니다. 一齋食時非時定故 非一晝夜近住律儀", 『계초심학인문』(대정장48, p.1004b19)에 "재식하는 때 마시고 씹으면서 소리를 내서는 안 된다. 齋食時飮啜 不得作聲"라고 하였다. 〔참고문헌〕『沙彌十戒儀則經』, 『大毘婆沙論』, 『誡初心學人文』. ⇨ 식시 食時, 시식 時食❷, 비시 非時❷

재실 齋室 재를 지내는 공간. 재를 지내고 공양하는 곳. 『사위국왕몽견십사경』(대정장2, p.871a10)에 "왕은 바라문의 해몽을 이와 같이 듣고서 큰 걱정에 잠겨 재실로 들어가 생각에 빠졌다. 왕에게는 '마리'라는 부인이 있었는데 왕이 있던 재실로 가서 물었다. '왕께서는 어찌하여 재실에 들어앉아 걱정에 잠기셨습니까? 제가 실수라도 하였습니까?' 王聞婆羅門解夢如是 王卽大愁憂 却入齋室思念 是王有一夫人名摩利 就到王所齋室問 王何爲入齋室愁憂 我身將有過失", 『월명보살경』(대정장3, p.411c10)에 "태자가 말없이 재실로 돌아가서 칼을 가지고 넓적다리살을 잘라서 비구에게 보내주었다. 太子默然 還入齋室 持刀割髀 取肉及血 持送與比丘", 『구잡비유경』 권상(대정장4, p.515a21)에 "재를 지닌 지 7일이 지난 뒤 재실로 들어가 부인이 은을 다듬는 아이에게 조용히 말하였다. 持齋七日入齋室 婦密語琢銀兒", 『일체경음의』 권6(중화장56, p.914a14)에 "재실 : 『설문』에서 실(室)은 실(實)이라고 하였다. 생각건대 문밖은 당이 되고 당의 안쪽은 실이라 한다. 『논어』에서 '자로는 당에는 이미 올랐고 다만 실내에 들지 못하였다'라고 한 경우이다. 齋室 說文 室實也 案 戶外爲堂 堂內爲室 論語云 由也 升堂 未入於室 是也"라고 하였다. 〔참고문헌〕『舍衛國王夢見十事經』, 『月明菩薩經』, 『舊雜譬喩經』, 『一切

經音義』. ⇨ 재당 齋堂

재심 再心 조선후기 스님. 정암즉원(晶巖卽圓 1738~1794)의 은사이다. 「대흥사정암당즉원대사비문 大興寺晶巖堂卽圓大師碑文」에 "즉원이 건륭 무오년(1738·영조14)에 태어나 3세 때 어머니가 죽고, 9세 적에 해남 미황사로 찾아가 재심을 은사로 하여 16세 때 스님이 되었다. 乾隆戊午生 三歲而喪其母 九歲而穀於寺 美黃再心之恩也 十六薙而名"라고 하였다. [참고문헌] 智冠 『韓國高僧碑文總集 朝鮮朝·近現代』 p.614. ⇨ 즉원 卽圓

재연 齋筵 스님들께 재를 베풀다. 『선원청규』 권10 「재승의 齋僧儀」(卍속장111, p.930a17)에 "몸소 범찰에 나아가 재식으로 스님들께 공양하는 연을 베푼다면 이 사람은 다음 생에 반드시 자연스러운 보응을 감응할 것이다. 或有親臨梵刹 就設齋筵 此人來世之中 必感自然之報"라고 하였다. [참고문헌] 『禪苑淸規』. ⇨ 재회 齋會

재영 載英 일제강점기 스님. 법호는 재영(載英), 법명은 경하(景霞). 1927년~1930년과 1944년~1946년까지 두 차례에 걸쳐서 해인사(海印寺) 주지를 역임하였다. [참고문헌] 李智冠 『伽倻山海印寺誌』 p.952.

재예처 滓穢處 더럽혀지는 곳. 음식 등을 먹으면 더럽혀지는 변화하는 몸(身根)을 말한다. 『유가론기』 권1(대정장42, p.335a14·한불전13, p.72c20)에 "재예처·비재예처란 여러 천신 등이 먹은 음식은 더러움이 없지만, 사람 등이 먹으면 더럽게 변하는 것을 말한다. 滓穢處 非滓穢處者 諸天等所食無穢 人等所食則有變穢"라고 하였다. [참고문헌] 『瑜伽論記』, 『瑜伽師地論』 권3(대정장30, p.292c5). ⇨ 비재예처 非滓穢處

재운암 載雲庵 인천광역시 강화군 교동면 상용리 화개산(華蓋山)에 있던 암자. 『범우고』에 "화엄사와 안양사는 모두 화개산에 있다. 안양사는 지금은 폐사되었으며, 화엄사는 산 북쪽으로 이전 건립하고 재운암으로 이름을 바꾸었다. 華嚴寺 安養寺 俱在華蓋山 安養今廢 華嚴移建于北山 改稱載雲庵"라고 하였다. [참고문헌] 『梵宇攷』, 『韓國寺刹全書』 권하 p.990b4.

재웅 載雄 발해 스님. 『고려사』 권1 세가(世家)1 태조 10년(927) 3월 3일에 "발해의 공부경 오흥 등 50인과 스님 재웅 등 60인이 와서 투항하였다. 渤海工部卿吳興等五十人 僧載雄等六十人來投"라고 하였다. [참고문헌] 『高麗史』.

재월주 載月舟 명대 임제종(臨濟宗) 스님. 북경(北京) 진국사(鎭國寺) 산암림(山菴林)선사의 법을 이었다. 태평유산(太平乳山) 보명사(普明寺)에 주석했다. 『오등전서』 권104(卍속장142, p.21b6)에 "법좌에 올라 말했다. '한 구절이 선대의 제불과 조사들로부터 나왔다. 고금과 천하의 노숙들의 횡설수설·은현설·방편설·갖가지 비유설은 모두 한 마디도 말한 적이 없다. 내가 오늘 구업을 짓는 것을 애석하게 여기지 않고 형제들에게 말해주겠다'. 잠시 침묵한 후 말했다. '두 귀의 껍데기와 어금니 하나로다'. 上堂 有一句子 從上諸佛列祖 古今天下老和尙 橫說竪說 隱顯說 方便說 種種譬喩說 總未曾說到 乳山今日不惜口業 與諸兄弟道破 良久曰 耳朶兩片皮牙齒一具骨"라고 하였다. [참고문헌] 『五燈全書』.

재유시비분연실심 才有是非紛然失心 옳고 그름을 분별하려 하면 느닷없이 마음을 잃으리. 재(才)는 재(纔)로도 쓴다. 『경덕전등록』 권30 「신심명 信心銘」(대정장51, p.457a27)에 "진실을 구하려 애쓰지 말고 오직 견해를 멈추어야 할 뿐이네. 두 가지 견에 머물지 않고 찾아 헤매지 마라. 옳다 그르다 하려 한즉 어지러이 마음을 잃네. 둘은 하나로 말미암아 있으니 하나마저 지키지 마라. 한 마음이 일어나지 않으면 만법에 허물이 없으리. 허물도 없고 법도 없으며 일어남도 없고 마음도 없다네. 不用求眞 唯須息見 二見不住 愼莫追尋 才有是非 紛然失心 二由一有 一亦莫守 一心不生 萬法無咎 無咎無法 不生不心", 같은 책 권27 「제방잡거징념대별어 諸方雜擧徵拈代別語」(대정장51, p.436b29)에 "동산이 행각할 때 만난 한 관리가 말했다. '삼조의 『신심명』에 제가 주석을 달려 합니다' '옳고 그름이 생기자마자 어지러이 마음 잃을 터인데 어떻게 주 달겠는가?' 洞山行脚時會一官人曰 三祖信心銘 弟子擬注 洞山曰 才有是非紛然失心 作麽生注", 『조주어록』(고존숙어록14, 卍속장118, p.322b13)에 "법좌에 올라 말했다. '겨우 시비할라치면 어지러이 마음 잃는다. 답할 수 있는가?' 한 학인이 시자를 밀치고 말했다. '어찌 화상께서는 답하지 않으십니까?' 조주선사가 방장실로 돌아갔다. 上堂云 纔有是非紛然失心 還有答話分也無 有僧出摑侍者一下云 何不祗對和尙 師便歸方丈"라고 하였다. [참고문헌] 『景德傳燈錄』, 『趙州語錄』.

재윤 在允 조선후기 스님. ❶ 예암광준(禮庵廣俊)의 수계제자로서 『동사열전』 권6 「예암선사전 禮庵禪師傳」(한불전10, p.1070a14)에 이름이 보인다. [참고문헌] 『東師列傳』. ❷ 호는 만허(萬虛). 1908년(융희2) 경에 해인사(海印寺) 백련암(白蓮庵) 조실로 있었다. 1908년 『칠중수계의궤』 「간기 刊記」(『한국불교의례자료총서』 권3, p.717a2)에 "증명법사는 만허재윤과 제산정원이다. 證明 萬虛在允 霽山淨圓"라고 하였다. [참고문헌]『七衆受戒儀軌』,『韓國佛敎儀禮資料叢書』, 李智冠『伽倻山海印寺誌』p.940.

재의 在意 명심하다. 마음 깊이 새기다.『운문광록』권상(대정장47, p.546c15)에 "때는 사람을 기다리지 않고 날숨이 들숨도 보장하지 못하는데 어찌 몸과 마음을 한가한 곳에서 쓰겠는가? 간절히 마음에 두어야 한다. 時不待人 出息不保入息 更有什麽身心閑別處用 切須在意",『완릉록』(대정장48, p.385a26)에 "조사께서 곧바로 가르치시길 일체중생의 본래 마음과 본래 몸이 본래 그대로 부처라 하셨다. 닦음을 빌어서 성불하는 것 아니고 점차적에 속하지 않으며 밝음도 어둠도 아니다. 밝음이 아니므로 밝음이 없고, 어둠이 아니므로 어둠이 없다. 그러므로 무명도 없고 무명이 다함도 없다고 한 것이다. 나의 이 종문에 들어오려면 간절히 이와 같이 명심해야 한다. 祖師直指 一切衆生 本心本體 本來是佛 不假修成 不屬漸次 不是明暗 不是明故無明 不是暗故無暗 所以無無明亦無無明盡 入我此宗門 切須在意如此"라고 하였다. [참고문헌]『雲門廣錄』,『宛陵錄』.

재일 齋日 Ⓟ tadaha uposatha. 재계(齋戒)하는 날. 보통은 재가신도가 팔재계(八齋戒)를 지키는 육재일(六齋日)을 뜻한다. 그외에도 관음재일·지장재일과 사재일(四齋日)·십재일(十齋日)·팔왕일(八王日) 등도 있다.『잡아함경』권41(대정장2, p.297b23 : *Sakka-sutta.*, *AN.5*, p.83)에 "저희들은 여러 재일 중 어떤 때는 재계를 받아 지니고 어떤 때는 그러하지 못합니다. 신족월 동안 어떤 때는 재계하며 여러 공덕을 닦고 어떤 때는 그러하지 못합니다. 我等於諸齋日 有時得受齋戒 有時不得 於神足月 有時齋戒 修諸功德 有時不得 ekaṃ samayaṃ bhagavā sakkesu viharati kapilavatthusmiṃ nigrodhārāme. atha kho sambahulā sakkā upāsakā tadah' uposathe yena bhagavā ten' upasaṅkamiṃsu",『보살수재경』(대정장24, p.1116a23)에 "보살은 재일에 십계를 지닌다. 첫째, 보살은 재일에 연지와 백분과 향수를 바르거나 뿌리지 않는다. 菩薩齋日 有十戒 第一 菩薩齋日 不得著脂粉花香",『구사론』권15「분별업품 分別業品」(대정장29, p.79a16 : *Abh-k-bh.*, p.222)에 "스스로 서원하기를 '아직 부처님께 예를 올리지 않고서는 먼저 먹지 않겠다'라 하고 때론 '재일·한 달·반 달·한 해 동안 늘 베풀되 음식으로 베풀 것이다'라고 한정적으로 서원한다. 自誓言 若未禮佛不先食等 或作誓限 於齋日月半月及年 常施食施 athavā samādānamādatte buddhamavanditvā na bhokṣye tithimāsārdhamāsabhaktāni vā nityaṃ kariṣyāmītyādi",『구사론기』권15(대정장41, p.235a8)에 "재일은 육재일을 뜻한다. 齋日 謂六齋日"라고 하였다. [참고문헌]『雜阿含經』,『菩薩受齋經』,『俱舍論』,『俱舍論記』,『摩訶僧祇律』권4(대정장22, p.259a24), *AN.*, *Abh-k-bh.* ⇨ 육재일 六齋日, 사재일 四齋日, 십재일 十齋日, 팔재계 八齋戒, 재 齋

재장 齋狀 공양에 모시는 초대장.『백장청규』권3「산문청신명재 山門請新命齋」(대정장48, p.1125c22)에 "재장 : 당사 고사 비구 아무개, 아무개는 오시에 운당에 나아갈 소반을 준비하여 공경히 맞이하고자 합니다. 엎드려 바라건대 존자께서는 특별히 왕림하여 주시기 바랍니다. ○년 ○월 ○일 위의를 갖추어 아무개 올림. 가루자장청 신명운운 존자께 위의를 갖추어 삼가 봉함. 齋狀 當寺庫司比丘 某甲 右某甲取午刻 就雲堂備蔬飯祇 迎伏望 尊慈特垂降重 年月日具位 某甲狀 可漏子狀請 新命云云尊座前 具位 謹封"라고 하였다. [참고문헌]『百丈淸規』. ⇨ 공양 供養, 재 齋

재전 在纏 ➡ 재전출전 在纏出纏

재전 齋田 ❶ 삼보에 재공양을 올리기 위해 마련된 전답.『백장청규증의기』권5(卍속장111, p.682b13)에 "재전을 바침이 으뜸의 보시다. 삼보를 호지하고 법을 널리 펼쳐 중생을 이롭게 함이 모두 이에 의지하기에 진정복전이다. 재회를 열어 반승함은 한번에 그치지만, 재전을 보시함은 세를 거듭하므로 공덕이 더욱 크다. 施齋田上施也 護持三寶宏法利生 俱賴是 乃眞正福田 蓋設齋飯僧 止於一時 若施齋田 延於數世 功德尤大",『보타락가신지』권5「법우사재전비기 法雨寺齋田碑記」에 "다행스럽게도 선한 신도 유무보와 위승조 등이 빈바(貧婆 : 貧婆陀那의 줄임말로 총림이라 한역)의 깨끗한 인을 보고서 보리의 선과를 발하였다. 전대를 풀어 금액을 내서 나에게 구입토록 하였으니 전지 123무 남짓을 향적(香積 : 불보에 올리는 공양)과 이포(伊蒲 : 승보에 올리는 재식)로 공양할 수 있게 되었다. 幸善信兪君茂甫 魏君承祖等 覩貧婆之淡因 發菩提之善果 開橐捐金 俾余購置共田地一百二十三畝餘 以爲香積伊蒲之供"라고 하였다. [참고문헌]『百丈淸規證義記』,『普陀洛迦新志』. ⇨ 재 齋 ❷ 수륙재·나한재·시왕재 등의 재를 위해 베푼 전답. 재위답(齋位畓)이라고도 한다.『태종실록』권30 15년(1415) 11월 16일에 "진관사에서 아뢰었다. 수륙재위전 1백 결 중 밭을 묵혀서 생긴 손실을 제외하고 거둔 쌀·콩을 10월 수륙재에 쓴다면 남겨진 것으로는 정월 수륙재에 부족하겠습니다. 津寬寺啓 水陸齋位田一百結除陳損外 其所收米豆 用於十月水陸齋 遺在者不足於正月水陸",『세종실록』권41 10년(1428) 9월 20일에 "함길도 석왕사는 태조 잠저 때부터 원찰이라고 일컬어 건물을 중수하고 전 1백 결을 영속시키고 또한 나한·시왕재위전 각 50결을 지급하였습니다. 咸吉道釋王寺 自太祖潛邸時 稱爲願刹 重新營構 屬田一百結 又給羅漢十王齋位田各五十結"라고 하였다. [참고문헌]『太宗實錄』, 『世宗實錄』. ⇨사원전 寺院田

재전 齋前 공양하기 전. 정오 이전을 가리킨다. 『무문관』 26칙 「이승권렴 二僧卷簾」(대정장48, p.296b2)에 "법안문익선사가 스님들 공양 전에 참학하러 온 학인에게 손으로 주렴을 가리켰다. 이때 두 명의 학인이 동시에 주렴을 말았다. 법안은 '하나는 얻었고 하나는 잃었다'라고 하였다. 무문이 말한다. '말해보라! 누가 얻고 누가 잃었는가? 누군가 이곳에서 한 쪽 눈 얻었다면 문득 법안이 놓친 자리를 알 수 있으리. 그렇더라도 득실의 자리에서 헤아리지 말기를. 淸涼大法眼 因僧齋前上參 眼以手指簾 時有二僧 同去卷簾 眼曰 一得一失 無門曰 且道 是誰得誰失 若向者裏著得一隻眼 便知淸涼國師敗闕處 然雖如是 切忌向得失裏商量"라고 하였다. [참고문헌]『無門關』. ⇨재 齋

재전명기 齋前鳴器 공양에 앞서 판(板)·종(鍾)·목어(木魚)·고(鼓) 등을 쳐서 알리다. 『선림상기전』 권18(불광장, 禪藏, p.1443)에 "재전명기 : 공양 때 화판을 돌다〈『백장청규』「부재죽」에서 '공양 때 화판을 돌며 치면 앉서 발우의 자리로 돌아간다'고 하였다〉. 세 번 판을 친다〈『선원청규』에서 '대중이 발우를 내리는 것을 화판이라 한다'. 무착도충이 말하길 '세 번만 내린다. 일본에서는 이를 삼종이라 한다. 『선원청규』에 의하면 아침 죽 공양 때 길게 세번 내리면 발우를 펴고 공양 시간에 세 번 판을 내리면 발우를 편다'〉. 장판〈길게 세 번 친다. 『백장청규』「법기장」에서 '대판은 공양과 죽 두 때에 길게 쳐 세 번 울린다'라고 하였다〉. … 당전소종. 『선원청규』에서 '공양 전에 소종 세 번 내리는 소리를 듣는다면 대중이 발우를 내린 것을 말한다. 다음으로 대종을 울린다는 것은 공양시간을 알리는 것이다. 나머지 장판·목어·고·당전소종·유나의 건추·공양이 끝나고 당에서 내려오는 일 등은 모두 아침 죽공양법과 같다'고 하였다. 齋前鳴器 巡火板〈敕修赴齋粥云 齋時候巡火板鳴 先歸鉢位〉 三下板〈禪苑 衆僧下鉢 是名火板 忠曰 單三下也 日本此謂三鐘 按禪苑 如晨粥時 以長擊三通下鉢 齋時以三下板下鉢〉 長板〈長擊三通 敕修法器章云 大版 齋粥二時 長擊三通〉 … 堂前小鐘 禪苑云 齋前聞三下板鳴者 衆僧下鉢也 次鳴大鐘者 報齋時也 自餘長板魚鼓 堂前小鐘 維那打鎚 食畢下堂 並同晨粥之法"라고 하였다. [참고문헌]『禪林象器箋』, 『百丈淸規』 권6(대정장48, p.1144a4)·권8(대정장48, p.1155c21). ⇨재 齋

재전여래장 在纏如來藏 번뇌와 함께하는 여래장. 번뇌를 벗어나면 출전여래장(出纏如來藏)이다. 『능엄경종통』 권5(卍속장25, p.163a15)에 "불생멸에 의지하면 출전여래장이라고 하니 언뜻 진이라 하고, 생멸심에 의지하면 재전여래장이라고 하니 또 한편 언뜻 진에 반하는 것 같으나, 진이든 진이 아니든 모두 다 그저 식일 뿐이다. 그래서 가려내기 어렵다. 진이라고 하면 도적을 아들이라고 오인할까 두렵고, 진에 반하면 아들을 도적이라고 오인할까 두렵다. 세존께서는 그래서 가볍게 말씀하지 않으셨다. 제8식을 뒤쳐 대원경지를 이룸은 진도 아니고 진에 반하는 것도 아니니, 무상보리라 하는 진여불성이다. 以依不生滅 則謂之出纏如來藏 似乎眞矣 以依生滅心 則謂之在纏如來藏 又似乎非眞矣 眞與非眞 總是這箇識 所以難辨 將謂之眞 恐認賊作子 將謂之非眞 恐認子作賊 世尊所以不輕談也 若能轉第八識 爲大圓鏡智 非眞非非眞 乃可語無上菩提 眞如佛性也"라고 하였다. [참고문헌]『楞嚴經宗通』. ⇨재전출전 在纏出纏, 여래장 如來藏, 진여 眞如, 불성 佛性, 전 纏

재전진여 在纏眞如 번뇌 중에 진여. 번뇌 없으면 출전진여(出纏眞如)다. 『화엄경탐현기』 권5(대정장35, p.199b21)에 "번뇌에 있는 진여이니 어찌 닦아 드러낼 수 없겠는가? 在纏眞如 豈不須修顯", 『종경록』 권77(대정장48, p.843b13)에 "이종진여는 첫째 재전진여이고 둘째 출전진여다. … 재전진여 등은 청정본연 중에 허망하게 문득 산하대지를 생하니 번뇌에 있어 장애를 여의지 못하였기 때문이다. … 재전진여 등이라 해도 본성청정하여 번뇌에 물들지 않아 성각이라고 한다. 有二種眞如 一 在纏眞如 二 出纏眞如 … 在纏眞如等 於淸淨本然中 妄忽生於山河大地 以在纏未離障故 … 在纏眞如等 本性淸淨 不爲煩惱所染 名性覺", 『만선동귀집』 권중(대정장48, p.974b18)에 "재전진여는 혼침과 산란이 모두 있고 출전진여라야 정혜로 밝아서 총별로 가지런하니 전후로 넘침이 없다. 在纏眞如 昏散皆具 出纏眞如 定慧方明 總別條然 前後無濫"라고 하였다. [참고문헌]『華嚴經探玄記』, 『宗鏡錄』, 『萬禪同歸集』. ⇨재전출전 在纏出纏, 출전진여 出纏眞如, 진여 眞如

재전출전 在纏出纏 번뇌 중에 있거나 번뇌를 벗어나다. 전(纏 Ⓢparyavasthāna)은 번뇌의 다른 이름이고, 번뇌를 벗어나면 출전(出纏)이다. 『보살본생만론』 권16(대정장3, p.385b15)에 "법성이 원만하여 본말이 이와 같으니 번뇌에 놓여 있으면 장이라 하고 번뇌를 나오면 법신이다. 法性圓滿 始末如此 在纏名藏 出纏法身", 『반야이취분술찬』 권3(대정장33, p.58a13)에 "일체중생이 모두 여래장이라 하니, 여래장은 곧 진여이니 번뇌에 있어서의 이름이다. 번뇌를 벗어난 때는 법신이라고 한다. 一切有情皆如來藏者 如來藏者 卽是眞如 在纏之名 出纏之時 名法身故", 『금강경찬요간정기』 권2(대정장3

3, p.187b25)에 "번뇌에 있으면 본각이라 하고 번뇌를 벗어났으면 구경각이라고 하나 처음이나 끝이나 바탕은 하나요 다시 다른 법은 없다. 在纏名本覺 出纏名究竟覺 始終體一 更無別法", 『신화엄경론』 권14(대정장36, p. 813a18)에 "저 사람 땅에서 넘어져서 땅을 짚고 일어나듯이 미혹을 따를 때는 '식'이라 하고 깨달음을 따를 때는 '지'라고 한다. 번뇌에 얽혀 있으면 '식'이라 하고 깨달아 벗어나 있으면 '지'라고 한다. 식은 지와 더불어 본래 자기 이름이 없고 다만 미혹과 깨달음에 따라서 그 이름이 설 뿐이다. 如人因地而倒 因地而起 正隨迷時 名之爲識 正隨悟時 名之爲智 在纏名識 在覺名智 識之與智 本無自名 但隨迷悟 而立其名", 원측(圓測)의 『인왕경소』 권중(대정장33, p.400b26·한불전1, p.80b20)에 "진제삼장은 모두 아홉가지 식(九識)을 세웠다. 첫째는 아마라식이니, 진여본각의 성으로 삼았다. 번뇌에 있으면 여래장이라 하고, 번뇌를 벗어나면 법신이라 한다. 眞諦三藏 總立九識 一 阿摩羅識 眞如本覺爲性 在纏名如來藏 出纏名法身"라고 하였다. [참고문헌] 『菩薩本生鬘論』, 『般若理趣分述讚』, 『金剛經纂要刊定記』, 『新華嚴經論』, 『仁王經疏』. ⇨ 재전여래장 在纏如來藏, 재전진여 在纏眞如, 출전 出纏, 번뇌 煩惱, 유구진여 有垢眞如, 무구진여 無垢眞如, 진여 眞如

재종 齋鍾 공양 시간을 알리고자 치는 종. 『할당혜원광록』 권1(卍속장120, p.910a13)에 "신라국에서 공양을 알리는 종을 치니 고요히 떠가는 신령한 뗏목 월궁에 이르네. 新羅國裡打齋鍾 穩泛靈槎到月宮", 『석전법훈어록』 권2(卍속장122, p.25a14)에 "오후에 공양을 알리는 종을 치다니 금강이 이미 낯빛을 잃었네. 午後打齋鍾 金剛曾失色"라고 하였다. [참고문헌] 『瞎堂慧遠廣錄』, 『石田法薰語錄』. ⇨ 재고 齋鼓, 재 齋

재주 宰主 Ⓢ svāmin, Ⓣ bdag-po. 다스리는 주인. 개별자를 통어하는 유일절대의 아(我)를 상정해서 붙이는 이름이다. 주재(主宰)라고도 하고 작자(作者)라고도 한다. 『대장엄론경』 권1(대정장4, p.260b21)에 "무명이 사라지면 행이 사라지고, 내지 늙음과 죽음도 사라지기에 근심과 슬픔 그리고 괴로움도 사라진다. 온갖 연들 따를 뿐이지, 다스리는 주인 따로 없다. 無明滅則行滅 乃至老死滅故 憂悲苦惱滅 以從衆緣 無有宰主", 『유가사지론』 권88(대정장30, p.793a28)에 "본성상 제행은 온갖 연들에서 생기기에 자재란 있을 수 없고, 재주 또한 없다. 만약 다스리는 주인 있다면, 저 일체행자성 무상하다 해도 즐거움 따라 유전해 끊임이 없다 해도 나거나 죽게 하지 않아야 한다. 本性諸行 衆緣生故 不得自在 亦無宰主 若有宰主 彼一切行 雖性無常 應隨所樂 流轉不絶 或不令生 廣說乃至於死", 원효(元曉)의 『대승기신론별기』(대정장44, p.231b14·한불전1, p.685a18)에 "외도의 무리들은 대부분 심왕을 헤아려 재주나 작자나 수자로 여긴다. 자성이 없기에 연들을 따라 유전한다는 것을 능히 알지 못하기 때문이다. 諸外道等 多於心王 計爲宰主作者受者 以不能知由無自性隨緣流轉故"라고 하였다. [참고문헌] 『大莊嚴論經』, 『瑜伽師地論』, 『大乘起信論別記』, *Śrāv-bh.228.* ⇨ 주재 主宰, 작자 作者 ❷

재주 財主 ❶ 재산이나 재물의 주인. 부상(富商)이나 전주(錢主)의 뜻과 같다. 『중아함경』 권19 「유승천경 有勝天經」(대정장1, p.549b6)에 "선여재주가 한 사인에게 말했다. 너는 부처님께 가서 나를 대신하여 머리를 조아려 세존의 발에 예를 올리고, 세존께 이렇게 문안드려라. … 선여재주도 부처님의 발에 머리를 조아리고 세존께 문안드립니다. 성체 강건하시며, 안락하시고 무병하시며, 기거가 가벼우시고 기력도 한결같으십니까? 仙餘財主 告一使人 汝往詣佛 爲我稽首 禮世尊足 問訊世尊 … 仙餘財主 稽首佛足 問訊世尊 聖體康强 安快無病 起居輕便 氣力如常耶", 『출요경』 권6(대정장4, p.639c28)에 "'마치 재주가 창고를 지키는 것과 같다'라 하였으니, 저 창고를 지키는 것이란 저 선정비구가 지켜 보호하여 버리지 않는 것이니, 가령 마음이 어지러우면 곧 찾아 살펴 거두는 것처럼, 저 창고를 지키는 주인도 이와 같아서 종종 돌아보고 살핀다. 칠진잡보와 갖가지 물건·소·양·하인·재물·노비·금은진보·차거마노·진주호박 등을 때때로 돌아보고 살펴 잃지 않는다. 그러므로 '마치 재주가 창고를 지키듯 한다'라고 말씀하셨다. 如財主守藏者 彼守藏者 彼禪定比丘 守護不捨 設有錯亂 尋攝其心 彼守藏主 亦復如是 尋時瞻候 伺察庫藏 七珍雜寶 衆物牛羊 僕財奴婢 金銀珍寶 車渠馬瑙之屬 眞珠虎珀 尋時瞻候 不使漏失 是故說曰 如財主守藏也"라고 하였다. [참고문헌] 『中阿含經』, 『出曜經』. ❷ Ⓢ Ⓟ Dhanavatī. 가섭불(迦葉佛)의 어머니 이름. 『장아함경』 권1 「대본경 大本經」(대정장1, p.3b29)에 "가섭불의 아버지 이름은 범덕(Ⓟ Brahmadatta)이고, 바라문종성이며, 어머니 이름은 재주였다. 그 당시 왕의 이름은 급비였으며, 왕이 다스리던 성의 이름은 바라내였다. 迦葉佛父名曰梵德 婆羅門種 母名曰財主 時王名汲毗 王所治城名波羅㮈"라고 하였다. [참고문헌] 『長阿含經』, *DN.2.7.*

재주 齋主 대중에 공양을 베푸는 주인공. 『능엄경』 권1(대정장19, p.106b27)에 "부처님께서 문수사리에게 명하여 보살과 아라한들을 나누어 이끌고 여러 재주를 응대하게 하였다. 佛勅文殊 分領菩薩 及阿羅漢 應諸齋主", 『운문광록』 권하 「감변 勘辨」(대정장47, p.572c21)에 "승재를 마치고 돌아오는 학인에게 운문이 물었다. '재주가 무엇으로 공양하던가?' 학인이 주먹을 내세웠다. 因僧齋歸 師問 齋主有什麽供養 僧竪起拳"라고 하였다. [참고문헌] 『楞嚴經』, 『雲門廣錄』. ⇨ 시주 施主

재주선 梓舟船 1619~? 임제종(臨濟宗) 스님. 호는 재주, 속성은 하(何)씨. 성도(成都 : 四川省) 동천(潼川) 출신. 선의 앞 글자는 미상이다. 21세에 백련암(白蓮庵) 영춘(映春) 문하로 들어가 출가하였고, 24세에 설문(雪門)에게 구족계를 받았다. 영화산(榮華山)에 들어가 『법화경』과 『화엄경』에 3년에 걸쳐 예배하였다. 남해(南海)를 행각하면서 의흥(宜興 : 江蘇省)에서 만여통미(萬如通微)를, 호주(湖州 : 浙江省) 보은원(報恩院)에서 옥림통수(玉琳通琇)를, 경산(徑山)에서 비은통용(費隱通容)을, 천동(天童)에서 목운통문(牧雲通門)을, 영은(靈隱)에서 구덕홍례(具德弘禮)를, 천동에서 목진도민(木陳道忞)을, 삼탑(三塔)에서 자한각(自閒覺)을 찾아가 참문한 세월이 9년에 이르고, 마지막에는 화정선자(華亭船子) 법인사(法忍寺)의 이은행밀(二隱行謐)에게 법을 물었다. 가흥부(嘉興府 : 浙江省) 고심암(古心庵)에서 문을 닫아걸고 3년 동안 수행한 다음 형계보안사(荊溪保安寺)에서 이은에게 인가 받았다. 1664년(강희3) 초양양(楚襄陽 : 湖北省) 단계사(檀溪寺)에 주석했다. 『재주선선사어록』 3권을 남겼다. [참고문헌] 『壇溪梓舟船禪師語錄』 권3 「請藏檀越王居士請留行實」(가흥장33, p.348c14).

재주작자수자 宰主作者受者 주재하는 이와 짓는 이와 받는 이. 다스리고 스스로 짓고 받아 가지는 아(我)를 상정해서 붙인 임시의 이름들이다. 오온(五蘊)은 무아(無我)여서 재주도 작자도 수자도 실로 없다는 뜻이다. 『유가사지론』 권16(대정장30, p.364a22)에 "'제법 또한 용은 없다'라는 말은 법으로 분별하는 아를 막아 보내는 뜻이다. 이로써 한층 더함이란 기운 집착을 멀리 보내고, 용은 굴러 없지 않다는 것으로서 법은 성이 있다는 것을 드러내서 버려 없어진다는 기운 집착도 버린다. 용에는 세 가지가 있다. 첫째는 재주용, 둘째는 작자용, 셋째는 수자용이다. 이러한 용들로 인해 재주다 작자다 수자다 하며 임시로 세울 뿐이다. 諸法亦無用者 遮遣卽法所分別我 由此遠離增益邊執 而用轉非無者 顯法有性 由此遠離損減邊執 用有三種 一 宰主用 二 作者用 三 受者用 因此用故 假立宰主作者受者"라고 하였다. [참고문헌] 『瑜伽師地論』. ⇨ 재주 宰主

재죽 齋粥 점심에 먹는 반식(飯食)인 재와 아침에 먹는 죽식(粥食)을 함께 일컫는 말. 오후에 먹지 않는 것(非時食)이 출가자의 법도였으므로, 출가자가 하루 중 먹는 음식을 한꺼번에 일컫는다. 『경덕전등록』 권6 「선문규식 禪門規式」(대정장51, p.251a17)에 "재죽을 적절하게 두 때로 고르게 다한 것은 근검절약에 힘쓰면서 법도와 식사가 함께 움직임을 나타낸다. 齋粥隨宜 二時均遍者 務于節儉 表法食雙運也", 『서장』 「답고산체장로장 答鼓山逮長老狀」(대정장47, p.943a2)에 "일용하는 재죽은 늘 후수를 위해 넉넉히 하여야 자연히 힘을 들이지 않을 것입니다. 日用齋粥 常教後手有餘 自然不費力", 『지문조선사어록』(고존숙어록39, 卍속장118, p.666b11)에 "학인이 지문광조(智門光祚)에게 물었다. '무엇이 밑바닥 없는 발우입니까?' '벽에 걸려 있다' '그러면 어디에다 밥과 죽을 먹습니까?' '사기그릇과 대나무젓가락으로'. 問 如何是無底鉢盂 師云 挂向壁上 進云 未審將何齋粥 師云 瓦碗竹箸"라고 하였다. [참고문헌] 『景德傳燈錄』, 『書狀』, 『智門祚禪師語錄』.

재죽판 齋粥版 공양을 알리고자 치는 운판(雲板). 『선원청규』 권6 「경중 警衆」(卍속장111, p.910b2)에 "재죽판과 목어를 열고 닫는 일은 전좌가 담당한다. 齋粥版木魚開靜 典座主之"라고 하였다. [참고문헌] 『禪苑淸規』. ⇨ 재고 齋鼓, 공양 供養

재지 齋支 Ⓢ upavāsa-aṅga, Ⓣ bsnyen-gnas-kyi-yan-lag. 재가신도가 육재일(六齋日)에 하룻낮 하룻밤을 가져 지키는 여덟 가지 재계 그 각각을 말한다. 팔계(八戒). 팔관재(八關齋)·팔관재계(八關齋戒)라고도 한다. 『대비바사론』 권80(대정장27, p.412b12)에 "[문] 삼마지가 정려라면 초정려와 제3정려에는 마땅히 각각 네 지만 있어야 하고, 제2와 제4정려에는 각각 세 지만 있어야 한다. 즉 정려지에는 열네 가지만 있어야 하는데, 어찌하여 열여덟 지를 말하는가? [답] 삼마지는 정려이면서 또한 정려지(靜慮支)이지만 그 이외의 것은 정려지이지만 정려는 아니기에 열여덟 지다. 마치 택법은 각이면서 또한 각지이지만 그 이외의 것은 각지이지만 각은 아니고, 정견은 도이면서 또한 도지(道支)이지만 그 이외의 것은 도지이지 도는 아니다. 비시식은 재이면서 또한 재지이지만 그 이외 것은 재지이나 재는 아닌 것과 같다. 問 若三摩地是靜慮者 初第三靜慮 應各唯四支 第二第四靜慮 應各唯三支 則靜慮支 應唯十四 云何乃說十八支耶 答 三摩地是靜慮 亦是靜慮支 餘是靜慮支非靜慮故 有十八 如擇法是覺 亦是覺支 餘是覺支非覺 正見是道 亦是道支 餘是道支非道 離非時食是齋 亦是齋支 餘是齋支非齋", 『구사론』 권14(대정장29, p.75c2 : *Abh-k-bh.*, p.214)에 "비시식을 여의는 것을 재(齋)의 체(體)라 하고, 나머지 여덟 가지를 재지라고 한다. 향을 바르고 꽃다발로 장식하며 춤추고 노래하며 이것을 보고 듣는 것을 두 가지로 나누기 때문이다. 만약 이와 같이 주장하면 곧 계경에 어긋나니, 경중에서는 비시식을 여의는 것을 설해 마치고는 곧 말한다. '이러한 제8

지를 나는 지금 성자인 아라한을 따라 배울 것이고 행할 것이며 지을 것이다'. 만약 그렇다면 어떠한 별도의 재의 체가 있어 이러한 여덟 가지를 재지라고 하는가? 온통 들어 재라 하고, 개별적인 것을 지라고 한다. 즉 따로 설한 것이 모여 총이 되어야 '지'라는 이름도 얻을 수 있기 때문이다. 마치 수레의 여러 부분과 네 부류 군대와 다섯 가지 가루약처럼 재계의 여덟 가지도 역시 그러함을 알아야 한다. 비바사사는 다음과 같이 설한다. '비시식을 여의는 것이 재이고 재지이지만 그 밖의 일곱 가지는 재지이지 재가 아니다. 이는 마치 정견이 도이면서 도지이지만 나머지 일곱 지는 도지이고 도가 아닌 것과 같다. 離非時食 名爲齋體 餘有八種 說名齋支 塗飾香鬘 舞歌觀聽 分爲二故 若作此執 便違契經 經中說離非時食已 便作是說 此第八支 我今隨聖阿羅漢學 隨行隨作 若爾有何別齋體 而說此八名齋支 總標齋號 別說爲支 以別成總 得支名故 如車衆分 及四支軍 五支散等 齋戒八支 應知亦爾 毘婆沙師 作如是說 離非時食 是齋亦齋支 所餘七支 是齋支非齋 如正見是道亦道支 餘七支是道支非道 ke cittu khalvakālabhojanāt prativiratimevopavāsaṃ manyante. tasya śeṣāṇyaṣṭāṅgānīti. nṛtyagotavāditraṃ gandhamālyavilepanaṃ ca dvayaṃ kṛtvā. evaṃ tu sati sūtrapāṭho na yujyeta. akālabhojanādvirati muktvā, anenāhamaṣṭamāṅgena teṣāmāryāṇāmarhatāṃ śikṣāyāmanuśikṣe anuvidhīya, iti. kastarhi so 'nya upavāso yasyemānyaṅgāni. samudāyasyāvayavā aṅgāni. yathā sthasyāṅgāni caturaṅgo balakāyaḥ pañcāṅgaṃ tūryaṃ tathā 'ṣṭāṅga upavāso draṣṭavyaḥ. akālabhojanāt prativiratirūpavāsa upavāsāṅgaṃ ca yathā samyagdṛṣṭirmārgo mārgāṅgaṃ ca"라고 하였다. 〔참고문헌〕『大毘婆沙論』, 『俱舍論』, *Abh-k-bh*. ⇨ 재 齋, 재계 齋戒, 팔관재 八關齋

재진 再進 ❶ 다시 앞으로 나아간다는 말. 『백장청규』 권2 「달마기 達磨忌」(대정장48, p.1117c26)에 "주지는 향을 올리고 삼배하고 좌구를 거두지 않고 탕을 올리고 물러나 삼배한 후 다시 앞으로 나아가 조사의 진영에 문안 올리며 탕을 권한다. 住持上香三拜 不收坐具上湯 退身三拜 再進前 問訊揖湯"라고 하였다. 〔참고문헌〕『百丈淸規』. ❷ 선원에서 공양할 때 주어진 분량을 다 먹고 한 그릇 더 받는 것. 재청(再請)이라고도 한다. 『선림상기전』 권16(불광장, 禪藏, p.1275)에서 무착도충(無著道忠)은 재진이 재청의 잘못된 표현이라고 하였다. 〔참고문헌〕『禪林象器箋』. ⇨ 재청 再請

재청 再請 처음 받은 분량의 공양을 마치고 다시 한번 더 청하는 것. 『선림상기전』 권16 「재청」(불광장, 禪藏, p.1275)에 "구설에서는 청이란 공양을 받는다는 뜻이고 재청이란 공양을 두 번 받는다는 뜻이다. 도충이 말한다. '속어로 재진이라고 하는데 잘못된 말이다'. 『일용궤범』에 '재청이 끝나지 않았으면 발우를 거둘 수 없다'라고 하였다. 再請 舊說曰 請受食也 再請者 兩受食也 忠曰 俗作再進訛 日用軌範云 未再請 不得刷鉢盂"라고 하였다. 〔참고문헌〕『禪林象器箋』.

재청선 再請禪 정해진 시간 이후에 계속 하는 좌선. 『선림상기전』 권9 「재청선」(불광장, 禪藏, p.633)에 "도충이 말한다. '정식의 좌선은 종이 울리면 마치는데 그 후에 다시 좌선하면 이것을 재청선이라고 한다'. 『백장청규』 「대좌참 大坐參」에서 '재청선을 할 때엔 주지는 뒷문으로 들어와 자리로 돌아가고 순당하지 않으며 두수는 대중을 따르며 대소변을 해결한 이는 자기 자리로 돌아간다. 밤이 깊으면 주지가 나가고 수좌가 침구 펼치는 소리를 들으면 대중은 비로소 쉴 수 있다. 도를 닦는 형제들은 이에 구애받지 않는다'라고 하였다. 再請禪 忠曰 定式坐禪 到定鐘鳴而止 此後再禪坐 此曰再請禪 敕修淸規大坐參云 如坐再請禪 住持後門入 歸位 不巡堂 頭首隨衆 或抽解者 卽歸被位 更深住持出 聞首座開枕響 衆方偃息 在道兄弟 不以此拘"라고 하였다. 〔참고문헌〕『禪林象器箋』, 『百丈淸規』 권6(대정장48, p.1143c13).

재친 齋嚫 음식과 재물 등의 공양물. 재(齋)는 공양을 뜻하고 친(嚫)은 달친(達嚫 Ⓢ dakṣiṇā)으로서 보시를 의미한다. 『백장청규』 권3 「전사특위신명전점 專使特爲新命煎點」(대정장48, p.1124a25)에 "전사가 먼저 새로 부임한 주지와 의논하여 공양물을 경중에 따라 합당하게 판단하고 양서·근구·향인·법권·판사에게 배분한다. 공양의 재료 등의 쓰임은 전사가 사고에게 보내어 마련한다. 專使先與新命議定齋嚫 輕重合宜 兩序勤舊鄕人法眷辦事貼嚫 齋料等費專使親送納庫司置辦"라고 하였다. 〔참고문헌〕『百丈淸規』. ⇨ 재 齋, 달친 達嚫❶

재친 齋襯 재료(齋料)를 베푸는 일. 친은 베푼다는 뜻으로 보시를 말한다. 『선원청규』 권4 「연수당주정두 延壽堂主淨頭」(卍속장111, p.898a10)에 "연수당에서 요양하며 쉬는 사람과 관계되는 일이 아니라면 죽이나 밥의 시간을 어기게 허용해서는 안 된다〈어떤 곳에서는 병든 스님 연수당에 있을 경우 모두 장부에 적어 올리고 고사에 의지하여 공급하는 동시에 재친을 청한다〉. 非係堂中將息之人 不得延容粥飯〈有處病僧在堂 竝上文曆 以憑庫司打給 竝請齋襯〉"라고 하였다. 〔참고문헌〕『禪苑淸規』, 『禪林象器箋』 권8(불광장, 禪藏, p.548).

재퇴 齋退 정오의 공양이 끝난 이후를 가리키는 말. 정오에서 오후 3시까지에 해당한다. 재파(齋罷)라고도 한다. 『백장청규』 권3 「산문특위신명다탕 山門特爲新命茶湯」(대정장48, p.1126b13)에 "정오 공양이 끝난 후에 법고를 울려 대중을 소집한다. 齋退鳴鼓集衆"라고 하였다. [참고문헌] 『百丈清規』.

재파 齋罷 정오 공양이 끝난 이후를 가리키는 말. 재퇴(齋退)라고도 한다. 『백장청규』 권3 「다비 茶毘」(대정장48, p.1129a7)에 "정오 공양이 끝난 후에 승당의 종을 울려 대중을 소집한다. 齋罷鳴僧堂鍾集衆"라고 하였다. [참고문헌] 『百丈清規』. ⇨ 재퇴 齋退

재판 齋板 공양을 알리고자 치는 판. 주고(廚庫)에 있는 큰 판을 말한다. 『백장청규』 권2 「수사법인전점 受嗣法人煎點」(대정장48, p.1123b13)에 "주사에서 재판을 울리기 시작하면 공양하러 간다. 廚司方鳴齋板 就行飯"라고 하였다. [참고문헌] 『百丈清規』. ⇨ 재고 齋鼓, 운판 雲板

재혜동자 財慧童子 Ⓢ Vasumati. 문수오동자(文殊五童子 : 文殊五使者) 또는 팔대동자 중 한 명. 지혜동자(地慧童子)라고도 하고, 바소마지(縛蘇摩底)라고 음사한다. 『대일경』 권2 「보통진언장품 普通眞言藏品」(대정장18, p.16c9)에 따르면 진언은 "나마 삼만다 발다남 〈일〉 계리 [Siddham script] 南麼三曼多勃馱喃〈一〉係履 namaḥ samanta buddhānāṃ hili 널리 제불께 귀의합니다, 힐리"라고 하였다. [참고문헌] 『大日經』, 『青龍寺儀軌』 권중(대정장18, p.154c14). ⇨ 지혜동자 地慧童子, 바소마지 縛蘇摩底, 문수오사자 文殊五使者

재호 在浩 조선후기 스님 예암광준(禮庵廣俊 1834~1894)의 수계제자이다. 『동사열전』 권6 「예암선사전 禮庵禪師傳」(한불전10, p.1070a14)에 "수계제자는 재민·재윤·재호 등 15인이다. 受戒者 在敏在允在浩等十五人"라고 하였다. [참고문헌] 『東師列傳』. ⇨ 광준 廣俊

재회 齋會 승가대중에게 공양을 베풀고 법을 청해 듣는 모임. 『유부니다나목득가』 권1(대정장24, p.452b20)에 "이때에 부처님께서 실라벌성에 계셨는데, 많은 상인들이 부처님과 승중을 청하여 원림에 나아와 큰 재회를 열었다. 爾時佛在室羅伐城 多有商人 請佛及僧 就園林中設大齋會", 『불조통기』 권33(대정장49, p.321c28)에 "이제 재회를 열고 세운다. 이에 『의문』(수륙의문)과 상축이 모두 쓰임이 있게 되었다. 今創立齋會 於是儀文像軸 皆得其用", 『고려사절요』 권2에 "이 해(968·광종19)에 홍화·유암·삼귀사 등을 창건하였다. 왕이 참소를 믿어 많이 죽였으므로 마음이 두려웠다. 죄업을 없애고자 널리 재회를 베풀었다. 是歲 創弘化遊巖三歸等寺 王信讒多殺 內懷疑懼 欲除罪業 廣設齋會"라고 하였다. [참고문헌] 『有部尼陀那目得迦』, 『佛祖統紀』, 『高麗史節要』. ⇨ 재 齋, 반승 飯僧

쟁 諍 ❶ Ⓢ Ⓟ vivāda. 법율(法律)·위의(威儀)·범계(犯戒) 등에 대하여 서로 다투는 일. 법비법(法非法) 등에 대해 다투는 언쟁(言諍), 계견위의(戒見威儀)를 다투는 멱쟁(覓諍), 일곱 갈래 범계를 다투는 범쟁(犯諍), 이 세 가지 쟁을 다루는 일로 다투는 사쟁(事諍) 등이다. 이것을 화해시키는 것을 화쟁(和諍)이라 하고, 그치게 하는 것은 멸쟁(滅諍)이라 한다. 『사분율』 권47(대정장22, p.916a5)에 "네 가지 쟁이 있으니, 언쟁(言諍)·멱쟁(覓諍)·범쟁(犯諍)·사쟁(事諍)이다. 어떤 것을 언쟁이라고 하는가? 비구와 비구가 말로 다투면서 열여덟 가지 쟁사인 법과 비법·율과 비율 내지는 설과 불설 등을 끌어와 함께 말로 다투다가 마침내 서로 싸우게 되면 이것이 언쟁이다. 有四種諍 言諍 覓諍 犯諍 事諍 云何言諍 比丘共比丘諍言 引十八諍事 法非法 若毘尼非毘尼 乃至說不說 若以如是相 共諍言語 遂彼此共鬪 是爲言諍", "어떤 것을 멱쟁이라고 하는가? 비구와 비구가 죄를 찾아내 세 가지로 드러내니, 파계·파견·파위의 등을 보았거나 들었거나 의심스러운 것이 있으면 찾아내 드러낸다. 云何覓諍 若比丘與比丘覓罪 以三擧事 破戒 破見 破威儀 見聞疑 作如是相覓罪", "어떤 것을 범쟁이라고 하는가? 일곱 가지 죄인 바라이·승가바시사 내지는 악설 등을 범한 것에 대해 다투는 것이니 범쟁이다. 어떤 것을 사쟁이라고 하는가? 언쟁·멱쟁·범쟁 중에 생긴 일이니, 이것이 사쟁이다. 云何犯諍 犯七種罪 波羅夷 僧伽婆尸沙 乃至惡說 是爲犯諍 云何事諍 言諍中事作 覓諍中事作 犯諍中事作 是爲事諍", "언쟁은 무엇이 뿌리인가? 탐에치가 근이고, 무탐무에무치가 근이며, 승가가 근이고, 계가 근이며, 인이 근이고, 육쟁이 근이며, 십팔파승사가 근이니, 이런 것이 언쟁의 근이다. 멱쟁은 무엇이 근인가? 탐에치가 근이고, … 삼거사가 근이니, 이런 것이 멱쟁의 근이다. 言諍以何爲根 貪恚癡爲根 無貪無恚無癡爲根 僧爲根 界爲根 人爲根 六諍爲根 十八破事爲根 是爲言諍根 覓諍以何爲根 貪恚癡爲根 … 三擧事爲根 是爲覓諍根", "범쟁은 무엇이 근인가? 탐에치가 근이고, … 육범이 일으키는 것이 근이니, 이런 것이 범쟁의 근이다. 사쟁은 무엇이 근인가? 탐에치가 근이고, … 인이 근이니, 이런 것이 사쟁의 근이다. 犯諍以何爲根 貪恚癡爲根 … 六犯所起爲根 是爲犯諍根 事諍以何爲根 貪恚癡爲根 … 人爲根 是爲事諍根"라고 하였다. [참고문헌] 『四分律』, 『毘尼心』(대정장85, p.665c10), *Vikī-n.120.*, *Vin.2.84.* ⇨ 논쟁 論諍, 언쟁 言諍, 사쟁 四諍, 멸쟁법 滅諍法 ❷ Ⓢ raṇa, Ⓣ nyon-mongs

-pa, 'thab-pa. 번뇌(煩惱 Ⓢ kleśa)의 다른 이름. 『구사론』 권1(대정장29, p.2a28 : *Abh-k-bh.*, p.5)에 "이러한 유루법(有漏法)을 유쟁(有諍 Ⓢ saraṇa)이라고도 한다. 번뇌를 일컬어 쟁이라 하는데, 선품과 부딪혀 동요하게 하기 때문이며 자신과 타인에게 손해를 끼치기 때문이다. 쟁이 따라 더하기에 유쟁이라 하니 마치 유루와도 같다. 또 역시 고라고도 하니 성심을 거스르기 때문이며, 집(集)이라고도 하니 괴로움을 초래하기 때문이고, 또한 세간이라고도 하니 허물기 때문이며, 맞서 상대하기에 견처라고도 하니 견이 그 중에 머물러 번뇌를 더하기 때문이고, 또 삼유(三有 : 欲有 色有 無色有)라고도 하니 유의 인이고 의지며 삼유로 거둔다. 이와 같은 류가 유루법이니, 뜻에 따라 달리한 이름이다. 此有漏法 亦名有諍 煩惱名諍 觸動善品故 損害自他故 諍隨增故 名爲有諍 猶如有漏 亦名爲苦 違聖心故 亦名爲集 能招苦故 亦名世間 可毁壞故 有對治故 亦名見處 見住其中 隨增眠故 亦名三有 有因有依 三有攝故 如是等類 是有漏法 隨義別名 〈bhāṣya〉 ta eva sāsravā dharmā ucyante. 〈kārikā〉 saraṇā api. 〈bhāṣya〉 raṇā hi kleśāḥ. ātmapāravyāvādhanāt. stadanuśayitatvāt saraṇāḥ. sāsravavat. punaḥ 〈kārikā〉 duḥkhaṃ samudayo loko dṛṣṭisthānaṃ bhavaśca te. 〈bhāṣya〉 āryāṇāṃ pratikūlatvādduḥkham. samudetyasmād duḥkhamiti samudayaḥ. lakṣyata iti lokaḥ. dṛṣṭirasmiṃstiṣṭhatyanuśayanāditi dṛṣṭisthānam. bhavatīti bhavaḥ. ityete sāsravāṇasaṃ dharmāṇāmānvarthaparyāyāḥ"라 하였다. 〔참고문헌〕『俱舍論』, *Abh-k-bh.* ❸ 솔직하게 말로 가려 북돋우는 일. 간(諫)과 같은 뜻이다. 『종경록』 권42(대정장48, p.666c12)에 "좋은 약은 입에 쓰지만 병에는 이롭고, 충성스런 말은 귀에 거슬리지만 행동에는 이롭다. 탕왕(湯王)과 무왕(武王)은 악악(諤諤 : 목숨을 걸고 간언하는 것)대는 신하 때문에 창성하였고, 걸왕(桀王)과 주왕(紂王)은 네네 하는 신하 때문에 망했다. 임금에게 간언하는 신하가 없고, 아버지에게 바른 말하는 아들이 없으며, 형에게 솔직하게 말하는 동생이 없고, 선비에게 충고하는 벗이 없는 경우에, 허물이 없는 이는 없다. 良藥苦口 而利於病 忠言逆耳 而利於行 湯武以諤諤而昌 桀紂以唯唯而亡 君無諍臣 父無諍子 兄無諍弟 士無諍友 無其過者 未之有也"라고 하였다. 〔참고문헌〕『宗鏡錄』. ⇨ 간 諫

쟁관법 錚觀法 원효(元曉)가 정토수행자 엄장(嚴莊)을 위해 지어 가르쳐준 수행법. 『삼국유사』 권5(대정장49, p.1012c13 · 한불전6, p.359a5) 감통(感通)7 광덕엄장(廣德嚴莊)에 "즉시 원효법사 주석처에 나아가 간곡히 진요를 구하니, 원효가 쟁관법을 지어 가르쳐 주었다. 엄장은 이에 몸을 깨끗이 하고 돌이켜 뉘우쳤으며 한마음으로 관법을 수행하였고 역시 서방정토에 오를 수 있었다. 쟁관은 「효사본전」과 『해동승전』 중에 있다. 便詣元曉法師處 懇求津要 曉作錚觀法誘之 藏於是潔己悔責 一意修觀 亦得西昇 錚觀在曉師本傳 與海東僧傳中"라고 하였다. 〔참고문헌〕『三國遺事』. ⇨ 삽관법 鍤觀法

쟁근 諍根 ❶ 다툼의 뿌리. 번뇌(煩惱 Ⓢ kleśa)의 다른 이름으로 134종 번뇌 중 특히 유정들 간 다툼의 뿌리이기에 분 · 부 · 질 · 첨 · 악락 · 견촉(忿 覆 嫉 諂 惡樂 見觸)을 육쟁근이라 한다. 『해탈도론』 권12(대정장32, p.460a2)에 "번뇌란 무엇인가? 백삼십사번뇌이니 다음과 같다. 삼불선근 · 삼멱 · 사루 · 사결 · 사류 · 사액 · 사취 · 사악취행 · 오간 · 오개 · 육쟁근 · 칠사세간 · 팔법 · 구만 · 십번뇌처 · 십불선업도 · 십결 · 십사변 · 십이전도 · 십이불선심기다. … 육쟁근이란 무엇인가? 분 · 부 · 질 · 첨 · 악락 · 견촉이다. 여기에서 첨 · 악락 · 견촉은 수다원도로 다하고, 분 · 부 · 질은 아나함도에서 사라진다. 煩惱者 一百三十四煩惱 如是三不善根 三覓 四漏 四結 四流 四厄 四取 四惡趣行 五慳 五蓋 六諍根 七使世間 八法 九慢 十煩惱處 十不善業道 十結 十邪邊 十二顚倒 十二不善心起 … 六諍根者 忿 覆 嫉 諂 惡樂 見觸 於此 諂惡樂見觸 以須陀洹道滅 忿覆嫉 以阿那含道滅"라고 하였다. 〔참고문헌〕『解脫道論』, 『集異門足論』 권15(대정장26, p.431a16). ⇨ 쟁 諍❷ ❷ Ⓢ Ⓟ vivāda-mūla, Ⓣ rtsod-pa'i-rtsa-ba. 모든 욕망과 모든 생각으로 다퉈 탐착하는 일. 오둔사(五鈍使)와 오리사(五利使)인 십사(十使) 즉 근본번뇌를 말한다. 수(受)와 상(想)이 이들의 최승인(因)이다. 『구사론』 권1(대정장29, p.5b12 : *Abh-k-bh.*, p.14)에 "〔논〕 쟁근에는 두 가지가 있으니, 모든 욕탐에 집착하는 것과 모든 견해에 집착하는 것을 말한다. 이 두 가지의 수와 상은 이와같이 차제로 최승인이 된다. 맛들여 받아들이는 힘 때문에 모든 욕에 탐착하게 되고, 전도된 생각의 힘 때문에 온갖 견해에 탐착하게 된다. 또한 생사법은 '수'와 '상'을 최승인으로 삼는다. 즉 탐착하여 받아들이고는 뒤집힌 상을 일으키기에 나고 죽으면서 윤회한다. 論曰 諍根有二 謂著諸欲 及著諸見 此二受想 如其次第 爲最勝因 味受力故 貪著諸欲 倒想力故 貪著諸見 又生死法 以受及想爲最勝因 由耽著受 起倒想故 生死輪迴 dve vivādamūle. kāmādhyavasānaṃ dṛṣṭyadhyavasānaṃ ca. tayorvedanāsaṃjñe yathākramaṃ pradhānahetū. vedanāsvādavaśāddhi kāmānabhiṣvajante viparītasaṃjñāvaśācca dṛṣṭīriti. saṃsārasyāpi te pradhānahetū. vedanāsvādagṛddho hi viṣaryastasaṃjñaḥ saṃsarati", 『구사론송소의초』 권상(卍속장83, p.831a4)에 "오둔사(五鈍使)와 오리사(五利使)를 쟁근이라 한다. '수'와 '상'이 원인이 되어 이 두 종류의 번뇌를 낳

으므로 쟁근인이라고 한다. 五鈍使 五利使 名諍根 受想爲因 生此二類煩惱 名諍根因也"라고 하였다. [참고문헌]『俱舍論』, 『俱舍論頌疏義鈔』, 『順正理論』 권3(대정장29, p.344c20), *Abh-k-bh.*, *AN.3.334.* ⇨ 쟁 諍❶, 번뇌 煩惱, 십사 十使

쟁근인 諍根因 쟁근(諍根)의 인. 모든 욕과 견에 대한 집착의 인인 수(受)와 상(想)을 말한다. 『구사론송소론본』 권1(대정장41, p.823c8)에 "삼인(三因)이란 무엇인가? 첫째 쟁근인이다. 쟁근에는 두 가지가 있으니, 모든 욕에 탐착하는 것과 모든 견에 탐하는 것을 말한다. 이 두 가지의 '수'와 '상'이 차례로 최승인이 된다. 즉 미수의 힘 때문에 모든 욕에 탐착하게 되고, 전도된 생각의 힘 때문에 온갖 견에 탐착하게 된다. [해] 모든 욕이란 오묘경이며, 모든 견이란 신견 등의 다섯 가지다. 모든 욕탐과 제견 그 자체로 번뇌인데, 번뇌를 쟁이라 하니 다시 쟁을 근이라 한다. 수와 상 두 가지는 쟁근에게 인이 되므로 쟁근의 인이니, 의주석이다. 言三因者 第一 諍根因 諍根有二 謂著諸欲 及著諸見 此二受想如其次第 爲最勝因 味受力故 貪著諸欲 倒想力故 貪著諸見 解云 諸欲者 是五妙境也 諸見者 是身見等五也 諸欲貪及諸見體是煩惱 煩惱名諍 卽諍名根 受想二法 與諍根爲因 諍根之因 依主釋也", "라고 하였다. [참고문헌]『俱舍論頌疏論本』. ⇨ 쟁 諍❶, 쟁근 諍根❷, 번뇌 煩惱

쟁나 爭那 어떻게 할까? 어찌할 수 없다는 뜻이다. 쟁내(爭奈)와 같다. '쟁나 … 하(何)'의 형태로 활용된다. 『조당집』 권4 「천황화상장 天皇和尙章」(대장경보편25, p.376b10)에 "학인이 물었다. '현묘한 설은 무엇입니까?' '내가 불법을 안다고 말하지 마라!' '학인의 의심은 어떻게 합니까?' 問 如何玄妙之說 師云 莫道我解佛法 僧云 爭那學人疑滯何"라고 하였다. [참고문헌]『祖堂集』. ⇨ 쟁내 爭奈, 무내하 無奈何

쟁내 爭奈 어찌할 수 없다. 어떻게 할까. '쟁내(爭奈) … 하(何)'로 쓴다. 『오등회원』 권3 「남전보원장 南泉普願章」(卍속장138, p.95a3)에 "선사가 옷을 세탁하고 있을 때 학인이 물었다. '화상께도 아직 이런 것이 있습니다'. 남전화상이 옷을 집어 들고 말했다. '이것을 어찌하면 좋을까'. 師洗衣次 僧問 和尙猶有這箇在 師拈起衣曰 爭奈這箇何", 『선림승보전』 권12 「천복승고전 薦福承古傳」(卍속장137, p.490a8)에 "공겁 이전의 일을 알 수 있는가? 아직 알지 못했다면 영겁토록 윤회한들 어찌하겠나. 空劫已前事 還得相應也未 若未得相應 爭奈永劫輪迴有何", 『조당집』 권9 「낙포화상장 落浦和尙章」(대장경보편25, p.469a13)에 "설령 그대가 천하인들의 혀를 자른다 해도 혀 없는 사람이 말 알아듣는 일은 어찌하겠나. 任你截斷天下人舌頭 爭奈無舌人解語何"라고 하였다. [참고문헌]『五燈會元』, 『禪林僧寶傳』, 『祖堂集』. ⇨ 무내하 無奈何

쟁내해안하청 爭奈海晏河淸 바다 고요하고 강 맑은 것 어쩔 수 없다. 『벽암록』 24칙 「송 頌」(대정장48, p.165b10)에 "일찍이 무쇠 말 타고 겹겹의 성에 들었더니 칙명을 내려 전하길 여섯 나라 평안하네〈개가 사면장을 얻었네. 수도에 천자가 있다. 바다 고요하고 하천 맑음을 어찌하겠는가?〉 무쇠 채찍을 쥐고 나그네에게 물으니 깊은 밤에 누가 함께 길을 가리오. 曾騎鐵馬入重城 勅下傳聞六國淸〈狗銜赦書 寰中天子 爭奈海晏河淸〉 猶握金鞭問歸客 夜深誰共御街行"라고 하였다. [참고문헌]『碧巖錄』.

쟁득 爭得 어떻게 ~할 수 있겠는가? ~할 리가 없다는 뜻이다. 『조당집』 권5 「운암화상장 雲巖和尙章」(대장경보편25, p.395a10)에 "동산이 물었다. '저 집에는 책이 얼마나 있습니까?' '한 글자도 없다' '어찌 그렇게 많이 알 수 있으십니까?' '밤새 한잠도 못 잤다'. 洞山問 他屋裏有多小典藉 師曰 一字也無 進曰 爭得與摩多知生 師曰 日夜不曾睡", 같은 책 권6 「동산양개장 洞山良价章」(대장경보편25, p.420b11)에 "설봉이 나무할 때 동산이 물었다. '무게가 얼마나 되는가?' '온 세상 사람들이 들어도 들 수 없습니다' '어찌 이러한 경지에 이를 수 있겠는가?' 설봉은 답이 없었다. 因雪峰般柴次 師問 重多少 對曰 盡大地人提不起 師云 爭得到這裏 雪峰無對", 『경덕전등록』 권16 「설봉의존전 雪峰義存傳」(대정장51, p.327b13에 "설봉이 학인에게 물었다. '어디서 오는가?' '가깝지만 제중을 떠나 왔습니다' '배로 왔는가? 육로로 왔는가?' '두 길 모두 밟은 일 없습니다' '어떻게 올 수 있었는가?' '무슨 막히고 가린 것 있겠습니까?' 설봉이 바로 때렸다. 師問僧 什麽處來 僧曰 近離浙中 師曰 船來陸來 曰二途俱不涉 師曰 爭得到這裏 曰有什麽隔礙 師便打"라고 하였다. [참고문헌]『祖堂集』, 『景德傳燈錄』.

쟁론 諍論 Ⓢ Ⓟ vivāda, Ⓣ rtsod-pa. 육종론(六種論) 중 하나. 논쟁하는 것. 『대승아비달마집론』 권7(대정장31, p.693b19 : *Abh-s.*, p.104)에 "쟁론이란 서로 어긋나게 내세우는 주장을 말한다. 諍論者 謂互相違返 所立言論 vivādaḥ parasparaṃ viruddhayor vād e'vasthānam"라고 하였다. [참고문헌]『大乘阿毘達磨集論』, *Abh-s.* ⇨ 육종론 六種論

쟁변 諍變 ➡ 쟁 諍❷

쟁사 爭似 어찌 ~와 같겠는가? ~에 미치지 못한다. 『경덕전등록』 권30 「증도가 證道歌」(대정장51, p.460

b22)에 "상에 머무는 보시는 천에 태어나는 복을 낳지만 허공을 향해 쏜 화살이 힘이 다하면 땅에 떨어지는 것과 같이 내생을 초래하여 뜻대로 되지 않으니 어찌 무위의 실상문에서 한 번에 여래의 경지로 곧장 들어가는 것과 같겠는가? 住相布施生天福 猶如仰箭射虛空 勢力盡箭還墜 招得來生不如意 爭似無爲實相門 一超直入如來地", 『속전등록』 권21 「보감법달전 寶鑑法達傳」(대정장51, p.610b19)에 "마음과 법이 모두 사라지고 두 가지가 곧장 끊어지더라도 역시 소머리를 얹고 풀을 씹을 것이니 어찌 귀로 듣고 눈으로 보며 입으로 말하고 마음으로 생각하는 것과 같겠는가? 假使心法雙亡 兩頭截斷 亦是按牛頭喫草 爭似耳聞目覩口說心思", 『종용록』 23칙 「평창 評唱」(대정장48, p.242b4)에 "충분히 설명할 수 있더라도 직접 한 번 가보는 것만 못하다. 그래서 교학은 달을 그린 것과 같고 선은 달을 지시한 것과 같지만 어찌 노조가 직접 수정궁 안에 있었던 것과 같겠는가? 直饒說得十分 爭似一迴親到 所以靈山如畫月 曹溪如指月 爭似魯祖在水晶宮中"라고 하였다. [참고문헌] 『景德傳燈錄』, 『續傳燈錄』, 『從容錄』.

쟁사 諍事 Ⓢ Ⓟ adhikaraṇa, Ⓣ rtsod-pa. 법과 비법, 계와 율, 범계 등에 의견을 달리하여 대중 중에 있으면서 말로 다투는 일. 『마하승기율』 권12(대정장22, p.327b13)에 "쟁사란 무엇인가? 네 가지가 있으니, 상언쟁(相言諍 : 言諍)·비방쟁(誹謗諍 : 覓諍)·죄쟁(罪諍 : 犯諍)·상소행사쟁(常所行事諍 : 事諍) 등이다. 諍事者 有四種 相言諍 誹謗諍 罪諍 常所行事諍", 『사분율』 권17(대정장22, p.681a28 : *Suttavibhaṅga, Vin.4*, p.126)에 "만약 비구가 쟁사를 알고 여법히 참회하였는데, 뒤에 다시 들고 일어나는 자는 바일제니라. 若比丘知諍事 如法懺悔已 後更發起者 波逸提 yo pana bhikkhu jānaṃ yathā-dhammaṃ nihatādhikaraṇaṃ puna kammāya ukkoṭeyya pācittiyan ti", 같은 책 권47(대정장22, p.916a5)에 "네 가지 쟁(諍)이 있으니, 언쟁·멱쟁·범쟁·사쟁이다. 어떤 것을 언쟁이라고 하는가? 비구와 비구가 말로 다투면서 열여덟 가지 쟁사인 법과 비법·율과 비율 내지는 설과 불설 등을 끌어와, 이런 양상에 대하여 함께 말로 다투다가 마침내 서로 싸우게 되면 이것이 언쟁이다. … 어떤 것을 '사쟁'이라고 하는가? 언쟁·멱쟁·범쟁 등 중의 일에서 생기는 것이니, 이것이 사쟁이다. 有四種諍 言諍 覓諍 犯諍 事諍 云何言諍 比丘共比丘諍言 引十八諍事 法非法 若毘尼非毘尼 乃至說不說 若以如是相 共諍言語 遂彼此共鬪 是爲言諍 … 云何事諍 言諍中事作 覓諍中事作 犯諍中事作 是爲事諍"라고 하였다. [참고문헌] 『摩訶僧祇律』, 『四分律』, *Vin.*, *Prāt-m.32.*, 李智冠 『南北傳六部律藏比較硏究』, p.236. ⇨ 쟁 諍 1, 사쟁 四諍

쟁송 諍訟 Ⓢ vivāda, Ⓟ kalaha, Ⓣ 'gyed-pa, rtsod-pa. 생각과 말로 분별하고 다투는 일. 호오(好惡)·이비리(理非理)·구정(垢淨)·선불선(善不善)·지계훼계(持戒毁戒)·득도득과(得道得果) 등에 대하여 다툰다. 『사익범천소문경』 권3(대정장15, p.47c1)에 "범천이 이렇게 말했다. '누가 능히 이 법을 알 수 있습니까?' 문수사리가 답하였다. '알음알이가 없고, 분별이 없으며, 쟁송이 없는 자이다'. 범천이 이렇게 말했다. '어떤 비구를 쟁송이 많다고 합니까?' 문수사리가 답하였다. '이것은 좋다 이것은 나쁘다고 하는 것을 쟁송이라 하며, 이에 맞는다거나 이에 맞지 않는다고 하는 것이 쟁송이고, 더럽다 깨끗하다 하는 것이 쟁송이며, 선불선이라 하는 것이 쟁송이고, 계를 가진 것이다 계를 훼손함이라고 하는 것이 쟁송이며, 해야한다거나 하지 않아야 한다고 하는 것이 쟁송이고, 이 법으로 도를 얻는다거나 이 법으로 과보를 얻는다고 하는 것이 쟁송이다. 범천이여, 법중에 높다거나 낮은 마음이 있어서 탐착하여 취하거나 받아들인다면 다 쟁송이다. 부처님께서 말씀하신 법에는 쟁송이 없다. 범천이여, 희론을 즐기는 자는 쟁송하지 않을 수 없으며, 쟁송을 즐기는 자에게는 사문법은 없다. 사문법을 즐기는 자에게는 망상과 탐착마저 없다'. 梵天言 誰能知是法 答言 無識 無分別 無諍訟者 梵天言 云何比丘 名多諍訟 答言 是好 是惡 此名諍訟 是理是非理 此名諍訟 是垢 是淨 此名諍訟 是善 是不善 此名諍訟 是持戒 是毁戒 此名諍訟 是應作 是不應作 此名諍訟 以是法得道 以是法得果 此名諍訟 梵天 若於法中 有高下心 貪著取受 皆是諍訟 佛所說法 無有諍訟 梵天 樂戲論者 無不諍訟 樂諍訟者 無沙門法 樂沙門法者 無有妄想貪著", 『성관자재보살불공왕비밀심다라니경』(대정장20, p.446a16)에 "눈병을 없애려면 향수나 감초수나 바라사 잎을 담근 물에 가지하고서 쓴다. 만일 모든 싸움과 쟁송을 없애려고 하면 깨끗한 물에 가지하고서 그 얼굴을 씻는다. 欲除去眼病者 加持香水 或甘草水 或鉢羅舍葉浸水而用 若欲息諸鬪戰諍訟者 加持淨水 洗滌其面"라고 하였다. [참고문헌] 『思益梵天所問經』, 『聖觀自在菩薩不空王祕密心陀羅尼經』, *Yogā-bh.48.*, *Bodh-bh.28.*, *DN.3.289.* ⇨ 쟁 諍 1

쟁심 諍心 육십심(六十心) 중 하나. 모든 것에 대하여 스스로 시비(是非)와 득실(得失)을 가리고자 하는 마음. 무쟁심(無諍心)의 상대어다. 『대일경』 권1(대정장18, p.2c23)에 "어떤 것을 쟁심이라 하는가? 자기에게 시비심이 생기는 것을 말한다. 云何諍心 謂於自已而生是非", 『대일경소』 권2(대정장39, p.597a15)에 "열셋째 '무엇이 쟁심인가? 자기에게 시비심이 생기는 것을 말한다'란 무슨 말인가? 안으로 시비심을 품는 것을 말한다. 마치 스스로 한 가지 뜻만을 사유하고는, 다시 스스로 이단을 설정하여 그 실을 추구하거나 좋은 마음으로 타인에게 자문을 받아 이미 수용하였을지라도 다시 스스로 득실을 추구하여 '이것은 합당하다'거나 '이것은 합당하지 않다'고 하는 것이다. 이와 같은 현상이 많아지면 이것을 쟁심이라 함을 알아야 한다. 第十三 云何諍心 謂於自己 而生是非者 謂內懷是非之心 如自思惟一義竟 輒復自設異端 推求其失 雖善心諮受於人 旣領受已 還自推求得失 謂此事合爾 此不合爾 多有如是相現 當知是諍心也"라고 하였다. [참고문헌] 『大日經』, 『大日經疏』. ⇨ 무쟁심 無諍心❷, 육십심 六十心

쟁영 崢嶸 빼어남을 다투다. 『유심결』(대정장48, p.994c20)에 "마음 비우니 천지가 적막하고 마음을 둔즉 국토들 빼어남을 다툰다. 心空則天地虛寂 心有則國土崢嶸", 『송고승전』 권2(대정장50, p.714c29)에 "오천축의 경내에는 부처님께서 멸도하신 후에 외도가 빼어남을 다투어 아흔여섯 가지 종이 각각 그들의 견만을 고집했다. 五天之境 自佛滅後 外道崢嶸 九十六宗 各專其見"라고 하였다. [참고문헌] 『唯心訣』, 『宋高僧傳』.

쟁적 箏笛 쟁과 피리. 현악기와 관악기를 함께 일컫는 말. 『범망경』 권하(대정장24, p.1007b15)에 "나팔을 불거나 북과 뿔피리를 부는 것, 거문고와 가야금을 연주하는 것, 연주하고 피리를 부는 것, 공후 등을 치거나 노래를 부르는 등 음악소리를 들어서는 안 된다. 不得聽吹貝 鼓角 琴瑟 箏笛 箜篌 歌叫 伎樂之聲", 『속일체경음의』 권2(대정장54, p.943a6)에 "쟁적〈앞 글자는 '측'과 '경'을 반절한 음이다. 『설문』에는 현을 타는 축(筑) 모양의 악기라고 하였다. 본래는 큰 슬(瑟)로서 27현이다. 어느 진나라 사람에게 도리를 지키지 않는 두 명의 아들이 있었다. 그들은 부친의 '슬'을 서로 갖겠다고 다투다가 각기 13현만을 갖게 되었는데, 이로 인하여 '쟁'이라고 하였다고 한다. 뒤 글자는 '도'와 '력'을 반절한 음이다. 『설문』에 '적'은 구멍이 7개라고 하였다. 향간에 일컫기를 강적은 구멍이 3개라고 하였다. 『풍속통의』에 따르면 '적'은 씻다라는 뜻의 척(滌)이라고 하였다. 곧 삿되고 때 묻은 것을 씻어서 아름답고 바른 곳에 넣어둔다는 뜻이다. 또 한나라 무제 때 구중이 '적'을 잘 만들었다고 한다〉. 箏笛〈上側莖反 說文云 鼓絃筑身樂也 本大瑟二十七絃 秦人無義二子 爭父之瑟 各得十三絃 因名爲箏 下徒歷反 說文 笛七孔 俗云 羌笛卽三孔也 風俗通云 笛滌也 言滌邪穢納雅正也 又漢武帝時 丘仲善作笛也〉"라고 하였다. [참고문헌] 『梵網經』, 『續一切經音義』, 40권본 『華嚴經』 권15(대정장10, p.728c26). ⇨ 공후 箜篌

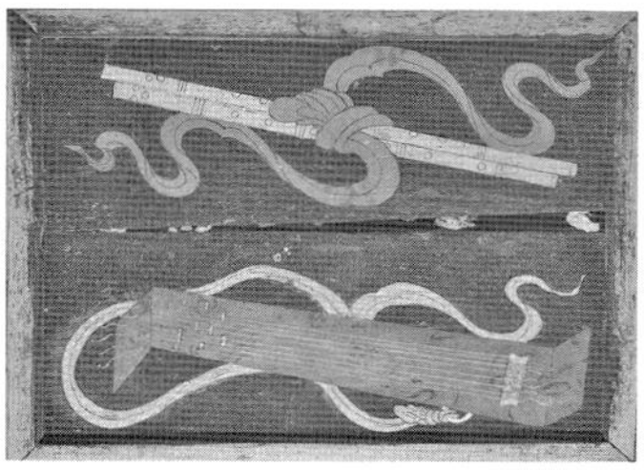
쟁적 대웅전벽화 부안내소사 조선후기

천인취적타고도 대웅전벽화
영월 보덕사 조선후기

쟁정리론 諍正理論 Ⓢ Vādanyāya-nāma-prakaraṇa, Ⓣ rtsod-pa'i rigs-pa shes-bya-ba'i rab-tu byed-pa. 인도의 법칭(法稱 Ⓢ Dharmakīrti) 지음. 1권. 인명칠론(因明七論) 중 하나. 『논의정리론 論議正理論』이라고도 한다. 논쟁의 규칙을 다룬 논서로 범본(梵本)과 함께 티베트역본(北京版 No.5715)이 전한다. 티베트불교에서 특히 중시하여 주(註)인 rtsod-pa'i rigs-pa'i 'grel-pa(北京版 No.5737)와, 그 뜻을 다시 세설(細說)한 rtsod-pa'i rigs-pa'i 'grel-pa don rnam-par 'byed-pa shes-bya-ba(北京版 No.5738)도 티베트대장경에 입장되어 있다. [참고문헌] 鄭偉宏 『佛家邏輯通論』(聖環圖書有限公司, 1997) p.182, 關口眞大 『仏教の實踐原理』(山喜房佛書林, 1977) p.34. ⇨ 인명칠론 因明七論, 법칭 法稱❷

쟁해 爭解 어찌 ~일리가 있겠는가? ~일 리가 없다는 뜻이다. 『동산어록』(대정장47, p.509a4)에 "동산이 밀사백과 차밭을 매고 있었는데 동산이 호미를 던지며 말했다. '나는 이제 피곤해서 기력이 하나도 없다' '기력이 없다면 어떻게 이렇게 말할 수 있겠는가?' '그대는 이것을 기력이 있다고 여기는군'. 師與密師伯鋤茶園 師擲下钁頭曰 我今日困 一點氣力也無 伯曰 若無氣力 爭解恁麼道得 師曰 汝將謂有氣力底是也", 『경덕전등록』 권15 「운암담성전 雲巖曇晟傳」(대정장51, p.321c25)에 "어느 날 운암의 진영에 공양할 때 학인이 물었다. '운암선사께서 「오직 이것일 뿐」이라고 하신 것이 맞습니까?' '맞다' '그 뜻은 무엇입니까?' '내가 당시에 운암선사의 말씀을 잘못 알았다' '운암선사께서 다셨을까요?' '만약 알지 못했다면 어떻게 이렇게 말씀하실 수 있었겠는가? 만약 안다면 이러한 말을 어찌 긍정할 수 있겠는가?' 他日因供養雲巖眞 有僧問曰 先師道只遮是莫便是否 師曰是 僧曰 意旨如何 師曰 當時幾錯會先師語 曰未審先師還知有也無 師曰 若不知有爭解恁麼道 若知有爭肯恁麼道"라고 하였다. [참고문헌] 『洞山語錄』, 『景德傳燈錄』.

저 底 ❶ ~의. 수식어와 명사를 연결하는 조사. 적(的)의 용법과 같다. 『임제록』(대정장47, p.497b24)

에 "대덕이여! 그대들은 광명과 그림자를 갖고 노는 사람을 제불의 본원이라고 알고 있다. 모든 곳은 형제들이 집으로 돌아가는 자리이다. 바로 그대의 사대로 구성된 신체는 법을 설하거나 법을 듣지 못한다. 비위와 간담은 법을 설하거나 법을 듣지 못한다. 허공은 법을 설하거나 법을 듣지 못한다. 법을 설하고 법을 들을 줄 아는 바로 그것은 무엇인가? 大德 爾且識取弄光影底人 是諸佛之本源 一切處是道流歸舍處 是爾四大色身不解說法聽法 脾胃肝膽不解說法聽法 虛空不解說法聽法 是什麽解說法聽法", 『운문광록』 권상(대정장47, p.546a19)에 "삼승십이분교의 횡설수설과 천하 노화상들의 종횡으로 자유로운 설법 중에서 나에게 말할 수 있는 바늘만한 도리라도 가져와 보라. 이렇게 말하는 것도 이미 죽은 말을 고치는 의사일 뿐이다. 三乘十二分教橫說竪說 天下老和尙縱橫十字說 與我拈針鋒許說底道理將來看 與麽道早是死馬醫", 『원오어록』 권6(대정장47, p.738a10)에 "법좌에 올라 말했다. '정수리에서 금강의 바른 안목을 열어야 비로소 완전한 기틀을 판단하고, 사람을 죽여 놓고 눈 하나 깜짝하지 않는 이라야 선 채로 성불한다'. 上堂云 頂門闢金剛正眼 始辨大機 殺人不眨眼底漢 立地成佛", 『대혜어록』 권10(대정장47, p.851b26)에 "조주가 투자에게 물었다. '완전히 죽은 사람이 살아날 때는 어떻습니까?' '밤에 다니는 것을 허락하지 않는다. 동이 트는 시간이 되어야 한다'. 趙州問投子 大死底人却活時如何 投子云 不許夜行投明須到"라고 하였다. 〔참고문헌〕『臨濟錄』, 『雲門廣錄』, 『圜悟語錄』, 『大慧語錄』. **2** 대명사·형용사·동사 뒤에 붙어서 명사화하는 조사. ~하는 것. ~하는 사람. 『임제록』(대정장47, p.497b7)에 "그대가 만약 찰나마다 밖으로 치닫는 마음을 쉴 수 있다면 조사나 부처와 다르지 않다. 그대는 조사와 부처를 알고 싶은가? 바로 그대들. 눈앞에서 법을 듣는 사람이다. 爾若能歇得念念馳求心 便與祖佛不別 爾欲得識祖佛麽 秖爾面前聽法底", 『동산어록』(대정장47, p.509b9)에 "밀사백이 말했다. '마음을 설하고 불성을 설하는 이는 누구입니까?' 동산이 말했다. '죽었다가 살아났다'. 伯曰 說心說性底誰 師曰 死中得活", 『법안어록』(대정장47, p.590a6)에 "옛사람이 말했다. '산하는 장애가 없고 광명은 모든 곳을 뚫는다'. 무엇이 모든 곳을 뚫는 광명인가? 古人道 山河無隔礙 光明處處透 且作麽生是處處透底光明", 『황룡혜남어록』(대정장47, p.630b11)에 "만약 이와 같이 돼지와 개를 물어뜯는 수단이 없다면 이 법령을 거꾸로 행하는 것과 같다. 如今旣無如是咬猪狗底脚手 同安却倒行此令去也"라고 하였다. 〔참고문헌〕『臨濟錄』, 『洞山語錄』, 『法眼語錄』, 『黃龍慧南語錄』. **3** 부사의 어미에 붙는 조사. 지(地)와 용법이 같다. 『조당집』 권10 「장경혜릉장 長慶慧稜章」(대장경보편25, p.501b6)에 "장경혜릉이 어느 날 앉고 싶은 마음이 없어서 선원 밖 차밭 둘레를 세 번 돌고서 나무 아래 앉았다가 깜빡 잠이 들었다. 有一日 心造坐不得 卻院外遶茶園三匝了 樹下坐 忽底睡著", 같은 책 권18 「조주화상장 趙州和尙章」(대장경보편25, p.634b10)에 "어떤 이가 노파에게 물었다. '조주로 가는 길은 어느 쪽입니까?' '곧장 가시오'. 有人問老婆 趙州路什摩處去 婆云 驀底去"라고 하였다. 〔참고문헌〕『祖堂集』. **4** 의문대명사. 하(何)의 용법과 같다. 『조당집』 권11 「운문화상장 雲門和尙章」(대장경보편25, p.515a9)에 "황혼의 술시에 불을 들고 소를 찾는 것은 무슨 물건인가? 黃昏戌 把火尋牛是底物"라고 하였다. 〔참고문헌〕『祖堂集』.

저개 這箇 **1** 이것. 이. 가까운 것을 가리키는 지시대명사. 또는 명사 앞에서 수식하는 지시형용사. 저(這)는 자(者·遮)로도 쓴다. 먼 것을 지시하는 나(那)에 상대한다. 개(箇)는 양사로서 개(個)라고도 쓴다. 선문에서는 분명하지만 이름 붙일 수 없거나 역력한데 이름 붙여서는 안되는 당처를 가리키기도 한다. 『동산어록』(대정장47, p.510c5)에 "동산이 논을 보고 있을 때 낭상좌가 소를 끌고 왔다. '이 소가 벼를 먹지 않게 잘 살펴 보아야 한다' '좋은 소라면 벼는 먹지 않을 겁니다'. 師因看稻田次 朗上座牽牛 師曰 這箇牛須好看 恐喫稻去 朗云 若是好牛應不喫稻", 『운문광록』 권상(대정장47, p.552a4)에 "법좌에 올라 말했다. '화상들이여, 그대들이 무슨 일이 있다고 말하더라도 머리 위에 머리를 얹은 격이고, 눈 위에 서리를 더한 격이며, 관 속에서 눈을 감은 격이고, 화상 위에 뜸을 뜨는 것과 같다. 이것은 한바탕 어지러움이 적지 않다'. 上堂云 和尙子 直饒爾道有什麽事 猶是頭上安頭 雪上加霜 棺木裏眨眼 炙瘢上更著艾燋 這箇是一場狼藉不少也", 같은 책 권중(대정장47, p.564a8)에 "해가 지면 나무에 그림자가 없다. 이것은 불전이고 저것은 그림자가 없다. 日謝樹無影 這箇是佛殿 那箇是無影", 『황룡혜남어록』(대정장47, p.630c6)에 "위로 좇아온 일을 어떻게 해야 할까? 끝내 무엇으로 저 생사를 대적할 것인가? 조금이라도 가볍고 거친 식견으로 스스로 장애를 만들지 마라. 불법은 이런 도리가 아니다. 從上來事 合作麽生 畢竟將何敵他生死 勿以少許浮麤識見 自作障礙 佛法不是這箇道理", 『원오어록』 권2(대정장47, p.720a20)에 "학인이 물었다. '법은 홀로 일어나지 않고 경에 의지하여 비로소 일어납니다'. 좌구를 끌어 말했다. '이것이 바로 경입니다. 무엇이 법입니까?' '스님에게 창을 빼앗겼습니다'. 問 法不孤起仗境方生 提坐具云 這箇是境 如何是法 師云 却被闍梨奪却槍", 『대혜어록』 권7(대정장47, p.838c4)에 "시중하여 말했다. '법법이 본래 법이고, 법도 없고 법 아닌 것도 없으니 어찌 일법 중에 법과 법 아닌 것이 있겠는가?' 주장자를 집어 들고 말했다. '이것이 바로 주장자이고 저

것이 바로 본래법이다'. 다시 말했다. '이것은 본래법이고 저것은 주장자이다. 지금 끊고 나올 수 있는 이가 있는가? 끊고 나올 수 있다면 비단 몸을 벗어날 길을 가질 뿐 아니라 다른 이에게도 속지 않는다'. 示衆 法法本來法 無法無非法 何於一法中 有法有不法 拈起拄杖云 這箇是拄杖子 那箇是本來法 又云 這箇是本來法 那箇是拄杖子 只今莫有斷得出底麽 若斷得出 非唯自有出身之路 亦乃不受人謾", 『경덕전등록』 권4 「우두법융전 牛頭法融傳」(대정장51, p.227a14)에 "암자 주변에 오직 호랑이와 늑대의 부류만 보이자 사조는 양손을 들어 무서워하는 자세를 취했다. 우두법융이 말했다. '아직 이것이 있으십니다' '방금 무엇을 보았는가?' 법융은 대답이 없었다. 잠시 후에 사조가 법융이 좌선하는 돌 위에 불(佛)이라는 글자 하나를 쓰자 법융이 그것을 보고 두려워하였다. 사조도신이 말했다. '아직 이것이 있군'. 繞庵唯見虎狼之類 祖乃擧兩手作怖勢 師曰 猶有這箇在 祖曰 適來見什麽 師無對 少選祖却於師宴坐石上書一佛字 師覩之竦然 祖曰 猶有這箇在"라고 하였다. 〔참고문헌〕『洞山語錄』, 『雲門廣錄』, 『黃龍慧南語錄』, 『圜悟語錄』, 『大慧語錄』, 『景德傳燈錄』. ⇨ 나개 那箇❶ ❷ 뒤에 이어지는 말을 드러내는 말. 『임제록』(대정장47, p.497b28)에 "이것이야말로 그대 눈앞에 역력한 것, 형체 없이 홀로 밝은 한 가지 바로 이것이 알아 법을 설하고 법을 듣는다. 만약 이처럼 볼 수 있다면 조사나 부처와 다르지 않다. 是爾目前歷歷底 勿一箇形段孤明 是這箇解說法聽法 若如是見得 便與祖佛不別"라고 하였다. 〔참고문헌〕『臨濟錄』.

저개시절 這箇時節 바로 이 시절. 본래면목으로 드러나는 시절을 말한다. 『운문광록』 권중(대정장47, p.563c25)에 "어느 날 말했다. '갑자기 한 노숙이 활과 칼을 들고 검마저 뽑고서 쏜살처럼 지옥으로 들어갔다. 돌이켜 이 시절을 아는 이가 있는가?' 대신 답하였다. '열쇠는 화상의 손에 있습니다'. 一日云 忽然有一箇老宿 把弓刀按劍 入地獄如箭射 還有人會得這箇時節麽 代云 鑰匙在和尙手裏", 『법안어록』(대정장47, p.588c6)에 "어느 교중에 이런 시절이 있는가? 있다면 말해보라. 이러한 경에 이러한 말이 있다는 것이 바로 이 시절인가? 무슨 관계가 있겠는가? 그래서 미묘한 말이 마음 끝에 걸리면 항상 분별 일어나는 터전이라고 하는 것이다. 阿那箇教中 有這箇時節 若有 試擧看 莫是恁麽經裏 有恁麽語 是此時節麽 有甚麽交涉 所以道 微言滯於心首 常爲緣慮之場"라고 하였다. 〔참고문헌〕『雲門廣錄』, 『法眼語錄』.

저거 沮渠 흉노 후예들의 성씨. 흉노의 관직명이었는데, 북량(北涼) 초대왕 저거몽손(沮渠蒙遜)으로 인해 성씨가 되었다. 『일체경음의』 권80(대정장54, p.822c22)에 "저거〈앞 글자는 정과 여를 반절한 음이다. 북쪽 오랑캐의 좌대저거로서 관직이 성씨가 된 경우이다. 저거몽손이 개조이다〉. 沮渠〈上精餘反 北狄左大沮渠 以官爲氏 北涼蒙遜 祖也〉"라고 하였다. 〔참고문헌〕『一切經音義』, 『大唐內典錄』 권3 「北涼沮渠氏傳譯佛經錄」(대정장55, p.255b5).

저거경성 沮渠京聲 ? ~464. 북량(北涼)대 역경가. 흉노(匈奴) 출신. 북량왕(北涼王) 저거몽손(沮渠蒙遜)의 사촌 아우(從弟)이며, 안양후(安陽侯)에 봉해졌다. 지혜롭고 박학하였으며, 우전(于闐)에서 범어(梵語)를 배웠다. 세상사에서 벗어나 『정반왕반열반경 淨飯王般涅槃經』·『팔관재경 八關齋經』·『오백범지경 五百梵志經』·『관미륵보살상생도솔천경 觀彌勒菩薩上生兜率天經』 등 수많은 경전을 한역하여 16부 17권을 남겼다. 464년(대명8)에 병으로 세상을 떠났다. 『고금역경도기』 권3(대정장55, p.360c10)에 "안양후 저거경성은 공손의 종제이다. 사람됨이 박식하고, 경전과 사서를 섭렵하였다. 불교경전을 살펴보고는 오계(五戒)를 받아 지키며 부인과의 관계를 끊었으며 영리에 구애받지 않았고, 항상 담마참(曇摩讖 : 曇無讖)을 따라 경전을 한역하였다. 서쪽으로 우전에 이르러 인도 출신의 법사 불타사나(佛駄斯那)를 추종하며 불도(佛道)의 도리에 대해 물었다. 安陽侯 沮渠京聲 蒙遜從弟 爲人博識 涉獵經史 閱意內典 奉持五戒 絶於妻室 不拘榮利 常隨曇摩讖譯經 西至于闐 從印度法師佛駄斯那 諮問道義"라고 하였다. 〔참고문헌〕『古今譯經圖紀』.

저거몽손 沮渠蒙遜 368~433. 오호십육국(五胡十六國)시대 북량(北涼)의 초대왕. 임송(臨松) 일대를 근거로 하는 흉노 후예의 일파인 노수호(盧水胡) 출신이다. '저거'가 성씨이고, '몽손'이 이름이다. 처음 후량(後涼)의 여광(呂光)에 반기를 들었을 때는 단업(段業)을 추대하였으나, 이후 401년에 장액(張掖)에서 자립하였고 412년 고장(姑臧 : 甘肅省)을 점령한 후에는 스스로를 하서왕(河西王)으로 칭하였다. 420년에 서량(西涼)을 멸망시키고 돈황(敦煌)을 공격하여 서역 교통의 요충지를 차지하였다. 재위 33년 동안 풍부한 물산을 바탕으로 불교를 크게 후원하고 융성케 했다. 담무참(曇無讖 385~433)을 등용하고 『대반열반경 大般涅槃經』·『대방등대집경 大方等大集經』·『보살지지경 菩薩地持經』 등 20여부의 경전을 한역하게끔 후원하였다. 『불조통기』 권36(대정장49, p.342c20)에 따르면, "구자국 담무참이 고성에 이르자 북량의 왕 저거몽손이 머물게 하였다. 『대반열반경』 40권을 한역한 후 관직에서 물러나 서쪽으로 되돌아가고자 하였다. 저거몽손이 분노하여 보내면서 몰래 사람을 보내 길가에서 칼로 찔러 죽이게 하였다. 龜茲國曇無讖至姑臧 涼王沮渠蒙遜留之 譯大般涅槃經四十卷 後固辭西歸 遜怒其去 已密遣人刺於路'라고 하였는데, 얼마 후 저거몽손은 담무참 살해를 후회하며 죄책감에 시달리다가 죽었다. 당시 역경가로 이름을 알린 저거경성(沮渠京聲 ?~464)은 저거몽손과 종형제이다. [참고문헌] 『佛祖統紀』, 『歷代三寶紀』 권9(대정장49, p.82b15), 『梁高僧傳』 권2 「曇無讖傳」(대정장50, p.336a20). ⇨ 담무참 曇無讖, 저거경성 沮渠京聲

저견 佇見 기다렸다가 보다. 두고 보다. 『금강경찬요간정기』 권4(대정장33, p.206c17)에 "(四果 중) 초과의 행상은 간략히 이와 같이 밝혔다. 나머지 세 과는 다음 글에서 두고 보라. 初果行相 略明如是 餘之三果 佇見次文"라고 하였다. [참고문헌] 『金剛經纂要刊定記』, 『續開元釋敎錄』 권중(대정장55, p.760c20).

저과의 袴髁衣 Ⓟ saṃghāṇi. 부녀들이 입는 속옷(陰衣) 중 하나. 골반과 사타구니에 걸치는 여성용 속옷. 저과의(袴跨衣·貯跨衣)라고도 쓰고, 과의(胯衣)·발의(襏衣)라고도 한다. 몸을 꾸미고 드러내는 옷을 비구니가 입으면 바일제(波逸提)다. 『사분율』 권29(대정장22, p.770a16)에 "당시 바가바께서 사위국의 기수급고독원에 계실 때 투라난타비구니가 이렇게 생각하였다. '저과의를 입으면 몸이 풍만해 보일 것이다'. 거사들이 보고서 모두들 함께 혐오하였다. … 세존께서 이런 인연으로 비구스님들을 모으고 투라난타를 꾸짖으며 말씀하였다. '… 만약 비구니가 저과의를 입으면 바일제이다'. 爾時 婆伽婆在舍衛國祇樹給孤獨園 時偸羅難陀比丘尼 作如是念 著袴髁衣 令身麤大 居士見皆共譏嫌 … 世尊以此因緣集比丘僧 呵責偸羅難陀言 … 若比丘尼著袴髁衣者波逸提", 『사분율명의표석』 권20(卍속장70, p.712a3)에 "저과의 : 저(袴)는 저(紵)와 같고 음은 주이다. 솜으로 장식한 옷이다. 과(跨)·과(胯)·과(髁) 이 세 자형은 같은 글자이고, 고와 와를 반절한 음으로 과를 상성으로 발음한다. 음도 과다. 양쪽 넓적다리 사이를 일컫는다. 요즘은 솜으로 장식한 저의(貯衣)를 '저과의'라고 한다. 『마하승기율』 권40(대정장22, p.545a11)에서 '과의는 가패·유리·진주·옥·금·은·마니 등을 매달아 장식한 음의이다. 착용을 허락하지 않는다. 그밖에 실로 땋아서 음란한 상상을 일으키는 것도 월비니죄이다'라고 하였다. 분명히 저 당시 여인들이 이런 종류의 옷을 입고 남자로 하여금 애착하는 마음을 일으키게 하였기 때문이다. 袴跨衣 袴同紵 音主 綿絮裝衣也 跨胯髁三形同 苦瓦切 誇上聲 亦音誇 兩股間也 今以絮裝貯衣名袴跨衣 僧祇律云 胯衣者 珂貝瑠璃 眞珠玉 金銀摩尼如是比 莊嚴陰衣 不聽著 下至結縷作陰想 越毗尼罪 然彼婦女 著此等衣 欲令男子生愛念心故也", 팔리율장 *Sutta vibhaṅga*(*Vin.4*, p.340)에 "어떤 비구니든 저과의를 걸치면 바일제이다. … 저과의란 각종 허리장식을 말한다. yā pana bhikkhunī saṃghāṇiṃ dhāreyya pācittiyan ti. … saṃghāṇi nāma yā kāci kaṭūpagā"라고 하였다. [참고문헌] 『四分律』, 『四分律名義標釋』, 『摩訶僧祇律』, 『四分律疏』 권6(卍속장65, p.703b16), *Vin.*

저구도 猪狗道 개돼지의 길. 축생도(畜生道)를 낮춰 부르는 말. 『정심계관법』 권상(대정장45, p.824c7)에 "네 마리 뱀으로 몸이라는 계를 이루고 전도된 상으로는 마음을 만들었네. 고름과 피는 아홉 군데 구멍에 두루 흐르고 깨끗하다는 그 상으로 탐하는 음욕을 일으키네. 정감을 따르며 쾌락을 찬미하고 칼 숲 지옥에 떨어짐을 믿지 않으니 과보로 저구도에 태어난다네. 전생의 탐욕과 애착이 깊은 까닭이라네. 四蛇成身界 顚倒想爲心 膿血遍九竅 淨想起貪婬 順情稱快樂 不信墮刀林 報生猪狗道 由前貪愛深"라고 하였다. [참고문헌] 『淨心戒觀法』.

저근 藷根 참마. 서예(署預)·산우(山芋)라고도 한다. 사탕수수(甘蔗)로 보는 경우도 있는데 뿌리를 취한다는 점 등을 고려했을 때 맞지 않아 보인다. 『대당서역구법고승전』 권하(대정장51, p.8a8)에 "이 나라(末羅瑜國)에는 철이 산출되지 않고, 금과 은도 매우 적다. 사람들은 야자와 저근을 주식으로 먹고 쌀과 같은 곡식은 많지 않다. 이 때문에 로하(Ⓢ loha)가 가장 귀중한 보배이다〈이 나라에서는 철을 로하라고 한다〉. 此國旣不出鐵 亦寡金銀 但食椰子藷根 無多稻穀 是以盧呵 最爲珍貴〈此國名鐵爲盧呵〉", 『일체경음의』 권81(대정장54, p.835b12)에 "저근〈(앞 글자는) 자와 여를 반절한 음이다. 『설문』에서는 저(藷)는 자(蔗)라고 하였는데, 이쪽 지방의 산물은 아니다. 자(蔗)는 감자(甘蔗)이다. 사람들이 묘근만을 먹을 뿐 즐겨 먹지는 않는다. 전래에 따르면 저근(藷根)은 감자가 아니라고 밝히고 있다. 『본초』에서는 서예를 일명 토저(土藷) 또는 산우라고 하고 『이울』에서는 서예를 시골 사람들은 토저라고 한다라고 하였고 『옥편』 또한 그렇게 설하고 있으니 의심할 필요가 없다〉. 藷根〈煮如反 說文 藷蔗也 今非此物也 蔗卽甘蔗 人但食苗根 不堪喫 傳云 藷根明非甘蔗 案 本草署預 一名土藷 亦名山芋 異苑曰 署預野人 謂之土諸 玉篇亦說 故不疑也〉"라고 하였다. [참고문헌] 『大唐西域求法高僧傳』, 『一切經音義』.

저노한 這老漢 이 노장(老長). 이 늙은이. 『임제록』(대정장47, p.505a29)에 "임제가 승당에서 졸고 있는데 황벽이 내려 와서 그 모습을 보았다. 주장자로 선판을 한 번 내리치자 임제가 고개를 들어 황벽임을 보고 다시 졸았다. 황벽이 다시 선판을 한 번 내리쳤다. 그러고는 상간으로 가서 수좌가 좌선하는 것을 보고서 말했다. '하간의 후배는 도리어 좌선을 하는데 그대는 여기서 망상을 피우며 무얼 하는가?' 수좌가 말했다. '이 노장은 무슨 수작일까?' 황벽은 선판을 한 번 내리치고서 바로 나가버렸다. 師在堂中睡 黃蘗下來見 以拄杖打板頭一下 師擧頭見是黃蘗却睡 黃蘗又打板頭一下 却往上間見首座坐禪 乃云 下間後生却坐禪 汝這裏妄想作什麽 首座云 這老漢作什麽 黃蘗打板頭一下 便出去", 『벽암록』 53칙 「본칙 本則」(대정장48, p.187c15)에 "마조대사가 백장과 경행하다가 들오리가 날아가는 모습을 보았다〈이 두 풀밭에 떨어진 사내들이 풀밭에서 나뒹군다. 갑자기 돌아본들 무엇하랴?〉 마조대사가 말했다. '이것이 무엇인가?'〈화상은 반드시 알 것이다. 이 노친네가 콧구멍조차도 알지 못하는군〉. 馬大師 與百丈行次 見野鴨子飛過〈兩箇落草漢草裏輥 驀顧作什麽〉 大師云 是什麽〈和尙合知 這老漢鼻孔也不知〉"라고 하였다. [참고문헌] 『臨濟錄』, 『碧巖錄』, 『雲門廣錄』 권하(대정장47, p.573b14). ⇨ 노한 老漢

저대 抵對 응대하다. 응답하다. 대처하다. 지대(祗對·支對)라고도 쓰며, 대양(對揚)과 같은 뜻이다. 『벽암록』 79칙 「평창 評唱」(대정장48, p.206a14)에 "어떤 이가 그대에게 '투자의청의 진실한 그 끝은 무엇인가?'라고 묻는다면, 그대는 어떻게 응대할 것인가? 有人問爾道 如何是投子實頭處 爾作麽生抵對", 『불조역대통재』 권17(대정장49, p.644b25)에 "동산이 운암에게 물었다. '화상께서 가시고 백 년 후에 홀연히 어떤 사람이 선사의 진영을 간절하게 찾아 묻는다면 어떻게 대해야 합니까?' '그에게 「바로 이것이다」라고만 말해주어라'. 問巖曰 和上百年後 忽有人問 還邈得師眞 如何抵對 巖曰 但向伊道 卽這是", 『오등전서』 권7 「조주종심장 趙州從諗章」(卍속장140, p.286a15)에 "조주선사가 말했다. '스님이 밖에 나갔다가 어떤 이가 조주를 보았느냐고 묻는다면 그대는 어떻게 말하겠소?' '그냥 보았다고 말할 수 있을 뿐입니다' '나는 한 마리 당나귀인데 그대는 어떻게 보았는가?' 학인이 답이 없었다. 師曰 闍黎出外 忽有人問 還見趙州否 你作麽生抵對 曰只可道見 師曰 老僧是一頭驢 你作麽生見 僧無對"라고 하였다. [참고문헌] 『碧巖錄』, 『佛祖歷代通載』, 『五燈全書』. ⇨ 대양 對揚 ❷

저돌 觝突 거스르거나 부딪치며 함부로 행동함. 짐승처럼 생각없이 행동하는 것으로, 저는 저(抵)로도 쓴다. 『보요경』 권4 「고차닉피마품 告車匿被馬品」(대정장3, p.507c21)에 "비록 오도에 나지만 돌아가는 곳 알지 못한다. 나온 곳을 따지자면, 오계로는 인이 되고 십선으로는 천에 나며 인색하여 아귀에 떨어지고 저돌하여 축생에 나며 십악은 지옥에 떨어진다. 오취에 날만한 행위가 없으면 문득 인간의 본원으로 되돌아가니 오취를 바라지 않으면서 오음에 삼독의 육쇠마저 없으면 바로 열반이다. 雖生五道 不知所歸 源所從來 五戒爲人 十善生天 慳墮餓鬼 觝突畜生 十惡地獄 無五趣行 便歸人本 不慕五趣 以無五陰三毒六衰 則是泥洹", 『무량수경』 권하(대정장12, p.275a13)에 '이와 같은 사람은 무지몽매하고 저돌적이어서 경전의 법을 믿지 않고 마음에 먼 훗날을 염려함도 없다. 如此之人 曚冥抵突 不信經法 心無遠慮", 『법온족론』 권9 「잡사품 雜事品」(대정장26, p.497b22)에 "무엇이 저돌인가? 한 류가 있어 음식을 줄 때 익은 것을 찾으면 날 것을 주고 날 것을 찾으면 익은 것을 주며, 큰 것을 찾으면 작은 것을 주고 작은 것을 찾으면 큰 것을 주어 불평등을 주고 법에 맞지 않는 것을 준다. 알거나 모르는 이에게 주거나 주지 않으며 그 중에 자주 서로 어긋난 말만 한다. 이런 것을 저돌이라고 한다. 云何觝突 謂有一類 於授食時 索熟與生 索生與熟 索麤與細 索細與麤 與不平等 與不如法 於識不識 而與不與 於中數起相違語言 是名觝突"라고 하였다. [참고문헌] 『普曜經』, 『無量壽經』, 『法蘊足論』, 『法華文句』 권4(대정장34, p.60a21).

저돌취 觝突取 타인의 물건을 빼앗는 여섯 가지 방법 중 하나. 빌린 다음 상대를 업신여기고 돌려주지 않는 것. 『십송율』 권52(대정장23, p.379c23)에 "여섯 가지로 타인의 물건을 취한다. 고절취·경만취·이타명자취·저돌취·수기취·출식취가 그것이다. 有六種取他物 苦切取 輕慢取 以他名字取 觝突取 受寄取 出息取", 『사분율행사초』 권중(대정장40, p.59b1)에 "저돌취〈빌리고서 돌려주지 않는다〉. 觝突取〈假借不還〉", 『능엄경집주』 권6(卍속장17, p.339a9)에 "저돌취〈거만하게 업신여겨 자신에게 엎드리게 한다〉. 觝突取〈謂慢罵使伏己〉"라고 하였다. [참고문헌] 『十誦律』, 『四分律行事鈔』, 『楞嚴經集註』.

저두 低頭 ❶ 머리를 숙이는 예법. 상대에 대한 공경의 뜻으로 행한다. 『대방등대집경』 권12(대정장13, p.75a24)에 "이때 무언보살은 이와 같은 대신통을 드러낸 후에 고개를 숙이고 합장하고서 이렇게 말했다. '부처님께 귀의합니다. 부처님께 귀의합니다'. 爾時 無言菩薩 現如是等 大神通已 低頭合掌 作如是言 南無佛陀 南無佛陀"라고 하였다. [참고문헌] 『大方等大集經』. ❷ Ⓢ Ⓟ εdhomukha. 참회하는 모습. 『중아함경』 권5 「성취계경 成就戒經」(대정장1, p.450a18)에 "이때 존자 오타이는 부처님께 직접 꾸중을 듣고서 번민하며 고개를 숙이고 묵묵히 아무 말이 없었으니 생각하고 있는 듯이 보였다. 於是 尊者烏陀夷 爲佛面訶已 內懷憂慼 低頭默然 失辯無言 如有所思"라고 하였다. [참고문헌] 『中阿含經』, *MN.2.154.* ❸ 심사숙고 하는 모습. 『육도집경』 권7(대정장3, p.39c3)에 "옛날에 비구가 공양을 마치고 양치한 후 깊은 산속 무덤 사이 나무 아래에 앉아 손을 모으고 고개를 숙인 채 일심으로 망념을 없앴다. 昔者比丘 飯畢澡漱 入深山丘墓間樹下坐 叉手低頭 一心滅念", 『설두어록』 권1(대정장47, p.676b6)에 "법좌에 올라 대중이 모이자 '고개 숙여 심사숙고할 필요 없고, 사량한들 얻을 수 없다'라고 말하고 법좌에서 내려왔다. 上堂衆方集定 師云 不用低頭 思量難得 便下座", 『대혜어록』 권22(대정장47, p.876a4)에 "낙포화상은 고개 숙여 사량하였으나 이 한 마디 진언을 이해하지 못하여 협산에게 등뼈 맞고 코 꿰더니 드디어 협산의 법을 이었다. 洛浦却低頭思量 這一道眞言 理會不得 被夾山劈脊便打穿了鼻孔 遂承嗣夾山", 『벽암록』 37칙 「수시 垂示」(대정장48, p.175a9)에 "어떤 이는 고개를 숙이고 골똘히 생각하며 의근에서 헤아리지만 분별 앞에 무수한 귀신이 있음을 알지 못한다. 말해보라! 의근에 떨어지지 않고, 득실에도 아우르지 않아서 홀연히 이러한 알아차림이 있다면 어떻게 상대해야 할까? 有般底 低頭佇思 意根下卜度 殊不知髑髏前見鬼無數 且道 不落意根 不抱得失 忽有箇恁麽擧覺 作麽生祇對"라고 하였다. [참고문헌] 『六度集經』, 『雪竇語錄』, 『大慧語錄』, 『碧巖錄』.

저두 這頭 여기. 이곳. 두(頭)는 장소나 위치를 나타내는 접미사. 자두(者頭)라고도 한다. 먼 곳을 나타내는 저기·저곳 등의 나두(那頭)와 대칭한다. 『앙산어록』(대정장47, p.582b18)에 "위산이 어느 날 밭을 가리키며 앙산에게 물었다. '이곳 밭은 저기가 높고 여기가 낮구나' '오히려 여기가 높고 저기가 낮습니다'. 潙山一日指田問師 這丘田 那頭高 這頭低 師云 却是這頭高 那頭低"라고 하였다. [참고문헌] 『仰山語錄』. ⇨ 나두 那頭

저두화상 猪頭和尙 북송 때 기이한 스님 지몽(志蒙 ?~1006)의 별명. 저(猪)는 저(豬)로 쓰기도 한다. 『불조통기』 권44(대정장49, p.403a5)에 "무주의 사문 지몽은 서씨다. 비단옷 입고 돼지 머릿고기 먹기를 즐겼다. 사람들에게 흉조나 길조를 말하면 맞지 않는 것이 없었다. 누구든 '처남'이라 부르고 스스로는 '서씨 자형'이라 호칭하였다. 어느 날 앉은 채로 삼구 길상사에서 천화하였다. '나는 정광불이다'라는 말을 남겼는데, 아직도 진신을 받들고 기도하면 신통하게 응함이 그치지 않아 세간에서는 저두화상이라고 부른다. 婺州沙門志蒙徐氏 衣錦衣喜食猪頭 言人災祥無不驗 呼人爲小舅 自號曰徐姊夫 一日坐化 於三衢吉祥寺 遺言 吾是定光佛 至是奉眞身祈禱 神應不歇 世目之豬頭和上", 『석문정통』 권4(卍속장130, p.820b12)에 "진종황제 경덕 3년(1006)에 저두화상 지몽은 삼구와 무주 두 군이 있는 지역에서 천화하였다. 眞宗皇帝景德三年 猪頭和尙志蒙顯化衢婺二郡", 『오등전서』 권48 「월담원장 月潭圓章」(卍속장141, p.89b13)에 "저두화상의 상을 보고 찬하였다. '핏물은 뚝뚝, 마음은 옛날부터 부처. 몇 번이나 제기하였는가? 누가 지음인가? 讚豬頭和尙像曰 血淋淋 古佛心 幾回提起 誰是知音"라고 하였다. [참고문헌] 『佛祖統紀』, 『釋門正統』, 『五燈全書』. ⇨ 지몽 志蒙

저라다사 羝羅茶寺 Ⓢ Telāḍhaka. 고대 인도 마가다국(Ⓢ Magadha)에 있었던 절. 다는 도(荼)로 쓰기도 한다. 삼장 의정(義淨 635~713)이 인도에서 법을 구하던 당시 인명(因明)으로 이름난 곳이다. 의정과 동시대 구법승인 무행(無行)이 이곳에서 인명을 익혔다. 나란다사(那爛陀寺 Ⓢ Nālandā)에서 역(驛) 두 개 정도의 거리로 비교적 가까운 거리에 위치했던 것으로 보인다. 『자은전』 권4(대정장50, p.244a4)에서 현장(玄奘 602~664)이 방문한 지라택가사(低羅擇迦寺)가 이 사찰일 것으로 추정하며, 같은 책 권3(대정장50, p.236b4)의 지라책가사(低羅磔迦寺)는 『대당서역기』 권8(대정장51, p.913b21)의 제라석가가람(鞮羅釋迦伽藍)을 일컫는 것으로 이름만 유사할 뿐 다른 사찰로 추정한다. 『남해기귀내법전』 권4 「서방학법 西方學法」(대정장54, p.229c13)에 "현재 (인도의 큰 스승은) 서쪽에 저라다사의 지월법사와 나란다의 보사자(Ⓢ Ratnasiṃha)대덕이 있고, 동쪽에는 지바갈라밀달라밀(Ⓢ Divākaramitra)이 있으며, 남쪽 끝에는 달타게다게바(Ⓢ Tathāgatagarbha)가 있으며, 남쪽 바다 불서국에는 석가계률지(Ⓢ Śākyakīrti)가 있다. 其西方現在 則羝羅茶寺 有智月法師 那爛陀中 則寶師子大德 東方卽有地婆羯羅蜜呾囉蜜 南裔有呾他揭多揭婆 南海佛逝國則有釋迦雞栗底", 『대당서역구법고승전』 권하 「무행전」(대정장51, p.9b26)에 "무행선사는 그 후 나란다에서 유가와 중관을 듣고 익혔으며 구사를 연구하고 율전도 깊이 구하였다. 다시 저라도사로 돌아갔는데 거리는 역 두 개의 거리였다. 그곳의 법장이 인명을 아주 잘 풀었으니, 거듭 향기로운 법석에 있으면서 진나와 법칭의 저작을 익혔다. 禪師後向那爛陀 聽瑜伽 習中觀 研味俱舍 探求律典 復往羝羅荼寺 去斯兩驛 彼有法匠 善解因明 屢在芳筵 習陳那法稱之作"라고 하였다. [참고문헌] 『慈恩傳』, 『大唐西域記』, 『南海寄歸內法傳』, 『大唐西域求法高僧傳』. ⇨ 지라택가사 低羅擇迦寺, 지라책가사 低羅磔迦寺, 제라석가가람 鞮羅釋迦伽藍, 나란다사 那爛陀寺, 무행 無行 Ⓑ

저리 底理 깊은 이치. 바닥을 알 수 없는 깊은 도리라는 뜻으로 저리(底裏)라고도 한다. 저는 이면(裏面)·극진(極盡) 등의 의미이다. 『벽암록』 「서 序」(대정장48, p.139a10)에 "연원을 도려내고 깊은 이치를 쪼개어 밝힌 다음 분명하게 곧바로 가리킬 뿐이니 어찌 보아 앎을 세우겠는가! 剔抉淵源 剖析底理 當陽直指 豈立見知"라고 하였다. [참고문헌] 『碧巖錄』. ⇨ 저리 底裏

저리 底裏 깊은 그 속. 속뜻. 구경의 도리. 저리(底理)라고도 한다. 『굉지광록』 권6(대정장48, p.74c14)에

"묘하게 근원에 사무치고, 저 깊은 밑바닥까지 남김없이 알아차리며, 몸을 나누어 만사에 응하고, 문문마다 빛을 놓으니, 물물이 그림자 나툰다. 妙徹根源 識得底裏盡 分身應事 門門放光 物物現影", 『원오심요』 권4 「답이연도인 答怡然道人」(卍속장120, p.770b5)에 "저 끝 그 속까지 다하고는 벌려 놓으니 나열하는 한 구와 한 마디, 한 기틀과 한 경계가 온통 소리로 미칠 수 없는 깊은 이치였다. 盡底裏羅列 一句一言 一機一境 皆絶唱之深致也"라고 하였다. [참고문헌] 『宏智廣錄』, 『圜悟心要』.

저리 這裏 여기. 이곳. 이 속. 이 경계. 가까운 곳을 가리키는 말이다. 저(這)는 자(者·遮)로도 쓴다. 먼 곳을 가리키는 나리(那裏)와 대칭한다. 『조당집』 권4 「약산장 藥山章」(대장경보편25, p.383b14)에 "석두가 '이곳은 침으로 찔러도 들어갈 틈이 없다'라고 말하자 약산이 '이곳 돌에 심은 꽃과 같습니다'라고 하였다. 石頭曰 這裏鍼箚不入 師曰 這裏如石上栽花", 『경덕전등록』 권12 「임제의현전 臨濟義玄傳」(대정장51, p.299c24)에 "다른 모든 곳에서는 화장을 하지만 나의 이곳에서는 산 채로 묻는다. 諸方卽火葬 我這裏活埋"라고 하였다. [참고문헌] 『祖堂集』, 『景德傳燈錄』. ⇨ 나리 那裏

저리삼매야부동존위노왕사자염송법 底哩三昧耶不動尊威怒王使者念誦法 당대 불공(不空 705~774) 한역. 1권. 고려장36, pp.813a1~820a21, No.1285·대정장21, pp.7a18~13a9, No.1200에 수록되어 있다. 줄여서 『저리삼매야경』·『저리삼매야부동사자염송법』·『부동사자염송법』·『위노왕사자염송법』 등이라고도 한다. 부동존, 곧 부동명왕(不動明王 Ⓢ Acala : 無動明王)을 공양하는 작법의궤로 연화부(蓮華部)·금강부(金剛部)·불부(佛部) 세 부에 다같이 수용하는 태장 의궤법이며, 부동명왕이 분노한 형상으로 대일여래(大日如來)의 사자 역할을 하기에 이상의 표제가 붙었다. 다라니와 의궤로 부동존(不動尊 : 不動明王)을 섬겨 소원성취하고 깨달음을 이루기 위한 부동존염송법(不動尊念誦法)을 자세히 설하는 내용이다. 먼저 도량(道場)에 들어가기 전의 호신법(護身法)을 밝히고, 결계법(結界法)·향화공양법(香花供養法), 염송(念誦) 시의 계인(契印)과 진언 등을 열거한다. 그 다음 부동존상의 두 가지 도상법(圖像法)을 설한다. 하나는 청정한 모직천 위에 그리는 화법으로 붉은 흙색 군의(裙)를 입고 있으며 머리를 땋아 왼쪽으로 드리우고, 눈은 옆으로 비껴보고 있으며, 왼손에는 칼을 들고 오른손에는 밧줄(索)을 쥐고 보련화좌(寶蓮華座)에 앉아 눈썹을 찡그려 성난 얼굴을 나투어 삼세를 항복받는 형상으로 그린다. 다른 하나는 시다림(尸陀林)의 비단에 그리는 화법으로 적토색(赤土色) 옷을 입고 왼쪽으로 변발을 늘어뜨리고 눈은 매우 붉고 옆으로 비껴보고 있으며, 오른손에는 금강저(金剛杵)를 쥐고 왼손에는 보봉(寶棒)을 잡고 연화좌(蓮華坐) 위에 앉아 있는 형상으로 그린다. 마지막으로 갖가지 장애를 제거하는 호마법(護摩法)을 밝힌다. 이 기본 작법의궤에다가 관련 내용을 보충한 『저리삼매야부동존성자염송비밀법 底哩三昧耶不動尊聖者念誦祕密法』 3권이 전하는데, 이를 '3권본 『저리삼매야경』'이라고 한다. 이에 반해 이 기본 의궤는 '1권본 『저리삼매야경』'이라고 부른다. ⇨ 부동존 不動尊

저립 佇立 꼼작않고 서 있다는 말. 『보살본생만론』 권4(대정장3, p.342b19)에 "세존을 우러러 맞아들이며 꼼작않고 한 편에 서 있었다. 奉迎世尊 佇立一面", 『임제록』(대정장47, p.504a19)에 "정상좌가 찾아와 '무엇이 불법대의인지요?'라고 묻자 임제가 승상에서 내려와 꼼짝 못하도록 붙들고 따귀를 한 대 올리고서 밀쳤다. 정상좌가 우두커니 서 있자 옆에 있던 어떤 스님이 말했다. '정상좌! 어째서 절을 올리지 않는가?' 정상좌가 비로소 절을 올리다 문득 크게 깨달았다. 有定上座到參問 如何是佛法大意 師下繩床 擒住與一掌 便托開 定佇立 傍僧云 定上座 何不禮拜 定方禮拜 忽然大悟"라고 하였다. [참고문헌] 『菩薩本生鬘論』, 『臨濟錄』.

저막 底莫 **1** 바닥을 알 수 없음. 끝 모를 내막. 『이입사행론』 제60에 "다시 물었다. '시방제불이 모두 번뇌를 끊고 불도를 이루었습니다'. '그대가 함부로 이런 계교를 짓지만 어느 하나 끝 모를 일이다'. 다시 물었다. '부처는 어떻게 중생을 제도합니까?' 답하였다. '거울 중에 그림자가 중생을 제도할 때 부처도 중생을 제도한다'. 又問 十方諸佛 皆斷煩惱 得成佛道 汝浪作此計挍 無一箇底莫 又問 佛何以度衆生 答 鏡中像度衆生時 佛卽度衆生"라고 하였다. [참고문헌] 柳田聖山 『達磨の語錄 - 二入四行論』(東京 : 筑摩書房, p.223). **2** 바닥. 밑바닥. 『정토오회염불송경관행의』 권하 「극락흔염찬 極樂欣厭讚」(대정장85, p.1258a16)에 "고통의 바다 가이 없고 바닥도 알 수 없어 천군만 무리가 그 속에서 허우적대네. 苦海無涯無底莫 千軍萬衆沒其中"라고 하였다. [참고문헌] 『淨土五會念佛誦經觀行儀』.

저망 罝網 Ⓢ yantra-jāla. 새나 짐승을 잡는 그물. 올무. 『출요경』 권5(대정장4, p.633c4)에 "'중생이 애에 매여있다' 하니, 애 언제나 앞서 이끄니 생사에 유전하여 삼계를 벗어나지 못한다. '마치 토끼가 그물에 걸린 듯 하다' 한다. 토끼가 그물에 걸려 이리저리 달려도 벗어날 수 없는 것처럼, 이 중생들도 이와 같아 애로 미혹되어 생사에 유전하며 오도를 돌고 사류에 빠진다. 衆生愛纏裹者 愛恒在前導 流轉生死 不得出三界 猶兎在於罝

者 猶如兎在罝網 馳走東西 無有出要 此衆生類 亦復如是 爲愛迷惑 流轉生死 周旋五道 沈溺四流"라고 하였다. [참고문헌]『出曜經』,『俱舍論』권15(대정장29, p.80b5), *Abh-k-bh.225.*

저반 這般 이러한. 이와 같은. 자반(者般)이라고도 한다.『조당집』권12「중탑장 中塔章」(대장경보편25, p.539b9)에 "이와 같은 일은 영원히 어떻게 할 도리가 없다. 這般底 論劫不奈何",『벽암록』4칙「착어 著語」(대정장48, p.143b10)에 "냉정한 눈으로 이 노인을 살펴보라. 호랑이 수염을 쓰다듬는구나. 반드시 이러한 사람이라야 한다. 冷眼看這老漢 捋虎鬚 也須是這般人 始得"라고 하였다. [참고문헌]『祖堂集』,『碧巖錄』.

저변 這邊 이쪽. 원칭인 나변(那邊)과 대칭한다.『앙산어록』(대정장47, p.584c26)에 "화안이 앙산에게 물었다. '침상 저쪽에는 무엇이 있느냐?' '베개입니다' '베개 이쪽에는 무엇이 있느냐?' '아무것도 없습니다'. 화안이 다시 '혜적아!' 하고 부르자 앙산이 '예!' 하고 응답함에 화안이 물었다. '이것은 무엇이더냐?' 和安云 床子那邊是甚麽物 師云 枕子 和安云 枕子這邊是甚麽物 師云 無物 和安復召慧寂 師應諾 和安云 是甚麽"라고 하였다. [참고문헌]『仰山語錄』. ⇨ 나변 那邊 ■

저변사 這邊事 이쪽의 일. 견문각지(見聞覺知)로 마주할 수 있는 당처(當處) 또는 지금(今時)의 사태를 가리킨다. 저 끝의 일을 나변사(那邊事)라 한다.『동산어록』(대정장47, p.514b21)에 "동산이 설봉에게 말했다. '몇 번의 도끼질로 쪼갰는가?' '한 번의 도끼질로 베었습니다' '여전히 이쪽 일이다. 저끝 일은 어떤가?' '손을 쓸 여지가 없습니다' '여전히 이쪽 일이다. 저끝 일은 어떤가?' 설봉이 놓고 가버렸다. 師曰 幾斧斫成 峯云 一斧斫成 師曰 猶是這邊事 那邊事 作麽生 峯云 直得無下手處 師曰 猶是這邊事 那邊事 作麽生 峯休去"라고 하였다. [참고문헌]『洞山語錄』. ⇨ 나변 那邊 ■

저보 躇步 멈춰 서다. 가다 서다. 유예(猶豫)의 뜻이다.『유수보살무상청정분위경』권상(대정장8, p.743b18)에 "분위(Ⓢ piṇḍacaryā : 乞食)를 행할 때는 무념으로 발을 들고 발을 내리며 발길을 멈추고, 무념으로 동요가 없다. 또한 자리함도 없고 머무름도 없고 돌아다님도 없고 굽힘도 없고 펌도 없고 마음도 없고 생각도 없어야 한다. 마음 내 간다는 것도 없이 떠올리는 상 없이 다니고, 또한 성상도 없이 길이라는 떠올림도 없이 돌아다닌다. 行分衛時 無念擧足 下足躇步 無念動搖 亦當無處 無住無遊 無屈無申 無心無念 無所發行 行無所想 亦無城想 遊無路想",『일체경음의』권10(대정장54, p.364a12)에 "저보〈(앞 글자는) 장과 어를 반절한 음이다.『설문』에서는 '주저는 유예이며, 척촉이다'라고 하였다〉. 躇步〈腸於反 說文躊躇 猶豫也 躑躅也〉",『불반니원경』권하(대정장1, p.172b9)에 "내가 열반한 후에 (비구가 되려고) 오는 모든 이는 그 뜻이 나아가는 바를 살피고 앉았다 일어서는 등의 위의를 보며 말하는 본새를 가려보고 걸음새도 살펴보라. 吾泥洹後 凡諸來者 觀于志趣 視于坐起 採于語言 察于躇步",『정법화경』권3(대정장9, p.85b19)에 "스스로 밟아 오르지 않는다면 도달할 수가 없다. 自不躇步 亦不能至"라고 하였다. [참고문헌]『濡首菩薩無上淸淨分衛經』,『一切經音義』,『佛般泥洹經』,『正法華經』. ⇨ 분위 分衛

저사 低舍 Ⓢ Tiṣya의 음사어. 지사(底沙)라고도 음사한다. 빛(光) 또는 밝음(明)을 뜻하며, 이십팔수(二十八宿) 중 귀수(鬼宿)를 뜻하기도 한다.『번범어』권5(대정장54, p.1014c16)에 "저사는 빛이다. 低舍者光", 같은 책 권5(대정장54, p.1017b22)에 "저사는 빛이다. 또는 불꽃이 떨어지는 것이라고도 한다. 低舍者光 亦云火落"라고 하였다. [참고문헌]『翻梵語』,『雜阿含經』권10(대정장2, p.71a5), 36권본『大般涅槃經』권32(대정장12, p.823c3). ⇨ 지사 底沙

저사 佇思 가만히 또는 우두커니 생각한다는 말. 곧바로 드러내 행하거나 말하지 못하고 분별로 머뭇거림을 묘사한다.『운문광록』권상(대정장47, p.546a3)에 "만일 납승문하라 한다면 구속에 기를 가져다 한갓 가만히 생각한 끝에 설령 한 구에서 알아차렸더라도 여전히 졸고 있는 사람에 불과하다. 若約衲僧門下 句裏呈機 徒勞佇思 直饒一句下承當得 猶是瞌睡漢", 같은 책 권하(대정장47, p.575c14)에 "무릇 오는 사람을 접할 때마다 기틀 가려 준엄하고 재빨라 우두커니 생각할 틈을 허용하지 않았다. 凡應接來者 機辯峭捷 無容佇思",『경덕전등록』권18「초증전 超證傳」(대정장51, p.352a20)에 "만일 다시 가만히 생각한다면 틀림없이 미치지 못할 것입니다. 若更佇思 應難得及",『벽암록』25칙「송 頌」(대정장48, p.166b17)에 "떨어지는 꽃잎과 흐르는 물은 참으로 아득하다〈아주 좋은 소식이다. 번개가 치듯 한 기틀이다. 한갓 우두커니 생각만 하고 있다면 왼쪽 돌아보며 천생 보내고 오른쪽 돌아보며 만겁 보내겠지〉. 落花流水太茫茫〈好箇消息 閃電之機 徒勞佇思 左顧千生 右顧萬劫〉", 같은 책 29칙「본칙 本則」(대정장48, p.246a22)에 "노피장로가 우두커니 생각하고 있자〈이미 귀문관을 지났다〉 풍혈이 할을 내지르며 '장로, 어째서 한 마디 하지 않으시오?'〈벌써 절벽에 임했으니 다시 한 번 밀어주는군〉라고 말했다. 노피가 머뭇거렸다〈그 수많은 시절 어디로 오갔던가?〉 陂佇思〈已過鬼門關〉 穴喝云 長老 何不進語〈已臨崖岸 更與一

推〉 陂擬議〈許多時節 甚處去來〉"라고 하였다. 〔참고문헌〕『雲門廣錄』, 『景德傳燈錄』, 『碧巖錄』. ⇨ 저사정기 佇思停機, 불용저사 不容佇思

저사 底事 끝 모를 저 일. 알 수 없는 일. 저의(底意)의 뜻이다. 『인천안목』 권3 「동산공훈오위 洞山功勳五位」(대정장48, p.316a16)에 "중생과 제불이 서로 빼앗지 않으니, 산 스스로 높고 물 그대로 깊을 뿐. 만 가지로 다르고 천 가지로 갈라져 밝기만 하니 끝 모를 일이로구나. 소쩍새 우는 곳마다 온갖 꽃 새롭구나. 〈함께 한 공이다〉. 衆生諸佛不相侵 山自高兮水自深 萬別千差明底事 鷓鴣啼處百花新 〈共功〉"라고 하였다. 〔참고문헌〕『人天眼目』. ⇨ 저의 底意, 십마사 什麽事

저사 抵死 죽음 그 끝에까지. 죽음에 이르도록. 『임제록』(대정장47, p.501a8)에 "혹은 선지식이 어떤 것도 집어내어 주지 않고 학인의 묻는 곳 따라 곧바로 빼앗아 버린다. 학인 당하다 못해 죽음에 이를 때까지 놓아주지 않는다. 이것을 가리켜 주인이 나그네 살펴본다고 한다. 或是善知識 不拈出物 隨學人問處卽奪 學人被奪 抵死不放 此是主看客", 『오조법연어록』 권하(대정장47, p.663c25)에 "법좌에 올라앉아 말했다. '세상에 한 물건이 있다. 범부에도 속하지 않고 성인에도 속하지 않으며, 삿됨에도 속하지 않고 바른 도에도 속하지 않으며, 만사 시절에 임하여 자연히 불러들인 것들이다. 죽을 힘을 다해 알고자 한다면 자성도 목숨도 뒤쳐 버린다'. 上堂云 世有一物 亦不屬凡 亦不屬聖 亦不屬邪 亦不屬正 萬事臨時 自然號令 抵死要知 換却性命"라고 하였다. 〔참고문헌〕『臨濟錄』, 『五祖法演語錄』.

저사 這些 이들. 이것들. 저사자(這些子)라고도 한다. 『대혜어록』 권17(대정장47, p.882a27)에 "이 일 마치 마른하늘에 뜬 밝은 해와 같아서 원래 가려 막힌 일 없건만 도리어 이들 잡독에 가렸을 뿐이네. 此事 如靑天白日 元無障礙 却被這些雜毒障却", 『무문관』 「습옹서 習翁序」(대정장48, p.292a28)에 "억지로 저자인 이 습옹에게 찬양하는 서문을 써달라고 요구하니 이 또한 마른 대나무에서 즙 짜내듯 하였다. 이처럼 보잘 것 없는 책을 지었을 뿐이니 그것은 습옹이 한 번에 던져버릴 것도 되지 않는다. 硬要習翁贊揚 又是乾竹絞汁 著得這些哮本 不消習翁一擲"라고 하였다. 〔참고문헌〕『大慧語錄』, 『無門關』. ⇨ 사 些 ■

저사정기 佇思停機 우두커니 생각하며 심기를 멈추고 있다는 말. 심기를 활발하게 발휘하지 못하고 분별로 알아내려고 우물쭈물하는 상태를 말한다. 『설두어록』 권1(대정장47, p.675a25)에 "뛰어난 선사들 서로 보자마자 끌고 당기고 벌떡 일어나 곧바로 행한다. 만일 우두커니 생각하며 기마저 멈춰있다면 끝내 찾아 드러내지 못한다. 作者相見 一拶一捺 撩起便行 若佇思停機 卒摸搽不著", 『보속고승전』 권8 「진점흉전 眞點胸傳」(卍속장134, p.156b1)에 "가만히 생각하며 기마저 멈춘다면 식정도 뚫지 못하리니, 어찌 꿈에선들 보겠는가? 佇思停機 識情未透 何曾夢見在", 『벽암록』 30칙 「평창 評唱」(대정장48, p.169c10)에 "만일 특출하고 영령한 사람이라면 곧바로 자리에서 부싯돌 튀기고 번갯불중 듣자마자 일으켜 곧바로 행한다. 만일 우두커니 생각하며 기마저 멈춘다면 몸도 목숨도 잃지 않을 수 없으리라. 若是特達英靈底漢 直下向擊石火裏閃電光中 纔聞擧著 剔起便行 苟或佇思停機 不免喪身失命"라고 하였다. 〔참고문헌〕『雪竇語錄』, 『補續高僧傳』, 『碧巖錄』. ⇨ 저사 佇思, 불용저사 不容佇思

저선신 褚善信 후한(後漢)대 오악도사(五嶽道士). 71년(영평14) 명제(明帝)에게 불교와 도교의 우위를 가려줄 것을 표문을 올려 청하였다. 이에 따라 황제는 백마사(白馬寺)에서 불경과 도전(道典)을 모아놓고 불태워 둘의 영험을 시험하였다. 도전은 죄다 불타고, 불경은 어느 것 하나 타지 않았다. 이때부터 천하가 초목이 바람에 쓰러지듯이 불교로 귀의하게 되었다. 〔참고문헌〕『四十二章經』「題焚經臺詩」(대정장39, p.523a13), 『佛祖統紀』 권35(대정장49, p.329c7), 『法苑珠林』 권55(대정장53, p.700b11). ⇨ 백마사 白馬寺 ■

저성저성장벽유이 低聲低聲墻壁有耳 '소리 낮추어라, 소리 낮춰! 담벼락에 귀 있다네'. 견문각지(見聞覺知)는 안밖(內外)이 따로 없이 육근(內六根)과 육진(外六塵)으로 합해야 움직인다. 소리(聲)는 되려 내게 있고 귀(耳)는 저 밖에 있다 하니, 듣는 이의 귀가 밖에 있다 하니 안밖의 분별이 무색한 경명백백한 당처를 챙기는 뜻이다. 『송원숭악선사어』(속고존숙어요4, 卍속장119, p.40a15)에 "야보의 문풍은 별다른 도리가 없다. 밭 갈고 배불리 먹으며, 일찍 자고 늦게 일어나며, 얼굴을 씻다가 코를 만지고, 차를 마시다가 입술을 적신다. 어떤 사람 느닷없이 와서 '소리 낮추어라, 소리 낮춰! 담벼락에 귀 있다네'라고 하더라도 그를 이상하게 여기지 않는다. 왜 그런가? 동산의 부처는 빛이 없으니 한신이 조정에 임했다. 冶父門風 別無道理 種田博飯 早眠晏起 洗面摸著鼻 喫茶濕却觜 忽有箇漢 出來道 低聲低聲墻壁有耳 也怪他不得 何故 洞山佛無光 韓信臨朝底", 『석계심월어록』 권상(卍속장123, p.54b13)에 "금 까마귀(해)가 동쪽에서 뜨면 옥토끼(달)는 서쪽으로 진다. 나고 죽는 일 어느 곳에선들 돌아 피하겠는가? 손사래를 치며 말했다. '소리 낮추어라, 소리 낮춰! 담장에 귀 있다네'.

金烏東昇 玉兎西墜 生死到來 甚處回避 搖手云 低聲低聲 墻壁有耳”라고 하였다. [참고문헌]『松源崇嶽禪師語』, 『石溪心月語錄』. ⇨ 장벽유이 墻壁有耳

저세 低細 끝내 세심하게 하다. 저세(底細)라고도 한다. 『선원청규』 권3 「장주 藏主」(卍속장111, p.895a11)에 “함을 덮는 법은 오른쪽으론 올려보고 왼쪽으로도 굽어보고 손을 바꿔가며 합하며 모름지기 끝까지 세심하게 한다. 蓋函之法 右仰左俯 交手合之 亦須低細”라고 하였다. [참고문헌]『禪苑淸規』.

저수 氐宿 Ⓢ viśākhā, Ⓣ sa-ga. 이십팔수(二十八宿) 중 하나. 음사어는 비사거(毘舍佉)이고 장양(長養)·선격(善格) 등으로 한역한다. 춘분(春分)에 해당하는 별자리로 동방칠수(東方七宿) 중 세 번째이며, 인도력의 2월에 해당한다. 태장만다라 남방(南方) 최외원(最外院)에 위치하며 종자는 (vi), 삼매야형은 연꽃 위 별(蓮上星)이다. 진언은 ‘나마 사만타붓다남 비샤카낙샤트라 스바하 namaḥ samanta-buddhānāṃ viśākhā-nakṣatra svāhā 두루하신 제불께 귀의하오며, 저수여! 스바하’이다. 『방광대장엄경』 권2 「처태품 處胎品」(대정장3, p.548c7)에 “겨울철이 이미 지나고 춘분 중의 비사거월에 이르자 숲의 꽃과 잎사귀는 곱고 빛나 아낄 만큼 아름다웠으며 춥지도 않고 덥지도 않았다. 저수가 뜰 때쯤 삼계의 뛰어난 이가 천하를 관찰하니 백월이 둥글고 맑았는데 불사성(Ⓢ Puṣya)이 완전히 달과 합하고 보살이 도솔천궁에서 모습을 감추고 모태로 든다. 冬節過已 於春分中 毘舍佉月 叢林花葉 鮮澤可愛 不寒不熱 氐宿

合時 三界勝人 觀察天下 白月圓淨 而弗沙星 正與月合 菩薩是時 從兜率天宮沒 入於母胎”, 『마등가경』 권하(대정장21, p.408b13)에 “달이 저수에 오면 땅의 흔들림이 있다. 月在氐宿 而有地動”, 『일체경음의』 권46(대정장54, p.611b7)에 “저수〈(앞 글자는) 정과 계 또는 도와 례를 반절한 음이다. 『이아』에서는 ‘하늘의 뿌리가 저이다’라고 하였고, 『음의』에서는 ‘천근은 천하만물의 뿌리가 되기에 천근이라고 한다’고 하였으며, 손염은 ‘각수와 항수가 아래로 저수와 이어져 있는데 나무로 치면 뿌리가 있는 것과 같다’라고 하였다〉. 氐宿〈丁計都禮二反 尒雅 天根 氐也 音義曰 天根爲天下萬物作根 故曰天根也 孫炎曰 角亢下繫於氐 若木之有根也〉”라고 하였다. [참고문헌]『方廣大莊嚴經』, 『摩登伽經』, 『一切經音義』, 『七曜攘災決』 권중(대정장21, p.449b21), 『華嚴經疏鈔』 권63(대정장36, p.509c22), *Mvyut.166.* ⇨ 비사거 毘舍佉❶❷, 이십팔수 二十八宿

저수 儲水 가득 찬 물. 물을 채우다. 저(儲)는 저(貯)·비(備) 등과 같은 뜻이다. 『출요경』 권23(대정장4, p.733c1)에 “옛날에 비구가 강을 건너려고 하는데, 버려진 배 쓸 수 없었다. 이때 뱃사공이 그 비구에게 이렇게 말했다. ‘도사여, 가져다 쓰시려거든 몸소 저 물을 퍼내시면 됩니다. 배가 가볍고 몸이 온전한데 어디인들 못가겠습니까?’ 昔有比丘 欲渡江河 値有弊船 朽故不治 是時 船師報比丘曰 道士 欲有所之 可以己功 抒此儲水 船輕身全 何往不剋”, 『도행반야경』 권10(대정장8, p.474c19)에 “이 때 살타파륜보살(Ⓢ Sadāprarudita)과 오백의 여인들이 모든 보살들을 위한 물을 채웠는데, 하늘에서 문다라화·만수안화·마하만수안화 등 온갖 꽃이 비처럼 내렸으니 모두 사천 석이나 되었다. 是時 薩陀波倫菩薩 及五百女人 爲諸菩薩儲水 天雨文陀羅華 曼殊顏華 摩訶曼殊顏華 都雨種種華 凡四千石”라고 하였다. [참고문헌]『出曜經』, 『道行般若經』.

저수량 褚遂良 596~658. 중국 당대 고위관료이자 저명한 서예가. 자는 등선(登善)이고, 말년에 하남군공(河南郡公)에 봉해졌으므로 저하남(褚河南)이라고도 한다. 전당(錢唐 : 浙江省 杭州) 출신이다. 우세남(虞世南)·구양순(歐陽詢)과 함께 ‘초당삼대가’로 불리는데, 필법은 처음에는 우세남의 서풍을 배웠고, 나중에는 구양순의 서풍을 터득하여 대성하였다. 서예로 남긴 대표작은 「맹법사비 孟法師卑」·「이궐불감비 伊闕佛龕卑」·「안탑성교서 雁塔聖敎序」 등이 있는데 불교와 관련된 작품이 주를 이룬다. 중서령으로 있을 때는 현장(玄奘)의 신역경전 유포에도 힘썼다. 이와 관련하여 태종에게 주청한 글이 전하는데, 『자은전』 권6(대정장50, p.256a14)에 “그때 사도 조국공 장손무기와 중서령 저수량 등이 주청을 올렸다. ‘신이 듣자옵건대 불교는 깊고도 그윽하여 천상과 인간이 헤아리기 어렵다 하옵니다. 말의 뿌리가 아주 깊고 깊어 말문으로는 들기 어렵습니다. … 또한 천자의 자비 넓고 머니, 구주에 펼 수만 있다면 준동함령이 모두 아름다운 법에 적실 수 있을 것입니다’. 時司徒趙國公長孫無忌 中書令褚遂良等 奏曰 臣聞佛敎沖玄 天人莫測 言本則甚深 語門則難入 … 又天慈廣遠 使布之九州 蠢蠢黔黎 俱飡妙法”라고 하였다. [참고문헌]『慈恩傳』, 『佛祖統紀』 권39(대정장49, p.363c14), 『佛法金湯編』 권8(卍속장148, p.898b8), 『名公法喜志』 권2(卍속장150, p.80b1). ⇨ 맹법사비 孟法師碑, 이궐불감 伊闕佛龕, 안탑성교서 雁塔聖敎序, 현장 玄奘

저심 低心 저 끝까지 닿은 마음. 마음을 낮춘다는 뜻이다. 『대보적정법경』 권2(대정장12, p.204b21)에 "일체중생을 위하여 마음을 저 끝까지 낮추고 아를 떠난다. 爲一切衆生 低心離我", 『위산경책구석기』 권하(卍속장111, p.332b17)에 "마음을 낮춰 땅인 듯 하고, 입을 닫아 어리석은 듯 하며, 아도 인도 꺾어버리고 의기마저 다해 멈춘다. 低心似地 緘口如愚 摧挫我人 消停意氣", 『선원청규』 권5 「화주 化主」(卍속장111, p.900b12)에 "미리 문장·관첩·서신 등을 점검해야 하니 착오가 있을지도 모르기 때문이다. 그 다음은 다탕인사를 위한 물건을 준비하되 마음 낮춰 성가신 일을 견디고 좋은 말로 교화하며 이끈다. 預先點檢 門狀 關牒 書信 恐有差誤 及備茶湯人事之物 低心耐煩 善言化導"라고 하였다. [참고문헌] 『大寶積正法經』, 『潙山警策句釋記』, 『禪苑淸規』.

저양 羝羊 Ⓢ meṣa. 숫양. 우동범부(愚童凡夫)를 비유한다. 『대일경』 권1 「입진언문주심품 入眞言門住心品」(대정장18, p.2b5)에 "비밀주여! 어리석은 범부 마치 저 숫양같다. 혹여 어느 때 한 법 생각해 일으키니 재를 가짐이다. 그가 이를 조금이라도 사유하며 기쁜 마음을 일으키고 자주 닦고 익히면, 비밀주여! 이것이 첫 종자 선업의 발생이다. 祕密主 愚童凡夫 類猶如羝羊 或時有一法想生 所謂持齋 彼思惟此少分 發起歡喜 數數修習 祕密主 是初種子善業發生", 『대일경소』 권2(대정장39, p.594c6)에 "숫양은 축생 중에서도 성질이 가장 하열하다. 생각하는 거라곤 풀 뜯는 것, 물 마시는 것, 음욕일 뿐이어서 다른 것은 전혀 모른다. 그러므로 서역어법을 따라 선악인과를 모르는 우동범부라 하였다. 羝羊是畜生中 性最下劣 但念水草 及婬欲事 餘無所知 故順西方語法 以喩不知善惡因果 愚童凡夫也"하였다. [참고문헌] 『大日經』, 『大日經疏』, *Vijñ-v.5.* ⇨ 우동범부 愚童凡夫

저양촉번 羝羊觸藩 숫양이 울타리를 들이받듯 하다. 이리저리 분별하다 그 번뇌망에 오히려 걸려 진퇴양난이 되다의 뜻이다. 진퇴(進退)가 불가능한 속박을 나타낸다. 『주역』 「뇌천대장괘 雷天大壯卦」에 나오는 구절이다. 곧 "구륙은 숫양이 울타리를 들이받다가 뿔이 걸려 물러나지도 못하고 나가지도 못한다. 아무 이익도 없지만 어려워지면 길하리라. 상에 이른다. '물러나지도 못하고 나가지도 못하니 알 순 없지만 어려워지면 길하다고 하니 허물은 오래 가지는 않는다'. 九六 羝羊觸藩 不能退 不能遂 無攸利 艱則吉 象曰 不能退 不能遂 不詳也 艱則吉 咎不長也"라고 하였다. 『벽암록』 8칙 「수시 垂示」(대정장48, p.148a20)에 "알았다면 어디서나 받아 쓸 수 있으니, 용이 물을 만난 듯 호랑이가 산을 호령하듯 한다. 알아차리지 못한즉 허튼 말만 퍼뜨리게 되니, 숫양이 울타리에 뿔이 걸려 꼼짝달싹 못하고 그루터기를 지키며 토끼나 기다린다. 會則途中受用 如龍得水 似虎靠山 不會則世諦流布 羝羊觸藩 守株待兎", 『해인소여어록』(卍속장122, p.597a2)에 "말과 문자를 향하는 중에 전도되고 언어문서에 한 덩이로 속박당하니, 마치 숫양이 울타리에 뿔이 걸려 나가지도 못하고 물러서지도 못하듯 한다. 나서 죽을 때까지 벗어나지 못하네. 向語言文字中著到 被語言露布 縛作一團 如羝羊觸藩 進不得 退不得 從生至死 擺䟦不下"라고 하였다. [참고문헌] 『周易』, 『碧巖錄』, 『海印昭如語錄』, 『從容錄』 66칙 「評唱」(대정장48, p.268c11).

저역총보 著譯叢譜 조계산 다송자(茶松子) 금명보정(錦溟寶鼎 1861~1930) 지음. 4권. 한불전12, pp.435b1~510c12에 수록되어 있다. 1920년에 보정이 쓴 「저역총브서」가 있으며 송광사(松廣寺)에 필사본이 전한다. 권1은 축화저술부(竺華著述部)로서 인도와 중국의 불교경론, 권2는 선일저술부(鮮日著述部)로서 우리나라와 일본의 불교경론을 모아 전하고 있으며, 권3은 제조사비명찬술부(諸祖師碑銘撰述部), 권4는 삼장역범부(三藏譯梵部)이다.

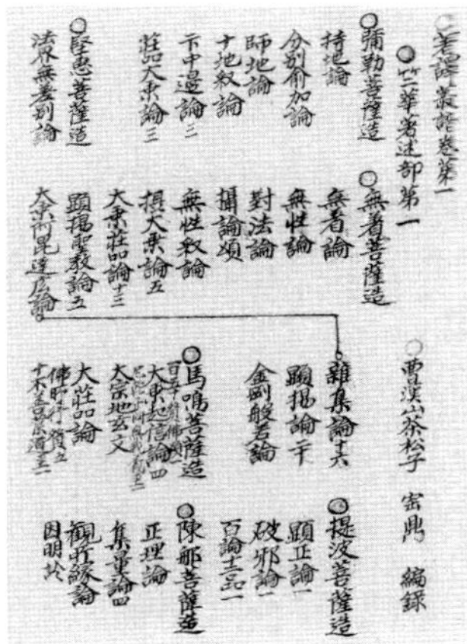

저역총보

특히 권3에는 조사 및 고승의 사리탑비와 행적비·사찰 사적비와 중수중건비 및 각종 조성비는 물론이고 역대 왕실의 능비(陵碑)와 사대부의 신도비(神道碑)·행적비·묘비(墓碑), 향교(鄕校)와 서원(書院) 조성비 등 다양한 비명의 목록이 수록되었다. 목록에는 서명과 저자명을 기록하였으며 비명의 경우 가능하면 찬자(撰者)와 서자(書者)를 모두 기록하였다. 우리나라 근대에 작성된 불교관계 목록이라는 점에 의의가 있다. ⇨ 보정 寶鼎

저의 底意 숨은 뜻. 저사(底事)와 같은 뜻이다. 『종용록』 22칙 「송 頌」(대정장48, p.241c25)에 "무슨 뜻인가 하고 암두가 덕산에게 물으니〈비록 부자 사이에 군사를 일으켰지만〉, 밀고 당기며 마음의 행로 살폈네〈방패와 창이 맞서지 않을 수 없구나〉. 底意巖頭問德山〈雖然父子興師〉一擡一捺看心行〈未免干戈相待〉"라고 하였다. [참고문헌] 『從容錄』. ⇨ 저사 底事

저의 抵擬 맞서 버티다. 『동산어록』(대정장47, p.512c21)에 "'만일 찾아 드러나게 된다면 어떻게 맞서겠는가?' 동산이 대신 답한다. '발각당한 채로 두어야 하리'. 若被覓著時 如何抵擬他 師代曰 被他覓得也", 『운문광록』 권상(대정장47, p.547b12)에 "어느 날 눈빛 땅에 떨어지면 눈 앞의 일 어찌 버티겠는가? 끓는 물에 떨어진 방게인 듯 손발 황망히 버둥거리지 말아야 하리. 一日眼光落地 前頭將何抵擬 莫一似落湯螃蟹 手脚忙亂"라고 하였다. [참고문헌] 『洞山語錄』, 『雲門廣錄』.

저이야타 咀儞也他 Ⓢ tadyathā의 음사어. 저질타(咀姪他)·달질타(呾姪他) 등으로 음사하고, 소위(所謂)·즉(卽)·비여(譬如) 등으로 한역한다. 『번역명의집』 권5(대정장54, p.1132a1)에 "저이야타는 '달질타'라고도 음사하며 한역하여 '소위'라고 한다. 咀儞也他 或呾姪他 此翻所謂"라고 하였다. [참고문헌] 『翻譯名義集』.

저작 咀嚼 Ⓢ vibhakṣayat, Ⓣ 'khren-cing-rab-tu-za. 음식물 등을 잘게 부수어 씹는 일. 『법화경』 권2 「비유품 譬喩品」(대정장9, p.13c28 : *Saddh-p.*, p.83)에 "여우·이리·야간이 씹고 밟으며 사체를 물어뜯어 뼈와 살점 낭자하네. 狐狼野干 咀嚼踐蹋 鱭齧死屍 骨肉狼藉 bheruṇḍakā dāruṇa tatra santi manuṣyakuṇapāni vibhakṣayantaḥ", 『십지경론』 권1(대정장26, p.130b23)에 "음식을 씹어야 몸의 힘을 돕듯이 이와 같이 사혜도 들은 법을 곱씹어야 지혜의 힘을 도와 성취한다. 如食咀嚼 身力助成 如是思慧 嚼所聞法 智力助成", 『순정리론』 권30 「변연기품 辯緣起品」(대정장29, p.510b13)에 "또 모든 분단식은 반드시 입으로 들어가 씹어 부셔야 그 형현이 무너져 향미의 느낌이 더하고 비로소 식사로서 성립한다. 又諸段食 要進口中 咀嚼令碎 壞其形顯 香味觸增 方成食事"라고 하였다. [참고문헌] 『法華經』, 『十地經論』, 『順正理論』, *Saddh-p.*

저저 這底 이것. 이 일. 차저(遮底)라고도 하며, 송대(宋代)에는 저적(這的)으로 썼다. 『오등회원』 권3 「석공혜장장 石鞏慧藏章」(卍속장138, p.107a2)에 "학인이 손가락 튕겨 소리내며 석공에게 물었다. '어떻게 해야 생사를 면할지요?' '벗어나서 무엇 하려느냐?' '어떻게 벗어나는지요?' '이 일은 나고 죽은 적 없다'. 僧彈指一聲 問 如何免得生死 師曰 用免作甚麽 曰 如何免得 師曰 這底 不生死"라고 하였다. [참고문헌] 『五燈會元』.

저저라 咀咀羅 Ⓢ tātara의 음사어. 새 이름. 울음소리에 따른 이름으로 꿩(雉) 종류로 본다. 40권본 『대반열반경』 권23(대정장12, p.503b26)에 "소리를 인하기 때문에 '가가라'라 하고 '구구라'·'저저라'라고 한다. 이와 같은 등의 이름은 인연 따라 붙인 것이다. 如因聲故 名爲迦迦羅 名究究羅 咀咀羅 如是等名是因緣名"라고 하였고, 이 용례는 판본에 따라 달달라(呾呾羅)·달저라(呾咀羅)라고도 한다. 『열반경소사기』 권9(卍속장57, p.946a16)에 "경에서 '가가라'라고 한 것의 '가' 자는 〈각과 법을 반절한 음이다〉 까마귀소리이다. 가가는 한역하면 까마귀이다. '구구라'라고 한 것의 '구' 자는 〈거와 구를 반절한 음이다〉 닭소리이다. 구구타는 한역하면 닭이다. 달저라의 '저' 자는 〈도와 달을 반절한 음이다〉 꿩소리이다. 혹은 구관조를 말하는 경우도 있다. 經云 名爲迦迦羅者 迦字〈脚法反〉是烏聲 迦迦 此云烏 究究羅者 究字〈居求反〉此是雞聲 鳩鳩吒 此云雞 呾咀羅者 咀字〈都達反〉此是雉聲 或言鴝也"라고 하였다. [참고문헌] 『大般涅槃經』, 『涅槃經疏私記』, 『翻梵語』 권7(대정장54, p.1032b9). ⇨ 달달라 呾呾羅

저적 貯積 Ⓢ saṃnidhi-kāra, Ⓣ gsog-'jog. 쌓아 두다. 『백의금당이바라문연기경』 권중(대정장1, p.219b8)에 "처음 향도를 취할 때는 겨도 없고 쭉정이도 없이 향과 맛이 좋고 아주 뛰어났는데, 한번 게으른 이 있고부터는 그 후로 점차 점점 거듭 많이 취하게 되니 저장하여 채우고 넉넉히 썼다. 그때부터 향도에 점점 겨와 쭉정이가 생기고 아침에 베어버려서 저녁에 나지 않고, 저녁에 베어버려서 아침에 나지 않더니 결국에 다시는 살아나지 않게 되었다. 初取香稻 無糠無粃 香美妙好 一懶惰者 而爲因故 其後漸次 展轉多取 乃爲貯積 充已受用 爾時香稻 漸生糠粃 旦時刈已 暮時不生 暮時刈已 旦時不生 不復還活", 『구사론』 권12 「분별세품 分別世品」(대정장29, p.65c4 : *Abh-k-bh.*, p.187)에 "그때는 모든 사람이 먹고자 하는 대로 이르든 늦든 원하는 대로 향도를 취하고는 쌓아두지 않았다. 훗날 사람의 품성이 게을러서 오랫동안 향도를 취하여 쌓아두기 시작했다. 다른 사람들도 따르고 배워서 점점 많이 쌓아두었다. 이로 말미암아 쌀에 나의 것이라는 마음이 생겨나고 각기 탐욕스러운 마음을 따라 많이 거두어 지치는 일이 없이 하니, 한번 거두어들인 곳에서는 다시 나는 일도 없게 되었다. 爾時諸人 隨食早晩 隨取香稻 無所貯積 後時有人 稟性嬾惰 長取香稻 貯擬後食 餘人隨學 漸多停貯 由此於稻 生我所心 各縱貪情 多收無厭 故隨收處 無復再生 te ca khalu taṃ śāliṃ sāyaṃ ca sāyamāśārthaṃ prātaśca prātarāśārthaṃ praveśayanti sma. athānyatamaḥ sattvo'lasajātīyaḥ saṃnidhikāramakārṣīt. anye'pi ca sattvāḥ saṃnidhikāramakārṣuḥ. teṣāṃ tatra mamakāra utpanne sa śālirlūno lūno na punarjāyate sma"라고 하였다. [참고문헌] 『白衣金幢二婆羅門緣起經』, 『俱舍論』, 『十地經論』 권3(대정장26, p.142c18), *Abh-k-bh.*

저점 邸店 Ⓢ gṛha-vastu, Ⓣ khang-khyim-gyi-gz

hi. 물품 보관이 가능한 숙소. 교역이 활발한 도시의 시장에 세워졌으며, 당대 성행하였다. 『유가사지론』 권25(대정장30, p.421b1 : *Śrāv-bh.*, p.153)에 "무엇이 처물인가? 여러 전택·저점·전사와 건립한 복사와 사관 등이다. 또 나머지 이와 같은 종류를 처물이라고 한다. 云何處物 謂諸田宅 邸店廛肆 建立福舍 及寺館等 復有所餘 如是等類 是名處物 deśavastu katamat. tadyathā kṣetravastu gṛhavastvāpaṇavastu, puṇyaśālāvihārapratiṣṭhāpanamiti. yadvā punaranyadapy evaṃbhāgīyamidamucyate deśavastu", 『일체경음의』 권39(대정장54, p.563a24)에 "저점〈앞 글자는 저와 례를 반절한 음이다. 『창힐편』에 저(邸)는 시장에 있는 집이라고 하였고 『설문』에서는 나라에 속한 집이라고 하였다〉. 邸店〈上低禮反 蒼頡篇云 邸 市中舍也 說文 屬國舍也〉"라고 하였다. 〔참고문헌〕 『瑜伽師地論』, 『一切經音義』, 『不空羂索神變眞言經』 권12(대정장20, p.290b28), 『根本薩婆多部律攝』 권7(대정장24, p.567c25), 『虛堂錄』 권1(대정장47, p.985c5), *Śrāv-bh.*

저주 滁州 중국 안휘성(安徽省) 저주시 및 그 인근 지역이 속했던 옛 지명. 동쪽으로 강소성(江蘇省) 남경(南京)과 접해 있다. 권내에 법침(法琛)이 개창하고 낭야혜각(瑯琊慧覺)이 주석하며 법을 현창하였던 낭야산 낭야사가 있다. 〔참고문헌〕 『從容錄』 100칙 「評唱」(대정장48, p.291c17), 『佛祖統紀』 권41(대정장49, p.378c25), 『天聖廣燈錄』 권18(卍속장135, p.774a6).

저지 佇遲 선 채로 기다리다. 『당고승전』 권19 「관정전 灌頂傳」(대정장50, p.584c10)에 "(灌頂을 招請하는 書에 이르기를) '선사께서는 지자(智者)대사의 고족제자로 법문을 위임 받으셨습니다. 지금 사자를 보내어 연신 몸을 굽히니 기필코 오시기를 바라는 마음 그치질 않습니다. 『법화경소』를 함께 부치니 사자를 따라 수도로 들어오십시오. 오시는 모습을 서서 기다리겠습니다. 편지로는 마음을 다 전할 수 없습니다'라고 하니, 관정은 가사를 채비하고 석장을 짚으며 서둘러 입궁하였고 3년 동안 법석을 크게 열었다. 禪師旣是大師高足 法門委寄 今遣延屈 必希霈然 幷法華經疏 隨使入京也 佇遲來儀 書不盡意 頂持衣負錫 高步入宮 三夏闡弘"라고 하였다. 〔참고문헌〕 『唐高僧傳』, 『釋迦譜』 권1(대정장50, p.27c29), 『弘明集』 권7(대정장52, p.45b25).

저채 抵債 빚에 몰려 있음. 『잡아함경』 권32(대정장2, p.230c5)에 "여덟 가지 인연으로 사람들의 복리는 줄고 늘지 않으니, 어떤 것들이 그 여덟 가지인가? 왕의 핍박·도적의 겁탈·화재로 타는 것·물에 떠내려가는 것·쌓아 두어 사라지는 것·쌓인 빚을 돌려받지 못한 것·원증으로 인한 잔악한 파괴·나쁜 자손의 낭비이니, 이 여덟 가지로 돈과 재산을 모으기가 어렵다. 有八因緣 令人損減福利不增 何等爲八 王所逼 賊所劫 火所焚 水所漂 藏自消減 抵債不還 怨憎殘破 惡子費用 有是八種 爲錢財難聚", 『대반열반경의기』 권3(대정장37, p.675a24)에 "수다원(須陀洹)은 역류라고 한역한다. 생사의 흐름을 거스르기 때문이다. 또한 저채라고 하니 삼도의 빚에 몰려 있기 때문이다. 須陀此方 名爲逆流 逆生死流 亦名抵債 抵三塗債", 『임제록』(대정장47, p.497c22)에 "맑은 날이 좋다느니 비 오는 날 좋다느니 하며 흐르다가 온통 빚에 몰려 염라대왕 앞에서 뜨거운 쇠구슬을 삼킬 날이 반드시 오게 될 것이다. 好晴好雨 如是之流 盡須抵債 向閻老前 呑熱鐵丸有日"라고 하였다. 〔참고문헌〕 『雜阿含經』, 『大般涅槃經義記』, 『臨濟錄』.

저처 底處 알 수 없는 저곳. 끝내 드러나지 않는 곳. 십마처(什麽處)와 같은 뜻이다. 『원오어록』 권18(대정장47, p.799b20)에 "봄의 난초도 가을 국화도 낱낱이 각각 때에 당한 일이니, 어느 곳인들 돌이켜 바꿀 일 없겠으며, 누구를 원망하여 굳이 속과 겉을 나누리요? 春蘭與秋菊 一一各當時 底處無回互 怨誰分髓皮", 『초석범기어록』 권17 「송인시자유남악 送印侍者遊南岳」(卍속장124, p.251a17)에 "또한 '오백비구가 항상 정에 들었으니 원숭이가 각각 거울을 차고 있다'는 말을 모르는가? 그대에게 묻겠다. 어느 곳이 속임수인가? 누구를 만나거나 삿되다 바르다 하지 말아야 하리. 굳은 바위에 청송이 뿌리내리리라. 해 걸린 한낮 하늘에 구름 한 점 없으니, 옛적에도 빛났고 오늘에도 우뚝하여 다만 이러할 뿐이다. 又不見 五百比丘常在定 獼猴各佩菱華鏡 問君 底處是誵訛 切忌逢人說邪正 盤陀石上靑松根 日輪卓午天無雲 曜古騰今只這是"라고 하였다. 〔참고문헌〕 『圜悟語錄』, 『楚石梵琦語錄』. ⇨ 십마처 什麽處

저처저평 低處低平 ➡ 앙산고처고평 仰山高處高平

저축 杼軸 베틀의 북(杼)과 바디(軸). 북이 씨줄을 엮고 바디가 날줄을 엮듯이 촘촘히 이리저리 살핀다는 뜻이다. 『양고승전』 권5 「축승랑전 竺僧朗傳」(대정장50, p.354c19)에 "혜원이 '(『周易』 「繫辭傳」에) 내달리지 않으면서도 빠르다 하니, 저축은 무슨 일 합니까'라고 말하자 앉아 있던 좌중들이 모두 웃었다. 遠曰 不疾而速 杼軸何爲 座者皆笑矣", 『출삼장기집』 권4 「신집속찬실역잡경록 新集續撰失譯雜經錄」(대정장55, p.21c6)에 "십이부경으로 병 따라 약이 있지만 법을 전함에 몽매함에 빠져 있으니 진실로 슬프고 한탄스러웠다. 그래서 나 승우가 찾아 헤매길 씨줄과 날줄 엮듯이 하였고, 찬록으로 험한 산길 오르듯이 한 것이다. 夫十二部經 應病成藥

而傳法淪昧 實可悵歎 祐所以杼軸於尋訪 崎嶇於纂錄也",『남해기귀내법전』 권2(대정장54, p.214a29)에 "단번에 품어 짜내고 나가고 물러남에 깊이 새긴다. 바라건대 지혜 있는 이라면 의복의 본래 위의 상세하게 살펴보기 바란다. 是以 杼軸於短懷 沈吟於進退 願智者詳察識 衣服之本儀也"라고 하였다. [참고문헌]『梁高僧傳』, 『出三藏記集』, 『南海寄歸內法傳』, 『大唐西域記』「序文」(대정장51, p.867c2). ⇨ 십이부경 十二部經

저포 苧布 모시로 짠 옷감. 『백장청규』 권3「효복 孝服」(대정장48, p.1128a18)에 "시자와 작은 스님〈마포로 기워 입는다〉, 동서양서 스님들〈저포로 기워 입는다〉. 侍者小師〈麻布裰〉 兩序〈苧布裰〉"라고 하였다. [참고문헌]『百丈淸規』, 『揞黑豆集』 권7(卍속장145, p.974a17).

저하 底下 낮고도 낮은 그곳. 더없이 아래인 뜻이다. 『좌선삼매경』 권하(대정장15, p.278c3)에 "몸은 실로 무상고부정무아인데 마음의 전도로 상락아정이라 여기고는 사사건건 그 몸에 애착한다. 이야말로 저 아래 중생이다. 身實無常 苦不淨無我 以心顚倒故 常樂我淨 以是故 事事愛著其身 是則底下衆生", 『대지도론』 권21(대정장25, p.218c23)에 "불제자는 빈 집·무덤가·숲·광야 등의 아란야처에서 구상을 잘 수행하며 내외부정관으로 자기 몸에 염환하여 생각하기를 '나는 어찌하여 이리도 더없이 낮아 부정한 오줌똥으로 가득찬 푸대 짊어지고 있는가?'라고 한다. 佛弟子於阿蘭若處 空舍塚間 山林曠野 善修九相 內外不淨觀 厭患其身 而作是念 我云何擔是底下不淨屎尿囊", 『마하지관』 권4(대정장46, p.45a23)에 "스스로를 의심한다는 것은 나의 몸 더없이 낮아 도를 이룰 만한 그릇이 되지 못한다고 확신하는 것이다. 疑自者 謂我身底下 必非道器"라고 하였다. [참고문헌]『坐禪三昧經』, 『大智度論』, 『摩訶止觀』.

저한유재양두 這漢猶在兩頭 이 사람 오히려 양 끝에 있군. 분별해 아는 듯 할 때도 성성해 깨우친 듯 해도 양 끝은 아닌가 살펴 경계하는 뜻이다. 『벽암록』 55칙「본칙 本則」(대정장48, p.189a1)에 "도오가 점원과 함께 한 집에 조문을 갔을 때 점원이 관을 치면서 '살았소, 죽었소?'〈무슨 말을 하는가? 또렷이 깨어있지 않은 대로 좋지 않은가. 이 사람은 여전히 양극단에 걸려 있군〉라고 하자 도오가 말했다. '살았어도 말하지 못하고, 죽었어도 말하지 못한다'〈용이 트림하니 안개가 일어나고, 호랑이가 울부짖으니 바람이 일어난다. 모자를 살 때는 머리 크기를 살피는 식이다. 노파의 마음처럼 간절하군〉. 擧 道吾與漸源 至一家弔慰 源拍棺云 生邪死邪〈道什麼 好不惺惺 這漢猶在兩頭〉 吾云 生也不道 死也不道〈龍吟霧起 虎嘯風生 買帽相頭 老婆心切〉"라고 하였다. [참고문헌]『碧巖錄』.

적 迹 ❶ Ⓟ pada. 자취. 『법구경』 권하(대정장4, p.567a11 : *Dhp.*, p.27)에 "(속박이라는) 그물 끊어 걸림 없으며 애마저 다해 쌓을 일 없다네. 부처님의 뜻은 깊고 끝이 없으니 아직 밟지 못한 자취 밟아야 하리. 決網無罣礙 愛盡無所積 佛意深無極 未踐迹令踐 yassa jālinī visattikā taṇhā natthi kuhiñci netave, tambuddhamanantagocaraṃ apadaṃ kena padena nessatha"라고 하였다. [참고문헌]『法句經』, *Dhp.* ❷ Ⓢ pratipad. 십육행상(十六行相) 중 하나인 행(行)의 이역(異譯). 『잡아비담심론』 권6(대정장28, p.918a21)에 "이름인즉 십육행이라 하니, 무상·고·공·비아·인·집·유·연·멸·지·묘·출·도·정·적·승을 말한다. … 한결같이 나아가기에 적이며 … 열반성에 오르기에 적이라고 한다. 名則十六行者 謂無常 苦 空 非我 因 集 有 緣 滅 止 妙 出 道 正 迹 乘 … 等趣故迹 … 登涅槃城故迹"라고 하였다. [참고문헌]『雜阿毘曇心論』. ⇨ 십육행상 十六行相, 행 行 ❸ 삼유(欲有 色有 無色有)로 윤회하는 유정의 흔적. 『사분율』 권33(대정장22, p.797c13)에 "나는 자취 쉬어 마쳤으니 삼계에 걸림이 없고, 다르지도 않고 다를 수도 없으니 불을 섬겨 제사함 즐기지 않는다네. 我見迹休息 三界無所礙 不異不可異 不樂事火祀", 『사분율소』 권7(卍속장65, p.735a3)에 "유정이 즐거워하는 곳에서는 업과 번뇌가 생사를 이끌고, 삼유로 굴러 끊임 없으니 이를 적이라 한다. 情樂之所 業與煩惱 能牽生死 三有輪轉 名之爲迹"라고 하였다. [참고문헌]『四分律』, 『四分律疏』. ❹ ➡ 적문 迹門

적 寂 열반(涅槃)의 다른 이름. 적멸(寂滅) 또는 적정(寂靜)의 줄임말. 『유마의기』 권1본(대정장38, p.432b1)에 "적이란 열반이며 중생을 그곳에 끌어들인다. 또한 적은 진제로서 사람을 이끌고 나아가 들게 한다. 寂是涅槃 導衆入中 又寂眞諦 導人趣入", 『선문사자승습도』(卍속장110, p.874a5)에 "열반은 범어로서 한역하여 적멸이라 하니 이것이 곧 적이다. 涅槃 梵語 此翻爲寂滅 卽是寂也", 『원각경협송집해강의』 권5(卍속장87, p.828b1)에 "여기서 적이란 열반의 바다가 생하는 것이 아니고, 여기서 멸이란 그것이야말로 멸하지 않는 것이다. 今言寂者 卽彼之不生 今言滅者 卽彼之不滅也", 『능엄경관심정해』 권6(卍속장23, p.882a11)에 "움직임도 고요함도 두 모습 요연해서 일어나지 않음이 적이다. 動靜二相 了然不生 卽是寂也", 『주조론소』 권3(卍속장96, p.276b8)에 "비록 이지가 뚜렷하게 다르지만 동일하게 허무이니 이것이 적이다. 雖理智宛然 而同一虛無 是寂也", 『만법귀심록』 권상「유석론리 儒釋論理」(卍속장114, p.798a7)에 "적이라는 말은 동과 마주한 적이 아니라 시작을 알 수 없는 때로부터 본래 스스로 움직인 적 없는 고요함이다. 멸이라는 말은 생과 마주하는 멸이 아니라 시원을 알 수 없는 때로부터 본디 생멸이 없는 멸이다. 이것이 본성의 온전한 바탕이니 만가닥 용은 여기서 일어난다. 후대의 유자들이 자성의 바탕 깨닫지 못하여 망령되게 단멸이라는 이견을 일으켰다. 所言寂者 非對動之寂 從無始來 本自不動之寂 所言滅者 非對生之滅 從無始來 本無生滅之滅 斯是本性全體 萬用從此而發 後儒不悟性體 妄生斷滅異見"라고 하였다. [참고문헌]『維摩義記』, 『禪門師資承襲圖』, 『圓覺經夾頌集解講義』, 『楞嚴經觀心定解』, 『注肇論疏』, 『萬法歸心錄』. ⇨ 적멸 寂滅, 적정 寂靜, 열반 涅槃, 열반적정 涅槃寂靜

적 賊 ❶ Ⓢ cora, caura, taskara, Ⓟ cora, Ⓣ rkun-po, chom-rkun. 도적. 도둑. 도적질. 남의 것을 훔치는 행위나 그 행위의 당사자. 번뇌를 비유하기도 한다. 『근본살바다부율섭』 권12(대정장24, p.597b6)에 "적이란 몰래 훔치거나 강탈하거나 세금을 훔치는 사람으로, 잘못된 길로 다니는 허물이다. 言賊者 若竊盜 若强奪 若偸稅人 曲路而過", 『인왕반야경소』 권하5(대정장33, p.344b5)에 "적에는 둘이 있다. 첫째는 밖에서 빼앗고 훔치는 금수와 같은 무리이고, 둘째는 안에서 갖가지 번뇌를 저지르는 도적이다. 이렇게 두 가지가 있기에 보호함에도 둘이 있다. 첫째로 밖의 도적은 백부의 귀신이 맡고, 둘째로 안의 도적은 공덕과 지혜가 맡는다. 안이거나 밖이거나 모든 보호는 불보살들의 신통력이다. 言賊者有二 一 外劫盜禽獸 二 內所作諸煩惱賊 旣有二護亦有二 一外卽 百部鬼神 二內所謂 功德智慧 若內若外皆是諸佛菩薩神力也"라고 하였다. [참고문헌]『根本薩婆多部律攝』, 『仁王般若經疏』, *Śrāv-bh.146.*, *Yogā-bh.97.*, *Bodh-bh.3·113.* ❷ 상대의 숨은 속을 잘 간파하는 뛰어난 선사(禪師). 마음을 잘 훔치는 사람. 『오조법연어록』 권상(대정장47, p.650a19)에 "법좌에 올라 이르길 '천상에도 미륵은 없고 지하에도 미륵은 없으니, 사방으로 트인 대로에 서서 남들에게 도적이라 불린다'라고 말한 뒤 법좌에서 내려왔다. 上堂云 天上無彌勒 地下無彌勒 十字街頭立 被人喚作賊 便下座"라고 하였다. [참고문헌]『五祖法演語錄』. ⇨ 적식적 賊識賊, 적아적지 賊兒賊智, 적과후장궁 賊過後張弓, 적시소인지과군자 賊是小人智過君子, 적장이로 賊賍已露, 작적인심허 作賊人心虛, 백염적 白拈賊, 보주인송적 普州人送賊, 보화적적 普化賊賊

적 跡 Ⓢ pratipad. 자취. 행(行)의 구역(舊譯)이고 도제(道諦)의 사행상(道正跡出)중에 하나다. 『아비담심론경』 권3(대정장28, p.849a25)에 "네 가지 행으로 멸제를 관찰한다. 이 멸은 일체생사와 서로 어긋나기에 '멸'이고, 일체번뇌불 떠나기에 지이며, 일체법중에서 승하기에 묘이고, 생사를 버리기에 이다. 또 네 가지 행으로 도제를 관찰한다. 이 도로 비품(非品 : 出世)에 이르기에 '도'이고, 전도가 없기에 정이며, 일체성인이 밟는 곳이기에 적이고, 생사를 벗어나기에 출이다. 以四行 觀察滅諦 此滅與一切生死相違故滅 離一切煩惱火故止 於一切法中勝故妙 能捨生死故離 亦以四行 觀察道諦 此道能至非品故道 不顚倒故正 一切聖足所履處故跡 出過生死故出"라고 하였다. [참고문헌]『阿毘曇心論經』. ⇨ 행 行

적 籍 성명 등을 기록하는 장부. 가령 안거명부(安居名簿)와 같이 성명을 등록하여 총림의 안거부에 속하도록 하는 형식을 괘적(掛籍)이라 하고, 안거의 다른 이름으로 괘석(掛錫)과 같은 의미다. 또한 승적에서 성명과 자격을 박탈하는 징벌을 삭적(削籍)이라 한다. 『선림상기전』 권16(불광장, 禪藏, p.1208)에 "적 : 『전한서』 「공신표」에 대한 안사고(顔師古)의 주석에 '이름을 기록한 장부'라고 하였다. 『낭야대취편』에 '적은 1척2촌의 죽첩으로 사람의 생년 · 이름 · 용모 · 출신 지역 등을 기록하여 궁문에 걸어둔다'고 하였다. 籍 前漢書 功臣表 注師古曰 籍 謂名錄也 瑯琊代醉編云 籍者 一尺二寸竹牒 記人之年 名字 物色 懸之宮門"라고 하였다. [참고문헌]『禪林象器箋』. ⇨ 괘적 掛籍, 삭적 削籍

적가사 赤袈裟 붉은색 가사. 강적의(絳赤衣) · 강색의(絳色衣) · 적강의(赤絳衣) · 강가사(絳袈裟) · 강의(絳衣) · 적의(赤衣)라고도 한다. 청 · 황 · 적 · 백 · 흑(青黃赤白黑) 다섯 가지 순색(純色 : 正色)의 가사를 입는 것은 금하므로 순수한 붉은 색이 아니고 천색(茜色)이나 목란색(木蘭色)이다. 부처님께서 말씀하신 괴색(壞色)은 청니적(青泥赤)의 세 가지다. 『사리불문경』(대정장24, p.900c12)에서는 부파에 따른 가사색을 달리 하였기에 마하승기부(摩訶僧祇部)의 황의(黃衣) · 살바다부(薩婆多部)의 조의(皂衣) · 가섭유부(迦葉維部)의 목란의(木蘭衣) · 미사새부(彌沙塞部)의 청의(青衣) · 담무굴다가부(曇無屈多迦部)의 적의(赤衣)의 오종율의(五種律衣)라고 하였다. 『대승대집지장십륜경』 권5(대정장13, p.750b13)에 "나의 법에 의지하여 집을 버리고 출가하여 수염과 머리를 깎고 붉은 가사를 입으면 과거미래현재의 모든 부처님께서 자비로 보살펴 주시고, 위의 형상만으로 가사를 걸치기만 한 이도 과거미래현재의 모든 부처님께서 자비로써 수호해 주신다. 그러므로 수염과 머리를 깎고 붉은 가사를 입은 출가한 사람을 경멸하거나 헐뜯는 것은 곧 과거미래현재의 제불세존을 가벼이 여기고 헐뜯는 것이다. 이런 까닭으로 모든 지혜있는 사람은 갖가지 고통을 두려워하여 인간과 천상 그리고 열반의 즐거움을 기꺼이 구하니 세속을 버리고 출가하여 수염과 머리를 깎고 가사 입은 사람을 가벼이 여기거나 헐뜯지 말아야 한다. 依我法 捨俗出家 剃除鬚髮

被赤袈裟 卽爲一切 過去 未來 現在 諸佛 慈悲護念 威儀形相 所服袈裟 亦爲過去 未來 現在 諸佛世尊 慈悲守護 是故 輕毁 剃除鬚髮 被赤袈裟 出家人者 卽是輕毁 一切過去 未來 現在 諸佛世尊 由是因緣 諸有智慧 厭怖衆苦 欣求人天涅槃樂者 不應輕毁 捨俗出家 剃除鬚髮 被袈裟者"라고 하였다. [참고문헌]『舍利佛問經』, 『大乘大集地藏十輪經』, 『陀羅尼集經』 권1(대정장18, p.790a25). ⇨ 가사 袈裟, 법의 法衣

적각 赤脚 벌거벗은 발. 가진 것 없거나 걸칠 것마저 없어 자유로운 이의 뜻이다. 『백장청규』 권6 「일용궤범 日用軌範」(대정장48, p.1145c16)에 "(버선을 신지 않고) 맨발로 신발(僧鞋)을 신으면 안 된다. 不得赤脚著僧鞋", 『분양어록』 권상(대정장47, p.607a1)에 "'조사의 뜻과 경전의 뜻은 같습니까 다릅니까?' '맨발인 사람은 토끼를 잡으러 뛰어다니고, 가죽신 신은 사람은 고기를 먹는다' '스님의 자세한 가르침을 바랍니다' '가죽신 신은 사람은 배부르고, 맨발인 사람은 굶주린다'. 問 祖意教意 是同是別 師云 赤脚人趁兎 著靴人喫肉 乞師指示 師云 著靴人飽 赤脚人飢", 『설암종근송고』(卍속장120, p.338b16)에 "〈고칙〉 법화선사에게 스님이 물었다. '나고 죽는 일 큰 일이니 스님께서 말씀해주시기 바랍니다' '동정호 안에서 배를 잃었다'. 〈송〉 동정호 안에서 배를 잃더니, 맨발의 페르시아인은 물밑에서 잠들었네. 세상 사람들이 모두 불러도 깨어나지 않고, 봄바람만 살구꽃 핀 마을로 불어오네. 法華 因僧問 生死事大 請師相救 師曰 洞庭湖裏失却船 洞庭湖裏失却船 赤脚波斯水底眠 盡大地人呼不起 春風吹入杏花村", 『보각종고어록』 권하(卍속장121, p.94b10)에 "티끌에 있거나 벗어나거나 도무지 물드는 일이 없으니, 무릇 이런 것을 일러 나선생맨발이라 한다. 在塵出塵 都無染著 夫是之謂羅赤脚", 『석전법훈어록』 권1(卍속장122, p.8b8)에 "법좌에 올라 말했다. '보고 듣고 느끼고 알며, 가거나 머물거나 앉거나 누우면서 눈을 깜박이며 눈썹을 치켜 올렸다면 일찍이 이미 지나가 버렸다. 맨발로 소리 높여 노래 부르는데 길 위로 화답하는 이 없네'. 上堂 見聞覺知 行住坐臥 眨上眉毛 早已蹉過 赤脚唱山歌 路上無人和", 『고림청무습유게송』 권상 「송찬수좌성모 送贊首座省母」(卍속장123, p.536b3)에 "설봉문에 들려 하자 주장자가 하늘땅 삼킨다네. 걸어가며 옥마를 타고, 맨발로 곤륜산 오르노라. 인천안목에 이와 같음 있으니, 고금천지가 온통 이러하네. 纔入雪峯門 拄杖呑乾坤 步行騎玉馬 赤脚登崐崙 人天眼目有如此 古今天地皆相似"라고 하였다. [참고문헌]『百丈淸規』, 『汾陽語錄』, 『雪庵從瑾頌古』, 『普覺宗杲語錄』, 『石田法薰語錄』, 『古林淸茂拾遺偈頌』.

적각상도산 赤脚上刀山 맨발로 칼산에 오르다. 『무문관』 17칙 「송 頌」(대정장48, p.295b2)에 "구멍 없는 무쇠형틀 채우려 하니, 후손에게 미칠 일 외면치는 못하리라. 문호를 떠받쳐 지키고자 한다면, 또 다시 맨발로 칼산에 올라야 하리. 鐵枷無孔要人擔 累及兒孫不等閑 欲得撑門幷拄戶 更須赤脚上刀山", 『종문염고휘집』 권5(卍속장115, p.579a18)에 "오석도가 말했다. '나의 문하에서는 결코 그렇지 않다. 누군가 묻기를 「어떻게 해야 큰 수행 마친 이인가?」 「몸을 던져 우주에 맞서리」라고 일러주고, 「어떤 것이 크게 업을 지어 마친 사람인가?」 묻는다면 「맨발로 칼산에 오른다」고 답하겠다. 말해 보라! 옛 사람 이와 같은가 다른가?' 가만히 있다가 말했다. '다만 이 한 몸 걸릴 것 없다면 세상일 삼처럼 엉킨들 어찌 막아서겠는가!' 烏石道云 石溪者裏 又且不然 有問 如何是大脩行底人 向道 橫身當宇宙 如何是大作業底人 赤脚上刀山 且道 與古人是同是別 良久云 但得此身無罣礙 何妨塵事亂如麻"라고 하였다. [참고문헌]『無門關』, 『宗門拈古彙集』.

적각인축토 赤脚人逐兎 맨발의 사람은 토끼를 쫓는다. 이어진 구는 '신발 신은 사람은 그 고기를 먹는다'(著靴人喫肉)이다. 인과(因果)의 저변(底邊)을 돌이켜 깨우치는 뜻이다. 『경덕전등록』 권13 「풍혈연소전 風穴延沼傳」(대정장51, p.303b3)에 "'대중이 운집하였으니 스님께서 법을 설해 주시기 바랍니다' '맨발의 사람이 토끼를 쫓고, 신발 신은 사람은 고기를 먹는다'. 問 大衆雲集 請師說法 師曰 赤脚人趁兎 著鞾人喫肉", 『동림운문송고』(고존숙어록47, 卍속장118, p.819b5)에 "어떤 학인이 원오화상에게 '무엇이 부처입니까?'라고 묻자 원오가 '입은 화가 들어오는 문이다'라고 한 문답을 들었다. 동림(竹庵士珪)이 읊었다. '뚜렷이 눈앞에 드러난 구요, 분명히 화살이 날아간 길이다. 신발 신은 사람은 앉아서 고기를 먹고, 맨발의 사람은 토끼를 잡으려 쫓아다닌다'. 擧 僧問圓悟和尙 如何是佛 悟云 口是禍門 東林頌 的的當陽句 明明箭後路 著靴人喫肉 赤脚人趂兎", 『오등전서』 권88 「제약우민장 濟若愚敏章」(卍속장141, p.765a8)에 "학인이 물었다. '인과에 떨어지지 않는다고 했는데 어째서 여우몸에 떨어져 윤회하는지요?' '신발 신은 사람은 고기를 먹는다' '인과에 어둡지 않다고 했는데 어째서 여우몸에서 벗어났는지요?' '맨발의 사람은 토끼를 쫓는다'. 僧問 不落因果 爲甚墮野狐身 師曰 穿靴人喫肉 曰 不昧因果 爲甚脫野狐身 師曰 赤脚人趂兎"라고 하였다. [참고문헌]『景德傳燈錄』, 『汾陽語錄』, 『東林雲門頌古』, 『五燈全書』.

적각주 赤脚走 맨발로 달리다. 자유자재하면서도 활발발한 납자(衲子)의 행각(行脚)을 묘사한다. 지문광조(智門光祚)의 화두로 유명하다. 『천성광등록』 권22 「지문광조장」(卍속장135, p.818b2)에 “‘무엇이 부처입니까?’ ‘짚신이 닳도록 맨발로 뛰어라’. 問 如何是佛 師云 蹋破草鞋赤脚走”, 『굉지광록』 권4(대정장48, p.45a23)에 “짚신이 닳도록 맨발로 뛰고 주장자 끝에서 해와 달이 돋는다고 하니, 지문은 진실로 조사의 가풍을 터득하여 운문의 광장설을 풀어냈다. 踏破草鞋赤脚走 拄杖頭上挑日月 智門眞得祖家風 放出雲門廣長舌”, 『희수소담광록』 권7 「포대 布袋」(卍속장122, p.323b6)에 “맨발로 홍진에서 뛰고, ‘참으로 미륵’이라 외치고, 악취 나는 가죽 포대를 자랑삼아 보이지만, 세상에 알아주는 사람 없구나. 赤脚走紅塵 道是眞彌勒 賣弄臭皮囊 大地無人識”, 『송고연주통집』 권33(卍속장115, p.418b11)에 “남악산 앞이자 경산 뒤이니, 폭포 소리가 천둥치듯하다. 삿갓 벗어들고 정수리 드러낸 채로 가고, 짚신이 닳도록 맨발로 뛴다네. 〈불혜법천(佛慧法泉)의 송〉. 南嶽山前徑山後 瀑布聲如雷電吼 拈却笠子露頂行 踏著草鞋赤脚走〈佛慧泉〉”, 『초석범기어록』 권1(卍속장124, p.76b16)에 “법좌에 올랐다. ‘숲 속에 까치 지저귀고, 물 밑에 물고기가 헤엄친다. 호승은 두 귀에 금귀고리를 달고서, 짚신이 닳도록 맨발로 뛰어다닌다. 만일 이를 대단한 풍모라 여긴다면 반 푼의 가치조차 없을 것이며, 평범하다 헤아리면 모조리 내 수중에 있게 하리’. 上堂 林間鵲噪 水底魚行 胡僧兩耳帶金鐶 踏破草鞋赤脚走 若作奇特解會 不直半文錢 若作平實商量 總在我手裏”라고 하였다. [참고문헌] 『天聖廣燈錄』, 『宏智廣錄』, 『希叟紹曇廣錄』, 『頌古聯珠通集』, 『楚石梵琦語錄』.

적각파사입대당 赤脚波斯入大唐 맨발의 페르시아인이 대당국에 들어왔다는 말. 어떤 격에도 속박되지 않아 거침이 없는 외국인(달마대사)이 중국에 들어와 참신한 소식을 전했다는 뜻. 『자항요박화상어』 「정무시화상 모無示和尙」(속고존숙어요4, 卍속장119, p.63a18)에 “맨발의 페르시아인이 대당국에 들어오니, 한 집 일로 모든 집이 바쁘다. 이제 온 사해가 거울처럼 맑으니, 온 국토 너른 하늘이 우리 왕에게 귀의한다네. 赤脚波斯入大唐 一家有事百家忙 而今四海清如鏡 率土普天歸我王”, 『오등회원』 권20 「조암료윤장 稠巖了贇章」(卍속장138, p.817b2)에 “법좌에 올라 조주의 구자무불성화를 들고 선 말했다. ‘조주가 개에게는 불성이 없다고 하니, 만겹 청산에 옛 거울을 감춤이로다. 맨발의 페르시아인이 대당국에 들어가자, 여덟 팔 나타태자가 엄정한 법령 행한다. 돌!’ 上堂 擧趙州狗子無佛性話 乃曰 趙州狗子無佛性 萬疊青山藏古鏡 赤脚波斯入大唐 八臂那吒行正令 咄”, 『서중무온어록』 권1(卍속장123, p.816b8)에 “조사와 조사가 서로 전하고, 부처가 부처에게 몸소 전한다. 둔한 새가 바람 거슬러 날고, 새우 뛰어 보지만 한길 그릇 밖 나오지 못한다. 뛰어서 벗어나면 만사를 마치겠지만 뛰어서 벗어나지 못하면 굴욕을 받아들여야 한다. 맨발의 페르시아인이 대당국에 들어오니, 한 쌍의 눈동자가 까맣고 부리부리하다. 祖祖相傳 佛佛授手 鈍鳥逆風飛 蝦跳不出斗 跳得出萬事畢 跳不出甘受屈 赤脚波斯入大唐 一對眼睛烏律律”라고 하였다 [참고문헌] 『慈航了朴和尙語』, 『五燈會元』, 『恕中無慍語錄』.

적간 適間 잠시나마. 조금 전. 『백장청규』 권5 「사과탑 謝掛搭」(대정장48, p.1142a25)에 ‘저희들이 잠시나마 몹시 번거롭게 해드렸으니, 특히 이에 감사의 절을 올리옵니다. 某等適間 甚勞神用 特此拜謝’, 『요암청욕어록』 권2(卍속장123, p.621a13)에 “대중에게 묻겠다. 잠시 전엔 어찌서 얻지 못했고, 지금은 어째서 다시 얻었는가? 敢問大衆 適間爲什麼不得 如今爲什麼却得”라고 하였다. [참고문헌] 『百丈清規』, 『了菴清欲語錄』.

적곡사 笛谷寺 강원도 고성군 죽왕면 오봉리에 있던 절. 절터는 경작지로 사용되고 있으며, 기와편 및 축대로 보이는 석재들이 노출되어 있다. 고려초에 한 고승이 창건하였으며, 이후 수도에 힘쓰지 않은 절의 스님들이 부처님의 현신인 탁발승에게 벌을 받았다는 내용의 설화 「빈대와 적곡사지」가 전한다. [참고문헌] 『文化遺蹟分布地圖 - 高城郡』(江原文化財硏究所, 2005) p.212.

적골력 赤骨力 알몸 그대로. 남김없이 드러내는 뜻이다. 적나라(赤裸裸)·적골률(赤骨律)과 같은 뜻이다. 『송고연주통집』 권18(卍속장115, p.218b14)에 “문 안에도 있고 문 밖에도 있는데, 엄정하게 하지 못하고 우수와 두수를 범했구나. 사자가 포효하자 여우도 따라 우니, 이루 눈알을 적출해 내네. 한 손 오드리고 한 손 펴 보아도 중양절은 틀림없이 9월 9일이다. 바다와 산 뒤집혀도 마음 통하는 이는 찾아온다네. 곤궁한 그대로 숨김없이 양팔을 내미네. 〈할당혜원(瞎堂慧遠)의 송〉 門裏有門外有 不作嚴平犯牛斗 師子吼野干鳴 摘出離婁眼裏睛 一手縮一手伸 重陽決定九月九 掀翻海嶽訪知音 赤骨力窮露雙肘 〈瞎堂遠〉”라고 하였다. [참고문헌] 『頌古聯珠通集』. ⇨ 적나라 赤裸裸, 적골률 赤骨律

적골력지 赤骨歷地 숨김없이 다 드러내 그대로인 뜻. 적골력지(赤骨力地)·적골률지(赤骨律地)·적길력지(赤吉力地) 등이라고도 한다. 『가태보등록』 권19 「혜통청단장 慧通清旦章」(卍속장137, p.275a9)에 “송곳 꽂을 땅조차 없으면 만덕이 와서 조아리고, 알몸 그대로 남김없이 드러나면 바로 그 자리가 살림살이다. 無卓錐之地者 萬德來朝 赤骨歷地者 現成活計”라고 하였다. [참고문헌] 『嘉泰普燈錄』. ⇨ 적나라 赤裸裸, 적골력 赤骨力

적골률 赤骨律 다 벗어 그대로 드러난 모습. 『여정어록』 권상(대정장48, p.122c16)에 "지사의 청으로 법좌에 올랐다. '청량한 중에 큰 불길이 타오르고 불꽃 서로 돌며 사라지네. 납승의 벌거벗은 온몸 온통 그대로 칼나무라네. 그 속에서 밀고 당기고 그 속에서 놓아주기도 붙들기도 한다. 이렇게 놓아가고 붙잡아 머물기도 하며 바람 따라 쾌활하다. 온통 원수의 집일진대 웃으며 고개를 끄덕인다'. 請知事上堂 淸凉大火聚 炎炎沒回互 衲僧赤骨律 通身是劍樹 在裡許相挨廝拶 在裡許放行把住 放行把住逞風流 總是冤家笑點頭"라고 하였다. [참고문헌] 『如淨語錄』. ⇨ 적골력 赤骨力, 적나라 赤裸裸

적공 積空 빈 곳이나 허공에 겹겹이 그리다. 『양고승전』 권6 「혜원전 慧遠傳」(대정장50, p.358b12)에 "뛰어난 화공이 담박한 색으로 그려 넣으니, 색은 빈 곳에 겹겹이 응어리져 먼 연무를 바라보는 듯하다. 妙算畫工 淡彩圖寫 色疑積空 望似烟霧", 『홍명집』 「후서 後序」(대정장52, p.95b15)에 "누가 푸르디 푸른 것 겹겹이 허공에 쌓았는가? 누가 상제의 모습을 보는가? 何者蒼蒼積空 誰見上帝之貌", 『법원주림』 권99(대정장53, p.1013c7)에 "성지는 가이 없으며 쌓은 공 비워 덕을 나툴 뿐. 聖智無涯 積空顯德"라고 하였다. [참고문헌] 『梁高僧傳』, 『弘明集』, 『法苑珠林』.

적공루덕 積功累德 Ⓢ anekāni puṇyāni kṛtavān, Ⓣ bsod-nams-du-ma-mdsad-de. 공을 쌓고 덕을 도탑게 하다. 『생경』 권4(대정장3, p.94c9)에 "목숨을 아끼지 않고 공덕을 쌓아올리다가 무앙수겁이 되어 마침내 불도를 증득하였다. 不惜軀命 積功累德 無央數劫 乃得佛道", 『법화경』 권4(대정장9, p.35b21 : *Saddh-p.*, p.263)에 "지적보살이 말했다. '내가 보니 석가여래께서는 한량없는 겁 동안 행하기 어려운 행과 고통스런 행으로 공덕을 쌓아올리면서 보리의 도를 구하심에 잠시도 쉬지 않으셨다'. 智積菩薩言 我見釋迦如來 於無量劫 難行苦行 積功累德 求菩提道 未曾止息 prajñākūṭo bodhisattva āha, dṛṣṭo mayā bhagavāñ-śākyamunistathāgato bodhāya ghaṭamāno bodhisattvabhūto 'nekāni puṇyāni kṛtavānanekāni ca kalpasahasrāṇi na kadācidvīryaṃ sraṃsitavān"라고 하였다. [참고문헌] 『生經』, 『法華經』, *Saddh-p.*

적과후장궁 賊過後張弓 도둑 지나간 후에 활을 당기다. 『벽암록』 63칙 「착어 著語」(대정장48, p.194c10)에 "도둑이 달아난 다음에 활시위를 당기니, 이미 제2의 끝이다. 들기 전에 때려야 한다. 賊過後張弓 已是第二頭 未擧起時好打", 『설두어록』 권3(대정장47, p.687a5)에 "조주가 황벽에게 들르자 황벽이 그가 오는 모습을 보고 방장 문을 닫았다. 조주가 횃불을 들고 법당 안에서 '불이야, 불이야!' 하고 소리쳤다. 황벽이 문을 열고 조주를 꼭 붙들고 말했다. '말해라, 말해!' 조주가 말했다. '도둑이 달아난 다음에 활시위를 당기는군요'. 설두가 이 공안을 들어 말했다. '참으로 웃을 만하니 그 웃음 30년은 가리라. 만일 어떤 한 납승이 「설두는 도대체 무엇 때문에 웃는가?」라고 묻는다면, 「도둑이 달아난 다음에 활시위를 당긴다 하여 웃는다」 하리라'. 擧趙州到黃檗 檗見來便關却方丈 州云 救火 救火 黃檗便出擒住云 道道 州云 賊過後張弓 師云 直是好笑 笑須三十年 忽有箇衲僧問 雪竇笑箇什麽 笑賊過後張弓"라고 하였다. [참고문헌] 『碧巖錄』, 『雪竇語錄』.

적광 寂光 1580~1645. 명(明)대 율종(律宗)인 천화파(千華派)의 개조. 자는 삼매(三昧), 시호는 정지율사(淨智律師). 속성은 전(錢)씨. 광릉(廣陵 : 江蘇省 揚州市) 출신. 21세에 출가하여 혜운율사(慧雲律師)에게서 구족계를 받았고, 여산(廬山)·형산(衡山) 등의 명산에서 수행했으며, 금릉(金陵 : 江蘇省 南京) 보은사(報恩寺)에서 설계(說戒)할 때에는 사탑(寺塔)에서 방광(放光)하는 이적도 있었다. 강녕(江寧 : 江蘇省 南京) 보화산(寶華山)에서 천화대사(千華大社)를 열고 베풀었으며, 궁중에 들어가 설법하기도 했다. 1645년(홍광원년)에 보화산에서 단정하게 앉아 입적하였으니, 세수 66세였다. 저서로는 『범망경직해 梵網經直解』·『십육관참법 十六觀懺法』 등이 있다. [참고문헌] 『梵網經菩薩戒初津』(卍속장95, p.181b4), 『宗統編年』 권31(卍속장147, p.481a4), 『宗教律諸宗演派』(卍속장150, p.538a17), 『寶華山志』 권5. ⇨ 천화파 千華派

적광 중각불조도영 청 1880년

적광정토 寂光淨土 고요히 빛나는 깨끗한 나라. 상적광토(常寂光土), 적광토(寂光土)라고도 한다. 『인왕호국반야경소』 권4(대정장33, p.276a2)에 "묘각극과로 비로자나 오직 일인만이 적광정토에 태어난다. 妙覺極果 毘盧遮那 唯獨一人 生於寂光淨土", 『선관책진』 「공곡륭선사시중 空谷隆禪師示衆」(대정장48, p.1104c2)에 "우담화상은 '염불을 하는 이 누구인가'라고 들게 하였는데, 그대들은 지금 반드시 이와 같은 법을 쓸 것까지는 없다. 다만 평소에 염불해가면서 다만 잊지 말라. 홀연히 경에 부딪히고 연을 만나도 몸 뒤치는 한 구를 쳐부순다. 그때 비로소 적광정토가 이곳과 떨어진 적 없으며 아미타불이 자기마음 너머에 계시지 않은 줄 알 것이다. 優曇和尙 令提念佛的是誰 汝今不必用此等法 只平常念去 但念不忘 忽然觸境遇緣 打著轉身一句 始知寂光淨土 不離此處 阿彌陀佛 不越自心"라고 하였다. [참고문헌]『仁王護國般若經疏』, 『禪關策進』, 『佛祖統紀』 권10(대정장49, p.208b27). ⇨ 상적광토 常寂光土, 사토 四土 ❶

적광토 寂光土 고요히 빛나는 국토. 묘각극지로 비추는 빛나는 세계를 말한다. 상적광토(常寂光土). 적광정토(寂光淨土)·적광국(寂光國)이라고도 한다. 천태의 사토(四土) 중에 하나다. 『유마경약소』 권1(대정장38, p.565a4)에 "적광토란, 묘각극지로 비추는 여여법계의 리를 국토라고 이름한다. 다만 대승법성으로 바로 진적지성이니, 이승의 치우친 이치와는 같지 않다. 그러므로 『열반경』에서 '제일의공을 지혜라고 한다'고 하며, 이 경에서는 '무명의 자성이 곧바로 명임을 안다면' 이와 같이 한 뜻은 모두 상적광의 뜻이다. 부사의극지가 머무는 곳이기에 적광이라 하고, 법성토라고도 한다. 寂光土者 妙覺極智 所照如如法界之理 名之爲國 但大乘法性 卽是眞寂智性 不同二乘偏眞之理 故涅槃云 第一義空 名爲智慧 此經云若知無明性卽是明 如此皆是 常寂光義 不思議極智所居 故云寂光 亦名法性土"라고 하였다. [참고문헌]『維摩經略疏』, 40권본 『大般涅槃經』 권27(대정장12, p.523b13), 『維摩經』 권중(대정장14, p.551a16). ⇨ 상적광토 常寂光土, 사토 四土 ❶

적광해회 寂光海會 적광으로 빛나는 국토(寂光淨土)에 바다처럼 모여든 대중회. 『대일경소』 권3 「입만다라구연진언품 入漫茶羅具緣眞言品」(대정장39, p.613a11)에 "또한 중생의 일념중에 수명이 길고도 먼 여래의 몸과 고요한 빛으로 바다처럼 모인 대중회가 있음은 불퇴전의 보살조차도 알지 못한다. 이러한 법은 곱절이나 신해하기 어려움을 알아야 하리. 復次 衆生一念心中 有如來壽量長遠之身 寂光海會 乃至不退諸菩薩 亦復不能知 當知此法 倍復難信", 『대일경의석연밀초』 권4(卍속장37, p.99a4)에 "'적광해회' 등이라 하였으니, 적광은 국토이고 해회는 대중이다. 이는 곧 능히 고요한 빛으로 빛나는 국토중에 티끌과 모래처럼 많은 무리다. 寂光海會等者 寂光土也 海會衆也 卽是能寂光明土中 塵沙之衆"라고 하였다. [참고문헌]『大日經疏』, 『大日經義釋演密鈔』. ⇨ 적광정토 寂光淨土

적광활선사어록 寂光豁禪師語錄 청대 임제종 스님 적광인활(寂光印豁 1619~?)의 어록. 문인 발육(發育) 등 엮음. 6권. 1685년(강희24) 간행. 가흥장36, pp.853a1~879c12에 수록되어 있다. 봉계현(蓬溪縣) 불자선사(佛子禪寺)·사홍현(射洪縣) 대명선원(大明禪院)·수녕현(遂寧縣) 광덕선원(廣德禪院)·자복선원(資福禪院) 등에서 행한 상당(上堂)·소참(小參)·만참(晩參)과 염고(拈古)·송고(頌古)·기연(機緣)·찬(贊)·명(銘)·서문(書問)·분등(分燈)·법어(法語)·게송(偈頌) 등으로 구성되어 있으며, 백의(白意)와 장설통취(丈雪通醉)의 서문이 실려 있다. ⇨ 인활 印豁

적구 寂久 고려시대 스님인 경원(景元)의 호. [참고문헌]『牧隱文藁』 권6 「寂菴記」(한국문집총간5, p.48b12). ⇨ 경원 景元

적기암 赤旗庵 전라남도 구례군 토지면 문수리에 있던 암자. 『여지도서』 전라도 구례 사찰에 "현의 동쪽 20리 문수동에 있다. 태조가 왜장 아지발도와 운봉 황산에서 전투할 때 선봉진이 이 곳에 적기를 세웠기 때문에 이름 붙여졌다. 암자 앞에 용추가 있는데, 세상에서 영이하다 하여 가뭄이 들면 비 내리기를 기원한다. 在縣東二十里 文峀洞 太祖與倭將阿只拔都 戰於雲峯荒山時 先鋒陣豎赤旗於此故名 菴前有龍湫 俗稱靈異 遇旱禱雨"라고 하였다. 『가람고』에도 이 일이 전한다 [참고문헌]『輿地圖書』, 『伽藍考』, 『韓國寺刹全書』 권하 p.990b8.

적나라 赤裸裸 벌거벗어 아무것도 걸치지 않은 모습. 나는 나(臝)와 같이 쓴다. 노나라(露裸裸)라고도 한다. 『방거사어록』 권중(卍속장120, p.62b9)에 "자기 몸 벌거벗으니, 몸에 걸친 옷가지라곤 없네. 다시는 도둑 걱정 없어, 소요하다가 안락하게 잠든다네. 自身赤裸裸 體上無衣被 更莫憂盜賊 逍遙安樂睡", 『단계재주선어록』 권3(가흥장33, p.357b21)에 "부모에게서 나기 전 깨끗한 알몸이고, 나서는 뚜렷이 밝게 역력하여 벌거벗은 몸이니, 세법도 출세법도 그대로 밝았네. 父母未生 淨裸裸 旣生 明歷歷 赤裸裸 明歷歷 世出世法"라고 하였다. [참고문헌]『龐居士語錄』, 『壇溪梓舟船語錄』. ⇨ 노나라 露裸裸, 적골력 赤骨力, 적나라정쇄쇄 赤裸裸淨灑灑

적나라정쇄쇄 赤裸裸淨灑灑 다 벗어 걸친 것 없고, 깨끗해 씻을 일도 없네. 정나라적쇄쇄(淨裸裸赤灑灑), 정쇄쇄적나라(淨灑灑赤裸裸)라고도 한다. 『설관어록』 권2(가흥장27, p.450a1)에 "낱낱으로 소중한 것 버리니 마치 옷을 벗고 허리띠를 푼 듯 거듭거듭 남김없이 벗어던진다. 자연히 벌거벗은 몸이 깨끗하여 씻을 일도 없다. 문득 실오라기 하나도 걸치지 않은 사내가 나타난다면, 그에게서 무엇을 벗기려 하겠는가? 若能一一去其所重 如人脫衣解帶相似 重重褫盡 自然 赤裸裸淨灑灑 忽有箇一絲不掛的漢子出來 還教伊脫箇甚麽"라고 하였다. [참고문헌]『雪關語錄』. ⇨ 정나라적쇄쇄 淨裸裸赤灑灑, 정쇄쇄적나라 淨灑灑赤裸裸

적단 赤檀 붉은 전단(栴檀 Ⓢ candana). 우두전단(牛頭栴檀)을 부르는 말이며 전단 중에서 향기가 가장 뛰어나며, 남인도 마라야(摩羅耶 Ⓢ Malaya : 牛頭山)에서 가장 많이 나는 것으로 전한다. 『불본행집경』 권23 「권수세리품 勸受世利品」(대정장3, p.760c6)에 "그대의 몸에는 적단가루를 바른 것이 합당하며, 이 해진 가사를 입어서는 아니 됩니다. 몸소 세간을 바르게 지휘할 만한데, 어찌 다른 이에게 음식을 구걸하며 사십니까? 仁身合塗赤檀末 不應服此弊袈裟 手指正可撝世間 豈宜從他乞食活", 『일체경음의』 권21(대정장54, p.434c15)에 "전단〈한역하여 여락이라고 한다. 곧 백단은 열병을 치료하고 적단은 풍종을 제거한다. 모두 질병을 없애 몸을 편안히 하는 약이다. 그러므로 여락이라고 한다〉. 栴檀〈此云與樂 謂白檀能治熱病 赤檀能去風腫 皆是除疾身安之藥 故名與樂也〉"라고 하였다. 〔참고문헌〕『佛本行集經』, 『一切經音義』, 『大般若經』 권571(대정장7, p.950c22). ⇨ 우두전단 牛頭栴檀, 전단 栴檀, 마라야 摩羅耶

적당 的當 ~에 맞아들어 마땅함. 『경덕전등록』 권6 「대주혜해전 大珠慧海傳」(대정장51, p.247b21)에 "삼장법사가 대주에게 말했다. '선사는 앞서 진여에 변역이 있다 하시고, 지금은 또다시 변역하지 않는다고 하시는데, 무엇이 맞는 뜻입니까?' '분명히 알고 깨우쳐 견성하면 마치 마니주가 색을 나투듯 하여 변한다고 설해도 맞고, 변하지 않는다고 설해도 맞습니다. 만약 견성하지 못한 사람이라면 진여가 변한다는 설을 들으면 문득 변한다는 해를 짓고, 변하지 않는다는 설을 듣고서는 변하지 않는다는 해를 일으킵니다' '이래서 남종은 실로 헤아릴 수 없다고 한 뜻을 알겠습니다'. 曰 禪師適來 說眞如有變易 如今 又道不變易 如何卽是的當 師曰 若了了見性者 如摩尼珠現色 說變亦得 說不變亦得 若不見性人 聞說眞如變 便作變解 聞說不變 便作不變解 三藏曰 故知南宗實不可測"라고 하였다. 〔참고문헌〕『景德傳燈錄』, 『大乘法苑義林章』 권5(대정장45, p.341a29), 『碧巖錄』 93칙 「評唱」(대정장48, p.217a13).

적도사 赤道寺 위치 미상. 김부식(金富軾 1075~1151)이 지은 시 「적도사」가 『동문선』 권19에 수록되어 있는데, "성스러운 태조의 누선이 이곳에서 쉬었다 하니 강산에 왕기가 아직도 총총하다. 그 때의 옛 일 아는 이 없는데, 소나무 열여덟 공만이 당당하네. 聖祖樓船憩此中 江山王氣尙葱葱 當時故事無人識 除却堂堂十八公"라고 하였다. 〔참고문헌〕『東文選』.

적도정병 趯倒淨甁 정병 걷어차 넘어뜨리다. 백장회해(百丈懷海)와 위산영우(潙山靈祐) 간에 있었던 고사다. 『무문관』 40칙 「적도정병」(대정장48, p.298a3)에 "'위산화상은 처음에 백장문하에서 전좌를 맡고 있었다. 백장은 대위산의 주인을 뽑고자 했다. 이에 위산과 수좌에게 청하여 대중에게 알리라 하면서 뛰어난 이가 가야 한다 하였다. 백장이 드디어 정병을 집어 들어 보인 뒤 땅 위에 내려놓고는 문제를 냈다. 「이것을 정병이라 부르지 않겠다. 그대들은 뭐라 부르겠느냐?」 수좌가 말했다. 「말뚝이라 불러서도 안 됩니다」. 백장은 다시 위산에게 물었다. 그러자 위산은 정병을 발로 차서 넘어뜨린 뒤 나가 버렸다. 백장이 웃으며 말했다. 「수좌가 위산을 돌려찼구나」 하고는 위산을 개산으로 명하였다. 무문이 말한다. '위산의 일생일대의 용기로 어찌 백장의 함정을 벗어날 수 있겠는가. 점검해 보라. 문득 무거운 것 문득 가볍지 않다. 왜 그럴까? 자! 상투를 벗어던지고 쇠칼을 뒤집어썼다'. 〔송〕 조리와 나무 국자를 내던지고, 당처에서 드러내고 한번 부딪혀서는 에두르는 것들 끊어 버렸네. 백장이 겹겹으로 둘러친 관문마저 막아 머물지 않았으니, 발끝으로 걷어차자 부처가 마인듯 하였다. 潙山和尙 始在百丈會中 充典座 百丈將選大潙主人 乃請同首座 對衆下語 出格者可往 百丈遂拈淨甁 置地上 設問云 不得喚作淨甁 汝喚作甚麽 首座乃云 不可喚作木楔也 百丈却問於山 山乃趯倒淨甁而去 百丈笑云 第一座輸却山子也 因命之爲開山 無門曰 潙山一期之勇 爭奈跳百丈圈圚不出 檢點將來 便重不便輕 何故聻 脫得盤頭 擔起鐵枷 頌曰 颺下笊籬幷木杓 當陽一突絶周遮 百丈重關攔不住 脚尖趯出佛如麻"라고 하였다. 〔참고문헌〕『無門關』. ⇨ 영우척병 靈祐踢甁, 정병 淨甁

적동섭 赤銅鍱 ❶ 적동을 패엽(貝葉)처럼 가로로 길게 만든 동판. 글자를 새긴다. 주로 기원 이후 인도에서 사용하였다. 『바수반두법사전』(대정장50, p.190b6)에 "하루 강의를 하면 게송 하나를 짓되, 하루치 설한 뜻은 거둬 적동섭에 새겼다. 一日講卽造一偈 攝一日所說義刻赤銅鍱", 『유부율』 권4(대정장23, p.646a9)에 "왕에게 보고하기를 '모 창고 안의 모 상자에다가 안치하고 적동섭에다 분명히 품목을 기록하였습니다. 왕께서는 보낸 것을 받아 보시고 직접 검수하십시오'. 當報王曰 在某庫內 安某箱中 於赤銅鍱上 分明書記 王當遣取 親自檢之"라고 하였다. 〔참고문헌〕『婆藪槃豆法師傳』, 『有部律』. ❷ ➡ 적동엽 赤銅葉❶

적동엽 赤銅葉 ❶ Ⓢ tamālapattra, Ⓟ tambapaṇṇi, Ⓣ ta-mā-la'i-lo-ma. 다마라나무 잎사귀. 이 잎사귀를 가지고 향을 만들어 쓴다. 한역하여 곽엽(藿葉)이라고 하고, 다마라발(多摩羅跋) 또는 다아마라발다라(多阿摩羅跋陀羅)로 음사하기도 한다. 『승천왕반야바라밀경』 권7(대정장8, p.723b15)에 "(80종호 중) 서른세 번째는 손톱이 적동엽과 같다. 三十三 爪如赤銅葉", 36

권본 『대반열반경』 권11(대정장12, p.680a3)에 "그 혀가 넓고 커서 내밀면 얼굴을 덮고 형색 또한 세밀하고 엷기가 적동엽과 같았다. 심식이 총명하고 명철하며 크나큰 지혜를 갖추고 모든 중생들에게 늘 부드러운 말씀 하셨다. 其舌廣大 出能覆面 形色細薄 如赤銅葉 心識聰哲 有大智慧 於諸衆生 常有軟語"라고 하였다. [참고문헌] 『勝天王般若波羅蜜經』, 『大般涅槃經』, *Mvyut.241.* ⇨ 다마라발 多摩羅跋, 다아마라발다라 多阿摩羅跋陀羅 **2** ➡ 적동섭 赤銅鍱 [1]

적동홍지 赤凍紅地 메마르고 언 땅. 풀이 자라지 못해 붉고 메마르다. 『조주어록』 권상(고존숙어록13, 卍속장118, p.314b1)에 "마대부가 조주에게 물었다. '화상께서도 수행하십니까?' '노승이 수행한다 하면 참으로 큰 일이지' '화상께서 이미 수행하지 않으시는데 어떤 사람을 수행하게 하실 수 있습니까?' '대부는 수행하는 사람입니다' '어째서 저를 이름하여 수행이라 하십니까?' '수행하지 않았다면 어찌 인간세계 왕의 자리에 있을 수 있었겠습니까? 굶주림이 닥쳐와도 메마르고 언 땅일 뿐이니, 헤어날 기약 또한 알 수 없습니다'. 대부가 이에 눈물 흘리며 감사의 절을 올렸다. 馬大夫問 和尙還修行也無 師云 老僧若修行卽禍事 云 和尙旣不修行 敎什麽人修行 師云 大夫是修行底人 云 某甲何名修行 師云 若不修行 爭得撲在人王位中 餧得來赤凍紅地 無有解出期 大夫乃下淚拜謝"라고 하였다. [참고문헌] 『趙州語錄』.

적두찬 赤頭璨 선종 제3조 승찬(僧璨 ?~606)을 가리키는 말. 적두는 머리털이 없는(禿頭) 뜻이다. 『전법정종기』 권6(대정장51, p.745c6)에 "처음에 승찬존자는 풍질을 앓고 있는 채로 출가하였는데, 산골짜기에 거처하면서 풍질은 치유되었지만 그의 머리에 검은 머리카락은 회복되지 않았다. 이 때문에 서주(舒州 : 安徽省) 사람들이 적두찬이라고 불렀다. 初璨尊者 以風疾出家 及居山谷疾雖愈 而其元無復黑髮 故舒人號爲赤頭璨"라고 하였다. [참고문헌] 『傳法正宗記』, 『祖庭事苑』 권8(卍속장113, p.228a13). ⇨ 승찬 僧璨

적련사 赤蓮寺 인천광역시 강화군 내가면 고려산에 있는 적석사(積石寺). 『속수증보강도지』에 "고려산 서쪽 낙조봉 아래 있다. 일명 적련사이다. 在高麗山西落照峰下 一名赤蓮寺"라고 하였다. [참고문헌] 『續修增補江都誌』, 『韓國寺刹全書』 권하 p.990b16. ⇨ 적석사 積石寺 [2]

적련암 赤蓮庵 전라남도 해남군 삼산면 평활리 두륜산(頭輪山)에 있던 암자. 일제강점기에는 대본산 대흥사(大興寺)의 말사였다. 『동사열전』 권4 「철우선덕전 鐵牛禪德傳」(한불전10, p.1036b12)과 「화담강사전 華潭講師傳」(한불전10, p.1036b17)에 표운(表云 ?~1846)과 영원(靈源 1776~1849)이 이 암자에서 입적했다는 기록이 남아 있다. [참고문헌] 『東師列傳』, 『韓國寺刹全書』 권하 p.990b20.

적련화 赤蓮花 Ⓢpadma. 사종연화(四種蓮花) 중 하나. 『대지도론』 권16(대정장25, p.177c2)에 "파두마의 형상은 이곳의 적련화를 닮았다. 波頭摩 狀如此間赤蓮花", 『구사론소』 권11(대정장41, p.616b29)에 "발특마는 적련화라 한역한다. 혹독한 추위 때문에 몸이 갈가리 찢어지는 모양이 적련화의 모양과 같다. 鉢特摩者 此云赤蓮花 寒增故 其身拆裂 如赤蓮花"라고 하였다. [참고문헌] 『大智度論』, 『俱舍論疏』, *Abh-k-bh.164.* ⇨ 파두마 波頭摩, 사종연화 四種蓮花

적로 覿露 마주해 드러남. 보자마자 드러나다의 뜻이다. 적은 적면(覿面), 로는 노정(露呈)을 뜻한다. 『연등회요』 권28 「승천전종장 承天傳宗章」(卍속장136, p.910b14)에 "만일 뛰어난 이라면 문지방에 발을 걸치자마자 문득 반야의 체를 알고 곧바로 보자마자 예리한 기틀 드러내리라. 마치 번개치는 듯한 선이니 도니 논한다면 윤회를 면치 못하고, 뜻 들먹이며 종지를 밝히려 한다면 오히려 굽은 궤적을 만나리라. 若是上士 脚纔跨門 便知般若之體 便乃覿露鋒機 如同電拂 論禪與道 未免輪迴 擧意明宗 猶遭曲轍", 『선종잡독해』 권2(卍속장114, p.121b10)에 "보자마자 드러내 그 기틀 온전히 하니, 어디가 뒤고 어디가 앞인가? 覿露全機誰後先", 『석계심월어록』 권3(卍속장123, p.131a4)에 "왼손으로는 책을 잡고 오른손으로는 가리킨다. 보자마자 드러나 감출 것 없으니 몇 사람이나 이 뜻을 알까? 고개 돌려보니 오대산 춥고도 푸른 빛에 갇혀버렸네. 左手執卷 右手指示 覿露不覆藏 幾人知此意 回首臺山鎖寒翠"라고 하였다. [참고문헌] 『聯燈會要』, 『禪宗雜毒海』, 『石溪心月語錄』. ⇨ 적면 覿面, 적면상정 覿面相呈

적론 敵論 ➡ 적론자 敵論者

적론자 敵論者 Ⓢprativādin, Ⓣrgol-ba, phas-kyi-rgol-ba. 인명(因明)용어. 세운 뜻을 펴는 입론자(立論者)에 상대하는 반대론자. 문난자(問難者)·반박자(反駁者)라고도 하며 줄여서 적자(敵者)·적론(敵論) 등이라고도 한다. 『유가사지론』 권71(대정장30, p.694a6)에 "어떤 것이 마땅히 말하지 않고 가만히 있어야 함을 분명히 아는 것인가? 다섯 가지 대에 반드시 말하지 않아야 한다. 첫째, 말하는 이가 말해야 할 때, 만약 저 듣는 이가 고의로 다른 말을 하며 나타나서 소란스럽게 하면 그 대에 말하는 이 마땅히 조용히 한다. … 다

셋째, 만약 어떤 적론자가 와서 비교하여 논박하면, 그 때에 입론자는 조용히 하고 그의 말을 들어야 한다. 云何了知應默 謂善了知 於五時中 應當默然 一者 說者 正說語時 若彼聽者 故作異言 現相諠亂 爾時 說者 宜當默然 … 五者 若有敵論者 來現相較論 爾時 論者 宜當默然 聽其言說"라고 하였다. 〔참고문헌〕『瑜伽師地論』, *Mvyut.200.* ⇨입론자 立論者, 문난 問難

적료 寂寥 고요해 텅 비다. 『조론』「부진공론 不眞空論」(대정장45, p.152a29)에 "『중론』에 이르길 제법은 있는 것도 아니고 없는 것도 아닌 것이 제일의 진제라고 하였는데, 저 '있는 것도 아니고 없는 것도 아니다'라는 것을 심사숙고해보면, 어찌 만물을 씻은 듯이 없애고 보고 듣는 일 틀어막는 일이겠으며, 고요해 텅 빈 연후를 진제로 여기겠는가? 中論云 諸法不有不無者 第一眞諦也 尋夫不有不無者 豈謂滌除萬物 杜塞視聽 寂寥虛豁 然後爲眞諦者乎", 『선혜대사어록』 권3 「송이수 頌二首」(卍속장120, p.25a16)에 "한 물건 있어 천지보다도 앞서며 모양 없어 본디 적료하다네. 능히 만상의 주가 되어 사시를 따르지만 잦아든 적 없다. 有物先天地 無形本寂寥 能爲萬象主 不逐四時凋"라고 하였다. 〔참고문헌〕『肇論』, 『善慧大士語錄』, 『華嚴經疏鈔』 권5(대정장36, p.32c13), 『書狀』「答陳敎授狀」(대정장47, p.936b7).

적류명보살 寂留明菩薩 Ⓢ Śivāvahavidyā. 태장만다라(胎藏曼茶羅)의 관음원(觀音院)에 위치한 보살. 음사하여 습바박하명(濕嚩縛訶明)・시박박하미지야(尸縛縛呵尾地也)・시사바하(施娑嚩訶)・습박마하(濕縛麽歌)라고도 한다. 밀호(密號)는 정광금강(定光金剛)이며 삼매야형은 활짝 핀 연꽃이다. 종자는 (sa). 현도만다라에서는 천의(天衣)를 입고 금선관(金線冠)을 쓴 채 왼쪽 무릎을 세우고 적련화에 앉았다. 왼손은 식지만 펴고 나머지 손가락은 구부려 독고저(獨股杵)의 형상을 만들어 가슴 앞에 두고, 오른손은 높이 들되 손바닥을 밖으로 향한 모습이다. 수인은 연화합장(蓮華合掌)이고, 진언은 "옴 쉬바바하비디예 스바하 oṃ śivāvahavidye svāhā 옴 적류금강이여! 스바하"이다. 〔참고문헌〕『胎藏金剛敎法名號』(대정장18, p.204a3). ⇨습바박하명 濕嚩縛訶明

적마 赤馬 ❶ 붉은 색의 말. 『삼국유사』 권1(대정장49, p.967a6・한불전6, p.278b17) 기이(紀異)1 나물왕김제상(奈勿王金堤上)에 "그때, 제상(堤上)은 이 말을 듣고는 두 번 절을 하여 임금께 하직인사를 드리고서 말을 타고 집에도 들어가지 않고 떠났다. 그리고 곧장 율포(栗浦)의 해변에 이르렀다. 그의 아내는 이 말을 듣고 적마를 타고 쫓아 율포에 이르러 그 남편을 보니 이미 배 위에 있었다. 時 堤上聞此言 再拜辭朝而騎馬 不入家而行 直至於栗浦之濱 其妻聞之 赤馬追至栗浦 見其夫已在舡上矣"라고 하였다. 〔참고문헌〕『三國遺事』. ❷ Ⓟ Rohitassa. 천자(天子) 이름. 『잡아함경』 권49(대정장2, p.359a11)에 "적마천자가 있었는데, 얼굴이 아주 잘생겼었다. 새벽에 부처님의 처소에 와서 부처님의 발에 머리를 조아려 예를 올리고 한쪽으로 물러나 앉았는데, 그의 몸에서 나오는 광명이 기수급고독원을 두루 비추었다. 그 때, 그 적마천자가 부처님께 다음과 같이 여쭈었다. '세존이시여, 세계의 끝을 지나 나지도 않고 늙지도 않으며 죽지도 않는 곳에 갈 수 있습니까?' 부처님께서 적마에게 이렇게 말씀하셨다. '세계의 끝을 지나 나지도 않고 늙지도 않으며 죽지도 않는 곳에 이를 수 있는 이는 없다'. 有赤馬天子 容色絶妙 於後夜時 來詣佛所 稽首佛足 退坐一面 其身光明 遍照祇樹給孤獨園 時彼赤馬天子白佛言 世尊 頗有能行 過世界邊 至不生不老不死處不 佛告赤馬 無有能過世界邊 至不生不老不死處者"라고 하였다. 〔참고문헌〕『雜阿含經』, 『別譯雜阿含經』 권15(대정장2, p.477b25), *AN.2.47.*, *SN.1.61.* ❸ Ⓟ Suppiyā. 성읍(城邑) 이름. 『잡아함경』 권34(대정장2, p.243c9 : *Vepullapabbata-sutta*, *SN.2*, p.192)에 "비구들아, 과거세에 이 비부라산(毘富羅山)을 수파라수(宿波羅首)라고 하였다. 많은 사람들이 그 산의 주변에 거주하였는데, 적마읍이라 하였으며, 사람들의 수명은 이만 세였다. 저 성읍의 사람들은 이 산의 정상에 오르는데, 이틀이면 왕복할 수 있었다. 諸比丘 過去世時 此毘富羅山 名宿波羅首 有諸人民 遶山居止 名赤馬邑 人壽二萬歲 彼諸人民 上此山頂 經二日中 乃得往反 bhūtapubbaṁ bhikkhave imassa vepullassa pabbatassa supasso tveva samaññā udapādi. tena kho pana bhikkhave samayena manussānaṃ suppiyā tveva samaññā udapādi. suppiyānam bhikkhave manussānaṃ vīsati vassasahassani āyuppamāṇam ahosi. suppiyā bhikkhave manussā supassaṃ pabbataṃ dvīhena ārohanti dvīhena orohanti"라고 하였다. 〔참고문헌〕『雜阿含經』, *SN.*

적막 寂寞 고요하여 말도 함도 없는 모양. 막(寞)은 막

(莫)으로도 쓴다. 『증일아함경』 권44(대정장2, p.786a28)에 "그때 세존께서 묵연히 살피시자 모든 성중도 고요히 말이 없었다. 爾時 世尊 默然觀察 諸聖衆寂寞不語", 『주유마힐경』 권9(대정장38, p.404b21)에 "승조가 말한다. '진실한 정토에 순법신보살이 있으니, 밖으로 언설이 없고 안으로 정식이 없다. 적막하여 함이 없고 저 너머 밖을 깨우친다. 말과 분별로 불러내 말할 수 있는 것이 아니니, 이것이야말로 불사중에 뛰어난 일이다'. 肇曰 有眞淨土 純法身菩薩 外無言說 內無情識 寂莫無爲 而超悟於事外 非是言情所能稱述 此佛事之上者也", 『주조론소』 권5(卍속장96, p.311b7)에 "허무하고 적막하다는 말은, 진실한 이치는 성색에는 없다는 뜻이다. 虛無寂寞者 眞理無聲色也"라고 하였다. [참고문헌] 『增壹阿含經』, 『注維摩詰經』, 『注肇論疏』.

적막 適莫 맞추거나 등지는 일. 어떤 것에 빠져 있거나 싫어 피한다는 말이다. 『기세경』 권2(대정장1, p.316b5)에 "가깝거나 멀거나 평등해야 하니, 맞추거나 등지지 않는다. 親疎平等 無所適莫", 『무량수경』 권하(대정장12, p.273c25)에 "그 국토에 있는 만물에 나의 것이라는 마음이 없어 염착하는 마음이 없고, 오고 가고 나아가며 그침에 있어 정으로 얽히지 않는다. 뜻 따라 자재하니 맞출 일도 등질 일도 없고, 나와 남도 없고 싸워 다툴 일도 없다. 於其國土 所有萬物 無我所心 無染著心 去來進止 情無所係 隨意自在 無所適莫 無彼無我 無競無訟", 『무량수경의소』 권하(대정장37, p.110a6)에 "중생과 같이 하지만 푹 빠져 친하지도 않고 등져 멀리하지도 않으니 적막이 없다 한다. 於衆生所 無適適之親 無莫莫之疏 名無適莫"라고 하였다. [참고문헌] 『起世經』, 『無量壽經』, 『無量壽經義疏』. ⇨ 무적무막 無適無莫

적면 覿面 마주한 채로 목도하다. 피할 수 없는 사태를 말한다. 당면. 즉금(卽今)·금시(今時)·벽면(劈面) 등과도 통한다. 『원오어록』 권6(대정장47, p.741c25)에 "마주한 채로 분부하니 이야말로 모조리 옳고, 보았다 하면 온전히 본다. 바로 그 자리에서 몰록 드러난다. 범성의 사다리에 떨어질 일 없이. 覿面分付 是則全是 見則全見 不落凡聖階梯 直下頓彰", 『선요』 「시중 示衆」(卍속장122, p.717a12)에 "벌써 끝달 끝날이다. 시절은 언뜻언뜻 이르렀는데 노주와 등롱은 쉬다가 문득 잠든다. 마주해 당면한 기틀 들어내고 그 기틀 마주할지니, 느닷없이 마주쳐 눈동자 멀었다면 물컹한 진흙 속 가시 살펴보아야 하리. 臘月三十日 時節看看至 露柱與燈籠 休更打瞌睡 覿面當機提 當機覿面覷 驀然觸瞎眼睛 照顧爛泥裏有刺"라고 하였다. [참고문헌] 『圜悟語錄』, 『禪要』. ⇨ 금시 今時, 벽면 劈面, 적면사 覿面事

적면사 覿面事 마주해 피할 수 없는 일. 『조주어록』(고존숙어록13, 卍속장118, p.318b11)에 "'마주한 일은 무엇인지요?' '그대야말로 마주한 놈이지'. 問 覿面事如何 師云 你是覿面漢", 『투자어록』(고존숙어록36, 卍속장118, p.626a5)에 "'마주한 일 어떠한지요?' '아첨하지 마라'. 問 覿面事如何 師云 莫諂曲", 『경덕전등록』 권16 「설봉의존전 雪峯義存傳」(대정장51, p.327a28)에 "'무엇이 마주한 일인지요? '천리라 해도 아직 멀다'. 問 如何是覿面事 師曰 千里未是遠", 같은 책 19 「금륜가관전 金輪可觀傳」(대정장51, p.356b10)에 "금륜이 한 학인에게 물었다. '어떤 일이 맞닥뜨린 일인가?' '스님께서 비춰주시기 바랍니다' '이렇게 답해도 되는가?' '해선 안 되지요' '별난 한 수로구나'. 師問僧 作麽生是覿面事 曰 請師鑒 師曰 恁麽道 還當麽 曰 故爲卽不可 師曰 別是一著"라고 하였다. [참고문헌] 『趙州語錄』, 『投子語錄』, 『景德傳燈錄』. ⇨ 적면 覿面

적면상정 覿面相呈 마주해 서로 주고받다. 숨김없이 다 드러나 있고 보고 들음에 간극이 없어서 요연히 실상을 마주한 사태를 말한다. 『조당집』 권15 「반산보적장 盤山寶積章」(대장경보편25, p.580b12)에 "마주해 서로 드리니 더 이상 다른 일은 없다. 覿面相呈 更無餘事", 『종용록』 64칙(대정장48, p.267a7)에 "법안이 말했다. '만상중에 오롯이 드러난 몸은 어떻게 아는가?'〈마주해 서로 드린다〉. 眼云 萬象之中獨露身 意作麽生〈覿面相呈〉", 『앙산어록』(대정장47, p.584c20)에 "위주가 위산에게 나아가 게송 한 수를 청하자 위산이 '마주해 목도하여 서로 드러내지만 오히려 둔한 이일 뿐이니, 하물며 종이와 먹으로 그려서야 어떻겠는가?'라고 한 것을 가지고 위주가 앙산에게 다시 청하였다. 앙산이 종이에 원상 하나를 그리고는 덧붙여 말했다. '생각하여 알려하면 두 번째 끝으로 떨어지고, 생각 없이 알았다 해도 세 번째 머리에 떨어진다'. 師因韋宙 就潙山請一伽陀 潙山云 覿面相呈 猶是鈍漢 豈況形於紙墨 韋乃就師請 師於紙上 畫一圓相 註云 思而知之 落第二頭 不思而知 落第三首", 『원오어록』 권1(대정장47, p.717b6)에 "법좌에 올라 말했다. '당당히 드러난 길이 있으니 조사와 부처가 함께 알고, 마주해 서로 주고 받으니 보고 들음에 어떤 틈도 없다. 만상 능히 감춰 덮지 못하고 천성도 사다리 오를 일 없다. 활발발하여 마땅하다. 승인할 필요 없고 깨끗해 붙일 것 없으니 돌이켜 바꿀 것도 없다. 上堂云 當陽有路 祖佛共知 覿面相呈 見聞不隔 萬象不能藏覆 千聖無以等階 活鱍鱍絶承當 淨裸裸無回互"라고 하였다. [참고문헌] 『祖堂集』, 『從容錄』, 『仰山語錄』, 『圜悟語錄』. ⇨ 적면 覿面, 적로 覿露

적멸 寂滅 『유가사지론』 권50 「무여의지 無餘依地」

(대정장30, p.577c6)에 "무엇을 적멸이문시설안립이라 하는가? 마땅히 알라. 이 중 적멸이문에는 한량없는 종류가 있다. 云何寂滅異門施設安立 當知 此中寂滅異門有無量種"라 하고는 상(常), 항(恒), 오래 머묾(久住), 변함 없음(無變), 법이 있음(有法), 집(舍宅), 머무는 곳(洲渚), 구하여 돌봄(救護), 돌아가 의지함(歸依), 나아갈 곳(所趣), 편안함(安隱), 담박함(淡泊), 좋은 일(善事), 상서로움(吉祥), 구르지 않음(無轉), 때 묻지 않음(無垢), 보기 어려움(難見), 감로(甘露), 근심 없음(無憂), 빠짐이 없음(無沒), 타오르지 않음(無熾), 뜨겁지 않음(無熱), 병 없음(無病), 동하지 않음(無動), 열반(涅槃), 일체희론을 길이 여윔(永絶一切戱論) 등을 시설하고 있다. [참고문헌]『瑜伽師地論』. ❶ Ⓢ nirvāṇa, Ⓟ nibbāna, Ⓣ mya-ngan-las-'da'-ba. 부처님의 열반. 『장아함경』 권4 「유행경 遊行經」(대정장1, p.26c26)에 "이때 아나율도 다시 게송으로 말하길 '부처님께서 무위에 머무시니 나드는 숨 없으시네. 본래 적멸에서 오신 신령스러운 빛 또한 이에 다하셨네'. 爾時 阿那律復作頌曰 佛以無爲住 不用出入息 本由寂滅來 靈曜於是沒", 상응하는 *Mahāparinibbāna-sutta*(*DN.2*, p.157)에서는 "흔들림 없는 마음으로 견디시고는 등불이 꺼지듯 적멸에 드시고 해탈하셨네. asallīnena cittena vedanaṃ ajjhavāsayi, pajjotass' eva nibbānaṃ vimokho cetaso ahūti", 『오주연문장전산고』 「석교범서불경변증설 釋敎梵書佛經辨證說」에 "구시라성 사라쌍수 아래에서 2월 15일 반열반에 드셨다. … 그 길이 청정하고 적멸하므로 입적이라 하고 멸도라 하였다. 於拘尸羅城婆羅雙樹間 以二月十五日 入般涅槃 … 其道淸淨寂滅 故曰入寂 曰滅度"라고 하였다. [참고문헌] 長阿含經』, 『五洲衍文長箋散稿』, *DN.* ❷ 성현과 고승의 입적. 『균여전』 「청불주세송 請佛住世頌」(한불전4, p.515c9)에 "극미진수의 성현이시여! 이 뜬생에서 교화의 연을 마치시고 니원을 보여 적멸로 돌아가시려거든, 청컨대 항하사겁이 지나도록 인천을 이익케 하소서. 極微塵數聖兼賢 於此浮生畢化緣 欲示泥洹歸寂滅 請經沙劫利人天", 『제월당대사집』 권하 「제월당대사행적 霽月堂大師行蹟」(한불전8, p.127b18)에 "대사는 세수 91, 법랍 76이시다. 아아. 슬프도다! 스님께서 적멸하시니 텅빈 골짜기에는 오직 제월이라는 이름뿐이네. 大師壽九十一 法臘七十六也 嗚呼哀哉 師寂滅兮空谷唯留霽月之名而已", 『청매집』 권하(한불전8, p.154c23)에 "아아! 티끌도 머물지 않는 긴 적멸로 돌아가셨네. 슬픈 바람 나무를 흔들고, 창백한 달빛 추녀에 깃들었네. 제자들 추모함 다함 없어 명 받들어 진영 그리고 조당 다시 열어 이에 봉안함이다. 嗚呼 塵非常住 永歸寂滅 悲風動樹 愴月臨軒 弟子等 追慕無窮 奉命寫眞 祖堂重開 奉安于玆"라고 하였다. [참고문헌]『均如傳』, 『霽月堂大師集』, 『靑梅集』. ⇨ 입적 入寂 ❸ Ⓢ nirodha, vyupaśama, Ⓟ nirodha, vūpasama, upasanta, Ⓣ 'gog-pa, zhi-bar-gyur-pa. 일체유위법이 다함. 생멸이 다한 자리. 적정(寂靜)의 뜻이다. 『대반열반경』 권하(대정장1, p.204c23 : *Mahāparinibbāna-sutta*, *DN.2*, p.157)에 "모든 행은 무상하니 이는 생멸법이네. 생멸이 다하고 다함마저 없으면 적멸이 낙이 되네. 諸行無常 是生滅法 生滅滅已 寂滅爲樂 aniccā vata saṃkhārā uppāda-vaya-dhammino, uppajjitvā nirujjhanti, tesaṃ vūpasamo sukho ti", 『잡아함경』 권13(대정장2, p.88a6)에 "만약 다시 저 고를 남김없이 끊고 뱉고 다하며, 욕망도 사라져 쉼마저 없고, 남은 고 다시는 상속하여 나는 일 없으니, 이것이 바로 적멸이고 승묘라네. 若復彼苦 無餘斷吐盡離欲滅息沒 餘苦更不相續不出生 是則寂滅是則勝妙", 『잡아함경』 권41(대정장2, p.298b6 : *Gilāyana-sutta*, *SN.5*, p.410)에 "너 마땅히 이 몸을 여의고 돌이켜 열반적멸락을 기꺼워하니, 으뜸이며 뛰어남이네. 汝當捨離有身顧念 樂於涅槃寂滅之樂 爲上爲勝 sādhāyasmā brahmalokā cittaṃ vuṭṭhāpetvā sakkāya nirodhe cittam upasaṃharāhī ti", 『별역잡아함경』 권4(대정장2, p.395c17 : *Saṅgāme dve vuttāni-sutta*, *SN.1*, p.83)에 "이긴다 해도 원망과 아픔이 많고, 진다 해도 괴로워 잠 못드네. 이기고 짐이 없어야 적멸하여 편히 쉬네. 勝則多怨疾 負則惱不眠 若無勝負者 寂滅安睡眠 jayaṃ veram pasavati, dukkhaṃ seti parājito, upasanto sukham seti, hitvā jayam parājayan-ti", 『법집요송경』 권1(대정장4, p.777a12 : *Udāna-v.*, p.96)에 "일체행은 항상하지 않으니 모두 흥하고 쇠하는 법이네. 참으로 생겨난 것 구르다 끝으로 돌아가니, 적멸이야말로 최고의 안락이네. 一切行非常 皆是興衰法 夫生輒還終 寂滅最安樂 anityā bata saṃskārā utpāda-vyayadharmiṇaḥ, utpadya hi nirudhyante teṣāṃ vyupaśamaḥ sukham"라고 하였다. [참고문헌]『大般涅槃經』, 『雜阿含經』, 『別譯雜阿含經』, 『法集要頌經』, *DN.*, *SN.*, *Udāna-v.* ❹ Ⓢ nivṛtta, śānta, Ⓣ ldog-pa, zhi-ba. 전후제가 끊어져 여실(如實)함. 희론이 사라져 걸림없음(無礙). 마음의 행로와 말의 길마저 끊어져 미묘(微妙)함 등의 뜻이다. 『대반야경』 권315(대정장6, p.606c10 : *Pañca-pr.4*, p.99)에 "이 전제와 후제가 끊어지니 일체법도 끊어지네. 선현아, 이 일체법의 전후제가 끊어짐이 곧 적멸이고 미묘이며 여실이니라. 由此前際後際斷故 一切法斷 善現 此一切法前後際斷 卽是寂滅 卽是微妙 卽是如實 etena subhūte pūrvānta-aparānta-paricchedena sarva-dharmāḥ paricchinnāḥ, yaś ca subhūte sarva-dharmāṇāṃ pūrvānta-aparānta-paricchedaḥ, etac-chāntam etat praṇītam etad yathātmyaṃ", 『대지

도론』 권15(대정장25, p.450a24)에 "삼독과 온갖 희론이 사라졌으므로 적멸이라 한다. 滅三毒及諸戲論 故名寂滅", 『중론』 권3(대정장30, p.24a3 : *Pras.*, p.154)에 "제법실상이란 마음의 행로는 물론 말의 길마저 끊어짐이니, 생함도 멸함도 없어 적멸하여 열반과 같다. 諸法實相者 心行言語斷 無生亦無滅 寂滅如涅槃 nivṛttam-abhidhātavyaṃ nivṛtte citta-gocare, anutpanna-aniruddhā hi nirvāṇam-iva dharmatā", 원효의 『대혜도경종요』(대정장33, p.69b2 · 한불전1, p.481a10)에 "사구를 끊어 여의고 파괴할 수 없기에 이에 제법실상이라 한다. 『광백론』 송에 '유 · 비유 · 구비이니 제종이 모두 적멸이라 하였으니, 그중에 힐난하려 해도 끝내 펴지 못하리라'라 하였다. 離絶四句 不可破壞 如是乃名諸法實相 如廣百論頌 廣百論頌曰 有非有俱非 諸宗皆寂滅 於中欲興難 畢竟不能申", 같은 책(대정장33, p.70a9 · 한불전1, p.482a13)에 "이 반야바라밀에는 유가 없고 무도 없으며, 비유 · 비무마저 없으니, 이와 같아 언설도 없다. 이를 적멸이라 이름하니 걸림없는 무희론법이다. 是波若波羅蜜中 有亦無無亦無 非有非無亦無 如是言說亦無 是名寂滅"라고 하였다. [참고문헌] 『大般若經』, 『大智度論』, 『中論』, 『大慧度經宗要』, *Pañca-pr.*, *Pras.* **5** Ⓢ śānta, praśāntā, Ⓣ zhi-ba. 생멸이 본래 없는(不生不滅) 불이(不二)의 자리. 『법화경』 권3(대정장9, p.22c17 : *Saddh-p.*, p.161)에 "그 마음 항상 담박하여 일찍이 산란한 적 없네. 구경에 길이 적멸하여 무루법에 안주하네. 其心常惔怕 未曾有散亂 究竟永寂滅 安住無漏法 cittaṃ pi te śānta-gataṃ susaṃsthitam-aniñjya-bhūtaṃ sada aprakampyam, vikṣepu na-eva-asti kadācintava atyanta-śānta-sthitu tvaṃ anāsravaḥ", 『유마경』 권1(대정장14, p.541a16)에 "가전연이여, 생멸하는 심행으로 실상법을 설하지 마십시오. 가전연이여, 제법은 필경 불생불멸이니 이것이 무상의 뜻입니다. 오수음은 본래 공하여 일어난 적 없으니 이것이 고의 뜻입니다. 제법은 구경에 무소유이니 이것이 공의 뜻입니다. 아와 무아 둘 아니니 이것이 무아의 뜻입니다. 법은 본래 그렇지 않아서 지금 사라진 것도 없으니 이것이 적멸의 뜻입니다. 迦旃延 無以生滅心行說實相法 迦旃延 諸法畢竟不生不滅 是無常義 五受陰洞達空無所起 是苦義 諸法究竟無所有 是空義 於我無我而不二 是無我義 法本不然今則無滅 是寂滅義", 같은 책 권2(대정장14, p.551a26 : *Vikī-n.*, p.336)에 "묘의보살이 말했다. '눈과 색을 둘이라 하지만, 눈의 자성을 알면 색에 탐하지도 성내지도 어리석지도 않으니, 이를 적멸이라 한다. 이처럼 귀와 소리, 코와 냄새, 혀와 맛, 몸과 감촉, 마음과 법을 둘이라 하지만, 마음의 자성을 알면 법에 탐하지도 성내지도 어리석지도 않으니, 이를 적멸이라 한다'. 妙意菩薩曰 眼色爲二 若知眼性 於色不貪不恚不癡 是名寂滅 如是 耳聲鼻香舌味身觸意法爲二 若知意性 於法不貪不恚不癡 是名寂滅 sumatir bodhisattva āha. cakṣū rūpaṃ ca dvayam etat yat punaḥ cakṣuḥ-parijñātāvī rūpeṣu na rajyati na duṣyati na muhyati sa ucyate śānta iti śrotuṃ śabdāś ca ghrāṇaṃ gandhāś ca jihvā rasāś ca kāyaḥ spraṣṭavyāni ca mano dharmāś ca dvayam etad yat punar dharmaḥ-parijñātāvī dharmeṣu na rajyate na duṣyati na muhyati sa ucyate śānta iti"라고 하였다. [참고문헌] 『法華經』, 『維摩經』, *Saddh-p.*, *Vikī-n.* **6** Ⓢ praśama, Ⓣ rab-tu-zhi-ba. 일심(一心) 또는 여래장(如來藏), 구경진여(究竟眞如). 『능가경』 권1(대정장16, p.518c27 : *Laṅk.*, p.20)에 "달처럼 밝은 등불이 집을 비추니, 집안의 그림자들 서로를 비추고, 허공 중 메아리 스스로 낸 소리를 다시 취하는 것과 같아서, 법과 비법을 취하니 이 모두 허망한 망상분별뿐이다. 이렇게 법과 비법을 알지 못하면 허망만을 더할뿐 적멸은 얻지 못하리. 적멸은 일심이요, 일심은 여래장이네. 如月燈光在屋室中影自見影 如空中響聲自出聲取以爲聲 若如是取法與非法 皆是虛妄妄想分別 是故不知法及非法 增長虛妄不得寂滅 寂滅者 名爲一心 一心者名爲如來藏 tad-yathā … jyotsnā-dīpa-pradīpe vā gṛhe vā-aṅgacchāyā pratiśrutkāni. atra svavikalpa-grahaṇaṃ pratigṛhya dharma-adharmaṃ prativikalpayanti. na ca dharma-adharmayoḥ prahāṇena caranti vikalpayanti puṣṇanti na praśamaṃ pratilabhante. ekāgrasya-etad-adhivacanam", 원효의 『기신론해동소』 권상(대정장44, p.206c16 · 한불전1, p.704c15)에 "일체법은 무멸로서 본래 적정하므로 오직 이 일심이니, 이를 이름하여 심진여문이라 하였고, 적멸을 이름하여 일심이라 하였다. 以一切法無滅本來寂靜 唯是一心 如是名爲心眞如門 故言寂滅者名爲一心", 원측(圓測)의 『인왕경소』 권중(대정장33, p.390a15 · 한불전1, p.63c4)에 "모든 법상을 떠난 구경진여를 적멸이라고 한다. 離諸法相 究竟眞如 名爲寂滅"라고 하였다. [참고문헌] 『楞伽經』, 『起信論海東疏』, 『仁王經疏』, *Laṅk.* ⇨ 여래장 如來藏 **7** 일체제법(一切諸法)은 물론 그 체(體)마저 본래 공적한 무생무상(無生無相)의 자리. 나아가 제불(諸佛)의 지혜로서만 들어갈 수 있는 실법상(實法相)의 자리이며, 육바라밀을 구족하여 일체중생을 제도하게 하는 금강성(金剛性)이다. 『금강삼매경』 권1 「무상법품 無相法品」(대정장9, p.367b10)에 "빈 마음 적멸의 바탕이어서 적멸한 마음도 무생이라네. 저 금강성과 같아 삼보를 무너뜨리지 않고 육바라밀을 갖추어 일체중생을 제도하네. 空心寂滅地 寂滅心無生 同彼金剛性 不壞於三寶 具六波羅密 度諸一切生", 원효의 『금강삼매경론』 권중 「무생행품 無生行品」

(대정장34, p.975c22・한불전1, p.627b11)에 "〈경〉 일체심행은 무상에 불과하니 체는 고요하여 생한 일이 없네. … 〈론〉 무생이란, 바로 무생으로 행함이니 능히 증할 것도 얻을 일도 없음을 술하였다. 적멸이란, 바로 적멸의 도리이니 증한 바도 얻은 바도 없음을 말하였다. … 말하자면, 모든 세간의 팔식이 공적하다는 것이다. 一切心行 不過無相 體寂無生 … 言無生者 是無生行 述無能證能得 言寂滅者 是寂滅理 述無所證所得 … 謂諸世間八識空寂", 같은 책 권하 「진성공품 眞性空品」(대정장34, p.998c18・한불전1, p.663b3)에 "제법본적멸이란, 음계등법이 본래 적멸함을 말한다. 적멸역무생이란, 비단 제법이 본래 적멸일 뿐만 아니라 적멸의 바탕 또한 무생이기 때문이다. 諸法本寂滅者 謂陰界等法 本來寂滅故 寂滅亦無生者 非但諸法本來寂滅 寂滅之理 亦無生故", 같은 책 권상 「무상법품」(대정장34, p.964a25・한불전1, p.609b21)에 "〈경〉 제불의 지혜 바탕은 실법상인 결정성에 들어가기 때문이다. … 〈론〉 이제 이 경문에서 말하는 실법상은 바로 적멸의 뜻이다. 諸佛智地 入實法相 決定性故 … 今此文言實法相者 是寂滅義"라고 하였다. 〔참고문헌〕『金剛三昧經』, 『金剛三昧經論』. **8** 회신멸지(灰身滅智). 『유가론기』 권19상(대정장42, p.733c23・한불전3, p.175c14)에 "열반의 이름에는 대략 다섯 갈래가 있다. … 둘째, 상속하던 이 몸, 몸이 사라지면 적멸이라 이름한다. 涅槃之名 略有五趣 … 二者相續是身 身滅名爲寂滅"라고 하였다. 〔참고문헌〕『瑜伽論記』. ⇨ 회신멸지 灰身滅智 **9** Ⓟ Upasannaka. 비사바불(毘舍婆佛 : 毘舍浮佛)의 집사제자. 『장아함경』 권1 「대본경 大本經」(대정장1, p.3a16 : *Mahāpadāna-sutta*, *DN*.2, p.6)에 "비사바불의 집사제자는 이름이 적멸이다 毘舍婆佛有執事弟子 名曰 寂滅 vessabhussa bhikkhave bhagavato arahato sammā-sambuddhassa upasannako nāma bhikkhu upaṭṭhāko ahosi"라고 하였다. 〔참고문헌〕『長阿含經』, *DN*. **10** 생몰연대 미상. 고구려 보장왕(재위 642~668) 때 보덕화상(普德和尙)의 제자. 『삼국유사』 권3(대정장49, p.989a8・한불전6, p.318b1) 흥법(興法)3 보장봉로보덕이암(寶藏奉老普德移庵)에 "스님에게는 뛰어난 제자 열한 명이 있었다. … 적멸과 의융 두 스님은 진구사를 창건하였다. 師有高弟十一人 … 寂滅義融二師 創珍丘寺"라고 하였다. 〔참고문헌〕『三國遺事』. ⇨ 보덕 普德, 의융 義融, 진구사 珍丘寺

적멸교 寂滅教 적멸의 가르침. 『반야심경주해』 권2(卍속장42, p.134b8)에 "무가애는 성마저 공하니 어찌 능히 걸림 있다 하리요! 적멸교는 깨우쳐 얻기 어려워 많은 이들 통하지 못한다. 뜻으로 참하고 자세히 관찰하여 바닥에까지 이르러야만, 경중을 알고 흑백을 분별하여 자연히 분명해지리라. 無罣礙 性是空 焉能有此 寂滅教 難得惺 多有不通 用意參 細觀察 須要到底 知輕重 辨黑白 自然分明"라고 하였다. 〔참고문헌〕『般若心經註解』.

적멸도 寂滅道 Ⓢ śānti-mārga, Ⓣ shi-ba'i-lam. 적멸에 이르는 길. 오음(五陰)과 육진육경(六塵六境)의 자성을 깨우쳐 선악(善惡)도 삼독(三毒)도 없는 고요함에 이르고 중생도 제도하는 길을 말한다. 『대보적경』 권67(대정장11, p.383c15)에 "한 마음으로 적멸의 길 향해 간다. 모든 근 고요히 하여 닦고 익힌다면, 마땅히 부처가 되고 세간을 알 수 있게 되리니, 나라연 힘으로 뭇 중생을 제도하리라. 一心趣向寂滅道 諸根寂靜久修習 當得爲佛世間解 那羅延力度群生", 『보살처태경』 권4(대정장12, p.1034c1)에 "오음법의 자성에는 본래 선악으로 보는 일 없다. 신통력으로 고통의 뿌리를 뽑아 건너니, 탄연한 적멸도라네. 五陰法性本 不見有善惡 神力拔濟苦 坦然寂滅道", 『보성론』 권1(대정장31, p.818b29)에 "부처님의 음성도 이와 같으니, 공용에 물든 몸과 마음을 벗어나, 모든 중생으로 하여금, 적멸도를 증득하도록 한다네. 佛聲亦如是 離功用身心 令一切衆生 得證寂滅道", 『주유마힐경』 권8(대정장38, p.398b2)에 "승조(僧肇)가 말한다. '정진에 있어서 삼독이 일어난다. 만일 육정의 성이 바로 육진인 줄 깨우치면 삼독은 일어나지 않는다. 이것이 적멸의 길이다'. 肇曰 存於情塵故三毒以生 若悟六情性 則於六塵 不起三毒 此寂滅之道"라고 하였다. 〔참고문헌〕『大寶積經』, 『菩薩處胎經』, 『寶性論』, 『注維摩詰經』, *Ratna-ut.88*. ⇨ 적멸 寂滅

적멸도량 寂滅道場 적멸 즉 열반(涅槃)을 성취하신 도량. 정각을 성취하신 곳을 말하며 석가모니부처님께서 성도하신 보리수 아래의 금강좌(金剛座)를 말한다. 아란야법보리장(阿蘭若法菩提場)・적멸장(寂滅場)・적장(寂場)이라고도 하며, 이곳의 보리수를 적멸수(寂滅樹)・적장수(寂場樹)라고도 한다. 나아가 제불여래께서 열반을 성취하신 곳이면 적멸도량이라 한다. 『범망경』 권하(대정장24, p.1003c10)에 "나의 이름은 실달(悉達 Ⓢ Siddhārtha)이다. 일곱 살에 출가하여 서른에 성도하였으니, 나를 석가모니불이라고 한다. 적멸도량에서 금강화광왕좌에 앉았으며, 나아가 마혜수라천왕의 궁전에 이르기까지 그 중에서 차례로 열 곳에 설법하였다. 吾名悉達 七歲出家 三十成道 號吾爲釋迦牟尼佛 於寂滅道場 坐金剛花光王座 乃至摩醯首羅天王宮 其中次第十住處所說", 『유마경약소』 권6(대정장38, p.641c27)에 "성도한 곳이기에 도량이라고 한다. 교에 의하면 삼장교는 보리수 아래에 풀로 자리를 삼아 정습을 모두 다하고 성불하는 곳이기에 도량이라고 한다. 통교(通教)는 보리수하에 천의로 자리를 삼아 정습을 모두 다하여 성불한 곳이어서 도량이라고 한다. 별교(別敎)에서는 보리수 아래에 칠보로 자리를 삼아 노사나불이 계외의 번뇌를 다하고 처음으로 정각을 성취하는 곳이어서 바로 적멸도량이다. 원교(圓敎)에서는 허공연꽃으로 자리를 삼아 법계무명을 영원히 다하고 처음으로 성불하는 곳이 그대로 적멸도량이다. 成道之處 故名道場 約敎者 三藏 菩提樹下 以草爲座 正習俱盡 成佛之處 名爲道場 通敎 菩提樹下 天衣爲座 正習俱盡 成佛之處 名爲道場 別敎 菩提樹下 七寶爲座 盧舍那佛 界外惑盡 初成正覺之處 卽是寂滅道場 圓敎 虛空蓮華爲座 法界無明永盡 初成佛處 猶是寂滅道場"라고 하였다. [참고문헌] 『梵網經』, 『維摩經略疏』. ⇨ 열반 涅槃, 금강좌 金剛座 ❷, 아란야법 보리장 阿蘭若法菩提場, 보리도량 菩提道場

적멸락 寂滅樂 Ⓢ nirodha-sukha, Ⓣ 'gog-pa'i bde-ba. 다 사라져 고요한 기쁨. 열반락을 말한다. 『별역잡아함경』 권8(대정장2, p.428a27)에 "만일 다시 몸을 받아 난다 하는 것은 바로 근심걱정으로 산다는 것이고, 몸을 받아 나지 않는다면 적멸락 뿐이다. 若復受身者 則爲憂惱患 若不受身者 則名寂滅樂", 『보살지지경』 권1(대정장30, p.891b15)에 "제2선에서 무엇보다 각관을 그쳐 쉬니 적멸락이라 한다. 二禪爲首 覺觀止息 是名寂滅樂", 『열반현의발원기요』 권1(대정장38, p.17c19)에 "생은 바로 속이고 멸은 그대로 진이다. 이들 이변도 다 사라져야 사라져 다했다 하니, 이것이 중제로서 적멸락이라 한다. 生卽是俗 滅卽是眞 二邊俱滅 故云滅已 是則中諦 名寂滅樂", 『대승의장』 권18(대정장44, p.824a22)에 "일체 움직이던 일이 쉬게 되면 적정이라 한다. 고요할 수 없어 고통이고, 고요하면 락이라 한다. 모든 허물 사라지므로 다시 적멸락이라 한다. 又息一切所行事故 亦名寂靜 不寂則苦 靜名爲樂 由滅諸過故 復名爲寂滅樂矣", 『유가론수기』(대정장85, p.941b17)에 "적멸락이란 열반을 증득했다는 뜻이다. 言寂滅樂者 謂證涅槃故"라고 하였다. 40권본 『대반열반경』 권25(대정장12, p.513b13)에는 각지락(覺知樂)과 함께 부처님의 이종락(二種樂)이라 하였고, 이어서 이종락에 수락(受樂)을 더하여 실상(實相)의 체가 지니는 삼종락(三種樂)이라 하였다. [참고문헌] 『別譯雜阿含經』, 『菩薩地持經』, 『涅槃玄義發源機要』, 『大乘義章』, 『瑜伽論手記』, 『大般涅槃經』, *Laṅk.58·211.* ⇨ 적멸 寂滅, 적멸위락 寂滅爲樂, 열반락 涅槃樂, 보리락 菩提樂

적멸무위 寂滅無爲 적멸(Ⓟ nibbāna)과 무위(Ⓟ asaṅkhata)를 함께 이르는 말. 열반을 푼 말로 생사유위(生死有爲)가 아닌 뜻이다. 대승에서는 고요에 떨어진 이승을 비판하는 뜻으로 쓰기도 한다. 『장아함경』 권9 「십상경 十上經」(대정장1, p.55c6)에 "여래지진께서 세상에 출현하시어 미묘법을 설하시면서 적멸무위로써 보리도를 향하지만, 어떤 사람은 지옥중에 나니 이곳은 고요할 수 없어 범행마저 닦을 수 없다. 如來至眞 出現於世 說微妙法 寂滅無爲 向菩提道 有人生地獄中 是爲不閑處 不得修梵行", 『이취육바라밀다경』 권9(대정장8, p.910b25)에 "법성은 진실하고 떳떳하여 이변을 여의었고, 적멸무위로 삼유를 나왔으니 번뇌도 업도 괴로움도 모두 사라져, 법신청정한 진실한 해탈일세. 法性眞常離二邊 寂滅無爲出三有 煩惱業苦悉皆除 法身淸淨眞解脫", 『영락본업경』 권하(대정장24, p.1018b10)에 "하나의 상이지만 상은 없고, 적멸이면서 무위이기에 무구지라 한다. 一相無相 寂滅無爲 故名無垢地", 『대승의장』 권10(대정장44, p.672c15)에 "불여래께서는 대열반에 들어도 세간을 버리지 않으신다. 열반을 얻어서 생사유위법 중에도 머물지 않으시며, 세간을 버리지 않기에 적멸무위법 중에도 머물지 않으신다. 그러므로 머물지 않는다고 한다. 佛如來 得大涅槃 不捨世間 得涅槃故 不住生死有爲法中 不捨世故 不住寂滅無爲法中 故名不住", 『점찰선악업보경현의』(卍속장35 p.110b1)에 "만일 매 념념 그 틈에 삼계를 고공무상무아라고 관찰하면서 사념처에 의지하여 연기를 깊이 믿고, 다시 몸 받아 날 마음을 영원히 끊은 뒤 오로지 적멸무위의 낙만으로 뜻을 품는다면 이를 이승의 업도라 한다. 若念念之間 觀察三界 苦空無常無我 依四念處 深信緣起 永斷希求後有之心 唯志寂滅無爲之樂 是名二乘業道", 『조론약주』 권5(卍속장96, p.633a6)에 "법신은 적멸무위여서 뭇 분별에 떨어지지 않으므로 고요히 담박하여 어떤 조짐도 없다. 숨고 드러나지만 한가지 뿌리고, 진신도 응신도 둘이 아니기에 비록 난다 해도 나는 것이며, 세간에 있더라도 유위가 아니다. 비록 멸이라 해도 사라지는 것 아니니 잊혀져 없어지는 일 아니다. 法身 寂滅無爲 不墮諸數 故寂怕無兆 隱顯同源 眞應不二 故雖生而不生 故存不爲有 雖滅而不滅 故亡不爲無"라고 하였다. [참고문헌] 『長阿含經』, 『理趣六波羅蜜多經』, 『瓔珞本業經』, 『大乘義章』, 『占察善惡業報經玄義』, 『肇論略注』. ⇨ 적멸 寂滅, 무위 無爲 ❶, 열반 涅槃

적멸무이 寂滅無二 적멸하여 둘이 없다. 『원각경』(대정장17, p.915a18)에 "두렷한 깨달음으로 두루 비추니 적멸하여 둘이 없다. … 중생은 본래 성불임을 비로소 안다면 생사와 열반도 마치 저 지난밤 꿈과 같으리라. 圓覺普照 寂滅無二 … 始知衆生本來成佛 生死涅槃 猶如昨夢", 『원각경약소』 권상2(대정장39, p.546b1)에 "한결같이 무심에 합하면 곧바로 만물도 언제나 고요할 뿐이니, 널리 비춰 쓰지만 적멸이 몸이다. 부처로서 끝이고 고요히 비춰 더할 나위 없다. 冥一如之無心 卽萬物之恒寂故 普照是用 寂滅是體 佛之所極 極於寂照", 『영락본업경』 권하(대정장24, p.1018a12)에 "불자야, 위로는 제법을 순하니 과거일체법 일합상이고 현재일체법도 일합상이며 미래일체법도 일합상이라 관한다. 법계의 인연은 적멸하여 둘이 없으니 현전지라 이름할 뿐이다. 佛子 上順諸法 觀過去一切法一合相 現在一切法一合相 未來一切法一合相 法界因緣 寂滅無二 故名現前地"라 하였다. [참고문헌] 『圓覺經』, 『圓覺經略疏』, 『瓔珞本業經』. ⇨ 적멸상 寂滅相, 적멸평등 寂滅平等, 무이 無二 [1]

적멸법 寂滅法 Ⓢ dharmaṃ śāntaṃ. 적멸의 가르침. 적멸은 사구(四句)로도 백비(百非)로도 표현할 수 없지만, 굳이 방편을 가져 말(言)과 비유로 중생을 위해 설하신 교법을 말한다. 『법화경』 권1 「서품 序品」(대정장9, p.3b15)에 "어떤 보살은 적멸법을 설하고자 갖가지 가르침으로 무수중생을 불러낸다. 或有菩薩 說寂滅法 種種教詔 無數衆生", 『법화경연의』 권1(卍속장52, p.90a5)에 "적멸법을 설한다 했으니, 적멸법이란 반야의 체로서 사구를 떠나 있고 백비로도 불러내지 못한다. 그러므로 적멸이라 부른다. 이미 이런 적멸인 이상 마음으로 생각하여 알 수도 없거늘, 어떻게 언어로 표현할 수 있겠는가! 그러나 인연이 있을 때는 말로 표현할 수 있는 것이다. 곧 말로 할 수 없는 중에 말로 할 수 있어서 '적멸법을 설한다'고 한다. 說寂滅法者 寂滅法 乃般若之體 離於四句 絶乎百非 故稱寂滅 既其寂滅 則尙不可以心而思 那可以言而議 然有因緣時 亦得說也 則不妨無說中而有於說 故言說寂滅法也", 『광박엄정불퇴전륜경』 권2(대정장9, p.263a5)에 "중생의 음성을 잘 이해하여 그들 위해 적멸법을 설하지만 '내가 저들에게 법을 설해준다'는 마음 일으키지 않는다. 善解衆生音 爲說寂滅法 不生如是心 我爲彼說法", 『대지도론』 권100(대정장25, p.756a15)에 "부처님께서는 이 적멸법을 갖가지로 분별한 이름과 언어와 비유로써 폭넓게 설하시지만, 그 법의 자성을 무너뜨리지도 않고 세간과도 더불어 어긋나지도 않는다. 佛以此寂滅法 種種分別 名字語言 譬喻廣說 亦不壞法性 又不與世間相違", 『아비담비바사론』 권43(대정장28, p.322b22)에 "열반이 바로 적멸법이다. 涅槃是寂滅法", 『사분율명의표석』 권24(卍속장70, p.770b13)에 "적멸법은 원적법이라고도 하니 곧 열반법을 가리킨다. 寂滅法者 亦名圓寂法 卽是涅槃法也", 『인왕반야경소』 권중4(대정장33, p.340a10)에 "적멸제일공이란, 적멸법 중에 가장 정수여서 사구도 끊어 백비도 떠나 이승의 단공과 같지 않으므로 제일공이라 한다. 寂滅第一空者 寂滅法中最精 絶四句離百非 不同二乘斷空 故云第一空", 『관능가경기』 권7(卍속장26, p.31a3)에 "그러므로 그 대목을 맺으면서 '제일의에는 차제상속이 없으니 본래 있지도 않은 망상법과 적멸법을 설하는 것이다'라고 하였다. 위역(魏譯)의 이 부분을 대혜가 물었으니 요약하면 다음과 같다. '세존이시여, 지금 이승이 팔지적멸문락을 얻었다고 설하시고, 또 이승은 인공만 깨우쳤지 법공은 깨우치지 못하였다고 설하셨습니다. 이와 같다면 이승은 아직 초지의 법도 증하지 못하였거늘, 하물며 팔지적멸문락이겠습니까!' 故結示云 於第一義 無次第相續 說無所有妄想寂滅法 魏譯此處 大慧有問略云 世尊 今說二乘得 八地寂滅門樂 又說二乘止得人空不得法空 如此則二乘尙不能證初地之法 何況八地寂滅門樂"라고 하였다. [참고문헌] 『法華經』, 『法華經演義』, 『廣博嚴淨不退轉輪經』, 『大智度論』, 『阿毘曇毘婆沙論』, 『四分律名義標釋』, 『仁王般若經疏』, 『觀楞伽經記』, 80권본 『華嚴經』 권6(대정장10, p.26c21), *Saddh-p.14.* ⇨ 멸법 滅法 [2], 적멸 寂滅, 열반 涅槃, 단공 斷空

적멸보궁 寂滅寶宮 부처님의 진신사리를 봉안한 전각. 적멸궁(寂滅宮)·적멸보각(寂滅寶閣)이라고도 한다. 언덕 모양의 계단(戒壇) 또는 탑을 쌓고 진신사리(眞身舍利)를 봉안한다. 법계(法界)에 상주하시는 부처님께서 언제나 적멸법을 설하고 계신다는 뜻이다. 전각에 불상을 봉안하지 않고 불단만을 조성하여 자리를 비워 두고 뒷벽을 넘어 부처님진신과 마주하여 예경하도록 하였다. [기원과 역사] 신라 자장율사(慈藏律師)가 사리를 봉안한 통도사(通度寺)계단을 시초로 고려·조선 및 지금에 이르기까지 꾸준히 보궁참례가 행해지고 있는 곳을 4대 또는 5대 적멸보궁이라 한다. 『삼국유사』 권3(대정장49, p.993b2·한불전6, p.325a21) 탑상(塔像)4 전후소장사리(前後小將舍利)에 "(자장율사가 모셔온) 사리를 삼분하여 일분은 황룡탑, 일분은 태화탑, 일분과 가사는 통도사계단에 봉안하였다. … (통도사계단은) 단은 두 층으로 하여 위의 층 안에 봉안하고 돌뚜껑을 덮었는데 마치 솥을 엎어놓은 것과 같다. 其舍利分爲三 一分在皇龍塔 一分在太和塔 一分幷袈裟在通度寺戒壇 … 壇有二級 上級之中安石蓋如覆鑊", 풍계명찰(楓溪明詧 1640~1708)의 『풍계집』 권중 「관동록 關東錄」(한불전9, p.136a10)에 "오대산 비로봉 아래 신령한 곳 있으니 적멸궁 이름답게 불법의 가르침을 따랐네. 뒤쪽으로 기대어 층층탑으로 장엄하여 부처님 정골을 석실에 안장하였다. 毘盧峰下有靈區 寂滅宮名遵法則 後倚層層塔設嚴 瞿曇頂骨藏石屋", 가산계오(伽山戒悟 1773~1849)의 『가산고』 권4 「통도사석종기 通度寺石鍾記」(한불전10, p,785a8)에 "통도사는 산명수려한 곳이 아니지만 역내에서는 유명하니 특별히 석가세존의 영골사리를 탑에 안장하였기 때문이다. 석종에 대해 돌아보건대 대개 중국 오종의 제산과 청묘의 예에서도 그렇게 만들거나 하는 법은 없었다. … (강릉 오대산 중대의) 고탑을 끼고 있는 옛 단이 참으로 적멸궁이며, 이 돌을 첩첩이 쌓아 만든 것이 마치 저 태산중에 바위 솟은 듯하다. 度刹 非以山明水麗 名於域內 特以釋獅子靈骨舍利塔藏以也 曰若稽于石鍾 蓋以中州五宗諸山淸廟之例 爲之而厥制不可攷 … 隧封古塔壙壇 寘寂滅宮 而積纍畦頑石 如泰山中碨礧狀", 혼원세환(混元世煥 1853~1889)의 『혼원집』 권2 「금강록 金剛錄」(한불전11, p.721b20)에 "(오대산 중대) 중간에 1칸 띠집이 있어 잠시 들어가 쉬었다. 천이나 되는 보살의 적멸궁으로서 백일기도를 하는 곳이다. … 상적멸궁은 신라 자장율사가 창건하였으며 … 세존진신탑묘에 머리 숙여 백배를 올렸다. 中間有一間茅屋 暫入憩 有千菩薩者 寂滅宮 百日祈禱之所也 … 上寂滅宮 新羅慈藏律師所創 … 世尊眞身塔廟 稽首百拜"라고 하였다. 조선후기에는 적멸보궁 수호를 위한 승직을 제수하기도 하였다. 『동사열전』 권2 「지봉강백전 智峯講伯傳」(한불전10, p.1043c1)에 "(智峯祐祈에게) 표충사총섭과 적멸궁총섭을 맡겼다. 行表忠祠摠攝 行寂滅宮摠攝", 「건봉사만화당관준대선사비문 乾鳳寺萬化堂寬俊大禪師碑文」에 "광무 5년(1901)에 만화관준을 부종수교전불심인대각등계존자수호오대산적멸보궁겸팔도승풍규정도원에 올렸다. 光武五年 陞爲扶宗樹敎傳佛心印大覺登階尊者守護五臺山寂滅寶宮兼八道僧風糾正都院"라고 하였다. 현대에는 영암임성(映巖任性)이 오대산에 안거하면서 1930년에 적멸보궁봉찬회(寂滅寶宮奉讚會)를 조직하여 신심원력(信心願力)으로 보사호중(補寺護衆)하였으며, 자운성우(慈雲盛祐)는 1939년 오대산 적멸보궁에서 백일문수기도(百日文殊祈禱)로 문수보살을 친견하여 '굳게 금계를 지켜 불법이 다시 흥하게 하라. 堅持禁戒 佛法再興'는 감응을 받고 발원하였으니, 감응한 대로 현대 한국불교율풍진작을 성취한 대율사의 자취를 남기셨다. 지금도 모든 불자들의 최고의 성지로 참배행렬이 이어지고 있다. [5대 적멸보궁] 5대 적멸보궁은 영추산 통도사·오대산 중대(中臺)·태백산 정암사(淨巖寺)·사자산 법흥사(法興寺)·설악산 봉정암(鳳頂庵)에 사리를 모신 보궁을 말한다. ① 양산 통도사 금강계단은 그 유래가 가장 명확하고 오래되었다. 1603년(선조36)에 사명대사(四溟大師)가 지은 『사바교주계단원류강요록 娑婆敎主壇源流綱要錄』에 따르면, 계단주위는 40척이며 가운데 석함(石函)을 안치하고 그 안에 석상(石床)을 두었으며, 석상 위에 세 가지 함을 차례로 봉안하여 하나는 삼색 사리 네 매를, 하나는 불아(佛牙)를, 다른 하나는 정골(頂骨)과 지절(指節) 수십 편을 봉안하고 비라금점가사(緋羅金點袈裟)와 패엽경(貝葉經)도 함께 모셨다. 사방에 팔부중을 새긴 개석(蓋石)으로 이를 덮고, 그 위에 석종(石鐘)을 올려 계단의 형상을 마무리하였다. 계단 앞 대웅전 적멸보궁은 불단에 불상을 봉안하지 않고 뒤의 계단을 바로 볼 수 있도록 창을 내었다. 대웅전과 금강계단은 국보 제290호로 지정되어 있다. ② 평창의 오대산 중대 적멸보궁은 자장율사가 단년에 문수보살을 친견하기 위해 오대산에 들어가 수도하던 데서 유래하였다. 따로 계단이나 탑을 세우지 않고 언덕 정상에 흙과 돌을 쌓아 올려 평평한 단을 만들고, 그 앞에 전각을 건립하였다. 윤선거(尹宣擧 1610~1669)의 『노서유고』 속권3 「파동기행 巴東紀行」(한국문집총간120, p.457a14)에 "(1664년 3월 7일) 아침 일찍 중대에 올라 사자암과 금몽암을 돌아보았다. 암자 위로 수십 걸음을 가니 한 칸 건물이 있는데, 철기와와 이중벽 구조로서 편액은 적멸보궁이다. 내부에 금불상을 두지 않고 단지 불영만을 두어 여러 가지 색깔의 지화를 꽂아두었을 뿐이다. 스님 색름이 창립하였다고 한다. 早登中臺歷獅子庵金夢庵 庵上數十步許 乃建一舍 鐵瓦重壁 扁曰

통도사 적멸보궁

상원사 적멸보궁 전경·내부·불탑·불탑 전경·정면(시계방향)

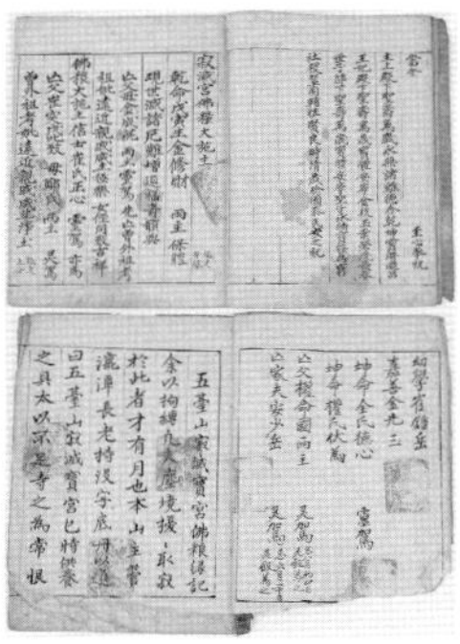

오대산 적멸보궁 불량문

寂滅寶宮 內不置金像 只設佛影 亂揷雜色紙花而已 有釋賾凜刱立云"라고 하였다. 1606년(선조39)에 오대산에

정암사 수마노탑 · 적멸보궁과 현판

사고(史庫)가 설치된 후 봄·가을로 포쇄관(曝曬官)의 왕래가 잦았으므로, 조선후기에 적멸보궁을 거명할 때는 오대산 적멸보궁이 가장 먼저 일컬어졌다. 현재 중대 적멸보궁은 보물 제1995호로 지정되어 있다. ③정선의 태백산 정암사 적멸보궁은 절터보다 한층 높은 산 끝에 수마노탑(水瑪瑙塔)을 세우고, 그 줄기가 닿는 아래에 적멸보궁을 건립하여 통도사

법흥사 사리탑 · 적멸보궁과 현판

와 같이 뒷벽을 열어 탑이 바로 통하도록 시설하였다. 정암사 적멸보궁은 문화재자료 제32호이다. ④영월 사자산 법흥사 적멸보궁은 오대산과 같은 형태로 산줄기가 내려오다 정기를 모은 언덕 정상을 흙으로 쌓아 만든 보궁으로, 자장율사가 당나라에서 진신사리를 넣고 사자 등에 싣고 왔다는 석함이 남아 있다고 한다. 이 곁에 자장율사가 진신사리를 봉안하고 수도하던 곳이라고 전하는 토굴이 있다. 토굴은 낮은 언덕으로부터 내려오는 완만한 경사를 이용하여 흙으로 위를 덮고 봉토를 올리기 위하여 토굴 주변에 석축을 올렸는데 내부구조로 보아 고려시대에 축조 또는 보수된 것으로 추정되며, 내부의 높이는 160cm·깊이 150cm·너비 190cm이다. 앞에는 정면 3칸·측면 1칸의 맞배집 전각을 세워 뒷벽을 열어 보궁을 직접 참배할 수 있도록 하였다. ⑤설악산 봉정암 적멸보궁은 자장율사

봉정암 적멸보궁

가 불사리를 봉안할 곳을 찾아다니던 중 어디선가 찬란한 오색 빛과 함께 날아온 봉황이 인도해서 찾아간 곳이 봉정암이라는 이야기가 전한다. 봉황을 따라 한참을 가니 바위가 병풍처럼 둘러쳐진 곳에 이르렀고, 봉황이 한 바위 꼭대기에서 사라지자 이곳을 부처님 사리를 모실 인연처로 생각하여 탑을 세우고 부처님의 사리를 봉안하였다고 한다. 〔참고문헌〕『三國遺事』, 『楓溪集』, 『伽山藁』, 『混元集』, 『東師列傳』, 『娑婆敎主戒壇源流綱要錄』, 『魯西遺稿』, 『淸虛集』, 李能和『朝鮮佛敎通史』, 智冠『韓國高僧碑文總集 朝鮮朝·近現代』. ⇨적멸 寂滅, 사리신앙 舍利信仰, 사바교주계단원류강요록 娑婆敎主戒壇源流綱要錄, 사바교주석가세존금골사리부도비 娑婆敎主釋迦世尊金骨舍利浮圖碑, 진신사리 眞身舍利, 봉정암석가사리탑 鳳頂庵釋迦舍利塔, 수마노탑 水瑪瑙塔, 통도사금강계단 通度寺金剛戒壇

적멸보궁찬앙회 寂滅寶宮讚仰會 ➡오대산석존정골탑묘찬앙회 五臺山釋尊頂骨塔廟讚仰會

적멸사 寂滅寺 경상북도 포항시 내연산(內延山)에 있던 절. 『경상도속찬지리지』 청하현 승사에 "선종에 속한다. 屬禪宗"라고 하였다. 〔참고문헌〕『慶尙道續撰地理誌』, 『韓國寺刹全書』 권하 p.991a4.

적멸상 寂滅相 모든 분별 떠나서 고요함. 일체법(一切法), 일체중생(一切衆生)의 한결같은 본래 자성을 드러낸 뜻이다. 『대반야경』 권315(대정장6, p.606a22)에 "비록 일체법 모두 적멸상이라고 관하지만 마음은 침몰하지 않는다. 雖觀一切法 皆寂滅相 而心不沈沒", 같은 책 권363(대정장6, p.872a1)에 "일체법 온통 한가지로 같으니 적멸상이다. 그러므로 일체상지라고 한다. 知一切法 皆同一相 謂寂滅相 是故 名爲一切相智", 『법화경』 권1(대정장9, p.8b24)에 "내가 비록 열반을 설하지만 이 또한 진멸은 아니다. 모든 법 본래부터 언제나 스스로 적멸상이기 때문이다. 我雖說涅槃 是亦非眞滅 諸法從本來 常自寂滅相", 『대지도론』 권87(대정장25, p.668b17)에 "열반이란 바로 적멸상으로서 실체가 없는 법이다. 그러므로 '모든 성인은 누구나 열반을 인으로 이 차별을 말한다'고 한다. 涅槃卽是 寂滅相 無所有法 是故說 諸聖人 皆因涅槃 有是差別", 같은 책 권95(대정장25, p.727c22)에 "부처님께서는 비록 두 상이 없는 적멸을 아실 뿐만 아니라, 그 적멸상 중에서 제법을 분별하시면서도 희론에 떨어지지 않으신다. 佛雖知寂滅不二相 亦能於寂滅相中 分別諸法 而不墮戲論", 『금강반야경소론찬요』 권상(대정장33, p.155c8)에 "일체중생 그대로 적멸상이니 거듭 다시 멸할 일 없다. 다만 미하고 엎어져 허망하게 생사를 보고 '이 세상에 있다'고 할 뿐

이다. 만일 생사가 본디 공이고 원래 이즈러짐 없이 고요한 줄 깨우친다면 '저 언덕에 이르렀다' 이름 붙인다. 一切衆生 卽寂滅相 不復更滅 但以迷倒 妄見生死 名在此岸 若悟生死本空 元來圓寂 名到彼岸"라고 하였다. [참고문헌]『大般若經』, 『法華經』, 『大智度論』, 『金剛般若經疏論纂要』. ⇨ 적멸무이 寂滅無二, 적멸평등 寂滅平等

적멸식 寂滅識 팔식의 열 가지 이름(八識十名) 중 하나. 『종경록』 권50(대정장48, p.713a4)에 "일곱째, 바탕이 고요함도 산란하지도 않아서 적멸식이라 한다. 七 體非靜亂 名寂滅識"라고 하였다. [참고문헌]『宗鏡錄』. ⇨ 팔식십명 八識十名, 아뢰야식 阿賴耶識

적멸암 寂滅庵 ❶ 강원도 고성군 금강산(金剛山)에 있던 암자. 신계사(神溪寺)의 산내암자였다. 남효온(南孝溫 1454~1492)의 『추강집』 권5 「유금강산기 遊金剛山記」(한국문집총간16, p.94a18)에 "길에 올라 1리쯤 걸어서 적멸암에 들어가니, 한 스님이 가사를 입고 정에 들어 있었다. 上道行一里許 入寂滅庵 有一僧袈裟入定矣"라고 하였으나, 법종(法宗 1670~1733)의 『허정집』 권하 「유금강록 遊金剛錄」(한불전9, p.518b5)에는 "원적암·계조암·적멸암·도솔암·백전암 등은 일곱 봉우리 사이에 있었는데, 텅 비어서 폐사된 지 오래이며 다만 그 이름만 전한다. 圓寂 繼祖 寂滅 兜率 栢田等庵 在於七峯間而空廢已久 只傳其名而已"라고 하였다. [참고문헌]『秋江集』, 『虛靜集』, 『梵宇攷』, 『韓國寺刹全書』 권하 p.991a8. ❷ 충청남도 공주시 계룡면 중장리 계룡산(鷄龍山)에 있던 암자. 갑사(甲寺)의 산내암자였다. 송상기(宋相琦 1657~1723)의 『옥오재집』 권13 「유계룡산기 遊雞龍山記」(한국문집총간171, p.467b13)에 "적멸·문수 두 암자가 또 그 위에 있었으나, 날이 저물어 가보지 못하였다. 寂滅 文殊 兩庵 又在其上 而日暮未及見", 『정조실록』 권19 9년(1785) 3월 8일에 "벽규스님이 계룡산 갑사 적멸암 뒤편 이방에서 머물렀습니다. 僧碧奎居鷄龍山 岬寺 寂滅庵後 珥房"라고 하였다. [참고문헌]『玉吾齋集』, 『正祖實錄』. ❸ 황해북도 개성시 천마산(天磨山)에 있던 암자. 『동국여지승람』 권4 개성부 불우에 "천마산 청량봉 아래에 있다. … 절 옆에는 고선·적멸·성해·원적·낙도·운주·선관·견성·청량·성등·불교·영안·보성 등의 암자가 있다. 在天磨山淸涼峰下 … 寺傍又有 高禪 寂滅 性海 圓寂 樂道 雲住 善觀 見性 淸凉 聖燈 佛敎 永安 寶聖 等庵"라고 하였으나, 김창협(金昌協 1651~1708)의 『농암집』 권23 「유송경기 游松京記」(한국문집총간162, p.164b13)에 "3리를 가서 적멸암에 이르렀다. 나옹화상이 창건하였으나, 지금은 옛터만 남아 있다. 行三里 到寂滅庵 卽懶翁所構 今廢有遺址", 『양촌집』 권38 「추증정지국사비명병서 追贈正智國師碑銘竝序」(한국문집총간7, p.334b10)에 "홍무 28년(1395·태조4) 을해 가을 7월 초7일에 고승 천공이 천마산 적멸암에서 시적하였다. 洪武二十八年乙亥秋七月初七日 高僧泉公示寂于天磨山之寂滅庵"라고 하였다. [참고문헌]『東國輿地勝覽』, 『農巖集』, 『陽村集』, 『韓國寺刹全書』 권하 p.991a6.

적멸열반 寂滅涅槃 고요해 일체가 없어 타오르지 않음. 여래(如來)의 뜻이고 일체법(一切法)의 본래 모습(相)이며, 법(法)에 있어서는 제일의(第一義) 뜻이다. 『잡아함경』 권32(대정장2, p.226b14)에 "여래라 하니, 색 이미 다했고 마음이 잘 해탈하여 깊고 깊으며, 넓고 커서 한량없고 헤아릴 수도 없어 적멸열반이다. 如來者 色已盡 心善解脫 甚深廣大 無量無數 寂滅涅槃", 『대방등대집경』 권30(대정장13, p.210c18)에 "보살은 다함이 없는 이 지혜를 얻어 일체법상이 한결같이 적멸임을 안다. 적멸이란 열반이니, 이를 적멸열반의 뜻이라 한다. 菩薩得是 無盡智慧 知一切法相 同於寂滅 寂滅者 卽是涅槃 是名寂滅涅槃義", 『대지도론』 권22(대정장25, p.222b18)에 "일체 지은 법은 무상하니 곧바로 밖의 아소인 오욕 등을 부순다. 만일 무아를 설한다면 안의 아법을 부순다. 아와 아소 무너졌으므로 적멸열반이라 한다. 一切作法無常 則破我所 外五欲等 若說無我 破內我法 我我所破故 是名寂滅涅槃", 『잡아비담심론』 권1(대정장28, p.873b13)에 "법이란 제일의이니 적멸열반을 말한다. 法者 第一義 謂寂滅涅槃"라고 하였다. [참고문헌]『雜阿含經』, 『大方等大集經』, 『大智度論』, 『雜阿毘曇心論』. ⇨ 적멸 寂滅, 열반 涅槃, 적멸상 寂滅相

적멸위락 寂滅爲樂 Ⓟ vūpasamo sukho. 4구 무상게(無常偈)의 마지막 구절. 적멸로 낙을 삼는다는 말. 『대반열반경』 권3(대정장1, p.204c23 : *Mahāparinibbāna-sutta, DN.2*, p.157)에 "제행은 무상이니 이것이 생멸법이네. 생결을 다해 마치니 적멸로 낙을 삼네. 諸行無常 是生滅法 生滅滅已 寂滅爲樂 aniccā vata saṃkhārā uppāda-vaya-dhammino, uppajjitvā nirujjhanti, tesaṃ vūpasamo sukho ti", 『중관론소』 권2(대정장42, p.30a10)에 "생멸이 있어 무상이고, 생멸 사라져 마치면 상이다. 무상이므로 괴롭다 하였으니 상이면 즐거움인 줄 안다. 그러므로 '적멸을 낙으로 삼는다'고 한다. 以有生滅 是故無常 以生滅滅已 所以爲常 以無常故苦 卽知 常名爲樂 故言寂滅爲樂", 『열반경현의문구』 권상(卍속장56, p.304a3)에 "처음에 '이십오유가 다한다'고 한 말은 필경공이다. 허인즉 가명이고, 물이라 하면 실법이다. 안팎으로 가실을 모두 잊어야 비로소 필경공이라 한다. … 적멸위락은 중도열반의 바탕이니, 본래법계 또한 얻을 수 없다. 初云 滅二十五有者 卽畢竟

空 虛卽假名 物卽實法 內外假實皆忘 方名畢竟空 … 寂滅爲樂 卽中道涅槃體 本法界亦不可得"라고 하였다. [참고문헌]『大般涅槃經』,『中觀論疏』,『涅槃經玄義文句』, *D N., SN.1.6.* ⇨ 무상게 無常偈, 적멸락 寂滅樂

적멸인 寂滅忍 적멸을 견뎌 증득함. 적멸을 체득한 지혜. 오인(五忍) 중 하나로 10지 이상의 불보살만이 함께 한다. 『인왕호국반야바라밀다경소』 권중1(대정장33, p.468c5)에 "[경] 또한 적멸인이란 부처님과 보살이 다같이 이 인에 의지하신다. [소] 적멸이란 진여와 같다. 지혜로 적멸을 증하니 적멸인이라 한다. 經 復次寂滅忍者 佛與菩薩 同依此忍 解曰 言寂滅者 謂卽眞如 智證寂滅 名寂滅忍",『대승의장』 권12(대정장44, p.701b22)에 "적멸인은 경을 좇아 이름이 되었다. 일체법계 언제나 고요해 움직인 적 없어서 적멸이라 하고, 지혜로 이 법에 머물면 적멸인이라 한다. 寂滅忍者 從境爲名 一切法界 常寂不動 名爲寂滅 慧安此法 名寂滅忍",『인왕반야경소』 권중3(대정장33, p.330b27)에 "다섯 번째로 적멸인을 밝힌다. 적이란 바로 정이고, 멸이란 바로 이혜다. 고요하면서도 항상 비추고, 비추면서도 항상 고요하므로 적멸인이라 한다. 第五 明寂滅忍 寂者是定 滅者是慧 寂而常照 照而常寂 故名寂滅忍",『화엄경탐현기』 권13(대정장35, p.344a1)에 "칠팔구지는 보살위이니 무생인이라 하고, 십지와 불지는 인과구경이어서 적멸인이라 한다. 七八九地 是菩薩位 名無生忍 十地及佛地 因果究竟 名寂滅忍",『관무량수경의소』(대정장37, p.179a13)에 "다섯째, 적멸인은 십지이상으로서 상 다 무너뜨려 마쳐서 마음과 하나로 합하여 고요하니, 대열반을 증득한다. 이를 적멸인이라 한다. 五 寂滅忍 十地已上 破相畢竟 冥心至寂 證大涅槃 名寂滅忍"라고 하였다. [참고문헌]『仁王護國般若波羅蜜多經疏』,『大乘義章』,『仁王般若經疏』,『華嚴經探玄記』,『觀無量壽經義疏』. ⇨ 오인 五忍, 십지보살 十地菩薩

적멸장 寂滅場 적멸이 성취된 곳. 적멸도량(寂滅道場)의 줄임말. 세존께서 성도하신 도량을 말하지만, 적멸이 성취된 곳이면 적멸장이고 일체중생본래열반의 뜻에서 보면 일체처가 적멸장이다. 『금광명경문구기』 권1상(대정장39, p.87c16)에 "만일 산성을 바라보면 모두 능히 머물 수 있고, 산에서 고요한 빛을 바라보면 머물 만한 곳이라 한다. 처를 따라 법을 굴리니, 그것은 마치 아홉 번 굴려 정련한 단약(丹藥)으로 쇠에 점을 찍으면 금이 되는 것과 같았다. 그러므로 마갈제(Ⓢ Magadha)의 아란야(Ⓢ araṇya)를 적멸장이라 한다. 若望山城 俱爲能住 山望寂光 爲所住處 處隨法轉 其猶還丹 點鐵成金 故摩竭提 阿蘭若處 名寂滅場",『법계도기총수록』 권하1(대정장45, p.767a10 · 한불전6, p.848c20)에 "여덟번째 적멸장 내 사위국 중에서 입법계를 설하셨다. 第八寂滅場內 舍衛國中 說入法界",『감산집』 권32「서회이공시후 書懷李公詩後」(卍속장127, p.676a5)에 "악마에게 동요당하지 않는 이의 본보기는 이와 같다. 인욕의 땅을 밟았거나 적멸장에 앉은 이가 아니라면 어찌 쉽사리 이에 이르겠는가! 不被惡魔之所搖動者如此 非夫踞忍辱地 坐寂滅場者 何易致此哉"라고 하였다. [참고문헌]『金光明經文句記』,『法界圖記叢髓錄』,『憨山集』. ⇨ 적멸도량 寂滅道場, 적멸 寂滅

적멸평등 寂滅平等 적멸이어서 평등하다는 말. 사상(四相 : 生住異滅)도 삼세(過現未)도 떠나서 한결같이 평등한 원각본제(圓覺本際)의 자리를 뜻한다. 『화엄경탐현기』 권6(대정장35, p.225a17)에 "물든 법과 청정한 법 관하니, 적멸하여 평등하다. 觀染淨法 寂滅平等故",『원각경약소주』 권상1(대정장39, p.529b26)에 "〈경〉 몸과 마음의 차별이 적멸하여 평등한 본제이다. 〈주〉 범부와 성인의 몸과 마음은 비슷한 듯하면서 다르지만 상이란 모두 허망하여 그 자체로 적멸이고 적멸이므로 평등하며 모두가 한결같다. 이것이 원각의 본래 모습이다. 身心寂滅平等本際 凡聖身心 取相似異 相皆虛妄 當體寂滅 寂滅故平等 皆同一際 卽圓覺本際",『왕생론주』 권하(대정장40, p.840a20)에 "적멸평등이란 바로 이 법신이다. 보살이 증득한 적멸하고 평등한 법이다. 이 적멸평등한 법을 증득하였으므로 평등법신이라 한다. 평등법신은 보살이 얻은 바이기에 적멸평등법이라 한다. 寂滅平等者 卽此法身 菩薩所證 寂滅平等法也 以得此寂滅平等法 故名爲平等法身 以平等法身 菩薩所得故 名爲寂滅平等法也",『대승의장』 권4(대정장44, p.552c8)에 "열반의 지혜란 생사상을 허물고 적멸로 나아감이니, 적멸평등으로 삼세가 하나로 합한다. 泥洹智者 破生死相 趣向寂滅 寂滅平等 三世合一",『기신론직해』 권상(卍속장72, p.169b6)에 "만일 무념을 얻는다면 사상(生住異滅)이 동시에 적멸평등함을 알아 오직 하나의 진심일 뿐이어서 다시는 선후가 없다. 이것이야말로 진각원명이어서 본래 미한 적도 없다. 今若得無念 則知四相同時 寂滅平等 唯一眞心 更無先後 是則眞覺圓明 本來不迷"라고 하였다. [참고문헌]『華嚴經探玄記』,『圓覺經略疏註』,『往生論註』,『大乘義章』,『起信論直解』. ⇨ 적멸무이 寂滅無二, 열반 涅槃

적멸현전 寂滅現前 적멸이 현전하다. 생멸(生滅)이 다한 경계를 말한다. 『대혜어록』 권1(대정장47, p.814c27)에 "법좌에 올라 주장자를 집어 들고 내리치고는 대중을 불러 말했다. '들었는가?' 다시 들어 말했다. '관세음보살 오셨다. 주장자 끝에 계시면서 재잘재잘 하시길, 「제행무상하니 생멸의 법이다. 생멸이 이미 다하면 적멸이 현전한다. 수미산 들어 손바닥 위에 놓고 바늘구멍 향해서 그네를 타네」. 곧바로 넉넉히 문득 이렇게 사무쳐 간다 해도 여전히 주장자와는 십만팔천리나 어긋난다. 말해 보라! 내 주장자에는 어떤 기특함이 있을까?' 주장자를 내던지며 말했다. '반푼어치도 안 된다'. 上堂 拈拄杖 卓一下 召大衆云 還聞麽 復擧起云 觀世音菩薩來也 在徑山拄杖頭上 口喃喃地道 諸行無常 是生滅法 生滅旣滅 寂滅現前 拈須彌盧於掌上 向針眼裏打鞦韆 直饒便恁麽見得徹去 猶較拄杖子十萬八千 且道 徑山拄杖子 有甚麽奇特 擲下云 不直半分錢", 종보본 『단경』(대정장48, p.357a19)에 "찰나에 나는 모습 있을 리 없고 찰나에 사라지는 모습 또한 없으며, 다시 생멸 가히 멸할 것도 없으니 곧바로 적멸이 현전한다. 현전한 그때 당해서도 현전이다 헤아림 없으니 이를 덧없지 않은 낙이라 하네. 刹那無有生相 刹那無有滅相 更無生滅可滅 是則寂滅現前 當現前時 亦無現前之量 乃謂常樂"라고 하였다. 〔참고문헌〕『大慧語錄』, 『壇經』. ⇨ 적멸 寂滅

적명암 寂明庵 ❶ 강원도 고성군 거진읍 냉천리 금강산(金剛山)에 있던 암자. 건봉사(乾鳳寺)의 산내암자였다. 1161년(의종15)에 창건되었으며, 1606년(선조39)에 혜능(惠能)이 재건(再建)하였고, 이후 약 170년 후에 폐사되었다. 『범우고』에 "선유곡에 있었으며, 지금은 폐사되었다. 在仙遊谷 今廢"라고 하였다. 〔참고문헌〕『梵宇攷』, 『乾鳳寺本末事蹟』(亞細亞文化社, 1977) p.17, 『韓國寺刹全書』 권하 p.991a16. ❷ 전라남도 장흥군 관산읍 농안리 천관산(天冠山)에 있던 암자. 천관사(天冠寺)의 산내암자였다. 『지제지』에 "영추대 위에 있다. 在靈鷲上"라고 하였다. 〔참고문헌〕『支堤誌』, 『韓國寺刹全書』 권하 p.991a15 欄外.

적몰 籍沒 신분 등 가졌던 모든 것이 사라짐. 수행하여 쌓은 공덕이 사라지거나 또는 공부하는 이의 온갖 살림살이를 버려 없게 하는 비유다. 『능엄경』 권9(대정장19, p.147b25)에 "만약 분명히 깨닫지 못하고 음에 의해 미하게 되면 아난, 너는 반드시 마구니의 자손이 되어 마구니가 되고 말 것이다. 마등가는 특히나 천하고 저열하니 그가 비록 네게 주문을 걸어 불율의를 깨뜨려 팔만행 중의 다만 한 계라도 무너뜨리려 한다. 마음이 청정하기 때문에 아직 빠지게 하지 못하였다. 이에 네 보배 같은 깨달음의 온 몸을 무너뜨린다면 마치 정승의 가문이 갑자기 적몰을 당해 느닷없이 망하듯 하리니 가엾어도 구할 길이 없게 된다. 若不明悟 被陰所迷 則汝阿難 必爲魔子 成就魔人 如摩登伽 殊爲眇劣 彼雖呪汝 破佛律儀 八萬行中 秖毁一戒 心淸淨故 尙未淪溺 此乃隳汝寶覺全身 如宰臣家 忽逢籍沒 宛轉零落 無可哀救", 『대혜어록』 권14 「진국태부인청보설 秦國太夫人請普說」(대정장47, p.871a6)에 "그대 만약 부처를 앉힌다면 이는 부처를 죽이는 것이고, 앉은 모습에 집착해서 이를 알리 없다. 일시에 남의 집안 모든 자취 빼앗으려면 도리어 그 집에 들인 살림살이 알아야 하리. 汝若坐佛 卽是殺佛 若執坐相 非達其理 一時籍沒 了他家計 却更要他納物事"라고 하였다. 〔참고문헌〕『楞嚴經』, 『大慧語錄』.

적묵 寂默 ❶ Ⓢ muni. 모니(牟尼)의 한역어. 매우 존귀한 성자(聖者)나 선인(仙人). 석가세존을 부르는 이름이기도 하다. 『일체경음의』 권21(대정장54, p.436a7)에 "모니〈적묵이라 한역한다〉 牟尼〈此云寂默也〉"라고 하였다. 〔참고문헌〕『一切經音義』. ⇨ 모니 牟尼, 석가모니 釋迦牟尼 ❷ Ⓢ śama. 번뇌가 고요하게 가라앉은 것. 번뇌를 여읜 성자의 마음을 말한다. 『잡아함경』 권44(대정장2, p.318b13)에 "그 때 비리야바라두바차(毘梨耶婆羅豆婆遮 Ⓟ Bharadvājagotta)라는 바라문이 이른 아침에 소를 사서 아직 그 값도 치르지 않았는데 바로 그 날 소를 잃고 엿새 동안 찾지 못하였다. 바라문이 소를 찾아 헤매다 대림정사에 이르러 멀리 부처님을 뵈었다. 나무 밑에 앉아 계시는데, 의용은 빼어나고 제근이 청정하였으며, 그 마음은 적묵하여 지관을 성취하셨기에 그 몸은 금색으로 광명이 불꽃처럼 빛났다. 時有毘梨耶婆羅豆婆遮婆羅門 晨朝買牛 未償其價 卽日失牛 六日不見 時 婆羅門爲覓牛故 至大林精舍 遙見世尊 坐一樹下 儀容挺特 諸根淸淨 其心寂默 成就止觀 其身金色光明焰照", 『대비바사론』 권117(대정장27, p.611b28)에 "〔문〕 무슨 까닭에 적묵은 오직 무학에만 있는가? 〔답〕 무학의 몸에서만 적묵을 얻을 수 있고, 학과 비학비무학의 몸에서는 얻을 수 없다. 논으로 논을 일으킬 뿐이다. 무슨 까닭에 오직 무학의 몸에서만 적묵을 얻을 수 있고, 그 이외에서는 그렇지 않은가? 〔답〕 이 적묵은 최승법이니, 열등한 몸으로는 승법 얻을 수 없다. … 또 어떤 사람은 이렇게 말한다. 무학의 몸에는 번뇌에 물든 마음과 말이 쉬어 없어 적묵이 원만하기에 적묵을 세우지만, 그 이외의 몸에는 그렇지 않기 때문에 건립하지 않는다. 問 何故 寂默 唯在無學 答 唯無學身中 寂默可得 學及非學非無學身中 皆不可得 因論生論 何故 唯無學身中 寂默可得 非餘耶 答 曰此寂默 是最勝法 非劣身中 有勝法可得 … 復有說者 無學身中 煩惱意言 究竟息滅 寂默圓滿 故立寂默 餘身不爾 故不建立", 『번역명의집』 권1(대정장54, p.1059a27)에 "석가모니를 『척화』에서는 능인적묵이라 한역하는데, '적묵'이기에 생사에 머물지 않고, '능인'이기에 열반에 머물지 않는다. 비지를 함께 움직이기에 이런 아름다운 이름을 세울 수 있다. 釋迦牟尼 摭華云 此云 能仁寂默 寂默故 不住生死 能仁故 不住涅槃 悲智兼運 立此嘉稱"라고 하였다. 〔참고문헌〕『雜阿含經』, 『大毘婆沙論』, 『翻譯名義集』, 『佛所行讚』

권1(대정장4, p.4c24), *Buddh-c.134·140.* ⇨ 삼적묵 三寂默 ❸ Ⓢ pratisaṃlīna, Ⓟ paṭisallīnā. 고요하게 홀로 머무는 것. 『장아함경』 권10 「석제환인문경 釋提桓因問經」(대정장1, p.62c14)에 "석제환인이 반차익(般遮翼 Ⓟ Pañcasikha)에게 말했다. '여래지진을 뵙는 것은 매우 어려운데, 그 분이 이 한적하고 고요한 곳에 내려와 고요히 말없이 짐승들과 벗삼으신다. 이곳에는 늘 여러 대천신들이 세존을 모시고 있으니, 너는 먼저 가서 유리금을 타서 세존을 즐겁게 하라. 나는 모든 천신들과 곧 뒤따라 가겠다'. 釋提桓因告般遮翼曰 如來至眞 甚難得覩 而能垂降 此閑靜處 寂默無聲 禽獸爲侶 此處常有 諸大神天 侍衛世尊 汝可於前 鼓琉璃琴 娛樂世尊 吾與諸天 尋於後往"라고 하였다. [참고문헌] 『長阿含經』, *DN.2.265.* ❹ ➡ 적묵외도 寂默外道

적묵당 寂默堂 황해북도 개성시 용흥동 보봉산(寶鳳山) 화장사(華藏寺)에 있던 당. 김창협(金昌協 1651~1708)의 『농암집』 권23 「유송경기 遊松京記」(한국문집총간162, p.165b12)에 "고개를 넘어 화장사에 도착하였는데, 옛날 서역 스님 지공이 창건하였다. … 불전 오른쪽이 적묵당인데, 지공의 소상이 있다. 踰嶺得華藏寺 故西域僧指空所創 … 殿右 爲寂默堂 有指空塑像"라고 하였다. [참고문헌] 『農巖集』, 『韓國寺刹全書』 권하 p.991a19 欄外. ⇨ 화장사 華藏寺, 지공 指空

적묵외도 寂默外道 육종고행외도(六種苦行外道) 중 하나. 묘역에 살면서 묵언행을 닦는 외도. 40권본 『대반열반경』 권7(대정장12, p.406a16)에 "어떤 이가 말한다. '부처님께서는 비구가 늘 한쪽 다리를 들고 있는 것·입을 닫아 말하지 못하는 것 … 몸이 불구인 이런 이들이 출가하여 도를 행하는 것을 허락하셨다'고 한다면 이것은 마구니의 말이다. 若有說言 佛聽比丘 常翹一脚 寂默不言 … 身根不具 如是等輩 如來悉聽 出家爲道 是名魔說", 『법화현의석첨』 권8(대정장33, p.872c12)에 "고행외도에는 여섯이 있으니, … 다섯째는 적묵외도이다. 苦行有六 … 五 寂默", 『백론소』 권상(대정장42, p.247c21)에 "적묵이란 야제자(若提子 Ⓢ Jñātiputra)논사의 주장이다. 寂默者 若提子論師說"라고 하였다. [참고문헌] 『大般涅槃經』, 『法華玄義釋籤』, 『百論疏』. ⇨ 육종고행외도 六種苦行外道, 아계 啞戒, 아법 啞法

적문 迹門 ➡ 적문개현 迹門開顯, 적문십묘 迹門十妙

적문개현 迹門開顯 적문으로 열어 보이다. 개권현실(開權顯實)·개삼현일(開三顯一)을 일컫는다. 본문개현(本門開顯)과 마주한다. 『현양정법복고집』 권1(대장경보편32, p.570a9)에 "적문개현이란 바로 생신의 지혜의 경계로서 회삼귀일의 그윽한 길을 드러낸다. 迹門開顯 是生身智境 以顯會三歸一之玄猷", 『법화경연의』 권1(卍속장52, p.63a13)에 "이 경은 7권으로 모두 28품이며 크게 나누면 둘이다. 첫째는 적문이니 삼승을 열어 일승을 보이는 것으로 방편을 열어 진실을 드러낸 것이다. 둘째는 본문이니 가까운 것을 열어 먼 것을 보이는 것으로 자취를 열어 본을 드러내 보이는 것이다. 此經有七卷 凡二十八品 若大分之爲二 一 迹門 開三顯一 開權顯實 二 本門 開近顯遠 開迹顯本"라고 하였다. [참고문헌] 『顯揚正法復古集』, 『法華經演義』, 『法華玄義釋籤』 권15(대정장33, p.924c22). ⇨ 개권현실 開權顯實, 개삼현일 開三顯一, 개현 開顯❶, 본문개현 本門開顯

적문삼유 迹門三喩 『법화경』에 나오는 삼유 중 적문에 해당 하는 세 가지 비유. 『법화경문구찬요』 권1(卍속장46, p.646b1)에 "적문삼유의 첫 번째는 연밥이 있기에 꽃이 핀다. 진실을 위해 방편을 펴는 비유다. … 두 번째는 꽃을 피워서 연을 드러낸다. 방편을 열어 진실을 드러내는 비유다. … 세 번째는 꽃이 떨어져야 연밥을 성취한다. 방편을 닫아 진실이 서는 비유다. 迹門三喩 一 爲蓮故華 譬爲實施權 … 二 華開蓮現 譬開權顯實 … 三 華落蓮成 譬廢權立實"라고 하였다. [참고문헌] 『法華經文句纂要』. ⇨ 삼유 三喩

적문십묘 迹門十妙 『묘법연화경 妙法蓮華經』의 첫 글자 묘(妙)를 적문에서 열 가지로 푼 뜻이다. 적중십묘(迹中十妙)·적십묘(迹十妙)라고도 한다. 『법화현의』 권2(대정장33, p.697c1)에 "적중십묘는 첫째 경묘, 둘째 지묘, 셋째 행묘, 넷째 위묘, 다섯째 삼법묘, 여섯째 감응묘, 일곱째 신통묘, 여덟째 설법묘, 아홉째 권속묘, 열째 공덕이익묘이다. 迹中十妙者 一 境妙 二 智妙 三 行妙 四 位妙 五 三法妙 六 感應妙 七 神通妙 八 說法妙 九 眷屬妙 十 功德利益妙", 『법화현의석첨』 권4(대정장33, p.844c10)에 "적문십묘는 하나하나의 묘 가운데 많은 과목을 연다. 迹門十妙 一一妙中 開多科目", 같은 책 권5(대정장33, p.846c1)에 "적본 양문을 잡아 각기 십묘를 갖춘 뜻으로는 각각 심·불·중생을 거둔다. 이제 먼저 적문십묘들 둘로 나눈다. 첫째는 나열하고 다음은 푼다. 푸는 중에 다섯이 있다. 約迹本兩門 各具十妙義各攝於心佛衆生 今初迹門十妙者爲二 先列次釋 釋中爲五者"라고 하였다. [참고문헌] 『法華玄義』, 『法華玄義釋籤』, 『法華經大成』 권1(卍속장51, p.60a14). ⇨ 십묘 十妙, 본문십묘 本門十妙, 설법묘 說法妙, 설법서 說法瑞, 신통권속 神通眷屬, 신통묘 神通妙

적박비구인연 賊縛比丘因緣 도적에게 묶인 비구의 인연. 불살생계(不殺生戒)를 지킨 비구의 인연담으로, 도적떼의 습격을 받은 비구들이 살아있는 풀(生草)에 묶여 있었으나 풀도 죽일 수 없어 계를 지켰던 인연이다. 길을 지나던 국왕에 의해 구조되었고, 국왕은 그들의 지계(持戒)에 감복하여 귀의하였다. 초계비구(草繫比丘)라고도 한다. 『대장엄론경』 권3(대정장4, p.268c5)에 "만약 제자들이 계를 굳건히 지키면 사람 중에 으뜸이 되고 우러르니, 일체세간사람들은 아울러 그의 스승까지도 존경한다. 내가 예전에 일찍이 이 이야기를 들었다. 여러 비구가 광야를 가고 있었는데, 도적들에게 잡혀 위협당하고 가사를 빼앗겼다. 그때 이 도적떼들은 비구들이 마을로 가서 신고할까봐 두려워 죄다 살해하려 하였다. 도적 중에 한 사람이 예전에 출가한 적이 있었는데 동료들에게 말하였다. '지금 무엇 때문에 살해하려고 하는가? 비구법에 따르면 풀일지언정 해쳐서는 안되니, 지금 비구들을 풀로 묶어두면 저들은 풀이 상할까 두려워 결국에는 사방으로 달려가 신고할 수 없을 것이다'. 도적들이 풀로 결박한 후 버려두고 가버렸다. 비구들은 풀로 묶였으나 금계를 범할까봐 당겨 끊지 못하였다. 몸은 옷이 없어 햇빛에 그을렸고, 모기・등에・파리・벼룩에게 물리며 괴롭힘을 당했다. 若有弟子能堅持戒爲人宗仰 一切世人幷敬其師 我昔曾聞 有諸比丘 曠野中行 爲賊剽掠剝脫衣裳 時此群賊懼諸比丘往告聚落 盡欲殺害 賊中一人先曾出家 語同伴言 今者何爲盡欲殺害 比丘之法不得傷草 今若以草繫諸比丘 彼畏傷故 終不能得四向馳告 賊卽以草而繫縛之 捨之而去 諸比丘等 旣被草縛 恐犯禁戒 不得挽絶 身無衣服爲日所炙 蚊虻蠅蚤之所唼嬈"라고 하였다. [참고문헌] 『大莊嚴論經』. ⇨ 초계비구 草繫比丘, 지계 持戒, 불살생계 不殺生戒

적발 赤鉢 육종발(六種鉢) 중 하나. 붉은 색 발우. 사라발(舍羅鉢)이라고 음사한다. 『마하승기율』 권29(대정장22, p.461c18)에 "북방의 비구가 적발을 가지고 와서 부처님께 '이 발우의 사용을 허용하시겠습니까?'라고 묻자 부처님께서 '허용하지 않는다'라고 말씀하셨다. 北方比丘 持赤鉢來 白佛言 聽用是鉢不 佛言 不聽用", 『사분율』 권52(대정장22, p.952c19)에 "세존께서 사위국에 계실 때 여러 비구가 적발을 얻고도 받지 않고 말했다. '부처님께서 아직 우리들에게 이런 발우를 간직해도 좋다고 허용하신 적이 없다'. 부처님께 이에 대해 여쭙자 부처님께서 '간직해도 된다'라고 하였다. 世尊在舍衛國 時諸比丘 得赤鉢不受言 佛未聽我等畜如是鉢 白佛 佛言 聽畜", 『비니모경』 권8(대정장24, p.847b24)에 "알맞은 것은 철발・와발・우가국발・우가사국발・비사리국흑발・사위국적발이니, 발우에 비록 여섯 가지가 있지만 실은 철발과 와발 두 가지다. 이를 마땅한 발이라고 한다. 應者 鐵鉢瓦鉢 優伽國鉢 優伽奢國鉢 毘舍離國黑鉢 舍衛國赤鉢 鉢雖有六種 其實鐵瓦二也 是名相應鉢", 『사분율명의표석』 권34(卍속장70, p.913b17)에 "부처님께서 '가라발과 사라발을 허락한다'라고 하셨으니, 곧 흑발과 적발이다. 佛言 聽持迦羅鉢 舍羅鉢 卽黑鉢 赤鉢也"라고 하였다. [참고문헌] 『摩何僧祇律』, 『四分律』, 『毘尼母經』, 『四分律名義標釋』. ⇨ 육종발 六種鉢, 사라발 舍羅鉢, 발 鉢, 발우 鉢盂

적발심이여수기 適發心而與授記 사종수기(四種授記) 중 하나. 발심하는 바로 그때 주는 수기. 『수능엄삼매경』 권하(대정장15, p.638c13)에 "보살의 수기에는 모두 네 종류가 있다. 무엇이 그 네 가지인가? 발심하기 이전에 주는 수기, 발심하는 바로 그때 주는 수기, 남들은 알지만 당사자는 모르도록 은밀하게 주는 수기, 무생법인을 얻으면 당사자가 알도록 주는 수기이다. 이상을 네 가지라 한다. 오직 여래만이 이 모든 사안을 아시고 일체의 성문과 벽지불은 알 수 없는 경지이다. 凡有四種 何謂爲四 有未發心而與授記 有適發心而與授記 有密授記 有得無生法忍 現前授記 是謂爲四 唯有如來 能知此事 一切聲聞 辟支佛 所不能知"라고 하였다. [참고문헌] 『首楞嚴三昧經』. ⇨ 사종수기 四種授記

적번 赤幡 붉은 깃발. 적번(赤旛)으로도 쓴다. 고대 인도에서는 논쟁 후 승리한 쪽에서 붉은 깃발을 들었다고 한다. 『운문광록』 권하(대정장47, p.574b1)에 "도(瑫)장로가 보살 수중에 적색깃발 잡은 일을 운문에게 물었다. '어떻습니까?' '그대 무례한 놈이구나' '어째서 예가 없다 합니까?' '네놈이야말로 외도의 노비도 될 수 없다'. 因瑫長老擧菩薩手中執赤幡 問師 作麽生 師云 儞是無禮漢 瑫云 作麽生無禮 師云 是儞外道奴也作不得", 『설두어록』 권2(대정장47, p.684b29)에 "들기를 마대사가 말하길 「일체어언 제바종이니, 이것을 주로 한다」라 하였다. 운문이 「좋은 말이다. 아무도 나에게 묻지 않는다」라고 하자 학인이 곧바로 물었다. 「어떤 것이 제바종입니까?」, 「서천의 96종 외도 중에 너야말로 최하다」. 이에 대해 설두가 말했다. '붉은깃발을 이 학인에게 빼앗겼군'. 그러고는 바로 법좌에서 내려왔다. 擧 馬大師云 一切語言 是提婆宗 以者箇爲主 雲門大師云 好語 只是無人問我 僧便問 如何是提婆宗 雲門云 西天九十六種 爾是最下種 師云 赤幡 被者僧奪了也 便下座", 『벽암록』 13칙 「평창 評唱」(대정장48, p.154a10)에 "서천의 논의에선 이긴 이가 적색깃발을 들며, 진 사람은 가사를 뒤집어 입고서 샛문으로 출입한다. 西天論議 勝者 手執赤旛 負墮者 返披袈裟 從偏門出入"라고 하였다. [참고문헌] 『雲門廣錄』, 『雪竇語錄』, 『碧巖錄』.

적번불탁 趯翻不托 북송(北宋)대 선사 서여정단(西余淨端)이 불탁을 발로 차서 넘어뜨린 일. 『선원몽구』 권중「적번불탁」(卍속장148, p.256b6)에 "단사자는 오흥출신이다. 사자를 자유자재로 다루는 모습을 처음 보고서는 심요를 깨우쳤다. 사자가죽 같은 비단을 늘 입었다. 이 때문에 사자라 불렸다. … ◯ 또 불탁이라고 불리던 어느 요사스러운 사람이 수주성 밖에서 땅을 파 보니 불상이 있기에 그 위에 탑을 건립하고 정성을 다해 경배하였다. 정단이 이를 보고 그를 찌르며 말했다. '어떤 것이 부처인가?' 불탁이 우물쭈물하자 정단이 발로 차고 가 버렸다. 장승상 자후가 청하여 선사 법좌에 오르게 하였고 기록까지 남겼는데, 이 유수로(兪秀老 : 兪紫芝)가 소(疏)를 지었다. 그 일을 말하길, '회두를 밀어 넘어뜨리고 불탁도 발로 차서 넘어뜨렸네'. 端師子者 吳興人也 始見弄師子者 發明心要 則以綵帛像其皮 時時著之 因以爲號 … ◯ 又有天人 號不托 掘秀州城外地有佛像 建塔其上 傾城信敬 端見揕住曰 如何是佛 不托擬議 端趯之而去 章丞相子厚請升座 使兪秀老撰疏 敘其事曰 推倒回頭 趯翻不托"라고 하였다. 〔참고문헌〕『禪苑蒙求』.

적변처정 赤遍處定 Ⓢ lohitakṛtsnāyatanam, Ⓣ zad-par-dmar-po'i-skye-mched. 온통 붉은 세상에 드는 정. 십변처정(十遍處定) 중 하나. 세상 온통 붉게 물들이는 삼매로 적변(赤遍)·적변처(赤遍處)라고도 한다.『집이문족론』권20(대정장26, p.450c11)에 "〔문〕 적변처정가행이란 어떤 것인가? 관행을 닦는 이는 어떤 방편으로 적변처정에 증입하는가? 〔답〕 처음 수업하는 이는 처음 닦아 행할 때, 이 세계에서 때론 붉은 나무를 취하고, 때론 붉은 잎사귀를 취하기도 하며, 붉은 꽃을 취하기도 하고, 붉은 열매를 취하기도 하며, 붉은 옷을 취하기도 하고, 갖가지 붉은 장신구를 취하기도 하며, 붉은 구름을 취하기도 하고, 붉은 물을 취하기도 하며, 갖가지 그 이외의 붉은 물건을 취한다. 그는 이와 같은 것에서 어떤 한 가지를 취하여 승해력으로 생각하고 사유하며 가정하여 생각하고 관찰하며 안립해서 신해하여 '이런 것이 붉은 색이다'이라고 한다. … 〔문〕 아직 적변처정에 증입하지 못하였다면 적변처정의 가행은 어떤 것인가? 관행을 닦는 이는 어떤 방편으로 적변처정에 증입하는가? 〔답〕 곧 앞서 들어간 것과 같은 적정에 의하여 마음으로 하여금 수순하고 조복되어 나아가 점차 유화해서 널리 가득 유화하게 되어 한결같이 정에 나아간 다음에는 다시 이 붉음이 점차 더욱 광대해져서 '동남서북이 온통 다 붉다'고 생각한다. 저 붉음이 점차 더욱 광대해져서 동남서북이 온통 다 붉다고 생각한다. … 붉은 상 가득한 곳에 생각을 잡아매어 사유하여 '이 모든 것이 온통 붉어서 온통 황 등이 아니다'라고 한다. 이 상을 사유하며 용맹스럽게 정진하고 나아가 마음으로 하여금 상속하여 오래도록 머물게 하면, 이 가행으로 점차 능히 적변처정에 들어갈 수 있다. … 마음이 편안히 머무르고 평등하게 머무르며 가까이 머무는 것이 서로 이어져서 한결같이 나아가 하나의 대상에 생각을 잡아매어 '이 경계가 온통 다 붉다'는 사유에 둘도 없고 전변도 없게 되니 이에 적변처정에 든다고 한다. 問 赤遍處定加行云何 修觀行者 由何方便 而能證入 赤遍處定 答 初修業者 創修觀時 於此世界 或取赤樹 或取赤葉 或取赤花 或取赤果 或取赤衣 或取種種赤莊嚴具 或取赤雲 或取赤水 或取種種諸餘赤物 彼於如是 隨取一相 以勝解力 繫念思惟 假想觀察 安立信解 是某赤相 … 問 若此未能入赤遍處定者 赤遍處定加行云何 修觀行者 由何方便 乃能證入 赤遍處定 答 即依如前所入赤定 令心隨順 調伏趣向 漸次柔和 周遍柔和 一趣定已 復想此赤 漸次增廣 東南西北 遍皆是赤 彼想此赤 漸次增廣 東南西北 遍是赤故 … 於遍赤相 繫念思惟 此遍是赤 非遍黃等 思惟此相 精勤勇猛 乃至令心 相續久住 由斯加行 乃漸能入 赤遍處定 … 由心安住 等住 近住 相續一趣 繫念一境 思惟此境 遍皆是赤 無二無轉 從此乃入 赤遍處定"라고 하였다. 〔참고문헌〕『集異門足論』, 80권본『華嚴經』권60(대정장10, p.324a3), *Mvyut.72.* ⇨ 십변처 十遍處

적본 迹本 ❶ 적문(迹門)과 본문(本門). 또는 수적(垂迹)과 본지(本地). 앞뒤 글자를 맞바꾸어 본적(本迹)이라고도 한다.『법화문구』권9(대정장34, p.129b3)에 "'근본이 아니라면 자취도 드리우지 못하고 자취가 아니라면 본도 드러내지 못한다. 본문과 적문이 비록 다르나 부사의한 하나다'라는 승조(僧肇) 스님(「維摩詰經序」에서) 말씀은 그 뜻이 적멸도량을 근본으로 하는 데 있을 뿐이다. 또한 적멸도량의 본적에도 다시 여러 가지가 있다. 가령 열반을 본으로 삼으면 진신을 쫓아 응신을 일으키는 것으로 자취를 삼으니 적본이 모두 공이어서 말도 생각도 쌍으로 끊는다. 그러므로 부사의한 하나다. 非本無以垂迹 非迹無以顯本 本迹雖殊 不思議一也 肇師之言 意在寂場之本耳 復次 寂場本迹 復有多種 或以涅槃爲本 從眞起應爲迹 迹本俱空 言思雙斷 故不思議一也"라고 하였다. 〔참고문헌〕『法華文句』,『法華玄義釋籤』권13(대정장33, p.912a6),『阿彌陀經要解』(대정장37, p.365b16). ⇨ 본적 本迹, 본적이문 本迹二門, 적멸도량 寂滅道場 ❷ 적중지본(迹中之本). 적문 중에 본문. 적문 중에 드러나는 본문.『인왕호국반야경소』권5(대정장33, p.282a25)에 "『범망경』은 적본을 밝히고 이『인왕경』은 본적을 밝히는데 본문과 적문이 비록 다르나 부사의한 하나다. 梵網明迹本 此經明本迹 本迹雖殊不思議一也",『인왕호국반야바라밀경소신보기』권4(대정장33, p.312a9)에 "『범망경』은 적본을 밝힌다 한 것은 적문중에 본문이지 오래된 본문은 아니다. 言梵網明迹本者 謂迹中之本 非久本也",『중관론소』권2(대정장42, p.31a12)에 "생멸을 깨우쳐 생멸이 없는 것을 적본이라고 한다. 그러므로 부처님의 진법신은 마치 허공과 같다. 생멸이 없음을 깨우쳐 생멸하면 이는 곧 본적이다. 그러므로 물에 응하여 형을 드러내니 물에 비친 달과 같다. 진응이 둘이라는 견해를 일으켜서는 안 되니, 생멸 그대로 완연히 허공과 같고, 비록 허공과 같지만 생멸로 완연하다. 了悟生滅無生滅 名爲迹本 故佛眞法身 猶如虛空 悟無生滅生滅 卽是本迹 故應物現形 如水中月 勿作眞應二解 卽生滅宛然如虛空 雖如虛空而生滅宛然"라고 하였다. [참고문헌] 『仁王護國般若經疏』, 『仁王護國般若波羅蜜經疏神寶記』, 『中觀論疏』.

적본삼유 迹本三喩 『법화경』 개현(開顯)의 이치를 드러내고자 경전 제목의 연화를 본문(本門)·적문(迹門)으로 나누어 그 각각에 붙인 세 가지 비유. 『법화현의』 권7하(대정장33, p.773a1)에 "또한 이 꽃으로 부처님의 법계를 적문과 본문에 비유하여 각각 세 가지 비유를 둔다. 又以此華 喩佛法界 迹本兩門 各有三喩"라고 하였다. [참고문헌] 『法華玄義』. ⇨ 본문삼유 本門三喩, 적문삼유 迹門三喩, 연화삼유 蓮華三喩, 삼유 三喩

적본이문 迹本二門 ➡ 적본 迹本[1], 본적이문 本迹二門

적분 摘分 들추어 나누다. 세세하게 구분하는 뜻이다. 『출삼장기집』 권12 「송명제칙중서시랑육징찬법론목록서 宋明帝勅中書侍郎陸澄撰法論目錄序」(대정장55, p.82c24)에 "논서는 때로는 편을 나누거나 제목을 세우면서 겸하여 뭇 뜻을 밝히는 것이지만, 이제 그 종지를 다 거느렸으니 다시 들추고 나누지는 않겠다. 합하면 체재가 온전해지지만 구별하면 문이 어지럽혀지기 때문이다. 論或列篇立第 兼明衆義者 今總其宗致 不復摘分 合之則體全 別之則文亂"라고 하였다. [참고문헌] 『出三藏記集』, 『薩婆多毘尼毘婆沙』 권4(대정장23, p.527c25).

적불 迹佛 적문(迹門)의 부처님. 자취를 나투시는(垂迹) 응화신(應化身)을 말한다. 『법화문구』 권9(대정장34, p.127c23)에 "여래라 함은 시방삼세제불과 이불·삼불·본불·적불 등을 다 모셔 부르는 이름이다. 如來者 十方三世諸佛 二佛三佛 本佛迹佛之通號也", 『화엄유의』(대정장35, p.1c9)에 "노사나불은 본불이고 석가모니불은 적불이시다. 舍那是本佛 釋迦是迹佛"라고 하였다. [참고문헌] 『法華文句』, 『華嚴遊意』, 『天台菩薩戒疏』 권상(대정장40, p.585b25). ⇨ 본불 本佛[1], 응신 應身

적사 的嗣 법을 이은 제자. 적손(的孫)·적부(的付)라고도 한다. 『종문무고』(대정장47, p.944c28)에 "담당문준(湛堂文準)화상은 흥원부(興元府) 출신이며, 진정극문(眞淨克文)의 법을 이은 제자이다. 湛堂準和尙 興元府人 眞淨之的嗣"라고 하였다. [참고문헌] 『宗門武庫』, 『祖庭事苑』 권7(卍속장113, p.208b11). ⇨ 적손 的孫

적사 嫡嗣 지위나 법을 이을 직계 상속자. 40권본 『화엄경』 권11(대정장10, p.713a6)에 "우리 대왕은 종족이 존승하고 적사가 이어받아 대대로 서로 전하며, 태에 들거나 자리할 때 여러 천신이 보호하며 잊지 않는다. 我國大王 種族尊勝 嫡嗣承襲 歷代相傳 入胎處胎 諸天護念", 『유마경약소수유기』 권5(대정장38, p.770a6)에 "한제에서는 천자의 적사는 태자라고 하고 제후인 왕의 적사는 세자라고 한다. 漢制 天子之嫡嗣 曰太子 諸侯王嫡嗣 曰世子", 『불조역대통재』 권18(대정장49, p.660c23)에 "정오가 지나자 조용히 천화하였다. 탑은 수산에 세웠다. 적사는 분양선소(汾陽善昭)선사이다. 日午後泊然而化 塔于首山 嫡嗣汾陽昭禪師"라고 하였다. [참고문헌] 『華嚴經』, 『維摩經略疏垂裕記』, 『佛祖歷代通載』.

적사연성원 磧砂延聖院 중국 강소성(江蘇省) 소주시(蘇州市) 오중구(吳中區)에 있는 절. 연성원이라고도 한다. 남송(南宋) 이종(理宗) 때 송장(宋藏)을 판각한 곳이다. 이에 송장을 적사연성원판(磧砂延聖院板)·적사장(磧砂藏)이라고도 부른다. ⇨ 연성원 延聖院

적사판대장경 磧砂版大藏經 남송(南宋)대 판각한 대장경 판본 중 하나. 남송 이종(理宗)대, 홍도(洪道)·조안국(趙安國)·법음(法音) 등이 중심이 되어 강소성(江蘇省) 평강부(平江府 : 蘇州市) 적사연성원(磧砂延聖院)에서 만들기 시작하여 원(元)대 완성한 사판대장경(私版大藏經)이다. 적사는 적사(磧沙)라고도 쓰며, 적사장(磧砂藏)·연성원판(延聖院版)·연성사판(延聖寺版) 등이라고도 한다. 내용은 남송대 판각된 사계본대장경(思溪本大藏經)과 대체로 같으며, 모두 591함(函)·5,532부(部)·6,362권이다. 여기에는 『개원석교록 開元釋敎錄』 입장경(入藏經 : 약 1,087부·5,064권·480함), 송대인 982년(태평흥국7)~999년(함평2) 사이에 새롭게 한역된 경전들(181부·270권·20함)과 1000년(함평3)~희녕년간(1068~1077)에 한역된 경전 및 『정원록 貞元錄』 속입장경(續入藏經 : 142부·약 338권·28함), 『법원주림』 100권·『경덕전등록』·『송고승전』·『종경록』 등이 입장되었으며, 보유편(補遺篇)에는 『전법정종기 傳法正宗記』·『전법정종정조도 傳法正宗定祖圖』·『전법정종론 傳法正宗論』·『보교편 輔敎篇』·『천목중봉화상광록 天目中峰和尙廣錄』 등이 수록되었다. 판식(版式)도 사계판대장경 계통에 속하며, 각 판은 5항(頁), 매 항은 6행, 각 행은 17자이다. [참고문헌] 유부현 외 지음 『고려 초조대장경과 동아시아의 대장경』(한국학중앙연구원 출판부, 2016) p.109. ⇨ 송판대

殊不知 欲隱彌露 雖然如是 要見實性大師則易 要見黃龍稍難 何故 爲佗頭匾似扇"라고 하였다. [참고문헌]『拈八方珠玉集』,『無準師範語錄』. ⇨ 적장이로 賊贓已露

적장수 寂場樹 적멸도량(寂滅道場)의 보리수(菩提樹). 『법화현의』 권7상(대정장33, p.767b27)에 "적장수 아래서 처음으로 편교(偏教)와 원교(圓教)가 모두 원만하게 이루어졌다. 그러므로 이것이 교의 자취라고 알아야 한다. 寂場樹下 始偏圓滿 故知是迹"라고 하였다. [참고문헌]『法華玄義』. ⇨ 보리수 菩提樹

적장이로 賊贓已露 훔친 물건 드러나다. 『종용록』 54칙 「송 頌」(대정장48, p.262a9)에 "드러난 솜씨와 안목으로 기틀 다 드러내고〈훔친 물건이 이미 드러났군〉, 남김 없는 용으로 종횡으로 펼치니 무엇을 꺼리겠는가!〈옳고 그른 것 없다〉 現前手眼顯全機〈賊贓已露〉 大用縱橫何忌諱〈無可不可〉"라고 하였다. [참고문헌]『從容錄』.

적적대의 的的大意 밝아 숨길 것 없는 큰 뜻. 분명해서 덧붙일 것 없는 큰 뜻을 말한다. 『임제록』(대정장47, p.496c26)에 "임제가 말했다. '대중이여! 무릇 법을 위하는 이는 몸 상하고 목숨 잃는 일 피하지 않는다. 나는 20년 동안 황벽선사의 처소에서 세 번이나 불법의 적적대의를 물었고, 그때마다 세 번 다 선사에게 주장자로 맞았지만 마치 쑥가지로 쓰다듬듯 하였다. 지금 다시 한 방 먹었던 게 생각나는구나. 누가 나를 위해 이렇게 하겠는가?' 이때 한 학인이 대중의 틈에서 나와 말했다. '제가 하겠습니다'. 임제가 주장자를 집어 그에게 건네자 그 학인이 머뭇거렸다. 이에 임제가 바로 때렸다. 師乃云 大衆 夫爲法者 不避喪身失命 我二十年 在黃蘗先師處 三度問佛法的的大意 三度蒙他賜杖 如蒿枝拂著相似 如今更思得一頓棒喫 誰人爲我行得 時有僧出衆云 某甲行得 師拈棒與他 其僧擬接 師便打", 『대혜어록』 권5(대정장47, p.831c18)에 "학인이 대혜에게 물었다. '어떤 것이 불법의 적적대의입니까?' '노승에겐 적적대의란 없으며, 그 어떤 것도 없다' '이미 없다면 화상께서는 어디에서 이 소식을 얻으셨습니까?' '나에게는 이 소식이란 것도 없다'. 問 如何是佛法的的大意 師云 老僧無的的大意 亦無如何 進云 既是無 和尙甚處 得這消息 師云 育王亦無這消息"라고 하였다. [참고문헌]『臨濟錄』,『大慧語錄』.

적적분명 的的分明 뚜렷하고 분명하다. 숨길 것 없이 다 드러난 뜻이다. 『벽암록』 56칙 「송 頌」(대정장48, p.190b25)에 "대단하구나! 화살 한 발로 세 개의 빗장을 부수다니〈온전한 기 그대로 이렇게 올 때는 어떠한가? 뭐라고 말할까? 부셨다! 떨어졌다!〉 화살 지나간 길 뚜렷하고 분명하다〈죽은 놈이다. 돌! 때리며 말한다. '도리어 보았는가?'〉 可隣一鏃破三關〈全機恁麽來時如何 道什麽 破也 墮也〉 的的分明箭後路〈死漢 咄 打云 還見麽〉"라고 하였다. [참고문헌]『碧巖錄』.

적적상승 的的相承 틀림없이 서로 잇다. 『임제록』(대정장47, p.501b19)에 "도를 배우는 이들이여! 산승의 불법은 틀림없이 서로 이었으니 마곡화상·단하화상·도일화상·여산예석두(歸宗智常)화상으로부터 한 길로 행해져 천하에 퍼졌는데, 이를 믿는 사람은 없고 모두들 비방한다. 道流 山僧佛法 的的相承 從麻谷和尙 丹霞和尙 道一和尙 廬山拽石頭和尙 一路行遍天下 無人信得 盡皆起謗"라고 하였다. [참고문헌]『臨濟錄』.

적적상승 嫡嫡相承 적자에서 적자로 서로 잇다. 『대방편불보은경』 권3(대정장3, p.136c11)에 "육사외도가 또 말했다. '일체지를 갖춘 사람은 누구입니까?' '큰 자비를 갖춘 아버지입니다. 그대들은 모릅니까? 백정왕의 종족은 가장 뛰어나고 존귀하며, 겁초이래로 적자에서 적자로 서로 이어 전륜왕이 되었습니다. 근래 두 세대 동안은 전륜왕이 되지 못했지만 염부제의 왕이 되었습니다. 형제 3명이 있는데, 맏이는 정반왕이라고 하며 둘째는 곡반왕이라고 하며 막내는 감로반왕이라고 합니다. 정반왕은 두 아들을 낳았는데 장자는 실달이고 작은 아들은 난다입니다. 곡반왕도 두 아들을 낳았는데 장자는 제바달이고 작은 아들은 아난입니다'. 復言 一切智人爲是誰 答言 大慈悲父 汝不知耶 白淨王種 豪尊第一 從劫初已來 嫡嫡相承 作轉輪王 近來二世 不作轉輪王 雖不作轉輪王 而作閻浮提王 兄弟三人 其最長者 號曰淨飯王 其次第二 名曰斛飯王 其最小者 名曰甘露飯王 淨飯王生二子 長者 名悉達 小者 名難陀 斛飯王復生二子 長者 名提婆達 小者 名阿難", 『역대법보기』(대정장51, p.196a14)에 "가섭이 법을 얻어 서쪽인 부처님의 땅에서 널리 퍼졌고 달마가 이어 받아 동쪽으로 흘러 이 땅을 적셨다. 이 일인즉 천여 년이 지났으며 성인은 이에 서른하고도 넷이어서 적자에서 적자로 서로 이어 대대로 계승되었다. 迦葉得之 西弘於佛域 達摩受之 東流於澤地 事卽千有餘載 聖乃三十有四 嫡嫡相承 代代相次", 『조당집』 권1 「석가모니불장 釋迦牟尼佛章」(대장경보편25, p.304b12)에 "처음에 백성의 주인이었던 왕의 이름은 대인이었고 제2대는 진보왕이었으며, 제33대 선사왕에 이르기까지 33명의 왕이 자자손손 서로 이었는데, 또한 좁쌀 흩어지듯 하였다. 이후로는 모두 전륜성왕이기도 했는데 적자에서 적자로 이어졌으며 보살에까지 이르렀다. 初民主王 號曰大人 第二珍寶王 乃至第三十三善思王 如上三十三王 子子相承也 亦是粟散而已 次下並是 轉輪聖王 嫡嫡相承 至於菩薩"라고 하였다. [참고문헌]『大方便佛報恩經』,『歷代法寶記』,『祖堂集』. ⇨ 상승 相承

적전단 赤栴檀 Ⓢ lohita-candana, rakta-candana, Ⓣ tsan-dan-dmar-po. 붉은 전단. 남인도 마라야(Ⓢ Malaya)산에서 나는 향이 뛰어난 적동색의 우두전단(牛頭栴檀)을 제일로 여긴다. 『중아함경』 권35 「산수목건련경 算數目揵連經」(대정장1, p.653b28)에 "구담이시여! 사라수의 향 가운데 적전단의 향이 가장 뛰어납니다. 그 이유는 무엇일까요? 구담이시여! 적전단의 향은 사라수의 향 가운데 최상이기 때문입니다. 瞿曇 猶諸娑羅樹香 赤栴檀爲第一 所以者何 瞿曇 赤栴檀者 於諸娑羅樹香 爲最上故", 『잡아함경』 권31(대정장2, p.221c28)에 "비유컨대 저 견고한 향 가운데 적전단향이 제일이듯이, 이와 같이 일체선법도 모두 불방일을 근본으로 한다. 이는 열반에 이르기까지 마찬가지이다. 譬如堅固之香 赤栴檀爲第一 如是一切善法 一切皆不放逸爲根本 如是 乃至涅槃"라고 하였다. 〔참고문헌〕『中阿含經』, 『雜阿含經』, *Saddh-p.339.*, *Ht.96.* ⇨ 전단 栴檀, 단상 檀像, 우두전단 牛頭栴檀

적정 寂靜 Ⓢ nirvṛti, śama, upaśama, praśama, vyupaśama, śānta, upaśānta, Ⓟ sama, vūpasama, santi, upasanta, Ⓣ zhi-ba, rab-tu-zhi-ba, nye-bar-zhi-ba, zhi-bar-gyur-pa. 번뇌가 다하여 오음이 상속하지 않는 열반(涅槃), 또는 다 비워 해탈한 보리(菩提), 또는 사마타(奢摩他)의 뜻이다. 『잡아함경』 권3(대정장2, p.15c18)에 "저 색은 무상하고 괴로우며 변하는 법이다. 만일 저 색수음을 영원히 끊어 남음이 없고 구경에 버리고 떠나며, 멸진하고 욕을 떠나며 고요하게 한다면, 나머지 색수음은 다시는 상속하지 않고 일어나지 않으며 출현하지 않는다. 이것을 묘라 하고 적정이라 한다. 일체의 남아있는 것을 버리고 떠나며, 애도 다하고 욕도 없는, 멸하여 다한 열반이라고 한다. 彼色是無常 苦 變易之法 若彼色受陰 永斷無餘 究竟捨離 滅盡 離欲 寂沒 餘色受陰 更不相續 不起不出 是名爲妙 是名寂靜 是名捨離 一切有餘 愛盡無欲 滅盡涅槃", 『대방등대집경』 권2(대정장13, p.13a22)에 "선남자야, 보리란 청정이고 적정이며, 광명이고 무쟁이다. 어떤 것을 청정이라 하고 적정이라 하며, 광명이라 하고 무쟁이라고 하는가? 번뇌에 섞이지 않은 것을 정이라 하고, 공해탈문을 적정이라 하며, 무상무원을 광명이라 하고, 생도 멸도 없는 것을 무쟁이라고 한다. 善男子 夫菩提者 清淨 寂靜 光明 無諍 云何爲淨 云何寂靜 云何光明 云何無諍 不雜煩惱 名之爲淨 空解脫門 名之寂靜 無相無願 名爲光明 無生無滅 名爲無諍", 40권본 『대반열반경』 권30(대정장12, p.547a17)에 "사마타란 능멸이라고 하니 일체번뇌결을 능히 사라지게 했기 때문이다. … 또 사마타를 적정이라고도 하니 삼업을 적정하게 하기 때문이고, 또 사마타를 원리라고도 하니 중생이 능히 오욕을 여의도록 하기 때문이다. 奢摩他者 名爲能滅 能滅一切煩惱結故 … 又奢摩他者 名曰寂靜 能令三業成寂靜故 又奢摩他者 名曰遠離 能令衆生離五欲故"라고 하였다. 〔참고문헌〕『雜阿含經』, 『大方等大集經』, 『大般涅槃經』, *Abh-k-bh.80.*, *Bodh-bh.18.* *Madhy-vibh.48.*, *Sūtr.126.*, *Bodh-c.145.*, *SN.1.83.* ⇨ 적정사유 寂靜思惟, 적정법 寂靜法 ❶, 적정문 寂靜門, 적정행 寂靜行

적정도 寂靜道 Ⓢ śānti-mārga, Ⓣ zhi-ba'i-lam. 번뇌 없어 고요한 열반의 길. 『아비담비바사론』 권47(대정장28, p.357a12)에 "적정도란, 번뇌가 다한 무루의 성도를 적정도라 한다. 寂靜道者 無漏聖道 名寂靜道", 『비바시불경』 권하(대정장1, p.157c24)에 "번뇌가 없고 견줄 이 없으신 조어대장부께서 중생을 이끌어 적정도에 이르도록 하신다. 無漏無等等 調御大丈夫 導引於群生 令至寂靜道", 『잡아함경』 권39(대정장2, p.283c27)에 "탐욕의 불은 점점 타오르고 망상을 잘 알아채지 못하기에 몸과 마음이 밤낮으로 쇠락하여 적정도에서 아주 멀어진다. 欲火轉熾然 妄想不善覺 身心日夜羸 遠離寂靜道", 『불소행찬』 권5(대정장4, p.51a26)에 "모니께서는 고요한 도로써 중생을 거두어들이지만 중생은 성인의 도를 어기고 갖가지 바르지 못한 업을 익힌다. 牟尼寂靜道 以攝於衆生 衆生違聖道 習諸不正業", 『부자합집경』 권10(대정장11, p.946c11)에 "평등하고 고요한 도를 잘 닦아 모든 감관이 기쁘고 항상 청정하다. 善修平等寂靜道 諸根適悅常清淨"라고 하였다. 〔참고문헌〕『阿毘曇毘婆沙論』, 『毘婆尸佛經』, 『雜阿含經』, 『佛所行讚』, 『父子合集經』, *Ratna-ut.88.*

적정락 寂靜樂 ❶ Ⓢ upaśama-sukha, Ⓣ nye-bar-zhi-ba'i-bde-ba. 심사(尋伺)가 끊어져 고요하므로 즐거움. 사락(四樂) 또는 오락(五樂) 중 하나로 색계(色界) 제2선(禪)에서 얻는 즐거움이다. 초선(初禪)에서 일어나는 각관(覺觀) 곧 심사(尋伺)에서 벗어나 고요하고 즐거운 심경에 이르기에 이렇게 말한다. 욕계(欲界)의 탐욕이 끊어진 즐거움이다. 원효(元曉)의 『열반종요』(대정장38, p.247a10 · 한불전1, p.535a19)에 "(사락 중) 두 번째는 적정락이다. 멀리 벗어났으므로 괴로움도 없고 즐거움도 없어 비로소 크나큰 즐거움이 된다. 갖가지 행으로 유전하다가 행고마저 크게 고요함이니 크나큰 즐거움이라 한다. 二 寂靜樂 遠離故 無苦無樂 乃爲大樂 諸行流轉 行苦得大寂靜 故爲大樂", 『유가사지론』 권35(대정장30, p.483c15 : *Bodh-bh.*, p.18)에 "제2정려 이상에서는 모든 정의 심사가 그친다. 이를 적정락이라 한다. 第二靜慮已上 諸定尋伺止息 名寂靜樂 dvitīyādiṣu dhyāneṣu vitarkavicāropaśamād upaśamasukhamityucyate", 『화엄경탐현기』 권7(대정장35,

p.246b12)에 “세 번째, 적정락이란 제2선이 시작이다. 각관이 그친다는 뜻이다. 三 寂靜樂 二禪爲首 覺觀息故”, 『화엄경소초』 권20(대정장36, p.155a27)에 “욕계의 탐을 끊기에 적정락이라 한다. 斷欲界貪 名寂靜樂”라고 하였다. [참고문헌] 『涅槃宗要』, 『瑜伽師地論』, 『華嚴經探玄記』, 『華嚴經疏鈔』, *Bodh-bh.* ⇨사락 四樂❶, 오락 五樂❷ ❷ Ⓟ upasanto sukham. 번뇌를 버려서 얻는 즐거움. 『잡아함경』 권46(대정장2, p.338c18 : *S aṅgāme dve vuttāni-sutta, SN.1*, p.83)에 “전쟁에 이겨도 원수만 늘고 패배한 고통으로 누워도 불안하다. 승패를 모두 버리면 자나 깨나 고요한 즐거움이리라. 戰勝增怨敵 敗苦臥不安 勝敗二俱捨 臥覺寂靜樂 jayaṃ veram pasavati. dukkhaṃ seti parājito. upasanto sukham seti. hitvā jayam parājayan ti”, 『방광대장엄경』 권2(대정장3, p.549a17)에 “탐진 등 번뇌 그 속박마저 다 사라지니, 내 마음 고요히 즐거워 마치 선정에 잠긴 듯하네. 貪瞋等煩惱 結使皆銷滅 我心寂靜樂 如在禪定中”, 『성유식론소초』 권1(卍속장80, p.232a14)에 “적정을 열반이라 한다는 것은, 열반상에서 생사라는 염법의 생멸을 벗어났기에 적정락이라 한다. 寂靜謂涅槃者 謂涅槃上之離於生死染法生滅 故言寂靜樂也”라고 하였다. [참고문헌] 『雜阿含經』, 『方廣大莊嚴經』, 『成唯識論疏抄』, *SN.* ⇨적멸락 寂滅樂, 열반락 涅槃樂

적정림 寂靜林 Ⓢ śama-vihāra. 조용한 숲속. 『불소행찬』 권3(대정장4, p.22b14 : *Buddh-c.*, p.128)에 “감자족과 월광족의 후손은 저 적정림에 이르러 모니를 뵈었으니, 대선아라람이시네. 甘蔗月光胄 到彼寂靜林 敬詣於牟尼 大仙阿羅藍 tataḥ śamavihārasya muner ikṣvākucandramāḥ, arāḍasyāśramaṃ bheje vapuṣā pūrayanniva”, 『대보적경』 권91(대정장11, p.521a5)에 “그때 세존께서는 이 게송을 설하시고 나서 미륵보살에게 말씀하셨다. ‘미륵아, 이런 까닭에 보살들 중에 이후 말세 오백 년 동안 스스로 번뇌를 없애 해탈하고자 하는 이나 일체의 모든 업장을 소멸하고자 하는 이는 시끄러운 곳을 떠나 아란야의 적정림에 머물러야 한다’. 爾時世尊 說此偈已 告彌勒菩薩言 彌勒 是故菩薩 於後末世 五百歲時 欲自無惱 而解脫者 除滅一切諸業障者 應當捨離 憒鬧之處 住阿蘭若寂靜林中”라고 하였다. [참고문헌] 『佛所行讚』, 『大寶積經』, *Buddh-c.*

적정문 寂靜門 더없이 고요함에 드는 문. 적정 즉 열반으로 드는 문으로, 제근(諸根) 등 일체법(一切法)이 그 자성이 공(空)함을 알면 다 적정에 드는 문이다. 『대승보살장정법경』 권13(대정장11, p.812a2)에 “오직 부처님의 지혜만이 적정문을 알 수 있으니, 다 알고 나서는 감로와 같은 법을 널리 베푸신다. 唯佛智知寂靜門 知已廣施甘露法”, 『대방광보협경』 권상(대정장14, p.470c20)에 “그때 광상여래께서 문수사리에게 고하시길 ‘법문을 설하여 모든 회중이 무상의 바르고 진실한 도에서 물러나지 않도록 한다’고 이르시자 문수사리가 아뢰었다. ‘세존이시여, 일체제법 바로 적정문이고, 모든 언설도 적정문입니다. 적정의 진실을 보이기 때문입니다’. 爾時 光相如來 告文殊師利 可說法門 令諸會衆 不退無上正眞之道 文殊師利白言 世尊 一切諸法 是寂靜門 一切言說 是寂靜門 示寂靜故”, 『묘법성념처경』 권5(대정장17, p.433b17)에 “지혜로운 이의 잘 닦은 마음은 색 등의 법에 머물지 않고 적정문에 드니 고요하여 하나의 상조차도 없다. 智者善修心 不住色等法 而入寂靜門 湛然無一相”, 『법화현의』 권1하(대정장33, p.688c21)에 “눈과 귀와 코와 혀 이 모두가 적정문이니 이를 떠나서 따로 적정에 들어가는 문은 없다. 眼耳鼻舌 皆是寂靜門 離此無別寂靜門”, 『화엄경소초』 권78(대정장36, p.611a25)에 “죄의 성이 공이라고 관하는 사람은 탐욕과 분노와 어리석음에 물든 마음도 모두 적정문임을 깨우쳐 안다. 觀罪性空者 了達貪欲嗔癡之心 皆是寂靜門”라고 하였다. [참고문헌] 『大乘菩薩藏正法經』, 『大方廣寶篋經』, 『妙法聖念處經』, 『法華玄義』, 『華嚴經疏鈔』.

적정방편 寂靜方便 적정하게 하는 방편. 중생이 해탈을 얻도록 하는 정(定)과 계(戒) 등을 말한다. 『사리불아비담론』 권9(대정장28, p.594b23)에 “어떤 것이 적정방편인가? 적정이란 정(定)을 말한다. 그 지견이 해탈의 방편이라면 이것을 적정방편이라 한다. 云何寂靜方便 寂靜謂定 若智見解脫方便 是名寂靜方便”, 『보살선계경』 권6(대정장30, p.996b10)에 “불안으로 중생을 관하여 법륜을 굴린 것은 중생의 사악한 수레바퀴 부수기 위함이고, 법륜을 굴리고서는 대중을 모아 계를 제정한 것은 중생이 해탈을 얻도록 하기 위함이다. 이것을 보살의 적정방편이라고 하는데, 중생이 신심을 얻도록 하기 위함이고, 아직 불법에 들지 못한 이를 들게 하기 위함이며, 아직 익지 못한 중생을 익게 하기 위함이고, 이미 성숙한 중생을 해탈하도록 하기 위함이다. 若以佛眼 觀於衆生 轉法輪者 爲破衆生邪惡輪故 轉法輪已 集衆制戒 爲令衆生得解脫故 是名菩薩寂靜方便 爲令衆生得信心故 未入佛法者令得入故 未熟衆生令得熟故 已熟衆生得解脫故”라고 하였다. [참고문헌] 『舍利弗阿毘曇論』, 『菩薩善戒經』. ⇨적정 寂靜, 방편 方便

적정법 寂靜法 ❶ Ⓢ vivikta-dharma, Ⓣ rab-tu-dben-pa'i-chos. 치우침도 없고 상도 없어 그지없이 고요한 법. 『광박엄정불퇴전륜경』 권2(대정장9, p.260c23)에 “모든 중생이 치우친 법에 머물러 있음을 보아 고요한 법으로 이끈다. 見諸衆生住邊法 以寂靜法而導之”,

『대보적경』 권83(대정장11, p.481a14)에 “적정법을 열어보여 모든 번뇌를 능히 사라지게 한다. 開示寂靜法 能滅諸煩惱”, 『입능가경』 권10(대정장16, p.578a11 : *Laṅk.*, p.331)에 “만일 고요히 그치는 법을 알아야 진실한 수행자이니, 유무의 법에서 벗어나 저들을 거두리라. 若知寂靜法 是實修行者 離於有無法 應攝取彼人 viviktaṃ kalpitaṃ bhāvaṃ ye tu paśyanti yoginaḥ, bhāvābhāvavinirmuktaṃ teṣāṃ vai saṃgrahe caret”, 『주대승입능가경』 권5(대정장39, p.468a7)에 “더없이 고요한 법이란, 제법실상은 본래부터 상을 일으킨 적이 없다. 寂靜法者 謂諸法實相 從本已來 無有起相也”라고 하였다. [참고문헌] 『廣博嚴淨不退轉輪經』, 『大寶積經』, 『入楞伽經』, 『注大乘入楞伽經』, *Laṅk.214·215.* ❷ Ⓢ śāntika, Ⓣ zhi-ba. 밀교 오종호마법(五種護摩法) 중 하나인 식재법(息災法). 음사어는 선지가(扇底迦). 적재법(寂災法)이라고도 한다. 『금강정약출염송경』 권4(대정장18, p.252c5)에 “또한 응당 이미 관정받은 제자들을 위하여 적정법마저 원만하게 하기 위해서이며, 그들이 받을 재앙과 장애도 없애기 때문이다. 復應爲諸已灌頂弟子 令其圓滿寂靜法故 爲除其災障故”라고 하였다. [참고문헌] 『金剛頂略出念誦經』, *Mvyut.198.* ⇨ 오종호마 五種護摩, 식재법 息災法, 선지가 扇底迦

적정사유 寂靜思惟 더없이 고요히 하여 사유함. 선나(禪那 Ⓢ dhyāna)의 뜻으로 정사유(靜思惟) 또는 정사(靜思)라고도 하며, 적정사유수(寂靜思惟修)라고도 한다. 적정은 정(定) 또는 지(止)와, 사유는 혜(慧) 또는 관(觀)과 상응한다. 번뇌가 일어나지 않는 뜻으로, 적정이 망(妄)을 그쳐 마음을 깨끗이 하는 일이라면 사유는 사정(邪正) 등 법을 가리는 것이고, 결정지(決定智)를 얻고 불법을 체달하는 일이다. 『불본행집경』 권38(대정장3, p.832c10)에 “곧바로 초암을 짓고 그곳에 머물며 적정사유하여 앉았으니 얼마 지나지 않아 사선을 얻고 아울러 오통까지 증하였다. 卽便造作草庵 而住彼處 寂靜思惟而坐 不久成就 獲得四禪 兼證五通”, 『능엄경정견』 권5(卍속장91, p.105a15)에 “범어 선나는 적정사유라 한역한다. 곧 식심을 고요히 하여 통한다는 말이다. 이 문에 들어가고자 하면 반드시 심의식을 떠나서 참구하고 범성의 길마저 끊고 배워야 한다. 梵語禪那 此云寂靜思惟 卽默識心通之謂 欲入此門 須要離心意識參 絶凡聖路學”, 『순정리론』 권76(대정장29, p.752b18)에 “다만 저들 번뇌가 일어나지 않도록 적정사유함을 문으로 삼아 든다. 但爲令彼 煩惱不生 寂靜思惟 爲門而入”, 『원각경구석정백』 권하(卍속장16, p.394a14)에 “적정사유란 마음을 거두어 청정하게 한다는 뜻이다. 적정으로 망을 그치고, 사유로 법을 가린다. 번뇌 없는 고요한 지혜로 진실과 거짓을 가려내어 거짓을 버리고 진실을 보존한다. 寂靜思惟者 攝心淸淨 寂靜是息妄 思惟是擇法 以無漏靜慧 簡諸眞僞 去僞存眞”, 『원각경협송집해강의』 권8(卍속장87, p.912a10)에 “적정이란 스스로 마음을 맑게 함이고, 사유란 삿됨과 바름을 살피는 일이다. 寂靜者 自澄其心也 思惟者 審察邪正也”, 『대승보살장정법경』 권23(대정장11, p.839b27)에 “비록 다시 보거나 듣거나 느끼거나 알면서 묘로서 저들 경계와 부딪히더라도, 증득한 적정사유로 다시는 그것에 의지하여 머물기를 즐거워하지도 않는다. 雖復於彼 見聞覺知 妙觸境界 及所證得 寂靜思惟 亦復不樂依止而住”, 『보살영락경』 권7(대정장16, p.63c26)에 “비록 부왕의 궁전에 살지만 고요하게 도를 사유하며 오욕락을 탐하지 않았으니, 무예도무극(禪波羅密)이라네. 雖處父王宮 寂靜思惟道 不貪五欲樂 無穢度無極”, 『보운경』 권5(대정장16, p.233a10)에 “무엇을 보살이 대부분 자심을 닦는다 하는가? 앞서 말한 것과 같은 오염된 경계에서 몸을 반듯하게 하고 홀로 앉아 마음을 고요히 하고 사유한다. ‘성내는 마음이 지나친 중생은 남을 해치려는 생각을 일으켜 온갖 악한 짓을 저지르지만, 만일 어떤 중생이 나와 평등하다면 어찌 내세에 스스로 원한을 일으키겠는가! 이와 같은 중생에게 나는 마땅히 알맞은 방편으로 그 성내는 마음을 끊어주리라’. 이와 같이 생각하고 마음 깊숙이 사유해야 하며 입으로만 떠들어서는 안 된다. 云何菩薩 多修慈心 如上染處 端身獨坐 寂靜思惟 衆生多有瞋恚 便生惱害 作諸不善 若有衆生 與我等者 云何來世 自生怨恨 如是衆生 我當方便 斷其瞋恚 作如是念 深心思惟 不但口說”, 『묘법성념처경』 권1(대정장17 p.419c29)에 “임야에 머무르며 고요히 사유함으로써 산란한 생각과 탐에 등에서 벗어난다. 止住林野 寂靜思惟 離散亂想 及貪恚等”, 『대보적경론』 권3(대정장26, p.219b28)에 “적정사유란 적정인이기에 안으로 증해 아는 지여서 결정지를 낳는다. 이를 진실증이라 한다. 寂靜思惟 以寂靜因故 內所證知 生決定智 名爲眞實證”, 『유마의기』 권2(대정장38, p.468b5)에 “언쟁을 쉬기 위하여 아무도 없는 한적한 곳에서 고요히 사유하며 부처님 말씀대로 실행하는 사람이라야 불법을 깨달을 수 있다. 爲息言諍故空閑處 寂靜思惟 如說行者 乃得佛法”라고 하였다. [참고문헌] 『佛本行集經』, 『楞嚴經正見』, 『順正理論』, 『圓覺經句釋正白』, 『圓覺經夾頌集解講義』, 『大乘菩薩藏正法經』, 『菩薩瓔珞經』 『寶雲經』, 『妙法聖念處經』, 『大寶積經論』, 『維摩義記』. ⇨ 선 禪, 정사 靜思, 적정 寂靜, 사유 思惟, 정혜 定慧, 지관 止觀

적정상응진언 寂靜相應眞言 적정(寂靜 : 息災)과 상응하는 진언. 적정 즉 재난을 고요히 하는 식재법(息災法)에서 외우는 진언이다. 『대일경소』 권7(대정장39, p.650a25)에 “만일 진언 가운데 [悉曇]〈남마 귀명을 뜻함〉나 [悉曇]

[illegible]〈사바하 섭취의 뜻이다〉 등의 글자가 있다면, 이는 삼마지를 닦을 때 적정과 상응하는 진언이라는 사실을 알아야 한다. 若眞言中 有[illegible]〈納麽 是歸命義〉 [illegible]〈莎縛訶 是攝取義〉 等字 當知是修三摩地 寂靜相應眞言也”라고 하였다. 〔참고문헌〕『大日經疏』. ⇨ 적정법 寂靜法②, 적정진언 寂靜眞言, 식재법 息災法

적정심 寂靜心 Ⓢ praśāntaṃ citta, Ⓣ sems-nye-bar-zhi-ba. 산란함도 동요도 없어 고요한 마음. 부적정심(不寂靜心)의 상대어다. 『대비바사론』 권190(대정장27, p.951b1)에 “적정심이란 선심이다. 소란스런 동요를 등지기 때문이다. 寂靜心者 謂善心 背喧動故”, 『유가사지론』 권28(대정장30, p.440c17 : *Śrāv-bh.*, p.297)에 “적정심이란 모든 번뇌로부터 이미 벗어난 것을 말한다. 寂靜心者 謂從諸蓋 已得解脫 tatra praśāntaṃcittaṃ yannivaraṇebhyo vimuktam”라고 하였다. 〔참고문헌〕『大毘婆沙論』, 『瑜伽師地論』, *Śrāv-bh.* ⇨ 정심 靜心, 부적정심 不寂靜心

적정음야천 寂靜音夜天 Ⓢ Praśānta-rutasāgaravatī rātridevatā. 선재동자(善財童子) 오십오선지식(五十五善知識) 가운데 제36위. 적정해음(寂靜海音)이라고도 한다. 선재동자를 위해 념념출생광대희장엄해탈법문(念念出生廣大喜莊嚴解脫法門)을 설해주었다. 60권본 『화엄경』 권53(대정장9, p.734b14)에 “그때 선재동자가 적정음야천의 처소로 가서 이마를 발에 대고 예를 올리고는, 수없이 주위를 돌고 나서 공경하는 마음으로 합장한 뒤 한쪽으로 서서 아뢰었다. ‘천신이시여, 저는 이미 아누다라삼막삼보리심을 일으켰고 선지식에 의지하여 보살행을 배웠으며 보살행에 들어간 다음 보살행지에 들어가 보살행주에 머물렀습니다. 오직 바라오니 천신께서 저에게 자세히 풀어주시옵소서’. 爾時 善財童子 往詣寂靜音夜天所 頭面禮足 遶無數匝 恭敬合掌 於一面住 白言 天神 我已先發 阿耨多羅三藐三菩提心 我依善知識 學菩薩行 入菩薩行 入菩薩行地 住菩薩行住 唯願天神 爲我解說”, 80권본 『화엄경』 권71(대정장10, p.384a27)에 “선남자야, 나는 보살의 념념출생광대희장엄해탈문을 증득하였다. 善男子 我得菩薩念念出生廣大喜莊嚴解脫門”라고 하였다. 〔참고문헌〕『華嚴經』, *Gaṇḍ-vy.* 220. ⇨ 오십오선지식 五十五善知識

적정진언 寂靜眞言 적정법(寂靜法 : 息災法)을 성취하는 진언. 적정(Ⓢ śāntika)은 적재(寂災)·적연(寂然)·식재(息災)의 뜻이다. 적재진언(寂災眞言)이라고도 한다. 『대일경소』 권8(대정장39, p.663b24)에 따르면, 그 진언은 “나마 삼만다발다남 아 마하선지얼다 선지갈라 발라섬마달마조약다 아바바 살바바바달마 삼만다 발라발다 사하 [illegible] 南麽 三曼多勃陀喃 阿 摩訶扇底蘖多 扇底羯囉 鉢囉睒摩達磨嗰若多 阿婆嚩 薩嚩婆嚩達摩 三曼多 鉢囉鉢多 莎訶 namaḥ samanta-buddhānām āḥ mahāśāntigata śāntikara prasama-dharma-nirjāta abhāva sarvabhāva-dharma samanta prāpta svāhā 두루하신 제불께 귀의합니다. 아, 대적서여! 법은 생멸을 떠나 고요하니, 일체자성법 두루 얻어지이다. 스바하”이다. 『유희야경』 권하(대정장18, p.771a9)에 “적정진언을 외우면서 소밀과 락을 밥에 섞어서 호마를 백 번 하고, 또 호마로써 호마를 백 편 한다. 이와 같이 작법을 마친 다음 정수를 그 정수리에 붓는다. 以寂靜眞言 蘇蜜及酪 與飯相和 護摩百遍 復用胡麻 護摩百遍 如是作已 用其淨水 灌彼頂上”라고 하였다. 〔참고문헌〕『大日經疏』, 『蕤呬耶經』. ⇨ 적정상응진언 寂靜相應眞言, 적정법 寂靜法②, 아자문 阿字門, 식재법 息災法

적정천주 寂靜天住 적정천에 머무시다(Ⓢ divyo vihāraḥ). 여래께서 적정천인 사정려(四靜慮)와 사무색정(四無色定)에 머무시는 여덟 가지 인연은 아래와 같다. 『유가사지론』 권86(대정장30, p.784a26)에 “여덟 가지 인연으로 여래께서는 적정천주에 드신다. 첫째는 잡주를 즐거워하는 이를 인도해 멀리 떠나게 하기 위해 드시며, 둘째는 동사행으로 거두어 멀리 하게 하기 위함이고, 셋째는 스스로 현법락주를 누리기 때문이며, 넷째는 강대족인 천신들에게 보여서 집회에 같이 모이도록 하기 위함이며, 다섯째는 불안으로써 시방세계를 관찰하고는 대신통의 변화를 나투어 그 감응하는 바에 따라서 요익을 주는 일을 하기 위함이며, 여섯째는 성문대중들로 하여금 여래를 뵈옵기를 간절히 우러르는 마음 깊이 내도록 하기 위함이며, 일곱째는 대성문들이라면 간략하게 말씀하셔도 잘 깨달아 듦을 드러내기 위함이며, 여덟째는 희론에 즐거이 집착하고 언사를 만들어 내는 일을 버리도록 권하기 위함이다. 由八因緣如來入於寂靜天住 一者 爲引樂雜住者 令入遠離故 二者 爲欲以同事行 攝遠離者故 三者 自受現法樂住故 四者 爲與大族諸天示同集會故 五者 爲以佛眼 觀察十方世界 現大神化 隨其所應 作饒益事故 六者 爲令諸聲聞衆 於見如來 深生渴仰故 七者 爲顯諸大聲聞 於所略說 善能悟入故 八者 勸捨樂著戲論 制作言詞故”라고 하였다. 〔참고문헌〕『瑜伽師地論』. ⇨ 천주 天住②, 현법낙주 現法樂住

적정해탈 寂靜解脫 Ⓢ śānta vimokṣa, Ⓟ santa vimokkha, Ⓣ zhi-ba'i-rnam-par-thar-pa. 적정의 해탈. 팔해탈(八解脫), 또는 멸진정(滅盡定 : 滅受想定)의 해탈. 팔해탈이 모두 적정해탈이지만 멸진정의 적정

해탈이 두드러진다. 멸진정이란 두 가지 무심정(無心定) 중 하나이며, 모든 심작용이 일어나지 않는 정을 말한다. 『잡아함경』 권14(대정장2, p.97a14 : *Susīma-sutta, SN.2,* p.123)에 "〔문〕 어떠한가요? 존자여. 괴로움을 여의고 즐거움을 그치며, 근심과 기쁨을 우선 끊고, 괴롭지도 즐겁지도 않은 평등하고 청정한 한마음으로 제4선을 갖추어 모든 번뇌를 일으키지 않고 마음은 잘 해탈하였습니까? 〔답〕 아닙니다. 수심이여. 〔문〕 그러면 적정해탈하여 색과 무색을 일으키고, 몸으로 작증하여 구족히 머물며 모든 번뇌를 일으키지 않고 마음은 잘 해탈하였습니까? 復問 云何 尊者 離苦息樂 憂喜先斷 不苦不樂捨 淨念一心 具足第四禪 不起諸漏 心善解脫耶 答言 不也 須深 復問 若復寂靜解脫 起色無色 身作證具足住 不起諸漏 心善解脫耶 api pana tumhe āyasmanto evaṃ jānantā evaṃ passantā ye te santā vimokkhā atikamma rūpe āruppā te kāyena phusitvā viharathāti. no hetam āvuso", 『구사론』 권3(대정장29, p.16c28 : *Abh-k-bh.*, p.48)에 "이제 다음으로 색계와 무색계를 설명하겠다. 욕계는 탐욕이 두드러지기에 욕이라고만 하고, 색계는 색이 두드러지기에 다만 색이라고 하였다. 경에서도 또한 말하였다. '적정해탈은 색과 무색을 뛰어넘는다'. 今次當說 色無色界 欲界欲勝 故但言欲 色界色勝 故但言色 契經亦言 寂靜解脫 過色無色 atha rūpadhātāvārūpyadhātau ca kathamityāha … kāmapradhānatvāt kāmadhātuḥ kāmā iti nirdiśyate. rūpapradhānatvād rūpadhātū rūpāṇīti. sūtre 'pyuktaṃ ye 'pi te bhikṣavaḥ śāntā vimokṣā atikramya rūpāṇyārupyā iti", 『대승아비달마잡집론』 권13(대정장31, p.758b18)에 "적정해탈이란 색과 무색을 넘어서 저 중에 청정한 것을 말하며, 머물러 걸림없다 하니 무색에 집착하는 것이 바로 장애다. 寂靜解脫者 謂超色無色 於中淸淨 名無滯礙 味著無色 是此障"라고 하였다. 〔참고문헌〕 『雜阿含經』, 『俱舍論』, 『大乘阿毘達磨雜集論』, *SN.*, *Abh-k-bh.* ⇨ 팔해탈 八解脫, 멸진정 滅盡定

적정행 寂靜行 적정(열반)에 이르기 위한 모든 행. 『집이문족론』 권7(대정장26, p.395c1)에 "〈문〉 무엇이 적정행인가? 〔답〕 사념주·사정단·사신족·오근오력·칠등각지·팔성도지·사통행·사법적·사마타·비발사나를 적정행이라 한다. 〔문〕 무슨 이유로 이들을 적정행이라 하는가? 〔답〕 이들 수행법에 따라 익히거나 닦으면서 지은 공력이 많이 쌓이면, 이미 일어난 탐욕·진에·우치·만 등을 고요히 하고 한결같이 고요히 하여 적정의 극치에 이르도록 한다. 이 때문에 이들을 적정행이라 한다. 云何寂靜行 答 謂四念住 四正斷 四神足 五根五力 七等覺支 八聖道支 四通行 四法迹 奢摩他 毘鉢舍那 是名寂靜行 問 何故說此 名寂靜行 答 以於此行 若習若修 若多所作 能令已生 貪欲瞋恚愚癡慢等 寂靜 等寂靜 最極寂靜 是故說此 名寂靜行", 『대비바사론』 권94(대정장27, p.485a8)에 "무엇이 적정행인가? 번뇌가 다한 무루도를 적정행이라 한다. 云何寂靜行 謂無漏道 是名寂靜行", 『화엄경탐현기』 권5(대정장35, p.211b3)에 "첫 번째 교승의 적정행에는 세 가지 뜻이 있다. 첫째, 저들 이승이 생사에서 벗어나고자 닦는 이런저런 행이다. 둘째, 인공적정행을 닦아 증입하는 행이다. 셋째, 무여열반을 적정이라 하고 그것을 닦는 것을 행이라 한다. 初敎寂靜行有三義 一 以彼二乘修離生死喧雜行故 二 令修證入人空寂靜行故 三 無餘涅槃 名寂靜 修彼名行", 『속화엄경약소간정기』 권5(卍속장5, p.237a14)에 "이승의 적정행은 두 가지다. 첫째, 소승의 근기에 맞추어 멀리 벗어나는 행법을 설한다. 둘째, 저들이 방편에 의지하기를 좋아하기에 일체제법이 본래 적정하여 생하지도 않고 멸하지도 않는다고 설해 준다. 二乘寂靜行者 此有二種 一者 隨彼小根 說遠離行故 二者 因彼樂乘方便 爲說一切諸法 本來寂靜 不生不滅"라고 하였다. 80권본 『화엄경』 권12(대정장10, p.61a27)에는 도성제(道聖諦)의 명칭 중 하나로 들어가 있다. 〔참고문헌〕 『集異門足論』, 『大毘婆沙論』, 『華嚴經探玄記』, 『續華嚴經略疏刊定記』, 『華嚴經』. ⇨ 열반 涅槃

적정혜여래 寂靜慧如來 난다용왕(難陀龍王 Ⓢ Nanda-nāgarājaḥ)과 우파난다용왕(優波難陀龍王 Ⓢ Upananda-nāgarājaḥ)과 그 권속인 90구지(俱胝)의 용무리들(龍衆)이 성불하여 얻을 명호. 『부자합집경』 권5(대정장11, p.933c23)에 "(용왕과 그 권속은) 저 갠지스강 모래알의 수와 같은 겁을 지나, 차례대로 성불하여 세간에 출현하는데, 한결같이 적정혜여래하고 하며, 십호을 구족하고 국토는 엄정하다오. 過彼殑伽沙劫數 次第成佛出世間 同名寂靜慧如來 十號具足土嚴淨"라고 하였다. 〔참고문헌〕 『父子合集經』.

적조 寂炤 고려 귀법사(歸法寺) 스님 현응(玄應 ?~1139)의 호. 〔참고문헌〕 李智冠 『校勘譯註歷代高僧碑文』 高麗篇3 p.216. ⇨ 현응 玄應

적조 寂照 **1** 고요함과 비춤. 체(體) 즉 바탕에 있어 고요하지만, 용(用) 즉 비추어 드러내기에 서로 어울리되 하나가 아니고, 여의지 않기에 둘이라고도 할 수 없다. 『반야등론석』 「서문 序文」(대정장30, p.50c6)에 "반야등론은 일명 중론이라고도 하는데 본래 500게송이 있으며 용수보살의 저작이다. 등을 빌려 이름한 것은, 무분별지에 고요하지만 비추는 공이 있기 때문이다. 般若燈論者 一名中論 本有五百偈 龍樹菩薩之所作也 借燈

爲名者 無分別智 有寂照之功也",『금강경찬요간정기』 권2(대정장33, p.182c1)에 "하나도 아니고 둘도 아니라 하였다. 하나라고 말하려 해도 체와 용이 다르며, 둘이라고 말하려 해도 고요히 비춰 언제나 함께 하기에 하나도, 둘도 아니다. 不一不二者 欲言其一 體用有殊 欲言其二 寂照常俱 故非一二",『법화현의』 권8(대정장33, p.781a11)에 "이승은 다만 공이라고 하여 공이면서도 지혜가 없지만, 보살이 얻은 다만 공만이 아니라 한 것은 중도의 혜다. 이 혜는 고요하면서도 늘 비추지만, 이승은 단지 그 고요함만을 얻기에 고요하면서 비춤을 얻지 못했다. 그러므로 실상이 아니다. 반면에 보살은 고요함도 얻고 고요히 비춤도 함께 얻기에 이는 실상이다. 二乘但空 空無智慧 菩薩得不但空 即中道慧 此慧 寂而常照 二乘但得其寂 不得寂照 故非實相 菩薩得寂 又得寂照 卽是實相",『법화의소』 권2(대정장34, p.475b3)에 "정혜구족하다는 말은 고요함도 비춤도 원만하므로 안으로 설법의 덕도 갖춰져 있다는 뜻이다. 헤아릴 수 없이 많은 비유라는 말은, 안으로 이미 적조가 원만하면 밖으로는 이미 무애변재가 있을 수밖에 없다. 定慧具足者 寂照圓滿 卽內具說法之德 以無量喩者 內旣寂照圓滿 外有無礙辨才",『화엄경소』 권5(대정장35, p.536c12)에 "경이라 한즉 진에 장애가 없으면서도 늘 속에 있고, 지라하면 고요함 버리지 않으면서 늘 비춘다. 그래서 경과 지는 다르지 않다. 경인즉 공유에서 둘이 없고, 지인즉 적조로 쌍으로 어울리니 차별 없다 한다. 於境則不礙眞而恒俗 於智則不礙寂而恒照 卽境智非一 境則不礙俗而恒眞 智則不廢照而恒寂 卽境智非異 境則空有無二 智則寂照雙融 故云無差別也", 같은 책 권7(대정장35, p.556b25)에 "이를 잡은즉 바로 체와 용이 서로 걸림이 없고, 용을 잡은즉 지와 관이 쌍으로 움직인다. 그러므로 과를 얻은즉 적조로 몸을 삼고, 용에 즉한 체이기에 고요하고 체에 즉한 용이기에 지다. 約理卽是體用無礙 約用則止觀雙運 故得果則寂照爲身 卽用之體故寂 卽體之用故智"라고 하였다. [참고문헌]『般若燈論釋』,『金剛經纂要刊定記』,『法華玄義』,『法華義疏』,『華嚴經疏』. **2** 고구려 제28대 보장왕(재위 642~668)대 스님. 667년(보장왕26) 신라의 문무왕이 출병하여 고구려를 섬멸코자 할 때 보장왕이 국가의 위급함을 느끼고 스님을 불러 불상(佛像)과 불경을 주면서, 이 불상을 모시고 난을 피하여 불상과 불경을 신림(神林)에 봉안하고 불상에 향공(香供)이 끊이지 않도록 해달라고 당부했다. 그리하여 스님은 제자들과 함께 용문산(龍門山)의 동룡굴(蝀龍窟)로 가서 약 1년 동안 정진하다가 굴의 동쪽 300km 지점에 용문사(龍門寺)를 창건하여 불교를 폈다고 한다. [참고문헌]「地下金剛蝀龍窟探勝記」(『삼천리』 제3권 제11호, 1931),『韓國寺刹全書』 권하 p.874b17. ⇨용문사 龍門寺[1] **3** ?~1034. 일본 평안(平安) 중기 천태종 스님. 대사호는 원통(圓通), 속명은 대강정기(大江定基). 부인과 사별한 후 적심(寂心)을 은사로 하여 스님이 되었다. 비예산(比叡山)의 원신(源信)에게 천태학을 배우고 제호사(醍醐寺)의 인해(仁海)에게 밀교를 배웠다. 송나라에 들어가 천태학을 연구하며 31년간 주석하다가 항주(杭州)에서 입적하였다.『송사』 권491 열전250 일본국에 "경덕 원년(1004)에 일본국 적소 등 여덟 명이 내조하였다. 적조가 중국말을 알지 못했으나 문자를 알고 선사가 매우 뛰어나므로 모든 문답을 글로 하였다. 조서로 원통대사라는 호와 자색가사를 하사받았다. 景德元年 其國僧寂昭等八人來朝 寂照不曉華言 而識文字 繕寫甚妙 凡問答並以筆箚 詔號圓通大師 賜紫方袍",『대승지관법문』 권1「남악선사지관서 南嶽禪師止觀序」(대정장46, p.641c7)에 "함평 3년(1000)에 일본국 원통대사 적조가 부상에서 석장을 돌려 배를 타고 중국에 왔다. 咸平三祀 日本國圓通大師寂照 錫背扶桑 杯汎諸夏"라고 하였다. [참고문헌]『宋史』,『大乘止觀法門』.

적조대 寂照臺 전라남도 장흥군 관산읍 농안리 천관산(天冠山)에 있던 대(臺). 천관사(天冠寺)의 89개 산내 암자 중 하나로 적조암(寂照庵)이라고도 하였다.『지제지』 사우에 "심적암 옆에 있다. 在深寂傍"라고 하였다. [참고문헌]『支提誌』,『韓國寺刹全書』 권하 p.991b12.

적조사 寂照寺 **1** 서울특별시 성북구 돈암동 삼각산(三角山)에 있는 절. 대한불교조계종 직할교구 조계사(曹溪寺)의 말사이다. 1870년(고종7)에 작성된「경기우도양주목지삼각산흥천사요사중창기문현판」에 "기유년(1849·헌종15) 봄에 혜암성혜(慧庵性慧)가 홀로 적조암을 창건하여 염불관선실을 두었다. 己酉春 性慧師獨刱寂照庵而設念佛觀禪之室"라고 하였다. 일제강점기와 한국전쟁을 거치며 쇠락하였는데, 1958년에 학월경산(鶴月京山)이 주지로 부임한 이후, 가람을 정비하며 사격을 일신하여 적조사로 사명을 바꾸었다. 현존 당우로는 대웅전·선원·요사 등이 있다. 한편 그동안 존재조차 알려지지 않았던 칠성각 신중도가 100여년 만에 적조사로 반환되어, 유형문화재 제438호로 지정되었다. 하단 화기에 따르면 1890년(고종27)에 칠성각에 봉안하기 위해 조성하였으며, 화주는 인담자훈(印潭慈訓), 증명은 서응보계(西應普戒), 화승은 긍조(亘照)·혜산축연(蕙山竺衍)·경은(敬恩)이고 상궁들 상당수가 시주자로 동참하였다. [참고문헌]「京畿右道楊州牧地三角山興天寺寮舍重刱記文縣板」,『韓國寺刹全書』 권하 p.991b3,『佛敎新聞』 2018년 1월 20일. **2** 경상남도 창녕군 창녕읍 옥천리 영추산(靈鷲山 : 또는 영취산)에 있던 절.『동국여지승람』 권27 경상도 영산현 불우에 이름과 위치가 전하며,『여지도서』 경상도 영산 사찰·『범우고』에

"지금은 폐사되었다. 今廢"라고 하였다. [참고문헌]『東國輿地勝覽』, 『輿地圖書』, 『梵宇攷』, 『韓國寺刹全書』 권하 p.991b1. ❸ 안양산(安養山)에 있던 절. 국립중앙박물관에 소장중인 적조사 반자에 "태정 4년(1327 · 충숙왕 14) 정묘 5월 13일에 안양산 적조사 반자를 중량 15근을 들여 조성하였다. 泰定四年丁卯五月十三日 安養山寂照寺般子 入重十五近造成"라는 명문(銘文)이 전한다. [참고문헌]『韓國金石全文』 中世下 p.1133.

적조신변삼마지경 寂照神變三摩地經 Ⓢ Āryapraśāntaviniścayaprātihāryasamādhi-nāma-mahāyānasūtra, Ⓣ 'phags-pa-rab-tu-zhi-ba-rnam-par-nges-pa'i-cho-'phrul-gyi-ting-nge-'dzin-ces-bya-ba-theg-pa-chen-po'i-mdo. 당대 현장(玄奘) 한역. 1권. 고려장13, pp.1286a1~1292a13, No.482 · 대정장15, pp.723a19~727b4, No.648에 수록되어 있고, 티베트역본(北京版 No.797)도 전한다. 『적조신변경』 · 『적조삼마지경』이라고도 한다. 부처님께서 현호(賢護)보살에게 적조신변삼마지와 이 삼마지의 무량한 공덕에 대해 말씀하신 법문이다.

적조암 寂照庵 ❶ 서울특별시 성북구 돈암동 삼각산(三角山)에 있는 적조사(寂照寺). [참고문헌]『韓國寺刹全書』 권하 p.991b3. ⇨ 적조사 寂照寺❶ ❷ 강원도 고성군 금강산(金剛山)에 있던 암자. 유점사(楡岾寺)의 산내암자였다. 이경석(李景奭 1595~1671)의 『백헌집』 권10 「풍악록 楓嶽錄」(한국문집총간95, p.503b15에 "(船潭의) 서쪽에 청련 · 적조 · 명적 · 백련 · 정륜 · 흥덕 등의 암자가 있다. 西有靑蓮 寂照 明寂 白蓮 正崙 興德等庵"라고 하였다. [참고문헌]『白軒集』, 『韓國寺刹全書』 권하 p.992a1. ❸ 경상북도 김천시 대항면 운수리에 있던 암자. 직지사(直指寺)의 산내암자였다. 1776년(영조52)에 편찬된 『금산직지사중기』에 암자명만 전한다. [참고문헌]『金山直指寺重記』, 『直指寺誌』(亞細亞文化社, 1980) p.139. ❹ 경상북도 의성군 다인면 봉정리 비봉산(飛鳳山)에 있는 암자. 대곡사(大谷寺)의 산내암자이다. 『한국사찰전서』 권하 p.991b18에 "고려 공민왕 17년(1368) 무신에 지공화상이 초창, 조선 선조 38년(1605) 을사에 탄우대사가 중창, 숙종 13년(1687) 정묘에 태전선자가 삼창하였다. 高麗恭愍王十七年戊申 指空和尙初刱 朝鮮宣祖三十八年乙巳 坦祐大師重創 十三年丁卯 太顚禪子三創"라고 하였다. 현존 당우로는 극락전 · 삼성각 · 1847년(헌종13)에 건립된 문화재자료 제626호 구포루(九苞樓)가 있다. [참고문헌]『韓國寺刹全書』. ❺ 경상북도 청송군 부동면 주왕산(周王山)에 있던 암자. 이양오(李養吾 1737~1811)의 『반계집』 권5 「유주왕산록 遊周王山錄」에 "(大典寺) 서쪽에 한줄기 길이 있어 물어보니, 적조암으로 가는 길이라고 하였다. … 암자는 암벽 아래에 있는데, 동쪽을 향해 있으며 지대가 높아 멀리 내다볼 만하였다. 북쪽으로 기암을 우러르고 동쪽으로 입봉을 바라보며, 남쪽으로는 넓은 뜰을 굽어보고 있다. 寺西有一線路詢之 爲走寂照庵路 … 庵在巖下 向扶桑開面 地崇可以騁眺 北仰旗巖東望笠峰 南俯大野"라고 하였다. [참고문헌]『磻溪集』, 『韓國寺刹全書』 권하 p.991b14. ❻ 전라남도 장흥군 관산읍 농안리 천관산(天冠山)에 있던 적조대(寂照臺). [참고문헌]『韓國寺刹全書』 권하 p.991b12. ⇨ 적조대 寂照臺 ❼ 함경남도 문천군 덕원면 반룡산(盤龍山)에 있던 암자. 「조선사찰선교양종삼십본사병기소속말사 朝鮮寺刹禪敎兩宗三十本寺幷其所屬末寺」(『조선불교통사』 권상, p.672)에 "본사 석왕사의 산외말사는 … 무달사 · 재성암 · 명적사 · 적조암 · 장림사 · 몽월암 · 만경암이다 〈이상 일곱 절은 덕원군에 있다〉. 本寺釋王寺之山外末寺曰 … 武達寺 再醒庵 明寂寺 寂照庵 長林寺 夢月庵 萬景庵 〈已上七寺在德源郡〉"라고 하였다. [참고문헌]『朝鮮佛敎通史』, 『韓國寺刹全書』 권하 p.992a3. ❽ 황해북도 개성시 천마산(天磨山)에 있던 암자. 『동국여지승람』 권4 개성부 산천에 "대흥동은 천마산과 성거산 사이에 있다. … 대흥사라고 하는데, 지금은 옛터만 남아 있다. 절 위쪽에 원통 · 시혈 · 선암 · 적조 등의 암자가 있다. 大興洞在天磨聖居兩山之間 … 曰大興寺 今只有古址 寺之上有圓通 詩穴 禪巖 寂照 等庵", 이희조(李喜朝 1655~1724)의 『지촌집』 권1(한국문집총간170, p.17b18)에 "(9월 1일에) 고개를 넘어 북쪽으로 내려가 적조암을 둘러보았다. 암자에는 나옹이 쌓은 돌담이 있으며 범자형으로 만들어져 또한 기이한 자취였다. 踰嶺北下 歷寂照菴 菴有懶翁所築墻垣 而作梵字形 亦異迹也", 『사탑고적고』에 "(옛터는) 동서 약 40칸 · 남북 약 60칸이며, 대석과 석축이 남아 있다. 東西約四十間 南北約六十間 垈石幷石垣殘存"라고 하였다. [참고문헌]『東國輿地勝覽』, 『芝村集』, 『寺塔古蹟攷』, 『韓國寺刹全書』 권하 p.991b7. ❾ 위치 미상. 지리산(智異山)에 있던 암자. 『추강집』 권6 「지리산일과 智異山日課」(한국문집총간16, p.124a20)에 "산등성이가 끊어진 곳에 적조와 무주 등의 암자가 있다. 於岡斷處 有寂照無住等庵"라고 하였다. [참고문헌]『秋江集』.

적조음소문경 寂調音所問經 유송(劉宋)대 법해(法海) 한역. 1권. 적조음천자(寂調音天子)에게 문수보살의 설법을 담은 경전. 『적조음경 寂調音經』 · 『여래소설청정조복경 如來所說淸淨調伏經』 등이라고도 한다. ⇨ 여래소설청정조복경 如來所說淸淨調伏經, 문수사리정율경 文殊師利淨律經, 청정비니방광경 淸淨毘尼方廣經

적주 賊住 Ⓢ steya-saṃvāsika, Ⓟ theyya-saṃvāsaka, Ⓣ rku-thabs-su-gnas-pa. 도둑의 마음으로 머문다는 말. 적도주(賊盜住)·적심입도(賊心入道) 등이라고도 한다. 생활을 위한 방편이나 가르침을 빼내가기 위해 출가하여 교단에 들어가 머무는 일. 또는 아직 이십 세가 되지 않아 구족계를 받지 못했음에도 구족계를 받은 이와 갈마 등을 함께 하는 것을 말한다. 『근본살바다부율섭』 권13(대정장24, p.598a11)에 "적주란 무엇인가? 스승에 의지하지 않고 스스로 출가하여 청정한 비구와 함께 두세 번 장정을 지내고 나아가 함께 백사갈마를 하는 것이다. 『마납비가』에서 말한다. '아직 구족계를 받지 못한 사람이 다른 청정한 대중과 함께 백이갈마·백사갈마·포살(長淨)·자자(隨意) 등을 하고, 아울러 대중과 함께 하지만 다른 열두 종류의 사람을 모두 적주라고 한다'. 言賊住者 不依師主 輒自出家 共淸淨苾芻 經二三長淨 乃至同作 白四羯磨 摩納毘迦中說 未近圓人 與他淨衆 同爲白二 或白四法 長淨隨意 幷共衆差十二種人 並名賊住", 『마하승기율』 권17(대정장22, p.363b12)에 "수심마는 곧 머리를 조아려 부처님의 발에 예를 올리고 호궤합장하여 부처님께 이렇게 말씀드렸다. '세존이시여, 저는 여래의 정법중에 도둑질하려는 마음으로 출가하였는데, 부처님의 가르침을 도둑질하기 위한 것이었습니다. 세존께서 커다란 자비로 저의 참회를 받아주실 것을 바라옵니다'. 부처님께서는 수심마에게 다음과 같이 말씀하셨다. '너는 어리석은 어린아이처럼 부처의 정법중에 그 정법을 도둑질하려는 도둑의 마음으로 출가하였구나. 내가 너의 참회를 받아주겠다'. 須深摩卽頭面禮佛足 胡跪合掌白佛言 世尊 我於如來正法中 賊心出家 爲偸法故 世尊 大慈 唯願受我悔過 佛告須深摩 汝癡如小兒 於佛正法中 爲偸法故 賊心出家 我受汝悔過"라고 하였다. [참고문헌] 『根本薩婆多部律攝』, 『摩訶僧祇律』, 『十誦律』 권54(대정장23, p.397c5), *Mvyut.270.*, *Vin.1.86.* ⇨ 적심입도 賊心入道

적주비구 賊住比丘 Ⓟ theyya-saṅkhātaṃ bhikkhu. 불법(佛法)을 훔치려는 목적으로 비구의 모습을 하고서 비구 승단에 들어간 외도. 또는 계를 받지 않았는데도 비구인 체하여 승중에 머무는 이를 말한다. 적주자(賊住者 Ⓟ theyya-saṃvāsaka)라고도 한다. 『십송율』 권1(대정장23, p.2a27)에 "비구에는 네 종류가 있다. 첫째는 명자비구이고, 둘째는 자언비구이고, 셋째는 위걸비구이고, 넷째는 파번뇌비구이다. … 자언비구란 백사갈마를 통해 구족계를 받은 비구이다. 또 적주비구가 삭발을 하고 가사를 입은 다음 스스로 '나는 비구다'라고 말하면 이런 이를 두고 자언비구라고 한다. 若比丘者 有四種 一者 名字比丘 二者 自言比丘 三者 爲乞比丘 四者 破煩惱比丘 … 自言比丘者 用白四羯磨 受具足戒 又復賊住比丘 剃除鬚髮 被著袈裟 自言 我是比丘 是名自言比丘", 『삼론현의』(대정장45, p.9a21)에 "부처님께서 입멸하시고 200년이 지났을 때 대천이라는 한 외도가 있었다. 이때 마가다국에 우바새가 있었는데 불법을 크게 선양했기 때문에 외도들은 이익을 위해 모두 삭발하고 출가하였으니, 문득 적주비구들이 있게 되었다. 대천도 적주의 우두머리로 스스로 출가하고 제자들도 득도시켰다. 대천의 무리에 의지해 출가하고 계를 받았다. 於二百年滿 有一外道 名大天 爾時 摩伽陀國 有優婆塞 大弘佛法 諸外道爲利養故 皆剃頭出家 便有賊住比丘 大天爲賊住主 大天身自出家 所度弟子 依大天衆 出家受戒"라고 하였다. [참고문헌] 『十誦律』, 『三論玄義』.

적증 敵證 인명(因明)용어. 적론자(敵論者 Ⓢ prativādin : 對論者)와 증의자(證義者). 적론자란 입론자(立論者)와 대론하는 이를 말하고, 증의자란 입론자와 적론자의 사이에서 시비를 가리는 이다. 『인명입정리론소』 권상(대정장44, p.92a25)에 "(因明의) 인이란 입론자의 말이니, 본래 뜻의 너른 단서를 세우며, 명이란 적론자와 증의자의 지혜를 말하니, 뜻과 말의 아름다운 연유를 비춘다. 因 謂立論者言 建本宗之鴻緖 明謂敵證者智照義言之嘉由"라고 하였다. [참고문헌] 『因明入正理論疏』. ⇨ 인명 因明, 적론자 敵論者, 증의자 證義者

적지 寂志 Ⓢ śramaṇa, Ⓟ samaṇa. 사문(沙門)의 한 역어. 적정(寂靜) 즉 열반을 향해 뜻을 품은 이의 뜻이다. 『조론소』 권상(대정장45, p.162b17)에 "상문이란, 옛 사람이 경전을 한역하면서 상문이라 음사하였지만 근래에는 사문이라 한다. 모두 다 범음으로 경중으로 다른 것이다. 한역하면 적지다. 桑門者 古人譯經 名爲桑門 近云沙門 皆是梵音輕重之異 此云寂志也", 『문수사리현보장경』 권하(대정장14, p.462c4)에 "우리들 또한 사문의 뜻을 따르지 않는다. 적지란 모든 육근의 장애를 넘어설 뿐이기 때문이다. 我等亦不用沙門義 寂志者 以超諸六所礙", 『흑씨범지경』(대정장14, p.967c19)에 "범지가 부처님께 아뢰었다. '저는 미혹에 빠져 지낸 날들이 오래 되었습니다. 원컨대 보아 가엾이 여기시어 사문이 되고 싶습니다'. 부처님께서 허락하시자 머리카락이 저절로 떨어지고 가사가 입혀졌고 위의마저 가지런해 적지가 되었다. 梵志白佛 我迷已來 其日久矣 願見垂愍 得爲沙門 佛卽聽之 頭髮自墮 袈裟著身 威儀齊整 成爲寂志"라고 하였다. [참고문헌] 『肇論疏』, 『文殊師利現寶藏經』, 『黑氏梵志經』. ⇨ 사문 沙門

적지과경 寂志果經 Ⓟ Sāmaññaphala-sutta. 동진(東晉)대 축담무란(竺曇無蘭) 한역. 1권. 대정장1, pp.270c27~276b7, No.22에 수록되어 있다. 『장아함경

』 권17 「사문과경 沙門果經」(대정장1, pp.107a20~109c21)과 동본이역이다. 부처님께서 아사세왕(阿闍世王 Ⓢ Ajātaśatru)의 질문에 응하여 사문의 위의와 현생에서 받는 수승한 과보 등을 설하신 경이다. 설법을 들은 아사세왕이 이 법문을 인연으로 부왕을 시해한 자신의 죄를 참회하고 부처님께 귀의한다. 부처님 재세시 육사외도(六師外道)들의 생각 등을 엿볼 수 있다. 〔참고문헌〕『歷代三寶紀』 권4(대정장49, p.55a27), 『衆經目錄』 권3(대정장55, p.130b7), 『開元釋敎錄』 권2(대정장55, p.496b21), 『貞元新定釋敎目錄』 권5(대정장55, p.800c6). ⇨ 사문과경 沙門果經

적지사 赤地寺 전라남도 보성군에 있던 절. 구봉령(具鳳齡 1526~1586)의 『백담집』 권1 「보성적지사 寶城赤地寺」(한국문집총간39, p.29b16)에 "높고 높은 추령에 숨은 용궁, 문 앞에 서면 푸른 바다 한 눈에 들어오네. 岧嶢鷲嶺隱龍宮 門對滄溟一望通"라고 하였다. 〔참고문헌〕『栢潭集』.

적지지체 寂知指體 적과 지를 가리켜 체로 여긴다는 말. 하택신회(荷澤神會 670~762)가 내세우는 선법에 대한 규봉종밀(圭峯宗密)의 평가이다. 『원각경대소』 권상1(卍속장14, p.238a10)에 "어떤 종파는 적과 지로 체라 하고 무념을 종으로 삼는다. 전에 그릇됨을 두루 버리고 거느려 다 거두니 온통 그대로 코끼리 몸통이다. 有寂知指體 無念爲宗 徧離前非統收 俱是象體", 『원각경대소석의초』 권3(卍속장14, p.558b1)에 "소에서 '어떤 종파는 적과 지로 체라 여기고 무념을 종지로 삼는다'라고 한 구절은 일곱 번째 종파다. 이는 남종 제7조 하택대사가 전한 설이다. 만법 이미 공이라면 마음의 바탕도 본래 고요하다. 고요한 그대로 법신이고, 고요한즉 그대로 안다. 안다 하면 그대로 진지이기에 보리열반이라고도 한다. 疏有寂知指體 無念爲宗者 卽第七家也 是南宗第七祖 荷澤大師所傳 謂萬法旣空 心體本寂 寂卽法身 卽寂而知 知卽眞智 亦名菩提涅槃"라고 하였다. 〔참고문헌〕『圓覺經大疏』, 『圓覺經大疏釋義鈔』.

적진주 赤眞珠 Ⓢ lohita-muktikā, Ⓟ lohitaṅka. 칠보 중 하나. 붉은 진주. 적주(赤珠)·적보(赤寶)라고도 한다. 『대지도론』 권10(대정장25, p.133c29)에 "어떤 것을 보물이라고 하는가? 보물에는 네 가지가 있으니, 금·은·비유리·파리이다. 다시 일곱 가지 보물이 있으니, 금·은·비유리·파리·차거·마노·적진주〈이 진주는 매우 희귀하니, 산호가 아니다〉이다. 云何名寶 寶有四種 金 銀 毘琉璃 頗梨 更有七種寶 金 銀 毘琉璃 頗梨 車渠 馬瑙 赤眞珠〈此珠極貴 非是珊瑚〉", 『섭대승론석』 권10(대정장31, p.377a3)에 "(칠보 중) 여섯째는 적진주보이다. 이 적진주는 붉은 벌레에서 나오는데, 모든 보물 중 가장 빼어나다. 六 赤眞珠寶 此赤眞珠 赤蟲中出 一切寶中 最爲殊勝"라고 하였다. 〔참고문헌〕『大智度論』, 『攝大乘論釋』, *Mvyut.236.* ⇨ 적주 赤珠, 칠보 七寶

적집설 積集說 Ⓢ ārambhavāda. 인도철학의 우주론 중 하나. 우주는 많은 원자가 결합하여 이루어진 것이라는 유물론적 주장으로, 육사외도(六師外道)와 같은 자유사상가들이 주로 이에 속한다. 적취설(積聚說)이라고도 하며, 유신론적 주장인 전변설(轉變說 Ⓢ pariṇāmavāda)에 상대한다. 〔참고문헌〕성철 『백일법문(상)』(장경각, 2014) p.126, 水野弘元 『佛敎敎理硏究』(Dharma Drum Publishing Corp, 2000) p.278. ⇨ 적취 積聚 4, 육사외도 六師外道, 전변론 轉變論

적집주색 積集住色 Ⓢ pracayāvasthita rūpa, Ⓣ bsags-par-gnas-pa-gzugs. 쌓여 모여서 색에 머무는 것. 형색(形色)을 말한다. 『유가사지론』 권3(대정장30, p.292c23 : *Yogā-bh.*, p.65)에 "한 가지 색을 건립하기도 하니, 곧 안근이 작용하는 대상이기 때문이다. … 네 가지 색을 건립하기도 하니, 유의광명색·무의광명색·정부정광명색·적집주색을 말한다. 或立一種色 謂由眼所行義故 … 或立四種 謂有依光明色 無依光明色 正不正光明色 積集住色 ekavidhaṃ rūpaṃ cakṣurgocarārthena … caturvidhamāśrayanirbhāsamanāśrayanirbhāsaṃ sātāsātanirbhāsaṃ pracayāvasthitaṃ ca", 『유가론기』 권1(대정장42, p.335b6·한불전13, p.73c16)에 "적집주색이란 모든 형색을 말한다. 積集住色者 謂諸形色"라고 하였다. 〔참고문헌〕『瑜伽師地論』, 『瑜伽論記』, *Yogā-bh.* ⇨ 형색 形色

적천 寂天 Ⓢ Śāntideva, Ⓣ zhi-ba-lha. 687~763. 인도의 저명한 중관학파(中觀學派) 논사. 본명은 샨티바르만(Ⓢ Śāntivarman : 寂鎧)이다. 티베트 문헌에 의하면 오늘날의 구자라트지방인 사우라쉬트라(Ⓢ Saurāṣṭra : 蘇羅室莎國)의 임금 칼야나바르만(Ⓢ Kalyāṇavarman : 善鎧)의 아들로 태어났다. 어려서 세상의 모든 학문과 기예를 익혀 통달하였으며, 문수예리지성취법(文殊銳利智成就法)을 배워서 본존을 친견하였다. 부왕이 세상을 떠난 후, 왕위에 오르기 전날 꿈에 문수보살의 가르침을 받고 나란다사(那爛陀寺)로 출가하여 자바데바(Ⓢ Javadeva : 勝天)에게 의지하였다. 샹카라데바(Ⓢ Śaṅkaradeva : 商羯羅天)를 비롯한 외도의 주장을 논파하여 많은 사람이 불교에 귀의하도록 하였다. 저서로는 *Śikṣā-samuccaya*(大乘集菩薩學論)·*Bodhisattva-caryāvatāra*(菩提行經)·*Sūtra-samuccaya*(諸經要集)·*Sahaja-gītā*(俱生歌)·*Āryātyayajñāna-nā* *ma-mahāyānasūtra-vṛtti*(聖命終智經註) 등이 있다. ［참고문헌］活佛確眞降措仁波切『關於藏傳佛教的100個故事』(紅螞蟻圖書有限公司, 2008) pp.109~111.

적천사 碩川寺 경상북도 청도군 청도읍 원리 화악산(華嶽山 : 一名 鰲山)에 있는 절. 대한불교조계종 제9교구 본사 동화사(桐華寺)의 말사이다. 『경상도속찬지리지』에 "군 남쪽 화악산에 적천사가 있다. … 선종에 속한다. 郡南華嶽山磧川寺 … 屬禪宗"라고 하였으며, 『동국여지승람』 권26 경상도 청도군 불우·『여지도서』 경상도 청도 사찰에는 "오산 남쪽에 있다. 在鰲山南"라는 위치와 함께 인각(麟角)이 쓴 시가 수록되어 있다. 664년(문무왕4)에 원효가 수도처로 창건하였다. 828년(흥덕왕3)에 심지(心地)가 진표(眞表)·영심(永深)에게 법을 받고 중창하였는데, 백련(白蓮)·옥련(玉蓮)·은적(隱迹)·목탁(木鐸)·운주(運舟) 등의 산내암자가 있었다. 1195년(명종25)에 지눌(知訥)이 중창하였는데, 1694년(숙종20)에 태허경일(太虛敬一)이 지은 「보조국사수식은행수갈문」에 "적천사는 보조국사의 도량이다. 국사가 대송 영종 경원년간(1195~1200)에 이 절을 지었는데, 문자로써 그 일을 기록하지 않고 직접 이 나무를 심는 것으로써 천만년 동안 남길 자취를 나타내고자 하였다. 磧川寺 乃普照國師之道場也 國師於大宋寧宗慶元年中 創是寺 而不用文字 以誌其事 惟以手植此樹以表千萬世之遺蹤"라고 하였다. 비갈(碑碣)은 1835년(헌종1)에 주지 충계(忠戒)가 다시 건립하였으며, 은행나무는 천연기념물 제402호로 지정되어 있다. 임진왜란 때 당우의 일부가 소실되었으나 1664년(현종5)에 중수되었고, 1694년에 태허가 다시 중수하였다. 1981년 5월 백일기도 중 괘불 보관함에서 사리 7과(果)·『묘법연화경』 및 『팔양경』 목판 77매·조선시대 청동시루 1점 등이 발견되었으며, 6월 20일에 천왕문을 보수할 때 사리 3과·경전 80여 매·의류 23점·다라니경판 등의 복장유물이 발견되었다. 현존 당우로는 대웅전·영산전·명부전·산령각·독성각·무차루·천왕문·조사전·적묵당이 있다. 성보문화재에는 보물 제1432호 괘불탱및지주, 유형문화재로는 1690년(숙종16)에 조성되어 사천왕문에 봉안된 제153호 목조사천왕의좌상, 정면 3칸·측면 3칸의 조선후기 다포계(多包系) 맞배지붕 건물인 제473호 대웅전에는 1636년(인조14)에 수화승 현진(玄眞) 등이 조성한 대웅전 삼세불인 제529호 목조석가여래삼불좌상과 석가모니후불도가 봉안되어 있다. 1653년(효종4)에 수화승 계찬(戒贊) 등이 조성한 무차루 불석제(佛石製) 불상인 제528호 석조아미타불좌상, 1676년(숙종2)에 수화승 수일(守一) 등이 조성한 명부전 불석제(佛石製) 불상 33존인 제530호 석조지장보살좌상및시왕상일괄 등이 있다. ［참고문헌］『慶尙道續撰地理誌』, 『東國輿地勝覽』, 『輿地圖書』, 「普照國師手植銀杏樹碣文」, 『伽藍考』, 『梵宇攷』, 『韓國寺刹全書』 권하 p.993a6.

적천사 대웅전

적천사괘불탱및지주 磧川寺掛佛幀◯支柱 조선후기 괘불탱과 지주. 보물 제1432호. 세로 12.55m·가로 5.27m. 삼베에 채색. 괘불탱은 대웅전 수미단(須彌壇) 뒤 괘불함에 보관되어 전하며, 하단 화기(畵記)를 통해 1695년(숙종21)에 화승(畵僧) 상린(尙璘)·해웅(海雄)·지영(智英)·성종(聖宗)·상명(尙明) 등이 조성하였고, 말미의 '괘불인권겸수륙화주 掛佛引勸兼水陸化主'와 '낙성수륙재대시주질 落成水陸齋大施主秩' 등의 기록이 남아있어 수륙재에 헌괘(獻掛)되었음을 알 수 있다. 도상은 머리에 보관(寶冠)을 쓰고 연꽃가지를 든 보살형 장엄신(莊嚴身) 독존으로 염화미소(拈花微笑) 석가존을 표현하였다. 보관은 다섯 구의 화불(化佛)과 화염(火焰), 금니로 채색된 연꽃과 두 마리의 봉황 등으로 화려하게 장식하였다. 원만한 상호에 이목구비를 작게 표현하였고, 불신은 어깨가 넓고 건장하여 위엄이 있다. 적색가사에는 녹색 격자문이 새겨져 있고, 가사의 끝단과 소맷자락, 천의 등에는 문양이 화려하게 장엄되어 있다. 광배는 원형 두광만을

적천사괘불탱

지주석기 탁본 1702년

적천사지주석

표현하고 신광은 생략하였다. 주조색은 주색과 녹색이지만 다양한 명도로 색을 쓰고, 연홍색과 연녹색·연청색을 사용하여 전체적으로 밝고 화사하다. 대웅전 앞마당에 있는 지주석의 명문에 "강희 40년(1702·숙종28) 임오 3월에 경신·신유생 등이 활동하여 일을 완성하였다. 별좌는 묘감, 당시 승통은 처심, 화상은 비백, 편수는 거사 경순이다. 康熙四十年壬午三月日 庚申辛酉生等 成功聲形也 別座妙甘 時僧統處心 和尙肥白 片手居士敬順"라고 하였다. 괘불 고정용 방형공(方形孔)이 위아래에 두 개씩 있으며, 크기는 향좌 24×176cm, 33×181cm·향우 25×178cm, 32×184cm이다. 괘불탱의 조성 연대, 시주자와 화승 등의 기록을 통해 17세기 불교회화의 흐름과 신앙 형태를 알 수 있고, 괘불지주도 온전히 남아있는 중요한 자료이다. [참고문헌]『韓國의 佛畫』 권22(성보문화재연구원, 2001) pp.11~13, 『朝鮮金石總覽』 권하 「磧川寺幢竿柱石記」. ⇨ 적천사 磧川寺

적천사축보조국사수식은행수갈 磧川寺築普照國師手植銀杏樹碣 천연기념물 제402호 적천사은행나무 앞에 있는 비갈(碑碣). 전면에는 1694년(숙종20) 태허경일(太虛敬一)이 찬한 비문을 새겼고 후면에는 도광(道光) 15년(1835) 개비(改備)한 일과 참여명단을 새겼다. "혜철이 광주로부터 다니다가 이르러 이 나무를 보고 말하길 '아! 나무가 바로 보조께서 손수 심으신 것이구나'. 곧 사중에 알리고 광주리로 돌을 날라서 세웠다. 惠哲自廣州遊歷 而至見此樹 曰噫樹乃普照手自植者也 卽告諸寺衆 筥石以築之"라고 하였다. [참고문헌]『朝鮮寺刹史料』 권상 pp.364~365. ⇨ 적천사 磧川寺

적초리 赤梢鯉 꼬리가 붉은 잉어. 적초린(赤梢鱗)·소미어(燒尾魚)라고도 한다. 적이란 불에 그을린 뜻이고, 초는 꼬리를 뜻한다. 비늘이 번갯불에 그을었음에도 오히려 격랑을 뚫고 용이 될 수 있는 잉어를 가리킨다. 대기대용(大機大用)의 선승을 비유하는 말로 쓰인다. 『종용록』 33칙 「평창 評唱」(대정장48, p.249c26)에 "임제가 낙포를 떠나보내며 말했다. '임제문하에 있던 꼬리 붉은 잉어가 머리와 꼬리를 흔들면서 남방으로 가는구나. 어느 집 채소 절인 항아리 속에 잠겨 죽게 될꼬?' 臨際送洛浦云 臨濟門下 有箇赤梢鯉魚 搖頭擺尾 向南方去也 向誰家齏甕淹殺也", 『나암정수어록』(속고존숙어요5, 卍속장119, p.81b7)에 "선사가 말했다. '이 학인은 마치 꼬리 붉은 잉어와 같아서 펄떡펄떡 생기가 넘치지만 최후에는 남에게 죽임을 당하여 연못에 버려진다. 만약 산승이 당시에 그가 작별 인사를 하고 나가는 모습을 봤다면, 뒤따라가 아프게 한 번 찌른 다음 그가 고개 돌리길 기다리리니, 높이 던져 용문에 나아갔음을 짐작하리라'. 師云 這僧似箇赤梢鯉魚 活鱍鱍地 末後却被人斷送放池塘裏 山僧當時 若見他珍重出去 隨後痛與一箚 待他回頭轉腦 管取高透龍門"라고 하였다. [참고문헌]『從容錄』, 『懶菴鼎需語錄』.

적초린 赤梢鱗 꼬리가 붉은 잉어. 적초리(赤梢鯉)라고도 한다. 『종용록』 35칙 「송 頌」(대정장48, p.251a13)에 "머리와 꼬리를 흔드는 붉은 꼬리 잉어는〈입으로 달콤한 미끼를 탐내다 몸이 그물이 걸렸다〉 철저히 의지함 없이 몸을 뒤치지만〈지금 그물는 그물바닥에 있다〉, 혀끝 끊어 그 어떤 술수 있다 하니〈그대 이제야 눈 쓸고 솔방울을 찾는구나〉 콧구멍을 꿰어 끌고 돌아오니 묘하게 신통하구나〈나는 이미 덤불을 헤쳐 복룡을 얻었다네〉. 搖頭擺尾赤梢鱗〈口貪香餌 身掛網羅〉 徹底無依解轉身〈今日拽在網底〉 截斷舌頭饒有術〈君方掃雪尋松子〉 拽迴鼻孔妙通神〈我已閒榛得茯苓〉"라고 하였다. [참고문헌]『從容錄』.

적취 積聚 ■1 Ⓢ skandha, saṃghātatva, samagra, rāśi, Ⓟ khandha, saṅghāta, saṅgātigo, Ⓣ phung-po. 쌓여 모인 것. 오온(五蘊) 중 온(蘊)의 뜻으로, 오온으로 이루어진 신(身)을 뜻하기도 한다. 『잡아함경』 권49(대정장2, p.360c26 : *SN.1*, p.3)에 "다섯(五蓋)은 끊고 다섯(五結)은 버리고, 다섯 가지 법(五無漏根)은 더 힘써 닦아 오종적취(五蘊)를 뛰어넘어야 비구가 흐름(有流)을 건넜다고 한다. 斷五捨於五 五法上增修 超五種積聚 名比丘度流 pañca chinde pañca jahe, pañca vuttari bhāvaye, pañca-saṅgātigo bhikkhu, ogha-tiṇṇo ti vuccatīti", 『인왕경』 권상(대정장8, p.828b29)에 "처음 일념에서 금강의 마지막 일념까지 그 중에서 불가설불가설식이 생겨 중생의 색심을 이루니, 이것이 중생의 근본이다. 색은 색개이고 마음은 식개·상개·수개·행개이다. 개란 덮고 가리는 작용이니, 몸의 이름은 적취다. 初一念金剛終一念 於中生不可說不可說識 成衆生色心 是衆生根本 色名色蓋 心名識蓋 想蓋受蓋 行蓋 蓋者 陰覆爲用 身名積聚", 『대승아비달마집론』 권1(대정장31, p.666c21 : *Abh-s.*, p.15)에 "온의 뜻은 무엇인가? 모든 소유색이니 과거나 미래나 현재의 색, 안과 밖의 색, 거칠거나 미세한 색, 모자라거나 뛰어난 색, 멀거나 가까운 색 그 모두를 한가지로 색온이라고 한다. 적취의 뜻이기 때문이다. 蘊義云何 諸所有色 若過去 若未來 若現在 若內 若外 若麤 若細 若劣 若勝 若遠 若近 彼一切略說一色蘊 積聚義故 skandhārthaḥ katamaḥ. yat kiṃcid rūpam. atītam anāgataṃ pratyutpannam adhyātmaṃ vā bahirdhā vā audārikaṃ vā sūkṣmaṃ vā hīnaṃ vā praṇītaṃ vā yad vā dūre yad vāntike tat sarvam abhisaṃkṣipya-ucyate rūpaskandhaḥ rāśy-artham-upādaya", 원측(圓測)의 『인왕경소』 권중(대정장33, p.401a22·한

불전1, p.81b15)에 "'개'라 말한 것은 음이라는 이름의 뜻을 푼 것이다. 이전에는 '개'로 한역했는데 가리고 덮는다는 뜻이다. 자은삼장은 그것을 '온'으로 한역했으니, '온'은 쌓이고 모인다는 뜻이다. 하나하나의 온은 많은 법이 모여 이루어지니 온이라 한다. '신을 적취라고 이름한다'는 말은 '신'이라는 이름의 뜻을 풀이한 것이다. 즉 오온법을 다 '신'이라고 하니, 이것이 온의 뜻이다. 所言蓋者 釋陰名義 舊翻爲蓋 陰覆爲義 慈恩三藏 翻之爲蘊 蘊是積聚義 於一一蘊 多法集成 故名爲蘊 言身名積聚者 釋身名義 謂五蘊法皆名爲身 是蘊義", 『인왕호국반야바라밀다경소』 권중(대정장33, p.480a19)에 "오온 중에서 처음 하나인 색온과 뒤의 넷인 심온이 모두 적취성이라 한 것은 온의 뜻을 밝힌 것이다. 五蘊之中 初一色蘊 後四心蘊 皆積聚性者 明蘊義也", 『번역명의집』 권6(대정장54, p.1159c29)에 "새건다(Ⓢ skandha)는 온이라 한역한다. 온은 적취를 말한다. 塞健陀 此云蘊 蘊謂積聚"라고 하였다. 〔참고문헌〕『雜阿含經』, 『仁王經』, 『大乘阿毘達磨集論』, 『仁王經疏』, 『仁王護國般若波羅蜜多經疏』, 『翻譯名義集』, *SN.*, *Abh-s.*, *Abh-k-bh.14.*, *Nyāy-pr.5.*, *Dhp.104.* ⇨ 새건다 塞建陀[1], 온 蘊, 오온 五蘊 ❷ 심(心)의 여섯 가지 뜻 중 하나. 『섭대승론석론』 권1(대정장31, p.273c10)에 "이 식을 때론 아다나(Ⓢ ādāna)라고도 하는데, 몸에 있어 두루 유지되기 때문이다. … 심이라고도 하는데 색성향미촉법을 적취하고 증장하기 때문이다. 此識或說 名阿陀那 於身普遍持故 … 或說名心 以積聚增長色聲香味觸法故"라고 하였다. 〔참고문헌〕『攝大乘論釋論』. ⇨ 적취심 積聚心 ❸ Ⓢ caitya, Ⓟ cetiya. 지제(支提)의 한역어. 『속일체경음의』 권3(대정장54, p.945b17)에 "지제〈범어이다. 또는 제지·제다라고 하는데, 모두 변형되거나 생략되었다. 응당 제지야라고 해야 한다. 이는 한역하여 적취라고 한다〉. 支提〈梵語也 或云制底 或云制多 皆訛略 應云 制底耶 此翻爲積聚〉"라고 하였다. 〔참고문헌〕『續一切經音義』. ⇨ 지제 支提 ❹ Ⓢ ārambha-vāda. 적취설. 집적설(集積說)이라고도 한다. 바이셰시카(Ⓢ Vaiśeṣika : 勝論)의 유물론으로, 우주만물이 원자 또는 극미한 원소들의 집적에서 출현한다고 주장했다. 범어 ārambha는 창조(創造)·개시(開始)·발기(發起)의 뜻이다. 인 가운데 과가 미리 존재하지 않는 인중무과론(因中無果論)으로, 인중유과론(因中有果論)을 취하는 상키야의 전변설(轉變說)과 대비된다. 〔참고문헌〕 L.Renou *L'inde classique*(ÉFEO, 2001) pp.68~74. ⇨ 인중무과론 因中無果論, 인중유과론 因中有果論, 전변론 轉變論

적취심 積聚心 쌓고 모아진 것들을 마음이라고 여김. 육십심(六十心) 중 하나다. 『대일경』 권1 「주심품 住心品」(대정장18, p.2c3)에서 범부의 망심을 59종으로 분류한 가운데 하나로 무량을 하나로 여기는 망령된 마음이다. 같은 책(대정장18, p.2c21)에 "무엇을 적취심이라 하는가? 무량을 하나로 여기고 성으로 삼는다. 云何積聚心 謂無量爲一爲性", 『대일경소』 권2(대정장39, p.597a5)에 "열한째로 '무엇을 적취심이라 하는가? 무량을 하나로 여기고 성으로 삼는다'고 하였다. 이 사람은 하나의 일을 따라 신해를 일으킨 다음에는, 다시 갖가지 다른 법들을 듣고도 다 합하여 하나라고 여긴다. 이는 마치 어떤 이가 하나의 삼매를 배워 얻고 나면 나머지 경교의 무량법문의 차별하고 뛰어난 일들을 보아도 전부 이 정심일 뿐 이를 떠나 따로 다른 법은 없다고 말한다. 그러므로 적취심이라고 한다. 第十一 云何積聚心 謂無量爲一爲性者 謂此人隨於一事 生信解已 更聞種種殊異法 皆合集爲一 如人學得一三昧已 見餘經教 無量法門 差別勝事 皆謂說此定心 離此之外 更無餘法 故名積聚心也"라고 하였다. 〔참고문헌〕『大日經』, 『大日經疏』. ⇨ 육십심 六十心

적취정요심 積聚精要心 쌓고 모아 정미롭고 요체가 되는 마음. 비밀장의 주심 등을 말한다. 『마하지관』 권1(대정장46, p.4a20)에 "질다(Ⓢ citta)는 천축어로 심이라고 한역하는데 바로 생각해 아는 마음이다. 천축에서는 또 오률타라고 하는데 초목의 마음 곧 초목지심으로 한역한다. 또 의률타라고 하는데 이 땅에서는 정미롭고 중요한 것을 모아 놓은 것을 심이라고 한역한다. 質多者 天竺音 此方言心 卽慮知之心也 天竺又稱汚栗馱 此方稱是草木之心也 又稱矣栗馱 此方是積聚精要者爲心也", 『능엄경집주』 권7(卍속장17, p.366a14)에 "또한 비밀장 중에 핵심이 되는 법이기에 주심이라고 한다. 여기서는 주중에 정요라는 뜻을 취해서 주심을 풀기 때문이다. 지자(智者 : 天台智顗)는 심에 세 종류가 있다고 설하였는데, 첫째는 려지심이고 둘째는 초목심이며 셋째는 적취정요심이다. 여기서 비밀장은 적취의 뜻이고 주심은 정요심이다. 亦是祕密藏中 精要之法 故名呪心 此取呪中精要 釋呪心故 智者說心有三種 一 慮知心 二 草木心 三 積聚精要心 今祕密藏是積聚之義 呪心卽精要心", 『사교의주휘보보굉기』 권5(卍속장102, p.486a10)에 "심에는 네 가지가 있다. … 셋째 적취정요다. … 중요한 것을 모아놓았다는 것은, 마치 심경이 반야부의 요지이고, 계본을 계심이라고 하는데 결계요문이다. 형계(荊溪 : 湛然)의 『십불이문』 역시 문심의 반열에 둔다. 心者有四種 … 三 積聚精要 … 積聚精要者 如心經是般若部旨要 戒本名爲戒心 是結戒要文 荊溪十不二門 亦文心之列"라고 하였다. 〔참고문헌〕『摩訶止觀』, 『楞嚴經集註』, 『四敎儀註彙補輔宏記』. ⇨ 간률타 干栗馱, 심 心[2], 사종심 四種心

적택 赤澤 가비라바소도(迦毘羅婆蘇都 Ⓢ Kapilavastu, Ⓟ Kapilavatthu) 즉 카필라바스투의 한역어. 『조론소』 권중(대정장45, p.175c20)에 "가이는 중천축에 있는 나라의 이름인데, 적택국이라고 한역한다. 迦夷是中天竺國名 此云 赤澤國也", 『번역명의집』 권3(대정장54, p.1096c28)에 "가비라파솔도 : 가비라는 황색이라 한역하고, 파솔도는 의지처라고 한역한다. 먼 옛날 황두라는 선인이 있었는데 여기서 도를 닦았다. 『대당서역기』(권6, 대정장51, p.900c20)에 '겁비라벌솔도는 구역에서 가비라위라고 음사하였는데 와전이다'라고 하였는데, 때론 가유위라고도 하고 가이라고도 하며 적택이라고 한역한다. 또는 바두석시수라고도 하며 능인주처라고 한역하는데 변한 음사다. 축법란은 한나라 명제에게 '가비라위는 대천세계의 중심입니다'라고 하였고, 유송(劉宋)대 사문 혜엄은 남만 교위 하승천과 함께 중국과 인도 중 어디가 세계의 중심이고 변방인지에 대해 토론하였는데 해 그림자를 관측하여 세시를 추산하는 주공의 측량법을 인용하며 '이 땅에서는 하지가 되는 날에도 그림자가 있지만 천축에서는 전혀 없습니다'라고 하였다. 迦毘羅皤窣都 迦毘羅 此云黃色 皤窣都 此云所依處 上古有僊 曰黃頭 依此修道 西域記云 劫比羅伐窣堵 舊曰迦毘羅衛 訛也 或名迦維衛 或名迦夷 此云赤澤 或名婆兜釋翅搜 此云能仁住處 音訛也 竺法蘭對漢明云 迦毘羅衛者 大千之中也 宋沙門慧嚴 與南蠻校尉何承天 共論華梵中邊之義 乃引周公測景之法 謂此土夏至之日 猶有餘陰 天竺則無也"라고 하였다. 〔참고문헌〕 『肇論疏』, 『翻譯名義集』, 『大唐西域記』, 『般泥洹經』 권하(대정장1, p.190a28). ⇨ 가비라바소도 迦毘羅婆蘇都

적토도우내 赤土塗牛嬭 붉은 흙에 소젖 바르다. 적토차우내(赤土搽牛嬭)라고도 한다. 『분양어록』 권중(대정장47, p.614a15)에 "'일체중생은 본래 성불인데, 지옥중생은 어째서 고통을 받을까?' 대신 말한다. '은혜를 아는 이가 드물기 때문이다' '글 가히 붙일 것 없다면, 이는 무엇하는 사람인가?' 대신 말한다. '적토에 우유나 바르는군'. 一切衆生 本來成佛 地獄衆生 因何受苦 代云 知恩者少 文不加點 是什麽人境界 代云 赤土塗牛嬭", 『종감법림』 권56(卍속장116, p.713a1)에 "단하가 하루는 방거사(龐公)를 찾아갔는데, 마침 딸인 영조가 나물을 캐고 있는 걸 보고서 물었다. '거사는 계신가?' 그러자 영조는 나물 담은 바구니를 내려놓은 뒤 두 손을 마주 잡아 공경의 뜻을 보이며 서 있었다. 단하가 다시 물었다. '거사는 계신가?' 영조는 바로 바구니를 들고 가 버렸고, 단하는 결국 돌아갔다. 잠시 후 방거사가 돌아오자 딸은 앞서 있었던 이야기를 했다. 그러자 방거사가 말했다. '단하는 있는가?' '갔습니다' '붉은 흙에 소젖이나 바르는군'. 丹霞一日訪龐公 見靈照女取菜次 師曰 居士在否 女放下菜籃斂手立 師又問 居士在否 女便提籃去 師遂回 須臾公歸 女擧前話 公曰 丹霞在麽 曰 去也 公曰 赤土塗牛嬭"라고 하였다. 〔참고문헌〕 『汾陽語錄』, 『宗鑑法林』. ⇨ 적토차우내 赤土搽牛嬭

적토차우내 赤土搽牛嬭 붉은 흙에 소젖이나 바르다. 적토도우내(赤土塗牛嬭)라고도 한다. 『무문관』 「후서後序」(대정장48, p.299a17)에 "만일 통달한 뛰어난 이라면 듣자마자 문득 낙처를 안다. 문 없이 가히 들어가고 계급 없이 가히 오르니, 팔을 흔들며 관문을 지나가니 문지기 알 바 없다. 어찌 보지 못했는가? 현사가 말했다. '문이 없어 해탈문이고, 마음이 없어야 도인의 마음이다'라고 하였고, 또 백운이 말했다. '밝고 밝아 이 길 뿐일 줄 알지만, 단지 이 무엇이길래 뚫고도 지나가지 못할까?'라고 하였다. 이렇게 말한다 해도 이 또한 적토에 우유를 바른 격이다. 만일 무문관 뚫을 수 있다면 이미 나 무문을 잘못 설치한 것이고, 무문관 뚫을 수 없다면 또한 자기마저 버린 것이다. 若是通方上士 纔聞擧著 便知落處 了無門戶可入 亦無階級可升 掉臂度關 不問關吏 豈不見 玄沙道 無門解脫之門 無意道人之意 又白雲道 明明知道 只是者箇 爲甚麽透不過 恁麽說話 也是赤土搽牛嬭 若透得無門關 早是鈍置無門 若透不得無門關 亦乃辜負自己", 『속전등록』 권8 「법수원통전 法秀圓通傳」(대정장51, p.512c23)에 "학인이 물었다. '생사를 떠나지 않고 열반을 얻으며, 악마의 경계를 벗어나지 않고 부처의 세계에 든다. 이러한 이치는 어떻습니까?' '붉은 흙에 소젖이나 바른다' '스님의 답에 감사드립니다' '그대는 무엇을 말하려 하는가?' 학인이 머뭇거리자 법수가 바로 한소리 내질렀다. 僧問 不離生死而得涅槃 不出魔界而入佛界 此理如何 師曰 赤土搽牛嬭 曰 謝師答話 師曰 爾話頭道甚麽 僧擬議 師便喝"라고 하였다. 〔참고문헌〕 『無門關』, 『續傳燈錄』. ⇨ 적토도우내 赤土塗牛嬭

적토화파기 赤土畫簸箕 메마른 땅에 키질하는 그림 그리다. 적토란 가뭄이나 병충해로 초목이 자라지 못하는 메마른 땅이니, 쭉정이 가릴 곡식도 없는데 키질하는 그림 그린다는 말로, 대수법진(大隋法眞)의 화두다. 『경덕전등록』 권11 「대수법진전 大隋法眞傳」(대정장51, p.286b6)에 "학인이 물었다. '무엇이 화상의 가풍인지요?' '적토에 키질 그린다' '적토에 키질 그린다는 말은 무슨 뜻인지요?' '키에는 입술이 있어 쌀이 튀어나가지 못한다'. 問 如何是和尙家風 師云 赤土畫簸箕 僧云 如何是赤土畫簸箕 師云 簸箕有脣 米不跳出", 『송고연주통집』 권22(卍속장115, p.276b14)에 "적토에 키질 그리니, 단단하여 궤면 흔적 없구나. 부처님 눈으로도 볼 수 없으니, 해신도 값을 매기지 못하리라. 흙과 먼지 까부르며 날려도 찾을 곳 막막하니, 산은 높고 바다는 광활하며 구름은 깊구나. 〈남당흥의 송〉. 赤土畫簸箕 團圞無縫罅 佛眼覰不見 海神不知價 簸土揚塵無處尋 山高海闊白雲深 〈南堂興〉", "키에 입술 있어 쌀이 튀어나가지 못한다 하니, 천하의 걸출한 납승도 속살과 뼈 다 드러나네. 다시 저 끝 빗장을 풀어야 하지만, 시방세계 옻처럼 깜깜하네. 〈응암화의 송〉. 簸箕有唇米跳不出 天下衲僧赤骲骲 更須撥轉上頭關 十方世界黑似漆 〈應菴華〉", 『대혜어록』 권5(대정장47, p.832c21)에 "법좌에 올라 '조주 동원의 서쪽에 있는 밀실은 진흙처럼 문드러졌으니, 구멍투성이 베적삼을 입고 적토에 키를 그린다'라고 한 뒤 한 소리 크게 내지르고 말했다. '이것은 무엇인가? 처마 끝에 빗방울져 떨어지고 닭은 새벽을 향해 운다'. 上堂 趙州東院西 密室爛如泥 竇八布衫穿 赤土畫簸箕 喝一喝云 是甚麼 簷頭雨滴滴 雞向五更啼"라고 하였다. 〔참고문헌〕『景德傳燈錄』, 『頌古聯珠通集』, 『大慧語錄』.

적호 寂護 중관파(中觀派) 샨타라크시타(Ⓢ Śāntaraksita)의 한역 이름. ⇨ 샨타라크시타 Śāntaraksita

적화 迹化 ❶ 보리수 아래서 성불한 적불(迹佛)의 교화. 본지(本地)에 있는 본불(本佛)의 교화를 뜻하는 본화(本化) 또는 본지 부처님의 성도(成道)인 본성(本成)과 대칭한다. 초지(初地) 이상 법신(法身)의 보살과 부처님의 응화신(應化身)으로 중생을 교화하는 뜻이다. 『법화문구기』 권9하(대정장34, p.334c5)에 "현재의 적화는 본지의 공덕으로 말미암는다. 現在迹化 由本功德", 『법화현론』 권9(대정장34, p.436c3)에 "진귀한 임금의 옷을 벗고 때 묻고 낡은 옷을 입었다는 말은 노사나불의 본래 모습 숨기고 석가불의 적화를 이승에게 보인 뜻이다. 脫珍御服 著垢弊衣者 隱舍那之本 示釋迦迹化於二乘也"라고 하였다. 〔참고문헌〕『法華文句記』, 『法華玄論』. ⇨ 본성 本成, 본화 本化 ❷ 『법화경』 28품을 본문(本門)과 적문(迹門)이라는 두 문의 교화로 가를 때 앞의 14품을 말한다. 뒤의 14품을 말하는 본문과 대응한다. ⇨ 본적이문 本迹二門

적화무방 適化無方 나아가 교화함에 정한 곳이 없다. 근기에 따라 중생을 교화함에 변재와 지혜로 헤아릴 수 없는 국토에 나아가는 뜻이다. 『출요경』 권14(대정장4, p.684c26)에 "변재무수계라 하였으니, 여래신덕으로 맞춰 교화함에 특별한 방편이 없다. 변재지혜로 무량무수국토에 놀며 중생을 관찰하니 예리한 근기와 둔한 근기, 거짓된 이와 진실한 이, 바르고 참된 수행을 하는 사람과 그렇지 않은 사람들 있는 줄 여래께서는 모두 다 아신다. 그러므로 변재무수찰이라고 하는 것이다. 辯才無數界者 如來神德 適化無方 以辯才慧 遊於無量無數刹土 觀察衆生 有利根鈍根 有虛有實 有修正眞行者 不修正眞行者 如來皆悉知之 是故說 辯才無數刹也", 『삼론현의』(대정장45, p.1a8)에 "무릇 나아가 교화함에 정한 바 없어서 다듬고 어우름에 하나가 아니다. 부처님의 마음을 깊이 생각하여 근심을 쉬는 것으로 주인 삼고, 가르치신 뜻을 다 거둬 뜻 통하게 함을 으뜸으로 삼는다. 夫適化無方 陶誘非一 考聖心 以息患爲主 統教意 以通理爲宗"라고 하였다. 〔참고문헌〕『出曜經』, 『三論玄義』.

적화사 赤化寺 충청북도 영동군에 있던 절. 『동국여지승람』 권16 충청도 영동현 불우에 "현 북쪽 25리에 있다. 在縣北二十五里"라고 하였으나, 『여지도서』 충청도 영동 사찰과 『범우고』에는 폐사되었다고 하였다. 〔참고문헌〕『東國輿地勝覽』, 『輿地圖書』, 『梵宇攷』, 『韓國寺刹全書』 권하 p.991a2.

적화상게 寂和上偈 북종(北宗) 신수(神秀)의 제자인 보적(普寂 651~739)화상의 찬술로 보이는 게송. 1권. 수도의 요체는 마음으로 터득함에 있음을 설하고 있다. 사본에는 단 9행만 남아 있어 보적화상의 게송인지에 대해 분분하다. 북종선의 자료집이라고 할 수 있는 돈황본 P3559의 말미에 수록되어 있다. 이와는 별도로 『소실일서 少室逸書』 말미에도 「적화상설게 寂和尙說偈」라고 하여 잡록의 형태로 전해지고 있다. ⇨ 보적 普寂

적화수 赤花樹 바라사(婆羅奢 Ⓢ phalasa)의 한역어. 『일체경음의』 권25(대정장54. p.471b18)에 "바라사수 〈적화수라고 한역한다〉. 婆羅奢樹〈此云 赤花樹也〉", 같은 책 권49(대정장54, p.633c3)에 "바라사수〈범어이며, 적화수라고 한역한다. 나무즙이 매우 붉어서 염색에 쓴다. 지금의 자광이 이것이다〉. 波羅奢樹〈梵語也 此云 赤花樹 樹汁極赤用染 今紫礦是也〉"라고 하였다. 〔참고문헌〕『一切經音義』. ⇨ 바라사수 婆羅奢樹

전 田 Ⓢ kṣetra, Ⓟ khetta, Ⓣ zhing. 복전(福田)의 줄임말. 씨앗을 뿌려 거두는 땅. 특별히 승중(僧衆)을 가리키기도 한다. 『한산자시집』(가흥장20, p.665a15)에 "끝끝내 어리석은 이는 거짓되게 보이고 많은 것을 구하기에 비루함을 바로 알 수 있다. 어리석어서 재색을 갈구하고 복전이라는 옷을 입고서 씨앗을 뿌리며 옷과 음식을 말한다네. 下下低愚者 詐現多求覓 濁濫即可知 愚癡愛財色 著卻福田衣 種田討衣食", 『구사론』 권15(대정장29, p.79a14 : *Abh-k-bh.*, p.222)에 "그 밖의 무표를 얻는 경우는 세 가지 인으로 말미암는다. 첫째는 전으로부터이다. 이와 같은 복전들에게 보시한 원림 등에 대한 저들의 선한 무표는 처음 보시할 때 바로 생겨난다. 得餘無表 由三種因 一者由田 謂於如是諸福田 所施園林等 彼善無表 初施便生 kṣetraṃ vā tadrūpaṃ b havati yatrārāmādipradānamātreṇāvijñaptirutpadyate", 같은 책 권18(대정장29, p.96a14)에 "〔송〕 시주와 시주한 재물과 받는 이 다르기에 보시의 과가 차별하다네. 〔논〕 보시에 차별이 있는 것은 세 가지 인 때문이니, 시주와 재물과 복전이 차별하기 때문이다. 시주에 차별이 있기에 그 과에도 차별이 있다. … 베푸는 복전이 차별한가? 〔송〕 복전이 다른 것은 취와 고 그리고 은과 덕이 차별하기 때문이라네. 〔논〕 베푸는 복전의 취와 고 그리고 은과 덕 각각에 차별이 있기에 전이 다르다고 한다. 베푸는 복전이 다르기에 보시의 과도 다르다. 頌曰 由主財田異 故施果差別 論曰 施有差別 由三種因 謂主財田 有差別故 施差別故 果有差別 … 由所施田差別云何 頌曰 田異由趣苦 恩德有差別 論曰 由所施田趣苦恩德 各有差別 故名田異 由田異故 施果有殊", 『구사론기』 권18(대정장41, p.284c12)에 "여기서는 세 번째로 복전의 다름을 밝힌다. 논에서 '～ 보시의 과에도 차이가 있다'고 했는데, 이는 다 거둔 풀이다. 베푼 복전에 모두 네 가지가 있다. 첫째는 취, 둘째는 고, 셋째는 은, 넷째는 덕이다. 이들 각각에 차별이 있기에 밭이 다르다고 하였다. 밭이 다르기에 저 보시의 체와 과도 다름이 있게 된다. 此卽第三明田異 論曰 至施果有殊者 此卽總釋 由所施田 總有四種 一 趣 二 苦 三 恩 四 德 各有差別 故名田異 由田異故 令彼施體 及果有殊"라고 하였다. 〔참고문헌〕『俱舍論』, 『俱舍論記』, *Abh-k-bh.* ⇨ 복전 福田, 대복전 大福田, 무표 無表

전 筌 P kumina. 통발. 고기 잡는 그물. 경전의 문구를 비유한다. 『기신론소필삭기』 권1(대정장44, p.298c11)에 "전이란 물고기를 잡은 그릇이고, 제란 토끼를 잡는 도구다. 이 두 가지인즉 말과 모양의 비유다. … 전과 제의 비유로 말하고 모양 그린다는 것은, 제는 토끼를 사로잡으니 비유의 말로 능히 모양새 취한다. 전으로는 능히 물고기 잡으니 비유의 모습으로 능히 뜻을 취한다. 筌是捕魚之器 罤卽網兎之具 此二卽言象喩也 … 筌罤喩言象者 罤能網兎 喩言能取象 筌能捕魚 喩象能取意", 『출삼장기집』 권15(대정장55, p.111a2)에 "상으로 뜻을 다하되 뜻을 얻은즉 상은 잊고, 말로 리를 기대게 해서 리에 들면 말은 버린다. 경전이 동쪽으로 흘러 번역하는 사람이 어려움에 빠져 대부분 문자에 매이기만 하고 두렷한 뜻 밝게 보지 못한다. 통발을 잊고 물고기를 취한다면 함께 도를 말할 만하다. 夫象以盡意 得意則象忘 言以寄理 入理則言息 自經典東流 譯人重阻 多守滯文 鮮見圓義 若忘筌取魚 則可與言道矣"라고 하였다. 〔참고문헌〕『起信論疏筆削記』, 『出三藏記集』, *Vin.3.63.* ⇨ 득어망전 得魚忘筌, 언전 言筌

전 箭 S iṣu, kāṇḍa, śalya, P usu, kaṇḍa, salla, T mda'. 화살. 『기세경』 권10(대정장1, p.364b14)에 "그때 다시 그 외의 여러 중생들은 이렇게 생각했다. '세간의 유위는 병이고 종기며 커다란 독화살이다'. 깊이 사유하고는 유위를 버리고 산이나 연못에 초암을 짓고 고요하게 앉아 선정을 닦았다. 爾時 更有餘諸衆生 作如是念 世間有爲 是病是癰 是大毒箭 熟思惟已 棄捨有爲 於山澤中 造立草菴 靜坐修禪", 『대승아비달마잡집론』 권7(대정장31, p.725a22)에 "화살에는 세 가지가 있으니, 탐욕·분노·어리석음을 말한다. 탐욕·분노·어리석음에 의지하기에 유에 유를 더하여 깊이 일으켜 추구하여 서로 이어 끊지 못한다 하며 불법승과 고집멸도에도 항상 의혹을 일으킨다. 그러므로 화살이라고 한다. 箭有三種 謂貪瞋癡 由依止貪瞋癡故 於有有具 深起追求 相續不絶 於佛法僧 苦集滅道 常生疑惑 故名爲箭"라고 하였다. 〔참고문헌〕『起世經』, 『大乘阿毘達磨雜集論』, *Abh-k-bh.68.*, *Sūtr.63.* ⇨ 욕전 欲箭, 오전 五箭

전 纏 S paryavasthāna, pariveṣṭana, P pariyuṭṭhāna, T kun-nas-dkris-pa, dkris-pa. 번뇌의 다른 이름. 특히 무참(無慚)·무괴(無愧)·질(嫉)·간(慳)·회(悔)·수면(睡眠)·도거(掉擧)·혼침(惛沈)의 여덟 가지 수번뇌(隨煩惱)를 팔전(八纏)이라고 하고, 여기에 분(忿)·부(覆)를 더하여 십전(十纏)이라고 한다. 번뇌의 잠재적 상태인 종자(種子)를 수면이라 하고, 이것이 드러난 상태를 '전'이라 하기도 한다. 『구사론』 권19(대정장29, p.99a3 : *Abh-k-bh.*, p.278)에 "번뇌가 잠자고 있는 상태를 수면이라 하고, 깨어있는 상태를 전이라 한다. 어떤 것을 수라고 하는가? 현행하지 않고 종자로 따라 쫓음을 말한다. 무엇이 각인가? 모든 번뇌가 일어나 마음을 얽어매는 것을 말한다. 煩惱睡位 說名隨眠 於覺位中 卽名纏故 何名爲睡 謂不現行種子隨逐 何名爲覺 謂諸煩惱現起纏心 prasupto hi kleśo 'nuśaya ucyate. prabuddhaḥ paryavasthānam. kā ca tasya prasuptiḥ. asaṃmukhībhūtasya bījabhāvānubandhaḥ. kaḥ prabodhaḥ. saṃmukhībhāvaḥ", 『대승아비달마집론』 권4(대정장31, p.677b9 : *Abh-s.*, p.47)에 "'전'에는 여덟 가지가 있으니 혼침·수면·도거·악작·질·간·무참·무괴를 말한다. 거듭거듭 더 성하게 마음을 얽어매기에 전이라 한다. 즉 그치고 들고 버리는 세 가지와 이것이 의지하는 범행 등으로 거두는 청정한 계율을 수습하는 경우에 마음을 얽어매는 것을 말한다. 纏有八種 謂惛沈 睡眠 掉擧 惡作 嫉 慳 無慚 無愧 數數增盛 纏繞於心 故名爲纏 謂隨修習 止擧捨相 及彼所依 梵行等 所攝淨尸羅時 纏繞於心 paryavasthānānyaṣṭau. styānaṁ middhamauddhatyaṁ kaukṛtyamīrṣyā mātsaryamāhikyamanapatrāpyaṁ ca. punaḥ punaḥ udvegena cittaṁ paryayanahyantīti paryavasthānāni. tathāca śamathapragrahanimittabhāvanākāle tatsanniśraya brahmacaryādiśu saṃgṛhītaśīla kālecittaṁ paryavanahyanti", 『대승의장』 권6(대정장44, p.589a29)에 "전이라는 말은 번뇌가 마음을 얽어매므로 전이라 한다. 또한 행하는 이를 속박하는 것도 전이라 한다. 실로 다 들어 논한다면 일체번뇌는 전이 아닌 것이 없다. 所言纏者 煩惱纏心 名爲纏 又縛行人 亦名爲纏 以實通論 一切煩惱 無非是纏"라고 하였다. 〔참고문헌〕『俱舍論』, 『大乘阿毘達磨集論』, 『大乘義章』, *Abh-k-bh.*, *Abh-s.*, *Bodh-bh.161.*, *MN. 1.136.* ⇨ 수번뇌 隨煩惱, 팔전 八纏, 십전 十纏

전가 全加 양 다리를 서로 올려 앉음. 결가부좌(結跏趺坐)를 말하며 전가(全跏)라고도 한다. 『기신론소필삭기』 권19(대정장44, p.398c18)에 "다리를 바르게 한다 등은, 한 다리만으로 누르는 게 반가인데, 그중에서 오른 다리로 왼 다리를 누르는 걸 항마좌라고 하며, 왼 다리로 오른 다리를 누르는 걸 길상좌라고 한다. 양 다리로 서로 누르면 전가인데, 이 좌법은 몸가짐을 단정하고 보기 좋게 한다. 자세한 내용은 『대지도론』에서 설한 대로이다. 正脚等者 押一脚 爲半加 於中 以右押左 爲降魔坐 以左押右 爲吉祥坐 若兩脚相押 爲全加 此坐能令儀相端好 廣如智論說", 『속일체경음의』 권4(대정장54, p.948c5)에 "가부〈첫 글자의 음은 가이고, 끝 글자의 음은 부다. 둘 다 세속에서 쓰는 대로다. 바르게 쓰면 가부라고 하는 두 가지 형태다. 정현(鄭玄)의 『의례』 주에 '부는 발등이다'라고 하였고, 고야왕은 '발의 윗면이다'라고 하였다. 고증하면 『금강정유가의 金剛頂瑜伽儀』에 '좌법에는 두 가지가 있으니 전가와 반가이다. 결가좌는 바로 전가이고, 가부좌는 바로 반가이니 항마좌·길상좌 등이라 말하며, 앞에서 이미 푼 대로다'라고 하였다〉. 跏趺〈上音加 下音夫 二字 皆相承俗用也 正作加跗二形 鄭注儀禮云 跗 足上也 顧野王云 足面上也 案 金剛頂瑜伽儀云 坐有二種 謂全加半加 結加坐 卽全加也 加跗坐 卽半加也 謂降魔吉祥等也 如前已釋也〉", 『지장본원경과주』 권1(卍속장35, p.474b6)에 "단정하게 앉는다는 것은 금강정좌인데, 전가이거나 때론 반가다. 端坐者 卽金剛正坐 或全加 或半加也"라고 하였다. 〔참고문헌〕『起信論疏筆削記』, 『續一切經音義』, 『地藏本願經科註』. ⇨ 결가부좌 結跏趺坐, 반가부좌 半跏趺坐, 좌법 坐法

전가 全跏 결가부좌(結跏趺坐)와 같은 말. 『무외삼장선요』(대정장18, p.944c18)에 "몸을 단정히 한 채로 앞서와 같이 반가좌를 하는데 오른 다리를 왼 다리 위에 놓는다. 결가부좌를 해서는 안 되니, 전가인즉 많이 아프다. 만약 마음이 아픈 경을 만나면 정을 얻기가 힘들다. 그러나 원래는 전가좌로 정을 얻는 것이 가장 좋기는 하다. 端身正住 如前半跏坐 以右押左 不須結全跏 全跏則多痛 若心緣痛境 卽難得定 若先來全跏坐得者 最爲妙也", 『유부율』 권19(대정장23, p.726b20)에 "이때 저 도적들 가운데 환속한 이가 있었다. 그가 말했다. '이 사람은 비구니이지 비구는 아니다'. 다른 사람들이 그에게 물었다. '그대가 어떻게 아는가?' '비구는 결가부좌를 하지만 비구니는 반가부좌를 한다. 이 사람이 반가부좌를 하고 있으니 비구니임을 분명하게 알 수 있다'. 時彼賊中 有還俗人 報言 是苾芻尼 非苾芻也 餘人問曰 爾何得知 報言 苾芻全跏 尼則半跏 此旣半跏 明知是尼", 『수습지관좌선법요』(대정장46, p.465c13)에 "다음으로 다리를 바로 한다. 반가부좌라면 왼 다리를 오른 다리 위에 올려놓고 몸 가까이 끌어당겨서 왼 발가락과 오른 넓적다리가 맞닿고 오른 발가락과 왼 넓적다리가 맞닿게 해야 한다. 결가부좌를 하고 싶다면 오른 다리를 왼 다리 위에 올려놓으면 된다. 次當正脚 若半跏坐 以左脚置右脚上 牽來近身 令左脚指與右髀齊 右脚指與左髀齊 若欲全跏 卽正右脚置左脚上"라고 하였다. 〔참고문헌〕『無畏三藏禪要』, 『有部律』, 『修習止觀坐禪法要』. ⇨ 결가부좌 結跏趺坐, 반가부좌 半跏趺坐, 좌법 坐法

전가부 全跏趺 결가부좌(結跏趺坐)와 같은 말. 『법화경과습』(卍속장93, p.208a13)에 "'부처님께서 말씀하셨다'라는 구절 이후로는 정에 드는 것에 대해 밝혔다. 가부좌는 두 가지다. 첫째는 왼 다리로 오른 다리를 누르는 것을 반가부좌라 하고, 여기서 다시 오른 다리로 왼 다리를 누르면 결가부좌라 한다. 옛날 부처님들께서는 모두 이 좌법을 행하셨지만, 세간에서 누릴 수 있는 법은 아니며 외도와 공유할 수도 없다. 이 위의를 통해 악마를 타파하고 번뇌를 끊을 수 있기 때문에 먼저 가부좌를 한다. 佛說下 明入定也 跏趺有二 一 以左壓右 名半跏 若更跐以右壓左 名全跏趺 古往諸佛 盡行此法 然非世間受用法 亦不與外道共 乘此威儀 卽能破魔斷結 故先跏趺"라고 하였다. 〔참고문헌〕『法華經科拾』, 『金剛三昧經通宗記』 권5(卍속장55, p.505a6). ⇨ 결가부좌 結跏趺坐, 반가부좌 半跏趺坐

철조비로자나불좌상부분 예천 한천사
보물제667호 고려말조선초

전가좌 全跏坐 결가부좌(結跏趺坐)와 같은 말. 『금강정유가호마의궤』(대정장18, p.921c29)에 "증익법에는 황색을 쓰고 결가부좌를 한다. 增益 皆用黃全跏坐", 『현밀원통성불심요집』 권상(대정장46, p.998a2)에 "행자는 동쪽을 향한다〈다른 방위도 괜찮지만, 중앙을 기준으로 동쪽을 향하는 것이 가장 길하다. 결가부좌를 하거나 반가부좌를 하거나 원하는 대로 앉거나 다 괜찮다〉. 行者面向東〈餘方亦得 就中向東最吉 或全跏坐 或半跏坐 或隨意坐 俱得〉"라고 하였다. 〔참고문헌〕『金剛頂瑜伽護摩儀軌』, 『顯密圓通成佛心要集』. ⇨ 증익법 增益法

전각 殿閣 Ⓢ maṇḍala-āgāra. 여래상 등을 모신 위엄 있는 건물. 『대비공지경』 권2(대정장18, p.593c26)에 "부처님께서 금강장에게 말씀하셨다. '또한 제자들의 관정만다라법에 대해 순서대로 내가 지금 설하겠다. 유가를 닦는 이는 먼저 땅을 청정하게 하며, 보살・성현들이 득도했던 뛰어난 원림이라면 훔자의궤로 경각심을 일으키고 난 연후에 훌륭한 건물에서 오보가루나 쌀가루로 가장 훌륭하고 큰 만다라를 그린다'. 佛告金剛藏言 復次弟子灌頂曼拏羅法 如其次第 我今當說 修瑜伽者 先淸淨地 或殊妙園林 菩薩聖賢得道之處 以吽字儀軌 作警覺已 然後於殿閣中 以五寶末 或米粉末 粉畫最上大曼拏羅"라고 하였다. 〔참고문헌〕『大悲空智經』, *Ht.34.*

전각사 全角寺 경상남도 합천군 봉산면 저포리에 있던 절. 『사탑고적고』에 "탑 대석 2개가 있다. 有塔坮石二個"라고 하였다. 〔참고문헌〕『寺塔古蹟攷』, 『韓國寺刹全書』 권하 p.993a9 欄外.

전감 轉龕 선가(禪家)에서의 장례 의식 중 하나. 망승(亡僧)을 장지로 보내는 도중 산문(山門)에 이르렀을 때 관(龕)의 방향을 안쪽으로 돌리는 것. 이렇게 한 다음 망자에게 다탕(茶湯)을 공양하는 전다탕(奠茶湯)의 불사(佛事)를 행한다. 『선림상기전』 권14(불광장, 禪藏, p.1067)에 "전감 : 망승을 장지로 보내는 도중에 전다탕의 불사를 하게 되면 잠시 관의 방향을 산문 안쪽으로 돌린다. 기감 항목을 참조하라. 轉龕 送亡中路 有奠茶湯佛事 則暫轉龕向裏 見起龕處"라고 하였다. 〔참고문헌〕『禪林象器箋』, 『百丈淸規』 권6(대정장48, p.1148c2). ⇨ 기감불사 起龕佛事

전강 田岡 근현대 스님 영신(永信 1898~1975)의 법호. 〔참고문헌〕 智冠 『韓國高僧碑文總集 朝鮮朝・近現代』 p.904. ⇨ 영신 永信

전강 傳講 교학에 밝은 강백이 후학에게 강맥(講脈)을 잇는 일. 전강의식(傳講儀式)은 대개 법호(法號)와 전

〈표〉 전강맥

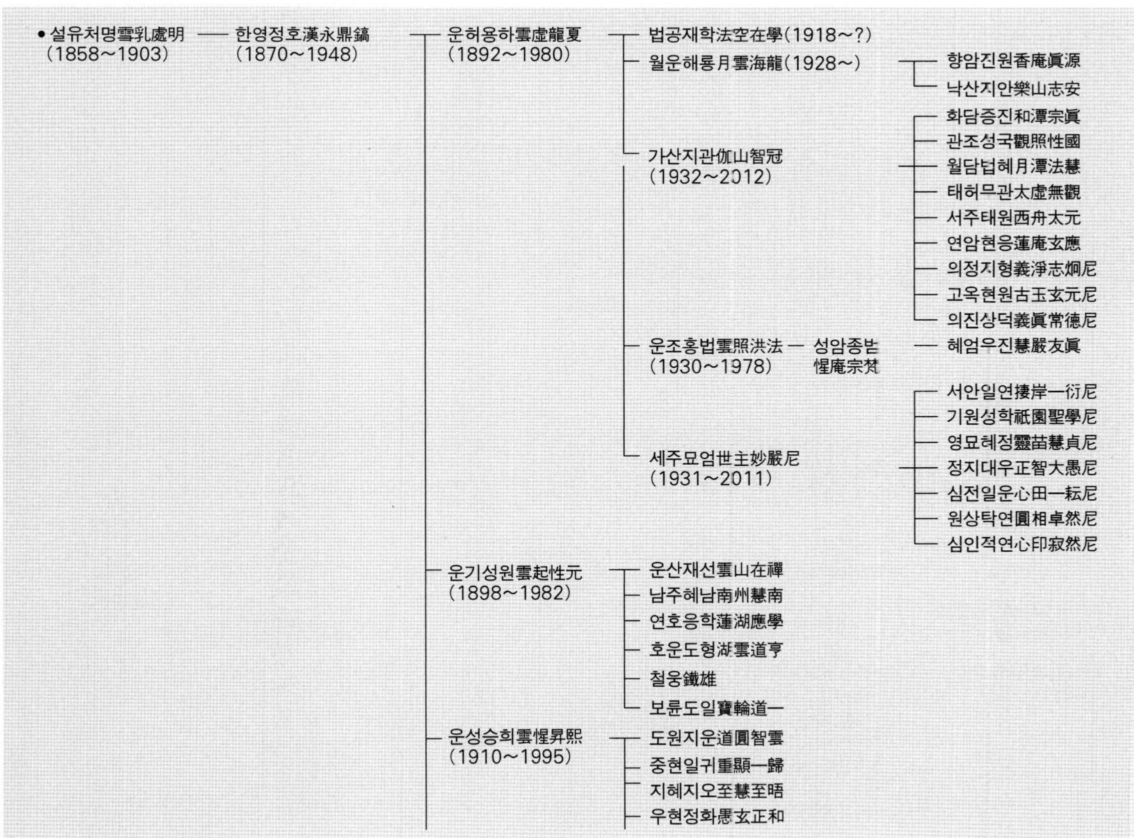

- (continued)
  - └ 심광원순心光圓珣
  - 고봉태수高峰泰秀 (1905~1968)
    - 우룡종한雨龍鐘漢 (1932~)
      - 일해덕민一海德愍
      - 영봉대각影峯大覺
    - 고산혜원杲山慧元
      - 성주보광性柱普光
        - 동성혜권東星慧權
      - 종현리천宗賢利天
    - 명륜明倫尼(1937~)
    - 일현一玄尼(1939~)
  - 성능복문性能福文
    - 법계명성法界明星尼
      - 법해흥륜法海興輪尼
      - 법륜일진法輪一眞尼
      - 법등계호法燈戒昊尼
      - 법천묘정法泉妙靜尼
    - 보월자민寶月慈珉尼
  - 철운종현鐵雲宗玄 (1906~1989)
  - 명봉明峯
    - 능허의룡凌虛義龍
  - 학봉鶴峰(1908~)
    - 철해종광鐵海宗光
    - 약산상우藥山祥牛

- • 진응혜찬震應慧燦 (1872~1941)
  - 서응동호瑞應東豪 (1876~1895)
    - 문성동고汶星東皐 (1897~1997)
      - 하우수진下愚守眞 · 유광有光 · 현응玄應 · 일우一宇
    - 인철태경印哲泰鏡尼 (1930~)
  - 만우曼宇

- • 대응탄종大應坦鐘 (1830~1894)
  - 축원진하竺源震河 (1861~1926)
    - 대은소하大隱素荷 (1899~1989)
      - 명안지현明眼智賢尼
      - 연담묘순蓮潭妙洵尼
        - 덕원일홍德圓一弘尼
        - 원응도안圓應度安尼
        - 원광수경圓光修鏡尼

- • 취허就虛
  - 연나蓮那
    - 지안관응智眼觀應 (1910~2004)
      - 장해원산藏海圓山
      - 도해범하道海梵河
      - 용해연관龍海然觀
      - 지해시현智海時玄
      - 일해재원一海再願
      - 정해지수晶海智首
      - 서해원욱誓海元旭
      - 명해진성明海眞晟尼
      - 성해자일性海慈日
      - 금해성정錦海性正尼
      - 종화지욱宗和智旭

- • 한암중원漢巖重遠 (1876~1951)
  - 탄허택성呑虛宅成 (1913~1983)
    - 도원道圓
    - 원조각성圓照覺性
    - 제월통광霽月通光
    - 여천무비如天無比

- • 경봉용국鏡峯容國 (1885~1969)
  - 혜성慧性尼

- • 호경기환湖鏡基煥 (1904~1987)
  - 경천현주鏡天現珠尼
  - 경해일법鏡海一法尼
  - 경월일초鏡月一超尼
  - 보관普觀尼
  - 혜성慧性尼
  - 수증修證尼

- • 화산수옥華山守玉尼 (1902~1966)
- • 정암혜옥晶岩慧玉尼 (1901~1969)
- • 금광금룡金光金龍 (1892~1965)

- • 금명보정錦溟寶鼎 (1861~1930)
  - 만암종헌曼庵宗憲 (1876~1957)
  - 해은재선海隱裁善 (1890~?)
    - 석산상현石山尙玄 (1902~1985)
      - 백운지홍白雲知興 (1934~)
  - 기산석진綺山錫珍 (1892~1968)
  - 용은완섭龍隱完燮

강게(傳講偈)를 내리고 개당설법(開堂說法)케 한다. 불교는 불법을 이어 배우고 가르치는 일 그 자체이기에 은계(恩系)와 법계(法系) 등 사자상승(師資相承)의 전통에 의지한다. 그래서 선법에 전법(傳法), 율법에 전계(傳戒), 교법에 전강(傳講)이 있다. 또한 사원의 대중승가는 그 자체로 교육도량이기에 전강은 자연스럽게 그 기원을 특정할 수는 없다. 그러나 현재 서산휴정(西山休靜)과 부휴선수(浮休善修) 이후 양대 맥으로 이어져 내려오게 되었으니, 청허휴정계에서는 상봉정원(霜峰淨源 1627~1709), 월담설제(月潭雪霽 1632~1704), 월저도안(月渚道安 1638~1715), 환성지안(喚醒志安 1664~1729), 함월해원(涵月海源 1691~1770), 호암체정(虎巖體淨 1687~1748), 설파상언(雪坡尙彦 1710~1791), 연담유일(蓮潭有一 1720~1799), 인악의첨(仁岳義沾 1746~1796) 등이 배출되었다. 특히 연담과 인악은 각각 연담사기·인악사기로 불리울 만큼 사기(私記)를 저술하여 강학계의 지보로 여겨졌을 뿐 아니라, 각각 호남의 연담계와 영남의 인악계라는 양대 맥을 형성하기도 하였다. 한편 부휴계에서는 회은응준(晦隱應俊 1587~1672), 백곡처능(白谷處能 ?~1680), 취미수초(翠微守初 1590~1660), 백암성총(栢庵性聰), 무용수연(無用秀演 1651~1719) 등의 훌륭한 강백을 배출하였다. 이러한 교학부흥은 서산휴정이 의발(衣鉢)을 전한 대흥사의 경우 13대종사와 13대강사를 배출하기도 하였는데, 대흥사 13대강사는 청허휴정 5세손인 호암체정 아래 만화원오(萬化圓悟 1694~1758)·연해광열(燕海廣悅)·영곡영우(靈谷永愚)·나암승제(懶庵勝濟)·영파성규(影坡聖奎)·운담정일(雲潭鼎馹)·퇴암태관(退庵泰觀)·벽담행인(碧潭幸仁 1721~1798)·금주복혜(錦州福慧)·완호윤우(玩虎倫佑 1757~1852)·낭암시연(郎岩示演)·아암혜장(兒庵惠藏 1772~1811)·범해각안(梵海覺岸 1820~1896)이다. 한편 구암사의 중흥조로 추앙받기도 하는 청허하 9세손인 백파긍선(白坡亘璇 1767~1799)은 문하에 침명한성·도봉국찬·정관쾌일·설두유형의 제자를 두었는데 백파긍선 이후 설두유형(1824~1889)→설유처명(1858~1903), 그리고 근세기의 한영정호(1870~1949)로 이어서 내려왔고, 현재에 이르기까지 가장 번창한 강맥을 형성하고 있다. 선암사는 침명한성(枕溟翰醒)→함명태선(涵溟太先)→경운원기(擎雲元奇)→금봉병연기림(錦峰秉演基林)→철운대순(鐵雲大淳)으로 이어져 내려와 일가를 이루었다. 한편 백양사는 백파긍선과 동시대인이며 연담사기로 유명한 연담유일하에 양악계선(羊岳啓璇 1720~1799)→침송성순(枕松聖詢)→허주덕진(虛舟德眞 1806~1888)→한양용주(漢陽龍珠)를 거쳐 경담서관(鏡潭瑞觀 1824~104)·보경우성(寶鏡友性)·응운우능(應雲雨能 1854~1975)으로 이어지게 되었다. 그중에서도 현재까지 가장 뚜렷한 강맥이 전승되고 있는 스님은 한영이라 할 수 있는데, 19세 때 위봉사(威鳳寺)로 출가한 한영(1870~1948)은 백양사 환응탄영(幻應坦永) 스님에게 사교를 마치고 선암사 경운원기 스님 밑에서 대교를 공부하였으나 전강은 순창 구암사(龜岩寺) 설우처명 스님에게 받았다. 한영은 구한말에 태어나 일제 강점기를 거치는 격동의 세월을 살면서 불교유신의 뜻을 품고 서울로 거처를 옮기면서(39세) 유신운동을 펼치는 한편 개운사(開運寺) 대원암(大圓菴)에 불교전문강원을 개설(57세, 1926), 학인을 가르치고 운허용하(耘虛龍夏 1892~1980)·운기성원(雲起性元 1898~1982)·운성승희(雲惺昇熙 1910~1995)·고봉태수(高峰泰秀 1905~1960)·성능복문(性能福文)·철운종현(鐵雲宗玄 1906~1989)·학봉(鶴峰) 스님 등에게 전강을 하였다. 한영은 진응·금봉과 더불어 대강백으로 이름이 났으며 '북한영(北漢永)·남진응(南震應)'이란 말이 성겨나기까지 하였다. 그리고 현재 강맥은 한영의 문손이 가장 번성한 것으로 파악되는데, 한영으로부터 전강을 받은 운허용하는 다시 월운해용(月雲海龍)·가산지관(伽山智冠)·운조홍법(雲照弘法)·법공재학(法空在學)·세주묘엄(世主妙嚴) 등에게 전강하여 강맥을 이었다. 그외 자세한 전강내력은 〈표〉와 같다. [참고문헌] 『講院總覽』(大韓佛教曹溪宗教育院, 1997) pp.50~59. ⇨ 건당 建幢, 강원 講院, 사자상승 師資相承

전개 纏蓋 Ⓢ paryavasthāna, Ⓣ kun-nas-dkris-pa. 얽히고 뒤덮임. 전과 개 모두 번뇌를 달리 일컫는 말이다. 『법온족론』 권8(대정장26, p.490b26)에 "덮힘을 여읜다는 같은 혼침·수면과 얽히고 뒤덮인 마음에서 멀리 벗어난다는 뜻이다. 離蓋者 謂遠離惛沈睡眠纏蓋心", 『유가사지론』 권24(대정장30, p.412a21 : *Śrāv-bh.*, p.101)에 "때론 냉수로 얼굴을 씻는다. 이로 인해 혼침·수면·번뇌가 아직 생겨나지 않은 경우엔 생기지 않게 되고 이미 생겨난 경우엔 없어지게 된다. 或以冷水 洗灑面目 由是 惛沈睡眠纏蓋 未生不生 已生除遣 udakena mukhamākledayati. evamasya tatstyānamiddhaparyavasthānaṃ anutpannaṃ ca notpadyate, utpannaṃ ca prativigacchaty", 『인왕호국반야바라밀다경소』 권중(대정장33, p.467c14)에 "모든 얽혀 덮인 것들을 끊는다 하니, 번뇌로 인해 유정은 얽혀 묶이며, 소지로 인해 승혜를 뒤덮어 현전하지 못하게 한다. 혹은 십전·오개나 견혹과 수혹을 따라 언제나 분별하여 밝힌 대로 끊는다. 斷諸纏蓋者 由煩惱故 纏縛有情 由所知故 覆蓋勝慧 不得現起 或十纏五蓋 見修二惑 隨其所應 如常分別 所明斷也"라고 하였다. [참고문헌] 『法蘊足論』, 『瑜伽師地論』, 『仁王護國般若波羅蜜多經疏』, *Ś* *rāv-bh.* ⇨ 개 蓋, 전 纏, 개전 蓋纏, 오개 五蓋, 십전 十纏, 번뇌 煩惱, 수면 睡眠

전개양수 展開兩手 양 손바닥을 활짝 펴다. 『임제록』(대정장47, p.504a8)에 "임제가 학인이 오는 것을 보고 양 손바닥을 펼쳤다. 학인이 아무 말 없자 말했다. '알겠는가?' '모르겠습니다' '곤륜산 열어 보일 수 없으니, 그대에게 동전 두 문을 주겠다'. 師見僧來 展開兩手 僧無語 師云 會麼 云 不會 師云 渾崙擘不開 與爾兩文錢", 『경덕전등록』 권12 「자복여보전 資福如寶傳」(대정장51, p.298a24)에 "물었다. '무엇이 한 길로 난 열반문입니까?' 여보가 손가락 튕겨 소리를 냈다. 그리고 다시 양 손바닥을 펼쳤다. 학인이 물었다. '무엇을 알아야 합니까?' '가을 달빛이 밝지 않다면, 그대는 십중팔구 헤맬 것이다'. 問 如何是一路涅槃門 師彈指一聲 又展開兩手 僧曰 如何領會 師曰 不是秋月明 子自橫行八九"라고 하였다. [참고문헌] 『臨濟錄』, 『景德傳燈錄』.

전객 典客 서서(西序)의 육두수(六頭首) 중 하나로 찾아오는 빈객(賓客)을 접대하는 소임. 지객(知客)·전빈(典賓)이라고도 한다. 『선림상기전』 권6(불광장, 禪藏, p.441)에 "전객 : 지객을 전객이라고도 한다. 『선림승보전』 「설두중현전 雪竇重顯傳」에 '일찍이 대양문하에서 전객을 담당하고 있었는데, 손님과 더불어 조주종지를 논하였다. 典客 知客 又名典客 僧寶傳雪竇顯禪師傳云 嘗典客大陽 與客論趙州宗旨"라고 하였다. [참고문헌] 『禪林象器箋』, 『禪林僧寶傳』 권11(卍속장137, p.487b3), 『破菴祖先語錄』(卍속장121, p.851b16). ⇨ 지객 知客, 육두수 六頭首, 선림직위 禪林職位

전거 全擧 북송(北宋)대 임제종(臨濟宗) 스님. 제거(濟擧)라고도 한다. 출가 뒤 여러 선사들을 찾아뵈었으며, 나중에 분양선소(汾陽善昭 947~1024)의 법을 이었다. 서주(舒州 : 安徽省) 법화산(法華山)에 주석하였고, 후에는 백운(白雲) 해회사(海會寺)에 주석하였다. 어록으로 『서주법화산거화상어요 舒州法華山擧和尙語要』 1권이 있는데, 고존숙어록26, 卍속장118, pp.489b3~498b16에 수록되어 있다. [참고문헌] 『續傳燈錄』 권3(대정장51, p.485c16), 『嘉泰普燈錄』 권2(卍속장137, p.53b7), 『禪林僧寶傳』 권15(卍속장137, p.504a11). ⇨ 법화산거화상어요 法華山擧和尙語要

전결수면 纏結隨眠 전결과 수면. 현행하는 번뇌전결과 종자위의 번뇌인 수면. 『대반야경』 권36(대정장5, p.200a29)에 "보살마하살이 모든 전결과 수면을 끊고자 한다면 반야바라밀다를 배워야 한다. 菩薩摩訶薩 欲永斷一切纏結隨眠 當學般若波羅蜜多"라고 하였다. [참고문헌] 『大般若經』. ⇨ 수면 隨眠, 전 纏, 결 結

전겸익 錢謙益 1582~1664. 명말청초대 문인. 자는 수지(受之), 호는 목재(牧齋). 강소성(江蘇省) 상숙(常熟) 출신. 학문이 깊고 넓어 강남(江南)에서 신망을 얻었다. 청나라 군대가 남경을 함락하자 신하들을 이끌고 청에 투항하였으며 예부시랑(禮部侍郎)에 임명되었다. 1664년(강희3)에 83세를 일기로 사망하였다. 내외전에 모두 밝았으며 『능엄경소해몽초 楞嚴經疏解蒙鈔』 10권(卍속장21, pp.77a1~898a13)과 원명대(元明代) 시승(詩僧)의 전기와 작품을 수록한 『열조시집 列朝詩集』 등이 있다. ⇨ 능엄경소해몽초 楞嚴經疏解蒙鈔

전경 轉經 경을 소리내 읽고 외우는 일. 대중이 일정한 기간과 횟수를 정하여 읽고 외운다. 『불조통기』 권39(대정장49, p.363b24)에 "(628년 7월) 경성과 제군의 승도에게 조서를 내렸다. 칠일칠주야 동안 전경하며 걸어 행하게 하였으니, 백성을 위하여 복을 빌어주고 추수를 보장하되 매해 정월과 칠월에 이렇게 하도록 정하였다. 詔京城諸郡僧道 七日七夜 轉經行道 爲民祈福 以保秋成 每歲正月七月 視此爲式"라고 하였다. 『입당구법순례행기』 권4에 따르면, 원인(圓仁)은 846년(대중원년)에 11월 28일부터 5일 동안 대산사(大山寺)에서 『금강반야경』 5천 권을 나누어 전경하고 전경승(轉經僧)에게 백면(白綿) 200둔(屯)을 보시하였다. 『도은집』 권4 「여흥군신륵사대장각기 驪興郡神勒寺大藏閣記」(한국문집총간6, p.587a10)에 "지정 경인년(1350) 10월 20일에 할머니께서 병으로 돌아가시자 아버님께서 예를 다하니, 그 사이에 스님께 청하여 고향의 절에서 전경하였다. … 이듬해인 신묘년 1월 1일에 아버님께서 불행히도 최질로 상중에 돌아가셨으므로 내가 연경에서 달려와 상을 치르고 총공에게 전경을 청하였다. 至正庚寅十月二十日 祖母病歿 先君襄事以禮 間請浮屠 轉經于鄕之僧舍 … 明年辛卯春正月朔 先君不幸歿於衰絰之中 余自燕奔喪 仍請聰公轉經", 『금강경오가해』 「어제발 御製跋」(한불전7, p.113c4)에 "예전에 덕묘가 세자로 있다가 병으로 죽자 세조와 정희왕후가 끝없이 슬퍼하였다. 저승길을 천도하는 데 경을 외우는 일보다 앞서는 것이 없다고 여겨, 여러 신하에게 명하여 『금강경』에 오가해를 더해 넣고 어서로 정문대자를 써서 일백건을 인출하여 널리 유통시켰다. 昔德廟爲世子以病殂 世祖與貞熹王后 悼念不已 謂導薦冥遊 莫先轉經 乃命諸臣 添入五家解於金剛經 御書正文大字 印出一百件 散施流通"라고 하였다. [참고문헌] 『佛祖統紀』, 『入唐求法巡禮行記』, 『陶隱集』, 『金剛經五家解』. ⇨ 전경회 轉經會

전경회 轉經會 대중이 함께 한소리로 경을 소리내 읽는 법회. 『선림상기전』 권13(불광장, 禪藏, p.1003)에 "전경회 : 『와운일건록』에 '보덕 2년인 경오년 9월에 천룡사에서 몽창국사(夢窓國師)의 백주년 기일때 전경회를 수행하며 이렇게 말했다. 「29일 이른 아침에 전경을 알리는 종소리를 듣고서 대중이 운거에 모였습니다. 영인은 춤을 추고 여섯 장로는 바라를 치며 한 장로는 마하반야바라밀다를 부릅니다. 햇빛이 남쪽을 비출 때 대중을 이끌고 경을 전독하면서 걸어 행하는데, 대중 각각이 1권 경을 들고서 운거로부터 천룡사 총문을 나와 삼회원에 이릅니다. 원내와 임천의 여러 당우들과 회랑을 돌아 가지 않는 곳이 없게 합니다. 그 후 왔던 길을 되돌아 나와 다시 운거의 문 밖에 이릅니다. 인도사가 한 바퀴 마치기 전에 행도가 막 끝납니다.」'라고 하였고, 『경덕전등록』 「천복홍변전 薦福弘辯傳」에 '당 선종이 물었다. 「선사는 이미 조사의 뜻을 깨달았는데, 그래도 예불하고 전경합니까?」 「사문인 석가의 제자로서 예불하고 전경하는 것은 주지상법이니, 네 가지로 갚습니다. 부처님 계율에 따라 심신을 닦고, 선지식을 찾아뵙고, 거듭 범행을 닦고, 여래께서 행하셨던 일들을 실천합니다.」'라고 하였다. 『벽암록』에서는 '고인은 이렇게 말했다. 「손에 경권을 쥐지 않고도 늘 이와 같이 경을 굴린다.」'라고 하였다〈『법화현의』에 '이와 같이 글자를 알면 손에 경을 들고 있지 않더라도 늘 경을 읽는 것이니, 입으로 소리를 내지 않고도 온갖 경전을 널리 외운다'고 하였다〉. 轉經會 臥雲日件錄云 寶德二年庚午 九月 天龍寺夢窓國師一百年忌修轉經會曰 廿九日早晨 聞轉經鐘 衆集雲居 伶人作舞 六長老鳴鐃 一長老唱摩訶般若波羅蜜多 景南引衆行道 衆各手把一卷經 自雲居 出天龍總門 到三會院 院內及臨川諸堂 諸廊行道旋繞 無不到處 却出經舊路 復到雲居門外 導師未及一帀 而行道纔畢 傳燈錄薦福弘辯禪師章云 唐宣宗問曰 禪師旣會祖意 還禮佛轉經否 對曰 沙門釋子 禮佛轉經 蓋是住持常法 有四報焉 然依佛戒修身 參尋知識 漸修梵行 履踐如來所行之迹 碧巖錄云 古人道 手不執經卷 常轉如是經〈法華經玄義云 如此解字 手不執卷 常是讀經 口無言聲 遍誦衆典〉"라고 하였다. 〔참고문헌〕 『禪林象器箋』, 『景德傳燈錄』 권9(대정장51, p.269c5), 『碧巖錄』 97칙 「評唱」(대정장48, p.220b14), 『法華玄義』 권8(대정장33, p.777c22). ⇨ 전경 轉經

전계 傳戒 계를 전하는 일. 개계(開戒)·방계(放戒)라고도 한다. 계를 받는 것은 수계(受戒)·납계(納戒)·진계(進戒)이고, 계를 주는 일은 수계(授戒)다. 비구와 비구니에게는 구족계(具足戒), 사미와 사미니에게는 십계(十戒), 우바새와 우바이에게는 팔계(八戒) 및 오계(五戒)를 전하며 보살계(菩薩戒)의 경우는 재가와 출가를 막론하고 모두에게 전한다. 중국에서는 위나라 가평 2년(250)에 담마가라(曇摩迦羅)가 백마사(白馬寺)에서 『마하승기율계본』을 역출하고 인도 스님을 청하여 갈마(羯磨)를 행한 뒤 최초로 계를 전했다고 한다. 또 정원년간(254~255)에 안식국(安息國) 사문 담무제

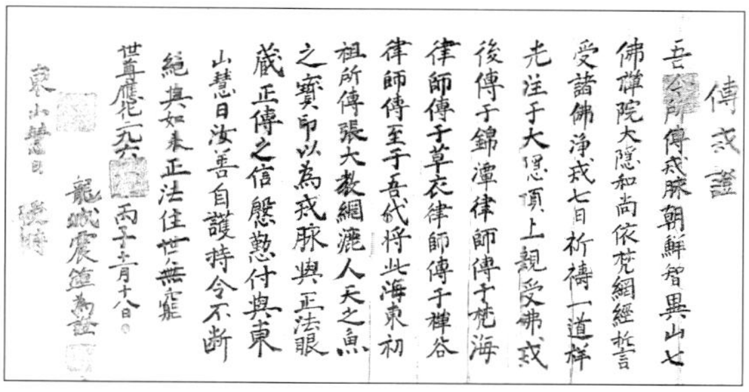

용성진종 전 동산혜일 전계증

(曇無諦)가 『담무덕갈마 曇無德羯磨』를 역출하면서 전계에 갈마법이 갖춰지게 되었다. 동진의 도안(道安)도 계율을 엄격히 지킬 것을 제창하면서 포살(布薩)·회과(悔過) 등의 규범을 제정하였고, 담마갈다(曇摩蜴多)는 사하(泗河)에 배를 띄우고 단을 만들었는데, 낙양 죽림사 비구니 정검(淨檢)을 비롯한 4인을 오게 해서 이곳에서 비구승으로부터 구족계를 받는 최초의 비구니가 출생했으나, 아직 이부승 수계법은 수행되지 못했다. 유송(劉宋) 원가 11년(434)이 되어서야 경복사(景福寺) 비구니 혜과(慧果)와 정음(淨音)이 스리랑카 출신의 남림사(南林寺) 비구와 비구니로 구성된 비구비구니 십증사(十證師)를 이중으로 구족한 수계갈마가 성취되었다. 율장에 의지한 전계법은 수계건도(受戒犍度 Ⓢ pravrajyā-vastu)에 의해 전승되었는데, 이는 칠중(七衆)을 위한 수계법이고 범망계 등의 대승계법 또한 전계의범을 따로 갖추어 전승하여 온다. 우리나라의 경우 대소승 계법이 여법히 승계되어 왔으며, 근세 봉암사결사 이후 이부승수계법(二部僧授戒法) 또한 구족히 하고 있다. 『범망보살계경의소발은문변』(卍속장59, p.858b13)에 "〔문〕 거사일 때에도 경을 강의하는데 계를 전수해 주는 전계사가 될 수 있는가? 〔답〕 이 질문의 관건은 스스로를 제도할 수 있는가에 있다. 유자이면서도 불도를 깨달았다면 천하의 스님들과 사람의 스승이 되어도 무방하며, 스님이면서도 성학에 밝다면 천하의 유자들과 사람들의 스승이 되어도 무방하다. 만약 그렇지 않다면 업에는 전공이 있고 문정 또한 각각 다르니, 수신·제가·치국·평천하의 학문은 소왕(素王 : 孔子)의 영역에 속해야 하고 갈마·포살의 의식은 치려(緇侶 : 僧徒)의 영역으로 되돌아올 뿐이다. 問 居士時亦講經 還可傳戒作師否 答 此在自度 儒而悟佛道 不妨爲天下僧人師 僧而明聖學 不妨爲天下儒人師 如其不然 業有專攻 門庭各別 修齊治平之術 應屬素王 羯磨布薩之儀 還歸緇侶耳", 『재가율요광집』 권2(卍속장106, p.798a14)에 "계를 받으면 식차마나라고 부를 수 있다 한다. 오늘날 전계에 있어

오류가 꽤 많다. 심지어 식차마나 하나만 해도 오류가 심하니, 이에 대해 바로잡지 않을 수 없다. 受戒 卽得稱式叉摩那者 今時傳戒 謠誤頗多 至於式叉摩那一種 尤爲謠誤之甚 玆不可以不辯", 『전수삼단홍계법의』(卍속장107, p.21a4)에 "셋째로 계를 전한다는 것은 마땅히 부처와 조사의 심행에 의거하여 계정혜를 전해야 하고, 제자도 불종의 심지에 의거하여 계정혜를 전수받아야 한다. 이와 같이 주고 받아야 진정한 전수가 되어 삼보의 종자를 영원히 끊지 않을 수 있다. 三者 凡傳戒 當依佛祖心行 爲戒定慧之傳 弟子當依佛祖心地 爲戒定慧之受 如是授受 是爲眞受 能令三寶種 永無斷絶"라고 하였다. 〔참고문헌〕『梵網菩薩戒經義疏發隱問辯』, 『在家律要廣集』, 『傳授三壇弘戒法儀』. ⇨계 戒, 계율 戒律, 율장 律藏, 이부승수계 二部僧授戒, 개계 開戒, 수계 受戒, 납계 納戒, 삼단대계 三壇大戒

전계사 傳戒師 계를 전해 주는 스승. 계사(戒師)라고도 한다. 십증사(十證師) 즉 삼사칠증(三師七證)·삼사(三師：傳戒 羯磨 敎授) 중 하나다. 『대승본생심지관경』 권3(대정장3, p.304b15)에 "이와 같은 불보살과 현전의 전계사를 받들어 청하오니, 네 은혜에 널리 보답하기 위해 청정보리심을 일으켜 보살의 삼취정계를 받습니다. 일체유정을 요익케 하고자, 일체선법을 닦아 거두고자, 일체율의계를 닦아 거두고자 이 계를 받습니다. 奉請如是佛菩薩 及以現前傳戒師 普爲報於四恩故 發起清淨菩提心 應受菩薩三聚戒 饒益一切有情戒 修攝一切善法戒 修攝一切律儀戒", 『범망경보살계본소』 권6(대정장40, p.652c1)에 "첫째로 두 스승을 청하여야 하는데 여기에 두 뜻이 있다. 첫째는 사람들 중에서 이 두 스승을 청하여 보살계를 받는 것이니, 사미가 십계를 받는 것과 같이 한다. 둘째는 멀리서 본사이신 석가모니부처님 등을 청하여 화상으로 삼고 몸소 전계사를 청하며 아사리로 삼는 것이다. 一 敎請二師 此有二義 一 謂於人中 請此二師 受菩薩戒 如受沙彌十戒法 二 遙請本師釋迦佛等爲和上 親請傳戒師爲闍梨"라고 하였다. 〔참고문헌〕『大乘本生心地觀經』, 『梵網經菩薩戒本疏』. ⇨계사 戒師, 계법사 戒法師, 계화상 戒和上, 삼사칠증 三師七證

전계정범 傳戒正範 청대 견월독체(見月讀體：華山讀體 1601~1679) 지음. 4권. 卍속장107, pp.22a1~124a7에 수록되어 있다. 갖추어서 『삼단전계정범 三壇傳戒正範』이라고도 하며, 1660년(순치17)에 계현(戒顯)이 쓴 서문이 있다. 사미·비구·보살의 삼단수계작법(三壇授戒作法)에 대한 절차가 설해져 있다. 수계를 받기 전 스승에게 수계를 청하고 참회하는 의식에 대한 서술을 시작으로 계경(戒經)과 율전 등에 나오는 주요 문장들을 인용하면서 삼단전계(三壇傳戒)의 법식을 구체적으로 설하고 있다. ⇨견월독체 見月讀體

전계화상 傳戒和尙 ➡전계사 傳戒師

전고 典誥 본보기가 되는 말씀. 또는 글로 남아 전하는 가르침. 경전의 말씀을 말한다. 『금광명경문구기』 권5(대정장39, p.139b23)에 "법의 말이란 경전의 가르침이나 성인의 예법에서 나온 말이니, 입으로 널리 펼치면 인민을 교화할 수 있다. 임금에겐 이미 이런 일이 없기에 나라의 백성들이 영을 따르지 않으며, 이웃 나라에서도 임금의 덕을 찬양하지 않는다. 法言者 是出自典誥聖人禮法之言 若宣之於口 卽可以敎人民 君既無此故 邦民不從其令 隣國不詠其德", 『불조통기』 권16(대정장49, p.234b2)에 "법사 간언(簡言)은 처음 배우는 이에게 말한다. '사람은 배움이 적으면 고통스럽지만 오랜 세월 깊이 경전을 숙독한다면 자연스레 어디에서든 근원을 마주하게 되고, 조사의 뜻을 요달하게 되어 한 글자 한 뜻에 걸려 미혹되는 일 없게 된다. 이때가 비로소 강설에 종사할 수 있는 때이다'라고 말했었는데 듣는 이들이 마음속으로 감화를 받았다. 嘗謂新學曰 人苦於寡學 若深歷歲月 熟覽典誥 自然左右逢源 了達祖意 不爲一文一義之所滯惑 始可從事於講說之際 聞者心化", 『능가사자기』(대정장85, p.1290a28)에 "대족 원년(701)에 황제의 명으로 동도(東都：洛陽)에 들어갔는데 황제를 따라 장안과 낙양을 왕래하며 가르침을 펼쳤으니 몸소 황제의 스승이 되었다. 측천대성황후가 신수선사에게 물었다. '전해 받은 법은 어느 집안의 종지입니까?' '기주(蘄州)의 동산법문을 품받았습니다' '어떤 경전의 가르침을 의지하십니까?' '『문수설반야경 文殊說般若經』의 일행삼매(一行三昧)에 의지합니다'. 大足元年 召入東都 隨駕往來二京敎授 躬爲帝師 則天大聖皇后問神秀禪師曰 所傳之法 誰家宗旨 答曰 稟蘄州東山法門 問 依何典誥 答曰 依文殊說般若經一行三昧"라고 하였다. 〔참고문헌〕『金光明經文句記』, 『佛祖統紀』, 『楞伽師資記』.

전고전원 轉高轉遠 Ⓟ uttaruttariṃ paṇītapaṇītaṃ. 더없이 높고 한없이 아득함. 전고전묘(轉高轉妙)·전전심(轉轉深)·전전승(轉轉勝)·전전상(轉轉上)·전전묘(轉轉妙)라고도 한다. 『장아함경』 권12 「자환희경 自歡喜經」(대정장1, p.76c19)에 "사리불이 부처님께 사뢰었다. '저는 과거미래현재의 모든 부처님들께서 마음속에 생각하시는 바는 알 수 없지만, 부처님께서 보이고자 하는 법은 알고 있습니다. 여래께서 저에게 설하신 법은 높고 높으며 멀고도 아득하여 흑백법, 연무연법, 조무조법이 그것입니다. 여래께서 설하신 바는 더없이 드높고 더없이 아득하지만, 저는 그 법을 듣고는 낱낱의 법에 대해 알아 그 법들의 구경에 이르렀으며, 여래지진정등각을 믿으며 여래법은 잘 분별된 것임을 믿으며, 여래께서 온갖 괴로움의 사라짐마저 성취하셨기에 모든 선법 중에서도 이것이 가장 뛰어남을 믿습니다. 舍利弗白佛言 我於過去未來現在 諸佛心中所念 我不能知 佛總相法 我則能知 如來爲我說法 轉高轉遠 說黑白法 緣無緣法 照無照法 如來所說 轉高轉妙 我聞法已 知一一法 於法究竟 信如來至眞等正覺 信如來法善可分別 信如來衆苦滅成就 諸善法中 此爲最上", 상응하는 *Sampasādanīya-sutta* (*DN.3*, p.101)에 "세존이시여, 저는 전에 법을 듣고자 여기 세존께 왔었습니다. 세존께서 그런 저에게 흑백을 잘 갖춘, 더없이 드높은, 한없이 묘한 법을 설해주셨습니다. idhāhaṃ bhante yena bhagavā ten' upasaṃkamiṃ dhamma-savanāya. tassa me bhante bhagavā dhammaṃ desesi uttaruttariṃ paṇītapaṇītaṃ kaṇha-sukka-sappaṭibhāgaṃ"라고 하였다. [참고문헌]『長阿含經』, *DN.*

전곡사 轉谷寺 충청남도 천안시 동남구 목천읍 성거산(聖居山)에 있던 절. 『동국여지승람』 권16 충청도 목천현 불우에 이름과 위치가 기록되어 있으나, 『여지도서』 충청도 목천 사찰에는 "지금은 없다. 今無"라고 하였다. [참고문헌]『東國輿地勝覽』, 『輿地圖書』, 『梵宇攷』, 『韓國寺刹全書』 권하 p.1000b5.

전골 轉骨 다비 후 침당에 모시고 있던 유골을 탑 아래 안치하기 전에 한바퀴 돈 다음에 모시는 법. 『선림상기전』 권14(불광장, 禪藏, p.1067)에 "전골 : 『백장청규』에서 존숙의 입적에 관한 불사를 말하면서 '의발이 풍부할 경우에는 매일 다탕을 올리고, 전감・전골 등의 불사를 더 행한다'고 하였다. 도충이 말한다. '전골이란, 유골을 탑에 들일 때 침당에서 유골을 일으켜 탑이 있는 쪽으로 향하게 하는데, 이때 중간 길에서 유골 돌린 후 안쪽을 향해 내려놓는 전골불사를 행한다. 이 의식은 다비한 유골에 국한된다'. 轉骨 敕修淸規 尊宿遷化佛事云 如衣鉢豐厚 每日奠茶湯 添轉龕轉骨等佛事 忠曰 轉骨者 在入塔時 卽自寢堂起骨 向塔所時 中路轉回骨 向裏稅下 行轉骨佛事 此局唯荼毘者"라고 하였다. [참고문헌]『禪林象器箋』, 『百丈淸規』 권3(대정장48, p.1128a26).

전공 傳供 부처나 조사의 진영에 공양물을 올릴 때 여러 스님들이 늘어서서 서로 이어가며 올리는 것. 단독으로 올리지 않는 뜻이다. 전공(奠供)・공체(供遞)・체공(遞供)이라고도 한다. 『선림상기전』 권14(불광장, 禪藏, p.1036)에 "전공 : 『대감청규』「불탄생」에 '주지가 도착하면 향을 하나 사르고 좌구를 펴서 삼배한 다음 좌구를 다시 거두지 않는다. 한쪽 줄의 시자들은 탁자 앞으로 나가 줄지어 늘어선 뒤 공물을 전달한다'라고 하였고, 『백장청규』「성절」에 '주지가 다탕을 올리면, 상수 지사는 공물을 서로 번갈아 가며 올린다'고 하였다. 도충이 말한다. '번갈아 가며 올린다는 말은, 공물을 서로 전달한다는 뜻이다'. 傳供 大鑑淸規佛誕生云 住持至 燒香一炷 大展三拜 不收坐具 侍者一班 進卓排立 傳供 敕修淸規聖節云 住持上茶湯 上首知事 遞上 忠曰 遞上 卽傳供也"라고 하였다. [참고문헌]『禪林象器箋』, 『百丈淸規』 권1(대정장48, p.1113b19). ⇨ 공체 供遞

전공양 田供養 Ⓢ kṣetra-pūja. 일체중생을 성숙케 하는 일. 『대승장엄경론』 권9(대정장31, p.634b29 : *Sūtr.*, p.118)에 "중생을 성숙케 하는 것을 전공양이라고 한다. 중생을 밭으로 삼은 뜻은 그들로 하여금 공양하게 하여 선근을 심게 하기 때문이다. 成熟諸衆生者 謂田供養 衆生爲田 教彼供養 令種善根故 kṣetram aprameyāḥ satvāḥ. tatparipācanāya tais tatprayojatāt teṣu tadropaṇataḥ"라고 하였다. [참고문헌]『大乘莊嚴經論』, *Sūtr.* ⇨ 팔종공양 八種供養

전과신라 箭過新羅 화살은 신라를 지나갔다. 이과신라(已過新羅)・요과신라(鷂過新羅)라고도 쓴다. 『운문광록』 권하(대정장47, p.573c8)에 "운문이 공상에게 갔다. 공상이 물었다. '어디서 왔는가?' '은령에서 왔습니다' '요긴한 말 한마디 들어보거라' '어제 전좌가 왔을 때는 화상께서는 어째서 묻지 않으셨습니까?' '전좌는 그만둬라' '화살이 신라를 지나가 버렸습니다'. 師到共相 共相問 什麼處來 師云 雪嶺來 相云 要急言句 擧一則來 師云 前日典座來 和尙何不問他 相云 典座且置 師云 箭過新羅", 『벽암록』 1칙 「본칙 本則」(대정장48, p.140a17)에 "양무제가 달마대사에게 물었다〈이 멍청한 놈에게 묻다니〉. '무엇이 성인이 깨달은 제일의 뜻입니까?'〈이 무슨 나귀말뚝 같은 소린가?〉 '활짝 트여 성스러울 것도 없습니다〈다소 기특할 것을 기대했다. 화살은 신라를 지나가 버렸지만, 대단히 명백하구나〉' '짐을 마주하고 있는 이 누구입니까?'〈얼굴 가득 부끄럽고 당황스러워 하면서 굳이 성성한 체하는군. 과연 찾아도 찾을 수 없겠군〉 '알 수 없습니다'〈돌! 다시 온다면 어림 반 푼어치도 없다〉. 양무제 계합하지 못했다〈아깝지만, 오히려 작은 일이었다〉. 梁武帝問達磨大師〈說這不喞㗨漢〉 如何是聖諦第一義〈是甚繫驢橛〉 磨云 廓然無聖〈將謂多少奇特 箭過新羅 可殺明白〉 帝曰 對朕者誰〈滿面慚惶强惺惺 果然 摸索不着〉 磨云 不識〈咄 再來不直半文錢〉 帝不契〈可惜許 却較些子〉"라고 하였다. [참고문헌]『雲門廣錄』, 『碧巖錄』. ⇨ 과신라국거 過新羅國去, 요자과신라 鷂子過新羅, 일념유신라 一念逾新羅, 일전과신라 一箭過新羅, 일전과서천 一箭過西天

전괄 箭筈 화살의 오늬. 화살을 활시위에 메기기 위하에어낸 화살 뒤 끝의 중요 부분. 『대반야경』 권332(대정장6, p.700c3)에 "선현아, 비유하면 활을 잘 쏘는 저 장부가 자기의 재주를 보이고자 허공으로 활을 쏘고, 공중의 화살이 땅에 떨어지지 않도록 하기 위하여 다시 뒤의 화살로 앞 화살의 오늬를 쏜다. 이와 같이 거듭하여 오랫동안 화살과 화살이 서로 이어져 떨어지지 않도록 하는데, 만일 떨어지게 하려고 곧 뒤의 화살을 쏘지 않으면 그 때 모든 화살이 한꺼번에 떨어지는 것과 같다. 선현아, 알아야 한다. 모든 보살마하살도 이와 같으니, 깊은 반야바라밀다를 행하려면 방편선교로 거두어야 하기에, 나아가 무상정등보리의 인행선근이 아직 다 익지 않았다면 끝내 중도에서 실제를 증득하지 못한다. 善現 譬如壯夫 善閑射術 欲現己伎 仰射虛空 爲令空中箭不墮地 復以後箭 射前箭筈 如是展轉 經於多時 箭箭相承 不令墮落 若欲令墮 便止後箭 爾時 諸箭 方頓墮落 善現 當知 諸菩薩摩訶薩 亦復如是 行深般若波羅蜜多 方便善巧所攝受故 乃至 無上正等菩提因行善根 未皆成熟 終不中道 證於實際", 『대비바사론』 권26(대정장27, p.134a18)에 "〔문〕 (앞) 화살의 오늬를 쏘아 (오늬와) 오늬가 서로 이어지는 것과 같다란 무슨 말인가? 〔답〕 뒤의 화살로 앞의 화살을 쏘듯 하여야 하니, 뒤의 화살로 앞 화살의 오늬를 맞추는 것이다. 어떤 사람은 말한다. '여기에서는 단지 앞과 뒤로 간극이 없어 끊임이 없다는 뜻이어서, 뒤의 화살로 앞 화살을 맞춘다는 뜻을 말씀하신 것이 아니다. 또 반드시 뒤의 화살로 앞 화살을 쏜다는 뜻도 아니다'. 저 계경에서 설하시길 '가져옴이 있고 가져감이 있으며, 가져오고 가져감을 알고, 가져오고 가고 옴을 생각하는 것을 닦음이 있다' 한 뜻이다. 問 如射箭筈 筈相續者 是何義耶 答 如以後箭 射於前箭 後觸前筈是此中義 有說 此中 但顯前後無間斷義 不說後箭觸前箭義 又不定說 如以後箭 射前箭義 如契經說 有持來 有持去 有持來持去念 有修持來持去念"라고 하였다. 〔참고문헌〕 『大般若經』, 『大毘婆沙論』. ⇨ 전봉상주 箭鋒相拄

전광 電光 ❶ Ⓢ vidyut, vidyullatā, Ⓣ glog. 번개. 번갯빛. 『대승보살장정법경』 권24(대정장11, p.840b14 : *Laṅk.*, p.110)에 "이 눈 등은 비유하자면 번갯빛이 찰나에 사라지는 것과 같으니, 이 번갯빛에는 아도 없고 인도 없으며 심지어 모든 상에서 벗어나 있다. 그러니 이 안등에 무슨 탐하고 애착할 만한 것이 있겠는가? 又此眼等 譬如電光 刹那變滅 此電光中 無我無人 乃至離一切相 此中何有貪愛之者 tadyathā mahāmate vidyullatā-kṣaṇabhaṅga-dṛṣta-naṣta-darśanaṃ punar-bālānāṃ khyāyate", 『능가경』 권2(대정장16, p.494a2)에 "대혜여! 비유하자면 번갯불이 찰나에 나타났다가 바로 사라지듯 하니, 어리석은 범부에게는 드러나지 않는다. 大慧 譬如電光 刹那頃現 現已卽滅 非愚夫現", 『능가경주해』 권2(대정장39, p.376c3)에 "또한 비유로 찰나에 생겨났다 멸하는 번갯불의 신속함을 드러냈는데, 성인의 지혜로만 알 수 있을 뿐 어리석은 범부의 지각으로는 볼 수 없는 모양이다. 又以喩顯 電光刹那 起滅之速 惟聖智乃知 非愚夫所覺現相"라고 하였다. 〔참고문헌〕 『大乘菩薩藏正法經』, 『楞伽經』, 『楞伽經註解』, 『大乘入楞伽經』 권3(대정장16, p.603c29), *Laṅk.* ❷ 전광삼매(電光三昧 Ⓢ vidyutpradīpo nāma samādhiḥ)의 줄임말. 『사교의비석』 권상(卍속장102, p.179b13)에 "또한 앞에서는 성문이 범성위에 모두 통함을 보였다. 아라한의 경우라면 제4과에 국한다. 이 위에서 닦는 삼매로는 첫째 금강, 둘째 중공, 셋째 전광이다〈앞의 두 명칭은 『법화현의』 권4와 같고, 전광은 『마하지관』 권9와 같다. 전광은 의미상 초과에 통하고, 금강삼매는 (육종나한 중) 앞의 오종나한에 통하며, 중공은 따로 부동아라한이 닦는 삼매에 속한다〉. 又前標聲聞通凡聖位 若阿羅漢 局第四果 此位所修三昧 一名金剛 二名重空 三名電光〈上二名 如妙玄第四 電光如止觀第九 電光義通初果 金剛三昧通前五種羅漢 重空別在不動羅漢所修〉"라고 하였다. 〔참고문헌〕 『四教儀備釋』, 『四教儀註彙補輔宏記』 권6(卍속장102, p.565b9), *Mvyut.21.* ⇨ 전광삼매 電光三昧, 육종아라한 六種阿羅漢

전광귀 顚狂鬼 Ⓢ piśāca, Ⓣ sha-za. 사람이나 오곡의 정기를 먹는 악귀. 비사사(毘舍闍)·비사차(毘舍遮)라고 음사하며, 식육귀(食肉鬼)·담정기귀(噉精氣鬼)라고도 한다. 『금광명경문구기』 권5(대정장39, p.138a24)에 "비사사. 담정기귀라고 한역한다. 사람이나 오곡의 정기를 먹기 때문이다. 전광귀라고도 한다. 毘舍闍 此云 噉精氣鬼 噉人及五穀精氣故 亦云 顚狂鬼也", 『불조통기』 권31(대정장49, p.307a16)에 "비사사〈담인정기귀 또는 전광귀라고 한역한다. 『대지도론』에는 부단나라 하였다〉. 毘舍闍〈此云 啖人精氣鬼 又顚狂鬼 智論作富單那〉"라고 하였다. 〔참고문헌〕 『金光明經文句記』, 『佛祖統紀』, *Divy.66.*, *Mvyut.213.* ⇨ 비사차 毘舍遮

전광귀 癲狂鬼 아귀(餓鬼) 비사차(毘舍遮 Ⓢ Piśāca)의 한역어. 전(癲)은 전(顚)으로도 쓰며 담정귀(噉精鬼)·사귀(死鬼)·사귀중(死鬼衆)이라고도 한다. 『문수사리보장다라니경』(대정장20, p.799c17)에 "이때 부처님께서 금강밀적주보살에게 말씀하셨다. '만약 선남자와 선여인이 이 열여덟 종류의 대다라니를 칠일 밤낮 동안 염송한다면, 그 사람은 모든 과거·현재·미래의 삼업 등의 죄와 나아가 일체의 장애가 모두 소멸할 것이며 … 일체의 귀신 … 전광귀 … 그리고 흡인정기 등 모든 나머지 귀신들이 언제나 이 사람에게서 12유순이나 떨어져 있을 것이다. 佛告 金剛密迹主菩薩言 若有善男子善女人 念誦此十八大陀羅尼者 七日七夜 彼人所有過去及

現在世三業等罪 乃至一切諸障 悉皆消滅 … 一切鬼神 … 癲狂鬼 … 幷吸人精氣 諸餘一切鬼神 常去此人十二由旬"라고 하였다. 〔참고문헌〕『文殊師利寶藏陀羅尼經』. ⇨ 비사차 毘舍遮, 금강밀적 金剛密迹

전광삼매 電光三昧 Ⓢ vidyut-pradīpo nāma samādhi, Ⓣ glog-gi-sgron-ma-zhes-bya-ba'i-ting-nge-'dzin. 백팔삼매(百八三昧) 중 하나. 『대품반야경』 권5(대정장8, p.252a11)에 "전광삼매란 무엇인가? 이 삼매에 머물면 모든 삼매를 비추되 마치 번갯불 같아서 전광삼매라 한다. 云何名電光三昧 住是三昧 照諸三昧 如電光 是名電光三昧"라고 하였다. 〔참고문헌〕『大品般若經』, 『大智度論』 권47(대정장25, p.397b24), *Pañca-pr. 200.*, *Mvyut.21.* ⇨ 백팔삼매 百八三昧

전광석화 電光石火 번갯불과 부싯돌 번득이듯 하다. 『대혜어록』 권10(대정장47, p.855c8)에 "전광석화라도 오히려 늦다 할 텐데, 죽은 듯한 선수행자 어찌 알겠는가? 두리번거리고 고개 돌려 짐짓 찾는 순간, 석양은 이미 버드나무 끝 서쪽으로 지리라. 電光石火尙猶遲 猗死禪和那得知 轉面回頭擬尋討 夕陽已過綠梢西", 『종문현감도』(卍속장112, p.942a11)에 "임제종 : 할 아래에 나그네 주인 분명하다. 번갯불과 부싯돌이 번득이는 그 끝에서 살펴보라. 주장자 60방 오히려 가벼운 용서이리라. 흡사 쑥대로 털듯 하누나. 臨濟宗 喝下分明賓主全 電光石火裡頭看 山藤六十猶輕恕 恰似蒿枝拂一般", 『석전법훈어록』 권1(卍속장122, p.9a11)에 "말로 미치지 못하고 문채도 일기 전이어서 전광석화라도 오히려 느릴 뿐이다. 곧바로 몸 던져 짊어질 일이니, 연뿌리 실로도 다섯 수미산을 당겨 움직인다. 言詮不及處 文彩未生時 電光石火 猶尙遲遲 直下橫身擔荷得 藕絲牽動五須彌", 『건중정국속등록』 권23 「초화정장 超化靜章」(卍속장136, p.324b5)에 "소리 전에 알아차린다 해도 이미 가는 금 밟았으니, 언구 아래 모조리 알았다 해도 오히려 어리석은 사람이다. 전광석화라도 머뭇거려 늦음이고, 한 점 가져온 일 없다면 천 리 가득 주검 뿐이리. 聲前認得已涉廉纖 句下承當 猶爲鈍漢 電光石火 尙在遲疑 一點不來 橫屍千里", 『천여유칙어록』 권1(卍속장122, p.807b3)에 "한 걸음 옮기려 하지만 철벽과 은산이고, 눈 비벼 보려 해도 전광석화다. 삼세제불이 눈앞에 계시더라도 아득한 절벽 마주해 물러날 뿐이다. 무쇠로 만들어진 이라면 여유롭게 한 몸 던져 태허에 가루되어 지나가리니, 남산의 살모사가 동해의 잉어를 삼키고 섬부의 무쇠소가 가주의 큰 코끼리를 쳐 넘어뜨린다. 삼계에 묶일 일 없고 천성이 가두려 해도 하지 못할 것이다. 跨一步去 銕壁銀山 眨得眼來 電光石火 三世諸佛現前 也只得望崖而退 若是箇生銕鑄就底漢 等閑一擲 抹過太虛 直得南山鱉鼻 呑却東海鯉魚 陝府銕牛 撞倒嘉州大象 三界拘繫不得 千聖羅籠不住"라고 하였다. 〔참고문헌〕『大慧語錄』, 『宗門玄鑑圖』, 『石田法薰語錄』, 『建中靖國續燈錄』, 『天如惟則語錄』. ⇨ 석화 石火, 전광 電光 ❶, 석화전광 石火電光, 분류도인 奔流度刃

전광유심 電光喩心 Ⓟ vijjūpama-citta. 번갯빛 같은 마음. 삼심(三心) 중 하나로 정을 닦아 불환과(不還果)를 증득한 이의 마음을 번갯불처럼 순간에 비춰 마치고 재빨리 사라지는 것에 비유하여 이름붙였다. 『집이문족론』 권4(대정장26, p.379c7)에 "〈문〉 전광유심이란 어떤 것인가? 〔답〕 세존께서 말씀하신 것과 같다. '비구들아, 마땅히 알아야 한다. 세간의 한 무리 있어 보특가라는 아련야에 머물거나 혹은 나무아래 머물거나 혹은 조용한 곳에 머물며 부지런히 닦아 익히고 많이 닦아 익히기에 이러한 적정심정을 증득한다. 이 정심에 의지하여 오순하분결을 영원히 끊고 불환과를 얻으며, 상계에 화생하면 이곳에 머물며 반열반하여 다시는 돌아와 욕계에 나지 않는다고 여긴다. 마치 여름이 지나고 초가을이 되어 커다란 구름대에서 번갯불이 일어나 잠깐 동안 색상을 보일 뿐 바로 사라지는 것처럼, 이와 같은 한 무리의 보특가라가 아련야에 머물거나 나아가 앞서 말했듯이 하여 저들이 얻는 마음을 전광유라고 한다'. 〔문〕 무슨 까닭에 저들 마음을 전광유라고 하는가? 〔답〕 저 심의식이 불환과를 증득하여 잠깐 동안만 비춰 마치고는 급히 숨어 사라져버린다. 그러므로 전광유심이라고 한다. 電光喩心云何 答 如世尊說 苾芻當知 世有一類補特伽羅 居阿練若 或居樹下 或住空閑 精勤修習 多修習故 證得如是寂靜心定 依是定心 能永斷五順下分結 得不還果 受上化生 卽住上界 得般涅槃 不復還來 生於欲界 如過夏分 至秋初時 從大雲臺 電光發已 暫現色像 速還隱沒 如是一類補特伽羅 居阿練若 乃至廣說 彼所得心 名電光喩 問 何故 彼心 名電光喩 答 彼心意識 證不還果 暫能照了 速還隱沒 是故 名曰 電光喩心"라고 하였다. 〔참고문헌〕『集異門足論』, *AN.1.124.* ⇨ 삼심 三心 ❻

전광정 電光定 번갯빛 같은 정. 『대반야경』 권529 「묘상품 妙相品」(대정장7, p.715c9)에 "이 보살마하살이 공·무상·무원등지를 구족히 하여 무간정에 머문다. 마치 번갯빛과 같은 정인 금강유정이니 성스런 정정등으로 구족히 머문다. 是菩薩摩訶薩 於空無相無願等持 具足而住於無間定 如電光定 金剛喩定 聖正定等 具足而住", 『대반열반경소』 권30 「가섭품 迦葉品」(대정장38, p.208a11)에 "제4 사람수를 밝힌다. 73인의 세 가지 풀이라 한다. 첫째 장엄에 이르길 욕계십선으로 상응한 마음을 전광정이라 한다. 때에 얻고 때에 잃으니 이름이 번갯빛이다. 第四明人數 言七十三者三解 一莊嚴云 欲界十善相

應心 名電光定 時得時失故 名電光"라고 하였다. 〔참고문헌〕『大般若經』, 『大般涅槃經疏』. ⇨ 욕계정 欲界定

전광조로 電光朝露 번갯불과 아침이슬. 잠깐 머물다가는 인생무상의 비유다. 『자은전』 권3(대정장50, p.234a29)에 "법사는 그의 절을 받고 그를 위해 살생·도둑질·사음 등 모든 선하지 않은 업으로 말미암아 미래에 무간지옥의 고통을 받는 것이라고 설해주었다. 어째서 번갯불 같고 아침이슬처럼 짧은 시절의 몸으로 아승기의 기나긴 고통의 종자를 심겠는가! 法師受其禮謝 爲說殺盜邪祠 諸不善業 未來當受無間之苦 何爲電光朝露少時之身 作阿僧企耶 長時苦種"라고 하였다. 〔참고문헌〕『慈恩傳』, 『大乘本生心地觀經』 권1(대정장3, p.296a9).

전교관정 傳敎灌頂 아사리(阿闍梨)의 지위를 얻고자 하는 이에게 대일여래의 가르침을 수여하는 의식. 전법관정(傳法灌頂)·수직관정(受職灌頂)·득아사리위관정(得阿闍梨位灌頂)이라고도 한다. 결연관정(結緣灌頂)에 상대한다. 『금강정경』 권상(대정장18, p.310b24)에 "아사리로부터 몸소 전교관정을 받고서 삼마야와 모든 정변지도를 분명히 알게 되고, 넓고 간략한 가르침들에도 통달하여 신어심으로 상응하니, 만다라에 대해 깊이 알고 진언의 실다운 뜻마저 깨닫는다. 親從阿闍黎 得傳敎灌頂 明解三摩耶 諸正遍知道 通明廣略教 瑜伽身語心 妙解曼拏囉 了眞言實義", 『대일경소』 권3(대정장39, p.611c7)에 "이러한 만다라의 갖가지 지분들 내지 일체제존의 진언·수인·관행실지에 대해 모두 통달하면 전교관정을 얻는다. 若於此漫荼羅種種支分 乃至一切諸尊眞言手印觀行悉地 皆悉通達 得傳敎灌頂", 『대일경의석연밀초』 권4(卍속장37, p.95a3)에 "〔소〕 전교관정을 받았다는 말에서, 관정이라는 말은 두 가지로 다르다. 첫째는 전교관정이고 둘째는 결연관정이다. … 둘째 전교관정은 다음과 같은 뜻이다. 처음 발심하고부터 아사리가 되기를 구하여 아사리위를 물려받고자 했기에 스승은 이를 허가하고 나서 만다라를 만들고 의궤를 갖춰서 관정을 해 준다. 관정을 받고 나면 스승위를 계승할 수 있기에 전교관정을 받는다고 하며, 아사리라고 불리게 된다. 疏 得傳敎灌頂者 灌頂之言 有二種別 一 傳敎灌頂 二 結緣灌頂 … 二者 傳敎灌頂 從初發心 求阿闍梨 爲欲紹襲阿闍梨位故 師許可已 爲造立漫荼羅 具足儀軌 而與灌頂 得灌頂已 堪紹師位故 名得傳敎灌頂 名阿闍梨也"라고 하였다. 〔참고문헌〕『金剛頂經』, 『大日經疏』, 『大日經義釋演密鈔』. ⇨ 수직관정 受職灌頂❷, 득아사리위관정 得阿闍梨位灌頂, 결연관정 結緣灌頂, 관정 灌頂❶

전교대사 傳敎大師 ❶ ?~1001. 북송(北宋)대 역경승 법천(法天)의 봉호(封號). 중인도 나란다사원 출신으로 973년(개보6)에 중국에 왔다. 982년(태평흥국7)에 황제의 조칙을 받고 태평흥국사(太平興國寺)의 역경원에 머물며 역경하였고, 황제로부터 전교대사라는 사호를 받았다. 『불조통기』 권43(대정장49, p.398a26)에 "6월에 역경원이 완성되자 조서를 내려 천식재 등을 주석토록 하였으며, 천식재에게 명교대사, 법천에게 전교대사, 시호에게 현교대사라는 호를 내리고 가져온 범본 중 각기 하나의 경전을 한역토록 하였다. 六月譯經院成 詔天息災等居之 賜天息災 明敎大師 法天 傳敎大師 施護 顯敎大師 令以所將梵本 各譯一經"라고 하였다. 〔참고문헌〕『佛祖統紀』. ⇨ 법천 法天 ❷ ➡ 최징 最澄

전교부재 轉敎付財 가르침 뒤쳐 재산을 물려주었다. 천태의 오시교판(五時教判) 중 제4 반야시(般若時)를 말한다. 부처님이 일부러 수보리(須菩提) 등의 성문(聲聞)에게 자신을 대신하여 대승의 『반야경』을 설하게 하고는 스스로 대승의 묘리를 깨닫게 하였으니 대승의 법재(法財)를 상속받게 한 것이라는 말이다. 『천태사교의』(대정장46, p.775a23)에 "다음으로 반야를 설하였는데 가르침 뒤치게 하고는 대소승을 어울려 통하게 하여서 남김없이 하였다. 재산을 물려주었기에 이 반야에서는 장교를 설하지 않고 통교와 별교 둘에 머물러 바로 원교를 설하였다. 때를 잡은즉 우중(禺中 : 巳時)〈제4시〉이고, 오미(五味)를 잡은즉 생소에서 나온 숙소이니, 이는 방등시를 좇아 나온 마하반야다〈네 번째 숙소미〉. 『법화경』 「신해품」에 '이때 장자는 병에 걸렸는데 머지않아 자신이 죽게 될 것을 알고 빈궁한 아들에게 말했다. 「나에게는 지금 창고에 차고 넘칠 만큼 많은 금은진보가 있는데, 그중에서 주고받아야 할 적정한 양이 있다.」'라고 하였는데 이는 어떤 뜻인가? 〔답〕 방등시 후에야 반야를 설하였는데, 반야의 관혜는 바로 가업이어서 수보리(空生)와 사리불(身子)이 위임받아 가르침을 뒤쳤으니 바로 (빈궁한 아들이 온갖 물품들에 대해) 잘 알도록 한 일 등이다. 次說般若 轉敎付財 融通淘汰 此般若中 不說藏教 帶通別二 正說圓教 約時則禺中時〈第四時〉 約味則從生酥出熟酥 此從方等之後 出摩訶般若〈四熟酥味〉 信解品云 是時 長者有疾 自知將死不久 語窮子言 我今多有金銀珍寶 倉庫盈溢 其中多少 所應取與 此領何義 答 明方等之後 次說般若 般若觀慧 卽是家業 空生身子 受勅轉教 卽是領知等也", 『사교의집해』 권상(卍속장102, p.25a5)에 "둘째로 전교하의 뜻을 가린다. 반야를 설한 뜻이 여기에 있다. 수보리와 사리불은 반야회에서 보살들을 위해 제법이 공하여서 청정하지 않음이 없음을 설하였는데, 이 법으로 뒤쳐 남들을 제도시켰기에 가르침을 뒤쳤다고 하였다. 『법화경』에서 '우리들은 비록 불자들을 위해 보살법을 설하지만 바라고 취함이 없다네'라고 한 말이 바로 이 뜻이다. 재를 넘겼다는 말은, 세간장자에게는 칠보가 재물이지만 출세간법왕에게는 반야가 재이기에 반야시에 이 반야로 수보리와 사리불에게 가피를 내렸으니 재산을 물려준 것이다. 〔문〕 반야회중에 이미 재산을 물려주었다면 법화시에서 설한 것은 무엇인가? 〔답〕 반야시에서는 부처님의 뜻에서는 재산을 물려준 것이지만, 저 이승이 다만 가피로 설했을 뿐이다. 그러므로 반야에 이르길 '어찌 성문이 감히 설했겠는가? 설할 수 있었다면 모두 부처님의 힘일 따름이다'라고 하였으니, 제자중에 지혜의 눈을 주어 법을 설하게 한 가피다. 그러므로 법화시에 이르러서야 이승이 비로소 대승의 이치를 알게 되었으니 재산을 물려준 게 된다. 이 때문에 경에서 '내가 지금 가진 것은 모두 아들의 것이다'라고 하였다. 二 轉教下辨意 以說般若意在斯焉 空生身子 於般若會 爲諸菩薩 談諸法空 莫不淸淨 以此之法 轉度於他 故云轉敎也 法華經云 我等雖爲諸佛子等 說菩薩法 而無希取 卽其義焉 付財者 世間長者 七寶爲財 出世法王 般若爲財 故般若中 以此般若 加被空生身子 卽付財也 問 般若會中 若已付財 至法華中 何所迹耶 答 在般若時 於佛意邊 卽是付財 其如二乘 但謂加說耳 故般若云 豈聲聞人 敢有所說 有所說者 皆佛力耳 於弟子中 與其智眼 令其說法 卽加被也 故至法華 二乘方乃知 是付財 是以經云 吾今所有 皆是子有也"라고 하였다. 〔참고문헌〕『天台四教儀』, 『四教儀集解』. ⇨부재 付財, 반야시 般若時, 오시팔교 五時八教

전교융통 轉教融通 전교와 융통. 가르침 뒤쳐 어울려 통하게 하다. 천태의 오시교판(五時教判) 중 제4반야시(般若時)를 나타내는 말로서 온전하게는 전교부재융통도태(轉教付財融通淘汰)라고 한다. 제4반야시에 수보리와 사리불 등의 성문들이 반야의 법문을 대신 설하게 한 것을 전교라고 하며, 제3방등시(方等時)에서 장통별원(藏通別圓)으로 대소승을 구별하고 집착하였다. 이에 반야시에 깨끗한 물로 일어내듯 하여 융통하게 한 뜻이다. 『사교의주휘보보굉기』 권1(卍속장102, p.316b12)에 "〔주〕 다음으로 반야를 설했다는 말은 부의 뜻을 밝혔다. 교를 뒤쳐 어울려 통하게 하였다 하니, 법을 잡아 말함이고 재를 넘기고 씻어 깨끗이 함은 비유로 말한 것이다. 전교보살의 뜻은 이승으로 하여금 법을 알게 하는 데 있었으니 재를 물려주었다 한 것이다. 이승이 본래 알지 못하는 내용들이므로 가피를 내려 설하게 했다고 말할 뿐이며 그래서 가르침을 뒤쳐 설했다고 하였다. 『묘락기 妙樂記』(『法華文句記』) 권7〈20〉에 부처님의 입장에서는 재산을 물려준 것이고 이승의 입장에서는 가피를 받아 설했다고 할 뿐이다. … 〔주〕 반야회에서 일체법은 모두 대승이기에 융통이라고 하며, 공혜라는 물로 집착하는 마음을 깨끗이 씻어냈기에 도태라고 한다. 〔기〕 반야시에서 81과의 제법이 대승 아님이 없이 하였기에 융통이라 하였지만, 법에 집착하는 마음이 이승에게는 아직 다하지 못하여 마하라는 공혜의 물로 이를 말끔히 씻어내기에 도태라고 한다. 註 次說般若等 明部意也 轉教融通 約法 付財淘汰 約喩 所以令其轉教菩薩 意在二乘領知法門 故曰付財 二乘本所不知 但謂加被令說 故曰轉教 妙樂七〈二十〉云 於佛卽是付財 二乘自謂加說 … 註 般若會 一切法皆摩訶衍 故曰融通 以空慧水 蕩其執情 故曰淘汰 記 般若示知八十一科諸法無非摩訶衍 故曰融通 然執法之情 二乘未盡 卽以摩訶空慧之水 滌蕩之 故曰淘汰"라고 하였다. 〔참고문헌〕『四教儀註彙補輔宏記』, 『大品般若經』 권2(대정장8, p.230b22), 『法華文句記』 권7(대정장34, p.284c12). ⇨반야시 般若時, 반야전교 般若轉教, 융통도태 融通淘汰

전구 纏垢 번뇌의 다른 이름. 번뇌와 구별할 경우 무참(無慚)·무괴(無愧)를 말하며, 다시 본혹(本惑)인 전과 수혹(隨惑)인 구로 나누기도 한다. 『십주비바사론』 권16(대정장26, p.108c6)에 "어떤 사람은 말한다. '번뇌는 깊은 마음에 있고, 구(垢)는 얕은 마음에 있다'. 어떤 사람은 말한다. '모든 가리고 덮은 것을 전구라 하고, 그 밖의 것은 모두 번뇌라 한다'. 有言人 煩惱在深心 垢在淺心 有人言 諸障蓋名爲纏垢 餘皆名煩惱", 『불지경론』 권1(대정장26, p.295a24)에 "이와 같이 정토사업이 원만하면 무엇을 거두는 이익이 있는가? 모든 번뇌와 재횡과 전구를 사라지게 한다. 이중에 일체번뇌전구와 모든 재횡을 멀리 여읜다 한 것에서 즉 모든 번뇌를 전구라고 할 수 있고, 이것은 모든 재횡의 인이기도 하다. 번뇌전구가 이 정토 중에는 없기에 이들이 짓는 재횡도 없다. 또 번뇌란 일백스물여덟 가지의 근본번뇌를 말한다. 전(纏)이란 곧 참·괴 등이 없는 것이고, 구(垢)란 바로 첨·광·교 등이며, 재횡은 곧 그가 일으킨 업과 얻어진 과다. 소지장이나 혹은 모든 수면을 번뇌라고 하며, 이것이 나타나 일어난 것을 전구라고 한다. 본혹을 전이라 하고, 수혹을 구라 하며, 소지장 등을 재횡이라고 한다. 如是淨土事業圓滿 有何攝益 滅諸煩惱災橫纏垢 謂於此中 遠離一切煩惱纏垢 及諸災橫 卽諸煩惱 名爲纏垢 如是卽名 諸災橫因 煩惱纏垢 此中無故 所作災橫 此中亦無 又煩惱者 謂一百二十八根本煩惱 纏者卽是 無慚愧等 垢者卽是 諂誑憍等 災橫卽是 彼所發業 及所得果 若所知障 或諸隨眠 名爲煩惱 卽彼現起 說名纏垢 本惑名纏 隨惑名垢 所知障等 名爲災橫"라고 하였다. 〔참고문헌〕『十住毘婆沙論』, 『佛地經論』. ⇨번뇌 煩惱, 전 纏

전구령 傳口令 입으로 속삭여 말 옮겨가는 놀이. 귓속말로 차례대로 전달하여 제대로 전달되었는지를 다투는 놀이다. 『임제록』(대정장47, p.501c16)에 "그대들! 살 마른 뼈 향해 무슨 놈의 즙을 찾는가? 대개는 호오를 알지 못하면서 교를 향하는 중에 뜻을 취해 헤아리고는 구의 뜻으로 답을 내린다. 이는 마치 똥 덩어리를 입안에 머금고서 다른 사람에게 뱉는 꼴이며, 마치 속인들 입으로 속삭여 말 전하기 놀이 하는 듯하여, 일생을 헛되이 보낸다. 爾 向枯骨上 覓什麽汁 有一般 不識好惡 向教中取意度商量 成於句義 如把屎塊子 向口裏含了 吐過與別人 猶如俗人打傳口令相似 一生虛過也", 『운문광록』 권상(대정장47, p.553a4)에 "운문이 법좌에 올라 말했다. '제방의 머리 벗겨진 늙은 중들이 뒤틀린 나무 선상 윗자리에 앉아 명리나 구하고, 부처를 물으면 부처라 답하고 조사를 물으면 조사라 답하면서 똥오줌을 싸고 있으니, 세 집밖에 없는 촌구석에서 늙은이들이 말놀이를 하는 꼴이다. 그러니 어찌 좋고 나쁜 것 알겠는가? 전부 이러한 이들 뿐이니, 물마저 쓸 자격이 없다'. 上堂云 諸方老禿奴 曲木禪床上座地 求名求利 問佛答佛 問祖答祖 屙屎送尿也 三家村裏老婆傳口令相似 識箇什麽好惡 總似這般底 水也難消"라고 하였다. 〔참고문헌〕『臨濟錄』, 『雲門廣錄』. ⇨ 주령 酒令

전국비구니회 全國比丘尼會 대한불교조계종단내 비구니승가의 전국 모임. 서울 강남구 광평로31길56 수서동에 회관을 두고 있다. 전래 이후 단절없이 이어온 한국의 비구니 승가는 1968년 2월24일 '대한불교비구니우담바라회 大韓佛敎比丘尼優曇鉢羅會'(이하 우담바라회로 칭함)를 창립하였다. 윤필암을 주석처로 하여 봉암사결사에 적극 동참하였음은 물론 1955년 정화를 거쳐 조계종단이 새롭게 출발할 때 정화운동에도 적극 동참하였는데, 이때 주역이었던 인홍(仁弘)스님은 200여 명의 비구니들을 모아 108대참회 기도정진으로 힘을 보태기도 하였다. 정화를 마친 비구니승가는 전국에 산재한 쓰러져가는 도량을 몸소 가꾸고 후학 양성에 매진했다. 특히 교육에 많은 관심을 가지고, 지방에서 강원을 속속 개설, 동학사·운문사·봉녕사·청암사 등의 승가대학에서 후학들을 양성하기 시작했다. 이를 위해 그 역량을 강화하면서 조직으로 이어진 것이 바로 우담바라회(優曇鉢羅會)다. 〔최초의 비구니조직 우담바라회를 결성하고 총림건립의 원을 세우다〕 1967년 어느 날 광우(光雨)스님은 당시 동국대학교를 다니는 명성(明星)스님을 만나 '비구니회' 결성을 제안했다. 정각사에서 법회를 담당하던 김동화박사가 "세계에서 한국만큼 비구니가 많고, 공부도 많이 하고 제대로 역할을 하는 나라도 드물 것이다."라고 한 말 또한 계기가 되었다. 이후 진관(眞觀 진관사津寬寺) 도원(道圓 승가사僧伽寺) 법운(法雲 석불사石佛寺) 세등(世燈 탑골 보문사) 스님 등이 합류하면서 마침내 1968년 2월 24일 보문사에서 50여 명의 비구니가 모여 창립총회를 열었다. 초대회장으로 보문사 주지 은영(恩榮 1910~1981)스님이 선출되었고, 세등(世燈 1926~1993)스님이 총무를 맡았다. 모임의 이름을 천년에 한 번 피는 우담바라꽃처럼 과거에 없던 일을 해보자는 뜻에서 '우담바라회'라고 짓고 활동방안으로 △총림의 건립 △포교의 합리화 △복지사회건설 등 3대 강령을 세웠다. 고문으로 도원(道圓 승가사僧伽寺), 윤호(輪浩 청룡사靑龍寺), 인홍(仁弘 석남사石南寺), 묘전(妙典 봉녕사奉寧寺), 천일(天日 석불암石佛庵), 법일(法日 대원사大圓寺) 스님을 모셨고, 발기인으로 성우(惺牛 내원사內院寺), 덕문(德門 개운사 대원암大圓庵), 광우(光雨 정각사正覺寺), 지명(智明 화운사華雲寺), 봉민(奉敏 옥천사玉泉寺), 진관(眞觀 진관사津觀寺), 법열

인홍스님 비구니회총재

종단정화불사에 참여한 비구니스님들

전국비구니회 역대 회장

제1대 은영 제2대 천일 제3대 지명

제4·5대 혜춘 제6·7대 광우 제8·9대 명성

제10대 명우 제11대 육문 제12대 본각

(法悅 대구 서봉사瑞鳳寺), 덕수(德修 대원암大圓庵 現 홍국사), 경순(景順 대전 복전사福田寺), 묘엄(妙嚴 봉녕사奉寧寺), 동림(東林 청주 영탑사靈塔寺), 명수(明洙 보은사報恩寺), 태경(泰鏡 금강사金剛寺), 혜명(慧明 미타사彌陀寺), 법운(法雲 석불사石佛寺), 태호(泰鎬 대구 대원사), 법준(法俊 보문사普門寺), 명성(明星 운문사), 세등(世燈 보문사普門寺)스님 등 19분을 모셨다. 창립 1년 뒤인 1969년 4월 16일 제2차 정기총회에서 회원 수가 600여 명으로 늘어날 정도로 비구니회 결성에 대한 비구니스님들의 관심과 기대는 폭발적이었다. 전국에서 조직이 꾸려져 지부를 두는가 하면, 수국사 주지 희경스님이 총림 부지로 서대문구 갈현동에 1만5천 평을 희사하겠다고 약속도 했다. 부지 마련으로 총림건립이 가시화되는 듯했으나 기증하려던 부지가 그린벨트로 묶여 회관건립의 기대가 좌절되는 한편 비구니총림을 반대하는 여론도 있게 되면서 동력을 잃는 듯 하였으나, 1970년대에 접어들어 '전국비구니회'로 명칭을 바꾸고 1971년 제2대 회장에 마포 석불사의 천일(天日)스님이 추대되었고, 1975년 제3대 회장으로 화성 화운사의 지명(智明)스님이 취임하면서 다시 활발하게 움직였고, 1980년 '전국비구니회'로 그 정체를 확실히 하였기에 전국 6000여 비구니들이 다 모이는 거대한 조직이 되었다. 1981년에는 비구니승가의 현대에 맞춘 정예교육을 위해 서울 성라암에 한국비구니대학을 개설하고 묘엄(妙嚴)스님이 학장을 맡았으나 이어가지

전국비구니회관 전경

전국비구니회 제12회 총회

못하고 제1기 수업을 끝으로 문을 닫고 이름만은 중앙승가대학에 합병되는 형식을 취했다. 이때 참석한 비구니 원로 중진스님들이 비구니회 재중흥의 필요성에 공감하고 제4대 회장으로 해인사 보현암 혜춘(慧春 1919~1998)스님을 선출했다. 그리고 다시 전국비구니회를 '대한불교조계종 전국비구니회'로 재창립하여 종로구 관훈동 근학빌딩 2층에 사무실을 개원하고 현판식을 가졌다. 1985년 9월 5일 언양 석남사에서 비구니계율 특강이 열렸는데, 이는 진관사계율산림에서 시작한 자운대율사의 '이부승수계 二部僧受戒' 복원을 위한 원력의 일환이었고 끝내 한국비구니승가는 이후 계단에 비구니십증사(比丘尼十證師)를 세우고 지구촌 어디에도 전승되지 못하고 있던 율장에 근거한 여법한 이부승수계를 성취하였다. 1985년 10월 수원 봉녕사에서 제1차 비구니수행교육(법랍 20년 이상)을 실시하는 등 재교육에도 전력하였다. 1987년에는 한국비구니승가의 상징적 존재로서 인홍(仁弘)스님을 비구니회 총재(1987~1997)로 추대했다. **[전국비구니회관 건립에 총력을 기울이다]** 1986년 제1차 대한불교조계종 전국비구니회 정기총회를 서울 삼선포교원에서 개최하고 비구니회관 설립을 목표로 하는 새로운 국면을 맞이했다. 5대 회장까지 역임한 혜춘스님은 재원 마련을 위해 전국 곳곳을 다니며 총력을 기울였다. 진관스님(진관사), 법운(法雲)스님(석불사)과 함께 삼총사가 되어 화주했던 일화는 지금도 널리 회자되고 있다. 마침내 서울시 강남구 수서동 744번지 일대 1339평의 대지구입협약을 체결하여 전국비구니회관 건립의 기초를 마련하였다. 1987년에는 서울시로부터 양천구에 있는 목동청소년회관을 위탁받아 지역사회의 문화복지에 기여하면서 비구니 위상은 한층 강화되었다. **[전국비구니회관 건립으로 회관은 여성포교의 초석이 되다]** 1995년 6대 회장으로 광우(光雨)스님이 취임하면서 비구니회관건립을 위한 모연으로 모아진 기금으로 회관부지를 매입, 1998년 9월 10일 회관 신축공사기공식을 가졌고, 제7대 회장을 역임한 광우스님은 2002년 총공사비 120억원으로 지상 3층 지하 2층, 총면적 2500여 평의 비구니회관건립의 원력을 성취했다. 전국 비구니스님들의 '땅1평 사기' 운동이 확산되고, 안양의 한마음선원장 대행(大行)스님이 86억을 보시하면서 회관건립의 숙원이 이뤄진 것이다.

제8차 사카디타회의

드디어 2002년 만불전 봉불식까지 마치고 2003년 8월 19일 '전국비구니회관 개관기념대법회'를 개최하였다. 2003년부터 2011년까지 운문사 명성(明星)스님이 제8·9대 회장을 맡으면서 비구니회는 비구니회관을 중심으로 새롭고 다양한 사업을 개설 운영했다. 특히 여성포교를 위해 다도·서예·요가·사찰요리·규방공예·도자기·비누공예·천연염색 등 다양한 문화강좌를 개설하였고, 선재(善財)스님의 사찰음식강좌는 폭발적인 인기를 끌어 이후 사찰음식의 소중한 전통을 전국민들과 나아가 지구촌 곳곳에 알린 공덕은 비구니승가의 큰 공덕이 아닐 수 없

다. 2004년 제8차 세계여성불자대회(샤카디타)를 한국에서 개최하여 45개국 1300여 명이 참석했으며, '여성불자의 교육과 수행'이라는 주제로 12개 학술분야에서 58편의 논문이 발표되는 등 한국비구니승가의 위상을 세계에 알리는 큰 계기가 되었다. 그 밖에도 전국비구니회는 한일불교문화교류협의회, 한중일불교교류협의회, 남방불교 승가와도 교류하는 등 국제적 교류를 통해 지구촌 승가와 손을 맞잡았다. 2006년 6월 '한국비구니 수행전통에 대한 포럼' 개최했고, 2007년 법화산림도 개설하여 비구니법사 32명이 사부대중을 위해 법문하게 하였으며, 2009년 유마경산림도 개최했다. 2007년 10월 종단 최초로 대한불교조계종 비구대종사에 해당하는 비구니명사 법계품서식이 합천 해인사 대적광전에서 봉행됐다. 혜운(慧耘)·광우(光雨)·묘엄(妙嚴)·지원(知元)·명성(明星)·정훈(正訓)·정화(淨華)스님 7명이 명사로 품서되어 비구니위상재정립의 계기를 마련했다. 7명의 명사 법계품서 이후 11년만인 2018년에 다시 비구니 원로의원스님 11명(행돈行敦·묘관妙觀·자민慈珉·법희法希·수현修賢·혜운慧雲·자행自涬·불필不必·자광慈光·재운在芸·소림昭林)이 명사법계를 받았다. 2011년 제10대 회장으로 명우(明又)스님이 선출됐는데, 이때 처음으로 회장을 투표로 선출하는 선거제도를 도입했다. 2014년 10월 8일 비구니승가의 청렴과 소통이라는 가치를 구현하고자 열린비구니모임이 결성됐다. 모임이 결성된 이유는 전국비구니회의 제16대 비구니중앙종회의원 후보자 선출과정에서 당시 운영위원장의 파행적 행보가 문제되었고, 그 이면에는 소통하지 않는 비구니회운영이라는 평가가 있어 결국 300여 명이 참석하는 공청회와 1천여 명이 동참하는 결의대회를 끌어내는 전례 없는 성과를 이끌었다. 그 결과 전국비구니회는 6000여 비구니를 대표해야 한다는 자명한 원칙을 공론화시켰으며, 이러한 비구니들의 열망을 바탕으로 2015년 제11대 회장으로 육문(六文)스님을 선출했다. 이때 13개 지회를 17개 지회로 확대하고 2016년 제1차 원로회의 및 고불식을 개최했으며, 복지시설인 해인사자비원(海印寺慈悲院)을 인수하여 운영하기 시작했다. 2017년 종단 승려복지회 및 동국대학교 의료원과 업무협약체결로 비구니스님들의 무료건강검진을 시작했고, 백천문화재단과 업무협약을 체결하고 의료비지원사업과 장학금사업도 시작했다. 2018년 10월 28일에는 전국비구니회 50주년 기념행사도 개최하였다. 〔2019년 11월 소통하고 실천하는 전국비구니회 출범〕 본각(本覺)스님이 제12대 전국비구니회장으로 취임하면서 보다 민주적 운영풍토를 조성하고 일회용줄이기 환경운동 서약 대사회활동등 △비구니승가 현실적 복지체계구축 △비구니 인재육성과 활용 △열려있는 전국비구니회 △사회문제에 능동적대처 △세계화·4차산업시대를 선도하는 제12대 공약을 실천하고자 회관에 상주대중을 구성하고 직접관장하고 있다. 전국비구니회 조직을 재정비하여 6부 1실의 7개 집행부와 한국비구니승가연구소·사찰음식연구소·차문화연구소를 부설했다. 또 회칙을 재개정하고 회원관리시스템을 도입하는 등 전국규모 회원들과의 소통에도 주력하고 있으며, 현대사회 비구니에게 꼭 필요한 일상염불·설법교육, 온라인강좌를 위한 유튜브교육프로그램 등도 가동하고 있다. 나아가 승가의 정체성을 위해 작은공동체운영계획 및 홀로 사는 노비구니스님들을 위한 복지체계 구축을 위해 위원회를 운영하는 등 전국비구니들의 위상을 높이고 새로운 미래를 준비하는 한국비구니승가를 위해 일념정진하고 있다.

전국비구니회 열린비구니모임

전국지새 傳國之璽 나라를 다스리는 신표(信標)로서의 국새. 『법화경지장소사의』(卍속장93, p.900b3)에 "전국지새 : 채옹의 『독단』에 '새는 인이다. 인이란 신이다' 라고 하였는데, 옛날에는 귀천 함께 하였다. 진시황은 남전(陜西省)의 옥을 얻고서 재상 이사에게 명하여 '하늘로부터 받은 목숨이니, 이미 오래였고 길이 창성하리라'는 글을 새기게 했는데, 이로부터 오로지 왕의 인장되어버렸다. 한나라 고조는 함양(陜西省)에 들어가 진나라 옥새를 얻었는데 대대로 서로 이었으니 이를 전국새라고 하였다. 『유학수지』를 보라. 傳國之璽 蔡邕斷獨璽者 印也 印者 信也 古者 尊卑共之 秦始皇得藍田之玉命其相李斯篆曰 受命於天 旣壽永昌 自此專名王之印也漢高祖入咸陽 得秦璽 世世相授 號曰傳國璽 見幼學須知" 라고 하였다. 〔참고문헌〕『法華經指掌疏事義』.

전궐 顚蹶 거꾸러지다. 넘어지다. 곤경에 처하다. 좌절하다. 『사분율』 권60(대정장22, p.1010a11)에 "때론 거친 말을 재갈을 물리거나 채찍으로 가게 하려면 뒤집거나 넘어진다. 或有惡馬 授勒與鞭 欲令其去 而顚蹶倒地", 『대비바사론』 권14(대정장27, p.69b7)에 "밤에는 넘어진다 한들 세인들이 비난하지 않는다. 夜分顚蹶 世則不訶", 『지관보행전홍결』 권9(대정장46, p.418c29)에 "또한 저들 번뇌가 눈앞에 나타나는 순간 마음에서 부끄럽다는 생각을 일으켜 속히 방편을 모색한다. 마치 눈 밝은 이가 대낮에 평지에서 넘어지면 돌아보고 바로 일어나서는 본 사람은 없는지 사방을 둘러보는 모양과 같다. 復次 彼煩惱現在前時 心生慚愧 速作方便 如明眼人 晝日平地顚蹶 尋卽還起 四方顧視 無見者不", 『가태보등록』 권3 「법명상좌장 法明上座章」(卍속장137, p.79b10)에 "(임종게) 한평생 취중에 고꾸라져 있었지만, 취중에 오히려 분별 생하였노라. 오늘밤 술에서 깨고나면 그 어디에 있으려나? 버드나무 언덕 새벽 바람 불고 달은 기우네. 平生醉裏顚蹶 醉裏却有分別 今宵酒醒何處 楊柳岸 曉風殘月"라고 하였다. 〔참고문헌〕『四分律』, 『大毘婆沙論』, 『止觀輔行傳弘決』, 『嘉泰普燈錄』.

전궐 癲蹶 간질. 『출삼장기집』 권6(대정장55, p.44c1)에 "오음(陰)·십팔계(指)·십이처(入)야말로 세간의 깊은 병이다. 사람의 마음 이리저리 달리게 덕을 변해 미치게도 하며, 귀 멀고 맛 모르게 하며, 영화에 취하게 하고, 어리석음 안고서 어둠에 몸을 던지며 삼악도에서 슬피 울부짖으니 병이라 한다. 나병과 같아서 골수에 사무쳐 드니 훌륭한 의사라도 속수무책이며, 간질과 같아서 의사가 와도 눈앞이 캄캄하여 어찌할 바를 모른다. 陰持入者 世之深病也 馳騁人心 變德成狂 耳聾口爽 耽醉榮寵 抱癡投冥 酸號三趣 其爲病也 猶癩疾焉 入骨徹髓 良醫拱手 猶癲蹶焉 來則冥然 莫有所識"라고 하였다. 〔참고문헌〕『出三藏記集』. ⇨ 음계입 陰界入, 삼과 三科

전귀 戰鬼 Ⓢ kampa. 태장만다라(胎藏曼茶羅) 최외원(最外院) 북쪽에 안치하는 존위(尊位). 검파(劍波)라고도 한다. 종자는 (kaṃ), 삼매야형은 홀(笏), 수인은 금강합장(金剛合掌)이고 진언은 보세명비진언(普世明妃眞言)과 같다. 오색 구름을 타고 있다. 『현법사의궤』 권2(대정장18, p.124c27)에서 "낭막 삼만다몰다남 로가로가 갈라야 살바녜바 낭아 약걸차 건달바 아소라 아로나 긴낭라 마로라아이 하리날야이 야갈라쇄야 미질달라얼지 사바하

曩莫 三滿多沒馱喃 路迦路迦 羯囉野 薩嚩禰嚩 曩誐 藥乞叉 健達嚩 阿素羅 誐嚕拏 緊曩羅 摩護囉我儞 訶哩捺野儞 也羯囉灑野 尾質怛囉蘖底 娑嚩賀 두루하신 제불께 귀의합니다. 세간출세간의 일을 성취하는 이여! 일체천룡 야차 건달바 아수라 가루다 긴나라 마호라가 등의 마음을 행처 곳곳에 이끄소서! 스바하"라고 하였다. 형상은 살색 몸에 보관을 쓰고 갈마의를 입었으며, 홀에 양손을 받치고 구름 위에 앉은 모습이다. 범어 캄파는 진동이나 지진이라는 뜻이다. 전귀의 전(戰)이란 전쟁(戰爭)이 아니라 떨쳐 움직임(震動)을 뜻한다. 〔참고문헌〕『玄法寺儀軌』 권하(대정장18, p.123c10), 『大日經疏演奧鈔』 권14(대정장59, p.156c6). ⇨ 검파 劍波, 태장만다라 胎藏曼茶羅

전근 轉根 **1** Ⓢ indriya-saṃcāra, Ⓣ dbang-po'i-'pho-ba. 근(根)을 뒤치다. 열등한 근성(下地)이 예리한 근성(上地)으로 바뀌는 것이니, 성문이나 연각의 근성이 보살의 근성으로 바뀌는 것 등을 말한다. 증진근(增進根)·연근(練根)이라고도 한다. 『순정리론』 권63(대정장29, p.701c12)에 "유학성자가 무루도로 저 염을 여읠 때 유루를 함께 다스려 이계득을 이끌어내지 못하면, 성도로서 한꺼번에 팔지를 여읜 후 정려에 의지하여 근을 뒤칠 수 있을 때 문득 앞서의 모든 둔근의 성도를 버리고 정려에 의한 이과성도를 얻을 뿐, 상지혹의 계박 떠남을 반드시 성취하지는 못한다. 이것은 도리어 저 상지번뇌를 다시 성취하게 되는 것이어서 인정할 수 없다. … 그 까닭은 무엇인가? 저 성자에게 유루단득은 없지만 상지의 번뇌는 성취하지 않는다. 마치 부분적으로 유정지를 떠나 전근을 얻을 때와 중생이 상지에 나도 미혹되지 않는 것과 같기 때문이다. 유정지의 염을 부분만 여읜 이후 정려에 의지하여 전근을 얻을 때, 무루단득으로 이미 간박에 버렸으나 저 유정지이계에 유루득은 없기에 저 지의 혹마저 성취하지 않는다. 有學聖 以無漏道 離彼染時 若不引生 同治有漏 離繫得者 則以聖道具離八地 後依靜慮 得轉根時 頓捨先來諸鈍聖道 唯得靜慮 利果聖道 上惑離繫 應皆不成 是卽還應成彼煩惱 然非所許 … 所以者何 彼聖設無 有漏斷得 亦不成就 上地煩惱 如分離有頂 得轉根時 及異生上生 不成惑故 謂如分離有頂地染 後依靜慮 得轉根時 無漏斷得 旣已頓捨 彼地離繫 無有漏得 而彼地惑 亦不成就"라고 하였다. 〔참고문헌〕『順正理論』, 『俱舍論』 권24(대정장29, p.127b11), *Abh-k-bh.322.* ⇨ 증진근 增進根, 연근 練根 **2** Ⓢ vyañjana-parivṛtti, Ⓣ mtshan-gyur-pa. 남성이 여성이 되거나 여성이 남성이 되는 것. 『구사론』 권14(대정장29, p.72b26 : *Abh-k-bh.*, p.205)에 "필추율의를 떠나 별도의 필추니율의는 없으며, 근책율의를 떠나 별도의 정학근책녀율의는 없고, 근사율의를 떠나 별도의 근사녀율의는 없다. 어떻게 그러하다는 것을 아는가? 형을 고쳐 바꿈으로써 체 비록 버리거나 얻는 것 없으나 이름만은 다름이 있기 때문이다. 형이란 형상이니 곧 남근과 여근을 말한다. 이 두 가지 근으로 말미암아 남녀의 형이 구별되고, 단지 형이 바뀜으로써 모든 율의를 필추나 필추니 등으로 이름하게 된다. 말하자면 근위가 바뀜에 따라 본래의 필추율의를 필추니율의라고 하며,

혹은 필추니율의를 필추율의로 부른다. … 전근위에서 먼저 얻은 율의를 버리고 앞서 얻지 못한 율의를 얻는 인연이 있는 것은 아니다. 그러므로 네 가지 율의는 세 가지 체에서 달라지지 않는다. 離苾芻律儀 無別苾芻尼律儀 離勤策律儀 無別正學勤策女律儀 離近事律儀 無別近事女律儀 云何知然 由形改轉 體雖無捨得 而名有異故 形謂形相 卽男女根 由此二根 男女形別 但由形轉 令諸律儀 名爲苾芻苾芻尼等 謂轉根位 令本苾芻律儀 名苾芻尼律儀 或苾芻尼律儀 名苾芻律儀 … 非轉根位 有捨先得得先未得律儀因緣 故四律儀 非異三體 bhikṣusaṃvarā dbhikṣuṇīsaṃvaro nānyaḥ śrāmaṇerasaṃvarācca śikṣamāṇāśrāmaṇerīsaṃvarau. upāsakasaṃvarād upāsikāsaṃvaro nānyaḥ. kathaṃ jñāyate. liṅgato nāmasaṃcārāt. liṅgamiti vyañjanasyākhyā yena strīpuruṣau liṅgyete. liṅgato hi bhikṣubhikṣuṇyā dīnāṃ nāmasaṃcāro bhavati. kathaṃ kṛtvā. pari vṛtte hi vyañjane bhikṣurbhikṣuṇītyucyate bhikṣ uṇī ca punarbhikṣuḥ. … na ca vyañjanaparivṛtta u pūrvasaṃvaratyāge kāraṇamasti nāpyapūrvasa ṃvarapratilambhe. tasmādabhinna eṣāṃ caturṇā saṃvarāṇāṃ tribhyaḥ svabhāvaḥ"라고 하였다. [참고문헌] 『俱舍論』, 『順正理論』 권36(대정장29, p.548c1), *Abh-k-bh.* ⇨ 전녀성남 轉女成男

전근곽란 轉筋霍亂 근육이 뒤틀리고 속이 뒤집히는 일. 어찌할 바를 모르는 총체적 난국을 비유하는 말이다. 『종용록』 36칙 「본칙 本則」(대정장48, p.251b20)에 "마대사가 편치 않아 하자〈유마인 듯할 필요는 없지〉 원주가 물었다. '화상이시여, 요즘 존귀하신 몸은 어떤지요?'〈매일 하는 일이 바쁘니 문안인사 여쭐 짬도 나지 않는다〉 '일면불, 월면불이다'〈쥐가 나면서 곽란까지 일어났는가?〉 擧 馬大師不安〈未必似維摩〉 院主問 和尙 近日尊位 如何〈常住事忙 少得問候〉 大師云 日面佛月面佛〈莫是轉筋霍亂麽〉"라고 하였다. [참고문헌] 『從容錄』.

전기 典琪 조선후기 스님. 호는 서암(瑞庵·瑞巖·捿庵). 전기(典基·典玘·琠基·詮琪)라고도 한다. 19세기 후반에 경상남북도와 전라북도를 중심으로 활동한 불화승이다. 1870년 남해용문사괘불탱(首畵僧 錦巖天如) 개조 및 1873년 진주청곡사지장탱·삼장탱(奉儀), 1882년 부산범어사대웅전석가모니후불탱·삼장탱·신중탱(琪銓), 1882년 남원실상사약사전약사후불탱·신중탱(蓮湖奉毅), 1886년 실상사보광전아미타후불홍탱(容善), 1890년 합천해인사홍제암석가모니후불탱(東雲就善) 등 수많은 불화조성에 동참하였다. 「해인사괘불탱화기」에 "금어는 서암전기와 우송상수이다. 金魚 瑞庵典琪 友松爽洙"라고 하였다. [참고문헌] 「海印寺掛佛幀畵記」, 『韓國의 佛畫』 권4·5·21·22·26·32·40.

전기대용 全機大用 온전한 기틀 크게 움직이다. 다함없는 기틀 여지없이 움직여 걸림없이 하는 뜻이다. 『원오어록』 권1(대정장47, p.717a14)에 "온전한 기틀 크게 써서 마주치는 곳마다에서 성취하니, 눈 가득 일렁이는 푸른 빛 고금을 꿰뚫는다. 한 티끌 법계를 머금고 일념 시방에 가득 찬다. 대지 온통 진실일 뿐이니 찰해 온통 대해탈이다. 다만 이에 당한 이에게 있을 뿐이니, 잠깐 빛이라도 돌이켜 눈에 붙여 볼 뿐. 全機大用 觸處見成 溢目淸光 貫通今古 一塵含法界 一念遍十方 盡大地是眞實人 總剎海爲大解脫 只在當人 略回光相 自著眼看", 같은 책 권14 「시세상선인 示世祥禪人」(대정장47, p.778c21)에 "위로도 아래로도 사무쳐 기 다 들어 여지없이 크게 쓴다. 마치 장사가 팔 한번 펴는 듯 하는 사이여서 남의 힘을 빌리지 않는다. 곧바로 생사라는 가림막 눈 녹듯이 사라지고 금강같은 정체 우뚝 드러나니, 일단 얻기만 하면 영원히 얻어 빈틈도 끊어짐도 없다. 透頂透底 全機大用 譬如壯士屈伸臂頃 不借他力 則生死幻翳氷消 金剛正體獨露 一得永得 無有間斷", 『벽암록』 60칙 「평창 評唱」(대정장48, p.192c1)에 "운문은 주장자 들 때마다 온전한 기틀을 남김없이 써서 활발발하게 사람을 구한다. 雲門每向拄杖處 拈掇全機大用 活潑潑地爲人", 『밀암어록』 「탑명 塔銘」(대정장47, p.982c11)에 "임제의 종지는 곧바로 끊어 뿌리에 닿는다. 밟아 오를 일 없기에 온전한 기틀 여지없이 써 방과 할을 가지런히 베푼다. 臨濟之宗 直截根源 不涉階級 全機大用 棒喝齊施", 『불과격절록』 7칙 「평창」(卍속장117, p.457a14)에 "잡으려 해도 머물려 하지 않고 불러도 돌아보지 않는 저 사람, 겨우 듣자마자 문득 알아차리고 온몸 남김없이 움직인다. 羅籠不肯住 呼喚不回頭底漢 纔聞人擧便知全機大用"라고 하였다. [참고문헌] 『圜悟語錄』, 『碧巖錄』, 『密菴語錄』, 『佛果擊節錄』. ⇨ 전기수용 全機受用

전기독로 全機獨露 온전한 기틀 오롯이 드러나다. 감출 것 없이 다 드러내 홀로 우뚝하지만 세간과 출세간에 모두 자유로워 살활자재한 형국을 말한다. 『원오어록』 권4(대정장47, p.730b15)에 "풀잎 눕히는 바람길처럼 온전한 기틀 홀로 뚜렷하다. 바로 이러한 때 한 물건 한마디 의지할 데 없으니 무어라 해야 하나. 만상 중에 영원히 홀로 뚜렷하고, 천 길 봉우리 위에 온몸을 나투기도 한다. 草偃風行 全機獨露 正當恁麽時 不依倚一物一句 作麽生道 萬象之中長獨露 千峯頂上現全身", 『벽암록』 53칙 「수시 垂示」(대정장48, p.187c12)에 "세계 가득 감출 수 없어 온전한 기틀 우뚝 드러난다. 가는 길마다 막힘 없으니 걸음 걸음마다 몸 벗어나 자유롭다. 하는 말이 무엇이거나 치우침이 없으니 존재 하나하나마다 사람을 죽이는 뜻이 있다. 遍界不藏 全機獨露 觸途無滯 著著有出身之機 句下無私 頭頭有殺人之意", 『선관책진』「천기화상시중 天奇和尙示衆」(대정장48, p.1104c12)에 "홀연히 알고 나니 꿈에서 깬 듯 하다. 다시 종전의 일 돌아보니 온통 다 허환이었네. 바탕 그대로 본래 진실이었고 만상삼라 온 기틀 오롯이 드러내고 있거늘. 忽然會得 如夢而醒 覆看從前 俱是虛幻當體 本來現成 萬象森羅 全機獨露", 『고설철어록』 권6(가흥장28, p.334c26)에 "쑥대화살을 허공에 쏘아 산산이 부수고 온전한 기틀 우뚝 드러날 때 세간도 출세간도 훌쩍 벗어나리. 蒿箭射虛空 虛空百雜碎 全機獨露時 超出世出世"라고 하였다. 〔참고문헌〕『圜悟語錄』, 『碧巖錄』, 『禪關策進』, 『古雪哲語錄』. ⇨ 전기독탈 全機獨脫, 전기영탈 全機穎脫

전기독탈 全機獨脫 온전한 기틀 여지없이 우뚝 드러나다. 『원오어록』 권7(대정장47, p.745c2)에 "움직인즉 구름가듯 하고 멈춘즉 계곡의 신령과 같다. 어찌 마음에 이것저것 있으며, 어찌 모양에 오고감 있겠는가? 가는 곳마다에서 만날 뿐이니 온전한 기틀이 오롯이 벗어나 있을 뿐. 바로 이러할 때 어떠한가? 흰 구름은 본디 마음이 없는 물건이니 그저 한가히 허공을 출몰하네. 所謂動若行雲 止猶谷神 豈有心於彼此 那有像於去來 觸處逢渠 全機獨脫 正恁麽時如何 白雲本是無心物 等閑出沒太虛空", 『밀암어록』(대정장47, p.965c3)에 "법좌에 올라 주장자를 잡고 한 번 내려치고 말했다. '어리석을 때는 바로 이것을 모를 뿐'. 다시 한 번 내리치며 말했다. '깨달았을 때도 바로 이것을 깨닫는다. 어리석음과 깨달음 모두 잊는다 해도 똥 더미에 거듭 거름 쌓을 뿐이다. 동에서 솟았다가 서에서 사라지는 온전한 기틀 오롯이 벗어난 곳 얻은 이 있지 않은가? 한마디 일러보라. 만일 제대로 말하지 못한다면 내가 스스로 말하겠다'. 주장자를 던지고 법좌에서 내려왔다. 上堂 拈拄杖卓一下云 迷時 只迷遮箇 復卓一下云 悟時 只悟遮箇 迷悟兩忘 糞掃堆頭 重添搕𢶍 莫有向東湧西沒 全機獨脫處 道得一句麽 若道不得 華藏自道去也 擲拄杖 下座"라고 하였다. 〔참고문헌〕『圜悟語錄』, 『密菴語錄』. ⇨ 전기독로 全機獨露, 전기영탈 全機穎脫

전기수용 全機受用 기틀 남김없이 거두고 쓰다. 『벽암록』 55칙 「평창 評唱」(대정장48, p.189b29)에 "만일 '살았어도 말하지 못하고 죽었어도 말하지 못한다'는 말 듣자마자 알아차린다면 비로소 처음부터 끝까지 온전한 기틀 받아 쓸 줄 안다. 그대 만일 도리나 지어내 궁리하고 살핀들 그대로 어둠에 쌓이리라. 若於生也不道 死也不道處 言下薦得 方知自始至終 全機受用 爾若作道理 擬議尋思 直是難見"라고 하였다. 〔참고문헌〕『碧巖錄』. ⇨ 전기대용 全機大用

전기영탈 全機穎脫 여지없이 문득 벗어나 자유로운 기틀. 전기독탈(全機獨脫)과 같은 맥락이다. 『벽암록』 30칙 「송 頌」(대정장48, p.169c29)에 "어찌 흰 고니 검은 까마귀 가리는가?〈여지없이 불쑥 벗어났는데. 긴 놈은 스스로 길고 짧은 놈은 본래 짧다. 이를 알아차리면 소중한 사람이다. 그래도 구분할 필요는 없다〉. 爭辨鵠白烏黑〈全機穎脫 長者自長 短者自短 識得者貴 也不消得辨〉"라고 하였다. 〔참고문헌〕『碧巖錄』. ⇨ 전기독로 全機獨露

전기투탈 全機透脫 안팎 없는 기틀 사무쳐 벗어나다. 『벽암록』 15칙 「평창 評唱」(대정장48, p.155c3)에 "만일 안팎 없는 기틀 사무쳐 벗어난 이 아니라면 어떻게 그대와 죽음도 함께하고 삶도 함께하겠는가! 若非全機透脫 得大自在底人 焉能與爾 同死同生", 『고설철어록』 권6(가흥장28, p.338a25)에 "곧바로 알아차려 온전한 기틀 사무쳐 벗어난다면 석가불께 두 손 높이 표할 뿐 미륵에게 절하지 않으며, 성문을 얕잡아보고 보살에게 호통 칠만하다. 이와 같다면 삼장십이분교 오래된 종이이고, 조사의 서쪽 소식마저 바람 없이 일으킨 물결일 뿐. 直下承當 全機透脫 便可高揖釋迦 不拜彌勒 婢視聲聞 奴呼菩薩 如是則三藏十二分敎 還同故紙 祖師西來 無風起浪"라고 하였다. 〔참고문헌〕『碧巖錄』, 『古雪哲語錄』.

전기현 全機現 기틀 온전히 나투다. 남김없이 마음은 통 다 드러내 비추니 세계 온통 밝아 묘하지 않은 곳이 없는 뜻이다. 『원오어록』 권17(대정장47, p.793c6)에 "세간에 남이라 하니 남김없는 기틀이 나툼이고, 죽음이라 해도 온전히 드러내 남김없는 사태다. 生也全機現 死也全機現", 『운서정토휘어』 「의수미음 擬首尾吟」(卍속장109, p.155b15)에 "천개 연잎 펴 보이며 온전한 기틀을 드러낸다. 展開千葉全機現", 『할당혜원광록』 권1(卍속장120, p.925b4)에 "발우엔 세계 출렁이고, 주장자로 창해를 휘젓는다. 어룡이 함께 자취 지우고, 불조마저 그 모습 감추네. 정오에 온전히 드러내고, 까마귀가 숨어 수레는 나올 일 없다. 가을 깊은 산 위로 달은 밝고, 봄이 오면 불탄 자취 다시 푸르리. 鉢盂盛世界 拄杖攪滄溟 魚龍俱削迹 佛祖也逃形 日午全機現 烏沉未出輪 秋高山月白 春至燒痕靑", 『임간록후집』(卍속장148, p.649a17)에 "죽어 나는 일 이미 끊었는데 어찌 늙고 젊음에 묶이랴! 여지없는 이 몸 지금 여기 있어서 언제나 빛나고 아름답다. 已絶死生 豈纏老少 全機現前 當明而妙"라 하였다. 〔참고문헌〕『圜悟語錄』, 『雲棲淨土彙語』, 『瞎堂慧遠廣錄』, 『林間錄後集』. ⇨ 사야전기현 死也全機現, 생야전기현 生也全機現, 심야전기현 心也全機現

전기현전 全機現前 숨길 것 없어 진실만으로 밝고 자유로운 뜻이다. 온전한 기틀 남김없이 다 드러내 마주하다. 『임간록후집』「육세조사찬병서 六世祖師贊幷序」(卍속장148, p.649a18)에 "온전한 기틀 드러나 마주한다. 밝은 그대로 묘하다. 밤 깊은 강에 배 띄워 내가 이제 그대를 건네주리. 구중에 뜬 눈이 저 물과 함께하는 우유빛이네. 全機現前 當明而妙 夜江佐舟 吾今汝渡 句中之眼 如水有乳"라고 하였다. 〔참고문헌〕『林間錄後集』.

전길 詮吉 통일신라 스님. 『일본서기』 권30 지통(持統) 4년(690) 2월 무오일에 "신라 스님 전길과 급찬 북조지 등 50명이 귀화하였다. 新羅沙門詮吉 級湌北助知等 五十人歸化"라고 하였다. 〔참고문헌〕『日本書紀』.

전날라야 戰捺囉野 Ⓢcandrāya. 월천자(月天子 Ⓢcandra)의 진언. 전날라(戰捺囉)·전날라야(戰捺羅也)라고도 한다. 『대일경』 권2 「진언장품 眞言藏品」(대정장18, p.15b8)에 따르면 월천자의 진언은 '나마 삼만다 발다남 전날라야 사하 𑖡𑖦𑖾 𑖭𑖦𑖡𑖿𑖝 𑖤𑖲𑖟𑖿𑖠𑖯𑖡𑖽 𑖓𑖡𑖿𑖟𑖿𑖨𑖯𑖧 𑖭𑖿𑖪𑖯𑖮𑖯 南麽 三曼多 勃馱喃 戰捺羅也 娑訶 namaḥ samanta-buddhānāṃ candrāya svāhā'이다. 『대일경의석』 권7(卍속장36, p.740a5)에 "또한 월천진언은 맑은 달의 뜻과 상응한다. 전⟨caṃ⟩ 날라⟨ndrā⟩ 야⟨ya⟩. 전날라야는 달을 이름한다. 일체세간에서 뜨거운 번뇌를 없애 주고 청량한 즐거움을 베풀기에 감로라고 부른다. … 최초의 전 자는 진언의 체로는 전⟨caṃ⟩이고, 전은 불사의 뜻으로 일체감로미 가운데 가장 뛰어난 정월삼매를 말한다. 이것을 조복하면 모든 옮겨 변하는 취에서 벗어나 죽지도 않고 나지도 않는다. 다음으로 다⟨da⟩라고 하는데, 나(娜)는 중생에게 베푼다는 뜻이며, 라(囉)는 티끌이 없다는 뜻이어서 깨끗한 달의 용으로 삼는다. 마지막에 예⟨ye⟩를 더하였는데, 예(曳) 소리는 월천의 수레를 말한다. 又月天眞言是瑜伽淨月之義 𑖓𑖽⟨caṃ⟩ 𑖡𑖿𑖟𑖿𑖨𑖯⟨ndrā⟩ 𑖧⟨ya⟩ 戰捺囉野卽是月名 一切世間 能息除熱惱 施淸涼樂故 謂之甘露 … 今以最初戰字 爲眞言體𑖓𑖽⟨caṃ⟩ 戰是不死義 一切甘露味中無過淨月三昧 其服之者 則離諸遷變不死不生 次云𑖟⟨da⟩ 娜者卽是施衆生義 囉是無塵 又爲淨月之用 以加𑖧𑖸⟨ye⟩ 曳聲故 所謂月天乘"라고 하였다. 〔참고문헌〕『大日經』, 『大日經義釋』. ⇨월요 月曜, 월천 月天, 월천자 月天子

전녀성남 轉女成男 여인의 몸을 바꾸어 남자가 되다. 변성남자(變成男子)라고도 한다. 『약사여래본원경』(대정장14, p.405b5)에 "여덟째 대원은 무엇인가? 내가 내세에 보리를 얻을 때, 만약 어떤 여인이 여인의 수많은 흠 때문에 핍박을 받아 지극히 싫어하는 마음이 생겨 여인의 몸을 버리고자 원하면, 나의 이름을 듣기만 하여도 일체가 모든 여인의 것을 남자로 바꾸고, 장부상마저 갖추며, 나아가 무상보리까지 증득하게 하리라. 第八大願 願我來世 得菩提時 若有女人 爲女百惡之所逼惱 極生厭離 願捨女身 聞我名已 一切皆得 轉女成男 具丈夫相 乃至證得 無上菩提"라고 하였다. 〔참고문헌〕『藥師如來本願經』, 『大寶積經』 권98(대정장11, p.549a12). ⇨변성남자 變成男子, 변성성불 變性成佛, 여인왕생원 女人往生願, 여인오장 女人五障, 용녀성불 龍女成佛

전녀성남원 轉女成男願 ➡여인왕생원 女人往生願

전념 轉念 생각을 뒤치다. 이미 생각하던 것을 뒤쳐 다른 것을 기억하게 하는 뜻이다. 『법구경』 권하 「도행품 道行品」(대정장4, p.569c5)에 "셋(貪瞋癡)을 평정하여 전념을 이루니, 버리는 아름다운 행 무량하다네. 셋을 얻어 세 굴을 버린다. 맺힌 것 풀어야 가히 마땅한 것 기억한다. 三定爲轉念 棄猗行無量 得三三窟除 解結可應念", 『출요경』 권14 「도품 道品」(대정장4, p.686b16)에 "셋을 관하여 념을 뒤쳐 위없는 도를 얻는다. 셋을 얻어 세 굴을 버리니, 무량히 닦고 기억하여 가진다. 三觀爲轉念 逮獲無上道 得三除三窟 無量修念持", 『소석금강경과의회요주해』 권8(卍속장92, p.422a17)에 "경의 네 구(一切有爲法 如夢幻泡影 如露亦如電 應作如是觀) 가져서 성인의 경지로 들어가 범부를 넘어서네. 자주자주 생각을 돌이키니 금강의 바탕 더없이 견고하다네. 持經四句 入聖超凡 頻頻轉念 金剛體最堅"라고 하였다. 〔참고문헌〕『法句經』, 『出曜經』, 『銷釋金剛經科儀會要註解』.

전녹록지 轉轆轆地 구르며 달리고 달리다. 막힘없이 거침없이 자유롭게 움직이는 비유다. 녹록(轆轆)은 수레 달리는 소리다. 『대혜어록』 권15(대정장47, p.874b1)에 "구르며 달리고 달리지만 어느 한 구석에 막히지 않는다. 轉轆轆地 不滯在一隅", 『밀암어록』(대정장47, p.973c14)에 "전체가 바로 대해탈문이니 이육시중에 어느 시각에나 거두어 쓴다. 구르며 달리고 달려 생과 사로 출입하지만 털끝 범하지 않는다. 때론 가고 때론 머물지만 온전히 광겁을 넘어선다. 全體是箇大解脫門 二六時中受用 轉轆轆地 出生入死 不犯毫鋩 或去或留 全超曠刦", 『벽암록』 39칙 「평창 評唱」(대정장48, p.177b24)에 "말해보라. 운문이 떨어져 있는 곳 어디인가? 바로 이것 집안일이어서 밖을 향해 헤아릴 일 아니다. 그래서 백장이 말했다. '삼라만상과 일체언어가 모두 자기에게로 되돌아오니 구르고 굴러 뒤치며 활발발한 처로 향한다'고 한 것이다. 且道 雲門落在什麽處 這箇是屋裏事 莫向外卜度事 所以百丈道 森羅萬象 一切語言 皆轉歸自己 令轉轆轆地 向活潑潑處", 『원오심요』 권상 「시화장명수좌 示華藏明首座」(卍속장120, p.698a6)에 "낱낱으로 하나를 들어 셋을 밝히고 눈대중으로 주량한다. 굴러 달리고 달리듯 막힘없이 트이고 통쾌해야 비로소 끌고 가진다 부를 만하다. 箇箇須是擧一明三 目機銖兩 轉轆轆地 踈通俊快 始稱提持", 『불조역대통재』 권18(대정장49, p.662c19)에 "다만 유무의 모든 법의 양끝을 끊어내고 범성의 분별마저 다해야 그 바탕 드러나 진실하고 떳떳하리니, 사리가 둘이 아니어서 그대로 부처 같으리라. 만약 능히 이렇게 할 수만 있다면 법법이 의지할 일 없어서 고르고 같아 큰 길일 뿐이리니, 만유 또한 얽힐 일 없어 가는 곳마다 구르며 달리고 달려 가리니 다시 무슨 일 있겠는가. 但截斷兩頭 有無諸法 凡聖情盡 體露眞常 事理不二 卽如如佛 若能如此者 法法無依 平等大道 萬有不繫 隨處轉轆轆地 更有何事"라고 하였다. [참고문헌] 『大慧語錄』, 『碧巖錄』, 『圜悟心要』, 『佛祖歷代通載』. ⇨ 녹록지 轆轆地, 아록록지 阿轆轆地

전다 專陀 Ⓢ Cunda. 부처님의 제자 중 한 명. 준다(准陀) 또는 순다(純陀)라고도 한다. 『불화엄입여래덕지경』 권1(대정장10, p.917c9)에 "육십이백천 비구들이 함께하였는데, 열일곱 번째는 전다였다. 共六十二百千比丘 … 專陀〈十七〉"라고 하였다. [참고문헌] 『佛華嚴入如來德智經』. ⇨ 순다 純陀 ❶

전다 煎茶 차를 끓이다. 선문의 일상을 비유한다. 『종문무고』(대정장47, p.945a8)에 "마당 쓸고 차 끓이는 일 모두 몸소 하여 왔기에 옛 사람의 법도가 있었으니 진실로 후손들의 훌륭한 본보기다. 掃地煎茶 皆躬爲之 有古人風度 眞後昆良範也", 『선문제조사게송』 권상(卍속장116, p.922b2)에 "마당 쓸고 차를 끓이며 바느질할 뿐이니, 다시 다른 어떤 일도 마음에 담아둘 만하지 않다네. 掃地煎茶及針把 更無餘事可留心", 『석옥청공어록』 권하(卍속장122, p.638b12)에 "오랜 세월 마음 속에 일이라곤 없으니, 매일 암중이 즐거움 넘친다. 밥 먹은 뒤 진하게 차 끓여 마시고 나서, 못 가 바위에 앉

전다동자 십육나한탱 1725년(좌)・독성탱 1907년(우) 순천 송광사

아 헤엄치는 물고기 헤아린다네. 長年心裏渾無事 每日菴中樂有餘 飯罷濃煎茶喫了 池邊坐石數游魚"라고 하였다. [참고문헌] 『宗門武庫』, 『禪門諸祖師偈頌』, 『石屋淸珙語錄』, 『碧巖錄』 48칙 「本則」(대정장48, p.183c13).

전다굴다 栴陀掘多 Ⓢ Candragupta, Ⓟ Candagutta의 음사어. 찬드라굽타. 고대 인도 마우리아(Maurya) 왕조의 창건자. 『선견율비바사』 권2(대정장24, p.687b4)에 "다시 전다굴다가 있어 24년 간 왕이었고, 빈두사라왕(賓頭沙羅 Ⓢ Vindusāra)이 대를 이어 28년을 재위했으며, 아육왕(阿育王 Ⓢ Aśoka)이 대를 이어 이미 18년이 되었다. 復有栴陀掘多 作王二十四年 賓頭沙羅王代 在位二十八年 阿育王代位已十八年"라고 하였다. [참고문헌] 『善見律毘婆沙』. ⇨ 찬드라굽타 Candragupta, 마우리아왕조Maurya王朝

전다기리가 旃陀耆利柯 Ⓢ Caṇḍagirika. 아쇼카왕 시대에 살았던 악인(惡人). 가외산(可畏山)으로 한역한다. 산은 성(姓)이고 가외는 포악함을 드러낸 별칭이다. 『아육왕경』 권1(대정장50, p.133c18)에 "왕이 사람들을 해칠 수 있는 자를 찾았다. 이때 산 속에 마을이 있었는데 그 마을에 있는 선한 사람이 옷을 만드는 일을 하면서 자식을 낳았다. 그의 부친의 이름은 기리가〈산으로 한역한다〉라고 하였다. 그 사람은 무서운 성격으로 어질지 못한 일을 행하고 항상 부모를 욕하고 집안의 남녀들을 모두 때렸으며 모든 중생을 해치지 않는 경우가 없었다. 항상 그물로 사냥하는 일을 업으로 삼아 많은 중생을 죽이고 해쳤기 때문에 사람들은 그를 전다기리가〈가외산으로 한역한다〉라고 불렀다. 왕이 악인을 찾고 있다가 그를 만나게 되었다. 사신이 '왕이 사람들을 해쳐서 다스리고자 한다. 너는 할 수 있겠는가?'라고 묻자 그 사람은 '염부제의 모두를 남김없이 죽이라고 하여도 저는 할 수 있습니다'라고 대답했다. 王卽募覓能行殺者 是時 山中有村 村中有人善 織衣業而生一子 其父字之名耆利柯〈翻山〉 其人可畏 能行不仁 恒罵父母 家中男女 悉皆打拍 乃至一切衆生 無不殺害 常以網捕爲業 以其殺害多故 人復謂之旃陀耆利柯〈翻可畏山〉 王覓惡人而値遇之 使者語言王今欲以殺害治人 汝能爲不 其人答言閻浮提中悉令殺盡 我亦能爲"라고 하였다. [참고문헌] 『阿育王經』, *Divy.374・377.* ⇨ 기리 耆梨

전다나 旃陀那 Ⓢ Candana의 음사어. 이십팔야차신장(二十八藥叉神將) 중 남방을 수호하는 신장. 『이십팔야차대군왕명호』(卍속장3, p.736b7)에 "아난아! 남쪽에 다시 네 야차가 있어 남방에 머물며 항상 남방을 수호한다. 그 이름은 다음과 같다. 승가〈사자〉・우바승가〈사자새끼〉・상기라〈소라〉・전다나〈전단〉. 阿難 南方復有四夜叉 住在南方 常守護南方 其名如是 僧伽〈梁言師子〉 優婆僧伽〈梁言師子子〉 償起羅〈梁言螺〉 旃陀那〈梁言栴檀〉"라고 하였다. [참고문헌] 『二十八夜叉大軍王名號』. ⇨ 이십팔대야차 二十八大藥叉

전다라 旃陀羅 Ⓢ Ⓟ caṇḍāla, Ⓣ gdol-pa의 음사어. 찬달라. 인도의 사성(四姓) 계급 밖의 천민. 전다라(旃

荼羅・栴多羅・栴荼羅)로도 쓴다. 교일(憍逸)・도자(屠者)・엄치(嚴熾)・포악(暴惡)・폭려(暴厲)・집악(執惡)・험악인(險惡人)・집포악인(執暴惡人)・주살인(主殺人)・치구인(治狗人)・살자(殺者)・하성(下姓)・담사인종(擔死人種) 등으로 한역한다. 카스트제도상 가장 하천한 계급에 속하며 주로 백정이나 옥졸 또는 사형집행인 등의 직업에 종사한다. 『마누법전』에 의하면 수드라 출신의 부친과 브라만 출신의 모친 사이에서 태어난 혼혈인이라고 하였다. 여성은 전다리(旃陀利 Ⓢ caṇḍālī)라고 한다. 『잡아함경』 권4(대정장2, p.26b5)에 "크샤트리아・브라만・바이샤・수다라, 그리고 하천한 전다라는 모두 출신은 다르지만 청정한 계율을 지키고 무겁게 짊어진 번뇌를 떠나 순일하게 범행을 닦는다면 번뇌를 모두 다한 아라한이네. 刹利婆羅門 毘舍首陀羅 旃陀羅下賤 所生悉不同 但使持淨戒 離重擔煩惱 純一修梵行 漏盡阿羅漢", 『앙굴마라경』 권4(대정장2, p.541a6)에 "세존이시여! 만약 자연사 한 소를 소의 주인이 전다라에 맡겨 가죽을 얻고 그것을 가죽장인에게 보내 가죽신을 만들어 계율을 지키는 이에게 보시한다면 이렇게 돌아온 것을 가까이 해도 됩니까? 世尊 若自死牛 牛主從旃陀羅取皮 持付皮師 使作革屣 施持戒人 此展轉來 可習近不", 『사분율』 권42(대정장22, p.868b29)에 "이때 어떤 비구가 바라나국에서 걸식하지 못하자 전다라의 집에 가서 그곳에서 개고기를 얻어서 먹었다. 비구들이 걸식하는데 개들이 쫓아와서 짖어대자 비구들은 이렇게 생각했다. '우리들이 개고기를 먹을 수도 있어서 개들이 쫓아와서 나에게 짖는구나' 비구들이 부처님께 이 일을 말씀드리자 부처님께서 말씀하셨다. '지금부터 개고기를 먹어서는 아니 된다. 만약 먹으면 돌길라죄를 얻는다'. 時有比丘 在波羅棕國 乞食不得 往旃陀羅家 於彼得狗肉食之 諸比丘乞食 諸狗憎逐吠之 諸比丘作是念 我等或能食狗肉 故使衆狗憎逐吠我耳 諸比丘白佛 佛言 自今已去 不得食狗肉 若食得突吉羅", 『별역잡아함경』 권13(대정장2, p.468a17)에 "'족성으로 브라만이 아니고, 족성으로 전다라가 아니며 청정한 업으로 브라만이 되고 악행으로 전다라가 되네'. 브라만이 이 게송을 듣고 찬탄하며 말했다. '그렇습니다. 대정진이시여! 진실로 말씀하신 것과 같습니다. 위대한 성자여! 종성 때문에 브라만이 아니고 종성 때문에 전다라가 아닙니다. 수행을 잘 하면 브라만이고, 악행을 하는 이는 전다라입니다'. 種姓不是婆羅門 種姓不是旃陀羅 淨業得作婆羅門 惡行得爲旃陀羅 婆羅門聞是偈 讚言 如是如是 大精進 實如所說 大牟尼 不以種姓是婆羅門 不以種姓旃陀羅 善能修行是婆羅門 作惡行者旃陀羅", 『소실육문』 「혈맥론」(대정장48, p.375c29)에 "만약 마음에 의심이 있어 일체경계를 결정코 꿰뚫지 못하고 가장 수승한 밝음을 짓지 못하면 생사윤회를 벗어나지 못한다. 만약 견성하면 전다라라도 성불한다. 若心有疑 決定透一切境界不過 不作最好作了 不免輪迴生死 若見性 旃陀羅亦得成佛", 『번범어』 권3(대정장54, p.1006b29)에 "전다라 : 구역은 전도라라고 한다. 분노라는 뜻이고 악이라고도 한다. 계율을 지키는 이는 하천악인이라 하였다. 성론자는 외국어 발음이며 전다라라고 해야 하며, 악인으로 한역한다고 하였다. 전다라는 도살악인이라 한다. 旃陀羅 舊譯曰又云旃荼羅 謂瞋亦云惡 持律者云下賤惡人 聲論者云 外國音 應云旃陀羅 翻爲惡人 旃陀羅謂是屠殺惡人", 『번역명의집』 권2(대정장54, p.1083a25)에 "전다라는 도자라고 한역한다. 바른 음사는 전도라이고 엄치라고 한역하니 악업으로 스스로 엄식한다는 뜻이다. 다닐 때 방울을 흔들고 대나무 표치를 든다. 만약 그렇게 하지 않으면 왕이 반드시 벌한다. 『법현전』에서 '악인이라 한다. 사람들과 다른 곳에 머문다. 저잣거리에 들어갈 때 대나무를 쳐서 스스로 알리면 사람들이 그를 피한다. 더러 대나무를 들고 다니는데 사람들이 모두 두려워했다. 旃陀羅 此云屠者 正言旃荼羅 此云嚴熾 謂惡業自嚴 行時搖鈴 持竹爲幖 故若不爾者 王必罪之 法顯傳云 名爲惡人 與人別居 入城市則擊竹自異 人則避之 或帶之 人皆怖畏"라고 하였다. 악인이나 비천한 사람 또는 오온(五蘊)을 비유하기도 한다. 36권본 『대반열반경』 권21(대정장12, p.743b16)에 "다섯 개의 전다라란 오음이다. 어째서 보살은 오음 관하기를 저 전다라와 같이 하는가? 전다라란 항상 사람들로 하여금 은혜와 사랑은 헤어져 떠나게 하고 원한과 증오는 다시 만나게 하기 때문이다. … 전다라는 갖가지 무기로 무장하는데 칼이나 방패나 활이나 화살이나 갑옷이나 창으로 능히 사람을 해친다. … 전다라인 사람은 자비심이 없어 원수든 가까운 이든 모두 해친다. 五旃陀羅 卽是五陰 云何菩薩觀於五陰 如旃陀羅 旃陀羅者 常能令人恩愛別離 怨憎集會 … 旃陀羅 種種器仗以自莊嚴 若刀若楯 若弓若箭 若鎧若矟 能害於人 … 旃陀羅人無慈愍心 怨親俱害", 『대보적경』 권113(대정장11, p.641b14)에 "부처님께서 가섭에게 말씀하셨다. '어찌하여 전다라사문이라 하는가? 가섭아, 비유하면 전다라와 같아서 늘 무덤 사이를 다니며 시체를 구하는데, 자비심 없이 중생을 보며 주검을 보고도 마음으로 매우 기뻐한다. 가섭아, 사문이 전다라처럼 항상 자비로움 없이 시주집에 가서 불선심으로 구하던 것을 얻어 귀중한 줄만 알고, 시주집에서 이로운 것을 받고서는 시주에게 부처님의 법과 계율을 가르쳐주지 않고, 이익 때문에 재가인을 가까이 하며, 법 때문이 아니므로 자비심도 없고 항상 이익만을 구한다. 가섭아, 이들을 사문전다라같다고 한다. 佛告迦葉 云何旃陀羅沙門 迦葉 譬如旃陀羅 常於塚間 行求死尸 無慈悲心 視於衆生 得見死尸 心大喜悅 迦葉 如是沙門旃陀羅 常無慈心 至施主家 行不善心 所求得已 生貴重心 從施主家 受利養已 不敎施

主佛法毘尼 爲利養故 親近在家 不爲法故 亦無慈心 常求利養 迦葉 是名沙門旃陀羅", 『금광명경문구기』 권2(대정장39, p.99a6)에 "전다라란 무엇인가? 엄치라고 한역한다. 곧 인도의 도축하는 사람들이니, 악업으로 삶을 꾸려간다. 다닐 때에는 요령이나 대나무를 지녀서 표시를 하기 때문에 이것으로 명칭을 삼았다. 旃陀羅者 此云嚴幟 乃是西土屠殺之輩 以惡業自嚴 行時 搖鈴持竹 以爲標幟 故以爲名", 『일체경음의』 권27(대정장54, p.490c13)에 "전다라〈전다라는 엄치·악업이라고 한역한다. 자신의 신분을 드러낼 만한 표식을 가지고 다니는데 길을 갈 때면 방울을 울려 자신을 드러내거나 머리를 때리는 대나무를 가지고 다닌다. 만약 그렇게 하지 않으면 왕이 죄를 묻는다. 또는 살인이라고도 한역하는데 도살자 무리의 총칭이기도 하다〉. 旃陀羅〈旃荼羅云 嚴熾惡業 自持標幟 其人若行 搖鈴自標 或杖破頭之竹 若不然者 王與之罪 或云殺人 謂屠煞者種類之總名也〉", 『유부율』 권12(대정장23, p.689c2)에 "불세존께서 말씀하셨듯이, 걸식하는 이는 다섯 곳의 처소에는 들어가지 말아야 한다. 첫째는 목동의 집이고, 둘째는 음녀의 집이고, 셋째는 술파는 집이고, 넷째는 전다라의 집이고, 다섯째는 왕의 집이다. 如佛世尊 乞食之人 但遮五處 一 唱令家 二 婬女家 三 沽酒家 四 旃荼羅家 五 王家", 『유가론기』 권23(대정장42, p.829c4·한불전14, p.762c15)에 "전다라 종성 여성은 마등기라 하고, 전다라 종성 남성은 마등가라 한다. 栴茶羅女名摩登祇 栴茶羅男名摩登伽"라고 하였다. [참고문헌] 『雜阿含經』, 『央掘魔羅經』, 『四分律』, 『別譯雜阿含經』, 『少室六門』, 『翻梵語』, 『翻譯名義集』, 『大般涅槃經』, 『大寶積經』, 『金光明經文句記』, 『一切經音義』, 『有部律』, 『瑜伽論記』, *Lal-v.14.*, *Mvyut.188.*, *MN.3.169.* ⇨ 도자 屠者, 엄치 嚴幟, 담사인종 擔死人種, 마등가 摩登伽[1], 마등기 摩登祇, 불가촉천민 不可觸賤民, 전다리 旃陀利, 수다라 首陀羅

전다라 栴茶羅 Ⓢcaṇḍāla. 전다라(旃陀羅)의 다른 음사어. 『불림열반기법주경』(대정장12, p.1113b15)에 "나의 열반 후 여덟 번째 백 년이 되면 나의 성스러운 가르침을 두고 다툼이 커질 것이니, 나의 제자들이 서로 의심하고 질투하며 … 어긋나 다툼만을 생각하니 견해 또한 아름답지 못하고 … 기만하고 속이고 아첨하며 언사는 거칠고 추하여 저 전다라와 같아질 것이다. 我涅槃後 第八百年 吾聖教中 乖爭堅固 我諸弟子 多相嫌嫉 … 專思乖爭 見不善巧 … 欺誑諂曲 言詞麤獷 如栴茶羅"라고 하였다. [참고문헌] 『佛臨涅槃記法住經』, *Suv-pr.126.* ⇨ 전다라 旃陀羅, 갈치나 羯恥那[2]

전다라급다 旃陀羅及多 Ⓢ Candragupta. 인도 공작왕조(孔雀王朝)의 창시자. 기원전 316~293년 재위. 월호(月護)라고 한역한다. 후계자는 빈두사라(Ⓢ Bindusāra)왕이고 손자는 아쇼카(Ⓢ Aśoka)왕이다. 『과거현재인과경』 권1(대정장3, p.624c4)에 "이때 도솔천궁에서 한 천자가 이렇게 생각하였다. '보살이 이미 백정왕의 궁전에 태어났으니, 나 또한 다시 인간세계에 태어나야겠다. 보살이 성불하면 나는 그에 앞서 그의 권속이 되어 공양하고 법을 들으리라'. 이렇게 생각하고 나서 바로 왕사성의 명월(明月)이라는 종성인 전다라급다왕가에 태어났다. 爾時 兜率天宮 有一天子 作是念言 菩薩已生白淨王宮 我亦當復下生人間 菩薩成佛 我得在先 爲其眷屬 供養聽法 作此念已 卽便下生王舍城中 明月種姓旃陀羅及多王家"라고 하였다. [참고문헌] 『過去現在因果經』. ⇨ 공작왕조 孔雀王朝, 마우리아왕조 Maurya王朝, 찬드라굽타 Candragupta

전다라승하 旃陀羅僧訶 Ⓢ Candrasiṃha. 생몰연대 미상. 인도의 대승논사의 이름. 사자월(師子月)이라 한역한다. 『자은전』 권4(대정장50, p.244c10)에 "사자광은 부끄러워하며 마침내 브리사로 가서 전다라승하라는 동인도의 한 동학으로 하여금 와서 논쟁하도록 특별히 명하여 앞서의 치욕을 만회하려 하였지만 그 사람이 와서는 위세에 놀라 감히 말하지 못하고 침묵했다. 師子光慚赧 遂出往菩提寺 別命東印度一同學名旃陀羅僧訶來相論難 冀解前恥 其人旣至 憚威而默 不敢致言"라고 하였다. [참고문헌] 『慈恩傳』. ⇨ 사자광 師子光

전다라종 旃陀羅種 전다라 출신. 수다라보다 하천한 불가촉천민에 해당하는 혈통. 40권본 『대반열반경』 권6(대정장12, p.400b9)에 '사자좌는 법으로 전다라가 오르지 못하도록 되어 있다. 내가 예로부터 전다라 출신이 왕이 된 일은 보고 들은 적이 없다. 만약 전다라가 나라와 백성을 다스린다면 그런 경우는 없다. 師子御座 法不應令旃陀羅昇 我從昔來 未曾聞見旃陀羅種而爲王也 若旃陀羅治國理民 無有是處'라고 하였다. [참고문헌] 『大般涅槃經』. ⇨ 전다라 旃陀羅

전다리 旃陀利 Ⓢ Ⓟ caṇḍālī의 음사어. 불가촉천민(不可觸賤民) 출신 여인. 전다라(旃陀羅 Ⓢ caṇḍāla)의 여성형에 해당한다. 『출요경』 권10(대정장4, p.661b29)에 "그 나라의 법도와 풍속·법률에 전다리는 살생을 행할 수 있었는데 나라에서 혹여 남녀가 살생을 하거나 도둑질을 하거나 음행을 하거나 여타의 중죄를 범하면 모조리 전다리를 시켜 죽이도록 하였다. 彼國常儀方俗舊法 旃陀利法要當行殺 國中設有男女 殺盜婬妷 及餘重罪 盡使旃陀利殺之", 『경율이상』 권20(대정장53, p.111c16)에 "옛날 한 전다리 집안에 일곱 명의 아들이 태어났는데 여섯 명의 형은 수다원의 도를 얻었지만 막내는 범부로 남아 있었다. 어머니 전다리도 아나함의 도를 얻었으니 형제를 포함해 일곱 사람이 다 오계를 받은 것이다. 昔旃陀利家生七男 六兄得須陀洹道 小者凡夫 母人旃陀利得阿那含道 兄弟七人盡受五戒", 『청관세음경』(대정장20, p.35c8)에 "부처님께서 아난에게 말씀하셨다. '왕사대성에 어떤 여인이 있는데 악귀에 붙들렸고 이름은 전다리라 한다. 그 악귀가 밤낮으로 장부의 몸으로 찾아와 그 여인을 희롱하였다. 이 여인은 귀신의 정령이 몸에 붙어 오백의 귀자를 낳았다'. 佛告阿難 王舍大城有一女人 惡鬼所持 名旃陀利 彼鬼晝夜 作丈夫形 來嬈此女 鬼精著身 生五百鬼子"라고 하였다. [참고문헌] 『出曜經』, 『經律異相』, 『請觀世音經』. ⇨ 전다라 旃陀羅

전다반야제바 戰陀般若提婆 Ⓢ Candraprajñādeva. 당나라에서 활동한 인도 출신 역경승(譯經僧). 일조(日照 613~687)화상 역장에서 역어로 참여했다. 『정원신정석교목록 貞元新定釋敎目錄』에는 단타반야제바(單陀般若提婆)라고 음사했다. 『송고승전』 권2 「일조전 日照傳」(대정장50, p.719a25)에 "(일조화상은) 『대승현식경』과 『대승오원론』 등 18부를 한역했다. 사문 전다반야제바가 역어를 담당했고 사문 혜지가 범어를 증의했다. 칙명으로 많은 명승고덕이 그 법화를 돕도록 하였다. 譯大乘顯識經大乘五蘊論等凡一十八部 沙門戰陀般若提婆譯語 沙門慧智證梵語 勅諸名德助其法化"라고 하였다. [참고문헌] 『宋高僧傳』. ⇨ 일조 日照 ❸

전다발 旃陀跋 Ⓟ Caṇḍavajji. 목건련자제수(目犍連子帝須)의 스승. 『선견율비바사』 권6(대정장24, p.716c25)에 "차제로 스승을 좇아 계를 받고 잊지 않는다 하였으니, 우파리는 여래께 받고, 다사구는 우파리에게 받았으며, 수나구는 다사구에게 받았고, 실가바는 수나구에게 받았으며, 목건련자제수는 실가바에게 받고 다시 전다발에게 받았으니 이와 같이 스승으로부터 전승되어 지금에 이른 것을 말한다. 次第從師受持不忘者 優波離從如來受 陀寫俱從優波離受 須那俱從陀寫俱受 悉伽婆從須那俱受 目揵連子帝須從悉伽婆受 又旃陀跋受 如是師師相承 乃至于今"라고 하였다. [참고문헌] 『善見律毘婆沙』. *Dīp.33.* ⇨ 목건련자제수 目犍連子帝須

전다아수가 旃陀阿輸柯 Ⓢ Caṇḍā-aśoka, Cāṇḍā-aśoka. 아쇼카왕의 별칭. 전다는 포악(暴惡)·가외(可畏)의 뜻인데 불교를 믿기 전에 잔인한 일을 저질렀기에 붙여진 이름이다. 『아육왕경』 권1(대정장50, p.133c13)에 "아육왕은 나무의 꽃과 잎사귀가 하나도 없음을 알아차리고 여인들에게 '나무의 꽃이 모두 떨어졌는데 누가 한 짓인가?'라고 물었다. 여인들이 '저희들이 한 것입니다'라고 대답하자 아육왕은 분노하여 여인들을 대자리에 말아서 불태워 죽였다. 이러한 잔악함 때문에 세인들이 그를 전다아수가왕이라고 불렀다〈전다는 가외라고 역한다〉. 阿育王覺見無花葉 而問諸女 樹花脫盡 誰之所作 諸女答言 我等所爲 阿育王瞋 卽以竹箔 裹諸女人 以火燒之 以其惡故 時人 謂爲旃陀阿輸柯王〈翻可畏〉"라고 하였다. [참고문헌] 『阿育王經』, *Divy.374.* ⇨ 아육왕 阿育王

전다월국왕경 旃陀越國王經 유송(劉宋)대 거사 저거경성(沮渠京聲 ?~464) 한역. 1권. 줄여서 『전다월경』이라고도 한다. 고려장20, p.1190a1~1191a19, No. 846·대정장14, pp.791c9~792b25, No.518에 수록되어 있다. 부처님께서 기수급고독원에 머물고 계실 때 사위국(舍衛國) 왕의 이름이 '전다월'이었는데 바라문의 참소를 믿고 임신한 작은 부인을 죽여 매장하였다. 그러나 뱃속의 아이는 죽지 않고 태어나 썩지 않은 어미의 상반신에서 3년 동안 젖을 먹고 자랐다. 여섯 살 되던 해 부처님을 만나 출가하였는데 법명은 수다(須陀)였다. 7일 만에 아라한을 얻었으며, 신통력으로 아버지마저 교화하였다. [참고문헌] 『歷代三寶紀』 권14(대정장49, p.117b20), 『出三藏記集』 권3(대정장55, p.17b4), 『開元釋敎錄』 권5(대정장55, p.530c26).

전다탕 奠茶湯 차를 끓여 올리다. 『백장청규』 권3 「불사 佛事」(대정장48, p.1128a22)에는 입감(入龕)부터 살토(撒土)까지 모두 17단계의 절차 중에 세 번의 전다탕이 있다. 같은 책 권3 「천화 遷化」(대정장48, p.1128b5)에 "진영을 걸고 애도한 뒤 다탕을 올린다. 掛眞擧哀奠茶湯"라고 하였다. [참고문헌] 『百丈淸規』. ⇨ 전다 奠茶, 불사 佛事 ❷

전다파라비 旃陀婆羅脾 Ⓢ Candraprabha의 음사어. 월광(月光). 전달라발랄바(戰達羅鉢剌婆)라고도 음사한다. 『현우경』 권6 「월광왕두시품 月光王頭施品」(대정장4, p.388b14)에 "이 염부제에 대국의 왕이 한 명 있었으니, 이름이 전다파라비〈한역하여 월광이라고 한다〉이다. 此閻浮提 有一大國王 名旃陀婆羅脾〈晉言月光〉"라고 하였다. [참고문헌] 『賢愚經』, 『華嚴經疏鈔』 권46(대정장36, p.355a15). ⇨ 월광왕 月光王 ❶

전다파수제왕 旃陀波殊提王 Ⓢ Caṇḍapradyota, Ⓟ Caṇḍapajjota의 음사어. 부처님 재세 시 오사연나(鄔闍衍那 Ⓟ Ujjenī)국을 통치했던 왕. 광명왕(光明王)·맹광(猛光)으로 한역하고, 전다파수제(栴陀波殊提)로도 표기한다. [참고문헌] 『大智度論』 권25(대정장25, p.242c12), *Jā.5.133.* ⇨ 맹광 猛光

전단 全斷 온전히 끊다. 부분만 끊는 것은 분단(分斷)이다. 『화엄오교장』 권3(대정장45, p.493c8)에 "또한 이승의 경우 혹장(번뇌장)은 온전히 끊지만 소지장은 부분만 끊는다고 인정한다. 지금 실에 나아가 말하면 어리석은 법만을 가진 이승은 광대한 마음이 없어 끝내 번뇌장을 끊을 수 없다. 또한 맞는 말이다. 亦許二乘 全斷惑障 分斷所知障 今此就實 以愚法二乘 無廣大心故 不究竟斷煩惱障 又亦可"라고 하였다. 〔참고문헌〕『華嚴五教章』. ⇨ 분단 分斷

전단 展單 자리를 펴다. 방참종(放參鐘)이 울리면 잠자리(眠單)를 편다는 말이다. 만참(晩參)이 없을 때는 방참종을 세 번 울리고 면단을 반만 펼치고 좌선한다. 『선원청규』 권2 「염송 念誦」(卍속장111, p.886a12)에 "순당을 마치고 대중이 요사로 돌아가 인사하고 탕을 먹고 나면 다시 승당에 들어가 면단을 펼치고 휘장을 내린다. 巡堂罷 大衆歸寮 問訊喫湯竟 却入堂展單下帳", 『허당록』 권1(대정장47, p.986b18)에 "단하는 목불을 태웠으니 굶주린 개가 마른 해골을 뜯은 격이고, 경청은 자리를 펴지 않았으니 호떡 속에서 즙을 찾는 꼴이다. 丹霞燒木佛 餓狗齧枯髏 鏡淸不展單 胡餠裏覓汁"라고 하였다. 〔참고문헌〕『禪苑淸規』, 『虛堂錄』. ⇨ 반전단 半展單, 면단 眠單, 방참 放參 ❶

전단 栴丹 Ⓢ Cīna-sthāna의 음사어. 진단(震旦). 『사분율행사초간정기』 권3(卍속장68, p.177a5)에 "범어로 진단이라고 음사하는데 진단·전단 또는 지나·지난이라고도 한다. 모두 범어 중 어떤 음을 비중 있게 음사하였느냐는 차이에 따르며 모두 다 바꾸어 말하자면 한족의 지역을 뜻한다. 梵云 震旦 或云 眞丹栴丹 指那指難 皆梵音輕重 此總翻爲漢地"라고 하였다. 〔참고문헌〕『四分律行事鈔簡正記』. ⇨ 진단 震旦, 지나 支那

전단 栴檀 Ⓢ Ⓟ candana의 음사어, Ⓣ tsan-dan. 남방에서 자라는 향나무. 전다나(栴陀那)·전단나(栴檀那·栴檀娜)·전탄나(旃彈那)·진단(眞檀) 등으로도 음사하고, 전(栴)은 전(旃)으로도 쓴다. 가장 뛰어난 향나무로 향기가 진하고 해열 해독에 효험이 있다. 이 때문에 경론에서 깨달음이나 보리 등을 비유하고, 번뇌나 탐욕으로 상징되는 이란(伊蘭 Ⓢ eraṇḍa)과 맞선다. 학명은 *Santalum album, Linn*이고, 구미에서는 샌들우드(sandalwood)라는 이름으로 널리 알려져 있다. 상록교목이다. 고대부터 불상(佛像) 조각에 많이 쓰여 왔는데, 우전왕(優塡王)이 최초로 조성한 불상도 전단이라고 전한다. 보통 종 모양의 자주색 꽃이 피고 열매는 검은 빛이 돈다. 뿌리는 갈아서 분말이나 향유연고(Ⓢ candana-paṅka : 栴檀香泥) 등을 만들어 몸에 바른다. 나무색에 따라서 백단(白檀)·적단(赤檀)·자단(紫檀)으로 나뉘는데, 백단은 열병을 치료하고 적단은 풍종을 제거하는 데 효험이 있는 것으로 알려졌다. 또 한편 특산지의 이름을 붙여 우두전단(牛頭栴檀 Ⓢ go-śīrṣa-candana)이라고도 하는데, 적단을 특별히 부르는 이름이다. 열을 식혀주기에 오락가(烏洛迦)라는 뱀이 전단주위에 몰린다 하여 사위전단(蛇衛栴檀)·사심단(蛇心檀)이라고도 하고, 그 뱀의 이름을 따서 오락가전단(烏洛迦旃檀 Ⓢ uraga-sāra-candana)이라고도 한다. 『일체경음의』 권21(대정장54, p.434c15)에 "전단〈한역하여 여약이라고 한다. 곧 백단은 열병을 치료하고 적단은 풍종을 제거한다. 모두 질병을 제거하고 몸을 편안히 하는 약이다. 그러므로 여약이라고 한다〉. 栴檀〈此云與樂 謂白檀能治熱病 赤檀能去風腫 皆是除疾身安之藥 故名與樂也〉", 같은 책 47(대정장54, p.621c3)에 "전탄나〈범어이다. 도와 차를 반절한 음이다. 전단나라고도 한다. 이는 외국의 향나무인데 적·백·자 등 여러 가지 종류가 있다〉. 旃彈那〈梵言 徒且反 或作旃檀那 此外國香木也 有赤白紫等諸種也〉", 『중아함경』 권34 「유경 喩經」(대정장1, p.647c3)에 "방일하지 않는 것이 여러 선법 중에 최고이니, 마치 여러 뿌리 향 중에 침향이 최고인 것과 같고 여러 나무 향 중에 적전단이 최고인 것과 같다. 不放逸者 於諸善法 爲最第一 猶諸根香 沈香爲第一 猶諸樹香 赤栴檀爲第一", 『사분율』 권42(대정장22, p.870c10)에 "어떤 비구가 몸에 열이 나는 병을 앓고 있었는데 의사가 전단을 사용하게 하였다. 병이 호전되었기 때문에 비구가 부처님께 아뢰자 부처님께서 '사용을 허락한다'라고 하셨으며, 침향수·전단·필릉가·가라·누파라의 경우에도 부처님께서 '몸에 바르는 것을 허용한다'라고 하셨다. 有比丘患身熱 醫敎用栴檀 爲差病故 比丘白佛 佛言 聽用 若沈水 若栴檀 畢陵祇伽羅㝹婆羅 佛言 聽用塗身", 『오고장구경』(대정장17, p.545a24)에 "일체의 뭇 향 중에 전단보다 좋은 것은 없으니 그 향기가 무량하다. 그 향 가격은 염부제금보다도 비싸다. 또 사람의 병을 고치니, 사람이 중독되거나 두통을 앓거나 몸에 열이 날 때 전단을 갈아 만든 가루를 환부 위에 바르거나 복용을 하면 병이 바로 나으니 일체중생이 얻기를 원치 않는 이가 없다. 一切衆香 莫過栴檀 其香無量 香價貴於閻浮提金 又療人病 人有中毒 頭痛體熱 磨栴檀屑 以塗其上 若以服之 病卽除愈 一切衆生 莫不願得", "어떤 이가 전단향수를 많이 얻었음에도 땔감으로 묶어 판다면 그것을 사는 이가 아무도 없을 것이다. 부처님이 세상에

방에 흔들리지 않는 평정·평등심의 비유로 쓰며, 나아가 삼독(三毒)을 다스리는 지혜로운 교법에도 비유한다. 『대승본생심지관경』 권6 「이세간품 離世間品」(대정장3, p.320c11)에 "전단향을 몸에 바르며 찬탄하는 이와 칼로 몸을 베고 욕하는 이, 이 두 사람에게 애증이 없어야 한다. 이와 같은 보살이어야 난야에서 머무른다 한다. 栴檀塗身及讚歎 以刀屠割幷罵辱 於此二人無愛憎 如是菩薩住蘭若", 『대지도론』 권3(대정장25, p.81a29)에 "공경하며 공양을 하고 성내며 욕하고 때리더라도 마음이 평등하여 다름이 없고, 진귀한 보배든 기와나 돌이든 보기를 한결같이 하며, 칼을 가지고 팔다리를 자르든 전단향으로 몸에 바르든 또한 평등하게 여겨 다름이 없다. 若有恭敬供養 瞋恚罵詈撾打者 心等無異 若得珍寶瓦石 視之一等 若有持刀斫截手足 有持栴檀塗身者 亦等無異", 『관자재보살여의심다라니경약소』 권상(卍속장37, p.509a12)에 "『정법염처경』 권69(대정장17, p.409c22)에서 '천신이 아수라와 전쟁을 치를 때 칼에 베인 상처에 전단향을 바르자 바로 치유되었다'고 하였고, 60권본 『화엄경』 권50(대정장9, p.713b6)에 '전단향을 몸에 바르면 불로도 태울 수가 없다'라고 하였으니 큰 지혜로 삼독의 병을 능히 다스릴 수 있음을 보인 것이다. 正法念云 天與修羅戰時 爲刀所傷 栴檀塗之卽愈 華嚴云 栴檀塗身 火不能燒 表大智能除三毒病也"라고 하였다. [참고문헌] 『大乘本生心地觀經』, 『大智度論』, 『觀自在菩薩如意心陀羅尼經略疏』, 『正法念處經』, 『華嚴經』, 『解深密經疏』 권1(한불전1, p.158c10). ⇨ 전단 栴檀

전단례 錢端禮 ?~1177. 남송(南宋)대 거사. 자는 처화(處和), 호는 송창(松窓). 차암경원(此庵景元 1094~1146)을 찾아뵙고 일대사(一大事)를 밝혔으며, 1176년(순희3) 겨울에 간당행기(簡堂行機)가 평전(平田)으로 돌아오자 가서 찾아뵈었다. 이듬해에는 서한을 보내 간당과 함께 국청사(國淸寺)·서암사(瑞巖寺)의 주지를 모셔와 불법을 담론하고는 입적하였다. [참고문헌] 『續傳燈錄』 권31(대정장51, p.682c15), 『嘉泰普燈錄』 권23(卍속장137, p.326b9), 『五燈會元』 권20(卍속장138, p.813a10).

전단림 栴檀林 전단나무 숲. 향기 가득한 전단숲으로 걸출한 수행자들(龍象)이 머무는 총림(叢林)을 가리키는 말로 쓰였다. 『증일아함경』 권50(대정장2, p.823a19)에 "곧바로 전단림중에 들어가 전단나무 섶을 주워서 광야 사이로 돌아왔다. 卽往至栴檀林中 取栴檀薪來至曠野之間", 40권본 『화엄경』 권12(대정장10, p.716a3)에 "왕의 주변에 부리는 신하가 충직하고 선량하면 아첨하고 흉포한 무리들이 다가올 수 없다. 마치 전단나무 숲은 전단나무로 둘러싸여 악취나는 이란나무가 섞일 수 없는 것과 같다. 王之左右 所使忠良 佞媚兇殘 不能親近 如栴檀林 栴檀圍遶 不雜伊蘭", 『원오어록』 권3(대정장47, p.724c13)에 "무생의 사자굴에서 울리는 포효에 뭇 짐승이 놀라고, 불이의 전단나무 숲에서 불어오는 향기로운 바람만이 법좌를 감돈다. 無生師子窟 哮吼驚群 不二栴檀林 香風匝座", 『무준사범어록』 권1(卍속장121, p.855a4)에 "때로는 좋은 것이 반드시 좋지만도 않고, 때로는 나쁜 것이 반드시 나쁘지만도 않다. 전단나무 숲에서 이란의 악취가 풍기니 무쇠소가 황금뿔을 불쑥 내민다. 有時好未必好 有時惡未必惡 栴檀林裏噴伊蘭 鐵牛擎出黃金角", 『조정사원』 권7(卍속장113, p.221a9)에 "전단림 : 한역하면 약을 준다는 뜻의 여약이다. 백단은 열병을 치료하고, 적단은 풍동을 제거하여 모두 질병을 제거하여 몸을 편안하게 하는 약이기 때문에 여약이라 한다. '중국에는 없는 나무이기 때문에 한역하지 않는다'라고도 한다. 栴檀林 此云與樂 以白檀能治熱病 赤檀能去風瞳 皆除疾身安之藥 故名與樂 或云此土無故不飜"라고 하였다. [참고문헌] 『增壹阿含經』, 『華嚴經』, 『圜悟語錄』, 『無準師範語錄』, 『祖庭事苑』, 40권본 『大般涅槃經』 권19(대정장12, p.480a13). ⇨ 전단 栴檀, 전단림무잡수 栴檀林無雜樹, 총림 叢林

전단림무잡수 栴檀林無雜樹 전단나무 숲에는 잡목이 없다는 말. 순수하게 전단나무 향만 풍기는 숲은 유일무이한 진실의 경계로서 그에 맞는 사람이 아니면 이해하고 들어올 틈도 없고 어떤 수단이나 방편도 통하지 않는다는 비유이다. 전(栴)은 전(旃)으로도 쓴다. 40권본 『화엄경』 권12(대정장10, p.716a5)·40권본 『대반열반경』 권1(대정장12, p.366a7) 등에 나오는 구절에 근거한다. 『증도가』(대정장48, p.396b28)에 "전단나무 숲에는 잡목이 없고, 울창하여 빽빽하게 우거진 숲에는 사자가 머문다. 旃檀林無雜樹 鬱密森沈師子住", 『증도가주』(卍속장111, p.388a17)에 "전단림이란 하나뿐인 진실묘경을 비유하고, 잡목이 없다는 말은 소승의 근기나 방편위는 섞일 여지가 없다는 뜻이다. 栴檀林 喩一眞妙境 無雜樹者 無小機權位之雜也", 『증도가송』(卍속장114, p.884b3)에 "전단나무 숲에는〈눈길 닿는 저 멀리까지 쓸쓸하게 뻗은 한길이 깊숙한데, 놀이꾼들은 얼마나 많이 코를 찌르는 전단향을 맡다가 무심코 본래의 마음을 잃었던가?〉 잡목이 없다〈잎마다 가지마다 비와 이슬 함께하니, 더위 먹은 나그네들 불러도 돌아가지 않고, 사시 내내 공연히 푸른 그늘 잡고 있구나〉. 栴檀林〈極目蕭蕭一徑深 遊子幾聞香撲鼻 等閒失却本來心〉 無雜樹〈葉葉枝枝同雨露 執熱行人喚不歸 四時空把靑陰布〉", 『속전등록』 권32 「만암도안전 萬菴道顔傳」(대정장51, p.686c26)에 "전단나무 숲에는 잡목이 없고, 울창하고 깊숙하니 사자가 머문다. 그래서 전단총림은 전단으로 둘러싸이고, 가시나무총림은 가시나무로 둘러싸인다. 旃檀林無雜樹 鬱密深沈師子住 所以旃檀叢林 旃檀圍繞 荊棘叢林 荊棘圍繞”라고 하였다. [참고문헌] 『華嚴經』, 『大般涅槃經』, 『證道歌』, 『證道歌註』, 『證道歌頌』, 『續傳燈錄』. ⇨ 전단림 栴檀林

전단상 栴檀像 전단나무를 깎아 조성한 불상. 우전왕(優塡王 Ⓢ Udayana)이 세존께서 마야부인을 위해 도리천에 가신 동안 부처님을 그리워하여 우두전단(牛頭栴檀)으로 그 모습을 만든 일이 불상(佛像) 조성의 처음이라고 전한다. 전단서상(栴檀瑞像)·전단불상(栴檀佛像)·전단불(栴檀佛)이라고도 한다. 『증일아함경』 권28(대정장2, p.706a11)에 “여러 신하들이 우전왕에게 아뢰었다. ‘저희들 형상을 제작하고자 합니다. 그러면 공경하고 섬기며 예를 올릴 수 있을 것입니다’. 왕은 그 말을 듣자마자 기쁨에 춤을 추었다. … 그때 우전왕은 우두전단을 가지고 여래의 형상을 높이 5척으로 제작하였다. 이때 파사익왕은 우전왕이 여래의 형상을 높이 5척으로 제작하고 공양한다는 소식을 들었다. … 파사익왕은 마침내 다시 생각했다. ‘여래의 몸은 누렇기가 하늘의 금과 같으니 이제 마땅히 금으로 여래의 형상을 지어야겠다’. 그때 파사익왕은 온통 자마금으로 여래형상을 5척 크기로 지었다. 이때 염부제 안에 비로소 이 두 여래의 형상이 있게 되었다. 群臣白王言 我等欲作形像 亦可恭敬 承事作禮 時王聞此語已 歡喜踊躍 … 是時優塡王 卽以牛頭栴檀 作如來形像高五尺 是時波斯匿王 聞優塡王 作如來形像高五尺 而供養 … 斯須復作是念 如來形體 黃如天金 今當以金 作如來形像 是時波斯匿王 純以紫磨金 作如來像高五尺 爾時閻浮里內 始有此二如來形像”, 같은 책 권28(대정장2, p.708a27)에 “그때 우전왕이 손으로 우두전단상을 잡고 게송으로 여래께 말씀드렸다. ‘저는 이제 묻고자 합니다. 자비로 일체를 보호하시는 이여, 부처의 형상을 짓는 이는 어떤 복들을 얻습니까?’ 그때 세존께서 다시 게송으로 답하셨다. ‘대왕이여, 이제 들어보시오. 조금이나 그 의미를 펼쳐보이리라. … 끝내 악취에 떨어지지 않고 끝내 천상에 나며 그곳에서 천왕이 되니 부처의 형상을 지은 복입니다’. 爾時優塡王 手執牛頭栴檀像 并以偈向如來說 我今欲所問 慈悲護一切 作佛形像者 爲得何等福 爾時世尊 復以偈報曰 大王今聽之 少多演其義 … 終不墮惡趣 終輒生天上 於彼作天王 造佛形像福”, 『대당서역기』 권5(대정장51, p.898a6)에 “교상미국의 성 안 고궁에 큰 정사가 있는데 높이가 60여 자이다. 안에 단목을 조각하여 만든 불상이 있는데 위로 석개를 안치해 놓았다. 오다연나왕〈한역하면 출애라는 뜻이고 구역에서는 우전왕이라고 하였는데 와전이다〉이 조성한 것이다. 城內故宮中 有大精舍 高六十餘尺 有刻檀佛像 上懸石蓋 鄔陀衍那王〈唐言出愛 舊云優塡王 訛也〉之所作也”, 『율상감통전』(대정장45, p.877b23)에 “[문] 형주 앞 대명사의 전단상은 우전왕이 만든 것이라고 하는데, 전하는 바에 따르면 저 모형은 양대에 가져온 것이라고 합니다. 지금 수도에도 또 있으니 어느 것이 원본입니까? [답] 대명사의 것이 본래의 상이다. 問 荊州前大明寺栴檀像者 云是優塡王所造 依傳 從彼模來至梁 今京師又有 何者是本 答云 大明是其本像”, 『불조역대통재』 권3(대정장49, p.496a2)에 “전단상이 비로소 건립되다 : 세존께서 성도한 후 8년 도리천에 올라가 모친을 위해 설법을 하였는데, 90일이 지나자 우전왕은 여래가 그리워 대목건련과 비수갈마천에게 장인으로 변하여 천궁에 올라가 부처님의 상호를 본뜨고 전단향목으로 형상을 조각하여 공양하도록 하였다. 栴檀像始建 世尊成道八年 上忉利天 爲母說法 經九十日 優闐國王 思慕如來 命大目連 及毘首羯摩天 化爲匠人 詣天宮摹佛相好 以栴檀香木刻像供養”라고 하였다. [참고문헌] 『增壹阿含經』, 『大唐西域記』, 『律相感通傳』, 『佛祖歷代通載』, 『五祖法演語錄』 권중(대정장47, p.660b19), 『釋迦譜』 권3 「優塡王造釋迦栴檀像記」(대정장50, p.66c9). ⇨ 불상 佛像, 우전왕 優塡王, 우전왕조불상 優塡王造佛像

전단신 栴檀薪 전단나무 땔감. 석존의 다비 때 썼다. 『증일아함경』 권50(대정장2, p.823a17)에 “비사문천왕이 오백귀신에게 고하였다. ‘너희들은 전단림으로 가서 향기 나는 땔감을 가지고 오너라. 공양하여 사순(蛇旬 Ⓢ jhāpita : 茶毘)하겠다’. 그때 오백귀신이 천왕의 말을 듣고 곧장 전단림으로 가서 전단신을 가지고 광야로 왔다. 毘沙門天王 告五百鬼曰 汝等往至栴檀林中 取香薪來 當供養蛇旬 時五百鬼聞天王語已 卽往至栴檀林中 取栴檀薪來至曠野之間”, 『보살처태경』 권7(대정장12, p.1057c18)에 “존자 가섭은 손에 횃불을 들고 전단신에 불을 댕겨 다비하였다. 팔대국왕이 사리 나누는 일로 다투었고 힘에 따라 얼마간 각자 지니고 돌아가 공양하였다. 尊者迦葉 手執火然栴檀薪 而耶維之 八大國王 爭分舍利 隨力多少 各持歸供養”라고 하였다. [참고문헌] 『增壹阿含經』, 『菩薩處胎經』, 『付法藏因緣傳』 권1(대정장50, p.299a15). ⇨ 전단 栴檀

전단연 旃檀烟 다비 때 전단신(栴檀薪)이 타며 오르는 연기다. 『경중경우경』 권4 「귀원경적요 歸元鏡摘要」(卍속장109, p.905a4)에 “법고는 다급하게 울리고 인천 백만이 영산을 가득 메웠네. 전단의 연기 새털처럼 오르다 꽃처럼 흩어지던 곳 아는 이 얼마나 될까? 法鼓頻敲 人天百萬把靈山遶 旃檀烟裊花散處 知多少”라고 하였다. [참고문헌] 『徑中徑又徑』. ⇨ 전단신 栴檀薪, 다비 茶毘

전단원 栴檀園 황해북도 개성시에 있던 원(園). 중암거사(中庵居士) 채홍철(蔡洪哲 1262~1340)이 창건하였다. 『고려사』 권108 열전(列傳)21 채홍철에 "불교를 몹시 좋아하여 일찍이 집 북쪽에 전단원을 짓고 항상 선승을 봉양하였다. 또 약을 베푸니 나라 사람들이 많이 의지하면서 활인당이라고 불렀다. 일찍이 충선왕이 그 원에 행차하여 백금 30근을 시주하였다. 尤好釋敎 嘗於第北 構旃檀園 常養禪僧 又施藥 國人多賴之 呼爲活人堂 忠宣嘗幸其園 施白金三十斤"라고 하였는데, 세가(世家)에는 충선왕이 전단원에 행차한 연도가 1313년(충숙왕 즉위)이므로 그전에 창건되었음을 알 수 있다. 「태고사원증국사탑비문 太古寺圓證國師塔碑文」에 "후지원 정축년(1337·충숙왕복위6)에 스님의 나이 37세 되던 해 겨울에 전단원에서 안거하는 동안 조주의 무자화두를 참구하였다. 後至元丁丑 師年三十七冬 寓栴檀園 參無字話"라고 하였다. 〔참고문헌〕『高麗史』, 李智冠 『校勘譯註歷代高僧碑文』 高麗篇4 p.451·459.

전단이 栴檀耳 Ⓟ sūkara-maddava. 전단나무에서 자라는 버섯. 전단수이(栴檀樹耳)·단수이(檀樹耳)·단이(檀耳) 등이라고도 하고, 이(耳)는 용(茸)으로도 쓴다. 주나(周那 Ⓢ Ⓟ Cunda : 純陀)가 전단이를 끓여 부처님께 공양하였는데, 이것이 부처님 열반 전 마지막 공양이었다. 당시 아주 귀중한 약성이 있는 식재료로 알려졌다. 일설에는 팔리어원에 근거하여 수카라(Ⓟ sūkara)를 '돼지'로 보고 맛다바(Ⓟ maddava)를 '건조'의 뜻으로 보아 '말린 돼지고기'라 하지만 분명하지 않다. 『장아함경』 권3 「유행경 遊行經」(대정장1, p.18c12)에 "아난이 부처님에게 아뢰었다. '주나가 공양을 하였지만 복에 따른 이익은 없을 것입니다. 이유가 무엇이냐면, 여래께서 최후에 그의 집에서 공양 받으시고 바로 열반을 취할 것이기 때문입니다'. 부처님께서 아난에게 고하였다. '그렇게 말하지 마라. 그렇게 말해서는 안 된다. 이제 주나는 크나큰 이익을 얻게 되니 수명을 누리게 되고 미색과 힘을 얻으며 좋은 명예를 얻고 살아서는 많은 재산을 늘리며 죽어서는 하늘에 나는 등 하고자 하는 바를 자연스럽게 이룰 것이다. 그 이유가 무엇이냐면, 부처가 처음 도를 이룰 때 공양을 베푼 이와 부처가 멸도에 임하여 공양을 베푼 이, 이 둘은 공덕이 똑같아 차이가 없기 때문이다. 너는 지금 가서 저 주나에게 다음과 같이 말하는 것이 좋겠다. 「나는 부처님께 직접 듣고 직접 부처님의 가르침을 받았다. 주나 당신의 공양은 이제 크나큰 이익을 얻고 크나큰 과보를 얻을 것이다」'. 阿難白佛言 周那設供 無有福利 所以者何 如來最後 於其舍食便取涅槃 佛告阿難 勿作是言 勿作是言 今者周那 爲獲大利 爲得壽命 得色得力 得善名譽 生多財寶 死得生天 所欲自然 所以者何 佛初成道 能施食者 佛臨滅度 能施食者 此二功德 正等無異 汝今可往 語彼周那 我親從佛聞 親受佛教 周那設食 今獲大利 得大果報", "그때 아난이 부처님의 교지를 받들어 그가 있는 곳으로 가서 주나에게 고하였다. '나는 부처님께 직접 듣고 직접 부처님께 받은 가르침을 따르노라. 주나 당신의 공양은 이제 크나큰 이익을 얻고 크나큰 과보를 얻을 것이다. 그 이유는 이렇다. 부처가 처음 도를 이룰 때 공양을 베푼 이와 부처가 멸도에 임하여 공양을 베푼 이, 이 둘은 공덕이 똑같아 차이가 없기 때문이다'. 時阿難承佛教旨 卽詣彼所 告周那曰 我親從佛聞 親從佛受敎 周那設食 今獲大利 得大果報 所以然者 佛初得道 能飯食者 及臨滅度 能飯食者 此二功德 正等無異", "〈게〉 주나는 집에서 공양 올린 후 비로소 이와 같은 말을 들었네. 여래는 병환이 더욱 깊어 목숨길 이제 마치려 하네. 비록 전단이를 공양하였으나 병환은 오히려 더욱 깊었다네. 병든 몸을 이끌고 걸어서 구이성으로 나아 가셨네. 周那舍食已 始聞如此言 如來患甚篤 壽行今將訖 雖食栴檀耳 而患猶更增 抱病而涉路 漸向拘夷城"라고 하였다. 〔참고문헌〕『長阿含經』, 『涅槃經疏三德指歸』 권3(卍속장58, p.439a8), 『釋門正統』 권1(卍속장130, p.723b8), *DN.2.127.* ⇨ 단이 檀耳

전단이바수 栴檀儞婆樹 사위전단(蛇衛栴檀 Ⓢ uraga-sāra-candana)의 다른 이름. 『대당서역기』 권10(대정장51, p.932a5)에 "말라구타국(秣羅矩吒國) 남쪽 바다 해안선에 말라야산이 있다. 높은 절벽과 험준한 산줄기에 동굴과 계곡은 깊고 물이 흐른다. 그 중턱에는 백단향수와 전단이바수가 있다. 나무갈래로는 백단인 듯하여 구별할 수 없다. 오직 한여름 높은 곳에 올라 멀리서 보면 큰 뱀이 깃들어 있으니 이것으로 알 수 있다. 그 나무의 성질이 냉랭하기에 뱀이 똬리를 튼다. 멀리서 보아 식별이 되면 활을 쏘아서 구분해 두고 겨울잠이 든 후에야 비로소 벌목을 한다. 國南濱海 有秣剌耶山 崇崖峻嶺 洞谷深澗 其中則有白檀香樹 栴檀儞婆樹 樹類白檀不可以別 唯於盛夏 登高遠瞻 其有大蛇縈者 於是知之 猶其木性涼冷 故蛇盤也 旣望見已 射箭爲記 冬蟄之後 方乃採伐"라고 하였다. 〔참고문헌〕『大唐西域記』, 『慈恩傳』 권4(대정장50, p.242a11). ⇨ 사위전단 蛇衛栴檀

전단향 栴檀香 Ⓢ candana-gandha, Ⓟ candana-gandha, candana-sāra, Ⓣ tsan-dan-gyi-dri. 전단으로 만든 향. 또는 그에 따른 향기. 『장아함경』 권18 「세기경 世記經」(대정장1, p.120b8)에 "(玉女는) 겨울에는 몸이 따뜻해지고 여름에는 몸이 시원해진다. 온몸의 모공에서 전단향이 풍기고 입에서는 우발라화향이 풍긴다. 冬則身溫 夏則身涼 擧身毛孔 出栴檀香 口出優鉢羅花香", 『대애경』 권3 「선겁세품 宣劫世品」(대정장13, p.425a28)에 "만약 출가하여 부처님 계신 곳에서 사문이 되면 이 미묘한 향을 맡고 모두 사선을 얻는다. 그 국토라면 또한 일찍이 천 분의 부처님 모두 한 가지로 부르니 이름 하여 전단향이다. 그래서 저 겁의 이름도 상향이다. 若有出家 在其佛所 作沙門者 聞此妙香 皆得四禪 其土已更 曾與千佛 悉同一字 號曰栴檀香 以故其劫 名曰上香"라고 하였다. [참고문헌] 『長阿含經』, 『大哀經』, 36권본 『大般涅槃經』 권11(대정장12, p.680a1), *Rāṣṭr.145.*, *Yogā-bh.67.*, *DN.2.175.* ⇨ 전단 栴檀, 다마라발전단향 多摩羅跋栴檀香, 말전단 末旃檀

전단향벽지불 旃檀香辟支佛 Ⓢ Candana-gandha-pratyekabuddha. 태장만다라(胎藏曼荼羅) 석가원(釋迦院) 북쪽에 위치한 존격. 밀호는 청량금강(淸冷金剛), 종자는 (vaḥ), 삼매야형은 석장(錫杖), 인상은 원만석장인(圓滿錫杖印)이고 진언은 "나마 사만타붓다남 바 namaḥ samanta-buddhānāṃ vaḥ 두루하신 제불께 귀의합니다. 바"이다. 형상은 황색 몸에 왼손은 손바닥을 바깥으로 향하여 가슴 앞에 두었고 오른손으로 가사 끝단을 쥐고 적련화에 앉았다. 십이인연을 깨달은 벽지불 중 가장 뛰어난 인유독각(麟喩獨覺)을 나타낸다. 인유독각이란 기린처럼 세간에 희유한 뛰어난 독각이라는 뜻이고 『법화경』을 수지하여 백팔비(百八鼻)의 공덕을 얻어 사람들의 소재를 알 수 있는 능력이 있다고 설해진다. [참고문헌] 『胎藏金剛教法名號』(대정장18, p.205a24). ⇨ 인각유독각 麟角喩獨覺

전단향신다라니경 栴檀香身陀羅尼經 송대 법현(法顯) 한역. 1권. 『전단향신경』이라고도 한다. 고려장34, pp.477c2~478b2, No.1224 · 대정장21, p.906a13~906b22, No.1387에 수록되어 있다. 중생에게 광대한 복취를 주는 전단향신다라니를 설한 경이다. 먼저 청정한 자리를 택한 다음 길일 태양이 떠오를 때 백단향을 바른 만다라에 전단향을 태워 공양하고 이 다라니를 8천번 지송한다. 그런 다음 길상초를 만다라 가운데 깔고 눕는다. 이렇게 7일 동안 공양하면 관자재보살본신이 출현하여 지송한 사람의 소원을 성취시켜준다. 또 피부병이 있을 때 향니(香泥)를 바르고 이 다라니를 지송하면 쾌차한다. [참고문헌] 『閱藏知津』 권13(가흥장32, p.38a9). ⇨ 전단 栴檀

전달라 戰達羅 **1** 바이셰쉬카(Ⓢ Vaiśeṣika : 勝論)의 논사 이름. 『십구론 十句論』의 저자이며, 혜월(慧月 Ⓢ Maticandra)이라 한역한다. 『인명입정리론소』 권중(대정장44, p.118a6)에 "십팔부 중 상수를 전달라라고 한다. 혜월이라 한역하는데, 『십구론』을 지었다. 十八部中上首名戰達羅 此云慧月 造十句論"라고 하였다. [참고문헌] 『因明入正理論疏』. ⇨ 승종십구의론 勝宗十句義論 **2** ➡ 월천자 月天子, 보길상천 寶吉祥天

전달라바가하 栴達羅婆伽河 Ⓢ Candrabhāgā. 펀잡(Punjab) 지역의 오하(五河) 중 하나. 월분(月分)이라 한역한다. 오늘날의 체나브하(Chenāb河)를 말한다. 『자은전』 권2(대정장50, p.231c10)에 "알라사보라국(Ⓢ Rājapura)을 출발하고서 3일 지나 전달라바가하〈월분이라 한역〉를 건너 사야브라성에 이르러 외도의 절에 묵었다. 自出遏邏闍補羅國 經三日 渡栴達羅婆伽河〈此云 月分〉 到闍耶補羅城 宿於外道寺"라고 하였다. [참고문헌] 『慈恩傳』. ⇨ 오하 五河 **2**

전달라발라바 戰達羅鉢剌婆 Ⓢ Candraprabha. 악안(惡眼)이라는 바라문에 자신의 머리를 베어줌으로써 보시바라밀을 완성한 월광왕. 전다바라비(旃陀婆羅脾)라고도 음사하고, 월광(月光)이라고 한역한다. 석가모니 부처님의 전신이다. 『자은전』 권2(대정장50, p.230c20)에 "신도하(信渡河)를 건너 달차시라국〈북인도의 국경〉에 이르렀다. 이 성의 북쪽 12~3리에 탑이 있으니, 무우왕(無憂王 : 阿育王)이 건립한 것으로 항상 신비스러운 빛을 내고 있다. 이곳은 부처님께서 과거에 보살도를 행하실 때, 큰 나라의 왕이 되어 이름을 전달라발라바〈월광이라 한역〉라고 하시고, 보리(菩提)를 구하는데 뜻을 두어 천 번이나 머리를 희사한 곳이다. 渡此河 至呾叉始羅國〈北印度境〉 其城北十二三里有窣堵波 無憂王所建 每放神光 是如來昔行菩薩道爲大國王 號戰達羅鉢剌婆〈唐言月光〉 志求菩提 捨千頭處"라고 하였다. [참고문헌] 『慈恩傳』, 『大唐西域記』 권3(대정장51, p.884c22), *Divy.195.* ⇨ 월광왕 月光王 **1**

전달라벌마 旃達羅伐摩 Ⓢ Candravarman. 북인도에서 현장(玄奘)스님이 만난 비구의 이름. 월주(月冑)라 한역한다. 『자은전』 권2(대정장50, p.232b6)에 "사란달나국(闍爛達那國 Ⓢ Jālandhara : 闍爛達羅國)에 들어가 나가라타나사(那伽羅馱那寺)에 이르니 대덕 전달라벌마〈월주라고 한역〉가 있었다. 그는 삼장을 깊이 연구한 스님이었으므로 4개월을 머물며 『중사분비바사 衆事分毘婆沙』를 배웠다. 入其國 詣那伽羅馱那寺 有大德旃達羅伐摩〈此云月冑〉 善究三藏 因就停四月 學衆事分毘婆沙"라고 하였다. [참고문헌] 『慈恩傳』.

전달라제바 栴達羅提婆 Ⓢ Candradeva의 음사어. 당대 서역구법승(西域求法僧) 도생(道生)의 범어 이름. 『

대당서역구법고승전』 권상(대정장51, p.2c23)에 “도생 법사는 병주 사람이다. 범어 이름은 전달라제바〈월천으로 한역한다〉이다. 정관년간 말에 토번을 통해 인도에 갔다. 道生法師者 幷州人也 梵名栴達羅提婆〈唐云月天〉 以貞觀末年 從吐蕃路 往遊中國”라고 하였다. 〔참고문헌〕『大唐西域求法高僧傳』. ⇨ 도생 道生 5

전당 殿堂 Ⓢ prāsāda, Ⓟ pāsāda, Ⓣ khang-bzangs. 크고 훌륭한 전각. 불보살을 모시는 전당. 규모와 권위를 동시에 갖는 크고 장엄한 건물을 일컫는다. 전각(殿閣)이라고도 한다. 대략 나누어 말하면, 전(殿)은 불보살 등의 존위를 모시며 예배하고 기도를 올리는 곳을 일컫는데 대웅전(大雄殿)·약사전(藥師殿) 등이다. 당(堂)은 주로 대중이 강경·설법·좌선 등을 수행하는 넓고 열린 공간을 일컬을 때 쓰이는데 법당(法堂)·승당(僧堂)·선당(禪堂) 등이다. 별도로 법보(法寶)를 모신 곳은 각(閣) 자를 붙이는데, 장경각(藏經閣)이 예이다. 『잡아함경』 권16(대정장2, p.113a13)에 “마치 네 개의 계단을 거쳐 전당에 오르는 것과 같다. 만약 누군가 첫 번째 계단을 오르지 않고 두 번째·세 번째·네 번째 계단으로 전당에 오른다고 말한다면, 이는 있을 수 없는 일이다. 왜 그런가? 반드시 첫 번째 계단을 밟은 다음에라야 두 번째·세 번째·네 번째 계단을 거쳐 전당에 오를 수 있기 때문이다. 이와 같다, 비구여! 고성제에 아직 빈틈없이 고르지 않고서 고집성제·고멸성제·고멸도적성제에 대해 빈틈없고 고르게 하는 일은 있을 수 없다. 如有四登階道 昇於殿堂 若有說言 不登初階 而登第二 第三第四階 昇堂殿者 無有是處 所以者何 要由初階 然後次登第二 第三第四階 得昇殿堂 如是比丘 於苦聖諦 未無間等 而欲於苦集聖諦 苦滅聖諦 苦滅道跡聖諦無間等者 無有是處”, 『법화경』 권5 「분별공덕품 分別功德品」(대정장9, p.45c5 : *Saddh-p.*, p.338)에 “아일다여! 내가 적멸에 든 후에 이 경전을 듣고서 잘 받아 지니며 스스로 서사하거나 다른 이에게 쓰게 하라. 그러면 승방을 일으켜 세우면서 붉은 전단향 나무로 여러 전당을 짓는 일이 된다. 32채를 높이 8다라수로 높고 넓으며 보기 좋게 장엄하니 백천의 비구가 그 가운데 원림·욕지·경행처·선굴에서 머문다. 의복·음식·선상·이부자리·탕약 등 일체낙구도 그 중에 가득하다. 이와 같은 승방과 당각이 몇 백천만억으로 그 수가 무량하리니 이에 드러난 것으로써 나와 비구승에 공양하는 것이 된다. 阿逸多 若我滅後 聞是經典 有能受持 若自書若敎人書 則爲起立僧坊 以赤栴檀 作諸殿堂 三十有二 高八多羅樹 高廣嚴好 百千比丘 於其中止園林浴池 經行禪窟 衣服飮食 床褥湯藥 一切樂具 充滿其中 如是僧坊堂閣若干百千萬億 其數無量 以此現前 供養於我及比丘僧 imaṃ dharmaparyāyaṃ mama parinirvṛtasya dhārayitvā vācayitvā likhitvā prakāśayitvā vihārā api tena-ajita kṛtā bhavanti vipulā vistīrṇāḥ pragṛhītāśca lohitacandanamayā dvātriṃśatprāsādā aṣṭatalā bhikṣusahasrāvāsā ārāmapuṣpopaśobhitāścaṅkramavanopetāḥ śayanāsanopastabdhāḥ khādyabhojyānnapānaglānapratyayabhaiṣajyapariṣkāraparipūrṇāḥ sarvasukhopadhānapratimaṇḍitāḥ. te ca bahvaprameyā yaduta śataṃ vā sahasraṃ vā śatasahasraṃ vā koṭī vā koṭīśataṃ vā koṭīsahasraṃ vā koṭīśatasahasraṃ vā koṭīnayutaśatasahasraṃ vā. te ca mama saṃmukhaṃ śrāvakasaṃghasya niryātitāste ca mayā paribhuktā veditavyāḥ”, 36권본 『대반열반경』 권1 「서품 序品」(대정장12, p.606c6)에 “이 몸은 성채와 같다. 피와 살과 힘줄과 뼈와 가죽으로 그 위를 덮고, 손과 발은 적군을 물리치는 망루가 되며, 눈은 성곽의 총안(銃眼)이 되고, 머리는 전당이 되며, 마음이라는 왕은 그 가운데 자리한다. 是身如城 血肉筋骨皮裹其上 手足以爲却敵樓櫓 目爲竅孔 頭爲殿堂 心王處中”, 『백장청규』 권4 「지전 知殿」(대정장48, p.1131c4)에 “여러 전당의 향과 등을 관장하는데, 시시때때로 먼지를 털어내고 책상을 청결하게 한다. 掌諸殿堂香燈 時時拂拭塵埃 嚴潔几案”라고 하였다. 〔참고문헌〕『雜阿含經』, 『法華經』, 『大般涅槃經』, 『百丈淸規』, *Saddh-p.*, *Śrāv-bh.113.*, *DN.1.194.* ⇨ 전각 殿閣, 당 堂, 대웅전 大雄殿, 약사전 藥師殿 1, 법당 法堂, 승당 僧堂, 선당 禪堂, 장경각 藏經閣

전당 錢塘 조선후기 스님 혜근(惠勤)의 호. 〔참고문헌〕『韓國의 佛書 書記集』(성보문화재연구원, 2011) p.1262. ⇨ 혜근 惠勤

전당료 前堂寮 전당수좌(前堂首座)가 머무는 요사. 수좌료(首座寮)라고도 한다. 『백장청규』 권2 「훈동행 訓童行」(대정장48, p.1122a10)에 “여러 행자가 모이면 먼저 불전, 그 다음은 조당과 승당 앞, 전당료 순서로 ‘참학하러 왔습니다’라고 외친다. 集衆行者 先佛殿 次祖堂 僧堂前 前堂寮〈喝參〉”라고 하였다. 〔참고문헌〕『百丈淸規』, 『備用淸規』 권6(卍속장112, p.102a14). ⇨ 수좌 首座 1, 수좌료 首座寮

전당수좌 前堂首座 승당(僧堂) 중 전당판위(前堂板位)의 제일좌(第一座)로서 전당의 대중을 통솔하는 소임. 전당 또는 수좌라고도 한다. 후당수좌(後堂首座)와 대칭한다. 팔판(八板) 이상으로 설계된 승당의 경우에는 중간에 판을 두는데, 전당수좌가 후당의 대중까지 통솔할 수 없기에 후당수좌를 두도록 한다. 『백장청규』 권4 「전당수좌」(대정장48, p.1130c22)에 “총림을 이끄는 표상이고 인천대중을 이끄는 안목이다. 분부받은 법좌에서 설법함으로써 후손에게 막힌 의문을 뚫어주고, 좌선으로 대중을 이끌며 성실하게 청규의 세밀한 조목을 지킨다. 아침점심 공양의 세심함을 위해 집사를 일깨우고, 스님들이 위의를 잃으면 청규에 의지해 벌을 보인다. 表率叢林 人天眼目 分座說法 開鑿後昆 坐禪領衆 謹守條章 齋粥精粗 勉諭執事 僧行失儀 依規示罰"라고 하였다. 〔참고문헌〕『百丈淸規』. ⇨ 수좌 首座❶, 후당수좌 後堂首座, 선림직위 禪林職位

전대반야경 轉大般若經 『대반야경 大般若經』600권을 전독(轉讀)하는 일. 『선림상기전』 권13(불광장, 禪藏, p.1006)에 "전대반야경 : 도충이 말한다. '전독하는 방법은 「전장」 항목을 보라. 『반야경』 전독은 『소실지경』에 보인다'. 『소실지갈라경』「성취구지법품」(대정장18, p.662b22)에서 말하길 '아직도 성취하지 못한 사람이 이 법을 짓는다면 반드시 성취할 것이다. 걸식하고 부지런히 염송하면서 크게 공경하는 마음을 일으킨 다음 여덟 곳 부처님 성지를 순례하거나 거듭 『대반야경』을 7편 또는 100편 전독한다'. 轉大般若經 忠曰 轉讀法 見轉藏處 轉讀般若 見蘇悉地經 蘇悉地羯羅經 成就具支法品云 猶不成者 當作此法 決定成就 所謂乞食精勤念誦 發大恭敬 巡八聖跡 禮拜行道 或復轉讀大般若經七遍 或一百遍"라고 하였다. 〔참고문헌〕『禪林象器箋』, 『蘇悉地羯羅經』. ⇨ 전독 轉讀, 전경 轉經

전대법륜 轉大法輪 큰 법의 수레바퀴를 돌리다. 석가세존의 일대설법(一代說法)을 말한다. 나아가 부처님 가르침에 따라 법을 설하지 않을 때도 곳도 없다는 뜻으로도 쓴다. 『심밀해탈경』 권5(대정장16, p.687b26)에 "문수사리보살이 부처님께 아뢰었다. '세존이시여, 세존이시여! 여래께서는 대보리를 증득하시고 대법륜을 굴리시며 대열반에 드십니다. 이들 세 가지 상은 어떤 차별이 있는지요? 마땅히 어떻게 알아야 하는지요?' 부처님께서 문수사리에게 이르셨다. '문수사리야! 두 가지 상은 없다. 보리를 증득하지도 않고 보리를 증득하지 않는 것도 아니며, 법륜을 굴리지도 않고 법륜을 굴리지 않는 것도 아니며, 대열반에 들지도 않으며 대열반에 들지 않는 것도 아니다'. 文殊師利菩薩白佛言 世尊 世尊 如來得大菩提 轉大法輪 入大涅槃 此三種相 云何差別 應云何知 佛告文殊師利言 文殊師利 無有二相 不證菩提 非不證菩提 不轉法輪 非不轉法輪 非入大涅槃 非不入大涅槃", 『능엄경소해몽초』 권10(卍속장21, p.875a17)에 "산하대지와 초목총림과 눈앞의 사부대중이 각각 대법륜을 굴려서 빛을 나누고 서로 펼친다. 마치 보배 실로 엮은 그물과 같다. 만일 풀 한 포기 나무 한 그루라도 법륜을 굴리지 않는다면 대법륜을 굴린다는 이름을 붙일 수 없다. 山河大地 草木叢林 現前四衆 各轉大法輪 交光相羅 如寶絲網 若一草一木 不轉法輪 則不得名爲轉大法輪"라고 하였다. 〔참고문헌〕『深密解脫經』, 『楞嚴經疏解蒙鈔』. ⇨ 법륜 法輪, 대법륜 大法輪, 설봉전대법륜 雪峰轉大法輪, 전법륜 轉法輪

전덕수 前德宿 Ⓢ pūrva-phalgunī, Ⓣ gre. 이십팔수(二十八宿) 중 하나. 남방칠수(南方七宿)에 해당하고, 장수(張宿)라고도 한다. 『사두간태자이십팔수경』(대정장21, p.415b24)에 "전덕수란 세 개의 주요한 별이 있고 남북으로 서로 마주해 30수유를 운행하며 시종한다. 자두를 먹이로 삼고 선천을 주관하며 성씨는 구담이다. 前德宿者 有三要星 南北對立 行三十須臾 而侍從矣 李果爲食 主於善天 姓號俱曇", 같은 책(대정장21, p.418a14)에 "전덕수에 해가 지나는 5월 초에 비가 내려 9곡 6승이 떨어지면 모든 곡식들이 무성하게 자라는데, 그런 해에는 수확을 하더라도 멀리서 도적들이 침입하여 그 땅을 핍박하며 불안하게 하지만, 음식이 스스로 도우니 사람과 가축이 아이와 새끼를 배며 오래도록 환난이 없다. 前德宿日 五月初雨 墮九斛六升 五穀茂盛 其歲雖收 遠方賊來 逼迫厥土 令不得安 飮食自恣 人畜胞胎 永無患難"라고 하였다. 〔참고문헌〕『舍頭諫太子二十八宿經』, *Mvyut.166.* ⇨ 장수 張宿, 이십팔수 二十八宿

전도 傳道 도를 전하다. 자신이 깨달은 길을 다른 사람에게 알려주는 뜻이다. 『선림보훈』 권1(대정장48, p.1018c21)에 "중생 이롭게 하기 위해 도를 전하는 일은 힘써 사람 얻는 일에 달려 있다. 그에 맞는 사람을 알아보기 어려움은 재덕을 갖춘 성인들도 시달렸던 걱정거리였다. 利生傳道 務在得人 而知人之難 聖哲所病", 『정토혹문』(대정장47, p.293c25)에 "저 백장대지해선사는 바로 강서마조가 도를 전한 적자로서 천하총림은 그에 의해서 건립되었다. 如百丈大智海禪師 是江西馬祖傳道之的子 天下叢林 依他建立", 『보속고승전』 권8 「원조종본전 圓照宗本傳」(卍속장134, p.161a8)에 "그의 법을 잇고 도를 전한 이들이 헤아릴 수 없을 정도로 많았다. 其嗣法傳道者 不可勝紀"라고 하였다. 〔참고문헌〕『禪林寶訓』, 『淨土或問』, 『補續高僧傳』.

전도 顚倒 Ⓢ viparīta, viparyāsa, Ⓟ vipallāsa, vipariyaya, vipariyāsa, Ⓣ phyin-ci-log-pa. 거꾸로 뒤집혀 바르지 않은 뜻. 의타성과 분별성이 상응하는 뜻에서의 전변은 분별의 뜻으로 번뇌의 근본이다. 법(法)의 차제(次第)나 뜻(義)을 제대로 알지 못하거나 거꾸로 아는 뜻에서 사견(邪見)과 뜻을 같이하여 정견(正見) 아닌 뜻이기도 하다. 중생(衆生)·세계(世界)에 대한 두 가지 전도, 상견심(想見心)의 세 가지 전도, 유위

(有爲)와 무위(無爲) 각각의 네 가지 전도, 그 밖에 칠전도·팔전도·십전도·십이전도 등이 있다. 『잡아함경』 권37(대정장2, p.272b1)에 "탐욕을 끊어버려서 괴로움과 탐욕을 멀리 여의며, 탐욕이 없는 마음으로 애착을 버린다. 분노를 끊어버려서 성내지 않고, 성내지 않음으로써 분노를 버린다. 정견을 닦아 익혀서 전도를 일으키지 않아서 정견으로 저 사견을 버린다. 斷除貪欲 遠離苦貪 依無貪心 捨於愛著 斷除瞋恚 不生忿恨 依於無恚 捨彼瞋恨 修習正見 不起顚倒 依於正見 捨彼邪見", 『백유경』 권1(대정장4, p.544a17)에 "과거세에 한 산도둑이 있어, 왕의 창고 물건을 훔쳐 멀리 도망갔다. 그때 국왕은 사람을 사방으로 보내 찾아 잡아서 왕 앞에 데려왔다. 왕은 옷의 출처를 물었다. 산도둑은 대답하기를 '우리 할아버지의 것이다' 하니, 왕은 입어 보라 하였다. 옷은 사실 산도둑의 본래 옷이 아니었기에 입을 줄을 몰랐다. … '어찌하여 뒤집어 입는가? 위에 입을 것을 아래에 입느냐? 입을 줄을 모르기 때문이다. 진정코 너의 옷은 도둑질한 것이지 너의 오래된 물건이 아님은 틀림없다'. 이 비유를 빌려보면 왕은 부처님과 같고, 보물창고는 법과 같으며, 어리석은 도둑은 마치 외도들 같다. 부처님의 법을 몰래 듣고 자기들의 법 중에 붙여서 자기들의 것이라 하지만, 알지 못하기 때문에 부처님의 법을 펼침에 위와 아래를 몰라 어지럽게 하고 법상도 모른다. 過去之世 有一山羌 偸王庫物 而遠逃走 爾時 國王 遣人四出 推尋捕得 將至王邊 王卽責其所得衣處 山羌答言 我衣乃是 祖父之物 王遣著衣 實非山羌本所有故 不知著之 … 云何顚倒 用上爲下 以不解故 定知汝衣必是偸得 非汝舊物 借以爲譬 王者如佛 寶藏如法 愚癡羌者猶如外道 竊聽佛法 著已法中 以爲自有 然不解故 布置佛法 迷亂上下 不知法相", 『대지도론』 권1(대정장25, p.60b13)에 "상에 집착하는 전도된 중생은 제법이 그럴듯하게 상속해서 있는 듯한 것을 알지 못한다. 이런 사람이 무상을 관하는 것은 대치실단이지, 제일의실단은 아니다. 왜냐하면 일체법의 자성은 공하기 때문이다. 저 게송에서 무상을 유상이라 보는 것을 전도라 한다. 공 가운데는 무상도 없거늘 어디에서 유상을 보겠는가? 著常顚倒衆生 不知諸法相似相續有 如是人觀無常 是對治悉檀 非第一義 何以故 一切諸法 自性空故 如說偈言 無常見有常 是名爲顚倒 空中無無常 何處見有常", 『십지경론』 권4(대정장26, p.150a27)에 "사견이란 네 가지 전도를 말한다. 이 네 가지 전도란 무엇인가? 두 가지 전도는 악의라 하니 전념으로 행하기 때문이고, 두 가지 전도는 악심이라 하니 전념으로 행하지 않지만 상락아정(常樂我淨)을 생각하는 것이어서, 이런 것은 바른 길로 난 빽빽한 숲을 가는 인이 아니다. 정도가 아니라는 것은 모든 번뇌이고, 빽빽한 숲이란 번뇌에 따르는 것이다. 마치 경에서 '보살은 다시 이렇게 생각한다. 이 중생들이 사견에 떨어져 악의와 악심으로 악도의 빽빽한 숲을 간다'. 邪見者 謂四顚倒 此顚倒者 二倒名爲惡意 專念行故 二倒名爲惡心 非專念行 謂我淨想故 彼非正道稠林行因 非正道者 是諸煩惱 稠林者 煩惱使故 如經 菩薩復作此念 是諸衆生 墮於邪見 惡意惡心 行惡道稠林故", 『구사론』 권19(대정장29, p.100c17 : *Abh-k-bh.*, p.284)에 "그 밖의 다른 부파는 말한다. '전도에는 열두 가지가 있다. 즉 무상에 대해 상이라고 헤아리는 중에 상·심·견(想心見)의 세 가지 전도가 있으며, 나아가 무아(無我)에 대해 아(我)라고 헤아리는 전도의 경우도 그러하다. 이 중에서 여덟 가지는 오로지 견소단이며, 네 가지는 견소단과 수소단에 통하니, 낙(樂)과 정(淨)의 상과 심의 전도를 말한다. 그렇지 않다면 아직 욕을 떠나지 못한 성자라 하니 낙상과 정상을 떠났거늘 어찌하여 욕탐을 일으키겠는가?' 有餘部說 倒有十二 謂於無常 計常倒中 有想心見 三種顚倒 乃至於無我 計我倒亦爾 於中八唯見斷 四通見修斷 謂樂淨想心 若謂不然 未離欲聖 離樂淨想 寧起欲貪 dvādaśa viparyāsāḥ. anitye nityamiti saṃjñādṛṣṭicittaviparyāsāstrayaḥ. evaṃ yāvadanātmanyātmeti. tatrāṣṭau darśanaprahātavyāścatvāro bhāvanāprahātavyāḥ. duḥkhe ca saṃjñā cittaviparyāsāvaśucau ceti nikāyāntarīyāḥ. itarathā hi kathamantareṇa sukhaśucisaṃjñāmavītarāgasyāryasya kāmarāgaḥ saṃbhavediti", 『중론』 권4(대정장30, p.32a17)에 "만약 상락아정 이 네 가지가 실로 있는 성이라면 상락아정은 전도가 아니다. 왜냐하면 틀림없이 실로 있는 일이니 어떻게 전도라고 하겠는가? 만약 상락아정 전도여서 이 네 가지가 없다면 무상·고·무아·부정 이 네 가지는 마땅히 실유할 것이어서 전도라 하지 않는다. 전도인 것과 서로 어긋나기에 전도가 아니라고 한다. 若常我樂淨是四實有性者 是常我樂淨 則非顚倒 何以故 定有實事故 云何言顚倒 若謂常我樂淨倒是四無者 無常苦無我不淨 是四應實有 不名顚倒 顚倒相違故名不顚倒", 『섭대승론석』 권5(대정장31, p.183c2)에 "전도란 번뇌근본이다. 식의 변이로 말미암아 모든 분별을 일으키니, 분별이 곧 전도이며 전도 때문에 모든 번뇌를 낳는다. 의타성이 분별성과 상응하는 것이 바로 전도이며, 번뇌가 의지하는 곳이다. 전도인 번뇌로 말미암아 의타성이 분별성과 상응한다. 전도인 번뇌는 또한 식의 변이가 의지하는 곳이다. 顚倒是煩惱根本 由識變異 起諸分別 分別卽是顚倒 顚倒故生諸煩惱 依他性與分別性相應卽是顚倒 煩惱所依止處 由顚倒煩惱 令依他性與分別性相應 顚倒煩惱 又是識變異所依止處"라고 하였다. [참고문헌] 『雜阿含經』, 『百喩經』, 『大智度論』, 『十地經論』, 『俱舍論』, 『中論』, 『攝大乘論釋』, *Abh-k-bh.*, *Madhy-vibh.32.*, *DN.1.105.*, *Jā.1.336.* ⇨ 이종전도 二種顚倒, 삼전도 三顚倒, 사전도 四顚倒, 십전도 十顚倒

전도망계 顚倒妄計 거꾸로 뒤집혀 헛되이 헤아림. 『유가사지론』 권16(대정장30, p.364b10)에 "'아와 아는 결코 존재하지 않으니 뒤집혀 헛되이 헤아릴 뿐이다' 이는 성자와 이생의 아에는 결코 진실의 아성이 없지만 오직 뒤집힌 망상으로 헤아려 있다고 여긴다. 我我定非有 由顚倒妄計 此顯聖者及異生我 決定無有眞實我性 唯由顚倒妄計爲有", 『사교의』 권4(대정장46, p.734a22)에 "외도들이 설하는 삿된 인에서 일체법이 생겨난다는 온갖 전도망계와 삿된 편집을 부순다. 破外人說 邪因緣生一切法 種種顚倒妄計邪僻也", 『대승밀엄경소』 권3(卍속장34, p.524a10)에 "'오직 혹란일 뿐'이라고 한 것은 분별심으로 뒤집힌 허망한 헤아림이란 필경에는 무라고 한 것이다. 唯惑亂者 爲分別心顚倒妄計 畢竟無耶", 『성유식론관심법요』 권7(卍속장82, p.591a14)에 "곧바로 실경이라고 집착해 알더라도 전도망계일 뿐이다. 則知所執實境 但是顚倒妄計"라고 하였다. [참고문헌] 『瑜伽師地論』, 『四教義』, 『大乘密嚴經疏』, 『成唯識論觀心法要』. ⇨ 전도 顚倒, 망계 妄計

전도몽상 顚倒夢想 Ⓢ viparyāsa. 뒤집혀 꿈꾸듯 한 망상. 제법의 공한 실상을 보지 못하는 마음. 『반야심경』 권1(대정장8, p.848c16 : *Prajñ-h.*, p.93)에 "걸려 막힘이 없으므로 두려움이 없고 뒤집혀 꿈꾸는 듯한 망상 멀리 여의어 구경에 열반이라네. 無罣礙故 無有恐怖 遠離顚倒夢想 究竟涅槃 citta-āvaraṇa-na-astitvād atrasto viparyāsa-atikrānto nirvāṇa-paryavasānam", 『반야심경유찬』 권하(대정장33, p.541b27)에 "일체번뇌의 습기와 수면 그리고 소지장과 뼛속까지 스며든 추중을 모두 다 길이 끊어 여래의 자리에 들어가는 것을 '전도된 몽상을 멀리 여의었다'고 말한다. 다시 말해 번뇌와 소지 두 장애와 삼계의 번뇌를 끊었기에 불위인 구경열반이다. 一切煩惱 習氣隨眠 及所知障 在骨麤重 皆悉永斷 入如來住 名爲遠離顚倒夢想 卽是二障三住所斷 由斯佛位究竟涅槃", 『반야심경약소연주기』 권하(대정장33, p.568a17)에 "전도된 몽상이란 … 중생은 아와 아의 것들 중에 깨닫지 못하며 이렇게 꿈에서 본 경이란 없는 것인데도 있다고 믿기 때문에 '전도'라고 한다. 본디 정심이 무명에 잠들어 사상(生住異滅)으로 꿈꾸며 온갖 번뇌를 일으킨다. 이제 반야지의 태양으로 번뇌의 꿈결 깨부수고 제법이 공함을 깨우친다. 顚倒夢想者 … 衆生於我我所中而不覺知故 夢所見境無而謂有故 名顚倒 由本淨心爲無明所眠 夢於四相起諸煩惱 今得般若智日破煩惱夢 了諸法空故"라고 하였다. [참고문헌] 『般若心經』, 『般若心經幽贊』, 『般若心經略疏連珠記』, *Prajñ-h.* ⇨ 전도 顚倒, 몽상 夢想

전도상 顚倒相 Ⓢ viparyāsa nimitta, Ⓣ phyin-ci-log-gi-mtshan-ma. 제법은 연기(緣起)여서 공(空)인데 실유(實有)라고 집착하는 것. 『화엄경탐현기』 권11(대정장35, p.312b3)에 "전도상이란 연기의 바탕이 실로 공하기에 나타날 뿐이거늘, 나타남에 있다고 집착하는 것이 바로 거꾸로 된 집착이다. 顚倒相者 顯緣體實空顯執有是倒", 『십지론의소』 권3(대정장85, p.772a23)에 "전도상이란 체성은 실로 공하지만 정으로 인해 유라고 여기는 것이다. 顚倒相者 體性實空 情故爲有也"라고 하였다. [참고문헌] 『華嚴經探玄記』, 『十地論義疏』, *Mad hy-vibh.76.* ⇨ 전도몽상 顚倒夢想, 전도 顚倒

전도상 顚倒想 Ⓢ viparyastā saṃjñā, Ⓟ saññāya vipariyesā, viparīta-saññā. 뒤바뀌 생각함. 정견(正見)이 없어 바로 보지 못함. 무상고무아(無常苦無我)를 상락아정(常樂我淨) 등으로 뒤바뀌 생각하는 것을 말한다. 36권본 『대반열반경』 권34(대정장12, p.832a13)에 "색중에서 전도상을 일으키면 색은 바로 상락아정이다. 이렇게 언제나 그러해서 바뀔 일 없다고 받아들이게 되고, 이로 인해 뒤집힌 상으로 탐욕과 분노, 어리석음이 생겨난다. 若於色中生顚倒想 謂色卽是常樂我淨 受是常恒無有變易 因是倒想生貪恚癡", 『대방등대집경』 권32(대정장13, p.223a24)에 "사대로 만들어진 색을 범부들은 무아를 보지 못하니, 중생은 전도상을 일으켜 남녀상과 위아래 색을 보고 좋아할 만한 색이다 좋아할 만한 색이 아니다 하며 생각한다. 四大造色 凡夫不見無我 衆生生顚倒想 見男女想 上下色想 是色可愛是色可惡", 『보성론』 권3(대정장31, p.829b29 : *Ratna-ut.*, p.30)에 "범부중생은 오온법에 전도상을 일으키는데, 무상을 상이라 생각하고, 고를 낙이라 생각하고, 무아인 것에 대해 아라고 생각하고, 부정한 것에 대해 청정하다고 생각한다. 凡夫衆生於五陰法 起顚倒想 謂無常常想 苦有樂想 無我我想 不淨淨想 viparyastā bhagavan sattvā upātteṣu pañcasūpādānaskandheṣu. te bhavanty anitye nityasaṃjñinaḥ. duḥkhe sukhasaṃjñinaḥ. anātmany ātmasaṃjñinaḥ. aśubhe śubhasaṃjñinaḥ"라고 하였다. [참고문헌] 『大般涅槃經』, 『大方等大集經』, 『寶性論』, *Ratna-ut.*, *MN.1.507.*, *SN.1.188.* ⇨ 전도몽상 顚倒夢想, 전도 顚倒

전도선과 顚倒善果 선과(善果)에 대한 잘못된 생각. 오계(五戒)와 십선(十善)을 닦아 인천(人天)에 나지만 그 과가 다하면 다시 윤회하는 줄 알지 못하는 것을 말한다. 정토에 태어나기 어려운 이유 중 하나다. 『안락집』 권1(대정장47, p.12b15)에 "부처님이 계시지 않을 때에도 물러섬이 없이 하는 것이 난행도다. 이 어려움에는 많은 길이 있으나 크게 다섯 가지다. … 넷째는 인천들이 선과에 대해 전도된 생각을 가지는 난관인데 이는 범행을 가로막는다. 於無佛時求 阿毘跋致爲難 此難乃有多道 略述有五 … 四者 所有人天 顚倒善果 能壞梵行",『선택전홍결의초』 권1(대정장83, 44a28)에 "전도선과란, 〔주〕 사람과 천의 과는 무루선이 아니어서 잠시 즐겁지만 다시 고로 돌아가기에 전도라 한다. 顚倒善果者 註云 人天之果非無漏善 暫樂還苦 名爲顚倒"라고 하였다. 〔참고문헌〕『安樂集』, 『選擇傳弘決疑鈔』. ⇨ 전도 顚倒, 선과 善果, 오계 五戒, 십선 十善

전도성 全度成 Ⓢ tāratāra. 상키야(Ⓢ Sāṃkhya : 數論)에서 말하는 팔성(八成) 중 하나. 『금칠십론』 권하(대정장54, p.1258c26)에 "(八成 중) 셋째 전도성이란 무엇인가? 한결같이 타인의 가르침을 말미암아 얻기에 전이라고 하는데, 신근도 열등하다. 三 全度成者 一向由他敎得 故稱爲全 神根復劣也"라고 하였다. 〔참고문헌〕『金七十論』, *Sāṃkhy-k.50.* ⇨ 팔성 八成

전도인 顚倒因 ■1 전도된 인. 외도들이 주장하는 바르지 못한 해탈의 인. 『십지경론』 권8(대정장26, p.170c24)에 "무엇이 옳지 않은 방법으로 구하는 해탈인가? 전도인 중에서 해탈을 구한다. 전도인에는 세 가지가 있다. 성인과 자재천인, 고행인 그리고 무인이다. 云何異道求解脫 於顚倒因中求解脫 顚倒因有三種 性因 自在天因 苦行因及無因", 『화엄경소』 권40(대정장35, p.808c6)에 "'전도인은 세 가지다. 성인과 자재천인, 고행인과 무인이다'. 이렇게 네 가지 인이 된다. 차례대로 이 네 문을 열어 파하겠다. 앞의 셋은 잘못된 인이기에 모두 전도라고 한다. 첫째로 성은 명제자성(冥諦自性)으로서 상키야(僧佉 Ⓢ Sāṃkhya)는 이것이 알아야 할 인이라 여겨 이를 알면 해탈한다고 한다. 앞에서 '저 다른 곳에서 구하는 해탈'이라 하였으니 그 이치가 여기에서는 다르다는 것이다. 비록 '알아야 할 인'이라고 하지만 뜻으로는 비법을 행한다. 둘째로 가라구다(Ⓢ Krakucchanda)는 자재천이 구해야 할 인(所求因)이라고 주장하는데, 자재천은 중생이 괴로워하면 노하고 즐거워하면 기뻐한다고 하니 자재천이 기뻐할 일을 구해야 한다는 것이다. 셋째로 산자야(Ⓢ Sañjaya)는 고행이 닦아야 할 인(所修因)이라고 주장하는데, 단지 고행 닦는 일만으로 과거의 업을 갚아 해탈을 얻을 수 있다고 한다. 넷째는 인이란 없다(無因)는 입장으로서 아지타(Ⓢ Ajita)는 중생은 인을 얻으려 하지 않아도 되며 만물은 본래 그러하니 이를 알기만 하면 바로 해탈한다고 주장한다. 顚倒因有三種 性因 自在因 苦行因及無因 此有四因 如次四門破之 前三是邪因 故倂云顚倒 一 性卽冥性 謂僧佉計此爲所知因 謂知此冥性 卽得解脫故 前云異處求解脫 顯其理非此中 雖云所知意取行非 二 卽迦羅鳩馱計自在天爲所求因 謂自在天瞋衆生受苦 自在天喜衆生受樂 求其喜故 三 刪闍夜計苦行 爲所修因 但修苦行 以酬往業 則得解脫故 四 無因 卽阿耆多計衆生不由因得 萬法自然 若知此者 便得解脫"라고 하였다. 〔참고문헌〕『十地經論』, 『華嚴經疏』. ⇨ 전도 顚倒 ■2 Ⓢ viparyāsa-hetu, Ⓣ phyin-ci-log-gi-rgyu. 칠잡염(七雜染 : 七難) 중 하나. 무명(無明)을 말한다. 『변중변론』 권상(대정장31, p.465b19)에 "칠잡염이란, 일곱 가지 인을 말한다. 첫째는 전도인이니 무명을 말한다. 七雜染者 謂七種因 一 顚倒因 謂無明"라고 하였다. 〔참고문헌〕『辯中邊論』, *Madhy-vibh.22.* ⇨ 칠잡염 七雜染

전도전 顚倒轉 Ⓢ viparītaṃ pravartate, viparyāsa-vṛtti. 이미 전도된 것이 거듭 전도됨. 『불소행찬』 권3(대정장4, p.23a1 : *Buddh-c.*, p.131)에 "불신으로 아에 대한 어리석음이 넘치고 분별하지 못해 방편이 없으며 경계에 심하게 계착하고 아소에도 한없이 끄달리니 믿지 못함이 뒤친데다가 다시 뒤쳐 잘못 짓고 잘못 안다. 不信我疑濫 不別無方便 境界深計著 纏綿於我所 不信顚倒轉 異作亦異解 vipratyayādahaṃkārātsaṃdehādabhisaṃplavāt, aviśeṣānupāyābhyāṃ saṅgād abhyavapātataḥ. tatra vipratyayo nāma viparītaṃ pravartate.", 『순정리론』 권47(대정장29, p.606a11)에 "다섯 가지 망견은 모두 전도에 또다시 전도하였으니 다 사견이라 말할 수 있다. 五種妄見 皆顚倒轉 並應名邪", 『대승아비달마잡집론』 권15(대정장31, p.765c17 : *Abh-s-bh.*, p.142)에 "전도전이란 잡염법을 말하는 것이니 여실하지 못한 것이 또다시 뒤집혔기 때문이다. 顚倒轉者 謂雜染法 不如實轉故 viparyāsavṛttiḥ sāṁkleśikānāṁ dharmāṇāmayathābhūtaṁ vartanāt"라고 하였다. 〔참고문헌〕『佛所行讚』, 『順正理論』, 『大乘阿毘達磨雜集論』, *Buddh-c.*, *Abh-s-bh.* ⇨ 전도 顚倒

전독 轉讀 경을 정해놓고 소리내어 독송하는 일. 『지장보살본원경』 권상(대정장13, p.783a19)에 "다만 모든 불상과 보살상을 마주하고 소리 높여 이 경 한 편 전독해야 한다. 但當對諸佛菩薩像前 高聲轉讀 此經一遍", 『대위등광선인문의경』(대정장17, p.888a15)에 "만일 누구라도 이 경전으로 스스로 전독하건 남을 시켜 전독하건, 한 편이나 두 편 또는 세 편 전독한다면 이 사람은 스스로 여래께서 미묘한 법륜을 굴리시길 청하는 것이다. 若人能於是經典中 若自轉讀 若敎人讀 一遍二遍及三遍者 當知是人 自請如來轉妙法輪", 『금강반야경집험기』 권상(卍속장149, p.85b4)에 "이사일(李思一)은 소생한 다음에 곧바로 여러 절의 대덕에게 『대반야경』을 오천 편 전독해 달라고 청하고, 사일 자신도 『대반야경』을 끊임없이 외우면서 밤낮으로 그치지 않았으니 오래 여러 해 그렇게 하였다. 思一蘇訖 當卽請諸寺大德 轉

讀般若經五千遍 思一誦持般若 晝夜不廢 見得延年"라고 하였다. 〔참고문헌〕『地藏菩薩本願經』, 『大威燈光仙人問疑經』, 『金剛般若經集驗記』. ⇨ 전경 轉經, 전경회 轉經會, 전장 轉藏, 전대반야경 轉大般若經

전두 田頭 절 소유의 전답을 관리하는 소임. 『오등회원』 권14 「석문소원장 石門紹遠章」(卍속장138, p.520a14)에 "예전에 석문철(石門徹) 문하에서 전두 소임을 살고 있을 때 석문철이 물었다. '무엇이 전두의 물소인가?' '뿔을 돌리면 천지가 울리고, 아침 햇빛 비치는 처처가 봄이로군요'. 얼마 지나서 석문철이 다시 물었다. '물소는 잘 지내는가?' '물도 여물도 부족한 적이 없었습니다' '밭 일은 어떻게 하고 있는가?' '밭 갈고 씨 뿌립니다' '여법히 하는가' '저는 주어진 절차에 따른 적이 없습니다'. 初在石門作田頭 門問 如何是田頭水牯牛 師曰 角轉轟天地 朝陽處處春 他日門又問 水牯牛安樂否 師曰 水草不曾虧 曰 田中事作麽生 師曰 深耕淺種 曰 如法著 師曰 某甲不曾取次"라고 하였다. 〔참고문헌〕『五燈會元』.

전득 全得 온전히 얻다. 다 얻어 남김없는 뜻이다. 『성유식론소초』 권18(卍속장80, p.913b16)에 "만일 무주열반을 얻는다면 순이라고 하니 이것이 멸제다. 곧 온전히 얻으면 순이라 하고, 반만 얻고 반을 얻지 못하면 불순이다. 若得無住涅槃 卽名純也 卽是滅諦 卽全得名純 若半得半不得 名不純也", 『벽암록』 14칙 「평창 評唱」(대정장48, p.155a15)에 "어째서 전부 손에 넣었다고 말하지 않았을까? 어째서 한 토막만 얻었다고 했을까? 일러보라. 나머지 한 토막은 어디에 있을까? 何不道全得 如何只得一橛 且道 那一橛 在什麽處"라고 하였다. 〔참고문헌〕『成唯識論疏抄』, 『碧巖錄』.

전득자기 轉得自己 뒤쳐 자기를 얻다. 『선림승보전』 권1 「조산본적전 曹山本寂傳」(卍속장137, p.444b10)에 "조산이 대중에게 보이다. '출가자는 이 옷 입고 있지만 이치로는 반드시 향상사를 알아 통해야 하니, 한가로울 수 없다. 만약 알아차린 것 분명하다면, 곧바로 저 모든 성인들 뒤쳐 자기 등 뒤에 두어야 비로소 자유다. 만약 돌려서 바꿀 수 없다면 설령 배워서 열에 열을 다 이룬다 해도 남의 등 뒤에서 공손히 손 올리고 있어야만 하니, 무슨 말을 크게 할 수 있겠는가? 뒤쳐 자기도 얻을 수 있다면 일체의 거친 경계가 닥친다 해도 모조리 주재할 수 있으리니, 가령 진창에 넘어져서도 주재 짓는다. 저 약산 학인이 약산에게 물었듯이 「삼승교중에도 조사의 뜻이 있습니까?」 하니 「있다」라고 답하였다. 「이미 있는데도 달마는 또 무엇을 하려고 온 것입니까?」라고 묻자 「올만한 이유가 있었으니, 어찌 주재 얻어 짓고 뒤쳐 자기로 돌이킬 줄 모르는가?」라고 답하였다'. 示衆曰 僧家在此等衣線下 理須會通向上事 莫作等閑 若也承當處分明 卽轉他諸聖 向自己背後 方得自由 若也轉不得 直饒學得十成 却須向他背後叉手 說什麽大話 若轉得自己 則一切粗重境來 皆作得主宰 假如泥裏倒地 亦作得主宰 如有僧問藥山曰 三乘敎中 還有祖意也無 答曰有 曰旣有 達磨又來作麽 答曰 只爲有所以來 豈非作得主宰轉得歸自己乎", 『경덕전등록』 권10 「장사경잠전 長沙景岑傳」(대정장51, p.275c8)에 "학인이 물었다. '어떻게 해야 산하국토를 뒤쳐서 자기에게 돌릴 수 있습니까?' '어떻게 해야 자기를 뒤집어 산하국토가 되겠는가?' '알지 못하겠습니다' '호남성은 백성이 살기 편하다. 쌀값도 싸고 땔감도 풍족하여 사람들이 모여든다'. 학인이 말이 없자 장사가 게송을 읊었다. '누군가 산하 뒤칠 일 묻는데, 산하 뒤쳐 향할 이 누구인가? 두렷이 다 통해 양변이 없고, 법성 본래 돌아갈 일 없네'. 僧問 如何轉得山河國土 歸自己去 師云 如何轉得自己 成山河國土去 僧云不會 師云 湖南城下好養民 米賤柴多足四隣 其僧無語 師有偈曰 誰問山河轉 山河轉向誰 圓通無兩畔 法性本無歸"라고 하였다. 〔참고문헌〕『禪林僧寶傳』, 『景德傳燈錄』, 『圜悟語錄』 권17(대정장47, p.794b8), 『大慧語錄』 권1(대정장47, p.814a23). ⇨ 산하자기 山河自己

전등 傳燈 ❶ 불 밝혀 이어가다. 법을 이어 끊이지 않게 함이 등불이 다음 등불로 이어지듯 하기에 전등이라 하고, 법을 깨우쳐 아는 이 간이 다시 밝은 법을 이을 수 있고 받는 이 또한 깨우쳐 아는 이여야 하기에 전등이라 한다. 경론의 근거를 들면 다음과 같다. 『대반야경』 권406(대정장7, p.29a6)에 "모든 불자들이 한 말이 있다면 모두가 불위신력을 받들어서다. 왜 그런가? 사리자야! 여래께서 그들에게 법요를 널리 설하실 때 그 말씀은 모든 법성과 항상 어긋나지 않는다. 불제자들은 그렇게 말씀하신 법에 의지하여 부지런히 수학하여 법의 진실성을 증득한다. 이로 말미암아 다른 이에게 널리 설하신 말씀이 모두 법성과 어긋나지 않으므로 부처님의 말씀은 마치 등으로 빛을 전하듯 한다. 諸佛弟子 凡有所說 一切皆承佛威神力 何以故 舍利子 如來爲他 宣說法要 與諸法性 常不相違 諸佛弟子 依所說法 精勤修學 證法實性 由是爲他 有所宣說 皆與法性 能不相違 故佛所言 如燈傳照", 『유마경』 권상(대정장14, p.543b18 : *Vikīn.*, p.166)에 "유마힐이 말했다. '자매들이여! 다함이 없는 등불이라는 이름의 법문이 있으니 그대들은 배워야 한다. 다함이 없는 등불이라 하니, 비유하자면 하나의 등불로 백천등을 타오르게 하여 어두운 곳 모두 밝아지고 밝음이 끝내 다함이 없는 것과 같다'. 維摩詰言 諸姊 有法門名無盡燈 汝等當學 無盡燈者 譬如一燈 燃百千燈 冥者皆明 明終不盡 āha asti bhaginyo kṣayapradīpaṃ nāma dharmamukham. tatra pratipady adhvam. tat punaḥ katamat. tadyathā bhaginyaḥ ekasmān tailapradīpād dīpaśatasahasrāṇy ādīpyante. na ca tasya dīpasya parihāṇir bhavati", 『대지도론』 권100(대정장25, p.755b17)에 "누대에 걸쳐 부촉하는 까닭은 법이 사라지지 않도록 하기 위함이다. 그대는 마땅히 제자를 교화하고 제자는 다시 다른 사람을 교화하여 펴고 굴러서 서로 가르친다. 비유하자면 하나의 등이 다시 나머지 다른 등에 불을 붙여 그 밝음이 거듭해서 많아지는 예와 같다. 최후에 종자를 끊는 사람이 되어서는 안 되니, 세인들에게 자식이 있더라도 대를 잇지 않으면 종자를 끊었다고 하여 가장 부끄럽게 여기는 경우와 같다. 부처님께서 이 비유로 아난에게 이르셨다. '그대는 그대의 몸에서 반야가 단절되도록 해서는 안 된다'. 所以囑累者 爲不令法滅故 汝當敎化弟子 弟子復敎餘人 展轉相敎 譬如一燈 復然餘燈 其明轉多 莫作最後斷種人者 世人有子 若不紹繼 則名斷種 最爲可恥 佛以此喩告阿難 汝莫於汝身上令般若斷絕"라고 하였다. 특히 선종의 유사들은 대부분 전등(傳燈)으로 제목을 삼았다. 북송(北宋)대 도원(道原)이 지은 『경덕전등록』「서 序」(대정장51, p.196b21)에 "다섯 잎(五家)으로 피며 비로소 무성해 지더니 천갈래 등불로 나뉘어 더욱 번성하게 되었다. 逮五葉而始盛 分千燈而益繁", 같은 책 「천동소 天童疏」(대정장51, p.465c10)에 "등에서 등으로 불꽃 타오르니 이는 세상을 나누어 비추는 끊이지 않는 광명이다. 燈燈續焰 分照世不斷之光明"라고 하였다. 『경덕전등록』 이후 역대의 선종사서들은 이를 본으로 삼아 각종의 등록(燈錄)을 지었다. 『천성광등록 天聖廣燈錄』·『연등회요 聯燈會要』·『건중정국속등록 建中靖國續燈錄』·『가태보등록 嘉泰普燈錄』·『오등회원 五燈會元』 등 송대(宋代)의 선종사서들도 모두 등(燈)이 제목이며, 명대(明代)의 선종사서인 『오등엄통 五燈嚴統』·『속전등록 續傳燈錄』·『계등록 繼燈錄』·『선등세보 禪燈世譜』 등도 마찬가지이고, 청대(淸代)에도 『오등전서 五燈全書』·『속등정통 續燈正統』·『금강선등 錦江禪燈』·『검남회등록 黔南會燈錄』·『속등존고 續燈存稾』 등이라 이름하였다. 『석씨요람』 권중(대정장54, p.293b7)에 "전등 : 승조는 말했다. '스스로 행하고 저도 교화하니 공덕은 차고 더한다. 법의 광명이 끊어지지 않으니 다함 없는 등불이라고도 한다'(『주유마힐경』 권4, 대정장38, p.367c5)라고 말했다. 傳燈 肇云 自行化彼 則功德彌增 法光不絕 亦名無盡燈", 『선원청규』 권7(卍속장111, p.916a3)에 "스승에게 법을 이음에 근거가 있기에 전등이라 한다. 師承有據 乃号傳燈", 『굉지광록』 권2(대정장48, p.19c14)에 "마음과 마음으로 서로 인 쳐서 조사조사가 등을 전한다. 心心相印 祖祖傳燈"라고 하였다. [참고문헌] 『大般若經』, 『維摩經』, 『大智度論』, 『景德傳燈錄』, 『釋氏要覽』, 『注維摩詰經』, 『禪苑淸規』, 『宏智廣錄』, 『祖庭事苑』 권8(卍속장113, p.225b13), *Vikī-n*. ⇨ 등록 燈錄, 법등 法燈 ❸, 분등 分燈, 불조보세계서 佛祖譜世系序, 수법전등 授法傳燈, 연등 聯燈 ❶, 전법 傳法 ❷ 『경덕전등록 景德傳燈錄』의 줄임말. 『임제록』 「서 序」(대정장47, p.495b18)에 "스님의 일대기는 『전등』 등의 등록에 자세히 수록되어 있으니 여기서 불필요하게 덧붙이지는 않겠다. 師之出處 具載傳燈等錄 玆不復贅", 『허당록』 권9(대정장47, p.1050b3)에 "선문에도 다섯 등불이 있다. 전등·광등(『천성광등록』)·보등(『가태보등록』)·속등(『속전등록』)·연등(『연등회요』)이 그것이니, 등등이 서로 이어 순환에 다함이 없다. 禪門中 亦有五燈 有傳燈 廣燈 普燈 續燈 聯燈 燈燈相續 循環無盡"라고 하였다. [참고문헌] 『臨濟錄』, 『虛堂錄』. ⇨ 경덕전등록 景德傳燈錄 ❸ 1554~? 명대 천태종 스님. 자는 무진(無盡), 호는 유문(有門), 속성은 섭(葉)씨. 절강성(浙江省) 서안(西安) 출신. 어릴 때 진현영암(進賢映庵)에게 투신하여 출가한 다음 백송(百松) 문하에서 천태교법(天台教法)을 공부하였다. 명대인 1582년(만력10) 백송에게 능엄대정(楞嚴大定)의 뜻을 물었는데, 백송이 주시하며 사방을 둘러보는 모습에서 문득 종지를 깨달아 금운자가사(金雲紫袈裟)을 전수받았다. 1587년(만력15) 천태산(天台山) 유계고명사(幽溪高明寺)에 은거하며 천태조정(天台祖庭)을 세우고 학인들을 가르치면서 선정과 정토를 아울러 수행했다. 그가 저술한 『정토생무생론 淨土生無生論』 1권(대정장47, No.1975)은 천태종 삼관(三觀)의 종지를 융합하여 정토법문을 널리 알린 글이다. 1597년(만력25) 『능엄경현의 楞嚴經玄義』 4권(卍속장20, pp.1a1~83a17)을 짓고 이어서 『천태산방외지 天台山方外志』 30권·『능엄경원통소 楞嚴經圓通疏』 10권(卍속장19, pp.399a1~930a8)·『성선악론 性善惡論』 6권(卍속장101, pp.837a1~950a2)·『아미타경약해원중초 阿彌陀經略解圓中鈔』 2권(卍속장91, pp.764a1~844a9)·『유마경무아소 維摩經無我疏』 12권(卍속장30, pp.47a1~362a18)·『천태전불심인주 天台傳佛心印記註』 2권(卍속장101, pp.793a1~836b3) 등의 저작을 내놓았다. 법화(法華)·대자(大慈)·광명(光明)·미타(彌陀)·능엄(楞嚴) 등 갖가지 참법(懺法)에 뜻을 두고, 매년 네 가지 삼매를 행하였다. 임종할 때 손에 묘법연화경(妙法蓮華經)이라는 다섯 글자를 적어서 큰 목소리로 부르다가 입적하니 그때가 세수 75세였다. [참고문헌] 『淨土聖賢錄』 권5 「傳燈章」(卍속장135, p.297a15).

전등광록 傳燈廣錄 일본 강호(江戶)시대 제호사(醍醐寺) 스님 우보(祐寶 1656~?) 지음. 8권. 진언종(眞言宗)이 대대로 전승한 밀교의 전등법맥을 서술한 책이다. 갖춘 이름은 『금강정무상정종전등광록 金剛頂無上

正宗傳燈廣錄』이다. 그 『속편 續篇』 13권, 그리고 『후편 後篇』 5권을 아울러 1915년에 간행하였다.

전등록 傳燈錄 ❶『경덕전등록 景德傳燈錄』의 줄임말. 『조정사원』 권8(卍속장113, p.230a13)에 “『보림전』이나 『전등록』이나 모두 달마가 4권본 『능가경』을 학인들에게 전하였다고 하는데, 어떻게 선종에서 그것을 가리켜 교외별전이라 하는가? 寶林傳 傳燈錄 皆謂達磨 以楞伽四卷之經 傳於學者 何得禪宗 謂之教外別傳”, 『사명존자교행록』 권4(대정장46, p.894b25)에 “『조당집』과 『전등록』에 근거하면 다만 ‘이조가 삼배의 절을 올리고 본래의 자리에 그대로 서 있었다’라고 할 뿐이다. 今據祖堂 及傳燈錄 只云 二祖禮三拜 依本位而立”라고 하였다. 〔참고문헌〕 『祖庭事苑』, 『四明尊者教行錄』. ⇨ 경덕전등록 景德傳燈錄 ❷ 선종(禪宗)의 전법(傳法)과 각 선사의 전기 및 갖가지 문답과 기연(機緣) 등을 기록한 사서(史書)의 일종. 등록이라고도 한다. 『경덕전등록』을 비롯한 대표적인 다섯 가지 전등록을 오등(五燈)이라 한다. ⇨ 등록 燈錄

전등록대의 傳燈錄大意 송대 도원(道原)이 편찬한 『경덕전등록 景德傳燈錄』의 대의. 해인사판 『일용집』 85장 우면의 제경대지(諸經大旨)에 “석가의 정통 법맥을 두루 펴서 오종의 종지를 나타냄. 遍正脉 顯五宗”이라고 하였다. 〔참고문헌〕 海印寺板 『日用集』, 仁岳 『傳燈錄私記』. ⇨ 경덕전등록 景德傳燈錄

전등사 傳燈寺 인천광역시 강화군 길상면 길상산(吉祥山)에 있는 절. 대한불교조계종 직할교구 본사 조계사

전등사 전경

(曹溪寺)의 말사이다. 『임하필기』 권13 문헌지장편(文獻指掌編) 강화부(江華府)에 “선원각은 부의 남쪽 30리의 전등산 정족산성에 있다. 璿源閣在府南三十里傳燈山鼎足山城”라고 하였고, 『숙종실록』 권22, 16년(1690) 8월 6일에 “지춘추관사 민암이 … 가서 강화정족산비사를 살펴보았다. 知春秋館事閔黯 … 往考江華鼎足山秘史”라고 하여, 길상산을 전등산·정족산이라고도 부른다. 〔창건과 사적〕 전등사 관련 기록은 1366년(공민왕15)에 이색이 쓴 「진종사기」(『목은문고』 권17)를 비롯하여 많은 사적이 전한다. 특히 『전등본말사지』에는 1767년(영조43)에 보연(普演)이 작성한 「정족산전등사불상중수기적 鼎足山傳燈寺佛像重修記蹟」부터 1839년(헌종5) 이건승(李建昇) 찬 「전등사시왕급각전중수기 傳燈寺十王各殿重修記」·1841년 「전등사대조루개건략기」와 현규(炫奎) 찬 「전등사대조루개건상량문」·홍진섭(洪瑨燮) 찬 1876년(고종13) 「전등사대웅전약사전개와중수기」와 1880년 「상단후불탱여시왕개채환안기 上壇後佛幀與十王改彩還安記」·1884년 일유(一裕) 찬 「전등사지장개금시왕각부탱화불사기」과 임승익(林承翼) 찬 「대조루중건모연문」·1905년(광무9) 경재거사(耕齋居士) 찬 「전등사개금개분개탱화기 傳燈寺改金改粉改幀畵記」·1919년 태허(太虛) 찬 「전등사건축급불사기념기」 등에 전하고, 『한국사찰전서』 권하에도 권상로(權相老) 찬 「강화군길상산전등사적묵당상량문 江華郡吉祥山傳燈寺寂默堂上梁文」과 「강화군길상산전등사삼성전상량문」·1912년 김지순(金之淳) 찬 「강화부정족산전등사연혁」·1916년 김완해(金玩海) 찬 「강화군

〈표1〉 전등사 사적

연 도	사 적
381(소수림왕11)	• 아도(阿道) 진종사(眞宗寺)로 창건
1266(원종7)	• 중창
1282(충렬왕8)	• 인기(印奇) 충렬왕비 정화궁주(貞和宮主) 요청으로 송 대장경 인출·봉안 • 정화궁주 옥등 시주 • 전등사로 변경
1319(충숙왕6)	• 중수
1341(충혜왕복위2)	• 중수
1596(선조29)	• 문소전(文昭殿) 국왕 및 왕비 위판(位版)·진영 임시봉안
1605(선조38)	• 전각 절반 소실
1614(광해군6)	• 모두 소실
1615	• 지경(志敬) 중창불사 발원
1660(현종1)	• 경내에 왕실 선원각(璿源閣)·국가 장사각(藏史閣) 건립
1678(숙종4)	• 선원각·장사각 선원보·실록 보관
1908(융희2)	• 경토벌대(京討伐隊) 난입 • 진해창고(鎭廨倉庫) 소실
1909(융희3)	• 선원각 훼철·장본(藏本) 경성 이전
1911	• 사찰령에 따라 대본산·강화·개성·김포·통진·교하·교동 34곳 말사 관할
1935	• 주지 김정섭(金正燮) 전문강원 설립
1942	• 안진호(安震湖) 『전등본말사지』 편찬
1998	• 선원보각·장사각 복원
1999	• 취향당 복원
석비	• 1846(헌종12) 서유방(徐有防)·이곤수(李崑秀) 애휼승도비(愛恤僧徒碑)건립 • 1868(고종5) 진무중군이용의(鎭撫中軍李容儀) 공덕불망비(功德不忘碑)건립

정족산대본산전등사대웅보전급대조루제사도중수기」·1917년 연월(蓮月) 찬 「전등사중수개략」·1932년 김태흡(金泰洽) 찬 「대본산전등사중수기」 등에 많은 사적이 전한다. 이를 중심으로 전등사 연혁을 정리하면 〈표1〉과 같다. 다만 1366년에 조성된 향완(香垸) 안쪽에는 "지정 26년 병오 5월일 진종사향완 至正二十六年丙午五月日 眞宗寺香垸"이라는 명문이 있어, 1282년에 전등사로 사명을 바꾼 뒤에도 계속 진종사라고도 불렀음을 알 수 있다. 이색(李穡 1328~1396)이 장단(長湍) 유배 때(1389~1391) 쓴 「마니산기행 摩尼山紀行」(『목은시고』 권4)의 시 '전등사'에는 "정화궁주의 원당을 누가 다시 세울까? 벽글에 쌓인 먼지 나그네 마음을 아프게 하네. 貞和願幢誰更植 壁記塵昏傷客情"라고 하여, 퇴락한 풍경을 묘사하였다. 임진왜란과 정묘재란 중에 국왕과 왕비의 위판과 영정을 임시봉안하였다가 1660년(현종1)에 강화유수 류심(柳淰 1608~1667)이 선원각과 장사각을 향산(香山)에서 옮겨 짓고, 1678년(숙종4)에는 선원보와 실록 등 왕실과 국가의 중요 문서를 보관하면서 1909년에 사고장본(史庫藏本)을 경성으로 옮길 때까지 왕실의 지원이 꾸준히 이어졌다.

무설전

강설당

대조루

죽림다원

정족사고

관해당승탑

애흘승도영세불망비

이목당서운대종사탑

이목당서운대종사탑비

인공당대강백지탑

노은선사지탑

〈표2〉 전등사 주요 당우 및 성보문화재 일람표

전 각	내역 · 인연대중
대웅보전	•1614(광해군6) 소실 •1621 상량 •1855(철종6) 이제원·김남길 시주로 규영(奎瑩)중건 •1876(고종13) 강화유수 조병식(趙秉式) 시주로 효월(孝月)중수 •1900 보수 •1915 국창환(鞠昌煥)중건 •1932 이보인(李普仁)중수 •2020 번와 정·측3·3칸 •1623(인조1) 석가여래삼존불목조상(석가불·아미타불·약사불) 수연(守衍)조성 •1761(영조37) 대연(大演)개금 •1905(광무9) 서룡기엽(瑞龍機燁)개금 •1916 이지영(李智永)개금 •1916 후불탱·신중탱 조성 •1621(광해군13) 수미단 제작추정 •1627(인조5) 업경대 밀영(密英)·천기(天琦) 등 제작 •처마에 나부상(裸婦像) •1917 국연월(鞠蓮月) 대웅전 앞면 벽돌 시공
약 사 전	•건립연도 미상 •1876 강화유수 조병식(趙秉式) 시주로 효월중수 •1932 이보인중수 •1984 보수 •1993 일부해체보수 •2013 단청 정·측3·2칸 •약사여래석조좌상 고려말 조선초 조성 •1916 이지영도분(塗粉) •1884(고종21) 후불탱 조성 •1884 현왕탱 조성
관 음 전 (향 로 전)	•1884 영담(暎潭)중건 •1974 개축 •1992 개축 •2007 개축 •2019 승석 관음전으로 개축 정·측3·2칸
명 부 전 (시 왕 전)	•1819(순조19) 이지응개축·단청 •1839(헌종5) 서룡기엽중수 •1918~1919 이지영신축·단청 •1932 이보인중건 •1977 월탄중건 정·측3·2칸 •지장보살삼존목조상 및 시왕상 1636(인조14) 수연 등조성 •1767(영조43) 한영(漢英)중수 •1819(순조19)개금·개채 •1880 효월개채 •1884 개금 •1890개채 •1916 국창환중건 •1918 이지영개금·개채 •1991 장윤개금 •후불탱 1880 효월개채 •지장탱 1884 효월·경운(敬運)개금 •1884 시왕탱 효월·경운봉안
무 설 전	•2012 범우신축 지하1층 •석가모니불상·문수보살상·보현보살상·관음보살상·지장보살상 봉안
봉 향 각	•1916 미타상 이지영개금
삼 성 각	•1933 이보인건립 •1986 장윤증·개축 정·측3·1칸
전 등 각	•2017 승석개축 5개동 •사찰음식체험관
적 묵 당	•1918 이지영보수 •1932 이보인중건 •1973 원광해체·복원 •1979 개축 •1987 장윤보수 •2009 혜경개축 정·측6·8칸 ㅁ자 •종무소
강 설 당	•1932 이보인중건 •1986 장윤보수 •2001 혜경개축 •2009 혜경일부복원 •2013 범우개축 정·측6·10칸 •1916 관음보살상 이지영개금 •1918 아미타불탱 조성 •이전 전등사승가대학 현재 주지실·템플스테이 사무실·서점
대 조 루	•1749(영조25) 총섭 초윤(楚尤)·전화주 청민(淸敏)·보학(寶學) 국왕 목재시주로 개건 •1841(헌종7) 연홍(演弘)·탄인(坦仁)·수우(守隅) 중건 •1916 국창환 중건 •1932 이보인중건 •2009 혜경개축 정·측5·2칸 2층 •1726(영조3) '취향당' 어필편액 •추사 김정희 '다로경권' 편액
종 각	•1977 월탄건립 정·측1·1칸 •1097(북송 철종5 고려 숙종2) 철종(鐵鐘) 중국하남성 숭명사 조성
종 루	•정·측3·2칸
월 송 료	•2010 혜경신축 정·측6·4칸 ㄱ자 •템플스테이숙소
선 불 장	•2011 혜경신축 정·측9·5칸 •템플스테이체험관
극 락 암	•1932 이보인 중건 •1986 장윤 증·개축 정·측3·2칸 •서운·상묵 주석처
관 해 암	•1987 건립 정·측6·3칸 ㄱ자
상 락 원	•2015 개원 •종무원전용숙소
죽림다원	•2001 장윤신축 정·측5·2칸

1707년(숙종33)에 강화유수 황흠(黃欽 1639~1730)이 장사각을 개건하면서 취향당(翠香堂)이라는 별관을 지어 보사권봉소(譜史權奉所)로 정하였고, 1719년(숙종45)부터 1909년까지는 수호 책임자를 기록하는 사각도총섭안책(史閣都摠攝案冊)을 비치하기도 하였다. 1726년(영조3)에는 국왕이 참례한 뒤 취향당 어필(御筆)편액을 하사하였고, 『승정원일기』 779책 영조10년(1734) 5월 14일에는 "우의정…(김)흥경이 '대교 정이검이 별단에서 강화사고 아래 전등사의 잔폐한 상황을 자세히 진정하고는 선두포 언답 약간을 지급하기를 청하였는데, 이미 해조로 하여금 그대로 시행하라는 전교가 있었다.'고 아뢰었다. 右議政…(金)興慶曰 待敎鄭履儉別單中 備陳江華史庫下傳燈寺殘弊之狀 仍請船頭浦築堰畓若干劃給 此則旣有令該曹依施之敎"라고 하였으며, 1784년(정조8)에는 정족창(鼎足倉)을 설치하였는데 1828년(순조28)에 「정족창시설절목 鼎足倉施設節目」을 만들고 40~50칸의 규모로 확장하였다. 1865년(고종2)에는 총섭 찬성(贊性)을 통해 인근 50여 호의 세금을 받았고, 1871년(고종8)에는 강화도 방비를 위해 포량고(砲糧庫)를 두었으며, 다음해에는 절의 남쪽에 승군 50명과 승장 겸 총섭 1명을 둔 진상약애고(進上藥艾庫)와 산성별장소(山城別莊所)를 설치하기도 하였다. 현재 전등사는 강화 사암의 중심으로 자리하고 있다. 2001년에 제1회 삼랑성역사문화축제를 주지 계성의 주관으로 개최한 이래 장윤(長允)은 이주민문화축제와 게이트볼대회를 여는 등 지역민과의 유대를 공고히 하였고, 2017년에는 삼랑성 동문 주변에 흉물로 방치되었던 옛 여관을 사찰음식체험관인 전등각으로 개축하여 민족문화의 성지인 강화의 역사문화는 물론 불교문화를 알리는데 진력하고 있다. 또한 중고대학생에게 장학금

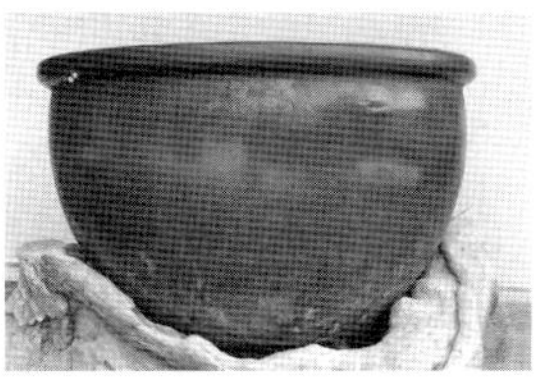
청동수조

업경대

위패

옥등

후불탱화

을 지원하는 대한불교조계종 아름다운동행에 동참하여 매년 강화지역학생들을 지속적으로 지원하고 있기도 하다. [성보문화재] 전등사의 주요 당우와 성보문화재의 현황과 내역은 〈표2〉와 같다. 『고려사』 권56, 지10 지리1 양광도 강화현조에 "전등산이 … 있다〈일명 삼랑성이라고 하는데, 세상에는 단군이 세 아들을 시켜 쌓았다고 전한다〉. 有 … 傳燈山〈一名三郎城世傳檀君使三子築之〉"라고 하여, 전등사 주변은 삼랑성 성벽으로 둘러져 있는데, 같은 책 권24, 세가24 고종 기미46년(1259) 하4월조에 "삼랑성과 신니동에 가궐을 지으라고 명령하였다. 命營假闕 於三郎城及神泥洞"고 하였고, 같은 책 권26, 세가26 원종 갑자 5년(1264) 5월조에도 "계묘일에 삼랑성 가궐에서 비로소 대불정오성도량을 베풀어 4개월동안 회향하였다. 癸卯 始設大佛頂五星道場 於三郎城假闕 凡四月"라고 하여, 삼랑성 안에 가궐을 두었다고 하였는데 2000년 발굴 결과 적묵당과 무설전 바로 남쪽에서 가궐터를 확인하였다. 이외에도 보물로 지정된 1543년(중종38) 정수사(淨水寺) 개판(開板) 『묘법연화경』 목판 104매가 보관되어 있고, 고려말 조선초에 제작된 것으로 추정하는 바리 모양의 청동수조(水槽)도 유형문화재로 지정되어 있다. 대웅전 각 처마에는 중건불사를 맡은 목수의 재물을 가로챈 주모의 죄를 씻기 위해 발가벗은 조상을 매달아 매우 이채롭다. 특히 2012년에 신축한 무설전은 전통 가람의 도습을 해치지 않으면서 자유롭고 현대적인 분위기를 더한 이색 법당이자 복합문화공간으로, 전통과 현대, 종교와 문화영역이 교차하는 전통사찰내 의미있는 공간으로 평가받고 있다. [참고문헌] 『林下筆記』, 『肅宗實錄』, 『牧隱詩藁』, 『牧隱文藁』, 『承政院日記』, 『高麗史』, 『伽藍考』, 『梵宇攷』, 『韓國寺刹全書』, 『傳燈本末寺誌』(亞細亞文化社, 1978).

전등사대웅전 傳燈寺大雄殿 조선후기 목조건축. 보물 제178호. 정면 3칸·측면 3칸의 다포계(多包系) 팔작지붕 건물. 1916년 대웅전을 수리하던 중 발견된 「전등사대웅동전양간록 傳燈寺大雄銅殿樑間錄」에 "만력 33년(1605·선조38) 을사 화재가 나서 사찰의 절반 가량이 소실되었고, 갑인(1614·광해군6) 12월 초하루 다시 화재가 나서 전소되었다. 동 43년 을묘 4월 공사를 시작하여 천계 원년(1621·광해군13) 신유 윤2월 7일에 서까래를 얹고 공사를 마무리하였다. 萬曆三十三年 乙巳出火燒盡半部 甲寅十二月初一日 再出火燒盡全部 同四十三年乙卯四月日 始役 天啓元年辛酉潤二月初七日 椽木終役"라고 하였다. 1839년(헌종5) 벽을 수리하고, 1855년(철종6)에 보수하는 등 이후에도 여러 차례 수리하였

전등사대웅전

다. 기단은 자연석으로 허튼층쌓기를 하였는데, 주변 지형에 맞추기 위해 전면과 동측이 높고, 후면과 서측은 낮게 조성했다. 자연석으로 주춧돌을 놓고 배흘림기둥

전등사대웅전 닫집 · 수미단

을 올렸다. 건물의 평면은 거의 정사각형에 가깝다. 공포는 정면과 배면에 매 칸마다 2조의 주간포(柱間包)를 배치하였으나, 측면에는 어칸에 3조·협칸에 1조씩 놓고, 공포 간격을 동일하게 하기 위해 주상포를 기둥에서 벗어난 위치에 배치하였다. 대웅전의 화려한 벽화와 조각도 특징적이다. 각 공포 사이의 포벽(包壁)마다 아미타여래나 연화당초문을 그리고, 네 모서리 기둥 윗부분에는 추녀의 하중을 받치고 있는 인물상을 조각하였다. 전각 내부 두공과 천장 등에는 극락조·연꽃·용두(龍頭)·물고기 등의 화려한 조각으로 장식하였다. 천장은 우물천장이며, 중앙 후면에는 석가여래삼존불을 모신 불단(佛壇)과 용과 봉황이 장식된 화려한 닫집이 있다. 불전의 건축구조와 장식이 화려해지는 등 조선후기 다포계 불전의 특징을 잘 볼 수 있다. [참고문헌] 『傳燈本末寺誌』(亞細亞文化社, 1978) p.21, 『전등사 대웅전·약사전 정밀실측보고서』 권상(문화재청, 2008) pp.107~258. ⇨ 전등사 傳燈寺

전등사목조석가여래삼불좌상 傳燈寺木造釋迦如來三佛坐像 조선후기 목조삼존불상. 보물 제1785호. 석가여래상 높이 125cm, 약사여래상 높이 96cm, 아미타여래상 높이 94.5cm. 대웅전에 봉안되어 있다. 아미타여

전등사목조석가여래삼불좌상

래상 내부에서 발원문이 발견되어 1623년(광해군15) 수연(守衍)을 비롯해 성옥(性玉)·영철(靈哲)·제영(祭英)·법림(法林)·혜경(惠庚) 등 여섯 명이 제작에 참여하였음을 알 수 있다. 석가여래상을 가운데 두고 왼쪽에 약사여래상과 오른쪽에 아미타여래상을 모셨는데, 석가여래는 좌·우 여래상에 비해 크게 조성되었으며, 방형의 얼굴에 단호한 표정을 짓고 있어 본존불로서 위엄을 보여준다. 머리에는 정상계주와 중앙계주가 표현되었고, 수인은 항마촉지인(降魔觸地印)이다. 대의는 옷자락이 오른쪽 어깨를 살짝 덮고 오른팔을 드러낸 변형 우견편단(右肩偏袒)으로 걸쳤으며, 가슴에는 꽃잎처럼 표현된 승각기(僧脚崎)와 띠매듭을 둘렀다. 약사여래상은 왼손을 살짝 들고 오른손을 내린 채 엄지와 중지, 약지를 구부려 중품하생인(中品下生印)을 결했고, 아미타여래상은 반대로 오른손을 들고 왼손을 내려 중품하생인(中品下生印)을 결했다. 약사여래는 입술 끝이 살짝 올라가 옅은 미소를 띠고 있고, 아미타여래는 표정이 좀 더 근엄하다. 두 불상 모두 신체와 얼굴의 형태는 석가여래상과 비슷하지만 이목구비의 표현이나 옷주름 등 세부적으로는 차이가 있다. 발원문을 통해 정확한 조성 시기와 경위, 시주물품별 시주자 현황, 조각승 등을 알 수 있으며, 조각기법도 우수하여 17세기 전반의 불상 양식과 조각승 유파 연구에 중요한 성보다. [참고문헌] 『문화재대관 보물-불교조각Ⅱ』(문화재청, 2017) pp.82~86. ⇨ 전등사 傳燈寺

전등사목조지장보살삼존상및시왕상일괄 傳燈寺木造地藏菩薩三尊像◯十王像一括 조선시대 불상. 보물 제1786호. 지장보살 높이 103cm·도명존자상 높이 142cm·무독귀왕상 높이 156.5cm·제1진광대왕상 높이 1

전등사목조지장보살삼존상

전등사목조지장보살삼존상 시왕상일괄

43cm. 명부전에 봉안되어 있다. 수미단(須彌壇) 위에 지장보살삼존상이 있고, 삼존상 좌우에 ㄱ자형 벽면을 따라 시왕상이 배치되었는데, 좌측에는 1·3·5·7·9대왕, 우측에는 2·4·6·8·10대왕이 의자 위에 앉아 있다. 그 옆에 귀왕·판관·사자·동자, 문 양쪽에는 무장을 한 인왕상(仁王像) 등 총 31존이 있다. 존상들에서 발원문·후령통·오보병·다라니 등 다량의 복장유물이 발견되었다. 제1

0오도전륜대왕상(五道轉輪大王像) 내부에서 발견된 조상발원문에 "숭정 9년(1636·인조14) 10월일 … 화원질 증명을 겸한 수연과 영철·밀영, 지전을 겸한 의엄과 정원·성민·법란·사신·선행·신관·신수·충신. 崇禎九年丙子冬孟月日 … 畵員秩 兼證明 守衍 靈哲 密暎 兼持殿 義嚴 正元 省敏 法蘭 思信 善行 信觀 信守 沖信"라고 하였다. 지장보살상〈그림1〉은 오른손은 가슴까지 올리고 왼손은 무릎 위에 내리고 엄지와 중지를 맞대어 설법인의 수인(手印)을 하고 있으며, 자비로운 상호(相好)를 보인다. 통견(通肩)의 대의가 큰 주름을 이루며 결가부좌한 다리까지 덮고, 가슴에는 꽃잎처럼 표현된 승각기(僧脚崎)가 있다. 높은 관을 쓰고 합을 든 무독귀왕상과 장삼 위에 가사를 걸친 도명존자상은 방형의 얼굴 표현과 신체비례 등에서 지장보살상과 유사하다. 시왕상〈그림2〉의 상호도 무독귀왕상과 유사하다. 제3송제대왕상(宋帝大王像)은 용머리와 봉황무늬가 장식된 의자에 앉아 경책을 쥐고 있고, 제6변성대왕상(變成大王像)은 벼루와 붓을 쥐고 있다. 동자상은 쌍상투머리를 하고 자라·붓·벼루 등을 들고 있다. 인왕상은 한 손에 칼을 쥐고 다른 한 손으로는 천의 자락을 잡고 있다. 조성연대 및 조성자와 봉안처가 명확하고 조각 수법도 우수하다. [참고문헌] 『문화재대관 보물-불교조각Ⅱ』(문화재청, 2017) pp.154~160. ⇨ 전등사 傳燈寺

전등사묘법연화경목판 傳燈寺妙法蓮華經木板 조선전기에 새긴 묘법연화경 목판. 보물 제1908호. 가로79cm·세로22cm. 104매. 사주단변무계(四周單邊無界)로, 반엽(半葉)에 10행 20자씩 새겨져 있고 어미(魚尾)는 없다. 1443년(세종25)에 성달생(成達生 1376~1444)이 정서하여 새긴 고산(高山) 화암사(花巖寺)판을 저본으로 1543년(중종38)에 마니산(摩尼山) 정수사(淨水寺)에서 복각한 목판으로, 원래 105판이 보존되어 있었으나 한국전쟁 당시 변상(變相) 및 홍전서(弘傳序)가 새겨진 1판이 외부로 유출되었다. 한 면에 2장씩, 총 411장이 판각되어 있다. 성달생의 서체로 새

전등사묘법연화경목판

겨진 『묘법연화경』 중 가장 이른 시기의 목판이라는 점에서 가치가 높다. [참고문헌] 『한국의 사찰문화재』 권1 전국사찰목판일제조사(문화재청·불교문화재연구소, 2015) pp.166~167. ⇨ 전등사 傳燈寺

전등사범종 傳燈寺梵鍾 북송시대 철종(鐵鍾). 보물 제393호. 높이 166.5cm·입지름 111.5cm. 문화재지정 명칭은 전등사철종이다. 일제강점기 말에 있었던 군수물자 징발 때 강제로 공출되었던 것을 해방 후 부평군기창(富平軍器廠)에서 발견하여 전등사로 옮겨 현재까지 보존하고 있다. 명문에 "북송 회주 수무현 백암산 숭명사에서 소성 정축년(1097·숙종2) 병술월 23일에 종 한 개를 주조하였다. 大宋懷州修武縣 百巖山崇明寺 紹聖丁丑歲 丙戌念三日 鑄鍾一顆"라고 하였다. 정상에는 쌍룡(雙龍)이 한 몸으로 서로 등지고 웅크려서 종의 고리를 이루며, 한국종과 달리 음통(音筒)이 없다. 천판에는 18장의 연꽃잎을 둘렀고, 그 아래에는 팔괘(八卦)를 새겼다. 종신은 세 줄의 양각선으로 위아래를 구분하고, 그 안에 여덟 개의 정사각형 곽(廓)을 마련하여 명문을 양각하였다. 명문에는 시주자, 장인 등의 이름도 양각되어 있으나 마멸된 곳이 많다. 종구는 중국종의 특징인 팔릉형(八稜形)이며, 구연대(口緣帶)가 넓다. 당좌(撞座)는 곽 아래와 구연대 사이에 네 개를 배치하였다. 정확한 제작연대를 알 수 있고, 형태와 조각수법에서 중국종의 전형적인 특징을 갖춘 철종으로 중국 종 연구에 귀중한 자료가 되고 있다. [참고문헌] 『인천의 전통사찰과 불교미술』(인천광역시역사자료관, 2011) pp.127~132. ⇨ 전등사 傳燈寺, 범종 梵鐘

전등사범종 1097년

전등사약사전 傳燈寺藥師殿 조선후기 목조건축. 보물 제179호. 정면 3칸·측면 2칸의 다포계(多包系) 팔작지붕 건물. 1621년(광해군13)에 재건된 대웅전의 양식과 유사하여 이 무렵에 함께 중건되었을 것으로 추정되고 있다. 1876년(고종13)에 작성된 「전등사대웅전약사전개와중수기」에는 "효월당 대사가 비로소 여러 스님들과 함께 경내 단월에게서 재물을 모아 먼저 대웅전의 갈라지고 새는 부분을 수리하고, 다음으로는 약사전의 기운 것은 바로잡고 무너진 곳은 다시 쌓았다. … 광서

전등사약사전

전등사약사전 내부

2년(1876) 병자 4월 직하 홍진섭 적다, … 시주는 강화유수 조병식, 목수는 김양수, 개와 함경오, 니장 한치영, 단청은 화은당 상전이다. 大師孝月堂 始與諸闍梨 鳩財於境內檀越 先修大雄殿罅漏 次及藥師殿 傾者正之 頹者築之 … 光緒二年丙子孟夏 稷下洪瑨燮記 … 施主 江華留守 趙秉式 木手 金養壽 改瓦 咸敬五 泥匠 韓致永 丹青 華隱堂 尙典"라고 하였다. 기단은 자연석쌓기와 장대석기단을 함께 사용하여 지형에 따라 여러 단으로 축조하였고, 자연석으로 주춧돌을 놓고 배흘림기둥을 올렸다. 정면은 기둥 위에는 주상포, 기둥 사이에는 주간포(柱間包)를 올렸으나, 양 측면과 후면에는 주간포 없이 화반(華盤)을 두었다. 다포 양식이지만 평방(平枋) 없이 창방(昌枋) 위에 공포를 배치하는 주심포식을 따르고 있어 두 양식이 절충되어 있다. 천장은 우물천장이며 빗반자를 돌렸는데 초화문과 비천상으로 화려하게 장식하였고, 대들보 위 충량(衝樑)의 머리를 용으로 조각한 것이 특징이다. 불전 안에는 고려말 조선초에 조성된 유형문화재 제57호 석불좌상과 1884년(고종21)에 동호진철(東昊震徹)과 긍법(肯法)이 조성한 제43호 현왕탱, 혜고봉감(慧高烽鑑)·태허체훈(太虛體訓)·금화기형(金華機炯) 등이 조성한 제44호 후불탱 등이 봉안되어 있다. 〔참고문헌〕『傳燈本末寺誌』(亞細亞文化社, 1978) p.21, 『전등사 대웅전·약사전 정밀실측보고서』 권상(문화재청, 2008) pp.248~342. ⇨전등사 傳燈寺

전등옥영집 傳燈玉英集 송대 왕수(王隨) 엮음. 15권. 북송(北宋)대 도원(道原)이 편집한 『경덕전등록 景德傳燈錄』 30권(대정장51, No.2076)의 발초본(拔鈔本)으로 『송장유진 宋藏遺珍』 권상 및 대장경보편14, pp.159a1~344a3, No.82에 수록되어 있다. 1034년(경우원년)에 완성하여 인종(仁宗)에게 헌상하면서 대장경 입장을 주청하였고, 같은 해 인경원(印經院)에서 왕명을 받들어 개판하였다. 본서는 『경덕전등록』의 수정을 거쳐서 그 요지를 추린 다음 15권으로 확정하였다. 송나라 초기 이래로 왕실에서 불교를 장려하면서 궁중 대장경의 개판과 번역 사업은 당시의 사대부를 자극하여 불교에 관심을 기울이도록 하였다. 게다가 유사(儒士)들의 참선도 성행하면서 『경덕전등록』과 선종의 고칙(古則)·공안(公案)이 일반인에게도 널리 알려지게 되었다. 이 책은 근년에 산서성(山西省) 조성현(趙城縣) 광승사(廣勝寺)에서 발견된 『금장 金藏』의 일부이다. 다만 전부가 남아 있지 않고 권1·권4·권7·권9·권11·권13 등이 결락되어 있고, 권3·권10·권15 등은 앞부분이 없다. 〔참고문헌〕『釋氏稽古略』 권3(대정장49, p.820a25), 『佛法金湯編』 권11(卍속장148, p.935b3), 塚本善隆 「金刻大藏經の發見とその刊行」(日華佛教研究會年報第一). ⇨경덕전등록 景德傳燈錄

전라법 旃羅法 Ⓢ Candraprabha의 음사어. 월광동자(月光童子). 『신일경』(대정장14, p.818b18)에 "신일왕에게 아들이 있는데, 이름이 전라법〈한역하여 월광동자라고 한다〉이었다. 申日有子 名旃羅法〈漢言月光童子〉"라고 하였다. 〔참고문헌〕『申日經』. ⇨월광동자 月光童子

전람 典攬 경전의 요점을 가려 뽑는 것. 람은 람(覽)으로도 쓴다. 『무량수경』 권하(대정장12, p.275b22)에 "부처님께서 미륵보살에게 말씀하셨다. '그대 말이 옳다. 만약 부처를 사랑하며 공경한다면 진실로 크나큰 선이다. 천하가 아주 오래 지나서야 다시 부처를 얻게 되었다. 이제 내가 이 세계에 부처를 이루고 경법을 펼쳐 설하여 도의 가르침을 베푸니, 모든 의심의 그물을 끊고 애욕의 뿌리를 뽑으며 뭇 악의 발원지를 막아 삼계를 돌아다님에 거리낌 없게 되었다. 경전에서 가려 뽑은 지혜와 뭇 도의 요점으로 강유를 잡아 가져 빛나도록 분명하였고, 오취 중생에게 열어 보여 아직 제도되지 못한 이들을 제도하니 생사와 열반의 길을 결단하여 바로잡았다'. 佛告彌勒 汝言是也 若有慈敬於佛者 實爲大善 天下久久 乃復有佛 今我於此世作佛 演說經法 宣布道教 斷諸疑網 拔愛欲之本 杜衆惡之源 遊步三界 無所拘閡 典攬智慧 衆道之要 執持綱維 昭然分明 開示五趣 度未度者 決正生死泥洹之道", 『무량수경의소』 권하(대정장37, p.113a25)에 "이 경전을 가지고 여러 의의 중 요점을 뽑아서 학습시키기 때문에 전람이라고 한다. 以此經典 要攬衆義 令其習學 故曰典攬"라고 하였다. 〔참고문헌〕『無量壽經』, 『無量壽經義疏』·권하(대정장37, p.113b20).

전래도거 顚來倒去 뒤쳐 오고 뒤쳐 가다. 이리 뒤치고 저리 뒤치다. 『허당록』 권6 「예조탑 禮祖塔」(대정장47, p.1033b10)에 "대매상선사 : 날다람쥐 울음 듣고서, 뒤쳐 오고 뒤쳐 가니, 말 턱과 당나귀 뺨만 보아, 풀고 생각 붙여서는 안된다. 大梅常禪師 鼯鼠聲中 顚來倒去 馬頷驢腮 不須解註", 『물초대관어록』(卍속장121, p.176b11)에 "법좌에 올랐다. '평상 그대로 도라 해도 평상을 밟지는 않는다. 뒤쳐 오고 뒤쳐 가도 그림쇠는 둥글고 곱자는 모나다. 「숲의 꽃 빗방울물 맞자 연지 물감처럼 떨어지고, 노랑어리연꽃 바람에 이끌려 비취색 띠 길게 편다」(杜甫의 시 「曲江對雨」에 나오는 구절의 활용)'. 上堂 平常是道 不涉平常 顚來倒去 規圓矩方 林花著雨臙脂落 水荇牽風翠帶長", 『설암조흠어록』 권2(卍속장122, p.527a13)에 "보고 또 보라! 도장 문양 뚜렷하다. 눈으로도 익숙하고 손으로도 만질 수 있다. 한 번에 뛰어올라 얻으리니 이리저리 뒤척인들 맡겨두리라. 看看 印文露也 眼辦手親 一逴逴得 一任顚來倒去", 『경충철벽기어록』 권13(가흥장29, p.626b19)에 "비로자나의 정수리 밟아 부수고, 희련하의 물결 소리질러 가른다.

삼문이 등롱 속으로 뛰어들었다. 이리 뒤치고 저리 뒤치리라. 사바하! 踏碎毘盧頂 喝斷熙連波 三門走入燈籠裏 顚來倒去 娑婆訶"라고 하였다. [참고문헌] 『虛堂錄』, 『物初大觀語錄』, 『雪巖祖欽語錄』, 『慶忠鐵壁機語錄』, 『圓悟心要』 권상 「示張直殿」(卍속장120, p.740a17).

전량 銓量 가려 헤아림. 가려 드러내서 분명히 말하는 뜻에서 사상(思想)을 가리키기도 한다. 『유가사지론』 권70(대정장30, p.690a7)에 "사소성지를 부지런히 닦고 또한 이 지혜가 청정을 얻도록 하기 위함이다. 만약 이곳에서 모든 비구들이 경율론을 수지하고 함께 모여 경율론 중의 깊이 숨어있는 긴요한 뜻을 가려 헤아리고 결택함이 있음을 알면, 곧 나아가서 모든 제를 묻는다. 爲勤修思所成智 亦令此智 得淸淨故 若知是處 有諸苾芻持經律論 而共集會 銓量決擇 經律論中 深隱要義 則便往趣 請問諸諦", 『일체경음의』 권48(대정장54, p.631c19)에 "전량〈전(硂)이라고도 쓴다. 칠과 천을 반절한 음이다. 『광아』에서 저울을 전이라고 하였다. 전이란 경중을 따지는 것을 말한다〉. 銓量〈又作硂同 七泉反 廣雅稱謂之銓 銓謂銓量輕重也〉", 『삼국유사』 권4(대정장49, p.1009c26 · 한불전6, p.354b2) 의해(義解)5 현유가해화엄(賢瑜珈海華嚴)에 "태현은 지혜롭고 변재가 뛰어났으며 정밀하고 민첩하여 결택함이 분명하고 자연스러웠다. 대개 법상종의 가려 말하고자 하는 그 뜻과 이치가 그윽하고 깊어서 분석하는 일도 어렵다. 賢惠辯精敏 決擇了然 大抵相宗銓量 旨理幽深 難爲剖拆"라고 하였다. [참고문헌] 『瑜伽師地論』, 『一切經音義』, 『三國遺事』.

전렵 畋獵 Ⓢ mṛga-lubdhaka, Ⓣ ri-dags-kyi-rngan-pa. 사냥. 또는 사냥꾼. 전은 전(田)으로도 쓴다. 『육도집경』 권5(대정장3, p.25a21)에 "그 왕의 이름은 가리였는데, 산에 들어가 사냥을 하였다. 其王名迦梨 入山畋獵", 『법화경』 권5 「안락행품 安樂行品」(대정장9, p.37c2)에 "도살업자 · 망나니 · 사냥꾼 · 어부 · 살인청부업자 · 정육업자 · 성매매업자 등 이와 같은 사람은 모두 친근하게 지내서는 안 된다. 屠兒魁膾 畋獵漁捕 爲利殺害 販肉自活 衒賣女色 如是之人 皆勿親近"라고 하였다. [참고문헌] 『六度集經』, 『法華經』, 『一切經音義』 권60(대정장54, p.708a5), *Saddh-p.276*.

전령 展翎 ?~1826. 조선후기 스님. 자는 천유(天游), 호는 해붕(海鵬). 전라도 순천에서 태어났다. 일찍이 선암사(仙巖寺)로 찾아가 묵암최눌(默庵最訥 1717~1790)을 은사로 하여 스님이 되었고, 그의 밑에서 법을 배우다가 스님의 법을 이어 받았다. 선(禪)과 교(敎)를 두루 갖추어 교단의 선지식일 뿐 아니라, 당시 내외의 명사들과 교류가 깊었는데 호남지방의 일곱 고상한 벗(湖南七高朋) 중 한 사람이었다. 『동사열전』 권4 「해붕강백전 海鵬講伯傳」(한불전10, p.1037c9)에 "스님은 선교에 통달하였으며 문장에도 뛰어났다. 덕은 총림에서 으뜸이었으며, 명성은 사로에서 자자하니 호남칠고붕 중 한 분이었다. 師禪敎刃迎 文章珠聯 德冠叢林 名聞士路 湖南七高朋之一也"라고 하였다. 칠고붕이란 첫째 하정(荷亭) 노질(盧質 : 자는 秀爾, 咸陽 출신), 둘째 복재(復齋) 이학전(李學傳 : 자는 秀明, 南原 출신), 셋째 운와(雲臥) 김각(金珏 : 자는 太和, 咸陽 출신), 넷째 영교(永橋) 심두영(沈斗永 : 자는 七之, 谷城 출신), 다섯째 강재(强齋) 이삼만(李三萬 : 자는 十千, 蒼巖 출신), 여섯째 해붕전령, 일곱째 초의의순(草衣意恂 : 자는 中孚, 大興寺 주석)이다. 당시 호남지방 유생들이 백곡(白谷) · 무용(無用) · 해붕 등을 승가(僧家)의 문장가라고 일컬었다. 스님의 법맥으로는 무용자수(無用子秀 1664~1737) → 영해약탄(影海若坦 1668~1754) → 풍암세찰(楓巖世察 1688~1767) → 묵암최눌 → 해붕전령으로 이어진다. 『조선불교통사』 권상 p.585에 "만리가 온통 황금의 나라요, 천층이 백옥인 누각이로다. 천지 가득 노래 부르고 춤을 추니, 세계 온통 풍류가 넘치네! 萬里黃金國 千層白玉樓 混天地歌舞 盡世界風流"라고 읊은 시가 전한다. 1826년(순조26) 10월 6일 입적하였다. 저서는 『장유대방록 壯遊大方錄』 1권이 있는데, 일원상(一圓相)을 그려 보이고는 불유노삼가를 중심으로 예를 들어 마음과 부처의 진실한 뜻을 설하고, 끝으로는 유마거사와 가섭(迦葉)에서부터 근세의 조사에 이르기까지의 찬송(讚頌)을 수록하고 있다. 선암사에는 1856년(철종7)경 제작된 스님의 진영이 전하는데, 조성 당시에 쓴 추사의 찬문과 1892년(고종29)에 전당혜근(錢塘惠勤)이 지은 찬문이 적혀 있다. [참고문헌] 『東師列傳』, 權相老 『朝鮮佛敎略史』 pp.231~232. ⇨ 최눌 最訥

전령 해붕당대화상진영
순천 선암사 조선후기

전료 殿寮 사원 경내의 건물들을 다 들어 부르는 말. 전각(殿閣)과 요사(寮舍). 『양기어록』(대정장47, p.645a25)에 "양기가 학인에게 물었다. '어디서 왔느냐?' '전료에서 왔습니다' '석가노자는 어떤 표정을 짓고 있더냐?' 학인이 할을 내질렀다. '뭐라고?' 학인이 다시 할을 내질렀다. '흡사하다'. 학인이 '꼬꾸라지든 날뛰든 전부

맡깁니다'라고 말하자 양기가 바로 때렸다. 師問僧 甚處來 僧云 殿寮裏來 師云 釋迦老子作何面孔 僧便喝 師云 作麼 僧又喝 師云 恰是 僧云 一任踣跳 師便打"라고 하였다. 〔참고문헌〕『楊岐語錄』.

전륜금강 轉輪金剛 ➡ 대세지보살 大勢至菩薩

전륜성왕 轉輪聖王 Ⓢ cakravartin, cakravarti-rājan, Ⓟ cakkavattin, Ⓣ 'khor-los-bsgyur-ba'i-rgyal-po'i-rgyud-kyi-ming-la. 윤보(輪寶)를 굴리는 성스러운 임금. 칠보를 가득 채운 수레바퀴가 스스로 구르며 세간의 모든 어려움을 조복시키고, 삼십이상(三十二相)과 사덕(四德)을 갖추어 무기 없이도 정법으로 세간을 다스린다. 과거인행으로 세간에 나기에 칠보(七寶) 가득한 세계가 그를 맞이한다. 석존(釋尊)이 태자로 출생하였을 때도 관상가들의 입을 빌려 출가하지 않는다면 전륜성왕이 되리라 하였다. 『반야경』 등에서는 보살이 전륜성왕의 몸으로 보시 및 계바라밀을 행하고 십선도로 세간을 이끌며, 『십지경』에서는 십지 중 제2 이구지(離垢地)에서 전륜성왕의 몸을 받아 유정(有情)의 범계허물을 벗게 하여 십선업도에 머물게 한다고 하였으니, 보시와 지계 등의 바라밀과 십선업으로 가득한 세간을 성취시키는 보살로서의 전륜성왕이다. 작가라벌날지알라사(斫迦羅伐辣底遏羅闍)·차가라발제(遮迦羅跋帝)·차가월(遮加越) 등으로 음사하며, 전륜왕(轉輪王)·전륜성제(轉輪聖帝)·윤왕(輪王)·비행전륜제(飛行轉輪帝)·비행황제(飛行皇帝) 등으로도 한역한다. 『장아함경』 권1 「대본경 大本經」(대정장1, p.4c20)에 "태자가 태어나자 부왕 정반왕은 상사와 모든 도술하는 이들을 불러 태자를 보고 길흉을 점치게 하였다. … 때에 모든 관상가들이 정반왕에게 사뢰길, 태자 삼십이상을 갖췄으니 반드시 두 곳으로는 나아가리니 필연코 의심하지 않아도 됩니다. 재가에 있으면 마땅히 전륜성왕이 되실 것이고, 만약 출간한다면 마땅히 정각을 성취하시고 열 가지 부름을 구족하리라 하였다. 太子初生 父王槃頭 召集相師及諸道術 令觀太子 知其吉凶 … 時諸相師 卽白王言 王所生子 有三十二相 當趣二處 必然無疑 在家當爲轉輪聖王 若其出家 當成正覺 十號具足", 같은 책 권18 「세기경 世記經」(대정장1, p.119b29)에 "전륜성왕은 보고 묵묵히 생각한다. '나는 앞선 어른들에게서 이런 말을 들었다. 만일 찰리왕이 머리에 물을 붓는 의식을 마친 후 보름날 달이 찼을 때 향탕에 목욕하고 법전에 올라 채녀들에게 둘러싸였을 때, 저절로 금륜이 갑자기 눈앞에 나타나는데, 바퀴에는 천 개의 바큇살이 있고 광색을 구족하였으며, 천상의 장인이 만든 것으로 이 세상에 있는 것이 아니며, 바퀴의 지름은 일장사척이다. 이렇다면 그 이름 전륜성왕이다'. 轉輪聖王見已 默自念言 我曾從先宿諸舊 聞如是語 若刹利王 水澆頭種 以十五日月滿時 沐浴香湯 昇法殿上 婇女圍遶 自然金輪 忽現在前 輪有千輻 光色具足 天匠所造 非世所有 輪徑丈四 是則名爲轉輪聖王", 『방광대장엄경』 권3(대정장3, p.556b21)에 "그대는 알아야 한다. 남염부제 안의 가비라성의 수단왕태자는 복덕광명이 시방세간을 두루 비추는데, 이는 큰 보배이다. 삼십이상으로 그 몸을 장엄하였으므로 만약 집에 있으면 전륜성왕이 되어 사천하를 다스리고 칠보를 성취하며, 천 명의 아들을 둘 것이며, 대지를 통솔하되 바다 끝까지 다하며, 법으로 중생을 다스려도 칼과 병사를 빌릴 일 없이 저절로 항복할 것이다. 汝應當知 閻浮提內迦毘羅城 輸檀王太子 福德光明 普照十方世間之中 此爲大寶 三十二相莊嚴其身 若在家者 當爲轉輪 聖王王四天下 成就七寶 具足千子 統領大地 盡海邊際 以法御物 不假刀兵自然降伏", 『대품반야경』 권25(대정장8, p.406a2)에 "보살마하살이 이와 같이 단나바라밀을 행하리니, 이 행한 단나바라밀 인연으로 처음 뜻을 낸 이후로 마침내 악도에 떨어지는 일 없이 항상 전륜성왕을 지으리라. 왜 그런가. 그 심은 바 따라 큰 과보 얻으리니 이 보살이 전륜성왕일 때 구하는 자 보기만 하면 한 번도 이런 생각 하지 않았으니 '나 다른 일로 전륜성왕과 받은 것이 아니다. 단지 일체중생을 이익케 하였기 때문이다'라 여겨 이때마다 이렇게 말한다. '이것 너의 물건이다. 너 스스로 취할지니 어려워 마라. 다 조금도 아깝지 않다. 나 중생을 위해 생사함일 뿐이니 너희들 가엾이 여기는 연고로 대비 가득할 뿐이다'. 菩薩摩訶薩應如是行檀那波羅蜜 是行檀那波羅蜜因緣故 從初發意以來 終不墮惡道 常作轉輪聖王 何以故 隨其所種 得大果報 "是菩薩作轉輪聖王時 見有乞者 不作是念 我爲餘事故 受轉輪聖王果 但爲利益一切衆生故 是時作是言 此是汝物 汝自取之 莫有所難 我無所惜 我爲衆生故受生死 憐愍汝等故具足大悲", 『대지도론』 권39(대정장25, p.345a9)에 "모든 보살이 종종법으로 불도에 드니 보살이 전륜성왕의법을 듣고 이곳에 있어서 능히 중생을 이익케 한다. 그러기에 이 원을 지었기에 혹은 보살이 전륜성왕인연을 심은 바 있거나, 비록 원을 세우지는 않았어도 전륜성왕보를 얻으니, 스스로 두 가지 바라밀 행하였기 때문에 전륜성왕이 된다. 또한 일체중생을 교화하여 십선도를 행하게 하며 또한 스스로도 보시를 행한다. … 만약 보살이 전륜성왕을 지어야 크게 중생 이롭게 함을 안다면 문득 전륜성왕을 짓는다. 만약 스스로 나머지 몸이 이로움 커짐을 알면 또 나머지 몸을 짓는다. 다시 세간법으로 부처님께 큰 공양하고자 하여도 전륜성왕이 된다. 諸菩薩種種法入佛道 有菩薩聞轉輪聖王儀法 在此處能利益衆生 故作是願 或有菩薩種轉輪聖王因緣 雖不作願 亦得轉輪聖王報 自行二波羅蜜故 作轉輪聖王 亦敎一切衆生行十善道 亦自行布施 … 若菩薩知作轉輪聖王 大益衆

生者 便作轉輪聖王 若自知餘身益大 亦作餘身 復次 欲以世間法大供養佛故 作轉輪聖王", 같은 책 권91(대정장25, p.704c2)에 "만약 보살이 능히 이 반야바라밀 행하면 처음 마음을 열었을 때부터는 끝내 삼악도에 떨어질 일 없으니, 언제나 전륜성왕이 된 보살로서 많은 생을 욕계에 난다. 若菩薩能如是行般若波羅蜜者 從初發心 終不墮三惡道 常作轉輪聖王者 菩薩多生欲界", 『십지경』 권2(대정장10, p.544b2)에 "오직 모든 불자들이여, 이 이름을 간략히 불러 보살의 제2 이구지다. 보살이 이에 머물면 몸 받을 때마다 전륜성왕 되리니, 법자재를 얻고 칠보 구족하고 자재력 있어 유정이 계를 범하는 허물마저 벗어나게 해서 아름다운 방편으로 십선업도에 편안히 머물게 하네. 唯諸佛子 是名略說菩薩第二離垢地也 菩薩住此 受生多作轉輪聖王 得法自在 七寶具足 有自在力 能除有情犯戒之垢 善巧令彼有情 安處十善業道"라고 하였다. [참고문헌] 『長阿含經』, 『方廣大莊嚴經』, 『大品般若經』, 『大智度論』, 『十地經』, 俱舍論』 권12(대정장29, p.64b21), *Lal-v.72, Abh-k-bh.63, Mvyut.181, DN.1.88.* ⇨ 전륜왕 轉輪王, 금륜왕 金輪王, 동륜왕 銅輪王, 은륜왕 銀輪王, 철륜왕 鐵輪王, 법륜왕 法輪王, 사륜보 四輪寶, 사륜왕 四輪王, 칠보 七寶, 사덕 四德 ²

전륜성왕사기특미증유법 轉輪聖王四奇特未曾有法 Ⓟ cattāro acchariyā abbhutā dhammā rañño cakkavatti. 전륜성왕에게만 있는 네 가지 기특하여 일찍이 없었던 법. 『장아함경』 권4 「유행경 遊行經」(대정장1, p.25c16 : *Mahāparinibbāna-sutta, DN.2*, p.145)에 "전륜성왕에게는 네 가지 기특한 미증유법이 있다. 어떤 것이 그 네 가지인가? 성왕이 행차할 때에는 온 나라 백성들이 모두 받들어 맞이하고 왕을 보아 기뻐하고, 가르침 듣고 기뻐하며, 위엄이 있는 얼굴 우러러 싫어함 없다. 전륜성왕이 머물던 앉던 눕던 나라 안의 백성들이 모두 왕의 처소로 찾아와서 왕을 보고 기뻐하고, 가르침을 듣고 또 기뻐하며, 위엄이 있는 모습 우러러 싫어하지 않는다. 이것이 전륜성왕의 네 가지 기특법이다. 轉輪聖王有四奇特未曾有法 何等四 聖王行時 擧國民庶 皆來奉迎 見已歡喜 聞敎亦喜 瞻仰威顔 無有厭足 轉輪聖王 若住 若坐 及與臥時 國內臣民 盡來王所 見王歡喜 聞敎亦喜 瞻仰威顔 無有厭足 是爲轉輪聖王四奇特法 cattāro 'me bhikkhave acchariyā abbhutā dhammā rañño cakkavattimhi. katame cattāro. sace bhikkhave khattiyaparisā rājānaṃ cakkavattiṃ dassanāya upasaṃkamati, dassanena sā attamanā hoti, tatra ce rājā cakkavattī bhāsati bhāsitena pi sā attamanā hoti, atittā 'va bhikkhave khattiyaparisā hoti. atha rājā cakkavattī tuṇhī hoti", 『법원주림』 권43(대정장53, p.618c14)에 "또한 『대루탄경』에서 말한다. '전륜성왕에게는 네 가지 덕이 있다. 첫째는 큰 부와 진보와 전답·집·노비 등이 천하에 비할 이 없다. 둘째는 모습 또한 가장 단정하고 뛰어나며 안색 또한 비할 데 없어 천하에 따를 이 없다. 셋째는 항상 안은하고 병이 없으며 또한 추위나 더위도 없으며 어떤 음식을 먹어도 항상 편안하다. 넷째는 항상 안은하여 장수하니 천하에 이와 같은 왕은 없다. 이것이 전륜성왕사덕이어서 칠보를 여법히 구족한다'. 又大樓炭經云 轉輪聖王有四種德 一者 大富珍寶田宅奴婢等 天下無有如王者 二者 王最端正姝好顔色無比 天下無有如王者 三者 王常安隱無有疾病亦無寒熱 諸所飮食食皆安隱 四者 王常安隱長壽 天下無有如王者 是爲轉輪聖王四德 具足七寶如法"라고 하였다. [참고문헌] 『長阿含經』, 『法苑珠林』, 『大般涅槃經』 권2(대정장1, p.200c4), *DN.* ⇨ 대해팔부사의 大海八不思議, 아난사기특미증유법 阿難四奇特未曾有法, 사미증유법경 四未曾有法經

전륜성왕소응공양 轉輪聖王所應供養 전륜성왕은 세간의 공양을 받을 만하다. 삼응공양(三應供養) 중 하나다. 『증일아함경』 권12(대정장2, p.607a17)에 "또 무슨 인연으로 전륜성왕이 세인들의 공양을 받아 마땅한가? 비구들아, 마땅히 알아야 한다. 전륜성왕은 법으로 다스리기에 끝내 살생을 하지 않고, 또 사람들을 교화하여 살생하지 않도록 하며, 스스로도 도둑질하지 않고, 또 다른 이도 도둑질하지 않게 하며, 스스로도 음행하지 않고, 또 타인이 음행하지 않도록 하며, 스스로도 거짓말 하지 않고, 또 타인을 교화하여 거짓말 하지 않게 하며, 스스로도 두말하지 않아 이 사람 저 사람 싸워 어지럽게 하지 않고, 또한 다른 이도 두말하지 않게 한다. 스스로도 질투하거나 성내거나 어리석지 않고, 또한 다른 이도 이런 법을 익히지 않게 하며, 스스로도 정견을 행하고, 또 타인을 교화하여 잘못된 견해를 갖지 않도록 한다. 이런 인연과 처음과 끝이 있기에 전륜성왕이 세상 사람들의 공양을 받는 것은 마땅하다. 復以何因緣 轉輪聖王世人所應供養 比丘當知 轉輪聖王 以法治化 終不殺生 復敎化人 使不殺生 自不盜竊 亦復敎他人 使不偸盜 自不淫泆 復敎他人 不行淫泆 自不妄語 亦復敎人 使不妄語 自不兩舌 鬪亂彼此 亦復敎他人 使不兩舌 自不嫉妬 恚 癡 亦復敎他人 不習此法 自行正見 復敎他人 使不邪見 以此因緣 以此本末 使轉輪聖王 世人所應供養"라고 하였다. [참고문헌] 『增壹阿含經』, 『大明三藏法數』 권7(영락장181, p.651b2). ⇨ 삼응공양 三應供養

전륜성왕수행경 轉輪聖王修行經 Ⓟ Cakkavattisīhanāda-sutta. 후진(後秦) 때 불타야사(佛陀耶舍)·축불념(竺佛念) 공역. 1권. 『장아함경』 권6의 소경(小經). 고려장17, pp.865c8~870b19·대정장1, pp.39a2

1~42b19에 수록되어 있다. 전륜성왕의 수행법을 설한 경이다. 『중아함경』 권15 「전륜왕경 轉輪王經」(대정장 1, pp.520b16~525a3)도 내용이 같다.

전륜성자 轉輪聖子 전륜성왕의 태자. 『십주비바사론』 권2(대정장26, p.26c22)에 "초지보살은 기쁨이 가득하지만 그 밖의 다른 보살은 그렇지 않다. 왜냐하면 다른 이들은 모든 부처님을 생각하지만 '내가 반드시 부처가 되리라'고 하는 생각을 하지 못하기 때문이다. 비유컨대 저 전륜성왕의 아들이 전륜왕가에 태어나 전륜왕의 상호를 성취하고는 과거전륜왕의 공덕과 존귀함을 생각하면서 '나도 지금 이와 같은 모습 있으니 마땅히 부귀와 존귀함을 얻을 것이다'라 하여 마음으로 크게 기뻐도 하지만, 만약 전륜왕상이 없으면 이와 같은 기쁨도 없는 것과 같다. 初地菩薩 多生歡喜 餘者不爾 何以故 餘者 雖念諸佛 不能作是念 我必當作佛 譬如轉輪聖子 生是轉輪王家 成就轉輪王相 念過去轉輪王 功德尊貴 作是念 我今亦有是相 亦當得是豪富尊貴 心大歡喜 若無轉輪王相者 無如是喜"라고 하였다. 〔참고문헌〕『十住毘婆沙論』. ⇨ 초지보살 初地菩薩, 환희지 歡喜地

전륜왕 轉輪王 Ⓢ cakravarttin, Ⓟ cakkavattin, Ⓣ 'khor-los-sgyur-ba'i-rgyal-po. 정법으로 온 세간을 다스리는 왕. 보시 등 바라밀을 성취한 보살이니, 이구지(離垢地) 또는 십회향을 닦아 무생인을 얻은 보살이 세간을 위해 전륜성왕의 모습으로 교화한다. 차가라발제(遮迦羅跋帝)·차가월(遮加越)이라고 음사하며, 전륜성왕(轉輪聖王)·전륜성제(轉輪聖帝)·윤왕(輪王)이라고 한역한다. 『기세경』 권2(대정장1, p.317a19)에 "비구들아, 염부주안에서 전륜성왕이 세간에 출현하려 하면 이 염부주에는 자연스럽게 일곱 가지 상서로운 보물이 갖추어지고, 전륜왕의 몸은 다시 네 가지 신통한 덕의 힘을 갖춘다. 諸比丘 閻浮洲內 轉輪聖王 出現世時 此閻浮洲 自然具有 七種瑞寶 轉輪王身 復有四種神通德力", 『대반야경』 권49(대정장5, p.277b23)에 "만약 보살마하살이 보시바라밀다에 안주하면 널리 삼천대천세계를 교화하길 저 폐유리와 같이 하고 자신을 변화하여 전륜왕이 되어서는 칠보로 권속을 삼고 이끌어 좇아 둘러 함께하니 그중에 유정 먹고자 함에 먹을 것 주고 마시고자 하는 이 마시게 하고 옷 입고자 하면 옷을 주고 탈것 필요한 이에게 탈것 준다. … 이와 같이 하는 것을 '보살마하살이 큰 수레에 갑옷마저 입었다' 한다. 若菩薩摩訶薩 安住布施波羅蜜多 普化三千大千世界 如吠琉璃 亦化自身 爲轉輪王 七寶眷屬 導從圍繞 其中有情 須食與食 須飲與飲 須衣與衣 須乘與乘 … 如是名爲菩薩摩訶薩擐大乘鎧", 『십주경』 권1(대정장10, p.506c9)에 "불자야, 이 지에 주하면 언제나 전륜왕이 되어 모든 중생 등을 십선도에 머물게 한다. 佛子住此地 常作轉輪王 令諸衆生等 住於十善道", 『십주비바사론』 권17(대정장26, p.121a20)에 "보살이구지란 청정을 다 갖추어 마친 것이니, 보살이 이 지에 머물게 되면 항상 전륜왕을 짓는다. 십지 중에 제2지이고 그 이름 이구이니, 간탐과 십악근본 길이 다하였기에 그 이름 이구다. 보살이 이 지중에 깊이 시라바라밀 행한다. 이 보살이 만약 아직도 욕을 여의지 못했다면 이 지의 과보로도 사천하에 전륜성왕이 된다. 菩薩離垢地 淸淨具說已 菩薩住此地 常作轉輪王 第二地於十地中 名爲離垢 慳貪十惡根本永盡故 名爲離垢 菩薩於是地中 深行尸羅波羅蜜 是菩薩若未離欲 此地果報因緣故 作四天下轉輪聖王", 『인왕호국경』 권상(대정장8, p.836b29)에 "도종성보살이 십회향을 닦고 십인심을 일으키니, 오온을 관하여 계인·정인·혜인·해탈인·해탈지견인을 얻었다 한다. 그리고 삼계인과를 관하고는 공인·무상인·무원인을 얻고, 이제의 가와 실과 제법무상을 관해서는 무상인을 얻고, 일체법공으로도 무생인을 얻으니 이 위의 보살은 전륜왕이 되어 능히 널리 일체중생을 교화한다. 道種性菩薩修十迴向 起十忍心 謂觀五蘊 色受想行識 得戒忍 定忍慧忍 解脫忍 解脫知見忍 觀三界因果 得空忍 無想忍 無願忍 觀二諦假實諸法無常 得無常忍 一切法空得無生忍 此位菩薩 作轉輪王 能廣化利一切衆生", 『시설론』 권3(대정장26, p.520c27)에 "〔문〕 무슨 까닭에 두 전륜왕은 동시에 출현하지 않는가? 〔답〕 전륜성왕은 옛날에 인행을 닦았는데, 그 일이 광대하였다. 즉 긴 세월 동안 부지런히 모든 선을 닦아서 동일한 묘개로 모든 것을 두루 덮으니 한 분의 전륜왕이 출현해도 일체의 중생들을 동일한 자식으로 보며, 한 분의 윤왕이 출현해도 동일경계에서 존중과 공양을 받고, 그곳에서 해야 할 온갖 선업을 지으며, 수승한 서원의 과보가 눈앞에서 끝내 성취된다. 이런 이유로 두 전륜왕은 동시에 출현하지 않는다. 問 何因 二轉輪王 不同時出 答 轉輪聖王 往昔修因 其事廣大 謂於長時 勤修諸善 同一妙蓋 普覆一切 一輪王出 觀諸衆生 同一子想 一輪王出 同一境界 尊重供養 隨所應作 一切善業 勝願果報 現前克成 由是因故 二轉輪王 不同時出", 『구사론』 권12(대정장29, p.64b25 : *Abh-k-bh.*, p.184)에 "이 섬부주(贍部洲 Ⓢ Jambūdvīpa) 사람들 수명이 무량세일 때부터 팔만세에 이르기까지는 전륜왕이 태어나고, 팔만세 이하로 감소하는 때에는 유정의 부귀향락과 수명도 감소하며, 온갖 악이 점차 치성하여 대인기가 아니기에 전륜왕은 없다. 이 왕에게는 바퀴가 돌며 굴러 마땅함 따라 일체를 위세로 굴복시키기에 전륜왕이라고 한다. 『시설족론』 중에서는 네 가지가 있다고 하는데 금·은·동·철로 바퀴가 다르다. 차제로 승상중하의 왕이 있는데 역으로 한 주·두 주·세 주·네 주를 다스린다. 즉 철륜왕은 일주계를 다스리며,

동륜왕은 두 주계를, 은륜왕은 세 주계를, 금륜왕의 경우에는 네 주계를 다스린다. 계경에서는 뛰어남만을 취하여 금륜만 설하였다. 從此洲人 壽無量歲 乃至八萬歲 有轉輪王生 減八萬時 有情富樂壽量損減 衆惡漸盛 非大人器 故無輪王 此王 由輪旋轉 應導 威伏一切 名轉輪王 施設足中 說有四種 金銀銅鐵輪應別故 如其次第 勝上中下 逆次能王領一二三四洲 謂鐵輪王 王一洲界 銅輪王二 銀輪王三 若金輪王 王四洲界 契經就勝 但說金輪 〈bhāṣya〉 amite cāyuṣi manuṣyāṇāṃ yāvadaśītisahasrake cotpattiścakravarttināṃ nādhaḥ. tasyāḥ sasya saṃpadastadūnāyuṣāmabhājanatvāt. rājyaṃ cakreṇa vartayituṃ śīlameṣāmiti cakravarttinaḥ. te punaścaturvidhāḥ. 〈kārikā〉 suvarṇarūpyatāmrāyaścakriṇaḥ. 〈bhāṣya〉 suvarṇarūpyatāmrāyaścakrkāṇi yeṣāṃ santi. prathama eṣāmuttamo dvitīya upottamaḥ tṛtīyo madhyamaścaturtho 'dhamaḥ. 〈kārikā〉 te 'dharakramāt. ekadvitricaturdvīpāḥ 〈bhāṣya〉 yasyāyasaṃ cakraṃ sa ekadvīpādhipatiḥ. yasya tāmramayaṃ sa dvayoḥ. yasya rūpyamayaṃ sa trayāṇām. yasya suvarṇmayaṃ sa caturdvīpādhipatiḥ. eṣa prājñaptiko nirdeśaḥ. sūtre tu pradhānagrahaṇādekameva sauvarṇaṃ cakram"라고 하였다. 〔참고문헌〕『起世經』, 『大般若經』, 『十住經』, 『十住毘婆沙論』, 『仁王護國經』, 『施設論』, 『俱舍論』, *Abh-k-bh.* ⇨ 전륜성왕 轉輪聖王

전륜왕위반게완신연천등 轉輪王爲半偈剜身然千燈 전륜성왕이 부처님의 말씀 중 반게(半偈 Ⓢ ślokārdha)만을 듣고 남은 반게를 얻기 위해 자신의 몸을 베어 천 개의 등불을 밝힌 고사. 이는 석존께서 숙세구법 시 몸을 던져 얻고자 했던 설산반게(雪山半偈 : 生滅滅已 寂滅爲樂) 설화와 그 뜻을 같이한다. 『대방편불보은경』 권2(대정장3, pp.132b14~134c16)에 따르면, 한때 전륜성왕이 칠년이나 계속된 큰 가뭄으로 천하가 메마르고 인민이 서로 먹이가 되는 큰 환난을 겪었다. 이어 "저 전륜성왕이 비록 십선으로 제중생을 이끌어 인천에 나게 하고, 이렇듯 미묘한 오욕락과 쾌락을 누리더라도 오히려 생로병사만은 면할 수 없었다. 이때 전륜성왕이 발원하였으니 '나 이제 마땅히 위없는 불법인 출세간법을 구하리라. 그리고 모든 중생 읽고 익혀 생사 여의고 열반에 이르게 하리라'. 如彼轉輪聖王 雖復十善導化 令諸衆生得生人天 雖受如是微妙五欲 微妙快樂 猶未能免生老病死 時轉輪聖王尋發願言 我今應當求索無上佛法 出世間法 令諸衆生讀誦翫習 遠離生死 得至涅槃"고 하였다. 결국 염부제 널리 명을 내려 불법 아는 이를 찾았고, 드디어 대사를 왕궁에 몸소 모셔 법을 청했지만, 대사 쉽게 얻을 수 없는 법이라 말하면서 대왕의 온갖 제안을 모두 거절했다. 결국 자신의 몸을 베어 공양하기로 마음 먹고 왕실에 이를 알렸고, 권속신하들이 눈물로 만류했으나 도 뿌리치고 칼잡이 불러 자신의 몸 천 갈래 베게 하였다. 그 베인 천 개의 상처마다 흐르는 피로 천 개의 등을 밝혔고 드디어 구법을 성취하였다. "이때 대왕의 몸 천 개의 상처마다에서 흐르는 가득한 기름이 몸에 난 가는 털 심지 삼아 타올랐다. 이때 바라문대사 대왕의 이와 같이 함 보고는 '나 이제 마땅히 대왕 위해 불법 설하리라' 하였다. 爾時大王 於身諸瘡灌滿膏油已 取上妙細氎 纏以爲炷 爾時婆羅門大師 見於大王作是事已 作是念言 我今應當 先爲大王 宣說佛法", "'대왕이 이제 몸을 태워 등을 밝혔으니 목숨 건져 주지 않으면 법을 들을 이 누구이겠는가?' 사유하고는 대왕에게 말했다. '그대 정진함이 이와 같고 하기 어려운 일 능히 해냈으니, 이 고행 수행한 끝에 불법 들을 수 있으리. 자세히 듣고 잘 사유하시라. 나 마땅히 왕을 위해 설하리라'. 왕이 이 말씀 듣고 크게 환희하였으니 비유컨대 마치 효자가 죽었던 부모 만난 듯하여 그 아들 슬픔과 고통 말할 수 없었는데 부모 살아 돌아온 자식의 기쁨과 같으니 왕이 이 말씀 들음 또한 이와 같았다. 이때 바라문 문득 왕을 위해 반게 설했으니, … '참으로 저 태어나는 것들 문득 다 죽는다. 생사가 다한 이 열반만이 낙이라 할 수 있다네'라 하였다. 大王今當燃身諸燈 恐命不濟 命若不濟 誰當聽法 思惟是已 告大王言 精進如是 難爲能爲 修此苦行 爲聞佛法 諦聽諦聽 善思念之 吾當爲王宣說佛法 王聞是語 心大歡喜 譬如孝子新喪父母 其子愁毒 苦不可言 父母還活 其子歡喜 王聞是語 亦復如是 時婆羅門卽便爲王 而說半偈 … 夫生輒死 此滅爲樂", "모든 이들 마땅히 알아야 한다. 대전륜왕은 모든 인민과 일체중생들이 고해에 빠지고 악에서 벗어나지 못하는 것을 보고, 중생들을 위해 대비심을 일으켜 몸을 베어내고서 천 개의 등을 밝혀 반게를 구하였다. 여러분들은 이제 대왕의 대자비심에 감격하여 이 게를 쓰고 베껴 쓰며 읽고 외우며, 그 뜻을 사유하여 그 가르침대로 닦고 행해야 하리. 諸人當知 大轉輪王 見諸人民 一切衆生 沒於苦海 未能出惡 於諸衆生 起大悲心 剜身千燈 求於半偈 諸人今當感大王大慈悲心 應當書寫此偈 讀誦翫習 思惟其義 如說修行", "그때 대왕이 천 개의 등을 밝혀 대사 앞에 공양하자 그 밝은 빛 시방세계 밝혔고 그 불빛마다에는 이 반게의 음성이 함께 흘러 법을 듣는 자 모두 아누다라삼막삼보리를 얻었다. 爾時大王 卽燃千燈供養大師 其明遠照十方世界 其燈光中 亦出音聲說此半偈 其聞法者 皆發阿耨多羅三藐三菩提心"라고 하였다. 『법원주림』 권35(대정장53, p.563c21)에서는 "언제나 있을 것 같아도 다 사라져 남김 없고, 높은 것도 떨어지며, 만나면 이별이 있고, 태어남에는 죽음이 있다. 常者皆盡 高者亦墮 合會有離 生者有死" 라고 전한다. 〔참고문헌〕『大方便佛報恩經』, 『法苑珠林』,

『經律異相』 권24(대정장53, p.131c22). ⇨ 반게 半偈, 설산반게 雪山半偈, 할절신체 割切身體

전륜왕일자심주 轉輪王一字心呪 전륜왕과 같이 수승한 불정존(佛頂尊)의 일자심주. 대륜일자주(大輪一字呪)라고도 한다. 부림(部林 ḃ bhrūṃ) 한 자로 부른다. 금륜불정(金輪佛頂)·기특불정(奇特佛頂)·일자금륜(一字金輪)·일자정륜왕(一字頂輪王)·최승불정(最勝佛頂)이라고 한다. 주문의 음사어는 발로암(勃嚕唵) 또는 부림이다. 『대다라니말법중일자심주경』(대정장19, p.315c22)에 "그때 세존께서 연화장계에 앉아 대중과 여러 천선 등을 관찰하시고 말세시의 일체 중생을 이익되게 하기 위하여 일체여래최상대전륜왕정삼매에 들어 곧 미간에서 한 줄기 커다란 빛을 내었다. … 그 빛 속에서 홀연 다음과 같은 소리가 났다. '나는 대전륜왕일자주이니, 한량없는 천선이 공경하며 둘러싼다'. 이때 빛 속에서 다시 이런 소리가 났다. '석가여래에게 말하니, 나는 일체여래의 지혜인 전륜왕일자심주이다. 일체의 과거현재미래의 모든 부처에게 나는 최상의 비밀심주다. … 바로 주문을 설하셨다. '부림(ḃ bhrūṃ)'. 爾時 世尊 坐蓮華藏界 觀察大衆 諸天仙等 爲欲利益 後末世時 一切衆生故 入於一切如來最上大轉輪王頂三昧 卽於眉間 放一大光 … 其光之內 忽有聲曰 我是大轉輪王一字之呪 無量天仙 恭敬圍繞 爾時 光中 復出聲曰 告釋迦如來 我是一切如來智慧轉輪王一字心呪 於一切過現未來一切諸佛 我是最上祕密心呪 … 卽說呪曰 ḃ部林"라고 하였다. 〔참고문헌〕『大陀羅尼末法中一字心呪經』. ⇨ 금륜불정 金輪佛頂, 일자금륜 一字金輪

전륜왕장법 轉輪王葬法 부처님께서 아난에게 허락하신 열반 후 다비법. 『반니원경』 권하(대정장1, p.186c16)에 "현자 아난이 부처님께 여쭈었다. '부처님께서 열반하신 후에 장례는 어떻게 합니까?' 부처님께서는 말씀하셨다. '너는 잠자코 있어라. 범지와 거사가 스스로 기꺼이 할 것이다'. 아난이 또 여쭈었다. '범지와 거사가 행하는 장법은 어떻게 합니까?' 부처님께서 말씀하셨다. '전륜성왕법과 같이 하여 새 겁파금으로 몸을 감싼 다음, 오백 겹의 장첩을 거듭 감싼다. 몸을 금관에 넣고, 마유로 씻고 기름을 발라 마친다. 금관을 들어 두 번째의 큰 철곽 속에 안치하고, 온갖 향나무를 쌓은 위에서 다비한다'. 賢者阿難白佛言 佛滅度後 當作何葬 佛言 汝默 梵志居士 自樂爲之 又問 梵志居士 爲葬法當云何 佛言 當如轉輪王法 用新劫波錦 纏身體已 以五百張氎 次如纏之 內身金棺 灌以麻油澤膏畢 擧金棺 置於第二大鐵槨中 衆香積上 而闍維之"라고 하였다. 〔참고문헌〕『般泥洹經』, 『大智度論』 권96(대정장25, p.731c20). ⇨ 오백장첩 五百張氎, 전륜왕 轉輪王, 전륜성왕 轉輪聖王

전륜왕좌법 轉輪王坐法 전륜성왕(轉輪聖王)이 앉는 법. 『일체경음의』 권8(대정장54, p.353b16)에 "다리를 모아 붙여 앉는다〈… 저 비밀유가에 의지해서 보면 신어의업으로 들고 움직이는 모든 위의가 밀인 아님이 없다. 좌법차별 또한 아사리로부터 받아 가져야 하기에 혹은 반가, 혹은 현좌, 혹은 상윤왕좌, 혹은 주조복좌로 이 법상과 상응하도록 좌법 또한 받아 지닌다. 모두 다 불밀의로 보인 바 있는 것이다〉. 跏趺〈… 若依祕密瑜伽 身語意業 擧動威儀 無非密印 坐法差別 並須師授 或曰半加 或名賢坐 或象輪王 或仕調伏 與此法相應 卽授此坐 皆佛密意 有所示也〉", 『아촉여래염송공양법』(대정장19, p.16b16)에 "행자가 본존상 앞에서는 결가부좌, 혹은 반가로 혹은 길상으로 내지 윤왕좌 등으로 뜻에 맞게 앉는다. 行者於本尊像前 結跏趺坐 或半跏 或吉祥 乃至輪王等隨意而坐", 『시아귀감로미대다라니경』(대정장21, p.488b7)에 "이 상에 맞는 법은 반가좌로 저 전륜왕좌법과 같게 하니, 먼저 오른손으로 턱밑을 받치되 한 마디 정도 살짝 띄우고 팔꿈치는 오른쪽 무릎 위에 얹는다. 다음에는 오른쪽 손은 위로 향한 듯 기울이고 다섯 손가락은 펴서 오른쪽 무릎 위에 올려서 젖 먹이는 듯한 모습을 한다. 其契相法 半跏坐 如轉輪王坐法 先以右手 如托頸狀 去頸一寸許 以肘安右膝上 次以右仰側 舒五指垂右膝上 作施乳狀"하고 하였다. 중국 북위 불상조각에서 보이기 시작하다가 송대에 크게 유행하였다. 송대 대표적인 작품은 캔사스시티 넬슨-엣킨스 미술관(The Nelson-Atkins Museum Of Art) 소장 보살좌상이고, 우리나라 대표작으로는 국립중앙박물관 소장 금동관음보살좌상(金銅觀音菩薩坐像) 등이 있다. 〔참고문헌〕『一切經音義』, 『阿閦如來念誦供養法』, 『

전륜왕좌법 목조보살좌상
미국 하버드박물관 중국 송대

금동관음보살좌상
국립중앙박물관 13세기

금동관음보살좌상
해남 대흥사 조선후기

施餓鬼甘露味大陀羅尼經』. ⇨ 전륜성왕 轉輪聖王

전륜왕칠보 轉輪王七寶 전륜왕의 칠보(Ⓟ satta-ratanāni). 전륜성왕이면 반드시 갖추는 윤보(輪寶 Ⓟ cakka-ratana)·상보(象寶 Ⓟ hatthi-ratana)·마보(馬寶 Ⓟ assa-ratana)·주보(珠寶 Ⓟ maṇi-ratana)·여보(女寶 Ⓟ itthi-ratana)·주병보(主兵寶 Ⓟ pariṇāyaka-ratana : 大臣寶)·거사보(居士寶 Ⓟ gahapati-ratana : 主藏寶)를 말한다. 『잡아함경』 권30(대정장2, p.214a23)에 "전륜왕은 일곱 가지 보물을 빠짐없이 갖추고 사람 가운데서 네 가지 신통력을 성취하여 온 세상을 다스리다가 목숨이 다하면 천상에 난다. 轉輪王 七寶具足 成就人中四種神力 王四天下 身壞命終 生於天上"라고 하였다. [참고문헌] 『雜阿含經』, 『尼乾子所說經』 권3(대정장9, p.330a26), *SN.5.99.* ⇨ 칠보 七寶

전륜장 轉輪藏 돌아가는 경장. 둥글고 높은 원통형의 서가에 경전을 빼곡히 꽂아놓고 사람의 손으로 돌아갈 수 있게 만든 경장. 전관경장(轉關經藏)·전법륜장(轉法輪藏)·전륜경장(轉輪經藏)·경륜장(經輪藏)이라고도 하며, 보통은 윤장(輪藏)이라고 한다. 중국 양나라의 부흡(傅翕)이 처음 만들었다고 하며, 이것을 한 바퀴 돌리면 경전을 독송한 것과 같은 공덕이 있다고 한다. 『불조통기』 권33(대정장49, p.318c2)에 "윤장 : 양나라 부대사가 세상 사람들이 일이 많아서 경전을 독송할 겨를이 없거나 글을 모르는 것을 가엾게 여겨 쌍림도량에 처음으로 전륜장을 만들어 경전을 봉안하고, 이렇게 서원하였다. '세 번 나의 전륜장에 들어오면 생생토록 사람몸을 받고 신심으로 밀어 돌리고 한 번 돌면 경전을 독송하는 것과 그 공덕이 똑같으며, 헤아릴 수 없을 정도로 돌리면 얻는 공덕이 일대장경을 독송하는 것과 똑같아 다름이 없으리라'. 輪藏 梁傅大士 愍世人多故 不暇誦經 及不識字 乃於雙林道場 創轉輪藏 以奉經卷 其誓有曰 有三登吾藏門者 生生不失人身 有能信心推之一匝 則與誦經 其功正等 有能旋轉不計數者 所獲功德 卽與讀誦一大藏經 正等無異"라고 하였다. [참고문헌] 『佛祖統紀』, 『鐔津文集』 권12(대정장52, p.711b23). ⇨ 윤장 輪藏

전리욕 全離欲 Ⓢ kāma-vairāgya, vīta-rāga. 욕계의 구품혹(九品惑)을 완전히 여읨. 불환과(不還果 : 阿那含 Ⓢ anāgāmin)를 성취한 성자를 말한다. 전리욕탐(全離欲貪)·전리욕염(全離欲染)이라고도 한다. 『구사론송소론본』 권3(대정장41, p.838b10)에 "전리욕탐의 초월증이란 아홉 가지의 근으로 얻는다. 마치 앞의 초월증의 일래과를 얻는 것과 같다〈먼저 범부위에서 구품혹을 끊은 것을 전리욕이라고 한다. 지금 견도에 들고 도류지에 이르고 앞의 두 가지 과를 초월하여 곧바로 세 번째 단계를 증득하는 것이 초월증이다〉. 全離欲貪 超越證者 由九根得 如前超越 得一來果〈先凡夫位 斷九品惑 名全離欲 今入見道 至道類智 超前二果 直證第三 名超越證〉"라고 하였다. [참고문헌] 『俱舍論頌疏論本』, *Abh-k-bh 49·325.* ⇨ 구품혹 九品惑, 불환과 不還果, 미리욕성자 未離欲聖者 ■

전명 傳明 조선후기 스님. 호는 보광(葆光). 「파계사보광당전명대사비문 把溪寺葆光堂傳明大師碑文」에 "절충장군가선대부보광당전명대사지비. 순치 8년(1651·효종2) 2월 일에 비를 세우다. 화주 각심. 折衝將軍嘉善大夫葆光堂傳明大師之碑 順治八年 二月日立碑 化主覺心"이라고 하였을 뿐 자세한 행적은 새기지 않았다. 효종대 이전의 스님으로 절충장군이라고 한 것으로 보아, 1636년 병자호란 때 승병장으로 활약하였던 스님으로 추측한다. 파계사 비림에 탑과 비가 남아있다. [참고문헌] 智冠 『韓國高僧碑文總集 朝鮮朝·近現代』 p.210. ⇨ 파계사 把溪寺

전명대사 傳明大師 당대 스님인 협산선회(夾山善會 805~881)의 시호. ⇨ 선회 善會

전무 全無 Ⓢ sarvathābhāva, Ⓣ rnam-pa-thams-cad-ye-med-pa. 전혀 존재하지 않는 것. 아주 없는 것. 일향무(一向無 Ⓢ sarvathā na-asti)와 같은 뜻이다. 『순정리론』 권5(대정장29, p.355c16)에 "지계는 있고 수계가 없다 하면 취집할 수 없다. 왜냐하면 능히 거둘 수 없기 때문이다. 이와 같이 낱낱을 널리 설함은 경의 말씀이다. 이 경의 뜻으로 말하면 어떤 색취에도 수계가 전혀 없을 수는 없다는 것을 말한다. 아주 없다면 화합할 수 없다. 그러나 어떤 것은 나머지 색취를 거둬 화합하지 않기도 하는데, 그것은 아주 적기 때문이다. 若有地界 無水界者 應不聚集 無能攝故 如是一一 廣說如經 此經意言 非有色聚 全無水界 若全無者 應不和合 然有不能 攝餘色聚 令和合者 以其少故", 『성유식론』 권3(대정장31, p.16a9)에 "외도의 비방은 염정인과 또한 완전히 없다고는 하지 않는다. 왜냐하면 실이 아닌 것에 집착하기 때문이다. 만약 일체법이 모두 실유가 아니라면 보살은 생사를 버리기 위하여 부지런히 보리자량을 닦고 쌓지 않을 것이라고 하는 것이다. 外道毁謗 染淨因果 亦不謂全無 但執非實故 若一切法 皆非實有 菩薩不應爲捨生死 精勤修集 菩提資糧"라고 하였다. [참고문헌] 『順正理論』, 『成唯識論』, *Madny-vibh.19·39.*

전무공능 全無功能 Ⓢ niḥsāmarthya. 공능이 전혀 없음. 『변중변론』 권중(대정장31, p.470b27 : *Madhy-vibh.*, p.46)에 "손감용이란, 무명 등이 행 등을 낳는데, 전혀 공능이 없다고 집착하는 것이다. 損減用者 執

無明等 於生行等 全無功能 kriyāpavādo niḥsāmarthy akalpanāt tadabhāvād asamāropānapavādo veditavyaḥ"라고 하였다. 〔참고문헌〕『辯中邊論』, 『中邊分別論』 권상(대정장31, p.457a25), *Madhy-vibh.*

전무긍로 全無肯路 찾을 길 없다. 갈 길이 보이지 않아 막막함. 『경덕전등록』 권15 「석상경저전 石霜慶諸傳」(대정장51, p.320c22)에 "어느 날 대중에게 말하였다. '부처님의 평생 가르침은 당시 사람들의 일을 이치로 가지런히 한 것이어서 무릇 그 연유가 있었으니, 모두 지금 우리가 처한 일들이다. 곧바로 법신이 몸 아닌 줄 알아야 한다고 하면 교가의 극측일 뿐, 우리 같은 사문들은 갈 길이 막막할 따름이다. 분별한즉 어긋나고 분별하지 않으면 흙탕물에 앉아 있음이니, 다만 마음과 뜻으로 망령되이 설하고 보고 듣는다'. 一日謂衆曰 一代時教 整理時人脚手 凡有其由 皆落在今時 直至法身非身 此是教家極則 我輩沙門 全無肯路 若分卽差 不分卽坐著泥水 但由心意 妄說見聞"라고 하였다. 〔참고문헌〕『景德傳燈錄』, 『介石智朋語錄』(卍속장121, p.372b8), 『希叟紹曇廣錄』 권2(卍속장122, p.221a11).

전무명 纏無明 Ⓢparyavasthāna, Ⓣkun-nas-dkris-pa. 네 가지 무명(隨眠 纏 相應 不共) 중 하나. 생사에서 벗어나지 못하도록 중생의 마음을 옭아매는 무명. 전박무명(纏縛無明)이라고도 한다. 『유가사지론』 권10(대정장30, p.326c18 : *Yogā-bh.*, p.167)에 "〔문〕 어떤 등의 무명이 있지 않아야 행이 있지 않으며, 어떤 등의 무명이 사라져야 행도 사라지는가? 〔답〕 세 가지가 있으니 발기·전·수면무명이다. 이런 무명이 사라지면 저 무명도 사라지고, 저 무명이 사라지기에 행도 그에 따라 사라진다. 問 何等無明不有故行不有 何等無明滅故行滅耶 答 有三種 發起 纏 隨眠無明 由此無明滅故 彼無明滅 由彼滅故 行亦隨滅 katamasyāmavidyāyāmasatyāṃ saṃskārā na bhavanti. katamasyā avidyāyā nirodhātsaṃskāranirodhaḥ. triprakārāparyavasthānasamutthānānuśayasthāyinyā avidyāyā nirodha iti. avidyānirodhādavidyānirodhe tannirodhācca tannirodhe sati tataḥ saṃskāranirodhaḥ", 『유가론기』 권3(대정장42, p.373c13·한불전13, p.199b7)에 "세 가지가 있으니 발기·전·수면무명이라 하였다. 발법사는 말한다. 전이란 현기무명이고, 수면이란 종자무명이며, 발기란 발업이고, 불공무명이란 앞의 세 가지에 통한다. 有三種 發起 纏 隨眠無明者 拔法師云 纏是現起無明 隨眠是種子無明 發起卽是發業 不共無明 通前三種", 『종경록』 권74(대정장48, p.830a16)에 "〔문〕 무명으로 업을 일으키니, 몇 가지 무명이 있는가? 〔답〕 네 가지가 있으니, 첫째 수면무명, 둘째 전무명, 셋째 상응무명, 넷째 불공무명이다. … 네 가지 무명이 모두 업을 짓는데, 수면무명은 종자이고 그 나머지는 현행이다. 問 無明發業 有幾種無明 答 有四種 一隨眠 二 纏無明 三 相應 四 不共 … 四種無明 總能發業 隨眠 是種子 餘三卽現行"라고 하였다. 〔참고문헌〕『瑜伽師地論』, 『瑜伽論記』, 『宗鏡錄』, *Yogā-bh.* ⇨사무명 四無明[1], 무명 無明[1], 전 纏

전무석가후무미륵 前無釋迦後無彌勒 앞서 석가도 없으셨고 뒷날 미륵도 없으시다. 『무문관』 37칙 「평창 評唱」(대정장48, p.297c7)에 "만일 조주답처를 향해 보아 얻은 것 있다면 앞서 석가도 없고 장차 미륵도 없으리라. 若向趙州答處 見得親切 前無釋迦後無彌勒", 『열조제강록』 권6 「달마기염향법어 達磨忌拈香法語」(卍속장112, p.237a5)에 "만 리 서쪽에서 찾아와 아홉 해 면벽하였다. 전에 석가도 없었고 후에 미륵도 없으리라. 오로지 짚신 한 짝만 남겨서 무심하게 보여주고 잇따른 몇 개의 성과 맞먹는 값을 매겼지만, 잘만 홍정한다면 반 푼도 들이지 않을 것이다. 한 번 집어낼 때마다 한 번 새로워지니, 천고의 세월 동안 누구에게나 더욱 생각나게 한다. 萬里西來 九年面壁 前無釋迦後無彌勒 單單遺下履一隻 等閒賣弄 價重連城 奇特商量 分文不直 一番拈起一番新 千古令人轉相憶", 『요암청욕어록』 권3(卍속장123, p.649b8)에 "전에 석가가 없고 후에 미륵도 없을 것이며 그 중간에 자기도 없다. 종루에서 염불하고 찬송하며 평상 밑에 나물 심는다. 참외는 꼭지까지 달고 쓴 오이는 뿌리까지 쓰다. 前無釋迦後無彌勒 中無自己 鐘樓上念贊 床脚下種菜 甛瓜徹蔕甛 苦瓠連根苦"라고 하였다. 〔참고문헌〕『無門關』, 『列祖提綱錄』, 『了菴淸欲語錄』. ⇨석가 釋迦, 미륵 彌勒[1]

전문 轉門 염정제법(染淨諸法)이 끝없이 구르는 생멸문(生滅門). 유전문(流轉門)을 말한다. 『순정리론』 권3(대정장29, p.345b24)에 "전문에 나아가 차제인을 말하는 경우에도 네 가지는 이와 같다. 且就轉門 說次第因 四種如是"라고 하였으며, 『석마하연론』 권2(대정장32, p.610a14)에 "'더불어 화합한다' 하였다. 이것은 곧 능훈과 소훈의 차별을 열어 보인 것이다. 어떻게 열어 보였는가? 즉 염정제법의 유력과 무력에는 서로 승열이 있다는 것을 열어 보였다. 이제 두 문으로 분명하게 설하겠다. 어떤 것이 두 문인가? 첫째는 하전문이고, 둘째는 상전문이다. 생멸문에서는 이 두 문을 벗어나지 않는다. 이와 같은 두 문은 어떻게 차별되는가? 〔송〕 모든 염법에 힘이 있고, 모든 정법이 힘을 갖지 못하네. 본을 등지고 아래로 아래로 움직이니, 이것을 하전문이라 한다네. 모든 정법이 힘을 갖고 모든 염법이 힘을 갖지 못하네. 근원을 향하여 위로 위로 움직이니, 이것을 상전문이라 한다네. 〔논〕 모든 염법과 정법에 서로 승열이 있기에 두 가지로 구르는 문이 성립할 수 있다. 與和合者 卽是開示能熏所熏之差別故 云何開示 所謂顯示 染淨諸法 有力無力 互有勝劣故 今當作二門 分明顯說 云何爲二 一者 下轉門 二者 上轉門 生滅門中 不出此二 如是二門 云何差別 頌曰 諸染法有力 諸淨法無力 背本下下轉 名爲下轉門 諸淨法有力 諸染法無力 向原上上轉 名爲上轉門 論曰 由染淨諸法 互有勝劣故 二種轉門 得成而已"라고 하였으니, 『순정리론』의 전문은 『석마하연론』의 하전문에 해당한다. 〔참고문헌〕『順正理論』, 『釋摩訶衍論』. ⇨ 환문 還門, 유전문 流轉門

전물 轉物 물(物)을 굴리다. 마음(心) 밖의 것들 일체(一切)를 물이라 하니, 마음으로부터 나와 다시 마음을 미혹케 한다. 물을 굴린다 하니 일체에 얽매임 없고 자유자재하여 부처나 여래와 같다 하였고, 선문에선 한층 나아가 굴릴 물도 굴리는 마음도 없지 않은가 하였다. 『능엄경』 권2(대정장19, p.111c25)에 "일체중생은 무시이래로 자기를 미혹하여 물이라 여겼다. 본심을 잃고서 물로 움직인다. 이렇게 하는 중에 크다고 보고 작다고 본다. 만약 능히 물을 굴릴 수 있다면 바로 여래와 같아지리니, 몸과 마음 한없이 밝아 도량 벗어나지 않고도 한 터럭 끝에서 시방국토 널리 다 능히 품으리. 一切衆生 從無始來 迷己爲物 失於本心 爲物所轉 故於是中 觀大觀小 若能轉物 則同如來 身心圓明 不動道場 於一毛端 遍能含受 十方國土", 『수능엄의소주경』 권2(대정장39, p.850a11)에 "자성이 진실하고 떳떳한 중에는 거래·미오·생사를 구해도 얻을 것이 없다. 이는 망이 오직 진임을 깨닫는 것이니, 물 가히 구를 일이 없어서 참된 전물이다. 진을 등져 깨달음과 합하면 모든 부처님들과 같아진다. 性眞常中 求於去來迷悟生死 了無所得 斯則了妄唯眞 無物可轉 爲眞轉物 背塵合覺 同諸佛矣", 『대혜어록』 권11 「이참정전물암 李參政轉物菴」(대정장47, p.856c12)에 "강월노인이 머무는 방에 '전물'이라 편액하였다. 아마 『능엄경』에서 설한 '만약 능히 물을 굴릴 수 있다면 여래와 같다'는 뜻이리라. 서신을 보내 명문을 구함에 묘희종고가 명한다. '만약 능히 물을 굴릴 수 있다면 바로 여래와 같다고 했다네. 안타깝구나! 구담께서 어리석은 이들을 기만하셨구나. 물에는 자성이 없고 나라는 것 역시 있을 리 없는데, 굴리는 이 누구이길래 부질없이 마음손 수고롭게 하는가? 앎에는 자성이 없는데 다시 이 물은 또 무엇인가? 분별의 티끌 문득 일어나 허공을 헤쳐 뼈를 추리네. 이 암자 지은 적 없는데 머무는 이 다시 누구인가? 정수리 눈 있으니 멀고 가까움 가려보라'. 江月老人 膀所居之室曰轉物 蓋取首楞嚴 若能轉物卽同如來之義 書來索銘 妙喜宗杲 爲之銘曰 若能轉物 卽同如來 咄哉瞿曇 誑謼癡獃 物無自性 我亦非有 轉者爲誰 徒勞心手 知無自性 復是何物 瞥起情塵 揑空揣骨 此菴無作 住者何人 具頂門眼 試辨疎親", 『중음경』 권하(대정장12, p.1068c23)에 "부처님은 신력으로 무상법관으로 중생의 마음을 되돌리시니, 마치 손으로 물건 다루듯 하신다. 佛以神力 以無想法觀 迴衆生心 如手轉物"라고 하였다. 〔참고문헌〕『楞嚴經』, 『首楞嚴義疏注經』, 『大慧語錄』, 『中陰經』. ⇨ 일체 一切

전물암 轉物庵 오봉산(五峰山)에 있던 암자. 혜심(慧諶 1178~1234)의 『무의자시집』 권하 「우거전물암 寓居轉物庵」(한불전6, p.58c18)에 "오봉산 앞에 오래된 암굴. 그 안에 한 암자 이름은 전물이다. 五峰山前古庵窟 中有一菴名轉物"라고 하였다. 〔참고문헌〕『無衣子詩集』, 『韓國寺刹全書』 권하 p.1000b7.

전미개오 轉迷開悟 ➡ 전미득오 轉迷得悟, 전미성오 轉迷成悟

전미득오 轉迷得悟 미혹함을 뒤쳐 깨달음을 얻는다. 전미성오(轉迷成悟)·전미개오(轉迷開悟)라고도 한다. 『성유식론자고』 권3(卍속장82, p.170a9)에 "전의라 하였으니 첫째는 염정의, 둘째는 미오의다. 곧 물듦을 뒤쳐 정함을 얻거나 미함을 뒤쳐 깨달음 얻는다. 그러므로 전의라고 하는 것이다. 轉依者 一 染淨依 二 迷悟依 轉染得淨 轉迷得悟 故名轉依"라고 하였다. 〔참고문헌〕『成唯識論自攷』, 『注大乘入楞伽經』 권2(대정장39, p.447a6), 『林間錄』 권하(卍속장148, p.616b3). ⇨ 전미성오 轉迷成悟, 전의 轉依

전미성오 轉迷成悟 미혹함을 뒤쳐 깨달음을 성취하다. 전미득오(轉迷得悟)·전미개오(轉迷開悟)라고도 한다. 『사교의』 권1(대정장46, p.721a23)에 "화전에 세 가지 뜻 있다. 첫째는 악을 뒤쳐 선하게 하는 것이고, 둘째는 미함을 뒤쳐 깨달음을 성취하는 것이며, 셋째는 범부를 뒤쳐 성인이 되는 것이다. 化轉有三義 一 轉惡爲善 二 轉迷成悟 三 轉凡爲聖", 『황명명승집략』 「시도참선 示徒參禪」(卍속장144, p.415b1)에 "선종의 지라면 미함 뒤쳐 깨달음을 성취하는 요도이고, 마음을 밝혀 견성하는 묘결이며 범부를 뛰어넘어 성인에 드는 빗장이다 禪宗厥旨 是轉迷成悟之要道也 是明心見性之妙訣也 是超凡入聖之關棙也"라고 하였다. 〔참고문헌〕『四教義』, 『皇明名僧輯略』. ⇨ 전미득오 轉迷得悟

전밀 轉密 신라 무열왕(武烈王 재위 654~661)대 스님. 김흠운(金歆運 ?~655)과 함께 화랑 문노(文努)의 문하에서 동문수학하였다. 『삼국사기』 권47 열전(列傳)7 김흠운에 "(김흠운이 아무개의 전사 소식을 듣고 슬펴하며 흠모하는 모습을 보고) 동문 스님인 전밀이 말하기를, '이 사람이 만약 전쟁터에 나간다면 반드시 돌아오지 않을 것이다'라고 하였다. 同門僧轉密曰 此人若赴敵 必不還也"라고 하였다. [참고문헌]『三國史記』, 『東史綱目』.

전박무명 纏縛無明 네 가지 무명(無明) 중 하나. 생사에 얽힌 무명. 전무명(纏無明)이라고도 한다. 『분별연기초승법문경』 권하(대정장16, p.842a14)에 "무명에는 두 가지 상이 있음을 알아야 한다. 첫째는 미세한 자상으로 수승하고, 둘째는 애(愛)·비애(非愛)·비애비비애(非愛非非愛)의 경계에 가득한 공상으로서 수승하다. 왜 그런가? 전박무명도 오히려 미세하여 잘 알기가 어렵거늘 하물며 저 수면무명의 것을 어찌 알 것이며, 상응무명도 오히려 미세하여 명료하게 알기가 어렵거늘 하물며 저 불공무명의 것을 어찌 알겠는가. 應知無明有二種相 一者 微細自相殊勝 二者 遍於可愛非愛俱非境界共相殊勝 所以者何 纏縛無明 尙爲微細 難知難了 況彼所有 隨眠無明 相應無明 尙爲微細 難知難了 況彼所有 不共無明"라고 하였다. [참고문헌]『分別緣起初勝法門經』. ⇨ 사무명 四無明 [1], 전무명 纏無明

전박판 氈拍板 털로 짠 박자판. 소리나지 않는 박자판. 박판이란 너덧 개 내지 아홉 개를 부채 모양으로 만들어 손으로 두드리도록 만들어진 악기로 판은 판(版)과 같이 쓴다. 나무 판 아닌 털로 짠 박자판이라면 모양만 같을 뿐 소리를 내지 못한다. 『염팔방주옥집』 권상(卍속장119, p.217a3)에 "불해가 말한다. '구멍 없는 피리와 털로 짠 박판 바꾸어 가며 마음껏 가지고 노니 가락 또한 자연스럽다. 말해 보라! 무슨 곡조인가? 「천선자」 같기도 하고 「보살만」 닮기도 했네'. 佛海云 無孔笛 氈拍板 互換拈弄 節奏自然 且道 是何曲調 髣髴天仙子 依稀菩薩蠻", 『벽암록』 41칙 「평창 評唱」(대정장48, p.178c19)에 "조주가 투자에게 물었다. '크게 죽은 사람만이 다시 살아날 때란 무슨 뜻인가?' '밤길 가는 것이 허용되지 않지만 날이 밝으면 반드시 도착해 있어야 한다'. 답해 보라. 이는 어느 시절인가? 구멍 없는 피리가 털로 짠 박판을 만났다. 이를 주인 챙겨보는 물음이고 마음길 묻는 일이라 한다. 趙州問投子 大死底人却活時如何 投子對他道 不許夜行 投明須到 且道 是什麽時節 無孔笛 撞著氈拍版 此謂之驗主問 亦謂之心行問", 같은 책 51칙 「본칙 本則」(대정장48, p.185c29)에 "설봉은 학인이 오는 모습을 보더니 손으로 암자 문을 밀치고 몸을 내보이며 말했다. '이것은 무엇인가?'〈귀신의 눈동자로군. 아니면 구멍 없는 피리인가? 솟은 머리에 뿔도 달았다〉. 그 학인도 말했다. '이것은 무엇인가?'〈진흙 탄알이로군. 아니면 털로 짠 박판인가? 화살 끝 허공에서 서로 이었네〉. 峯見來 以手托庵門 放身出云 是什麽〈鬼眼睛 無孔笛子 擎頭戴角〉 僧亦云 是什麽〈泥彈子 氈拍板 箭鋒相拄〉", 『대혜어록』 권5(대정장47, p.832a15)에 "비록 구멍 없는 피리가 털로 짠 박판(학인)을 만나 오음 느닷없이 어울려 소리 높고 육률 또한 함께 어울린다. 자세히 점검해 가져와 보면 옆에서 지켜보는 사람의 비웃음을 면할 수는 없다. 말해 보라! 누구인가! 옆에서 지켜보는 이. 雖然無孔笛 撞著氈拍板 直是五音調暢 六律諧和 子細檢點將來 未免傍觀者哂 且道 誰是傍觀者"라고 하였다. [참고문헌]『拈八方珠玉集』, 『碧巖錄』, 『大慧語錄』. ⇨ 무공적 無孔笛, 몰현금 沒絃琴

전발 展鉢 발우를 펴다. 발우를 거두는 것은 수발(收鉢)이다. 『선원청규』 권1 「부죽반 赴粥飯」(卍속장111, p.881b11)에 "전발하는 법이다. 먼저 문신한 후 복첩을 풀고 발식은 따로 접어서 작게 만든다. 그리고 시저대를 정면에다 몸 가까이 가로로 놓는다. 다음은 정건을 펼쳐 무릎에 덮고 복첩을 열어서 삼각형으로 접는다. 안으로 가지런하게 하여 한 모서리를 상연에 드리운다. 먼저 양손으로 발단을 펴되 오른손을 엎어 몸 쪽으로 향한 단연을 잡아 발우 위에 덮는다. 곧장 왼손을 받쳐 발우를 꺼내어 단 위 왼쪽에 놓는다. 양손의 집게손가락으로 분자(鐼子 : 四鉢 중 어시발우를 제외한 나머지 셋)를 떼되 작은 것부터 차례로 펼치며 소리를 내서는 안 된다. 좌위가 조금 비좁으면 발우 세 개만 펼친다. 다음으로 대를 열어 시저를 꺼낸다〈꺼낼 때는 저(筯)를 먼저 꺼내고, 넣을 때도 저를 먼저 넣는다〉. 두 번째 발우(頭鐼)의 왼쪽에 가로로 놓되 시저의 머리는 상견 쪽을 향하게 하며, 발쇄는 하견 쪽 단 바깥 연에 놓는다. 발쇄 자루를 바깥쪽을 향하게 한 후 공양물이 나오기를 기다린다. 展鉢之法 先問訊 解複帕 取鉢拭 疊令小 及匙筯袋當面近身橫放 次展淨巾蓋膝 開複帕及疊三角 向裏令齊整 一角垂牀緣 先以兩手開鉢單 覆右手把向身單緣 蓋鉢盂上 卽仰左手取鉢安單上左邊 以兩手頭指拼取鐼子 從小次第展之 不得作聲 如坐位稍窄 只展三鉢 次開袋取匙筯〈取則先筯入則先匙〉 安橫於頭鐼之後 匙筯頭向上肩 鉢刷安下肩 單外緣 刷柄向外 以待出生", 『황룡혜남어록』 「속보 續補」(대정장47, p.639a14)에 "말해보십시오. 무엇을 법왕의 몸이라고 할까요? 사대와 오온·행주좌와·단을 열고 발우를 펴는 것·승당과 불전·주고와 삼문 등 법왕의 몸이 아닌 것이 없습니다. 만약 능히 여기에서 알아차리면 하늘과 땅과 온 대지와 일월성신이 여기 그대들 눈동자 뚫고 지나갈 것이며, 사대해의 바닷물이 그대들의 콧속으로 흘러들 것입니다. 이때서야 비로소 석가와 미륵의 수기가 다만 헛된 이름일 뿐이며, 임제의 할과 덕산의 방 방편일 뿐 거짓 길임을 알 것입니다. 且道 何名法王身 四大五蘊 行住坐臥 開單展鉢 僧堂佛殿 廚庫三

門 無不是法王身 若能於此薦得 乾坤大地 日月星辰 穿過爾諸人眼睛 四大海水 流入爾諸人鼻孔 方知釋迦彌勒授記但是虛名 臨濟德山棒喝 權爲假道", 『양기방회어록』(대정장47, p.641c26)에 "수좌대중 그대들 말해보시오. 지금 여기 오히려 가려 막힌 그곳에 도리 있지 않은가? 상좌 승당에서 발우 펼 때 상좌와 함께 펴고, 졸 때는 상좌와 같이 졸며, 자리에 설 때는 상좌와 함께 선다. 키가 큰 이는 키 큰 법신이요, 키가 작은 이는 키 작은 법신이다. 首座大衆 爾且道 於者裏還 有隔礙底道理麽 上座僧堂裏 展鉢時 與上座同展 睡時與上座同睡 立地時與上座同立地 長者長法身 短者短法身", 『삼국유사』 권4(대정장49, p.1010a3・한불전6, p.354b9) 의해(義解)5 현유가해화엄(賢瑜珈海華嚴)에 "(태현이) 부름으로 내전에 들어 『금광경』을 강하며 단비 내리기를 빌었다. 첫날 재하던 차에 발우를 펴고 조금 있다가 맑은 물 올림이 늦어지자 감리가 힐책했다. … (궁중 우물이 말랐음을 전해듣고) 주강 때에 이르러 향로를 받들고 말없이 있자 그 잠깐에 우물물이 솟아나 높이 7장쯤이었다. 詔入內殿 講金光經以祈甘霔 一日齋次 展鉢良久 而淨水獻遲 監吏詰之 … 及晝講時 捧爐默然 斯須井水湧出高七丈許"라고 하였다. [참고문헌] 『禪苑淸規』, 『黃龍慧南語錄』, 『楊岐方會語錄』, 『三國遺事』. ⇨ 발우 鉢盂, 발우공양 鉢盂供養, 삼정두 三淨頭, 수발 收鉢

전발 剪髮 ❶ 머리카락을 깎는 것. 체발(剃髮)이라고도 한다. 『양고승전』 권4 「지효룡전 支孝龍傳」(대정장50, p.346c20)에 "머리카락 자르고 얼굴 험하게 하며 옷 바꾸어 모습을 바꾸니 저들 나를 욕하나 나는 저들의 허영을 버린다. 그러므로 귀함에 대해 무심해야 더욱 귀해지고 족함에 대해 무심해야 더욱 족하리라. 剪髮毁容 改服變形 彼謂我辱 我棄彼榮 故無心於貴而愈貴 無心於足而愈足矣"라고 하였다. [참고문헌] 『梁高僧傳』, 『法句經』 권상(대정장4, p.565b14), 『弘明集』 권7 「駁顧道士夷夏論」(대정장52, p.45c21). ⇨ 체발 剃髮 ❷ 종족 이름. 가전연(迦旃延)이 속한 종족이다. 『화엄현담회현기』 권6(卍속장12, p.76a16)에 "가전연〈한역하여 전발종이라고 한다. 아주 오랜 옛날에는 선인이 많았는데 산속 조용한 곳에서 여러 해를 오래도록 머물러 머리카락과 수염이 점점 자라났으나 아무도 잘라 주는 이가 없었다. 바라문의 법에 따르면 머리카락 자르는 것이 반드시 필요하였다. 어느 날 한 선인의 두 아들이 와서 아버지를 만났다. 그중 동생이 여러 선인들을 위해 머리카락을 잘라주니 여러 선인들이 계속 돕기를 원하였고, 훗날에 선도를 이루었다. 이후 이 종족을 전발이라고 칭하였다〉. 迦旃延〈此云 剪髮種 上古多仙 山中靜處 年歲旣久 鬢髮稍長 無人爲剃 婆羅門法 要剃髮故 一仙有子兄弟二人覲父 小者乃爲諸仙剃之 諸仙願護 後成仙道 爾來此種 皆稱剪髮〉"라고 하였다. [참고문헌] 『華嚴懸談會玄記』, 『華嚴經探玄記』 권18(대정장35, p.446a16). ⇨ 가전연 迦旃延 ❶, 마하가다연나 摩訶迦多衍那

전발 傳鉢 발우를 전한다. 가사(袈裟)와 함께 전법(傳法)을 뜻한다. 『불안어록』(고존숙어록27, 卍속장118, p.504b13)에 "학인이 용문에게 물었다. '옛날 발다존자가 법조대사에게 물었는데 오늘날과 같습니까, 다릅니까?' '예나 지금이나' '소나무 심던 이(五祖의 前身)에게는 늙어서 발우를 전할 수 없었고, 노로는 구차하게도 영남으로 들어갔습니다' '그대여 옛 사람들의 일 살펴보길'. 僧問 昔日跋陀尊者 問法照大師 未審與今日 是同是別 師云 古之今之 進云 栽松人老難傳鉢 盧老區區入嶺南 師云 你試擧古人底看", 『백운수단광록』 권3 「오조 五祖」(卍속장120, p.429a2)에 '전신이 이미 늙어 발우를 전할 수 없자 모태에 의탁했다가 다시 와서 비로소 법등을 이었다네. 前身已老難傳鉢 託蔭重來始繼燈"라고 하였다. [참고문헌] 『佛眼語錄』, 『白雲守端廣錄』. ⇨ 발우 鉢盂, 전법 傳法, 의발 衣鉢 ❶

전발게 展鉢偈 발우를 펴면서 외우는 게송. 선반으로부터 자리에 발우를 내려놓은 다음 입승(立繩)의 죽비 소리에 따라 외운다. 상념게(想念偈)라고도 한다. 『일용작법』(『한국불교의례자료총서』 권3, p.522b6)에 "여래의 응량기를 나도 이제 얻어 펴게 되었으니 원컨대 모든 중생들과 함께 다름없이 삼륜(三輪 : 施者・受者・施物)이 공적하여지이다. 옴 발다라야 사바하. 如來應量器 我今得敷展 願共一切衆 等三輪空寂 唵 鉢多羅野 娑婆訶"라고 하였다. [참고문헌] 海印寺板 『日用作法』, 『入衆須知』(卍속장111, p.949b19), 「小心經」(『釋門儀範』 권상, p.104a5). ⇨ 상념게 想念偈, 발우공양 鉢盂供養, 심경 心經, 오관게 五觀偈

전범륜 轉梵輪 Ⓢ brāhma-cakraṃ pravartayati Ⓣ tshangs-pa'i-'khor-lo-bskor-ba. 범륜(梵輪)을 굴리다. 부처님께서 가르침을 베푸시는 것을 전륜성왕이 윤보를 타고 온 세상을 다스리는 것에 비유한 말. 전법륜(轉法輪)과 같은 뜻이다. 『대지도론』 권25(대정장25, p.244c8)에 "전범륜이란 무슨 말인가? 청정하기에 범(梵)이라 하고, 부처님의 지혜나 지혜와 상응하는 법을 윤(輪)이라 하며, 부처님의 말씀을 받은 이가 그 법에 따라 행하면 전(轉)이라고 한다. 이 수레바퀴는 사념처를 두루 갖춤으로써 바퀴통을 삼고, 오근과 오력으로 바퀴살을 삼으며, 사여의족으로써 견고한 바퀴테를 삼고, 사정근으로 빽빽하게 합쳐 바퀴를 삼으며, 삼해탈로써 굴대를 삼고, 선정과 지혜로 조적을 삼는다. 무루계로써 바퀴에 바르는 향을 삼고, 칠각의로 여러 가지 꽃과 영락을 삼으며, 정견으로써 오른쪽으로 도는 바퀴를 삼고, 신심의 청정함으로 사랑스런 기쁨을 삼으며, 정정진으로써 빨리 가고, 두려움이 없는 사자후로 아름다운 소리 삼는다. 악마를 두렵게 하는 바퀴이고, 십이인연의 마디를 부수어 푸는 바퀴이며, 생사를 무너뜨리는 바퀴이고, 번뇌를 여의는 바퀴이며, 업을 끊는 바퀴이고, 세간을 가로 막는 바퀴이며, 괴로움을 깨뜨리는 바퀴이니, 수행하는 이를 기쁘게 하고 하늘과 사람들이 공경하고 사모하게 한다. 이런 바퀴를 굴릴 수 있는 이가 없으며, 이 바퀴는 부처님의 가르침을 유지하기 때문에 전범륜이라고 한다. 轉梵輪者 淸淨故名梵 佛智慧及智慧相應法 是名輪 佛之所說 受者隨法行 是名轉 是輪以具足四念處爲轂 五根五力爲輻 四如意足爲堅牢輞 而正懃爲密合輪 三解脫爲楇 禪定智慧爲調適 無漏戒爲塗輪香 七覺意爲雜華瓔珞 正見爲隨右轉輪 信心淸淨爲可愛喜 正精進爲疾去 無畏師子吼爲妙聲 能怖魔輪 破十二因緣節解輪 壞生死輪 離煩惱輪 斷業輪 障世間輪 破苦輪 能令行者歡喜 天人敬慕 是輪無能轉者 是輪持佛法 以是故名轉梵輪"라고 하였다. [참고문헌] 『大智度論』, 『瑜伽師地論』 권49(대정장30, p.569a26), *Bodh-bh.266.* ⇨ 전법륜 轉法輪

전범성성 轉凡成聖 범부를 뒤쳐 성인이 되다. 전범입성(轉凡入聖)·전범위성(轉凡爲聖)이라고도 한다. 『법화현의』 권10(대정장33, p.810a21)에 "점기가 삼장의 가르침을 받고 능히 견혹사혹을 끊어 삼독을 줄여 다하면 곧 범부를 뒤쳐 성인을 이루니 마치 우유가 변하여 낙이 되듯 한다. 若漸機稟三藏 能斷見思 三毒稍盡 卽轉凡成聖 如變乳爲酪", 『유가론기』 권13(대정장42, p.615a15·한불전14, p.63b14)에 "삼승의 견도로 범부를 바꾸어 성인 이루는 것을 전의라고 하니, 전의한 그대로가 진여이다. 三乘見道 轉凡成聖 名爲轉依 轉依卽是眞如", 『종경록』 권1(대정장48, p.419c24)에 "신단은 아홉 번 뒤쳐야 하고 쇠는 두드려야 금이 되듯이 지극한 이치가 담긴 한마디의 말은 범부를 뒤쳐 성인이 되게 한다. 미친 마음 쉴 수 없다 하지만, 쉬기만 하면 바로 보리다. 거울이 깨끗하고 마음이 밝으니 본래 부처다. 神丹九轉 點鐵成金 至理一言 轉凡成聖 狂心不歇 歇卽菩提 鏡淨心明 本來是佛"라고 하였다. [참고문헌] 『法華玄義』, 『瑜伽論記』, 『宗鏡錄』, 『大乘止觀法門』 권1(대정장46, p.646c2). ⇨ 전범입성 轉凡入聖, 전범위성 轉凡爲聖

전범위성 轉凡爲聖 범부를 뒤쳐 성인이 되다. 전범성성(轉凡成聖)·전범입성(轉凡入聖)이라고도 한다. 『사교의』 권1(대정장46, p.721a23)에 "교화하여 뒤치는 것에 세 가지 뜻이 있다. 첫째는 악을 뒤쳐 선이 되고, 둘째는 미함을 뒤쳐 깨달음을 성취하며, 셋째는 범부가 바뀌어 성인이 되는 것이다. 化轉有三義 一 轉惡爲善 二 轉迷成悟 三 轉凡爲聖", 『사분율산보수기갈마소제연기』 권3(卍속장64, p.809a7)에 "한 찰나 기다리지 않고 범부를 뒤쳐 성인이 되니, '백 년 동안 깜깜한 방이라도 등불 하나로 능히 깨트린다'고 말한다. 不待刹那 轉凡爲聖 所謂百年闇室 一燈能破"라고 하였다. [참고문헌] 『四教義』, 『四分律删補隨機羯磨疏濟緣記』. ⇨ 전범성성 轉凡成聖, 전범입성 轉凡入聖

전범입성 轉凡入聖 범부를 바꾸어 성인에 들다. 전범성성(轉凡成聖)·전범위성(轉凡爲聖)이라고도 한다. 『사념처』 권4(대정장46, p.579a15)에 "이제 이 종자에 점점 습이 쌓이게 되고 훗날 성광과 만나게 되면 이 종자를 발하게 할 것이다. 범부를 바꾸어 성인에 들어 점점 공덕을 쌓고 대비심을 구족하면 모두가 이미 불도를 이룬다. 今此種子 漸漸積習 後遇聲光 發此種子 轉凡入聖 漸積功德 具足大悲心 皆已成佛道", 『능엄경비록』 권1(卍속장20, p.95b14)에 "예전에는 여래에 의해 범부를 바꾸어 성인에 들었는데, 이제는 음녀에 의해 올바름을 뒤집어 삿됨으로 들어가니, 온톤 성색 두 자를 벗어나지 않는다. 昔日爲如來 轉凡入聖 今日爲婬女 轉正入邪 總不出聲色二字"라고 하였다. [참고문헌] 『四念處』, 『楞嚴經秘錄』. ⇨ 전범성성 轉凡成聖, 전범위성 轉凡爲聖

전법 傳法 법을 전하다. 스승이 제자에게 대를 이어 법을 전하는 사자상승(師資相承)하는 일을 말한다. 선종에서는 부법(付法)이라고도 하고, 신표(信標)로서 의발(衣鉢)을 전한다. 한편 밀교에서도 아사리(阿闍梨)의 위를 부여하는 전법관정(傳法灌頂)을 행한다. 『갈마』(대정장22, p.1064a13)에 "경에서 이르기를 '법이 머무르기도 법이 사라지기도 한다'고 하였으니, 이는 법을 전하는 사람에 대한 말이다. 또한 세 가지가 있다. 성인이 칭찬하며 말하기를 '법을 아는 것, 율을 아는 것, 마이(Ⓢ mātṛkā : 論)를 아는 것'이라고 하였다. 법을 안다는 것은 수다라장을 잘 지니는 것으로 저 아난 등이다. 율을 안다는 것은 비니장을 잘 가지는 것이니 저 우파리 등이다. 마이를 안다는 것은 깨우쳐 이끄는 것에 뛰어나고 미묘한 벼리를 담당하여 다스릴 줄 아는 것이니 저 대가섭 등이다. 그러므로 성스러운 자취를 따라 빛나게 하고자 하여 바른 길로 가는 가르침을 융성하게 하고 후대로 이어 본보기가 되게 하여 어느 때에도 끊어지지 않게 하니, 이들이 아니면 누구이겠는가? 經云 正法住 正法滅 謂之 於此傳法之人 亦有於三 故聖語稱言 知法知律知摩夷 知法者 謂善持修多羅藏 如阿難等 知律者 謂善持毘尼藏 如優波離等 知摩夷者 謂善於訓導 宰任玄綱 如大迦葉等 故凡欲暉蹤聖跡 以隆道教 繼軌後代 不絶於時者 非茲而誰", 『경덕전등록』 권3 「보리달마전 菩提達磨傳」(대정장51, p.219c16)에 "나의 게송을 들어보라. '내가 본래 이 땅에 온 것은 법을 전하여 헤매는 유정을 구하려 함이네. 한 송이 꽃이 다섯 꽃잎으로 피어나리니 열매 맺음이야 자연스레 이루어지리'. 聽吾偈曰 吾本來茲土 傳法救迷情 一華開五葉 結果自然成", 『조계대사별전』(卍속장146, p.967a16)에 "조계대사가 홍인화상에게 물었다. '법에는 문자가 없어 마음으로 마음을 전하고 법으로 법을 전하는데 이 가사를 어디에다 쓰겠습니까?' '가사는 법의 신표요 법은 옷이 가리키는 종지이다. 위로부터 서로 전함에 따로따로 부촉함은 없으니 가사가 아니고서는 법을 전하지 못하고, 법이 아니고서는 가사를 전하지 않는다. 가사는 서천의 사자존자가 전한 것으로 불법을 끊어지지 않게 하였다. 법은 여래의 깊고 깊은 반야이니 반야가 공적하여 머묾이 없음을 알면 곧바로 법신을 깨닫고, 불성이 공적하여 머묾이 없음을 보면 진실한 해탈이다. 너는 옷을 지니고 가는 게 좋겠다'. 大師問和上曰 法無文字 以心傳心 以法傳法 用此袈裟何爲 忍大師曰 衣爲法信 法是衣宗 從上相傳 更無別付 非衣不傳於法 非法不傳於衣 衣是西國師子尊者相傳令佛法不斷 法是如來甚深般若 知般若空寂無住 卽而了法身 見佛性空寂無住 是眞解脫 汝可持衣去"라고 하였다. [참고문헌] 『羯磨』, 『景德傳燈錄』, 『曹溪大師別傳』, 『蘇悉地羯羅供養法』 권상(대정장18, p.692c17). ⇨ 부법 付法, 부촉 付囑, 부법장 付法藏, 분등 分燈, 사자상승 師資相承, 전등 傳燈[1], 전법게 傳法偈, 전법부의 傳法付衣, 전법관정 傳法灌頂

전법 纏法 모든 번뇌법. 『중사분아비담론』 권4(대정장26, p.648b15)에 "어떤 것이 전법인가? 모든 번뇌법을 말한다. 云何纏法 謂諸煩惱法", 『품류족론』 권6(대정장26, p.715c21)에 "전법이란 어떤 것인가? 법인데 번뇌인 것이다. 纏法云何 謂若法是煩惱"라고 하였다. [참고문헌] 『衆事分阿毘曇論』, 『品類足論』. ⇨ 전 纏

전법게 傳法偈 스승이 제자에게 법을 전하면서 읊는 게송. 종지를 담아 전하기에 법맥의 정통성도 성취한다고 여긴다. 여러 전등사서에는 과거불과 서천조사들의 전법게가 전하는데, 이는 조사선이 오랫동안 법맥의 정통성을 확보하기 위해 노력한 결과이다. 대표적인 것이 『경덕전등록』 권1～권6에 인연과 함께 전하는 전법게인데, 과거 비바시불(毘婆尸佛)을 위시한 과거칠불(過去七佛)부터 서천·동토의 삼십삼조(三十三祖)를 거쳐 남악회양(南嶽懷讓)·마조도일(馬祖道一)에 이르는 계보에 따른 전법게가 전한다. 이는 『선문제조사게송』 권상에서 정리된 형태로 고스란히 이어졌다. 또 『종경록』 권97에도 과거불부터 육조혜능(六祖慧能)에 이르는 전법게가 정리되어 있다. 『경덕전등록』 「발문 跋文」(대정장51, p.465b22)에 "혹자는 오히려 의심하기를 불조의 전법게는 전하여 한역한 사람이 없다고 하는데, 이는 여름에 태어난 벌레가 봄과 가을을 모르는 격이다. 불조가 비록 전함에 전한 것이 없다지만 전하여 맡긴 인연에 이르러서야 어찌 알지 못한다 함을 용납하겠는가? 또한 달마는 정변지를 갖추었기에 하화와 천축의 언어 모두에 훤히 통달하였다. 그 문답을 보라. 전하고 번역한 일이 있던가? 或者猶疑 佛祖傳法偈 無傳譯之人 比夏虫不知春秋也 佛祖雖曰傳無傳 至付授之因 豈容不知 又達磨具正遍知 華竺之言蓋悉通曉 觀其答問 安有傳譯哉"라고 하였다. [참고문헌] 『景德傳燈錄』, 『禪門諸祖師偈頌』, 『宗鏡錄』, 『傳法正宗定祖圖』 권1(대정장51, p.769b10).

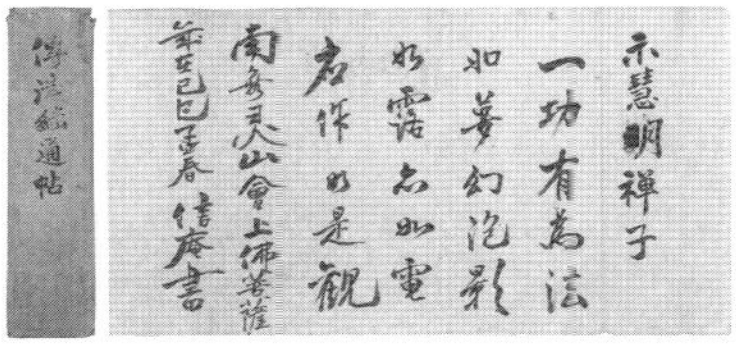
전법게 개인소장 조선후기

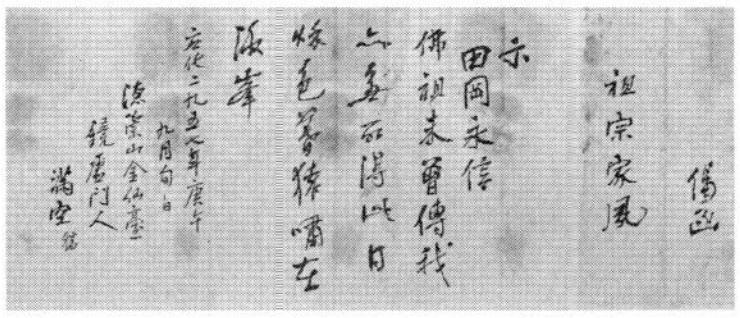
만공선사전법게 용주사효행박물관 1903년

전법관정 傳法灌頂 이종관정(二種灌頂) 또는 오종관정(五種灌頂 : 五種三昧耶) 중 하나. 아사리(阿闍梨)위를 전하는 의식. 아사리관정(阿闍梨灌頂)·전법아사리관정(傳法阿闍梨灌頂)·전법아사리위관정(傳法阿闍梨位灌頂)·부법관정(付法灌頂)·전교관정(傳教灌頂)·수직관정(受職灌頂)이라고도 한다. 밀교행자가 삼밀유가행(三密瑜伽行)을 법도에 맞게 닦아 수명관정(受明灌頂 弟子灌頂)을 받고난 다음, 다시 수 년 동안 수행을 하여 스승의 위를 감당할 수 있을 때, 그의 스승이 만다라(曼荼羅)를 건립하여 금강계(金剛界)와 태장(胎藏)의 밀법(密法)을 전하여 인가하는 비밀스런 의식이다. 이후에 전법의 자격을 갖춘 아사리가 된다. 전법의 아사리가 되는 것은 매우 엄중한 일이므로 반드시 큰 소임을 감당할 수 있는 법기(法器)를 선택하는데, 『대일경』 권1(대정장18, p.5b19)에 따르면 종성이 청정할 것·신심을 지닐 것·삼보를 공경할 것·매우 지혜로움·게으르고 태만하지 않을 것·계율이 청정하고 결함이 없을 것·인욕·인색하지 않을 것·용맹스럽고 강건한 보리심·수행과 발원을 굳게 지켜나가는 것 등 십덕(十德)을 갖춘 사람만이 전법의 소임을 감당할 수 있다고 하였다. 또한 숫자를 엄격히 제한하여 관정하였는데 이에는 인법관정(印法灌頂 : 離作業灌頂)·작업관정(作業灌頂 : 事業灌頂·具支灌頂)·이심관정(以心灌頂 : 瑜祇灌頂·祕密灌頂)의 세 가지가 있다. 『소실지갈라공양법』 권상(대정장18, p.692c16)에 "사법을 밝힌다는 것은 무엇인가? 가장 수승한 수명관정을 얻고, 아사리의 인가를 받들어 전법관정하도록 하며, 나아가 그 이외의 모든 관정을 하도록 하는 것을 말한다. 明其事法者 謂得最勝受明灌頂 奉阿闍梨之所印可 令傳法灌頂 乃至 令作諸餘灌頂", 『대일경소연오초』 권3(대정장59, p.26a2)에 "전법관정은 스승의 지위를 잇기 위해 받는 관정이므로 전법이라 한다. 傳法灌頂者 爲繼師位 所授灌頂 呼曰傳法也"라고 하였다. 〔참고문헌〕『大日經』, 『蘇悉地羯羅供養法』, 『大日經疏演奧鈔』, 『蕤呬耶經』 권하(대정장18, p.770c23). ⇨ 관정 灌頂❶, 오종삼매야 五種三昧耶, 아사리관정 阿闍梨灌頂, 수직관정 受職灌頂❷, 구지관정 具支灌頂, 인법관정 印法灌頂, 이심관정 以心灌頂

전법륜 轉法輪 Ⓢ dharma-cakra-pravartana, Ⓟ dhamma-cakka-pavattana, Ⓣ chos-kyi-'khor-lo-rab-tu-skor-ba. 법의 수레바퀴를 굴리다. 전범륜(轉梵輪)이라고도 한다. 『장아함경』 권1 「대본경 大本經」(대정장1, p.9b4)에 "(부처님께서는) 고통 멸하고 모든 악 여의시고 욕을 벗어나 자재함을 얻으셨으며, 은애라는 감옥에서 벗어나 지혜로 법륜을 굴리셨네. 苦滅離諸惡 出欲得自在 離於恩愛獄 智慧轉法輪", 『보요경』 권7(대정장3, p.528c15)에 "'지금 불세존께서는 어느 나라에서 법륜을 굴리십니까?' 그때 부처님께서 이렇게 말씀하셨다. '바라나의 선인처인 녹원이다'. 수신은 부처님께 말씀드렸다. '바라나국 선인처인 녹원에는 백성들이 매우 적어 설법을 하시는 것이 적절하지 않습니다'. 부처님께서 수신에게 말씀하셨다. '그렇게 말하지 마라. 그 까닭은 나는 숙세에 그곳에서 법사를 건립하였다. … 천억의 모든 부처님들의 본말을 모두 기억해보니 이 신선의 나무들 사이에 계셨고 마땅히 법륜을 굴리셨다. 적연하고 담박하셨으니 지혜없어 어두운 무리를 도무지 볼 수 없었기에 이 신선의 나무들 사이에서 법륜을 굴리셨다'. 今佛世尊 當於何國 而轉法輪 時佛告曰 在波羅奈 仙人之處 鹿苑之中 樹神白佛 波羅奈國 仙人之處 鹿苑之中 人民尠少 不可說法 佛告樹神 勿說此言 所以者何 我宿命時 在中 建立法祠 … 千億諸佛 悉念本末 在此神仙樹木之間 應轉法輪 寂然惔怕 不覩無智暗冥之黨 以此之故 在此神仙樹木之間 而轉法輪", 『법화현론』 권8(대정장34, p.425a20)에 "〔문〕『대반열반경』에서 말하길 '제불세존께서 말씀하신 것은 모두 다 전법륜이다'라고 하였는데, 이것은 무엇을 굴리셨고 어떤 수레바퀴인가? 〔답〕 두 가지 뜻을 갖는다. 첫째 부처님 가르침 능히 구르게 함이고, 중생의 지혜를 구르는 바퀴로 삼았다. 왜냐하면 제불의 설법으로는 능히 중생의 지혜를 낳기 때문이다. 부처님의 가르침은 능히 구르게 하고 중생의 지혜는 구르는 수레바퀴다. 둘째 가르침은 구르는 수레바퀴이고, 부처님의 지혜는 능히 구른다. 그 까닭은 무엇인가? 부처님께서는 두 가지 지혜로 이제를 말하고, 이제의 가르침은 구르는 수레바퀴다. 問 大經云 諸佛世尊 凡有所說 皆悉爲轉法輪也 此用何物爲轉 云何爲輪耶 答 可具二義 一者 佛敎爲能轉 衆生智爲所轉之輪 以諸佛說法 皆能生物智慧故 以佛敎爲能轉 衆生之智爲所轉之輪也 二者 以敎爲所轉之輪 以佛智爲能轉也 所以然者 佛二智 能說二諦 二諦之敎 爲所轉之輪也", 『법화문구』 권5(대정장34, p.62a8)에 "부처님의 마음 중에 다른 이를 교화하는 법을 굴려 다른 이의 마음에 깨우쳐 들게 하니 전법륜이라고 한다. 轉佛心中 化他之法 度入他心 名轉法輪", 『대승법원의림장』 권1(대정장45, p.245c9)에 "법의 수레바퀴에는 다섯이 있다. 첫째는 법륜의 체로 팔성도다. 두 번째는 법륜의 경으로 사성제 등이다. 세 번째는 법륜의 권속으로 나머지 오온공덕 등이다. 네 번째는 법륜의 인으로 가르침과 삼혜 등을 말한다. 다섯 번째는 법륜의 과이니 보리열반이다. 法輪有五 一法輪體 謂八聖道 二法輪境 謂四諦理等 三 法輪眷屬 謂餘五蘊功德等 四 法輪因 謂敎及三慧等 五 法輪果 謂菩提涅槃"라고 하였다. 〔참고문헌〕『長阿含經』, 『普曜經』, 『法華玄論』, 『法華文句』, 『大乘法苑義林章』, 40권본 『大般涅槃經』 권14(대정장12, p.448a10), *Lal-v.32.*, *DN.2.51.* ⇨ 법륜 法輪, 삼법륜 三法輪, 삼전법륜 三轉法輪❶, 초전법륜 初轉法輪, 전법륜상 轉法輪相, 전법륜인 轉法輪印, 팔상성도 八相成道, 구족오의 具足五義 ❷ 진제(眞諦)가 시설한 삼륜교(三輪敎) 중 하나. 전법륜은 성도 직후 7년 동안 설하신 법을 말한다. ⇨ 삼륜교 三輪敎

전묘법륜 『석씨원류응화사적』 권1 양주불암사판1673년

전법륜경 轉法輪經 Ⓢ Dharmacakra-pravartana-sūtra, Ⓟ Dhammacakka-pavattana-sutta. 전법륜이라 하면 넓게는 부처님의 일대의 설법을 가리키지만, 경의 이름을 갖게 되면 부처님께서 성도 후 다섯 비구에게 최초로 설법하신 법문을 가리킨다. 최초의 설법 즉 초전법륜(初轉法輪)은 불교사에 기념비적인 사건이기에 경(經)과 율장(律藏) 등 여러 형태로 전해져 왔다. 광의의 『전법륜경』들은 연기중도(緣起中道)·사제(四諦)·오온무아(五蘊無我)를 요체로 설한다. 독립된 경으로 전하는 경으로는 후한(後漢)대 안세고(安世高)역 『전법륜경』(대정장2, No.109), 의정(義淨)역 『삼전법륜경 三轉法輪經』(대정장2, No.110), 스벤 헤딘(Sven Hedin)이 서역(西域)에서 발견해 범문으로 전하는 *Dharmacakrapravartana-sūtra* (by Léon Feer, Paris, 15 Quai Voltaire, 1870)가 있고, 티베트역은 *Chos-*

kyi-'khor-lo rab-tu bskor-ba'i mdo(北京版 No.447, 東北版 No.31)와 *Chos-kyi 'khor-lo'i mdo*(北京版 No.1003, 東北版 No.337)가 있다. 이 외에 율장 중에 전하는 것으로는 팔리율 「대품 大品」(*Vin.1*, pp. 10~14)·『오분율 五分律』 권15(대정장22, p.104b)·『사분율 四分律』 권32(대정장22, p.788a)·『십송율 十誦律』 권60(대정장23, p.448b)·『근본설일체유부비나야잡사 根本說一切有部毘奈耶雜事』 권19(대정장24, p.292a)·『근본설일체유부비나야파승사 根本說一切有部毘奈耶破僧事』 권6(대정장24, p.127b)에 전하며, 그 외에도 별행하는 『마하바스투 *Mahāvastu*』(ed. É. Senart, vol.3, pp.331~340)·『보요경 *Lalitavistara*』(ed. Lefmann, pp.416~418)·『불본행집경 佛本行集經』 권34(대정장3, p.811a)·『방광대장엄경 方廣大莊嚴經』 권11(대정장3, p.607b)·『과거현재인과경 過去現在因果經』 권3(대정장3, p.644b)·『중허마하제경 衆許摩訶帝經』 권7(대정장3, p.954a) 등에 전하며, 논장에는 『무애해도 無礙解道 *Paṭisambhidāmagga*』(vol.2, pp.147~150)·『법온족론 法蘊足論』 권6(대정장26, p.479b)·칭우(稱友)의 범문 『俱舍釋 *Abhidharmakośa-vyākhyā*』(ed. Wogihara, p.579) 등에 전법륜의 법문이 전한다. ⇨ 삼전법륜경 三轉法輪經, 전법륜 轉法輪, 초전법륜 初轉法輪

전법륜경우파제사 轉法輪經優婆提舍 세친(世親) 지음. 원위(元魏)대 비목지선(毘目智仙) 한역. 1권. 고려장15, pp.459b1~463c16, No.569·대정장26, pp.355c3~358c23, No.1533에 수록되어 있으며, 『전법륜경론 轉法輪經論』·『전법륜론 轉法輪論』이라고도 한다. 『전법륜경』에 대한 논서이다. 우파제사(優婆提舍 Ⓢ upadeśa)란 논의(論議)의 뜻이다. 『개원석교록』 권6(대정장55, p.542a19)에 "『보계보살사법경론』 1권, 『삼구족경론』 1권, 『전법륜경론』 1권〈이상 3부 3권은 비장방(費長房) 등 역시 보리유지의 한역이라고 하지만 지금 서기(序記)를 보건대 비목지선의 것이다. 그러므로 이 3부를 그곳으로 옮겨 적는다〉. 寶髻菩薩四法經論 一卷 三具足經論 一卷 轉法輪經論 一卷〈已上三部三卷 房等亦云 菩提留支所譯 今按序記 乃是毗目智仙 故此三部 亦移彼錄〉", 『정원신정석교목록』 권9(대정장55, p.841c3)에 "『전법륜경론』 1권〈『전법륜경우파제사』라고 하며, 천친보살이 지었다〉. 轉法輪經論 一卷〈題云 轉法輪經優婆提舍 天親菩薩造〉"라고 하였다. 〔참고문헌〕『開元釋敎錄』, 『貞元新定釋敎目錄』.

전법륜대장 轉法輪大將 법륜을 굴린 대장. 사리불(舍利弗)을 말하며 보통 법장(法將 Ⓟ Dhammasenāpati)이라고 한다. 『출삼장기집』 권1(대정장55, p.3a2)에 "교범파제(憍梵波提 Ⓟ Gavampati)가 말했다. '부처님께서 멸도하심이 너무 빠르고 세간의 눈이 사라졌네. 부처님을 따라 법륜을 굴리는 대장이며, 우리의 화상이신 사리불께서는 지금 어디에 계시는가? 〔답〕 먼저 열반에 드셨습니다. 憍梵波提言 佛滅度太疾 世間眼滅 隨佛轉法輪大將 我和尙舍利弗 今在何所 答曰 先入涅槃"라고 하였다. 〔참고문헌〕『出三藏記集』. ⇨ 사리불 舍利弗

전법륜보살 轉法輪菩薩 Ⓢ Sahacittotpādita-dharmacakra-pravartin. 오대력보살(五大力菩薩) 또는 팔대보살(八大菩薩) 중 한 분. 재발심전법륜보살(纔發心轉法輪菩薩)이라고도 한다. 삼보(三寶)를 수호하는 국왕과 국토를 보호하는 보살이고 무량력후보살(無量力吼菩薩)·금강바라밀다보살(金剛波羅蜜多菩薩 : 般若菩薩) 등과도 동체이명(同體異名)이다. 『인왕호국반야의궤』(대정장19, p.514c19)에 "〔경〕 중앙의 금강바라밀다보살마하살은 손에 금강륜을 가지고 오색빛을 내며 사구지보살(四俱胝菩薩)과 함께 그 나라에 가서 수호한다. 〔해〕 금강바라밀다란 도피안이라 한역하며, (금강바라밀다보살마하살은) 저 경전에서 말하는 전법륜보살과 같은데, 법륜에 의지하여 승묘신을 나타내며, 행원(行願)이 원만하여 등각위에 머문다. 손에 금강륜을 가지고 있다는 것은 비로자나부처님께서 처음 정각을 이루셨을 때, 법륜을 굴리실 것을 간청드린 것을 나타내는 것이다. 또 법륜으로 유정중생을 교화하고 인도하여 헤아릴 수 없이 많은 중생이 피안에 이르도록 하는 것이며, 교령륜에 의지하여 위노부동금강으로 나타나 일체 마귀의 미혹인 모든 장애를 꺾어서 잘 굴복시키는 것이다. 經 中方金剛波羅蜜多菩薩摩訶薩 手持金剛輪 放五色光 與四俱胝菩薩 往護其國 解曰 言金剛波羅蜜多者 此云到彼岸也 如彼經云 轉法輪菩薩也 依前法輪 現勝妙身 行願圓滿 住等覺位也 手持金剛輪者 毘盧遮那 初成正覺 請轉法輪 以表示故 又以法輪 化導有情 令無數無量 至彼岸故 依敎令輪 現作威怒不動金剛 摧伏一切鬼魅惑亂 諸障惱者 令調伏故"라고 하였다. 〔참고문헌〕『仁王護國般若儀軌』, 『仁王護國經』 권하(대정장8, p.843c6), *Adhy-pr.5.* ⇨ 무량력후보살 無量力吼菩薩, 금강바라밀다보살 金剛波羅蜜多菩薩, 반야바라밀보살 般若波羅蜜菩薩, 오대력보살 五大力菩薩, 팔대보살 八大菩薩

전법륜부전 轉法輪復轉 부처님께서 굴리신 법륜을 다시 굴리다. 제자들이 부처님 말씀을 다시 설법함을 말한다. 『중아함경』 권2 「칠거경 七車經」(대정장1, p.431b26)에 "존자 만자자(Ⓟ Puṇṇa Mantāṇiputta)가 찬탄하였다. '나는 지금 세존의 제자와 함께 논의하면서도 몰랐습니다. 두 번째로 높은 이와 함께 논의하면서도 몰랐고, 법장(法將 : 舍利子)과 함께 논의하면서도 몰랐으며, 법륜을 다시 굴리는 제자와 함께 논의하면서도 몰랐습니다. 만약에 내가 존자 사리자인 줄 알았다면 한 마디도 답할 수 없었을 것입니다. 하물며 다시 그대의 깊이있는 논에 대해서이겠습니까?' 尊者滿慈子歎曰 我今與世尊弟子共論而不知 第二尊共論而不知 法將共論而不知 轉法輪復轉弟子共論而不知 若我知尊者舍梨子者 不能答一句 況復爾所深論"라고 하였다. 〔참고문헌〕『中阿含經』, *MN.1.150.* ⇨사리자 舍利子

전법륜사륜 轉法輪四輪 부처님 가르침을 굴리는 네 가지 수레바퀴. 동방 아촉불(阿閦佛)이 굴리는 금강륜(金剛輪), 남방 보생불(寶生佛)이 굴리는 보륜(寶輪), 서방 아미타불(阿彌陀佛)이 굴리는 법륜(法輪), 북방 불공성취불(不空成就佛)이 굴리는 갈마륜(羯磨輪)을 말한다. 『반야이취석』 권하(대정장19, p.611b13)에 "수미산 정상의 삼십삼천금강보봉누각중에서 비로자나불께서 법륜을 굴리시고 계신다. 이 법륜에는 네 가지가 있으니, 금강륜·보륜·법륜·갈마륜이다. 이 네 법륜은 모두 두 가지 법륜으로 거둘 수 있으니, 곧 정법륜과 교령륜이다. 於須彌頂三十三天金剛寶峯樓閣中 毘盧遮那佛轉法輪 輪有四種 所謂金剛輪 寶輪 法輪 羯磨輪 其四輪 皆攝在二輪中 所謂正法輪 教令輪"라고 하였다. 〔참고문헌〕『般若理趣釋』. ⇨교령륜 教令輪

전법륜상 轉法輪相 부처님께서 성도하신 후 열반에 드실 때까지 설법하신 일. 팔상(八相) 중 하나다. 『사교의』 권7(대정장46, p.746a23)에 "일곱째 전법륜상을 밝힌다. 녹야원에서 구린 등 다섯 사람에게 생멸사제법륜을 세 번이나 굴리시고 천인도 득도하여 이 법을 증명하였다. 삼보가 이에 세간에 나타났다. 다음으로 십이인연의 법륜을 설하셨고, 그 다음에 보살을 위해서 육바라밀법륜을 말씀하셨다. 이것이 곧 삼승으로 교를 여신 것이니, 수다라장이라고 한다. 십이 년 후, 부처님께서 비사리국에서 가다장자의 아들 수린나가 음행을 하였기에, 이 인연으로 처음으로 대죄와 이백오십계를 정하셨다. 다음으로 부처님께서는 사바제성에 계실 때 여러 비구들에게 말씀하셨다. '다섯 가지 두려움과 다섯 가지 죄와 다섯 가지 원한이 있으니, 이것을 버리거나 사라지게 하지 않으면, 이것 때문에 현세나 미래세에 한량없는 고통을 받는다'. 이것이 부처님 자설의 비담교이다. 이렇게 삼장법륜으로부터 열반에 이르기까지 삼승제자를 가르치신 것을 전법륜상이라고 한다. 七 明轉法輪相者 於鹿野苑中 爲拘隣等五人 三轉生滅四諦法輪 天人得道此爲證 三寶於是現世間 次說十二因緣法輪 次爲菩薩說六波羅蜜法輪 是則開三乘之教 名修多羅藏 十二年後 佛在毘舍離國 爲須隣那 迦陀長者子作婬欲 以是因緣 結初大罪 二百五十戒 次佛在舍婆提城 告諸比丘 諸有五怖五罪五怨不除不滅 是因緣故 於此世未來 受無量苦 是名佛自說毘曇教 從此轉三藏法輪 乃至涅槃 教三乘弟子 是名轉法輪相"라고 하였다. 〔참고문헌〕『四教義』, 『無量壽經義疏』 권상(대정장37, p.94c28). ⇨설법상 說法相, 팔상 八相

전법륜상 轉法輪像 ■1 부처님께서 법을 설하시는 그림이나 조각으로 드러낸 모습. 『유부율잡사』 권1(대정장24, p.209a28)에 "무릇 인에는 두 가지가 있으니, 첫째는 대중인이고, 둘째는 사물인이다. 대중인에는 전법륜상을 새기는데, 양쪽에는 사슴이 엎드려 꿇어앉아 있는 모습을 안치하고, 그 아래에는 그 절을 창건한 시주의 이름을 새긴다. 凡印有二種 一是 大衆 二是 私物 若大衆印 可刻轉法輪像 兩邊安鹿伏跪而住 其下應書元本造寺施主名字"라고 하였다. 〔참고문헌〕『有部律雜事』. ⇨전법륜 轉法輪 ■2 ➡초전법륜상 初轉法輪相

전법륜상 팔상탱 순천 송광사 1725년

전법륜십사 轉法輪十事 여래께서 법륜을 굴리시는 열 가지 인연. 80권본 『화엄경』 권59(대정장10, p.313b8)에 "불자여, 여래응정등각께서 법륜을 굴리심에는 열 가지 일로 하시기에 중생심중에 티없이 맑고 청정한 법을 심어 헛되이 하신 일이 없다. 무엇이 그 열 가지인가? 과거에 원력 때문이며, 대비심을 품었기 때문이며, 중생을 버리지 않기 때문이며, 지혜가 자재하여 중생이 좋아하는 것에 따라 설법하기 때문이며, 반드시 그 때를 알아 놓친 적이 없기 때문이며, 마땅함을 따르고 허망한 말이 없기 때문이며, 삼세를 아는 지혜로 분명하게 알기 때문이며, 그 몸이 가장 수승하여 대등한 이가 없기 때문이며, 언사가 자유자재하여 헤아릴 수 없기 때문이며, 지혜가 자재하여 말하는 대로 모두 깨닫기 때문이다. 이것이 열 가지이다. 佛子 如來應正等覺 轉法輪時 以十事故 於衆生心中 種白淨法 無空過者 何等爲十 所謂 過去願力故 大悲所持故 不捨衆生故 智慧自在 隨其所樂 爲說法故 必應其時 未曾失故 隨其所宜 無妄說故 知三世智 善了知故 其身最勝 無與等故 言辭自在 無能測故 智慧自在 隨所發言 悉開悟故 是爲十"라고 하였다. 〔참고문헌〕『華嚴經』. ⇨전법륜 轉法輪

전법륜인 轉法輪印 Ⓢ dharmacakra-mudrā. 전법륜을 상징하는 인(印). 삼종삼매야(三種三昧耶) 중 금강살타삼매야인(金剛薩埵三昧耶印)의 덕명(德名)이다. 법륜인(法輪印)·금강륜인(金剛輪印)·설법인(說法印)·

승원길상법륜인(勝願吉祥法輪印)이라고도 한다. 수인은 두 손등을 맞대고 엄지손가락을 제외한 나머지 손가락을 서로 교차하여 갈고리 모양으로 하고, 오른손바닥 밑으로 왼손 엄지손가락을 돌려 위쪽으로 향하게 하여 아래쪽으로 꼬부린 오른손 엄지손가락의 끝과 맞닿게 하며, 양손 엄지손가락과 집게손가락·중지·약지 등의 끝을 맞대고서 왼손 새끼손가락 끝을 오른손목이나 오른손 엄지손가락 위에 놓기도 한다. 『일자불정륜왕경』 권3(대정장19, p.241a6)에 "전법륜인으로 아홉 번째다〈일자정륜왕주를 외운다〉. 왼손과 오른손 두 새끼손가락을 동등하게 구부려서 서로 맞대고, 다음에 양손 무명지를 각각 손바닥 안으로 구부리며, 양손 중지를 각각 약간 구부려 세우고 끝을 서로 맞댄다. 양손 집게손가락은 중지 가운데 마디의 옆에서 끝을 맞대며, 양손의 엄지손가락은 각각 무명지 위를 누르고, 두 손바닥을 벌려서 팔목과의 거리가 사촌이 되도록 한다. 이 법인은 십이행상의 법륜을 굴려 모든 장애를 멸하니 여래와 더불어 같게 한다. 轉法輪印之九〈用一字頂輪王呪〉 又以左右二小指 平屈頭相拄 次以二無名指各屈入掌中 其二中指各微屈竪 頭相拄 其二頭指當中指中節側上 頭相拄 其二大指各押二無名指上 開二掌腕相去四寸 是一法印 能轉十二行相法輪 滅諸垢障 與如來等"라고 하였다. [참고문헌] 『一字佛頂輪王經』, 『大日經』 권5(대정장18, p.37c25). ⇨ 금강륜인 金剛輪印, 법륜인 法輪印, 설법인 說法印, 오륜인 五輪印

전법륜인 안압지출토금동여래삼존판불상 보물제1475호 국립경주박물관 통일신라

전법륜일 轉法輪日 석가모니부처님께서 성도 후 처음 녹야원에서 오비구(五比丘)에게 처음으로 법문을 설하신 날. 초전법륜(初轉法輪)의 날을 말하며 음력 8월 8일이라 전한다. 『살바다비니비바사』 권2(대정장23, p.510b18)에 "[문] 부처님 재세 시에 언제 백사갈마를 청하고 수계를 허락하셨는가? [답] 어떤 사람은 이렇게 말한다. '부처님께서는 처음 성도하신 지 1년 후에 백사갈마로 구족계 받는 것을 허락하셨다'. 또 어떤 사람은 '4년 후이다'라고 하며, 다시 어떤 사람은 '8년 후이다'라고 한다. 뜻으로 추론해 보건대 8년이라는 것이 옳다. 부처님께서는 2월 8일 샛별이 떠오를 때에 처음 등정각을 이루셨으며, 2월 8일 샛별이 떠오를 때에 태어나셨고, 8월 8일 샛별이 떠오를 때에 법륜을 굴리셨으며, 8월 8일 샛별이 떠오를 때에 열반에 드셨다. 問曰 佛在世幾年便聽白四羯磨受戒 答曰 有言 佛初得道一年後 聽白四羯磨受具足戒 有言 四年後 有言 八年後 以義而推 八年者 是正義也 佛以二月八日 沸星現時 初成等正覺 亦以二月八日沸星出時生 以八月八日沸星出時轉法輪 以八月八日沸星出時取般涅槃", 『구사론소』 권1(대정장41, p.453b18)에 "둘째, 전법륜일을 정했다하니, 여러 경론에서는 모두 바라나국의 녹야원에서 다섯 비구에게 사제법륜을 말씀하셨다고 하는데, 중간의 일을 말함이 그 일수가 같지 않다. 그러나 설법의 월일을 지목해 드러내지 않은 것은 믿어 기준할 만한 것이 아니고, 오직 파사와 석율론에서만 분명하게 설법의 월일을 지목허 드러내고 있으니 이 글에 의지해야 한다. 二 定轉法輪日者 諸經論中 皆云 波羅奈國 鹿野苑中 爲五比丘 轉四諦法輪 說中間事 日數不同 然不指陳說法月日名者 不可憑准 唯有婆沙 及釋律論 分明指陳說法月日 應依此文", 『대비바사론』 권182(대정장27, p.914c12)에 "가율지가월(迦栗底迦月 Ⓢ Kārttika : 8월) 8일에 세존께서는 그들에게 정법을 설하셨다. 그 때 교진나(憍陳那 Ⓢ Kauṇḍinya)가 최초로 법을 깨우쳤다. 於迦栗底迦月 白半八日 如來爲彼 轉正法輪 時憍陳那 最初見法"라고 하였다. [참고문헌] 『薩婆多毘尼毘婆沙』, 『俱舍論疏』, 『大毘婆沙論』. ⇨ 전법륜 轉法輪, 초전법륜 初轉法輪

전법보기 傳法寶紀 당대 경조두비(京兆杜朏) 지음. 1권. 713년 경 성립. 중국 선종(禪宗)의 초기 7대 조사의 행적과 어요(語要)를 기록한 사서(史傳) 중 하나. 프랑스 파리국립도서관에 P2634·P3559·P3858 서사본이 있다. P2634를 저본으로 삼아 대정장85 고일부(古逸部) No.2838로 수록하였지만 겨우 「서문 序文」과 본문 몇 줄 정도에 불과하다. 후에 P3559에 따라 완본이 『속선종편년사 續禪宗編年史』의 부록으로 게재되었다. 보리달마(菩提達磨)부터 혜가(慧可)·승찬(僧璨)·도신(道信)·홍인(弘忍)·법여(法如)를 거쳐 대통신수(大通神秀)에 이르는 7대 조사의 행장을 수록한 북종선(北宗禪)의 전등사서이다. [참고문헌] 柳田聖山 『初期禪宗史書の研究』 資料6(法藏館, 2000) p.564.

전법부의 傳法付衣 법을 전하고 가사(袈裟)를 맡기다. 선종에서 대대로 한 대의 조사가 다음 대의 조사에게 법을 전하면서 가섭(迦葉)이 부처님에게서 전해 받아 보리달마(菩提達磨)를 거쳐 6조 혜능(慧能)까지 이어져 왔다는 가사를 전하는 전통이다. 『선림유취』 권10(卍속장117, p.124b3)에 "마지막으로 혜가가 절을 올린 다음에 그 자리에 그대로 서 있었다. 달다대사가 '그대는 나의 골수를 얻었다'라고 말하면서 이에 법을 전하고 가사도 맡겼다. 最後 慧可禮拜後 依位而立 師云 汝得吾髓

於是 傳法付衣",『팔십팔조도영전찬』 권2「도신전 道信傳」(卍속장147, p.966a12)에 "어머니의 처소로 가서 출가를 허락해 달라고 간청하자 어머니가 숙세인연이라 여겨 특별히 난색하지 않으셨으니 마침내 집을 버리고 제자가 되어 법을 전수하고 가사까지 받기에 이르렀다. 至其母所 乞令出家 母以夙緣故 殊無難色 遂捨爲弟子 以至傳法付衣"라고 하였다. [참고문헌]『禪林類聚』,『八十八祖道影傳贊』. ⇨ 전법 傳法, 부법의 付法衣, 부법전의 付法傳衣, 의발 衣鉢 ❶, 의법상전 衣法相傳

전법상승 傳法相承 법을 전해서 서로 잇다. 부법상승(付法相承)·사자상승(師資相承)이라고도 한다.『전법정종론』 권상(대정장51, p.774a15)에 "설령 저 전법상승의 연이 이 성인에서 그쳤다고 해도 반드시 미리 알고서 그 멸절을 예고하였을 것이다. 진실로 자신의 죽음을 알지 못해 전승도 잃고 예고도 없었더라면, 다시 어떻게 줄지어 조사들에 의해 전해질 수 있었겠는가? 縱其傳法相承之緣 止此聖人 亦當預知 以告其絶 苟不知其死而失傳失告 又何足列於祖而傳之乎"라고 하였다. [참고문헌]『傳法正宗論』. ⇨ 전법 傳法, 부법상승 付法相承, 사자상승 師資相承

전법아사리 傳法阿闍梨 법을 전하는 아사리. 밀교에서 의궤(儀軌)에 맞게 법을 전하는 전법관정(傳法灌頂) 아사리를 말한다. 전교(傳敎)아사리·전등(傳燈)아사리라고도 한다.『대일경』 권1(대정장18, p.6b13)에 "그때 박가범께서 지금강혜에게 고하시네. 항상 마땅히 이런 밤에 만다라를 짓되 전법아사리는 이와 같이 마땅히 차제로 취해야 한다. 爾時薄伽梵 告持金剛慧 常當於此夜 而作漫荼羅 傳法阿闍梨 如是應次取"라고 하였다. [참고문헌]『大日經』,『大日經疏』 권5(대정장39, p.630b28). ⇨ 아사리 阿闍梨, 전법관정 傳法灌頂

전법아사리관정 傳法阿闍梨灌頂 전법할 수 있는 아사리의 위를 얻게 하는 관정. 아사리관정(阿闍梨灌頂)·전법관정(傳法灌頂)이라고도 한다.『대일경공양차제법소』 권하(대정장39, p.805c9)에 "아사리관정을 얻었다는 말은 전법아사리관정을 얻었다는 뜻이다. 得阿闍梨灌頂者 得傳法阿闍梨灌頂也"라고 하였다. [참고문헌]『大日經供養次第法疏』. ⇨ 아사리관정 阿闍梨灌頂, 전법관정 傳法灌頂, 관정 灌頂

전법원 傳法院 ❶ 북송대 역경원(譯經院). 983년(태평흥국8) 기존의 '역경원'이라는 이름을 고쳐 '전법원'이라고 사액하였다. 남송대는 임안부(臨安府 : 浙江省 杭州)에 위치하였는데, 이때 이후로는 담당 본업인 역출은 수행하지 않고 왕실내도량의 역할만 하였다.『불조통기』 권43(대정장49, p.398c17)에 "조서를 내려 역경원에 '전법'이라는 이름을 하사하였다. 詔譯經院 賜名傳法"라고 하였다. [참고문헌]『佛祖統紀』. ⇨ 역경원 譯經院 ❷ 중국 호남성(湖南省) 남악(南嶽 : 衡山)에 있던 암자. 마경대(磨鏡臺)·마조암(馬祖庵)이라고도 한다. 남악회양(南嶽懷讓)이 벽돌을 갈며 마조도일(馬祖道一)의 좌선수행을 비판한 일화가 전하는 곳이기도 하다.『경덕전등록』 권6「강서도일전 江西道一傳」(대정장51, p.245c26)에 "당나라 개원년간에 형악의 전법원에서 선정을 익혀 회양화상을 만났고, 함께 참학하던 아홉 사람 중에 오직 스님만이 은밀히 심인을 받았다. 唐開元中 習禪定於衡嶽傳法院 遇讓和尙 同參九人 唯師密受心印"라고 하였다. [참고문헌]『景德傳燈錄』. ⇨ 마경대 磨鏡臺, 남악마전 南嶽磨磚

전법정종기 傳法正宗記 송대 1061년(가우6) 명교대사(明敎大師) 계숭(契嵩 1007~1072) 지음. 9권.『정종기』라 약칭하기도 한다. 대정장51, pp.715a4~768c21, No.2078에 수록되어 있다. 1064년(치평1) 간행하였다.『경덕전등록 景德傳燈錄』·『천성광등록 天聖廣燈錄』의 뒤를 이어 인도 이래 모든 조사의 전기를 서술한 선종사서 중 하나다. 과거칠불부터 동토 6조의 전등을 아우르고, 6조 이후 선사의 약전과 방출(傍出)까지 다루었다. 권1은 교조(敎祖) 석가여래(釋迦如來)의 행적을 수록하였고, 권2부터 권6까지는 제1조 마하가섭(摩訶迦葉) 이후 제33조이자 중국 선종의 제6조 혜능(慧能)까지의 행장을 수록하였다. 권7~8은 혜능 문하 1304인의 약전이며, 권9는 혜능 이전의 각 방계(傍系) 205인의 행적도 수록하였는데 이는 방계 선승들의 전기이다. 이 밖에 저자는 별도로『전법정종정조도 傳法正宗定祖圖』 1권·『전법정종론 傳法正宗論』 2권을 부록으로 붙였다. 이들 세 책(모두 12권)을 합하여『가우집 嘉祐集』이라 한다. [참고문헌]『佛祖歷代通載』 권9(대정장49, p.549a2)·권19(대정장49, p.668c18),『釋氏稽古略』 권4(대정장49, p.869c13).

전법정종론 傳法正宗論 송대 1061년(가우6) 계숭(契嵩 1007~1072) 지음. 2권. 대정장51, pp.773c3~783c8, No.2080에 수록되어 있다.『전법정종기 傳法正宗記』(대정장51, No.2078)의 자매편으로 선종 조사의 정통법맥과 주고받음(授受)을 서술하였다. 저자는『출삼장기집 出三藏記集』·『달마다라선경 達磨多羅禪經』 등 여러 설을 받아들이고『부법장인연전 付法藏因緣傳』의 설을 비판하는 관점을 취하여, 석존(釋尊)부터 달마(達磨)까지 28조의 적통상승을 밝히고 갖가지 문답형식으로 구성하였다.『법륜보참』 권10(卍속장130, p.151b8)에 "(이 책은) 모두 4편으로 구성되어 있는데 달마대사로부터 분명하게 이어지는 사승을 자세히 밝혔고, 당대 사문 신기의 망령된 비난을 물리침으로써 『부법장인연전』의 설도 아울러 부정한다. 共有四篇 廣明達磨大師 的有師承 以破唐沙門神機之妄議毁 兼破付法藏因緣傳"라고 하였다. 〔참고문헌〕『法輪寶懺』, 『鐔津文集』 권9(대정장52, p.691b27). ⇨ 전법정종기 傳法正宗記

전법정종정조도 傳法正宗定祖圖 송대 1061년(가우6) 계숭(契嵩 1007~1072) 지음. 1권. 대정장51, pp.768c25~773b26, No.2079에 수록되어 있다. 『전법정종기 傳法正宗記』(대정장51, No.2078) 권10에 해당한다. 부처님 이하 6조 혜능(慧能)에 이르는 34조를 중심으로 한 전등사를 도식화하고는 그 아래에 불타발다라(佛陀跋陀羅)·담마가라(曇摩迦羅)·승우(僧祐)·지강양루(支彊梁樓)·나련야사(那連耶舍)·배휴(裴休) 등 10인의 입을 빌어 34조가 적통전승임을 증거하는 그림이다. 『전법정종기』와 동일한 실마리를 지닌다. 〔참고문헌〕『鐔津文集』 권9(대정장52, p.691b26). ⇨ 전법정종기 傳法正宗記, 전등 傳燈 ■1

전법화 轉法華 법화를 굴린다는 말. 6조 혜능(慧能)이 『법화경』을 공부한 법달(法達)에게 보인 말이다. 『법화경』을 자신이 체득한 경지에 따라 자유자재로 운용할 수 있다는 뜻이다. 돈황본 『단경』(대정장48, p.343a1)에 "법달아! 마음으로 행하면 법화를 굴리지만 행하지 않으면 법화에 굴려지고, 마음이 바르면 법화를 굴리지만 마음이 삿되면 법화에 굴려진다. 불지견을 열면 법화를 굴리지만 중생지견을 열면 법화에 굴림을 당한다. 法達 心行轉法華 不行法華轉 心正轉法華 心邪法華轉 開佛知見轉法華 開衆生知見 被法華轉"라고 하였다. 〔참고문헌〕『壇經』. ⇨ 법화전 法華傳, 법달 法達 ■1

전변 轉變 ■1 Ⓢ pariṇāma, Ⓣ yongs-su-'ju-ba. 유식(唯識)의 뜻에서의 식(識)의 전변. 삼계가 오직 식이어서 외경은 없다(三界唯識 心外無境)는 입장에서 전변은 분별(分別), 변이(變異), 현(現) 등의 뜻으로 풀지만, 식자체(識自體)가 견상이분(見分相分)인 듯 구르고 움직여 온갖 외경을 있게 하는 뜻이다. 『성유식론』 권7(대정장31, p.38c18)에 "〔논〕 '이 모든 식'이란, 앞에서 말한 세 가지 능변식과 저 심소를 말한다. 능히 견분과 상분인 듯 변하므로 전변이라는 이름을 세웠다. 변한 견분을 분별이라고 하니, 능히 상을 취하기 때문이다. 변한 상분을 소분별이라 하니, 견으로 취했기 때문이다. 이런 바른 이치에 의지하여 저 실아법은 식의 전변을 떠나서는 어떻게도 있을 수 없는 것이며 능소취를 떠나서는 물 또한 따로 있을 수 없다. 실물이 있다해도 이 두 상을 떠나 있을 수 없기에 일체의 유위와 무위, 실이든 가이든 온통 식을 떠날 수 없다. 오직(唯)이라 말한 것은 식을 떠난 실물이 있다 함을 막기 위한 것이어서 식을 떠날 수 없는 심소법 등을 말한 것은 아니다. 때론 전변이란 모든 내식이 아법 등인 듯 뒤쳐서 나타나는 것을 말하는데, 이런 능전변을 분별이라 하니 허망분별로 자성을 삼는다. 論曰 是諸識者 謂前所說 三能變識 及彼心所 皆能變似 見相二分 立轉變名 所變見分 說名分別 能取相故 所變相分 名所分別 見所取故 由此正理 彼實我法 離識所變 皆定非有 離能所取 無別物故 非有實物 離二相故 是故 一切有爲無爲 若實若假 皆不離識 唯言爲遮離識實物 非不離識 心所法等 或轉變者 謂諸內識 轉似我法 外境相現 此能轉變 卽名分別 虛妄分別 爲自性故", 『성유식론술기』 권7(대정장43, p.487a6)에 "(安慧) 무엇을 전변이라 하는가? 삼능변식의 자체는 모두 전변해서 견상 이분으로 사현하는데, 식자체분의 이름을 전변으로 삼는다. 전변이란 변해서 드러나는 뜻이다. 다시 말해 식자체가 두 상인 듯 나타나는 것이다. 실재하는 두 상이 아니다. 그 실의 두 상은 집착된 것이기 때문이니, 변계소집이 의타인 듯 있는 것이지 이치로는 실로 없는 것이다. 何名轉變 謂是三識自體皆轉變似見相二分 識自體分名爲轉變 轉變者變現義 卽識自體現似二相 實非二相 其實二相卽所執故 卽遍計所執似依他有 理實無也", "혹은 전변이란 변이의 뜻이다. 다시 말해 하나의 식체가 변하고 달라져서 견상이분의 용으로 일어나는 것이다. 호법(護法)보살은 말하기를 또 전변이란 개변의 뜻이다. 하나의 식체가 고쳐 변해서 두 상으로 일어나서 자체와 달라지는 것이니 다시 말해 견분에는 능취의 작용이 있고 상분에는 질애용 등이 있다. 식자체가 굴러서 능취와 질애를 일으켰기 때문이다. 或轉變者是變異義 謂一識體變異爲見相二分用起也 護法菩薩解云 又轉變者是改轉義 謂一識體改轉爲二相起 異於自體 卽見有能取之用 相有質礙用等 由識自體轉 起能取及有礙故", "때론 드러나다의 뜻이다. 或變是現義", "'전변'이란 말은 앞의 삼능변 내의 견분식이다. 의타상분을 굴려서 외경의 상인 듯 드러낸다. 오직 견상의 내식일 뿐 변한 외경이란 도무지 없는 것이다. 외경이란 능취소취로 있을 뿐이다. 다시 말해, 바로 능변계와 소변계법이 능취소취이니, 모두 다 마음이 변한 상분상에서 허망하게 집착하여 따로 있는 것이라 여긴다. 설사 견분에 집착하여 아나 법으로 삼는다 해도 마음으로 변한 분상의 집착일 뿐이어서 소연이 아니라고 할 수 없다. 이렇게 모든 식이 굴러서 외경인 듯한 공능이 있기에 전변이라 한다. 言轉變者 卽前三能變內見分識 能轉依他相分似外境相現 唯有見相之內識 都無所變之外境 外境通有能取所取 … 卽能遍計 及所遍計法 其能取所取 皆是心所變相分上妄執別有 設執見分爲我爲法 亦於心所變上執故 無非所緣故 以是諸識有轉似外境之功名爲轉變"라고 하였다. 〔참고문헌〕『成唯識論』,

『成唯識論述記』, *Śrāv-bh.81.* ⇨ 과능변 果能變, 인능변 因能變, 상속전변차별 相續轉變差別, 식전변 識轉變, 삼능변 三能變, 변현 變現, 사현 似現, 견분 見分, 상분 相分, 능취 能取, 소취 所取 ❷ Ⓢ pariṇāma, Ⓣ yongs-su-bsgyur-ba. 외도들이 말하는 전변론(轉變論). 『대승입능가경』 권4(대정장16, p.610c7 : *Laṅk.*, p.158)에 "모든 외도들에게는 아홉 가지 전변의 견해가 있다. 즉 형전변·상전변·인전변·상응전변·견전변·생전변·물전변·연명료전변·소작명료전변 등 아홉 가지다. 일체외도는 이런 견해에 의지하여 유(有)와 무(無)의 전변론을 일으킨다. 諸外道有九種轉變見 所謂形轉變 相轉變 因轉變 相應轉變 見轉變 生轉變 物轉變 緣明了轉變 所作明了轉變 是爲九 一切外道 因是見故 起有無轉變論 punaraparaṃ mahāmate navavidhā pariṇāmavādināṃ tīrthakarāṇāṃ pariṇāmadṛṣṭirbhavati yaduta saṃsthānapariṇāmo lakṣaṇapariṇāmo hetupariṇāmo yuktipariṇāmo dṛṣṭipariṇāma utpādapariṇāmo bhāvapariṇāmaḥ pratyayābhivyaktipariṇāmaḥ kriyābhivyaktipariṇāmaḥ. etā mahāmate nava pariṇāmadṛṣṭayo yāḥ saṃdhāya sarvatīrthakarāḥ sadasatpakṣotpādapariṇāmavādino bhavanti", 『구사론』 권11(대정장29, p.57b21)에 "수론에서는 무엇을 집착하여 전변의 뜻이라 하는가. 실체(有法 Ⓢ dravya)로서의 자성(自性 Ⓢ prakṛti)이 상존하여 나머지 법을 낳기도 하고 소멸시키기도 한다고 주장한다. 이와 같은 전변은 어떤 도리에 어긋나는가? 어떤 법이 상주해서 따로 어떤 법은 생하고 멸하는 일이 있다는 주장은 결코 수용할 수 없다. 누가 법 이외에 별도로 어떤 법이 존재한다고 말하는가? 오직 이 법이 전변할 때만이 다른 모양이 의지하는 법이 있게 된다는 것 또한 합당하지 않다. 어째서 합당하지 않다는 것인가? 이 물이 이와 같지 않다는 말이니 이런 말과 뜻은 들어보지 못한 것이다. 數論云何執轉變義 謂執有法自性常存 有餘法生 有餘法滅 如是轉變何理相違 謂必無容有法常住 可執別有法滅法生 誰言法外別有有法 唯卽此法於轉變時異相所依名爲有法 此亦非理 非理者何 卽是此物而不如此 如是言義曾所未聞"라고 하였다. 〔참고문헌〕『大乘入楞伽經』, 『俱舍論』, *Laṅk.* ⇨ 전변론 轉變論 ❸ Ⓢ anyathī-bhāva-karaṇa, Ⓣ gzhan-du-'gyur-bar-byed-pa. 뒤쳐 변하기를 자재하게 하는 십팔변(十八變) 중 하나다. 『대지도론』 권5(대정장25, p.97c25)에 "전변이란, 큰 것을 능히 작게 하고 작은 것을 크게 하며, 하나를 많게 하고 많은 것을 하나로 하는 등 갖가지 모든 물을 모두 능히 뒤치고 바꾼다. 외도들의 전변은 기껏 길어야 칠 일을 넘지 못하지만 모든 부처님과 그 제자들의 전변 자재하여 멀고 가까움이 없다. 轉變者 大能作小 小能作大 一能作多 多能作一 種種諸物 皆能轉變 外道輩轉變 極久不過七日 諸佛及弟子轉變自在 無有久近", 『유가사지론』 권37(대정장30, p.492a15 : *Bodh-bh.*, p.42)에 "전변이란, 불보살이 정자재력으로 저 땅에 물의 승해를 일으키면 물이 되게 하는 능력을 말하니 이는 실제 같아 다른 것이 아니다. … 이와 같이 그 밖의 자상이 변할 수 있는 색물에 대해 그 밖의 승해를 일으키면 모두 승해를 따라서 일체가 전변하니, 여실해서 다르지 않다. 轉變者 謂佛菩薩依定自在 若於其地 起水勝解卽令成水 如實非餘 … 如是於餘所有自相可變色物 起餘勝解 皆隨勝解一切轉變 如實非餘 tatra-anyathī-bhāva-karaṇam. sa cet pṛthivīm-apo 'dhimucyate tat-tathā-eva bhavati na-anyathā … yat-kiñcid-anyathā sat-svalakṣaṇataḥ śakya-rūpañ-ca-anyathā 'dhimucyate"라고 하였다. 〔참고문헌〕『大智度論』, 『瑜伽師地論』, *Bodh-bh.* ⇨ 십팔변 十八變

전변론 轉變論 Ⓢ pariṇāma-vādin. 상주하는 실체가 있어서 일체법을 낳고 굴린다는 주장. 변이론(變異論)·전변설(轉變說)이라고도 한다. 『능가경』 권3(대정장16, p.501a20 : *Laṅk.*, p.158)에 "대혜야, 외도에게는 아홉 가지 전변론이 있고 외도들은 전변견을 일으킨다. 즉 형처전변, 상전변, 인전변, 성전변, 견전변, 성전변, 연분명전변, 소작분명전변, 사전변이다. 대혜야, 이것을 아홉 가지 전변견이라 한다. 모든 외도가 이것을 바탕으로 유무를 일으키고 전변론을 불러낸다. 大慧 外道有九種轉變論 外道轉變見生 所謂 形處轉變 相轉變 因轉變 成轉變 見轉變 性轉變 緣分明轉變 所作分明轉變 事轉變 大慧 是名九種轉變見 一切外道 因是起有無生轉變論 mahāmate navavidhā pariṇāmavādināṃ tīrthakarāṇāṃ pariṇāmadṛṣṭirbhavati yaduta saṃsthānapariṇāmo lakṣaṇapariṇāmo hetupariṇāmo yuktipariṇāmo dṛṣṭipariṇāma utpādapariṇāmo bhāvapariṇāmaḥ pratyayābhivyaktipariṇāmaḥ kriyābhivyaktipariṇāmaḥ. etā mahāmate nava pariṇāmadṛṣṭayo yāḥ saṃdhāya sarvatīrthakarāḥ sadasatpakṣotpādapariṇāmavādino bhavanti", 『대비바사론』 권199(대정장27, p.996c11)에 "전변론이란, 다음과 같이 집착하는 것이다. 우유가 변하여 연유가 되고, 씨앗이 변하여 싹이 되며, 땔나무가 변하여 재가 되는 이와 같은 등의 류들이 모두 저것(우유·씨앗·땔나무)들이 이어진 것으로 있는 것이어서 다 저들의 전변일 뿐이라 여긴다. 저 법이 사라지고 이 법이 생기는 것은 아니라 해서 일체법의 자성이 상주라고 여긴다. 轉變論者作如是執 乳變爲酪 種變爲芽 薪變爲灰 如是等類 若續彼而有者 皆是彼所轉變 非彼法滅有此法生故 一切法自性常住"라고 하였다. 〔참고문헌〕『楞伽經』, 『大毘婆沙論』, *Laṅk.* ⇨ 구종전변 九種轉變, 변이 變異❷, 전변 轉變❷

전변무상 轉變無常 ❶ 움직여 달라지는 뜻에서의 무상. 무상의 뜻을 세 갈래(壞滅 轉變 別離)로 분위하였으니, 무너져 사라지는 뜻은 괴멸무상이고 헤어져 떨어지는 뜻은 별리무상이다. 『유가사지론』 권56(대정장30, p.607b28)에 "〔문〕 어느 분위에 의지하여 무상을 건립하고, 다시 몇 가지인가? 〔답〕 생긴 다음에 괴멸하는 분위에 의지하여 무상을 건립한다. 이것은 다시 세 가지이니 괴멸무상·전변무상·별리무상을 말한다. 問 依何分位 建立無常 此復幾種 答 依生已壞滅分位 建立無常 此復三種 謂壞滅無常 轉變無常 別離無常", 『유가론기』 권15(대정장42, p.651a14·한불전14, p.158c1)에 "전변무상이란 소년이 변하여 노인이 되는 것이다. 轉變者 轉少成老"라고 하였다. 〔참고문헌〕『瑜伽師地論』, 『瑜伽論記』. ❷ Ⓢ vikārānityatā. 칠종무상(七種無常) 중 하나. 색의 형체만 변하지 대종(大種)은 변함이 없다는 외도의 주장. 『대승입능가경』 권5(대정장16, p.618a12 : *Laṅk.*, p.208)에 "전변무상이란, 색의 형체는 변하지만 대종은 변하지 않는다는 것을 말한다. 비유하면 금으로 장엄구를 만드는 경우에 장엄구에는 변화가 있으나 금에는 바뀜이 없는 것처럼 이것 역시 이와 같다. 轉變無常者 謂色體變 非大種變 譬如以金作莊嚴具 嚴具有變 而金無改 此亦如是 tatra vikārānityatā nāma yaduta rūpasyānyathābhūtadarśanaṃ na bhūtānāṃ suvarṇasaṃsthānabhūṣaṇavikāradarśanavat. na suvarṇabhāvādvinaśyati kiṃ tu bhūṣaṇasaṃsthānavināśo bhavati"라고 하였다. 〔참고문헌〕『大乘入楞伽經』, *Laṅk.* ⇨ 칠종무상 七種無常

전변비밀 轉變祕密 Ⓢ pariṇāmana-abhisaṃdhi, Ⓣ bsgyur-ba-la-ldem-por-dgongs-pa. 구르고 변하게 하여 비밀하게 하다. 정해진 말(言)과 글(字)의 뜻을 벗어나 모든 말(諸言)과 모든 글(諸字)로 자유롭게 뜻을 열어 굴리고 변하게 하여 뜻밖의 비밀을 깨우치게 하는 것이다. 네 가지 비밀(令入祕密 相祕密 對治祕密 轉變祕密) 중 하나다. 비밀절(祕密節)·번의(翻依)라고도 한다. 『섭대승론석』 권5(대정장31, p.346a22)에 "넷째 전변비밀이란, 이에 처해서만 그 특별한 뜻으로 모든 말과 모든 글자가 곧바로 특별한 뜻을 드러내게 되는 것이다. 예를 들면 게송으로 말한 것과 같다. '견고하지 않음을 깨우쳐 견고함으로 삼고, 전도에 잘 머무르며, 지극한 번뇌로 고뇌하여 최상의 보리를 얻는다'. 〔석〕 의취와 비밀의 차이 있다 하니, 어떻게 다른가? 말하자면 불세존께서 먼저 이 일을 인연하시고 그 후에 다른 이를 위해 말씀하시는 것을 의취라고 하며, 이것의 결정으로 말미암아 성교에 들도록 하는 것을 비밀이라고 한다. 四轉變祕密 謂於是處 以其別義 諸言諸字 卽顯別義 如有頌言 覺不堅爲堅 善住於顚倒 極煩惱所惱 得最上菩提 釋曰 意趣祕密 有差別者 謂佛世尊 先緣此事 後爲他說 是名意趣 由此決定 令入聖教 是名祕密", "전변비밀이란 이에 처해서 남겨진 뜻을 설함으로써 모든 언어와 문자가 구르며 다른 뜻을 드러내는 것을 말한다. 게송에서 '견고하지 않음을 깨우쳐 견고함으로 삼는다'란 무슨 말인가? 견고하지 않음이란 정을 말하는데, 굳고 강하지 못해 이러저리 달리고 흩어져 고르지 못함을 '불견'이라 하지만, 곧바로 이 중에서 존중할 각을 일으키니 각이라는 이름으로 견을 삼는다. 잘 전도에 머문다 하니, 이는 전도에 있으면서 능히 전도할 줄 아는 것으로서의 선안주하는 뜻이다. 저 무상 등을 상 등이라 말하면 전도라고 말하고, 저 무상 등을 무상이라고 해도 전도이니 이것이 이 중에 잘 안주하는 뜻이다. 극한 번뇌로 번뇌한 것이란 정진하여 애쓰는 것을 전도라 여겨서, 중생을 위하기 때문에 긴 세월 애써 힘들이고 정진해 수고로우니 저 게송에 있는 말씀같이 '생사에 처해 오래 고단해 하지만 단지 대비 때문이다'. 이와 같은 것으로 '최상의 보리를 얻는다' 하는 뜻을 쉽게 깨우친다. 轉變祕密者 謂於是處 以說餘義 諸言諸字 轉顯餘義 於伽他中 覺不堅爲堅者 不堅謂定 由不剛强 馳散難調 故名不堅 卽於此中 起尊重覺 名覺爲堅 善住於顚倒者 是於顚倒能顚倒中 善安住義 於無常等 謂是常等 名爲顚倒 於無常等 謂無常等 是能顚倒 是於此中 善安住義 極煩惱所惱者 精進劬勞 名爲煩惱 爲衆生故 長時劬勞 精進所惱 如有誦言 處生死久惱 但由於大悲 如是等 得最上菩提者 其義易了", 『대승아비달마잡집론』 권12(대정장31, p.752b21 : *Abh-s-bh.*, p.115)에 "전변비밀이란 경에 설하신 은밀한 말씀이다. 마치 '견고하지 않음을 깨우쳐 견고함으로 삼고, 전도에 잘 머무르며, 지극한 번뇌로 번뇌하여, 최상의 보리를 얻는다'고 설하신 경우다. 轉變祕密者 謂經所說 隱密名言 如說覺不堅爲堅 善住於顚倒 極煩惱所惱 得最上菩提 pariṇāmanābhisaṁdhirabhidhānagāmbhīrye draṣṭavyaḥ, yadāha, asāre sāramatayo viparyāse ca susthitāḥ, kleśena ca susaṁkliṣṭā labhante bodhimuttamāmiti. atrāyamabhisaṁdhiḥ"라고 하였다. 〔참고문헌〕『攝大乘論釋』, 『大乘阿毘達磨雜集論』, 『大乘莊嚴經論』 권6(대정장31, p.620c4), *Abh-s-bh.*, *Mah-saṃ.* 41. ⇨ 사종비밀 四種祕密, 사절 四節❶

전변상속차별 轉變相續差別 Ⓢ santati-pariṇāma-viśeṣa. 유식(唯識)에 의지하여 제법(諸法)이 식(識)의 전변하고 상속하여 차별임을 말한다. 『구사론』 권4(대정장29, p.22c11 : *Abh-k-bh.*, p.64)에 "이 중에서 어떤 법을 종자라고 하는가? 말하자면 명과 색이 스스로의 과를 낳음에 있어 펴고 구르는 가까운 공능인데, 이것은 상속과 전변과 차별을 연유한다. 무엇을 전변이라 하는가? 상속중에 전과 후로 성을 달리하는 것을 말한다. 무엇을 상속이라 하는가? 인과의 삼세의 제행을 말한다. 무엇을 차별이라 하는가? 끊임없이 과를 낳는 공능이 있음을 말한다. 此中何法 名爲種子 謂名與色 於生自果 所有展轉 隣近功能 此由相續轉變差別 何名轉變 謂相續中 前後異性 何名相續 謂因果性 三世諸行 何名差別 謂有無間 生果功能 kiṃ punaridaṃ bījaṃ nāma. yannāmarūpaṃ phalotpattau samartha sākṣāt pāraṃparyeṇa vā. santatipariṇāmaviśeṣāt. ko 'yaṃ pariṇāmo nāma. santateranyathātvam. kā ceyaṃ santatiḥ. hetuphalabhūtastraiyadhvikāḥ saṃskārāḥ", 같은 책 권30(대정장29, p.159a5 : *Abh-k-bh.*, p.477)에 "무엇을 상속과 전변과 차별이라 하는가? 업이 먼저 현행한 최초 찰나 후에 색심이 일어나는 중에 간단이 없는 것을 상속이라 하고, 이 상속의 후후 찰나가 전전 찰나와 다른 것을 전변이라 하며, 이 전변의 최후시에 뛰어난 공능이 있어 그 무간에 과를 내는데 그 여타의 전변보다 승하기에 차별이라 한다. 何名相續轉變差別 謂業爲先後色心起中無間斷名爲相續 卽此相續後後剎那異前前生名爲轉變 卽此轉變於最後時有勝功能無間生果 勝餘轉變故名差別 kā punaḥ saṃtatiḥ kaḥ pariṇāmaḥ ko viśeṣaḥ. yaḥ karmapūrva uttarottaracittapravasaḥ sā saṃtatistasyā anyathotpattiḥ pariṇāmaḥ. sa punartho 'ntaraṃ phalotpādanasamarthaḥ so 'ntapariṇāmaviśiṣṭatvāt pariṇamaviśeṣaḥ", 『구사론기』 권30(대정장41, p.451b10)에 "승론사(勝論師)의 물음이고 … 논주(論主 : 世親)의 답이다. 현행한 업의 최초를 '선'이라 하고, 그런 뒤 종자를 훈성하여 색심중에 있으면서 이 색심중의 종자가 그 중간에 틈새없이 일어나는 것을 상속이라 하니 종자의 상속이다. 후후 찰나가 전전 종자와 달라지는 것을 전변이라 한 것이니 종자전변이다. 최후위의 일찰나 때에 뛰어난 공능이 있어 무간에 과를 산출하니 앞서의 전변보다 월등하기에 차별이라 한다. 勝論師問 … 論主答 謂現起業最初爲先 後熏成種在色心中 起此色心中種 中無間斷名爲相續 卽相續種 後後剎那 異前前種名爲轉變 卽轉變種 於最後位一剎那時 有勝功能無間生果 勝前轉變故名差別"라고 하였다. 〔참고문헌〕『俱舍論』, 『俱舍論記』, *Abh-k-bh.* ⇨ 상속전변차별 相續轉變差別

전변생 轉變生 Ⓢ pariṇāmakatva. 상키야(Ⓢ Sāṃkhya : 數論)에서 말하는 세간의 두 가지 생(生) 중 하나. 전변하여 발생하는 것. 비전변생(非轉變生 Ⓢ apariṇāmakatva)의 상대어다. 『금칠십론』 권상(대정장54, p.1249a13)에 "세간의 발생에는 두 가지 있다. 첫째는 전변생이니, 우유 등이 낙 등을 낳는 것과 같은 경우다. 世間生有兩 一者 轉變生 如乳等生酪等"라고 하였다. 〔참고문헌〕『金七十論』, *Sāṃkhy-k.20.* ⇨ 전변론 轉變論, 비전변생 非轉變生

전변설 轉變說 ➡ 전변론 轉變論, 적집설 積集說, 구종전변 九種轉變, 변이 變異[2], 비변이 非變異[2], 삼덕전이 三德轉異

전변처 轉變處 뒤쳐 변하며 처하다. 또는 그렇게 하는 사태나 행위. 조동종(曹洞宗)에서는 편위(偏位)를 뒤쳐 정위(正位)에 임하는 사태를 특칭하거나, 오위(五位) 중 앞의 사위(四位)를 뒤쳐 겸중도(兼中到)에 이르는 것을 말한다. 『벽암록』 61칙 「평창 評唱」(대정장48, p.193b15)에 "만일 티끌 하나를 세워 집도 나라도 흥성하더라도 촌노인은 이맛살을 찌푸린다. 뜻은 나라를 세우고 곳곳을 편안히 하려면 반드시 지모 출중한 신하와 용맹한 장수에 의지해야 한다는 것이다. 그런 다음에야 기린이 출현하고 봉황이 나니 태평성대의 상서다. 저들 작은 마을에 사는 사람들이 어찌 이러한 일이 있는 줄 알겠는가! 티끌 하나를 세우지 않으면 집도 나라도 망하여 쓸쓸한 바람만 불 터이니, 촌노인이 무엇 때문에 나와서 노래하겠는가? 이는 다름 아닌 집도 나라도 망했기 때문이다. 동산 문하에서는 이를 전변처라 한다. 若立一塵 家國興盛 野老顰蹙 意在立國安邦 須藉謀臣猛將 然後 麒麟出鳳凰翔 乃太平之祥瑞也 他三家村裏人 爭知有恁麽事 不立一塵 家國喪亡 風颯颯地 野老爲什麽 出來謳歌 只爲家國喪亡 洞下謂之轉變處", 『불과격절록』 29칙 「평창」(卍속장117, p.473a3)에 "여러분이 저 설두를 향해 가서 기분 좋게 한 번 밀쳐버린 곳에서 참구하여 사무친다면, 그 사람에게는 서로서로 뒤쳐 구를 수 있다 하겠다. 諸人 若向雪竇 也好與一拶處 參得徹 許汝有回互轉變處", 『원오심요』 권하 「시황태위검할 示黃太尉鈐轄」(卍속장120, p.745a9)에 "겨우 뒤쳐 구르는 곳에서 아득히 깊은 뜻을 터득하고, 향해 흘러 움직일 때마다 사무쳐 본래 성품 본다. 양변을 넘어서고 중도에도 거하지 않거늘, 어찌 다시 우희와 애증에 거스르고 순함 그대로 두어 걸려 막힘 스스로 받아쓰려 하는가! 纔於轉變處 得幽深之旨 向流動時 徹見本性 超出二邊 不居中道 安可更存違順 憂喜愛憎 令罣礙自受用哉"라고 하였다. 〔참고문헌〕『碧巖錄』, 『佛果擊節錄』, 『圜悟心要』. ⇨ 동산오위 洞山五位, 겸중도 兼中到

전변폐사 田邊廢寺 일본 대판부(大阪府) 백원시(栢原市) 전변에 있던 절. 백제계 도래씨족(渡來氏族)인 전변씨 일족의 씨사(氏寺)이다. 1971년 대판부교육위원회에 의해 발굴 및 조사되었고, 그 결과 탑의 기단이 부여군수리사지탑과 동일한 양식임이 밝혀졌다. 〔참고문헌〕『九州北部と律令國家形成』(福岡大學, 2014) p.71. ⇨ 부여군수리사지 扶餘軍守里寺址

전병 煎餠 Ⓢ pūpa, Ⓟ pūva. 곡식 가루로 반죽하여 만들어 익힌 것. 병(餠)은 병(餅)으로 쓰기도 한다. 특히 율장에 따르면 딸을 시집보낼 때 송녀식(送女食)으로 이 전병을 썼다. 『십송율』 권13(대정장23, p.90a24)에 "부처님이 사위국에 머무를 때 어떤 바라문에게 내안(睞眼 : 斜視)인 딸이 있었다. 이름도 내안이었다. 사위될 사람의 집안에서 사람을 보내와서 맞이하게 되었다. 그때 그녀의 부모인 바라문이 말하였다. '시중드는 아이야! 전병이 다 만들어졌으면 보내어라'. 그 해에는 기근이 들어 이 바라문은 아주 어렵사리 전병 재료를 구하여 온전히 전병을 만들 수 있었다. 佛在舍衛國 爾時有一婆羅門 有女睞眼 卽名睞眼 婿家遣使來迎 時女父母婆羅門言 小待 作煎餠竟送 時世飢儉 是婆羅門 勤苦求煎餠 具作餠", 같은 책 권17(대정장23, p.122b4)에 "그때 (바라문 집안의) 남편이 돌아오자 부인이 그에게 말하였다. '당신이 가고 난 후 저는 문을 닫고 전병을 만들고 있었습니다. 그때 아사리 가류다이가 와서 갖가지 신통력을 보였고, 저는 이 전병을 들고 기원정사의 스님들께 공양하였습니다. 아사리 가류다이가 제게 설법을 해주어 저는 수다원도를 얻었습니다'. 時夫於後來還 婦語夫言 汝去後 我閉門作煎餠 時阿闍梨迦留陀夷來 現種種神力 我持是餠與祇桓僧 阿闍梨迦留陀夷爲我說法 我得須陀洹道"라고 하였다. [참고문헌] 『十誦律』, 『百喩經』 권3(대정장4, p.549c26), 『五分律』 권8(대정장22, p.55a1), *Vin.3.59.* ⇨ 병 餠, 송녀식 送女食

전봉 轉蓬 구르는 쑥. 뿌리 뽑혀 여기저기 구르는 쑥을 말하며, 물위를 떠다니는 부평(浮萍)과 뜻을 같이 한다. 『왕생예찬게』(대정장47, p.446b20)에 "법계 심하게 요동쳐 쑥 구르듯 하더니 화불이 구름처럼 모여들어 허공을 가득 채웠네. 法界傾搖如轉蓬 化佛雲集滿虛空", 『당호법사문법림별전』 권하(대정장50, p.210c12)에 "풀처럼 여린 목숨 저 맺힌 이슬과 같고, 하잘 것 없는 생류들 나뒹구는 쑥 같네. 달 밝은 밤 안타까워함은, 옛 사람과 함께 할 수 없기 때문이네. 草命如懸露 輕生類轉蓬 所嗟明夜月 難與古人同"라고 하였다. [참고문헌] 『往生禮讚偈』, 『唐護法沙門法琳別傳』, 『了菴淸欲語錄』 권7(卍속장123, p.741b12). ⇨ 부평 浮萍

전봉상주 箭鋒相拄 화살촉 허공에서 서로 잇다. 앞서 날아간 화살 끝 오니에 뒤에 쏜 화살이 날아가 그 끝을 이어 더 오래 길게 나는 뜻이다. 줄여서 전봉주라고도 한다. 본래 활쏘기의 달인 비위(飛衛)와 그 제자 기창(紀昌)의 설화에서 유래한다. 『황룡혜남어록』(대정장47, p.636c23)에 "학인이 대각화상에게 물었다. '홀연히 왔다가 문득 떠난다 하니, 무엇인지요?'라고 묻자 대각이 '바람 불어 버들개지 털 공이 이리저리 달린다'고 답하였고, 또 '온 적도 없고 간 적도 없다 하니, 무엇인지요?'라고 묻자 '화악산 세 봉우리 끝이 하늘을 가리킨다'고 답한 문답을 들어 황룡이 말했다. '대각은 단지 화살촉 허공에서 서로 잇고 이사 서로 들이는 줄만 알았을 뿐, 늙은 쥐 쫓다가 기름 항아리만 깨뜨린 줄은 모른다'. 擧 僧問大覺和尙 忽來忽去時 如何 覺云 風吹柳絮毛毬走 進云 不來不去時 如何 覺云 華嶽三峯頭指天 師云 大覺祇解箭鋒相拄 理事相投 殊不知 趁得老鼠 打破油甕", 『종용록』 17칙 「시중 示衆」(대정장48, p.237c15)에 "한 쌍의 외로운 기러기가 대지를 박차고 높이 날며, 한 쌍의 원앙은 못 가에 쓸쓸히 서 있다. 화살 끝 허공에서 서로 잇듯이, 일치하는 일일랑 그만두고 저울추를 푸는 뜻은 어떨까? 一雙孤雁搏地高飛 一對鴛鴦池邊獨立 箭鋒相拄則且致 鋸解秤錘時如何"라고 하였다. [참고문헌] 『黃龍慧南語錄』, 『從容錄』. ⇨ 비위 飛衛, 양인교봉 兩刃交鋒, 사존함개합이응전봉주 事存函蓋合理應箭鋒拄

전봉주 箭鋒拄 전봉상주(箭鋒相拄)의 줄임말. 『청익록』 55칙 「본칙 本則」(卍속장117, p.861b10)에 "금봉이 대중에게 말했다. '사(事)란 함과 덮개 들어맞듯 해야 하고〈처음에 털끝만큼이라도 벌어지면 결국은 하늘과 땅 사이처럼 멀어진다〉, 이(理)란 날아오는 화살촉이 허공에서 어김없이 잇듯 한다〈화살을 쏘기 전에 과녁에 맞아버렸군〉'. 金峰 示衆云 事存函蓋合〈毫釐有差 天地懸隔〉 理應箭鋒拄〈未發箭前 中的了也〉"라고 하였다. [참고문헌] 『請益錄』 ⇨ 전봉상주 箭鋒相拄, 전괄 箭筈

전부 全付 882~947. 당말오대(唐末五代) 위앙종 스님. 법호는 청화(淸化), 속성은 미상. 오군(吳郡 : 江蘇省) 곤산(崑山) 출신. 부친은 상인이었는데, 부친을 따라 예장(豫章 : 江西省)에 갔다가 성대한 선회(禪會) 소식을 듣고서 출가를 결심하였다. 청평대사(淸平大師)를 은사로 출가하고, 이후 앙산(仰山)의 남탑광용(南塔光涌)에게서 참학하고 인가를 받았다. 남탑의 법을 이어받자 여릉(廬陵) 안복(安福)에서 전부를 위해 응국선원(應國禪苑)을 건립해주었고, 상부에서 이 선원을 '청화 淸化'라고 사액하였다. 이후 오월(吳越) 문목왕(文穆王)의 특별한 예우를 받고 고국으로 돌아갔다. 그곳 운봉산(雲峰山)에 선원을 짓고 다시 이름을 '청화'라고 하였다. 충헌왕(忠獻王)이 자방포(紫方袍)를 내리자 사양하였고, 납의로 고쳐주자 받았으며, 순일선사(純一禪師)라는 사호도 받았다. 개운년간 정미년(947)에 입적하니 세수 66, 법랍 45세였다. 전등사서에 짧은 문답이 여럿 전한다. [참고문헌] 『宋高僧傳』 권13(대정장50, p.787b7), 『景德傳燈錄』 권12(대정장51, p.297b1), 『祖庭事苑』 권7(卍속장113, p.209a15). ⇨ 광용 光涌

전부국 前部國 고대 중앙아시아에 있던 나라. 현재 중국 신강성(新疆省) 투르판(吐魯番) 교하(交河) 인근에 존립하였다. 전왕정(前王庭)이라고도 한다. 원래는 차사국(車師國)이었는데, 한나라 선제(宣帝)대 정길(鄭吉)이 진출하여 도호부를 설치하면서 전후 양부로 갈리었다. 훗날 전부국이 몰락한 뒤에는 이 일대에 고창국(高昌國)이 들어섰다. 『사아함모초해』「서문 序文」(대정장25, p.1a12)에 "외국 사문 인제려가 먼저 전부국으로 가지고 왔는데 몰래 몸에 숨기고 남들에게 보여주지 않았다. 그러다가 그곳 왕 미제가 암송해주기를 요구하면서 드디어 이 지역에 퍼지게 되었다. 有外國沙門 字因提麗 先齎詣前部國 祕之佩身 不以示人 其王彌第 求得諷之 遂得布此"라고 하였다. [참고문헌]『四阿鋡暮抄解』, 『佛祖統紀』 권32「東土震旦地里圖」(대정장49, p.313a5), 『祖庭事苑』 권3(卍속장113, p.92b5). ⇨ 차사국 車師國

전분계 全分戒 계품(戒品)의 전부를 받아서 지니는 일. 『관무량수불경소』 권2(대정장37, p.259c26)에 "경에서 '뭇 계를 구족한다'라고 하였다. 그런데 계에는 여러 종류가 있다. 삼귀계·오계·팔계·십선계·이백이십계·오백계·사미계·보살삼취계·십무진계 등이다. 그러므로 '뭇 계를 구족한다'라고 한 것이다. 한편 낱낱의 계품중에 또한 소분계·다분계·전분계가 있다. 言具足衆戒者 然戒有多種 或三歸戒 或五戒 八戒 十善戒 二百二十戒 五百戒 沙彌戒 或菩薩三聚戒 十無盡戒等 故名具足衆戒也 又一一戒品中 亦有少分戒 多分戒 全分戒也"라고 하였다. [참고문헌]『觀無量壽佛經疏』. ⇨ 전분수 全分受, 수계 受戒, 일분계 一分戒

전분수 全分受 계품(戒品)을 전부 받아서 가지는(受持) 것. 『범망경고적기』 권하(대정장40, p.700b17·한불전3, p.444a19)에 "전분수란 삼취계를 말한다. 全分受 謂三聚戒"라고 하였다. [참고문헌]『梵網經古跡記』. ⇨ 전분계 全分戒, 수계 受戒, 삼취정계 三聚淨戒, 일분수 一分受

전분일분 全分一分 전분과 일분. 계구족(戒具足)의 뜻에서 분별하는 경우다. 구족계(具足戒)의 경우는 말 그대로 분계(分戒)가 성취될 수 없지만, 오계(五戒) 등에서는 일분(一分)과 전분(全分) 등의 수지가 가능하다. 『구사론』 권15(대정장29, p.79a3 : *Abh-k-bh.*, p.222)에 "경부의 논사들은 다음과 같이 말한다. 기한에 따라 계목의 지를 갖추거나 다 갖추지 않거나 전부거나 일분이면 모두 불율의를 얻는다. 율의도 그러한데, 오직 팔계만은 예외다. 왜냐하면 저 양에 따라 선악시라의 성상이 서로 다르고 서로 막을 수 있기 때문이다. 經部諸師 作如是說 隨所期限 支具不具 及全分一分 皆得不律儀律儀亦然 唯除八戒 由隨彼量 善惡尸羅 性相相違 互相遮故 yathābhyupagamaṃ vikalo 'pi syāt prādeśiko 'pyasaṃvaraḥ saṃvaraścānyatrāṣṭavidhāditi sautrāntikāḥ. tanmātraśīla dauḥślīlyapratibandhāt", 『순정리론』 권39(대정장29, p.565b18)에 "여기서는 오로지 승의에 나아가 비구가 아니라고 말한 것일 뿐이다. 저 보특가라를 오도사문이라 하기 때문이다. 그는 앞서 도를 증득한 후에 더러워진 것이 아니거늘 어떻게 경주의 풀이가 성립하겠는가? 비록 이러한 설명이 있을지라도 저 오도사문은 오직 그 나머지 사문상만 있기에 사문이라 한 것일 뿐이다. 마치 불에 그을린 목재·거짓 앵무새 부리·메마른 연못·썩은 씨앗·화륜·죽은 사람과 같다. 이것은 단지 말일 뿐이고 인용한 비유들 모두 효능이 없기 때문이다. 불에 조금 탄 모든 목재를 세간에서는 불에 탄 목재라고 하지만, 온전히 재가 된 것을 불에 그을린 목재라고 하지는 않는다. 만약 탄 정도에 따라 전부든 일분이든 두 가지를 모두 불에 탄 목재라고 한다면, 비유와 법이 모두 정할 수 없으니 비유한 것을 비유함에 어떠한 논증의 덕용도 없다. 於此 唯就勝義 言非苾芻 由彼補特伽羅 名汚道沙門故 非彼先證道後汚如何成 經主釋言 雖有此說 而彼唯有 餘沙門相 故名沙門 如被燒材 假鸚鵡觜 涸池 敗種 火輪 死人 此但有言 所引衆喩 皆無能故 以諸材木 少被火燒 世間說名 被燒材木 非全成炭 名被燒材 若謂隨燒 全分一分 二種皆許 名被燒材 則喩及法 二俱猶豫 喩於所喩 無證功德"라고 하였다. [참고문헌]『俱舍論』, 『順正理論』, 『瑜伽論記』 권1(대정장42, p.333b22·한불전13, p.67b12), *Abh-k-bh.*

전불 前佛 앞서 세간에 오셨던 부처님. 현세불인 석가불 이전의 가섭불 등 과거불이나, 미래불인 미륵불 이전의 석가불을 말한다. 후불(後佛)의 상대어다. 『불지경론』 권3(대정장26, p.304b5)에 "초지(初地) 이상은 그 응하는 바에 따라 바로 보여 일어날 수 있고, 자주

전불 과거칠불 감로탱
국립중앙박물관 18세기

훈습하여 점차로 더욱더 수승하게 되며 마침내 금강유정을 증득하게 된다. 이 이후로는 비록 자주 현행할지라도 다시는 훈습하여 증장할 일 없으니, 공덕이 원만하여 더 할 일이 없기 때문이며, 종자의 정식을 가지니 이미 무기가 아니어서 훈습할 수 없기 때문이고, 전불과 후불의 공덕이 많고 적음으로 과실이 되기 때문이다. 이와 같이 사지상응심품은 한결같이 선이며 한결같이 무루인 도제

로 거둔다. 初地已上 隨其所應 乃得現起 數復熏習 轉增轉勝 乃至證得 金剛喩定 從此已後 雖數現行 不復熏習更令增長 功德圓滿 不可增故 持種淨識 旣非無記 不可熏故 前佛後佛 功德多少 成過失故 如是四智相應心品 一向是善 一向無漏 道諦所攝", 『삼국유사』 권3(대정장49, p.989a23·한불전6, p.318b16) 흥법(興法)3 가섭불연좌석(迦葉佛宴坐石)에 "신라 월성 동쪽, 용궁 남쪽에 가섭불의 연좌석이 있으니, 이곳은 전불 때의 절터이다. 지금 황룡사터는 일곱 가람의 하나이다. 新羅月城東 龍宮南 有迦葉佛宴坐石 其地卽前佛時 伽藍之墟也 今皇龍寺之地 卽七伽藍之一也"라고 하였다. [참고문헌] 『佛地經論』, 『三國遺事』, 『大乘本生心地觀經』 권3(대정장3, p.304c15). ⇨ 후불 後佛, 과거칠불 過去七佛

전불생멸 全不生滅 온전히 불생멸이다. 어느 틈인들 나고 죽는 일 있더냐의 뜻이다. 남양혜충국사가 '신심이 일여하면 마음 밖에 남을 것 없다' 한 구를 들어 반생반멸(半生半滅)과 전불생멸을 나눠 말한 데서 기원했다. 『종용록』 권2(대정장48, p.240c26)에 "충국사 남방선사에게 이르길 '나 여기 불성 그 틈에 있어 온전히 불생불멸이라네. 그대 남방에서는 불성은 반은 생이고 반은 멸이어서 반만이 불생멸이겠군'. 객스님 이르길 '어찌 구별하십니까?' 스님께서 말하셨다. '이는 곧 신심일여라 하고 마음 밖에 더는 아무것도 없다 하니, 이런 곳에 이르러서는 이 몸 뒤쳐 부모였던 시절로 나아가야 하리'. 忠國師謂南方禪客曰 我此間佛性全不生滅 汝南方佛性半生半滅 半不生滅 客曰 如何區別 師曰 此則身心一如 心外無餘 所以全不生滅 汝南方身是無常 神性是常 所以半生半滅半不生滅 到這裏須知有箇轉身就父底時節", 지눌(知訥) 『육조법보단경발』(한불전4, p.739b10)에 "남양충국사가 선객에게 말씀하시길 '나의 이 신심이 일여한 틈에 마음 밖에 남은 것 없다. 그렇기에 온전히 불생멸이다. 그대 남방에서는 몸은 이 무상한 것이고 신성만이 이 상이라고 하니 그렇게 반은 생이고 반은 멸이어서 반만이 불생멸이다'라 하고, 또 말하길 '다른 곳 돌아보면 흔히 이 색을 보는 일에 더욱 그렇게 여긴다'. 南陽忠國師謂禪客曰 我此間身心一如 心外無餘 所以全不生滅 汝南方 身是無常 神性是常 所以半生半滅半不生滅 又曰 吾比遊方 多見此色 近尤盛矣"라고 하였다. [참고문헌] 『從容錄』, 『六祖法寶壇經跋』. ⇨ 반생반멸 半生半滅

전불시가람지허 前佛時伽藍之墟 석가세존 이전 과거불의 가람터. 과거칠불(過去七佛)의 인연터라는 뜻이다. 칠처가람지허(七處伽藍之墟)라고도 한다. 이 절터들은 신라의 도읍인 경주에 있었다고 전하는데, 이는 신라가 예로부터 불교를 받아들이고 숭상하였음을 강조하기 위한 것이다. 『삼국유사』 권3(대정장49, p.986b18·한불전6, p.314a13) 흥법(興法)3 아도기라(阿道基羅)에 "그 도읍에는 일곱 곳의 절터가 있는데, 첫째 금교 동쪽 천경림〈지금의 흥륜사〉, 둘째 삼천기〈지금의 영흥사〉, 셋째 용궁 남쪽〈지금의 황룡사〉, 넷째 용궁 북쪽〈지금의 분황사〉, 다섯째 사천미〈지금의 영묘사〉, 여섯째 신유림〈지금의 천왕사〉, 일곱째 서청전〈지금의 담엄사〉이다. 모두 과거 부처님들의 가람터여서 불법의 물길이 오래 흐르는 땅이다. 其京都內有七處伽藍之墟 一曰金橋東 天鏡林〈今興輪寺〉 二曰三川歧〈今永興寺〉 三曰龍宮南〈今皇龍寺〉 四曰龍宮北〈今芬皇寺〉 五曰沙川尾〈今靈妙寺〉 六曰神遊林〈今天王寺〉 七曰婿請田〈今曇嚴寺〉 皆前佛時伽藍之墟 法水長流之地"라고 하였다. [참고문헌] 『三國遺事』. ⇨ 전불 前佛, 과거칠불 過去七佛, 담암사 曇巖寺, 분황사 芬皇寺, 사천왕사 四天王寺, 영묘사 靈妙寺, 영흥사 永興寺❶, 황룡사 皇龍寺, 흥륜사 興輪寺

전불허발 箭不虛發 화살 헛되이 쏘지 않다. 『벽암록』 27칙 「송 頌」(대정장48, p.167c24)에 "물음에 이미 종지가 있다〈찾아온 풍모를 깊이 알아차렸다. 화살을 헛되이 쏘지 않는다〉, 대답 또한 같은 곳에 있다〈어찌 따로이겠는가? 저 종소리 드드림 기다리듯 하니, 공을 함부로 베풀지는 않았군〉. 問旣有宗〈深辨來風 箭不虛發〉 答亦攸同〈豈有兩般 如鐘待扣 功不浪施〉", 『고설철어록』 권10(가흥장28, p.353c28)에 "만일 가리켜 보인 것 없다고 한다면 문열선사는 어떻게 깨달았을까? 반대로 만일 브인 것 있다면 작은 마을 안에 봇짐장사·어부·나무꾼까지 모조리 불법을 알 수 있을 것이니, 게다가 달마가 서쪽에서 오거나 선지식이 세상에 출현한들 무엇 하랴? 이 곤경에서 진실 가려낸다면 비로소 지노(翠巖守芝)의 용처는 저 뛰어난 궁사 헛되이 화살 날리지 않듯 하리. 若道無指示 悅公爲甚便悟去 若道有指示 則三家村裏 負販漁樵 皆會佛法 又用祖師西來 知識出世作麼 者裏 甄別得出 方識芝老用處 如善射人 箭不虛發"라고 하였다. [참고문헌] 『碧巖錄』, 『古雪哲語錄』.

전불후불 前佛後佛 앞선 부처와 뒤에 올 부처. 과거불과 미래불. 『대승본생심지관경』 권3(대정장3, p.304c15)에 "법보는 한 맛으로 바뀜이 없으니 앞선 부처님 뒤에 오실 부처님 모두 같다네. 法寶一味無變易 前佛後佛說皆同", 『신화엄경론』 권7(대정장36, p.761c19)에 "앞선 부처든 뒤에 올 부처든 고금 이와 같이 온통 일시에 있으나, 여러 중생을 따라서 차별법을 드러낼 뿐이다. 고금이 서로 사무치니 비롯한다(始)라 하고, 법에 부합함이 이와 같으면 이룬다(成)고 하며, 법에 따름이 이와 같아 마음으로 조작함이 없어야 바르다(正)고 하고, 지혜로 이 이치에 통달하면 깨닫는다(覺)고 한다. 前佛後佛 古今如是 總在一時 隨諸衆生 現差別法 古今相

徹 名之爲始 契法如是 名之爲成 依法如是 非心造作 名之爲正 智達斯理 名之爲覺", 『원오어록』 권6 「조관찰청상당 趙觀察請上堂」(대정장47, p.741b5)에 "답하고 물으며 깊은 종지를 죄다 드러내니 곧바로 천년 전 만년 전이 지금과 같을 뿐이고, 과거불과 미래불에게 다른 길은 없다네. 答去問來 全彰奧旨 直得千古萬古只如今 前佛後佛無別道", 『조계진각국사어록』(한불전6, p.10b24)에 "앞선 부처와 뒤에 오는 부처도 이것으로써 법등을 전하였고, 대승 삼장이든 소승 삼장이든 그것으로써 근본을 삼는다. 前佛後佛也 以此傳燈 大藏小藏也 以之爲本"라고 하였다. 〔참고문헌〕『大乘本生心地觀經』, 『新華嚴經論』, 『圜悟語錄』, 『曹溪眞覺國師語錄』, 『成唯識論述記』 권3(대정장43, p.344c17), 『景德傳燈錄』 권28 「澧州藥山惟儼和尙語」(대정장51, p.443a10).

전붕 展鵬 조선후기 스님. 호는 구담(九潭). 제봉운봉(霽峰雲峰)의 스승이며, 환성지안(喚醒志安 1664~1729)의 7대 법손이다. 계보는 환성지안→용암신감(龍巖信鑑)→대암국탄(大庵國坦)→송계나식(松桂懶湜)→서암영주(瑞庵靈珠)→동운성존(東雲聖尊)→의봉유영(義峰有英)→구담전붕이다. 『동사열전』 권4 「제봉선백전 霽峰禪伯傳」(한불전10, p.1042a21)에 "스님의 스승은 구담전붕이다. 師之師 九潭展鵬"라고 하였다. 〔참고문헌〕『東師列傳』.

전비 前比 세 가지 비지(比知 : 추리지) 중 하나. 이전의 것에 근거하는 비량(比量). 후비(後比)의 상대어다. 『방편심론』(대정장32, p.25b8)에 "〔문〕 이미 현상을 알았다. 비상은 어떠한가? 〔답〕 앞에서 이미 분별하였으나 지금 다시 설명하겠다. 추리지에는 세 가지가 있으니, 첫째는 전비, 둘째는 후비, 셋째는 동비다. 전비란 무엇인가? 예를 들면 어린아이에게 여섯 손가락이 있고 머리에는 종기가 있는 것을 보았는데, 후에 장대한 모습의 제바달임을 보고서 문득 본래 여섯손가락 아이였음을 기억하고는, 지금 보는 이가 전의 그이라고 하는 것과 같다. 이것을 전비라고 한다. 問曰 已知現相 比相云何 答曰 前已分別 今當更說 比知有三 一曰 前比 二曰 後比 三曰 同比 前比者 如見小兒有六指頭上有瘡 後見長大聞提婆達 卽便憶念 本六指者 是今所見 是名前比"라고 하였다. 〔참고문헌〕『方便心論』. ⇨ 삼종비지 三種比知, 후비 後比, 동비 同比, 여본 如本, 비량 比量

전사노 田厙奴 촌에 사는 이. 낮은 신분에 식견도 없는 이. 전사노(田舍奴)라고도 한다. 『연등회요』 권20 「덕산선감장 德山宣鑒章」(卍속장136, p.759b8)에 "그대여, 부처를 찾지 마라. 부처는 크게 사람 죽이는 도적이며 많은 사람을 속여서 음마의 구덩이에 떨어뜨린다. 문수와 보현도 찾지 마라. 이들은 촌뜨기일 뿐이다. 얼마나 안타까운 일인가! 한 사람 당당한 대장부가 다른 이의 독약을 먹고 문득 선사인 듯 하려 하지만, 신을 보이고 귀를 보일 뿐이네. 仁者 莫求佛 佛是大殺人賊 賺多少人 入婬魔坑 莫求文殊普賢 是田厙奴 何惜許 一箇堂堂大丈夫兒 喫他毒藥了 便擬作禪師面孔 見神見鬼", 『벽암록』 57칙 「평창 評唱」(대정장48, p.191a22)에 "전사노는 복당 사람들이 쓰는 사투리로 남을 헐뜯는 말이며, 분별 없이 뜻도 지혜도 없는 듯함을 말한다. 상대한 학인은 '이 말도 여전히 간택일 뿐입니다'라고 함에 조주가 '촌뜨기야, 어째서 간택이란 말이냐!'라고 되받아쳤다. 종사의 안목이라면 모름지기 이 정도는 되어야 한다. 마치 금시조가 바다를 가르고 용을 곧장 낚아채어 삼키듯 한다. 田厙奴 乃福唐人 鄕語罵人 似無意智相似 這僧道 此猶是揀擇 趙州道 田厙奴 什麽處是揀擇 宗師眼目 須至恁麽 如金翅鳥 擘海直取龍呑"라고 하였다. 〔참고문헌〕『聯燈會要』, 『碧巖錄』.

전사불선계 轉捨不善戒 불선을 뒤쳐 버리는 계. 불선(不善 : 惡)을 버리고 다시는 악행을 하지 않도록 하는 계. 삼취정계(三聚淨戒) 중 섭률의계(攝律儀戒 Ⓢ saṃvara-śīla)와 같은 말이다. 원측(圓測)의 『해심밀경소』 권8(한불전1, p.408b8)에 "『해심밀경』 권4(대정장16, p.705c15)에 '계에 세 가지란 첫째 전사불선계, 둘째 전생선계, 셋째 전생요익유정계다'라고 하였다. 〔석〕 두 번째로 계의 삼품을 밝힌다. 이름은 조금 다르지만 뜻은 『섭대승론』·『성유식론』 등의 세 가지 계인 율의계·섭선법계·요익유정계와 같다. 그러므로 『유가사지론』 권40(대정장30, p.511a14)에 '재가와 출가의 두 가지 정계에는 대략 세 가지가 있다. 첫째는 율의계이니, 보살들이 수지하는 칠중별해탈계를 말한다'고 하였다. … 세친석에서는 이렇게 말한다. '처음의 계는 의지계이니, 그 나머지 두 계를 건립하기 위한 것이다. 즉 이것으로 일체의 불법을 닦아 쌓아서 깨달음에 증입하고, 다시 유정중생을 이롭게 하는 계를 건립한다. … 처음의 계는 단덕이고, 두 번째 계는 지덕이며, 세 번째 계는 은덕인데, 사무외는 이 세 가지 덕에서 벗어나지 않는다'. 戒三種者 一者 轉捨不善戒 二者 轉生善戒 三者 轉生饒益有情戒 釋曰 第二 明戒三品 名雖稍異 意同攝論成唯識等 戒中三品 謂律儀戒 攝善法戒 饒益有情戒 故瑜伽論四十云 在家出家 二分淨戒 略有三種 一 律儀戒 謂諸菩薩所受七衆別解脫戒 … 世親釋云 初是依持 爲欲建立 其餘二戒 由此修集一切佛法證入菩提 復能建立益有情戒 … 初戒是斷德 第二戒是智德 第三戒是恩德 四無畏不出此三德"라고 하였다. 〔참고문헌〕『解深密經疏』, 『解深密經』, 『瑜伽師地論』. ⇨ 삼취정계 三聚淨戒, 섭율의계 攝律儀戒, 별해탈계 別解脫戒, 삼덕 三德

전사인 傳事人 승중(僧衆)에 일의 사정을 전하여 판결을 요청하는 소임을 맡은 이. 『십송율』 권20(대정장23, p.146a11)에 "만약 다섯 가지 법이 있다면 전사인을 세울 수 없다. 애착을 따르고, 분노를 따르며, 두려움을 따르고, 어리석음을 따르며, 멸과 불멸을 알지 못하는 것이다. 만약 다섯 가지 법을 성취하면 전사인을 세울 수 있다. 애착을 따르지 않고, 화냄을 따르지 않으며, 두려움을 따르지 않고, 어리석음을 따르지 않으며, 멸과 불멸을 아는 것이다. 이러한 경우에 이 전사인이 이 일을 맡아야 한다. 若有五法 不應立作傳事人 隨愛 隨瞋 隨怖 隨癡 不知滅不滅 若成就五法 應立作傳事人 不隨愛 不隨瞋 不隨怖 不隨癡 知滅不滅 爾時是傳事人 應持是事去"라고 하였다. 〔참고문헌〕『十誦律』.

전사투기 展事投機 펼치는 일마다에 온 기틀 다 던지다. 동산수초(洞山守初)의 "말로는 일 벌릴 수 없고 말로는 던져 다하지 못한다. 言無展事 語不投機"에서 비롯한다. 『원오어록』 권19 「송고 頌古」 하(대정장47, p.802b21)에 "〔고칙〕 어떤 학인이 동산수초에게 물었다. '부처란 무엇인지요?' '삼 세 근'. 〈송〉 종소리는 두드림에 있고, 계곡은 메아리 그대로 돌아오게 하며, 연못에 달 드리우고, 거울은 온갖 형상 머금는다. 펼치는 일마다 온전히 다 던지는 일 없이, 어찌 미리 긁고 나서 가렵기를 바라는가! … 그대는 모르는가? 다 통하는 듯하지만 새는 일도 없네. 크기도 큰 하늘의 그물이여! 擧僧問洞山 如何是佛 山云 麻三斤 鐘在扣谷受響 池印月鏡含像 曾非展事投機 豈是預搔待痒 … 君不見 疎而不漏兮 恢恢天網", 『벽암록』 12칙 「송 頌」(대정장48, p.153a12)에 "펴는 일마다 기틀 다 던지니 동산을 알 수 있다 〈저울의 정한 기준 알 수 있다는 듯 하는구나. 저울 금 사리 그대가 보는 대로일 뿐〉. 展事投機見洞山〈錯認定盤星 自是闍黎恁麼見〉", 『조정사원』 권2(卍속장113, p.44b8)에 "전사투기 : 동산종교대사수초는 운문의 법을 이었다. 법좌에 올라 말했다. '교가에서는 「법이 체에 당하여 어둡지 않다」고 한다. 진실로 그런가? 만일 진실이라면'이라고 한 뒤 마침내 노주를 가리키며 말했다. '무어라 하겠는가? 만일 알아차린 이 있다면 나와서 대중에게 말해 보라. 만일 다 잘 안다면 달마를 등지지 않으리라'. 그때 학인이 물었다. '역대의 조사들 법좌에 오르고 인천대중의 간청에 따라 종승을 흐리지 않았습니다. 스님께서도 들어 보여주시길' '머리카락은 헝클어지고 귀는 쫑긋하구나' '그렇다면 한마디 흘려주시니 인천중이 귀를 기울인다는 말씀이시군요' '거무죽죽한 적삼 속에 햇볕 드는구나'. 展事投機 洞山宗教大師守初 嗣雲門 上堂云 教家道 法法當體不昧 還實已否 若實 遂指露柱曰 且作麼生會 若有會底 出來對衆道看 若也相委悉 卽不得孤負達摩 時有僧問 列祖陞堂 人天堅請 不昧宗乘 乞師擧唱 師云 頭髵鬡 耳傷懇 僧云 恁麼則一句流通 人天聳耳 師云 墨黲欗衫裏曬"라고 하였다. 〔참고문헌〕『圜悟語錄』, 『碧巖錄』, 『祖庭事苑』. ⇨ 동산초유사구 洞山初有四句

전삭 栓索 빗장과 새끼줄. 잠겨있는 빗장과 꼬인 새끼줄을 뜻한다. 풀어야 할 화두(話頭)의 비유다. 『종용록』 77칙 「시중 示衆」(대정장48, p.275c29)에 "마치 허공에 그리듯 붓을 긋자마자 바로 어긋났다. 어찌 감히 본뜨고 모양내는가? 무엇을 그려야 하나? ○ 내가 이미 빗장도 새끼줄도 드러내었으니, 지침 있으면 지침 따르고, 지침마저 없다면 판례를 다르리. 如人畫空 下筆卽錯 那堪起模作樣 堪作甚麽 ○ 萬松已是露栓索 有條攀條 無條攀例"라고 하였다. 〔참고문헌〕『從容錄』, 『頌古聯珠通集』 권20(卍속장115, p.252a9). ⇨ 화두 話頭

전삼삼후삼삼 前三三後三三 ➡ 문수전삼삼후삼삼 文殊前三三後三三

전상 田相 밭 모양. 복전상(福田相)을 말한다. 여러 조(條)를 이어 붙인 가사(袈裟)를 전상의(田相衣)라 한다. 『번역명의집』 권7(대정장54, p.1171b11)에 "발타(Ⓢ paṭaka)는 한역하여 만조라고 하는데, 한 폭의 천으로 전상이 없는 것이다. 鉢吒 唐言縵條 卽是一幅氎 無田相者"라고 하였다. 〔참고문헌〕『翻譯名義集』, 『金剛般若經旨贊』 권상(대정장85, p.72a17). ⇨ 전상의 田相衣, 전상연기 田相緣起, 가사 袈裟

전상 典喪 총림에서 장례를 담당하는 소임. 주상(主喪)과 상사(喪司)로 나뉜다. 주상은 상주(喪主)라고도 하며 장례를 지휘하고, 상사는 주상을 도와 법식에 따라 행한다. 『백장청규』 권3 「천화 遷化」(대정장48, p.1129c10)에 "파장·집사인·양서·전상이 각각 서명하고 날인한다. 把帳 執事人 兩序 典喪 各書名僉押"라고 하였다. 〔참고문헌〕『百丈淸規』. ⇨ 주상 主喪, 상사 喪司

전상 甎像 흙으로 구워 만든 불상. 틀에 흙을 넣어 모양을 만든 후 떼어내서 햇볕에 말리거나 불에 굽고, 그 위에 금박이나 채색을 입히기도 한다. 소지(所持)가 용이하고 많이 조성할 수 있다. 니상(泥像) 또는 와상(瓦像)이라고도 한다. 『대당서역구법고승전』 권2(대정장51, p.8c3)에 "본을 떠서 진흙상 십만 구를 조성했다. 造拓模 泥像十萬軀", 『대방광불화엄경감응전』 권1(대정장51, p.177b1)에 "(如意 元年·692년) 스님이 가슴에 품고 있던 전상 한 구를 꺼내었는데 방원 모양에 여섯일곱마디였다. 두 여인에게 주면서 말하기를 '너희는 이 상을 가지고 집에서 공양하라. 머지않아 출가할 기회를 얻게 될 것이다. 僧乃於懷中 出一甎像 方圓六七寸 以

授二女 而告之曰 汝將此像 於家供養 不久當獲出家",『대당서역구법고승전』 권하 「승철전 僧哲傳」(대정장51, p.8c3)에 "(三摩呾吒國에서는) 매일 진흙상(泥像) 십만 구를 틀에다 찍어내고 『대반야경』 십만 송을 독송한다. 每於日日 造拓模泥像十萬軀 讀大般若十萬頌"라고 하였다. 또 정관 원년(貞觀元年 627)의 설법인삼존전불(說法印三尊塼佛)에는 "불제자 기영이 와상 한 구를 조성하였다. 佛弟子祁瑛 造瓦像一區"라는 배명(背銘)이 있고, 서안(西安) 자은사(慈恩寺) 일대에서 출토된 전불에는 '대당 선업니 압득진여묘색신 大唐 善業泥 壓得眞如妙色身'이라는 명문이 있어 당시 전불을 '선업니'로 부르기도 하였음을 알 수 있다. 전불은 인도·중앙아시아·동아시아·동남아시아 등 넓은 지역에 고루 분포하며, 호탄(Khôtan : 中國 新疆維吾爾自治區)에서 출토된 6~7세기경의 전불과 미얀마(Myanmar)에서 출토된 5~14세기까지의 전불이 우리나라 국립중앙박물관에 소장되어 있다. 중국에서는 북위(北魏) 525년(효창1)에 정방형틀로 찍어 만들었다는 만불탑상(萬佛塔像)이 이른 예이며, 627년(정관1)에 조성된 소조아미타삼존전불〈그림1〉 등 주로 수당대(隋唐代)에 성행하였다. 우리나라의 전불은 경주 석장사지(錫杖寺址) 출토품〈그림2〉이 대표적으로, 300여 점에 이르는 탑상문전(塔像紋塼)의 형태로 대량 출토되기도 하였다. 일본에서는 비조(飛鳥)시대 말부터 내량(奈良)시대의 사원에서 주로 출토되며, 7세기 후반부터 8세기까지 성행하였다. 천원사(川原寺) 출토 방형삼존전불·당초제사(唐招提寺) 소장 전불 등이 있다. 〔참고문헌〕『大唐西域求法高僧傳』, 『大方廣佛華嚴經感應傳』, 『錫杖寺址』(동국대학교경주캠퍼스박물관, 1994), 배진달 『중국의 불상』(일지사, 2005) pp.220~229. ⇨ 소조 塑造, 석장사 錫杖寺

전상 轉相 Ⓢ pravṛtti-lakṣaṇa, Ⓣ 'jug-pa'i-mtshan-nyid. 삼세(三細 : 業相 轉相 現相) 중 하나로 능견상(能見相)의 다른 이름이다. 원효(元曉)의 『기신론소』 권상(대정장44, p.212b7·한불전1, p.713a1)에 "둘째 능견상이란 바로 전상이다. 전의 업상에 의지해 굴러서 능연을 성취하므로 '움직임에 의지해 능히 본다' 하고, 성정문에 의지해 능히 봄이 없다. 그러므로 '부동이면 봄도 없다'고 한다. 第二 能見相者 卽是轉相 依前業相 轉成能緣 故言以依動能見 依性靜門 則無能見 故言不動則無見也", 『석마하연론』 권4(대정장32, p.626a2)에 "두 번째는 전상이다. 업상염(念)을 의지할 것으로 삼는 까닭에 굴러서 능연을 짓고 흘러서 상을 알아챈다. 만약 업상동념의 위가 없다면 요별하는 전상의 견분도 마땅히 없을 것이다. 이 움직임에 의지하여 저가 구를 수 있으니 전상이라고 한다. 본론에서 '두 번째는 능견상이다. 움직임에 의지하기 때문에 능히 보고, 움직이지 않으면 봄도 없다'고 한 것과 같다. 第二 轉相 以業相念爲所依故 轉作能緣 流成了相 若無業相動念之分位 當無了別轉相之見分 依此動作彼轉 名爲轉相 如本 二者能見相 以依動故能見 不動卽無見故", 『능가경회역』 권1(卍속장1, p.461a15)에 "대혜야, 모든 식에 세 가지 특징이 있으니, 전상·업상·진상이 그것이다. 〔위역〕 대혜야, 식에는 세 가지가 있다. 무엇이 그 세 가지인가? 첫째 전상식, 둘째 업상식, 셋째 지상식이다. 〔당역〕 모든 식에 세 가지 특징이 있으니, 전상·업상·진상이다. 大慧 諸識有三種相 謂轉相業相眞相 〔魏譯〕 大慧 識有三種 何等三種 一者 轉相識 二者 業相識 三者 智相識 〔唐譯〕 諸識有三種 謂轉相業相眞相", 『능가경주해』 권1(대정장39, p.350a21)에 "전상은 무시이래 익고 변하여 각이 불각을 이룬 것이다. 轉相者 無始熏變 覺成不覺也", 『석마하연론』 권4(대정장32, p.627b17)에 "경문에 '모든 식에 세 가지 상이 있으니 전상·업상·진상이 그것이다'라고 하였다. 첫 번째 전상은 삼세로 거두는 전식이고, 두 번째 업상은 삼세에서 거두는 업식이며, 세 번째 진상이란 의식을 세분해서 거둔 마나식이다. 經上文言 諸識有三種相 謂轉相業相眞相 第一 轉相 卽是三細所攝轉識 第二 業相 卽是三細所攝業識 第三 眞相 卽是意識細分所攝之末那識"라고 하였다. 〔참고문헌〕『起信論疏』, 『釋摩訶衍論』·권2(대정장32, p.613a11), 『楞伽經會譯』, 『楞伽經註解』, 『楞伽經』 권1(대정장16, p.483a15), 『大乘入楞伽經』 권1(대정장16, p.593b16), 『宗鏡錄』 권57(대정장48, p.744b20), 『成唯識論了義燈』 권4(대정장43, p.729c24), *Laṅk.37.* ⇨ 능견상 能見相, 삼세 三細, 삼세육추 三細六麤, 삼식 三識❷, 제식삼상 諸識三相

전상불이 專想不移 상에 오롯이 하여 옮김이 없이 함. 『관무량수경』(대정장12, p.341c29)에 "상을 짓는다는 것은 일체중생으로서 눈멀지 않고 눈을 가진 무리들이 모두 일몰을 볼 때 상념을 일으키고, 서쪽을 향해 정좌하여 태양을 자세하게 관찰하고 마음을 견고하게 유지하여 관상에 집중한다. 태양이 지려고 하는 것을 보면 허공에 매달린 북과 같은데, 태양을 본 후에는 눈을 감으나 뜨나 모두 뚜렷하니 이것이 태양의 상이 된다. 이것을 초관이라 한다. 凡作想者 一切衆生自非生盲 有目之徒 皆見日沒 當起想念 正坐西向 諦觀於日 令心堅住 專想不移 見日欲沒 狀如懸鼓 旣見日已 閉目開目皆令明了 是爲日想 名曰初觀", 『무량수경소묘종초』 권1(대정장37, p.197a9)에 "저무는 해의 형상이 매달린 북과 같음을 처음 관하여 마음이 굳게 머물게 하고 관상에 집중하여 변하지 않도록 한다는 말에는 두 가지 뜻이 있다. 하나는 태양을 관하는 마음이 흩어지지 않도록 하는 것이고, 다른 하나는 마음에서 서방을 향해 간다고 생각하도록 하는 것이다. 初觀落日 狀如懸鼓 令心堅住 專想

不移 此有二意 一 令觀日心不馳散 二 令心想正趣西方"라고 하였다. 〔참고문헌〕『觀無量壽經』, 『無量壽經疏妙宗鈔』. ⇨ 관상 觀想❶

전상엄호여이니녹왕상 蹲相嚴好如伊尼鹿王相 삼십이상(三十二相) 중 하나. 장단지 모양이 사슴의 왕인 녹왕 이니연(伊尼延 Ⓢ aiṇeya)처럼 보기 좋은 것. 이니연박상(伊泥延膊相 Ⓢ aiṇeya-jaṅgha) 또는 이니연전상(伊泥延蹲相)이라고도 한다. 『대승백복장엄상경』(대정장16, p.332b26)에 "무엇을 서른두 가지 대인상이라고 하는가? … 스물다섯째는 장단지 모양이 녹왕 이니연처럼 보기 좋은 것이다. 何謂三十二種大人之相 … 二十五者 蹲相嚴好如伊尼鹿王"라고 하였다. 〔참고문헌〕『大乘百福莊嚴相經』. ⇨ 이니연박상 伊泥延膊相, 이니연전상 伊泥延蹲相, 삼십이상 三十二相

전상연기 田相緣起 가사(袈裟)를 두둑으로 반듯한 전답 모양으로 만들게 된 인연. 전의연기(田衣緣起)라고도 한다. 『석씨요람』 권상(대정장54, p.269a20)에 "전상연기 : 『마하승기율』 권28(대정장22, p.454c27)에 '부처님께서 왕사성에 머무실 때 제석석굴 앞을 경행하시다가 논(稻田) 두둑이 분명한 것을 보시고 아난에게 말씀하셨다. 「과거의 제불 가사 모습이 이와 같았으니, 지금부터 이에 따라 가사의 모습을 짓는다」'고 하였으며, 『증휘기』에 '논둑은 물을 채웠다가 좋은 곡식을 나고 자라서 몸과 목숨을 기르고, 법의의 밭은 네 가지 이로운 물로 적시고 세 가지 선의 싹을 키워서 법신의 혜명을 기른다'고 하였다. 田相緣起 僧祇律云 佛住王舍城帝釋石窟前經行 見稻田畦畔分明 語阿難言 過去諸佛衣相如是 從今依此作衣相 增輝記云 田畦貯水 生長嘉苗 以養形命 法衣之田 潤以四利之水 增其三善之苗 以養法身慧命也"라고 하였다. 〔참고문헌〕『釋氏要覽』, 『摩訶僧祇律』, 『百丈清規』 권5 「三衣」(대정장48, p.1139a7). ⇨ 가사 袈裟, 전상 田相, 복전의 福田衣

전상의 田相衣 가사십이명(袈裟十二名) 중 하나. 복전의(福田衣)라고도 한다. 조각(條)을 이어 붙인 가사 모양이 두둑으로 나뉜 밭 모양 같아서 붙여진 이름이다. 『석씨요람』 권상 「법의 法衣」(대정장54, p.268b28)에 "(가사를) 또한 전상의라고도 하니, 보는 이로 하여금 나쁜 마음을 일으키게 하지 않기 때문이다. 又名田相衣 謂不爲見者生惡故"라고 하였다. 〔참고문헌〕『釋氏要覽』. ⇨ 가사십이명 袈裟十二名, 가사 袈裟, 복전의 福田衣

전상조 錢象祖 송대 거사. 호는 지암(止菴). 전당(錢塘 : 浙江省 杭州) 출신. 금릉(金陵 : 江蘇省 南京) 군수(郡守)일 때 정토교의 염불수행을 하였다. 향주(鄉州)에 접대(接待) 열 곳을 세우고 모두 정토와 극락 등의 이름을 붙였다. 지암에 고승료(高僧寮)를 창건했다. 좌상에서 물러나서도 정토업을 닦았으며 1211년(가정4) 2월 병세를 토이더니 게송을 남기고 가부좌한 채 별세하였다. 후에 어떤 사람이 꿈에 허공에서 '전승상은 서방에 왕생했다'라고 말하는 소리를 들었다고 전한다. 〔참고문헌〕『佛祖統紀』 권28(대정장49, p.284a4), 『往生集』 권2(대정장51, p.140b5).

전생 前生 ❶ Ⓢ pūrva-jāta, pūrva-janman, paurva-janmika, pūrvakātma-bhāva, Ⓟ pubbe-nivāsa, Ⓣ sngon-gyi-tshe-rabs, lus-snga-ma. 앞서 있었던 생애. 숙세(宿世)·전세(前世)·전겁(前劫)이라고도 한다. 『중아함경』 권8 「미증유법경 未曾有法經」(대정장1, p.469c29)에 "저는 이렇게 들었습니다. 세존께서는 가섭불 때 처음으로 불도를 서원하여 범행을 행하고 도솔다천에 나셨는데, 세존의 후생이 전생의 도솔다천보다 천수·천색·천예 세 가지에서 뛰어나셨다. 그러므로 모든 도솔다천은 뛸듯이 기뻐하며 찬탄하였습니다. '이 천자는 너무나 기이하고 특별하다. 대여의족이고 대위덕이며, 대복우가 있고 대위신력마저 갖췄다'. 我聞世尊迦葉佛時 始願佛道 行梵行 生兜瑟多天 世尊後生 以三事勝 於前生兜瑟多天者 天壽 天色 天譽 以此故 諸兜瑟多天 歡喜踊躍歎 此天子甚奇 甚特 有大如意足 有大威德 有大福祐 有大威神", 『보살지지경』 권3(대정장30, p.903b12)에 "차제연과 연연은 심심수법이다. 말하자면 전생의 심심수법이 열어 인도하고 거두어 받아들임이니, 연으로 거두고 받아 생하는 것이다. 그러므로 이 두 가지 연은 거둔 인을 다시 거두는 뜻이다. 次第緣緣緣者 是心心數法 謂前生心心數法 開導攝受 緣攝受生 是故 二緣 攝因所攝"라고 하였다. 〔참고문헌〕『中阿含經』, 『菩薩地持經』, *Vajr-pr.45.*, *Bodh-bh.221.*, *DN.2.2.* ⇨ 삼생 三生❶, 석생 昔生 ❷ 연기법(緣起法)을 말한다. 『대비바사론』 권23(대정장27, p.118b5)에 "먼저 생긴 것을 연기법이라 하고, 뒤에 생긴 것을 연이생법이라 한다. 또 과거의 것을 연기법이라 하고, 미래와 현재의 것을 연이생법이라 한다. 前生者 名緣起法 後生者 名緣已生法 復次過去者 名緣起法 未來現在者 名緣已生法"라고 하였다. 〔참고문헌〕『大毘婆沙論』. ❸ ➡ 전생인 前生因

전생선계 轉生善戒 거듭 선(善)을 일으키는 계. 삼취정계(三聚淨戒) 중 섭선법계(攝善法戒 Ⓢ kuśala-dharma-saṃgrāhakaṃ śīlam)를 말한다. 『해심밀경』 권4(대정장16, p.705c15)에 "세 가지 계란 무엇인가? 첫째 전사불선계, 둘째 전생선계, 셋째 전생요익유정계이다. 戒三種者 一者 轉捨不善戒 二者 轉生善戒 三者 轉生饒益有情戒", 원측(圓測)의 『해심밀경소』 권8(한불전1,

p.408b15)에 "둘째는 섭선법계이니, 즉 보살들이 별해탈계를 수지한 후에 있는 바 일체를 대보리를 위하여 신어의로 모든 선을 쌓아 모으는 일을 통틀어 섭선법계라고 한다. 二 攝善法戒 謂諸菩薩 受別解脫後 所有一切 爲大菩提 由身語意 積集諸善 總說名爲 攝善法戒"라고 하였다. [참고문헌] 『解深密經』, 『解深密經疏』. ⇨ 삼취정계 三聚淨戒, 섭선법계 攝善法戒

전생습기 前生習氣 두 가지 습기 중 하나. 번뇌종자(煩惱種子)가 끊어지기 전에 생겨난 습기. 『유가사지론』 권64(대정장30, p.656a29)에 "습기에도 두 가지가 있으니, 즉 무간생습기와 전생습기다. 習氣者 亦有二種 謂無間生習氣 及前生習氣", 『유가론기』 권18(대정장42, p.708c8 · 한불전14, p.332c13)에 "혜경(惠景)스님은 궐문을 보충하여 '… 과거세에 훈습된 선악무기를 전생습기라 한다'고 하였다. … 장(藏)법사는 '번뇌종자를 전생습기라 한다'고 하였다. … 또 어떤 논사는 '… 세 번째 전생 이전을 전생습기라 한다'고 풀이하였다. 景補闕云 … 過去世熏三性習氣 名前生習氣 … 藏法師云 煩惱種子 名前生習氣 …有釋 … 第三身以去名前生習氣", 원효(元曉)의 『이장의』(한불전1, p.794b24)에 "별습기는 번뇌종자가 끊어지기 전부터 이미 있던 습기이므로 전생습기라 이름한다. 別習氣者 煩惱種子未斷已前已有習氣 是故 說名前生習氣"라고 하였다. [참고문헌] 『瑜伽師地論』, 『瑜伽論記』, 『二障義』. ⇨ 무간생습기 無間生習氣, 습기 習氣, 종자 種子

전생요익유정계 轉生饒益有情戒 거듭 유정을 요익하게 하는 계. 삼취정계(三聚淨戒) 중 섭중생계(攝衆生戒 Ⓢ sattvārtha-kriyā-śīla)를 말한다. 원측(圓測)의 『해심밀경소』 권8(한불전1, p.408b8)에 "'계에 세 가지란 첫째 전사불선계, 둘째 전생선계, 셋째 전생요익유정계'다. [석] 두 번째로 계 삼품을 푼다. 이름은 조금 다르지만 뜻으로는 『섭대승론』·『성유식론』 등에서 말하는 계 삼품, 즉 율의계·섭선법계·요익유정계와 같다. 戒三種者 一者 轉捨不善戒 二者 轉生善戒 三者 轉生饒益有情戒 釋曰 第二 明戒三品 名雖稍異 意同攝論 成唯識等 戒中三品 謂律儀戒 攝善法戒 饒益有情戒"라고 하였다. [참고문헌] 『解深密經疏』, 『解深密經』 권4(대정장16, p.705c16). ⇨ 삼취정계 三聚淨戒, 섭중생계 攝衆生戒, 요익유정계 饒益有情戒

전생인 前生因 Ⓢ pūrva-jātasya hetu, Ⓣ sngon-skyes-yi-rgyu. 앞서 일어난 인. 이인(二因 : 前生因 · 共生因) 중 하나다. 함께 일어나는 인은 공생인(共生因 Ⓢ sahabhū-hetu : 俱有因)이다. 『순정리론』 권13(대정장29, p.409a24)에 "갈뢰람(羯賴藍 Ⓢ kalala) · 씨앗 등은 알부담(頞部曇 Ⓢ arbuda) · 싹 등으로 전생인 삼고, 식(識)과 지 등은 구생연이다. 이 구생연은 전생인에 비해 그 힘이 더 승하다. 비록 그 갈뢰람과 씨앗 등 모든 전생인이 있을지라도, 만약 식과 지 등의 구생연이 없으면 알부담 · 싹 등의 모든 과는 결코 생겨나지 않기 때문이다. 이에 준하여 모든 유위법은 비록 밖에서 돕는 인연이 있을지라도 반드시 내적인 생주이멸을 근조인으로 삼아야 비로소 세상에 드러날 수 있다. 羯賴藍種等 與頞部曇芽等 爲前生因 識及地等 爲俱生緣 此俱生緣 比前生因 其力增勝 以雖有彼羯賴藍等 及與種等 諸前生因 若無有識地等俱緣 卽頞部曇芽等諸果 必不生故 由此准知 諸有爲法 雖有種種 外助因緣 而必有內 生住異滅 爲近助因 方得行世", 『중론』 권3(대정장30, p.26c29)에 "인에는 두 가지가 있다. 첫째는 전생인, 둘째는 공생인이다. 만약 인이 멸하고 변해서 과가 된다면, 전생인이 다시 생기는 것이어야 하는데, 이 일은 그렇지 않다. 왜냐하면 이미 생긴 물은 다시 생하지 않는다. 만약 인이 변해서 과가 된다면 이것 역시 그렇지 않다. 왜냐하면 그대로라면 변한다고 하지 않고, 변한다면 그대로라고 하지 않는다. 因有二種 一者 前生 二者 共生 若因滅變爲果 是前生因應還更生 但是事不然 何以故 已生物不應更生 若謂是因卽變爲果 是亦不然 何以故 若卽是不名爲變 若變不名卽是"라고 하였다. [참고문헌] 『順正理論』, 『中論』, *Pras.171*. ⇨ 육인 六因❶, 구유인 俱有因

전설인과곡 奠說因果曲 조선시대 불교가사. 작자 미상. 한글본으로 권머리제목(卷首題)은 '뎐셜인과곡 奠說因果曲'이고 판심(版心題)에는 '因果曲'이라 하였다. 제목 아래에 '出六道伽佗經'이라 적어 『육도가타경』에 의지했음을 명시하였다.

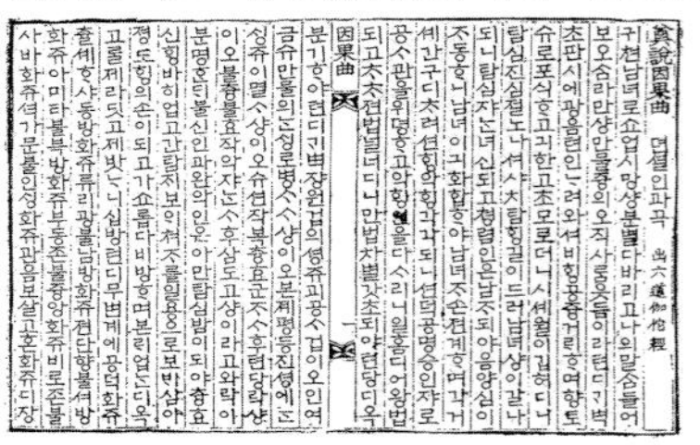

전설인과곡

서곡(序曲) · 지옥도송(地獄道頌) · 인도송(人道頌) · 천도송(天道頌) · 별창권악곡(別唱勸樂曲) 등으로 구성되어 있다. 동국대학교 소장 고서본은 불분권(不分卷) 1책(39장)에 전설인과곡 · 수선곡(修善曲) · 권선곡(勸禪曲) · 참선곡(參禪曲)과 함께 합철되어 있으며, 참선곡 제일 끝에 "갑인년(1794 · 정조18) 초겨울 법성산의 무심객 인혜와 신사 지영이 지음. 甲寅孟冬 法性山無心客印慧信士智瑩述"이라 하였다. [참고문헌] 이상보 『한국불교가사전집』(민속원, 1996) pp.64~69. ⇨ 육도가타경 六道伽佗經, 참선곡 參禪曲

전성 纏聲 소리의 대소(大小)와 완급(緩急)을 섞어서

울리는 타법. 큰 북을 칠 때 두 채(雙椎)로 큰 소리에서 작은 소리로 작은 소리에서 다시 큰 소리로 바꾸고 느린 박자에서 빠른 박자로 빠른 박자에서 다시 느린 박자로 바꿔가며 치는 방법을 말한다. 소참고(小參鼓)나 상당고(上堂鼓) 등에 이 타법으로 친다. 『백장청규』 권8 「고 鼓」(대정장48, p.1156a23)에 "법고 : 주지의 상당이나 소참·보설·입실 때마다 법고를 친다. 치는 방법은 상당 때는 세 번이다〈… 한결같이 전성으로 치면서 주지가 법좌에 오르고 난 다음에 전성을 그치고 두 채로 세 번 내린다〉. 法鼓 凡住持上堂 小參普說入室 並擊之 擊鼓之法 上堂時三通〈… 一向纒聲擊之 侯住持登座 畢方歇聲 雙椎連打三下〉"라고 하였다. [참고문헌] 『百丈清規』, 『禪林象器箋』 권18(불광장, 禪藏, p.1385).

전성남자 轉成男子 여성이 남성으로 변하는 일. 여성이 성불하거나 정토에 왕생하기 전에 먼저 남성으로 변하는 것을 말한다. 『대방광선교방편경』 권2(대정장12, p.170a27)에 "세존이여! 저는 전생의 업보를 버리고 빠르게 여인의 모습을 끊고 남자로 변하여 대위광을 발했습니다. 世尊 我雖捨前報 快哉斷我女人相 轉成男子大威光", 『약사칠불본원공덕경』 권상(대정장14, p.413b4)에 "여덟째 대원 : 원컨대 제가 다음 생에 보리를 얻을 때 어떤 여인이 여인으로서 겪는 갖가지 고통으로 핍박받아 극도로 염리심을 일으키며 여인의 몸을 버리기를 원한다면 나의 명호를 듣고 지극한 마음으로 칭념하면 곧바로 현세의 몸 그대로 남자로 변하여 장부의 상호를 갖추고 깨달음에 이르기를 바랍니다. 第八大願 願我來世得菩提時 若有女人 爲女衆苦之所逼切 極生厭離 願捨女身 若聞我名 至心稱念 卽於現身 轉成男子 具丈夫相 乃至菩提", 『아미타경통찬소』 권하(대정장37, p.343b24)에 "여자가 염불함에 지극한 마음으로 오로지 정성을 들이기만 하면 목숨이 다하여 왕생하고자 할 때 남자로 변하여 곧 정토에 왕생하리니 어찌 불가능하겠는가? 只如女子念佛 至意專精 命盡欲生 轉成男子 便生淨土 有何不可"라고 하였다. [참고문헌] 『大方廣善巧方便經』, 『藥師七佛本願功德經』, 『阿彌陀經通贊疏』.

전성행 轉性行 보살이 수행공덕으로 성이 바뀌는 일. 사성행(四性行) 중 하나다. 『불본행집경』 권1(대정장3, p.656c16)에 "목건련아, 모든 보살들에게는 네 가지 미묘성행이 있다. 무엇이 네 가지인가? 첫째 자성행, 둘째 원성행, 셋째 순성행, 넷째 전성행이다. … 무엇이 전성행인가? 마치 내가 연등세존께 공양을 올렸는데, 저 인연에 의지하고 독송하여 곧바로 알게 되는 것과 같은 것을 보살의 전성행이라고 한다. 目揵連 諸菩薩等 凡有四種 微妙性行 何等爲四 一 自性行 二 願性行 三 順性行 四 轉性行 … 云何名爲轉性行 如我供養 然燈世尊 依彼因緣 讀誦則知 是名菩薩轉性行"라고 하였다. [참고문헌] 『佛本行集經』. ⇨ 사성행 四性行

전세 前世 Ⓢ paurvajanmika. 나기 전의 과거세. 전생(前生)·숙세(宿世)·전겁(前劫) 등이라고도 한다. 『장아함경』 권18 「세기경 世記經」(대정장1, p.119b4)에 "저 사람들은 전세에 십선행을 닦았으므로 몸이 부서지고 목숨이 다한 후에 울단왈에 났으며, 그 수명이 천세로 늘거나 줄지 않는다. 其人前世修十善行 身壞命終生鬱單曰 壽命千歲 不增不減", 『대루탄경』 권4(대정장1, p.295c10)에 "어떤 천인은 추견원의 누각을 볼 수도 없고, 그 안으로 들어갈 수도 없으며, 하늘의 즐거움을 서로 즐길 수도 없으니, 그 까닭은 무엇인가? 전세에 지은 공덕이 적기 때문이다. 어떤 도리천인은 멀리서 추견원의 누각을 보기만 할 뿐 역시 그 안으로 들어갈 수도 없고, 하늘의 즐거움을 서로 즐길 수도 없으니, 그 까닭은 무엇인가? 전세에 지은 공덕이 역시 적기 때문이다. 그 중에 또 어떤 이는 들어갈 수도 있고, 하늘의 즐거움을 서로 즐길 수도 있는데, 그 까닭은 무엇인가? 전세에 지은 공덕이 구족하기 때문이다. 有天人 不得見麤堅園觀 亦不得入中 亦不得以天樂相娛樂 所以者何 前世所作功德少 有忉利天人 但得遙見麤堅園觀 亦不得入 亦不得以天樂相娛樂 所以者何 前世所作功德復少 中復有得入 以天樂相娛樂 所以者何 前世作功德具足故"라고 하였다. [참고문헌] 『長阿含經』, 『大樓炭經』, 『起世經』 권7(대정장1, p.342c6), *Vajr-pr.45.* ⇨ 전생 前生❶, 과거세 過去世, 숙세 宿世, 삼세 三世

전세 轉世 이십칠현성(二十七賢聖) 중 한 류. 전생에 예류과(預流果)와 일래과(一來果)를 얻고 금생에 불환과(不還果)를 얻는 이. 이 성인은 색계나 무색계에 들지 않고 곧바로 열반에 든다. 『성실론』 권1(대정장32, p.246b19)에 "전세란 무엇인가? 숙세에 수다원과와 사다함과를 얻은 후에 몸을 바꾸어 아나함과를 얻는 이인데, 이 사람은 색계나 무색계에 들지 않는다. 轉世者 若先世得須陀洹果 斯陀含果 後轉身得阿那含果 是人不入色無色界", 『대승의장』 권17(대정장44, p.805a16)에 "성인의 몸으로 욕계를 지난 후에 아나함과를 얻어 곧 현신으로 열반을 증득하는 이를 전세라고 한다. … 이 전세인은 네 곳으로부터 오는데, 첫째 수다원과를 경유해서 오는 것, 둘째 사다함행을 경유하여 오는 것, 셋째 사다함과를 경유하여 오는 것, 넷째 아나함행을 경유하여 오는 것이다. 聖人身上 欲界經生 後得那含 卽於現身 得涅槃者 說爲轉世 … 此轉世人 有四處來 一 須陀果上 經生而來 二 斯陀行中 經生而來 三 斯陀果上 經生而來 四 那含行中 經生而來"라고 하였다. [참고문헌] 『成實論』, 『大乘義章』. ⇨ 이십칠현성 二十七賢聖

전세삼전경 前世三轉經 서진(西晋)대 법거(法炬) 한역. 1권. 고려장11, pp.543a1~545c14, No.251 · 대정장3, pp.447c22~450a8, No.178에 수록되어 있다. 칠법사(七法事)와 부처님의 불공육법(不共六法)과 부처님께서 세 번이나 전생(轉生)하면서 보시를 행한 이야기를 수록하였다. 동본이역으로 원위(元魏)대 불타선다(佛陀扇多)가 한역한 『은색녀경 銀色女經』(대정장3, No.179)이 있다. ⇨ 은색녀경 銀色女經

전소전다 轉掃轉多 쓸수록 먼지만 많아진다는 말. 『조주어록』(고존숙어록14, 卍속장118, p.329b7)에 "학인이 바닥을 쓸던 차에 조주가 물었다. '쓸고 있는가? 깨끗해지던가?' '쓸수록 많아집니다' '어찌 먼지 없애는 이는 없느냐?' '누가 먼지 없애는 이 인가요?' '알겠느냐?' '모르겠습니다' '운거에게 물어보거라'. 그 학인이 운거에게 가서 '무엇이 먼지를 없애는 일인가요?'라고 묻자 운거는 '이 눈먼 놈아!'라고 소리쳤다. 師因見僧掃地次 遂問 與麽掃 還得淨潔也無 云 轉掃轉多 師云 豈無撥塵者也 云 誰是撥塵者 師云 會麽 云 不會 師云 問取雲居去 其僧乃去問雲居 如何是撥塵者 雲居云 者瞎漢", 『종문염고휘집』 권16(卍속장115, p.699a13)에 "두 노숙은 마땅히 끊어야 할 것 끊지 못하고 학인이나 시켜 쓸게 하니, 쓸수록 더 많아질 뿐이다. 二老當斷不斷 致使這僧轉掃轉多", 『여정어록』 권하(대정장47, p.127b12)에 "법좌에 올라 말했다. '마음에서 상념이 흩어져 날릴 경우 어떻게 손써야 할까? 조주의 구자무불성에 무라 하였으니, 바로 이 무자를 쇠빗자루 삼아라. 쓸 때마다 어지럽게 날려 더하리라. 날리는 먼지 많은 곳 쓸어내니, 쓸수록 더욱 많아져 쓸지도 못할 지경에 이르고 목숨 던져 쓸어야 하리. 밤낮 가리지 않고 등뼈 꼿꼿이 세우고는 용맹하게 간절히 어쩌지도 못하게 되어서는 홀연히 허공까지 쓸어 없앤다. 천차만별 다하여 막힘없이 통하리라'. 上堂 心念分飛 如何措手 趙州狗子佛性無 只箇無字鐵掃帚 掃處紛飛多 紛飛多處掃 轉掃轉多 掃不得處拚命掃 晝夜竪起脊梁 勇猛切莫放倒 忽然掃破太虛空 萬別千差盡豁通"라고 하였다. 〔참고문헌〕『趙州語錄』, 『宗門拈古彙集』, 『如淨語錄』.

전송 餞送 주연(酒宴)을 베풀어 보내는 송별. 『일체경음의』 권58(대정장54, p.697a3)에 "전송〈전은 재와 전을 반절한 음이다. 『설문해자』에 '송은 떠난다는 뜻의 거(去)다'라고 하였다. 곧 음식을 대접하여 상대를 전송하는 것을 전이라 한다. 한자는 식(食) 변이다. 율서(律書)의 문구에는 천리(踐履)의 천이라 하였는데 근거가 없다〉. 餞送〈才翦反 說文 送 去也 謂以飮食送人曰餞 字從食 律文作踐履之踐 非體也〉"라고 하였다. 〔참고문헌〕『一切經音義』, 『祖庭事苑』 권4 「餞送」(卍속장113, p.125a1).

전수 全數 모든 수 또는 대강의 수. 『법화의소』 권9(대정장34, p.580a15)에 "〔문〕 천이백오십 명이 항상 부처님을 따르는데 이 경전 앞뒤에서 왜 단지 천이백 명만 말하는가? 〔답〕 경에서 말한 사람 모두를 말한 것일 수도 있고, 본래 천이백오십 명인데 법화시에 이르러 오십 명이 죽었기에 천이백 명이라고 한 것일 수도 있다. 問 千二百五十人常隨佛 此經前後何故但言千二百耶 答 或可出經人語其全數 或可本有千二百五十 至法華時五十已亡 故但言千二百耳", 『출삼장기집』 권11(대정장55, p.81c7)에 "그러므로 이치로 미루어보건대 계목의 수가 이백오십이나 오백이라고 한 것은 대략 말한 것일 뿐이다. 然以理推之 二百五十及五百 是擧全數耳"라고 하였다. 〔참고문헌〕『法華義疏』, 『出三藏記集』.

전수 專修 오롯이 수행에 전념함. 또는 한 가지 수행에 오롯이 하여 다른 것을 돌아보지 않는 뜻이다. 정토종에서는 왕생을 위해 칭명염불(稱名念佛)에만 전념하고 다른 행법에 의지하지 않는 것으로 염불 이외에 독송 · 관찰 · 예배 · 찬탄 등 다른 행법과 함께 닦는 잡수(雜修)가 없는 것을 말한다. 『잡아함경』 권22(대정장2, p.154a27)에 "오로지 정법을 닦고 불선업을 멀리 떠나네. 번뇌가 다한 이 아라한에게는 험악한 세간이 평등하네. 專修於正法 遠離不善業 是漏盡羅漢 嶮惡世平等", 『대반야경』 권366(대정장6, p.888a17)에 "이 보살은 눈으로 색을 보고 상에 집착하지 않고 좋아하는 것을 따르는데 집착하지 않는다. 이 자리에서 안근을 보호하고 방일하여 안주하지 않으며 마음이 세간의 탐욕 · 애착 · 불선법 · 모든 번뇌를 일으키지 않게 하고 오롯이 정념과 정정을 닦고 안근을 수호한다. 是菩薩摩訶薩眼見色已 不取諸相 不取隨好 卽於是處 防護眼根 不放逸住 勿令心起世間貪愛 惡不善法 諸煩惱漏 專修念定 守護眼根", 『제법무쟁삼매법문』 권상(대정장46, p.628b25)에 "불도를 구하고자 한다면 계를 청정하게 지키고 오롯이 선관을 닦아서 신통을 얻어 천마를 항복시키고 외도를 부수며 중생을 제도하여 번뇌를 끊게 할 수 있다. 欲求佛道 持淨戒 專修禪觀 得神通 能降天魔 破外道 能度衆生斷煩惱", 『정토혹문』(대정장47, p.301c1)에 "전수란 중생의 장애가 두텁고 경계가 미세하며 마음이 거칠고 정신이 산란하여 관행을 성취하기 어려우므로 대성께서 불쌍히 여기시어 오로지 명호를 칭념하도록 권한 것이다. 이는 다름이 아니라 칭명염불이 쉽기 때문이다. 칭명염불을 상속하면 정토에 왕생한다. 만약 찰나찰나 상속하되 목숨을 다할 때를 기한으로 삼는다면 열이면 열이 왕생하고 백이면 백 모두 왕생한다. 專修者 謂衆生障重 境細心麁 識颺神飛 觀難成就 是以大聖悲憐 直勸專稱名號 正由稱名易 故相續卽生 若能念念相續 畢命爲期 十卽十生 百卽百生", 『석정토군의론』 권4(대정장47, p.50c1

5)에 "서방정토업만을 전일하게 닦음은 네 가지 닦음에 부족함이 없고 삼업이 섞이지 않으며 다른 모든 서원과 수행을 그치고 오로지 서방정토에 왕생할 수 있는 하나의 행만을 바라고 닦는 것이다. 잡수하는 이는 만 명 중 한 사람도 왕생하지 못하고 전수하는 이는 천 명 중 한 명도 빠짐없이 왕생한다. 專修西方淨土業者 四修靡墜 三業無雜 廢餘一切諸願諸行 唯願唯行西方一行 雜修之者 萬不一生 專修之人 千無一失"라고 하였다. [참고문헌]『雜阿含經』, 『大般若經』, 『諸法無諍三昧法門』, 『淨土惑文』, 『釋淨土群疑論』. ⇨ 잡수 雜修, 전잡이수 專雜二修

전수 傳受 전해 받다. 『법화현찬』 권1(대정장34, p.663b16)에 "'아난은 들었다'라고 말했다면 직접 들은 게 아니라 남으로부터 전해 받은 것일 수도 있지만, 여기서는 세존께서 설하신 말씀을 직접 들은 것이지 남에게 전해들은 게 아니라는 사실을 드러내어 그물처럼 사람을 얽어매는 저들의 의심을 파하였다. 그러므로 다만 '나는 들었다'고 말하였다. 若言阿難聞 或非親聞 從他傳受 今顯親聞世尊所說 非是傳聞 破他疑網 故不稱字 但言我聞", 『범망경보살계본소』 권6(대정장40, p.655a21)에 "불성이란 성불을 위한 본유의 인이고 계권은 외연이다. 전해 받는다는 말은 과거로부터 전해져서 현재까지 이르고, 현재에서 다시 미래를 향해 거듭해서 서로 이어받는다는 뜻이다. 이 때문에 끊이지 않는다고 말하였다. 佛性爲成佛本有之因 戒卷爲外緣 傳受 謂從過去傳至現在 現在向未來 展轉相受 故云不絶也", 『지관보행전홍결』 권1(대정장46, p.150a1)에 "전이란 말은 전해 준다는 뜻이며 전해 받는다고도 한다. 남이 전해준 것을 받기 때문에 그렇게 말한다. 傳謂傳授 亦曰傳受 受彼所傳 故云之也"라고 하였다. [참고문헌]『法華玄贊』, 『梵網經菩薩戒本疏』, 『止觀輔行傳弘決』. ⇨ 전수 傳授

전수 傳授 전해 주다. 스승이 제자에게 법을 전해 주다. 『금강불공삼매대교왕경』 권2(대정장8, p.793a29)에 "만약 아사리가 제자에게 법을 전수해 주려 한다면, 금강권인을 맺고서 제자를 이끌어 만다라 중에 들어가게 한 다음 금강관정법으로 관정을 행해 주어야 한다. 若阿闍梨當傳授弟子者 卽結金剛拳印 引弟子入曼拏羅中 以金剛灌頂法 當授灌頂", 『달마다라선경』 권상(대정장15, p.301c6)에 "부처님께서 입멸하신 후 존자 대가섭·존자 아난·존자 말전지·존자 사나바사·존자 우파굴·존자 바수밀·존자 승가라차·존자 달마다라를 비롯하여 존자 불야밀다라에 이르기까지 모두 법을 가진 이들로서 이 지혜의 등불을 차례대로 전했으니, 내가 지금 들은 대로 그 뜻을 설하겠노라. 佛滅度後 尊者大迦葉 尊者阿難 尊者末田地 尊者舍那婆斯 尊者優波崛 尊者婆須蜜 尊者僧伽羅叉 尊者達摩多羅 乃至尊者不若蜜多羅 諸持法者 以此慧燈 次第傳授 我今如其所聞而說是義", 『능가경』 「서문 序文」(대정장16, p.479b3)에 "옛날에 달마대사가 서쪽에서부터 와서 이미 이조에게 심인을 전하였다. 그리고 말하길 '나에게 『능가경』 4권이 있는데 그대에게 주겠다. 이것은 바로 여래심지의 긴요한 문이니 중생들에게 펼쳐서 깨닫게 하거라'. 이것은 또한 부처와 선을 나란히 전하고 현묘한 이치와 뜻을 함께 부촉한 것이다. 그러나 오조에 이르러 처음으로 『금강경』을 전수하는 것으로 바뀌었기 때문에 육조는 나그네가 『금강경』을 읽는 소리를 듣고 그에게 내력을 물었다. 그러자 나그네는 '나는 기주 황매현 동쪽 오조산에서 왔소. 오조대사는 늘 승속에게 『금강경』만 지니면 스스로 견성하여 부처가 될 수 있다고 권하였다'고 말하였으니, 『금강경』을 지니게 된 것은 오조에서 비롯된다. 이 때문에 『금강경』이 세상에 성행하게 되었고 『능가경』은 마침내 전하지 못하였다. 昔 達磨西來 旣已傳心印於二祖 且云 吾有楞伽經四卷 亦用付汝 卽是如來心地要門 令諸衆生 開示悟入 此亦佛與禪並傳 而玄與義俱付也 至五祖 始易以金剛經傳授 故六祖聞客讀金剛經 而問其所從來 客云 我從蘄州黃梅縣東五祖山來 五祖大師 常勸僧俗 但持金剛經 卽自見性成佛矣 則是持金剛經者 始於五祖 故金剛以是盛行於世 而楞伽遂無傳焉", 『임제록』(대정장47, p.506a5)에 "위산이 말했다. '그렇다! 그렇다! 견해가 스승과 가지런하면 스승의 덕을 반이나 감하지만, 스승을 넘어서야 비로소 스승에게 전수받을 수 있다'. 潙山云 如是 如是 見與師齊 減師半德 見過於師 方堪傳授"라고 하였다. [참고문헌]『金剛不空三昧大教王經』, 『達摩多羅禪經』, 『楞伽經』, 『臨濟錄』. ⇨ 전수 傳受

전수 傳邃 1632~1660. 명대 조동종(曹洞宗) 스님. 속성은 무(武)씨. 회(淮) 출신. 세칭 자성전수선사(子成傳邃禪師)라고 한다. 모친이 부처님께서 정수리를 쓰다듬어주시는 꿈을 꾸고 잉태하였다. 나이 여섯에 자신의 아버지 잠암건(潛庵乾)화상 문하로 출가하였다. 열 살에 아버지를 따라 여러 지방으로 법을 물으러 돌아다니다가 어느 저녁에 "머리를 땋고 부부가 된 다음, 은애하여 모두 의심치 않네. 結髮爲夫婦 恩愛兩不疑"라는 시구절을 읊다가 크게 깨달았다고 한다. 그 뒤 도밀(道密)을 친견하였는데 그가 명하여 아버지 잠암건화상의 법석을 이었다. 후에 보은사(報恩寺)·관음사(觀音寺)·단도사(檀度寺) 등의 절에 주석하였다. 청대인 1660년(순치17) 3월에 세수 29세로 입적하였다. [참고문헌]『增訂佛祖道影』 권3.

전수 詮修 청대 스님. 자는 이승(二勝) 자호는 몽천도인(蒙泉道人). 속성은 이(利)씨, 이름은 자시(子柴). 곤산(崑山 : 江蘇省 松江) 출신 본래 효성이 지극하고 성원(生員)이었는데 명나라가 망한 후에 출가했다. 시화(詩畵)에 능했는데, 특히 인물과 화조(花鳥)를 잘 그렸으며 팔분서(八分書)에도 뛰어났다.

전수전 轉隨轉 전(轉 Ⓢ pravartaka)과 수전(隨轉 Ⓢ anuvartaka). 전이란 어떤 법이 움직여 구르는 것을 말하고, 수전이란 앞선 법이 있어 따라 일어나는 것을 일컫는다. 예를 들어 전심(轉心 : 能轉心)이란 신업(身業)과 어업(語業)을 일으키는 인이 되는 마음을 말하고, 수전심(隨轉心)이란 신업이나 어업과 함께하는 마음을 말한다. 『대비바사론』 권195(대정장27, p.975c9)에 "신어 두 업은 마음으로 분위의 차별을 일으키는데, 마음에는 두 가지가 있으니 전심과 수전심을 말한다. 전심이란 능히 신어 두 업을 이끌어 저 앞에 일어나는 것을 말한다. 수전심이란 신업과 어업을 도와서 저것과 더불어 생하는 것을 말한다. 身語二業 由心而起 分位差別 心有二種 謂轉隨轉 轉謂能引 身語二業 在彼前起 隨轉謂助 身語二業 與彼俱生", 『구사론』 권13(대정장29, p.71c4 : *Abh-k-bh.*, p.203)에 "〔논〕 표업과 무표업의 등기에는 두 가지가 있으니 인등기와 찰나등기다. 앞서 있던 것을 인으로 삼으니 저 찰나에 있기 때문이다. 이렇게 처음의 것을 전이라 하고, 두 번째 것을 수전이라고 한다. 즉 인등기는 장차 업을 지으려고 할 때 능히 이끌어 일으키기에 '전'이라 한다. 찰나등기는 바로 업을 지을 때 서로 여의지 않기에 '수전'이라고 한다. 수전은 업에 대하여 어떠한 공능을 갖는가? 비록 선행하는 인이 있어 능히 업을 일으킬지라도, 만약 수전이 없으면 죽은 것 같아 업은 없다. 論曰 表無表業 等起有二 謂因等起 刹那等起 在先爲因故 彼刹那有故 如次初名轉 第二名隨轉 謂因等起 將作業時 能引發故 說名爲轉 刹那等起 正作業時 不相離故 名爲隨轉 隨轉於業 有何功能 雖有先因 爲能引發 若無隨轉者 如死業應無 dvividhaṃ samutthānaṃ hetusamutthānaṃ tatkṣaṇasamutthānaṃ ca. tatraiva kṣaṇe tadbhāvāt. … hetusamutthānaṃ pravartakamākṣepakatvāt. tatkṣaṇasamutthānamanuvartakaṃ kriyākālānuvartanāt. kimidānīṃ tasya tasyāṃ kriyāyāṃ sāmarthyam. tena hi vinā 'sau mṛtasyeva na syādā kṣiptā 'pi satī"라고 하였다. 〔참고문헌〕『大毘婆沙論』, 『俱舍論』, *Abh-k-bh.* ⇨ 수전 隨轉 ❶

전순 典恂 1786~1843. 조선후기 스님. 호는 설송(雪松), 속성은 이(李)씨, 본관은 연안(延安). 전순(戩恂)이라고도 쓴다. 아버지의 휘는 대욱(大旭), 어머니는 최(崔)씨 부인이다. 1786년(정조10) 10월 4일 평안도 개천군에서 태어났다. 12세 때 강원도 통천군 금강산 용공사(龍貢寺)에서 신교(信敎)를 은사로 하여 스님이 되었다. 그로부터 경율론 삼장을 연마하였으며 유암최관(柳巖最冠 1794~1872)의 법을 이어 받고, 선법(禪法)은 뇌묵등린(雷默等麟 1744~1825)에게서 받았다. 선교를 겸비한 대종사로서 선교양종팔도규정도총섭(禪教兩宗八道糾正都摠攝)을 지냈다. 후학을 지도하다가 1843년(헌종9) 10월 18일 용공사에서 세수 58, 법랍 47세를 일기로 입적하였다. 동문(同門)인 영허선영(映虛善影)이 비문을 지어 1853년(철종4)에 세운 비가 용공사에 있다. 〔참고문헌〕『櫟山集』 권하 「雪松大師碑文」(한불전10, p.959b15), 『楡岾寺本末寺誌』(亞細亞文化社, 1977) pp.665~666, 智冠 『韓國高僧碑文總集 朝鮮朝 · 近現代』 pp.684~685. ⇨ 설송 雪松 ❷

전술일심계문 傳述一心戒文 9세기 광정(光定) 지음. 3권. 최징(最澄)이 주장한 대승계를 전해 지은 것으로 대승계의 핵심을 밝힌 글이다. 상중하 세 권에는 차례로 최초로 득도해서 받는 종지문과 일승계첩, 그리고 계단과 강당 조성과 그에 따른 위차 등을 실제 사적에 의지해 기록한 글이다.

전습 傳襲 전하고 물려받다. 『자은전』 권10(대정장50, p.278b14)에 "밤하늘의 별과 달이 서쪽으로 지는 해의 빛을 잇고, 삼강과 구하가 동쪽의 거대한 바다를 돕는 것을 보면 서로 돕는 도가 만물에도 이미 뚜렷하니, 전하고 물려받는 풍광이 어찌 인간이라고 다르겠는가? 부처님께서 열반에 드신 후에 아난이 결집한 이래 천 년의 세월이 지나고 십대의 시간이 흐르는 동안 성현이 그 사이에 출현하고 지혜로운 이들은 번갈아 태어났다. 觀夫夜星霄月 繼西日之明 三江九河 助東溟之大 相資之道 在物旣然 傳襲之風 於人豈異 自法王潛輝之後 阿難結集已來 歲越千年 時逾十代 聖賢間出 英叡遞生"라고 하였다 〔참고문헌〕『慈恩傳』.

전승 轉勝 Ⓢ pari-puṣṭatama, Ⓣ phul-du-brtas-pa. 거듭 뛰어나게 되다. 『불본행집경』 권10(대정장3, p.698b26)에 "대사여, 동자가 태중에 있을 때 동자의 어머니는 아주 단정하여 세상에 비할 이가 없었으며, 옛 광택보다 두 배나 더하여 전보다 나날이 수승해졌다. 大師 童子在胎 童子之母 端正可喜 世無有雙 先時光澤 倍更增進 轉勝於前", 『십지경론』 권1(대정장26, p.126a18)에 "이 삼매신으로 공덕을 섭수하는 데 여덟 가지가 있으니, 자리이타에 의지하기 때문이다. … 셋째는 몸을 굴려 깨끗해진다. 생을 거듭할수록 더욱 수승해지는 것이니, 선행을 성취해 채웠기 때문이다. 마치 경에서 선을 쌓음이 도를 돕는 법이라 한 것과 같다. 此三昧身攝功德有八種 依自利利他故 … 三者 身轉淨 生生轉勝 善行成滿故 如經善集助道法故"라고 하였다. 〔참고문헌〕『

佛本行集經』, 『十地經論』, *Bodh-bh.56.*

전시 殿試 출가자를 왕궁에 불러 시험 보게 하는 일. 본래 송대(宋代)에 관리를 임용하기 위해 내전(內殿)에서 치렀던 진사시(進士試)의 일종이다. 『불조통기』 권43(대정장49, p.395c8)에 "개보 2년 장춘절에 천하의 사문을 불러서 경율론의 뜻 십조목에 대해 전시를 치르고 모두 맞춘 이에게 자의를 하사했다. 開寶二年 長春節 詔天下沙門 殿試經律論義十條 全中者賜紫衣"라고 하였다. [참고문헌] 『佛祖統紀』.

전식 全植 752~844. 당대 선승. 법호는 주석했던 회남(淮南)의 산의 이름 따라 도량(都梁), 속성은 예(芮)씨. 어려서 광주(光州 : 河南省 潢川縣) 영광사(榮光寺)의 대지(大智)에게서 수학하였고, 구족계를 받고서는 낙양선회(洛陽禪會)를 다니며 심법을 꿰뚫었다. 도량산에 암자를 짓고 교화를 펼치자 신도들이 모여들었고, 이에 태수 위문경(衛文卿)이 명하여 관할지의 장수사(長壽寺)로 모셨다. 『송고승전』 권9(대정장50, p.765c28)에 "위문경이 전식선사에게 물었다. '장래에 불법이 일고 저묾은 어떠하겠습니까?' '진실한 물은 진동이 없습니다. 자고이래 지금까지 궤도를 따라 오감은 유위법일 뿐이니, 네 가지 모양 따라 흐릅니다. 법 또한 마땅히 액난에 묻히게 될 터, 군주께서는 조만간에 보시게 될 겁니다'. 衛侯問 將來佛法隆替若何 植曰 眞實之物無振 自古于今 往復軌躅 有爲之法 四相遷流 法當陻厄 君侯翹足可見"라고 한 문답이 전하는데, 회창폐불(會昌廢佛)을 예언한 것이라고 한다. 한편 『경덕전등록』 권4(대정장51, p.224b1)에 따르면 북종신수(北宗神秀)의 법을 이었다 한다. [참고문헌] 『宋高僧傳』, 『景德傳燈錄』, 『新修科分六學僧傳』 권7(卍속장133, p.547a9).

전식 奠食 음식을 올리다. 『오분율』 권26(대정장22, p.171c8)에 "그때 여러 재가자들이 반기를 써서 전식하여 여러 비구에게 주자 여러 비구들이 감히 받지 못하였다. 이에 '사문석자들이 공양을 받지 않는다'고 나무라며 꾸짖었다. 이를 부처님께 아뢰자 부처님께서 '받는 것을 허락한다'라고 하셨다. 時諸白衣 以盤器奠食 與諸比丘 諸比丘不敢受 便譏呵言 沙門釋子不堪受供養 以是白佛 佛言 聽受", 『일체경음의』 권58(대정장54, p.698a24)에 "전식〈(전은) 도와 견을 반절한 음이다. 전은 '늘어놓다'·'바치다'라는 뜻이다. 『광아』에서는 전은 '올리다'·'바치다'(調)라는 뜻이라고 하였다〉. 奠食〈徒見反 奠 陳也 獻也 廣雅 奠 薦也 調也〉"라고 하였다. [참고문헌] 『五分律』, 『一切經音義』, 『法苑珠林』 권18(대정장53, p.417a2).

전식 轉識 ❶ Ⓢ pravṛtti-vijñāna, Ⓣ 'jug-pa'i-rnam-par-shes-pa. 제8아뢰야식(阿賴耶識)을 의지해 생멸전변(生滅轉變)하는 전칠식(前七識). 전육식(眼耳鼻舌身意)과 제7말나식(末那識)을 아울러 부르는 이름이며, 보통 칠전식(七轉識)이라 하고 칠전(七轉)·전심(轉心)이라고도 한다. 『유가사지론』 권63(대정장30, p.651b14)에 "대략 두 가지 식이 있으니 첫째는 아뢰야식이고, 둘째는 전식이다. 아뢰야식은 소의이며, 전식은 능의다. 전식은 또 일곱 가지이니, 말하자면 안식에서 의식까지이다. 略有二識 一者 阿賴耶識 二者 轉識 阿賴耶識是所依 轉識是能依 此復七種 所謂眼識 乃至意識", 『성유식론』 권4(대정장31, p.20b6)에 "제7식은 비록 끊임이 없지만, 견도 등에서 이미 굴러 변함이 있기에 마땅히 육식과 같아서 구유의가 있다. 그렇지 않으면 그것은 전식으로 거둘 수 없어서 곧 전식에 일곱 가지가 있다는 부처님 가르침에 어긋난다. 그러므로 거기에 구유의가 있어야 한다. … 다섯 가지 전식 하나하나에는 반드시 두 가지 구유의가 있으니, 즉 오색근과 동시인 의식이다. 제6전식에는 항상 하나의 구유의가 있으니 제7식을 말한다. 만약 오식과 동시에 일어나면 역시 오식이 구유의가 된다. 제7전식에는 반드시 오직 하나의 구유의만 있으니, 제8식을 말한다. 제8식만은 항상 전변이 없어 스스로 능히 설 수 있기에 구유의는 없다. 第七識 雖無間斷 而見道等 旣有轉易 應如六識 有俱有依 不爾 彼應 非轉識攝 便違聖敎轉識有七 故應許 彼有俱有依 … 前五轉識 一一定有 二俱有依 謂五色根 同時意識 第六轉識 決定恒有 一俱有依 謂第七識 若與五識 俱時起者 亦以五識 爲俱有依 第七轉識 決定唯有 一俱有依 謂第八識 唯第八識 恒無轉變 自能立故 無俱有依"라고 하였다. [참고문헌] 『瑜伽師地論』, 『成唯識論』, *Laṅk.221.*, *Madhy-vibh.21.* ⇨ 칠전식 七轉識, 생기식 生起識, 용식 用識❷, 구유의 俱有依 ❷ 『대승기신론』에서 설하는 오식(五識 : 五意) 중 하나. 움직여 능히 보는 작용이다. 『대승기신론』(대정장32, p.577b6)에 "이 의(意)에는 다섯 가지 이름이 있다. 어떤 것이 그 다섯 가지인가? … 둘째는 전식이라 하니, 움직이는 마음에 의지해 능히 상을 본다. 此意復有五種名 云何爲五 … 二者 名爲轉識 依於動心 能見相故", 원효(元曉)의 『기신론소』 권상(대정장44, p.213c27·한불전1, p.760a2)에 "전식 중에서 동심에 의지해 능히 상을 본다 하였다. 전에 업식의 움직임에 의해서 굴러 능히 상을 보는 것이다. 그러나 전식에는 두 가지가 있으니, 무명의 움직임에 의하여 굴러 능히 본다 하면 바로 본식에 있게 된 것이며, 경계의 움직임에 의하여 뒤쳐 본다면 이것은 칠전식이다. 이 중에 전식은 첫 번째 뜻이다. 轉識中 言依於動心 能見相故者 依前業識之動 轉成能見之相 然轉識有二 若就無明所動轉成能見者 是在本識 如其境界所動轉成能見者 是謂七識 此中轉相 約初義也"라고 하였다. [참고문헌] 『大乘起

信論』, 『起信論疏』. ⇨ 오의 五意[1], 삼세육추 三細六麤
[3] ➡ 전식득지 轉識得智

전식득지 轉識得智 유루(有漏)의 분별식(分別識)을 뒤쳐 무루(無漏)의 지혜를 얻는 것. 전식성지(轉識成智)라고도 한다. 전오식(前五識)을 뒤쳐 성소작지(成所作智 : 作事智)를 얻고, 제6식을 뒤쳐 묘관찰지(妙觀察智)를 획득하며, 제7식을 뒤쳐 평등성지(平等性智 : 平等智)를 얻고, 제8식을 뒤쳐 대원경지(大圓鏡智)를 성취하는 것을 말한다. 『불지경론』 권3(대정장26, p.302c1)에 "제8식을 뒤쳐 대원경지와 상응하는 마음을 얻으니, 능히 일체공덕종자를 가져서 능히 일체신토의 영상을 나투고 일으킨다. 제7식을 뒤쳐 평등성지와 상응하는 마음을 얻으니, 두 집착인 자타분별을 멀리 여의어서 일체평등성을 증득한다. 제6식을 뒤쳐 묘관찰지와 상응하는 마음을 얻으니, 능히 일체를 관찰하여 온통 걸림이 없다. 다섯 가지 현식을 뒤쳐 성소작지와 상응하는 마음을 얻으니, 밖에서 짓는 일 능히 보이고 가려 성취한다. 또 어떤 이의 뜻으로는 제6식을 뒤쳐 성소작지를 얻고, 다섯 가지 현식을 뒤쳐 묘관찰지를 얻는다고 하는데, 이것은 그렇지 않다. 왜냐하면 차례가 아니기 때문이고, 법을 말하여 의심을 버리고 두루 관찰하는 것은 오식의 용이 아니기 때문이다. 轉第八識得大圓鏡智相應心 能持一切功德種子 能現能生 一切身土智影像故 轉第七識得平等性智相應心 遠離二執自他差別 證得一切平等性故 轉第六識得妙觀察智相應心 能觀一切 皆無礙故 轉五現識得成所作智相應心 能現成辦 外所作故 復有義者 轉第六識得成所作 轉五現識得妙觀察 此不應爾 非次第故 說法除疑周遍觀察 非五用故"라고 하였다. 〔참고문헌〕 『佛地經論』, 『成唯識論了義燈』 권7(대정장43, p.809c18). ⇨ 사지 四智[1], 사지심품 四智心品

전식론 轉識論 Ⓢ Triṃśikāvijñaptimātratā, Ⓣ sum-cu-pa'i-tshig-le'ur-byas-pa. 진(陳)대 진제(眞諦) 한역. 1권. 고려장17, pp.497a1~500a7, No.612 · 대정장31, pp.61c3~63c19, No.1587에 수록되어 있고 티베트역본(北京版 No.5556)도 전한다. 세친(世親)이 지은 『유식삼십송 唯識三十頌』(대정장31, No.1586)의 이역본이며, 『삼무성론 三無性論』(대정장31, No.1617) · 『현식론 顯識論』(대정장31, No.1618)과 더불어 『무상론 無相論』의 일부분이므로 『전식품 轉識品』이라고도 한다. 『무상론』에 대해서는 알려진 것이 없다. 본 논서는 식(識)의 작용인 식의 전변(轉變)에 대하여 설하는 내용이며, 『유식삼십송』의 게송이 산문으로 한역된 점이 특징적이다. 유식학 연구에 있어 중요한 자료가 되는 책이다. ⇨ 유식삼십론송 唯識三十論頌, 삼무성론 三無性論, 현식론 顯識論, 무상론 無相論

전신 前身 이전의 몸. 과거 또는 전생의 몸을 말한다. 후신(後身)에 상대한다. 『보살본생만론』 권15(대정장3, p.379c26)에 "전신이 다하여 사라지면 후신이 다시 일어난다. 前身滅謝 後身復起", 『사자월불본생경』(대정장3, p.444b13)에 "그대는 전신으로 헤아릴 수 없이 긴 세월동안 탐욕 · 진에 · 우치 · 사견 · 질투 · 교만 · 비방 · 파계와 온갖 나쁜 짓을 지어서 십악을 채웠다. 汝於前身無量劫來 貪欲 瞋恚 愚癡 邪見 嫉妬 憍慢 誹謗 破戒 作諸惡事 滿足十惡", 『찬집백연경』 권5(대정장4, p.226a27)에 "이에 여래께서 비구들을 데리고 방에 들어와서 아귀에게 말씀하셨다. '돌! 부끄러움이 없구나! 그대는 전생의 몸일 때도 출가입도 하여 이양을 탐착하고 보시를 저버려서 지금 아귀도에 떨어져 이렇게 추한 몸을 받았다'. 於是如來 將諸比丘 來入室中 語餓鬼言 咄無慚愧 汝於前身 出家入道 貪著利養 不肯惠施 今墮餓鬼 受此醜形", 『현우경』 권4(대정장4, p.379a12)에 "목련이 말했다. '이 사람은 전신일 때 대단한 사냥꾼이었는데 많은 짐승들을 해쳤다. 이 죄 때문에 이러한 괴로움을 당하고 목숨이 다하면 대지옥에 떨어져 오랜 세월이 지나도 나오지 못할 것이다'. 目連告言 此人前身 爲大獵師 多害禽獸 以是罪故 受斯苦毒 於此命終 墮大地獄 經久難出", 『대지도론』 권31(대정장25, p.291b25)에 "만약 시작이 있다면 처음의 몸은 죄와 복의 인연이 없이 선처와 악처에 태어나는 셈이다. 만약 죄와 복의 인연을 따라 태어난다면 처음의 몸이라고 할 수 없다. 왜 그러한가? 만약 죄와 복이 있다면 전신을 따라 후신을 받기 때문이다. 만약 세간에 시작이 없다면 이러한 오류가 없다. 若有始者 初身則無罪福因緣而生善惡處 若從罪福因緣而生 不名爲初身 何以故 若有罪福 則從前身受後身故 若世間無始 無如是咎"라고 하였다. 〔참고문헌〕 『菩薩本生鬘論』, 『師子月佛本生經』, 『撰集百緣經』, 『賢愚經』, 『大智度論』. ⇨ 후신 後身

전신 專信 소식을 전하는 글. 선림(禪林)의 일을 알리고자 파견하는 사자인 전사(專使)의 서신(書信)을 말한다. 『선원청규』 권6 「치서 馳書」(卍속장111, p.910b10)에 "전사는 주지 앞에서 양전삼배를 올린다〈좌구(坐具)를 한 번 펼치고 절하면서 '이렇게 전신을 급히 보내드리면서 존안을 받들어 뵈오니 미천한 저로서는 지극한 존경심을 이기지 못하겠습니다'라고 말한 다음 다시 좌구를 한 번 펼치고 절하면서 인사말을 하고 나서 이마를 바닥에 붙이고 세 차례 절을 올린다〉. 專使 於住持人前 兩展三拜〈一展云 此馳專信 得奉尊顔 下情無任 瞻仰之至 又一展敘寒暄 乃觸禮三拜〉"라고 하였다. 〔참고문헌〕 『禪苑淸規』.

전신 轉身 [1] Ⓢ parivṛtta-janman, Ⓣ tshe-brjes-pa. 몸을 바꾸어 나다. 『중아함경』 권50 「가루오다이경

加樓烏陀夷經』(대정장1, p.741c24)에 "만일 애써서 몸을 돌리면 단단히 묶인 그 끈이 곧바로 끊어져 본래의 자리로 돌아갈 것이다. 若努力轉身 彼堅縛者 則便斷絶 還歸本所", 『전세삼전경』(대정장3, p.449a10)에 "가까운 신하와 측근들이 음녀가 몸을 바꾸어 남자가 되었다는 소문을 들었다. 傍臣左右 聞婬女人 轉身作男子", 『중경찬잡비유』 권하(대정장4, p.540b10)에 "몸을 바꾸고 와서 대부로 태어났다. 반듯한 딸을 낳아 대부가 애착했으나 한 해 만에 죽었다. 轉身來生大婦 爲女端正 大婦愛之 年一歲死", 『유가사지론』 권40(대정장30, p.515c23 : *Bodh-bh.*, p.109)에 "만약 모든 보살이 비록 다시 몸을 바꾸어 시방계 곳곳에 날 때마다 보살로서의 정계율의를 버리지만 않는다면, 이것으로 말미암아 보살은 무상보리대원을 버리지 않을 뿐만 아니라, 상품의 번뇌로 타승처법을 범하지도 않는다. 若諸菩薩 雖復轉身 遍十方界 在在生處 不捨菩薩 淨戒律儀 由是 菩薩不捨 無上菩提大願 亦不現行 上品纏犯 他勝處法 na ca parivṛttajanmāpi bodhisattvaḥ bodhisattvaśīlasaṃvarasamādānaṃ vijahāti. adha urdhvaṃ tiryak sarvatropapadyamāno yena bodhisattvena praṇidhānaṃ na tyaktaṃ bhavati. nāpi ca pārājayika sthānīyānāṃ dharmāṇāmadhimātraṃ paryavasthānaṃ samudācaritaṃ bhavati"라고 하였다. [참고문헌] 『中阿含經』, 『前世三轉經』, 『衆經撰雜譬喩』, 『瑜伽師地論』, *Bodh-bh.* ❷ Ⓢ āśraya-parivṛtti, Ⓣ gnas-yongs-su-'gyur-pa. 몸을 굴리다. 몸을 자유자재로 하다. 『보성론』 권2(대정장31, p.827a1 : *Ratna-ut.*, p.21)에 "멀리 모든 번뇌를 여읜다 하니 바로 저 여래장이다. 몸을 뒤쳐 불지에 이르고 법신을 증득하니 이름이 여래법신이다. 遠離諸垢者 卽彼如來藏 轉身到佛地 得證法身 名如來法身故 nirmalā tathatā sa eva buddhabhūmāv-āśraya-parivṛtti-lakṣaṇo yas-tathāgata-dharmakāye ity-ucyate", 『조산어록』 권하(대정장47, p.544b15)에 "'진창에 들어가고 물에 빠진다는 말은 무슨 뜻인가?' '변하고 바꿀 일 없다' '몸을 뒤치지는 않는가?' '몸을 뒤칠 일도 없다'. 云 如何是入泥入水 師曰 不變易 云 轉身也否 余曰 不轉身", 『양기어록』(대정장47, p.644c17)에 "만약 알아차렸다면 건곤대지와 삼라 온통 밝으리니, 만약 알아차리지 못한다면 저 물에 밀쳐 꼼짝할 수 없으리. 若識得 乾坤大地 森羅洞明 若也不識 被物拶著 轉身不得"라고 하였다. [참고문헌] 『寶性論』, 『曹山語錄』, 『楊岐語錄』, *Ratna-ut.*

전신구 轉身句 몸 구르게 하는 한마디. 한 몸 자유로워 거칠 것 없게 하는 한마디. 『담당문준화상어』(속고존숙어요1, 卍속장118, p.874b11)에 "'그렇지 않아도 그렇게 되니 돌 소가 울부짖고 불속에서 연꽃이 핀다. 애써 짓지 않아도 무엇인가 일어나니 목마가 흐느끼고 언 강 위에 불꽃이 튄다. 문득 이렇게 하고 만다면 납승문하에 오히려 몸 뒤칠 한 구 있을 리 없다. 대중이여, 대답해 보라! 무엇이 이 한 몸 뒤칠 구인가?' 고요히 있다가 말했다. '물총새가 차오르며 뒤집으니 연잎에 비 쏟아지고, 해오라기 날아오르니 대나무숲이 연기 자욱하다'. 不然而然 石牛吼 火裏生蓮 無作而作 木馬嘶 河氷燄著 便與麽去 衲僧門下 猶欠轉身句在 大衆 且道 作麽生是 轉身底句 良久云 翡翠踏翻荷葉雨 鷺鷥飛破竹林煙", 『단교묘륜어록』 권하(卍속장122, p.438a3)에 "관음 : 교교한 밝은 달빛 물결에 잠기고, 물 위에 뜬 풀마다 이슬 맺혔다. 훌륭하다, 관세음이시여! 전신구를 알지 못했구려. 觀音 皎皎月沈波 萋萋草泣露 良哉觀世音 不會轉身句", 『밀암어록』(대정장47, p.961b17)에 "'안다면 범부인가 성인인가? 그 비밀 놓아버린다면 삼십년 뒤에 누군가 만나 점검을 받게 될 것이며, 만일 놓아버리지 못한다면 어떻게 전신구 말해야 할까?' 한 소리 크게 내지르고 말했다. '뛰어난 이 산수를 따르지만 중인은 대나무숲에 앉는다'. 知他是凡耶是聖耶 祥符若放過 三十年後遭人撿點 若不放過 如何道得轉身句 喝一喝云 上士由山水 中人坐竹林", 『치절어록』 권상(卍속장121, p.503b15)에 "옳다 해도 착이고 옳지 않다 해도 어긋난다. 한 번 쳐서 만 겹 관쇠를 열어야 한다. 노로(혜능)는 전신구를 알지 못해서 문득 '밝은 거울 역시 받침대 아니다'라고 말하였다. 是著卽錯 不是猶乖 一擊萬重關鎖開 老盧不會轉身句 便道明鏡亦非臺"라고 하였다. 『오가종지찬요』 권상(卍속장114, p.520b17)에는 제종십삼종구(濟宗十三種句) 중 하나로 들면서 "여섯 번째, 전신구 : 콧구멍을 보았는가? 도리어 주먹 끝이다. 六 轉身句 見鼻孔麽 却是拳頭"라고 하였다. [참고문헌] 『湛堂文準和尙語』, 『斷橋妙倫語錄』, 『密菴語錄』, 『癡絶語錄』, 『五家宗旨纂要』. ⇨ 전신일로 轉身一路, 전신처 轉身處, 전신토기 轉身吐氣, 제종십삼종구 濟宗十三種句

전신독로 全身獨露 온몸 오롯이 드러나다. 여지없이 다 떨쳐버려 홀로이고, 거칠 것 없이 자유로워 천하에 우뚝한 경계다. 『조산어록』(대정장47, p.533b19)에 "(五位旨訣 중에서) 정중래라 하니 큰 허물이다. 온몸이 오롯이 드러났으니 만법의 뿌리여서 아무런 허물도 없고 명예도 없다. 正中來者 太過也 全身獨露 萬法根源 無咎無譽", 『광지광록』 권5(대정장48, p.61b10)에 "'처처에서 만나리' '그대는 어디서 마주쳤던가?' '만상중에 온몸 그대로 드러났다' '말해 보라. 만상 떨쳤는가, 만상을 떨치지 못했는가?' '양 끝 모두 가로 끊었으니, 그 속에서 스스로 통하고 한결같으리'. 僧云 處處相逢去也 師云 爾甚麽處撞著來 僧云 萬象之中 全身獨露 師云 且道撥萬象 不撥萬象 僧云 兩頭俱劃斷 裏許自通同", 『오등전서』 권66「만여통미장 萬如通微章」(卍속장141, p.403a8)에 "감출 곳 없구나, 감출 곳이 없어! 온몸 드러난 채로 길 위에 있네. 우습다, 화정현에서 노 젓던 사내(德誠)여! 이말 저말 해보려 하니 참으로 한심하구나. 沒處藏 沒處藏 全身獨露在街坊 堪笑華亭擺渡漢 葛藤打得太郎當"라고 하였다. [참고문헌]『曹山語錄』, 『宏智廣錄』, 『五燈全書』. ⇨ 전기독로 全機獨露

전신보탑 全身寶塔 전신사리(全身舍利)를 봉안한 탑. 『법화삼매참의』(대정장46, p.952a5)에 "시방세계의 사리존상과 지제묘탑과 다보여래의 전신보탑에 일심으로 예경드립니다. 一心敬禮 十方世界 舍利尊像 支提妙塔 多寶如來 全身寶塔", 『교적의기』 권하(대정장39, p.1036c29)에 "경에서 '또한 여래전신사리솔도파탑이다'라고 한 것은 여섯째 전신보탑을 말한다. 사리란 몸이고 솔도파란 진탑을 말한다. 又是如來全身舍利窣堵波塔者 述曰 第六全身寶塔 言舍利者 此云身也 窣堵波者 是眞塔"라고 하였다. [참고문헌]『法華三昧懺儀』, 『教跡義記』. ⇨ 전신사리 全身舍利, 전신탑 全身塔

전신사리 全身舍利 Ⓢ śarīra-saṃghāta. 온몸을 그대로 모신 사리. 부서진 몸은 쇄신사리(碎身舍利)라고 한다. 『법화경』 권4(대정장9, p.35a8 : *Saddh-p.*, p.259)에 "이때 천왕불이 반열반에 든 후 정법이 이십중겁 동안 머물렀고, 전신사리로 칠보탑을 올렸으니 높이가 육십유순이고 너비가 사십유순이었다. 時 天王佛般涅槃後 正法住世二十中劫 全身舍利起七寶塔 高六十由旬 縱廣四十由旬 devarājasya khalu punarbhikṣavastathāgatasya parinirvṛtasya viṃśatyantarakalpān-saddharmaḥ sthāsyati. na ca śarīraṃ dhātubhedena bhetsyate. ekaghanaṃ cāsya śarīraṃ bhaviṣyati saptaratnastūpaṃ praviṣṭam. sa ca stūpaḥ ṣaṣṭiyojanaśatānyuccaistvena bhaviṣyati catvāriṃśadyojanānyāyāmena", 『대반열반경후분』 권상(대정장12, p.901c24)에 "아난이 다시 부처님께 말씀드렸다. '만약 부처님께서 세간에 계시는 동안 어떤 이가 깊은 신심으로 위와 같이 공양드리거나 여래를 공경하는 경우와 부처님께서 열반하신 후에 어떤 이가 깊은 신심으로 위와 같이 공양드리고 전신사리를 공경한다면 세존이시여! 이 두 사람 중 누가 얻는 복덕이 많습니까?' 부처님께서 아난에게 말씀하셨다. '그 두 사람이 얻는 복덕은 똑같다. 공덕이 광대하고 무변무량하여 괴로움 다한다 해도 그 복은 다함이 없다'. 阿難復白佛言 若佛現在 若復有人 還以深心 如上供養 恭敬如來 佛涅槃後 若復有人 還以深心 如上供養 恭敬全身舍利 世尊 如是二人 所得福德 何者爲多 佛告阿難 如是二人 得福正等 功德廣大 無量無邊 乃至畢苦 其福不盡", 『보협인다라니경』(대정장19, p.713c20)에 "현재미래 일체여래의 분신 광의와 과거제불의 전신사리는 모두 보협인다라니에 있다. 이 모든 여래의 삼신 역시 이 중에 있다. 現在未來 一切如來 分身光儀 過去諸佛 全身舍利 皆在寶篋印陀羅尼 是諸如來所有三身 亦在是中"라고 하였다. [참고문헌]『法華經』, 『大般涅槃經後分』, 『寶篋印陀羅尼經』, *Saddh-p.*, *Divy.77.* ⇨ 사리 舍利[1], 쇄신사리 碎身舍利, 이종사리 二種舍利[3]

전신일로 轉身一路 몸 뒤치는 저 한 길. 한 몸 뒤쳐 한 길 나설 수 있다면 안도 밖도 없고 어둠도 밝음도 다 품어 옛과 오늘 그대로인 대자재를 얻는 뜻이다. 『황룡혜남어록』「속보 續補」(대정장47, p.636b16)에 "머뭇거린즉 어긋나고 생각한즉 빗나가며, 머뭇거리지도 않고 생각도 없으면 흙이나 나무와 다르지 않다. 행하는 이라면 반드시 이 한 몸 뒤치는 한 길을 찾아야 한다. 擬心卽差 動念卽乖 不擬不動 土木無殊 行脚人 須得轉身一路", 『원오어록』 권11(대정장47, p.761c3)에 "넓고 커서 밖이 없어 시방국토 눈앞에서 보고, 죽은 듯 고요하여 안이 없지만 한 터럭 끝에서 보왕찰 있다. 곧바로 안도 없고 밖도 없으며 저도 끊어지고 이도 끊어졌으며, 옛과 오늘이 그대로여서 온전히 밝고 온전히 어둡다. 이에 이르러서도 몸 뒤칠 한 길이 있어야 비로소 대자재를 얻었다 하리. 寬廓非外 十方國土目前觀 寂寥非內 一毫頭上寶王刹 直得無內無外 絶彼絶此 亘古亘今 全明全暗 到這裏 亦須有轉身一路 始能得大自在", 『치절도충어록』 권상(卍속장121, p.521b3)에 "일체시 일체처에 무엇이 오더라도 굴리지 못한다. 나그네 주인되어 말로 다그쳐 오가더라도, 말마다 몸 뒤치는 한 길 있어서 시비에 자리하지 않고 득실의 소굴에도 들 일이 없다. 於一切時 一切處 不爲物所轉 至於賓主勘驗 言論往來 著著有轉身一路 不坐在是非得失窠臼裏"라고 하였다. [참고문헌]『黃龍慧南語錄』, 『圜悟語錄』, 『癡絶道沖語錄』. ⇨ 전신 轉身[1], 전신구 轉身句, 전신처 轉身處, 전신토기 轉身吐氣, 전신현로 轉身玄路, 은산철벽 銀山鐵壁

전신입탑 全身入塔 온전한 유해 그대로 탑에 모시다. 『선림상기전』 권14(불광장, 禪藏, p.1071)에 "전신입탑 : 도충이 말한다. '화장하지 않고 온전한 유해 고스란히 탑에 들이는 것을 말한다'. 『백장청규』「존숙 尊宿」 전신입탑에 '관(龕)이 탑이 있는 곳에 도착하여 도사가 향과 차를 올리고 나면, 상사와 유나는 향을 살라 올리며 소사를 이끌고서 예배를 하고 입탑불사를 청한다'고 하였다. 全身入塔 忠曰 不火化 而以全骸入塔也 敕修淸規尊宿全身入塔云 龕至塔所 都寺上香茶畢 喪司維那 進燒香 引小師 拜請入塔佛事"라고 하였다. [참고문헌]『禪林象器箋』, 『百丈淸規』 권3(대정장48, p.1129a11). ⇨

기골불사 起骨佛事, 입탑 入塔

전신자재 轉身自在 몸을 굴려 자재함. 육신에 구애됨이 없음. 『대반야경』 권404(대정장7, p.22c24)에 "사리자야! 어떤 보살마하살이 신경지증통으로 능히 대신변사를 일으킬 수 있으니, 예컨대 시방 각각에 저 항하사세계 등의 사물을 떨쳐 움직이게 하고, 하나를 변해 여럿 되게 하거나 여럿을 하나로 변하게 하며, 때론 숨고 때론 보여 신속하며 걸림없고, 절벽이나 담장을 곧장 지나길 저 빈 곳인듯 하니 저 허공을 오가는 새와 같다. … 내지는 정거천에 이르기까지 몸을 굴려 자재하니 저 신변함이 헤아려 끝이 없다. 舍利子 有菩薩摩訶薩 神境智證通 能起種種大神變事 所謂震動十方各如殑伽沙界大地等物 變一爲多 變多爲一 或隱或顯迅速無礙 山崖牆壁直過如空 陵虛往來猶如飛鳥 … 乃至淨居轉身自在 如斯神變其數無邊", 『벽암록』 2칙 「평창 評唱」(대정장48, p.141c17)에 "조주는 다시 방할을 행하지 않고 '나도 모른다'고 말할 뿐이다. 만약 이 노인네가 아니었다면 몰려 꼼짝 못하여 왕왕에 전후마저 잃었으리라. 다행히 이 노인네 몸 굴려 자재할 수 있었기에 이렇게 답한다. 趙州更不行棒行喝 只道 我亦不知 若不是這老漢 被他拶著 往往忘前失後 賴是這老漢 有轉身自在處 所以如此答他"라고 하였다. [참고문헌] 『大般若經』, 『碧巖錄』.

전신처 轉身處 몸 뒤쳐 떨치는 곳. 『벽암록』 37칙 「평창 評唱」(대정장48, p.175b7)에 "만일 저 말 없는 곳 향하여 말하고 행할 수 없는 곳에서 운신한다면 그곳을 전신처라 한다. 若向無言處言得 行不得處行得 謂之轉身處", 같은 책 65칙 「송 頌」(대정장48, p.196a12)에 "아름다움과 추함 다함이여, 미혹의 구름이 걷힌다〈한 가닥 길을 열었다. 그대에게 전신처 허용한다. 일개 외도에 불과한 걸 어찌하랴!〉. 姸醜分兮迷雲開〈放一線道 許爾有箇轉身處 爭奈只是箇外道〉", 『경덕전등록』 권20 「화엄처진전 華嚴處眞傳」(대정장51, p.364b25)에 "'화상의 전신처 어떠하십니까?' '지난 밤 삼경에 베개를 잃었다'. 問 如何是和尙轉身處 師曰 昨夜三更 失却枕子", 『원오어록』 권2(대정장47, p.719c3)에 "'모든 부처님도 나의 갈 길 아니라면 누군들 마지막 도이겠습니까?' '모름지기 이 몸 굴려 떨쳐야 비로소 얻는다'. 進云 諸佛非我道 誰是最道者 師云 須是有轉身處 始得"라고 하였다. [참고문헌] 『碧巖錄』, 『景德傳燈錄』, 『圜悟語錄』. ⇨ 전신구 轉身句, 전신일로 轉身一路, 전신토기 轉身吐氣

전신탑 全身塔 입적한 이의 유해를 그대로 모셔 세운 탑. 『불조통기』 권7 「형계담연장 荊溪湛然章」(대정장49, p.189a23)에 "문인들이 전신을 모신 탑을 천태지자대사의 부도 서남쪽에 모셨다. 門人奉全身塔 於智者塋域之西南隅", 『속전등록』 권35 「송원숭악전 松源崇岳傳」(대정장51, p.708a12)에 "선사는 가부좌한 채 입적하였으니 가태 2년(1202) 8월 4일이다. 세수 71, 법랍 40세였다. 전신탑을 북쪽 고봉 언덕에 모셨다. 加趺而寂 實嘉泰二年八月四日也 得年七十有一 坐夏四十 奉全身塔于北高峯之原"라고 하였다. [참고문헌] 『佛祖統紀』, 『續傳燈錄』. ⇨ 다보불탑 多寶佛塔

전신토기 轉身吐氣 온몸 뒤쳐 기마저 토하다. 『원오어록』 권1(대정장47, p.716b21)에 "곧바로 끊고 당장 오르듯 하지만 이미 오르고 내린다. 몸 뒤쳐 다 토한 듯 하지만 보는 더로 여기저기서 막힌다. 直截當陽 已成階級 轉身吐氣 轉見周遮", 『대혜어록』 권4(대정장47, p.826a13)에 "물었다. '건봉이 대중에게 「하나를 들어보여야지 둘을 들어서는 안 되니, 한 번 놓쳐버리면 두 번째 떨어진다」고 말한 뜻은 무엇인가?' '낙타 꼬리로 동과를 낚는다' '제가 꼭 돌려 막힌 숨을 토하지는 않겠는지요?' '그대가 몸을 돌리게 허한다면 그대는 어떻게 막힌 숨 토해 내겠는가?' 학인이 앞으로 나와 한숨을 한 번 내쉬자 대혜가 말했다. '이 진흙덩이나 주무르는 놈 같으니라고!' 問 乾峯示衆云 擧一不得擧二 放過一著 落在第二 意旨如何 師云 駱駝尾上釣冬瓜 進云 還許學人 轉身吐氣也無 師云 許爾轉身 爾如何吐氣 僧進前噓一聲 師云 這弄泥團漢", 『벽암록』 72칙 「송 頌」(대정장48, p.200c2)에 "둘씩 셋씩 짝지어 해묵은 길로 다닌다〈목구멍과 입술을 나란히 틀어막고 어떻게 말하겠는가? 돈을 돌려 막힌 숨을 토해내어라. 발밑을 지나쳐버리는군〉. 兩兩三三舊路行〈併却咽喉脣吻 作麼生道 轉身吐氣 脚跟下蹉過了也〉", 『허당집』 97칙 「평창 評唱」(卍속장124, p.613b15)에 "한 생각도 내지 말고 섬솜털 같은 티끌도 세우지 않는다. 깨끗하게 벌거벗고 씻어 말끔한 곳에서 몸 돌려 막힌 숨을 토해낸다. 싸늘한 바위 지킬 일 없고 썩은 물에 빠지지 않아서, 마음의 달 띄워 언제나 밝고 미혹의 구름 떨쳐 없앤다. 一念不生 纖塵不立 淨躶躶赤洒洒處 轉身吐氣 不守寒巖 不沉死水 運心月以恒明 使迷雲而殄滅"라고 하였다. [참고문헌] 『圜悟語錄』, 『大慧語錄』, 『碧巖錄』, 『虛堂集』. ⇨ 전신구 轉身句, 전신일로 轉身一路

전신현로 轉身玄路 뒤친 몸으로 그윽한 길 나서다. 『경덕전등록』 권20 「석문헌전 石門獻傳」(대정장51, p.366b2)에 "'아득한 흰구름 눈 덮인 산 가득 드리운들 몸 뒤쳐 아득한 길 더듬지 마라' '몸 뒤칠 길 어디에 있는지요?' '돌사람이 손 들어 분명하게 알렸으니, 만년 된 해골이 미소지을 때 보라.' 師曰 渺渺白雲漫雪岳 轉身玄路莫遲遲 曰 未審轉身路 在什麽處 師曰 石人擧手分明記 萬年枯骨笑時看", 『투자어록』 권상(卍속장124, p.451a9)에 "틈새 없이 물방울 떨어져 얼음방울 되더라도 모름지기 알아야 하리, 몸 뒤쳐 나서는 저 아득한 길. 直饒滴水滴凍 須知有轉身玄路"라고 하였다. [참고문헌]『景德傳燈錄』,『投子語錄』. ⇨ 전신일로 轉身一路

전심 田心　밭을 가꾸듯 하는 마음. 육십심(六十心) 중 하나다.『대일경』권1(대정장18, p.3a22)에 "전심이란 무엇인가? 항상 이와 같이 스스로의 몸 닦고 가꾸듯 하는 마음이다. 云何田心 謂常如是修事自身",『대일경소』권2(대정장39, p.599c22)에 "제53번째, 무엇이 전심인가? … 마치 누군가에게 좋은 밭이 있으면 언제나 갈고 다스려 가꾸고 도닥여주며 잡초 뽑아 갖가지 방편으로 깨끗하게 하듯 한다. 이 사람도 그러하니 항상 자기 몸 다듬고 가꾸기를 좋아하여 향수와 꽃과 맛 등으로 뿌리고 바르며 받들면서 빛나고 깨끗해 아름답게 힘쓴다. 알아차린 다음에는 항상 이 공력을 돌려 자기 마음을 다듬고 가꿀 생각을 한다. 이와 같은 온갖 공양구로써 복전에 뿌리고 심어서 질이 매우 좋은 열매를 길러내니, 이렇게 마음을 다스린다. 第五十三 云何田心 … 如人有良美之田 常修治耕墾 芸除莣穢 種種方便 令得清淨 此人亦爾 常好修事其身 以香花滋味等 灌塗奉養 務令光潔嚴好 覺知已 常念迴此功力 修事其心 以如是諸供養具 播植福田 資成勝果 是彼對治"라고 하였다. [참고문헌]『大日經』,『大日經疏』. ⇨ 육십심 六十心

전심 專心　오롯이 하는 마음. 일체시일체처에 한결같이 함.『증일아함경』권36(대정장2, p.747b27)에 "비록 팔난 중 한 가지 난을 떠나더라도 불법의 이치를 가질 수 있지만, 설령 한번이라도 사제를 떠난다면 정도에서 영원히 벗어난다. 그러므로 당하여 오롯한 마음으로 묘리를 사유하고, 지성으로 정법을 듣는다면 어느덧 무위처 얻는다. 雖當離一難 然可有此理 設離一四諦 永離於正道 是故當專心 思惟於妙理 至誠聽正法 便得無爲處",『출요경』권3(대정장4, p.622a16)에 "승상에 앉거나 나무 아래 앉아서 전일한 마음으로 뜻을 고요하게 하여 산란한 생각을 일으키지 않는다. 或坐繩床或坐樹下 專心定意不興亂想", 80권본『화엄경』권24(대정장10, p.129a26)에 "보살은 전심으로 제불의 위없는 지혜와 능숙한 방편을 생각하네. 부처님께서 어떤 것에도 의지하지 않으시는 것처럼, 원컨대 나는 이 공덕을 닦아서 이루기를 바라네. 오롯한 마음으로 모든 이를 구호하여 온갖 악업에서 멀리 떠나도록 하고, 이와 같이 뭇 중생들을 이롭게 하면서도 생각을 묶어 사유하여 일찍이 떠난 적이 없네. 菩薩專心念諸佛 無上智慧巧方便 如佛一切無所依 願我修成此功德 專心救護於一切 令其遠離衆惡業 如是饒益諸群生 繫念思惟未曾捨",『관무량수불경소』권2(대정장37, p.260b16)에 "청정이라 하니, 아래의 관문에 의지하여 오롯한 마음으로 염불하고 서방극락정토를 관상하여 념념이 죄가 사라지니 청정이라 하였다. 又言清淨者 依下觀門 專心念佛 注想西方 念念罪除 故清淨也",『대반열반경소』권13(대정장38, p.122a11)에 "오롯한 마음으로 다섯 가지로 행하니, 곧 열반이 근본이다. 專心修習 五種之行 則涅槃爲本",『관심론소』권3(대정장46, p.606a26)에 "만약 색이 허물임을 알 수 있다면 속는 일 없다. 이와 같이 꾸짖어 색욕이 그치고 반연이 일어나지 않아 오롯한 마음으로 삼매에 든다. 若能知色過患 則不爲所欺 如是訶已 色欲卽息 攀緣不生 專心入定",『석정토군의론』권6(대정장47, p.66a8)에 "이제 오롯한 마음으로 방일하지 않을 수만 있다면, 이를 부처에 가깝다 하고 멀다고 하지 않는다. 今但能專心不行放逸 卽名近佛 不名遠也",『왕생예찬게』(대정장47, p.438c24)에 "전심이란 밤이든 낮이든 모든 시 모든 곳에서 삼업과 사위의로 지은 공덕이 처음과 중간 그리고 나중을 불문하고 모두 진실심중이어서 정토왕생을 발원하기에 작원문이라 한다. 所謂專心 若晝若夜 一切時一切處 三業四威儀所作功德 不問初中後 皆須眞實心中發願願生彼國 故名作願門",『원오어록』권13(대정장47, p.773b23)에 "도를 배우는 이들이 더러는 십년이나 이십년 동안 오롯한 마음으로 뜻을 하나로 해도 오히려 뚫어 얻지 못하지만, 더러는 듣자마자 문득 알고 때로는 스승 없이 스스로 깨우친다. 이미 스스로 능히 문득 깨우치지 못한다면 또한 이는 다른 이를 장애하는 것이기도 하다. 學道之士 或十年或二十年 專心一意 尙透不能得 或有纔聞便解 或有無師自悟 旣自不能便悟 亦障他人"라고 하였다. [참고문헌]『增壹阿含經』,『出曜經』,『華嚴經』,『觀無量壽佛經疏』,『大般涅槃經疏』,『觀心論疏』,『釋淨土群疑論』,『往生禮讚偈』,『圜悟語錄』. ⇨ 전일 專一

전심 傳心　마음을 전하다. 마음으로 옮기다.『전심법요』(대정장48, p.383a24)에 "'마음으로 마음을 전한다' '마음으로 서로 전한다면 어떻게 마음 또한 없다고 말합니까?' '한 법도 얻지 않음을 마음을 전한다고 한다. 이 마음을 알면 마음도 없고 법도 없다' '마음도 없고 법도 없는데 어떻게 전한다고 하겠습니까?' '그대는 마음을 전한다고 하는 말을 듣고 얻을 것이 있다고 여기고 있었구나'. 師云 以心傳心 云 若心相傳 云何言心亦無 師云 不得一法名爲傳心 若了此心 卽是無心無法 云 若無心無法 云何名傳 師云 汝聞道傳心 將謂有可得也",『대혜어록』권6「대혜보각선사탑명 大慧普覺禪師塔銘」(대정장47, p.836c1)에 "예로부터 성현은 마음 전함을 공부로 삼아 밝음을 다하고 바탕과 합하였으니 변화 이에 일어났다. 부처님의 가르침은 마음이 공함을 가리켜 해탈구경케 하였으니, 하나를 얻어서 온갖 용은 보지 않는다. 自昔聖賢 以傳心爲學 誠明合體 變化興焉 西方之敎 指心空爲解脫究竟 蓋得一而不見諸用",『종경록』권41(대정장48, p.658a9)에 "〔문〕 앞서 말한 것처럼 도의 바탕이 본래 그러하다면 부처님과 조사는 어찌하여 수고롭게 세간에 출현하십니까? 〔답〕 옛 가르침에 '한 법 얻은 일 없는데 빠르게 수기한다'고 하였고, 조사가 말씀하시기를 '한 법도 얻을 것 없어야 전심이라 한다. 번뇌의 자성 공임을 깨닫는 즉시 부처님께서 세간에 출현하신다'고 하였다. 그러므로 경에서 말씀하시길 '탐진치 출현함이 바로 부처님이 출현하는 것이다'라고도 하였으니, 다만 중생으로 하여금 범성의 분별을 끊어 생사에 출몰하는 모습 없도록 하신 것이다. 問 若如上說 道體自然 則祖佛何煩出世 答 古教云 不得一法 疾與授記 祖師云 不得一法 號曰傳心 了煩惱性空 卽佛出世 故經云 貪瞋癡出 卽是佛出 但令衆生 絕凡聖之情 無出沒之相"라고 하였다. 〔참고문헌〕『傳心法要』, 『大慧語錄』, 『宗鏡錄』. ⇨ 이심전심 以心傳心, 사자상승 師資相承

전심 轉心 Ⓢ pravartaka, Ⓣ rab-tu-'jug-par-byed-pa, 'jug-byed. 스스로 구르는 마음. 능전심(能轉心)이라 하고, 업을 일으키는 인이기에 인등기심(因等起心)이라고도 한다. 전심으로 따라 다시 움직이는 마음은 수전심(隨轉心 Ⓢ anuvartaka)이다. 『구사론』 권13 「분별업품 分別業品」(대정장29, p.72a3 : *Abh-k-bh.*, p.204)에 "구르는 것이 선심이라면 수전 또한 선하고, 전심이 무기라면 수전 또한 그러하다. 轉若善心 隨轉亦善 轉心若無記 隨轉亦然 kuśale kuśalam-avyākṛte cāvyākṛtam"라고 하였다. 〔참고문헌〕『俱舍論』·권13(대정장29, p.72a19), 『大毘婆沙論』 권117(대정장27, p.610a6), *Abh-k-bh.* ⇨ 등기 等起, 전수전 轉隨轉, 수전심 隨轉心❶, 무기심 無記心

전심법요 傳心法要 당대 황벽희운(黃檗希運 ?~850) 지음. 배휴(裵休 797~870) 엮음. 1권. 또는 2권. 대정장48, pp.379b23~384a21, No.2012A에 수록되어 있다. 당대인 857년(대중11) 집성하였다. 원제는 『황벽산단제선사전심법요 黃檗山斷際禪師傳心法要』이고, 『황벽선사전심법요』·『단제선사전심법요』라고도 한다. 배휴가 두 차례에 걸쳐 개원사(開元寺)·용흥사(龍興寺)에서 황벽희운에게 법을 물으면서 남겼던 기록을 정리하여 완성하였는데, 『종릉록 鐘陵錄』과 『완릉록 宛陵錄』의 두 부가 그것이다. 전자는 종릉과 완릉에서 황벽의 설법을 배휴가 받아 쓴 기록이고, 후자는 완릉에서의 설법을 다른 사람이 기록하였기에 『전심법요』는 전자에 붙여진 명칭이라고 추정한다. 배휴는 전자에 「자서 自序」를 붙였고 이미 송대 초기에 정본이 완성되어 복주판대장경(福州版大藏經)에 입장되었다고 알려져 있다. 그 뒤 중국과 조선에서 간행되었고, 일본에서는 대휴정념(大休正念)이 「발 跋」을 붙여 1283년(홍안6) 간행된 뒤로 몇 차례 더 이어졌다. 『석씨통감』 권11(卍속장131, p.973b17)에 "승상 배휴가 남긴 말에 따르면, 『전심법요』에는 120장이 있는데 그 모두가 직지의 도라 한다. 丞相裴休 紀其語曰 傳心法要 有一二十章 皆直指之道"라고 하였다. 〔참고문헌〕『釋氏通鑑』, 『佛祖統紀』 권42(대정장49, p.388b11).

전심전묘 轉深轉妙 한층 깊고 더욱 묘하다. 대승(大乘)의 법문(法門)을 드러내는 표현이다. 『대반야경』 권426(대정장7, p.139a17)에 "이때 모든 하늘들 다시 이렇게 생각했다. '존자 수보리는 이 반야바라밀다에 대해서 비록 갖가지 방편으로 드러내서 설하여 쉽게 이해시키고자 하였지만, 그 의취야말로 더욱 깊고 더욱 묘하여 헤아리기 어렵다'. 爾時 諸天子復作是念 尊者善現 於此般若波羅蜜多 雖復種種方便顯說 欲令易解 然其義趣轉深轉妙 難可測量", 『대품반야경』 권7(대정장8, p.275c11)에 "수보리가 천자들에게 말했다. '일체제법은 저 꿈과 같아서 설하는 이도 없고 듣는 이도 없으며, 아는 이도 없다'. 이때 천자들은 마음으로 생각했다. '수보리 하는 말씀, 쉽게 이해시키고자 하나 더욱 깊고 점점 묘하다'. 須菩提語諸天子 一切諸法如幻 無說者 無聽者 無知者 爾時諸天子心念 須菩提所說欲令易解 轉深轉妙", 『대일경소지심초』 권12(臺灣國圖善本18, p.459a11)에 "대사가 풀어 말했다. '구종주심은 자성이 없지만 점점 깊고 더욱 묘하니 모두 다 인이다'. 大師釋云 九種住心 無自性 轉深轉妙皆是因"라고 하였다. 〔참고문헌〕『大般若經』, 『大品般若經』, 『大日經疏指心鈔』.

전심후심 前心後心 앞선 마음과 뒤이는 마음. 『문수사리보초삼매경』 권하(대정장15, p.422a19)에 "왕은 알고자 하지만 그 과거의 마음은 미래의 마음에 미쳐서는 그 형모가 없고, 그 미래의 마음도 과거의 마음에 미쳐서는 모양이 없다. 현재의 마음도 의지할 데 없고 있는 곳 찾을 길 없다. 전심의 생각이 후심을 장애하지 않고 후심의 생각은 전심을 장애하지 않거니, 현재의 마음도 이와 같다. 王欲知之 其過去心 及當來心 則無形貌 其當來心 及過去心 亦無形貌 現在心者 無所依猗 亦無所有 前心所念 不礙後心 後心所念 不礙前心 其現在心 亦復如是", 『대비바사론』 권11(대정장27, p.55b27)에 "때론 이렇게 집착한다. '전심이 후심에게 이르길 「나는 이런 일을 하였으니, 너는 기억해 가져야 한다」고 한다'. 그는 '마음은 미세하여 은연 중에 통하는데, 앞에서 한 일이 있으면 반드시 뒤에 알리므로 이렇게 자신이 한 일을 기억할 수 있다. 만일 그렇지 않다면 어떻게 자신이 한 일을 기억할 수 있겠는가?' 그러나 갠지스강의 모래알보다 많은 부처님과 그 불제자들은 결코 보특가라가 있다고 설하신 적 없고, 또한 물성이 서로 숨긴다거나 서르

변한다거나 서로 옮겨간다거나, 유일한 각성이라거나 의계는 상이라거나 근본온이 다르고 작용온이 다르다거나 전심이 후심에게 가서 말한다고 설하지도 않지만, 능히 본래 한 일을 기억할 수 있다고 한다. 或復有執 前心往告後心 我作是事 汝可憶持 彼作是說 心細冥通 前有所作 必告後知 如是可能 憶本所作 若不爾者 何緣能憶 本所作事 然過殑伽沙數諸佛 及佛弟子 雖不說有 補特伽羅 亦不說有 物性相隱 相變 相往 一覺性 意界常 根本蘊異 作用蘊異 前心往告後心 而說有能 憶本所作"라고 하였다. 〔참고문헌〕『文殊師利普超三昧經』, 『大毘婆沙論』. ⇨ 후심 後心, 보특가라 補特伽羅 ■

전안 轉眼 시선을 옮긴다는 뜻. 눈 깜짝할 사이. 지극히 짧은 시간을 비유한다. 『원오어록』 권4(대정장47, p.731a12)에 "한평생 오로지 이 본분사로 서로 알아서 촘촘히 붙어 앉아 마음을 논하면서 극미에 이르기까지 하였지만, 눈 깜짝할 사이에 죽었으니 이제 다섯 해나 되었다. 生平唯以此相知 促榻論心到極微 轉眼奄然今五載", 『증도가주』(卍속장114, p.925b13)에 "모든 성현이 번갈아 출현하여 활동하다가 잠깐 사이에 떠나버리시니, 부싯돌이나 번갯불 같아 찾아도 찾을 수 없다. 一切聖賢 遞相出興 轉眼過了 如石火電光 卒難摸㨎"라고 하였다. 〔참고문헌〕『圜悟語錄』, 『證道歌註』.

전안거 前安居 Ⓟ purimikā vassāvāsa. 음력 4월 15일부터 7월 15일까지 3개월간의 하안거(夏安居)를 말한다. 음력 10월 15일부터 다음해 정월 보름까지를 후안거 또는 동안거(冬安居)라 한다. 하지만 율장에 의하면 하안거 중에도 어려운 피할 수 없는 재난이 있게 되면 다른 곳으로 옮겨 안거하게 되는데, 이때 옮기기 전을 전안거, 옮긴 후를 후안거라 한다. 이안거(二安居) 또는 삼안거(三安居) 중 하나다. 『오분율』 권19(대정장22, p.129b20)에 "다시 어떤 비구들이 안거할 때 적난·왕난·친리난이 있기도 하였다. 이를 부처님께 말씀드렸더니 부처님께서 말씀하셨다. '반드시 난리를 피하여 다른 곳에서 안거해야 한다. 두 가지 안거가 있다. 전안거와 후안거이다. 만약 특별한 일이 없다면 전안거를 하고, 일이 있다면 후안거를 허락한다'. 復有諸比丘安居 有賊難 王難 親里難 以是白佛 佛言 應避去 餘處安居 有二種安居 前安居 後安居 若無事 應前安居 有事 聽後安居", 『마하승기율』 권8(대정장22, p.296a16)에 "피난계란 무엇인가? 한 곳에 머무는 비구들이 전안거와 후안거일이 지나도록 곤란한 일이 있어나는 경우이니, 예컨대 적난·왕난이 일어나거나 목숨을 잃거나 파계하거나 물에 벌레가 많아 깨끗이 할 수 없는 경우에는 다른 정사에 가서 이러한 란을 피하고자 한다면 삼유순 내의 곳으로 가야 한다. 避難界者 一住處諸比丘 前安居 後安居 日已過 有事難起 若賊難 王難 若奪命 若破戒 若水多虫漉不能淨 欲至餘精舍避此諸難 去三由旬內", 『사분율』 권37(대정장22, p.832a24)에 "두 가지 안거가 있다. 전안거가 있고, 후안거가 있다. 전안거에서는 앞의 삼 개월 동안 머물러야 한다. 후안거의 경우에는 나중의 삼 개월 동안 머물러야 한다. 有二種安居 有前安居 有後安居 若在前安居 應住前三月 若後安居 應住後三月", 『십송율』 권54(대정장23, p.400a21)에 "〔문〕 만약 비구가 전안거를 받지 않고, 후안거도 받지 않으면 어떤 사람이라 하는가? 〔답〕 안거를 파하여 얻는 것이 없는 사람이다. 問 若比丘 不受前安居 不受後安居 名爲何人 答 是破安居無所得人", 『살바다비니비바사』 권6(대정장23, p.538c19 : *Mahāvagga, Vin.1*, p.137)에 "전안거는 4월 16일이 되면 여법하게 수지하여 7월 15일까지 한 곳에서 머물러야 한다. 若前安居 至四月十六日 應如法受持 到七月十五日 應著一處 bhagavato etam attham ārocesuṃ. dve 'mā bhikkhave vassupanāyikā purimikā pacchimikā 'ti. aparajjugatāya āsāḷhiyā purimikā upagantabbā, māsagatāya āsāḷhiyā pacchimikā upagantabbā", 『선견율비바사』 권17(대정장24, p.793b25)에 "범본 율장에서 5월 16일이 전안거이고, 6월 16일이 후안거다. 안거중에 인연이 있어 옮긴다면 죄가 되지 않지만 안거는 성립하지 않는다. 노지에서 안거할 수 없고, 일산 아래에서 안거할 수 없다. 梵本律 五月十六日爲前安居 六月十六日後安居 若安居中 有因緣移去無罪 不成安居 不得在露地 不得傘下安居"라고 하였다. 〔참고문헌〕『五分律』, 『摩訶僧祇律』, 『四分律』, 『十誦律』, 『薩婆多毘尼毘婆娑』, 『善見律毘婆娑』, *Vin.* ⇨ 삼안거 三安居, 안거별 安居別, 후안거 後安居

전안서 轉眼書 육십사서(六十四書) 중 하나. 『보요경』 권3 「현서품 現書品」(대정장3, p.498b2)에 "태자의 스승이 물었다. '그 육십사서는 모두 어떻게 불리웁니까?' 태자가 답하였다. '… 전안서〈마흔아홉 번째〉'. 師問 其六十四書 皆何所名 太子答曰 … 轉眼書〈四十九〉"라고 하였다. 〔참고문헌〕『普曜經』. ⇨ 육십사서 六十四書

전어 筌魚 통발과 물고기. 언어와 문자 그리고 의미를 비유한다. 『십우도송』(卍속장113, p.919a14)에 "소는 잃고 사람만 남았네. 서의 7 : 법에는 둘이 없으니 소는 종을 가리키네. 그물과 토끼로 이름 다름을 비유하고, 통발과 물고기 차별을 드러내네. 忘牛存人序七 法無二法 牛目爲宗 喩蹄兎之異名 顯筌魚之差別"라고 하였다. 〔참고문헌〕『十牛圖頌』. ⇨ 전제 筌蹄, 어토 魚兎

전어 傳語 꾸미는 말. 기어(綺語)의 구역. 『팔정도경』(대정장2, p.505a10)에 "세 번째로 진실한 말은 어떤 것들인가? 두 가지로 말하지 않고, 꾸며 전하지 않으며, 거칠게 말하지 않고, 거짓말 하지 않는다. 이들이 진실한 말이다. 第三 諦語爲何等 不兩舌 不傳語 不惡罵 不妄語 是爲諦語"라고 하였다. 〔참고문헌〕『八正道經』. ⇨ 기어 綺語, 정어 正語, 구업 口業

전어 轉語 구르는 말. 흘러 머물지 않아서 때에 응해 걸림없이 말하지만 어긋남이 없는 뜻이다. 일전어(一轉語)·삼전어(三轉語) 등으로도 쓴다. 『분양어록』 권상(대정장47, p.597a29)에 "다만 이들 네 가지 전어를 가져 천하의 납승을 점검하였으니, 누구라도 출현하자마자 살펴 마친다. 只將此四轉語 驗天下衲僧 纔見爾出來 驗得了也", 『대혜어록』 권3(대정장47, p.824a2)에 "이들 두 전어는 마침내 같은가 다른가? 만일 하나라면 어째서 풍혈은 염법화만 인정하고 진원두는 인정하지 않았는가? 만일 다르다고 한다면 '지는 노을 외로운 들오리와 나란히 날고, 가을 강물은 높은 하늘 일색'이라 하는가, 참! 這兩轉語 畢竟是一耶是二耶 若道是一 爲甚麽風穴 只肯念法華 却不肯眞園頭 若道是二 爭奈落霞與孤鶩齊飛 秋水共長天一色 參"라고 하였다. 〔참고문헌〕『汾陽語錄』, 『大慧語錄』. ⇨ 일전어 一轉語, 삼전어 三轉語, 십전오전화 十轉五轉話

전어 鱣魚 상어인듯 큰 물고기. 『십송율』 권39(대정장23, p.286c14)에 "부처님께서 사위국에 계셨는데, 이때 어떤 사람이 승단에 전어가죽으로 만든 신발을 보시하자 비구들은 '우리들이 전어가죽으로 만든 신발을 신어도 되는지 부처님께서 아직 허락하지 않으셨습니다'라고 말하며 받지 않았다. 이 일을 부처님께 말씀드리자 부처님께서 다음과 같이 말씀하셨다. '전어가죽으로 만든 신발을 받는 걸 허락한다. 다만 거칠기에 소가죽으로 위를 덮어라'. 佛在舍衛國 爾時 有人施僧鱣魚皮革屣 諸比丘不受 佛未聽我著鱣魚皮革屣 是事白佛 佛言 應受鱣魚皮革屣 爲麤故 以牛皮覆上", 『일체경음의』 권33(대정장54, p.526c10)에 "전어〈고금의 철갑상어와 같다. (전자는) 지와 연을 반절한 음이다. 황색의 큰 물고기이다. 입이 아래턱에 있으며, 큰 놈은 길이가 2~3장이나 된다〉. 鱣魚〈古今鱣同 知連反 大黃魚也 口在頷下 大者 長二三丈也〉"라고 하였다. 〔참고문헌〕『十誦律』, 『一切經音義』.

전어수 前魚宿 Ⓢ pūrvāṣāḍhā, Ⓣ chu-stod. 이십팔수(二十八宿) 중 하나. 동방칠수(東方七宿)에 해당하고, 기수(箕宿)라고도 한다. 종자는 𑖀(a), 진언은 '나마 사만타 붓다남 푸르바샤다 낙샤트라 스바하 [실담 문자] namaḥ samanta-buddhānāṃ pūrvāṣādhā-nakṣatra svāhā 두루하신 제불께 귀의합니다. 전어수여! 스바하'이다. 『사두간태자이십팔수경』(대정장21, p.415c12)에 "전어수는 네 개의 주요 별로 이루어져 있고 그 형태는 코끼리와 비슷하다. 남쪽은 넓고 북쪽은 좁다. 니구류수 껍질사를 먹이로 삼아 15수유를 운행하며 시종한다. 목천을 주관하고 족성은 재소승이다. 前魚宿者 有四要星 其形類象 南廣北狹 尼拘類樹皮師爲食 行十五須臾 而侍從矣 主於木天 姓財所乘", 같은 책(대정장21, p.417a6)에 "전어수의 날 나면 한적한 곳에 머물기를 즐기며 홀로 행하여 삼매를 얻는다. 前魚宿日生 樂在閑居 獨行獲定", 같은 책(대정장21, p.418b8)에 "전어수의 날 5월 초에 비가 내리면 9곡 6두나 떨어져 오곡이 무성하다. 6월이나 7월 중에는 반드시 홍수가 생겨서 두 가지 병을 일으키는데 하나는 안통이고 다른 하나는 복통이다. 前魚宿日 五月初雨 墮九斛六斗 五穀滋茂 六七月中 當有大水 則興二病 一曰眼痛 二曰 復痛"라고 하였다. 〔참고문헌〕『舍頭諫太子二十八宿經』, *Mvyut.166*. ⇨ 이십팔수 二十八宿

전언도어 顚言倒語 거꾸로 말하거나 뒤집어 하는 말. 또는 맞지 않는 말. 『운문광록』 권상(대정장47, p.550b10)에 "운문에게 물었다. '무엇이 운문의 하나로 난 길인지요?' '가깝다' '어떻게 하면 됩니까?' '말 뒤집은들 어찌 하려는가?' 問 如何是雲門一路 師云 親 進云 如何卽是 師云 顚言倒語 作麽", 『벽암록』 35칙 「본칙 本則」(대정장48, p.173c6)에 "무착(無著)이 '대중은 얼마나 되는지요?'라고 묻자〈내가 한 말을 돌려다오. 어쨌든 이 말 그대로 놓아버려서는 안 된다〉 문수보살이 '앞도 삼삼이요 뒤도 삼삼이다'라고 답했다〈뒤집어진 말이다. 말해 보라! 도대체 그 수가 얼마나 되는가? 천 손 가지신 대비보살도 헤아릴 수 없다(三三 : 森森)〉. 著云 多少衆〈還我話頭來 也不得放過〉 殊云 前三三後三三〈顚言倒語 且道 是多少 千手大悲數不足〉"라고 하였다. 〔참고문헌〕『雲門廣錄』, 『碧巖錄』.

전업 田業 ❶ Ⓟ kasi. 농업(農業). 『장아함경』 권15 「구라단두경 究羅檀頭經」(대정장1, p.98c9)에 "농사짓는 이들에게는 소와 송아지와 씨앗을 공급하여 그들로 하여금 각기 스스로 가꾸게 하십시오. 諸修田業者 當給其牛犢種子 使彼各各自營"라고 하였다. 〔참고문헌〕『長阿含經』, 『中阿含經』 권25 「苦陰經」(대정장1, p.585a3), *DN.1.136*. ❷ 땅 밭과 같이 생산해 내는 업. 『증일아함경』 권27(대정장2, p.699a29)에 "여인은 다섯 가지 힘으로 지아비를 업신여긴다. 무엇이 그 다섯 가지인가? 첫째는 색력, 둘째는 친족의 힘, 셋째는 땅 생산하는 업력, 넷째는 아이의 힘, 다섯째는 스스로를 지키는 힘이다. 女人有五力輕慢夫主 云何爲五 一者色力 二者親族之力 三者田業之力 四者兒力 五者自守力"라고 하였다. 〔참고문헌〕『增壹阿含經』.

전업 前業 전생에 지은 업. 후업(後業)에 상대한다. 『정법염처경』 권27(대정장17, p.159b13)에 "만약 전생에 지은 업이 있으면 사람으로 태어나 얼굴이 단정하며 사람들이 보기 좋아한다. 마음은 항상 즐겁고 안락하여 괴로움이 없으며 사람들이 애경한다. 노래하고 춤추며 유희하고 웃으며 항상 즐거워한다. 그를 보는 여인은 모두 좋아하는 마음을 일으키게 된다. 또는 국왕이 되거나 대신이 되기도 한다. 若有前業 得生人中 顔貌端正 人所樂見 心常歡喜 安樂無惱 衆人愛敬 歌舞戲笑 常自娛樂 一切女人若有見者 皆生愛敬 或爲國王或爲大臣", 『대비바사론』 권27(대정장25, p.126b11)에 "〔문〕 무슨 이유로 이 논서를 지었는가? 〔답〕 앞에서 비록 일으킨 업의 자성차별을 말한 것이어서, 전업은 과거세에 일어났고 후업은 현세에 일어나는 것이며, 전업은 과보를 일으켰지만 후업은 아직 과보를 일으키지 않았으니, 전생에 지은 업은 오래되었고 후업은 새롭다 하였다. 그러나 연의 자성차별에 대해서는 아직 설하지 않았으니 이제 그것을 설하기 위해 이 논을 짓는다. 問 何故復作此論 答 前雖說所發業自性差別 謂前業在過去生 後業在現在生 前業已與果 後業未與果 前業是故 後業是新 而未說能發緣自性差別 今欲說之故作此論", 『화엄경소』 권25(대정장35, p.689c5)에 "불신의 구름이 널리 나타남이 바로 상호이고 신통자재이니 전업의 움직임이다. 身雲普現 卽是相好 神通自在 卽前業用", 『사분율행사초자지기』 권하(대정장40, p.372c4)에 "전업이란 전생에 지은 복업이나 성도를 닦은 일이다. 前業 謂向前所作福業 或修聖道", 『구사론소』 권17(대정장41, p.676a26)에 "일생 중에 전생에 지은 과를 마치면 그 후에 과가 일어난다. 업과 과가 다르므로 죽고 남이 있다. 一生中前業果終後業果起 業果別故應有死生", 『마하지관』 권8(대정장46, p.110a24)에 "만약 질병을 만나면 생사를 두려워하게 되니, 이 병든 몸은 전생에 지은 업의 갚음임을 안다. 若遭疾病 因怖畏生死 知此病身 酬於前業"라고 하였다. 〔참고문헌〕 『正法念處經』, 『大毘婆沙論』, 『華嚴經疏』, 『四分律行事鈔』, 『俱舍論疏』, 『摩訶止觀』.

전여신경 轉女身經 Ⓢ Āryastrīvivartavyākaraṇa-nāma-mahāyānasūtra, Ⓣ 'phags-pa bud-med-'gyur-ba lung-bstan-pa shes-bya-ba theg-pa chen-po'i mdo. 1권. 유송(劉宋)대 담마밀다(曇摩蜜多) 역. 고려장11, pp.455a1~464a15, No.233 · 대정장14, pp.915b3~921c3, No.564에 수록되어 있고, 티베트 역본(北京版 No.857)도 전한다. 『전여성불경 轉女成佛經』 · 『무구광보살소문경 無垢光菩薩所問經』 · 『무과칭보살도교경 無過稱菩薩道敎經』 등이라고도 한다. 이역본으로는 『무구현녀경 無垢賢女經』(대정장14, No.562) · 『복중녀청경 腹中女聽經』(대정장14, No.563) 등이 있다. 부처님께서 왕사성 기사굴산에서 설법하실 때 브라만 장자 수달다(須達多)의 처 정일(淨日)이 회중에 있었다. 그녀는 태중에 딸을 임신하고 있었는데 아니로두(阿泥盧豆 : 阿那律)가 천안통으로 보니 여자 아기가 부처님의 설법을 귀기울여 듣고 있었는데, 아기는 과거 무구광녀(無垢光女)였다. 무구광녀의 청으로 부처님께서 보살의 네 가지 법과 여자의 몸을 떠나 남자의 몸을 얻는 열 가지 법에 대해 설하시는 법문이다. ⇨ 무구현녀경 無垢賢女經, 복중녀청경 腹中女聽經

전역 轉易 뒤쳐 바꾸다. 번역의 뜻이다. 『출삼장기집』 권14 「담무참전 曇無讖傳」(대정장55, p.103a28)에 "이때 사문 혜숭과 도랑은 하서에서 독보적이었는데, 담무참이 법장을 역출하는 것을 보고 깊이 존숭하였다. 범문을 번역할 때 혜숭이 필수를 맡았다. 도속의 대중 수백 명이 의심나는 문제를 종횡으로 논의했는데, 담무참 삼장은 상황에 따라 막힌 곳을 풀어줌에 일찍이 머뭇거림도 막힘도 없었다. 是時沙門慧嵩道朗 獨步河西 値其宣出法藏 深相推重 轉易梵文 嵩公筆受 道俗數百人 疑難縱橫 讖臨機釋滯 未嘗留礙"라고 하였다. 〔참고문헌〕 『出三藏記集』. ⇨ 번역 飜譯

전연 前緣 앞서 일어난 연(緣). 전생연분(前生緣分). 『아비담비바사론』 권1(대정장28, p.7b25)에 "만약 앞선 연을 애착하면 즐겁다는 느낌이 일어난다. 若愛前緣生樂受", 『번역명의집』 권4(대정장54, p.1117a23)에 "승조는 '전연의 상이 인을 낳고, 현상이 도와서 연이 된다'고 하였다. 肇曰 前緣相生因也 現相助成緣也"라고 하였다. 〔참고문헌〕 『阿毘曇毘婆沙論』, 『翻譯名義集』.

전연 展演 펴서 알리다. 전개연설(展開演說)의 줄임말. 설법(說法). 풀어서 말해 준다는 뜻. 『밀암어록』(대정장47, p.973a11)에 "아침에 설하고 저녁에도 설하여 항사구의 뜻을 펴 알리는 것이 납승의 본분사는 아니고, 방할을 행하고 선상을 치고 불자를 세우며 눈썹을 치켜올리고 눈을 깜박이는 것도 납승의 본분사는 아니다. 朝說暮說 展演河沙句義 不是衲僧分上事 行棒行喝 敲床豎拂 揚眉瞬目 不是衲僧分上事"라고 하였다. 〔참고문헌〕 『密菴語錄』, 『碧巖錄』 46칙 「評唱」(대정장48, p.182c9). ⇨ 목주전연 睦州展演

전연 轉緣 이미 뒤쳐 바뀐 연. 한번 뒤친 연을 다시 뒤치면 수전연(隨轉緣)이다. 『대비바사론』 권24(대정장27, p.124b27)에 "먼저 유가 생을 연한다고 할 때 이미 전연을 관하는 것이고, 뒤에 명색이 식을 연한다고 관할 때는 수전연을 관하는 것이다. 만약 다시 행이 식을 연한다고 할 때 역시 전연을 관하는 것이니, 이전과 다르지 않기 때문에 다시 관하지 않는다. 先觀有緣生時 已觀轉緣 後觀名色緣識時 卽觀隨轉緣 若復觀行緣識 亦觀轉緣 與前不異 故不重觀"라고 하였다. [참고문헌] 『大毘婆沙論』. ⇨ 전변 轉變

전영지간 電影之間 번개빛 그림자 드리울 때. 아주 짧은 시간 또는 분별할 새 없이의 뜻이다. 『대자재천자인지경』(대정장15, p.128a18)에 "이때 대가섭은 홀로 생각하였다. '번개 치듯 찰나의 순간에 오랜 과거의 일을 손바닥 보듯이 관하는 것은 오직 부처님의 완전한 지혜만이 할 수 있다'. 時大迦葉而自思惟 若電影之間 刹那之頃 觀過去久遠之事如在掌中 唯佛大智乃能知之", 『대혜어록』 권12 「원오화상 圜悟和尙」(대정장47, p.860a9)에 "이 노인은 송곳 꽂을 만한 땅도 없으나 가난하지 않았고, 값을 헤아릴 수 없는 보배를 가졌으나 부유하지 않았네. 온갖 선을 보고도 기뻐하지 않고 온갖 악을 만나도 두려워하지 않았네. 단번에 온전 끌어내 밝게 하였으나 털끝 보인 일 없고, 때론 부싯돌 불꽃속에 몸을 숨기며 저 번개 그림자중에 돌아 뒤친다. 임제의 삼현문마저 막아버리고 암두의 말후구도 끊는다. 這老漢 無置錐之地而不貧 有無價之寶而不富 覩衆善而不欣 遇諸惡而不怖 一著當陽全提 要且秋毫不露 有時石火裏藏身 却向電影中回互 塞却臨濟三玄門 截斷巖頭末後句"라고 하였다. [참고문헌] 『大自在天子因地經』, 『大慧語錄』.

전오 傳奧 당말오대(唐末五代) 스님. 속성은 한(韓)씨. 병주(幷州) 기현(祁縣 : 山西省 晉中市) 출신. 어려서 유학을 배웠고 문장에 능했다. 규봉종밀(圭峯宗密 780~814)의 제자 잠휘(潛輝)를 만난 후 그의 문하로 출가했다. 태원(太原 : 山西省)의 석벽사(石壁寺)에 머물며 율과 화엄을 공부했다. 계율에 엄격했고 화엄종 제6대 조사로 추존된다. 『화엄경금관초 華嚴經錦冠鈔』 4권, 『금강경찬요소관의의초 金剛經纂要疏貫義意鈔』 6권, 『우란분경초 盂蘭盆經鈔』 2권, 『범망경기 梵網經記』 2권(卍속장59, pp.862a1~925b8), 『범망경약소 梵網經略疏』 3권, 『범망경과 梵網經科』 1권, 『대승기신론수소기 大乘起信論隨疏記』 6권 등 많은 저술을 남겼으나 대부분 회창폐불(會昌廢佛) 때 소실되었고 현재 『범망경기』만 전한다. 『우란분경소초여의』(卍속장94, p.826a2)에 "전오법사는 속성이 한씨이고 병주 기현 출신이다. 처음에는 유학을 업으로 삼았는데, 일찍이 향시에 합격하였다. 정혜선사의 상족제자인 잠휘 아사리를 만나 머리를 깎고 가르침을 받았다. 그러므로 내외의 전적에 모두 장구가 있다. 傳奧法師 姓韓氏 幷州祁縣人 先業儒夙 嘗預鄕薦 遇定惠禪師上足 潛輝闍梨 剃髮受道 然其內外典籍 皆有章句"라고 하였다. [참고문헌] 『盂蘭盆經疏鈔餘義』.

전오근 前五根 육근(六根) 중 의근(意根)을 제외한 다섯 가지 근. 안근(眼根)·이근(耳根)·비근(鼻根)·설근(舌根)·신근(身根)을 말한다. 『유가사지론』 권53(대정장30, p.593b14)에 "색이 의지가 되면 신수(身受), 무색이 의지가 되면 심수(心受)라고 한다. 왜냐하면 전오근에 의지하는 것은 모두 색의 성이기 때문이다. [문] 전오근이 모두 색의 성이니 안 등에 의한 수를 '신수'라고 한다면, 어찌하여 안 등은 바로 신이라 하지 않는가? [답] 서로 다르기 때문이다. 왜냐하면 안 등의 오근은 펴고 움직임이 서로 다르기 때문이다. 若色爲依名身受 無色爲依名心受 何以故 由前五根 皆色性故 問若前五根 皆是色性 依眼等受 名身受者 何故 眼等 非唯是身 答 由相異故 所以者何 眼等五根 展轉相異", 『구사론송소론본』 권1(대정장41, p.824c11)에 "'앞선 다섯 가지 경은 오직 현전하는 것이다'란 무슨 말인가? 전오근의 경이니, 즉 육근 중 안근 등 전오근은 오직 현재의 경만을 취하므로 앞서서라고 말한다. 前五境唯現者 前五根境 謂六根中 眼等前五 唯取現境 是故先說"라고 하였다. [참고문헌] 『瑜伽師地論』, 『俱舍論頌疏論本』. ⇨ 오근 五根[1], 육근 六根

전오식 前五識 안식(眼識)·이식(耳識)·비식(鼻識)·설식(舌識)·신식(身識)을 말한다. 『대승장엄경론』 권3(대정장31, p.606c28)에 "8·7·6·5식이 차제로 굴러 얻는다 한 것은, 제8식을 뒤쳐 대원경지를 얻고, 제7식을 뒤쳐 평등성지를 얻으며, 제6식을 뒤쳐 묘관찰지를 얻고, 전오식을 뒤쳐 사지(事智 : 成所作智)를 얻는다. 八七六五識次第轉得故者 轉第八識得鏡智 轉第七識得平等智 轉第六識得觀智 轉前五識得作事智"라고 하였다. [참고문헌] 『大乘莊嚴經論』. ⇨ 오식 五識[1], 전육식 前六識, 무분별심 無分別心[1], 비육생 非六生

〈표〉 전오식

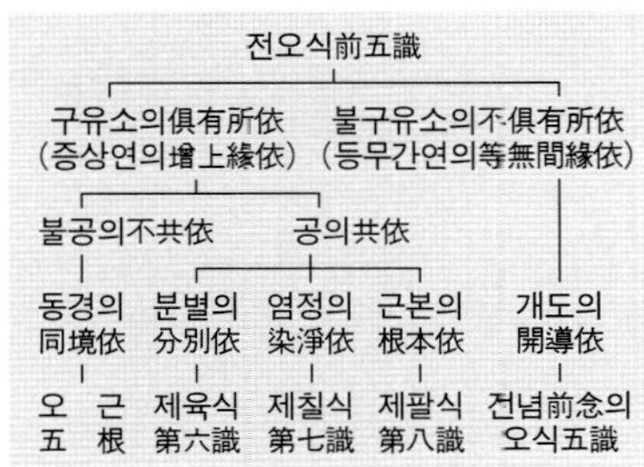

전오식신 前五識身 전오식(前五識) 각각을 말한다. 『대비바사론』 권72(대정장27, p.374b5)에 "[문] 이 육식신은 몇 가지가 분별이고 몇 가지는 무분별인가? [답] 전오식은 오직 무분별일 뿐이고, 제육식신은 분별이기도 하고 무분별이기도 하다. 問 此六識身 幾有分別 幾無分別 答 前五識身 唯無分別 第六識身 或有分別 或無分別"라고 하였다. [참고문헌] 『大毘婆沙論』, 『大乘莊嚴經論』. ⇨ 전오식 前五識

전요 纏繞 Ⓢpary-ava-√nah, pary-avanahati, Ⓣkun-nas-'khri-bar-byed-pa. 얽혀 휘감다. 풀 수 없게 감아 옥죄는 뜻이다. 『불본행집경』 권36 「야수다숙연품 耶輸陀宿緣品」(대정장3, p.822c19)에 "세간에 머무는 일 그대로 큰 환난이니 번뇌가 휘감아 돌고, 출가한즉 큰 낙이니 해탈하여 무위이거늘, 재가에서 어찌 알리요. 在家大患 煩惱纏繞 出家大樂 解脫無爲 在家難辦", 『이취육바라밀다경』 권4(대정장8, p.882c24)에 "이 독에 물든 몸은 세 가지 악법에 휘감겨 있다. 무엇이 그 세 가지인가? 첫째는 부정이고, 둘째는 참을 수 없는 고통이며, 셋째는 은혜란 없다. 以此毒身 有三惡法之所纏繞 云何爲三 一者不淨 二者極苦 三者無恩", 『유가사지론』 권25(대정장30, p.420b8)에 "방일로 말미암아 때로는 혼침과 수면이 그 마음을 옥죈다. 由放逸故 或惛沈睡眠 纏繞其心"라고 하였다. 〔참고문헌〕『佛本行集經』, 『理趣六波羅蜜多經』, 『瑜伽師地論』, 『優婆塞戒經』 권2(대정장24, p.1041a5), *Śrāv-bh.147.*

전욕 轉欲 거듭하여 여욕(與欲)한다는 말. 갈마 등에 대중에게 직접 나아갈 수 없어 다른 이에게 자신의 의견을 전하는 것을 여욕이라 하고, 위임받은 이가 변고가 생겨 또 다시 다른 이에게 위임하는 일. 『사분율수기갈마소정원기』 권3(卍속장64, p.267b1)에 "전욕이란 수욕한 후에 다시 갑자기 곤란한 일이 생겨 여욕한 이의 의견을 다시 다른 이에게 위임하는 것을 말한다. 轉欲 謂受欲已 更忽緣礙 欲轉與他"라고 하였다. 〔참고문헌〕『四分律隨機羯磨疏正源記』. ⇨여욕 與欲, 수욕 受欲 ❶

전우 典愚 조선후기 스님. 법호는 용암(庸庵). 역산선영(櫟山善影 1792~1880)의 제자이며 문담원장(文潭元長)의 동문형제이다. 『역산집』(한불전10, p.965a21)에 "봉선사를 유람할 적에 용암전우가 그 스승 역산의 탑명을 나(이유원 1814~1888)에게 부탁하였다. 遊奉先寺 庸庵釋典愚 以其師櫟山塔銘屬余", 『동사열전』 권5 「문담강백전 文潭講伯傳」(한불전10, p.1052c15)에 "동문형제 용암전우는 경산 수락산 흥국사 일명 덕사에 항상 주석하였다. 그 제자는 성곡유주·취은기순이며, 두 명의 손제자는 영실과 의직, 은제자는 정운채규이다. 同門兄弟 庸庵典愚 常居京山水落山興國寺 一名德寺 其弟子 有聖谷惟倜 翠隱奇淳 有二孫曰 永實義直 受恩者 有定雲彩奎"라고 하였다. 〔참고문헌〕『櫟山集』, 『東師列傳』. ⇨선영 善影, 원장 元長 ❷

전우형화상어록 顓愚衡和尙語錄 명대 임제종(臨濟宗) 스님 전우관형(顓愚觀衡 1579~1646)의 어록을 제자 정인(正印)이 중편하였다. 20권. 청나라 강희 13년(1674)부터 15년에 걸쳐 간행하였고 가흥장28, pp.657a1~775a23, No.B219에 수록되어 있다. 『자죽림전우형화상어록 紫竹林顓愚衡和尙語錄』이라고도 한다. 본서는 시중(示衆)·만참(晩參)·법어(法語)·서문(書問)·서(序)·소(疏)·불조진찬(佛祖眞贊)·자찬(自贊)·진명(眞銘)·불사(佛事)·전명(傳銘)·가(歌)·경해(經解)·중용설백(中庸說白)·잡저(雜著)·게송(偈頌)·시(詩)와 제자 정인이 지은 행장(行狀) 등으로 구성되어 있다. 특히 경해 중에는 『심경소담 心經小談』·『수능엄경현담 首楞嚴經懸談』·『금강반야경약담 金剛般若經略談』도 포함되어 있다. ⇨관형 觀衡

전욱 傳昱 1638~1685. 명대후기 조동종(曹洞宗) 스님. 속성은 장(張)씨. 금릉(金陵) 출신. 23세에 출가하였다. 어느 날 각랑도성(覺浪道盛 1593~1659)의 어록 『장인록 杖人錄』을 읽다가 광액도아화(廣額屠兒話) 중에 "놓아버리고 문득 쉬면 그만이지, 하필 '나는 천불 중 하나다'고 말하는가? 放下便休 何必云我是千佛一數"라는 말에서 깨우친 바 있었다. 그 뒤에 서하의(棲霞依) 화상을 친견하고 그 법을 이었다. 처음에는 복건성의 몽필산(夢筆山)에서 법문을 열었고, 나중에 호심(湖心)으로 주석처를 옮겼다. 청대인 1685년(강희24) 건주(建州 : 福建省) 보은사(報恩寺)로 돌아와 세수 48세로 입적하였다. 〔참고문헌〕『增訂佛祖道影』 권3.

전위 全威 몸과 마음을 씀에 남김없이 다하다. 모든 일에 전력을 다하여 차별없이 하는 뜻이다. 『조정사원』 권5(卍속장113, p.139a5)에 "전위 : 큰 사자는 향상을 잡으려 온 힘을 다하고, 토끼를 잡을 때도 역시 그렇게 하여 가벼운 생각 일으킨 적 없다. 모든 불여래 역시 이렇게 하시니 보살들을 위하든 일천제에게든 법을 폄에 있어 그 공용에 둘이 없다. 『열반경』을 보라. 全威 如大師子殺香象時 皆盡其力 殺兎亦爾 不生輕想 諸佛如來 亦復如是 爲諸菩薩 及一闡提 演說法時 功用無二 見涅槃經"라고 하였다. 〔참고문헌〕『祖庭事苑』.

전위 典衛 법답게 모시다. 『법구비유경』 권1(대정장4, p.583a16)에 "기타의 동생 유리는 늘 왕의 곁에 있었다. 그 때 왕은 평상복으로 가까운 신하들 및 후궁부인과 함께 부처님 처소로 가서 머리를 조아려 예를 올린 다음 한마음으로 가르침을 들었으며, 유리도 뒤에 있으면서 왕의 자리를 법답게 지켰다. 祇陀弟瑠璃 常在王邊 時王素服 與諸近臣 及後宮夫人 往詣佛所 稽首禮畢 一心聽經 瑠璃在後 典衛御座"라고 하였다. 〔참고문헌〕『法句譬喩經』, 『唐高僧傳』 권29(대정장50, p.693b26).

전위 塡委 둘러싸이다. 『당고승전』 권25 「도선전 道仙傳」(대정장50, p.651a6)에 "(도선은) 오와 촉을 왕래하며 강가와 해안에 진주와 보배를 싣고 내려서 쌓았다. 그렇게 얻은 재물과 재화가 배 두 척을 가득 채웠다. 이 때 어떤 이는 '돈으로 수십만 관'이라고 하였으니 이미 산더미처럼 쌓인 보배를 갖고 있었다. 往來吳蜀 江海上下集積珠寶 故其所獲貲貨乃滿兩船 時或計者云 直錢數十萬貫 旣懷寶塡委", 『송고승전』 권4 「의충전 義忠傳」(대정장50, p.729c11)에 "소스님은 의충이 천리를 달리는 준마임을 알아보고 공부에 때를 놓칠까 염려했는데, 장안에서 규기대사가 새로운 장소를 짓고 문하생들에게 둘러싸여 명성을 천하에 떨치고 있다는 소식을 듣고서 스승과 제자가 함께 규기의 강석으로 갔다. 沼師知是千里之駿 學恐失時 聞長安基師 新造疏章門生塡委 聲振天下 乃師資相將 同就基之講肆"라고 하였다. [참고문헌] 『唐高僧傳』, 『宋高僧傳』.

전위 轉位 위를 뒤치다. 동안상찰(同安常察 ?~961)의 「십현담 十玄談」 중 제8위(位) 또는 제9위. 윤회하는 이류(異類) 속에 몸을 던져 자유롭게 자신의 증득을 활용하는 경지이다. 백척간두(百尺竿頭)에서 진일보(進一步)한 세계와 통한다. 『경덕전등록』 권29 「동안찰선사십현담 同安察禪師十玄談」(대정장51, p.455c9)에 "전위 : 털옷에 뿔 달고 저자로 들어가니, 우담발화 불 속에서 피어난다. 번뇌의 바다에 비 내려 적시고, 무명산 위에 구름 뿌려 우레친다. 확탕노탄 지옥의 불을 불어서 끄고, 검수도산 지옥은 소리쳐 부순다. 황금으로 잠긴 깊은 빗장 안에 머물지 않고, 이류중에 나아가 돌고 또 돈다. 轉位 披毛戴角入廛來 優鉢羅華火裏開 煩惱海中爲雨露 無明山上作雲雷 鑊湯爐炭吹敎滅 劍樹刀山喝使摧 金鎖玄關留不住 行於異類且輪迴", 『직주천동송고』 권상 「착어 著語」(卍속장117, p.786a10)에 "비단잉어 한 가지 색 깨뜨리고, 어부는 고인 물 부수고, 시장에선 솟은 봉우리도 무너뜨린다. 이로써 자리 뒤쳐 공에 나아가니 입전수수를 밝힌다. 錦破一色 漁破死水 市破孤峰 此明轉位就功 入廛垂手"라고 하였다. [참고문헌] 『景德傳燈錄』, 『直註天童頌古』, 『十玄談要解』(한불전7, p.319a18). ⇨ 이류중행 異類中行, 입전수수 入廛垂手, 동안십현담 同安十玄談, 십현담 十玄談

전유 顚游 미쳐 헤매다. 미치광이 천유(天游). 송대 스님 전우천유(典牛天游)를 일컬었던 말. 『총림성사』 권상(卍속장148, p.57a18)에 "(전우스님이) 일찍이 충도자의 「목우송」에 화답하여 읊었다. '두 뿔은 하늘을 가리키고 네 발굽은 땅을 디뎠네. 코뚜레 끌어당기며 똥 방구만 기른다'. 처음 무진거사 장상영(張商英)은 그의 솔직담백하며 거리낌 없음을 보고 애초부터 우습게 여겨 '전유'라고 일컬었다. 훗날 묘희종고(妙喜宗杲 : 大慧)가 이 게송을 가져와 보이니 무진이 책상을 어루만지며 칭찬을 아끼지 않았다. 묘희가 무진에게 말하였다. '상공은 생각해보십시오. 이 게송 누가 지었겠습니까?' '미륵대사가 아니고서야 어찌 이런 말들을 쏟아낼 수 있겠습니까?' '이는 바로 옛날 전유가 지은 것입니다' '뛰어납니다, 뛰어납니다. 담당문준(湛堂文準)에게 이런 제자가 있었다니. 임제종 일대 문파가 여기에 있습니다. 가지고 가서 전당포에다 저당만 잡혀도 일백관에 맡아 줄 것입니다. 장상영의 이 육안도 별 볼일 없게 되었습니다. 하마터면 이 사람을 잘못 볼 뻔했습니다'. 그러고는 향을 피우고 운암 쪽을 향해 잘못을 뉘우쳤다. 嘗和忠道者牧牛頌曰 兩角指天 四蹄踏地 拽斷鼻圈 牧甚屎屁 初張無盡 見其坦率不事事 嘗慢之 謂之顚游 後妙喜持此頌獻之 無盡撫几稱賞 妙喜曰 相公且道 者頌是甚麽人做 無盡曰 此非彌勒大士 安能發此言 妙喜曰 此乃前日顚游所作 無盡曰 奇哉奇哉 湛堂乃有此兒耶 臨濟一宗 其在此矣 但將去質庫中典 也典得一百貫 商英肉眼不別 幾乎蹉過此人 遂燒香望雲巖悔過"라고 하였다. [참고문헌] 『叢林盛事』. ⇨ 천유 天游

전유경 箭喩經 역자 미상. 1권. 고려장19, pp.584a1~585b19, No.698 · 대정장1, pp.917b13~918b17, No.94에 수록되어 있다. 『중아함경』 권60 「전유경」의 별역. 상응하는 팔리경전은 맛지마니카야 제63경 *Cūḷamāluṅkya-sutta*(*MN.1*, pp.426~432)이다. 부처님께서 기원정사에 계실 때 존자 마라구마라(摩羅鳩摩羅)가 세간의 유상무상(有常無常)을 묻고 답을 얻고자 하니, 부처님께서 독화살의 비유를 들어 꾸짖으시면서 그러한 것을 묻고 답하는 일이 어리석음을 깨우친 법문이다. 독화살을 맞은 이가 화살을 뽑아줄 의사를 찾지 않고, 그의 성과 이름 족성 따위를 묻는 것과 같다는 비유를 들어서 법문으로 무기(無記)의 영역에 매몰된 외도의 비판도 겸하고 있다. ⇨ 무기 無記, 독전 毒箭

전유경 轉有經 Ⓢ Āryabhavasaṃkrānti-nāma-mahāyānasūtra, Ⓣ 'phags-pa srid-pa 'pho-ba shes-bya-ba theg-pa chen-po'i mdo. 원위(元魏) 불타선다(佛陀扇多) 한역. 1권. 의정(義淨)이 한역한 『대승유전제유경 大乘流轉諸有經』(고려장13, No.494 · 대정장14, No.577)의 동본이역이다. 고려장11, p.589a1~c9, No.266 · 대정장14, p.949a23~c16, No.576에 수록되어 있고 티베트역본(北京版 No.892)도 전한다. 초기 유식의 면면을 살필 수 있는 경이다. ⇨ 대승유전제유경 大乘流轉諸有經

전유론 煎乳論 천태지의(天台智顗)가 지은 『관심론 觀心論』(대정장46, No.1920)의 별명. 『천축별집』 권상(卍속장101, p.266a3)에 "『관심론』 1권(『전유론』이라고도 한다〉. 觀心論一卷〈亦名煎乳論〉"라고 하였다. '우유를 끓인다(煎乳)'는 표현이 나오는 이유는 『관심론』(대정장46, p.584b11)에서 "법을 넓히는 사람은 중생을 이롭게 하기에 물이 섞인 우유를 자주 베푸니, 받아들이는 이들에게는 진실한 도의 맛을 잃게도 한다. 但弘法之人爲利物故 多施加水之乳 致令聽受之者 失眞道味"라고 밝혔듯이, 방편의 물을 버려 진실한 가르침만을 남기겠다는 것이 저자의 의도다. 〔참고문헌〕『天竺別集』, 『觀心論』(대정장46, p.584b4). ⇨ 관심론 觀心論[2]

전육가 旃育迦 인도의 국왕. 부처님께서 열반에 드신 후, 칠백 년 경의 왕으로 기원정사(祇園精舍)를 다시 일으켜 세웠다. 『법원주림』 권39(대정장53, p.591b3)에 "경률에서 기원사터에 대해 많이 밝히고 있다. 대부분은 팔십 경의 땅에 백이십개의 승원이 있었다고 하는데, 이것을 기준으로 대략 동서로는 십리에 가깝고, 남북으로는 칠백여보이다. 이것은 기타태자와 수달장자 두 사람이 힘을 합해 지은 것인데, 지어진 지 이백 년 뒤에 화재로 다 타버렸다. … 어찌하여 화재로 다 타버렸는가? 수달은 범부였을 때 고기를 팔아 재물을 모았고, 천하게 살다가 귀하게 되어서는 항상 흉년이 들기를 바랐다. 즉 집은 비록 큰 부자였지만 재물은 물든 마음에서 비롯했기에 끝내 불에 타버렸다. 그러나 태자의 원력과 깨끗한 마음으로 나무들이 다시 자라났으니, 그 행업의 다름은 염정을 드러낸 것이다. 그 뒤 오백 년 후에 전육가왕이 그 터에 절을 세웠으나 십분의 일도 이루지 못하였고, 백 년이 지나 도적들의 불로 다 타버렸다. 經律大明 祇桓寺之基趾 多云 八十頃地 一百二十院 准約 東西近有十里 南北七百餘步 祇陀 須達 二人共造 成之已後 經二百年 被燒都盡 … 何以被燒 良由須達 爲凡之時 賣肉得財 居賤出貴 常願荒儉 家雖巨富 財由穢心 以此造寺 終遭煨燼 太子願力淨心樹生 業行有殊 表之染淨也 於後五百年有旃育迦王 依地而起 十不及一 經于百年 被賊燒盡"라고 하였다. 〔참고문헌〕『法苑珠林』. ⇨ 기원정사 祇園精舍

전육식 前六識 안식(眼識)·이식(耳識)·비식(鼻識)·설식(舌識)·신식(身識)·의식(意識)의 여섯 가지 식을 가리키는 말. 제7식과 제8식에 앞서 드러난 경을 분별하기에 요별경식(了別境識 Ⓢ vijñaptir viṣayasya vijñāna)이라고 한다. 『성유식론』 권2(대정장31, p.7b28)에 "셋째는 경을 안다고 하는데, 바로 전육식이 경상을 거칠게 안다. 三 謂了境 卽前六識 了境相麤故", 『주대승입능가경』 권6(대정장39, p.476c18)에 "심이란 제8장식이고 의란 제7식이며 식이란 전육식이다. 그러므로 아래 게송에서 '장식을 심이라 하고, 사량하는 성을 의라 하며, 능히 온갖 경계의 모습들을 분별할 수 있기에 식이라 한다'고 하였다. 心者 第八藏識也 意者第七識也 及與識者 前六識也 故下偈云 藏識名爲心 思量性名意 能了諸境相 是故說名識", 『대승의장』 권3(대정장44, p.525a4)에 "팔식과 아울러 요별의 뜻이 있기에 통틀어 식이라고 한다. 무엇을 요별이라고 하는가? 요별에는 세 가지가 있다. 첫째는 사상을 요별하니 전육식이라 한다. 八識並有了別之義 故通名識 云何了別 了別有三 一 事相了別 謂前六識"라고 하였다. 〔참고문헌〕『成唯識論』, 『注大乘入楞伽經』, 『大乘義章』. ⇨ 요별경식 了別境識, 요별 了別[1], 삼능변 三能變

전육위 前六位 앞의 육위(六位). [1] 구변지(九遍知) 중 앞의 육변지(六遍知). 『대비바사론』 권62(대정장27, p.322b9)에 "〔문〕 일체택멸을 모두 단이라 하며, 단은 바로 지혜의 열매다. 그러므로 모두 변지라고 해야 하거늘, 무슨 까닭에 이 이름은 오직 구위에만 있고 그 밖의 위에서는 변지라는 이름을 얻지 못하는가? 〔답〕 오직 구위 중에서만이 때론 네 가지 연을 갖추거나 다섯 가지 연을 갖추므로 변지라는 이름을 얻고, 그 밖의 위는 그렇지 않으므로 오직 구위만을 세운다. 말하자면 전육위는 견도의 과일 뿐이고 … 후삼위는 수도의 과다. 問 一切擇滅 皆名爲斷 斷是智果 故皆應名遍知 何故此名 唯在九位 餘位不得 遍知名耶 答 唯九位中 或四緣具 或五緣具 得遍知名 餘位不然 故唯立九 謂前六位 唯見道果 … 後之三位 是修道果"라고 하였다. 〔참고문헌〕『大毘婆沙論』. ⇨ 구변지 九遍知, 변지 遍知, 택멸 擇滅 [2] 삼십칠보리분법(三十七菩提分法 : 三十七道品) 중 칠각지(七覺支)를 제한 사념주(四念住 : 四念處)·사정근(四正勤 : 四正勝)·사신족(四神足 : 四如意足)·오근(五根)·오력(五力)·팔정도(八正道 : 八道支)를 말한다. 『대비바사론』 권96(대정장27, p.496a16)에 "서른일곱수도법 중에서 오직 결정만을 취한다면 마땅히 일곱 가지 수도법만을 말해야 한다. 즉 칠각지이니, 오직 무루이기 때문이다. 만약 오직 불결정만을 취한다면 그 이외의 여섯 가지 위의 수도법을 말해야 한다. 즉 사념주에서 팔도지까지이니, 유루와 무루에 통하기 때문이다. 결정과 불결정을 통틀어 취한다면 서른일곱 가지 수도법을 말해야 한다. 즉 전육위와 칠각지다. 於三十七修道法中 若唯取決定者 則應說七種修道法 謂七覺支 唯無漏故 若唯取不決定者 則應說餘六位修道法 謂四念住 乃至 八道支 通有漏無漏故 若通取決定不決定者 則應說三十七種修道法 謂前六位 及七覺支"라고 하였다. 〔참고문헌〕『大毘婆沙論』. ⇨ 삼십칠도품 三十七道品, 사념주 四念住, 사정근 四正勤, 사신족 四神足, 오근 五根[2], 오력 五力[1], 팔정도 八正道, 칠각지 七覺支

전의 田衣 가사(袈裟)의 다른 이름. 복전의(福田衣)·전상의(田相衣)라고도 한다. 『불조통기』 권37(대정장4

9, p.350a13)에 "(普通元年) 4월 초파일 양무제는 전의를 입고 북면하여 경례하고 구족계를 받았다. 四月八日 帝服田衣 北面敬禮 受具足戒", 『광지광록』 권7 「오흥변장로이달마화상청찬 吳興辯長老以達磨畫像請贊」(대정장48, p.78c21)에 "갈대에 의지해 파도 타고 왔다가, 짝 잃은 신발로 서쪽으로 돌아갔네. 중국의 법기를 구하여서, 굴순포로 만든 전의를 부촉하였네. 長蘆駕浪 隻履西歸 求支那之法器 付屈眴之田衣"라고 하였다. 〔참고문헌〕『佛祖統紀』, 『宏智廣錄』, 『圜悟語錄』 권4(대정장47, p.730b23). ⇨ 가사 袈裟, 복전의 福田衣, 전상의 田相衣, 전상연기 田相緣起

전의 全依 온전히 의지하다. 그 어떤 것이 없어 전적으로 의지하다의 뜻이다. 『법화현의석첨』 권2(대정장33, p.828a2)에 "이성은 체가 없어 온전히 무명에 의지하며, 무명 또한 체가 없어 전적으로 법성에 의지한다. 이는 일체에 가득 있지만 의지하는 바는 없다. 理性無體 全依無明 無明無體 全依法性 理遍一切 而無所依", 『화엄경소초』 권1(대정장36, p.4c7)에 "부처님의 지혜의 달이라 하면 전적으로 자성의 공에 의지하고, 혹이 다하면 덕이 두렷해서 무심으로 문득 응한다. 佛之智月 全依性空 惑盡德圓 無心頓應", 같은 책 권47(대정장36, p.369c27)에 "이 무명은 온전히 본각에 의지하지만 도리어 본각을 미혹했고, 무시이래로 념념히 상속하여 일찍이 념을 떠난 적이 없다. 바로 이것이 일체심식의 상이다. 此無明 全依本覺 還迷本覺 從無始來 念念相續 未曾離念 卽是一切心識之相"라고 하였다. 〔참고문헌〕『法華玄義釋籤』, 『華嚴經疏鈔』. ⇨ 무명 無明[1], 법성 法性[1]

전의 傳衣 가사를 전하다. 전법(傳法)의 징표다. 발우와 함께 전하기에 전발(傳鉢)·전의발(傳衣鉢)이라고도 한다. 『전심법요』(대정장48, p.383c19)에 "〔문〕 육조께서는 경서를 알지 못하였는데도 어떻게 가사를 전해 받고 조사가 되었으며, 상좌 신수는 오백 명의 수좌이자 교수사가 되어 서른두 가지 경론을 강의하였음에도 가사를 전해 받지 못했습니까? 〈답〉 그에게는 자기 아닌 것을 향한 마음이 있었으니, 이 유위법이어서 닦고 증득해야 할 것으로 여겼기 때문이다. 그래서 오조는 육조에게 부촉하였다. 육조는 다만 이렇게 묵묵히 계합하여 여래의 아주 깊은 뜻을 은밀하게 전해 받을 수 있었고, 그렇게 법을 맡겨 다른 이에게 줄 수 있었던 것이다. 그대 들어보지 못했는가? '진실한 법은 본디 법에 법이랄 것이 없고, 법이랄 것이 없는 법이 또한 법이다. 이제 법이 없음을 부촉하는 바로 이때, 법법이 어찌 일찍이 법이겠는가?' 이러한 뜻을 알아야 비로소 출가한 사내라고 부른다. 問 六祖不會經書 何得傳衣爲祖 秀上座是五百人首座 爲教授師 講得三十二本經論 云何不傳衣 師云 爲他有心 是有爲法 所修所證 將爲是也 所以五祖付六祖 六祖當時 秖是默契 得密授如來甚深意 所以付法與他 汝不見道 法本法無法 無法法亦法 今付無法時 法法何曾法 若會此意 方名出家兒", 『증도가』(대정장48, p.396b19)에 "법이 동쪽으로 이 땅에 흘러드니 보리달마가 초조가 되었네. 6대에 걸쳐 가사를 전한 일이 천하에 알려지니 후인이 도를 깨달음에 끝이 없다네. 法東流入此土 菩提達磨爲初祖 六代傳衣天下聞 後人得道何窮數", 『법안어록』(대정장47, p.589a5)에 "물었다. '옛사람이 가사를 전하였으니, 앞으로 어떤 사람에게 기별하시렵니까?' '그대는 어디에서 옛사람이 가사 전하는 것을 보았는가?' 問 古人傳衣 當記何人 師云 汝甚麽處見古人傳衣"라고 하였다. 〔참고문헌〕『傳心法要』, 『證道歌』, 『法眼語錄』, 『宗鏡錄』 권6(대정장48, p.444c12). ⇨ 전발 傳鉢, 전의발 傳衣鉢, 전법 傳法, 의발 衣鉢[1], 가사 袈裟

전의 轉依 [1] Ⓢ āśraya-parāvṛtti, āśraya-parivṛtti, Ⓣ gnas-gzhan-du-gyur-pa, gnas-gyur-pa, gnas-yongs-su-gyur-pa. 의를 뒤치다. 전이란 전사(轉捨)인 동시에 전득(轉得)의 뜻이고, 의란 염정(染淨)의 모든 법이 의지하는 의타기를 말한다. 무분별지(無分別智)를 수습해서 번뇌소지이장(煩惱所知二障)을 다 버려 원성실성(圓成實性)을 얻고, 번뇌 곧 생사를 뒤쳐 열반을 얻는 뜻이다. 이 중에서 열반과 보리를 두 가지 전의과(轉依果)·전의묘과(轉依妙果) 등이라고 한다. 『성유식론』 권9(대정장31, p.50c21)에 "보살은 앞서 견도로부터 일어나서 나머지 장애를 끊고 전의를 증득하기 위해 다시 거듭하여 무분별지를 닦아 익힌다. … 거듭하여 이것을 닦기에 두 가지 추중을 버린다. 두 장애의 종자를 추중이라 하는데, 본성이 미세하거나 가벼운 것을 감당하지 못하고 거스르기 때문이다. 그것을 영원히 멸하기에 사라고 한다. 이것으로 저 두 추중을 버리기에 곧 바로 광대전의를 증득한다. 의란 의지함을 말하니, 곧 의타기다. 염정법의 의지처가 되기 때문이다. 염이란 허망한 변계소집을 말하고, 정이란 진실한 원성실성을 말한다. 전이란 두 분을 뒤쳐 버려 뒤쳐 얻음이다. 거듭 무분별지를 닦아 익힘으로 말미암아 본식중에 두 장애의 추중을 끊어서 의타기성 중의 변계소집성을 버리고, 의타기성 중의 원성실성을 증득한다. 번뇌를 뒤쳐 대열반을 얻고, 소지장을 뒤쳐 무상각을 증득하므로 유식이 성립하는데, 뜻은 유정중생이 이와 같은 두 전의의 과를 증득하도록 하기 위한 것이다. 菩薩從前見道起已 爲斷餘障 證得轉依 復數修習 無分別智 … 數修此故 捨二麤重 二障種子 立麤重名 性無堪任 違細輕故 令彼永滅 故說爲捨 此能捨彼二麤重故 便能證得 廣大轉依 依謂所依 卽依他起 與染淨法 爲所依故 染謂虛妄遍計所執 淨謂眞實圓成實性 轉謂二分 轉捨轉得 由數修習 無分別智 斷本

識中 二障麤重 故能轉捨 依他起上 遍計所執 及能轉得依他起中 圓成實性 由轉煩惱 得大涅槃 轉所知障 證無上覺 成立唯識 意 爲有情證得如斯 二轉依果", "또 의란 곧 유식진여이니, 생사열반의 의지처이기 때문이다. 어리석은 범부는 전도되어 이 진여에 미하기에 무시이래로 생사고를 받고, 성자는 전도를 떠나 이 진여를 깨달아 곧바로 열반을 증득하며 필경에는 안락하게 된다. 거듭하여 무분별지를 수습해서 본식중에 두 장애추중을 끊기에 진여에 의지하는 생사를 능히 뒤쳐 끊고, 진여에 의지하는 열반을 증득한다. 이렇게 한즉 곧 진여가 잡염성을 떠난다. 여는 비록 성은 정하지만 상은 잡염이기에 염오를 버린 때를 임시로 새롭게 깨끗하다 하니, 곧 이 '신정'을 '전의'라고 한다. 或依卽是 唯識眞如 生死涅槃之所依故 愚夫顚倒 迷此眞如 故無始來 受生死苦 聖者離倒 悟此眞如 便得涅槃 畢究安樂 由數修習 無分別智 斷本識中 二障麤重 故能轉滅 依如生死 及能轉證 依如涅槃 此卽眞如 離雜染性 如雖性淨 而相雜染 故離染時 假說新淨 卽此新淨 說爲轉依", 『섭대승론본』 권하(대정장31, p.148c17 : *Mah-saṃ.*, p.81)에 "전의란 의타기성의 대치가 일어날 때, 잡염분을 버리고 청정분을 얻는 것을 말한다. 轉依 謂卽依他起性對治起時 轉捨雜染分 轉得清淨分 gzhan gyur pa ni gang gzhan gyi dbang gi ngo bo nyid de nyid kyi gnyen po skyes na gang kun nas nyon mongs pa'i cha ldog cing rnam par byang ba'i char gyur pa'o", 『대승장엄경론』 권3(대정장31, p.602c25)에 "전의에는 버림도 있고 얻음도 있음을 드러내 보인다. 두 가지 종의 장애가 언제나 따르지만 저 멸의 끝에서는 널리 끊는다 하였다. 이것은 다스려 멀리 여읨을 밝힌다. 즉 번뇌장과 소지장 두 가지 종자가 무시이래로 항시 따라 쫓지만 이제 영원히 끊음을 말한다. 극이란 일체지이고 광이란 일체종인데, 이것을 모두 끊기 때문이다. 백법원만하기에 의를 뒤쳐 두 가지 도를 성취한다 하였으니, 이것은 능히 다스려 성취함이어서 불체가 최상원만백법과 더불어 상응함을 말하는 것이다. 그때 의는 뒤쳐 두 가지 도를 성취하는데, 첫째는 극청정출세지도를 얻는 것이고 둘째는 끝없이 아는 경계지도를 얻으니 이것을 전의라고 한다. 顯示 轉依有離有得 二障種恒隨 彼滅極廣斷者 此明所治遠離 謂煩惱障智障二種種子 無始已來 恒時隨逐 今得永滅 極者 一切地 廣者 一切種 此皆斷故 白法圓滿故 依轉二道成者 此明能治成就 謂佛體與最上圓滿白法相應 爾時依轉 得二道成就 一 得極淸淨出世智道 二 得無邊所識境界智道 是名轉依"라고 하였다. 『삼무성론』 권하(대정장31, p.874c4)에서는 이승인(二乘人)의 일분전의(一分轉依), 초지보살(初地菩薩)의 구분전의(具分轉依), 칠지(七地) 이전 보살의 유동전의(有動轉依), 십지(十地) 이전 보살의 유용전의(有用轉依), 부처님의 구경전의(究竟轉依) 등 다섯 가지 전의를 말한다. 이외에 『섭대승론』 권하(대정장31, p.129b4)의 익력손능전(益力損能轉)·통달전(通達轉)·수습전(修習轉)·과원만전(果圓滿轉)·하열전(下劣轉)·광대전(廣大轉) 등 여섯 가지 전의, 『대승아비달마잡집론』 권10(대정장31, p.742c9)의 심전의(心轉依 Ⓢcittāśrayaparivṛtti)·도전의(道轉依 Ⓢmārgāśrayaparivṛtti)·추중전의(麤重轉依 Ⓢdauṣṭhulyāśrayaparivṛtti) 세 가지 전의 등이 있다. 〔참고문헌〕『成唯識論』, 『攝大乘論本』, 『大乘莊嚴經論』, 『三無性論』, 『攝大乘論』, 『大乘阿毘達磨雜集論』, *Mah-sam.*, *Bodh-bh.280.*, *Sūtr.35·59.*, *Abh-s-bh.93.* ⇨득전의 得轉依, 전의지 轉依止, 이전의 二轉依, 육전의 六轉依, 전식득지 轉識得智 ❷Ⓢāśraya-parivṛtti, Ⓣrten-yongs-su-gyur-pa. 몸을 바꾸는 것. 불공죄(不共罪)를 범한 이가 그 죄에서 벗어나기 위해 남성은 여성으로 여성은 남성으로 각각 성을 전환하는 것을 말한다. 『대승장엄경론』 권4(대정장31, p.610a24 : *Sūtr.*, p.55)에 "(범한 죄를 벗어나는 일곱 가지 방법 중) 다섯째는 전의이니, 비구나 비구니가 남성이나 여성으로 성을 바꾸어 불공죄에서 벗어나는 것을 말한다. 五者轉依 謂比丘比丘尼 男女轉根 出不共罪 āśrayaparivṛttir bhikṣubhikṣuṇyoḥ strīpuruṣavyañjanaparivartanād asādhāraṇā vedāpattiḥ"라고 하였다. 〔참고문헌〕『大乘莊嚴經論』, 『攝大乘論釋』 권1(대정장31, p.322a28), *Sūtr.* ⇨불공죄 不共罪

전의 轉義 ❶Ⓢvṛtty-artha. 뜻이나 법륜을 굴리다. 들은 대로 뜻을 이어 전하다의 뜻이다. 『상주천자소문경』(대정장15, p.120a9)에 "〔문〕 문수사리여, 어찌하여 보살은 마땅히 전의를 얻는가? 〔답〕 천자여, 들은 대로 행하여 진실로 타인에게 베푼다. 이와 같으니 보살을 전의라고 한다. 又復問言 文殊師利 云何菩薩 當得轉義 答言 天子 如所聞行 眞實與他 如是菩薩 名爲轉義", 『아비담비바사론』 권21(대정장28, p.159a14)에 "〔문〕 저 고법인에 머물 때 이미 법륜을 굴렸는데, 어찌하여 도비지로써 굴린다고 하는가? 〔답〕 때론 이렇게 말한다. '고법인에 머물 때 비록 법륜을 굴리되 구르는 뜻이 아직 충분하지 않지만, 도비지의 때에는 전의 뜻이 비로소 충분하다'. 問曰 如住苦法忍時 已轉法輪 何以道比智時 言轉法輪耶 答曰 或有說者 住苦法忍時 雖轉法輪 而轉義未足 道比智時 轉義乃足"라고 하였다. 〔참고문헌〕『商主天子所問經』, 『阿毘曇毘婆沙論』. ❷ 법이 다섯 가지인 상·안주·전도·부전도·차별(相 安住 顚倒 不顚倒 差別)로 구르는 뜻. 『대승아비달마잡집론』 권15(대정장31, p.765c13 : *Abh-s-bh.*, p.141)에 "전의란 무엇인가? 다섯 가지로 구르는 것을 말하니 첫째 상전, 둘째 안주전, 셋째 전도전, 넷째 부전도전, 다섯째 차별전이다. 상전이란 생 등의 세 유위상을 말한다. 저 세 상으로 말미암아 차별하게 구르기 때문이다. 안주전이란 소지법을 말한다. 머물러 능히 가지는 중에도 구르기 때문이다. 전도전이란 잡염법을 말한다. 여실하게 구르지 못한다. 부전도전이란 청정법을 말하니, 여실하게 구른다. 차별전이란 일체행이 과거미래현재와 내외 등 갖가지로 구른다. 轉義者 謂五種轉 一 相轉 二 安住轉 三 顚倒轉 四 不顚倒轉 五 差別轉 相轉者 謂生等三有爲相 由彼三相 差別轉故 安住轉者 謂所持法 住能持中而轉故 顚倒轉者 謂雜染法 不如實轉故 不顚倒轉者 謂淸淨法 如實轉故 差別轉者 謂一切行 過去 未來 現在 內外等 差別轉故 vṛttyarthaḥ pañca vṛttayaḥ. lakṣaṇavṛttiḥ saṁskṛtasya trīṇi lakṣaṇānyutpādādīni, taiḥ prakārairvartanāt. avasthānavṛtirādheyasyādhāre vyavasthānam. viparyāsavṛttiḥ sāṁkleśikānāṁ dharmāṇām ayathābhūtaṁ vartanāt. aviparyāsavṛttirvyāvadānikānāṁ dharmāṇām. prabhedavṛttiḥ sarvasaṁskārāṇāmatītānāgatapratyutpannā dhyātmikabāhyādiprakārairvartanāt"라고 하였다. 〔참고문헌〕『大乘阿毘達磨雜集論』, *Abh-s-bh.*

전의난증굴 轉依難證屈 삼퇴굴 중 하나. 보살이 번뇌에서 보리로 전의(轉依)하고 생사에서 열반으로 전의하는 것이 어렵다는 것을 듣고서 뒤로 물러나는 마음을 내는 것. 『법화경현찬요집』 권19(卍속장54, p.300a12)에 "전의난증굴이란, 전지의 범부가 초발심함에 오히려 보리과를 향해 나아감을 머뭇거리지만, 그대 이미 다겁에 수습하였으니 마땅히 퇴각하여 생사에 빠질 일 없으리라. 轉依難證屈 轉地凡夫初發心 尙擬趣向菩提果 汝已脩習經多劫 不應退屈却沉淪也", 『화엄경소초』 권43(대정장36, p.331a27)에 "『유식론』에서 '셋째, 제불의 원만전의가 증득하기 극히 어렵다는 말을 듣고 마음에서 문득 물러난다. 타인의 거친 선업을 이끌었는데 하물며 자신의 묘인이겠는가? 자심을 연마하여 용맹하게 물러서지 않는다'고 하였다. 〔석〕 이것은 셋째 전의난증굴이다. 추도 이끌었는데, 하물며 묘야 이끌지 못하겠는가? 〔연송〕 박지의 일체범부들 오히려 멀리 보리과를 증함에 머뭇거리네. 그대 이미 다겁에 부지런히 수행하였으니, 마땅히 물러나서 윤회에 빠지지 않으리라. 唯識論云 三聞諸佛圓滿轉依極難可證 心便退屈 引他麤善 況己妙因 鍊磨自心 勇猛不退 釋曰 卽第三轉依難證屈 引麤況妙 鍊頌云 博地一切諸凡夫 尙擬遠證菩提果 汝已勤苦經多劫 不應退屈却沈淪"라고 하였다. 〔참고문헌〕『法華經玄贊要集』, 『華嚴經疏鈔』. ⇨ 삼종퇴굴 三種退屈

전의발 傳衣鉢 가사와 발우를 전하다. 이심전심(以心傳心)의 법을 전하는(傳法) 상징으로 가사와 발우를 전하는 일을 말한다. 종보본『단경』「부촉 付囑」(대정장48, p.362b8)에 "11월 13일 신감과 아울러 전해온 의발을 되돌려 (조계로) 가져왔다. 十一月十三日 遷神龕 併所傳衣鉢而回", 『경덕전등록』 권12 「의초명미전 義初明微傳」(대정장51, p.297c29)에 "학인이 의초에게 물었다. '인왕과 법왕이 서로 만날 때는 어떻습니까?' '두 거울 서로 비추니 만상은 역력하다' '법왕의 심요를 달마가 서쪽에서 가져왔고 5조가 조계에게 전하였는데, 이때부터 의발이 전해지지 못하였으니 벽옥 섬돌 앞에선 무엇을 가져 부촉해야 합니까?' '돌로 된 양이 물 위를 다니고, 목마가 한밤중에 망아지로 탈바꿈한다'. 僧問 人王與法王相見時 如何 師曰 兩鏡相照 萬像歷然 曰 法王心要 達磨西來 五祖付與曹溪 自此不傳衣鉢 未審碧玉階前 將何付囑 師曰 石羊水上行 木馬夜翻駒", 『굉지광록』 권7(대정장48, p.80b24)에 "소실봉의 달마는 의발을 전해 속였고, 조계혜능은 문서를 볼 줄 몰랐다네. 少室謾傳衣鉢 曹溪不識文書"라고 하였다. 〔참고문헌〕『壇經』, 『景德傳燈錄』, 『宏智廣錄』. ⇨ 전의 傳衣, 전발 傳鉢, 의발 衣鉢 1, 가사 袈裟, 발우 鉢盂

전의연기 田衣緣起 ➡ 전상연기 田相緣起

전의지 轉依止 1 의지를 뒤치다. 『십지경론』 권2(대정장26, p.133b3)에 "게송에서 '언사로 설할 수 있는 것이 아니다'라고 하였으니, 언어를 여의었기 때문이다. 세간지로 세간에 의지하는 것과 같은가? 그렇지 않다. 그러면 어떻게 의지하는가? 게송에서 '삼세를 벗어난다'고 하였으니, 의지를 뒤쳐 상신에 의지하기에 저 무상한 의식지로 무상한 인연법에 의지하는 것과는 같지 않다. 偈言 非言辭所說 離語言故 可同世間智依世間耶 不也 云何依 偈言 出過於三世 轉依止 依止常身故 非如無常意識智依止無常因緣法", 『섭대승론석론』 권3(대정장31, p.281c20)에 "(이것은) 아리야식이 아니고 법신해탈신으로 거둔다. 하중상 차례를 따라 더하여 이와 같이 과보식이 점점 의지처를 덜어가면 바로 의지가 뒤바뀐다. 일체를 뒤쳐 마치면 이 일체종자과보식의 종자도 다 없어지고 곧 일체가 모두 사라진다. 또한 아리야식이 아닌 것과 아리야식이 동처에서 생기하는 것이 마치 물과 우유와 같을진대, 어떻게 일체가 다 사라지는가? 마치 거위가 물속의 우유를 마시는 것과 같다. 또 세간의 이욕과 같으니, 부정지의 훈습은 멸하고 정지훈습이 더하면 의지는 곧바로 뒤바뀐다. 非阿梨耶識 法身解脫身所攝 隨下中上次第增 如是果報識 漸減依止 卽轉依止 一切轉已 此一切種子果報識 悉無種子 卽一切皆滅 復次 非阿梨耶識 與阿梨耶識 同處而生 猶如水乳 云何一切皆滅 如鵝飮水中乳 又如世間離欲 不靜地熏習減 靜地熏習增 依止卽轉"라고 하였다. 〔참고문헌〕『十地經論』, 『攝大乘論釋

論』. ⇨ 전의 轉依 ❶ ❷ 팔종소작(八種所作) 중 하나. 선을 낳아 의지처를 바꾸는 것으로 멸의지와 상대한다. 『유가사지론』 권13(대정장30, p.346c19)에 "어떤 것이 소작인가? 즉 여덟 가지 소작이 있으니 … 둘째는 전의지이다. 云何所作 謂八種所作 … 二 轉依止", 『유가론기』 권5(대정장42, p.404c1·한불전13, p.286a5)에 "(둘째) 전의지란 무엇인가? 선을 낳은 것으로 의지처를 삼는 것을 말한다. 轉者 謂與善生爲依止"라고 하였다. ［참고문헌］『瑜伽師地論』, 『瑜伽論記』. ⇨ 팔종소작 八種所作, 멸의지 滅依止

전이 轉異 ❶ Ⓢ vikāra, Ⓣ 'gyur-ba, gyur-pa. 뒤쳐 달라지다. 『대방등대집경』 권33(대정장13, p.230c22)에 "그 때 설산에는 감미로운 약이 있어서 여귀가 이것을 채취하여 이 아이에게 먹였다. 이 아이는 그것을 먹고서 몸이 뒤쳐 달라졌으니, 커다란 광명을 띠고 복상을 구족하였으며 지혜롭고 자비로웠다. 이 인연으로 모든 하늘이 (이 아이를) 예배하고 공양하며 찬탄하였으며, 이 아이를 위하여 설산에서 갖가지 약초와 과일을 가져다 먹였다. 그 밖의 다른 모습은 다 바뀌었으나 오직 입술만은 나귀와 같았기 때문에 여순선인이라고 하였다. 時 雪山之中 有甘美藥 驢鬼採取 以食是兒 是兒食已 身則轉異 有大光明 福相具足 智慧慈悲 以是因緣 諸天禮拜 供養讚歎 爲是兒故 於雪山中 有諸種種 藥草果蓏 餘相悉轉 唯脣似驢 是故 名爲驢脣仙人", 『구사론』 권2(대정장29, p.12b21 : *Abh-k-bh.*, p.34)에 "안(眼) 등이란 바로 안 등 육계다. 안 등의 근에 전변의 뜻 있기에 모든 식이 전이한다. 근의 증감에 따라 식이 밝기도 어둡기도 하다. 색 등이 변해서 식이 달라지는 것은 아니다. 식은 근에 따르지 경을 따르지 않기 때문이다. 이름에 의지해 오직 안 등이 있는 것이지 다른 것에 있지 않다. 眼等卽是 眼等六界 由眼等根有轉變故 諸識轉異 隨根增損 識明昧故 非色等變令識有異 以識隨根不隨境故 依名唯在眼等非餘 dhātava ityadhikārah. cakṣurādīnāṃ hi vikāreṇa tadvijñānānāṃ vikāro bhavatyanugrahopaghātapaṭumandatānuvidhānāt na tu rūpādīnāṃ vikāreṇa tadvikārah. tasmāt sādhīyastadadhīnatvat ta evāśrayā na rūpādayaḥ"라고 하였다. ［참고문헌］『大方等大集經』, 『俱舍論』, *Abh-k-bh.* ❷ Ⓢ vaikṛta. 상키야(Ⓢ Sāṃkhya : 數論)에서 말하는 이십오제(二十五諦) 중 하나. 아만(我慢 Ⓢ ahaṃkāra)을 말한다. 『금칠십론』 권상(대정장54, p.1250c4)에 "대(大 : 覺)는 다음에 아만을 낳는다. 아만은 오대초·전이·염치(焰熾 Ⓢ taijasa)라고도 한다. 아만은 그 다음에 십육을 낳는다. 大次生我慢 我慢者 或名五大初 或名轉異 或名焰熾 慢次生十六"라고 하였다. ［참고문헌］『金七十論』, *Sāṃkhy-k.26.* ⇨ 삼덕전이 三德轉異, 이십오제 二十五諦, 아만 我慢

전인 前人 지금 눈앞에 있는 사람. 서로 마주하고 있는 사람. 『출요경』 권6(대정장4, p.639c1)에 "정견증상도란 모든 분별과 사견의 근원을 영원히 떠나는 것이다. 설령 지금 눈앞에 있는 사람이 부처님의 몸으로 화현하여 그 사람 앞에 서서 전도된 견해를 연설하며 정법이라고 말하더라도 마음을 굳세게 유지하며 끝까지 받아들이지 않는다. 正見增上道者 諸有分別 邪見根原 永捨離之 正使前人 化作佛形 其人前立 演說顚倒 謂爲正法 持心堅固 終不承受", 『법화현의』 권6(대정장33, p.755b14)에 "행자 역시 그러하니 계를 받을 때 이 계법을 설하여 앞에 있는 사람에게 주고 앞에 있는 사람이 그것을 들으면 계를 일으키는 것이니 스승과 제자가 말미암아 일어나는 의지처이다. 行者亦爾 受戒之時 說此戒法 授於前人 前人聽聞 卽得發戒 師弟所由生也"라고 하였다. ［참고문헌］『出曜經』, 『法華玄義』.

전인 前因 앞선 인. 행(行)에 대해서 무명(無明)이나 도공(陶師)에 있어서 병(甁) 등의 이미지 등을 말한다. 선인(先因)과 같다. 『구사론』 권6(대정장29, p.35a19 : *Abh-k-bh.*, p.94)에 "전인이란 능작인을 말한다. 여섯 가지 인 중 가장 처음으로 설한 것이다. 言前因者 謂能作因 於六因中最初說故 kāraṇahetuḥ pūrvamuktatvāt pūrvaḥ", 『대승의장』 권1(대정장44, p.474a6)에 "보리는 뜻을 드러내므로 설하여 인으로 삼고, 열반은 드러난 뜻이므로 과를 삼는다. 그러나 저 보리에서 돌이켜 앞선 인을 바라본다면 보리는 이미 과라는 이름을 얻는다. 열반은 바로 저 과의 과이므로 과과라 한다. 菩提能顯義 說爲因 涅槃所顯義 說爲果 然彼菩提 返望前因 已受果名 涅槃是彼果家果 故云果果", 『십이문론』(대정장30, p.167a13)에 "만약 병이 있지 않다면 도공은 무엇으로 인을 짓겠는가? 도공에 있어서 모든 앞선 인이라는 말은 성립될 수 없고, 후시인이란 말도 성립될 수 없다. 만약 제자가 있지 않다면 누가 스승 할 수 있겠는가. 그러므로 뒤의 인 역시 성립할 수 없다. 若未有甁 陶師與誰作因 如陶師 一切前因 皆不可得 後時因 亦如是不可得 若未有弟子 誰爲是師 是故後時因亦不可得", 『대반열반경집해』 권54(대정장37, p.547c24)에 "승종은 '무명은 행에 대해 인이 되므로 인이라 하였다. 이 행은 다시 식에 대해 인이 된다. 만약 앞의 구를 유추하면 오히려 행은 인인이라 해야 한다. 첫째는 앞선 인으로부터 생하기 때문이고, 다른 하나는 식에 대해서 인이 되기에 인인이라 해야 한다'고 하였다. 僧宗曰 無明爲行作因 故言因也 此行復爲識作因 若類前句 還以行爲因因也 一 以從前因而生 二 以與識作因 故言因因也"라고 하였다. ［참고문헌］『俱舍論』, 『大乘義章』, 『十二門論』, 『大

般涅槃經集解』, *Abh-k-bh.* ⇨ 육인 六因 **1**, 선인 先因

전인 傳因 전해진 인(因). 멀리 떨어져 선행하는 간접적인 인을 말하며, 직접적이고 가까운 인은 친인(親因)이다. 『순정리론』 권25(대정장29, p.482b20)에 "비유종에서 과거와 미래는 체가 없다고 하는데, 어떻게 친인과 전인 둘을 세우는가? 우선 업은 끊임없이 이숙과를 낳지 않기 때문이다. 즉 업은 이숙에 대해 친인이 되지 않고 또 전인도 되지 않는다. 전의 뜻이 없기 때문이다. 즉 업이 멸하고 난 다음 그 나머지 인이 있게 되는 것이 아니고 선업의 힘이 이숙과를 부르는 것이니, 선인이 멸하고 난 다음 나머지 인이 과를 부르는 경우에 반드시 멀리 선행하는 인의 힘으로 말미암아야 하는데, 이것을 전인이라고 하기 때문이다. 譬喻宗 過未無體 如何可立 親傳二因 且非業無間能生異熟故 業望異熟 親因不成 亦非傳因 傳義無故 非業滅已後有餘因 由先業力 招異熟果 要先因滅已 餘因感果時 遠由先因力 方名傳因故", 같은 책 권51(대정장29, p.628c10)에 "이와 같이 (三世를) 펴고 구르며 과거인을 관하고, 그 상응하는 바에 따라 아주 멀리에 이르기까지를 현재처럼 증득한다고 하여도 모두 어떤 뒤바뀜도 없다. 비록 이 위에서 경체 있지 않다고 해도 두 가지 지혜도 결정코 없는 것 아니다. 그것은 곧 이와 같은 인지가 생길 때, 자상속 중에 그 인연이 존재하기 때문이다. 말하자면 옛날에 일찍이 이와 같은 지혜가 생겼었으며, 이렇게 전해져온 인이 지금의 이와 같은 상지를 낳은 것이다. 지금의 지혜는 이미 옛날의 지혜를 인으로 삼았기에 지금의 지혜가 생겨나 옛과 같이 이해하는 것이어서, 곧 옛 경계를 지금의 소연으로 삼은 것이다. 그렇지만 그 소연은 지금 존재하는 것이 아니다. 지금 비록 존재하지 않는 것일지라도 소연이 될 수 있기 때문에, 두 가지는 결정코 존재하지 않는다고는 할 수 없다. 如是展轉 觀過去因 隨其所應 乃至久遠 如現證得 皆無顚倒 雖於此位 境體非有 而智非無 二種決定 彼謂如是 因智生時 自相續中 因緣有故 謂昔曾有如是智生 傳因生今如是相智 今智旣以昔智爲因 故今智生 如昔而解 卽以昔境爲今所緣 然彼所緣 今時非有 今雖非有 而成所緣 故不可言 無二決定"라고 하였다. [참고문헌] 『順正理論』. ⇨ 친인 親因, 인 因 **1**

전인 箭印 화살을 쏘는 듯한 모양의 인계. 번뇌를 부수고 보리심을 내는 뜻이다. 『다라니집경』 권9 「오추사마금강법인주품 烏樞沙摩金剛法印呪品」(대정장18, p.868b11)에 "열두 번째 전인 : 전인이란, 두 엄지를 곧게 세운다. 왼쪽 검지는 구부려 왼쪽 엄지 위에 두고, 오른쪽 검지는 위로 살짝 구부린다. 오른쪽 중지를 구부려 왼쪽 검지 끝과 가까이 마주하게 한다. 왼손 중지 이하 세 손가락과 오른손 약지와 소지는 아울러 손바닥 안으로 구부려 넣는다. 箭印第十二 其箭印 二大指直竪 左頭指屈當左大指上 右頭指向上少屈 右中指屈 與左頭指頭相近 左手中指下三指 右手無名指及小指 並屈在掌中"라고 하였다. [참고문헌] 『陀羅尼集經』, 『大樂軌』(대정장20, p.511a19). ⇨ 오추사마명왕 烏蒭沙摩明王

전인 轉因 Ⓢ vṛtti-hetutva, pravṛtti kāraṇa. 구르게 하는 인(因). 전기인(轉起因)이라고도 하며, 색온(色蘊)이 사대종(四大種 : 地水火風)을 의지해 건립하는 뜻에서의 오인(五因 : 生 依 立 持 養) 중 의인(依因)에 해당한다. 『순정리론』 권35(대정장29, p.544b3)에 "제2념 등의 무표가 생겨날 때 일체는 모두 전의 과거대종이 지은 것이어서, 이 과거대종은 후후념 무표의 의지가 되어 능히 이끌어 드러나게 하기 때문이다. 후후념의 무표와 함께 일어나는 신중의 대종은 단지 의지가 될 뿐이니, 만약 이 대종이 없다면 무표는 구를 수 없기 때문이다. 이와 같이 앞서 함께했던 두 가지 사대종은 그 이후의 무표에 대해 전인도 수전인도 된다. 비유하자면 수레가 움직이려면 손도 있어야 하고 땅도 있어야 하는 것과 같아, 손은 수레를 이끌고 땅은 단지 의지가 될 뿐이다. 앞서 함께한 대종 역시 그러함을 알아야 한다. 第二念等 無表生時 一切皆是 前過去大種所造 此過大種 爲後後念 無表所依 能引發故 與後後念 無表俱起 身中大種 但能爲依 此大種若無 無表不轉故 如是前俱 二四大種 望後諸無表 爲轉隨轉因 譬如輪行 因手依地 手能引發 地但爲依 前俱大種 應知亦爾", 『대승아비달마잡집론』 권1(대정장31, p.696a4 : *Abh-s-bh.*, p.3)에 "색온은 어떻게 건립하는가? 모든 색은 사대종이든지 사대종으로 만들어진 것이다. 만들어진 것이란 무엇인가? 사대종으로 생인(生因)·의인(依因)·입인(立因)·지인(持因)·양인(養因)의 뜻을 삼는다. 즉 다섯 가지 인에 의지하는 것을 만드는 것이라고 한다. … 의인이란 무엇인가? 곧 전인이니, 대종을 버리고 만들어진 갖가지 색법에는 별도의 다른 처에 의지한 공능은 없기 때문이다. 云何建立色蘊 謂諸所有色 若四大種 及四大種所造 所造者 謂以四大種爲生 依 立 持 養因義 卽依五因 說名爲造 … 依因者 卽是轉因 謂捨大種 諸所造色 無有功能 據別處故 rūpaskandhavyavasthānaṁ katamat. yatkiṁcidrūpaṁ sarvaṁ taccatvāri mahābhūtāni catvāri ca mahābhūtānyupādāya. catvāri ca mahābhūtānyupādāyeti. kathamupādāyarūpam. catvāri mahābhūtānyupādāya jananasaṁniśrayapratiṣṭhopastaṁbhopabṛṁhaṇahetutvena … vṛttihetutvaṁ bhūtāni pratyākhyāyopādāyarūpasya pṛthagdeśāvaṣṭambhasāmarthyābhāvāt"라고 하였다. [참고문헌] 『順正理論』, 『大乘阿毘達磨集論』, 『大乘阿毘達磨雜集論』, *Abh-s-bh.*, *Abh-k-bh.* 199. ⇨ 의인 依因 **1**, 오인

五因❶, 수전인 隨轉因

전일 專一　오롯이 한결같이 하다. 『장아함경』 권13 「아마주경 阿摩晝經」(대정장1, p.85a24)에 "안으로 적멸을 행하여 들뜨고 불안정한 마음을 사라지게 하고, 의혹을 끊으니 의심의 그물에서 벗어나 그 마음이 오롯이 한결같이 선법에 머문다. 비유컨대 머슴이 주인에게 성을 받아 안은하게 벗어나서 머슴을 면하니, 그 마음이 환희하고 다시 근심도 두려움도 없는 것과 같다. 內行寂滅 滅掉戲心 斷除疑惑 已度疑網 其心專一 在於善法 譬如僮僕 大家賜姓 安隱解脫 免於僕使 其心歡喜 無復憂畏", 『중아함경』 권59 「일체지경 一切智經」(대정장1, p.794a6)에 "대왕이여! 다문성제자는 항상 정진하며 불선한 악법을 끊고 선법들을 닦으며, 항상 스스로 뜻을 일으켜 전일하고 견고하게 모든 선의 바탕을 삼아 방편을 버리지 않으니 이를 네 번째 단지라 합니다. 大王 多聞聖弟子 常行精進 斷惡不善 修諸善法 恒自起意 專一堅固 爲諸善本 不捨方便 是謂第四斷支", 『잡아함경』 권26(대정장2, p.190b2)에 "만약 비구가 그 마음을 전일하게 하여 기울여 정법을 들으면 다섯 가지 법을 끊고 일곱 가지 법을 수습하여 더욱 뒤쳐 나아가니 만족하게 된다. 若比丘 專一其心 側聽正法 能斷五法 修習七法 令其轉進滿足", 『천태보살계소』 권하(대정장40, p.599b17)에 "심왕을 전일하게 할 수 있음을 일심이라 한다. 能令心王專一 名一心"라고 하였다. 〔참고문헌〕『長阿含經』, 『中阿含經』, 『雜阿含經』, 『天台菩薩戒疏』.

전일암 餞日庵　전라남도 영광군 불갑면 모악산(母岳山)에 있는 암자. 불갑사(佛甲寺)의 산내암자다. 1764년(영조40)에 작성된 불갑산 대웅전 상량문인 「법당상량문제육창건 法堂上樑文第六創建」의 연화질에 "전일암 조신・연성・처민・우례・위환 餞日庵 祖信 衍性 處敏 宇禮 偉還"이라고 하였다. 관련 기문으로는 성총(性聰 1631~1700)의 『백암집』 권하(한불전8, p.480b18)에 전일암의 불기(佛器)와 놋쇠솥(鍮鐺)에 시주를 권하는 글이 전하며, 강항(姜沆 1567~1618)의 『수은집』 권3 「송의현입두류서 送義玄入頭流序」(한국문집총간73, p.54b9)와 이철우(李澈瑀 1817~1881)의 『월주집』 권1 「구월망일유전일암 九月望日遊餞日庵」에도 관련 내용이 전한다. 〔참고문헌〕『栢庵集』, 『睡隱集』, 『月洲集』, 『韓國寺刹全書』 권하 p.1000b3, 『佛甲寺大雄殿 修理報告書』(文化財廳, 1996) pp.134~142. ⇨ 불갑사 佛甲寺

전자 前者　❶ Ⓟ atīta. 앞서 있던 것. 과거를 말한다. 미래를 뜻하는 후자(後者)와 상대한다. 『잡아함경』 권38(대정장2, p.278a29)에 "부처님께서 상좌비구에게 말씀하셨다. '네가 홀로 한 곳에 머무는데 나는 홀로 한 곳에 머물지 말라고 하지는 않는다. 그러나 뛰어나고 아름다운 일주가 있으니, 어떻게 하는 것이 승묘일주이겠는가? 즉 비구여, 과거는 마르고 미래도 사라져 다한다. 그중에 탐희가 없으면 이 바라문은 마음에 머뭇거릴 일 없고, 이미 근심이나 후회를 버려 모든 존재에 대한 갈망을 여의며 모든 번뇌무리를 다 끊는다. 이것을 일주라고 하는데 이보다 더욱 뛰어나게 머무는 일은 없다. 佛告上座比丘 汝是一住者 我不言非一住 然更有勝妙一住 何等爲勝妙一住 謂比丘 前者枯乾 後者滅盡 中無貪喜 是婆羅門 心不猶豫 已捨憂悔 離諸有愛 群聚使斷 是名一住 無有勝住 過於此者", 『과거현재인과경』 권2(대정장3, p.630a6)에 "태자가 앞서서 성의 동문으로 나갔다가 노인을 보고 돌아와서는 즐거워하지 않았다. 이제 또 나가서 다니며 보고자 해도 나는 만류할 수 없어서 마침내 허락하였다. 太子 前者 出城東門 逢見老人 還輒不樂 今者 已復 求出遊觀 吾不能免 遂復許之"라고 하였다. 〔참고문헌〕『雜阿含經』, 『過去現在因果經』, *SN.2.283.* ❷ Ⓢ pūrva. 어떤 것들 중 앞의 것. 뒤의 것인 후자(後者 Ⓢ uttara)와 상대한다. 『대승장엄경론』 권7(대정장31, p.628b8)에 "육바라밀(六波羅蜜)의 차례에는 세 가지 인연이 있으니 첫째 전(前)과 후(後), 둘째 하(下 Ⓢ hīna)와 상(上 Ⓢ utkṛṣṭa), 셋째 추(麤 Ⓢ audārika)와 세(細 Ⓢ sūkṣma)다. 전과 후란, 전에 의지하여 후가 일어나는 것이다. 왜냐하면 자재를 돌아보지 않기에 계를 받아 지니고, 계를 받아 지닌 다음 인욕을 일으키며, 인욕한 다음 정진을 일으키고, 정진한 다음 선정을 일으키며, 선정한 다음 진법을 능히 안다. 하와 상이란, 전자는 하가 되고 후자는 상이 된다. 하자는 보시이고 상자는 계이며, 나아가 하자는 정이고 상자는 지혜다. 추와 세란, 전자는 추가 되고 후자는 세가 된다. 추는 보시이고 세는 계이며, 나아가 추는 정이고 세는 지혜다. 왜냐하면 거친 것은 쉽게 들어가고 쉽게 짓기 때문이고, 미세한 것은 들어가기 어렵고 짓기도 어렵기 때문이다. 六波羅蜜次第 有三因緣 一 前後 二 下上 三 麤細 前後者 謂依前後得起 何以故 由不顧資財故受持戒 行持戒已 能起忍辱 忍辱已能起精進 精進已能起禪定 禪定已能解眞法 下上者 前者爲下 後者爲上 下者施 上者戒 乃至 下者定 上者智 麤細者 前者爲麤 後者爲細 麤者施 細者戒 乃至 麤者定 細者智 何故 麤易入易作故 何故 細難入難作故"라고 하였다. 〔참고문헌〕『大乘莊嚴經論』, *Sūtr.101.* ❸ 앞에 있는 이. 뒤에 있는 이는 후자(後者)다. 『보요경』 권8(대정장3, p.532c10)에 "부처님께서는 왕에게 말씀하셨다. '실로 여래께서 말씀하신다. 모든 부처님과 천신이 모두 왕의 몸을 보호할 것이다'. 왕은 '가피를 입었습니다'라고 말씀드리고 한쪽에 물러나 앉았고, 여러 신하들과 백관들은 머리를 조아려 예를 올리고서 물러나 한쪽에 앉았으니, 앞에 있는 이는 예를 올리고, 중간에 있는 이는 머리를 숙였으며, 뒤에 있는 이는 합장하고는 모두 앉기를 마쳤다. 佛告王曰 實如來言 是王甁沙也 諸佛天神 皆護王身 王曰 蒙祐 退坐一面 群臣百官 稽首遷坐一面 前者作禮 中者低頭 後者叉手 皆却坐訖"라고 하였다. [참고문헌] 『普曜經』.

전자근구 前資勤舊 전자와 근구. 전자는 앞서 대중을 위해 부사 이하의 소임을 수행한 사람이며, 근구는 부사 이상의 소임을 세 차례 이상 맡았던 사람이어서, 함께 붙여서 총림에서 대중을 위해 오랫동안 소임을 맡았던 선배 경험자를 가리킨다. 단료(單寮)나 몽당(蒙堂)에 한가하게 머물게 배려한다. 『백장청규』 권4 「도감사 都監寺」(대정장48, p.1132a21)에 "부사 이하의 소임은 세 번 이상 역임하지 않으면 전자로 돌아갈 수 없고, 감사는 세 번 이상이 아니면 몽당에 돌아갈 수 없으며, 도사는 세 번 이상이 아니면 단료에 머무를 수 없다. 副寺以下 非歷三次 不歸前資 監寺非三次 不歸蒙堂 都寺非三次 不得居單寮", 『선림상기전』 권5 「전자」(불광장, 禪藏, p.337)에 "도충이 말한다. '『백장청규』와 물초대관(物初大觀)이 언급한 바를 추론해 보면 부사 이하의 동서 소임은 세 번을 역임하고 물러나야만 전자가 된다. 대략 전에 일을 도와 애쓴 이를 말한다. 부사 이상의 도사는 세 번 이상 역임하고 근구가 되어서야 단료에 머문다. 감사는 세 번 이상 역임한 이어야 몽당에 머문다'. 忠曰 以敕修淸規 及物初所言 推之 副寺以下東序職 勤歷三次 而退休者 爲前資也 蓋謂前之資助事務者也 若副寺已上都寺 勤而歷三次者 爲勤舊 居單寮矣 監寺勤而歷三次者 居蒙堂耳矣", 『선원청규』 권2 「청지사 請知事」(卍속장111, p.889a12)에 "지사는 감원〈어느 곳에서는 부원을 세우기도 한다〉·유나·전좌·직세를 말한다. 먼저 지사두수와 전자근구를 청하여 차를 마신다. 차 마시기를 마친 후 주지가 자문하여 말한다. '아무개 지사가 물러날 것을 고했습니다. 대중을 번거롭게 하여 함께 의논하고자 하는데 누구를 지사로 뽑을지 모르겠습니다'. 知事 諸監院〈有處立副院也〉維那典座直歲 先請知事頭首 前資勤舊 喫茶 茶罷 住持人咨聞 某知事告退 煩大衆同議 不知何人可充某知事"라고 하였다. [참고문헌] 『百丈淸規』, 『禪林象器箋』, 『禪苑淸規』 권6(卍속장111, p.906a15). ⇨ 부사 副寺, 지사 知事, 선림직위 禪林職位

전자륜만다라 轉字輪曼荼羅 자륜(字輪)으로 굴리는 만다라. 태장만다라 중 대일여래의 어업(語業)을 표시한 법만다라(法曼荼羅). 만다라의 존형 대신 종자(種子)만으로 표현된 자문(字門)만다라를 말한다. 『대일경』「전자륜품 轉字輪品」에서 설명된다. 『대일경의석연밀초』 권8(卍속장37, p.202b15)에 "「전자륜만다라행품」에서 전이란 돌아가며 굴린다는 뜻이니 다라니를 회전시킨다는 뜻이다. 이는 진언행자가 아(a) 자를 보면 보리심의를 설하는 것으로 알고, 내지는 장음 아(ā) 자를 보면 방편의 힘을 드러내는 것으로 알아야 함을 말한다. 만약 가거(ka kha) 내지 사하(sa ha) 등 스물여덟 자를 보면 모두 지혜의 문이라고 알아야 하고, 만약 이(i) 자 등을 보면 삼매문이라고 알아야 하며, 앙(ṅa) 등 다섯 자를 보면 대공점( )을 드러낸 것이 성불의 뜻임을 알아야 한다. 만약 행자가 이 뜻을 요달하면 일체다라니의 뜻을 깨달을 수 있다. 이것을 전자라 하고, 그대로 문자이고 자문이어서 안포하고 돌림에 걸림이 없으니, 마치 수레바퀴와 같아서 자륜이라 한다. 바퀴는 그 몸이고 구름은 그 용이니 용을 거두고 체를 들어서 모두 지업석이다. 그러므로 전자륜만다라라 이름하였다. 轉字輪漫荼羅行品者 轉謂旋轉卽旋陀羅尼 謂行者若見阿字 當知說菩提心義 乃至 若見長噁字 當知顯方便之力 若見迦佉 乃至娑訶 等 二十八字 當知皆是慧門 若見伊等 當知卽是三昧門 若見仰等五字 當知卽顯大空之點 是成佛義 若行者了達是義 則能入一切陀羅尼義 名之爲轉字 卽文字卽此字門 安布旋轉無礙 猶如於輪 名爲字輪 輪是其體 轉是其用 攝用擧體 皆持業釋 故名轉字輪漫荼羅"라고 하였다. [참고문헌] 『大日經義釋演密鈔』. ⇨ 법만다라 法曼荼羅, 자륜 字輪

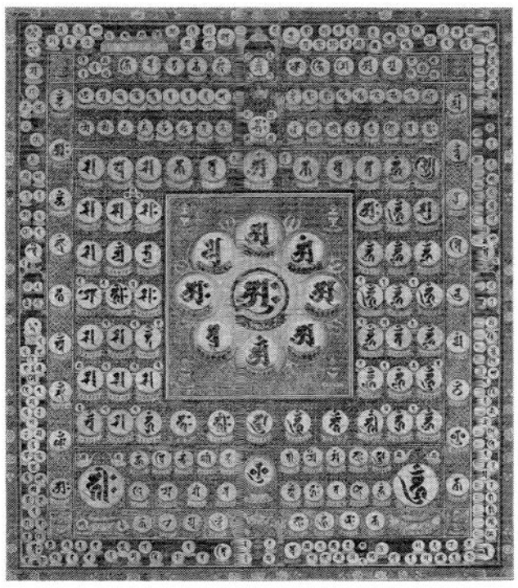
전자륜만다라 고야산원통사 일본 겸창

전자륜법 轉字輪法 Ⓢcakra-akṣara-parivarta. 돌아가며 종자를 배치하고 그에 따라 염송하는 법. 『반야이취석』 권하(대정장19, p.613b22)에 "'다시 전자륜 반야이취를 설했다'고 한 경문에서 '전자륜'이란 오자륜 삼마지에 해당한다. 復說轉字輪般若理趣 轉字輪者 是五字輪三摩地也" 『법륜보참』 권9(卍속장130, p.71a14)에 "전자륜법에 의지하여 염송한다〈전자륜법은 오른쪽으로 돌아가며 다섯 종자 자를 배치하여 염송하고 관상하고 사유하는 것을 말한다〉. 依轉字輪法念誦〈轉字輪法 卽右繞布五字種而且念且觀且思也〉"라고 하였다. [참고문헌] 『般若理趣釋』, 『法輪寶懺』, *Adhy-pr.21.*

전작계 轉作戒 Ⓢpravṛtti-śīla, Ⓣ'jug-pa'i-tshul-khrims. 뒤에 짓는 계. 선법(善法)으로 중생(衆生)을 적극적으로 거두는 작지계(作持戒)의 뜻으로, 율의계(律儀戒)인 지지계(止持戒)와 구분해서 부른다. 구종상계(九種相戒)의 일체종계(一切種戒) 중 하나이며 섭선법계(攝善法戒)와 섭중생계(攝衆生戒)를 말한다. 『유가사지론』 권42(대정장30, p.522b5 : *Bodh-bh.*, p.127)에 "둘째는 전작계이니 일체선을 거두기 때문이고, 유정을 이롭게 하기 때문이다. 二 轉作戒 攝一切善故 饒益有情故 kuśalasaṃgrahāt sattvārthakaraṇācca pravṛttiśīlam", 『유가론기』 권10(대정장42, p.540c6・한불전13, p.817c3)에 "혜경(惠景)이 말하길 '처음 것은 율의계이고, 두 번째 전작계는 섭선법계와 섭중생계다'라고 하였다. … 신태(神泰)는 … '전작계란 바로 작지계인데, 전이란 일으켜야 할 것을 짓고 일으키는 것을 전작계라 이름한다'고 하였다. 景云 初是律儀戒 二 轉作戒 卽攝善攝生二聚戒也 … 泰云 … 轉作戒是作持 轉名爲起 有所起作 名轉作戒"라고 하였다. [참고문헌] 『瑜伽師地論』, 『瑜伽論記』, *Bodh-bh.* ⇨ 섭선법계 攝善法戒, 섭중생계 攝衆生戒, 일체종계 一切種戒, 구종상계 九種相戒, 작지계 作持戒, 지지계 止持戒

전잡이수 專雜二修 정토에 왕생하기 위한 두 가지 수행인 전수(專修)와 잡수(雜修). 『집제경예참의』 권하(대정장47, p.467a26)에 "자신의 견문에 비추어보면 제방의 도속에서 이해와 실천이 같지 않고 전념과 잡념에 차이가 있다. 다만 전념하여 닦는 이는 열이면 열 모두 왕생한다. 잡념을 닦아 지극한 마음을 이루지 못한 이는 천 명 중에 열 명도 없다. 이러한 두 가지 행법의 득실은 앞에서 분별한 것과 같다. 比自見聞 諸方道俗 解行不同 專雜有異 但使專意作者 十卽十生 修雜不至心者 千中無十 此二行得失 如前已辨", 『낙방문류』 권4(대정장47, p.210a26)에 "선도화상이 전잡이수를 세웠다. 잡수란 산만하게 모든 선업을 닦아 회향하고 장엄하는 것이다. 전수란 몸으로는 오로지 아미타불께 예를 올리고 다른 부처님께는 예를 올리지 않으며, 입으로도 아미타불의 명호만 염송하고 다른 부처님의 명호나 다른 경주문은 염송하지 않으며, 마음으로는 아미타불만을 관상하고 다른 부처님은 관상하지 않는다. 전수하면 열이면 열이 왕생하고, 백이면 백이 왕생하나, 잡수하면 백 명 중 한두 사람만 왕생하고, 천 명 중 셋에서 다섯 사람만 왕생한다. 善導和尙 立專雜二修 雜修者 謂散漫修諸善業 迴向莊嚴也 專修者 身須專禮阿彌陀佛 不雜餘禮 口須專稱阿彌陀佛 不稱餘號 不誦餘經呪 意須專想阿彌陀佛 不修餘觀 若專修者 十卽十生 百卽百生 若雜修者 百中或得一兩人生 千中或得三五人生"라고 하였다. [참고문헌] 『集諸經禮懺儀』, 『樂邦文類』. ⇨ 전수 專修, 잡수 雜修, 이수 二修 ❶, 칭명정행 稱名正行, 오종정행 五種正行, 오종잡행 五種雜行, 만불일생 萬不一生

전잡집심 專雜執心 전념(專念)과 잡수(雜修)로 마음을 잡다. 『정신염불게사견문』 권5(臺灣國圖善本47, p.190a3)에 "전념과 잡수로 마음을 잡아 깊고 얕음을 가리고, 보화의 두 국토로는 정히 세움을 가리네. 극악한 이라고 하더라도 오직 칭명염불 한다면 나 역시 저것으로 거두네. 번뇌로 가린 눈에는 보이지 않더라도 대자비는 지치지 않고 나를 항상 비추네. 專雜執心判淺深 報化二土正辨立 極重惡人唯稱佛 我亦在彼攝取中 煩惱鄣眼雖不見 大悲無倦常照我"라고 하였다. [참고문헌] 『正信念佛偈私見聞』. ⇨ 잡수 雜修

전장 戰將 전장의 장수. 작가전장(作家戰將)으로 많이 쓴다. 『분양어록』 권중(대정장47, p.618a18)에 "학인이 설봉에게 물었다. '추를 잡고 불자를 세움이 합당하지 않다면 화상께서는 어떻게 하시겠는지요?' 설봉이 불자를 세우자 그 학인이 머리를 감싸고 나갔다. 분양이 대신하여 말했다. '안타깝구나! 한 분의 전장의 장수여'. 僧問雪峯 拈槌豎拂不當 未審和尙如何 峯豎起拂子 僧抱頭出去 代云 可惜許 一員戰將", 『설두어록』 권1(대정장47, p.673c2)에 "선가의 무리란 도리어 전장의 장수와 같으니, 전투에 임하면 용건하여 무엇으로도 묶을 수 없다. 禪家流 還如戰將 見鬪勇健索不來"라고 하였다. [참고문헌] 『汾陽語錄』, 『雪竇語錄』. ⇨ 작가전장 作家戰將

전장 轉藏 ❶ 장경을 펼쳐 소리내어 외우는 일로써 법륜을 굴리는 뜻에서 전장이라 하고, 끊지 않고 이어서 외워 마치기에 전장이라 한다. 때론 초중후항을 선별해 읽기도 한다. 전장경(轉藏經)・전경(轉經)・전독(轉讀) 등이라고도 한다. 『대혜어록』 권9 「시주간장경청병불 施主看藏經請秉拂」(대정장47, p.849b11)에 "옛날 한 노파가 조주화상에게 재물을 시주하며 대장경 전독을 청하였다. 조주가 선상에서 내려와 한 바퀴 돌고서 '전장을 마쳤다'라고 하였다. 심부름을 한 사람이 돌아가서 노파에게 일러주자, 노파는 '전장 한 번을 온전히 해줄 것을 청하였는데, 어찌하여 화상께서는 반장만 하셨을까?'라고 하였다. 昔有一婆子 施財請趙州和尙 轉大藏經 趙州下禪床遶一匝云 轉藏已畢 人回擧似婆子 婆云 比來請轉一藏 如何和尙只轉半藏", 『백장청규』 권1 「단망장전축찬 旦望藏殿祝讚」(대정장48, p.1114b18)에 "초하루와 보름에는 예부터 전장으로 축수하였다. 旦望古來轉藏祝壽", 『선림상기전』 권13 「전장」(불광장, 禪藏, p.1004)에 "도충이 말한다. '대장경을 전독하는 것이다. 전장은 간장과는 같지 않다. 간(看)은 처음부터 끝까지 매 항을 낱낱이 보면서 지나가는 것이고, 전이란 오직 각 권의 초중후의 여러 항만을 읽을 뿐이다〈첫 부분은 7항, 중간 부분은 5항, 마지막 부분은 3항을 읽는다〉'. 忠曰 轉讀大藏經也 蓋轉藏與看藏不同 看者 每行閱過 自首徹尾 轉者 唯讀每卷初中後數行而已〈初七行 中五行 後三行〉"라고 하였다. [참고문헌] 『大慧語錄』, 『百丈淸規』, 『

禪林象器箋』. ⇨ 전경 轉經, 전독 轉讀, 조주전장경필 趙州轉藏經畢 ❷ 윤장(輪藏)을 달리 일컫는 말. ⇨ 윤장 輪藏, 전륜장 轉輪藏

전재 錢財 Ⓢ Ⓟ dhana. 돈과 재물. 『중아함경』 권53「치혜지경 癡慧之經」(대정장1, p.762c27)에 "비구여! 만약 지혜로운 이는 어느 때에 좋은 곳을 따라 인간세계에 내려오기도 한다. 어떤 집이 지극히 부유하고 돈과 재물이 헤아릴 수 없이 많으며, 가축이 많고, 봉호와 식읍·미곡이 풍족하고 갖가지 살림살이가 있다면 이러한 집을 무엇이라 하는가? 크샤트리아대장자의 집·브라만대장자의 집·거사대장자의 집이라고 한다. 比丘 若智慧人 或時從善處來 下生人間 若有家者 極大富樂 錢財無量 多諸畜牧 封戶 食邑 米穀豐溢 及若干種諸生活具 彼爲云何 謂刹利大長者家 梵志大長者家 居士大長者家", 『증일아함경』 권18(대정장2, p.636a20)에 "(비천한 집에 태어난 사람이) 만약 언젠가 구걸하는 사람을 보고서 그가 사문이든 바라문이든 길 가는 사람이든 가난한 이든 돈과 재물이 있는 이든 바로 베풀어 주고, 설령 재화가 없으면 장자의 집에 가서 구해다가 베풀어 주거나 또는 그렇게 보시하는 사람을 보고서 기뻐서 날뛰고 기쁨을 이기지 못하며 몸과 말과 생각으로 선법을 실천하면 죽은 후에 천상에 태어난다. 若復有時見乞兒者 若沙門 婆羅門 若路行者 若貧匱者 若有錢財 便持施與 設無財貨者 便往至長者家 乞求施與 若復見彼施者 便還歡喜踊躍 不能自勝 身行善法 口修善法 意念善法 身壞命終生善處天上", 『입능가경』 권8(대정장16, p.564b12 : *Laṅk.*, p.257)에 "이익을 위해 중생을 죽이고 고기를 먹고 재물을 좇는다. 저 두 무리의 악업 때문에 죽어서 떨어지고 울부짖는 지옥 있다네. 爲利殺衆生 爲肉追錢財 彼二人惡業 死墮叫喚獄 lābhārthaṃ hanyate sattvo māṃsārthaṃ dīyate dhanam, ubhau tau pāpaka rmāṇau pacyete rauravādiṣu"라고 하였다. 〔참고문헌〕『中阿含經』, 『增壹阿含經』, *Laṅk.*, *MN.3.177.*

전재령 典材令 Ⓟ dārugahe gaṇaka. 목재를 담당하는 관리. 목장대신이라고도 한다. 『오분율』 권1(대정장22, p.5b24 : *Sutta-vibhaṅga*, *Vin.3*, p.42)에 "(비구 達尼迦는) 다시 이렇게 생각하였다. '왕사성의 전재령은 내가 아는 사람이니 가서 구해야겠다'. 생각이 정리되자 가서 말하였다. '목재가 필요한데 제게 줄 수 있습니까?' 전재령이 말하였다. '저는 목재를 마음대로 할 수 없습니다'. 復作是念 王舍城典材令 是我知識 當往從索 念已便往語言 我須材木 可以與我 典材令言 我於材木不得自由 atthi ca me dārugahe gaṇako sandiṭṭho. yaṃ nūnāhaṃ dārugahe gaṇakaṃ dārūni yācitvā dārukuṭikaṃ kareyyan ti. atha kho āyasmā dhaniyo kumbhakāraputto yena dārugahe gaṇako te n' upasaṃkami, upasaṃkamitvā dārugahe gaṇakaṃ etad avoca … dehi me āvuso dārūni, icchāmi dārukuṭikaṃ kātun ti. n'atthi bhante tādisāni dārūni yān' ahaṃ ayyassa dadeyyaṃ"라고 하였다. 〔참고문헌〕『五分律』, *Vin.* ⇨ 목장대신 木匠大臣

전전마광전전도태 展轉磨光展轉淘汰 펴고 구르며 갈고 닦아 빛내고 씻어 거듭 거르다. 끝없이 정진하여 물러남이 없는 뜻이다. 『고봉원묘어록』(卍속장122, p.675b7)에 "다시 짐짓 그 정념을 진실하게 하여 두 마음이 일어나지 않도록 한다. 펴고 구르며 갈고 닦아 점차 빛을 내고, 헹구고 씻어 거듭 걸러내야 한다. 현묘함 끝까지 다하고 극미에까지 이르러 저 털끝 위로 몸이 깃드네. 고고하여 멀고도 멀며 우뚝하여 높고 높으니, 동요함도 없고 오고 감도 없다. 일념도 일지 않아 전후제가 끊어졌으니, 이에 진로 몰록 쉬고 어둡고 아득하던 고통마저 사라지네. 更須慤其正念 愼無二心 展轉磨光 展轉淘汰 窮玄盡奧 至極至微 向一毫頭上安身 孤孤逈逈 卓卓巍巍 不動不搖 無來無去 一念不生 前後際斷 從玆塵勞頓息 昏散勦除"라고 하였다. 〔참고문헌〕『高峰原妙語錄』.

전전몰교섭 展轉沒交涉 점점 더 서로 밟아 빠져들다. 오고 가며 거듭 섞이고 밟아 자취를 알 수 없게 된다는 말로, 분별의 허상을 거듭 뒤쳐 자취 없음을 깨우쳐가는 뜻이다. 『벽암록』 97칙 「송 頌」(대정장48, p.220c19)에 "호인도 한인도 오지 않는다〈안팎 소식이 끊어졌다. 그나마 조금 낫군〉, 기량마저 전혀 없다〈점점 더 서로 밟아 빠져드니 어딜 향해 더듬어 찾겠는가? 칠통 때려 부셔야 서로 볼 수 있으리〉. 胡漢不來〈內外絶消息 猶較些子〉 全無技倆〈展轉沒交涉 向什麼處摸索 打破漆桶來相見〉", 『천목명본어록』 권2 「시해동연수좌 示海東淵首座」(卍속장122, p.761b18)에 "또한 단일 이 화두를 떠난 밖에서 사유하여 헤아린다면 점점 더 서로 밟아 빠져들 뿐이니, 공부 무르익고 시절 돌아와 의정이 타파되면 의심하던 이도 참하던 이도 저 화두와 화해한 후 쳐버리고 자기로 되돌아갈 줄 알아야 한다. 다시는 한 법도 정에 당할 일 없고, 그 한 법마저 없으며 알아차릴 일도 알아보지 못할 일도 없다. 그러므로 『법구경』에 '삼라만상은 한 법으로 찍었을 뿐이니'라고 하였다. 바로 이 한 법마저 찾을 길이 없거늘 그 어디에 화두가 있다 하는가! 更若離此話頭外 別作思惟計較 展轉沒交涉 久後工夫熟 時節至 疑情破 須知疑者參者 乃至和箇話頭 打歸自己 更無一法當情 亦無一法 爲了爲不了 故教中謂 森羅萬象 一法之所印 只箇一法 亦無討處 其何話頭之有哉"라고 하였다. 〔참고문헌〕『碧巖錄』, 『天目明本語錄』. ⇨ 몰교섭 沒交涉

전전상고 展轉相告 거듭 서로 이어 알리다. 『증일아함경』 권25(대정장2, p.685b15)에 "이때 시바라가 여러 비구에게 알렸다. '모자란 것이 있거든 어떤 것이든 여기로 와서 가져가시오. 만약 다시 가사·음식·좌상·깔개·와구 그리고 병든 이를 위한 약품 등이 필요하면 모두 와서 가져가고, 다른 곳에서는 구하지 마시오. 이렇게 거듭 되풀이하여 서로 이어 알게 하시오'. 是時 尸婆羅告諸比丘 諸有所乏者 來至此而取之 若復須衣被飮食床敷臥具 病瘦醫藥 皆來取之 勿在餘處而求之也 展轉相告令知之", 『오분율』 권1(대정장22, p.3a22)에 "그때 수제나(Ⓢ Sudinna)는 회유를 듣고 슬피 울며 말없이 (부모의) 명을 받들었다. 바로 아내와 함께 돌아와 본래 살던 집에서 세 번 음욕을 행하였다. 이에 천신이 강림하였으니, 때마침 도솔타(Ⓢ Tuṣita) 대위덕천이 목숨을 마치고 수태되었다. 그때 지신이 허공신에게 알리며 말하기를 '가란다(Ⓢ Kalandaka)의 아들이 미증유의 승단에서 미증유의 일을 저질렀다'라고 말하였다. 허공신은 사천왕에게 알리고, 사천왕은 도리천에게 알리는 등 계속 이어 알리기를 범천에까지 이르렀다. 그의 아내는 달을 채워 아들을 낳으니 총명하였으며, 이름은 속종이라 하였다. 장성하여 출가하고 아라한이 되었다. 時須提那 聞誨悲泣 默然奉命 便與婦同歸 在於本室 三反行欲 乃有神降 時兜率陀 大威德天 命終受胎 爾時地神告虛空神言 迦蘭陀子 於未曾僧中 作未曾有事 虛空神告四天王 四天王告忉利天 展轉相告 乃至梵天 其婦月滿 生子聰達 名曰續種 年大出家 成阿羅漢"라고 하였다. 〔참고문헌〕『增壹阿含經』, 『五分律』, 『顯揚聖敎論』 권6(대정장31, p.511b28). ⇨ 수제나 須提那 ❶

전전상전 展轉相傳 Ⓢ uditoditatva. 대대로 펴 구르며 서로 전하다. 스승에서 제자로 모든 세대에 걸쳐 끊임이 없이 불도를 전하는 뜻이다. 『중아함경』 권38 「수한제경 鬚閑提經」(대정장1, p.672b25)에 "저들 많은 사람들이 함께 들었지만, 많은 외도들은 이 게를 듣고 나서 서로 이어 전하되 뜻을 알지는 못하였다. 彼衆多人並共聞之 衆多異學 聞此偈已 展轉相傳 不能知義", 『보살지지경』 권8(대정장30, p.934c13 : *Bodh-bh.*, p.188)에 "과거의 적묵이신 모든 모니존께서 대대로 거듭하여 전하셨으니 이를 우단나(Ⓢ udāna : 自說 法印)라 한다. 過去寂默 諸牟尼尊 展轉相傳 是名憂檀那 paurāṇ eśca śāntamānasairmunibhiruditoditatvānnityak ālamuddānānītyucyante", 『도서』 권상1(대정장48, p.399b21)에 "달마문하에서 펴 구르며 서로 전한 법은 이 선(일행삼매)이다. 達摩門下 展轉相傳者 是此禪也"라고 하였다. 〔참고문헌〕『中阿含經』, 『菩薩地持經』, 『都序』, *Bodh-bh.*

전전상주 箭箭相拄 ❶ 화살이 화살로 이어 버티다. 화살을 연이어 쏘아 뒤이어 쏜 화살이 앞의 화살 끝을 연이어 밀어 바닥에 떨어질 일 없이 허공을 날아 끊임없이 한 줄로 날듯 하는 것이다. 『대품반야경』 권18(대정장8, p.350c2)에 "수보리야! 비유하자면 강건한 사람이 활쏘는 모든 방법을 익혀 활쏘는 기술에 능하게 되면 허공을 향해 화살을 쏘고 나서 다시 후발의 화살로 앞의 화살을 맞추어 앞뒤의 화살이 서로 버텨 땅에 떨어지지 않고 뜻대로 자재한 것과 같다. 만약 떨어지게 하려면 후발의 화살을 쏘지 않고 멈추면 되니, 이내 바닥에 떨어질 것이다. 수보리야! 보살마하살도 이와 같아서 반야바라밀을 행한 방편력으로 아누다라삼막삼보리를 성취할 수 있다. 모든 선근이 구족하기 전에는 실제를 증득하지 못하니, 선근을 성취하면 그때 바로 실제를 증득할 수 있다. 須菩提 譬如健人 學諸射法 善於射術 仰射空中 復以後箭 射於前箭 箭箭相拄 不令墮地 隨意自在 若欲令墮 便止後箭 爾乃墮地 須菩提 菩薩摩訶薩 亦如是 行般若波羅蜜 以方便力故 爲阿耨多羅三藐三菩提 諸善根未具足 不於實際作證 若善根成就 是時便於實際作證", 『대지도론』 권36(대정장25, p.323a3)에 "비유하자면 허공을 향해 화살을 쏘아 앞뒤의 화살이 서로 버텨 바닥에 떨어지지 않게 하듯 한다. 보살도 이와 같이 지혜라는 화살로 삼해탈의 허공을 향해 쏘고 방편이라는 후발의 화살로 앞의 화살을 밀어 열반의 땅에 떨어지지 않도록 한다. 譬如仰射虛空 箭箭相拄 不令墮地 菩薩如是 以智慧箭 仰射三解脫虛空 以方便後箭射前箭 不令墮涅槃之地"라고 하였다. 〔참고문헌〕『大品般若經』, 『大智度論』, 『止觀輔行傳弘決』 권6(대정장46, p.339c4). ⇨ 전봉상주 箭鋒相拄 ❷ ➡ 양인교봉 兩刃交鋒

전전성비 電轉星飛 번개 치고 별이 떨어지다. 『원오어록』 권2(대정장47, p.718b22)에 "번개 치고 별이 나는 순간 하늘에 통하도록 작용한다. 만법과 더불어 짝이 될 수 없다면 그만 두라. 실눈의 피라미가 가주의 큰 고기 삼킨 소식은 무엇일까? 電轉星飛 通天作用 不與萬法爲侶 則且致 針眼魚呑却 嘉州大像時 如何", 『벽암록』 63칙 「수시 垂示」(대정장48, p.194c4)에 "생각의 길로는 이를 수 없으니 드러내 보이기 딱 맞고, 말로 아무리 설명해도 미치지 못하니 다급히 눈 붙이고 보아야 하리. 만약 번개 치고 별이 날듯 재빠른 솜씨라면 가을 물 기울이고 산악을 뒤집어엎을 수 있으리라. 意路不到 正好提撕 言詮不及 宜急著眼 若也電轉星飛 便可傾湫倒嶽"라고 하였다. 〔참고문헌〕『圜悟語錄』, 『碧巖錄』. ⇨ 전광석화 電光石火, 분류도인 奔流度人

전전식 展轉食 Ⓢ paraṃpara-bhojana, Ⓟ parampara-bhojana, Ⓣ yang-yang-za-ba. 시주의 청을 받

아 여러차례 음식을 받는 것. 아플 때 등이 아닌 때에 여러차례 공양을 받으면 바일제(波逸提)다. 『사분율』 권13(대정장22, p.657a03)에 "만약 비구가 전전식을 하면 바일제다. … 이때 병든 비구들은 음식을 청하는 곳에서 병에 맞는 음식과 병에 맞는 약이 없었다. 만약 병에 맞는 좋은 음식과 약이 있어도 두려워서 먹지 못했으니 전전식 범할 것을 두려워 한 것이다. 이때 비구들이 이 일을 부처님께 아뢰니 부처님께서 말씀하셨다. '지금부터 병든 비구들이 전전식을 하는 것을 허락한다. 지금부터 이와 같이 계를 설한다. 「만약 비구가 전전식을 한다면 특별한 경우를 제외하고는 바일제다. 특별한 때란 아플 때다」'. … 전전식이란 청한 것이다. 청에 두 가지가 있다. 승차청과 별청이다. 若比丘 展轉食者 波逸提 … 時諸病比丘 所請食處 無有隨病食 隨病藥 若有隨病美食及藥 畏愼不敢食 恐犯展轉食 爾時諸比丘 以此事往白佛 佛告言 自今已去 聽病比丘展轉食 自今已去 當如是說戒 若比丘 展轉食 除異時 波逸提 異時者 病時 … 展轉食者 請也 請有二種 若僧次請 別請", 『사분율비구계본』(대정장22, p.1019a3)에 "만약 비구가 전전식을 받으면 나머지 때를 제외하고는 바일제다. 여시란 무엇인가? 아플 때나 옷을 시주할 때를 여시라 한다. 若比丘 展轉食 除餘時 波逸提 餘時者 病時 施衣時 是謂餘時", 『사분율행사초』 권중(대정장40, p.79b9)에 "서른두 번째 전전식계는 『십송율』에서는 삭삭식이라 하였고 『오분율』도 같다. 『마하승기율』에서는 처처식이라 하였다. 展轉食戒三十二 十誦云 數數食 五分同之 僧祇云 處處食"라고 하였다. [참고문헌] 『四分律』, 『四分律比丘戒本』, 『四分律行事鈔』, *Mvyut.260.*, *Prāt-m.35.*, *Vin.5.18.* ⇨ 삭삭식 數數食, 처처식 處處食

전전식계 展轉食戒 여기 저기 다니며 공양받는 것을 금하는 계율. 구십바일제(九十波逸提 Ⓢ pāyattika) 중 하나다. 부처님께서 나열기(羅閱祇 Ⓢ Rājagṛha)에 계실 때 1,250인의 비구와 함께 세상을 유행하셨으나, 그 때 크게 흉년이 들어 걸식이 매우 힘들었다. 이를 아는 사토바라문(沙菟婆羅門)이 오백승거(五百乘車)에 음식을 가득 싣고 세존과 대중을 따라다니며 공양이 없는 날에만 공양시켰다. 그리하여 대중들은 다른 이들에게 공양을 받고도 거듭 사토바라문에게도 공양받는 사례가 빈번히 발생하므로 이 계를 제계(制戒)하게 되었다. 『사분율』 권13(대정장22, p.657a19 : *Pācittiya, Vin.4*, p.77)에 "만약 비구가 여기 저기 다니며 먹으면, 특별한 경우를 제외하고 바일제를 범한다. 특별한 경우란 병들었을 때와 옷을 보시받는 때를 특별한 경우라고 한다. 若比丘展轉食 除餘時 波逸提 餘時者 病時 施衣時 是謂餘時 paraṃparabhojane aññatra samayā pācittiyaṃ. tatthāyaṃ samayo, gilānasamayo cīvaradānasamayo cīvarakārasamayo, ayaṃ tattha samayo 'ti", 『선견율비바사』 권16(대정장24, p.784b8)에 "전전식이라 하였다. 어떤 비구가 청을 받았는데 단월이 아직 오지 않자 그 비구는 해가 지는 것이 두렵고 단월이 오지 않을까 염려되어 곧 마을로 들어가 걸식하였다. 걸식을 마치고 돌아오자 청했던 단월이 왔음을 보았지만 먹지는 않았다. 이에 청한 시주가 '대덕은 어찌하여 드시지 않습니까?'라고 물으니, 비구는 '단월의 청을 받았으나 먹을 수 없습니다'. 단월은 '드셔야 합니다'라고 하였다. 이렇게 말하면 먹어도 범하는 것이 아니다. 많은 단월들이 함께 일시에 청하여 먹으면 범하는 것이 아니다. 전전식계에 대한 설명을 마친다. 展轉食者 若比丘受請已 檀越未來 比丘畏日晚 恐檀越不來 便入聚落乞食乞食還 見所請檀越來 比丘不食 請主問言 大德何以不食比丘答言 以受檀越請 故不得食 檀越語言 但食 若如是語者 食不犯 若衆多檀越 同一時請 如是食不犯 展轉食戒竟"라고 하였다. [참고문헌] 『四分律』, 『善見律毘婆娑』, 李智冠 『南北傳六部律藏比較研究』 pp.201~202, *Vin.*

전전유경후전심 前箭猶輕後箭深 앞서 쏜 화살 살짝 박혔지만 뒤이어 쏜 화살은 깊이 박혔다. 『벽암록』 93칙 「송 頌」(대정장48, p.217a20)에 '앞 화살은 살짝 박혔지만 뒤이어 쏜 화살은 깊이 박혔다〈백발백중이다. 어딜 향해 피하겠는가!〉 누라서 시든 잎을 황금이라 하는가?〈울음 그치려 아이를 속인다. 아무튼 써먹을 곳이 없다〉. … 〈평창〉 앞서 쏜 화살은 살짝 박혔지만 뒤이어 쏜 화살은 깊이 박혔다. 큰 빛 춤을 추었으니 이것이 앞 화살이고, 다시 '이 여우귀신아!'라고 한 말은 뒤이어 쏜 화살이다. 이것이 선대부터 내려온 발톱과 송곳니다. 前箭猶輕後箭深〈百發百中 向什麽處迴避〉 誰云黃葉是黃金〈且作止啼 瞞得小兒 也無用處〉 … 前箭猶輕後箭深 大光作舞 是前箭 復云 這野狐精 是後箭 此是從上來爪牙", 『요당유일어록』 권1(卍속장123, p.902a7)에 "정월 보름에 법좌에 올라 학인이 묻고 조주가 답한다. '하나의 등불이 백천 등에 불을 붙였는데 그 한 등불은 어디서 붙었나요?'라고 묻자 조주가 신발 한 짝을 차올린 다음 또 '작가라면 이렇게 묻지 않는다'고 한 말을 들어 말했다. '앞서 쏜 화살은 살짝 박혔지만 뒤이어 쏜 화살은 깊이 박혔다. 하지만 한 등불 어디서 붙었는지 알고자 한다면 여전히 찾을 수 없다'. 불자를 쳤다. 元宵上堂 擧僧問趙州一燈然百千燈 未審一燈 從甚處發 趙州躍出一隻履 又云作家即不與麽問 師云 前箭猶輕後箭深 雖然 要見一燈從甚麽處發 猶未可在 擊拂子"라고 하였다. [참고문헌] 『碧巖錄』, 『了堂惟一語錄』. ⇨ 전전상주 箭箭相拄

전전인근공능 展轉隣近功能 Ⓢ samartha sākṣāt pāraṃparyeṇa. 펴고 구르는 공능과, 가까이 해서 삼세

로 차별을 일으키는 공능. 명과 색이 함께 자생과를 내면서 갖게 되는 공능으로, 전후로 펴고 굴러 자성을 달리하는 것이며, 삼세로 인과를 일으키는 것을 인근공능이라 한다. 『구사론』 권4(대정장29, p.22c11 : *Abh-k-bh.*, p.64)에 "이 중에서 어떤 법을 종자라고 하는가? 명(名)과 더불어 색(色)이 자과를 낳는 경우에 갖는 전전공능과 인근공능을 말한다. 이것은 상속의 전변과 차별 때문이다. 어떤 것을 전변이라고 하는가? 상속 중 전후의 성을 달리하는 것을 말한다. 어떤 것을 상속이라고 하는가? 인과성으로 삼세로 행하는 모든 것을 말한다. 어떤 것을 차별이라고 하는가? 끊임없이 과를 낳는 공능을 말한다. 此中何法 名爲種子 謂名與色 於生自果所有展轉隣近功能 此由相續 轉變差別 何名轉變 謂相續中 前後異性 何名相續 謂因果性 三世諸行 何名差別 謂有無間 生果功能 kiṃ punaridaṃ bījaṃ nāma. yan nāmarūpaṃ phalotpattau samartha sākṣāt pāra ṃparyeṇa vā. santatipariṇāmaviśeṣāt. ko 'yaṃ p ariṇāmo nāma. santateranyathātvam. kā ceyaṃ santatiḥ. hetuphalabhūtastraiyadhvikāḥ saṃskā rāḥ", 『구사론기』 권4(대정장41, p.87a25)에 "전전공능과 인근공능은 상속전변과 상속차별을 말한다. 이것이 상속전변을 따르면 전전공능이고, 이것이 상속차별을 연유하면 인근공능이다. 展轉功能 隣近功能 謂相續轉變 相續差別 此由相續轉變 卽是展轉功能 此由相續差別 卽是隣近功能"라고 하였다. [참고문헌] 『俱舍論』, 『俱舍論記』, *Abh-k-bh.* ⇨ 전변상속차별 轉變相續差別

전전정시 展轉淨施 비구에게 허락된 삼의일발(三衣一鉢)을 넘치는 시주물을 받은 비구가 시주자와 무관하게 다른 비구를 통해 또 다른 비구에게 시여하는 것. 진실정시는 반드시 시주의 허락이 있어야 한다. 『갈마』 권1(대정장22, p.1059a15)에 "전전정시문 : '장로께서는 일심으로 생각해주십시오! 저 비구 아무개는 이 장의(長衣 Ⓢ atireka-cīvara) 아직 깨끗이 하지 못하였으니, 전전정시를 위해서 장로께 시여합니다'〈저 청을 받은 이는 이렇게 말해야 한다〉. '장로께서는 일심으로 생각해주십시오! 그대는 이 장의를 지니고 있으면서 아직 깨끗이 하지 못하였으니, 전전정시를 위하여 저에게 시여하셨고 제가 받았습니다'〈받고 나서는 그에게 이렇게 물어야 한다〉. '그대는 누구에게 시여하려 합니까?' 그는 이렇게 답해야 한다〉. '아무개에게 시여하려 합니다'〈청을 받은 이는 이렇게 말해야 한다〉. '장로께서는 일심으로 생각해주십시오! 그대는 이 장의를 지니고 있으면서 아직 깨끗이 하지 못하였으니, 전전정시를 하기 위하여 저에게 시여하셨고 제가 지금 받았습니다. 받고 나면 그대는 아무개에게 시여하신다 하였으니, 이 장의는 이제 아무개의 것입니다. 그대는 아무개를 위하여 잘 간직했다가 그 착용의 때는 뜻대로 하시면 됩니다〈진실정시는 시주에게 꼭 물어본 후에야 사용할 수 있다. 전전정시는 물어보든 물어보지 않든 간에 뜻에 따라 용처를 정할 수 있다〉. 展轉淨施文 長老一心念 我比丘某甲 有此長衣未作淨 施與長老 爲展轉淨故〈彼受請者 應如是言〉 長老一心念 汝有此長衣未作淨 爲展轉淨故 施與我 我已受之〈受已 當問彼言〉 汝施與誰 彼應答言 施與某甲〈受請者 應語如是言〉 長老一心念 汝有是長衣未作淨 爲展轉淨故施與我 我今受之 受已 汝與某甲 是衣某甲已有 汝爲某甲善護持 著用時隨意〈作眞實施者 應問主 然後得用 展轉淨施者 若問 若不問 隨意用之〉"라고 하였다. [참고문헌] 『羯磨』. ⇨ 진실정시 眞實淨施, 정시 淨施❷, 삼의일발 三衣一鉢

전전파 全纏派 Ⓟ Pārupaṇa. 미얀마 상좌부(上座部) 불교의 일파. 대략 18세기 초에 형성되었으며, 통견파(通肩派)라고도 한다. 세속에서 교화를 펼칠 때, 두 어깨를 승의로 다 가려야 한다고 주장했기에 이렇게 부른다. 콩바웅(Konbaung)왕조의 보도파야(Bodawpaya, 1782~1819)왕은 19세기 초에 편단파(偏袒派 Ⓟ Ekaṃsika)와 전전파가 대립했을 때, 회의를 개최하여 전전파로 통일하였다. 이후에는 연변(演變)하여 선법파(善法派 Suddhamma-nikaya)가 되었다. [참고문헌] 姚衛群 『佛敎入門 : 歷史與敎義』(五南圖書出版股份有限公司, 2005) p.97. ⇨ 수담마니카야 Suddhamma-nikaya, 미얀마불교 Myanmar佛敎, 편단파 偏袒派

전절일 箭節日 화살을 기념하는 날. 석존(釋尊)께서 태자였을 때, 하늘로 쏜 화살을 제석천이 잡아서 천상에 가져가 기념하고, 모든 천신(天神)들이 모여 갖가지 꽃을 뿌려 공양하며 세운 하늘의 기념일이다. 『불본행집경』 권13(대정장3, p.711a12)에 "그 때 모든 하늘은 이 게송을 읊고 나서 각각 갖가지 하늘의 좋은 여러가지 꽃을 태자 위에 뿌리고 난 다음 홀연히 몸을 숨기고 나타나지 않았다. 이 때 태자가 쏜 화살을 천주인 제석천이 허공에서 잡아 가지고 삼십삼천을 향해 가지고 갔으며 천상에 이르러 이 화살을 위하여 저 하늘에 전절(箭節)을 건립하고, 항상 길일(吉日)로 여겨 모든 하늘이 모여 모든 향과 꽃으로 이 화살에 공양했다. 지금까지도 모든 하늘에는 아직 이 전절일이 있다. 爾時 諸天 說是偈已 各將種種天妙雜花 散太子上 散已 忽然 沒身不現 是時 太子所射之箭 天主帝釋 從虛空中 秉執 將向三十三天 至天上已 爲此箭故 於彼天中 建立箭節 常以吉日 諸天聚集 以諸香華 供養此箭 乃至於今 諸天猶有 此箭節日"라고 하였다. [참고문헌] 『佛本行集經』.

전점 煎點 차를 끓여 우려내다. 점다(點茶)라고도 한다. 전(煎)은 물을 끓이는 것이고 점(點)은 끓인 물을 찻잎에 부어서 우리는 것이다. 『종용록』 25칙(대정장48, p.243c18)에 "천동정각(天童正覺)은 자복여보(資福如寶)가 집어 드러내고 친히 그려낸 것(一圓相)에 대한 찬탄으로 특별하게 차 한 잔을 우려서 올리며 게송으로 읊었다. '부채 부서지고 물소를 찾았으니〈시작했으면 끝장을 본다〉, 원반(棬轡 : 圈轡) 중 글자에 유래가 있었다네〈군이 도리를 설하듯 한다〉. 누가 알았으랴? 달(桂轂)의 천년 백이〈묻힌 뿌리 천 길이다〉 미묘히 작용하며 한 점 가을을 환히 밝힘을〈현세에 싹이 돋았다〉'. 天童賞資福拈得出 用得親標名 挑請特爲煎點一上 頌云 扇子破索犀牛〈一不做二不休〉 棬轡中字有來由〈强如說道理〉 誰知桂轂千年魄〈埋根千丈〉 妙作通明一點秋〈現世生苗〉", 『백장청규』 권2 「수사법인전점 受嗣法人煎點」(대정장48, p.1123b3)에 "사법제자가 절에 당도하여 차 한 잔 하고 나면 지사가 데리고 고사로 가서 회계하는 데 합당한 양을 판단하여 돈과 물건을 보내도록 한다. 若法嗣到寺煎點 令帶行知事 到庫司會計 營辦合用 錢物送納"라고 하였다. 〔참고문헌〕『從容錄』, 『百丈淸規』, 『五燈會元』 권14 「芙蓉道楷章」(卍속장138, p.530b17). ⇨ 점다 點茶

전점패 煎點牌 차 공양하는 때를 알리는 패. 점다패(點茶牌)라고도 한다. 『백장청규』 권3 「전사특위신명전점 專使特爲新命煎點」(대정장48, p.1124b1)에 "양서의 단료에서 방장의 객두를 이끌고 전사의 행자와 함께 낱낱 요사를 방문하여 전점패를 내걸어 대중에게 알려주기를 청한다. 兩序單寮 係方丈客頭 同專使行者 一一詣寮 稟請掛煎點牌報衆"라고 하였다. 〔참고문헌〕『百丈淸規』, 『敎苑淸規』 권상(卍속장101, p.706a11).

전정 前程 가야 할 길. 전망. 장래. 『대정구왕경』 권하(대정장1, p.834b5)에 "전정으로 나아가자 나라와는 이미 아득해 험난만이 가까이에 있었다. 行赴前程 去國旣遙 艱嶮在近", 『운문광록』 권상(대정장47, p.550c4)에 "물었다. '가을로 들어선 늦여름, 가야 할 길 갑자기 누군가 묻는다면 어떻게 대하시겠습니까?' '대중 물러난 뒤다' '허물 어디에 있습니까?' '내게 구십일 밥값을 돌려다오'. 問 初秋夏末 前程忽有人問 如何祇對 師云 大衆退後 進云 過在什麽處 師云 還我九十日飯錢來", 『종용록』 8칙 「본칙 本則」(대정장48, p.232a3)에 "대단한 수행자도 인과에 떨어집니까?〈다만 좋은 일 행할 뿐 앞일은 묻지 않는다〉. 大修行底人 還落因果也無〈但行好事 莫問前程〉"라고 하였다. 〔참고문헌〕『大正句王經』, 『雲門廣錄』, 『從容錄』, 『大慧語錄』 권3(대정장47, p.822b27).

전정 專精 오롯이 정진함. 『장아함경』 권3 「유행경 遊行經」(대정장1, p.19a17)에 "그 사람은 가만히 생각했다. '드문 일이다. 출가한 사람이 오롯이 정진함이 이러하니 수레 소리가 이리 시끄러운데 깨어있으면서도 듣지 못하다니'. 彼人默念 是希有也 出家之人 專精乃爾 亘聲轟轟覺而不聞", 『석선바라밀차제법문』 권2(대정장46, p.490c20)에 "행자가 선을 닦고 계를 지켜 청정하니 오개를 버리며 초저녁에서 늦은 밤까지 전정하기를 멈추지 않으니, 비유컨대 나무로 불 붙여 붙지 않으면 끝내 멈추지 않는 것과 같다. 이를 정진이라 한다. 行者爲修禪故 持戒淸淨 棄捨五蓋 初夜後夜 專精不廢 譬如鑽火未然 終不休息 是名精進", 『제법무쟁삼매법문』 권상(대정장46, p.631a19)에 "초저녁부터 늦은 밤까지 오롯이 정진하여 선을 닦고 음식을 절제하며, 마음을 다잡고 권속을 버리고 떠나며 모든 반연을 끊는다면 이를 정진이라 한다. 初夜後夜 專精學禪 節食攝心 捨離眷屬 斷諸攀緣 是名精進", 『만선동귀집』 권상(대정장48, p.964a13)에 "도를 행하며 예배할 때 은근하고 두터운 마음을 내지 않으면 관혜가 없고 또한 전일하게 정진하지 않게 되니, 비록 몸은 도량에 있지만 마음은 다른 경계를 반연하여 유위의 상에 집착하며 그 자성이 공이라는 것을 잊고 능히 짓는 마음을 일으키며, 온갖 아만을 낳아 자타가 평등하고 능소가 텅 비어 그윽함을 깨닫지 못한다. 若行道禮拜時 不生殷重 旣無觀慧 又不專精 雖身在道場 而心緣異境 著有爲之相 迷其性空 起能作之心 生諸我慢 不了自他平等 能所虛玄"라고 하였다. 〔참고문헌〕『長阿含經』, 『釋禪波羅蜜次第法門』, 『諸法無諍三昧法門』, 『萬善同歸集』. ⇨ 전일 專一, 정진 精進

전정 轉淨 점점 깨끗해지다 먼저 번뇌를 끊고(正使先斷) 지혜를 증득한 후에 조도법과 공덕을 쌓아 남아있는 습기(習氣)를 버림으로써 점점 청정하게 되는 것을 말한다. 『화엄경소』 권31(대정장35, p.741c23)에 "진여관을 닦아 저 태양처럼 원만하고 법계를 널리 비추면, 이것이 지덕으로 삼신이 점점 깨끗하게 된다. 이는 생을 거듭하면서 점차 수승해지고 조도로 복덕 쌓았음을 말한다. 修道眞如觀 如日輪圓滿 普照法界故 此卽智德 三身轉淨 謂生生轉勝集助道福德故", 같은 책 권37(대정장35, p.788b20)에 "다겁에 세 가지 불선근을 쌓지 않았으므로 미세한 종자가 점차 끊어져 선근이 점차 깨끗하게 된다. 以多劫不積三不善根故 細種漸斷善根轉淨", 『화엄경소초』 권54(대정장36, p.423c21)에 "『소』에서 삼신이 점차 청정해진다고 한 것은 조도로 능히 얻은 출세간의 보신과 명신을 말한 것이니, 초지이상에서 받은 몸이 아니다. 후생이 전생보다 수승한 것을 생생전승이라고 한 것이니 모두 조도법과 복행으로 말미암아 깨끗해진다. 疏三身轉淨者 助道能得出世報身名身 初地已上受身非 一後後勝前前 名生生轉勝 總由助道福行淨故", 『화엄오교장』 권3(대정장45, p.494a10)에 "처음 현관할 때 미리 증득하고서 수도위에서 점차 청정해진다.

〔해〕 '점차 청정하게 된다'는 말은 습기를 버린다는 뜻이다. 이미 번뇌를 끊었기에 후에는 다만 '점점 깨끗하게 된다'고만 말할 뿐 다시 끊는다고 하지 않는다. 만약 이는 참된 견도위에 들어갈 때 잠시 조복시켜 일어나지 않는 것이지 바른 끊음이 아니라고 말한다면 점점 깨끗해진다고 말할 수 없다. 아직 온전히 끊지 못했다면 어떻게 점점 깨끗해진다 하는가? 初現觀時先已證得 修道位中轉復淸淨 解云 轉淨者 除習氣也 以正使先斷故 後但云轉淨 更不云斷也 若云此是入眞見道時 暫伏不起 非正斷者 卽不得言轉復淸淨 以總未斷 何名轉淨"라고 하였다. 〔참고문헌〕『華嚴經疏』, 『華嚴經疏鈔』, 『華嚴五敎章』.

전정각산 前正覺山 Ⓢ Prāgbodhi-giri. 중인도(中印度) 마갈타국(摩竭陀國) 니련하(尼連河) 부근에 있는 산. 석가모니부처님께서 정각을 증득하기 전에 올랐던 산이므로 전정각산이라고 부른다. 발라급보리(鉢羅笈菩提)라고 음사한다. 『삼보감응요략록』 권중(대정장51, p.844c18)에 "석가보살께서 육년 동안 고행하다가 장차 정각을 증하려 할 때 발라급보리산에 올랐다. 이 산은 전정각산이라고 한역한다. 동북쪽 봉우리로 올라가 산 정상에 이르자 대지가 진동하며 산이 무너지려 하였다. 산신이 놀라서 말했다. '이 산은 정각을 이루실 자리가 아닙니다. 이곳에 머물러 금강정에 드신다면 산이 무너질 것입니다'. 이에 바로 하산하여 서남쪽 절벽의 큰 석실에서 결가부좌했는데 땅이 또 흔들렸다. 이때 수다회천이 공중에서 말했다. '이곳은 성도하실 자리가 아닙니다. 이곳에서 서남쪽으로 십사오리 떨어진 고행하신 자리에서 멀지 않은 곳에 보리수가 있는데, 그 아래 있는 금강좌는 삼재로도 능히 무너뜨릴 수 없고 견고하여 의지할 만합니다. 삼세제불께서 모두 이 자리에 앉아 성도하신 곳입니다'. 보살은 바로 그곳으로 갔다. 이때 석실에 큰 용이 있었는데 세존께 머무르시기를 청하니 보살께서는 그림자를 남기고 떠났다. 釋迦菩薩 六年苦行 將證正覺 登鉢羅笈菩提山 唐云前正覺山 從東北岳登 以至山頂 大地震動 山將傾顚 山神恐怖告曰 此山非成正覺之地 若宿於此 入金剛定 山震傾 卽從山下 西南半崖大石室 結跏趺坐 地亦動搖 時須陀會天在空中曰 此非成道地 從此西南十四五里 去苦行處不遠 有菩提樹 其下有金剛座 三災所不能壞 堅固所依 三世諸佛 皆坐此座上 成道之地 菩薩當往彼處 爾時石室大龍 請世尊住 菩薩留影而去"라고 하였다. 〔참고문헌〕『三寶感應要略錄』. ⇨ 발라급보리 鉢羅笈菩提, 정각 正覺

전정각산용굴유영 前正覺山龍窟留影 전정각산(前正覺山 Ⓢ Pragbodhi-giri : 鉢羅笈菩提山) 용굴의 남긴 그림자(留影). 석가모니부처님께서 깨달음을 얻기 위해 고행을 버리고, 이 전정각산에 오르시자 산신들이 놀라서 이 산은 부처님께서 정각을 성취하실 만한 곳이 아니라고 하였으나, 굴속에 살고 있던 용만은 자신의 굴 안에서 깨달음을 성취하실 것을 간청하였다. 이에 부처님께서는 그림자만 남겨놓고 산을 내려오셨기에 유영굴(留影窟)이라 한다. 『자은전』 권6(대정장50, p.252b22)에 "마게다국 전정각산의 용굴유영의 금불상 1구는 광좌까지 총 3척 3촌이다. 摩揭陀國 前正覺山龍窟留影金佛像一軀 通光座高三尺三寸"라고 하였다. 〔참고문헌〕『慈恩傳』. ⇨ 전정각산 前正覺山

전제 全提 온전히 다 들다. 남김없이 끌어내다. 다 드러내지 못한 것을 반제(半提)라 한다. 헤아릴 여지없이 다 드러내 한 법마저 없이 하면 처처가 부처이고 물물이 길이여서, 한밤에 태양이 빛난다 해도 여여한 사태다. 『종용록』 35칙 「송 頌」(대정장48, p.251a16)에 "혀 없는 사람아, 혀 없는 사람아!〈콧구멍에서 '예!' 하고 답하는군〉. 정령 온전히 다 드러내니 일구에 다 알았다〈어둠 속에서 걸린 뼈 뽑아낸다〉. 無舌人 無舌人〈鼻孔裏應諾〉 正令全提一句親〈暗裏抽橫骨〉", 『나암정수선사어』(속고존숙어요5, 卍속장119, p.84a13)에 "운문대사가 '대지 온통 티끌만한 허물조차 없으니 오히려 이 구 뒤쳐서 한 법도 볼 일 없다. 비로소 반만 들어 보였음이니, 다시 모조리 다 들어 보인 소식 있음을 알아야 한다'고 한 말씀 들어 나암이 말했다. '무엇이 모조리 다 드러낸 시절인가? 여덟 자 베적삼에 한 길 두 소매다'. 擧 雲門大師道 盡大地 無纖毫過患 猶是轉句 不見一法 始是半提 更須知有全提時節 師云 作麽生是 全提底時節 八尺布衫丈二袖", 『원오어록』 권5(대정장47, p.733c3)에 "일구로 온통 다 들어보이자 수많은 차별 아울러 모이고, 한 꽃 활짝 피자 모든 복이 몰려든다. 오고 감에 틈이 없어도 늘 근원이고, 동정에 옮긴 일 없어 항상 고요하다. 곳곳이 부처이고 낱낱아 다 도다. 一句全提 千差併會 一華開現 萬福來臻 往復無間而有源 動靜不移而常寂 處處是佛 頭頭是道", 『황룡사심어록』(卍속장120, p.244a14)에 "낮과 밤 거두고 펴니 밝음이 오면 어둠이 떠나고 어둠이 떠나면 밝음이 온다. 그렇다면 밝지도 어둡지도 않은 도리는 어떻게 말할까? 곧바로 그곳 향해 숨긴 듯 당당한 듯 말할 수 있다 하더라도, 오히려 이는 반만 들어 보인 것이어서 아직은 온통 다 드러낸 시절은 아니다. 대답해 보라! 고스란히 다 드러낸 소식은 무엇일까? 바다 밑 불 타올라 푸른 산에 번지고, 한밤에 태양이 빛난들 무슨 상관이랴. 晝夜卷舒 明來暗去 暗去明來 又作麽生說箇不明不暗底道理 直饒向這裏說得 倜儻分明 猶是半提未是全提時節 且道 作麽生 是全提時節 海底火然連碧岫 任佗午夜大陽輝"라고 하였다. 〔참고문헌〕『從容錄』, 『懶菴鼎需禪師語』, 『圜悟語錄』, 『黃龍死心語錄』. ⇨ 반제 半提, 전제불기 全提不起, 전제정령 全提正令

전제 全濟 남김없이 건지다. 여지없이 깨우쳐 남김이 없는 뜻이다. 『대지도론』 권51(대정장25, p.423c5)에 "비유하자면 세 사람이 악도를 건너는 것과 같다. 첫째는 야밤에 도주하여 혼자 그 몸을 벗어나는 것이다. 둘째는 돈으로 면하는 것이다. 셋째는 저 대왕이 대군의 무리를 이끌고 적들을 깨부수니 군이 온전히 구제 건짐과 같아서 두려움도 환난도 없다. 삼승 또한 이와 같다. 譬如三人度惡道 一者 於夜逃遁 獨脫其身 二者 以錢求免 三者 如大王將大軍衆 摧破寇賊 擧軍全濟 無所畏難 三乘亦如是", 『출삼장기집』 권7 「수능엄삼매경주서 首楞嚴三昧經注序」(대정장55, p.49a2)에 "이른바 법신을 삼는다 하니, 이루고 무너짐 끊고 합하고 흩어짐도 버린다. 영감과 현풍이 나란히 좇고 원신과 태양이 함께 왕성하니, 그 밝음은 만류를 나누지 않아서 온통 빼어나다. 법신이 온통 구제함이 또한 그러하지 않겠는가? 所謂爲法身者 絶成虧遺合散 靈鑒與玄風齊蹤 員神與太陽俱暢 其明不分萬類殊觀 法身全濟 非亦宜乎"라고 하였다. 〔참고문헌〕『大智度論』, 『出三藏記集』.

전제 前際 Ⓢ pūrva-koṭi, pūrvānta, Ⓟ purimā koṭi, Ⓣ sngon-gyi-mtha'. 앞서 있던 때. 삼제(三際 : 過現未) 중 과거를 말한다. 『잡아함경』 권3(대정장2, p.15c2)에 "만일 비구가 색을 즐거워하지 않아 심해탈을 얻고, 이와 같이 수상행식을 즐거워하지 않아 심해탈하면, 불생불멸이어서 평등하게 버려 머물며 바르게 념하고 바르게 안다. 저 비구가 이렇게 알고 보면 과거는 영원히 다해 남음이 없음도 같이 본다. 若比丘 不樂於色 心得解脫 如是受想行識不樂 心得解脫 不滅不生 平等捨住 正念正智 彼比丘 如是知 如是見者 前際俱見 永盡無餘", 『대지도론』 권52(대정장25, p.430c8)에 "중생 있다고 할 수 없으니 보살의 과거 얻을 수 없고, 중생은 공하기에 보살전제 또한 얻을 수 없으며, 중생을 여의기에 보살전제 얻을 수 없다. 사리불이여, 색은 있는 것 아니기에 보살전제 얻을 수 없고, 수상행식도 있는 것 아니기에 보살전제 얻을 수 없으며, 색은 공하기에 보살의 전제를 얻을 수 없고, 수상행식도 공하기에 보살의 전제를 얻을 수 없으며, 색을 여의기에 보살의 전제를 얻을 수 없고, 수상행식도 여의기에 보살의 전제를 얻을 수 없다. 衆生無所有故 菩薩前際不可得 衆生空故 菩薩前際不可得 衆生離故 菩薩前際不可得 舍利弗 色無有故 菩薩前際不可得 受想行識無有故 菩薩前際不可得 色空故 菩薩前際不可得 受想行識空故 菩薩前際不可得 色離故 菩薩前際不可得 受想行識離故 菩薩前際不可得"라고 하였다. 〔참고문헌〕『雜阿含經』, 『大智度論』, *Yogā-bh.198.*, *Bodh-bh.46.*, *Mil.1.51.* ⇨ 삼제 三際 ❶

전제 筌蹄 통발과 올무. 방편의 비유다. 전제(筌罤)로도 쓴다. 『대승기신론의기』 권상(대정장44, p.240c19)에 "진심은 텅 비어 광활하니 말과 도습의 전제 끊었고, 고요해 아득하니 경지의 능소마저 잊었네. 夫眞心寥廓 絶言象於筌蹄 沖漠希夷 亡境智於能所", 『석문귀경의』 권상(대정장45, p.857c7)에 "통발과 올무의 비유는 자성이 공이라는 그윽한 도리를 드러낸다 筌蹄之喩 顯性空之玄理", 『법화문구』 권1상(대정장34, p.2b15)에 "마땅히 알라! 부처님 음성에 담긴 갖가지 교법 가운데 은밀하거나 두드러지거나 권이거나 실이거나 모두 불도를 전하기 위한 통발과 그물이 된다. 대경에 '거친 말과 부드러운 말이 모두 제일의로 돌아간다'라고 한 말이 이것을 가리킨다. 當知 種種聲教 若微若著 若權若實 皆爲佛道 而作筌罤 大經云 麤言及軟語 皆歸第一義 此之謂也", 『원오어록』 권15(대정장47, p.781a2)에 "부처님과 조사가 말로 한 가르침은 통발이나 그물일 따름이니, 다만 빌려서 이치에 들어가는 문으로 삼는다. 佛祖言敎筌罤爾 藉之以爲入理之門", 『종용록』 62칙 「송 頌」(대정장48, p.266a8)에 "제2두에서 깨우쳐 미혹을 깨뜨렸지만〈도둑굴에 사는 이가 도둑을 쫓는다〉, 재빠르게 손에서 통발과 그물을 뿌리쳐 버려야 하리라〈내려놓아라!〉 第二頭分悟破迷〈普州人送賊〉 快須撒手捨筌罤〈放下著〉", 『종문십규론』(卍속장110, p.880b4)에 "말을 이어 구에 걸려 치우쳐 종풍이라 여기고, 입으로 요란하게 떠들며 묘해라고 여기지 말라. 하물며 방편을 빌리지 않고 바로 들어가는 일이라면 더 말할 것도 없다. 切忌承言滯句 便當宗風 鼓吻搖唇 以爲妙解 況此不假筌蹄得入"라고 하였다. 〔참고문헌〕『大乘起信論義記』, 『釋門歸敬儀』, 『法華文句』, 『圓悟語錄』, 『從容錄』, 『宗門十規論』, 40권본 『大般涅槃經』 권20(대정장12, p.485a5). ⇨ 어토 魚兎

전제 轉齊 뒤쳐 가지런해지다. 열성의 종자가 뒤쳐 승한 종자와 가지런하게 되는 것. 본유신훈합생(本有新熏合生)을 주장하는 유식의 종자설이 취하는 견해다. 전멸(轉滅)의 상대어다. 『대승법원의림장』 권7(대정장45, p.363c4)에 "둘째는 전제이다. 법이종자에는 모두 세 품이 있다. 처음에 하품종자를 닦기에 견도위에 이르러 하품무루종자가 현행하고 이 현행이 다시 하품종자를 훈한다. 닦아 익히지 않으면 저절로 하품종자가 생긴다. 닦아 익히기에 수도위에 이르러 중품종자가 중품현행을 낳고, 이 현행이 다시 중품종자를 훈한다. … 이전의 중품과 하품종자가 다시는 상속하지 않고 후의 승현종자와 가지런해지기에 전제라고 한다. 二者 轉齊 法爾種子 皆有三品 初修下故 至見道位 下品無漏種生現行 現行復熏 下品種子 若無修習 任運下生 由修習故 至修道位 中品種子 生中現行 現行復熏 中品種子 … 前中下種 不復相續 與後勝齊 故名轉齊", 『성유식론의온』 권2(卍속장78, p.826a1)에 "전제의 뜻이란, 마치 저 견도의 종자가 수도에 이를 때에 수도의 종자와 가지런해지면 모두 중품이라 하고, 무학도에 이르면 견도와 수도의 종자가 무학도의 종자와 가지런한 경우과 같은 것이다. … 〔문〕 이 세 번째 논사에게는 이미 본유와 신훈의 두 종자가 있는데, 앞의 두 논사와 뜻에 어떤 차별이 있어서 전제라고 하는가? 〔답〕 이 논사의 견도·수도·무학도에는 각각의 본유종자와 신훈종자가 있다. 이미 본유종자를 아우르고 있기에 전제할 수 있다. 〔문〕 이전의 논사들에게는 오직 하나의 종자만 있을 뿐이니, 그렇다면 신훈종자를 어찌하여 전제라고 하는가? 〔답〕 중품에 이를 때 저 법이(法爾)의 중품종자로부터 일어난 현행에 훈을 받은 종자가 중품의 신훈종자다. 그 하품의 종자가 이 위에 이르면 세력 역시 같아지기에 전제라고 한다. 轉齊義者 如見道種 至修道時 與修種齊 俱名中品 至無學道 見修種子 與無學齊 … 問 此第三師 旣有本新二種 與前二師 義有何別 而云轉齊 答 此師見修無學 各有本新種子 旣兼本有 故可轉齊 問 前師唯一種故 若爾 新薰種子何名轉齊 答 至中品時 從彼法爾 中品種子 生起現行 所薰成種 名中品新薰種子 其下品種子 至此位時 勢力亦等 故名轉齊", 『성유식론소의연』 권2(卍속장79, p.123a7)에 "세 번째 논사의 전제는 곧 종자에 삼품이 있으니, 훈습을 경과하는 때에 하품을 뒤쳐 중품과 가지런해지고, 중품을 뒤쳐 상품과 가지런해지는 것이다. 무루종자 이미 증장하면 능히 무루지를 증하고 견도에 들어가기 때문이다. 第三師 轉齊 卽種子有三品 若經熏習時 轉下品中品齊 轉中品與上品齊 無漏種子 旣增長 能證無漏智 入見道故"라고 하였다. 〔참고문헌〕『大乘法苑義林章』, 『成唯識論義蘊』, 『成唯識論疏義演』. ⇨ 전제전멸 轉齊轉滅

전제라 旃提羅 Ⓢ ṣaṇḍha, Ⓣ za-ma. 엄인(奄人). 거세한 사람. 선차(扇搋)·황문(黃門)이라고도 한다. 『승만경』(대정장12, p.217a11)에 "왕과 부인은 여래의 무량공덕을 간략하게 찬탄하는 글을 써서 전제라인 나인에게 주어 승만부인에게 전하도록 하니, 사인으로서 아유사국으로 가서 궁궐로 들어 승만부인에게 공손히 그 편지를 전했다. 王及夫人 與勝鬘書 略讚如來 無量功德 卽遣內人 名旃提羅 使人奉書 至阿踰闍國 入其宮內 敬授勝鬘", 『승만보굴』 권상(대정장37, p.11b12)에 "전제라란 무엇인가? 사신의 이름이다. 인도어에 의하면 네 가지 이름을 섞어 쓴다. 첫째 전제라는 엄인을 말하고, 둘째 선제라는 석녀를 말하며, 셋째 전다라는 개를 도살하는 사람을 말하고, 넷째 전다라는 달을 말한다. 또 전제라는 선신이라 한역한다. 그 사람이 선하고 믿을 만하기 때문에 선신이라 한다. 지금 엄인이라 하는 것이 보통의 이름이고, 선신은 별칭에 해당한다. … 고주에서 전제라를 내감이라 하였다. 名旃提羅者 出使人名也 依外國語 四名相濫 一 名旃提羅 此云奄人 二 扇提羅 此云石女 三 云旃陀羅 此云殺狗人 四 旃荼羅 此名爲月 又旃提羅者 此云善信 其人善而有信 故言善信 今謂奄人 是其通名 善信當其別稱 … 古注 旃提羅 內監也"라고 하였다. 〔참고문헌〕『勝鬘經』, 『勝鬘寶窟』, *Abh-k-bh.3 8·282.* ⇨ 선차 扇搋, 황문 黃門

전제무지 前際無知 Ⓢ pūrvānte ′jñānam, Ⓣ sngon-gyi-mtha′-mi-shes-pa. 전제 즉 과거에 대한 무지. 십구종무지(十九種無知) 중 하나. 『유가사지론』 권9(대정장30, p.322b3 : *Yogā-bh.*, p.203)에 "전제에 대한 무지란 무엇인가? 과거제행에 대해 뜻에 맞지 않는 분별을 일으키는 것이니, '아는 과거부터 일찍이 있었던 것인가 일찍이 없었던 것인가, 이미 있었다면 그 체성은 무엇이고 어떤 종류인가?'라는 모든 무지를 말한다. 於前際無知云何 謂於過去諸行 起不如理分別 謂我於過去爲曾有耶 爲曾無耶 曾何體性 曾何種類 所有無知 tatra pūrvānte′jñānaṃ katamat. atītānasaṃskārānayoniśaḥ kalpayataḥ kiṃ kanvahamabhūvamatīte′dhvanyāhosvinnāhamabhūvamatīte′dhvani. ko nvahamabhūvaṃ. kathaṃ vābhūvamiti yadajñānaṃ"라고 하였다. 〔참고문헌〕『瑜伽師地論』, *Yogā-bh.* ⇨ 십구종무지 十九種無知, 무지 無知 ❶

전제불기 全提不起 온전히 다 드러낸다 하지만 일어난 것 없다. 삼세제불도 스스로 알 뿐이고 역대조사가 온통 드러내보여도 일어난 것 따로 있을 리 없다는 뜻이다. 『설두어록』 권1(대정장47, p.669b22)에 "육대의 조사들이 온전히 들었다 해도 다 일어나지 못했고, 대장경장교 말한다 해도 미치지 못한다. 그런 까닭에 방 끝에서 깨달음 얻고 할 아래서 알아차리며, 뜻과 구 섞여 치달리고 함께 어울려 유랑하더라도 알아차릴 방도 있어 지을 줄 아는 이라면 서로 증명하리라. 六代祖師 全提不起 一大藏敎 詮注不及 所以 棒頭取證 喝下承當 意句交馳 並同流浪 其有知方作者 相共證明", 『벽암록』 2칙 「수시 垂示」(대정장48, p.141b21)에 "설사 삼세제불일지라도 다만 스스로 알 뿐이고, 역대조사가 남김없이 드러낸다 할지라도 다 일어나게 못하며, 일대장교로 자세히 붙여 말한다 해도 미치지 못하고, 눈 밝은 납승일지라도 스스로 구하길 마치지 못한다. 設使三世諸佛 只可自知 歷代祖師 全提不起 一大藏敎 詮注不及 明眼衲僧 自救不了", 『서중무온어록』 권2(卍속장123, p.830a8)에 "법좌에 올라 '대지 밝은 것 아니며 진공은 자취를 끊었다. 삼세의 모든 부처님도 스스로 안다고 말씀하실 뿐이고, 육대의 모든 조사들이 모조리 들었다 하지만 일어난 것 없다. 오늘 어쩔 도리가 없어서 모든 사람의 면전을 향해 이런저런 말을 하기는 하나, 순찰하는 관리가 야간통행금지를 어기는 꼴과 아주 비슷하다'라고 한 뒤 주장자

세우고 말했다. '신령한 용 일거에 끝 없는 저 끝 뚫고 나르지만, 잔챙이 여전히 진흙 속에서 뛸 뿐이다'. 上堂 大智非明 眞空絶跡 三世諸佛 只言自知 六代祖師 全提不起 今日抑不得已 向諸人面前 說東道西 大似巡官犯夜 卓拄杖 神龍一擧透無邊 纖鱗猶向泥中躍", 『정자혜휘어록』 권4(卍속장124, p.947b5)에 "이 무슨 소식이길래 삼세 부처님이나 역대조사가 고스란히 드러내려 해도 일으키지 못한다. 어째서 이런가? 알겠는가? 산승도 말할 수 없다. 무슨 까닭인가? 산이 높다 한들 흰구름 가는 길 막지 못하고, 대나무숲 빽빽하다 해도 흐르는 물 방해하지 않는다. 말해 보라! 여러분의 단적 물은 적 있는가? 어째서 듣지 않는가? 여기에 이르면 달마도 알 수 없으니 참으로 큰일이고 참으로 큰일이다. 此箇消息 三世諸佛 歷代祖師 也全提不起 爲什麽恁麽 還會麽 山僧也說不得 何故 山高不礙白雲飛 竹密不妨流水過 且道 問諸人端的也未 何不聞取 至這裡 達磨不會 大難大難"라고 하였다. [참고문헌] 『雪竇語錄』, 『碧巖錄』, 『恕中無慍語錄』, 『淨慈慧暉語錄』. ⇨ 전제 全提

전제전멸 轉齊轉滅 전제(轉齊)와 전멸(轉滅). 전제는 열성의 종자를 뒤쳐 본래 수승한 성품의 종자와 가지런하게 되는 것이고, 전멸은 열성의 종자가 그 열성을 끊고 수승한 성품의 종자로 변하는 것을 말한다. 유식에서 종자에 대해 본유설(本有說)과 신훈설(新薰說)을 주장하는 논사들은 전멸을 말하고, 본유설과 신훈설을 합한 신구합생설(新舊合生說)을 주장하는 논사들은 전제를 주장한다. 『성유식론소의연』 권2(卍속장79, p.123a6)에 "전멸이란, 종자에는 모두 한 품만이 있음을 말한다. 즉 하품을 뒤쳐 끊어 중품이 되고, 중품을 뒤쳐 상품을 짓기에 세 가지 품이 있으나 체에 의하면 오직 하나의 품류일 뿐이다. 세 번째 논사는 전제이니, 곧 종자에 세 품이 있고 훈습을 경과할 때 하품을 뒤쳐 중품과 같아지고, 중품을 뒤쳐 상품과 같아져서, 마침내 무루종자가 더욱 자라나 무루지를 증득하여 견도에 들어가는 것이다. 轉滅者 意說種子 總有一品 卽轉滅下品作中品 轉中作上品 故有三品 據體唯一類 第三師 轉齊 卽種子有三品 若經熏習時 轉下品中品齊 轉中品與上品齊 無漏種子 旣增長 能證無漏智 入見道故"라고 하였다. [참고문헌] 『成唯識論疏義演』, 『大乘法苑義林章』 권7(대정장45, p.363b17). ⇨ 전제 轉齊, 종자 種子

전제정령 全提正令 어길 수 없는 법령 온전히 드러내다. 정령전제로 쓰기도 한다. 『무문관』 1칙 「송 頌」(대정장48, p.293a13)에 "개의 불성이라니, 엄정한 법령 여지없이 드러냈다. 있다거나 없다거나 말 섞자마자, 몸 상하고 목숨마저 잃으리라. 狗子佛性 全提正令 纔涉有無 喪身失命", 『종용록』 2칙 「송」(대정장48, p.228c15)에 "고요히 소림에서 마음 식혀 좌선하며〈늙어도 생각을 그칠 줄 모르는군〉, 묵묵히 정한 법령을 고스란히 들어 보이네〈오히려 전쟁의 계책을 스스로 발설하네〉. 寥寥冷坐少林〈老不歇心〉 默默全提正令〈猶自說兵機〉', 『직주천동송고』 권상(卍속장117, p.783a17)에 "다음 쉬어 앉고 말 없을 뿐 아니라, 이것이 바로 정한 법령을 고스란히 끌어낸다. 非是冷坐無言 乃是全提正令", 같은 책 권하(卍속장117, p.808a4)에 "임제의 온전한 기틀은 격조가 고상하구나〈어길 수 없는 법령을 고스란히 드러내는군. 움직임도 고요함도 끊어버렸다〉. 臨濟全機格調高〈全提正令截斷動靜〉", 『열조제강록』 권22 「삼문주향법어 三門炷香法語」(卍속장112, p.520a7)에 "태암장선사가 운거사에서 삼문을 가리키며 : 활짝 연 겹겹의 관문, 엄정한 법령을 고스란히 드러냈구나. 물에 들어가고 구름 쫓으며, 금 절구에 옥 공이로 응한다. 呆庵莊禪師 雲居指三門 大啓重關 全提正令 水赴雲趨 金舂玉應"라고 하였다. [참고문헌] 『無門關』, 『從容錄』, 『直註天童頌古』, 『列祖提綱錄』. ⇨ 전제 全提, 정령 正令

전존경 典尊經 후진(後秦)대 불타야사(佛陀耶舍)·축불념(竺佛念) 공역. 1권. 『장아함경 長阿含經』 권5 제3경. 고려장17, pp.853b1~858c6·대정장1, pp.30b10~34b3에 수록되어 있다. 상응하는 팔리경전은 디가니카야 제19경 *Mahāgovinda-sutta*(*DN.2*, pp.220~252)이다. 석존의 전생이었던 대전존(大典尊)의 이야기가 수록되어 있으며 가장 뛰어난 범행에 대해 설하고 있다. 이역본으로 송대 시호(施護) 등이 한역한 『대견고바라문연기경 大堅固婆羅門緣起經』 2권(대정장1, No.8)이 있다. ⇨ 대견고바라문연기경 大堅固婆羅門緣起經, 장아함경 長阿含經

전종 前蹤 앞서 간 발자취. 옛 사람의 형적이나 본보기가 되는 행로를 말한다. 『원오어록』 권4(대정장47, p.728c6)에 "향상의 한 길 천성도 전할 수 없는데, 학인들 애쓰니 저 원숭이 그림자를 쫓듯 한다. 이곳에 이르러 격식에 구애없이 앞선 발자취도 밟지 않으며, 닥친 기마다에 어둡지 않다. 向上一路 千聖不傳 學者勞形 如猿捉影 到這裏 不拘格式 不躡前蹤 不昧當機", 『경덕전등록』 권23 「자광전 慈光傳」(대정장51, p.391b2)에 "어떤 학인이 자광에게 물었다. '마음이 부처라고 하나 유인해 가르치는 말이거늘, 앞선 발자취 따르지 않고 무엇을 가리키시겠습니까?' '동서의 일은 그간두고, 남북의 일은 어떤가?' '그렇다면 학인들 헤아릴 수 없겠군요' '처음은 답하더니 끝을 흐리는구나'. 僧問 卽心卽佛 誘誨之言 不涉前蹤 如何指教 師曰 東西且置 南北事作麽生 曰 恁麽卽學人罔測也 師曰 龍頭蛇尾"라고 하였다. [참고문헌] 『圜悟語錄』, 『景德傳燈錄』.

전좌 典座 대중의 좌위(座位) 등을 보살피는(典) 소임. 대중의 의식주(衣食住)라 할 구사(九事)를 다 살피지만 육지사(六知事)나 구사중에 하나이기도 하다. 특히 모든 대중의 공양을 살피는 소임으로 말하기도 한다. 한국 승가에서의 원주(院主)와 별좌(別座) 등의 소임에 당한다. 구사는 전차부상좌(典次付床座)·차청회(差請會)·분방사(分房舍)·분의물(分衣物)·분화향(分花香)·분과라(分果蓏)·지난수인(知暖水人)·분잡병(分雜餠)·전지수의거감사인(典知隨意擧堪事人) 등이다. 아홉 가지 일을 모두 살피기에 '주요한 갖가지 일을 다 맡는다'는 의미에서 지사(知事)라고도 한다. 『석씨요람』 권하(대정장54, p.301c7)에 "(主事四員 중) 세 번째는 전좌이다. 『마하승기율』 권6(대정장22, p.280a20)에 '자리를 차제로 배정하는 일을 맡는다'고 하였는데, 이것은 승중의 구사 중 하나다. 三 典座 僧祇律云 典次付床座 此掌僧九事之一也", 『승사략』 권중 「잡임직원 雜任職員」(대정장54, p.245a8)에 "다음으로 전좌란 자리를 주관하는 소임이다. 구사 중 자리를 든다는 것은, 들고 거둔다는 것이지만 결국은 잡다한 일(구사)에도 다 통해야 하는 소임이다. 次典座者 謂典主床座 九事擧座 一色以攝之 乃通典雜事也", 『백장청규』 권4(대정장48, p.1132c12)에 "전좌 : 대중의 아침과 점심 공양을 주관하여 맡는다. 모든 공양은 정결하도록 힘쓰고, 음식 재료가 조화로운지 살펴서 단속하는 일에 애쓰는 소임이다. 典座 職掌大衆齋粥 一切供養 務在精潔 物料調和 檢束局務"라고 하였다. 〔참고문헌〕『釋氏要覽』, 『摩訶僧祇律』, 『僧史略』, 『百丈淸規』. ⇨ 지사 知事, 별좌 別座[2], 선림직위 禪林職位, 육지사 六知事, 반두 飯頭

전좌구 展坐具 좌구를 펼치다. 좌구는 좌선의 오랜 전통에서 바구와 함께한 승중의 필수품이었다. 율장과 선문(禪門) 일화 중에 다반사로 출현한다. 『앙산어록』(대정장47, p.585b18)에 "앙산선사가 암두선사를 찾아뵈었다. 암두선사가 불자를 들어 올리자 앙산은 좌구를 펼쳤다. 암두가 불자를 집어서 등 뒤에 놓자 앙산은 좌구를 어깨에 걸치고 나갔다. 암두가 말했다. '나는 그대가 펼친 것은 긍정하지 않고, 다만 거둔 것만 인정한다'. 師參巖頭 巖頭擧起拂子 師展坐具 巖頭拈拂子置背後 師將坐具搭肩上而出 巖頭云 我不肯汝放 祇肯汝收", 『벽암록』 73칙 「평창 評唱」(대정장48, p.200c27)에 "사구를 떠난다는 것은 유와 무 그리고 비유비무와 비비유비비무의 네 구를 떠난다는 말이니, 온갖 시비를 끊는다. 다만 도리만을 지어 화두를 모르니 두뇌를 굴린다 해도 보지 못한다. 만약 산승이라면 마조가 말을 마치기를 기다렸다가 바로 좌구를 펼치고 세 번 절한다. 離四句者 有 無 非有非無 非非有非非無 離此四句 絶其百非 只管作道理 不識話頭 討頭腦不見 若是山僧 待馬祖道了 也便與展坐具 禮三拜", 『경덕전등록』 권7 「장경회휘전 章敬懷惲傳」(대정장51, p.252c2)에 "백장화상이 학인을 보내 몰래 살피게 하였다. 장경선사가 법좌에 오르자 그가 좌구를 펼쳐 예배를 마치고는 일어나 선사의 신 한 짝을 집어다가 적삼 소매로 먼지를 털고서 뒤집어 놓았다. 장경선사가 말했다. '노승의 허물이군'. 百丈和尙 令一僧來伺候 師上堂次 展坐具禮拜了 起來拈師一隻靸鞋 以衫袖拂却塵了 倒覆向下 師曰 老僧罪過", 같은 책 권14 「단하천연전 丹霞天然傳」(대정장51, p.310c21)에 "(단하천연 선사가) 혜충국사를 뵙고 좌구를 펼쳤다. 국사가 말했다. '괜찮다, 괜찮아'. 단하선사가 뒷걸음질쳤다. '이렇게 이렇게 하셔야 합니다'. 단하선사가 다시 앞으로 나왔다. '아니다, 아니란 말이다'. 단하선사가 국사 주위를 한 바퀴 돌고 나갔다. 국사가 말했다. '성인이 가신 지 오래되어 사람들이 많이도 나태해졌다. 그렇지만 삼십 년 후에는 이만한 사람도 만나기 어려울 것이다'. 見國師便展坐具 國師云 不用不用 師退步 國師云 如是如是 師却進前 國師云 不是不是 師繞國師一匝便出 國師云 去聖時遙 人多懈怠 三十年後 覓此漢也 還難得"라고 하였다. 〔참고문헌〕『仰山語錄』, 『碧巖錄』, 『景德傳燈錄』.

전좌료 典座寮 삼료(三寮) 중 하나. 전좌가 묵는 요사(寮舍). 전좌방(典座房)이라고도 한다. 『원암풍어록』 권9(가홍장37, p.371b13)에 "이곳은 감원방인데 어느 곳이 전좌료인가? 者裏是監院房 那箇是典座寮"라고 하였다. 〔참고문헌〕『遠菴僼語錄』. ⇨ 전좌 典座

전좌방 典座房 전좌가 거처하는 방사(房舍). 전좌료(典座寮)라고도 한다. 고원(庫院) 안에 있다. 『영각광록』 권5(卍속장125, p.460a15)에 "가령 진산주(청계)가 '이곳은 감원방인데 어느 곳이 전좌방인가?'라고 던진 질문이 중심부를 곧바로 가리킨 말인가? 우습구나, 전혀 상관없다. 如進山主道 這箇是監院房 那箇典座房 莫是當央直指麽 且喜 沒交涉", 『만봉동진어록』 권5(가홍장39, p.311b14)에 "청계의 한 마디가 사람 앞을 가렸으니, 두 곳의 방이 한 곳으로 이어지네. 사실 그대로라 여긴 뒤 작별하고 떠났다면, 기나긴 세월 동안 생사에 끌려다니리라. 淸溪一語蓋人前 兩處房間一處連 若作實情珍重去 陳年尙被死生牽"라고 하였다. 〔참고문헌〕『直註天童頌古』, 『萬峰童眞語錄』. ⇨ 전좌 典座

전주 田主 Ⓢ kṣetrāṇām-adhipati. 찰제리(刹帝利 Ⓢ kṣatriya)의 기원. 인도의 사성계급 중 크샤트리야를 한역한 말. 『구사론』 권12(대정장29, p.65c9 : *Ab h-k-bh.*, p.187)에 "겁박하여 강도질하는 잘못이 일어나기 시작한 것은 이 때부터이다. 이를 방지하고자 모여서 상세하게 의논하여 덕이 있는 한 사람을 무리에서 뽑았다. 각자 소출한 농작물 중 육분의 일로 고용하여 지켜내도록 하고 전주로 삼았다. 이것으로 인하여 찰제리의 이름이 성립했다. 劫盜過起 始於此時 爲欲遮防 共聚詳議 銓量衆內 一有德人 各以所收 六分之一 雇令防護 封爲田主 因斯故立刹帝利名 prathama ārambhaścauryasya. taisteṣāmaṅkuśārthaṃ sametyānyatamaḥ puruṣaviśeṣaḥ kṣetrāṇi pālayituṃ ṣaṣṭhabhāgena bhṛtaḥ. tasya kṣetrāṇāmadhipatiḥ kṣatriyaḥ kṣatriya iti saṃjñotpannā", 『대반열반경소』 권3(대정장38, p.55a19)에 "찰리는 전주로 한역한다. 백성을 사랑하고 나라를 다스리는 왕의 부류이다. 刹利翻田主 愛民治國 王者之類", 『주유마힐경』 권2(대정장38, p.340b11)에 "승조가 말했다. '찰리는 왕족이다. 한역하면 전주이다. 겁초에 사람은 땅에서 나는 것을 먹었는데 점차 자연스레 멥쌀을 먹게 되었다. 나중에 인정이 점차 거짓되면서 각자 경계를 나누고 심었는데 결국 덕이 있는 이를 내세워 밭을 평등하게 나누었다. 이것이 왕의 시작이다'. 肇曰 刹利 王種也 秦言田主 劫初人食地味 轉食自然粳米 後人情漸僞 各有封殖 遂立有德 處平分田 此王者之始也"라고 하였다. [참고문헌] 『俱舍論』, 『大般涅槃經疏』, 『註維摩詰經』, *Abh-k-bh*. ⇨ 크샤트리야 kṣatriya, 찰제리 刹帝利

전주 田疇 경작지. 논이나 밭두둑. 『대방편불보은경』 권6(대정장3, p.156a22)에 "부귀란 무엇인가? 부(富)에는 두 가지가 있으니, 첫째 중생류, 둘째 비중생류이다. 비중생류란 무엇인가? 금과 은과 칠보, 창고의 재물과 비단, 경작지와 집이 많은 것이다. 중생류란 무엇인가? 노비와 종, 코끼리와 말과 소와 양, 촌락과 봉읍(의 사람)이다. 귀(貴)란 무엇인가? 봉읍의 주인이 되거나 훌륭한 덕이 있어서 사람들이 공경하기 때문에 귀라고 하는 것이다. 富貴者 富有二種 一 衆生類 二 非衆生 非衆生者 多有金銀七寶 倉庫財帛 田疇舍宅 衆生類者 奴婢僕使 象馬牛羊 村落封邑 故名富也 貴者 或爲封主 或有美德 人所宗敬 故言貴也", 『일체경음의』 권5(대정장54, p.336b13)에 "수달라〈범어이다. 수다라라고도 하며, 혹은 단지 수다라고도 하는데 모두 범음의 잘못이고 축약이다. 즉 경작지를 갈아 씨를 뿌리는 것을 업으로 하며, 바라문의 사성(四姓) 중 가장 아래를 차지한다〉. 戍達羅〈梵語也 或云首陀羅 或但云首陀 皆梵音訛略也 卽是耕種田疇爲業 婆羅門四姓之中 最居其下也〉"라고 하였다. [참고문헌] 『大方便佛報恩經』, 『一切經音義』.

전주 典主 다스리다. 또는 다스리는 주인. 『잡비유경』(대정장4, p.501a6)에 "옛날 아육왕이 아이였을 때 길에서 우연히 부처님을 뵙고 기쁨을 참지 못하여 작은 모래를 지극한 마음으로 부처님께 바쳤다. 이러한 복으로 인하여 성왕이 되어 사십만리 십육대국을 다스렸다. 이로써 밝히자면 부처님은 가장 훌륭한 복전이다. 昔阿育王 曾作小兒 時道遇佛 不勝歡喜 以少沙土 至心奉佛 由此之福故 得爲聖王 典主四十萬里十六大國 以此明之 佛最爲良田", 『십주비바사론』 권9(대정장26, p.71a27)에 "비록 전륜성왕이 사천하를 다스리는 주인이고 이러한 상호들을 가졌지만 광명은 부처님만 같지 않네. 雖轉輪聖王 典主四天下 有是諸相好 光明不如佛", 『인왕경』 권하(대정장8, p.833c15)에 "만약 나의 제자 비구비구니가 승적을 만들어 관리에게 부림을 당한다면 모두 나의 제자가 아니다. 그것은 병사나 노예의 법이다. 승통이나 승관을 세워 승가를 섭수하고, 승적을 관장하며, 대소의 승통들이 서로 속박하는 것은 죄수를 가두는 법과 같고 병사와 노예를 다스리는 법과 같다. 이러한 시기가 되면 불법은 오래 가지 않으리라. 若我弟子比丘比丘尼 立籍爲官所使 都非我弟子 是兵奴法 立統官攝僧 典主僧籍 大小僧統 共相攝縛 如獄囚法 兵奴之法 當爾之時 佛法不久"라고 하였다. [참고문헌] 『雜譬喩經』, 『十住毘婆沙論』, 『仁王經』.

전주 前住 이전의 주지(主持). 『선림상기전』 권5(불광장, 禪藏, p.323)에 "전주 : 도충(道忠)이 말한다. '어떤 절 주지직에서 물러나 동당에 거처하는 스님을 전주라고 한다'. 『고애만록』 권하 「쌍삼원선사상승상서」(卍속장148, p.181b13)에 '경덕영은선사의 전당수좌이자 이전의 주지인 가흥부 천녕사 승 중원이 삼가 훈목한 뒤 추사대승상국공께 편지를 올립니다'라고 하였다. 前住 忠曰 退某寺在東堂者 此稱前住 枯崖漫錄 雙杉元禪師上丞相書云 景德靈隱禪寺 前堂首座 前住持 嘉興府 天寧寺 僧中元 謹熏沐獻書 樞使大丞相國公云云"라고 하였다. [참고문헌] 『禪林象器箋』, 『枯崖漫錄』.

전주 專注 Ⓢ ekāntikatā, Ⓣ gcig-tu-nges-pa. 마음을 오롯이 하여 기울이다. 산란(散亂)을 다스린다. 『백의금당이바라문연기경』 권하(대정장1, p.222a10)에 "일경에 오롯이 기울여 모든 산란을 떠나고, 몸과 마음을 청정하게 하여 바른 이치를 구하자 천안·숙주(숙명)·누진이라는 세 가지 지혜를 얻었다. 專注一境 離諸散亂 淸淨身心 趣求正理 卽得天眼 宿住 漏盡三明", 『대방광총지보광명경』 권2(대정장10, p.890b27)에 "모든 마음에 동요가 없음을 관찰하여 이와 같이 불법에 마음 다해 기울였다. 觀察一切心無動 如是專注於佛法"라고 하였다. [참고문헌] 『白衣金幢二婆羅門緣起經』, 『大方廣總持寶光明經』, *Bodh-bh.215*.

전주 殿主 불전을 살피고 불전 내에서 일어나는 모든 일을 맡아 한다. 한국 승가에서는 노전(爐典)이라고 한다. 서서(西序) 육두수(六頭首) 중 하나로 지전(知殿) 또는 전사(殿司)라고도 한다. 불전의 의식은 물론 공양하는 꽃과 촛불 그리고 청소 등의 일을 맡아서 하는 소임이다. 『선림상기전』 권6(불광장, 禪藏, p.445)에 "전주 : 지전을 전주라고도 한다. 『선원청규』 권4 「전주」(卍속장111, p.898b4)에 '먼지를 털고 닦으며 공양구를 가지런히 정렬하고 때에 맞추어 씻고 닦으며 향과 등을 장식하고 점검을 마친 다음에 자리를 펼쳐서 대중이 예불 올리기를 기다린다'라고 하였다. 『종문통요정속집』 권11 「약산엄선사장」(영락장154, p.828a6)에 '준포납이 전주 소임을 살고 있을 때 불상을 씻기고 있던 중에 약산이 물었다. 「그대는 이것만 씻는가, 아니면 저것도 씻는가?」 준포납이 「저것을 가져오십시오」라고 하자 약산이 그만두었다'라고 하였고, 『단교묘륜어록』 권상(卍속장122, p.413a3)에는 전주의 청에 따라 행한 상당이 있다. 殿主 知殿又曰殿主 禪苑清規 殿主云 拂拭塵埃 列正供具 以時洒掃 莊飾香燈 參後展席 以待衆人瞻禮 宗門統要 藥山儼禪師章云 師因遵布衲作殿主 浴佛次 師乃問 汝秖浴得這箇 還浴得那箇麽 遵云 把將那箇來 師休去 斷橋倫禪師瑞巖錄 有請殿主上堂"라고 하였다. 〔참고문헌〕『禪林象器箋』, 『禪苑清規』, 『宗門統要正續集』, 『斷橋妙倫語錄』, 『百丈清規證義記』 권6 「殿主」(卍속장111, p.747b6). ⇨ 육두수 六頭首, 지전 知殿, 불전주 佛殿主

전주 箋註 주를 달다. 경론의 뜻을 풀어 붙이는 일. 주석이나 주해(註解)를 말한다. 『능엄경여설』 권10(卍속장21, p.71b8)에 "예로부터 현재에 이르기까지 논사들의 주석은 오십여 가를 헤아리는데 사대부중에서는 듣기 어려운 희유한 소리를 기록했고, 혀 없는 사람의 말을 드날렸다. 古今諸師箋註 五十餘家 士大夫中 譜希聲之韻 暢無舌人之語", 『보속고승전』 권5 「홍련전 紅蓮傳」(卍속장134, p.102a7)에 "영락년간(1402~1424)에 칙명을 받아 『대명삼장법수』에 주를 달고 대장경을 교감했다. 永樂中 奉旨 箋註大明三藏法數 較勘藏經", 『감산집』 권32(卍속장127, p.675a2)에 "사문이 군대에 들어간 예는 옛날에도 있었다. 예컨대 대혜선사는 매양을 지키며 두건을 쓰고 설법했고, 적음존자는 애주를 지키며 『능엄경』을 주해했다. 두 장로는 여환삼매로 유희하는 환난에 대처했다. 沙門從戎 昔亦有之 如大慧禪師 戍梅陽 冠巾說法 寂音尊者 戍崖州 箋註楞嚴 二大老以如幻三昧 處患難如遊戲"라고 하였다. 〔참고문헌〕『楞嚴經如說』, 『補續高僧傳』, 『憨山集』. ⇨ 주석 註釋

전주국 戰主國 Ⓢ Ⓟ Yuddhapati. 중인도 갠지스강(Ganges) 유역의 바라나국(波羅奈國 Ⓢ Vārāṇasī) 동쪽에 있던 나라. 십여 곳의 가람과 천 명에 가까운 스님이 있었으며, 소승불교를 익혔다. 아쇼카왕이 건립한 탑에는 부처님의 사리가 모셔져있었다고 한다. 오늘날 베나레스(Benares) 동쪽의 갠지스강과 손(Son)강 사이에 위치했던 것으로 추정한다. 『대당서역기』 권7(대정장51, p.907b27)에 "전주국의 둘레는 이천여 리이며, 도성은 갠지스강에 인접해 있는데 성의 둘레는 십여 리이다. 그곳에 살고 있는 사람들은 풍요롭고 마을들은 서로 잇닿아 있다. 토지는 비옥하고 농사를 지으며 때에 맞게 파종한다. 기후는 화창하고 풍속도 질박하다. 사람들의 성품은 난폭하고 맹렬하며 그릇된 가르침과 바른 가르침을 함께 믿는다. 가람은 십여 곳 있으며, 스님들은 천 명에 이르고, 모두 소승의 가르침을 익히고 따른다. 천사(天祠)는 이십 곳 있으며, 이교도들이 섞여 산다. 대성(大城) 서북쪽 가람 안의 탑은 무우왕이 건립한 것이다. 『인도기』에서는 다음과 같이 말한다. '이 탑 안에 부처님의 사리 한 되가 있다'. 戰主國 周二千餘里 都城臨殑伽河 周十餘里 居人豐樂 邑里相隣 土地膏腴 稼穡時播 氣序和暢 風俗淳質 人性獷烈 邪正兼信 伽藍十餘所 僧徒減千人 並皆遵習 小乘敎法 天祠二十 異道雜居 大城西北伽藍中窣堵波 無憂王之所建也 印度記曰 此中有如來舍利一升"라고 하였다. 〔참고문헌〕『大唐西域記』, 『釋迦方志』 권상(대정장51, p.960b24).

전주법 纏住法 번뇌에 얽혀 머무는 법. 『중사분아비담론』 권4(대정장26, p.648b17)에 "전주법이란 무엇인가? 심과 심법을 번뇌로 물들인 법을 말한다. 云何纏住法 謂穢汚心心法"라고 하였다. 〔참고문헌〕『衆事分阿毘曇論』. ⇨ 소전법 所纏法

전주불급 詮註不及 말로 붙여서는 미칠 수 없다. 언전불급(言詮不及)과 통한다. 『원오어록』 권4(대정장47, p.729a14)에 "삼세의 모든 부처님도 스스로 알 뿐이라 하셨고, 달마가 서쪽에서 와 전했지만 온전히 들어보이지 못하였으며, 대장경 전체의 교설에 담긴 언설로도 설명할 수 없다. 三世諸佛 只言自知 祖師西來 全提不起 一大藏教 詮註不及", 『남석문수어록』 권2(卍속장124, p.395a16)에 "일천칠백의 공안은 핵심을 찌르는 날카로운 송곳과 같지만 거둬 들어내 일으켜 보일 수 없고, 오천사십팔권의 경전은 낡은 휴지와 같아서 아무리 설명하려 해도 미치지 못한다. 一千七百老古錐 提掇不起 五千四十八卷破古紙 詮註不及"라고 하였다. 〔참고문헌〕『圜悟語錄』, 『南石文琇語錄』. ⇨ 언전불급 言詮不及

전주인 典主人 승중(僧衆)을 통솔하고 사무를 관장하는 삼강(三綱) 중 하나. 『삼국유사』 권4(대정장49, p.1003b9 · 한불전6, p.343a10) 의해(義解)5 보양이목(寶壤梨木)에 "이 절(운문사)의 삼강으로 전주인은 보양화상, 원주는 현회장로, 정좌는 현량상좌, 직세는 신원선사이다. 同藪三剛典主人寶壤和尙 院主玄會長老 貞座玄兩上座 直歲信元禪師"라고 하였다. [참고문헌] 『三國遺事』. ⇨ 삼강 三綱[1], 선림직위 禪林職位

전주일경 專注一境 하나의 경계에만 마음을 기울인다는 말. 선정(禪定)의 요지로 오직 한 대상에 마음을 집중하고 그 밖의 다른 대상에 대한 분별이 침범하지 못하도록 하는 방법이다. 『니구다범지경』 권1(대정장1, p.222b20)에 "몸은 한 곳에 머물고 마음은 산란하지 않으면서 일경에만 마음을 기울이고 마땅히 행해야 할 길을 따른다. 身住一處 心不散亂 專注一境 隨應所行", 『성유식론』 권4(대정장31, p.22b27)에 "선정은 오로지 마음을 묶어서 하나의 경계에만 기울인다. 定唯繫心 專注一境", 『인왕호국반야바라밀다경소』 권상2(대정장33, p.449a9)에 "삼마지(Ⓢ samādhi)는 등지라 한역한다. 바탕이 혼침과 도거에서 벗어났기에 등이라 하고, 한 경에만 마음을 기울이기에 지라 한다. 등이 곧 지이므로 삼마제의동지라고도 한다. 三摩地者 此云等持 體離沈掉 故名爲等 專注一境 卽名爲持 等卽持故 亦名三摩提義同地也", 『창소지론』 권2(대정장32, p.233a23)에 "염이란 마음이 경에서 분명하게 기억하고 잊지 않도록 하는 것을 말하고, 정은 마음이 한 경에 오롯이 기우는 것이다. 念謂令心 於境明記不忘 定謂令心 專注一境", 『도서』 권상2(대정장48, p.403c17)에 "무엇하러 저 점문에서 행하는 허망함 그쳐 깨끗함 간수하며, 시시때때로 털고 닦으며 마음을 모아 마음에 머무르며, 하나의 경계에 집중하거나 가부좌를 틀고 몸을 고르고 숨을 고르는 등의 방편을 허물어뜨리겠는가? 如何毀他漸門 息妄看淨 時時拂拭 凝心住心 專注一境 及跏趺調身調息等也 此等種種方便"라고 하였다. [참고문헌] 『尼拘陀梵志經』, 『成唯識論』, 『仁王護國般若波羅蜜多經疏』, 『彰所知論』, 『都序』.

전지 田地 논과 밭. 전하여 고향, 마음밭 등의 뜻으로 쓴다. 『고림청무어록』 권5(卍속장123, p.509a10)에 "할아버지가 일구던 한 뙈기 농토를 후손에게 흙장난하도록 물려주었다. 祖翁一片閑田地 留與兒孫弄土沙", 『밀암어록』(대정장47, p.969b14)에 "심경이 편안하니 부처님 눈으로도 엿볼 수 없다. 田地穩密 佛眼不能窺", 『무이원래광록』 권7(卍속장125, p.170a2)에 "나 박산은 비록 타향 천만리 밖에 있지만 사실은 한 치의 걸음도 고향 땅을 떠난 적이 없다. 博山 雖在他方千萬里外 其實寸步 未曾離故鄕田地"라고 하였다. [참고문헌] 『古林淸茂語錄』, 『密菴語錄』, 『無異元來廣錄』. ⇨ 묘명전지 妙明田地, 본분전지 本分田地, 설봉일편전지 雪峰一片田地, 안락전지 安樂田地, 온밀전지 穩密田地

전지 傳持 Ⓢ saṃdhāraṇa, sandhāraṇatā, Ⓣ yang-dag-par-gzung-bar-bya-ba. 이어 받아 지니다. 법(法)을 받아 가져 지는 일. 『법화현의』 권8(대정장33, p.776c18)에 "부처님께서 세간에 계시는 동안에는 음성을 경전으로 삼을 수 있었고, 이제 부처님께서 세간을 떠나셨으니 종이와 묵으로 전하고 유지하여 색을 활용하여 경전으로 삼아야 한다. 若佛在世 可以聲爲經 今佛去世 紙墨傳持 應用色爲經", 『능가경주해』 권1(대정장39, p.346c27)에 "'선서께서 완전한 열반에 드시면 누가 정법을 수지합니까?' 이것은 부처님께서 멸도하신 후에 정법을 전수 받아 잘 간직하는 이는 누구냐고 물은 것이다. 善逝般涅槃 誰當持正法 問佛滅後傳持正法者誰", 『사명존자교행록』 권6(대정장46, p.907c7)에 "사명존자는 정법을 전수받아 이십구대 조사가 되었다. 四明尊者傳持爲二十九代祖師", 『원오어록』 권6(대정장48, p.740b29)에 "삼세제불이 세간에 출현하신 까닭은 오직 이 한 가지 일 때문이고, 역대의 조사께서 전해 받아 간직한 것 역시 이 일심일 뿐이다. 三世諸佛出興 唯此一事 歷代祖師傳持 亦此一心", 『만선동귀집』 권상(대정장48, p.963a26)에 "고금을 통해 범부에서 성현까지 신구의 삼업으로 공양하고 열 가지로 수지하여 진실한 말씀을 모두 받아들이고 전수받아 간직하여 끊어지지 않도록 하였는데 지금 어찌하여 비방하여 전법륜을 끊으려 하는가? 亘古該今 從凡至聖 三業供養 十種受持 盡稟眞詮 傳持不絶 今何起謗 而斷轉法輪乎"라고 하였다. [참고문헌] 『法華玄義』, 『楞伽經註解』, 『四明尊者教行錄』, 『圜悟語錄』, 『萬善同歸集』, *Bodh-bh.187.* ⇨ 오사전지 五師傳持, 전법륜 轉法輪

전지 詮旨 말과 글로 표현한 것들이 품은 뜻. 『기신론소필삭기』 권14(대정장44, p.373c24)에 "전지라 하였다. '전'이란 능전으로서 뜻을 밝혀 아는 것이다. 『설문해자』에 '전은 갖춘다(具)이다'라고 하였다. 사리를 갖추어 말한다는 뜻이다. 詮旨者 詮謂能詮 卽顯了義 說文云 詮者 具也 謂具說事理故", 『진심요결』 후초(대정장71, p.95c11)에 "전과 지는 같지 않다. '전'인즉 얕고 가깝고, 지인즉 깊고 멀다. 세속의 것은 전이 되고, 승한 뜻은 지로 삼는다. 그 승의에도 여러 겹이 있는데, 앞의 셋은 말로 할 수 있는 것이고 네 번째야말로 언표를 벗어난 것(旨)이다. 詮旨不同 詮則淺近 旨則深遠 世俗爲詮 勝義爲旨 於其勝義亦有多重 前三爲詮 第四爲旨", 『영가선종집주』 권2(卍속장111, p.469a8)에 "'전'은 능전이고 '지'는 소전이다. 詮卽能詮 旨卽所詮"라고 하였다. [참고문헌] 『起信論疏筆削記』, 『眞心要決』, 『永嘉禪宗集註』. ⇨ 능전 能詮, 소전 所詮, 의전담지 依詮談旨, 폐전담지 廢詮談旨

전지조등 傳持祖燈 조사의 법등(法燈)을 전수 받아 잘 간직하는 것. 『선문제조사게송』 권하 「설두명각선사방장명 雪竇明覺禪師方丈銘」(卍속장116, p.979b5)에 "무릇 조사의 법등을 전해 가져서 불가의 수명을 잇는 것은 작은 소임이 아니다. 수행에 밝고 위의도 엄숙하며, 그 외관을 존엄하게 하고 분노와 욕심을 참아야 하며, 기운을 다스리고 마음을 길러야 한다. 명리에 정이 흔들리지 말아야 하고, 득실이 뜻에 개입해서는 아니 되며, 세간의 높고 낮음을 따르지 말고, 사람의 옳고 그름을 좇지 말아야 한다. 夫傳持祖燈 嗣續佛壽 此非小任 宜景前修 肅以威儀 尊其瞻視 懲忿窒慾 治氣養心 無以名利動於情 無以得失介於意 無隨世之上下 無逐人之是非"라고 하였다. [참고문헌] 『禪門諸祖師偈頌』. ⇨ 조등 祖燈

전지팔조 傳持八祖 일본 진언종(眞言宗)에서 비법(秘法) 전승했다고 하여 모시는 팔대조사. 그 부법팔조(付法八祖)와 달리 전한다. 용맹보살(龍猛菩薩)·용지보살(龍智菩薩)·금강지삼장(金剛智三藏)·선무외삼장(善無畏三藏)·불공삼장(不空三藏)·일행아사리(一行阿闍梨)·혜과화상(惠果和尙)·홍법대사공해(弘法大師空海)를 말한다. 대체로 진언종의 도량에서는 부법팔조가 아닌 이들 전지팔조의 존상(尊像)을 안치한다. ⇨ 진언종 眞言宗, 부법팔조 付法八祖

전진 前陳 앞서 펴다. 인명(因明)에서 주장명제(宗)의 주어를 말하며 선진(先陳)이라고도 한다. 전진에는 자성(自性 Ⓢ svarūpa)·유법(有法 Ⓢ dharmin)·소별(所別 Ⓢ viśeṣya)의 세 가지 뜻이 있다. 가령 '말소리는 무상하다'고 주장할 때 말소리가 전진이고, 무상하다는 술어부로 후진(後陳)이다. 『인명입정리론소』 권1(대정장44, p.99a6)에 "전진을 자성이라 하고, … 전진을 유법이라 하며, … 전진을 소별이라 한다. 前陳名自性 … 前陳者名有法 … 以前陳名爲所別", 『인명론소명등초』 권3(대정장68, p.244a28)에 "(상키야논사가) '아(我 Ⓢ ātman)는 마음(思 Ⓢ cetanā)이다'라고 주장할 때 전진의 아를 자성이라고 하고, 후진의 마음을 차별이라고 한다. 立我是思 前陳我名自性 後陳思名差別"라고 하였다. [참고문헌] 『因明入正理論疏』, 『因明論疏明燈鈔』. ⇨ 선진 先陳, 소별 所別, 유법 有法[3], 후진 後陳

전진 前塵 육근에 앞선 티끌. 육근(六根 : 眼耳鼻舌身意)이 마주하는 색성향미촉법(色聲香味觸法)의 육진(六塵)을 말한다. 『능엄경』 권1(대정장19, p.108c19)에 "부처님께서 아난에게 말씀하셨다. '바로 이것은 마주한 허망한 망상이 그대의 진성을 미혹시킨 것이다. 그대는 무시이래 지금까지 도둑을 자식으로 여겼기에 그대의 원상을 잃고 윤전하게 된 것이다'. 佛告阿難 此是前塵 虛妄相想 惑汝眞性 由汝無始 至于今生 認賊爲子 失汝元常 故受輪轉", 『수능엄의소주경』 권1(대정장39, p.840a3)에 "만약 앞선 티끌 떠나서 이 분별이 없다면 분별 온전히 망상임을 드러내기에 충분하다. 자성이 본래 없어 앞선 티끌에 속할 뿐이니, 그러므로 분별영사라고 하였다. 若離前塵 無此分別 足顯分別宛是妄想 自性本無 屬於前塵 故可名爲分別影事", 『종경록』 권1(대정장48, p.419a10)에 "사공산본정선사는 경성의 여러 대덕들에게 말했다. '그대 마음에 집착하지 마라. 이 마음은 모두 앞선 티끌로 인하여 존재한다. 마치 거울 속의 상처럼 얻을 수 있는 실체가 없다. 만약 있다고 집착한다면 근본을 잃는다'. 思空山本淨禪師 語京城諸大德云 汝莫執心 此心皆因前塵而有 如鏡中像 無體可得 若執實有者 則失本原", 같은 책 권3(대정장48, p.431b14)에 "이렇듯 연하여 분별하고마는 망심은 고유의 바탕이 없고, 단지 마주한 티끌일 뿐이니 경을 따라 없거나 있다. 경이 오면 생기고 경이 가면 사라진다. 경으로 인하여 일어나니 경이 그대로 마음이다. 此緣慮覺了能知之妄心 而無自體 但是前塵 隨境有無 境來卽生 境去卽滅 因境而起 全境是心"라고 하였다. [참고문헌] 『楞嚴經』, 『首楞嚴義疏注經』, 『宗鏡錄』. ⇨ 육근 六根, 진 塵

전진교 全眞教 금(金)대 발생한 신흥 도교(道教). 개조 왕중양(王重陽)이 여동빈(呂洞賓)이라는 이인(異人)에게 비밀로 전수받아 수도하다가 1167년(대정7) 산동성(山東省) 영해주(寧海州)에서 교단을 열고 포교를 시작했다. 마단양(馬丹陽)을 비롯하여 칠진인(七眞人)으로 불리는 일곱제자가 있었다. 후에 마단양이 제2조 교주가 되었고 섬서(陝西)와 산동지역을 중심으로 교세가 확장되었다. 특징은 유불도 삼교일치를 지향하여 도교의 민중적 요소인 주술적이고 미신적 신앙을 바탕으로 불교의 계율과 유교의 충효 개념을 흡수하고 좌선과 출가를 중시했다. 칠진인 중 하나였던 구장춘(丘長春)은 원(元) 태조에게 절제와 애민을 설한 일화로 유명했다. 칠진인의 시대에 크게 성행하다가 원대 불교와의 논쟁에서 패배한 후로 교세가 기울어 명대 쇠락하였으나 화북지역의 도교 일파로서의 명맥은 유지했다. ⇨ 오조칠진 五祖七眞, 왕중양 王重陽, 마단양 馬丹陽

전진만족 轉進滿足 Ⓟ pāripūrim gacchati. 굴려 나아가 가득 채우다. 『잡아함경』 권26(대정장2, p.190b2)에 "만약 비구가 마음 오롯이 하여 정법을 귀 기울여 듣는다면 다섯 법을 끊고 일곱 법을 닦아 점점 나아가 만족하게 된다. 무엇을 다섯 법을 끊는다고 하는가? 탐욕개·진에개·수면개·도회개·의개라는 다섯 법을 끊는다고 한다. 무엇을 일곱 법을 닦는다고 하는가? 염각지·택법각지·정진각지·의각지·희각지·정각지·사각지라는 일곱 법을 굴려 나아가 가득 채운다. 若比丘專

一其心 側聽正法 能斷五法 修習七法 令其轉進滿足 何等爲斷五法 謂貪欲蓋 瞋恚蓋 睡眠蓋 掉悔蓋 疑蓋 是名五法斷 何等修習七法 謂念覺支 擇法覺支 精進覺支 猗覺支 喜覺支 定覺支 捨覺支 修此七法 轉進滿足"라고 하였다. 〔참고문헌〕『雜阿含經』, *SN.5.84.*

전진존자 全眞尊者 천태종 제7조 천궁존자(天宮尊者) 혜위(慧威 634~713)의 시호(諡號). 『불조통기』 권7(대정장49, p.188a8)에 "오월왕은 전진존자로 시호했다. 吳越王 請諡全眞尊者"라고 하였다. 〔참고문헌〕『佛祖統紀』. ⇨ 혜위 慧威

전차 旃遮 Ⓢ Cañcā-māṇavikā, Ⓟ Ciñca-Māṇavikā. 부처님과 사통하여 임신했다고 거짓말을 퍼뜨려 부처님을 비방한 바라문 여인. 전차마나(旃遮摩那)·전사마(栴闍摩)의 줄인 음사며, 폭지(暴志)라고 한역한다. 이 여인은 부처님을 비방한 죄 때문에 현신(現身)으로 아비지옥(阿鼻地獄)에 떨어지는 과보를 받았다. 『대보적경』 권108(대정장11, p.606a2)에 "무슨 까닭으로 전차바라문의 딸이 나무 방패를 배에 묶고 여래를 비방하면서 '사문 구담이 나를 임신시켰으니 나에게 옷과 음식을 주어야 한다'라고 하였는가? 以何緣故 旃遮婆羅門女 以木杆繫腹 誹謗如來 而作是言 由沙門瞿曇 令我妊身 應當與我 衣被飮食"라고 하였다. 〔참고문헌〕『大寶積經』, *Laṅk.240.* ⇨ 전차마나 旃遮摩那, 방불 謗佛

전차 詮次 언어의 정해진 차례. 『법화현의』 권5(대정장33, p.740c2)에 "진여법 중에는 말의 순서는 없고 일정한 지도 없고 둘이라는 지도 없으며 법성이 평등하고 항상 적연한데 어찌 처음과 나중, 시작과 끝을 분별하겠는가? 眞如法中 無詮次 無一地二地 法性平等 常自寂然 豈應分別初後始終", 『성유식론요의등』 권1(대정장43, p.669a13)에 "만약 언사에 말하는 차례 있고 구절과 의미와 이름이 이치에 부합하면 곧 의취를 볼 수 있다. 若言辭有詮次 句味名合理 則義趣可觀", 『법계차제초문』 권하(대정장46, p.689b22)에 "만약 보살이 처음부터 자성선을 닦아 마침내 청정정선에 이르러 비록 큰 공덕과 신통지혜의 작용을 갖추었더라도, 선정은 문호일 뿐이고 말의 차례는 계급의 법일 뿐이다. 만약 십팔공혜로 비추어 마쳐서 남김없이 못하고 증득한 모든 선삼매중에 십팔법 중 하나에 막혀도 무애해탈은 얻을 수 없다. 若菩薩始從初修自性禪 終至淸淨淨禪 雖有大功德 神通智慧之用 而禪定是門戶 詮次階級之法 若不善以十八空慧 照了遺蕩 或於所證諸禪三昧中 十八有法 隨滯一有 則不得無礙解脫"라고 하였다. 〔참고문헌〕『法華玄義』, 『成唯識論了義燈』, 『法界次第初門』.

전차 戰遮 Ⓢ Ciñcā, Ciñca, Cañcā, Ⓟ Ciñca. 전차마나(旃遮摩那)의 줄인 음사어. 『당고승전』 권4(대정장50, p.450a6)에 "사원에서 동쪽으로 멀지 않은 곳에 세 개의 큰 구덩이가 있으니 조달구바 전차여인이 빠진 곳이다. 구덩이가 매우 깊어서 바라보면 바닥이 보이지 않는다. 예부터 지금까지 큰 비가 와서 홍수가 나도 가득 차 넘친 적이 없다. 寺東不遠 三大深坑 卽調達瞿波戰遮女人 所沒之處 坑極深邃 臨望無底 自古及今 大雨洪注 終無溢滿"라고 하였다. 〔참고문헌〕『唐高僧傳』, *Jā.3.298.* ⇨ 전차 旃遮, 전차마나 旃遮摩那

전차 轉次 Ⓢ parasparam, paramparā, Ⓣ gcig-nas-gcig-tu. 뒤이어 차례로 잇다. 『법화문구』 권4(대정장34, p.52b9)에 "미래현재불이란 미래에 수기를 받은 이이고, 미래미래불이란 미래불이 뒤이어 차례로 수기를 한 이다. 未來現在佛者 當受未來記者是 未來未來佛者 當佛轉次受記者是", 『법화의소』 권8(대정장34, p.566c2)에 "소승에는 우열이 없고 대승에는 우열이 있다 마치 오백제자가 동시에 아라한이 된 것처럼 소승은 우열이 없다. 그러나 (대승은) 이어 차례대로 성불하는데, 처음 사람이 성불하고 두 번째 사람에게 수기한다. 그러므로 대승에는 우열이 있다. 小乘無優劣 大乘有優劣 如五百弟子同時成羅漢 故小乘無優劣 而轉次成佛 如初人成佛竟授第二人記 故大乘有優劣", 『유마경약소』 권6(대정장38, p.646b17)에 "비록 열반에 들지만 뒤이어 차례로 수기하니 부처의 교화는 끊임이 없다. 雖入涅槃 轉次授記 佛化不斷"라고 하였다. 〔참고문헌〕『法華文句』, 『法華義疏』, 『維摩經略疏』, *Saddh-p.214·269.*

전차계 轉車界 수레를 의지한 계(界). 자연의계(自然衣界) 중 하나로 차계(車界)라고도 한다. 이삼의숙계(離三衣宿戒)를 지키기 위한 방편으로, 수레(車)를 타고 출계하였다가 돌아오지 못할 경우 적용되는 계다. 출계하여 부득이 본래 주하던 결계 내로 돌아가지 못할 때는 수레에서 머무르던지, 수레에서 일장을 벗어나서는 안 되는 등 여러 가지 상황에 따른 계를 설정한다. 『율이십이명료론』(대정장24, p.668b18)에 "〔게〕 이삼의숙계에 대한 여섯 가지 연민에 대해 잘 이해하라. 〔석〕 율에 따르면 부처님께서는 삼의를 떠나서는 안 되는 여섯 가지 이익을 허용하셨다. … 넷째는 담장 때문이니, 곧 승가람마와 사사중이고 저 전차방편에서 드러낸 것과 같다. … 이런 것들을 '이삼의숙계에 대한 여섯 연민'이라고 한다. 이것의 도리는 전차계 중에서 자세히 설하고 있으니 응당 알리라. 偈曰 善解三衣六憐愍 釋曰 律中佛許六種不離三衣利益 … 四 垣牆所作 謂僧伽藍摩 及寺舍中 如轉車方便所顯 … 是名於三衣六憐愍 此義由轉車界中 廣說應知", 『사분율행사초』 권중(대정장40, p.66c

5)에 "〈논〉 이 뜻은 전차계 중에서 자세히 설하고 있다. 〔해〕 대소변이나 병 그리고 두려움과 어려운 일이 닥쳐 계를 나왔다가 돌아가지 못했다면 날이 밝아도 옷을 잃지 않는다. 此義轉車界中廣說 解云 大小便病 怖畏難偪 夜出界未得還 而曉亦不失衣", 『사분율행사초자지기』 권중(대정장40, p.294b23)에 "전차계라 하였으니, 저 『율이십이명료론』을 인용한 옛 기록에서 '비구가 계를 나와 절로 부처님께 아뢰었다. 부처님께서 명하시길 출처를 밝힌 경우 중간에 한 수레의 1장(杖) 범위 내에 머무르거나, 가람이 높은 곳에 있을 경우 이 장 한 쪽 끝이 수레 내에 있거나 장 한 개를 벗어난 수레 밖으로 갈 때 그 수레를 움직인 경우나, 장 끝이 가람의 담장에 걸친 경우나 또는 움직여 나온 것을 밝힌 경우는 옷을 잃지 않는다. 곧 이삼의숙계에 따른 연을 열어놓았으니, 갖추어 말하자면 여러 가지 상황이 있을 수 있기에 「자세히 설하였다」고 한 것이다'. 轉車界者 古記引彼疏云 比丘出界 歸寺數步 明出白佛 佛令 於明出處 中間安一車 以一杖量 伽藍高處 將此杖一頭入車中 一頭出車外 迴轉此車 若杖頭撥及藍牆 又轉及明相出處 不失衣 卽離衣開緣 具有多相 故云廣說"라고 하였다. 〔참고문헌〕『律二十二明了論』, 『四分律行事鈔』, 『四分律行事鈔資持記』. ⇨ 자연의계 自然衣界, 이삼의숙계 離三衣宿戒

전차마나 旃遮摩那 Ⓢ Ⓟ Ciñcamāṇa의 음사어. 아이를 임신했다고 거짓말 하여 석가모니부처님을 비방한 바라문 여인. 전사마(旃闍摩)·전차(戰遮·旃遮)라고도 줄여 음사하고 폭지(暴志)라고 한역한다. 『법현전』(대정장51, p.860c19)에 "부처님께서 옛날에 아흔여섯 류의 외도와 논의하실 때 국왕·대신·거사·인민이 모두 운집하여 들었다. 이때 전차마나라는 외도의 딸이 질투심을 일으켜 배에 옷을 품고 임신한 몸처럼 만들고 회중에서 부처님을 비법이라 비방했다. 이때 제석천이 흰쥐로 변하여 허리띠를 물어뜯었다. 허리띠가 끊어지자 그녀가 뱃속에 품었던 옷이 땅에 떨어졌고 땅이 바로 갈라져서 산 채로 지옥으로 들어갔다. 佛昔共九十六種外道論議 國王大臣居士人民 皆雲集而聽 時外道女 名旃遮摩那 起嫉妬心 乃懷衣著腹前 似若妊身 於衆會中 謗佛以非法 於是天帝釋 卽化作白鼠 嚙其腰帶 帶斷所懷衣墮地 地卽裂 生入地獄"라고 하였다. 〔참고문헌〕『法顯傳』.

전차마나비 旃遮摩那毘 Ⓢ Ⓟ Ciñcamāṇavikā의 음사어. 『능가경』 범본(梵本)에는 찬차마나비카(Ⓢ Cañcāmāṇavikā)로 표기되어 있다. 전차마나(旃遮摩那)를 달리 부르는 말. 『대보적경』 권28(대정장11, p.154c18)에 "선남자야! 전차마나비와 손다리가 나무그릇을 배에 붙이고 여래를 비방하였으나 이 또한 그렇지 않았다. 善男子 旃遮摩那毘 孫陀梨 木器合腹 以謗如來 亦不應爾", 『입능가경』 권8(대정장16, p.560b24)에 "부처님께서는 또한 '제불에게는 원수가 있을 수 없지만 모든 마구니들은 본다'고 하셨고, 또한 '여래는 일체장애를 끊었다'고 하셨지만 전차마나비와 손타리 등이 부처님을 비방하는 일을 겪으셨고, 사리나촌에 들어가서는 끝내 음식을 얻지 못하고 빈 그릇을 들고 나오셨습니다. 세존이시여! 만약 이와 같다면 여래는 헤아릴 수 없이 많은 죄업을 가진 셈이 됩니다. 여래께서 일체 모든 죄악을 떠나지 않고서 아누다라삼막삼보리의 일체종지를 증득한다는 말은 무슨 뜻입니까? 復說諸佛無有怨敵而見諸魔 復說如來斷一切障 而見旃遮摩那毘 孫陀梨等謗佛 入娑梨那村 竟不得食 空鉢而出 世尊 若如是者 如來便有無量罪業 云何如來不離一切諸罪過惡 而得阿耨多羅三藐三菩提 一切種智"라고 하였다. 〔참고문헌〕『大寶積經』, 『入楞伽經』, *Laṅk.240.*, *Jā.4.196.* ⇨ 전차마나 旃遮摩那

전차마니녀 旃遮摩尼女 전차마나(旃遮摩那)를 달리 이르는 말. 『오백제자본기경』(대정장4, p.201c10)에 "이에 다른 재앙이 있었으니 전차마니녀가 대중들이 모여있는 중에 거짓으로 느닷없이 부처님을 모함하였네. 以此有餘殃 旃遮摩尼女 在大衆會中 虛妄掩殺佛"라고 하였다. 〔참고문헌〕『五百弟子起經』. ⇨ 전차마나 旃遮摩那

전차바라문녀 旃遮婆羅門女 전차마나(旃遮摩那 Ⓢ Ⓟ Ciñcamāṇa)가 브라만계급이었으므로 붙여진 이름. 전차바라문녀(戰遮婆羅門女)라고도 한다. 『대지도론』 권27(대정장25, p.261a2)에 "또한 전차바라문녀는 발우를 허리에 차고 임신했다고 부처님을 비방했지만 부처님께서는 부끄러워하는 기색이 없었고, 사정이 밝혀진 후에도 기뻐하는 기색이 없었다. 又復旃遮婆羅門女 帶盂謗佛 佛無慚色 事情旣露 佛無悅色"라고 하였다. 〔참고문헌〕『大智度論』. ⇨ 전차마나 旃遮摩那

전차후옹 前遮後擁 앞도 막히고 뒤도 막혔다. 꼼짝할 수 없는 사태를 말한다. 허환의 분별경계를 알아차려 타파하고 벗어나게 하는 차경(遮境)이다. 『벽암록』 62칙 「송 頌」(대정장48, p.194b19)에 "잘 살펴보라. 오래된 언덕에서 누가 낚싯대를 잡고 있는지. 구름은 뭉게뭉게 〈쳐 끊어버려야 한다. 천 겹 만 겹 둘렀구나. 기름때에 찌든 모자에 악취 베인 적삼이로다〉, 물결은 출렁출렁〈이리저리 흐르지만 앞도 막히고 뒤도 막혔구나〉. 달은 밝고 갈대꽃도 피었다. 그대 스스로 보라. 看看 古岸何人把釣竿 雲冉冉 〈打斷始得 百匝千重 炙脂帽子 鶻臭布衫〉 水漫漫〈左之右之 前遮後擁〉 明月蘆花君自看", 『요암청욕어록』 권6 「송조시자귀도량 送操侍者歸道場」(卍속장123, p.715b17)에 "좌우로 돌아보니 용은 하늘로 오르고 안개 모여드네. 앞도 뒤도 막혔는데 호랑이 으르렁거리고 바람마저 인다. 左顧右盻兮 龍騰霧集 前遮後擁也 虎嘯風生"라고 하였다. [참고문헌] 『碧巖錄』, 『了菴淸欲語錄』.

전찬후찬 前讚後讚 먼저 소리내 부르는 찬과 뒤에 하는 찬. 법회에서 시차에 따라 구분한 찬(讚). 찬이란 불보살과 제존(諸尊)의 덕을 찬탄하여 소리내 부르는 게송으로서 찬게(讚偈)·찬송(讚頌)·범패(梵唄)라고도 부른다. 찬하는 게송이 범어이면 범찬(梵讚), 한역게송이면 한찬(漢讚)으로 구분한다. 종류와 길이에 따라 다양한 형태의 찬이 있다. 밀교의 제존(諸尊)에게는 모두 찬이 있다. 제존의 본경 의궤에 특별한 찬이 정해지지 않은 경우에는 부주(部主)나 해당 방위에 상응하는 찬으로 대신하거나 통찬(通讚)을 부른다. 부주의 찬이란 삼부 또는 오부 중 해당 존격(尊格)이 속한 부를 관장하는 주존을 찬탄하는 게송이고, 방위의 경우에는 동방은 금강살타(金剛薩埵), 남방은 금강정보살(金剛定菩薩) 등의 찬을 부른다. 통찬이란 제천(諸天)에 공통하는 천룡팔부(天龍八部)의 찬을 말한다. 전찬은 금강계밀교 법회에서는 오대원(五大願), 태장계 법회에서는 대서원(大誓願)의 순서로 창(唱)한다. 후찬은 금강계에서는 후령(後鈴) 이후에, 태장계에서는 후공양의 알가(閼伽)를 들은 이후에 창한다. 또는 전공양(前供養) 때에 창하는 것을 전찬이라 하고, 후공양(後供養)에 창하는 찬을 후찬으로 보는 설도 있다. 보통 전찬은 사지(四智)·심략(心略)·부동(不動)의 세 범패, 후찬은 사지·심략에 한역 불찬을 더하여 활용한다. 사지와 심략은 금강과 태장 양부의 총찬(總讚)이므로 본존의 덕을 찬탄하기 위해 활용한다. 셋째 찬의 경우는 전찬과 후찬이 다르다. 전찬의 셋째 찬은 해당 존격의 부주를 찬하고, 후찬의 셋째 찬에서는 해당 본존의 별덕(別德)을 찬한다. ⇨범패 梵唄, 만다라 曼荼羅, 의궤 儀軌

전창부양 傳唱敷揚 전해 소리높여 부르고 펴서 드날리다. 『분양어록』 권상(대정장47, p.597a20)에 "깊고 깊음 결택하고 전해 소리높여 부르고 펴서 드날리니, 선지식에게 널리 묻고 고덕을 가까이 하는 것은 부처님의 심등을 잇고 역대 조사를 계승하며 성인의 씨앗을 일으켜 숭상하고 후학을 이끌기 위함이다. 決擇深奧 傳唱敷揚 博問先知 親近高德 蓋爲續佛心燈 紹隆祖代 興崇聖種 接引後機", 『위산경책주』(卍속장114, p.936b13)에 "의리를 세밀하게 찾고, 전해 소리내어 부르고 펴서 드날리니 후학을 가르쳐 이끌어서 부처님의 은덕에 보답한다. 精搜義理 傳唱敷揚 接引後來 報佛恩德"라고 하였다. [참고문헌] 『汾陽語錄』, 『潙山警策註』.

전처 轉處 자유자재로 구르며 만사에 임하다. 『경덕전등록』 권2 「마나라전 摩拏羅傳」(대정장51, p.214a24)에 "마음은 만경을 따라 구르지만 구르는 곳마다에서 참으로 그윽하다. 心隨萬境轉 轉處實能幽", 위의 책 권14 「석두희천전 石頭希遷傳」(대정장51, p.309c4)에 "도오(道悟)가 석두에게 물었다. '향상하여 다시 뒤친 곳이 있는지요?' '드높은 하늘 흰 구름 나는 길 막지 않는다' 悟曰 向上更有轉處也無 師曰 長空不礙白雲飛"라고 하였다. [참고문헌] 『景德傳燈錄』.

전철학강요 全哲學綱要 Ⓢ Sarva-darśana-saṃgraha. 14세기 베단타(Ⓢ Vedānta) 가운데 불이일원론파(不二一元論派 Ⓢ Advaita)의 마다바(Ⓢ Mādhava)가 저술한 인도철학 집요서(輯要書). 범어 원명은 '모든 견해의 집요'라는 뜻이다. 제목처럼 당시 알려진 열여섯 학파의 주요교의를 정리하고 있으며 논파형식으로 구성하였다. 구체적으로 차르바카(Ⓢ Cārvāka : 유물론)·불교(Ⓢ Buddha)·자이나(Ⓢ Jaina)·라마누자(Ⓢ Rāmānuja : 베단타 중 제한적 일원론)·마드바(Ⓢ Madhva : 베단타 중 이원론)·나쿨리샤파슈파타(Ⓢ Nakulīśa-pāśpata : 파슈파타파)·샤이바(Ⓢ Śaiva : 聖典 Śīva파)·프라티야비갸(Ⓢ Pratyabhijña : 再認識派)·라세슈바라(Raseśvara : 연금술)·바이셰쉬카(Ⓢ Vaiśeṣika : 勝論·범주론)·니야야(Ⓢ Nyāya : 正理)·미망사(Ⓢ Mīmāṃsā)·파니니(Ⓢ Pāṇini : 범어 문법학)·상키야(Ⓢ Sāṃkhya : 數論)·파탄잘라 요가(Ⓢ Pātañjala-yoga : 파탄잘리의 요가)·샹카라(Ⓢ Śaṅkara : 베단타 중 불이일원론)의 열여섯 학파 각각이 차례로 거론된 학파의 교의를 논파하면서 자파의 교의를 취해 간다. 구성상 가장 마지막인 샹카라의 불이일원론이 가장 완벽하고 수승한 교의라는 입장으로 수렴하도록 하였다. 원전의 편집과 영역으로 E.B.Cowell&A.E.Gough *Sarva-darśana-saṃgraha : Review of the different systems of Hindu philosophy*(London : Trüber&co., 1882)가 있고 중촌원(中村元)이 일역한 『インドの哲學體系Ⅰ·Ⅱ 全哲學綱要』(東京 : 春秋社, 1994) 등이 있다. ⇨사르바다르샤나상그라하 Sarva-darśana-saṃgraha, 불이일원론 不二一元論

전첨후고 前瞻後顧 앞을 보면서 뒤도 살피다. 『굉지광록』 권4(대정장48, p.38b22)에 "굉지선사가 법좌에 올라 학인이 운문에게 물었던 일을 들었다. '부모를 죽인 죄는 부처님 앞에서 참회하지만 불조를 죽인 죄는 어디를 향해 참회합니까?' '드러날 뿐이다'. 굉지선사가 말했다. '드러낸다 하면 종문과 조사를 초월한다. 사람들은 그에게 혼백 살리는 향을 쾌우라고 말하지만, 나는 그에게 독 바른 북을 치라고 답한다. 아프고 아프며 더없이 아프다. 문자를 곱씹고 규범을 따르며 위로 노래하고 아래로 따르면서 앞을 보고 뒤도 살핀다. 평범한 사람의 보퉁이 끝에는 새로 번 돈이 있지만 부자는 이렇게 하지 않는다. 上堂 擧僧問雲門 殺父殺母 佛前懺悔 殺佛殺祖 向甚麼處懺悔 門云露 師云 露超宗越祖 人言渠蘇返魂香 我道伊搗塗毒鼓 苦苦更若 咬文嚼字 規行矩步 上唱下隨 前瞻後顧 張三裹帽新有錢 富漢不是恁麽做"라고 하였다. [참고문헌] 『宏智廣錄』.

전체 全體 여지없이 다 드러난 바탕. 안팎(內外)이나 전후(前後)가 사라져 어떤 분별도 경계도 없는 바탕. 안으로 분별 없고 밖으로 티끌 하나 없어 생사해중에 자유롭고, 하나만 들어도 일체가 움직이는 여지없는 바탕을 말한다. 『원오어록』 권2(대정장47, p.722a8)에 "불자를 들고 말했다. '노사본신의 전체가 나타났다. 기에 당해 곧바로 터럭 하나 없다'. 擧拂子云 盧舍本身全體現當機直下沒纖毫", 같은 책 권6(대정장47, p.738b13)에 "발 아래 한 생각도 일지 않아 전체가 드러나면 깨끗한 알몸이 활발발하다. 가고 싶으면 가고 머물고 싶으면 머물며 쓰고 싶으면 쓰고 그치고 싶으면 그칠 뿐이니, 또 다른 자리는 가리킬 일도, 또 다른 견에 떨어질 일도 없다. 若向脚跟下 一念不生 全體顯露 則淨裸裸活鱍鱍 要行卽行 要住卽住 要用卽用 要休卽休 不指第二頭 不落第二見", 『대혜어록』 권21 「시서제형 示徐提刑」(대정장47, p.899a23)에 "옛부터 인사들은 생사해 향해 얻어 가니 그 끝에서 출몰하며 전체를 수용하지만 모자람도 없고 남음도 없다. 古來有道之士 得之向生死海內 頭出頭沒 全體受用 無欠無餘", 『인천안목』 권3 「오위서 五位序」(대정장48, p.314c3)에 "전체 그대로 쓰니 고목에서 꽃이 피고, 온전히 다 써 진실하니 꽃 다 피어 가득한데 곱지 않다. 全體卽用 枯木華開 全用卽眞 芳叢不艶", 『전심법요』(대정장48, p.383a9)에 "달마는 서쪽에서 와 서슴없이 일체인을 가리켜 전체가 바로 부처라 하였다. 祖師西來 直指一切人 全體是佛", 『경덕전등록』 권6 「대주혜해전 大珠慧海傳」(대정장51, p.247c19)에 "마주보면서도 부처를 잃고 장겁에 찾아 헤매지만 전체법 잃고 밖에서 찾는다. 그러므로 도를 이해하는 사람은 행주좌와 도 아님이 없고, 법을 깨달은 사람은 종횡으로 자재로워 그 어디도 법 아님이 없다. 對面迷佛 長劫希求 全體法中 迷而外覓 是以 解道者 行住坐臥 無非是道 悟法者 縱橫自在 無非是法", 『화엄경탐현기』 권1(대정장35, p.124c6)에 "네 번째, 남김없이 체를 써서 체마저 사라지게 하고, 남김없는 체를 써서 씀마저 없게 하고, 마주하지도 들지도 않으니, 두렷이 어울려 한 맛이다. 四 全用之體體泯 全體之用用亡 非卽非入 圓融一味", 『진심직설』 「진심식망 眞心息妄」(한불전4, p.719a10)에 "일곱 번째, 안팎 전체로 공부지어 가야 산하대지·일월성신과 안의 몸과 밖의 기물 일체 모든 법이 진심의 바탕으로 한결같아, 고요함 그대로 텅 빈 듯 밝아 한 터럭 다르지 않다. 대천사계 다 쳐서 한 조각일 뿐이니, 다시 어디서 망심 좇아 오겠는가! … 이것이 안팎 전체로 망을 멸하는 공부다. 七 內外全體 謂做功夫時 於山河大地日月星辰 內身外器 一切諸法 同眞心體 湛然虛明 無一毫異 大千沙界 打成一片 更於何處 得妄心來 … 此是內外全體 滅妄功夫也", 『직주설두송고』 권상(卍속장117, p.508b8)에 "하나라 해도 다양한 종이 있고〈놓아버린즉 전체가 일어나 쓰니 하나 바로 일체다〉, 둘이라 해도 갈라진 것들 아니다〈거둔즉 전체가 일어나 움직이니 하나라도 일체다〉. 一有多種〈放則全體發用 一卽一切〉 二無兩般〈收則全用歸體 一切卽一〉"라고 하였다. [참고문헌] 『圜悟語錄』, 『大慧語錄』, 『人天眼目』, 『傳心法要』, 『景德傳燈錄』, 『華嚴經探玄記』, 『眞心直說』, 『直註雪竇頌古』. ⇨ 전체대용 全體大用, 전체작용 全體作用

전체대용 全體大用 고스란히 크게 쓰다. 남김없는 바탕 여지없이의 뜻이다. 전체작용(全體作用) 또는 대기대용(大機大用)과 통한다. 후대 선종가(禪宗家)들이 임제종(臨濟宗)을 평가할 때 쓰는 용어 중 하나다. 『천여유칙어록』 권8 「답묘공거사 答妙空居士」 제2서(卍속장122, p.945b10)에 "마치 수없이 단련하여 얻은 순금은 아무리 쳐도 부서지지 않듯이, 남김없는 바탕 여지없이 쓰고 변화에 응하여 끝이 없게 한다. 거칠고 적막함 지키면서 하나만 알고 반만 이해하는 이라면 하늘과 땅이 서로 먼 듯 하리라. 譬如百鍊精金 攧撲不碎 得其全體大用 應變無窮 較之守荒閑寂寞 而局於一知半解者 天地相遼矣", 『담연원징어록』 권6(卍속장126, p.251b2)에 "학인이 물었다. '위산과 앙산이 찻잎을 따다가 한편에서는 체를 얻었다 하고 다른 편에서는 용을 얻었다고 했습니다. 허를 나눈 말입니까, 실을 논함입니까?' '판이나 짊어진 놈이다' '무엇이 체를 고스란히 크게 쓴다는 뜻인지요?' 담연선사가 묵묵히 있다가 말했다. '내가 그대에게 말해주고 싶어도 묘용을 잃을까 두렵다'. 그 학인이 절을 올렸다. 僧問 潙山仰山摘茶次 一曰得體 一曰得用 爲是論虛 爲是論實 師曰 擔板漢 僧問 如何全體大用 師默然良久曰 我欲與你說 恐失妙用 僧禮拜", 『조종어록』 권10(가흥장34, p.276b16)에 "남김없는 바탕 여지없이 쓴다 하면 방도 아이고 할도 아이며, 마삼근도 아이고 백수자도 아이다. 하나의 심기와 하나의 경, 하나의 사태와 하나의 사물, 세간과 출세간이 모두 전체대용 아님이 없다. 따라서 천지만물을 멸하여 아에게 돌릴 일 없고, 천지만물 그대로 아로 여길 일도 없으며, 또한 천지만물과 합함을 기다려 전체를 아로 삼지 않아도 된다. 하나의 사태와 하나의 사물이 각각 천지만물 온통 다해 아 아님이 없다. 若據全體大用 則棒也我 喝也我 麻三斤也我 柏樹子也我 一機一境 一事一物 世出世間 無非全體大用 不必消天地萬物 歸於我 亦不必卽天地萬物 以爲我

又不待合天地萬物 然後爲全體之我 而一事一物 無非天地萬物 全備之我也"라고 하였다. [참고문헌]『天如惟則語錄』, 『湛然圓澄語錄』, 『朝宗語錄』. ⇨ 대기대용 大機大用, 전체작용 全體作用, 임제종 臨濟宗

전체상탈 全體相奪 여지없이 다 들어 서로를 빼앗다. 각각 다른 법의 바탕이 서로를 부정하는 방식으로, 서로 다른 자리 그대로 서로 다 거두어 긍정하는 방식인 거체전섭(擧體全攝)과 대칭한다. 『화엄오교장』 권4(대정장45, p.501a26)에 "색 그대로 공이라는 말로써 청변의 뜻이 성립하고, 공 그대로 색이라면 호법의 뜻이 보존된다. 두 가지 뜻이 녹아 어울리면 각각의 바탕 다 들어 거둔다. 만일 후대의 논사들이 두 가지 이치가 서로 사무치고 동시에 전체를 서로 빼앗게 하지 않았다면 깊고 깊은 연기의 의타성법을 드러낼 수 없었을 것이다. 그러므로 서로 파하고 뒤쳐 서로 성취하는 것이다. 以色卽是空 淸辯義立 空卽是色 護法義存 二義鎔融 擧體全攝 若無後代論師 以二理交徹 全體相奪 無由得顯 甚深緣起 依他性法 是故 相破反相成也"라고 하였다. [참고문헌]『華嚴五敎章』. ⇨ 거체전섭 擧體全攝

전체작용 全體作用 다 들어 여지없이 움직이다. 남김없이 드러내지만 털끝만큼도 힘쓴 일 없고, 오고 감에 자유자재하여 안팎으로 온통 밝은 뜻이다. 『임제록』(대정장47, p.501b6)에 "만일 모든 틀에서 벗어난 견해의 사람 온다면, 산승은 이 틈에서 곧바로 여지없이 다 들어 짓고 쓰리니 근기를 따르지 않는다. 작용의 수단으로 삼아 전개하고 근기의 차별을 별도로 밟지 않을 것이다. 如有出格見解人來 山僧此間 便全體作用 不歷根器", 『금강경정안』(卍속장39, p.230a12)에 "놓아 가고 거둬 와서 자유자재하지만 털끝의 힘도 들이지 않고 다 들어 짓고 쓴다. 나툼에 여 아님이 없고 드러냄에 옳지 않음이 없다. 이와 같이 하기에 제불의 온 바탕 빛나게 하며, 이렇게 하기에 제불의 큰 지혜 드러나고 제법 그대로 여여하기에 그 이름이 여시다. 放去收來 自由自在 不費纖毫之力 全體作用 現無不如 露無不是 以如是故 而彰諸佛全體 以如是故 而顯諸佛大智 諸法如故 故名如是", 『벽망구략설』 권6(卍속장114, p.307b8)에 "임제는 잡아챈 멱살을 풀어주면서 '무위진인이라니, 이 무슨 마른 똥 막대기냐!' 하고는 곧바로 방장으로 돌아갔다. 그대저 임제의 여지없는 작용을 보라. 당당하여 오롯이 드러났다. 이곳 향해 보아 마치면 문득 임제와 더불어 마주하리니, 털끝 가림 찾으려 해도 결코 찾을 수 없을 것이다. 그대들 끝내 임제종지를 찾고 싶은가? 단지 이것일 뿐이다. 어찌 종지 밖에서 따로 종지 세우겠는가! 가리고 가리며 숨기고 숨겨서 엎은 발우 아래 물건인 듯 하니, 오로지 그렇게 한 사람만이 알지 않겠는가! 濟托開云 無位眞人 是甚麽乾矢橛 便歸方丈 你看他全體作用 堂堂獨露 向者裏覰著 便與臨濟 覿面相逢 覓絲毫障翳 更不可得 汝等諸人 畢竟要討 臨濟宗旨麽 祇者是 抑豈於宗旨外 別立宗旨 遮遮掩掩 同覆盂下物 唯置之者知之哉", 『종용록』 83칙 「평창 評唱」(대정장48, p.280c23)에 "'평정을 이루었네, 하늘이 덮고 땅이 받들었도다. 걸림 없이 움직이네, 까마귀 날고 토끼는 달린다'고 하였는데, 이것을 전체작용이라 하니 용을 거두어 체로 돌아간다. 成平也 天蓋地擎 運轉也 烏飛兎走 此喚作全體作用 攝用歸體"라고 하였고, 같은 책 95칙 「평창」(대정장48, p.289a14)에서는 임제의 최고 경지라 평가하였다. 『봉암집』(고존숙어록9, 卍속장118, p.263a14)에 "어떻게 하는 것이 납승의 전체작용인가? 부모를 죽이고 불조를 버린다 해도 아직 납승의 마지막 자리는 아니다. 더 나아가 다시 짐짓 어떠냐고 묻는다면 '북망산 아래 무덤이 얼마나 많더냐' 물으리라. 作麽生是 衲僧全體作用 殺父殺母 去佛去祖 未是衲僧極則處 進前更擬問如何 北邙山下有甚數"라고 하였다. [참고문헌]『臨濟錄』, 『金剛經正眼』, 『闢妄救略說』, 『從容錄』, 『鳳巖集』. ⇨ 전체대용 全體大用, 대기대용 大機大用, 임제종 臨濟宗

전체종 剪剃種 Ⓢ kātyāyana. 바라문(婆羅門)의 성(姓). 가다연(迦多衍)·가전연(迦旃延) 등으로 음사한다. 『구사론기』 권1(대정장41, p.10c18)에 "가다연니자라는 이름에서 가다는 전체라 한역하고 연은 종이라 한역하며 니는 여성이다. 이 사람은 전체종의 딸로 태어났는데 어머니의 성을 따라 이름을 지었기 때문에 가다연니자라고 하며, 이 성은 바라문의 10대 성 가운데 하나이다. 이 전체종은 서방의 귀족인데, 이름이 전체종인 이들은 바라문법에 따라 7세 이후부터는 집에서 학문을 배우고, 15세 이후에는 바라문법을 받아 각지를 돌아다니며 학문하고, 30세가 되면 집안의 후사가 끊어질 것을 염려하여 집으로 돌아와 결혼하고 자녀를 낳아 대를 이으며, 50세가 되면 산에 들어가 도를 닦는다. 迦多衍尼子者 迦多名剪剃 衍名爲種 尼是女聲 此人是剪剃種女生 從母姓爲名 故名迦多衍尼子 是婆羅門十姓中一姓也 此剪剃種 西方貴族 所以名剪剃種者 依婆羅門法 七歲已上 在家學問 十五已去 受婆羅門法 遊方學問 至年三十 恐家嗣斷絶 歸家娶婦 生子繼嗣 年至五十 入山修道"라고 하였다. [참고문헌]『俱舍論記』, 『阿彌陀經通贊疏』 권상(대정장37, p.335a10). ⇨ 가다연니자 迦多衍尼子, 가전연 迦旃延

전초 全超 Ⓢ pluta, Ⓣ 'phar-ba. 온전히 넘어서다. 구종불환(九種不還) 중 하나. 색계십육천 중 최초의 범중천(梵衆天)에 나고 죽어서는 곧바로 중간의 십사천을 초월하여 색구경천(色究竟天)에 나는 성자. 전초반(全

超般)의 준말이며, 세 가지 상류반열반(上流般涅槃 : 全超般·半超般·遍沒般) 중 하나다. 『구사론』 권24(대정장29, p.124c9 : *Abh-k-bh.*, p.359)에 "전초(반)이라 하였으니, 욕계에서 네 가지 정려를 이미 갖춰 잡수하고서 연을 만나 위의 세 정려에서는 퇴실하였으나, 초정려의 애미를 연으로 목숨을 마치고 위의 범중천에 나서 선세의 관습력으로 다시 제사정려를 잡수하고, 그곳에서 죽어서 색구경천에 나는 것을 말한다. 즉 최초의 처에서 죽어 최후의 하늘에 나니, 단번에 중간을 초월하는 것이 전초의 뜻이다. 言全超者 謂在欲界 於四靜慮 已具雜修 遇緣退失 上三靜慮 以初靜慮愛味爲緣 命終上生梵衆天處 由於先世串習勢力 復能雜修 第四靜慮 從彼處歿 生色究竟 最初處歿 生最後天 頓越中間 是全超義 tatra pluto nāma ya iha dhyānāni vyayakīrya dhyānacyāt oparihīṇaṃ prathamaṃ dhyānamāsvādya brahmakāyikeṣūpapannaḥ pūrvābhyāsavaśāccaturthaṃ dhyānaṃ vyavakīrya tasmāt pracyuto 'kaniṣṭheṣūpapadyate. eṣa himadhyānimajjanāt plutaḥ", 『구사론기』 권24(대정장41, p.361b9)에 "잡수상류를 따로 푼다. 잡수상류는 세 가지다. 첫째는 전초다. 처음에 범중천에 나고 그 다음에 색구경천에 나는 것이다. 즉 단번에 중간의 열네 가지 하늘을 초월하는 것을 전초라고 한다. 別釋雜修上流 於中有三 一者 全超初生梵衆 次生色究竟 頓超中間十四天處 是名全超"라고 하였다. 〔참고문헌〕『俱舍論』, 『俱舍論記』, 『順正理論』 권65(대정장29, p.697a7), *Abh-k-bh.* ⇨ 구종불환 九種不還, 상류반열반 上流般涅槃, 반초 半超, 변몰불환 遍沒不還, 색구경천 色究竟天

전초불차차 全超不借借 ➡ 굉지사차 宏智四借, 동종사차차 洞宗四借借

전출급가문 錢出急家門 금전은 급한 일이 생긴 집 문에서 나온다. 급한 일 있어야 돈을 쓴다는 뜻으로 허당지우(虛堂智愚)의 착어다. 간절히 물어야 그나마 얻는다는 뜻이다. 『허당록』 권3(대정장47, p.1005c4)에 "학인이 물었다. '위산이 찻잎을 따던 중에 앙산에게 「종일토록 그대의 목소리만 들었을 뿐 그대의 모습은 보지 못했네」 하자 앙산이 차나무를 흔들었다고 합니다. 그 뜻 무엇인지요?' '금전은 급한 일 생긴 집 문에서 나온다'. 僧問 潙山摘茶次 問仰山云 終日只聞子聲 不見子形 仰山撼茶樹 意旨如何 師云 錢出急家門", 같은 책 권9(대정장47, p.1055b29)에 "'자명이 또 「아직 아니다. 다시 답해 보라」고 하자 천대도(泉大道)가 문득 「어흥!」 하고 호랑이소리 질렀다는데, 무슨 뜻인지요?' '금전은 어려운 사정 있는 집 문에서 나오는 법이지'. 僧云 慈明又云 未在更道 泉便作虎聲 又作麽生 師云 錢出急家門"라고 하였다. 〔참고문헌〕『虛堂錄』.

전측 轉側 이리저리 뒤척이다. 『증일아함경』 권30(대정장2, p.716a27)에 "너희 동자들은 나와 함께 저 구담의 처소로 가서 함께 논의하여 항복시키자. 예를 들면 털이 긴 양을 잡아 마음대로 동서로 끌고 가지만 어려움 없는 것처럼, 또 큰 코끼리가 깊은 물속에 들어가 마음대로 놀지만 두려움 없는 것처럼, 또한 건장한 두 장부가 힘없는 사람 잡아 불 위에 구우며 마음대로 뒤적거리는 것처럼 하자. 汝等童子共我至瞿曇所 與共論議 當降伏 如捉長毛之羊 隨意東西 而無疑難 亦如大象入深水中 隨意自遊 亦無所畏 亦如兩健丈夫捉一劣者 在火上炙 隨意轉側", 『중본기경』 권하(대정장4, p.156a25)에 "선온(善溫)은 부처님을 칭찬하는 소리를 듣고 온몸의 털이 곤두서며 마음이 기쁘고 가슴이 벅찼다. 편안히 즐기며 날이 밝기를 기다리니 다섯 가지 감정이 안으로 소란하여 뒤척이며 잠자지 못하였다. 지극한 정성으로 감통하여 한밤중에 훤하게 밝아졌다. 문득 꾸미고 나가 성문을 향해 가다가 성의 왼쪽을 바라보니 탑피라는 신사가 있었다. 善溫聞稱佛聲 擧身毛竪 心喜交胸 逸豫待明 五情內騷 轉側不寐 至誠感通 中夜霍明 卽便嚴出 方向城門 顧見城左 有神祠舍 名曰渫披"라고 하였다. 〔참고문헌〕『增壹阿含經』, 『中本起經』.

전측적연 轉側適緣 연에 나아가 뒤치고 기울이다. 『중관론소』 권2(대정장42, p.28b7)에 "〔문〕 그렇다면 이교와 무엇이 다른가? 〔답〕 본래 이제(二諦 : 眞諦와 俗諦)를 교로 삼고, 불이로는 제일의제로 삼는다. 만약 둘을 세제로 여겨 둘이 아닌 것을 제일의제라고 하면, 세제는 교(敎)이고 제일의제는 이(理)다. 모두 연에 나아가 뒤치고 기울이니 방해되는 일 없다. 問 若爾與理敎何異 答 自有二諦爲敎 不二爲理 若以二爲世諦 不二爲第一義 世諦是敎 第一義爲理 皆是轉側適緣 無所妨也"라고 하였다. 〔참고문헌〕『中觀論疏』.

전칭 專稱 오롯이 칭명염불(稱名念佛)하다. 아미타부처님의 명호를 전일하게 칭념하는 것. 『문수반야경』 권하(대정장8, p.731b1)에 "선남자선여인아! 일행삼매에 들어가려면 한적하고 고요한 곳에 자리하고, 온갖 산란한 생각을 없애며, 상모에 집착하지 않고 한 부처님께 마음을 두고 부처님의 이름을 오롯이 부른다. 부처님 계신 곳을 따라 몸을 단정히 바르게 향하게 하고는 한 분의 부처님을 념념이 상속할 수 있으면, 바로 그렇게 염불하는 중에 과거현재미래의 모든 부처님을 친견할 수 있다. 善男子 善女人 欲入一行三昧 應處空閑 捨諸亂意 不取相貌 繫心一佛 專稱名字 隨佛方所 端身正向 能於一佛 念念相續 卽是念中 能見過去未來現在諸佛", 『천수경』

(대정장20, p.110a15)에 "일체인천이 항상 공양하고 오롯이 이름을 외우니, 헤아릴 수 없이 많은 복을 얻고 수많은 죄를 사라지게 한다. 목숨이 다하면 아미타불국토에 왕생한다. 一切人天 常須供養 專稱名號 得無量福 滅無量罪 命終往生阿彌陀佛國", 『염불경』 권본(대정장47, p.122a5)에 "몸으로 아미타부처님을 전념하여 예경하고, 입으로 아미타부처님을 오롯이 부르고, 뜻으로 아미타부처님을 전념하여 믿어서 정토왕생하고 성불하여 퇴전하지 않는 것을 지성심이라 한다. 身業專禮阿彌陀佛 口業專稱阿彌陀佛 意業專信阿彌陀佛 乃至往生淨土成佛已來不生退轉 故名至誠心"라고 하였다. 〔참고문헌〕『文殊般若經』, 『千手經』, 『念佛鏡』.

전칭명호지서방 專稱名號至西方 오롯이 아미타부처님의 명호를 불러 서방정토에 왕생한다는 말. 『왕생예찬게』(대정장47, p.446b6)에 "아미타부처님의 몸 저 황금산과 같고 상호광명 시방을 비추네. 염불하는 사람만이 부처님 그 광명 입으리니, 저 본원의 힘이 가장 강하네. 시방여래가 입으로 증명한 것은 오롯이 그 명호 부르면 서방에 왕생한다 하네. 저에 이르면 연꽃 펼쳐 수승한 법음을 듣고, 십지원행이 저절로 빛나리라. 원하건대 모든 중생 안락국토에 왕생하기를. 彌陀身色如金山 相好光明照十方 唯有念佛蒙光攝 當如本願最爲强 十方如來舒舌證 專稱名號至西方 到彼華開聞妙法 十地願行自然彰 願共諸衆生 往生安樂國"라고 하였다. 〔참고문헌〕『往生禮讚偈』. ⇨ 왕생 往生

전타라건다 旃陀羅乾多 칠보(七寶) 중 하나. 은(銀)을 말한다. 원측(圓測)의 『해심밀경소』 권1(한불전1, p.143c5)에 "전타라건다는 백색보로 한역하며 곧 은이다. 旃陀羅乾多 此云白色寶 卽是銀也"라고 하였다. 〔참고문헌〕『解深密經疏』. ⇨ 칠보 七寶

전타마니 栴陀摩尼 Ⓢ cintāmaṇi의 음사어. 여의보주(如意寶珠)라고 한역한다. 전(栴)은 전(旃)으로도 쓴다. 『현우경』 권8(대정장4, p.407c22)에 "용왕이 말했다. '전타마니는 매우 얻기 어렵습니다. 정말 얻고자 하는 이는 원컨대 나의 부탁을 들어주시길. 두 달 동안 이곳에 머무르며 보살의 행을 열어 보여주시길'. 龍王白言 旃陀摩尼 甚爲難得 苟欲得者 願受我請 二月住此 并見開示菩薩之行", 『번범어』 권10(대정장54, p.1054a10)에 "전타마니〈전타라마니라고 음사해야 한다. 월주라고 한역한다〉. 栴陀摩尼〈應云 栴陀羅摩尼 譯曰月珠〉"라고 하였다. 〔참고문헌〕『賢愚經』, 『翻梵語』. ⇨ 여의보주 如意寶珠

전타문구 轉他門句 대일여래의 4구 중 하나다. 중생의 무명과 번뇌를 지혜와 청정한 자성으로 뒤치게 하는 대일여래의 법문. 『대일경』 권6(대정장18, p.41b13)에 "이때 세존께서 다시 정제무진중생계구·유출삼매구·부사의구·전타문구를 설하셨다. 爾時世尊 又復宣說淨除無盡衆生界句 流出三昧句 不思議句 轉他門句", 『대일경소』 권19(대정장39, p.773a7)에 "반드시 알아야 한다. 이는 정제무진중생구인데 바로 삼매유출구이고, 삼매유출구가 바로 부사의구이며, 부사의구가 바로 전타문구다. 다른 이의 번뇌를 뒤쳐 그 자성 깨끗하게 하며, 다른 이의 무명 뒤쳐 여래지혜 되게 한다. 그러므로 전타문구라고 한다. 타란 중생이다. 물듦을 깨끗하게 한 그 때문에 이 법문을 설한다. 當知此淨除無盡衆生句 卽是三昧流出句 三昧流出句 卽是不思議句 不思議句卽是轉他門句 轉他有垢爲自性淨 轉他無明爲如來明 故名轉他門句 他謂衆生也 以轉穢爲淨 而說是法門也"라고 하였다. 〔참고문헌〕『大日經』, 『大日經疏』.

전탁 前卓 수미단(須彌壇) 앞에 따로 설치하는 탁자. 향로·꽃병·촛대 각 1기씩인 삼구족(三具足)이나 향로 1기·화병 1쌍·촛대 1쌍인 오구족(五具足)을 올려놓는다. 우리나라의 경우는 수미단을 삼단(三段)으로 설치하여 오구족을 장엄하므로 따로 전탁을 두지 않으며, 대개는 법사의 설법자리인 사자좌(獅子座) 즉 법상(法床)을 상설한다. ⇨ 수미단 須彌壇

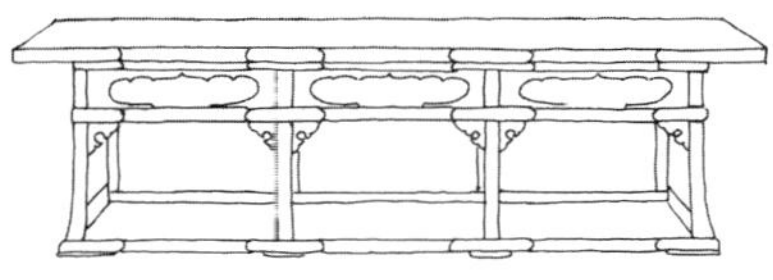

전탁 展托 펴고 맡기다. 호구소륭(虎丘紹隆)의 말이다. 『연등회요』 권17 「호구소륭장」(卍속장136, p.706b4)에 "'무릇 펴서 맡기니 온통 금시에 떨어지고, 펴지도 맡기지도 않으면 깊은 구덩이에 떨어진다. 곧바로 바람 한 점 들이지 않고 물 뿌려도 묻지 않더라도, 자세히 살펴보면 스스로마저 찾을 수 없다. 어찌 싸늘한 못 달그림자 고요한 밤 종소리와 같다 보아 말하지 못하는가. 두드려 울리지만 무너질 일 없고, 건드려 물결치지만 흩어져버리지 않는다. 여전히 생사의 언덕 끝 일이다'. 주장자 잡고 한 획 그으며 말했다. '옛 사람 다년간 이리저리 얽어놓은 말들 한 번 붓질로 그어 끊는다. 고개를 끄덕이던 돌 불현듯 손뼉치며 크게 웃는다. 대답해 보라. 그 웃음 무엇일까. 뒤통수에 낯빛 보이는 이와는 사귀지 말거라'. 凡有展托 盡落今時 不展不托 墮坑落塹 直饒風吹不入 水洒不著 撿點將來 自救不了 豈不見道 直似寒潭月影 靜夜鍾聲 隨扣擊以無虧 觸波瀾而不散 猶是生死岸頭事 拈拄杖 劃一劃云 劃斷古人多年葛藤 點頭石 不覺撫掌大笑 且道 笑箇甚麽 腦後見腮 莫與往來"라고 하였다. 〔참고문헌〕『聯燈會要』, 『五家正宗贊』 권2(卍속장1

35, p.947b7). ⇨방행 放行, 파주 把住

전탑 塼塔 벽돌로 쌓아 올린 탑. 벽탑(甓塔)이라고도 한다. 점토(粘土)를 방형 또는 장방형으로 빚어서 말린 뒤 가마에서 구워 만들며, 표면에 연주문(連珠文)이나 당초문(唐草文)을 시문(施文)하는 경우도 있다. 인도에서 시작하여 중국에 전해져서 남북조시대 이후 목탑 형식이 반영된 고층의 전탑이 건립되기 시작했다. 북위 523년(정광4)에 건립된 하남성 숭악사(嵩岳寺) 십이각십오층탑이 가장 오래된 전탑으로 알려져 있다. 중국에서 전탑이 대대적으로 건립되기 시작한 것은 수(隋)·당(唐) 이후로 불교가 크게 유행하면서 국가차원의 불사로 전국에 전탑이 건립되었다. 자은사대안탑(慈恩寺大雁塔)·화엄사지두순탑(華嚴寺址杜順塔) 등 많은 전탑이 남아 있다. 우리나라는 신라 634년(선덕여왕3)에 돌을 벽돌처럼 만들어 쌓은 분황사모전석탑(芬皇寺模塼石塔)이 건립되었고 전탑지가 확인되는 사지(寺址)는 경주지역 영묘사지(靈廟寺址)·인왕동사지(仁旺洞寺址)·삼랑사지(三郎寺址)·석장사지(錫杖寺址) 등이다. 특히 석장사지는 『삼국유사』 권4(대정장49, p.1004a4·한불전6, p.344a23) 의해(義解)5 양지사석(良志使錫)에 "또 일찍이 (양지가) 벽돌을 조각하여 작은 탑 하나를 만들었고, 아울러 삼천불을 만들어 그 탑을 절 안에 모시고 예를 드렸다. 又嘗彫磚造一小塔 幷造三千佛 安其塔置於寺中 致敬焉"라고 하였으며, 석장사지 발굴 결과 불상과 탑을 새긴 많은 양의 전돌이 발견되었다. 하지만 전탑은 7·8세기에 주로 경주와 안동 지역에서 건립되었고 전국적으로 성행하지는 못하였다. 전탑이 빗물과 습기에 약하고 주기적으로 부서진 전돌을 교체해줘야 하는 단점이 있어 석탑에 비해 영구적이지 못했기 때문이다. 현존하는 전탑은 송림사오층전탑(松林寺五層塼塔 보물 제189호)·안동신세동칠층전탑·안동조탑동오층전탑·안동동부동오층전탑·신륵사다층전탑(神勒寺多層塼塔 보물 제226호) 등 5기이며, 기록이나 탑지(塔址)만 남아 있는 전탑은 운문사전탑(雲門寺塼塔)·안동금계동전탑·임하사지전탑(臨河寺址塼塔) 등이다. 이 중에서 송림사오층전탑은 현존하는 전탑 중 가장 원형에 가까우며 1층 탑신에서는 목불(木佛), 2층 탑신에서는 금동전각형사리기(金銅殿閣形舍利器), 상륜부의 복발(覆鉢)에서도 청자상감원형합(青磁象嵌圓形盒)·금동원륜(金銅圓輪)이 발견되었다. 〔참고문헌〕『三國遺事』, 강우방·신용철 『탑』(솔, 2003) pp.47~53. ⇨탑 塔, 벽탑 甓塔

숭악사 십이각십오층탑 중국 하남성 북위 523년(좌)·대자은사 대안탑 중국 서안 7세기(우)

칠곡 송림사오층전탑

안동 신세동 칠층전탑

안동 조탑동 오층전탑

안동 동부동 오층전탑

전탕 奠湯 ➡전다탕 奠茶湯

전탕 煎湯 탕을 끓이다. 또는 대중에게 공양할 따뜻하게 끓인 탕. 점탕(點湯)이라고도 한다. 사대기념절(四節) 때 고사(庫司)가 수좌(首座)와 대중 등에게 밀탕(蜜湯)을 끓여서 공양한다 하였다. 『선원청규』 권2 「해하 解夏」(卍속장111, p.888a15)에 "7월 14일 밤에 염송을 마치고 탕을 끓인다. 七月十四日晚 念誦煎湯", 『백장청규』 권4(대정장48, p.1131c6)에 "불탄일에 욕불 의식을 치르고 탕을 끓여 대중에게 공양한다. 佛誕日浴佛煎湯 供大衆"라고 하였다. 〔참고문헌〕『禪苑淸規』, 『百丈淸規』. ⇨점탕 點湯, 고사점탕 庫司點湯

전통 轉通 거듭 쳐서 이어 울리게 하다. 북 치는 법 중 하나다. 한 차례 친 다음 다시 처음부터 치는 방법. 『선원청규』 권6 「경중 警衆」(卍속장111, p.910a12)에 "욕고·다고·보청고를 치는 법〈모두 길게 일회 치고 나서는 더 이상 전통하지 않는다〉. 浴鼓茶鼓普請鼓之法〈幷長打一會 更不轉通也〉"라고 하였다. 〔참고문헌〕『禪苑淸規』.

전통사찰법 傳統寺刹法 법률 제18779호. 갖춘 이름은 '전통사찰의 보존 및 지원에 관한 법률'이다. 1987년 11월 28일 제정된 이래로 일부 개정을 거듭했다. 제1조 목적에서는 '이 법은 민족문화의 유산으로서 역사적 의의를 가진 전통사찰과 전통사찰에 속하는 문화유산을 보존·지원함으로써 전통문화의 계승 및 민족문화 향상에 이바지함을 목적으로 한다'고 하였다. 제2조 정의에서는 1. "전통사찰"이란 불교 신앙의 대상으로서의 형상(形象)을 봉안(奉安)하고 승려가 수행(修行)하며 신도를 교화하기 위한 시설 및 공간으로서 제4조에 따라 등록된 것을 말한다. 2. "주지"란 전통사찰의 대표자로서 사찰의 운영 및 재산을 관리하고 전통사찰의 보존·발전·계승을 관장하는 승려를 말한다. 3. "전통사찰보존지"란 불교의 의식(儀式), 승려의 수행 및 생활과 신도의 교화를 위하여 사찰에 속하는 토지로서 다음 각 목의 토지를 말한다. 가. 사찰 소유의 건조물〔건물, 입목(立木), 죽(竹), 그 밖의 지상물(地上物)을 포함한다. 이하 같다〕이 정착되어 있는 토지 및 이와 연결된 그 부속 토지, 나. 참배로(參拜路)로 사용되는 토지, 다. 불교의식 행사를 위하여 사용되는 토지〔불공용(佛供用)·수도용(修道用) 토지를 포함한다〕, 라. 사찰 소유의 정원·산림·경작지 및 초지, 마. 사찰의 존엄 또는 풍치(風致)의 보존을 위하여 사용되는 사찰 소유의 토지, 바. 역사나 기록 등에 의하여 해당 사찰과 밀접한 연고가 있다고 인정되는 토지로서 그 사찰의 관리에 속하는 토지, 사. 사찰 소유의 건조물과 가목부터 바목까지의 규정에 따른 토지의 재해방지를 위하여 사용되는 토지, 4. "문화유산"이란 전통사찰에 속한 불교건축, 불교조각, 불교회화, 불교공예, 경전, 그 밖의 문서 등의 유형문화유산과 불교의례, 불교예능, 세시풍속, 전통문화행사 등 무형문화유산을 말한다. 5. "동산"이란 사찰에 있는 불상·화상(畫像)·석물(石物)·고문서·고서화·종류(鐘類)·경전, 그 밖에 사찰에 속하는 재산으로서 유서가 있거나 학예, 기예 또는 고고자료로 인정되는 것으로 제작되거나 작성된 지 50년 이상 지난 것을 말한다. 6. "부동산"이란 사찰에 속하는 대지·전답·임야 및 건조물을 말한다고 하였으며, 그밖에 전통사찰의 존엄 및 수행환경 보호·국가 등의 책무·전통사찰의 지정 및 등록·지정 해제와 등록말소·전통사찰보존구역의 지정 및 행위 제한·전통사찰보존위원회·주지의 관리의무·동산·부동산의 양도 등 허가·전통사찰보존지에서의 행위 허가·허가 기준 및 취소·전통사찰 역사문화보존구역의 지정 등 총 21조로 구성되어 있다. 〔참고문헌〕『대한불교조계종 법령집』

전파가 旃簸迦 Ⓢ campaka의 음사어, Ⓣ tsam-pa-ka. 첨복(瞻蔔). 또는 담복(薝蔔). 『일체경음의』 권13(대정장54, p.383a13)에 "첨박가(瞻博迦)〈예전에는 '전파가' 또는 첨파(詹波)·첨복(瞻蔔)이라고 하였다. 또는 점파화(占波花)라고도 한다. 모두 중국 말소리의 차이일 뿐이다. 한역하여 금색화(金色花)라고 하는데, 『대론 大論』에서는 '황화수 모양은 크고 꽃 또한 진한 향기가 난다. 그 향기가 바람따라 아주 멀리까지 간다'고 하였다〉. 瞻博迦〈舊曰 旃簸迦 或作 詹波 亦曰 瞻蔔 又作 占波花 皆方夏言音之差耳 此云 金色花 大論云 黃花樹形高大 花亦甚香 其氣逐風甚遠〉"라고 하였다. 〔참고문헌〕『一切經音義』, *Mvyut.241.* ⇨ 첨복 瞻蔔

전판 前板 승당(僧堂)을 불감(佛龕) 기준으로 앞뒤로 나누었을 때 앞부분에 해당하는 자리. 전당(前堂)이라고도 하며 후판(後板)과 대칭한다. 『백장청규』 권4 「후당수좌 後堂首座」(대정장48 p.1131a6)에 "후판에 자리하여 종풍 도와 이끈다. 궤칙을 단엄히 하여 대중의 모범이 된다. 대개 대중이 많아지면 전후를 나눈다. 아침과 점심(齋粥) 공양 때 승당을 지나거나 좌선할 때는 후문으로 출입한다. 전당이 빠진 경우에는 주지도 따로 날을 잡아 상당하여 대중에게 알리고 전판 돌길 청하던 자리에 들어가 창식한다. 位居後板 輔贊宗風 軌則莊端 爲衆模範 蓋以衆多 故分前後 齋粥二時過堂及坐禪 則後門出入 如缺前堂 住持別日 上堂白衆 請轉前板 挿單唱食", 『선림상기전』 권1 「전판」(불광장, 禪藏, p.65)에 "승당의 성승감 좌우를 출입관으로 삼는데 출입판 이전은 전판 또는 전당이라 하고 전당수좌가 주관하며 이끈다. 출입판 이후는 후판 또는 후당이라 하고 후당수좌가 주관하며 이끈다. 僧堂聖僧龕左右爲出入板 自出入板已前爲前板 亦曰前堂 卽前堂首座管領 自出入板已後爲後板 亦曰後堂 卽後堂首座管領之"라고 하였다. 〔참고문헌〕『百丈淸規』, 『禪林象器箋』, 『天目明本雜錄』(卍속장122, p.727b5). ⇨ 승당 僧堂

전패 前唄 포살 등을 할 때 게송 등을 앞서 소리내어 우는 일. 전범(前梵)·전범음(前梵音)이라고도 한다. 『사분비구니초』 권상(卍속장64, p.95b1)에 "범사는 『사분율』 「서」(대정장22, p.568b28)에 해당하는 아래의 게송을 범패로 짓는데, '신선의 다섯 신통 얻은 이가 주술을 지어 베풀었으니, 저 참괴할 줄 아는 이 위해 모든 부끄럽지 못한 일 거둔다네. 여래께서 금계를 세워 보름 보름마다 설하여 계의 이익 설하기를 마치셨으니, 머리 숙여 모든 부처님께 예를 올리나이다'라고 한다. 『살바다비니』 권6(대정장23, p.603a26)에 따르면 '반패를 지어서는 안 된다. 반패를 지으면 돌길라이다'라고 하였다〈전패를 분리할 수 없다면 '세계에 처함에 허공처럼 하네'라 하면 된다〉. 梵師誦律序下偈 作唄云 神仙五通人 造設於呪術 爲彼慚愧者 攝諸不慚愧 如來立禁戒 半月半月說 已說戒利益 稽首禮諸佛 伽論云 不得作半唄 作半唄者 吉羅〈若不解前唄 作處世界唄 亦得〉"라고 하였다. 〔참고문헌〕『四分比丘尼鈔』, 『四分律』, 『薩婆多毘尼』, 『四分律行事鈔資持記』 권상(대정장40, p.236b3).

전패 殿牌 임금을 축원하거나 또는 임금이 직접 써서 전각에 올린 패. 수패(壽牌) 또는 어패(御牌)라고도 한다. "이제 저 황제의 만수무강을 빕니다. 上祝 今上皇帝聖壽萬歲"라고 적는다. 『건중정국속등록』 권8 「정인도진장 淨因道臻章」(卍속장136, p.130b17)에 "학인이 정인에게 물었다. '무엇이 정인의 경지입니까?' '법을 널리 펴게 하는 패이니 인종황제가 몸소 썼다'. 問 如何是淨因境 師云 法廣殿牌 仁宗親寫"라고 하였다. 〔참고문헌〕『建中靖國續燈錄』. ⇨어패 御牌

전패 순천 선암사 조선후기(좌)
삼전패 평창 월정사 조선후기(우)

전평 典平　조선후기 스님. 호는 자암(慈庵). 1799년(정조23)에 은봉두운(隱峰斗云)과 함께 해남 대흥사 만일암(挽日庵)을 중건하였는데, 『만일암지』의 중건기록에서 '慈庵長老 典平'이라 존칭하였다. 『동사열전』 권3 「연해강사전 燕海講師傳」(한불전10, p.1027a15)에 "자암전평에게 심인을 전하였으니, 전평은 이름대로 자비행을 저버리지 않았다. 傳印於慈庵典平 平之名不負其慈行"라고 하였다. 〔참고문헌〕『挽日庵志』, 『東師列傳』.

전포 傳布　퍼뜨리다. 퍼지다. 전포(傳佈)·전파(傳播)라고도 한다. 『아미타경의소』(대정장37, p.363c7)에 "거듭하여 퍼뜨려 사해에 가득 미치고, 만세로 이어지도록 대중이 흩어질 것을 인으로 유통으로 삼는다. 展轉傳布 遍於四海 垂於萬世 故因衆散 以爲流通", 『전법정종기』 권3 「천축제이십조사야다대사전 天竺第二十祖闍夜多大士傳」(대정장51, p.731c8)에 "여래께서 전하신 대법안장을 이제 그대에게 맡기니 그대는 이를 퍼뜨려 끊어짐 없게 하라. 如來大法眼藏 今以付汝 汝宜傳布 勿令其絶", 『임제록』(대정장47, p.504b25)에 "즉시 소문이 퍼지자 저자 사람들이 다투듯이 몰려와 관을 열었다. 卽時傳布 市人競往開棺"라고 하였다. 〔참고문헌〕『阿彌陀經義疏』, 『傳法正宗記』, 『臨濟錄』.

전포후포 前包後包　운수승(雲水僧)이 행각할 때 승물을 싸는 바랑. 전포는 가사(袈裟)·조록(祖錄) 등을 넣어 앞에 지고 후포는 일용품을 넣어 등에 진다. 『선원청규』 권1 「장포 裝包」(卍속장111, p.878a1)에 "먼저 전포를 올리고 다음으로 포침을 멘다. 그 다음에 후포를 접어 오른 어깨에 걸치며, 그 다음에 발우는 왼쪽 겨드랑이에 건다. 先上前包 次繫包枕 次打後包 次絡右肩 掛鉢於左腋下"라고 하였다. 〔참고문헌〕『禪苑淸規』. ⇨바랑 ○○, 운수행각 雲水行脚

전표 詮表　Ⓢpratyāyaka, Ⓣgo-bar-byed-pa, yid-ches-par-byed-pa. 말하여 드러내다. 『구사론』 권10(대정장29, p.52a28 : *Abh-k-bh.*, p.142)에 "〔논〕 색이 아닌 사온을 어째서 명(名)이라고 하는가? 세운 바 명근경의 세력에 따라 저들 뜻을 뒤쳐 다르게 하기에 명이라고 한다. 무엇이 명의 세력을 따라 뒤쳐 변하는 것인가? 가지가지로 세간에서 함께 세운 이름을 따라 저들 뜻들이 뒤쳐 변하여 말로 드러난다는 것이니 소·말·색·맛 등의 이름들이다. 論曰 無色四蘊 何故稱名 隨所立名根境勢力 於義轉變 故說爲名 云何隨名勢力轉變 謂隨種種世共立名 於彼彼義 轉變詮表 卽如牛馬色味等名 kiṃ kāraṇam. nāma-indriya-artha-vaśena-artheṣu namatīti nāma. katamasya nāmno vaśena. yad-idaṃ loke pratītaṃ teṣāṃ teṣām-arthānāṃ pratyāyakaṃ gauraśvo rūpaṃ rasa ity-evam-ādi"라고 하였다. 〔참고문헌〕『俱舍論』, *Abh-k-bh.*

전하 展賀　축하의 말을 펴다. 『백장청규』 권3 「개당축수 開堂祝壽」(대정장48, p.1126a27)에 "근구·몽당·전자·제료가 일제히 향을 사르고 대중과 함께 양전에 삼례를 마치면 장·고·암·탑과 법권·향인·잠도 등이 축하의 말을 한다. 勤舊 蒙堂 前資 諸寮 齊捧香 同大衆 兩展三禮畢 莊庫菴塔 法眷鄕人暫到 展賀"라고 하였다. 〔참고문헌〕『百丈淸規』.

전학 專學　오롯이 익히다. 나머지를 버리고 한 가지만을 익히다. 『보살지지경』 권5(대정장30, p.915b22)에 "만약 보살이 이와 같이 생각하고 이와 같이 말한다. '보살은 마땅히 성문경법을 들어서는 안 된다. 받아서도 안 되고 배워서도 안 된다. 보살이 어찌 성문법을 쓸 수 있겠는가!' 이렇게 말하는 것을 '하고 많은 것을 범했다' 하니, 이는 물든 마음 일으켜 범한 것이다. 보살이 오히려 외도이론도 듣는데, 하물며 다시 부처님의 말씀이겠는가! 범하지 않는다 함은 보살장을 오롯이 배워 아직 두루하지 못한 뜻이다. 若菩薩如是見如是說言 菩薩不應聽聲聞經法 不應受不應學 菩薩何用聲聞法爲 是名爲犯衆多犯 是犯染汚起 何以故 菩薩尙聽外道異論 況復佛語 不犯者 專學菩薩藏 未能周及", 『대반열반경의기』 권3(대정장37, p.678b26)에 "전적으로 소승만을 익히면 '조피만을 먹었다' 한다. 專學小乘 名食粟稗"라고 하였다. 〔참고문헌〕『菩薩地持經』, 『大般涅槃經義記』.

전한 戰汗　식은땀이 흐를 만큼 어찌할 바를 모르다. 전은 전율(戰慄)의 뜻이다. 『백장청규』 권5 「신계참당 新戒參堂」(대정장48, p.1138c2)에 "이날의 참당은 심정을 어쩌지 못하여 식은땀이 흐를 정도였다. 此日參堂 下情不勝 戰汗之至"라고 하였다. 〔참고문헌〕『百丈淸規』.

전함조성도감 鈿函造成都監 고려시대에 전함을 만들기 위해 설치한 임시 관청. 전함이란 나전 등으로 장식한, 또는 경전들을 담아 모실 잘 만든 상자를 말한다. 『고려사』 권27 세가(世家)27 원종(元宗) 13년(1272) 2월 갑진(甲辰)에 "전함조성도감을 설치하니, 황후가 대장경을 담고자 하였기 때문이다. 置鈿函造成都監 以皇后欲盛藏經而求之也", 같은 책 권77 지(志)31 제사도감각색(諸司都監各色)에 "전함조성도감. 원종 13년(1272) 설치. 鈿函造成都監 元宗十三年置"라고 하였다. 〔참고문헌〕『高麗史』.

전향 箋香 향 가루로 가늘고 길게 만든 향. 『선림상기전』 권19(불광장, 禪藏, p.1471)에 "전향 : 『대감청규』 「말후사의」에 '감실 안에 전향을 가득 안치한다'라고 하였다. 도충이 말한다. '아마도 선향의 오자일 것이다'. 箋香 大鑑淸規 末後事儀云 龕內滿安箋香 忠曰 恐訛綫香"라고 하였다. 〔참고문헌〕『禪林象器箋』.

전향 轉向 뒤쳐 향하다. 향하던 것을 바꾸다. 『잡아함경』 권28(대정장2, p.203a21)에 "무엇이 정견인가? 정견에는 두 가지다. 하나는 정견이지만 세속이어서 번뇌도 취함도 있지만 선취로 돌이켜 향한다. 다른 하나 정견은 성출세간의 번뇌도 취함도 없어 고통이 다한 것이니, 고통의 저 끝을 뒤쳐 향하게 한다. 何等爲正見 謂正見有二種 有正見 是世俗 有漏有取 轉向善趣 有正見 是聖出世間 無漏無取 正盡苦 轉向苦邊", 『십지경론』 권11(대정장26, p.188a11)에 "정해지거나 그렇지 않은 차별이 있는데, 삼승 중에서도 또 세간 중에서도 정해져 있기도 하고 그렇지 않기도 하며, 익기도 하고 그렇지 않기도 하기 때문이다. 이 중에 소승으로서 근기 정함이 없는 중생은 보살도로 하여금 제도하지만, 이승중에 해탈보가 정해져 있는 이는 내버려 둔다. 定不定差別者 於三乘中 於世間中 定不定 熟不熟故 是中小乘不定根衆生 菩薩令轉向大乘故 定根者 菩薩令度 二乘中解脫報定者 捨"라고 하였다. 〔참고문헌〕『雜阿含經』, 『十地經論』.

전향사 栴香寺 ❶ 인천광역시 강화도(江華島)에 있던 절. 『태종실록』 권14 7년(1407) 12월 2일에 "의정부에서 명찰로 여러 고을의 자복사를 대신할 것을 청하였다. … 화엄종에 속한 사찰은 장흥 금장사·밀양 엄광사·원주 법천사·청주 원흥사·의창 웅신사·강화 전향사입니다. 議政府請以名刹 代諸州資福 … 華嚴宗 長興金藏寺 密陽嚴光寺 原州法泉寺 淸州原興寺 義昌熊神寺 江華栴香寺"라고 하였다. 〔참고문헌〕『太宗實錄』. ❷ 위치 미상. 의천(義天 1055~1101)이 전향사로 돌아가는 보자대사를 전송하며 쓴 시 「송보자대사귀전향사 送普滋大師歸栴香寺」가 『대각국사문집』 권19(한불전4, p.562c5)에 수록되었다. 〔참고문헌〕『大覺國師文集』.

전허 傳許 Ⓢ kila-iṣṭo. 전하고 수용됨. 『구사론』 권9(대정장29, p.48c19 : *Abh-k-bh.*, p.133)에 "〔송〕 분위를 잡아 설함이 전허라 하니, 이는 승함을 좇아 십이지의 이름을 세웠네. 〔논〕 세존께서 오직 분위를 잡아 모든 연기에 십이지가 있다 하신 말씀이 전해 수용되었다. 頌曰 傳許約位說 從勝立支名 論曰 傳許 世尊唯約分位 說諸緣起有十二支 〈kārikā〉 āvasthikaḥ kileṣṭo 'yam, prādhānyattvaṅgakīrtanam 〈bhāṣya〉 yadyaṅga maṅgaṃ pañca skandhāḥ kiṃ kāraṇamavidyādīn eva dharmān kīrttayati sma", 『구사론송소론본』 권9(대정장41, p.872a29)에 "〔석〕 전하고 수용되었으니, 분위를 잡아 설하신 것이다. 전해 허용된 것은 세존께서 오직 분의를 기준으로 십이지를 설하셨지, 찰나 등에 근거하지는 않으셨다는 뜻이다. 분위연기는 경량부에서 논파되고 있고, 논주가 의도적으로 밝히고 있기에 전하는 말이라고 하였다. 釋曰 傳許約位說者 傳許 世尊唯約分位 說十二支 不據刹那等也 分位緣起 經部有破 論主意明 故言傳許"라고 하였다. 〔참고문헌〕『俱舍論』, 『俱舍論頌疏論本』 *Abh-k-bh.*

전현 詮顯 말로 온전히 드러내다. 『부자합집경』 권3(대정장11, p.942b20)에 "제법자성은 본래 청정하고, 승의제는 말로 드러내지 못한다. 만약 어떤 이가 듣고 애락심을 일으킨다면 그가 참된 불자임을 알아야 할 것이다. 내가 여래에 의지하여 이렇게 설하니 여러 하늘들이 한마음으로 기쁘게 구한다. 만약 뜻답게 하여 법에 따라 행하면 필경 모두 불도를 이룬다. 諸法自性本淸淨 及勝義諦非詮顯 若人聞生愛樂心 當知是爲眞佛子 我依如來作是說 諸天一心當樂求 若能如理依法行 畢竟皆當成佛道", 『종경록』 권100(대정장48, p.953b20)에 "경이란 마음의 가르침이고 마음은 명언을 일으켜 이러한 이치를 말로 온전히 드러낸다. 그러므로 경이라고 한다. 經是心敎 心起名言 詮顯此理 故名爲經", 『진심직설』(대정장48, p.1000b2)에 "삼세제불께서 한가지로 증하시니 모두 이 마음을 증한 것이다. 일대장교로 온전히 나투셨으니 모두 이 마음을 드러냈음이다. 三世諸佛同證 蓋證此心也 一大藏教詮顯 蓋顯此心也"라고 하였다. 〔참고문헌〕『父子合集經』, 『宗鏡錄』, 『眞心直說』.

전현여후일 前玄與後一 전념(前念)을 달리 일컬은 말. 한 찰나 전에 일어났던 생각이 사라져 현행하지 않고 고요해진 상태를 현(玄)이라고 한 것이다. 『대승현론』 권

2(대정장45, p.25c27)에 "상속가는 같지 않다. 말하자면 보처로 상속가를 밝힌다. 둘째는 전현과 더불어 후일념으로 상속가를 밝힌다. 저 식심의 끝이 상심의 처음인 듯 해서 마땅히 그 중앙을 가로 삼는다. 相續假不同 一云 補處 明續假也 二云 前玄與後一 明續假 如識心之終 想心之初 當中央爲假"라고 하였다. [참고문헌]『大乘玄論』. ⇨염 念

전현적수 前賢迹宿 Ⓢ pūrva-bhadra-padā, Ⓣ khrums-stod. 이십팔수(二十八宿) 중 하나인 실수(室宿)의 다른 이름. 『사두간태자이십팔수경』(대정장21, p.417a11)에 "전현적수의 날에 태어난 사람은 도적단의 우두머리 되어 무고한 사람들을 약탈하기를 좋아한다. 前賢迹宿日生 憙作賊魁 劫掠無辜"라고 하였다. [참고문헌]『舍頭諫太子二十八宿經』, 『嵩山少林寺輯志』 권16(대장경보유24, p.778b17), *Mvyut.166.* ⇨이십팔수 二十八宿

전홍숙 錢弘俶 929~988. 오대십국(五代十國) 시기 오월국(吳越國)의 마지막 왕. 자는 문덕(文德) 또는 전숙(錢俶). 오월국 문목왕(文穆王) 전원관(錢元瓘)의 아홉째 아들. 항주(杭州 : 浙江省) 임안(臨安) 출신. 20세에 왕위에 오른 뒤에는 불법을 흠모하여 천태덕소(天台德韶)를 국사(國師)로 모시고, 도잠(道潛)에게서 보살계(菩薩戒)를 받았다. 955년(현덕2) 아쇼카왕이 탑을 세운 것을 본받아 보협인심주(寶篋印心呪)를 넣은 팔만사천기의 소보탑(小寶塔)을 곳곳에 세웠는데, 세상 사람들은 이것을 전홍숙탑이라고 하였다. 960년(건륭원년) 항주 영은사(靈隱寺)를 중흥하고 지각연수(智覺延壽)를 초빙해 중흥제일세(中興第一世)로 삼았으며, 나계의적(螺溪義寂)을 맞이하여 『법화경』을 강독하게 하였다. 고려와 일본에 사신을 보내 천태론소(天台論疏)를 구하여 천태교관이 융성해지도록 하였다. 그 이외에 항주의 보문사(普門寺)·전당(錢塘)의 도솔원(兜率院) 등을 건립하였다. 978년(태평흥국3) 송나라에 귀부하여 회해국왕(淮海國王)에 봉해졌고, 983년(태평흥국8) 남한국왕(南漢國王)으로 바뀌었으며, 988년(단공원년) 다시 등왕(鄧王)으로 봉해졌고, 그해 8월 향년 60세로 세상을 떠났다. 13년 동안 재위했으며, 시호는 '충의왕(忠懿王)'이고 '진국왕(秦國王)'으로 추봉되었다. 『불법금탕편』 권10(卍속장148, p.923a2)에 "전홍숙 : 홍숙은 문목왕의 아홉째 아들이고, 오월국왕을 물려받았으며, 시호는 충의왕이다. 아육왕을 흠모하여 팔만사천 기의 탑을 세우고 그 안에다 보협(寶篋)을 넣고, 그 상자 속에 인심주(印心呪)를 안치하였다. 10년이 지나서야 마쳤는데, 온 나라에 널리 분포되었다. 錢弘俶 弘俶 文穆第九子 襲封吳越國王 諡忠懿 嘗慕阿育王 造八萬四千塔 中藏寶篋 篋中置印心呪 經十年訖功 布散部內"라고 하였다. [참고문헌]『佛法金湯編』, 『佛祖統紀』 권10(대정장49, p.206b9). ⇨아육왕 阿育王

전화 田火 Ⓢ dakṣiṇīyāgni, Ⓟ dakkhiṇeyyaggi. 세간에서 사문바라문 등 성중(聖衆)에게 공경공양해서 서로 복밭이 되는 뜻이다. 불씨를 꺼지지 않게 해서 끊이지 않게 불을 섬기는 외도행화를 뒤쳐(轉) 그 뜻을 정견의 복전으로 바꾼 뜻이다. 복전화(福田火)라고도 한다. 『잡아함경』 권4(대정장2, p.24c23)에 "바라문은 간절하게 세 개의 불을 공양하고 수시로 공경하며 예배하고 받들어 모셔서 안락하게 한다. 무엇이 그 세 개의 불인가? 첫째는 근본이고, 둘째는 거가이며, 셋째는 복전이다. … 무엇을 전화라고 하기에 선남자가 수시로 공경하고 존중하고 공양하여 안락을 베푸는가? 선남자가 방편으로 재물을 얻거나 손발을 움직여 부지런히 일함으로써 법에 맞게 얻은 바를 사문바라문들을 받들어 모시고 그들에게 공양한다. 탐냄·노여움·어리석음을 잘 조복한 이들이라 하니, 이와 같은 사문바라문들이 복전을 건립하여 숭상하고 나아가 증진하면 낙분의 낙보여서 미래에 하늘에 나는데 이를 전화라고 한다. 어째서 밭이라고 하는가? 세간복전이 되어 응공을 삼기 때문에 밭이라고 한다. 이 때문에 선남자가 수시로 공경하고 받들어 모시고 공양베풂이 바로 안락을 베풂이다. 然婆羅門 當勤供養三火 隨時恭敬 禮拜奉事 施其安樂 何等爲三 一者根本 二者 居家 三者 福田 … 何等名田火 善男子隨時恭敬 尊重供養 施其安樂 謂善男子方便得財 手足勤勞 如法所得 奉事供養諸沙門婆羅門 善能調伏貪恚癡者 如是等沙門婆羅門 建立福田 崇向增進 樂分樂報 未來生天 是名田火 何故名田 爲世福田 謂爲應供 是故名田 是善男子隨時恭敬 奉事供養 施其安樂"라고 하였다. [참고문헌]『雜阿含經』, *AN.4.45.*, *DN.3.217.* ⇨삼화 三火 ❸

전화 前話 앞서 한 말. 앞서 일어났던 이야기거리. 또는 선대가 말했던 공안. 『임제록』(대정장47, p.503a20)에 "막 도착하여 시봉하면서 서 있는데 황벽이 앞에 있었던 이야기를 들려주었다. 纔到侍立次 黃蘗擧前話", 『조당집』 권5 「석실선도장 石室善道章」(대장경보편25, p.406a8)에 "앙산이 다시 돌아와 앞서 했던 이야기를 다 풀어놓자 위산이 선상에서 내려와 석실을 향해 합장하였다. 仰山却歸 具陳前話 潙山便下牀 向石室合掌"라고 하였다. [참고문헌]『臨濟錄』, 『祖堂集』.

전화 轉化 뒤쳐 달라지다. ❶ 옮겨 나다. 천화(遷化)하다. 『무량수경』 권하(대정장12, p.273b25)에 "첫째는 관세음이고 둘째는 대세지이다. 이 두 보살은 이 국토에서 보살행을 닦고 목숨을 마치고서는 뒤쳐 저 불국에 났다. 一名 觀世音 二名 大勢至 是二菩薩 於此國土 修菩薩

行 命終轉化 生彼佛國"라고 하였다. [참고문헌]『無量壽經』. ⇨천화 遷化 **2** 되돌려 교화하다. 『대방등대집경』 권10(대정장13, p.63a11)에 "이 지혜로 중생을 뒤쳐 변화시킨다. 以是智慧 轉化衆生", 『우바새계경』 권6(대정장24, p.1064b24)에 "우바새가 평소에 사묘나 승방으로 가서 당도하면 여러 비구들을 가까이 하고, 친근하게 되었으면 법의 뜻을 묻고, 물어 마치고는 지극한 마음으로 들어야 한다. 듣고서 받아 지녀서 기억하여 잊지 말며 뜻도 능히 분별한다. 뜻을 분별하였으면 되돌려 중생을 교화하니, 이를 우바새의 자리이타라고 한다. 若優婆塞常能出至寺廟僧坊到已 親近諸比丘等 旣親近已 諮問法味 旣問法已 當至心聽 聽已受持 憶念不忘 能分別義 分別義已 轉化衆生 是名優婆塞自利利他"라고 하였다. [참고문헌]『大方等大集經』, 『優婆塞戒經』. ⇨교화 敎化

전환 轉還 Ⓢpratyudāvṛtta, Ⓣphyir-ldog-par-'gyur-ba. 되돌려 돌아오다. 객진번뇌 등의 분별을 따라 헤매이다 되돌려 돌아오는 뜻이다. 『유가사지론』 권10(대정장30, p.328a11 : *Yogā-bh.*, p.230)에 "[문] 어째서 보살이 흑품을 관할 때 오직 식지(識支)에 이르러서야 그 뜻을 돌이켜 돌아갈 뿐 다른 지는 아닌가? [답] 이 두 지가 서로 연이 되기 때문이다. 저 식이 명색의 연이 되듯이 명색 또한 식의 연이 된다. 따라서 마음을 관할 때는 식지에 이르러야 뒤쳐 갈 수 있지, 다른 지에서는 이 같은 전환의 도리가 없다. 問 何故菩薩觀黑品時 唯至識支 其意轉還 非至餘支耶 答 由此二支更互爲緣故 如識緣名色 如是名色亦緣識 是故觀心至識轉還 於餘支中 無有如是轉還道理 kena kāraṇena bodhisattvasya kṛṣṇapakṣaṃ vyavalokayato vijñānātpratyudāvartate mānasaṃ na tvanyebhyo'ṅgebhyaḥ. yasmādetaddyamanyonyapratyayaṃ. tasya yathā vijñānapratyayaṃ nāmarūpapratyayaṃ vijñānaṃ vyavalokayato vijñānātpratyudāvṛttaṃ. tadanyeṣu tvaṅgeṣu na tathā pratyudāvṛttaṃ", 같은 책 권24(대정장30, p.413a23 : *Śrāv-bh.*, p.107)에 "정념하는 채로 누워 잘 때 어떤 하나의 번뇌가 현전함을 따라 그 마음을 물들인다면, 그 번뇌가 현행할 바로 그때 바로 알아차려 굳게 안착하지 못하도록 신속히 버리며, 이를 통달해 마치고 나서 다시 마음을 돌이켜 돌아온다. 謂由正念而寢臥時 若有隨一煩惱現前 染惱其心 於此煩惱現生起時 能正覺了 令不堅著 速疾棄捨 旣通達已 令心轉還 suptasyāsya tathā smṛtasya yasminsamaye anyatamānyatamenopakleśena cetasaḥ saṃkleśo bhavati. sa utpadyamānameva taṃ saṃkleśaṃ samyageva prajānāti, nādhivāsayati, prajahāti, prativídhyati. pratyudāvarttayati mānasaṃ", 『유가론기』 권3(대정장42, p.376c15 · 한불전13, p.206c8)에 "마음을 관하면서 식지에 이를 때 되돌려 다시 노사지(老死支)에 이르게 하기에 전환이라 한다. 觀心至識 却還至老死 故名轉還"라고 하였다. [참고문헌]『瑜伽師地論』, 『瑜伽論記』, *Yogā-bh.*, *Śrāv-bh.*

전활 全豁 828~887. 당대 청원(靑原)계의 선사. 속성은 가(柯)씨. 천주(泉州 : 福建省) 남안현(南安縣) 출신. 전활(全奯)이라고도 한다. 어려서 영천사(靈泉寺)의 의공(義公)을 은사로 출가하였다. 구족계는 장안(長安) 서명사(西明寺) 또는 보수사(寶壽寺)에서 받았는데, 기록에 따라 다르다. 좌가승록(左街僧錄)으로 보수사(保壽寺)에서 『열반경』 등의 경과 함께 율서를 강경하며 명성을 쌓았다. 그런 후에 선원(禪苑)을 유력하며 설봉의존(雪峯義存)·흠산문수(欽山文邃) 등과 벗이 되었다.

전활 『중각불조도영』 청 1880년

당시 임제(臨濟)를 참문하러 갔으나 귀적하여 만나지 못하고, 앙산(仰山)을 참문하고 문답을 나누었다. 이어 무릉(武陵)의 덕산을 찾아가 문답을 나누었는데, 약과 병이 상응하듯 막힘없이 계합하였다. 덕산을 떠나 동정호(洞庭湖) 주변의 와룡산(臥龍山)이라는 곳에 머물렀는데 많은 대중이 모여들었다. 그러자 다시 당년산(唐年山) 기암절벽에 선원을 지어 '암두(巖頭)'라고 이름 붙이고 수행에 전념하였다. 이곳에서 자신의 선풍을 널리 펼쳤기에 '암두전활'이라 불렸다. 당나라 말기 광계년간(885~887)에는 제후들의 세력다툼으로 도적떼가 크게 난립하여 대중은 모두 드피하였지만, 자리를 그대로 지켰던 암두는 이때 도적의 칼을 맞고도 태연자약한 자태로 큰 소리 한 번 내지르고는 죽음을 맞았다고 전한다. 그때가 887년(광계3) 4월 8일로 세수 60세였다(『조당집』에는 중화 5년, 885년 4월 4일로 되어 있음). 제자들은 난리통이어서 임시로 다비하였는데, 사리 77립(粒)을 얻었다. 후에 희종이 청엄대사(淸儼大師)라는 시호를 하사하였고, 탑호는 출진(出塵)이라 하였다. 법을 이은 제자르는 서암사언(瑞巖師彦)·현천언(玄泉彦)·영암혜종(靈巖慧宗) 등이 있다. 암두배할(巖頭拜喝)·암두수황소검(巖頭收黃巢劍) 등의 공안으로 그의 선풍을 드러냈다. [참고문헌]『佛祖歷代通載』 권17(대정장49, p.647b1), 『釋氏稽古略』 권3(대정장49, p.843c14), 『宋高僧傳』 권23(대정장50, p.856c9), 『景德傳燈錄』 권16(대정장51, p.326a10), 『祖庭事苑』 권7(卍속장113, p.213b1), 『聯燈會要』 권21(卍속장136, p.778a1),

『五燈會元』 권7(卍속장138, p.232a15), 『祖堂集』 권7(대장경보편25, p.435a6). ⇨ 덕산선감 德山宣鑑, 사언 師彦, 암두배할 巖頭拜喝, 암두수황소검 巖頭收黃巢劍, 암두삼구 巖頭三句

전황홀 電恍惚 번개치듯 잠시 황홀함. 세간의 영화와 수명의 비유다. 『육도집경』 권6 「미륵위여인신경 彌勒爲女人身經」(대정장3, p.37c26)에 "세간의 영화란 번개치듯 황홀하지만 바로 사라지니, 영원하지 않음을 알아야 한다. 世榮若電恍惚卽滅 當覺非常", 『사천왕경』(대정장15, p.118b1)에 "수명이란 마치 번개치듯 황홀한 듯 하고는 곧장 사라진다. 壽命猶電恍惚卽滅"라고 하였다. [참고문헌] 『六度集經』, 『四天王經』.

전회 轉迴 구르고 돌다. 윤회(輪廻)의 뜻이다. 회(廻・回)로도 쓴다. 『대승의장』 권5(대정장44, p.570a21)에 "이 다섯 가지(五蓋 : 貪欲・瞋恚・睡眠・掉悔・疑)가 사람을 삼취에 구르고 돌게 하여 오래도록 생사에 잠들게 하므로 누워 있다 한다. 此五令人轉迴三趣 長寢生死 故名爲臥", 『사분율개종기』 권6(卍속장66, p.968a5)에 "일찍부터 뛰어난 업을 숭상하여 법을 듣고 깨우쳐 삶에 끝이 있음을 안다. 드디어 시작없이 구르고 돎을 싫어하여 끝이 있는 적멸을 구한다. 早崇勝業 聞法解悟 知生有邊 遂厭無始之轉迴 乃求有終之寂滅", 『종경록』 권66(대정장48, p.787a24)에 "『성유식론』 권1(대정장31, p.2b16)에서 말하길 '그렇게 유정류는 신심상속하는 번뇌업력으로 온갖 취로 돌아 구르는데, 근심과 고통에 염증을 느껴 열반을 구하여 나아간다'. 識論云 然有情類 身心相續 煩惱業力 轉迴諸趣 厭患苦故 求趣涅槃"라고 하였다. [참고문헌] 『大乘義章』, 『四分律開宗記』, 『宗鏡錄』, 『成唯識論』. ⇨ 윤회 輪廻

전후제 前後際 Ⓢ pūrvāparānta, Ⓣ sngon-gyi-mtha'-dang-phyi-ma'i-mtha'. 과거와 미래. 또는 과거와 미래 사이인 현재를 말한다. 『순정리론』 권25(대정장29, p.480c29)에 "(십이연기에서) 전제와 후제로 각각 두 지를 세우고 중제로 여덟 지를 세우기에 십이지가 된다. 무명과 행은 전제에 있어 과거생이다. 생과 노사는 후제에 있으니 미래생이다. 그 밖의 여덟 지는 중제에 있는 것이니 현재생이다. 謂前後際 各立二支 中際八支 故成十二 無明行在前際 謂過去生 生老死在後際 謂未來生 所餘八在中際 謂現在生", 『유가사지론』 권56(대정장30, p.612b21)에 "과거를 전제라 하고 미래를 후제라 하며 현재를 전후제라 하는데, 과거세에 대해서는 후제이고 미래세에 상대해서는 전제이기 때문이다. 過去名前際 未來名後際 現在名前後際 待過去世是後際 待未來世是前際故", 『대승법원의림장』 권4(대정장45, p.322c15)에 "'전후제'라 할 때 제란 때의 두둑 즉 경계로서 시를 나눈 뜻이다. … 과거와 현재세에 의지해 분별을 일으켜 전제라 헤아리고, 미래세에 의지해 분별하여 후제라 이름하고 헤아린다. 前後際者 際謂際畔 時分之義 … 謂依過去及現在世 起分別故 名計前際 依未來世 起分別故 名計後際"라고 하였다. [참고문헌] 『順正理論』, 『瑜伽師地論』, 『大乘法苑義林章』, *Yogā-bh.204*. ⇨ 전제 前際, 후제 後際, 삼세양중인과 三世兩重因果

전후제단 前後際斷 Ⓢ pūrvāntāparānta-paricchinna, Ⓣ sngon-dang-phyi-ma'i-mtha'-chad-pa. 전제와 후제로 끊어져 있다. 유위법(有爲法)은 상주(常住)하지 않고 찰나생멸(刹那生滅)하기에 과거법과 미래법 사이에 간격이 있다는 뜻이다. 『대지도론』 권71(대정장25, p.558c21)에 "색 또한 이와 같이 전후제로 끊어져 있고 수상행식도 마찬가지며, 내지 일체종지 역시 전후제로 끊어져 있다. 이와 같이 전후로 끊어져 있기에 일체법 또한 끊어져 있다. 수보리여! 이 일체법이 전후로 끊어져 있기에 이는 곧바로 적멸이고 신묘한 보배다. 이른바 공인 것이며 얻을 바 없는 것이며 갈망 다해 남음이 없다. 욕을 여의어서 열반이다. 色亦如是 前後際斷 受想行識前後際斷 乃至一切種智前後際斷 以是前後際斷故 一切法亦斷 須菩提 是一切法前後際斷故 卽是寂滅 卽是妙寶 所謂空 無所得 愛盡無餘 離欲 涅槃", 『유마경』 권상(대정장14, p.540a6 : *Vikī-n.*, p.82)에 "법에는 인(人) 있을 리 없으니 전후제가 끊어졌기 때문이다. 法無有人 前後際斷故 niṣpudgalaḥ pūrvāntāparāntāparicchinnaḥ", 『주유마힐경』 권2(대정장38, p.346a25)에 "하늘이 낳은 만물 중에서 인(人)이 가장 귀한데 처음부터 끝까지 고치지 않기에 인이라 하고, 따라서 외도들은 인을 신아라고 말하는데, 이는 시종일관 불변하는 것이다. 만약 법이 전후제로 끊어져 있다면 늘 새롭고 새로워 같지 않을 것이고, 달라져 같지 않다면 반드시 변해가지 않는 것이 없을 터이니 그런즉 다시는 인(人)이란 없다. 天生萬物以人爲貴 始終不改謂之人 故外道以人名神 謂始終不變 若法前後際斷 則新新不同 新新不同 則無不變之者 無不變之者 則無復人矣"라고 하였다. [참고문헌] 『大智度論』, 『維摩經』, 『注維摩詰經』, *Vikī-n.* ⇨ 전제 前際, 후제 後際, 전후제 前後際

전후제무지 前後際無知 Ⓢ pūrvāparānta-ajñānam, Ⓣ sngon-gyi-mtha'-dang-phyi-ma'i-mtha'-mi-shes-pa. 전제와 후제에 대한 무지. 십구종무지(十九種無知) 중 하나다. 『유가사지론』 권9(대정장30, p.322b8 : *Yogā-bh.*, p.204)에 "전후제에 대한 무지란 무엇인가? 안으로 여리를 일으키지 못하여 망설인다. '무엇이 아인가?', '아는 무엇 등인가?', '지금 이 유정은 어디에서 왔으며 당장 죽고 나면 어디로 가는가?' 하는 등의 온갖 무지를 말한다. 於前後際無知云何 謂於內起不如理猶豫 謂何等是我 我爲何等 今此有情 從何所來 於此沒已當往何所 所有無知 pūrvāparānte'jñānaṃ katamat. adhyātmamayoniśaḥ kathaṃkathībhavataḥ ke santaḥ ke bhaviṣyāmaḥ. ayaṃ sattvaḥ kuta āgataḥ. itaścutaḥ kutra gāmī bhaviṣyatīti yadajñānaṃ" 라고 하였다. [참고문헌] 『瑜伽師地論』, *Yogā-bh*. ⇨ 십구종무지 十九種無知

전후중제 前後中際　전제·후제·중제의 삼세(三世). 과거와 미래와 현재. 『유가사지론』 권14(대정장30, p.350a17)에 "과거와 미래와 현재에 대하여 단이다 상이다 하는 두 끝의 집착과 현법열반에 어리석은 사문바라문의 무명성을 드러내기 위해 삼명(宿命 天眼 漏盡)을 건립함을 알아야 할 것이다. 當知爲顯於前後中際 斷常二邊邪執 現法涅槃愚癡 沙門婆羅門無明性故 建立三明" 라고 하였다. [참고문헌] 『瑜伽師地論』. ⇨ 삼제 三際 ❶

전흔 典昕　조선후기 범어사 스님. 법호는 용곡(龍谷). 영담경주(映潭敬注 1896~?)가 1908년(융희2)에 범어사(梵魚寺)로 찾아가 용곡전흔을 은사로 하여 스님이 되었다. 『범어사총섭방함록』에 "자헌대부 축성원당을 수호하는 국일도대선사 팔도총섭 대각등계 용곡당 전흔〈경자년 8월 1일부터 신축년 8월 1일까지〉 資憲大夫祝聖願堂守護國一大禪師八道都總攝大覺登階龍谷堂典昕〈自庚子八月一日 至辛丑八月一日〉"라고 하였다. [참고문헌] 『梵魚寺摠攝芳銜錄』, 伽山智冠 『한국불교계율전통－韓國佛教戒法의 傳承』 p.351. ⇨ 경주 敬注

절 ○ ❶ 배(拜)의 순우리말. 높여 받드는 뜻의 절하는 예법으로는 대전구배(大展九拜)·대전삼배(大展三拜) 등의 큰절과 선 채로 합장하여 절하는 반배(半拜) 등이 있다. 큰절하는 법은, 먼저 합장한 자세로 반배한 다음 무릎을 꿇고 이마가 닿을 지점에 두 손을 나란히 짚으면서 엎드린다. 무릎을 꿇고 엎드릴 때 오른발이 밑으로 왼발이 위로 가도록 포갠다. 이때 두 무릎 사이는 한 뼘쯤 띄우고 양 팔꿈치는 양 무릎에 닿게 한다. 삼보를 받들어 모시는 동작으로 손바닥을 위로 하여 귀 아래까지 들어 올린 후 머리를 들고 허리를 일으켜 세우면서 본래 합장 자세를 취한다.

일어설 때에는 오른손으로 바닥(무릎)을 짚고 일어나며, 세 번 절하고 일어서서 반배의 예를 올린다. 『월인석보』 권8에 '그저긔 鴛鴦夫人이 도라 드러 王끠 술ᄫᆞᆫ대 王이 드르시고 즉자히 禮服 니브시고 ᄂᆞ라 나샤 比丘ㅅ 알픠 나ᅀᅡ가샤 세 번 절ᄒᆞ시고 請ᄒᆞ야 宮中에 드르샤 比丘란 노피 안치시고 王ᄋᆞᆫ ᄂᆞᆾ가ᄫᅵ 안ᄌᆞ샤"라고 하였다. [참고문헌] 『月印釋譜』, 『전등법요』(삼각산전등사, 2000) p.315. ⇨ 배 拜, 대전구배 大展九拜, 대전삼배 大展三拜, 삼배 三拜, 오체투지 五體投地 ❷ 사(寺)의 순 우리말. '뎔'이 '절'로 변하였다. 『월인석보』 권2에 "摩騰이 大闕에 드러 進ᄒᆞᅀᆞᄫᆞᆫ대 明帝 ᄀᆞ장 깃그샤 城ㄱ 西門 밧긔 白馬寺ㅣ라 흟 뎔 이르샤 두 쥬을 살에 ᄒᆞ시고〈… 白馬寺ㅣ라 ᄒᆞ니 寺ᄂᆞᆫ 뎌리라〉", 같은 책 권25 "臣下ᄃᆞᆯ히 議論ᄒᆞ야 四億金ᄋᆞᆯ 내야 뎌레 보내오 法益太子ㅅ아ᄃᆞᆯ 三波提太ㅣ 王 ᄃᆞ외니라"라고 하였다. [참고문헌] 『月印釋譜』. ⇨ 사 寺 ❶, 사원 寺院, 금찰 金刹 ❷

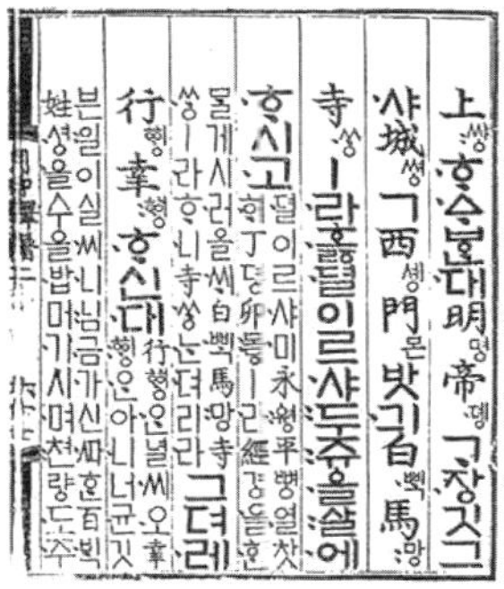

절 『월인ᄉᆞ보』 권2

『월인ᄉᆞ보』 권25

절 截　끊다. 『벽암록』 89칙 「송 頌」(대정장48, p.214b2)에 "어떤 털끝인들 그치지 않으리오〈따로따로다. 불어서 흩어버렸다. 끊어졌다!〉. 那箇毫釐兮未止〈別別 吹散了也 截〉"라고 하였다. [참고문헌] 『碧巖錄』.

절각 節角　끊어진 뿔. 생겨난 몸통을 떠나 어디에도 이어지지 않게 된 사태를 말한다. 『운문광록』 권중(대정장47, p.564b21)에 "때론 말하길 '끊어 도드라진 말할 수 있어야 비로서 얻는다. 어떻게 해야 끊어 도드라진 말인가?' 대신 답했다. '원숭이 달그림자를 잡으려 물에 떨어졌다'. 或云 節角語 須是箇人 始得 作麽生 是節角語 代云 摩斯吒落水", 『열조제강록』 권22(卍속장112, p.532a7)에 "두 존숙은 받들어 강하게 할 줄만 알았지 능히 약한 것 들어올릴 줄 모른다. 만일 일미선 짓는다면 화살처럼 지옥에 떨어질 것이며, 이와 달리 별다른 생애 있다 하더라도 얼음 새겨 옥 만드는 일과 어찌 다르지 않겠는가? 답해 보라! 끊어진 뿔은 어디에 있을까? 二尊宿 只解扶強 不能扶弱 若作一味禪 入地獄如箭 其或別有生涯 何異鏤氷作玉 且道 節角在什麽處", 『설당도행화상어』(속고존숙어요6, 卍속장119, p.131b4)에 "장경을 펼치면서 말했다. '경에 의지해 뜻 헤아리면 삼세 부처님의 원수이고, 경의 한 글자라도 떠난다면 곧바로 마구니의 말과 같아진다. 선수행자들 다들 말하기를 「눈 속에 힘줄 있고, 살가죽 아래 피가 돈다」고 하니, 도리어 옛 사람 뿔 끊어버린 곳 보았는가? 만일 보았다면 마구니의 말이거나 부처님의 원수 되어 천년 동안 본받을 귀감이겠지만, 만일 그렇지 못하다면 여러분 오늘 장경을 볼 때 한 글자 많아도 안 되고 한 글자 적어도 안 된다'. 開藏經云 依經解義 三世佛冤 離經一字 卽同魔說 禪和家總道 眼裏有筋 皮下有血 還見得古人節角處麽 若也見得 魔說佛冤 千載龜鑑 其或未然 諸人今日看藏經 多他一字不得 少他一字不得"라고 하였다. 〔참고문헌〕『雲門廣錄』, 『列祖提綱錄』, 『雪堂道行和尙語』. ⇨ 절각쟁아 折脚鐺兒, 절각효와 節角譊訛

절각당자 折脚鐺子 다리 부러진 솥. 자는 아(兒)로도 쓴다. 마음에도 살림에도 안팎으로 외양(外樣)에 걸림 없는 뜻이다. 『경덕전등록』 권23 「명초덕겸전 明招德謙傳」(대정장51, p.392c23)에 "명초가 다시 물었다. '그대는 언제 암자를 떠나려는가?' '오늘입니다' '돌아올 때 다리 부러진 솥은 누구에게 전하겠는가?' 師却問 汝什麽時離庵 曰 今朝 師曰 來時 折脚鐺子 分付與阿誰", 『증도가송』(卍속장114, p.878a15)에 "〈가〉 저 끝에 일 근심하지 마라. 〈송〉 세계 무궁하나 모두 한 손에 집어내니, 다리 부러진 솥일랑 남에게 빌리지 마라. 죽 끓이고 차 달이며 스스로 끌고 다닐 뿐. 莫愁末 世界無窮都一撮 折脚鐺兒不借人 煮粥煎茶自提掇", 『통현백문』(卍속장119, p.344b1)에 "〔문〕 다리 부러진 솥으로 살림하고 밑 빠진 주발로 삶의 끝을 이어간다. 통현암 안에 편히 앉아 있을 뿐, 산 앞의 삼씨처럼 분분한 일 상관치 않노라. 답해 보라! 편안하기 그지없는 이 누구인가? 〔답〕 공 세운 일 없이 녹이나 받는 놈일세. 問 折脚鐺兒爲活計 穿心椀子作生涯 通玄庵內安然坐 不管山前事似麻 且道安然底是甚麽人 答 無功受祿漢", 『용문불안어록』(고존숙어록30, 卍속장118, p.554b14)에 "원시자가 찬을 구하여 붙인 송 : 도 비록 빛나지만 모습은 촌스럽구나. 다리 부러진 솥 끌고 그윽한 난야에 머무노라. 元侍者求贊 道雖光明 形則山野 提折脚鐺 住深蘭若"라고 하였다. 〔참고문헌〕『景德傳燈錄』, 『證道歌頌』, 『通玄百問』, 『龍門佛眼語錄』.

절각오와 節角聱訛 끊어진 뿔에 옹이진 한마디. 문득 알아채기 어려워 짐짓 길을 잃을 수도 있는 사태. 절각효와(節角譊訛)라고도 한다. 『벽암록』 4칙 「평창 評唱」(대정장48, p.144b16)에 "설두는 저 공안 참구해 사무치고는 떨어져 나온 한 끝 옹이같은 말에 삼구 말 붙여서 잡아내 게송을 지었다. 雪竇參透這公案 於節角聱訛處 著三句語 撮來頌出", 『지월록』 권19 「영참영명장 令參永明章」(卍속장143, p.436b12)에 "여기에서 보아 사무치면 비로소 옛 사람에게 밭가는 농부의 소를 몰아내고 굶주린 사람의 음식을 빼앗는 수단이 있음을 알게 될 것이다. 요즘 사람들에게 물으면 곧바로 언구 아래 씹어 맛보고 눈썹을 찡그려 살 길 찾는다. 하지만 저 집안에 사람들 잘 살펴보면 자연히 저들 밟아간 길 알 수 있다. 천변만화 조각난 그대로 옹이진 말들이니 마주칠 때마다 벗어나는 길 있다. 到這裏 見得透 方知古人有驅耕夫之牛 奪饑人之食手段 如今人問著 便向言句下咬嚼 眉毛上作活計 看他屋裏人 自然知他行履處 千變萬化 節角聱訛 著著有出身之路"라고 하였다. 〔참고문헌〕『碧巖錄』, 『指月錄』. ⇨ 절각효와 節角譊訛

절각쟁아 折脚鐺兒 다리 부러진 솥. 보임(保任) 중의 안빈한 삶을 표상한다. 『벽암록』 25칙 「평창 評唱」(대정장48, p.165c16)에 "옛날 사람들은 도를 터득한 후에는 초가집이나 동굴에서 지냈는데, 다리 부러진 솥에다가 채소 삶아 먹으며 나날을 보냈다. 명리를 구하지도 않아 탁 터놓은 채로 연을 따라 한마디 드리울 뿐이다. 어찌 되었든 부처님과 조사의 은혜에 보답하며 불심인을 전하고자 할 뿐이었다. 古人既得道之後 茅茨石室中 折脚鐺兒內 煮野菜根喫過日 且不求名利 放曠隨緣 垂一轉語 且要報佛祖恩 傳佛心印", 『원오어록』 권8(대정장47, p.749a13)에 "다시 송 한 수를 읊었다. '산에 머물러 단지 대중과 화합함이 오직 귀할 뿐이니, 겉과 속을 통하여 밝게 하고 마땅히 가지런하고 고르게 한다. 다리 부러진 솥이라도 운 좋아 부끄럽지 않으니, 서로 손 내어 맞잡고 함께 밀고 끌어주리'. 復有頌云 住山只貴衆和諧 表裏通明應整齊 折脚鑑兒幸無恙 相憑出手共提携"라고 하였다. 〔참고문헌〕『碧巖錄』, 『圜悟語錄』, 『汾陽語錄』 권중(대정장47, p.612a2), 『景德傳燈錄』 권28 「汾州大達無業國師語」(대정장51, p.444c3).

절각효와 節角譊訛 끊어진 뿔에 알 수 없이 떠도는 말. 몸통을 떠나 떨어져 나온 뿔도 떠돌아 변하며, 다니는 말들도 모두 거듭된 인연 즉 맥락을 알 수 없게 된 사태의 비유다. 공안도 종적을 알 수 없는 사태를 헤아리는 뜻에서 원오극근(圜悟克勤)이 즐겨 쓴다. 『벽암록』 7칙 「평창 評唱」(대정장48, p.147c21)에 "설두야말로 작가다. 깨물거나 씹기 어렵고 꿰뚫거나 보기 어려운 옛 사람의 끊어진 뿔과 엉킨 한마디 송으로 읊어, 누구나 볼 수 있도록 하였으니 참으로 뛰어나다 하지 않을 수 없다. 雪竇是作家 於古人難咬難嚼 難透難見 節角譊訛處 頌出教人見 不妨奇特", 같은 책 51칙 「평창」(대정장48, p.186a21)에 "한번 묻고 한번 답하며 사로잡고

叢기도 하며 곧바로 지금에 이른다. 천하 사람들에게 끊어진 뿔에 덧붙여 말해 떠도니 분명히 떨어뜨려 내려놓지 못한다. 일러보라. 인연 끊어져 알 수 없는 그 소식 어디인가? 一問一答 一擒一縱 直至如今 天下人成節角誵訛 分疎不下 且道 節角誵訛 在什麽處", 『불과격절록』 7칙 「평창」(卍속장117, p.457a13)에 "설두는 끊어진 뿔에 떠도는 말 집어서 남들이 볼 수 있도록 하였다. 붙잡아도 머물려 하지 않고 불러도 돌아보지 않는 이라면 공안 겨우 듣자마자 기틀의 남김 없이 드러남임을 알아들어올린다. 설두노인 솜씨 살펴보라. 참으로 기특하지 않을 수 없다. 雪竇 於節角誵訛處 拈出令人見 羅籠不肯住 呼喚不回頭底漢 纔聞人擧 便知全機大用 善能拈提 看雪竇老漢 也不妨奇特", 『할당혜원광록』 권4 「기초연거사 寄超然居士」(卍속장120, p.974b15)에 "곡수의 한마디 몸소 거둬 새긴다. 동성천리지만 거듭 서로 듣는다. 끊어진 뿔에 떠도는 말, 거사는 누구와 함께 이야기 나누는지도 알지 못한다. 瀫水一言親領略 桐城千里重相聞 節角誵訛斬新句 不知居士與誰論"라고 하였다. [참고문헌] 『碧巖錄』, 『佛果擊節錄』, 『瞎堂慧遠廣錄』. ⇨ 절각오와 節角聱訛, 절각 節角, 효와 誵訛, 관문 關門

절경 截徑 헤매일 길을 끊다. 또는 다 끊고 바로 가다. 지름길. 이리저리 분별하지 않고 곧바로 이르는 길의 뜻이다. 『수산성념어록』(고존숙어록8, 卍속장118, p.251b16)에 "'어떤 것이 가장 빠른 한 길인지요?' '때론 산골짜기에 있고, 때론 나무 아래 있다'. 問 如何是截徑一路 師云 或在山間 或在樹下", 『벽암록』 60칙 「평창 評唱」(대정장48, p.192c22)에 "운문은 자세히 일러주었고, 설두는 지름길로 전하였다. 雲門 委曲爲人 雪竇 截徑爲人", 『대승본생심지관경천주』 권3(卍속장34, p.186b9)에 "법요라 하니, 부처님의 뜻으로 법을 삼고 돌아가지 않게 함이 요다. 法要者 佛旨爲法 截徑爲要", 『암흑두집』 권5 「천동밀운장 天童密雲章」(卍속장145, p.918a4)에 "천동에게 물었다. '스님께서는 다 끊고 바로 가는 길 가리켜 주시길' '그대는 어디 사람인가?' '강서입니다'. 천동이 학인을 바싹 붙들고 '강서는 이곳에서 얼마나 먼 길인가?'라고 묻자 그가 머뭇거림에 천동이 밀쳐냈다. 問 乞師指截徑處 師云 汝是甚處人 云 江西 師把住云 江西到者裏多少路 僧擬議 師推出"라고 하였다. [참고문헌] 『首山省念語錄』, 『碧巖錄』, 『大乘本生心地觀經淺註』, 『揞黑豆集』. ⇨ 경절문 徑截門

절경 節慶 명절. 경축일. 절회(節會)·절일(節日)이라고도 한다. 『로지장자인연경』(대정장14, p.822a23)에 "나는 지금 절경 축제를 맞아 술을 흠뻑 마시고 너무나 즐겁고 기쁘니, 비사문천 너머 있고 또한 제석천보다 뛰어나다. 我今節慶際 縱酒大歡樂 踰過毘沙門 亦勝天帝釋", 『법원주림』 권54(대정장53, p.694b20)에 "옛날 외국의 절경일에는 일체의 여인들이 죄다 우발라화를 지니고서 머리장식을 하였다. 昔外國節慶之日 一切婦女盡持憂鉢羅華 以爲鬘飾"라고 하였다. [참고문헌] 『盧至長者因緣經』, 『法苑珠林』.

절공관 折空觀 법을 쪼개 관하는 문. 석공관(析空觀)이라고도 한다. 『능엄경비록』 권4(卍속장20, p.198b10)에 "성문인은 절공관에 의지하여 이십오유의 제법이 연으로 생하고 연으로 멸함을 관한다. 聲聞人依折空觀觀二十五有諸法緣生緣滅"라고 하였다. [참고문헌] 『楞嚴經秘錄』, 『楞嚴經文句』 권1(卍속장20, p.441a15). ⇨ 석공관 析空觀, 이십오유 二十五有

절관론 絶觀論 저자 및 저술 연대 미상. 1권. 달마(達磨)의 이름이 붙어 있는 돈황출토본(敦煌出土本) 중 하나로, 『달마화상절관론 達摩和尙絶觀論』·『입리연문론 入理緣門論』·『보리심경상융일함론 菩提心境相融一含論』 등이라고도 한다. 마음과 경 서로 어울린다(心境相融)는 설 등 관행(觀行)을 천명한 저술이다. 문답 형식이다. 형식과 주제가 모두 돈황출토의 『무심론 無心論』과 흡사하다. 유심무심(有心無心)·범성(凡聖)·도본법용(道本法用)·공무상(空無相)·진여실상(眞如實相)·초목합도(草木合道)·실공수훈(實空受熏)·십선오계(十善五戒)·법비법(法非法)·정견(正見)·여래(如來) 등이 문답의 주제다. 마지막에는 말이 끊어진 절언전(絶言詮)의 뜻을 드러냈다. 별본은 말미에 23항의 문답을 싣고서 망상(妄想)·여래장(如來藏)·중생본법(衆生本法) 등도 다룬다. 당대 우두법융(牛頭法融 594~657)의 저작이라는 추정이 많은 동의를 얻고 있지만 분명하지 않다. 신회(神會 684~758)의 저자 무명(無名)의 설이라는 주장도 있다. 또한 P2732·P2045·P2074·P2885 등의 돈황본을 비롯하여 현재 이본(異本)은 여섯 가지로 알려져 있지만 그 제목과 내용에서 차이가 있고 필사본에 변천의 흔적도 발견된다. 여섯 가지 이본을 대교(對校)한 본문은 『선학연구 禪學研究』 58호에 게재되어 있다. ⇨ 달마대사 達磨大師

절관망수 絶觀忘守 보는 일도 끊고 지킬 것도 잊는다. 우두종(牛頭宗) 선법을 드러낸 말이다. 『경덕전등록』 권30 「우두산초조법융선사심명 牛頭山初祖法融禪師心銘」(대정장51, p.457c15)에 "보리는 본래 있으니 모름지기 지킬 일 없고, 번뇌 본래 없으니 버릴 일 없네. 신령한 지로 스스로 비추니 만법이 여로 돌아감에, 되돌릴 것도 받을 것도 없어 관할 것도 끊고 지킬 것도 잊네. 菩提本有 不須用守 煩惱本無 不須用除 靈知自照 萬法歸如 無歸無受 絶觀忘守"라고 하였다. [참고문헌] 『景德傳

燈錄』, 『諸佛世尊如來菩薩尊者神僧名經』 권36(영락장179, p.203b6). ⇨ 관 觀[1], 수 守, 우두종 牛頭宗

절구리 絶句里 댓구에 의지해 분별하길 끊는 것으로 머무는 마을로 삼다. 본제(本際)로 고향을 삼고 절구로 마을에 머문다 한다. 사구백비(四句百非)의 부정이 그 대표적 예다. 『중관론소』 권4(대정장42, p.66b8)에 "예컨대 『대품반야경』 권3(대정장8, p.237c2)에서 '행도 받지 않고, 행하지 않음도 받지 않으며, 행과 불행 받지 않고, 행하지 않음과 행하지 않는 것이 아닌 것도 받지 않으며, 나아가 받지 않음도 받지 않는다. 이를 보살무수삼매라고 하며 성문벽지불과는 함께하지 않는다'고 한 것과 같다. 묻는다. '다섯 구도 받지 않으면 어디로 돌아가는가?' 답한다. '만약 이와 같이 깨우친다면 본래 고향으로 돌아간다. 그러므로 경에서 이르길 본제는 향이요 절구는 마을이니, 중생은 흘러가는 대로 이 음신을 받으니 본향을 잃고 만다'. 如大品云 行亦不受 不行亦不受 行不行亦不受 非行非不行亦不受 乃至不受亦不受 是名菩薩無受三昧 不與聲聞辟支佛共 問 五句不受 何所歸耶 答 若能如此悟者 歸於本鄉 是故經云 本際爲鄉 絶句爲里 而衆生任運 受此陰身 已失本鄉", 『법화통략』 권중(卍속장43, p.111a5)에 "바라문이 부처님께 묻기를 '본래 고향이 어디입니까?' 하니 부처님께서 '절사구가 마을이었고, 마을의 살바야나무 아래에서 멈췄다'고 하였다. 절구마을이란 곧 중도를 말하고 살바야나무 아래에서 멈췄다는 말은 정관을 뜻한다. 婆羅門問佛 本鄉在何處 佛答曰 絶四句是里 薩婆若樹下止 絶句里者 謂中道也 薩婆若樹下止者 謂正觀也"라고 하였다. [참고문헌] 『中觀論疏』, 『大品般若經』, 『法華統略』, 『法華義疏』 권7(대정장34, p.546a22). ⇨ 사구백비 四句百非

절기 切忌 간절히 꺼리다. 『벽암록』 31칙 「송 頌」(대정장48, p.171a24)에 "여기도 그릇되었고 저기도 그르쳤으니〈눈썹 아까운 줄 알라. 령대로 행하라. 하늘 위와 하늘 아래 오로지 나 홀로 존귀하다〉, 간절히 집어 던지지 말길〈두 구멍 없는 쇠망치일세. 설령 천손대비로도 끌어내지 못한다. 혹여 집어 잡아 들기만 해도 30방 맞으리라〉. 此錯彼錯〈惜取眉毛 據令而行 天上天下 唯我獨尊〉 切忌拈却〈兩箇無孔鐵鎚 直饒千手大悲 也提不起 或若拈去 闍黎喫三十棒〉"라고 하였다. [참고문헌] 『碧巖錄』.

절기거착 切忌擧著 간절히 들먹이지 말기를. 『설봉의존어록』 권상(卍속장119, p.945a8)에 "설봉이 '내가 처음으로 염관에 가서 그가 법좌에 올라 색공의 도리 드는 것에 깨달은 구석이 있었다'고 하자 암두가 말했다. '앞으로 30년 동안 결코 들먹이지 마라'. 師曰 我初到鹽官 見上堂 擧色空義 得个入處 頭曰 此去三十年 切忌擧著", 『언계광문어록』 권상(卍속장121, p.257b8)에 "가령 노자가 호인을 교화하여 성불하도록 하였다는데, 어째서 호인이 신선의 도를 성취토록 하지 않았을까? 마침내 이 말 끝은 어디일까? 이렇게 가서 간절히 들먹이지 마라. 只如老子化胡成佛 何不化胡成道 畢竟誵訛 在甚麽處 此去切忌擧著"라고 하였다. [참고문헌] 『雪峰義存語錄』, 『偃溪廣聞語錄』. ⇨ 절기도착 切忌道著

절기도착 切忌道著 간절히 말로 드러내지 말길. 『조산어록』(대정장47, p.533c14)에 "만일 언어 중 이류라면 오고가는 말도 모두 이류다. 그런 까닭에 남전은 '지혜로도 이르지 못하는 곳 간절히 결코 말로 드러내려 하지 마라. 말로 해버리는 순간 머리에 뿔 난다(이류가 된다). 여여라고 부르면 이미 이것 변해버린다. 반드시 이류중에서 행하니, 지금 같이 저 이류중을 향해 이류중의 일들을 말하고 취할 뿐'이라 하였다. 若是言語中異類 則是往來言語盡是類 所以 南泉道 智不到處 切忌道著 道著則頭角生 喚作如如 早是變也 直須向異中行 如今須向異中 道取異中事"라고 하였다. [참고문헌] 『曹山語錄』.

절기미생시 切忌未生時 간절히 나기 전의 때가 아니길. 미생시란 부모미생전(父母未生前)으로, 가져다 쓸 것도 이어온 자취도 없어 꿈꿀 수 없는 때를 말한다. 조산사금(曹山四禁)의 게송의 구다. 『파암조선어록』(卍속장121, p.841b6)에 "밀인사라는 호를 받고 법좌에 올랐다. '공왕전에 앉지도 않고, 본래옷을 걸치지도 않는다. 어찌 또 이렇게 부를 일 있겠는가! 간절히 나기 전의 때를 잊기를'. 또 말했다. '성인의 이름도 범부의 호도 온통 다 부실한 소리일 뿐이고, 빼어난 모습 보잘 것 없는 형색 모두 꿈꾸는 색이다'. 受密印師號 上堂 不坐空王殿 不掛本來衣 何須更恁麽 切忌未生時 又道 聖名凡號 盡是虛聲 殊相劣形 皆爲幻色", 『해인소여어록』(卍속장122, p.593a17)에 "간절히 나기 전의 때가 아니길. 나기 전이라 하니, 부처도 없고 중생도 없으며 인도 없고 아도 없으며 저것도 없고 이것도 없는 때다. 다만 그저 다 섞여 그러할 뿐이다. 참으로 순수하고 청정하며 미묘하고 밝으며 광대하고 원만하니 모조리 거둔다. 더구나 그 안에 주저앉아 그것을 해탈의 뛰어난 경계라고 여겨서는 안 된다. 이곳에 이르러서는 모름지기 이 몸 뒤치는 한 길 비로소 얻게 될 줄 안다. 그렇다면 무엇이 이 한 몸 뒤치는 유일한 길인가. 조금 있다가 말했다. '푸른 물결 뽕나무밭으로 변할지라도 끝내 그대와 통할 수 없으리'. 切忌未生時 未生時 也無佛 也無衆生 也無人 也無我 也無彼 也無此 只麽渾然 好箇眞淨妙明 廣大圓攝 境界 又不可坐那裡 謂之座在解脫勝妙境界 到者裡 須知 有轉身一路始得 且如何是轉身一路 良久 任從滄海變 終不爲君通", 『경덕전등록』 권21 「계부청법전 契符淸法傳

」(대정장51, p.373a5)에 "학인이 물었다. '요즘 사람으로서 어떻게 옛 사람 기틀에 머뭇거리는가?' '호의로 그대에게 말한다. 결코 태어나기 전의 때를 벗어나길 집착하지 마라'. 僧曰 未審今時人 如何湊得古人機 師曰 好心向子道 切忌未生時"라고 하였다. [참고문헌]『破菴祖先語錄』, 『海印昭如語錄』, 『景德傳燈錄』. ⇨사금 四禁 ❷, 부모미생전 父母未生前

절기불상요 節氣不相饒 절기 서로 넘나들지 않는다. 『종용록』 1칙 「송 頌」(대정장48, p.228a17)에 "좋은 비단 짜서 봄 풍경 담더라도〈지나친 솜씨 서툰 듯하다〉, 동군이 누설한 봄소식 어쩌랴!〈음양 어긋남이 없고 절기 서로 넘나들지 않는다〉. 織成古錦含春象〈大巧若拙〉 無柰東君漏泄何〈陰陽無曲狗 節氣不相饒〉", 같은 책 79칙 「송」(대정장48, p.278a16)에 "소식 담은 바람과 우레 겨울잠에서 깨우고〈절기 서로 빼앗지 못한다〉, 말 없는 복숭아나무와 오얏나무 저절로 길을 낸다〈물 모이면 도랑 된다〉. 有信風雷催出蟄〈節氣不相饒〉 無言桃李自成蹊〈水到渠成〉", 『공곡집』 22칙 「송」(卍속장117, p.557b4)에 "한 집에 일 생겼는데 온 동네 바쁘다〈한탄하니, 슬프기까지 하다〉, 봄의 온기 돌아오는 그때 풀은 저절로 자란다〈절기 마음대로 하지 못한다〉. 一家有事百家忙〈堪嘆 堪悲〉 春暖纔迴草自長〈節氣不相饒〉", 『허당집』 52칙 「시중 示衆」(卍속장124, p.571a11)에 "북두는 국자인 듯 하고, 남두는 표주박 모습이다. 그대 짐작대로 따뜻한 해에 서늘한 바람 불고, 동지에서 한식까지의 거리는 105일이다. 이처럼 절기 서로 넘나들지 않음을 안다. 삼키고 토해낼 이 있는가? 北斗似杓 南斗似瓢 任伊斟酌 暖日涼飆 冬至寒食一百五 須知節氣不相饒 到此 莫有解呑吐者麼", 『백운수단광록』 권2(卍속장120, p.428a12)에 "법좌에 올라 말한다. '가을빛이 서늘하고 맑아 아침 저녁 더욱 쓸쓸하리라. 절기 서로 넘나들지 않음을 진실로 알아야 하니, 초야에서 도를 공부하는 인사는 배고프면 밥을 먹고 추우면 옷을 겹쳐 입지만, 세간에서 고락을 겪는 이들이 있다는 사실은 전혀 모른다. 말해 보라! 어떻게 고락을 알 수 있을까?'라고 한 뒤 이어서 말했다. '일들 눈 쫓아 그 앞을 지나가는 줄만 알 뿐 늙음이 머리끝에서 오는 줄은 모른다'. 上堂云 秋色凄清 早晩愈凉 信知節氣不相饒 林間學道之士 飢則喫飯 寒則添衣 殊不知 世間有苦樂者 且道 如何得知苦樂去 乃云 只知事逐眼前過 不覺老從頭上來"라고 하였다. [참고문헌]『從容錄』, 『空谷集』, 『虛堂集』, 『白雲守端廣錄』.

절기식 絶氣息 좌선을 하며 숨을 죽여 조절하는 것. 또는 번뇌에 가득 찬 헐떡거리는 숨을 끊어내고 새로운 전기를 마련하는 것. 『서장』 「답허사리장 答許司理狀」 제2서(대정장47, p.924c14)에 "자기 발밑은 부실한 채로 오직 다른 사람에게 마음 거둬 고요히 앉게 하고, 앉으면 숨죽이라고 가르쳐 드고롭게 하니 이런 무리 참으로 가엾다. 自己脚跟下不實 只管教人攝心靜坐 坐教絶氣息 此輩名爲眞可憐愍", 『원오어록』 권16 「시성도부뇌공열거사 示成都府雷公悅居士」(대정장47, p.788b13)에 "밥 먹는 사이, 행주좌와에 뚫어 사무치지 않음이 없어 물물마다에 간격 있을 리 없다. 텅 비어 희고 드러나 깨끗하며 단순하고 명백한 자기의 마음이라고 부르기는 하나, 다만 지키기만 할 일 아니다. 지켜 머무르면 바로 소굴에 떨어진다. 도리어 엄하게 자르고 세차게 끊어서 십분 버리고 또 버린다. 거듭 버려 거듭 밝아지고 거듭 멀리하여 더욱 가까워지니, 죽기를 무릅쓰고 거듭 목숨을 끊어 숨마저 끊긴 사람이어야 비로소 향상의 행리임을 안다. 만약 향상행리를 논하자면 오직 스스로만이 알고 아는 것 또한 세우지 않는다. 석가와 미륵, 문수와 보현, 덕산과 임제도 눈을 바로 뜨고 감히 훔쳐보지 못하니, 어찌 기특할 일이 아니겠습니까? 餉間行住坐臥 無不透徹 物物頭頭 靡有間隔 喚作乾白露淨單明自心 不可只麼守之 守住便落窠窟 却須猛割猛斷 十分棄捨 轉捨轉明 轉遠轉近 抵死打疊令斷却命去 始是絶氣息人 方解向上行履 若論向上行履 唯己自知 知亦不立 釋迦彌勒 文殊普賢 德山臨濟 不敢正眼覷著 豈不是奇特事"라고 하였다. [참고문헌]『書狀』, 『圜悟語錄』, 『宏智廣錄』 권5(대정장48, p.64b27). ⇨단식 斷息

절기혼륜탄 切忌渾崙呑 간절히 혼륜인 채로 삼켜서는 안 되리. 륜은 륜(侖·淪)과 같이 쓴다. 혼륜은 홀륜(囫圇)이라고도 하며, 만물이 낱낱이 분화(分化)되기 전의 혼돈(混沌)과 통한다. 아득한 채로써서 분별 밖에 있는 듯하지만 그대로 둘 수도 없어 어쩌지 못하는 간절하고 성성한 경계의 뜻이다. 『허당록』 권1(대정장47, p.984c25)에 "허당이 다시 말했다. '여러 선문에서는 용의 간과 봉황의 골수를 삶지만, 우리 이곳은 황량하여 공양할 거리라곤 없다. 깊은 산 절벽의 인적이 이르지 못하는 곳에서 한 물건 주워 얻어 아무 일도 없는 중에 날려버린 세월이 몇 년이나 지났는가. 오늘 밤(除夜) 생각 다한 끝에 집어내 여러분에게 세뱃돈 나눠주리'. 주장자 내리치면서 말했다. '간절히 통째로 삼키지는 말기를'. 師復云 諸方烹龍肝鳳髓 我此間荒凉 無可供養 向深山巖崖 人跡不到處 拾得一物 颺在無事甲中多年矣 今夜盡情拈出 與諸人分歲 卓主丈一下 切忌渾崙呑", 『희수소담광록』 권4(卍속장122, p.254a17)에 "대중중에 향내 맡아 다른 줄 아는 사람 있는가? 만일 있다면 매화가 봄소식 미리 알지만 혹독한 추위 마친 후 꽃 피우리라 기대하지 않는다. 만일 없다 해도 과일 먹을 때 결코 통째로 대추를 삼키듯 하지는 마라. 衆中莫有 知香別臭底麼 若有 野梅知得先春信 不待凝寒已放花 如無 喫果子時 切

忌渾崙吞却棗", 『요당유일어록』 권2(卍속장123, p.912b14)에 "시주가 절에 들러 장주·도사에게 감사의 뜻을 전하자 법좌에 올라 말했다. '삼계이십오유도 번뇌 수고롭게 하여 났고, 육바라밀문에서는 보시를 최고라 하였다. 일대장교에 갖춰 밝힌 문구다'. 주장자를 잡고 말했다. '양기의 밤송이를 통째로 삼키지 마라'. 施主至 幷謝藏主都寺 上堂 三界二十五有 因塵勞而生 六波羅密度門以布施爲最 一大藏教 具有明文 拈主丈 楊岐栗棘蓬 切忌渾崙吞", 『영기어록』 권4(가홍장39, p.441b4)에 "낙당사가 주장자를 보이며 말했다. '눈 있으면 모두 본다'. 주장자 내리치며 말했다. '귀 달린 사람은 모두 듣는다! 아득한 저 덩어리 결코 통째로 삼키지 마시길'. 落堂師呈拄杖云 有眼皆見 卓拄杖云 有耳咸聞 向上一著子 切忌囫圇吞"라고 하였다. 〔참고문헌〕『虛堂錄』, 『希叟紹曇廣錄』, 『了堂惟一語錄』, 『靈機語錄』.

절단각근 截斷脚跟 발꿈치 끊어내다. 끊어 없애 걸어 헤맬 수 없게 하다. 『종용록』 29칙 「본칙 本則」(대정장48, p.246a17)에 "조사의 마음도장 그 모습 무쇠소의 기틀인 듯 하다〈바늘 들어갈 틈이 없다〉. 떼어낸즉 인장이 남고〈콧구멍 비트는군〉, 머문즉 도장이 부서진다〈발꿈치를 끊는다〉. 뗄 수도 머물 수도 없으니 찍어야 하나 찍지 말아야 하나〈진흙 속에서 흙덩이를 씻는다〉 祖師心印 狀似鐵牛之機〈針劄不入〉 去卽印住〈拽迴鼻孔〉 住卽印破〈截斷脚跟〉 只如不去不住 印卽是 不印卽是〈泥裏洗土塊〉", 『불조역대통재』 권19(대정장49, p.675a10)에 "'부처란 무엇인가?' '발꿈치를 끊어내라'. 又問 如何是佛 師曰 截斷脚跟", 『서중무온어록』 권1(卍속장123, p.813b12)에 "이렇게 오는 이 발꿈치 끊어내고, 이렇게 오지 않는 이는 콧구멍 꿰버린다. 恁麽來者 截斷脚跟 不恁麽來者 穿却鼻孔", 『밀암어록』(대정장47, p.969c7)에 "'병졸은 지휘 따라 움직이고, 장수는 분부 좇아 행한다' '반드시 발꿈치 끊어내야 하리' '그렇게 한즉 짚신은 용상 모퉁이에 높이 걸어두고 앉은 채 가장 높은 봉우리 떨치고 날아가겠군요' '소리 있기 전도 말한 후도 일시에 거둔다'. 進云 兵隨印轉 將逐符行 師云 直須截斷脚跟 始得 進云 恁麽則草鞋高掛龍床角 坐振飛來第一峯 師云 聲前句後一時收"라고 하였다. 〔참고문헌〕『從容錄』, 『佛祖歷代通載』, 『恕中無慍語錄』, 『密菴語錄』. ⇨ 인주인파 印住印破

절단중류 截斷衆流 온갖 흐름 끊어 다하다. 운문삼구(雲門三句) 또는 덕산삼구(德山三句) 중 하나다. 『벽암록』 27칙 「평창 評唱」(대정장48, p.167c20)에 "그대가 만약 저(운문) 삼구중에 나아가 구한다면, 뒤통수에 박힌 화살을 뽑아낼 것이다. 저 일구중에 반드시 삼구 온전하니 함개건곤구·수파축랑구·절단중류구 자연스레 맞아 어울린다. 爾若去他三句中求 則腦後拔箭 他一句中 須具三句 函蓋乾坤句 隨波逐浪句 截斷衆流句 自然恰好", 『운문광록』 권하 「송운문삼구어 頌雲門三句語」(대정장47, p.576b24)에 "절단중류 : 켜켜이 쌓아 올린 산악 밀려 낱낱은 온통 끝내 티끌 먼지라네. 다시 현묘함 헤아려 논하려 하면 얼음 녹듯 기와 깨지듯 하리. 截斷衆流 堆山積岳來 一一盡塵埃 更擬論玄妙 氷消瓦解摧", 『인천안목』 권2(대정장48, p.312b6)에 "무엇이 절단중류구인가? 귀종혜통(歸宗慧通)이 말했다. '강철 뱀이 옛길 가로지른다'. 삼조충회(三祖冲會)가 말했다. '물 샐 틈 없다'. 운거문경(雲居文慶)이 말했다. '닥쳐 피할 수 없다!'. 수산성념(首山省念)이 말했다. '범성으로도 통할 수 없다'. 또 말했다. '스며 합하고 놓아 가버린다'. 또 말했다. '삼계 밖에 몸을 뉘인다'. 천주수정(天柱脩靜)이 말했다. '어제 찬바람 일더니 오늘 아침 온통 서리 뒤덮인 땅뿐이다'. 如何是截斷衆流句 宗云 銕蛇橫古路 祖云 水泄不通 居云 窄 山云 不通凡聖 又云 泊合放過 又曰 橫身三界外 柱云 昨日寒風起 今朝括地霜", 『오가종지찬요』 권하(卍속장114, p.555a15)에 "절단중류구 : 본래 알아 마칠 수 있는 일 아니니, 한 글자 쓸 일 없고 만 갈래 기틀마저 몰록 그친다. 말과 생각의 길 끊어져 온갖 알음알이 남을 일 없어 현중에도 현이다. 무엇이 절단중류구인가? 삼산등래(三山燈來)가 말한다. '물 한방울 새지 않는다. 송으로 읊는다. 절단중류의 뜻 무엇인가? 한 자만 헤아려도 허다한 뜻 이미 생겨나네. 밀고 당기며 알아 마친다 한들 헛되고 수고로울 뿐이니, 기꺼이 길목 지키지만 놓아 가게 둔다'. 截斷衆流句 本非解會 排遣將來 不消一字 萬機頓息 言思路絶 諸見不存 玄中玄也 如何是截斷衆流句 三山來云 不通一滴 頌曰 截斷衆流意若何 算來一字已成多 推排解會徒勞力 肯把要津放得過"라고 하였다. 〔참고문헌〕『碧巖錄』, 『雲門廣錄』, 『人天眼目』, 『五家宗旨纂要』, 『景德傳燈錄』 권22 「德山緣密傳」(대정장51, p.384c25). ⇨ 운문삼구 雲門三句, 덕산삼구 德山三句, 수파축랑 隨波逐浪 ❶

절대 絶待 마주함 끊다. 마주할 일 없이 하다의 뜻으로 근과 경(根境)으로도 끊고 경과 경(境境)으로도 끊으며, 말과 생각마저도 다 끊고(言思路窮) 현묘(玄妙)라도 세우지 않는 뜻이다. 『정명현론』 권4(대정장38, p.880a12)에 "무엇을 절대라고 하는가? 답한다. 참으로 크다 함은 작음도 끊고 큼도 끊는다. 그러므로 절대라 이름한다. 何名絶待 答 此大絶小絶大 故名絶待", 『금광명경』 「서문 序文」(대정장16, p.335a7)에 "저 영명한 마음은 마주함 끊고 만물도 사라지게 하니 홀로 우뚝하다. 그윽히 행함 헤아릴 수 없고 온갖 연을 널리 나툰다. 夫靈心絶待 泯萬物而獨存 妙行難思 諸緣普現", 『섭대승론석』 「서문 序文」(대정장31, p.152b11)에 "이치로는 반드시 마주할 일 없지만 크다(大)는 말 빌려서 부르기에 '대승'이라고 한 것이다. 理必絶待 假大稱之 名曰大乘", 『천여유칙어록』 권4 「증천태종무애변사 贈天台宗無礙辨師」(卍속장122, p.870b7)에 "이라 해도 걸림없고 사라 불러도 걸림없다. 진실한 경이라 해도 무애하고, 보아 아는 지혜 무애하며 내지는 말해도 무애하고 그 뜻마저도 무애하다. 천차만별이 한껏 무애하여 무애의 무 또한 없으니, 이를 절대의 진실한 무애라고 한다. 이 정도 되면 왕노사의 턱 아래 눈썹이 있는지 없는지 점검해보아야 한다. 만약 이 절대의 자리에서 알아차린다면 저 가던 사람 어느덧 천이나 되는 산봉우리 밖에 있으리. 理也無礙 事也無礙 諦境也無礙 觀智也無礙 乃至辭無礙 義無礙 千差萬別俱無礙 無礙之無亦復無 是名絶待眞無礙 到與麽時 更須點檢王老師頷下眉毛在不在 若於絶待處承當 行人猶在千峯外", 『직주설두송고』 「경절직주사가송고서 梵絶直註四家頌古敍」(卍속장117, p.507a17)에 "말과 생각의 길 다하면 그 이름 절대다. 바탕에 스며 사사로움이 없어야 뜻 없는 길이라고 한다. 생각해 헤아리지 않아서 곧바로 내려받아 임하니, 현묘마저 세우지 않아서 저 태양처럼 곧바로 가리킨다. 言思路窮 名爲絶待 貼體無私 名無意路 不犯思議 直下承當 不立玄妙 當陽直指"라고 하였다. 〔참고문헌〕『淨名玄論』, 『金光明經』, 『攝大乘論釋』, 『天如惟則語錄』, 『直註雪竇頌古』. ⇨ 절대 絶對, 비대 非待[1], 상대 相待, 대대 待對

절대 絶對 서로 마주함을 끊다. 구별해 마주하는 경계가 끊어진 사태를 말한다. 『대승의장』 권10(대정장44, p.669c17)에 "연 이미 있지 않으면 진 또한 마주할 일 없게 된다. 절대진심 설하여 보살반야의 정체라고 한다. 緣旣不有 眞亦亡對 絶對眞心 說爲菩薩般若正體", 『대반열반경의기』 권10(대정장37, p.890b5)에 "검은 것 마주해야 희다는 이름이 있어 두 가지 뜻이 있게 된다. 유루의 선은 나쁜 것에 대하여 좋다고 하고, 무루는 흑백 쌍으로 마주해서 흑도 아니고 백도 아니어서 또 절대라 한다. 對黑名白 是二義也 有漏之善 對黑名白 無漏雙對是故 名爲不黑不白 又此絶對 是故 亦名不黑不白"라고 하였다. 〔참고문헌〕『大乘義章』, 『大般涅槃經義記』. ⇨ 절대 絶待, 상대 相對

절대묘 絶待妙 천태(天台)에서는 『묘법연화경』의 '묘(妙)'의 의미를 절대묘로 정의하였다. 『법화현의』 권2(대정장33, p.704b22)에 "온갖 추가 모두 묘여야 절대묘다. 諸麤皆妙 絶待妙也", 같은 책 권5(대정장33, p.743c9)에 "대비할 만한 조잡함이 없어야 바로 절대묘이다. 無麤可待 卽絶待妙也", 『법화현론』 권3(대정장34, p.371c27)에 "절대묘란 거칠지도 않고 묘하지도 않아서 어떤 글자로도 알 수 없어 굳이 '묘'라고 이름 붙였다. 絶待妙者 非麤非妙 不知何以字之 故强名爲妙", 『종경록』 권9(대정장48, p.462a18)에 '묘를 깨우칠 때 법계 밖에 어떤 법도 없고 의론마저 끊어진 것을 분명히 안다 하였으니, 유문(有門)에 의지하여 끊음을 밝힌 것이다. 끊음도 또한 끊음이니 이것은 공문에 의지하여 절을 밝힌 것이다. 마치 준마는 채찍을 보기만 해도 달리니 채찍을 들 일 없는 것과 같다. 이것을 절대묘라 한다. 妙悟之時 洞知法界外無法而論絶者 約有門明絶也 是絶亦絶 約空門明絶也 如駃馬見鞭影 無不得入 是名絶待妙也"라고 하였다. 〔참고문헌〕『法華玄義』, 『法華玄論』, 『宗鏡錄』. ⇨ 상대묘절대묘 相待妙絶待妙, 대절이묘 待絶二妙, 법화이묘 法華二妙, 상대묘 相待妙

절대부사의 絶待不思議 상대(相待)를 끊어서 생각이나 말로 접근할 수 없다는 말. 『대반열반경소』 권9(대정장38, p.92a16)에 "여기에서 대(大)라 하니 마주할 것을 끊어서 사의할 수 없는 대임을 알아야 할 것이다. 當知此大 乃是絶待不思議大", 『유마경약소』 권7(대정장38, p.667c14)에 "번뇌를 끊어서 해탈을 밝힌다면 곧 상대다. 원교에는 자성을 따라서 번뇌를 끊지 않고 해탈을 밝히니 바로 절대부사의다. 서로 마주하는 것이 바로 사유할 수 있는 부사여서 다 사의라 할 수 있다. 절대야말로 생각할 수 없는 부사이니, 곧 진실한 부사의다. 約斷結以明解脫 卽是相待 圓教隨自 約不斷結以明解脫 卽是絶待不思議也 相待卽是有思之不思 皆是思議 絶待卽是無思之不思 是眞不思議", 『아미타경요해편몽초』 권중(卍속장91, p.934a10)에 "정토의 즐거움은 절대부사의락이다. 고를 마주할 일이 없기 때문이고 무릇 즐거움이란 고를 마주해 드러나는데 정토에는 고가 없으니 무엇을 낙이라고 하겠는가? 그래서 사바세계의 극렬한 고를 상대해야 정토극락을 드러낸다. 淨土之樂 乃絶待不思議樂 無苦可待故 夫樂者 對苦而顯 淨土無苦 何得稱樂 乃對娑婆極苦 而顯淨土極樂也"라고 하였다. 〔참고문헌〕『大般涅槃經疏』, 『維摩經略疏』, 『阿彌陀經要解便蒙鈔』. ⇨ 절대 絶待, 부사의 不思議, 상대 相待

절대영심관 絶待靈心觀 온갖 마주한 것들을 끊고 영심으로 관하다. 원각삼관(圓覺三觀) 중 하나다. 『원각경대소』 권하(卍속장14, p.349b7)에 "절대영심관〈진망을 가늠하지 않고 유공으로 상대하지 않아서 곧장 영지로 관행을 삼는다. 경문에 '환화와 모든 깨끗한 상마저도 취하지 않는다'고 하였으며, 또 '애와 무애경을 훌쩍 뛰어넘는다'고 하였으며, 또 '번뇌와 열반이 서로 머물러 꺼리끼지 않는다'고 하였다. 모두 마주함을 끊은 뜻으로 알고 깨닫고 밝힐 것이 없다는 말이니 곧 영심이다〉. 絶待靈心觀〈非關眞妄 不對有空 直照靈知而爲觀行 文云 不取幻化 及諸靜相 又云 超過礙無礙境 又煩惱涅槃 不相留礙 皆絶待義也 言無知覺明 卽靈心也〉", 『원각경협송집해강의』 권7(卍속장87, p.889a1)에 "〈경〉 이 방편을 선나라고 한다. 〈강의〉『원각경대소』에서는 '한역하여 정려라고 한다'고 하였고, '절대영심관이라고 한다'라고 하였다. 서촉부암휘선사가 말하였다. '범어 선나는 한역하면 정려이다. 대체로 정은 정관이고 려는 환관이다. 만약 이 적관을 닦는다면 앞의 두 관을 즉하지도 않고 또한 떠나지도 않는다'. 此方便者 名爲禪那 圓覺疏曰 此云靜慮 又名絶待靈心觀 西蜀復庵暉禪師曰 梵語禪那 此云靜慮 盖靜是靜觀 慮是幻觀 若修此寂觀 不卽前二觀 亦不離前二觀"라고 하였다. 〔참고문헌〕『圓覺經大疏』, 『圓覺經夾頌集解講義』. ⇨ 삼관 三觀 ■

절대정 絶待正 마주하거나 기다림마저 모두 끊어 바른 것. 삼정(三正) 중 하나다. 『삼론현의』(대정장45, p.7b25)에 "한편으로 치우친 병통마저 버려서 바르다 하는 것마저 머물지 않게 한다. 치우침도 아니고 바름도 아니어서 무엇으로 찬미할지 알 수 없기에 굳이 찬탄하여 바르다 할 뿐이니, 이를 절대정이라 한다. 偏病旣去 正亦不留 非偏非正 不知何以美之 强嘆爲正 謂絶待正也"라고 하였다. 〔참고문헌〕『三論玄義』. ⇨ 삼정 三正

절대중 絶待中 마주한 것마저 끊어 치우침 없이 하는 중. 사중(四中)의 하나다. 『삼론현의』(대정장45, p.14b27)에 "절대중이란, 애초에 치우친 병통을 상대하여 '중'이 있는 것이다. 치우친 병통을 버리면 '중' 또한 세우지 못하니, 중도 아니고 편도 아니다. 중생이 나갈 수 있게 해서 굳이 '중'이라고 이름 붙였으니, 이것이 절대중이다. 絶待中者 本對偏病 是故有中 偏病旣除 中亦不立 非中非偏 爲出處衆生 强名爲中 謂絶待中", 『화엄경소초』 권89(대정장36, p.693a5)에 "두 극단을 떠나면 이미 바로 중도이나, 또한 중도라고 할 것도 잊어야 절대중이다. 旣離二邊 已是中道 亦亡中道 絶待中也"라고 하였다. 〔참고문헌〕『三論玄義』, 『華嚴經疏鈔』, 『三論遊意義』(대정장45, p.120a3). ⇨ 사중 四中

절대지관 絶待止觀 마주할 것이 끊어진 지와 관. 일대사지관(一大事止觀). 상대지관(相待止觀)과 대칭한다. 부사의지관(不思議止觀), 무생지관(無生止觀) 등이라고도 한다. 『마하지관』 권3(대정장46, p.22a14)에 "절대지관이라 말하였다. 종횡으로 마주할 것들을 끊고 모든 생각과 논의도 끊으며 모든 번뇌와 업과 과를 끊었으며 제교의 관증도 끊어 온통 불생이다. 그러므로 '지'라고 말은 하지만 '지' 또한 얻을 수 없으며 '관' 어둠 대하듯 한 경이어서, 경 이미 적멸청정이어서 오히려 청정할 것이 없으니 어떻게 관할 일이 있겠는가? 그치고 관할 것이 오히려 없다. … 그러므로 절대지관이라고 하며 또한 부사의지관이라고도 하고 무생지관이라고도 하며 일대사지관이라고도 한다. 그러므로 이렇게 대사도 소사에 마주한 뜻이 아니니, 비유하자면 허공은 소공과 상관없이 '대'란 이름을 얻는다. 지관도 또한 그러하여, 어둡고 어지러운 것과 상관없이 지관이라고 한 것이다. 마주할 것이 없고 오롯이 한 법계이기에 절대지관이라 한다. 言絶待止觀者 絶橫竪諸待 絶諸思議 絶諸煩惱諸業諸果 絶諸敎觀證等 悉皆不生 故名爲止 止亦不可得 觀冥如境 境旣寂滅淸淨 尙無淸淨 何得有觀 止觀尙無 … 故名絶待止觀 亦名不思議止觀 亦名無生止觀 亦名一大事止觀 故如此大事 不對小事 譬如虛空 不因小空 名爲大也 止觀亦爾 不因愚亂 名爲止觀 無可待對 獨一法界 故名絶待止觀也"라고 하였다. 〔참고문헌〕『摩訶止觀』, 『止觀輔行傳弘決』 권3(대정장46, p.219a29). ⇨ 상대지관 相待止觀, 절대 絶待, 지관 止觀, 일대사인연 一大事因緣

절두 截頭 달차시라국(呾叉始羅國 Ⓢ Takṣaśilā)의 한역어. 『사분율명의표석』 권11(卍속장70, p.556b5)에 "득찰시라국 : 득차시라·축찰시라·달차시라라고도 하는데, 모두 범음을 가볍거나 강한 소리로 격변화한 것이다. 『법현전』에서 '축찰시라는 한역하여 절두라고 한다. 부처님께서 보살일 때 이곳에서 머리를 다른 이에게 보시하셨기에 이런 이름이 생겼다'고 하였다. 得刹尸羅國 或作得叉尸羅 或作竺刹尸羅 又作呾叉始羅 皆梵音輕重聲之轉也 法顯傳云 竺刹尸羅 漢言截頭也 佛爲菩薩時 於此處 以頭施人 因以爲名"라고 하였다. 〔참고문헌〕『四分律名義標釋』, 『法顯傳』 권1(대정장51, p.858b7). ⇨ 달차시라국 呾叉始羅國, 석실국 石室國, 건다라 乾陀羅 ■

절량식 節量食 Ⓢ nāmantika, Ⓣ 'phying-ba-pa. 먹을 수 있는 양 또는 먹고 싶은 양을 다 채우지 않고 끊어 적게 먹는 일. 십이두타행(十二頭陀行) 중 하나다. 『대지도론』 권68(대정장25, p.537c24)에 "어떤 사람이 비록 하루에 한 번만 먹더라도 탐내는 마음으로 지나치게 많이 먹으면, 배가 부르고 기가 막혀서 도 행함을 막아 못하게 한다. 이 때문에 양을 끊어 먹는 법을 받아들인다. 양을 끊는다는 것은 간략하게 말하면 먹을 수 있는 양의 3분의 1은 남기는데, 이러면 몸이 가볍고 편안해지며 쉽게 소화하여 탈이 없고 몸에 손상이 없으므로 도를 행함에 막히지 않는다. 有人雖一食 而貪心極噉 腹脹氣塞 妨廢行道 是故受節量食法 節量者 略說隨所能食 三分留一分 則身輕安穩 易消無患 於身無損 則行道無廢", 『대승의장』 권15(대정장44, p.765a17)에 "양을 줄여서 적게 먹기에 절량식이라고 한다. 節儉少食 名節量食"라고 하였다. 〔참고문헌〕『大智度論』, 『大乘義章』, *Mvyut.49.* ⇨ 일단식 一揣食, 십이두타행 十二頭陀行

절려망연 絶慮忘緣 염려 끊고 연마저 잊는다. 『조당집』 권3 「나찬화상낙도가 懶瓚和尙樂道歌」(대장경보편2

5, p.353a8)에 "나에게 한 마디 있을 뿐이니, '염려함 끊고 연도 잊는다'이다. 뛰어난 말솜씨로도 얻을 수 없으니 다만 마음으로 전할 뿐이다. 吾有一言 絶慮忘緣 巧說不得 只用心傳", 『선가귀감』(한불전7, p.635c12)에 "〈본칙〉 내가 간직하는 한 마디 말이 있으니, '사려를 끊고 연을 잊는다'는 말이다. 올연히 일 없이 앉으니 봄이 와서 풀은 저절로 푸르다. 〈평창〉 염려 끊고 연마저 잊은 이는 마음으로 얻는다. 이른바 한도인이다. 아하, 그 사람됨이여! 본래 연도 없고 일도 없어서, 배고프면 먹고 노곤하면 잔다. 맑은 물 푸른 산을 뜻대로 노닐며 어촌이든 주점이든 자유롭고 편안하다. 연대도 갑자도 죄다 알지 못하나 봄이 오면 옛 그대로 풀 저절로 푸르다. 이는 한 생각 돌이켜 빛나는 이 따로 찬탄한 것이다. 〈송〉 아무도 없다 함 가져다 마침 한 사람 있다 한 것이다. 吾有一言 絶慮忘緣 兀然無事坐 春來草自靑 絶慮忘緣者 得之於心也 所謂閒道人也 於戱 其爲人也 本來無緣 本來無事 飢來卽食 困來卽眠 綠水靑山 任意逍遙 漁村酒肆 自在安閑 年代甲子總不知 春來依舊草自靑 此別歎一念廻光者 將謂無人 賴有一箇"라고 하였다. [참고문헌] 『祖堂集』, 『禪家龜鑑』, 『圜悟語錄』 권18(대정장47, p.796c19), 『宗鏡錄』 권98(대정장48, p.941c29). ⇨ 절언절려 絶言絶慮, 언망려절 言亡慮絶

절로가 折路迦 자벌레. 절루충(折樓蟲)이라고도 한다. 『대비바사론』 권69(대정장27, p.358a9)에 "[문] 분별론자는 어떻게 응리론자가 벌려 놓은 허물과 힐난을 풀고 통하여 중유는 결코 없다고 주장하는가? [답] 사유를 좇아 생유의 때에 이르러 반드시 생유를 얻어야 비로소 사유를 버린다. 마치 절로가가 풀이나 나무 등에 올라가는 경우에 먼저 앞발을 딛고서 비로소 뒷발을 옮기는 것과 같다. 그러므로 사유와 생유의 중간에 끊어지는 허물은 없다. 問 分別論者 云何釋通 應理論者 所設過難 而執中有 決定爲無 答 諸從死有 至生有時 要得生有 方捨死有 如折路迦 緣草木等 先安前足 方移後足 是故 死生中 無斷過"라고 하였다. [참고문헌] 『大毘婆沙論』, 『阿毘曇毘婆沙論』 권36(대정장28, p.265a14). ⇨ 절루충 折樓蟲, 중음 中陰

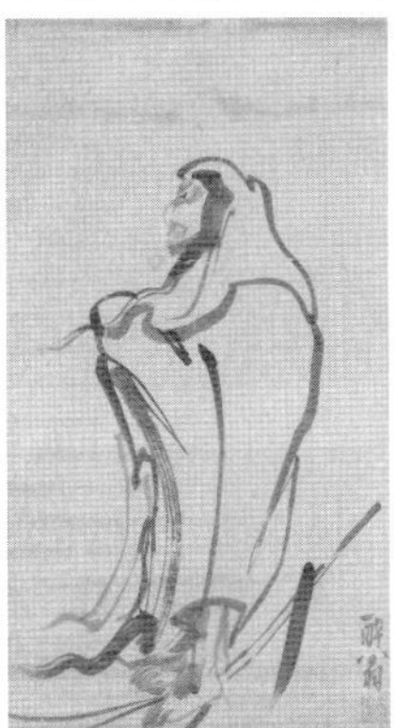
김명국作 절로도강도
국립중앙박물관

절로도강 折蘆渡江 갈대 꺾어 강을 건너다. 『불조통기』 권37(대정장49, p.350b1)에 "양무제가 알지 못했다〈원오극근이 말하였다. '양무제는 딱 떨어진 곳을 알지 못하였다'〉, 달마대사는 강을 건너 위로 가버렸다〈원오극근이 말하였다. '후대의 사람들이 전하기를 갈대를 꺾어서 강을 건넜다고 하는데, 출전은 상세하지 않다'〉. 帝不契〈圜悟云 帝不知落處〉 師遂渡江入魏〈圜悟云 後人傳折蘆渡江 未詳所出〉", 『조선불교통사』 권3(대장경보편31, p.598b7)에 "고려 공민왕은 그림을 잘 그렸는데, 달마가 갈대 꺾어 강을 건너는 그림과 보현보살이 어금니가 여섯인 흰 코끼리를 타고 있는 그림을 그려서 구곡각운선사에게 드렸다. 高麗恭愍王善畵 畵達磨折蘆渡江圖 普賢六牙白象圖 賜龜谷覺雲禪師"라고 하였다. [참고문헌] 『佛祖統紀』, 『朝鮮佛敎通史』, 『碧巖錄』 1칙 「評唱」(대정장48, p.140c3). ⇨ 달마대사 達磨大師, 달마절로도강도 達摩折蘆渡江圖

절루정 截縷淨 가사를 보시 받음에 이미 입던 가사의 해진 조각을 새로 받은 가사에 덧붙여 거듭 가사를 수지하지 않음을 표시하는 일이다. 삼종정(三種淨 : 截縷淨·染淨·靑淨) 중 하나다. 정(淨)이란 여법(如法)히 하는 작정(作淨)을 말한다. 『마하승기율』 권18(대정장22, p.369a17)에 "세존께서 다음과 같이 물으셨다. '비구여, 무엇을 하려고 하는가?' '염즙을 끓여 교사야의를 물들이려고 합니다'. 이에 부처님께서 이렇게 말씀하셨다. '교사야의는 섬세하고 부드럽고 염즙은 거칠고 껄끄러우니, 이 교사야의를 훼손할 것이다'. 부처님께서 말씀하셨다. '오늘부터 교사야의는 두 가지로 깨끗하게 할 것이다. 잘라 덧붙여서 잇는 것과 푸르게 물들여 표시하는 일이다'. 比丘 欲作何等 答言 煮染汁欲染憍舍耶衣 佛言 憍舍耶軟細 染汁麤澁 損壞此衣 佛言 從今日後 憍舍耶衣 作二種淨 截縷淨 靑淨"라고 하였다. [참고문헌] 『摩訶僧祇律』. ⇨ 가사 袈裟, 작정 作淨 ❶

절루충 折樓蟲 자벌레. 절로가(折路迦)·사루거충(闍樓佉蟲)이라고도 한다. 『잡아비담심론』 권11(대정장28, p.963a14)에 "저 그림자와 같다고 한 것은 마치 달은 지극히 멀지만 그 그림자가 물속에 나타나는 것처럼 저 달이 와서 이 물속에 다다른 것은 아니다. 이와 같이 사음과 생음도 그림자와 같아서 중생이 태어나는데 어찌 중음이 할 일이 있는가라고 한다면, 이것도 그렇지 않다. 왜냐하면 저것(사음과 생음)인 즉 함께하면 잘못이다. 달과 물은 함께 할 수 있지만 사음과 생음은 함께 하지 못하기에 허물이 된다. 안식과 발바닥의 신식의 비유 또한 이와 같다. 만약 먼저 생음을 취하고 사음을 버리는 것이 마치 절루충과 같다고 한다면 그렇지 않다. 왜냐하면 태어날 곳이 다르지 않고 두 식이 합해야 하는 허물이 되기 때문이다. 그러므로 중음이 있어야 한다고 한다. 若言如影者 如月極遠 影現水中 非彼月來至水中 如是死陰生陰如影 衆生生何用中陰爲者 此亦不然 何以故 彼則有俱過 月及水俱 死陰生陰不俱 是故有過 眼識足下身識譬亦如是 若先取生陰 而捨死陰 如折樓虫者不然 何

以故 趣不別及二識合過故 是故 說有中陰", 『일체경음의』 권72(대정장54, p.777c13)에 "절루충〈심상·척확·상합·보굴이라고도 한다〉. 折樓蟲〈一名尋桑 亦名蚇蠖 或云桑闔 或云步屈〉"라고 하였다. 〔참고문헌〕『雜阿毘曇心論』, 『一切經音義』. ⇨ 절로가 折路迦, 중음 中陰

절류기 截流機 류를 끊는 기틀. 절류는 절단중류(截斷衆流)라고도 한다. 『임제록』(대정장47, p.497a16)에 "'무엇이 제2구입니까?' '문수보살이 어찌 무착선사의 물음을 용납하겠는가? 물거품이 어찌 흘러 넘치는 기틀을 짊어지겠는가!' 問 如何是第二句 師云 妙解豈容無著問 漚和爭負截流機", 『원오심요』 권상 「시보령정장로 示報寧靜長老」(卍속장120, p.708a3)에 "소리도 삼키고 자취도 없애 한 털 끝 남기지 않지만 능히 쳐서 물과 물결 거스르고 넘쳐 흐르는 기틀 끊어 나른다. 呑聲削迹不留毫末 而能鼓逆水波 運截流機", 『석계심월어록』 권중(卍속장123, p.88a2)에 "학인이 향림에게 물었다. '무엇이 방안에 등잔불 하나인지요?' '세 사람이 입증하면 거북이도 자라가 된다'는 말을 들고 읊었다. '방안의 외로운 등불 다만 스스로 비춰 알지만, 류에 들어서는 반드시 흐름의 기틀 가려 끊어야 하리. 하늘 멀리 날아가는 한 발의 화살 세 관문 밖으로 난다. 옥토끼와 금까마귀도 감히 날지 못한다'. 擧 僧問香林 如何是室內一盞燈 林云 三人證龜成鱉 頌云 室內孤燈只自知 入流須辨截流機 遼天一鏃三關外 玉兎金烏不敢飛"라고 하였다. 〔참고문헌〕『臨濟錄』, 『圜悟心要』, 『石溪心月語錄』. ⇨ 절단중류 截斷衆流

절륜 絶倫 겨룸을 끊다. 무엇으로도 견줄 수 없는 뜻이다. 『방광대장엄경』 권1 「승족품 勝族品」(대정장3, p.542c24)에 "여인이 서른두 가지 공덕을 성취하면 보살의 어머니가 될 것이니, 어떤 것들이 서른두 가지 덕인가? … 여섯 번째는 단정하여 겨룸을 끊었다. 若有女人成就三十二種功德 當爲菩薩之母 何等名爲三十二德 … 六者端正絶倫", 『출요경』 「서문 序文」(대정장4, p.609c1)에 "계빈국 사문 승가발징은 전진 건원 19년(383)에 파미르 고원을 넘고 타클라마칸 사막을 건너서 이국만리를 멀다 여기지 않고 장안에 이르렀다. 그가 기억해 아는 것이 풍부하고 넓어 짝함을 끊는다. 有罽賓沙門僧伽跋澄 以前秦建元十九年 陟葱嶺涉流沙 不遠萬里 來至長安 其所闇識 富博絶倫"라고 하였다. 〔참고문헌〕『方廣大莊嚴經』, 『出曜經』, 『宗鏡錄』 권99(대정장48, p.951a1). ⇨ 무등륜 無等倫, 등륜 等倫

절막 切莫 간절히 하지 않다. 『선관책진』 「구주걸봉우선사시오대선강주 衢州傑峯愚禪師示五臺善講主」(대정장48, p.1103b11)에 "하루 종일 회광반조하여 다만 이 마음도 아니고 사물도 아니며 부처도 아닌 것을 간수하며 '이것은 무엇일까'라는 의문을 품되, 절대 밖을 향해 찾지 마라. 十二時中 回光返照 但看箇不是心 不是物 不是佛 是箇甚麽 切莫向外邊尋討"라고 하였다. 〔참고문헌〕『禪關策進』, 『無門關』(대정장48, p.297b19).

절목 節目 끊어져 보이는 곳. 끊어 마디를 만들다. 맥락을 끊어 가두는 일의 뜻에서 진실에서 멀어지는 지점이다. 『불본행집경』 권15(대정장3, p.725b17)에 "갖가지 칠보 그물을 안치하였고 그 그물 마디마다 모두 울리는 방울이 달려 있다. 安置種種 七寶羅網 羅網節目 悉懸鳴鈴", 『법화문구』 권1상(대정장34, p.1c4)에 "논하는 이는 경에 의지해 펼치지만 그 모두에 목을 끊지 않았다. 옛 강사도 다만 의리를 펼치고 넓힐 뿐 장단을 나누지 않았다. 論者 依經申之 皆不節目 古講師 但敷弘義理 不分章段", 『분양어록』 권상(대정장47, p.599b12)에 "종소리와 참새의 지저귐도 진실한 근원과 합할 수 있으니, 따로 찾아 구한다면 헛되이 맥락없는 안목만 덧붙이게 된다. 鐘聲雀噪 可契眞源 別處馳求 妄生節目", 『경덕전등록』 권21 「지숭묘공전 智崇妙空傳」(대정장51, p378c16)에 "본래 분명하거늘 굳이 이런 절목을 만들어서 무엇하겠는가? 여기에 이르러 문득 조목을 만들고 다시 말을 더하여 허물만 덧붙인다. 이처럼 많은 것들이 있기 이전에는 어떨까? 幸自分明 須作遮箇節目 作麽 到遮裏 便成節目 便成增語 便成塵玷 未有如許多時 作麽生"라고 하였다. 〔참고문헌〕『佛本行集經』, 『法華文句』, 『汾陽語錄』, 『景德傳燈錄』. ⇨ 관건 關鍵

절목상갱생절목 節目上更生節目 끊어진 마디에서 다시 끊어진 마디 자라다. 『개선광감행영화상어』(속고존숙어요6, 卍속장119, p.169b6)에 "무엇을 법신이라 하기에 또다시 법신을 꿰뚫는 구 찾는다 하는가? 이런 사람들 끊은 마디에 다시 끊어 마디를 나게 한다. 덩굴에서 다시 덩굴을 더하는 일이다. 喚什麽作法身 更覓箇透法身句 這般漢 節目上更生節目 枝蔓上更添枝蔓"라고 하였다. 〔참고문헌〕『開先廣鑒行瑛和尙語』.

절반열삼 折半列三 반으로 쪼개지고 셋으로 흩어지다. 일어난 일 정한 바 없어 지견(知見)에 따라 이리저리 흩어져 알 수 없게 되는 뜻이다. 열은 열(裂)과 파(破)로도 쓴다. 『운문광록』 권중(대정장47, p.565a21)에 "언젠가 '반으로 쪼개고 셋으로 찢었는데 침통의 구멍은 어디에 있는가? 나에게 낱낱이 집어내어 보라!'라고 하고는 대답했다. '상중하!' 或云 折半列三 針筒鼻孔 在什麽處 與我箇箇 拈出來看 代云 上中下", 『건중정국속등록』 권16 「본각법진장 本覺法眞章」(卍속장136, p.242a4)에 "법좌에 올라 '반으로 쪼개고 셋으로 찢는다 하니 사람마다 말하기 쉽지만, 하나 버려 일곱 떠받침도 헤아려야 한다. 바로 지금 운문이 말한 뜻 가려내지 않는다. 어떻게 이 소식을 드러낼 수 있을까?' 잠깐 침묵하다 말했다. '해와 달 잘도 흐르는구나'. 上堂云 折半列三 人人道得 去一拄七 亦要商量 正當今日 雲門道底不要別 作麽生露得箇消息 良久云 日月易流", 『승보정속전』 권1 「원통도민장 圓通道旻章」(卍속장137, p.573a10)에 "행하려 함에 딱 한 가지 어떤 지견에도 떨어지지 않는다. 반으로 쪼개고 셋으로 부서지리니 이리저리 잘 알아서 해야하리. 臨行一著 不落見知 折半破三 好生薦取"라고 하였다. [참고문헌] 『雲門廣錄』, 『建中靖國續燈錄』, 『僧寶正續傳』. ⇨ 열반탁삼 裂半拆三

절백비 絶百非 ➡ 이사구절백비 離四句絶百非

절상일승 絶想一乘 상을 끊어 한 길로 만난 가르침. 오종일승(五種一乘) 중 하나다. 상상구절종(相想俱絶宗)이라고도 하며 『능가경』과 『유마경』 등에 통한다. 『화엄오교장』 권1(대정장45, p.482a22)에 "일승은 가르침에 따라 다섯 가지가 있다. … 셋째는 절상일승이다. 예컨대 『능가경』의 가르침이니 이는 돈교이다. 一乘隨教有五 … 三 絶想一乘 如楞伽 此頓教"라고 하였다. [참고문헌] 『華嚴五教章』. ⇨ 오종일승 五種一乘, 돈교 頓教, 상상구절종 相想俱絶宗

절상회 折床會 당대 스님 여회(如會 744~823)의 별명. ⇨ 여회 如會

절석 折石 부서진 돌. 석석(析石) 또는 파석(破石). 돌이킬 수 없는 바라이(波羅夷) 범하는 것의 비유로 계체를 돌이킬 수 없어 승단에 복귀할 수 없다. 『미사새갈마본』(대정장22, p.224b4)에 "바라이 범하는 것을 '근본을 무너뜨린다'라고 한다. 부서진 돌과 잘린 머리통이 어찌 다시 살아 온전해지랴! 犯波羅夷 名壞根本 折石斷首 豈更生全", 36권본 『대반열반경』 권7(대정장12, p.645a15)에 "사바라이 중 하나라도 범하면 마치 깨진 돌과 같이 다시 붙일 수가 없다. 四波羅夷 若犯一者 猶如析石 不可還合"라고 하였다. [참고문헌] 『彌沙塞羯磨本』, 『大般涅槃經』, 『南海寄歸內法傳』 권4(대정장54, p.231c6). ⇨ 바라이 波羅夷, 바라이사유 波羅夷四喩

절설구 截舌句 혀를 끊은 구. 말과 분별이 갈 수 없는 곳을 드러내는 구. 『경덕전등록』 권22(대정장51, p.383c11)에 "'혀 끊은 구를 선사께서 드러내주시기 바랍니다' '해는 덥게 하고 달은 시원하게 한다'. 問 截舌之句 請師舉揚 師曰 日能熱月能涼"라고 하였다. [참고문헌] 『景德傳燈錄』.

절소탄편 折小彈偏 오시(五時) 중 제3 방등시(方等時)의 가르침을 집약한 천태종의 용어. 소승을 꺾고 치우친 것을 꾸짖는다는 말. 『대반열반경소』 권16(대정장38, p.136a10)에 "방등의 가르침은 소승을 꺾고 치우친 것을 꾸짖으며, 대승을 찬탄하고 원교를 기린다. 方等之教 折小彈偏 歎大褒圓"라고 하였다. [참고문헌] 『大般涅槃經疏』, 『法華玄義』 권10(대정장33, p.800b5). ⇨ 방등교 方等教, 오시교판 五時教判 ■

절수 折水 공양 후 발우 씻은 후 아귀중(餓鬼衆)에게 다시 베푸는 물. 발우 씻은 물은 절수통(折水桶)에 절수게(折水偈)를 읊으며 모아서 아귀에게 시식(施食)한다. 아귀의 목구멍이 아주 가늘어 조그만 찌꺼기가 남아 있으면 안 되기에 윗물은 붓고 아랫물은 마신다. 『백장청규』 권3 「전사특위신명전점 專使特爲新命煎點」(대정장48, p.1124b9)에 "절수가 나가기를 기다렸다가 북을 울리면 전사는 다시 일어선다. 俟折水出鳴鼓 專使再起", 같은 책 권6 「일용궤범 日用軌範」(대정장48, p.1145b3)에 "숭늉(熟水)으로 발우를 먼저 씻어서는 안 된다. 발우 물을 버리기 전에는 다리 무릎에 덮는 수건을 거두어서는 안 된다. 무릎의 수건으로 땀을 닦아서도 안 되고 남은 물을 바닥에 버려서도 안 된다. 절수하며 마음속으로 게송을 읊는다. 不得先以熟水洗鉢 未折鉢水 不得先收蓋膝巾 不得以膝巾拭汗 不得以餘水瀝地上 折水想念偈", 『선림상기전』 권28(대장경보편19, p.830b15)에 "『경덕전등록』 권5 「운산화엄도량지봉대사〈천태덕소(天台德韶)의 제자〉장」에 다음과 같이 전한다. 하루는 보현전에 들어가 좌선을 하고 있는데 문득 한 신인(神人)이 면전에 무릎을 꿇고 있기에 지봉대사가 물었다. '당신은 누구요?' '호계신입니다' '나는 전생의 잘못이 다 사라지지 않아 걱정인데 당신은 그것을 아시오?' '대사께 무슨 죄가 있겠습니까? 다만 사소한 하나의 허물일 뿐입니다' '그게 무엇이오?' '발우의 남은 물을 버릴 경우 그것도 시주물임에도 대사께서는 늘 함부로 부어서 버리니 마땅한 처사가 아닙니다'. 신인은 말을 마치고 자취를 감추었다. 대사가 그 다음부터는 발우 씻은 물을 모두 마셨다. 이런 습관이 오래 쌓이자 비위의 질병이 십년 만에 비로소 치유되었다. 주석에 '음식을 버리거나 침을 뱉고 대소변을 보는 일 등에서 모두 손가락을 튕기고 묵묵히 주문을 외워 보시하는 마음을 일으킨 다음에 버려야 한다'라고 풀었다. 傳燈錄五 雲山華嚴道場志逢大師〈嗣天台韶國師〉章云 一日 因入普賢殿中宴坐 倏有一神人 跪膝于前 師問曰 汝其誰乎 曰 護戒神也 師曰 吾患有宿愆未殄 汝知之乎 曰 師有何罪 唯一小過耳 師曰 何也 曰 凡折鉢水 亦施主物 師每常傾棄 非所宜也 言訖而隱 師自此 洗鉢水 盡飮之 積久 因致脾胃疾 十載方愈 註云 凡折退飮食 及涕唾便利等 並宜鳴指默念咒 發施心 而傾

棄之"라고 하였다. 〔참고문헌〕『百丈淸規』, 『禪林象器箋』, 『景德傳燈錄』 권5(대정장51, p.422b20), 『入衆須知』(卍속장111, p.950a12). ⇨ 천수물 千手水

절수게 絶水偈 발우공양이 끝나고 발우를 씻은 후 천숫물을 건을 때 외우는 게송. 『일용작법』(『한국불교의례자료총서』 권3, p.523a17)에 "나 이제 물로 발우 씻으니 저 천상의 감로수 같다네! 이를 너희 아귀들에게 베푸노니 모두들 포만함 얻어지이다. 옴 마휴라세 사바하. 我此洗鉢水 如天甘露味 施汝餓鬼衆 皆令得飽滿 唵 摩休羅洗 沙婆訶"라고 하였다. 〔참고문헌〕 海印寺板 『日用作法』, 『韓國佛敎儀禮資料叢書』, 「般若心經」(『釋門儀範』 권상, p.102a13), 『入衆日用』(卍속장111, p.945b1). ⇨ 발우공양 鉢盂供養

절수통 折水桶 발우 씻은 물을 아귀중에게 베풀기 위해 모으는 통. 『선림상기전』 권28(대장경보편19, p.830b9)에 "절수통 : 도충이 말한다. '발우의 먹고 남은 물을 버리는 그릇을 절수통이라 한다. 보통 반은 먹고 반은 버리므로 절이라 한다. 감손의 뜻이다'. 折水桶 忠曰 棄鉢水餘殘器 名折水桶 蓋飮半棄半 故言折 減損之義"라고 하였다. 〔참고문헌〕『禪林象器箋』.

동제천수통 통도사성보박물관 근대

절어 竊語 ❶ 남몰래 소곤거리는 것. 『사분율』 권59(대정장22, p.1007a3)에 "비구에게 세속인이 불쾌하게 여기는 다섯 가지 법이 있다. 세속인과 가깝게 지내는 것을 즐기는 것, 세속인에게 화내는 것을 즐기는 것, 억지로 세속인의 집에 가는 것, 세속인과 남몰래 소곤거리기를 즐기는 것, 걸구하기를 즐기는 것이다. 이것이 세속인이 불쾌하게 여기는 다섯 가지이다. 比丘有五法 爲白衣所不憙 憙親白衣 憙瞋白衣 强至白衣家 喜與白衣竊語 喜乞求 是爲五白衣所不憙見", 『사분율행사초자지기』 권하3(대정장40, p.405b10)에 "절어란 낮은 소리로 들리지 않게 하는 것이다. 竊語 謂低聲不公顯也"라고 하였다. 〔참고문헌〕『四分律』, 『四分律行事鈔資持記』, 『五分律』 권12(대정장22, p.88c13). ❷ Ⓟ sakaṇṇajappaka. 대중회의에서 찬반을 논하는 투표행위, 즉 행주(行籌 Ⓟ salāka-gāha)를 행하는 방법 중 하나. 여법(如法)한지 여법하지 않은지를 결정하기 위한 의제를 비공개 즉 귓속말로 전하는 법이다. ⇨ 행주 行籌

절언 絶言 말이 끊어지다. 『대반야경』 「능단금강분서 能斷金剛分序」(대정장7, p.979c14)에 "법성은 말을 끊었으니 설하게 되면 문득 비방이고, 보리는 취함을 여의었으니 줄 것이 없음을 알아야 이내 이룬다. 法性絶言 謂有說而便謗 菩提離取 知無授而乃成", 『대승광백론석론』 권10(대정장30, p.249c4)에 "승의제란 성인이 아는 바로서 분별명언으로는 어떠한 경우에도 미치지 못하는 것이니 스스로 증할 뿐이어서 다른 연으로 말미암지 않는다. 모양도 없고 말도 끊어져 승의제라고 한다. 勝義諦者 謂聖所知 分別名言 皆所不及 自內所證 不由他緣 無相絶言 名勝義諦", 『원각경약소』 권상1(대정장39, p.526b8)에 "일체법계는 오직 언설이 끊기었고, 오법과 삼자성은 모두 공이다. 一切法界唯是絶言 五法三自性皆空"라고 하였다. 〔참고문헌〕『大般若經』, 『大乘廣百論釋論』, 『圓覺經略疏』, 『肇論』(대정장45, p.156b29). ⇨ 언어도단 言語道斷, 언전불급 言詮不及

절언절려 絶言絶慮 말도 끊고 생각도 끊다. 이언절려(離言絶慮)와 통한다. 『신심명』(대정장48, p.376b29)에 "말도 많고 생각도 많으면 거듭 점점 상응하지 못하니, 말도 끊고 생각도 끊으면, 통하지 못할 곳이 없으리라. 多言多慮 轉不相應 絶言絶慮 無處不通"라고 하였다. 〔참고문헌〕『信心銘』. ⇨ 이언절려 離言絶慮

절언탄 絶言歎 말로는 표현할 길이 끊긴 찬탄. 절언칭탄(絶言稱歎)이라고도 하고, 언설로 찬탄할 수 있는 것을 기언탄(寄言歎)이라 한다. 『법화경』 권1 「방편품 方便品」(대정장9, p.5c9)에서 "그만두자, 사리불아! 다시 설할 필요가 없다. 왜 그런가? 부처님께서 성취하신 바는 제일 희유하고 이해하기 어려운 법이다. 오직 부처님만이 부처님과 함께 이에 능히 제법실상을 궁구해 다한다. 이른바 제법의 여시상·여시성·여시체·여시력·여시작·여시인·여시연·여시과·여시보·여시본말구경 등이다. 止 舍利弗 不須復說 所以者何 佛所成就第一希有難解之法 唯佛與佛 乃能究盡 諸法實相 所謂 諸法如是相 如是性 如是體 如是力 如是作 如是因 如是緣 如是果 如是報 如是本末究竟等"라고 한 구절을 푸는 뜻에서 한 말이다. 『법화경의기』 권2(대정장33, p.596b9)에 "'그만, 사리불아! 다시 설할 필요가 없다'라는 이 한 구가 바로 그 두 번째다. 바로 절언탄을 밝힌 부분이다. 止舍利弗 不須復說 此一句是第二 正明絶言歎也", 『법화문구』 권3하(대정장34, p.42a11)에 "'그만'이라고 한 말 아래가 두 번째가 되니 곧 절언탄이다. 止者下 第二卽絶言歎也", 『법화현의』 권3상(대정장33, p.705b23)에 "이 경의 첫 장(命章)은 십여를 절언칭탄한 것이다. 此經命章 絶言稱歎十如", 『금광명경문구』 권3(대정장39, p.64a4)에 "첫 16항은 기언탄이고, 뒤 3항은 절언탄이다. 初十六行寄言歎 後三行絶言歎"라고 하였다. 〔참고문헌〕『法華經』, 『法華經義記』, 『法華文句』, 『法華玄義』,

『金光明經文句』. ⇨ 찬탄 讚嘆

절여편 絶餘編 명(明)대 우익지욱(蕅益智旭 1599~1655)의 글을 모아놓은 책. 지욱의 문인 원과(圓果) 편집. 4권. 가흥장28, pp.573a1~597c24, No.B216에 수록되어 있다. 저자가 서문을 직접 지었는데, 그 시기는 1642년(숭정15)이다. 권1은 원문(願文), 권2는 법어(法語)·전(傳), 권3은 서(序)·제발(題跋)·서간(書柬)·잡문(雜文)·소(疏), 권4는 찬(讚)·명(銘)·시게(詩偈) 등으로 구성되어 있다. ⇨ 지욱 智旭

절역 絶域 끊어져 갈 수 없는 곳. 말과 생각으로는 갈 수 없는 곳. 서방정토를 가리키기도 한다. 『조론』「열반무명론 涅槃無名論」(대정장45, p.161b19)에 "현도는 끊어져 갈 수 없는 곳에 있으므로 얻을 수 없음으로서 얻고, 묘지는 물 밖이어야 불러낼 수 있으므로 알 수 없음으로서 안다. 더 없이 큰 모습은 무형에 숨었으므로 보지 못함으로서 보고, 견줄 것 없는 큰 소리는 희성에 잠겨있기에 듣지 못함으로서 듣는다. 玄道在於絶域 故不得以得之 妙智存乎物外 故不知以知之 大象隱於無形 故不見以見之 大音匿於希聲 故不聞以聞之", 『양고승전』 권6 「석혜원전 釋慧遠傳」(대정장50, p.359a12)에 "이 동인들이 함께 절역에서 노니기를 서원합니다. 誓玆同人 俱遊絶域"라고 하였다. [참고문헌] 『肇論』, 『梁高僧傳』, 『大唐西域記』 권1(대정장51, p.869a15).

절요 節要 방대한 양의 경론에서 간추려 핵심만을 취함. 당 이통현(李通玄 646~740)의 120권 『신화엄경론 新華嚴經論』에 대한 고려 지눌(知訥 1158~1210)의 『화엄론절요 華嚴論節要』, 당 규봉종밀(圭峰宗密 780~841)의 100권 『선원제전집 禪源諸詮集』에 대한 지눌의 『법집별행록절요병입사기 法集別行錄節要幷入私記』, 『선원제전집』의 도서(都序)에 대한 『도서절요 都序節要』 등이다. 『불유교경론소절요』(대정장40, p.844c28)에 "절요라 한 것은 이 경의 논도 소도 있지만 원사(源師 : 淨源)가 논소를 개괄하고 촬략하게 하여 주를 달아 만들었다. 言節要者 此經有論有疏 源師蓋撮略論疏而成此註也", 『법집별행록절요과목병입사기』(한불전10, p.196a10)에 "목우자가 번거로운 것을 끊어내고 그 요체만을 취하여 또한 사기라 하여 풀었다. 牧牛子節其繁而取其要 又爲私記以釋也"라고 하였다. [참고문헌] 『佛遺敎經論疏節要』, 『法集別行錄節要科目幷入私記』. ⇨ 법집별행록절요병입사기 法集別行錄節要幷入私記, 화엄론절요 華嚴論節要

절요대의 節要大意 『법집별행록절요병입사기 法集別行錄節要幷入私記』의 대의인 "돈점을 가려 영지를 드러내다(揀頓漸 顯靈知)"를 말한다. 하택종(荷澤宗 : 知之一字 衆妙之門)·북종(北宗 : 時時勤拂拭의 漸宗)·홍주종(洪州宗 : 馬祖의 即心即佛)·우두종(牛頭宗 : 諸法如夢의 空宗) 4가의 종지를 들고 수행에 있어서는 선돈오후점수(先頓悟後漸修의 漸宗)의 수행방법을 주창하는 뜻이다. 그 대의는 돈과 점을 구분하고 영지를 나타낸 것(揀頓漸顯靈知)이다. [참고문헌] 『法集別行錄節要』(한불전4, pp.740~766), 『日用集』(『韓國佛教儀禮資料叢書』 권3, p.566b7). ⇨ 법집별행록절요병입사기 法集別行錄節要幷入私記, 제경대의 諸經大意

절의론 折疑論 경율론 등에 대해 의심되는 것을 끊어 알게 하는 글. ❶ 동진(東晉)대 도안(道安)법사가 지은 『반야절의략 般若折疑略』의 다른 이름. 『대품경유의』(대정장33, p.64a3)에 '도안법사가 『절의론』을 지었는데, 경의 「무간품」에서 일컫기를 '반야는 깨우쳐 멀리 여의는 것이다'라고 하였다. 道安法師造折疑論 以經無間品云 般若覺遠離"라고 하였다. [참고문헌] 『大品經遊意』, 『歷代三寶紀』 권8(대정장49, p.76a26). ⇨ 도안 道安❶ ❷ 당대 혜정(慧淨 578~?)이 지은 소편의 논문. 『석의론 析疑論』이라고도 한다. 『광홍명집』 권18, 대정장52, pp.230a29~231b3에 수록되어 있다. 태자중사인(太子中舍人) 신서(辛諝)가 도술(道術)을 높이고 불교를 경시하며 논란하자 이에 대하여 조목조목 반론하며 논한 글이다. 『당호법사문법림별전』 권상(대정장50, p.202c5)에 "태자중사인 신서라는 사람이 두 가지 난제를 설정하여 기국사의 스님 석혜정에게 묻자, 혜정이 그때로 인하여 「절의론」을 지어서 신서에게 답하였다. 논문은 『속고승전』에 실려 있다. 有太子中舍人辛諝 設難二條 以問紀國寺僧釋慧淨 淨時因著折疑論 以答辛諝 論在續高僧傳"라고 하였다. [참고문헌] 『廣弘明集』·권5(대정장52, p.118c14), 『唐護法沙門法琳別傳』. ❸ 원대 자성(子成)이 1351년(지정11)에 찬하고, 명대 서역사자비구(西域師子比丘)가 1456년(경태7)에 주석. 5권. 대정장52, pp.794b19~817c10에 있다. 유불도 삼교의 우열을 주제로 하며, 자성이 손님과 문답하는 형식이다. 편제가 모자(牟子)의 『이혹론 理惑論』과 같아 『이혹론』의 주석서로 보기도 한다. ⇨ 이혹론 理惑論

절이 切以 모든 것을 마다하고 간절히 하다. 『백장청규』 권6 「대야염송 大夜念誦」(대정장48, p.1148b10)에 "유나는 감(龕)을 향해 염송한다〈간절히 하건대, 삶과 죽음이 번갈아 오가고 추위와 더위가 자리를 서로 바꿉니다. 오실 때는 높은 하늘에서 번개가 치듯이 빨리 왔다가, 가실 때는 바다에서 파도가 멎는 듯 갑작스럽군요〉. 維那向龕念誦云〈切以 生死交謝 寒暑迭遷 其來也 電擊長空 其去也 波停大海〉", 『불조역대통재』 권10(대정장49, p.556b7)에 "절실히 생각하여도 불교와 도교는 드러난 자취가 같지가 않다. 切以 佛道二教 事迹不同"라고 하였다. [참고문헌] 『百丈淸規』·권7(대정장48, p.1152c5), 『佛祖歷代通載』.

절이 竊以 남몰래 생각해보다. 드러낼 일은 아니지만의 뜻으로 글을 시작할 때 쓰는 겸양의 서사다. 『대당서역기』 「서문 序文」(대정장51, p.867b15)에 "생각해보니 창공과 대지의 광대함과 온식으로 영을 품은 것이 다른 것은 『담천』에서도 그 끝을 다하지 못하고 『하도괄지상』에서도 그 근원을 충분히 가리지 못하였다. 竊以穹儀方載之廣 蘊識懷靈之異 談天無以究其極 括地詎足辯其原", 『대혜어록』 「진대혜선사어록주차 進大慧禪師語錄奏箚」(대정장47, p.811a5)에 "〈신하되는〉 출가승〈온문〉이 가만히 생각해보니 불조의 도가 비록 문자와 언어로 미칠 바는 아니지만 발양하고 유포함에는 반드시 그것을 빌린 다음에라야 밝힐 수 있습니다. 〈臣〉僧〈蘊聞〉竊以佛祖之道 雖非文字語言所及 而發揚流布 必有所假而後明"라고 하였다. [참고문헌] 『大唐西域記』, 『大慧語錄』.

절절 切切 모든 것을 끊고 무엇인가 간절히 하는 모양. 특히 화두를 들어 간절히 하여 다른 생각이 없게 하는 뜻이다. 『운문광록』 권상(대정장47, p.550b15)에 "학인이 물었다. '무엇이 석가의 몸입니까?' '마른 똥막대기' '스님께서 종문의 벼리를 끌어내주십시오' '남쪽에는 설봉이 있고 북쪽에는 조주가 있다' '크게 사무친 사람은 일체법공을 봅니까?' '소로! 소로!' '종일토록 절절히 하였으나 들어가는 길을 찾지 못하였습니다. 스님께서 들어가는 길 가리켜주십시오' '마주한 곳에 길이 있다'. 問如何是釋迦身 師云 乾屎橛 問 請師提綱宗門 師云 南有雪峯 北有趙州 問 大徹底人 見一切法是空不 師云 蘇嚕蘇嚕 問 終日切切 不得箇入路 乞師指箇入路 師云 當機有路", 『서장』 「답장제형장 答張提刑狀」(대정장47, p.927c5)에 "간절히 기억해 두십시오. 겨우 깨우쳐 얻었다 하는 곳이 바로 힘 얻는 곳입니다. 切切記取 纔覺省力處 便是得力處也", 같은 책 「답왕장원장 答汪狀元狀」(대정장47, p.932a25)에 "능히 이 일대사에 간절하여 념념으로 물러서지 않으며 결정신이 있고 확고한 의지를 갖추어야 하니, 이 어찌 얄팍한 장부가 견딜 수 있겠습니까? 能切切於此一大事 念念不退轉 有決定信 具決定志 此豈淺丈夫所能", 『태고어록』 「답방산거사 答方山居士」(한불전6, p.678b2)에 "간절히 끌어 잡고, 어묵동정 일체행위에서 한결같아 화두를 놓치는 일이 없이 한다. 切切提撕 於動諸語默 一切施爲 一如不昧"라고 하였다. [참고문헌] 『雲門廣錄』, 『書狀』, 『太古語錄』.

절절지해 節節支解 몸의 마디마디가 찢겨 나가다. 극한의 고통이나 가없는 희생을 드러내는 뜻이다. 『불본행집경』 권5(대정장3, p.676b12)에 "어떤 중생은 목숨이 다하는 날에 바람칼에 마디마디가 찢겨나가는 모진 고통을 받는다. 或有衆生 命終之日 爲於風刀 節節支解 受於楚痛", 『불수반열반약설교계경』(대정장12, p.1111b10)에 "너희 비구들은 만약 어떤 사람이 와서 몸 마디마디가 찢겨나간다고 해도 마땅히 스스로 마음을 거두어 원한을 일으키는 일 없고 또한 입을 보호해 나쁜 말이 나오게 해서는 안 된다. 만약 성내는 마음을 따르면 스스로 도를 망치고 공덕의 이익마저 잃는다. 참는 것이야말로 덕이 되니 계를 가져 고행하는 것으로는 미치지 못하는 것이니, 능히 참는 것을 행하면 힘 있는 대인이라고 일컬을 만하다. 汝等比丘 若有人來節節支解 當自攝心無令瞋恨 亦當護口勿出惡言 若縱恚心則自妨道 失功德利 忍之爲德 持戒苦行 所不能及 能行忍者 乃可名爲有力大人"라고 하였다. [참고문헌] 『佛本行集經』, 『佛垂般涅槃略說教誡經』.

절중 折中 ❶ 유무(有無), 내외(內外) 등 온갖 것을 끊지만 그 실상 중에 머무는 뜻이다. 『십이문론』 「서 序」(대정장30, p.159b4)에 "『십이문론』은 무릇 실상의 핵심을 드러내는 것이고, 도량으로 이끄는 중요한 궤철이다. 十二門論者 蓋是實相之折中 道場之要軌也", 『십이문론소』 「서」(대정장42, p.171a14)에 "절중이란, 물을 끊어 가지런하게 하는 것이다. … 가히 옥을 딱 자르듯이, 이 논(『십이문론』)은 생사와 열반이라는 온갖 교화의 법이 그대로 실상임을 밝혔다. 그렇기에 '실상의 절중'이라고 한 것이다. 折中者 折物令齊 … 可以折玉斯論明生死涅槃 萬化之法 卽是實相 故云實相之折中也", 『경덕전등록』 권4 「법융전 法融傳」(대정장51, p.228a8)에 "공의 끝이 다한 곳에 머물지도 않고 유중의 무를 비추고, 공과 유의 안에서 나오지 않고 공과 유 모두를 거느리지도 않는다. 이를 절중이라 하는데 절중은 말로 할 수 있는 게 아니다. 不住空邊盡 當照有中無 不出空有內 未將空有俱 號之名折中 折中非言說", 『신집장경음의수함록』 권24(고려장35, p.437c15)에 "절중〈 … 공과 유에 집착하지 않고 그 진제의 도리만을 취한다는 의미이다〉. 折中〈 … 謂不著空有而取其眞諦理也〉"라고 하였다. [참고문헌] 『十二門論』, 『十二門論疏』, 『景德傳燈錄』, 『新集藏經音義隨函錄』. ❷ 826~900. 통일신라 스님. 자는 여적(如寂), 시호는 징효(澄曉), 속성은 한(韓)씨. 아버지의 휘는 선당(先幢), 어머니는 백(白)씨이다. 어머니가 한 천녀(天女)가 나타나 부인께서 지혜로운 아들을 낳을 것이라는 태몽을 꾼 후, 826년(홍덕왕1) 4월 7일 휴암(鵂巖 : 황해북도 봉산군)에서 태어났다. 7세 때 동량 나온 스님을 보고 흠모한 나머지 출가하기로 결심하고 부모님께 하직한 후, 외로이 장단(長湍 : 황해북도 장풍군) 오관산사(五冠山寺)로 찾아가 진전(珍傳)을 은사로 하여 스님이 되었다. 15세 때인 840년(문성왕2) 영주 부석사(浮石寺)로 찾아가 『화엄경』을 배웠으며, 19세 때인 844년(문성왕6) 백성군(白城郡 : 경기도 안성시) 장곡사(長谷寺)에서 비구계를 받았다. 금강산 장담사(長潭寺)에 있는 쌍봉도윤(雙峰道允)이 중국에 유학하여 남전보원(南泉普願)의 법을 전해 받고 귀국하여 참선 수행을 지도한다는 소식을 듣고 찾아가 친견하여 배우다가 도윤의 법을 이어 받았다. 법계(法系)는 육조혜능(六祖慧能) → 남악회양(南岳懷讓) → 마조도일(馬祖道一) → 남전보원 → 쌍봉도윤 → 징효절중으로 이어진다. 당나라에 가서 유학하고 돌아온 자인(慈忍)대사를 찾아가 예배를 드렸다. "스님이 앞에 있는 물병을 가리키면서 '이 병이 병이 아닐 때 어떠합니까?'라 하니 자인이 묻되 '너의 이름이 무엇인가?' '절중입니다'. 선사가 이르되, '절중이 아닐 때는 누구인가?' '절중이 아닐 때는 이렇게 물을 사람도 없습니다'. 선사가 이르되, '이름 아래 헛된 일이 없느니라'고 하니, 스님이 더 이상 대답하지 못했다. 大師 便指眼前水甁曰 甁非甁時如何 答曰 汝名什麼 □大師答曰 折中 禪師云 非折中之時 阿誰 答曰 非折中之時 無人如此問□ 禪師云 名下無虛事 折中不奈何"라 하였다. 16년간 자인의 회하에서 정진한 뒤, 제방으로 행각하였다. 이때 전 국통(國統)인 위공(威公)이 882년(헌강왕8) 주청하여 잠시 곡산사(谷山寺)에 주석하였으나, 경사(京師)가 가까운 것이 마음에 맞지 않았다. 이에 석운(釋雲)이 주선하여 강원도 영월 사자산(獅子山)에 제자들을 이끌고 머무르니, 헌강왕은 사자산 흥녕선원(興寧禪院)을 중사성(中使省)에 소속시켜 사격을 높였고, 찾아오는 사부대중으로 문전성시를 이루게 하였으니 선문구산(禪門九山)의 하나가 되었다. 이렇게 덕망이 높아 신라 제49대 헌강왕(憲康王 재위 875~886)과 제50대 정강왕(定康王 재위 886~887)이 이어 숭앙하였다. 그 후 잦은 모반(謀叛)으로 891년(진성여왕5)에 상주(尙州)로 피신하여 문경새재(鳥嶺)에서 주석하다가 음죽현(陰竹縣) 원향사(元香寺 : 경기도 여주 소재)로 옮겼다. 이후 수진(守珍 : 인천 강화)의 은강선원(銀江禪院)에 주석하였는데, 진성여왕이 황양현(荒壤縣 : 경기도 양주) 부군수인 장연열(張連說)을 보내어 국사로 봉하고자 하였으나 이미 어지러운 세상 정화하기에는 때가 늦었다하여 사양하였다. 900년(효공왕4) 3월 9일 아침 은강선원에서 단정히 앉아 세수 75, 법랍 56세를 일기로 입적하였다. 다비 후에 사리 1천과(粿)가 출현하였다. 문하에는 여종(如宗)·홍가(弘可)·이정(理靖)·지공(智空) 등 1천여 명의 제자가 있었다. 사리를 봉안한 부도는 906년(효공왕10)에 동림사(桐林寺)에 세웠고, 비문은 고려초의 문인 최언위(崔彦撝)가 짓고, 최윤(崔潤)이 써서 944년(혜종1)에 세운 탑비가 영월 흥녕사지에 있다. [참고문헌] 『朝鮮金石總覽』 권상 pp.157~162, 『韓國金石全文』 中世上 pp.337~346, 李智冠 『校勘譯註歷代高僧碑文』 高麗篇1 pp.276~307, 『文化遺蹟總覽』 권상 p.405. ⇨ 징효대사보인탑비 澄曉大師寶印塔碑, 사자산문 獅子山門

절중록 折中錄 ➡ 허당화상송고평창절중록 虛堂和尙頌古評唱折中錄

절지 折指 바라류지(婆羅留支 Ⓢ Bālaruci)의 한역어. 곧 아사세(阿闍世 Ⓢ Ajātaśatru)의 별명이다. 『법화의소』 권1(대정장34, p.466a11)에 "땅에 내던졌는데 손가락만 부러졌다. 그러므로 절지라고 이름을 붙였다. 擲之於地 遂折其指 故名折指", 『일체경음의』 권25(대정장54, p.464c3)에 "아사세〈한역하여 미생원이라고 한다. 또 바라류지라고도 하는데, 한역하면 절지이다. 또 선견이라고도 한다〉. 阿闍世〈此云未生怨也 亦名婆羅留支 此云折指 亦名善見〉"라고 하였다. [참고문헌] 『法華義疏』, 『一切經音義』. ⇨ 무지 無指, 미생원 未生怨, 바라류지 婆羅留支, 선견 善見 7, 아사세 阿闍世

절짐지설 絶朕之說 짐작마저 끊어진 말. 분별이 붙을 여지가 없는 말이다. 『염팔방주옥집』 권상(卍속장119, p.236b11)에 "본계선사가 방거사(龐居士)에게 물었다. '달마가 서쪽에서 전해온 제일구를 무어라 하겠소?' '누가 정하고 기억하였겠는가?' '정해 기억할 수 있는 일이라 할 수 없습니다' '지난 일이라 동이라 서라 할 수 없습니다' '그럼 지금의 일은 어떻소?' '한 마디로 할 수 없습니다' '지인이 앞서 한 말도 다른 이의 이런저런 빛깔 더한 것이다' '스님의 안목으로 능히 크게 하였습니다' '이와 같아야 비로소 짐작마저 끊어진 말이라 하겠지요' '눈 안에는 그 무엇도 붙여 두어서는 안 됩니다'. 本溪問居士 達磨西來 第一句 作麼生道 士云 誰記得 溪云 可謂無記性 士云 舊日事 不可東道西說 溪云 如今事 作麼生 士云 一詞不措 溪云 智人前說 添他多少光彩 士云 阿師眼能大 谿云 是與麼 始得爲絶朕之說 士云 眼裏著一物不得"라고 하였다. [참고문헌] 『拈八方珠玉集』.

절차 切磋 끊어 다듬다. 『선생자경』(대정장1, p.253c29)에 "그 방자함을 끊어 다스리고 그 선한 뜻은 기른다. 切磋其縱恣 將養其善志", 『원오어록』 권13(대정장47, p.773b29)에 "예컨대 부마 이준욱(李遵勖)은 조사의 길에 뜻을 두고 문공 양억(楊億)과 더불어 벗이 되어 조석으로 절차하였다. 如李駙馬 留意祖道 與楊文公爲友 日夕切磋"라고 하였다. [참고문헌] 『善生子經』, 『圜悟語錄』, 『從容錄』 17칙 「評唱」(대정장48, p.237c22). ⇨ 탁마 琢磨, 절차탁마 切磋琢磨

절차탁마 切磋琢磨 깎고 다듬으며 쪼고 간다는 말. 『이아』「석기 釋器」에 "뼈는 깎는다 하고, 상아는 다듬는다 하며, 옥은 쪼다 하고, 돌은 간다 한다. 骨謂之切 象謂之磋 玉謂之琢 石謂之磨", 『종용록』 50칙 「평창 評唱」(대정장48, p.259a9)에 "『모시』「기오」에 … '저 기수 그윽함 바라보니, 푸른 대나무 무성하구나. 군자, 깎은 듯 다듬은 듯하고, 쪼아 갈아낸 듯하도다'라고 하였다. 풀어 말하길 '뼈를 깎는다 하고, 상아는 다듬는다 하며, 옥은 쪼다 하고, 돌은 간다고 한다'. 덕산의 설봉은 암두를 만나서 말후구를 밝혔으니 나서 지금껏 이 화두가 널리 행하니 절차탁마하여 변화에 달통한 힘 때문이다. 毛詩淇奧 … 瞻彼淇奧 綠竹猗猗 有匪君子 如切如瑳 如琢如磨 註曰 治骨曰切 象曰瑳 玉曰琢 石曰磨 德山雪峯得巖頭 發明末後句 至今此話大行 切磨通變之力也", 『직주천동송고』 권상(卍속장117, p.796a14)에 "깎거나 다듬고 쪼거나 갈면서, 갖가지로 교란 수단 바꾸었네〈두 스님의 모략이여! 활달하게 벗어나 어떤 구속도 없구나〉. 切磋琢磨 變態譎詭〈二師謀略 活脫無拘〉", 『염팔방주옥집』 권중(卍속장119, p.256a16)에 "불해가 말한다. '경청은 이치에 몸을 던졌고, 조산은 현상에 손을 내밀었다. 형산의 아름다운 옥은 절차탁마의 공을 얻어 연성과도 바꾸지 않을 만큼 귀하게 되었다. 그렇다면 맑게 텅 빈 바탕에 이렇게 하거나 하지 않거나 있어야 하나? 보지 못했는가? 바늘 하나 들어올 틈도 없이 한다'. 佛海云 鏡淸 理上橫身 曹山 事上出手 荊山美璞 得切磋琢磨之功 有連城不換之貴 且淸虛之理 還有恁麽不恁麽也無 不見道 官不容針"라고 하였다. 〔참고문헌〕『爾雅』, 『從容錄』, 『直註天童頌古』, 『拈八方珠玉集』, 『止觀輔行傳弘決』 권4(대정장46, p.267a29).

절철지언 截鐵之言 쇠마저 끊어 없앨 수 있는 말. 어떤 분별도 넘어설 수 없게 하는 말의 뜻이다. 『경덕전등록』 권20 「중운지휘전 重雲智暉傳」(대정장51, p.367a2)에 "'쇠도 끊는 말인지요?' '죽어도 법령을 범하지 않는다'. 問 如何是截鐵之言 師曰 寧死不犯", 『운문광록』 권중(대정장47, p.557b23)에 "어떤 학인이 운거에게 '고요해 아무 일 없는 때 어떠한지요?'라고 묻자 운거가 '흐르지 않는다'라고 답한 문답을 들고는 운문은 '흐르지도 않으면서 어떻게 잠겨 그러하다 말할까?'라 하고는, 다시 '이것이 쇠도 끊는 말이다'라고 하였다. 擧 僧問雲居 湛然時如何 居云 不流 師云 不流說什麽湛然 又云 此是截鐵之言", 『호구소륭어록』(卍속장120, p.792b14)에 "법좌에 오르자 어떤 학인이 물었다. '쇠를 끊는 말이란 무엇인지요?' '입 가득 서리를 머금은 듯하다' '꼭 이와 같아야 하나요?' '사리 그대는 어떻게 생각하는가?' '제가 통렬하게 질문 하나를 받았군요' '반드시 토해내야 한다'. 그 학인이 절을 올렸다. 上堂 僧問 如何是截鐵之言 師云 滿口含霜 僧云 何必如是 師云 闍黎 又作麽生 僧云 痛領一問 師云 也須吐却 僧禮拜"라고 하였다. 〔참고문헌〕『景德傳燈錄』, 『雲門廣錄』, 『虎丘紹隆語錄』.

절철참정 截鐵斬釘 쇠도 끊고 못마저 자르다. 굳어지고 박혀버린 관습적 굴레를 모조리 벗어나는 뜻이다. 『원오어록』 권3(대정장47, p.726b26)에 "'조주노한이야말로 오히려 진흙탕에 들고 물에 들었는데, 도림(원오) 문하는 어떻게 사람을 위하시는지요?' '쇠 끊고 못 자른다' '이 일구만으로 근기에 당하여 빠르기가 저 번개 같아 삭가라안(금강안)이 정문에 열렸습니다' '분명하게 그것을 기억해 두어라!' 進云 趙州老漢 猶是入泥入水 未審道林門下 作麽生爲人 師云 截鐵斬釘 進云 可謂是一句當機 迅若雷 爍迦羅眼頂門開 師云 分明記取", 『장령수탁어록』(卍속장120, p.309a9)에 "높은 곳 평평히 하고 낮게 하니 도둑 들끌어 집 무너지거나, 쇠 끊고 못 끊어 여우가 빼앗긴 굴을 그리워하도록 한다. 온통 이렇게 하지 못하면 어떻게 해야 할까? 그런 까닭에 '만 길 절벽에서 몸소 잡은 손 놓으려면 반드시 이런 사람이라야 한다'라고 한다. 平高就下 勾賊破家 截鐵斬釘 狐狸戀窟 總不與麽 合作麽生 所以道 萬仞崖頭親撒手 須是其人", 『석계심월어록』 권중(卍속장123, p.95a13)에 "한 마디 말에 삼현의 문을 갖추고 하나의 현문에 삼요의 뜻 있다. 엉킨 채로 부수어 여러분에게 보게 한다 한들 눈을 깜박이는 틈에 흰구름 천만리를 간다. 말해 보라! 무엇이 이 한 마디인가? 할! 옛 사람은 바늘 하나 들어갈 틈도 없어야 오히려 진흙이 물과 화합하고, 사사롭게 수레와 말 통할 때는 쇠도 끊고 못도 자른다. 一句語 具三玄門 一玄門 有三要義 渾崙擘破與人看 眨眼白雲千萬里 且道 是什麽一句語 喝 古人向官不容針處 和泥合水 私通車馬時 截鐵斬釘"라고 하였다. 〔참고문헌〕『圜悟語錄』, 『長靈守卓語錄』, 『石溪心月語錄』.

절초량천 折草量天 풀 꺾어 하늘을 헤아리다. 『종용록』 49칙 「본칙 本則」(대정장48, p.258a16)에 "학인이 동산에게 물었다. '운암 도리어 무엇인가 알았다 하니 무슨 말인가?'〈풀 꺾어 하늘 헤아리네〉 '만일 몰랐다면 어찌 그렇게 말할 수 있었겠으며〈해가 연이은 산에서 뜬다〉, 만일 알았다면 어찌 그렇게 말하려 했겠는가?'〈둥근 달이 문에 걸렸다〉'. 僧云 未審雲巖還知有也無〈折草量天〉 山云 若不知有 爭解恁麽道〈日出連山〉 若知有 爭肯恁麽道〈月圓當戶〉", 『천성광등록』 권30 「유소산주장 惟素山主章」(卍속장135, p.896a11)에 "'스님께서는 여러 선문의 종지에 통달하여 기틀에 임할 뿐 예전의 선에 대해서는 답하지 않으신다고 알고 있습니다. 어떤 것이 새롭고 기특한지요?' '여러 선문에 가거든 잘못 들먹이지 말라' '제가 간절한 심정으로 가까이 앉았으니 바로 이것이 신선하고 기묘한 일 아닌지요?' '풀 꺾어 하늘을 헤아린다'. 問 知師洞達諸方旨 臨機不答舊時禪 如何是新奇 師云 若到諸方 不得錯擧 進云 學人懇懃於座右 莫不秪此是新奇 師云 折草量天"라고 하였다. 〔참고문헌〕『從容錄』, 『天聖廣燈錄』. ⇨ 관규 管窺

절충 折衷 잘라내서 알맞게 하다. 『백장청규』 권2 「숙중 肅衆」(대정장48, p.1121c23)에 "백장은 청규를 만들며 부처님 율장의 오편칠취를 절충하였으니 널리 삼계가 본받게 하였다. 百丈創規 折衷佛律 五篇七聚 弘範三界", 같은 책 권8 「백장산대지수성선사천하사표각기 百丈山大智壽聖禪寺天下師表閣記」(대정장48, p.1157b15)에 "돌이켜보건대 그 글이 세간에 돈 지 이미 오래되어 후인들이 억견으로 따름에 서로 덜어내기도 보태기도 하여 그 자체로 모순되는데도 절충하지 못하였다. 顧 其書行世已久 後人率以臆見 互有損益 自爲矛盾 靡所折衷", 『일체경음의』 권100 「중교일체경음의서 重校一切經音義序」(대정장54, p.933a11)에 "여러 판본을 참고하여 옛 뜻을 절충하였다. 參以衆本 折衷古義"라고 하였다. 〔참고문헌〕『百丈淸規』, 『一切經音義』, 『佛祖統紀』 권45(대정장49, p.410b29).

절학 絶學 배움을 끊다. 익혀 알고자 하는 일을 다시 하지 않게 되어 유학(有學)을 넘어서다의 뜻이다. 『노자』 20장에 "배움을 끊으면 근심도 없으리라. 絶學無憂"라고 하였고, 『장자』 「산목 山木」에도 "배움을 끊고 책도 버렸다. 絶學捐書", 『도덕경순주』 권2(가흥장36, p.520b13)에 "배워 나날이 늘어나고, 도를 행하면 나날이 버린다. 버리고 또 버려서 더는 함이 없음에 이른다. 애써 하지 않지만 하지 않는 일도 없다. … 〈이 한 장으로 무위의 도가 배움을 끊는 데 달려 있다는 생각을 보여준다〉. 爲學日益 爲道日損 損之又損 以至於無爲 無爲而無不爲 … 〈此一章示 無爲之道 在絶學的意思〉", 『보장론』(대정장45, p.144a28)에 "익히고 배우는 것을 문(聞)이라 하고, 배움을 끊은 것은 린(隣)이라 하며, 이 둘을 넘어서면 진(眞)이라 한다. 習學謂之聞 絶學謂之隣 過此二者謂之眞", 『벽암록』 44칙 「평창 評唱」(대정장48, p.181a3)에 "배우다가 더는 배울 것이 없음에 이르면 배움을 끊었다고 한다. 그런 까닭에 '얕게 듣고 깊게 깨닫거나 깊게 듣고 깨닫지 못하거나 모두 배움을 끊었다고 한다'. 學至無學 謂之絶學 所以道 淺聞深悟 深聞不悟 謂之絶學", 『어제소요영』 권10(고려장35, p.992c17)에 "무릇 배움을 끊음으로 말미암아 애써 하고자하지 않아도 하지 못한 일이 없게 된다. 蓋由絶學 無爲而無不爲也"라고 하였다. 〔참고문헌〕『老子』, 『莊子』, 『道德經順硃』, 『寶藏論』, 『碧巖錄』, 『御製逍遙詠』. ⇨ 절학무위 絶學無爲, 절학무위한도인 絶學無爲閑道人, 무학 無學

절학무위 絶學無爲 배움도 끊고 애써 도모할 일도 없다. 무위절학(無爲絶學)이라고도 한다. 『원오어록』 권15 「시각민지고 示覺民知庫」(대정장47, p.781a21)에 "이륙시중에 정수리 끝까지 발밑까지 깨끗이 씻고 씻어 남김없이 한다. 이렇게 천성도 함께 밟지 못한 세계에서 노닌다. 곧바로 순숙하게 하여 자연스럽게 성취한다. 배움도 끊고 애써 도모할 일도 없어 천 사람 만 사람이 붙들어도 머물지 않는다. 二六時中 透頂透底 灑灑落落 遊此千聖 不同途處 直下令純熟 自然成就得 箇絶學無爲 千人萬人 羅籠不住底"라고 하였다. 〔참고문헌〕『圜悟語錄』. ⇨ 무위절학 無爲絶學, 절학무위한도인 絶學無爲閑道人

절학무위한도인 絶學無爲閑道人 배움도 끊고 할 일도 없어 한가한 도인. 궁극의 도를 터득하였기에 더 이상 학습할 공부도 없고 굳이 해야 할 일도 없어서 역설적으로 어느 편에도 쓸모없는(閑) 사람이라는 뜻. 한은 한(閒)과 통용한다. 노자(老子)의 절학과 무위를 결합하여 선종의 방식으로 전개한 말이다. 『증도가』(대정장48, p.395c9)에 "그대는 모르는가? 배움도 끊고 할 일도 없어 한가한 도인을. 망상을 버릴 일도 진실을 구할 일도 없다. 君不見 絶學無爲閒道人 不除妄想不求眞", 『증도가송』(卍속장114, p.871b9)에 "배움도 끊고 할 일도 없어 한가한 도인 : 구름의 자취 학의 자태 어디에 의탁할까? 봄 깊어지자 먼 곳에 숨은 새는 돌아오지 않고, 바위 둘레 무리진 꽃들 저 홀로 피고 지네. 絶學無爲閑道人 雲蹤鶴態何依托 春深幽鳥不歸來 嵓畔羣花自開落", 『증도가주』(卍속장114, p.891a10)에 "유무를 모두 익히지 않아 배움 없는 곳에 이르면 '배움을 끊었다'고 한다. 종일토록 무엇인가 하지만 일찍이 한 일 없으니 이를 '애써 할 일도 없다'고 한다. 가거나 머물거나 앉았거나 누웠거나 분별과 티끌 사무쳐 벗어났기에 '한가한 도인'이라 한다. 有無不學 至於無學 謂之絶學 終日爲 而未嘗爲 謂之無爲 行住坐臥 透脫情塵 名閒道人", 『전심법요』(대정장48, p.382c15)에 "옛 사람은 마음이 영리하여 한 마디를 듣자마자 문득 배움을 끊은 까닭에 '배움도 끊고 애써 할 일도 없는 한가한 도인'이라 불렀다. 오늘날의 사람들은 단지 많이 알고자 하고 많이 풀고자 하며 널리 문의 뜻만을 구하려고만 하면서 그것을 수행이라 여긴다. 많이 알고 많이 풀면 도리어 옹색해진다는 사실을 모른다. 古人心利 纔聞一言 便乃絶學 所以喚作 絶學無爲閒道人 今時人 只欲得多知多解 廣求文義 喚作修行 不知多知多解 翻成壅塞"라고 하였다. 〔참고문헌〕『證道歌』, 『證道歌頌』, 『證道歌註』, 『傳心法要』. ⇨ 절학 絶學, 절학무위 絶學無爲

절합 折合 끊어 합하다. 양 끝의 견해나 이익을 끊어 화합하게 하다. 『벽암록』 63칙 「송 頌」(대정장48, p.1

95a1)에 "양당이 모두 엉터리 선수행자인데〈친한 말은 친한 입에서 나온다. 한 마디에 끊고 공허한 말에 의지해 끝을 낸다〉, 난리 일으켜서 어쩌겠단 말인가!〈살펴보라! 그대라면 어떻게 끊어 합하겠는가? 드러나 성취되는 공안 있다. 그나마 실마리 있다〉. 兩堂俱是杜禪和〈親言出親口 一句道斷 據款結案〉 撥動煙塵不柰何〈看 爾作什麽折合 現成公案 也有些子〉", 『동산어록』(대정장47, p.525c7)에 "겸중도 : 유와 무 어디로도 떨어지지 않고 누군들 감히 화합하겠는가? 사람이면 누구나 범상한 무리에서 벗어나고자 하지만, 끊어 합하고 돌아와 다시 도탄 속에 앉는다. 兼中到 不落有無誰敢和 人人盡欲出常流 折合還歸炭裏坐"라고 하였다. 〔참고문헌〕『碧巖錄』, 『洞山語錄』.

절행고막 節行孤邈 끊어 행함이 둘도 없이 아득하다. 『조주어록』(고존숙어록13, 卍속장118, p.305a4)에 "어떤 이가 말했다. '『화엄경』을 강의하는 대사가 있는데 끊어 행함이 더없이 아득하였다. 심한 가뭄이 든 해에 천태산에 가서 기도를 드렸는데 대사께서 돌아오시기 전에 단비가 퍼붓듯이 내렸습니다'. 或曰 有講華嚴經大師 節行孤邈 若歲大旱 咸命往臺山祈禱 大師未迴 甘澤如瀉"라고 하였다. 〔참고문헌〕『趙州語錄』.

절행선 絶行仙 유위의 흐름을 잠시 끊기도 하는 선인. 십종선(十種仙) 중 하나다. 『능엄경』 권8(대정장19, p.145c11)에 "견고한 듯 변화하여 멈춰 쉬지 않으니 깨우쳐 두렷해서 절행선이라고 한다. 堅固變化 而不休息 覺悟圓成 名絶行仙"라고 하였고, 이 구절에 대해 『수능엄의소주경』 권8(대정장39, p.941b18)에 "세간에 있는 어떠한 상이라도 모조리 변화를 성취한다. 경 이미 변화하면 심상 또한 사라지니 마치 말라죽은 나무와 같아진다. 유위공용을 잠깐에 이와 같이 할 수 있기에 절행이라고 한다. 存想世間 皆成變化 境旣變化 心想亦亡 猶如槁木 有爲功用 暫得如是 故云絶行"라고 하였다. 〔참고문헌〕『楞嚴經』, 『首楞嚴義疏注經』. ⇨ 십종선 十種仙

절후재소 絶後再甦 끊은 후에야 다시 산다. 소(甦)는 소(蘇)로도 쓴다. 『선관책진』「천목단애의선사시중 天目斷崖義禪師示衆」(대정장48, p.1101c22)에 "범부를 넘어서 성인에 들어 영원히 진로에서 벗어나고자 한다면 반드시 살갗을 벗기고 뼈 바꾸어 끊어 버린 후 다시 살아나야 한다. 마치 식은 재에서 불꽃이 일고 고목에서 다시 꽃이 피는 일과 같으니 어찌 쉽다는 생각을 할 수 있으리! 若要超凡入聖 永脫塵勞 直須去皮換骨 絶後再甦 如寒灰發焰 枯木重榮 豈可作容易想", 『선문제조사게송』 권하 「자득운화상육우도 自得暉和尙六牛圖」(卍속장116, p.978b17)에 "목숨이 끊어진 그 자리, 죽은 다음에 다시 살아나, 무리 따라 새 몸 받고, 큰 마당에서 만나 즐겁게 놀리라. 다만 예전의 그 사람 바뀌었을 뿐, 예전에 살던 터전 바꾸지 않았네. 命根斷處 絶後再甦 隨類受身 逢場作戲 只改舊時人 不改舊時行履處", 『경덕전등록』 권20 「영광진전 永光眞傳」(대정장51, p.362a20)에 "말끝이 조금이라도 어긋나면 고향은 만 리로 멀어진다. 반드시 낭떠러지에서 손 놓아 스스로 기꺼이 마땅함 받아 끊은 후에 다시 살아나야 누구도 그대들을 속이지 못하리라. 言鋒若差 鄕關萬里 直須懸崖撒手 自肯承當 絶後再蘇 欺君不得"라고 하였다. 〔참고문헌〕『禪關策進』, 『禪門諸祖師偈頌』, 『景德傳燈錄』. ⇨ 현애살수 懸崖撒手

점 占 Ⓟ nimitta, nemittakatā. 오지 않은 일을 미리 알아 말하는 일. 이러한 일을 담당하는 이를 보통 상사(相師)·점상사(占相師 Ⓢ naimittika)라고 한다. 『장아함경』 권1 「대본경 大本經」(대정장1, p.4c21)에 "여러 상사들이 명을 받들어 관하려 자리에서 태자가 입은 옷을 들추었다. 구족한 상임을 보고서 점쳐 말하였다. '이런 상이면 반드시 두 곳으로 나아갈 텐데 의심의 여지가 없습니다. 만약 속세에 있으면 전륜성왕이 될 것이며, … 만약 출가하여 도를 배운다면 정각을 이루어 십호를 구족하게 될 것입니다'. 諸相師受命而觀 卽前披衣 見有具相 占曰 有此相者 當趣二處 必然無疑 若在家者 當爲轉輪聖王 … 若出家學道 當成正覺 十號具足", 같은 책 권20 「세기경 世記經」(대정장1, p.137a11)에 "상사가 비내림을 점침에 다섯 가지 인이 있다 하여 정해 알 수 없게 하니 점치는 이들을 헤매게 한다. 相師占雨 有五因緣 不可定知 使占者迷惑", 36권본 『대반열반경』 권2(대정장12, p.613b24)에 "거부인 장자는 아들이 태어나자 상사에게 점을 보도록 하였는데, 단명할 거라 하였다. 巨富長者生子 相師占之 有短壽相"라고 하였다. 〔참고문헌〕『長阿含經』, 『大般涅槃經』, 『占察善惡業報經』 권상(대정장17, p.905b1), 『四分律』 권31(대정장22, p.779b12), *DN.3.103.*, *MN.3.75.* ⇨ 상사 相師, 복 卜, 복점 卜占, 점상 占相

점 點 **1** 작은 흔적. 얼룩. 마음이 움직이면 일어나는 객진의 티끌. 『화엄오교장』 권3(대정장45, p.494a18)에 "얼룩이라도 있다 하니 모든 보살마하살들이 저들 두 습기의 장애에 얽혀 있다는 뜻이다. 有點者 以諸菩薩摩訶薩等 依彼二種習氣障故", 『전심법요』(대정장48, p.380a2)에 "이 마음은 밝고 깨끗하여 마치 저 허공에 한 점의 모양 없는 것과 같다. 마음을 들어 생각을 일으킨즉 곧바로 법체에 어긋나니 그런즉 상을 드러내게 된다. 무시이래로 상에 착하는 부처는 없었다. 此心明淨 猶如虛空 無一點相貌 擧心動念 卽乖法體 卽爲著相 無始已來 無著相佛"라고 하였다. 〔참고문헌〕『華嚴五敎章』, 『傳心法要』. **2** 집어내다. 밝히다. 『벽암록』 4칙 「본칙 本則」

(대정장48, p.143b6)에 "설두가 붙여 말했다. '견뎌 부수어 마쳤다!'〈그르쳤군. 과연. 밝혀라!〉 雪竇著語云 勘破了也〈錯 果然 點〉"라고 하였다. [참고문헌] 『碧巖錄』. ❸ 확인하다. 인정하다. 화룡점정(畵龍點睛) 등의 용례가 있다. 『종용록』 28칙(대정장48, p.245a26)에 "학인이 호국에게 물었다. '회창사태에 법을 수호하는 선신은 어디로 갔을까요?'〈살폈지만 이르지 못했다〉 '삼문의 두 선신이 한바탕 부끄럽구나'〈출석하면 점 찍지 않는다〉. 僧云 會昌沙汰時 護法善神 向甚麽處去也〈點卽不到〉 國云 三門頭兩箇 一場懡㦬〈到卽不點〉", 『통현백문』(卍속장119, p.339b1)에 "손으로 허공에 한 점을 찍고서 말했다. '말해보라. 이 한 점은 어떤 일을 밝히는가?' 以手空中點一點云 且道這一點 明甚麽邊事"라고 하였다. [참고문헌] 『從容錄』, 『通玄百問』. ❹ 불을 붙이다. 『조당집』 권10 「취암령참장 翠巖令參章」(대장경보편25, p.497a1)에 "취암이 말했다. '시자야, 등에 불을 붙여 오거라'. 師云 侍者 點燈來", 『무문관』 28칙 「본칙 本則」(대정장48, p.296b22)에 "용담(龍潭)이 심지에 불을 붙여 건네주었다. 潭乃點紙燭度與"라고 하였다. [참고문헌] 『祖堂集』, 『無門關』. ❺ 끄덕여 수긍하다. 『검남회등록』 권8 「성참해녕장 省參海寧章」(卍속장145, p.805a15)에 "현관을 쳐부수고 무쇠 익더귀를 풀어놓는다. 허공 가득 부수어 양편을 지으면 바위 앞 돌 여자는 고개 끄덕이며 웃으리. 打破玄關 放出鐵鷂 冲破虛空作兩邊 巖前石女點頭笑"라고 하였다. [참고문헌] 『黔南會燈錄』. ❻ 집어 보여주다. 『조당집』 권20 「보수소장 寶壽沼章」(대장경보편25, p.680b8)에 "이 다음에 말 많은 어떤 스승이 그대에게 밝혀줄 것이다. 向後 有多口阿師 與你點破在"라고 하였다. [참고문헌] 『祖堂集』. ❼ 시간 단위. 옛날에 한 밤을 오경(五更)으로 나누고 1경을 다시 5점으로 나누었다. 『석계심월어록』 권상(卍속장123, p.53a16)에 "어제 산을 돌아다니다가 밤 내내 곤하게 잠들었는데 5경 3점이 되어 나그네 셋이 함께 와서 만나게 되었다. 昨日遊山 一夜困睡 至五更三點 有三客 同至相見"라고 하였다. [참고문헌] 『石溪心月語錄』. ❽ 끓이다. 『선원청규』 권2 「동년인사 冬年人事」(卍속장111, p.888b6)에 "저녁이 되면 승당 안의 고사에서 탕을 끓인다. 至晚 堂內庫司點湯"라고 하였다. [참고문헌] 『禪苑淸規』.

점강 漸江 명말청초(明末淸初)대 화승 홍인(弘仁 1610~1663)의 법호. ⇨홍인 弘仁

점개 漸開 통일신라 스님. 『삼국유사』 권5(대정장49, p.1018a7・한불전6, p.367c5) 효선(孝善)9 대성효이세부모(大城孝二世父母)에 "이때 고승 점개가 흥륜사에서 육륜회를 베풀고자 복안의 집에 이르러 권화하였다. 복안이 베 50필을 시주하자 점개가 축원하기를, '단월께서 시주하는 것을 좋아하니 천신이 항상 호지할 것이며, 하나를 시주하면 만 배를 얻을 것이고, 안락하며 수명이 늘어날 것입니다'라고 하였다. … 어머니는 좋다고 하고 밭마저 점개에게 시주하였다. 時有開士漸開 欲設六輪會於興輪寺 勸化至福安家 安施布五十疋 開呪願曰 檀越好布施 天神常護持 施一得萬倍 安樂壽命長 … 母曰善 乃施田於開"라고 하였다. 이 인연으로 복안은 재상가(宰相家)의 김대성(金大城)으로 다시 태어나 전후 2세 부모를 위해 불국사를 창건하였다. [참고문헌] 『三國遺事』. ⇨김대성 金大城, 흥륜사 興輪寺

점검 點檢 자세히 살펴보다. 상대의 공부를 일일이 빈틈없이 살펴보는 뜻이다. 『오조법연어록』 권상(대정장47, p.655b23)에 "법좌에 올라 운문이 어느 날 울력으로 섶을 나르던 차에 섶 한 조각을 떨어뜨리고서 '일대장교 다만 설하자면 바로 이것이구나'라고 한 인연을 들어말했다. '자잘한 운문이여! 주석 잘못 붙였구려. 노승이 당시에 그렇게 내뱉는 말을 들었다면 울력자리가 엉망이 되지는 않았을 것을. 만일 점검해 낼 수만 있다면 그 사람 울력은 면해주겠다'. 上堂 擧 雲門一日 普請般柴次 乃抛下一片柴云 一大藏教 只說者箇 師云 大小雲門 錯下註脚 老僧當時若見向伊道 普請處 不得狼藉 若點檢得出 免儞普請", 『설두어록』 권3(대정장47, p.692a4)에 "이상하구나, 선덕들이여! 만일 있는 그대로 드러낸다면 양편이 서로 다치게 하지 않겠지만 령을 따른즉 피차가 모두 위험하다. 점검할 수 있겠는가? 奇怪 諸禪德 若平展則 兩不相傷 據令則彼此俱嶮 還點檢得麽", 『원오어록』 권11(대정장47, p.761b20)에 "도솔천을 떠나지 않으시고 왕궁에 강림하였고, 모태에서 나기도 전에 중생을 제도해 마치셨다. 한 번 살펴본즉 옳은 듯하지만 자세히 점검해 보면 오히려 양변에 걸려 있다. 未離兜率 已降王宮 未出母胎 度人已畢 一往看來却是 子細點檢將來 猶滯兩邊", 『벽암록』 85칙 「본칙 本則」(대정장48, p.210b25)에 "설두가 말했다. '옳다면 옳지만 두 악독한 도적이다. 귀를 막고 방울을 훔칠 줄만 알 뿐이다'〈그 말이 아직도 귀에 남아 있다. 저 설두의 점검을 당하고 말았군. 대답해 보라! 당시에 어떻게 했어야 점검당하지 않을 수 있었을까? 천하의 납승이라도 이르지 못한다〉. 雪竇云 是則是 兩箇惡賊 只解掩耳偸鈴〈言猶在耳 遭他雪竇點檢 且道 當時合作麽生 免得點檢 天下衲僧不到〉"라고 하였다. [참고문헌] 『五祖法演語錄』, 『雪竇語錄』, 『圜悟語錄』, 『碧巖錄』. ⇨감험 勘驗, 검점 檢點, 안과 按過

점견불성진수문 漸見佛性進修門 점차로 불성을 보아서 나아가며 닦는 문. 육종승(六種乘) 중 하나다. 『신화엄경론』 권4(대정장36, p.742a28)에 '점견불성진수문이라 한 것은 저 『대반열반경』에서는 '십주보살은 조그만 성을 보며 십지보살에 이르러서도 능히 알고 알아 마치지를 못한다'고 하였고, 『대승기신론』에서는 '십주보살은 법신을 보는 일 조금만 얻으니 팔상으로 화하여 도를 이루는 과정이다'라고 하였다. 이들 논서들이 풀었듯이 이 원력으로 한 것임을 말하며, 이미 그 원력이라면 실보는 아니니다. 다 거둬 점차로 불성을 본다 하니, 모두 이것들 권교의 분분중에 점차 이끈 종지이지 원교는 아니다. 이와 같은 류는 초발심부터 불과를 증득하기까지의 아승기겁은 정할 수 없다. 漸見佛性進修門者 如涅槃經云 十住菩薩 少分見性 乃至十地 未能了了 起信論云 十住菩薩 少分得見法身 化八相成道故 如彼論釋 言是願力所爲 旣是願力 非爲實報 總爲漸見佛性 皆是權教分分中 漸引之宗 非爲圓故 如是之類 從初發心 所證佛果 不定僧祇"라고 하였다. [참고문헌] 『新華嚴經論』, 36권본 『大般涅槃經』 권25(대정장12, p.769b20), 『大乘起信論』(대정장32, p.581a5). ⇨ 육종승 六種乘

점계 漸戒 단박에 고치거나 끊을 수 없어 점차로 끊을 수 있게 한 계. 상대어는 이계(理戒)·돈계(頓戒)다. 때때로 거듭 가져 지키는 칠중(七衆)이 가지는 별해탈계(別解脫戒)를 말한다. 『위림도패선사찬향록』 권하(卍속장125, p.890b15)에 "불계 광대하다. 그러나 반드시 살생계를 처음으로 삼는 것은 그 마음이 가장 참혹하고, 죄업이 가장 무거우며, 그 과보 또한 가장 고통스럽기 때문이다. 세상 사람들의 고기 먹는 습관은 깊어서 갑자기 끊을 수 없으므로 우선 점계를 따르도록 한다. 佛戒廣矣 然必以殺戒爲首者 以其情最慘 業最重 果報最苦故也 世人啖肉習深 不能頓斷 姑令漸戒", 『십육대나한인과식견송』 권1 「제칠가리존자 第七迦哩尊者」(卍속장3, p.837b3)에 "유정이 갈애로 기름에는 다름이 없으니 생사란 원한을 만들고 반드시 갚는다. 하고자 하는 것 언제나 눈앞에서 사라지고 육근은 업연에 얽힘 벗어나지 못하네. 점차로 가지고 때때로 거듭 지켜서 진실한 성품 성취하고 경을 마주함에 무심으로 대하니 비로소 가는 길 온전해지리. 有情愛育皆無異 生死成冤必報之 所欲常教離眼前 六根不被業緣牽 漸持漸戒成眞性 對境無心始道全"라고 하였다. [참고문헌] 『爲霖道霈禪師餐香錄』, 『十六大羅漢因果識見頌』. ⇨ 사계 事戒, 이계 理戒

점교 漸教 점차로 깨우쳐 얻는 가르침. 화엄오교(華嚴五教)에서는 시교(始教)와 종교(終教)를 말한다. 『화엄공목장』 권2(대정장45, p.558c25)에 "점교문에는 대략 세 법문이 있다. 첫째는 종교문, 둘째는 시교문, 셋째는 세간소지문이다. 漸教門者 略有三門 一 終教門 二 始教門 三 世間所知門", 『원각경소초수문요해』 권4(卍속장15, p.576b8)에 "시교는 점교의 시작이다. 始教卽漸教之始"라고 하였다. 천태종의 오시팔교(五時八教)에 따르면 최초에 설한 『화엄경』은 돈교에 해당하고, 이와 상대되는 아함·방등·반야를 점교라 하였다. 『교관강종』 「화의사교설 化儀四教說」(대정장46, p.938a17)에 "점에 또한 두 가지 뜻이 있는데, 첫째는 점교부다. 곧 아함에만 국한하면 점교의 처음이고, 방등은 점교의 중이며, 반야는 점교의 말후다. 漸亦二義 一 漸教部 謂惟局阿含爲漸初 方等爲漸中 般若爲漸後", 『화엄현담회현기』 권20(卍속장12, p.304b17)에 "천태지자는 『화엄경』을 돈교로 여기고, 나머지 경들은 점교로 보았다. 智者 旣以華嚴爲頓教 餘經爲漸教"라고 하였다. 길장(吉藏)은 삼교(三教)에 의지해 아함부에서부터 『열반경』에 이르는 가르침을 점교라 하였다. 『화엄유의』(대정장35, p.1b13)에 "남북 이 둘로 풀었다. 남방에서 풀어 말하길 '불교는 대체로 세 가지로 나누는데, 돈교·점교와 정함이 없는 부정교다. … 점교라는 것은 처음 녹야원에서 시작하여 마지막 곡림에서 설한 가르침까지이며 경의 교설이 처음에는 얕지만 뒤에는 깊어져 점층적으로 설하였기에 점교라고 한다. 점교에 따르면 다섯 시점이 있어 같지 않다. 有南北二解 南方解云 佛教凡有三種 謂頓漸無方不定也 … 言漸教者 始自鹿園 終至鵠林所說 經教初淺後深 漸漸而說 故稱漸教 就漸教中 有五時不同也"라고 하였다. 광통율사(光統律師)의 삼교(三教)에 의지한 점교다. 『화엄경탐현기』 권1(대정장35, p.110c28)에 "후위의 광통율사는 불타삼장을 받들고 익혀 삼종교를 세웠으니 곧 점·돈·원이다. 광통율사의 뜻풀이는 첫째, 근기가 미숙한 이를 위한 것으로 먼저 무상을 설하고 그 다음에 상을 설하거나, 먼저 공을 먼저 설하고 불공을 나중에 설하는 것 등이다. 이와 같은 점차를 점교라고 한다. 後魏 光統律師 承習佛陀三藏 立三種教 謂漸頓圓 光師釋意 一爲根未熟 先說無常 後乃說常 先空後不空等 如是漸次 名爲漸教"라고 하였다. 삼장 진제(眞諦)·정영사(淨影寺)의 혜원(慧遠) 등이 주장한 돈점이교(頓漸二教)다. 『화엄경탐현기』 권1(대정장35, p.110c24)에 "진대 진제삼장 등은 점돈이교를 세웠다. 점오의 근기를 잡아 대승이되 소승을 말미암아 일어났으니 설한 바에는 다 삼승의 가르침이 모두 갖추어져 있다. 그러므로 점이라고 하며 바로 『열반경』 등이다. 陳朝眞諦三藏等 立漸頓二教 謂約漸悟機 大由小起 所設具有三乘之教 故名爲漸 卽涅槃等經", 『대승의장』 권1(대정장44, p.468c14)에 "대승이되 소승으로부터 들어가면 점교라 하고, 대승이면서 소승을 말미암지 않으면 돈교라고 한다. 大從小入 名爲漸教 大不從小 名爲頓教"라고 하였다. 선종에서는 점진적인 과정을 거쳐 깨닫는 수행문을 점문(漸門)이라고 하는데, 경우에 따라 점교라고도 일컫는다. 『도서』 권상1(대정장48, p.399c2)에 "부처님께서는 돈교와 점교를 설하시고, 선종에서는 돈문과 점문을 열었다. 佛說頓教漸教 禪開頓門漸門", 같은 책 권상2(대정장48, p.403c22)에 "원돈의 근본이 되는 종지는 북쪽 지역에서는 유행하지 않았고, 오직 신수선사만이 점교의 기치를 크게 드날렸다. 圓頓本宗 未行北地 唯神秀禪師 大揚漸敎"라고 하였다. [참고문헌] 『華嚴孔目章』, 『圓覺經疏鈔隨文要解』, 『敎觀綱宗』, 『華嚴懸談會玄記』, 『華嚴遊意』, 『華嚴經探玄記』, 『大乘義章』, 『都序』. 『涅槃論』(대정장26, p.278c21). ⇨ 오교십종 五敎十宗, 오시팔교 五時八敎, 삼교 三敎 1, 사교 四敎, 돈교점교 頓敎漸敎, 돈점이교 頓漸二敎, 돈교 頓敎, 점문 漸門

점다 點茶 차를 끓여서 공양하는 일. 전다(奠茶)라고도 한다. 점탕(點湯 : 奠湯)과 합하여 점다탕(點茶湯)이라 한다. 곧 충포차(沖泡茶)·탕공양(湯供養)을 가리킨다. 선사(禪寺)에서는 부처님과 조사 또는 대중에게 공양한다. 선문(禪門)에서는 일용사(日用事)와 같이 널리 자주 행하기에 다반사(茶飯事)라는 말이 전하기도 한다. 송장(送葬)을 행할 때 영전(靈前)에 올리는 다탕을 전다탕(奠茶湯)·전다전탕(奠茶奠湯)이라 한다. 주지 등은 차와 탕으로 대중에게 공양하는 의식을 다례(茶禮) 또는 탕례(湯禮)라 하고, 두 가지를 병행할 경우는 다탕례(茶湯禮)라 한다. 새로 소임을 받거나 제자가 처음으로 승당에 들어왔거나 사대절(四大節) 등에도 반드시 행한다. 오로지 특정한 사람을 위하여 베푸는 다례나 탕례는 특위다(特爲茶) 또는 특위탕(特爲湯)이라 한다. 점다를 대중에게 알리는 패는 점다패(點茶牌)라 한다. 먼 곳으로 다례에 참가해 달라고 보내는 첩(帖)은 다장(茶狀)이라 한다. 다례를 행할 때 울리는 북을 다고(茶鼓)라 한다. 법당의 동북 모퉁이와 서북 모퉁이에 비치된 두 북 가운데 전자는 법고(法鼓)이고 후자가 다고이다. [참고문헌] 『百丈淸規』 권3 「新命辭衆上堂茶湯」(대정장48, p.1124b27)·「山門特爲新命茶湯」(대정장48, p.1126b8)·권4 「方丈特爲新首座茶」(대정장48, p.1135c6)·권7 「新掛搭人點入寮茶」(대정장48, p.1150b23), 『禪林象器箋』 권17 「點茶」(불광장, 禪藏, p.1286). ⇨ 점탕 點湯, 다례 茶禮, 특위다 特爲茶, 점다패 點茶牌, 다장 茶狀, 다고 茶鼓, 살차 煞茶

점다점탕 點茶點湯 점다와 점탕을 아울러 이르는 말. 『선림상기전』 권20(불광장, 禪藏, p.1577)에 "탕병 : 구리로 만든 병으로 끓인 탕을 담으며, 점다와 점탕의 용도로 여긴다. 湯甁 銅甁盛滾湯 以爲點茶點湯之用"라고 하였다. [참고문헌] 『禪林象器箋』. ⇨ 점탕 點湯

점다패 點茶牌 점다를 알리고자 내거는 패. 『백장청규』 권7 「방장사절특위수좌대중다 方丈四節特爲首座大衆茶」(대정장48, p.1154a19)에 "객두행자는 차례로 두수와 모든 요사의 대중에게 청하고 지사에게 함께 수반하도록 청한 뒤에 점다패를 내건다. 客頭行者 請以次頭首諸寮 及請知事光伴 掛點茶牌"라고 하였다. [참고문헌] 『百丈淸規』, 『禪林象器箋』 권13(불광장, 禪藏, p.1248). ⇨ 점다 點茶, 다반 茶飯

점단 漸斷 점차로 끊는다. 단번에 끊는 돈단(頓斷)의 상대어다. 『잡아함경』 권47(대정장2, p.341c5)에 "저 연금사와 그 제자가 다시 용광로에 넣고 풀무질을 하여 화력을 증강시키며 뒤척거리며 달군다. 그렇게 나온 금은 가볍고 부드러워 광택이 나는데, 굽히거나 펴도 부러지지 않으므로, 마음대로 비녀·귀고리·가락지·팔찌의 여러 가지 장신구를 만든다. 이와 같이 깨끗한 마음으로 정진해 나아가는 비구는 거친 번뇌의 결박과 악하고 착하지 않은 업과 갖가지 악하고 그릇된 사견을 점차로 끊는다. 마치 생겨난 금이 단단한 돌이나 견고한 흙덩이를 버리는 것과 같다. 彼鍊金師 鍊金弟子 復置爐中 增火鼓鞴 轉側陶鍊 然後生金 輕軟光澤 屈伸不斷 隨意所作 釵璫鐶釧 諸莊嚴具 如是 淨心 進向比丘 麤煩惱纏 惡不善業 諸惡邪見 漸斷令滅 如彼生金 淘去剛石堅塊", 『출요경』 권20(대정장4, p.713b26)에 "점점 무명의 뿌리를 끊는다는 것은, 무명이란 세간의 큰 어둠으로 심식을 덮어 열어 펴지 못하게 함이니, 방편을 구하여 용맹심으로 뿌리를 끊어 생기지 않게 해야 한다. 그러므로 점점 무명의 뿌리를 끊는다라고 하는 것이다. 漸斷無明根者 無明者 世間之大冥 覆蔽心識 不得開舒 當求方便 以勇猛心 斷根不生 是故說 漸斷無明根也", 『대비바사론』 권35(대정장27, p.182b19)에 "단법(斷法)은 두 가지다. 첫째는 저 견소단이다. … 둘째는 수소단이다. 그러므로 끊을 구품선근은 선근을 끊을 때마다 구품 또한 점차로 끊는다. 斷法有二種 一 如見所斷 … 二 如修所斷 是故所斷 九品善根 斷善根時 九品漸斷", 『성유식론』 권10(대정장31, p.54b2)에 "수도단이란 후에 십지수도위 중에서 차츰 끊으며, 나아가 바로 금강유정이 일어나는 한 찰나 중에 비로소 끊어 다한다. 내외의 추세경을 반연함에 통하여는 품류차별에 많은 것들이 있기 때문이다. 이승둔근은 점차 장애를 끊을 때에 반드시 각기 따로 무간도와 해탈도를 일으키고, 가행도와 승진도는 때론 따로 때론 한꺼번에 일으킨다. 브살근은 점차로 장애를 끊음에 무간도와 해탈도를 따로 일으키지는 않으니, 찰나찰나에 끊고 증득할 수 있기 때문이다. 修所斷者 後於十地修道位中 漸次而斷 乃至 正起金剛喩定 一刹那中 方皆斷盡 通緣內外 麤細境生 品類差別 有衆多故 二乘根鈍 漸斷障時 必各別起 無間解脫 加行勝進 或別或總 菩薩利根 漸斷障位 非要別起 無間解脫 刹那刹那 能斷證故"라고 하였다. [참고문헌] 『雜阿含經』, 『出曜經』, 『大毘婆沙論』, 『成唯識論』. ⇨ 돈단 頓斷

점대교할 點對交割 사방승물을 낱낱이 마주해 보고 비교해 헤쳐 보다. 『백장청규』 권3 「교할침기십물 交割砧基什物」(대정장48, p.1127a5)에 "소임으로 원에 든 후에는 반드시 양서와 근구와 모임을 갖고 차를 마시며 상세하게 산문의 사무를 비롯하여 침기·계서·십물에 대하여 상세히 따져 묻고 하나씩 점검하고 대교하며 헤쳐 본다. 入院後 須會兩序勤舊茶 詳細詢問 山門事務 砧基契書什物 逐一點對交割"라고 하였다. 〔참고문헌〕『百丈淸規』. ⇨ 교할 交割

점돈 漸頓 ❶ 점차로 성취하거나 단박에 깨우침. 『대승밀엄경』 권상(대정장16, p.727b6)에 "이 여덟 가지 마음은 비록 체에는 이와 같은 약간의 다름도 없지만 연을 따라 점차로 일어나거나 때론 일시에 생하기도 한다. 마음이 생할 때는 여러 경계를 취함에 또한 이와 같은 점돈의 차별이 있다. 是八種心 雖無如是若干體異 而隨緣漸起 或一時生 心生之時 取諸境界 亦有如是漸頓差別", 『인왕호국반야바라밀다경소』 권하(대정장33, p.510c26)에 "점돈에 대해 일반적으로 논하자면 네 가지다. 첫째는 교에서의 점돈이니, 방편으로 삼승을 설하거나 곧장 대승을 말한다. 둘째는 이치상의 점돈이니, 점차로 깨우쳐 들거나 실성을 비춘다. 셋째는 행함에 점돈이니, 이승은 마음을 돌이키지만 곧장 성품으로 가기도 한다. 넷째는 과의 점돈이니, 앞의 두 가지 지혜는 점차로 원만해지만 대원경지는 단박에 가득 채운다. 汎論漸頓 有其四種 一者 教漸頓 方便說三 直談大故 二者 理漸頓 漸次悟入 照實性故 三者 行漸頓 二乘迴心 直往性故 四者 果漸頓 前二智品 漸次而圓 圓鏡智品 頓滿足故", 돈황본 『단경』(대정장48, p.342b3)에 "어찌 점돈이라 하는가? 법은 하나다. 보는 것에 더디고 빠름이 있으니 보는 것이 빠르면 돈이다. 법에는 점돈이 없으나 사람에게 이둔이 있기에 점돈이라고 이름 붙인다. 何以漸頓 法卽一種 見有遲疾 見遲卽漸 見疾卽頓 法無漸頓 人有利鈍 故名漸頓"라고 하였다. 〔참고문헌〕『大乘密嚴經』, 『仁王護國般若波羅蜜多經疏』, 『壇經』. ⇨ 돈점 頓漸 ❷ 점교(漸教)의 모양새이지만 돈교(頓教)인 가르침. 점돈교(漸頓教)라고도 한다. 『법화경』을 가리키고, 대칭하는 돈돈(頓頓)은 『화엄경』과 상응한다. 『법화현의석첨』 권2(대정장33, p.825c9)에 " 『법화경』은 바로 점후의 돈이다. 점을 열어서 돈을 드러내기에 점돈이라고 한다. … 『법화경』은 점돈이고, 『화엄경』은 돈돈이다. 法華經是漸後之頓 謂開漸顯頓 故云漸頓 … 法華爲漸頓 華嚴爲頓頓", 『화엄경소초』 권7(대정장36, p.50a20)에 "교화의 모양새로 법을 취하자면, 『화엄경』의 원이란 돈 중의 원이고, 『법화경』의 원은 점 중의 원이다. 점돈의 모양새로는 두 경이 다르나 원교의 화법으로는 두 경이 다르지 않다. 대사(智者大師)가 본래 의도한 교판이 이와 같으니 또 원교라고 이름 붙이고 또한 '돈'이라고 하였다. 그러므로 원돈지관이라고 한 것이다. 이로 말미암아 또한 『화엄경』을 돈돈이라 하고, 『법화경』을 점돈이라고 하니, 이로써 각각 돈교의 형식으로서의 원돈이고 점교의 형식으로서의 원돈이기 때문이다. 以化儀取法 華嚴之圓是頓中之圓 法華之圓 是漸中之圓 漸頓之儀 二經則異 圓教化法 二經不殊 大師本意 判教如是 又詺圓教 亦名爲頓 故云 圓頓止觀 由此 亦謂華嚴名爲頓頓 法華名爲漸頓 以是頓儀中圓頓 漸儀中圓頓故"라고 하였다. 〔참고문헌〕『法華玄義釋籤』, 『華嚴經疏鈔』. ⇨ 돈돈 頓頓, 돈돈교 頓頓教, 원돈지관 圓頓止觀 ❸ 점교(漸教)와 돈교(頓教). ⇨ 점돈이교 漸頓二教

점돈이교 漸頓二教 부처님의 교설을 점교(漸教)와 돈교(頓教) 둘로 구분한 것. 돈점이교(頓漸二教)라고도 한다. 『화엄경탐현기』 권1(대정장35, p.110c24)에 "진조의 진제삼장 등이 점돈이교를 세웠다. 점오기를 잡아서 대승은 소승을 말미암아 일어나니 베풀어 갖춘 삼승의 가르침을 '점'이라고 하니 곧 『열반경』 등의 경이다. 만약 곧장 가는 돈기를 잡았으면 대승은 소승을 말미암지 않으니, 베푼 바 오직 이 보살승의 가르침이기에 '돈'이라고 하니 바로 『화엄경』 등이다. 훗날 대원(大遠 : 慧遠)법사 등도 이같이 설했다. 陳朝眞諦三藏等 立漸頓二教 謂約漸悟機 大由小起 所設具有三乘之教 故名爲漸 卽涅槃等經 若約直往頓機 大不由小 所設唯是菩薩乘教 故名爲頓 卽華嚴等經 後大遠法師等 亦同此說", 『화엄오교장』 권1(대정장45, p.480b16)에 "혜탄법사 등이 『능가경』 등에 의지해 점돈이교를 세웠는데 다음과 같다. 먼저 소승을 익힌 다음에 대승으로 나아간다. 대승은 소승을 말미암아 일어나므로 '점'이라고 한다. 또한 대승과 소승의 교설이 함께 펼쳐있기 때문이니, 곧 『열반경』 등의 교설이 이것이다. 곧장 가는 보살 등과 같이 대승이 소승을 말미암지 않으므로 '돈'이라고 한다. 또한 소승이 없었기 때문이니, 곧 『화엄경』이다. 혜원법사 등 후대의 여러 많은 선덕들이 많이들 이렇게 설하였다. 誕法師等 依楞伽等經 立漸頓二教 謂以先習小乘 後趣大乘 大由小起 故名爲漸 亦大小俱陳故 卽涅槃等教是也 如直往菩薩等 大不由小 故名爲頓 亦以無小故 卽華嚴是也 遠法師等 後代諸德 多同此說"라고 하였다. 〔참고문헌〕『華嚴經探玄記』, 『華嚴五教章』. ⇨ 돈점이교 頓漸二教, 돈점 頓漸, 점교 漸教, 돈교 頓教

점두 點頭 고개를 끄덕이다. 수긍·인정 등의 뜻이다. 『유부율』 권14(대정장23, p.699a6)에 "만일 사실이라면 고개를 끄덕이기만 하면 된다. 若事實者 但可點頭", 『사명존자교행록』 권7(대정장46, p.925b6)에 "(법문을 듣고) 고개를 끄덕이는 돌들이 푸른 봉우리에 늘어서 있었다. 點頭之石 行列翠巘", 『황룡혜남어록』(대정장47, p.632a23)에 "공자 문하의 제자들은 아무도 모르는데 푸른 눈의 호승이 웃으며 고개를 끄덕인다. 孔門弟子無人識 碧眼胡僧笑點頭", 『경덕전등록』 권30 「소계화상목호가 蘇溪和尙牧護歌」(대정장51, p.463a1)에 "어리석은 사람들은 손사래를 치며 서로 싫어하지만, 지혜로운 사람들은 고개를 끄덕이며 서로 인정한다. 愚人擺手憎嫌 智者 點頭相許"라고 하였다. [참고문헌] 『有部律』, 『四明尊者敎行錄』, 『黃龍慧南語錄』, 『景德傳燈錄』.

점등 點燈 등불을 켜다. 불전 등에 불을 밝히는 소임 또는 산문의 일용사를 말한다. 『백장청규』 권6 「좌참坐參」(대정장48, p.1143b13)에 "포시가 되면 승당 안에 향을 올리고 등불을 켠다. 將晡時 僧堂內裝香點燈", 『동산어록』(대정장47, p.509c28)에 "야참 때 등불을 켜지 않았는데 한 학인이 나와 질문을 던지고 물러났다. 동산이 시자에게 등불을 켜게 하고 '조금전에 질문을 던진 학인은 나와 보라'고 하자 학인이 앞으로 다가섰다. 夜參不點燈 有僧出問話 退後 師令侍者點燈乃召 適來問話僧出來 其僧近前", 『운문광록』 권상(대정장47, p.548b25)에 "동쪽 집은 등불을 켰고, 서쪽 집은 어둠 속에 있다. 東家點燈 西家暗坐"라고 하였다. [참고문헌] 『百丈淸規』, 『洞山語錄』, 『雲門廣錄』.

점등끽반 點燈喫飯 등불 켜고 밥 먹는다. 먼저 비추고 뒤에 움직이는 뜻이다. 『종용록』 94칙 「송 頌」(대정장48, p.288b18)에 "모름지기 끊어내야 한다〈군자의 결정적 한 마디다〉. 애매모호하게 두지 마라〈등불을 켜고 밥 먹으라〉. 돌려 다해 공도 없는 그대 자리에 오르리니〈잎 떨어져 뿌리로 돌아간다〉, 우뚝 솟은 그곳을 그대와 함께 하지 못하리〈돌아오는 때를 말할 수는 없다네〉. 須勦絶〈君子一言〉 莫顢頇〈點燈喫飯〉 轉盡無功伊就位〈葉落歸根〉 孤標不與汝同盤〈來時無口〉", 『오가종지찬요』 권1(卍속장114, p.515b12)에 "무엇이 먼저 비추고 나중에 움직이는 것인가? 삼산등래(三山燈來)가 말한다. '등불 켜고 밥 먹는다'. 如何是先照後用 三山來云 點燈喫飯"라고 하였다. [참고문헌] 『從容錄』, 『五家宗旨纂要』.

점명종 漸命終 Ⓢ krama-mṛtyu, Ⓣ rim-gyis-'chi-ba. 점차 목숨이 다하다. 몸이 점차 쇠하여 자연사(自然死)하는 것으로 갑자기 죽는 일은 돈명종(頓命終)이다. 『구사론』 권3(대정장29, p.17a15 : *Abh-k-bh.*, p.48)에 "점명종하는 경우, 후에 오직 네 가지 근을 버린다. 즉 욕계에서 점차 목숨이 다할 때, 신·명·의·사가 최후에 멸하니, 이 네 가지 근은 결코 전후로 사라지지 않는다. 이와 같이 말하는 것은 단지 염오무기심으로 목숨을 마치는 이임을 알게 한다. 삼계에 있으면서 선한 마음으로 죽을 때에는 신근 등 오근을 반드시 갖춘다. 그러므로 앞에서 말한 일체위중에 그 수는 마땅히 신등 다섯을 더한다. 즉 무색계에서는 더하여 팔근에 이르며, 나아가 욕계에서 점차 목숨을 마칠 때에는 아홉 가지에 이르게 된다. 중간의 많고 적음은 이치에 맞게 안다. 若漸命終 後唯捨四 謂在欲界 漸命終時 身命意捨於最後滅 此四必無 前後滅義 如是所說 應知但依 染無記心 而命終者 若在三界 善心死時 信等五根 必皆具有 故於前說 一切位中 其數皆應 加信等五 謂於無色 增至八根 乃至欲界 漸終至九 中間多少 如理應知 〈bhāṣya〉 krameṇa tu mriyamāṇaścatvārīndriyāṇi nirodhayati. kāyajīvitamanaupekṣendriyāṇi. nahyeṣāṃ pṛthagnirodhaḥ. eṣa ca nyāyaḥ kliṣṭāvyākṛtacittasya maraṇe veditavyaḥ. yadā tu kuśale cetasi sthito mriyate tadā. 〈kārikā〉 śubhe sarvatra pañca ca. 〈bhāṣya〉 kuśale cetasi mriyamāṇaḥ sarvatra yathoktamindriyāṇi nirodhayati. śraddhādīni ca pañcādhikāni. eṣāṃ kuśale cetasyavaśyaṃbhāvaḥ. evamārūpyeṣvaṣṭau nirodhayati rūpeṣu trayodaśaeti vistareṇa gaṇanīyam", 『순정리론』 권30(대정장29, p.514a24)에 "오직 점차로 목숨을 마치는 이만이 목숨을 마칠 때 단말마의 고통으로 핍박 받는다. 唯漸命終者 臨命終時 有爲斷末摩 苦受所逼"라고 하였다. [참고문헌] 『俱舍論』, 『順正理論』, *Abh-k-bh* ⇨ 점사 漸死

점문 漸門 점수(漸修)를 수행의 중심으로 수용하는 방법. 돈오(頓悟)를 중심으로 내세우는 돈문(頓門)과 대칭한다. 『경덕전등록』 권5 「하택신회전 荷澤神會傳」(대정장51, p.245a26)에 "조계(혜능)의 돈지는 형오에서 깊이 묻혀버렸고, 숭악(신수)의 점문은 진락에서 성행하였다. 曹谿頓旨 沈廢於荊吳 嵩嶽漸門 盛行於秦洛"라고 하였다. [참고문헌] 『景德傳燈錄』. ⇨ 돈문 頓門, 돈점 頓漸, 점수 漸修

점미 苫弭 Ⓢ śamī의 음사어. 향약삼십이미(香藥三十二味) 중 하나. 사미(奢彌) 또는 섬미(睒彌)로도 음사하며, '苫'은 '첨' 또는 '섬'으로도 읽는다. 『금광명최승왕경』 권7 「대변재천녀품 大辯才天女品」(대정장16, p.434c13)에 "지혜로운 모든 이는 응당 이와 같은 목욕법을 짓고 향약삼십이미를 취해야 하니 이른바 창포〈발자〉, … 구기근〈점미〉, … . 諸有智者 應作如是洗浴之法 當取香藥三十二味 所謂 菖蒲〈跋者〉 … 狗杞根〈苫弭〉 … "라고 하였다. [참고문헌] 『金光明最勝王經』, 『金光明最勝王經疏卷』 권5(대정장39, p.302b13), *Suv-pr.97.* ⇨ 사미 奢彌, 섬미 睒彌, 삼십이미 三十二味, 향약삼십이미 香藥三十二味

점박가 占博迦 Ⓢ Campaka의 음사어. ❶ 첨복(瞻蔔). 또는 담복(薝蔔). 『섭대승론석』 권2(대정장31, p.329c14)에 "바람의 성은 멀리 움직여서 능히 붙들어 가지지 못한다. 그래서 쏘인 기운은 1유선나만 지나도 저 모든 훈 또한 따라 구르지 못한다. 반면 점박가 기름은 향기를 능히 지니고 있어서 백유선나를 지나더라도 저 모든 향기가 여전히 움직여 구른다. 風性踈動 不能任持 所有熏氣 一踰膳那 彼諸熏氣 亦不隨轉 占博迦油 能持香氣 百踰膳那 彼諸香氣 亦能隨轉"라고 하였다. [참고문헌] 『攝大乘論釋』, 『一切經音義』 권10(대정장54, p.363b24). ⇨ 첨복 瞻蔔, 담복 薝蔔 ❷ 야차 이름. 『불모대공작명왕경』 권중(대정장19, p.425a18)에 "점박가야차는 갈타성(羯吒城 Ⓢ jaṭāpura)에서 머문다. 占博迦藥叉 在羯吒城住"라고 하였다. [참고문헌] 『佛母大孔雀明王經』, *Mmayu.22.*

점복화 占匐華 Ⓢ campaka. 첨복(瞻蔔). 또는 담복(薝蔔). 복(匐)은 복(蔔), 화(華)는 화(花)로도 쓴다. 『도행반야경』 권9(대정장8, p.471c12)에 "육지에 점복화가 있었다. 陸地有占匐華", 『범망경보살계본소』 권3(대정장40, p.627b15)에 "점복화 비록 시들지만 다른 어떠한 꽃보다 뛰어나고, 파계한 여러 비구들이 있더라도 모든 외도들보다 뛰어나다. 占匐華雖萎 猶勝諸餘花 破戒諸比丘 猶勝諸外道"라고 하였다. [참고문헌] 『道行般若經』, 『梵網經菩薩戒本疏』, 『涅槃經疏私記』 권1(卍속장58, p.22b4). ⇨ 첨복 瞻蔔, 담복 薝蔔

점불정 點佛睛 새로 조성한 불상의 얼굴에 마지막으로 눈동자를 찍는 일. 점안(點眼)이라고도 한다. 『법원주림』 권100(대정장53, p.1027a18)에 "(唐 太宗은 모친인) 목태후를 기리려고 홍복사를 조성하고 절이 낙성된 후에는 친히 행차하여 부처님의 눈동자를 찍고 아주 후하게 베풀었다. 爲穆太后 造弘福寺 寺成之後 帝親幸焉 自點佛睛 極隆䞋施"라고 하였다. [참고문헌] 『法苑珠林』, 『南海寄歸內法傳』 권1(대정장54, p.211a1). ⇨ 점안 點眼, 불상점안 佛像點眼

점비일체지덕경 漸備一切智德經 Ⓢ Daśabhūmika-sūtra. 서진(西晉)대 축법호(竺法護) 한역. 5권 또는 10권. 『화엄경』 「십지품 十地品」의 별행경 중 하나. 297년(원강3)에 역출되었다. 고려장8, pp.1047a1~1098b22, No.89 · 대정장10, pp.458a16~497b29, No.285에 수록되어 있다. '점차로 일체지덕을 갖추게 하는 경'이라는 뜻으로 『점비경』이라고 하며, 별도로 『대혜광삼매경 大慧光三昧經』이라고도 한다. 이역본으로는 후진(後秦)대 구마라집(鳩摩羅什)이 한역한 『십주경 十住經』 4권(대정장10, No.286)과 당대 시라달마(尸羅達摩)가 한역한 『십지경 十地經』 9권(대정장10, No.287)이 있다. 총 10품으로 각각 십지와 대응한다. 제1초발의열예주품(初發意悅豫住品) · 제2이구주품(離垢住品) · 제3흥광주품(興光住品) · 제4휘요주품(暉曜住品) · 제5난승주품(難勝住品) · 제6목전주품(目前住品) · 제7현묘품(玄妙品) · 제8부동주품(不動住品) · 제9선재의주품(善哉意住品) · 제10금강장문보살주품(金剛藏問菩薩住品)이다. 한역어만 다를 뿐 내용은 이역본과 차이가 없다. 『화엄경탐현기』 권9 「십지품」(대정장35, p.277a9)에 "이 품의 이름은 넷이다. 첫째는 별역본인 『점비일체지덕경』이다. 둘째는 아래 문장에서 「집일체지지법문품」이라고 한 것이다. 이 둘은 공용에 따라 이름 붙인 것으로 십지인행으로 말미암아 능히 일체불지덕을 모아 낸다는 말이다. 셋째는 또 다른 별역본인 『십주경』이다. 넷째는 이 경의 「십지품」이다. 이 둘은 뜻을 잡고 수를 들어 이름을 받은 것으로 '십'은 일주의 원만한 수이고 '지'는 뜻에 나아가 비유로 잡은 이름이다. 불지를 성취해내서 주지하기 때문이다. 此品名有四種 一 別譯本名漸備一切智德經 二 下文名集一切智智法門品 此二就功能立名 謂十地因行能集生一切佛智德 然十德漸增故云漸備 三 更別譯一本名十住經 四 此中名十地 此二約義帶數受稱 謂十是一周圓數 地是就義約喩爲名 謂生成佛智住持故也", 『역대삼보기』 권6(대정장49, p.62a2)에 "『점비일체지덕경』 10권〈원강 7년에 역출하였고, 『화엄경』 「십지품」 내용이다. 때론 5권이라 하니 『섭도진록』에 보인다〉. 漸備一切智德經 十卷〈元康七年出 是華嚴十地品 或五卷 見聶道眞錄〉"라고 하였다. [참고문헌] 『華嚴經探玄記』, 『歷代三寶紀』, 『開元釋教錄』 권2(대정장55, p.494a3). ⇨ 십주경 十住經, 십지경 十地經, 십지품 十地品

점사 漸死 Ⓢ krama-cyuti, Ⓣ rim-gyis-'chi. 점차로 죽음에 이르는 것. 의식이 점점 사라지면서 죽는 양상을 말한다. 돈사(頓死)에 대칭한다. 『구사론송소론본』 권10(대정장41, p.878b4)에 "『구사론』의 '점차로 죽음에 이를 때에는 발과 배꼽과 마음에서 최후의 의식이 소멸한다. 하계와 인 · 천, 불생이 이 같은 경우이다'라는 말은 죽음에 이를 때의 식에 대해 밝힌 것이다. '하계'란 삼악취이고, 불생은 아라한을 말한다. 단번에 목숨이 끊어진다면 의식과 신근은 홀연히 모두 소멸한다. 점차 죽음에 이른 이가 악취에 떨어졌다면 의식이 발에서 소멸한 것이고, 인간으로 태어났다면 의식이 배꼽에서 소멸한 것이고, 천계에 태어났다면 의식이 마음에서 소멸한 것이고, 아라한이 되었다면 식이 또한 마음에서 소멸한 것이다. 漸死足臍心 最後意識滅 下人天不生者 明死時識也 言下者 三惡趣也 不生謂阿羅漢也 若頓命終 意識身根忽然總滅 若漸死者 墮於惡趣 識滅於足 若往人中 識滅於臍 若得生天 識滅於心 若得羅漢 識滅亦於

心", 『순정리론』 권30(대정장29, p.514a16)에 "점차로 죽는 이가 하계와 인취천계로 갈 때, 발과 배꼽과 심장에서 그 순서로 식이 멸한다. 즉 악취도에 떨어지는 것을 하계로 간다고 하며, 저 식이 최후로 두 발에서 멸한다. 인취로 갈 때 그 식은 배꼽에서 멸하며, 천계로 갈 때 그 식은 심장에서 멸한다. 모든 아라한을 불생이라 하는데, 그 최후의 마음 역시 심장에서 멸한다. 다른 논사는 말한다. '그 의식이 멸하는 곳은 정수리다'. 바로 목숨을 마칠 때에 발 등의 처소에서 신근이 멸하기 때문에 식이 따라서 멸한다. 목숨을 마칠 때에 신근은 점차 감소하여 발 등의 처소에 이르러 갑자기 모두 멸한다. 若漸死者 往下人天 於足臍心 如次識滅 謂墮惡趣 說名往下 彼識最後 兩足處滅 若往人趣 識滅於臍 若往天中 識滅心處 諸阿羅漢 說名不生 彼最後心 亦心處滅 有餘師說 彼滅在頂 正命終時 於足等處 身根滅故 意識隨滅 臨命終時 身根漸減 至足等處 欻然都滅"라고 하였다. 〔참고문헌〕『俱舍論頌疏論本』, 『順正理論』, 『俱舍論』 권10(대정장29, p.56a24), *Abh-k-bh.156.*

점사 漸寫 조금씩 베껴 쓴다는 말. 여러 날에 걸쳐 경전을 서사(書寫)하는 일이다. 점서(漸書)라고도 하며 단번에 쉬지 않고 쓰면 돈사(頓寫)다. 『선림상기전』 권14(불광장, 禪藏, p.1094)에 "점사 : 여러 날에 걸쳐 『법화경』을 서사한다는 말이다. 漸寫 以數日 書法華也"라고 하였다. 〔참고문헌〕『禪林象器箋』. ⇨ 돈사 頓寫

점상 占相 Ⓢ naimittika, Ⓟ nimitta, Ⓣ mtshan-ma-pa. 모양으로 점치다. 드러난 사태로 미래 등을 미리 알아내는 일이다. 『방광대장엄경』 권4(대정장3, p.561a16)에 "태자의 나이가 점차로 많아지니, 온갖 신선들과 점을 잘 치는 이(占相者 Ⓢ naimittika)들이 모두 말했다. 태자가 출가하면 반드시 성불할 것이고, 만약 집에 있으면 전륜성왕이 되어 온 천하를 다스리며, 열 가지 선으로 중생들을 보살피고 법으로써 왕노릇하여 칠보를 성취할 것이다. 太子年漸長大 無量諸仙 善占相者 皆云 太子若得出家 必定成佛 若在家者 當爲轉輪聖王王四天下 十善御物 以法爲王 成就七寶", 『구사론』 권7(대정장29, p.36c28 : *Abh-k-bh.*, p.99)에 "또 다른 이는 말한다. '유정중생의 몸 안에는 미래세 과인이 앞선 조짐이 있는데, 이것은 불상응행온차별이다. 부처님께서는 오직 이를 보고 곧바로 미래를 아신 것이니, 정려의 신통한 지혜를 드러낼 필요가 있는 것은 아니다'. 만약 그렇다면 모든 부처님께서는 미래를 점상으로 아신 것이고, 깨달아 아신 것이 아니다. 그러므로 경부의 여러 논사들이 말하길 '세존께서는 뜻을 들어 모든 법을 두루 아시니, 이것은 비량지도 아니고 점으로 아는 것도 아니다'. 有餘復言 有情身內 有未來世 果因先兆 是不相應行蘊差別 佛唯觀此 便知未來 非要現遊 靜慮通慧 若爾諸佛 便於未來 占相故知 非爲現證 故如經部 諸師所言 世尊擧意 遍知諸法 非比非占 anye punarāhuḥ. phala cihnabhūtaḥ sattvānāṃ santatau cittaviprayuktaḥ saṃskāraviśeṣo 'sti yaṃ vyavalokya bhagavānanāgataṃ jānātyasaṃmukhīkṛtvāpi dhyānamabhijñāṃ ceti. naimittiko hi nāma bhagavān syādevaṃ sati na punaḥ sākṣātkārī. tasmātsarvamicchāmātreṇa bhagavān jānātīti sautrāntikāḥ"라고 하였다. 〔참고문헌〕『方廣大莊嚴經』, 『俱舍論』, *Abh-k-bh.*, *Lal-v.96.* ⇨ 점 占

점상길흉 占相吉凶 Ⓢ kautuka-maṅgala. 모양을 보고 길흉을 점치는 것. 삿된 방법으로 생계를 유지하는 오사명(五邪命) 중 하나다. 『십지경론』 권4(대정장26, p.148a16)에 "〔경〕 사견을 버리고, 정도(正道)를 수순하며, 갖가지 길흉을 점치는 일도 버리고, 악계견을 여의며, 직견을 닦아 바르게 하고, 속이지 않으며 아첨하지 않고, 불법승 삼보를 정성스럽고 확고하게 믿는다. 보살은 이와 같이 밤낮으로 항상 열 가지 선업을 수호한다. 〔논〕 정견에 의지하여 일곱 가지 견을 다스린다. 어떤 것이 일곱 가지 견의 대치인가? … 셋째는 계취정견이니, 이것이 상대해 다스리는 것은 저 경에서 갖가지로 길흉을 점치는 일을 버리고, 악계견을 여읜다라고 한 것과 같은 경우이다. 악계견이란 스스로 취한 소견이다. 經曰 離於邪見 隨順正道 捨於種種 占相吉凶 離惡戒見 修正直見 不姦欺 不諂曲 決定誠信 佛法僧寶 菩薩如是 日夜常護 十善業道 論曰 依正見有 七種見對治 何者七種見 … 三者 戒取淨見 此對治 如經 捨於種種 占相吉凶 離惡戒見故 惡戒見者 自取所見故"라고 하였다. 〔참고문헌〕『十地經論』, 『法苑珠林』 권90(대정장53, p.949a12), *Daś-bh.16.* ⇨ 오사명 五邪命

점성 占星 별자리로 길흉을 점치는 행위. 칠요(七曜) 또는 구요(九曜), 십이궁(十二宮) 또는 이십팔수(二十八宿)의 움직임 등을 의지하여 인간사와 연관시켜 온갖 의미를 부여하는 일들을 말한다. 『수요경 宿曜經』(대정장21, No.1299) · 『마등가경 摩登伽經』(대정장21, No.1300) · 『사두간태자이십팔수경 舍頭諫太子二十八宿經』(대정장21, No.1301) 등이 전하지만 깊이 살펴 그 뜻의 구경이 무상 · 공 · 무아(無常空無我)의 밖에 있지 않음을 살펴 볼 일이다. 『마등가경』 권상 「설성도품 說星圖品」(대정장21, p.405b12)에 '그리고 이 모든 별들 달과 함께 운행함에 무릇 세 가지다. 첫째는 달 앞에 있는 것, 둘째는 달 뒤에 있는 것, 셋째는 달과 함께 있는 것이다. 이제 그대에게 다시 칠요를 설하겠다. 해 · 달 · 형혹(화성) · 세성(목성) · 진성(토성) · 태백(금성)·진성(수성)을 칠요라 한다. 이것에 라후(일식·월식)와 혜성을 더한 것을 통틀어 구요라고 한다. 이와 같은 이름과 점성 등의 일들 그대는 마땅히 자세히 깊이 살펴 관찰할 일이다. 而此諸宿 共月合行 凡有三種 一 在月前 二 在月後 三 共月俱 今當爲汝 復說七曜 日月 熒惑 歲星 鎭星 太白 辰星 是名爲七 羅睺彗星 通則爲九 如是等名 占星等事 汝宜應當深諦觀察", 36권본『대반열반경』권18(대정장12, p.724c21)에 "그때 뛰어난 의사는 스스로 사유했다. '지금 이 심부름꾼은 안색이 불길하니 마땅히 병자라 해도 치료하기 어렵다'. 다시 생각하였다. '심부름꾼이 비록 불길하더라도, 다시 날짜를 점쳐 보면 치료할 수 있지 않을까? 4일·6일·8일·12일일 경우 만약 이런 날이라면 병을 또한 치료하기 어렵겠다'. 다시 생각하였다. '날짜가 비록 불길하더라도 다시 별을 점쳐보면 치료할 수 있지 않을까? 화성·금성·묘성·염라왕성·습성·만성 등의 별이 뜨는 날이라면 치료하기 어렵다'. 다시 생각하였다. '별자리 비록 불길하더라도 다시 시절을 봐야겠다. 가을겨울과 해가 저물 때, 한밤중, 달이 질 때에도 이 병을 또한 치료하기 어려우리라'. 다시 생각하였다. '이와 같은 온갖 상이 비록 불길하더라도 그것이 정해진 것일 수도 정해지지 않을 수도 있으니 마땅히 아픈 이만을 살펴야 하겠다. 만약 복덕이 있으면 모두 치료할 수 있을 것이요, 복덕이 없으면 비록 길하더라도 무슨 이익이 있겠는가?' 爾時良醫 卽自思惟 今見是使 相貌不吉 當知病者 難可療治 復作是念 使雖不吉 復當占日 爲可治不 若四日六日八日 十二日 十四日 如是日者 病亦難治 復作是念 日雖不吉 復當占星 爲可治不 若是火星金星 昴星閻羅王星 濕星滿星 如是星時 病亦難治 復作是念 星雖不吉 復當觀時 若是秋時冬時 及日入時夜半時月入時 當知是病 亦難可治 復作是念 如是衆相 雖復不吉 或定不定 當觀病人 若有福德 皆可療治 若無福德 雖吉何益"라고 하였다. [참고문헌]『摩登伽經』,『大般涅槃經』,『正法念處經』권19(대정장17, p.111a14),『有部律藥事』 권13(대정장24, p.57c8). ⇨칠요 七曜, 구요 九曜, 십이궁 十二宮, 이십팔수 二十八宿

점수 漸修 점차로 닦는 일. 정해진 차제에 따라 깨달음에 이르는 수행법. 깨닫는 측면에서는 점오(漸悟)다. 단계적 수행법이기에 돈오(頓悟)와 맞선다.『목우자수심결』(한불전4, p.709c19)에 "점차로 닦음이란, 비록 본성을 깨우친다 해도 부처와 더불어 다르지 않다. 무시이래로 습기는 문득 버려 마치기 어렵기에 깨우침에 의지해 닦고 점차로 익혀 공이 성취되면 성태를 기르고 도탑게 한다. 이렇게 오래오래 성인이 성취되니 이것을 점수라 한다. 비유컨대 어린 아이 처음 났을 때 제근이 구족하여 다른 이와 다르지 않지만 그 힘 충분하지 않아 세월이 지나서야 비로소 떳떳한 어른이 되는 것과 같다. 漸修者 雖悟本性 與佛無殊 無始習氣 難卒頓除故 依悟而修 漸熏功成 長養聖胎 久久成聖 故云漸修也 比如孩子初生之日 諸根具足 與他無異 然其力未充 頗經歲月 方始成人"라고 하였다. [참고문헌]『牧牛子修心訣』. ⇨점교 漸教, 점돈이교 漸頓二教, 돈점 頓漸, 돈오 頓悟, 돈오점수 頓悟漸修, 돈점이교 頓漸二教, 미인점수 迷人漸修, 오후점수 悟後漸修, 계점 階漸, 남돈북점 南頓北漸

점수돈오 漸修頓悟 차제로 닦아 단박에 깨우침. 돈·점(頓漸)과 오·수(悟修)의 관계를 네 가지 또는 일곱 가지로 분류한 규봉종밀(圭峯宗密)의 해석 중 하나다.『만선동귀집』권하(대정장48, p.987b26)에 "규봉선사에게는 사구의 요간이 있다. 그 첫째는 점수돈오이다. 마치 나무를 자를 경우 조각조각 점차로 베다가 한 순간 단번에 쓰러지듯이. 圭峯禪師 有四句料簡 一 漸修頓悟 如伐樹 片片漸斫 一時頓倒"라고 하였다. [참고문헌]『萬善同歸集』,『圓覺經大疏』 권상2(卍속장14, p.238a14). ⇨규봉선사칠대돈점 圭峯禪師七對頓漸, 돈오점수 頓悟漸修, 돈오 頓悟, 점수 漸修

점수점오 漸修漸悟 점차로 수행하여 점차로 깨우친다. 돈점(頓漸)과 오수(悟修)를 네 가지 또는 일곱 가지로 분류한 규봉종밀(圭峯宗密)의 해석 중 하나다.『원각경대소』 권상2(卍속장14, p.238a14)에 "점수점오〈마치 9층의 대에 올라갈 경우 발이 점차로 높은 곳을 밟다보면 보이는 대상이 점차로 멀어지는 예와 같다〉. 漸修漸悟〈如登九層之臺 足履漸高 所鑒漸遠〉"라고 하였다. [참고문헌]『圓覺經大疏』,『萬善同歸集』 권하(대정장48, p.987b29). ⇨규봉선사칠대돈점 圭峯禪師七對頓漸, 돈오돈수 頓悟頓修, 돈오점수 頓悟漸修, 점수 漸修, 점오 漸悟

점수정혜 漸修定慧 정혜를 점차로 닦다. 북종(北宗) 신수(神秀)의 수행관을 표방한 말이다.『전법보기』「석신수장 釋神秀章」에 "배우고 궁구함에 세밀하고 박식하였다. 이도를 캐내고 황로와 여러 경과 전을 맛보았으니, 삼고 이래의 은밀하고 깊은 이치에 이르기까지 통하여 익히지 않은 것이 없었다. 20세에 구족계를 받고 율의에 결연한 뜻을 두고 정혜를 점차로 닦았다. 學究精博 採易道 味黃老及諸經傳 自三古微賾 靡不洞習 二十受具戒 而銳志律儀 漸修定慧"라고 하였다. [참고문헌]『傳法寶紀』, 柳田聖山 『初期禪宗史書の研究』(京都 : 禪文化研究所, 1967) p.568. ⇨북종 北宗, 신수 神秀, 점수 漸修, 정혜 定慧, 돈오 頓悟

점숭 占崇 고려 스님.『삼국유사』권3(대정장49, p.992b26·한불전6, p.324a12) 탑상(塔像)4 삼소관음중생사(三所觀音衆生寺)에 "대정 13년(1173·명종3)

계사에 점숭이 중생사 주지로 있었다. 글을 몰랐지만, 성품이 순수하여 정성되이 향화를 받들었다. 어떤 스님이 그 절을 빼앗으려고 친의천사에게 고하기를, '이 절은 국가에서 은혜를 기원하고 복을 받드는 곳이므로 마땅히 문소를 읽을 수 있는 사람이 주관하게 하여야 합니다' 하였다. 천사가 그렇다고 여겨 점숭을 시험하고자 소문을 뒤집힌 채로 주었다. 점숭이 받자마자 물이 흐르듯 읽었다. 천사가 감탄하고 방에 돌아와 다시 읽어보라고 하니 점숭이 입을 다물고 말이 없었다. 천사가 말하길, '스님은 진실로 대성의 가호를 입었습니다' 하며 마침내 빼앗지 않았다. 당시 점숭과 함께 있던 처사 김인부가 마을사람들에게 알려 기록으로 전한다. 又大定十三年癸巳間 有僧占崇 得住玆寺 不解文字 性本純粹 精勤火香 有一僧欲奪其居 訴於襯衣天使曰 玆寺所以國家祈恩奉福之所 宜選會讀文疏者主之 天使然之 欲試其人 乃倒授疏文 占崇應手披讀如流 天使服膺 退坐房中 俾之再讀 崇鉗口無言 天使曰 上人良由大聖之所護也 終不奪之 當時與崇同住者 處士金仁夫傳諸鄉老 筆之于傳"라고 하였다. [참고문헌]『三國遺事』. ⇨ 중생사 衆生寺

점심 點心 선종에서 재식(齋食 : 晝食) 전에 먹는 소식(小食). 『선림상기전』 권17(불광장, 禪藏, p.1280)에 "옛 설에 따르면 '점심은 빈 마음에 점을 찍는다는 말이다. 새벽 시간 밤낮이 나누어지기 이전에 조금 먹는 밥이니 이것이 섭양법이다'라고 한다. … 『전등신화』의 각주에 '점심의 점과 점다의 점은 같은 뜻으로 대체로 조금 먹고 마음을 가라앉힌다는 말이다'라고 하였는데, 도충의 생각으로는 점심의 점과 점다의 점은 뜻이 다르다. 차를 끓이는 점다는 다선(茶筅)으로 물을 끓이고 또 냉수를 끓인다는 뜻이기도 하다. … 점심은 음식으로 공복에 점을 찍는다는 뜻이다. 舊說曰 點心 謂點于空心也 早旦陰陽未分時 少喫食 此攝養法 … 煎燈新話註云 點心之點 與點茶之點 同義 蓋少食鎭心也 忠按 點心之點 與點茶之點義別 點茶用茶筅點湯 又點冷水之義 … 點心以食點空腹耳"라고 하였다. 곧 공복에 점을 찍듯이 조금 먹는다는 뜻이다. 당대 점심은 일반적으로 간식(間食)을 가리키는 말로 쓰였다. 어떤 노파가 덕산선감(德山宣鑑)에게 "상좌는 어떤 마음(心)에 점을 찍으려 하십니까? 上座點那箇心"라고 물었던 인연으로 많이 알려졌는데, 덕산삼세심불가득(德山三世心不可得)의 공안에 그 전모가 전한다. [참고문헌]『禪林象器箋』. ⇨ 덕산삼세심불가득 德山三世心不可得

점안 點眼 점 찍듯 눈동자를 그려내는 일. 눈을 뜨게 하다의 뜻이다. ■1 불상(佛像)을 그리거나 조성한 후 마지막에 눈동자를 찍듯이 하는 일. 실제 그리기도 하지만 대개는 개안(開眼)의 의식으로 붓질로 점안하듯 모양새만 취한다. 『대사주법경』(대정장21, p.299a1)에 "법으로 모든 이로 하여금 애경하게 하려는 사람은 백련화와 등촉과 우소를 가져다가 바른 마음으로 불상 앞에서 공양드리고 신묵주를 백팔 번 외운다. 그렇게 한 후에 점안하면 보는 이마다 모두 사랑하고 받든다. 又法欲令一切愛敬者 取白蓮花絲炷牛蘇 然正心就像前供養 取燼墨呪一百八遍 然後點眼中 所見皆愛敬"라고 하였다. [참고문헌]『大使呪法經』. ⇨ 불상점안 佛像點眼, 개안 開眼■1 ■2 선사가 학인의 안목을 열어 깨우치게 하는 결정적인 때나 인연을 말한다. 『경덕전등록』 권14 「장자광전 長髭曠傳」(대정장51, p.313a26)에 "석두가 물었다. '어디에서 오는가?' '영남에서 왔습니다' '영남에 계신 존숙한 분의 공덕은 성취되었는가?' '성취된 지 오래입니다만 점안만 남았습니다' '점안하고 싶은가?' '부탁드립니다'. 석두가 한쪽 다리를 들었다. 石頭問 什麽處來 曰嶺南來 石頭曰 嶺頭一尊功德成就也未 師曰 成就久矣 只欠點眼在 石頭曰 莫要點眼麽 師曰 便請 石頭乃翹一足", 『대혜어록』 권8(대정장47, p.845c11)에 "여래의 눈에 대인상이 있으니 자재보견운이라 한다. 갖가지 묘한 보배로 장엄하니 마니보의 광명이 청정하고 영롱하여 모든 것을 장애 없이 널리 본다. 이미 이러한데 무엇 때문에 다른 사람 눈에 점을 찍으려 하는가? 이에 덧붙여 말할 수 있는 이가 있는가? 만약 말할 수 있다면 비단 황면노자가 숨을 쉴 수 있을 뿐 아니라 법계 가득 중생들 모두에게 적셔 이롭게 한다. 如來眼有大人相 名自在普見雲 以衆妙寶而爲莊嚴 摩尼寶光淸淨瑩徹 普見一切皆無障礙 旣然如是 爲甚麽却要他人點眼 還有道得底麽 若也道得 非獨爲黃面老子出氣 亦使遍法界衆生悉沾利益"라고 하였다. [참고문헌]『景德傳燈錄』, 『大慧語錄』.

점안의식 點眼儀式 불보살과 탑(塔) 그리고 가사(袈裟) 등을 조성한 후 눈(眼)을 그려 뜨게 한다는 뜻으로 조성된 성물(聖物)들이 예경의 대상으로서 의미를 갖게 되는 의식을 말한다. 불보살(佛菩薩)·나한(羅漢)·시왕(十王)·천왕(天王)·조탑(造塔)·가사(袈裟) 등이 점안의 대상이 되는 성물들이다. '불상점안'의 차제를 살피면 다음과 같다. '팔부금강호도량'으로 신중(神衆)들을 불러낸 후 할향게(喝香偈)를 읊은 후 시방무진삼보와 천지일체, 허공현성께 우러러 고한다. 정지(淨地) → 해예(解穢) → 정삼업(淨三業) → 도향(塗香) → 결계(結界) → 부동존(不動尊) → 호신피갑(護身被甲) → 항마(降魔) → 발보리심(發菩提心) → 집저(執杵) → 집령(執鈴) → 동령(動鈴) 등의 진언과 게송을 마친 후에는, 불부(佛部)·연화부(蓮華部)·금강부(金剛部)의 제존을 불러 모시는 소청진언(召請眞言)을 계송으로 읊는다. 이어 점안의 인연을 고하는 소문(疏文)을 올리고 난 후에는 상주법계(常住法界) 진언궁중(眞言宮中) 반야해회

(般若海會)의 일체제불과 보살들과 천중들께 예를 올린다. 드디어 그날 모실 불보살의 명호를 불러 제불보살천중과 토지호법선신은 물론 산천과 일체영기등을 불러 점안의 법연(法筵)을 옹호해 주시길 청한 후 강생게(降生偈)→오색사진언(五色絲眞言) 후에 육안·천안·혜안·법안·불안·시안·천안·무진안(肉眼天眼慧眼法眼佛眼十眼千眼無盡眼)이 성취·청정·원만상이기를 축원하고는 개안광명(開眼光明)→안불안(安佛眼) 진언을 외운다. 관욕·목욕·시수(施水)·안상(安相)·안장엄(安莊嚴)을 마치고는 헌좌게(獻座偈)로 모시고 다게(茶偈)를 올린다. 모든 대중이 일어나서 보례게(普禮偈)로 마친다. 〔참고문헌〕『釋門儀範』 권하 pp.94~106.

점액 點額 상처뿐인 이마. 실패하고 남겨진 상흔. 잉어가 매년 3월에 용문(龍門 : 禹門)인 폭포를 거슬러 오르는데, 성공하면 용이 되지만 실패하여 떨어지면 바위에 부딪쳐 이마에 상처만 입고 만다는 고사다. 『수경 水經』에 근거한다. 의미가 바뀌어 선문에서는 관문을 뚫지 못한 뜻으로, 점액을 당하고 또 다시 뺨에 햇볕마저 쪼이는 괴로움을 당하면 폭시(曝腮)라 한다. 『벽암록』 60칙「평창 評唱」(대정장48, p.193a4)에 "마치 용문 뚫지 못한 잉어인 듯하다 하니, 상처뿐인 이마로 돌아와 썩은 물가 모래밭에서 괴로운 중에 그 뺨에 햇볕마저 내리쬔다. 獨如魚過龍門透不過者 點額而回 困於死水沙磧中 曝其腮也", 『설두어록』 권1(대정장47, p.669b29)에 "'선불장 열렸으니 학인들 뽑힐 수 있겠는지요?' '간절히 이마에 상처가 나지 않길' '그러려면 마음을 비우고 급제하여 돌아가야겠군요' '계단도 못 오른 놈일세'. 問 選佛場開 還許學人選也無 師云 切忌點額 學云 恁麽則心空及第歸也 師云 階下漢", 같은 책 권5「조참시중 早參示衆」(대정장47, p.701a14)에 "검은 용이 구슬을 잃었는데 아는가 모르는가? 한없이 많은 평범한 이들이 이마에 상처를 입겠구나. 驪龍失珠知不知 無限平人遭點額", 『원오어록』 권4(대정장47, p.731a9)에 "'하늘 덮고 땅 덮는 사람이 찾아오면 어딜 향해 머리를 내밀겠습니까?' '천리 밖을 향해 서라' '눈앞에 마주해 있어 머리카락 하나 들어갈 틈도 없는 것을 어쩌겠는지요!' '이미 이마에 상처 입었군'. 進云 直得蓋天蓋地底來 和尙向甚處出頭 師云 且向千里外立 進云 爭奈覿面相呈 毫髮無間 師云 已遭點額也", 『경덕전등록』 권10(대정장51, p.278b18)에 "단번에 용문 뚫고 구름 밖을 향할 뿐, 황하에서 이마에 상처뿐인 물고기는 되지 마라. 一透龍門雲外望 莫作黃河點額魚"라고 하였다. 〔참고문헌〕『碧巖錄』, 『雪竇語錄』, 『圜悟語錄』, 『景德傳燈錄』, 『從容錄』 33칙「評唱」(대정장48, p.249c23). ⇨ 용문 龍門 [2]

점오 漸悟 점차로 깨우치다. 특별히 이승인이 대승을 향해 닦아 깨우치는 뜻만을 점오라 하기도 한다. 돈오(頓悟)와 대칭한다. 교종과 선종 모두 이에 대해 다양한 주장을 펼친다. 『인왕호국경소』 권하(대정장33, p.502b24)에 "어떤 이는 설하길 '점차로 깨우쳐 지혜가 는다고 하니, 생사 이어가는 번뇌를 일으켜 기르는 일이 영원히 끊어져 삼계 안에서 분단생사가 더 이상 없다'고 설한다. 有說 漸悟及智增者 續生煩惱 發潤永斷 於三界內 無分段生", 『반야심경유찬』 권상(대정장33, p.526b15)에 "모든 허물을 여의었다 함은 두루 관하여 자세히 살핀 끝에 오직 식일 뿐이라는 도리를 최선으로 간주하니, 점오와 돈오와 소승과 대승이 깊은 이치에 의지하여 설하지 않을 수가 없다. 離諸過者 遍觀詳審 唯識爲最 漸悟頓悟 小乘大乘 無不依說此深理", 『아미타경통찬소』「서 序」(대정장37, p.330c22)에 "다섯 번째, 돈점을 논한다. 이승의 과를 얻고 나서 발심하여 대승으로 향한다면 점오라 한다. 생사를 거듭함이 적거나 전혀 없기 때문이다. 만약 이 두 범부를 좇아 대승으로 돌아갔다면 돈오에 속한다. 이승의 이치를 증오한 적이 없기에 생사를 거듭함이 오히려 많아도 점오라 하지 않는다. … 이승의 마음을 일으켰거나 이승의 행을 닦았다가 대승에 귀의할 길을 구하는 경우는 모두 점오라 한다. 저 성을 갖추었기 때문이고 저 행을 닦았기 때문이다. 들거나 생각했거나 깨우쳐 이해했거나 하는 것들 또한 깨달음이라 할 수 있으니, 어찌 반드시 증오라야 깨달음이라 하겠는가! 第五 論頓漸者 曾得二乘果 發心向大者 名爲漸悟 由生數少 或全無故 若從二凡而歸大者 卽頓悟攝 未曾證悟 二乘理故 生數猶多 不名漸悟 … 曾發二乘心 曾修二乘行 求歸大者 皆名漸悟 具彼性故 修彼行故 聞思悟解 亦名爲悟 何必證悟", 『대승법원의림장』 권1(대정장45, p.249b18)에 "이와 같은 문구는 아래 위로 한둘이 아니다. 그러므로 알라. 『법화경』에도 돈오의 교화를 받은 사람이 있고, 『화엄경』에도 점오의 무리들이 있다. 如是等文 上下非一 故知 法花亦被頓悟 花嚴亦有漸悟之人"라고 하였다. 〔참고문헌〕『仁王護國經疏』, 『般若心經幽贊』, 『阿彌陀經通贊疏』, 『大乘法苑義林章』. ⇨ 돈오 頓悟, 돈점 頓漸, 돈수점오 頓修漸悟, 돈오점오 頓悟漸悟, 점돈 漸頓 [1], 점수 漸修, 규봉선사칠대돈점 圭峯禪師七大頓漸

점오보살 漸悟菩薩 오성(五性) 중 부정성(不定性)보살. 먼저 이승(二乘)의 과를 얻은 다음에 다시 대승으로 회심하여, 불과(佛果)를 증득하기 위해 보살도에 입문하는 보살. 돈오보살(頓悟菩薩)에 대칭한다. 『대승입도차제개결』(대정장85, p.1221b4)에 "모든 보살은 크게 두 부류다. 첫째는 돈오보살이고, 둘째는 점오보살이다. 부정성인으로서 이승을 거친 뒤 무루성위에서 발심한 이라면 점오보살이라 한다. 諸菩薩總有二種 一者 頓悟 二者 慚悟 若不定性 復從二乘 無漏聖位而發心者 此名爲

漸悟菩薩",『오교장통로기』 권11(대정장72, p.363a19)에 "둔근자의 경우는 대승에 단박에 들어갈 수 없기에 여래방편으로 먼저 소승으로서의 수기를 받고서야 차제로 유인하여 일승으로 들어갈 수 있다. 그런 후에 대승을 설해주어 소승인으로 하여금 회심하여 대승으로 향하게 한다. 그렇기에 소승인은 소승을 버리고 대승에 들어가는데, 이를 점오보살이라 한다. 이들은 먼저 소승을 닦고 그 후에 대승으로 향해 간다. 따라서 점오인은 회심할 때 대승인이 된다. 이 대승인은 반드시 앞선 소승을 거친 뒤 점진적으로 대승으로 온다. 有鈍根者 不能頓入大乘 如來方便 先授小乘 次第誘引 堪入一乘 然後說大 令小乘人回心向大 是故小乘捨小入大 是名漸悟菩薩 此乃先習小乘 後趣大乘者也 故漸悟人回心時大 此大必定從前小乘漸進而來"라고 하였다. [참고문헌]『大乘入道次第開決』,『五教章通路記』. ⇨ 오종성 五種性❶, 돈오보살 頓悟菩薩, 부정성보살 不定性菩薩

점원 漸源 당대 선사인 중홍(仲興)의 호. ⇨ 중홍 仲興

점적 占籍 정착하다. 일정한 구역의 주민장부에 이름을 들이는 뜻.『경덕전등록』 권5「혜능전 慧能傳」(대정장51, p.235b11)에 "신주로 가서 마침내 정착하였다. 之新州遂占籍焉"라고 하였다. [참고문헌]『景德傳燈錄』.

점정 點淨 Ⓟ kappa. 출가자가 삼의(三衣)·좌구(坐具)·니사단(尼師壇) 등을 여법히 받아 청정함을 표시하는 뜻으로 점을 찍는 일. 옛 옷의 조각을 새 옷에 붙이는 것은 할루정(割縷淨)이라 하고, 새 옷에 먹으로 점을 찍는 것은 '점정'이라고 한다.『선견율비바사』 권16(대정장24, p.785c3)에 "청색은 동청색이나 감청색이나 목란색이다. 목란색은 진흙 먹색이다. 이 세 가지 색으로 점정을 하는데 삼씨 크기만 하게 찍는다. 만약 점정하지 않으면, 바야제이다. 青色者 或銅青 或藍青 或木蘭色 木蘭色者 泥墨也 以此三種色點淨 下如麻子大 若不點淨 得波夜提",『사분율행사초』 권중(대정장40, p.86b24)에 "부처님의 말씀에 따르면 이와 같이 좋은 옷은 두 가지로 청정하게 하는데 첫째는 할루정이고, 둘째는 점정이다. 佛言 如是好衣二種淨 一 割縷淨 二 點淨"라고 하였다. [참고문헌]『善見律毘婆沙』,『四分律行事鈔』,『薩婆多毘尼毘婆沙』 권8(대정장23, p.556b14), *Vin.4.121.* ⇨ 할루정 割縷淨

점정 點睛 불상을 조성하거나 용(龍)을 그릴 때 마지막에 눈동자를 찍는 일. 이렇게 함으로써 비로소 불상은 예경의 뜻을 품게 되고, 용도 하늘을 날고 움직이게 된다. 의미를 갖게 되는 정점에서의 행위 등을 말한다.『금강경천설』 권상(卍속장92, p.818a12)에 "'응당 머무는 일 없이 마음을 내어라'라는 이 한 구야말로 세존께서 심법을 전수하심에 눈동자 찍은 곳이다. 應無所住而生其心一句 是世尊傳授心法點睛處",『천성광등록』 권22「숭승광조장 崇勝光祚章」(卍속장135, p.818b4)에 "광조가 법좌에 올라 한 수를 읊었다. '동쪽 이웃 이씨네 집 노파가 서쪽 이웃에게 불을 빌리러 갔네. 문밖에서 잠깐 서 있는 동안 미적댄다고 이웃이게 화를 내었네. 악다구니 쓰고 집으로 돌아와 마음 비우고 집안에 들어앉았노라니, 불쌍한 어린 아이들 종일토록 굶게 되었네. 눈은 있는데 눈동자 찍지 않았으니 집에서 해골 뚫어 깨부수누나'. 師上堂 乃示一頌云 東家李四婆 西家來乞火 門外立少時 瞋他停滯我 惡發走歸家 虛心屋裏座 可憐群小兒 終日受飢餓 有眼不點睛 家鑽髑髏破"라고 하였다. [참고문헌]『金剛經闡說』,『天聖廣燈錄』,『淨土十要』 권8(卍속장108, p.828b4). ⇨ 점안 點眼

점종 漸終 ❶ 차츰차츰 목숨이 다하는 것. 돈종(頓終)·돈몰(頓沒)의 상대어.『아비담심론경』 권6(대정장28, p.864c22)에 "네 가지·여덟 가지·아홉 가지를 버리기도 하고, 열 가지를 버리기도 하며, 점차로 목숨이 끝나는 경우와 갑자기 죽는 경우란 무슨 말인가? 무기심으로 차츰차츰 목숨이 다하는 경우에는 네 가지 신·의·명·사근을 버린다. 근이 없이 한때 무기심으로 죽는 경우에는 여덟 가지, 즉 안근 등과 명·의·사근을 버린다. 한 근을 더 버리면 아홉 가지이고, 두 근을 더 버리면 열 가지가 되는데, 불선심도 이와 같다. 捨四八與九 亦說捨於十 漸終及頓沒者 無記心漸終 捨四身意命捨根 無根一時無記心死捨八 謂眼等根命意捨根 一根九 二根十 不善心亦爾"라고 하였다. [참고문헌]『阿毘曇心論經』,『俱舍論』 권3(대정장29, p.17a21). ⇨ 점명종 漸命終 ❷ 점교의 끝. 반야교를 달한다.『열반현의발원기요』 권1(대정장38, p.17a9)에 "돈이란 화엄이고, 점은 세 가지 가르침이니, 녹원은 점교의 처음이고, 방등은 점교의 중간이며, 반야는 점교의 끝이다. 頓卽華嚴 漸卽三味 鹿苑漸始 方等漸中 般若漸終"라고 하였다. [참고문헌]『涅槃玄義發源機要』. ⇨ 점교 漸教

점즉부도 點卽不到 점 찍었다면 이르지 못한 것이다. 깨우쳐 이른 곳 있다면 그곳은 주처(住處)도 방향(方處)도 없어야 한다. 이런 뜻에서 도달했다면 어딘가에 점 칠 수 없다(到卽不點)라 한다.『원오어록』 권1(대정장47, p.718a14)에 "법좌에 올라 말했다. '갖다 붙인즉 이르지 못하니, 일대장교야말로 비단에 꽃 까는 격이다. 이르른즉 말 붙일 일 없으니 달마가 서쪽에서 온 소식은 쇠소리로 시작하여 옥소리로 마무리하는 격이다. 말해 보라! 조사의 뜻과 경전의 뜻이 같은가 다른가? 푸른 못과 구름 밖은 서로 간섭치 않는가'라고 말한 뒤 법좌에서 내려왔다. 上堂云 點卽不到 一大藏教 錦上鋪華 到卽不點 祖師西來 金聲玉振 且道 祖意敎意 是同是別 碧潭雲外不相關 下座", 『굉지광록』 권1(대정장48, p.9c26)에 "사람들마다 모두 말하길 '향엄은 (돌이) 대나무 울리는 소리 듣고 마음을 밝혔고, 영운은 복숭아꽃을 보자 도를 깨우쳤다'고 하는 말에 분명한 소식이 있는가? 당시라면 도달했으니 굳이 말할 필요 없었고, 지금인즉 말 붙였으니 이르지는 못한다. 人人盡道 香嚴 擊竹響而明心 靈雲 見桃花而悟道 還端的也無 當時 到卽不點 而今 點卽不到", 같은 책 권4(대정장48, p.37b12)에 "사람마다 다 갖추고 낱낱에 두렷해 다 이루어져 있다. 어떤 때는 말 붙인즉 이를 수 없으니, 나야말로 그대에게 전할 도리가 없다. 어떤 때는 이르렀기에 말 붙일 일 없으니, 나도 그대 막아낼 수 없다. 人人具足 箇箇圓成 有時 點卽不到 我也爲儞不得 有時 到卽不點 我也障儞不得"라고 하였다. 〔참고문헌〕『圜悟語錄』, 『宏智廣錄』. ⇨ 도즉부점 到卽不點

점즉부도도즉부점 點卽不到到卽不點 ➡ 점즉부도 點卽不到, 도즉부점 到卽不點

점차 漸次 Ⓢ upaniṣad, kramena, Ⓣ nyer-gnas, rim-gyis. 갑작스럽지 않게 해서 어지럽지도 않게 하다. 80권본 『화엄경』 권67(대정장10, p.360c19)에 "점차로 유행해 광대한 나라에 이르러 장자의 처소에 나아가서는 이마를 발에 닿는 예를 드리고 그 곁을 무수히 돌고는 합장한 채로 서 있었다. 漸次遊行 至廣大國 詣長者所 頂禮其足 遶無量匝 合掌而立", 『대지도론』 권22(대정장25, p.221c16)에 "이번 생에서는 비록 열반을 얻지 못한다 하더라도 다음 생에서는 복락을 받아 점차 열반을 얻을 것이니 끝내 헛되지는 않을 것이다. 今世雖不得涅槃 後世得受福樂 漸次當得涅槃 終不虛也", 『성유식론』 권1(대정장31, p.4b29)에 "유가사들이 상과 혜를 빌어 거친 색상을 점차로 쪼개나가서 더 이상 쪼갤 수 없는 데 이른 것을 임시로 극미라 한다. 諸瑜伽師 以假想慧 於麤色相 漸次除析 至不可析 假說極微", 『화엄경소』 권32(대정장35, p.750a11)에 "'점차'라는 말에서 '점'은 갑작스럽지 않음을 밝혔고, '차'는 어지럽지 않음을 가린 말이다. 言漸次者 漸明非頓 次辯不亂"라고 하였다. 〔참고문헌〕『華嚴經』, 『大智度論』, 『成唯識論』, 『華嚴經疏』, *Bodh-bh.8·98·100.*

점차 黏次 차례를 잡아 책이 되게 엮다. 순서를 잡아 엮는 편차(編次)를 말한다. 『송고승전』 권4 「당신라국 황룡사원효전 唐新羅國黃龍寺元曉傳」(대정장50, p.730b1)에 "용왕이 말하기를 '대안성자에게 가려 뽑아 엮게 하고 원효법사에게 청하여 소를 짓고 강하여 풀었기에, 부인의 병이 낫는 것은 의심할 바 없었다. 가령 설산의 아가타약의 효험도 이보다 좋지 못할 것이다'라고 하며 해수면으로 올라와 배웅하였다. 이에 배를 타고 귀국하자 때마침 왕이 듣고 기뻐하였고, 곧바로 대안성자를 불러다가 차례대로 붙이게 하였다. 龍王言 可令大安聖者 銓次綴縫 請元曉法師 造疏講釋之 夫人疾愈無疑 假使雪山阿伽陀藥力 亦不過是 龍王送出海面 遂登舟歸國 時王聞而歡喜 乃先召大安聖者 黏次焉"라고 하였다. 〔참고문헌〕『宋高僧傳』. ⇨ 편차 編次

점차관 漸次觀 점차지관(漸次止觀). 『법화현의』 권10(대정장33, p.806b27)에 "두 번째는 점차관이다. 처음 발심한 이래로 두렷이 끝내 성취하게 한다. 二 漸次觀 從初發心 爲圓極故", 『지관보행수요기』 권1(卍속장99, p.228a15)에 "점차관이란 초발심을 좇아 원극을 성취한다. 그러므로 아나파나를 수행하다가 일부러 짓는 일 없음에 이르는 것이다. 漸次觀者 從初發心爲圓極 故修阿那波那 乃至無作"라고 하였다. 〔참고문헌〕『法華玄義』, 『止觀輔行搜要記』, 『法華玄義釋籤』 권20(대정장33, p.957c13). ⇨ 점차지관 漸次止觀

점차교수 漸次敎授 Ⓢ anupūrvāvavāda, Ⓣ go-rims-kyi-gdams-ngag. 사종교수(四種敎授) 중 하나로 때와 근기에 맞게 점진적으로 가르쳐 주는 일. 『유가사지론』 권27(대정장30, p.435b27 : *Śrāv-bh.*, p.259)에 "무엇을 점차교수라 하는가? 때와 근기에 맞춰 법의 뜻을 설해주어 먼저 쉬운 것부터 간직해서 독송하게 하고 그 뒤에야 그들로 하여금 심원한 부분을 배우도록 하는 것이며, 또 처음 사제를 현관함에 있어서도 먼저 고제를 가르치고 그 뒤에 집제와 멸제와 도제를 가르치는 것이다. … 이러한 등등의 것들을 점차교수라 한다는 것을 알아야 한다. 云何漸次敎授 謂稱時機宜說法義 先令受持讀誦淺近 後方令彼學深遠處 又爲令入初諦現觀 先教苦諦後集滅道 … 如是等類 應知 名爲漸次敎授 anupūrvāvavādaḥ katamaḥ. yatkālena dharmaṃ deśayati. uttānottānāni sthānāni tatprathamato grāhayati. vācayati. tataḥ paścādgaṃbhīrāṇi prathamasya vā satyasyābhisamayāya tatprathamato 'vavadate. tataḥ paścātsamudayanirodhamārgasatyasya … ayamevaṃbhāgīyonupūrvāvavādo veditavyaḥ"라고 하였다. 〔참고문헌〕『瑜伽師地論』, *Śrāv-bh.* ⇨ 사종교수 四種敎授

점차지관 漸次止觀 삼종지관(三種止觀) 중 하나. 점차관(漸次觀)이라고도 한다. 얕은 수준의 관법에서 시작하여 점차로 깊은 관법으로 들어가는 수행방식. 오계(五戒)를 지키고 십선(十善)을 닦는 것에서부터 시작하여 점차로 선정(禪定)과 자비행(慈悲行)을 닦아서 종국에는 실상(實相)을 관하는 것에까지 이른다. 천태지의(天台智顗)의 설법에 따르면 와관사(瓦官寺)에서 설한 것으로 『석선바라밀차제법문』에 해당한다. 『산정지관』 권상 「서연기 敍緣起」(卍속장99, p.121a6)에 “점차는 수행하기 쉬우니 먼저 삼귀의와 오계를 닦아서 저 삼악을 그쳐 삼선도에 도달한다. 다음은 선정을 닦아 욕계의 산란한 그물을 그쳐 색계정도와 무색계정도에 도달한다. 다음은 무루를 닦아 삼계의 감옥을 그치고 열반도에 도달한다. 다음은 자비를 닦아 스스로 증한 경계도 그쳐서 보살도에 도달하며, 그런 다음 실상을 닦아 양 극단의 치우친 경계를 그쳐 상주중도에 도달한다. 먼저 얕은 곳에서 시작하고 후에 깊은 곳에 도달하니, 마치 사다리를 오르는 것과 같다. 이를 점차지관이라고 한다. 漸次易行 先修歸戒 止彼三惡 達三善道 次修禪定 止欲界散網 達色無色定道 次修無漏 止三界獄 達涅槃道 次修慈悲 止於自證 達菩薩道 後修實相 止二邊偏 達常住中道 先淺後深 如登梯隥 是爲漸次止觀”, 『열반현의발원기요』 권3(대정장38, p.34b21)에 “소승의 삼학을 닦아서 조도법으로 삼는 것 또한 점차지관을 닦는 수행인의 경계이다. 修小三學 以爲助道 亦是漸次止觀行人也”라고 하였다. 〔참고문헌〕『刪定止觀』, 『涅槃玄義發源機要』. ⇨ 삼종지관 三種止觀, 석선바라밀차제법문 釋禪波羅蜜次第法門

점찰 占察 점쳐 살피다. 『점찰선악업보경』 권상(대정장17, p.906c12)에 “다른 사람이 스스로 점을 칠 수 없다며 찾아와 점을 쳐 달라고 청한다면, 점을 치는 사람이 자기 마음을 잘 헤아리고 관찰하여 세간의 명리를 탐하지 말아야 하고 마음속 생각들이 청정해야 하며 그런 연후에야 앞서와 같이 귀의하고 공경하고 수행하고 공양하며 지극한 마음으로 발원하여 점쳐 살필 수 있다. 세간의 명리를 탐내고 구하면서 사도를 행하는 것처럼 하여 스스로를 방해하고 어지럽혀서는 안 된다. 또 마음속이 청정하지 않은 사람은 설령 점쳐 살피더라도 서로 맞지 않아서 다만 허망하게 그르칠 뿐이다. 若有他人 不能自占 而來求請 欲使占者 應當籌量 觀察自心 不貪世間 內意淸淨 然後乃可如上歸敬 修行供養 至心發願 而爲占察 不應貪求世間名利 如行師道 以自妨亂 又若內心 不淸淨者 設令占察 而不相當 但爲虛謬耳”, 『점찰선악업보경현의』(卍속장35, p.101a7)에 “점찰이란 능관의 지혜이고 선악의 업보란 소관의 경계이다. 능관은 일심삼지 아닌 것이 없고 소관도 일경삼제 아닌 것이 없으니, 의심이라는 장애를 없애고 청정한 믿음을 견고히 하여 진취방편을 개시하니, 편안히 위로하여 겁약에서 벗어나게 한다. 占察者 能觀之智 善惡業報者 所觀之境 能觀無非一心三智 所觀無非一境三諦 消除疑障 堅固淨信 開示進趣方便 安慰令離怯弱”라고 하였다. 〔참고문헌〕『占察善惡業報經』, 『占察善惡業報經玄義』. ⇨ 복 卜, 복점 卜占

점찰경 占察經 ➡ 점찰선악업보경 占察善惡業報經

점찰법회 占察法會 육륜(六輪)이나 간자(簡子)를 던져 업보를 살펴 참회하고 선업을 행하고자 베푸는 법회. 점찰회(占察會)·점찰참법(占察懺法)·점찰참회(占察懺悔)·육륜회(六輪會)라고도 한다. 『점찰선악업보경 占察善惡業報經』·『대승대집지장십륜경 大乘大集地藏十輪經』·『지장보살본원경 地藏菩薩本願經』 등을 소의경전으로 하는데, 『점찰선악업보경』 권1(대정장17, p.902b15)에는 “이와 같이 장애되는 일이 있을 경우에는 마땅히 목륜상법을 써서 선악과 숙세의 업, 현재의 고락길흉 등의 일을 점쳐 살펴야 한다. … 이처럼 선악업보를 점쳐서 자기 마음을 깨닫고 의심나는 일을 살펴서 결정하여야 한다. 有如是等障難事者 當用木輪相法 占察善惡宿世之業 現在苦樂吉凶等事 … 如是諦占善惡業報 曉喩自心 於所疑事 以取決了”고 하였다. 우리나라에서는 『삼국유사』 권4(대정장49, p.1003a12·한불전6, p.342b17) 의해(義解)5 원광서학(圓光西學)에 “의논을 내면, 원종이 홍법한 뒤로 진량은 비토소 놓였지만 당오에는 여유롭지 않았다. 따라서 마땅히 계로 돌아가 없애고 참회하는 법으로 어리석고 미혹한 이들을 깨우쳐야 한다. 그 때문에 원광은 머물고 있던 가서갑에 점찰보를 두고 항규로 삼았다. 때에 단월인 비구니가 있어 점찰보에 땅에 시주하였는데, 지금 동평군의 밭 일백결로, 고적은 여전히 남아 있다. 議曰 原宗興法已來 津梁始置 而未遑堂奧 故宜以歸戒滅懺之法 開曉昬迷 故光於所住嘉栖岬 置占察寶 以爲恒規 時有檀越尼 納田於占察寶 今東平郡之田一百結是也 古籍猶存”고 하였고, 같은 책 권5(대정장49, p.1011c12·한불전6, p.357a24) 감통(感通)7 선도성모수희불사(仙桃聖母隨喜佛事)에는 “진평왕 때 지혜라는 비구니가 현행이 많았는데, 안흥사에 주석하면서 불전을 새로 중수하려고 하였지만 힘이 모자랐다. … (신모가) ‘매년 봄가을 10일에 선남선녀를 모아 널리 일체함령을 위해서 점찰법회를 설행하고 항규로 삼아라’고 하였다. 지혜가 놀라 깨어나 … 모두 신모가 가르친 대로 하였다. 眞平王朝 有比丘尼名智惠 多賢行 住安興寺 擬新修佛殿而力未也 … 每春秋二季之十日 叢會善男善女 廣爲一切含靈 設占察法會 以爲恒規 惠乃驚覺 … 皆依神母所諭”고 하여, 대체로 신라 진평왕 때 처음 설행되었다. 그 뒤 같은 책 권4(대정장49, p.1007b12·한불전6, p.350a14) 의해5 사복불언(蛇福不言)에 “뒤의 사람들이 금강산 동남쪽에 절을 짓고 도량사라고 하고는 매년 3월 14일에 점찰회를 설행하는 것을 항규로 삼았다. 後人爲創寺於金剛山東南 額曰道場寺 每年三月十四日 行占察會爲恒規”고 하였고, 같은 책 권3(대정장49, p.999b20・한불전6, p.335c7) 탑상(塔像)4 대산오만진신(臺山五萬眞身)에 "(남대 지장방에는) 복전 다섯 명이 낮에는 『지장경』・『금강반야경』을 읽고 밤에는 점찰예참을 행하되 이름을 금강사로 하여라. 福田五員 晝讀地藏經金剛般若 夜占察禮懺 稱金剛社"고 하여, 원효와 함께 활동한 사복이나 성덕왕(재위 702~737)대 이후 정신(淨神)대왕의 태자인 보천(寶川)이 계승하기도 하였으며, 같은 책 권4(대정장49, p1007c18・한불전6, p.350c8) 의해5 진표전간(眞表傳簡)에는 "(영)심은 진표의 간자를 받아 속리산에 주석하면서 계승하였는데, 작단법은 점찰육륜과 조금 다르지만 수법은 산중에서 전하는 본규와 같았다. 深則眞表簡子 住俗離山爲克家子 作壇之法 與占察六輪稍異 修如山中所傳本規"고 하기도 하였다. 고려시대에도 김부식(金富軾 1075~1151)은 인종(재위 1123~1146)을 대신하여 「속리사점찰회소 俗離寺占察會疏」(『동문선』 권110)를 지었고, 이규보(李奎報 1168~1241)도 「점찰회소 占察會疏」(『동국이상국전집』 권41) 등을 작성하였는데, 권적(權適 1094~1147)의 「지리산수정사기 智異山水精社記」(『동문선』 64)에는 "모든 입사자는 존망을 묻지 않고 간자에 이름을 새겼다. 15일마다 『점찰업보경』에서 설한 바를 따라 간자를 꺼내고 육륜을 던져 선악의 과보를 점쳤다. 선악을 얻은 것은 두 상자에 나누고, 악보에 빠진 사람은 모인 대중이 그를 위해 대신 참회하고서 다시 육륜을 던져 선보를 얻으면 그쳤다. 또 처음에 선보를 얻었더라도 뒤에 악보에 떨어질 것을 염려하여 매년 육륜을 한 번 던져 점을 쳤는데, 혹 (악보에) 떨어지면 처음처럼 대신 참회하는 것을 반복하여, 운집한 대중과 함께 해탈을 같이 하고서 미래제까지도 다함이 없는 법등을 전하려고 하였다. 凡與於入社者 無問存亡 刻名爲簡 每値半月 依占察業報經說 出簡擲輪 占善惡之報 以所得善惡 分爲兩函 其陷惡報者 會衆爲之代懺 還復擲輪 得善報乃已 又慮其有初得善報而後墮惡報 乃復於每年一擲輪以占之 如或顚墜 則復代懺如初 欲與雲集之衆 同一解脫 限未來際 傳無盡燈"라고 하였다. 〔참고문헌〕『占察善惡業報經』, 『三國遺事』, 『東國李相國全集』, 『東文選』. ⇨ 점찰선악업보경 占察善惡業報經, 진표전간 眞表傳簡, 불골간자 佛骨簡子, 영심 永深, 육륜회 六輪會, 지장신앙 地藏信仰, 수정사 水精社 ❷

점찰보 占察寶 정기적으로 점찰법회 설행을 위해 마련한 보(寶). 『삼국유사』 권4(대정장49, p.1003a14・한불전6, p.342b19) 의해(義解)5 원광서학(圓光西學)에 "원광은 머물고 있던 가서갑에 점찰보를 두고 항규로 삼았다. 이때 한 단월니가 점찰보에 밭을 헌납하였는데, 지금 동평군에 있는 밭 100결이 이것이며 아직도 옛 전적이 남아 있다. 故光於所住嘉栖岬 置占察寶以爲恒規 時有檀越尼納田於占察寶 今東平郡之田一百結是也 古籍猶存"라고 하였다. 〔참고문헌〕『三國遺事』. ⇨ 원광 圓光, 점찰법회 占察法會, 보 寶 ❷

점찰선악업보경 占察善惡業報經 보리등(菩提登) 한역. 2권. 대정장17 pp.901c6~910c12, No.839에 수록되어 있다. 지장보살이 말법중생을 위해 업장(業障)의 재난(災難)을 떠나고 불법의 깊은 뜻을 드러내 보이며, 또한 사바세계의 고통과 환란에 대해서 겁약(怯弱)한 마음을 내어 정법에 위배되는 과보에 떨어지지 않게 하는 법을 설한다.

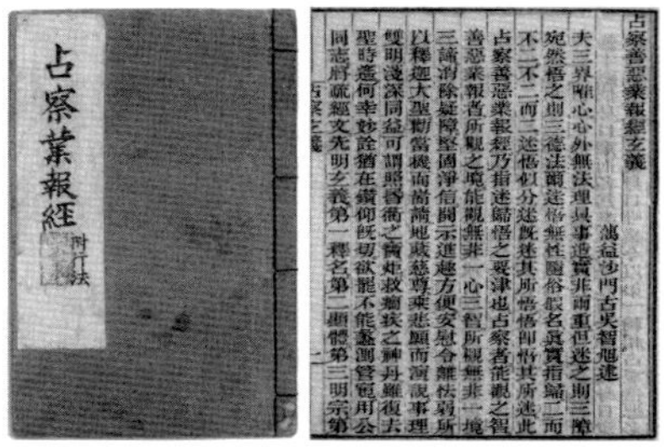

점찰선악업보경 동국대중앙도서관 1868년

권상에서는 방편으로 목륜상(木輪相)을 써서 업보를 점찰하는 방법과 189개 간자(簡子) 및 유심식관(唯心識觀)・진여실관(眞如實觀)이라고 하는 두 관법에 대하여 서술하였으며, 권하에서는 여래장성(如來藏性)과 무명훈습(無明薰習)을 설한다. 주석으로는 지욱(智旭)의 『점찰선악업보경현의 占察善惡業報經玄義』 1권(卍속장35, pp.101a1~131b18)・『점찰선악업보경소 占察善惡業報經疏』 2권(卍속장35, p.132a1~197b14)이 있다. 우리나라에서는 1242년(고종29) 대장도감(大藏都監) 판본의 후쇄본이 전한다. 『역대삼보기』(대정장49, p.106c9)에 "여러 경록을 찾아보아도 명목이 없으나 경수제에 '보리등이 외국에서 역출하였다'고 하였으니 아마도 근대에 역출된 망주인 것 같다. 지금은 제장에 들어갔고 또한 필사되어 유전된다. 檢群錄無目 而經首題云 菩提登在外國譯 似近代出妄注 今諸藏內並寫流傳", 『정원신정석교목록』 권10(대정장55, p.849b7)에 "또한 『육근취경』에서 역출되었다. 이름은 『대승실의경』・『지장보살경』이라고도 하며, 곧 『점찰경』이라고 하고 또한 『지장보살본업경』이라고도 한다. 亦出六根聚經 名大乘實義經 亦名地藏菩薩經 亦直云占察經 亦名地藏菩薩業報經", 『점찰선악업보경』 권2(대정장17, p.910c5)에 "이 법문의 이름은 점찰선악업보이고 모든 장애를 쓸어 없애 청정한 신심을 증장함이며, 대승을 구하려는 이에게 열어주어 방편으로 나아가 깊고 깊은 구경의 실다운 이치를 보여줌이고, 착하고 편안한 위로로 설해주어 겁약을 여의어 견고한 신심이 결정되는 법문으로 빨리 들어가게 함이라고도 한다. 此法門名爲占察善惡業報 亦名消除諸障增長淨信 亦名開示求向大乘者進趣方便顯出甚深究竟實義 亦名善安慰說令離怯弱速入堅信決定法門"라고 하였다. 〔참고문헌〕『歷代三寶紀』, 『貞

元新定釋敎目錄』, 『占察善惡業報經』, 『衆經目錄』 권2(대정장55, p.126b29), 『大唐內典錄』 권5(대정장55, p.279a28), 『開元釋敎錄』 권7(대정장55, p.551a2).

점철성금 點鐵成金 철을 다스려 금이 되게 함. 금을 철로 바꾼다는 점금성철(點金成鐵)과 함께 쓰기도 한다. 『원각경약소』 권상(대정장39, p.534c10)에 "생사라는 법은 없다. 이미 만법이 허공꽃과 같음을 알았는데, 어찌 다시 윤회가 있다고 보겠는가? 환단 한 알로 철을 금으로 만들고 진리의 한마디로 범부를 성인으로 만든다. 無生死之法也 旣知萬法如空華 豈更見有輪轉 還丹一粒 點鐵成金 眞理一言 點凡成聖", 『낙방문류』 권4(대정장47, p.213b26)에 "환단 한 알로 철을 금으로 바꾸고 진리의 한마디로 범부를 고쳐 성인으로 만드니, 아미타불의 가르침과 관법은 진실로 철을 금으로 바꾸는 묘약이다. 還丹一粒 點鐵成金 眞理一言 革凡成聖 彌陀敎觀 眞點鐵成金之妙藥也", 『벽암록』 85칙 「수시 垂示」(대정장48, p.210b13)에 "세계를 옴짝달싹 못하게 붙들어 두어 물 샐 틈도 주지 않으면 온 대지의 사람들이 기세가 꺾여 아무 말도 하지 못하니 이것이 바로 납승의 올바른 법령이고, 정수리에서 빛이 뿜어져 나와 사천하를 남김없이 비추니 이것이 바로 납승의 금강과도 같은 눈이며, 철을 금으로 바꾸기도 하고 금을 철로 바꾸기도 하며 돌연 꽉 붙들었다가 돌연 확 놔 주기도 하니 이것이 바로 납승의 주장자이고, 천하 사람들의 혀를 꼼짝 못하게 눌러 버려 숨을 내뱉을 여지조차 없게 된 곳에서 삼천리를 뒷걸음질 치니 이것이 바로 납승의 기우다. 말해 보라! 이들과 같지 않은 사람은 결국 어떤 사람인가? 把定世界 不漏織毫 盡大地人 亡鋒結舌 是衲僧正令 頂門放光 照破四天下 是衲僧金剛眼睛 點鐵成金 點金成鐵 忽擒忽縱 是衲僧拄杖子 坐斷天下人舌頭 直得無出氣處 倒退三千里 是衲僧氣宇 且道 總不恁麽時 畢竟是箇什麽人"라고 하였다. [참고문헌] 『圓覺經略疏』, 『樂邦文類』, 『碧巖錄』. ⇨ 전범성성 轉凡成聖

점탕 點湯 탕을 끓여서 부처님이나 조사 또는 대중에게 공양하다. 전탕(煎湯·奠湯)이라고도 한다. 미탕(米湯)·칠향탕(七香湯) 등 여러 종류가 있다. 『백장청규』 권1 「성절 聖節」(대정장48, p.1113c5)에 "유나가 향을 사르고 점탕 올리며 주변을 잘 살폈다. 維那燒香點湯照拂"라고 하였다. [참고문헌] 『百丈淸規』. ⇨ 전탕 煎湯, 점다 點茶, 고사점탕 庫司點湯

점탕청어 點湯請語 고사(庫司)가 결제안거(結制安居)를 축하하기 위하여 특별히 수좌(首座)와 대중에게 탕례를 베풀 때 청하는 말. 『백장청규』 권7 「고사사절특위수좌대중탕 庫司四節特爲首座大衆湯」(대정장48, p.1152c23)에 "도사는 미리 재를 물리고 탕을 알리는 방을 갖추어 보인 다음 객두행자에게 반복과 노촉을 준비하도록 시키고 전당수좌 앞으로 가서 향을 사르고 일배를 올리고 나서 알린다〈오늘 밤 운당에서 특별히 수좌와 대중에게 점탕을 올리고자 하옵니다. 엎드려 바라건대 자비를 베풀어 특별히 찾아와 주시기 바랍니다〉. 방을 수좌에게 바친다. 都寺預於齋退 具湯榜見後 卽令客頭行者 備柈袱爐燭 詣前堂首座前 揷香觸禮一拜 稟云〈今晩就雲堂 特爲首座大衆點湯 伏望慈悲 特垂光降〉 以榜呈納首座"라고 하였다. [참고문헌] 『百丈淸規』. ⇨ 고사점탕 庫司點湯

점탕패 點湯牌 점탕을 알리기 위해 내거는 패. 『선림상기전』 권16(불광장, 禪藏, p.1249)에 "점탕패 : 『백장청규』 「고사사절특위수좌대중탕」에 '도사는 객두에게 분부하여 근구·몽당·제료에게 청하여 각각 점탕패를 걸도록 한다'라고 하였다. 『선림비용청규』 「요원」에는 이렇게 전한다. '초하루와 보름에 요원과 관계하여 향을 사르고 나서 점탕패를 걸도록 한 다음 탕을 끓이고 잔을 내놓는다'. 點湯牌 敕修淸規 庫司四節特爲首座大衆湯云 都寺分付客頭 請勤舊蒙堂諸寮 各掛點湯牌 備用淸規 寮元云 朔望 係寮元 自燒香 令挂點湯牌 燒湯出盞"라고 하였다. [참고문헌] 『禪林象器箋』, 『百丈淸規』 권7(대정장48, p.1152c29), 『禪林備用淸規』 권7(卍속장112, p.112b13). ⇨ 점탕 點湯

점파 點破 굳이 지적해 깨트리다. 눈을 뜨게 한다는 뜻. 『경덕전등록』 권12 「보수소전 寶壽沼傳」(대정장51, p.294c22)에 "먼 훗날 말 많은 스님이 그대 위해 일일이 깨트려줄 것이다. 向後 有多口阿師 與汝點破在". 『오조법연어록』 권중(대정장47, p.657c14)에 "만일 밝히지 못했다면 내가 그대 위해 굳이 지적해 깨우치겠다. 무라고 말해도 무가 아니고 유라고 말해도 유가 아니다. 동쪽을 향하여 서구야니(西瞿耶尼 Ⓢ apara-godānīya)를 바라보고, 남쪽과 마주하고 북두를 살핀다. 若也未明 白雲爲儞點破 道無不是無 道有不是有 東望西耶尼 面南看北斗", 『원오어록』 권1(대정장47, p.716c26)에 "한 마디 말로 죽이고 살려 온전히 드러내고, 언뜻 심기 중에 뭇 상들 안아 거둔다. 곧바로 그 자리에서 밝혀야 천 개의 눈 단번에 뜰 수 있다. 만일 사방을 두리번거리며 주저한다면 하늘을 뒤지고 땅에서 찾는 노고를 당하리라. 一言之下 殺活全彰 寸機之中 包括群象 直須當頭點破 可以千眼頓開 更若四顧躊躇 便見撈天摸地", 『벽암록』 65칙 「평창 評唱」(대정장48, p.196b15)에 "설두는 그를 칭찬하여 '뛰어난 무리를 만나야 비로소 한 번 부추김에 문득 움직이고, 한 번 부름에도 문득 고개를 돌린다. 만약 부른즉 돌린다면 문득 눌러 손가락을 세 번 튕기리라'. 대답해 보라! 이는 점쳐 깨트림인가, 아니면 모래 뿌려 눈 멀게 하는가? 雪竇意賞他道 若得俊流 方可一撥便轉 一喚便回 若喚得回 便鳴指三下 且道是點破 是撒沙"라고 하였다. [참고문헌]『景德傳燈錄』,『五祖法演語錄』,『圜悟語錄』,『碧巖錄』. ⇨ 점화 點化 ❶

점파국 占波國 Ⓢ Ⓟ Campā. 고대 인도의 십육국 중 하나였던 앙가국(鴦伽國 Ⓟ Aṅga)의 수도. 첨파국(瞻波國)이라고도 하며, 무승(無勝)이라 한역한다.『증일아함경』권13(대정장2, p.612a17)에 "한때 부처님께서 점파국 뇌성지 근처에 계셨다. 一時 佛在占波國雷聲池側",『대보적경』권56(대정장11, p.328a4)에 "이때 세존께서는 서다림에 머무셨는데 며칠 지나지 않아 연에 따라 중생을 교화하고자 하셨기에 제자들과 함께 점파국으로 가셔서 알가지 근처에 머무셨다. 爾時 世尊 住逝多林 未經多日 爲欲隨緣 化衆生故 與諸徒衆 往占波國 住揭伽池邊",『번범어』권8(대정장54, p.1034b11)에 "점파국〈첨파라고도 하며 화(花)라고 한역한다〉. 占波國〈亦云瞻婆 譯曰花也〉"라고 하였다. [참고문헌]『增壹阿含經』,『大寶積經』,『翻梵語』, *DN.1.111.* ⇨ 첨파국 瞻波國, 앙가 鴦伽, 십육대국 十六大國

점파라굴 苫婆羅窟 대승의 보살대중이 머물렀던 건다라국(乾陀羅國)의 굴. 80권본『화엄경』권45(대정장10, p.241c24)에 "건다라국에 한 거주지가 있는데 점파라굴이라고 부른다. 옛날부터 보살 대중이 이곳에 머물렀다. 乾陀羅國 有一住處 名苫婆羅窟 從昔已來 諸菩薩衆 於中止住",『신화엄경론』권30(대정장36, p.931c7)에 "건다라국은 지지라고 한역한다. 이 나라에 많은 현자와 성인들이 살고 있어서 다른 나라로부터 침해받지 않았다. 또 건다를 향이며 라를 다라라고 하는데, 널리 퍼진다는 변(遍)으로 한역한다. 이 나라 안에 향기가 많이 나서 가득하기 때문이다. 중인도 북부와 북인도 남부의 중간에 있다. 점파라라 한 것은 향기 나는 꽃나무의 이름인데, 굴 가까이에 이 나무가 많이 나기에 이런 이름이 붙여졌다. 乾陀羅國 此云持地 以此國多有賢聖居在此國 不爲他國所侵害故 又云 乾陀是香 羅謂陀羅 此云遍也 言此國內多生香氣遍故 在中印度北 北印度南 二界中間 苫婆羅窟是香華樹名 其窟側近 多生此樹 因名耳"라고 하였다. [참고문헌]『華嚴經』,『新華嚴經論』,『一切經音義』권2(대정장54, p.447c14).

점파화 占婆花 Ⓢ campaka. 첨복(瞻蔔). 또는 담복(薝蔔). 갖추어서 점파가화(占婆伽華)라고도 한다. 36권본『대반열반경』권1(대정장12, p.608c25)에 "여러 신들의 몸의 빛과 기악과 등불이 온통 해와 달마저 가려 더는 드러나지 못하였으며, 점파화를 희련하(熙連河 Ⓢ Hiraṇyavatī : 金河)에 뿌리며 부처님이 계신 곳에 이르렀다. 諸神身光 伎樂燈明 悉蔽日月 令不復現 以占婆花 散熙連河 來至佛所",『일체경음의』권26(대정장54, p.476b11)에 "점파화〈첨복이라고도 하고 한역하여 색화(色花)라고 한다. 아주 향기롭고 깨끗하다〉. 占婆花〈亦云 瞻蔔 此云 色花也 甚香絜〉"라고 하였다. [참고문헌]『大般涅槃經』,『一切經音義』,『悲華經』권2(대정장3, p.181a20). ⇨ 첨복 瞻蔔, 담복 薝蔔

점포 占匍 Ⓢ campaka의 음사어. 첨복(瞻蔔). 또는 담복(薝蔔).『대지도론』권10(대정장25, p.134a27)에 "꽃나무의 이름은 점포〈황화수〉· 아수가〈무우화수〉· 파하가라〈적화수〉이다. 이와 같은 것들이 여러 가지 꽃나무이다. 華樹名占匍〈黃華樹〉 阿輸迦〈無憂花樹〉 婆呵迦羅〈赤華樹〉 如是等種種華樹"라고 하였다. [참고문헌]『大智度論』. ⇨ 첨복 瞻蔔, 담복 薝蔔

점피착골 粘皮著骨 살과 뼈에 달라붙어 있어 어찌지 못하는 사태. 점은 점(黏)으로도 쓴다.『원오어록』권9(대정장47, p.753a16)에 "그 나머지에 보금자리도 있고 기댈 의자도 있어 살가죽이나 뼈에 달라붙어 있다. 그것에는 득도 있고 실도 있고 전해줄 수도 있지만, 온통 진흙 덩어리 놀음일 뿐이다. 其餘有窠臼 有依倚 黏皮著骨 有得有失 有傳授 盡打入弄泥團處去", 같은 책 권18(대정장47, p.796c13)에 "학인이 운문에게 묻기를 '나무 시들고 잎 떨어질 때 어떠한지요?'라고 묻자 운문이 '다 벗어 드러난 몸 구석구석 금빛 바람이라네'라고 한 말을 들어 원오가 말했다. '운문의 선교방편이야말로 그대로 사이고 곧바로 이여서 숨은 듯 드러난다. 삼구를 분명히 가려내면 화살촉 하나 허공 멀리 나른다 한다. 그러나 오히려 이것이야말로 살가죽에도 뼈에도 붙어 떨어질 수 없다'. 擧 僧問雲門 樹凋葉落時如何 門云 體露金風 師拈云 雲門善巧方便 可謂卽事卽理 卽隱卽顯 三句可辨 一鏃遼空 雖然 猶是粘皮著骨",『공곡집』10칙「평창 評唱」(卍속장117, p.543b14)에 "(손님과 주인의 구분이 없는 자리라 하지만) 살가죽이나 뼈에 달라붙어 있어 깨끗하게 벗어나지 못했다. 그래서 협산은 저들 보살을 받들었기에 '문수는 나에게 물을 길어주려고 어디론가 갔고, 보현도 꽃을 꺾으러 나가 아직 돌아오지 않았다'라고 한 것이다. 黏皮著骨 不得脫洒自由 所以 夾山奉箇 文殊與吾携水去 普賢猶未折花來"라고 하였다. [참고문헌]『圜悟語錄』,『空谷集』.

점할 點瞎 한쪽 눈마저 가리다.『여정어록』권상(대정장48, p.126a3)에 "여정이 법좌에 올라 말했다. '가을 바람이 맑고 가을 달은 밝아 산하대지가 눈앞에 드러나니, 내(瑞岩)가 한쪽 눈마저 가리고 거듭 마주해 보고는 방과 할을 자유롭게 구사하여 납승을 점검한다'. 上堂

秋風淸秋月明 大地山河露眼睛 瑞岩點瞎重相見 棒喝交馳驗衲僧"라고 하였다. [참고문헌] 『如淨語錄』.

점현관 漸現觀 Ⓢ anupūrva-abhisamaya, kramenạ-abhisamaya, Ⓣ mthar-gyis-(gnas-pa)-mngon-par-rtogs-pa, rim-gyis-mngon-par-rtogs. 점차로 마주해 보다. 사제(四諦) 현관함에 16찰나에 걸쳐 하는 것. 설일체유부(說一切有部)의 설이다. 대중부의 돈현관(頓現觀 Ⓢ eka-abhisamaya)에 대칭한다. 『구사론』 권23(대정장29, p.122a1 : *Abh-k-bh.*, p.352)에 "견현관에 의지할 경우, 계경 중에 참된 말씀이 보이니 '점차로 현관한다'고 말해야 할 것이다. 저 계경에서 '부처님께서 장자에게 말씀하시기를, 「사성제는 일거에 현관할 수 있는 게 아니라 반드시 점진적으로 현관해야 한다」'. … 만약 '어떤 경에서는 「다만 고제에 대해 미혹과 의심이 없으면 부처님에 대해서도 미혹과 의심이 없을 것이다」라고 설하고 있기에 단번에 현관한다'고 주장한다면, 이 또한 경증이 아니다. 결코 현행하지 않는다거나 반드시 끊어야 한다는 데 의지해 밀의로 설한 것이기 때문이다. 이미 현관에 16찰나의 마음이 갖추어져 있다는 사실을 가렸다. 依見現觀 於契經中見有誠文 說漸現觀 如契經說 佛告長者 於四聖諦非頓現觀必漸現觀 … 若謂有經作如是說 但於苦諦無惑無疑 於佛亦無 故頓現觀 此亦非證 依定不行 或必當斷 密意說故 已辯現觀具十六心 darśanābhisamayaṃ tu prati sūtre satyānāṃ kramenạ̄bhisamaya ukto lakṣyate. nahaiva gṛha pate satyānāmekābhisamayo 'pi anupūrvābhisa maya … yo duḥkhe niṣkāṅkṣo nirvicikitso buddh e 'pi sa iti sūtrādekābhisamaya iti cet. na. asa ṃmudācārāvaśyaṃprahāṇābhisaṃdhivacanāt. ya eṣauktaḥ ṣoḍaśacittako 'bhisamayaḥ", 『구사론기』 권23(대정장41, p.352b22)에 "부처님께서 장자에게 말씀하셨다. '사성제는 돈현관이 아니다. 반드시 점차로 현관해야 한다'. 왜냐하면 사제의 경은 각각 다르기 때문이다. 비유하면 세간에서 만든 망루를 볼 때는 반드시 먼저 다져 놓은 터를 보고, 다음에 쌓아 놓은 벽을 보고, 그 다음에는 세워 놓은 대들보를 보고, 그런 연후에 지붕을 보는 것과 같다. 이 넷은 전후가 있어서 반드시 동시적이지 않다. 佛告長者 於四聖諦非頓現觀 必漸現觀 以四諦境相各別故 猶如世間造臺觀者 必先築基 次方壘壁 次上梁栿 後以板覆 此四前後必不俱時"라고 하였다. [참고문헌] 『俱舍論』, 『俱舍論記』, *Abh-k-bh.* ⇨ 돈현관 頓現觀, 현관 現觀, 사성제 四聖諦, 십육관 十六觀

점화 點化 ❶ 물들여 변화시키다. 방편을 써서 바꾸다. 일깨워서 교화하다. 『관음현의기』 권4(대정장34, p.915c24)에 "사자의 젖으로 모든 짐승의 젖을 물들여 변화시킬 수 있다. 師子之乳 點化百獸之乳", 『대승본생심지관경천주』 권1말(卍속장34, p.115b13)에 "이미 성사께서 일깨운 교화가 없었으므로 지혜도 없다. 旣無聖師點化 故無慧", 『원오어록』 권16 「시종각대사 示宗覺大師」(대정장47, p.786b5)에 "일깨워서 교화하려면 비록 류를 따라 몸을 변화해야 하지만, 천반의 기량과 만가닥 기연이 아닌 것은 없다. 이것이 어찌 짧은 견해와 얕은 지식으로 알음알이를 고집하며 자기 생각에 빠져 있는 작자들이 헤아릴 수 있겠는가! 點化將來 雖隨類化身 千般伎倆 萬種機緣 無不皆是 箇一著子 此豈單見淺聞存知解墮機括者 所可測量", 『원오심요』 권상 「기장선무상공 寄張宣撫相公」(卍속장120, p.701a11)에 "만일 능히 만물 위로 재빠르게 자유롭게 구를 수 있다면 일체가 그 위세 아래 놓이게 되어 한꺼번에 자신의 손아귀로 돌아올 것이니, 사로잡거나 풀어주고 거두거나 펼치는 일을 모두 손 닿는대로 바꾸고, 언제나 스스로에게 머물지만 예사롭게 편안하고 마음에 조그만 터럭 하나도 걸려 있지 않아서 움직인즉 기에 응하고, 스스로 놓지 못할 수단 있어 돌리고 변통함이 대자재를 얻는다. 若能於物上轉得疾 則一切立在下風 並歸自掌握 擒縱卷舒 悉可點化 居常自處 泰然安靜 不掛纖末於方寸 動而應機 自秉璿璣 回轉變通 得大自在"라고 하였다. [참고문헌] 『觀音玄義記』, 『大乘本生心地觀經淺註』, 『圜悟語錄』, 『圜悟心要』. ⇨ 점파 點破 ❷ 점 찍듯이 두드려 변화시키다. 도교 외단술(外丹術)로 금단(金丹)을 만들어 그것으로 점 찍듯 두드리면 쇠붙이도 금으로 변화시키고 돌조각을 옥석으로 바꿀 수 있다고 하며, 이것을 불로장생(不老長生)의 약으로 쓴다. 『능엄경통의』 권8(卍속장19, p.286a4)에 "이 유행선은 단사를 단련하여 그것으로 찍어 다섯 가지 금과 여덟 가지 옥돌을 만들어낸다. 此遊行仙 乃煉丹沙 點化五金八石", 『능엄경종통』 권2(卍속장25, p.62a15)에 "한 알의 선단으로 범부육신에 점 찍어 변화시키니 참으로 쉬운 일은 아니다. 一粒仙丹 點化凡骨 大不容易", 『감산집』 권18(卍속장127, p.468b14)에 "참된 환단으로 점 찍어 변화하는 기교는 반드시 전해야 한다고 말할 수 없으나 오직 한 가지 법문만 남겨둘 뿐이다. 眞還丹點化之工 非敢言必傳 但存一種法門耳"라고 하였다. [참고문헌] 『楞嚴經通議』, 『楞嚴經宗通』, 『憨山集』. ⇨ 점철성금 點鐵成金 ❸ 전거가 있는 문구나 옛 사람이 쓴 시문(詩文) 따위의 구절을 바꾸어 쓴다는 말. 『종용록』 27칙 「평창 評唱」(대정장48, p.244c29)에 "'소나무는 곧고 가시나무는 굽으며 고니는 희고 까마귀는 검다'는 말은 본래 『능엄경』에 나오지만 천동이 솜씨좋게 바꿨다. 松直 棘曲 鵠白 烏玄 本出楞嚴經 天童點化"라고 하였다. [참고문헌] 『從容錄』.

점흉 點胸 ❶ 가슴 치다. 다 알지만 마음대로 할 수 없어 어쩌지 못해 하는 표현이다. 『벽암록』 22칙 「평창 評唱」(대정장48, p.162c14)에 “암두전활(巖頭全豁)은 매일 잠만 자고, 설봉의존(雪峰義存)은 한결같이 좌선만 하였다. 암두가 할을 내지르고 말하기를 ‘잠이나 자거라. 매일 선상 위에만 있으니 마치 일곱 집 모셔놓은 토지신과 흡사하다. 언젠가 훗날 남의 집 자손들을 홀리겠구나’라고 하니, 설봉이 자신의 가슴 치면서 ‘제 이 마음속이 편치 않아 감히 스스로를 속일 수가 없습니다’라고 하였다. 巖頭每日只是打睡 雪峯一向坐禪 巖頭喝云 噇眠去 每日床上 恰似七村裏 土地相似 他時後日 魔魅人家男女去在 峯自點胸云 某甲這裏未穩在 不敢自瞞”, 같은 책 97칙 「평창」(대정장48, p.221a13)에 “설두가 다시 스스로 가슴 치며 말하였다. ‘구담이시여, 구담이시여! 저를 알아보시겠습니까?’ 파순이라고 말하지는 않으리니, 설령 부처가 오더라도 ‘나를 알 수 있겠는가’라는 말이다. 석가노자도 오히려 스스로 보지 못하는데, 여러분들 어디에서 찾아 더듬겠는가? 雪竇更自點胸云 瞿曇瞿曇 識我也無 莫道是波旬 任是佛來 還識我也無 釋迦老子尙自不見 諸人向什麽處摸索”라고 하였다. 〔참고문헌〕『碧巖錄』. ❷ 송대 임제종(臨濟宗) 스님 취암가진(翠巖可眞 ?~1064)의 별명. 손으로 가슴을 두드리는 버릇이 있었기 때문에 붙여진 별명이다. 〔참고문헌〕『補續高僧傳』 권8 「眞點胸傳」(卍속장134, p.156a13). ⇨ 가진 可眞❶, 가진점흉 可眞點胸

점흉담판 點胸擔板 가슴 치고 판을 메다. 마음대로 할 수 없어 여의치 않다고 여기거나, 한쪽에 판 메고 가려 어쩔 수 없이 한쪽만 보고 갈 수밖에 없는 처지를 말한다. 담은 담(檐)으로 쓰기도 하고, 판은 판(版)으로 쓴다. 『선원청규』 권7 「퇴원 退院」(卍속장111, p.917b4)에 “예전에 주지에게 있었던 힘들여 이룬 공적과 일체의 가슴 두드리고 판 메던 일에 대해 언급해서는 안 된다. 不得言及 舊日住持 所有勞績 及一切點胸擔版之事”, 『종용록』 10칙 「평창 評唱」(대정장48, p.233c23)에 “참선을 금시법이라고 일컬으니, 알지 못하면 금과 같고 감파하고 나면 똥 같다. 그래서 ‘남을 향해 말한들 한 푼의 값어치도 없다’고 말하는 것이다. 그대들은 다만 득실승부의 정으로 헤아리는 일 떠날 수만 있다면, 자연스레 힘들이지 않고도 노파도 속이고 조주도 아래로 볼 수 있다. 만약 내(萬松) 문하에 오려면 가슴을 두드리거나 판 메는 일 해서는 안 된다. 參禪謂之金屎法 不會如金 勘破如屎 所以道 說向人前不直錢 汝但離却得失勝負情量 自然平欺婆子 下視趙州 若到萬松門下 不得點胸檐板”라고 하였다. 〔참고문헌〕『禪苑淸規』, 『從容錄』. ⇨ 점흉 點胸❶, 담판 擔板

접 接 ❶ 맞아들이다. 이끌다. 가까이 하다. 이어 닿다. 굳이 정하여 맞이해 들이는 점시접입(點示接入)의 뜻인 별접통(別接通)·원접통(圓接通)·원접별(圓接別)에서의 뜻이다. 『사교의집해』 권하(卍속장102, p.94a18)에 “말하길 접이라 했으니, 중도로 진여를 맞이하고 금이 놋쇠를 맞아들이듯 두 물체를 서로 가까이 하는 뜻이다. 所云接者 中道接眞如 金接鍮 二物相接”, 『사교의비석』 권하(卍속장102, p.94a18)에 “접이란 점쳐보여서 맞아들이는 뜻이다. 接 卽點示接入也”, 『사교의주휘보보굉기』 권7(卍속장102, p.665b2)에 “〔기〕 여기서는 다 들어 근기에 이둔이 있음을 밝혔다. 그래서 맞아들일 수 있는 것과 맞이할 수 없는 것으로 다르다. 이 가르침은 대승의 초문이기 때문이다. 접이란 이끎이다. 그중 가장 뛰어난 한 류는 원교인에게 이끌려 원교로 인도되어 들고, 조금 뛰어난 이들은 별교인에게 접속되어 별교로 인도되어 들지만, 둔근수행인은 이어 닿을 수 없다. 이 때문에 부접이라고 한다. 此總明根有利鈍 所以 有接與不接之殊 以此敎乃大乘之初門 接者 引也 其間最利一類 受圓人接 引入於圓 其稍利者 受別人接 引入於別 其鈍根人 不能受接 故云不接也”라고 하였다. 〔참고문헌〕『四敎儀集解』, 『四敎儀備釋』, 『四敎儀註彙補輔宏記』. ⇨ 원접통 圓接通, 화법사교 化法四敎 ❷ Ⓢ nīyeran, Ⓣ khrid-par-gyur. 이끌다. 『구사론』 권11(대정장29, p.60c20 : *Abh-k-bh.*, p.171)에 “〔논〕 33천에서는 스스로의 신통력으로 자신이 머무는 곳에서 야마천에 오른다. 또는 남에 의지한다는 말은 신통력을 얻은 이나 상위천중에 이끌려 야마천으로 간다는 뜻이다. 나머지 천들에서 상위천으로 올라가는 경우도 이와 같다. 論曰 三十三天 由自通力 能從本處 昇夜摩天 或復依他 謂得通者 及上天衆 接往夜摩 所餘諸天 昇上例爾 ṛddhyā vā trāyastriṃśā yāmān. gaccheyuḥ. parāśrayeṇa vā yadvṛddhimatā nīyeran devena vā tatratyena. evaṃ śeṣāḥ”라고 하였다. 〔참고문헌〕『俱舍論』, 『順正理論』 권31(대정장29, p.520a8), *Abh-k-bh.* ❸ 만나는 것. 맞아들이는 것. 접견하는 것. 『운문광록』 권상(대정장47, p.548a23)에 “운문에게 물었다. ‘큰 어깨에 눈먼 이 찾아오면 선사께서는 맞이하시겠습니까?’ 운문이 벌렁 누워버렸다. 問 大拍盲底人來 師還接也無 師放身倒”, 『조주어록』 권중(고존숙어록14, 卍속장118, p.323a12)에 “조주에게 물었다. ‘이렇게 온 사람을 선사께서는 어떻게 하십니까?’ ‘맞아들인다’ ‘이렇게 오지 않은 사람을 선사께서는 맞아들이십니까?’ ‘맞아들인다’ ‘이렇게 오면 선사께서 맞아 주시지만, 이렇게 오지 않으면 선사께서는 어떻게 맞아들이십니까?’ ‘그만둬라! 그만둬라! 말해서는 안 된다. 나의 가르침은 묘해서 생각으론 어렵다’. 問 與麽來底人 師還接也無 師云 接 云 不與麽來底人 師還接也無 師云 接 云 與麽來 從師接 不與麽來 師如何接 師云 止止不須說 我法妙難思”라고 하였다. 〔참고문헌〕『

雲門廣錄』, 『趙州語錄』.

접객 接客 손님을 맞이하다. 지객(知客)의 소임을 말하기도 한다. 『선림비용청규』 권9(卍속장112, p.123a6)에 "상례에 접객은 덕망이 높고 법랍이 오래된 스님에게 청한다. 接客喪儀 亦請耆舊", 『염팔방주옥집』 권상(卍속장119, p.238a11)에 "온화한 얼굴로 나그네 맞이하면 소박한 음식이라도 배부르지만, 화난 안색으로 손님을 맞으면 산해진미라도 늘 굶주린다. 和顔接客 麤食亦飽 慍色迎賓 珍味常飢", 『종보도독어록』 권3(卍속장126, p.127b8)에 "모든 때에 가거나 머물거나 앉거나 눕거나, 허리를 구부리거나 돌리거나 굽어보거나 올려보거나, 손님을 들이거나 나그네 맞이하거나, 대소변을 보거나, 신통과 미묘한 작용이 아닌 일이 없다. 一切時 行住坐臥 折旋俯仰 迎賓接客 屙矢送尿 無不是神通妙用"라고 하였다. [참고문헌] 『禪林備用淸規』, 『拈八方珠玉集』, 『宗寶道獨語錄』. ⇨ 지객 知客

접관패 接官牌 관원(官員) 맞이하면서 내거는 패. 『증수교원청규』 권상 「접관 接官」(卍속장101, p.696a10)에 "당사행자는 주지와 양반에게 아뢰고 접관패를 내걸어 아무나 멀리서도 눈에 띄도록 한다. 堂司行者 覆住持兩班 挂接官牌 令人遠探"라고 하였다. [참고문헌] 『增修敎苑淸規』, 『禪林象器箋』 권16(불광장, 禪藏, p.1242).

접기종정방 接機從正棒 제종팔방(濟宗八棒) 중 하나로 맞이한 학인의 근기에 순해 시행하는 방. 『오가종지찬요』 권상 「제종팔방」(卍속장114, p.517b10)에 "둘째, 접기종정방 : 삼산등래(三山燈來)가 말한다. '저 종사가 학인을 맞이해서 찾아온 근기에 순해 때릴 만하면 때린다. 이를 종정이라 한다. 이것은 상이나 벌로서의 방은 아니다'. 二 接機從正棒 三山來云 如宗師應接學人 順其來機 當打而打 謂之從正 此不在賞罰之類", 『종문현감도』 권1 「팔방론 八棒論」(卍속장112, p.932b18)에 "두 번째 접기종정방 : 마치 학인이 덕산에게 맞고 나눈 문답과 같다. '제가 묻기도 전에 어째서 때리십니까?' '그대는 어디 출신인가?' '신라 사람입니다' '뱃전을 밟기 전에 30방을 때렸어야 했건만'. 第二 接機從正棒 如僧被打云 某甲未問 爲甚麽打 山云 汝是甚處人 僧云 新羅人 山云 未踏舡舷 好與三十棒"라고 하였다. [참고문헌] 『五家宗旨纂要』, 『宗門玄鑑圖』. ⇨ 제종팔방 濟宗八棒

접물이생 接物利生 중생을 맞아들여 이롭게 하다. 『연등회요』 권23 「현사사비장 玄沙師備章」(卍속장136, p.822b16)에 "현사가 대중에게 보이다. '제방에서는 모두들 「중생을 맞이하여 그들을 이롭게 한다」고 하는데, 불현듯 세 가지로 병든 사람이 오면 어떻게 맞이해야 할까? 맹인이라면 주장자나 불자를 세우더라도 그들은 또한 보지 못하고, 귀머거리라면 언어삼매라도 그들은 또한 알아듣지 못하며, 벙어리라면 그들에게 설하게 하여도 또한 설할 수가 없을 것이다. 어떻게 맞이해야 하는가? 만약 맞이해 가까이 할 수 없다면 불법은 아무런 영험도 없는 것이다'. 示衆云 諸方盡道 接物利生 忽遇三種病人來 且作麽生接 患盲者 拈槌竪拂 他又不見 患聾者 語言三昧 他亦不知 患啞者 敎伊說 又說不得 且作麽生接 若接不得 佛法無靈驗", 『현사사비광록』 권중(卍속장126, p.370b2)에 "말로써 말을 좇고 이치로써 이치를 좇아서 늘 그럴듯한 성상으로 중생을 맞이해 이롭게 한다. 以言逐言 以理逐理 平常性相 接物利生'라고 하였다. [참고문헌] 『聯燈會要』, 『玄沙師備廣錄』, 『註華嚴法界觀門頌』 권하(대정장45, p.707a1), 『碧巖錄』 88칙 「本則」(대정장48, p.212c8). ⇨ 접물지심 接物之心

접성사 接聖寺 경상북도 구미시 고아읍 항곡리 접성산(接聖山 : 一名 大皇堂山)에 있던 절. 『동국여지승람』 권29 경상도 선산도호부 불우에 "대황당산 남쪽에 있다. 在大皇堂山南"라고 하였으나, 『여지도서』와 『범우고』에는 폐사로 전한다. 사지(寺址)에는 원형의 주초석과 석축의 흔적이 있고, 석등의 하대석으로 추정되는 연화문 석재와 기와편 등이 남아 있다. [참고문헌] 『東國輿地勝覽』, 『輿地圖書』, 『梵宇攷』, 『韓國寺刹全書』 권하 p.1000b9, 『한국사지총람』 권하(문화재청 · 佛敎文化財硏究所, 2010) p.146.

접인 接人 종사(宗師)가 사람을 맞이해 법을 보이는 일. 『벽암록』 2칙 「평창 評唱」(대정장48, p.141c25)에 "이 수완 좋은 종사(조주)는 그대와 현도 묘도 더불어 논하지 않고, 일향에 본분사로써 사람을 맞이한다. 그런 까닭에 '욕 듣고자 하면 입으로 마주하고, 침을 뱉고자 한다면 얼마든지 물을 뿌린다'고 한다. 그러나 이는 이 노인이 평소에 방과 할로 학인을 이끌지 않고 다만 늘 하던 말임을 전혀 모르고 하는 말이다. 此是大手宗師 不與爾論玄論妙 論機論境 一向以本分事接人 所以道 相罵饒爾接嘴 相唾饒爾潑水 殊不知 這老漢 平生不以棒喝接人 只以平常言語", 『능가경주해』 권2(대정장39, p.374c25)에 "'어떤 불국토에서는 바라만 보아도 법이 드러난다'는 등은 모두 근기에 따라서 교화하는 일이 같지 않음을 뜻한다. 참으로 여러 부처님이 교화를 베풀지만 소리만으로 가르치시진 않으니, 향미촉법으로 가르침이 아닌 것이 없어 모두 법을 드러내 도에 들어가게 한다. 저 선가에서 주장자 치고 불자를 세우거나 눈썹을 치켜뜨고 눈을 깜박여서 사람을 이끌고 가르치는 것은 대개 또한 여기에서 나온 것이다. 或有佛土 瞻視顯法等 此皆隨機 化事不同 良以諸佛設化 不專聲敎 香味觸法 無

非經敎 皆可顯法入道 如禪家有拈槌竪拂 揚眉瞬目 以接人者 蓋亦出此"라고 하였다. [참고문헌]『碧巖錄』, 『楞伽經註解』, 『景德傳燈錄』 권18 「玄沙師備傳」(대정장51, p.346b29), 『趙州語錄』(고존숙어록13, 卍속장118, p.307a17). ⇨ 접화 接化, 제접 提接

접인 接引 맞이해 이끌다. 불보살이 중생을 맞이하여 이끌거나 스승이 제자를 받아들여 가르치는 것을 말한다. 섭인(攝引)·접화(接化)라고도 한다. 정토문에서는 아미타불이 중생을 인도하여 정토에 왕생하게 하는 뜻이다. 정토법문을 닦으면 임종 시에 아미타불이 반드시 염불행자를 맞이하러 와서 정토로 이끌어 왕생하게 한다. 『관무량수경』(대정장12, p.344a5)에 "이 보수(寶手)로 중생을 받아들이고 이끈다. 以此寶手 接引衆生", 『대방등대집경』 권43(대정장13, p.284a14)에 "저 위대한 성인이시며 지혜구족하신 석가모니여래께서는 마음으로 늘 일체중생을 연민하시며 선법들을 수습하고 악법들을 버리게 한다. 대비로 널리 덮으시며, 윤회중에 용맹하게 정진하게 하며 중생을 맞이해 이끌어서 보리도에서 평안을 얻게 하신다. 彼大聖人 具足智慧 牟尼如來 心常憐愍 一切衆生 修習諸善 捨於諸惡 大悲普覆 於流轉中 精勤勇猛 接引衆生 於菩提道 令得安隱", 『임제록』(대정장47, p.502b7)에 "도를 배우는 이들이여! 그대들이 부처가 되고 싶다면 만물을 따르지 마라. 마음이 생겨나면 갖가지 법이 생겨나고 마음이 사라지면 갖가지 법이 사라지니, 한 마음도 생겨나지 않으면 만법에 허물이 없다. 세간과 출세간에 부처도 없고 법도 없으며 현전하지도 않고 일찍이 잃은 적도 없다. 만약 있다면 이들은 모두 명언장구뿐이니, 어린아이를 맞이해 이끌기 위해 병에 맞게 약을 시설하여 이름과 글로 표현한 것이다. 道流 爾欲得作佛 莫隨萬物 心生種種法生 心滅種種法滅 一心不生 萬法無咎 世與出世 無佛無法 亦不現前 亦不曾失 設有者 皆是名言章句 接引小兒 施設藥病 表顯名句"라고 하였다. [참고문헌]『觀無量壽經』, 『大方等大集經』, 『臨濟錄』. ⇨ 접화 接化

접인일로 接人一路 사람을 맞이하는 오직 한 길. 『경덕전등록』 권22 「백운상전 白雲祥傳」(대정장51, p.384c6)에 "백운에게 물었다. '무엇이 화상이 사람을 맞이하는 오직 한 길입니까?' '(卞和처럼) 조정에 들어가 다시 초왕에게 옥을 바쳐보라'. 問 如何是和尙接人一路 師曰 來朝更獻楚王看"라고 하였다. [참고문헌]『景德傳燈錄』. ⇨ 접인 接人

접입별 接入別 맞이해 별교에 들게 하다. 세 가지 피접(被接) 중 하나로 별접통(別接通)·별입통(別入通)이라고도 한다. 통교(通敎)의 수행자를 별교(別敎)의 위에 들게 한다는 뜻이다. 『지관보행전홍결』 권3(대정장46, p.240c18)에 "만약 맞이하여 별교로 들게 하니 칠지 이전은 별교의 십주로 들여 머물게 하고, 팔지 이후는 맞아들여 십행으로 들인다. 若接入別 七地已前 入別十住 八地已去 接入十行", 『교관강종』(대정장46, p.940a16)에 "중도도 둘로 나뉜다. 하나는 다만 중일 뿐이니, 오로지 이성만 있을 뿐 갖가지 차별법을 갖추지 못한다. 단중만을 아는 사람은 손수 이끌어 별교로 들게 한다. 中道又分爲二 一者 但中 唯有理性 不具諸法 見但中者 接入別敎"라고 하였다. [참고문헌]『止觀輔行傳弘決』, 『敎觀綱宗』. ⇨ 별접통 別接通, 피접 被接

접족례 接足禮 Ⓟ pādesu sirasā nipati. 고개를 숙여 두 손으로 존자의 발을 받들 듯이 하여 자신의 머리에 대는 예절. 두면예족(頭面禮足)·계수예족(稽首禮足)·접족작례(接足作禮)·두면접족(頭面接足 : 稽首接足 Ⓢ śirasā praṇipatya)이라고도 한다. 『잡아함경』 권4(대정장2, p.24a11)에 "이때 모든 대중들이 함께 큰 소리로 말하였다. '기이합니다. 세존이시여! 큰 덕과 큰 힘이십니다. 지금 이 교만한 바라문은 성품이 뽐내고 교만하며 … 부모·존자·웃어른을 공경하지 않았습니다. 그런데 지금 사문 구담께 겸손하게 몸을 낮추어서 접족례를 하고자 합니다'. 時 諸大衆咸各高聲唱言 奇哉世尊 大德大力 今此憍慢婆羅門 恃生憍慢 … 不敬父母諸尊師長 今於沙門瞿曇 所謙卑下下 欲接足禮", 상응하는 *Mānatthaddo-sutta*(*SN.1*, p.178)에 "그때 바라문 마낫탓다는 생각했다. '사문 고타마가 내 마음을 아는구나.' 그런 뒤 세존의 두 발에 머리를 조아리고는 세존의 두 발에 입을 맞추었다. atha kho mānatthaddho brāhmaṇo cittam me samaṇo gotamo jānātī ti. tatth' eva bhagavato pādesu sirasā nipatitvā bhagavato pādāni mukhena ca paricumbati", 『월등삼매경』 권4(대정장15, p.572b8)에 "이때 마관들이 항복하고 나서 나의 자비와 인욕의 견고한 힘을 알고 청정한 마음으로 접족례를 하였고, 오백의 대중들이 보리심을 일으켰다. 爾時降伏魔官已 知我慈忍堅固力 以淸淨心接足禮 五百衆發菩提心", 『구사석론』 권1(대정장29, p.161c23 : *Abh-k-bh.*, p.1)에 "이 사람이 자타를 이익케 행하여 상응한다. [게] 큰 스승께 고개 숙여 예를 올리니 가르침과 같이 하네. [석] 머리 숙여 발에 얼굴을 대는 것을 정례라고 이름한다. 是人與自他利益行相應 偈曰 頂禮大師如理教 釋曰 頭面接足名頂禮 ya evam ātma-para-hita-pratipatti-saṃpadā yuktas 〈kārikā〉 tasmai namaskṛtya yathārtha-śāstre. 〈bhāṣya〉 namaskṛtya-iti śirasā praṇipatya"라고 하였다. [참고문헌]『雜阿含經』, 『月燈三昧經』, 『俱舍釋論』, *SN.*, *Abh-k-bh.* ⇨ 오체투지 五體投地

접족작례 接足作禮 Ⓢ pāda-abhivandanaṃ √kṛ, pādau śirāsā vandati, Ⓟ nipaccākāra. 머리를 상대방의 발에 대어 공경을 표하는 법. 두면예족(頭面禮足)이라고도 한다. 『중아함경』 권6 「교화병경 敎化病經」(대정장1, p.460b13)에 "뵙고 나서는 기뻐하며 부처님 계신 곳 앞으로 나아가 두 손으로 발을 받들어 이마에 대는 예를 드린 뒤에, 부처님을 따라 경행을 하며 장자의 법대로 송으로 문안을 드렸습니다. 見已歡喜 前詣佛所 接足作禮 隨佛經行 以長者法說頌問訊", 『관무량수경』(대정장12, p.342c19)에 "그때 위제희(Ⓢ Vaidehī)는 무량수불(Ⓢ Amitāyus)을 뵙고는 두 손으로 발을 받들어 이마에 대는 예를 드렸다. 時韋提希 見無量壽佛已 接足作禮", 『아육왕전』 권5(대정장50, p.121a2)에 "우파국다(Ⓢ Upagupta)는 방으로 돌아와 존자 상나화수(Ⓢ Śāṇakavāsa)를 뵙고는 이마를 땅에 대고 접족작례를 올린 뒤에 그 앞에 앉았다. 優波毱多還房 見尊者商那和修 頭面著地接足作禮 在前而坐"라고 하였다. 〔참고문헌〕『中阿含經』, 『觀無量壽經』, 『阿育王傳』, *Av-ś.97.*, *MN.3.262.* ⇨ 계수접족 稽首接足, 두면예족 頭面禮足, 두정예경 頭頂禮敬, 정례 頂禮

접존숙패 接尊宿牌 존숙의 영접을 알리는 패. 타방 존숙이 산림을 방문했을 때 대중들에게 알리는 패찰이다. 『백장청규』 권2 「영대존숙 迎待尊宿」(대정장48, p.1122b14)에 "존숙이 방문하면 반드시 미리 접존숙패를 내건다. 尊宿相訪 須預掛接尊宿牌"라고 하였다. 〔참고문헌〕『百丈淸規』, 『敎苑淸規』 권상(卍속장101, p.717a3), 『禪林象器箋』 권16(불광장, 禪藏, p.1240). ⇨ 접화상패 接和尙牌, 접주지패 接住持牌

접주지패 接住持牌 주지의 영접을 알리는 패. 새로운 주지가 입원함을 알리는 패찰이다. 『백장청규』 권3 「입원」(대정장48, p.1125b22)에 "날짜를 골라 입원을 하며 고사는 하나하나 가려서 챙기고 입원하기 하루 전날 밤에 접주지패를 걸어 대중들에게 알린다. 擇日入院 庫司一一排辦 隔宿掛接住持牌報衆"라고 하였다. 〔참고문헌〕『百丈淸規』, 『敎苑淸規』 권상(卍속장101, p.709a15), 『禪林象器箋』 권16(불광장, 禪藏, p.1240). ⇨ 접화상패 接和尙牌, 접존숙패 接尊宿牌

접죽점월 接竹點月 대나무 이어 붙여 달에 닿게 한다는 말. 접죽점천(接竹點天)이라고도 한다. 어설픈 방편으로는 닿을 수 없다는 뜻이다. 『허당록』 권1(대정장47, p.984b17)에 "임제의 바른 종지를 떠받쳐 세우고자 하는 것은 대나무를 이어 붙여 달에 닿으려 하는 것과 같다. 내가 오늘 세상에 나와서 어떠한 선도나 불법도 없이 사람을 가르치지만, 다만 한 맛 있어 입으로 밥을 먹을 뿐이다. 홀연히 누군가 나와서 '화상의 가르침에 고맙습니다'라고 말한다면 주장자를 집어 들어 때릴 것이다. 왜인가? 첫째 힘써 한 일이 없고, 둘째 쉬지도 않았기 때문이다. 바람 흐르지 않는 곳에서도 바람 불게 하라. 若要扶樹臨際正宗 大似接竹點月 山僧今日出世 亦無禪道佛法爲人 只一味有口喫飯 忽有箇漢出來 道謝和尙指示 拈主丈便打 何故 一 不做 二 不休 不風流處也風流"라고 하였다. 〔참고문헌〕『虛堂錄』, 『景德傳燈錄』 권30 「魏府華嚴長老示衆」(대정장51, p.466b23).

접죽점천 接竹點天 대나무 이어 붙여 하늘에 닿는다는 말. 접죽점청천(接竹點靑天)·접죽지범천(接竹至梵天)·접죽점월(接竹點月) 등이라고도 한다. 『선요』 「답직옹거사서 答直翁居士書」(卍속장122, p.720b14)에 "평상심이 도인지 무심이 도인지를 물으셨는데, 이 평상심과 무심이라는 말이 여러 사람 얻을 일도 있지만 여러 사람을 그르치기도 하였습니다. 종종 진흙 속에 가시가 있고 웃음 속에 칼이 숨겨져 있음을 알지 못하니, 어찌 방망이 휘둘러 달을 치고 대나무를 이어 붙여 하늘에 닿으려 할 뿐이겠습니까? 問 平常心是道 無心是道 此平常心無心之語 成却多少人 誤却多少人 往往不知 泥中有刺 笑裏有刀者 何啻如掉棒打月 接竹點天"라고 하였다. 〔참고문헌〕『禪要』, 『阿彌陀經疏鈔』 권4(卍속장33, p.472b13). ⇨ 접죽점월 接竹點月

접첩 摺疊 옷 따위를 가지런히 접어 포개다. 접벽(摺襞)이라고도 한다. 『치문경훈』 권9 「대지율사입측수훈 大智律師入廁垂訓」(대정장48, p.1092b24)에 "옷을 잘 포개 접고 신발을 정돈하여 가지런히 놓으며, 주(籌 : 항문을 닦을 때 쓰는 대나무 조각)를 아껴 쓰고 물도 조금만 사용한다. 摺疊衣裳 整齊鞋履 省約用籌 點滴使水", 『비니관요사의』 권10(卍속장63, p.976b10)에 "벽 : 음은 벽(碧)이다. 벽은 옷을 갠다는 뜻이다. 襞 音碧 襞 摺疊衣也", 『사미니율의요략』 「음석 音釋」(卍속장106, p.709a3)에 "접 : 질(質)과 섭(涉)을 반절(反切)한 음이다. 접은 포개다(疊)라는 뜻이다. 摺 質涉切 摺 疊也"라고 하였다. 〔참고문헌〕『緇門警訓』, 『毘尼關要事義』, 『沙彌尼律儀要略』.

접화 接化 맞아들여 교화하다. 보살이 몸소 가까이 다가가 중생을 교화하는 일이다. 『대승지인경』 권4(대정장15, p.484b27)에 "법이 소멸하려고 하는 이 오탁악세에 오직 보살이 있어 고통 받는 중생을 자비로 연민하여 온갖 방편들로 이익을 주고 거두어 들인다. 이처럼 사람들이 고통에 핍박당하는데 보살의 접화와 인도가 없다면 깊은 법에 대해 믿고 알아 받아 지니고 외울 수 없다. 唯有菩薩 於是五濁惡世之中 法欲滅時 於苦衆生

慈念憐愍 以諸方便 饒益攝受 如是諸人 苦惱所逼 若無菩薩接化引導 卽於深法 不能信解受持讀誦", 『보살영락경』 권11(대정장16, p.97b24)에 "수보리가 부처님께 말했다. '세존이시여! 전신사리에는 위신과 공덕도 있어서 사람들의 염원에 따라 각각 그들의 서원을 충족시켜 줍니다. 여래의 색신에도 온갖 모습들이 구족하시니 위신과 공덕마저 있어서 중생을 이끌어 교화함에 끝내 다함이 없습니다. 제도하는 이들이 다르기에 차별함도 있습니다'. 須菩提白佛言 世尊 全身舍利 亦有威神功德 隨人所念 各充其願 如來色身 衆相具足 亦有威神功德 接化衆生 無有窮極 所度各異 故有差別", 『진심직설』(대정장48, p.1003b26)에 "여기서는 성인이 손을 내밀어 사람들을 위한다고 설했다. 오취를 돌아다니며 중생을 접화하며 비록 오고가지만 오고간 흔적은 없다. 망심은 그렇지 못하니 진심과 망심은 같지 않은 것이다. 此說聖人垂手爲人 周旋五趣 接化衆生 雖往來而無往來相 妄心不爾 故眞心妄心不同也"라고 하였다. [참고문헌] 『大乘智印經』, 『菩薩瓔珞經』, 『眞心直說』.

접화상패 接和尙牌 화상의 영접을 알리는 패. 화상이 멀리 출타하였다가 되돌아올 때 맞춰 대중들에게 이를 알리는 패찰이다. 『백장청규』 권3 「보사출입 報謝出入」(대정장48, p.1126c20)에 "산림에서 지내다가 멀리 출타를 할 경우에는 행자를 시켜 고사·수좌·유나에게 말을 전해 알게 한다. 출타가 오래되면 지사는 돌아오는 기일을 살펴서 당사를 시켜 접화상패를 걸어 대중들에게 알린다. 如居山林遠出 令行者傳語庫司首座維那知會 出久則知事探伺歸期 令堂司掛接和尙牌報衆"라고 하였다. [참고문헌] 『百丈清規』, 『敎苑清規』 권상(卍속장101, p.713a5), 『禪林象器箋』 권16(불광장, 禪藏, p.1240). ⇨ 접존숙패 接尊宿牌, 접주지패 接住持牌

정 正 **1** Ⓢ samyak, Ⓟ sammā. 바르다. 전도되지 않은 뜻이다. 『중론』 권4(대정장30, p.31c27)에 "만약 이러한 착이 없다면, 누가 삿되고 전도되었다고 하는가? 누가 바르고 전도되지 않았다고 하는가? 若無此著者 誰爲邪顚倒 誰爲正不顚倒"라고 하였다. [참고문헌] 『中論』, *Pras.204.* **2** 평평하거나 고른 모양. 『장아함경』 권13 「아마주경 阿摩晝經」(대정장1, p.88a10)에 "또 부처님께 아뢰었다. '마치 코끼리나 말을 잘 다루는 것과 같아서 넘어지고 엎어지다가 다시 바른 길로 가는 듯하니, 저도 이와 같이하니 비록 허물이 있어도 과오를 뉘우치기를 청하옵니다'. 又白佛言 猶如善調象馬 猶有蹶倒還復正路 此人如是 雖有漏失 願聽悔過", 『잡아비담심론』 권1(대정장28, p.873b1)에 "물질의 분명한 상태는 20종류로 말한다. 푸르고 누르고 붉고 하야며, 길고 짧고 평평하고 평평하지 않으며 네모지고 둥글고 높고 낮으며, 연기·구름·먼지·운무·빛나거나 그림자지고 밝고 어둡다. 以色麤故說二十種 所謂青黃赤白 長短正不正方圓高下 煙雲塵霧光影明闇"라고 하였다. [참고문헌] 『長阿含經』, 『雜阿毘曇心論』. **3** 주된. 근본적인. 『구사석론』 권1(대정장29, p.162a20 : *Abh-k-bh.*, p.2)에 "[석] 택법의 각분을 떠나서 여러 가지 미혹을 없애는 별다른 방편이란 없다. 온갖 미혹이 세간을 생사의 바다에서 돌게 하기에, 이것의 바른 인에 따라서 제자들이 법을 간택할 수 있도록 불세존께서 먼저 아비달마를 말씀하셨다. 釋曰 若離擇法覺分 無別方便能除滅諸惑 諸惑能輪轉世間於生死海 由此正因 欲令弟子得簡擇法 故大師佛世尊先說阿毘達磨 yato na vinā dharmapravicaye nāsti kleśopaśamābhyupāyaḥ. kleśāśca lokaṃ bhramayanti saṃsāramahārṇeve 'sminan. atastad dhetostasya dharmapravicayasyārthe śāstrā kila buddhenābhidharma uktaḥ"라고 하였다. [참고문헌] 『俱舍釋論』, *Abh-k-bh.* **4** Ⓢ samyaktva, Ⓣ yang-dag-pa-nyid. 바른 자성(正性). 삿된 탐진치 삼독(三毒)이 사라진 열반성을 뜻한다. 『구사석론』 권8(대정장29, p.213c29 : *Abh-k-bh.*, p.157)에 "취에는 세 종류가 있다. 첫째 정정취, 둘째 사정취, 셋째 부정취이다. [게] 정정취와 사정취는 성인이 틈이 없이 짓네. [석] 무엇을 정이라 하는가? 욕이 다하여 남음이 없고, 성냄이 다하여 남음이 없으며, 어리석음이 다하여 남음이 없다. 모든 미혹이 다하여 남음이 없으니, 그러므로 정이라고 이름한다. 聚有三種 一 正定聚 二 邪定聚 三 不定聚 於此中偈曰 正定邪定聚 聖人無間作 釋曰 何者爲正 欲盡無餘 瞋盡無餘 癡盡無餘 一切惑盡無餘 故名爲正 〈bhāṣya〉 trayo rāśayaḥ. samyaktvaniyato rāśirmithyātvaniyato rāśiraniyato rāśiriti. tatra punaḥ 〈kārikā〉 samyaṅmithyātvaniyatā āryānantaryakāriṇaḥ. 〈bhāṣya〉 samyaktvaṃ katamat. yattatparyādāya rāgaprahāṇaṃ paryādāya dveṣaprahāṇaṃ paryādāya mohaprahāṇaṃ paryādāya sarvakleśaprahāṇamidamucyate samyaktvam"라고 하였다. [참고문헌] 『俱舍釋論』, *Abh-k-bh.* **5** 참으로. 바로. 진짜. 『불반니원경』 권하(대정장1, p.168b25)에 "부처님께서 아난에게 소리내어 말씀하셨다. '금색 비단으로 짠 고운 모포가 왔는데 색이 정말 좋아서 참으로 황(금)색이다'. 佛呼阿難 持金織成氈布來 色大好正黃"라고 하였다. [참고문헌] 『佛般泥洹經』. **6** '바로 지금~하고 있는 중'이라는 뜻. 『대반열반경』 권3(대정장1, p.206c10)에 "너의 스승은 구시나성 사라림 가운데 쌍수 사이에서 이미 열반에 들어서 오늘이 7일째이다. 곧 지금 바로 보관지제에서 화장을 하려고 천인들이 가득모여 다투어 공양을 하기에 나는 거기에서 이 하늘꽃을 얻었다. *汝大師在鳩尸那城娑羅林中雙樹之間 已般涅槃得今*

七日 卽時正在寶冠支提 將欲闍維 天人充滿 競供養故 我於彼得此天華"라고 하였다. [참고문헌] 『大般涅槃經』.

정 定 **1** Ⓢ samādhi, samāhita, samāpatti, dhyāna, cittaikāgratā, śamatha, dṛṣṭa-dharma-sukha-vihāra. [교가에서의 정의 뜻] 고요히 하여 산란이나 동요함이 없음. 마음이 적정함. 불교수행에 근간이 되는 삼학(三學) 또는 팔정도(八正道) 중 하나이며, 십대지법(十大地法) 또는 오별경(五別境) 중 하나이기도 하다. 음사어는 삼마지(三摩地)·삼매(三昧) 또는 선나(禪那 : 禪定)이다. 산란한 마음을 일컫는 산(散)의 상대어이며, 둘을 합쳐 정산(定散)이라고도 한다. 정은 때론 선정(禪定)과 같이 쓰기도 하며 해탈·삼매와는 구분하기도 한다. 유식의 입장에서는 등인(等引)·등지(等持)·등지(等至)·정려(靜慮)·심일경성(心一境性)·현법낙주(現法樂住) 등 일곱 가지 이름으로 풀기도 하였다. '정'에는 그것의 얻음과 수행과정과 자성에 따라 여러 갈래가 있다. 생득정(生得定 : 生靜慮·生無色)과 수득정(修得定 : 定靜慮·定無色)의 이정(二定), 사정려(四靜慮 : 四禪·四色界定)와 사무색정(四無色定)의 팔정(八定 : 八等至), 유각유관정(有覺有觀定)과 무각유관정(無覺有觀定)과 무각무관정(無覺無觀定)의 삼종삼마지(三種三摩地), 미정(味定)과 정정(淨定)과 무루정(無漏定)의 삼정(三定 : 三等至), 구종심주(九種心住)의 지(止 : 奢摩他)와 사종혜행(四種慧行)의 관(觀 : 毘鉢舍那)으로 이루어진 유심정(有心定), 무상정(無想定)과 멸진정(滅盡定)으로 이루어진 무심정(無心定), 이외에 구차제정(九次第定 : 無間禪·鍊禪)과 초정(超定 : 超等至·超越三昧), 유루정(有漏定)과 무루정(無漏定), 명득정(明得定)과 명증정(明增定)과 인순정(印順定)과 무간정(無間定) 등 수많은 뜻이 있고 심지어 여래에게는 정심 아님이 없다고 하였다. 『해탈도론』 권2(대정장32, p.406c25)에 "정이란, 청정심으로 한결같이 정진하여 적정공덕등으로 바르게 머물러 산란함이 없는 것을 정이라고 한다. 또 번뇌의 맹렬한 바람이 마음을 압도하는 일이 없는 것이 마치 저 궁궐 안 등불의 불꽃이 움직이지 않는 것과 같다. 마치 아비담에서 말하는 것과 같다. '마음이 바로 머물러 반연하는 것이 없고, 또 어지럽지 움직이지 않으며, 적정하여 착함이 없는 정정·정근·정력을 정이라고 한다'. 定者有淸淨心 一向精進與寂靜功德等 正眞住不亂 此謂定 復次 煩惱猛風 無傾心慮 如殿裏燈光焰不動 如阿毘曇說 若心正住 無所攀緣 亦不動亂 寂靜無著 正定定根定力 此謂爲定" 『대승아비달마잡집론』 권14(대정장31, p.761c29 : *Abh-s-bh.*, p.132)에 "정심 아님이 없다 하였으니 아라한은 마음을 거두어 '정'에 들고, 나온즉 정할 수 없지만 여래께서는 일체위에서 '정' 아님이 없으시다. 無不定心者 謂阿羅漢 斂心方定 出卽不定 如來於一切位無不定 punaraparamarhan samāpannaḥ samāhito bhavati vyutthito'samāhitaḥ. tathāgatasya tu sarvāvasthaṁ nāstyasamāhitaṁ cittam", 『법온족론』 권8(대정장26, p.490c2)에 "어떤 것을 정이라고 하는가? 광명에 대하여 잘 살피고 사유하며, 분명하게 알아 관찰하며, 수승하게 이해하고 굳게 머무니, 분별이 일어나도 마음이 머물되 가지런히 머물며, 나아가 내지 마음이 한결같이 자성을 유지함을 다 들어 정이라고 한다. 云何爲定 謂卽於光明 審諦思惟 解了觀察 勝解堅住 分別所起 心住等住 乃至心一境性 總名爲定", 『십주비바사론』 권11(대정장26, p.82c8)에 "부처님께서는 선정·해탈·삼매·구정의 양상을 여실하게 아신다. 선이란 사선이고, 정이란 사무색정과 사무량심 등을 모두 정이라고 한다. 해탈이란 팔해탈이며, 삼매란 모든 선과 해탈과 나머지 정을 제한 모든 것을 삼매라고 한다. 佛於禪定 解脫 三昧 垢淨相如實知 禪者 四禪 定者 四無色定 四無量心等 皆名爲定 解脫者 八解脫 三昧者 除諸禪解脫餘定 盡名三昧", 『유교경론』(대정장26, p.288c22)에 "너희 비구들아, 만일 마음을 거

〈표1〉 생득정生得定과 수득정修得定

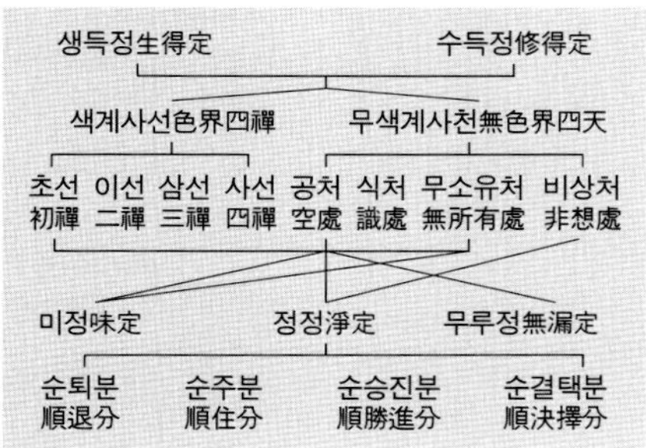

〈표2〉 정려정靜慮定과 무색정無色定

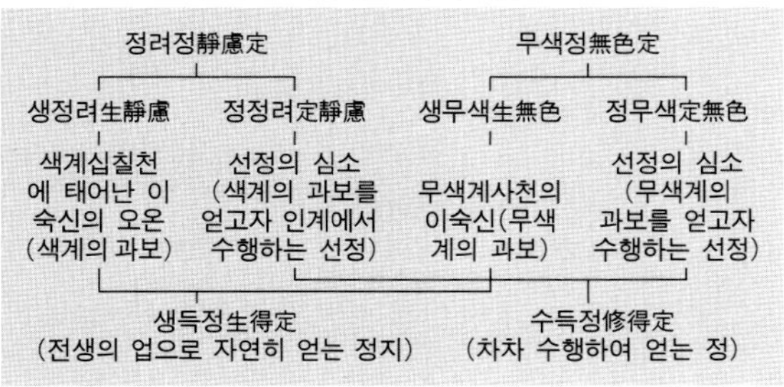

〈표3〉 근본정根本定·미지정未至定 근분정近分定·중간정中間定

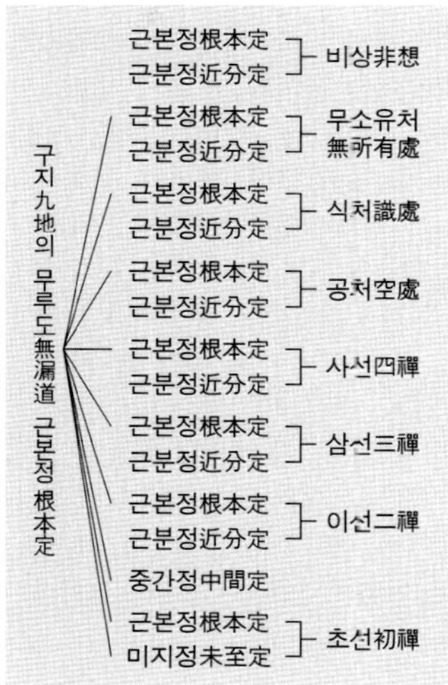

두어들이면 마음은 바로 정에 있게 되고, 마음이 정에 있으므로 세간의 생멸하는 법을 알 수 있다. 그러므로 너희들은 항상 정근하여 모든 정을 닦아야 한다. 정을 얻으면 마음이 산란하지 않는다. 비유하면 물을 아끼는 집이 제방을 잘 관리하는 것처럼 수행자는 지혜의 물을 위하여 선정을 잘 닦아서 새거나 잃지 않게 해야 한다. 이것을 정이라고 한다. 汝等比丘 若攝心者 心則在定 心在定故 能知世間生滅法相 是故 汝等 常當精勤 修集諸定 若得定者 心則不散 譬如惜水之家 善治提塘 行者爲智慧水故 善修禪定 令不漏失 是名爲定", 『대지도론』 권29(대정장25, p.270b15)에 "선정이란 사선과 구차제정이고, 해탈삼매란 팔배사·삼해탈문·혜해탈·공해탈·시혜탈·불시해탈·유위해탈·무위해탈 등과 유각유관삼매·무각유관삼매·무각무관삼매·공삼매·무상삼매·무작삼매 등과 같은 모든 삼매이다. 禪定者 四禪 九次第定 解脫三昧者 八背捨 三解脫門 慧解脫 共解脫 時解脫 不時解脫 有爲解脫 無爲解脫等 有覺有觀三昧 無覺有觀三昧 無覺無觀三昧 空三昧 無相三昧 無作三昧 如是等諸三昧", 『성유식론요의등』 권5(대정장43, p.753b18)에 "정에는 일곱 가지 이름이 있다. 첫째는 삼마희다

〈표4〉 정定의 칠종七種

- 정定
  - 등인等引(samāhita삼마희다三摩呬多)
  - 등지等持(samādhi삼마지三摩地)
  - 등지等至(samāpatti삼마발지三摩鉢地)
  - 정려靜慮(dhyāna타연나駄衍那)
    - (위 넷은) 유심무심有心無心의 정定으로 그 외에는 유심정有心定
  - 심일경성心一境性(cittaikāgratā질다예가아라다質多翳迦阿羅多)
    - (이상) 정산定散이어서 그 외에는 오직 정定
  - 지止(śamatha 사마다奢摩多)
  - 현법락주現法樂住(dṛṣṭa-dharma-sukha-vihāra)

(三摩呬多 Ⓢ samāhita)이다. 이것은 등인(等引)이라 한역하니, '삼마'는 한결같다는 뜻의 '등'이라 한역하며 '희다'는 이끄는 뜻의 '인'이라 한역한다. 둘째는 삼마지(三摩地 Ⓢ samādhi)이다. 이것은 등지(等持)라고 한역한다. 셋째는 삼마발지(三摩鉢底 Ⓢ samāpatti)이다. 이것은 등지(等至)라고 한역한다. 넷째는 다나연나(駄那演那 Ⓢ dhyāna)이다. 이것은 정려(靜慮)라고 한역한다. 다섯째는 질다예가아갈라다(質多翳迦阿羯羅多 Ⓢ cittaikāgratā)이다. 이것은 심일경성이라고 한역하니, '질다'는 '심'이라 한역하고 '예가'는 '일'이라 한역하며 '아갈라'는 '경'이라 한역하고, '다'는 '성'이라 한역한다. 여섯째는 사마타(奢摩他 Ⓢ śamatha)이다. 이것은 지(止)라고 한역한다. 일곱째는 현법낙주(現法樂住 Ⓢ dṛṣṭa-dharma-sukha-vihāra)이다. 定有七名 一名三摩呬多 此云等引 三摩云等 呬多云引 二云 三摩地 此云等持 三云 三摩鉢底 此云等至 四云 駄那演那 此云靜慮 五云 質多翳迦阿羯羅多 此云心一境性 質多云心 翳迦云一 阿羯羅云境 多云性 六 奢摩他 此云止也 七云 現法樂住", 『유가사지론』 권30(대정장30, p.450b27 : *Śrā v-bh.*, p.362)에 "어떤 것을 심일경성이라고 하는가? 자주 자주 념에 따라 동분의 소연으로 흘러드는 것과 죄없는 적멸과 상응하여 마음이 상속하도록 하는 것이니, 삼마지라고도 하며, 선심일경성이라고도 한다. 云何心一境性 謂數數隨念 同分所緣流注 無罪適悅相應 令心相續 名三摩地 亦名爲善心一境性 tatraikāgratā katamā. āha. punaḥ punaḥ smṛtisabhāgālambanā pravāhānavadyaratiyuktā. cittasantatiryā sā samādhirityucyate. kuśalacittaikāgratāpi"라고 하였다. 모든 정(定)은 각각의 공덕(功德)이 있는데 〈표5〉와 같

〈표5〉 제정공덕諸定功德

- 제정공덕諸定功德
  - 소의제정所依諸定
    - 사정려四靜慮 — 초初·제이第二·제삼第三·제사第四의 사정려四靜慮
    - 사무색四無色
      - 공무변처空無邊處·식무변처識無邊處
      - 무소유처無所有處·비상비비상처非想非非想處
    - 팔등지八等至 — 사정려四靜慮·사무색四無色
    - 제등지諸等至
      - 삼삼마지三三摩地~유심유사有尋有伺·무심유사無尋有伺·무심무사無尋無伺
      - 삼종등지三種等持~공空·무원無願·무상無相
      - 삼중등지三重等持~공공空空·무원무원無願無願·무상무상無相無相
      - 사수등지四修等持
        - 현법락주現法樂住를 위함
        - 수승지견殊勝智見을 위함
        - 분별혜分別慧를 위함
        - 제루영진諸漏永盡을 위함
  - 능의공덕能依功德
    - 사무량四無量 — 자비희사慈悲喜捨
    - 팔해탈八解脫
      - 내유색상관외색해탈內有色相觀外色解脫·내무색상관외색해탈內無色相觀外色解脫
      - 정해탈신작증구족주淨解脫身作證具足住·공무변처해탈空無邊處解脫
      - 식무변처해탈識無邊處解脫·무소유처해탈無所有處解脫
      - 비상비비상처해탈非想非非想處解脫·무소유처해탈無所有處解脫
    - 팔승처八勝處
      - 내유색상관외색소內有色想觀外色少·내유색상관외색다內有色想觀外色多
      - 내무색상관외색소內無色想觀外色少·내무색상관외색다內無色想觀外色多
      - 내무색상관외색청內無色想觀外色青·내무색상관외색황內無色想觀外色黃
      - 내무색상관외색적內無色想觀外色赤·내무색상관외색백內無色想觀外色白
    - 십변처十遍處
      - 지대변일체처地大遍一切處·수대변일체처水大遍一切處
      - 화대변일체처火大遍一切處·풍대변일체처風大遍一切處
      - 청색변일체처青色遍一切處·황색변일체처黃色遍一切處
      - 적색변일체처赤色遍一切處·백색변일체처白色遍一切處
      - 공무진변일체처空無盡遍一切處·식무변일체처識無遍一切處
    - 득의신得依身
    - 기정연起定緣

다. [선문에서의 정의 뜻] 선문초(禪門初)에는 달마의 벽관(壁觀)이나 동산(東山)의 수심(守心)·섭심(攝心) 등을 기조로 좌선(坐禪) 위주의 선법이 전개되었지만 신회(神會)이후 남북선종이 상대하는 국면에 들어서서는 정(定)과 혜(慧)를 동반하며 그 뜻을 더욱 분명히 하였다. 돈황본 『단경』(대정장48, p.338b8)에 "정과 혜 바탕이 하나여서 둘이 아니니, 정은 바로 혜의 체이고 혜란 그대로 정의 용이다. 定慧體一不二 卽定是慧體 卽慧是定用", 『단어』(神會和尙遺集, p.238)에 "『열반경』에서 말한다. '정이 많고 혜가 적으면 무명이 늘고, 혜가 많고 정이 적으면 사견이 는다. 정과 혜가 한결같아야 밝게 불성을 본다'. 涅槃經云 定多慧少 增長無明 慧多定少 增長邪見 定慧等者 明見佛性", 같은 책(神會和尙遺集, p.239)에 "혜가 작용할 때는 정이 없고, 정에 들었을 때는 혜가 없다. 이와 같이 아는 이야말로 모두 번뇌에서 벗어날 수 없다. 慧時則無定 定時則無慧 如是解者 皆不離煩惱", 『최상승론』(대정장48, p.377c11)에 "수심이 제일이다. 이 수심이야말로 열반의 근본이고, 도에 드는 중요한 문이며, 십이부경 중에 으뜸이고, 삼세 모든 부처님의 스승이다. … 천경만론 본래 진심을 지키는 것 넘어서지 않으니 이것이 핵심이다. 守心第一 此守心者 乃是涅槃之根本 入道之要門 十二部經之宗 三世諸佛之祖 … 千經萬論 莫過守本眞心 是要也", 『대승오방편북종』 갑(北宗殘簡, p.498)에 "몸을 보지 않으면 신해탈이고, 마음을 보지 않으면 심해탈이며, 몸과 마음을 모두 보지 않으면 신심해탈이다. 이것이 보리심이다. 몸과 마음이라는 상이 있으면 몸과 마음은 해탈할 수 없다. 해탈이란 바로 자재의 뜻이다. 신심이란 상을 보지 않으면 가지도 않고 오지도 않아서 쓸어 없앤 듯 한 물도 없어서 보리문이 저절로 열린다. 동요하지 않음이 바로 열림이다. 활연히 어떤 상념도 없는 것이 정이요, 보고 듣고 느끼고 아는 작용은 혜이다. 그대에게 지혜문 열어 마친다. 不見身 身解脫 不見心 心解脫 身心憁不見 身心憁解脫 卽是菩提心 若存身心相 身心不得解脫 解脫是自在義 不見身心相 無去亦無來 蕩然無一物 菩提門自開 不動是開 豁然無念是定 見聞覺知是惠 與汝開智惠門竟", 「형주옥천사대통선사비명」(『初期禪宗史書の研究』 資料2, p.499)에 "신수가 펼친 법의 대략은 념을 오롯이 함으로써 쉬고, 있는 힘을 다하여 마음을 거두어들인다. 그 들어감에는 품에 있어 범과 성이 같고, 도달했다 하면 어디에 가도 전후가 없다. 정에 나아가기 전에는 만갈래 연을 온통 닫아 걸지만 지혜를 발한 후에는 일체가 모두 여이다. 爾其開法大略 則專念以息想 極力以攝心 其入也 品均凡聖 其到也 行無前後 趣定之前 萬緣盡閉 發慧之後 一切皆如", 『선종영가집』(대정장48, p.388a4)에 "정에 치우쳐 닦아 정이 오래된즉 빠지고, 혜에 치우쳐 공부하다가 혜가 지나치면 마음이 동요한다. 偏修於定 定久則沈 偏學於慧 慧多心動", 『수심결』(대정장48, p.1008a4·한불전4, p.711c13)에 "법의 뜻을 베풀어 이에 드는 천갈래 문도 정과 혜가 아닌 것이 없다. 그 강요를 취한즉 다만 자성상에 체와 용이라는 두 뜻만이 있다. 전에 말한 공적영지가 그것이다. 정은 체요 혜는 용이다. 체 그대로 용이므로 혜는 정을 떠나지 않고, 용 그대로 체이므로 정은 혜를 떠나지 않는다. 정이 다름아닌 혜이므로 고요하면서 언제나 알고, 혜가 다름 아닌 정이므로 알면서도 항상 고요하다. 若設法義 入理千門 莫非定慧 取其綱要 則但自性上 體用二義 前所謂空寂靈知也 定是體慧是用也 卽體之用故 慧不離定 卽用之體故 定不離慧 定則卽慧故 寂而常知 慧則定故 知而常寂", 『경덕전등록』 권5 「법해전」(대정장51, p.237a29)에 "즉심을 혜라 하고, 즉불을 정이라 한다네. 정과 혜를 한결같이 지녀야, 의중이 청정하리라. 卽心名慧 卽佛乃定 定慧等持 意中淸淨"라고 하였다. [참고문헌] 『解脫道論』, 『大乘阿毘達磨雜集論』, 『法蘊足論』, 『十住毘婆沙論』, 『遺教經論』, 『大智度論』, 『成唯識論了義燈』, 『瑜伽師地論』, 『壇經』, 『壇語』, 『最上乘論』, 『大乘五方便北宗』, 「荊州玉泉寺大通禪師碑銘」, 『禪宗永嘉集』, 『修心訣』, 『景德傳燈錄』, *Abh-s-bh.*, *Abh-k-bh.8·451.*, *Śrāv-bh.363.*, *Bodh-bh.15·18·40.*, *Sn.180.* ⇨ 삼학 三學❶, 팔정도 八正道, 십대지법 十大地法, 오별경 五別境, 선 禪, 선정 禪定, 삼마희다 三摩呬多, 삼매 三昧, 이정 二定, 삼삼매 三三昧❷, 사선 四禪❶, 사선정 四禪定, 사무색정 四無色定, 구종심주 九種心住, 삼정 三定❸, 유심정 有心定, 무심정 無心定, 구차제정 九次第定, 초정 超定, 유루정 有漏定, 무루정 無漏定, 산 散❶, 심일경성 心一境性, 법상사선근 法相四善根, 정혜 定慧, 정혜쌍수 定慧雙修 ❷ 결정적인 것. 정해져 바뀌지 않는 뜻이다. 『기세경』 권2(대정장1, p.316c9)에 "비구들아, 울단월(鬱單越 Ⓢ Uttara-kuru)의 사람들은 수명이 일정하여 중간에 요절하는 일이 없으며, 목숨을 마치면 모두 위로 가서 난다. 무슨 인연으로 울단월 사람들은 이런 일정한 수명을 얻어 목숨을 마치면 모두 다시 위로 가서 나는가? … 무슨 인연으로 아라(의 세계)로 가서 나는가? 저 살생과 사견 등 때문이다. 무슨 인연으로 위로 가서 나는가? 불살생과 정견 등 때문이다. 혹 어떤 사람은 이렇게 생각한다. '내가 이제 열 가지 선을 행하면, 이 인연으로 나의 몸이 무너질 때에 울단월에 가서 나고, 그곳에 나서 천 년을 살며, 더도 덜도 살지 않을 것이다'. 그 사람은 이와 같이 원을 세운 다음에 열 가지 선업을 행하고, 몸이 무너지면 울달월에 나게 되며, 그곳에서 다시 일정한 수명을 얻어 천 년을 채우되 더도 덜도 살지 않을 것이다. 비구들아, 이 인연 때문에 울단월 사람들은 정해진 수명을 얻는다. 諸比丘 鬱單越人 壽命一定 無有中夭 命若終時 皆得上生 何因緣故 鬱單越人

得此定壽 命終已後 皆復上生 … 何因緣故 向下生者 以其殺生 邪見等故 何因緣故 向上生者 以不殺生 正見等故 或復有人 作如是念 我於今者 應行十善 以是因緣 我身壞時 當得往生 鬱單越中 彼處生已 住壽千年 不增不減 彼人既作 如是願已 行十善業 身壞得生 鬱單越中 既於彼處 復得定壽 滿足千年 不增不減 諸比丘 以此因緣 鬱單越人 得定壽命"라고 하였다. 〔참고문헌〕『起世經』. **3** 반드시. 결코. 『구사론』 권1(대정장29, p.3c18 : *Abh-k-bh.*, p.10)에 "안식 등 다섯 가지가 의지하는 것은 정한 바 없다. 혹 어떤 것은 변해 가리기도 하니 즉 안근 등을 말하며, 혹 어떤 것은 변애하지 않으니 즉 무간인 의를 말한다. 무표색이 의지하는 것은 이와 같지 않기에 앞서의 힐난은 결코 고르게 말할 수 없지만, 변애를 색이라고 하는 이치인즉 성립한다. 眼識等五 所依不定 或有變礙 謂眼等根 或無變礙 謂無間意 無表所依 則不如是 故前所難 定爲不齊 變礙名色 理得成就 cakṣurvijñānādīn āmāśrayo bhedaṃ gataḥ. kaṣcidrūpyate cakṣurād iḥ kaścinna rūpyate yathā manaḥ. na tvevamavi jñaptiḥ. tasmādasamānaḥ prasaṅgaḥ ityata upap annametadāśraya rūpaṇādrūpamiti. ya eva rūpa skandhasvabhāvā uktāḥ"라고 하였다. 〔참고문헌〕『俱舍論』, *Abh-k-bh.*

정 亭 소중한 물건을 모시든 넣어두는 정자(亭子) 모양의 작은 구조물. 진영을 모시는 진정(眞亭), 향로를 놓아두는 향정(香亭), 꽃으로 장식한 화정(花亭) 등이 있다. 『선원청규』 권7 「존숙천화 尊宿遷化」(卍속장111, p.916b8)에 "장송에 관련된 의례는 다음과 같다. 대감(大龕)의 장식은 때에 맞게 준비해야 하며, 진정·향정·법사·화번을 아울러야 한다. 送葬之儀 合備大龕 結飾臨時 幷眞亭香亭 法事花幡"라고 하였다. 〔참고문헌〕『禪苑淸規』, 『百丈淸規』 권3(대정장48, p.1128a24). ⇨ 진정 眞亭, 향정 香亭, 화정 花亭

정 停 가만히 머물러 움직이지 않음. 『사교의집해』 권중(卍속장102, p.65b5)에 "『법화현의』(妙玄) 권3(대정장33, p.707c2)에 '정이 있기에 멈춰 있다 하고 혜가 있기에 본다고 한다'라 하였고, 『사념처』 권1(대정장46, p.557c18)에 '정이란 가만히 머물러 있음이다'라고 하였으며, 『유마경현소』(淨名玄)에 '정은 멈추고 그침이다'라고 하였다. 妙玄云 有定故言停 有慧故言觀 四念處云 停名停住 淨名玄云 停名停止", 『사교의주휘보보굉기』 권5(卍속장102, p.486a10)에 "첫째는 오정심이다. 〔주〕 정이란 그치는 뜻이고 머무는 뜻이다. 이 오법을 닦아서 다섯 가지 잘못을 그쳐 머물게 한다. 初五停心 註 停者 止義 住義 修此五法 止住五過"라고 하였다. 〔참고문헌〕『四教儀集解』, 『法華玄義』, 『四念處』, 『四教儀註彙補輔宏記』. ⇨ 오정심관 五停心觀

정 情 **1** Ⓢ sattva. 유정(有情). 중생(衆生). 『구사론』 권15(대정장29, p.77c24 : *Abh-k-bh.*, p.219)에 "욕계율의란 별해탈을 말한다. 이는 일체근본업도를 좇고 가행 후에 일어남을 따라 얻는다. 이 둘을 좇아 얻음이란 두 류로부터 얻음을 말하니, 중생과 중생아닌 것에 대한 성죄와 차죄다. 欲界律儀 謂別解脫 此從一切根本業道 及從加行後起而得 從二得者 謂從二類 卽情非情性罪遮罪 vartamānebhya eva skandhāyatana dhātu bhyaḥ kāmāpta iti prātimokṣasaṃvaraḥ. sarvebh ya iti maulaprayogapṛṣṭhebhyaḥ. ubhayebhya iti sattvāsattvākhyebhyaḥ prakṛtipratikṣepaṇasāva dyebhyaśca"라고 하였다. 〔참고문헌〕『俱舍論』, *Abh-k-bh.* ⇨ 유정 有情, 중생 衆生 **2** Ⓢ Ⓟ indriya. 근(根). 『허공장보살경』(대정장13, p.648b25)에 "일체법 자성은 중생이 알지 못하니, 색음에 묶여 집착하고 여섯 가지 정에 미혹되어 하나의 음임을 보지 못하고 색음을 좇고 찾아 구하여 불법에 의심을 일으킨다. 一切法自性 衆生無知者 繫著於色陰 六情所愚惑 不見於一陰 推尋求色陰 於佛法生疑"라고 하였다. 〔참고문헌〕『虛空藏菩薩經』, *Pras.43.* ⇨ 근 根[1], 육정 六情[1] **3** 서로 뜻이 맞아 갈등이 없음. 『육도집경』 권3(대정장3, p.14c8)에 "두 나라가 화목하여 정이 삼촌이나 숙부보다 더 좋았다. 이웃 나라에서 기뻐하여 좋다고 일컫지 않음이 없었다. 二國和睦 情過伯叔 異方欣然 靡不稱善"라고 하였다. 〔참고문헌〕『六度集經』. **4** 분별. 『화엄오교장』 권1(대정장45, p.482a4)에 "일곱 번째, 일체법개공종이니 대승시교라고 한다. 일체제법이 모두 다 진공이라고 설한다. 그러므로 분별을 벗어난 밖이어서 분별이 없다. 『반야경』 등과 같다. 七 一切法皆空宗 謂大乘始教 說一切諸法皆悉眞空 然出情外無分別故 如般若等"라고 하였다. 〔참고문헌〕『華嚴五教章』. **5** 집착하여 아끼는 마음. 『장아함경』 권1 「대본경 大本經」(대정장1, p.7a18)에 "태자는 늙은 사람·병든 사람을 보고 세상의 고뇌를 알았다. 또 죽은 사람을 보고 세상을 연연한 정마저 사라졌고, 사문을 보고 확연하게 크게 깨달았다. 太子見老病人 知世苦惱 又見死人 戀世情滅 及見沙門 廓然大悟"라고 하였다. 〔참고문헌〕『長阿含經』. **6** 세간의 분별. 『삼론현의』(대정장45, p.13b7)에 "용수보살이 천하에 명성이 널리 알려져 외도와 소승들은 감히 말을 나누려 하지 않았다. 그러므로 (홀로) 깊이 사유하고 붓을 들어 논을 지었던 것이다. 제바는 이미 제자로서 물정에 있어서 거리끼거나 두려워함이 없었다. 그러므로 더불어 말을 나누었고, 후에 이것을 모아서 논으로 하였다. 龍樹聲聞天下 外道小乘不敢與交言 故潛帷著筆以造論也 提婆既爲弟子 物情所不畏憚 故與之交言 故後集以爲論"라고 하였다. 〔참고문헌〕『三論玄義』.

정 淨 ❶Ⓟ pārisuddhi. 수식관(數·隨·止·觀·還·淨)의 여섯 번째. 성도(聖道)를 닦아서 깨끗하게 된 성과(聖果)를 말한다. 『잡아비담심론』 권8(대정장28, p.934b10)에 "정이란 모든 번뇌(蓋)를 깨끗이 함이다. 淨者 淨諸蓋", 『출삼장기집』 권6(대정장55, p.43b5)에 "마음을 거두고 생각을 돌이키니 모든 음이 다 사라진다. 이것을 환이라고 한다. 더러움과 욕구가 고요하게 다하여 그 마음에 상이 없다. 이것을 정이라고 한다. 攝心還念 諸陰皆滅 謂之還也 穢欲寂盡 其心無想 謂之淨也"라고 하였다. 〔참고문헌〕『雜阿毘曇心論』, 『出三藏記集』, *Nidd. I.21.* ⇨ 수식관 數息觀 ❷ 계율에 맞는 것. 출가자가 의식주에 대해서 반드시 지켜야 할 제계(制戒)를 잘 지켜서 법도에 맞는 것을 말한다. 『십송율』 권57(대정장23, p.424a13)에 "첫 번째 정이란, 한 비구는 반드시 아지단포살을 해야만 하고, 두 번째 정은, 두 비구는 공양받은 시물을 함께 나누고 돌려써야만 하는 것이다. 一 淨者 應一比丘作阿地檀布薩 二 淨者 二比丘應共分施物展轉分"라고 하였다. 〔참고문헌〕『十誦律』. ❸Ⓢ śuddhi, Ⓟ suddhi. 깨끗해 맑은 것. 번뇌없어 고요함(靜)에 비견된다. 『중변분별론』 권상(대정장31, p.452c14 : *Madhy-vibh.*, p.24)에 "수계와 금공이 고요하듯 법계의 깨끗함도 그러하다네. 水界金空靜 法界淨如是 abdhātu-kanakākāśa-śuddhivac-chuddhir iṣyate"라고 하였다. 〔참고문헌〕『中邊分別論』, *Madhy-vibh.* ❹Ⓟ anūpalitta. 더럽혀지지 않는 것. 『의족경』(대정장4, p.180b26 : *Māgandiya-sutta, Sn.*, p.166)에 "물에 핀 꽃이 깨끗해 더럽혀지지 않듯이 깊은 번뇌의 땅에서도 병들지 않는다. 존안하니 탐욕이 없어서 세속에서 집착하는 바가 없다. 如水華淨無泥 重塵土不爲萎 尊安爾無所貪 於世俗無所著 elambujaṃ kaṇṭakaṃ vārijaṃ yathā jalena paṃkena c' anūpalittaṃ, evaṃ munī santivādo agiddho kāme ca loke ca anūpalitto"라고 하였다. 〔참고문헌〕『義足經』, *Sn.*

정 頂 ❶Ⓟ sīsa. 정상. 머리 꼭대기. 『장아함경』 권1 「대본경 大本經」(대정장1, p.5a27 : *Mahāpadāna-sutta, DN.2*, p.19)에 "이때 모든 점 보는 사람들이 태자의 옷을 벗기고 삼십이상 말하였다. '… 서른두 번째, 정수리에 육계가 있습니다. 이것이 삼십이상입니다'. 時諸相師卽披太子衣 說三十二相 … 三十二 頂有肉髻 是爲三十二相 ayaṃ hi deva kumāro uṇhīsa-sīso"라고 하였다. 〔참고문헌〕『長阿含經』, *DN.* ❷Ⓢ mūrdhan. 사선근위(四善根位)의 하나. 정위(頂位). 『구사론』 권10(대정장29, p.56b17)에 "저 최후심 또한 심처에서 멸한다. 다른 스승은 그것이 정위에서 멸한다고 설한다. 彼最後心 亦心處滅 有餘師說 彼滅在頂"라고 하였다. 〔참고문헌〕『俱舍論』, *Abh-k-bh.156.* ⇨ 정위 頂位

정 程 ❶ 길. 노정(路程). 『서장』 「답장사인장 答張舍人狀」(대정장47, p.941b8)에 "달을 보았으면 손가락 보는 일은 관두고, 집에 돌아왔으면 길 묻는 일은 끝낸다. 見月休觀指 歸家罷問程"라고 하였다. 〔참고문헌〕『書狀』. ❷ 정도(程度). 거리나 시간상으로 가늠하는 한계. 『연등회요』 권22 「조산본적장 曹山本寂章」(卍속장136, p.796a2)에 "학인이 조산에게 물었다. '아직 해 뜨기 전에는 어떻습니까?' '30년 전 조산이야 일찍이 이렇게 왔지' '해 뜬 후에는 어떻습니까?' '여전히 조산과 비교하면 보름 정도다'. 僧問 日未出時如何 師云 三十年前 曹山也曾恁麽來 云日出後如何 師云 猶較曹山半月程"라고 하였다. 〔참고문헌〕『聯燈會要』. ❸ 법도. 규정. 『벽암록』 34칙 「본칙 本則」(대정장48, p.172c19)에 "앙산이 학인에게 물었다. '최근 어디 있다 왔는가?'〈천하인들 다 그렇다. 묻지 않을 수 없다. 바람 따라 불 일어난다. 하던 대로 하지 않을 수 없다〉. '여산입니다'〈진실한 사람 만나기 어렵다〉. 仰山問僧 近離甚處〈天下人一般 也要問過 因風吹火 不可不作常程〉 僧云 廬山〈實頭人難得〉"라고 하였다. 〔참고문헌〕『碧巖錄』.

정 靜 ❶Ⓢ śānta, Ⓟ santa, Ⓣ zhi-ba. 고요해 움직임이 없음. 사제십육행상(四諦十六行相) 중 하나. 또는 멸성제(滅聖諦)의 네 가지 행상 중 하나이기도 하다. 『구사론』 권12 「분별세품 分別世品」(대정장29, p.62c25 : *Abh-k-bh.*, p.178)에 "범천이 지배하는 세계(梵世 : 第一靜慮에 속하는 界)에서 가장 뛰어난 유정이 스승 없이 저절로 제2정려를 얻고서 그 삼매에서 깨어나 다음과 같이 말하였다. '정생희락은 아주 기쁘고 깊이 고요하다'. 梵世 隨一有情 無師法然 得二靜慮 從彼定起 唱如是言 定生喜樂 甚樂甚靜 brahmaloke'pyanyatamaḥ sattvo dharmatāprātilambhikaṃ dvitīyaṃ dhyānaṃ samāpadyotthāya vācaṃ bhāṣate sukhaṃ vata samādhijaṃ prītisukhaṃ śāntaṃ vata samādhijaṃ prītisukhamiti", 『구사석론』 권16 「분별성도과인품 分別聖道果人品」(대정장29, p.271b25 : *Abh-k-bh.*, p.343)에 "네 가지 상으로 멸성제를 관하니, 곧 멸·정·묘·리이다. 以四相觀滅 謂滅靜妙離 nirodhaṃ caturbhiḥ nirodhataḥ śāntataḥ praṇītato niḥsaraṇataśca", 『조론』 「물불천론 物不遷論」(대정장45, p.151a22)에 "움직이면서 고요함을 구하면 이로써 만물은 옮기지 않음을 분명히 알 것이다. 卽動而求靜 以知物不遷明矣"라고 하였다. 〔참고문헌〕『俱舍論』, 『俱舍釋論』, 『肇論』, *Abh-k-bh.*, *Sn.178* ⇨ 십육행상 十六行相, 사제십육행상 四諦十六行相, 멸성제 滅聖諦 ❷

당말오대(唐末五代) 선승. 중국 복건성(福建省) 천주(泉州) 지역에서 활동하였으며, 균(筠)과 함께 천주 초경사(招慶寺)에서 『조당집 祖堂集』을 찬집하였다. 당시 초경사의 주지 정수문등(淨修文僜 : 또는 省僜. 保福從展의 法嗣)의 제자라는 설도 있고, 녹문처진(鹿門處眞 : 曹山本寂의 法嗣)의 제자인 곡은지정(谷隱智靜)일 것이라는 설도 있으며, 운암담성(雲巖曇晟)이나 동산양개(洞山良价) 등 조동종(曹洞宗) 계통과 가까운 입당(入唐) 신라 스님이라는 설도 있다. 이들 가설은 모두 추정일 뿐이다. 〔참고문헌〕『祖堂集』「序文」(대장경보편25, p.299a8), 『景德傳燈錄』 권22 「招慶省僜傳」(대정장51, p.382a20)·권23 「谷隱智靜傳」(대정장51, p.395b4). ⇨ 조당집 祖堂集

정가행장 正加行障 Ⓢ samyak-prayoga-āvaraṇa, Ⓣ yang-dag-par-sbyor-ba-la-sgrib-pa. 바른 노력을 방해하는 아홉 가지 번뇌. 정행장(正行障)이라고도 한다. 『변중변론』 권상(대정장31, p.468b18 : *Madhy-vibh.*, p.36)에 "정가행장이란 아홉 가지 번뇌장을 말한다. 正加行障 謂九煩惱障 samyakprayogāvaraṇaṃ yan navadhākleśāvaraṇaṃ"라고 하였다. 〔참고문헌〕『辯中邊論』, 『中邊分別論』 권상(대정장31, p.455a18), *Madhy-vibh.* ⇨ 구결 九結

정각 正覺 **1** Ⓢ saṃbodhi, samyak-saṃbodhi, samyak-saṃbuddha, Ⓟ saṃbodhi, saṃbodha, abhisambuddha. 진정한 깨달음. 정해(正解)·등각(等覺)·등정각(等正覺)·정등정각(正等正覺)·정등각(正等覺)·정진각(正盡覺) 등이라고도 하고, 삼보리(三菩提)라고 음사한다. 범어 saṃbuddha의 한역어이면 깨달은 자라는 뜻으로서 불(佛)을 의미한다. 『장아함경』 권2 「유행경 遊行經」(대정장1, p.15c8)에 "이때 마왕 파순은 다시 부처님께 다음과 같이 말씀드렸다. '부처님께서는 예전에 울비라의 니련선 냇가에 있는 아유파니구율나무 아래에서 처음으로 정각을 성취하셨습니다'. 時 魔波旬復白佛言 佛昔於鬱鞞羅 尼連禪水邊 阿遊波尼俱律樹下 初成正覺", 『잡아함경』 권39(대정장2, p.287c21 : *Tapo-sutta, SN.1*, p.103)에 "한때 부처님께서 울비라 지역에 머물고 계셨는데, 니련선하 근처 보리수 아래에서 처음으로 정각을 성취하셨다. 그때 세존께서는 홀로 고요한 곳에서 마음을 집중하여 선정에 들어 계셨는데, 이와 같이 생각하셨다. '나는 지금 고행으로부터 해탈하였으니, 훌륭하구나! 나는 지금 고행으로부터 잘 해탈하였으며, 앞서 올바른 원을 수행하여 지금 위없는 깨달음을 얻었다'. 一時 佛住鬱鞞羅處 尼連禪河側 菩提樹下 初成正覺 爾時 世尊 獨一靜處 專心禪思 作如是念 我今解脫苦行 善哉 我今善解脫苦行 先修正願 今已果得無上菩提 ekaṃ samayaṃ bhagavā uruvelāyaṃ viharati najjā nerañjarāya tīre ajapāla-nigrodha-mūle pathama-abhisambuddho", 『증일아함경』 권14(대정장2, p.619b3)에 "오비구(五比丘)는 마땅히 알라. 이 사제란 세 번 구르고 열두 가지로 행하니, 여실히 알지 못하면 위없고 진실하고 평등하고 올바른 깨달음을 성취하지 못한다. 나는 이 사제를 세 번 구르고 거쳐 열두 가지로 행한다고 분별해서 여실히 그것을 안다. 이 때문에 위없고 지극히 진실하고 평등하고 올바른 깨달음을 성취하였다. 五比丘當知 此四諦者 三轉十二行 如實不知者 則不成無上正眞等正覺 以我分別此四諦 三轉十二行 如實知之 是故 成無上至眞等正覺", 『과거현재인과경』 권3(대정장3, p.643c22)에 "스스로 팔정도를 깨달았으니 스승도 없었고 도반도 없었으며, 청정지혜로 큰 힘의 마왕도 항복시켰다네. 이제 정각을 성취했으니 천상과 인간의 스승이 될 만하며, 신구의 삼업을 만족하였기에 모니(牟尼 : 聖者)라고 부른다네. 自悟八正道 無師無等侶 以淸淨智慧 降伏大力魔 今得成正覺 堪爲天人師 身口意滿足 故號爲牟尼", 60권본 『화엄경』 권8(대정장9, p.449c14)에 "처음 마음을 일으킬 때 곧바로 정각을 성취하니, 일체법의 진실한 성을 알며 혜신을 구족했으나 남을 통해 깨닫지 않았다. 初發心時 便成正覺 知一切法眞實之性 具足慧身 不由他悟", 『금강반야바라밀경주해』(대정장33, p.232c8)에 "희유한 까닭이란, 이 경에 의거하여 수행하면 아·인·중생·수자 등 네 가지 상을 일으키지 않으니, 이것이 바로 비상이며 비상은 곧 실상이기 때문이다. 이 모든 상을 떠나면 바로 정각을 성취하기에 바로 제불이라고 부른다고 하였다. 所以希有者 以依此經修行 不起我人衆生壽者四相 卽是非相 非相 卽實相也 離此諸相 卽成正覺故 曰卽名諸佛也", 『섭대승론석』 권14(대정장31, p.259c7)에 "〔석〕 낱낱의 찰나마다에 무량제불이 바로 진여를 깨닫는다. 그렇다면 제불과 진여는 같은가, 다른가? 만약 같다면 깨달음이 있을 수 없게 되고, 다르다면 진여가 있을 수 없게 된다. 釋曰 一一刹那 無量諸佛 正覺眞如 若爾 諸佛與眞如 爲一爲異 若一則無覺 若異則無眞如"라고 하였다. 〔참고문헌〕『長阿含經』, 『雜阿含經』, 『增壹阿含經』, 『過去現在因果經』, 『華嚴經』, 『金剛般若波羅蜜經註解』, 『攝大乘論釋』, *SN.*, *Sukh-vy. I.12.*, *DN.2.202.* ⇨ 등각 等覺 **1**, 등정각 等正覺 **2** 1091~1157. 송대 조동종 스님. 속성은 이(李)씨. 습주(隰州 : 山西省) 출신. 11세에 정명사(淨明寺) 본종(本宗)에게 출가하여 14세에 진주(晋州 : 山西省) 자운사(慈雲寺) 지경(智瓊)에게 구족계를 받았고, 18세에는 각지를 돌며 선지식을 찾아가 배웠다. 어느 날 한 스님이 『법화경』을 독송하는 소리를 듣다가 '부모가 낳아 준 눈으로 삼천대천세계를 빠짐없이 본다. 父母所生眼 悉見三千界'라는 대목에서 별안간 깨달은 바가 있었다. 이에 이전부터 명성을 들어 왔던 단하자순(丹霞子淳)을 찾아 깨달음을 얻은 후 당주(唐州 : 河南省) 대승사(大乘寺)에 함께 머물렀고, 1120년(선화2)에는 단하를 따라 수주(隨州 : 湖北省) 대홍사(大洪寺)로 가서 전기(牋記)를 담당하였다. 31세가 되던 다음 해 수좌(首座)의 소임을 맡았고 오래지 않아 장로사(長蘆寺) 진헐(眞歇)의 청을 받고 머물며 설법을 했는데, 당시 1,700여 대중은 불자(拂子)를 잡고 선기를 펼치는 모습에 모두 탄복하였다고 한다. 6년간 그곳에 머물다가 사주(泗洲 : 安徽省) 보조사(普照寺)로 가서 불법을 펼쳤으며, 단하자순의 법을 이었다. 1127년(건염원년)에 서주(舒州 : 安徽省) 태평사(太平寺)로 옮겨갔으며 후에 강주(江州) 원통사(圓通寺)와 능인사(能仁寺)에 주석하였다. 또 운거산(雲居山 : 江西省)에 갔다가 원오극근(圜悟克勤)을 찾아갔으며 원오와 안정군(安定郡)의 왕이 함께 청하여 장로사의 주지를 맡았다. 1129년(건염3)에는 절강(浙江)을 건너 명주(明州)로 간 다음 보타산(普陀山)을 순례했으며 천동산(天童山)을 지나가다 군수의 간청으로 인해 천동사(天童寺)의 주지가 되었다. 그 해 9월 칙명을 받고 영은사(靈隱寺)의 주지를 맡았다가 10월에 다시 천동사로 돌아왔다. 천동사에 30여 년 간 주석하며 가람과 청규를 정비하고 1,200여 명의 대중을 수용할 수 있을 만한 선사(禪寺)로 바꿔 놓았기에 세간에서는 천동의 중흥조로 존숭되었고 천동화상(天童和尙)이라 불렸다. 종풍이 진작되지 못하고 온갖 폐단이 유행했던 북송 말기의 난세를 맞아 선종에서 올바로 전승되어 왔던 종풍을 드날리며 좌선(坐禪)과 묵조(默照)의 선풍을 제창하였는데, 이를 세간에서는 묵조선(默照禪) 또는 굉지선(宏智禪)이라 칭했다. 또 문장에 매우 뛰어나 설두(雪竇)와 함께 공자 문하의 자유(子游)·자하(子夏)나 시단(詩壇)의 이백(李白)·두보(杜甫)에 비유되었으며, 당시 임제종의 대혜종고(大慧宗杲)와 함께 선문(禪門)의 이대감로문(二大甘露門)으로 불렸고, 습주고불(隰州古佛)이라고 칭송받았다. 1157년(소흥27) 9월에 세수 67세, 법랍 56세를 일기로 입적했다. 고종(高宗)으로부터 굉지선사(宏智禪師)라는 사호를 받았다. 저서에 원나라 만송행수(萬松行秀)의 『종용록 從容錄』에 활용된 『천동백칙송고 天童百則頌古』가 있으며, 이 밖에 『굉지광록 宏智廣錄』 9권, 『굉지각선사어록 宏智覺禪師語錄』 4권, 『굉지화상어요 宏智和尙語要』 1권 등이 있다. ⇨ 묵조선 默照禪 **3** 고려전기 숭교사(崇教寺) 주지를 역임한 의광(義光 1107~1157)의 호. [참고문헌] 李智冠 『校勘譯註歷代高僧碑文』 高麗篇3 p.326. ⇨ 의광 義光[2] **4** 고려전기 영소(靈炤 1115~1188)의 호. [참고문헌] 李智冠 『校勘譯註歷代高僧碑文』 高麗篇3 p.376. ⇨ 영소 靈炤

정각 『중각불조도영』 청 1880년

정각 定覺 **1** 칠각지(七覺支 : 七覺) 중 하나. 정에 잘 머무는 것으로 정각지(定覺支 Ⓢ samādhi-saṃbodhy-aṅgam)·정각의(定覺意)·정각분(定覺分)을 말한다. 『사리불아비담론』 권6(대정장28, p.568b23)에 “무엇이 정각인가? 학인이 번뇌를 떠나 아라한과를 얻는 경우, 이러한 실제 사람이 나아가 마음에 머물고, 바르게 머물고, 한결같이 머물고, 오롯이 머물러 마음이 하나로 향하고, 마음이 한결같이 즐겁고, 마음이 산란하지 않고, 뜻에 의지하여 마음이 홀로 움직이지 않아 정근·정력·정정하면 이를 정각이라고 한다. 云何定覺 學人離結使 乃至卽得阿羅漢果 若實人若趣心住正住專住 心一向心一樂 心不亂 依意心獨定 定根 定力 正定 是名定覺”라고 하였다. [참고문헌] 『舍利弗阿毘曇論』, 『長阿含經』 권8 「衆集經」(대정장1, p.52b9), *Abh-k-bh.383*. ⇨ 칠각지 七覺支 **2** 선정에서 깨어남. 『태자서응본기경』 권하(대정장3, p.480b2)에 “부처님께서 마음으로 모두 아시고 곧 선정에서 깨어나셨다. 범천이 부처님께 아뢰었다. ‘오래전부터 부처님 만나려고 했습니다. 모든 천신이 기뻐하며 뛰면서 부처님 법 듣고자 하오니 세간을 위해 경을 설해주시고 열반에 들지 마시옵소서’. 佛意悉知 便從定覺 梵天白佛言 從久遠以來 適復見佛耳 諸天喜踊 欲聞佛法 當爲世間說經 願莫般泥洹”라고 하였다. [참고문헌] 『太子瑞應本起經』, 『般泥洹經』 권상(대정장1, p.178a28). ⇨ 범천권청 梵天勸請

정각 淨覺 **1** 불타(佛陀 Ⓢ Buddha)의 한역어 중 하나. 부처의 깨달음에 오염이 없고 청정하기 때문에 정각이라고도 한역한다. 『불조역대통재』 권7(대정장49, p.534b13)에 “부도는 ‘불타’라고도 하는데, 소리의 모양이 바뀐 것이다. 한역하여 정각이라 하는데, 때묻은 것을 사라지게 하여 길을 밝게 하였으므로 성스런 깨우침으로 여긴다는 말이다. 浮圖 或言佛陀 聲相轉也 譯云淨覺 言滅穢明道 爲聖悟也”라고 하였다. [참고문헌] 『佛祖歷代通載』, 『金剛經纂要刊定記』 권1(대정장33, p.174b6). ⇨ 불타 佛陀[1] **2** 물듦이 없는 보리심. 『원각경』(대정장17, p.917c15)에 “만약 모든 보살이 정원각을 깨끗한 보리심으로 고요함을 취하여 행한다. 若諸菩薩 悟淨圓覺 以淨覺心 取靜爲行”라고 하였다. [참고문헌] 『圓覺經』. **3** 683~750?. 중국 당대 북종(北宗) 선사. 속성은 위(韋)씨. 중종(中宗 656~710)의 황후인 위후

(韋后 664?~710)의 동생으로 출세가 보장된 신분이었는데, 7~8세 무렵에 출가하였다. 701년에 동도(東都:洛陽)에서 신수(神秀)를 만나 북종선법의 요지를 전수 받았다. 706년 신수가 입적한 후 신수의 동문사제인 현색(玄賾)과 인연을 맺고 태항산(太行山)으로 들어가 구족계를 받았다. 710년대 후반에 현색의『능가인법지 楞伽人法志』를 계승하여 태항산 영천곡(靈泉谷)에서『능가사자기 楞伽師資記』를 편찬하였다. 그 후 장안(長安)의 대안국사(大安國寺)에서 주석하였으며, 입적한 다음에는 소릉(少陵) 원적곡(原赤谷)에서 다비를 하였다. 왕유(王維)가 지은「대당대안국사고대덕정각사탑명 大唐大安國寺故大德淨覺師塔銘」이 전한다.『능가사자기』외 저술로『주반야바라밀다심경 注般若波羅蜜多心經』이 있다. [참고문헌]『歷代法寶記』(대정장51, p.180b16),『楞伽師資記』(대정장85, p.1283a7). ⇨ 능가사자기 楞伽師資記 ❹ 북송 때 천태종(天台宗) 법사 인악(仁岳 992~1064)의 법호. ⇨ 인악 仁岳 ❺ 명청(明淸) 교체기 때 조동종(曹洞宗) 스님. 호는 삼립(三立), 속성은 유(劉)씨. 하남성(河南省) 완릉(宛陵) 출신. 어려서 출가하여 동성정감(東星淨鑑)에게 삭발하고, 천동(天童)에서 구족계를 받았다. 소흥(紹興) 운문현성사(雲門顯聖寺)에서 삼의명우(三宜明盂 1599~1665)에게 참학하고 그의 법을 이었다. 동천(桐川) 묘각사(妙覺寺)에서 주석하였다. [참고문헌]『五燈全書』권111(卍속장142, p.132b17).

정각 靜覺 고려후기 스님 지겸(至謙·志謙 1145~1229)의 시호. [참고문헌]『東國李相國集』권35「故華藏寺住持王師定印大禪師追封靜覺國師碑銘」(한국문집총간2, p.62a13). ⇨ 지겸 志謙

정각사 正覺寺 ❶ 서울특별시 성북구 삼선동에 있는 절. 대한불교조계종 직할교구 본사 조계사(曹溪寺)의 말사이다. 대한불교조계종전국비구니회 초대회장 태허광우(太虛光雨)가 1958년에 도심포교를 위해 뇌허(雷虛) 김동화(金東華 1902~1980) 박사의 도움으로 인법당(因法堂)을 건립하고 창건하였다. 1966년 4월 기공하여 32평의 대웅전을 건립하고 내부에는 부처님의 탄생(誕生)·성도(成道)·초전설법(初傳說法)·열반(涅槃)의 네 장면을 벽화로 장엄하여 같은 해 11월에 낙성하였다. '바른 깨달음을 이루어가는 절'이란 이름답게 당시 도심사찰에서는 드물었던 정기법회를 개설하여, 일반신도법회는 광우스님, 어린이법회는 맹난자 보살, 중고등학생법회는 서윤길 선생, 대학생법회는 황성기(黃晟起)·원의범(元義範)·홍정식(洪庭植)·김동화 박사 등 당대의 불학거사들이 맡아 강설하였다. 1969년 2월에 "불교의 현실화, 아무라도 믿을 수 있는 불교를! 불교의 생활화, 아무라도 행할 수 있는 불교를! 불교의 대중화, 아무라도 전할 수 있는 불교를!"이라는 지표로『신행불교 信行佛敎』(구『신행회보 信行會報』)를 발간하여 1996년까지 27년 동안 지속하였다. 김동화 박사가 타계한 2년 후인 1982년에 뇌허불교학술원을 만들어 학술상을 제정하고 2002년에 김동화박사탄생100주년을 맞아『뇌허김동화박사전집』을 간행하며 박사의 스승인 혜봉(慧峰) 큰스님의 진영이 있는 상주 남장사(南長寺)에 추모비도 건립하였다. 현존 당우로는 대웅전을 비롯하여 붓다홀·천수각 등이 있고, 성보문화재로는 1916년에 보경보현(寶鏡普現)이 개금한 조선후기 불상인 유형문화재 제223호 목아미타불좌상과 1897년(광무1)에 영운봉수(影雲奉秀) 등이 조성한 문화재자료 제35호 석가불도 등이 있다. [참고문헌] 광우스님대담집『부처님 법대로 살아라』(조계종출판사, 2008).

정각사보살계산림기념사진 1969년

❷ 대전광역시 서구 장안동 안평산(安平山:一名 押岾山)에 있던 절.『동국여지승람』권18 충청도 진잠현 불우에 압점산에 있는 사찰로 기록되어 있는데,『범우고』에는 "지금은 폐사되었다. 今廢"라고 하였다. [참고문헌]『東國輿地勝覽』,『梵宇攷』,『韓國寺刹全書』권하 p.1001a8. ❸ 경상북도 영천시 화북면 정각리 보현산(普賢山:一名 母子山)에 있던 절. 정각사(鼎覺寺·鼎脚寺)라고도 한다. 조선전기에는 조계종(曹溪宗)·선종(禪宗) 소속사찰이었고, 자복사(資福寺)로 지정되었다.『동국여지승람』권22 경상도 영천군 불우·『여지도서』·『가람고』에는 모두 '鼎脚寺'라는 이름과 위치가 기록되어 있으나,『범우고』에서는 "지금은 폐사되었다. 今廢"라고 하였다. 이후 1899년(고종3)에 작성된『영천군읍지』에 "정각사는 군 북쪽 40리 모자산에 있다. 正覺寺 在郡北四十里 母子山"라고 하였고,『사탑고적고』에는 "(절터에) 높이 1장 1척의 삼층석탑 1기가 있는데, 대석 폭은 5척이다. 또 2~3정 떨어진 곳에 높이 4척 5촌의 부도 2좌가 있다. 기와 조각이 다수 흩어져 있다. 有高一丈一尺三重石塔一基 坮石幅五尺 又隔二三町 有高四尺五寸浮屠二座 瓦片多數散在"라고 하였다. 현재 보현산 계곡 상류에 있는 정각리사지(正覺里寺址)에는 고려시대에 건립된 것으로 추정되는 유형문화재 제269호 정각리삼층석탑이 있다. [참고문헌]『東國輿地勝覽』,『輿地圖書』,『伽藍考』,『梵宇攷』,『永川郡邑志』,『寺塔古蹟攷』,『韓國寺刹全書』권하 p.1001a11. ❹ 전라남도 담양군 무정면 성도리에

있던 절. 1945년에 귀오(貴吾)가 창건하였으나, 1976년에 폐사되었다. [참고문헌]『文化遺蹟分布地圖－潭陽郡』(潭陽郡·全南文化財研究院, 2001) p.156. **5** 전라북도 완주군 구이면 덕천리 경각산(鯨角山)에 있는 절. 한국불교화엄종 소속 사찰이다. 『한국사찰전서』(권하 p.1001a10)에 "진묵화상(1562~1633)이 초창하였으며 〈연조는 미상〉, 소화 9년(1934)에 하흥복이 중창하였다. 震默和尙初創 〈年條未詳〉 昭和九年 河興福重刱"라고 하였다. 현존 당우로는 극락보전·범종각·삼성각·요사 등이 있다. [참고문헌]『韓國寺刹全書』. **6** 충청남도 부여군 석성면 정각리 태조산(太祖山)에 있는 절. 대한불교조계종 제6교구 본사 마곡사(麻谷寺)의 말사이다. 『동국여지승람』 권18 충청도 석성현 불우와 『범우고』에는 망월산(望月山)에 있는 사찰로 기록되어 있다. 『여지도서』 충청도 석성현 사찰에 "현의 북쪽 9리 태조봉 아래에 있다. 법당 3칸, 선당·승당 1방, 정문 3칸이 있으며, 승도는 10명이다. 在縣北九里太祖峯下 法堂三間 禪堂一房 僧堂一房 正門三間 僧徒十名"라고 하였다. 현존 당우로는 대웅전·나한전·요사 등이 있으며, 대웅전 안에는 문화재자료 제416호 목조관음및세지보살좌상이 봉안되어 있다. 나한전 뒤쪽 암벽에는 마애삼존불(磨崖三尊佛)이 있으나 마멸이 심하여 알아보기 어렵다. 사찰 경내로 들어가는 입구 좌측에는 향토유적 제76호 부도군 5기가 있는데, 이중 2기의 부도에 "백봉당대사처습 白鳳堂大師處習"·"선월당대사법혜 禪月堂大師法惠"라는 명문이 있다. [참고문헌]『東國輿地勝覽』, 『梵宇攷』, 『輿地圖書』, 『伽藍考』, 『韓國寺刹全書』 권하 p.1001a5. **7** 황해남도 해주시 옥계동 수양산(首陽山)에 있던 절. 일제강점기에는 대본산 패엽사(貝葉寺)의 말사였다. 이건창(李建昌 1852~1898)의 『명미당집』 권6에 막내 동생 수경의 종상일에 해주 정각사에 있으면서 소동파가 정주에서 자유와 이별하며 지은 시에 차운하여 애도를 표한 시 「季弟垂卿終祥日在海州正覺寺次東坡鄭州別子由韻以志哀」(한국문집총간2, p.125a7)에 "해주 근처 수양산 우뚝한 곳 외딴 암자의 밤은 고요하고 슬픈 바람만 부네. 海上首陽山崔兀 孤菴夜寂悲風發"라고 하였다. [참고문헌]『明美堂集』, 『朝鮮佛教通史』, 『韓國寺刹全書』 권하 p.1001a17. **8** 위치 미상. 홍중성(洪重聖 1668~1735)이 쓴 시 「정각사」 2수가 『운와집』 권2(한국문집총간 속집57, p.40a6)에, 오원(吳瑗 1700~1740)이 쓴 시 「정각사」가 『월곡집』 권3(한국문집총간218, p.349a11)에 수록되어 있다. [참고문헌]『芸窩集』, 『月谷集』. **9** 사조사(四祖寺)의 별칭. ⇨ 사조사 四祖寺 **10** 중국 산서성(山西省) 장치현(長治縣) 서북 10리에 있는 절. 절 이름은 불경에 나오는 '등정각피안 登正覺彼岸'에서 유래하였으며 대사(大寺)라고도 불린다. 동쪽으로는 태항산(太行山)을 끼고 있으며, 서쪽으로는 장하(漳河)와 접해 있고 오래된 측백나무들이 높이 솟아 있으며 전각도 높고 크게 지어져 있다. 당나라 대화년간(827~835)에 창건되었으며, 송대와 명대에 중수되었다. **11** 중국 북평(北平) 만생원(萬牲園) 북쪽에 있는 절. 명나라 성화 9년(1473)에 창건되었다. 탑의 기단이 매우 크고 형식도 특이하며 높이는 16m이고 탑좌(塔座) 위는 다섯 좌로 분열되었으며 불탑의 높이는 약 10m이다. 정중앙의 한 좌는 13층이고 네 모서리에 있는 좌들은 11층이다. 탑좌 중앙에는 통로가 있어서 빙빙 돌며 정상까지 올라갈 수 있으며, 탑좌에 범문 불경이 새겨져 있고 돌난간에는 정치한 조각이 새겨져 있다. 절 안에는 다섯 좌의 금강보좌탑(金剛寶座塔)만 남아 있고 그 옆에 작은 소탑이 있는데 명나라 헌종(憲宗)이 의관을 묻은 곳이라고 전해 온다. 절 안에는 오래된 소나무와 잣나무가 대단히 많다.

대정각사탑 중국 북경 1473년

정각사 淨覺寺 황해남도 해주시 우이산(牛耳山)에 있던 절. 『여지도서』 황해도 해주 사찰에 "우이산 아래에 있으며, 주에서 북쪽으로 10리 떨어져 있다. 在牛耳山下 距州北十里"라고 하였다. [참고문헌]『輿地圖書』, 『伽藍考』, 『梵宇攷』, 『韓國寺刹全書』 권하 p.1010b1.

정각사 鼎脚寺 경상북도 영천시 화북면 보현산 정각사(正覺寺). 『경상도속찬지리지』에 "모자산 정각사는 선종 소속이다. 母子山 鼎脚寺 禪宗屬", 『태종실록』 권14 7년(1407) 12월 2일에 "여러 고을의 자복사를 모두 명찰로 대신하였는데, 조계종은 양주 통도사 … 영주 정각사이다. 諸州資福寺 皆代以名刹 曹溪宗 梁州 通度寺 … 永州 鼎覺寺"라고 하였다. [참고문헌]『慶尙道續撰地理誌』, 『太宗實錄』, 『東國輿地勝覽』, 『韓國寺刹全書』 권하 p.1021a14. ⇨ 정각사 正覺寺 **3**

정각수좌의광묘지명 正覺首座義光墓誌銘 정각의광(正覺義光 1107~1157)의 행장을 기록한 묘지명. 1158년(의종12)에 황문통(黃文通)이 지었다. 명문(銘文)에 "스님은 삼한의 외척으로 태어났으나 항상 공경의 지위를 땅강아지와 개미처럼 하찮게 여기고, 수레 타고 관을 쓰는 높은 관직을 마치 티끌처럼 보며, 초연하여 마음에 거리낌이 없는 데에 뜻을 두고 세속일은 말하지 않았다.

비록 연안궁주 덕분에 (임금의) 외숙의 예로 섬김을 받았지만 전혀 마음에 개의하지 않았으니, 참으로 스님 중에 뛰어난 수행자라고 이를 만하였다. 師生于三韓戚里 常以螻蟻公卿 塵土軒冕 爲志超然自放 不談世事 雖以延安宮主以舅礼事之 了不介于心 眞可謂桑門中卓行者也"라고 하였다. 묘지석의 크기는 세로 27cm・가로 53cm, 자경 1cm이다. 현재 일본 동경대학교(東京大學校)에 소장되어 있다. [참고문헌] 『韓國金石文追補』 pp.144~145, 『韓國金石全文』 中世上 pp.753~755, 金龍善 『高麗墓誌銘集成』 pp.160~161, 李智冠 『校勘譯註歷代高僧碑文』 高麗篇3 pp.326~333. ⇨ 의광 義光 ❷

정각승통묘지명 正覺僧統墓誌銘 정각영소(正覺靈炤 1115~1188)의 약전을 기록한 묘지명. 명문(銘文)에 "임종 때가 이른 것을 미리 알고서 몸을 씻고 마음 깨끗이 하여 뜻도 고요히 했네. 반듯한 모습으로 사람 대하며 서쪽 향해 앉은 채로 입적하시니 엄연함은 생전 같아 안색이 희고 맑았다. 공덕 온전하시고 처음도 끝도 아름다우셨다. 돌에 새겨 찬하니 □없이 영원토록 빛나리로다. 迨及臨終 預知時至 澡浴身體 澄心定志 正容對人 向西坐滅 儼爾如生 顔色皎潔 惟德之全 善始善終 刻銘于石 永耀无□"라고 하였다. 묘지석의 크기는 세로 66cm・가로 32.5cm, 자경 1cm이다. 현재 국립중앙박물관에 소장되어 있다. [참고문헌] 『韓國金石文追補』 pp.181~182, 『韓國金石全文』 中世下 pp.895~897, 金龍善 『高麗墓誌銘集成』 pp.263~265, 李智冠 『校勘譯註歷代高僧碑文』 高麗篇3 pp.376~383. ⇨ 영소 靈炤

정각암 正覺庵 경상북도 김천시 증산면 수도산(修道山 : 一名 佛靈山)에 있던 암자. 일제강점기에는 대본산 해인사(海印寺)의 말사였다. 송병선(宋秉璿 1836~1905)의 『연재집』 권21 「수도산기 修道山記」(한국문집총간329, p.365b15)에 "나도 오른쪽으로 돌아 정각암으로 들어갔다. 암자는 수도암과 백 보도 떨어져 있지 않았는데, 그윽하고 고요하여 그곳에 들렀다. 余亦右轉而入正覺菴 菴去修道不百步 而幽靜過之"라고 하였다. [참고문헌] 『淵齋集』, 『朝鮮佛教通史』 권상 p.645, 『韓國寺刹全書』 권하 p.1001a15. ⇨ 수도암 修道庵 ❻

정각윤광택선사조설집 正覺潤光澤禪師澡雪集 청대 윤광택 지음. 향암조수(香巖照水) 중편(重編). 1권. 가흥장39, pp.705a1~711a27, No.B458에 수록되어 있다. 1700년(강희39)에 간행한 시문집(詩文集)이다. 서(序)・칠언고(七言古)・칠언율(七言律)・오언율(五言律)・칠언절(七言絶)・구고자가(口鼓子歌)・시도(示徒)・서문(書問)・잡저(雜著)・광동화상포영집서(廣東和尙泡影集序)・자장(自狀)・사세게(辭世偈)의 순서로 구성되어 있다. 평생 병이 많아 상당(上堂)・소참(小參) 등은 남기지 않았다고 한다. 편집자 조수의 「발문 跋文」(가흥장39, p.711a24)에 "스님의 전집 2권이 세상에 유포되어 있고, 판은 정각사에 남아 있다. 師全集二卷行世 板存正覺"라고 하였지만 판본의 소재는 알 수 없다. ⇨ 윤광택 潤光澤

정거 淨居 청정한 이가 머무는 곳. ❶ Ⓢ Śuddhāvāsa, Ⓟ Suddhāvāsa, Ⓣ gnas-gtsang-ma. 정거천(淨居天). 『구사론기』 권8(대정장41, p.148c16)에 "욕을 여읜 성자들은 성도의 물로 번뇌의 때를 씻었기에 정이라고 하고, 그 청정한 몸이 머무는 곳이기에 정거라고 한다. 또는 이곳에 머물면서 부채를 다 갚듯이 생사의 끝을 다하기에 정이라 하고, 깨끗한 이가 머무는 곳이기에 정거라 한다. 또는 이 천 중에는 이생이 섞이지 않고 순전히 성자만이 머물기에 정거라 한다. 離欲諸聖 以聖道水 濯煩惱垢 故名爲淨 淨身所止 故名淨居 或住於此 窮生死邊 如還債盡 故名爲淨 淨者所住 故名淨居 或此天中無異生雜 純聖所止 故名淨居"라고 하였다. [참고문헌] 『俱舍論記』, *Abh-k-bh.117・363.* ⇨ 정거천 淨居天, 정거천생 淨居天生 ❷ 가람터. 『광홍명집』 권25(대정장52, p.283b21)에 "가람의 땅은 본래 정거라고 부른다. 마음을 깃들이는 장소로서 마땅히 그윽하고 고요한 곳이어야 하건만, 요즘 들어 많은 사찰을 세우면서 한적하고 너른 경계는 구하지 않고 오직 크고 요란한 쪽으로만 치닫는다. … 또는 유곽 부근이거나 도살장과 술집이 인접해 있어 좌선하는 방에는 먼지가 그득하고 도를 구하는 길에는 비린내가 가득하다. 伽藍之地 本曰淨居 棲心之所理尙幽寂 近代以來 多立寺舍 不求閑曠之境 唯趣喧雜之方 … 或有接近廛邸 隣邇屠酤 埃塵滿室羶腥盈道"라고 하였다. [참고문헌] 『廣弘明集』. ⇨ 가람 伽藍

정거사 淨居寺 중국 하남성(河南省) 신양시(信陽市) 광산현(光山縣) 성 서남쪽 정거산에 위치한 절. 범천사(梵天寺)라고도 한다. 이 절에 머문 적이 있었던 소동파(蘇東坡)의 고증에 따르면, 천태종(天台宗)의 비조 혜사(慧思)가 일찍이 지의(智顗)와 함께 이곳에서 암자를 짓고 살았다고 한다. 당대인 신룡년간(705~706)에 도안(道岸)선사가 정거사를 짓기 시작하였고, 북송(北宋)대인 1022년(건흥1)에 범천사라 개명하였으며, 진종(眞宗)이 친필로 칙사범천사(敕賜梵天寺)라는 문액(門額)을 적었다고 한다. 원래의 건축 59칸(間)과 명청(明淸)시기의 비각(碑刻) 36괴(塊)를 보존하고 있다.

정거사 靜居寺 중국 강서성(江西省) 길안시(吉安市) 청원구(青原區) 청원산에 위치한 절. 청원행사(青原行思)가 개창한 도량이다. 정거사(竫居寺・淨居寺)・안은 정거사(安隱靜居寺)라고도 한다. 선종 청원파가 발상한 터이기도 하다. 송대인 1066년(치평3) 안은사라는 칙액(勅額)을 받았다가 숭녕년간(1102~1106) 초기에 본래 이름을 찾았다. 원대 말에 화재로 훼손되었다가 명대 초에 재건하였다. 〔참고문헌〕『大明一統志』 권56, 『大淸一統志』 권249, 『靑原山志略』.

정거천 淨居天 Ⓢ śuddhāvāsa(-kāyikā) devāḥ, Ⓟ suddhāvāsa(-kāyikā) devā, Ⓣ gnas-gtsang-ma. 제4선천 중 오정거천(五淨居天)을 말하며 또는 정거천에 머무는 천신(天神)을 말한다. 『대지도론』 권9(대정장25, p.122c12)에 “어째서 정거천이라 하는가? … 제4선에는 여덟 천이 있는데, 다섯 곳이 아나함(阿那含 Ⓢ anāgāmin : 不還)의 주처로 정거라 한다. 나머지 세 천은 범부와 성인이 함께 머무는 곳이다. 이 여덟 곳의 천을 지나면 십주보살이 머무는 곳인데 그 이름이 정거이며 대자재천왕이라 부른다. 何以故名爲淨居天 … 第四禪有八種 五種是阿那含住處 是名淨居 三種 凡夫 聖人共住 過是八處 有十住菩薩住處 亦名淨居 號大自在天王”, 『성유식론』 권7(대정장31, p.40b19)에 “모든 이생(異生 : 범부)으로서 불과를 구하는 이는 반드시 정색계 후에야 무루를 낼 수 있다. 그는 반드시 정거천에 있는 대자재천의 궁전에 나고 머물면서 보리를 증득하기 때문이다. 謂諸異生求佛果者 定色界後引生無漏 彼必生在淨居天上 大自在宮得菩提故”, 『불본행집경』 권17(대정장3, p.731c24)에 “그때 정거천은 신통력으로 문을 여닫는 소리를 감춰 사람들이 그 소리를 듣지 못하게 하였으니, 태자가 출가하는 데 장애가 될까 우려해서였다. 時淨居天 以神通力隱蔽門聲 不使諸人得聞其響 恐爲太子作出家障”라고 하였다. 〔참고문헌〕『大智度論』, 『成唯識論』, 『佛本行集經』, *Yogā-bh.196.* ⇨ 오정거천 五淨居天❶, 정거천생 淨居天生

정거천생 淨居天生 Ⓢ śuddhāvāsa-janman, Ⓣ gnas-gtsang-mar-skye-ba. 정거천에 태어나는 것. 『유가사지론』 권9(대정장30, p.320c10 : *Yogā-bh.*, p.196)에 “색계중에 세 가지 수승한 남이 있다. 첫째는 이생으로 무상천에 나는 것이고, 둘째는 유상천에 나는 것이며, 셋째는 정거천에 나는 것이다. 色界中 有三種勝生 一者 異生無想天生 二者 有想天生 三者 淨居天生 rūpa dhātau trividhaṃ janma. pṛthagjanānāṃ sasaṃjñakaṃ janma. asaṃjñakaṃ janma. śuddhāvāsajanma ca”, 『대비바사론』 권176(대정장27, p.883b22)에 “〔문〕 정거천에 나는 것은 업력에 의해 초감되는가, (유루와 무루의) 정려를 섞어 닦는 데 따른 것인가? 만약 각각 그렇다면 어떤 과실들이 있는가? 만약 업력 때문이라고 한다면 정려를 섞어 닦는 것은 쓸데없는 일이 될 것이고, 만약 정려를 섞어 닦는 데 따른 것이라면 『품류족론』에서 말한 바에 위배될 것인데, 그 논에서는 정려를 섞어 닦고 또 업력 때문에 정거천에 난다는 등 자세하게 설하고 있기 때문이다. 〔답〕 어떤 이는 ‘그것은 업력에 의해 초래되는 일이다’라고 주장한다. 〔문〕 정려를 섞어 닦는 것은 어째서 쓸데없는 일이 아닌가? 〔답〕 정려를 섞어 닦기에 그 업이 결정적일 수 있으므로 쓸데없는 일은 아니다. 또한 정려를 섞어 닦은 이후에야 그 사업의 현전을 견인할 수 있고 이로 인해 그곳의 중동분을 견인할 수 있다. … 업력도 정려를 섞어 닦는 일도 필요하다. 이를테면, 비록 그 사업이 현전하는 일이 있더라도 정려를 섞어 닦지 않는다면 그곳에 태어날 수 없고, 정려를 섞어 닦는 일이 있더라도 그 사업이 현전하는 일이 없으면 그곳에 또한 태어날 수 없다. 따라서 반드시 그 사업이 정려를 섞어 닦는 것을 견인해 그 사업을 결정적이도록 하여야 비로소 그곳에 태어날 수 있다. 問 淨居天生 爲由業感 爲由雜修靜慮耶 若爾何失 若由業者 雜修靜慮 則爲唐捐 若由雜修靜慮者 便與品類足論所說相違 如彼說雜修靜慮 及由業故 生淨居天 乃至廣說 答 有作是說 彼由業感 問 雜修靜慮 豈不唐捐 答 由雜修靜慮 業得決定 故非唐捐 復次要雜修靜慮後 乃能引彼思業現前 由此能引彼衆同分 … 亦由業力亦由雜修靜慮 謂雖有思業現前 若不雜修靜慮 則不得生彼 雖有雜修靜慮 若無思業現前 亦不得生彼 是故要有思業牽引雜修靜慮 令其決定 方得生彼”라고 하였다. 〔참고문헌〕『瑜伽師地論』, 『大毘婆沙論』, *Yogā-bh.* ⇨ 정거천 淨居天, 잡수 雜修

정거천진언 淨居天眞言 『대일경』 「입만다라구연진언품 入漫荼羅具緣眞言品」(대정장18, p.17a13)에 제시된 진언. 그 진언은 “나마 삼만다 발타남 만노〈경성〉라다〈제2구〉 달마삼바〈거성〉 미〈제3구〉바〈상성〉박 가나〈제4구〉 삼삼〈제5구〉 사하 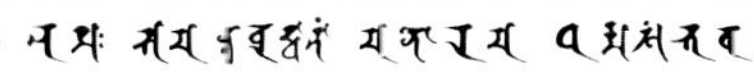 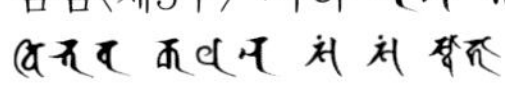 南麼 三曼多 勃馱喃 滿弩〈輕〉囉麼〈二〉 達摩三婆〈去〉嚩 微〈三〉婆〈上〉嚩 迦那〈四〉 三三〈五〉 莎訶 namaḥ samanta-buddhānāṃ manorama dharma-saṃbhava bibhava kathana saṃ saṃ svāhā”이며, 『대일경소』 권10(대정장39, p.687b10)에 “다음은 정거천진언이다. 마노마라〈기쁘다는 뜻이다. 갖가지 즐거움을 받기 때문이다〉 달마삼바박〈법이 생한다는 뜻이다. 이것은 부처님이 교화하신 나의 생함이니 세간 천의 더러움과 관계가 없다. 법에서 생함을 말한다〉 미바박〈세 가지를 따른다는 뜻이다. 셋 역시 종자이다〉 가타나〈설한다는 뜻이다. 앞에서 설한 바를 따른다고 한 것이다. 저 법이 생함에 따라 그 법을 이해하여 중생을 위해 법을 설한다는 뜻이다〉 삼종자삼〈역시 종자로서 견고함과 견고하지 않음을 모두 떠난다. 바탕은 공(空)과 같으며 지극하게 공하게 하므로 글자를 중첩하였다〉. 次淨居天眞言 摩奴囉摩〈意悅也 由受種種樂

故〉 達摩三婆縛〈法生也 此佛所化生 非關世天垢 言從法生也〉 費婆縛〈隨有三種也 三亦種子也〉 迦他那〈說也 通上云隨其有所說也 隨彼法生 以解之法 爲衆生說法也〉 三種子三〈亦種子堅與不堅皆離 體同於空 極令空故重字〉"라고 하였다. 〔참고문헌〕『大日經』, 『大日經疏』.

정건 淨巾 깨끗한 수건. 발우・가사 등 소중한 것을 닦거나 오염을 막는 데 쓰는 헝겊이다. 『대비구삼천위의』 권하(대정장24, p.923c29)에 "등을 켜는 것에 지켜야 할 다섯 가지 사항이 있다. 첫째 정건을 가지고 안팎을 깨끗하게 닦아야 한다. 燃燈有五事 一者 當持淨巾 拭中外令淨", 『백장청규』 권6 「일용궤범 日用軌範」(대정장48, p.1144c28)에 "발우를 펼치는 법은 다음과 같다. 먼저 합장을 하고 마음속으로 게송을 떠올린다. 〈여래의 응량기를 내가 이제 펼치니, 원컨대 일체중생과 함께 삼륜이 공적하기를 바라나이다〉. 그런 다음에 보자기 싸맨 둥이를 풀고 정건을 펼쳐서 무릎을 덮는다. 展鉢之法 先合掌想念偈云 〈如來應量器 我今得敷展 願共一切衆 等三輪空寂〉 然後解袱帕 展淨巾覆膝", 『선원청규』 권1 「변도구 辨道具」(卍속장111, p.877b9)에 "총림에 들어가려면 먼저 도구를 갖춘다. 이른바 삿갓・주장자 … 정건 3조〈1조는 덮개용, 1조는 식사용, 1조는 일상용〉 … 욕군・함궤・자물쇠 등이다. 다기와 아울러 여타의 의류는 모두 살림의 풍족함 여부에 따른다. 將入叢林 先辨道具 所謂爲山笠拄杖 … 淨巾三條〈一 蓋被 一 喫食 一 常用〉 … 浴裙函櫃小鏁 如茶器并其餘衣物 竝隨家豐儉"라고 하였다. 〔참고문헌〕『大比丘三千威儀』, 『百丈淸規』, 『禪苑淸規』. ⇨ 개슬건 蓋膝巾, 슬건 膝巾

정건곤저안 定乾坤底眼 하늘도 땅도 고요히 할 안목. 『벽암록』 63칙 「평창 評唱」(대정장48, p.194c13)에 "(南泉이) 고양이를 베어 죽였다는 이 화두를 두고 천하의 총림에서 떠들썩하게 하였는데, 어떤 이는 '고양이를 집어 들었던 곳이 핵심이다'라고 말하고 어떤 이는 '핵심은 고양이를 베어 버렸던 곳이다'라고 말하지만, 어쨌든 모두 전혀 관계가 없다. 그가 만약 고양이를 집어 들지 않았다면 또한 빙 둘러앉아서 온갖 이야기로 도리 짓느라 다함이 없었을 것이니, 누군들 알겠는가. 저 고인에게 하늘도 땅도 고요히 할 눈도 칼도 있는 줄을! 그렇다면 그대들이 말해 보라! 결국엔 고양이를 베어 죽인 이 누구일까? 這斬猫兒話 天下叢林 商量浩浩地 有者道 提起處 便是有底道 在斬處 且得都沒交涉 他若不提起時 亦匝匝地 作盡道理 殊不知 他古人 有定乾坤底眼 有定乾坤底劍 爾且道 畢竟是誰斬猫兒"라고 하였다. 〔참고문헌〕『碧巖錄』. ⇨ 남전참묘 南泉斬猫

정검 淨檢 292~361. 서진(西晉)대 비구니. 속성은 중(仲)씨, 이름은 영의(令儀). 팽성(彭城 : 江蘇省 徐州) 출신. 정검(淨撿)이라고도 쓴다. 중국 최초 비구니이다. 아버지 탄(誕)은 무위태수(武威太守)를 지냈다. 서진(西晉) 건흥년간(313~316)에 사문(沙門) 법시(法始)의 설법을 듣고 깨우침이 있었다. 서역(西域) 사문 지산(智山)에게 십계(十戒)를 받고 낙양에 죽림사(竹林寺)를 세우고 기거하였다. 357년(승평1)에 담마갈다(曇摩羯多)를 초청하여 비구니계단(比丘尼戒壇)을 세우고 뜻을 같이 하는 사람들과 함께 구족계를 받았다. 이때 기이한 향기가 났으므로 모든 대중들이 공경하고 숭앙하였다. 361년(승평5) 세수 70세로 입적하였다. 『비구니전』 권1(대정장50, p.934c3)에 "서진 건흥년간에 궁성 서문쪽에 절을 세우니, 정검이 그곳으로 갔다. 법시가 설법하니, 징검이 크게 깨달아 굳고 장한 생각으로 불법의 이익을 구하였다. 법시에게 경전을 빌려 마침에 그 뜻에 통달하였다. 어느 날 법시에게 이렇게 말했다. '경중에서도 비구와 비구니라 하였으니, (저를) 제도(濟度)해주시기를 바라옵니다'. 이에 법시는 다음과 같이 말했다. '서역에는 남녀 이부중(二部衆)이 있으나, 이 나라에는 그 법식을 아직 다 갖추지 못했다'. 晉建興中 於宮城西門立寺 撿乃造之 始爲說法 撿因大悟 念及强壯 以求法利 從始借經 遂達旨趣 他日謂始曰 經中云 比丘比丘尼 願見濟度 始曰 西域有男女二衆 此土其法未具"라고 하였다. 〔참고문헌〕『比丘尼傳』. ⇨ 비구니의시조 比丘尼◯始祖, 이부승수계 二部僧受戒

정견 正見 Ⓢsamyag-dṛṣṭi, Ⓟsammā-diṭṭhi, Ⓣyang-dag-pa'i-lta-ba. 팔정도(八正道) 중 제1의 도(道). 사성제(四聖諦)에 대한 바른 견해. 세간과 출세간의 인과(因果)와 실상(實相)에 대해 여실하게 아는 유루(有漏)나 무루(無漏)의 지혜를 말한다. 또는 십이연기(十二緣起) 등에 대한 바른 이해를 가리킨다. 등견(等見)이라고도 하며, 전도(顚倒)와 사견(邪見)에 맞선다. 『중아함경』 권7 「분별성제경 分別聖諦經」(대정장1, p.469a15 : *Saccavibhaṅga-sutta*, *MN.3*, p.251)에 "무엇을 정견이라 하는가? 성제자가 고통을 생각하여 이 고통의 때라 알고, 집을 집이라 하고, 그 멸을 멸이라 여기고, 그 길을 길로 바르게 생각하고, 본래 지은 바를 관할 때나, 제행을 배워 기억하거나, 제행은 재환임을 보거나, 열반이 멈춰 쉼임을 보는 등 … 이를 정견이라 한다. 云何正見 謂聖弟子念苦是苦時 習是習 滅是滅 念道是道時 或觀本所作 或學念諸行 或見諸行災患 或見涅槃止息 … 是名正見 katamā c' āvuso sammādiṭṭhi. yaṃ kho āvuso dukkhe ñāṇaṃ dukkhasamudaye ñāṇaṃ dukkhanirodhe ñāṇaṃ dukkhanirodhagāminiyā paṭipadāya ñāṇaṃ. ayaṃ vuccat' āvuso sammādiṭṭhi", 『잡아함경』 권28(대정장2, p.198b

6)에 "저 해가 뜨면 그 앞에 모든 모양이 드러나듯 밝은 모습 처음으로 빛난다 하니, 이처럼 비구가 고통의 끝을 다하여 구경에 고통의 끝이 드러날 때를 정견이라 한다. 저 정견은 정사유・정어・정업・정명・정방편・정념・정정을 능히 일으킨다. 如日出前相 謂明相初光 如是比丘 正盡苦邊 究竟苦邊前相者 所謂正見 彼正見者 能起正志 正語 正業 正命 正方便 正念 正定", 『대비바사론』 권14(대정장27, p.69a6)에 "'이것은 괴로움이다'라고 하는 등이 정견이고, '이것은 괴로움이 아니다'라고 하는 등은 사견이다. 謂此是苦等是正見 此非苦等是邪見", 『순정리론』 권6(대정장29, p.363c23)에 "정견이라는 말은 세 가지를 다 거두는데, 각기 셋으로 연 것은 이생・유학・무학지의 세 가지 견이 다름을 나타내기 위해서였고, 또 점차로 수습하여 생겨나는 것임을 나타내기 위해서였다. 正見言具攝三種 別開三者 爲顯異生學無學地三見別故 又顯漸次修習生故", 80권본 『화엄경』 권30(대정장10, p.162b3)에 "모든 세간에 대해서는 취하거나 의지함이 없고, 깊고 묘한 도에 대해서는 정견이 견고하면 모든 헛된 견해를 여의어 진실한 법을 알게 된다. 於諸世間 無取無依 於深妙道 正見牢固 離諸妄見 了眞實法", 『유가사지론』 권84(대정장30, p.766c23)에 "사성제를 능히 명료하게 아는 것이기에 정견이라고 한다. 能了知四聖諦故 名爲正見", 『섭대승론석』 권3(대정장31, p.172c28)에 "정견은 팔정도 중의 첫 번째 지분인데, 이 정견과 삼십칠조도품(三十七品)은 서로 여윌 수 없다. 正見卽八聖道中之第一分 此正見與三十七品不相離", 현장역 『섭대승론석』 권3(대정장31, p.333b7 : *Mah-saṃ.*, p.18)에 "어째서 출세간청정을 성취할 수 없는가? 세존께서 말씀하시길 '다른 이의 말과 소리에 의지하고 각각 여리작의하니, 이를 연유하고 인으로 삼아 정견이 생겨날 수 있다'고 하셨다. 云何出世清淨不成 謂世尊說 依他言音及內各別如理作意 由此爲因 正見得生 gzhan gyi sgra dang so so rang gi tshul bzhin yid la byed pa la brten nas. de'i rgyu las yang dag pa'i lta ba 'byung ngo zhes bcom ldan 'das kyis bka' stsal pa na", 『보성론』 권3(대정장31, p.829c5 : *Ratna-ut.*, p.31)에 "전도되지 않은 견을 정견이라 한다. 非顚倒見 是名正見 aviparyastāḥ. syus te bhagavan samyagdarśinaḥ", 『유가론기』 권4(대정장42, p.380a2・한불전13, p.216b12)에 "사견을 여의었기에 정견이라 한다. 離邪見故名正見", 『중관론소』 권1(대정장42, p.16c17)에 "십이인연을 보는 것이라면 정견이라 한다. 若見十二因緣 名爲正見", 『성유식론요의등』 권1(대정장43, p.669b10)에 "스스로 능히 진실한 뜻을 통달하면 곧 정견이다. 自能通達眞實義卽正見", 『대일경소초』 권30(대정장60, p.138b15)에 "정견〈혜(慧)가 체(體)이다〉. 正見〈以慧爲體〉", 『법원의경』 권4(대정장71, p.222c14)에 "정견은 무분별의 무루혜이다. 正見者 無分別無漏慧也"라고 하였다. 〔참고문헌〕『中阿含經』, 『雜阿含經』, 『大毘婆沙論』, 『順正理論』, 『華嚴經』, 『瑜伽師地論』, 『攝大乘論釋』, 『寶性論』, 『瑜伽論記』, 『中觀論疏』, 『成唯識論了義燈』, 『大日經疏鈔』, 『法苑義鏡』, *MN.*, *Mah-saṃ.*, *Ratna-ut.*, *Abh-k-bh.109.*, *Śrāv-bh.327.* ⇨ 팔정도 八正道, 등견 等見, 무상견 無常見[1], 사정견 四正見, 세간정견 世間正見, 출세간정견 出世間正見, 부정견 不正見, 사견 邪見

정견도인 正見道人　고려후기 스님. 진각국사 혜심(慧諶 1178~1234)이 『무상경 無常經』을 들어 해탈 구하기를 당부하는 법어가 전한다. 『진각국사어록』「시정견도인 示正見道人」(한불전6, p.36a3)에 "이 마음이 바로 중생의 본원인데 다만 망상으로 스스로 막고 있으니 망상을 떠나보내면 자연히 앞에 나타날 것이다. 망상을 떠나려 한다면 화두를 듦만 한 것이 없다. 此心是衆生本源 但以妄想自障 若離妄想 自然現前 欲離妄想 莫如看話"라고 하였다. 〔참고문헌〕『眞覺國師語錄』.

정견업법수인 正見業法受因　과보(業法)를 받는 인을 정견하는 것. 어떤 업이 어떤 과보를 초래하는지를 바르게 본다는 뜻이다. 『집이문족론』 권6(대정장26, p.391a23)에 "이와 같이 유정이 몸으로 짓는 묘행을 성취하고 말로 짓는 묘행을 성취하며 마음으로 짓는 묘행을 성취한다. 정견을 일으켜 현성을 찬탄하고, 과보를 일으킬 수 있는 어떤 업이 어떤 과보를 초래하는지를 정견할 수 있게 되어 이런 인연으로 말미암아 몸이 무너지고 목숨이 끊어지면 모든 선취에 올라 천상에 난다. 如是有情成就身妙行 成就語妙行 成就意妙行 發起正見讚歎賢聖成就正見業法受因 由此因緣 身壞命終 昇諸善趣 生於天中"라고 하였다. 〔참고문헌〕『集異門足論』. ⇨ 사견업법수인 邪見業法受因, 정견 正見

정결오욕 淨潔五欲　욕계의 오욕에 상대한 색계와 무색계에서의 오욕. 『석선바라밀차제법문』 권10(대정장46, p.540c28)에 "정결오욕이란 말은 다음과 같은 뜻이다. 욕계의 거칠고 저열한 색성향미촉을 탐내고 이에 집착하면 삼악도에 빠지므로 부정오욕이라고 하며, 욕계정(欲界定)・미도지(未到地)・근본사선(根本四禪)・사공(四空) 등에서도 탐닉하는 마음이 생겨나는데 이를 전부 정결오욕이라고 한다. 言淨潔五欲者 欲界麤弊色聲香味觸 貪著是法 沈沒三塗 名爲不淨五欲 欲界定 未到地 根本四禪 四空 是中雖生味著 皆名淨潔五欲", 『비니관요사의』(卍속장63, p.960b8)에 "정결오욕이란 말은 다음과 같은 뜻이다. 욕계의 색성향미촉에 대한 탐욕을 두고 조폐오욕이라 하며 부정오욕이라고 한다. 색계와 무색계에서의 색성향미촉을 두고 정결오욕이라고 한다. 淨潔五欲者 若欲界色聲香味觸 卽名粗弊五欲 名爲不淨 若色界無色界色聲香味觸 卽名淨潔五欲也"라고 하였다. 〔참고문헌〕『釋禪波羅蜜次第法門』, 『毘尼關要事義』. ⇨ 배사 背捨, 오욕 五欲

정결위 淨潔位 정결한 위. 조산본적(曹山本寂)이 제기한 편위중래(偏位中來). 곧 온갖 차별로 물든 편위에서 무차별하고 정결한 정위(正位)로 돌아옴을 말한다. 『조산어록』 권하(대정장47, p.542a15)에 "또한 공이 미치는 마지막 법도로서 정결위가 있는데, 편위중래라고 불러도 된다. 更有挾功極則 淨潔位 亦得呼爲偏位中來", 『조동오위현결』 권상(卍속장111, p.236b5)에 "공이 미치는 마지막 법도로서 정결위란 무슨 뜻일까? 누군가 동산에게 물었다. '목숨이 위태롭다면 어떤지요?' '다른 종자 섞지 마라' '무엇을 가져다 바치리까?' '허공을 가져다 바친다' '허공과 허공 아닌 것도 가져 오면 그럴듯하지 않습니까' '닮았다고 해도 되고, 닮지 않았다고 해도 된다' '무엇이 그럴듯한 것인지요?' '눈앞 그대로이다' '무엇이 닮지 않은 것인지요?' '눈앞 그대로는 아니다'. 이 예가 되는 문답이 이것이다. 다시 가려 말하자면 저 학사가 가려낸 다음 문답과 같다. 어떤 학인이 동산에게 물었다. '무엇이 깊은 종지인지요?' '(내 혀가) 죽은 사람의 혀와 같구나' '하루 종일 무엇을 바칠까요?' '아무것도 없다' '이는 편위중래다'. 이 두 가지 예가 되는 말들을 편위중래라고 불러서는 안 된다. 挾功極則 淨潔位者 問洞山 身命急切處如何 云 莫雜種 云 將何奉獻 云 將虛空奉獻 云 虛空與非空將來 不相似 云 道相似也得 道不相似也得 云 如何是相似 云 目前 云 如何是不相似 云 目前不是 此例語是也 又揀云 如學士揀 僧問洞山 如何是玄旨 山云 如死人舌 又問 十二時中 將何奉獻 云 無物 云 是偏位中來 此二例語 不得呼爲偏位中來"라고 하였다. 〔참고문헌〕『曹山語錄』, 『曹洞五位顯訣』. ⇨ 편위중래 偏位中來, 조동오위 曹洞五位

정결정 正決定 ❶ Ⓟ sammatta-niyāma. 올바른 결정. 사결정(邪決定)의 상대어이다. 『대방등대집경』 권30(대정장13, p.210a16)에 "어떤 것이 정정인가? 정에 들어 산란하지 않고, 일체법에 대하여 보살이 이와 같이 머물 때 정결정을 성취하니, 이것을 정정이라고 한다. 보살은 이 삼매에 머물러 일체중생을 위하여 해탈을 얻게 하기에 정결정을 성취하니, 이것을 정정이라고 한다. 云何正定 若定不亂 於一切法 是菩薩 如是住時 成正決定 是名正定 菩薩 住是三昧 爲一切衆生 得解脫故 成正決定 是名正定", 『사리불아비담론』 권8(대정장28, p.586a25)에 "어떤 것이 정정인인가? 어떤 사람이 정결정을 얻으면 이는 정정인이라고 한다. 어떤 것이 사정인인가? 어떤 사람이 사정을 얻으면 이를 사정인이라고 한다. 云何正定人 若人得正決定 是名正定人 云何邪定人 若人得邪定 是名邪定人", 『성유식론소의연』 권1(卍속장79, p.14b2)에 "사정이란 무엇인가? 삿되게 결정하기에 오역죄를 짓는다. 정정이란 무엇인가? 바르게 결정하기에 십신이나 제육심(第六心)에서 결코 물러나지 않는 것을 말한다. 言邪定者 邪決定故 造五逆罪 正定者 正決定故 謂十信 第六心 必不退故"라고 하였다. 〔참고문헌〕『大方等大集經』, 『舍利弗阿毘曇論』, 『成唯識論疏義演』, *Kv.1.309*. ⇨ 정정 正定[2], 사결정 邪決定 ❷ Ⓢ samyaktva-niyāma. 견도위(見道位)에 드는 것을 말한다. 『대반야경』 권484(대정장7, p.455b29)에 "그 때, 사리자는 선현에게 이렇게 물었다. '어떤 것을 보살정타라고 하는가?' 선현이 답하였다. '만일 보살들이 뛰어나고 좋은 방편 없이 육바라밀다를 수행하고, 뛰어나고 좋은 방편 없이 공·무상·무원의 등지에 머물면, 성문이나 독각의 경지에 떨어져 보살의 올바른 결정위를 얻지 못하고, 보살의 정성이생(正性離生:見道位)에 증입하지 못하니, 이와 같은 것을 보살의 정타라고 한다'. 時 舍利子問 善現言 云何名爲菩薩頂墮 善現答言 若諸菩薩 無方便善巧 修行六波羅蜜多 無方便善巧 住空 無相 無願等持 退墮聲聞 或獨覺地 不得菩薩 正決定位 不入菩薩正性離生 如是名爲 菩薩頂墮", 『대비바사론』 권162(대정장27, p.819a18)에 "〔문〕 만일 그렇다면 무슨 까닭에 다음과 같이 말하는가? '어떤 것을 사유하며 자정에 드는가?' 〔답〕 여기서는 이미 들어갔기에 들었다고 한 것이니, 가까이서 설하지만 멀리 들린다고 하는 것이다. 마치 '대왕이여, 어디서 오십니까?'라고 하는 것과 같으니, 이것은 이미 와 있는 것을 오는 것이라 한 것이다. 공삼마지에 의하여 정결정에 들어간다고 말한 것과 같으니, 이것도 이미 들어가 있는 것을 들어간다고 한 것이다. 그 까닭은 무엇인가? 세제일법은 공삼마지와 상응하지 않기 때문이다. 정성이생에 들어가 현관변의 세속지를 얻는다고 말한 것과 같은 것이니, 이것도 이미 들어가 있는 것을 들어간다고 한 것이다. 問 若爾 何故 作是說 思惟何等 入慈定 乃至廣說 答 此中說 已入名入 於近說遠聲 如說 大王 從何處來 此於已來名來 如說 依空三摩地 入正決定 此亦 已入名入 所以者何 非世第一法 空三摩地相應故 如說 入正性離生 得現觀邊世俗智 此亦 已入名入", 『아비담비바사론』 권1(대정장28, p.8c20)에 "정결정을 얻는다는 것이 견도이다. 〔문〕 일체의 성도(聖道)가 정결정인데, 무슨 까닭에 견도만을 일컫는가? 〔답〕 어떤 사람은 이렇게 말한다. '모든 번뇌는 중생이 선근을 성숙하지 못하게 하고, 탐애의 물기를 더욱 더 불어나게 하며, 염착을 여의지 못하게 한다. 저 견제도는 중생이 선근을 성숙하게 하고, 탐애의 물기를 마르게 하며, 모든 염착을 여의게 하여 덮어서 가리지 않고, 파괴되지 않으며, 그 이외의 마음을 오염시키지 않는다. 그러므로 견도를 정결정이라고 한다'. 또 어떤 사람은 '중생의 근기가 성숙하여 성도에 들어가게 하기 때문에 견도를 정결정이라고 한다'라고 하였다. … 또 어떤 사람은 다음과 같이 말한다. '법도에 맞는 것에 상응하는 뜻이 결정의 뜻이니, 견도가 법도에 맞는 것에 상응하기 때문에 정결정이라고 한다'. 得正決定者 見道是也 問曰 一切聖道 是正決定 何故獨稱 見道是也 答曰 或有說者 諸煩惱令衆生 善根不熟 愛潤增長 染著不離 彼見諦道 能令衆生善根成熟 乾竭愛水 離諸染著 不作覆障 不爲所壞 不雜餘心 是故 見道 名正決定 … 或有說者 相應如法義 是決定義 見道相應如法故 名正決定"라고 하였다. 〔참고문헌〕『大般若經』, 『大毘婆沙論』· 권37(대정장27, p.193a18), 『阿毘曇毘婆沙論』, *Aṣṭ-pr.17.* ⇨ 견도위 見道位[1]

정경 正經 Ⓢ sūtra, Ⓟ sutta. 구분교(九分教 : 九部經) 또는 십이분교(十二分教) 중 하나. 부처님께서 직접 설하신 산문 형식의 글. 수다라(修多羅)라고 음사하며, 계경(契經)·관경(貫經)·장행(長行) 등이라고도 한다. 『중아함경』 권1 「선법경 善法經」(대정장1, p.421a17)에 "무엇을 두고 비구가 법을 안다고 말하는가? 비구가 정경·영가·기설·가타·인연·찬록·본기·차설·생처·광해·미증유법 및 설의를 아는 것을 말한다. 이를 두고 비구가 법을 안다고 말한다. 云何比丘爲知法耶 謂比丘知正經 歌詠 記說 偈他 因緣 撰錄 本起 此說 生處 廣解 未曾有法 及說義 是謂比丘爲知法也"라고 하였다. 〔참고문헌〕『中阿含經』, *AN.4.113.* ⇨ 관경 貫經, 장행 長行, 계경 契經[1], 수다라 修多羅[1], 구부경 九部經, 십이분교 十二分教

정경색 定境色 정중에 드러나는 색. 법처소섭색(法處所攝色) 중 하나로 정자재소생색(定自在所生色)이라고도 한다. 『순정리론』 권3(대정장29, p.346b7)에 "공한 처에 머무는 이들은 하나같이 '선정 중에 푸른색 등을 본다'고들 말하는데, 이는 볼 수 있는 색이지만, 이 색은 결코 안식이 일찍이 경험한 색상이라고는 할 수 없다. 다른 류의 색상이 이 정 중에서 분명히 현현하기 때문이다. 이 정경색은 정에 의해 생겨난 대종으로 만들어진 것으로서 청결하고도 분명하며 장애함도 없어서 마치 공계색과 같다. 住空閑者 咸作是言 定中靑等 是有見色 不可說言 此色定是眼識曾受 異類色相 於此定中 分明現故 此定境色 是定所生 大種所造 淸潔分明 無所障礙 如空界色", 『사제론』 권4(대정장32, p.395c28)에 "요가행자들(觀行師 Ⓢ yogācārāḥ)인 목건련(目犍連 Ⓢ Maudgalyāyana)과 아니루타(阿尼樓馱 Ⓢ Aniruddha) 등은 '정경색이 있는데 정력으로 얻는다. 이 색은 안근의 경계가 아니기에 육안으로는 볼 수 없다 하고, 처를 장애하지 않기에 무애 즉 걸림없다 한다'고 설했다. 諸觀行師目連阿尼樓馱等說 有定境色 由定力得 此色 非眼根境界 故說無見 不障處所 故名無礙", 『설무구칭경소』 권5(대정장38, p.1081b25)에 "무색계 중에는 정경색이 있을 뿐 업과색은 없다. 無色界中 有定境色 無業果色", 원측(圓測)의 『해심밀경소』 권6(한불전1, p.305a24)에 "모든 정경색은 법처에서 거둔다. 諸定境色 法處所攝"라고 하였다. 〔참고문헌〕『順正理論』, 『四諦論』, 『說無垢稱經疏』, 『解深密經疏』. ⇨ 법처소섭색 法處所攝色[2], 정자재소생색 定自在所生色, 정과색 定果色

정계 正戒 바른 계. 부처님께서 대중과 함께 하시며 제정하신 계. 외도(外道)의 사계(邪戒)에 대칭한다. 『정법염처경』 권10(대정장17, p.58b19)에 "이러한 삐뚤어진 사람은 남을 고통스럽게 하는데, 바른 계에서 멀리 벗어나 있어 마른 쇠똥으로 제 몸에 사른다. 그 사람은 현세에 몸을 불사르며 고통을 받는다. 此諂曲人與他苦惱 遠離正戒 以乾牛屎而自燒身 彼人現世燒身受苦", 『여환삼매경』 권하(대정장12, p.146b29)에 "다른 사람을 좇아 출가해 사문이 된 이가 예법에 따라 머리를 조아려 예를 지키면서도 음욕과 분노와 어리석음을 버리지 못한다면 사계다. 무엇이 정계인가? 가령 바르게 닦고 상념이 없어 평등하면 정계다. 일체제법이 공이고 무상이고 무원이면 정계다. 從異人出家爲沙門者 求其迎逆稽首禮節 不能除滅婬怒癡冥 是爲邪戒 何謂正戒 假使修正 不想 平等 是謂正戒 一切諸法解之如空 無想 無願 是謂正戒", 『화엄경소초』 권7(대정장36, p.50b27)에 "정계란 십선도이다. 正戒者 謂十善道", 『보살계본소』 권하(대정장40, p.687b9)에 "'신심으로 출가하여 부처님 정계를 받는다'라 한 것은 출가하여 계를 받으면 마땅히 복전임을 감당하게 되었다는 것이다. 信心出家受佛正戒者 由出家受戒 當任福田故", 『해탈도론』 권1(대정장32, p.401b19)에 "계 아님을 끊어 악취에서 벗어나고, 바른 계를 얻음으로써 선도로 나아갈 수 있다. 以斷非戒 離於惡趣 以得正戒 能趣善道"라고 하였다. 〔참고문헌〕『正法念處經』, 『如幻三昧經』, 『華嚴經疏鈔』, 『菩薩戒本疏』, 『解脫道論』. ⇨ 계 戒, 사계 邪戒

정계 定戒 Ⓢ dhyāna-saṃvara, Ⓣ bsam-gtan-gyi-sdom-pa. 정공계(定共戒)의 줄임말. 정호(定護)·정율의(定律儀)라고도 한다. 『우바새계경』 권7(대정장24, p.1071b19)에 "근본사선과 사미도선을 정계라 한다. … 정계는 두 가지 인연으로 떠난다. 첫째는 물러날 때이고, 둘째는 선근이 끊어질 때이다. 根本四禪 四未到禪 是名定戒 … 定戒二因緣捨 一者 退時 二者 斷善根時", 『구사론기』 권15(대정장41, p.230c20)에 "악과 정계는 계가 같지 않기에, 서로 멀기에, 쉽게 방호할 수 있기에 정계를 얻는다. 惡與定戒 不同界故 相去遠故 易防護故 故得定戒"라고 하였다. [참고문헌] 『優婆塞戒經』, 『俱舍論記』, *Abh-k-bh.83·209.* ⇨정공계 定共戒

정계 淨戒 Ⓢ viśuddha-śīla, śīla, Ⓟ sīla-visuddhi, Ⓣ tshul-khrims. 깨끗한 계. 『불소행찬』 권1(대정장4, p.3b2)에 "지혜로 흐르는 물을 거스르고, 계를 깨끗이 함으로 저 기댈 언덕 삼으리. 智慧泝流水 淨戒爲傍岸", 『집이문족론』 권17(대정장26, p.439b24)에 "'정계에 안주한다'라고 하였는데, 무엇이 정계인가? [답] 짓는 모든 업을 말함이니, 몸과 말로 율의를 지키고 목숨을 유지함에 깨끗이 하는 것을 정계라고 한다. 안주란 정계를 성취하고서 수행함에 뛰어나게 행하고, 진취함에 맞아 어울리는 것을 안주라고 한다. 安住淨戒者 云何淨戒 答 諸所作業 謂身律儀 語律儀 命淸淨 是名淨戒 安住者 謂成就淨戒 修行勝行 進趣契會 故名安住", 『법화경』 권1 「서품 序品」(대정장9, p.4c19 : *Saddh-p.*, p.24)에 "정진하며 정계를 지키니, 마치 밝은 구슬을 지키듯 하네. 精進持淨戒 猶如護明珠 vīryair-upetāś-ca akhaṇḍa-śīlā acchidra-śīlā maṇiratna-sādṛśāḥ", 40권본 『대반열반경』 권31(대정장12, p.549a16)에 "무엇을 '정계를 온전히 갖추었다'고 하는가? 선남자야! 만약 어떤 보살이 스스로 정계를 말하며 비록 어떤 여인과 합하지는 않지만 여인을 만나 때론 함께 농담하며 말을 섞고 웃고 떠들면, 이와 같은 보살은 욕법을 성취하여 정계를 깨뜨리고 범행을 더럽힌 것이다. 계를 여러 가지로 더럽혔기에 '정계를 온전히 갖추었다'고 할 수 없다. 云何名爲淨戒具足 善男子 若有菩薩自言戒淨 雖不與彼女人和合 見女人時 或共嘲調言語戲笑 如是菩薩成就欲法 毁破淨戒 汚辱梵行 令戒雜穢 不得名爲淨戒具足"라고 하였다. [참고문헌] 『佛所行讚』, 『集異門足論』, 『法華經』, 『大般涅槃經』, 『毘尼日用錄』(卍속장106, p.121a10), *Saddh-p., Śikṣ.121., Dhs.8.* ⇨비구오덕 比丘五德

정계 淨界 ❶ 깨끗한 계. 육근(六根)이 육진(六塵)을 보아 공·무상·무원·무작(空 無相 無願 無作)임을 보고 중생계가 그대로 불토임을 아는 뜻이다. 『대방등대집경』 권11(대정장13, p.69c18)에 "계란 바로 안이고, 안계의 공을 본다면 곧 이것이 정계다. 무릇 정계란 바로 불국토이다. 이비설신도 이와 같다. 의란 그대로 계이고 의계의 공을 본다면 이것이 정계며, 정계란 곧 불국토이고 하나의 계이며, 공계이고 중생계이며, 무상계이고 무원계며, 무작계고 무위계다. 界者卽眼 觀眼空者 卽是淨界 夫淨界者 卽是佛土 耳鼻舌身 亦復如是 意者卽界 若觀意空 卽是淨界 夫淨界者 卽是佛土 卽是一界 卽是空界 卽衆生界 卽無相界 卽無願界 卽無作界 卽無爲界", 『대승의장』 권19(대정장44, p.834a10)에 "말하길 정토라 한 것은, 경중에 때로는 불찰·불계·불국·불토·정찰·정계·정국·정토라 부른다. 言淨土者 經中或時 名佛刹 或稱佛界 或云佛國 或云佛土 或復說爲淨刹 淨界 淨國 淨土"라고 하였다. [참고문헌] 『大方等大集經』, 『大乘義章』. ⇨불국토 佛國土, 정토 淨土 ❷ 색계의 제3선천(禪天)이나 제4선천. 『대비바사론』 권85(대정장27, p.438b2)에 "정계란 제3정려를 말한다. 淨界者 謂第三靜慮", 『아비담비바사론』 권44(대정장28, p.331b23)에 "정계란 제3선과 제4선이다. 淨界者 是第三第四禪"라고 하였다. [참고문헌] 『大毘婆沙論』, 『阿毘曇毘婆沙論』. ❸ 아사세왕(阿闍世王)이 성불(成佛)하였을 때의 명호. 『문수사리보초삼매경』 권하(대정장15, p.426a4)에 "사리불아, 아사세왕이 교화할 중생은 성문지든 연각지든 대승을 행하든, 이들 중생에게 죄의 가림이 있다 해도 번뇌의 장애가 없어지고 의심도 사라져 머뭇거림이 없을 것이다. 저 팔천의 헤아릴 수 없는 겁을 지나 무상정진도를 얻어 최정각이 될 것인데, 그 겁의 이름은 희견이고 세계는 무조음이라 하며 부처님 명호는 정계여래다. 舍利弗 王阿闍世 所化衆生 爲聲聞地 若緣覺地 若行大乘 斯等衆生 當有罪蓋 無塵垢弊 狐疑悉除 無有猶豫 過於八千 不可計劫 當得無上正眞之道 爲最正覺 劫名喜見 世界曰無造陰 佛號淨界如來"라고 하였다. [참고문헌] 『文殊師利普超三昧經』. ⇨아사세 阿闍世

정계 淨啓 ?~1674. 명대 조동종(曹洞宗) 스님. 세칭 묘협정계선사(妙叶淨啓禪師). 속성은 진(陳)씨. 전당(錢塘 : 浙江省) 출신. 대대로 유학을 숭상하던 가문에서 자라다가 보수방(寶壽方) 문하로 출가하였다. 『오등전서』 권110(卍속장142, p.128b18)에 따르면 보수방이 "이 일은 그대를 어디로도 갈 수 없도록 한다. 此事教你沒趣向處"는 법문을 듣고 어찌 줄 몰라 하다가 알아차렸다고 한다. 그 뒤로 운문삼의맹우(雲門三宜明盂)를 친견하여 종지를 깨우친 뒤 그 법을 이었다. 초계봉산(苕溪鳳山)의 다복사(多福寺)에서 20여 년 동안 주석하면서 선풍을 크게 떨쳤다. 1674년(강희13) 9월에 입적하였다. [참고문헌] 『五燈全書』.

정계 頂髻 Ⓢ cūḍa, cūḍā, Ⓟ cūḷā. 정수리의 머리묶음. 음사어는 주라(周羅)다. 『번범어』 권1(대정장54, p.987b14)에 "주라〈정계라 한역하고, 소라고도 한다〉. 周羅〈譯曰頂髻 亦云小也〉", 『방광대장엄경』 권1(대정장3, p.539b2)에 "그때 여래께서 중야에 불장엄삼매에 들어가 정수리의 상투에서 대광명을 놓으셨다. 爾時如來 於中夜分 入佛莊嚴三昧 從於頂髻 放大光明", 『대방등대집경』 권4(대정장13, p.24b20)에 "만일 어떤 보살이 이와 같은 일곱다라니를 획득하면 그 정수리 상투에서 부처님 모습이 나타날 것이다. 若有菩薩 獲得如是 七陀羅尼 其

頂髻上 有佛像現", 『백장청규증의기』 권7(卍속장111, p.757a1)에 "물을 머리털에 붓도록 하면 스승은 삭도를 들기 전에 미리 정수리의 머리를 조금 묶는다. 그 다음에 아래부터 돌아가며 위에까지 깎다가 정수리 상투 가까이 이르면, 스승은 삭도질을 멈추고 간곡한 음성으로 세 차례 묻고 그도 세 번 답한다. 이렇게 출가하는 이가 정수리 머리묶음을 자르면 비로소 그 모습이 사미와 같아진다. 令以水灌其髮 師未擧刀 先與綰髻 次則從下 周旋剃上 至頂髻邊 師乃停刀 叮嚀三問 彼亦三答 能出家者 與斷頂髻 始爲形同沙彌"라고 하였다. [참고문헌] 『翻梵語』, 『方廣大莊嚴經』, 『大方等大集經』, 『百丈淸規證義記』, *Lal-v.142·151.* ⇨ 법보주라 法寶周羅, 주라 周羅, 불정 佛頂, 불정존 佛頂尊

정계 청동불두 경주박물관 통일신라

정계개 淨戒鎧 깨끗한 계라는 갑옷. 『사십이장경주』(卍속장59, p.76a11)에 "도인이 온갖 마군과 싸울 때, 반드시 정계라는 갑옷을 입고 선정심을 가져 지혜의 검을 잡고 한 법이라도 사사롭지 않으면, 마군을 깨뜨려 승리할 것이다. 道人與衆魔戰 當挂淨戒鎧 持禪定心 秉智慧劍 無一法可當情 則破魔得勝"라고 하였다. [참고문헌] 『四十二章經註』.

정계바라밀다 淨戒波羅蜜多 Ⓢ śīla-pāramitā, Ⓣ tshul-khrims-kyi-pha-rol-tu-phyin-pa. 육바라밀(六波羅蜜) 또는 십바라밀(十波羅蜜) 중 하나로 계를 가져 삼업(三業 : 身口意)을 깨끗이 함에 끝이 없이 행하는 일. 계바라밀(戒波羅蜜)·시라바라밀(尸羅波羅蜜)·시바라밀(尸波羅蜜)·지계바라밀(持戒波羅蜜)이라고 한다. 『대반야경』 권8(대정장5, p.40b28)에 "사리자야, 어떤 보살마하살은 비록 육바라밀다에 머물지만 정계바라밀다를 항상 으뜸으로 삼아 용맹하게 닦고 익혀 신어의로 청정율의를 갖추고, 모든 유정들에게도 권하여 이와 같은 율의를 수습하게 하며 속히 원만하게 한다. 舍利子 有菩薩摩訶薩 雖住六種波羅蜜多 而以淨戒波羅蜜多常爲上首 勇猛修習 具身語意 淸淨律儀 勸諸有情 亦令修習 如是律儀 令速圓滿", 『변중변론』 권하(대정장31, p.474a21 : *Madhy-vibh.*, p.61)에 "[논] 이것은 보시 등 열 가지 바라밀다의 각각 다른 사업을 드러낸 것이니, 차례대로 알아야 한다. … 정계바라밀다로 말미암기에 모든 유정들에게 손해를 끼치지 않는다. 論曰 此顯施等十到彼岸 各別事業 如次應知 … 由淨戒波羅蜜多故 於諸有情 不爲損害 tataḥ paramā ity anenārthena daśa pāramitāḥ … śīlenopaghātaṃ pareṣāṃ na karoti"라고 하였다. [참고문헌] 『大般若經』, 『辯中邊論』, *Madhy-vibh.* ⇨ 육바라밀 六波羅蜜, 십바라밀 十波羅蜜, 계바라밀 戒波羅蜜, 시라바라밀 尸羅波羅蜜, 시바라밀 尸波羅蜜, 지계바라밀 持戒波羅蜜

정계상 頂髻相 Ⓢ uṣṇīṣa-śiraskatā. 삼십이상(三十二相) 중 하나로 정육계상(頂肉髻相)·수구육계상(首具肉髻相)·육계상·무견정상상(無見頂上相)·정육계성상(頂肉髻成相)·정육골성상(頂肉骨成相)이라고도 한다. 불보살의 정수리에 솟아오른 상투모양이다. 『대지도론』 권4(대정장25, p.91a15)에 "서른한 번 째, 정계상이다. 보살에게는 뼈로 된 상투가 있는데 주먹 크기로 정수리에 있다. 三十一者 頂髻相 菩薩有骨髻 如拳等在頂上"라고 하였다. [참고문헌] 『大智度論』, 『大乘百福相經』(대정장16, p.330b21), *Mvyut.17.* ⇨ 삼십이상 三十二相, 정육계상 頂肉髻相, 무견정상상 無見頂上相, 육계 肉髻

정계여래 頂髻如來 ➡ 시기불 尸棄佛

정계육골성상 頂髻肉骨成相 Ⓢ uṣṇīṣa-śiraskatā. 삼십이상(三十二相) 중 하나. 정계상(頂髻相)·정육계상(頂肉髻相)이라고도 한다. 『좌선삼매경』 권상(대정장15, p.276b11)에 "서른한 번째는 정계육골성이다. 三十一者 頂髻肉骨成"라고 하였다. [참고문헌] 『坐禪三昧經』, *Mvyut.17.* ⇨ 삼십이상 三十二相, 정계상 頂髻相, 정육계상 頂肉髻相

정계회 頂髻會 정수리 머리카락을 자르는 법회. 2월에 행하기에 이월회(二月會)라고도 한다. [참고문헌] 『有部律』 권17(대정장23, p.715a19). ⇨ 이월회 二月會

정고 貞固 ❶ 곧고 굳어 오래가는 것. 실체 없음의 비유다. 『대보적경』 권44(대정장11, p.260a26)에 "눈은 파초와 같아서 그 바탕이 곧고 굳지 않다. 왜 그런가? 저들 파초와 같은 갖가지 모든 법은 본래 아가 없고, 어떤 분별의 주체도 없기 때문이다. 眼如芭蕉 體非貞固 何以故 彼芭蕉等 一切諸法 本無有我 亦無有情"라고 하였다. [참고문헌] 『大寶積經』. ❷ 의지 등이 굳고 변함이 없음. 『일체경음의』 권21(대정장54, p.439c23)에 "『옥편』에 '의지를 지킴에 곧고 굳은 마음을 지조(操)라 한다'고 하였다. 玉篇曰 持志貞固 曰操也"라고 하였다. [참고문헌] 『一切經音義』. ❸ 당대 율사(律師). 속성은 맹(孟)씨. 영주(滎州 : 河南省 氾水) 출신. 어릴 때부터 출가할 뜻을 품고 있다가 나이 열넷에 범수(氾水) 등자사(等慈寺)의 원법사(遠法師) 문하로 들어가 경전을 공부하였다. 뒤에 경론을 더욱 깊게 궁구하고자 동위(東魏)를 거쳐 안주(安州)로 들어가 유식(唯識)·방등(方等)을 배웠다. 양주(襄州)로 가서 선도(善導)의 지도 아래 미타법(彌陀法)을 전수받았다. 오래 지나지 않아 현산(峴山) 회각사(恢覺寺)에서 징선사(澄禪師)로부터 구족계를 받고 율전을 깊이 연구하였다. 그 뒤에 안주 수율사(秀律師) 문하에서 3년간 시봉하면서 도선(道宣)의 글을 세밀하게 읽고 그 요지에 정통하였다. 다시 양주로 돌아와 선도의 가르침을 받았다. 수공년간(685~688) 계림(桂林)으로 거처를 옮겨 율전을 강설하였다. 당시 제지사(制旨寺)의 공사리(恭闍梨)가 경전을 구하고자 인도로 들어가기 전에 동행자를 구하자 689년(영창1) 도반이 되어 불서국(佛逝國)에 도달하였다. 3년 동안 머물다가 광주(廣州)로 돌아와서 율학을 널리 퍼뜨렸으나 3년이 지나지 않아 병으로 입적하였다. [참고문헌] 『大唐西域求法高僧傳』 권하(대정장51, p.10b15).

정고율사 貞固律師 ➡사라급다 娑羅笈多

정곡 淨谷 조선후기 스님. 용암체조(龍巖體照 1714~1779)가 혜암의 시에 차운(次韻)하여 구월산 정곡에게 보낸 시가 전한다. 『용암당유고』 「차혜암운기구월산정곡장실 次惠嵓韻寄九月山淨谷丈室」(한불전9, p.784b18)에 "구월산중 나그네가 서로 만나 함께 깊은 도리 이야기하더니 연화의 가르침 보아 마치고는 또 백수선을 참합니다. 九月山中客 相逢共說玄 看罷蓮花敎 又參栢樹禪"라고 하였다. [참고문헌] 『龍巖堂遺稿』.

정곡사 停轂寺 황해남도 은율군 산동리 구월산(九月山)에 있던 절. 『동국여지승람』 권43 황해도 은율현 불우에는 '亭谷寺', 『범우고』·『일성록』에는 '停穀寺', 『가람고』·『여지도서』·『관암전서』 등에는 '停轂寺'라 하였다. 고려 태조(太祖)·노국공주(魯國公主)·원나라 태사(太史) 주보(周黼) 등이 이곳에서 수레(轂)를 멈추었으므로(停) '停轂寺'라 이름하였다고 전한다. 1797년(정조21) 7월에 내린 폭우로 건물 78칸이 무너졌지만 중수되어 광복 이후까지 사세(寺勢)를 유지하였으나, 6·25한국전쟁 때 불탔다. 현재 사지(寺址)에는 7동의 건물터·오층석탑·1710년(숙종36)에 세운 중건비(增建碑)·1880년(고종17)에 세운 증수비(增修碑)가 남아 있으며, 북한 보존유적 제1670호로 지정되어 있다. 『세종실록』 권24 6년(1424) 4월 5일에 "선종에 속한 절이 18곳, 전지가 4,250결입니다. … 황해도 은율 정곡사의 원속전이 60결인데 이번에 90결을 더 주고, 거승은 70명입니다. 禪宗屬寺十八 田四千二百五十結 … 黃海道 殷栗 亭谷寺 元屬田六十結 今加給九十結 居僧七十"라고 하였으나, 같은 해 10월 선종 소속 사찰에서 제외되었다. 『여지도서』 황해도 은율 고적(古跡)에 "주보(周黼) 화상〈고려말 사람이며 원나라 노국대장공주의 배신으로서 원나라에 들어갔다가, 공주가 고려로 돌아올 때 따라서 함께 돌아왔다. 정곡사에 화상을 남겨두었는데, 건륭 정묘년(1747·영조23)에 현에 거주하던 주씨가 화상을 다시 본뜨면서 원본을 그 바닥에 붙였다〉. 周畫像〈高麗末人 以元魯國大長公主陪臣入元 及公主東還 隨與同歸 留像於停轂寺 至乾隆丁卯 縣居周氏 改模像 元本貼其後〉", 홍경모(洪敬謨)가 송화현감(松禾縣監)으로 있던 1812~1813년 사이에 구월산을 유람하고 지은 「구월산기 九月山記」(『관암전서』 제19책·한국문집총간 속집116, p.569b1)에 "발길을 돌려 정곡사로 향하니, 절은 산 아래 사선대의 동쪽 2리에 있었다. 주보상을 보고 … 절의 남쪽에 장불사, 북쪽에 길상암이 있으며 용연사는 절 뒤쪽에 있다고 하였다. 轉向停轂寺 寺在山下而四仙臺之東二里也 觀周黼像 … 寺之南有長佛寺 北有吉祥庵 龍淵在其後云"라고 하였다. [참고문헌] 『東國輿地勝覽』, 『梵宇攷』, 『伽藍考』, 『世宗實錄』, 『輿地圖書』, 『冠巖全書』, 『日省錄』 正祖 21년 7월 29일, 『韓國寺刹全書』 권하 p.1010a9.

정공 正空 바른 공. 공에 대한 바른 이해를 말한다. 진공(眞空)·묘공(妙空)과 같은 뜻이며, 상대어는 사공(邪空)·악취공(惡取空)이다. 『지관보행전홍결』 권2(대정장46, p.190b22)에 "방등부모란 … 다라니가 이에 부이고 모이다. 그러므로 이 다라니가 바로 실상임을 알라. 실상은 곧 권지와 실지의 두 가지 지혜를 다 갖추기 때문에 부모이니, 반듯하고 고른 법을 낳는다. 치우침 없는 공이기 때문이다. 方等父母者 … 是陀羅尼 乃可爲父 乃可爲母 故知此陀羅尼 卽是實相 實相卽具權實二智 故是父母 能生方等 正空故也", 『광홍명집』 권14(대정장52, p.193a12)에 "부처님의 설법은 단서가 너무 많다고 싫어한다. 즉 '공'을 논하고 '유'를 설하니 스스로 서로 어긋나는데, 이것이야말로 부처님께서 중생들을 싸우게 하는 것일 뿐이다. 어떻게 오직 한 법만이라도 밝히지 않으시는가? 삿된 공의 설법으로는 이렇게 말하지만 '정공'으로는 그렇지 않다. '공'과 '유'의 이치를 안다면 어찌 이와 같은 말을 하겠는가? 嫌佛之說法 端緖太多 論空說有 自相乖背 此是佛鬪衆生耳 何不唯明一種之法乎 邪空之說 云爾 正空則不然矣 苟識空有之理者 豈發如是之言乎"라고 하였다. [참고문헌] 『止觀輔行傳弘決』, 『廣弘明集』. ⇨공 空, 진공 眞空, 묘공 妙空❶, 사공 邪空, 악취공 惡取空

정공 定共 정공계(定共戒)의 줄임말. 『범망보살계경의소발은』 권1(卍속장59, p.653b15)에 "정공이라 한 것은, 마음이 적연하면 온갖 악이 일어나지 않게 한다. 定共者 心寂則諸惡不行"라고 하였다. [참고문헌]『梵網菩薩戒經義疏發隱』. ⇨ 정공계 定共戒

정공 定空 729~808. 베트남 멸희선파(滅喜禪派) 스님. 속성은 완(阮)씨. 북녕고법(北寧古法) 출신. 원래 천덕선중사(天德禪衆寺)에 주석할 당시 마을 사람들이 공경하는 뜻에서 장로(長老)라 불렀다. 당나라 정원년간(785~805) 고법에서 경림사(瓊林寺)를 창건한 뒤로 남종(南宗) 신회(神會)의 선법을 전수하였는데, 그 이후로 남종선은 멸희선파의 주류가 되었다. 만년에 용천사(龍泉寺) 남양선사(南陽禪師) 문하에서 선을 닦다가 808년(원화3) 세수 79세로 입적하였다.

정공 鄭恭 ?~692. 통일신라 관인이자 재가신도. 『삼국유사』 권5(대정장49, p.1010c24・한불전6, p.355c14) 신주(神呪)6 혜통항룡(惠通降龍)에 "당시 정공이 당나라에 사신으로 갔다가 혜통을 만나서 '대사에게 쫓겨난 독룡이 우리나라에 돌아와서 피해가 극심하니 빨리 가서 없애 주십시오'라고 하였다. 이에 혜통은 정공과 함께 665년(문무왕5)에 귀국하여 독룡을 문잉림에서 쫓아냈다. 용은 또 정공에게 원한을 품고 버드나무에 의탁하여 정공의 집 문 밖에 다시 났으나, 정공이 알아채지 못하고 그 무성함을 찬양하며 지나치게 사랑하였다. 692년(효소왕1)에 신문왕이 죽자 장지에 이르는 길을 만들기 위해 버드나무를 베려고 했다. 정공은 '차라리 내 목을 벨지언정 이 나무는 베지 못한다'고 왕명에 항거하다가 … 죽임을 당하였다. 뒤에 혜통으로부터 정공이 독룡의 소행으로 국형을 당했음을 전해들은 효소왕은 크게 후회하면서 처자들을 면죄하였다. 是時鄭恭奉使於唐 見通而謂曰 師所逐毒龍歸本國害甚 速去除之 乃與恭以麟德二年乙丑 還國而黜之 龍又怨恭 乃托之柳生鄭氏門外 恭不之覺 但賞其葱密 酷愛之 及神文王崩 孝昭卽位 修山陵除葬路 鄭氏之柳當道 有司欲伐之 恭恚曰 寧斬我頭 莫伐此樹 … 乃誅之 … 恭被毒龍之汚濫膺國刑 王聞之心悔 乃免恭妻孥"라고 하였다. [참고문헌]『三國遺事』. ⇨ 혜통 惠通

정공경경 正恭敬經 북위(北魏)대 불타선다(佛陀扇多 Ⓢ Buddhaśānta) 한역. 1권. 고려장11, pp.555a1~557a14, No.255・대정장24, pp.1102b26~1104a8, No.1496에 수록되어 있다. 『정법공경경 正法恭敬經』・『위덕다라니중설경 威德陀羅尼中說經』・『선경경 善敬經』・『응공경 應恭經』・『공경사경 恭敬師經』・『선공경사경 善恭敬師經』 등이라고도 한다. 법과 법사(法師)를 공경하는 의칙(儀則)을 설한 경이다. 수대 사나굴다(闍那崛多) 한역의 『선공경경 善恭敬經』과 동본이역이다. [참고문헌]『歷代三寶紀』 권13(대정장49, p.111a28), 『大唐內典錄』 권6(대정장55, p.292a7), 『開元釋敎錄』 권6(대정장55, p.542b4). ⇨ 선공경경 善恭敬經

정공계 定共戒 Ⓢ dhyāna-saṃvara, Ⓣ bsam-gtan-gyi-sdom-pa. 삼종계(三種戒 : 三種律儀) 중 하나로 정려율의(靜慮律儀)의 다른 이름. 색계의 정려를 닦을 때 또는 정려에 의해 생겨나는 방비지악(防非止惡)의 계체(戒體). 정구유계(定俱有戒)・정계(定戒)・선계(禪戒) 또는 정려생율의(靜慮生律儀)・선율의(禪律儀)・정율의(定律儀)라고도 한다. 『발보리심경론』 권상(대정장32, p.512a13)에 "근본사선과 사미도선을 정공계라 한다. 根本四禪四未到禪 是名定共戒", 『대승법원의림장』 권3(대정장45, p.300b11)에 "정려율의를 전에는 정공계라 했고 선율의라고도 하였다. 靜慮律儀 先云定共戒 亦名禪律儀", 『대승법원의림장결택기』 권하(卍속장98, p.127b17)에 "정과 상응하여 원한 등을 막기에 정공계라 한다. 與定相應 防於怨等 名定共戒", 『칠십오법명목』(대정장71, p.888b21)에 "정려율의는 또한 정공계라고도 하는데, 정과 함께 일어나기 때문이다. 靜慮律儀 亦名定共戒 與定同時故"라고 하였다. [참고문헌]『發菩提心經論』, 『大乘法苑義林章』, 『大乘法苑義林章決擇記』, 『七十五法名目』, *Abh-k-bh.205.* ⇨ 삼종율의 三種律儀, 정려율의 靜慮律儀, 정구유계 定俱有戒, 수전계 隨轉戒, 도공계 道共戒, 율의 律儀

정공심 淨空心 구한말 고종(재위 1863~1907)대 상궁(尙宮) 천일청(千一淸) 신녀(信女)의 법명. [참고문헌] 李智冠『伽倻山海印寺誌』p.162. ⇨ 천일청 千一淸

정과 正果 ❶ 불도를 수행하여 얻은 과. 사견(邪見) 등에 의지한 외도의 과가 아닌 뜻이다. 『대장엄론경』 권3(대정장4, p.268c22)에 "부처님의 바른 도는 저들 95종 사견으로 전도된 미혹으로는 얻을 수 없는 과보다. 불도를 수행하면 반드시 정과를 얻는다. 佛之正道 不同於彼九十五種 邪見倒惑 無有果報 修行佛道 必獲正果", 『금강반야소』 권1(대정장33, p.93a8)에 "수행하여 정과를 얻기에 정문이라 한다. 정과란 대반열반을 말한다. 修行得正果 故爲正聞 正果者 所謂大般涅槃", 『능가경주해』 권1하(대정장39, p.359c25)에 "무릇 외도의 수증은 바른 인연이 아니어서 인이라 해도 바른 인이 아니고, 과라 해도 바른 과가 아니기에 따져 푸는 것이다. 蓋外道修證 非正因緣 因非正因 果非正果 故徵釋而斥之"라고 하였다. [참고문헌]『大莊嚴論經』, 『金剛般若疏』, 『楞伽經註解』. ⇨ 증과 證果, 인과 因果 ❷ 여래의 몸. 정보(正報)라고도 한다. 『법화현론』 권1(대정장34, p.365b10)에 "정과란 여래의 몸을 말한다. 正果謂如來身"라

고 하였다. [참고문헌]『法華玄論』. ⇨의정이보 依正二報, 정보 正報

정과 定果 ❶정해진 과. 『과거현재인과경』 권1(대정장3, p.627a20)에 "그 때에 선인은 흐느껴 울면서 이렇게 대답하였다. '대왕이시여, 태자의 상호 구족하여 상서롭기 그지없습니다'. 왕은 또 물었다. '바라건대 나를 위하여 태자에게 장수할 상인지, 전륜왕위를 얻어 온 세상을 다스릴지를 점쳐주시오. 나는 나이가 이미 들어서 국토를 모두 맡기고, 산림에 숨어서 집을 떠나 도를 배우고자 하오. 바라는 것은 오직 이것뿐이니, 존자께서는 반드시 정해진 과를 자세히 보아주시겠소?' 爾時 仙人歔欷答言 大王 太子相好具足 無有不祥 王又問言 願更爲我 占視太子 有長壽相不 得轉輪王位 王四天下不 我年旣暮 欲以國土 皆悉付之 當隱山林 出家學道 所可志願 唯在於此 尊者爲觀 必定果耶", 40권본 『대반열반경』 권24(대정장12, p.505a1)에 "아누다라삼막삼보리를 얻는다면 이것이야말로 정해진 상이며 과상인데, 어찌 정해진 것도 없고 과도 없다고 하는가? 악한 소리를 듣기에 곧 악한 마음을 내고, 악한 마음을 내기에 삼악도에 이르니, 삼악도에 이르는 것이 바로 정해진 과인데 어찌 정해진 것도 없고 과도 없다고 하는가? 若得阿耨多羅三藐三菩提 卽是定相 卽是果相 云何而言 無定無果 聞惡聲故 則生惡心 生惡心故 則至三塗 若至三塗 則是定果 云何而言 無定無果"라고 하였다. [참고문헌]『過去現在因果經』, 『大般涅槃經』. ❷Ⓢdhyāna-phala, Ⓣbsam-gtan-gyi-'bras-bu. 정(定)으로 얻은 과. 『대비바사론』 권72(대정장27, p.374a1)에 "이와 같이 이미 순역으로 입정을 설했다. 다음에는 다시 입정의 정과를 말하겠다. 여기에서 정과란 열네 가지 변화심이다. 즉 욕계와 초정려에 각각 넷이 있고, 제2정려에는 셋이며, 제3정려에는 두 가지가 있고, 제4정려에는 한 가지다. 如是已說順逆入定 次復應說 入定定果 此中定果者 十四變化心 謂欲界初靜慮各有四 第二靜慮有三 第三靜慮有二 第四靜慮有一", 『구사론』 권25(대정장29, p.132c8)에 "나는 지금 너에게 신족(神足 Ⓢṛddhi-pāda) 등을 설명하겠다. 신이란 갖가지 신경(Ⓢṛddhi-viṣaya)을 수용하여 하나를 여럿으로 나누는 등, 나아가 많은 것들이 있다. 족이란 욕 등의 네 가지 삼마지를 말한다. 이 중에서 부처님께서 말씀하신 정의 과를 신이라 하셨으며, 욕 등으로 생겨난 등지를 족이라 하셨다. 무슨 이유로 앞에서는 신 등을 근이라 하고, 뒤에서는 역이라고 하는가? 이러한 다섯 가지 법은 하품과 상품에 의해서 선후로 나뉘기 때문이다. 吾今爲汝 說神足等 神謂受用 種種神境 分一爲多 乃至廣說 足謂欲等 四三摩地 此中佛說定果名神 欲等所生等持名足 何緣信等 先說爲根 後名爲力 由此五法 依下上品 分先後故", 『대승장엄경론』 권8(대정장31, p.630a11 : *Sūtr.*, p.106)에 "이 게송은 선바라밀의 여섯 뜻을 밝힌다. 심주란 무엇인가? 이것은 정의 자성이니, 마음이 안에 머물기 때문이다. 염진이란 정의 인이니, 념하여 연에 대하여 잊지 않고, 정진에 의하기에 선정이 일어난다. 낙생이란 바로 정의 과이니, 물러날 모든 것을 여윈 과여서 헛되지 않다. 통주란 정업이니, 통이란 다섯 가지 신통을 말하고, 주란 세 가지 머묾을 말하니 성주·천주·범주다. 선정으로 다섯 가지 신통과 세 가지 머묾이 모두 자재하도록 하기 때문이다. 此偈明禪波羅蜜六義 心住者 是定自性 由心住內故 念進者 是定因 有念故於緣不忘 依進故禪定得起 樂生者 是定果 離退方便 離果不虛故 通住者 是定業 通謂五通 住謂三住 聖住 天住 梵住 禪定能令五通及三住皆得自在住故 sthitiś cetasa adhyātmam iti svabhāvaḥ. smṛtivīryapratiṣṭhitam iti hetuḥ. ālambanāsaṃpramoṣe sati vīryaṃ niśritya samāpattyabhinirhārāt. sukhopapattaye iti phalaṃ dhyānasyāvyābādhopapattiphalatvāt. abhijñāvihāravaśavartakam iti karma. dhyānenābhijñāvaśavartanāt. āryadivyabrāhmavihāravaśavartanāc ca"라고 하였다. [참고문헌]『大毘婆沙論』, 『俱舍論』, 『大乘莊嚴經論』, *Sūtr.*, *Abh-k-bh.384.* ⇨정 定❶

정과보 淨果報 깨끗한 과보. 백정과보(白淨果報)·청정과보(淸淨果報)라고도 한다. 『장아함경』 권7 「폐숙경 弊宿經」(대정장1, p.47a2)에 "현재에 베푼 것은 좋다고 할 만한 것 없는데, 어떻게 후세에 깨끗한 과보를 얻을 수 있겠습니까? 現在所設 不可喜樂 何由後世得淨果報", 40권본 『대반열반경』 권24(대정장12, p.507a4)에 "어째서 또 깨끗한 과보를 얻는다고 하는가? 줄 것도 갚을 일도 없어야 깨끗하다 한다. 云何復言得淨果報 以無施無報故名爲淨"라고 하였다. [참고문헌]『長阿含經』, 『大般涅槃經』. ⇨청정과보 淸淨果報

정과색 定果色 정의 과로 얻는 색. 법처에서 거두는 색법(法處所攝色) 중 하나로 정소인색(定所引色)·정자재소생색(定自在所生色)이라고도 하며, 업과색(業果色)의 상대어다. 『유가사지론』 권54(대정장30, p.599b12)에 "법처로 거두는 뛰어난 정의 과색 중에는 오직 현색 등의 상만이 있음을 알아야 한다. 왜냐하면 저 향 등에는 생인이 없고 또 용도 없다. … 또 법처소섭승정과색은 오직 수승한 정에 의할 뿐 대종에 의하지 않음을 알아야 한다. 그러나 저런 종류영상을 연으로 하는 삼마지로부터 발현하는 것이기에 역시 저 대종이 지은 것이라고 하지만, 저것에 의하여 생겨난 것이기에 만들어진 것이라고 하지는 않는다. 法處所攝 勝定果色中 當知 唯有 顯色等相 何以故 於彼香等 生因闕故 又無用故 … 又

法處所攝勝定果色 當知 此色 唯依勝定 不依大種 然從緣彼種類影像三摩地發故 亦說彼大種所造 非依彼生故名爲造", 『대승법원의림장』 권5(대정장45, p.336c25)에 "만약 정과색이 냄새와 맛을 변하게 할 수 없다면, 60권본『화엄경』권9(대정장9, p.713a20)에서 '보살은 코로 무색계의 궁전의 향을 맡았다'거나 『법화경』권6(대정장9, p.49b1)에서 이 경을 지니기에 '광음천과 변정천 내지 유정천까지 처음 나고 물러남을 향을 맡고 다 알았다'고 하였는데, 저 무색계의 이숙은 앞서 냄새와 맛이 없다 하였으니, 만약 정과색이 아니라면 이것은 어떤 향인가? 저 홀로 냄새로 변현한 것도 아니고 맛으로 변현할 수도 없으니, 정과색은 향과 맛에도 통함을 알 수 있다. 『법화경』권6(대정장9, p.48c18)에서 이르길 '이것이야말로 지혜의 경이고, 비근이 안다'고 하였기 때문이다. 모든 근들이 서로 작용하는 일은 말로 할 수는 없다. 『유가사지론』권65(대정장30, p.661b8)에서는 위덕정색은 '비록 저 10색처의 자상과 상응하지는 않지만 그들 자성인 듯이 드러난 것은 알 수 있다'고 설했다. 안 등 오근에 이미 근용이 없으니 향미 두 법에도 그 용은 없다. 그러나 색과 성 그리고 촉 셋에는 실로 용이 있으니, 근이 한 식을 의지로 하지만 변하는 근식은 의지할 것이 없어 실제 용은 없다. 향과 맛은 그렇지 않으니 그 용이 어찌 없다고 할 수 있겠는가? 미향색촉은 그 류가 같기 때문이다. 근인 듯 하지만 다만 이 색 등의 오경으로 거둔다. 이와 같은 이치는 이미 앞에서 자세히 입증된 것이다. 정과색은 반드시 오경을 갖추고 있으니, 향적불계도 반드시 오경을 갖춘다. 若定果色不變香味 花嚴經說 菩薩鼻根聞無色界宮殿之香 法花經云 持此經故 光音遍淨 乃至有頂 初生退沒聞香悉能知 彼界異熟先無香味 若非定果此是何香 非獨變香而不變味 故知定果通香味等 法花論云 此是智境 鼻根知故 諸根互用 不可說言 六十五說 威德定色 雖不與彼十有色處自相相應 然得似彼自性顯現 眼等五根 旣無根用 香味二法其用亦無 色聲觸三有實用 故根爲識依 所變之根識不依止 可無實用 香味不爾 其用寧無 香味色觸 其類同故 似根但是色等五攝 如前道理 旣廣成立故 定果色定具五境 香積佛界 定具五故", 『대승백법명문론개종의결』(대정장85, p.1079c6)에 "정과색은 있을지라도 업과색은 없다는 말은, 성자들이 정자재로 갖가지 색 등의 경상을 나투는 것을 말한다. 정을 인으로 삼기에 정과색이라고 한다. 雖有定果色無業果色者 謂諸聖者 及定自在 變現種種 色等境相 以定爲因 名定果色"라고 하였다. [참고문헌] 『瑜伽師地論』, 『大乘法苑義林章』, 『華嚴經』, 『法華經』, 『大乘百法明門論開宗義決』. ⇨ 법처소섭색 法處所攝色 **2**, 정자재소생색 定自在所生色, 업과색 業果色, 색 色

정관 正觀 **1** Ⓢ sam-anu-√paś, samyag-vyavacāraṇa, Ⓟ sammā-sampassam, samma-ppaññāya daṭṭhabbam, Ⓣ yang-dag-par-mthong-ba, legs-par-dpyod-pa. 바르게 관함. 육육법(六六法)의 사제(四諦)를 관하고 비유비무(非有非無)의 중도(中道)를 관하는 것을 말한다. 『중아함경』권28 「우다라경 優陀羅經」(대정장1, p.603a17)에 "무엇을 비구의 정관이라 하는가? 비구는 육촉처를 알고 그 인(習 : 集)을 알며, 멸을 알고 맛을 알며, 근심을 알고 벗어나는 길을 알며, 지혜로 진실 그대로 안다. 이것을 비구의 정관이라 한다. 云何比丘正觀耶 比丘者 知六更觸 知習 知滅 知味 知患 知出要 以慧知如眞 是謂比丘正觀也", 『잡아함경』권8(대정장2, p.49b8 : *Nandikkhaya-sutta*, *SN.4*, p.142)에 "마땅히 눈은 무상하다고 관찰한다. 이와 같이 관하는 것이 정견이다. 바르게 관하는 고로 싫어함을 내고, 싫기에 좋아함을 여의고 희탐마저 여읜다. 當正觀察眼無常 如是觀者 是名正見 正觀故生厭 生厭故離喜 離貪離喜 aniccaṃ yeva bhikkhave cakkhuṃ aniccanti passati. sāyaṃ hoti sammā-diṭṭhi. sammā-sampassaṃ nibbindati nandikkhayā rāgakkhayo rāgakkhayā nandikkhayo", *Anicca-sutta*(*SN.3*, p.22)에 "비구들이여, 색은 무상하고 무상한 것은 괴로움이며 괴로운 것은 무아이다. 무아인즉 나의 것이 아니다. 나라고 할 것도 없고 나의 아도 아니다. 이렇게 여실히 정관해야 한다. rūpam bhikkhave aniccaṃ. yad aniccam taṃ dukkhaṃ, yaṃ dukkhaṃ tad anattā, yad anattā taṃ netam mama neso 'ham asmi na me so attā ti. evam etaṃ yathābhūtaṃ sammappaññāya daṭṭhabbaṃ", 같은 책 권41(대정장2, p.303b16)에 "나는 오음은 생멸하고 육촉입처는 모여서 일어났다 사라진다고 정관한다. 我當正觀五陰生滅 六觸入處集起滅沒", 『백론소』권상(대정장42, p.259b1)에 "이것은 공도 아니고 유도 아닌 중도의 법을 밝히는 것이다. 중도를 관하는 것을 정관이라 한다. 此明非空非有中道之法 觀中道者 名爲正觀", 『삼론현의』(대정장45, p.10c14)에 "대소승의 경을 통틀어 논해 보면, 모두 하나의 길만을 밝히고 있다. 그러므로 무득정관을 종으로 삼는다. 다만, 소승교의 경우는 정관과 오히려 거리가 있어서 사제교를 종으로 삼지만, 대승은 바로 정관을 밝히고 있다는 것이다. 따라서 모든 대승의 경은 모두 불이정관을 종으로 삼는다. 通論大小乘經 同明一道 故以無得正觀爲宗 但小乘教者正觀猶遠 故就四諦教爲宗 大乘正明正觀 故諸大乘經 同以不二正觀爲宗", 『법화경현찬요집』권27(卍속장54, p.608a11)에 "단견과 상견을 멀리 여의는 것이 중도의 정견이다. 遠離斷常 卽是中道正觀"라고 하였다. [참고문헌] 『中阿含經』, 『雜阿含經』, 『百論疏』, 『三論玄義』, 『法華經玄贊要集』, *SN.*, *Bodh-bh.* *32·235.* ⇨ 육육법 六六法, 사제 四諦, 중도 中道, 방

편정관 方便正觀❶, 입위정관 入位正觀, 반야정관 般若正觀, 불이관 不二觀, 팔부정관 八不正觀, 사관 邪觀 ❷ 조선후기 스님 쾌일(快逸)의 법호. 정관(定觀)이라고도 하였다. 『동사열전』 권4 「백파강사전 白坡講師傳」(한불전10, p.1034a4)에 "제자로 구봉·도봉·정관·백암·영산·혜암 등이 있다. 弟子有龜峰 道峰 定觀 白巖 影山 惠庵等", 같은 책 권5 「설두강백전 雪竇講伯傳」(한불전10, p.1060a5)에 "백파의 제자로 구봉인유·도봉국찬·정관쾌일·백암도원이 있다. 白坡門人有龜峰仁裕 道峰國燦 正觀快逸 白巖道圓師"라고 하였다. 〔참고문헌〕『東師列傳』. ⇨ 쾌일 快逸

정관 定觀 고요히 하고 보다. 『출삼장기집』 권8(대정장55, p.54a16)에 "무릇 벗어나는 길을 배울 일이지 말을 구하지 않는다. 마땅히 정관의 길이어서 바르고 으뜸인 이치로써 삼승을 나누지 않으니, 무슨 뜻으로 설하겠는가? 夫學出離 非求語言 應定觀道 以正宗致 三乘不分 依何義說", 『화엄경소초』 권60(대정장36, p.483b10)에 "정관법에 의하여 생멸이 없는 혜를 얻고, 생멸이 없는 혜에 의하여 진실 그대로의 깨달음을 낳으며, 진실 그대로의 깨달음에 의하여 걸림 없는 지혜를 얻게 되니, 중생을 생사의 고통에서 벗어나게 하여 열반의 즐거움을 얻도록 한다. 依定觀法 得無生慧 依無生慧 生如實覺 依如實覺 得無礙智 便能拔衆生 出生死苦 得涅槃樂", 『정혜결사문』(한불전4, p.698c5)에 "다만 정과 관이라는 두 문으로 마음의 번뇌를 다스린다. 但自以定觀二門 以治心垢"라고 하였다. 〔참고문헌〕『出三藏記集』, 『華嚴經疏鈔』, 『定慧結社文』. ⇨ 정 定❶, 관 觀

정관 淨觀 깨끗한 것들을 보다. 부정관(不淨觀)과 맞선다. 십육관(十六觀) 등을 말한다. 『서방합론』 권9(대정장47, p.414c16)에 "세 번째 정관이라 하였다. 중생은 시작 없는 때로부터 번뇌에 물들어 일체법에 가득했으니, 마치 밀가루가 모래에 든 것과 같고 금이 광석에 묻혀 있는 것과 같다. 정업을 닦는 이는 마땅히 갖가지 관행을 더하고 습기를 연마하여 백법의 기초를 삼고 왕생의 나루터를 만들어야 한다. 첫째, 정관은 부처님의 상호를 관하는 것으로, 저 『십육관경』에서 설한 것과 같다. 둘째는 부정관이니, 몸과 마음의 부정 그리고 기세간의 부정을 관하는 것으로 싫어하여 떠나는 것이다. 三淨觀者 衆生無始垢穢 遍一切法 如麵入沙 似金在鑛 修淨業者 當加種種觀行 磨鍊習氣 爲白法之垣墻 作往生之津梁 一 淨觀 謂觀佛相好 如十六觀經所說故 二 不淨觀 謂觀身心不淨 器世界不淨 生厭離故", 『대지도론』 권21(대정장25, p.215b27)에 "이 상을 취해 마음에 묶고 깨끗하다고 관하면, 이 모든 색을 따라서 각기 청정하게 빛나게 된다. 取是相 繫心淨觀 隨是諸色 各有淸淨光曜"라고 하였다. 〔참고문헌〕『西方合論』, 『大智度論』. ⇨ 부정관 不淨觀, 십육관 十六觀, 정배사 淨背捨

정관 靜觀 조선전기 스님인 일선(一禪 1533~1608)의 법호. 〔참고문헌〕『西域中華海東佛祖源流』(한불전10, p.105a4). ⇨ 일선 一禪❷

정관사 鼎串寺 전라남도 해남군에 있던 절. 『범우고』에 "수영 동쪽 3리에 있다. 在水營東三里" 하였고, 『대둔사지』 권상에서는 "우수영의 남쪽에 있다. 在右水營之南"라고 하였다. 〔참고문헌〕『梵宇攷』, 『大芚寺誌』(亞細亞文化社, 1980) p.98, 『韓國寺刹全書』 권하 p.1021a18.

정관수성례 正觀修誠禮 바르게 관해 닦아 진실로 예를 올림. 칠종예불(七種禮佛) 중 하나로, 스스로가 부처인 줄 관해 알아 자성삼보를 섬기는 일이다. 『법원주림』 권20(대정장53, p.435c9)에 "여섯째, 정관수성례다. 이는 스스로의 바탕인 자신의 부처를 밝히고 다른 경계나 타신의 부처를 연하지 않는다. … 불성을 보고자 하면 반드시 자기 부처를 관해야 하니, 법과 승도 이와 같이 한다. 체는 같아 둘이 없이 하는 것이 정관례다. 第六正觀修誠禮者 此明自體自身佛 不緣他境他身佛 … 欲見佛性 要觀己佛 法僧亦爾 體同無二 是名正觀禮", 『사문일용』 권하(卍속장106, p.258a17)에 "여섯째는 정관수성례다. 자신의 부처에게 예를 올리고 그 외의 부처를 연하지 않음을 밝혔다. 모든 중생에게는 본래 불성이 있지만 이 평등한 정각을 다만 미혹해 있을 뿐이다. 六名正觀修誠禮 謂明禮自身佛 不緣他佛 以一切衆生 自有佛性 平等正覺 但爲迷故"라고 하였다. 〔참고문헌〕『法苑珠林』, 『沙門日用』, 『宗鏡錄』 권23(대정장48, p.541b29). ⇨ 칠종예불 七種禮佛, 자성삼보 自性三寶

정관심 正觀心 일제강점기 불교신도이자 사회사업가. ⇨ 이정관심 李正觀心

정관암 正觀庵 전라북도 부안군 상서면 감교리 우금산성(禹金山城)에 있던 암자. 1999년 건물지가 확인되었으며 '천순 팔년(1464·세조10) 天順八年'명 암막새 및 백자 그릇 등이 출토되었다. 〔참고문헌〕『한국사지총람』 권하(문화재청·佛教文化財研究所, 2010) p.471.

정관유식 正觀唯識 오직 청정한 아마라식(阿摩羅識 Ⓢamala-vijñāna : 제9식)만이 있다고 바로 관하는 것. 방편유식(方便唯識)에 대칭한다. 『십팔공론』(대정장31, p.864a24)에 "유식의 뜻에는 두 가지가 있다. 첫째는 방편유식이다. … 둘째로 정관유식을 밝힌다. 생사하는 허망한 심식과 그 경계를 보내고 없게 해서, 일체를 온통 깨끗이 다하여 오직 아마라청정심만이 있게 한다. 唯識義有兩 一者 方便 … 二明 正觀唯識 遣蕩生死虛妄識心 及以境界 一切皆淨盡 唯有阿摩羅淸淨心也"라고 하였다. 〔참고문헌〕『十八空論』. ⇨ 방편유식 方便唯識

정관존자 淨觀尊者 백제 스님. 426년(구이신왕7)에 해남 대흥사(大興寺)의 산내암자인 만일암(挽日庵)을 창건하고, 이어 대흥사도 창건하였다고 전한다. 『만일암지』에 "고기에 이르기를, '송문제원가2년 병인〈백제 구이신왕 즉위 7년〉에 백제 스님 정관존자가 창건하였다'라고 하였다. 古記曰 宋文帝元嘉三年丙寅之歲〈百濟久爾辛王卽位之七年〉 百濟僧淨觀尊者創建"라고 하였다. 그러나 대흥사는 544년 아도화상(阿度和尙) 창건설 등이 전한다. 〔참고문헌〕『挽日庵志』, 『大芚寺志』(亞細亞文化社, 1980) p.403. ⇨ 만일암 挽日庵, 대흥사 大興寺 [9]

정관지 淨觀地 삼승(三乘) 공통으로 십지(十地) 중 하나인 초지(初地)인 간혜지(乾慧地 Ⓢ śukla-vidarśanā-bhūmi)이다. 사관(事觀)은 성취하였으나 진공(眞空)의 이관(理觀)은 성취하지 못한 지를 말한다. 과멸정지(過滅淨地)·견정지(見淨地)라고도 한다. 『대반야경』 권57(대정장5, p.322a2)에 "선현아, 정관지보특가라에 실로 성이 있다면 이 대승은 존귀하지도 묘하지도 않으니, 일체세간의 천인과 아수라 등을 넘지 못한다. 정관지보특가라에게는 실로 성이 없기에 이 대승은 존귀하고 묘하므로 일체세간의 천인과 아수라 등을 넘어선다. 善現 若淨觀地補特伽羅實有性者 則此大乘 非尊非妙 不超一切世間天人阿素洛等 以淨觀地補特伽羅非實有性故 此大乘 是尊是妙 超勝一切世間天人阿素洛等", 같은 책 권417(대정장7, p.93c6)에 "선현아, 이 중에서 어떤 것을 십지라고 하는가? 정관지·종성지·제팔지 … 보살지·여래지를 십지라고 한다. 善現 此中 云何十地 謂淨觀地 種姓地 第八地 … 菩薩地 如來地 是爲十地", 『반야이취분술찬』 권2(대정장33, p.45c5)에 "첫째, 다음과 같이 말한다. 정관지는 순해탈분위와 앞의 삼선근에 있다. … 둘째, 이렇게 풀이한다. 정관지는 오직 순해탈분위에만 있어 아직 성제를 관하지 못했으며, 종성도 아직 정해지지 않았다. 단지 청정하게 마음을 닦고 신수 등만 관할 뿐이므로 정관이라고 한다. 一云 淨觀地 在解脫分位 及前三善根 … 二解云 淨觀地 唯在解脫分位 未爲諦觀 種性未定 但淨修心 觀身受等 故名淨觀"라고 하였다. 〔참고문헌〕『大般若經』, 『般若理趣分述讚』. ⇨ 십지 十地 [1], 간혜지 乾慧地, 순해탈분 順解脫分

정관집 靜觀集 정관일선(靜觀一禪 1533~1608)의 시문집. 1권. 한불전8, pp.24b13~33c11에 수록되어 있다. 1641년(인조19) 안심사(安心寺) 개판본이 유통되며, 판본에 따라 차이가 있지만 대체로 숭정기원지신사(崇禎紀元之辛巳 : 1641)에 시남창수(市南倉叟)가 쓴 「서문 序文」과 경신(庚申) 3월에 석총도인(石潨道人)이 쓴 「서문」이 있다.

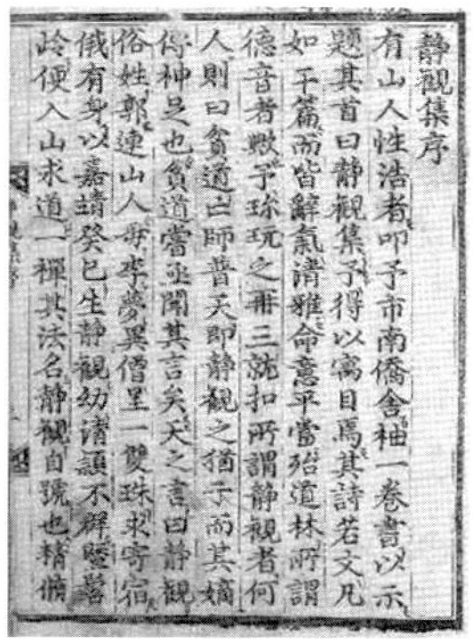
정관집 고산 안심사 1641년

시문집에는 시 64수와 잡저(雜著) 13편이 수록되었다. 싯구에 대해서는 시남창수의 「서문」(한불전8, p.23c4)에 "모든 글의 기운이 맑고 고귀하며 함축된 의미(命意)도 공평하고 합당하니 거의 도림에서 일컫는 덕음이라 할 만하다. 皆辭氣淸雅 命意平當 殆道林所謂德音者歟"라고 극찬하였다.

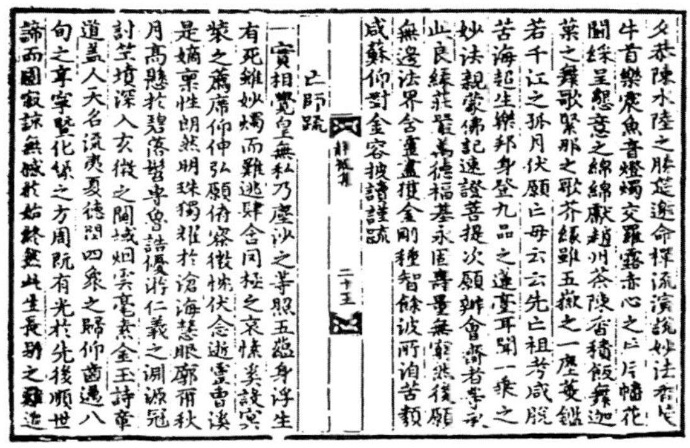
정관집

잡저 역시 사실적으로 기술되어 조선 불교를 이해하는 데 도움이 된다. 박거사에게 '인지'라는 도호를 내리며 지어 준 「박거사수도호이인지서증 朴居士須道號以仁智書贈」, 종이 3,000권을 만들어 『법화경』·『능엄경』 등 경전 30부를 인출하면서 지은 「인경후발 印經後跋」, 스승인 청허휴정(淸虛休靜)에게 답장한 「답정법사서 答靜法師書」, 송운유정(松雲惟政)이 왕명을 받들어 일본에 사신으로 떠날 때에 전송하지 못하는 마음을 담아 보낸 「상송운대사 上松雲大師」, 한식(寒食)에 돌아가신 부모님과 큰형을 위해 지낸 제사의 「한식제문」, 「관음기도문 觀音祈禱文」, 「미타관음세지점안문 彌陀觀音勢至點眼文」, 부친의 천도저 소문인 「망부소 亡父疏」, 모친의 오칠재(五七齋) 소문인 「망모소 亡母疏」, 「망사소 亡師疏」, 임진왜란으로 죽은 모든 이가 삼보의 가피력으로 해탈하기를 기원하여 거행한 무차승회(無遮勝會)의 「수륙소 水陸疏」 등이 있다. ⇨ 일선 一禪 [2]

정광 淨光 1258~1325. 일본 임제종 대응파(大應派) 스님. 속성 미상. 경원(鏡圓)·통옹(通翁) 등이라고도 한다. 어려서 유학(儒學)을 배웠지만 구경의 진리가 아님을 알고 선(禪)으로 전향하였다. 운암사(雲巖寺) 고봉현일(高峰顯日)에게 참학한 뒤 축전(筑前 : 福岡縣) 숭복사(崇福寺) 남포소명(南浦紹明)에게 참학하고 그의 법을 이었다. 후에 낙서(洛西)에 초암(草庵)을 짓고 정안암(正眼庵)이라 이름 하였으며, 설두(雪竇)와 원오(圜悟)의 선풍을 흠모하여 『벽암록』을 가까이하였다. 화원천황(花園天皇) 때는 명에 따라 만수사(萬壽寺)에 주석하였으며, 후에 후제호천황(後醍醐天皇)은 남선사(南禪寺)에 주석하도록 명하고 보조대광국사(普照大光國師)라는 사호를 내리기도 하였다. 당시 팔종(八宗)이 홍성하여 선종을 배척하고 있었으므로 1325년(정중2) 정월 21일에 후제호천황이 연력사(延曆寺)·원성사(園城寺)·동사(東寺)와 내량(奈良)의 강사(講師)들을 불러 청량전(清涼殿)에서 스님과 종요(宗要)에 대해 논쟁하게 하였는데, 종봉묘초(宗峰妙超)를 데리고 참여하여 이들을 논파하고 제자의 예를 받았다. 논쟁 직후 병이 악화되어 같은 달 27일에 세수 68세를 일기로 입적하였다. 스님의 탑을 최승륜(最勝輪)이라고 한다.

정광 錠光 Ⓟ Dīpaṅkara. 정광불을 말한다. 『육도집경』 권3(대정장3, p.15a3)에 "부처님께서 바로 수기하셨다. '무수겁이 지나서 너는 마땅히 부처가 될 것이니, 이름은 정광이다. 정수리와 어깨 위에 각각 광명이 있고, 가르치고 구제하여 중생을 건지니 한량이 없을 것이다. 佛則授決 却無數劫 汝當爲佛 號曰錠光 頂中肩上 各有光明 教授拯濟 衆生獲度 其爲無量", 『화엄경탐현기』 권5(대정장35, p.193b28)에 "정광은 연등불이다. 이 부처님께서 태자로 처음 태어났을 때, 온몸의 주변이 타오르는 등불과 같았으므로 연등태자라 하였는데, 태자가 성불해서도 이 이름을 세웠다. 錠光是燃燈佛 此佛爲太子 初生時 一切身邊 如燃燈 故名燃燈太子 太子成佛 亦立此名"라고 하였다. [참고문헌] 『六度集經』, 『華嚴經探玄記』, *Jā.1.2.* ⇨ 정광불 錠光佛

정광대사 淨光大師 ❶ 의종(懿宗)이 870년(함통11) 승철(僧徹)에게 내린 호. ⇨ 승철 僧徹 ❷ 중국 천태종 의적(義寂)에게 충의왕(忠懿王)이 내린 호. ⇨ 의적 義寂❷, 송천태산정광대사비 宋天台山淨光大師碑

정광명삼매 淨光明三昧 ❶ Ⓢ vimalaprabhāsa-samādhi, Ⓣ dri-ma-med-pa'i-'od-kyi-ting-nge-'dzin. 청정한 광명을 구현하는 삼매. 이변을 여의고 일체를 비춘다. 『법화경』 권7(대정장9, p.55b1)에 십육삼매(十六三昧) 중 하나로 제시되어 있다. 『법화경문구보정기』 권10(卍속장45, p.341b17)에 "정광명삼매는 실상을 비추는 광명은 이변의 오염이 없다는 뜻이다. 淨光明三昧者 實相之光 無二邊染故", 『법화경구해』 권7(卍속장48, p.224b1)에 "정광명삼매는 청정하고 미묘한 광명으로 일체를 비추어 밝힌다. 淨光明三昧 以淨妙光 照明一切"라고 하였다. [참고문헌] 『法華經文句輔正記』, 『法華經句解』, *Saddh-p.424.* ⇨ 십육삼매 十六三昧 ❷ 백천삼매(百千三昧) 중 하나. 백팔삼매 중 정명삼매(淨明三昧 Ⓢ śuddhaprabhāso nāma samādhi)에 해당한다. 『방광반야경』 권4(대정장8, p.24a7)에 "또한 정광명삼매가 있다. 이 삼매에 머물면 모든 삼매에서 사무애혜를 분별한다. 復有淨光明三昧 住是三昧者 於諸三昧 分別四無礙慧"라고 하였다. [참고문헌] 『放光般若經』. ⇨ 백천삼매 百千三昧, 백팔삼매 百八三昧

정광불 定光佛 Ⓢ Dīpaṃkara, Dīpaṃkara tathāgata, Ⓟ Dipaṅkara, Ⓣ mar-me-mdzad. 과거세에 석가불이 유동보살(儒童菩薩)이었을 때 수기를 준 부처님. 제화갈라(提和竭羅)·제원갈(提洹竭)이라 음사하고, 연등불(燃燈佛)·보광불(普光佛)·정광불(錠光佛)이라 한역한다. 『화엄경』 「입법계품」의 과거오십삼불(過去五十三佛) 중 한 분이다. 60권본 『화엄경』 권47(대정장9, p.698c6)에 "선재가 말했다. '대성이시여, 보리심을 발한 지 얼마나 오래되었습니까?' 답하셨다. '선남자야, 내가 생각하건대 과거에 정광불 계신 곳에 출가하여 도를 구하며 범행을 청정하게 닦고, 공경공양하며 법을 듣고 수지하였다. 다음에 이구불(Ⓢ vimalo nāma tathāgata)에게 출가하여 도를 구하며 범행을 청정하게 닦고 공경공양하며 법을 듣고 수지하였다. … 선남자야, 나는 이와 같이 삼십육항하사부처님 계신 곳에 출가하여 도를 구하며 … 무량한 대비로 널리 중생을 감쌌다'. 善財白言 大聖 發菩提心來 爲久如耶 答言 善男子 我念過去於錠光佛所 出家求道 淨修梵行 恭敬供養 聞法受持 … 善男子 我於如是等三十六恒河沙佛所 出家求道 … 無量大悲 普覆衆生", 『문수사리보초삼매경』 권하(대정장15, p.426c18)에 "족성자야, 아주 먼 옛날 정광불 때, 나는 그 세상에서 수기를 받았다. 머리카락을 깔아놓은 땅을 정광여래께서 그 머리카락을 밟고 지나가시었으며, 연꽃을 뿌려 법인(法忍)을 얻었으니, (정광불께서는) 나에게 이렇게 수기하셨다. 무수겁 후에 능인여래(能仁如來)라는 부처가 될 것이다. 族姓子 乃昔往古 錠光佛時 吾於彼世 而受得決 所敷髮地 錠光如來 蹈越髮上 散以蓮花 逮得法忍 授吾莂曰 後無數劫 當得作佛 號能仁如來"라고 하였다. [참고문헌] 『華嚴經』, 『文殊師利普超三昧經』, *Gaṇḍ-vy.81·82.* ⇨ 유동 儒童❶, 정광여래 定光如來, 등광여래 燈光如來, 보광불 普光佛, 연등불 燃燈佛, 과거오십삼불 過去五十三佛

정광사 定光寺 함경남도 이원군 원사리 대덕산(大德山)에 있는 절. 북한 국보유적 제112호로 지정되어 있다. 838년(신라 민애왕1)에 일신(日信)이 운흥암(雲興庵)으로 창건하였으며 998년(목종1) 지헌(芝憲)이 일신중창하고 운흥사(雲興寺)라 하였다. 고려이후 조선전기까지 사적은 전하지 않으나, 1582년(선조12)에 지헌(智軒)의 대웅전 중건을 시작으로 1636년 병자호란(丙子胡亂)으로 불탄 절을 1643년(인조21)부터 원학(元學)이 법희(法熙)·홍읍석련(洪揖釋連)·서민(瑞玟)·의능상현(儀能尙玄)·옥경장인(玉瓊藏印)·법희상능(法喜尙能)·승인상임(勝印尙稔) 등과 함께 대웅전·승당·선당·만세루 등을 건립하였다. 1660년(현종1)에 성정(性淨)이 정광여래사리탑을 조성하여 천축국의 보배인 정광여래(定光如來)의 치아사리 2과(顆)·보궤(寶櫃)·감로병(甘露甁)·당종(唐鍾)·오색면포단(五色綿包緞) 등을 봉안하고 절 이름을 정광사로 바꾸었다. 1662년에 보영인균(普影印均)이 도대공덕주(都大功德主)로서 민안(珉安)·천기(天機)·옥순(玉淳)·의매(儀埋)·영각(靈覺) 등의 화원과 함께 삼세여래후불탱과 시왕상 및 법보중경(法寶衆經)·불패(佛牌)·전패(殿牌)·양산(陽傘)·란경(卵鏡)·삼단(三壇)·연(輦) 등 모든 위의(威儀)를 갖추었다. 1643년 원학으로부터 1662년 인균에 이르기까지 20년 동안 중창불사 후 전각과 속암에 대하여 「정광사사적실록」에 "청파교 위로는 용흥교이며, 불이문 안쪽은 곧 조계문이다. 영천루를 지나 위로는 천왕문이며 공덕비를 거쳐 만세루에 올라 범종소리를 들으며 부처님의 세계인 대웅전·팔상전과 명부전을 바라본다. 향적전을 통과하면 지승전과 칠성각이며, 연이어진 심검당과 적묵당에서는 선관을 행한다. 응향각과 정광탑은 때에 따라 보이는 것이 다르다. 절과 암자는 마치 달이 별과 함께 나옴과 같으니, 명경은 남암, 시행은 쌍계암, 견도는 서운암, 수도는 극락암, 견불은 미타암, 도솔은 상운암이다. 淸波橋上爲龍興橋 不二門內卽曹溪門 過迎薦樓上天王門 由功德碑登万歲樓 聞泛鍾而視佛界大雄殿八相殿與冥府殿 通香積殿智勝殿與七星閣 連尋釰堂寂默堂體用禪關 凝香閣定光塔同時見異時見 有寺之有庵 如月之有星 明經之南庵 視行之雙溪庵 見道之西雲菴 修道之極樂庵 見佛之彌陁庵 兜率之上雲庵"라고 하였다. 1671년부터 3년 동안 석균(釋均)·석겸(釋兼)이 명부전을 중건하고 계철(戒喆)·성찰(性察)이 시왕전 누각을 새로 지었다. 1676년(숙종2)에 신근(信根)이 대종·중종·운판을 조성하였는데 이때 편수(片手)는 사인(思印)이었다. 1711년(숙종37)에 인백(印白)·인허(印虛)가 괘불탱을 조성한 이후 1726년부터 1782년까지 사중(寺中)에서 주요 전각을 중수하였으며, 풍암체윤(豐巖體胤)이 1796년(정조20)에 여래상·지장상·시왕상 등을 개금하였다. 환정간홍(幻靜侃弘)이 1806년(순조6)에 세존상과 육광보살상(六光菩薩像) 7존을 조성하고 관찰사 김이양(金履陽)에게 비문을 청하여 1812년에 기적비(紀蹟碑)를 건립하였다. 하지만 1814년에 화재로 절이 모두 불타자 1817년부터 1819년까지 3년 동안 대웅전·심검당·적묵당·향로전을 중건, 1875년(고종12)에 금담(金潭)이 무량수각을 중건, 1877년에 성함(性咸) 등이 대웅전·명부전·무량수각 등을 개와하였다. 1891년에 춘파탁여(春坡卓如)가 성함의 부탁으로 「정광사사적서」를 지었다. 이상의 사적은 「관성현대덕산정광사사적실록 觀城縣大德山定光寺事蹟實錄」(『조선사찰사료』 권하, pp.342~349)에 자세히 실려있다. 일제강점기에 대본산 귀주사(歸州寺)의 말사로 사격(寺格)이 변동되어 『동아일보』 1924년 5월 24일 기사에 "구(舊)시대에는 이원군내에 있는 각 사암(寺庵)을 정광사에서 관할하더니 시대가 변함에 따라 근년에는 함흥 귀주사의 관할로 있게 되었다"라고 하였다. 현존 당우로는 대웅전·명부전이 있으며, 경내에는 보존유적 제1370호 정광여래사리탑을 비롯하여 여러 선사들의 비와 부도 및 정광사기적비·제시주영세불망비 등이 있다. [참고문헌] 『朝鮮寺刹史料』, 『東亞日報』, 『韓國寺刹全書』 권하 p.1005b4, 『북한의 전통사찰』 권8 자강도·함경남도(대한불교조계종 민족공동체추진본부, 2011) pp.161~207.

정광사 대웅전

정광사기적비(좌)·제시주영세불망비(우)

정광사금표비문 定光寺禁標碑文 정광사에 금표비를 세운 내력을 새긴 비문. 정광사 승도(僧徒)들이 올린 상소문에 대한 답문으로, 비는 1813년(순조13)에 세웠다. 비문은 『조선사찰사료』 권하 pp.348~349에 수록되어 있는데, "정광사는 불사리를 품은 곳으로 그 존귀함이 다른 사찰보다 특별하여 도내의 대찰로 부른다. 근래 인심이 옛날 같지 않아서 들어와 매장하고 쟁기로 땅을 일구며 … 나무꾼과 목동이 자주 금양을 어겨 수백 년을 지켜온 땅이 땔나무를 하고 농사짓는 곳을 면치 못하게 되니 금표비를 세워 엄금하고자 한다. … 풀 한 포기, 밭 한 이랑이라도 금령을 어겨 유고가 있으면 모두 감영에 보고하여 죄를 물을 것이며, 단연코 용서하지 않을 것이다. … 돌에 새겨 영구히 실행함이 마땅할 것이다. 本寺乃佛舍利所藏之地 其所尊與他寺尤爲特別 故素稱道內大刹也 近來人心不古 入葬耒墾 … 樵牧多犯於禁養 屢百年守護之地 將不免樵耕之場 … 故嚴禁植標爲去乎 … 雖一草一畝田 若或犯禁而有告及之 擧則報營定罪斷不可免 … 鐫石永久道行宜當者"라고 하였다. [참고문헌] 『朝鮮寺刹史料』. ⇨ 정광사 定光寺

정광암 淨光庵 경기도 용인시 처인구 모현면 갈담리 정광산(淨光山)에 있던 암자. 정광사(淨光寺)라고도 하였다. 『범우고』에는 사명(寺名)만 전하고, 1862년(철종13)에 간행된 광주읍지인 『중정남한지』에 "국초에 창건되었다. 國初建"라고 하였다. [참고문헌] 『梵宇攷』, 『重訂南漢志』, 『韓國寺刹全書』 권하 p.1010b6.

정광암 錠光庵 황해북도 개성시 영북면 박연리 천마산(天磨山)에 있던 암자. 1782년(정조6)에 간행된 『송도지』 권3 불우에 "대흥사 북쪽에 있다. 在大興寺北"라고 하였고, 『전등본말사지』에도 천마산 사찰로 전한다. [참고문헌] 『松都誌』, 『傳燈本末寺誌』(亞細亞文化社, 1978) p.353, 『韓國寺刹全書』 권하 p.1021b10 欄外.

정광여래 定光如來 Ⓢ Dīpaṃkara, Ⓟ Dipaṅkara, Ⓣ mar-me-mdzad. 석가모니부처님께서 과거 인위(因位)에 계실 때 수기(授記)를 내려주신 여래. 제화갈라(提和竭羅)·제원갈(提洹竭)로 음사하며, 정광여래(錠光如來)·연등불(燃燈佛)·연등여래(然燈如來)·보광여래(普光如來)·등광여래(燈光如來)라고도 한다. 『증일아함경』 권11(대정장2, p.599a13)에 "그때 초술범지가 멀리서 정광여래의 단정한 용모를 뵙고는 환희심으로

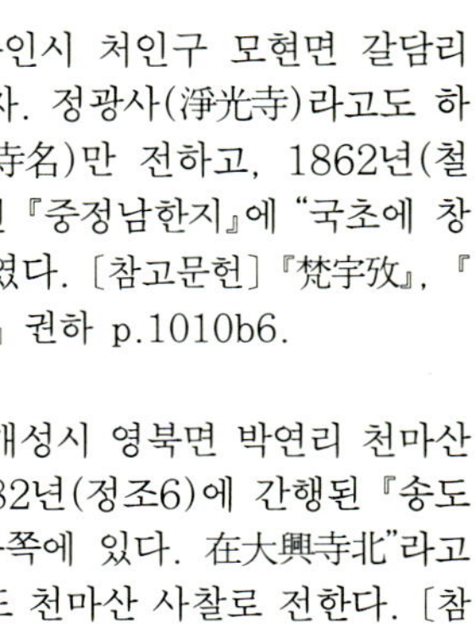

어쩌지 못하였다. 모든 근이 적정하여 행하심마다 착란이 없었으며, 삼십이상과 팔십종호로 저 맑은 물과 같아서 조그만 티끌도 없었으며, 광명 사무쳐 비춰서 걸림 없으니 마치 저 보배산이 모든 산 위로 우뚝한 듯 하였다. 時 超術梵志 遙見定光如來 顔貌端政 見莫不歡 諸根寂靜 行不錯亂 有三十二相 八十種好 猶如澄水 無有穢濁 光明徹照 無所罣礙 亦如寶山 出諸山上", 『현겁경』 권8(대정장14, p.64a17)에 "부처님께서 말씀하셨다. '희왕이여! 그때 보광의전륜성왕을 알고 싶은가? 정광여래가 바로 그였고, 그 부처님의 시자는 무손지비구로 유위불이 바로 그였으며, 국왕의 천 명 아들은 현겁 중의 과거천불이니라'. 佛言 喜王 欲知爾時 普廣意轉輪聖王 則定光如來是也 其佛侍者名曰無損智比丘者 維衛佛是也 其王千子 是賢劫中過千佛已", 『문수사리야만덕가주법』(대정장21, p.93c5)에 "그때 세존께서는 왕사성 안의 죽림정사에 계시면서 문수사리와 함께 옛적 연등불께 수기를 받게 된 인연에 대해 말씀하셨다. '… 최후

연등불입상

정광여래 석가연등불수기 페샤와르박물관

에 나는 선혜였는데, 정광여래께서 석가모니불이라는 이름으로 수기하셨다'. 爾時世尊 於王舍城內住竹林間 共文殊師利 論說往昔值燃燈佛得授記因 … 於最後得佛名曰善惠 値定光如來授記 號爲釋迦牟尼佛"라고 하였다. [참고문헌] 『增壹阿含經』, 『賢劫經』, 『文殊師利耶曼德迦呪法』, *Divy.246*. ⇨ 유동 儒童❶, 정광불 定光佛, 연등불 燃燈佛, 등광여래 燈光如來

정괘 釘掛 못 박아 내걸다. 『백장청규』 권2 「영대존숙迎待尊宿」(대정장48, p.1122b25)에 "침당에 못 박아 장막을 걸어 조패(照牌 : 자리 패찰)를 배치하며 자리를 빛낼 도반의 위를 특별히 한다. 寢堂釘掛帳幕 排照牌 設特爲光伴位", 『선림상기전』 권12 「정괘」(불광장, 禪藏, p.891)에 "도충이 말한다. '정괘란 펴서 내거는 것 모두를 말한다. 기둥을 세우거나 휘장과 장막을 거는 것 등이다'. 忠曰 釘掛者 總言鋪設也 或釘柱 或掛帷幕等"라고 하였다. [참고문헌] 『百丈淸規』, 『禪林象器箋』, 『律苑事規』 권6(卍속장106, p.54a1).

정교량 正敎量 Ⓢ āpta-āgama, Ⓣ yid-ches-pa'i-lu

ng. 바른 가르침을 헤아림. 능성립법팔종(能成立法有八種) 또는 삼량(三量) 중 하나로 깨달은 이의 말씀을 바른 앎의 근거로 삼는 뜻이다. 성교량(聖教量)·성언량(聖言量)·지교량(至教量)이라고도 한다. 『유가사지론』 권15(대정장30, p.358c3)에 "정교량이란, 일체지께서 설하신 언교 또는 그로부터 들은 바 또는 그 법을 따르는 것이다. 여기에는 세 가지가 있다. 첫째는 성인의 말씀을 거스르지 않는 것이고, 둘째는 잡염을 다스리는 것이며, 셋째는 법상을 어기지 않는 것이다. 正教量者 謂一切智所說言教 或從彼聞 或隨彼法 此復三種 一 不違聖言 二 能治雜染 三 不違法相", 『인명대소초』 권4(대정장68, p.458b18)에 "성교량이란 정교량·지교량·성량이라고도 한다. 믿을 수 있는 분의 말씀을 숙고해 그 뜻을 견주어 헤아리는 것이기 때문이다. 聖教量 亦名正教量 亦名至教量 亦名聲量 觀可信人聲 而比義故"라고 하였다. 〔참고문헌〕『瑜伽師地論』, 『因明大疏抄』, *Śrāv-bh. 442.* ⇨ 성언량 聖言量, 성교량 聖教量, 능성립법팔종 能成立法八種, 삼량 三量, 불위성언 不違聖言

정구 定具 Ⓟ samādhi-parikkhāra. 정(定)을 구족히 하는 것. 『집이문족론』 권16(대정장26, p.436a14)에 "〔문〕 무슨 까닭에 정구라고 하는가? 〔답〕 정이란 정정을 말한다. 칠도지로 돕고 거듭 둘러싸서 정을 더욱 힘있게 하고, 큰 세력을 갖추게 하여 자재하게 움직여 구경엔 원만하게 하기에 정구라고 한다. 問 何故名定具 答 定謂正定 由七道支 資助圍繞 令彼增盛 具大勢力 自在運轉 究竟圓滿 故名定具"라고 하였다. 〔참고문헌〕『集異門足論』, *DN.2.216.* ⇨ 칠정구 七定具, 정정 正定❶

정구십일법 定具十一法 정(定)을 구족히 하는 열한 가지 법. 『성실론』 권14(대정장32, p.351a18)에 "정구에 대해 말하겠다. 왜냐하면 정구가 있어야 정을 성취할 수 있고, 없으면 성취하지 못하기 때문이다. 〔답〕 정구란 열한 가지 법을 말한다. 첫째 청정한 지계, 둘째 선지식을 만나는 것, 셋째 근문을 수호하는 것, 넷째 음식의 양을 아는 것, 다섯째 초야와 후야에 잠을 덜 자는 것, 여섯째 선한 깨우침을 갖추는 것, 일곱째 믿음과 이해를 갖추는 것, 여덟째 행자의 분수를 갖추는 것, 아홉째 해탈처를 갖추는 것, 열째 장애가 없는 것, 열한째 집착하지 않는 것이다. 청정지계란, 불선업을 여의는 것을 지계라고 한다. 불선업이란 살생·도둑질·사음의 몸의 세 가지 업이고, 거짓말·이간질하는 말·추악한 말·아첨하는 말의 입의 네 가지 업이다. 이러한 죄를 멀리 여의는 것이 지계다. … 지계가 없으면 선정도 없으니, 지계를 인연으로 선정 또한 얻기 쉽다. … 생각하는 힘이 곧 지계이고, 닦는 힘이 바로 도이다. 먼저 파계의 죄과와 지계의 이익을 생각하고 헤아리기에 능히 계를 가져야 하며, 후에 도를 얻고 나면 저절로 악을 여윈다. … 또 '깨끗이 계를 가지는 이는 마음으로 뉘우칠 일이 없고 나아가 욕을 여의고 해탈한다'. 이 모든 공덕은 다 지계로 말미암기에 정구라고 한다. 定具 今應當說 所以者何 若有定具 則定可成 無則不成 答曰 定具者 謂十一法 一 淸淨持戒 二 得善知識 三 守護根門 四 飮食知量 五 初夜後夜 損於睡眠 六 具足善覺 七 具善信解 八 具行者分 九 具解脫處 十 無障礙 十一 不著 淨持戒者 離不善業 名爲持戒 不善業者 所謂殺盜邪婬是身三業 妄語兩舌惡口綺語是口四業 遠離此罪 是名持戒 … 若無持戒 則無禪定 以持戒因緣禪定易得 … 思力卽是持戒 修力是道 先思惟籌量 破戒罪過 持戒利益 故能持戒 後得道已 自然離惡 … 又說淨持戒者 則心不悔 乃至離欲 心得解脫 是諸功德 皆由持戒 故名定具"라고 하였다. 〔참고문헌〕『成實論』. ⇨ 정 定❶, 정정 正定❶

정구업진언 淨口業眞言 구업(口業)을 깨끗이 하는 진언. 독경을 하는 등 입으로 외우는 모든 행의에 앞서 외우는 진언이다. 「조송주 朝誦呪」(『석문의범』 권상, p.80a8)에 "수리수리 마하수리 수수리 사바하. 修里修里 摩訶修里 修修里 娑婆訶", 『일용작법』에 "이 진언에는 옴(唵 :) 자가 없는데, 미륵부처님의 강생을 기다린 후에야 옴 자를 둔다는 것은 무엇인가? 『최상경』에 나온다. 此呪本無唵字 待彌勒降生後安此唵字云何 最上經中出也"라고 하였다. 〔참고문헌〕『釋門儀範』, 『日用作法』 10張. ⇨ 구업 口業

정구유계 定俱有戒 정(定)과 함께하는 계. 정공계(定共戒)의 다른 이름. 『대비바사론』 권17(대정장27, p.83a20)에 "정구유계란 색계계를 말한다. … 정구유계는 얻었으나 도구유계는 얻지 못한 이들이 있으니, 이생들이 욕탐의 염오를 여읜 온갖 최후의 해탈도를 말한다. 즉 그들은 초정려의 염오를 여의고 초정려에 의지해 가행도와 온갖 최후의 해탈도를 일으킨다. … 곧 그들은 제4정려의 염오를 여의고 제4정려에 의지해 가행도를 일으킨다. 만약 이생들이 근본정려에 의지하면 모든 신통을 이끌어내고 가행도와 오무간도와 삼해탈도를 일으킨다. 만약 무량한 부정관·지식념·염주·난·정·인·세제일법을 일으키면 처음의 삼해탈과 팔승처와 앞의 팔변처와 무색계에서 죽어서 색계에 나는 때이고, 색계의 상지에서 죽어 하지에 나는 때이다. 이와 같은 때에는 정구유계는 얻었으나 도구유계는 얻은 것이 아니다. 定俱有戒者 謂色界戒 … 有得定俱有戒 非道俱有戒 謂諸異生 離欲染一切最後解脫道 卽彼爲離初靜慮染 依初靜慮起加行道 及一切最後解脫道 … 卽彼爲離第四靜慮染 依第四靜慮 起加行道 若諸異生 依根本靜慮 引發諸通 起加行道 五無間道 三解脫道 若起無量不淨觀 持息念 念住

煖頂忍 世第一法 初三解脫 八勝處 前八遍處 及無色界歿生色界時 色界上地歿 生下地時 如是等時 得定俱有戒 非道俱有戒"라고 하였다. [참고문헌]『大毘婆沙論』. ⇨ 정공계 定共戒, 정려율의 靜慮律儀, 삼계 三界

정구족 定具足 Ⓟ samādhi-sampanna, samādhi-sampadā. 계정혜(戒定慧) 삼학(三學) 중 정을 구족히 하는 것. 승(僧)의 다른 이름이기도 하다. 『잡아함경』 권20(대정장2, p.143c16)에 "이와 같은 네 쌍의 여덟 류는 세존의 제자무리로서 계를 구족하였고, 정을 구족하였고, 혜를 구족하였고, 해탈을 구족하였고, 해탈지견을 구족한 이들이다. 공양하고 공경하고 예배할 대상이며 세간의 위없는 복전이다. 如是四雙八士 是名世尊弟子僧 戒具足 定具足 慧具足 解脫具足 解脫知見具足 供養恭敬 禮拜處 世間無上福田", *Sākaccha-sutta*(*AN. 3*, p.81)에 "비구들이여, 여기 비구는 스스로 정을 구족하고 정구족에 대한 물음에 잘 대답한다. idha bhikkhave bhikkhu … attanā ca samādhi-sampanno hoti, samādhi-sampadākathāya ca āgataṃ pañhaṃ vyākattā hoti", 『법온족론』 권3(대정장26, p.464a9)에 "정구족이란 학무학의 승가로서 학무학의 정을 성취하고 구족한 것을 말한다. 定具足者 謂學無學僧 成就具足 學無學定"라고 하였다. [참고문헌]『雜阿含經』, 『法蘊足論』, *AN*. ⇨ 정 定[1], 삼학 三學

정국 淨國 [1] Ⓢ buddha-kṣetra. 깨끗한 나라. 불국토(佛國土)를 말한다. 『유마경』 권상 「불국품 佛國品」(대정장14, p.538a25 : *Vikī-n.*, p.30)에 "보살이 정국을 취하는 까닭은 모두 중생들에게 널리 이익을 주려고 했기 때문이다. 菩薩取於淨國 皆爲饒益諸衆生故 satvārthanirjātaṃ hi kulaputra bodhisatvānāṃ buddhakṣetram", 『대반열반경집해』 권15(대정장37, p.437b1)에 "팔지 이상의 지위에서는 상에 집착하는 마음이 모두 사라지기 때문에 정국이라 한다. 八地已上 相心都盡 名爲淨國"라고 하였다. [참고문헌]『維摩經』, 『大般涅槃經集解』, *Vikī-n*. ⇨ 정토 淨土, 불국토 佛國土, 보정국 寶淨國, 부정국 不淨國 [2] 아미타불(阿彌陀佛)의 정토(淨土). 『미륵경유의』(대정장38, p.263a19)에 "그 정국에서는 사람의 수명이 팔만사천유순이기 때문이다. 爲彼淨國 人壽卽八萬四千由旬", 『안락집』 권하(대정장47, p.19a2)에 "만일 아미타불의 정국에 왕생한다면 사바세계의 오도는 한꺼번에 문득 버릴 수 있으므로 횡절이라 한다. 若得往生 彌陀淨國 娑婆五道 一時頓捨 故名橫截"라고 하였다. [참고문헌]『彌勒經遊意』, 『安樂集』. ⇨ 정토 淨土

정국사 定國寺 [1] 중국 하남성(河南省) 창덕(彰德 : 安陽)에 위치한 절. 동위(東魏)대 고환(高歡)이 전투에서 이주영(爾朱榮)을 이긴 기념으로 창건하였다. 북제(北齊)대 도신(道愼)과 수대 영유(靈裕 518~605) 등이 주석하였는데 영유는 이 절에 탑을 조성하기도 하였다. [2] 중국 하북성(河北省) 영수(靈壽)의 주산(朱山)에 위치한 절. 북위(北魏) 말년 정주(定州)의 승표(僧標)선사가 창건할 당시에는 선실(禪室)만 갖춘 정도로 사세가 미미하였지만 그 뒤 고환의 조카 고예(高叡)가 557년(천보8)에 증축하고 정국사라고 이름하였다.

정국안화사 靖國安和寺 황해북도 개성시 송악산(松岳山)에 있는 안화사(安和寺). 『미수기언』 권27 「성거천마고사 聖居天摩古事」(한국문집총간98, p.137a7)에 "예종 13년(1118)에 안화사를 중건하였다. 송나라 도군황제가 태자태사 채경(蔡京)에게 명하여 문의 편액 '정국안화사' 다섯 자를 큰 글씨로 써서 주었으며, 또 십육나한소상도 내렸다. 睿宗十三年 重作安和寺 宋道君皇帝 命太子太師京 書門額靖國安和寺五大字以賜之 又賜十六羅漢塑像"라고 하였다. [참고문헌]『眉叟記言』, 『韓國寺刹全書』 권하 p.1021a9. ⇨ 안화사 安和寺

정궤 定軌 정해진 길이나 규범. 『영각광록』 권22 「사박산귀민 辭博山歸閩」(卍속장125, p.648a13)에 "삼년간 숨어 달 위인 듯 포단에 앉았더니, 오늘은 뒤쳐 주장자 닮은 구름 끌 듯하네. 본래 납승에게는 정한 규범 없으니, 오가는 일 그대 향해 말해줄 순 없다네. 三秋穩坐蒲團月 此日翻携拄杖雲 自是衲僧無定軌 難將行止向君論", 같은 책 권28 「동상고철 洞上古轍」 하(卍속장125, p.730a5)에 "스승의 작용이란 본래 정해진 법도가 없다. 그럼에도 옛 사람이 반드시 강종을 세우는 까닭은 무엇일까? 쟁반 위를 구르는 구슬과 같다. 비록 이리저리 구르며 비스듬히 기울기도 하지만 결코 쟁반에서 벗어날 수 없다. 師家作用 本無定軌 然古人必立之綱宗者何 正如走盤之珠 雖宛轉橫斜 莫可方擬 然必不可出於盤也", 『불조삼경지남』 권하(卍속장59, p.378a5)에 "마지막 두 구는 따라 씀에 어떤 결함도 없음을 밝혔다. 곧 눈앞의 일이나 저편의 일이나 때에 임하거나 기틀에 임하여 연에 따라 나고 들며 정한 길은 없다. 後二句明 應用不闕 謂今時那畔 臨時臨機 隨緣出沒 無定軌也"라고 하였다. [참고문헌]『永覺廣錄』, 『佛祖三經指南』.

정규 淨珪 ?~494. 중국 남북조시기 제(齊)에서 활동하던 비구니. 속성은 주(周)씨. 진릉(晉陵) 출신. 일찍이 출가를 원하여 부모의 허락을 받고 법정(法淨) 비구니의 제자가 되어 법음사(法音寺)에 머물렀다. 비구니 담간(曇簡)과 함께 백산(白山)으로 옮겨 교화하다가 494년(건무1)에 입적하였다. 『비구니전』 권3 「법음사정규니전 法音寺淨珪尼傳」(대정장50, p.943c22)에 "건무 원년(494) 2월 8일에 비구니 담간과 함께 소신하였는데, 도속이 슬퍼하며 목메어 울지 않는 이가 없었다. 사리를 거두어 탑을 세워 봉안하였다. 以建武元年二月八日 與曇簡同夜燒身 道俗哀赴 莫不哽咽 收其舍利 樹封墳刹焉"라고 하였다. [참고문헌]『比丘尼傳』.

정극광통달 淨極光通達 깨끗하기 그지없는 빛으로 통하여 다함 없다. 마음에 어떤 견도 남아있지 않아 그 빛으로 비추지 못할 곳이 없는 뜻이다.『능엄경』권6(대정장19, p.131a23)에 "깨끗하기 그지없는 빛으로 통하여 다함 없으니, 고요히 비추어 허공을 머금었다. 돌이켜 와서 세간을 뚫어보니, 마치 저 꿈 속의 일인 듯하다. 淨極光通達 寂照含虛空 却來觀世間 猶如夢中事",『수능엄의소주경』권4(대정장39, p.879c11)에 "이러면 대소로 건질 수 없고, 일다로 끝낼 수도 없다. 斯則 無大小之可拘 非一多之可限", 같은 책 권6(대정장39, p.911a25)에 "'깨끗하기 그지없다' 한 것은 깨끗함 더없이 가득차 해탈마저 이즈러짐 없음이다. '빛으로 통하여 다함 없다' 한 것은 깨우침 가득해 반야를 갖춤이다. 고요히 비춘다는 말은 진리법신의 극치다. 세 가지 덕 이미 두렷하여 세 가지 장애가 영원히 사라지니, 마치 기나긴 꿈에서 깨어난 듯하고 저 연꽃 핀 듯 하다. 淨極 謂滿淨解脫圓也 光通達 謂滿覺般若備也 寂照 謂眞理法身極也 三德旣圓 三障永盡 如大夢寤 如蓮華開",『능엄경훈문기』권4(卍속장17, p.635a12)에 "정극광통달이란 진지의 구경이다. 만일 마음에 견을 일으킨즉 보지 못하는 상이 있겠지만, 마음에서 이미 모든 견해 떠났다면 광명 두루 비추는 뜻만이 있다. 淨極光通達 謂眞智究竟也 若心起見 則有不見之相 心旣離見 卽是光明遍照之義"라고 하였다. [참고문헌]『楞嚴經』,『首楞嚴義疏注經』,『楞嚴經熏聞記』. ⇨ 진지 眞智

정근 丁近 고려 스님. 삼장(三藏)에 정통하고 시문에도 뛰어난 재주가 있어 당대 문인들과 교류가 넓었던 스님이다.『동문선』권17에 스님이 지은 칠언율시「제지평동헌 題秪平東軒」이 수록되어 있다. 시문 중에 "주인의 맑은 절개를 누구에게 비길까? 동헌에 차군(此君 : 대나무의 별호)이 없어 한스럽네. 主人淸節將誰比 却恨鈴齋欠此君"라고 하였다. [참고문헌]『東文選』.

정근 正根 진(塵)을 상대해 분별을 일으키는 등 견의 성(見性)을 간직한 근. 승의근(勝義根)을 말하며 부진근(扶塵根)의 상대어다.『능엄경보경소』권3(卍속장90, p.668a16)에 "비록 근과 진이 서로 대하여 일념도 아직 일어나지 않을 때에는 이 정근중에 보는 성이 현량의 성경을 취하는데, 마치 집게로 물건을 집는 것과 같고 해가 빛을 펴는 듯해서 조금도 분석함이 없다. 단지 형상이 거울 속에 나타나듯 본래 울퉁불퉁 추오의 차별 분석이 없다. 너의 식이 일념이라도 근진중에 갑자기 일어나 마침내 차제로 이름을 드러니고 글자를 가리키게 되면 곧바로 분별을 낳는다. 雖根塵相對 一念未生之時 此正根中見性 取現量性境 如鉗取物 似日舒光 毫無分析 但如像現鏡中 元無姸媸美惡差別之分析也 而汝之識 一念倏起生於根塵之中 遂而次第 標名指字 卽生分別"라고 하였다. [참고문헌]『楞嚴經寶鏡疏』. ⇨ 승의근 勝義根, 부진근 扶塵根, 진 塵, 근 根

정근 正勤 Ⓢ samyak-pradhāna, samyak-prahāṇa, samyag-vyāyāma, samudāgama, Ⓟ samma-ppadhāna, Ⓣ yang-dag-pa'i-rtsol-ba, yang-dag-par-'grub-par-bya-ba. 바르게 애쓰다. 바르게 정진함을 말한다.『광의법문경』(대정장1, p.920a15)에 "어떤 것을 도리에 의지한 정근이라고 하는가? 즉 선법에 대하여 마음에 해태함이 없고, 항상 마음을 다스려 모든 악법을 깨끗이 하며, 마음으로 정을 얻지 못했으면 자재하게 하고, 마음이 아직 통달하지 못했으면 요달하게 하니 이와 같은 것을 도리에 의한 정근이라고 한다. 장로들아, 부처님의 제자가 이와 같이 도리에 의하여 정근을 일으키는 열 가지 상응법이 있어 수행한다. 어떤 것이 그 열 가지인가? 첫째 부정상, 둘째 무상상, 셋째 무상을 괴로움이라고 생각하는 것, 넷째 고법을 무아라고 생각하는 것, … 아홉째 멸하여 사라지는 것이라 생각하는 것, 열째 죽음을 생각하는 것이다. 何等名爲依理正勤 謂於善法 心無懈怠 恒練治心 淨諸惡法 若心未得定 令得自在 若心未通達 令得了達 如此則名依理正勤 長老 若聖弟子 自如此依於道理 而起正勤 有十種相應法修行 何等爲十 一 不淨想 二 無常想 三 於無常 觀於苦想 四 於苦法中 觀無我想 … 九 觀滅離想 十 觀死想",『대지도론』권48(대정장25, p.405c7)에 "구십육종 삿된 행으로 도를 구하는 것과 다르게 하는 것을 정근이라고 한다. 모든 외도 등은 오욕을 버리고 스스로 몸을 괴롭히며, 악하고 선하지 않은 법을 버리지 못하고, 모든 선법을 모으지 못한다. 부처님께서는 두 가지로 악하고 선하지 않은 법을 끊으시니, 이미 발생한 것은 버리며 아직 발생하지 않은 것은 막아 생겨나지 않도록 하는 것이다. 선법에도 두 가지가 있으니, 아직 생겨나지 않은 선법은 생겨나게 하고 이미 생겨난 선법은 증장하도록 하는 것이다. 이것을 정근이라고 한다. 與九十六種邪行求道相違 故名正勤 諸外道等捨五欲自苦身 不能捨惡不善 不能集諸善法 佛有兩種斷惡不善法 已來者除却 未來者防使不生 善法亦有二種 未生善法令生 已生善法令增長 是名正勤"라고 하였다. [참고문헌]『廣義法門經』,『大智度論』, *Abh-k-bh.55·328.*, *Sūtr.48·145.* ⇨ 사정근 四正

勤, 무학정근 無學正勤, 발기정근 發起正勤

정근 定根 Ⓢ Ⓟ samādhi-indriya, Ⓣ ting-nge-'dzin-gyi-dbang-po. 정(定)의 바탕. 사선(四禪) 또는 사마타(奢摩他)와 비발사나(毘鉢舍那)를 말하기도 한다. 심일경성(心一境性)으로 정을 성취할 수 있는 것들을 널리 정근이라 한다. 삼십칠도품(三十七道品 Ⓢ saptatriṃśad-bodhi-pakṣikā-dharmāḥ)의 오근(五根) 중 하나, 또는 이십이근(二十二根 Ⓢ dvāviṃśati-indriyāṇi) 중 하나로 선정(禪定)은 온갖 공덕을 낳고 증장하는 뿌리(根)라는 뜻에서 선정근(禪定根)이라고 한다. 『잡아함경』 권26(대정장2, p.182b17 : *Daṭṭhabba-sutta, SN.5*, p.196)에 "오근 중 … 정근이란 사선을 말하는 것임을 알아야 한다. 有五根 … 定根者 當知是四禪 pañcimāni bhikkhave indriyāni … catusu jhānesu ettha samādhindriyaṃ daṭṭhabbaṃ", 『증일아함경』 권42(대정장2, p.779b4)에 "무엇을 정근이라 하는가? 정근이라는 것은 마음에 착란이 없고 사소한 상도 없으며 항상 하나의 뜻에 오롯이 하는 것인데, 이를 일러 바로 삼매의 뿌리라 한다. 云何名爲定根 所謂定根者 心中無錯亂 無若干想 恒專精一意 是謂名爲三昧根", 『품류족론』 권8(대정장26, p.723b17)에 "정근이란 무엇인가? 벗어나고 멀리하는 데서 생겨나는 선법으로서 모든 념이 머물되 고르게 머물고 편안히 머물고 가까이 머물고 굳게 머물러 산란이 없으며, 거둬 그쳐서 고르게 가지는 심일경성을 정근이라 한다. 定根云何 謂依出離遠離 所生善法 諸念心住 等住安住 近住堅住 不亂不散 攝止等持 心一境性 是名定根", 『대지도론』 권19(대정장25, p.204b25)에 "정근이란 보살이 정상을 잘 취해서 갖가지 선정을 낳는 것이다. 정문을 분명히 알고, 잘 정에 들고 머물고 나오는 법을 아는 것이다. 정에 집착하거나 취하지 않고 의지하려 하지도 않는다. 정에서의 연과 무너뜨리는 연도 잘 알고 자재하게 온갖 선정에서 노닐며, 또한 무연선정마저도 알아야 한다. 남의 말을 따르지 않고 정만을 좇는 것도 아니어서, 나오고 듦에 자재무애하여야 이를 정근이라 한다. 定根者 菩薩善取定相 能生種種禪定 了了知定門 善知入定 善知住定 善知出定 於定不著不味 不作依止 善知所緣 善知壞緣 自在遊戲諸禪定 亦知無緣定 不隨他語 不專隨禪定行 自在出入無礙 是名爲定根", 『유가사지론』 권57(대정장30, p.615c25)에 "〔문〕 정근은 무엇인가? 〔답〕 사마타와 비발사나이다. 問 定根何義 答 奢摩他 毘鉢舍那", 『대승아비달마잡집론』 권10(대정장31, p.740b23)에 "정근을 수습한다는 것은 모든 진실에 마음을 메어 마치고는 심일경성의 행을 일으키는 것이다. 修習定根 於諸諦既繫念已 起心一境性行"라고 하였다. 〔참고문헌〕 『雜阿含經』, 『增壹阿含經』, 『品類足論』, 『大智度論』, 『瑜伽師地論』, 『大乘阿毘達磨雜集論』, *SN.*, *Abh-s.74*. ⇨ 오근 五根, 이십이근 二十二根❶, 심일경성 心一境性, 삼십칠도품 三十七道品, 선정 禪定, 정 定❶

정근법석 精勤法席 정근을 행하는 법석. 정근이란 독경(讀經)·칭명(稱名)을 장시간 쉬지 않고 행하는 기도법으로서, 소리내어 부르는 대상에 따라 관음정근·약사정근·지장정근, 소원에 따라 구병(救病)·기우(祈雨)·소재(消災) 등 정근이라고도 한다. 『작법귀감』 권상 「관음청 觀音請」(한불전10, p.557b7)에 "헌좌〈다게와 권공은 모두 생략하니 위의 설과 같다. 보궐주 후에 정근하기를〉 나무보문시현 원력홍심 대자대비구고관세음보살〈천번 만번 소리내어 부름〉. 獻座〈茶偈勸供 廣略一如上說 補闕呪後 精勤云〉 南無普門示現 願力弘深 大慈大悲救苦觀世音菩薩〈千聲萬聲〉, 같은 책 「지장청 地藏請」(한불전10, p.558b6)에 "정근하다. 나무남방화주본존 지장보살〈천성만성〉. 精勤 南無南方化主本尊 地藏菩薩〈千聲萬聲〉", 『정종실록』 권6 2년(1400) 10월 24일에 "태상왕(太上王 : 태조)이 정릉(貞陵 : 태조비 신덕왕후 강씨의 릉)에 이르러 정근법석을 베풀었다. 太上王至貞陵 設精勤法席", 『태종실록』 권30 15년(1415) 7월 23일에 "처음에 임금이 부처사리인지를 직접 확인코자 사근·설오 등 일백 스님을 흥천사 사리전에 모시고 정근법석을 설행하여 사리분신을 기원하였다. 初 上欲驗佛氏之眞僞 聚僧思近 雪悟等一百 于興天寺舍利殿 設精勤法席 以祈分身", 『세종실록』 권111 28년(1446) 3월 13일에 "이날 밤에 승도 49명을 시어소의 서청에 모시고 정근기도를 설행하였는데, 소라를 불고 북을 치니 종경 소리가 거리에 진동하였다. 이튿날 신시가 되어서야 파하였으며 스님들에게 비단과 포를 차등있게 드렸다. 是夜 會僧四十九于時御所西廳 設精勤祈禱 吹螺擊鼓鍾磬之聲 振動街里 翼日申時乃罷 賜僧絹布有差"라고 하였다. 〔참고문헌〕 『作法龜鑑』, 『定宗實錄』, 『太宗實錄』, 『世宗實錄』.

정근수행 精勤修行 물러남 없이 쉬지 않고 닦아 행함. 『십지경론』 권3(대정장26, p.143a20)에 "정근수행이란 것에는 두 가지가 있다. 첫째는 불퇴력이니 수행을 버리지 않기 때문이고, 둘째는 부전력이니 정진하여 쉬지 않기 때문이다. 精勤修行者 有二種 一 不退力 不捨行故 二 不轉力 精進不息故"라고 하였다. 〔참고문헌〕 『十地經論』. ⇨ 정진 精進

정근일 正勤日 Ⓢ Vikramāditya. 왕 이름. 필가라마아질다(苾柯羅摩阿祑多)라고 음사하고, 초일왕(超日王 : Candragupta 2세)이라고도 한역한다. 정륵일(正勒日)이라고도 쓴다. 『바수반두법사전』(대정장50, p.189c18)에 "'오직 석가의 가르침이 세상에 성행하여 중생들은 이 법이 크다고 하는데, 내가 그것을 논파하겠다'. 그리고 곧바로 아유사국에 들어가 논의고를 크게 두드리고 말했다. '내가 논의하고자 하는데, 만약 내가 논의에서 지면 나의 목을 벨 것이고, 만약 그가 진다면 그 목을 떨구어야 한다'. 국왕 필가라마아질다는 정근일이라 한역하는데, 왕은 이 일을 알고, 바로 외도를 불러 물으니 외도는 이렇게 말했다. '왕은 나라의 주인이니, 사문과 바라문에 대해 마음에 편애함이 없어야 합니다. 행법을 익혔다면 그 옳고 그름을 시험해야 합니다. 저는 지금 석가의 제자와 우열을 결판내려고 하는데, 목을 걸고 맹세하는 것입니다'. 唯釋迦法 盛行於世 衆生謂此法爲大 我須破之 卽入阿緰闍國 以顯擊論義鼓云 我欲論義 若我墮負 當斬我頭 若彼墮負 彼宜輸頭 國王馝柯羅摩阿袟多 譯爲正勤日 王知此事 卽呼外道問之 外道曰 王爲國主 於沙門婆羅門 心無偏愛 若有所習行法 宜試其是非 我今欲與釋迦弟子 決判勝劣 須以頭爲誓"라고 하였다. 〔참고문헌〕『婆藪槃豆法師傳』. ⇨ 초일왕 超日王

정근화향 精勤火香 쉬지 않고 향을 올리며 수행함. 『삼국유사』 권3(대정장49, p.992b26・한불전6, p.324a12) 탑상(塔像)4 삼소관음중생사(三所觀音衆生寺)에 "대정 13년(1173・명종3) 계사년간에 점숭이라는 스님이 있어 이 절에 머물렀는데, 문자는 알지 못하였지만 성품이 본래 순수하고 정성을 다해 향을 올렸다. 又大定十三年癸巳間 有僧占崇 得住玆寺 不解文字 性本純粹 精勤火香"라고 하였다. 〔참고문헌〕『三國遺事』.

정금 淨琴 중국 명대 임제종(臨濟宗) 스님. 법호는 고음(古音), 만년의 호는 옥지노인(玉芝老人), 속성은 채(蔡)씨. 복건성(福建省) 건양(建陽) 출신. 25세 때 동봉암(東峰庵) 적석산주(赤石山主)에게 삭발하고 출가하였으며, 처음에는 대천혜통(大闡慧通) 문하에서 오랫동안 참학하였으나 진전이 없었다. 다음으로는 성공관주(性空關主)에게 가서 참학하였고, 다시 행각하며 소무(邵武)로 가던 중 정황(靜晃)을 만나 간화선법에 대해 듣고서 만법귀일(萬法歸一) 화두를 받았다. 그 후 사천(蜀)지역으로 들어가는 도중 계명하(鷄鳴河)에서 홀연히 화두를 깨쳤다. 무산사(巫山寺)로 가서 수당송(壽堂松)에게 인가를 받았다. 다시 복건(閩) 지역으로 돌아가서 두봉(斗峰)에서 30여 년 동안 교화를 펼쳐 일방의 종장이 되었다. 문집인 『제호집 醍醐集』 3권이 있다. 〔참고문헌〕『釋鑑稽古略續集』 권3(대정장49, p.948a29), 『徑石滴乳集』 권3(卍속장117, p.953a4), 『五燈嚴統』 권23(卍속장139, p.1008a7).

정금사 井金寺 경기도 의왕시 청계동 청계산(淸溪山)에 있던 절. 『한국사찰전서』 권하 p.1000b11에 "옛터는 경기도 수원군 의왕면 청계산 청계사 동쪽에 있다. 址在京畿道 水原郡 儀旺面 淸溪山 淸溪寺東"라고 하였다. 〔참고문헌〕『韓國寺刹全書』.

정금사 淨金寺 충청북도 제천시 한수면 역리에 있던 절. 『사탑고적고』에 "석불 반신상이 있는데, 높이는 5척 2촌이며 얼굴 길이는 2척 2촌이다. 또 삼층석탑이 있는데, 높이는 6척이다. 有石佛半身像 高五尺二寸 面長二尺二寸 又有三重石塔 高六尺"라고 하였다. 충주댐을 건설하기 위해 1982년에 발굴조사를 실시하였는데, 고려시대부터 조선시대까지의 와편과 토기 등이 발견되었다. 또 절터에 있던 불상을 제천시 덕주사(德周寺)로 옮겨 봉안하였는데, 유형문화재 제196호 석조약사여래입상으로 지정되었다. 〔참고문헌〕『寺塔古蹟攷』, 『韓國寺刹全書』 권하 p.1010b3, 『한국사지총람』 권상(문화재청・佛敎文化財硏究所, 2010) pp.342~343.

정기 正基 ?~1923. 서울 종로구 숭인동 청룡사(靑龍寺) 비구니. 계흔(桂昕)의 상좌이며, 창수(昌守)의 사형이다. 1902년(광무6)에 창수와 함께 청룡사를 중수하였다. 1923년에 법랍 78세로 청룡사에서 입적하였다. 〔참고문헌〕『韓國比丘尼修行談錄』 권상(韓國比丘尼硏究所, 2007) p.59. ⇨ 창수 昌守

정기저사 停機佇思 기를 멈추고 가만히 생각만 하다. 사태에 응해 기를 활발히 하지 못하고 우두커니 분별하여 머뭇거리는 태도로 단도직입(單刀直入)하여 종횡자재하지 못하는 모습이다. 저사정기라고도 한다. 『종용록』 92칙 「평창 評唱」(대정장48, p.287a15)에 "만약 기를 멈추고 가만히 생각만 한다면 일념이 만년이리라. 설령 도끼자루 썩더라도 이야말로 더디고 어둡게만 할 뿐이다. 若乃停機佇思 一念萬年 直饒爛却斧柯 也是遲基鈍行", 『공곡집』 82칙 「평창 評唱」(卍속장117, p.618a10)에 "만약 묻거나 묻지 않거나 기를 멈추고 가만히 생각만 하니 새매가 신라 지나간 뒤일 것이다. 물 따라 배를 저을 줄도 모르는데 어떻게 바람을 거슬러 키 잡을 수 있겠는가! 若於問與不問處 停機佇思 鷂過新羅 旣不解順水推紅 怎敢更逆風把梔", 『무문도찬어록』(卍속장150, p.1025b2)에 "포대화상 : 밝게 비추고 비추더니, 어두워 깜깜하고 깜깜하다. 고개 들지도 않았는데 얼굴 가득 빛이 번득인다. 만약 기를 멈추고 가만히 생각만 하다니 안타깝다, 미륵세존이시여! 布袋 明皎皎 暗昏昏 未曾擧首 爍破面門 若更停機佇思 苦哉彌勒世尊", 『오등전서』 권87(卍속장141, p.744a10)에 "법좌에 올라 말했다. '나라를 지키는 문 활짝 열렸으니, 종횡 어디나 오가도록 한다. 그대가 만약 기틀을 멈추고 우두커니 생각만 하고 있다가 등뼈 부러지도록 맞거나 따귀가 연이어 떨어지더라도 이상하게 여기지 마라. 답해 보라. 발끝 힘 얻는 구 무엇일까?' 잠깐 침묵하다 말했다. '밤이 오면 번득이는 물체를 밟지 마라. 물이 아니면 돌이니까'. 上堂 鎭國門戶大開 一任縱橫往來 汝若停機佇思 莫怪劈脊連腮 且道 作麽生是 脚頭得力底句 良久曰 夜來莫踏白 不是水便是石", 『임야기어록』 권3(가흥장26, p.636a12)에 "구제 활동을 마친 기념으로 청을 받고 법좌에 올라앉아 말했다. '승속의 대중은 가슴 속 미혹되지 마시오. 지극한 도에는 어려움 없으니 오직 간택함을 꺼릴 뿐이네. 잡히는 대로 문득 쓰고 종격마저 넘어서시오. 만일 기틀 멈추고 우두커니 생각만 한다면 저 음계 벗어나지 못할 것입니다. 답해 보시오. 격을 넘어서는 한 구 어떻게 들어야 할까요?' 주장자를 잡고 한 획 그으면서 말했다. '거령신 별 힘을 들이지도 않고 손 들어 화악산을 천만 조각으로 쪼개었다'. 師過利濟 請上堂 緇白大衆 胸次莫惑 至道無難 唯嫌揀擇 拈來便用 超宗越格 如或停機佇思 出他陰界不得 且道 越格一句 如何擧揚 拈杖劃一劃云 巨靈抬手無多子 分破華山千萬重"라고 하였다. [참고문헌] 『從容錄』, 『空谷集』, 『無文道燦語錄』, 『五燈全書』, 『林野奇語錄』. ⇨ 저사정기 佇思停機

정나라적쇄쇄 淨裸裸赤灑灑 깨끗이 벌거벗고 말끔하게 씻었네. 다 벗어 던져 그 무엇에도 의지함이 없어 자유자재한 비유다. 정(淨)과 적(赤)의 자리를 도치시켜 묘미를 더했다. 나는 나(躶), 쇄는 쇄(洒)와 통용하여 정나라적쇄쇄(淨躶躶赤洒洒)라고도 한다. 전진로현(全眞露現)·체로현성(體露現成) 등과 맥락을 같이 한다. 『운문광록』 권하(대정장47, p.574c18)에 "운문이 관계의 처소에 들렀을 때 학인이 '시방에 벽 무너져 없고 사면에 문도 없다. 깨끗이 벌거벗어 말끔하게 씻어 붙잡을 수단이 전혀 없다'고 한 관계의 말을 들어 운문에게 물었다. '어떻게 생각하십니까?' '말하기는 쉽지만 그렇게 나서기는 대단히 어렵소'. 師到灌溪 時有僧擧灌溪語云 十方無壁落 四面亦無門 淨裸裸赤灑灑 沒可把 問師作麽生 師云 與麽道卽易 也大難出", 『조산어록』 「오위지결 五位旨訣」(대정장47, p.533b28)에 "깨끗이 벌거벗고 알몸에 면목마저 당당하니, 하늘과 땅 다해 홀로 존귀하여 둘이 없다. 이를 정중래라 한다. 淨裸裸赤洒洒 面目堂堂 盡天盡地 獨尊無二 是曰正中來", 『대혜어록』 권21 「시묘정거사 示妙淨居士」(대정장47, p.900c2)에 "밀어오고 밀어가다 보면 안에도 볼 것 없고, 능히 미루어 가던 마음 밖에도 볼 것 없어, 미루어 보던 경마저 깨끗이 벗어 알몸인 듯 붙일 것 없어 가히 잡을 것 없다. 推來推去 內不見有 能推之心 外不見有 所推之境 淨裸裸赤灑灑 沒可把"라고 하였다. [참고문헌] 『雲門廣錄』, 『曹山語錄』, 『大慧語錄』. ⇨ 적나라정쇄쇄 赤裸裸淨灑灑, 현성공안 現成公案, 탈체현성 脫體現成

정난 定難 선정(禪定)의 어려움. 선정을 어렵게 하는 것을 말한다. 『유가사지론』 권12(대정장30, p.338c9)와 『성실론』 권14 「정난품」(대정장32, p.356c17) 등에서 전도정난·무념정난·탐등정난·부적정난·부등정난·추희정난·포외정난·이상정난·유만정난·다어정난·불취정상난의 십일종정난을 시설하였다. 『성실론』 권14(대정장32, p.356c18)에 "이 정이 만약 장애와 모든 어려움을 여읜다면 커다란 이익을 성취한다. 정난이란 거친 기쁨을 말한다. 저 경 중에서 '내가 거친 기쁨을 내는 것이 마음을 어지럽히는 법이다'라고 한 것과 같다. 수행자는 이런 지나치게 기뻐하지 않아야 한다. 왜냐하면 탐착 등이 있어서 정심을 어지럽히기 때문이다. 是定若離障礙諸難 能成大利 定難者 所謂麤喜 如經中說 我生麤喜 心難法 行者 不應生此麤喜 以有貪著等過亂定心故"라고 하였다. [참고문헌] 『瑜伽師地論』, 『成實論』, 『瑜伽論記』 권4(대정장42, p.396a18·한불전13, p.258b13). ⇨ 십일종난 十一種難

정난종 鄭蘭宗 1433~1489. 조선전기 문신. 자는 국형(國馨), 호는 허백당(虛白堂), 본관은 동래(東萊). 촉체(蜀體 : 趙孟頫體)를 잘 썼으며, 초서(草書)와 예서(隷書)에 뛰어났다. 세조(世祖)가 정난종의 글자를 자본(字本)으로 활자를 만들었는데, 『용재총화』 권7에 "그 후 을유년(1465·세조11)에 『원각경』을 간행하고자 정난종에게 쓰게 하였는데, 글자체가 가지런하지 않았다. 이를 을유자라고 하였다. 其後乙酉年 欲印圓覺經 命鄭蘭宗書之 字體不整 名曰乙酉字"라고 하였다. 「원각사비음 圓覺寺碑陰」·「낙산사종명 洛山寺鐘銘」·「홍천사종명 興天寺鐘銘」·「봉선사종명 奉先寺鐘銘」·「유점사종명 楡岾寺鐘銘」 등을 썼다. [참고문헌] 『慵齋叢話』, 『槿域書畵徵』 권3 鮮代編 pp.58~59. ⇨ 을유자 乙酉字

정남용 鄭南用 1896~1921. 간성 건봉사(乾鳳寺) 스님이자 독립운동가. 1896년(건양1) 강원도 고성 현내면에서 태어났다. 출가하여 건봉사 인목(仁牧)의 제자가 되었으며, 1914년부터 1917년까지 휘문의숙(徽文義塾)에서 수학하였다. 1919년 3월 1일 서울 탑동공원의 만세운동 직후 조직된 대동단(大同團)에 지암종욱(智庵鍾郁)의 권유로 들어가 최익환(崔益煥)의 후임으로 홍보활동을 주관하였다. 전협(全協)과 최익환 등이 주도한 대동단은 김가진(金嘉鎭 1846~1922)을 총재로 추대하고 전국조직으로 확대하는 한편, 고종의 다

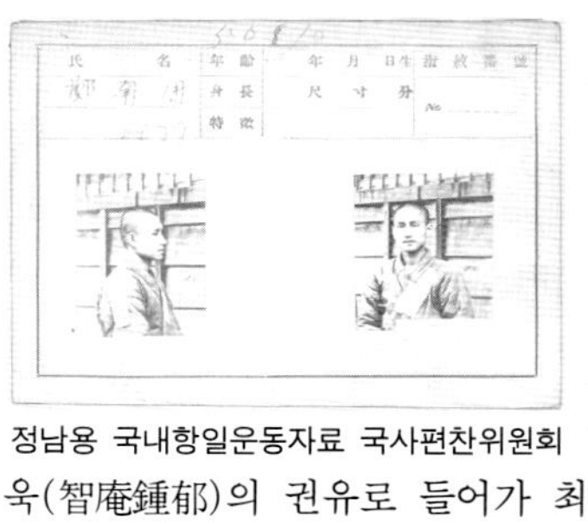

정남용 국내항일운동자료 국사편찬위원회

셋째 아들 의친왕(義親王) 이강(李堈 1877~1955)을 상해임시정부에 참여시키기 위해 망명계획을 추진하였다. 1919년 11월 이을규(李乙奎)·한기동(韓基東)·송세호(宋世浩) 등이 상복(喪服)으로 변장한 의친왕 이강을 수행하고 상해로 향하는 도중 만주의 안동(安東)까지 이르렀으나, 일본 경찰에 발각되어 이강은 국내로 송환되고, 스님은 징역 5년을 선고받아 복역 중 서대문 형무소에서 순국하였다. 1921년 5월 17일에 봉원사(奉元寺)에서 다비하였다. 1963년 국가로부터 건국훈장 독립장이 추서되었다. 〔참고문헌〕『東亞日報』(1921. 05.18), 『高等警察要史』(慶尙北道 警察部, 1934), 『韓國獨立運動史』(애국동지원호회, 1956), 『독립운동사』 3·4·8호(독립운동사편찬위원회, 1971·1972·1976).

정념 正念 ■1 Ⓢ samyak-smṛti, Ⓟ sammā-sati, Ⓣ yang-dag-pa'i-dran-pa. 법다이(如法) 기억하고 사유하여 잊지 않음. 팔정도(八正道) 중 일곱 번째 바른 길. 등념(等念)·제의(諦意)라고도 하며 사념(邪念)과 맞선다. 사제(四諦)를 여법히 알아 사유하여 잃는 일 없이 하고, 사념처(四念處)를 행하는 것을 말한다. 『중아함경』 권7 「분별성제경 分別聖諦經」(대정장1, p.469b19 : *Saccavibhaṅga-sutta, MN.3*, p.252)에 "현자들이여, 무엇을 정념이라고 하는가? 부처님의 제자가 고를 고라고 생각할 때, 집을 집으로 기억하고 멸을 멸이라 여기고 도를 도라고 생각할 때, 때론 본래 지은 것을 관하거나 모든 행을 익혀 기억하거나, 모든 행의 재난을 보거나 열반으로 그쳐 쉬거나 선심해탈을 집착없이 잘 관할 때, 이 중에서 마음으로 생각을 따르고 향해 기억하지 않은 것은 등지며, 생각을 널리하고 기억하며, 거듭 기억하여 마음 마음으로 상응하여 잊지 않으니, 이것을 정념이라고 한다. 諸賢 云何正念 謂聖弟子念苦是苦時 集是集 滅是滅 念道是道時 或觀本所作 或學念諸行 或見諸行災患 或見涅槃止息 或無著念觀善心解脫時 於中若心順念 背不向念 念遍 念憶 復憶 心心 不忘心之所應 是名正念 idh' āvuso bhikkhu kāye kāyānupassī viharati ātāpī sampajāno satimā vineyya loke abhijjhādomanassaṃ … dhammesu dhammānupassī viharati … ayaṃ vuccat' āvuso sammā-sati", 같은 책 권49 「성도경 聖道經」(대정장1, p.736b14)에 "무엇이 정념인가? 비구라면 안으로 몸을 몸 그대로 관하고, 느낌·마음·법 등에 이르기까지 여법하게 관하는 것을 정념이라고 한다. 云何正念 比丘者 觀內身如身觀至覺心法如法 是謂正念", 상응하는 *Mahācattārīsaka-sutta*(*MN.3*, p.72)에 "잘못된 견해를 버리고 정견(正見)에 이르러 머물면 이를 정념이라 한다. so sato micchā-diṭṭhiṃ pajahati, sato sammā-diṭṭhiṃ upasampajja viharati. sāssa hoti sammā-sati", 『잡아함경』 권28(대정장2, p.203c25)에 "무엇을 정념이라 하는가? 정념에는 두 가지다. 어떤 정념은 세속이고, 번뇌가 있고 취함이 있으나 선취로 되쳐 향한다. 어떤 정념은 성출세간의 정념이니, 번뇌가 없고 취함이 없으며, 바로 괴로움을 다하여 괴로움의 끝으로 돌려 향한다. 何等爲正念 正念有二種 有正念 世俗 有漏 有取 轉向善趣 有正念 是聖出世間 無漏 不取 正盡苦 轉向苦邊", 『정법염처경』 권33(대정장17, p.192a7)에 "어떤 것을 정념이라고 하는가? 법의 뜻과 같이하여 억념하고 사유하여 잊지 않고 놓지도 않는 것을 정념이라고 한다. 云何正念 於如是法義 憶念思惟 不忘不失 是名正念", 『대지도론』 권22(대정장25, p.226b7)에 "이 정견으로 사제를 관하며 항상 생각하고 잊지 않아서 '모든 번뇌는 도적이니 버려야 한다. 정견 등은 나의 참된 벗이니 마땅히 따라야 한다'고 생각하는 것을 '정념'이라고 한다. 用是正見 觀四諦 常念不忘 念一切煩惱是賊 應當捨 正見等是我眞伴 應當隨 是名正念", 『집이문족론』 권17(대정장26, p.440b11)에 "무엇을 '염'이라 하는가? 〔답〕 벗어나 멀리 떠남으로 생긴 선법에 의지한 모든 '염'과 이를 따르는 '염' 내지는 널리 설한 것들을 '염'이라 한다. 최승상위염지를 성취한다 한 것은, 팔지성도를 가리켜 '상위'라 하니, 이 '염'은 바로 저 한 갈래 정념지를 말한다. 그러므로 가장 수승한 상위염지를 성취한다고 한다. 오랫동안 짓고 누누히 말한 것을 모두 기억한다 하니, 이 념으로 말미암아 일찍이 겪었던 일들을 잊지 않고 마음에 분명히 기억한다. 그러므로 이미 오랫동안 지은 것과 말한 것을 모두 기억한다고 한다. 云何爲念 答 若依出離遠離所生善法 諸念隨念 乃至廣說 是名爲念 成就最勝常委念支者 謂八支聖道 說名常委 此念是彼一支所攝 謂正念支 是故 說爲成就最勝常委念支 久作久說 皆能憶念者 謂由此念 於曾更事 不忘不失 令心明記 是故 旣爲久作久說皆能憶念", 『법온족론』 권6(대정장26, p.482a6)에 "어떤 것을 정념이라고 하는가? 말하자면 모든 부처님의 제자가 괴로움을 괴로움이라 사유하고, 나아가 도에 있어서도 도인 줄 사유하여, 무루작의와 상응하는 모든 념을 가져서 따라 념하고 오롯이 념하여 잊지도 잃지도 않고 보내버리거나 흘려보내지도 않아서, 마음에 분명히 기억하는 자성을 정념이라고 한다. 云何正念 謂聖弟子 於苦思惟苦乃至於道思惟道 無漏作意相應所有念 隨念專念 憶念 不忘不失 不遺不漏 不失法性 心明記性 是名正念", 『해탈도론』 권11(대정장32, p.452b16)에 "정념이란 사념처다. 正念者 四念處", 『대승의장』 권14(대정장44, p.754b1)에 "사념처를 갖추면 정념이라고 한다. 具四念處 名爲正念"라고 하였다. 〔참고문헌〕『中阿含經』, 『雜阿含經』, 『正法念處經』, 『大智度論』, 『集異門足論』, 『法蘊足論』, 『解脫道論』, 『大乘義章』, *MN.*, *Abh-k-bh.196.*, *Madhy-vibh.55.* ⇨ 팔정도 八正道, 구념 具

念, 사념주 四念住, 사념 邪念 **2** 송나라 때 스님 대휴(大休 1215~1289)의 휘. ⇨대휴 大休**2**

정념 淨念 Ⓟsati-parisuddhi. 제4선에서 여덟 가지 번뇌(四根 覺觀 出入息)를 떠나고 선근(善根)을 가져 잃지 않는 뜻이다. 『잡아함경』 권17(대정장2, p.123b13 : *Suddhikaṃ nirāmisa-sutta, SN.4*, p.237)에 "비구는 괴로움을 여의고 즐거움마저 그치고 근심과 기쁨도 앞서 이미 여의니, 불고불락사한다. 정념의 한마음으로 제4선을 구족히 하여 머문다. 比丘 離苦息樂 憂喜先已離 不苦不樂捨 淨念一心 第四禪具足住 nirāmisā upekkhā. idha bhikkhave bhikkhu sukhassa ca pahānā dukkhassa ca pahānā pubbeva somanassa-domanassānam atthagamā adukkhamasukham upekkhā sati-parisuddhiṃ catutthaṃ jhānam upasampajja viharati", 『잡아비담심론』 권7(대정장28, p.924c26)에 "정념이라 한 것은, 선근을 거두기에 '염'이라 하며, 여덟 가지 상지의 번뇌를 여의기에 '정'이라 한 것이다. '여덟 가지 상지의 번뇌'란 우희고락(憂喜苦樂)의 사근과 각과 관, 그리고 들숨과 날숨을 말하는데, 이런 안팎의 산란을 떠나기에 정념이라고 한다. 淨念者 護善根故念 離八上煩惱故淨 八上煩惱者 謂四根覺觀出入息 離內外亂故", 『아비담비바사론』 권42(대정장28, p.313a20)에 "〔문〕 하지의 무루염 역시 정한데 어째서 제4선의 염만을 정이라 하는가? 〔답〕 제4선의 염은 여덟 가지가 없기에 정이라고 한다. … 아래 삼선에는 내외로 남는 어려움이 있다. 問曰 下地無漏念亦是淨 何故說第四禪念是淨耶 答曰 第四禪念 以無八事故名淨 … 下三禪中 有內外留難"라고 하였다. 〔참고문헌〕『雜阿含經』, 『雜阿毘曇心論』, 『阿毘曇毘婆沙論』, *SN.* ⇨염 念

정념관찰 正念觀察 바르게 기억하고 관찰하다. 가라앉지도 들뜨지도 않아서, 고요하면서도 비추길 멈추지 않는 뜻이다. 『불본행집경』 권16(대정장3, p.729a4)에 "지혜있는 이라면 부인의 신체는 그 체성이 이와 같이 공이어서 주인이 없고, 마치 꿈이나 아지랑이 같다고 정념으로 관찰한다. 若有智人 正念觀察 婦人身體 體性如是 空無有主 猶如夢幻", 80권본 『화엄경』 권62(대정장10, p.335a5)에 "이때 선재동자 일심으로 선지식의 가르침을 사유하면서 지혜광명문을 정념으로 관찰하고, 보살해탈문을 정념으로 관찰하며 … 부처님들이 들어가신 방편문도 정념으로 관찰하였다. 爾時 善財童子 一心思惟 善知識教 正念觀察 智慧光明門 正念觀察 菩薩解脫門 … 正念觀察 諸佛所入方便門", 『화엄경소』 권56(대정장35, p.924c21)에 "따로 푸는 중에 다 말하길 '정념으로 관찰한다'고 한 말은 가라앉지도 들뜨지도 않아서 고요하고 비춤이 쌍으로 흐른다는 뜻이다. 別中皆云 正念觀察者 不沈不擧 寂照雙流故", 『화엄강요』 권62(卍속장13, p.912b11)에 "정념관찰이라 하니, 정이란 들은 대로 생각하고 생각한 그대로 닦기에 문을 따라 증입할 수 있다. 정념관찰이란 바로 관혜이니 깨어있는 채로 고요함이 쌍으로 흘러 혼침과 들뜸을 모두 버린다. 正念觀察者 正是隨聞而思 以思卽修故 得隨門證入 正念觀察 卽是觀慧 謂惺寂雙流 沉浮兩捨", 『선관책진』 「염불삼매경 念佛三昧經」(대정장48, p.1107b2)에 "사리불은 20년 동안 항상 부지런히 비바사나를 닦고 익히며, 행주좌와에 정념으로 관찰하여 마음이 흔들려 산란함이 없었다. 舍利弗 二十年中 常勤修習 毘婆舍那 行住坐臥 正念觀察 曾無動亂"라고 하였다. 〔참고문헌〕『佛本行集經』, 『華嚴經』, 『華嚴經疏』, 『華嚴綱要』, 『禪關策進』. ⇨정념 正念

정념법적 正念法迹 Ⓢsamyak-smṛti-dharma-pada, Ⓟsammā-sati-dhamma-pada. 법다이 기억하는 법의 자취. 사법적(四法迹 Ⓢcatvāri dharmapadāni : 四法句) 중 하나로 떠나고 버려서 일으켜 가진 선법(善法)을 잃지 않고 가지게 되니, 정념은 그대로 법의 자취가 된다. 정념적(正念迹)이라고도 한다. 『집이문족론』 권7(대정장26, p.395a19)에 "무엇이 정념법적인가? 〔답〕 정념이란 벗어남과 멀리 여읨을 의지해 낳은 선법으로 모든 것을 기억해 잊지 않으며 그에 따라 기억함을 말한다. 나아가 자세하게 말하면 마음으로 분명하게 기억하는 성품을 정념이라고 한다. 법의 자취란 곧바로 정념을 말하니, 법이라고도 하고 적이라고도 하며 법적이라고도 한다. 그러므로 정념법적이라고 한다. 云何正念法迹 答 正念者 謂依出離遠離所生善法 諸念隨念 廣說乃至 心明記性 是名正念 法迹者 謂卽正念 亦名爲法 亦名爲迹 亦名法迹 是故名爲 正念法迹", 『현양성교론』 권2(대정장31, p.490b15)에 "셋째 정념법적이란, 능히 삼마지로 쌓은 법의 뜻을 가지기에 적이라고 한다. 아직 생기지 않은 것은 생겨나게 하고, 이미 생겨난 것은 한층 넓게 한다. 三 正念迹 謂能持三摩地蘊法義 故名迹 未生者令生 已生者令增廣", 『대승아비달마잡집론』 권10(대정장31, p.741b4 : *Abh-s.*, p.75)에 "네 번째 법의 자취란 무탐·무진·정념·정정을 말한다. … 정념은 능히 심학을 한층 더 높이 청정하게 하여, 연을 만날 때마다 대상을 잊지 않고 마음을 붙들어 하여금 늘 그 삼매에 있게 한다. 四 法迹者 謂無貪 無瞋 正念 正定 … 正念 能令增上心學清淨 由於所緣 無有忘失 持心令定故 catvāri dharmapadāni katamāni. alobhādveṣāṇāṁ samyak smṛtiḥ samyak samādhiḥ … samyaksmṛtānāmadhicittaśikṣāviśuddhiḥ"라고 하였다. 〔참고문헌〕『集異門足論』, 『顯揚聖教論』, 『大乘阿毘達磨雜集論』, 『大毘婆沙論』 권6(대정장27, p.28c12), *Abh-s.*, *DN.3.229.* ⇨정념 正念**1**, 사법적 四法迹

정념선 正念禪 구종대선(九種大禪) 중 일체행선(一切行禪 : 一切種靜慮)에 속하는 13가지 선법(禪法) 중 하나. 선정에 들어 정념으로 사유하면서 갖가지 생각이 섞이지 않는 선법이다. 〔참고문헌〕『佛本行集經』 권22(대정장3, p.757c16), 『菩薩地持經』 권6(대정장30, p.922a9), 『法界次第初門』 권하(대정장46, p.689a4), 『大明三藏法數』 권26(영락장182, p.477a10). ⇨ 일체행선 一切行禪, 구종대선 九種大禪

정념송 正念誦 바르게 념하고 외우다. 『소실지갈라공양법』 권하(대정장18, p.702c21)에 "정념으로 소리내 외워 가지고 본존의 모습을 관한다. 때론 진언의 문자를 관하고, 때론 저 본존의 심상 위에 있는 진언문자를 관한다. 때론 적정심으로 염송의 법을 짓되 급하게도 느리게도 하지 않고 너무 소리 높이지도 아주 적지도 않게 해서 중간에 다른 이의 소리가 들리지 않도록 하니, 한편 마음에 걸리지도 온갖 외경계에 걸리지도 않게 한다. 진언문자란 그릇됨이 없는 것이니 마땅히 본존을 관하길 마치 목전에 계신 듯이 하여 아침 저녁 두 때로 수차례 충분히 행하고, 정오에는 그 반이나 조금만 행한다. 正念誦持 觀本尊形 或觀眞言 所有文字 或時觀彼 本尊心上 有眞言文字 或寂淨心 而作念誦 念誦之法 不急不緩 亦不聲高 亦不太小 中間不應 共餘人語 亦不心緣 諸外境界 眞言文字 不得訛錯 當觀本尊 如對目前 晨暮二時 遍數須足 午時減半 乃至少分"라고 하였다. 〔참고문헌〕『蘇悉地羯羅供養法』. ⇨ 자륜관 字輪觀❶

정념왕생 正念往生 정념으로 왕생하다. 사종왕생(四種往生) 중 하나다. 『보왕삼매염불직지』 권하 「나현중의 羅顯衆義」(대정장47, p.375a20)에 "죽음에 임해 정념으로 왕생한다. 왕생하는 때에 상서로운 감응은 하나가 아니다. 천계의 음악이 방을 채우기도 하고, 이채로운 향이 방에 가득하며, 광명이 몸을 비추기도 하고, 보좌가 눈앞에 나타나기도 하며, 아미타불께서 손을 내밀고 친히 찾아오시어 영접하기도 하고, 보살이 연화대를 잡고 손을 내밀어 맞이하기도 한다. 나아가 때가 이르렀음을 미리 알고 정념에 들면 틀림없이 그때라 모든 장애가 문득 비워지고 나서 스스로 목욕하고 가부좌로 앉아서 대중을 모아놓고 설법한 뒤에 차수한 자세로 작별을 고한다. 때론 학인들에게 도에 나아가길 권하는 게송을 써서 마치고는 붓을 놓고 합장하고 떠나기도 한다. 臨終正念往生 其往生之際 瑞應非一 或天樂盈室 或異香滿室 或光明照體 或寶座現前 或彌陀垂臂親自來迎 或菩薩執臺授手而接 乃至預知時至 正念不謬 諸障忽空 自能沐浴加趺 會衆說法 叉手告別 或更勉人進道 書偈擲筆 合掌而逝"라고 하였다. 〔참고문헌〕『寶王三昧念佛直指』. ⇨ 사종왕생 四種往生, 정념 正念❶, 왕생 往生

정녕 叮嚀 ❶ 거듭하여 당부하다. 또는 거듭 말하여 분명히 밝혀지다. 갖추어 고구정녕(苦口叮嚀)이라 한다. 정녕(丁寧·叮寧)이라고도 하며, 녕은 녕(寧)과 같이 쓴다. 『불유교경론소절요』 「발문 跋文」(대정장40, p.857b20)에 "마지막에 거듭 당부하신 부처님 말씀이 아직도 사람들의 귀에 남아 있다. 最後叮嚀言 猶在人耳也", 『낙방문류』 권2 「정토보주집서 淨土寶珠集序」(대정장47, p.173a20)에 "어찌 대웅께서 찬양하며 권하시고 금구로 거듭 당부하신 말씀임을 알겠는가? 豈知大雄讚勸 金口叮嚀", 『서중무온어록』 권3(卍속장123, p.837a17)에 "무위진인 : 얼굴문 드나들며 온몸 드러낸다고, 입이 닳도록 거듭 말해 주었네. 이쯤이면 다른 견해 일어날 리 만무하니, 종래로 도둑이란 자기 집안의 친속이었노라. 無位眞人 面門出入露全身 苦口叮寧說向人 到此不須生異見 從來賊是自家親", 『다라니집경』 「서 序」(대정장18, p.785a19)에 "간곡하게 세 번 청한 끝에 단법을 허락받았다. 丁寧三請 方許壇法", 『양기어록』(대정장47, p.643b14)에 "지나치게 말함은 그대의 덕을 줄일 뿐이니, 말이 없어야 진실로 공이 있다. 바다가 뽕나무밭으로 변하더라도, 끝내 그대를 통하게 해주진 못하리. 叮嚀損君德 無言眞有功 任從滄海變 終不爲君通", 『분양어록』 권중(대정장47, p.613a4)에 "'타라에서 왔다'는 말에 도리 참으로 할 말이 많다. 打羅道理甚叮嚀", 『속전등록』 권20 「오조법연장 五祖法演章」(대정장51, p.602a10)에 "두 손을 모으고 간곡하게 조옹에게 여쭈었다. 叉手叮寧問祖翁", 『원각경도량수증의』 권9(卍속장128, p.848b15)에 "다겁으로 이어지는 고통을 자세히 알고자 하는가? 경전의 장문과 게송에 더할 수 없이 말씀하셨다. 欲得審知多劫苦 經文與偈甚叮嚀"라고 하였다. 〔참고문헌〕『佛遺教經論疏節要』, 『樂邦文類』, 『恕中無慍語錄』, 『陀羅尼集經』, 『楊岐語錄』, 『汾陽語錄』, 『續傳燈錄』, 『圓覺經道場修證儀』. ⇨ 고구 苦口

정눌 淨訥 1610~1673. 명대 조동종(曹洞宗) 스님. 호는 차졸(且拙). 속성은 왕(王)씨. 형주(衡州 : 湖南省) 안인(安仁) 출신. 차졸정눌·운종정눌선사(雲淙淨訥禪師)라고도 한다. 유년기에 부모를 모두 여의었을 때 우연히 절에 들어가 큰 불상을 보고 감동하여 출가하였다. 26세에 남악(南嶽) 형자봉(荊紫峰)에서 구족계를 받고 다시 호주(湖州 : 浙江省) 변산(辯山)으로 가서 서백명설(瑞白明雪)을 친견한 뒤 그 말을 듣고 깨달아 인가를 받았다. 초주(楚州 : 湖南省) 의양(宜陽)으로 돌아가 대의산(大義山)에서 법문을 열었다. 후에 대중의 청에 응하여 변산에 주석하였다. 청대인 1673년(강희12) 4월에 세수 64, 법랍 54세로 입적하였다. 저서에 『보경삼매원종변류설 寶鏡三昧原宗辯謬說』 1권이 있다. 〔참고문헌〕『五燈全書』 권115(卍속장142, p.162b2).

⇨ 보경삼매원종변류설 寶鏡三昧原宗辯謬說

정단 正斷 Ⓢ samyak-prahāṇa, Ⓟ sammā-ppadhana, Ⓣ yang-dag-par-spong-ba. 바르게 하여 끊음. 번뇌를 능히 태워 끊기에 정소(正燒)라 하고, 뛰어나게 결정하기에 정승(正勝)이라 하며, 삼업을 바르게 가지는 데 있어 최상의 정진이기에 근(勤)이라 한다. 『아비담심론경』 권5(대정장28, p.862b3)에 "도리에 의하여 번뇌의 풀들을 태울 수 있기에 정소라 하고, 혹은 번뇌를 끊을 수 있기에 정단이라 하며, 바르게 결정할 수 있기에 정승이라 한다. 依道理 能燒煩惱草 故名正燒 或以能斷煩惱 故說正斷 入正決定 故名正勝", 『구사론』 권25(대정장29, p.132c3)에 "무슨 까닭에 근(Ⓢ vīrya)을 정단이라고 하는가? 바르게 닦아 익힘에 끊어 닦는 위중에서 이 근의 힘으로 능히 게으름을 끊기 때문이다. 정승(Ⓢ samyak-pradhāna)이라고도 하는데, 바르게 가져 독려함에 신어의중에 이것이 가장 뛰어나기 때문이다. 何故說勤 名爲正斷 於正修習 斷修位中 此勤力能斷懈怠故 或名正勝 於正持策 身語意中 此最勝故"라고 하였다. [참고문헌] 『阿毘曇心論經』, 『俱舍論』, *Abh-k-bh.384.*, *MN.2.245.* ⇨ 사정단 四正斷

정단 淨端 1030~1103. 중국 북송(北宋)대 임제종(臨濟宗) 스님. 법호는 서여(西余)·오산(吳山), 자는 표명(表明), 별호는 단사자(端師子), 자호는 안한화상(安閑和尙), 속성은 구(丘)씨. 절강성(浙江省) 호주(湖州) 오흥(吳興) 출신. 26세에 출가하였으며, 처음에는 정각인악(淨覺仁岳)에게서 천태교관(天台敎觀)과 『능엄경』을 익혔다. 선법(禪法)을 익히라는 인악의 권유에 따라 용화제악(龍華齊岳) 문하에서 참학하고 인가를 받았다. 사자춤(弄師子)을 보다가 마음의 요체를 밝혔고, 사자탈을 뒤집어쓰고 다니거나 문답할 때 사자의 찌푸린 얼굴을 하였기 때문에 '단사자'라는 별명을 얻었다. 늘 『법화경』을 외우거나 「어부사 漁父詞」를 읊고 다녔다. 기이한 모습과 언행 때문에 광승(狂僧)으로 취급 받기도 하였다. 유도(劉燾)가 지은 「단선사행업기 端禪師行業記」에 따르면 세수 74, 법랍 49세로 입적하였다. 한편 세수 72세라는 설도 있고, 취봉혜월(翠峰慧月) 또는 금산보각(金山寶覺)의 법을 이었다는 설도 있다. 법손인 사교(師皎)가 편집한 『오산정단선사어록 吳山淨端禪師語錄』 2권이 전한다. [참고문헌] 『續傳燈錄』 권9(대정장51, p.522a23). 『楞嚴經疏解蒙鈔』 권10(卍속장21, p.763a1), 『吳山淨端語錄』 「西余端禪師傳」(卍속장126, p.512b16), 『嘉泰普燈錄』 권3(卍속장137, p.73b4). ⇨ 오산단선사어록 吳山端禪師語錄

정단 靜端 543~606. 수대 스님. 혜단(慧端)이라고도 한다. 본래 무위(武威 : 甘肅省) 출신이지만 옹주(雍州 : 陝西省)로 옮겨 살았다. 나이 열넷에 승실(僧實)문하로 출가하였다. 북주(北周) 무제(武帝)폐불 시기에 경전과 불상을 보호하여 손괴를 막았다. 대선정도량(大禪定道場)에 주석하다가 606년 12월 27일에 선림본사(禪林本寺)에서 세수 64세로 입적하였다. [참고문헌] 『唐高僧傳』 권18(대정장50, p.576b27).

정단상당 正旦上堂 정월 초하루에 행하는 상방법문. 『여정어록』 권상(대정장48, p.122b18)에 "정단상당 : 오늘은 정월 초하루다. 드는 것마다 위없고 위없이 크게 길하고 길하여 이롭지 않음이 없다. 봄바람 온화한 기운 꽃가지로 흩어져 드니, 온갖 풀머리 낱낱 국토마다 풍류 가득 흐른다. 正旦上堂 今朝正月初一 一擧上上大吉 吉無不利 春風和氣 散入花梢 百草頭 塵塵剎剎 轉風流", 『무준사범어록』 권1(卍속장121, p.872a2)에 "정월 초하루에 법좌에 올라 주장자를 잡고 말한다. '노승이 지난 한 해 동안 오로지 형제들에게 헛된 이야기만 하였으니, 납월 30일 닥쳐왔지만 한 마디의 영험도 없다. 오늘부터 새해가 시작되니 소리 고치고 음조 바꾸어 오직 여러분에게 알찬 이야기 하지 않을 수 없다'고 한 뒤 주장자 내리치면서 말했다. '소뿔의 길이는 석 자요, 토끼뿔은 일곱 치다'. 正旦上堂 拈拄杖云 老僧舊歲一年 專與兄弟 說虛頭話 逗到臘月三十日 也無一句靈驗 從今日新年去 不免改聲換調 專與諸人 說實頭話去也 卓一下 云 牛角長三尺 兎角長七寸"라고 하였다. [참고문헌] 『如淨語錄』, 『無準師範語錄』.

정단혹 正斷惑 가행도로 성취한 바른 지혜로 번뇌를 끊은 무간도(無間道). 『유가사지론』 권100(대정장30, p.881a27)에 "무간도란 정단혹을 말한다. 無間道者 謂正斷惑", 『구사론소』 권21(대정장41, p.715b12)에 "단대치라 한 말은, 무간도를 말한다. 정단혹을 얻기 때문이다. 言斷對治者 謂無間道 正斷惑得故"라고 하였다. [참고문헌] 『瑜伽師地論』, 『俱舍論疏』. ⇨ 무간도 無間道, 단대치 斷對治, 혹 惑

정달 淨達 통일신라 스님. 일본에 건너가 불법을 전파하였다. 『원형석서』 권16(대장경보편32, p.252a12)에 "정달이 신라에 가서 구법하다가, 경운 4년(707) 5월에 돌아왔다. 화동 2년(709) 10월에 우복야 불비 등이 부규도량에 나아갔는데, 정달과 함께 유마회를 닦았다. 釋淨達 入新羅求法 慶雲四年五月來歸 和銅二年十月右僕射不比等 就補槻道場延達修維摩會"라고 하였다. 『원형석서』의 내용만 보면 정달은 신라에 와서 구법하고 돌아간 일본스님이지만 일본의 영초(永超)가 편집한 『동역전등목록』(대정장55, p.1161a14)에는 "『대비사론소』 16권〈신라 정달법사가 지었다〉 同論疏十六卷〈新羅淨達法師撰〉"라고 하였다. 저서인 『대비바사론소』 16권은 전하지 않는다. [참고문헌] 『元亨釋書』, 『東域傳燈目錄』.

정답 定答 ➡ 사기답 四記答, 일향기 一向記

정당 正當 ❶ 바로 그때. 바로 마땅한 때나 곳의 뜻. 『종용록』 66칙 「평창 評唱」(대정장48, p.268c17)에 "석녀가 베틀을 멈춘 바로 그때 목인은 벌써 길목을 돌았고, 바로 깊은 밤 정오를 향하자 이미 달 그림자 옮겨 중천에 있네. 正當石女機停時 已早木人路轉 正當夜色向午處 已早月影移央", 『종경록』 권39(대정장48, p.645c15)에 "최후에 몸도 목숨도 놓아버릴 곳은 바로 마땅히 『종경록』의 대의인 일심법문이다. 最後放捨身命之處 正當宗鏡大旨 一心法門"라고 하였다. [참고문헌] 『從容錄』, 『宗鏡錄』. ⇨ 정당임마시 正當恁麼時 ❷ 바르고 적절하다. 『선림보훈』 권3(대정장48, p.1030c3)에 "초당선청(草堂善淸)이 말하였다. '배우는 이가 위신을 세우려면 반드시 바르고 적절하게 해야 한다'. 草堂曰 學者立身 須要正當"라고 하였다. [참고문헌] 『禪林寶訓』.

정당 定當 틀림없이 마땅하게 하다. 또는 다른 경우가 아닌 바로 그때의 뜻이다. 승당(承當)·요당(了當)이라고도 한다. 『법화경』 권2 「비유품 譬喩品」(대정장9, p.11b7)에 "나는 결정코 부처가 되어 천인에게 공경 받으며 위없는 법륜 굴려 모든 보살을 교화할 것이다. 我定當作佛 爲天人所敬 轉無上法輪 敎化諸菩薩", 『벽암록』 50칙 「평창 評唱」(대정장48, p.185b10)에 "틀림없이 얻었는가? 만약 흔들림 없이 알았다면 운문의 콧구멍 여러분 손아귀에 있다 하겠지만, 확실히 알지 못한다면 여러분 콧구멍 운문의 손에 있게 되리. 還定當得麼 若定當得 雲門鼻孔 在諸人手裏 若定當不得 諸人鼻孔 在雲門手裏", 『대혜어록』 권8(대정장47, p.844b11)에 "안목 갖춘 납승이라면 시험 삼아 곧바로 흔들림 없이 간파할 일이다. 具眼衲僧 試定當看"라고 하였다. [참고문헌] 『法華經』, 『碧巖錄』, 『大慧語錄』, 40권본 『大般涅槃經』 권32(대정장12, p.556c25), 『雲門廣錄』 권하(대정장47, p.574b4). ⇨ 승당 承當, 요당 了當

정당 淨幢 ❶ 깨끗한 세계임을 알리는 깃발. 뜻이 전하여 불보살과 그들이 성취한 세계의 이름으로 쓰인다. 60권본 『화엄경』 권53 「입법계품 入法界品」(대정장9, p.734a5)에 "제7은 정당불(Ⓢ Śūra-dhvāja)이고, 제8은 보개불이네. 第七淨幢佛 第八寶蓋佛", 『방광대장엄경』 권1 「도솔천궁품 兜率天宮品」(대정장3, p.540c18)에 "일생보처로 나아가 이로부터 목숨을 마치고서 도솔천에 나서 저 천자가 되었으니, 이름이 정당(Ⓢ Śvetaketu)이었다. 趣一生補處 從此命終 生兜率天 爲彼天子 名曰淨幢", 『금광명최승왕경』 권9 「수기품 授記品」(대정장16, p.447a13)에 "이때 저 맏아들을 은당이라 하는데, 바로 이 세계에서 다음으로 부처자리를 잇게 될 것이니, 세계는 그때 이름을 바꾸어 정당(Ⓢ Viraja-dhvaja)이라 할 것이며, 마땅히 부처를 이루면 이름은 금당광여래라고 할 것이다. 時彼長子 名曰銀幢 卽於此界 次補佛處 世界爾時 轉名淨幢 當得作佛 名曰金幢光如來"라고 하였다. [참고문헌] 『華嚴經』, 『方廣大莊嚴經』, 『金光明最勝王經』, 『佛名經』 권2(대정장14, p.120b27), *Gaṇḍ-vy.218.*, *Lal-v.8.*, *Suv-pr.155.* ❷ 1605~1671. 중국 청대 조동종(曹洞宗) 스님. 법호는 단명(丹溟), 속성은 장(張)씨. 절강성(浙江省) 염관(鹽官) 출신. 진적인(眞寂印)에게 출가한 뒤 무이원래(無異元來) 문하에서 참학하였고, 다시 단백명설(端白明雪) 문하로 가서 법을 이었다. 세수 67세로 입적하였다. [참고문헌] 『五燈全書』 권115(卍속장142, p.162a7).

정당임마시 正當恁麼時 바로 이러한 때에 당해서. 다른 때가 아닌 바로 이때라는 말로, 피할 수 없는 또는 유일한 바로 지금을 말한다. 정당여마시(正當與麼時)·정당이마시(正當伊麼時)·정임마시(正恁麼時)·정여마시(正與麼時)라고도 한다. 마주한(現前) 바로 그때를 다시 언급하는 말이다. 『서장』 「답장사인장원장 答張舍人狀元狀」(대정장47, p.941b8)에 "달을 보았으면 손가락 보는 일은 관두고, 집에 돌아왔으면 길 묻는 일은 끝낸다. 정식을 파하지 못한즉 마음 끝없이 불타오를 것이니, 바로 이러할 때에 당해서는 다만 의심의 저 끝 화두만을 들어 가길. 見月休觀指 歸家罷問程 情識未破 則心火熠熠地 正當恁麼時 但只以所疑底話頭提撕", 『천성광등록』 권8 「백장회해장 百丈懷海章」(卍속장135, p.655a5)에 "어느 날 저녁 세 명의 대사(西堂智藏·百丈懷海·南泉普願)가 마조를 모시고 달맞이 중이었다. 마조가 '바로 이러할 때 당해서는 어떠한가?'라고 묻자, 서당은 '공양하기 딱 좋습니다'라고 하였고, 백장은 '수행하기 딱 좋습니다'라고 하였으며, 남전은 소매 털고는 곧장 가버렸다. 마조가 말하였다. '경은 지장에게 들고 선은 백장에게로 돌아갈 것이나, 오직 브원만이 홀로 물밖에서 뛰어나리라'. 一夕三大士 隨侍馬祖翫月次 祖問 正當與麼時如何 西堂云 正好供養 師云 正好修行 南泉拂袖便去 祖云 經入藏 禪歸海 唯有普願獨超物外", 『송고연주통집』 권40(卍속장115, p.512a11)에 "옛날 한 노파가 한 암주를 20여 년이나 공양하였는데, 시험삼아 꽃다운 딸에게 공양을 보내어 시중들게 하였다. 하루는 딸에게 암주를 껴안고서 '이러할 때 당해서는 어떻습니까?'라고 묻게 하였다. 암주가 '고목이 찬 바위에 기대니, 봄 내내 따스한 날이 없다'고 하였다. 딸이 돌아가 있었던 일을 노파에게 그대로 얘기하였다. 노파는 '내가 20년이나 일개 속한에게 공양 하였구나' 하고서 마침내 달려가 불을 놓아 암자를 불태웠다. 昔有一婆 供養一菴主 經二十餘年 嘗令一二八女子送飯給侍 一日令女子抱定云 正當與麽時如何 庵主曰 枯木倚寒巖 三春無暖氣 女歸擧似婆 婆曰 我二十年只供養得箇俗漢 遂趁出放火燒却菴"라고 하였다. 〔참고문헌〕『書狀』, 『天聖廣燈錄』, 『頌古聯珠通集』, 『雲門廣錄』 권상(대정장47, p.545b4), 『五祖法演語錄』 권중(대정장47, p.662a29), 『圜悟語錄』 권4(대정장47, p.723b9). ⇨ 정당 正當❶, 임마 恁麽

정대 正大 1937~2003. 호는 월암(月庵), 속성은 서(徐)씨, 속명은 병식(炳植), 본관은 달성. 1937년 3월 전라북도 전주에서 태어났다. 1962년 전라북도 완주군 추줄산(崷崒山) 위봉사(威鳳寺)로 찾아가 행자생활을 하다가 같은 해에 인천 용화사(龍華寺)에서 전강영신(田岡永信)을 은사로 하여 스님이 되었다. 1964년부터 화성 용주사(龍珠寺), 도봉산 망월사(望月寺), 덕숭산 수덕사(修德寺) 등의 선원에서 참선정진하였다. 1967년 4월 양산 통도사(通度寺) 금강계단에서 월하(月下)를 계사로 하여 비구계와 보살계를 받았다. 1969년 2월부터 여주 신륵사(神勒寺) 주지에 취임하여 14년간 재임하는 동안 가람을 일신중수하고 대외적 포교활동에 크게 기여하였다. 1973년 5월 대한불교조계종 총무원 사회국장, 재정국장, 규정국장(糾正局長) 등을 맡았고 1974년 이후 조계종 총무원 사회부장, 재무부장, 총무부장 등 종단의 중요 소임을 맡아 재정관리와 종무행정에 튼튼한 기틀을 다졌다. 1975년 제4대 중앙종회의원에 피선된 이래 5·7·8·9·10·11·12대에 걸쳐 종회의원직을 역임하였는데, 제8대에는 종회부의장, 제9대에는 종회의장에 피선되어 모범적인 행정상을 보여주었다. 1977년에는 삼각산 도선사(道詵寺)의 혜성, 조계종 중앙신도회 회장 박완일(朴完一) 등과 함께 '한일불교문화교류회'를 결성하고 상임이사에 취임하였다. 1981년 12월에는 대만에서 개최한 제3차 세계불교승가대회에 한국대표로 참석하였으며, 1983년 조계종 제2교구 본사인 화성 용주사 주지에 취임하여 1994년까지 12년간 재임하였다. 1984년 스리랑카에서 개최한 제14차 '세계불교도우의회'에, 같은 해 7월 일본에서 개최한 제5회 '한일불교문화교류회'에 한국대표로 참석하였다. 1989년 3월부터 문화재위원으로 위촉받아 1995년까지 활동하였으며, 같은 해 11월부터 조계종 설립 불교방송 재단이사에 선임되어 방송국개국에 주도적 역할을 하였다. 1991년 3월 학교법인 동국학원 이사로 선임되었으며, 1999년 11월 대한불교조계종 총무원장에 취임하여 2003년 2월까지 재임하는 동안 승가대학의 김포 이전불사를 완료하였고, 총무원 내에 수백 억이 소요되는 '한국불교역사문화기념관건립'을 추진하는 등 종단중흥의 초석을 튼튼히 다졌다. 그리고 모친으로부터 상속받은 사십억 원의 사재를 쾌척하여 은정(恩正 : 어머니 이름 恩壽의 恩과 스님의 법명인 正大의 正자를 따서 이름함) 재단을 설립하여 장학금과 연구비 그리고 생활지원금 등을 지원해 오고 있다. 2003년 1월 20일 학교법인 동국학원 이사장에 취임하여 오다가 2003년 11월 18일 새벽 5시 안양 관악산(冠岳山) 삼막사(三幕寺)에서 문도를 모아 놓고 "나는 세연이 이미 다하였으니 부지런히 정진하라"는 당부를 마치고, "올 적에도 사관에 들지 않았고, 갈 때 또한 사관을 나가지 않네. 천지가 오로지 꿈의 나라이니, 다만 꿈꾸는 사람이라네. 來不入死關 去不出死關 天地是夢國 但是夢中人"라는 임종게를 읊은 후 입적하였으니 세수 67, 법랍 42세였다. 은상좌(恩上佐)는 성용·성조·성현·자승·성공·지일·성목·성주·신룡·성도 등 53명이고, 손상좌(孫上佐)는 탄문·탄호·탄묵 등 27명이다. 정휴(正休)가 비문을 지어 2003년 12월에 세운 탑과 비가 관악산 삼막사에 있다. 〔참고문헌〕「月庵堂正大大禪師學校法人東國學園葬永訣式彙報」, 『週刊佛教』(2003. 11. 25), 『佛教新聞』(2003.11.25).

정대 頂戴 Ⓢ aṃsena pariharati, śīrṣa-udvahatā, Ⓣ spyi-bo-la-khyer-ba. 정수리에 모셔 이다. 불상과 경전 등을 머리 위로 이고 모심으로써 위없이 높은 존경의 뜻을 표한다. 정례(頂禮 Ⓢ nipatya)·정수(頂受 Ⓢ mūrdhnena pratigṛhya) 등도 같은 뜻이다. 『과거현재인과경』 권4(대정장3, p.653b26)에 "그때 모든 비구가 부처님의 말씀을 듣고 기쁜 마음으로 정수리에 모신 후 절을 올리고 물러났다. 時諸比丘 聞佛所說 歡喜頂戴 作禮而退", 60권본 『화엄경』 권36(대정장9, p.630a11)에 "그러므로 보살마하살 중에서 이 경을 들은 이들은 기쁜 마음으로 공경하며 정수리에 모셔 받아 가진다. 是故 菩薩摩訶薩 聞此經者 歡喜恭敬 頂戴受持", 『다라니집경』 권1(대정장18, p.787b23)에 "왼손에 금강저를 잡고 오른손에 수주를 쥐며 입으로는 '반야바라밀다법의 항사같은 만덕을 머리 위에 모시고 공경하오니, 지금 모든 부처를 좇아 받습니다'라고 말한다. 이 말을 하고 나서 두 손을

정대 베재클릭제9굴 9세기

올려 정수리에 모셔 공경하니, 이를 정수리에 모셔 공경하는 법이라 한다. 左手執金剛杵 右手執數珠 口云 頂戴恭敬 般若波羅蜜多法 恒沙萬德 今從諸佛受 說是語已 卽擧兩手頂戴恭敬 是名頂戴恭敬之法", 『금강선론』 권1(대정장25, p.799c25)에 "자신의 이마를 발에 대고 절을 올리고 정수리에 모신다 하였다. 앞에서 비록 '경의를 표한다'고 하였지만 경의를 표하는 까닭은 드러내지 않았는데, 이 구에서 공경하는 일을 바로 가린다. 머리는 한 몸에서 가장 소중하고 발은 가벼이 여긴다. 자신 존귀하게 여기는 것으로 저 부처님이나 스님의 발에 절을 올리니, 이래야 비로소 경건함의 지극함을 드러낸다. 頭面禮足而頂戴者 上雖云致敬 未出致敬之所以 此句正辨恭敬之事也 頭者 一形之重 足者 身之所輕 今以己所尊 禮彼佛僧之足 此乃方顯 虔敬之至也", 『정토론』 권중(대정장47, p.96c11)에 "관음의 정수리에 이고 있는 보관 중에 계시면서, 갖가지 아름다운 상호로 보배롭게 장엄하셨네. 능히 외도와 마구니의 교만을 조복시키시니, 그 때문에 저도 아미타불을 정수리에 모십니다. 觀音頂戴冠中住 種種妙相寶莊嚴 能伏外道魔憍慢 故我頂禮彌陀佛", 『법화경요해』 권5(卍속장47, p.655b2)에 "반듯한 마음으로 읽고 간직하면 그 공덕이 모든 것을 넘어선다. 그러므로 '여래를 정수리에 모심과 같다'고 하였다. 정수리에 모신다는 말은 이 몸중에서는 그 이상이 없다는 뜻이다. 若正心讀持 功叉過上 故曰則爲頂戴如來 云頂戴者 謂得此中全身 而無以上之也"라고 하였다. [참고문헌] 『過去現在因果經』, 『華嚴經』, 『陀羅尼集經』, 『金剛仙論』, 『淨土論』, 『法華經要解』, *Saddh-p.227.*, *Bodh-bh.83.* ⇨정례 頂禮

정대 보현왕여래 현왕탱
강화 청련사 1881년

정대 사사자삼층석탑
구례 화엄사 통일신라

정대게 頂戴偈 **1** 경을 머리 위에 올려 모시고 찬탄하는 게송. 『영산대회작법절차』에 "설령 경을 머리에 이고 미진겁을 지나며, 몸으로 평상 삼아 앉아 삼천계를 두루 해서도, 만약 법을 전하여 중생을 제도치 못한다면, 마침내 무량한 부처님 은혜를 갚을 수 없으리. 假使頂戴經塵劫 身爲床座遍三千 若不傳法度衆生 畢竟無能報佛恩"라고 하였다. [참고문헌] 『靈山大會作法節次』(『韓國佛敎儀禮資料叢書』 권2, p.134b8). **2** 권공(勸供) 및 간경법회 등에서 개경게(開經偈) 전에 지송하는 게송. 『작법귀감』 권하(한불전10, p.584b25)에 "정대게. 제목 아직 읽기 전에 검수지옥 기울었고, 한 구 미처 읽기 전에 칼산마저 부서졌다. 독경 마음을 내자마자 천생업이 다하였거늘, 어찌 하물며 손수 만져 머리에 이는 이야 어떠하겠는가! 頂戴偈 題目未唱傾劒樹 非揚一句折刀山 運心消盡千生業 何況拈來頂戴人"라고 하였다. [참고문헌] 『作法龜鑑』, 「常住勸供」(『釋門儀範』 권상, p.109a9). **3** 스님들이 가사를 수할 때 지송하는 게송. 탑의게(搭衣偈)라고도 한다. 5·7·9조에 따라 게송이 각각 약간의 차이가 있는데, 9조 가사를 수할 때 외우는 게송은 "위대한지라, 해탈의 옷이여! 위없는 복밭 옷이로다. 나도 이제 머리 위로 받게 되었으니, 모든 중생 남김없이 제도하리라. 善哉解脫服 無上福田衣 我今頂戴受 廣度諸群迷"이다. 사미사미니가 수계법회시 처음으로 가사를 정대하거나, 새로 조성된 가사를 정대할 때의 게송은 앞의 게송에서 말구만 "세세로 항상 입어지이다. 世世常得被"로 달리한다. [참고문헌] 『沙彌律儀要略述義』 권하(卍속장106, p.474a17), 『作法龜鑑』 권하(한불전10, p.584b15). **4** 불자가 새 가사를 조성하여 스님들께 받들어 올릴 때 게송. 『작법귀감』 권하 「가사점안 袈裟點眼」(한불전10, p.584b2)에 "정대게. 어지신 이여! 대비의 청정한 손으로 모든 중생을 돌보시고 기억하시어 일체액난 중에서도 근심없이 안온한 즐거움으로 누리게 해주소서〈모 보체가 복을 받으시고 모 영가는 왕생하길 바라나이다〉. 조성한 가사를 지금 정대하오니, 현세에서는 복과 수명이 늘어나 재해가 없으며 곡식이 풍성하여 날마다 늘어나게 하소서. 일생동안 재해가 다시 침범하지 못하며 결국에는 무상보리과를 얻어지이다. 일문권속이 모든 어려움을 여의어 함께 이익을 얻어 청정케 하소서. 頂戴偈 仁以大悲淸淨手 攝取憶念諸衆生 令於一切厄難中 獲得無憂安穩樂〈某人保體獲福願某人靈駕往生願〉 造成袈裟今頂戴 現增福壽無災害 禾穀豊登日漸興 一生災害不復侵 後得無上菩提果 一門眷屬離諸難 同得利益令淸淨"라고 하였다. [참고문헌] 『作法龜鑑』.

정덕 淨德 사덕(四德) 중 하나. 번뇌의 오염에서 벗어난 열반의 청정한 덕. 『법화현찬』 권10(대정장34, p.845c5)에 "정덕이란 장애의 번뇌를 끊고서 얻는 뛰어난 덕이다. 淨德者 斷障染得勝悳", 『대반열반경소』 권14(대정장38, p.123b25)에 "번뇌의 마구니에 동요하지 않는 것이 정덕이다. 煩惱魔不動 卽淨德", 같은 책 권21

(대정장38, p.161a24)에 "길이 끊으면 곧바로 정덕이다. 생사는 혐오스럽고 부정함으로 가득하지만, 부정을 버리면 바로 정법을 얻을 것이니 어찌 정덕이 아니겠는가? 永斷卽淨德 生死是可惡 不淨充盈 旣除不淨 便得淨法 豈非淨德", 원효(元曉)의 『열반종요』(대정장38, p.245c27・한불전1, p.533c2)에 "정덕의 두 가지 뜻은 분별성에 통달하고 의타성을 남김없이 다하는 것이다. 분별에 통달하여 자성정을 드러내고, 의타성을 멸하여 방편의 깨끗함만을 드러낸다. 『보성론』 권3(대정장31, p.830c14)에서 '두 가지 법에 의지해 여래법신에는 정바라밀이 있다. 무엇이 그 두 가지인가? 첫째, 타고난 자성청정이니 범성 모두에게 같다. 둘째, 번뇌를 떠나 청정하니 성인만의 뛰어난 특징이다'라고 한 말과 같다. 淨德二義者 通達分別性 除滅依他性故 通達分別 顯自性淨 滅依他性 顯方便淨 如論言 依二種法 如來法身 有淨波羅蜜 何等爲二 一者 本來自性淸淨 以同相故 二者 離垢淸淨 以勝相故", 『법화경요해』 권7(卍속장47, p.690b15)에 "정덕이란 비록 번뇌에 물든 몸을 보이더라도 그 덕은 본래 깨끗하고, 정장이란 묘한 이치를 쌓아 둔 창고이며, 정안이란 묘한 지혜를 드러낸 눈이니, 모두 그 정덕으로 갖춘 것들이다. 묘하고 깨끗한 이치와 지혜를 갖추었기에 능히 삿됨을 뒤쳐 빛나는 덕이 되게 한다. 淨德者 雖示染身 其德本淨 淨藏者 妙理之所蘊 淨眼者 妙智之所顯 皆其德所具也 以具妙淨理智 故能轉邪 而爲華德"라고 하였다. 〔참고문헌〕『法華玄贊』, 『大般涅槃經疏』, 『涅槃宗要』, 『寶性論』, 『法華經要解』. ⇨ 사덕 四德 ❶, 열반사덕 涅槃四德, 상락아정 常樂我淨 ❶

정덕명보주북악사은입사향완 正德銘甫州北岳寺銀入絲香垸 조선시대 향로. 일본 개인소장. 높이 27㎝・입지름 27.2cm・밑지름 18.2cm. 구연에 전이 있는 중형의 향완으로 향의 몸통(爐身)과 간주(間柱)를 따로 주조하였다. 노신의 위패문(位牌紋) 안에는 '甫州北岳寺'라 새겨져 있으며, 사방 각각에는 여의두문으로 둘러싸인 큰 테두리 안에 범자를 굵게 입사하였다. 전의 뒷면에 새겨진 명문에는 "보천 북악사의 은사향완은 사찰이 폐하면서 관아에서 녹여 쓰려고 할 때, 여러 사람들이 놋쇠가격을 넉넉히 대납하고 되찾아왔다. 정덕 11년(1516・중종11) 병자 5월 일에 예천 □□□에 바치니, 후인이 영세토록 전하리라. 무게는 8근 2냥이다. 甫川北岳寺銀糸香元亦破寺 官上破用時 諸人鍮鐵收價給還出 正德十一年丙子五月日 醴泉□□□彩上 後人永世轉 重八斤二兩"라고 하였다. 명문에 보이는 보주(甫州)・보천(甫川)은 모두 예천의 옛 지명으로, 1416년(태종16)에 개칭(改稱)되었다. 향완 주조시의 명문이 아니라 후일 향완이 파손되려 할 때 많은 이들이 모연하여 되찾아온 인연을 적어 넣은 것이 이채롭다. 〔참고문헌〕 黃壽永 「正德銘甫州北岳寺銀絲香垸」(『考古美術』 제5권 제10・12호, 1964). ⇨ 북악사 北岳寺 ❷

정덕명보주북악사은사향완

정덕십년명석조지장보살좌상 正德十年銘石造地藏菩薩坐像 조선시대 불상. 보물 제1327호. 국립중앙박물관 소장. 전체높이 33.4cm. 1515년(중종10)에 조성된 석조지장보살좌상으로, 불신(佛身) 전체가 도금되어 있다. 머리에는 두건(頭巾)을 쓰고, 왼손 위에는 보주(寶珠)를 올려놓았다. 보살상의 상호는 원만한 방형으로 이목구비가 뚜렷하면서도 섬세하게 표현되었다. 통견의 법의를 착용하고 가부좌하였는데, 양발은 보이지 않는다. 대좌는 바위형태의 암좌(岩座)로 붉은 칠을 하였고, 뒷면에는 명문을 새겼다. 명문에 "정덕 10년(1515) 을해 3월에 관음・지장보살상을 조성하였다. 시주는 김손순 부부 등이고 … 화원은 절학산인 신□, 조연비구는 지목・법준・인□이다. 正德十年乙亥三月日 造成觀音地藏施 金順孫兩主 … 畫員節學山人信□ 助緣比丘智目法俊仁□"라고 하였다. 관음과 지장을 한 쌍으로 조성하는 관음・지장병립상은 중국에서는 당송대(唐宋代)에 유행하며, 우리나라에서는 고려말 조선초에 주로 보이는 도상이다. 조선전기 불교조각의 주요 편년자료이자, 조선후기 발원문(發願文) 형식의 시원을 보여준다. 〔참고문헌〕 『발원 發願, 간절한 바람을 담다 : 불교미술의 후원자들』(국립중앙박물관, 2015) pp.108~109.

정덕십년명석조지장보살좌상

정도 正道 Ⓢ mārga, sat-patha, Ⓟ magga, sammā-paṭipadā, Ⓣ lam. 바른 길. 넓은 의미로는 부처님의 가르침인 중도(中道)를 말하고, 좁은 의미로는 팔정도(八正道)를 일컫는다. 사도(邪道)의 상대어다. ❶ 팔정도를 말한다. 『잡아함경』 권28(대정장2, p.205a7)에 "무엇들을 바른 도라 하는가. 정견 내지 정정이다. 何等

爲正道 謂正見乃至正定", 『팔정도경』(대정장2, p.505a1)에 "'내가 말하는 사도와 정도를 듣도록 하라. 어떤 것이 사도인가? 진실로 보지 못하고, 진실로 생각하지 못하며, 진실로 말하지 못하고, 진실로 다스리지 못한다. 진실로 구하지 못하고 행하지도, 뜻을 내지도, 삼매에 들지도 못하니 이것이야말로 여덟 가지 삿된 행이다. 무엇 등이 여덟 가지 바른 행인가. 진실 그대로 보는 것이다. 진실로 보는 것이란 무엇을 어떻게 하는 것인가. 보시와 예법과 섬김을 믿는 것이다. … 둘째, 진실을 념한다는 것은 뜻으로 욕을 버리고 세속을 버리며, 성내거나 분노하지 않으며, 서로 침해하지 않는 것 등이 바른 생각이다. 셋째, 바른말은 어떤 것인가? 두 갈래로 말하지 않고 전하지 않으며 악독하게 하지 않으며 거짓말하지 않는 것 등이 바른 말이다. 넷째, 진실로 행한다 하는 것은 어떤 것인가? 살생·도둑질·음행 등을 하지 않는 것이 진실한 행이다. 다섯째, 진실로 받아 생활함이란 어떤 것인가? 가르침을 듣고 도를 지닌 제자는 법도에 맞게 생활하고 법도에 맞지 않게 생활하지 않는다. … 여섯째, 진실로 다스린다는 정정진은 … 정진하여 싫증 내지 않는 마음을 지니는 것이 진실한 다스림이다. 일곱째, 바르게 주의를 기울임은 어떤 것인가? 삶과 죽음에 대하여 마음을 모으고 마음을 쏟으며 진정 함께하는 마음으로 구하는 것이 바르게 주의를 기울이는 것이다. 여덟째 바른 선정은 어떤 것인가? 삶과 죽음에 대하여 마음을 모으고 생각을 그치는 것이다'. 聽我說邪道亦說正道 何等爲邪道 不諦見 不諦念 不諦語 不諦治 不諦求 不諦行 不諦意 不諦定 是爲道八邪行 何等爲道八正行 一者 諦見 諦見爲何等 信布施 信禮 信祠 … 第二諦念爲何等 所意棄欲 棄家 不瞋恚怒 不相侵 是爲諦念 第三諦語爲何等 不兩舌 不傳語 不惡罵 不妄語 是爲諦語 第四諦行爲何等 不殺盜婬 是爲諦行 第五諦受爲何等 是聞有道弟子法求 不可非法 … 第六諦治爲何等 … 乃精進不厭意持 是爲諦治 第七諦意爲何等 生死行合意念 向意念不妄不共意求 是名爲諦意 第八諦定爲何等 生死意合 念止"라고 하였다. [참고문헌] 『雜阿含經』, 『八正道經』, 『大智度論』 권19(대정장25, p.202c4), 『攝大乘論釋』 권12(대정장31, p.244c3), *Vikī-n.380.*, *Udāna-v.191.*, *Rāṣtr.143.*, *SN.5.19.* ⇨ 중도 中道, 팔정도 八正道, 사도 邪道 **2** 십선도(十善道)를 말한다. 『잡아함경』 권28(대정장2, p.205a15)에 "무엇을 바른 도라 하는가. 죽임이 없고 훔치지 않으며, 삿된 음행하지 않고 거짓말하지 않으며, 두말하지 않고 나쁜 말하지 않으며, 꾸며 말하지 않고 탐에가 없으며 바로 보는 것이다. 何等爲正道 謂不殺 不盜 不邪婬 不妄語 不兩舌 不惡口 不綺語 無貪無恚 正見"라고 하였다. [참고문헌] 『雜阿含經』. ⇨ 십선 十善, 십선도 十善道 **3** Ⓟ vīthi. 팔정도(八正道) 등 부처님의 법과 율을 말한다. 『잡아함경』 권47(대정장2, p.343a6)에 "바른 길을 알지 못함이란 무엇인가. 팔정도와 성법율을 이름하여 길이라 부른다. 이를 여실히 알지 못하면 길을 알지 못한다고 한다. 云何不知正道 八正道及聖法律 是名爲道 彼不如實知 是名不知道", 상응하는 *Mahāgopālaka-sutta*(*MN.1*, p.221)에 "비구들이여, 비구가 바른 길을 알지 못한다는 것은 무엇인가? 비구들이여, 이 세계에서 비구가 팔성도를 여실히 알지 못한다는 것이다. kathañ-ca bhikkhave bhikkhu na vīthiṃ jānāti. idha bhikkhave bhikkhu ariyaṃ aṭṭhaṅgikaṃ maggaṃ yathābhūtaṃ na-ppajānāti"라고 하였다. [참고문헌] 『雜阿含經』, *MN.* ⇨ 팔정도 八正道 **4** 중도(中道)를 말한다. 『대지도론』 권65(대정장25, p.517b22)에 "어떤 이가 설하길 모든 법에 네 가지 상이 있다 한다. 있다, 없다, 있기도 하고 없기도 하며, 있는 것도 없는 것도 아니라고 한다. … 이 네 법에 집착하기에 사도라 한다. 이 중에서 바르게 기억하고 생각하여 이 네 가지를 바르게 행하는 중에 집착함이 없으면 정도라 한다. 有人說 諸法有四種相 一者說有 二者說無 三者說亦有亦無 四者說非有非無 … 著此四法故 名爲邪道 是中 正憶念故 四種正行 中不著故 名爲正道"라고 하였다. [참고문헌] 『大智度論』. ⇨ 중도 中道

정도 淨道 **1** Ⓢ bodhīya varṇam. 깨끗한 길. 번뇌를 다하여 위없는 지혜를 얻게 하는 육바라밀 등 모든 불도(佛道)를 말한다. 『법화경』 권1(대정장9, p.3a3 : *Saddh-p.*, p.10)에 "만약 어떤 불자가 갖가지 행을 닦아 위없는 지혜를 구하면 그에게 깨끗한 길을 설해 준다. 若有佛子 修種種行 求無上慧 爲說淨道 ye ca-api anye sugatasya putrā anuttarāṃ jñāna gaveṣamāṇāḥ, vividhāṃ kriyāṃ kurviṣu sarvakālaṃ teṣāṃ pi bodhīya vadanti varṇam", 『대지도론』 권11(대정장25, p.140a23)에 "[문] 단(檀 Ⓢ dāna : 布施)에는 어떤 이익이 있기 때문에 보살이 반야바라밀에 머무르는 중에도 단바라밀을 빠짐없이 갖추는가? [답] 단에는 갖가지 이익이 있다. 단은 보배 창고이니 항상 사람을 따른다. 단은 괴로움을 깨뜨리니 사람에게 즐거움을 준다. 단은 훌륭한 마부이니 하늘길을 열어 보인다. … 단은 대장이니 인색이라는 적을 굴복시킨다. 단은 좋은 과보이니 하늘과 인간이 애호하는 것이다. 단은 깨끗한 길이니 현성이 노니는 곳이다. 단은 선을 쌓는 것이니 복덕의 문이다. 問曰 檀有何等利益故 菩薩住般若波羅蜜中檀波羅蜜具足滿 答曰 檀有種種利益 檀爲寶藏 常隨逐人 檀爲破苦 能與人樂 檀爲善御 開示天道 … 檀爲大將 能伏慳敵 檀爲妙果 天人所愛 檀爲淨道 賢聖所遊 檀爲積善福德之門", 『십주비바사론』 권17(대정장26, p.121a8)에 "시라(尸羅 Ⓢ śīla)는 소중한 재물이니 여러 줄어드는 괴로움이 없으며, 시라는 깨끗한 길이니 무너질 일 없는 것이 마치 평평한 길과 같아 가는 이에게 어려움이 없고, 시라는 좋은 밭이니 심지 않고 거두지 않으나 저절로 열매를 얻는다. 尸羅是寶財 無諸衰惱 尸羅是淨道 無能壞者 猶如平路 行旅無難 尸羅是好田 不種不穫 自然獲實", 『묘경문구사지기』 권9(卍속장46, p.126b12)에 "깨끗한 길이란 청정하게 심고 거둔다. 言淨道者 淸淨因果也", 『법화경지음』 권1(卍속장49, p.452a5)에 "육바라밀을 가리켜 정도라 하는 까닭은 상에 머물지 않기 때문이다. 六度謂之淨道者 不住相也"라고 하였다. 〔참고문헌〕『法華經』, 『大智度論』, 『十住毘婆沙論』, 『妙經文句私志記』, *Saddh-p.* **2** Ⓢ amalo mārga, Ⓣ dri-ma-med-pa-lam, zag-pa-med-lam. 무루도(無漏道 Ⓢ anāsravo mārgaḥ : 無垢道). 번뇌를 끊고 열반을 증득하는 성도(聖道). 『구사론』 권24(대정장29, p.128a11 : *Abh-k-bh.*, p.369)에 "정도는 사문의 자성이고, 유위와 무위는 과이니, 여기에는 여든아홉 가지의 해탈도와 택멸이 있다. 〔논〕 모든 무루도가 사문의 성이다. 이 도를 품은 이를 사문이라 하니, 부지런히 힘써 번뇌를 쉬기 때문이다. 淨道沙門性 有爲無爲果 此有八十九解脫道及滅 論曰 諸無漏道 是沙門性 懷此道者 名曰沙門 以能勤勞 息煩惱故 〈kārikā〉 śrāmaṇyam amalo mārgaḥ, saṃskṛtāsaṃskṛtaṃ phalam, ekānnanavatistāni, muktimārgāḥ saha kṣayaiḥ. 〈bhāṣya〉 anāsravo mārgaḥ śrāmaṇyam. tena hi śramaṇo bhavati kleśasaṃśamanāt", 같은 책 권24(대정장29, p.128b5 : *Abh-k-bh.*, p.370)에 "정도만이 사문의 성이라면 유루도의 힘으로 얻은 두 가지 과는 어떻게 사문과에 거두는가? 若唯淨道 是沙門性 有漏道力 所得二果 如何亦是 沙門果攝 yadyanāsravo mārgaḥ śrāmaṇyaṃ kathaṃ laukikamārgaprāptaṃ phaladvayaṃ śrāmaṇyaphalaṃ yujyate"라고 하였다. 〔참고문헌〕『俱舍論』, *Abh-k-bh.* ⇨ 무루도 無漏道, 사문성 沙門性 **3** 깨달음. 열반을 말한다. 『삼론현의』(대정장45, p.1a9)에 "구십육술로 화택에 깃들어 사는 것을 정도라 여기고, 오백이부 견해의 그물에 얽힘을 열반으로 삼는다. 九十六術 栖火宅爲淨道 五百異部 縈見網爲泥洹"라고 하였다. 〔참고문헌〕『三論玄義』. ⇨ 열반 涅槃 **4** 염부제 동쪽 바다 중에 떠 있는 금산에 있는 동굴. 『대방등대집경』 권23(대정장13, p.167c25)에 "선남자야, 염부제 밖의 동쪽 바다 속에 공덕상이라는 금산이 있는데, 높이가 이십유순이다. … 정도라는 동굴이 있으니, 가로·세로·높이가 이와 같고, 역시 보살이 옛날에 머물던 곳인데, 그 속에서 한 마리 토끼가 성문의 자비를 닦았다. 善男子 閻浮提外 東方海中 有一金山 名功德相 高二十由旬 … 復有一窟 名曰淨道 縱廣高下 亦復如是 亦是菩薩 昔所住處 中有一兎 修聲聞慈"라고 하였다. 〔참고문헌〕『大方等大集經』, 『法苑珠林』 권30(대정장53, p.511b18).

정도경 靜道經 Ⓟ Visuddhimagga. 『청정도론 淸淨道論』의 다른 이름. 5세기에 인도의 불음(佛音 Ⓢ Buddhaghosa)이 지은 논서다. 『선견율비바사』 권4(대정장24, p.701a3)에 "『정도경』에서의 선정법을 내가 만약 자세히 설하려 하면 그 뜻 심원하여 분분해질 뿐이다. 禪定法 於靜道經中 我若廣說 其義深遠 則爲紛紜"라고 하였다. 〔참고문헌〕『善見律毘婆沙』. ⇨ 청정도론 淸淨道論, 해탈도론 解脫道論

정도령과해인 鄭道令○海印 『정감록』과 『격암유록』 등 도참비기(圖讖祕記)에 나오는 가상의 인물인 정도령과 그가 지닌다는 해인(海印). 『정감록』에 "정씨, 정씨, 무슨 정씨인가? 가득 찬 칠에 셋을 더하니 바로 정씨이다. 무슨 성씨인지 모르겠으나 후손이 없으며, 일(一)자를 종횡으로 그으니 참된 정씨다. 해인해인 하니 무슨 해인인가? 보아도 알지 못하는 불과 비와 이슬이다. 화자, 화자, 무슨 화인인가? 무궁한 조화가 바로 해인이다. … 진인이여, 진인이여, 무슨 진인인가? 진목이 화생하니 바로 진인이다. 천하의 한 기운으로 다시 난 사람으로서 해인을 쓰고 부리니 바로 진인이다. 鄭氏鄭氏何鄭氏 滿七加三是鄭氏 何姓不知無裔後 一字縱橫眞鄭氏 海印海印何海印 見不知而火雨露 化字化字何化印 無窮造化是海印 … 眞人眞人何眞人 眞木化生是眞人 天下一氣再生人 海印用使是眞人", 『격암유록』 「가사요 歌辭謠」에 "어양(魚羊 : 破字이니 鮮, 즉 조선), 즉 조선후기에 도교를 통솔하는 보혜대사가 때가 이르러 도를 펼쳐도 도무지 알지 못하네. 아래로부터 위까지 천만 밖이라 신출귀몰한 환상을 내도다. 한 기운을 변화시켜 다시 진인을 내시니 고해중생이 다듬은 길에 드는 때로다. 뱀이 인심을 빼앗아 도를 잃고 병들자 보혜대사가 성스러이 해인을 드러내도다. 魚羊之末 道敎統率保惠大師 時至降道節不知 自下達上千萬外 神出鬼沒幻像出 變化一氣再生人 苦海衆生精路時 蛇奪人心失道病 保惠師聖海印出"라고 하였다. 해인은 본래 『화엄경』의 해인삼매(海印三昧)에서 온 말이다. 마치 파도가 가라앉으면서 맑은 물속에 우주의 삼라만상이 나타나듯 마음속에 모든 번뇌망상이 사라지고 선정이 원만하여 지혜가 성취되고 수행의 결과로서 삼매가 어우러지면 모든 이치가 맑은 물속의 영상처럼 나타나는 것에 비유하는 말이다. 그러므로 예부터 해인이 발동하면 이 세상에 모든 것이 여의(如意)하게 성취된다고 믿어 왔던 것이다. 그런데 도참설(圖讖說)을 주장하는 이들이 세상이 어지러운 틈을 타서 해인을 만사형통하는 주술적 도장(圖章)으로 변용하였던 것이다. 대표적으로 조선후기에 정도령이 자하도(紫霞島)라는 섬에서 일어나 정병(精兵) 칠천 명과 함께 해인을 지니고 한양을 공격하여 새로운 나라를 건설한다는 것이다. 일제강점기인 1940년대에도 충남 연산(連山) 개태사(開泰寺)의 김광영(1886~1978)이라는 보살이 해인을 가지고 해인의 주인인 조선왕이 빨리 나타나 조선 독립을 하게 해달라는 기도하였다는 이유로 강경(江景)유치장에 7개월간 구금되기도 하였다. 해방이 되자 김광영은 해인사 백련암(白蓮庵) 조실(祖室) 윤포산(尹飽山 1901~1958 : 윤보선 전 대통령의 사촌동생)을 찾아가, 자신의 딸을 부인으로 맞이하면 세계대통령이 될 것이라고 하였다. 포산은 3일 동안 심사숙고한 끝에 해인을 인수받기로 결정하고 제자들과 함께 개태사로 거처를 옮겨 10년 넘게 기다렸으나, 대통령이 되지 못하고 죽었다. 그 후로 이 해인은 야산(也山)에게 넘어갔다고 하는 황당한 혹설만을 남기고 말았다. 〔참고문헌〕『鄭鑑錄』, 『格庵遺錄』, 『조선일보』(2010.9.6). ⇨ 도참사상 圖讖思想

정도비바사 淨道毘婆沙 Ⓟ Visuddhimagga. 『청정도론 淸淨道論』의 다른 이름. 『선견율비바사』 권5(대정장 24, p.703b3)에 "부처님의 세 가지 경계는 멸경계와 생경계와 함께 모두 다 붕괴하고, 흥성하면 역시 함께 성립한다. 나는 이제 간략하게 설명하였으니, 『정도비바사』에서 저절로 알게 될 것이다. 佛三境界 滅境界與生境界 皆悉崩壞 若興盛者 亦俱成立 我今略說 於淨道毘婆沙 自當知"라고 하였다. 〔참고문헌〕『善見律毘婆沙』. ⇨ 청정도론 淸淨道論

정도사 淨兜寺 경상북도 칠곡군 약목면 복성리에 있던 절. 「정도사오층석탑조성형지기 淨兜寺五層石塔造成形止記」(『조선고적도보』 권6, p.727)의 "대평 11년(1031·현종22) 신미 정월 4일에 고려국 상주계 경산부의 동남쪽에 정도사오층석탑을 건립하고 형지를 기록한다. 大平十一年歲次辛未正月四日 高麗國尙州界知京山府事任若木郡內巽方 在淨兜寺五層石塔造成形止記"라 하였으니, 그 전에 사찰이 조영되었음을 알 수 있다. 현재 절터는 사라졌으며, 오층석탑은 국립대구박물관에 있다. 〔참고문헌〕『朝鮮古蹟圖譜』, 『韓國寺刹全書』 권하 p.1010b7. ⇨ 정도사지오층석탑 淨兜寺址五層石塔

정도사지오층석탑 淨兜寺址五層石塔 고려전기 석탑. 보물 제357호. 높이 4.63m·지대석 폭 2.33m. 경상북도 칠곡군 정도사지에 있었던 석탑으로 1934년 경복궁으로 이전하였다가 1994년에 국립대구박물관으로 옮겨 세웠다. 상층기단 면석의 해서체 명문에 "석 지한이 특별히 국가가 항상 편안하고 전쟁이 영원히 그치며 백곡이 풍성하게 익기를 바라며 삼가 이 탑을 조성하여 영원한 공양으로 올린다. 태평 11년(1031·현종22) 정월일. 釋知漢 特爲 家國恒安 兵戈永息 百穀豊登 敬造此塔 永充供養 太平十一年正月日"이라고 하였다. 또한 경복궁으로 이건할 때 1층 탑신석 사리공에 있던 유합(鍮盒)에서 백지묵서(白紙墨書)의 「조성형지기 造成形止記」, 녹유사리병(綠釉舍利甁), 동합(銅盒) 등이 발견되었다. 형지기는 한자와 이두가 병기된 54행 2,000여 자의 장문으로, 조탑인연과 조성과정이 자세히 기록되어 있다. 1019년(현종10)에 발원자 광현(光賢)이 병으로 죽자 그의 형인 품유(稟柔)가 석탑건립을 추진하였으나

정도사지오층석탑

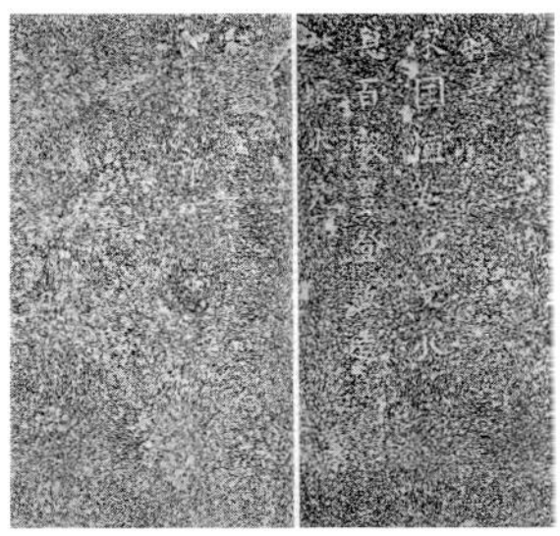
정도사지오층석탑 탁본

완성하지 못하였다. 다시 지한에게 시주하여 1023년에 약국군(若木郡)의 향리들이 주축이 되고 24개 사원과 소속 스님들이 참여하여 1031년에 사리 12과와 유리병, 조성형지기 등을 봉안하고 탑을 완성하였다. 탑은 6매로 된 지대석 위에 2층 기단을 두고 오층 탑신을 올렸다. 하층기단 면석에는 각 면에 안상(眼象)을 3구씩 조각하고, 상층기단 면석에는 우주(隅柱)와 탱주(撑柱)를 한 개씩 모각하였는데, 명문이 새겨진 부분은 보존을 위해 2001년 새로운 면석으로 교체하였다. 탑신(塔身)은 탑신석과 옥개석(屋蓋石)이 각각 한 돌로 되어 있고, 2층부터 탑신 높이는 급격히 줄어들었다. 1층 탑신 정면에는 문고리가 달린 문비(門扉)를 새겼다. 옥개받침은 4단이며, 5층 옥개석은 결실되었다. 상륜부는 노반만 남아 있다. 통일신라석탑의 양식을 따르면서도 하층기단 면석의 안상, 상층 기단 면석의 명문, 탑신석의 문비, 옥개석의 형태 등 고려전기석탑의 양식을 보이는 대표적인 석탑이다. 또한 명문과 조성형지기를 통해 건립연대를 명확히 알 수 있고 고려전기사회를 이해하는 데 중요한 자료다. 〔참고문헌〕『韓國金石全文』 中世上 p.473, 『文化財大觀』 寶物篇 石造Ⅰ(문화재청, 2004) pp.376~377. ⇨ 정도사 淨兜寺

정도삼매경 淨度三昧經 찬자 및 찬술 연대 미상. 『정도경』이라고도 한다. 1권. 卍속장87, pp.587a1~596b15에 수록되어 있다. 卍속장 수록본은 곳곳에 일실된 부분이 있는 잔궐본(殘闕本)이다. 중국에서 찬술된 경전으로 간주된다. 초두에는 '불설정도삼매경 佛說淨度三昧經'으로 되어 있고, 말미에는 '정도경 淨度經'으로 기재되어 있다. 역대 목록집 중 『출삼장기집』 권4 「신집

속찬실역잡경록 新集續撰失譯雜經錄」(대정장55, p.21c25)에 "『정도삼매경』 2권〈『정도경』이라고도 한다〉. 淨度三昧經二卷〈或云淨度經〉"라고 최초로 등장하는 점을 고려할 때, 이 경은 도안(道安 314~385) 이후 승우(僧祐 445~518) 이전 시기 즉, 5세기경에 출현한 것으로 보인다. 『개원석교록』 권14(대정장55, p.632b27)에 따르면, 송(宋) 사문 지엄(智嚴) 역의 1권본·송 사문 보운(寶雲) 역의 2권본·송의 천축삼장 구나발다라(求那跋陀羅) 역의 3권본·원위(元魏) 담요(曇曜) 역의 1권본 등 4종의 동본이역(同本異譯)이 있었지만 현전하지 않는다고 했다. 문수사리(文殊師利)와 법자재보살(法自在菩薩) 등이 부처님께 여쭙는 형식으로, 본래 법은 청정하지만 죄와 복은 자신의 마음에서 생겨나며, 특히 갖가지 지옥과 여기에 떨어지게 되는 인연을 술하고 있다. 경명 중 정도(淨度)라는 말은 자비심을 일으키는 청정한 마음을 인(因)으로 마음이 청정해지면 도탈(度脫)을 얻는다는 의미이다. 이 외에도 『경율이상 經律異相』·『법원주림 法苑珠林』 등에 현존본에는 일실된 문장이 인용되어 있는데, 구체적으로는 염라왕(閻羅王) 및 지옥 등과 관련된 일화, 매월 육재일(六齋日)과 팔왕일(八王日)을 잊지 않고 재계(齋戒)하면 선신(善神)의 영호(營護)를 입게 된다는 등의 내용이다. 현재는 일본 칠사(七寺) 소장본과 돈황(敦煌) 사본(S4546) 등에 의한 교정본이 전자불전(C-BETA)의 장외불교문헌7(No.63)에 3권으로 수록되어 있다. [참고문헌] 『出三藏記集』, 『開元釋敎錄』, 落合俊典 『中國撰述經典』 第2卷(東京 : 大東出版社, 1996) pp.904~916.

정도자 鄭道子 364~427. 동진(東晋)대 문학가 또는 사상가 정선지(鄭鮮之)의 별칭. 도자 또는 도지(道之)는 자(字). 송(宋)나라 무제(武帝)대 벼슬을 살다가 원가년간(424~453)에 상서우복야(尙書右僕射)로 생을 마쳤다. 「신불멸론 神不滅論」 등을 지었다. [참고문헌] 『佛祖歷代通載』 권7(대정장49, p.526a10), 『出三藏記集』 권12(대정장55, p.93c21).

정독 亭毒 위로 고르게 자라게 하다의 뜻으로 양육(養育)·화육(化育). 균양(均養)의 뜻이며, 독은 육(育)이나 숙(熟)으로 본다. 본래 『노자』 51장의 '정지독지(亭之毒之)'라는 말에서 비롯하는데, 성지숙지(成之熟之)로도 전한다. 『조론』 「열반무명론 涅槃無名論」(대정장45, p.161b22)에 "창생을 양육함에 성글지만 누실하지 않는다. 亭毒蒼生 疎而不漏", 『조론소』 권하(대정장45, p.200c7)에 "정독이란 양육이다. 창생이란 천생이다. 중생이란 하늘이 낳는 존재이므로 창생이라 한다. 亭毒養育也 蒼生 天生也 衆生是天之所生 故曰蒼生", 『조정사원』 권6(卍속장113, p.173a7)에 "정독이란 천지의 기운이니, 덮고 실어 창생을 양육한다. 亭毒 謂天地之氣所以覆載養育蒼生", 『집고금불도논형』 권2 「수문제소위항주천화분노군상사 隋文帝詔爲降州天火焚老君像事」(대정장52, p.378b2)에 "현문에서 기르니 만물을 이끌어 어미 노릇을 한다. 玄門亭毒 總萬物而爲母", 『원오어록』 권8(대정장47, p.749a29)에 "주지에서 물러나며 법좌에 올라 말했다. '… 위로 임금의 보살핌을 받아 하찮은 소원이나마 따를 수 있었으니, 거둬 기른 은혜는 하늘처럼 아득합니다'. 退院上堂云 … 上蒙聖主從卑願亭毒之恩遠似天"라고 하였다. [참고문헌] 『肇論』, 『肇論疏』, 『祖庭事苑』, 『集古今佛道論衡』, 『圜悟語錄』, 『華嚴經疏鈔』 권81(대정장36, p.633c11).

정두 淨頭 ❶ 정랑(淨廊)을 청소하는 소임. 청두(圊頭)·지정(持淨)이라고도 한다. 『백장청규』 권6(대정장48, p.1133a14)에 "정두 : 바닥을 쓸고 향을 준비하며 측주를 바꾸어놓고 측간을 세척한다. 물을 끓이고 물을 채워 놓는다. 반드시 때를 맞춰야 하고 조금이라도 지저분해지면 곧바로 깨끗이 치운다. 수건과 정통을 점검하여 더하거나 바꾼다. 무릇 이 소임에 이바지하면 모두 저절로 도심(道心)을 발한다. 소임을 교체하려 할 때는 당사(堂司)가 미리 작은 방을 다음과 같이 내건다〈다음 정랑 소임이 비었습니다. 인연을 맺고자 하면 방명을 남겨주십시오〉. 인연 맺기를 원하는 이는 방을 걷고 당사에게 아뢴다. 그런 다음에 주지에게 사뢰어 충원을 요청한다. 淨頭 掃地裝香 換籌洗廁 燒湯添水 須是及時 稍有狼籍 隨卽淨治 手巾淨桶 點檢添換 凡供此職 皆是自發道心 將交替時 堂司預出小榜云〈下次淨頭缺人 如有結緣 請留芳名〉 願結緣者 收榜白堂司 然後覆住持請充之", 『선원청규』 권4 「연수당주정두 延壽堂主淨頭」(卍속장111, p.898a18)에 "정두는 수행자가 하기에 아주 힘든 소임이며 당사자가 몹시 기피하는 일이니, 가히 '죄가 소멸하지 않음이 없고 죄가 치유되지 않음이 없으며 복이 일어나지 않음이 없다'라고 할 만하다. 동료는 손을 공손히 모으고 측간에 오르면서 어찌 부끄러운 마음이 없겠는가. 淨頭者 行人之所甚難 當人之所甚惡 可謂無罪不滅 無罪不愈 無福不生 同袍拱手上厠 寧無慚愧之心"라고 하였다. [참고문헌] 『百丈淸規』, 『禪苑淸規』, 『敎苑淸規』 권상(卍속장101, p.722a17), 『普菴印肅語錄』 권3(卍속장120, p.651a12). ⇨지정 持淨, 묘조 茆槽 ❷ 깨끗한 끄트머리. 땅에 닿는 주장자(拄杖子) 끄트머리를 촉두(觸頭)라 하고, 위쪽 끄트머리를 정두라고 한다. 『선원청규』 권1 「장포 裝包」(卍속장111, p.878a8)에 "주장자 법이다. 짚는 데를 촉두라 하고 짚지 않는 곳을 정두라고 한다. 걸을 때는 정두를 앞으로 하고 오른손에 휴대한다. 삿갓을 벗어 들고 있을 때는 왼손에 둔다. 拄杖之法 有枝者爲觸頭 無枝者爲淨頭 行時淨頭在前 右手攜之 如

下笠時 在左手內"라고 하였다. 〔참고문헌〕『禪苑淸規』. ⇨ 주장자 拄杖子, 장법 杖法, 촉두 觸頭

정득법신 正得法身 바로 얻은 법신. 이종법신(二種法身) 중 하나로 여래의 자내증법(自內證法)을 말한다. 『불성론』 권4(대정장31, p.808a17)에 "제불법신은 두 가지다. 첫째는 정득이고, 둘째는 정설이다. 정득법신이란, 최청정법계로서 이는 무분별지의 경이고, 제불의 당체로서 스스로 증득하는 바의 법이다. … 〔석〕 첫째 정득법신이란 체가 곧 진여로서 세간의 어떠한 물로도 비유할 수 없다. 따라서 도리어 연꽃 중 불상을 취해서 비유로 삼는다. 諸佛法身有二種 一 正得 二 正說 言正得法身者 最淸淨法界 是無分別智境 諸佛當體 是自所得法 … 釋曰 一正得法身者 體是眞如 世間無物可爲譬者 故還取花中佛像爲譬"라고 하였다. 〔참고문헌〕『佛性論』. ⇨ 법신 法身, 정설법신 正說法身, 최청정법계 最淸淨法界

정등 井藤 깊은 우물 속의 등나무 넝쿨. 인간생사가 위태롭기가 깊은 우물로 내린 넝쿨에 매달린 목숨과도 같다는 비유에서 쓰는 말이다. 『법원주림』 권5(대정장53, p.305b4)에 "무릇 인도를 논하는 중에 … 삼독은 다투어 끝이 없고 십전 또한 다투어 일어나니, 사류는 한없이 넓고 오개는 깊고 깊어서 전도무명 거듭 다시 심해져, 마침내 삶은 낭떠러지의 나무와 같고 목숨은 위태로운 성과 같으며, 입의 꿀은 쉽게 녹고 우물의 등나무는 오래가기 어렵다. 夫論人道之中 … 三毒競興 十纏爭發 四流浩漫 五蓋幽深 顚倒無明 轉復滋甚 遂使生同險樹 命等危城 口蜜易消 井藤難久"라고 하였다. 〔참고문헌〕『法苑珠林』. ⇨ 안수정등 岸樹井藤, 명등 命藤

정등 淨燈 1603~1659. 중국 명청(明淸) 교체기 때 조동종(曹洞宗) 스님. 법호는 파암(破闇). 속성은 강(江)씨. 안휘성(安徽省) 동성(桐城) 출신. 출가한 초기에 『능엄경』을 열람하다가 깨달은 바가 있었으며, 박산(博山)으로 찾아가 무이원래(無異元來)에게 참학하였다. 그 후 변산(弁山)의 서백명설(瑞白明雪)을 찾아가 스승으로 모셨다. 처음에는 변산에서 머무르고, 다음으로는 진주(鎭州) 오대(五臺), 진강(鎭江) 초산(焦山), 서주(舒州) 고당(古唐)과 중방(中方)의 삼조사(三祖寺) 등 10여 사찰에서 머물렀다. 세수 57세로 입적하였으며, 삼조사에 탑을 세웠다. 〔참고문헌〕『五燈全書』 권115(卍속장142, p.158a5).

정등각 正等覺 Ⓢ samyak-saṃbuddha, samyak-saṃbodhi, Ⓣ yang-dag-par-rdzogs-pa'i-sangs-rgyas. 바르고 치우침이 없는 깨달음. 여래십호(如來十號) 중 하나다. 그릇됨(邪)이 없는 것을 정(正)이라 하고, 치우침(偏)이 없음을 등(等)이라 한다. 삼막삼불타(三藐三佛陀)로 음사하고 정변지(正遍知·正偏知)·정등정각(正等正覺)·정각(正覺)·등정각(等正覺)이라고도 한다. 『법온족론』 권2(대정장26, p.460c14)에 "정등각이란, 저 세존께서 말씀하시기를 '모든 있는 바 법의 일체 바른 성에 대해 여래는 일체지견으로 알아 마치시고 바르고 고르게 깨우쳤기에 정등각이라 한다. 또한 고르게 깨달은 법은 사념주·사정승·사신족·오근·오력·칠각지·팔성도지인데, 여래는 일체지견으로 알아 마쳐서는 바르고 치우침 없이 깨달았으니 정등각이라 한다'고 하였다. 正等覺者 如世尊言 諸所有法 一切正性 如來 一切知見解了正等覺 故名正等覺 又等法者 謂四念住 四正勝 四神足 五根 五力 七等覺支 八聖道支 如來 一切知見解了正等覺 故名正等覺", 『금강반야바라밀경파취착불괴가명론』 권상(대정장25, p.887b6)에 "'정'이란 전도가 없는 뜻이고, '등'은 두루하여 가득한 뜻이다. 따라서 정등각이라 한다. 正者 不顚倒義 等者 遍及滿義 故名正等覺", 『설무구칭경소』 권6(대정장38, p.1101c1)에 "삼막삼불타는 정등각이라 한다. 처음의 '삼'이란 '정', '막'은 '등'이다. 또 '삼'은 '정'이고 '불타'는 '각'이니 마땅히 '정각'이라 해야 하는데, 등각과 정각을 합해서 정등각이라 한 것이다. 처음의 정각은 범부와는 다름이니 범부는 잘못 알기 때문이다. 다음의 등각은 이승과 다름이니, 이승인은 오직 생공무아만을 알아서 치우쳐 법을 알기 때문이다. 마지막의 정각은 보살마저 가려 다르다 함이니, 보살이 비록 정각·등각이긴 해도 아직 제법에 대해 바르고 원만히 깨닫지 못했기 때문이다. 두 정의 이름이 같기에 합하여 정등각이라 한다. 三藐三佛陀 謂正等覺 初三者正也 藐者等也 又三正也 佛陀覺者也 應云正覺者 等覺者正覺者 合名正等覺者 初正覺者 異凡夫 凡夫耶覺故 次等覺者 異二乘 二乘唯知生空無我 偏覺法故 後正覺者 簡異菩薩 菩薩雖正覺等覺 未正圓滿覺諸法故 兩正名同 合名正等覺"라고 하였다. 〔참고문헌〕『法蘊足論』, 『金剛般若波羅蜜經破取著不壞假名論』, 『說無垢稱經疏』, *Abh-k-bh.182·263.* ⇨ 삼막삼불타 三藐三佛陀, 정변지 正遍知, 무상정등정각 無上正等正覺, 성등정각 成等正覺, 등정각 等正覺, 여래십호 如來十號

정등각무외 正等覺無畏 Ⓢ abhisaṃbodhi-vaiśāradyam, samyaksaṃbuddha vaiśāradya, Ⓣ chos-thams-cad-mngon-par-rdzogs-par-byang-chub-pa-la-mi-'jigs-pa. 사무소외(四無所畏) 중 하나로 모든 법에 대해 바르고 치우침 없이 깨달아 두려워함이 없음. 제법현등각무외(諸法現等覺無畏)·일체지무외(一切智無畏)라고도 한다. 『대반야경』 권53(대정장5, p.301c2)에 "세존이시여! 무엇을 정등각무외라고 합니까? … 얻을 바 없음을 방편으로 하여 '나는 정등각자이다'라고

자칭할 때, 설사 사문이나 바라문이 하늘의 마군이나 범천이나 또는 그 밖의 세간에서 법에 의지해 힐난하거나 기억하도록 하면서 '이 법은 정등각이 아니다'라고 말하더라도 나는 저들의 힐난이 근거 없다는 것을 바르게 본다. 나는 저들의 힐난이 근거가 없다고 보기에 두려움 없이 안온하며, '나는 대선인의 드높은 지위에 있다'고 자칭하면서 대중들 바로 한 가운데서 사자후를 토하며 묘범륜을 굴리는데, 그 범륜은 청정하고 바르며 참되고 위없어서 모든 사문이나 바라문이 하늘의 마군이나 범천이나 또는 그 밖의 세간에서는 이 같은 법륜을 굴릴 이가 없으니 이를 정등각무외라고 한다. 世尊 云何正等覺無畏 … 若以無所得爲方便 自稱我是正等覺者 設有沙門 若婆羅門 若天魔梵 或餘世間 依法立難及令憶念 言於是法非正等覺 我於彼難正見無由 以於彼難見無由故 得安隱住無怖無畏 自稱我處大仙尊位 於大衆中正師子吼轉妙梵輪 其輪淸淨正眞無上 一切沙門 若婆羅門 若天魔梵 或餘世間 皆無有能如法轉者 是爲正等覺無畏", 『대승아비달마집론』 권14(대정장31, p.691c4 : *Abh-s.*, p.98)에 "정등각무외란 무엇인가? 정려에 의지하고 자리문을 연유하는 것으로, 일체종의 알아야 할 경계에 대해 바르고 치우침 없이 깨달아 그 덕호를 자칭하면서 건립하고 구족히 하는 중에 정이든 혜든, 그리고 저 정혜와 상응하는 심과 심소법을 말한다. 云何正等覺無畏 謂依止靜慮由自利門 於一切種所知境界正等覺 自稱德號建立具足中 若定若慧 及彼相應諸心心所 abhisaṃbodhivaiśāradyaṃ katamat. dhyānaṃ niśritya svārthamevārabhya sarvākārajñeyābhisaṃbodhipratijñāpratiṣṭhāpanasamṛddhau yaḥ samādhiḥ prajñā tatsaṃprayuktāśca cittacaitasikā dharmāḥ"라고 하였다. 〔참고문헌〕『大般若經』, 『大乘阿毘達磨集論』, *Abh-s.*, *Abh-k-bh.414.* ⇨ 사무소외 四無所畏, 일체지무외 一切智無畏, 정등각 正等覺

정등각지 定等覺支 Ⓢ samādhi-saṃbodhyaṅga, Ⓟ samādhi-sambojjhaṅga. 흔들림 없이 고르게 깨우쳐 아는 것. 정각지(定覺支)라고도 한다. 『집이문족론』 권16(대정장26, p.435b8)에 "무엇을 정등각지라 하는가? 〔답〕 모든 성제자들이 고에 대해 고라 사유하고, 그 집에 대해 집이라 사유하며, 그 멸에 대해 그 멸이라 사유하고 그 멸에 이르는 길에 대해 그 길이라 사유하는 것이니, 무루작의와 상응하는 마음으로 머물고 고르게 머물며 내지는 심일경성에 이르는 것을 정등각지라 한다. 云何定等覺支 答 諸聖弟子 於苦思惟苦 於集思惟集 於滅思惟滅 於道思惟道 無漏作意相應 心住等住 廣說乃至心一境性 是名定等覺支"라고 하였다. 〔참고문헌〕『集異門足論』, *Pañca-pr.1.208.* ⇨ 정각 定覺 ■

정등삼매 淨燈三昧 Ⓢ vimalapradīpo nāma samādhi, Ⓣ dri-ma-med-pa'i-sgron-ma-zhes-bya-ba'i-ting-nge-'dzin. 백팔삼매(百八三昧) 중 하나. 무구등삼매(無垢燈三昧)라고도 한다. 모든 삼매에서 번뇌가 청정하게 사라진 지혜의 등불로 비춘다. 『대품반야경』 권5(대정장8, p.251c28 : *Pañca-pr.1*, p.200)에 "무엇을 정등삼매라 하는가? 이 삼매에 머물면 모든 삼매 중에 등불처럼 빛을 낸다. 이를 정등삼매라 한다. 云何名淨燈三昧 住是三昧 於諸三昧中 作明如燈 是名淨燈三昧 katamaḥ vimalapradīpo nāma samādhiḥ yatra samādhau sthitvā sarvasamādhīnāṃ pradīpaṃ dhārayati tenocyate vimalapradīpo nāma samādhiḥ", 『비화경』 권8(대정장3, p.221a12)에 "정등삼매가 있다. 이 삼매에 들어가면 일체삼매 중에 능히 등불이 빛나게 한다. 有淨燈三昧 入是三昧 於一切三昧中 能作燈明", 『범망경직해사의』 권상(卍속장61, p.210a14)에 "정등삼매는 번뇌를 떠난 지혜의 등불이 청정하여 밝게 빛난다. 淨燈三昧 離垢慧燈 淸淨明發故"라고 하였다. 〔참고문헌〕『大品般若經』, 『悲華經』, 『梵網經直解事義』, 『大智度論』 권47(대정장25, p.397b13), *Pañca-pr.* ⇨ 백팔삼매 百八三昧, 무구등삼매 無垢燈三昧

정등정각 正等正覺 Ⓢ samyak-saṃbodhi. 삼먁삼보리(三藐三菩提)의 신역(新譯). 범부나 이승과 달리 비지(悲智)를 아울러 움직일 수 있어야 정등정각이라 할 수 있다. 『금강신안소경게합석』 권상(卍속장39, p.508a17)에 "정등정각이란, 비지를 쌍으로 실어 나르는 이름이다. 바르고 고르면 곧바로 자비로워서 평등이라 하고, 두루 제도함에 있어 치우침 없는 것을 말한다. 정각이란 바로 지혜인데, 자신의 마음을 명료하게 알아 사마와 외도를 여의기 때문이다. 또한 정각은 범부를 가리는 것이다. 범부는 아가 있다고 여기고 스스로 깨닫지 못하고, 깨달음이 있다고 여겨 사마와 외도에 속하게 되니, 정각이 아니기 때문이다. 정등은 이승과도 가려낸다. 이승은 평등심이 없고 선을 닦는 중생 제도를 할 수 없는데, 설사 제도하는 바가 있다고 해도 치우쳐 폐단에 떨어지니, 정등이 아니기 때문이다. 正等正覺者 悲智雙運之稱 以正等卽悲 謂平等普度無偏黨故 正覺卽智 謂覺了自心 離邪外故 亦可正覺揀凡夫 以凡夫有我 不能自覺 縱有所覺 亦屬邪外 非正覺故 正等揀二乘 以二乘無平等心 不能修善度生 縱有所度亦墮偏黨 非正等故"라고 하였다. 〔참고문헌〕『法華玄贊』, 『金剛新眼疏經偈合釋』, *Abh-k-bh.182.* ⇨ 정등각 正等覺, 무상정등정각 無上正等正覺, 아누다라삼막삼보리 阿耨多羅三藐三菩提

정등지 淨等至 Ⓢ śuddhaka-samāpatti. 백정법(白淨法)과 함께 하기에 정(定) 그대로 세간의 선(善)인

등지. 팔근본등지(八根本等至) 중 하나로 세간의 선정(善定). 정정(淨定 Ⓢ śuddhakaṃ dhyānam)이라고도 한다. 『순정리론』 권77(대정장29, p.759a1)에 "정등지란 이름은 세간을 깨끗하게 하는 정이니, 번뇌의 티끌을 여의기 때문이며, 무탐 등의 모든 백정법과 함께 상응하기 때문이다. 이것이 그대로 선이기에 미등지와 다르며, 유루이기에 무루등지와도 구별된다. 이것의 전은 미착경계여서 이것이 무간에 멸할 때 저 미정(味定 : 味等至)이 생겨난다. 즉 과거의 정등지를 연으로 하여 깊이 미착하면, 그때 비록 미착정에서 나왔다고 할지라도 미착정에는 들었다고 할 수 있다. 淨等至名 目世善定 離惑垢故 與無貪等 諸白淨法 共相應故 此是善故 與味有殊 是有漏故 與無漏別 此卽是前 所味著境 此無間滅 彼味定生 緣過去淨 深生味著 爾時 雖名 出所味定 於能味定 得名爲入", 같은 책 권78(대정장29, p.764a19)에 "모든 정등지에는 모두 네 가지가 있으니, 첫째 순퇴분(順退分)으로 거두는 것, 둘째 순주분(順住分)으로 거두는 것, 셋째 순승진분(順勝進分)에서 거두는 것, 넷째 순결택분(順決擇分)으로 거두는 것이다. 정의 지에는 각각 네 가지가 있으나 유정(有頂)의 지에는 오직 세 가지다. 왜냐하면 저에서는 다시 나아갈 상지가 없기에, 그 유정에는 순승진분으로 거둘 것이 없다. 이 넷 중에서 오직 네 번째만이 무루등지를 낳는다. 諸淨等至 總有四種 一 順退分攝 二 順住分攝 三 順勝進分攝 四 順決擇分攝 地各有四 有頂唯三 由彼更無 上地可趣故 彼地無有順勝進分攝 於此四中 唯第四分 能生無漏"라고 하였다. 〔참고문헌〕『順正理論』, 『俱舍論』 권28(대정장29, p.146b26), *Abh-k-bh.427·442.* ⇨ 팔근본등지 八根本等至, 정정 淨定, 삼등지 三等至

정락 正樂 1939~2011. 전강영신(田岡永信)의 상좌. 호는 죽암(竹庵), 속성은 김씨, 속명은 임호(林鎬). 1939년 10월 7일(음력 8월 25일) 김재병을 아버지로, 배양순여사를 어머니로 하여 전라남도 장성군 장성읍 영천동에서 태어났다. 1959년 인천 용화사(龍華寺)에서 전강을 은사로 스님이 되었다. 같은 해 4월 5일 김제군 백산면 홍사리 승가산(僧伽山) 흥복사(興福寺)에서 전강을 계사로 사미계를 받고, 1963년 3월 15일 부산 범어사(梵魚寺)에서 동산(東山)을 계사로 비구계와 보살계를 받았다. 그로부터 제방으로 다니면서 참선 수행하다가 1979년 4월 대한불교조계종 제5대 중앙종회의원, 1981년 1월 조계종 제8대 중앙종회의원에 당선되었다. 같은 해 5월 조계종 총무원 규정부장, 같은 해 11월부터 1984년 5월까지 수원 화광사(華光寺) 주지, 1983년 1월 조계종 총무원 기획실장, 1983년 7월 경기도 화성군 동탄면 중리 무봉산 만의사(萬義寺) 주지에 취임하였다. 1993년 4월 조계종 포교원으로부터 포교대상을 받았으며, 1994년 11월부터 1995년 7월까지 조계종 중앙포교원장을 역임하였고, 1996년 5월부터 2006년 3월까지 화성 용주사(龍珠寺) 주지를 지냈다. 2001년 12월 고산(杲山)으로부터 계맥을 전해 받았고, 2006년부터 만의사 회주로 추대되었다. 저서로는 『나는 이렇게 살고 싶었다』(불광출판사, 2009)를 남기고, 2011년 2월 17일(음력 1월 15일) 세수 73, 법랍 53세를 일기로 입적하였다. 2월 21일 용주사에서 5일장으로 거행하였다. 상좌에는 성직·구담·영명·성현 등이 있다. 〔참고문헌〕「竹庵堂正樂大律師永訣式」.

정란 定亂 **1** 고요함과 움직임. 동정(動靜)과도 통한다. 선정(禪定)과 산란(散亂)이기도 하다. 『대품반야경』 권12(대정장8, p.313a12)에 "'세존이시여, 선나바라밀이 반야바라밀입니다'. 부처님께서 말씀하셨다. '고요함이나 움직임이나 얻을 수 없기 때문이다'. 世尊 禪那波羅蜜 是般若波羅蜜 佛言 定亂不可得故", 60권본 『화엄경』 권9(대정장9, p.458b5)에 "법의 진실한 성품은 청정하기가 허공같아 고요함과 움직임도 다 평등하고 적멸하여 실로 있는 것 없다. 解法眞實性 淸淨如虛空 定亂悉平等 寂滅無所有", 『이취육바라밀다경』 권8(대정장8, p.900b1)에 "(십육존 靜慮波羅蜜 중) 두 번째, 모든 선정에서 그 경계를 맛들여 착하지 않으니 이것이 보살의 정려다. 일체정이 다 산이다 하는 상에 머물지 않기 때문이다. 二者 於諸禪定 不生味著 是菩薩靜慮 不住一切定亂相故", 『화엄경소』 권36(대정장35, p.783c2)에 "만일 사가 다하고 이가 드러나면 모두가 여래장이겠지만, 다 끊어져 의탁할 여지가 없으면 고요함도 움직임도 함께 사라진다. 若事盡理現 皆如來藏 泯絶無寄 則定亂兩亡", 『대반열반경집해』 권39(대정장37, p.504a19)에 "승종은 말하길 '여섯 번째, 정과 란은 서로 마주한다' 하였고, 보량은 '공삼매와 생사가 함께 하는 수레바퀴'라고 하였다. 僧宗曰 第六 定亂相對 寶亮曰 空三昧與生死輪", 『선종영가집』 「우필차송 優畢叉頌」(대정장48, p.391a24)에 "무릇 정과 란이 갈라지지만, 움직임과 고요함의 근원은 둘이 아니다. 夫定亂分歧 動靜之源莫二", 『영가선종집주』 권하(卍속장111, p.461b14)에 "움직임과 고요함 그리고 밝음과 어두움이라 함이 그대로 병통이니, 정과 란 그리고 어리석음과 지혜로 난 것들은 모두 지류에 불과해서 그 본원을 따져보면 밝고 고요한 성으로부터 나지 않은 것은 없다. 動靜明闇 病也 定亂愚慧之所由生者 是皆支流 考其源本 莫不從明靜之性生也"라고 하였다. 〔참고문헌〕『大品般若經』, 『華嚴經』, 『理趣六波羅蜜多經』, 『華嚴經疏』, 『大般涅槃經集解』, 『禪宗永嘉集』, 『永嘉禪宗集註』. ⇨ 선정 禪定, 산란 散亂, 동정 動靜 **2** 난을 평정하다. 『금강경찬요간정기』 권1(대정장33, p.175b25)에 "그러므로 고덕이 말씀하셨다. '『

화엄경』은 마치 나라를 다스리는 법이나 몸을 보양하는 약과 같고, 『반야경』의 교설은 저 난을 평정하는 장수나 병을 치료하는 약과 같다'고 하였다. 두 경이 이미 이러할진대 나머지 경도 이에 준하여 알 수 있다. 故古德云 華嚴經 如治國之法 養性之藥 般若教 如定亂之將 治病之藥 二經既爾 餘可例知", 『종용록』 68칙 「송 頌」(대정장48, p.270a12)에 "두우성(斗牛星)마저 떨치는 검기로 적병의 위세 씻어내지만〈태평성대는 본래 장군의 힘에 따르지만〉, 난 평정한 전공은 누구에게 돌려야 할까?〈장군이 태평성대를 누리도록 허락하지 않는다〉. 拂牛劍氣洗兵威〈太平本是將軍致〉 定亂歸功更是誰〈不許將軍見太平〉"라고 하였다. 〔참고문헌〕『金剛經纂要刊定記』, 『從容錄』.

정람 精藍 정사(精舍) 또는 가람(伽藍)을 달리 부르는 말. 절 또는 수행처. 정은 정진(精進)하는 수행자들이 모인 곳임을 나타내고, 람은 가람의 줄임말이다. 『능엄경합철』 권1(卍속장22, p.276b3)에 "정사는 정람이라고도 한다. 곧 급고독장자가 건립한 고요한 수행처를 말한다. 精舍 亦名精藍 卽給孤所建 寂靜處也", 『양경사기』(대정장51, p.1024b20)에 "보림사 : 양나라 천감년간(502~519)에 무제가 보공(誌公)과 함께 이 산을 돌아다니다가 빼어난 산림을 보고 정람을 지으라고 명하였다. 寶林寺 梁天監中 武帝與寶公 同遊此山 見林巒殊勝 命建精藍", 『불조통기』 권42(대정장49, p.393a12)에 "정람을 지어서 전사의 혼백을 구제하였다. 建精藍濟戰士之魄"라고 하였다. 〔참고문헌〕『楞嚴經合轍』, 『梁京寺記』, 『佛祖統紀』, 『補續高僧傳』 권15 「萬峰蔚禪師傳」(卍속장134, p.267b3). ⇨ 가람 伽藍, 정사 精舍, 급고독장자 給孤獨長者

정랑 淨廊 사원의 측간(廁間). 해우소(解憂所)라고도 한다. 청랑(淸廊·圊廊)·병측(屛厠)·청측(圊厠)·설은(雪隱)이라고도 하였으며, 들어가서 나올 때까지 입측오주(入厠五呪)를 지송한다. 「대둔사상원중수기 大芚寺上院重修記」 끝에 "을묘 가을의 사문과 청랑 중건자들. 乙卯秋沙門及圊廊重建者", 이재(頤齋) 황윤석(黃胤錫)의 일기 『이재난고』 1790년(정조14) 11월 6일에 "변산 월명봉에 월명암이 있다. … 세상에 전하기를 암자의 정랑은 풍수에 잘 맞다 하였다. 月明峯有月明庵 … 世傳庵之淨廊 風水玆叶"라고 하였다. 〔참고문헌〕『頤齋亂藁』. ⇨ 해우소 解憂所, 병측 屛厠, 청측 圊厠, 설은 雪隱, 입측오주 入厠五呪, 정두 淨頭❶

정량 正量 바른 헤아림. 『섭대승론석』 권1(대정장31, p.382a24)에 "'잘 성립한다'란, 이와 같은 열 가지가 정량에 들어맞는다는 것이다. 善成立者 謂如是十處正量所隨故", 『화엄오교장의원소』 권2(卍속장103, p.218a18)에 "정량이란, 저울을 달아 간정하는 것을 '량'이라 하고, 그 헤아림에 삿됨이나 오류가 없기에 '정'이라 한다. 正量者 權衡刊定名之爲量 量無邪謬故言正也"라고 하였다. 〔참고문헌〕『攝大乘論釋』, 『華嚴五教章義苑疏』. ⇨ 양 量, 인명 因明

정량 情量 정식(情識)으로 헤아림(思量). 『신화엄경론』 권6(대정장36, p.754b20)에 "처음 마음을 일으킬 때 바로 정각을 이루니, 한 찰나에 모두 이런 법을 얻는다. 찰나의 때 밖에 다른 때가 있어 얻는다 할 수 없으니, 바로 본법이 아니기 때문이다. 만약 어떤 사람이 불법 중에 부처를 보아 도를 성취함에 겁을 헤아려 늦고 빠름이 있고 처소가 있다 하면, 이런 생각을 낸 이는 믿음 또한 아직 이루어지지 않은 것이며 '도를 닦았다'·'도를 보았다'라고도 논할 수 없다. 이런 까닭에 도를 닦으려면 이와 같이 정으로 인한 미망에 사로잡혀 '도를 닦되 생사를 돌아다님에 그칠 날이 없다'고 해서는 안 된다. 이는 정량일 뿐 옳은 불법이 아니다. 初發心時 便成正覺 於一刹那際 皆得此之法者 不許於刹那際外 有別時得者 卽非本法故 若有人於佛法中 見佛成道 作劫量延促處所 而生見者 信亦未成 未論修道見道 是故 修道者 莫作如是順情所迷妄云 修道 輪轉生死 無有休息 此是情量 非是佛法", 『화엄론절요』 권2(한불전4, p.804c2)에 "이 『화엄경』의 대의는 본래 범성의 구별이 없고, 유정과 무정이 온전히 참된 법체로서 한결같은 불지경계로 삼는다. 그밖에 다른 일 없으니 범부의 정식으로 허망하게 헤아려선 안 된다. 如此華嚴經中大意 本無凡聖 情與非情 全眞法體 爲一佛智境界 更無餘事 莫將凡夫情量 妄作斟量", 『전심법요』(대정장48, p.382c25)에 "이 말은 단지 그대의 정량을 비우기 위함이니, 지해가 녹아내려서 안으로든 겉으로든 정이 다해 그 어디에도 의지하거나 집착하는 것이 없어야 바로 일 없는 사람이다. 此語只爲空爾情量 知解但銷鎔 表裏情盡 都無依執 是無事人"라고 하였다. 〔참고문헌〕『新華嚴經論』, 『華嚴論節要』, 『傳心法要』, 『書狀』 「答曾侍郎狀」 제3서(대정장47, p.918b10). ⇨ 정식 情識, 사량 思量❶, 정 情❶, 량 量

정량론 定量論 ➡ 양결정론 量決定論

정량부 正量部 Ⓢ Saṃmatīya, Saṃmitīya, Ⓟ Sammitīya, Sammiti, Ⓣ 'phags-pa-kun-gyis-bkur-ba'i-sde. 소승십팔부(小乘十八部) 또는 소승이십부(小乘二十部) 중 하나. 상좌부계인 독자부(犢子部)에서 분파하였다. 현장(玄奘)의 『서역기』에 따르면 7세기까지 존속했던 부파다. 삼미지여(三眉底與)·식마(式摩)·미리지(彌離底)·미리(彌離)·성정량부(性正量部)·정량제자부(正量弟子部)·일체소귀부(一切所貴部)·삼미지

부(三彌底部)·사마제(沙摩帝)·삼밀률지(三密栗底)·아리야삼밀률지니가야(阿離耶三密栗底尼迦耶 Ⓢ Ārya-saṃmitīya-nikāya)라고도 한다. 『구사론소』 권1(대정장41, p.458b23)에 "다음으로 일체유부에서 한 부파가 나왔고〈부파명은 독자부이다〉, 다음으로 독자부에서 네 부파가 나왔다〈첫째는 법상부, 둘째는 현주부, 셋째는 정량부, 넷째는 밀림산부이다〉. 次於一切有部流出一部〈名犢子部〉 次從犢子部流出四部〈一 法上部 二 賢胄部 三 正量部 四 密林山部〉", 『중관론소』 권3(대정장42, p.44b20)에 "소승법 중에도 삼장의 가르침이 있다. 정량부의 경우는 율에 집중해 홍포했으니, 율장은 불법이 머물러 유지되는 근본이다. 小乘法中有三藏教 正量部偏弘於律 律是住持佛法之本", 『삼론현의』(대정장45, p.9c14)에 "셋째는 정량제자부이다. 대정량나한이 있었고 그는 제자였기 때문에 정량제자부라 명명한 것이다. 三 正量弟子部 有大正量羅漢 其是弟子 故名正量弟子部", 『이부종륜론술기』(卍속장83, p.439b18)에 "정량부에 대해 말한다. 저울질하고 가려 정하는 것을 양이라 이름하고, 그 양에 삿됨이나 그릇됨이 없으면 정이라 말한다. 이 부파는 자신들이 세운 깊고 깊은 법의 뜻이 가려 다듬어 삿됨이 없다 하여 스스로 정량이라 칭한 것이다. 주장하는 법에 따라서 부파의 명칭을 드러냈다. 正量部者 權衡刊定 名之爲量 量無邪謬 故言正也 此部所立 甚深法義 刊定無邪 自稱正量 從所立法 以彰部名", 『반야등론석』 권10(대정장30, p.101c26)에 "정량부인들은 말한다. '『아함경』 중에 부처님께서 「불실법이 있다」고 설하셨다. 이 법 때문에 단도 상도 아닌 모든 것들의 체가 성립할 수 있다. 그들이 「업으로 일어난 것이 아니기에 불실법 또한 일어나지 않는다」는 말을 이유로 언급하며 우리의 인의 뜻이 성립하지 않는다고 한다면 이 말은 옳지 않다'. 正量部人言 阿含經中佛如是說 有不失法 以此法故 不斷不常 諸體得成 彼言以業不起 不失法亦不起 爲出因而道 我因義不成者 此語不然", 같은 책 권12(대정장30, p.115a1)에 "정량부 사람은 말하였다. '법 비록 무상하지만, 괴의 인이 도래해야 법의 체가 무너지니, 일체시에 무상이 다 존속하는 것은 아니다'. 正量部人言 法雖無常 得壞因來法體卽壞 非一切時皆有無常", 『성유식론술기』 권1(대정장43, p.237a7)에 "견만 있고 상은 없다고 한 것은 정량부논사다. 有見無相 謂正量部師", 『구사론기』 권13(대정장41, p.201c27)에 "정량부에 따르면 제법이 일어남에는 어려움이 따르는데, 주객이라는 두 개의 인이 있어야 하고, 제법이 멸할 때에는 쉽기도 어렵기도 하다. 가령 심심소법과 소리 그리고 빛 등은 단지 주인만 수반되지 객인은 따르지 않는다. 불상응행법이나 나머지 색 등 땔감 등의 멸에는 주객 모두가 수반되어야 한다. 若依正量部 諸法生難 由主客二因 諸法滅時 通難及易 若心心所法及聲光等 但由主因 不由客因 若不相應及餘色等薪等 由主客二因", 『구사론소』 권13(대정장41, p.628b2)에 "정량부에서는 다음처럼 말한다. '색 등은 일어난 다음 뒤의 이상을 기다려서야 비로소 멸이 있게 되기에, 생겨나자마자 멸이 있는 것은 아니다'. 正量部云 色等生已 待後異相 方始有滅 非是纔生有滅也"라고 하였다. [참고문헌] 『俱舍論疏』, 『中觀論疏』, 『三論玄義』, 『異部宗輪論述記』, 『般若燈論釋』, 『成唯識論述記』, 『俱舍論記』, 『俱舍論疏』, *Mvyut.274.* ⇨ 불실법 不失法, 율이십이명료론 律二十二明了論, 삼미지부론 三彌底部論, 소승이십부 小乘二十部, 부파불교 部派佛教

정려 情慮 사려분별. 『금강경찬요간정기』 권4(대정장33, p.207a7)에 "무아 등이란 말은, 무아로 말미암기에 가고 온다고 헤아리지 않을 뿐, 가지도 않고 오지도 않는다고 말하지 않는다. 다만 가고 옴을 헤아리지 않는 사람은 마치 노반(魯般)처럼 뛰어난 장인이 조각한 나무 인형과 같다. 비록 가고 오도록 할 수는 있지만 참으로 사려분별로 헤아리지 않기 때문이다. 無我等者 由無我故 不計去來 非謂不去不來 但不計去來之者 其猶魯般匠士 刻木爲人 雖復驅使往來 實無情慮所計", 『화엄경탐현기』 권3(대정장35, p.160b23)에 "성 그대로 괴이고 괴 그대로 성인 것과 같다. 걸림없이 드러나고 자재하지만 알 수 없으니, 사려분별을 넘어서기 때문이다. 成卽壞壞卽成等 無礙顯現 自在難知 超過情慮"라고 하였다. [참고문헌] 『金剛經纂要刊定記』, 『華嚴經探玄記』.

정려 淨侶 ❶ 청정한 스님. 『서방합론』 권8(대정장47, p.412c19)에 "만일 거주한다면 반드시 깨끗한 방이어야 하고, 함께 유행할 경우에는 마땅히 청정한 도반이라야만 한다. 이러한 모습들이야말로 바로 정토상이다. 若居住尙須淨室 同遊尙宜淨侶者 此相卽是 忻淨土相"라고 하였다. [참고문헌] 『西方合論』. ❷ 1607~1669. 명대 조동종(曹洞宗) 스님. 속성은 장(張)씨. 호주(湖州: 浙江省) 덕청(德淸) 출신. 반아정려선사(半我淨侶禪師)라고도 한다. 출가 이전에 변산서백명설(弁山瑞白明雪)을 친견하고 깨우침이 있자 명설이 이름을 바꾸는 뜻에서 다음과 같은 게송을 지어 주었다. 곧 『오등전서』 권114(卍속장142, p.155a16)에 "나와 함께 하는 이 다른 무엇이 아니니, 청정한 도반도 사람도 아니다. 이 중의 뜻을 알아챈다면 황금잉어 벽 위로 오르리라. 伴我非他物 淨侶亦無人 會得箇中意 金魚壁上行"라고 하였다. 나중에 명설이 백장산(百丈山)에 주석하다가 입적하기 직전에 감(龕)을 변산으로 맞아들이고 감 앞에서 삭발하고 구족계까지 주면서 법제자로 삼았다. 그 뒤에 변산의 법석도 이어받았다. 1669년(강희8) 12월에 세수 63세로 입적하였다. [참고문헌] 『五燈全書』.

정려 精廬 정사(精舍)를 달리 이르는 말. 『자은전』 권2(대정장50, p.228b7)에 "가람 서남쪽에는 정려 한 채가 있는데 건립한지 오래되었고, 거기 머물며 도를 닦아 사과를 증득한 이들이 대대로 끊이지 않았고, 그들이 열반한 후에는 모두 탑기를 세웠는데 그 터에 연이어 수백기였다. 伽藍西南有一精廬 建立多年 居中行道證四果者 世世無絶 涅槃後皆有塔記 基址接連數百餘矣", 『삼국유사』 권4(대정장49, p.1009a25・한불전6, p.353a14) 의해(義解)5 승전촉루(勝詮髑髏)에 "승전은 상주의 개령군 지역에 정려를 개창하고 돌멩이를 관속삼아 『화엄경』 강의를 열었다. 신라의 사문 가귀는 자못 총명하여 그 도리를 알아보고 그 법등을 이어 『심원장』을 편찬하였다. 詮乃於尙州領內 開寧郡境 開創精廬 以石髑髏爲官屬 開講華嚴 新羅沙門可歸 頗聰明識道理 有傳燈之續 乃撰心源章", 『광홍명집』 권25(대정장52, p.290c11)에 "정려들이 우뚝한 모습으로 늘어서자 사람들은 선을 마음에 품는 것이 무엇인지 알게 되었고 집집마다 허물을 돌아보는 것이 무엇인지 깨닫게 되었다. 得精廬峙接 人知慕善 家曉思愆", 『일체경음의』 권65(대정장54, p.736a17)에 "정려〈'려'는 력과 거를 반절한 음이다. 여사를 말한다. … 곧 정사이다〉. 精廬〈力居反 廬舍也 … 卽精舍也〉"라고 하였다. [참고문헌] 『慈恩傳』, 『三國遺事』, 『廣弘明集』, 『一切經音義』. ⇨ 정사 精舍

정려 靜慮 Ⓢ dhyāna, Ⓟ jhāna, Ⓣ bsam-gtan. 정(定) 중에 있으면서도 분명히 알다. 일곱 가지 정(七種定) 중 하나이며 색계의 사선(色界四禪)이 각각의 지(支)를 가져 모두 정려라 이름한다. 적정한 채로 사려하는 뜻이 있어 지(止 : 靜)와 관(觀 : 慮)을 고르게 행한다. 『법온족론』 권7(대정장26, p.483c11)에 "정려란, 이 정 중에 있으면서 심(尋)・사(伺)・희(喜)・락(樂)・심일경성(心一境性)의 다섯 가지를 다 거느리면 초정려라 한다. … 내등정・희・락・심일경성의 네 가지를 다 거느리면 제2정려라 한다. … 행사(行捨)・정념(正念)・정지(正知)・신수락(身受樂)・심일경성의 다섯 가지가 모두 있는 상태를 제3정려라 한다. … 불고불락수(不苦不樂受)・사념(捨念)・심일경성의 네 가지가 모두 있는 상태를 제4정려라 한다. 靜慮者 謂在此定中 尋 伺 喜 樂 心一境性 總此五支 名初靜慮 … 內等淨 喜 樂 心一境性 總此四支 名第二靜慮 … 行捨 正念 正知 身受樂 心一境性 總此五支 名第三靜慮 … 不苦不樂受 捨念 心一境性 總此四支 名第四靜慮", 『대비바사론』 권80(대정장27, p.412a16)에 "욕계의 삼마지(Ⓢ samādhi)에서도 온갖 소연을 사려할 수 있긴 하지만, 온갖 번뇌를 고요하게 그치게 할 수는 없다. 모든 무색정에는 이 둘이 전혀 없기에 정려가 아니다. 또한 모든 무색정에는 고요함(靜)은 있지만 사려함(慮)은 없고, 욕계의 삼마지에는 사려함은 있지만 고요함은 없다. 색계에는 이 둘이 다 있기에 정려라 한다. '정'은 등인(Ⓢ samāhita)을 말하고, '려'는 변관을 말한다. 欲界三摩地雖能思慮一切所緣 不能靜息一切煩惱 諸無色定 兩義都無故非靜慮 復次 諸無色定 有靜無慮 欲界三摩地 有慮無靜 色定俱有 故名靜慮 靜謂等引 慮謂遍觀", 『구사론』 권28(대정장29, p.145b11)에 "어떠한 뜻에 의지해 정려라는 이름을 세우는가? 이 적정은 능히 심려(Ⓢ cintana)할 수 있기 때문이다. 심려란 바로 여실히 안다는 의미다. 가령 '마음은 정에 있으면서 여실하게 안다'고 설하신 것과 같다. 심려의 뜻중에 '지(Ⓢ dh)'라는 계(界 : 어근)를 두기 때문이다. 이 종(유부)에서는 심려는 혜를 체로 삼는다 하니, 만약 그렇다면 모든 등지를 다 정려라고 해야 할 것이다. 하지만 그렇지 않다. 오직 가장 뛰어난 것이라야만 이 이름을 세울 수 있다. 가령 세간에서 빛을 내는 것을 해라고 하지, 반딧불이나 촛불 등도 빛을 낸다고 해서 해라고 하지 않는 것과 같다. 어째서 정려만이 뛰어나다고 하는가? 온갖 등지 중 오직 정려만이 지(支)를 거두며, 지(Ⓢ śamatha)와 관(Ⓢ vipaśyanā)이 고르게 행해져 가장 잘 심려하며, 현법락주(Ⓢ dṛṣṭa-dharma-sukha-vihāra)와 낙통행(Ⓢ sukhā-pratipat)이라는 이름도 얻기에 바로 이 등지만을 정려라 부르는 것이다. 依何義故立靜慮名 由此寂靜能審慮故 審慮卽是實了知義 如說心在定能如實了知 審慮義中置地界故 此宗審慮以慧爲體 若爾諸等持皆應名靜慮 不爾 唯勝方立此名 如世間言發光名日 非螢燭等亦得日名 靜慮如何獨名爲勝 諸等持內唯此攝支 止觀均行最能審慮 得現法樂住及樂通行名 故此等持獨名靜慮", 『유가사지론』 권33(대정정30, p.467c7 : *Śrāv-bh.*, p.450)에 "정려란, 하나의 소연에 대해 마음을 묶어 적정한 채로 바르고 자세하게 사려하기에 정려라 한다. 言靜慮者 於一所緣繫念 寂靜正審思慮 故名靜慮 samyag-ālambana-upanidhyānād-ekāgrasmṛty-upanibandhād-dhyānaṃ", 『유가론기』 권4(대정장42, p.378a12・한불전13, p.209c3)에 "다연나는 정려라고 한역한다. 구역에서는 선이라 하였으나 그 뜻 바르지 못하다. 혹은 지아나라고도 하였으나 잘못이다. 馱衍那 此云靜慮 舊云禪 義不正也 或云持阿那 訛也", 『구사론기』 권28(대정장41, p.417c26)에 "다나는 정려라고 한다. 구역에서는 선 또는 선나 또는 지아나라고도 했으나 모두 잘못 전한 것이다. 다른 부파에서는 심려를 헤아려 사라고 하지만, 저들의 설과 가리기 위해 '이 종(유부)은 사려는 혜를 체로 삼았다'고 말한 것이다. 馱南 此云靜慮 舊云禪 或云禪那 或云持阿那 皆訛也 有餘部計審慮是思 爲簡彼說故 言此宗審慮以慧爲體"라고 하였다. [참고문헌] 『法蘊足論』, 『大毘婆沙論』, 『俱舍論』, 『瑜伽師地論』, 『瑜伽論記』, 『俱舍論記』, *Śrāv-bh.*, *Abh-k-bh.433.* ⇨ 선정 禪定, 선정 禪靜, 선려 禪

慮, 다나 駄南, 다나연나 駄那演那, 다연나 駄衍那, 묘등지 妙等持, 사유수 思惟修, 삼마희다지 三摩呬多地, 정정려 定靜慮, 생정려 生靜慮, 칠종정명 七種定名

정려등지과단율의 靜慮等至果斷律儀 Ⓢ dhyāna-samāpatti-prahāṇa-saṃvara, Ⓣ bsam-gtan-dang-snyoms-par-'jug-pa-dang-spong-ba'i-sdom-pa. 색계(色界)의 사정려(四靜慮)와 무색계(無色界)의 사무색정(四無色定)에 의지한 과로 얻은 율의(律儀). 『유가사지론』 권9(대정장30, p.319b29 : *Yogā-bh.*, p.191)에 "'율의로 거두는 업'이란, 때론 별해탈율의로 거두는 업이고 때론 정려등지과단율의로 거두는 업 또는 무류율의로 거두는 업을 말한다. 律儀所攝業者 謂或別解脫律儀所攝業 或靜慮等至果斷律儀所攝業 或無漏律儀所攝業 saṃvarasaṃgṛhītaṃ karma yatprātimokṣasaṃvarasaṃgṛhītaṃ vā dhyānasamāpattiprahāṇasaṃvarasaṃgṛhītaṃ vānāsravasaṃvarasaṃgṛhītaṃ vā", 『유가론기』 권3(대정장42, p.361b22 · 한불전13, p.165b17)에 "'정려등지과단율의로 거두는 업'에 대해 규기는 '정려란 색계의 사정려이며, 등지란 사무색정이고, 과란 사정려사무색정에 의지해서 닦아 생겨난 공덕이며, 단이란 사정려사무색정과 상응해 현행하는 사로서, 욕계의 온갖 범계의 그릇됨을 멀리하고 막아서 아닌 것은 끊는 계다. 과가 바로 단계이니, 과로서 끊기에 그 체인즉 정에서 생겨난 율의다'라고 하였다. 靜慮等至果斷律儀所攝業者 基云 靜慮者 色界四靜慮 等至者 四無色界 果者 依靜慮無色所修生功德 斷者 則靜慮無色相應現思 遠防欲界諸犯戒非之斷戒也 果則斷戒 果之斷也 體則定生律儀"라고 하였다. [참고문헌] 『瑜伽師地論』, 『瑜伽論記』, *Yogā-bh.* ⇨ 정려율의 靜慮律儀

정려무색 靜慮無色 Ⓢ dhyānārūpyāḥ. 색계(色界) 사선(四禪)과 무색계(無色界) 사처정(四處定)의 세간도(世間道). 『대승아비달마집론』 권5(대정장31, p.683b1 : *Abh-s.*, p.68)에 "세간의 초정려 · 제2정려 · 제3정려 · 제4정려와 공무변처 · 식무변처 · 무소유처 · 비상비비상처를 정려무색이라 한다. 謂世間初靜慮 第二靜慮 第三靜慮 第四靜慮 空無邊處 識無邊處 無所有處 非想非非想處 如是靜慮無色 laukikaṁ prathamaṁ dhyānaṁ dvitīyaṁ tṛtīyaṁ caturthaṁ dhyānamākāśānatyāyatanaṁ vijñānānantyāyatanamākiñcatyāyatanaṁ naivasaṁjñānāsaṁjñāyatanaṁ ca. ta ete dhyānārūpyāḥ", 『성유식론소의연』 권4(卍속장79, p.216a14)에 "'정려무색에서'라는 말에서, … 정려란 색계의 사정려를 말하고, 무색이란 사무색정을 말한다. 言於靜慮無色 … 靜慮者 卽色界四靜慮 無色者 卽四無色定"라고 하였다. [참고문헌] 『大乘阿毘達磨集論』, 『成唯識論疏義演』, *Abh-s.* ⇨ 사선 四禪❶, 사무색정 四無色定, 세간도 世間道, 삼계 三界

정려바라밀 靜慮波羅蜜 정려바라밀다(靜慮波羅蜜多). 『금강명최승왕경소』 권4(대정장39 p.256b6)에 "정려바라밀에도 … 세 가지가 있다. 첫째는 안주정려, 둘째는 인발정려, 셋째는 판사정려다. 여기서 첫 번째 것은 온갖 선품에 안주해 거두어 산란하지 않아서 고요히 경안 등에 머무는 것이기에 안주정려라 한다. 신통 등의 여러 공덕 등을 끌어내기에 인발정려라 한다. 자신과 타인에게 이익을 주는 일을 능히 가려 하기에 판사정려라 한다. 靜慮波羅蜜 … 中亦有三 一 安住靜慮 二 引發靜慮 三 辦事靜慮 此中第一 是安住於諸善品 攝令不散 住定輕安等故 名安住 引發神通諸功德等 名引發 能辦自他利益之事 名辦事"라고 하였다. [참고문헌] 『金光明最勝王經疏』. ⇨ 정려바라밀다 靜慮波羅蜜多

정려바라밀다 靜慮波羅蜜多 Ⓢ dhyāna-pāramitā, Ⓣ bsam-gtan-gyi-pha-rol-tu-phyin-ba. 육바라밀(六波羅蜜) 또는 십바라밀(十波羅蜜) 중 하나로 정려바라밀(靜慮波羅蜜) · 선바라밀(禪波羅蜜) · 선정바라밀(禪定波羅蜜) · 선도(禪度)라고도 한다. 『현양성교론』 권3(대정장31, p.492a20)에 "(십바라밀다 중) 다섯 번째 정려바라밀다는 때론 번뇌를 대치함에 의해서, 또는 공덕을 일으킴에 의해서, 또는 유정을 이롭게 함에 의해서, 마음이 하나의 연에 머무는 성이다. 이 행을 말미암아 보살은 모든 번뇌를 조복하여 현행하지 않는 법에도 머문다. 第五 靜慮波羅蜜多 謂或因對治煩惱 或因發起功德 或因利益有情 心住一緣性 由此行故 而諸菩薩伏諸煩惱 令住不現行法", 『유가사지론』 권43(대정장30, p.527b16)에 "무엇을 보살의 정려바라밀다라 하는가? … 아홉 가지 정려가 있으니 이를 보살의 정려바라밀다라 한다. 첫째는 자성정려, 둘째는 일체정려, 셋째는 난행정려, 넷째는 일체문정려, 다섯째는 선사정려, 여섯째는 일체종정려, 일곱째는 추구정려, 여덟째는 차세타세락정려, 아홉째는 청정정려이다. 云何菩薩靜慮波羅蜜多 … 謂九種相靜慮 名爲菩薩靜慮波羅蜜多 一者 自性靜慮 二者 一切靜慮 三者 難行靜慮 四者 一切門靜慮 五者 善士靜慮 六者 一切種靜慮 七者 遂求靜慮 八者 此世他世樂靜慮 九者 淸淨靜慮", 『섭대승론석』 권7(대정장31, p.420b5)에 "정려바라밀다로 산동하지 않음을 성취하고, 산동함이 없어 원만함을 얻으면, 이 정려바라밀다에 의지해 여실히 고르게 제법의 진실한 뜻을 깨닫는다. 靜慮波羅蜜多不散動成就 令不散動得圓滿故 依此靜慮波羅蜜多如實等覺諸法眞義", 『변중변론』 권하(대정장31, p.474a25 : *Madhy-vibh.*, p.62)에 "정려바라밀다에 의지하기에 신통 등을 일으켜 능히 유정들을 이끌어 정법에 들게 한다. 由靜慮波羅蜜多故 起神通等 能引有情令入正法 dhyānena rddhyādibhir āvarjyāvatārayati"라고 하였다. [참고문헌]『顯敭聖教論』, 『瑜伽師地論』, 『攝大乘論釋』, 『辯中邊論』, *Madhy-vibh.* ⇨선바라밀 禪波羅蜜, 육바라밀 六波羅蜜, 십바라밀 十波羅蜜, 바라밀 波羅蜜, 정려 靜慮

정려변제과실 靜慮邊際過失 색계제4정을 열반이라 여기는 과실. 『유가사지론』 권20(대정장30, p.395a16)에 "이 극히 깨끗한 도를 증득하기에 열 가지 과실이 없는 성자의 주처에 머문다. 무엇이 열 가지 과실인가? … (여덟 번째로) 정려변제에 의지하는 과실이다. 由證得此極淨道 離十過失住聖所住 云何名爲十種過失 … 有依靜慮邊際過失", 『유가론기』 권6(대정장42, p.430a22·한불전13, p.406b1)에 "여덟 번째로 '정려변제에 의지하는 과실'에 대해, 혜경(惠景)은 '제4정려를 변제라 한다. 제4정을 열반이라고 그릇 헤아리기에 과실이라고 한다'고 하였다. 八 依靜慮邊際過失者 景云 第四靜慮名爲邊際 計第四定以爲涅槃故 言過失"라고 하였다. [참고문헌]『瑜伽師地論』, 『瑜伽論記』. ⇨사선 四禪[2], 제사선 第四禪, 열반 涅槃

정려생율의 靜慮生律儀 Ⓢdhyāna-saṃvara, Ⓣbsam-gtan-gyi-sdom-pa. 삼종율의(三種律儀) 중 하나. 정려에 의해 생기는 율의를 말한다. 정려율의(精慮律儀)·정공계(定共戒)·정구계(定俱戒)라고도 한다. 『구사론』 권14(대정장29, p.73b5 : *Abh-k-bh.*, p.208)에 "정려생율의란, 이 율의가 정려로부터 혹은 정려에 의지해 생기는 율의를 말한다. 정려를 얻으면 반드시 이 율의를 성취한다. 모든 정려의 주변들도 역시 정려라고 하니, 마치 촌읍 근처도 촌읍이라 하는 것과 같다. 靜慮生者 謂此律儀 從靜慮生 或依靜慮 若得靜慮者 定成此律儀 諸靜慮邊 亦名靜慮 如近村邑 得村邑名故 dhyānād dhyāne vā jāto dhyānajaḥ. yo dhyānena samanvāgataḥ so 'vaśyaṃ dhyānasaṃvareṇa. sāmantakam apyatra dhyānaṃ kṛtvocyate. yathā grāmasāmantakamapi grāma ityucyate"라고 하였다. [참고문헌]『俱舍論』, 『俱舍論頌疏論本』 권14(대정장41, p.895c13), *Abh-k-bh.* ⇨정려율의 靜慮律儀, 삼종율의 三種律儀, 정공계 定共戒, 율의 律儀

정려율의 靜慮律儀 Ⓢdhyāna-saṃvara, Ⓣbsam-gtan-gyi-sdom-pa. 삼종율의(三種律儀) 중 하나. 색계(色界)의 사선정(四禪定) 중에 범계종자를 조복하기에 부르는 이름이다. 정려생율의(靜慮生律儀)·선율의(禪律儀)·정율의(定律儀)·정공계(定共戒)·정계(定戒)·선계(禪戒)라고도 한다. 『대비바사론』 권119(대정장27, p.621c26)에 "정려율의는 색계의 시라를 말한다. 靜慮律儀者 謂色界尸羅", 『유가사지론』 권53(대정장30, p.590b23)에 "만약 이 받은 율의를 능히 흠내거나 범함이 없는 것을 의지해 후회없음 등을 닦으며, 내지 초정려에 구족히 들고 사마타로 능히 조복하여 일체 범계종자를 조복하니, 이를 정려율의라 한다. 초정려가 그렇듯이 제2·제3·제4정려도 마찬가지임을 알아야 한다. 若卽於此所受律儀 能無缺犯以爲依止 修無悔等 乃至具足入初靜慮 由奢摩他能損伏力 損伏一切犯戒種子 是名靜慮律儀 如初靜慮如是 第二第三第四靜慮 當知亦爾", 『구사론기』 권14(대정장41, p.219c5)에 "정려율의를 밝힌다. 게송에서 '정려생'이라 한 것은 이 율의가 정려로부터 생겨남을 말하는 것이니, 생인에 의지한 풀이다. 또는 정려에 의지한다는 것은 의인을 잡은 풀이다. 明靜慮律儀 頌中言靜慮生者 謂此律儀從靜慮生 約生因解 或依靜慮 約依因明", 『대승법원의림장』 권3(대정장45, p.300b11)에 "율의는 세 가지다. … 둘째는 정려율의로서 예전에는 정공계 또는 선율의라고 했다. 律儀有三 … 二 靜慮律儀 先云定共戒 亦名禪律儀"라고 하였다. [참고문헌]『大毘婆沙論』, 『瑜伽師地論』, 『俱舍論記』, 『大乘法苑義林章』, *Abh-k-bh.83.* ⇨도공계 道共戒, 별해탈율의 別解脫律儀, 단율의 斷律儀, 삼종율의 三種律儀

정려중간 靜慮中間 ➡중간정려 中間靜慮

정련 淨蓮 ❶조선전기 스님 법준(法俊)의 호. [참고문헌]『東師列傳』 권2 「碧溪大師傳」(한불10전, p.1011b7). ⇨법준 法俊 ❷조선후기 스님 일형(日泂 1696~1783)의 호. [참고문헌] 智冠 『韓國高僧碑文總集 朝鮮朝·近現代』 p.494. ⇨일형 日泂 ❸조선후기 청신녀(淸信女) 법성(法性)의 호. [참고문헌] 智冠 『韓國高僧碑文總集 朝鮮朝·近現代』 p.452. ⇨법성 法性[3]

정련 淨練 중국 남북조시기 제(齊)에서 활동했던 비구니. 법전(法全 411~494)비구니와 함께 동청원사(東青園寺)에 주석하였다. 『비구니전』 권3 「동청원사법전니전 東青園寺法全尼傳」 부전(附傳)에 의하면, "이 때 절[동청원사]에는 또한 정련(淨練)·승률(僧律)·혜형(慧形)이 있었으니 모두 학식으로 이름이 세상에 알려졌다. 時寺復有淨練僧律慧形 並以學顯名也"라고 하였다. [참고문헌]『比丘尼傳』.

정련당법성대사비문 淨蓮堂法性大師碑文 청신녀(淸信女) 정련법성(淨蓮法性) 부부를 기리는 비명. 묘련당법천(法天)과 정련당 법성의 아들인 혜안(惠安)의 청을 받아 운암우관(雲巖宇觀)이 찬하고, 1749년(영조25)에 세웠다. 비명에 "이 두 사람은 세속의 부부이자 출세간의 도반이었다. 남편 묘련은 보배를 간직한 채 먼저 서방으로 가고, 부인 정련은 영험을 드러내다 뒤따라가니 이처럼 훌륭한 일이 어찌 흔적도 없이 사라지겠는가. 顧此兩人 人間配偶 出世道友也 妙蓮乾也 祕寶而先西 淨蓮坤也 現靈而後逝 有此勝事 何可泯沒"라고 하였다. 비는 현재 전라북도 남원시 산내면 부운리 반선(半仙)마을에 있다. [참고문헌] 智冠『韓國高僧碑文總集 朝鮮朝·近現代』p.452. ⇨ 법성 法性

정련당일형대사비문 淨蓮堂日泂大師碑文 정련일형(淨蓮日泂 1696~1783)의 비문. 1786년(정조10)에 능허세웅(凌虛世雄)이 지었다. 비문에 "이제 금화와 계숭이 스승의 행적을 후세에 길이 전하고자 탑과 비갈을 세워 표장하니 인자라 할 만하다. 今錦華 戒崇 欲壽其師之跡於後世 竪塔立碣 而標章之 可謂仁者也"라고 하였다. [참고문헌] 智冠『韓國高僧碑文總集 朝鮮朝·近現代』p. 494. ⇨ 일형 日泂

정련사 淨蓮寺 충청남도 청양군 남양면 신왕리 백월산(白月山)에 있던 절. 『동국여지승람』 권19 충청도 청양현 불우·『범우고』에 이름과 위치가 전하며, 『가람고』에 "백월산에 있으며, 현 남쪽 20리이다. 在白月山 縣南二十里"라고 하였다. [참고문헌] 『東國輿地勝覽』, 『梵宇攷』, 『伽藍考』, 『韓國寺刹全書』 권하 p.1012a13.

정렬 定冽 청대 임제종(臨濟宗) 스님. 호는 고매(古梅), 속성은 왕(王)씨. 소릉(邵陵 : 湖南省) 출신. 대위(大潙)의 혜산지해(慧山智海)에게 법을 물으러 간 이후 그 문하에서 15년 수행한 끝에 그 법을 이었다. 1665년(강희4) 담주(潭州 : 湖南省) 부용산(芙蓉山) 광화사(廣化寺) 또는 대위산(大潙山 : 湖南省) 밀인사(密印寺)에 주석하였다. 『오등전서』 권103(卍속장142, p.1a9)에 "소머리 사라지고 말머리 돌아오니, 바람난 말과 소라도 만날 수 없구나. 옥토끼는 급히 달리고 금까마귀는 날아가니, 해와 달이 나란히 가지만 어그러지지 않는다. 뽕나무에 화살을 맞혀 버드나무에서 즙을 짜낸다. 牛頭沒 馬頭回 風馬牛不相及 玉兎速 金烏急 日月竝行而不悖 桑樹上著箭 柳樹上出汁"라는 등의 법어가 전한다. 『고매열선사어록 古梅冽禪師語錄』 5권을 남겼다. [참고문헌] 『五燈全書』. ⇨ 고매열선사어록 古梅冽禪師語錄

정령 精靈 사물(事物)이나 자연(自然) 등에 의탁해 있다고 여기는, 보이지 않고 만질 수 없는 기운. 망상분별의 경계를 말한다. 사물이나 자연을 영(靈)이나 신(神)으로 섬기지 않으나 풀 한 포기도 상하게 하지 못하는 초계비구와 같이, 유정무정(有情無情)이 법계(法界)로 연기(緣起)하는 동체(同體)의 중생(衆生)이라 깨우쳐 보리심으로 섬겨 아끼고 사랑한다. 『관정경』 권6(대정장21, p.513b29)에 "석가족의 동자가 다시 부처님께 말씀드렸다. '범부중생의 무덤에는 무슨 까닭에 이런 여러 귀신들이 와서 달라붙습니까?' 부처님께서는 동자에게 답하셨다. '내가 이미 앞에서 말했듯이 범부중생의 총탑에 있는 정령들은 모두 오곡의 정들이 요괴들로 변한 것이다. 때론 횡사한 귀신이 붙을 곳이 없어 이것에 의지하여 영이 된 것이거나 수목과 산림의 요정이다. 먹을 음식이 없으니 인간세상에 왕래하며 여러 변괴를 일으켜 사람들을 두렵게 하니, 범부중생들이 이것을 보거나 들으면 곧 복을 빌며 신이라 여긴다'. 석종동자가 다시 부처님께 여쭈었다. '어떤 것으로 제지하여 사악함을 단절하면 정매를 소멸하여 독기가 행하지 못하도록 하고 길상한 복을 얻습니까?' 釋種童子 復白佛言 凡夫塚塔何故有此 諸鬼神輩 而來依附 佛答童子 我已先說 凡夫塚塔 有精靈者 皆是五穀之精 魃魅幻化 或橫死之鬼 無所附著 依以爲靈 或是樹木山林之精 旣無飮食 往來人間 作諸變怪 恐動於人 凡夫衆生 聞見之者 卽便請福 謂之爲神 釋種童子 又白佛言 當以何物 而禁制之 斷絶邪惡 使精魅消滅 毒氣不行 得吉祥福", 『불본행집경』 권24(대정장3, p.766b9)에 "때론 여러 가지 것들을 섬겼으니 샘·연못·우물·강·도랑·수원, 또는 땅신·나무신·숲신·산신·바위신 등의 여러 신, 또는 야차·나찰·라후(Ⓢ Rāhu)〈한역은 어언〉·아수라왕 바리(Ⓢ Valiśa)〈한역은 구(鉤)〉·아수라왕 비마질다라(Ⓢ Vimalacitra)〈한역은 묘기〉와 섬바리(Ⓢ Śālmali) 등의 아수라왕 또는 세성 등이다. 또는 의약왕선인을 섬기거나 바라타(Ⓢ Bhāradvāja)선인을 섬기거나 구담선인을 섬기거나 비사문천왕을 섬기거나 동자천을 섬기거나 자재천·태양·달을 섬기거나 나라연천을 섬기거나 제석천·범천을 섬기거나 호세사대제천을 섬겼다. 이와 같이 각기 섬겨 기뻐하면서 따라 원하는 것을 구하고 원하는 것을 얻었다 하며 각기 해탈하기를 바란다. 보살은 저들이 이와 같이 삿되게 해탈 구하는 것을 보고서는 마음을 내어 두려워할 만한 극도의 고행을 행하고자 하였다. 或復有事泉池井河渠源 諸神地神 樹神林神 山神石神 夜叉羅刹 羅睺〈隋言語言〉 阿修羅王 婆梨〈隋言鉤〉 阿修羅王 毘摩質多羅〈隋言妙機〉 睒婆利等 阿修羅王 或事歲星 或有事醫藥王仙人 或事婆羅墮仙人者 或復有事瞿曇仙人 或事毘沙門天王者 或復有事童子之天 或自在天 或復事日 或復事月 或復有事那羅延天 或帝釋天 或事梵天 或事護世四大諸天 如是各事 令歡喜已 從乞求願 稱願得已 各求解脫 菩薩旣觀彼等如是邪求解脫 見已發心 欲行可畏極苦之行", 『임제록』(대정장47, p.500b28)에 "산승에게는 다른 이에게 줄 한 법도 없으니, 다만 병을 다스리고 속박을 풀어줄 뿐이다. 제방의 여러 도류여, 어떤 물에도 의지하지 말고 나와서 보여라. 나는 그대들과 함께 따져보고 싶은데,

지난 10년 하고도 5년 동안 한 사람도 없었다. 온통 풀떼기와 잎사귀에 붙어사는 나무 정령이고 여우 귀신들이니, 일체똥덩어리 향해서 이리저리 씹을 뿐이다. 山僧無一法與人 祇是治病解縛 爾諸方道流 試不依物出來 我要共爾商量 十年五歲 並無一人 皆是依草附葉 竹木精靈野狐精魅 向一切糞塊上亂咬",『보살본연경』 권하「녹품 鹿品」(대정장3, p.66c12)에 "그때 사슴왕이 설산에서 노니는데, 그 산에는 숲과 꽃과 열매와 물 솟는 샘과 욕지 등 여러 가지 것이 많았다. 여러 금수들이 서로 증오하며 해치려는 마음을 내면 이 사슴왕 보살의 위덕력으로 남김없이 모두 사라졌다. 爾時鹿王 遊於雪山 其山多有 叢林華果 流泉浴池 若諸禽獸 共相憎惡 生賊害心 以是菩薩威德力故 悉滅無餘",『대장엄론경』 권3(대정장4, p.268c10)에 "비구의 법에 따르면 풀이라 해도 해쳐서는 안 되니, 지금 비구들을 풀로 묶어두면 저들은 풀이 상할까 두려워 끝내 사방으로 달려가 신고할 수 없을 것이다. 比丘之法 不得傷草 今若以草 繫諸比丘 彼畏傷故 終不能得 四向馳告",『관무량수경』(대정장12, p.344b18)에 "물과 새와 수목과 모든 부처님이 더불어 내는 소리 모두 아름다운 법을 펼쳐 십이부경과 하나되니, 정에서 나와서도 기억하여 잊지 마라. 이런 일 이미 보았다면 '무량수불극락세계를 보았다' 한다. 水鳥樹林 及與諸佛 所出音聲 皆演妙法 與十二部經合 若出定時 憶持不失 見此事已 名見無量壽佛極樂世界"라고 하였다. [참고문헌]『灌頂經』,『佛本行集經』,『臨濟錄』,『菩薩本緣經』,『大莊嚴論經』,『觀無量壽經』. ⇨ 유정 有情, 무정설법 無情說法, 무정성불 無情成佛, 신 神, 육도 六道, 윤회 輪廻, 여래장 如來藏, 불성 佛性, 자비 慈悲, 불살생 不殺生, 선령관 先靈觀, 초계비구 草繫比丘

정령붕 精靈棚 일본 불교용어. 우란분회(盂蘭盆會) 때 조상의 정령을 맞이하고자 설치하는 제단(祭壇). 영붕(靈棚)이라고도 한다. 강호(江戶)시대부터 행해졌는데, 음력 7월 13일~16일까지인 우란분회 기간에 집집마다 각자 불단에 이 정령붕을 설치하고 그 위에 음식을 놓아 조상의 정령에게 제사지냈다. 작은 대나무를 기둥으로 삼고 가로로 새끼줄을 두르며 위에 소면(素麵)을 걸어 놓고 조·피·가지·표주박·오이 등으로 장식하는데, 조상의 영혼이 오갈 때 타라는 의미로 가지와 오이에 부러뜨린 나뭇가지를 꽂고 말과 소의 형상으로 만들어 불단 옆에 둔다. 15일 밤 또는 16일 아침에 정령붕과 장식물 등을 하천이나 바다에 던져 넣는 것으로 의식은 끝난다. ⇨ 우란분재 盂蘭盆齋

정령숭배 精靈崇拜 ➡ 정령 精靈

정례 頂禮 Ⓢ śirasā √vand, pra-√nam, nipatya, Ⓟ sirasā √vand, Ⓣ gtugs-te, mgo-bos phyag-'tshal-ba. 머리 숙여 예를 올리다. 머리를 조아려 경의를 표하는 예경법(禮敬法).『잡아비담심론』 권1(대정장28, p.870b12)에 "정례는 선심을 내고 애과를 돌려 온몸으로 공경히 예를 드리는 것이다. 頂禮者 起善心轉愛果 擧體敬禮也",『대반열반경』 권중(대정장1, p.197a24)에 "순다(Ⓢ Cunda)는 부처님의 설법을 듣고 난 뒤 근심과 슬픔이 조금 사라지자 곧 자리에서 일어나 몸을 가다듬고 위의를 갖추고는 편단우견하고 부처님의 발에 정례하며 사뢰었다. '세존이시여! 바라옵건대 내일 저의 소박한 공양을 받아주시옵소서'. 세존께서는 곧 묵연히 이를 허락하셨다. 淳陀聞已 憂悲小歇 便從座起 整身威儀 偏袒右肩 頂禮佛足白言 世尊唯願 明日受我薄供 世尊卽便默然許之"라고 하였다. [참고문헌]『雜阿毘曇心論』,『大般涅槃經』, *Saddh-p.26.*, *Bodh-bh.106.*, *Sp.1.70.* ⇨ 예족 禮足, 귀명정례 歸命頂禮, 예배 禮拜

정례불족 頂禮佛足 Ⓢ bhagavataḥ pādau śirasā vandati, tathāgatasya pādau śirasā vandati, Ⓣ bcom-ldan-'das-kyi-zhabs-la-mgo-bos-phyag-'tshal ba. 머리를 부처님 발에 조아려 예를 올림. 불족정례(佛足頂禮)·두면예족(頭面禮足)·계수접족(稽首接足)이라고도 한다.『별역잡아함경』 권15(대정장2, p.477b5)에 "그때 수시마라는 천자가 그의 권속 오백인과 함께 부처님 처소로 찾아와 부처님 발에 이마를 붙이고 절을 올리고 나서 한 쪽에 자리잡고 앉았다. 時有天子 名須尸摩 與其眷屬 五百人俱 來詣佛所 頂禮佛足 在一面坐",『인왕호국반야바라밀다경소』 권상2(대정장33, p.452b2)에 "정례불족이란 자신의 존귀한 이마로 부처님 낮은 발에 예를 올림이다. 頂禮佛足者 以己尊頂 禮佛卑足也",『석문귀경의』 권하(대정장45, p.863b26)에 "경과 율의 글에서 대개 두면예족이라고 하고 또는 정례불족이라고도 하였는데, 나에게 높은 것은 머리이고, 저에게 낮은 것은 발이다. 나의 존귀한 것으로 남의 낮은 것에 공경하는 것이 예의 극치이다. 세속에서 소중하여 존경하는 벗은 그 이름을 드러내지 않고 서로 족하라고 부르는 것도 마찬가지 뜻이다. 經律文中多云 頭面禮足 或云頂禮佛足者 我所高者頂也 彼所卑者足也 以我所尊敬彼所卑者 禮之極也 如俗中重尊友者 不斥其名字 相名爲足下者 義類同也"라고 하였다. [참고문헌]『別譯雜阿含經』,『仁王護國般若波羅蜜多經疏』,『釋門歸敬儀』, *Vikī-n.360.* ⇨ 두면예족 頭面禮足, 계수접족 稽首接足, 두정예경 頭頂禮敬, 두정예족 頭頂禮足, 불족정례 佛足頂禮

정로 精盧 절. 수행처. 정사(精舍)를 말한다.『대애도비구니경』 권상(대정장24, p.945b25)에 "그때 부처님께서 가유라위의 석씨정로에 머무시며 여러 대비구 대중과 함께 계셨다. 爾時 佛遊於迦維羅衛 釋氏精盧 與諸大比丘衆俱"라고 하였다. [참고문헌]『大愛道比丘尼經』. ⇨정사 精舍, 정려 精廬

정론 正論 바르게 말하고 논하며 드러내다. 『집이문족론』 권12(대정장26, p.418c22)에 "무엇이 정론인가? 벗어나거나 멀리 떠나서야 생겨난 선법에 의지해서 일으키는 어론·언설·선창·평의·현료·사변·어로·어음·어업·어표를 정론이라고 한다. 云何正論 謂依出離遠離 所生善法 發起語論 言說 宣唱 評議 顯了 詞辯 語路 語音 語業 語表 是名正論", 『아비담비바사론』 권27(대정장28, p.199a28)에 "부처님의 말씀인즉 정론이고, 세간의 언설은 부정론이다. 정론은 부정론과 다투지 않는다. 마치 한 말이 사도를 가듯 해서 말로 악도를 행한다. 이와 같이 외도는 사도를 행하기에 언행으로 도를 다툰다. 또 부처님께서는 뜻을 보시고 법을 보시고 선을 보시고 좋은 것들을 보시기에 세간과 다투지 않으신다. 佛則正論 世間不正論 正論不與不正論者諍 如一馬行於邪道 言行惡道 如是外道行邪道故 言行諍道 復次 佛見義見法 見善 見好 是故 不與世間諍"라고 하였다. [참고문헌]『集異門足論』, 『阿毘曇毘婆沙論』. ⇨사론 邪論

정론경 政論經 ➡불위우전왕설왕법정론경 佛爲優塡王說王法政論經

정료연 正了緣 천태종(天台宗)에서 설한 삼인불성(三因佛性 : 正因佛性·了因佛性·緣因佛性)의 첫 글자를 따서 함께 일컫는 말. ⇨삼인불성 三因佛性 1

정륜암 正崙庵 강원도 고성군 현내면 명파리 금강산(金剛山)에 있는 절. 이경석(李景奭 1595~1671)의 『백헌집』 권10 「조우잉류유점사쌍언정시차기운 朝雨仍留楡岾寺雙彦呈詩次其韻」(한국문집총간95, p.503b15)에 "운수암에서 골짜기를 따라 내려오면 선담이 있고 … 그 서쪽에 청련·적조·명조·백련·정륜·흥덕 등의 암자가 있다. 自雲水由小洞下則有船潭 … 西有靑蓮寂照明寂白蓮正崙興德等庵", 어유봉(魚有鳳 1672~1744)의 『기원집』 권20 「유금강산기 遊金剛山記」(한국문집총간184, p.210b19)에 "(유점사의) 동북쪽에 정륜암이 있다. 東北有正崙菴"라고 하였다. [참고문헌]『白軒集』, 『杞園集』, 『韓國寺刹全書』 권하 p.1001a19.

정륜왕 頂輪王 ➡일자금륜 一字金輪

정륜진언 頂輪眞言 일자정륜왕(一字頂輪王 : 一字金輪)의 진언. 일자불정륜왕진언(一字佛頂輪王眞言)·정륜왕진언(頂輪王眞言)이라고도 한다. 진언은 『대일여래검인』(대정장18, p.196a13)에 따르면 '낭막 삼만다 모태남 옴 부로암 曩莫 三滿多母馱南 唵 部嚕唵 namaḥ samanta-buddhānāṃ oṃ bhrūṃ 두루하신 제불께 귀의합니다. 옴 브룸'이다. 『일자기특불정경』 권하(대정장19, p.306c3)에 "세존께서 저 선남자에게 정륜진언을 열심히 수행하게 한 것은 가호와 함께 그 생각의 힘을 더하려는 것에 비롯한다. 世尊爲彼善男子 勤修頂輪眞言者 作加護加其念力", 같은 책 권하(대정장19, p.307b21)에 "정륜진언을 성취하면 무량한 공덕과 복리를 획득한다. 成就頂輪眞言者 獲得無量功德福利"라고 하였다. [참고문헌]『大日如來劍印』, 『一字奇特佛頂經』, 『五佛頂三昧陀羅尼經』 권4(대정장19, p.284c14). ⇨일자불정륜왕진언 一字佛頂輪王眞言

정릉사 定陵寺 평안남도 평양시 역포구역 무진리에 있는 절. 국보유적 제173호. 427년(장수왕15)에 장수왕(長壽王)이 평양으로 천도할 때, 동명왕릉(東明王陵)을 함께 옮기고 건립한 원찰(願刹)이라 전한다. 1973~75년 발굴조사 시 '고구려 高句麗'·'정릉 定陵'·'능사 陵寺' 명문 기와가 발견되어 정릉사지로 규정하였다. 1993년에 복원하였으며, 현존 당우로는 국보유적 제184호 팔각칠층석탑을 중심으로 보광전·용화전·극락전이 있다. [참고문헌]『韓國古代金石文資料集 I』(國史編纂委員會, 1995) p.187, 『北韓寺刹研究』(寺刹文化研究院, 1993) p.69, 『북한의 전통사찰』 권1 평양·평안남도(대한불교조계종 민족공동체추진본부, 2011) pp.155~181.

정릉사 보광전

정릉사 貞陵寺 서울특별시 성북구 돈암동에 있는 흥천사(興天寺). 흥천사는 신덕왕후(神德王后) 강씨(康氏)의 능인 정릉(貞陵)의 원당(願堂)으로 창건되었으므로 정릉사라고도 하였다. 『중종실록』 권10 5년(1510) 3월 28일에 "이날 밤 정릉사〈절 이름은 흥천사이다. 우리 태조가 신덕왕후를 정릉에 장사지내고, 그 동쪽에 절을 지었다. 그후 능은 다른 곳으로 옮기고 절은 이전대로 두었다〉의 오층사리각이 불탔다. 是夜貞陵寺〈寺名興天 我太祖葬神德王后于貞陵 建寺其東 其後陵移他處 寺仍舊焉〉 五層舍利閣災"라고 하였다. [참고문헌]『中宗實錄』. ⇨흥천사 興天寺

정리 正利 1 팔정도(八正道) 중 하나. 정사유(正思惟 Ⓢ samyag-saṃkalpa)를 말한다. 『중본기경』 권상(대정장4, p.148c5)에 "무엇을 도에 든다 하는가? 팔정도이니, 첫째 정견, 둘째 정리, 셋째 정언, 넷째 정행, 다섯째 정명, 여섯째 정치, 일곱째 정지, 여덟째 정정이다. 何謂入道 八正爲道 一曰 正見 二曰 正利 三曰 正言 四曰 正行 五曰 正命 六曰 正治 七曰 正志 八曰 正定"라고 하였다. 〔참고문헌〕『中本起經』. ⇨팔정도 八正道 **2** 사법종(四法種) 중 하나. 『법집명수경』(대정장17, p.660c19)에 "어떤 것이 사법종인가? 정리·정문·정지·정식을 말한다. 云何四法種 所謂正利 正文 正智 正識"라고 하였다. 〔참고문헌〕『法集名數經』.

정리 正理 **1** Ⓢ nyāya, yukti, yoga-yuktatva, Ⓟ ñāya, Ⓣ rigs-pa. 바른 뜻. 오명(五明 Ⓢ pañca vidyā-sthānāni) 중 하나인 인명(因明 Ⓢ hetu-vidyā)을 가리키기도 한다. 『별역잡아함경』 권5(대정장2, p.404a8)에 "'구담이시여, 저는 법에 맞게 재물을 얻어 부모님을 공양하고, 또 바른 뜻으로만이 즐거움을 얻게 하니, 바른 뜻을 공급하여 커다란 복을 얻을 수 있겠습니까?' 부처님께서 이렇게 말씀하셨다. '이렇게 공양하면 참으로 커다란 복을 얻는다'. 瞿曇 我如法乞財 供養父母 又以正理 使得樂處 正理供給 得大福不 佛言 如是供養 實得大福", 『구사론』 권5(대정장29, p.28c1)에 "심심소는 찰나멸이라고 인정하였으므로 다시 그 나머지 멸의 인연을 기다릴 필요는 없으니, 마땅히 멸과 주의 용에는 선후가 없다. 이것은 하나의 법이 일시중에 머물고 멸하는 것이 되어 마땅히 바른 이치일 수 없다. 그러므로 상속에 의하여 유위상을 말하는 것이 정리에 어긋나지 않고 계경에도 잘 따른다. 心心所 許刹那滅 更不須待 餘滅因緣 應滅與住 用無先後 是則一法 於一時中 亦住亦滅 不應正理 故依相續 說有爲相 不違正理 善順契經"라고 하였다. 〔참고문헌〕『別譯雜阿含經』, 『俱舍論』, *Abh-k-bh.25·102·400.*, *Bodh-bh.46·121.* ⇨인명 因明 **2** 바르게 하다. (옷매무새 따위를) 가지런히 하다. 『불본행집경』 권36(대정장3, p.821c5)에 "밤의 초경이 되자, 그 때 아난은 자리에서 일어나 오른쪽 어깨를 드러내고 옷을 가지런히 하고서 부처님께 합장하고 말씀드렸다. '세존이시여, 밤이 초경이오니 세존께서 이제 저 객비구승을 위로하고 가르침을 주시기를 바라옵니다. 經夜初更 爾時 阿難 從座而起 偏袒右肩 正理衣服 合掌向佛 而作是言 願世尊知 夜以一更 世尊今可 慰喩於彼客比丘僧"라고 하였다. 〔참고문헌〕『佛本行集經』.

정리대세 正利大勢 임제종(臨濟宗) 사대세(四大勢) 중 하나. 사대세는 사대식(四大式)과 통한다. ⇨사대세 四大勢, 사대식 四大式

정리일적 正理一滴 Ⓢ Nyāya-bindu, Ⓣ rigs-pa'i-thigs-pa. 인도의 법칭(法稱 Ⓢ Dharmakīrti) 지음. 니야야빈두라 부른다. 인명칠론(因明七論) 중 하나로 정지(正知 samyag-jñāna, 量 pramdāṇa)의 현량(現量 praryakṣa)과 비량(比量 anumāna) 등에 대한 3장으로 구성된 책이다. 『정리일적론 正理一滴論』·『정리적론 正理滴論』·『정리방우 正理方隅』 등이라고도 한다. 〔참고문헌〕鄭偉宏『佛家邏輯通論』(聖環圖書有限公司, 1997) p.181. ⇨니야야빈두 Nyāyabindu, 법칭 法稱 **2**, 인명칠론 因明七論

정리자유 正理自由 바른 이치 즉 법다이(如法) 하면 스스로만을 연유하기에 자유라는 뜻이다. 『벽암록』 88칙 「송 頌」(대정장48, p.213b6)에 "눈멀고 귀먹고 말 못하는 이여!〈이미 말 전에 있다. 세 구멍이 함께 밝더니 벌써 한 덩이로 마쳤다〉 적절한 기용 아득히 끊어졌구나〈어딜 향해 찾겠는가? 계교분별을 지어낼 수 있겠는가? 무슨 상관이 있으랴!〉 하늘 위와 하늘 아래서〈바른 이치 스스로만을 따른다. 나(圜悟)도 그렇다〉 우습기도 하고 가엾기도 하구나〈무엇을 우습게 보는가? 무엇을 가엾게 여기는가? 밝은 듯 어두운 듯하다〉. 盲聾瘖啞〈已在言前 三竅俱明 已做一段了也〉 杳絶機宜〈向什麽處摸索 還做計較得麽 有什麽交涉〉 天上天下〈正理自由 我也恁麽〉 堪笑堪悲〈笑箇什麽 悲箇什麽 半明半暗〉"라고 하였다. 〔참고문헌〕『碧巖錄』.

정리학파 正理學派 고대 인도의 육파철학 중 논리학을 대표하는 니야야(Ⓢ Nyāya)학파의 한역어. 정리란 바른 추리의 '방법' 또는 '규칙'이란 뜻의 니야야(Ⓢ nyāya)의 한역어이다. 창시자는 악샤파다 가우타마(Ⓢ Akṣapāda Gautama ?~2세기경?)이고 학파의 주요 문헌 『니야야수트라 *Nyāya-sūtra*』는 『정리경 正理經』이라 한역되며, 이 학파에 속한 이들은 정리론자(Ⓢ nyāya-vādin, naiyāyika, Ⓣ rig-pa-smra-ba)라 불린다. 바츠야야나(Ⓢ Vātsyāyana, 4세기경)는 『정리경』의 주석인 『니야야바샤 *Nyāyabhāṣya*』를 지으면서 용수(龍樹)의 『중론송 中論頌』의 입장을 비판한다. 이후 바츠야야나의 입장을 다시 불교 논리학자인 디그나가(Ⓢ Dignāga : 陳那 5~6세기경)가 반박하였고, 이 비판에 응답하고자 니야야학파의 웃요타카라(Ⓢ Udyotakara 6세기경)가 『니야야바르티카 *Nyāyavārttika*』를 지었다. 이어 바차스파티미슈라(Ⓢ Vācaspatimiśra 9~10세기경)가 『니야야바르티카탓트파리야티카 *Nyāyavārttika-tātparyaṭīkā*』를 지었는데, 이들이 『정리경』과 관련된 주요 문헌들이다. 별개의 독립적인 주요 문헌들로는 자얀타밧타(Ⓢ Jayanta Bhaṭṭa 9세기)의 『니야야만자리 *Nyāyamañjarī*』와 바사바라즈냐(Ⓢ Bhāsavarajñā 10세기)의 『니야야사라 *Nyāyasāra*』 등이 있다. 이후 강게샤(Ⓢ Gaṅgeśa 12세기)의 『타트바친타마니 *Tattvacintāmaṇi*』를 시작으로 나비야니야야(Ⓢ Navy anyāya : 新正理學派)가 세워진다. 정리학파는 또 다른 육파철학의 하나인 바이셰쉬카(Ⓢ Vaiśeṣika : 勝論)학파와 밀접한 유사성을 지니는데, 초기에는 독립적인 체계였으나 이 두 학파는 점차 니야야를 중심으로 통합되어 갔다. 공통점은 베다의 권위를 인정하며, 고통의 원인인 무지를 제거하고 실재에 대한 바른 지식을 통해 해탈을 얻는다고 보는 점에 있다. 하지만 니야야학파는 직접지각(Ⓢ pratyakṣa)·추론(Ⓢ anumāna)·유비(Ⓢ upamāna)·성언량(Ⓢ śabda)의 네 가지(四量)를 바른 인식수단으로 인정하나, 바이셰쉬카학파는 처음 두 가지(二量)만 인정한다. 정리학파는 바른 앎은 총 열여섯 가지 범주(Ⓢ padārtha)로 성취된다고 주장한다. 이는 인식수단(認識手段 Ⓢ pramāṇa)·인식대상(認識對象 Ⓢ prameya)·의혹(疑惑 Ⓢ saṃśaya)·동기(動機 Ⓢ prayojana)·실례(實例 Ⓢ dṛṣṭānta)·확정된 논의(定說 Ⓢ siddhānta)·추리의 요소(Ⓢ avayava)·귀류논증(Ⓢ tarka)·확정(確定 Ⓢ nirṇaya)·우호적 토론(Ⓢ vāda)·논쟁(Ⓢ jalpa)·근거 없는 트집(Ⓢ vitaṇḍā)·그럴 듯하게 보이는 허위(Ⓢ hetvābhāsa)·궤변(詭弁 Ⓢ chala)·무용한 반박(Ⓢ jāti)·패배의 지점(Ⓢ nigrahasthāna)이다. 〔참고문헌〕 Bimal Matilal *A History of Indian Literature-Nyāya-Vaiśeṣika*(Otto Harrassowitz Verlag, 1977). ⇨ 니야야학파 尼夜耶學派, 니야야수트라 Nyāya-sūtra, 나비야니야야 Navyanyāya, 신정리학파 新正理學派

정림사 井林寺 ❶ 경상북도 영주시 풍기읍 교천리에 있던 절. 정림사(淨林寺)라고도 한다. 1407년(태종7)에 명찰로써 여러 고을의 자복사(資福寺)를 대신할 때, 조계종(曹溪宗)에 소속되어 있었다. 이후 폐사된 절터에 주세붕(周世鵬)이 풍기향교를 건립하였는데, 풍기향교에서 엮은 「향교잡록」에 "가정 임인년(1542·중종37)에 신재 주세붕이 … 옮겨 지을 뜻이 있었다. 군에 거주하던 상사 황빈과 함께 의논하여 정림사 터로 옮겨 지었다. 歲在嘉靖壬寅周先生愼齋 … 有移建之意 與郡居黃上舍彬共議 改卜于井林之基而"라고 하였다. 향교 기단에서 석탑재 2점이 확인되어, 대성전(大成殿)이 위치한 곳을 사지로 추정한다. 〔참고문헌〕 「鄕校雜錄」, 『太宗實錄』 권14 7년 12월 2일. ⇨ 자복사 資福寺 ❷ 경상북도 울진군 울진읍 정림리 비봉산(飛鳳山)에 있던 정림사(淨林寺). 황여일(黃汝一 1556~1622)의 『해월집』 권2 「정림사」(한국문집총간10, p.54b18)에 "나는 십리가 빼어난 경치인 정림사를 좋아하네. 비봉산 기슭에서 매를 부르고, 취운천에서 그물을 던지네. 我愛井林寺 十里一洞天 呼鷹飛鳳麓 灑網翠雲川"라고 하였다. 〔참고문헌〕 『海月集』. ⇨ 정림사 淨林寺 ❷ ❸ 위치 미상. 민지(閔漬 1248~1326)의 「국청사금당주불석가여래사리영이기 國淸寺金堂主佛釋迦如來舍利靈異記」(『동문선』68)에 "정림사 주지 대선사 승숙과 간선 스님인 공양이 일심으로 공도들을 감독하여 그해 봄 3월부터 일으켜 가을 9월에 이르러 공사를 마쳤다. 與井林寺住持大禪師承淑 及幹善僧厥名供養者 一心力督工徒 起自是年春三月 至秋九月而畢"라고 하였다. 〔참고문헌〕 『東文選』, 『韓國寺刹全書』 권하 p.1000b13.

정림사 正林寺 함경남도 정평군 도안산(道安山)에 있던 절. 『동국여지승람』 권48 함경도 정평도호부 불우에 절의 이름과 위치가 전하나, 『범우고』에는 폐사되었다고 하였다. 그러나 『관북읍지』 권2 정평부읍지에 "지금은 동안사라고 한다. 今稱東安寺"라고 하였다. 〔참고문헌〕 『東國輿地勝覽』, 『梵宇攷』, 『關北邑誌』, 『韓國寺刹全書』 권하 p.1001b1. ⇨ 동안사 東安寺 ❶

정림사 定林寺 ❶ 경상남도 남해군에 있던 절. 민지(閔漬 1248~1326)가 쓴 「군위인각사보각국존정조탑비문 軍威麟角寺普覺國尊靜照塔碑文」(이지관 『교감역주역대고승비문』 고려편4, pp.189~282)에 "기유년(1249·고종36)에 정상국 안이 남해에 있는 자기 집을 희사하여 절을 만들고는 정림사라 이름하고서 스님에게 청하여 머물게 하였다. 己酉鄭相國晏 捨南海私第爲社 曰定林 請師主之"고 하였는데, 정안은 관향이 하동(河東)이었으므로, 가까운 남해에 사제를 두었고 이를 정림사로 삼았던 듯하다. 〔참고문헌〕 『韓國寺刹全書』 권하 p.1009a8, 李智冠 『校勘譯註歷代高僧碑文』 高麗篇4. ❷ 충청남도 부여군 부여읍 부소산(扶蘇山)에 있던 절. 538년(성왕16)에 백제 왕실이 사비(泗沘·지금의 부여)로 천도하면서 부소산에 산성을 쌓고 산성 남쪽을 도성으로 삼을 때 창건하였을 것으로 추정하는데, '사비백제(泗沘百濟)시대(538~660·의자왕20)'의 국찰(國刹)로 거론하곤 한다. 박세당(朴世堂 1629~1703)의 『서계집』 권8 제발(題跋) 「평제탑비발 平濟塔碑跋」에 "이(평제탑)는 당 소정방이 백제를 평정하고서 공을 돌에 새겨 기록한 것인데, 지금 부여현 옛 절의 석탑에 (새겨져) 있다. 此唐蘇定方平百濟刻石記功者 在今扶餘縣舊佛寺石塔上"고 하였고, 유득공(柳得恭, 1748~1807)의 『고운당필기』 권2 「대당평백제국비명 大唐平百濟國碑銘」에 "호서의 부여현은 백제의 고도다. 현의 남쪽 2리에 석탑이 있는데, 둘레를 둘러서 글자를 새겼으므로, '평제탑'이라고 부른다. 글은 뛰어나고 글씨는 굳세어 당비 가운데 으뜸이다. … 현의 북쪽 3리 쯤에는 또한 유인원기공비의 잔편이 있다. 湖西之扶餘縣百濟古都也 縣南二里有石塔 週遭刻此 俗號平濟荅 詞雄筆勁 冠絶唐碑 … 縣北三里 又有劉仁願紀功殘碑"고 하였는데, '평제탑'은 부여현의 남쪽 2리쯤에 자리한 '옛 절의 석탑'이기에,

정림사 오층석탑을 지칭한것으로 추정한다. 다만『동국여지승람』권18 충청도 부여현 고적에는 "소정방비〈현의 서쪽 2리에 있다. 당 고종이 정방을 보내 신라 김유신과 함께 백제를 쳐서 멸망시키고 돌을 세워 공적을 적었다〉. 蘇定方碑〈在縣西二里 唐高宗遣定方與新羅金庾信伐百濟滅之 立石紀功"고 하여, 위치와 건립 경위가 다소 다르기도 하다. 박태보(朴泰輔 1654~1689)의『정재집』권1 오언율시(五言律詩)·이기지(李器之 1690~1722)의『일암집』권1 시(詩)·홍양호(洪良浩 1724~1802)의『이계집』권3 시 호서록(湖西錄)에는「평제탑 平濟塔」이라는 제목의 시가 전한다. 관련 기록으로 보아, 대체로 17세기 중반 이전에는 폐사된 듯하다. 현재 절터에는 국보로 지정된 오층석탑과 보물로 지정되었지만 훼손된 상태가 심한 석조여래좌상이 남아 있고, 당유인원기공비는 국립부여박물관 정원에 서 있다. 〔참고문헌〕『東國輿地勝覽』,『西溪集』(한국문집총간134 p.148b6),『古芸堂筆記』,『定齋集』(한국문집총간168 p.17b8),『一菴集』(한국문집총간속70 p.271a14),『耳溪集』(한국문집총간241 p.41a18),『韓國寺刹全書』권하 p.1009a2. ⇨정림사지 定林寺址

정림사 淨林寺 ❶강원도 이천군에 있던 절. 이의백(李宜白 1563~1643)의『오계일지집』에 "이천 정림사에서 묵으며 담론했다. 余宿伊川淨林寺 有客談論"라고 하였다. 〔참고문헌〕『梧溪日誌集』,『韓國寺刹全書』권하 p.1012a17. ❷경상북도 울진군 울진읍 정림리 비봉산(飛鳳山)에 있던 절. 정림사(井林寺)라고도 한다.『동국여지승람』권45 강원도 울진현 불우와『범우고』에 이름과 위치가 전한다. 사지(寺址)는 경작지로 변하였으며 일부에서 석축과 초석, 와편 등이 발견되었다. 〔참고문헌〕『東國輿地勝覽』,『梵宇攷』,『韓國寺刹全書』권하 p.1012a15. ❸경상북도 영주시 풍기읍 교촌리에 있던 정림사(井林寺).『태종실록』권14 7년(1407) 12월 2일에 "여러 고을의 자복사를 명찰로 대체하였다. 조계종에 … 기천 정림사 … 안성 석남사이다. 諸州資福寺 皆代以名刹 … 基川 淨林寺 … 安城 石南寺"라고 하였다. 〔참고문헌〕『太宗實錄』. ⇨정림사 井林寺❶ ❹황해북도 곡산군 백운산(白雲山)에 있던 절.『동국여지승람』권42 황해도 곡산군 불우에 이름과 위치가 전하며,『여지도서』황해도 곡산 사찰에 "부 북쪽 80리에 있다. 在府北八十里"라고 하였다. 〔참고문헌〕『東國輿地勝覽』,『輿地圖書』,『伽藍考』,『梵宇攷』,『韓國寺刹全書』권하 p.1012b17. ❺황해북도 봉산군 계유산(鷄遊山)에 있던 절.『동국여지승람』권41 황해도 봉산군 불우에 이름과 위치가 전하고,『여지도서』황해도 봉산 불우에 "지금은 없다. 今無",『범우고』에 "지금은 폐사. 今廢"라고 하였다. 〔참고문헌〕『東國輿地勝覽』,『輿地圖書』,『梵宇攷』,『韓國寺刹全書』권하 p.1012b15. ❻일본 장기현(長崎縣) 대마도(對馬島)에 있는 절. 1984년에 이 절에서 발견된 금동반가상(金銅半跏像)의 양식이 부여 부소산(扶蘇山)에서 출토된 활석제(滑石制) 반가상과 하반신의 형태, 상의(裳衣) 주름 등이 매우 유사하여 백제 반가사유상으로 추정되고 있다. 〔참고문헌〕田村圓澄『半跏思惟像の研究』(吉川弘文館, 1985).

정림사 靜林寺 위치 미상. 취미수초(翠微守初 1590~1668)가 쓴 시「제정림사 題靜林寺」·「과정림사 過靜林寺」가『취미대사시집』(한불전8, p.297a3·298c18)에 수록되어 있다. 〔참고문헌〕『翠微大師詩集』.

정림사지 定林寺址 충청남도 부여군 부여읍 부소산성(扶蘇山城) 남쪽에 있는 절터. 백제의 대표적인 절인 정림사가 자리하였던 곳으로 현재 사적으로 지정되어 있으며, 공주와 부여의 다른 백제역사문화유적과 함께 백제역사유적지구에 포함되어, 2015년 7월에 유네스코 세계유산으로 등재되었다. 1916년에 조선총독부 고적조사위원회가 중요 유적과 유물에 대한 등록제도를 시행할 때, 정림사지의 오층석탑과 석조불상을「고적급유물대장 古蹟及遺物臺帳」에 등록한 이래, 1922년·1928년·1930년·1932년에 석탑과 불상에 대한 조사가 시행되었다. 그 뒤 1942년에 처음으로 발굴조사를 진행하였는데, 1942년 10월 22일자「매일신보 每日新報」제12640호 3면 9단의 '대가람의 흔적 역연 부여사적발굴로 역사적 중요자료 획득 大伽藍의 痕迹歷然 扶餘史蹟發掘로歷史的重要資料獲得'에는 "백제(百濟)의찬연하엿든문화의유물을 백제의도읍터부여에찻고저 … 다시十월초순에 발굴장소를 평제탑(平濟塔)부근으로 옴기여 계속한결과 대가람(大伽藍)의자최를완전히차저내엿다 … 여기에는 탑파석불이잇는것으로미루어보아 절터임을 상상할수잇다. 그절의 정체와이

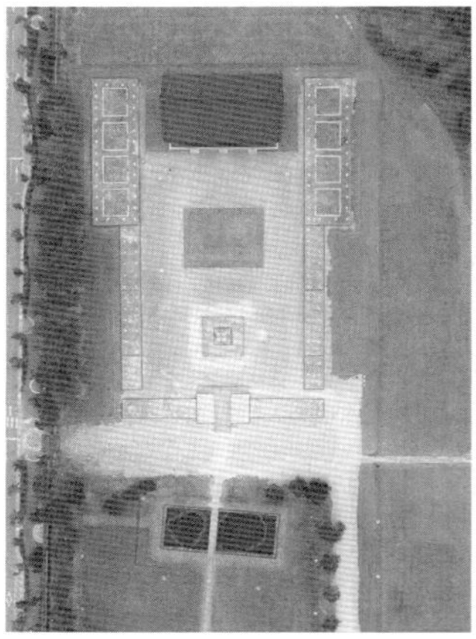

정림사지 탑·금당지·강당지 전경

정림사지 전경

름은 지금까지 고고학상(古考學上)한수수쩌끼로 나려오든것을 이번발굴의결과 … 절을세운 년대로추상하기에 충분한 재료는 법당터에서 캐내인기와에 『太平八年正林寺大藏堂草』라는 글자가 뚜렷하게바켜잇는것이다 태평八년(1028・현종19)은 지금으로부터 천二백八十년전 중국의 요(遼)나라때이다. 그해가 무진년으로 그절의일홈이 정림사라는것을 알수잇스며 그기와가 『대장당』에 잇섯던것이아닌가하는추측을나릴수박게 업다는것이다" 고 하면서, 중문에서부터 석탑・강당・금당까지가 남북일직선상에 일탑일금당식으로 배치되었음을 확인하였고, 회랑으로 둘러싸인 일탑일금당식 전각 배치가 전형적인 백제식 사찰가람배치임을 밝혔다. 그 뒤 1979년~1992년에 충남대학교박물관・국립부여박물관・국립문화재연구소・정림사지시굴조사단・원광대학교박물관 등이 절터 전역에 대한 본격적인 발굴조사를 시행하였는데, 중문터・강당터・금당터・남문터・동서연지・우물터・가마터・주변 건물터 등을 면밀히 조사하여, 금당터의 이층기단・석탑 기초부 판축층・연화문 수막새와 서까래기와 등이 대체로 백제 때 조성된 것이므로, 가람의 규모와 변천과정의 확인은 물론 사비 천도 직후인 6세기 중반에 창건한 것으로 추정하기도 하였다. 수막새는 200여 점이 출토되기도 하였는데, 특히 출토 유물 중 일부가 훼손된 소조 인물상과 의복 조각은 중국 북위(北魏)의 영녕사(永寧寺) 출토 유물과 유사성을 확인하였다. 2008년~2011년 발굴조사에서는 절터 북쪽의 동서승방터・강당터 뒤쪽 북승방터 등을 발견하여 정림사지 원형을 거의 확인하였다. 이외에도 창건 이전의 백제 공방 관련 유구는 물론 고려시대 문화층도 확인하였다. 지금까지 발굴조사 현황은 아래 표와 같다. 현재 절터의 오층석탑은 국보로, 금당 안의 석조여래좌상은 보물로 각각 지정되어 있다. [참고문헌] 『扶餘 定林寺址 發掘調査報告書』(국립부여문화재연구소, 2011) pp.47~60・317~336, 『扶餘定林寺址』(국립부여박물관, 2015) pp.67~84. ⇨ 정림사 定林寺 🅼

정림사지 발굴 소조인물상

〈표〉 정림사지 발굴조사 현황

연도	조사 지역 및 내용
1942	• 절터 전역 조사, 중문터・석탑・강당터・금당터・동서회랑터 확인
1979~1980	• 절터 전역・남쪽, 중문터・강당터・금당터・서북쪽 건물터・남문터・동서연지 등 확인
1983~1984	• 절터 전역・연지 서남쪽 남문터・동서연지・중심 통로 등 확인
1989	• 절터 서남쪽, 건물터・우물터・가마터 등 확인
1992	• 강당터 세부 조사
2008~2011	• 강당터・회랑터・금당터・남문터・절터 북쪽, 여러 건물・배수로・공방 유구・축대・승방터 등 확인

정림사지불상군 定林寺址佛像群 부여 정림사지에서 출토된 삼국시대 소조(塑造) 불상군. 국립부여박물관・국립부여문화재연구소 소장. 정림사지의 서회랑과 남회랑이 만나는 부근에 있는 기와구덩이에서 발견되었다. 1979년~1980년 충남대박물관의 조사에서 140여 구・2008~2010년도 국립부여문화재연구소의 조사에서 20여 점 등 모두 160여 구가 출토되었는데, 불보살상 및 중국 도용(陶俑)과 유사한 인물상이 대부분이다. 불상의 양식은 부여 군수리사지(軍守里寺址) 불상・평양 원오리사지(元五里寺址) 소조상 같은 삼국시대불상과 상통하며, 봉보주보살상(捧寶珠菩薩像) 같은 특정 도상・불보살상의 신체표현과 착의법・장신구 등은 중국 남북조시대 불상의 도상 및 양식흐름과 궤를 같이한다. 함께 발견된 중국제 청자편이나 토기류, 도용의 형태 등도 북위(北魏) 말에서 동위(東魏) 초의 중국미술품과 비견되고 있어서, 정림사지불상군의 제작시기는 6세기 이후로 추정된다. 고대 동아시아 불교조각의 국제적인 양상과 문화교류를 살피는데 주요 단서가 되며, 우리나라 초기불교조각사 연구에서도 귀중한 성보다. [참고문헌] 『고대불교조각대전』(국립중앙박물관, 2015) pp.218~221. ⇨ 정림사지 定林寺址, 소상 塑像

정림사지불상군

정림사지석조여래좌상 定林寺址石造如來坐像 ➡ 부여

정림사지석불좌상 扶餘定林寺址石佛坐像

정림사지오층석탑 定林寺址五層石塔 ➡ 부여정림사지오층석탑 扶餘定林寺址五層石塔

정림암 靜林庵 경기도 광주시 초월읍에 있던 절. 1846년(헌종12)에 편찬된 『중정남한지』 권3 불우에 "초월면에 있었다. 지금은 폐사되었다. 在草月面 今廢"라고 하였다. 〔참고문헌〕『重訂南漢誌』.

정립수마슬상 正立手摩膝相 Ⓢ sthitānavanata-pralamba-bāhutā, Ⓟ thitako va anonamanto ubhohi pāṇitalehi jannukāni parimasati parimajjati, Ⓣ bzhengs-bzhin-du-ma-btud-par-phyag-pus-mo-slebs-pa. 삼십이상(三十二相) 중 하나. 똑바로 서면 손이 무릎까지 닿는 상. 수수과슬상(垂手過膝相)·수과슬상(手過膝相)·평주수과슬상(平住手過膝相)·쌍비수직용원상(雙臂修直傭圓相)·입신마슬상(立身摩膝相) 등이라고도 한다. 『대지도론』 권4(대정장25, p.90b16)에 "아홉 번째, 정립수마슬상이다. 허리를 구부리거나 젖히지 않고 손바닥으로 무릎을 문지를 수 있다. 九者 正立手摩膝相 不俯不仰 以掌摩膝"라고 하였다. 〔참고문헌〕『大智度論』, *Mvyut.17.*, *DN.3.143.* ⇨ 삼십이상 三十二相, 수과슬상 手過膝相, 수마슬상 手摩膝相, 쌍비수직용원상 雙臂修直傭圓相

정립수마슬상 인도 사르나트 6세기

정만 淨滿 노사나(盧舍那 Ⓢ rocana)의 한역어. 『인왕호국반야경소』 권5(대정장33, p.282a23)에 "『대반열반경』에 '나의 이 몸은 그대로 법신이다'라고 하였다. 노사나는 정만이라 한역한다. 정은 보배를 뜻한다. 大經云 我今此身 卽是法身 盧舍那 此云淨滿 淨卽寶也", 『천태보살계소』 권상(대정장40, p.580c3)에 "노사나는 『보량경』의 한역에서 정만이라 하였다. 삼혹이 단번에 다했으므로 정이라 하고, 만덕을 원만히 갖췄으므로 만이라 한다. 만정의 지혜로 스스로 깨닫고 남도 깨닫게 하므로 부처님이라 한다. 盧舍那等者 寶梁經翻 稱爲淨滿 三惑頓盡 故名爲淨 萬德俱圓 故稱爲滿 滿淨之智 自覺覺他 故名爲佛"라고 하였다. 〔참고문헌〕『仁王護國般若經疏』, 『天台菩薩戒疏』, 40권본 『大般涅槃經』 권4(대정장12, p.388b26). ⇨ 노사나불 盧舍那佛❶, 비로자나 毘盧遮那

정만종 鄭萬鐘 조선전기 관리. 강원감사(江原監司)로 있을 때 허응보우(虛應普雨 1515~1565)를 문정왕후(文定王后 1501~1565)에게 천거하였다. 『조선불교통사』 권하 p.798에 "모후 윤씨〈문정왕후〉가 섭정을 하였는데, 불교를 홍하게 하고자 이름난 스님을 찾았다. 이때 강원감사 정만종이 상소하여 선승 보우〈양양 신흥사 스님 또는 인제 백담사 스님〉를 천거하였다. 母后尹氏〈文定王后〉攝政 謀興佛敎 詔求名僧 時江原監司鄭萬鍾 疏薦禪僧普雨〈襄陽神興寺僧或云麟蹄百潭寺僧〉"라고 하였다. 보우는 문정왕후의 신임을 얻어 선종판사(禪宗判事)를 제수받았으며, 선종본사 봉은사(奉恩寺)의 주지가 되었다. 〔참고문헌〕『朝鮮佛教通史』. ⇨ 보우 普雨

정매 靜邁 당대 스님. 사천성(四川省) 재동(梓潼) 출신. 정매(靖邁)라고도 한다. 지조가 고결하고 경론에 대한 이해가 깊었다. 정관년간(627~649)에 현장(玄奘)이 인도에서 돌아오자 그 역장(譯場)에 증의대덕(證義大德)으로 참여하였다. 『본사경 本事經』 7권을 한역했으며, 저서로 『고금역경도기 古今譯經圖紀』 4권·『반야심경소 般若心經疏』 1권·『불지경론소 佛地經論疏』 6권·『십륜경소 十輪經疏』 8권 등이 있다. 『자은전』 권8(대정장50, p.262c17)에 "이 『인명론』은 현장삼장이 획득한 범본 중 하나이다. … 이것은 오묘한 가르침의 입문서이므로 우선 한역하였다. 신태법사·정매법사·명각법사 등이 있었는데, 모두 매우 명석하고 하고자 하는 의지를 갖추었으며 여러 경전을 두루 배워 깨달은 것이 많아 모두 각각 칙명을 받아 현장법사의 법연에 참여하였다. 此因明論者 卽是三藏所獲梵本之內之一部也 … 以其衆妙之門 是以先事翻譯 其有神泰法師 靖邁法師 明覺法師等 並以神機昭晰 志業兼該 博習群經 多所通悟 皆蒙別勅 追赴法筵"라고 하였다. 〔참고문헌〕『慈恩傳』, 『宋高僧傳』 권4(대정장50, p.727c19).

정맥 正脈 바른 전통이나 종지. 정통(正統) 또는 정종(正宗)의 뜻이기도 하다. 『광지광록』 권5(대정장48, p.57b21)에 "오로지 나의 바탕인 정맥이 거칠게나마 이어져 겨우 남아 있을 뿐이다. 惟悟本正脈 粗續而僅存", 『허당록』 권8(대정장47, p.1044c1)에 "지금 말세의 운을 돌아보니 바른 전통이 장차 침몰하려 하니 꺼진 재속에서 콩이 튀듯한 일 없다면 어찌 구름 끝에서 따뜻한 온기를 얻을 수 있겠는가? 顧玆末運 正脈將沈 不因豆爆冷灰 何得雲峯肉煖", 『금강경종통』 권1(卍속장39, p.12a7)에 "이상의 문답은 수보리의 미진한 의심을 없애고 여래의 바른 종지를 드러냄으로써 중생을 널리 제도하여 여래장의 바다로 거두어들인다. 已上問答 遣須菩提之微疑 顯如來之正脈 普度衆生 攝歸於如來藏海"라고 하였다. [참고문헌]『宏智廣錄』, 『虛堂錄』, 『金剛經宗通』. ⇨법맥 法脈, 정통 正統, 정종 正宗

정멸 正滅 Ⓢnirudhyamāna, Ⓣ'gag-par-'gyur-ba. 바로 사라지고 있는 것. 금멸(今滅)이라고도 한다. 따라서 정멸시(正滅時)라 하면 현재다. 『구사론』 권7(대정장29, p.37b25 : *Abh-k-bh.*, p.100)에 "'바로 사라지는 때'라는 말은 법이 눈앞에서 사라지고 있음을 나타내는데, 따라서 '바로 사라지는 때'라고 한다. 正滅時 言顯法現在滅現前 故名正滅時 nirudhyamānaṃ nāma varktamānam. nirodhābhimukhatvāt", 같은 책 권25(대정장29, p.134a16)에 "'바로 사라지는 위'라는 말은 현재에 머무른다는 것을 나타내며, '바로 생겨나고 있는 위'라는 말은 미래세를 나타낸다. 따라서 도(道)로 장애를 끊는 것은 오직 현재뿐이다. 正滅位 言顯居現在 正生 言顯未來世 故道能斷障 唯正滅時", 『구사석론』 권5(대정장29, p.194c27)에 "정멸이란 현세법을 말한다. 왜 그러한가? 현세법이란 이미 생겨난 것이고 지금 사라져 가기 때문이다. 正滅者 謂現世法 何以故 現世法已得生 今向滅故"라고 하였다. [참고문헌]『俱舍論』, 『俱舍釋論』, *Abh-k-bh.*

정멸법 正滅法 바로 사라지고 있는 법. 금멸법(今滅法)이라고도 하며, 현세법을 말한다. 상대어는 비정멸법(非正滅法)이다. 『품류족론』 권6(대정장26, p.715c2)에 "정멸법이란 무엇인가? 저 법이 현재 눈 앞에서 바로 사라지고 있는 것을 말한다. 正滅法云何 謂若法現在現前正滅"라고 하였다. [참고문헌]『品類足論』. ⇨정멸 正滅, 비정멸법 非正滅法

정명 正命 Ⓢsamyag-ājīva, Ⓟsammā-ājīva, Ⓣyang-dag-pa'i-'tsho-ba. 팔정도(八正道 Ⓢāryāṣṭāṅga-mārga) 중 다섯 번째 도. 출가 수행자가 사기·기만·주술·점술 등의 삿된 방식(邪命)이 아닌 계율에 의지한 정당한 방식으로 의발(衣鉢)과 자구(資具) 등을 구해 생활하는 것. 정어(正語)·정업(正業)과 함께 계온(戒蘊)에 포함된다. 정명(淨命)·정직업(正直業)·제수(諦受)·직업(直業)이라고도 한다. 사명(邪命)에 대칭한다. 『중아함경』 권49 「성도경 聖道經」(대정장1, p.735c8)에 "정견은 정지를 낳고 … 정업은 정명을 낳으며 정명은 정방편을 낳는다. … 현성제자는 이와 같이 마음이 바르고 고요해 탐진치를 단박에 다한다. … 만약 사명을 사명이라고 본다면 이것이 바로 정명이다. 만약 정명을 정명이라고 본다면 이것 또한 정명이다. … 무엇이 정명인가? 구하지도 않고 뜻이 차지 않는다고 몇 가지 축생의 주문 등으로 목숨을 잇지 않는다. 법다이 의복을 구해 입은즉 법으로써 함이니 또 여법히 음식·평상·탕약·여러 생활 도구를 구한다면 법으로서 행함이니 이를 정명이라 한다. 正見生正志 … 正業生正命 正命生正方便 … 賢聖弟子如是心正定 頓盡婬怒癡 … 若見邪命是邪命者 是謂正命 若見正命是正命者 亦謂正命 … 云何正命 若不求無滿意 不以若干種畜生之呪 不邪命存命 彼如法求衣被 則以法也 如法求飲食 床榻 湯藥 諸生活具 則以法也 是謂正命", 상응하는 *Mahācattārīsaka-sutta* (*MN.3*, p.76)에 "비구들이여, 정견에서 정사유가 생겨나고 … 정업에서 정명이 생겨나며 정명에서 정정진이 생겨난다. sammā-diṭṭhissa bhikkhave sammā-saṃkappo pahoti … sammā-kammantassa sammā-ājīvo pahoti. sammā-ājīvassa sammā-vāyāmo pahoti", 『아나율팔념경』(대정장1, p.836c8)에 "정명에는 또한 두 가지가 있다. 재화를 구하되 도로써 하니 탐하여 구차하게 얻고 사람을 기만하지 않으면 이를 세간의 정명이라 한다. 삿된 업을 떠나고 세간에서 하듯 점치는 일을 하지 않으며 성도에서 금하는 일도 범하지 않으면 이를 도정명이라 한다. 正命亦有二 求財以道 不貪苟得 不詐給心於人 是爲世間正命 以離邪業 捨世占候 不犯道禁 是爲道正命", 『대방등대집경』 권26(대정장13, p.180b24)에 "무엇을 정명이라 하는가? 바르게 목숨을 가진다 하니 삶의 방식(命)이 자신과 타인을 장애하지 않으면서 일체의 온갖 악과 번뇌도 더하는 일 없고 나쁜 행위로 살아가지 않는 것을 정명이라 한다. 보살마하살은 모든 중생이 정명으르 깨끗이 하고 이 정명으로써 보리로 나아가는 원을 세우도록 하는데 이를 정명이라 하며 이러한 정명으로 능히 자신과 타인을 이롭게 한다. 云何正命 正命者 若命不妨自身他身 不增一切諸惡煩惱 非惡業活 是名正命 菩薩摩訶薩 於諸衆生淨於正命 以是正命願向菩提 是名正命 如是正命能利自他", 『결정의경』(대정장17, p.653c9)에 "무엇을 정명이라 하는가? 정견을 갖추고 정법에 출가하여 법복을 입고는 온갖 그릇된 행위를 하지 않으며 정법을 믿고 내지 음식과 좌구나 와구 등을 받는 데 있어 대번 정당한 법을 따르는 것을 정명이라 한다. 何名正命 謂具正見 正法出家 被於法服 離諸邪行 信於正法 乃至受用飲食坐臥 皆依正法 是名正命", 『법온족론』 권6(대정장26, p.481c29)에 "무엇을 정명이라 하는가? 성제자가 고를 고라 사유하고 내지 도에 대해 도라고 사유하는 무루작의와 상응하는 간택력으로 그릇된 삶의 방식으로 나아가던 몸과 말의 악행으로 얻은 것들을 번뇌 없이 멀리 여의고 나아가서는 몸과 말의 무표업을 정명이라 한다. 云何正命 謂聖弟子 於苦思惟苦 乃至於道思惟道 無漏作意相應思擇力故 於趣邪命身語惡行所得無漏遠離 乃至身語無表業 是名正命", 『유가사지론』 권68(대정장30, p.674b8)에 "정명을 말미암기에 사기나 기만 등으로 사명을 일으켜 의복 등을 구하지 않는다. 이것이야말로 근본이고 의지할 것이다. 由正命故 不依矯詐等 起邪命法求衣服等 此爲根本此爲依處"라고 하였다. 〔참고문헌〕『中阿含經』, 『阿那律八念經』, 『大方等大集經』, 『決定義經』, 『法蘊足論』, 『瑜伽師地論』, *MN.*, *Abh-k-bh.371.* ⇨ 팔정도 八正道, 등명 等命, 정명 淨命❶, 정직업 正直業, 사명 邪命❶, 사명자활 邪命自活, 십이종사명법 十二種邪命法, 악명활 惡命活, 악활 惡活❶, 정명자활 正命自活

정명 正明 ❶ 핵심주제를 분명하게 밝히다. 주변주제를 취급하는 방명(傍明)에 상대한다. 『법화현의』 권7(대정장33, p.769a9)에 "이 경은 자취를 일으키고 바탕 드러냄을 바로 밝히고 무량한 수명을 종으로 삼는다. 今經正明發迹顯本 無量壽命爲宗", 『법화현의석첨』 권6(대정장33, p.854a16)에 "다음으로 이제를 분명하게 밝힌다 하는 중에 네 가지다. 먼저 전래된 뜻을 밝히고, 다음으로 공능을 설명하며, 셋째 '소언' 이하에서 자세하게 풀고, 넷째 '문답' 이하에서 문답으로 간추려 가린다. 次正明二諦者 於中爲四 先明來意 次明功能 三 所言下廣釋 四 問答下問答料簡", 『대승현론』 권2(대정장45, p.33a22)에 "제3 이제에 나아가 단복을 논하는데 다시 두 가지다. 하나는 단복의 뜻을 분명하게 밝히는 것이고, 다른 하나는 출입의 뜻을 논한 것이다. 정명에 다시 두 가지다. 첫째는 속제의 단복이고, 둘째는 진제의 단복이다. 第三 就二諦論單複 復有二 一 正明單複義 二 論出入義 正明復有兩 一者 俗單複 二者 眞單複也"라고 하였다. 〔참고문헌〕『法華玄義』, 『法華玄義釋籤』, 『大乘玄論』. ⇨ 방명 傍明 ❷ ?~1649. 명말청초(明末淸初)대 임제종 스님. 호는 양졸(養拙), 속성은 상(常)씨. 하동(河東 : 山西省) 포주(蒲州) 출신. 스무살 때 보타산(普陀山 : 浙江省) 천의여회(天衣如繪)에게 출가하였고 스물다섯에 금율사(金粟寺) 밀운원오(密雲圓悟)를 참례하였다. 밀운화상을 따라 민(閩 : 福建省)의 황벽산(黃檗山) 만복사(萬福寺)에 들어가 시봉하였다. 후에 밀운과 헤어져 남경(南京) 기타림(祇陀林)에서 오봉여학(五峰如學)을 만나 오봉이 위산(潙山)에 갈 때 시봉했다. 1633년에 오봉이 오대산에 들어간 후에 위산의 감원(監院) 직책을 받았다. 같은 해에 오봉이 시적(示寂)하자 그의 법을 부촉 받았고, 1637년부터 밀인사(密印寺)에 머물렀다. 1649년에 입적했다. 『대위밀인선사양졸명선사어록 大潙密印禪寺養拙明禪師語錄』 1권이 전한다. 〔참고문헌〕『五燈全書』 권69(卍속장141, p.440b1).

정명 定命 정해진 목숨. 업(業)과 수(壽)에 따라 수명이 정해진다는 말. 정수명(定壽命)라고도 한다. 40권본 『대반열반경』 권20(대정장20, p.482c6)에 "아사세왕이 기바의 말을 따르지 않았더라면 다음 달 7일에 반드시 정해진 수명이 다해 아비지옥에 떨어졌을 것이다. 阿闍世王 若不隨順耆婆語者 來月七日必定命終 墮阿鼻獄", 『본사경』 권5(대정장17, p.685b17)에 "두 가지 법이 남김없이 다하기에 죽는다. 어떤 것이 두 가지 법인가? 첫째는 업이고 둘째는 수이다. 업이 다하기에 또 수가 다하기에 반드시 정명이 끝난다. 업이 남아 있을 때라면 그때는 수가 남아 있고, 수가 남아 있을 때라면 그때는 업도 남아 있다. 由二種法盡滅故死 云何二法 一 業 二 壽 由業盡故及壽盡故 決定命終 若時有業 爾時有壽 若時有壽 爾時有業", 『현종론』 권15(대정장29, p.849b10)에 "다섯가지로 크게 쇠퇴의 조짐이 나타난다. … 이 다섯 조짐이 나타나면 반드시 정명이 끝나니 설사 강력한 연을 만나더라도 뒤바뀌는 일이 없다. 有五種大衰相現 … 此五相現決定命終 設遇强緣亦不轉故"라고 하였다. 〔참고문헌〕『大般涅槃經』, 『本事經』, 『顯宗論』.

정명 淨名 Ⓢ Vimalakīrti. 부처님 재세 시 장자(長者)인 유마거사(維摩居士)의 한역 이름. 음사어는 비마라힐(毘摩羅詰)·유마라힐(維摩羅詰)·유마힐(維摩詰) 등이다. 정명은 구마라집(鳩摩羅什)·승조(僧肇) 등의 한역어이며, 도생(道生)·담선(曇詵) 등은 무구칭(無垢稱)이라 한역하였다. 정 또는 무구는 범어 비말라(Ⓢ vimala)에 대한 다른 한역어이고, 명 또는 칭은 범어 키르티(Ⓢ kīrti)에 대한 다른 한역어이다. 『정명현론』 권1(대정장38, p.853a26)에 "정명이라는 말은 깨끗한 덕이 안으로 충만하고 아름다운 명성이 밖으로 가득차서 천하가 빛짐이 아주 컸다. 이 때문에 정명이라 한다. 어찌 마구니와 원수를 항복시키고 모든 외도를 제압하는 데 그쳤겠는가! 오백성문도 스스로 명민하지 못하다고 했고, 팔천보살도 마땅히 대응할 때를 잃었던 것이다. 所謂淨名 以淨德內充 嘉聲外滿 天下藉甚 故曰淨名 豈止降伏魔怨 制諸外道 五百聲聞 自稱不敏 八千菩薩 失對當時矣"라고 하였다. 〔참고문헌〕『淨名玄論』. ⇨ 유마거사 維摩居士, 비마라힐 毘摩羅詰, 유마라힐 維摩羅詰, 유마힐 維摩詰, 무구칭 無垢稱❸

정명 淨命 ❶ Ⓢ ājīva-pariśuddhi. 깨끗하게 목숨을 유지함. 팔정도(八正道) 중 정명(正命 Ⓟ sammā-ājīva)을 말한다. 해서는 안 될 사명법(邪命法)에서 벗어나 청정하게 생활함을 말한다. 『대반야경』 권327(대정장6, p.674b16)에 "만일 불퇴전위보살마하살이 무상보리작의를 성취하였다면 언제나 대보리심에서 멀리 벗어나지 않기에 청정한 생계를 유지하고자 주술이나 의약이나 점복 등 온갖 사명과 관계된 일은 행하지 않는다. 若不退轉位菩薩摩訶薩 成就無上菩提作意 常不遠離 大菩提心 爲淨命故 不行呪術 醫藥 占卜 諸邪命事", 『유마경』

권상(대정장14, p.543c20)에 "선한 법을 바르게 행하면서 깨끗하게 생계를 일으킨다. 正行善法 起於淨命", 『지관보행전홍결』 권6(대정장46, p.340a23)에 "정명은 네 가지 사명이나 다섯 가지 사명에서 중도의 이치를 모르는 무지까지 없는 것이니 이는 모두 사명이라 한다. 言淨命者 無四邪五邪 乃至不見中理 皆名邪命", 『범망보살계경의소발은』 권4(卍속장59, p.777a13)에 "정명이란 무엇인가? 첫째, 깊은 산의 풀과 과일을 먹는다. 둘째, 항상 걸식을 행한다. 셋째, 단월이 보내온 공양으로 생계를 유지한다. 넷째, 대중을 따라 함께 먹는다. 이러한 방법으로 목숨을 유지하면 물들 일이 없으므로 정명이라 하고, 이 법에 위배되면 정명에 어긋난다. 淨命者 一 深山草菓 二 常行乞食 三 檀越送供 四 隨大衆食 以此活命 無所染汙 故曰淨命 違背此法 乖淨命也", 『대일경공양차제법소』 권상(대정장39, p.791c7)에 "정명이란 욕심을 줄이고 만족할 줄 아는 행이다. 云淨命者 小欲知足之行", 『법화경문구보정기』 권1(卍속장45, p.34a1)에 "목숨을 깨끗하게 함이란 바르게 생활함이다. 네 가지 사명 등을 일으키면 정명을 깨뜨린다고 한다. 淨命者 正命也 起四邪等 名破正命"라고 하였다. [참고문헌] 『大般若經』, 『維摩經』, 『止觀輔行傳弘決』, 『梵網菩薩戒經義疏發隱』, 『大日經供養次第法疏』, 『法華經文句輔正記』, *Vikī-n. 172.* ⇨ 팔정도 八正道, 정명 正命, 사명 邪命❶, 부정명 不淨命, 악활 惡活❶, 비구오의 比丘五義 ❷ Ⓢ āyuṣmat. 구수(具壽)·장로(長老). 고승대덕(高僧大德)을 가리킨다. 출세간에서 요하는 지혜의 생명(慧命)과 세간에서 희구하는 장명(長命)을 모두 갖춘 사람이다. 『금강경』(대정장8, p.757b3 : *Vajr-pr.*, p.27)에 "이때 정명수보리가 대중 가운데 함께 앉아 모여 있었다. 爾時淨命須菩提 於大衆中共坐聚集 tena khalu punaḥ samayena-āyuṣmān subhūtis tasyām eva parṣadi saṃnipatito'bhūt saṃniṣaṇṇaḥ"라고 하였다. [참고문헌] 『金剛經』, *Vajr-pr.* ⇨ 구수 具壽

정명 靜明 ❶ 강진 백련사(白蓮社 : 萬德寺) 제2세 법주 천인(天因 1205~1248)의 시호. [참고문헌] 『萬德寺誌』(亞細亞文化社, 1977) p.34. ⇨ 천인 天因 ❷ 고려대 스님. 1918년에 장지연(張志淵)이 편찬한 역대 한시선집인 『대동시선』 권11에 스님이 지은 「송우인입지리산 送友人入智異山」이 수록되어 있는데, "그대 곧장 천 길 깊은 산속으로 들어갔다 하니, 안개와 노을 겹겹으로 둘러치고, 흐르는 물 떨어진 꽃잎으로 가는 길도 헤메리니, 어느 해 어느 곳에서 그대의 높은 자취 찾을 수 있을까? 聞君直入千峰裏 知在烟霞第幾重 流水落花迷去路 他年何處訪高蹤"라고 하였다. [참고문헌] 『大東詩選』(新文館, 1918) p.5.

정명거사 淨名居士 유마거사(維摩居士 Ⓢ Vimalakīrti)를 말한다. 『신화엄경론』 권8(대정장36, p.771b28)에 "여덟째는 말없이 고요한 것으로 교체를 삼았다 하니, 정명거사가 침묵으로 답한 것을 말하니, 명구문의 말을 기대하지 않음이다. 八 以無言寂然 爲敎體 卽淨名居士默答 不待名句文及以語故", 『주화엄법계관문송』 권하(대정장45, p.702b20)에 "정명거사가 질병을 시현하였는데, 이 모임에서 보살들이 각자 불이법문에 대해 설하였고 이것이 끝났을 때 문수보살이 물었다. '보살이 불이법문에 들어간다는 게 어떤 것입니까?' 정명이 침묵한 채 아무 말도 하지 않았는데, 이를 두고 입을 닫았다고 한다. 淨名居士示疾 於此會 諸菩薩各說不二法門竟時文殊問言 何等是菩薩入不二法門 淨名默然無言 名爲杜口也"라고 하였다. [참고문헌] 『新華嚴經論』, 『註華嚴法界觀門頌』. ⇨ 유마거사 維摩居士, 무구칭 無垢稱❸

정명경 淨名經 『유마경 維摩經』. 『정명현론』 권7(대정장38, p.899a5)에 "[문] 이미 다섯 사람이 함께 설했는데, 어째서 유독 『정명경』이라고 부르는가? [답] 다른 이들 설함이 적고 정명은 설한 양이 많으므로, 적은 것으로 많은 것을 좇아 『정명경』이라고 칭하였다. 問 旣五人共說 何故獨稱 淨名經耶 答 餘人說少 淨名說多 以少從多 稱淨名經也"라고 하였다. [참고문헌] 『淨名玄論』, 『維摩經』 권상(대정장14, p.542a17), 40권본 『大般涅槃經』 권2(대정장12, p.374b12). ⇨ 유마경 維摩經, 무구칭경 無垢稱經❶

정명경관중석초 淨名經關中釋抄 당대 도액(道液) 찬집. 2권. 대정장85, pp.501b7~535a23, No.2778에 수록되어 있다. 『정명경집해관중소 淨名經集解關中疏』(대정장85, No.2777)와 비슷해 보이지만 구성과 조술 방식이 크게 다르다. 본서는 과단(科段)을 상세하게 나누고 각 품의 의미를 먼저 정의한 뒤에 간략히 경문해석을 하는 방식으로 서술되어, 『주유마힐경』(대정장38, No.1775)에 대한 저자의 사상을 유추할 수 있다. 또한 수문해석(隨文解釋)에서 과단과 현의(玄義)를 중심으로 찬술하는 남북조시대 이후의 경향을 반영하는 귀중한 주석서이다. 권상 맨 처음에 전체 경전에 대한 천태(天台)의 문장으로 시작하며 과단과 현의를 밝히고, 이어서 승조(僧肇)의 『주유마힐경』 「서문 序文」을 상세하게 과단을 나누어서 해석한다. 아울러 「불국품 佛國品」과 「방편품 方便品」의 해석에 들어가서는 중심적인 대의를 먼저 밝히고 경문을 따라가며 간략히 해석한다. 권하는 「제자품 弟子品」에서 「촉루품 囑累品」에 이르기까지 중심적인 대의를 초반부에 밝히고 경문을 따라가며 간단히 해석하였다. 본서는 돈황사본을 통해 그 존재가 알려졌으며, S2584·S2739·P2079·P2288 등의 사본

이 현존한다. ⇨정명경집해관중소 淨名經集解關中疏, 주유마힐경 注維摩詰

정명경종요 淨名經宗要 신라 원효(元曉 617~686) 지음. 1권. 『동역전등목록』(대정장55, p.1151c4)에 책 이름이 전한다. 『신편제종교장총록』 권1(대정장55, p.1170a21 · 한불전4, p.685b22)에는 '유마경종요 維摩經宗要'라 하였다. [참고문헌] 『東域傳燈目錄』, 『新編諸宗教藏總錄』. ⇨정명경 淨名經

정명경집해관중소 淨名經集解關中疏 당대 도액(道液) 편집 · 조술. 2권. 후진(後秦)대 승조(僧肇)의 『주유마힐경 注維摩詰經』 10권(대정장38, No.1775)을 첨삭 · 보완하여 만든 것. 『관중집해 關中集解』 · 『관중소』 · 『정명경관중소』 · 『정명집해관중소』 · 『정명경소』 등이라고도 한다. 대정장85, pp.440a12~550b3, No.2777에 수록되어 있다. 현전하는 문헌의 권상 맨 처음에는 도액의 서문으로 보이는 글이 있다. 이어서 『주유마힐경』에 있는 승조의 「자서 自序」와 『유마경』 「불국품 佛國品」에서 「보살품 菩薩品」까지 경문(經文)을 따라가면서 주석을 첨삭하고 보완하였다. 권하에서는 「문수사리문질품 文殊師利問疾品」 이하 10품의 주석을 첨삭 · 보완하였다. 『주유마힐경』의 경문과 비교하면서 구마라집(鳩摩羅什) · 승조 · 도생(道生)의 주석을 일부 삭제하고, 승예(僧叡)와 천태담연(天台湛然)의 주석 및 도액 자신의 주석과 과문(科文)을 보완하였다. 본서는 돈황사본을 통해 그 존재가 세상에 알려졌으며, S2702 · S3770 · S6503 · S6568 · S6580 · P2188 등 다수의 사본이 전한다. 우리나라 전승은 『신편제종교장총록』(대정장55, p.1170a6 · 한불전4, p.685b7)에 "『관중집해』 4권 도액 지음. 關中集解四卷道液述"이라고 하였으며, 『정명경집해관중소』 권3~4는 권말에 "수창 원년(1095 · 헌종1) 을해세 고려국 대흥왕사에 선지를 받들어 조조함. 壽昌元年 乙亥歲 高麗國大興王寺 奉宣雕造"이라는 간기(刊記)가 있다. [참고문헌] 『新編諸宗教藏總錄』 권1(한불전4, p.685b7), 『東域傳燈目錄』(대정장55, p.1151c11), 千惠鳳 『韓國典籍印刷史』 p.68. ⇨정명 淨名, 정명경관중석초 淨名經關中釋抄, 주유마힐경 注維摩詰經

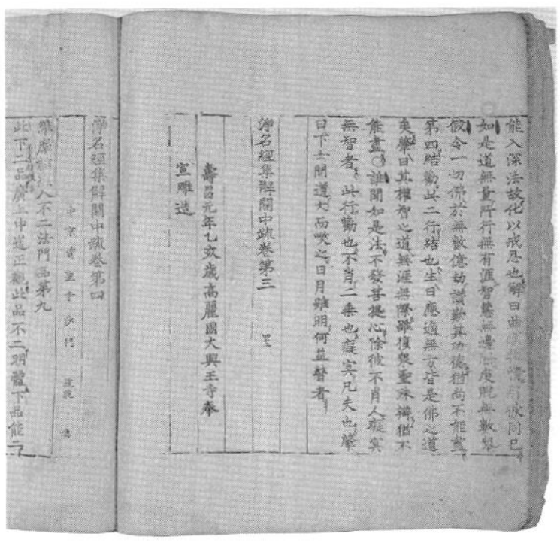
정명경집해관중소

정명사 正明寺 황해남도 연백군 은천면 대이산(大耳山)에 있던 절. 『동국여지승람』 권43 황해도 백천군 불우에 이름과 위치가 전하고, 『범우고』에는 "지금은 폐사되었다. 今廢"라고 하였다. [참고문헌] 『東國輿地勝覽』, 『梵宇攷』, 『韓國寺刹全書』 권하 p.1001b3.

정명사 淨名寺 중국 절강성(浙江省) 태주시(台州市) 천태산(天台山)에 있는 절. 천태대사가 세운 천태산 십이고찰(十二古刹) 중 하나이며, 국청사(國淸寺) 다음으로 규모가 크다. 뒤로 고명산(高明山)에 의지하므로 보통 고명사(高明寺)라고 한다. 예전에 천태 지자대사(智者大師)가 불롱(佛隴)에서 『정명경 淨名經』을 강의할 때, 갑자기 바람이 불어 경전이 오리 밖에까지 날아가 땅에 떨어졌는데, 지자대사가 그곳을 살펴보니 신령스런 기운이 있어 정거사(淨居寺)를 짓고 거주하였다. 당나라 천우년간(904~907)에 그곳 유지(遺址)에 절을 짓고 고명사라 하였으며, 936년(청태3)에 이곳을 지자유계도량(智者幽溪道場)이라 하였고, 송(宋)대인 1008년(대중상부원년)에 정명사라 하였다. 명대 가정년간(1522~1566)에 피폐해졌던 것을 만력년간(1573~1619)에 전등(傳燈)법사가 대웅전과 여러 전각들을 중건하고 다시 고명사라 하였다. 그 뒤 문화혁명으로 파괴된 절을 1979년 이후 다시 복구하였다. 이곳에는 천태대사의 의발과 패엽경 등이 전해지고 있어 천태대사를 공경하고 참배하는 성지로 유명하다. [참고문헌] 聖嚴法師 『步步蓮華』(臺北 : 法鼓文化, 1998) p.240.

정명사 淨明寺 중국 산서성(山西省) 태원시(太原市) 북쪽에 있는 절. 사리탑의 감응으로 널리 알려져 있으며, 아육왕사(阿育王寺)라고도 한다. 수(隋)대인 602년(인수2)에 창건되었다. 북송(北宋)대인 979년(태평흥국4)에 태종(太宗)이 중국을 통일할 때, 이 절의 탑이 파괴되자 방광(放光)하는 이적이 나타나니 조칙을 내려 다시 세웠다. 이후 여러 차례 중건중수를 거쳤고, 명대인 1385년(홍무18) 덕애(德閡)가 중건하였다. 현존하는 탑은 당시에 라마식불탑(喇嘛式佛塔)으로 중건되었으며, 1521년(정덕16)과 청나라 강희년간(1662~1722)에 중수되었다. 『광홍명집』 권15(대정장52, p.202a14)에 "병주(幷州 : 山西省 太原) 자성 동쪽의 아육왕사는 지금 비구니가 머무는데, 정명사라 하나 그 터는 망실하였다. 幷州子城東育王寺者 今見尼住 爲淨明寺 失基所在"라고 하였다. [참고문헌] 『廣弘明集』, 『集神州三寶感通錄』 권상(대정장52, p.409a4).

정명식 正命食 불제자가 법신의 혜명(慧命)을 유지하기 위해 음식을 얻고 먹음에 여법한 것. 『백법명문론찬』(卍속장76, p.877b17)에 "거짓된 방법으로 이익을 구하여 몸과 목숨을 유지하면 정명식이 아니므로 사명이라 한다. 以虛誑求利 以資養身命 非正命食 故曰邪命",『백장청규증의기』 권6(卍속장111, p.741a2)에 "오직 걸식으로 정명식을 삼는다. 唯乞食爲正命食"라고 하였다. [참고문헌]『百法明門論纂』,『百丈淸規證義記』. ⇨ 사구식 四口食, 사명식 邪命食, 정명 正命, 정명 淨命

정명자활 正命自活 바른 수단으로 목숨을 유지하여 스스로의 삶을 유지하는 일. 상대어는 사명자활(邪命自活)이다.『잡아함경』 권49(대정장2, p.363b15)에 "정당한 생업으로 자신의 생계를 유지해 간다면 다른 생애에는 천상에서 태어나서 기쁨을 누리리라. 무엇 때문에 삼십삼천의 고통스런 그물을 쓰리오. 以正命自活 他世生天樂 何用三十三 諸天之苦網", 36권본『대반열반경』 권26(대정장12, p.779a2)에 "무상정법을 받아 지니고자 몸과 목숨과 재물에 대해 인색함을 내지 않고, 부정한 사물을 복업으로 여기지 않으며, 정당한 생업으로 자신의 생계를 꾸려 마음에 그릇된 아첨이 없다. 爲欲受持無上正法 於身命財 不生慳悋 不淨之物 不爲福業 正命自活 心無邪諂",『석선바라밀차제법문』 권2(대정장46, p.487a24)에 "이 걸식법은 네 가지 삿된 생활을 깨뜨리고 정당한 생업으로 자신의 생계를 유지하는 것에 의지하여 성스러운 도를 일으킬 수 있기에 성스러운 종자라고 한다. 是乞食法 能破四種邪命 依正命自活 能生聖道 故名聖種"라고 하였다. [참고문헌]『雜阿含經』,『大般涅槃經』,『釋禪波羅蜜次第法門』, 40권본『華嚴經』 권8(대정장10, p.699a8). ⇨ 사명자활 邪命自活, 정명 正命

정명현론 淨名玄論 수대 길장(吉藏 549~623) 지음. 8권. 대정장38, pp.853a3~908b28, No.1780에 수록되어 있다.『유마경 維摩經』(대정장14, No.475)의 요지를 풀이한 책이다. 저술 시기는 길장의『유마경의소 維摩經義疏』(대정장38, No.1781) 6권보다 앞서는 것으로 보이며, 그 시점은 장안(長安 : 陝西省 西安)으로 온 지 얼마 안 된 대략 600년(개황20) 경으로 추정된다. 길장은 본서를 저술하기 위해『대품경 大品經』·『법화경 法華經』·『열반경 涅槃經』·『대지도론 大智度論』 등 30여 부의 경론과 도안(道安)·구마라집(鳩摩羅什)·승조(僧肇)·도생(道生) 등 수십 명 논사들의 설을 인용하였다. 내용은 전체적으로 명제(名題)·종지(宗旨)·회처(會處)의 삼과(三科)로 나뉜다. 명제에서는 부사의해탈(不思議解脫)의 의미를 해석하는데, 부사의해탈의 근본을 불이법문(不二法門)으로 풀이한다. 종지에서는『유마경』의 종지를 권실이지(權實二智)로 보고, 이지(二智)의 상(相)을 해석한다. 회처에서는 경이 설해진 장소를 밝히면서 정토문(淨土門)을 두어 정토에 관해 논술한다. 한편, 본서 권1(대정장38, p.862b4)에 '불립문자 不立文字'라는 언급이 보이는 최초의 저서라는 특징이 있다.『삼론종장소』(대정장55, p.1138a20)에 "『정명현론』 8권〈길장 찬술〉. …『정명현기』 4권〈일본 지광 찬술〉. 淨名玄論八卷〈吉藏述〉 … 淨名玄記四卷〈日本智光述〉"라고 하였다. [참고문헌]『淨名玄論』,『三論宗章疏』. ⇨ 길장 吉藏, 유마경 維摩經

정묘리 靜妙離 Ⓢ śāntataḥ praṇītato niḥsaraṇatas. 적정(寂靜)과 미묘(美妙)와 출리(出離). 멸성제(滅聖諦)의 사행상(滅靜妙離) 중 멸을 제한 세 가지다. 추고장(麤苦障 Ⓢ audārikato duḥkhilataḥ sthūlabhittikatas)의 상대어다.『구사론』 권24(대정장29, p.127c19 : *Abh-k-bh.*, p.368)에 "세속의 무간도와 해탈도는 차례대로 능히 하지와 상지를 연하여 추고장이나 정묘리를 삼는다. 즉 모든 무간도는 자신의 하지의 모든 유루법을 연하여 추고 등을 지으니, 세 행상 중 한 가지 행상을 따른다. 모든 해탈도는 저 상지의 모든 유루법을 연하여 정묘 등을 지으니, 세 가지 행상 중 한 가지 행상을 따른다. 적정하지 않기 때문에 추라고 하는데, 크게 노력해야 능히 뛰어넘을 수 있다. 미묘하지 않기 때문에 고라고 하는데, 아주 많이 추하기에 어기고 해친다. 벗어나지 못하기에 장이라 하는데, 이는 능히 스스로의 위 넘는 것을 장애하기 때문인데, 감옥의 두꺼운 벽과 같아 벗어나는 것을 장애한다. 世俗無間 及解脫道 如次能緣 下地上地 爲麤苦障 及靜妙離 謂諸無間道緣 自次下地 諸有漏法 作麤苦等 三行相中 隨一行相 若諸解脫道緣 彼次上地 諸有漏法 作靜妙等 三行相中 隨一行相 非寂靜故 說名爲麤 由大劬勞 方能越故 非美妙故 說名爲苦 由多麤重 能違害故 非出離故 說名爲障 由此能礙 越自地故 如獄厚壁 能障出離 vimuktimārgāḥ śāntādyākārā ānantaryamārgā audārikādyākārāḥ. te punar yathākramam. … vimuktimārgā uttarāṃ bhūmiṃ śāntataḥ praṇītato niḥsaraṇataścākārayanti saṃbhavataḥ. ānantaryamārgā adharāṃ bhūmimaudārikato duḥkhilataḥ sthūlabhittikataśca. aśāntatvādaudarikato mahābhisaṃskārataratvāt. apraṇītatvāt duḥkhilato bahudauṣṭhulyataratvena pratikūlabhāvāt. sthūlabhittikatastayaiva tadbhūmyaniḥsaraṇāt bhittyaniḥsaraṇavat",『순정리론』 권66(대정장29, p.702b7)에 "모든 상지 중에는 공용을 짓지 않더라도 도거가 미열하기에 정이라 하고, 노력하지 않더라도 도거가 미열하여 수승한 즐거움을 이끌어내기에 묘라 하며, 하지 중의 모든 재해는 마음에 기쁨을 낳지 않음을 확실하게 보고 초월하기에 리라고 한다. … 즉 무간도는 하지를 연하여 추라고 하며, 해탈도는 상지를 연하여 정이라 하고, 나머지 상도 뒤쳐 일으켜 일어남을 순서대로 안다. 그러나 염을 떠날 때 일어

나는 것은 정할 수 없으니, 세속의 무간도와 해탈도로 하지 등의 구품염오를 여읠 수 있기에 역시 구품차별이 있음을 안다. … 팔해탈도의 정 등의 세 가지 행상 어느 하나를 따라 현전하며, 각각 미래에 스물두 가지 행상을 닦으니, 앞의 열아홉 가지 행상에 정 등의 세 가지를 더하는 것을 말한다. 諸上地中 不作功用 掉擧微劣 故名爲靜 不設劬勞 掉擧微劣 引生勝樂 故名爲妙 於下地中 所有災害 能決定見 心不生欣 及能越彼 故名爲離 … 謂無間道 緣下爲麤 解脫道中 緣上爲靜 餘相翻起 如次應知 然離染時 起則不定 世俗無間 及解脫道 能離下等 九品染故 應知亦有九品差別 … 八解脫道 靜等三行 隨一現前 各未來修 二十二行 謂前十九 加靜等三"라고 하였다. 〔참고문헌〕『俱舍論』, 『順正理論』, *Abh-k-bh.* ⇨ 멸정묘리 滅靜妙離, 추고장 麤苦障, 무간도 無間道

정묘진수선사 淨妙眞修禪師 운서주굉(雲棲袾宏 1532~1612)의 호. 『운서법휘』 권23(가흥장33, p.178c11)에 "세종 헌황제가 스스로 지은 '정묘진수선사상찬' 한 수를 내렸다. 世宗憲皇帝 頒賜御製淨妙眞修禪師像讚一通"라고 하였다. 〔참고문헌〕『雲棲法彙』. ⇨ 주굉 袾宏

정묘화삼매 淨妙華三昧 Ⓢ śubha-puṣpita-śuddhir nāma samādhi, Ⓣ dge-ba'i-me-tog-rgyas-shing-dag-pa-zhes-bya-ba'i-ting-nge-'dzin. 백팔삼매(百八三昧) 중 하나. 모든 삼매를 연꽃처럼 청정하고 아름답게 장식하는 삼매. 묘정화삼매(妙淨華三昧)라고도 한다. 『대지도론』 권47(대정장25, p.398a18)에 "정묘화삼매란 무엇인가? 이 삼매에 머물면 모든 삼매가 깨끗하고 아름다워 저 꽃과 같이 되게 하니, 정묘화삼매라 한다. 云何名淨妙華三昧 住是三昧 令諸三昧 得淨妙如華 是名淨妙華三昧", 같은 책 권47(대정장25, p.401a23)에 "정묘화삼매란 마치 나무에서 꽃이 활짝 피면 그 나무를 장엄하게 하는 것처럼, 모든 삼매중에 온갖 공덕의 꽃을 피움으로써 스스로 장엄한다. 淨妙華三昧者 如樹華敷開 令樹嚴飾 得是三昧 諸三昧中 開諸功德華 以自莊嚴"라고 하였다. 〔참고문헌〕『大智度論』, 『梵網經直解事義』 권상1(卍속장61, p.211a17), *Pañca-pr.202.* ⇨ 백팔삼매 百八三昧, 묘정화삼매 妙淨華三昧

정무간등 正無間等 바로 틈새없이. 곧. 곧바로. 즉시. 직접. 『잡아함경』 권1(대정장2, p.5a29)에 "라후라야, 비구가 이와 같이 이 식신과 외경계일체상에 대하여 아와 아소견·아만의 번뇌에 얽매임이 없으면, 이 비구를 애욕을 끊었다 하고, 모든 번뇌를 뒤쳐 버려서 정히 틈새없이 고르게 고의 끝을 한결같이 다하였다고 한다. 羅睺羅 比丘 若如是 於此識身 及外境界一切相 無有我我所見我慢使繫著者 比丘是名斷愛欲 轉去諸結 正無間等 究竟苦邊"라고 하였다. 〔참고문헌〕『雜阿含經』·권8(대정장2, p.50c19). ⇨ 무간등 無間等

정무기 淨無記 Ⓢ akliṣṭā-avyākṛtā, Ⓣ nyon-mongs-can-ming-lung-bstan-min, lung-ma-bstan-nyon-mongs-pa(-ma-yin-pa). 무부무기(無覆無記). 비득(非得)과 제8식 등을 말하며, 성도(聖道)를 방해하지 않는 무기를 말한다. 『구사론』 권4(대정장29, p.23b7 : *Abh-k-bh.*, p.66)에 "〔송〕 비득(非得)은 정무기인데, 과거세와 미래세에 각각 세 가지다. … 〔논〕 성의 차별이란, 일체비득은 모두 오직 무부무기성으로만 거둔다. 세의 차별이란, 과거와 미래에는 각각 세 가지가 있다. 즉 현재법에는 결코 현재의 비득이 있을 수 없고, 오직 과거와 미래의 비득만 있을 뿐이며, 과거법과 미래법에 하나하나에는 각각 삼세의 비득이 있다. 頌曰 非得淨無記 去來世各三 … 論曰 性差別者 一切非得 皆唯無覆無記性攝 世差別者 過去未來 各有三種 謂現在法 決定無有 現在非得 唯有過去未來非得 過去未來 一一各有 三世非得 〈kārikā〉 akliṣṭāvyākṛtā 'prāptiḥ. 〈bhāṣya〉 aprāptiranivṛtāvyākṛtaiva sarvā. adhvabhedena punaḥ. 〈kārikā〉 sā 'tītājātayostridhā. 〈bhāṣya〉 pratyutpannasya nāratyaprāptiḥ pratyutpannā. atītānāgatayostu traiyadhvikī", 『인왕호국반야바라밀다경소』 권중(대정장33, p.479a27)에 "제8식은 오직 정무기일 뿐이니, 취생(趣生)의 근본이기 때문이다. 第八唯淨無記 趣生本故"라고 하였다. 〔참고문헌〕『俱舍論』, 『仁王護國般若波羅蜜多經疏』, *Abh-k-bh.* ⇨ 무기 無記, 무부무기 無覆無記, 유부무기 有覆無記

정무색 定無色 Ⓢ samāpatty-ārūpya, Ⓣ snyoms-par-'jug-pa'i-gzugs-med-pa. 사무색천(四無色天)의 과보를 얻기 위해 닦는 사무색정(四無色定). 몸은 비록 하지(下地)에 있지만 하지의 번뇌를 끊고서 얻는 무색정을 말한다. 생무색(生無色)의 상대어이다. 『순정리론』 권77(대정장29, p.757a7)에 "이 무색정은 정려와 더불어 그 수와 자성이 같다. 즉 네 가지에 각각 두 가지가 있다. 생무색은 앞에서 말한 것과 같으니, 「세간품」에서 생에 따라 네 가지가 있다. 정무색체를 다 들어 말하면 역시 선성으로 거두는 심일경성이다. … 비록 심일경성과 함께 하는 법에는 차이가 없으나 하지를 여읠 때 생겨나기에 네 가지로 나눈다. 즉 제사정려 이미 여의고 생겨나는 것을 공무변처로 세우고, 나아가 무소유처를 여읠 때 생겨나는 것을 비상비비상처라고 하였다. 여의다란 무슨 뜻인가? 이러한 도로 말미암아 하지의 번뇌에서 해탈하는 것을 말하니, 하지의 염오를 여읜다는 뜻이다. 此與靜慮 數自性同 謂四各二 生如前說 卽世品說 由生有四 定無色體 總而言之 亦善性攝 心一境性

… 雖一境性 幷伴無差 離下地生 故分四種 謂若已離第四靜慮生 立空無邊處 乃至已離無所有處生 立非想非非想處 離名何義 謂由此道解脫下地惑 是離下染義"라고 하였다. 〔참고문헌〕『順正理論』, 『俱舍論』 권28(대정장29, p.145c6), *Abh-k-bh.434*. ⇨ 사무색정 四無色定, 생무색 生無色, 정려 靜慮, 심일경성 心一境性

정무표 定無表 Ⓢ avijñaptiḥ samādhi-jā. 정(定)에서 생겨난 무표업(無表業). 정려율의(靜慮律儀 : 定共戒)와 무루율의(無漏律儀 : 道共戒)를 말한다. 정생무표(定生無表)라고도 한다. 산무표(散無表)에 대칭한다. 『구사론』 권13(대정장29, p.70b25 : *Abh-k-bh.*, p.200)에 "정에서 생겨나는 무표에는 두 가지로 차별하다. 온갖 정려율의와 무루율의가 그것들이다. 이 두 가지는 모두 정에 의지해 장양하므로, 무집수이며 다른 대종에 의해 생겨나지 않는다. '다른 대종이 없다'는 말은 이 불살생(不殺生) 등과 불악구(不惡口) 등 일곱 가지 무표업은 다 같이 한 가지로 사대종에 의해 생겨난다는 것임을 나타내는 것이다. 定生無表差別有二 謂諸靜慮無漏律儀 此二俱依定所長養 無受無異大種所生 無異大言 顯此無表七支同一具四大種所生 dhyāna-anāsrava-saṃvara-avijñaptiḥ samādhi-jā. sā samādhi-saṃbhūtāny-aupacayikānyanupātāni ca mahābhūtāny-upādāyotpadyate abhinnāni ca yānyeva ca bhūtāny-upādāya prāṇātipātād-viratir-utpadyate tāny-eva yāvat saṃbhinnapralāpāt", 『구사론기』 권13(대정장41, p.205b4)에 "만약 정무표가 저러한 사로 이끈 것이 아니라고 한다면, 다만 정심이 현행할 때 사상에 임시로 건립되는 것이기 때문이다. 정에 든 즉 있고 나온 즉 없기에 마음을 따라 구르는 업이라 한다. 若定無表非彼思引 但於定心俱時思上假建立故 入定卽有 出定卽無 故名隨心轉業", 『성유식론학기』 권상(한불전3, p.509b12)에 "둘째는 정무표업을 밝힌다. 규기와 원측은 모두 '이 두 무표를 현행하는 사상에 의지해 정공계와 도공계를 세우는 것이지 종자를 잡아 마음 따라 구른 것은 아니다. 비록 현행하는 사에 의지하긴 해도 능히 다른 이에게 보이지는 않기에 무표라 한다'고 하였다. 第二明定無表 基測皆云 此二無表 依現思上立定道戒 不約種子 隨心轉故 雖依現思 不能示他 名爲無表"라고 하였다. 〔참고문헌〕『俱舍論』, 『俱舍論記』, 『成唯識論學記』, *Abh-k-bh.* ⇨ 수심전업 隨心轉業, 산무표 散無表, 무표업 無表業, 무루율의 無漏律儀, 정려율의 靜慮律儀

정문 淨門 육묘문(六妙門) 중 하나다. 자성청정을 알아 물들 일도 없는 문. 『육묘법문』(대정장46, p.554a19)에 "행자는 자성청정심에 통달하기에 물든 법에 들어가도 물든 법에 물들지 않는다. 그러므로 정하다고 한다. 마땅히 마음을 아는 이야말로 그대로 정문이다. 行者通達 自性淸淨心故 入於垢法 不爲垢法所染 故名爲淨 當知心者 卽是淨門", 같은 책(대정장46, p.555a25)에 "비록 분명히 알고 통달하여 이와 같은 일을 보더라도 망상을 일으켜 이익을 분별하지 않는다. 본성은 언제나 깨끗함을 알아 물들 법도 없어 머물지도 착하지도 않아서 그 법에 대한 애착도 일으키지 않는다. 이래서 깨끗한 문이라 한다. 雖了了通達 見如是事 而不起妄想分利 知本性常淨 無可染法 不住不著 不起法愛 故名淨門"라고 하였다. 〔참고문헌〕『六妙法門』. ⇨ 육묘문 六妙門 ■

정문구안 頂門具眼 정수리에 눈을 갖추다. 정문안(頂門眼)을 갖추었다는 뜻. 정문구일척안(頂門具一隻眼)·정문유안(頂門有眼)이라고도 한다. 『지월록』 권1(卍속장143, p.27b5)에 "천복회(天衣義懷)가 말한다. '황면노자는 외도의 집요한 질문에 스스로 우연히 한 마디 하였다. 비록 그렇다고 하더라도 삿된 것과 바른 것 분별하지 못했으니, 만일 누군가 분명히 가려낸다면 그에게 정문에 갖춘 눈이 있다 하리라. 薦福懷云 黃面老 被外道拶著 出自偶然 雖然如此 邪正未分 若人辨得 許你頂門具眼", 『대혜어록』 권6(대정장47, p.835c1)에 "오늘은 시월 초하루이니 그대들에게 거듭 계산해주겠다. 오백개 엽전 두 덩어리는 원래 한 꿰미다. 정수리에 눈 있는 사람이라면 이 공안을 기억해야 한다. 今朝十月旦 爲君重衍算 兩箇五百文 元來是一貫 頂門具眼人 記取這公案", 『벽암록』 92칙 「평창 評唱」(대정장48, p.216c17)에 "만일 누군가 정문에 눈 있고 팔꿈치 뒤에 호신부를 간직한 이라면 세존께서 법좌에 오르기 전에 간파할 것이니 어찌 문수가 건추를 울리고 알릴 때까지 기다릴 필요가 있겠는가! 若有箇漢 頂門具眼 肘後有符 向世尊未陞座已前 覷得破 更何必文殊白槌"라고 하였다. 〔참고문헌〕『指月錄』, 『大慧語錄』, 『碧巖錄』. ⇨ 정문구일척안 頂門具一隻眼, 정문안 頂門眼, 정문유안 頂門有眼

정문구일척안 頂門具一隻眼 정수리에 눈 하나 있다는 말. 정문구안(頂門具眼)·정문유안(頂門有眼)이라고도 한다. 『운봉문열어록』(고존숙어록40, 卍속장118, p.675a3)에 "기괴하구나, 선덕들이여! 운문은 비록 난을 평정하는 책략이 있다지만 몸체는 벗어나는 길이 없었다. 만일 그것을 가려낸다면 그 사람에게는 정수리에 눈 하나 붙어 있다고 인정하겠다. 奇怪 諸禪德 雲門雖有定亂之謀 且無出身之路 若也辯得 許你頂門具一隻眼", 『벽암록』 25칙 「본칙 本則」(대정장48, p.165c8)에 "연화봉암주가 주장자를 잡고 대중에게 말했다〈보라! 정수리에 눈이 하나 있구나. 그러나 이것이야말로 요즘 사람들을 속박하는 보금자리이기도 하다〉. 蓮花峯庵主 拈拄杖 示衆云〈看 頂門上具一隻眼 也是時人窠窟〉"라고 하였다. 〔참고문헌〕『雲

峰文悅語錄』, 『碧巖錄』. ⇨ 정문구안 頂門具眼, 정문안 頂門眼, 정문유안 頂門有眼

정문난법 正問難法 계를 받기 전에 수계를 성취할 수 없는 난차(難遮)가 있는지 물어 확인하는 절차. 갈마사단백법(羯磨師單白法)과 명수계체법(明授戒體法) 사이에 행한다. 먼저 질문하는 것은 십삼중난(十三重難)으로 변죄(邊罪) 여부 및 사미시절의 통음 등 중차대한 결격사유에 관한 것이다. 다음으로는 십육경차(十六輕遮)를 묻는데, 수계자가 만 20세를 넘었는지 여부와 부모님께 출가를 허락 받았는지 여부 등 충족시켜야 할 조건에 대해 묻는 일을 말한다. 『전계정범』 권4 「제10 정문난법 第十正問難法」(卍속장107, p.103b8) 등에 자세히 전한다. [참고문헌] 『傳戒正範』. ⇨ 수계의식 受戒儀式, 십삼중난 十三重難, 십육차 十六遮

정문상거각삼혼 頂門上去却三魂 정문상에 삼혼을 보내 버리다. 삼혼은 도가(道家)에서 상령(爽靈)·태원(胎元)·유정(幽精) 등이다. 『종용록』 37칙 「본칙 本則」(대정장48, p.252a8)에 "앙산이 말했다. '만일 어떤 학인이 찾아오면 제가 「아무개야!」라고 부른 다음〈뒤통수에 내리친 몽둥이 한 방! 온 곳도 모르는군〉 그가 고개를 돌리면〈정문상에 삼혼을 보내 버렸군〉 「이 무엇인가?」라고 묻겠습니다〈화롯불 따라 부엌이 덥혀진다. 섶 하나를 더 넣어라〉'. 仰云 若有僧來 即召云 某甲〈腦後一椎 不知來處〉 僧迴首〈頂門上去却三魂〉 乃云 是甚麽〈趁爐竈熱 更與一下〉"라고 하였다. [참고문헌] 『從容錄』. ⇨ 삼혼칠백 三魂七魄

정문상일착몽견야미 頂門上一着夢見也未 정수리 한 번 스친 들 꿈에나 알까. 『벽암록』 13칙 「송 頌」(대정장48, p.154b13)에 "신개(巴陵禪師) 노스님이시여!〈천이나 되는 병사 쉽게 얻지만 장수 하나 찾기 어렵다. 말만 많은 엉터리 선지식들아!〉 (그 말씀이) 분명히 특별하구나〈무엇이 분명하단 말인가? 정수리에 한 방 놓았는데 꿈엔들 알까?〉 老新開〈千兵易得 一將難求 多口阿師〉 端的別〈是什麽端的 頂門上一着夢見也未〉"라고 하였다. [참고문헌] 『碧巖錄』. ⇨ 정문일침 頂門一針

정문상일추 頂門上一錐 정수리에 송곳 한 방을 찌르다. 정문일침(頂門一鍼), 정문상일답(頂門上一踏)으로도 쓴다. 『열조제강록』 권7(卍속장112, p.252b15)에 "이 늙은이가 행각하던 시절에 후미진 곳에서 될 성싶은 인물을 하나라도 만나게 되면 그의 정수리에 송곳 한 방을 찔렀다. 그를 살펴 아픈 줄 알면 포대에 쌀을 담아 그를 공양할 만 하였다. 老漢行脚時 或遇草根下 有一箇漢 便從頂門上一錐 看他若知痛痒 可以布袋盛米供養他", 『가태보등록』 권28 「남암승선사칠수 南巖勝禪師七首」(卍속장137, p.397b1)에 "마조가 수료를 걷어차다 : 무량미묘한 뜻 온통 널려 있어서, 하늘 돌고 땅 돌려 하나로 합한다. (수료는) 분명하게 웃음 속의 칼을 가로로 쥐었지만, 여전히 정수리에 발길질 한 방 부족하네. 馬祖踏水潦 無量妙義皆周匝 旋乾轉坤爲一合 當陽橫按笑中刀 猶欠頂門上一踏"라고 하였다. [참고문헌] 『列祖提綱錄』, 『嘉泰普燈錄』. ⇨ 정문일침 頂門一鍼

정문십육존 定門十六尊 밀교 금강계삼십칠존(金剛界三十七尊) 중 선정(禪定)의 공덕을 주재하는 십육존(十六尊). 사바라밀(四波羅蜜)·내사공양(內四供養)·외사공양(外四供養)·사섭(四攝) 등을 말하며, 금강(金剛)·보(寶)·법(法)·업(業)의 사바라밀과 금강희(金剛嬉)·금강만(金剛鬘)·금강가(金剛歌)·금강무(金剛舞)·금강향(金剛香)·금강화(金剛華)·금강등(金剛燈)·금강도향(金剛塗香)·금강구(金剛鉤)·금강삭(金剛索)·금강쇄(金剛鏁)·금강령(金剛鈴) 등 16존을 말한다. 혜문십육존(慧門十六尊)과 상대한다. 금강계삼십칠존이란 정문십육존과 오불(五佛) 그리고 혜문십육존을 합한 존위를 말하며, 내사와 외사공양을 합하여 팔공(八供)이라고 한다. [참고문헌] 『大日經疏妙印鈔口傳』 권8(대정장58, p.671a4), 『金剛頂大教王經私記』 권3(대정장61, 183c9)·권13(대정장61, p.288c22), 南月 『五相成身觀 : 即身成佛要道』(Buddhall Cultural, 1999) p.235. ⇨ 금강계삼십칠존 金剛界三十七尊, 사바라밀보살 四波羅蜜菩薩, 내사공양 內四供養, 외사공양 外四供養, 사섭보살 四攝菩薩, 혜문십육존 慧門十六尊

정문안 頂門眼 정문에 열린 눈. 정문정안(頂門正眼)이라고도 한다. 마혜수라천(摩醯首羅天 Ⓢ Maheśvara)의 세 눈 중 정수리에 있는 눈으로, 제3의 눈이다. 『원오어록』 권4(대정장47, p.732b5)에 "앉아서 동산을 보며 오랜 바람 떨치니, 정문의 눈 반듯하여 온전한 공

정문안 신중도 국립중앙박물관 1765년

들어차 있다. 坐見東山振古風 頂門眼正有全功", 『대혜어록』 권9(대정장47, p.847a4)에 "번갯불 치는 중에 정문안 열고 보니, 깊은 계곡 원숭이 외마디 소리 쓸쓸하다. 激電爍開頂門眼 隔谿猿叫一聲寒", 『굉지광록』 권6(대정장48, p.76b12)에 "팔꿈치 뒤에 감춘 호신부로 능히 모든 일에 응하고, 정문의 눈으로 스스로 비춰 오롯이 벗어난 몸으로 쌍으로 거두고 쌍으로 풀며 중심도 없고 밖도 없다. 肘後符 能應一切事 頂門眼 自照獨脫身 雙收雙放 無中無外", 『여정어록』 권상(대정장48, p.124b24)에 "큰 석북 이르렀기에 법좌에 올라 말했다. '유독 정문안을 멀게 하니 대인은 큰 안목 갖춰 옹기 안의 세계를 뒤집어 엎는다. 큰 지혜 큰 기틀 충만하니 큰 것이 적은 것에 들어 만 가지로 변하며 널리 베푼다'. 大石鼓至 上堂 獨瞎頂門眼 大人具大見 掀翻瓮裡天 大智具大機 以大入小 萬化普施"라고 하였다. 〔참고문헌〕『圜悟語錄』, 『大慧語錄』, 『宏智廣錄』, 『如淨語錄』. ⇨정문구안 頂門具眼, 정문정안 頂門正眼, 정문구일척안 頂門具一隻眼, 마혜수라 摩醯首羅

정문유안 頂門有眼 정문에 달린 눈. 『벽암록』 49칙 「평창 評唱」(대정장48, p.184c24)에 "모름지기 세간의 윤리도 넘고 범류도 끊어서 크게 수용할 줄 아니 정문에 달린 눈이다. 비로소 그물 뚫은 비단잉어라 할 만하다. 須是超倫絶類 得大受用 頂門有眼 方謂之透網金鱗", 『가태보등록』 권4 「보령인용장 保寧仁勇章」(卍속장137, p.95b6)에 "법좌에 올라 말한다. '입춘일에 밭가는 소를 때린다. 한 방 두 방, 천 마리 만 마리! 눈발 날리는 저 깊은 곳을 구분조차 할 수 없네. 정수리 눈 있지만 할 일 없는 듯 유유하다'라고 한 뒤 손뼉을 치고 말했다. '나나리! 어지럽게 휘날리는 봄바람은 끝내 그칠 날 없으리'. 上堂 立春日 打春牛 一棒兩棒 千頭萬頭 雪華深處辨不得 頂門有眼空悠悠 拍手曰 囉囉哩 惱亂春風卒未休"라고 하였다. 〔참고문헌〕『碧巖錄』, 『嘉泰普燈錄』. ⇨정문구안 頂門具眼, 정문구일척안 頂門具一隻眼

정문일침 頂門一鍼 정수리에 침 한 방을 놓는다는 말. 급소에 놓아서 빈사지경에 빠진 사람을 살리는 결정적인 요법. 진실을 각성시키는 말이나 행동을 비유한다. 정문상일추(頂門上一錐)와 같은 맥락이다. 『감산집』 권17 「여우중보비부 與于中甫比部」(卍속장127, p.449a13)에 "이 시골 중이 때때로 침 놓아 보려 해도 들지 못하지만 이제 떠나기에 앞서 통렬하게 독한 솜씨로 정수리에 침 한 방을 놓았다. 그러자 그는 '한 번 깊숙이 찔려보고서야 비로소 생각을 돌리게 되었다'라 했다. 山野時時鍼箚不透 直至臨行 痛下毒手 頂門一鍼 渠自謂 一箚到底 始知回頭轉腦", 『백치어록』 권17(가흥장28, p.87a11)에 "〔고칙〕 고산이 대중에게 '고산 문하에서는 기침소리조차 내서는 안 된다'라고 말했다. 그때 어떤 학인이 기침소리를 한 번 내자 고산이 말했다. '무슨 소리냐?' '감기가 들었습니다' '감기라면 괜찮다'. 〔염고〕 고산이 비록 치료행위에 익숙하기는 했지만 약이 효험이 없었던 것을 어쩌랴! 만일 진정으로 한없이 큰 수단을 갖추었다면 그가 기침소리를 한 번 내는 즉시 정수리에 침 한 방을 놓아주어 오래 앓던 고질병에서 단번에 일으켜 아무리 병의 근원을 찾더라도 찾을 수 없었을 것이다. 擧 鼓山 示衆云 鼓山門下 不得咳嗽 時有僧咳嗽一聲 山云 作麽 僧云 傷風 山云 傷風卽得 拈云 鼓山雖慣習行醫 爭奈藥頭不驗 若是眞正具大方底手段 待他咳嗽一聲 便與頂門一鍼 直令沉痾頓起 覓其病冭處 了不可得", 『자죽어록』 권6 「답시어선관왕공 答侍御旋觀王公」(가흥장28, p.686a25)에 "보내주신 편지에 '천태종을 읽다보니 그들도 오로지 화두를 참구하는 사람에게 정수리 한 침 놓아주더군요. 이 정문의 한 방 침이 진실로 천태의 골수입니다'라고 하셨습니다. 來諭 謂閱台宗 又爲單參話頭人 下一頂鍼 此頂門一鍼 實台宗之骨髓也", 『우산어록』 권19(가흥장40, p.608a21)에 "가령 어리석은 선수행자를 만나거든 저들 정수리에 침 한 방 놓아주면 고질병으로 죽을 수밖에 없는 병이라 해도 틀림없이 일으킨다. 卽使狂妄禪和遇之 與他頂門一鍼 定起膏肓必死之症"라고 하였다. 〔참고문헌〕『憨山集』, 『百癡語錄』, 『紫竹語錄』, 『雨山語錄』. ⇨정문상일추 頂門上一錐

정문정안 頂門正眼 정문에 걸리는 바른 눈. 『원오어록』 권8(대정장47, p.748a1)에 "마혜수라는 정문정안을 내걸고 마갈다국에서 향상하는 저울 온전히 들었다. 만 길의 절벽처럼 가로막혀 전혀 어찌할 도리 없지만 그 한 줄기 빛으로도 사천하를 비춰 녹인다. 그런 까닭에 '죽이는 칼이고 살리는 검이다'라고 한다. 摩醯首羅 揭示頂門正眼 摩竭陀國 全提向上鉗鎚 壁立萬仞絶承當 孤光爍破四天下 所以道 殺人刀 活人劍"라고 하였다. 〔참고문헌〕『圜悟語錄』. ⇨정문안 頂門眼, 마혜수라 摩醯首羅

정문훈습 正聞熏習 Ⓢśruta-vāsanā, Ⓣthos-pa'i-bag-chags. 바르게 듣고 익히다. 경의 말씀을 전도없이 듣고 익힌다는 것은 결국 최청정법계에서 등류하는 자성 즉 법신종자의 움직임이라는 뜻이다. 『섭대승론본』 권상(대정장31, p.136c13 : *Mah-saṃ.*, p.19)에 "또한 이 정문훈습의 종자의 하증상품이 역시 법신의 종자임을 알아야 한다. 아뢰야식과 서로 어긋나 아뢰야식으로 거둬지는 것이 아니다. 이것은 출세간최정법계에서 가지런히 흐르는 성이기 때문이다. 비록 세간의 것이라 할지라도 출세간심종자의 성이다. 又此正聞熏習種子下中上品 應知亦是法身種子 與阿賴耶識相違 非阿賴耶識所攝 是出世間最淨法界等流性故 雖是世間而是出世心種子

性 de la thos pa'i bag chags kyi sa bon chung ngu dang 'bring dang chen po yang chos kyi sku'i sa bon du lta ste. kun gzhi rnam par shes pa'i gnyen po yin pas kun gzhi rnam par shes pa'i ngo bo nyid ma yin pa dang. 'jig rten pa yin yang 'jig rten las 'das pa chos kyi dbyings shin tu rnam par dag pa'i rgyu mthun pa yin pas 'jig rten las 'das pa'i sems kyi sa bon du gyur pa'o", 『섭대승론석』 권3(대정장31, p.333c18)에 "전도됨 없이 이와 같은 경 등을 청문하기에 '정문'이라 한다. 이 정문으로 일으킨 훈습을 '훈습'이라 한다. 혹은 또 정문이 그대로 바로 훈습이다. 그렇기에 정문훈습이라 한다. 즉 이 훈습이 상속해서 아뢰야식에 머물러 있게 되고, 인이 되어서 출세간심을 일으킨다. 그렇기에 (출세간심은) 최청정법계로부터 흘러나온 정문훈습의 종자소생이라고 말한다. 無倒聽聞如是經等 故名正聞 由此正聞所起熏習 名爲熏習 或復正聞卽是熏習 是故說名正聞熏習 卽此熏習相續 住在阿賴耶識 爲因能起出世間心 是故 說言從最清淨法界所流正聞熏習種子所生"라고 하였다. [참고문헌] 『攝大乘論本』, 『攝大乘論釋』, *Mah-saṃ.* ⇨ 최청정법계등류 最清淨法界等流

정미귀 精媚鬼 십이시(十二時) 각각에 모습을 드러내 수행자를 번거롭게 하는 귀. 시미귀(時媚鬼)·정미신(精媚神)이라고도 한다. 『석선바라밀차제법문』 권4(대정장46, p.507a10)에 "정미란 십이시 동물로 변화하여 갖가지 형색을 짓는다. 때로는 소년이나 소녀 또는 노인의 몸이나 무서운 모습을 짓는 등 한 가지가 아니다. 이로써 수행자를 괴롭히면서 각각 그 시에 맞추어 찾아오니 잘 식별하여야 한다. 만약 묘시에 찾아온다면 틀림없이 여우·토끼·오소리 등일 것이니 그 이름을 부르면 정미는 곧바로 흩어진다. 나머지 열한 때의 형상도 이것에서 유추하면 알 수 있다. 精媚者 十二時獸變化作種種形色 或作少男少女 老宿之形 及可畏身相等非一以惱行人 各當其時而來 善須別識 若多卯時來者 必是狐兎狢等 說其名字 精媚卽散 餘十一時形相 類此可知"라고 하였다. [참고문헌] 『釋禪波羅蜜次第法門』, 『起信論疏』 권2(대정장44, p.223c17·한불전1, p.729c6). ⇨ 시미귀 時媚鬼, 삼종귀신마 三種鬼神魔

정민 貞珉 잘 다듬은 돌. 불멸의 행적 등을 새겨 무너짐이 없이 오래가길 원하는 비석(碑石)을 가리키는 말로 정석(貞石)이라고도 한다. 「불대사자진원오국사정조탑비문 佛臺寺慈眞圓悟國師靜照塔碑文」에 "법언이 이를 받아 보고, 기뻐하며 이를 오래도록 전하고자 정민에 새겨 비를 세웠다. 言受之嘉歡 願壽其傳 卽鋟諸貞珉"라고 하였다. [참고문헌] 李智冠 『校勘譯註歷代高僧碑文』 高麗篇4 p.167. ⇨ 정석 貞石

정바라밀 淨波羅蜜 사종바라밀(四種波羅蜜) 중 하나로 열반사덕(常樂我淨) 중 정(淨)에 대하여 일으키는 바라밀로 전도된 견해를 다스린다. 『관보현보살행법경』(대정장9, p.392c18)에 "정바라밀은 유상처를 멸한다. 淨波羅蜜 滅有相處", 『비화경』 권7(대정장3, p.210a12)에 "만일 어떤 중생이 아직도 모든 바라밀을 다 갖추지 못하였더라도 부처님의 설법을 들은 즉 정바라밀에 머물 수 있다. 若有衆生 未得具足 諸波羅蜜 聞佛說法 卽得住於淨波羅蜜"라고 하였다. [참고문헌] 『觀普賢菩薩行法經』, 『悲華經』. ⇨ 사종바라밀 四種波羅蜜❶, 열반사덕 涅槃四德, 상락아정 常樂我淨

정반 淨飯 Ⓢ Śuddhodana, Ⓟ Suddhodana, Ⓣ zas-gtsang. 석존(釋尊)의 아버지. 『장아함경』 권1 「대본경 大本經」(대정장1, p.3c5 : *Mahāvad-s.*, p.48)에 "내 아버지의 이름은 정반이고, 찰리의 왕종이며, 어머니의 이름은 대청정묘이다. 부왕께서 다스리는 성의 이름은 가비라위이다. 我父名淨飯 刹利王種 母名大清淨妙 王所治城 名迦毗羅衛 asmākam apy etarhi pitā śuddhodano nāma rājā kṣatriyo mūrdhābhiṣiktaḥ mātā mahāmāyā nāma nagarī kapilavastur nāma rājadhānī", 『대비바사론』 권44(대정장27, p.227b25)에 "보살이 아직 출가하기 전에 부왕인 정반은 오백옥녀에게 장가들어 비로 삼게 하고는 보살을 즐겁게 하여 출가하지 못하게 하였지만, 보살은 이들을 버리고 출가하였다. 옥녀들을 보낸 왕들은 사신을 보내어 딸을 찾아 본국으로 돌아오게 하였다. 菩薩未出家時 父王淨飯爲娉五百玉女以爲妃娣 娛樂菩薩不令出家 菩薩捨之而出家已 諸王遣使索女還國"라고 하였다. [참고문헌] 『長阿含經』, 『大毘婆沙論』, *Mahāvad-s.*, *DN.2.7.*

정반성 定盤星 저울에 새긴 눈금. 정반자(定盤子)라고도 한다. 관습적이고 정해진 분별이 사물의 실상이 아님을 가리키는 말이다. 『대혜어록』 권20(대정장47, p.896a8)에 "요즘 진흙덩이를 가지고 노는 한 무리 사람들이 곳곳에서 '이 하나로 통하는 것'이라 하며 정반성이라 착각하는 경우가 많다. 今時有一種弄泥團漢 往往多在那一通處 錯認定盤星", 『개복도녕어록』 권상(卍속장120, p.465b5)에 "무엇이 '생각으로 이르지만 말로는 이르지 못하는 것인지요?' '저울 끝에 달린 물건의 뜻을 저울의 눈금이라 오인하지 마라'. 僧云 如何是 意到句不到 師曰 領取鉤頭意 莫認定盤星", 『동산수초어록』(고존숙어록38, 卍속장118, p.651b14)에 "'그렇다면 법문을 더 청할 때 어떠 하십니까?' '천 근의 저울로도 달지 못한다' '갈 수 없는 길을 보존하지 않으시는군요' '정해진 저울 눈금을 잘못 헤아리는군'. 問 只與麽便請益時如何 師云 千斤秤不住 云 鳥道不存也 師云 錯數定盤星", 『속전등록』 권14 「원징암전 圓澄岩傳」(대정장51, p.557a25)에 "학인이 물었다. '대장경의 교설 중에 기특한 것이 있습니까?' '그대가 믿지 못할까 걱정스러울 뿐이다' '무엇이 그것입니까?' '검은 것은 먹물이고 누런 것은 종이이다' '스님의 답변에 감사드립니다' '저울 끝 뜻을 취하여, 저울눈금이라 오인하지 마라'. 僧問 大藏教中 還有奇特事也無 師曰 秖恐汝不信 云 如何卽是 師曰 黑底是墨 黃底是紙 曰 謝師答話 師曰 領取鉤頭意 莫認定盤星"라고 하였다. 〔참고문헌〕『大慧語錄』, 『開福道寧語錄』, 『洞山守初語錄』, 『續傳燈錄』. ⇨ 막착인정반성 莫錯認定盤星, 착인정반성 錯認定盤星

정반왕 淨飯王 Ⓢ Śuddhodana, Ⓟ Suddhodana, Ⓣ zas-gtsang. 고대 중인도 가비라(迦毘羅 Ⓢ Kapilavastu)의 성주(城主). 사자협(師子頰 Ⓢ Siṃhahanu)의 장자이자 석가모니부처님의 생부이다. 수두단(輸頭檀)·수도다나(首圖馱那) 등으로 음사하며, 백정왕(白淨王)·진정(眞淨) 등으로도 한역한다. 선각(善覺 Ⓢ Añjana)의 첫 번째 딸이자 정반왕의 비(妃)인 마하마야(摩訶摩耶)가 석가모니부처님의 탄생 7일 만에 세상을 떠나자 그 동생인 마하파사파제(摩訶波闍波提 Ⓢ Mahāprajāpatī)를 다시 비로 맞이해 양육하게 했고, 그 사이에서 난다(難陀 Ⓢ Nanda)를 낳았다. 『정반왕반열반경』에 따르면, 정반왕이 임종에 들 때 석가모니부처님께서는 난다·아난(Ⓢ Ānanda)·라후라(Ⓢ Rāhula)와 함께 영추산(靈鷲山: 또는 영취산)에서 돌아와 그 자리를 지켰고, 사천왕 및 일천의 아라한 등과 더불어 장례를 엄수하고는 탑에다 모셨다. 『기세인본경』 권10(대정장1, p.419b2)에 "그 사자협이 왕위를 계승하여 네 명의 아들을 낳았는데, 첫째가 정반, 둘째가 백반(Ⓢ Śuklodana), 셋째가 곡반(Ⓢ Droṇodana), 넷째가 감로반(Ⓢ Amṛtodana)이었다. 또 딸 한 명을 낳았으니 불사(Ⓢ Amṛtārasa)였다. 비구들이여! 그 정반왕은 두 명의 아들을 낳았는데, 첫째가 실달다(Ⓢ Siddhārtha), 둘째가 난다(Ⓢ Nanda)였다. … 감로반왕 역시 두 명의 아들을 낳았는데, 첫째가 아난다, 둘째가 제바달다(Ⓢ Devadatta)였다. 其師子頰紹繼王位 生於四子 一 名淨飯 二 名白飯 三 名斛飯 四名甘露飯 又生一女 名爲不死 諸比丘 其淨飯王生於二子 一 悉達多 二 名難陀 … 甘露飯王亦生二子 一 阿難陀 二 提婆達多", 『불본행집경』 권5(대정장3, p.676a28)에 "그때 정반왕은 다시 사신을 보내어 (선각) 장자에게 전했다. '나는 지금 그대가 일곱 딸 각각이 다 시집갈 때를 기다려 대혜(大慧)를 비로 맞이할 수 없으니 그대의 여덟 딸 모두를 데리고 가겠다'. … 정반왕은 바로 사신을 보내어 한날 여덟 딸을 궁으로 데리고 오도록 했다. 궁에 이르자 곧 두 여인을 비로 맞이했으니 그 둘은 첫째인 의(意)와 여덟째인 대혜였다. 時 淨飯王復更遣使語長者言 我今不得待汝一一嫁七女訖 然後取於大慧作妃 汝八頭女 我盡皆取 … 淨飯王卽遣使人 一時迎取八女向宮 至於宮已 卽納二女 自用爲妃 其二女者 第一名爲意及以第八名大慧者", 『정반왕반열반경』(대정장14, p.782a26)에 "그때 정반왕은 일심으로 합장하여 세존을 찬탄하며 말했다. '당신의 원은 이미 성취되었고 중생의 원도 원만히 하셨지만, 저는 이제 깊은 병을 얻어 부처님께서 저를 이 멍에에서 구해주시길 바랄 뿐입니다. … 그 때 세존께서는 미래세의 인민들이 흉포하여 부모가 낳고 기른 은혜를 안 갚을까 염려하시고는 지금 불효하는 이들과 미래세의 중생들을 위해 예법을 보여주시고자 여래께서는 몸소 부왕의 관을 메그자 하셨다. … '대정반왕께서 이제 임종하셨으니 그 신은 어디에 나십니까?' … '아버지 정반왕께서는 청정한 분이셔서 정거천에 나신다'. 爾時 淨飯王 一心合掌 歎世尊言 汝願已成就 亦滿衆生願 我今得重病 願佛度我厄 … 爾時世尊 念當來世 人民兇暴 不報父母育養之恩 爲是不孝之者 爲是當來衆生之等 設禮法故 如來躬身 自欲擔於父王之棺 … 大淨飯王今已命終 神生何所 … 父王淨飯 是淸淨人 生淨居天", 『대반열반경소』 권9(대정장38, p.90c3)에 "수두단은 열두단이라고도 하며, 백정이라 한역하고 또는 정반이라고도 한다. 輸頭檀 亦云閱頭檀 此云白淨 亦云淨飯", 『번역명의집』 권3(대정장54, p.1094b19)에 "수도다나는 열두단이라고도 하고, 정반으로 한역하며, 진정이나 백정으로 한역하기도 한다. 首圖馱那 或名閱頭檀 此云淨飯 或翻眞淨 或云白淨"라고 하였다. 〔참고문헌〕『起世因本經』, 『佛本行集經』, 『淨飯王般涅槃經』, 『大般涅槃經疏』, 『翻譯名義集』, *Mah-v.1.352·35*

정반성왕 『석씨원류응화사적』
양주불암사판 1673년

태자초희정반왕 팔상탱
순천 송광사 1725년

5., *DN.2.7.* ⇨ 두단 頭檀, 백정왕 白淨王[1], 석씨수두단왕 釋氏輸頭檀王, 수도나나 首圖馱那, 수두단 輸頭檀, 불환근부 佛還勤父

정반왕반열반경 淨飯王般涅槃經 유송(劉宋)대 저거경성(沮渠京聲 ?~464) 한역. 1권. 고려장19, pp.910a1~912c25, No.796 · 대정장14, pp.781a23~783b9, No.512에 수록되어 있다. 『정반왕경』·『정반왕열반경』이라고도 한다. 정반왕의 임종과 장례에 관한 일화를 설한다. 『중경목록』 권1(대정장55, p.154b5)에 "『정반왕반열반경』 1권. 북량(北涼)대 안양후 저거경성 한역. 淨飯王般涅槃經一卷 北涼世 安陽侯 沮渠京聲譯", 『정반왕반열반경』 권1(대정장14, p.782c15)에 "여래께서는 몸소 향로를 잡고 상여 행렬을 앞서 걸으며 장지 영추산으로 가셨다. … 세존께서는 모인 대중들에게 말씀하셨다. '세간은 모두 무상하고 괴로움이고 공이고 비아(非身)다. … 목숨은 오래 지속하는 것이 아니니 … 이 불이 뜨겁다고 보지 말지니 욕망의 불이 이보다 훨씬 뜨겁다. 그러니 그대들은 스스로 부지런히 노력하여 영구히 생사를 여의어 크나큰 안락을 얻으라. 如來躬身 手執香爐 在喪前行 出詣葬所 靈鷲山上 … 世尊 告衆會曰 世皆無常 苦空非身 … 命不久居 … 勿見此火 便以爲熱 諸欲之火 極復過此 是故汝等 當自勸勉 永離生死 乃得大安"라고 하였다. [참고문헌] 『衆經目錄』, 『淨飯王般涅槃經』. ⇨ 저거경성 沮渠京聲

정발 淨髮 머리털을 깨끗이 하다. 삭발(削髮)의 뜻이고, 체발(剃髮) · 낙발(落髮) · 낙체(落剃) · 낙채(落采 · 落彩)라고도 한다. 출가하고 불문에 귀의한 다음에는 반드시 머리털과 수염을 깎아야 한다. 정발하는 법에 대하여는 율서에 구체적으로 제시되어 있다. 『불본행집경』 권18(대정장3, p.737c12)에 "태자가 그를 보고 이렇게 말했다. '정발사시여, 당신이 저를 위해 정발해 주실 수 있소?' 정발사가 태자에게 말했다. '제가 해드리겠습니다'. 太子見已 作如是言 謂淨髮師 汝能爲我淨髮以不 其淨髮師 報太子言 我甚能爲", 『사분율』 권51(대정장22, p.946a3)에 "그 비구가 머리털을 얼마만에 자를지 모르자 부처님께서 말씀하셨다. '가장 길면 손가락 두 마디까지 기를 수 있다. 만일 두 달에 한 번 삭발하면 이것이 가장 긴 기간이다'. 彼比丘 不知髮長幾許應剃 佛言 極長長兩指 若二月一剃 此是極長", 『오분율』 권14(대정장22, p.96a16)에 "식차마나와 사미니가 머리털을 기르거나 길어도 자르지 않는다면 돌길라다. 보름에 한 번 깎는다. 이 기한을 지나면 머리털이 길다고 한다. 式叉摩那 沙彌尼 畜髮及髮長不剃 突吉羅 半月一剃 過此 名爲髮長", 『백장청규』 권3 「입감 入龕」(대정장48, p.1127b33)에 "가사를 입히고 정발한 다음 입감한다. 著衣淨髮入龕", 『경덕전등록』 권4 「혜충전 慧忠傳」(대정장51, p.229b9)에 "(임종 전에) 시자에게 정발하고 목욕시켜 주도록 명했다. 命侍者 淨髮 浴身"라고 하였다. [참고문헌] 『佛本行集經』, 『四分律』, 『五分律』, 『百丈淸規』, 『景德傳燈錄』. ⇨ 삭발 削髮, 체발 剃髮, 낙발 落髮, 낙체 落剃, 낙채 落采, 낙채 落彩, 발두 髮頭

정발 미안마 파간간다사원 11~12세기

정발심 定發心 물러남이 없는 결정된 발심. 보살의 52위(位) 중 십해(十解)를 일컫는다. 상대어는 부정발심(不定發心)이다. 『대반야경』 권582(대정장7, p.1014a5)에 "결정코 발심하여 일체지를 구하면 그는 반드시 세간에서 제일 참되고 청정한 복전이 되고, 삼천대천세계의 가장 위대한 법사가 되며, 또한 여래 · 응공 · 정등각이 되어 일체의 유정중생을 이익되고 안락하게 할 것이다. 若定發心 求一切智 彼必當作 世間第一 眞淨福田 及作三千大千世界 最大法師 亦作如來 應 正等覺 利益安樂 一切有情", 『범망경술기』 권하(한불전2, p.158c20)에 "(발심 중) 둘째는 정발심이니, 곧 십해를 말한다. 二者 定發心 謂卽十解"라고 하였다. [참고문헌] 『大般若經』, 『梵網經述記』. ⇨ 발심 發心, 부정발심 不定發心, 십해 十解, 오십이위 五十二位

정발패 淨髮牌 대중의 삭발날임을 알리는 패. 『선원청규』 권4 「욕주 浴主」(卍속장111, p.896b1)에 "목욕하기 하루 전에 욕실을 쓸어내고 물을 끓인다. 당일에는 점심 공양 전에 개욕패나 임한패나 정발패를 내건다. 設浴前一日 刷浴燒湯 至日齋前 掛開浴 或淋汗 或淨髮牌"라고 하였다. [참고문헌] 『禪苑淸規』.

정방 正方 고구려 스님. 신라에 불교를 전파하려다가 피살되었다. 『해동고승전』 권1 「석아도전 釋阿道傳」(대정장50, p.1018a9 · 한불전6, p.93c1)에 "옛 기록을 참고하건대, 양 대통 원년(527) 3월 11일 아도가 일선군에 이르니 천지가 진동하였다. 스님은 왼손에는 금고리가 달린 육환장을 집고, 오른손에는 옥발우를 들었으며, 몸에는 노을빛 누더기를 걸치고, 입으로는 『법화경』(法華經 : 花詮)을 외우면서 맨 먼저 불교 신도인 모례의 집으로 왔다. 모례가 나와 보고 깜짝 놀라면서 말하길 '지난날에도 고구려 스님 정방이 우리나라에 오셨으나, 군신들이 괴이하게 여기면서 불상스럽다 여겨 의논한 끝에 주살하였으며, 그후 멸구자가 고구려에서 다시 왔을 때도 전과 같이 살해하였습니다'라고 하였다. 然按古記 梁大通元年三月十一日 阿道來至一善郡 天地震動 師左執金環錫杖 右擎玉鉢應器 身著霞衲 口誦花詮 初到信士毛禮家 禮出見 驚愕而言曰 曩者高麗僧正方 來入我國 君臣怪爲不祥 議而殺之 又有滅垢玭 從彼復來 殺戮如前"라고 하였다. [참고문헌] 『海東高僧傳』.

정방사 正方寺 ❶충청북도 제천시 수산면 능강리 금수산(錦繡山)에 있는 정방사(淨芳寺). 권상하(權尙夏 1641~1721)의 『한수재집』 권1 「조좌정방서루 朝坐正方西樓」(한국문집총간150, p.37a13)에 "깊은 밤 외로운 스님과 푸른 산에 누우니, 위로는 한 없이 높아 흰 구름 사이네. 아침이 되어 사문 밖을 이리저리 살피니, 수많은 골짜기 가을 빛으로 울긋불긋하네. 夜伴孤僧臥碧山 上方高絶白雲間 朝來指點沙門外 萬壑秋光葉葉丹"라고 하였다. [참고문헌] 『寒水齋集』. ❷창건 연대 및 위치 미상. 전라북도에서 1311년(충선왕3) 조성으로 추정되는 정방사신해명소종(正方寺辛亥銘小鐘)이 출토되었다. ⇨정방사신해명소종 正方寺辛亥銘小鐘

정방사 正房寺 제주특별자치도 서귀포시 정방동에 있는 절. 조선시대 두타사(頭陀寺 : 一名 雙溪庵)의 법맥을 잇고자 1931년에 두타사터에 쌍계사(雙溪寺)로 창건하였다. 이후 1934년에 서홍동으로 옮겼다가, 1935년에 지금의 위치에 대웅전을 건립하면서 사명(寺名)도 정방사로 바꾸고, 장성 백양사(白羊寺)의 포교당 역할을 하였다. 현존 당우로는 대웅전·삼성각·요사 등이 있으며, 대웅전 앞마당에는 1988년에 세운 연혁비와 20여 기의 공덕비가 있다. 1702년(숙종28)에 수일(守日) 등이 조성한 석조여래좌상및복장유물일괄과 '제주도 쌍계사'라는 명문이 새겨진 일제강점기의 불구(佛具) 몇 점이 전한다. ⇨쌍계암 雙溪庵[6]

정방사 淨芳寺 충청북도 제천시 수산면 능강리 금수산(錦繡山)에 있는 절. 대한불교조계종 제5교구 본사 법주사(法住寺)의 말사이며, 정방사(正方寺·淨方寺)·정방암(淨方庵)이라고도 한다. 662년(문무왕2)에 의상(義湘)이 수도처로 창건하였다는 설과 의상의 제자 정원(淨圓)이 창건하였다는 설이 전한다. 처음에는 상중하 3개의 암자였으나, 『가람고』·『범우고』에 "의상스님이 정한 자리라고 한다. 僧義相之所占云", 『여지도서』 충청도 청풍 사찰에 "정방암은 부 동쪽 15리에 있다. … 상중하 세 암자 중 아래 두 암자는 모두 폐사되었고, 상암만 가장 높은 봉우리에 있다. 淨方菴在府治東十五里 … 菴有上中下三菴中下二菴處地稍平夷 上菴則在最高峰"라고 하였다. 1825년(순조25)에 원통보전과 칠성각을 중수하였고, 법당 기와에 새겨진 명문 "충청도 청풍 금수산 정방암이며, 도편수는 이대운이다. 무술년 3월 초4일. 忠淸道 淸風 錦繡山 淨方庵地也 都片手 李大云也 戊戌年 三月 初四日"을 통해 1838년(헌종4)에도 중수하였음을 알 수 있다. 18세기 이후에 간행된 『청풍부읍지』에 "정방사는 도화동 동쪽에서 높은 산비탈을 넘어가는 곳에 있다. 이 때문에 산문으로 가는 길이 높디높아 기어서 올라간다. 淨方寺 自桃花洞東轉越山峻坂 由山門路甚高峻躋攀"라고 하였다. 1954년에 혜봉(惠鳳)이 「정방사창건연혁기현판문 淨芳寺創建沿革記懸板文」을 지었다. 관련 문헌기록으로 오도일(吳道一 1645~1703)의 『서파집』 권4 「정방사고경호운 淨方寺敲磬呼韻」(한국문집총간152, p.60b8), 이현석(李玄錫 1647~1703)의 『유재집』 권10 「정방사차이태균운 淨方寺次李泰均韻」(한국문집총간156, p.443a19), 김구(金構 1649~1704)의 『관복재유고』 권1 「정방사차김종인백고 淨方寺次金宗人伯高」(한국문집총간 속집49, p.12b9), 이현조(李玄祚 1654~1710)의 『경연당집』 권3 「정방사기행 淨方寺紀行」(한국문집총간168, p.457b6), 홍경모(洪敬謨 1774~1851)의 『관암전서』 권19 「사군산수가유기 四郡山水可遊記」(한국문집총간 속집113, p.564a2) 등이 전한다. 현존 당우로는 원통보전·나한전·지장전·유운당(留雲堂)·산신각·범종각 등이 있으며, 성보문화재로는 복장(腹藏) 발원문을 통해 1689년(숙종15)에 조성되었음을 알 수 있는 원통보전 보살상인 유형문화재 제206호 목조관음보살좌상및복장유물이 있다. [참고문헌] 『伽藍考』, 『梵宇攷』, 『輿地圖書』, 『淸風府邑誌』, 『西坡集』, 『游齋集』, 『觀復齋遺稿』, 『景淵堂集』, 『冠巖全書』, 『韓國寺刹全書』 권하 p.1012b20, 『寺誌』(충청북도, 1982) pp.604~606, 『文化遺蹟分布地圖 - 堤川市』(忠北大博物館·堤川市, 2003) p.313.

목조관음보살좌상과 복장유물

정방사신해명소종 正方寺辛亥銘小鐘 고려시대 범종. 높이 23cm·두께 3.3cm·입지름 13.3cm·글자크기 1cm. 개인 소장. 전라북도에서 출토되었다고 전한다. 하대에 근접해 있는 명문에는 "신해 4월 … 정방사에 시납하였다. 辛亥四月 … 正方寺納"라고 하였다. 일반적인 형태의 고려 소종이나 용뉴(龍鈕)가 크고 높은 것이 특징이다. 상대에는 여의두문과 연주문, 하대에는 당초문과 연주문을 시문하였고, 상대 위에는 삼각형의 입상대(立狀帶)를 돌렸다. 상대에서 분리된 4개의 연곽(蓮廓) 사이에는 합장한 보살좌상과 당좌(撞座)를 교대로 배치하였다. 명문의 신해년은 범종의 양식과 문양 등으로 미루어보아 1311년(충선왕3)으로 추정된다. 〔참고문헌〕『韓國金石全文』中世下 p.1274, 『韓國의 梵鍾』p.289.

정방암 井方庵 전라남도 해남군에 있던 암자. 정방사(井方寺)라고도 한다. 『범우고』에 "현 서쪽 70리에 위치한다. 在縣西七十里"라고 하였다. 1751년(영조27)에 윤취오(尹就五)·윤광형(尹光衡) 등이 조성한 유형문화재 제304호 해남정방사명동종(海南井方寺銘銅鐘)은 현재 장흥 신흥사(新興寺)에서 소장하고 있다. 〔참고문헌〕『梵宇攷』, 『韓國寺刹全書』권하 p.1000b15.

정방편 正方便 ❶ Ⓟ sammā-vāyāma. 팔정도 중 하나인 정정진(正精進)을 달리 이르는 말. 『잡아함경』권2(대정장2, p.10a16 : *Sattaṭṭhāna-sutta*, *SN.3*, p.62)에 "어떤 것이 색멸도적을 여실하게 아는 것인가? 팔성도를 말한다. 정견·정지·정어·정업·정명·정방편·정념·정정을 색멸도적이라 하는데, 이와 같은 색멸도적을 여실하게 아는 것이다. 云何色滅道跡如實知 謂八聖道 正見 正志 正語 正業 正命 正方便 正念 正定 是名色滅道跡 如是色滅道跡如實知 ayam eva ariyo aṭṭhaṅgiko maggo rūpa-nirodha-gāminī paṭipadā, seyyathīdam sammāditthi sammāsaṅkappo sammāvācā sammākammanto sammāājivo sammāvāyāmo sammāsati sammāsamādhi"라고 하였다. 〔참고문헌〕『雜阿含經』, *SN.* ⇨ 팔정도 八正道, 정정진 正精進 ❷ 방편상마저 끊어 집착함이 없이 하는 방편. 『지인보살경』권3(대정장14, p.637a18)에 "무엇을 정방편이라 하는가? 온갖 삿된 방편을 버리는 것이다. 왜 그런가? 일체방편은 모두 뒤집혀 삿됨에 떨어지니 방편이 있게 된 즉 마음 두어 주착하게 되니 이것이 삿된 편이다. 왜냐하면 일체제법을 참되지 않은 사방편으로 행하면 참되고 바를 수 없게 되니 사방편이고 무방편(無方便)이라 한다. 구경도 없고 말도 없어서 모든 방편을 끊으니 있는 것도 없고, 열반이란 생각을 버려 불법이란 생각도 없으며, 지행방편과 일체방편이 모두 참되고 바르지 않아 무방편에 이른다. 평등하면 곧 무방편이니, 일체법이 평등하여 약간의 차별도 없고 방편도 없다. 방편의 헤아림을 초월하여 모든 방편의 뜻에 헤아림이 없고 마땅하고 마땅하지 않음도 없는데, 이것이 정방편이니 방편을 얻을 수 없음을 말한다. 말로 한 방편이라 한 것은 바로 정해진 뜻이고, 모든 방편을 끊는 것은 뭇 진제를 말한다. 한결같이 이렇게 보면 방편을 생각하지 않으니 생각하는 것이 없어야 바로 정방편이다. 何謂正方便 棄衆邪便 所以者何 一切方便 皆墮反邪 方便所在 心在結著 是曰邪便 所以者何 一切諸法 無眞邪便 所行方便則不眞正 其不眞正 名邪方便 無方便矣 無究竟 無言辭 斷諸方便 彼無所有 棄泥洹想 無佛法想 知行方便 一切方便 悉不眞正 至無方便 其以平等 則無方便 等一切法 無有若干 無有方便 超越方計 所有方義 則無所計 無應不應 是正方便 方便叵得 此之謂也 所言方便 是謂定意 斷諸方便 謂衆眞諦 等見如是 不想方便 以無所想 是正方便"라고 하였다. 〔참고문헌〕『持人菩薩經』.

정배사 淨背捨 깨끗하게 하여 등져 버리다. 부정관(不淨觀)과 달리 적극적으로 행하는 정관(淨觀)이다. 배사는 해탈(解脫)을 달리 일컫는 말이다. 『대지도론』권21(대정장25, p.215b10)에 "〔문〕 행자가 부정을 정으로 여기는 것을 전도라고 하는데 정배사의 관법은 어찌 하여 부전도라 하는가? 〔답〕 여색은 부정한데 망령되이 보고서 정하다 여기면 전도지만, 정배사로 일체진실로 청색광대 관하면 전도가 아니다. 또한 마음을 고르게 하기에 정관이니, 오래도록 부정관을 익히면 마음으로 싫어하기만 하게 하니 정관을 익힌다. 전도가 아니어서 이 중에 집착하지 않는다. … 밖으로 치달아 흐트러지면 거둬 돌아오게 하는데 깊이 마음을 거두기에 백골에서 흐르는 광채를 보게 된다. 마치 마노와 패물처럼 안팎의 온갖 사물을 비추니, 이것이 정배사의 초문이다. 그런 다음 뼈만 남은 사람이 흩어져 사라지는 것을 관하되 다만 뼈의 빛만을 보아 밖의 정결색상을 취한다. 다시 금강, 진주, 금은보화, 청정한 땅, 깨끗한 물, 연기도 탈 것도 없는 청결한 불, 먼지가 없는 깨끗한 바람과 같다고 보면, 모든 청색은 금정산과 같아지고 모든 황색은 첨복화와 같아지고 모든 적색은 적련화와 같아지며 모든 백색은 흰 눈 등과 같아진다. 이런 상을 취하여 마음에 두고 정관하면 이 온갖 색을 따라서 각기 청정하고 찬란하게 빛나게 된다. 이때 행자는 기쁨과 즐거움을 온몸에 가득하게 될 것이니, 이 이름이 정배사다. 問曰 行者以不淨爲淨 名爲顚倒 淨背捨觀 云何不顚倒 答曰 女色不淨 妄見爲淨 是名顚倒 淨背捨觀一切實靑色廣大 故不顚倒 復次 爲調心故淨觀 以久習不淨觀 心厭 以是故習淨觀 非顚倒 亦是中不著故 … 若外馳散 攝之令還 深攝心故 見白骨流光 如珂如貝 能照內外諸物 是爲淨背捨初門 然後觀骨人散滅 但見骨光 取外淨潔色相 復次 若金剛眞

珠 金銀寶物 若淸淨地 若淨水 如無煙無薪淨潔火 若淸風無塵 諸靑色如金精山 諸黃色如瞻蔔花 諸赤色如赤蓮華 諸白色如白雪等 取是相 繫心淨觀 隨是諸色 各有淸淨光曜 是時行者 得受喜樂 遍滿身中 是名淨背捨"라고 하였다. 〔참고문헌〕『大智度論』. ⇨ 정관 淨觀, 배사 背捨, 부정관 不淨觀, 팔배사 八背捨

정배사신작증 淨背捨身作證 청정상으로 등져 버림을 온몸으로 짓고 증하다. 팔배사(八背捨) 중 하나. 적극적으로 청정상을 관하여 부정상을 등져 버리는 관법을 온몸으로 짓고 증하는 것을 말한다. 『대지도론』 권21(대정장25, p.215b2)에 "정배사신작증이란, 부정 중에서 청정을 관하는 것이니, 저 팔승처설과 같다. 앞의 여덟 가지 일체처에서 지수화풍과 청황적백 등을 청정하다고 관하고, 청색을 관하니 푸른 연꽃과 같고 금정산과 같고 우마가화와 같고 푸른 바라내옷과 같다고 한다. 황색・적색・백색 등도 각각의 색에 따라 이와 같이 하는 것을 모두 정배사라고 한다. 淨背捨身作證者 不淨中淨觀 如八勝處說 前八一切處 觀淸淨 地水火風 及靑黃赤白 觀靑色 如靑蓮華 如金精山 如優摩伽華 如眞靑婆羅捺衣 觀黃赤白 各隨色亦復如是 總名淨背捨", 『석선바라밀차제법문』 권10(대정장46, p.542b27)에 "(팔배사 중) 세 번째는 정배사신작증이다. 마하연에서 설하였듯이 깨끗함을 반연하므로 '정'이라 하고, 온몸 가득히 즐거움을 느끼므로 '신작증'이라고 한다. 왜 그러한가? 수행자가 이 세 번째 배사에 들어가고자 한다면, 두 번째 배사를 행한 후에 마음으로 외부의 부정한 것을 받아들여 관하지 않고 모두 무너뜨려 흩어 없게 하고, 또 큰 기쁨이 용솟음치는 것도 받아들이지 않고 단지 마음을 거두어 찬란히 빛나는 여덟 색의 찬란함만을 자세히 관한다. 이 상을 취한 다음에야 깊은 삼매에 든다. 이 여덟 색을 단련하여 지극히 밝고 깨끗하게 하고 마음이 그 연 중에 머물면 곧 모든 것이 사라진 정에 든다. 정이 일어나면 즐거움도 함께 생겨나고, 밖으로 팔색광명이 청정하여 서로 비춰 깨끗함이 마치 아름다운 보배의 빛깔과 같게 된다. 각각 그 상을 따라 휘황하고 밝게 비추며 온 세상에 가득 차고, 밖으로 사무쳐 깨끗하니 밖의 색들도 마음을 비춘다. 마음이 밝고 깨끗해지면 즐거움이 증장하여 온몸 가득 차오르니 온몸이 기쁘게 된다. 이 법을 증득하면 근본을 버려서 마음에 즐거움도 집착도 없게 되니 이것이 정배사상을 간략히 설증한 것이며, 무루삼선이라고도 한다. 三 淨背捨身作證者 如摩訶衍中說 緣淨故淨遍身受樂故 名身作證 所以者何 行者欲入是三背捨 於二背捨後 心卽不受觀外不淨 悉皆壞盡散滅 無有遺餘 亦不受大喜勇動 但攝心諦觀八色光耀之相 取是相已 入深三昧 鍊此八色極令明淨 住心緣中 卽泯然入定 定發之時 與樂俱生 見外八色光明 淸淨皎潔 猶如妙寶光色 各隨其想 晃昱明照 遍滿諸方 外徹淸淨 外色照心 心卽明淨 樂漸增長 遍滿身中 擧體怡悅 旣證此法 背捨根本 心不樂著 是則略說證淨背捨相 亦名無漏三禪"라고 하였다. 〔참고문헌〕『大智度論』, 『釋禪波羅蜜次第法門』. ⇨ 팔배사 八背捨, 배사 背捨, 무루선 無漏禪

정백사 庭柏寺 대구광역시 달성군 유가읍 양리 비슬산(毘瑟山・琵瑟山)에 있던 절. 『경상도속찬지리지』에 "비슬산 유가사 … 정백사・속성사는 모두 교종에 속한다. 毘瑟山瑜伽寺 … 庭柏寺 速成寺 皆屬敎宗"라고 하였다. 『동국여지승람』 권27 경상도 현풍현 불우에 이름과 위치가 전하나, 『범우고』에는 "지금은 폐사되었다. 今廢"라고 하였다. 〔참고문헌〕『慶尙道續撰地理誌』, 『東國輿地勝覽』, 『梵宇攷』, 『輿地圖書』 慶尙道 玄風 寺刹, 『韓國寺刹全書』 권하 p.1010a2.

정번 正翻 그대로 바꾸다. 문자대로 번역하다의 뜻이어서 직역(直譯)과 같은 말이다. 의번(義翻) 또는 의역(義譯)과 맞선다. 『금강경찬요간정기』 권2(대정장33, p.183c29)에 "반야를 그대로 뒤치면 혜(慧)라 한다. 옛부터 이 분야 전문가들은 뜻으로 번역하여 묘혜・정혜・무상혜라 하였다. 이들은 모두 '피안에 도달한다'는 뜻을 가지지만 이는 별상이다. 지혜라고도 하는데 여기서 '문자대로 번역하여 혜라 한다'는 말은 통상이다. 般若正翻慧者 以古來諸德 義翻爲妙慧 淨慧 無相慧 此皆挾到彼岸義 是別相也 或云智慧 今云正翻慧者 卽通相也", 『인왕호국반야바라밀다경소』 권중1(대정장33, p.459b6)에 "범어 발다(Ⓢ pada)는 직역하여 적이지만 의역하면 구라 한다. 梵云鉢陀 正翻云跡 義翻爲句", 『화엄경탐현기』 권19(대정장35, p.471c5)에 "천축의 본래 이름은 보다라산이지만 그대로 바꿀 말은 없으며 의역하여 소수만장엄산이라 한다. 天竺本名 逋多羅山 此無正翻 以義譯之 名小樹蔓莊嚴山", 『열반경유의』(대정장38, p.234a4)에 "열반을 바로 바꾸면 멸이고, 뜻에 따라 뒤치면 불생・해탈 등이다. 涅槃 正翻爲滅 若隨義翻 不生解脫等", 『번역명의집』 권4(대정장54, p.1110b29)에 "남산(道宣律師)은 '비니(Ⓢ vinaya)를 바꿔 멸이라고 한 한역은 공능을 따라 붙인 이름이며 바른 바꿈은 아니다. 직역하면 율이니 율이란 바로 법이다'라고 말했다. 南山云 毘尼翻滅 從功能爲名 非正譯也 正翻爲律 律者法也"라고 하였다. 〔참고문헌〕『金剛經纂要刊定記』, 『仁王護國般若波羅蜜多經疏』, 『華嚴經探玄記』, 『涅槃經遊意』, 『翻譯名義集』. ⇨ 번역 翻譯

정범 淨範 1620~1692. 명말청초(明末淸初)대 조동종(曹洞宗) 스님. 자는 위칙(爲則), 별호는 자암(蔗菴). 속성은 계(稽)씨. 고소(姑蘇 : 江蘇省) 오강(吳江) 출

신. 나이 열다섯에 초계(苕谿 : 浙江省) 쌍림중암(雙林中菴) 문하로 출가하였다. 열여덟에 삭발한 다음 변산(弁山 : 浙江省)에서 구묵대음(久默大音)을 친견하였다. 당시의 인연에 대하여 『오등전서』 권111(卍속장142, p.133b9)에 "죽비자 화두를 간하다가 의정이 생기면서 변산의 대음을 찾아가 알현하고 힘껏 이 일을 궁구하던 어느 날 언덕의 정중정에서 천둥소리를 듣고서 깨우친 바 있었다. 看竹篦話致疑 尋謁弁山音 力究此事 一日 出坡正中亭 聞雷震有省"라고 전한다. 21세에 고소 서광사(瑞光寺)의 적조종(適朝宗)에게 구족계를 받고 다시 변산으로 돌아갔다. 그 뒤 여러 곳에 돌아다니다가 30세에 석우명방(石雨明方)의 법을 이었다. 1692년(강희31) 세수 73세로 입적하였다. 「자서 自序」를 붙인 『자암범선사어록 蔗菴範禪師語錄』 30권을 남겼다. 〔참고문헌〕『五燈全書』. ⇨ 자암범선사어록 蔗菴範禪師語錄

정범왕 淨梵王 Ⓢ Śuddhodana. 석존의 아버지 정반왕(淨飯王)의 다른 한역어. 『교적의기』 권상(대정장39, p.1017a3)에 "그 정범왕의 태자 실달다는 나이 열아홉에 윤왕위를 버리고 2월 8일 야반 자시에 성을 넘어서 출가하였다. 其淨梵王 大子悉達多者 年十九 捨輪王位 於二月八日 夜半子時 踰城出家", 『일체경음의』 권6(대정장54, p.342b9)에 "겁비라국〈범어의 바른 음사어는 겁비라벌솔도국이고, 구역은 가비라위국이다. 가라라고도 하는데 모두 범어 음사를 잘못 줄인 말이다. 이곳은 석가여래께서 탄생한 땅으로 정범왕이 다스리던 경계다〉. 劫比羅國〈正梵音云 劫比羅伐窣堵國 舊名迦比羅衛國 或曰迦羅 皆梵語訛略也 卽是釋迦如來 降生之地 淨梵王所治之境〉"라고 하였다. 〔참고문헌〕『敎跡義記』, 『一切經音義』. ⇨ 정반왕 淨飯王

정법 正法 ❶ Ⓢ sad-dharma, Ⓟ sad-dhamma, Ⓣ dam-pa'i-chos. 바른 법. 사법(邪法)이 아닌 부처님께서 설하신 교법을 가리킨다. 『대비바사론』 권183(대정장27, p.917c20)에 "이 중 두 가지의 정법이 있다. 첫째는 세속정법이고 둘째는 승의정법이다. 세속정법이란 명구문신을 말하는데 소달람(素怛纜 : 經)·비나야(毘柰耶 : 律)·아비달마(阿毘達磨 : 論)를 가리킨다. 승의정법은 성도(聖道)를 말하는데 무루의 근(五根)·력(五力)·각지(七覺支)·도지(八道支)를 가리킨다. 此中有二種正法 一 世俗正法 二 勝義正法 世俗正法 謂名句文身 卽素怛纜 毘柰耶 阿毘達磨 勝義正法 謂聖道 卽無漏根 力 覺支 道支", 『구사론』 권29(대정장29, p.152b3 : *Abh-k-bh.*, p.459)에 "〔논〕 세존정법의 체는 두 가지다. 첫째는 교이고, 둘째는 증이다. 교란 계경(契經)·조복(調伏 : 毘奈耶)·대법(對法 : 阿毘達磨)을 말하고, 증이란 삼승의 보리분법을 말한다. 능히 받아 지니고 바르게 설하는 이가 있으면 부처님의 바른 교법은 세간에 머물며, 교에 의지하여 바르게 수행하는 이가 있으면 부처님의 바른 증법 또한 세간에 머문다. 論曰 世尊正法 體有二種 一 敎 二 證 敎 謂契經 調伏 對法 證 謂三乘菩提分法 有能受持 及正說者 佛正敎法 便住世間 有能依敎 正修行者 佛正證法 便住世間 tatrāgamaḥ sūtravinayābhidharmā adhigamo bodhipakṣyā itye ṣa dvividhaḥ saddharmaḥ. … āgamasya hi dhārayitāro vaktāraḥ. adhigamasya pratipattāraḥ"라고 하였다. 〔참고문헌〕『大毘婆沙論』, 『俱舍論』, *Abh-k-bh.* ❷ 삼시(正像末) 중 정법시. 부처님의 가르침이 실행되고 증한 과보(敎行證)도 있는 시대. 부처님 입멸 후 오백년간 또는 천년간에 해당된다. 『금강반야경찬술』 권상(대정장33, p.134a9)에 "후오백세란 다음과 같은 말이다. 석가모니부처님께서 입멸 하신 후 정법은 오백년간이고, 상법은 천년간이며, 말법은 만년간이다. … 그러나 법에는 세 가지니 교법·행법·증법을 말한다. 그 중 정법이 머무는 때에는 세 가지가 다 있다. 後五百歲者 謂釋迦滅後 正法五百年 像法一千年 末法一萬年 … 然法有三種 謂敎行證法 於中 正法住時 三種有", 『인왕경소』 권하(대정장33, p.520c11)에 "가르침도 있고 실천도 있고 과보로서의 증득도 있는 것을 정법이라고 한다. 有敎有行 有得果證 名爲正法"라고 하였다. 〔참고문헌〕『金剛般若經贊述』, 『仁王經疏』. ⇨ 정상말 正像末

정법 定法 ❶ Ⓢ samāhito dharma. 정(定) 즉 삼매(三昧 Ⓢ samādhi)를 성취하게 하는 법. 『사리불아비담론』 권21(대정장28, p.662c13)에 "무엇을 정법이라고 하는가? 마음을 한결같이 함이 정법이다. 무엇이 비정법인가? 정법이 아닌 나머지 법을 비정법이라고 한다. 何謂定法 若一心 是名定法 何謂非定法 除定若餘法 是名非定法"라고 하였다. 〔참고문헌〕『舍利弗阿毘曇論』, *Udāna-v.256.* ⇨ 정 定❶, 삼매 三昧, 선정 禪定 ❷ 정해진 법. 과법(果法)으로 유학무학법(有學無學法)과 오무간법(五無間法) 등을 말한다. 『중사분아비담론』 권4(대정장26, p.648c19)에 "어떤 것을 정법이라고 하는가? 오무간업·학법·무학법을 말한다. 云何定法 謂五無間業 學法 無學法", 『잡아비담심론』 권9(대정장28, p.945c2)에 "〔문〕 정법이란 어떤 것을 말하는가? 〔답〕 무간업과 모든 무루도 그리고 지혜를 정해진 것이라 한다. 견처는 유루를 말한다. '무간업과 모든 무루도와 지혜가 정이다'란 무슨 말인가? 무간업을 삿되게 정해진 것이라 하니, 결정코 지옥에 떨어지기 때문이다. 무루행을 바르게 정해진 것이라 하니 결정코 해탈과에 나아가기 때문이다. 나머지란 정할 수 없는 것이다. 問 定法云何 答 所謂無間業 及諸無漏道 慧說名爲定 見處謂有漏 所謂無間業 及諸無漏道 慧說名爲定者 無間業說邪定 定趣地獄故 無漏行說正定 定趣解脫果故 餘者不定"라고 하

였다. 〔참고문헌〕『衆事分阿毘曇論』, 『雜阿毘曇心論』. ⇨ 비정법 非定法, 무간업 無間業, 무루도 無漏道

정법 淨法 ❶ Ⓢ śukla-dharma, Ⓟ sukkā dhammā. 깨끗한 법. 또는 깨끗하게 하는 법. 세간과 출세간 승가를 화평하게 유지하게 하는 법들을 말한다. 정법을 성취하는 것을 작정(作淨)이라 한다. 백법(白法)·백정법(白淨法)·청정법(淸淨法)이라고도 하며 구법(垢法)·염법(染法)의 상대어다. 『잡아함경』 권47(대정장2, p. 340c23)에 “세존께서 여러 비구들에게 말씀하셨다. ‘두 가지 정법이 있어 세간을 능히 보호한다. 어떤 것이 그 두 가지인가? 즉 참(慚 : 스스로 부끄러워하는 것)과 괴(愧 : 남에게 부끄러워하는 것)이다. 세간에 이 두 가지 정법이 없다면 세상 사람들은 부모·형제·자매·처자·종친·사장·존비 등의 차례가 있음을 알지 못해서, 뒤바뀌고 혼란스럽게 되어 축생취와 다름이 없을 것이다. 두 가지 정법, 즉 참과 괴가 있기에 세상 사람들은 부모 내지는 사장·존비 등의 차례가 있음을 알게 되어 축생계처럼 혼란스럽지 않다’. 世尊告諸比丘 有二淨法 能護世間 何等爲二 所謂慚愧 假使世間無此二淨法者 世間亦不知有父母 兄弟 姊妹 妻子 宗親 師長尊卑之序 顚倒渾亂 如畜生趣 以有二種淨法 所謂慚愧 是故世間知有父母 乃至師長尊卑之序 則不渾亂 如畜生趣”, 상응하는 *Itivuttaka*, p.36에 “실로 세존 응공께서 이렇게 설하신 것을 나는 들었다. 비구들이여, 두 가지 정법이 세간을 보호한다. 무엇이 둘인가? 참과 괴이다. vuttaṃ hetaṃ bhagavatā vuttam-arahatā ti me sutaṃ. dve-me bhikkhave sukkā dhammā lokaṃ pālenti. katame dve. hiri ca ottappañca”, 『십송율』 권56(대정장23, p.414b17)에 “승방정법이란 무엇인가? 다섯 보배나 다섯 보배 같은 것이 승방 안에 있어서 비구가 이것을 취할 경우 이렇게 생각해야 한다. ‘이것이 누구의 물건이든 돌려 주겠다’. 이것이 승방정법이다. 임정법이란 무엇인가? 임(林)이란 온갖 많은 나무들이 한 곳에 있는 것인데, 이곳에서는 상좌를 따라 취하여야 임정법이다. 방사정법이란, 승방에 많은 별방사가 있을 경우, 이곳에서 상좌부터 취하여 차례대로 머무른다. 또 이곳에서 단월이 처소를 나누어 공양함에 따라 받아야 한다. 이것이 방사정법이다. 시정법이란, 굶었을 때·늙거나 병이 들었을 때·인연이 있을 때 등 부처님께서 허락하신 경우가 있다. 이것이 시정법이다. 방정법이란 무엇인가? 저 염부제에 머물던 비구가 구야니국에 가는 경우 염부제의 시간으로 구야니국의 음식을 먹는 것이며, 나머지 세 방위 역시 이와 같다. 이것이 방정법이다. 국토정법이란, … 그 국토의 법도에 따르는 것이다. … 저 춥고 눈이 내리는 나라에서는 속인의 가죽신을 갖는 것을 허락하신 경우와 같다. 이것이 국토정법이다. 의정법이란, 부처님께서 열 가지 옷을 입는 것을 허락하신 것이다. 어떤 것이 그 열 가지인가? 백마의·적마의·추마의·교시야의·시이라의·흠발라의·겁패의·발두로의·두두라의·구차라의 등이니, 이것을 의정법이라고 한다. 僧坊淨法者 若五寶 若似五寶 在僧坊內 比丘取時 應作是念 此誰物當還 是名僧坊淨法 林淨法者 林名衆多樹一處 是中應隨上座取 是名林淨法 房舍淨法者 僧坊中多有別房舍 是中應隨上座取次第應住 是中隨檀越分處供養應受 是名房舍淨法 時淨法者 飢餓時 老病時 因緣時 佛有所聽 是名時淨法 方淨法者 如比丘閻浮提住 至俱耶尼 用閻浮提時 俱耶尼食 三方亦如是 是名方淨法 國土淨法者 … 隨國土法故 … 如寒雪國土中 聽畜俗人鞾具 是名國土淨法 衣淨法者 佛聽著十種衣 何等十 白麻衣 赤麻衣 芻摩衣 憍施耶衣 翅夷羅衣 欽跋羅衣 劫貝衣 鉢兜路衣 頭頭羅衣 俱遮羅衣 是名衣淨法”라고 하였다. 〔참고문헌〕『雜阿含經』, 『十誦律』, *It.*, *Ratna-ut.74.* ⇨ 청정법 淸淨法, 백정법 白淨法, 작정 作淨, 정 淨, 오종작정 五種作淨, 염법 染法 ❷ 중생심을 깨끗이 하게 하는 법. 문사수(聞思修) 등과 진여(眞如) 등의 법을 말한다. 『우바새계경』 권3(대정장24, p.1050c29)에 “선남자야, 보살이 만약 정법으로 마음을 깨끗이 하고자 한다면 두 가지 중요한 때가 있다. 첫째는 부처님께서 세간에 계실 때이고, 둘째는 연각이 출현하는 때이다. 선남자야, 중생의 선법은 세 가지로 생기니, 첫째 들어서 생기고, 둘째 생각하여 생기며, 셋째 닦아서 생기는 것이다. 듣고 생각하는 두 가지는 두 가지 때에 있으나, 닦아서 생기는 것은 반드시 그런 것은 아니다. 善男子 菩薩 若以淨法淨心 要在二時 一 佛出世時 二 緣覺出時 善男子 衆生善法 有三種生 一 從聞生 二 從思生 三 從修生 聞思二種在二時中 從修生者 不必爾也” 『대승기신론』(대정장32, p.578a15)에 “정법을 진여라고 한다. 淨法 名爲眞如”라고 하였다. 〔참고문헌〕『優婆塞戒經』, 『大乘起信論』. ❸ 부처님께서 설하신 정법(正法). 그 법이 중생들이 삼계(三界)에서 벗어나 해탈을 얻게 하고, 심신(心身)을 청정하게 하므로 정법이라 한다. ⇨ 정법 正法❶

정법 頂法 Ⓢ mūrdhan, mūrdhāna, Ⓣ rtse-mo, spyi-bo. 소승칠현(小乘七賢) 중 하나이며 사선근위(四善根位) 중 정위(頂位 Ⓢ mūrdhāna)를 말한다. 사제십육행상(四諦十六行相)을 충분히 닦는 의이며, 정상에 올라 진퇴의 과정이 다르지 않게 된 위이다. 『중아함경』 권21 「설처경 說處經」(대정장1, p.565c3)에 “아난아, 많이 들어 아는 부처님의 제자는 진실된 마음으로 무상·고·공·비아를 생각하고 헤아리며 잘 관찰하고 분별한다. 이와 같이 헤아리며 잘 관찰하고 분별하면 곧 인내·즐거움·욕구를 일으켜 듣고·사념하며·관찰하고자 한다. 아난아, 이것을 정법이라고 한다. 阿難 多聞

聖弟子 眞實因心 思念稱量 善觀分別 無常 苦 空 非我 彼如是思念 如是稱量 如是善觀分別 便生忍 生樂 生欲 欲聞 欲念 欲觀 阿難 是謂頂法", 『대지도론』 권48(대정장25, p.405b14)에 "(煖法은) 예를 들면 사람이 부싯돌로 불을 지피는 경우에 바야흐로 따뜻한 기운이 있게 되면 반드시 불을 얻게 될 것을 기대하는 것과 같다. 이 법에 머문 다음 마음으로 부처님의 가르침을 좋아하는데, 마치 부처님께서 말씀하신 것과 같이 저 좋은 약을 복용하여 병이 나으면 의사가 훌륭하다고 하며 약을 복용하여 병을 낳게 해준 이를 사람 중의 제일이라고 아는 것과 같으니, 이것이 곧 승가를 믿는 것이다. 하나하나마다에 이와 같이 삼보를 믿으면 난법이 증진하여 죄복이 머물러 가지런해지기에 정법이라고 한다. 마치 사람이 산에 올라 정상에 이르면 양쪽 길의 거리가 같은 것과 같다. 정위로부터 인위와 아라한에 이르기까지가 한 쪽의 길이고, 난법으로부터 정법에 이르기까지가 또 한 쪽 길이다. 如人鑽火 方有煖氣 必望得火 住此法已 心愛樂佛法 如佛所說 如服好藥差病 知師爲妙 諸服藥病差者 人中第一 是則信僧 一一如是信三寶 煖法增進 罪福停等故 名爲頂法 如人上山至頂 兩邊道里俱等 從頂至忍 乃至阿羅漢 是一邊道 從煖至頂是一邊道", 『구사론』 권23(대정장29, p.119b14)에 "이 난선근(Ⓢ ūṣmagatam kuśalamūlam)의 분위가 길기에 능히 사성제경을 충분히 관찰하고, 십육행상도 빠짐없이 닦는다. 고성제를 관찰하여 네 가지 행상을 닦으니, 첫째는 비상(非常), 둘째는 고(苦), 셋째는 공(空), 넷째는 비아(非我)이다. … 도성제를 관하여 네 가지 행상을 닦으니, 첫째 도(道), 둘째 여(如), 셋째 행(行), 넷째 출(出)이다. 이런 상의 차별은 뒤에 설명한다. 이 난선근이 하중상품으로 점차 증장하여 원만하게 성취되어 선근이 일어나면 그것을 정법이라고 한다. 이것은 거듭 수승해졌기에 다시 다른 이름을 세운 것이다. 동선근 중에서 이 법이 가장 뛰어나 마치 사람의 정수리와 같기에 정법이라고 한다. 혹 이것은 진퇴의 양쪽이 산의 정상과 같기에 정(頂)이라 한다. 이것도 난법과 같이 사제를 충분히 관하고, 십육행상도 빠짐없이 닦는다. 此煖善根 分位長故 能具觀察四聖諦境 及能具修 十六行相 觀苦聖諦 修四行相 一 非常 二 苦 三 空 四 非我 … 觀道聖諦 修四行相 一 道 二 如 三 行 四 出 此相差別 如後當辯 此煖善根 下中上品漸次增長 至成滿時 有善根生 名爲頂法 此轉勝故 更立異名 動善根中 此法最勝 如人頂故 名爲頂法 或由此是 進退兩際 如山頂故 說名爲頂 此亦如煖 具觀四諦 及能具修十六行相"라고 하였다. [참고문헌] 『中阿含經』, 『大智度論』, 『俱舍論』, *Abh-k-bh.343.* ⇨ 칠현 七賢, 사선근위 四善根位❶, 사제십육행 四諦十六行, 십육행상 十六行相

정법거 正法炬 정법의 횃불. 정법은 무명(無明)의 어둠을 밝혀 열반의 정도로 이끄는 횃불과 같기에 이것으로 비유한다. 『보살본연경』 권하(대정장3, p.69b2)에 "다시 그대들을 위하여 정법의 횃불을 붙여 모든 악도를 막고 인천으로 가는 길을 열어 주겠다. 復爲汝等 然正法炬 閉諸惡道 開人天路", 『삼론현의』(대정장45, p.6b21)에 "뛰어난 방편으로 법을 설하여 정법의 횃불을 태우고 삿된 견해의 깃발을 멸한다. 善巧說法 燃正法炬 滅邪見幢"라고 하였다. [참고문헌] 『菩薩本緣經』, 『三論玄義』. ⇨ 사견당 邪見幢

정법경 正法經 ❶ ➡ 대가섭문대보적정법경 大迦葉問大寶積正法經 ❷ ➡ 대승보살장정법경 大乘菩薩藏正法經

정법계 淨法界 염정에 물들지 않은 청정법계(清淨法界). 진여(眞如)를 가리킨다. 『불지경론』 권3(대정장26, p.301c3)에 "무위공덕은 정법계에서 거둔다. 정법계란 바로 진여이고, 무위공덕 하나하나는 모두 진여의 체상차별이다. 無爲功德 淨法界攝 淨法界者 卽是眞如 無爲功德 皆是眞如體相差別", 같은 책 권4(대정장26, p.310a23)에 "정법계란 번뇌에 물들지 않은 진여다. 淨法界者 無垢眞如", 『석마하연론』 권6(대정장32, p.641c28)에 "진여문중에는 차별상이 없이 평등평등하여 하나의 상이고 하나의 맛이니, 진여만이 오롯한 정법계이기 때문이다. 眞如門中 無差別相 平等平等 一相一味 獨存眞如淨法界故", 『종경록』 권4(대정장48, p.435c11)에 "진여인 정법계여! 하나같이 사라져 남은 것이 없구나. 염정의 연 따라, 마침내 십법계를 성취하네. 眞如淨法界 一泯未嘗存 隨於染淨緣 遂成十法界"라고 하였다. [참고문헌] 『佛地經論』, 『釋摩訶衍論』, 『宗鏡錄』, 『華嚴經疏鈔』 권76(대정장36, p.598c8). ⇨ 청정법계 清淨法界, 진여 眞如, 법계 法界, 법계생 法界生

정법계신 淨法界身 깨끗한 법계의 몸. 불조회향문(佛祖回向文)의 구이다. 『백장청규』 권2 「달마기 達磨忌」(대정장48, p.1118a3)에 "주지가 향을 올린 다음 유나는 능엄주를 외워 마치고는 회향문을 읊는다〈청정한 법계의 몸은 본래 출몰이 없으시지만, 대비원력으로 오고 가신다네〉. 住持上香 維那擧楞嚴呪畢 回向云〈淨法界身 本無出沒 大悲願力 示有去來〉", 『화엄경요해』(卍속장12, p.731a15)에 "이것이야말로 정법계신이니 일체처 어디에나 있어 연 따라 응하여 나타난다. 此乃淨法界身 徧一切處 隨緣應現", 『보봉어록』(고존숙어록43, 卍속장118, p.719a12)에 "법좌에 올라 말했다. '깨끗한 법계의 몸 본래 출몰이 없지만 대비원력으로 몸 받아 드러내 보인다'. 주장자를 잡고 말했다. '석가노자께서 또 오셨구나. 다만 자손들이 못 알아볼 뿐이다. 대중이여, 석가라 부르면 다시 주장자일 것이며, 주장자라 부르면 다시 석가일 것이다. 이것을 끝내 알아차릴 이 있는가?' 上堂 淨法界身 本無出沒 大悲願力 示現受生 乃拈拄杖云 釋迦老子又來也 只爲子孫不了 大衆 若喚作釋迦 又是拄杖子 若喚作拄杖子 又是釋迦 於此莫有人斷得麽"라고 하였다. 〔참고문헌〕『百丈淸規』, 『華嚴經要解』, 『寶峰語錄』. ⇨ 정법계 淨法界, 청정법계 淸淨法界

정법계인 淨法界印 법계를 깨끗이 하는 수인(手印). 왼손(定手)과 오른손(慧手) 모두 주먹을 쥐고 두 엄지손가락(虛空輪)은 손바닥 안에 넣으며 두 집게손가락(風輪)은 펼친 모양이다. 『대일경』 권4(대정장18, p.24b20)에 "또한 정수와 혜수 모두 주먹을 쥐고 허공륜을 손바닥 안에 넣고 풍륜을 펼친다. 이것이 정법계인이다. 又以定慧手爲拳 虛空輪 入於掌中 而舒風輪 是爲淨法界印"라고 하였다. 〔참고문헌〕『大日經』. ⇨ 결인 結印

정법계진언 淨法界眞言 법계를 깨끗이 하는 진언. 『제반문』(『한국불교의례자료총서』 권2, p.639b14)에 "라(囉 ㄹ)자의 빛이 아주 희고 밝은데 ◯점(空點)으로써 장엄하였으니 마치 상 상투 속의 밝은 구슬과 같아 정수리에 두었네! 이 진언이 법계에 두루하여 누구나 외우는 사람은 모든 죄업이 소멸되나니 어디든 불결한 곳에는 마땅히 이 진언을 붙일지어다. 나무 삼만다 못다남(옴) 남. 囉字色鮮白 空點以嚴之 如彼髻明珠 置之於頂上 眞言同法界 無量衆罪除 一切觸穢處 當加此字門 南無三滿多 沒駄南 (唵) 囕", 『일용작법』(같은 책 권3, p.532a13)에 "옴 람〈21번 또는 108번 외운다〉. 옴 람〈二十一遍或百八遍〉 oṃ raṃ"라고 하였다. 〔참고문헌〕『諸般文』, 『日用作法』, 「朝誦呪」(『釋門儀範』 권상, p.82a14).

정법교 正法橋 정법의 다리. 부처님의 교법으로 생사의 바다를 건너게 하므로 이렇게 비유한다. 『대방등대집경』 권56(대정장13, p.379a2)에 "정법의 다리가 무너져서, 법의 발로 더는 다니지 못하고, 법의 물마저 그쳐 흐르지 못하자, 법의 강물이 영원히 말라버렸네. 正法橋破壞 法足不復行 法水止不流 法河永枯涸", 『분별업보약경』(대정장17, p.447b14)에 "정법의 다리 허물어뜨려 사람들 이끌어 가지 못할 곳으로 가게 하네. 毁壞正法橋 導人非法行", 『권발제왕요게』(대정장32, p.751a5)에 "마땅히 정법의 다리 닦아 생사의 심연을 넘어가리라. 宜修正法橋 越度生死淵"라고 하였다. 〔참고문헌〕『大方等大集經』, 『分別業報略經』, 『勸發諸王要偈』.

정법구주 正法久住 Ⓢ saddharma-cira-sthitikatā, Ⓣ dam-pa'i-chos-yun-ring-du-gnas-pa. 정법이 오래 머물다. 부처님의 가르침과 뜻과 행과 그 과(敎理行果)가 오래 세간에서 행함을 뜻한다. 『앙굴마라경』 권4(대정장2, p.541b2)에 "그때 여래께서 세간에 오래 머무시다 열반에 드셨고 열반에 드신 이후에도 정법이 오랫동안 머물렀지만 법이 멸하려는 때에는 계를 지키는 사람은 줄고 법이 아닌 것을 행하는 이들이 는다. 爾時 如來久住於世 乃般涅槃 般涅槃後 正法久住 法欲滅時 持戒者減 非法者增", 『대보적경』 권119(대정장11, p.673b22)에 "조복하여 거두어들이기에 정법이 오래 머물고 정법이 오래 머물기에 천인이 충만하고 악도는 감소하여 여래법륜이 항상 구르도록 한다. 以調伏攝受故 則正法久住 正法久住故 天人充滿 惡道減少 能令如來法輪常轉", 『선견율비바사』 권6(대정장24, p.715b4)에 "정법을 오래 머물도록 한다고 하니, 정법에는 세 가지가 있다. 무엇이 그 셋인가? 첫째, 배우고 익힌 정법이 오래 머문다. 둘째, 믿고 받아들인 정법이 오래 머문다. 셋째, 도를 터득하여 얻은 정법이 오래 머문다. 令正法久住者 正法有三種 何謂爲三 一者 學正法久住 二者 信受正法久住 三者 得道正法久住", 『법화경현찬요집』 권20(卍속장54, p.331b9)에 "정법이 오래 머문다 하였으니, 다만 부처님의 멸도후에 정법중에 있는 모든 중생이 성과를 얻는 것이어서, 가르침이 있고, 뜻이 있으며 행증함도 있어야 다 들어 정법이라 할 수 있다. 증이란 과다. 言正法久住者 但佛滅度後 正法之中 一切衆生 得聖果者 有敎有理 有行有證 總名正法 證卽果也"라 하였다. 〔참고문헌〕『央掘魔羅經』, 『大寶積經』, 『善見律毘婆沙』, 『法華經玄贊要集』, *Bodh-bh.145·157.* ⇨ 정법 正法 🅱

정법기 正法器 정법의 그릇. 정법을 받아들여 깨우칠 수 있는 사람. 『불소행찬』 권3(대정장4, p.22b28 : *Buddh-c.*, p.129)에 "그대의 깊고 확고한 의지를 보니, 정법 깨우쳐 감당할 그릇이네. 장차 지혜의 배를 타고, 생사의 바다를 건너리라. 觀汝深固志 堪爲正法器 當乘智慧舟 超度生死海 tad vijñātum imaṃ dharmaṃ paramaṃ bhājanaṃ bhavān, jñānaplavam adhiṣṭhāya śīghraṃ duḥkhārṇavaṃ tara", 『대보적경』 권42(대정장11, p.249a7)에 "그가 정법을 감당할 그릇일 뿐만 아니라 깊고 미묘한 이치도 능히 받아 지닐 수 있다. 知彼堪任正法器 復能受持深妙理"라고 하였다. 〔참고문헌〕『佛所行讚』, 『大寶積經』, *Buddh-c.* ⇨ 정법 正法 🅱

정법륜신 正法輪身 삼륜신(三輪身 : 自性輪身 正法輪身 敎令輪身) 중 하나. 정법을 설하시는 법신(法身). 중생교화를 위해 여래의 자성신(自性身)이 화현한 보살의 몸을 말한다. 『대일경소묘인초』 권8(대정장58, p.84c27)에 "다음으로 지묘란 바로 반야보살의 지체다. 이 보살은 대일여래의 정법륜신이다. 次智妙者 是卽般若菩薩之智體也 此菩薩是 大日如來正法輪身", 『금강삼밀초』 권4(대정장75, p.702b29)에 "『금강정유가경』에서는 대일여래는 두 가지 몸을 나투는데 첫째는 정법륜신으로서 법륜을 굴리는 보살의 몸을 나툰다. 若金剛頂瑜伽經云 大日如來現二種身 一 正法輪身 現轉法輪菩薩身"라고 하였다. 일체제불을 오여래(五如來 : 大日 阿閦 寶生 彌陀 不空)로 거둔 후, 이 오여래 각각에서 정법륜신과 교령륜신이 있게 된다. 『인왕호국반야의궤』 권상(대정장19, p.514a21)에서는 금강바라밀다(金剛波羅蜜多 : 轉法輪)·금강수(金剛手 : 普賢)·금강보(金剛寶 : 虛空藏)·금강리(金剛利 : 文殊)·금강야차(金剛夜叉 : 摧一切魔怨)를 정법륜신이라 하지만, 『비장기 秘藏記』에서는 반야·금강살타·금강장왕·문수 또는 금강아 등 다섯 보살을 정법륜신이라 하는 등 소의경의 의궤에 따라 차별하다. [참고문헌] 『大日經疏妙印鈔』, 『金剛三密抄』, 『仁王護國般若儀軌』. ⇨ 삼륜신 三輪身, 대일여래 大日如來, 금강살타 金剛薩埵, 오불 五佛, 오여래 五如來

정법률 正法律 Ⓟ satthu-sāsana. 바른 법(法)과 율(律). 세존(世尊)께서 설하신 가르침. 『중아함경』 권9 「첨파경 瞻波經」(대정장1, p.479a9)에 "대목건련이여! 바닷물의 짠 맛이 모두 한 맛인 것과 같다. 대목건련이여! 나의 바른 법률도 이와 같이 무욕을 맛으로 삼으니, 깨달음의 맛과 그침의 맛과 도의 맛이다. 대목건련이여! 만약 나의 바른 교법과 계율이 욕탐 없음을 맛으로 하고, 깨달음의 맛과 그침의 맛과 도의 맛이라면, 이것을 바로 나의 정법률에서의 미증유법이라 한다. 大目乾連 如海水鹹 皆同一味 大目乾連 我正法律 亦復如是 無欲爲味 覺味息味 及道味 大目乾連 若我正法律 無欲爲味 覺味息味 及道味者 是謂我正法律中未曾有法", 『잡아함경』 권11(대정장2, p.78a19)에 "그대는 지금 이미 정법률에 출가하여 비구의 신분을 구족하였고, 출가한 뒤에는 오롯이 정밀하게 사유하고 방일함 없이 머물고 나아가 아라한이 되었다. *汝今已得於正法律出家 具足得比丘分 得出家已 專精思惟 不放逸住 乃至成阿羅漢*", 같은 책 권14(대정장2, p.98a19)에 "진실한 교법이 현현하면 생사의 흐름을 끊을 수 있으니, 선남자가 충분히 바른 믿음으로 출가한다. 방편으로 수습하고 방일함이 없이 머무니 정법률에 가죽과 힘줄, 뼈가 드러나고 피와 살이 마르기까지 꾸준히 고행한다. 眞實教法顯現 斷生死流 足令善男子正信出家 方便修習 不放逸住 於正法律 精勤苦行 皮筋骨立 血肉枯竭"라고 하였다. [참고문헌] 『中阿含經』, 『雜阿含經』, *AN.3.297.* ⇨ 정법 正法[1], 계 戒, 계율 戒律, 율의 律儀

정법만족 *淨法滿足* 깨끗한 법을 빠짐없이 갖추었다는 말. 일심(一心)이 불공(不空)임을 드러낸 말로 번뇌에 물들지 않아 깨끗한 공덕을 한껏 갖추고 있다는 뜻이다. 깨끗한 법이란 번뇌에 물들지 않는 무루(無漏)의 공덕을 가리킨다. 『대승기신론』(대정장32, p.576b5)에 "'불공'이라 말한 것은 이미 법체가 공하여 허망함이 없음을 드러내었기 때문이다. 곧 이 진심은 늘 그대로 변하지 않고 정법 가득 채우고 있기에 불공이라 부른다. 또한 취할 만한 상 있을 수 없고 념마저 여읜 경계여서 오로지 증으로만 상응한다. 所言不空者 已顯法體 空無妄故 卽是眞心 常恒不變 *淨法滿足* 故名不空 亦無有相可取 以離念境界 唯證相應故", 『대승기신론의소』 권하(대정장44, p.197c11)에 "또한 진실 중에는 정법이 빠짐없이 갖추어져 있어서 조금도 모자람이 없거늘 어찌 망령되게 훈습할 수 있는가! 마음에는 이러한 뜻이 있으므로 훈습할 여지가 없다. 이 집착을 마주해 다스리고자 망이 있다거나 망령된 훈습이 있다고 설한다. 又眞實中 淨法滿足 更無所少 何用妄動 心有此義 故無熏習 對治此執 說有妄有妄熏", 『기신론소필삭기』 권7(대정장44, p.336b14)에 "정법을 빠짐없이 갖추고 있다는 말은 정덕이 시방에 다함이 없음을 직접 드러낸 것이다. 이것은 이전의 '무루를 구족했다' 등을 드러낸 것이니, 자체 이미 항상 변함이 없을 뿐만 아니라 더하여 무루공덕까지 갖추고 있다. 법체가 그러하다면 어찌 텅 비었겠는가? 그러므로 텅 비지 않았다고 마무리한 것이다. *淨法滿足*者 橫顯淨德 十方無盡 斯則顯前具足無漏等 自體旣常不變 復具無漏功德 法體若然 豈是空耶 故結不空", 『기신론의소』 권상(卍속장71, p.538a15)에 "깨끗한 법이 가득 찼다는 말은 이 진여 밖에 다른 어떤 법도 없이 자체에 무량공덕을 갖추고 있어서 일념도 모자람이 없다는 뜻이다. *淨法滿足*者 此眞如之外 更無一法 自體具有 無量功德 無一念所少也"라고 하였다. [참고문헌] 『大乘起信論』, 『大乘起信論義疏』, 『起信論筆削記』, 『起信論義疏』. ⇨ 무루 無漏, 불공여래장 不空如來藏

정법멸 正法滅 Ⓢ antarhita saddharma, saddharma-antardhāna. 정법이 사라지다. 정법멸진(正法滅盡 Ⓢ saddharma-niṣṭhā-paryanta)이라고도 한다. 『비화경』 권8(대정장3, p.219c20)에 "그때 부처님께서 대비보살에게 말씀하셨다. '저 부처님께서 열반에 드신 뒤에 정법이 세상에 머무는 것은 딱 일천 년이고, 정법이 멸한 다음 상법이 세상에 머무는 것도 일천 년이다. 대비야, 저 불세존께서 세상에 머무실 때나 열반에 드신 뒤 정법 중이나 상법 그 중간에 저들 비구와 비구니들은 법 아닌 것으로 계율을 훼손하고, 그릇된 도를 행하며, 법공양을 끊고서 참괴하지 않으며, 혹은 초제승물을 끊고, 현전승의 의복·음식·와구·의약을 끊으며, 여러 승물을 취하여서 자기 것으로 하여 자기가 쓰고 남에게 주며 재가자에게 준다'. 爾時 佛告大悲菩薩 彼佛般涅槃後 正法住世 滿一千歲 正法滅已 像法住世 亦一千歲 大悲 彼佛世尊 若在世 涅槃 正法 像法 於此中間

有諸比丘 及比丘尼 非法毁戒 行於邪道 斷法供養 無慚無愧 或斷招提僧物 斷現前僧衣服 飮食 臥具 醫藥 取衆僧物 以爲己有 自用 與人 及與在家者",『구사론』 권15(대정장29, p.79b6 : *Abh-k-bh.*, p.223)에 "정법이 멸함으로 말미암아 별해탈율의마저 버리게 된다. 왜냐하면 정법이 멸할 때, 일체의 학처와 결계와 갈마가 모두 멈추기 때문이다. 由正法滅 亦能令捨 別解律儀 以法滅時 一切學處 結界 羯磨 皆止息故 yasmādantarhite s saddharme sarvaśikṣāsīmākarmāntāḥ pratiprasrabhyanta iti"라고 하였다. [참고문헌]『悲華經』,『俱舍論』, *Abh-k-bh.* ⇨ 정법멸진 正法滅盡, 정상말 正像末

정법멸진 正法滅盡 Ⓢ saddharmi kṣīṇe, saddharma-niṣṭhā-paryanta. 정법이 사라져 다함. 정법의 시대가 끝남을 말한다.『십주단결경』 권5(대정장10, p.1003c23)에 "저 보살이 마음으로 생각하고 행하는 것이 서원에 어긋나지 않고, 여래께서 세상에 계시며 교화를 두루 마치시고 무여열반에 드시며, 정법이 사라져 다하고 세상에 다시 부처님마저 계시지 않은 지, 일이 겁이나 백 겁이 되니 산이나 늪의 보살이 바야흐로 이렇게 자책한다. '슬프다! 한 일이 부질없이 공만 들인 것이었구나! 부처님께서 가신 지 오래되어, 상법도 사라져 다하여서, 숙연의 중생들도 사라져 사는 곳마다 마음에 번뇌뿐이네!' 이리저리 경행하다가 한 나무 아래로 가서 오른손 손톱으로 그 나무껍질을 베꼈다. 마침 한적한 곳이라 부스럭거리는 소리가 나자 마음으로 갑자기 깨달아 곧 무상의 정진도를 이룬다. 彼菩薩心 所念所行 願不違錯 如來在世 敎化周訖 於無餘泥洹 而般泥洹 正法滅盡 世無復佛 一劫二劫 或至百劫 山澤菩薩 方自剋責 咄哉所爲 唐勞其功 佛去世久 像法滅盡 宿緣衆生 盡爲所在 心懷煩惱 周章經行 詣一樹下 以右手指爪 刮于樹皮 正値空處 騞然有聲 心霍然寤 便成無上正眞之道",『법원주림』 권98(대정장53, p.1008b5)에 "내가 왕사성에 들어가서 저 국왕의 청을 받고, 식사를 마치고서 곧 라후라에게 나의 발우를 가지고 저 용지로 가서 씻게 하였는데, 라후라가 발우를 씻다가 깨트려 다섯 조각이 되었다. 나는 곧 연석으로 그 깨진 발우를 꿰매었다. 이것은 라후라의 과실이 아니다. 미래세의 모든 악한 비구비구니 등이 법기를 가벼이 훼손할 것을 드러내 보인 것이다. 즉 처음 오백 년 동안에는 나의 비니장을 나누어 오부가 되며, 나의 수다라를 나누어 십팔부가 되며, 정법이 사라져 다함에 이르면 나의 삼장은 다시 오백부가 될 것이다. 저 지혜 없는 비구는 본디 자비로운 마음이 없어서 중생을 제도하려는 커다란 서원을 일으키지 않고, 단지 다툼만 일으키며 아만당을 더하여 정법을 빨리 사라지게 하니 천 년이 되면 정법은 다 사라진다. 我入王舍城 受彼國王請 我既食訖 卽命羅睺將我鉢 還於彼龍池洗 羅睺洗鉢 損破爲五片 我卽以鋡鍚 綴彼破鉢 此非羅睺過失 欲表示未來世 諸惡比丘比丘尼等 輕毁法器 於初五百年 分我毘尼藏 遂有五部 分我修多羅 爲十八部 至正法滅盡 分我三藏 復爲五百部 彼無智比丘 本無慈心 不發弘誓救度衆生 但起諍論 增我慢幢 速滅正法 至一千歲 正法皆滅"라고 하였다. [참고문헌]『十住斷結經』,『法苑珠林』, *Saddh-p.69.*, *Gaṇḍ-vy.100.* ⇨ 정상말 正像末

정법명여래 正法明如來 관세음보살(觀世音菩薩)이 과거세에 성불했을 때의 명호. 정법명왕(正法明王) 또는 정법명왕여래라고도 한다.『천수경』(대정장20, p.110a9)에 "이 보살의 명호는 관세음자재이고, 연색이라고도 하며, 천광안이라고도 한다. 선남자야! 이 관세음보살은 불가사의한 위신력으로 이미 과거세 무량겁에 부처가 되고 난 다음에 정법명여래라 불렸다. 대비의 원력으로 모든 보살을 일으켜 중생들을 안락하게 성숙시키고자 현생에 보살의 몸을 나투었다. 此菩薩 名觀世音自在 亦名撚索 亦名千光眼 善男子 此觀世音菩薩 不可思議威神之力 已於過去無量劫中 已作佛竟 號正法明如來 大悲願力 爲欲發起 一切菩薩 安樂成熟 諸衆生故 現作菩薩",『법화현의석첨』 권15(대정장33, p.922c26)에 "『관음경』에 따르면, 석가모니불은 과거세에 정법명여래 계신 곳에서 도법을 학습하였다고 한다. 정법명여래는 관음보살의 과거세 몸이다. 觀音經中 釋迦過去 於正法明如來所 學習道法 正法明如來 卽觀音本身",『천수안대비심주행법』(대정장46, p.974b7)에 "과거 정법명여래이시며 눈앞에 나타나신 관세음보살께 귀의하옵나이다. 미묘한 공덕을 이루고 대비심을 갖추시며 하나의 몸과 마음에 천 가지 손과 눈을 나타내시어 법계를 비추어 보시고 중생을 보호하시어 그들이 광대한 도를 성취하려는 마음을 일으키게 하신다네. 南無過去正法明如來 現前觀世音菩薩 成妙功德 具大慈悲 於一身心 現千手眼 照見法界 護持衆生 令發廣大道心"라고 하였다. [참고문헌]『千手經』,『法華玄義釋籤』,『千手眼大悲心呪行法』,『法華義疏』 권12(대정장34, p.628b20),『觀音玄義』 권하(대정장34, p.891c9). ⇨ 정법명왕 正法明王, 관세음보살 觀世音菩薩, 사비관음 四臂觀音

정법명왕 正法明王 정법명여래(正法明如來)의 다른 이름. 선문에서 부르는 이름이다.『분양어록』 권중(대정장47, p.611b3)에 "조산이 종소리를 듣고 '아야, 아야!'라고 소리 지르자 학인이 물었다. '화상이시여, 어째서 그러십니까?' '내 마음을 치는구나!' (분양이 송을 지었다.) 종소리 듣고는 문득 내 마음을 친다 하니, 말은 알팍하고 뻔하나 이사만은 깊구나. 능엄회상에서 원통한 이여! 그는 바로 정법명왕이신 관세음이라네. 曹山聞鐘云 阿邪 阿邪 僧云 和尙 作什麽 山云 打著吾心 聞鐘

便道打余心 語淺分明理事深 楞嚴會上圓通者 正法明王觀世音", 『북간거간어록』(卍속장121, p.134a12)에 "휘종황제의 기일을 맞아 법좌에 올라앉아 말했다. '정법명왕은 과거불로서 비록 오래 전에 멸도하셨지만 항상 눈앞에 나타나시어 먼지처럼 모래처럼 많은 중생을 이롭게 하시니, 구름처럼 비처럼 법을 설하시지만, 백비도 끊고 사구도 떠났으니 필경에 이 무슨 장구인가?' 〈대중을 둘러보며 말했다.〉 '귀를 틀어막고 분명하게 들어라!' 徽宗皇帝大忌 上堂 正法明王 乃過去佛 雖久滅度 而常現前 利生如塵如沙 說法如雲如雨 絶百非 離四句 畢竟是何章句 〈顧視大衆云〉 塞却耳根 分明聽取"라고 하였다. 〔참고문헌〕『汾陽語錄』, 『北澗居簡語錄』. ⇨ 정법명여래 正法明如來, 관세음보살 觀世音菩薩

정법명왕여래 正法明王如來 정법명여래(正法明如來)의 별칭. 『원각경협송집해강의』(卍속장87, p.760a4)에 "관세음보살의 명호는 정법명왕여래이다. 觀世音號正法明王如來", 『백화도량발원문약해』(한불전6, p.573a22)에 "또한 이 위대한 성인은 과거세에 이미 성불하신 정법명왕여래이시나 이제 자취 열어 보이시니 어찌 불과에 오른 이가 아니겠는가! 又此大聖 過去已成 正法明王如來 今示迹門 豈非果人耶"라고 하였다. 〔참고문헌〕『圓覺經夾頌集解講義』, 『白華道場發願文略解』. ⇨ 정법명여래 正法明如來, 관세음보살 觀世音菩薩

정법사 正法寺 ❶서울특별시 성북구 성북동 삼각산(三角山)에 있는 절. 원래 이곳에는 호암체정(虎巖體淨 1687~1748)이 창건한 복천암(福泉庵)이 있었는데, 1959년에 건봉사(乾鳳寺) 만일염불회(萬日念佛會) 회주(會主) 보광성권(葆光聖權)과 지봉석산(智峰石山)이 서울 가회동에 있던 포교당 정법원(正法院)을 이전·중창한 후 정법사라 하였다. 현존 당우로는 대웅전·극락전·설법전·범종루·산신각·요사채 등이 있다. 〔참고문헌〕『불교저널』(2014.02.06.). ❷경상남도 창원시 마산합포구 추산동에 있는 절. 대한불교조계종 제15교구 본사 통도사(通度寺)의 포교당이다. 1912년에 통도사 주지 구하(九河)가 창건하였다. 1918년에 보은탑을 건립, 1980년에 범종각을 건립하였다. 2001년에 중창불사추진위를 구성하여 사찰을 중창하였다. 현존 당우로는 대웅전·만불전·지장전·관음전·범종루 등이 있다. 〔참고문헌〕『佛教新聞』 제2368호(2007.10.17.)·제2372호(2007.10.31). ❸호주 시드니에 있는 절. 1993년에 불광사와 달마사가 통합하여 창건되었으며, 기후(基厚)가 주지로 주석하였다. 2013년에 대한불교조계종 오세아니아주 해외연락소로 지정되었다. 〔참고문헌〕『佛教新聞』 제2942호(2013.08.04), 『조계종 해외사찰 편람』(대한불교조계종, 2009) p.128.

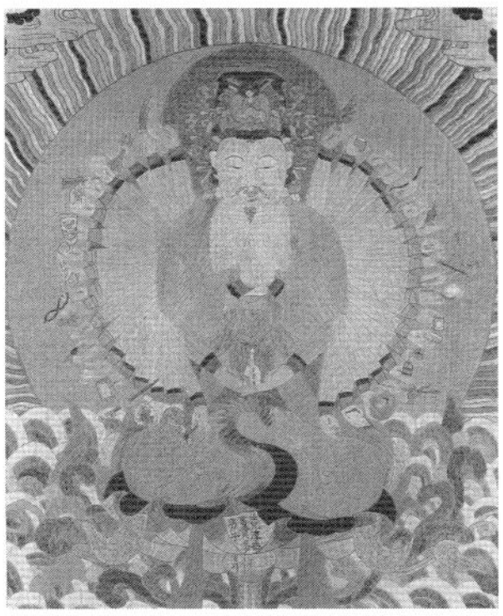

정법사 자수천수관음도 근대

정법상주 正法商主 정법의 상주. 상주는 상단(商團)의 우두머리인 행수(行首)이다. 부처님을 정법을 전하는 무리의 대표로 비유한 말이다. 법상주(法商主)라고도 한다. 『대비바사론』 권191(대정장27, p.956b7)에 "어떤 이는 이렇게 설한다. '대부호 상주와 상사한 법이다. 예컨대 거부인 상주가 임종 즈음에 모든 창고를 열어 재보를 살펴보고 점검하여 자손들에게 상속한 다음에 목숨을 다하는 것과 같다. 이와 같이 세존께서는 무상정법의 상주이셔서 열반에 임하시어 공덕의 창고를 열어 일체의 정려·해탈·등지·등지 등의 모든 법의 재보를 살펴보고 점검하여 제자들에게 부촉하신 다음에 열반에 드신다. 有說 與大富商主 相似法故 如巨富商主 臨命終時 開諸庫藏 觀閱財寶 付囑子孫 然後捨命 如是世尊 爲無上正法商主 臨涅槃時 開功德庫藏 觀閱一切 靜慮解脫等持等至 諸法財寶 付囑弟子 然後涅槃"라고 하였다. 〔참고문헌〕『大毘婆沙論』. ⇨ 법상주 法商主

정법시 正法時 정법이 세간에 행하는 때. 삼시(三時 : 正像末) 중 한 때다. 『법화의소』 권5(대정장34, p.518a10)에 "부처님께서 비록 세상을 떠나셨어도 법의가 아직 바뀌지 않았으면 정법시라고 한다. 佛雖去世 法儀未改 謂正法時", 『석씨요람』 권중(대정장54, p.286a26)에 "정법시라면 교도 행도 증도 있다. 若正法時 有教有行有證故"라고 하였다. 〔참고문헌〕『法華義疏』, 『釋氏要覽』. ⇨ 삼시 三時❶, 정상말 正像末

정법십중지차 淨法十重之次 법을 깨끗하게 하는 열 겹의 차제. 돈오(頓悟) 이후의 수행으로 점차 청정하게 하는 열 단계를 제시한 도시(圖示). 『도서』 권하2(대정장48, p.409c9)에 보이는 종밀(宗密)의 설이다. 염법십중지차(染法十重之次)에 대칭한다. 중생이 선지식을 만나 문득 본각을 해오(解悟)하는 돈오본각(頓悟本覺)은 ○로 나타내며, 생사의 고통을 두려워하여 발심하는 포고발심(怖苦發心)부터 점차 법이 청정해지기 때문에 ●에서 원 안의 검은 부분이 조금씩 열어지기 시작하여 수오행각망념(修五行覺妄念)·개발(開發)·아공(我空)·법공(法空)·색자재(色自在)·심자재(心自在)·이념(離念)을 거쳐 마지막 열 번째가 되면 성불(成佛)에 이르러 청정해지는데 이 경계를 ○로 나타내고 있다. 이

정법십중지차의 첫째 돈오본각은 염법십중지차의 첫째 본각(本覺)·둘째 불각(不覺)과 대응되고 열째 성불은 염법십중지차의 첫째 본각과 대응되며, 둘째 포고발심부터 아홉째 이념까지는 염법십중지차의 열째 수보부터 거꾸로 셋째 염기까지와 하나씩 상응한다. 〔참고문헌〕『都序』. ⇨ 염법십중지차 染法十重之次

정법안 正法眼 ❶ 바른 법의 눈. 정안(正眼)이라고도 하며, 정법안장(正法眼藏)이라고도 쓴다. 『임제록』「서문 序文」(대정장47, p.495a10)에 "임제조사는 정법안으로 열반심을 밝혔다. 臨濟祖師 以正法眼 明涅槃心", 『운문광록』 권상(대정장47, p.545c17)에 "'정법안이란 무엇인지요?' '죽이나 밥을 먹고 생긴 기운이다'. 問 如何是正法眼 師云 粥飯氣", 『분양어록』 권중(대정장47, p.615a18)에 "'일찍이 다른 이에게 줄 한 법도 없다고 들었는데 세존께서는 무슨 이유로 「나에게는 정법안이 있어 마하대가섭에게 전하겠다」라고 하셨을까?' 대신 스스로 답한다. '봄날 화사하니 만물이 피어난다'. 不曾有一法與人 世尊爲什麼道 我有正法眼 付囑摩訶大迦葉 代云 陽和萬物生", 『원오어록』 권2(대정장47, p.721c10)에 "말마다 비단에 수놓은 듯 하고, 구구가 구슬처럼 반짝이며 무상승을 찬양하고 정법안을 드러낸다. 그러나 반드시 말로 들먹이기 이전에 알아차리고 문채 밖에서 깨우쳐야 한다. 言言錦繡 句句珠璣 讚無上乘 顯正法眼 應須未擧已前薦取 文彩之外承當"라고 하였다. 〔참고문헌〕『臨濟錄』, 『雲門廣錄』, 『汾陽語錄』, 『圜悟語錄』. ⇨ 정법안장 正法眼藏❶, 정안 正眼 ❷ 일본의 성졸주운(誠拙周樗 : 無用道人) 지음. 시자 소죽(疏竹)·종준(宗俊) 엮음. 1권. 1798년(관정10) 간행. 『성졸선사정법안 誠拙禪師正法眼』이라고도 한다.

정법안 淨法眼 번뇌 없어 법에 의지해 보는 눈. 사성제(四聖諦)를 보거나 무생법인(無生法忍)을 증득하여 얻은 눈을 말한다. 법안정(法眼淨)·청정법안(淸淨法眼)이라고도 한다. 『대반야경』 권561(대정장7, p.899b18)에 "오백비구니 번뇌를 멀리 여의고 정법안이 생겨났고, 오천천인은 무생법인을 얻었다. 五百苾芻尼 遠塵離垢 生淨法眼 五千天人 得無生法忍", 『입세아비담론』 권1(대정장32, p.177c8)에 "북산신왕이 또 게송으로 물었다. '부처님은 애욕에 탐착하지 않아 마음이 청정하여 혼탁하지 않습니까? 이미 무명탁류를 건너 정법안을 얻으셨습니까? 남산신왕이 답하였다. 욕진에 집착하지 않아 마음의 터가 비할 데 없이 청정하고, 이미 무명을 건너 일체법에 정안을 얻으셨습니다'. 北山神王 又偈問曰 佛無著愛欲 心淨無濁不 已過無明流 得淨法眼不 南山神王 答曰 不著於欲塵 心地最淸淨 已過於無明 於法得淨眼", 『대비바사론』 권182(대정장27, p.913b5)에 "'장로 교진여와 팔만천신들은 더러움을 멀리하고 때를 벗고는 제법 중에 정법안을 일으켰다'. 여기서 '더러움을 멀리한다'란 수면을 멀리한다는 것이고, '때를 벗는다'란 번뇌의 더러움을 벗는다는 것이다. '모든 법에 대해'란 사성제에 대해서를 말하고, '정법안을 일으켰다'란 사성제를 보고 정법안이 생겨났다는 것이다. 具壽憍陳那 及八萬諸天 遠塵離垢 於諸法中 生淨法眼 此中遠塵者 謂遠隨眠 離垢者 謂離纏垢 於諸法中者 謂於四聖諦中 生淨法眼者 謂見四聖諦淨法眼生", 『유마경약소』 권5(대정장38, p.631a9)에 "계의 안팎으로 속제를 관하여 항하사만큼 많은 무지를 부수는 것을 정법안이라 한다. 觀界內外俗 破恒沙無知名淨法眼"라고 하였다. 〔참고문헌〕『大般若經』, 『立世阿毘曇論』, 『大毘婆沙論』, 『維摩經略疏』. ⇨ 법안정 法眼淨, 청정법안 淸淨法眼

정법안장 正法眼藏 ❶ 정법을 깨닫고 목격한 안목을 고스란히 모두 간직했다는 말. 교외별전(敎外別傳)의 심인(心印)으로 진실을 깨달은 눈을 모조리 포용하기 때문에 장이라 한다. 『대범천왕문불결의경』 권상(卍속장87, p.606a6)에 "나에게 정법안장과 열반의 미묘한 마음이 있어 그대에게 부촉하리라. 有我正法眼藏 涅槃妙心 卽付囑于汝"고 한 이후, 『연등회요』 권1(卍속장136, p.440b18) 등에도 전한다. 정법안장은 수당(隋唐) 시대를 지나 송대(宋代)에 출현한 선어록에 처음으로 나타난다. 어떤 이들은 40권본 『대반열반경』 권2(대정장12, p.377c23)에 "내가 지금 가진 무상의 정법을 모두 마하가섭에게 부촉하노라. 我今所有 無上正法 悉以付囑 摩訶迦葉"라는 경문을 들기도 한다. 임제의현(臨濟義玄)이 임종을 맞이하여 나눈 문답의 주제도 정법안장이다. 『임제록』(대정장47, p.506c3)에 "임제가 막 입적하려고 할 때 자리 잡고 앉아 말했다. '내가 간 후에 나의 정법안장을 사라지게 하지 마라'. 삼성이 나와서 말했다. '어찌 감히 없애겠습니까?' 임제가 '이 다음에 누군가 그대에게 묻는다면 그에게 무엇이라 하겠는가?'라고 묻자 삼성이 한 소리 크게 내질렀다. 임제가 '나의 정법안장이 이 눈먼 나귀에게서 사라져 버릴 줄 누가 알까?'라는 말을 마친 다음 꼿꼿이 앉아 입적했다. 師臨遷化時 據坐云 吾滅後 不得滅却 吾正法眼藏 三聖出云 爭敢滅却 和尙正法眼藏 師云 已後有人問爾 向他道什麽 三聖便喝 師云 誰知吾正法眼藏 向這瞎驢邊滅却 言訖端然示寂"라고 하였다. 『대혜어록』 권5(대정장47, p.829b23)에 "'정법안장이란 무엇인지요?' '눈에 박힌 못이나 뽑아라'. 如何是正法眼藏 師云 拔却眼中釘", 『백운수단화상어』(속고존숙어요3, 卍속장118, p.946a3)에 "정법안장으로 말하자면 석가노자께서도 스스로 몫이 없는데 무엇을 가져 분부하며 무엇으로 전한단 말인가? 여러분들 분상에 각각 스스로 정법안장 있어서 매일 일어나서 시비를 가르고 남북을 구분하며 갖가지 행위하는 그 모두가 정법안장의 빛과 그림자다. 이 눈 뜰 때 건곤과 대지 그리고 일월성신과 삼라만상이 눈앞에 펼쳐지리라. 若是正法眼藏 釋迦老子 自無分 將什麽分付 將什麽流傳 諸人分上 各各自有 正法眼藏 每日起來 是是非非 分南道北 種種施爲 盡是正法眼藏之光影 此眼開時 乾坤大地 日月星辰 森羅萬象 只在目前"라고 하였다. 〔참고문헌〕『大梵天王問佛決疑經』, 『聯燈會要』, 『大般涅槃經』, 『臨濟錄』, 『大慧語錄』, 『白雲守端和尙語』. ⇨ 교외별전 敎外別傳❶, 불립문자 不立文字, 불정법안장 佛正法眼藏, 법장부촉 法藏付囑, 부법의 付法衣 ❷ 대혜종고(大慧宗杲) 엮음. 6권. 卍속장118, pp.1a1~155b16에 수록되어 있다. 고존숙(古尊宿)의 기연법어집(機緣法語集) 100여 편을 모았으며, 편자 대혜의 짧은 평(評)도 붙어 있다. 이 책은 대혜가 남송(南宋)대인 1141년(소흥11) 형양(衡陽)으로 귀양 가있던 시절에 짓기 시작하여 1147년(소흥17)에 완성하여 간행하였다. 명대인 1616년(만력44) 보선암(普善庵)의 사문 혜열(慧悅)과 춘문거사(春門居士) 서홍택(徐弘澤) 등이 원징(圓澄)과 이일화(李日華)의 서문을 붙이고 별도로 대혜의 「답장자소시랑서 答張子韶侍郎書」를 덧붙여 중각(重刻)하였다. ❸ 일본 조동종(曹洞宗)의 영평도원(永平道元) 지음. 95권. 대정장82, pp.7a1~309b13, No.2582에 수록되어 있다. 32세부터 54세까지 총 23년간 일본어로 엮은 법어집이다. 불교의 교의·경전·일상공부·법문지시·공안부석 등을 다 거둬 구성하였다. 책 전편이 95편인데 일본인이 지은 최고의 철학서라는 평가도 받고 있다. 특히 「유시 有時」라는 편목은 도원이 체험한 좌선과 수관의 기록으로, 일본불교사상에서 가장 깊은 경지를 체현했다고 한다. 일본 조동종에서 중요하게 여긴다.

정법염경 正法念經 ❶ 후한 때 안세고(安世高)가 한역한 『분별선악소기경 分別善惡所起經』(대정장17, No.729)의 다른 이름. 선악을 분별하여 선업을 행하면 선한 결과를 얻고 악업을 행하면 악한 결과를 얻는다는 점을 설한 경전. 오도(五道)에서 윤회하고 있는 중생에게 십선(十善)과 십악(十惡)의 인과를 설하며 이 취지를 다시 게송을 통해 재차 천명하고 있다. ⇨ 분별선악소기경 分別善惡所起經 ❷ 북위(北魏) 때 반야유지(般若流支)가 한역한 『정법염처경』(대정장17, No.721)의 줄인 이름. ⇨ 정법염처경 正法念處經

정법염처경 正法念處經 Ⓢ Saddharma-anusmṛtyupasthāna-sūtra, Ⓣ 'phags-pa dam-pa'i chos dran-pa nye-bar bzhag-pa. 북위(北魏)대 반야유지(般若流支 Ⓢ Prajñāruci) 한역. 70권. 『정법염경』이라고도 한다. 고려장20, pp.1a1~585c12, No.801·대정장17, pp.1a3~417c19, No.721에 수록되어 있다. 출가한 지 얼마되지 않은 비구에게 외도가 신구의 삼업에 대해 물었으나 답하지 못했다. 이에 부처님께서는 사리불(舍利弗)과 함께 온 그 비구에게 지옥과 제천 등 제취(諸趣)와 선악업 등의 인과에 대해 상세히 설해주셨다. 「십선업도품 十善業道品」·「생사품 生死品」·「지옥품 地獄品」·「아귀품 餓鬼品」·「축생품 畜生品」·「관천품 觀天品」·「신념처품 身念處品」 등으로 구성되어 있다. 『대승집보살학론 大乘集菩薩學論 *Śikṣāsamuccaya*』 등 논서에도 인용되고 있다. 육도윤회와 선악인과를 자세하게 묘사하고 있으며, 「지옥품」의 내용은 지옥도(地獄圖) 전승에 큰 영향을 미쳤다. 또한 송원명(宋元明) 등의 판본에서는 북위 보리유지(菩提流支 Ⓢ Bodhiruci)가 한역하였다고 하였으며, 『역대삼보기』 권9(대정장49, p.86c15)에서는 동위(東魏) 흥화 원년(539)에 한역하였다고 하는 등 한역한 이와 때 등에 이설(異說)이 있다. 티베트역본(北京版 No.953)이 현존한다. 이외에 송(宋)대 법천(法天)이 한역한 『묘법성염처경 妙法聖念處經』 8권(대정장17, No.722)도 본경과 그 내용 및 대의(大意)가 같다. 〔참고문헌〕『歷代三寶紀』.

정법인심다라니 正法印心陀羅尼 일체여래께서 전신사리의 몸으로 비장하신 정법의 비밀한 다라니. 갖춘 이름은 일체여래전신사리정법비밀협인심다라니(一切如來全身舍利正法祕密篋印心陀羅尼)이며, 정법심인다라니(正法心印陀羅尼)라고도 한다. 보협인다라니(寶篋印陀羅尼)와 같다. 『일체여래정법비밀협인심다라니경』(대정장19, p.716a6)에 "비구·비구니·우바새·우바이가 이 정법인심다라니를 받아 지녀 독송하며 베껴 쓰고 존중한다면, 구십구백천구지호마와 같은 양의 형상여래를 얻으며, 복덕의 무더기와 선근의 과보를 얻게 된다. 또한 저 모든 여래를 만나 섬겨 깨달음의 수기도 받는다. 왜냐하면 이 정법인심다라니는 저 구십구백천구지나유다 호마와 같은 양의 형상여래께서 한결같이 언제나 널리 설하시는 것이기 때문이다. 若有苾芻 苾芻尼 鄔波索迦 鄔波斯迦 受持讀誦 書寫尊重 此正法印心陀羅尼 獲得九十九百千俱胝胡麻量等形像如來 福德之聚 善根果報 又得逢事 彼諸如來 受菩提記 所以者何 此正法印心陀羅尼是彼九十九百千俱胝那瑜多胡麻量等形像如來 同共宣說"라고 하였다. 〔참고문헌〕『一切如來正法祕密篋印心陀羅尼經』. ⇨ 보협인다라니 寶篋印陀羅尼

정법장대법사 正法藏大法師 Ⓢ Śīlabhadra. 계현(戒賢 529~645)을 높여 부르는 말. 인도 나란다사원의 스님이며, 당나라 현장(玄奘)의 스승이다. 『자은전』 권7(대장장50, p.261b21)에 "대당국 비구 현장은 삼가 중인도 마게다국의 삼장 지광법사께 드립니다. … 계절의 기후가 점점 따뜻해지니 소식을 들은 이후로 어떠신지 모르겠습니다. 또 지난해에 돌아온 사신에게서 정법장대법사께서 돌아가셨다는 소식을 들었습니다. 그 소식을 듣고 가슴이 찢어지는 슬픔을 그칠 수 없었습니다. 大唐國 苾芻玄奘 謹修書 中印度摩揭陀國 三藏智光法師座前 … 節候漸暖 不審信後何如 又往年使還 承正法藏大法師無常 奉問摧割 不能已矣", 『당고승전』 권4(대정장50, p.451c27)에 "이십 명을 뽑아서 (玄奘을) 인도하여 정법장의 처소, 곧 계현논사의 처소로 안내하였다. (계현논사는) 나이가 백육 세였으며, 대중들이 존중하였으므로 정법장이라 하였는데, 넓은 견문과 뛰어난 기억력으로 내전과 외전, 대승과 소승의 모든 경서에 통달하지 못한 것이 없었다. 差二十人 引至正法藏所 卽戒賢論師也 年百六歲 衆所重故 號正法藏 博聞强識 內外大小 一切經書 無不通達"라고 하였다. [참고문헌] 『慈恩傳』, 『唐高僧傳』. ⇨ 계현 戒賢

정법화경 正法華經 Ⓢ Saddharmapuṇḍarīka-sūtra, Ⓣ dam-pa'i chos pad-ma dkar-po shes-bya-ba theg-pa chen-po'i mdo. 서진(西晉)대인 286년(태강7)에 축법호(竺法護) 한역. 10권. 『정법화』·『방등정법화경』 등이라고도 한다. 고려장9, pp.801a1~8978a17, No.117·대정장9, pp.63a7~134b19, No.263, 티베트역본은 북경판(北京版) No.781에 수록되어 있다. 요진(姚秦)대 구마라집(鳩摩羅什)이 한역한 『법화경』(대정장9, No.262)과 수(隨)대 사나굴다(闍那崛多)·급다(笈多)가 공역한 『첨품묘법연화경』(대정장9, No.264)과 동본이역이다. 현전하는 3종의 『법화경』 한역본 중 가장 오래되고 상세하다. 모두 27품(品)으로 구성되어 있으며, 각 품명은 「광서품 光瑞品」·「선권품 善權品」·「응시품 應時品」·「신락품 信樂品」·「약초품 藥草品」·「수성문결품 授聲聞決品」·「왕고품 往古品」·「수오백제자결품 授五百弟子決品」·「수아난나운결품 授阿難羅云決品」·「약왕여래품 藥王如來品」·「칠보탑품 七寶塔品」·「권설품 勸說品」·「안행품 安行品」·「보살종지용출품 菩薩從地涌出品」·「여래현수품 如來現壽品」·「어복사품 御福事品」·「권조품 勸助品」·「탄법사품 歎法師品」·「상피경만품 常被輕慢品」·「여래신족행품 如來神足行品」·「약왕보살품 藥王菩薩品」·「묘후보살품 妙吼菩薩品」·「광세음보문품 光世音普門品」·「총지품 總持品」·「정복정왕품 淨復淨王品」·「낙보현품 樂普賢品」·「촉루품 囑累品」이다. 『출삼장기집』 권8(대정장55, p.56c17)에 의하면 축법호가 호경(胡經)을 구두로 말하고 섭승원(聶承遠)이 전역(傳譯)을, 장사명(張仕明)과 장중정(張仲政)이 필수(筆受)를, 축력(竺力)과 백원신(帛元信)이 참교(參校)를 하여 완성하였다. 원본은 우전국(于闐國)에 있던 패엽본이며 내용은 두 이역본과 큰 차이가 없으나 「촉루품」이 마지막에 위치한다. 또한 구마라집 본에는 없는 비유가 있는데, 「약초품」 중 가섭의 문답과 생맹유(生盲喩), 「수오백제자결품」에 바다에 들어가 보배를 얻는 비유도 있다. 특히 「법사품 法師品」은 「약왕여래품」이라고 하며 그중 전륜성왕 보개(寶蓋)와 그의 천 명의 아들들과 태자 선개(善蓋)가 법공양하는 고사가 전하는데 이것은 『유마경』 「불국품 佛國品」의 첫 장면과 유사하다. 또한 모든 다라니주의 범어를 뜻으로 풀었다. [참고문헌] 『出三藏記集』, 『法華義疏』 권1(대정장34, p.452a24), 『大唐內典錄』 권2(대정장55, p.232c12). ⇨ 묘법연화경 妙法蓮華經

정법훈습 淨法熏習 사훈습(四熏習) 중 하나. 정법에 의한 훈습. 정법인 진여가 다시 무명을 훈습하여 수행의 차제에 따라 열반을 성취하는 것. 정법훈습에는 망심훈습(妄心熏習)과 진여훈습(眞如熏習)이 있다. 『대승기신론』(대정장32, p.578b6)에 "어떻게 훈습하여 정법을 일으켜 끊어지지 않게 하는가? 진여법이 있기에 능히 무명을 훈습하고, 훈습의 인연력으로 곧 망심으로 하여금 생사의 고통을 싫어하고 열반을 구하기를 좋아하게 한다. 이 망심에 싫어하고 구하는 인연이 있기에 곧 진여를 훈습하여 스스로 자기의 성이라 믿어서 마음이 망령되게 움직이는 것일 뿐 앞의 경계가 없음을 알아 멀리 여의는 법을 닦는다. 이렇게 하여 앞의 경계가 없음을 여실히 알기에 여러 가지 방편으로 수순행을 일으켜 취하지도 않고 생각하지도 않으며 나아가 오랫동안 훈습한 힘 때문에 무명이 곧 멸하게 된다. 무명이 멸하기에 마음에 일어나는 것이 없고 일어남이 없기에 경계 따라 멸한다. 인연이 함께 멸하기에 심상 온통 다한다. 이를 열반을 얻어 자연업을 이룬다고 하는 것이다. 云何熏習起淨法不斷 所謂以有眞如法 故能熏習無明 以熏習因緣力故 則令妄心厭生死苦 樂求涅槃 以此妄心有厭求因緣故 卽熏習眞如 自信已性 知心妄動無前境界 修遠離法 以如實知無前境界故 種種方便起隨順行 不取不念 乃至久遠熏習力故 無明則滅 以無明滅故心無有起 以無起故境界隨滅 以因緣俱滅故心相皆盡 名得涅槃成自然業", 같은 책(대정장32, p.579a8)에 "염법은 무시이래로 훈습함이 끊어지지 않아서 부처를 얻은 이후에야 끊어짐이 있다. 정법훈습은 끊어짐이 없어서 미래에서야 다한다. 이 뜻은 무엇인가? 진여법 항상 훈습하기에 망심이 멸하면 법신이 현현하여 용훈습을 일으킨다. 그래서 끊어질 일이 있을 수 없다. 染法從無始已來熏習不斷 乃至得佛後則有斷 淨法熏習則無有斷 盡於未來 此義云何 以眞如法常熏習故 妄心則滅 法身顯現 起用熏習 故無有斷"라고 하였다. [참고문헌] 『大乘起信論』. ⇨ 사훈습 四熏習, 망심훈습 妄心熏習, 진여훈습 眞如熏習, 분별사식훈습 分別事識薰習, 용훈습 用熏習, 의훈습 意熏習, 자체상훈습 自體相熏習

정벽 淨壁 1617~1652. 명말청초(明末淸初)대 조동종(曹洞宗) 스님. 호는 만인(萬仞), 속성은 담(譚)씨. 초(楚)의 상향(湘鄕 : 湖南省) 출신. 나이 열다섯에 출가하여 『능엄경』을 읽다가 불도에 눈을 떴다. 열일곱에는 남악(南岳) 형자환(荊紫幻)의 가르침으로 깊은 이치를 깨우쳤다. 1640년(숭정13) 변산(弁山 : 浙江省)의 서백명설(瑞白明雪) 문하로 들어가 원두(園頭) 소임을 맡다가 다음 해에 법을 전수받았는데, 『오등전서』 권114(卍속장142, p.154b8)에 "어느 날 차를 마시던 중에 명설이 물었다. '원방에서 하는 일은 어떤가?' '청명을 맞아 씨를 심습니다' '불법은 이러한 도리가 아니다' '2년 동안 똑같은 봄이군요' '그대는 법사의 자손인데 아직 소리와 색도 떠나지는 못했구나'. 정벽이 대추를 집고서 '이것을 색이라 해도 되겠습니까?'라고 물었다. '색이라 하지 않으면 무엇이라 하겠는가?' '청주지방에 있습니다'. 명설이 웃으며 '이 사람 참으로 잘 다듬어졌구나'라고 칭찬하였으며, 다음 해가 지나 명설은 법을 전했다. 一日茶次 雪問 如何是園房下事 師曰 淸明下種 雪曰 佛法不是者箇道理 師曰 二年一春 雪曰 汝是法師家子孫 未離聲色在 師拈棗子曰 者箇喚作色得麽 雪曰 不喚作色 喚作甚麽 師曰 靑州有 雪笑曰 此子甚堪雕琢 越明年 雪付授之"라고 하였다. 후에 형자봉(荊紫峰)에 주석하면서 가람을 부흥하였다. 1652년(순치9) 2월 2일 세수 36세로 입적하였다. 〔참고문헌〕『五燈全書』.

정변가상 正辨加相 금강장보살(金剛藏菩薩 Ⓢ Vajragarbha bodhisattva)이 가피를 입음에 대해 바르게 분별한 일. 정명가상(正明加相)·정현가상(正顯加相)이라고도 한다. 80권본 『화엄경』「십지품 十地品」에서 금강장보살이 부처님의 가피를 입고 십지를 설한 것에 대한 법장(法藏)의 해석이다. 『화엄경탐현기』 권6(대정장35, p.216c27)에 "두 번째, 가피를 입은 분 중에 세 가지다. 첫째는 총현능가, 둘째는 석가소위, 셋째는 정변가상이다. 第二 加分中三 初 總顯能加 二 釋加所爲 三 正辨加相", 『화엄경소』 권17(대정장35, p.634a3)에 "정변가상을 셋으로 나눈다. 먼저 구업가피는 설하는 것을 권함으로써 분별하는 것을 증장시킨 것이다. 둘째 의업가피는 그윽하게 입힘으로써 지혜를 더한 것이다. 셋째 신업가피는 정수리를 어루만짐으로써 위의를 늘린 것이다. 正辨加相分三 先 口加勸說以增辨 二 意加冥被以益智 三 身加摩頂以增威"라고 하였다. 〔참고문헌〕『華嚴經探玄記』, 『華嚴經疏』, 『華嚴經疏鈔』 권37(대정장36, p.287a20), 『續華嚴經略疏刊定記』 권5(卍속장5, p.192a9), 『華嚴經疏科文』 권4(卍속장8, p.110a1).

정변각 正偏覺 Ⓢ samyak-saṃbuddha. 정변지(正遍知)를 달리 이르는 말. 『유마경무아소』 권11(卍속장30, p.323a17)에 "삼막삼보리(Ⓢ samyak-saṃbodhi)는 정변지로 한역하며, 지금 삼막삼불타(Ⓢ samyak-saṃbuddha)라 하는 말은 정변각으로 쓴다. 법을 보는 데 있어 어긋남이 없기 때문에 '정'이라 하고, 지혜에 있어 두루 하지 못한 바가 없기 때문에 '변'이라 하며, 생사라는 꿈에서 벗어났기 때문에 '각'이라 한다. 三藐三菩提 秦言正徧知 今言三藐三佛陀 言正徧覺也 見法無差 故言正 智無不周 故言徧也 出生死夢 故言覺也"라고 하였다. 〔참고문헌〕『維摩經無我疏』. ⇨정변지 正遍知

정변보리 正遍菩提 Ⓢ samyak-saṃbodhi. 바르고 두루한 깨달음. 정변지(正遍知)라고도 한다. 『백오십찬불송』(대정장32, 759a4 : *Śata-śa.*, 48)에 "정변보리의 씨앗을 마음에 항상 보배처럼 간직하시니, 대웅의 난승지 그 누구도 미칠 수 없네. 正遍菩提種 心恒所珍玩 大雄難勝智 無有能及者 samyaksaṃbodhi-bījasya citta-ratnasya tasya te, tvam eva vīra sārajño dūre tasyetaro janaḥ"라고 하였다. 〔참고문헌〕『百五十讚佛頌』, *Śata-śa.* ⇨정변지 正遍知

정변지 正偏知 정변지(正遍知 Ⓢ samyak-saṃbodhi). 『능엄경의소석요초』 권3(卍속장16, p.903a11)에 "정변지란, 이승은 바르지도 않고 넓지도 않기에 보살로 하여금 치우침을 여의고 중도를 드러내기를 권하는 것이다. 바르되 기울지 않아서 저 끝에 즉하더라도 중도를 드러내니 정변지라 한다. 正徧知者 二乘非正非徧 權菩薩離邊顯中 正而非偏 卽邊顯中 名正徧知", 『능엄경정맥소』 권2(卍속장18, p.371a14)에 "만법이 다 마음임을 통달하는 것을 변지라 하는데, 여래는 이를 통달하였기에 정변지라 한다. 達萬法皆心爲徧知 如來達此 名正徧知" 〔참고문헌〕『楞嚴經義疏釋要鈔』, 『楞嚴經正脈疏』.

정변지 正遍知 Ⓢ samyak-saṃbuddha, samyak-saṃbodhi, Ⓟ sammā-sambuddha, Ⓣ yang-dag-par-rdzogs-pa'i-sangs-rgyas. 여래십호(如來十號) 중 하나. 일체법에 대해 바르게 빠짐없이 아는 분이라는 뜻. 현장(玄奘)은 정등각(正等覺)으로 한역했다. 삼막삼불타(三藐三佛陀)·삼야삼불단(三耶三佛檀)이라고 음사하며, 정각등(正覺等)·정등각(正等覺)·정등정각(正等正覺)·정등각자(正等覺者)·정변각(正遍覺)·정변지(正偏知)·정변지각(正偏知覺·正偏智覺)·정변지자(正偏知者·正偏智者)·정변지해(正遍知海·正偏知海)·정진도(正眞道)라고도 한역한다. 『방광대장엄경』 권11(대정장3, p.608c13)에 "미륵아, 구르는 법륜의 체성은 이와 같다. 이와 같은 법륜을 굴리는 이를 불·정변지·자연오·법왕·도사 … 보문·단엄·무소착이라 이름한다. 彌勒 所轉法輪 體性如是 若有如是 轉法輪

者 乃名爲佛 名正遍知 名自然悟 名法王 名導師 … 名普門 名端嚴 名無所著", 『대품반야경』 권22(대정장8, p.379a17)에 "여실히 일체법을 알기에 부처님이라고 한다. 수보리가 부처님께 말씀드렸다. '어떤 뜻으로 보리라고 합니까?' '수보리야, 공의 뜻이 바로 보리의 뜻이고, 여의 뜻·법성의 뜻·실제의 뜻이 보리의 뜻이다. … 또 수보리야, 보리는 모든 부처님께 있는 것이기에 보리라고 한다. 또한 수보리야, 모든 부처님께서 바르게 두루 아시기에 보리라고 한다'. 如實知一切法 故名爲佛 須菩提言 何義故名菩提 須菩提 空義是菩提義 如義 法性義 實際義 是菩提義 … 復次 須菩提 是菩提是諸佛所有 故名菩提 復次 須菩提 諸佛正遍知 故名菩提", 40권본 『대반열반경』 권18(대정장12, p.468b16)에 "어째서 정변지라 하는가? '정'이란 전도 없음이고, '변지'란 네 가지 전도에 대해 통달하지 못한 바가 없다는 것이다. 또 '정'이란 고행을 말하는 것이고, '변지'란 고행으로 인해서 반드시 고과가 있음을 아는 것이다. 또 '정'이란 세간의 중도를 말하는 것이고, '변지'란 중도를 수습하면 아누다라삼막삼보리를 얻는다는 것을 필경에 반드시 안다는 것이다. 또 '정'이란 셀 수 있고 잴 수 있으며 부를 수 있다는 것이고, '변지'란 셀 수 없고 잴 수 없으며 부를 수 없다는 것이니 그렇기에 부처를 정변지라 부르는 것이다. … 성문과 연각은 변지할 수 있는 것도 있고 변지할 수 없는 것도 있다. 왜 그러한가? 변지할 수 있는 것은 오온·십이처·십팔계이다. … 어째서 변지할 수 없다는 것인가? … 설령 이승으로 하여금 무량한 겁 동안 색온 하나를 관하게 하더라도 남김없이 다 알 수 없으니 이러한 의미에서 성문과 연각에게는 변지가 있을 수 없다. 云何正遍知 正者 名不顚倒 遍知者 於四顚倒無不通達 又復正者 名爲苦行 遍知者 知因苦行 定有苦果 又復正者 名世間中 遍知者 畢竟定知 修習中道得阿耨多羅三藐三菩提 又復正者 名爲可數 可量 可稱 遍知者 不可數 不可量 不可稱 是故號佛爲正遍知 … 聲聞緣覺 亦有遍知 亦不遍知 何以故 遍知者 名五陰 十二入 十八界 … 云何不遍知 … 假使二乘於無量劫 觀一色陰 不能盡知 以是義故 聲聞緣覺無有遍知", 『열반경의기』(대정장85, p.288b1)에 "어째서 정변지라 하는가? … '정'이란 이상주리여서 그릇되거나 전도됨이 없기에 '바르다'고 한 것이고, '변지'란 상락고무상 등에 대해 전도됨 없는 중에 두루 통달하지 못함이 없기에 '바르게 두루 안다'고 한 것이다. 云何正遍知者 … 正者 是常住理 無其邪到名正 遍知者 於常樂苦無常等 不顚倒中 無不遍達名正遍知也", 『법화현찬』 권2(대정장34, p.689c22)에 "정등각은 … 구역에서 정변지라 하였는데, 그대로 정각·등각·정등각이다. 순서대로 외도와 소승 그리고 보살 이 셋을 가리는 뜻이다. 正等覺 … 舊云正遍知 卽正覺 等覺 正等覺 如次簡外道 小乘菩薩三種"라고 하였다. 〔참고문헌〕 『方廣大莊嚴經』, 『大品般若經』, 『大般涅槃經』, 『涅槃經義記』, 『法華玄贊』, *Saddh-p.123.*, *DN.1.87.*, *SN.4.320.* ⇨ 불십호 佛十號, 십호 十號, 여래십호 如來十號, 정등각 正等覺, 무상정등각 無上正等覺, 보지존 普智尊

정변지 正遍智 정변지(正遍知). 『범망경고적기』 권상(대정장40, p.698c27·한불전3, p.440c17)에 "정변지란 유정과 기세간의 모든 일을 빠짐없이 아우르며 모든 법과 유정을 두루 아는 것이다. 바르게 깨우쳐 알기에 정지라고 하며, 물들어 집착함이 없기에 성해탈지라 한다. 正遍智 遍覆有情及器世事 周知諸法及有情故 正覺所知 名爲正知 無所染著 名聖解脫智", 『정명경집해관중소』 권하(대정장85, p.498b4)에 "정변지란 제법을 바로 깨우쳐 전도가 없는 것이다. 正遍智 正覺諸法 不顚倒故"라고 하였다. 〔참고문헌〕 『梵網經古迹記』, 『淨名經集解關中疏』. ⇨ 정변지 正遍知

정변지각 正徧知覺 정변지(正遍知)를 달리 이르는 말. 『아미타경요해편몽초』 권상(卍속장91, p.878a4)에 "범어로 삼막삼불타는 정변지각이라 한역한다. 법에 있어 어긋남이 없기에 '정'이라 하고, 지혜에 있어 두루 하지 못한 바가 없기에 '변'이라 하며, 생사라는 꿈에서 벗어났기 때문에 '각'이라 한다. 梵云三藐三佛陀 此云正徧知覺 言法無差故言正 智無不周故言遍 出生死夢故言覺"라고 하였다. 〔참고문헌〕 『阿彌陀經要解便蒙鈔』. ⇨ 정변지 正遍知, 정등각 正等覺, 삼막삼불타 三藐三佛陀

정변지부 正遍知部 밀교도상에서의 불부(佛部). 또한 태장계(胎藏界) 삼부(三部), 금강계(金剛界) 오부(五部) 중 하나이기도 하다. 『대일경소또인초』 권33(대정장58, p.287a1)에 "정변지부는 불부를 가리킨다. 正遍知部者 指佛部也", 『대일경소』 권6(대정장39, p.645a27)에 "혹은 다만 정변지부의 삼매문에 든다. 或但入正遍知部 三昧門"라고 하였다. 〔참고문헌〕 『大日經疏妙印鈔』, 『大日經疏』. ⇨ 불부 佛部, 삼부 三部❶, 오부 五部❸

정변지자 正徧知者 바르게 두루 아는 자. 부처님을 부르는 말. 『신불공덕경』(대정장1, p.255c2)에 "오직 불세존만이 진실로 바르고 고르게 깨우쳤기에 정변지자이니 가장 뛰어난 신통력을 구족하신다. 唯佛世尊是眞正等正覺 是正徧知者 具足最上神通之力"라고 하였다. 〔참고문헌〕 『信佛功德經』. ⇨ 정변지 正遍知

정변지해 正遍知海 여래(如來)의 정변지가 깊고 넓음을 바다에 비유한 것. 정변지해(正徧知海)로도 쓴다. 『관무량수경』(대정장12, p.343a18)에 "이 일을 본 다음에는 부처님을 염상해야 한다. 왜 그런가? 모든 불여래는 법계신이어서 일체중생심상중에 널리 들기 때문이다. 그러므로 너희들이 마음으로 부처님을 염상할 때 마음이 바로 삼십이상이고 팔십수형호이니, 이 마음으로 부처를 지으니 이 마음이 바로 부처이다. 모든 부처님의 바르고 치우침 없는 지혜 바다는 마음을 따라 생각하여 일어난다. 그러므로 한마음으로 생각을 집중하여 저 부처님·다타아가도(多陀阿伽度 Ⓢ Tathāgata)·아라하(阿羅呵 Ⓢ Arhat)·삼막삼불타(三藐三佛陀 Ⓢ samyaksaṃbuddha)를 자세히 관한다. 저 부처님을 염상하는 이는 우선 그 모습을 염상한다. 見此事已 次當想佛 所以者何 諸佛如來 是法界身 遍入一切衆生心想中 是故汝等心想佛時 是心卽是三十二相 八十隨形好 是心作佛 是心是佛 諸佛正遍知海 從心想生 是故 應當一心繫念 諦觀彼佛 多陀阿伽度 阿羅呵 三藐三佛陀 想彼佛者 先當想像", 『관무량수불경의소』 권하(대정장37, p.295c26)에 "'제불의 정변지해는 마음의 관상으로부터 생긴다'를 풀이한다. 정변지는 여래십호의 하나이다. 출세간법을 끝내 다하지 않음이 없고, 깊고 광대함에 끝이 없기에 저 바다와 같다. 諸佛正遍知海從心想生 正遍知者十號之一也 出世法無不究盡 深廣無際故喩如海", 『왕생론주』 권상(대정장40, p.832a27)에 "'모든 부처님의 정변지해는 마음을 좇아 생각함으로 생긴다' 하였다. 정변지란 참으로 법계를 그대로 아는 것이다. 법계는 무상이기에 모든 부처님은 무지이며, 무지이기에 알지 못하는 것이 없고, 무로 알기에 정변지다. 이 지는 깊고 넓어서 헤아릴 수 없기에 바다에 비유한다. 諸佛正遍知海 從心想生者 正遍知者 眞正如法界而知也 法界無相故 諸佛無知也 以無知故 無不知也 無知而知者 是正遍知也 是知深廣不可測量 故譬海也"라고 하였다. [참고문헌] 『觀無量壽經』, 『觀無量壽佛經義疏』, 『往生論註』. ⇨ 정변지 正遍知

정별인 定別因 ➡ 정이인 定異因

정병 淨甁 **1** Ⓢ vardhanikā, kuṇḍikā, Ⓣ ril-ba, ril-ba-spyi-blugs. 깨끗한 물을 담는 병. 수행자가 항상 몸에 지녀야 하는 비구의 필수품 중에 하나이다. 군지(軍持)·군치가(捃稚迦) 등으로 음사한다. 깨끗한 물을 담아 마시거나 손 등을 씻는 데 쓰였는데, 뒷물로 쓰는 촉병(觸甁)과 구별하기도 하지만 정병 하나로 두 가지 용도를 같이 하기도 했다. 『백장청규』 권5(대정장48, p.1139c13)에 "정병 : 범어 음사어는 군치가이고 한역하면 병이다. 항상 물을 채워 지녀서 손을 씻는데 쓴다. 『기귀전』에 '군지에는 두 가지가 있다. 자기로 빚은 것은 깨끗한 것을 씻고, 동철로 만든 것은 묻은 것이 많을 때 쓴다'라고 한다. 淨甁 梵語捃雉迦 此云甁 常貯水隨身 以用淨手 寄歸傳云 軍遲有二 若瓷瓦者 是淨用 若銅鐵者 是觸用", 『조정사원』 권8(卍속장113, p.240b11)에 "정병 : 『사분율』에 따르면, 어떤 비구가 되었건 물 없는 곳이나 벌레 있는 물을 만나기도 하는데 목이 몹시 마를 때가 있다. 부처님께서 이를 아시고 계를 제정하시어 촉병과 정병을 함께 지니도록 하셨다. 생명을 보호할 목적이다. 淨缾 四分律云 有比丘遇無水處 水或有蟲 渴殺 佛知制戒 令持觸淨二缾 以護命故", 『선림상기전』 권19(불광장, 禪藏, p.1520)에 "도충이 말한다. '내가 언젠가 율을 오래 수행한 원종각율사에게 「요즘 율사들은 병 하나만 지니는데 촉용입니까, 정용입니까?」라고 물어서 「한 병에 깨끗한 물을 채워 촉용과 정용을 겸한다」라는 대답을 들었다'. 忠曰 余曾問久修園宗覺律師曰 今律士但携一瓶 未審是觸是淨 覺曰 一瓶貯淨水 觸淨兼用"라고 하였다. 군위 인각사지(麟角寺址) 출토 청동정병과 삼척 흥전리 사지 출토 청동정병이 있는데, 통일신라대 정병은 정병과 사자진병향로(獅子鎭柄香爐)가 결합된 형태로 당대 신회신탑(神會身塔) 출토품과 같은 모습이다. 고려시대에는 청동과 청자, 도제 등으로 다양한 재질로 정병을 제작하였고, 사찰을 비롯해 민간에서도 사용했다. 8각의 첨대는 점차 원형으로 변했다. 간송미술관 소장 국보 66호 청자상감연지문정병의 경우 8각의 첨대이지만, 국립중앙박물관 소장 국보 92호 청동포류

인각사출토 청동정병 불교중앙박물관 통일신라(좌)
청동표류수금문정병 국보제92호 국립중앙박물관 고려(우)

수금문정병은 원형의 첨대다. [참고문헌] 『百丈淸規』, 『祖庭事苑』, 『禪林象器箋』, 『一切經音義』, 『四分律』 권49(대정장22, p.931a5), *Mvyut.272.*, 義淨 『南海寄歸內法傳』, 加島 勝 「柄香爐と水瓶」(『日本の美術』540, 2011) pp.56~62. ⇨ 구니 矩抳, 군지 軍持, 수병 水甁, 촉병 觸甁 **2** 관세음보살의 정병. 관세음보살이 정병을 지물로 가지거나 보관에 새겨 관세음보살의 상징이 되게 된 인연은 다음과 같다. 『사경지험기』 권4(한불전8, p.545a19)에 "진대 사문 홍만이 어렸을 때 전염병이 돌아 두 다리와 손발이 오그라들었다. 스스로 생각하길 나는 이미 폐인이라 여겼지만, 오직 조석으로 관음보살을 부르며 기도했다. 홀연히 정병을 잡고 계신 한 스님께서 앞에 나타나 홍만이 묻기를, '스님께서는 어디에서 오셨

습니까?' 하였다. 스님께서 답하길 '그대 모습 항상 가엾이 여겨 왔을 따름이다. 내가 너의 아픈 곳을 낫게 하리라' 하더니, 말처럼 병이 다 나았다. 다만 무릎 위에서 못을 여러 번 빼는 듯하더니 다 나았다. 晋沙門洪滿 初在俗時 因染時疾 雙脚攣躄 自念已成廢人 唯旦夕誦念觀音求度 忽見一僧 執淨甁前立 滿問曰 師從何來 僧答曰 以汝常相愍故來耳 汝足患可脫 吾爲療之 滿如言求治 但覺膝上如拔去數寸釘 遂愈", 『개석지붕어록』「찬불조 讚佛祖」(卍속장121, p.412a11)에 "관음이시여! 시방 가득 두렷이 밝으시어 나투심에 한 몸이 아니시네. 눈으로 정병을 살피시며 반석 위에 앉아 계시네. 버들가지 손에 쥐고 넣을 때마다 한 방울씩 적셔 주시네. 觀音 十方圓明 應現非一 眼看淨甁 坐盤陀石 楊枝入手時 一滴是一滴", 『자백존자전집』 권17(卍속장126, p.936b13)에 "고통받는 중생 이끌어 주시고 널리 문 열어 편안히 쉬게 하시네. 정병과 버들가지 가지셨으니 마주치는 무리들마다에 베푸신다네. 接引苦衆生 普門作安歇 淨甁與楊枝 當面徒排設", 『청관세음경』(대정장20, p.34b11)에 "한때 부처님께서 비사리 암라수원대림정사인 중각강당

정병 십일면관음보살 경주 석굴암 통일신라 · 수월관음도 일본 천옥박고관 · 아미타삼존도 일본 근진미술관 · 일본 개인소장 고려(시계방향)

에 천이백오십비구들과 함께 하셨다. … 그때 마침 비사리국 일체인민이 큰 악병을 만났으니, 눈이 붉게 충혈되고 양쪽 귀에서는 농혈이 흘렀으며, 코로도 피가 흐르고 혀는 굳어 소리내지 못하고 먹는 것마다 다 토하고 정신이 없어 마치 취한 사람 같았다. 게다가 다섯 야차들 걸로가라들은 검은 얼굴에 다섯 눈을 가지고 어금니를 드러내 사람의 정기를 마시기까지 하였다. 그때 비사리대성중에 월개라는 한 장자가 다른 오백장자와 함께 부처님 계신 곳에 가서 머리를 조아려 앉은 후 부처님께 사뢰었다. '이 나라 인민이 대악병을 만났습니다. 양의 기바도 어쩌지 못하고 있습니다. 오직 바라건대 천존께서는 일체를 가엾이 여기시어 병고로부터 구제하여 아프지 않게 해주십시오'. 이때 세존께서 장자에게 고하셨다. '… 무량수불과 함께 관세음보살과 대세지보살이 계시니, 언제나 대비로 일체를 연민히 여겨 고액에서 구한다. 그대들 마땅히 오체투지로 저들을 향해 예를 갖추고 향을 피우고 꽃 흩뜨려 숨을 고르고 다음을 흩을 일 없이 십념을 마칠 즈음에 중생 마땅히 저 부처님과 두 보살 청하여 나타나시리라'. 이 말씀 마치시자마자 부처님 광명 중에 서방무량수불과 두 보살님 보이시더니 여래 신력으로 부처님과 두 보살 이 나라에 임하셨고 비사리 성문 앞에 이르렀다. 부처님과 두 보살님 모든 대중들에게 대광명을 놓자 비사리 온통 금색으로 빛나기 시작했다. 이때 비사리인이 버들가지와 정수를 가져가서 관세음보살님께 드렸다. 대비관세음께서 일체중생을 가엾이 여기시어 구호하시고자 널리 일체중생을 가르쳐 이 주문을 외우게 하였다. '너희들 마땅히 일심으로 부르라. 나무불 나무법 나무승이라고. 또 나무관세음보살마하살 대비대명칭구호고액자이시여'라고. 이와 같이 세 번 삼보를 부르고 세 번 관세음보살을 부르며 온갖 향을 태워 오체로 땅에 엎드리고 서방을 향해 한 마음 한 뜻으로 숨을 고르게 하니 모든 것들이 고요해졌다. 一時 佛住毘舍離菴羅樹園大林精舍重閣講堂 與千二百五十比丘 … 時 毘舍離國 一切人民 遇大惡病 一者 眼赤如血 二者 兩耳出膿 三者 鼻中流血 四者 舌噤無聲 五者 所食之物 化爲麤澁 六識閉塞 猶如醉人 有五夜叉 名訖拏迦羅 面黑如墨而有五眼 狗牙上出 吸人精氣 時 毘舍離大城之中 有一長者 名曰月蓋 與其同類五百長者 俱詣佛所 到佛所已 頭面作禮 却住一面 白言世尊 此國人民 遇大惡病 良醫耆婆盡其道術 所不能救 唯願天尊 慈愍一切 救濟病苦 令得無患 爾時 世尊告長者言 … 有佛世尊 名無量壽 彼有菩薩名觀世音 及大勢至 恒以大悲 憐愍一切 救濟苦厄 汝今應當 五體投地 向彼作禮 燒香散華 繫念數息 令心不散 經十念頃 爲衆生故 當請彼佛及二菩薩 說是語時 於佛光中得見西方無量壽佛并二菩薩 如來神力 佛及菩薩 俱到此國往毘舍離 住城門閫 佛二菩薩 與諸大衆 放大光明 照毘舍離 皆作金色 爾時 毘舍離人 卽具楊枝淨水 授與觀世音菩薩 大悲觀世音 憐愍救護一切衆生故而說呪曰 普敎一切衆生而作是言 汝等今者 應當一心稱 南無佛 南無法 南無僧南無觀世音菩薩摩訶薩 大悲大名稱救護苦厄者 如此三稱三寶 三稱觀世音菩薩名 燒衆名香 五體投地 向於西方 一

心一意 令氣息定"라고 하였다. [참고문헌]『四經持驗紀』, 『介石智朋語錄』, 『紫柏尊者全集』, 『請觀世音經』.

정보 正報 이보(二報) 중 하나. 과거 선악의 업인(業因)에 의지하여 감득하는 과보의 정체(正體). 정과(正果)라고도 한다. 의보(依報)에 대칭한다. 『금강경찬요간정기』 권1(대정장33, p.173c5)에 "삼계에 태어나서 받은 괴롭거나 좋아할 만한 몸은 개별적인 업의 정보이고, 거주하고 있는 뛰어나거나 그렇지 못한 세계는 공업의 의보이다. 정보에는 태어남·늙음·병듦·죽음(生老病死)이 있고 의보에는 형성함·존속함·쇠락함·사라짐(成住壞空)이 있다. 然於三界之中 所受苦樂之身 是別業正報 所居勝劣器界 卽共業依報 正報有生老病死 依報有成住壞空", 『본업영락경소』(대정장85, p.758a10)에 "'범부 중생이 머무는 오음이 정보가 된다'라고 말한 것은, 범부의 오음은 선과 악의 인에 의지해 감득된 오음이 그 주토가 되기 때문이다. 若凡夫衆生住五陰 爲正報者 凡夫五陰 以善惡因所得五陰 爲住土也"라고 하였다. [참고문헌]『金剛經纂要刊定記』, 『本業瓔珞經疏』. ⇨ 이보 二報, 의정이보 依正二報, 의보 依報

정보 定報 결정된 과보(果報). 어떤 과보를 받을지 결정되지 않은 경우는 부정업(不定業)이라 한다. 『잡비유경』(대정장4, p.526a11)에 "이 여인은 비록 선정을 수행했지만 지혜가 없고 결정된 과보도 이미 마쳤기에 다시 악도에 떨어진 것이다. 此女 雖行禪定 無有智慧 定報旣終 還墮惡道也", 40권본 『대반열반경』 권40(대정장12, p.603a11)에 "결정된 과보를 과보가 없게 만들 수 있는가? 能令定報 作無報不", 『오분율』 권21(대정장22, p.141b13)에 "부처님께서 목련에게 이르셨다. '그대가 비록 신통력이 있지만 어떻게 이 결정된 과보의 인연을 고칠 수 있겠는가?' 佛告目連 汝雖有神力 何能改此定報因緣", 『대지도론』 권7(대정장25, p.108c5)에 "죄와 복은 비록 결정된 과보가 있지만 원을 지은 사람은 작은 복을 닦고도 그 원의 작용력이 있기 때문에 큰 과보를 얻는다는 사실은 이전의 설과 같다. 罪福雖有定報 但作願者修少福 有願力故 得大果報 如先說"라고 하였다. [참고문헌]『雜譬喩經』, 『大般涅槃經』, 『五分律』, 『大智度論』. ⇨ 부정업 不定業

정보 情報 정식(情識)에 따른 과보. 지혜롭지 못한 분별에 치우쳐 받게 되는 과보. 『능엄경직지』 권8(卍속장22, p.875b12)에 "반드시 아름다운 자성 둥글고 밝은 줄 알아야 한다. 현재 지옥 등의 삼악도에서도 조금도 쉼이 없다. 이른바 '불성은 오도를 유전한다'고 하였으니 보살은 그 류를 따라서 몸을 드러냄이 모두 이로 말미암기 때문이다. 이로써 선근이 없는 중생이 극도로 고통중에 있더라도 바로 그곳에서 일으켜 밝혀야 할 것이니, 하물며 사람이면 어떻게 스스로 버릴 수 있겠는가? 정식의 보가 이미 다 하였기에 '업화 또한 불타 사라져버렸다'라고 한 것이다. 須知妙性圓明 現在地獄三途 常無間歇 所謂佛性流轉五道也 菩薩隨類現身 皆爲此故 是安知無善根衆生 在極苦中 當下發明者 況人而可自棄耶 情報旣盡 故云 業火燒乾"라고 하였다. [참고문헌]『楞嚴經直指』. ⇨ 정식 情識

정보 淨甫 ?~1660. 명말청초(明末淸初)대 조동종(曹洞宗) 스님. 속성은 여(呂)씨. 절강성(浙江省) 소흥(紹興) 출신. 삼질정보선사(三疾淨甫禪師)라 불렸다. 유년기에 유학(儒學)을 익히며 정주학(程朱學)을 탐구한 끝에 심성의 이치를 더욱 깊이 알고자 하였다. 장성해서 오대산을 돌아다니다가 염휴정주(念休靜主)를 만나고서야 마침내 종문의 본분사를 알게 되었다. 나이 열아홉에 어머니가 별세하면서 출가하였다. 후에 천동원오(天童圓悟) 문하로 들어가 반 년 동안 머물렀지만 아무런 실마리도 찾지 못하다가 어느 날 우연히 원림을 산책하면서 새소리를 듣고 활연히 깨달았다. 그 뒤에 현성사(顯聖寺)의 삼의명우(三宜明盂)를 찾아가 인가를 받고 그 법을 계승하였다. 『오등전서』 권111(卍속장142, p.136b14)에 당시의 인연이 전한다. 곧 "명우가 물었다. '옛 사람은 뱃전을 넘어서기도 전에 30방을 맞았는데 어떻게 해야 이 잘못을 면할 수 있을까?' 정보가 '발밑을 살피십시오!'라 하고 뒤이어 송을 읊었다. '뱃전 넘어서기도 전에 휘두른 30방, 면하더라도 그의 손에 산 채로 묻히리라. 즉각 자리 잡고 궁구해도 전혀 풀리지 않겠지만, 푸른 산의 맑은 물은 멋대로 흘러 다니리라'. 명우가 알아보고는 이때부터 둘의 마음이 하나로 일치하였다. 問 古人未跨船舷三十棒 如何免得 師曰 看脚下 隨頌曰 未跨船舷三十棒 免得遭他活埋葬 卽刻進單渾不消 靑山綠水姿放浪 盂見 自此契合"라고 하였다. 출세한 뒤에는 오흥청량사(吳興淸涼寺)에 주석하였다. 1660년(순치17) 12월에 입적하였다. [참고문헌]『五燈全書』.

정보 淨報 깨끗한 과보. 정계(淨戒)와 정업(淨業) 등으로 보시도 과보도 없는 마음으로 행한 보살의 과를 말한다. 36권본 『대반열반경』 권22(대정장12, p.750c11)에 "보시는 비록 네 가지지만 모두 깨끗한 보를 받는다. 施雖四種 俱得淨報", 『대반열반경소』 권22(대정장38, p.165b5)에 "베풀 것도 없고 깨끗한 받음마저 없어야 정보다. 以無施無報 乃爲淨報", 『대지도론』 권7(대정장25, p.108b14)에 "모든 보살은 행업이 청정하기에 정보를 받는다. 어찌 반드시 원을 세운 다음에 받겠는가! 저 농부가 곡식을 거둠과 같으니 어찌 원을 기다리겠는가! 諸菩薩 行業淸淨 自得淨報 何以要須 立願然後

得之 譬如田家得穀 豈復待願", 『관무량수불경의소』 권하(대정장37, p.302b7)에 "계를 가져 업을 깨끗이 하여 정보를 구하고, 계를 지켜 덕을 이루면 그 이름 멀리까지 들린다. 持戒淨業 以求淨報 持戒成德 名稱遠聞", 『대승의장』 권18(대정장44, p.820b21)에 "여덟 가지 정보에 이름을 붙여 보라 한다. 八種淨報 名之爲報", 『이제의』 권하(대정장45, p.105b2)에 "정토는 정보이고 예토는 물든 보이다. 정토는 정업의 감응이고 예토는 번뇌업의 감응이다. 이미 정보와 염보 그리고 정업과 염업이 있기에 하나일 수는 없지만 서로 여읠 수도 없어서 '즉'이라 한다. 淨土是淨報 穢土是穢報 淨土淨業感 穢土穢業感 旣有淨報穢報 淨業穢業 故不得一 但不相離爲卽也"라고 하였다. 〔참고문헌〕『大般涅槃經』, 『大般涅槃經疏』, 『大智度論』, 『觀無量壽佛經義疏』, 『大乘義章』, 『二諦義』. ⇨ 정계 淨戒, 정업 淨業 ❶❷

정보 淨寶 1609~1675. 명말청초(明末淸初)대 조동종(曹洞宗) 스님. 속성은 구양(歐陽)씨. 건창(建昌 : 江西省) 신성(新城) 출신. 천우정보선사(天愚淨寶禪師)라 불린다. 나이 열둘에 출가하여 판 두드리는 소리를 듣고 소식을 얻은 뒤 변산(弁山 : 浙江省)의 구묵대음(久默大音) 문하로 들어가 수행하다가 대음이 입적한 다음 다시 보수산(寶壽山)의 석우명방(石雨明方)을 친견하고 인가를 받았다. 청대인 1656년(순치13) 우항남산(禹航南山)에서 법문을 시작한 뒤에 월주현성사(越州顯聖寺)・가화흥선사(嘉禾興善寺)・항주자운사(杭州紫雲寺) 등에 두루 주석하면서 종풍을 떨쳤다. 『오등전서』 권109(卍속장142, p.118a4)에 "법좌에 올라앉아 크게 할을 내지르고 '이 소리 그대로 알면 참으로 대단한 일이고, 만약 그렇지 않다면 만 리로 멀어지리'. 上堂 乃大喝曰 與麽會得 太煞無端 稍若不然 厓州萬里"라는 등의 법어와 문답이 전한다. 1675년(강희14) 8월 세수 67, 법랍41세로 입적하였다. 〔참고문헌〕『五燈全書』.

정보리 淨菩提 ➡ 보살십일주상 菩薩十一住相, 십일주 十一住 ❶

정보리심 淨菩提心 진언행자(眞言行者)가 초지(初地)에 들어가 법명도(法明道)를 보고 모든 번뇌장애가 없어 무개장삼매(無蓋障三昧)를 얻은 경지. 이 청정한 보리심은 동방 아축여래(阿閦如來)의 삼매로서 모든 중생이 성불하는 정인(正因)이기에 반드시 이 정보리심을 인으로 삼아 일체여래경계로 증입한다. 진언행자의 초지를 정보리심지라고도 한다. 『대일경』 권1(대정장18, p.1c26)에 "비밀주여, 이 보살의 정보리심의 문을 초법명도라 한다. 보살이 이곳에 머물며 수학하면 부지런히 수고롭게 한 지 오래지 않아서 문득 일체번뇌장애가 사라진 삼매를 얻는다. 이 삼매를 얻은 사람은 모든 불보살과 같이 머문다. 祕密主 此菩薩淨菩提心門 名初法明道 菩薩住此修學 不久勤苦 便得除一切蓋障三昧 若得此者 則與諸佛菩薩同等住", 『대일경소』 권3(대정장39, p.610a15)에 "처음으로 정보리심의 문에 들어가 법명도를 보니 마치 식종자의 가라라(Ⓢ Ⓟ kalala) 때와 같다. 初入淨菩提心門 見法明道 如識種子 歌羅羅時", 같은 책 권1(대정장39, p.587a29)에 "정보리심은 마치 순금의 본성이 밝고 맑아서 모든 허물을 벗어난 상태와 같다. 淨菩提心者 猶如眞金 本性明潔 離諸過患"라고 하였다. 〔참고문헌〕『大日經』, 『大日經疏』. ⇨ 법명도 法明道

정보리심관 淨菩提心觀 자(字)를 방편으로 그 뜻을 관하여 깨끗한 보리심 즉 깨우침을 성취하는 일. 낱낱 자(字)의 뜻을 관하여 번뇌를 없이 하고 본존삼매와 상응하여 마침내 부처님의 모습을 밝게 사무쳐 보아 행하니 세간에 보리의 싹이 성취된다. 『대일경소』 권10 「세간성취품 世間成就品」(대정장39, p.688a23)에 "다시 이 자(字)라 하였으니 이것은 그대로 보리심이다. 낱낱 자(字)를 말미암아 곧바로 실상문에 들어가기에 모두 다 법계의 체가 된다. 말하길 자(字)란 범어 아찰람(阿刹藍 Ⓢ akṣaram)이라고 할 때 아(阿)는 바로 무너짐이 없는 뜻이어서 그대로 정보리심이다. 이와 같이 행하는 문을 정보리심으로 삼기 때문이니 만약 번뇌를 버릴 수 없다면 본존삼매가 현전할 까닭이 없게 된다. 그러므로 낱낱의 자(字)들로 하여금 행하게 해서 정보리심과 상응하게 한다. … 자륜(字輪)을 관하여 이 자륜에 있어서 마음을 깨끗하게 하는 중에 전과 같이 성취하게 되니 이것이야말로 정보리심의 뜻이다. 삼업 평등하고 청정하게 되면 능히 모든 부처님 모습 보게 된다. 정보리심과 염불삼매 상응하여 밝게 사무쳐 걸림이 없다. 復次此字者 卽是菩提心 由一一字卽是入實相門 皆得法界之體 所云字者 梵云 阿刹藍 阿是不壞義卽是淨菩提心也 如此行門爲淨菩提心故 若不除垢 本尊三昧無由現前 故行者令一一字 與淨菩提心相應也 … 觀字輪在此輪明淨心中 如前成就 此卽淨菩提心義也 由三業平等淸淨 能見諸佛相 淨菩提心與念佛三昧相應 明了無礙"라 하였다. 〔참고문헌〕『大日經疏』. ⇨ 자문 字門, 실담사십이문 悉曇四十二門

정보업 定報業 보가 결정된 업. 이종정업(二種定業 : 定業・不定業) 중 하나로 오역죄(五逆罪) 등을 말한다. 결정업(決定業)・정업(定業)이라고도 하며 부정보업(不定報業 : 不定業)의 상대어이다. 『성실론』 권7(대정장32, p.291a4)에 "업에는 두 가지가 있으니, 정보업과 부정보업이다. 정보업이란 많던 적던 반드시 보를 받는 것이고, 부정보업이란 모두 없게 할 수 있는 것이다. 〔문〕 어떤 것이 정보업이고, 어떤 것이 부정보업인가?

〔답〕 경중에 설한다. 오역죄는 정보업이다. 〔문〕 오역죄만 정보업인가, 다시 그 이외도 있는가? 〔답〕 그 이외의 업 중에도 정보업분이 있으나, 보여줄 수 없을 뿐이다. 혹은 일이 중대하기 때문에 정보가 있게 되니, 예를 들면 부처님과 부처님의 제자에게 공양하거나 헐뜯는 경우다. 혹은 마음에 중대한 것으로서 정보가 있게 되니, 예를 들면 사람으로서 벌레와 개미를 잔인하게 죽이면 사람을 죽이는 것보다 더 엄중하다. 이와 같은 등 나머지 업에도 정보가 있다. 〔문〕 오역죄는 가볍게 할 수 있으나 어찌하여 모두 없어지게 할 수는 없는가? 〔답〕 이 죄는 어찌할 수 없이 도무지 없게 할 수는 없다. 수다원이 비록 매우 게으를지라도 여덟 번 나지 않는 것과 같다. 또 오역죄는 견고하고 무겁기에 도무지 없앨 수 없다. 마치 왕법에 중죄(重罪)가 있는 이는 (죄를) 가볍게 할 수는 있지만 완전히 사면할 수는 없는 것과 같다. 業有二種 定報不定報 定報業者 若多若少 必當受報 不定業者 可令都盡 問曰 云何名定報業 何等是不定報業 答曰 經中說五逆罪是定報業 問曰 但五逆罪是定報業 更有餘耶 答曰 餘業中亦有定報分 但不可得示 或以事重 故有定報 如於佛及佛弟子 若供養若輕毁 或以心重 故有定報 如人以深厚纏殺害虫蟻 重於殺人 如是等餘業 亦有定報 問曰 若五逆罪可令薄者 何故不能使都盡耶 答曰 此罪法爾 不可都盡 如須陀洹 雖至懈怠 不到八生 又五逆罪 以堅重故 不可都盡 如王法中 有重罪者 可得令輕 不可全赦"라고 하였다. 〔참고문헌〕『成實論』, 『大乘義章』 권7(대정장44, p.610b23). ⇨ 결정업 決定業, 삼결정업 三決定業, 부정업 不定業, 오역죄 五逆罪

정복 淨伏 남송(南宋)대 임제종(臨濟宗) 스님. 호는 호암(虎巖). 회안(淮安 : 江蘇省) 출신. 허주보도(虛舟普度 1196~1277)의 법제자. 처음에는 항주(杭州 : 浙江省) 중천축사(中天竺寺)의 수좌에서 담주(潭州 : 湖南省)의 석상사(石霜寺)로 출세한 다음 항주의 경산(徑山)에 주석하였다. 1284년(지원21) 정월에 대명전(大明殿)으로 들어가 조정대신들의 인사를 받고 설법하였다. 『증집속전등록』 권5(卍속장142, p.845a5)에 "법좌에 올라앉아 '텅 비어 다 떨어져 나가 의지할 일 없는 이것 무슨 경계인가? 바람 불어도 가지를 울릴 일 없고, 비가 내려도 흙덩이를 부술 일 없다'라고 한 뒤 불자로 선상을 치고 말했다. '요임금과 순임금이 여전히 교화할 일이 남았다'. 上堂 廓落無依 是何境界 風不鳴條 雨不破塊 以拂子擊禪床云 堯舜之君 猶有化在"라고 하는 등의 법문이 전한다. 〔참고문헌〕『增集續傳燈錄』, 『五燈會元續略』 권3(卍속장138, p.957b17).

정본 正本 ❶ 경전 등 서적의 원본. 부본(副本)과 대칭한다. 『금강선론』 권1(대정장25, p.801b16)에 "서국의 정본에 따르면 일체 경전의 첫 부분에는 모두 바가바(Ⓢ Bhagavat)라고 한다. 依西國正本 一切經首 皆言婆伽婆", 『회쟁론』 「서회쟁론번역지기 序迴諍論翻譯之記」(대정장32, p.13b13)에 "이 논서의 정본은 모두 600자로 구성되어 있다. 此論正本 凡有六百", 『주유마힐경』 「서 序」(대정장38, p.327b11)에 "장안대사 측에서 구마라집법사에게 정본을 중역해 달라고 청했다. 於長安大寺 請羅什法師 重譯正本", 『신승전』 권1 「주사행전 朱士行傳」(대정장50, p.950b9)에 "서쪽으로 가다가 우전국에 이르러 범어로 쓴 원본을 얻어서 낙양으로 돌아왔다. 西至于闐 得梵書正本 將歸洛陽"라고 하였다. 〔참고문헌〕『金剛仙論』, 『迴諍論』, 『注維摩詰經』, 『神僧傳』. ❷ 바로잡다. 진실한 바탕. 『벽암록』 80칙 「평창 評唱」(대정장48, p.206b9)에 "이 육식을 교가에서는 진실한 바탕으로 삼는다. 산하대지와 일월성신은 이것을 인으로 하여 일어날 수 있기 때문이다. 此六識 教家立爲正本 山河大地 日月星辰 因其所以生", 『선림보훈』 권4(대정장48, p.1038a10)에 "요즘 제방의 주지들은 사적인 일로 공적인 일을 뒤섞고, 지말로 본을 바로잡으려 한다. 今諸方主者 以私混公 以末正本"라고 하였다. 〔참고문헌〕『碧巖錄』, 『禪林寶訓』.

정부 淨符 명말청초(明末淸初)대 조동종(曹洞宗) 스님. 호는 위중(位中), 속성은 유(劉)씨. 여릉(廬陵 : 江西省) 출신. 위중정부선사(位中淨符禪師)라 불린다. 처음 변산(弁山 : 浙江省)의 서백명설(瑞白明雪)을 찾아갔으나 계합하지 못하여 다시 고향으로 돌아왔다. 어느 날 날아가던 새가 입에 물고 있던 배를 떨어뜨리는 것을 보고 약간의 깨우침이 있었고, 다시 『경덕전등록』 권16(대정장51, p.329b7)의 어떤 학인과 구봉도건(九峯道虔 ?~921) 간의 문답, 즉 "'무엇이 학인자기입니까?' '다시 묻는 이 누구인가?' 問 如何是學人自己 師曰 更問阿誰"라는 구절에서 활연대오하였다. 마침내 석우명방(石雨明方 1593~1648)을 찾아가 자신이 깨우친 바를 보이고 그의 법을 이었다. 그 후 전당(錢唐 : 浙江省)의 백암(白巖)에 주석하면서 30년 동안 설법하였다. 1667년(강희6)에 나온 『법문서귀 法門鋤宄』나 1672년(강희11)에 나온 『조등대통 祖燈大統』은 조통설(祖統說)의 잘못을 바로잡을 목적에서 저술되었다. 이 두 책의 출간으로 명성은 널리 퍼지게 되었고, 그 결과 사방의 납자들이 가르침을 받고자 몰려들었다. 다른 저술로 『인천안목고 人天眼目考』 1권·『송석적주 頌石摘珠』 1권·『종문염고휘집 宗門拈古彙集』 45권(卍속장115, pp.514a1~1043b12) 등이 있다. 제자로 향목지단(香木智檀)을 배출했다. 〔참고문헌〕『景德傳燈錄』, 『五燈全書』 권110(卍속장142, p.122b13).

정부정광명색 正不正光明色 Ⓢ sātāsāta-nirbhāsaṃ rūpam. 온전히 빛나거나 빛을 다 드러내지 않기도 하는 색. 사종색(四種色) 중 하나로 차고 기우는 해와 달의 광명을 말한다. 『유가사지론』 권3(대정장30, p.292c24 : *Yogā-bh.*, p.65)에 "네 가지 색을 세우기도 하는데, 유의광명색·무의광명색·정부정광명색·적집주색을 말한다. 或立四種 謂有依光明色 無依光明色 正不正光明色 積集住色 caturvidhamāśrayanirbhāsamanāśrayanirbhāsaṃ sātāsātanirbhāsaṃ pracayāvasthitaṃ ca", 『유가론기』 권1(대정장42, p.335b5·한불전13, p.73c14)에 "정부정광명이란 무엇인가? 해와 달이 차고 기우는 등의 광명을 말한다. 正不正光明者 謂日月盈虧等光明"라고 하였다. [참고문헌] 『瑜伽師地論』, 『瑜伽論記』, *Yogā-bh.*

정부정무도 淨不淨無倒 Ⓢ aviśuddhau viśuddhau ca aviparyāsaḥ. 정에도 부정에도 전도가 없음. 십무도(十無倒) 중 하나로 청정과 염오를 여실하게 관찰하여 전도됨이 없는 지혜이고, 염정무도(染淨無倒)라고도 한다. 『중변분별론』 권하(대정장31, p.462a23 : *Madhy-vibh.*, p.67)에 "어떤 것이 정부정무도인가? 〈게〉 전도하여 삿된 사유가 아직 다하지 못한 것과 이미 다한 것이 부정과 정이니, 이것이 정부정에 전도되지 않음이다. 〈논〉 전도되어 바르지 않게 사유하고 아직 다하지 않으면 이것을 법계의 불청정이라고 하며, 있지 않아 다하면 이것을 법계청정이라고 한다. 이런 지견이 있으면 이것을 부정과 정의 무전도라고 한다. 何者淨不淨無倒 顚倒邪思惟 未滅及已滅 此不淨及淨 是彼不顚倒 顚倒不正思惟 在及未盡 是名法界不淸淨 若不在及盡 是名法界淸淨 若有此知見 是名不淨及淨無倒 〈kārikā〉 viparyastamanaskārāvihāniparihāṇitaḥ, tadaśuddhir viśuddhiś ca sa ca tatrāviparyayaḥ. 〈bhāṣya〉 viparyastasmanaskārāprahāṇan tasya dharmadhātor aviśuddhis tatprahāṇaṃ viśuddhir iti yad evaṃjñānam ayam aviśuddhau viśuddhau cāviparyāso yathākramaṃ"라고 하였다. [참고문헌] 『中邊分別論』, *Madhy-vibh.* ⇨ 십무도 十無倒, 염정무도 染淨無倒, 정부정전도 淨不淨顚倒, 전도 顚倒

정부정의지주식 淨不淨依止住食 사식(四食 Ⓢ catvāra āhārāḥ) 중 촉식(觸食 Ⓢ sparśāhāraḥ)·사식(思食 Ⓢ manaḥsaṃcetanāhāraḥ : 業食)·식식(識食 Ⓢ vijñānāhāraḥ)의 세 가지 식(食)으로 색무색계에서 의지하는 식이다. 『섭대승론석』 권14(대정장31, p.259a28)에 "(四食 중) 둘째 정부정의지주식이니, 업과 식과 촉의 세 가지 식을 말한다. 색계와 무색계의 중생신이 얻어 상속하여 머문다. 이 두 계의 중생은 이미 하계의 번뇌를 여의었으나, 아직 자기의 지와 상계번뇌를 여의지 못하였기에 의지 역시 정하기도 하고 부정하기도 하다. 이 의지는 세 가지 식으로 말미암아 머물기에 정부정의 지주식이라고 한다. 二 淨不淨依止住食 謂業 識 觸 三食令色無色界衆生身得相續住 此二界衆生已離下界惑 未離自地及上界惑故 依止亦淨不淨 此依止由三食得住故 名淨不淨依止住食", 『유마경소』 권6(대정장85, p.408a9)에 "둘째는 정부정의지주식이니 유학성인과 색무색계의 범부에 해당한다. 유학성인은 견혹을 끊어 없앴기에 청정하다 하고 수혹은 아직 끊지 못했기에 부정이라 한다. 범부이지만 이미 상지의 정을 얻어 욕계지의 번뇌를 조복해 끊었기에 정이라 하고, 상지의 혹은 아직 여의지 못했기에 부정하다고 한다. 二 淨不淨依止住食 謂有學聖人及色無色界凡夫 有學聖人斷見惑盡 名淨 修惑未盡名爲不淨 凡夫已得上定 伏斷欲界地惑 名淨 未離上惑 名爲不淨"라고 하였다. [참고문헌] 『攝大乘論釋』, 『維摩經疏』, 『大乘阿毘達磨集論』 권3(대정장31, p.672b11), *Abh-s.30.*, *Abh-s-bh.45.* ⇨ 사식 四食[1], 사식 思食, 식식 識食, 촉식 觸食

정부정전도 淨不淨顚倒 Ⓢ śubhāśubha-viparyāsa. 정(淨)과 부정(不淨) 지혜롭게 알지 못함. 정부정도(淨不淨倒)라고도 하며, 염정무도(染淨無倒)의 상대어다. 『중론』 권4(대정장30, p.31b9)에 "정부정전도라 한다. 전도란 헛된 망상이다. 허망이란 바로 자성이 없음이니, 성이 없으면 전도도 없다. 전도가 없다면 어떻게 전도로 인해 온갖 번뇌를 일으키는가? … 이 육입이야말로 삼독의 근본이다. 이 육입에 의하여 정부정전도를 낳고, 정부정전도에 의하여 탐욕·분노·어리석음을 낳는다. … 색성향미촉법 자체가 아직 마음과 화합하지 못했을 때는 공무소유여서, 마치 아지랑이와 같고 꿈과 같으며 변화한 것 같고 거울 속의 모습과 같아서 단지 마음을 속이는 것일 뿐, 모습들 정한 바 없다. 이와 같은 육입 중에 어찌 정함과 정하지 않음이 있겠는가? … 정을 인함이 없고 앞선 부정도 없다면, 무엇에 의하여 부정을 말하겠는가? 그러므로 부정도 있을 수 없다. … 청정하지 않음에 의하지 않고서 먼저 청정함이 없다면, 무엇에 의하여 청정함을 말하겠는가? 그러므로 청정함이 없다. … 정부정이 없기에 탐욕과 분노도 일어날 일 없다. 淨不淨顚倒者 顚倒名虛妄 若虛妄卽無性 無性則無顚倒 若無顚倒 云何因顚倒 起諸煩惱 … 是六入三毒根本 因此六入生淨不淨顚倒 因淨不淨顚倒生貪恚癡 … 色聲香味觸法自體 未與心和合時 空無所有 如炎如夢 如化如鏡中像 但誑惑於心 無有定相 如是六入中 何有淨不淨 … 若不因於淨 先無有不淨 因何而說不淨 是故無不淨 … 若不因不淨先無有淨 因何而說淨 是故無有淨 … 無淨不淨故 則不生貪恚"라고 하였다. [참고문헌] 『中論』, 『中觀論疏』 권9

(대정장42, p.146a1), *Pras.140.* ⇨ 염정무도 染淨無倒, 정부정무도 淨不淨無倒, 사전도 四顚倒, 전도 顚倒

정분의타기성 淨分依他起性 Ⓢ paratantra-svabhāve vyavadānāṃśika, Ⓣ gzhan-gyi-dbang-gi-ngo-bo-nyid-rnam-par-byang-ba'i-char-gtogs-pa. 정분의 의타기성. 여여(如如)를 연으로 성취하는 의타성으로 이종의타기성(二種依他起性 : 染分依他起性・淨分依他起性) 중 하나다. 『섭대승론석』 권6(대정장31, p.193a17 : *Mah-saṃ.*, p.39)에 "〔논〕 아비달마수다라 중에서 세존께서 말씀하셨다. '법에는 세 가지가 있으니, 첫째는 염오분이고, 둘째는 청정분이며, 셋째는 염오청정분이다'. 어떤 뜻에 의지하여 셋으로 나누셨는가? 의타성 중에서 분별성은 염오분이고, 진실성은 청정분이며, 의타성은 염오청정분이다. 이와 같은 뜻에 의지하였기에 셋으로 나누셨다. 論曰 阿毘達磨修多羅中 佛世尊說 法有三種 一 染汚分 二 淸淨分 三 染汚淸淨分 依何義說此三分 於依他性中 分別性爲染汚分 眞實性爲淸淨分 依他性爲染汚淸淨分 依如此義 故說三分 chos mngon pa'i mdo las chos ni gsum ste. kun nas nyon mongs pa'i char gtogs pa dang. rnam par byang ba'i char gtogs pa dang. de gnyi ga'i char gtogs pa'o zhes bcom ldan 'das kyis gang gsungs pa ci la dgongs te gsungs she na. gzhan gyi dbang gi ngo bo nyid la kun tu brtags pa'i ngo bo nyid yod pa ni kun nas nyon mongs pa'i char gtogs pa'o. yongs su grub pa'i ngo bo nyid yod pa ni rnam par byang ba'i char gtogs pa'o. gzhan gyi dbang de nyid ni de gnyi ga'i char gtogs pa ste. 'di la dgongs nas bka' stsal to", "〔석〕 아비달마수다라 중에서 분별성은 번뇌를 성으로 삼고, 진실성은 청정을 성으로 삼으며, 의타성은 두 성을 다 갖춤으로 두 성을 성으로 삼는다고 하였다. 그러므로 법에는 세 가지가 있다고 하셨으니, 첫째는 번뇌분이고, 둘째는 청정분이며, 셋째는 두 법을 분으로 삼았다. 이러한 뜻에 의지해 이런 말씀을 하셨다. 釋曰 阿毘達磨修多羅中說 分別性 以煩惱爲性 眞實性 以淸淨品爲性 依他性由具兩分 以二性爲性 故說法有三種 一 煩惱爲分 二 淸淨爲分 三 二法爲分 依此義故作此說", 『불성론』 권2(대정장31, p.794c1)에 "〔문〕 만약 의타성을 정지로서 거둔다면, 어찌하여 의타성이 분별성을 연으로 하여 성립한다고 하는가? 〔답〕 의타성에는 두 가지가 있으니, 첫째는 염탁의타이고, 둘째는 청정의타다. 염탁의타는 분별을 연으로 성립하고, 청정의타는 여여를 연으로 성립하기 때문이다. 問曰 若依他性爲聖智所攝者 云何說依他性緣分別性得成 答曰 依他有二種 一 染濁依他 二 淸淨依他 染濁依他 緣分別得成 淸淨依他 緣如如得成故"라고 하였다. 〔참고문헌〕 『攝大乘論釋』, 『佛性論』, *Mah-saṃ.* ⇨ 염분의타기성 染分依他起性, 의타기성 依他起性, 삼성 三性[1], 삼성삼무성 三性三無性[2]

정불 淨佛 본심 중에 영원하신 부처님(本心常佛). 일체중생에게 본래있는 정보리심으로 상주하는 불변의 부처님을 말한다. 『대일경』 권2(대정장18, p.11a15)에 "보리심을 발하여 모든 여래를 억념하게 하면, 모두 틀림없이 정불의 집에 태어날 것이라오. 令發菩提心 憶念諸如來 一切皆當得 生於淨佛家", 『대일경소』 권8(대정장39, p.661b21)에 "정불이라 하였다. 성문법 중에서는 아라한 역시 불이라고 한다. 모든 나머지 대승의 미료의경에도 성불의 뜻이 있다. 그러나 변정이라고 이름하지 못한다. 지금은 바로 본심의 영원한 부처를 밝히고자 정이라는 글자로 굳이 드러낸다. 言淨佛者 聲聞法中阿羅漢 亦名爲佛 諸餘大乘 未了義經 亦有成佛義 然不得名爲遍淨 今正明本心常佛故 以淨字甄之", 『대일경소묘인초』 권37(대정장58, p.315a2)에 "(『대일경』에서) '모두 틀림없이 정불의 집에 태어날 것이다'라고 한 것에 대해 '정불이라 한 것은 성문법 중에서는 … 아라한 역시 불이라고 한다'라 하였다. 삼계의 번뇌를 다하고 무상보리를 증득하기에 부처라고 한다. 권대승 중에 주행보살도 불이라고 하는 등은 모두 변정이 아니다. 그러므로 '성문법 중에서는 내지 변정이라고 할 수 없다'고 한 것이다. '지금은 바로 본심의 상불을 밝힌다' 하였으니 지금 이 경에서는 일체중생이 본래 가지고 있는 정보리심의 상주불변불을 밝히고자 정이라는 글자로 굳이 구별한다. 一切皆當得 生於淨佛家者 言淨佛者 聲聞法中 … 阿羅漢 亦名爲佛者 盡三界結 證盡無上菩提 故且爲佛 權大乘等中 住行菩薩 名爲佛等 皆是非遍淨也 故云聲聞法中 乃至不得名爲遍淨也 今正明本心常佛者 今此經明一切衆生 本有淨菩提心常住不變佛故 以淨字甄之"라고 하였다. 〔참고문헌〕 『大日經』, 『大日經疏』, 『大日經疏妙印鈔』. ⇨ 정보리심 淨菩提心, 진불 眞佛

정불능남 精不能男 Ⓢ āsakta-prādur-bhāvī-paṇḍaka. 오종불능남(五種不能男) 중 하나. 변불남(變不男)・변황문(變黃門)・구생황문(拘生黃門)・촉구황문(觸拘黃門) 등이라고도 한다. 상대하는 성에 따라 성기능을 다르게 쓰는 이를 일컫는다. 즉 여자를 만나면 남자가 되고, 남자를 만나면 여자가 되는 사람이다. 정불능남은 『십송율』에서 전한 역어이며, 『사분율』에서는 오종황문(五種黃門) 중 변황문이라 하였다. 『십송율』 권21(대정장23, p.153c7)에 "어떤 것이 정불능남인가? 타인의 음란한 몸을 보고 몸을 나누어 쓰는 것이 정불능남이다. 何等精不能男 因他人婬身身分用 是精不能男", 『법화경소』 권하(卍속장150, p.825a16)에 "다섯째, 정불능남은 남이 먼저 자신의 몸에 접촉해 옴에 따라서 비로소 성을 발휘하는 이를 말한다. 五者 精不能男 謂他先觸己身 方能男耳", 『사분율소식종의기』 권7(卍속장66, p.484b6)에 "무엇을 정불능남이라 하는가? 성욕이 일어난 타인의 음신에 따라 몸을 나누어 쓰는 이를 말하니 불능남으로 푼다. 彼云何等精不能男 因他人婬身 身分用是 釋不能男", 『법화경회의』 권5(卍속장50, p.636a6)에 "넷째, 변불남은 남성을 만나면 여성으로 변하고 여성을 만나면 남성으로 변하는 사람을 말한다. 四 變不男 謂見男變女 見女變男"라고 하였다. [참고문헌] 『十誦律』, 『法華經疏』, 『四分律疏飾宗義記』, 『法華經會義』, 『四分律』 권35(대정장22, p.812c8), *Mvy ut.270.* ⇨ 오종불능남 五種不能男

정불사 淨佛寺 경상북도 영주시 부석면 봉황산(鳳凰山)에 있던 절. 『동국여지승람』 권25 경상도 영천군 불우에 이름과 위치가 전하나 『여지도서』 경상도 영천 사찰과 『범우고』에는 "지금은 폐사되었다. 今廢"라고 하였다. [참고문헌] 『東國輿地勝覽』, 『輿地圖書』, 『梵宇攷』, 『韓國寺刹全書』 권하 p.1013a10.

정비정 情非情 Ⓢsattva-asattva. 유정(有情)과 비정(非情). 정식(情識)이 있는 것과 없는 것. 정(情 Ⓢsattva)은 중생의 신역으로 의식을 가진 일체의 생명체를 말하고, 비정은 초목이나 산하대지를 일컫는다. 『수호국계주다라니경』 권1(대정장19, p.526c18)에 "그때 세존께서 홀연히 정수리 위의 육계 중 부골의 모공에서 대광명을 내셨는데, 그 빛은 선명한 흰색이었다. 또 무량백천광명으로 권속을 삼아 세간을 널리 비추셨는데, 아래로는 아비지옥(阿鼻地獄 ⓈAvīci-naraka)에 이르고 위로는 아가니타천(阿迦尼吒天 ⓈAkaniṣṭha-deva)에 이르기까지 일체의 모든 것이 다 흰색이었다. 그중에서 중생들이 모두 일체의 산·숲·강·바다의 유정과 비정의 무리를 보니, 모두 다 선명한 흰색이었는데 마치 우윳빛이나 설산 같았다. 또 입 중에서 대광명을 내셨는데 저 제청색 같았다. 또한 무량한 백천광명으로 권속을 삼아 동방의 금강좌로부터 동쪽으로 갠지스강의 모래알처럼 수없이 많은 세계를 모두 비추셨는데, 그 가운데에 있는 산·강·절벽·풀·나무·숲의 유정과 비정의 경계가 모두 제청색이었고, 그중에 중생들도 모두 일체가 마치 제청색인 듯 보았다. 爾時 世尊 忽於頂上肉髻之中 膚骨毛孔 放大光明 其光鮮白 復以無量 百千光明 而爲眷屬 普照世間 下至阿鼻地獄 上至阿迦尼吒天 一切所有 皆同白色 其中衆生 皆見一切 山林河海 情非情物 皆同鮮白 猶如乳色 亦如雪山 又從口中 放大光明 如帝青色 亦以無量 百千光明 而爲眷屬 照於東方 從金剛座 東盡恒河沙世界 其中所有 山河石壁 草木叢林 情非情境 皆帝青色 彼中衆生 皆見一切 如帝青色", 『대비바사론』 권138(대정장27, p.714a12)에 "내외법의 차별에는 세 가지다. 첫째는 상속내외다. 즉 자신에게 있는 것을 내라 하고, 타인의 몸과 비유정수에 있으면 외라고 한다. 둘째는 처의 내외다. 즉 심심소의 의지가 되는 것을 내라 하고, 그 연을 외라고 한다. 셋째는 정비정의 내외다. 유정수법을 내라 하고 비유정수법을 외라고 한다. 內外法差別有三 一 相續內外 謂在自身名爲內 在他身及非有情數名爲外 二 處內外 謂心心所所依名內 所緣名外 三 情非情內外 謂有情數法名內 非有情數法名外"라고 하였다. [참고문헌] 『守護國界主陀羅尼經』, 『大毘婆沙論』, *Abh-k-bh.133·219.* ⇨ 유정 有情, 무정 無情, 비정 非情, 중생 衆生, 정식 情識

정비정상입 情非情相入 정과 비정이 서로 들다. 오종변(五種變) 중 하나로 불신(佛身)이 사대신(四大身)에 들고 무량중생신이 불신에 드는 일이다. 『인왕경』 권하(대정장8, p.831a4)에 "그때 부처님께서 왕을 위해 오종불가사의신변을 보이셨다. … 한 부처님의 몸으로 무량중생의 몸에 들고, 무량중생의 몸이 한 부처님의 몸에 들며, 육도의 몸에 들고 지수화풍의 몸에 드니, 부처님의 몸이 불가사의하며 중생의 몸도 불가사의하고 세계도 불가사의하다. 時 佛爲王現五不思議神變 … 一佛身入無量衆生身 無量衆生身入一佛身 入六道身 入地水火風身 佛身不可思議 衆生身不可思議 世界不可思議", 원측(圓測)의 『인왕경소』 권하(대정장33, p.413c2·한불전1, p.101a20)에 "[경] 한 꽃이 들어가고부터 화풍의 몸까지. [석] 두 번째 차례로 따로 펴는 중에 둘이 있다. 처음에는 따로 펴고 뒤에는 거듭 찬탄하는데, 이는 따로 펴는 것이다. 그러나 이 다섯 가지 변화는 여러 가지로 같지 않다. … 다섯째 부처님의 몸이 사대의 몸에 들어간다는 것은 정과 비정이 서로 드는 것이다. 經 一華入〈至〉火風身 釋曰 第二 次第別敘 於中有二 初別敘 後重讚 此別敘也 然此五變 諸說不同 … 五 佛身入四大身者 情非情相入"라고 하였다. [참고문헌] 『仁王經』, 『仁王經疏』. ⇨ 오종변 五種變, 불신 佛身, 사대신 四大身

정빈 定賓 당대 율사(律師). 출신지는 알 수 없으나 천성이 총명하고 학식이 뛰어났다. 출가하여 구족계(具足戒)를 받은 후, 장안(長安 : 陝西省 西安) 숭복사(崇福寺)의 만의(滿意)에게 율을 배우고, 상부종(相部宗)의 법을 얻어서 대량(大亮)·법장(法藏) 등 열다섯 사람과 함께 만의문하(滿意門下)의 뛰어난 제자라는 칭송을 들었다. 『파미집기 破迷執記』 1권·『사분율소식종의기 四分律疏飾宗義記』 10권 등을 지어 법려(法礪)의 사상을 펼치고 동탑종(東塔宗) 회소(懷素 634~707)의 사상을 논파하였다. 이외에 『사분율계본소 四分律戒本疏』 2

권 · 『인명정리문론소 因明正理門論疏』 6권 등의 저술이 있다. 〔참고문헌〕『宋高僧傳』 권14(대정장50, p.793a2), 『遊方記抄』(대정장51, p.993a17). ⇨ 회소 懷素

정사 正士 보살(菩薩 Ⓢ bodhisattva)의 한역어 중 하나. 정도(正道)를 구하는 대사(大士)라는 뜻. 개사(開士)라고도 한다. 『대보적경』 권11(대정장11, p.60c5)에 "이 모든 정사가 모든 중생들 위해 정법을 기꺼이 설하여 중생의 마음을 두루 기쁘게 한다. 斯諸正士 爲諸衆生 快說正法 普悅衆心", 『미증유정법경』 권1(대정장15, p.429b9)에 "사자무외음보살이 말했다. '비유하자면 세간에서 힘이 센 사람은 굴복시키기 어렵듯이, 하는 일마다 능히 가려 다하는 이를 정사라 한다. 정사는 항상 정법을 행하고 모든 죄의 허물을 떠나며, 사견을 일으키지 않고 부지런히 크나큰 선행을 하며, 마음은 항상 유연하고 추악상이 없으며 어떤 조급한 행위도 떠난다. 이를 정사라 한다. 師子無畏音菩薩言 譬如世間 有力之士 難屈難伏 所作能辦 是名正士 其正士者 常行正法 離諸罪垢 不生邪見 勤行大行 心常柔軟 無麤惡相 離諸卒暴 是名正士", 『유마의기』 권2말(대정장38, p.465c10)에 "정사란 덕에 나아가 부르는 말이다. 세간을 거두어 유지하고 출가한 뒤 정법을 받아 행하므로 정사라 한다. 言正士者 就德以呼 持世出家 受行正法 故曰正士"라고 하였다. 〔참고문헌〕『大寶積經』, 『未曾有正法經』, 『維摩義記』. ⇨ 보살 菩薩, 개사 開士, 대사 大士

정사 正事 Ⓟ sammā-paṭipadā. 바른 일 또는 반드시 행해야 할 일. 팔정도나 보살행을 말한다. 『잡아함경』 권28(대정장2, p.198c18)에 "재가자나 출가자가 정사를 일으킨다면 나는 찬탄할 것이다. 왜 그런가? 정사를 일으킨다는 것은 정법을 즐기고 좋아하기 때문이다. 어떤 것이 정사인가? 정견 내지는 정정을 말한다. 若在家出家 而起正事 我所讚歎 所以者何 起正事者 則樂正法 善於正法 何等爲正事 謂正見 乃至正定", 상응하는 *Paṭipadā-sutta*(*SN.5*, p.19)에 "비구들이여, 무엇이 올바른 길인가? 올바른 견해 … 올바른 선정이 그것이다. katamā ca bhikkhave sammāpaṭipadā. seyyathīdam sammādiṭṭhi … sammāsamādhi", 『섭대승론석』 권15(대정장31, p.267a2)에 "모든 부처님께서는 영원히 혹장과 지장을 해탈하셨다. 그러므로 한결같이 열반이시지만 여래께서는 정사를 지음도 끝이 없으시니, 성숙하지 않은 것은 성숙하게 하고, 이미 성숙한 것은 해탈하게 하는 이 두 가지 일을 쉬지 않으신다. 그러므로 여래께서는 한결같이 열반에 계시지 않는다. 만약 이승처럼 한결같이 열반만을 향한다면 여래의 본원에는 단지 원만 있고 과는 없게 된다. 만약 요의로 설한다면 열반도 있고 열반하지 않음도 있어야 한다. 諸佛永解脫惑障及智障 是故 一向涅槃 如來應作正事未究竟 謂未成熟令成熟 已成熟令解脫 此二事不可休廢 是故 如來不一向涅槃 若如二乘 一向涅槃 如來本願 但有願無果 若了義說應言有涅槃有不涅槃"라고 하였다. 〔참고문헌〕『雜阿含經』, 『攝大乘論釋』, *SN.* ⇨ 정도 正道, 사사 邪事

정사 正使 현행하는 번뇌 그 자체. 잠재해 있는 습기에 상대해 현재 작용하고 있다는 의미에서 정이라 하고, 사란 번뇌를 말한다. 습기에 상대한 이름이다. 원측(圓測)의 『인왕경소』 권중(대정장33, p.389a17 · 한불전1, p.62a13)에 "예로부터 전해오기로 번뇌소지장 두 가지 종자에서 거칠어 쉽게 끊을 수 있는 것들을 정사라고 하였다. 舊相傳說 二障種子 若麤易斷 名爲正使", 『유가론기』 권9(대정장42, p.515c24 · 한불전13, p.720c5)에 "보살에게 비록 습기가 남아 있더라도 정사가 다했다면 '번뇌가 다 했다'고 한다. 菩薩雖有習氣 而正使盡 名漏盡", 『화엄오교장』 권3(대정장45, p.493c12)에 "정사와 습기가 있는데, 초지이전에서는 번뇌의 현행을 조복하고, 초지에서는 번뇌의 종자를 끊으며, 초지이상에서는 습기를 버리고, 불지에서는 끝내 청정하다. 有正使及習氣 地前伏使現 初地斷使種 地上除習氣 佛地究竟淸淨", 『태종십류인혁론』 권2(卍속장95, p.897a10)에 "혹에는 여러 이름이 있다. 습기도 일반적으로 그 중 하나이지만, 습기란 본래 혹 그대로는 아니다. … 대개는 정사에 상대해서 말하는 것으로, 본래 자체는 없다. 惑亦多名矣 習氣蓋其一也 習本非正 … 夫旣對正使言之 則本無自體"라고 하였다. 〔참고문헌〕『仁王經疏』, 『瑜伽論記』, 『華嚴五教章』, 『台宗十類因革論』. ⇨ 사 使, 사종 使種, 습기 習氣, 현행 現行

정사 正思 ❶ Ⓢ samyak-cintanā, Ⓣ legs-par-sems-pa. 바르게 사유하다. 『보살지지경』 권3(대정장30, p.905a14 : *Bodh-bh.*, p.76)에 "저 정사란, 보살이 혼자 고요한 곳에 있으면서 들은 교법대로 사유하고 살펴 관찰하는 것으로, 먼저 이렇게 사유하지 않아도 될 것을 떠나고, 법을 사유함에 부지런히 항상 사유하고 문득문득 사유하여 방편을 그치지 않는 것이다. 彼正思者 菩薩獨一靜處 如所聞法思惟稱量觀察 先離如是不思處 思量於法 勤思常思頓思 方便不息 tatra samyak cintanā bodhisattvasya katamā. iha bodhisattva ekākī rahogato yathāśrutāṃ dharmāṃścintayitukāmastulayitukāma upaparīkṣitukāma ādita evācintyāni sthānāni vivarjayitvā dharmāṃścintayitumārabhate pratatañca cintayati. sātasya satkṛtya prayogeṇa na ślatham"라고 하였다. 〔참고문헌〕『菩薩地持經』, *Bodh-bh.* ⇨ 정사유 正思惟, 등치 等治 ❷ 고려전기 지리산 송림사(松林寺) 스님. 참지정사(參知政事)

정국검(鄭國儉 ?~1203)이 남원을 다스릴 때에 스님의 시구에 감동하여 방외우(方外友)를 맺었다. 『보한집』 권하에 "송림사 스님 정사가 한 구절 크게 써 놓기를 '고불 바위 앞 시냇물이 슬피 울고 목메어 우네! 흘러서 인간세계 들어가면 다시는 구름 덮인 청산과 영원히 만나지 못함을 못내 아쉬워하네'라고 하였다. 다음 날 나이 든 유생 양적중과 함께 스님을 찾아가 산수의 벗을 맺으니, 그로부터 인물을 평할 때마다 반드시 정사를 시승 중에 용이라 하였다. 有松林寺僧正思 大書一絶曰 古佛巖前水 哀鳴復嗚咽 應恨到人間 永與雲山別 翌日與老儒梁積中 連鑣尋訪 結爲山水友 後每論人物 必以正思爲詩僧中龍"라고 하였다. [참고문헌] 『補閑集』, 『東國輿地勝覽』 권39 全羅道 南原都護府 名宦.

정사 正師 바른 스승. 정법을 설하여 중생을 바르게 교화하고 인도하는 스승을 말한다. 사사(邪師)의 상대어다. 『수상론』(대정장32, p.160c12)에 "정견으로 짓기에 정행이라고 한다. 만약 성문인이 정사가 설한 바른 가르침을 들으면, 바른 성명을 따라 정문을 낳고 정문을 따라 정수를 낳으니, 이와 같은 차제로 익히고 배우는 것을 '소작'이라고 한다. 만약 독각과 부처님이라면 정사로부터 바로 정수를 낳으니, 성명을 따르거나 정문의 뜻은 있을 리 없다. 이 양승은 근기가 뛰어나 스스로 사유하여 깨달음을 얻는다. 正見所作故名正行 若聲聞人聞正師說正教 從正聲名生正聞 正聞生正修 作如此次第習學名爲所作 若是獨覺及佛 則從正思生正修 無有從正聲名生正聞義 以此兩乘根利 自能思惟得悟", 『사제론』 권1(대정장32, p.376a19)에 "바른 스승에 의지하여 한적한 곳에 오래 머물며, 두타행을 받아들여 생필품을 줄이고, 육근을 수호하며 음식의 양을 조절하고, 밤새도록 깨어 있으며, 기꺼이 한 마음으로 듣고, 이치에 맞게 사유하며, 바르게 말하고 외우며, 단정히 앉아 적정에 들어 수식관문을 행한다. 依正師長住空閑處 受頭陀行 減損生具 守護六根 節量飮食 初後夜覺 樂一心聽 如理思量 正說及誦 端坐寂定 數息觀門"라고 하였다. [참고문헌] 『隨相論』, 『四諦論』. ⇨ 사사 邪師

정사 正嗣 정법을 계승한 적자(嫡子). 적통(嫡統)을 이은 제자의 뜻이다. 『불조통기』 권7 「지위장 智威章」(대정장49, p.187c2)에 "(지위로부터) 법을 전수받은 제자가 비록 많지만 오직 천궁혜위(天宮慧威)선사만이 그의 적통을 이은 제자였다. 傳法雖衆 唯天宮威師 爲之正嗣", 『불조역대통재』 권5(대정장49, p.516c28)에 "사자존자(師子尊者)는 바사사다에게 심법과 신의를 전하고 정사로 삼았다. 尊者付婆舍斯多 心法信衣爲正嗣", 『경덕전등록』 권5 「혜능전 慧能傳」(대정장51, p.237a9)에 "법을 얻은 이들은 인종 등을 제외하고 33인이었다. 이들이 각자 어느 한 지방을 교화하면서 적통의 제자임을 내세웠다. 그밖에 이름을 감추고 자취를 숨긴 제자는 헤아릴 수 없을 정도로 많았다. 得法者 除印宗等三十三人 各化一方 標爲正嗣 其外藏名匿迹者 不可勝紀", 『광홍명집』 권12(대정장52, p.173b28)에 "마치 제지 소호의 치정이 복잡하게 뒤틀리자 구려가 난을 일으켰지만 그 후사가 불초하여 한 세대로 당했으며, 제지도 적통의 아들을 두지 못하고 치정 한 허를 채우지 못한 상태로 자손 없이 사라지듯 한 것과 같다. 如帝摯少昊 治政繁雜 九黎作亂 其嗣不肖 一世卽亡 帝摯亦無正嗣 治不滿春 一身而滅"라고 하였다. [참고문헌] 『佛祖統紀』, 『佛祖歷代通載』, 『景德傳燈錄』, 『廣弘明集』.

정사 呈似 드러내 보이다. 『경덕전등록』 권20 「소산광인전 疏山光仁傳」(대정장51, p.367c3)에 "투자가 소산에게 물었다. '바로 전에 어디서 떠났는가?' '연평에서 왔습니다' '칼은 가지고 왔는가?' '가지고 왔습니다' '노승에게 드러내 보여 보라'. 소산이 눈앞의 땅바닥을 가리키자 투자도 문득 그쳤다. 投子問曰 近離什麽處 曰 延平來 投子曰 還將得劍來麽 曰 將得來 投子曰 呈似老僧看 師乃指面前地上 投子便休", 『대혜어록』 권22 「시묘심거사 示妙心居士」(대정장47, p.903b26)에 "스스로 깨달은 경계와 스스로 안락한 경계와 스스로 힘을 얻는 경계를 타인은 모르기에 집어내어 남에게 드러내 보일 수 없으니, 오직 이미 깨달았거나 안락하거나 힘을 얻었다 하더라도 언뜻 보아 묵묵히 서로 알아볼 뿐이다. 自家悟處 自家安樂處 自家得力處 他人不知 拈出呈似人不得 除已悟已安樂已得力者 一見便默默相契矣"라고 하였다. [참고문헌] 『景德傳燈錄』, 『大慧語錄』.

정사 淨社 정토왕생(淨土往生)을 서원하고 함께 하는 무리나 그 행위. 『낙방문류』 권2 「정토왕생전서 淨土往生傳敍」(대정장47, p.169b9)에 "여기서 연사라 하였는데, 대체로 결사라는 것의 시작이다. 떠로는 정사라 하는데, 뜻 또한 자세히 같다. 今之以蓮社云云 蓋其始也 或時以爲淨社 義亦詳矣", 『정토왕생전』 권상 「혜원전 慧遠傳」(대정장51, p.110a28)에 "혜원은 유민 이하 승속 123인과 함께 정사를 맺고 미타상 앞에서 진심을 바쳐 서원을 세우고 안양에 오르기를 맹서하였다. 遠與遺民而下 僧俗一百二十三人 結爲淨社 於彌陀像前 建誠立誓 期升安養"라고 하였다. [참고문헌] 『樂邦文類』, 『淨土往生傳』. ⇨ 정토왕생 淨土往生, 결사운동 結社運動, 결사문 結社文

정사 淨斯 1610~1665. 명말청초(明末淸初)대 조동종(曹洞宗) 스님. 호는 백우(百愚), 속성은 곡(谷)씨. 남양(南陽 : 河南省) 동백(桐柏) 출신. 나이 열아홉에 결혼하였지만 집을 버리고 떠났다. 등주(鄧州 : 河南省) 동사(東寺) 또는 종남산(終南山) 도림사(道林寺)에 이르렀던 21세에 출가하였고, 그 다음 해에 보국사(報國寺)에서 구족계를 받았다. 호주(湖州 : 浙江省) 백작대호국사(白雀臺護國寺)의 서백명설(瑞白明雪)에게 법을 묻고, 천동산(天童山)의 밀운원오(密雲圓悟)를 친견하였으며, 다시 명설을 보고자 공동산(崆峒山)으로 찾아갔다. 1640년(숭정13) 명설이 백장(百丈)의 청에 응하여 따르자 32세에 그 법을 이었다. 그 뒤로 여러 절을 편력하였다. 『오등전서』 권113(卍속장142, p.147a10)에 따르면 "생년 오십하고도 육년 만에 일대사인연은 이미 다했다. 황금 잉어 낚고서 돌아가 쉬려 하니, 늙은 어부 갈대 우거진 늪에서는 잠들지 않는다네. 生年五十復零六 大事因緣今已足 釣罷金鱗歸去休 漁翁不向蘆灣宿"라는 임종게를 남기고, 1665년(강희4) 8월 28일 세수 56, 법랍 35세로 입적하였다. 『백우사선사어록 百愚斯禪師語錄』 20권, 『백우선사만당집 百愚禪師蔓堂集』 4권이 전한다. 지조(智操)가 지은 「상전 像傳」, 방공건(方拱乾)이 지은 「백우사대선사탑지명 百愚斯大禪師塔誌銘」에 일대기가 보인다. 〔참고문헌〕『五燈全書』.

정사 精舍 Ⓢ vihāra, Ⓟ vihāra, ārāma, Ⓣ gtsug-lag-khang. 오롯이 수행하는 이들이 머무는 집. 사원(寺院)을 달리 이르는 말. 정려(精廬)라고도 한다. 음사어는 비하라(毘訶羅)다. 『일체경음의』 권22(대정장54, p.444b24)에 "정사를 세웠다〈『예문유취』에 이렇게 전한다. '정사란 무엇인가? 집이 정묘하여 정사라는 이름을 붙인 것이 아니고, 오롯이 수련하는 이들이 거처하기에 정사라 한다'〉. 造立精舍〈藝文類聚云 精舍者 非以舍之精妙 名爲精舍 由有精練行者之所居 故謂之精舍也〉", 『수능엄의소주경』 권1(대정장39, p.827c22)에 "정사는 사문이 오롯이 행하며 머무는 곳이다. 精舍者卽沙門精行 所舍處也", 『번역명의집』 권7(대정장54, p.1167a9)에 "정사라고도 한다. 『석가보』에 '마음의 움직임을 그치고 깃드는 곳을 정사라 한다' 하였고, 『영유사고』에 '거칠고 난폭한 사람이 거처하지 않기에 정사라 한다' 라고 하였다. 或名精舍者 釋迦譜云 息心所栖 故曰精舍 靈裕寺誥曰 非麤暴者所居 故云精舍", 『온실경의기』(대정장39, p.514a2)에 "부처님과 스님들이 머무는 주처인 고요한 집을 총괄하여 정사라 한다. 佛僧住處 精靜之室 通名精舍", 『능엄경보경소』 권1(卍속장90, p.541a10)에 "정사란 급고장자가 부처님을 위해 건립하여 사문과 함께 하시게 하니, 범행을 오롯이 닦아 번뇌를 그치는 집이다. 精舍者乃給孤長者 爲佛建立 以供沙門 精修梵行 止息之舍也"라고 하였다. 〔참고문헌〕『一切經音義』, 『首楞嚴義疏注經』, 『翻譯名義集』, 『溫室經義記』, 『楞嚴經寶鏡疏』, 『釋氏要覽』 권상(대정장54, p.262c10), *Saddh-p.334.*, *SN.5.272·273.* ⇨ 사원 寺院, 승방 僧房, 비하라 毘訶羅

죽원정사 『석씨원류응화사적』 권1 양주불암사판 1673년

정사 靜思 고요히 하고 사유함. 적정사유(寂靜思惟)·정려(靜慮)라고도 한다. 『현겁경』 권5(대정장14, p.35b28)에 "정사선정과 삼매정수로 숱한 상념과 아무 이익도 없는 생각을 일으키지 않으니, 이것을 일심이라 한다. 靜思禪定 三昧正受 不發衆念 無益之思 是曰一心", 『화엄경탐현기』 권18(대정장35, p.456b19)에 "정사와 경행이라 한 것은, 반주삼매 등 닦음을 밝혔으니 이 또한 일행삼매다. 또한 정사로는 지를 닦고 경행으로는 관을 성취한다. 靜思經行者 明修般舟三昧等故 亦是一行三昧故 又靜思修止 經行成觀", 『법화경대성』 권1(卍속장51, p.115a10)에 "선정으로 말미암아 지혜가 나고 지혜로 말미암아 말솜씨가 나기에, 선에 안주하여 부처님 공덕을 고요히 사유한다. 由禪定生智慧 由智慧生辯才故 安禪靜思佛德"라고 하였다. 〔참고문헌〕『賢劫經』, 『華嚴經探玄記』, 『法華經大成』. ⇨ 적정사유 寂靜思惟, 정려 靜慮, 사유 思惟[1], 반주삼매 般舟三昧

정사경 正事經 서진(西晉) 법거(法炬) 한역. 1권. 『불위연소비구설정사경 佛爲年少比丘說正事經』·『불위연소비구설경 佛爲年少比丘說經』을 말한다. 대정장14, pp.771a1~771b24, No.502에 있다. 부처님께서 사위성 기수급고독원에서 하안거를 하실 때, 교단의 어린 비구(年少比丘)들에게 법을 설하시고 상좌비구(上座比丘)들이 각자 어린 비구를 가르치도록 한 법문이다. ⇨ 불위연소비구설정사경 佛爲年少比丘說正事經

정사량 正思量 Ⓢ manasikaraṇa, Ⓣ yid-la-byed-pa. 바르게 사량함. 사유하여 간택하는 사택(思擇)의 뜻으로, 전의(轉依)한 말나식(末那識)의 사량으로 여리사유(如理思惟)라고도 한다. 『십이인연론』(대정장32, p.481b15)에 "게송에서 '일체세간법 오직 인과일 뿐 (짓는) 사람은 없다' 하였는데, 가설을 버려 설하기에 있을 뿐이니, 이것이 바른 사량이니 저 세간법을 성이라 할 수 없기에 중생을 짓는 일은 성립할 수 없다. 偈言 一切世間法 唯因果無人 除假說故有 此是正思量 彼非說性 是故見作衆生不成", 『유가사지론』 권63(대정장30, p.651b29)에 "〔문〕 만약 저 말나식이 모든 때에 사량으로 성을 삼아 상속하여 전전한다면, 세존께서 말씀하신 출세

간의 말나식은 어떻게 세우겠는가? … 저것을 다스려 전도를 멀리 여의는 것을 정사량이라 하기에, 바로 이 말나가 의식을 임시로 가져 분별하여 구르게 할 뿐이다. 이렇기에 제6의식의 의지처가 된다고 설한다. 問 若彼末那 於一切時 思量爲性 相續而轉 如世尊說 出世末那 云何建立 … 對治彼 遠離顚倒 正思量故 卽此末那 任持意識 令分別轉 是故說爲意識所依", 『유가론기』 권17(대정장42, p.704c25・한불전14, p.319b5)에 "혜경(惠景)이 거듭 풀기를 '출세간의 말나식은 전도를 여의었기에 바르게 사량하고, 또한 의(意 Ⓢ manas)라는 이름도 얻는다'고 하였다. 景云 此復重釋 出世末那 離顚倒故 正思量故 亦得名意", 같은 책 권6(대정장42, p.427c5・한불전13, p.393b13)에 "사유해 가리는 것이 정사량이다. 思擇者 正思量"라고 하였다. 〔참고문헌〕『十二因緣論』, 『瑜伽師地論』, 『瑜伽論記』, *Madhy-vibh.30・63.* ⇨사량 思量❶, 전의 轉依, 말나식 末那識

정사유 正思惟 Ⓢ samyak-saṃkalpa, Ⓟ sammā-saṃkappa, sammā-saṅkappa, Ⓣ yang-dag-pa'i-rtogs-pa. 팔정도(八正道 Ⓢ āryāṣṭāṅga-mārga) 중 두 번째 지(支). 법과 율에 따라 바르게 사량하고 분별간택하는 일. 수행자가 탐욕(貪欲)・진에(瞋恚)・의(疑) 등의 사사유(邪思惟)를 여읜 채 사성제(四聖諦)를 사유하는 것. 정견(正見)・정정진(正精進)과 함께 혜온(慧蘊)으로 거둔다. 정사유도지(正思惟道支)・정지(正志)라고도 한다. 부정사유(不正思惟)에 맞선다. 『잡아함경』 권26(대정장2, p.189b17)에 "만약 비구가 정사유하면 아직 일어나지 않은 탐욕의 번뇌 일어날 일 없고, 이미 일어난 탐욕의 번뇌는 사라지며, 아직 일어나지 않은 진에・수면・도회・의 등의 번뇌는 일어나지 않고, 이미 일어난 진에・수면・도회・의 등의 번뇌는 끊어진다. 아직 일어나지 않은 염각지 일어나게 하고, 이미 일어났다면 거듭 생겨나 더없이 넓게 하며, 아직 일어나지 않은 택법・정진・의・사・정・사 등의 각지도 일어나게 하고, 이미 일어났다면 거듭 생겨나 증광한다. 若比丘正思惟者 未起貪欲蓋不起 已起貪欲蓋令滅 未起瞋恚 睡眠 掉悔 疑蓋不起 已起瞋恚 睡眠 掉悔 疑蓋則斷 未起念覺支則起 已起者 重生令增廣 未起擇法 精進 猗 喜 定 捨覺支則起 已起者 重生令增廣", 『법승의결정경』 권중(대정장17, p.657b17)에 "무엇을 정사유라 하는가? 지혜로써 분별하고 간택해 신어의로 짓는 삼업에 과실이 없게 하고 과오를 여의게 하는 것이니 이를 정사유라 한다. 云何正思惟 謂以智慧 分別揀擇 令身語意 三業無失 離諸過咎 是名正思惟", 『대지도론』 권19(대정장25, p.203a10)에 "정사유란 사제를 관할 때 무루의 마음과 상응하여 사유로 움직여 깨우쳐 알고 헤아리는 것이다. 正思惟 觀四諦時 無漏心相應 思惟動發 覺知籌量", 『구사론』 권25(대정장29, p.132b19)에 "정사유는 심(尋 Ⓢ vitarka)으로 바탕을 삼는다. 正思惟以尋爲體", 『유가사지론』 권29(대정정30, p.445a10 : *Śrāv-bh.*, p.326)에 "정견・정사유・정정진은 혜온(慧蘊)으로 거둔다. 正見正思惟正精進 慧蘊所攝 tatra yā ca samyagdṛṣṭiryaś ca samyaksaṃkalpaḥ, yaśca samyagvyāyāmaḥ. ayaṃ prajñāskandhaḥ", 『대승아비달마잡집론』 권10(대정장31, p.741a6 : *Abh-s-bh.*, p.89)에 "정사유란 (팔정도 중) 깨우쳐 다른 이에게 도인 지분으로서, 그 증득한 방편을 안립하여 말하기 때문이다. 正思惟者 是誨示他支 如其所證方便安立 發語言故 samyaksaṃkalpaḥ parasaṃprāpaṇāṅgam, tena yathādhigamaṃ vyavasthāpya vākṣamutthāpanāt", 『유가론기』 권7(대정장42, p.459b21・한불전13, p.539b3)에 "정사유가 만약 무분별지와 상응한즉 무분별지와 사사유를 여읜 사유와 상응하기에 정사유라 한 것이고, 만약 후득지 및 산심의 정사유와 상응한다면 분별하는 혜사와 상응하는 정사유라 해야 한다. 正思惟 若無分別智相應 卽無分別智 及思惟離邪思惟 名正思惟 若後得智 及以散心正思惟 卽用分別慧思 名正思惟"라고 하였다. 〔참고문헌〕『雜阿含經』, 『法乘義決定經』, 『大智度論』, 『俱舍論』, 『瑜伽師地論』, 『大乘阿毘達磨雜集論』, 『瑜伽論記』, *Śrāv-bh., Abh-s-bh., Abh-k-bh.383., SN.5.9.* ⇨팔정도 八正道, 사성제 四聖諦, 정지 正志, 무학정사유 無學正思惟, 본관 本觀, 본념 本念❶, 부정사유 不正思惟, 사사유 邪思惟, 사유 思惟❶, 혜온 慧蘊

정사종자 正使種子 Ⓢ anuśaya, Ⓟ anusaya. 정사의 종자. 번뇌의 종자를 말한다. 사종(使種)과 같다. 여지없이 부려 번뇌케 하는 피할 수 없는 번뇌를 말한다. 『주대승입능가경』 권10(대정장39, p.503a23)에 "단지 정사와 습기만 있을 뿐이다. … 이 중에서 습기는 정사종자를 끊은 후에도 계속하여 남아있는 습기이다. 但有正使 及習氣 … 此中習氣 從斷正使種子 無間 方有 餘殘習氣", 『섭대승론장』 권1(대정장85, p.1015b8)에 "고인(苦忍) 이상은 아견의 종자를 끊고, 무루관해를 일으키며, 무학지 중에서는 사혹과 정사종자를 끊어 모두 다하니 인무아의 도가 원만하게 된다. 苦忍已上 斷我見種子 起無漏觀解 無學地中 斷四惑正使種子皆盡 人無我道滿"라고 하였다. 〔참고문헌〕『注大乘入楞伽經』, 『攝大乘論章』. ⇨정사 正使, 종자 種子

정산 定散 ❶정심(定心)과 산심(散心). 『대승법원의림장』 권6(대정장45, p.352a28)에 "수도위 칠지 이전의 정심과 산심은 서로 번갈아가며 일어날 수 있지만, 팔지 이상에서는 무루혜가 상속하면 산심은 전혀 없다. 於修道位七地已前 定散心間皆容得起 八地已上無漏相續

都無散心",『성유식론연비』 권4(대정장43, p.889c7)에 "정심과 산심은 동시에 일어나지 않는다. 定散二心不俱生"라고 하였다. 〔참고문헌〕『大乘法苑義林章』, 『成唯識論演祕』. ⇨정심 定心❶, 산심 散心 ❷정선(定善)과 산선(散善). 『관무량수불경소』 권1(대정장37, p.246a3)에 "미타의 본래 서원과 극락의 요문은 정선과 산선을 고르게 회향하여 속히 무생신을 증득하는 것이다. … '정'이란 곧바로 사려를 그치고 마음을 모으는 것이고, '산'은 선을 닦아 악을 버림으로써 선을 닦게 되는 것이니, 이 두 가지 행을 회향하여 왕생하기를 구하는 것이다. 彌陀本誓願 極樂之要門 定散等迴向速證無生身 … 定卽息慮以凝心 散卽廢惡以修善 迴斯二行求願往生也", 같은 책(대정장37, p.247b22)에 "이 아래부터는 정선과 산선 두 문의 뜻에 차례로 답한 것이다. 〔문〕 무엇을 정선이라 하고, 무엇을 산선이라 하는가? 〔답〕 일상관(日想觀)부터 열세 번째 관인 잡상관(雜想觀)까지를 정선이라 하고 삼복구품(三福九品)을 산선이라 한다. 從此已下 次答定散兩門之義 問曰 云何名定善 云何名散善 答曰 從日觀下至十三觀已來名爲定善 三福九品名爲散善"라고 하였다. 〔참고문헌〕『觀無量壽佛經疏』. ⇨정선 定善, 산선 散善, 정선산선 定善散善

정산무표 定散無表　정무표업(定無表業)과 산무표업(散無表業)을 아울러 이르는 말. 『구사론소』 권1(卍속장83, p.581a1)에 "의지하는 대종이 변하여 장애하기에 무표업 또한 색이라 부른다. 정심과 산심의 무표업은 모두 대종에 의지한다. 所依大種變礙故 無表業亦得色名 定散無表皆依大種", 『구사론본의초』 권13(대정장63, p.353b15)에 "정무표와 산무표가 능히 짓는 일이 다르지만 모두 무기성으로 거둔다. 定散無表能造雖異 是無記性攝也"라고 하였다. 〔참고문헌〕『俱舍論疏』, 『俱舍論本義抄』. ⇨정무표 定無表, 산무표 散無表, 무표업 無表業, 무기 無記, 정산 定散❶

정산사 定山寺　황해남도 연백군 연안면 정산(定山)에 있던 절. 『동국여지승람』 권43 황해도 연안도호부 불우에 이름과 위치가 전하며, 『여지도서』 황해도 연안 사찰에 "부 남쪽 20리에 있었으나 지금은 폐사되었다. 在府南二十里 今廢"라고 하였다. 〔참고문헌〕『東國輿地勝覽』, 『輿地圖書』, 『梵宇攷』, 『韓國寺刹全書』 권하 p.1009a11.

정산심 定散心　정심(定心)과 산심(散心)을 함께 이르는 말. 『성유식론요의등』 권2(대정장43, p.696a18)에 "경은 마땅히 삼성(三性)과 정심과 산심 모두에 통한다. 境應皆通三性 定散心中"라고 하였다. 〔참고문헌〕『成唯識論了義燈』. ⇨정산 定散❶, 정심 定心❶, 산심 散心

정산암 正山庵　평안남도 평원군 조운면 성덕리 성산(聖山)에 있던 절. 『동국여지승람』 권52 평안도 숙천도호부 불우에 이름과 위치가 전한다. 『사탑고적고』에 "석원의 일부가 남아 있고 기와조각도 흩어져 있다. 石垣一部存在 瓦片散在"라고 하였다. 〔참고문헌〕『東國輿地勝覽』, 『寺塔古蹟攷』, 『韓國寺刹全書』 권하 p.1001b5.

정산이문 定散二門　정선(定善)과 산선(散善)의 두 가지 문. 정산이선(定散二善)이라고도 한다. 정토법문을 크게 요홍이문(要弘二門)으로 대별하였을 때 자력왕생(自力往生)의 법문인 요문(要門)에 해당한다. 직접적으로는 『관무량수경』의 십육관(十六觀)을 이 두 법문으로 거두는데 조금씩 다르다. 선도(善導)의 『관무량수불경소』 권1 「현의분 玄義分」(대정장37, p.247b23)에서는 제1관 일상관(日想觀)~제13관 잡상관(雜想觀)까지를 정선, 제14관 상배관(上輩觀)~제16관 하배관(下輩觀)까지를 산선이라 하였다. 같은 책 권1(대정장37, p.246b7)에 "요문이란 이 『관무량수경』의 정산이문이 그것이다. 정은 생각을 그치고 마음을 모으는 것이고, 산은 악을 그침으로써 선을 닦는 것이다. 이 두 행을 돌이켜 왕생을 바라는 것이다. 其要門者 卽此觀經定散二門是也 定卽息慮以凝心 散卽廢惡以修善 迴斯二行 求願往生也", 『정토오회염불송경관행의』 권하 「귀향서방찬 歸向西方讚」(대정장85, p.1259b24)에 "정산이문으로 왕생할 수 있으니, 정진의 구품 모두 연화대에 오르네. 定散二門能得往 精塵九品盡乘臺"라고 하였다. 〔참고문헌〕『觀無量壽佛經疏』, 『淨土五會念佛誦經觀行儀』. ⇨정선 定善, 산선 散善, 십육관 十六觀, 요홍이문 要弘二門

정산이선 定散二善　정선(定善)과 산선(散善)의 두 가지 선. 『관무량수불경소』 권1(대정장37, p.247b3)에 "〔문〕 정산의 두 가지 선은 누구로 인해 청하게 되었는가? 〔답〕 정선의 한 법문은 위제부인이 청한 것이고, 산선의 한 법문은 부처님께서 스스로 설하신 것이다. … 〔문〕 무엇을 정선이라 하고, 무엇을 산선이라 하는가? 〔답〕 일상관(日想觀)부터 열세 번째 관인 잡상관(雜想觀)까지를 정선이라 하고 삼복구품(三福九品)을 산선이라 한다. 問曰 定散二善 因誰致請 答曰 定善一門韋提致請 散善一門是佛自說 … 問曰 云何名定善 云何名散善 答曰 從日觀下至 十三觀已來 名爲定善 三福九品名爲散善"라고 하였다. 〔참고문헌〕『觀無量壽佛經疏』. ⇨정산 定散❷, 정선 定善, 산선 散善❶, 십육관 十六觀, 삼복구품 三福九品, 정선산선 定善散善

정산이품 定散二品　『관무량수경』에 의지해 닦는 수행을 정산 두 품으로 나눈 뜻. 『관무량수불경소』 권1(대정장37, p.247b22)에 "이 아래로는 정산 두 문의 뜻이다. 묻기를 무엇을 정선이라 하고 무엇을 산선이라 합니까? 답하여 말한다. 일상관에서 십삼관까지가 정선이고, 삼복구품을 산선이라 한다. 묻기를 정선중에 어찌 차별이 있고 어느 문에서 나온 말입니까? 답한다. 어느 경문인가 하니, 경에서 말씀하시길 '나로 하여금 사유하게 하고, 나로 하여금 바로 받아들이게 한다' 하였으니, 바로 그 경문이다. 차별이라 한 것에 두 뜻이 있으니 하나는 사유이고 하나는 정수다. 사유란 관하는 바로 앞의 방편이니 저 국토의 의정이보의 총별상을 사상하는 것이다. 즉 지관문 중에서 설한 말씀으로 '이렇게 관상하는 자 이름을 조견극락국토라 한다'고 한 것이니, 즉 다 모아 말한 것이 '나로 하여금 사유하게 한다'는 한 구다. '정수'라 한 말은 떠올리는 마음 도무지 쉬어서 연려함도 잊은 뜻이다. 삼매와 상응하면 그 이름이 정수다. 마치 저 지관문중에 설하길 '만약 삼매로 저 국토를 보고 또 보아 분명하다'라 한 것이니, 곧 합하여 '나로 하여금 바르게 받게 한다'는 한 구다. 從此已下次答定散兩門之義 問曰 云何名定善 云何名散善 答曰 從日觀下至十三觀已來名爲定善 三福九品名爲散善 問曰 定善之中有何差別 出在何文 答曰 出何文者 經言 教我思惟教我正受 卽是其文 言差別者 卽有二義 一 謂思惟 二 謂正受 言思惟者 卽是觀前方便 思想彼國依正二報總別相也 卽地觀文中說言 如此想者名爲粗見極樂國土 卽合上教我思惟一句 言正受者 想心都息緣慮並亡 三昧相應名爲正受 卽地觀文中說言 若得三昧見彼國地了了分明 卽合上教我正受一句"라고 하였다. 〔참고문헌〕『觀無量壽佛經疏』. ⇨정산 定散[2], 정산이선 定散二善, 십육관 十六觀, 삼복구품 三福九品

정삼업 淨三業 밀교 작법을 시작할 때 참회법을 마친 후 오체투지(五體投地)·진언·관상으로 신구의(身口意) 삼업을 청정하게 가지(加持)하는 것. 『기특최승금륜불정념송의궤법요』(대정장19, p.190b29)에 "도량에 들어온 후 오체를 땅에 대고 경건하게 일체여래께 널리 예배한다. 다시 본존과 갠지스강의 모래알처럼 많은 성중에 대해 삼업을 청정하게 하고 죄장을 참회하여 제불의 전법륜을 권청하며 삼승이 닦은 복덕과 지혜를 수희한다. 이러한 수승한 선근을 보리에 회향한다. 入道場已 五輪投地 虔誠普禮一切如來 復對本尊 恒沙聖衆 以淨三業 悔除罪障 勸請諸佛 轉妙法輪 隨喜三乘 所修福智 以斯妙善 迴向菩提", 『대일여래검인』(대정장18, p.198c10)에 "정삼업이란 어느 때는 몸으로 더러움에 감촉함이 있고, 또는 입으로 먹은 음식이나 말한 잡스러운 언어가 있으며, 어느 때는 마음에서 이롭지 않은 일들을 생각하는 경우가 있으니 모두 삼업의 부정이라 한다. 그러므로 이 다라니와 정관으로 가지하여 죄를 소멸시키면 신구의 삼업이 신속히 청정하게 된다. 夫淨三業者 或時身有觸穢 或口有食噉及說諸雜語言 或時心中思惟不饒益事等皆名三業不淨 故須以此陀羅尼及正觀加持 令罪垢消除 身語意業速得清淨", 『백산개대불정왕최승무비대위덕금강무애대도량다라니염송법요』(대정장19, p.398c21)에 "처음 도량에 들어와서 일체불을 우러러 관하고 먼저 삼업을 청정하게 하여 본성이 두구함을 깨닫네. 몸은 모두 청정하고 바탕이 모든 여래와 같이 허공에 편만하니 마음을 움직여 널리 예경하고 끝없는 죄업을 참회하여 법성의 공으로 함께 돌아가네. 初昇入道場 觀瞻一切佛 先以淨三業 悟本性無垢 身器悉清淨 體同諸如來 遍滿於虛空 運心普敬禮 懺悔無邊罪 同歸法性空"라고 하였다. 〔참고문헌〕『奇特最勝金輪佛頂念誦儀軌法要』, 『大日如來劍印』, 『白傘蓋大佛頂王最勝無比大威德金剛無礙大道場陀羅尼念誦法要』. ⇨정삼업진언 淨三業眞言

정삼업게 淨三業偈 삼업을 깨끗이 하기 위해 소리 높여 부르는 게송. 『여래광효십종보은도량의』(장외문헌8, p.73a13)에 "삼장법사에게 청하여 삼업을 청정하게 하는 게송을 읊어달라고 한다. '신구의 삼업은 본래 한가지이니, 한 찰나에 미혹되어 본래 바탕 잃는다네. 소리 높여 덮은 구름 흩어 티끌도 없게 하니, 저 둥근 밝은 해 허공 가득 비추리'. 請三藏法師 誦淨三業偈 身口意業本來同 一念纔迷失本宗 喝散障雲無點翳 一輪杲日照當空"라고 하였다. 〔참고문헌〕『如來廣孝十種報恩道場儀』.

정삼업인 淨三業印 18계인(契印) 중 하나. 양손의 손가락을 곧게 펴고 합장한 수인. 연화합장인(蓮華合掌印)이라고도 한다. 장엄행법(莊嚴行法)의 첫 번째 수인이다. 진언행자의 신구의(身口意) 삼업(三業)의 청정을 나타낸다. 본래 양손 열 개의 손가락이 이치와 지혜를 상징하여 양손의 합장으로 이지불이(理智不二)라는 자증(自證)의 본질을 나타내므로 본삼매야인(本三昧耶印)이라고도 한다. 또는 왼손의 다섯 손가락이 태장(胎藏)의 오지(五智)를 나타내고 오른손의 다섯 손가락이 금강계(金剛界)의 오지를 상징하며, 열 손가락으로 십바라밀·십법계·십진여를 상징하는 등 문헌에 따라 이설(異說)이 있다. 『청경관자재보살심다라니경』(대정장20, p.489a19)에 "전승에 의하면 도량에 들어올 때마다 먼저 무릎을 꿇고 앉아 참회하고 발원을 마친 후에 결가부좌하여 정삼업인을 맺고 진언을 수습한다고 하였다. 相傳言 每入道場時 先胡跪懺悔發願已 結跏趺坐 卽結淨三業印及習眞言", 『대일경소지심초』 권1(대정장59, p.584a5)에 "만약 대법의 경우에는 가장 먼저 정삼업진언을 활용한다. 그 뜻을 말하면 삼밀방편으로 행자의 거친 삼업을 청정하게 하여 본존의 미세한 삼밀이 되게 하니 삼업을 평등하게 한다는 뜻이다. 若大法最前用淨三業印 言此意 以三密方便 淨行者麤動之三業 成本尊微細三密 是三平等義", 『대일경공양차제법소사기』 권4(대정장60, p.749a21)에 "가장 비밀한 것은 연화합장인이다. 이것은 정삼업인이니 자성청정의 뜻이다. 이 수인의 힘에 의지하여 극히 무거운 다함 없는 죄를 없앨 수 있다. 最祕蓮花合掌印也 是淨三業印 卽自性清淨義也 依此印力故 滅除極重無盡罪也"라고 하였다. [참고문헌]『靑頸觀自在菩薩心陀羅尼經』,『大日經疏指心鈔』,『大日經供養次第法疏私記』. ⇨ 십팔계인 十八契印, 본삼매야인 本三昧耶印❶, 연화합장 蓮華合掌

정삼업진언 淨三業眞言 신구의(身口意) 삼업(三業)을 깨끗이 하기 위해 외우는 진언. 작법을 시작할 때 참회법을 마친 후 손으로 연화합장인을 맺고 외운다. 진언은 『대일여래검인』(대정장18, p.198c15)에 의하면 "옴 사바바바 설다 살바달마 사바바바 설도함 唵 娑嚩婆嚩 秫馱 薩嚩達磨 娑嚩婆嚩 秫度憾 oṃ svabhāva-śuddhāḥ sarvadharmāḥ svabhāva-śuddho'ham 옴 자성청정이여 일체법 자성청정하니 나 또한 그러하네"이다. 이 자성청정의 진언을 가지하므로 본래 구족된 일체법의 자성이 현현하여 자타의 삼업이 청정하게 되는 뜻이다. 『약사여래관행의궤법』(대정장19, p.23a15)에 "다음으로 사유관찰하되 일체유정의 본성이 청정하지만 객진번뇌에 덮여 진여를 깨닫지 못한 것이다. 그러므로 이 삼밀가지를 설하여 자타가 모두 청정해지도록 한다. 양손을 합장하고 정삼업진언을 세 번 외운다. 진언은 '옴 사부바부 출타 살부달마 사부바부 출도감'이다. 次卽思惟觀察 一切有情本性清淨 爲諸客塵之所覆蔽 不悟眞如 是故說此三密加持 令自他皆得清淨 卽二手蓮華合掌 誦淨三業眞言三遍 眞言日 唵 娑嚩婆嚩 秫馱 薩嚩達磨 娑嚩婆嚩 秫度憾", 『유가대교왕경』 권4(대정장18, p.577c8)에 "이때 대변조금강여래께서는 다시 관상법을 설하였다. 진언을 외우는 이는 먼저 결가부좌하고 다섯 곳과 비처를 관상하여 정삼업진언으로써 모두 널리 청정하게 하고 청정법에 머물도록 한다. 그러한 후에 자신의 본심이 훔 자가 되고, 훔 자가 변성하여 불신이 되며, 불신이 바로 자신이라고 관상한다. 爾時 大遍照金剛如來 復說觀想法 持誦者先跏趺坐 觀想五趣處與非處 以淨三業眞言 普皆清淨令住淨法 然後想自本心爲其吽字 吽字變成佛身 佛身卽自身"라고 하였다. [참고문헌]『大日如來劍印』,『藥師如來觀行儀軌法』,『瑜伽大教王經』. ⇨ 삼도진언 三道眞言

〈표〉 정삼업진언

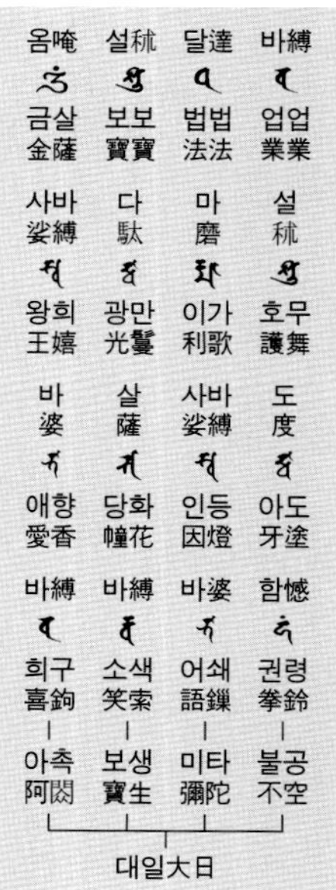

정상 定相 ❶ 정해진 상. 제법(諸法)은 정상이 없는 뜻에서 말하는 것이고, 유위법을 떠나 열반을 얻은 뜻에서는 결정상(決定相)이라고도 한다. 『대지도론』 권28(대정장25, p.264c10)에 "일체법 각각에는 정상이 없기에 가히 땅인 지를 뒤쳐 물의 모습을 짓는다. … 가령 물은 차게 된즉 얼음이 되면서 딱딱한 상을 띄고, 돌이 녹아 쇠가 되고 쇠가 부서져 동이 되거나 다시 돌로 되는 일과 같다. 중생 또한 이와 같이 악이 선이 될 수 있고 선도 악이 될 수 있다. 그렇기에 일체법에는 정해진 상이 없음을 알 수 있다. 以一切法各各無定相故 可轉地或作水相 … 水得寒則結成氷 而爲堅相 石汁作金 金敗爲銅 或還爲石 衆生亦如是 惡可爲善 善可爲惡 以是故知一切法無定相", 40권본 『대반열반경』 권22(대정장12, p.494a29)에 "선남자여! 정한 상이 있다. 무엇을 두고 '정'이라 하는가? 상락아정이다. 무엇을 두고 하는 말이겠는가? 바로 열반이다. 善男子 亦有定相 云何爲定 常樂我淨 在何處耶 所謂涅槃"라고 하였다. [참고문헌]『大智度論』,『大般涅槃經』. ⇨ 결정상 決定相, 무정상 無定相 ❷ 정위(定位)의 상. 삼매 즉 정(定)의 상. 40권본 『대반열반경』 권30(대정장12, p.547a21)에 "사마타를 능히 깨끗하게 함이라고 하는데 탐욕·진에·우치의 세 가지 탁법을 맑게 하기 때문이다. 이러한 의미로 정상이라 한다. 奢摩他者 名日能淸 能淸貪欲瞋恚愚癡三濁法故 以是義故 故名定相", 『선법요해』 권하(대정장15, p.296c8)에 "만약 수행자가 타심지를 얻고자 한다면 먼저 스스로 마음을 관하여 마음으로 생주멸상 등을 거두고, 또한 마음으로 물들고 깨끗함과 고요하고 들뜸을 안다. 若行者 欲得他心智 先自觀心 取心生相 住相 滅相 亦知心垢相 淨相 定相 亂相等"라고 하였다. [참고문헌]『大般涅槃經』,『禪法要解』. ⇨ 삼법상 三法相❷

정상 頂相 우뚝 솟은 모양. 삼십이상(三十二相) 중 하나로 여래의 정수리에 있는 육계(肉髻). 무견정상(無見頂相)이라고도 한다. 『니건자소설경』 권6(대정장9, p.343c15)에 "이와 같이 미간백호공덕이 다시 백배로 늘어나면, 그제야 사문구담장부상 중 하나인 정상공덕을 성취한다. 如是眉間白毫功德 更增百倍 始得成就沙門瞿曇丈夫相中一頂相功德", 『대법거다라니경』 권4(대정장21, p.676c10)에 "또한 마나바야, 여래 정상의 육계는 원만한데, 일체천이나 사람이 볼 수 있는 바가 아니다. 復次摩耶婆 如來頂相 肉髻圓滿 一切天人所不能見", 『복개정행소집경』 권8(대정장32, p.735a22)에 "또 가장 수승하고 티 없어 볼 수도 없는 정상의 오슬니사(Ⓢ uṣṇīṣa)를 드러내시니, 오른쪽으로 감겨있고 감청색이며 윤택하여 가히 아름다웠습니다. 又復顯現最勝離垢無見頂相烏瑟尼沙 右旋紺靑 潤澤可愛"라고 하였다. 〔참고문헌〕『尼乾子所說經』, 『大法炬陀羅尼經』, 『福蓋正行所集經』. ⇨ 무견정상상 無見頂上相, 오슬니사 烏瑟膩沙, 불정 佛頂, 불정존 佛頂尊, 육계 肉髻, 정계상 頂髻相

정상 精爽 정신의 밝음. 『화엄경소』 권6(대정장35, p.548a24)에 "몸과 마음 밝고 지혜로우니 이것이 정신의 밝음을 더한다. 상은 밝다는 뜻이다. 身心明利 是益精爽 爽明也", 『일체경음의』 권21(대정장54, p.435c2)에 "그 정의 밝음을 더한다〈유환이 주석한 『역』에 '정은 령(靈)이다'라고 풀었고, 『설문해자』에 '상은 명(明)이다'라고 풀었다. 심령을 더욱 보태어 밝고 지혜롭게 함이다〉. 益其精爽〈劉瓛注易曰 精 靈也 說文曰 爽 明也 言增益心靈 使明利也〉", 『능가사자기』 「신수장 神秀章」(대정장85, p.1290b18)에 "정이 밝아 나날이 총명해지더니, 마침내 이전 식의 깊고 미묘함마저 사무쳐 중생을 이끄는 귀와 눈을 갖게 되리라. 精爽日聰 方將洞前識之玄微 導群生之耳目"라고 하였다. 〔참고문헌〕『華嚴經疏』, 『一切經音義』, 『楞伽師資記』. ⇨ 정신 精神

정상대 正相待 곧바로 서로 마주함. 상대가(相待假) 중 하나로 결정적이고 직접적인 상대. 결정적이지 않고 부수적인 상대는 방상대(傍相待)다. 『인왕경소』 권중(대정장33, p.402b4・한불전1, p.83a18)에 "정상대란 무엇인가? 예를 들면 유와 무 등이나 색과 눈 그리고 소리와 귀 등의 상대를 말하는 경우와 같다. 正相待者 如說有無等 或色對眼 聲對耳等"라고 하였다. 〔참고문헌〕『仁王經疏』. ⇨ 상대가 相待假, 부정상대 不定相對

정상말 正像末 정법(正法 Ⓢ saddharma)과 상법(像法 Ⓢ saddharma pratirūpaka) 그리고 말법(末法 Ⓢ saddharma vipralopa)의 삼시(三時). 불법이 세간에 유지되는 양상에 따른 분류다. 정상말삼시(正像末三時)라고도 한다. 정법은 교리행과(敎理行果)가 모두 갖추어진 때를 말하고, 상법은 법행은 있으나 증과가 없는 때로, 정법의 때와 크게 다르지 않아 상(像)이라 한다. 말법은 수행증과 없이 교법만 남은 때다. 각 때의 시한(時限)은 경전에 따라 차이가 있다. 『금강반야론회석』 권상(대정장40, p.736a6)에 "교행이 있고 과증도 있으면 정법이라 한다. 교도 있고 행도 있지만 과증을 얻지 못하면 상법이라 하고, 교법만 있고 행이 없으면 말법이라 한다. 그러나 『대승대집경』에 의하면 오백세씩 배대하여 첫 오백년은 해탈견고, 둘째 오백년은 선정견고, 셋째 오백년은 다문견고, 넷째 오백년은 복덕견고, 다섯째 오백년은 투쟁견고라고 하였다. 소승은 오백년씩 배대하지 않는다. 정법의 지속에 관해 기록한 경과 전 그리고 『마하마야경』 등에 의하면 부처님께서는 일백년이나 이백년씩 배대하여 기별하셨다. 여기서는 대승에 따른다. 그러므로 이 경에서 후오백세라고 한 것은 오백년씩 배대하였기 때문이다. 부처님의 법교라는 것으로 보면 정상말은 모두 정법이다. … 부처님께서 처음에 기별하시기를 정법일천년・상법일천년・말법일만년이라 하셨다. 여인을 출가시킴으로써 정법이 오백년으로 줄어들었다 하니, 이에 대해 두 가지 설이 있다. 일설에는 정법이 현재 오백년에 불과한 것은 여인을 제도하였기에 오백년이 줄어들었다고 한다. 비록 팔경법을 설하여 정법이 줄어들지 않도록 했으나 저 여인들이 실천하지 않아 정법이 다시 사라졌다는 것이다. 그러므로 경전의 몇몇 설과 살바다 등의 부파는 모두 정법은 오백년만 갖춘다고 하였다. … 두 번째 설에서는 정법이 일천년이라고 하였다. 만약 팔경법을 설하지 않고 전혀 행하지 않았다면 정법이 사라졌을 것이나, 이미 행함이 있었기에 정법은 정해진 대로이다. 대중부 등은 모두 이 설을 주장한다. 有教有行 有得果證 名爲正法 有教有行 不得果證 名爲像法 有教無餘行 名爲末法 然依大乘大集經中 以五百歲爲配 初五百年 解脫堅固 第二五百年 禪定堅固 第三五百年 多聞堅固 第四五百年 福德堅固 第五五百年 鬪諍堅固 小乘不依五百爲配 如記正法住經及傳 幷摩訶摩耶經等 佛所記事 但以一百二百 而爲配故 今依大乘 故此經言 後五百歲 以五百歲 爲分配故 佛之法教 正像末等 皆名正法 … 佛初記別 正法一千年 像法一千年 末法一萬年 由度女人 減減正法 唯五百年 於中兩說 一云 正法今者但五百年 由度女人 減五百年歲 雖說八敬 不滅正法 由彼不行正法還滅 故經有說及薩婆多等宗 皆唯正法 俱五百年 … 第二說云 正法一千年 若不說八敬 全無行者 正法欲滅 旣有行者 正法依定 大衆部等 皆作此說", 『능가경참정소』 권6(卍속장27, p.94a7)에 "부처님께서는 정상말법이 다섯 오백년이 되리라고 예언하셨다. 여기서 후오백년이라고 한 것은 말법의 처음에 해당한다. 이 시기는 투쟁이 견고해지는 시기로 다른 견해들이 널리 일어나서 서로가 서로를 파괴한다. 그러나 모두 잘못된 깨달음과 외도의 인이 되는 견해이니, 이것이 세간에 치성하여 마구니의 기운에 훈습되거나 스스로 나쁜 법을 일으키고 그 제자를 삼는다. 佛讖正像末法 爲五五百年 今云後五百年 正當末法之初 其時鬥爭堅固 廣興異論 彼此破壞 然皆惡覺異因之見 熾盛世間 魔氣所熏 及自種惡發 爲其弟子", 『법화현론』 권10(대정장34, p.449c29)에 "〔문〕 석가모니부처님의 가르침이 세상에 머무는 것은 몇 년인가? 〔답〕 정법은 천년, 상법도 천년, 말법은 만년이다. 問 釋迦佛法住世 凡得幾年 答 正法千年 像法千年 末法萬年", 『석가방지』 권하(대정장51, p.973c3)에 "『마야경』에 의하면 여래께서 열반에 드신 후, 정법은 오백년이고, 상법은 천년이다. 또 『선견비사사』에 의하면 다음과 같다. 여래께서 열반에 드신 후 정법이 천년이고 상법 역시 그러하다. (그러나) 여인이 출가하였기에 정법이 오백년으로 줄었다. 만약에 여인들이 팔경법을 준수하여 여법하게 불도를 행하면 정법이 세상에 머무는 것은 다시 천년이 된다. 依摩耶經 如來滅後 正法五百年 像法一千年 又依善見毘婆沙云 如來滅後 正法千年 像法亦爾 以度女人故 正法減五百年 若諸女人 能遵八敬 如法行道 正法住世 還得千年", 『법화경구해』 권5(卍속장48, p.126a10)에 "여래의 법에는 정상말이 있다. 정법과 상법의 시대에는 사람들이 순박하여 교화하기 쉽지만 오직 말법시대만은 선근이 점차 적어져서 교화하기 어렵다. 그러므로 이 시기를 지칭하여 불경을 널리 퍼뜨리기 가장 어렵다고 하였다. 如來之法 有正像末 正像之世 人淳易化 唯末法時 善根轉少 難可化度 故指此時 弘經最難", 『불안화상보설』(고존숙어록33, 卍속장118, p.590b9)에 "지금 성인께서 떠나신 지 오래되어 사람들은 대부분 게으르고 언제나 정상말만을 말한다. 나의 도법에는 정상말이 없다. 불법은 항상 세간에 있으니 얻은 때가 정법이고 잃은 때가 상말법이다. 그대들은 반드시 힘써야 한다. 이 일은 긴요하니 생사를 벗어난다. 그러나 본래 얻을 수 있는 생사란 없다. 왜 그러한가? 삼제는 구해도 미칠 수 없다. 앞서 부처님께서 말씀하셨다. '과거심도 얻을 수 없고, 현재심도 얻을 수 없으며, 미래심도 얻을 수 없다'라고. 지금 뚜렷하고 분명하게 법을 듣고 있는 이는 누구인가? 과거인가? 현재인가? 미래인가? 이 무시이래로 알아차리지 못했던 이를 알아야 한다. 이렇게 본다면 어찌 한 가지 법이라도 인연으로 삼거나 상대할 수 있겠는가? 如今去聖時遙 人多懈怠 尋常說正法像法末法 山僧道法無正像末 佛法常在世間 得時便是正法 失時便是像末法 諸人決然要辦 此事緊要 是出生死 然本無生死可得 何故 三際求之不可及 先佛道 過去心不可得 現在心不可得 未來心不可得 祇如歷歷分明聽法者是誰 是過去耶 現在耶 未來耶 須知是一箇無始時來無知覺者 如此看來 豈是與一法 爲緣爲對"라고 하였다. [참고문헌] 『金剛般若論會釋』, 『楞伽經參訂疏』, 『法華玄論』, 『釋迦方志』, 『法華經句解』, 『佛眼和尙普說』, *Saddh-p.67 · 282.* ⇨ 정상말 正像末, 정법시 正法時, 상법 像法, 말법 末法, 삼시 三時[1], 삼시연한 三時年限, 오오백년 五五百年, 법멸 法滅[1], 비구니팔경계 比丘尼八敬戒

정상말삼시 正像末三時 정법과 상법 그리고 말법의 세 시기. 정상말이라고도 한다. 『신화엄경론』 권9(대정장36, p.773c7)에 "만약 여래께서 처음 이루신 정각과 정법 · 상법 · 말법의 세 시기의 가르침을 본다면 정각의 견은 아니다. 若見如來始成正覺及正像末三時教者 非正覺見", 『반월송보살계의식주』(卍속장60, p.920a4)에 "불법에 정법과 상법 그리고 말법의 세 시기가 있다. 여래께서 멸도하신 후 첫 천 년을 정법이라 하니 사람들이 교법을 받아들여 수행하고 과보를 증득할 수 있다. 두 번째 천 년을 상법이라 하니 상이란 비슷하다는 뜻이다. 이는 교법과 수행이 있어 정법의 시대와 비슷함을 말한다. 사람들이 교법을 배우고 수행할 수 있으나 대부분 증과를 얻지 못한다. 정법과 상법 시대가 지나갔으니 현재는 말법시대에 해당한다. 사람들은 비록 교법은 받아들이지만 대부분 수행하지 못하며 설령 수행한다고 해도 증과를 얻지 못한다. 佛法有正像末三時 如來滅度後 初一千年 名爲正法 人有稟教 便能修行 卽能證果 第二千年 名爲像法 像 似也 謂有教有行 似正法時 人有稟教 便能修行 而多不能證果也 正像旣往 今當末法 人雖稟教 而多不能修行 縱能修行 而不能證果", 『석문귀경의호법기』 권상(卍속장105, p.171a2)에 "정상말삼시에 따라 논하면 일만이천 년이 되면 전수되어 지는 것이 없다. 『청룡해』에서는 다음과 같이 말하였다. '법이 세간에 머무는 시간에는 모두 세 가지가 있다. 교 · 행 · 과증을 갖추면 정법이라 하고, 교와 행이 있으되 과증이 없으면 상법이라 하며, 오직 교만 있고 행과 과증이 없으면 말법이라 한다'. 若約正像末三時論之 則一萬二千年 而無傳授 如靑龍解云 法住世時 總有三種 具有教行果證 爲正法 有教有行 而無果證 名爲像法 唯有教在 無行果證 名爲末法"라고 하였다. [참고문헌] 『新華嚴經論』, 『半月誦菩薩戒儀式註』, 『釋門歸敬儀護法記』. ⇨ 정상말 正像末

정상법 正像法 정법(正法)과 상법(像法). 『사교의』 권5(대정장46, p.737a29)에 "부처님 재세 시에는 사람들의 근기가 날카로웠고, 부처님께서 입멸하신 후 정법과 상법 시대에도 여전히 득도한 사람이 있었다. 佛在世時 人根猛利 去世之後 正像法中 猶有得道之人", 『사명존자교행록』 권4(대정장46, p.895a16)에 "정법과 상법 시대에 화하(華夏 : 중국)와 천축(天竺 : 인도)의 논사들은 공유를 거듭 논파하고 성상을 번갈아가며 부정하였으며, 선을 닦는 이들은 문자를 부정하고 교를 전하는 이들은 간혹 암증(暗證)을 부정하였으니, 모두 초학에서 나아가 본종의 깊이에 도달하고자 한 것이었다. 以至正像法中 華竺宗主空有更破 性相互非 業禪者屢斥尋文 傳教者或譏暗證 皆爲進於初學 欲使深於本宗"라고 하였다. [참고문헌] 『四教義』, 『四明尊者教行錄』.

정상사 井上寺 일본(日本) 대판부(大阪府) 하내시(河內市)에 있던 절. 『원형석서』 권1 '석혜관 釋慧灌'(대장경보편32, p.173b9)에 "추고 33년(625 · 영류왕8) 을유 봄 정월에 (혜관이) 본국으로 건너오니, 원흥사에 머물게 하였다. 그 해 여름에 천하가 몹시 가물어, 혜관을 불러 비를 빌게 하였다. 혜관이 푸른 옷을 입고 삼론을 강설하니, 곧 큰 비가 내렸다. 천황이 크게 기뻐하며 승정으로 삼았다. 후일에 하내주에 정상사를 짓고 삼론종을 홍포하였다. 推古三十有三年乙酉春正月本國貢來 勅住元興寺 其夏天下大旱 詔灌祈雨 灌著青衣講三論 大雨便下 上大悅擢爲僧正 後於內州創井上寺 弘三論宗"라고 하였다. 유사한 내용이 『해동역사』 권41 교빙지(交聘志)9 통일본시말(通日本始末)에도 수록되어 있는데, 일본의 『화한삼재도회 和漢三才圖會』를 인용한 것이다. 이후 혜관은 일본 남도(南都)불교 삼론종의 시조가 되었다. [참고문헌] 『元亨釋書』, 『海東繹史』. ⇨ 혜관 慧灌

정상삼매 淨相三昧 Ⓢ lakṣaṇapariśodhano nāma samādhi, Ⓣ mtshan-nyid-yongs-su-sbyong-ba-zhes-bya-ba'i-ting-nge-'dzin. 백팔삼매(百八三昧) 중 하나. 엄정상삼매(嚴淨相三昧)라고도 한다. 『대품반야경』 권5(대정장8, p.253a7 : *Pañca-pr.*, p.202)에 "정상삼매란 무엇인가? 이 삼매에 머물면 모든 삼매상이 맑아진다. 이를 정상삼매라고 한다. 云何名淨相三昧 住是三昧 淨諸三昧相 是名淨相三昧 katamaḥ lakṣaṇa-pariśodhano nāma samādhiḥ yatra samādhau sthitvā sarva-lakṣaṇāni pariśodhayati tenocyate lakṣaṇa-pariśodhano nāma samādhiḥ", 『범망경직해사의』(卍속장61, p.211b16)에 "정상삼매는 청정함을 구족하며 삼십이상으로 장엄하고 제법의 총상과 별상과 무무상을 관하는 것을 말한다. 淨相三昧 謂能淸淨具足莊嚴三十二相 及觀諸法總相 別相 無無相故"라고 하였다. [참고문헌] 『大品般若經』, 『梵網經直解事義』, *Pañca-pr.* ⇨ 엄정상삼마지 嚴淨相三摩地, 백팔삼매 百八三昧

정상육계상 頂上肉髻相 Ⓢ uṣṇīṣa-śiraskatā, Ⓣ dbu-gtsug-tor-dang-ldan-pa. 삼십이상(三十二相) 중 하나. 정계상(頂髻相)·정육계상(頂肉髻相)·무견정상

정상육계상 해인사대적광전비로자나불상 통일신라

상(無見頂上相)이라고도 한다. 『다라니집경』 권1(대정장18, p.790b26)에 "그때 세존께서 큰 자비심을 일으켜 정상육계상에서 오색의 광명을 방출하여 시방의 모든 세계를 골고루 비추셨다. 爾時 世尊 起大慈悲 卽於頂上肉髻相中 放五色光 遍照十方 一切世界"라고 하였다. [참고문헌] 『陀羅尼集經』, *Mvyut.17.* ⇨ 삼십이상 三十二相, 정계상 頂髻相, 무견정상상 無見頂上相

정상좌 定上座 당후기 임제종(臨濟宗) 스님. 세속의 내력은 알 수 없다. 임제의현(臨濟義玄 ?~867)의 제자로서 『임제록』(대정장47, p.54a19)에 문답한 인연이 나오며, 『벽암록』 32칙 『평창 評唱』(대정장48, p.171c8)에는 임제의 법을 얻은 뒤에 암두전활(巖頭全豁)·설봉의존(雪峯義存)·흠산문수(欽山文邃) 등 세 사람과 문답했다고 전한다. [참고문헌] 『臨濟錄』, 『碧巖錄』, 『天聖廣燈錄』 권13(卍속장135, p.720a18), 『建中靖國續燈錄』 권28(卍속장136, p.376b2).

정상현오슬니사상 頂上現烏瑟膩沙相 삼십이상(三十二相) 중 하나. 정계상(頂髻相)·정육계상(頂肉髻相) 등이라고도 한다. 『법승의결정경』 권하(대정장17, p.659b11)에 "살해를 멀리 여의고 자심을 닦으며 광대법을 능히 바르게 행한다. 이러한 이유로 그 정수리에 오슬니사상과 혀로 얼굴을 다 덮을 정도의 상을 나타낼 수 있다. 遠離殺害 修慈心故 於廣大法 能正行故 由是感得 其頂上現烏瑟膩沙 舌相廣薄遍覆面輪"라고 하였다. [참고문헌] 『法乘義決定經』, 『瑜伽師地論』 권49(대정장30, p.568a7). ⇨ 삼십이상 三十二相, 정계상 頂髻相, 정육계상 頂肉髻相, 오슬니사 烏瑟膩沙

정색 定色 정자재소생색(定自在所生色)의 줄임말. 『유가사지론』 권54(대정장30, p.597b10)에 "이 가유(假有)로서의 정색은 단지 세간의 유루무루인 정을 말미암아 발생하는 것이지 출세간을 말미암지 않는다. 이 정색은 희론(戱論 Ⓢ prapañca)정이 인이 되기 때문이다. 此定色 但是世間 有漏無漏 由定而生 非出世間由 此定色有戲論行定爲因故", 『유가론기』 권14(대정장42, p.630c23·한불전14, p.106a3)에 "'이 가유로서의 정색은 ~ 정을 인으로 삼기 때문이다'에 대해 혜경(慧景)은 '이는 정경색을 밝혔다. 오직 성인의 정에서 생겨난 색이지 이생의 것이 아니다. 이승의 후득지로부터 세간심이 현행한 것이기에 세간이라고 하였고, 지전보살은 열반의 마음이 가득하더라도 가행하려는 마음에서 또한 현현하는 뜻을 얻기에 유루라고 하였으며, 지전보살 이후의 보살의 무루심이 현행한 것이니 무루라고 하였다. 삼승의 출세간지는 오직 진여만을 반연하지 이미 희론이라는 인의 유무와는 무관하기 때문에 이 색이 현현하지 않는다. 따라서 이 색은 출세간의 색이 아니다'라고 하였다. 此定色至定爲因故者 景云 此明定境色 唯是聖人定所生色 非是異生 以從二乘後智 世間心現 故名世間 地前菩薩 涅槃心滿 加行心中 亦得顯現義 故是有漏 地前菩薩後 無漏心卽現 是無漏 三乘出世間智 唯緣眞如 已離有無戲論因 故不現此色 是故此色 非出世間"라고 하였다. [참고문헌] 『瑜伽師地論』, 『瑜伽論記』. ⇨ 정자재소생색 定自在所生色, 정경색 定境色

정색 淨色 [S] rūpa-prasāda, [T] gzugs-dang-ba. 청정한 색. 오식(五識)의 발생 근거인 오근(五根). 즉 승의근(勝義根)을 가리킨다. 『품류족론』 권1(대정장26, p.692c12)에 "안근이란 무엇인가? 안식이 의지하는 정색이다. … 신근은 무엇인가? 신식이 의지하는 정색이다. 眼根云何 謂眼識所依淨色 … 身根云何 謂身識所依淨色", 『구사론』 권1(대정장29, p.2b12 : *Abh-k-bh.*, p.5)에 "그러한 식이 의지하는 정색을 안 등의 오근이라 한다. 彼識依淨色 名眼等五根 tadvijñānāśrayā rūpaprasādāścakṣurādayaḥ", 『구사론송소론본』 권1(대정장41, p.819c27)에 "보배 구슬의 반짝임처럼 그 바탕이 청정하기에 정색이라 한다. 體淸淨故 如珠寶光 故名淨色", 『팔식규구보주』 권상(대정장45, p.469b14)에 "정색이란 승의근을 가리켜 말하는 것으로, 바탕이 물든 법이 아니며 오직 무구하고 청정한 무기성이다. 名淨色者 指勝義而言 體非染法 唯白淨無記性故"라고 하였다. 〔참고문헌〕『品類足論』, 『俱舍論』, 『俱舍論頌疏論本』, 『八識規矩補註』, *Abh-k-bh.*, *Yogā-bh.4.* ⇨승의근 勝義根, 부진근 扶塵根, 사대소조정색 四大所造淨色

정생 正生 ❶곧바로 나다. 생유(生有). 생을 바로 받음을 말한다. 방편생(方便生)에 상대한다. 『섭대승론석』 권3(대정장31, p.171a6)에 "〔논〕 사람이 이 생으로부터 목숨을 버리고 상계의 정지에 난다면 산동하는 염오의식에 의하여 저곳에서 생을 받는다. 〔석〕 정지 중에서 본식을 여의고 생을 받는다고 하면 그 뜻은 성립하지 않는다. … 산동이란 바로 수생하는 식이다. 저곳에서 생을 받는다고 하면 곧 방편생과 정생이다. 論曰 若人從此生捨命生上靜地 由散動染汚意識 於彼受生 釋曰 於靜地中 離本識受生 此義則不成 … 散動者 卽正受生識 於彼受生者 卽方便生 及正生", 『섭대승론석약소』 권2(대정장68, p.140b7)에 "방편생과 정생이란 곧 중유와 생유를 가리키는 것이다. 方便生 及正生者 卽指中有 及生有也"라고 하였다. 〔참고문헌〕『攝大乘論釋』, 『攝大乘論釋略疏』. ⇨생유 生有, 방편생 方便生❶ ❷➡정생법 正生法, 정생위 正生位

정생 頂生 [S] Māndhātṛ, Mūrdhaja-rāja. 과거세의 왕 이름. 정수리에서 탄생했다는 뜻이다. 『정생왕인연경』 권1(대정장3, p.393b3)에 "어떤 이는 '이 태자는 정수리에서 탄생하여 정생이라 이름 붙임이 마땅하다'라고 말한다. 이로 말미암아 정생이라는 부르는 사람도 있었고 아양이라 부르기도 하였다. 或有說言 今此太子 從頂上生 應名頂生 由是乃有呼頂生者 或號我養者"라고 하였다. 〔참고문헌〕『頂生王因緣經』. ⇨만다트리 Māndhātṛ❷, 정생왕 頂生王

정생법 正生法 지금 막 생겨나고 있는 법. 금기법(今起法)이라고도 한다. 비정생법(非正生法 : 非今起法)의 상대어다. 『품류족론』 권6(대정장26, p.715b27)에 "정생법이란 어떤 것인가? 법이 미래 앞에 바로 일어나고 있는 것을 말한다. 正生法云何 謂若法未來現前正起"라고 하였다. 〔참고문헌〕『品類足論』, 『衆事分阿毘曇論』 권4(대정장26, p.648a23). ⇨정생시 正生時, 정생위 正生位, 비정생법 非正生法

정생시 正生時 [S] utpadyamāna. 지금 막 생겨날 때. 지금 바로 사라지는 때를 말하는 정멸시(正滅時)의 상대어다. 정생위(正生位)와 같은 뜻이다. 『대비바사론』 권27(대정장27, p.141b3)에 "정생시와 정멸시는 없다. 마치 비유자의 말과 같다. 그는 말한다. '시분에는 단지 두 가지만 있을 뿐이니 첫째는 이미 일어난 것이고, 둘째는 아직 일어나지 않은 것이다. 다시 두 가지가 있으니 첫째 이미 사라진 것과, 둘째 아직 사라지지 않은 것이다. 이것을 제하고 다시 정생이나 정멸은 없다'. 이런 집착을 막고 실제로 정생위와 정멸위가 있음을 나타내기 위한 것이다. 無正生時 及正滅時 如譬喩者 彼說時分 但有二種 一者 已生 二者 未生 復有二種 一者 已滅 二者 未滅 除此更無正生正滅 爲遮彼執 欲顯實有 正生滅位", 『순정리론』 권11(대정장29, p.390a9)에 "경에서 '뜻을 지어 바로 현전한다'고 하기 때문이다. 바로 현전한다란, 바로 일어나 가까이 스스로의 경을 현전하는 것이다. 즉 정생시에 들어오자 현재하여 스스로의 경을 취하는 뜻이다. 經言 作意 正現前故 正現前者 謂正起近 現前自境 卽正生時 將入現在 取自境義"라고 하였다. 〔참고문헌〕『大毘婆沙論』, 『順正理論』, *Abh-k-bh.301·321.* ⇨정생위 正生位, 정멸 正滅, 정멸법 正滅法

정생왕 頂生王 [S] Māndhātṛ, Mūrdhajāta-rāja, [P] Mandhātar, [T] spyi-bo-skyes. 만타다왕(曼馱多王)의 한역어. 본생담(本生譚) 중 석가모니불(釋迦牟尼佛)의 전신(前身)이다. 『중아함경』 권11 「사주경 四洲經」(대정장1, p.495c28)에 "세존께서 말씀하셨다. '아난이여! 옛적의 정생왕을 너는 다른 사람이라고 생각하는가? 그렇게 생각해서는 안 되니, 그가 바로 나였음을 알아야 할 것이다'. 世尊告曰 阿難 昔頂生王 汝謂異人耶 莫作斯念 當知卽是我也", 36권본 『대반열반경』 권11(대정장12, p.680c3)에 "선남자여! 이 정생왕은 이 제석에 대해 악심을 품고나자 바로 타락해 염부제로 돌아왔고, 사랑하던 이와 헤어져 큰 고통을 받았다. 또 고약한 병에 걸려 죽게 되었다. 그때의 제석은 가섭불이고 전륜성왕은 나 자신이었다. 善男子 是頂生王 於此帝釋生惡心已 卽便墮落 還閻浮提 與所愛念 人天離別 生大苦惱 復遇惡病 卽便命終 爾時帝釋 迦葉佛是 轉輪聖王 則

我身是"라고 하였다. 〔참고문헌〕『中阿含經』, 『大般涅槃經』, *Divy.210·278.*, *Mvyut.181.*, *AN.2.17.* ⇨ 만타다왕 曼馱多王, 문다갈 文陀竭

정생왕경 頂生王經 정생왕의 인연을 설한 2부의 경전. 서진(西晉)대 법거(法炬) 한역의 『정생왕고사경 頂生王故事經』 1권(대정장1, No.39)과 조송(趙宋)대 시호(施護) 한역의 『정생왕인연경 頂生王因緣經』 6권(대정장3, No.165)이다. 『역대삼보기』 권4(대정장49, p.55a3)와 『출삼장기집』 권4(대정장55, p.25a14) 등에는 『정생왕인연경』을 모두 『정생왕경』이라 하였고, 『개원석교록』 권2(대정장55, p.499b8) 등에는 『정생왕고사경』을 『정생왕경』이라 하였다. 〔참고문헌〕『歷代三寶紀』, 『出三藏記集』, 『開元釋敎錄』.

정생왕고사경 頂生王故事經 서진(西晉)대 법거(法炬) 한역. 1권. 고려장19, pp.529a1~531b18, No.676·대정장1, pp.822b12~824a16, No.39에 수록되어 있다. 290년~307년 경에 성립하였다. 『중경목록』 권3(대정장55, p.129c3)에 "『정생왕고사경』 1권〈일명 『문타갈왕경』이라고도 한다. 제11권에 나온다〉. 頂生王故事經一卷〈一名 文陀竭王經 出第十一卷〉", 『개원석교록』 권2(대정장55, p.499b8)에 "『정생왕고사경』 1권〈다만 줄여서 『정생왕경』이라고도 한다. 출전은 『중아함경』 권11의 이역이다. 『장방록』을 참조하라〉. 頂生王故事經一卷〈亦直云頂生王經 出中阿含第十一異譯 見長房錄〉"라고 하였다. 〔참고문헌〕『衆經目錄』, 『開元釋敎錄』, 『歷代三寶紀』 권6(대정장49, p.67a19), 『出三藏記集』 권4(대정장55, p.25a15). ⇨ 정생왕경 頂生王經

정생왕인연경 頂生王因緣經 조송(趙宋)대 시호(施護) 한역. 6권. 고려장40, pp.817c1~839a5, No.1469·대정장3, pp.393a12~406b22, No.165에 수록되어 있다. 줄여서 『정생왕경』이라고도 한다. 1016년~1017년 사이에 성립하였다. 이역본으로 『육도집경』 권4(대정장3, pp.21c8~22b15)에 수록된 『정생성왕경 頂生聖王經』이 있다. 〔참고문헌〕『六度集經』, 『歷代三寶紀』 권4(대정장49, p.55a3), 『開元釋敎錄』 권1(대정장55, p.484a11). ⇨ 정생왕경 頂生王經

정생위 正生位 Ⓢ utpadyamāna, utpadyamāna-avasthā, Ⓣ skye-pa'i-tshe'i-gnas-skabs. 지금 막 눈앞에 생겨나고 있는 위. 현재에 머물며 사라지고 있는 정멸위(正滅位 Ⓢ nirudhyamāna-avasthā)의 상대어다. 정생시(正生時)의 뜻이다. 『구사론』 권6(대정장29, p.31b23 : *Abh-k-bh.*, p.86)에 "어떤 사람은 말한다. '미래로 바로 생하는 위의 법은 반드시 저것과 더불어 동류인이 된다. 그러므로 저 글은 최후위에 의지하여 드러나지 않게 「인이 아닌 때는 없다」고 답하였다'. 有謂未來 正生位法 定能與彼 爲同類因 是故 彼文 依最後位 密作是答 無時非因 yas tu manyate anāgato'pi sa dharma utpadyamānāvasthāyāṃ sabhāgahetutve niyatībhūto bhavaty atas tāṃ caramāvasthām abhisaṃdhāyoktaṃ na kadācin na hetur iti", 같은 책 권7(대정장29, p.37b27 : *Abh-k-bh.*, p.100)에 "'정생에 세 가지 인'이라 한 것은, 미래법이 막 생겨나고 있는 위를 말한다. 남이 눈앞에 나타나기에 '막 생겨나고 있는 때'라고 한다. 즉 동류인·변행인·이숙인의 세 가지 인은 법이 생겨나고 있는 위에서 그 작용이 비로소 일어난다. 所言三因於正生者 謂未來法 於正生位 生現前故 名正生時 同類 遍行 異熟三種 於法生位 作用方興 jāyamānaṃ nāmānāgatam-utpādābhimukham, tatra sabhāga-sarvatraga-vipāka-hetavaḥ kāritraṃ kurvanti", 같은 책 권25(대정장29, p.134a16)에 "정생위란 말은 미래세를 나타낸다. 正生言顯未來世故"라고 하였다. 〔참고문헌〕『俱舍論』, *Abh-k-bh.* ⇨ 정생시 正生時, 정멸 正滅, 정멸법 正滅法

정생전륜성왕 頂生轉輪聖王 Ⓢ mūrdhata, mūrdhajāta, Ⓣ spyi-bo-skyes. 과거세 전륜성왕의 이름. 부친의 정수리 육계에서 태어났기에 정생(頂生)이라고 불린다. 『대보적경』 권76(대정장11, p.430a2)에 "이때 정생전륜성왕은 칠보 구족히 하고 사천하에서 왕노릇하면서 여법하게 교화하여 사천하를 풍요롭고 안은하게 하여 인민이 홍성하였고 성읍과 취락이 차례로 잇닿아 닭이 날아오를 수 있을 만하였다. 대지는 자갈도 가시나무도 없었고, 온갖 보배가 넉넉하고 헤아릴 수 없이 많은 정원과 샘물을 갖추었으며, 단정하고 아름다워 매우 좋아할 만하였다. 무엇 때문인가? 모두 정생성왕이 법력에 안주하기 때문이었다. 爾時 頂生轉輪聖王 七寶具足 王四天下如法化世 令四天下 豐樂安隱 人民熾盛 城邑聚落 次第相近雞飛相及 爾時 大地一切 無有沙礫荊棘 多饒衆寶 具足無量園林泉池 端嚴姝妙 甚可愛樂 何以故 皆是頂生聖王 安住法力"라고 하였다. 〔참고문헌〕『大寶積經』, *Mvyut.181.* ⇨ 정생왕 頂生王

정생지격 情生智隔 분별이 일어나 지혜를 가리다. 『화엄경소초』 권3(대정장36, p.22a28)에 "분별이 일어나 지혜를 가린다는 말은, 바른 지혜를 잃은 즉시 망상을 일으킨다는 뜻이다. 情生智隔者 失正智而成妄想故", 『신화엄경론』 권1(대정장36, p.721a6)에 "무릇 유정의 근본은 지혜의 바다를 근원으로 삼고, 함식의 무리들은 모두 법신을 바탕으로 삼는다. 다만 분별이 일어나 지혜가 멀어지고 생각이 변하여 바탕이 달라질 뿐이다. 근본에 이르러 분별을 잊으면 본심을 알아 그 몸과 합한다. 夫以有情之本 依智海以爲源 含識之流 總法身而爲體 只爲情生智隔 想變體殊 達本情亡 知心體合", 『대혜어록』 권1(대정장47, p.815a26)에 "법좌에 오르자 학인이 물었다. '분별이 일어나면 지혜가 막힌다 하고, 생각이 변하면 바탕이 달라집니다. 분별이 일어나지 않았을 때 막힘은 어디에서 생긴 것입니까?' '알고보니 밥통이로구나' '무슨 뜻입니까?' 대혜가 '격'이라고 하고서 주장자를 집어 들었다. 上堂 僧問 情生智隔 想變體殊 情未生時 隔從何得 師云 元來是箇飯袋子 進云 未審意旨如何 師云 隔 乃拈拄杖擧", 『임제록』(대정장47, p.497b29)에 "바로 이것이 법을 설하고 법을 듣는다. 만약 이와 같이 보아 얻는다면 문득 조사나 부처와 다르지 않게 된다. 다만 일체시중에 다시는 끊임이 없다면 눈에 닿는 것마다 다 진실이다. 다만 분별이 일어나 지혜를 막고, 생각이 변하여 바탕이 달라져서 삼계에 윤회하며 갖가지 고통을 받는 것이다. 是這箇解說法聽法 若如是見得 便與祖佛不別 但一切時中 更莫間斷 觸目皆是 秖爲情生智隔 想變體殊 所以輪回三界受種種苦"라고 하였다. 〔참고문헌〕『華嚴經疏鈔』, 『新華嚴經論』, 『大慧語錄』, 『臨濟錄』.

정생희락 定生喜樂 Ⓢ samādhijaṃ prītisukhaṃ, Ⓣ ting-nge-'dzin-las-skyes-pa'i-dga'-ba-dang-bde-ba. 정(定)에서 일어난 희락. 삼종락(三種樂) 중 하나로 초선정을 수습하여 생기는 색계(色界) 제2선(禪)의 기쁨과 즐거움을 말한다. 『십지경론』 권5(대정장26, p.156b8)에 "제2선 중에 각관이 다한 것을 '장애를 떠났다'고 한다. 저 경에서 '각관을 멸한다'고 한 것과 같다. … 정생희락이란 바로 수행의 이익을 말한다. 경에서 '정생희락'이라고 한 것과 같다. 第二禪中 滅覺觀是名離障 如經滅覺觀故 … 定生喜樂是名修行利益 如經定生喜樂故", 『법온족론』 권7(대정장26, p.484a24)에 "정생희락이라 하였는데, 무엇이 정인가? 심사가 적정한 이가 마음으로 머물고 가지런히 머물며, 가까이 머물고 편안하게 머물며, 흩어지거나 어지럽지 않고 거두어 가져서 고르게 유지하는 심일경성을 통틀어 정이라고 한다. 어떤 것을 희라고 하는가? 심사가 적정한 이의 마음이 기쁘고 지극히 기쁘며, 나아가 환희하고 환희하는 성품을 통틀어 희라고 한다. 어떤 것을 낙이라고 하는가? 심사가 적정한 이가 몸도 마음도 그 무거운 성을 이미 끊고, 나아가 몸도 마음도 조화롭고 부드러워진 성을 통틀어 낙이라고 한다. 어떤 것을 정생희락이라고 하는가? 앞의 희와 낙은 정을 인으로 하고 정에 의지하며, 정으로 건립되고 정의 세력으로 말미암아 일어나되 평등하게 일어나며, 생기되 평등하게 생기며 나아가 들고 나면서 나투기에 이것을 '정에서 생기는 기쁨과 즐거움'이라고 한다. 定生喜樂者 云何定 謂尋伺寂靜者 心住等住近住安住 不散不亂 攝止等持 心一境性 總名爲定 云何喜 謂尋伺寂靜者 心欣極欣 廣說乃至 歡喜歡喜性 總名爲喜 云何樂 謂尋伺寂靜者 已斷身重性 心重性 廣說乃至身調柔性 心調柔性 總名爲樂 云何定生喜樂 謂前喜樂 因定 依定 定所建立 由定勢力 起等起 生等生 趣入出現 故說此名定生喜樂", 『비바사론』 권10(대정장28, p.488c18)에 "정생희락이란, 초선지정 중에서 생기는 것이다. 그러므로 정에서 생긴 기쁨과 즐거움이라고 한다. 定生喜樂者 初禪地定中生 是故說定生喜樂"라고 하였다. 〔참고문헌〕『十地經論』, 『法蘊足論』, 『鞞婆沙論』, *Abh-k-bh. 170·178.* ⇨ 삼종락 三種樂[9], 제이선 第二禪

정생희락지 定生喜樂地 Ⓢ samādhija-prītisukha, Ⓟ samādhijaṃ pīti-sukhaṃ. 구지(九地) 중 제3지. 또는 색계사선(色界四禪) 중 제2선. 선정으로 생겨난 희락을 누리는 경지다. 『장아함경』 권4 「유행경 遊行經」(대정장1, p.23c20)에 "각과 관을 없애 마음속에 믿음이 생겨나고 기쁨과 희열을 얻으니 하나에 오로지 집중한다. 각관이 없어 정으로 희락을 일으키니 제2선을 얻는다. 除滅覺觀 內信歡悅 撿心專一 無覺無觀 定生喜樂 得第二禪", *Pāsādika-sutta*(*DN.3,* p.131)에 "무각무관(無覺無觀)이고, 삼매에서 생긴 희락이 있는 제2선을 구족하여 머문다. 이것이 두 번째 희락을 구함이다. avitakkaṃ avicāraṃ samādhi-jaṃ pīti-sukhaṃ dutiya-jjhānaṃ upasampajja viharati. ayaṃ dutiyo sukhallikānuyogo", 『석씨요람』 권중(대정장54, p.290c7)에 "구지 : … 제3지는 정생희락지이다〈제2선을 포섭하고, 세 가지 하늘이 있다〉. 九地 … 三 定生喜樂地〈攝二禪 三天〉"라고 하였다. 〔참고문헌〕『長阿含經』, 『釋氏要覽』, *DN.* ⇨ 구지 九地[1], 사선 四禪[1]

정석 貞石 다듬어 오래가는 돌. 정민(貞珉) 또는 정염(貞琰)·취민(翠珉) 등으로도 쓴다. 그 돌에 새긴 행적 등이 불멸이길 바라서 부르는 비석에 대한 미칭(美稱)이다. 『상서고보』에 "사태부의 묘비는 단지 정석만 세웠을 뿐 처음에는 비문이 없었는데, 대개 글을 짓고 쓰는 뜻이 중하고 어려워서이다. 謝太傅墓碑 但樹貞石 初無文字 蓋重難製述之意也", 「보림사보조체징비문 寶林寺普照體澄碑文」에 "오직 남은 향불로 선사의 음성과 모습만을 돌이켜 그릴 뿐이니, 이 정석을 새김이여! 불법이 장차 웅장하도록 기록함이로다. 唯餘香火 追想音容 刊此貞石 紀法將雄", 「홍녕사징효대사절중비문 興寧寺澄曉大師折中碑文」에 "꽃다운 모습 점점 사라지는데 아직 정석도 새기지 못했네. 芳塵稍歇 貞石無刊", 「정토사홍법국사비문 淨土寺弘法國師碑文」에 "공손히 임금의 말씀을 받들어 돌이켜 덮어 가림 없도록 하였으니, 정석에 새겨진 스님의 행적이 영원하길 바라는 바이다. 恭承出

綷之言 莫追編苫之作 冀憑貞石", 『대종조증사공대변정광지삼장화상표제집』 권5 「청위선사입비표일수 請爲先師立碑表一首」(대정장52, p.853a12)에 "넘치는 덕 정석에 다 적지 못하였다. 盛德未題於貞石", 『법원주림』 권100(대정장53, p.1027c15)에 "정석에 새김이여, 후대에 전하여 그 자취 사라지지 않길. 刊乎貞石 傳之不朽", 『감산집』 권50 「부록미경인연 附錄未竟因緣」(卍속장127, p.917a1)에 "그 사적을 자세히 적어서 정석에 새겼다. 具述其事 刻之貞石"라고 하였다. [참고문헌] 『尙書故寶』, 『朝鮮金石總覽』 권상 p.64·162·237, 李智冠 『校勘譯註歷代高僧碑文』 新羅篇 p.113·高麗篇1 p.253·高麗篇2 p.174, 『代宗朝贈詞空大辯正廣智三藏和上表製集』, 『法苑珠林』, 『憨山集』. ⇨ 정민 貞珉, 정염 貞琰

정석 靖錫 1892~1982. 근대의 대선사. 호는 경봉(鏡峰), 자호(自號)는 원광(圓光), 속성은 김씨, 속명은 용국(鏞國), 본관은 광주. 아버지의 휘는 영규(榮圭), 어머니는 안동 권씨 부인이다. 1892년(고종29) 4월 9일 경상남도 밀양군 부내면 계수동에서 태어났다. 7세 때 밀양읍의 한문서당에서 강달수(姜達壽) 선생으로부터 한학을 배우기 시작하여 14세까지 사서삼경(四書三經)과 사서(史書)를 배워 마쳤다. 15세 때 어머니가 돌아가신 후 인간무상을 깊이 느껴 16세 때인 1907년(융희1) 양산 통도사(通度寺) 성해남거(聖海南巨)를 은사로 하여 스님이 되었다. 1908년 3월 통도사에서 설립한 명신학교(明新學校)에 입학하고, 9월 통도사 금강계단(金剛戒壇)에서 청호학밀(晴湖學密)에게 사미계를 받았다. 1911년 명신학교를 졸업한 뒤 이듬해 4월 15일 통도사 금강계단에서 해담치익(海曇致益)율사로부터 비구계를 받았다. 그 후 통도사 불교전문강원에 입학하여 3년간 대교과(大敎科)를 졸업하고 이어 외전(外典)도 두루 연구하였다. 24세 때인 1915년 통도사 부처님 사리탑 앞 적멸보궁(寂滅寶宮)에서 기도 끝에 견성오도(見性悟道)하여 생사대사를 초월하겠다는 굳은 서원을 세우고, 천성산(千聖山) 내원사(內院寺)로 찾아가 신혜월(申慧月)선사로부터 법문을 듣고, 이어 제방으로 다니면서 여러 선지식을 친견하고 참선수행을 계속했다. 1925년 34세 때 통도사 염불만일회(念佛萬日會)의 회장이 되어 이후 30여 년간 만일회를 이끌며 본분사(本分事)인 참선수행에 더욱 매진하였다. 통도사 극락선원 화엄산림 법주로서 화엄사상과 조계선의 일치를 주장했다. 화엄산림 설법 및 용맹정진 중 36세 때인 1927년 12월 10일 신비한 경지가 나타나 게송을 읊었다. "천지 한 입에 삼키는 상근기여! 돌 원숭이 학을 타고 진흙 거북 쫓는다. 꽃 가득한 숲 속에 새는 잠들고 강산은 고요한데, 달 밝은 밤 솔바람 누구와 화답할까? 天地口呑是上機 石猿乘鶴逐泥龜 花林鳥宿江山靜 蘿月松風弄何誰"라 했고, 7일 째인 12월 13일 야반에 촛불이 춤을 추는 것을 보고 활연대오(豁然大悟)하고는 오도송을 남겼다. "내가 나를 찾아가 만나니, 물물이 그러해서 마주하는 것마다 주인의 놀이터네. 하하! 만나는 일마다 의혹 없어서, 우담발화 꽃빛은 법계에 넘쳐나네. 我是訪吾物物頭 目前卽見主人樓 呵呵逢着無疑惑 優鉢花光法界流"라고 하였다. 그 후 한암중원(漢巖重遠)·제산(霽山)·용성진종(龍城震鍾) 등과 서신교류를 통해서 법을 묻고 배웠다. 37세 때 환성지안(喚惺志安)의 제10세 법손인 성해남거의 법을 이어받았으니, 벽송이성(碧松理性)의 5세 법손이고, 쌍호회관(雙湖會灌)의 4세 법손이 된다. 1932년 41세 때 통도사 불교전문강원 원장에 취임하여 이후 50여 년간 후학을 지도하였다. 1935년 44세 때 통도사 주지에 취임하였고, 1941년 조선불교 중앙선리참구원 선학원(禪學院) 이사장에 취임하여 임제선풍을 진작하였으며, 1949년 다시 통도사 주지에 취임하였다. 1953년 11월에는 통도사 극락암 호국선원(護國禪院) 조실로 추대되어 많은 납자(衲子)들을 제접하였으며, 이어 팔공산 동화사 내원암선원 조실도 겸하여 입적할 때까지 극락선원에서 주석하였다. 1954년 63세 때 부산 범어사(梵魚寺)에 도솔종열(兜率從悅)선사가 삼관(三關)법회를 열었을 적에 묻되 "'제방으로 다니면서 참선정진을 하는 것은 다만 견성을 하기 위한 것이니 지금 스님께서는 불성이 어디에 있습니까?' 대답하되 '동래의 콩으로 끓인 콩죽이 반은 푸르고 반은 붉더라'. 또 묻되 '자성을 알아야 바야흐로 생사에서 벗어날 것입니까?' 답하되 '항상 옷 입어야 하리라'. 또 묻되 '생사 진로에서 벗어나야 곧 죽어서 갈 곳을 알 터인데, 사대가 흩어지면 어느 곳을 향해 가는 것입니까?' 답하되 '시장에 신 값만 오른다'. 또 묻되 '덕산의 탁발을 암두전활(岩頭全豁)선사가 그윽히 알아낸 종지는 어떤 것입니까?' 답하되 '붉은 것이 오니 흰 것은 모습을 감춘다'. 兜率悅和尙 三關 設問云 撥草參玄 只圖見性 卽今上人 性在何處 師答曰 東萊豆粥半靑紅 又問 識得自性 方脫生死 眼光落地時 作麽生脫 師答曰 可常衣裳 又問 脫得生死 便知去處 四大分離 向甚麽處去 師答曰 市騰履價 又問 德山托鉢 岩頭密啓 意旨如何 師答曰 紅來藏白"라고 하였다. 스님께서는 성품이 온화하고 자비하시어 수형하는 스님을 비롯하여 남녀 노소를 불문하고 차별없이 문호를 활짝 열어 자상하게 제접하시니, 마치 원광법사와 원효대사가 재현한 듯

정석 성보문화재연구원 현대

하였다. 1973년부터 입적하시기 1년 전인 1981년까지 8년 동안 매월 첫 일요일마다 극락암에서 정기적으로 법회를 열었는데, 청중이 천여 명이나 모였다. 경봉장학회를 세워 학인들의 공부를 돕기도 하였으며, 격외종지(格外宗旨)는 물론 특히 한시와 시조에도 조예가 깊었고, 붓글씨에도 일가를 이루어 선묵(禪墨)에도 뛰어났다. 통도사 주지 재임시에는 삼성반월석교(三星半月石橋)·무풍교에서 일주문까지 도로변 좌우 석등 18좌(座)·극락선원삽삼조사영정(極樂禪院卅三祖師影幀) 조성 등 많은 업적을 남겼다. 1967년에는 서울 탑동공원에 만해선사기념비(卍海禪師紀念碑) 건립을 추진하였으며, 그 비문은 운허용하(耘虛龍夏)가 썼다. 1982년 7월 17일 문인들을 불러 앉히고 부지런히 정진하여 출가한 초지(初志)를 잊지 말라고 당부하고 떠날 것을 알리자, 시자가 "스님께서 떠나신 후에도 항상 스님을 뵙고 싶습니다. 어떤 것이 스님의 참모습입니까?"라고 물으니, 스님께서 빙긋이 웃으시면서 "야반 삼경에 대문의 빗장을 만져보거라" 하시고 조용히 입적하시니 세수 91, 법랍 75세였다. 저서로는 『법해 法海』·『속법해 續法海』·『원광한화 圓光閑話』 등이 있으며, 18세부터 85세까지 67년간 기록한 일기인 『경봉일지 鏡峰日誌』가 있다. 이는 한국불교 최근세사를 조망하는데 중요한 자료로서, 당시의 선지식인 한암중원·용성진종·만공월면(滿空月面)·효봉원명(曉峰元明) 등과 주고받은 서신과 선문답도 담겨 있다. 제자에는 벽안법인(碧眼法印)·학월경산(鶴月京山)·활산성수(活山性壽) 등이 있다. 이영무(李英茂)교수가 비문을 짓고, 원중식(元仲植)이 써서 1984년 6월 24일 통도사 일주문 앞 비림(碑林)에 세운 탑과 비가 있다. [참고문헌] 智冠 『韓國高僧碑文總集 朝鮮朝·近現代』 pp.1124~1127, 『佛敎新聞』(1982.7.25).

정석 묵필 성보문화재연구원 현대

정선 定善 정 중에 닦는 선근. 이선(二善: 定善 散善) 중 하나로 관불삼매(觀佛三昧) 등을 행하는 것을 말한다. 『대비바사론』 권39(대정장27, p.204b26)에 "만약 정선을 닦는다면 꼭 결과부좌를 우선하여 수순해야 한다. 若修定善 唯結加坐最爲隨順", 『관무량수불경소』 권4(대정장37, p.277c4)에 "(십육관 중) 앞의 십삼관은 정선으로서 위제희 부인이 청하고 여래께서 답하신 것이다. 前明十三觀以爲定善 卽是韋提致請 如來已答" 『관무량수불경의소』 권상(대정장37, p.283a28)에 "둘째로 정선과 산선을 가린다. 선도는 「현의분」에서 '앞의 십삼관은 정선이다'고 하였다. 二辨定散 善導玄義云 前十三觀爲定善", 『아미타경소초』 권3(卍속장33, p.447b18)에 "일심으로 산란하지 않음을 정선이라 한다. 또 그 일심도 정산으로 나눌 수 있는데, 사에서의 일심이라면 정선 중의 산선이고, 이에 대한 일심이라면 정선 중에도 정선이다. 一心不亂者 定善也 又以一心而分定散 事一心者 定善中之散善也 理一心者 定善中之定善也", 『아미타경소초연의』 권3(卍속장33, p.672b17)에 "'일심으로 산란하지 않음을 정선이라 한다'란, 마음이 하나의 경을 연하되 다른 생각을 품지 않는 것을 정선이라 한다. 一心不亂名定者 心緣一境 無有異念 故言定善"라고 하였다. [참고문헌] 『大毘婆沙論』, 『觀無量壽佛經疏』, 『觀無量壽佛經義疏』, 『阿彌陀經疏鈔』, 『阿彌陀經疏鈔演義』. ⇨ 이선 二善❹, 십삼정선 十三定善, 산선정선 散善定善, 십육관 十六觀, 산선 散善❶, 정산 定散❷, 정산이선 定散二善, 정선의 定善義

정선 淨善 청정하고 선함. 번뇌가 없는 선한 행업을 말한다. 『범지계수정경』(대정장1, p.844b1)에 "차라리 청정하고 선한 법을 구할지언정 더러운 물로 더러운 먼지와 때를 버리려 하지 않는다. 寧求淨善法 不須弊惡水用除塵垢穢", 『대지도론』 권18(대정장25, p.194b27)에 "물들어 악한 마음은 중생을 괴롭히니 이는 죄상이고, 깨끗해 선한 마음은 중생을 가엾이 여기니 이는 복상이다. 濁惡心惱衆生 是爲罪相 淨善心愍衆生 是爲福相", 『기신론소필삭기』 권17(대정장44, p.388a20)에 "만약 정인이 화합하면 선인과 낙과를 잃지 않는다. 따라서 물들어 악한 것들은 오직 삼악도의 길이고, 깨끗해 선한 인연은 인천과 이승 그리고 불도에 모두 통한다. 若淨因緣和合 卽善因樂果不失 斯則染惡等唯三途 淨善等通 人天二乘 及佛道也"라고 하였다. [참고문헌] 『梵志計水淨經』, 『大智度論』, 『起信論疏筆削記』.

정선 淨禪 ❶ 청정하게 하는 선. 적정(寂靜)에서부터 무상보리에 이르게 하는 선을 말한다. 『우바새계경』 권7 「선바라밀품 禪波羅蜜品」(대정장24, p.1075a9)에 "보살에는 두 부류가 있다. 첫 번째는 재가, 두 번째는 출가이다. 출가보살은 정선을 닦으니 그것이 어렵지 않으나, 재가보살은 정선을 닦기 어렵다. 왜 그러한가? 속가의 사람은 대부분 나쁜 인연에 의해 얽히기 때문이다. 菩薩有二種 一者在家 二者出家 出家菩薩 修於淨禪是不爲難 在家修淨 是乃爲難 何以故 在家之人 多惡因緣所纏遶故"라고 하였다. 『보살선계경』 권5 「선품 禪品」(대정장30, p.988c6)에서는 세법적정정(世法寂靜淨)·출세법적정정(出世法寂靜淨)·방편적정정(方便寂靜淨)·근본적정정(根本寂靜淨)·상적정정(上寂靜淨)·입적정정(入寂靜淨)·주적정정(住寂靜淨)·기적정정(起寂靜淨)·자재적정정(自在寂靜淨)·번뇌지혜이

장적정정(煩惱智慧二障寂靜淨)의 '열 가지 적정정이 정선 如是十種寂靜淨 名爲淨禪'이라 하고는, "보살은 이 열 가지를 수습하여 무량무변공덕을 성취하고, 무상보리과를 얻는다. 과거현재미래의 모든 보살은 이 선을 닦아 아누다라삼막삼보리를 얻는다. 菩薩修習如是十種 成就無量無邊功德 爲得無上菩提果故 過去未來現在菩薩 皆修是禪 得阿耨多羅三藐三菩提"라고 하였다. [참고문헌] 『優婆塞戒經』, 『菩薩善戒經』. **2** 청정하고 선하지만 유루(有漏)인 선. 『대지도론』 권20(대정장25, p,208a2)에 "사선에는 두 가지가 있다. 첫 번째는 정선이고, 두 번째는 무루선이다. 무엇을 정선이라고 하는가? 유루선의 오중이다. 무엇을 무루선이라고 하는가? 무루의 오중이다. 이들은 사선 중에서 거둔다. 四禪有二種 一者 淨禪 二者 無漏禪 云何名淨禪 有漏善五衆 云何名無漏 無漏五衆 是四禪中所攝"라고 하였다. [참고문헌] 『大智度論』. ⇨ 선선 善禪, 무루선 無漏禪

정선 頂禪 선정이 깊어 근원(近遠)에도 수복(壽福)에도 자재하여 가장 지극한 선. 초월삼매(超越三昧)·불지삼매(佛智三昧)라고도 한다. 『대지도론』 권17(대정장25, p.187b27)에 "다시 여러 선 중에서 정선이라는 것이 있는데 어떤 이유로 '정'이라 하는가? 두 부류의 아라한이 있으니 괴법과 불괴법이다. 불괴법아라한은 일체의 깊은 선정에서 자재를 얻어 능히 정선을 일으킨다. 이 정선을 얻으면 수명을 부로, 부를 수명으로 뒤치기도 한다. 復次 諸禪中有頂禪 何以故名頂 有二種阿羅漢 壞法 不壞法 不壞法阿羅漢 於一切深禪定得自在 能起頂禪 得是頂禪 能轉壽爲富 轉富爲壽", 『법화현의』 권4(대정장33, p.720a2)에 "수선이란 초월삼매다. (성문의 초선에서 삼선으로든 보살의 초선에서 멸진정으로든) 그 가깝거나 멀거나 넘어서 들고, 그 가깝거나 멀거나 넘어서 나오며, 그 가깝거나 멀거나 넘어서 머문다면 이 선의 공덕이 가장 깊은 것이니, 따라서 정선이라고 한다. 모든 법의 문을 자재하게 드나드는 것이다. 修禪者 超越三昧也 近遠超入 近遠超出 近遠超住 是禪功德最深 故名頂禪 於諸法門 自在出入", 『석선바라밀차제법문』 권10(대정장46, p.548b17)에 "또한 정선이라 한다. 여러 선 중에서 가장 뛰어나니 수명을 부로 부를 수명으로 바꿀 수 있다. 따라서 불지삼매라고도 한다. 亦名頂禪 於諸禪中最爲高極 則能轉壽爲福 轉福爲壽 故復名佛智三昧"라고 하였다. [참고문헌] 『大智度論』, 『法華玄義』, 『釋禪波羅蜜次第法門』. ⇨ 초월삼매 超越三昧

정선사가록 精選四家錄 조선후기 청허휴정(淸虛休靜)의 『사가록』 초록. 1권. 한불전11, pp.424a1~425a23에 수록되어 있다. 선종사가(禪宗四家)의 어록을 모은 『사가어록 四家語錄』에서 마조시중왈(馬祖示衆曰) 1편·백장상당운(百丈上堂云) 2편·황벽상당운(黃蘗上堂云) 1편·임제상당운(臨濟上堂云) 2편만을 가려 뽑은 책이다. 말미에 "만력 35년 정미(1607·선조40) 납월에 학명이 글씨를 써서 송광사에서 간행하니, 사익이 새겼다. 萬曆卅五年丁未 臘月 學明書 松廣寺刊 刻思益"라는 간기가 전한다. 청허휴정의 『사가록』 초본으로는 송광사 간행본인 『정선사가록』 외에 1650년(효종1)에 경오(敬悟)가 발문을 쓰고 1770년(영조46) 영암 도갑사(道岬寺)에서 간행한 『사가록초 四家錄草』도 전한다. ⇨ 사가어록 四家語錄 **1**

정선산선 定善散善 정선과 산선. 『다미타경소초연의』 권1(卍속장33, p.571a8)에 "정선과 산선이란 무엇인가? 십육관문을 정선으로 삼은 것이니, 정심으로 성취한 관이기 때문이다. 아미타불의 명호를 집지하는 것을 산선이라 하니, 산란한 마음으로 칭명하기 때문이다. 定善散善者 十六觀門爲定善 定心成觀故 執持名號爲散善 散心稱名故"라고 하였다. [참고문헌] 『阿彌陀經疏鈔演義』. ⇨ 정선 定善, 산선 散善 **1**, 정산 定散 **2**, 정산이선 定散二禪, 십육관 十六觀

정선의 定善義 당대 선도(善導) 지음. 1권. 『관무량수불경소 觀無量壽佛經疏』의 제3권인 「관경정종분정선의 觀經正宗分定善義」를 줄여 부른다. 대정장37, pp.261b2~270b7, No.1753에 수록되어 있다. 위제희부인(韋提希夫人)의 치청(致請)으로 설한 정종분십육관(正宗分十六觀) 중 산선(散善)인 후삼관(後三觀)을 제외한 정선십삼관(定善十三觀)을 푼 법문이다. 정선십삼관이란 첫째 저무는 해를 관상하는 일상관(日想觀), 둘째 서방정토가 물처럼 투명한 유리로 되어있다고 관상하는 수상관(水想觀), 셋째 서방정토의 땅을 관상하는 지상관(地想觀), 넷째 갖가지 보배로 장엄되어 있는 서방정토의 나무들을 관상하는 보수관(寶樹觀), 다섯째 칠보로 이루어진 연못을 관상하는 보지관(寶池觀), 여섯째 서방정토의 수많은 누각을 관상하는 보루관(寶樓觀), 일곱째 무량수불과 협시보살의 연화대를 관상하는 화좌관(華座觀), 여덟째 무량수불의 형상을 관상하는 상관(像觀), 아홉째 무량수불의 진실한 몸을 관상하는 진신관(眞身觀), 열째 무량수불의 협시보살인 관세음보살을 관상하는 관음관(觀音觀), 열한째 무량수불의 협시보살인 대세지보살을 관상하는 세지관(勢至觀), 열두째 자신이 연꽃 속에 앉아 극락에 태어나는 모습을 관상하는 보관(普觀), 열셋째 무량수불께서 신통변화로 자유자재하게 나타내시는 모습을 관상하는 잡상관(雜想觀)을 말한다. ⇨ 관무량수불경소 觀無量壽佛經疏 **2**, 십육관 十六觀, 정산이문 定散二門

정선치문집설 精選緇門集說 1914년에 영호정호(映湖鼎鎬 1870~1948) 편찬. 1권. 백암성총(栢庵性聰 1631~1700)의 『치문집주 緇門集註』 3권을 정선하여 4편(編) 43절(節)로 엮었다. 제1편 권학(勸學)은 「면학상 勉學上」·「면학하 勉學下」·「무학십문 務學十門」·「서학로권동행근학 徐學老勸童行勤學」 등 4절, 제2편 경유(警諭)는 「석난문 釋難文」·「훈동행 訓童行」·「시학도 示學徒」·「대원경책 大圓警策」·「지각수계 智覺垂誡」·「보녕용선사시간경 保寧勇禪師示看經」·「관심송경법 觀心誦經法」·「규봉선사시학도위곡 圭峰禪師示學徒委曲」·「양고승칭법주유계소사 梁高僧稱法主遺誡小師」 등 9절, 제3편 서독(書牘)은 「동산화상사친서 洞山和尙辭親書」·「낭회답 娘回答」·「도겸선사답진지승서 道謙禪師答陳知丞書」·「대지조율사송의발여원조본선사서 大智照律師送衣鉢與圓照本禪師書」·「안시랑답운행인서 顔侍郎答雲行人書」·「진제형귀겸답진시랑덕수서 陳提刑貴謙答眞侍郎德秀書」·「불감근화상여불과근화상서 佛鑑懃和尙與佛果勤和尙書」·「답투자통지화상서 答投子通知和尙書」·「무주좌계산낭선사소영가대사산거서 務州左溪山郎禪師召永嘉大師山居書」·「영가답서 永嘉答書」 등 10절, 제4편 잡저(雜著)는 「설두명각선사벽간유문 雪竇明覺禪師壁間遺文」·「범촉공송원오선사행각 范蜀公送圓悟禪師行脚」·「길주용제산우운무화상사예설 吉州龍濟山友雲鍪和尙蛇穢說」·「대수신조진선사상당 大隋神照眞禪師上堂」·「고덕갈열행 古德渴熱行」·「각범홍선사송승걸식서 覺範洪禪師送僧乞食序」·「위승불예어십과사불도소어백재 爲僧不預於十科事佛徒消於百載」·「수고조문황제칙문 隋高祖文皇帝勅文」·「천태원법사참회문 天台圓法師懺悔文」·「상태재문공자성인 商太宰問孔子聖人」·「종산철우인선사시동행법회 鍾山鐵牛印禪師示童行法晦」·「한현종개불화법본내전 漢顯宗開佛化法本內傳」·「무주영안선원신건법당기 撫州永安禪院新建法堂記」·「후한서교사지 後漢書郊祀志」·「양황사도사불조 梁皇捨道捨佛詔」·「당수아법사청송법화경가 唐修雅法師聽誦法華經歌」·「항주정자사수일법진선사소지회향 杭州淨慈寺守一法眞禪師掃地回向」·「수주대홍산영봉사시방선원기 隨州大洪山靈峰寺十方禪院記」·「혹암체선사상당 或庵體禪師上堂」·「당선월대사좌우명병서 唐禪月大師座右銘幷序」 등 20절, 총43절을 담고 있다. 〔참고문헌〕『精選緇門集說』(海東佛報社, 1914). ⇨치문경훈 緇門警訓, 치문집주 緇門集註, 정선현토치문 精選懸吐緇門, 정호 鼎鎬

정선필금강전도 鄭敾筆金剛全圖 ➡금강산도 金剛山圖

정선현토치문 精選懸吐緇門 1936년에 안진호(安震湖) 편찬. 1695년(숙종21)에 백암성총(栢庵性聰)이 짓고 성능(性能)이 화주로 각판한 『치문집주』를 1914년에 영호정호(映湖鼎鎬)가 정선하여 『정선치문집설 精選緇門集說』 1권으로 출간하였다. 안진호가 『정선치문집설』의 빈약함을 느끼고, 재래 불교 전문강원의 교재로 제공하고자 1936년에 성총주(性聰註) 전문을 각주로 옮겨 싣고 『정선현토치문』이란 제목으로 출간하였다. 목차는 13편과 부록 2절 등 69절로 되어 있다. 제1편 경훈(警訓)에 8절, 제2편 면학(勉學)에 6절, 제3편 유계(遺誡)에 5절, 제4편 잠명(箴銘)에 3절, 제5편 서장(書狀)에 8절, 제6편 기문(記文)에 7절, 제7편 서문(序文)에 4절, 제8편 원문(願文)에 2절, 제9편 선문(禪文)에 3절 제10편 시중(示衆)에 4절, 제11편 게찬(偈讚)에 2절, 제12편 호법(護法)에 6절, 제13편 잡록(雜錄)에 9절, 부록(附錄)에 2절이 수록되어 있다. ⇨정선치문집설 精選緇門集說, 치문집주 緇門集註

정설법신 正說法身 진여일미로 법을 설하는 청정법계의 정류(正流)인 법신. 이종법신(二種法身) 중 하나다. 『불성론』 권4(대정장31, p.808a19)에 "둘째 정설법신이라 하였다. 이 법신을 얻기 위해서는, 청정법계의 정류(正流 Ⓢ niṣyanda)를 얻기 위해서 저 교화할 중생의 식을 좇아 나는 것을 정설법신이라 한다. 정설법신에는 또 두 가지가 있다. 첫째는 심묘한 것이고, 둘째는 거칠고 얕은 것으로서, 이 두 가지 도리를 안립한다. 첫째 심묘한 것이란 대승도리를 안립함이고, 둘째 거칠고 얕은 것이란 이승인을 위해 이 도리를 설하는 것이다. 또 제일의제로 보살의 깊디깊은 법장을 안립하기 위한 것이고, 진속이제를 잡아 이승의 십이부경 등 갖가지 법장을 안립하기도 한다. … 〈석〉 둘째 정설의 심묘한 법신이란, 진여는 일미이기에 따라서 벌집의 꿀을 취해서 비유로 삼는다. 二 正說法身者 爲得此法身 清淨法界正流 從如所化衆生識生 名爲正說法身 正說法身又有二種 一 深妙 二 麤淺 爲安立此二道理 一 深妙者 爲安大乘道理 二 麤淺 爲二乘人說此道理 復次 第一義諦爲安立菩薩甚深法藏 約眞俗二諦 安立二乘十二部等種種法藏 … 二 正說深妙法身者 以眞如一味故 故取蜂家蜜爲譬"라고 하였다. 〔참고문헌〕『佛性論』. ⇨법신 法身, 정득법신 正得法身, 최청정법계등류 最清淨法界等流

정설자 正說者 Ⓢ dhārmika, Ⓣ chos-dang-ldan. 여래(如來) 또는 보살을 부르는 별명. 『유가사지론』 권67(대정장30, p.671b27)에 "이 청정은 대략 다섯 가지 원인으로 말미암아 나타난다. 어떤 것이 그 다섯 가지인가? 첫째 정설자, 둘째 정행자, … 이 중에서 여래는 정설자이고, 근기가 성숙한 성문은 정행자이고, 총혜자라고도 한다. 此清淨略由五因之所顯示 何等爲五 一 正說者 二 正行者 … 此中如來 是正說者 根熟聲聞是正

行者 亦名聰慧者",『대승장엄경론』 권12(대정장31, p.656a16 : *Sūtr.*, p.174)에 "다음에는 보살의 여러 가지 명칭의 차별을 설하겠다. 〔게〕 다음과 같은 것을 알아야 하리라. 모든 보살을, 마하살이라고도 하며, 지혜가 있는 이라고도 하고, 최상의 성취라고도 하며, … 자재행이라고도 하고, 정설자라고도 한다오. 〔석〕 이 열여섯 가지 명칭은 모두 뜻에 의하여 건립한 것이다. 일체의 보살은 모두 이런 명칭을 가지니, 사람이 이런 명칭을 들으면, 곧 보살임을 알아야 한다. 次說菩薩諸名差別 偈曰 應知諸菩薩 亦名摩訶薩 亦名有慧者 亦名上成就 … 亦名自在行 亦名正說者 釋曰 此十六名 皆依義立 一切菩薩 總有此名 若人聞有此名 應知卽是菩薩 〈bhāṣya〉 bodhisatvasāmānyanāmavibhāge aṣṭau ślokāḥ. 〈śloka〉 bodhisatvo mahāsatvo dhīmāṃś caivottamadyutiḥ … īśvaro dhārmikas thatā. 〈bhāṣya〉 etāni ṣoḍaśa sarvabodhisatvānām anvarthanāmāni sāmanyena"라고 하였다. 〔참고문헌〕『瑜伽師地論』, 『大乘莊嚴經論』, *Sūtr.* ⇨ 보살 菩薩

정성 正性 Ⓢ samyaktva, Ⓣ yang-dag-pa-nyid. 탐진치(貪瞋癡) 등 일체번뇌를 남김없이 끊은 성자. 열반(涅槃)과 같고 성성(聖性)이라고도 한다. 『구사론』 권10(대정장29, p.56c12 : *Abh-k-bh.*, p.157)에 "무엇을 정성이라 하는가? 계경에서 말씀하시기를 '탐을 남김없이 끊고 진도 남김없이 끊으며, 치마저 남김없이 끊어 일체번뇌를 모두 남김없이 끊은 이를 정성이라 한다. 何名正性 謂契經言 貪無餘斷 瞋無餘斷 癡無餘斷 一切煩惱 皆無餘斷 是名正性 samyaktvaṃ katamat. yattatparyādāya rāgaprahāṇaṃ paryādāya dveṣaprahāṇaṃ paryādāya mohaprahāṇaṃ paryādāya sarvakleśaprahāṇamidamucyate samyaktvamiti sūtram", 『구사론기』 권10(대정장41, p.184c28)에 "'무엇을 정성이라 하는가'란 질문이다. '계경에서 말씀하시기를~이를 정성이라 한다'란 답이다. 이는 정성을 푼 것이다. 탐진치만의 등 일체번뇌가 다하였기에 '남김없다' 하고, 이렇게 끊어야 그대로 열반택멸이라 할 수 있어서 정성이라 한다. 何名正性者 問 謂契經言至是名正性者 答 此解正性 斷貪瞋癡及慢疑等 一切惑盡 名曰無餘 此斷卽是涅槃擇滅 名爲正性", 『현종론』 권30(대정장29, p.924a15)에 "경에서 설하기를 '정성은 열반을 말한다'고 하였다. 또는 정성은 모든 성도를 가리키는 말이다. 經說正性 所謂涅槃 或正性言目諸聖道", 『대비바사론』 권3(대정장27, p.13a7)에 "모든 부정견은 반드시 견도를 말미암아 능히 끝내 끊기에 정성이라 한다. … 또한 들어갈 견도는 사정취가 아니기에 정성이라 한다. … 모든 성도는 영구히 전도를 끊기에 정성이라 한다. 諸不正見 要由見道 能畢竟斷 故名正性 … 復次所入見道 非邪定聚 故名正性 … 諸聖道永滅顚倒 故名正性"라고 하였다. 〔참고문헌〕『俱舍論』, 『俱舍論記』, 『顯宗論』, 『大毘婆沙論』, *Abh-k-bh.* ⇨ 정성리생 正性離生, 정성결정 正性決定, 정성정취 正性定聚, 성성 聖性❶

정성 定性 ❶ 정해진 자성(自性). 정성이란 말은 정해진 성이 없다는 뜻에서 쓰인다 『대반야경』 권399(대정장6, p.1067c5)에 "제법의 정성은 온 곳도 간 곳도 없고 보여 베풀 수도 없으니, 제법의 정성이란 바로 여래·응공·정등각 내지 불·박가범일 뿐이다. 諸法定性 無來無去 不可施設 諸法定性卽是如來 應 正等覺 廣說乃至佛 薄伽梵", 『중론』 권2(대정장30, p.17c13)에 "상(想)이란 이름과 모양을 인하여 생겨난다 … 결정코 먼저 있는 것이 아니다. 뭇 연을 좇아 나기에 정해진 성은 없다. 정해진 성이 없기에 저 그림자가 모습을 따르듯이 모양을 인해 그림자 있게 될 뿐이다. 원래 모습 없은즉 그림자도 없는 것이니, 그림자 결정성이 없다. 만약 정해진 것 있다 하면 모양 떠나 마땅히 그림자 있어야 한다. 想因名相生 … 非決定先有 從衆緣生無定性 無定性故 如影隨形 因形有影 無形則無影 影無決定性 若定有者 離形應有影"라고 하였다. 〔참고문헌〕『大般若經』, 『中論』. ⇨ 결정성 決定性❶, 자성 自性 ❷ 오성(五性) 중 정해진 성만을 가져 고치지 못함. 또는 그런 무리들. 『아미타경소』(대정장37, p.324a11)에 "'정성'이라 한 말은, 본래 자비심이 적어 한결같이 자신만을 위할 뿐 중생을 위하지 않으며, 세간을 두려워하여 열반에만 머물려 할 뿐인 이를 말하는데, 이를 소승 중에서 결정성이라 한다. 言定性者 謂本少慈心 一向爲己不爲衆生 怖畏世間唯住涅槃 是名於小乘中決定性也", 『법화현찬』 권3(대정장34, p.707b27)에 "근 미숙한 정성범부는 번뇌가 심히 두터워 말씀을 감당하지 못해, 설법을 듣더라도 다시 번뇌를 일으키고 전도하여 두려워한다. 謂根未熟定姓凡夫 煩惱尤重 不堪爲說 若爲說者 更生煩惱 顚倒驚怖", 『법화경현찬요집』 권3(만속장53, p.452a15)에 "정성에는 세 부류가 있다. … 첫째는 정성성문, 둘째는 정성연각, 셋째는 정성보살이다. 定性有三 … 一 定性聲聞 二 定性緣覺 三 定性菩薩"라고 하였다. 〔참고문헌〕『阿彌陀經疏』, 『法華玄贊』, 『法華經玄贊要集』. ⇨ 정성결정 定性決定, 결정성 決定性❷, 오성 五性, 오성각별 五性各別, 정성이승 定性二乘, 성정 性定, 부정성 不定性❷

정성 淨聖 Ⓢ śuddha-sattva, Ⓣ dag-pa'i-sems-dpa'. 깨끗하신 성자. 관세음보살(觀世音菩薩)을 말한다. 『법화경』 권7 「관세음보살보문품 觀世音菩薩普門品」(대정장9, p.58a28 : *Saddh-p.*, p.453)에 "념념이 의심하지 마라. 관세음 저 깨끗하신 성자는 고뇌와 죽음의 재앙을 피하는 의지처가 되어 주시리라. 모든 공덕을 갖추고 자애로운 눈으로 중생을 살피시며, 쌓으신 복 바다처럼 무량하시니, 이러한 까닭에 머리 숙여 절 올린다네. 念念勿生疑 觀世音淨聖 於苦惱死厄 能爲作依怙 具一切功德 慈眼視衆生 福聚海無量 是故應頂禮 smarathā smarathā mākāṅkṣathā śuddhasattvaṃ avalokiteśvaram, maraṇe vyasane upadrave trāṇu bhoti śaraṇaṃ parāyaṇam. sarvaguṇapāramiṃgataḥ sarvasattvakṛpamaitralocano, guṇabhūta mahāguṇodadhī vandanīyo avalokiteśvaraḥ", 『법화경요해』 권7(卍속장47, p.687b1)에 "보고 듣는 것 돌이켜 드시니, 모든 허망함에서 벗어나셨기에 청정한 성자라 부른다. 觀聽反入 離諸塵妄 是謂淨聖", 『법화경통의』 권7(卍속장49, p.945b5)에 "이미 법신을 증득하였으므로 청정한 성자라 하고, 두루 중생을 보살펴서 괴로운 생사와 함께 하시며 의지처가 되어주신다. 已證法身 故云淨聖 普被衆生 故與苦惱生死 作依怙也", 『법화경과습』 권7(卍속장93, p.378a5)에 "모든 물듦 두렷이 다 버려서 정이라 하고, 묘각(妙覺)의 극위를 채우셨기에 성이라 한다. 이것은 단덕으로 받은 이름이다. 圓滅諸染曰淨 位極於茶曰聖 此約斷德受稱也", 『자백존자별집』 권2 「관세음보살찬 觀世音菩薩讚」(卍속장127, p.108a16)에 "깨끗해 성스럽고 존귀하신 분께 머리 숙이옵니다. 소리 관하고 색은 관하지 않으시고도 단번에 삼매중 드시누나. 이 날 새벽에 정각을 이루셨으나, 언제나 초심 잊은 적 없으시다네. 원하옵건대 자비와 지혜 실어 나르시옵소서. 稽首淨聖尊 觀音不觀色 頓入三摩中 茲晨成正覺 恒不昧初心 願輪運悲智"라고 하였다. 〔참고문헌〕 『法華經』, 『法華經要解』, 『法華經通義』, 『法華經科拾』, 『紫栢尊者別集』, *Saddh-p.* ⇨ 관세음보살 觀世音菩薩

정성결정 正性決定 Ⓢ samyaktva-niyāma, Ⓟ sammatta-niyāma. 결정코 열반을 향해 간다는 뜻. '정성'은 열반(涅槃) 또는 성성(聖性)을 말하며, 성도(聖道)를 인으로 반드시 성자를 성취한다. 고법지인(苦法智忍)을 증득한 위나 견도위(見道位)를 말한다. 정성리생(正性離生)과 같다. 『구사론』 권23(대정장29, p.121a29 : *Abh-k-bh.*, p.350)에 "〔논〕 세제일법(世第一法)의 선근으로부터 틈새 없이 욕계의 고성제를 경으로 연하여 무루로 거두는 법지인이 생겨남이 있는데, 이 인(忍)을 고법지인이라고 한다. … 이를 두고 '정성리생에 들었다'고 하며, 또한 '정성결정에 들었다'고도 한다. 왜냐하면 이는 최초로 정성리생에 들어가는 것이자, 또한 최초로 정성결정에 들어가는 것이기 때문이다. 경에서는 '정성은 열반을 말하는 것이다'라고 하였다. 또 정성이란 말은 모든 성도를 인으로 한다. … 능히 결정코 열반으로 나아가고, 또 진실상을 결정코 알아차리기에 모든 성도는 '결정코'라는 이름을 얻는다. 이 위에 이르는 것을 '든다(入)'고 하며, 이 인이 생겨나면 성자라는 이름도 얻는다. 論曰 從世第一善根無間 卽緣欲界苦聖諦境 有無漏攝法智忍生 此忍名爲苦法智忍 … 卽此名入正性離生 亦復名入正性決定 由此是初入正性離生 亦是初入正性決定故 經說 正性所謂涅槃 或正性言因諸聖道 … 能決趣涅槃 或決了諦相故 諸聖道得決定名 至此位中說名爲入 此忍生已得聖者名 laukikāgradharmānantaramanāsrava dharmajñānakṣāntirutpadyate. … saiva ca niyāmāvakrāntirityucyate. samyaktvaniyāmāvakramaṇāt. samyaktvaṃ nirvāṇamuktaṃ sūtre. tatra niyamo niyāma ekāntībhāvaḥ. tasyābhigamanamavakramaṇam. tasyāṃ cotpannāyāmāryapudgala ucyate", 『화엄현담회현기』 권21(卍속장12, p.333a2)에 "정성리생은 견도의 다른 이름이다. 성제현관이라고도 하고 … 정성결정이라고도 한다. 正性離生 卽見道異名 一名聖諦現觀 … 一名正性決定"라고 하였다. 〔참고문헌〕 『俱舍論』, 『華嚴懸談會玄記』, *Abh-k-bh.* ⇨ 정성리생 正性離生, 정성 正性

정성리생 正性離生 Ⓢ samyaktva-niyāma, Ⓣ yang-dag-pa-nyid-skyon-med-pa. '정성'은 열반(涅槃) 또는 성도(聖道)를 가리키고, '리생'은 견도소단(見道所斷)의 번뇌가 더 이상 일어나지 않는다거나, 분별번뇌(分別煩惱)가 불러오는 수생(受生)에서 벗어난다는 뜻이다. 고법지인(苦法智忍)을 증득한 위나 견도위(見道位)의 성자를 말한다. 정성결정(正性決定)·성성리성(聖性離性)이라고도 한다. 『불지경론』 권6(대정장26, p.321b25)에 "초지이상의 보살에는 다시 세 부류가 있다. 첫째는 초발심보살로서, 초지에 있으며 이미 견도의 정성리생에 들어 진정한 무루심이 현행하기 시작한다. 初地已上菩薩 復有三種 一 初發心 謂在初地 已入見道正性離生 眞無漏心創現行故", 『대비바사론』 권3(대정장27, p.13c23)에 "정성리생이란, 모든 성도는 영구히 전도를 끊기에 '정성'이라 한다. '생'을 격리하는 것이기에 다시 '리생'이라 하는데, 무시이래의 견도와 수도로 끊어야 할 두 부류의 번뇌가 구르고 펴며 화합하여 모든 악사를 짓는데, 그 성이 굳고 강하기에 '생'이라고 한다. 견도가 일어나고 나면 저 일분이 끊어져 저 구르고 폄으로부터 영원히 떨어져 멀어지기 때문이다. 正性離生 謂諸聖道 永滅顚倒 故名正性 離隔生故 復名離生 謂無始來見修所斷 二分煩惱 展轉和合 作諸惡事 性剛强故 說名爲生 見道起已 斷彼一分 令彼展轉 永乖離故", 같은 책 권104(대정장27, p.539c27)에 "일체성도는 다 정성리생이라 한다. … 예를 들어, 세제일법이 틈새 없어 고법지인 현전할 때 공삼마지를 얻어 정성리생에 들어갔다 하고, 고제에 대한 현관으로 틈새 없이 집제에 대한 현관이 현전할 때 무원삼마지를 얻는 것을 또한 정성리생에 든다고 하고, 집제에 대한 현관과 틈새 없이 멸제에 대한 현관이 현전할 때 무상삼마지 얻는 것을 또한 정성리생에 든다고 한다. 謂一切聖道皆名正性離生 … 如世第一法無間 苦法智忍現在前時 得空三摩地名入正性離生 苦現觀無間 集現觀現在前時 得無願三摩地 亦名入正性離生 集現觀無間 滅現觀現在前時 得無相三摩地 亦名入正性離生", 원측(圓測)의 『해심밀경소』 권7(한불전1, p.365c10)에 "'정성리생'이란 말에서 '정성'은 바로 무루성도다. '리생'이란 말은, 견도소단의 분별번뇌는 능히 육도사생 등류를 낳는데, 비유하면 먹는 음식이 온갖 병을 낳듯이, 비유를 들어 명칭을 붙인 것이니 '생'이라 한 것이고, 견도에 날 때 저 분별번뇌가 생기듯 벗어나기에 '리생'이라 한 것이다. 言正性離生者 正性卽是無漏聖道 言離生者 見道所斷分別煩惱 能生六道四生等類 猶如生食能生諸病 從喩立號 名之爲生 見道生時 離彼如生分別煩惱 故名離生"라고 하였다. [참고문헌] 『佛地經論』, 『大毘婆沙論』, 『解深密經疏』, *Abh-k-bh.71·110·354.* ⇨ 성성리성 聖性離性, 정성결정 正性決定, 정성 正性

정성리생위 正性離生位 Ⓢ niyāma, Ⓣ nges-pa. 정성리생의 위. 『구사론』 권5(대정장29, p.24a20 : *Abh-k-bh.*, p.67)에 "정성리생위에 들 때는 이생의 중동분을 버리고 성자의 중동분을 얻는다. 謂入正性離生位時 捨異生同分 得聖者同分 niyāmamavakrāman. sa hi pṛthagjanasabhāgatāṃ vijahyādāryasabhāgatāṃ pratilabhate", 『설무구칭경』 권4(대정장14, p.575c3)에 "무위를 보고서 정성리생위에 이미 들어간 이가 무상정등각심을 일으키는 일은 없으나, 반드시 유위번뇌제행에 머무르는 이로서, 사성제를 보지 못했더라도 능히 무상정등각심을 일으킬 수 있다. 비유하면 고원의 육지에서는 청련화(嗢鉢羅花)나 홍련화(鉢特摩花)나 황련화(拘母陀花)나 백련화(奔茶利花)가 자라나질 못하나 낮고 습하며 더러운 진흙 속에서야 이 네 가지 꽃이 자라날 수 있는 것과 같다. 이처럼 성문과 독각의 종성으로서 이미 무위를 보고서 정성리생위에 들어간 이는 끝내 일체지를 구하려는 마음을 일으킬 수 없고, 반드시 번뇌행이 작용하는 낮고 습하며 더러운 진흙 속에서야 비로소 일체지를 구하려는 마음을 일으킬 수 있고 그런 가운데서 온갖 불법이 자라날 수 있기 때문이다. 非見無爲 已入正性離生位者 能發無上正等覺心 要住有爲煩惱諸行 未見諦者 能發無上正等覺心 譬如高原陸地 不生嗢鉢羅花 鉢特摩花 拘母陀花 奔茶利花 要於卑濕穢淤泥中 乃得生長此四種花 如是聲聞獨覺種性 已見無爲 已入正性離生位者 終不能發一切智心 要於煩惱諸行卑濕穢淤泥中 方能發起一切智心 於中生長諸佛法故"라고 하였다. [참고문헌] 『俱舍論』, 『說無垢稱經』, *Abh-k-bh.69·350.*, *Vikī-n.306.* ⇨ 정성리생 正性離生

정성보살 定性菩薩 보살 종성(種性 : 種姓)의 무루종자를 갖추고 있어 불과(佛果)를 이룰 수 있는 이. 『오교장통로기』 권51(대정장72, p.606a29)에 "오직 부처가 될 수 있는 본성주성을 갖추고 있을 뿐, 나머지 승의 종성은 갖추고 있지 않은 이를 정성보살이라 한다. 唯具成佛本性住姓 不具餘乘種姓之者 名定性菩薩"라고 하였다. [참고문헌] 『五敎章通路記』. ⇨ 정성 定性, 오성 五性, 정성이승 定性二乘, 부정성보살 不定性菩薩, 보살종성 菩薩種性, 무루종자 無漏種子

정성성문 定性聲聞 오성(五性)의 정성이승(定性二乘) 중 한 류. 오로지 아라한(阿羅漢)이 되기로 그 과(果)가 결정되어 있는 성문승(聲聞乘). 『사명존자교행록』 권4(대정장46, p.890a7)에 "정성성문은 성불할 수 있는가, 아니면 성불할 수 없는가? 『해심밀경』에서는 '성문을 제일의 성취로 삼는 이는 일체제불이 온 힘을 다해 교화하더라도 도량에 앉혀 무상보리를 얻게 할 수 없으니 나는 그를 적멸성문이라 한다'고 하였고, 『성유식론』에서는 '정성성문으로서 무여열반에 든 이는 육신과 지혜가 모두 다 사라져 저 허공과 같기에, 중생수에 들지 못해 다시는 발심할 수 없다'고 하였다. 定性聲聞成佛不成佛疑 解深密經云 成就第一趣聲聞 一切諸佛盡力敎化 不能令其坐道場得無上菩提 我說名爲寂滅聲聞 唯識論云 定性聲聞入無餘涅槃者 身智俱滅 猶如虛空 非衆生數 更不發心"라고 하였다. [참고문헌] 『四明尊者敎行錄』. ⇨ 정성 定性, 오성 五性, 정성이승 定性二乘

정성연각 定性緣覺 오성(五性)의 정성이승(定性二乘) 중 한 부류. 오로지 연각(緣覺 Ⓢ pratyekabuddha)이 되기로 그 과(果)가 결정되어 있는 이승인(二乘人). 『능엄경직지』 권10(卍속장22, p.921b6)에 "정성연각은 교법에 의지해서 십이연기를 관하여 단지 연으로 일어난 허망함을 여의는 것을 해탈이라 말한다. 定性緣覺 依敎觀緣 但離緣生虛妄 名爲解脫", 『열반경소삼덕지귀』 권16(卍속장58, p.865a14)에 "정성연각에게는 불성이 없어 결코 부처가 되지 못한다. 定性緣覺 … 無佛性定不作佛"라고 하였다. [참고문헌] 『楞嚴經直指』, 『涅槃經疏三德指歸』. ⇨ 정성 定性, 오성 五性, 정성이승 定性二乘

정성육계상 頂成肉髻相 Ⓢ uṣṇīṣa-śiraskatā. 삼십이상(三十二相) 중 하나. 정상육계상(頂上肉髻相)·정계상(頂髻相)·정육계상(頂肉髻相)·무견정상상(無見頂上相) 등이라고도 한다. 『수능엄의소주경』 권1(대정장39, p.831b29)에 "여래의 큰 모습에는 서른두 가지가 있다. 족하안평상부터 정성육계상까지가 그것이다. 如來大相 有三十二 謂足下安平 至頂成肉髻"라고 하였다. [참고문헌] 『首楞嚴義疏注經』, *Mvyut.17.* ⇨ 삼십이상

三十二相, 정상육계상 頂上肉髻相, 정계상 頂髻相, 정육계상 頂肉髻相, 무견정상상 無見頂上相, 불정주 佛頂珠

정성이생 正性離生 Ⓢ samyaktva-niyāma, Ⓣ yang-dag-pa-nyid-skyon-med-pa. 견도위(見道位)의 다른 이름. 또는 견도위의 성자. 성성이생(聖性離生)·정성결정(正性決定) 또는 줄여서 정성(正性)·이생성(離生性)이라고도 한다. 정성이란 성도(聖道)·열반(涅槃)을 말하고, 이생이란 번뇌와 근미숙한 생을 여읜 것을 말한다. 『대비바사론』 권3(대정장27, p.13a2)에 "정성이생에 든다는 말은 이 심심소법으로 능히 견도에 드는 것이다. 〔문〕 성도라면 모두 정성이고 또한 이생인데 어째서 이 중에서 유독 견도를 말하는가? 〔답〕 … (일체 번뇌나 모든 탐애를) 견도에서는 필경에 다스리기에 견도만을 이생이라 한다. 올바르지 못한 모든 부정견들은 반드시 견도를 말미암아야 필경에 끊을 수 있기에 정성이라 한다. 세제일법도 틈새 없이 이끌고 일어나기에 정성이생에 든다고 한 것이다. 能入正性離生者 謂此心心所法 能入見道 問 一切聖道 皆是正性 亦是離生 何故此中獨說見道 … 見道能爲畢竟對治 是故見道獨說離生 諸不正見 要由見道 能畢竟斷故名正性 世第一法 無間引起 故說能入正性離生", 『구사론』 권23(대정장29, p.121b6)에 "경에서는 '정성은 이른바 열반이다'라고 설하였다. 또는 정성은 모든 성도의 인을 말하는 것이다. 생이란 번뇌 또는 근이 미숙함을 말한다. 성도란 능히 넘어서기에 이생이라 한 것이고, 반드시 열반으로 나아가게 하기에, 또는 진실을 결정코 요별하기에 모든 성도는 결정이라는 이름을 얻는다. 經說 正性所謂涅槃 或正性言因諸聖道 生謂煩惱 或根未熟 聖道能越故名離生 能決趣涅槃 或決了諦相故 諸聖道得決定名", 『유가론기』 권13(대정장42, p.603c7·한불전14, p.29c7)에 "'성문의 정성이생에 든다' 등에 대해서 풀이한다. 혜경(惠景)은 '구역에서는 성성을 정성이라 한다. 범부성은 사성이라 한다. 견도에 들어가 사성을 버리고 정성을 획득하게 한다는 것이다'고 하였다. 入聲聞正性離生等者 景云 舊言聖性名爲正性 凡夫性名爲邪性 令入見道捨邪得正"라고 하였다. 〔참고문헌〕『大毘婆沙論』, 『俱舍論』, 『瑜伽論記』, *Abh-k-bh.350.* ⇨견도위 見道位, 견도 見道, 성성이생 聖性離生, 이생성 離生性❷, 정성결정 正性決定

정성이승 定姓二乘 ➡정성이승 定性二乘

정성이승 定性二乘 정성연각(定性緣覺)과 정성성문(定性聲聞). 정성이승(定姓二乘)이라고도 한다. 『금광명최승왕경소』 권4(대정장39, p.268c15)에 "정성이승은 예류과를 증득한 이로서, 무루혜를 일으켜 사제법을 반연하여 법안을 증득한다. 定性二乘 證預流果 無漏慧生 緣四諦法 得法眼淨", 『성유식론』 권8(대정장31, p.45a28)에 "만약 소지장이 무루의 업을 도와 생사를 초감하는 이승정성이라면 영구히 무여열반에 들지 못할 것이다. 若所知障 助無漏業 能感生死 二乘定性 應不永入無餘涅槃", 『성유식론술기』 권8(대정장43, p.537b21)에 "〔술〕 이것은 외도들이 물은 것이다. 유학과 범부는 번뇌장 때문에 유루업을 도와 생사를 불러들이고, 문득 영구히 무여열반에 들지 못하듯이 일체이승에게도 소지장에 있어 이미 무루의 업을 발동시켜 생사를 감하게 된다고 하면, 그대들(대승)이 말한 바 정성이승은 영구히 무여열반에 들 수 없게 될 것이다. 소지장과 무루의 업이 있어 생사를 감하기 때문이다. 이 주장은 소승제부에서 공히 힐난이라 여겼다. 저들 부파에서는 이 장(소지장)이 생사 불러들임을 돕지 않는다고 여기기 때문이다. 述曰 此外人問 如有學凡夫 由煩惱障 助有漏業 能感生死 便不永入無餘涅槃 一切二乘有所知障 旣能動無漏業 能感生死 卽汝所言 定性二乘 應不永入無餘滅界 有所知障及無漏業能感生故 此卽小乘諸部共爲此難 彼部此障不助感生故", 『대승기신론의기』 권상(대정장44, p.244c1)에 "〔문〕 일체의 정성이승은 적멸에 들고 난 뒤 빠짐없이 다 회심하는가, 회심하지 않는가? 〔답〕 모두가 다 회심한다. … 교화를 위해 성문의 몸으로 화현한 부처나 보살은 퇴전한 이후 다시 보리를 구하려는 마음을 일으킨다. 성문으로 결정된 이는 스스로 깨달았다고 생각하는 사람으로서 근기가 성숙하지 않았기에 보살이 수기를 주고 방편으로 보리를 구하려는 마음을 일으키게 한다. 問 爲一切定性二乘入寂悉皆迴心 爲有不迴者 答 一切皆迴 … 謂應化聲聞退已還發菩提心也 決定聲聞增上慢人以根未熟 菩薩與記 方便令發菩提心也", 『범망경보살계본소』 권1(대정장40, p.603b26)에 "이 몸으로 결정코 적멸에 들었기 때문에 정성이승이라 하니, 적멸에 든 이후에는 대보리로 나아갈 수 없음을 가리키는 말은 아니다. 以於此身定入寂故 名定性二乘 非謂寂後而不趣向於大菩提", 『주대승입능가경』 권3(대정장39, p.452c26)에 "예전 권설(權說)인 삼승의 오성 중 정성이승과 무성천제는 성불할 수 없다고 하였으나, 지금 구경설에서는 삼승의 오성이 각기 다르긴 해도 종자의 신훈에 의지하면 본래 오직 하나로 불승일 뿐이다. 謂昔權說三乘五性中 定性二乘 無性闡提 不許成佛 今究竟說 雖有三乘五性之異 由新熏故 本來唯是一佛乘也", 『대승이십이문본』(대정장85, p.1188c10)에 "경들에서는 종성이 결정된 성문과 연각이 있다고 하고, 부종성문과 연각이 있다고 하며, 또는 이들이 성불할 수 있고 성불할 수 없다고도 한다. … 종성을 간략히 밝히는 데 두 가지가 있다. 첫째는 종자의 측면에서 오성을 세우는 것이고, 둘째는 진여의 측면에서 오직 한 가지 종성을 세우는 것이다. … 종자의 측면에서 오성을 세울 경우 … 일체중생에게는 다섯 가지 종성이 있다. … 둘째는 성문종성이니 성문의 종자를 본래부터 갖고 있는데, 이로 인해 성문보리를 반드시 성취한다. 셋째는 연각종성이니 연각종자를 본래부터 갖고 있어 이로 인해 연각보리를 반드시 성취한다. … 여러 경론 중에서는 '불성'이라는 말을 하는데, 이는 네 번째인 성불의 정인에 해당하는 것으로, 이 불성이 있기에 장차 성불할 수 있는 것이다. 따라서 이 종자를 불성이라 부르는 것이지 진여를 불성으로 부르는 것은 아니다. 만약 진여를 불성이라 부른다면 풀・나무・기와・돌멩이 모두에 진여가 있으니 풀・나무 등도 응당 성불해야 하기 때문이다. … 경들에서 이승은 성불할 수 없다고 하였는데 이는 두 번째와 세 번째 결정종성을 두고 하는 말이다. 열반에 들기로 정해져 있어 성불할 수 없는 것이기 때문이다. 또 이승도 성불할 수 있다는 말이 있는데, 이는 오직 다섯 번째 정성이 결정되어 있지 않은 이들의 측면에서 말한 것이다. 회심하여 대승으로 향해 성불하기 때문이다. … 정성이승도 성불할 수 있다고 하는 경우는 … 제법의 진여는 모든 중생이 평등하게 공유하는 것으로서 이 불성이 있음에 연유해 성불할 수 있는 것이다. 經或說有定姓二乘 或經說有不定姓二乘 或得成佛 或不成佛 … 略明種姓有其二門 一 就種子別立五乘 二 就眞如唯立一姓 … 約種子立五姓者 … 一切衆生有五種姓 … 二 聲聞姓 謂卽本有聲聞種子 由此定成聲聞菩提 三緣覺姓 謂本有緣覺種子 由此定成緣覺菩提 … 諸經論中言佛性者 卽是第四成佛正因 由有此性當成佛故 故此種子名爲佛性 不以眞如名爲佛性 若以眞如爲佛性者 草木瓦石皆有眞如 則草木等皆應成佛 … 經說二乘不成佛者 說第二三決定性人 定入涅槃不成佛故 有說二乘得成佛者 唯約第五不定性人 迴心向大乃成佛故 … 定性二乘若成佛者 … 卽是諸法眞如一切衆生平等共有 由有此性皆得成佛"라고 하였다. 〔참고문헌〕『金光明最勝王經疏』, 『成唯識論』, 『成唯識論述記』, 『大乘起信論義記』, 『梵網經菩薩戒本疏』, 『注大乘入楞伽經』, 『大乘二十二問本』. ⇨ 예류과 預流果, 무여열반 無餘涅槃, 정성 定性, 오성 五性, 오성각별 五性各別, 일승 一乘 🅘

정성정취 正性定聚 Ⓢ samyaktva-niyata-rāśi, Ⓟ sammatta-niyata-rāsi, Ⓣ yang-dag-pa-nyid-du-nges-pa'i-phung-po, yang-dag-pa-nyid-du-nges-pa'i-tshogs. 삼정취(三定聚) 또는 삼취(三聚) 중 하나. 정성이 되기로 결정되어 있는 부류. 결정코 열반(涅槃) 또는 성도(聖道)에 들기로 정해진 유학(有學)과 무학(無學)의 성자. 정정취(正定聚)・필정취(必正聚)・직견제(直見際)라고도 한다. 『집이문족론』 권4(대정장26, p.381a2)에 "무엇을 정성정취라 하는가? 〔답〕 유학과 무학의 성자이다. 云何正性定聚 答 學無學法", 『대비바사론』 권46(대정장27, p.240b16)에 "'정'이란, 정성정취에 머문다는 것인데 모든 예류자는 결정코 반열반에 들기에 '정'이라고 말한 것이다. 그 소연이 (四聖諦로) 이미 변했기 때문이다. 비유하면, 굽지 않은 그릇(坏器)을 3층의 누각에서 땅으로 떨어뜨리면 땅에 닿기 전에는 아직 깨지지 않았다고 말하지만 반드시 깨질 것이기에 또한 깨진다고 말하는 것과 같다. 定者謂住正性定聚 諸預流者定般涅槃故說爲定 緣已變故 猶如坏器 三層閣上投之於地 未至地頃 雖曰未破 必當破故亦名爲破", 『현종론』 권15(대정장29, p.849b17)에 "〔논〕 첫째는 정성정취인데 … 무엇을 '정성'이라 하는가? 세존께서 말씀하시기를, '탐'을 남김없이 끊었고 '진'을 남김없이 끊었고 '치'를 남김없이 끊었으며, 일체번뇌를 모두 남김없이 끊은 이를 정성이라 한다. 어째서 오로지 이처럼 끊은 이를 두고 정성이라 하는가? 이들은 잘못되고 거짓된 법을 영원히 다했기 때문이다. 또한 그 자체로 선하고 항상하여 지자라면 반드시 아끼는 것이기 때문이다. 세존께서도 '성도는 정성이다'고 설하셨다. 論曰 一 正性定聚 … 何名正性 謂世尊言 貪無餘斷 瞋無餘斷 癡無餘斷 一切煩惱皆無餘斷 是名正性 何故唯斷說名正性 謂此永盡邪僞法故 又體是善常 智者定愛故 世尊亦說 聖道名正性", 『유가사지론』 권64(대정장30, p.656b2)에 "둘째는 정성정취인데, … 이 정성정취에도 두 가지가 있다. 첫째는 본성정성정이고, 둘째는 방편정성정이다. 二 正性定聚 … 正性定亦有二種 一 本性正性定 二 方便正性定"라고 하였다. 〔참고문헌〕『集異門足論』, 『大毘婆沙論』, 『顯宗論』, 『瑜伽師地論』, *Abh-k-bh.157.*, *Kv.610.* ⇨ 정성 正性, 삼정취 三定聚, 삼취 三聚 🅘, 정정취 正定聚, 정성결정 正性決定

정성행 定聖行 정(定)이라는 성스러운 행. 계정혜(戒定慧) 삼학(三學) 중 정을 가리킨다. 『법화현의』 권4(대정장33, p.718a15)에 "정성행에는 크게 세 가지가 있다. 첫째는 세간선이고, 둘째는 출세선이고, 셋째는 상상선이다. 세간선에 다시 두 가지다. 근본미선은 은몰・유구・무기를 특징으로 하고, 근본정선은 불은몰・무구・유기를 특징으로 한다. '근본'이란 세간법과 출세간법의 근본을 말한다. … 그 근본을 깊이 관하면 승묘한 최상의 정을 낳을 수 있다. 그래서 근본이라 칭한 것이다. '은몰'이란 관하는 지혜 없이 암증한다는 뜻이다. '유구'란 각 지마다 애미가 생긴다는 의미이다. '무기'란 경계가 분명하지 않음이다. 定聖行者 略爲三 一 世間禪 二 出世禪 三 上上禪 世禪復二 一 根本味禪 隱沒 有垢 無記 二 根本淨禪 不隱沒 無垢 有記 根本者 世出世法之根本也 … 若能深觀根本 出生勝妙上定 故稱根本也 隱沒者 闇證無觀慧也 有垢者 地地乜愛味也 無記者 境界不分明也", 같은 권4(대정장33, p.726a12)에 "속제 중의 선은 계성행이고, 진제 중의 선은 정성행이며, 진제 중의 혜는 혜성행이다. 俗諦中善是戒聖行 眞諦中禪是定聖行 眞諦慧卽慧聖行"라고 하였다. 〔참고문헌〕『法華玄義』. ⇨삼학 三學, 정 定 ❶

정세농장 淨洗濃粧 깨끗이 씻고 보기 좋게 단장하다. 동산(洞山)의 공훈오위(功勳五位) 중 봉위(奉位). 군주를 받들어 모시는 사람의 성의를 드러낸 뜻이다. 『영각광록』 권27(卍속장125, p.716b3)에 "(봉위에 대한) 〔송〕 깨끗이 씻고 보기 좋게 단장하니 누굴 위함인가? 소쩍새는 울어 집으로 돌아가라 하네. 온갖 꽃 떨어져 다하도록 울음 그치지 않더니, 다시 저 무리진 봉우리 깊은 곳 향하여 우는구나. 頌曰 淨洗濃粧爲阿誰 子規聲裏勸人歸 百花落盡啼無盡 更向亂峯深處啼"라고 하였다. 〔참고문헌〕『永覺廣錄』, 『洞山語錄』(대정장47, p.525c16). ⇨공훈오위 功勳五位

정소 正韶 1202~1260. 북송(北宋)대 조동종(曹洞宗) 스님. 호는 설옥(雪屋), 속성은 사(謝)씨. 번주(番州 : 江西省) 간월(干越) 출신. 고향의 조봉법자(雕峰法慈)에게 구족계를 받고, 천동산의 여정(如淨)에게 종지를 얻었다. 강서(江西)로 돌아가 소산(疏山)에서 문서를 담당하는 기실(記室)을 맡다가 1243년(순우3) 여산 천지사(廬山天池寺)에 주석하였다. 1260년(경정1) 4월에 세수 59, 법랍 40세로 입적하였다. 무문도찬(無文道燦)이 「천지설옥소선사탑명 天池雪屋韶禪師塔銘」을 지었다. 〔참고문헌〕『無文印』 권5, 『柳塘外集』 권4.

정소 貞素 발해 스님. 당에서 유학하였으며, 스승 응공(應公)의 사부인 영선(靈仙)의 청을 받고, 중국과 일본을 두 번 왕래하였다. 828년(태화2)에 다시 영선을 찾았으나 이미 입적하였으므로 「곡일본국내공봉대덕영선화상시병서 哭日本國內供奉大德靈仙和尙詩幷序」라는 글을 짓고 판자에 써서 칠불교계원(七佛敎誡院) 벽 위에 박아두었는데, 840년(개성5)에 원인(圓仁)이 방문하여 필사하였다. 『입당구법순례행기』 권3(대장경보편18, p.78a15)에 "장경 5년(825)에 일본 대왕이 멀리서 하사한 백금이 장안에 도달하였다. 소자(정소)가 금과 서신을 받아 철근사에 전달하였다. 영선대사께서 금을 받고 사리 일만 입·새로운 경전 2부·조칙 5통 등을 소자에게 부촉하며, 일본에 가서 나라의 은혜에 감사하는 답을 전해줄 것을 청하자, 소자는 곧 승낙하였다. 長慶五年 日本大王遠賜百金 達至長安 小子轉領金書 送到鐵懃 仙大師領金訖 將一萬粒舍利 新經兩部 造勅五通等 屬附小子 請到日本 答謝國恩 小子便許"라고 하였다. 〔참고문헌〕『入唐求法巡禮行記』.

정소 頂巢 정수리에 튼 새둥지. 『관음현의기』 권3(대정장34, p.909c8)에 "저 상사리(螺髮仙人이었던 과거세 부처님)가 제4선에 들어가 들숨과 날숨을 다 끊자 새가 나무인 줄 알고 정수리 살상투에 알을 낳았다. 정에서 일어나 자리를 떠나려 하였으나 어미 새가 찾아오지 못할까 염려하여 다시 선정에 들어갔다가 새끼 새가 이소하여 날아가자 비로소 일어났다. 이것이 한 점의 흠결 없는 선정의 더없는 모습이다. 如尙闍梨 得第四禪 出入息斷 鳥謂爲木 於髻生卵 定起欲行 恐鳥母不來 卽更入禪 鳥飛方起 是禪滿相"라고 전한다. 『고봉인사집현록』 권4 「항마찬 降魔讚」(卍속장114, p.35a11)에 "한밤중에 붉은 말을 타고 성을 넘은 뒤, 설산에서 마음 다지길 여섯 해였다네. 정수리에 새가 둥지 틀고 무릎 안쪽에서 갈대 싹이 움텄지만, 합장한 그대로 움직이지 않고도 편안하였다네. 夜半跨朱騘踰城 雪嶺心堅六年 頂巢膝裏蘆芽 合掌不動安然"라고 하였다. 〔참고문헌〕『觀音玄義記』, 『高峰因師集賢錄』. ⇨선정 禪定

정소생색 定所生色 법처로 거두는 색(法處所攝色) 중 하나. 정자재소생색(定自在所生色)이라고도 한다. 『현양성교론』 권1(대정장31, p.484c24)에 "무색계중에 비록 업이 없지만, 생겨난 색이 있으니 정소생색으로서 볼 수도 없고 마주해 상대할 수도 없다. 無色界中雖無業所生色而有定所生色 無見無對", 『유가사지론』 권53(대정장30, p.594a11)에 "앞서 한 말은 업의 증상력에 의해 생겨난 온갖 색에 기반해 무색계에는 어떠한 색도 없다고 한 말이지, 수승한 정자재색을 두고 한 말은 아님을 알아야 할 것이다. 왜 그러한가? 저 뛰어난 선정은 일체색에 있어 자재를 얻기에 온갖 삼매의 가행력으로 현전하게 할 수 있다. 이 색은 아주 미세한 정소생색임을 알아야 할 것이다. 當知 此中就業增上所生諸色 說無色界無有諸色 非就勝定自在色說 何以故 由彼勝定於一切色皆得自在 諸定加行令現前故 當知此色名極微細定所生色", 『대승법원의림장』 권5(대정장45, p.342b18)에 "사정려와 팔해탈로 행한 경색을 정소생색이라 한다. 성자가 변현한 색은 모두 실색으로 극히 수승하기 때문이다. 靜慮解脫 所行境色 名定所生色 然由聖者所變 皆能成實 極殊勝故"라고 하였다. 〔참고문헌〕『顯揚聖敎論』, 『瑜伽師地論』, 『大乘法苑義林章』. ⇨법처소섭색 法處所攝色 ❷, 정자재소생색 定自在所生色, 정과색 定果色

정소인색 定所引色 정자재소생색(定自在所生色)을 달리 이르는 말. 『유가론기』 권1(대정장42, p.333a19)에 "정소인색은 정에 의지해 구른 것이다. 謂定所引色依定而轉", 『관심각몽초』 권상(대정장71, p.68b18)에 "정소인색에는 가법도 있고 실법도 있다. 실법은 별도의 종자에서 생하고 가법은 별도의 종자가 없다. 법처에서 거두는 이 다섯 가지 색은 모두 제6식으로 연하는 경이다. 그 정의 과인 실색은 안 등의 소연이기도 하다. 극략색은 극미이고, 극향색은 공계의 색이고, 수소인색이란 바로 무표이고, 변계소기색은 물에 뜬 달이나 거울에 비친 모습 등이고, 정소인색은 정력으로 변한 오경 등이다. 定所引色有假有實 實別種生 假無別種 此五種色皆是第六所緣境也 其定果實色亦眼等所緣 極略色者即是極微 極逈色者即空界色 受所引者即是無表 遍計起者即是水月鏡像等也 定所引者定力所變五塵等也"라고 하였다. [참고문헌]『瑜伽論記』,『觀心覺夢鈔』. ⇨ 정자재소생색 定自在所生色, 정과색 定果色

정소행진실 淨所行眞實 Ⓢ viśuddhi-gocara-tattva, Ⓣ rnam-par-dag-pa'i-spyod-yul-gyi-de-kho-na. 십종진실(十種眞實) 중 하나. 정지로 행한 진실. 원성실(圓成實)에 의지해서 성취하고 청정경계진실(淸淨境界眞實)이라고도 한다.『변중변론』권중(대정장31, p.469c18 : *Madhy-vibh.*, p.42)에 "정소행진실에도 대략 두 가지니, 첫째 번뇌장정지로 행한 진실, 둘째 소지장정지가 행한 바 진실이다. 어찌하여 이 두 가지는 저 근본진실에 의지해 성립하는가? [송] 정소행에 두 가지가 있으니, 하나의 원성실성에 의지한다. [논] 번뇌와 소지의 두 가지 장애에서 정지로 행한 진실은 오직 근본인 세 가지 진실 중에서 원성실성에 의해서만 성립하고, 나머지 두 가지는 이 정지의 경계가 아니기 때문이다. 淨所行眞實 亦略有二種 一 煩惱障淨智所行眞實 二 所知障淨智所行眞實 云何此二依彼根本眞實而立 頌曰 淨所行有二 依一圓成實 論曰 煩惱所知二障 淨智所行眞實 唯依根本三眞實中圓成實立 餘二非此淨智境故 〈bhāṣya〉 viśuddhigocaratatvaṃ dvividhaṃ kleśāvaraṇaviśuddhijñānagocaraṃ. jñeyāvaraṇaviśuddhijñānagocaraṃ ca. tad etat. 〈kārikā〉 viśuddhigocaraṃ dvedhā ekasmād eva kīrtitaṃ. 〈bhāṣya〉 pariniṣpannād eva svabhāvān na hy anyasvabhāvo viśuddhijñānadvayagocaro bhavati"라고 하였다. [참고문헌]『辯中邊論』, *Madhy-vibh.* ⇨ 십종진실 十種眞實, 청정경계진실 淸淨境界眞實, 원성실성 圓成實性

정속사 正續寺 중국 운남성(雲南省) 무정현(武定縣) 서남쪽의 사자산(獅子山)에 있는 절. 원(元)대인 1311년(지대4)에 창건한 이래 명청(明淸)시대에 여러 차례에 걸쳐 중건하고 확장하여 규모가 점차로 거대해지고 기세도 웅장해졌다. 대웅보전(大雄寶殿)·관음전(觀音殿)·장경루(藏經樓) 등 대소의 궁전누각(宮殿樓閣) 백여 칸(間)으로 구성되어 있다. 명대인 1403년(영락1) 혜제(惠帝) 주윤문(朱允炆)이 난을 피하여 내려왔다가 이곳에서 출가하였다고 한다. 장경루 아래 가사를 입은 혜제의 소상(塑像)이 있고, 그 좌우로 태감(太監) 한 사람과 노신(老臣)의 소상이 있으며, 대련(對聯) 형식의 다음과 같은 글이 붙어 있다. "스님이 황제요, 황제도 스님일세. 수십 년 동안 가사와 발우 전승해 내려왔으니, 정각 이루자 이전 그대로 예전의 깨달은 황제(부처님)로다. 僧爲帝 帝亦爲僧 數十載衣鉢相傳 正覺依然覺皇舊", "삼촌은 조카를 저버렸지만, 조카는 삼촌 저버리지 않는구나. 팔천 리를 짚신 신고 걸었으니, 사자산이 다시 연산(河北省)보다 높아졌도다. 叔負侄 侄不負叔 八千里芒鞋徒步 獅山更比燕山高"라고 하였다.

정쇄쇄적나라 淨灑灑赤裸裸 적나라정쇄쇄(赤裸裸淨灑灑)를 달리 이르는 말.『철오어록』권2「능엄이결정의 楞嚴二決定義」(卍속장109, p.776a14)에 "깨끗하여 걸칠 것 없고 벌거벗은 몸이라 잡을 수도 없다. 이와 같다면 무슨 미혹인들 끊지 못하겠으며, 무슨 과인들 이루지 못하겠는가! 淨灑灑赤粿粿 了無定執 如是則何惑不斷 何果不成"라고 하였다. [참고문헌]『徹悟語錄』. ⇨ 적나라정쇄쇄 赤裸裸淨灑灑

정수 井宿 Ⓢ Punarvasu. 음사어는 분나바소(分那婆素)·부나바수(富那婆藪). ❶ 장로.『불본행집경』권60(대정장3, p.932a13)에 "그 때, 또 장로 분나바소〈정수라고 역함〉·장로 궁비라〈교룡이라고 역함〉·장로 난제가 등이 있었다. 爾時 復有長老分那婆素〈隋言 井宿〉 長老宮毘羅〈隋言 蛟龍〉 長老難提迦等"라고 하였다. [참고문헌]『佛本行集經』. ⇨ 분나바소 分那婆素 ❷ Ⓢ punarvasu, Ⓣ nabs-so. 이십팔수(二十八宿) 중 하나. 남방의 주작칠수(朱雀七宿) 중 첫 번째 별자리. 종자는 (pu). 진언은 '나마 사만타부다남 푸나르바수 낙샤트라 스바하 namaḥ samanta-buddhānāṃ punarvasu-nakṣatra svāhā 두루하신 제불께 귀의합니다. 정수여! 스바하'이다.

『대방등대집경』권42(대정장13, p.277a13)에 "정수는 6일에 작용하는데, 악업을 분별해 가리고 과를 결정한다. 그날에 병을 얻는 이는 벼꽃을 볶아서 일천에 제사 지내면 8일 만에 병이 나으며, 그날에 태어난 사람과 수태한 사람은 농사를 지으면 큰 부자가 될 것이다. 井宿 六日用事 其爲惡業 分判果決 其日得病 炒粳穀華 祭於日天

八日得愈 其日生人 及受胎者 宜爲田作 當得大富"라고 하였다. [참고문헌]『大方等大集經』, 『華嚴經疏鈔』 권63(대정장36, p.509c24), *Mvyut.166.* ⇨이십팔수 二十八宿, 복재천 服財天, 부나바수 富那婆藪[2]

정수 正秀 신라 제40대 애장왕(재위 800~809)대 얼어 죽게 된 산모를 품어 살리고 왕사가 된 스님. 『삼국유사』 권5(대정장49, p.1015a20・한불전6, p.363a9) 감통(感通)7 정수사구빙녀(正秀師救氷女)에 "제40대 애장왕 때 사문 정수가 황룡사에 주석하고 있었다. 눈 내리는 한겨울 밤 늦게 삼랑사에서 돌아오는 길에 천엄사 문앞을 지나가다가 한 걸인여인이 아이를 낳고 얼어 빈사로 누워있는 것을 보았다. 불쌍히 여겨 오랫동안 품어서 소생시키고, 옷을 벗어 덮어주고 벗은 몸으로 황룡사에 돌아와 풀로 엮은 거적자리로 몸을 가리고 밤을 지냈다. 밤중에 하늘에서 궁정 뜰에 소리치기를, '황룡사 사문 정수를 마땅히 왕사로 책봉하라'고 하였다. 급히 사람을 보내어 살펴보게 하였다. 사실을 보고받은 왕은 곧 위의를 갖추고 스님을 궁중으로 모셔와 왕사로 책봉하였다. 第四十哀莊王代 有沙門正秀 寓止皇龍寺 冬日雪深旣暮 自三郎寺還 經由天嚴寺門外 有一乞女産兒 凍臥濱死 師見而憫之 就抱良久氣蘇 脫衣以覆之 裸走本寺 苫草覆身過夜 夜半有天唱於王庭曰 皇龍寺沙門正秀宜封王師 急使人撿之 具事升聞 上備威儀迎入大內 冊爲國師"라고 하였다. [참고문헌]『三國遺事』.

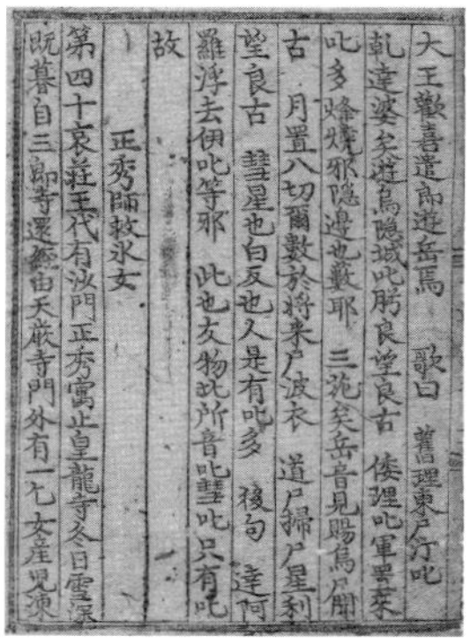
정수 『삼국유사』 범어사본

정수 正受 Ⓢ samādhi, samāpatti, samādāna, Ⓟ samādhi, samāpatti, Ⓣ ding-nge-'dzin, yang-dag-par-blangs-pa. 사유정수(思惟正受)의 줄임말. 삼매(三昧)・삼마지(三摩地)로 음사하고, 신역은 등지(等至・等持)다. 『섭대승론석』 권7(대정장31, p.424a28)에 "등지(Ⓢ samāpatti)라는 말은 정수의 현전(Ⓢ abhimukha)이다. 言等至者 正受現前", 원측(圓測)의 『인왕경소』 권하(대정장33, p.412c19・한불전1, p.100a2)에 "정수는 무루성도를 얻음이다. 正受者 得無漏聖道", 『관무량수불경소』 권1(대정장37, p.247c2)에 "'정수'라는 것은, 마음속에 떠오른 생각이 모두 그치고 연려함마저 또한 없는 것으로, 삼매와 상응하는 것을 정수라고 한다. 言正受者 想心都息 緣慮並亡 三昧相應 名爲正受", 『유가론기』 권4(대정장42, p.378b15・한불전13, p.210b5)에 "저 삼매라는 것은 구역으로는 정수다. 지금은 삼마지라고 하며 한역해 등지라고 한다. 彼云三昧者 舊翻名正受 卽今云三摩地 翻名等持", 『대승의장』 권13(대정장44, p.718a16)에 "삼매라고 한 것은 외국의 말이다. 이것은 정정이라고 한다. 정은 앞선 풀이와 같다. 삿되고 어지러움을 여의기에 정(正)이라고 한다. 정수라는 말에서 정에 대해서는 앞의 풀이와 같다. 법을 받아들이는 것을 수라 부른다. 言三昧者 是外國語 此名正定 定如前釋 離於邪亂 故說爲正 言正受者 正同前釋 納法稱受"라고 하였다. [참고문헌]『攝大乘論釋』, 『仁王經疏』, 『觀無量壽佛經疏』, 『瑜伽論記』, 『大乘義章』, *Laṅk.239.*, *Bodh-bh.96.*, *MN.3.28.* ⇨삼마발지 三摩鉢底, 삼매 三昧, 삼매정수 三昧正受, 등지 等至, 사유 思惟[1], 사유정수 思惟正受, 사법불괴 四法不壞

정수 正修 Ⓢ prapatti, bhāvanā, Ⓣ sgrub-pa, sgom-pa. 바르게 닦다. 성도(聖道)를 말한다. 정행(正行)과 같은 뜻이다. 『중변분별론』 권상(대정장31, p.456a26 : *Madhy-vibh.*, p.41)에 "무엇이 진실인가? 〈게〉 첫째 뜻(義)이고, 둘째 바르게 닦음이며, 셋째 끝내 진실에 이르는 것(至得眞實)이다. 〈논〉 의진실이란, 법 그대로인 진실이니, 지의 경계이기 때문이다. … 정행진실이란, 성도이니, 이 경을 이길 더이상의 경이 없기 때문이다. 云何眞實 一 義 二 正修 三 至得眞實 義眞實者 法如如眞實 智境界故 … 正行眞實者 聖道 無勝境故 〈bhāṣya〉 sa punaḥ kathaṃ paramārthaḥ. 〈kārikā〉 arthaprāptiprapattyā hi paramārthas tridhā mataḥ. 〈bhāṣya〉 arthaparamārthas tathatā paramasya jñānasyārtha iti kṛtvā … pratipattiparamārtho mārgaḥ paramo 'syārtha iti kṛtvā", 『대승장엄경론』 권10(대정장31, p.642c21)에 "삼바라(三婆羅 Ⓢ saṃbhāra)를 취(聚)라고 한다. 삼이란 바르게 닦는 뜻이고, 바라란 자주 닦는다는 뜻이다. 바르게 닦고 자주 닦음으로 말미암아 선법인즉 도와 자라며, 더욱 자라기에 취라고 한다. 三婆羅名爲聚 三者 正修義 婆羅者 數修義 由正修及數修 善法則得資長 由資長故名聚"라고 하였다. [참고문헌]『中邊分別論』, 『大乘莊嚴經論』, *Madhy-vibh.*, *Sūtr.140.* ⇨정행 正行[1]

정수 定水 정이라는 물. 물과 같은 정. 정(定)을 고요한 물에 비유한 뜻이다. 『기신론소필삭기』 권18(대정장44, p.394a25)에 "정의 물이 고요하지 않으면 부처라는 달이 드러날 수 없다. 定水不停 佛月不現也", 『능가사자기』 「신수장 神秀章」(대정장85, p.1290b7)에 "정의 물 안으로 맑고, 계의 구슬로 밖으로 사무친다. 定水內澄 戒珠外徹", 『백장청규』 권5 「좌선의 坐禪儀」(대정장48, p.1143a23)에 "편안하고 고요히 정려하지 못해 삼계로 유전하며, 경을 만날 때마다 아득히 떠돈다. 그런 까닭에 '구슬을 찾으려면 마땅히 고요해야 하니 흔들리는 물에서는 잡기 어렵기 때문이다'라고 한다. 정의 물이 맑고 깨끗하면 마음의 구슬이 저절로 나타난다. 그러므로 『원각경』에 '걸림 없는 청정한 지혜는 모두 정에 의지하여 생한다'고 하였다. 若不安禪靜慮 三界流轉 觸境茫然 所以道 探珠宜靜 浪動水取應難 定水澄淸 心珠自現 故圓覺經云 無礙淸淨慧 皆依禪定生", 『백장청규증의기』 권8(卍속장111, p.831b16)에 "정의 물이 맑고 깨끗해 지혜의 달이 밝게 비추니, 안으로 진실한 바탕과 하나되고 밖으로 범행마저 펼친다. 定水澄淸 慧月朗照 內契眞源 外敷梵行"라고 하였다. [참고문헌] 『起信論疏筆削記』, 『楞伽師資記』, 『百丈淸規』, 『百丈淸規證義記』, 『圓覺經』(대정장17, p.919a21).

정수 定守 조선후기 스님. 호는 포운(圃雲). 1893년(고종30)에 해인사(海印寺)에 범운대사비(梵雲大師碑)와 예봉대사비(禮峰大師碑)를 건립할 때 안집(安執) 소임을, 1901년(광무5)에 퇴설당(堆雪堂)을 중창할 때 사주(寺主) 소임을 담당하였다. 「가야산해인사퇴설당중창상량문 伽倻山海印寺堆雪堂重創上樑文」에 "사주는 포운정수이며, 화주는 범운취견이다. 寺主 圃雲定守 化主 梵雲就堅"라고 하였다. [참고문헌] 李智冠 『伽倻山海印寺誌』 p.157·714·718.

정수 定壽 Ⓢniyata-āyus, Ⓣtshe-nges-pa. 정해진 수명. 정명(定命)이라고도 한다. 『기세경』 권7(대정장1, p.344b25)에 "울단월(Ⓢ Uttarakuru : 북구로주) 사람들은 정수가 천 년이라서 그보다 일찍 죽는 일이 없다. 鬱單越人 定壽千年 無有夭殤", 『구사론』 권11(대정장29, p.61b6)에 "북구로주 사람들은 정수가 천 세이다. 北俱盧人 定壽千歲"라고 하였다. [참고문헌] 『起世經』, 『俱舍論』, *Abh-k-bh.176.* ⇨정명 定命

정수 情數 Ⓢsattva-ākhyā, Ⓣsems-can-du-ston-pa. 유정의 무리(有情類). 유정수(有情數)와 같은 말이다. 『구사론』 권13(대정장29, p.70b15 : *Abh-k-bh.*, p.200)에 "[송] 무표업은 무집수이며, 역시 등류이고 정수다. … [논] 지금 이 본송 중에서 우선 무표업을 가린다. (이것은) 무집수이니, 변하거나 가리는 일이 없기 때문이다. 역시 등류성이기도 하다. 역시라는 말은 무표업이 존재하지만 곧 찰나다. 즉 처음 무루임을 말한다. 나머지 무표는 모두 등류성이니, 즉 동류인으로 난 것들이다. 이것은 오로지 유정수일 뿐이니, 내식(內識)에 의지해 생기기 때문이다. 頌曰 無表無執受 亦等流情數 … 論曰 今此頌中 先辯無表 是無執受 無變礙故 亦等流性 亦言顯此有是刹那 謂初無漏 餘皆等流性 謂同類因生 此唯有情 依內起故 avijñaptiranupāttikā. naiḥṣyandikī ca sattvākhyā … naiḥṣyandikāny eva bhūtāny upādāya cittacaittāni copācāyāvijñaptir bhavati"라고 하였다. [참고문헌] 『俱舍論』, 『順正理論』 권60(대정장29, p.677a9), *Abh-k-bh.* ⇨유정 有情, 유정수 有情數❶, 무표 無表, 무집수 無執受

정수 淨水 Ⓢsita-ambu, śubhre vārichāre, vāribhūtam. 깨끗한 물. ❶정수리를 적시는 관정(灌頂)의 물. 『불소행찬』 권1(대정장4, p.1b15 : *Buddh-c.*, p.2)에 "시에 응하여 허공에서, 청정한 물 한 쌍이 흘러내렸네. 한 줄기는 따뜻하고 또 하나는 청량하니, 이것으로 관정하여 몸을 즐겁게 하였다네. 應時虛空中 淨水雙流下 一溫一淸涼 灌頂令身樂 khātprasrūte candramarīciśubhre dve vāridhāre śiśiroṣṇavīrye, śarīrasaṃsparśasukhāntarāya nipetaturmūrdhani tasya saumye"라고 하였다. [참고문헌] 『佛所行讚』, *Buddh-c.3.* ❷번뇌를 씻은듯이 없애주는 보리(菩提)의 비유. 60권본 『화엄경』 권59(대정장9, p.775b23 : *Gaṇḍ-vy.*, p.396)에 "보리심은 청정한 물과 같으니 모든 번뇌의 때를 씻어내기 때문이다. 菩提心者 則爲淨水 洗濯一切煩惱垢故 bodhicittaṁ … vāribhūtaṁ sarvakleśamalanirdhāvanatayā"라고 하였다. [참고문헌] 『華嚴經』, *Gaṇḍ-vy.* ❸비구의 유행시 먹을 수 있는 물. 살생을 피하는 뜻이다. 『범망경합주』 권6(卍속장60, p.736b17)에 "정수는 벌레가 없는 물을 말한다. 淨水者 謂無蟲水"라고 하였다. [참고문헌] 『梵網經合註』.

정수 淨秀 417~506. 중국 남북조시기 활동했던 비구니. 속성은 양(梁)씨. 안정오씨(安定烏氏) 출신. 아버지는 용천현(龍川縣) 도향후(都鄕侯)였던 찬(粲), 할아버지는 정로사마(征虜司馬)였던 주(疇). 혜승(慧勝)비구니, 승술(僧述)비구니의 스승이기도 하다. 『비구니전』 권4 「선림사정수니전 禪林寺淨秀尼傳」, 『광홍명집』 권23의 「남제선림사니정수행장 南齊禪林寺尼淨秀行狀」과 『불조통기』 권36·53 등이 관련 자료로 남겨져 있다. 출가 전에 집안에서 스님을 청하여 『열반경 涅槃經』을 전경하면서 육식을 끊고 곧 채식을 하였으며, 글씨를 쓸 수 있게 되면서는 언제나 사경하였다. 19세에 청원사(靑園寺) 업수(業首) 비구니를 스승으로 출가하였다. 『출삼장기집』 권11(대정장55, p.82a24)에 "제 영명 10년(492)에 … 선림사 비구니 정수는 승가발다라(Ⓢ Saṃghabhadra)법사가 광주에서 승의(僧禕 : 僧猗)법사와 함께 범본 『선견율비바사율』 1부 18권을 역출했다는 것을 들었다. … 승가발다라가 그해 5월에 남쪽으로 돌아오면서 빙상에서 필사해 가져왔으며 … (493년) 4월 10일에 이 율을 얻어 도성으로 돌아왔고 예를 올리고 독송을 하며 공경히 필사하여 널리 유포하였다. 齊永

明十年 … 禪林比丘尼淨秀 聞僧伽跋陀羅法師 於廣州共僧禕法師 譯出梵本善見毘婆沙律 一部十八卷 … 僧伽跋陀其年五月還南 憑上寫來 … 四月十日 得律還都 頂禮執讀敬寫流布"라고 하였다. 신이한 일들이 많았는데 그 후 사가라용왕(娑伽羅龍王) 형제의 위호를 받기도 하였다고 전한다. 506년(천감5)에 제자들에게 "나는 도솔천으로 올라간다."는 말을 하고 89세로 입적하였다. 『비구니전』 권4 「선림사정수니전」(대정장50, p.945b10)에 "송 남창공주와 황수의가 대명 7년(463) 8월에 정사를 세울 만한 땅을 함께 보시하였다. 정수가 마로 만든 옷을 입고 콩을 먹으면서 몸소 진흙과 기와를 잡고 밤낮으로 부지런히 하여 지어진 감실과 조상이 갖추어지지 않는 것이 없었다. 함께 거주하는 10여인이 모두 선정(善定)을 업으로 삼으니 태시 3년(467) 명제가 칙명을 내려 사원에 모인 이들을 따라 마땅히 선림사란 이름도 내렸다. … 팽성사 혜령법사가 6월 19일 꿈에서 기둥 하나가 떠받치는 예사롭지 않은 장엄한 궁전을 보았는데 바로 도솔천궁이었다. 정수가 그 중에 계신 것을 보았다. … (7월) 27일에 제자들에게 '나 도솔천에 오른다'라는 말이 끝나자 입적하였으니 세수 89세였다. 宋南昌公主及黃修儀 以大明七年八月 共施宜知地以立精舍 秀麻衣藿食 躬執泥瓦 夙夜盡勤 製龕造像 無所不備 同住十餘人 皆以禪定爲業 泰始三年 明帝勅 以寺從其所集 宜名禪林 … 彭城寺慧令法師 六月十九日夢見一柱殿嚴麗非常 謂是兜率天宮 見淨秀在其中 … 二十七日告諸弟子 我升兜率天 言絶而卒 年八十九"라고 하였다. [참고문헌] 『出三藏記集』, 『比丘尼傳』, 『廣弘明集』 권23 「南齊禪林寺尼淨秀行狀」(대정장52, p.270b6), 『佛祖統紀』.

정수 淨數 번뇌 없이 헤아리다. 오종수(五種數) 중 하나인 수식관(數息觀). 들숨과 날숨을 구분해 다섯 번씩 세는 것을 말한다. 『대비바사론』 권26(대정장27, p.135a4)에 "정수란 다섯 번의 들숨에 대해 다섯 번의 들숨으로 세고, 다섯 번의 날숨에 대해 다섯 번의 날숨으로 세는 것을 말한다. 淨數者 於五入息數爲五入 於五出息數爲五出", 『아비담비바사론』 권14(대정장28, p.105c11)에 "정수란 다섯 번의 날숨을 세는 것이다. 淨數者觀五息出"라고 하였다. [참고문헌] 『大毘婆沙論』, 『阿毘曇毘婆沙論』. ⇨ 수식관 數息觀

정수계 正受戒 **1** 바르게 계를 받는 뜻. 계를 받아 평등하지 않음이 없게 하는 것을 말한다. 『성선주의천자소문경』 권하(대정장12, p.128a12)에 "천자여, 만약 탐욕과 진에와 우치를 닦거나 혹은 자신과 자신의 근본인 육십이견을 닦거나 혹은 전도를 닦거나 혹은 삼악의 신구의 세 가지로 팔사와 구뇌와 십불선업도를 닦으면 이런 것을 정수계라고 한다. 천자여, 비유하면 일체종자가 모두 땅을 의지해서 생겨나고 약초와 숲이 땅을 의지해서 생장하여 평등구족해야 구족하다고 하는 것처럼, 천자여, 이와 같이 이 불법중에서 정수계하면 계를 받았다는 말이 있게 된다. 천자여, 비유하면 일체종자와 약초와 숲이 대지를 의지해서 머무는 것처럼, 천자여, 이와 같이 정계를 구족한다. 그 까닭은 무엇인가? 계에 머물기 때문이다. 법이 화합하여 있게 되는 것이 마치 저 종자가 약초와 숲과 더불어 함께 해야 생장하는 것과 같으니 이런 것을 평등구족하다고 한다. 천자여, 계는 믿음에 의지해 머문다. 이와 같이 일체보리분법은 계에 의지해 머물기에 나서 길러지고 충분히 채운다. 천자여, 이와 같이 과거미래현재의 모든 불세존과 일체성문들은 정수계하였기에 세 가지 해탈문을 증득하고 일체희론을 모두 남김없이 끊으셨다. 천자여, 마땅히 알아야 하리. 이것이야 말로 계를 받는 것이고 바르게 계를 받는 것이어서 평등하지 않을 수 없게 한다. 天子 若修貪欲 瞋恚愚癡 若修自身 自身根本 六十二見 若修顚倒 若修三惡身口意行 八邪 九惱 十不善業道 如是得言。正受戒也 天子 譬如一切種子 皆依地生 藥草樹林 依地生長 平等具足得言具足 如是 天子 此佛法中 若正受戒 得言受戒 天子譬如一切種子 藥草樹林 依大地住 如是 天子 正戒具足何以故 以住戒故 法和合有 如彼種子 藥草樹林 具足生長如是得言 平等具足 天子 戒依信住 如是 一切菩提分法以依戒故 生長具足 天子 如是 過去未來現在 諸佛世尊一切聲聞 以正受戒 是故 證得三解脫門 一切戲論 皆悉斷滅 天子 當知如是受戒 是正受戒 非不平等"라고 하였다. [참고문헌] 『聖善住意天子所問經』. **2** Ⓢ samāttaṃ śīlam, Ⓣ yang-dag-par-blangs-pa'i-tshul-khrims. 구종상계(九種相戒)의 사종일체문계(四種一切門戒) 중 하나. 보살이 마땅히 받아야 할 삼취정계(三聚淨戒)를 말한다. 『유가사지론』 권42(대정장30, p.522a10 : *Bodh-bh.*, p.126)에 "무엇이 보살의 일체문계인가? 이 계에는 대략 네 가지가 있음을 알아야 한다. 첫째 정수계, 둘째 본성계, 셋째 관습계, 넷째 방편상응계이다. 정수계란 무엇인가? 모든 보살들이 앞서 받아야 할 세 가지 보살의 정계율의인 율의계 · 섭선법계 · 요익유정계를 말한다. 云何菩薩一切門戒 當知此戒 略有四種 一者正受戒 二者 本性戒 三者 串習戒 四者 方便相應戒 正受戒者 謂諸菩薩 受先所受 三種菩薩淨戒律儀 卽律儀戒 攝善法戒 饒益有情戒 tatra katamadbodhisattvasya sarvatomukha śīlam. taccaturvidhaṃ draṣṭavyam. samāttaṃ prakṛtiśīlamabhyastamupāyayuktañca. tatra samāttaṃ śīlaṃ yena trividhamapi bodhisattvaśīlasaṃvarasamādānaṃ kṛtaṃ bhavati saṃvaraśīlasya kuśalasaṃgrāhakaśīlasya sattvārthakriyāśīlasya ca"라고 하였다. [참고문헌] 『瑜伽師地論』, 『菩薩地持經』 권5(대정장30, p.917b26), *Bodh-*

bh. ⇨ 구종상계 九種相戒, 삼취정계 三聚淨戒

정수과업 定受果業 반드시 그 과보를 초래하는 업. 정수보업(定受報業)·정수업(定受業)·정업(定業)이라고도 하며, 부정수업(不定受業)의 상대어이다. 『대비바사론』 권24(대정장27, p.125c24)에 "정수과업은 두 가지(造作과 增長)를 갖추지만, 부정수업은 오직 조작일 뿐이다. 定受果業具二種 不定受者唯造作"라고 하였다. [참고문헌] 『大毘婆沙論』. ⇨ 부정수업 不定受業

정수락 正受樂 Ⓢ samāpatti-sukha, Ⓣ mnyam-par-gzhag-pa'i-bde-ba. 바르게 수용하여 누리는 즐거움. 선정(禪定) 즉 등지(等持)의 즐거움을 말한다. 정수(正受 Ⓢ samāpatti)는 등지(等至)·삼매(三昧)·선정(禪定)이라고도 한다. 『능가경』 권1(대정장16, p.486b13 : *Laṅk.*, p.58)에 "대혜야, 자각성지의 차별을 얻어 기꺼이 머무는 보살마하살은 멸문락이나 정수락은 아니다. 중생을 가엾이 여겨 돌아보지도 본원지어 증하지도 않는다. 大慧 得自覺聖差別樂住菩薩摩訶薩 非滅門樂正受樂 顧愍衆生及本願不作證 etaddhi mahāmate śrāvakāṇāṃ pratyātmāryādhigamavihārasukham adhigamya bodhisattvena mahāsattvena nirodhasukhaṃ samāpattisukhaṃ ca sattvakriyāpekṣayā pūrvasvapraṇidhānābhinirhṛtatayā ca na sākṣātkaraṇīyam", 같은 책 권2(대정장16, p.495a22 : *Laṅk.*, p.119)에 "대혜는 부처님께 말씀드렸다. '세존이시여, 세존께서는 여러 가지 탐욕을 말씀하셨는데, 저들은 어떤 탐욕을 끊었습니까?' 부처님께서는 대혜에게 말씀하셨다. '여인을 좋아하여 얽매이는 탐착이다. 갖가지 방편으로 몸과 입으로 악업을 지으면 현재 즐겁지만 미래의 고통을 심는 것이니, 저들 일어나지 않게 한다. 왜냐하면 삼매를 바르게 받아들여 즐겁기 때문이다. 그러므로 저들은 끊지만 열반에 나아가려는 탐은 끊지는 않는다'. 大慧白佛言 世尊 世尊說衆多貪欲 彼何者貪斷 佛告大慧 愛樂女人 纏綿貪著 種種方便 身口惡業 受現在樂 種未來苦 彼則不生 所以者何 得三昧正受樂故 是故彼斷 非趣涅槃貪斷 mahāmatirāha, rāgaḥ punarbhagavatā bahuprakāra upadiṣṭaḥ, tatkatamastasyātra rāgaḥ prahīṇo bhavati. bhagavānāha, viṣayakāmendriyaḥ strīsaṃyogarāgaḥ pratyutpannasukhaḥ āyatyā duḥkhajanmahetukaḥ khaṭacapeṭaliṅgitacumbitapariṣvaktāghrātakaṭākṣekṣitaiḥ, tasya mahāmate rāgo na pravartate. tatkasya hetoryaduta samādhisukhavihāralābhitvāt, ata eṣa prahīṇo bhavati na nirvāṇādhigamarāgaḥ"라고 하였다. [참고문헌] 『楞伽經』, 『達摩多羅禪經』 권하(대정장15, p.319c20), *Laṅk.* ⇨ 정수 正受

정수범행 淨修梵行 Ⓟ brahmacariyaṃ pariyosāna. 범행을 닦아 이룬 것. 범행이립(梵行已立 Ⓟ vusita brahmacariya)과 같은 말이다. 『별역잡아함경』 권2(대정장2, p.381a28)에 "인생의 목숨이란 짧은 것이니, 마침내 반드시 죽게 된다. 부지런히 도를 행하여 범행을 닦아 이루어야 한다. 그러므로 너희들은 게으르지 말고 선행을 닦아야 하며, 법의(法義)와 진행(眞行)을 닦아야 한다. 人生壽淺 會必歸終 應勤行道 淨修梵行 是故汝等 不應懈怠 應修善行 修於法義 及以眞行", 『출요경』 권13(대정장4, p.680a25)에 "'죄와 복을 버린다'란 무슨 말인가? 천상이나 인간 세상에 태어나는 것을 복이라 하고, 지옥이나 축생에 들어가는 것을 죄라고 한다. 그 사람이 이미 단멸하여 다시 태어나지 않고, 그 근원을 진멸하여 미래의 존재를 심지 않는다. 그러므로 '죄와 복을 버린다'라고 말씀하신 것이다. '정수범행'이란 무슨 말인가? 현인과 성인의 팔정도 역시 범행이다. 이 범행에 의지하여 선처(善處)에 이르러 괴로움의 근원을 진멸한다. 그러므로 '정수범행'이라고 말씀하신 것이다. 謂捨罪福者 生天人中 是謂爲福 入地獄畜生 是謂爲罪 其人已斷 更不復生 盡其根源 不種當來有 是故說謂捨罪福也 淨修梵行者 賢聖八道 亦是梵行 依此梵行 得至善處 盡苦源底 是故說淨修梵行"라고 하였다. [참고문헌] 『別譯雜阿含經』, 『出曜經』, *DN.3.55* ⇨ 사구성도 四句成道

정수별전선종활구참선만일결사회 精修別傳禪宗活句參禪萬日結社會 활구(活句)로 참선하여 견성성불(見性成佛)하고 광도중생(廣度衆生)함을 목적으로 한 결사. 1925년에 용성진종(龍城震鐘)이 도봉산(道峰山) 망월사(望月寺)에서 설립하였다. 당시에 「선전문 宣傳文」·「규칙 規則」 9조·「입회선중주의사항 入會禪衆注意事項」 18항을 발표하였는데, 「선전문」(『불교』14, p.45)에 "大抵(대저) 末法衆生(말법중생)은 如何若何(여하약하)를 不問(불문)하고 祖關(조관)을 參究(참구)하야 決定(결정)히 透脫(투탈)하기를 期約(기약)할지라 故(고)로 本衲(본납)이 別記概則(별기개칙)으로 萬日禪會結社(만일선회결사)를 豫定(예정)하오니 本參衲子(본참납자)는 決定心(결정심)과 奮發心(분발심)과 大精進心(대정진심)을 가지고 贊同來臨(찬동래임)하시와 一大事因緣(일대사인연)을 了畢(요필)하여 廣度迷倫(광도미륜)하심을 敬要(경요)"라고 하였다. 1926년에 도봉산이 보안림(保安林)에 편입되자, 경상남도 양산 통도사(通度寺) 내원암(內院庵)으로 결사도량을 이전하였다. [참고문헌] 『佛敎』(佛敎社, 1925) 「禪房本山」(『韓國近世佛敎百年史』 권2, pp.1~6). ⇨ 진종 震鐘

정수사 正水寺 평안남도 순천시 수고산(水庫山)에 있던 절. 『동국여지승람』 권54 평안도 자산군 불우에 이름과 위치가 전하나, 『범우고』에 "지금은 폐사되었다. 今廢"라고 하였다. 〔참고문헌〕『東國輿地勝覽』, 『梵宇攷』, 『韓國寺刹全書』 권하 p.1001b9.

정수사 淨水寺 ❶ 인천광역시 강화군 화도면 마니산(摩尼山)에 있는 절. 대한불교조계종 직할교구 본사 조계사(曹溪寺)의 말사이다. 〔창건과 사적〕 마니산은 마리산(摩利山)이라고도 부르는데, 예전에 두악(頭嶽)이라 머리를 뜻하는 마리로 부른다고 하였기에 마니(Ⓢ maṇi)는 구슬의 이름이기도 한데, 마갈어(摩竭魚) 머리에서 나온다고 하고, 제석천의 지물이 부서져 생겼다거나 부처님 사리가 변해서 생겼다고도 하며, '모든 것을 맑게 하고 재앙을 물리치는 보주(寶珠)' 또는 '뜻한 것을 모두 성취'하는 뜻의 여의주(如意珠)를 말한다. 이처럼 이 산은 이름부터 불교와 깊은 관련을 맺었으므로, 1888년(고종25)에 무심옹(無心翁)이 지은 「마니산정수사불사기문 摩尼山淨水寺佛事記文」(『전등본말사지』, p.108)에 "심도(강화의 옛 이름) 남쪽에 산이 있는데 이름은 마니이며, 아래쪽에 가람이 있는데 정수사라 하였다. 어째서 정수라 하였는가? 강물이 맑으면 가을 달이 비추듯이, 신심이 생기면 여러 부처님이 내려오신다 하였으니 이를 일컬음이리라. 沁都之南 有山名曰 摩尼 下有伽藍 額曰淨水 何謂淨水也 江水淨而秋月臨 信心生而諸佛降 此之謂哉"라고도 하였다. 조선 초에 함허기화(涵虛己和 1376~1433)는 절 북쪽의 함허동천에서 정진하다가 동막리 북쪽 산에서 입정하였는데, 1426년(세종8)에 이전의 정수사(精修寺)를 중건하고는 정수사(淨水寺)라고 불렀는데 지금도 대웅보전 왼쪽의 샘에서 맑은 물이 솟아오른다. 함허기화는 『현정론 顯正論』·『유석질의론 儒釋質疑論』을 지어 당시 유학자가 주장하던 배불론(排佛論)에 대해서 불교와 유교의 대의를 설파하였는데, 특히 1417년(태종17)에는 『금강경』 주석서인 『금강경오가해』를 교감하고 주요 부분을 집중 주석한 『금강경오가해설의 金剛經五家解說誼』를 찬술하여 지금까지도 한국불교소의경전으로 강학의 토대가 되었다. 그 뒤 조선 후기에는 전주이씨(全州李氏) 덕천군파(德泉君派)의 후예들이 대대로 정수사와 인연을 맺고 불사를 후원하고 외호하였다. 곧 양명학(陽明學)의 태두 정제두(鄭齊斗 1649~1736)가 강화에 은거한 뒤 이광사(李匡師 1705~1777)가 그 맥을 이었고, 아들 이긍익(李肯翊 1736~1806)·재종제 이충익(李忠翊 1744~1816)과 이충익의 후손인 이면백(李勉伯 1767~1830)·이시원(李是遠 1790~1866)·이상학(李象學 1829~?)·이건창(李建昌 1852~1898) 등도 인연을 이었다. 이시원·이상학·이건창 3대는 대대로 정수사 불사에 참여하여, 이시원과 아들 이상학은 1830(순조30)에 관음보살상을 개금할 때 김계진(金戒眞)·방보광(方普光) 등과 함께 시주하였고, 이상학은 아들 이건창·이건승 등과 아미타회상도 조성불사에 이름을 올리기도 하였다. 사적을 담은 글로는 1689년(숙종15)에 작성된 「강화정수사법당상량문 江華淨水寺法堂上樑文」과 함께 1847년(헌종13)에 이시원이 쓴 「정수사법당중수권선문 淨水寺法堂重修勸善文」, 『사기집』 권6(한국문집총간302, p.222a7)·「정수사불상

정수사 전경

정수사 오백나한전과 내부

오백나한

정수사 삼성각

석가오존과 미타탱

개금권선모연문 淨水寺佛像改金勸善募緣文」 같은 책(한국문집총간302, p.224b2), 1888년 무심옹의 「마니산정수사불사기문」, 1892년에 이건창이 지은 「정수사법당중수찬」, 1905년(광무9)에 이건승(李建昇)이 쓴 「정수사불상개금공덕기」 등이 전하고, 1942년에 안진호(安震湖)는 『전등본말사지』를 편찬하고 「정수사지」를 수록하였다. 이외에 풍계명찰(楓溪明察 1640~1708)이 쓴 시 '정수사' 『풍계집』 권중(한불전9, p.143a8)도 전한다. 이를 중심으로 연혁을 정리하면 〈표1〉과 같다.

[당우와 성보문화재] 현재의 당우와 성보문화재의 현황은 〈표2〉와 같다. 특히 함허기화의 승탑은 정수사를 비롯하여 황해도 평산군 연봉사(烟峯寺), 경기도 가평군 현등사(懸燈寺), 경상북도 문경시 봉암사(鳳巖寺) 등에 모셨는데, 정수사 승탑은 전형적인 팔각원당형을 따르면서도 석종형을 가미하였다. 이안눌의 『동악집』 권12(한국문집총간78, p.207a17) 「강도록 江都錄」의 시 '제정수사부도전 題淨水寺浮屠殿'에는 "오랜 세월 부도전이 마니산 동쪽 기슭에 있다. 千古浮屠殿 摩尼岳麓東"라 하였고, 『오주연문장전산고』 인사편1 안사류2 칭호 함허자변증설(涵虛子辨證說)에도 "부도전은 정수사 바깥 바위에 있다. 浮屠殿在淨水外巖"이라 전하였고, 현재 대웅보전 뒷쪽 언덕에 자리하고 있다. 1543년(중종38)에 『묘법연화경』을 개판(開板)하였고, 1548년(명종3)에는 1475년(성종6)에 김시습(金時習 1435~1493)이 조동종 동안상찰(同安常察 ?~961)의 『십현담 十玄談』 요지를 해석한 『십현담요해 十玄談要解』의 한글본인 『십현담요해언해 十玄談要解諺解』를 개판하기도 하였다. 한편 세종의 셋째 아들인 안평대군(安平大君 1418~1453)이 쓴 금자불경(金字佛經) 3책이 있었다고 하지만 현재 전하지는 않는다.〔참고문헌〕『伽藍考』, 『梵宇攷』, 『傳燈本末寺誌』, 『楓溪集』, 『沙磯集』, 『東岳集』, 『五洲衍文長箋散稿』 『韓國寺刹全書』 권하 p.1013a14. ⇨기화 己

〈표1〉 정수사 사적

연 대	주 요 사 적
639년(선덕왕8)	회정懷正 정수사精修寺로 창건
1423년(세종 5)	화주 억능億能 · 대목 원효희圓孝熙 법당건립
1426년(세종 8)	함허기화중건 · 정수사淨水寺로 변경
1458년(세조 4)	주지 혜령惠令 · 대조사大祖師 사광思光중창
1552년(명종 7)	화주 선희禪熙중창
1586년(선조19)	중창
1667년(현종 8)	화주 상순尙淳중창
1689년(숙종15)	대시주 최일향崔逸香 · 송지렴宋之廉 부부 중창
1848년(헌종14)	비구니 법진法眞 · 만흥萬興 중수
1878년(고종15)	비구니 계흔戒欣 탱화불사 봉행
1883년(고종20)	비구니 근훈根訓 중수
1905년(광무 9)	비구니 정일淨一 중수
1942년	대웅전 · 산신각 · 대방 · 노전 · 요사 등 전각규모

〈표2〉 정수사 주요 당우 및 성보문화재 일람표

전 각	내역·인연 대중
대웅보전	• 1423(세종5) 화주 억능 · 대목 원효희건립 • 1848(헌종14) 비구니 법진·만홍중수 • 1892(고종29) 비구니 정일개수 • 1905(광무9) 비구니 정일중수 • 1957보수 • 1969부분보수 • 1972번와·단청 • 2005개보수 정·측3·4칸 • 석가오존불목조상(석가불·문수보살·보현보살·관음보살·지장보살) 1801(순조1) 비구니 정초定楚개금 • 1857(철종8) 비구니 계흔戒欣개금 • 1878(고종15) 계흔개금·각단 불화조성 • 1916 비구니 정일개금·각단 불화조성 • 2005 새로 조성 • 아미타회상도 1878 비구니 성수性修·비구 용계서익龍溪瑞翊 등 봉안 • 1916 신중탱 문고산文古山조성추정 • 1878 지장시왕탱 비구니 성수·비구 대허체훈大虛體訓 등 봉안 • 1878 칠성탱 비구니 성수·비구 혜과봉간慧果奉侃 등 봉안 • 1803(순조3) 현왕탱 유선有善조성 도성암道成庵봉안 이안 • 1851(철종2) 한규漢奎봉안 • 1936 동종 김대선행金大善行제작기부 • 1968제작
오백나한전(대방)	• 2006신축 정·측5·3칸 • 아미타삼존불상(아미타불금동상·관음보살목조상·지장보살건칠상) 조성연대미상 • 1802(순조2) 지장보살건칠상 개금 • 2005 대웅보전에서 이안 • 관음보살목조상 • 1801 오백나한목조상 의천義天 등 중수·개금 • 2008 발원문·다라니 등 복장물 발견 • 오백나한상 2008채색 • 1986 독성탱 조성 • 1986 용왕탱 조성
삼 성 각(산 령 각)	• 1903(광무7) 비구니 정일중건 • 1974 확장신축 • 2007번와 정·측3·1칸 • 목각탱(산신·독성·용왕) • 1883(고종20) 산신탱 범화梵華조성 • 1916 독성탱 문고산(文古山)조성 • 1878 칠성탱 혜성慧星조성
불 탑	• 1992건립
승 탑	• 함허대사부도

독성탱 · 용왕탱 · 산신탱(왼쪽 상단부터 시계방향)

함허당 부도

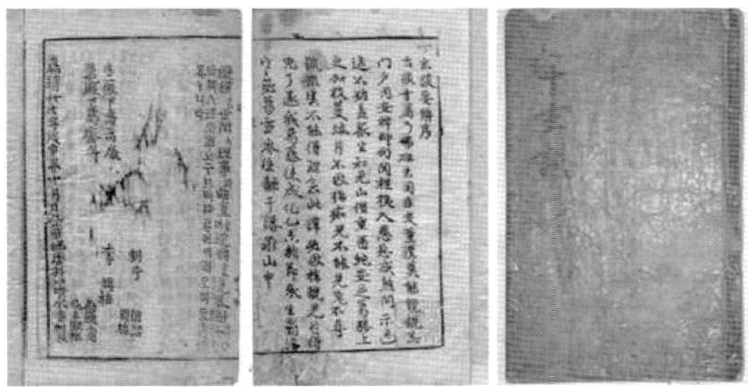

십현담언해

和 **2** 경기도 이천시 장호원읍 설성산(雪城山 : 一名 靈岳山)에 있던 절. 『동국여지승람』 권8 경기 음죽현 불우에 이름과 위치가 기록되어 있으며, 『범우고』에는 "지금은 폐사되었다. 今廢"라고 하였다. [참고문헌] 『東國輿地勝覽』, 『梵宇攷』, 『韓國寺刹全書』 권하 p.1013a12. **3** 경상남도 거제시 하청면 유계리 입산(立山)에 있는 광청사(光淸寺). [참고문헌] 『韓國寺刹全書』 권하 p.1014a9. ⇨ 광청사 光淸寺 **4** 경상남도 의령군 궁류면 운계리에 있던 절. 정수암(淨水庵)이라고도 하였다. 『교남지』 권74 의령군 사찰에 "궁소리에 있었으나, 지금은 없다. 在宮所里 今無"라고 하였다. 1960년경 절터에서 미륵상(彌勒像) 1존과 동검(銅劍) 2점이 발견되었다. 현재 민가가 들어서 있으며, 축대와 와편(瓦片)이 남아 있다. [참고문헌] 『嶠南誌』, 『韓國寺刹全書』 권하 p.1014a6, 『한국사지총람』 권하(문화재청 · 佛教文化財硏究所, 2010) p.378. **5** 경상남도 통영시 봉평동 미륵산(彌勒山)에 있는 용화사(龍華寺). 『가람고』에 "부 북쪽 40리에 있다. 府北四十里"라고 하였다. [참고문헌] 『伽藍考』, 『韓國寺刹全書』 권하 p.1014a9. ⇨ 용화사 龍華寺[14] **6** 경상남도 합천군에 있던 절. 『여지도서』 경상도 합천 사찰 · 『범우고』에 "군 남쪽 50리에 있다. 在郡南五十里"라고 하였다. [참고문헌] 『輿地圖書』, 『梵宇攷』, 『伽藍考』, 『韓國寺刹全書』 권하 p.1014a8. **7** 경상북도 영덕군 영덕읍에 있던 절. 『여지도서』 경상도 영덕 사찰에 "남역의 북쪽 기슭에 있다. 在南驛北麓", 『가람고』에 "남역 북쪽, 현 남쪽 20리에 있다. 在南驛北 縣南二十里"라고 하였다. [참고문헌] 『輿地圖書』, 『伽藍考』, 『梵宇攷』, 『韓國寺刹全書』 권하 p.1014a11. **8** 경상북도 의성군 구천면 장국리 백마산(白馬山)에 있는 절. 대한불교조계종 제16교구 본사 고운사(孤雲寺)의 말사이며, 정수암(淨水庵)이라고도 한다. 『한국사찰전서』 권하 p.1014b14에 "신라 홍덕왕(재위 826~836)대 심지왕사가 창건, 조선 철종 3년(1852) 임자에 혼허화상이 중창, 고종 10년

정수사 석가모니후불탱 1731년

정수사 지장시왕도 1731년

(1873) 계유에 상봉화상이 3창하였다. 新羅興德王時心地王師刱建 朝鮮哲宗三年壬子 混虛和尙重刱 高宗十年癸酉 相峰和尙三創"라고 하였다. 1973년에 일주문을 새로 지었으며, 1994년에 중수하였다. 현존 당우로는 극락보전 · 삼성각 · 천왕문 · 다향실 · 육화당 등이 있다. 성보문화재로는 1731년(영조7)에 화원 밀기(密機) · 인탄(仁坦) · 철안(哲眼) 등이 조성한 극락보전 불화인 유형문화재 제371호 영산회상도와 같은 시기에 동일 화사가 조성한 제372호 지장시왕도가 있다. [참고문헌] 『韓國寺刹全書』 권하 p.1014b14. **9** 전라남도 강진군 대구면 용운리 천태산(天台山 : 一名 天蓋山)에 있는 절. 대한불교조계종 제22교구 본사 대흥사(大興寺)의 말사이다. 『호남좌도금릉현천태산정수사여지승람』에 "신라 애장왕 원년(800)은 당 정원 15년 을유이다. 도선국사가 절 두 곳을 창건하였는데, … 두 번째 '쌍계'는 본사의 옛 이름이다. 新羅哀莊王元年 卽唐貞元十五年之乙酉也 道詵國師刱建 … 二日雙溪 卽本寺舊號也"라고 하였다. 1529년(중종24)에 중창하였으며, 1574년(선조7)에 사민(思敏)이 중수하였으나 정유재란 때 파손되었다. 1644년(인조22)에 종인(宗印)이 옛 건물을 헐고 새로 지었으며, 1664년(현종5)에 능우(能佑)가 중수하였다. 1708년(숙종34)에 이득종(李得宗)이 당간지주를 건립하였다. 1794년(정조18)에 의준(義俊)이 현감 이면휘(李勉輝)에게 사역(寺役)의 부담을 호소하여, 정조(正祖)의 명으로 고금도(古今島) 관왕묘(關王廟)의 수호원당(守護願堂)이 되면서 영읍잡역(營邑雜役)을 면제받았다. 이후 대은암 등 산내암자 16개소, 옥천사 등 산외암자 6개소를 거느릴 정도의 사격을 갖추게 되어, 조선후기에는 강진 일대의 절을 관장하는 수사찰(首寺刹)이 되었다. 1991년에 요사를 건립하였고, 1995년에 사사자석탑(四獅子石塔)을 조성하였다. 현존 당우로는 정면 3칸 · 측면 2칸의 조선후기 다포식(多包式) 맞배지붕 건물인 유형문화재 제101호 대웅전과 천불전 · 관음전 · 나한전 · 산신각 · 도조사(陶祖祠) · 삼청루 · 종각 · 요사 등이 있으며, 성보문화재로는 보물 제1843호 석가여래삼불좌상이 있다. [참고문헌] 『湖南左道金陵縣天台山淨水寺輿地勝覽』, 『韓國寺刹全書』 권하 p.1014a3, 『康津郡의 文化遺蹟』(木浦大博物館 · 康津郡, 1989) pp.175~176 · 218. ⇨ 쌍계사 雙溪寺[18] **10** 전라북도 완주군 상관면 마치리 만덕산(萬德山 : 一名 獅子山)에 있는 절. 대한불교조계종 제17교구 본사 금산사(金山寺)의 말사이다. 889년(진성여왕3)에 도선국사(道詵國師)가 창건하였으며, 고려시대에 중건하였다고 전한다. 1581년(선조14)에 진묵(震默)대사가 중건하였으나, 임진왜란 때 거의 전소되었다. 이후 다시 중건하였는데, 『가람고』에 "사자산에 있는데, 주 동쪽 30리이다. 在獅子山 州東三十里", 『범우고』에 "옛 이름은 중암인데, 산수가

청정하여 지금의 이름으로 바꾸었다. 舊稱中庵 以其山水清淨 故改今名"라고 하였다. 1923년에 초운선사가 요사 2동을 지었다. 1971년에 주지 동수(東洙)가 부임하면서 중창불사를 시작하였고, 2008년에 '중창불사 회향 및 극락전 낙성식'을 개최하였다. 현존 당우로는 극락전・관음전・지장전・삼성각・요사가 있으며, 성보문화재로는 보물 제1853호 목-조아미타여래삼존좌상이 있다. [참고문헌] 『伽藍考』, 『梵宇攷』, 『輿地圖書』, 『韓國寺刹全書』 권하 p.1013b20, 『文化遺蹟分布地圖-完州郡』(完州郡・全北大博物館, 2006) p.261. **11** 충청남도 예산군에 있던 절. 『범우고』에 "현 남쪽 25리에 있었으며, 지금은 폐사되었다. 在縣南二十五里 今廢"라고 하였다. [참고문헌] 『梵宇攷』, 『韓國寺刹全書』 권하 p.1013b19. **12** 평안남도 안주시 장천리 마두산(馬頭山)에 있던 절. 『동국여지승람』 권52 평안도 안주목 불우에 이름과 위치가 기록되어 있으며, 『범우고』에 "지금은 폐사되었다. 今廢"라고 하였다. [참고문헌] 『東國輿地勝覽』, 『梵宇攷』, 『韓國寺刹全書』 권하 p.1014a16. **13** 평안북도 초산군 봉학산(鳳鶴山)에 있던 절. [참고문헌] 『梵宇攷』, 『韓國寺刹全書』 권하 p.1014a15. **14** 함경남도 함주군 동천면 경흥리 설봉산(雪峯山)에 있던 귀주사(歸州寺). 정수암(淨水庵)이라고도 하였다. 『범우고』에 "지금은 폐사되었다. 암자 옆에 있는 당우는 우리 태조가 왕위에 오르기 전에 독서하던 곳이다. 今廢 庵傍有堂 卽我太祖潛龍時 讀書之所"라고 하였다. [참고문헌] 『梵宇攷』, 『韓國寺刹全書』 권하 p.1014a14欄外. ⇨ 귀주사 歸州寺 **15** 함경북도 경성군 오봉산(五峯山)에 있던 정수암(淨水庵). [참고문헌] 『韓國寺刹全書』 권하 p.1014a14欄外. ⇨ 정수암 淨水庵[20] **16** 함경북도 경원군 증산(甑山)에 있던 절. 『동국여지승람』 권50 함경도 경원도호부 불우에 이름과 위치가 기록되어 있으나, 『범우고』에는 "지금은 폐사되었다. 今廢"라고 하였다. [참고문헌] 『東國輿地勝覽』, 『梵宇攷』, 『韓國寺刹全書』 권하 p.1014a13. **17** 황해북도 봉산군 계유산(鷄遊山)에 있던 절. 『동국여지승람』 권41 황해도 봉산군 불우에 이름과 위치가 기록되어 있으나, 『여지도서』 황해도 봉산 불우에 "지금은 없다. 今無"라고 하였다. [참고문헌] 『東國輿地勝覽』, 『輿地圖書』, 『梵宇攷』, 『韓國寺刹全書』 권하 p.1014a18.

정수사 精修寺 인천광역시 강화군 화도면 사기리에 있는 정수사(淨水寺). 『전등본말사지』에 '신라 선덕여왕 8년(639)에 회정(懷正)선사가 개산(開山)하고 정수사(精修寺)라 편액을 걸었다'라 하였다. 1426년(세종8)에 함허(涵虛)화상이 정수사(淨水寺)로 이름을 고쳤다. [참고문헌] 『傳燈本末寺誌』(亞細亞文化社, 1978) p.105, 『韓國寺刹全書』 권하 p.1021a20. ⇨ 정수사 淨水寺[1]

정수사목조아미타여래삼존좌상 淨水寺木造阿彌陀如來三尊坐像 전라북도 완주 만덕산 정수사의 조선시대 불상. 보물 제1853호. 아미타여래 142cm・관세음보살 140cm・대세지보살 136cm. 극락전에 봉안되어 있다. 개금불사 중 발견된 복장기(腹藏記 : 길이 275cm・너비 44cm・자경 1.8cm)에 "전라도 전주부 □□ … 화원 무염・신경・심인・혜단・경성・영택・학매 … 순치

아미타여래상

9년(1652・효종3) 임진 5월 28일. 全羅道全州府 □□ … 畫員秩 無染 信冏 心印 惠端 敬性 灵擇 學梅 … 歲次順治九年壬辰五月二十八日"이라고 하여, 정확한 봉안사찰은 알 수 없지만, 17세기 최고의 조각승인 무염과 6명의 승장들이 조성한 불상임을 알 수 있다. 본존 아미타여래상

대세지보살상

관세음보살상

은 방형의 얼굴에 지그시 내리감은 눈, 오뚝한 콧날, 턱과 볼 주변에 표현된 은은한 양감, 어깨까지 내려오는 두툼한 귀 표현 등이 매우 기품 있는 상호이다. 통견(通肩)의 법의는 오른팔을 돌아 복부에서 대의 안으로 집어넣었으며, 하반신의 옷 주름을 자연스럽게 표현하였다. 수인은 중품하생인(中品下生印)이고, 별도로 끼운 손은 가늘고 섬세하게 조각되었다. 관세음보살상은 화염보주・국화문・봉황문 등으로 화려하게 장식된 보관(寶冠)을 쓰고 있는데, 양 옆으로는 띠 매듭이 펄럭이고 있으며, 어깨까지 보발(寶髮)이 드리워져 있다. 가슴에는 영락(瓔珞)장식이 있고, 본존과 동일한 법의를 착용하였으며, 손에는 연꽃가지와 정병(淨甁)을 지물로 들고 있다. 대세지보살상의 전체적인 표현은 관음보살상과 거의 흡사하나 보관에 정병이 부착되어 있고, 지물은 연꽃 줄기를 들고 있다. 복장기를 통해 조성시기・시주자・조각승 등을 알 수 있을 뿐만 아니라, 무염파 불상을 대표하는 걸작으로서 미술사적인 가치도 큰 작품이다. [참고문헌] 『문화재대관 보물-불교조각2』(문화재청,

2017) pp.267~269. ⇨정수사 淨水寺 [10]

정수사법당 淨水寺法堂 인천광역시 강화 마니산 정수사의 조선전기 목조건축. 보물 제161호. 정면 3칸·측면 4칸의 주심포식 맞배지붕 건물. 금당 건물로는 드물게 전퇴(前退)가 있는 구조이다. 1957년 보수공사 시 발견된 1667년(현종8) 5차 중창 상량문에 "영락 21년(1423·세종5) 계묘에 다시 중창했다. 永樂貳拾一年癸卯改重創"라고 하였다. 그 후 1458년(세조4)·1553년(명종8)·1586년(선조19)·1667년에 중창이 있었고 1689년(숙종15)의 6차 중창은 1688년 7월에 시작하여 이듬해 1689년 5월에 마무리되었던 대규모 수리였다. 6차 중창 상량문에 "강희 27년 무진 7월부터 입권(立勸)을 시작해서 기사년 3월 초3일에 파옥(破屋)하고, 17일에 상량하였다. 연화와 조성역사를 시작하기까지 15일 걸렸다. 4월에는 벽체를 들이고, 회벽과 단청을 마쳤으며, 같은 해 5월 단오날 점안하고 수륙재를 권화하여 대작불사를 마쳤다. 康熙二十七年戊辰七月 分自始立勸爲之 己巳三月初三日破屋 十七日上樑 緣化造成從役晦日 四月分自始眼壁 沙壁丹靑畢役 同年五月端午點眼 勸化水陸 大作佛事畢役"라고 하였다. 1848년(헌종1)에도 대대적인 중창이 있었고, 일제강점기를 거치면서 부분적인 보수와 수리가 있었다. 법당의 규모는 원래 정면 3칸·측면 3칸이었으나 17세기에 중수할 때 측면 1칸을 늘려 정면에 툇마루를 만들었다. 기단은 가공한 장대석과 자연석을 같이 사용하였고, 기둥도 민흘림과 배흘림도 섞여 있으며, 공포도 주심포계와 익공계가 섞여있는 보기 드문 형태이다. 창호는 정면과 배면에만 있고 측면에는 없다. 정면 어칸 꽃살문은 화병(花甁)에서 자란 꽃이 피어 나가는 모양을 조각하였는데, 가운데 두 개의 문은 연꽃문양이고 양쪽은 모란문양이다. 내부는 바닥에 마루를 깔고, 천장은 가운데는 우물천장, 그 주위는 빗천장으로 만들었다. 정면 좌측 기둥 위쪽에는 화병이 조각되어 있는데, 연꽃과 모란을 가득 새긴 X형 빗반자 귀틀과 연결되어 화병에서 자라난 꽃처럼 표현하였다. 정수사법당은 여러 번에 걸친 중창을 거치면서 독특한 형태를 갖게 된 조선전기 불전으로, 주심포 등의 간결한 조선전기 양식과 꽃살문·공포·첨차 등 화려하고 장식적인 조선후기 양식이 공존하고 있어서 건축사와 미술사에도 중요한 의미를 갖는 성보다. [참고문헌] 『江華淨水寺法堂實測·修理報告書』(강화군·문화재청, 2004) pp.71~268, 『文化財大觀』 寶物篇 木造(文化財廳, 2004) pp.76~83. ⇨정수사 淨水寺 [1]

정수사법당 대웅보전과 내부

정수사법당 내부 퇴간

정수사법당 공포·내부 빗천장·정면문살(시계방향)

정수사석가여래삼불좌상 淨水寺釋迦如來三佛坐像 전라남도 천태산 정수사의 조선시대 불상 및 대좌. 보물 제1843호. 중앙 본존 142cm. 본존·향우측 불상은 목조, 향좌측 불상은 소조 불상으로, 대좌의 묵서명(墨書銘)을 통해 조성·중수·개금 시기를 알 수 있다. 향좌측 소조불상은 1561년(명종16)에 화원(畵圓) 태보(太宝)·사담(思淡)이 조성하였고, 본존과 향우측 목조불상은 1648년(인조26)에 승일(勝日)·성조(性照)·계찬(戒贊)·지안(智安)·경옥(敬玉)·천학(天學)·계명(戒明) 등 7명의 화원이 조성하였으며, 이때 소조불상도 중수하였다. 1722년(경종2)에는 대선사(大禪師) 태원(太元) 등 5명의 화원이 본존상을 개금하였다. 1778년(정조2)에 작성된 향우측 불상의 명문에 "대법당 삼존을 중수 개금하고, 아울러 본사 여러 암자 및 그 외속암의 불상 30위도 함께 동시에 불사를 마쳤는데, 수화승은 계심이었다. 계심선사는 지난 임인년(1722)의 개금주였던 대선사 우화당 태원의 손제자이다. … 건륭 44년(1778) 무술 3월 24일에 불사를 시작하여 4월 15일에 마쳤다. 重修改金大法堂三尊 幷本寺諸庵及外屬庵佛相三十位 幷合同時訖功 而爲首戒心也 戒心禪卽去壬寅改金主 雨華堂大禪師太元之孫弟也 … 乾隆四十四年戊戌三月二十四日始役 於四月望日畢役也"라고 하였으며, 불사에 참여한 화원은 16명이었다. 삼존상의 형식을 보면 본존의 상호는 원만한 방형이고, 통견법의를 착용하였으며, 내의주름은 연화문형으로 접혀 있다. 수인은 왼손은 중품인

정수사석가여래삼불좌상 본존 · 향우측 · 향좌측(시계방향)

(中品印) · 오른손은 촉지인(觸地印)이다. 향우측 불상 또한 본존과 유사하며, 수인은 중품하생인(中品下生印)이다. 두 불상보다 이른 시기에 조성된 향좌측 불상은 상호가 세장(細長)하고, 결가부좌한 왼쪽 하반신 위로 법의 주름이 길게 내려와 있다. 오른손은 엄지와 중지로 작은 보주(寶珠)를 잡고 있으며, 내려뜨린 왼손은 중지와 약지를 안으로 살짝 구부리고 있다. 본존 여래좌상에서는 『대방광원각수다라요의경 大方廣圓覺修多羅了義經』 권종(卷終) 1장과 관세음보살보협수진언(觀世音菩薩寶篋手眞言) 200여 장 · 『묘법연화경』 낱장 등 복장물(腹藏物)이 발견되었다고 전하나 현재는 유실되었다. 〔참고문헌〕 『문화재대관 보물 - 불교조각Ⅱ』(문화재청, 2017) pp.14~18, 유근자 『조선시대 불상의 복장기록 연구』(불광출판사, 2017) p.438. ⇨ 정수사 淨水寺❾

정수삼매 正受三昧 Ⓢ Ⓟ samādhi. 삼마디히의 한역어인 정수와 음사어인 삼매 거듭한 말. 60권본 『화엄경』 권7(대정장9, p.437a27)에 "모든 고통을 멸하여 다하면, 누구나 정수삼매의 즐거움을 얻는다. 滅除一切諸苦痛 悉得正受三昧樂", 『조정사원』 권5(卍속장113, p.144b9)에 "정수삼매 : 80권본 『화엄경』 권15(대정장10, p.77c13)에 '「방망」이라는 이름의 뛰어난 삼매가 있다. 보살은 이 삼매에 머물며 일체를 널리 펼쳐 보이고 넓은 세계에 두루 몸을 나타낸다. 〈중략〉 선여인의 몸으로 정정에 들었다가 선남자의 몸으로 정에서 나오고, 선남자의 몸으로 정정에 들었다가 비구니의 몸으로 정에서 나온다'라고 하였다. 삼매의 삼은 정(正)이고 매는 정(定)이며, 정수라고도 한다. 곧 정정으로 산란하지 않고 제법을 능히 가져 기억에 담아두고 가려 선택하므로 정수라 하고, 등지라고도 한다. 정정이란 능히 바른 지혜를 낳아 모든 법을 평등하게 유지하므로 등지라 한다. 正受三昧 華嚴經云 有勝三昧名方網 菩薩住此 廣開示一切 方中普現身 乃至 善女身中入正定 善男身中從定出 善男身中入正定 比丘尼身從定出 三昧者 三之曰正 昧之曰定 亦云正受 謂正定不亂 能受諸法 憶持揀擇 故名正受 亦云等持 爲正定能發生正慧 等持諸法 是故名之爲等持"라고 하였다. 〔참고문헌〕 『華嚴經』, 『祖庭事苑』. ⇨ 정 定❶, 정수 正受, 삼매 三昧, 등지 等持

정수생식 正受生識 생을 받아 나게 하는 식. 모든 유색제근(有色諸根)을 가져 유지(執持)하여 유정이 몸을 받아 나게 하는 식을 말한다. 아뢰야식(阿賴耶識)을 말하며 특히 이를 집지식 즉 아다나(阿陀那)라 부른다. 『섭대승론석』 권1(대정장31, p.158a2 : *Mah-saṃ.*, p.4)에 "〔논〕 능히 일체 유색제근을 집지하니, 일체가 생을 받아 취하고 의지하기 때문이다. 왜냐하면 유색제근은 이 식의 집지로 파괴되지 않고 상실되지 않으며, 나아가 미래로까지 상속되고, 생을 받을 때에 이로 말미암아 음을 취해 나기 때문이다. 그러므로 육도의 몸은 모두 이와 같이 취하며, 이 일을 취하고 식을 써 거두고 가지기에 아다나라고 한다. 論曰 能執持一切有色諸根 一切受生取依止故 何以故 有色諸根 此識所執持 不壞不失 乃至相續後際 又正受生時 由能生取陰故 故六道身 皆如是取 是取事用識所攝持故 說名阿陀那 dbang po gzugs can thams cad kyi rgyu yin pa dang. lus thams cad nye bar len pa'i gnas su gyur pa'i phyir te. 'di ltar tshe ji srid par rjes su 'jug gi bar du des dbang po gzugs can lnga po dag ma zhig par nye bar gzung ba dang. nying mtshams sbyor ba sbrel ba na yang de mngon par 'grub pa nye bar 'dzin pa'i phyir lus gzung ba yin te. de lta bas na de len pa'i rnam par shes pa zhes bya'o", "〔석〕 이제 도리를 세워 아다나라는 이름을 세운다. 도리란, 일체유색제근을 능히 가져 유지할 수 있다는 것이다. … '일체가 생을 받아 취하며 의지하기 때문'

이라고 한 말에 거듭 답한다. 이 식은 중생이 수생할 때에 취음을 낳는데, 이 취의 본성은 식에 의해서 지켜 유지된다. 이 식이 정수생식이기 때문이다. … 이런 도리로 아리야식을 역시 아다나라고도 한다. 釋曰 今立道理爲成阿陀那名 道理者 能執持一切有色諸根 … 一切受生取依止故者 此言重答前問 此識衆生正受生時 能生取陰此取體性 識所執持 由此識是 正受生識 … 以是義故 阿梨耶識 亦名阿陀那", 원측(圓測)의 『인왕경소』 권중(대정장33, p.400c6 · 한불전1, p.80c7)에 "'처음 일념식은 목석과는 다르다'란 무슨 말인가? 어느 곳에 날 때마다 생을 받는 찰나의 처음 일념식을 정수생식이라고 한다. 言初一念識 異木石者 隨生何處 受生刹那 初一念識名正受生識"라고 하였다. [참고문헌] 『攝大乘論釋』, 『仁王經疏』, *Mah-saṃ.* ⇨ 아다나식 阿陀那識, 집지식 執持識, 과보식 果報識, 이숙식 異熟識, 아뢰야식 阿賴耶識

정수식 正受識 Ⓢ tad-upabhoga-vijñapti, Ⓣ de-la-nye-bar-spyod-pa'i-rnam-par-rig-pa. 『섭대승론』의 십일식(十一識) 중 하나인 육식계(六識界). 『현식론 顯識論』의 용식(用識) · 현장 역본의 피능수식(彼能受識)과 같다. 『섭대승론석』 권5(대정장31, p.181c11)에 "정수식은 육식계를 말한다. … 정수식에는 안 등을 거두는 육식계임을 알아야 할 것이다. 正受識謂六識界 … 以正受識 應知攝眼等六識界", 『유마경약소수유기』 권1(대정장38, p.726c27)에 "정수식은 육식을 말한다. 正受識謂六識", 『대승의장』 권3(대정장44, p.535b9)에 "다섯 번째 정수식이란 육식심으로서 육진을 곧바로 받아들이기에 영납을 '수'라 이름하였다. 본식이 변한 바탕이지만 본식이다. 五正受識 謂六識心 正納六塵 領納名受 本識變爲體 是本識"라고 하였다. [참고문헌] 『攝大乘論釋』, 『維摩經略疏垂裕記』, 『大乘義章』, *Mah-saṃ.25.* ⇨ 용식 用識[1], 육식 六識[1], 십일식 十一識

정수암 正水庵 평안남도 평원군 동송면 수암리 백석산(白石山)에 있던 암자. 『사탑고적고』에 "산 중턱에 있다. 석축이 남아 있으며 기와 조각도 흩어져 있다. 在山中腹 石垣殘存 瓦片散在"라고 하였다. [참고문헌] 『寺塔古蹟攷』, 『韓國寺刹全書』 권하 p.1001b11.

정수암 汀水庵 전라북도 진안군 부귀면 궁항리에 있던 암자. 한국전쟁 때 소실되었으며, 그 후 새로운 암자가 건립되었으나 2007년 이후에 폐사되었다. 절터에 축대가 남아 있으며, 백자 및 기와 조각 등이 흩어져 있다. [참고문헌] 『韓國의 寺址』 강원도 · 전라북도(문화재청 · 佛教文化財研究所, 2013) pp.839~840.

정수암 淨水庵 **1** 대구광역시 달성군 구지면 도동리에 있는 암자. 『범우고』에 "현 서쪽 보로동에 있다. 在縣西甫老洞", 『여지도서』 경상도 현풍 사찰에 "김굉필(1454~1504)의 분암이다. 金宏弼墳菴"라고 하였다. 현존 당우로는 법당과 요사 등이 있다. [참고문헌] 『梵宇攷』, 『輿地圖書』, 『韓國寺刹全書』 권하 p.1014b16. **2** 부산광역시 금정구 금성동 금정산(金井山)에 있는 암자. 대한불교조계종 제14교구 본사 범어사(梵魚寺)의 말사이다. 해월사(海月寺)의 법등을 이은 사찰로, 신라 의상대사가 창건하고 조선후기 진묵(震默 1562~1633)이 중창하였다고 전한다. 1990년 삼성각에서 발견된 「해월사상량기문」에 1708년(숙종34) · 1795년(정조19)의 중창 · 중수사실이 기록되어 있어, 해월사가 정수암의 전신임을 뒷받침해 주고 있다. 1937년에 동래향교(東萊鄉校)에서 발행한 『동래군지』 권1 사찰에 "정수암은 금정산 고당 아래에 있다. 淨水庵在金井山高堂下"라고 하였다. 1972년에 불사공덕비를 세우고 1978년에 대웅전을 건립하였다. 1983년에 칠성탱화의 틀 속에서 발견한 사리 15과를 봉안하여 오층석탑을 조성하였고, 1991년에 북극전을 건립하였다. [참고문헌] 『東萊郡誌』, 『韓國寺刹全書』 권하 p.1014b9. ⇨ 해월사 海月寺 **3** 인천광역시 강화군 화도면 사기리 마니산(摩尼山)에 있는 정수사(淨水寺). 『가람고』에 "부도전이 있고, 또 안평대군이 쓴 금자불경 3책이 있다. 有浮屠殿 又有金字佛經三冊 安平大君筆"라고 하였다. [참고문헌] 『東國輿地勝覽』 京畿 江華都護府 佛宇, 『梵宇攷』, 『伽藍考』, 『韓國寺刹全書』 권하 p.1014b3. ⇨ 정수사 淨水寺[1] **4** 경기도 고양시에 있던 암자. 『세조실록』 권30 9년(1463) 6월 12일에 "정업원 주지 비구니 해민이 아뢰기를, '강도 20여 명이 경기 고양 정수암에 이르러 스님의 의복과 잡물을 약탈하였습니다'라고 하였다. 淨業院住持尼僧海敏啓曰 强盜二十餘人到京畿高陽淨水庵 刦奪僧人衣服雜物"라고 하였다. [참고문헌] 『世祖實錄』. **5** 경기도 수원시 삼성산(三聖山)에 있던 암자. [참고문헌] 『梵宇攷』, 『韓國寺刹全書』 권하 p.1014b2. **6** 경기도 안산시 수리산(修理山)에 있던 암자. 『동국여지승람』 권9 경기 안산군 불우 · 『범우고』에 절의 이름과 위치가 기록되어 있으나, 『여지도서』 경기도 안산 사찰에 "지금은 폐사되었다. 今廢"라고 하였다. [참고문헌] 『東國輿地勝覽』, 『梵宇攷』, 『輿地圖書』, 『韓國寺刹全書』 권하 p.1014a20. **7** 경상남도 사천시 용현면 신복리 와룡산(臥龍山)에 있던 암자. 『범우고』에 "지금은 폐사되었다. 今廢"라고 하였다. [참고문헌] 『梵宇攷』, 『韓國寺刹全書』 권하 p.1014b11. **8** 경상북도 상주시 도솔산(兜率山)에 있던 암자. 『상산지』 권1 사찰에 "도솔산 서쪽에 있었으며, 남장사의 부속 암자였다. 지금은 없다. 在兜率山西 屬南長 今無"라고 하였다. [참고문헌] 『商山誌』, 『韓國寺刹全書』 권하 p.1014b13. **9** 경상북도 상주시 백마산(白馬山)에 있던 암

자. 『상산지』 권1 사찰에 "백마산 동쪽 기슭에 있다. 在白馬山東麓"라고 하였다. [참고문헌] 『商山誌』, 『韓國寺刹全書』 권하 p.1014b12. **10** 경상북도 영주시 안정면 용산리에 있던 암자. 『사탑고적고』에 "너비 17척, 높이 2척의 석벽만 남아 있다. 只有長十七尺 高二尺之石壁殘存"라고 하였다. [참고문헌] 『寺塔古蹟攷』, 『韓國寺刹全書』 권하 p.1014b11欄外. **11** 경상북도 의성군 구천면 장국리 백마산(白馬山)에 있는 정수사(淨水寺). [참고문헌] 『韓國寺刹全書』 권하 p.1014b14. ⇨정수사 淨水寺[8] **12** 전라남도 여수시 중흥동 영추산(靈鷲山 : 또는 영취산)에 있던 암자. 흥국사(興國寺)의 산내암자로, 『범우고』에 "흥국사에 속한다. 屬興國"라고 하였다. [참고문헌] 『梵宇攷』, 『韓國寺刹全書』 권하 p.1014b6. **13** 평안남도 순천군 옥정방(玉井坊)에 있던 암자. 『가람고』에 "군 동쪽 120리에 있다. 在郡東一百二十里"라고 하였다. [참고문헌] 『伽藍考』, 『梵宇攷』, 『輿地圖書』 平安道 順川 寺刹, 『韓國寺刹全書』 권하 p.1015a8. **14** 평안남도 평양시 청운산(靑雲山)에 있던 암자. 정수사(淨水寺)라고도 하였다. 월저도안(月渚道安 1638~1715)의 『월저당대사집』 권하 「청운산정수암대비석상개금기 靑雲山淨水庵大悲石像改金記」(한불전9, p.110c15)에 "지금 정수사 석상의 자비로운 모습은 의희년간(405~418)에 강에서 떠내려 온 것이 아닌가? 색상이 항상 금사에 머물렀는데, 세월이 흘러 석상의 금색이 바래졌다. 今淨水寺石像大悲容 非義熙年浮江來者乎 色相常住金沙 歲換而像褪其金"라고 하였으며, 같은 책 권하(한불전9, p.114a16)에 「평양정수암북진전중창모연문 平壤淨水庵北辰殿重刱募緣文」이 수록되어 있다. [참고문헌] 『月渚堂大師集』. **15** 함경남도 단천군 봉학산(鳳鶴山)에 있던 암자. 『범우고』에 "부 동쪽 60리에 있었다. 지금은 폐사되었다. 在府東六十里 今廢"라고 하였다. [참고문헌] 『梵宇攷』, 『輿地圖書』 咸鏡道 端川 寺刹, 『韓國寺刹全書』 권하 p.1015a2. **16** 함경남도 삼수군 오봉산(五峰山)에 있던 암자. 『동국여지승람』 권49 함경도 삼수군 불우에 이름과 위치가 기록되어 있으며, 『범우고』에 "지금은 폐사되었다. 샘이 암벽 사이에서 솟아나므로, (정수암이라) 이름하였다. 今廢 泉出巖壁間故名"라고 하였다. [참고문헌] 『東國輿地勝覽』, 『梵宇攷』, 『韓國寺刹全書』 권하 p.1014b20. **17** 함경남도 안변군 가사산(袈裟山)에 있던 암자. 『여지도서』 함경도 안변 사찰에 "부 서쪽 190리 가사산에 있으며, 승도는 15명이다. 在府西百九十里袈裟山 僧徒十五名", 1917년에 황진태(黃鎭泰)가 편찬한 안변읍지인 『학성지』에 "오른쪽에 있는 여러 작은 암자 중, 지금 어떤 것은 훼손되어 폐사되었다. 右諸小庵今或毁罷"라고 하였다. [참고문헌] 『輿地圖書』, 『鶴城誌』, 『伽藍考』, 『韓國寺刹全書』 권하 p.1014b7. **18** 함경남도 안변군 설봉산(雪峰山)에 있던 암자. 『범우고』에 "모두 설봉산에 있으며, 석왕사에 속한다. 俱在雪峰山 屬釋王"라고 하였다. [참고문헌] 『梵宇攷』, 『韓國寺刹全書』 권하 p.1014b19. **19** 함경남도 함주군 동천면 경흥리 설봉산(雪峰山)에 있던 귀주사(歸州寺). [참고문헌] 『東國輿地勝覽』 권48 咸鏡道 咸興府 佛宇, 『韓國寺刹全書』 권하 p.1015a3. ⇨귀주사 歸州寺 **20** 함경북도 경성군 오봉산(五峰山)에 있던 암자. 정수사(淨水寺)라고도 한다. 『동국여지승람』 권50 함경도 경성도호부 불우에 이름과 위치가 기록되어 있으나, 『범우고』에 "지금은 폐사되었다. 今廢"라고 하였다. [참고문헌] 『東國輿地勝覽』, 『梵宇攷』, 『韓國寺刹全書』 권하 p.1015a6. **21** 황해남도 신천군 천봉산(天奉山)에 있던 암자. 『여지도서』 황해도 신천 사찰에 "군 남쪽 25리 능동방에 있다. 在郡南二十五里 陵洞坊"라고 하였다. [참고문헌] 『輿地圖書』, 『伽藍考』, 『梵宇攷』, 『韓國寺刹全書』 권하 p.1015a13. **22** 황해남도 연백군 용부산(龍縛山)에 있던 암자. 『범우고』·『여지도서』 황해도 연안 사찰에 "부 북쪽 20리에 있다. 在府北二十里"라고 하였다. [참고문헌] 『梵宇攷』, 『輿地圖書』, 『伽藍考』, 『韓國寺刹全書』 권하 p.1015a10. **23** 황해남도 해주시 북숭산(北嵩山)에 있던 암자. 『여지도서』 황해도 해주 사찰에 "(神光寺로부터) 동남쪽으로 5리 떨어져 있다. 距東南五里"라고 하였다. [참고문헌] 『輿地圖書』, 『伽藍考』, 『梵宇攷』

정수암 淨修庵 경상북도 봉화군 청량산(淸凉山) 연화봉(蓮花峰)에 있던 암자. [참고문헌] 『永嘉誌』 권6 佛宇.

정수암 晶水庵 충청북도 보은군 마로면 갈평리 구병산(九屛山)에 있던 절. 1916~17년에 조선총독부에서 작성한 『충청북도고적대장』에 '석축 일부와 초석이 있으며, 기와 조각이 흩어져 있다'라고 하였다. [참고문헌] 『忠淸北道古蹟臺帳』.

정수암 靜修庵 **1** 충청남도 예산군 상왕산(象王山)에 있던 암자. 『여지도서』 충청도 덕산 사찰에 "현 북쪽 20리 상왕산 아래에 있다. 在縣北二十里 象王山下"라고 하였으나, 『가람고』에는 '현 서쪽 20리에 위치한다'라고 하였다. [참고문헌] 『輿地圖書』, 『伽藍考』, 『梵宇攷』, 『韓國寺刹全書』 권하 p.1021b7. **2** 황해남도 강령군 견래산(堅來山)에 있던 암자. 정수사(靜修寺)라고도 한다. 『동국여지승람』 권43 황해도 강령현 불우에 이름과 위치가 기록되어 있으나, 『범우고』에는 "지금은 폐사되었다. 今廢"라고 하였다. [참고문헌] 『東國輿地勝覽』, 『梵宇攷』, 『韓國寺刹全書』 권하 p.1021b9.

정수장지 停囚長智 감옥에 갇힌 채로 지혜를 기르다 병을 보살피다가 목숨을 잃는다는 양병상구(養病喪軀)

와 짝으로 쓰인다. 『보봉어록』(고존숙어록44, 卍속장118, p.746b15)에 "'(달마가) 9년 동안 부질없이 면벽하는가 했는데 손뼉을 쳐도 돌아보지 않으면서 옆에서 지켜보는 이를 몹시도 비웃었다. 지금 여기 옆에서 지켜보는 사람 있는가?' 잠깐 침묵하다가 할을 내지르고 말했다. '그대들 감옥에 갇혀 지혜를 기르는 지경까지 갔구나'. 九年空面壁 撫掌不回頭 笑煞傍觀 如今莫有傍觀底麽 良久 乃喝云 洎合停囚長智", 『낭야혜각어록』(고존숙어록46, 卍속장118, p.781b14)에 "임제는 누구라도 문에 들어서면 할을 내질렀지만 이렇게 거친 마음은 아니었고, 덕산 누구라도 문에 들어서면 방을 휘둘렀지만 거듭 모름지기 자세하였다. 말해 보라! 그대들에게 무엇을 자세히 해야 할까? 감옥에 갇힌 채로 지혜를 기르고, 병을 길러 목숨을 잃는 격이다. 臨濟入門便喝 且不得麤心 德山入門便棒 更須子細 且道 教汝諸人 子細箇什麽 云 停囚長智 養病喪軀", 『경덕전등록』 권9 「위산영우전 潙山靈祐傳」(대정장51, p.265b7)에 "위산이 문득 앙산에게 물었다. '그대는 봄소식을 말하기는 했지만 다 하지 못했으니 지금 한번 말해 보라' '바로 이럴 때는 결코 허둥대서는 안 됩니다' '감옥에 갇힌 채로 지혜만 기르는구나'. 師忽問仰山 汝春間有話未圓 今試道看 仰山云 正恁麽時 切忌勃塑 師云 停囚長智", 『선문염송설화』 192칙(한불전5, p.195c13)에 "장산법천(蔣山法泉)의 염 : 안타깝구나, 마곡이여! 감옥에서 갇혀 지혜를 키우는 듯이 머뭇거리지 말았어야 했다. 삼각이 '본분사에 대하여 말하자면'이라는 말을 꺼내자마자 곧바로 선상을 엎었어야 했다. 蔣山泉拈 可惜 麻谷 不合停囚長智 待伊纔道 若論此事 便與掀倒禪床"라고 하였고, 같은 책 33칙 「설화 說話」(한불전5, p.47c16)에 이 고사를 말한다. 곧 "후한(後漢) 광무제(재위 25~57)대 살았던 두독(杜篤)의 자는 계아(季雅)인데, 죄를 지어 옥에 갇혀 있던 중 대사마(大司馬) 오한(吳漢)의 죽음을 맞이했다. 광무제는 유학자들에게 조문(誄)을 지으라는 조칙을 내렸는데, 두독이 옥에서 지은 조문이 가장 뛰어났다. 광무제가 훌륭하다고 칭찬하며 상을 내리고 형벌을 풀어주었다. 스스로 벗어날 길이 있다는 이야기다. 後漢光帝時 杜篤 字季雅 有罪囚獄 會大司馬吳漢薨 光武帝詔諸儒誄之 篤獄中爲誄辭最高 帝美之 優賞贖刑 言自有出身之路也"라고 하였다. 한불전의 이 기사는 『후한서 後漢書』 권110상 「두독전」에 따라 교정하였다. 〔참고문헌〕『寶峰語錄』, 『瑯琊慧覺語錄』, 『景德傳燈錄』, 『禪門拈頌說話』. ⇨ 양병상구 養病喪軀

정수주 淨水珠 Ⓢ udaka-prasāda-maṇi. 물을 깨끗하게 하는 구슬(寶珠). 자심(慈心)이나 신심(信心)을 비유하기도 한다. 60권본 『화엄경』 권44(대정장9, p.681c10)에 "비유하자면 정수주가 어떠한 더러운 물도 깨끗하고 맑게 하는 것처럼 부처님을 뵙는 것도 이와 같으니 모든 근이 청정해진다. 譬如淨水珠 澄淸諸濁水 見佛亦如是 諸根悉淸淨", 같은 책 권49(대정장9, p.710b7)에 "보살의 정수주는 중생의 마음바다에서 번뇌와 더러움을 없앤다. 菩薩淨水珠 滅衆生心海煩惱垢濁", 『대장엄법문경』 권상(대정장17, p.828a27)에 "만약 보살들이 번뇌로 해를 입는다면 보살이라고 부르지 않는다. 문수사리여! 마치 정수주를 더러운 물에 던지면 물은 청정해지지만 그 구슬은 더러운 물에 오염되지 않는 것과 같다. 若諸菩薩而爲煩惱之所害者 不名菩薩 文殊師利 如淨水珠投之濁水 水則淸淨 而不爲彼濁水所汚", 『대지도론』 권20(대정장25, p.209a13)에 "자상응심이란, 자란 마음으로 헤아릴 수 있는 법을 말하니 분노·원한·인색함·탐욕 등의 번뇌와 같은 마음 속 더러움을 없앨 수 있다. 비유하자면 정수주가 더러운 물에 닿으면 물이 청정해지는 것과 같다. 慈相應心者 慈名心數法 能除心中憒濁 所謂瞋恨慳貪等煩惱 譬如淨水珠著濁水中 水卽淸"라고 하였다. 〔참고문헌〕『華嚴經』, 『大莊嚴法門經』, 『大智度論』, *Gaṇḍ-vy.397.* ⇨ 보주 寶珠

정수중간 正受中間 정(定)에 온전히 들어가지 못한 중간 단계의 정수. 근분정(近分定)의 구역. 근본선(根本禪 : 根本定)에 대칭한다. 『잡아비담심론』 권7(대정장28, p.930c12)에 "(게송에서) '정수중간'이라고 했는데, 정수중간이란 방편도를 말한다. 이를테면 하지의 번뇌는 끊었지만 하지의 욕은 여의지 못한 데까지이니 근본정수를 얻진 못했다. 正受中間者 正受中間名方便道 謂斷下地煩惱 乃至未離下地欲 不得根本正受", 『아비담심론경』 권5(대정장28, p.859c5)에 "〔문〕 일체세속은 번뇌를 끊을 수 없는가? 〔답〕 세속으로서 번뇌를 끊는 경우가 있다. 〔문〕 무엇이 그것인가? 〔답〕 정수중간이 그것이다. 이를테면 미래선(未來禪 : 未至定)은 아직 근본선(根本禪)을 얻지 못한 것이다. 방편을 써서 하지의 욕을 여읠 수 있다고까지 한다면, 그것은 초선의 미래의 유루와 무루, 그리고 그 밖의 오로지 유루인 것을 여의는 데까지 이르는 것이니, 이는 근본선과 무색의 정수라 할 수 있다. 이러한 의미에서 '세속은 번뇌를 끊을 수 없다'라고 한 것이다. 問曰 一切世俗不能斷煩惱耶 答曰 有世俗能斷煩惱 問曰 何者是 答曰 正受中間者 謂未來禪 猶未得根本禪 若作方便得離下地欲 彼初禪未來有漏無漏餘未來一向有漏 爲根本禪無色正受 是故說世俗不斷煩惱"라고 하였다. 〔참고문헌〕『雜阿毘曇心論』, 『阿毘曇心論經』. ⇨ 근분정 近分定, 근본정 根本定

정숙 淨肅 원대 조동종(曹洞宗) 스님. 호는 족암(足庵), 속성은 장(張)씨. 보정영평(保定永平 : 河北省) 출신. 향산명(香山明)을 은사로 하여 출가하였다. 그 뒤

운봉형(雲峰亨)을 시작으로 하여 여러 선문의 선지식에게 법을 물었지만 인연이 닿지 않다가 마침내 설정복유(雪庭福裕 1203~1275)에게서 인가를 받았다. 그 다음에 동산미(東山微)·구봉신(九峰信)을 친견하고 구봉신에게서 법석을 맡아달라는 부탁을 받았지만 고사하였다. 또한 대만수사(大萬壽寺)에 주석하였고, 이어서 하남성(河南省) 숭산소림사(嵩山少林寺)와 산동성(山東省) 태산영암사(泰山靈巖寺)로 옮겼으며, 나중에 향산에 물러나 있었다. 60세에 입적하였다. 「영암사숙공도행비 靈巖寺肅公道行碑」에 행장이 전한다. 〔참고문헌〕『五燈全書』 권61(卍속장141, p.306b4), 『續燈存稿』 권11(卍속장145, p.259b18).

정순왕후 定順王后 1440~1521. 조선 제6대 단종(端宗 재위 1452~1455)의 비(妃). 성은 송(宋)씨, 본관은 여산(礪山). 판돈녕부사(判敦寧府事) 현수(玹壽)의 딸이다. 1457년(세조3) 사육신(死六臣) 사건으로 단종이 노산군(魯山君)으로 폐위되자 왕후도 따라서 부인(夫人)으로 강등(降等)되었다. 단종은 바로 그 해 10월 24일 영월(寧越) 유배 중 사망하였으며, 왕비는 정업원(淨業院 : 一名 青龍寺)에서 비구니가 되었으니 법명을 허경(虛鏡)이라 하였고, 따르던 시녀 세 명도 함께 비구니가 되었으니 법명이 희안(希安)·지심(智心)·계지(戒智)였다. 17세에서부터 1521년(중종16) 6월 4일, 82세로 죽을 때까지 65년간 정업원에서 살았다. 1698년(숙종24) 노산이 단종으로 추복(追復)되자 정순왕후로 복위(復位)되고, 그 신위(神位)도 창경궁으로 옮겨졌다. 1771년(영조47) 9월 6일 영조(英祖)가 어명으로 청룡사에 '정업원구기 淨業院舊基'라는 비문과 '전봉후암어천만년 前峰後岩於千萬年'이라는 비각 현판의 어필(御筆)을 내려, 비석과 비각을 세우게 했다. 능호는 사릉(思陵)이니, 경기도 남양주시 진건읍 사릉리에 있다. 〔참고문헌〕『端宗實錄』, 『肅宗實錄』, 『莊陵志』, 『璿源系譜』, 『燃藜室記述』, 『知退堂集』, 『朝鮮佛教通史』 권상 pp.397~401, 『青龍寺誌』 pp.13~15. ⇨ 정업원 淨業院, 청룡사 青龍寺 ❶

정순해탈 正順解脫 바르게 수순해 해탈하다. 계(戒)인 바라제목차의 뜻이다. 『유교경론』(대정장26, p.284c10)에 "경에서 말씀하시길, 이것은 곧 지계상을 간략히 말한 것이다. 계란 정순해탈의 근본이다. 그러므로 바라제목차라고 한다. 이 계에 의지하여 모든 선정과 괴로움을 멸하는 지혜가 생겨난다. 〔논〕 계를 따르는 것이 계상이기에 자세히 설명할 수 없어 간략히 말했으니, 경에서 '이것은 곧 지계상을 간략히 말한 것이다'라고 한 것임을 알아야 한다. '계는 정순'이라고 한 말은 종계의 뜻을 나타낸 것이다. … 계는 해탈의 체이므로 능히 바르게 제도하기 때문이다. 경에서 '그러므로 바라제목차라고 한다' 한 것과 같다. 이것은 신구의의 악을 제도하여 저 피안을 성취함을 드러내 보이는 것이니, 삼업을 해탈하기 때문이다. 經曰 此則略說 持戒之相 戒是正順解脫之本 故名波羅提木叉 依因此戒 得生諸禪定 及滅苦智慧 論曰 從戒 是戒相故 不可廣說 顯示略說 應知 如經 此則略說 持戒之相故 戒是正順者 此言示現 從戒義故 … 戒是解脫體 能正度故 如經 故名波羅提木叉故 此言示現能度身口意惡 彼岸成就 三業解脫故", 『불유교경론소절요』(대정장40, p.848a7)에 "계란 정순해탈의 근본이다. 그러므로 바라제목차라고 한다. '계는 정순'이라 하였으니, 정으로 사를 가리고 순해 뜻을 어기지 않으니, 곧 생사의 흐름을 거스르고 열반의 흐름을 수순하는 것이다. '해탈의 근본'이라 한 것은 유여해탈과 무여해탈의 두 가지 해탈이 계를 기본으로 하기에 그것의 근본이라고 한다. 戒是正順解脫之本 故名波羅提木叉 戒是正順者 正以揀邪 順不違理 則是逆生死流 順涅槃流也 解脫之本者 有餘無餘 二種解脫 以戒爲基 故云爲之本"라고 하였다. 〔참고문헌〕『遺教經論』, 『佛遺教經論疏節要』. ⇨ 바라제목차 波羅提木叉, 계 戒, 해탈 解脫

정숭 靖嵩 537~614. 수대 스님. 하북성(涿郡) 고안(固安 : 廊坊市) 출신. 속성은 장(張)씨. 나이 열다섯에 출가하여 업도(鄴都 : 河北省 臨漳縣)의 융지(融智) 문하에서 『열반경 涅槃經』과 『십지경론 十地經論』을 배운 다음 『사분율 四分律』·『잡아비담심론 雜阿毘曇心論』·『성실론 成實論』 등을 공부하였다. 북제(北齊) 낭야왕(琅琊王)의 귀의를 받기도 하였다. 북주(北周) 무제(武帝)의 파불(破佛)이 단행되었을 때 피하여 강남(江南)에서 강설하며 지내던 여가에 법태(法泰)에게 가서 『섭대승론 攝大乘論』을 배웠다. 개황년간(581~600)에 팽성(彭城 : 江蘇省 徐州市) 숭성사(崇聖寺)에 주석하며 『섭대승론』을 널리 알렸다. 저서에 『섭대승론소 攝大乘論疏』 6권·『잡아비담심론소 雜阿毘曇心論疏』 5권을 비롯하여 구식(九識)·삼장(三藏)·삼취계(三聚戒)·이생사(二生死) 등을 주제로 한 논저를 다수 남겼다. 614년(대업10) 세수 78세로 입적하였다. 〔참고문헌〕『唐高僧傳』 권10(대정장50, p.501b6), 『新修科分六學僧傳』 권19(卍속장133, p.764a12).

정습 正習 정사(正使)와 습기(習氣). 번뇌와 그 습기를 말한다. 『화엄경소초』 권81(대정장36, p.633b8)에 "일체 남김없이 다하였다는 것은 번뇌의 정사와 습기, 그리고 분단생사와 변역생사가 모두 다했다는 뜻이다. 一切餘盡者 是煩惱正習分段變易皆盡", 『관무량수불경소』 권2(대정장37, p.257c12)에 "세존께서는 오랜 세월 동안 도를 행하시어 정사와 습기를 모두 잊고서 온갖 지혜 온통 밝으시고 과도 원만하여 부처님이라 부른다. 世尊曠劫行道 正習俱亡 衆智朗然 果圓號佛"라고 하였다. 〔참고문헌〕『華嚴經疏鈔』, 『觀無量壽佛經疏』. ⇨정사 正使, 습기 習氣, 번뇌 煩惱

정승 正乘 진실한 가르침. 진실에로 인도하고자 임시로 시설한 방편승(方便乘)에 상대한다. 『법화현론』 권4(대정장34, p.392b2)에 "〔문〕 공과 유의 두 가지 지혜는 무엇이 바른 교승인가? 〔답〕 옛 해석에 두 가지가 있다. 하나는 공에 대한 이해를 정승으로 삼고, 유에 대한 이해를 이에 따르는 것으로 삼는다. 問 空有二慧 何者正是乘耶 答 舊有二釋 一云空解爲正乘有解爲相從"라고 하였다. 〔참고문헌〕『法華玄論』. ⇨정승방편승 正乘方便乘, 방편승 方便乘

정승 淨僧 계를 구족히 하고 수행하는 무리. 사종승(四種僧) 중 하나다. 『대방광십륜경』 권5(대정장13, p.703a26)에 "어떤 이를 정승이라고 하는가? 바라제목차를 수지하여 계를 구족히 한 이가 율대로 수행하여 위의를 범하지 않으면 이를 정승이라고 한다. 云何名爲淨僧 諸有能持波羅提木叉 具足戒者 如律修行 威儀不犯 是名淨僧", 『치문경훈』 권4(대정장48, p.1061b24)에 "삼승정승이 갖추어야 할 세 가지 혜〈문·사·수의 지혜〉가 바로 보살도다. 큰 서원의 갑옷을 입고, 정진의 말을 북돋으며, 인욕의 활을 잡고, 지혜의 화살을 쏘아, 번뇌의 도적을 죽이고, 곧은 마음과 깊은 마음으로 끝내 위없는 제일인 평등정도에 나아간다. 三乘淨僧 所有三慧〈聞思修也〉 是菩薩道 披弘誓鎧 策精進馬 執忍辱弓 放智慧箭 殺煩惱賊 直心深心 決定正趣 無上第一 平等正道"라고 하였다. 〔참고문헌〕『大方廣十輪經』, 『緇門警訓』. ⇨세속승 世俗僧, 사종승 四種僧 **2**

정승방편승 正乘方便乘 곧바로 오르거나 방편으로 배움. 교판을 세워 중심이 되면 정승이고 나머지는 방편승이다. 『섭대승론석』 권15(대정장31, p.264c24)에 "승에는 인과 법이 있으니, 인에 대승인이 있고 소승인이 있다. 법에는 방편승법이 있고 정승법이 있다. 방편승을 굴려서 정승을 닦고 다스리기에 구제승이라고 한다. 乘有人法 人有大乘人有小乘人 法有方便乘法有正乘法 轉方便乘修治正乘故 名救濟乘", 『화엄공목장』 권1(대정장45, p.538a10)에 "또 일승의 뜻은 분별하면 두 가지가 있다. 첫째는 정승이고, 둘째는 방편승이다. … 불보는 일승법이고 승보는 삼승법이다. … 멸제는 일승이고 삼제는 삼승이다. 又一乘義者 分別有二 一者 正乘 二者 方便乘 … 佛寶是一乘法 僧是三乘 … 滅諦是一乘 三諦是三乘", 『일승불성구경론』 권1(卍속장95, p.742a15)에 "구경으로 대보리과를 증득한다면 이는 정승 등이고, 이승에 의해 구할 수 있다면 그 나머지는 방편승이라 이름한다. 이 말은 불승은 구경이고 이승은 방편이라는 것이다. 究竟證得大菩提果 此是正乘等 如其所求 爲說餘乘名方便乘 此卽佛乘是究竟 二乘爲方便"라고 하였다. 〔참고문헌〕『攝大乘論釋』, 『華嚴孔目章』, 『一乘佛性究竟論』. ⇨정승 正乘, 방편승 方便乘, 동별이교 同別二敎, 별교일승 別敎一乘, 동교일승 同敎一乘

정승해 正勝解 **1** 바르고 뛰어난 이해. 세간법을 벗어날 수 있는 유루와 무루의 바르고 뛰어난 지혜를 말한다. 정해탈(正解脫)·정승해(淨勝解)라고도 한다. 사승해(邪勝解)의 상대어다. 『대보적경』 권101(대정장11, p.567c18)에 "저 세간이란 오온을 말한다. 이 오온 중에서 색은 물방울의 성이고, 수는 물거품의 성이며, 상은 아지랑이의 성이고, 행은 파초의 성이며, 식은 허깨비의 성이다. 이와 같이 세간의 본성은 물방울이고 물거품이며, 아지랑이고 파초이며 허깨비와 같음을 알아야 한다. 이 중에는 온이 없고 온이라는 명자도 없으며, 중생도 없고 중생이라는 명자도 없으며, 세간도 없어서 세간을 초월한다. 오온에 대하여 이와 같이 바르게 알면 이것을 승해라고 한다. 정승해하면 본래해탈이고, 본래해탈이면 세간법에 집착하지 않아서 세간법에 집착하지 않은 즉시 세간을 초월한다. 夫世間者 名爲五蘊 於此蘊中 色聚沫性 受水泡性 想陽焰性 行芭蕉性 識幻性 如是當知 世間本性 聚沫 陽焰 泡 幻 芭蕉 是中無蘊 無蘊名字 無衆生 無衆生名字 無世間 超過世間 若於五蘊 如是正知 名爲勝解 若正勝解 則本來解脫 若本來解脫 則不著世法 若不著世法 則超過世間", 『대비바사론』 권101(대정장27, p.524c11)에 "일체법중에 오직 두 가지 법이 있을 뿐이니 해탈자성이다. 즉 무위법 중 택멸이 해탈자성이며, 유위법 중 대지법으로 거두는 승해가 해탈자성이다. 이 승해에 두 가지가 있다. 첫째 염오다. 즉 탐 등과 상응하는 것이니 사승해라 하고, 둘째 불염오이니 즉 무탐 등과 상응하는 것이어서 정승해라고 한다. 이 정승해는 다시 두 가지다. 첫째는 유루이니 즉 부정관·지식념·사무량·팔해탈·팔승처·십변처 등과 상응하는 승해며, 둘째는 무루이니 즉 학과 무학의 승해다. 학승해란 즉 사향삼과로 거두는 승해이니, 곧 고법지인 나아가 금강유정과 상응하는 승해다. 무학승해란 즉 아라한과로 거두는 승해니, 곧 진지와 무생지와 무학정견과 상응하는 승해다. 一切法中 唯有二法 是解脫自性 謂無爲法中擇滅是解脫自性 有爲法中 大地法所攝勝解是解脫自性 此勝解有二種 一 染汚 謂貪等相應 名邪勝解 二 不染汚 謂無貪等相應 名正勝解 此正勝解 復有二種 一 有漏 謂不淨觀 持息念 無量 解脫 勝處 遍處等相應勝解 二 無漏 謂學 無學勝解 學勝解者 謂四向三果 所攝勝解 卽苦法智忍乃至 金剛喩定相應勝解 無學勝解者 謂阿羅漢果 所攝勝

解 卽盡 無生智 無學正見相應勝解", 『순정리론』 권72(대정장29, p.731b22)에 "증상만과 상응하는 사승해를 사해탈이라고 하지만, 이것이 그대로 증상만의 오염심이라고 할 수 없는 것처럼, 이와 마찬가지로 이 증상만을 여읜 것과 상응하는 정승해를 정해탈이라고 하지만, 이것이 곧 증상만을 여의어 얻은 정심이라고 할 수 없다. 如增上慢相應邪勝解 名邪解脫 不可說此卽增上慢所染汚心 如是離此慢相應正勝解 名正解脫 不可說此卽是離慢所得淨心"라고 하였다. [참고문헌] 『大寶積經』, 『大毘婆沙論』, 『順正理論』. ⇨ 사승해 邪勝解 ❷ 현재 일어나 움직이는 승해(勝解). 심승해(心勝解)라고도 한다. 『품류족론』 권3(대정장26, p.700b4)에 "사승해란 어떤 것인가? 염오작의와 상응하는 마음의 현재승해・과거승해・미래승해를 사승해라고 한다. 邪勝解云何 謂染汚作意相應心 正勝解 已勝解 當勝解 是名邪勝解"라고 하였다. [참고문헌] 『品類足論』, 『大毘婆沙論』 권101(대정장27, p.524c8). ⇨ 승해 勝解❶

정시 *淨施* ❶ Ⓢ viśuddha-dāna, Ⓣ rnam-par-dag-pa'i-sbyin-pa. 깨끗한 베풂. 이종보시(二種布施) 중 하나로 오직 중생을 위하고 무상보리만을 위해 보시하는 뜻이다. 부정시(不淨施)에 대칭한다. 『대지도론』 권11(대정장25, p.141a8)에 "또한 도를 위하기에 보시한다. 청정한 마음이 생겨나 모든 번뇌가 없으며, 금생과 후생의 과보도 구하지 않고 공경하고 연민하기 때문이니, 이것이야말로 정시다. 정시는 열반의 길로 나아가는 자량이기에 '도를 위하기에 베푼다' 한 것이다. … 정시란 마치 꽃으로 된 영락은 처음 만들 때부터 만들어져 부서지지 않아 향기롭고 정결하며 선명한 것과 같다. 열반을 위한 정시로 과보의 향기를 얻는 일도 이와 같다. 復次 爲道故施 淸淨心生 無諸結使 不求今世後世報 恭敬憐愍故 是爲淨施 淨施是趣涅槃道之資糧 是故言爲道故施 … 淨施者 如華瓔珞 初成未壞 香潔鮮明 爲涅槃淨施 得果報香 亦復如是", 같은 책 권29(대정장25, p.272c14)에 "정시는 어지러운 일 없이 다만 정심으로 인연과 보를 믿고 받는 이를 공경하고 연민한다 한 것은, 금세의 이익을 구하지 않고 다만 후세공덕만을 위하는 것이다. 또 어떤 정시는 후세이익도 구하지 않고 다만 마음을 닦음으로써 열반을 돕고 구하는 것이다. 또 어떤 정시는 대비심을 일으켜 중생을 위할 뿐, 자신의 이익을 위해 서둘러 열반을 구하지 않고 다만 아누다라삼막삼보리를 구할 뿐이니, 이를 정시라 한다. 淨施者 無是雜事 但以淨心信因緣果報 敬愍受者 不求今利 但爲後世功德 復有淨施 不求後世利益 但以修心助求涅槃 復有淨施 生大悲心 爲衆生故 不求自利早得涅槃 但爲阿耨多羅三藐三菩提 是名淨施"라고 하였다. [참고문헌] 『大智度論』, *Bodh-bh.93*. ⇨ 이종보시 二種布施❷, 부정시 不淨施, 보시 布施 ❷ Ⓢ vikalpa, Ⓟ vikappanā, Ⓣ bsngos-pa. 삼의일발(三衣一鉢)을 넘어서 시주물을 받는 경우 다른 비구에게 시여하거나 법에 맞게 조치하는 것을 말한다. 비구를 탐욕심으로부터 방호하고, 계를 버리지 않으며, 세간의 사물들을 바르게 보살피고 유지하는 뜻에서 제정하였다. 정시사(淨施捨)・정사(淨捨)・설정(說淨)이라고도 한다. '정'이란 비구의 탐욕을 청정히 하는 것, 계에 어긋나지 않게 여법히 하는 뜻이다. 예컨대 비구는 삼의(三衣) 이외의 옷을 10일 이상 소지할 수 없는데, 어떤 비구가 삼의 이외에 여벌의 옷을 받았을 경우, 10일이 지나기 전에 그 장의(長衣 Ⓢ atireka-cīvara)를 다른 비구에게 위탁(보시)해 두었다가 가사를 잃어 버렸거나 낡아서 필요한 때에 사용할 수 있게 하는 것을 말한다. 이때 장의를 소지한 비구는 상대방에게 '정시를 위해 준다'고 말하기에 설정(說淨)이라고도 한다. 정시를 행하는 방식에 따라 진실정시(眞實淨施 Ⓟ sammukhā-vikappanā)와 전전정시(展轉淨施 Ⓟ parammukhā-vikappanā)로 구별한다. 첫째 진실정시는 대면정시(對面淨施)라고도 하는데, 물건을 소지한 비구가 위탁할 비구와 직접 대면하여 물건을 바로 위탁하는 것이다. 이 경우 나중에 이 물건을 사용할 때는 위탁한 비구의 허락을 받아야 한다. 이를 어기면 구십바일제 중 제59진실정불어취계(眞實淨不語取戒 : 위탁했던 옷을 정시자에게 말하지 않고 가져다 입지 마라)를 범하는 것이다. 위탁하는 비구를 시주(施主), 위탁의 대상이 되는 비구를 정시자(淨施者)라고 한다. 둘째 전전정시(展轉淨施)는 물건을 소지한 비구가 다른 비구를 대면하고서 또 다른 제3자인 비구에게 물건을 위탁하겠다고 말하는 것이다. 이 경우는 필요할 때 상대방의 허락을 받지 않고도 사용할 수 있다. 양자 모두 정시가 성립하려면 시여의 주체와 대상 외에도 공증인 역할을 하는 제3자의 관여가 필요하다. 『사분율』 권16(대정장22, p.676b2 : *Vin.4*, p.122)에 "가사를 시여하려면 가사를 정시해야 한다. 정시의에 두 가지가 있다. 첫째는 진실정시이고, 둘째는 전전정시이다. 與衣者 淨施衣 淨施衣有二種 一者 眞實淨施 二者 展轉淨施 vikappanaṃ nāma dve vikappanā sammukhā-vikappanā ca parammukhā-vikappanā ca", 『사분율비구계본』(대정장22, p.1017a22)에 "비구여! 옷을 이미 마련하여 가치나의(Ⓟ kaṭhina)마저 이미 만들었다면, 보관해둔 가사가 10일까지는 정시하지 않고도 지닐 수 있지만, 10일이 지나면 니살기바일제(Ⓟ nissaggiyaṃ pācittiya)다. 若比丘 衣已竟 迦絺那衣已出 畜長衣經十日 不淨施得畜 若過十日 尼薩耆波逸提"라고 하였다. [참고문헌] 『四分律』, 『四分律比丘戒本』, 『五分律』 권4(대정장22, p.23c9), 『彌沙塞羯磨本』(대정장22, p.221b7) 『摩訶僧祇律』 권19(대정장22, p.379a21), 『四分律行事鈔』 권중(대정장40, p.65b3)・권하(대정장40, p.110c4), *Vin.*, *Bodh-bh.89.* ⇨ 의건도 衣犍度, 전전정시 展轉淨施, 진실정시 眞實淨施, 진실정불어취계 眞實淨不語取戒

정시법 淨施法 승가에 헌납된 돈이나 귀한 물건을 다루는 법. 비구가 직접 만져서는 안 되는 품목을 다스리는 법이다. 『살바다비니비바사』 권4(대정장23, p.527a12)에 "정시법이라 하였다. 예를 들어 돈이나 일체보물들은 우선 법도를 아는 어떤 백의의 정인을 찾아 말의 뜻을 이해하도록 해야 한다. '우리 비구법으로는 돈이나 보물을 쌓아둘 수 없으니, 지금 단월을 정주로 삼고, 후에 돈이나 보물을 얻으면 모두 단월에게 맡긴다'. 정주를 얻은 다음에 돈이나 보물을 얻으면, 모두 비구 쪽에서 깨끗하게 하여야 하는데, 정주의 이름을 말할 필요는 없다. 설정하고서는 오래건 가깝건 쌓아두며, 만약 정주가 죽거나 다른 나라로 멀리 떠나는 경우에는 정주를 다시 구해야 한다. 돈이나 보물을 제외한 모든 장재는 모두 오중들이 다 모인 곳에서 작정하되 계를 지키고 학식이 많은 유덕한 이를 찾아 시주로 삼아야 한다. 후에 물건을 얻게 되면 한 비구 쪽에서 정주의 이름을 말하고 정임을 설한다. 만약 정주가 죽거나 다른 나라로 멀리 떠나는 경우에는 정주를 다시 구해야 하지만 불견빈(不見擯)이거나 악사부제빈(惡邪不除擯)이나 여섯 가지 죄인을 제한다. 여섯 가지 죄인이란 첫째는 부처님 몸에 피를 낸 사람, 둘째는 승가의 법륜을 깨뜨린 사람과 네 가지 중죄를 범한 사람이다. 이 여섯 가지 죄 가운데 단지 한 가지만 범했을지라도 역시 정주가 될 수 없다. 淨施法者 如錢一切寶物 應先求一知法 白衣淨人 語意令解 我比丘之法 不畜錢寶 今以檀越爲淨主 後得錢寶 盡施檀越 得淨主已 後得錢寶 盡比丘邊說淨 不須說淨主名 說淨已隨久近畜 若淨主死 遠出異國 應更求淨主 除錢及寶 一切長財 盡五衆邊作淨 應求持戒 多聞有德者 而作施主 後設得物 於一比丘邊 說淨主名 而說淨法 若淨主死 遠至異國 更求淨主 除不見擯 惡邪不除擯 六罪人 一 出佛身血 二 破僧輪 幷犯四重 於六中 但犯一事 亦不得作淨主"라고 하였다. 〔참고문헌〕『薩婆多毘尼毘婆沙』.

정시사 正始寺 중국 하남성(河南省) 낙양(洛陽) 동양문(東陽門) 남쪽에 있는 절. 북위(北魏) 선무제(宣武帝)대인 507년(정시4)에 건립하기 시작하여 당시의 연호를 따서 이름을 붙였다. 『낙양가람기』 권2(대정장51, p.1007a3)에 "정시사는 백관 등이 건립한 절이다. 정시년간에 건립하여 그 연호를 따라 이름을 삼았다. 동양문 밖 어도의 남쪽인 경의리에 위치한다. 正始寺 百官等所立也 正始中立 因以爲名 在東陽門外御道南 所謂敬義里也"라고 하였다. 〔참고문헌〕『洛陽伽藍記』.

정시사구 淨施四句 베푸는 이와 받는 이의 정부정을 살피는 뜻이다. 『성유식론소의연』 권1(卍속장79, p.14a11)에 "청정한 보시의 네 구절은 무엇인가? 첫째는 베푸는 이의 정과 받는 이의 부정을 말하고, 둘째는 받는 이의 정과 베푸는 이의 부정을 말하며, 셋째는 베푸는 이와 받는 이 모두의 청정을 말하고, 넷째 베푸는 이와 받는 이 모두의 부정을 말한다. 淨施四句 一云 施者淨 受者不淨 二云 受者淨 施者不淨 三云 施受俱淨 四云 施受俱不淨"라고 하였다. 〔참고문헌〕『成唯識論疏義演』. ⇨ 사시 四施 [2], 사종시구득정보 四種施俱得淨報

정시의 淨施衣 Ⓟ cīvaraṃ vikappetvā. 청정하게 시여된 옷. 절차를 밟아 다른 이에게 넘겨준 옷으로, 법도에 어긋나지 않게 한 것을 '정'이라 한다. 『오분율』 권9(대정장22, p.69b16 : *Vin.4*, p.121)에 "만일 비구가 다른 비구나 비구니 또는 식차마나・사미・사미니에게 정시의를 주고 다시 빼앗는다면 바일제다. 若比丘 與比丘 比丘尼 式叉摩那 沙彌 沙彌尼 淨施衣 還奪 波逸提 yo pana bhikkhu bhikkhussa vā bhikkhuniyā vā sikkhamānāya vā sāmaṇerassa vā sāmaṇeriyā vā sāmaṃ cīvaraṃ vikappetvā apaccuddhārakaṃ paribhuñjeyya, pācittiyan ti", 『사분율』 권16(대정장22, p.676b14)에 "만일 비구가 진실정시의를 주인에게 말하지도 않고 취하여 입는다면 바일제다. 若比丘 眞實淨施衣 不語主而取著者 波逸提", 『중치비니사의집요』 권8(卍속장63, p.467a2)에 "준 옷이란 정시의다. 정시에는 두 가지가 있다. 하나는 진실정시다. '이것은 저의 장의로서 절차를 밟지 않은 대로 두었으나 이제 절차를 밟았으므로 장로에게 드립니다. 진실로 절차를 밟았기 때문입니다'라고 말한다. 다른 하나는 전전정시다. '이것은 저의 장의로서 절차를 밟지 않은 대로 두었으나 이제 절차를 밟았으므로 장로에게 드립니다'라고 말한다. 또 다른 이는 '장로는 들으시오! 장로에게는 이 장의가 있고 절차를 밟지 않은 대로 두었으나, 이제 저에게 시여할 절차를 밟았기에 제가 받겠습니다'라고 응답한다. 與衣者 淨施衣也 淨施有二種 一 眞實淨施 言此是我長衣 未作淨 今爲淨故 與長老 作眞實淨 二 展轉淨施 言此是我長衣 未作淨 今爲淨故 與長老 彼應語言 長老聽 長老有是長衣 未作淨 今與我 爲淨故 我便受"라고 하였다. 〔참고문헌〕『五分律』, 『四分律』, 『重治毘尼事義集要』, *Vin.* ⇨ 정시 淨施 [2], 의건도 衣犍度

정시인 淨施人 Ⓢ vaiyāvṛtya-kara, Ⓣ zhal-ta-byed-pa. 육십이종유정(六十二種有情) 중 하나. 청정하게 베푸는 사람. 〔참고문헌〕『瑜伽師地論』 권2(대정장30, p.289a7), 『成唯識論了義燈』 권1(대정장43, p.668b14), *Yogā-bh.48.* ⇨ 육십이종유정 六十二種有情

정시자전 丁侍者傳 고려 석식영암(釋息影庵) 지음. 갈고리 모양(丁)의 지팡이를 정씨(丁氏)의 시자(侍者)라고 의인화한 작품으로, 『동문선』 권101에 수록되어 있다. 입동(立冬)날 새벽에 정시자가 식영암에게 문안하고 스승으로 받들어 모시기를 청하며, 자신의 탄생과 성장과정 및 정씨 성을 가지게 된 연유와 하늘의 명을 받아 화산(花山)의 시자로 온 일을 자세히 아뢰었다. 식영암이 정시자의 덕을 칭찬하고 같은 이름의 다른 산을 잘못 찾아온 것이니 화도(華都)의 화산(華山)에서 2년째 수행 중인 암(菴) 노화상을 찾아가 그분의 시자가 되라고 보내었다. 그리고 박과 오이처럼 매어 사는 자신이 정시자보다 못하다며, 한탄하였다. 이 글의 요체는 정시자의 외모와 행실을 통하여 세상이 본받아야 할 미덕을 설명한 데 있는데, "뿔이란 무너지지 않아 장하고, 눈은 달아나지 않기에 용맹하며, 몸에 옻칠하여 은혜와 원수를 기억함은 믿음과 의로움이고, 쇠주둥이로 민첩히 묻고 답함은 지혜롭고 잘 가림이다. 일 삼아 붙들어 모시니 인과 예가 있으며, 돌아가 의지할 것을 택하니 바르고도 밝다 하겠다. 角不崩壯也 目不逃勇也 漆身以念恩讎 信也義也 鐵觜以捷問對 智也辯也 職扶侍 仁也禮也 擇歸附 正也明也"라고 하였다. 〔참고문헌〕『東文選』. ⇨ 식영암 息影庵❶, 식영암집 息影庵集

정식 正食 Ⓟ bhojanīya. 먹기에 적합한 음식. 구역 음사어는 포사니(蒲闍尼), 신역 음사어는 포선니(蒲善尼)이다. 부정식(不正食)과 대칭한다. 정식은 구역어이며 신역어는 담식(噉食)이다. 비구들이 먹은 쌀밥 등 다섯 가지를 오정식(五正食)이라 한다. 『사분율행사초』 권중(대정장40, p.81b20)에 "정식은 쌀과 보리로 지은 밥과 보릿가루이다. 正食者 米麥作飯麨"라고 하였다. 〔참고문헌〕『四分律行事鈔』, *Vin.4.83.* ⇨ 오담식 五噉食, 오정식 五正食, 반자포선니 半者蒲膳尼, 부정식 不正食❶, 오부정식 五不正食

정식 情識 분별하는 범부의 마음. 근(根)이 진(塵)을 반연하여 일으키는 분별을 말한다. 이것을 가진 뜻에서 중생을 유정(有情)이라 한다. 『금강삼매경』(대정장9, p.368b13)에 "이때 무주보살이 부처님께 말씀드렸다. '존자시여! 어떻게 지혜롭게 굴려야 중생의 일체정식을 뒤쳐 암마라에 들어가게 합니까?' 부처님께서 말씀하셨다. '모든 여래께서는 항상 한 찰나의 알아차림으로 모든 식을 뒤쳐 암마라에 들어가게 한다'. 爾時 無住菩薩而白佛言 尊者 以何利轉 而轉衆生一切情識 入庵摩羅 佛言 諸佛如來 常以一覺而轉諸識 入庵摩羅", 원효(元曉)의 『금강삼매경론』 권중(대정장34, p.978a6 · 한불전1, p.630c14)에 "일체정식은 곧 팔식이다. 암마라란 제9식이다. 一切情識卽是八識 唵摩羅者 是第九識", 60권본 『화엄경』 권10(대정장9, p.464c29)에 "비유하자면 여섯 가지 정식이 서로 각각 작용하여 같지 않은 것처럼, 어리석음과 지혜 역시 그러하여 결코 화합하지 못한다. 譬如六情識 迭用互不同 愚智亦如是 究竟不和合", 『대지도론』 권31(대정장25, p.292a16)에 "안을 인으로 하고 색을 연하여 안식이 일어난다. 만약 반연함을 떠난다면 식은 얻을 수 없다. 나머지 정식 역시 이와 같다. 因眼緣色生眼識 若離所緣 識不可得 餘情識亦如是", 『승만보굴』 권상(대정장37, p.15a15)에 "세간과 함께 겨룰 것이 없다는 것은 더불어 나란한 것이 없다는 뜻이다. 그러므로 무등이라 하였다. 견줄 것이 없으므로 무비라 한 것이다. 정식 밖으로 벗어났으므로 생각할 수도 없다 하였고, 언설의 경계를 초월하였으므로 말할 수 없다고도 한 것이다. 世間無與等者 無物與之齊 故言無等 無物可比 故言無比 出情識之外 故言不思 超言說之境 稱爲不議", 『능가경주해』 권3(대정장39, p.399b16)에 "비록 저 세론이 백천 가지나 있지만 그것이 끝에 돌아가는 것은 정식을 벗어나지 못하니, 어찌 지극한 도가 있음을 알겠는가? 雖彼世論乃有百千 極其宗趣不離情識 豈知有至道哉", 『성유식론술기』 권1(대정장43, p.233c29)에 "범어 살타(Ⓢ sattva)는 유정이라 한역한다. 정식이 있기 때문이다. 오늘날 말하는 중생에게는 정식이 있기에 유정이라 한다. 梵云 薩埵 此言有情 有情識故 今談衆生 有此情識 故名有情", 『법계차제초문』 권상(대정장46, p.666a22)에 "외육입이란, 이러한 여섯 법이 서로 트였으므로 밖에 속하여 식이 이리저리 움직인 것이므로 입이라 한다. 또한 진이라고도 한다. 진은 염오의 뜻인데 능히 정식을 염오시키기 때문이다. 그러므로 통하여 진이라고 한다. 外六入者 此六法疎故屬外 識所遊涉 故名爲入 亦名塵者 塵以染汚爲義 以能染汚情識 故通名爲塵也", 『원오어록』 권2(대정장47, p.719c17)에 "만약 정식을 갖고 알음알이를 논한다면 이는 귀 속의 모래나 눈 속의 공화와 같다. 그러므로 견문각지가 바로 법이라 하지만 법은 견문각지를 떠난다고 하였다. 불법승에 집착하지 않고 구하되 불러도 돌아보지 않고, 함정에 빠지지 않으면서 다시 방할로 서로 달리고 비추고 씀을 함께 하니 비로소 향상의 한 길 얻었다 한다. 若存情識論知解 耳裏塵沙眼內華 所以道 見聞覺知是法 法離見聞覺知 不著佛法僧求 呼喚不回 籠羅不住 更須知棒喝交馳 照用同時 向上一竅 始得", 『대혜어록』 권19(대정장47, p.891a22)에 "대개 경이나 고덕이 입도한 인연을 보고서도 마음이 아직 명료하지 못하다면, 답답하고 아무런 맛도 없어 마치 쇠막대기를 입에 문 듯함이라도 알아차릴 수 있다면 바로 이 때가 힘 얻기 좋을 때다. 무엇보다 놓아 버려서는 안 된다. 의식이 행하지 않고 생각도 미치지 못하는 경계이니 분별을 끊고 논리의 길마저 사라진 자리다. 평소 도리를 설명하고 분별할 수 있는 자리는 모조리 정식에 치우친 일일 뿐이니, 종종 적을 자식으로 오인하는 경우가 많음을 몰라서는 안 된다. 凡看經教及古德入道因緣 心未明了 覺得迷悶沒滋味 如咬鐵橛相似 時正好著力 第一不得放捨 乃是意識不行 思想不到 絶分別滅理路處 尋常可以說得道理 分別得行處 盡是情識邊事 往往多認賊爲子 不可不知也"라고 하였다. 〔참고문헌〕『金剛三昧經』, 『金剛三昧經論』, 『華嚴經』, 『大智度論』, 『勝鬘寶窟』, 『楞伽經註解』, 『成唯識論述記』, 『法界次第初門』, 『圜悟語錄』, 『大慧語錄』. ⇨ 유정 有情

정식 淨食 Ⓟ kappiyaṃ āhāram. 청정한 음식. 부처님께서 제정하신 법에 따라 먹을 수 있는 음식. '정'이란 음식재료를 법도에 따라 깨끗이 하는 뜻이다. 씨 그대로 껍질 그대로 먹어서는 안 되는 등으로 모든 유정을 이익케 하는 뜻에서 행하는 법이다. 반드시 불에 익혀야 하며(火淨), 칼 등으로 껍질을 다듬거나 씨앗을 발라낸 다음 먹도록 한 법(刀淨)이다. 부정식(不淨食)과 대칭한다. 『마하승기율』 권31(대정장22, p.478b19)에 "씨째로 먹고자 한다면 불로 익한 뒤에 먹도록 허용한다. 만약 껍질은 벗겼지만 불에 익히지 않고 씨를 먹는다면 바일제이다. 만약 불로 익혔다면 껍질을 벗기지 않았더라도 껍질과 씨를 다 먹어도 된다. 만약 불로 익히지도 않고 껍질을 벗기지도 않고 먹는다면 하나는 바일제이고 하나는 월비니이다. 두 가지 모두 한다면 죄가 없다. 若欲食核者 火淨已聽食 若皮淨 不火淨食核者 波夜提 若火淨 不皮淨 皮核俱得食 若不火淨 不皮淨食者 一 波夜提 一 越毘尼 若俱作無罪", 『십송율』 권59(대정장23, p.445a28)에 "한 비구가 '어떤 비구가 정식을 받아 의심을 품고 먹으면서 「이 음식은 법에 맞게 깨끗한가, 깨끗하지 않은가?」라고 생각한다면 무슨 죄가 되는지요?'라고 묻자 부처님께서 '돌길라다'라고 대답하셨다. 問 比丘得淨食 以疑心噉 作是念 此食爲淨 爲不淨 得何罪耶 佛言 得突吉羅", 같은 책 권61(대정장23, p.459b22)에 "비구의 정식 속에 부정식이 섞여 있어서 비구들이 어떻게 할 방법을 몰라 부처님께 여쭙자 말씀하셨다. '부정을 덜어내고 나머지를 먹는다'. 比丘淨食中 著不淨食 諸比丘 不知當云何 便白佛 佛言 不淨除却 餘殘應食", 『정법염처경』 권18(대정장17, p.103c21)에 "이들 중생은 사람으로 살던 과거세에 선한 사람들과 출가인의 처소에서 그들의 정식을 더럽히면서 항상 희롱하고 다투었다. 이렇게 탐욕에 물든 마음이 인연이 되어 죽고 나서 축생의 세계에 떨어진 다음 여우와 개의 몸으로 태어나 서로 미워하고 질투한다. 此衆生 於人中時 於諸善人 出家人所 汚其淨食 常戲鬪諍 貪心因緣 身壞命終 墮畜生中 受於野干狐狗之身 互相憎嫉"라고 하였다. 〔참고문헌〕『摩訶僧祇律』, 『十誦律』, 『正法念處經』, *MN.1.371.* ⇨ 오종작정 五種作淨, 정법 淨法❶, 부정식 不淨食❶

정식 淨識 ❶ 제8아뢰야식(阿賴耶識)의 정분(淨分). 전식득지(轉識得智 : 轉依) 이후 대원경지(大圓鏡智)와 상응하는 평등성지심품으로서 상속집지위(相續執持位)인 아다나식(阿陀那識 Ⓢ ādāna-vijñāna : 執持識)의 정분을 말한다. 『불지경론』 권4(대정장26, p.311a26)에 "대원경지와 상응하는 정식에는 두 가지 용이 있다. 첫째는 인연의 용으로서 정식 중에는 온갖 신체와 국토를 변현하고 지를 낳을 수 있는 청정법의 종자가 갖추어져 있어, 외연을 만나면 바로 신토경계의 종종 영상을 변현하고 또 평등성지 등과 상응하는 심품의 다양한 행상을 낳을 수 있다. 둘째는 증상연의 용으로서 부처님의 정식은 선근원력이 낳은 것이어서, 만약 중생들이 스스로 인연만 갖춘다면 이때 정식이 문득 도움이 되어 그 인연이 장애 없이 생장하여 성만해진다. 따라서 대원경지의 체 비록 하나여도 제법의 영상을 능히 나투고 능히 내되, 외연을 기다려서이지 돌연 현기하는 것은 아니다. 大圓鏡智相應淨識 有二種用 一 因緣用 謂淨識中具有 一切能現能生身土境智淨法種子 若遇外緣 卽便變現身土境界種種影像 及能生起平等智等相應心品行相差別 二 增上緣用 謂佛淨識 善根願力 所生起故 若諸衆生 自因緣具 爾時淨識 卽便資助 令得無障 生長成滿 是故鏡智 體雖是一 能現能生 諸法影像 待外緣故 非頓現起", 『성유식론』 권10(대정장31, p.56c13)에 "평등성지상응심품에 대해 어떤 뜻에서는 '다만 제8의 정식을 연한다. 마치 염오의 제7식이 장식을 반연하는 경우와 같다' 하고, 어떤 곳에서는 '다만 진여를 반연해 경으로 삼는다. 일체법평등성을 연하기 때문이다'라 하고, 어떤 곳에서는 '진여와 세속을 모두 경계로 삼는다'고 한다. 平等性智相應心品 有義 但緣第八淨識 如染第七緣藏識故 有義 但緣眞如爲境 緣一切法平等性故 有義 遍緣眞俗爲境", 같은 책 권10(대정장31, p.58c1)에 "대원경지와 상응하는 정식은 과거에 닦은 자리무루이고, 순정한 불국토의 인연이 성숙함을 말미암음이며, 처음 부처님이 되었을 때부터 미래세가 다할 때까지 상속해서 순정한 불토를 변현한다. 두루하고 원만하여 한계가 없으며 온갖 보배로 장엄하니, 자수용신이 항상 의지하고 머문다. 謂圓鏡智相應淨識 由昔所修自利無漏 純淨佛土因緣成熟 從初成佛盡未來際相續 變爲純淨佛土 周圓無際 衆寶莊嚴 自受用身 常依而住", 『성유식론술기』 권7(대정장43, p.475c1)에 "'근본식'이란 아다나식이니 염정식과 더불어 의지가 되기 때문이다. '정'이란 무루이다. (아다나식은) 이승위와 보살위 등까지 존속한다. 根本識者 阿陀那識 以與染淨識爲依故 淨卽無漏 至二乘菩薩等位通故"라고 하였다. 〔참고문헌〕『佛地經論』, 『成唯識論』, 『成唯識論述記』. ⇨ 정분의타기성 淨分依他起性, 아뢰야식 阿賴耶識, 집지식 執持識 ❷ 아마라식(阿摩羅識 Ⓢ amala-vijñāna)의 다른 이름. 진제(眞諦)는 제8아뢰야식(阿賴耶識)과는 별도의 체(體)를 가진 청정하고 물들지 않은(無垢) 제9식을 설정하고, 전의(轉依) 이전에도 식(識)의 정분(淨分)에 상당하는 아마라식이 이미 존재한다고 주장한다. 암마라식(庵摩羅識)·무구식(無垢識)·구식(九識)·진여식(眞如識)·여래식(如來識)·순정식(純淨識)·백정식(白淨識)이라고도 한다. 『삼무성론』 권1(대정장31, p.872a14)에 "아마라식은 어지러운 식을 보내버렸기에 구경에는 오직 정식일 뿐이다. 阿摩羅識 遣於亂識故 究竟唯一淨識也", 『대승의장』 권3(대정장44, p.524c18)에 "아리야(阿梨耶 Ⓢ ālaya)를 그대로 바르게 뒤치면 무몰이다. … 이 이름을 달리 하면 여덟 가지가 있는데 … 네 번째 이름은 정식으로서 또한 무구식이라고도 한다. 그 체가 물들지 않았기 때문이다. 따라서 『승만경』에서는 '자성정심'이라고 하였다. 阿梨耶者 此方正翻名爲無沒 … 名別有八 … 四名淨識 亦名無垢識 體不染故 故經說爲自性淨心", 『종경록』 권56(대정장48, p.738a15)에 "진제삼장에 따르면 이 부처님의 정식을 제9식이라고도 하고 아마라식이라도 부른다. 대당삼장은 '무구로 한역하였다. 이는 제8식의 이숙이어서 성불할 때 제8식이 뒤친 것이지 따로 제9식은 없다'고 하였다. 若依眞諦三藏 此佛淨識 稱爲第九 名阿摩羅識 唐三藏云 此翻無垢 是第八異熟 謂成佛時 轉第八成 無別第九", 『신화엄경론』 권3(대정장36, p.736a23)에 "제9아다나식은 순정식이라고 한다. 5678 등의 식이 항상 저 제9식을 의지처로 하지만, 범부는 알지 못하고 아로 그릇되게 집착한다. 마치 저 물이 쏟아져 흐른다 해도 물이라는 바탕여의지 않듯이, 또 온갖 파랑이 물을 의지하듯이, 5678식도 항상 정식을 의지한다. 그래서 점차로 이승인을 회심하게 하여 식을 요달해 지혜를 성취하게 하는 것이다. 어째서 제9식을 정식으로 안립하는가? 이승인은 오래도록 생사를 불러오는 업의 종자인 678식을 두려워하기에, 그들이 믿지 않을까 우려해 방편으로 생사종자 외에 정식을 따로 세운다. 점차로 이끌어서 뜻은 비록 번뇌에 머물러 사라지지 않지만 자비와 지혜가 점차로 생겨날 수 있게 하기 위해서다. 第九阿陀那識爲純淨識 五六七八等識 常依彼九識 以爲依止 凡愚不了 妄執爲我 如水暴流 不離水體 諸波浪等 以水爲依 五六七八識 常以淨識爲依故 漸迴二乘之心 達識成智 何故安立九識爲淨識者 爲二乘人久於生死業種六七八識有怖畏故 恐彼難信 方便於生死種外 別立淨識 漸漸引之 意欲使令留惑不滅 使令悲智漸漸得生"라고 하였다. 〔참고문헌〕『三無性論』, 『大乘義章』, 『宗鏡錄』, 『新華嚴經論』. ⇨ 아마라식 阿摩羅識, 암마라식 庵摩羅識, 무구식 無垢識, 구식설 九識說, 진여식 眞如識, 순정식 純淨識 ❸ 오류가 없는 식. 승의(勝義)로는 염정 중 정분을 말하지만, 세간의 뜻에 의지해서는 안근(眼根)이 부실한 경우에도 바르게 보지 못할 수 있어 안근이 구족한 뜻에서의 정식을 말한다. 『대비바사론』 권13(대정장27, p.62b10)에 "'눈을 가린다' 등은 한 쪽 눈을 감는 것과 같아서 명료하지 않은 식을 일으키고, 이 경우를 거스르면 깨끗한 식을 일으킨다. 이는 소의(안근)에 따른 정부정의 설이다. 만약 승의에 따르면 선한 식은 정식이라 하고 물든 식은 부정식이라 한다. … 안근은 청정하나 안식은 부정한 경우이니, 온전한 안근에 의지해 물든 안식이 일어날 때가 있고, 안식은 청정하나 안근은 부정한 경우가 있으니, 온전하지 못한 안근에서도 선의 안식이 일어날 때가 있다. 覆等如合起不淨識 與此相違便起淨識 此隨所依說淨不淨 依世俗理 若依勝義 善識名淨染名不淨 … 有眼淨識不淨 謂依具眼起染眼識 有識淨眼不淨 謂依不具眼起善眼識", 『발지론』 권1(대정장26, p.919c28)에 "한쪽 눈을 감으면 불명료한 식이 일어나고 두 눈을 뜨면 명료한 인식이 일어난다. 若合一眼 起不淨識 開二眼時 起淨識故"라고 하였다. 〔참고문헌〕『大毘婆沙論』, 『發智論』. ⇨ 청정식 淸淨識, 무루식 無漏識, 무류식 無流識

정식 精識 ❶ 정미로운 알음알이. 마음의 움직임(心法)을 수식하는 말이다. 『과도인도경』 권하(대정장12, p.313c20)에 "몸의 모습 바꾸고 악을 고쳐 쉽게 가고, 수명을 짧게 길게도 하며, 혼신정식이 저절로 취에 들어 몸을 받고 태에 의지한다. 轉貿身形 改惡易道 壽命短長 魂神精識 自然入趣 受形寄胎", 『종경록』 권99(대정장48, p.949a10)에 "심법이란 신명이 움직이는 넋이고 정식의 다듬어진 기량을 움직여 구름이다. 그것이 만 가지로 행하며 만물에 감하고 온갖 무리와 어울려 통한다. 다 거느려 끝까지 하는 뜻에서 존재하지 않는 곳이 없다. 心法者 神明之營魄 精識之丹譽 其運轉也 彌綸於萬行 其感物也 會通於群數 統極而言 則無不在矣"라고 하였다. 〔참고문헌〕『過度人道經』, 『宗鏡錄』. ❷ 자세하게 알다. 『화엄경소초』 권78(대정장36, p.610c16)에 "선악을 자세하게 알아 의혹을 일으키지 않으니 이것이 깊은 믿음이 되어 일천제의 마음을 뒤집는다. 精識善惡 不生疑惑 是爲深信 翻破一闡提心"라고 하였다. 〔참고문헌〕『華嚴經疏鈔』. ⇨ 일천제 一闡提

정식 靜息 ❶ Ⓢ nidhyapti, nirgacchati, saṃśānta, saṃyama, Ⓣ nges-par-sems-pa, phyir-mi-'ong-bar-'gro-ba, rnam-par-zhi-ba, yang-dag-par-bsdam-pa. 고요히 쉬게 하다. 탐진치 등 뜨거운 번뇌(熱惱)를 고요히 하여 쉬게 하다의 뜻이다. 해탈도를 말하기도 한다. 『대반야경』 권3(대정장5, p.15a28)에 "보살마하살이 모든 산란심을 영원토록 고요히 쉬게 하려면 반야바라밀다를 배워야 한다. 若菩薩摩訶薩欲永靜息諸散亂心 應學般若波羅蜜多", 『대보적경』 권48(대정장11, p.280c16)에 "사리자야, 모든 중생들 번뇌병 가

득하니, 그 어떤 양의와 뛰어난 약으로 다스린다 해도 탐진치 뜨거운 번뇌 고요히 쉬지 못하리. 오직 무상의 승묘한 대법의왕과 법신을 증득한 보살마하살만이 커다란 원력으로 자신을 장엄하여 좋은 약으로 삼아 일체중생의 탐진치 등의 모든 뜨거운 번뇌의 병을 버려 다할 수 있다. 舍利子 是諸衆生 具煩惱病 非餘良醫 及勝妙藥 若塗若傅 能令貪瞋癡等熱惱靜息 唯除如來 無上勝妙 大法醫王 及證法身菩薩摩訶薩 以大願力 自嚴持身 爲良藥已 乃能除滅 一切衆生 貪瞋癡等 諸熱惱病", 『대비바사론』 권80(대정장27, p.412a14)에 "일체번뇌를 고요하게 하고 일체소연을 깊이 생각한다면 정려라고 한다. 욕계의 삼마지는 일체의 생상을 깊이 생각하지만 일체번뇌를 고요하게 하지 못한다. 若能靜息 一切煩惱 及能思慮 一切所緣 名爲靜慮 欲界三摩地 雖能思慮 一切所緣 不能靜息 一切煩惱", 『유가론기』 권15(대정장42, p.641b10・한불전14, p.134a4)에 "정식이란 해탈도를 말한다. 靜息者 謂解脫道"라고 하였다. 〔참고문헌〕『大般若經』, 『大寶積經』, 『大毘婆沙論』, 『瑜伽論記』, *Yogā-bh.51・129・182.*, *Śrāv-bh.216.* ❷ ➡ 정식왕 靜息王

정식게 淨食偈 발우공양할 때 먹을 음식을 깨끗이 하고자 외우는 게송. 『석문의범』 권상 p.102a6에 "나 이제 한 방울의 물 관하니, 팔만사천 미충들 가득하네! 만약 이 주문을 외우지 않고 마시면, 저 중생의 살 먹게 된다네. 옴 살바나유타 발다나야 반다 반다 사바하. 吾觀一滴水 八萬四千蟲 若不念此呪 如食衆生肉 唵 薩婆那由他 鉢多那野 般多 般多 娑婆訶"라고 하였다. 〔참고문헌〕『釋門儀範』, 海印寺板 『日用作法』 p.3. ⇨ 발우공양 鉢盂供養, 오관게 五觀偈

정식왕 靜息王 Ⓢ Yama, Yamo rājaḥ, Ⓣ gshin-rje ′i-rgyal-po. 염마왕(閻魔王・琰魔王)의 다른 이름. 지옥의 주신(主神). 염마왕은 방편으로 사람의 죄를 다스려 쉬게 해서 다시 짓지 않도록 하기에 이렇게 말한다. 『유가사지론』 권2(대정장30, p.288a9 : *Yogā-bh.*, p.43)에 "세간에 사성이 생겨나서는 마침내 애와 불애에 따라 오취로 업을 받아 일으킨다. 이로부터 이후에 어떤 유정중생이 잡염을 초래하는 증상업 때문에 지옥중에 나서 정식왕이 되고, 이로부터 끊임없이 지옥의 옥졸들이 따르고 동철 등의 갖가지 고구들도 화생하듯 생겨난다. 지옥의 불이 난 연후에는 업에 따라서 유정은 여기에 나거나 다른 취에 나기도 한다. 於世間 四姓生已 方乃發起 順愛不愛 五趣受業 從此以後 隨一有情 由感雜染增上業故 生那洛迦中 作靜息王 從此無間有 那洛迦卒 猶如化生 及種種苦具 謂銅鐵等 那洛迦火起 然後 隨業有情 於此受生 及生餘趣 tasmiṃścaturvarṇaprasava iṣṭāniṣṭapañcagativedanīyakarmasamārambho bhavati. tato′nyatamaḥ sattvaḥ saṃkliṣṭenādhipatya saṃvartanīyena karmaṇā yamo rājotpadyate. tasyānantaraṃ narakapālā nirmitopamā utpadyante yātanākāraṇānirvartakā lohādayo nārakaścāgniḥ prādurbhavati. tataste yathākarmopagāḥ sattvāstatrotpadyante tadanyāsu ca gatiṣu", 『유가론기』 권1(대정장42, p.329c26・한불전13, p.55a19)에 "정식왕이란, 두 가지다. 첫째 대보살의 화작이고, 둘째 실재 유정으로 귀취에 속하는 것이다. 靜息王者 此有二類 一 大菩薩作 二 實有情鬼趣所攝", 『번역명의집』 권2(대정장54, p.1085c24)에 "염마란 염라라고도 음사하고 정식이라고 한역한다. 조악자의 불선업을 멈출 수 있기 때문이다. 차라고도 한역하는데, 막아서 악을 짓지 않도록 하기 때문이다. 염마라라고도 한다. 琰魔 或云琰羅 此翻靜息 以能靜息 造惡者 不善業故 或翻遮 謂遮令不造惡故 或閻磨羅"라고 하였다. 〔참고문헌〕『瑜伽師地論』, 『瑜伽論記』, 『翻譯名義集』, *Yogā-bh.* ⇨ 염마왕 閻魔王, 지옥 地獄

정식의로 情識意路 정식으로 생각하는 길. 알음알이로 분별하며 머뭇거리는 뜻이다. 『설암조흠어록』 권4(卍속장122, p.565b4)에 "사량분별하며 머뭇거리는 길로 들어서자마자 정식으로 생각하는 길로 문득 들어선다. 가시나무숲에 갇힌 듯하리니, 온통 벗어나 의지할 것 없이 하여 건곤에 오롯이 홀로 우뚝하려는가? 삼생육십겁 지나야 하리. 纔涉思量擬議 便被情識意路 絆在荊棘林中 要得脫體無依 乾坤獨露 三生六十劫", 『기연지어록』 권하(가흥장36, p.570a16)에 "다만 출격대장부가 저 정식의로 행하지 않는 곳 향하여 알아차려 바로 행함만을 귀하게 여길 뿐이다. 마치 물에 뜬 조롱박 이리저리 생기 있게 돌지만 일찍이 주착함이 없는 듯하고, 허공을 나는 새가 허공이 자기 고향인 줄 모르는 것처럼 한다. 물에서 헤엄치는 물고기가 어찌 물이 자신의 목숨을 부지하는 터전인 줄 알겠는가! 이것이 삼세제불의 본원이고 역대조사가 간직한 마음의 골수이니, 그 모두가 이것을 넘어서지 않는다. 只貴出格大丈夫 向情識意路不行處著得便行 如水上葫蘆 活鱍鱍轉 曾無住著 如空中飛鳥 不知空是家鄉 水裏遊魚 怎知水是性命 便是三世諸佛之本源 歷代祖師之心髓 都不越此"라고 하였다. 〔참고문헌〕『雪巖祖欽語錄』, 『奇然智語錄』.

정식일체위순삼마지 靜息一切違順三摩地 Ⓢ sarvarodha-virodha-praśamano nāma samādhi, Ⓣ ′gal-ba-dang-′gog-pa-thams-cad-yang-dag-par-zhi-bar-byed-pa-zhes-bya-ba′i-ting-nge-′dzin. 백팔삼매(百八三昧) 중 하나. 역순삼매(逆順三昧)라고도 한다. 『대반야경』 권414(대정장7, p.77a20 : *Pañca-p*

r., p.203)에 "정식일체위순삼마지란 무엇인가? 이 삼마지에 머물 때 여러 등지와 일체법에 대해 어기거나 따르는 상이 있음을 전혀 보지 않는다. 그러므로 정식일체위순삼마지라고 한다. 云何名爲靜息一切違順三摩地 謂若住此三摩地時 於諸等持及一切法 都不見有違順之相 是故名爲靜息一切違順三摩地 katamaḥ sarvarodha-virodha-praśamano nāma samādhiḥ. yatra samādhau sthitvā sarvasamādhīnāṃ rodha-virodhān-na samanupaśyati tenocyate sarvarodha-virodha-praśamano nāma samādhiḥ"라고 하였다. ［참고문헌］『大般若經』, *Pañca-pr.* ⇨ 역순삼매 逆順三昧, 백팔삼매 百八三昧, 등지 等持

정신 正身 몸을 바르게 하는 것. 『출요경』 권20(대정장4, p.718c14)에 "'요체를 구하고자 한다면 몸을 바르게 하는 것이 제일이다'란 무슨 말인가? 사람이 도를 이루고자 하면 반드시 스스로 요체를 구하여 도에 나아가고, 모든 법을 공경하며, 항하사제불께서 말씀하신 가르침을 되새겨 눈앞에 있는 듯이 하여 빠트려 잃지 않아야 한다. 그러므로 이렇게 말씀하신다. '요체를 구하고자 한다면 몸을 바르게 하는 것이 제일이다. 정법을 공경하며 부처님의 가르침을 기억하라'. 若欲自求要 正身爲第一者 人欲成道 必自求要 進趣於道 恭敬於諸法 追憶過去 洹沙諸佛 所說教誡 如現在前 亦不漏失 是故說 若欲自求要 正身爲第一 恭敬於正法 憶念佛教誡也", 『살바다비니비바사』 권3(대정장23, p.518b12)에 "결가부좌란, 가부좌를 맺는 까닭은 몸을 바르게 하기 위한 것이다. 몸을 바르게 하는 까닭은 마음을 바르게 하기 위함이다. 마음을 바르게 하고자 하면 반드시 먼저 몸을 바르게 한다. 結跏趺坐者 所以結跏趺坐 爲正身故 所以正身 爲正心故 是正於心 必先正身", 『선견율비바사』 권10(대정장24, p.746a9)에 "정신이란, 열여덟 개 등뼈의 뼈는 근육과 묶고 혈맥과 피부를 느긋하게 하는 것이니, 급하게 앉으면 곧바로 피로해져서 선정에서 물러나게 된다. 正身者 十八背骨 骨相累筋 脈皮寬舒 若急坐者 須臾疲勞 從禪定退"라고 하였다. ［참고문헌］『出曜經』, 『薩婆多毘尼毘婆沙』, 『善見律毘婆沙』. ⇨ 결가부좌 結跏趺坐

정신 正信 Ⓢ adhimukti, Ⓣ mos-pa. 바른 믿음. 부처님의 정법(正法)에 대한 신심(信心)을 말한다. 망신(妄信)과 대칭한다. 『대반야경』 권568(대정장7, p.931b27)에 "또한 어떤 천인은 이렇게 생각하였다. '악마와 외도가 정법을 가로막고 있으니 원하건대 보살이 보리좌에 앉아 악마와 모든 외도를 항복시키고 바른 믿음을 가진 이들이 모두 정법을 볼 수 있게 하기를 바란다'. 復有天人 作如是念 惡魔外道 障礙正法 願得菩薩 坐菩提座 降伏惡魔 及諸外道 有正信者 皆令見法", 『유가사지론』 권83(대정장30, p.760c2)에 "바른 믿음이란 대사(부처님)께서 정법을 설하실 때 이 정법을 다 듣고 나서 얻은 깨끗한 믿음을 뜻한다. 言正信者 謂於大師說正法時 於此正法 旣聽聞已 獲得淨信", 『대승기신론』(대정장32, p.575b16)에 "중생들로 하여금 의심과 삿된 집착을 버리게 하고자 대승에 대한 바른 믿음을 일으키게 하니, 부처님 종자가 끊어지지 않게 함이다. 爲欲令衆生除疑捨邪執 起大乘正信 佛種不斷故", 『대승장엄경론』 권13(대정장31, p.656c24 : *Sūtr.*, p.176)에 "사랑스러운 말이란 불법에 대한 바른 믿음을 얻도록 하는 뜻이다. 愛語者 令於佛法 得正信故 priyākhyānaṃ satvānāṃ buddhaśāsanādhimuktilabhārtham", 『대승본생심지관경천주』 권1(卍속장34, p.60b7)에 "의심이라는 마구니는 바른 믿음을 해친다. 疑魔害正信"라고 하였다. ［참고문헌］『大般若經』, 『瑜伽師地論』, 『大乘起信論』, 『大乘莊嚴經論』, 『大乘本生心地觀經淺註』, *Sūtr.* ⇨ 정신심 正信心, 망신 妄信

정신 定身 오분법신(五分法身) 중 하나. 일체의 망념과 망상을 여의어 적정한 여래의 공덕신(功德身). 정온(定蘊)·정중(定衆)·정품(定品)·정법신(定法身) 등이라고도 한다. 『아비담팔건도론』 권2(대정장26, p.778b1)에 "어떤 것을 무학정신이라고 하는가? ［답］ 무학의 공·무상·무원을 무학정신이라고 한다. 云何無學定身 答曰 無學空無相無願 是謂無學定身", 『법문명의집』(대정장54, p.197c13)에 "오분법신이란 무엇인가? 계신·정신·혜신·해탈신·해탈지견신을 오법신이라고 한다. … 정신이란 마음이 하나의 경계에 머무는 것이다. 五分法身 戒身 定身 慧身 解脫身 解脫知見身 是名五法身 … 定者 心住一境"라고 하였다. ［참고문헌］『阿毘曇八犍度論』, 『法門名義集』. ⇨ 오분법신 五分法身

정신 貞信 신라 제35대 경덕왕(재위 742~765)대 스님. 고성 건봉사(乾鳳寺) 주지 발징동량(發徵棟樑)과 함께 만일염불결사(萬日念佛結社)를 행하였다. 「대한국간성건봉사만일연회연기 大韓國杆城乾鳳寺萬日蓮會緣起」(『건봉사본말사적』, p.39)에 "두타승 정신·양순 등 31분의 스님을 청하여 모시고 미타만일연회를 창설하였다. 請頭陁僧 貞信 良順等 三十一人 刱設彌陁萬日蓮會"라고 하였다. ［참고문헌］『乾鳳寺本末事蹟』(亞細亞文化社, 1977). ⇨ 양순 良順, 만일염불회 萬日念佛會

정신 淨身 ❶ 청정한 몸. 또는 몸을 청정하게 한다는 말. 『종경록』 권25(대정장48, p.557b23)에 "『법화경』 「법사공덕품」에 이르길 '보살은 청정한 몸으로 세간에 있는 모든 것을 다 보지만, 오직 스스로만 명료할 뿐 다른 사람들은 그것을 보지 못한다'고 하였다. 옛 주석에서는 '보지 못한다는 말은 무슨 뜻인가? 아상이 있기 때문이다. 아가 없은즉 견성한다. 인과 법의 두 가지 공을 깨우치면 진심이 저절로 드러나니, 바로 이것이 깨끗한 몸이다'라고 하였다. 法華經法師功德品云 菩薩於淨身 悉見世所有 唯獨自明了 餘人所不見 古釋云 何意不見 有我相故耳 無我卽見性 了人法二空 眞心自現 卽是淨身"라고 하였다. [참고문헌]『宗鏡錄』,『法華經』 권6(대정장9, p.50a6). **2** 밀교의 작법에서 몸을 깨끗이 하는 일. 정보(正報)를 청정하게 하기 위해 닦는 관법이다.『연화부의궤』(대정장18, p.299b16)에 "다음으로 삼업을 청정하게 해야 한다. 일체법이 본래 청정함을 관하고 이 진언을 염송하면 삼업이 모두 청정하게 된다. 정신진언은 '사바바바 출타 살바달마'이다. 이 진언으로 인하여 진언행자의 몸이 법기가 된다. 허공에 부처님이 깨알처럼 두루 가득함을 관하고 비로자나의 진언을 염송하면 뚜렷하게 제불을 보게 된다. 次當淨三業 觀法本淸淨 誦此眞言明 三業皆淸淨 淨身眞言曰 娑嚩婆嚩秫馱 薩嚩達摩 由此眞言故 其身成法器 於虛空觀佛 遍滿如胡麻 則誦遍照明 歷然見諸佛"라고 하였다. 작법할 때 람자관(囕字觀)·정지법(淨地法) 후에 수인과 진언을 맺고 염송한다. 람자( )관은 의보와 정보를 청정하게 하고, 정지(淨地)는 별도로 의보를 특히 청정하게 하며, 정신은 정보를 청정하게 하게 하여 부처님의 공덕을 감응할 수 있도록 준비한다. 람자관에 의하여 자타의 번뇌를 태워 없애서 청정하게 하므로 연꽃과 같이 본래 청정한 자성을 증득하게 된다. 수인을 가슴에 대거나 가슴·이마·목·정수리 등의 네 곳을 가지하여 일체의 자성이 본래 청정하듯이 진언행자의 신구의 삼업도 모두 청정함을 증득한다고 관상한다. 수인은 연화합장인(蓮華合掌印)이니 양손을 곧게 펴서 합장하는 인상이고, 이것으로 일체법의 본래청정을 나타낸다. 진언은 '사바바바설다 살바달마 娑嚩婆嚩秫馱 薩嚩達摩 svabhāva-śuddhāḥ sarva-dharmāḥ 자성청정 일체법이여!'이다. [참고문헌]『蓮華部儀軌』. ⇨ 연화합장 蓮華合掌, 정삼업인 淨三業印, 람 囕

정신 淨信 Ⓢ prasāda, prasanna, śraddhā, Ⓟ abhippasāda, saddhā, sampasāda, Ⓣ dga'-ba, dang-ba, dad-pa, dad-pa-dang-ldan-pa. 청정한 믿음이나 일심(一心). 부처님의 가르침인 정법에 대한 의심 없는 믿음을 말한다. 정신(正信)과 같은 뜻이다.『금강경』(대정장8, p.749a26)에 "수보리가 부처님께 말씀드렸다. '세존이시여, 어떤 중생이 이와 같은 언설장구를 듣고 진실한 믿음을 내겠습니까?' 부처님께서 수보리에게 이르셨다. '그렇게 말하지 마라. 여래가 멸도한 뒤, 후오백년에도 지계하여 복을 닦는 이는 이 말씀에 반드시 신심을 내고 이것을 진실이라 여길 것이다. 이런 사람은 한 부처님이나 두 부처님이나 셋·넷·다섯 부처님께 선근을 심은 것이 아니다. 이미 무량한 천만의 부처님께 갖가지 선근을 심었으므로 이런 가르침의 말씀을 들었기에 곧바로 청정한 믿음을 낸다'. 須菩提白佛言 世尊 頗有衆生 得聞如是 言說章句 生實信不 佛告須菩提 莫作是說 如來滅後 後五百歲 有持戒修福者 於此章句 能生信心 以此爲實 當知 是人 不於一佛 二佛 三四五佛 而種善根 已於無量 千萬佛所 種諸善根 聞是章句 乃至一念 生淨信者",『대승입능가경』 권6(대정장16, p.623c15)에 "나의 종성 중의 모든 선남자와 선여인이 마음에 깨끗한 믿음을 품어 오래도록 선근을 심고, 몸과 생명과 재물을 탐착하지 않으며, 일체를 마치 자기 몸처럼 자비롭고 가엾이 여긴다. 我種性中 諸善男女 心懷淨信 久植善根 於身命財 不生貪著 慈愍一切 猶如己身",『유가사지론』 권38(대정장30, p.503a4 : *Bodh-bh.*, p.74)에 "모든 보살이 인명을 구할 때는, 여실하게 외도가 지은 인론이 악한 주장임을 확실히 알기 위해서이고, 다른 이의 모든 이론을 항복시키기 위해서이며, 이 진실한 부처님의 가르침에 대하여 아직 청정하게 믿지 못하는 이를 청정하게 믿도록 하기 위해서이고, 이미 청정하게 믿는 이를 두 배로 더욱 널리 많게 하기 위함이다. 若諸菩薩 求因明時 爲欲如實了知 外道所造因論 是惡言說 爲欲降伏 他諸異論 爲欲於此 眞實聖教 未淨信者 令其淨信 已淨信者 倍令增廣 hetuvidyāṃ bodhisattvaḥ paryeṣate tasyaiva śāstrasya durbhāṣitadurlapitatāyā yathābhūta parijñānārthaṃ paravādanigrahārthaṃ cāprasannānāmasmiṃcchāsane prasādāya prasannānāñca bhūyobhāvāya"라고 하였다. [참고문헌]『金剛經』,『大乘入楞伽經』,『瑜伽師地論』, *Bodh-bh.*, *Vajr-pr.31.*, *Laṅk.250.* ⇨ 신 信 **2**, 정신심 淨信心

정신 精神 유정들의 심식(心識).『선생자경』(대정장1, p.252b22)에 "거사의 아들아, 아버지가 말씀하신 것은 이런 육방이 아니다. 아침에 육면의 욕망을 바라고 앉아서 사면으로 악한 행위를 하면서도 뉘우치지 않으면, 몸은 죽지만 정신은 마땅히 악도인 지옥에 나게 될 것이다. 사람들은 네 가지 일로 수고로울 것임을 알아야 한다. 어떤 것이 그 네 가지인가? 첫째는 살생을 좋아하는 것, 둘째는 도둑질을 좋아하는 것, 셋째는 음행을 하는 것, 넷째는 거짓말을 즐기는 것이다. 居士子 父所言者 非此六方也 旦而晞坐 六面之欲 如有四面 垢惡之行 不能悔者 則是身死 精神當生 惡道地獄之中 夫人以四事爲勞 當識知 何謂四 一 爲好殺生 二 爲好盜竊 三 爲婬邪行 四 爲喜妄語",『대루탄경』 권5(대정장1, p.304c3)에 "천지가 한꺼번에 수재를 만날 때 천하의 사람들은 모두 중선을 행하고 도덕을 좋아하므로, 죽은 뒤에 정신과 혼백이 모두 열여섯 번째 하늘로 올라가 천인이 된다. … 아수륜천인과 첫 번째 하늘의 사람 그 이상으로 열다섯 번째 하늘의 사람에 이르기까지 모두 죽은 다음에, 그 정신과 혼백은 내려와서 사람의 형상으로 돌아와 중선을 행하여 쌓으며 도덕을 좋아하므로, 죽으면 모두 다시 열여섯 번째 하늘로 올라가 천인이 된다. 天地共遭水災變時 天下人施行皆爲衆善 好喜爲道德 死後精神魂魄皆上第十六天上爲天人 … 阿須倫天人 及第一天上人 以上至第十五天上人 皆終已 其精神魂魄來下歸人形 施行積爲衆善 好喜爲道德 死皆復上第十六天上爲天人", 『나선비구경』 권상(대정장32, p.698b14)에 "사람의 정신이 펴고 구르며 상속함이 이와 같다. 첫 번째 것이 가면 두 번째 것이 온다. 정신이 늙어 죽음에 이른 후에 정신은 날 곳에 나아가는데, 유전하며 상속하는 것은 이전의 정신이 아니고 또한 이전의 정신을 여읜 것도 아니다. 사람이 죽은 이후 정신은 이에 있으니 날 곳을 향한다. 人精神展轉相續如是 一者去 二者來 從精神至老死 後精神趣所生 展轉相續是非故精神 亦不離故精神 人死以後 精神乃有 所趣向生", 『능엄경집주』 권6(卍속장17, p.483a9)에 "혼백의지정신(魂魄意志精神) 등 여섯 가지는 모두 제6식이다. 의와 지는 그 바탕이고, 정과 신은 그 기이며, 혼과 백은 그 용이다. 魂魄等六 皆第六識 意志言其體也 精神言其氣也 魂魄言其用也", 『능엄경전』 권9(卍속장89, p.289a11)에 "천기를 혼이라 하고 지기를 백이라 하니, 곧 제6식이다. 심념을 의라 하는데, 이것은 제7식이며 마음에 있는 것이 지다. 밝고 바른 것을 정이라 하고, 음양으로 헤아릴 수 없는 것은 신이라고 한다. 天氣曰魂 地氣曰魄 乃第六識 心念曰意 是第七識 在心爲志 明正曰精 陰陽不測曰神"라고 하였다. 〔참고문헌〕『善生子經』, 『大樓炭經』, 『那先比丘經』, 『楞嚴經集註』, 『楞嚴經箋』.

정신단좌 正身端坐 Ⓟ nisinnam pallaṅkam ābhujitvā ujuṃ kāyam paṇidhāya. 몸을 바르게 하여 반듯이 앉다. 단신정좌(端身正坐)라고도 한다. 좌선(坐禪)의 바른 자세를 말한다. 전우좌우 어느 편으로도 기울지 않고 귀와 어깨 그리고 코와 배꼽이 수직이 되게 하여 꼿꼿이 앉는 자세다. 『잡아함경』 권29(대정장2, p.206c23 : *Kappina-sutta*, *SN.5*, p.315)에 "부처님께서 비구들에게 이르셨다. '그대들은 존자 계빈나를 보았는가? 나와 멀지 않은 곳에서 반듯한 자세로 꼿꼿하게 앉아 몸과 마음이 모두 흔들리지 않으면서 뛰어나고 묘한 경계에 머문다. 佛語諸比丘 汝等見尊者罽賓那不 去我不遠 正身端坐 身心不動 住勝妙住 addasā kho bhagavā āyasmantam mahākappinam avidūre nisinnam pallaṅkam ābhujitvā ujuṃ kāyam paṇidhāya parimukhaṃ satim upaṭṭhapetvā", 『선비요법경』 권상(대정장15, p.243b24)에 "사문법이란 응당 고요한 곳에서 좌구(尼師壇 Ⓢ niṣadana)를 펴고 가부좌를 맺으며, 의복을 가지런히 하고 반듯한 자세로 꼿꼿하게 앉아 오른쪽 어깨를 드러내 놓고 왼손은 오른손 위에 놓으며, 눈을 감고 혀를 입천장에 붙이고 마음을 고요히 머물게 하여 흩어지지 않게 한다. 沙門法者 應當靜處 敷尼師壇 結跏趺坐 齊整衣服 正身端坐 偏袒右肩 左手著右手上 閉目以舌拄齶 定心令住 不使分散", 『수선요결』(卍속장110, p.835b7)에 "〔문〕 좌선할 때 그 무엇에 기대면 몸이 구부러지거나 젖혀지기도 하는데 마음 내키는 대로 앉아도 되는가? 〔답〕 반드시 반듯한 자세로 꼿꼿하게 앉아야 한다. 몸이 구부정하면 병통이 생긴다. 問 坐禪時倚物 身或俯仰等 任性坐得不 答 必須正身端坐 身若倚曲 卽生病痛", 『선원청규』 권8 「좌선의 坐禪儀」(卍속장111, p.920a14)에 "반듯한 자세로 꼿꼿하게 앉아 좌로 기울거나 우로 치우치거나 앞으로 굽거나 뒤로 넘어가서는 안 되며 허리와 등과 머리와 목의 뼈마디가 서로 떠받쳐서 불상과 같은 모양이어야 한다. 正身端坐 不得左傾右側 前躬後仰 令腰脊頭項骨節相拄 狀如浮屠", 『백장청규증의기』 권7하(卍속장111, p.811a12)에 "초학자는 양다리를 서로 포개어 앉지 못할 경우 한 다리만 올려 놓아도 되지만, 반드시 반듯한 자세로 꼿꼿하게 앉아야 한다. 初學不能盤膝 支柯亦可 必須正身端坐", 『금강삼매경통종기』 권5(卍속장55, p.505a5)에 "처음으로 선정을 익힐 때는 반듯한 자세로 꼿꼿하게 앉되 반가부나 전가부 모두 무방하다. 凡初習禪定 正身端坐 或半跏趺 或全跏趺"라고 하였다. 〔참고문헌〕『雜阿含經』, 『禪祕要法經』, 『修禪要訣』, 『禪苑清規』, 『百丈清規證義記』, 『金剛三昧經通宗記』, *SN*. ⇨ 결가부좌 結跏趺坐, 단신정좌 端身正坐, 전가부 全跏趺

정신도인 正信道人 고려 스님. 진각국사(眞覺國師) 혜심(慧諶 1178~1234)이 스님에게 내린 법어가 전한다. 『진각국사어록』 「시정신도인 示正信道人」(한불전6, p.35c12)에 "원적니가 말하길 '모든 법은 오직 마음일 뿐이니, 상대할 것이 없은 즉 곧바로 자성해탈이다'. 경에서 말씀하시길 '일체법이 안과 더불어 상대함이 없다. 왜 그런가? 법은 법을 보지 못하고, 법이 법을 알지 못한다' 하였다. 만일 이 뜻 안다면 마음도 여하고 경도 여하여 채울 일도 비울 일도 없다. 圓寂尼云 一切法唯心 無對卽自性解脫 經云一切法 不與眼對 何以故 法不見法 法不知法 若了此意 則心如境如 無實無虛者哉"라고 하였다. 〔참고문헌〕『眞覺國師語錄』.

정신심 正信心 바르게 믿는 마음. 정법(正法)을 바르게 믿고 그대로 수행하는 마음을 말한다. 『대견고바라문연기경』 권하(대정장1, p.211b24)에 "한 류의 사람들은 바르게 믿는 마음을 일으키니 출가법을 닦고 머리카락과 수염을 자르며 가사를 입고 세속의 모든 부와 쾌락을 버린다. 一類人 起正信心 修出家法 剃除鬚髮 被袈裟衣 捨諸富樂", 『잡아함경』 권33(대정장2, p.238a23)에 "바르게 믿는 마음을 지닌 사람은 금생의 목숨을 마치고 저 천계에 나리니, 나도 마땅히 이렇게 바른 믿음을 실행하리라. 若有正信心者 於此命終 生彼諸天 我亦當行此正信", 『금강경찬요간정기』 권6(대정장33, p.220b29)에 "믿는 마음을 일으킨다는 말은 대승에 대하여 바르게 믿는 마음을 일으키는 것이니, 일체법 믿을 것도 없어야 바른 믿음이라 여긴다. 이 믿음이 성인의 성과 상응하기 때문이다. 生信心者 生大乘正信心也 不信一切法 方爲正信 此信與聖性相應"라고 하였다. 〔참고문헌〕『大堅固婆羅門緣起經』, 『雜阿含經』, 『金剛經纂要刊定記』. ⇨ 정신 正信

정신심 淨信心 Ⓢ śraddhā cetasaḥ prasādaḥ, prasāda, Ⓣ dad-pa-dang-sems-dang-ba, dad-pa. 깨끗이 믿는 마음. 언제나 삼보와 사제를 믿어 한 치의 틈도 없이 하는 마음을 말한다. 『본사경』 권7(대정장17, p.695a21)에 "지혜를 갖추고 청정한 믿음을 갖추어, 손에는 여법한 재물을 지니고, 좋은 복전 받들어 모셔 보시하면, 반드시 커다란 과를 얻는다. 몸으로 사위중에 삼보와 사제를 바르게 따라 티끌만큼의 어김도 없으면, 이것을 정신심이라 한다. 具慧具淨信 手持如法財 奉施良福田 必當獲大果 身四威儀中 於三寶四諦 正順無瑕穢 名爲淨信心"라고 하였다. 〔참고문헌〕『本事經』, *Śrāv-bh.6.* ⇨ 정신 淨信

정신업정진 淨身業精進 청정한 몸으로 행하는 정진. 십종정진(十種精進) 중 하나다. 60권본 『화엄경』 권41(대정장9, p.660b1)에 "정신업정진이란 일체 불보살을 공경・공양하며 받들고 복전을 존중하여 퇴전하지 않는 것이다. 淨身業精進 恭敬 供養 奉給一切諸佛菩薩 尊重福田 不退轉故"라고 하였다. 〔참고문헌〕『華嚴經』. ⇨ 십종정진 十種精進, 정진 精進

정신작의 淨信作意 Ⓢ prasāda-manasikāra, Ⓣ rab-tu-dang-ba-yid-la-byed-pa. 칠종작의(七種作意 Ⓢ sapta manasikārāḥ) 중 하나. 바라밀의 법의(法義)에 대해 깊은 믿음을 갖는 것. 정신증상작의(淨信增上作意)라고도 한다. 『대승장엄경론』 권5(대정장31, p.616b21)에 "이 게송에는 일곱 가지 작의가 있으니, 첫째 정신작의다. … 나 이제 마땅히 지금 모든 바라밀법의에 대해 깊은 믿음을 일으켜, 힘써 가지는 것을 정신작의라고 한다. 此偈有七種作意 一 淨信作意 … 我今應於諸波羅蜜法義 起深信力持 是名淨信作意"라고 하였다. 〔참고문헌〕『大乘莊嚴經論』, *Sūtr.72.* ⇨ 칠종작의 七種作意

정신조직 正信調直 바른 믿음만이 고르고 반듯하리라. 『신심명』(대정장48, p.376c27)에 "마음이 평등하면 짓는 일마다 다 고요해, 의심도 사라져 청정하니 바른 믿음만이 고르고 반듯하리. 契心平等 所作俱息 狐疑盡淨 正信調直"라고 하였다. 〔참고문헌〕『信心銘』.

정신진언 淨身眞言 ❶ ➡ 정신 淨身[2] ❷ 입측오주(入厠五呪)의 하나. 뒷간에 들어가 용변을 마친 후 앞서 세정(洗淨)・세수(洗手)・거예진언(去穢眞言) 등을 외우고 난 뒤, 다시 마지막으로 온몸을 맑히기 위해 외우는 진언이니 다음과 같다. "옴 발절라 뇌가닥 사바하. 唵跋折羅 惱迦吒 娑婆訶". 〔참고문헌〕『釋門儀範』 권하 p.166a15. ⇨ 입측오주 入厠五呪

정신출가 正信出家 Ⓟ saddhā agārasmā anagāriyaṃ pabbajita. 바른 믿음으로 출가하다. 『보우경』 권6(대정장16, p.306c20)에 "여래의 가르침 중에 영원히 비방을 여의는 것이다. 즉 이 보살이 아누다라삼막삼보리심을 낸 다음 수염과 머리카락을 깎아버리고 가사를 입고서 여래의 가르침 중에 바른 믿음으로 출가하는데, 왕의 위력으로 핍박 받아 출가하는 것도 아니고 도적 때문에 억지로 출가하는 것도 아니며, 빚 때문에 방편으로 출가하는 것이 아니고 두려움으로 출가하는 것이 아니며, 생계에 대한 걱정으로 사명출가하는 것이 아니라 정법을 바라고 구해서 믿음으로 출가한다. 於如來敎中 永離誹謗 謂此菩薩發阿耨多羅三藐三菩提心已 剃除鬚髮 覆袈裟衣 於如來敎中 正信出家 非因王力逼令出家 不爲盜賊抑令出家 不爲負債方便出家 不爲驚怖而求出家 非怖不活邪命出家 希求正法 以信出家", 『정법염처경』 권2(대정장17, p.11a22)에 "염부제 안의 어떤 나라의 어떤 마을의 어떤 부락에 사는 어떤 선남자는 이런 종성의 이런 이름인데, 사견을 버리고 정견의 업을 닦으며 여법히 바르게 행하며, 수염과 머리카락을 깎고 법의를 입고서 바라제목차계를 받은 다음, 일체세간의 유익하지 않은 곳인 비좁은 집과 처자와 애첩을 모두 버리고 바른 믿음으로 출가한다. 재가의 심업 등 모든 것 버리고 악마와 싸워 무명을 끊고자 함이다. 閻浮提中 某國 某村 某聚落中 某善男子 如是種姓 如是名字 捨離邪見 修正見業 如法正行 剃除鬚髮 被服法衣 受波羅提木叉戒已 一切世間不饒益處 居家隘迮 妻子愛妾 皆已捨離 正信出家 在家心業 一切捨離 欲共魔戰 欲斷無明"라고 하였다. 〔참고문헌〕『寶雨經』, 『正法念處經』, *SN.2.281.* ⇨ 출가 出家

정실 貞實 ❶ Ⓢ śraddhā-sāra, Ⓣ dad-pa'i-snying-po. 곧고 실하여 무너지지 않거나 오래가는 것. 마음의 절개나 법에 대한 믿음을 말한다. 『별역잡아함경』 권10(대정장2, p.445c3)에 "이 사라림은 이미 백천 년이 지나서 가지와 잎은 다 떨어졌건만, 오직 곧고 실답게 살아 있다. 是娑羅林 已百千年 枝葉悉墮 唯貞實在", 『법화경』 권1(대정장9, p.7a12 : *Saddh-p.*, p.39)에 "나 지금 이 대중 속에는 가지도 잎도 순전히 곧은 열매만이 남아 있다. 我今此衆 無復枝葉 純有貞實 niṣpalāvā me śāriputra parṣad-apagataphalguḥ śraddhāsāre pratiṣṭhitā"라고 하였다. [참고문헌] 『別譯雜阿含經』, 『法華經』, *Saddh-p.* **2** Ⓢ sāra의 한역어. 정수. 음사어는 사라(娑羅). 『화엄공목장』 권2(대정장45, p.558b6)에 "사라의 명목에는 두 가지 뜻이 있다. 하나는 정실이고 다른 하나는 산란이다. 정실은 곧바로 말함이고 산란은 은밀한 말이다. 만일 곧은 말을 취하여 정실을 떠난다면 큰 보시와 어긋나고, 은밀한 말을 취하여 산란을 떠난다면 큰 보시와 부합한다. 娑羅 名目二義 一目貞實 二目散亂 貞實是直語 散亂是密語 若取直語離貞實 則與大施相違 若取密語離散亂 則與大施相符"라고 하였다. [참고문헌] 『華嚴孔目章』, *Abh-k-bh.26.*

정실 精室 작법(作法)을 위해 정묘(精妙)하게 단장한 도량. 또는 수행자의 방이라는 뜻이다. 『금강정유가수습비로자나삼마지법』(대정장18, p.327b13)에 "정실을 건립하여 윤단을 펼치고, 향 가루 바르며 존위를 장엄한다. 建立精室布輪壇 香泥塗拭爲尊位", 『불공견삭신변진언경』 권16(대정장20, p.308c4)에 "고요한 몸과 마음이 정실 중 가 있다고 관상하면, 모든 번뇌의 장애를 풀어 없앨 수 있다. 觀靜身心 往精室中 則得解除 一切垢障"라고 하였다. [참고문헌] 『金剛頂瑜伽修習毘盧遮那三摩地法』, 『不空羂索神變眞言經』.

정실 靜室 고요한 방. 선정(禪定)을 비유한다. 바람 없는 고요한 방이어야 등불 고르게 비출 수 있는 뜻에서 지혜는 반드시 선정에 의지해야 한다는 말이다. 『대지도론』 권17(대정장25, p.180c3)에 "보살은 이로 인하여 대비심을 일으키고 상락열반으로 중생을 이롭게 하고자 한다. 이 상락열반은 실지혜에서 생기고 실지혜는 일심선정에서 생긴다. 비유하자면 등불을 켜면 등이 비록 비출 수 있지만, 큰 바람 속에서는 비출 수 없고 그윽한 집에 두어야만 그 쓰임이 온전한 것처럼, 산란한 마음중에 지혜 역시 이와 같다. 만약 선정이라는 고요한 방이 없다면, 비록 지혜가 있더라도 그 쓰임이 온전하지 못하다. 선정을 얻은즉 진실한 지혜가 생기니, 이런 까닭에 보살이 비록 중생을 떠나 멀리 고요한 곳에서 선정을 구한다. 菩薩因此發大悲心 欲以常樂涅槃 利益衆生 此常樂涅槃 從實智慧生 實智慧從一心禪定生 譬如然燈 燈雖能照 在大風中 不能爲用 若置之密宇 其用乃全 散心中智慧亦如是 若無禪定靜室 雖有智慧 其用不全 得禪定則實智慧生 以是故 菩薩雖離衆生 遠在靜處 求得禪定"라고 하였다. [참고문헌] 『大智度論』. ⇨ 선정 禪定

정실종 貞實種 무너지지 않는 견실한 종자. 이숙과(異熟果)를 초래하는 종자로 무기(無記)의 후패종(朽敗種)이 아니어서 선불선의 과를 낸다. 『순정리론』 권16(대정장29, p.427b10)에 "무슨 이유로 무루(無漏)는 이숙과를 초래하지 않는가? 『비바사론』에서 다음과 같이 말한다. '애를 적시는 일이 없기 때문이니, 마치 견실한 종자에 물이 스며들 수 없는 것과 같다'. 또 무루법은 이미 지에 얽히지 않는데, 어떻게 '지'에 얽힌 이숙을 불러들이겠는가? 무슨 이유로 무기는 이숙과를 초래하지 않는가? 힘이 열하기 때문이니, 마치 썩은 종자와 같다. 그 이외의 선이나 불선은 이숙과를 초래하니, 마치 물로 적실 수 있는 모든 견실한 종자와 같다. 何緣無漏不招異熟 毘婆沙說 無愛潤故 如貞實種 無水潤沃 又無漏法 旣非繫地 如何能招 繫地異熟 何緣無記不招異熟 由力劣故 如朽敗種 餘善不善 能招異熟 如有水潤 諸貞實種"라고 하였다. [참고문헌] 『順正理論』, 『俱舍釋論』 권4(대정장29, p.190c17). ⇨ 진실종자 眞實種子

정심 井心 우물과 같이 그 깊이를 헤아릴 수 없는 마음. 육십심(六十心) 또는 백육십심(百六十心) 중 하나로 깊이 사유하는 마음이다. 『대일경』 권1(대정장18, p.3a2)에 "우물과 같은 마음이란, 이와 같이 사유하며 깊고 또 더욱 깊게 함을 말한다. 云何井心 謂如是思惟 深復甚深", 『대일경소』 권2(대정장39, p.597c29)에 "마치 허리를 구부리고 우물을 들여다 보지만 그 깊이를 알 수 없는 것과 같이 이 심성도 그와 같다. 사유함이란 깊고 멀리하길 좋아 섬긴다. 선한 일이나 선하지 않은 일이나 무엇이 되었건 아무도 헤아릴 수 없도록 만드는 동시에 함께 머물며 일을 겪더라도 그 마음길을 알 수 없다. 마땅히 알라. 이것을 우물 같은 마음이라 한다. 謂如俯闚井水 淺深之量難知 此心性亦如是 凡所思惟 好尙深遠 所有善不善事 皆欲令人 不能測量 共住同事 亦不識其心行 當知 是井心也"라고 하였다. [참고문헌] 『大日經』, 『大日經疏』. ⇨ 육십심 六十心, 백육십심 百六十心

정심 正心 **1** 마음을 바르게 하다. 또는 바른 마음. 진심(眞心)·일심(一心). 행으로서는 삼매·선정 등이고, 과로서는 열반에 이른다. 『정법염처경』 권48(대정장17, p.285b16)에 "바른 마음과 곧은 마음과 움직여 산란하지 않는 마음, 이와 같은 세 가지 마음으로 열반에 이른다. 正心 直心 不動亂心 如是三種 則到涅槃", 『유마의기』 권3본(대정장38, p.477a12)에 "바른 마음으로 법을 구해야 비로소 해탈과 함께 하는 실성과 상응할 수 있다. 正心求法 方與解脫 實性相應", 『능엄경강록』 권9(卍속장90, p.147a17)에 "바른 마음이란 이치의 진실을 보아 삿된 경계에 흔들리지 않는다. 正心者 見理眞而邪境不能動也", 『보암인숙어록』 권2(卍속장120, p.582a11)에 "애써 씀이 없는 도인이라야 정심을 터득할 수 있다. 정심이란 무심이고, 무심이야말로 갈 같이다. 도는 본래의 자성이고 천진한 근원이다. 無功用道者 乃得正心也 正心者無心也 無心者道也 道是本來自性 天眞之源"라고 하였다. 〔참고문헌〕『正法念處經』, 『維摩義記』, 『楞嚴經講錄』, 『普庵印肅語錄』, 『翻梵語』 권3(대정장54, p.1003c16). **2** 고려말 조선초 스님. 호는 벽계(碧溪), 속성은 최(崔)씨. 경상도 금산(金山 : 지금 경북 김천)에서 태어났다. 일찍 명에 가서 당시 임제종(臨濟宗) 총통(總統)화상의 법을 이어 받고 공양왕(재위 1389~1392) 때에 귀국했다. 『동사열전』 권2 「벽계대사전 碧溪大師傳」(한불전10, p.1011b1)에 "태종 때 사태의 법난을 만나, 머리를 기르고 처자를 거느린 것처럼 변신하여 황악산에 들어가 물한리에 은둔하며 수도하다가 마지막 입적할 무렵 선은 벽송지엄에게, 교는 정련법준에게 전하였다. 當太宗沙汰之時 長髮畜妻子 入於黃岳山居於物罕里 禪傳于碧松智嚴 敎傳于淨蓮法俊"라고 하였다. 『서역중화해동불조원류』(한불전10, p.104a1)에 따르면 그의 법맥은 '태고보우(太古普愚) → 환암혼수(幻菴混修) → 구곡각운(龜谷覺雲) → 벽계정심'으로 계승되어 태고의 제4세이나, 『허백당시집』(한불전8, p.380a13)에는 '태고 → 환암 → 벽계'로 하여 정심이 제3세라 하였다. 제자에는 벽송지엄 · 묘각수미(妙覺守眉) · 정련법준 등이 있다. 〔참고문헌〕『東師列傳』, 『西域中華海東佛祖源流』, 『虛白堂詩集』. ⇨ 지엄 智嚴 **3** 조선 중기 스님. 1528년(중종23)에 신음산(身陰山) 신안사(身安寺)에서 『대승기신론 大乘起信論』과 『화엄제목 華嚴題目』을 판각할 때 대선사(大禪師)로 있었다. 간기에 "연판 성회, 공양주 성의, 대선사 정심, 대화주 조순. 鍊板性會 供養主成義 大禪師正心 大化主祖淳"라고 하였다.

정심 定心 **1** Ⓢ samāhita-citta, dhyāna-citta, samāpatti-citta, Ⓣ sems-mnyam-par-gzhag-pa, bsam-gtan-gyi-sems, snyoms-par-'jug-pa'i-sems. 정(定)을 유지하는 마음. 산란(散亂)을 다스리고 선심(善心)을 가지런히 가지는(等持) 마음이다. 십장양심(十長養心) 중 하나이기도 하다. 부정심(不定心) · 산란심(散亂心)에 대칭한다. 『대비바사론』 권151(대정장27, p.770b29)에 "정심이란 선심으로서 등지와 상응하는 것이다. 定心者 謂善心 等持相應故", 같은 책 권190(대정장27, p.951b5)에 "정심이란 선심으로서 산란을 등져 있다. 定心者 謂善心 背散亂故", 『유가사지론』 권54(대정장30, p.596a9)에 "만약 여리작의로 이미 근본정려를 얻었다면 정심이라 한다. 若由如理作意 已得根本靜慮 名定心", 『구사론기』 권26(대정장41, p.389a15)에 "저 산동하는 마음을 능히 다스릴 수 있으면 곧 정심이다. 謂能治彼散動之心 卽是定心"라고 하였다. 〔참고문헌〕『大毘婆沙論』, 『瑜伽師地論』, 『俱舍論記』, *Abh-k-bh.96 · 100.*, *Śrāv-bh.297.* ⇨ 십장양심 十長養心, 부정심 不定心**1**, 산란심 散亂心, 산란 散亂, 산심 散心, 산심정심 散心定心 **2** 보살의 십신(十信) 중 정을 닦는 마음. 이사(理事)의 분별을 고요히 하는 마음. 『대승의장』 권17(대정장44, p.813b12)에 "닦아야 할 열 가지 마음을 십신이라 한다. … 넷째는 정심을 닦는 것이다. … '정을 닦는다'는 말은 어떤 일이나 뜻에 마음을 묶어 안주하면서 일체의 허위나 들뜬 마음 그리고 기억에 따라 이것저것 생각하는 분별을 멀리 여읜다는 것이다. 修十種心名爲十信 … 四修定心 … 言修定者 於事於義 繫心安住 遠離一切 虛僞輕躁 憶想分別", 『화엄경담현결택』 권3(卍속장11, p.883b7)에 "신은 십신을 말한다. … 다섯째 정심〈공을 알아 비워 고요하고, 마음을 그쳐 이로도 고요하다〉. 信謂十信 … 〈雙觀人法二種無我〉 五 定心〈解空處寂 止心理靜〉"라고 하였다. 〔참고문헌〕『大乘義章』, 『華嚴經談玄抉擇』. ⇨ 십신 十信, 보살계위 菩薩階位

정심 停心 멈추고 머무는 마음. 오정심관(五停心觀 : 五念 · 五停心 · 五度門)의 마음이다. 『대승의장』 권12(대정장44, p.697c9)에 "우선 그 이름을 풀고, 후에 그 상을 가린다. 이름은 어떤 것인가? 첫째 부정관, 둘째 자비관, 셋째 인연관, 넷째 계분별관, 다섯째 안나반나관이다. 이 다섯은 경중에서 오도문이라고 하며, 또한 정심이라고도 한다. … 정심이란, 정이란 쉬어 그쳐서 편안히 머무는 뜻이다. 탐 등을 그쳐 떠나니 뜻을 다스려 부정등의 법에 머물기에 정심이라 한다. 先釋其名 後辨其相 名字是何 一 不淨觀 二 慈悲觀 三 因緣觀 四 界分別觀 五 安那般那觀 此五經中 名五度門 亦曰停心 … 言停心者 停是息止安住之義 息離貪等 制意住於不淨等法 故曰停心", 『사교의』 권4(대정장46, p.733b11)에 "초현의 오정심관이란, 첫째 아나반나관, 둘째 부정관, 셋째 자비관, 넷째 인연관, 다섯째 계방편관이다. 이 다섯을 통틀어 정심이라 한다. 정은 멈춰 그치는 뜻이다. 또 오도문관이라고도 한다. 初賢 五停心觀者 一 阿那般那觀 二 不淨觀 三 慈心觀 四 因緣觀 五 界方便觀 此五通言停心者 停以停止爲義 亦名五度門觀"라고 하였다. 〔참고문헌〕『大乘義章』, 『四敎義』. ⇨ 오정심관 五停心觀

정심 淨心 **1** Ⓢ prasanna-citta, viśuddhi-citta, prasāda, Ⓟ pasanna-citta, Ⓣ rnam-par-dag-pa'i-sems, dad-pa. 번뇌 없어 깨끗한 마음. 또는 보리를 향하는 중생 본유의 자성청정심(自性淸淨心) 등을 말한다. 『불반니원경』 권상(대정장1, p.166a27)에 "비구는 이러한 세 가지 마음 즉 정심 · 사심 · 지심이 있어야 한

다. 정심은 시대(尸大)라 하는데, … 시대심은 음행하지 않고 성내지 않으며 탐내지 않는 것이다. 比丘有是三心 淨心思心智心 淨心爲尸大 … 尸大心者 不婬不怒不貪", 『대방등대집경』 권32(대정장13, p.224b23)에 "일체번뇌를 영영 끊을 수 있다면 이야말로 정심이다. 능히 팔정도를 수습할 수 있어도 정심이라 한다. 若能永斷一切煩惱 卽是淨心 若能修習八直正道 是名淨心", 『화엄경탐현기』 권11(대정장35, p.307a27)에 "또 한결같아 깨끗이 믿어 마음과 뒤섞이지 않는 것을 또한 정심이라고 한다. 又一向不雜餘念 亦名淨心", 『대승의장』 권12(대정장44, p.716b4)에 "또 보리에 대하여 깨끗이 믿어 희망하는 것을 또한 정심이라고 한다. 又於菩提 淨信悕望 亦名淨心"라고 하였다. [참고문헌] 『佛般泥洹經』, 『大方等大集經』, 『華嚴經探玄記』, 『大乘義章』, *Aṣṭ-pr.32.*, *Saddh-p.260.*, *Bodh-bh.73.* ⇨ 청정심 淸淨心, 자성청정심 自性淸淨心 ❷ 고려전기 스님 묘청(妙淸 ?~1135)의 다른 이름. [참고문헌] 『高麗史』 권127 列傳40 叛逆. ⇨ 묘청 妙淸 ❸ ➡ 육종정심 六種淨心

정심 靜心 Ⓢ vyupaśānta, Ⓣ rnam-par-zhi-ba. 고요한 마음. 『대반열반경』 권상(대정장1, p.196a27)에 "그대들은 근심 깊은 정일랑 버리고 마음 가라앉혀 나의 마지막 말에 귀 기울이라. 汝等可捨 憂憹之情 靜心聽我最後所說", 『섭대승론석』 권9(대정장31, p.214c27)에 "산란하기에 고요한 마음을 무너뜨리고, 삿된 지로 바른 이해를 잃는다. 由散亂故壞靜心 由邪智故失正解", 『경덕전등록』 권27(대정장51, p.430a9)에 "또한 '제자는 언제 고요한 마음을 얻어 닦고 익힐 수 있는지요?'라고 묻자 '안락하길 금한다'라고 답했다. 又問 弟子何時得靜心修習 師曰 安樂禁"라고 하였다. [참고문헌] 『大般涅槃經』, 『攝大乘論釋』, 『景德傳燈錄』, *Abh-k-bh.397.*

정심견 定心見 고요한 정(定)의 마음으로 보다. 삼신(三身)을 보는 뜻이다. 원측(圓測)의 『인왕경소』 권하(대정장33, p.421c21 · 한불전1, p.113c19)에 "두 가지 관불(觀佛)이 있다. 첫째는 육안으로 보는 것이니 오직 타수용신의 부처만을 보는 것이고, 둘째는 정의 마음으로 보는 것이니 삼신 모두를 본다. 二種觀佛 一 眼見者 唯他受用 二 定心見 通觀三身"라고 하였다. [참고문헌] 『仁王經疏』. ⇨ 안견 眼見❷

정심계관법 淨心誡觀法 당대 도선(道宣 596~667) 지음. 2권. 『정심계관』이라고도 한다. 대정장45, pp.819a25~834a8, No.1893에 수록되어 있다. 남산율종(南山律宗)의 종조(宗祖)인 도선율사가 수행과 교화에 관해 제자 자인(慈忍)에게 당부하는 형식의 글로서 「석명 釋名」·「서종 序宗」·「오정심 五停心」 이하 「교화 敎化」·「불성 佛性」·「복전 福田」·「수지 受持」 등에 이르기까지 총 30편으로 이루어져 있다. 서명과 관련하여 정심(淨心)은 '마음의 때를 버려 밝고 청정하게 한다'는 뜻이고, 계관(誡觀)은 '허물과 악을 멀리 여의어 참된 이치를 자세히 살핀다'는 의미인데, 「석명」 편에 이와 관련된 취지가 잘 나타나 있다. 『정심계관법』 권1(대정장45, p.819b18)에 "삼보장과 살바야(薩婆若 : 一切智)와 법신께 경례합니다. 힘이 닿는 대로 초학들을 가르치고자 하오니 성현들께서는 가엾게 여기시어 청을 들어주소서. 수주 흥당의 가람에서 하안거를 날 때 지어 태산 영암사로 송부하여 자인이 수지할 것을 부촉한다. 모두 30편으로 되어 있다. 敬禮三寶藏 薩婆若法身 隨力誡初學 惟聖哀愍聽 時在隨州興唐伽藍 夏安居撰 令送泰山靈巖寺 付慈忍受持 凡三十篇", 『신편제종교장총록』 권2(한불전4, p.691b12)에 "『정심계관법』 1권. 도선 술. 『정심계관법과』 1권 · 『정심계관법발진초』 3권. 이상은 윤감 술. 淨心誡觀一卷 道宣述 科一卷 發眞鈔三卷 已上 允堪述"라고 하였다. 고려후기의 천태종의 천책(天頙)은 사불산(四佛山) 대승사(大乘寺)를 탐방하였을 때 이 책을 본 적이 있으니, 『호산록』 권하 「유사불산기 遊四佛山記」(한불전6, p.207b23)에 "천책의 옛 장경들 많은 것들이 신라대의 경전들이다. 이리저리 낭자한 낱낱의 것들을 살펴 진당주 등 3본 『화엄경』과 『기신론』의 장소, 그리고 남산의 『정심계관』을 찾아보았다. 古藏多新羅時經典 跌宕狼籍 予一一考勘 得細字三本華嚴經 及起信章疏 南山淨心誡觀等"라고 하였다. [참고문헌] 『淨心誡觀法』, 『新編諸宗敎藏總錄』, 『湖山錄』. ⇨ 도선 道宣, 정심계관법발진초 淨心誡觀法發眞鈔

정심계관법발진초 淨心誡觀法發眞鈔 송대 윤감(允堪) 지음. 3권. 卍속장105, pp.312a1~436b7에 수록되어 있다. 줄인 이름은 『발진초』이며, 『정심계관발진초』라고도 한다. 도선(道宣)이 제자들에게 스스로 수행하고 타인을 교화하는 방도를 가르치고자 지은 『정심계관법』(대정장45, No.1983)에 대한 주석서이다.

정심보살 淨心菩薩 정심지(淨心地)에 머무는 보살. 상대어는 미득정심보살(未得淨心菩薩 : 未證淨心菩薩)인데, 이설이 있다. 첫째, 인위부터 과위를 칠지(七地)로 세우면 세 번째 정심주(淨心住)는 환희지(歡喜地)의 초지보살위다. 『보살지지경』 권10(대정장30, p.954a8 : *Bodh-bh.*, p.253)에 "위에서 설한 십삼주는 차제로는 칠지다. 그중 여섯은 보살지이고, 하나는 보살과 여래가 함께 하는 지다. 첫째는 종성지, 둘째는 해행지, 셋째는 정심지다. … 정심주를 정심지라 한다. … 보살은 해행지에서 환희지로 든다. 如上所說十三住 次第爲七地 六是菩薩地 一是菩薩如來共地 一者 種性地 二者 解行地

三者 淨心地 … 淨心住 名淨心地 … 菩薩 於解行地 入歡喜地 eṣu yathāvarṇiteṣu trayodaśasu vihāreṣv-anugatāḥ sapta bhūmayo veditavyāḥ. ṣaṭ bodhisattva-bhūmayaḥ. ekā vyāmiśrā bodhisattva-tāthāgatī-bhūmiḥ. gotra-bhūmiḥ. adhimukticaryā-bhūmiḥ śuddhādhyāśaya-bhūmiḥ … pramudito vihāraḥ śuddhādhyāśayā bhūmiḥ … bodhisattvaḥ adhimukticaryā-bhūmeḥ śuddhādhyāśaya-bhūmim-anupraviśan", 같은 책 권9(대정장30, p.940a18)에 "보살의 정심주를 환희주라 한다. 菩薩淨心住 是名歡喜住"라고 하였다. 둘째, 무착(無著)은 신행지(信行地)·정심지·여래지(如來地)로 나누는데, 정심주는 초지부터 위로 십지까지를 가리킨다.『금강반야론』권상(대정장25, p.759a10)에 "무엇을 지라 하는가? 이 지에는 세 가지다. 신행지·정심지·여래지인데, 그중 십육주처는 신행지를 드러내 보였고, 증도주처는 정심지이며, 구경주처는 여래지다. 何者地 此地有三種 謂信行地 淨心地 如來地 於中 十六住處 顯示信行地 證道住處 是淨心地 究竟住處 是如來地"라고 하였다. 이상 두 설에 따르면, 정심은 모두 초지 이상의 보살이 누리는 지로 어느 정도 진여의 이치를 증득하였다고 간주한다. 셋째, 팔지 이상의 보살이라야 정심을 증득한다는 설이다.『왕생론주』권하(대정장40, p.840a29)에 "정심을 증득하지 못한 보살이란 초지 이상 칠지까지의 모든 보살을 말한다. … 짓는 마음이 남아 있으므로 아직 정심을 얻지 못한다. 이 보살이 안락한 정토에 왕생하고자 서원하면 아미타불을 친견하고 아미타불을 친견하는 순간 상지의 모든 보살과 더불어 결국 몸도 법도 평등하다. 未證淨心菩薩者 初地已上 七地已還 諸菩薩也 … 以作心故 名爲未得淨心 此菩薩願生安樂淨土 卽見阿彌陀佛 見阿彌陀佛時 與上地諸菩薩 畢竟身等法等"라고 하였다. 〔참고문헌〕『菩薩地持經』,『金剛般若論』,『往生論註』, *Bodh-bh.* ⇨ 미득정심보살 未得淨心菩薩, 십지 十地 ²

정심사 靜深寺 충청북도 충주시 단월동 대림산(大林山)에 있는 절. 사명(寺名)이 고려후기에는 월은사(月隱寺), 조선시대에는 달암사(達巖寺) 또는 호암사(虎巖寺), 일제강점기에는 개운사(開雲寺)였다. 현존 당우로는 대웅보전·명부전·범종각·산신각 등이 있다. 〔참고문헌〕『寺誌』(충청북도, 1982) p.113.

정심산심 定心散心 ➡ 정산 定散 ¹

정심삼매 定心三昧 정(定)에 든 마음으로 정토(淨土)의 의보(依報)인 극락세계와 정보(正報)인 아미타불을 보는 삼매. 관불삼매(觀佛三昧)라고도 한다. 입으로 아미타불의 명호를 칭념하는 구칭삼매(口稱三昧)를 합하여 염불삼매(念佛三昧)라 한다.『관념법문』(대정장47, p.26a23)에 "만일 정심삼매와 구칭삼매를 얻은 사람이라면 마음의 눈이 떠져 저 정토의 모든 장엄에서 무궁한 이치를 남김없이 설하는 광경을 볼 것이다. 若得定心三昧 及口稱三昧者 心眼卽開 見彼淨土 一切莊嚴 說無窮盡也"라고 하였다. 〔참고문헌〕『觀念法門』. ⇨ 관불삼매 觀佛三昧, 염불삼매 念佛三昧, 구칭삼매 口稱三昧

정심암 定心庵 전라남도 장흥군 천관산(天冠山)에 있던 암자. 정심대(定心臺)라고도 하며, 천관산에 있던 89개 암자 중 하나였다.『지제지』암실(庵室)에 "모두 불영봉 뒤쪽 골짜기에 있다. 俱在佛影後谷"라고 하였다. 〔참고문헌〕『支提誌』,『韓國寺刹全書』권하 p.1009a13.

정심암 淨深庵 함경남도 삼수군 연화봉(蓮華峰) 아래에 있던 암자. 1661년(현종2)에 윤선도(尹善道 1587~1671)가 쓴「정심암」(『고산유고』권1·한국문집총간91, p.287a15)에 "삼강군(삼수군의 異稱)은 백두산 남쪽, 압록강 상류의 후미진 곳에 있는데, 사찰이 없는지 오래되었다. 들으니 법호가 정함인 스님이 먼 곳에 들어가 높은 곳에 암자를 지었다고 하였다. … 산과 절은 처음에 이름이 없었으므로 스님이 나에게 이름을 지어줄 것을 청하였다. … 절의 이름은 당 시인이 쓴 '청정하여 참으로 깊은 곳'의 뜻을 취하였다. 三江一郡 僻在白頭之南鴨綠上流 無寺刹久矣 聞有一僧法號淨涵 入遠危構 … 山與寺初無名 僧請命之 … 寺之名取唐人詩淸淨當深處之義"라고 하였다. 〔참고문헌〕『孤山遺稿』.

정심염불 定心念佛 정심으로 부처를 념하다.『정토수학』권하(卍속장109, p.970b2)에 "오직 바라건대, 자비의 원력으로 제게 가피를 내리시어 제가 정심염불을 해서 서방에 속히 왕생하며 빨리 자존(慈尊 : 미륵보살)을 한 눈에 알아 뵙고서 일순간 부처의 지혜가 열리며 미래의 끝이 다할 때까지 중생의 이익을 위해 설법하도록 하옵소서! 唯願以慈悲願力 加被於我 令我定心念佛 速往西方 早見慈尊 頓開佛慧 盡未來際 說法利生"라고 하였다. 〔참고문헌〕『淨土隨學』. ⇨ 염불 念佛, 정행 正行 ¹, 잡행 雜行, 산심염불 散心念佛

정심주 正心住 마음 바로하여 머물다. 일체법에 견고히 머물러 동요함이 없는 뜻이다. 십주(十住) 중 여섯 번째로 무생법인(無生法忍)을 증득하는 위이며 아기삼반보살법주(阿耆三般菩薩法住)·행등주(行登住)등이라고도 한다. 80권본『화엄경』권16(대정장10, p.84c25)에 "불자여, 어떤 것이 보살의 정심주인가? 이 보살이 열 가지 법을 듣고 마음이 결정되어 동요하지 않는 것이다. 어떤 것이 그 열 가지인가? 즉 부처님을 찬탄하거나 비방하는 것을 듣고도 불법중에 마음이 결정되어 움직이지 않고, 법을 찬탄하거나 비방하는 것을 듣고도 불법에 대하여 마음이 결정되어 동요하지 않으며, 보살을 찬탄하거나 비방하는 것을 듣고도 불법에 대하여 마음이 결정되어 동요하지 않고, 보살이 행하는 법을 찬탄하거나 비방하는 것을 듣고도 불법에 대하여 마음이 결정되어 동요하지 않으며, … 법계가 있다거나 없다고 하는 것을 듣고도 불법에 대하여 마음이 결정되어 동요하지 않는 것이 열 가지이다. 불자여, 이 보살은 열 가지 법을 배울 것을 권해야 한다. 어떤 것이 그 열 가지인가? 즉 일체법이 무상이고, 일체법이 무체이며, 일체법은 닦을 수 없고, 일체법은 무소유이며, 일체법은 무진실이고, 일체법이 공이며, 일체법은 무성이고, 일체법이 허깨비와 같으며, 일체법은 꿈과 같고, 일체법은 무분별이다. 왜냐하면 그 마음 뒤쳐 더욱 증진하여 퇴전할 일 없는 무생법인을 얻도록 하기 위한 것이며, 들은 바 법은 곧바로 스스로 이해하니 다른 가르침에 의지할 일 없도록 한다. 佛子 云何爲菩薩正心住 此菩薩聞十種法 心定不動 何者爲十 所謂 聞讚佛 毁佛 於佛法中 心定不動 聞讚法 毁法 於佛法中 心定不動 聞讚菩薩 毁菩薩 於佛法中 心定不動 聞讚菩薩 毁菩薩所行法 於佛法中 心定不動 … 聞說法界若有 若無 於佛法中 心定不動 是爲十 佛子 此菩薩應勸學十法 何者爲十 所謂 一切法無相 一切法無體 一切法不可修 一切法無所有 一切法無眞實 一切法空 一切法無性 一切法如幻 一切法如夢 一切法無分別 何以故 欲令其心轉復增進 得不退轉無生法忍 有所聞法 卽自開解 不由他敎故",『능엄경』 권8(대정장19, p.142b3)에 "용모가 부처님과 같고, 마음의 상태 역시 부처님과 동일한 단계를 정심주라고 한다. 容貌如佛 心相亦同 名正心住"라고 하였다. [참고문헌] 『華嚴經』, 『楞嚴經』, 『大方廣總持寶光明經』 권1(대정장10, p.886b17). ⇨ 십주 十住[1], 무생법인 無生法忍

정심주 淨心住 S śuddhāśayasya vihāra, T bsam-pa-dag-pa'i-sa. 견도위(見道位 : 初地)에서 일체의 견혹(見惑)를 멸하고 무루심(無漏心)을 얻어 마음을 청정하게 하여 머물다. 정심지(淨心地 S śuddhādhyāśaya-bhūmi)·정의요지(淨意樂地)라고도 한다. 『보살지지경』 권9(대정장30, p.940a17 : *Bodh-bh.*, p.219)에 "어떤 것이 환희주인가? 보살의 정심주를 환희주라고 한다. 云何歡喜住 菩薩淨心住 是名歡喜住 katamo bodhisattvasya pramudita-vihāraḥ. yaḥ śuddhāśayasya bodhisattvasya vihāraḥ",『대승의장』 권17(대정장44, p.812a4)에 "셋째 정심주이니, 초지를 말한다. 三 淨心住 所謂 初地",『마하지관』 권5(대정장46, p.60b23)에 "정심주는 초지에 들어 출세간심을 얻고 범부중생의 아상장을 여읜다. 그러므로 정심장이라고 한다. 淨心住是入初地 得出世間心 離凡夫我相障 故名淨心住"라고 하였다. [참고문헌] 『菩薩地持經』, 『大乘義章』, 『摩訶止觀』, *Bodh-bh.* ⇨ 정심지 淨心地, 초지 初地, 환희지 歡喜地, 견도위 見道位[1]

정심지 淨心地 S adhyāśaya-śuddhi-bhūmi, śuddha-adhyāśaya-bhūmi, T lhag-pa'i-bsam-pa-dag-pa'i-sa. 십지(十地) 중 초지(初地). 무루(無漏)의 청정한 마음으로 머무는 지. 정심주(淨心住)·정승의락지(淨勝意樂地)라고도 한다. 환희지(歡喜地 S pramuditā-bhūmi)와 같다. 『대승의장』 권12(대정장44, p.716b3)에 "정심지란 무엇인가? 초지 중에서 해행주를 뛰어넘어 환희지에 들어가 마음이 번뇌 여읨 증득한 것을 정심이라 한다. 또 보리에 대해 청정한 믿음으로 희망하는 것을 정심이라고도 하니, 이를 따로 이름지어 별도의 지를 정심지라 한다. 淨心地者 在初地中 過解行住 入歡喜地 證心離垢 名爲淨心 又於菩提 淨信悕望 亦名淨心 以斯別地 名淨心地",『대승기신론열망소』 권5(대정장44, p.455b3)에 "정심지란 권교이면 초지인 환희지이고, 실교이면 초주인 발심주이다. 淨心地者 約權卽初歡喜地 約實卽初發心住也"라고 하였다. [참고문헌] 『大乘義章』, 『大乘起信論裂網疏』, *Bodh-bh.202·253.* ⇨ 정심 淨心[1], 십지 十地[2], 초지 初地, 환희지 歡喜地

정심해탈 正心解脫 P sammā-vimutti-citta. 바르게 마음으로 해탈하다. 정견(正見)으로 마음의 해탈을 얻는 뜻이다. 『중아함경』 권3 「화파경 想破經」(대정장1, p.434c14)에 "화파야, 비구도 역시 이와 같음을 알아야 한다. 무명이 이미 다하고 명이 생겼다면, 그는 무명이 이미 다하고 명이 이미 생겨나 후신각을 낳으면 곧 후신각을 낳은 것을 알고, 후명각을 낳으면 곧 후명각을 낳은 것을 알며, 몸이 무너지고 목숨이 끝나며 수명이 다하면 곧 현세에서의 일체감각이 문득 다하여 그쳐 수게 되니 마침내 싸늘해짐을 알아야 한다. 화파야, 비구는 이와 같이 바르게 심해탈하여 곧 여섯 가지 선주처를 얻는다. 想破 當知 比丘亦復如是 無明已盡 明已生 彼無明已盡 明已生 生後身覺 便知生後身覺 生後命覺 便知生後命覺 身壞命終 壽已畢訖 卽於現世 一切所覺 便盡止息 當知至竟冷 想破 比丘如是 正心解脫 便得六善住處"라고 하였다. [참고문헌] 『中阿含經』, 『菩薩瓔珞經』 권8(대정장16, p.76a5), *AN.2.198.* ⇨ 심해탈 心解脫

정심행인 淨心行人 S śuddhādhyāśayika, T lhag-pa'i-bsam-pa-dag-pa. 정심지(淨心地)에서 행하는 이. 초지(初地)에 증입한 이다. 『섭대승론석론』 권7(대정장31, p.304b19)에 "이 초아승기겁이 다 차고 난 다음에 정심지를 얻는다. 진여를 통달하기 때문이니, 곧 이것이 정심행이다. 此阿僧祇滿已 得淨心地 通達眞如故 卽此淨心行", 『대승장엄경론』 권12(대정장31, p.655a13)에 "둘째 정심행인이니, 초지에 들어갔음을 말한다. 二 淨心行人 謂入初地"라고 하였다. [참고문헌] 『攝大乘論釋論』, 『大乘莊嚴經論』, *Sūtr.172.* ⇨ 초지 初地

정심행처 正心行處 Ⓢ samādhi. 마음을 바르게 하여 행하는 처. 삼마지(三昧)의 한역어 중 하나다. 『대지도론』 권23(대정장25, p.234a16)에 "일체선정으로 마음을 거두는 것을 삼마제라 하는데, 정심행처라 한역한다. 이 마음은 무시세계로부터 항시 굽고 바르지 못했지만, 이 정심행처를 얻은즉 마음이 곧 바르고 곧게 된다. 비유하면, 마치 뱀이 다닐 때는 항시 굽어 있지만 죽통 속에 들어가면 곧게 되는 것과 같다. 一切禪定攝心 皆名爲三摩提 秦言正心行處 是心從無始世界來 常曲不端 得是正心行處 心則端直 譬如蛇行常曲 入竹筒中則直", 『법화의소』 권2(대정장34, p.469a8)에 "삼매는 여기서는 정심행처라 한다. 三昧者 此云正心行處"라고 하였다. [참고문헌] 『大智度論』, 『法華義疏』. ⇨ 삼마지 三摩地

정십삼낭 鄭十三娘 중국 당대 여성 선자(禪者). 정낭(鄭娘)·정십삼낭자(鄭十三娘子)라고도 한다. '정씨의 열세 번째 딸'이라는 것 외에 출생과 연관된 사항은 상세하지 않다. 12세 때 사고(師姑)를 따라 남악회양(南嶽懷讓)의 제자인 복주대안(福州大安 793~883 : 大潙和尙)을 만나 문답을 하였으며, 이 문답에 따라 전등사에서는 대안의 법을 이은 것으로 간주한다. 방거사(龐居士)의 딸 영조(靈照 ?~808)와 함께 초기 선종에 등장하는 몇 안 되는 여성 중에 한 명이다. [참고문헌] 『祖堂集』 권9(대장경보편25, p.485a5), 『聯燈會要』 권10(卍속장136, p.596a3), 『指月錄』 권13(卍속장143, p.306a14). ⇨ 대안 大安 3

정쌍 貞雙 고려전기 스님. 『고려사』 권10 세가(世家) 10 선종 1년(1084) 1월 29일에 "보제사 스님 정쌍 등이 왕에게 주청하기를, '구산선문에서 정진하는 선승들을 진사의 예에 의하여 3년마다 한 번씩 선발하기를 청합니다'라고 하니 왕이 이를 따랐다. 普濟寺僧 貞雙等奏九山門 參學僧徒 請依進士例 三年一選 從之"라고 하였다. [참고문헌] 『高麗史』.

정아함 淨阿含 청정한 아함. 또는 아함의 뜻을 깨끗이 한 『반야경 般若經』을 말한다. 『반야등론석』 권1(대정장30, p.51b29)에 "이제 저들이 정도를 깨우쳐 알게 하려고 청정한 아함에 의지하여 『중론』을 지어 부처님의 말씀을 널리 통하게 한다. 今欲令彼 悟解正道 依淨阿含 作此中論 宣通佛語"라고 하였다. [참고문헌] 『般若燈論釋』. ⇨ 반야경전 般若經典

정악사 定岳寺 경기도 이천시 마장면 목리 저명산(猪鳴山)에 있던 절. 『동국여지승람』 권8 경기 이천도호부 불우에 이름과 위치가 전하나 『범우고』에는 "지금은 폐사되었다. 今廢"라고 하였다. [참고문헌] 『東國輿地勝覽』, 『梵宇攷』, 『韓國寺刹全書』 권하 p.1009a15.

정안 正眼 바른 안목. 정법안(正法眼)이라고도 한다. 정사(正邪)와 곡직(曲直)을 가릴 줄 아는 안목으로 본분종사의 혜안을 말한다. 『임제록』(대정장47, p.496c5)에 "그때 마곡이 나와서 임제에게 물었다. '대비의 천수안중 어느 것이 정안인가?' '대비의 천수안중 어느 것이 정안인가? 속히 대답하라, 속히 대답하라!' 時 麻谷出問 大悲千手眼 那箇是正眼 師云 大悲千手眼 那箇是正眼 速道 速道", 『경덕전등록』 권22 「징원전 澄遠傳」(대정장51, p.387a26)에 "'무엇이 납승의 바른 눈인가요?' '나누고 따지지 마라'. 問 如何是衲僧正眼 師曰 不分別", 『무문관』 48칙(대정장48, p.299a10)에 "바른 안목으로 살펴 보니, 두 큰스님들(乾峯·雲門) 모두 길 입구조차 알지 못했다. 正眼觀來 二大老 總未識路頭在"라고 하였다. [참고문헌] 『臨濟錄』, 『景德傳燈錄』, 『無門關』. ⇨ 정법안 正法眼 1

정안 定眼 Ⓢ dhyāna-cakṣus. 삼매에 따라 열리는 눈. 정(定)에 따라 안(眼)과 식(識)은 상응하지만 신과 색(身色)은 스스로의 위치를 벗어나지 않는 뜻에서의 정안 즉 삼매의 눈을 말한다. 『구사석론』 권2(대정장29, p.172b4 : *Abh-k-bh.*, p.35)에 "사람이 욕계에 나면 스스로의 지안으로 자신이 태어난 지의 색경을 본다. 그러므로 이런 네 가지 한결같이 자신이 태어난 지에 존재한다. 만약 이 사람이 초선정의 눈으로 자신이 태어난 지의 색을 보는 경우에 신근과 색경에 존재하고, 안도 식도 초정에 속한다. 즉 초정의 색을 보면 세 가지 초정에 속한다. 만약 제2선정의 눈으로 스스로 머무는 색을 보는 경우에 신과 색은 스스로의 지로 존재하고, 안은 제2선정에 속하고, 식은 초선정에 속한다. 만약 초선정의 색을 보는 경우에 색과 식은 초선정에 속하고, 신은 스스로의 지로 존재하며, 안은 제2선정에 속한다. 만약 제2선정의 색을 보는 경우에 안과 색은 제2선정에 속하고, 신근은 자신이 태어난 단계에 존재하며, 식은 초정에 속한다. 이와 같이 제3선정과 제4선정의 안으로 말미암아 자신이 태어난 단계와 하지의 색경을 보는 경우도 그 이치에 맞게 추론해야 한다. 若人生欲界 由自地眼見自地色 此四種同在自地 若此人由初定眼 見自地色 身及色俱在自地 眼及識屬初定 若見初定色 則三種屬初定 若由二定眼 見自地色 身及色在自地 眼屬二定 識屬初定

若見初定色 色及識屬初定 身在自地 眼屬二定 若見二定色 眼及色屬二定 身在自地 識屬初定 如此 由三定四定眼若見自地 及下地色 應如理推合 kāmadhātūpapannasya svena cakṣuṣā svāni rūpāṇi paśyataḥ sarvaṃ svabhūmikam bhavati. tasyaiva svāni rūpāṇi prathamadhyānabhūmīni paśyano rūpāṇi trīṇapi tadbhūmikāni. dvitīyadhyānacakṣuṣā svāni rūpoāṇi paśyataḥ kāyarūpe svabhūmike cakṣustadbhūmikaṃ vijñānaṃ prathamadhyāna bhūmikam. prathamadhyānabhūmīni paśyato vijñānarupe tadbhūmike kāyaḥ kāmāvacaraścakṣurdvitīyadyānabhūmikam. dvitīyadhyānabhūmīni paśyataścakṣūarūpe tadbhūmike kāyaḥ kāmāvacaro vijñānaṃ prathamabhūmīkam. evaṃ tṛtīyacaturthadhyānabhūmikena cakṣuṣā tadbhūmikādharabhumikāni rūpāṇi paśyato yojayitavyam"라고 하였다. 〔참고문헌〕『俱舍釋論』, *Abh-k-bh.*

정안 淨案 ➡명창정안 明窓淨案

정안 淨眼 **1** Ⓢ cakṣus nirmalaṃ, Ⓣ dri-med-mig. 깨끗한 눈. 허물을 여읜 눈 또는 보리심의 눈으로 발심하여 지혜를 얻고 번뇌가 다하여 열린 눈을 말한다. 원성실상을 보고 정사(正邪)를 가려 중생들을 거둔다. 나아가 정안에는 기세간·지정각세간·중생세간을 사무쳐 드러내고 거두는 뜻이 있어서 부처님의 눈을 뜻하기에 부처님께서 열반하시자 세간안이 사라졌다 하였다. 『해심밀경』 권2(대정장16, p.693a25)에 "선남자야, 저 눈병 난 사람의 허물처럼 변계소집상도 역시 그러함을 알아야 한다. 눈병 난 사람이 눈병으로 여러 모습 즉 털이 날거나 벌과 모기가 날고, 참깨 등인 듯 보고 청황적백 등 빛깔의 차별한 것들이 눈앞에 있는 듯 여긴다. 의타기상도 역시 그러함을 알아야 한다. 깨끗한 눈을 가진 사람은 눈병의 허물을 멀리 여읜다. 이 정안의 본성으로 행한 어지럽지 않은 경계를 원성실상이라 함을 알아야 한다. 善男子 如眩瞖人 眼中所有 眩瞖過患 遍計所執相 當知亦爾 如眩瞖人 眩瞖衆相 或髮毛輪 蜂蠅 苣蕂 或復青黃赤白等相 差別現前 依他起相 當知亦爾 如淨眼人 遠離眼中 眩瞖過患 卽此淨眼 本性所行 無亂境界 圓成實相 當知亦爾", 60권본 『화엄경』 권59(대정장9, p.775b19)에 "보리심이란 곧 일체제불의 종자이니, 일체제불의 법을 낳기 때문이다. 보리심이란 곧 좋은 밭이니, 중생들의 백정법을 기르기 때문이다. … 보리심이란 곧 밝은 등불이니, 널리 일체의 법계를 비추기 때문이다. 보리심이란 곧 정안이니, 사도와 정도를 모두 다 보기 때문이다. 보리심이란 곧 대도이니, 모두 일체지의 성에 들어가게 하기 때문이다. 菩提心者 則爲一切諸佛種子 能生一切諸佛法故 菩提心者 則爲良田 長養衆生白淨法故 … 菩提心者 則爲淨燈 普照一切諸法界故 菩提心者 則爲淨眼 悉能覩見邪正道故 菩提心者 則爲大道 皆令得入一切智城故", 『대승장엄경론』 권12 「공덕품 功德品」(대정장31, p.654c8 : *Sūtr.*, p.170)에 "〔게〕 발심과 인을 얻음, 정안과 누진, 법에 머물러 배우고 끊음과 받아 씀으로 팔과를 삼는다. 〔석〕 보살이 열심히 설법하면 팔과를 얻는다. … 셋째는 도든 제법에 있어 티끌과 때를 멀리 여의어 법안의 깨끗함을 얻는 것이다. 이는 하승으로 거둔다. 偈曰 發心及得忍 淨眼與盡漏 法住學亦斷 受用爲八果 釋曰 菩薩若勤說法 能得八果 … 三或於諸法遠塵離垢 得法眼淨 此謂下乘所攝 〈śloka〉 bodhisattva-cittasya ca-utpādo na-utpāda-kṣāntir eva ca, cakṣuś ca nirmalaṃ hīnam āsrava-kṣaya eva ca. saddharmasya sthitir dīrghā vyutpattic-chittibhogatā, deśanāyāḥ phalaṃ jñeyaṃ tat-prayuktasya dhīmataḥ. 〈bhāṣya〉 deśanāyāṃ prayuktasya bodhisattvasya-aṣṭavidhaṃ deśanāyāḥ phalaṃ veditavyaṃ … kecid virajo vigata-malaṃ dharmeṣu dharmeṣu dharma-cakṣur utpādayanti hīnayāna-saṃgṛhītaṃ", 『화엄경탐현기』 권1(대정장35, p.122a20)에 "정안에 세 가지 뜻이 있다. 첫째는 훤히 사무치는 뜻이니, 기세간은 물론 안으로 이치도 사무치기 때문이니, 아래 경문에서 말했다. '법계는 파괴할 수 없는 연화세계해다'. 둘째는 모습을 드러내는 뜻이니, 지정각에 비유한다. 아래 경문에서 말한다. '청정법신은 상으로 나타나지 않음이 없다'. 셋째는 비춰 닿는 뜻이니, 중생세간에 비유한다. 아래 경문에서 말한다. '마치 정안으로 밝은 구슬을 보는 것과 같다'. 또 만일 통틀어 말하자면, 이 삼세간에는 각각 정안의 세 뜻이 있으니, 사유하면 알 수 있다. 또 푼다면 부처님께서 아직 세상에 나오시기 전에는 잘 인도해 주는 것이 없었기 때문에 장님과 같지만, 여래께서 처음 세간에 나오시자 정안이 열렸으므로 세간정안이라 하였다. 그러므로 부처님께서 열반하신 때를 '세간의 눈이 사라졌다'라고 한다. 淨眼三義 一 洞徹義 況器世間 內徹理故 下文云 法界不可壞 蓮華世界海 二 現像義 況智正覺 下文云 淸淨法身 無像而不現 三 照矚義 況衆生世間 下文云 猶如淨眼觀明珠 又若通論 此三世間 各有淨眼三義 思准可知 又釋 佛未出世 無善導故 如盲 如來創出世間 淨眼現 名世間淨眼 是故佛涅槃時 言世間眼滅"라고 하였다. 〔참고문헌〕『解深密經』, 『華嚴經』, 『大乘莊嚴經論』, 『華嚴經探玄記』, *Sūtr.* **2** 과거세 노름꾼의 이름. 부처님의 전생이다. 『흥기형경』 권상(대정장4, p.164c17)에 "옛날 과거세에 바라나성 안에 노름꾼이 있었으니, 그 이름을 정안이라고 하였는데, 노래하고 노는 데 재주가 있었다. 往昔過去世波羅㮈城中 有博戲人 名曰淨眼 巧於歌戲"라고 하였다.

〔참고문헌〕『興起行經』. ❸ ➡ 정장정안 淨藏淨眼

정안 鄭晏 ?~1251. 고려후기 문신. 초명은 분(奮), 자는 화경(和卿), 본관은 하동(河東). 정세유(鄭世裕)의 손자이며 최우(崔瑀)의 생질이다. 재주가 뛰어나 일찍이 급제한 후 서사는 물론 음양·산술·의약·음률에 이르기까지 두루 정통하였다. 『고려사』 권100 열전(列傳)13 제신(諸臣)에 "불교를 좋아하여 명산대찰을 두루 참방하였으며, 사재를 희사하여 국가와 더불어 대장경을 나누어 간행하기로 약속하였다. 好佛 遊遍名山勝刹 捨私貲 與國家 約中分藏經刊之"라고 하였다. 고려대장경 간기(刊記)에 '대장도감남해분사간 大藏都監南海分司刊'이라고 한 것이 바로 정안이 맡아서 간행한 부분이다. 1243년(고종30)에 「증보염송발 增補拈頌跋」(『선문염송설화회본』 권30·한불전5, p.923a10)을 지었다. 〔참고문헌〕『高麗史』, 『禪門拈頌說話會本』.

정안 靜眼 고려후기 스님. 원감국사(圓鑑國師) 충지(冲止 1226~1293)의 문인으로, 입비공사(立碑工事)를 주관하였다. 「송광사원감국사보명탑비문 松廣寺圓鑑國師寶明塔碑文」에 "대원 연우 원년(1314·충숙왕1) 갑인 팔월일에 문인 대선사 정안과 대선사 진적·신열이 석비를 세웠다. 大元 延祐 元年 甲寅 八月日 門人 大禪師 靜眼 大禪師 眞寂 神悅等 立石碑"라고 하였다. 〔참고문헌〕『圓鑑國師歌頌』(한불전6, p.410c21), 李智冠 『校勘譯註歷代高僧碑文』 高麗篇4 p.309. ⇨ 송광사원감국사비 松廣寺圓鑑國師碑

정안방제 正按傍提 곧바로 눌러 앉히거나 곁으로 끌어들이다. 온갖 방편을 열어 자유자재한 뜻이다. 조동종(曹洞宗)의 팔요현기(八要玄機)의 조목이다. 『벽암록』 66칙 「수시 垂示」(대정장48, p.196b18)에 "정면에서 곧바로 맞서거나 곁에서 끌기도 하여 도둑을 사로잡는 책략을 펼친다. 正按傍提 布擒賊之略", 『원오어록』 권4(대정장47, p.731a25)에 "그저 들기만 하고 그저 만지작거리며 오로지 눈으로 가려내고 손으로 친숙하게 다루는 솜씨를 높이 살 뿐이니, 정면으로 공격하기도 하고 곁으로 기습하기도 하니 반드시 작가의 수단일 뿐이다. 單拈獨弄 只貴眼辦手親 正按傍提 須是作家手段", 『허당집』 5칙 「시중 示衆」(卍속장124, p.521a6)에 "곧바로 눌러 앉히기도 하고 곁으로 당기기도 하면서 한 구로 분명하게 백억을 압도하고, 좌우로 치고 두드려 한 마디 말로 삼천세계를 넘어선다. 입술을 거치지 않고 누가 능히 이렇듯 들겠는가? 正按傍提 一句了然超百億 左敲右擊 片言可以越三千 不涉唇皮 誰能擧似", 『올암보녕어록』 권상(卍속장123, p.6a6)에 "다리 부러진 솥과 깨진 나무 주걱과 같아서 잡을 곳 전혀 없고 찾아도 아득하다. 이리저리 뒤집어 보고 둘로 부수고 셋으로 만든다. 곧바로 눌러 앉히고 곁으로도 당겨 흠집투성이 만든다. 영산에서 부처님께서 직접 전한 이후, 소실에서 달마가 마음만 전한 이래, 여지없이 그대로 이어져 사사로움 없었고 이어지고 이어져 법도 또한 있었다. 만일 바른 안목으로 본다면 얼마나 무너진 집안의 부서진 살림살이던가. 折脚鐺 破木杓 無柄欄 難摸索 橫拈倒用 破二作三 正按傍提 七穿八穴 靈山密付之後 少室單傳以來 的的無私 繩繩有準 若以正眼觀之 當甚閑家破具"라고 하였다. 〔참고문헌〕『碧巖錄』, 『圜悟語錄』, 『虛堂集』, 『兀菴普寧語錄』. ⇨ 팔요현기 八要玄機, 삼처전심 三處傳心

정안사 靜安寺 중국 상해시(上海市) 정안구(靜安區)에 위치한 절. 본 사찰은 삼국(三國) 오(吳)대인 247년(적오10)에 건립되었고, 원래 이름은 호독중현사(滬瀆重玄寺)였다. 당대 영태선원(永泰禪院)으로 개명하였고, 송대인 1008년(대중상부1) 정안사라 개명하였으며 1216년(가정9) 현재의 터로 옮겼다. 청대인 1880년(광서6) 중건하였다. 사찰 경내에 있던 8곳의 명승지로 유명하며, 원말명초(元末明初)대 스님 수녕(水寧)은 『정안팔영집 靜安八咏集』을 지었다. 〔참고문헌〕『補續高僧傳』 권19 「鰕子和尙傳」(卍속장134, p.307a8).

정안삼마지 淨眼三摩地 오안(五眼)이 모두 청정함을 얻게 하는 삼매. 『대반야경』 권52(대정장5, p.294b18)에 "세존이시여, 어떤 것을 정안삼마지라고 합니까? 선현아, 이 삼마지에 머물 때 오안이 다 청정함을 얻게 하니 정안삼마지라고 한다. 世尊 云何名爲淨眼三摩地 善現 謂若住此三摩地時 能令五眼咸得淸淨 是故 名爲淨眼三摩地"라고 하였다. 〔참고문헌〕『大般若經』.

정암 正嵒 ❶ 1597~1670. 명말청초(明末淸初)대 스님. 자는 계당(豁堂), 호는 수산(隋山) 또는 숙암(菽菴)·우여(耦餘)·우어(藕漁), 만년의 호는 남병은수(南屛隱叟), 속성은 곽(郭)씨. 금릉(金陵 : 江蘇省 南京) 출신. 어릴 때부터 감산덕청(憨山德淸)·달관진가(達觀眞可) 등 여러 존숙들을 친견하였다. 후에 정자사(淨慈寺) 삼봉법장(三峰法藏)에게 법을 물으러 찾아갔다. 『오등전서』 권82(卍속장141, p.689a17)에 따르면, 당시 법장은 정암의 수행법에 대하여 "이것은 모두 식에 의존하여 이해하고 헤아리는 방법이니 참으로 생사에 떨어지는 근본이다. 이것으로 선을 구한다면 북쪽으로 가고자 하면서 남쪽으로 수레를 끄는 꼴과 같다. … 나의 이곳에는 나날이 진보하는 선은 없다. 此皆依識解卜度 正爲生死根本 以是求禪 猶北適而南轅也 … 我者裏 無逐日長進底禪"라고 비판하였다고 한다. 마침내 큰 부끄러움을 느껴 7일 밤낮으로 참구하다가 고요 속에 나무 판이 울리는 소리를 듣고 의혹이 단번에 해소되었고 법장의 인가를 받았다. 그 뒤로 횡산굉성(橫山宏成) 문하에서 사사를 받았다. 1666년(강희5) 무고를 받고 체포되어 소송에 휘말렸다. 감옥에서 설법하여 죄수들을 모두 교화시켰다. 그 다음 해 겨울에 진상이 밝혀져 풀려나면서 정자사(淨慈寺)로 돌아왔다. 1670년(강희9) 7월 입적할 시기를 미리 알고 대중을 집합시켜 후사를 당부한 뒤에 세수 74세로 입적하였다. 어록 한 부를 남겼다. [참고문헌]『五燈全書』. **2** 청대 스님. 자는 산품(山品). 속성은 이(李)씨, 본명은 금암(今嵒), 서명(署名)은 제암(濟嵒). 광동성(廣東省) 번우(番禺) 출신. 구족계를 받은 다음 참선하였고, 뇌봉(雷峰)에서 3년 동안 폐관(閉關) 수행하였다. 그 뒤에 천태사(天台寺)·영은사(靈隱寺) 등의 절로 돌아다니다가 강희년간(1662~1722)에 입적하였다. [참고문헌]『五燈全書』 권87(卍속장141, p.742a14).

정암 晶巖 **1** 조선후기 스님 즉원(卽圓 1738~1794)의 호. [참고문헌] 智冠『韓國高僧碑文總集 朝鮮朝·近現代』 p.614. ⇨즉원 卽圓 **2** 근세 합천 해인사(海印寺) 삼선암(三仙庵) 스님 혜옥(慧玉 1901~1969)의 호. [참고문헌]『佛教新聞』(1991.08.26). ⇨혜옥 慧玉

정암당즉원대사비 晶巖堂卽圓大師碑 정암즉원(1738~1794)의 행장을 새긴 비. 비문만 전한다. 비문 찬자에 대하여 『동사열전』 권4「정암선사전 晶巖禪師傳」(한불전10, p.1031b6)에 "비문은 열수 정약용 지었다. 碑 洌水丁若鏞撰"라고 하였으나, 『대둔사지』 수록 비문에는 홍문관부제학(弘文館副提學) 김진상(金鎭商 1684~1755), 『만덕사지』 수록 비문에는 승정원우승지(承政院右承旨) 홍기섭(洪起燮 1776~1831)이라 하였다. 김진상은 스님의 입적보다 39년 전인 1755년에 죽었으므로 비문찬자로서 연대상의 문제가 있으며, 홍기섭은 1823년(순조23)에 승지에 올랐으므로 비의 건립연대는 1823년 이후로 추정된다. 『대둔사지』와 『만덕사지』 비문은 거의 동일하지만, 『만덕사지』에는 입적일로 '오월십삼일 五月十三日'을 명기하고 '제자지명자십삼인 弟子知名者十三人'이라고만 하였고, 『대둔사지』에는 입적일 이 없고 13인의 법호·법명과 입비(立碑) 사실이 기록된 점이 다르다. [참고문헌]『東師列傳』, 『萬德寺誌』(亞細亞文化社, 1977) pp.135~139, 『大芚寺誌』(亞細亞文化社, 1980) pp.296~299, 智冠 『韓國高僧碑文總集 朝鮮朝·近現代』 pp.614~615. ⇨즉원 卽圓

정암덕기 定庵德基 1634~1700. 중국 율종(律宗) 천화파(千華派) 제3대 조사. 안휘성(安徽省) 휴녕(休寧) 출신. 강소성(江蘇省) 보화산(寶華山)에서 견월독체(見月讀體)에게 구족계를 받고 그 상좌가 되고서 법석을 이은 다음 문하에 제자가 운집하였다. 도선(道宣)의 유적인 항주(杭州) 소경사(昭慶寺)에 계단(戒壇)을 열고 또 강남(江南)의 한발(旱魃) 때는 시식(施食)하는 등 덕행이 많았다. 저서로는 『갈마회석 羯磨會釋』 14권·『비구계본회석 比丘戒本會釋』 12권·『비니관요 毘尼關要』 16권·『보화산지 寶華山志』 12권 등이 있다. [참고문헌]『百丈淸規證義記』 권7「附南山律宗」(卍속장111, p.829b1), 『宗統編年』 권32(卍속장147, p.504b8).

정암사 正庵寺 **1** 충청남도 홍성군 광천읍 담산리 오서산(烏棲山)에 있는 정암사(淨巖寺). 『동국여지승람』 권20 충청도 결성현 불우·『범우고』에 이름과 위치가 전한다. [참고문헌]『東國輿地勝覽』, 『梵宇攷』, 『韓國寺刹全書』 권하 p.1001b13. ⇨정암사 淨巖寺[3] **2** 함경남도 함흥시 운주산(雲住山)에 있던 절. 『동국여지승람』 권48 함경도 함흥부 불우에 이름과 위치가 전하나, 『범우고』에는 "지금은 폐사되었다. 今廢"라고 하였다. [참고문헌]『東國輿地勝覽』, 『梵宇攷』, 『韓國寺刹全書』 권하 p.1001b16.

정암사 淨庵寺 **1** 충청남도 홍성군 광천읍 담산리 오서산(烏棲山)에 있는 정암사(淨巖寺). 『가람고』에 "오서산에 있는데, 현 동쪽으로 28리이다. 在烏棲山 縣東二十八里"라고 하였다. [참고문헌]『伽藍考』, 『輿地圖書』 忠淸道 結城 寺刹, 『韓國寺刹全書』 권하 p.1015a15. ⇨정암사 淨巖寺[3] **2** 평안남도 강서군 서학산(棲鶴山)에 있던 암자. 『여지도서』 평안도 강서 사찰에 "현 남쪽 15리에 있는 서학산에 있다. 在縣南十三里 棲鶴山中"라고 하였다. [참고문헌]『輿地圖書』, 『伽藍考』, 『梵宇攷』, 『韓國寺刹全書』 권하 p.1015a17.

정암사 淨巖寺 **1** 강원도 정선군 고한읍 고한리 태백산(太白山)에 있는 절. 옛 이름은 석남원(石南院)·갈래사(葛來寺)이다. 대한불교조계종 제4교구 본사 월정사(月精寺)의 말사이며, 우리나라 오대적멸보궁(五大寂滅寶宮) 중 한 곳이다. 창건에 대해서는 『삼국유사』 중 자장정률(慈藏定律)·대산오만진신(臺山五萬眞身)·대산월정사오류성중(臺山月精寺五類聖衆)에 언급되었다. 『삼국유사』 권4(대정장49, p.1005c12·한불전6, p.347a14) 의해(義解)5 자장정률에 "이에 석남원〈지금의 정암사〉을 창건하여 문수보살이 내려오시기를 기다렸다. 乃創石南院〈今淨巖寺〉 以候聖降", 같은 책 권3(한불전6, p.334b4) 홍법3 대산오만진신에 "(자장이) 칡덩굴이 얽힌 곳에 이르렀으니 지금의 정암사가 맞다. 至葛蟠處 今淨嵒寺是", 같은 책(한불전6, p.336c5) 대산월정사오류성중에 "(자장이) 묘범산에 이르러 정암사를 창건하였다. 到妙梵山 創淨岩寺"라고 하였다. 이상의 『삼국유사』 전승은 1778년(정조2)에 취암성우(翠巖性愚)가 쓴 「정암사사적」에 "산 서쪽의 오래된 절은 정암사로, 신라 자장법사가 당 태종 정관 19년(645·선덕여왕14) 을사에 세존수마노보탑을 창건하고 48개의 방을 열은 곳이다. 山之西有古寺曰淨巖 新羅慈藏法師 唐太宗貞觀十九年乙巳 創建世尊水瑪瑙寶塔而如開四十八房之處"로 정리되었다. 창건 이후 고려시대 문헌자료는 전하지 않지만 2013~2014년 발굴조사를 통해 고려시대 면모가 확인되었다. 정암사로 올라가는 계곡 옆의 건물지에서 발견된 '정암 淨嵒'·'암율 嵒律'·'율사 律舍' 등의 명문기와와 적멸보궁 남쪽 건물지에서 발견된 '태평삼 太平三'·'太平'·'율정암사 律淨嵒寺'·'교율정암강 教律淨嵒講'·'사보조선 思甫造善'·'師甫造' 등의 명문기와를 통해, 고려시대 계율을 가르치는 강당이 있었던 율종사원으로서 태평 3년(1023) 경에 사보 등이 중수하였음이 확인되었다. 『동국여지승람』 권46 강원도 정선군 불우에 이름과 위치가 기록되어 있으며, 1778년에 취암성우(翠巖性愚)가 쓴 「정암사사적」·「수마노보탑중수사적」과 그 즈음 화암(畵岩)이 꾸민 『고금강산도원팔경첩』 중 「갈천 葛川記」, 1874년에 경운이지(景雲以祉)가 쓴 「보탑중수지」 등에 18세기 이후 중수 사적이 전한다. 「수마노보탑중수사적」에 "강희 52년(1713·숙종39) 계사에 취봉당 자인과 일종 두 선사가 천밀에게 모연하여 중수케 하였는데, 이때 내(취암성우)가 공양주로 참여하여 그 일을 상세히 보았다. 2월에 기도로 시작하여 5월에 점안하였으니, 하층엔 법당을 지어 석불과 석금강을 봉안하고 상층엔 여러 스님의 사리를 봉안하였다. … (탑이 무너져) 6년이 지난 1719년에 천밀이 개탄스러움을 이기지 못하고 다시 단월의 시주를 구하여 오층대만을 건축하였다. … 건륭 36년(1771·영조47) 경인 4월에 기도하고 수리하려고 목석 공장을 청하여 보탑·보궁·중료를 일시에 건립할 때에 … 조정에서 향촉을 보내고 사자를 보내어 검속하므로 서월당 홍관이 같은 마음으로 와서 도왔다. … 계사년(1773)에 전좌 태선이 찰간을 빌려 시주를 모아 향각을 창립하였으나 산불로 조전이 불탔다. 을미년(1775)에 나 역시 시주를 모아 중건하고 … (1778년에) 신사에게 권선하여 불량계를 설판하였다. 康熙五十二年癸巳 鷲峰堂慈忍一宗二禪 使天密募緣重修 是我參供養主 詳見其事 二月祈禱始役 五月點眼 下層作法堂安石佛石金剛 上層安凡僧舍利 … 越六年己亥 天密不勝慨然 再鳩檀財 僅築五層坮 … 乾隆三十六年庚寅四月 祈禱濫觴而請木石工匠 寶塔與寶宮衆寮一時辦設 … 朝家賜香燭 遣使者檢 瑞月堂興寬洞心來助 … 癸巳典座泰禪 貸刹竿兼募衆緣 創立香閣 山火祖殿煨燼 乙未余亦募財重建 … 亦勸信士辦立佛粮", 「갈천기」에 "정암사에는 선정에 들어 참선하는 스님들이 많은데, 쾌순은 남다른 스님이다. 절로 들어가는 길 십리에 벽돌을 깔았고 절 서쪽의 물은 쉬면서 마실 수 있으며 절 동쪽에는 옛 대와 허물어진 주춧돌이 있는데 곧 신라 때 역사서를 보관하던 석실이다. 淨岩寺 多入定禪 名快純者 異釋也 寺路磚築十里 寺西水可憩飮 寺東有舊臺及敗礎 卽新羅藏史石室也", 「용암전 龍巖傳」(『응운공여대사유망록』·한불전10, p.750a18)에 "용암혜언(龍巖慧彦)이 을해(1815·순조15) 여름 4월에 영동에서 태백산 정암사로 들어가 탑에 예배하고 재를 올렸다. 乙亥夏四月 自嶺東 入太白山淨岩寺 禮塔致齋"라고 하였다. 이후 1858년(철종9)에 해월(海月)·대규(大圭)가 적멸궁을 중수, 1872년(고종9)에 얼암서빈(蘖庵西賓)이 남호영기(南湖永奇)와 함께 모연하여 1874년(고종11)에 중수를 마쳤다. 『강원도정선군총쇄록』 1887년(고종24) 7월 9일에 "신시에 갈래사에서 치성을 드린 일행이 돌아와서 7일동안 치성기도한 일을 갖추어 말하였다. 申刻葛來寺虔誠一行還來 備言七日虔禱事"라고 하였다. 당시 정암사에서 해마다 국왕과 왕비·세자의 장수를 위한 7일기도를 열었으며 좌수 등 지방의 유역인사가 공양물을 올리고 현관과 축관으로 참여하여 불전뿐만 아니라 산신에게도 치성을 드리고 『건성일록 虔誠日錄』을 작성하여 수령에게 보고하였다. 1919년에 보룡(甫龍)이 중수하였다. 보궁에는 선덕여왕이 자장율사에게 하사했다는 금란가사(金襴袈裟)가 전했으나 1975년 11월에 도난당했다. 1975

갈천산정암도 고금강도원팔경부도 십팔폭첩 연대미상

정암사보탑중수비 1777년

년부터 1979년 사이에 중건불사로 일신하여 현존 당우로 관음전·삼성각·자장각·육화정사·목우당·일주문·범종각·요사 등이 있고, 성보문화재로 보물 제410호 수마노탑이 있다. [참고문헌]『三國遺事』, 『東國輿地勝覽』, 『江原道旌善郡太白山淨巖寺事蹟』, 『古金剛山桃源八景帖』, 『應雲空如大師遺忘錄』, 『江原道旌善郡叢鎖錄』, 『韓國寺刹全書』 권하 p.1015b1, 『旌善郡의 歷史와 文化遺跡』(江陵大博物館·旌善郡, 1996) pp.205~233, 『정선정암사발굴조사약식보고서』(강원문화재연구소, 2013), 정병삼 「기록과 유물로 본 정암사의 창건과 전승」(한국사학회 『사학연구』118, 2015). ⇨ 갈래사 葛來寺, 석남원 石南院, 수마노탑 水瑪瑙塔, 적멸보궁 寂滅寶宮 ❷ 경상남도 창원시 진해구 경화동에 있는 절. 1905년에 범어사(梵魚寺) 청련암에서 화승 일인(壹仁)이 조성하여 창원 성주사(聖住寺)에 봉안했던 유형문화재 제434호 아미타불회도및초본과 20세기 초에 조성된 제435호 신중도및초본이 전한다. ❸ 충청남도 홍성군 광천읍 담산리 오서산(烏棲山)에 있는 절. 대한불교조계종 수덕사(修德寺) 말사다. 527년(성왕5)에 창건하고 고려시대에 중창했다. 『동국여지승람』 권20 충청도 결성 불우·『범우고』에는 '正庵寺', 『여지도서』 충청도 결성 사찰·『가람고』에는 '淨庵寺'라 하였으며, 『조선불교통사』(권상, p.637)에 "본사 마곡사의 일반말사는 … 고산사·석련사·칠절암·정암사이다〈이상 네 절은 결성군에 있다〉. 本寺麻谷寺之一般末寺曰 … 高山寺 石蓮寺 七節庵 淨巖寺〈已上四寺在結城郡〉"라고 하였다. 이후 폐사되었다가 1976년에 원래 자리에서 약 20m 떨어진 곳에 중창하였다. 현존 당우로는 극락전·산신각·범종루 등이 있다. [참고문헌]『東國輿地勝覽』, 『梵宇攷』, 『輿地圖書』, 『伽藍考』, 『朝鮮佛教通史』, 『韓國寺刹全書』 권하 p.1015a19.

정암사 鼎巖寺 위치 미상. 이식(李植 1584~1647)의 『택당집』 권4 「정암사」(한국문집총간88, p.69b9)에 "산행한지 5일이 지났어도 눈길 닿는 데마다 온통 뛰어난 절경이네. 뜻밖에 길 옆 높디높은 산에 연궁이 있어 … 노스님 길손 맞이하시니 거친 밥이지만 기꺼울 뿐. 山行已五日 觸目多勝絶 不謂路傍山 蓮宮在巇嵲 … 老僧頗款客 疎糲亦可悅"라고 하였다. [참고문헌]『澤堂集』.

정암사사적 淨巖寺事蹟 1778년(정조2)에 취암성우(翠巖性愚) 지음. 갖춘 이름은 『강원도정선군태백산정암사사적 江原道旌善郡太白山淨巖寺事蹟』이다. 규장각한국학연구원 소장 목판본에는 「정암사사적」·「불탑게 佛塔偈」·「수마노탑중수사적 水瑪瑙塔重修事蹟」을 비롯하여 1874년(고종11)에 사불귀객(四佛歸客) 경운이지(景雲以祉)가 지은 「수마노보탑중수지 水瑪瑙寶塔重修誌」 등이 합철되어 있다. 「불탑게」에 "〈자장법사 친히 지음〉. 만대의 윤왕이며 삼계의 주인이신 부처님이 쌍림에서 적멸을 보이신 지 몇 천년인가. 진신사리 지금도 옛과 같아 널리 군생의 예배 멈추지 않게 하시네. 〈慈藏法師親題〉 萬代輪王三界主 雙林示滅幾千秋 眞身舍利今猶在 普使群生禮不休"라고 하였다.

정암사수마노탑 淨巖寺水瑪瑙塔 진신사리를 봉안한 국내 유일의 모전석탑. 탑의 양식에 따라 고려시대에 조성한 것으로 추정하지만, 『한국사찰전서』 권하 정암사에 수록된 1778년(정조2)에 취암성우(翠巖性愚)가 쓴 「수마노탑중수사적 水瑪瑙塔重修事蹟」에는 "산의 서쪽에는 옛 절이 있어 정암이라고 부른다. 신라 자장이 당 태종 정관19년(645·선덕왕14)에 창건하였는데 세존의 수마노보탑이 있다. … 봉우리는 세 곳으로, 동쪽은 천의봉, 남쪽은 은대봉, 북쪽은 금대봉이라고 하는데, 이 중에 삼보탑이 있어서 하나는 금, 하나는 은, 하나는 마노로 조성한 것이다. … 용왕이 수없이 많은 마노 조각을 배에 실었다. … 용왕의 신력으로 이 산에 보관하면서 장차 불탑을 보수하는 진귀한 보배로 삼고자 하였다. 山之西有古寺曰淨巖 新羅慈藏所創 唐太宗貞觀十九年乙巳刱建 世尊水瑪瑙寶塔 … 峰亦有三 東天倚峰 南銀臺峰 北金臺峰 於中有三寶塔 一金二銀三瑪瑙 … 龍王即以瑪瑙無數片載船 … 以龍王神力藏于此山 將爲佛塔修補之寶"고 하면서, 1709년(숙종35)에 도성(道成)비구가 여러 해 동안 모연하여 아래로 무너진 탑을 중수하였고, 1713년에도 취봉당(鷲峰堂) 자인(慈忍)이 중수하였으며, 1719년에 오층대(五層臺)를 다시 쌓은 뒤 1770년(영조46)에 취암성우가 보탑은 물론 적멸보궁과 요사 등을 일시에 중건하였다. 1771년에 찰간(刹竿)이 분리되었지만, 1772년에 탑신을 칠층으로, 동유(銅鍮)를 오층으로 하고서 풍경 서른 두개를 달았고, 1775년에도 중수하였다가 1778년에 불량답(佛糧畓)을 마련하였다고 하였다. 1874년(고종11)에 경운이지(景雲以祉)가 쓴 「수마노탑중수기 水瑪瑙塔重修記」에는 1872년(고종9) 경운이지가 남호영기(南湖永奇 1820~1872)와 함께 중수를 발원한 뒤 1874년에 석 달 동안 중수불사를 일으켜 금은 두 합(盒)을 봉안하면서 염주와 금주(今珠)를 일층 지대(地臺) 위에서 발견하였다고 적었다. 1972년과 1995년에 각각 해체·보수하였는데, 특히 1972년에 기단 아래까지 해체하였을 때 1713년·1719년·1873년·1874년에 각각 조성한 것으로 추정되는 탑지석 5장과 함께 사리장치를 발견하기도 하였다. 2022년에 국보로 승격되었다. [참고문헌]『한국사찰전서』 권하 pp.1017b4~1018b5, 손신영 「정암사 수마노탑 탑지석(塔誌石) 연구」(『문화재』 통권63, 2014) pp.116~133. ⇨ 수마노탑 水瑪瑙塔, 수마노탑중수사적 水瑪瑙塔重修事蹟, 정암사 淨巖寺 ❶

정애 靜藹 534~578. 북주(北周)대 스님. 속성은 정(鄭)씨. 영양(滎陽 : 河南省 鄭州) 출신. 나이 열일곱에 와관사(瓦官寺) 화선사(和禪師) 문하에서 출가하였다. 구족계를 받은 다음 경법사(景法師)의 지도로 『대지도론 大智度論』을 공부했고 그 뒤 천축(天竺) 출신 스님에게 10년 동안 공부하였다. 『대지도론』 이외에 『중론 中論』·『백론 百論』·『십이문론 十二門論』 등에도 정통하였다. 종남산(終南山)에 은거한 뒤로는 학인 대중이 따르면서 학림(學林)이 이루어졌다. 당시 무제(武帝)가 도사 장빈(張賓)의 말을 듣고 불법을 폐기하려 했을 때 스님이 표문(表文)을 올려 읍소하였지만 받아들여지지 않자 578년(선정1) 7월 16일 바위에 가부좌를 틀고 앉아 자결하였다. 당시 세수 45세였다. 저서에 『삼보집 三寶集』 20권을 남겼다. 〔참고문헌〕『佛祖統紀』 권38(대정장49, p.358c12), 『佛祖歷代通載』 권10(대정장49, p.557c13), 『唐高僧傳』 권23(대정장50, p.625c14).

정액 定額 절의 수를 조정에서 정하는 제도. 스님들의 수와 부세(賦稅)의 액수를 정하는 법도 정액이라 한다. 이렇게 정해진 수에 들어가 조정의 통제를 직접 받는 절을 정액사(定額寺)라 한다. 『선림상기전』 권1(불광장, 禪藏, p.19)에 "정액 : 도충(道忠)이 말한다. '조정에서 천하의 불사에 수적인 한계를 정한다. 이를 정액이라 한다. 정액의 수 이외에 사사롭게 절을 세우는 일은 허용하지 않는다'〈스님들의 수를 정하거나 부세의 액수를 정하는 일도 모두 정액이라 한다〉. 定額 忠曰 朝廷定天下佛寺之數有限 此云定額 定額外 不許私建寺〈凡定僧數 或定賦稅數 皆稱定額〉"라고 하였다. 〔참고문헌〕『禪林象器箋』.

정액사 定額寺 ➡ 정액 定額

정약용 丁若鏞 1762~1836. 문장과 경학에 뛰어난 조선후기 실학자(實學者). 자는 미용(美鏞)·송보(頌甫)·귀농(歸農), 호는 다산(茶山)·삼미(三眉)·여유당(與猶堂)·사암(俟菴)·자하산방(紫霞山房), 본관은 나주(羅州). 경기도 양근(楊根) 출신. 재원(載遠)의 아들이며, 이승훈(李承薰 1756~1801)의 처남(妻男)이다. 신유박해(辛酉迫害) 때 장기(長鬐 : 경북 포항)로 유배되었다가 황사영백서사건(黃嗣永帛書事件)으로 강진(康津)에 이배(移配)된 이래, 다산초당 북쪽에 위치한 백련사(白蓮寺)와 해남 대흥사(大興寺)를 왕래하며 초의의순(草衣意恂) 등 스님과 교유하였고, 유배에서 풀려난 후 만년에 고향으로 돌아와 수종사(水鍾寺)를 왕래하며 독서하였다. 불교관련 저술로는 『대동선교고 大東禪敎考』 1권, 『만일암지 挽日庵志』 1권을 지었고, 『만덕사지 萬德寺志』를 감정하였다. 〔참고문헌〕『正祖實錄』, 『純祖實錄』, 『韓國佛敎撰述文獻總錄』(동국대출판부, 1976) pp.221~222. ⇨ 대동선교고 大東禪敎考, 만일암지 挽日庵志, 의순 意恂

정양사 正陽寺 ❶ 강원도 영월군 영월읍 정양리에 있던 절. 절터 옆에 있는 암벽에 "정양사 창달 반송계 병자이월삼일. 正陽寺 創達 潘松溪 丙子二月三日"이라는 글자가 새겨져 있다. 1960~70년대에 화력발전소의 채탄 케이블카에서 석탄더미가 떨어져 건물이 무너진 후에 폐사되었다고 전한다. 절터에는 2단의 축대가 남아있다. 〔참고문헌〕『寧越郡의 歷史와 文化遺蹟』(翰林大博物館·寧越郡, 1995) p.77. ❷ 강원도 회양군 내금강면 장연리 금강산(金剛山)에 있는 절. 북한 국보유적 제99호. 표훈사(表訓寺)의 부속 암자로서 정양암(正陽庵)이라고도 하였다. 600년(무왕1)에 백제 스님 관륵(觀勒)과 융운(隆雲)이 창건하고, 661년(문무왕1)에 원효(元曉)가 중창하였다고 전한다. 『동국여지승람』 권47 강원도 회양도호부 불우에 "세간에 전하기를, '고려 태조가 이 산에 올랐을 때에 담무갈보살이 현신하여 바위 위에서 방광하였으므로 태조가 신료들을 거느리고 정례한 후에 이 절을 창건하였다'라고 한다. 그러므로 절 뒤편 언덕을 방광대, 앞 고개를 배재라 부른다. 諺云 高麗太祖登此山 曇無竭現身 石上放光 太祖率臣僚頂禮 仍刱此寺 故寺後岡曰放光臺 前嶺曰拜岾"라고 하였다. 고려 원간섭기에 원 황실에서 담무갈 즉 법기(法起)보살의 주처인 금강산을 신앙함에 따라 금강산도가 다수 제작되었는데, 1307년(충렬왕33)에 노영(魯英)이 그린 「담무갈보살예배도」에 묘사된 금강산은 정양사 주변을 그린 것이라고도 한다. 1326년(충숙왕13)에 조형(祖衡)이 약사전을 중수하였고, 1366년(공민왕15)에 나옹혜근(懶翁惠勤 1320~1376)이 이곳에 들어와 주석하다가 이듬해에 청평사(淸平寺)로 이석(移錫)하였다. 나옹이 입적한 후 '삼한계조나옹지탑 三韓繼祖懶翁之塔'이 건립되었으며, 1384년(우왕10)에 안심사에 건립된 지공나옹사리석종비의 비문에 "연도(燕都 : 원의 수도 연경)에서 개당하였을 때에 황제가 내린 가사 1습과 마노불자 1개는 금강산 정양사에 있다. 燕都開堂 帝賜袈裟一瑪瑙拂一 在金剛山正陽寺"라고 하였다. 조선시대인 1425년(세종7)에 교종에 소속되어 『세종실록지리지』에 "정양사〈교종에 붙이고, 전지 1백 50결을 주었다〉. 正陽寺

정양사 겸재정선 간송미술관 1751년

〈屬教宗 給田一百五十結〉"라고 하였다. 절이 금강산 일만 이천봉을 조망하기에 좋은 곳에 위치하였으므로 문인들의 시와 유람기에 자주 언급되었다. 구사맹(具思孟 1531~1604) 『팔곡집』 권1(한국문집총간40, p.467b3)에 "정양사〈절은 고려 태조가 창건하였으며 원 조정에서 내린 비단 번(幡) 3개와 나옹사리 등 진장한 것이 많다. 선당 동쪽 칸막이로 보이는 풍경은 진헐대와 같다. 법당 앞에 또 육면 약사전이 있는데 원 황제가 건축한 것으로 매우 정교하다〉. 正陽寺〈寺即麗祖所刱 有元朝所賜錦幡三脚 懶翁舍利 珍藏百襲 禪堂東欄 眼界與眞歇一般 法堂前 又有六面藥師殿 亦元帝所構 極精巧〉"라고 하였다. 이의현(李宜顯)이 1709년(숙종35)에 금강산을 유람하고 지은 「유금강산기 遊金剛山記」(『도곡집』 권25)에는 가람 구성에 대한 자세한 기록이 전한다. 절의 누대는 헐성루(歇惺樓)이고 헐성루 서쪽에 담무갈이 선정에 들었다는 진헐대(眞歇臺)가 있다. 한 칸 규모의 육각 약사전 안에는 약사여래상이 봉안되었으며 벽면에는 오도자(吳道子)가 그린 나한도가 있는데 나한마다 붉은 방제(旁題) 안에 이름을 써 놓았다. 불전 뒤에 석탑이 있고 석탑 앞에 광명대(光明臺)가 있고 그 뒤에 반야전(般若殿)이 있으며 반야전 뒤에 나옹의 부도가 있었다. 요사채는 모두 세 구역으로 나뉘어 있었으니, 심검당(尋劍堂)·명경당(明鏡堂)과 옛 헐성루(歇惺樓)라고 하였다. 1749년(영조25)에 완월궤홍(玩月軌泓)이 범종을 주조하였고, 1772년에 진안(進安)이 괘불탱을 조성하였다. 유일(有一 1720~1799)의 『연담대사임하록』 권3 「표훈사정양암헐성루중창서 表訓寺正陽庵歇惺樓重創序」(한불전10, p.262a18)에 "지습·처경 두 스님은 한 절의 모범으로서 중승을 이끌며 … 신축년(1781·정조5) 대장(大壯 : 2월)에 불사를 시작하여 북두칠성 자루가 갑오를 가리키던 단양에 준공하였다. 智習處敬兩上人 羽儀一寺 領袖衆僧 … 董役於龍集辛丑之大壯 竣功於杓建甲午之端陽"라고 하였는데, 정약용(丁若鏞 1762~1836)이 연담유일의 서문을 윤색하여 그의 문집에 남긴 「금강산헐성루중수서」(『여유당전서』 권22·한국문집총간281, p.480b15)에서 "이때는 바로 건륭 46년(1781) 신축 봄과 여름 사이였다. 時維乾隆四十六年辛丑之春夏也"라고 하였다. 이유원(李裕元 1814~1888)의 『임하필기』 권제32 「정양사장경 正陽寺藏經」에 "대장경 전부가 정양사 헐성루 안에 보관되었는데, 개판할 때 인쇄한 것이다. 大藏經全部 藏於正陽寺樓中 卽開板時印出者也"라 하였으며 1934년에 대형개사(大亨開師)가 대장경을 포쇄교정(曝曬校整)하였다. 일제강점기 가람은 약사전·반야전·영산전·무사당(無師堂)·헐성루 등이 있었으나 6·25 한국전쟁 때 헐성루·영산전·명부전 등이 소실되어 현존 당우로는 약사전·반야전 및 부속건물들이 있다. 성보문화재로는 고려전기에 조성된 국보유적 제186호 삼층탑·보존유적 제43호 석등이 있다. [참고문헌] 『東國輿地勝覽』, 『世宗實錄地理志』, 『八谷集』, 『陶谷集』, 『蓮潭大師林下錄』, 『與猶堂全書』, 『普濟尊者語錄』(한불전6, p.706c1), 『輿地圖書』, 『伽藍考』, 『梵宇攷』, 『楡岾寺本末寺誌』(亞細亞文化社, 1977) pp.411~416, 『韓國寺剎全書』 권하 p.1001b18, 『북한의 전통사찰』 권10 강원도(대한불교조계종 민족공동체추진본부, 2011) pp.195~233.

정양사 일제강점기 전경

정양사 약사전

정양사삼층석탑 正陽寺三層石塔 고려시대 석탑. 북한 국보유적 제546호. 전체높이 397cm. 금강산(金剛山) 정양사 약사전 앞에 석등(石燈)과 나란히 서 있다. 2층 기단 위에 3층 탑신과 상륜을 올린 방형 석탑으로, 한국전쟁 당시 상륜부와 탑신 일부가 손상되었으나 복구되었다. 기단부는 여러 장대석으로 만든 지대석 위에 하층기단을 올렸으며, 상층 기단에는 우주(隅柱)와 탱주(撑柱)를 새겼다. 각 층의 탑신석에는 우주만 모각하였는데, 1층 탑신의 남면에는 문비(門扉)와 자물쇠가 새겨져 있다. 옥개석은 각층마다 4단의 옥개받침이 있으며, 날카롭게 반전하는 옥개석 네 귀퉁이에는 풍탁(風鐸)을 달았던 흔적이 남아 있다. 지금은 상륜부가 결실되었지만, 일제강점기에는 노반·복발·앙화·보륜·보개·보주·찰주까지 남아 있었다. 탑의 구성과 탑신석의 체감율·옥개석의 반전 등은 신라탑의 전통을 계승하고 있으나, 기단부 구성·탑신석 괴임·상륜부 조성양식 등은 고려탑의 특징을 보이고 있어서, 신라양식을 계승한 고려전기의 석탑으로 추정된다. 신계사(神溪寺)·장연사(長淵寺) 삼층석탑과 함께 '금강산 삼고탑(三古塔)'으로 불린다. [참고문헌] 『북한의 전통사찰』 권10 강원도(대한불교조계종 민족공동체추진본부, 2011) p

정양사삼층석탑

p.230~231, 『유리건판으로 보는 북한의 불교미술』(국립중앙박물관, 2014) pp.338~339. ⇨ 정양사 正陽寺 [2]

정양사석등 正陽寺石燈 고려시대 석등. 높이 2.95m. 북한 보존유적 제43호. 금강산 정양사 약사전 앞에 있다. 지대석 위에 12장의 복련(覆蓮)을 조각한 육각 하대석을 올렸다. 간주석(竿柱石)은 원형이며 상·하단에는 고복형(鼓腹形) 원형받침을 두고, 간주석 중앙에도 고복형의 원형띠를 둘렀다. 상대석은 하대석과 동일한 형태로 육각형의 낮은 받침 위에 연판과 연판 사이에 간엽(間葉)을 배치한 12장의 앙련(仰蓮)으로 이루어졌다. 화사석(火舍石) 역시 육각인데, 공(工)자형의 석주 여섯 개를 붙여 화창(火窓)을 만들었다. 또 상·하단 부분을 둥글게 깎아내었고, 화창 역시 타원형으로 깎아 전체적으로 부드러운 형태를 강조하였다. 옥개석은 육각으로 처마는 수평이지만 낙수면은 경사가 매우 급하다. 상륜부에는 복발(覆鉢)과 보주(寶珠)가 남아 있다. 경내에 있는 삼층석탑과 같은 시기에 만든 것으로 보이며 고려전기 석등의 특징이 잘 나타나 있다. [참고문헌] 『북한문화재해설집1』 석조물편(국립문화재연구소, 1997) pp.132~133. ⇨ 정양사 正陽寺 [2]

정양사석등

정양암 正陽庵 강원도 회양군 내금강면 장연리 금강산(金剛山)에 있는 정양사(正陽寺). 이곡(李穀 1298~1351)의 『가정집』 권5 「동유기 東遊記」(한국문집총간3, p.130a6)에 "서북쪽에 정양암이 있다. 이곳은 우리 태조가 창건하였으며, 법기보살의 존상을 봉안한 곳이다. 西北有正陽庵 是我太祖所刱 而安法起菩薩尊相之所"라고 하였다. [참고문헌] 『稼亭集』, 『韓國寺刹全書』 권하 p.1003a11. ⇨ 정양사 正陽寺 [2]

정어 正語 Ⓢ samyag-vāc, Ⓟ sammā-vācā, Ⓣ yang-dag-pa'i-ngag. 팔정도(八正道 Ⓢ āryāṣṭāṅga-mārga) 중 세 번째. 허황된 말(妄言)·이간질하는 말(兩舌)·거친 말(麤言)·교묘하게 꾸며낸 말(綺語) 등을 쓰지 않고, 올바르게 사유하여 여법한 말을 하는 것. 정업(正業)·정명(正命)과 함께 계온(戒蘊)에 포함된다. 사어(邪語)에 대칭한다. 『중아함경』 권49 「성도경 聖道經」(대정장1, p.735c8 : *Mahācattārīsaka-sutta*, *MN.3*, p.74)에 "정지는 정어를 낳고 정어는 정업을 낳고 … 현성제자는 이와 같이 마음이 바르고 고요하다. … 만약 사어를 바로 사어라고 본다면 이것이 바로 정어이다. 만약 정어를 정어라고 본다면 이것 또한 정어이다. … 무엇이 정어인가? 허황된 말·두 갈래 말·거친 말·꾸미는 말을 여읜다면 이것이 바로 정어이다. 正志生正語 正語生正業 … 賢聖弟子如是心正定 … 若見邪語是邪語者 是謂正語 若見正語是正語者 亦謂正語 … 云何正語 離妄言 兩舌 麤言 綺語 是謂正語 musāvādā veramaṇī, pisuṇāya vācāya veramaṇī, pharusāya vācāya veramaṇī, samphappalāpā veramaṇī, ayaṃ bhikkhave sammāvācā sāsavā puññābhāgiyā upadhivepakkā", 『대방등대집경』 권26(대정장13, p.180b9)에 "무엇을 정어라 하는가? 입으로 뱉은 말로 인해 괴로움을 자초하지도 않고 남을 괴롭게 하지도 않고, 스스로를 욕되게 하지도 남을 욕되게 하지도 않으며, 스스로 교만하지도 않고 남을 교만하게 만들지도 않고, 자신을 기만하지도 남을 기만하지도 않으면 정어라 한다. 云何正語 口所出言 不自焦惱 亦不焦他 不自汚辱 亦不汚他 不自生慢 不生他慢 不自誑惑 不誑惑他 是名正語", 『법온족론』 권6(대정장26, p.481c19)에 "무엇을 정어라 하는가? 성제자가 고통을 고통이라 사유하고 내지 성도를 성도라고 사유하는 무루작의와 상응하는 '사유해 가리는 힘'이 있기에, 그릇된 삶의 방식으로 나아가고 말로 하는 네 가지 악행과 그 밖의 말로 한 악행을 버리고서 얻은 무루의 멀리 여읨과 … 무표의 어업을 정어라 한다. 云何正語 謂聖弟子 於苦思惟苦 乃至於道思惟道 無漏作意相應思擇力故 除趣邪命語四惡行 於餘語惡行所得無漏遠離 … 無表語業 是名正語", 『유가사지론』 권29(대정장30, p.445a20 : *Śrāv-bh.*, p.328)에 "가령 마음이 어떤 말을 하려할 때 정견의 증상력으로 인해 선사유를 일으켜 여러 가지 여법한 말을 발화하는 것을 정어라 한다. 若心趣入諸所言論 卽由正見增上力故 起善思惟 發起種種如法言論 是名正語 sa cetpunaḥ kathāyāṃ cittaṃ krāmati. samyagdṛṣṭimadhipatiṃ kṛtvā tena kuśalasaṃkalpāṃ dharmyāṃ kathāṃ kathayati. sāsya bhavati samyagvāk", 『유가론기』 권7(대정장42, p.459b28·한불전13, p.539c3)에 "위의 문장은 곧 산심으로서 탐과 치가 없이 발화한 말을 정어라 한다는 것이다. 此文卽說 散心無瞋無癡 所發之語 名爲正語"라고 하였다. [참고문헌] 『中阿含經』, 『大方等大集經』, 『法蘊足論』, 『瑜伽師地論』, 『瑜伽論記』, *MN.*, *Śrāv-bh.*, *SN.5.2.* ⇨ 팔정도 八正道, 등어 等語, 정언 正言, 사어 邪語, 어언정식 語言靜息

정어 淨語 **1** Ⓢ vāg-viśuddhi, Ⓣ ngag-rnam-par-dag-pa. 청정한 말. 삼정(三淨) 중 어정(語淨)을 말한다. 40권본 『대반열반경』 권19(대정장12, p.478a4)에 "가비라성 정반왕의 아들은 성이 구담이고, 이름이 실달다인데, 스승없이 깨달아 저절로 아누다라삼막삼보리를 얻으셨다. 삼십이상과 팔십종호로 그 몸을 장엄하고, 십력과 사무소외와 일체지견으로 대자대비하였으며, 라후라처럼 모든 중생을 가엾게 여기고, 송아지가 어미를 따르듯이 선한 중생을 따르고, 때를 알아서 말씀하시고 때가 아니면 말씀하지 않으시며, 진실한 말・청정한 말・미묘한 말・도리에 맞는 말・법에 부합하는 말・한결같은 말로 중생이 영원히 번뇌를 여의게 하신다. 迦毘羅城 淨飯王子 姓瞿曇氏 字悉達多 無師覺悟 自然而得 阿耨多羅三藐三菩提 三十二相 八十種好 莊嚴其身 具足十力 四無所畏 一切知見 大慈大悲 憐愍一切 如羅睺羅 隨善衆生 如犢逐母 知時而說 非時不語 實語 淨語 妙語 義語 法語 一語 能令衆生 永離煩惱", 『대반열반경의기』 권6(대정장37, p.774b21)에 "진실한 말에서 한결같은 말까지의 체는 청정이다. 실다운 말과 깨끗한 말이란 헛되지 않은 말을 나타내니, 일에 합당한 것을 실이라 하고, 현상에 부합하는 것을 정이라고 한다. 묘한 말 한 가지는 악하지 않은 말을 일컫고, 뜻에 맞는 말과 법에 맞는 말이란 꾸미지 않은 말이다. 말이 사람을 이롭게 하는 것을 의어라고 하며, 말이 법에 부합하기에 법어라고 한다. 한결같은 말이란 두 가지로 말하지 않는 것을 일컫는다. 實語至一語 體淸淨 實語淨語 明不妄語 當事名實 稱相曰淨 妙語一種 明不惡口 義語法語 明不綺語 語能益人 名爲義語 語能稱法 故曰法語 一語 明其不兩舌也"라고 하였다. [참고문헌] 『大般涅槃經』, 『大般涅槃經義記』, *Bodh-bh.151.* ⇨ 팔종정어 八種淨語, 삼정 三淨 ❶ ❷ ➡ 지정어 知淨語

정억 正憶 Ⓢ yoniśo manaskāra, yoniśo manasikriyā, Ⓣ tshul-bzhin-yid-la-byed-pa. 바르게 기억함. 바른 억념(憶念). 정념(正念)・정억념(正憶念)이라고도 한다. 사념처 등을 말한다. 『대지도론』 권44(대정장25, p.382a8)에 "정억이란, 제법의 실상을 놓치지 않고 따라가면서 관하는 것으로, 마치 몸으로 드러나는 법(身法)을 따라가면서 관하는 것이 일체선법의 바탕이 되는 것과 같다. 正憶者 隨諸法實相觀 如隨身法觀 一切善法之本", 『성실론』 권14(대정장32, p.354a11)에 "정억이란, 한순간도 놓치지 않고 신・수・신・법에 대해 바르고 안온한 염을 닦는 것이다. 正憶者 常於身受心法 修正安念"라고 하였다. [참고문헌] 『大智度論』, 『成實論』, *Sūtr.67.* ⇨ 정념 正念 ❶, 정억념 正憶念

정억념 正憶念 Ⓢ yoniśo-manaskāra, yoniśo manasikriyā, Ⓣ tshul-bzhin-yid-la-byed-pa. 바르게 기억해 잊지 않는 것. 여리작의(如理作意)와 같은 뜻이다. 『정법염처경』 권61(대정장17, p.364a15)에 "만약 어떤 사람이 바르게 기억해 잊지 않는다면 모든 악이 물들일 수 없고 모든 허물로부터 멀어질 수 있다. 이것을 안온을 얻었다고 한다. 한 다음으로 바르게 기억해 잊지 않는다면 각관이 어지럽지 않을 수 있으며 나쁜 각관도 멀리할 수 있으니 선한 안주라고 이름한다. 若人正憶念 諸惡不能染 以能離諸過 是名得安隱 一心正憶念 覺觀莫能亂 以離惡覺觀 是名善安住", 『대지도론』 권2(대정장25, p.67a10)에 "부처님이 바라나국의 선인녹림 가운데에서 다섯 비구를 위하여 네 고성제를 설하셨다. '나는 본래 다른 사람으로부터 들은 것이 아니며, 법 중에 바르게 기억하고 잊지 않아 안지명각을 얻었다'. 佛在波羅捺國仙人鹿林中 爲五比丘說是苦聖諦 我本不從他聞 法中正憶念得眼智明覺", 『대승장엄경론』 권5(대정장31, p.614c13 : *Sūtr.*, p.67)에 "〈게〉 능지와 소지가 모여 관하기에 오직 이름만 있네. 이름 관한다 해도 이름은 보지 못하니 이름 없어야 해탈을 얻네. 〔석〕 다시 별해탈문이 있다. 능지와 소지의 모임이란 무엇인가? 능지는 듣는 것의 법이고, 소지는 바르게 억념하는 것이다. 취란 복과 지혜가 가득한 것이다. 먼저 쌓은 힘으로 말미암아 지니는 것이다. '관하기에 오직 이름만 있네'란 무슨 말인가? 단지 언설만 있고, 그 뜻은 있을 리 없다는 것이다. 能持所持聚 觀故唯有名 觀名不見名 無名得解脫 釋曰 復有別解脫門 能持所持聚者 能持謂所聞法 所持謂正憶念 聚謂福智滿 由先聚力故而有所持 觀故唯有名者 但有言說 無有義故 〈śloka〉 ādhāre saṃbhārād ādhāne sati hi nāmamātraṃ paśyan, paśyati hi nāmamātraṃ tatpaśyaṃs tac ca naiva paśyati bhūyaḥ. 〈bhāṣya〉 aparaparyāyaḥ. ādhāra iti śrutau saṃbhārād iti saṃbhṛtasaṃbhārasya pūrvasaṃbhāralābhāt. ādhāne satīti yoniśomanaskāre nāmamātraṃ paśyann ity abhilāpamātram artharahitaṃ"라고 하였다. [참고문헌] 『正法念處經』, 『大智度論』, 『大乘莊嚴經論』, *Sūtr.* ⇨ 여리작의 如理作意 ❷

정언 正言 정어(正語)를 달리 이르는 말. 『아나율팔념경』(대정장1, p.836c1)에 "정언에는 또한 두 가지가 있다. 두 가지로 말하지 않는 것・호된 말로 욕하지 않는 것・허황된 말을 하지 않는 것・구며 말하지 않는 것인데 이것들은 세간의 정언이다. 구업의 네 가지 과오를 여의며 도의 말을 강의하며 마음속으로 지어내지 않으며 번뇌가 다해 더 이상 남음이 없으면 이를 성도의 정언이라 한다. 正言亦有二 不兩舌 不惡罵 不妄言 不綺語 是爲世間正言 離口四過 講誦道語 心不造爲 盡無復餘 是爲道正言", 『대보적경』 권118(대정장11, p.667a10)에 "정언이란, 제법을 고르게 알고, 일체법 끝내 사라져 다한다는 것을 알며, 일체법은 현성의 법과 해탈로 돌아간다는 것을 아는 것으로서, 이를 정언이라 한다. … 정언이란, 인(人 Ⓢ puruṣa)도 영혼(壽命 Ⓢ jīva) 같은 것도 없어서 모든법 뜻 따라 연기함을 한결같이 설한다.

마치 뿌린 대로 열매를 거두는 것과 같으니 보살은 치우침 없이 중생에게 보이면서 그 경전의 법을 펼쳐 불도를 행하도록 한다. 그 정언이 청정하면 일체시방제불의 옹호한 바 되리니 이것이 바로 정언이다. 正言者 等解諸法 知一切法至於滅盡 知一切法歸賢聖法及與解脫 是謂正言 … 其正言者 一切諸法無人壽命 等說諸法從意緣起 如其所種各得其實 菩薩等示衆生宣其經法令行佛道 其正言淨則爲一切十方諸佛之所擁護 是爲正言"라고 하였다. [참고문헌]『阿那律八念經』, 『大寶積經』. ⇨정어 正語

정언설 正言說 Ⓢsamyag-vāc, Ⓣyang-dag-pa'i-ngag. 바르게 말하고 타인을 설득하다. 다른 이로 하여금 믿게 하는 뜻이다. 『중변분별론』 권하(대정장31, p.459a23)에 "(팔정도에서) 타인을 믿게 하는 분이라 하였으니, 이 세 가지 의처(見·戒·知足)로서 설하고 말하며, 함께 바른 뜻을 어렵게 논의하여, 함께 그 뜻을 사유해 뜻을 가려내어 다른 이로 하여금 믿게 하면 '이 사람에게는 지혜가 있다'라고 한다. 이렇게 하기에 '타인을 믿게 하는 분'이라고 한다. 令他信分者 三處依正言說言語 共相難正義 共思擇義時 他得信 是人有智 是故令他信"라고 하였다. [참고문헌]『中邊分別論』, *Madhy-vibh.54.* ⇨정어 正語

정업 正業 ❶Ⓢsamyak-karma-anta, Ⓟsammā-kammanta, Ⓣyang-dag-pa'i-las-kyi-mtha'. 팔정도(八正道 Ⓢāryāṣṭāṅga-mārga) 중 네 번째. 살생·도둑질·음행의 사업(邪業)을 짓지 않고, 몸과 입과 마음(身口意)으로 청정한 행위를 하는 것. 정어(正語)·정명(正命)과 함께 계온(戒蘊)으로 거둔다. 정행(正行)·제행(諦行)이라고도 한다. 나아가 일체업(一切業)이 공적(空寂)한 줄 알아 일체행에 있어 무루로 작의함의 뜻이다. 사업(邪業)에 맞선다. 『중아함경』 권49「성도경 聖道經」(대정장1, p.736a18 : *Mahācattārīsaka-sutta, MN.3,* p.74)에 "무엇을 정업이라 하는가? 살생을 여의고, 주지 않은 것을 취하지 않으며, 사음하지 않는 것을 정업이라 한다. 云何正業 離殺 不與取邪婬 是謂正業 pāṇātipātā veramaṇī, adinnādānā veramaṇī, kāmesu micchācārā veramaṇī. ayaṃ bhikkhave sammākammanto sāsavo puññābhāgiyo upadhivepakko", 『대방등대집경』 권26(대정장13, p.180b19)에 "무엇을 정업이라 하는가? 정업이란 업으로서 비록 일체업을 무너뜨린다면 이는 업이라 할 수 없고, 적정의 인을 지으니 이는 더럽지도 깨끗하지도 않으며, 번뇌를 무너뜨려 증장하지 않게 하니 이를 정업이라 한다. 이 업을 이와 같이 알아 선업을 짓더라도 모든 업이 다 공적하고 견실하지 않으며 괴로운 것일 뿐 즐거울 일 없다고 관한다면 이를 정업이라 한다. 云何正業 正業者 若業雖能壞一切業 亦不名業 若業能作寂靜之因 不垢不淨 能壞煩惱 不令增長 是名正業 知業如是 猶作善業 亦觀諸業皆悉空寂 無有堅實 是苦無樂 是名正業", 『법온족론』 권6(대정장26, p.481c25)에 "무엇을 정업이라 하는가? … 무루작의와 상응하는 사택력이기에, 그릇된 삶의 방식으로 나아가는 몸의 세 가지 악행과 그 밖의 몸의 악행을 버려서 얻는 무루의 멀리 여윔 내지 무표신업을 정업이라 한다. 云何正業 … 無漏作意相應思擇力故 除趣邪命身三惡行 於餘身惡行所得無漏遠離 乃至無表身業 是名正業", 『유가사지론』 권29(대정장30, p.445a22 : *Śrāv-bh.,* p.328)에 "만일 여법히 의복·음식·좌구와 와구·치병을 위한 약·필요한 물품을 구하는 경우에, 가거나 오거나 할 때 정지로서 머물며, … 먹거나 마시거나 씹거나 맛보거나 할 때 정지로서 머물며, … 일상의 모든 행동거지에서도 … 정지로서 머물면 이를 정업이라 한다. 若如法求衣服 飮食 諸坐臥具 病緣醫藥 供身什物 於追求時 若往若還 正知而住 … 若食若飮 若噉若嘗 正知而住 … 若行若住若坐若臥 … 正知而住 是名正業 sa ceccīvarapiṇḍapātaśayanāsanaglānapratyayabhaiṣajyapariṣkārairthī bhavati. tatparyeṣaṇām vāpadyate. so 'bhikramaḥ. pratikrame saṃprajānamdvihārī … aśitapītakhāditāsvādite … gate, sthite, niṣaṇṇe … saṃprajānadvihārī bhavati. ayamasyocyate samyakkarmāntaḥ"라고 하였다. [참고문헌]『中阿含經』, 『大方等大集經』, 『法蘊足論』, 『瑜伽師地論』, *MN.,* *Śrāv-bh.* ⇨팔정도 八正道, 등업 等業, 등행 等行, 사업 邪業[1] ❷정토교(淨土敎)의 정정업(正定業). 『선택전홍결의초』 권1(대정장83, p.35b22)에 "정업이란 명호를 부르는 염불이다. 아미타불의 본원을 따르기 때문이다. 正業者 稱名念佛 順弥陁本願故"라고 하였다. [참고문헌]『選擇傳弘決疑鈔』. ⇨정정업 正定業, 정조이업 正助二業 ❸결정적인 업. 거들어 돕는 업은 조업(助業)이라 한다. 『능엄경집주』 권8(卍속장17, p.393a4)에 "중생의 사음과 살생은 정업의 성이고, 오신채와 음주는 조업의 성이다. 衆生以婬殺是正業之性 彼五辛酒乃助業之性", 『사분율산보수기갈마소제연기』 권3(卍속장64, p.837b18)에 "소리는 업의 바탕이고 마음으로 도와 성취하면 명자구다. 이 명구를 쓰면 곧 구업일 뿐이니, 마음은 조업의 인이지 정업의 체는 아니다. 聲爲業體 以心助成 名字句也 用此名句 卽爲口業 心是助業之因 非正業體"라고 하였다. [참고문헌]『楞嚴經集註』, 『四分律刪補隨機羯磨疏濟緣記』. ⇨이업 二業[2], 조업 助業, 성명구문 聲名句文

정업 定業 ❶Ⓢkarma niyatam. 선과 악의 과보를 받는 것과 그 시기가 결정된 업. 부정업(不定業)과 대칭한다. 정업은 다시 시간적인 순서에 따라 순현법수(順

現法受)·순차생수(順次生受)·수후차수(順後次受)로 나뉜다. 『대반야경』 권477(대정장7, p.418b22)에 "악업을 짓고 증장하여 삼악도에 떨어지고, 선업 중에 정업을 짓고 증장함으로 인하여 색계와 무색계에 난다. 由於惡業 造作增長 墮三惡趣 於善業中 由於定業 造作增長 生於色界 或無色界", 40권본 『대반열반경』 권31(대정장12, p.550b5)에 "업은 두 가지다. 정과 부정이고 정업에 둘이 있으니 보가 결정되는 것과 때가 결정되는 것이다. 보가 결정되었지만 때가 결정되지 않은 것은 연이 합하면 받는다. 혹은 세 때로 받으니 현생에 받고 다음 생에 받고 그후에 받는다. 선남자여! 만약 정해진 마음으로 선과 악등 업을 짓고, 짓고 나서 믿는 마음을 깊이 일으켜서 환희하고 원을 세우며 삼보를 공양하는 것, 이것을 정업이라고 한다. 業有二種 定以不定 定業有二 一者報定 二者時定 或有報定而時不定 緣合則受 或三時受 所謂現受生受後受 善男子 若定心作善惡等業 作已深生信心歡喜 若發誓願供養三寶 是名定業"라고 하였다. [참고문헌] 『大般若經』, 『大般涅槃經』, 『俱舍論』 권15(대정장29, p.81c10), *Abh-k-bh.229.* ⇨ 사업 四業[3], 사업가 四業家, 사정업 四定業, 부정업 不定業, 순현법수업 順現法受業, 순차생수업 順次生受業, 순후차수업 順後次受業 **2** 염불사종업(念佛四種業) 중 하나. 『왕생요집』 권하(대정장84, p.82a17)에 "첫째, 정업은 좌선하고 정에 들어 부처님을 관하는 것이다. 一 定業 謂坐禪入定觀佛"라고 하였다. [참고문헌] 『往生要集』. ⇨ 염불사종업 念佛四種業 **3** 정토에 날 수 없게 정해진 업. 『정토론』 권중(대정장47, p.91b9)에 "정토에는 여인이 없기 때문이다. 이것은 정업으로 고쳐 움직일 수 없으니 곧 업장이다. 근이 결여된 이라 하였으니, 예를 들면 이 땅에 장님·귀머거리 등의 인을 결정적으로 심었으니 또한 왕생할 수 없다. … 만약 이승을 배우는 학인과 이승의 방편도 중에 있는 사람은 이승을 정인으로 심었기에 대승과 시방정토를 믿지 않으니, 또한 왕생할 수 없다. 以淨土中無女人故 此是定業 不可改動 卽是業障也 根缺者 若人於此土中 定種盲聾等因 亦不得往生 … 若是二乘學人 及二乘方便道中人 種二乘定因 不信有大乘及十方淨土者 亦不得往生"라고 하였다. [참고문헌] 『淨土論』. **4** 정을 닦는 일. 『비화경』 권9(대정장3, p.222c24)에 "비록 정도를 행하더라도 제법을 보지 못한다. 비록 정업을 행해도 마음의 적정을 보지 못한다. 비록 혜업을 행해도 마음의 행로를 보지 못한다. 雖行正道 不見諸法 雖行定業 不見心之寂靜 雖行慧業 不見心之所行", 『보우경』 권1(대정장16, p.287c18)에 "여래께서 설하셨다. 모든 비구들은 마땅히 공경하고, 청정한 계를 지키며, 오로지 정을 닦고 반야를 배우고 익혀야 하리. 以如來說 諸苾芻等應當恭敬 守護淨戒 專修定業 習學般若"라고 하였다. [참고문헌] 『悲華經』, 『寶雨經』.

정업 淨業 **1** Ⓢ śubha-karman, śuci-karman, Ⓟ suci-kamma, Ⓣ gtsang-ba'i-las. 청정한 행위. 『별역잡아함경』 권13(대정장2, p.468a17)에 "종성이 바라문(Ⓢ brāhmaṇa)인 것이 아니고, 종성이 전다라(Ⓢ caṇḍāla)인 것이 아니다. 정업으로 바라문이 될 수 있고, 악행으로 전다라가 될 수 있다. 種姓不是婆羅門 種姓不是旃陀羅 淨業得作婆羅門 惡行得爲旃陀羅"라고 하였다. [참고문헌] 『別譯雜阿含經』, *Lal-v.21.*, *Yogā-bh.193.*, *MN.1.39.* **2** Ⓢ kṣetra-pariśuddhi-karman, Ⓣ zhing-yongs-su-dag-pa'i las. 정토에 왕생하는 업. 염불(念佛) 수행 등을 말한다. 『관무량수경』(대정장12, p.341c7)에 "또한 미래세의 모든 범부들이 정업을 닦고자 한다면 서방의 극락국토에 날 수 있도록 하겠다. 저 국토에 나려면 세 가지 복을 닦아야 한다. 첫째는 부모를 효성으로 봉양하고 스승을 받들어 모시고 자비로운 마음으로 살생하지 않고 십선업을 닦는 다. 둘째는 삼귀의를 수지하고 갖은 계를 구족하고 위의를 범하지 않는다. 셋째는 보리심을 내고 인과를 깊이 믿고 대승경을 독송하고 다른 이들도 권하여 나아가게 한다. 이와 같은 세 가지 일을 정업이라 한다. 亦令未來世一切凡夫 欲修淨業者 得生西方極樂國土 欲生彼國者 當修三福 一者 孝養父母 奉事師長 慈心不殺 修十善業 二者 受持三歸 具足衆戒 不犯威儀 三者 發菩提心 深信因果 讀誦大乘 勸進行者 如此三事 名爲淨業" 『관무량수경의소』(대정장37, p.242a10)에 "지금 이것은 세 가지의 정업이 정토에 나는 인임을 밝혔다. 今此明三種淨業 爲生淨土因也", 『왕생론주』 권상(대정장40, p.829a24)에 "안락정토란 바로 무생인보살의 정업으로 일으킨 바이고, 아미타여래라는 법왕이 다스리는 곳이다. 安樂淨土是無生忍菩薩淨業所起 阿彌陀如來法王所領"라고 하였다. [참고문헌] 『觀無量壽經』, 『觀無量壽經義疏』, 『往生論註』, *Sūtr.26.* ⇨ 삼종정업 三種淨業[2], 십선업 十善業, 정토 淨土 **3** ➡ 정업화상 淨業和尙

정업결정 定業決定 Ⓢ samādhānācyutau kṛtasiddhau niyatipātaḥ, Ⓣ ting-nge-'dzin-nyams-par-med-pa-la-nges-par-'gyur-ba. 육종결정(六種決定) 중 하나. 선정을 성취하여 물러남이 없이 결정된 것. 『삼장법수』 권20(대장경보편22, p.392a11)에 "다섯 번째 정업결정이다. 보살이 선정력으로 중생의 정정업을 성취하여 반드시 정에서 영원히 물러나거나 잃어버림이 없는 것을 말한다. 五 定業決定 謂菩薩由禪定力 成就衆生正定之業 必定永不退失"라고 하였다. [참고문헌] 『三藏法數』, 『大乘莊嚴經論』 권12(대정장31, p.652b14), *Sūtr.166.* ⇨ 육종결정 六種決定[1]

정업력 定業力 정을 성취하여 갖게 된 힘. 욕계의 성자가 목숨을 마칠 때 갖추는 세 가지 힘 중 하나다. 『대비바사론』 권64(대정장27, p.329c25)에 "모든 성자는 세 가지 힘을 갖추니, 첫째 성도력, 둘째 번뇌력, 셋째 정업력이다. 정업력 때문에 온전히 물듦을 떠나고서 명을 마치는 뜻이 있다. 번뇌력 때문에 온전히 물러나서 명을 마치는 뜻이 있다. 성도력 때문에 부분적으로 물듦을 떠나서 명을 마치는 뜻이 있다. 성자가 아닌 중생은 오직 번뇌력과 정업력만 있고 성도력은 없다. 以諸聖者具三種力 一 聖道力 二 煩惱力 三 定業力 定業力故有全離染而命終義 煩惱力故有全退已而命終義 聖道力故有分離染而命終義 異生但有二種力 謂煩惱力定業力無聖道力"라고 하였다. 〔참고문헌〕『大毘婆沙論』.

정업부정업 定業不定業 정업(定業 Ⓢniyata-karma : 定受業)과 부정업(不定業 Ⓢaniyata-karma : 不定受業). 선악 등의 이숙과 받는 때가 정해지거나 그렇지 않은 업을 말한다. 『구사론』 권15(대정장29, p.81c5)에 "이와 같은 세 가지 업에는 정업과 부정업이 있다. 그 모습은 어떠한가? … 〔논〕 위에서 말한 순락수업 등은 각각 정과 부정의 다름이 있다. 보를 받음이 정해지지 않았으므로 부정이라는 이름을 세운다. 정업에는 다시 세 가지니, 첫째는 순현법수업, 둘째는 순차생수업, 셋째는 순후차수업이다. 이 세 가지 정업과 앞의 부정업이 합해져서 전부 네 가지다. 혹 어떤 이는 부정수업에 다시 두 가지라고 하니, 즉 이숙과에 정부정이 있고 더불어 세 가지 정업을 더해 다섯 가지다. 如是三業 有定不定 其相云何 … 論曰 此上所說 順樂受等 應知各有 定不定異 非定受故 立不定名 定復有三 一 順現法受 二 順次生受 三 順後次受 此三定業 并前不定 總成四種 或有欲令 不定受業 復有二種 謂於異熟 有定不定 并定業三合成五種", 같은 책 권15(대정장29, p.81c21)에 "비유자들은 업에 사구가 있다 하니, 첫째 어떤 업은 때는 결정되었으나 이숙은 결정되지 않은 업 순현법수업 등 세 가지 업으로 이숙이 결정되어 있지 않은 업이다. 둘째 어떤 업은 이숙은 결정되어 있으나 때는 결정되지 않은 업이 있으니, 즉 부정업으로 이숙이 결정되어 있는 업이다. 셋째 어떤 업은 두 가지 모두 결정되어 있으니, 즉 순현법수업 등으로 이숙이 결정되어 있는 업이다. 넷째 어떤 업은 두 가지 모두 결정되어 있지 않으니, 즉 부정업으로서 이숙이 결정되어 있지 않은 업이다. 譬喩者說業有四句 一者 有業 於時分定 異熟不定 謂順現等三 非定得異熟 二者 有業 於異熟定 時分不定 謂不定業 定得異熟 三者 有業 於二俱定 謂順現等 定得異熟 四者 有業 於二俱不定 謂不定業 非定得異熟", 『유가사지론』 권60(대정장30, p.635c3)에 "다시 앞서 말한 작업과 증장업과 같이 앞서 말한대로 다섯 가지 인연으로 말미암아 극히 중한 업이라면 정수업이라 하고, 이것과 어긋나는 것을 부정수업이라고 한다. 復次 如先所說 作及增長業 若先所說 由五因緣 成極重業 名定受業 與此相違 名不定受業"라고 하였다. 〔참고문헌〕『俱舍論』, 『瑜伽師地論』, *Abh-k-bh.229.* ⇨ 정업 定業❶, 부정업 不定業, 삼시업 三時業❶, 사업 四業❸❹

정업원 淨業院 고려와 조선시대 도성에 있던 비구니 사찰. 안일원(安逸院)이라고도 하였다. 〔고려시대 정업원〕『고려사』 권18 세가(世家)18 의종 18년(1164) 윤11월 24일에 "정업원으로 거처를 옮겼다. 移御淨業院"라고 한 것이 최초의 기록이다. 1232년(고종19) 강화천도(江華遷都) 후에는 강화도에, 1270년(원종11) 개경환도(開京還都) 후에는 다시 개경에 정업원을 두었는데, 『고려사』 권24 세가24 고종 38년(1251) 6월에 "이달에 박훤의 집을 정업원으로 삼고, 성 안의 비구니들을 모아 머물게 하였다. 바깥에 담을 쌓고 출입을 금하였다. 是月 以朴暄家爲淨業院 集城內尼僧居之 築外墻禁出入"라고 하였다. 1316년(충숙왕3) 5월에는 대사헌(大司憲) 조연수(趙延壽)가 죄를 지은 황주목사(黃州牧使) 이집(李緝)의 처를 정업원에 두었다. 고려후기에는 지공화상(指空和尙 ?~1363)의 제자인 비구니 묘장(妙藏)이 주지로 있으면서 스승의 비를 세우고자 하였다. 〔조선시대 정업원〕 조선시대 정업원의 위치는 현재의 서울 종로구 숭인동 청룡사로 여겨진다. 『세종실록』 권61 15년(1433) 7월 29일에 "백악에 이르러 동쪽으로 향해 뻗은 줄기 끝에 정업원이고 북쪽으로 능선이 가로지른다. 나뉜 한줄기가 동쪽으로 이어지다가 동대문에 이르러 멈추니 왼쪽 경계다. 또 한줄기가 동남쪽으로 내려가 종묘와 창덕궁의 맥이 된다. 來至白嶽 向東分支至淨業院 北作橫崗 分生一條 迤邐而東 至東大門而止 爲左關欄 又一條東南而下 爲宗廟 昌德宮之脈"라고 하였으며, 이외에도 정업원이 궁궐 인근에 있었음을 알려주는 『조선왕조실록』 기록들이 많다. 권상로는 '창덕궁 후원 서쪽 골짜기 昌德宮後苑西洞'로 위치를 비정하였다. 1398년(태조7) 제1차 왕자의 난(戊寅定社) 때 흥안군(興安君) 이제(李濟)가 죽자 부인인 경순공주(慶順公主)가 머리를 깎고 정업원 비구니가 되었다. 1411년(태종11) 6월 9일에 정업원 이외의 산속 비구니승방(尼僧房)을 모두 철거하였고, 1412년 7월 29일에 사간원(司諫院)에서 정업원을 혁파해 줄 것을 청하였으나, 태종이 허락하지 않았다. 1419년(세종1) 11월 28일・1447년(세종29) 6월 9일과 23일에 신하들이 재차 정업원 혁파를 청하니, 세종은 점차적으로 혁파할 것을 명하였으나 결국 1448년에 폐지하였다. 『세종실록』 권122 30년 11월 28일에 "의정부에서 예조의 정문에 의거하여 '정업원을 점차 혁파하라는 명은 이미 일찍이 받았습니다. … 이치 마땅하니 빨리 혁파하여야 합니다'라고 아뢰니, 왕이 따랐다. 議政府據禮曹呈啓 淨業院漸次革罷 已曾受敎 … 理宜亟罷 … 從之"라고 하였다. 불교를 숭상하였던 세조가 즉위하자 정업원을 다시 두었는데, 『세조실록』 권9 3년(1457) 9월 16일에 "예조에 전지하기를, '정업원을 다시 세우고 노비 30구·전지 100결을 주어 승니가 살 곳을 얻게 하라'라고 하였다. 傳旨禮曹曰 … 復立淨業院 給奴婢三十口 田地一百結 俾僧尼爲得活之所"라고 하였다. 또 1458년 4월 9일에 노비 70구를 추가로 내렸으며, 1459년 5월 29일에는 중창할 것을 명하였고 이후로도 지속적으로 정업원에 대해 관심을 가지고 지원하였다. 예종은 1468년(즉위년) 11월 15일에 호조(戶曹)에 명하여 달마다 갱미 7석을 정업원에 주게 하였고, 1469년 1월 21일에 남이(南怡)의 금은(金銀)을 적몰(籍沒)하여 정업원에 주게 하였으며, 9월 4일에는 소속된 경거노비(京居奴婢)의 잡역을 면제하였다. 성종 때에는 1473년(성종4) 8월 25일에 유자환(柳子煥)의 부인 윤씨(尹氏)의 주지 임명, 1475년 5월 26일에 설잠(雪岑)의 정업원 출입, 1482년 2월 2일에 수춘군(壽春君) 이현(李玹)의 부인 정씨(鄭氏)의 주지 임명 등을 문제시하는 상소가 이어졌으며, 1487년 2월 3일에는 정업원을 폐할 것을 주청하는 상소가 있었으나 왕이 허락하지 않았다. 결국 정업원은 연산군에 의해 다시 폐사되었는데, 연산군은 1504년(연산군10) 7월 29일에 정업원의 비구니들을 한치형(韓致亨)의 집으로 옮겨 살게 하였으며, 1506년 3월 23일에는 비구니 중 일부를 연방원(聯芳院) 노비로 보냈다. 중종과 자순대비(慈順大妃)는 정업원을 다시 짓고자 하였으나 신하들의 반대로 이루지 못하였으며, 명종 때에 이르러 다시 세웠다. 『명종실록』 권4 1년(1546) 7월 26일에 "옛 정업원〈즉 안일원이다. 옛날 승니들이 거처하던 곳으로 지금은 폐사되었다〉을 인수궁에 부속시켰다가 사무가 좀 없어지면 수리하여, 선왕의 후궁으로 연로한 자를 그곳에 옮겨 머물게 하라. 以古淨業院〈卽安逸院 古僧尼所居處 今廢〉屬仁壽宮 待事務稍歇 使之修理 先王後宮有故 則移寓于彼可也"라고 하였다. 이후 신하들이 정업원을 선왕 후궁들의 거처로 삼는 것이 부당하다고 상소하였으나, 1549년(명종4)에 옛 정업원터에 인수원(仁壽院), 곧 인수궁(仁壽宮)을 지었다. 선조 때에도 지속적으로 혁파 요청이 이어졌으나 왕이 따르지 않았다. 1623년(광해군15)에 상궁 김개시(金介屎)가 정업원에서 불공을 드렸다는 것이 관련된 마지막 기록이다. 한편 『영조실록』 권117 47년(1771) 8월 28일에 "임금께서 정업원 옛터에 전각을 짓고 비를 세울 것을 명하셨으며, '정업원구기'라는 다섯 글자를 내리셨다. 정업원은 흥인문 바깥 산골짜기에 있으며 남쪽으로 동관왕묘와 멀지 않으니, 즉 연미정동이다. 단종대왕의 왕후 송씨가 손위한 후에 머물던 옛터이다. 上命建閣于淨業舊基立碑 御書淨業院舊基五字以下 院在興仁門外山谷中 南距東關王廟不遠 卽燕尾汀洞 而端宗大王王后宋氏遜位後 所住舊基也"라고 하였는데, 이 석비와 비각이 위치한 정업원 터가 유형문화재 제5호로 지정되어 있다. 유희춘(柳希春 1513~1577)의 『미암집』 권17 「경연일기 經筵日記」(한국문집총간34, p.487a8), 이유원(李裕元 1814~1888)의 『임하필기』 권22 「분불상 焚佛像」 등에 관련 기록이 수록되어 있다. [참고문헌] 『高麗史』, 『世宗實錄』, 『世祖實錄』, 『明宗實錄』, 『英祖實錄』, 『東國輿地備考』, 『眉巖集』, 『林下筆記』, 『牧隱文藁』 권14 「西天提納薄陀尊者浮屠銘」(한국문집총간5, p.120a8), 『太宗實錄』, 『睿宗實錄』, 『燕山君日記』, 『光海君日記』, 『韓國寺刹全書』 권하 p.1019b3. ⇨ 니사 尼寺, 안일원 安逸院, 인수원 仁壽院, 자수원 慈壽院, 청룡사 青龍寺, 왕실여인출가 王室女人出家

정업원구기비

정업장경 淨業障經 Ⓢ Ārya-karmāvaraṇaviśuddhi-nāma-mahāyāna-sūtra, Ⓣ 'phags-pa-las-kyi-sgrib-pa-rnam-par-dag-pa-shes-bya-ba-theg-pa-chen-po'i-mdo. 역자 미상. 1권. 전진(前秦) 혹은 서진(西秦)대(351~431) 한역. 『정제업장경 淨諸業障經』이라고도 한다. 고려장14, pp.244a1~250c24, No.525·대정장24, pp.1095b15~1100b11, No.1494에 수록되어 있고, 티베트역본(北京版 No.884)도 전한다. 무구광(無垢光)비구가 걸식을 나갔다가 음녀의 주술에 걸려 불사음계(不邪婬戒)를 범한 인연을 시작으로 부처님께서 일체법의 자성이 청정하지만 범부중생이 알지 못하고 분별하여 삼악도에 떨어지지만 장애와 업장을 청정하게 하는 길도 있음을 설시하신다. 과거에 용시(勇施)비구가 똑같이 불사음계를 범하고도 현재 다른 세상에서 성불한 이야기를 듣고, 많은 대중들이 발심하여 수기를 받고 업장을 깨끗이 하게 되는 법문이다.

정업정인 淨業正因 정토에 왕생하기 위한 정인(正因). 『관무량수경』(대정장12, p.341c8)에 "서방국토에 왕생하고 싶은 이는 반드시 세 가지 복을 닦아야 한다. 첫째, 부모를 효성으로 봉양하고 스승을 받들어 모시며 자비심으로 살생하지 않고 십선업을 닦는 것이다. 둘째, 삼귀를 수지하고 여러 계를 갖추며 위의를 범하지 않는 것이다. 셋째, 보리심을 일으키고 인과를 깊이 믿어 대승경전을 독송하며 수행을 독려하는 것이다. 이와 같은 세 가지를 정업이라 한다. 부처님께서 위제희에게 말씀하셨다 '너는 이제 알겠느냐? 이 세 가지 업이 과거·현재·미래 삼세제불의 정업의 정인이다'. 欲生彼國者 當修三福 一者 孝養父母 奉事師長 慈心不殺 修十善業 二者 受持三歸 具足衆戒 不犯威儀 三者 發菩提心 深信因果 讀誦大乘 勸進行者 如此三事 名爲淨業 佛告韋提希 汝今知不 此三種業 乃是過去未來現在 三世諸佛 淨業正因", 『무량수불경의소』 권중(대정장37, p.290c21)에 "'이러한 세 가지 업은 과거·미래·현재 삼세제불의 정업의 정인이다'라고 하였다. 삼세의 과보와 공덕이 이것에 의지하여 이루어지므로 정인이라 하였다. 此三種業 過去未來現在 三世諸佛 淨業正因 三世果德 籍此而成 故曰正因", 『연종보감』 권1(대정장47, p.308b7)에 "무릇 대승의 현묘한 핵심은 본래 일심을 떠나지 않는다. 정업의 정인은 반드시 먼저 십선을 닦아야 한다. 몸과 말에서 칠중의 죄를 끊으면 칠행이 이루어지고, 의식에서 삼독의 뿌리를 없애면 삼학이 저절로 갖추어지니 『아미타경』 안에서 정토를 구하는 이가 반드시 닦아야 하는 바이다. 夫大乘玄要 元不離於一心 淨業正因 必先修於十善 斷身口七重之罪 七行斯成 滅意識三毒之根 三學自備 彌陀經內求淨土者之所當修"라고 하였다. 〔참고문헌〕『觀無量壽經』, 『無量壽佛經義疏』, 『蓮宗寶鑑』. ⇨ 정업 淨業 [2]

정업지진 淨業知津 청대 오개(悟開) 지음. 1권. 1829년(도광9) 간행. 卍속장109, pp.791a1~797b4에 수록되어 있다. 청신녀(清信女) 당정(唐貞)을 위하여 칭념염불(稱念念佛)의 요의(要義)를 밝힌 책이다. 〔참고문헌〕『摩訶阿彌陀經衷論』(卍속장32, p.621a16).

정업통책 淨業痛策 청대 조영(照瑩) 지음. 1권. 1877년(광서3) 간행. 卍속장110, pp.309a1~321a8에 수록되어 있다. 정토왕생(淨土往生)에 관한 저자의 생각을 엮은 시문집(詩文集)이다.

정업화상 淨業和尙 당대 정토종 스님 선도(善導 613~681)의 별호. 선도화상이 항상 정토왕생 하기 위한 정업을 닦았기에 붙여진 명칭이다. 『낙방문류』 권4 「임종정념결 臨終正念訣」(대정장47, p.213a5)에 "지귀자가 정업화상께 여쭈었다. '세간의 큰 일이란 생사를 넘지 못하는 것입니다. 한 숨결 돌아오지 않으면 후세에 속하게 되고, 한 찰나의 마음이 어긋나면 윤회에 빠집니다. 저는 여러 차례 가르침을 입어서 염불왕생의 법에 대해서 그 이치는 비록 밝으나 병들어 죽음에 이르러서는 마음이 산란하여 가족을 걱정하고 미혹이 정념을 흔들어 정토왕생의 정인을 잃게 될까 걱정입니다. 엎드려 바라건대 거듭 지름길로 돌아가는 방편을 알려주셔서 윤회의 고통에서 벗어나게 해주십시오'. 知歸子致問於淨業和尙曰 世之大者 莫越生死 一息不來 乃屬後世 一念若錯 便墮輪迴 小子累蒙開誨 念佛往生之法 其理雖明 又恐病來死至之時 心識散亂 仍慮家人 惑動正念 忘失淨因 伏望 重示歸逕之方 俾脫沈輪之苦"라고 하였다. 〔참고문헌〕『樂邦文類』. ⇨ 선도 善導

정역 正譯 곧바로 뒤친 말. 직역(直譯). 정번(正翻)이라고도 하며, 의역(意譯) 또는 의번(義翻)과 대칭한다. 『화엄경탐현기』 권18(대정장35, p.452a16)에 "이 (比丘라는 말의) 정역은 없고, 의역에 세 가지가 있다. 此無正譯 義翻有三", 『대일경소』 권1(대정장39, p.592c8)에 "범부를 정역하면 이생이 마땅하다. 凡夫者 正譯應云異生", 『번역명의집』 권4(대정장54, p.1110b29)에 "남산은 말했다. '비니(Ⓢ vinaya)는 멸이라 한역한다. 이는 공능에 따라 붙인 이름이지 정역은 아니며, 정역하면 율이다. 율이란 법이다. 이는 교에 따라 붙인 이름이다'. 南山云 毘尼翻滅 從功能爲名 非正譯也 正翻爲律 律者法也 從敎爲名"라고 하였다. 〔참고문헌〕『華嚴經探玄記』, 『大日經疏』, 『翻譯名義集』. ⇨ 정번 正翻

정연 淨緣 청정한 연. 정연기(淨緣起)의 줄임말. 염연(染緣)의 대칭어이다. 『사념처』 권3(대정장46, p.569b5)에 "범부는 청정한 연을 만나면 청정하게 되고, 부정한 연을 만나면 부정하게 된다. 이 도리를 통달하면 전변을 터득할 수 있다. 凡夫 遇淨緣成淨 遇不淨緣便不淨 達此道理 得其轉變", 『반야심경구해이지』(卍속장92, p.968b6)에 "정이란 청정이다. 청정한 연을 따라 무명을 끊고 열반의 정덕을 취해야 깨끗하게 되기에 진공은 청정도 받아들이지 않는다. 淨者 淸淨 隨淨緣而斷無明 成涅槃淨德 爲淨 眞空亦不受淨"라고 하였다. 〔참고문헌〕『四念處』, 『般若心經句解易知』. ⇨ 정연기 淨緣起, 염연 染緣, 열반 涅槃, 진공 眞空

정연 彭淵 544~611. 속성은 조(趙)씨. 경조(京兆) 무공(武功: 陝西省) 출신. 팽연(彭淵)이라고도 한다. 열세 살에 출가했다. 북주(北周) 무제(武帝) 폐불 때에도 계율을 지키고 지관(止觀)을 닦으며 『화엄경』·『열반경』·『십지경론』 등 경론을 연구하고 강설했다. 장안(長安) 교외 종남산에 지상사(至相寺)를 개창하고 근본도량으로 삼았다. 후에 영유(靈裕)의 조언으로 수(隋) 문제(文帝)의 깊은 예우를 받았다. 이후 지상사의 터를 옮기고 확장했다. 611년(대업9)에 입적했다. 제자는 법림(法琳)과 지정(智正) 등이 있었다. 〔참고문헌〕『唐高僧傳』 권11(대정장50, p.511b20).

정연기 淨緣起 청정한 연기. 줄여서 정연(淨緣)이라고도 한다. 진여를 훈습하여 무명을 끊고 열반을 성취함을 말한다. 염연기(染緣起)와 대칭한다. 『원각경약소』 권상2(대정장39, p.538a6)에 "정연기라 하였다. 『대승기신론』(대정장32, p.578b7)에 '진여법이 있기에 무명을 훈습하여 망심으로 하여금 생사의 고통을 싫어하고 열반을 즐겨 구하도록 한다. 이렇게 싫어하여 구하기에 진여를 훈습하게 되어 스스로 자신의 성을 믿고 마음이 헛되게 움직일 뿐 앞의 경계는 본래 없다고 알아 멀리 여의는 법을 닦는다. 갖가지 방편으로 그대로 따르는 행을 일으켜 취하지도 않고 생각하지도 않아 오랫동안 훈습한 힘으로 무명이 사라진다. 무명이 사라지기에 마음에 일어남이 없고 경계 또한 그것을 따라서 사라지고 마음의 상도 모두 다하니, 그 이름이 「열반을 얻어 자연업을 이룬다」고 한다'. 그러므로 정연기는 전의 물든 연기를 뒤쳐 무자성을 연으로 염도 정도 함께 아울러 법계성과 합한다. 淨緣起者 論云 以有眞如法故 熏習無明 則令妄心 厭生死苦 樂求涅槃 以厭求故 卽熏習眞如 自信己性 知心妄動 無前境界 修遠離法 種種方便 起隨順行 不取不念 乃至久遠熏習力故 無明則滅 無明滅故 心無有起 境界隨滅 心相皆盡 名得涅槃成自然業 然淨緣起 翻前染緣 緣無自性 染淨俱融 合法界性", 『화엄현담회현기』 권31(卍속장12, p.468b14)에 "삼승의 인을 연으로 삼고 삼승의 과를 일으키는 것으로 삼아 정연기라 한다. 三乘之因爲緣 三乘之果爲起 名淨緣起"라고 하였다. [참고문헌] 『圓覺經略疏』, 『華嚴懸談會玄記』. ⇨ 정연 淨緣

정연료 正緣了 정인(正因)·연인(緣因)·요인(了因)을 줄여서 함께 이르는 말. 『금광명경현의습유기』 권1(대정장39, p.17a29)에 "무릇 법성은 한량없는 공덕을 갖추기 때문에 한량없는 이름이 있으니 금광명, 법신·반야·해탈, 법신·보신·응신, 정인·연인·요인, 나아가 고·혹·업 등이라 한다. 蓋由法性 具無量德 有無量名 名金光明 亦名法身般若解脫 亦名法報應 亦名正緣了 乃至名苦惑業", 『마하지관』 권7(대정장46, p.98b18)에 "『법화경』「상불경품」처럼 중생이 정인·연인·요인의 세 가지 불성을 갖추고 있음을 잘 안다. 즉 (불성이) 아직 발현되지는 않았지만 이 인연들이 모이면 반드시 생길 것이다. 如常不輕 深知衆生 具正緣了 卽雖未發 會必應生"라고 하였다. [참고문헌] 『金光明經玄義拾遺記』, 『摩訶止觀』. ⇨ 정인 正因 ❶, 연인 緣因, 요인 了因 ❶, 삼인불성 三因佛性 ❶

정열 晶悅 고려후기 스님. 다른 법명은 징영(澄靈), 시호는 자각국사(慈覺國師). 순천 조계산 수선사(修禪社) 제8대 법주이며, 제13대 법주 각엄국사(覺儼國師) 복구(復丘)의 두 번째 스승이다. 금명보정(錦溟寶鼎)의 『불조록찬송』(한불전12, p.347b20)에 "조계종 자각국사의 휘는 정열이다. 찬하노라. 자애롭기는 깨우침으로부터 군생을 제도하셨으니 중생의 마음이 바로 수정일 수 있음에 기꺼워 하셨네. 광명이 사라지지 않아 그 법등이 아직도 이어지니 천고의 조계에 내리던 겁우마저 맑았네. 曹溪宗慈覺國師 諱晶悅 贊曰 慈從始覺濟群生 悅可衆心是水晶 光明不滅燈猶續 千古曹溪劫雨晴", 『저역총보』 권3(한불전12, p.482a15)에 "조계산 송광사 자각국사〈정열징영〉비〈탑이 감로암 뒤에 있음〉 曹溪山松廣寺慈覺國師〈晶悅澄靈〉碑〈塔在甘庵后〉", 『제정집』 권3 「각진국사비명〈병서〉 覺眞國師碑銘〈幷序〉」(한국문집총간3, p.291a4)에 "자각국사는 대사의 두 번째 스승인데, 대사를 지극한 예로써 모시며 일찍이 학도들을 대사에게 맡기려고 하였다. 대사가 '얻은 것 있어야 남에게 전할 수 있는데, 저는 진실로 감당하지 못하겠습니다'라 말하고, 마침내 백암사로 갔다. 慈覺國師 師之二師也 待之甚禮 嘗以學徒 委諸師 師曰 有得於己 然後傳諸人 吾固不敢 遂往白巖寺"라고 하였다. [참고문헌] 『佛祖錄讚頌』, 『著譯叢譜』. ⇨ 복구 復丘, 보정 寶鼎

정염 貞琰 다듬어 글을 새겨 넣은 비석을 가리키는 말. 정민(貞珉)·정석(貞石)이라고도 한다. 당 왕발(王勃)의 『왕자안집』 권14 「재주현무현복회사비 梓州玄武縣福會寺碑」에 "이에 고운 붓을 뽑아 정염에 새긴다. 仍抽麗筆 俯刊貞琰"라고 하였다. [참고문헌] 『王子安集』. ⇨ 정민 貞珉, 정석 貞石

정염송 正念誦 행자가 정에 머물러 본존의 형상이나 또는 진언문자를 염송하는 것. 사종염송(四種念誦)이나 오종염송(五種念誦) 중 삼마지염송(三摩地念誦)과 같으며, 가지염송(加持念誦)이라고도 한다. 『소실지갈라공양법』 권하(대정장18, p.702c18)에 "정염송할 때에는 본존의 형상을 관하거나 혹은 진언의 모든 문자를 관하며 어떤 때는 그 본존의 심장 위에 있는 진언의 문자를 관하거나 혹은 적정심으로 염송을 짓는다. 염송법은 급하지도 느리지도 않게 하며, 또한 소리도 크거나 지나치게 작지도 않게 하며, 중간에 다른 사람과 함께 말하지도 말아야 하며, 또한 마음이 모든 바깥 경계를 연하지 않는다. 진언문자는 틀려서는 안 되며 본존을 눈앞에 대하는 것처럼 관해야 한다. 正念誦時 觀本尊形 或觀眞言所有文字 或時觀彼 本尊心上有眞言文字 或寂淨心 而作念誦 念誦之法 不急不緩 亦不聲高 亦不太小 中間不應共餘人語 亦不心緣 諸外境界 眞言文字 不得訛錯 當觀本尊 如對目前"라고 하였다. [참고문헌] 『蘇悉地羯羅供養法』. ⇨ 가지염송 加持念誦, 사종염송 四種念誦 ❷, 오종염송 五種念誦, 염송 念誦 ❶

정염송 定念誦 본존(本尊) 등의 대일여래진언을 염송하는 일. 이를 통해 행자는 여래구밀(口密)을 성취한다.

정염송(正念誦)·가지염송(加持念誦)·삼매야염송(三昧耶念誦)과 같은 뜻이고, 산염송(散念誦)의 상대어다. ［참고문헌］空海 『弘法大師全集』(祖風宣揚會, 吉川弘文館, 1910). ⇨정염송 正念誦, 가지염송 加持念誦, 삼매야염송 三昧耶念誦, 산염송 散念誦

정영 淨瑩 1612~1672. 명말청초(明末淸初)대 조동종(曹洞宗) 스님. 자는 원결(元潔), 별호는 목당(睦堂), 속성은 장(莊)씨. 강도(江都 : 江蘇省) 출신. 20세에 금릉(金陵 : 江蘇省 南京)으로 가서 종산(鍾山)에 투신하면서 출가하였다. 다음 해에 항주(杭州 : 浙江省) 보은원(報恩院)의 서백명설(瑞白明雪)을 찾아가 법을 물었고, 24세에는 스승을 따라 천태호국사(天台護國寺)에서 구족계를 받고 법을 얻었다. 1653년(순치10) 홍도아누사(洪都阿耨寺)에 주석한 뒤에 초상방사(楚上方寺)·절강변산용화사(浙江弁山龍華寺) 등에 주석하였다. 1672년(강희11) 7월 24일 세수 61, 법랍 41세로 입적하였다. 『원결영선사어록 元潔瑩禪師語錄』 10권(가흥장39, No.B453)을 남겼다. 지원(智願)이 지은 「행장 行狀」과 정부(淨符)가 지은 「탑명 塔銘」에 전기가 전한다. ［참고문헌］『五燈全書』 권113(卍속장142, p.148b10).

정영 瀞暎 1923~2007. 호는 영파(靈波), 속성은 문(文)씨. 1923년 12월 25일 경상남도 창원에서 태어났다. 어린 시절에는 일본에서 수학하였으며 1940년 합천 해인사(海印寺)에서 포산혜천(飽山慧天)을 은사로 하고 법춘(法春)을 계사로 하여 스님이 되었다. 1947년 해인사에서 상월율사를 계사로 하여 비구계를 받았다. 만공(滿空)선사를 법사로 모시고 참선공부를 시작하여 1943년부터 금강산 마하연(摩訶衍)·유점사(楡岾寺)·해인사·지리산 칠불암(七佛菴)·문경 대승사(大乘寺)·통영 미래사(彌來寺)·강화 보문사(普門寺)·도봉산 망월사(望月寺)·천안 광덕사(廣德寺) 등 선방에서 수십 안거를 성만했다. 1945년 교단 정화운동이 끝난 후 조계종 총무원 총무부장, 교무부장, 해인사 총무, 천축사(天竺寺)·봉은사(奉恩寺)·망월사·갑사(甲寺) 등의 주지를 역임하였다. 1964년 도봉산 천축사에서 무문관(無門關)을 개설하여 6년간 결사하였고 1993년부터는 계룡산 갑사 대자암(大慈庵)에서 무문관인 삼매당(三昧堂)과 시방당(十方堂)을 개설하고 많은 납자로 하여금 무문관에서 정진토록 외호를 아끼지 않았다. 1998년에는 조계종 원로위원에 추대되었다. 2007년 12월 24일(음력 丁亥年 11월 15일) 오후 4시 34분에 "참이니 거짓이니 논하지 말게. 만사는 처음부터 봄눈과 같은 것. 암주여! 어디로 가느냐고 묻지를 마라. 통활한 자성 하늘에 눈 닮은 달빛 가득하네. 眞名假號誰擬議 萬事元來如春雪 莫問菴主何處去 通闊性天涵雪月"라는 임종게를 설하고 세수 85, 법랍 66세를 일기로 입적하였다. ［참고문헌］『佛敎新聞』(2008.1.9), 「曹溪宗元老靈波堂瀞暎大宗師永訣式」.

정영사 淨影寺 중국 섬서성(陝西省) 서안(西安)에 있던 절. 수(隋) 개황년간(581~600)에 문제(文帝)가 창건했다. 혜원(慧遠 523~592)은 이 절에서 『열반경 涅槃經』과 『십지론 十地論』 등을 강설했는데 학도가 700여 명에 달했다. 이 때문에 여산(廬山)의 혜원과 구별해 정영사 혜원이라 부른다. 이후 당 천보년간(742~756)에 불공삼장(不空三藏)이 주석하며 관정단(灌頂壇)을 개설해 역경에 종사했다. 『화엄경전기』 권1(대정장51, p.156c28)에 "수 정영사 혜원법사는 만년에 이 『화엄경』의 소를 짓다가 「회향품」에 이르자 갑자기 가슴에 통증을 느껴 살펴보니 가슴의 모공에서 피가 흘러나오고 있었다. 隋淨影寺慧遠法師 晩年造此經疏 至廻向品 忽覺心痛 視之乃見當心毛孔流血外現", 『신수과분육학승전』 권23(卍속장133, p.827b8)에 "(靈璨과) 동료 열 명은 원공을 따라 관중에 들어가 대흥선사에 머물다가 개황 17년(597)에 대중을 이끌라는 칙명을 받고 정영사에 머물렀다. 儔侶十人 隨遠公入關 住大興善寺 開皇十七年 詔補衆主 住淨影寺"라고 하였다. ［참고문헌］『華嚴經傳記』, 『新修科分六學僧傳』.

정오 丁午 고려후기 스님. 호는 무외(無畏). 원혜국사(圓慧國師)의 사제(師弟)이며 의선순암(義旋順菴)의 제자이다. 일찍이 승과의 상상과(上上科)에 합격하였으나, 명리를 싫어하여 깊은 산에서 수도하였으며 충렬·충선·충숙왕 등 3대의 존숭을 받았다. 1302년(충렬왕28) 여름에 왕이 중사(中使) 김광식(金光軾)을 보내서 강진 월출산 백운암(白雲庵)으로 옮겨 주지토록 하고 원찰로 삼았다. 1306년(충렬왕32) 겨울에 왕으로부터 '백월낭공적조무애대선사 白月朗空寂照無礙大禪師'라는 호를 받았다. 이듬해에 충렬왕과 아들 심양왕(瀋陽王 : 충선왕)에게 구의(摳衣)의 예를 받고 왕사로 책봉되어 '불일보조정혜묘원진감대선사 佛日普照靜慧妙圓眞鑑大禪師'라는 왕사호를 받았으며, 장흥 용두산(龍頭山) 금장사(金藏寺)를 하산소(下山所)로 삼았다. 1309년(충선왕1) 겨울에 왕명으로 개풍 국청사(國淸寺)에 주석하다가 이듬해에 밀양 영원사(瑩原寺)의 주지로 추대되었다. 1313년(충숙왕1) 11월에는 왕이 부왕의 명을 받들어 국통(國統)으로 책봉하고 '대천태종사쌍홍정혜광현원종무외국통 大天台宗師雙弘定慧光顯圓宗無畏國統'이라는 국통호를 바쳤으며, 국사의 고향인 순창현을 군(郡)으로 승격시켜 국사에 대한 예를 다하였다. 1314년(충숙왕2) 내전으로 가서 영원사 주지를 사임하였으나 받아들여지지 않고 다시 진주 영봉산 용암사(龍巖

寺) 주지에 임명되었다. 입적년도와 탑비건립에 관한 기록은 전하지 않는다. 제자에는 금장사 미륵삼존을 개금한 굉지(宏之)를 비롯하여 승숙(承淑)·일생(日生) 등이 있다. 『동문선』에서는 석무외(釋無畏)라는 이름으로 권18에 「고석정기 孤石亭記」·권109에 「원혜국통제문 圓慧國統祭文」·권111에 「대인천모소 代人薦母疏」 등 여러 편의 명작이 전하고 있다. [참고문헌] 『高麗史』 권34 世家34 忠肅王卽位年 11月, 『東文選』, 『萬德寺誌』(亞細亞文化社, 1977) pp.57~68.

정오구월 正五九月 정월·5월·9월의 삼 개월. 장재(長齋)를 지키는 세 달을 말한다. 삼장재월(三長齋月)·장재월(長齋月) 등이라고도 한다. 『사분율행사초자지기』 권하(대정장40, p.406c21)에 "일년에 세 번이란 정월·5월·9월이다. 저승의 업경이 남섬부주를 두루 비추는데 선악이 있으면 거울에 모두 드러난다. 年三者 正五九月 冥界業鏡 輪照南洲 若有善惡 鏡中悉現", 『불조통기』 권39(대정장49, p.362b3)에 "무덕(武德) 2년 : 불제에 의거하여 정월·5월·9월 및 십재일에는 형의 집행과 도살과 낚시를 금하는 것을 영원한 국가의 법도로 삼는다는 조서를 내렸다. 二年 詔依佛制 正五九月及月十齋日 不得行刑屠釣 永爲國式", 『백장청규』 권1(대정장48, p.1114c12)에 "정월·5월·9월과 육재일에는 각 사원에 기도도량을 세우고 생명을 죽이지 못하도록 한다. 장경 중에서 비사문천왕이 매 년 사대부주를 순찰하는데 정월·5월·9월에는 남섬부주를 다스린다는 이야기를 수용하였기 때문에 도살을 금한다. 正五九幷六齋日 各寺建祈禱道場 不得殺生命 取藏經中 有毘沙門天王 每歲巡按四大部洲 正五九月治南瞻部洲 故禁屠宰"라고 하였다. [참고문헌] 『四分律行事鈔自持記』, 『佛祖統紀』, 『百丈淸規』. ⇨ 삼장재월 三長齋月, 재 齋

정옥 貞玉 만해(卍海) 한용운(韓龍雲 1879~1944)의 자(字). [참고문헌] 智冠 『韓國高僧碑文總集 朝鮮朝·近現代』 p.1026. ⇨ 한용운 韓龍雲

정옥 淨屋 비구들이 머물 수 있도록 승가에 시여되는 집. 반드시 백의인 정주(淨主)의 작정(作淨)이 있어야 한다. 『오분율』 권22(대정장22, p.150a25)에 "부처님께서 말씀하셨다. '비구에게 보시한 정옥에서 공양하는 것을 허락한다'. 비구들이 새로 주처를 만들 때 아직 승가의 정옥이 없어서 어떻게 해야할지 몰라 부처님께 말씀드렸다. 부처님께서는 다음과 같이 말씀하셨다. '만약 새로 주처를 만든다면 먼저 모처를 지정하여 청정한 곳으로 삼은 연후에야 그곳에서 공양할 수 있다. 만약 갈마하지 않았다면 비구는 그 안에 들어올 수 없고 밝은 곳으로 나가야 한다'. 어떤 주처가 있었는데 비구들이 오랫동안 버려두었다. 후에 비구가 무엇이 정옥인지 몰라서 부처님께 말씀드렸다. 부처님께서 말씀하셨다. '만약 이십 년 동안 비어 있었다면 비구들의 뜻대로 다시 정옥으로 만드는 것을 허락한다'. 佛言 聽於施僧淨屋中作食 有諸比丘 新作住處 未有僧淨屋不知云何 以是白佛 佛言 若作新住處 應先指某處作淨地 便可以食置中 若未羯磨 比丘不得入中 至明相出 有一住處 諸比丘久已捨去 後來 比丘不知 何者是淨屋 以是白佛 佛言 若十二年空 聽諸比丘隨意 更作淨屋", 『선견율비바사』 권17(대정장24, p.795b4)에 "변방을 어떻게 정옥으로 만드는가? 처음 기둥을 세울 때, 우선 구덩이를 만들고, 기둥을 구덩이 가까이에 놓고서 비구가 둘러싸고 기둥을 들어 올리고 이렇게 말한다. '승가의 대중을 위하여 정옥을 짓는다'. 이렇게 세 번 말하고, 말이 끝나면 기둥도 세운다. 둘째·셋째·넷째 기둥도 이와 같이 말한다. 하나의 기둥에 대하여 말해도 정옥이 된다. 집을 지었다면 어떻게 청정하게 하는가? 집주인을 불러와서 다음과 같이 말한다. '이 집은 아직 청정하지 않으니, 당신이 대중 스님들을 위하여 청정하게 하십시오'. 단월이 '이 정옥을 대중 스님들에게 보시하니, 뜻대로 받아서 사용하십시오'라고 하면 곧 청정한 집이 됩니다. 만약 먼저 집을 지었는데, 집 주인이 없으면 어떻게 청정하게 하는가? 만약 마을에 노인이 있으면 모셔와서 '이 집이 아직 청정하지 않으니, 정주가 될 것을 요청합니다'라고 한다. 그런데 단월이 말을 이해하지 못하면, 비구는 다음과 같은 말을 하도록 해야 한다. 즉 '이것은 정옥이니, 대중 스님들께 보시합니다. 뜻대로 받아서 사용하십시오'. 그러면 곧 정옥이 되니 뜻대로 받아서 사용하며 음식을 놓아두되 내숙죄(內宿罪 : 음식물을 승가 안에 저장하는 죄)나 내자죄(內煮罪 : 음식물을 승가 안에서 조리하는 죄)는 없도록 한다. 邊房 云何結作淨屋 若初竪柱時 先作坑 以柱近坑 比丘圍繞捧柱而說 爲僧衆作淨屋 如是三說 說亦竟柱亦竪 第二 第三 第四柱 亦如是說 若說一柱 亦成淨屋 若以成屋 云何作淨 應喚屋主來語言 此屋未淨 汝爲衆僧作淨 檀越作是言 此淨屋 布施衆僧 隨意受用 卽成淨屋 若先作屋 無屋主 云何作淨 若聚落有老宿 應喚來 此屋未作淨 請爲淨主 若檀越不解說 比丘應教作是言 此是淨屋 布施衆僧 隨意受用 卽得作淨屋 受用隨意 安置飮食 無內宿 無內煮罪"라고 하였다. [참고문헌] 『五分律』, 『善見律毘婆沙』. ⇨ 정인 淨人, 정시 淨施 ■

정온 定蘊 Ⓢ samādhi-skandha, Ⓟ samādhi-khandha, Ⓣ ting-nge-'dzin-gyi-phung-po. 온갖 삼매(三昧 : 定)를 통틀어 하는 말. 유학무학의 정(定)과 유학무학이 아니지만 일체선(一切善)인 정을 말한다. 또는 무학오온(戒 定 慧 解脫 解脫知見蘊) 중 정온을 말한다. 『집이문족론』 권7(대정장26, p.394b19)에 "정온

이란 무엇인가? 〔답〕 박가범께서는 『변삼온기별경』에서 말씀하셨다. '비구들이여! 나는 유학의 정과 무학의 정 그리고 일체선으로서 유학이나 무학이 아닌 정도 다 정온이라 설한다'. 이를 정온이라 한다. 定蘊云何 答 如薄伽梵 於辯三蘊記別經中 作如是說 苾芻當知 我說學定 若無學定 若一切善非學非無學定 皆是定蘊 是名定蘊", 『구사론』 권21(대정장29, p.110c26 : *Abh-k-bh.*, p.319)에 "도거와 악작은 능히 정온을 장애한다. 掉擧惡作能障定蘊 auddhatyakaukṛtyena samādhiskandhasya … upaghāta", 『유가사지론』 권29(대정장30, p.445a12 : *Śrāv-bh.*, p.327)에 "정념과 정정은 정온에 서 거둔다. 正念正定 定蘊所攝 tatra yā ca samyaksmṛtiḥ, yaśca samyaksamādhirayaṃ samādhiskandhaḥ", 같은 책 권68(대정장30, p.674b22)에 "〔문〕 어떤 인연으로 정념과 정정이 정온이라고 말하는가? 〔답〕 두 가지 인연에서 그렇다. 첫째는 그 자성 때문이고, 둘째는 소의 때문이다. '자성 때문'이란 삼마지를 말하는 것이고, '소의 때문'이란 네 가지 인연으로 인해 염(念)은 이 정의 소의가 될 수 있다. 첫째는 소연을 묶기 때문이니, 사념주로 그 마음을 묶어 거둔다. 둘째는 정에 수순하기 때문이니, 이 염으로 인해 근문을 수호하며 정지로 머물며 환희처를 순하여 수념하고 작의하면서 정에 수순하는 것이다. 셋째는 번뇌를 끊기 때문이니, 각각의 부정관 등으로 번뇌들을 다스리고 뜻을 지으며 온갖 번뇌를 끊는다. 넷째는 끝까지 자주 수습하는 상작의이기 때문이니, 멀리 여의고자 해서 그치거나 들거나 버리는 상에 있어 틈새 없이 은근하게 거듭하는 중에도 언제나 자주 수습한다. 이렇기 때문에 이 염은 정의 소의가 된다. 問 何因緣故正念正定說爲定蘊 答 二因緣故 一 由自性故 二 由所依故 由自性者 謂三摩地 由所依者 四因緣故 念於此定能作所依 一 繫所緣故 謂於四念住繫攝其心 二 隨順定故 謂由此念 於守護根門 正知而住 順歡喜處 隨念作意中 能隨順定 三 能斷蓋故 謂於各別不淨觀等 諸蓋對治作意中 能斷諸蓋 四 極多修習相作意故 謂遠離者 於止擧捨相 無間殷重加行中 能多修習 是故此念爲定所依"라고 하였다. 〔참고문헌〕 『集異門足論』, 『俱舍論』, 『瑜伽師地論』, *Abh-k-bh.*, *Śrāv-bh.* ⇨ 정 定[1], 선정 禪定, 무학오온 無學五蘊, 온 蘊

정와집 正訛集 명대 운서주굉(雲棲袾宏) 지음. 1권. 1574년(만력2) 간행. 『운서법휘』 권15, 가흥장33, pp.74a1~80a10에 수록되어 있다. 천불의(千佛衣)·오조불양모(五祖不養母)·서방십만팔천(西方十萬八千)·고사미불수계(高沙彌不受戒)·우란분(盂蘭盆)·양무제(梁武帝)·나무불(南無佛)·삼의(三衣)·체발불체수(剃髮不剃鬚) 등 모두 66개 조목으로 구성되어 있다. 대부분 당시 도속(道俗)에 와전(訛傳)되었던 주제들을 모아 다뤘다. 책 제목은 이러한 '와전된 것들을 바로잡아 모았다'는 취지이고 각 조목에 대한 서술도 이에 준한다. 천불의에 관한 첫 구절을 예로 들면 "요즈음 가사 가득 제불을 수놓아 천불의라 하는데 이것은 와전이다. 부처님 형상은 다만 정수리에 접은 채로 올렸을 때 머리 부분에만 있게 함이 마땅하니 펴서 걸쳤을 때 어깨에 오게 해야 한다. 近世袈裟上 遍繡諸佛 云千佛衣 此訛也 佛像止宜 頂戴在首 負荷在肩而已"(p.74b14)라고 하였다. 출전을 상세히 밝히면서 본래의 교의를 밝히고자 힘썼다. 〔참고문헌〕 『淨土資糧全集』 권1(卍속장108, p.439a3), 『百丈淸規證義記』 권8(卍속장111, p.843a7).

정완 靜琬 ?~639. 수대 스님. 정완(淨琬)이라고도 하며, 『명보기』 권상(대정장51, p.789c4)에서는 지원(智苑)이라 하였다. 출신지는 미상이다. 대업년간(605~617) 유주(幽州 : 北京市) 지천사(智泉寺)에 주석할 당시 북주(北周) 무제(武帝)가 불교를 철저하게 파괴함을 마주하고는 마침내 발원하여 모든 경전을 돌에 새겨 돈주(涿州 : 河北省) 백대산(白帶山)에 감추어둠으로써 훗날에 학인들이 수행할 자량으로 삼게 하였다. 백대산은 그로 인하여 석경산(石經山)으로도 불렸고, 그 뒤에 석경산(石景山)으로 개명하였다. 당시 수양제(隋煬帝) 황후의 원조를 받았다. 『자백존자전집』 권14 「방산현천개골향암기 房山縣天開骨香庵記」(卍속장126, p.881a10)에 "북제 때 혜사존자가 대장경을 돌에 새겨 부처님의 혜명을 영구히 보존하고자 서원한 이래로 수대 정완이 계승하였다. 自北齊慧思尊者 鐫大藏於石 以壽佛慧命 隋靜琬繼之"라고 한 기사로 보면 폐불로 인한 위기의식에서뿐만 아니라 혜사의 유업을 이은 작업이기도 하였다. 뜻을 다 이루기 전인 639년(정관13) 입적하였지만, 문인들이 각경의 유업을 이어 완수하였다. 〔참고문헌〕 『冥報記』, 『紫栢尊者全集』, 『憨山集』 권22 「復涿州石經山琬公塔院記」(卍속장127, p.521b18), 『宗統編年』 권9(卍속장147, p.145b10).

정왕경 頂王經 ❶ 서진(西晉)대 축법호(竺法護)가 한역한 『대방등정왕경 大方等頂王經』(대정장14, No.477의 줄인 이름. ⇨ 대방등정왕경 大方等頂王經[1] ❷ 양(梁)대 월파수나(月婆首那)가 한역한 『대승정왕경 大乘頂王經』(대정장44, No.478)의 줄인 이름. ⇨ 대승정왕경 大乘頂王經

정왕생교 正往生教 왕생을 설하는 정통 교법. 『무량수경 無量壽經』의 교법을 가리킨다. 나머지 경전은 왕생에 관한 부대적인 교법이라는 뜻에서 방왕생교(傍往生教)라 하여 대칭시킨다. 『흑곡상인어등록』 권1 「대경석 大經釋」(대정장83, p.105c19)에 "이 경전을 근본으로 삼고 나머지는 부대적으로 아울러 왕생정토를 밝히니 다른 경전들은 지말로 삼는다. 또한 이 경전을 정왕생교라 하고, 나머지 모든 경전은 방왕생교라 한다. 以此經而爲根本 以餘兼明往生淨土 諸經而爲枝末 又以斯經 名正往生教 以餘諸經 名傍往生教"라고 하였다. [참고문헌] 『黑谷上人語燈錄』. ⇨ 무량수경 無量壽經

정외 情外 분별 밖에 있다. 분별을 벗어나다의 뜻이다. 『화엄오교장』 권4(대정장45, p.500a25)에 "저 진상은 무상과 다르지 않은 상이고, 무상과 다르지 않은 상은 분별의 밖을 넘어서므로 진상이라 한다. 以彼眞常 不異無常之常 不異無常之常 出於情外 故名眞常", 『화엄오교장복고기』 권3상(卍속장103, p.538a4)에 "진여의 온전한 바탕 움직여 온갖 법이 되지만 항상한 진성은 변하지 않는다. 그러므로 무상중에 상은 유무의 헛된 분별 벗어난다. 眞如全體 動爲諸法 而恒不變眞性 故無常之常 出於妄情 所謂之有無", 『대승의장』 권19(대정장44, p.838c4)에 "분별 밖의 이치라 해도 분별에 덮여 있으므로 숨어 있다고 한다. 분별을 버려야 이가 드러나는 일이 있다고 한다. 情外之理 本爲情覆 故說有隱 去情理現 故說有顯"라고 하였다. [참고문헌] 『華嚴五教章』, 『華嚴五教章復古記』, 『大乘義章』.

정요 征徭 부세(賦稅)와 요역(徭役). 조세와 공용(公用)을 목적으로 국가 등에서 의무적으로 부과하는 요역 곧 부역(夫役)으로, 어디로 간들 피할 수 없는 것을 비유한다. 『선원청규』 권10(卍속장111, p.933a12)에 "복전의(가사)를 입은 수행자는 예로부터 부세도 요역도 면했다. 福田衣下客 自古免征徭", 『청익록』 10칙 「평창 評唱」(卍속장117, p.822b7)에 "모르는가? '싸늘한 바위에 색다르게 푸른 풀 지키려 하지 마라. 흰 구름에 앉은들 그 어떤 것도 묘하지 않다'는 말을. 깊은 산에서 더 깊은 곳으로 가건 말건 부세와 요역을 피할 곳은 그 어디에도 결코 없으리라. 不見道 莫守寒巖異草青 坐著白雲宗不妙 任是深山更深處 也應無處避征徭"라고 하였다. [참고문헌] 『禪苑淸規』, 『請益錄』.

정욕 情欲 Ⓟ sārāga. 삼계(三界) 어디에나 있는 욕망. 음욕을 가리키기도 한다. 사욕(四欲) 중 하나이기도 하다. 『증일아함경』 권32(대정장2, p.724b18)에 "자매여! 눈에 보이는 색에 집착하지 마시오. 색에 집착하지 않음으로써 안은처에 이르면 다시는 정욕은 없으리니. 大妹 莫著眼色 以不著色 便至安隱之處 無復情欲", 『장아함경』 권6 「소연경 小緣經」(대정장1, p.38a2 : *Aggañña-sutta*, *DN.3*, p.88)에 "그때 중생이 다시 그것을 취하여 먹으면서 세상에 오래 머물자 남녀의 구분이 생겼고 함께 서로를 보면서 점차로 정욕이 늘어나 더욱 서로 가까이 하게 되었다. 是時衆生 復取食之 久住於世 便有男女 互共相視 漸有情欲 轉相親近 tesaṃ ativelaṃ aññaṃ upanijjhāyataṃ sārāgo udapādi, pariḷāho kāyasmiṃ okkami. te pariḷāhapaccayā methunaṃ dhammaṃ paṭiseviṃsu", 『사십이장경』(대정장17, p.723b14)에 "누구라도 도를 닦으면서 정욕에 미혹되지 않고 온갖 사악함에 속지 않으며 의심없이 정진한다면 나는 그가 도를 깨달으리라고 보증하겠다. 人爲道 不爲情欲所惑 不爲衆邪所誑 精進無疑 吾保其得道矣", 『성유식론소초』 권9(卍속장80, p.550b15)에 "저 지옥 중에서도 정욕은 있다. 만일 남여근이 있다면 지옥 중에 정욕이 발현하겠지만, 남근과 여근이 없다면 어떻게 정욕을 일으키겠는가? 彼地獄中 而有情欲 若有男女根 可許地獄中 而現情欲 若無男女根 如何起情欲", 『금강경정해』 권상(卍속장92, p.563a13)에 "의리에 마땅하면 선법이고, 정욕을 동하게 한다면 악법이다. 當于義理者 善法也 動于情欲者 惡法也"라고 하였다. [참고문헌] 『增壹阿含經』, 『長阿含經』, 『四十二章經』, 『成唯識論疏抄』, 『金剛經正解』, *DN*. ⇨ 사욕 四欲 ❷

정용 淨用 청정한 움직임. 구작(無作)의 용으로 생멸문(生滅門) 중에서 훈습(熏習)하는 진여(眞如)의 용을 가리킨다. 『대승기신론』(대정장32, p.578a20)에 "무명의 물든 법에는 진실로 청정한 업이 없다. 다만 진여로 훈습하기에 깨끗한 움직임 있을 뿐이다. 無明染法 實無淨業 但以眞如 而熏習故 則有淨用", 『화엄경소초』 권32(대정장36, p.246c8)에 "정용이 있다 하였으니, 이는 생멸문 중에 본각진여이므로 훈습의 뜻이 있는 것이다. 진여문 중에는 이 뜻이 없다. 이 본각이 안으로 불각을 훈함으로 싫어하게 하여 흐름을 뒤쳐 진여를 따르므로 용이라 한다. 言有淨用者 此是生滅門中 本覺眞如 故有熏義 眞如門中 則無此義 由此本覺 內熏不覺 令成厭求 反流順眞 故云用也", 『대승기신론열망소』 권4(대정장44, p.444c12)에 "정용이 있다는 말은, 비유컨대 악취가 사라지면 비로소 향기의 용이 드러나듯 한다. 물든 상이 있으면 반드시 물든 용이 있다. 물든 용으로 생사를 반복하니 과실이 심중하므로 굳이 언급하지 않는다. 무릇 정용이 있다면 반드시 정상이 있다. 정상은 청정한 체와 그윽히 합하니, 세인들이 헤아릴 경지가 아니므로 이 또한 애써 말하지 않는다. 說有淨用者 譬如因除臭氣 方顯香之用也 夫有染相 必有染用 而染用流轉生死 過失深重 故不言之 夫有淨用 必有淨相 而淨相冥合淨體 非世所測 故不言之", 『대승의장』 권3(대정장44, p.530b1)에 "정용에도 두 가지가 있다. 첫째, 연을 따라 드러나는 용이다. 진식의 체가 본래 망념에 덮혔다가 다시 망염을 그치고 연을 따라야 비로소 청정해진다. 정중의 차별을 성정이라 하니 지음이 없는 인과다. 둘째, 연을 따라 짓는 용이다. 본래 범부로 있을 때 연을 따라 조작하여 육도생사하다가, 나중에 상대하여 다스리려 모으고 방편을 일으킨다. 이는 조작이 있는 인과다. 청정한 용은 이와 같이 진실한 식에 이 세 가지 뜻을 갖추고 망식이 또 하나이므로 합하여 네 가지가 있다. 淨用之中 亦有二種 一 隨緣顯用 眞識之體 本爲妄陰 復息妄染 隨緣始淨 淨中差別 說爲性淨 無作因果 二 隨緣作用 本在凡時 隨緣造作 六道生死 後隨對治 集生方便 有作因果 淨用如是 以眞識中 具斯三義 妄識爲一故 合有四"라고 하였다. [참고문헌] 『大乘起信論』, 『華嚴經疏鈔』, 『大乘起信論裂網疏』, 『大乘義章』. ⇨ 진여 眞如

정우 正友 1285~1352. 원대 임제종(臨濟宗) 스님. 호는 고매(古梅), 속성은 정(丁)씨. 일설로는 우(于)씨. 광신부(廣信府 : 江西省 上饒市) 유계(貴溪) 출신. 유년기 때 말산본(末山本)을 은사로 삼아 출가한 뒤에 홍주(洪州 : 江西省) 반야사(般若寺)의 절학세성(絶學世誠) 문하로 들어가 3년 동안 수행하다가 그 법을 이었다. 처음에는 포성(浦城 : 福建省)의 천심사(天心寺)에서 법을 널리 알리고 있던 중 1324년(태정1) 진익종(陳益宗)이 절을 창건하고 초조(初祖)로 초빙하였다. 그 뒤 건녕부 고앙산으로 옮겼을 때 자의를 하사받고 담연지원(湛然至遠)이라는 호와 함께 불일광지(佛日廣智)라는 호도 하사받았다. 『오등회원속략』 권3(卍속장138, p.972a8)에 "달 져서 산머리 깜깜하고, 구름마저 가로지르니 골짜기부터 어둡다. 생사의 일 밝히고자 하는가? 본래마음을 곧바로 가리킬 뿐이니. 본래마음을 얻은 이 있는가? 밤은 고요하니 수고로이 거듭 달빛을 빌리지 마라. 옥두꺼비 저 허공 중에 걸렸으니. 月落山頭慘 雲橫谷口陰 欲明生死事 直指本來心 還有會得本來心底麽 夜靜不勞重借月 玉蟾常拄太虛中"라는 등의 법어가 전한다. 1352년(지정2) 세수 68세로 입적했다. 『고매정우선사어록 古梅正友禪師語錄』 2권을 남겼다. [참고문헌] 『五燈會元續略』, 『南宋元明禪林僧寶傳』 권10(卍속장137, p.717a2), 『五燈全書』 권58(卍속장141, p.238a14), 『續燈存稿』 권8(卍속장145, p.192a2).

정우십삼년명동종 貞祐十三年銘銅鐘 고려시대 범종. 일본 경도(京都) 고려미술관(高麗美術館) 소장. 높이 50.4cm · 입지름 27.3cm · 두께 3cm. 법당 내에서 의식구로 사용하던 소종이다. 종의 정상부에는 천판(天板)에 입을 붙인 용뉴(龍鈕)와 음통(音筒)이 있고, 상대 위로는 입상화문대(立狀花文帶)가 있다. 상대 바로 아래 네 개의 연곽(蓮廓)이 있고,

정우십삼년명동종

그 사이에 두 당좌(撞座)와 연화좌에 앉은 천인상(天人像)이 번갈아 표현되어 있다. 연곽 아래 점각(點刻)된 명문에 "정우 13년(1225 · 고종12) 을유 정월 일에 대량평(大良坪 : 전북 고창) 관음사의 종을 조성하였다. 무게는 22근 7보이다. 貞右十三年乙酉正月日造 大良坪觀音寺鍾 入卄二斤七甫"라고 하였다. [참고문헌] 『高麗美術館藏品図錄』(財団法人高麗美術館, 2003) p.217.

정우육년명북선원사금고 貞祐六年銘北禪院寺金鼓 고려시대 금고. 삼성미술관 리움 소장. 지름 35cm · 측면 너비 7cm. 1959년에 충남 예산에서 출토되었다고 전한다. 금고의 뒷면은 공명구(共鳴口)가 넓게 뚫려 있어 구연이 좁으며, 고면(鼓面)은 당좌(撞座) · 중구(中區) · 외구(外區)로 구획되어 있다. 당좌에는 연과(蓮果)가 점으로 표현되어 있고, 중구에는 12엽의 연판문, 외구에는 모란당초문이 세밀하게 시문되어 있다. 측면에 새겨진 명문에 "정우 6년(1218 · 고종5) 무인 7월 일 … 반자 1좌를 삼가 조성하여 대흥군 북선원사에 매달았다. 마음을 함께하여 조성한 이는 주지 중대사 문오, 직장동정 한대육 … 대장은 원청, 조역은 효문 · 효정 · 승인이다. 貞祐陸年戊寅七月日 … 敬鑄成飯子一座 懸排大興郡北禪院寺 同心鑄成者住持重大師文奧 直長同正韓大育 … 大匠元淸 助役孝文孝貞僧印"라고 하였다. [참고문헌] 『韓國金石全文』 中世下 p.971. ⇨ 금고 金鼓

정우육년명북선원사금고

정운붕 丁雲鵬 명대 불화가(佛畫家). 자는 남우(南羽), 호는 성화거사(聖華居士). 안휘성(安徽省) 휴녕(休寧 : 黃山市) 출신. 불도에 대한 신앙이 깊었지만 도교풍의 술법(術法)도 좋아하여 단전(丹田)의 일종인 소련(燒鍊)을 익히기도 하였다. 특히 오도자(吳道子)의 화법을 터득하여 불화를 그렸으며, 불교뿐만 아니라 도교의 존상(尊像)도 잘 그렸다. 만력년간(1573~1620) 명성이 널리 퍼지면서 그 작품을 진귀한 보물로 여겨 서로 소장하려 다툴 정도였다. 『감산집』 권32 「제제조도영후 題諸祖道影後

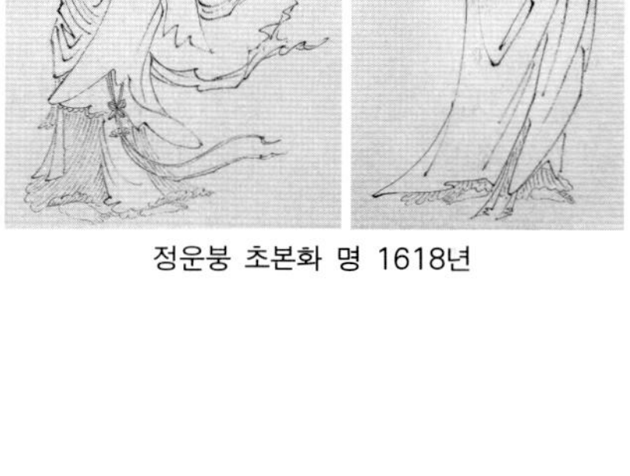
정운붕 초본화 명 1618년

」(卍속장127, p.670b14)에 "신안의 고사 정운붕은 단청에 탁월하여 장승요(張僧繇)·오도자의 솜씨에 못지 않았다. 新安高士 丁雲鵬者 丹青之妙 不減僧繇道子",『관하집절초』(卍속장110, p.696b10)에 '정운붕이 그린 아라한상을 보고 짓다. 題丁雲鵬畫阿羅漢像'라는 제목 아래 "해가 떠서 온갖 생물을 비추어 보니, 거듭하는 생과 사가 그치는 순간이 없구나. … 몸을 빼돌려 불타는 집에서 벗어나니, 여섯 도적 그 어느 놈이 속이리오? 日出照羣動 生死無休時 … 抽身脫火宅 六賊誰能欺"라고 하였다. [참고문헌]『憨山集』,『觀河集節鈔』,『紫柏尊者別集』권2(卍속장127, p.111a6).

정원 正原 ?~1869. 조선후기 스님. 호는 학운(鶴雲). 용악보위(聳嶽普衛 1817~1883)의 은사로 명주사(明珠寺) 원통암(圓通庵)을 창건하였다. 용악보위가 비문을 지어 1872년(고종9) 7월 명주사에 행적비를 세웠다. 「명주사학운당정원대사비문」(『건봉사본말사적』, p.171)에 "내가 도광년간(1821~1850)에 스님을 시봉하였다. 기르고 가르쳐주시니 곧 부모님의 수고로움과 같았다. 불행히도 동치 기사년(1869·고종6) 4월 초하루에 갑자기 적멸하시는 애통함을 겪었다. 予於道光 奉侍師傅 養之教之 便同劬勞 不幸 同治己巳 四月朔日 庵遭寂滅之痛"라고 하였다. [참고문헌]『乾鳳寺本末事蹟』(亞細亞文化社, 1977), 智冠『韓國高僧碑文總集 朝鮮朝·近現代』p.712,『嶺東地方金石文資料集』II(關東大, 1984) p.34. ⇨ 보위 普衛

정원 正願 Ⓢ samyak-praṇidhāna, Ⓣ yang-dag-pa'i-smon-lam. 보살의 바른 원(願). 발심원(發心願)·수생원(受生願)·소행원(所行願)·정원·대원(大願)을 말한다.『유가사지론』권45(대정장30, p.543b8)에 "무엇이 보살이 닦아야 할 정원인가? 이 정원에는 마땅히 다섯 가지가 있다. 첫째 발심원, 둘째 수생원, 셋째 소행원, 넷째 정원, 다섯째 대원이다. 만약 보살들이 이 무상정등보리에 맨 처음 마음을 내면, 이를 발심원이라 한다. 만약 보살들이 미래세에서 수순하면서 유정을 이롭게 하는 선취들 중에 왕생하고자 하는 원이라면, 이를 수생원이라 한다. 만약 보살들이 전도 없이 제법을 사택하고자 하는 원이고 또 경계에 대해 사무량 등의 수승한 선법을 수습하고자 하는 원이라면, 이를 소행원이라 한다. 만약 보살들이 미래세에 모든 보살의 선법을 섭수하고자 하고 또 모든 존재하는 공덕을 섭수하고자 하는 원이라면, 즉 그것을 다하든 따로 하든 있는 바 바른 원이라면, 이를 정원이라 한다. 보살의 대원은 이 정원으로부터 출생한다. 云何菩薩所修正願 當知此願略有五種 一者 發心願 二者 受生願 三者 所行願 四者 正願 五者 大願 若諸菩薩於其無上正等菩提最初發心 是名發心願 若諸菩薩願於當來往生隨順饒益有情諸善趣中 是名受生願 若諸菩薩願能無倒思擇諸法 願於境界修無量等殊勝善法 是名所行願 若諸菩薩願於當來攝受一切菩薩善法 攝受一切所有功德 若總若別所有正願 是名正願 菩薩大願當知即從正願所出",『대비바사론』권39(대정장27, p.203b27)에 "성불하신지 오래지 않아 성문들을 위해 간략히 법요 설하셨는데, 필추들에게 '나는 이미 무의미한 고행에서 벗어나 해탈을 얻었다. 그것이야말로 아주 훌륭한 일이었으니, 스스로 정원의 힘으로 지체 없이 위없는 불보리를 증했기 때문이다'라고 말씀하셨다. 成佛未久 爲諸聲聞 略說法要 告諸苾芻 我已解脫無義苦行得解脫 彼甚爲善哉 自正願力速證無上佛菩提故"라고 하였다. [참고문헌]『瑜伽師地論』,『大毘婆沙論』, *Boah-bh.8·186.* ⇨ 최초발심오종상 最初發心五種相

정원 情猿 정이라는 원숭이. 심원(心猿)이라고도 한다. 잠시도 가만히 있지 못하고 이리저리 움직이는 마음을 원숭이에 빗댄 말이다.『천목명본잡록』「즉휴가 即休歌」(卍속장122, p.733a12)에 "의는 말같이 달리고 정은 원숭이같이 이리저리 움직여 잡을 수 없다. 소리 따라 색 좇아 공 구르듯 한다. 意馬情猿欄不得 隨聲逐色如跳丸"라고 하였다. [참고문헌]『天目明本雜錄』. ⇨ 심원 心猿, 식마심원 識馬心猿, 심원의마 心猿意馬

정원 淨圓 1862~1930. 조선후기 스님. 호는 제산(霽山), 속성은 김씨. 1862년(철종13) 3월 13일 경상남도 합천군 가야면 구원리에서 태어났다. 14세 때인 1876년에 가야산 해인사(海印寺)로 찾아가 신해(信海)를 은사로 하여 스님이 되었다. 1892년 30세 때 수행을 위해 제방으로 행각하면서 수월음관(水月音觀)·천원(天圓) 등 도반과 함께 경허(鏡虛)를 친견하고 종지(宗旨)를 터득하였다. 그로부터 사명유정(四溟惟政)의 적손인 우송(友松)의 법을 이어 받았다. 1913년 봄 해인사로부터 김천 직지사(直指寺)로 옮겨 17년간 천불선원 조실로 있으면서 많은 후학을 지도하였다. 1930년 8월 24일 제자들을 불러 부지런히 수행하라고 당부하니 제자들이 "스님께서 지금 가시면 내생의 일은 어떠하십니까?"라고 하였다. "본래 태어난 적이 없거늘 어찌 죽음이 있겠는가! 괴겁(壞劫)의 바람이 휘몰아 겁화(劫火)가 바다 밑까지 태울지언정 천만년이 지나가도 다만 이것일 뿐이니라. 本不生 焉有死 風鼓相擊 火燒海底 千古萬古 只這是"라고 대답하고, 단정히 앉아 조용히 입적하시니 세수 69, 법랍 56세였다. 1943년에 세운 스님의 행적비가 직지사 천왕문 북동쪽에 있다. [참고문헌] 智冠『韓國高僧碑文總集 朝鮮朝·近現代』pp.878~879.

정원 淨源 **1** 1011~1088. 송대 스님. 자는 백장(伯

長), 속성은 양(楊)씨. 복건성(福建省) 진강(晉江) 출신. 진수법사(晉水法師)라고도 부른다. 저서로는 『망진환원관소초보해 妄盡還源觀疏鈔補解』 1권과 『원인론발미록 原人論發微錄』 3권이 현존한다. 『석씨계고략』 권4(대정장49, p.877a9)에 "항주 남산 혜인사(慧因寺)의 법사인 정원은 진강의 양씨로 태어났는데, 선대가 천주의 진수 출신이기 때문에 학인들이 진수라고 법사를 불렀다. 법사는 구족계를 받고서 이곳저곳을 다니다 『화엄경』을 오대산 승천(承遷)에게 배웠고 『화엄경합론』을 횡해 명담(明覃)에게서 배웠으며, 남쪽으로 돌아와 『능엄경』·『원각경』·『기신론』을 장수법사 자선(子璿)에게 배웠으니 사방의 숙학들이 의룡(義龍)이라며 떠받들었다. … 고려의 의천 승통이 와서 제자의 예를 갖춰 법사를 뵈었다. 당초 화엄 한 종파의 주석서들에 오랫동안 산일된 부분들이 있었는데 의천이 가지고 온 덕분에 일실을 메우고 복구하였다. 의천은 고국으로 돌아가 금서(金書) 『화엄경』 세 역본 180권을 고려에서 사자를 보내 법사에게 전해오자 대누각을 세워 봉안하였기에 세간에서 혜인사를 고려사로 불렀다. 원우 3년(1088) 11월 기유(己酉)에 법사는 입멸했다. 세수는 78세였다. 사리는 절의 서북쪽 언덕에 탑으로 모셨다. 그 종도들이 중흥교주로 칭송했다. 杭州南山慧因寺法師 名淨源 生晉江楊氏 先世泉之晉水人故 學者以晉水稱師 受具參方 受華嚴於五臺承遷 學合論於橫海明覃 南還聽楞嚴圓覺起信於長水法師子璿 四方宿學推爲義龍 … 高麗義天僧統之來也 申弟子禮以見師 初華嚴一宗疏鈔久矣散墜 因義天持來咨決逸而復得 義天之還國也 以金書華嚴三譯本一百八十卷 自高麗遣使遺師 建大閣安奉之 故俗呼慧因爲高麗寺 至是元祐三年十一月己酉師乃入滅 世壽七十八歲 塔舍利於寺西北隅 其宗稱爲中興教主"라고 하였다. [참고문헌] 『釋氏稽古略』, 『補續高僧傳』 권2(卍속장134, p.69a6). ⇨의천 義天❶, 고려사 高麗寺❶, 망진환원관소초보해 妄盡還源觀疏鈔補解, 원인론발미록 原人論發微錄 ❷ 1627~1709. 조선후기 스님. 호는 상봉(霜峰), 속성은 김씨. 아버지의 휘는 계선(係先), 어머니는 남양(南陽) 홍(洪)씨며 할아버지는 세철(世喆)이다. 1627년(인조5) 11월 함경도 영변부 중양리에서 태어났다. 피부가 유결(柔潔)하여 목욕을 할 필요가 없었고, 아이들과 놀때는 항상 불사(佛事)를 행하였다. 등에 일곱 개의 붉은 점이 있어 칠성(七星)을 상징하였다. 어릴 때 선천홍우(善天紅藕 1611~1689)를 은사로 하여 스님이 되었다. 완월(翫月)과 추형(秋馨) 두 스님으로부터 경론을 수학하였고, 30세 때 풍담의심(楓潭義諶 1592~1665)의 법을 이어받았다. 그후 일발(一鉢)과 일석(一錫)으로 영동의 금강산, 호남의 지리산 등 전국 각지의 명산대찰로 다니면서 선지식을 친견하고 법을 묻고 배웠다. 가야산 해인사에서 삼백여 부의 경전에 토(吐)를 달아 구결(口訣)을 지었으며, 문경 봉암사(鳳巖寺)에서는 『선원제전집도서 禪源諸詮集都序』와 『법집별행록병입사기절요 法集別行錄並入私記節要』에 대한 분과(分科)도 지었다. 특히 『화엄경』에 정통하여 본래의 사과(四科) 중 일실(逸失)되었던 삼과(三科)를 보완하기도 했다. 1709년(숙종35) 2월 8일 지평 용문사(龍門寺)에서 문인을 불러 놓고 이르기를 세계는 성주괴공(成住壞空)하고 몸은 생로병사 하니, 시작이 있어 끝도 있는 법이니 슬퍼하지 말라고 당부하시고, "눈빛 구름과 함께 희고 솔바람은 이슬과 더불어 푸르다. 雪色和雲白 松風帶露靑"라는 임종게를 남기고 세수 83, 법랍 64세를 일기로 단정히 앉아 조용히 입적하였다. 다비 후 영골(靈骨) 1편, 영주(靈珠) 1쌍, 사리(舍利) 2과를 얻어 대구 동화사(桐華寺)·청주 보살사(菩薩寺)·지평과 예천의 두 용문사 등에 부도를 세웠다. 이덕수(李德壽)가 비문을 짓고, 윤순(尹淳)이 써서 1716년(숙종42)에 세운 비가 문경 봉암사에 있다. 제자에는 낙암의눌(落巖義訥)·제의(諦義)·보청(寶淸)·두옥(斗玉)·홍제(弘濟)·현신(玄信)·각초(覺初)·설징(雪澄)·묵영(默靈)·옥준(玉俊)·상능(尙能) 등이 있다. 그 문손이 상봉문(霜峯門)을 이루어 융성하였으며 『상봉문보』가 전한다. [참고문헌] 『朝鮮佛教通史』 권상 pp.526~528. 『霜峯門譜』(鮮一印刷所, 1922) p.20, 智冠 『韓國高僧碑文總集 朝鮮朝·近現代』 pp.282~283. ⇨상봉문 霜峯門

정원략집 正源略集 청대 스님 달진(達珍) 엮음. 16권. 卍속장145, pp.289a1~493b13에 수록되어 있다. 본래 남악(南嶽) 하 39세 패림제원(霈霖際源)과 40세 소월요정(昭月了貞)이 편찬하였던 것을 이들이 입적한 뒤에 절강성(浙江省) 천태산(天台山) 국청사(國淸寺)의 달진이 보강하여 엮은 다음 보유(補遺) 1권을 덧붙여 얻은 작품이다. 권1은 현재 남아 있지 않지만 권2 이하는 남악 하 34세부터 40세까지, 청원(靑原) 하는 종경(宗鏡) 3세부터 13세까지의 선사와 거사 8인 등 총계 405명과 보유에 28명을 수록하여 그들의 본적과 성씨를 비롯한 약전(略傳)과 기연(機緣)·어요(語要)를 수록하였다. 서문과 발문도 찾을 수 없다.

정원록 貞元錄 ➡정원신정석교목록 貞元新定釋教目錄

정원사 正院寺 충청남도 서산시 부석면 도비산(都飛山)에 있던 절. 1619년(광해군11)에 한여현(韓汝賢)이 편찬한 서산읍지 『호산록』 권상 불우에 "옛절은 퇴락하여 폐사되었으며, 터만 남아 있다. 古寺頹落廢 基存焉"라고 하였다. [참고문헌] 『湖山錄』, 『韓國寺刹全書』 권하 p.1003b5.

정원선백 正原禪伯 오설영묵(五洩靈默 747~818)의 제자인 정원선사에 대한 구산지진(龜山智眞 781~865)의 존칭. 『경덕전등록』 권9 「구산지진전」(대정장51, p.269c17)에 "무주의 오설산을 찾아가 정원선백을 만났다. 尋抵婺州五洩山 會正原禪伯"라고 하였다. 〔참고문헌〕『景德傳燈錄』. ⇨지진 智眞

정원신역화엄경소 貞元新譯華嚴經疏 당대 징관(澄觀 738~839) 지음. 10권. 卍속장7, pp.471a1~771b16에 수록되어 있다. 『화엄경보현행원품소 華嚴經普賢行願品疏』·『정원화엄경소』·『화엄경행원품소』라고도 부르며, 약칭은 『정원소』·『행원품소』·『화엄경소』이다. 반야(般若)가 798년(정원14)에 한역한 40권본 신역 『화엄경』에 대한 주석서이다. 강요와 문장의 의미를 총 10문으로 나누어 해설하고 있으며, 모두(冒頭)에 자서(自序)와 귀경게(歸敬偈)가 실려 있다. 『화엄경행원품소』 권1(卍속장7, p.472a9)에 "이 경의 의미를 해석하려 함에 크게 열 가지 문으로 연다. 첫 번째는 교가 일어난 인연, 두 번째는 교문의 권과 실, 세 번째는 말하고자 한 의리, 네 번째는 종으로 삼을 것을 가려 정함, 다섯 번째는 닦고 증함에 얕고 깊음, 여섯 번째는 교의 바탕과 그 성을 드러냄, 일곱 번째는 부류품회, 여덟 번째는 흘러 전하고 감응하여 통함, 아홉 번째는 경의 이름과 제를 푼다. 열 번째는 문을 따라 자세히 푸는 것이다. 將釋經義 略啓十門 第一 教起因緣 第二 教門權實 第三 所詮義理 第四 辯定所宗 第五 修證淺深 第六 彰教體性 第七 部類品會 第八 流傳感通 第九 釋經名題 第十 隨文解釋"라고 하였다. 〔참고문헌〕『華嚴經行願品疏』. ⇨보현행원품 普賢行願品

정원신정석교목록 貞元新定釋教目錄 당대 원조(圓照) 엮음. 30권. 고려장38, pp.70c1~511c2, No.1401·대정장55, pp.771a3~1048a15, No.2157에 수록되어 있다. 『정원석교록』·『정원록』·『원조록 圓照錄』 등이라고도 한다. 본 목록은 원조가 800년(정원16)에 덕종(德宗)의 칙령에 의해 개정한 대장경 목록이다. 후한(後漢)대부터 730년(개원18)까지 역출된 경율론 등 불교전적의 목록이 망라되어 있는 지승(智昇)의 『개원석교록 開元釋教錄』의 체재를 따르고 이를 증보한 것이다. 『정원신정석교목록』 권1(대정장55, p.771a28)에 "저는 이 경록을 지어 법의 성을 수호하고자 하오니, 삼보께서는 자애지를 드리우고 그윽히 복 주시길 바라옵니다. 오직 바라건대 법등이 오랜 밤을 비추어 헤매는 저희들이 이로서 지혜의 빛을 얻도록 하여 주시옵소서. … 후한효명황제 영평 10년(67) 세차 정묘에서부터 대당성신문무황제 정원 16년(800) 경진세까지 734년〈내용으로는 개원 18년(730) 경오에서 지금 경진까지 71년을 더함〉 동안의 전하고 번역한 치소는 187인이며 역출한 대소승삼장의 성교와 현성의 집전 그리고 실역 총2,447부〈내용적으로 139부 추가됨〉 도합 7,399권이다. … 『신정목록』 30권은 총록과 별록으로 나뉜다. 총록은 둘로 나뉘는데 먼저는 「봉승은제」이고, 다음은 「총집군경」이다. 별록도 둘로 나뉘는데 먼저는 「분승장차수」이고, 다음은 「명현성집전」이다. 총록은 19권으로 나뉘고, 별록은 11권으로 이루어져 있다. 我撰經錄護法城 三寶垂慈幸冥祐 唯願法燈長夜照 迷徒因此得慧明 … 自後漢孝明皇帝永平十年歲次丁卯 至大唐聖神文武皇帝貞元十六年庚辰之歲 凡七百三十四載〈內從開元十八年庚午 至今庚辰加七十一歲也〉 中間傳譯緇素總一百八十七人 所出大小二乘三藏聖教 及賢聖集傳并及失譯 總二千四百四十七部〈內新加一百三十九部矣〉 合七千三百九十九卷 … 新定目錄合三十卷 開爲總別 總錄分二 初奉承恩制 次總集群經 別錄亦二 初分乘藏差殊 次明賢聖集傳 總中分爲一十九卷 別中分成一十一卷"라고 하였다. ⇨개원석교록 開元釋教錄, 원조 圓照 **2**, 지승 智昇

정월 淨月 Ⓢ Śuddhacandra. 6세기 경 인도 유가행파(瑜伽行派)의 논사. 수다전달라(戍陀戰達羅)라고 음사한다. 안혜(安慧 Ⓢ Sthiramati)와 동시대인으로 세친(世親)의 『유식삼십송』을 주석한 십대논사 중 한 명이다. 또한 무착(無著)의 『아비달마집론 阿毘達磨集論』과 세친의 『승의칠십론 勝義七十論』에 대한 주석을 지었다고 전한다. 견상(見相) 이분설(二分說)과 종자(種子)에 있어서는 본유설(本有說)의 입장을 취했다. 『성유식론연비』 권4(대정장43, p.891c15)에 "따라서 아래에서 정월은 종자와 현행은 서로 함께해서 구유의가 된다고 한 것이다. 故下淨月 種現相俹 爲俱有也", 『화엄현담회현기』 권23(卍속장12, p.361a1)에 "『성유식론』에 따르면 (종자가) 본유인지 신훈인지에 대해 세 논사의 설이 다르다. 첫 번째 정월 등은 오직 본유일 뿐이라고 했다. 따라서 『성유식론』 권2(대정장31, p.8a21)에서는 '어떤 이는 주장하기를, 일체종자는 모두 다 본래부터 존재했던 것이지 훈습으로부터 생겨난 것이 아니다. 훈습력에 의해서는 다만 증장할 뿐이다'라고 하였다. 依唯識論 本有新熏 三師異說 第一淨月等 卽唯立本有 故論云 有義一切種子 皆悉性有 不從熏生 由熏習力 但可增長"라고 하였다. 〔참고문헌〕『成唯識論演祕』, 『華嚴懸談會玄記』, 『成唯識論』, 『成唯識論述記』 권1(대정장43, p.231c28). ⇨수다전달라 戍陀戰達羅, 십대논사 十大論師, 유식삼십론송 唯識三十論頌

정위 正位 **1** Ⓢ niyāma, samyaktva, Ⓣ yang-dag-pa-nyid. 소승의 열반. 대승의 보살은 머물지 않는다. 『유마경』 권중 「문질품 問疾品」(대정장14, p.545c3 :

Vikī-n., p.210)에 "비록 모든 법이 생하지 않음을 관하더라도 정위에 들지 않으니 이것이 보살행이다. 雖觀諸法不生 而不入正位 是菩薩行 yad ajāti-pratyavekṣaṇa-gocaraś ca na ca niyāma-avakrānti-gocaro ′yaṃ bodhisattvasya gocaraḥ", 『유마경의소』 권4(대정장38, p.961a7)에 "정위란 소승이 취하고 증한 위다. 正位者 小乘取證之位也"라고 하였다. 〔참고문헌〕『維摩經』, 『維摩經義疏』, *Vikī-n.*, *Madhy-vibh.70.* **2** 한 물건도 없는 자리. 만물이 움직여 드러나는 편위(偏位) 또는 방위(傍位)와 대칭한다. 『조산어록』(대정장47, p.527a5)에 "정위는 바로 공계로서 본래 어떤 물도 없다. 편위는 색계로서 만 가지 모습으로 나툰다. 正位卽空界 本來無物 偏位卽色界 有萬象形", 『경덕전등록』 권22 「자흥명오전 子興明悟傳」(대정장51, p.380c17)에 "학인이 물었다. '정위 중에도 사람이 성불할 수 있는지요?' '(그 위라면) 누가 중생이란 말이냐?' '그렇다면 모두가 성불했다는 말씀이로군요' '나의 정위를 돌려다오' '무엇이 정위인지요?' '그대가 바로 중생이다'. 僧問 正位中 還有人成佛否 師曰 誰是衆生 僧曰 若恁麽卽總成佛去也 師曰 還我正位來 僧曰 如何是正位 師曰 汝是衆生"라고 하였다. 〔참고문헌〕『曹山語錄』, 『景德傳燈錄』. ⇨ 방위 傍位, 편위 偏位 **3** 바른 자리. 마땅한 자리. 『선원청규』 권5 「중중특위존장전점 衆中特爲尊長煎點」(卍속장111, p.905b17)에 "만일 본래 거처하는 요사가 있다면 특위인은 모두 정위에 자리 잡는다. 향을 사르거나 예배하는 의식은 모두 당사자의 자리에서 행한다. 如自有寮舍 特爲人皆居正位 燒香禮拜 並悉當筵"라고 하였다. 〔참고문헌〕『禪苑淸規』.

정위 頂位 Ⓢ mūrdhan, mūrdhāvasthā, Ⓣ rtse-mo, rtse-mo′i-gnas-skabs. 사선근위(四善根位) 중 두 번째 위. 정법(頂法)이라고도 한다. 사제(四諦) 십육행상(十六行相)을 닦음에 있어 난위(煖位)와 같으면서도 여기서 다시 일선근(一善根)을 일으킨 위이므로 나아가면 다음의 인위(忍位)에 들어가고, 물러나면 다시 난위에 떨어지는 위다. 이와 같이 나아가고 물러나는 그 중간에 있는 것이 마치 산꼭대기에서는 오르고 내려감이 중간인 것 같다고 하여 정위라 한다. 이 위에 들어가면 선근을 끊는 일은 없다. 『순정리론』 권61(대정장29, p.678b18)에 "그 상이 꼭대기에 이르렀기에 정법이라고 한다. 이 경의 행상은 더불어 난법과 같다. 이른바 사제경을 관하여 십육행상을 닦는 것을 말한다. 무슨 까닭에 단지 저 연의 멸도를 설하는가? 마치 계경에서 불법승에 대하여 작은 믿음을 내는 것도 정이라고 이름하는 것과 같다. 其相至頂故名頂法 此境行相與煖法同 謂觀四諦境修十六行相 何故唯說彼緣滅道 如契經說於佛法僧生少小信是名爲頂"라고 하였다. 한편 유식불교에서는 사가행위(四加行位) 중 두 번째인데, 사선근의 체가 되는 네 가지 선정 가운데 명증정(明增定)에 의지하여 상품의 심사(尋伺)를 일으키고 심사의 대상인 명(名)·의(義)·자성(自性)·차별(差別)은 모두 자기 마음이 변해 나타난 것이므로 가(假)로 있는 것이라고 관하는 지위이다. 『성유식론』 권9(대정장31, p.49b8)에 "명증정에 의지하여 상품의 심사를 일으켜서 취할 것이 없음을 관하는 것을 정위라고 한다. … 심사의 위가 극에 이르렀으므로 다시 정이라고 한다. 依明增定 發上尋思 觀無所取 立爲頂位 … 尋思位極 故復名頂"라고 하였다. 〔참고문헌〕『順正理論』, 『成唯識論』, *Abh-k-bh.344·384.*, *Sūtr.93.* ⇨ 사선근위 四善根位**1**, 사가행위 四加行位, 사위 四位**1**, 구사사선근 俱舍四善根, 법상사선근 法相四善根, 정법 頂法, 명증정 明增定

정위 精衛 전설상의 새. 『일체경음의』 권4(대정장54, p.331b23)에 "정위〈『산해경』에 '염제에게 여왜라는 딸이 있었다'라고 한다. 왜는 어와 개를 반절한 음이다. 『방언』에 '왜는 미녀를 뜻한다'고 하였다. 여왜는 동해에서 물놀이를 하다가 빠져서 돌아오지 못하고 새로 변하여 정위라 한다. 염제는 서산의 나무와 돌을 가져다 동해를 메꾸어 딸의 원한을 갚으려 하였다. 일설에는 명즉이라 하고, 자호를 정위라 한다고 하였다〉. 精衛〈山海經云 炎帝之女 名曰女娃 於皆反 方言云 娃美女也 女娃遊於東海 溺水而不返 化爲鳥 名曰精衛 帝取西山之木石 以塡東海 報其寃也 一云鳴卽 自呼云精衛也〉", 『법원주림』 권32(대정장53, p.532b25)에 "염제의 딸 여왜〈악과 가를 반절한 음〉가 동해에서 물놀이를 하다가 빠져서 죽은 뒤 변화하여 정위가 되었다. 그 형상이 까마귀와 같았는데 항상 서산의 나무와 돌을 물어다가 동해를 메꾸었다〈인(堙)은 색(塞)과 같은 말이다. 음은 인이다〉. 과보(夸父)가 해와 달리기를 하다가 목이 말라 황하를 마셨더니 황하가 마르도록 갈증이 다하지 않자 북으로 가서 대택을 마시려 했으나 이르기 전에 목이 말라 죽었다. 그가 버린 지팡이가 자라서 등림(鄧林)이 되었다〈이상 세 가지 기사의 출전은 『산해경』이다〉. 炎帝之女娃〈惡佳反〉游于東海溺而死 化爲精衛 其狀如烏 常銜西山之木石 以堙東海〈堙者塞也 其音曰因〉 夸父與日競走 渴飮河 河涸不足 北飮大澤 未至道死 棄其杖 化爲鄧林〈右此三驗 出山海經〉", 『요암청욕어록』 권7(卍속장123, p.749b16)에 "내게 줄 없는 거문고 있으니, 태고의 소리까지 머금고 있노라. 어찌 소림의 곡조인들 없으리오? 요즘 사람들 마음에 들리지 않을 뿐이라. 백학이 천년 만에 돌아온 소식을, 단봉은 하루아침에 읊조린다네. 대단하도다, 정위자여! 푸른 바다 깊은 줄 돌아보지 않는구나. 我有無絃琴 中含太古音 豈無少林曲 不入時人心 白鶴千年歸 丹鳳一日吟 嗟嗟精衛子 弗顧滄海深"라고 하였다. 〔참고문헌〕『一切經音義』, 『法苑珠林』, 『了菴淸欲語錄』, 『出三藏

記集』 권12(대정장55, p.93b22), 『笑隱大訢語錄』 권1(卍속장121, p.212a6).

정위각편 正位却偏 동산오위(洞山五位) 중 첫 번째. 정위가 도리어 편위(偏位)라는 말. 편정오위(偏正五位) 중 정중편(正中偏)을 말한다. 『조산어록』「해석동산오위현결 解釋洞山五位顯訣」(대정장47, p.531c2)에 "정위가 도리어 편위이다. 편에 나아가 가려 얻어야 두 뜻이 두렷하다. 위를 좇아 가려내서 말한다. '정위가 도리어 편이라는 말은 만물 그 무엇도 마주하지 않는다 하지만 비록 마주하지 않지만 도리어 다 갖춘다'. 따로 가려 말한다. '정위가 도리어 편이니 정중에 용이 없으면 편이 되고 온전히 용이면 원이 된다. 이것이 두 갈래 뜻이다'. '무엇이 온전함인가?' '돌아볼 일 없으면 터득한 사람이다. 이 정위는 오는 일을 밝히지 않는다. 만일 부처님께서 세상에 출현하셨더라도 이렇고 출현하지 않으셨더라도 이렇다. 그런 까닭에 천성만성이 모두 정위로 돌아가 마땅한 일이다'. 시를 달리하여 가려 말한다. '정중편에 도리어 이 한 위를 갖춘다 하니, 제일이어서 움직여서는 안 된다'. 正位却偏 就偏辨得 是圓兩意 逐位揀出曰 正位却偏者 爲不對物 雖不對物却具 別揀曰 正位却偏 正中無用爲偏 全用爲圓 是兩意 問 如何是全 云 不顧者得底人也 此位不明來也 若佛出世也恁麽 若佛不出世也恁麽 所以 千聖萬聖 皆歸正位承當 別時揀曰 正中偏却具此一位 第一不得動著"라고 하였다. [참고문헌] 『曹山語錄』, 『曹洞五位顯訣』 권상(卍속장111, p.231b1). ⇨ 동산오위 洞山五位, 정중편 正中偏, 편정오위 偏正五位

정위일색 正位一色 정위에서는 한결같다. 굉지삼종공훈(宏智三種功勳) 중 하나로 동종삼종공훈송(洞宗三種功勳頌)·삼일색(三一色) 등이라고도 한다. 『동상고철』 권상(卍속장, p.728b8)에 "정위일색이란 이로서의 경이 공적함을 말한다. 正位一色者 理境之空寂也", 『인천안목』 권3(대정장48, p.320b12)에 "정위일색송 : 그림자 없는 숲에는 새도 깃들지 않고, 빈 섬돌 끊임없이 이어진 끝에 찬 바위 방초인들 어찌 녹음지겠는가? 반듯이 앉아 당당할 뿐 길마저 잊었다네. 正位一色 無影林中鳥不棲 空階密密向邊遲 寒巖荒草何曾綠 正坐堂堂失路迷"라고 하였다. [참고문헌] 『洞上古轍』, 『人天眼目』, 『萬法歸心錄』 권하(卍속장114, p.831b11), 『五燈全書』 권111 「淨信章」(卍속장142, p.132b14). ⇨ 굉지삼종공훈 宏智三種功勳, 동종삼종공훈송 洞宗三種功勳頌, 삼일색 三一色, 대공일색 大功一色, 금시일색 今時一色

정위전 正位前 정위 그보다 앞서다. 동안상찰(同安常察)의 『십현담 十玄談』 중 제10위. 영각원현(永覺元賢)은 이것을 일색과후(一色過後)라고 한다. 정위마저도 분별이기에 정편(正偏) 두 위에 두지 않는 뜻이다. 『영각원현광록』 권27(卍속장125, p.726a14)에 "정위전〈일색과후라고도 한다〉 고목에 바위마저 있는 그 앞에 갈림길도 많아, 행인이 이곳에 이르면 도두 헛디딘다네. 해오라기가 눈 속에 서 있으나 같은 색이 아니고, 달빛과 갈대꽃 비슷할 리 없다. 두렷하고 뚜렷한 그때 뚜렷이 알 수 없고, 깊고 깊어 더 깊은 곳이라 해도 모름지기 허물은 있네. 은근히 그윽한 곡조 소리친들 허공 속에 퍼진 달빛 집을 수 있을까? 正位前〈亦名一色過後〉 枯木巖前差路多 行人到此盡蹉跎 鷺鷥立雪非同色 明月蘆花不似他 了了了時無可了 玄玄玄處亦須訶 殷勤爲唱玄中曲 空裏蟾光撮得麽"라고 하였다. [참고문헌] 『永覺元賢廣錄』, 『景德傳燈錄』 권29(대정장51, p.455c14), 『爲霖旅泊菴稿』 권2 「同安察禪師十玄談提綱著語」(卍속장126, p.21b18)·권4 「同安察禪師十玄談」(卍속장126, p.90b1). ⇨ 동안상찰 同安常察, 십현담 十玄談

정위중래 正位中來 정위중으로 오다. 동산오위(洞山五位) 중 세 번째로 존비(尊卑)도 좌우(左右)도 없이 하여 구구(句句)마다 말 없는(無語) 길중에 있게 하는 뜻이다. 편정오위(偏正五位) 중 정중래(正中來)에 해당한다. 『조산어록』(대정장47, p.531c16)에 "때로는 정위중으로 온다고 한 말은 말 없는 중에 말이 있음이다. 위를 좇아 가린다. '정위중으로 온다'는 말은 연을 겸하지 않는다는 뜻이다. 마치 약산이 '나에게 한 구 있지만 누구에게도 말한 적이 없다'고 하거나 도오가 '서로 따라오는구나'라고 한 예와 같다. 이런 말을 저들은 잘 이해한다. 호남이라거나 관찰사라거나 하며 주고받은 대화(百顔和尙과 洞山의 문답)와 같다. 이와 같은 예는 매우 많으니 반드시 합당하게 내보여야 하니, 높고 낮은 지위를 뒤섞어 한 말을 '말이 없는 중에 말이 있다'고 해서는 안 된다. 따로 가려 말한다. 정위중에 온다는 말은, 구구마다 말이 없으니 존귀를 세우지 않고 좌우 어디에도 떨어질 일 없기에 정위중으로 온다고 한다. 或有正位中來者 是無語中有語 逐位揀曰 正位中來者 不兼緣 如藥山云 我有一句子 未曾向人說 道吾云 相隨來 此是他妙會得 如湖南觀察使語 此例甚多 須合出 不得混尊卑 呼爲無語中有語 別揀曰 正位中來者 句句無語 不立尊貴 不落左右 故云正中來也", 『무이원래광록』 권3(卍속장125, p.142b8)에 "모든 사람이 정위 안에 이르지만 나는 정위에 있지 않고 모든 사람이 나의 불자 속에 자리 잡고 있다 諸人 向正位中來 博山 不在正位 諸人在博山拂子裏許"라고 하였다. [참고문헌] 『曹山語錄』, 『無異元來廣錄』. ⇨ 동산오위 洞山五位, 정중래 正中來, 편정오위 偏正五位 무어중유어 無語中有語

정유 定有 Ⓢasti. 결정적으로 있는 것. 본래 있어 변하거나 사라지지 않는 것. 인연에 따라 생멸하지 않는 절대적 존재로서 결정유(決定有 Ⓢ sad-bhūta)라고도 하며, 정무(定無)에 대칭한다. 『중론』 권3(대정장30, p.20b9)에 "만약 제법에 자성이 확정적으로 존재한다면 끝내 변이하는 일이 없을 것이다. 왜 그러한가? 만약 확정적으로 존재하는 자성이라면, 변이하는 양상이 없을 것이기 때문이다. 위에서 말한 순금의 비유와 마찬가지이다. 지금 나타나 보이는 모든 법에 변이하는 양상이 있기 때문에 결코 확정적 양상은 존재하지 않음을 알아야 할 것이다. … 절대적 존재라고 한다면 상견(常見)에 집착하는 것이고, 절대적 비존재(定無)라고 한다면 단견(斷見)에 집착하는 것이다. 若諸法決定有性 終不應變異 何以故 若定有自性 不應有異相 如上眞金喩 今現見諸法有異相故 當知無有定相 … 定有則著常 定無則著斷", 『반야등론석』 권12(대정장30, p.113b11)에 "과가 만약 공하다면 생멸이 없을 것이다. 만약 확정적으로 존재한다면 다시 생기하는 일이 없어야 할 것이다. 생기하지 않기 때문에 소멸하는 일도 없다. 果若空則無起滅 若定有者不須復起 無起故無滅"라고 하였다. 〔참고문헌〕『中論』, 『般若燈論釋』, *Pras. 75·119.* ⇨ 결정유 決定有

정유 情有 정으로만 있음. 망념(妄念)으로만 있을 뿐이라는 뜻으로 '이로는 없다'는 이무(理無)와 짝이 되어 변계소집성(遍計所執性)의 특성을 드러내는 말이다. 『성유식론술기』 권7(대정장43, p.493a17)에 "의식의 집착으로 밖을 실색 등의 경이라 여기지만, 허망하게 분별하여 망념의 정으로 있을 뿐이므로 그것을 비유(非有)라고 한다. 이것은 내심이 변화하여 색인 듯 나타남을 밝혔으니, 이것은 마음의 상분이다. 意識所執 外爲實色等境 妄計情有故 說彼爲非有 此明內心變似色等現 是心之相分", 『유가론기』 권19(대정장42, p.759a2·한불전14, p.499b12)에 "정해진 실법은 없지만 집착하여 정히 법이 있다고 하니 도리어 이것은 정으로서 있기에 변계라 한다. 無定實法 執有定法 還是情有 名爲遍計", 『기신론소필삭기』 권16(대정장44, p.382b13)에 "소에서 정유라 한 말은 망상분별로 있다고 볼 뿐 이로는 허망한 것이다. 疏情有者 妄情見有 理合是妄", 『원각경대소』 권중1(卍속장14, p.288a11)에 "정유란, 『성유식론』 권1(대정장31, p.1a21)에 '그것은 식에 따라 변한다' 하였고, 『대승기신론』(대정장32, p.576a9)에는 '오직 망념을 따를 뿐이다'〈심생멸과 법생멸〉라고 하였으며, 『유식론』(대정장31, p.63c27)에는 '식이 있을 뿐 경계는 없으니, 진 없지만 망으로 있다고 본다. 마치 백태 낀 사람의 눈이 터럭이나 달 등을 보게 되는 것과 같다'고 하였다. 情有者 唯識云 彼依識所變 起信云 唯依妄念〈心生滅 法生滅〉 二十唯識云 唯識無境界 以無塵妄見 如人目有瞖 見毛月等事", 『금강삼매경론』 권하(대정장34, p.1000c28)에 "식의 변화란 식의 헤아림일 뿐이니 그 분별상은 이로는 있을 수 없어 곧바로 정을 쫓아 있게 된 것이기에 변화한 것이라 한다. 識所化者 謂識所計 彼所計相 理無所有 直從情有 故名所化", 『화엄경소』 권6(대정장35, p.542b12)에 "정유인즉 이무이므로 생한 적 없고, 이무가 정유이므로 사라질 것도 없어서, 불멸과 불생이란 바로 한 가지 법이다. 또한 변계소집의 상을 구하려 해도 얻을 수 없기 때문이다. 情有卽是理無 故不生也 理無卽是情有 故不滅也 不滅不生 是一法也 又求遍計相 不可得故"라고 하였다. 〔참고문헌〕『成唯識論述記』, 『瑜伽論記』, 『起信論疏筆削記』, 『圓覺經大疏』, 『成唯識論』, 『大乘起信論』, 『唯識論』, 『金剛三昧經論』, 『華嚴經疏』. ⇨ 변계소집성 遍計所執性, 이무 理無, 정유이무 情有理無, 삼성삼무성 三性三無性, 일법중도 一法中道, 유식중도 唯識中道

정유리함보월 淨瑠璃含寶月 티 없이 맑은 유리가 고운 달을 품다. 『증도가』(대정장48, p.396a18)에 "어찌 함이 없는 실상문인 듯 하리오! 한번에 넘어 여래지에 곧바로 드는 것을. 본을 터득할 뿐 그 끝은 걱정하지 마라. 저 청정한 유리가 고운 달 품듯이. 爭似無爲實相門 一超直入如來地 但得本莫愁末 如淨瑠璃含寶月"라고 하였는데, 이 구의 출전은 『능엄경』이다. 『수능엄의소주경』 권10(대정장39, p.964b5)에 "〈경〉 둥글고 밝아 오롯한 마음이 그 중에 일어나 변화를 일으키니 마치 청정한 유리 안에 고운 달을 품은 듯 하다. 이와 같아야 십신·십주·십행·십회향·사가행심·보살이 행하는 금강십지와 등각원명 모두 넘어 여래묘장엄해의 원만보리로 들어가 무소득으로 돌아간다. 〈주〉 … 지혜로운 마음은 저 유리 같고, 인행은 보배와 같으며, 맺은 덕은 달과 같다. 이 비유는 하나 중에 무량이 나타나고 무량 중에 하나가 나타나, 인행과 과덕을 한꺼번에 다 갖추어 꾸리지 않은 것이 없이 두렷이 밝은 뜻이다. 그러므로 저 유리 안에 고운 달을 품은 듯 하다. 圓明精心 於中發化 如淨瑠璃內含寶月 如是乃超 十信 十住 十行 十迴向 四加行心 菩薩所行 金剛十地 等覺圓明 入於如來妙莊嚴海 圓滿菩提 歸無所得 … 慧心如瑠璃 因行如寶 果德如月 此喩 一中現無量 無量中現一 因行果德 一時具足 無閡圓明 故如瑠璃內含寶月"라는 대목을 전거로 한다. 〔참고문헌〕『證道歌』, 『首楞嚴義疏注經』, 『楞嚴經』 권10(대정장19, p.154b11). ⇨ 증도가 證道歌

정유이무 情有理無 정으로는 있으나 이로는 없다. 삼성(三性)의 일성중도(一性中道)의 뜻으로 정(情)으로는 있어서 비무(非無)이고 이(理)로는 없어서 비유(非有)인 변계소집성(遍計所執性)을 가리킨다. 『성유식론』 권8(대정장31, p.46a14)에 "변계소집의 그 상은 어떤가? 의타기와는 또 어떻게 다른가? 어떤 주장은 삼계의 심심소가 무시이래로 허망하게 훈습하여 비록 각각의 체는 하나지만 두 가지인 듯 사현하니, 견분과 상분 곧 능취와 소취이다. 이와 같은 두 가지 구분은 분별로는 있을 수 있지만 이치로는 없는 것이다. 이러한 양상을 변계소집이라고 한다. 遍計所執 其相云何 與依他起 復有何別 有義 三界 心及心所 由無始來 虛妄熏習 雖各體一 而似二生 謂見相分 卽能所取 如是二分 情有理無 此相說爲遍計所執", 『기신론소필삭기』 권7(대정장44, p.335b16)에 "정유이무란 무엇인가? 망정중에는 있으나 진리중에는 없으니, 마치 허공의 꽃과 같다. 눈병 때문에 보일 뿐이다. 情有理無者 妄情中有 眞理中無 猶如空華 翳病故見"라고 하였다. [참고문헌]『成唯識論』, 『起信論疏筆削記』. ⇨ 정유 情有, 변계소집성 遍計所執性, 삼성삼무성 三性三無性, 일법중도 一法中道, 유식중도 唯識中道, 삼성대망중도 三性對望中道

정육 貞育 통일신라 스님. 「보림사보조선사창성탑비문 寶林寺普照禪師彰聖塔碑文」에 "개성 2년(837·희강왕 2) 정사에 동학인 정육·허회 등과 함께 바닷길로 서쪽 중국에 들어갔다. 선지식을 찾아 15주를 편력하면서 온 누리가 좋아하고 하고자 함이 같으며 성상이 다르지 않음을 깨달았다. 이에 '우리 조사(道義國師)께서 말씀하신 바에 더할 것이 없으니, 어찌 수고롭게 더 멀리 찾아다니겠는가?'라고 하며, 발길을 멈추어도 좋겠다는 생각이 들었다. 개성 5년(840·문성왕2) 2월에 평노사를 따라 귀국하여 고향을 교화했다. 開成二年丁巳 與同學貞育 虛懷等 路出滄波 西入華夏 參善知識 歷三五州 知其法界 嗜欲共同 性相無異 乃曰我祖師所說 無以爲加 何勞遠適 止足意興 五年春二月 隨平盧使 歸國 化故鄕"라고 하였다. [참고문헌]『朝鮮金石總覽』 권상 p.62, 李智冠『校勘譯註歷代高僧碑文』新羅篇 p.98. ⇨ 체징 體澄

정육 淨肉 S śuddha-māṃsa. 비구가 먹을 수 있는 고기. 병중의 비구가 먹어도 되는 고기를 말한다. 정육에는 다시 삼종(三種)·오종(五種)·구종(九種)이 있고 그외에는 부정육(不淨肉)이다. 『사분율』 권42(대정장22, p.872b11)에 "세 가지 정육이 있다면 먹어도 된다. (나를 위해 살육한 바를) 보지 않았거나, (이를 믿을 만한 사람에게서) 들은 바 없거나, (이와 같은) 의혹이 없어야 마땅히 먹을 수 있다. 有三種淨肉應食 若不故見 不故聞 不故疑應食", 40권본 『대반열반경』 권4(대정장12, p.386a14)에 "'세존이시여! 어째서 여래께서는 식육을 허락하지 않으십니까?' '선남자여! 대개 식육은 대자비의 종자를 끊는 일이다' '여래께서는 어째서 앞서는 비구들이 세 가지 정육을 먹는 것을 허락하셨습니까?' '가섭이여! 이 세 가지 정육은 일이 생김에 따라 점차로 제정한 것이다' '세존이시여! 어떤 인연으로 열 가지 부정육에서 아홉 가지 청정육을 다시는 허락하지 않으십니까?' '이 또한 경우에 따라 점차로 제정한 것이며 육식을 끊게 하는 뜻을 드러낸 것인 줄 알아야 한다'. 世尊 云何如來不聽食肉 善男子 夫食肉者 斷大慈種 迦葉又言 如來何故 先聽比丘食三種淨肉 迦葉 是三種淨肉 隨事漸制 迦葉菩薩復白佛言 世尊 何因緣故 十種不淨乃至九種淸淨而復不聽 佛告迦葉 亦是因事漸次而制 當知卽是現斷肉義", 『입능가경』 권8(대정장16, p.564b14 : *Laṅk.*, p.257)에 "세 가지를 정육이라 하니, 들거나 보지 않았으며 의혹이 들지 않아야 한다. 하지만 세간에 이런 고기는 없다. 三種名淨肉 不見聞不疑 世無如是肉 trikoṭiśuddhamāṃsaṃ vai akalpitamayācitam, acoditaṃ ca naivāsti"라고 하였다. [참고문헌]『四分律』, 『大般涅槃經』, 『入楞伽經』, *Laṅk.* ⇨ 삼정육 三淨肉, 오정육 五淨肉, 구정육 九淨肉, 부정육 不淨肉

정육계상 頂肉髻相 S uṣṇīṣa-śiraskatā, P uṇhīsa-sīsa, T dbu-gtsug-tor-dang-ldan-pa. 삼십이상(三十二相) 중 하나. 정계상(頂髻相)·육계상(肉髻相)·무견정상상(無見頂上相)·정육계성상(頂肉髻成相)·정육골성상(頂肉骨成相) 등이라고도 한다. 『비화경』 권1(대정장3, p.168a24)에 "그 몸이 변현하여 범천에 이르자 정육계상에서 60억나유타의 백천광명이 상방의 미진수와 같은 제불세계를 비추었다. 其身變現 乃至梵天 頂肉髻相 放六十億那由他 百千光明 照於上方 微塵數等 諸佛世界", 『능엄경강록』 권1(卍속장89, p.903a14)에 "삼십이상에 대한 옛설로는 정육계상에서 시작하여 족평만상으로 마친다. 三十二相者 舊說 始於頂肉髻相 終於足平滿相", 『금강경여시해』(卍속장39, p.385a6)에 "삼십이상은 족하안평상에서 시작하여 정육계상으로 마친다. 三十二相 始從足下安平 終至頂肉髻相", 『범망경직해사의』 권상2(卍속장61, p.219b6)에 "정육계상은 부모와 스승을 섬겼기 때문에 생긴다. 頂肉髻相 敬父母師故"라고 하였다. [참고문헌]『悲華經』, 『楞嚴經講錄』, 『金剛經如是解』, 『梵網經直解事義』, *Dharm-s.334.*, *Bodh-bh.262.* ⇨ 삼십이상 三十二相, 정계상 頂髻相, 무견정상상 無見頂上相, 육계 肉髻

정은 鄭垠 조선전기 문신. 1453년(단종1) 과거에 급제하였고 1479년(성종10) 형조참의(刑曹參議)가 되었다. 『세조실록』 권13 4년(1458) 7월 27일에 "해인사의 인경경차관 정은이 대장경 3질을 바치니 흥천사에 봉안하라고 명하였다. 海印寺印經敬差官鄭垠 進大藏經三件 命置于興天寺"라고 하였다. [참고문헌]『世祖實錄』, 李智冠『伽倻山海印寺誌』 p.290. ⇨ 인경 印經

정음청 正音廳 조선 세종 때 훈민정음(訓民正音)을 창제하기 위해서 집현전(集賢殿)에 두었던 특별관청. 『문종실록』 권4 즉위년(1450) 10월 28일 무술에 "(안)완경 등이 … '정음청을 혁파하(자고 간하였으)며, … 한 번도 윤허를 받지 못하였습니다'고 대답하였다. … 임금이 '… 정음청은 오늘에 세운 것이 아니라 일찍이 이미 설치되어 있던 것이다. … 너희들의 생각에는 이는 필히 내가 부처를 좋아하여 인경하고자 그렇게 한 것이라고 하였다. … 저 대군들이 인경하는 불사를 내가 어찌 금하겠는가'라고 하였는데, (안)완경과 (어)효첨 등은 '정음청은 신 등이 명을 들은 이래로 전하께서 불경을 인출하고자 설치하지 않았다는 것을 믿고 있습니다. …'고 말하였다. 임금은 '주조한 글자는 모두 이미 여러 주자소에 반출되었고, 공장도 또한 이미 주자소에 속하였으니, 단지 소소한 서판만이 남았을 뿐이다'고 하였다. 完慶等對曰 … 罷正音廳 … 而一不蒙允 … 上曰 … 正音廳則非今日所建 曾已設置也 … 若等之意 必以予爲好佛 欲印經而然也 … 如大君等輩印經之事 吾何禁之 完慶孝瞻等曰 正音廳 臣等聞命以來 信殿下不爲印經而設也 … 上曰 所鑄之字 皆已出諸鑄字所 工匠亦皆已屬于鑄字所 此廳所存 但小小書板而已"고 하였고, 같은 책 같은 해 11월 1일 신축에 "임금이 '정음청은 내가 설치한 것이 아니라 대군들이 서적을 인쇄하고자 하기에 가서 감독하는 것이다. 上曰 正音廳 非予所設也 大君輩 欲印書籍 因往監之"고 하여, 1450년 이전에 설치된 뒤에 주로 왕실의 대군들이 불경을 비롯한 여러 서적을 인쇄하곤 하였다. 『단종실록』 권4 즉위년(1452) 11월 2일 경신에 "정음청을 혁파하였다. 罷正音廳"라고 하였다. 다만 훈민정음 관련 업무를 담당하였기에 언문청(諺文廳)으로도 불렀다고 이해하기도 하지만 연관 근거는 전하지 않는다. [참고문헌] 『文宗實錄』, 『端宗實錄』.

정읍보화리석조이불입상 井邑普化里石造二佛立像 삼국시대 불상. 보물 제914호. 높이 227cm・186cm. 전라북도 정읍시 소성면 보화리 야산 중턱에 있다. 두 불상 모두 광배와 대좌가 온전히 남아있지 않고, 얼굴 전체가 심하게 마멸되었다. 체구가 작은 불상의 오른팔은 소실되었지만, 두 불상 모두 어린아이 같은 단구비례(短軀比例)・오른쪽 어깨를 드러낸 편단우견(偏袒右肩)의 착의법(着衣法)・오른팔은 아래로 내리고 왼팔은 손바닥을 보인 수인(手印)・동그란 얼굴과 입가에 머금은 미소표현 등이 동일하다. 편단우견의 착의법과 단구의 비례감각은 중국 북제(北齊)・북주(北周) 불상양식의 영향으로, 우리나라에서는 6세기 말에서 7세기 전반경의 신라불상에서 주로 보인다. 민머리에 상투형 육계(肉髻), 유려한 옷주름, 온화한 미소와 부드러운 조형감은 부여 군수리사지(軍守里寺址) 출토 불상 등에서 볼 수 있는 백제불상 양식과 궤를 같이한다. [참고문헌] 『文化財大觀 寶物 石造 II』(文化財廳, 2005) pp.740~743, 정예경 『중국 북제・북주 불상연구』(혜안, 1998).

정읍보화리석불입상

정읍은선리삼층석탑 井邑隱仙里三層石塔 고려시대 석탑. 보물 제167호. 높이 6m. 전라북도 정읍시 영원면 은선리에 있다. 넓은 지대석 위에 단층 기단을 두고 그 위에 3층 탑신(塔身)을 올렸다. 기단은 네 모서리에 네모난 돌기둥을 한 개씩 세우고, 기둥과 기둥 사이에는 한 장의 면석을 넣어 구성하였다. 갑석은 두 개의 판석으로 이루어졌는데, 아무런 장식이 없다. 4매의 판석을 세워 만든 1층 탑신은 2・3층 탑신에 비해 훨씬 높고 모서리에는 우주를 모각하였다. 옥개석은 탑신 위에 한 장의 판석을 올려 옥개받침으로 삼고, 그 위에 넓은 판석을 올린 뒤 다시 2단의 판석을 층층이 올려 구성하였다. 추녀는 수평이고 모서리의 반전도 없다. 2층 탑신은 높이와 너비가 급격히 줄었으며, 남쪽면에 두 짝의 문이 달린 감실(龕室)이 있다. 상륜부(相輪部)는 3층 옥개석 위에 있는 판석 한 장만 남아 있다. 높은 기단과 여러 개의 돌로 구성된 옥개석의 모습은 목탑 양식이 반영된 부여정림사지오층석탑(국보 제9호)과 유사하다. [참고문헌] 『文化財大觀』 寶物篇 石造 I (文化財廳, 2004) pp.236~239.

정읍은선리삼층석탑

정응 正凝 **1** 1191~1274. 남송(南宋)대 스님. 속성은 이(李)씨. 서주(舒州) 태호(太湖 : 安徽省 安慶市) 출신. 지응(止凝)이라고도 한다. 나이 열일곱에 아버지를 잃고 황주(黃州 : 湖北省 黃岡市)의 쌍천영(雙泉瑛) 문하로 출가한 다음 구족계는 개원사(開元寺)에서 받았다. 『증집속전등록』 권3(卍속장142, p.800a18)에 "쌍탑의 무명성에게 법을 물으러 갔을 때 '달마가 구년 동안 면벽한 소식은 무엇인가?'라고 물어 '이로는 있으나 펼쳐 보이기 어렵습니다'라고 답하자 가슴에 주먹 한 방을 얻어맞고 홀연히 깨우침이 생기면서 '내가 살면서 늘 쓰던 것들이 이 늙은이의 한 주먹에 힘없이 다 무너져내렸다'라고 감탄하였다. 參雙塔無明性 明問 達磨九年面壁時如何 師曰 有理難伸 被明劈胸一拳 師忽然有省 歎曰 我生平用底 遭這老漢一拳 瓦解氷銷了也"한다. 이 일을 계기로 고봉수(孤峰秀) 문하로 들어가 구자무불성(狗子無佛性) 화두를 참구한 지 반년 만에 그 극처를 맞이하여 "조주가 무라고 한 말이여! 헛되게 쏜 화살 아니로다. 어김없이 착착 과녁에 맞으니, 온전히 죽였다 흠 없이 살리네. 趙州道無 箭不虛發 築著磕著 全殺全活"라는 오도송을 읊었다. 고봉의 인가를 받고 그가 입적한 뒤에 상림과(霜林果) 문하에서 판수(板首)를 맡았다. 1257년(보우5) 복주(福州 : 福建省) 조대(釣臺)에서 법을 펼치다가 다시 만세사(萬歲寺)로 옮겼고 또 고산(鼓山)으로 거처를 바꾸었다. 1274년(함순10) "여든 네 해 살았던 일, 하룻밤의 꿈과 같구나. 꿈 깨면 또 텅 비리니, 이 일마저 없으리라. 八十四年 一夢相似 夢破還空 也無些事"라는 임종게를 남기고 세수 84로 입적하였다. 제자 몽산덕이(蒙山德異)가 어록을 편집하였다. 〔참고문헌〕『增集續傳燈錄』, 『補續高僧傳』 권24(卍속장134, p.354b18), 『續指月錄』 권4(卍속장143, p.846b13), 『續燈正統』 권7(卍속장144, p.580b9). ❷ 조선중기 스님. 송운유정(松雲惟政 1544~1610)이 쓴 시 「증정응선자 贈正凝禪子」 2수가 『사명집』 권5(한불전8, p.60c4)에 수록되어 있는데, "이 일은 종래부터 칼날에서 노는 일이니, 놀더라도 모름지기 칼끝은 범하는 일 없어야 하네. 此事從來弄劒刃 弄來須愼犯鋒鋩"라고 하였다. 〔참고문헌〕『四溟集』. ⇨ 유정 惟政❶ ❸ 조선후기 스님. 허목(許穆 1595~1682)이 스님과 이별하며 쓴 『기언별집』 권8 「증부도정응사서 贈浮屠正凝師序」(한국문집총간99, p.59b8)에 "나 일찍이 문소(경북 의성)에 머물렀는데, 스님 정응을 만나 함께 했다. 吾嘗遊聞韶 與浮屠人正凝相遇"라고 하였다. 〔참고문헌〕『記言別集』.

정의 正依 곧바로 의지하는 경론. 종파가 직접 근거로 삼는 경론으로 방의(傍依)와 대칭한다. 가령 법상종(法相宗)은 소의가 되는 육경(六經) 십일부론(十一部論) 가운데 『해심밀경 解深密經』을 정의로 삼고, 정토종(淨土宗)은 삼경일론(三經一論)을 정의로 삼으며 기타의 경론은 방의로 삼는 등이다. 『조선불교통사』 권상 「경기도양주군운악산봉선사 京畿道楊州郡雲岳山奉先寺」 p.631에 "삼국의 스승들이 종이에 묵으로 전한 자비로운 훈령은 『화엄경』을 정의로 삼고 그 밖의 다른 경전을 방의로 삼았다. 이는 대체로 화엄의 교설을 종으로 삼았기 때문이다. 三國師紙墨傳授之慈訓 以華嚴經爲正依 其他諸經爲傍依 盖華嚴敎宗也", 『선택전홍결의초』 권1(臺灣國圖善本42, p.28b8)에 "첫째는 정의의 경을 밝히고, 둘째는 방의의 경을 밝힌다. 왕생을 곧바로 가리키기에 정의라 하고, 왕생을 뒤따라 밝히기에 방의라 한다. 一 明正依經 二 明傍依經 直弁往生故 名爲正依 因明往生故 名爲傍依"라고 하였다. 〔참고문헌〕『朝鮮佛敎通史』, 『選擇傳弘決疑鈔』. ⇨ 방의 傍依

정의 正意 ❶ 바른 뜻. 뜻을 바르게 하다. 『무량수경』 권하(대정장12, p.277c3)에 "덕을 행하며 선을 세우고, 반듯한 마음과 바른 뜻으로 재계하여 청정하다. 爲德立善 正心正意 齋戒淸淨", 『삼미륵경소』(대정장38, p.323a29)에 "바른 뜻이란 바른 원이고, 바른 원이란 선품을 따르는 뜻이다. 正意者 正願 正願者 是順善品義也", 『대승기신론의기』 권하(대정장44, p.283a16)에 "닦아 그치는 이라 하였으니, 고요한 곳에 머물며 단정히 앉아 생각을 바르게 한다. … 단정히 앉는다는 말은 몸을 고르게 함이고, 뜻을 바르게 한다는 말은 마음을 고르게 함이다. … 이렇게 삿되게 구함을 떠나므로 뜻을 바르게 한다고 한다. 뜻을 내어 그 마음을 관하여 이와 더불어 상응하게 하니, 스스로 제도하고 남도 제도함으로써 위없는 도에 이르고자 하므로 뜻을 바르게 한다고 한다. 若修止者 住於靜處 端坐正意 … 言端坐者 調其身 正意者 調其心 … 離此邪求 故云正意 意欲令其觀心 與理相應 自度度他 至無上道 名正意也", 『대승의장』 권16(대정장44, p.773c2)에 "뜻을 바로한다는 말은, 보살은 뜻을 바르게 하여 모든 중생이 공경에 머물러 법과 위의를 구하고자 함을 보고 나서는 그들에게 설법해 준다. 言正意者 菩薩正意 觀諸衆生 住於恭敬 求法威儀 然後爲說"라고 하였다. 〔참고문헌〕『無量壽經』, 『三彌勒經疏』, 『大乘起信論義記』, 『大乘義章』. ❷ 본래의 의미. 『중관론소』 권2본(대정장42, p.24c25)에 "〔문〕 세제는 성의 생멸을 부수고 불생불멸을 밝히고, 진제는 가의 생멸을 파하고 불생불멸을 밝히는 것인가? 〔답〕 바른 뜻으로는 그렇지 않다. 세제는 실제의 생멸을 부정하여 불생불멸을 밝히지만, 진제는 가명의 생멸이 뚜렷함을 밝혀서 그대로 생멸이 없음을 밝히므로 파할 것도 없다. 問 世諦破性生滅 明不生不滅 眞諦破假生滅 明不生不滅以不答 正意則不然 世諦破實生滅 明不生不滅 眞諦明假生宛然 卽是無生 故不破也"라고 하였다. 〔참고문헌〕『中觀論疏』. ⇨ 세제 世諦, 진제 眞諦

정의 正義 Ⓢ samyag-artha, Ⓣ don-yang-dag-pa, don-legs-pa. 바른 뜻. 뜻을 바르게 하다. 법(法)과 율(律)에 의지해 그 뜻을 바르게 하는 뜻이다. 『대방편불보은경』 권6(대정장3, p.157b23)에 "〔문〕 삼귀계를 받지 않고도 오계를 받을 수 있습니까? 삼귀계를 받지 않고도 팔계를 받을 수 있습니까? 삼귀계를 받지 않고도 십계를 받을 수 있습니까? 백사갈마를 하지 않고도 구족계를 받을 수 있습니까? 〔답〕 모두 받을 수 없다. 오계를 받으려면 먼저 삼귀계를 받아야 하고, 삼귀계를 마친 다음에야 오계를 받을 수 있다. 오계의 이름을 설하는 까닭은 앞의 사람이 계의 이름을 알게 하려는 것이다. 마치 백사갈마를 마치고서 구족계를 받을 수 있는 것과 같으니, 사의·사타·십삼승잔을 말하는 까닭은 단지 알게 하기 위하여 설한다. 또 이렇게 말한다. '삼귀계를 받아 마쳐서야 불살계를 설해야 그때 계를 얻는다'. 그러므로 낱낱의 계를 설해야 오계를 얻는 것이니, 낱낱의 계를 거듭 가져야 다섯 가지를 다 지닐 수 있다. 또 오계의 세분이 서로 연관되어 있으며, 겸하여 본래의 뜻으로 오계를 받겠다고 서원한다. 또 '오계를 받아 마쳐야 계를 얻는다'. 여러 설 중에서 '삼귀계를 받은 후에야 오계를 얻는다'고 한 것이 바른 뜻이다. 問曰 若不受三歸 得五戒不 若不受三歸 得八戒不 若不受三歸 得十戒不 若不白四羯磨 得具戒不 答曰 一切不得 若受五戒 先受三歸 三歸旣竟 乃得五戒 所以說五戒名者 欲使前人識戒名字 如白四羯磨竟已 便得具戒 所以說四依四墮 十三僧殘者 但爲知故說 又言 受三歸竟 說不殺戒 爾時得戒 所以說一戒 得五戒者 若能持一戒 五盡能持 又以五戒勢分相著故 兼以本意誓受五戒故 又言 受五戒竟 然後得戒 於諸說中 受三歸已 得五戒者 此是正義", 40권본『대반열반경』권36(대정장12, p.576a4)에 "이 사람이 지극한 마음으로 수지하고 독송하고 익히며, 수지독송하여 익혀서야 지혜를 얻으며, 지혜를 얻고서야 잘 사유하고 법답게 머물 수 있다. 잘 사유하고서야 정의를 얻으며, 정의를 얻고난 후에야 몸과 마음이 적정해지고, 몸과 마음이 적정해지면 곧 기쁜 마음이 생겨난다. 기쁜 마음을 인연으로 마음이 정을 얻고, 정을 얻기에 바른 지견을 얻으며, 바른 지견을 얻은 다음에야 모든 유에 대하여 싫어하고 후회하는 마음이 생겨나고, 모든 유를 후회하기에 해탈을 얻는다. 이 사람에게 이와 같은 일이 있을 리 없다면 들어도 구족하지 못한다 한다. 是人至心 受持誦習 持誦習已 獲得智慧 得智慧已 能善思惟 如法而住 善思惟已 則得正義 得正義已 身心寂靜 身心寂已 則生喜心 喜心因緣 心則得定 因得定故 得正知見 正知見已 於諸有中 心生厭悔 悔諸有故 能得解脫 是人無有 如是等事 是故 名爲聞不具足", 『대방등대집경』 권11(대정장13, p.71b2)에 "의의보살(依義菩薩)이 말씀드렸다. '세존이시여, 보살이 만약 정의에 의지하고 문자에 의지하지 않으며, 정의를 위하여 팔만사천법을 모아 받아 지녀서 널리 설함에 잃을 일도 움직일 일도 없으면 그 이름이 법다이 머문다 합니다'. 依義菩薩言 世尊 若有菩薩 依於正義 不依於字 爲正義故 受持讀誦 廣說八萬四千法聚 無失無動 名如法住"라고 하였다. [참고문헌]『大方便佛報恩經』, 『大般涅槃經』, 『大方等大集經』, *Bodh-bh.58·180.*

정의 定意. Ⓢ Ⓟ samādhi. 뜻을 모으다. 뜻을 흩어지지 않게 하여 고르게(samā) 붙드는(dhi) 뜻으로 삼매(三昧)의 한역어 중 하나이며, 정(定)·등지(等持)·정심(定心)과 같은 뜻이다. 『법구비유경』 권1(대정장4, p.577c2)에 "부처님께서 비구에게 말씀하셨다. '십이인연은 무명(無明 : 痴)을 본으로 삼는다. 지혜 없는 어리석음은 온갖 죄의 근원이고 명(明)인 지는 온갖 행의 근본이니, 먼저 마땅히 어리석음을 끊은 다음에야 뜻이 고요해진다'. 부처님께서 이렇게 말씀하시니, 그 비구는 곧 부끄러워하였다. '나는 어리석고 미혹된 지 오래되어 고전을 이해하지 못하였기에 이렇게 되었을 뿐이로다. 지금 부처님말씀은 깊고 미묘한 줄 알았으니' 그는 안으로 사유하여 바르고 고요하게 한다. 안반수의로 마음을 다스려 분별을 조복하니, 모든 욕을 막아 곧 정의을 얻고 부처님 앞에서 응진을 체득하였다. 佛告比丘 十二因緣 以癡爲本 癡者 衆罪之源 智者 衆行之本 先當斷癡 然後意定 佛說是已 比丘慚愧 卽自責言 我爲愚癡 迷惑來久 不解古典 使如此耳 今佛所說 甚爲妙哉 內思正定 安般守意 制心伏情 杜閉諸欲 卽得定意 在於佛前 逮得應眞", 『법집요송경』 권4(대정장4, p.797a1 : *Udāna-v.*, p.440)에 "지계의 힘과 다문의 뜻으로만은 아니고, 바르게 힘써 뜻을 고요히 하며 글로 덧붙이는 일에도 착하지 않아야 하니, 비구의 의지할 바는 끊임없이 무루를 행하는 것이다. 不以持戒力 及以多聞義 正使得定意 不著於文飾 苾芻有所倚 盡於無漏行 na śīlavrata-mātreṇa bahuśrutyena vā punaḥ, tathā samādhi-lābhena viviktaśayanena vā, bhikṣur viśvāsam āpadyed aprāpte hy āsravakṣaye", 『법구경』 권하(대정장4, p.569a12 : *Dhp.*, p.76)에 "바라제목차는 말로 하는 것이 아니고 내가 거듭 행할 뿐이다. 뜻을 고요히 하려면 참으로 닫고 버려야 하니, 뜻을 알아 안락하고자 하거든 범부의 일을 익히지 마라. 번뇌의 부림을 다하지 않고서는 능히 벗어나지 못하리라. 戒衆不言 我行多誠 得定意者 要由閉損 意解求安 莫習凡人 使結未盡 莫能得脫 na sīlabbata-mattena bāhu-saccena vā puna, atha vā samādhi-lābhena vivicca-sayanena vā, phusāmi nekkhamma-sukhaṃ aputhujjana-sevitaṃ, bhikkhu vissāsa māpādi appatto āsavakkhayaṃ", 『보살영락경』 권1(대정장16, p.5a5)에 "어떤 때에는 보살이 정에 들어 정수하여 일겁이나 백천겁을 지나더라도 형체 부드럽고 아름다우며, 다시는 먹을 생각을 하지 않는다. 이것은 삼매의 마음으로 말미암아 선열로 음식을 삼고, 팔해탈로 마실 것을 삼는 것이다. 어떤 때에는 보살이 다시 신족으로 삼매에 드는데 그 삼매의 이름은 보조다. 或時 菩薩 入定正受 乃經一劫 及百千劫 形體軟美 不復仰食 斯由定意 禪悅爲食 八解爲漿 或時 菩薩復以神足 而入三昧 其三昧名 號曰普照"라고 하였다. [참고문헌]『法句譬喩經』, 『法集要頌經』, 『法句經』, 『菩薩瓔珞經』, *Udāna-v.*, *Dhp.* ⇨ 정 定❶, 삼매 三昧, 정심 定

心❶, 등지 等持, 의 意

정의 定義 ❶정해진 뜻. 변할 수 없는 뜻으로 결정의(決定義 Ⓢniścaya)라고도 한다. 40권본『대반열반경』권6(대정장12, p.401c2)에 "부처님께서 말씀하셨다. '선남자야, 법에 의지하는 것이 곧바로 여래의 대반열반이고, 일체불법은 그대로 법성이며, 이 법성이야말로 그대로 여래다. 그러므로 여래는 상주불변이다. 만약 또 어떤 이가 말하길 여래는 무상이라고 한다면, 이 사람은 법성을 알지도 못하고 보지도 못한 것이다. 법성을 알지도 못하고 보지도 못하는 이에게는 의지하지 말아야 한다. … 법에 의지하는 것은 곧 법성이며, 사람에게 의지하지 않는 것은 곧 성문이다. 법성은 곧 여래이며, 성문은 곧 유위다. 여래는 상주이며, 유위는 무상이다. 선남자야, 어떤 사람이 이익을 위하여 파계하고, 여래가 무상하고 변한다고 설한다면, 이런 사람은 의지하지 말아야 한다. 선남자야, 이것을 정의라고 한다'. 佛言 善男子 依法者 卽是如來大般涅槃 一切佛法 卽是法性 是法性者 卽是如來 是故 如來常住不變 若復有言 如來無常 是人不知不見法性 若不知見是法性者 不應依止 … 依法者 卽是法性 不依人者 卽是聲聞 法性者 卽是如來 聲聞者 卽是有爲 如來者 卽是常住 有爲者 卽是無常 善男子 若人破戒 爲利養故 說言如來無常變易 如是之人 所不應依 善男子 是名定義", 『살바다비니비바사』권3(대정장23, p.519c23)에 "많은 여인들이 어찌하여 찾아와 보려 하는가? 첫째 세간에는 일이 많고 바쁜 일이 많지만, 출가인이 머무는 곳은 적정하고 안락하기 때문이다. 둘째 선지식을 가까이하여 법을 듣고자 하기 때문이다. 셋째 스님들 방중에 갖가지 장식과 단청한 방사와 침구가 보기에 좋으니 찾아오는 것이다. 어찌하여 정식 후에야 와야 하는가? 또 어떤 이는 말한다. '정해진 의미는 없다'. 諸女人何以來看 一 以世間多事 多諸忽務 出家人 所住處 寂靜安樂故 二 親近善知識 欲聞法故 三 衆僧房中 種種嚴飾 采畫房舍 床榻臥具 觸目可樂 是故來看 何故 正食後來 又言 無有定義"라고 하였다. 〔참고문헌〕『大般涅槃經』, 『薩婆多毘尼毘婆沙』. ⇨결정의 決定義 ❷Ⓢsamādhi artha. 삼매의 뜻이라는 말. 『성불모반야바라밀다구송정의론』권하(대정장25, p.899c17)에 "관이란 정의 뜻이다. 정이란 마음이 한 경만을 성상으로 하는 뜻이다. 觀者 定義 定謂心一境性相", 『유가사지론』권28(대정장30, p.436a7 : *Śrāv-bh.*, p.263)에 "〔문〕 무슨 까닭에 오직 삼학만 있고, 적지도 않고 많지도 않은가? 〔답〕 정을 건립하는 뜻에서이고, 지혜가 의지하는 뜻이기 때문이며, 해야 할 일을 가리는 뜻이기 때문이다. 정을 건립하는 뜻이란 증상계학을 말한다. 왜냐하면 계를 말미암아야 마음이 한 경의 성을 건립하여, 그 마음이 삼마지를 누리도록 하기 때문이다. 問 何緣 唯有三學 非少非多 答 建立定義故 智所依義故 辨所作義故 建立定義者 謂增上戒學 所以者何 由戒建立心一境性 能令其心 觸三摩地 kena kāraṇena tisra eva śikṣā na tadūrdhvaṃ. āha. samādhipratiṣṭhārthena. jñānasaṃniśrayārthena. kṛtyakaraṇārthena ca. tatra samādhipratiṣṭhārthenādhiśīlaṃ. śikṣā. tathā hi śīlaṃ pratiṣṭhāya cittaikāgratāṃ spṛśati cittasamādhiṃ"라고 하였다. 〔참고문헌〕『聖佛母般若波羅蜜多九頌精義論』, 『瑜伽師地論』, *Śrāv-bh.* ⇨정 定❶

정의 淨衣 Ⓟkappiya-cīvara. 깨끗한 옷. 가사(袈裟)를 말하며, 또는 여법히 받아 지녀야 할 가사. 법의(法衣)를 말한다. 『대승본생심지관경』권5(대정장3, p.314c5)에 "일곱째 가사는 부처님의 깨끗한 옷이니 영원히 번뇌를 끊고 좋은 복전이 되기 때문이다. 七者 袈裟是佛淨衣 永斷煩惱 作良田故", 『살바다비니』권9(대정장23, p.618a4)에 "〔문〕 부처님께서 말씀하신 것처럼 한 달을 넘겨 옷을 비축하는데, 한 달을 초과하여 옷을 비축하여도 니살기바야제(Ⓢnaiḥsargikāḥ pāyattikāḥ)를 범하지 않는가? 〔답〕 그렇다. 부정의이니, 앞에서 설한 것과 같다. 한 달을 넘겨 비축하면 돌길라(Ⓢduṣkṛta)이고, 감량의를 비축하여 한 달을 초과하면 돌길라다. 〔문〕 부처님께서 말씀하신 것처럼 한 달 동안 비축하는 옷은 어떤 옷인가? 〔답〕 정의다. 〈문〉 어떤 것이 정의인가? 〈답〉 부처님께서 닥지 않으신 옷이다. 問 如佛所說 畜一月衣 頗有畜過一月衣 不犯尼薩耆波夜提耶 答 有 不淨衣 如前說 過一月畜 突吉羅 畜減量衣過一月 突吉羅 問 如佛所說 畜一月衣 何等衣 答 謂淨衣 云何淨衣 佛所不遮衣是"라고 하였다. 〔참고문헌〕『大乘本生心地觀經』, 『薩婆多毘尼』, *Vin.3.221.* ⇨가사 袈裟, 법의 法衣, 정시의 淨施衣, 정시 淨施❷

정의 淨義 1856~1936. 조선후기 스님. 호는 동선(東宣), 속성은 김씨, 본관은 안동. 아버지의 이름은 홍락(洪洛), 어머니는 변(邊)씨이다. 1856년 안동에서 태어났다. 1873년(고종10) 18세 때 태백산 정암사(淨巖寺)로 가서 벽암서호(蘗庵西灝)를 은사로 하여 스님이 되었다. 보월(寶月)율사에게서 비구계를 받았고, 나은(懶隱)·환경우인(幻鏡雨仁)·용호해주(龍湖海珠) 등 강백(講伯)으로부터 경론을 수학하고, 벽암의 법을 이어 받았다. 국내에서는 유점사(楡岾寺)·영봉(靈峰)의 계맥을 전승하였으며, 다시 북경으로 가서 중국의 계맥을 받아왔다. 유점사에서 강석을 열고『화엄경』을 강설하며 후학을 지도하다가 1916년 유점사의 제2대 주지가 되었다. 1926년에는 유점사에 동국경원(東國經院)을 열고 그 원장이 되었다. 1929년 1월 칠교정(七敎正) 중 한 분으로 추대되었으며, 1934년부터 신계사

(神溪寺) 보광암(普光庵)으로 옮겨 주석하다가 1936년에 서쪽을 향해 단정히 앉아 아미타불을 부르면서 입적하니 세수 81, 법랍 63세였다. 〔참고문헌〕『東宣老師遺稿』, 「東宣大禪師行蹟」(『楡岾寺本末寺誌』, p.136). ⇨ 동선노사유고 東宣老師遺稿

정의가 正義家 중현(衆賢 Ⓢ Saṃghabhadra)의 주장을 따르는 학파. 중현은 『순정리론 順正理論』의 저자다. 『구사론기』 권1(대정장41, p.5a6)에 "열 번째 고사가 '불염무지는 심소 중에 따로 하나의 체가 있다'고 주장한 것을 논파하여 『순정리론』 권28(대정장29, p.502a16)에서 말한다. 정의가가 파하여 말한다. '여기서 그의 말을 상고하건대 커다란 잘못이 있다. 즉 모든 이생 등의 심심소법은 모두 여실하지 못하여 미세숙 등의 상을 알기는 하지만 그 나머지 심심소를 낳는 것을 보지 못하기 때문이다. 또 순간순간 저 심심소법이 차별하게 생겨나므로, 마땅히 념념중에 각각 따로따로 법에 무지함이 일어나야 한다. 만약 「이상이 있어서 무지로 하여금 차별하게 하니, 곧 이것으로 마음의 품이 차별하다」 한다면, 어찌하여 불염무지를 별도로 헤아려야 하는가?' 破第十古師云 若不染無知 於心所中 別有一體者 正理二十八云 正義家破云 今詳彼言 有太過失 諸異生等 心心所法 皆不如實 覺味勢熟等相 然不見生 餘心心所故 又一一念 彼心心所 差別而生 應念念中 各有別別 無知法起 若謂有異相 令無知差別 卽此是能 差別心品 何須別計 不染無知"라고 하였다. 〔참고문헌〕『俱舍論記』, 『順正理論』. ⇨ 중현 衆賢, 아비달마순정리론 阿毘達磨順正理論

정의경 正意經 『아함정행경 阿含正行經』의 다른 이름. 『역대삼보기』 권14(대정장49, p.117a16)에 "『아함정행경』 1권〈『정의경』이라고도 함〉. 阿含正行經一卷〈亦云正意經〉"라고 하였다. 〔참고문헌〕『歷代三寶紀』. ⇨ 아함정행경 阿含正行經

정의발심 淨依發心 Ⓢ śuddhādhyāśayikaḥ cittotpādaḥ. 무루(無漏)에 의지해 마음을 일으킴. 사종발심(四種發心) 중 하나다. 초지(初地)부터 칠지(七地)까지 보살의 발심을 말한다. 『대승장엄경론』 권2(대정장31, p.595c10 : *Sūtr.*, p.14)에 "보살이 발심함에 모든 지에 의지한다. 네 가지 차별이 있다. … 둘째는 정의발심으로서 초지부터 칠지까지이다. 菩薩發心依諸地 有四種差別 … 二 淨依發心 謂前七地 caturvidho bodhisatvānāṃ cittotpādaḥ … śuddhādhyāśayikaḥ saptasu bhūmiṣu"라고 하였다. 〔참고문헌〕『大乘莊嚴經論』, *Sūtr.* ⇨ 사종발심 四種發心 ❸

정의우바새소문경 淨意優婆塞所問經 Ⓢ Karmavibhaṅga-nāma-dharmagrantha-sūtra, Ⓟ Kammavibhaṅga-sutta, Ⓣ las-kyi rnam-par 'gyur-ba shes-bya-ba'i chos-kyi-gshung. 송(宋)대 시호(施護) 한역. 1권. 『정의문경 淨意問經』이라고도 한다. 고려장40, pp.377b1~380c20, No.1431 · 대정장17, pp.588c8~590b7, No.755에 수록되어 있고, 티베트역본(北京版 No.1006)도 전한다. 정의도니야자(淨意兜泥耶子)에게 업의 과보 등을 자세히 법문하셨다. 이역으로 『도조경 兜調經』(대정장1, No.78) · 『앵무경 鸚鵡經』(대정장1, No.79) · 『불위수가장자설업보차별경 佛爲首迦長者說業報差別經』(대정장1, No.80) · 『분별선악보응경 分別善惡報應經』(대정장1, No.81) 등이 있다.

정이 定異 Ⓢ prati-niyama, Ⓣ so-sor-nges-pa. 정해진 다름. 제법의 분류범주에서 정해진 법들 즉 십이처 · 삼수 등의 법을 말하지만, 제법이 임시로 자성을 가져 상속하는 동안 다른 법과 다른 성상(性相)을 유지하는 것을 말한다. 이십사불상응법(二十四不相應法) 중 하나로 정(定)이란 한동안 한결같다(一定)는 뜻이고, 이(異)란 차별하다(差別) · 구별된다(別異)는 뜻이다. 『대승아비달마집론』 권1(대정장31, p.665c23 : *Abh-s.*, p.11)에 "무엇이 정해진 다름인가? 인과에 있어 가지가지로 차별하게 임시로 세운 정해진 다름이다. 何等定異 謂於因果 種種差別假立定異 pratiniyamaḥ katamaḥ. hetuphalanānātve pratiniyama iti prajñaptiḥ", 『대승아비달마잡집론』 권2(대정장31, p.700c20 : *Abh-s-bh.*, p.10)에 "인과종종차별이란 가애과가 묘행을 인으로 삼고 불가애과는 악행을 인으로 삼는, 이와 같은 등 가지가지 인과가 펴고 굴러서 차별하다. 因果種種差別者 謂可愛果 妙行爲因 不可愛果 惡行爲因 諸如是等 種種因果 展轉差別 hetuphalanānātvam-iṣṭasya phalasya sucaritam-aniṣṭasya duścaritam-ity-evam-ādi. phalānāṃ pṛthak pṛthag-anyonya-hetukatvam", 『현양성교론』 권1(대정장31, p.484b21)에 "정해진 다름이란 제행마다의 인과가 각각 성을 달리하는 것을 말한다. 定異者 謂諸行因果各異性", 『유가사지론』 권52(대정장30, p.588a11)에 "또한 무엇을 정이라 하는가? 무시이래 종종의 인과들은 결정적으로 차별하여 뒤섞이는 일이 없다. 이는 여래께서 세간에 출현하시든 그렇지 않든 법이라면 다 그렇다. 또 이 정이의 차별은 그 종이 많다. 또는 유전환멸로 다름이 정해지니 순역의 연기를 말한다. 또는 일체법의 정이가 있으니 일체법을 십이처로 거둬서 덜함도 더함도 없음을 말한다. 또는 감수작용의 정이가 있으니 모든 수는 삼수로 거둬 더하지도 덜하지도 않은 것을 말한다. 또는 머묾에 정이가 있으니 모든 내적 분에 있어서는 수명까지이고, 일체의 외적 분에 있어서는 대겁까지의 기간을 말한다. 또는 형량의 정이가 있으니 모든 유정이 저러저러한 형체를 가지고 나는 처소에서 수생한 몸의 형량의 결정과 외분인 사대주 등의 형량결정을 말한다. 復次云何定異 謂無始時來種種因果 決定差別 無雜亂性 如來出世若不出世 諸法法爾 又此定異差別多種 或有流轉還滅定異 謂順逆緣起 或有一切法定異 謂一切法十二處攝 無過無增 或有領受定異 謂一切受三受所攝 無過無增 或有住定異 謂一切內分乃至壽量 一切外分經大劫住 或有形量定異 謂諸有情於彼彼有色生處 所受生身形量決定 及諸外分四大洲等形量決定", 『대승백법명문론』(대정장31, p.855c10)에 "심불상응행법에는 대략 스물네 가지가 있다. … 열여섯 번째는 정이이다. 心不相應行法 略有二十四種 … 十六定異", 『유가론기』 권15(대정장42, p.651b27 · 한불전 14, p.159c10)에 "정이 중에 순경은 말한다. '상에 정해진 다름이란 청색·황색 등이고, 인으로 정해진 다름이란 선악의 다름이며, 과로 정해진 다름이란 고락의 구별이다'. 定異中 景云 言相定異者 如靑黃等 因定異者 善惡別故 果定異者 苦樂別", 『백법명문론찬』(卍속장76, p.886b12)에 "'정이'라는 말은 선악인과가 서로 차별함을 말한다. 선인은 반드시 즐거운 과를 불러오고 악인은 반드시 괴로운 과를 불러오기 때문이다. 한결같이 정해져 영원히 다르기에 정이라고 한 것이다. 言定異者 謂善惡因果 互相差別 以善因必感樂果 惡因必感苦果 一定永異 故云定異"라고 하였다. [참고문헌] 『大乘阿毘達磨集論』, 『大乘阿毘達磨雜集論』, 『顯揚聖敎論』, 『瑜伽師地論』, 『大乘百法明門論』, 『瑜伽論記』, 『百法明門論纂』, *Abh-s.*, *Abh-s-bh.*, *Yogā-bh.69.* ⇨정이인 定異因, 이십사불상응법 二十四不相應法, 생주이멸 生住異滅

정이 精頤 1674~1765. 조선후기 스님. 호는 일암(日庵), 속성은 전씨(全氏 : 『건봉본말사적』의 金氏라고 한 것은 오식임). 신라 정선군(旌善君) 전선(全宣)의 후예이다. 아버지의 휘는 홍익(興益), 어머니는 이씨 부인이다. 어머니가 태양이 머리 위에 내려앉는 태몽을 꾼 다음, 1674년(현종15) 낭천현(狼川縣 : 강원도 춘천의 북쪽) 관불촌(觀佛村)에서 태어났다. 날 때부터 울지 않았으며 아이들과 놀 때마다 모래탑을 만들고 꽃을 따서 공양하는 등 부처님에 대한 신심이 깊었을 뿐만 아니라 효심 또한 지극하였으므로 사람들이 효동(孝童) 또는 불종(佛種)이라 일컬었다. 16세 때인 1689년(숙종15)에 각암(覺庵)으로 찾아가 설우(雪祐)를 은사로 하여 스님이 되었다. 금파(金波)로부터 『사미율의 沙彌律儀』·『범망경 梵網經』 등 계율을 배우고 비구계를 받았다. 1693년(숙종19) 20세 때 월저도안(月渚道安 1638~1715)대사를 친견하고 바로 그 해 설암추붕(雪巖秋鵬 1651~1706)의 법을 이어 받았으니, 임제의현(臨濟義玄)의 19대, 태고보우(太古普愚)의 10대, 청허휴정(淸虛休靜)의 4대 법손이다. 그 법계는 '청허휴정→편양언기(鞭羊彦機)→풍담의심(楓潭義諶)→월저도안→설암추붕→일암정이'로 이어진다. 참선공부는 만법귀일화(萬法歸一話)와 조주무자화(趙州無字話)를 들었고, 『능엄경』·『금강경』·『원각경』·『화엄경』 등의 경전과 『경덕전등록 景德傳燈錄』·『선문염송집 禪門拈頌集』·『선가귀감 禪家龜鑑』 등의 선전(禪典)에 두루 정통하여 선과 교를 겸비한 부종수교(扶宗樹敎)의 명안종사(明眼宗師)이다. 가야산 해인사(海印寺)·미지산 용문사(龍門寺)·묘향산 보현사(普賢寺)를 참방하였고 호남과 영남의 명산을 두루 유력하였으며, 금강산 건봉사(乾鳳寺)와 설악산 신흥사(神興寺)의 내원암(內院庵) 등에서 오랫동안 주석하였다. 만년에는 건봉사 백화암(白華庵 : 一名 祝聖庵)에서 10여 년간 두문불출하고 정진하였다. 1765년(영조41) 10월 22일에 모든 제자를 모아놓고 "본말 모두 주함이 없는 법, 머물지 않음이 곧 진법이다. 내 이제 이 참다운 법을 전하려 하니, 이 법 그 정체 무엇인가? 本末無住法 無住是眞法 今將是法傳 是法何嘗法"라는 임종게를 설하고 세수 92, 법랍 76세를 일기로 입적하였다. 화장한 후 영골(靈骨) 일편(一片)을 얻어 건봉사 남쪽 기슭에 부도를 세우고 봉안하였으며, 제자인 교청(敎淸)이 주선하여 □□□의 비문을 받아 김상숙(金相肅)이 써서 1770년(영조46)에 세운 비가 건봉사에 있다. 문집(文集) 15권이 있었다고 하나, 지금은 전하지 않는다. [참고문헌] 『乾鳳寺本末事蹟』(亞細亞文化社, 1977) pp.55~57, 趙東元 『韓金石文大系』 권7 pp.92~94, 「乾鳳寺日庵堂精頤大師碑文」(智冠 『韓國高僧碑文總集朝鮮期·近現代』 pp.394~396), 『嶺東地方金石文資料集』(관동대 영동문화연구소) pp.34~36.

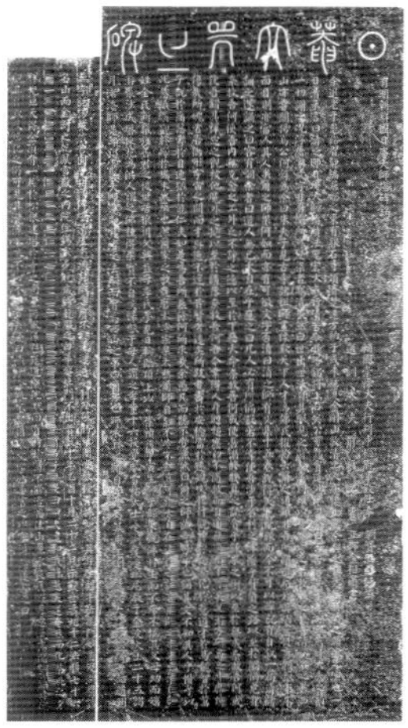
건봉사일암당정이대사비문 탁본

정이암 鄭李庵 전라남도 장성군 장성읍 유탕리에 있던 암자. 송강(松江) 정철(鄭澈 1536~1593)과 석탄(石灘) 이기남(李箕南 1533~1605)이 서로 교유하며 학문을 닦던 곳에 창건되었다. 『송사집』 권12 「정이암사적서 鄭李菴事蹟序」(한국문집총간345, p.306a9)에 "송강 문청공과 석탄처사가 평상시에 도의를 서로 숭상하였다. … 반드시 처사공이 세상을 등지고 근심 없이 나무뿌리를 먹고 샘물을 먹으며 생을 마쳤기에 암자를 지었을 것이다. … 후인이 두 현인을 존숭하고 흠모하여 정이암이라 하였다. 松江文淸公與石灘處士 平日道義相尙 … 必其處士公遯世无悶 木食澗飮 以畢其生 因樹爲菴 … 後人尊慕兩賢 菴曰鄭李"라고 하였다. 〔참고문헌〕『松沙集』, 『梵宇攷』, 『韓國寺刹全書』 권하 p.1021b4.

정이인 定異因 Ⓢ pratiniyama-hetu, Ⓣ so-sor-nges-pa'i-rgyu. 다름을 정하는 인. 법이 차별한 공능을 갖게 하는 인을 말한다. 일체유위법이 자과(自果)를 낳음에 서로 뒤섞임이 없게 하는 의처를 말하니, 일체유위법이 차별공능을 능히 일으키는 의지처이기도 하다. 십인사연오과(十因四緣五果)를 말함에 있어 제7인의 이름이다. 정별인(定別因)이라고도 한다. 『유가사지론』 권5(대정장30, p.301b09 : *Yogā-bh.*, p.106)에 "인 등의 차별이란 무엇인가? 십인과 사연과 오과를 말한다. 십인이란 무엇인가? … 일곱째 정이인이다. 因等差別者 謂十因 四緣 五果 十因者 … 七 定異因 hetupratyaya phalaprabhedaḥ katamaḥ. daśa hetavaḥ. catvāraḥ pratyayāḥ. pañca phalāni. daśa hetavaḥ katame. anuvyavahārahetuḥ. apekṣāhetuḥ … pratiniyamahetuḥ", 같은 책 권5(대정장30, p.302a2 : *Yogā-bh.*, p.109)에 "차별공능인이 의지하는 의처에서 정이인을 시설한다. 왜냐하면 욕계에 매인 제법은 자성공능에 차별이 있기 때문에 갖가지로 자성공능을 낳는다. 욕계법처럼 색계와 무색계에 매인 법과 매이지 않은 법 역시 그렇다. 그러므로 차별공능이 의지하는 의지처로서 정이인을 시설한다. 依差別功能因依處 施設定異因 所以者何 由欲繫諸法 自性功能 有差別故 能生種種 自性功能 如欲繫法 如是色無色繫及不繫法亦爾 是故 依差別功能依處 施設定異因 tatra śaktivaicitryaṃ hetvadhiṣṭhānamadhiṣṭhāya pratiniyamahetuḥ prajñāpyate. tat kasya hetoḥ. tathā hi. kāmapratisaṃyuktā dharmā vicitrasvabhāvā vicitrātsvabhāvaviśeṣācchaktivaicitryādutpadyante. yathā kāmapratisaṃyuktā evaṃ rūpapratisaṃyuktā ārūpyapratisaṃyuktā apratisaṃyuktāḥ. tasmācchaktivaicitryamadhiṣṭhāya pratiniyamahetuḥ prajñāpyate", 『성유식론』 권8(대정장31, p.41c7)에 "열두째 차별공능의처란, 즉 유위법이 스스로의 과에 있어서 능히 차별한 세력을 일으킬 줄 아는 곳이니, 곧 이곳에 의지하여 정이인을 세운다. 말하자면 자계의 등과를 일으키고 각자 자승의 과를 얻기 때문이다. 十二 差別功能依處 謂有爲法 各於自果 有能起證 差別勢力 卽依此處 立定異因 謂各能生 自界等果 及各能得 自乘果故"라고 하였다. 〔참고문헌〕『瑜伽師地論』, 『成唯識論』, *Yogā-bh.* ⇨ 인 因 ❶, 십인 十因 ❶, 정이 定異

정인 正印 ❶ 바르고 어김없음을 인정해서 찍는 인장(印章). 바른 것임을 표하는 일. 심인(心印)을 말한다. 『대승기신론열망소』「발 跋」(대정장44, p.464a10)에 "『대승기신론』은 불조께서 마음을 전하는 바른 인장이면서 법성과 법상을 모두 모아 가진다. 大乘起信論者 佛祖傳心之正印 法性法相之總持也", 『성유식론관심법요』 권10(卍속장82, p.707a2)에 "자비와 지혜를 한 쌍으로 부리는 사홍서원이라는 갑옷이니 대승유식의 어김없는 표시다. 悲智雙運 卽是四弘誓鎧 大乘唯識之正印也", 『인명입정리론직해』(卍속장87, p.155a1)에 "지금 무상이라 말하여 상견을 부수지만 실은 상도 아니고 단도 아니니 이는 소승에서 정한 정인이다. 今云無常 以破常見 其實非常亦復非斷 卽小乘之正印", 『무준사범어록』 권2(卍속장121, p.890a7)에 "고양이에게는 피를 마시는 공이 있고 호랑이에게는 시신을 일으키는 덕이 있다. 그런 까닭에 불조의 바른 심인을 잡아 가진 사람은 죽이거나 살리거나 거두거나 펼치면서 칼날을 마음껏 휘두르니 이치상 마땅히 그러한 것이다. 猫有歃血之功 虎有起屍之德 所以柄持佛祖正印者 殺活卷舒 遊刃自在 理故當然"라고 하였다. 〔참고문헌〕『大乘起信論裂網疏』, 『成唯識論觀心法要』, 『因明入正理論直解』, 『無準師範語錄』. ❷ 1267~?. 원대 임제종(臨濟宗) 스님. 자호는 송월옹(松月翁), 호는 월강(月江), 속성은 유(劉)씨. 복주(福州 : 福建省) 연강(連江) 출신. 어린 시절 경산(徑山 : 浙江省) 영은사(靈隱寺)의 호암정복(虎巖淨伏)선사 문하에서 구자불성(狗子佛性) 공안을 받아 공부하다가 깨달음을 얻고 게송으로 답함으로써 인가를 받았다. 1295년(정원1) 상주로(常州路 : 江蘇省) 벽운사(碧雲寺)에서 설법하였고, 오래 지나지 않아 송강(松江 : 江蘇省) 전산선사(澱山禪寺)로 거처를 옮겼다가 다시 같은 주의 남선사(南禪寺)로 옮겼다. 1322년(지치2) 호주 하산의 선화선사(宣化禪寺)에 주석하다가 1329년(천력2) 같은 주의 도량산(道場山) 호성만수선사(護聖萬壽禪寺)로 옮겼다. 1333년(원통1) 사명(四明 : 浙江省) 아육왕산(阿育王山)의 광리선사(廣利禪寺)에 주석할 당시에 원 황제가 도풍을 듣고 금란법의(金襴法衣)와 함께 불심보감(佛心普鑑)이라는 호를 내렸다. 『증집속전등록』 권6(卍속장142, p.889b14)에 "걸으면서 산 보고 앉아서도 산을 보니, 봄바람 꽃새들 저 홀로 지저귀네. 선재 떠난 뒤로는 아무도 찾지 않아, 누각 문 열렸으나 종일토록 한적하네. 行看山兮坐看山 春風花鳥自關關 善財別後無人到 樓閣門開盡日閑"라는 게송 등이 전한다. 임종을 맞아 목욕을 마친 다음 가사를 입고 게송을 적은 뒤 입적하였다. 『월강정인선사어록 月江正印禪師語錄』 3권(또는 5권)이 전한다. 〔참고문헌〕『增集續傳燈錄』. ⇨ 월강정인선사어록 月江正印禪師語錄

정인 正因 ❶ Ⓢ hetu. 바른 인. 반드시 과를 내는 공능이 있는 뜻이다. 간접인 연인(緣因)의 상대어다. 36권본 『대반열반경』 권26(대정장12, p.775b8)에 "선남자야, 원인에는 두 가지가 있으니 첫째는 정인, 둘째는 연인이다. 정인이란 우유에서 연유가 생기는 경우와 같은 것이다. 善男子 因有二種 一者 正因 二者 緣因 正因者 如乳生酪", 『관무량수불경의소』 권중(대정장37, p.290c21)에 "이와 같은 세 가지 일을 정업이라고 한다. 부처님께서는 위제희에게 이렇게 말씀하셨다. '너는 이제 알았느냐? 이 세 가지 업이 과거미래현재삼세의 모든 부처님의 정업과 정인이다'. 삼세과덕은 이를 빌어 성취하기에 정인이라고 한다. 如此三事 名爲淨業 佛告韋提希 汝今知不 此三種業 過去未來現在 三世諸佛 淨業正因 三世果德 籍此而成 故曰正因", 『서방합론』 권2(대정장47, p.392c10)에 "정인이란, 곧 삼세제불과 일체유정의 스스로 청정한 바탕이다. 마치 만상은 허공에 의지하며, 산천은 땅에 의지하고, 곡식은 종자에 의지하며, 꽃과 열매는 씨에 의지하는 것처럼 이 정인이 없으면 불과를 이루지 못한다. 왜냐하면 일체의 자비와 지혜는 순전히 이 인에 의지하여 건립하기 때문이다. 그러므로 이통현장자의 『화엄경합론』에서는 말한다. '여래장신이 바로 법신이다. 모든 복덕과 지혜의 바다가 그 중에 머물지 않음이 없기에 장이라 부른다. 법신을 보지 못하면 일체복덕과 지혜, 대자와 대비를 모두 다 가릴 수 없어서 온통 생멸에 속하게 한다'. 법신이란 곧 정인이다. 正因者 卽是三世諸佛 與諸有情 自淸淨體 如萬象依空 山川依地 穀依種子 花果依仁 若無此因 佛果不成 何以故 一切悲智 純依此因 而得建立 故長者 合論曰 如來藏身卽法身也 諸福智海 莫不居中 故稱爲藏 若不見法身 一切福智 大慈大悲 悉皆不辦 總屬生滅 法身者 卽正因是"라고 하였다. [참고문헌] 『大般涅槃經』, 『觀無量壽佛經義疏』, 『西方合論』, *Ratna-ut.25*. ⇨ 인 因❶, 연인 緣因, 인과 因果 ❷ 바른 이유. 잘못된 이유인 사인(似因 Ⓢ hetvābhāsa)의 상대어다. 『인명정리문론본』(대정장32, p.4b15)에 "저 앞에서 세워 이루길 '소리(聲)는 무상하다'고 함과 같으니, 이는 정인이 아니다. 번개 등이 현현함 등으로부터 나머지 인(因)을 얻을 수 있어 무상을 이루기 때문이다. 如前成立 聲是無常 此非正因 於電光等由現見等 餘因可得 無常成故"라고 하였다. [참고문헌] 『因明正理門論本』, 『因明入正理論疏』 권상(대정장44, p.103a26). ⇨ 사인 似因 ❸ 바른 인. 외도 등의 잘못된 인인 사인(邪因)의 상대어다. 『사제론』 권2(대정장32, p.386c14)에 "너는 물었다. '어찌하여 (부처님께서는) 자문자답하시는가?' 여러 제자들이 이해하지 못하고 두려워하며 마음을 결정하므로, 이 세 가지 일에서 보호하기 위하여 부처님께서 스스로 묻고 답하신 것이니, 힐난과 사인을 부수고 정인을 드러내 세우기 위함이다. 즉 여러 가지 모든 잘못된 집착이 있으니, 범왕·자재천·천인과 시(時)·성(性)·사대(四大)·공(空)·인허(隣虛) 등을 정인으로 삼는다. 이런 사집을 부수고 정인을 드러내기 위하여 부처님께서 스스로 답하신 것이다. 汝問 云何自問及答者 有諸弟子 不解 怯畏 定心 護此三事故 佛自答者 爲破難邪因 顯立正因 有諸異執 謂梵王 自在 及天人 時性四大空隣虛等 以爲正因 爲破邪執 欲顯正因 故佛自答"라고 하였다. [참고문헌] 『四諦論』. ⇨ 사인 邪因 ❹ ➡ 정인불성 正因佛性

정인 正忍 바르게 알다. 인(忍)이란 삿된 것을 견뎌 바로 아는 지(智)의 뜻이다. 육인(六忍) 중 하나로 무명(無明)을 부수고 중도의 이치를 증득함을 말한다. 『범망경직해』 권상(卍속장61, p.24b7)에 "견성인이란, 그 뜻에는 두 가지가 있다. 육견 중 지상보살을 덕견이라고 한다. 즉 중도의 관지를 닦아 일분의 무명 등의 장애를 부수고, 일분의 진여삼덕을 드러내는데 훼손하여 부술 수 없기에 덕견이라고 한다. 육인 중에서 이것을 정인이라고 한다. 즉 바로 무명을 부수고 중도의 이치를 알아차리고 더하여 인증하기에 정인이라고 한다. 이 두 가지 뜻을 합하여 말하기에 견성인이라고 하는 것이니, 이것은 곧 증발심이어서 진여법을 증득함을 말한다. 言堅聖忍者 其義有二 於六堅中 地上菩薩 名爲德堅 謂修中道觀智 破一分無明等障 顯發一分眞如三德 無能毁壞 故名德堅 於六忍中 此名正忍 謂正破無明 於中道理 忍可忍證 故名正忍 二義合言 故名堅聖忍也 此卽名證發心 謂證眞如法故"라고 하였다. [참고문헌] 『梵網經直解』, 『瓔珞本業經』 권상(대정장24, p.1012b28). ⇨ 인 忍, 육인 六忍

정인 定人 성품이 정해진 사람. 처음 아공(我空)의 이치를 증득하여 반드시 성인의 성품을 증득하는 십주보살(十住菩薩 : 習種性人)을 말한다. 『인왕경』 권하(대정장8, p.831b11)에 "이 정인이라면 생공위에 든 성인의 성이기에 반드시 오역죄·여섯 가지 무거운 죄·스물여덟 가지 가벼운 죄를 일으키지 않으며, 불법경전에 반역죄를 지어 부처님의 말씀이 아니라고 하는 이런 일은 없다. 일아승기겁 동안 복도의 인행을 닦아 비로소 승가타(僧伽陀 : 習種性)위에 든다. 是定人者 入生空位 聖人性故 必不起五逆 六重 二十八輕 佛法經書 作返逆罪 言非佛說 無有是處 能以一阿僧祇劫 修伏道忍行 始得入僧伽陀位", 원측(圓測)의 『인왕경소』 권하(대정장33, p.415c4·한불전1, p.104b10)에 "[경] '이 정인이라면'으로부터 '성인의 성품이기 때문에'까지. [석] 두 번째 그 뛰어난 위를 드러낸다. 문에 다름이 둘이니, 처음에는 이치 증함을 밝히고 뒤에는 허물을 여의는 것을 밝힌다. 이것은 처음이다. 즉 십주위에서 처음으로 생공의 뜻을 증함이니, 이것으로 성인의 성품을 증득하기에 정인이라고 부른다. 經 此定人者 〈至〉 聖人性故 釋曰 第二 顯

其勝位 文別有二 初明證理 後明離過 此卽初也 謂十住位初證生空理 由此證得 聖人性故 名爲定人"라고 하였다. 〔참고문헌〕『仁王經』, 『仁王經疏』. ⇨ 십주 十住, 습종성 習種性, 아공 我空, 생공 生空

정인 定印 정(定)에 들었음을 상징하는 인계(印契). 삼부(三部)의 구별이 있다. 첫째, 불부(佛部)는 법계정인(法界定印)으로 태장(胎藏) 대일여래(大日如來)의 주정인(住定印)이다. 둘째, 연화부(連華部)는 미타정인(彌陀定印) 또는 묘관찰지정인(妙觀察智定印)으로 아미타여래(阿彌陀如來)의 주정인이다. 셋째, 금강부(金剛部)는 박정인(縛定印)으로 천고뢰음여래(天鼓雷音如來)의 주정인이다. 여기에 보부(寶部)의 삼판보주정인(三瓣寶珠定印)과 갈마부(羯磨部)의 갈마인(羯磨印)을 더해 오부(五部)로 구성하기도 한다. 『유가연화부염송법』(대정장20, p.7a19)에 "다음으로 정인을 결한다. 두 손을 상차해 위를 향하며 배꼽 아래에 가만히 두는데 두 엄지 손가락은 위로 올려 마주해 집고서는 다음처럼 입삼마지진언을 지송한다. '옴 삼마지 발나미 〈나와 미는 한 음절〉 훌리 〈훌과 리는 한 음절〉'. 次結定印 兩手相叉仰安臍下 以二大拇指向上相捻 卽誦入三摩地眞言曰 唵 三摩地 鉢娜彌〈二合〉 紇唎〈二合〉 oṃ samādhi-padme hrīḥ", 『태장계대법대수기』 권3(대정장75, p.79b3)에 "이 정인은 두 손 중 오른손을 위에 두고 왼손을 아래에 두면서 서로 겹치는 정인이다. 此定印者 二手右上左下相重定印"라고 하였다. 〔참고문헌〕『瑜伽蓮華部念誦法』, 『胎藏界大法對受記』. ⇨ 정 定[1]

정인 법계정인

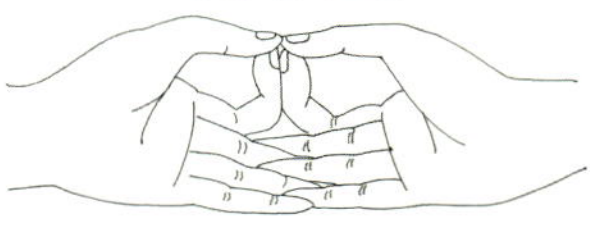

아미타정인

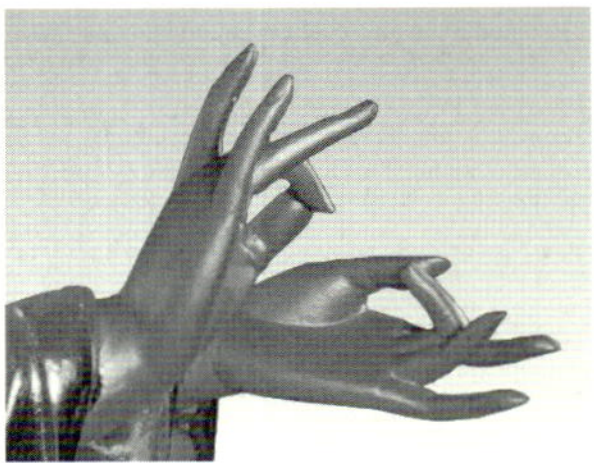

강화청련사목조아미타여래좌상 수인 보물제1787호 고려

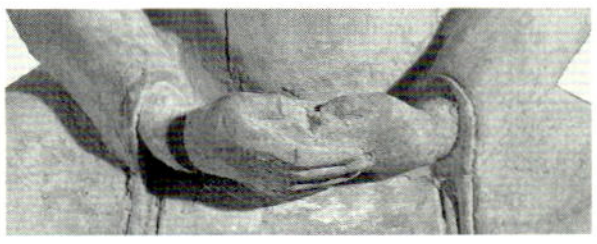

정인 여래좌상 툼스크 베를린인디언아트뮤지엄 5세기

정인 여래좌상 키질석굴 7세기

정인 定因 정의 인(因). 정이 일어나고 유지되게 하는 인이다. 『대승장엄경론』 권8(대정장31, p.630a12 : *Sūtr.*, p.106)에 "'염과 정진'이란 정의 인이다. 념이 있기에 연에 있어 잊을 일이 없게 하고, 계속 노력하기에 선정이 일어날 수 있게 한다. 念進者 是定因 有念故於緣不忘 依進故禪定得起 smṛti-vīrya-pratiṣṭhitam iti hetuḥ. ālambana-asaṃpramoṣe sati vīryaṃ niśritya samāpatty-abhinirhārāt"라고 하였다. 〔참고문헌〕『大乘莊嚴經論』, *Sūtr.* ⇨ 정 定[1]

정인 定忍 십인(十忍) 중 하나로 오온(五蘊) 중 상온(想蘊)을 관하여 얻는 안인(安忍). 『인왕경』 권상(대정장8, p.826c6)에 "색식상수행을 관하여 계인·지견인·정인·혜인·해탈인을 얻는다. 觀色識想受行 得戒忍 知見忍 定忍 慧忍 解脫忍", 원측(圓測)의 『인왕경소』 권중(대정장33, p.388b3·한불전1, p.60c9)에 "상온을 관하여 정인을 얻는다. 저 가상으로 능히 정에 들 수 있기 때문이다. 마치 사무색계가 상으로 말미암아 얻을 수 있는 것과 같다. 觀想蘊得定忍 以彼假想 能入定故 如四無色 由想故得"라고 하였다. 〔참고문헌〕『仁王經』, 『仁王經疏』. ⇨ 십인 十忍[2], 인 忍

정인 淨人 Ⓟ kappiya-kāraka. 승가에서 부정물의 습득을 돕는 이. 비구를 대신하여 부정물을 얻거나 다룬다. 승중이 범계하지 않도록 함이다. *Mahāvagga*(*Vin.1*, p.206)에 "한때 비구가 뱀에 물렸다. 세존께서 말씀하시길 '비구들아 대소변·재·진흙의 사대오물을 그 비구에게 주어도 좋다'. 그러자 비구들은 생각했다. '다른 이에게 받아야 하는가, 아니면 직접 취해야 되는가?' 세존께서 이르시길 '비구들아, 정인이 있다면 그에게서 받고 없다면 직접 취해 입에 넣어줘도 좋다'. tena kho pana samayena aññataro bhikkhu ahinā daṭṭho hoti. bhagavato etam atthaṃ ārocesuṃ. anujānāmi bhikkhave cattāri mahāvikaṭāni dātuṃ gūthaṃ muttaṃ chārikaṃ mattikan ti. atha kho bhikkhūnaṃ etad ahosi, appaṭiggahitāni nu kho udāhu paṭiggahetabbānīti. bhagavato etam atthaṃ ārocesuṃ. anujānāmi bhikkhave sati kappiyakārake paṭiggahāpetuṃ, asati kappiyakārake sāmaṃ gahetvā paribhuñjitun ti", 『오분율』 권5(대정장22, p.31c2)에 "비구대중이 병을 얻었지만 종일토록 정인을 얻을 수 없었다. 또한 구할 돈도 살 곳도 없었다. 모든 비구들이 어떻게 할지 몰라 부처님께 여쭈었다. 이 일을 당해 부처님께서 비구들을 모은 뒤 소욕지족과 계와 계를 지키고야 마는 비구들을 칭찬하시고 고하시되 '지금부터 병든 비구들은 소와 유밀과 석밀 등은 육야에까지 먹고 남겨두어도 좋다'. 時衆多比丘病 不能得淨人 從日日受 亦無錢直 又無買處 諸比丘 不知云何 以是白佛 佛以是事 集比丘僧 讚少欲知足 讚戒 讚持戒已 告諸比丘 從今聽諸病比丘食宿受酥油蜜石蜜乃至六夜", 『마하승기

율』 권5(대정장22, p.267c1)에 "저 비구들이 많이 모일 때가 있으니 부처님께서 태어나신 곳, 도를 얻으신 곳, 전법륜한 곳, 아난이 참석한 큰 대회, 라후라가 참석한 큰 대회, 반차우슬대회 등이다. 이런 큰 대회가 있을 때 많은 사람이 와서 구경하는데, 여인이 각종 구슬 달린 장식과 옷가지 등 갖가지 물건을 가져와 비구에게 드리려 할 때가 있다. 만약 부정물일진댄 마땅히 정인이 취하고 정물일진댄 마땅히 스스로 취한다. 若比丘諸大會時 所謂佛生處 得道處 轉法輪處 阿難大會處 羅睺羅大會處 般遮于瑟大會處 是諸大會時 多人來看 若女人持珠環瓔珞衣物寄比丘 若不淨物 應令淨人取 若淨物 應自手取", 『선림상기전』 권8(불광장, 禪藏, p.578)에 "정인 : 전통적인 설에 따르면 정은 스스로 청정하게 하는 뜻이 아니고, 다른 이를 대신하여 다른 이를 청정하게 한다는 말이다. 도충(道忠)이 말한다. '정인이란 절에 몸담고 있지만 삭발하거나 가사를 입지 않고 대중스님들을 시봉하는 소임이다'. 淨人 舊說曰 淨者 非自淨之義 能代他而淨他也 忠曰 淨人投寺 未得剃染 給使衆僧者", 『선원청규』 권8 「귀경문 龜鏡文」(卍속장111, p.918a8)에 "대중스님들을 위해 물건들을 다루고 모시게 하고자 정인의 소임을 둔다. 爲衆僧給侍 故有淨人", 같은 책 권10 「백장규승송 百丈規繩頌」(卍속장111, p.935a4)에 "두 번의 북소리에 당승은 목욕하고, 세 번의 북소리에 따라 집사가 온다. 정인은 북소리 멈추기를 잘 듣고 차제로 하여 어긋나지 않게 한다. 兩會堂僧浴 三通執事來 淨人聞煞鼓 次第勿相乖"라고 하였다. [참고문헌] 『五分律』, 『摩訶僧祇律』, 『禪林象器箋』, 『禪苑淸規』, 『釋氏要覽』 권3(대정장54, p.303b21), *Vin.* ⇨ 반차우슬대회 般遮于瑟大會, 부정물 不淨物, 사관 寺官, 정시 淨施, 정옥 淨屋, 정주 淨主 ❶, 행자 行者

정인 淨因 ❶ 청정한 인. 정과(淨果)를 성취하는 일체 선념(一切善念)을 말한다. 염인(染因)에 상대한다. 『여래장엄지혜광명입일체불경계경』 권하(대정장12, p.245a18)에 "보살마하살은 염정인을 여실하게 알아 염정인 중에 머물지 않는 이다. … 일체법무아에 드는 것을 정인이라 하며 … 안으로 적정하여 밖으로 행하지 않는 것을 정인이라 하고 … 부정자비희사로 십이인연에 드는 것을 정인이라 한다. … 사념처는 정인이며 … 오근이 정인이며 … 육념도 정인이다. … 칠각분은 정인이며 … 팔정법은 정인이며 … 구차제정은 정인이며 … 십선업도는 정인이다. 간략히 말하면 일체의 불선념은 염오인이고, 일체의 선념은 청정인이다. 菩薩摩訶薩 如實知染淨因 而不住染淨因中者 … 入一切法無我是名淨因 … 內寂靜外不行是名淨因 … 不淨慈悲喜捨入十二因緣忍名爲淨因 … 四念處是淨因 … 五根是淨因 … 六念是淨因 … 七覺分是淨因 … 八正法是淨因 … 九次第定是淨因 … 十善業道是淨因 略說一切不善念是染因 一切善念是淨因"라고 하였다. [참고문헌] 『如來莊嚴智慧光明入一切佛境界經』, 『大乘入諸佛境界智光明莊嚴經』 권3(대정장12, p.259c2). ⇨ 삼십칠도품 三十七道品 ❷ 정토(淨土)의 인. 왕생의 인을 말한다. 『정명현론』 권8(대정장38, p.906a20)에 "무슨 연유로 정토에 태어나는가? 중생이 정인을 닦아서 이 응토를 감한다 何由得生淨土 以衆生修行淨因 感斯應土", 『염불경』 권말(대정장47, p.133a16)에 "'병이 들어 죽음에 이르게 될 때 마음이 산란해질 것이 두렵고, 이에 다른 사람들이 미혹하여 정념을 동요시켜 정토왕생의 인을 잃어버릴 것이 우려됩니다. 엎드려 바라옵건대 (정토에) 돌아가는 지름길을 거듭 보여주시고, (윤회에) 빠지는 괴로움에서 벗어나도록 하여주시옵소서'. 스님께서 이렇게 말씀하셨다. '잘 물었다. 무릇 모든 사람들은 죽어서 정토에 왕생하고자 한다면 죽음을 두려워하지 않고, 항상 이 몸에는 많은 고통과 깨끗하지 못한 악업들이 갖가지로 얽혀 있으나, 이 더러운 육신을 버리면 정토에 올라 한량없는 쾌락을 받고 생사의 괴로움이 있는 세계에서 벗어날 것을 마음에 두어야 한다'. 恐病來死至之時 心識散亂 仍慮他人 惑動正念 忘失淨因 伏望 重示 歸徑之方 俾脫 沈淪之苦 師曰 善哉問也 凡一切人 命終 欲生淨土 須是不得怕死 常念此身多苦 不淨惡業 種種交纏 若得捨此穢形 超生淨土 受無量快樂 解脫生死苦趣"라고 하였다. [참고문헌] 『淨名玄論』, 『念佛鏡』. ⇨ 정토 淨土, 왕생 往生

정인도 淨因道 Ⓢ hetu-mārga-śuddhām. 무루의 인으로 열린 길. 부처님께서 가르쳐 보이신 길을 말한다. 『구사론』 권30(대정장29, p.159b9 : *Abh-k-bh.*, p.478)에 "이미 정인도를 잘 설하였다. 부처님의 지극한 가르침인 참된 법성을 말한다. 눈이 먼 모든 외도들의 주장인, 악견으로 행하는 것을 버리고 지혜의 눈을 구한다. 이 열반궁으로 가는 하나의 넓은 길, 수많은 성인들이 노닐던 무아성, 모든 불일의 말씀과 빛으로 비춘 것들을, 길을 열었으나 우매한 눈으로 보지 못한다. 已善說此淨因道 謂佛至言眞法性 應捨闇盲諸外執 惡見所爲求慧眼 此涅槃宮一廣道 千聖所遊無我性 諸佛日言光所照 雖開昧眼不能覩 ityetāṃ suvihitahetumārgaśuddhām, buddhānāṃ pravacanadharmatāṃ niśamya, andhānāṃ vividhakudṛṣṭiceṣṭitānāṃ, tīrthyānāṃ matamapavidhya yāntyanandhāḥ. imaṃ hi nirvāṇapuraikavartinīṃ, tathāgatādityavacoṃ'śubhāsvatīm, nirātmatāmāryasahasravāhitāṃ, na mandacakṣurvivṛtāmapīkṣate", 『구사론소』 권30(대정장41, p.812b14)에 "이미 이러한 정인도를 잘 설하였네란 무슨 말인가? 정이란 무루를 말하고, 인이란 부처님의 가르침을 말한다. 부처님의 지극한 가르침인 참된 법을

말한다란 무슨 말인가? 정인도를 낳은 바탕이다. 已善說此淨因道者 淨謂無漏 因謂佛敎也 謂佛至言眞法性 出淨因道體也"라고 하였다. [참고문헌]『俱舍論』, 『俱舍論疏』, *Abh-k-bh*. ⇨ 무루 無漏❶

정인법문경 淨印法門經 Ⓢ Sāgaramati-paripṛcchā-sūtra, Ⓣ 'phags-pa blo-gros rgya-mtshos shus-pa shes-bya-ba theg-pa chen-po'i mdo. 송대 유정(惟淨) 한역. 18권. 『해의보살소문정인법문경 海意菩薩所問淨印法門經』의 준말이고, 『대방등대집경 大方等大集經』「해혜보살품 海慧菩薩品」의 이역이다. 『해의보살법문경 海意菩薩法門經』이라고도 한다. 고려장41, pp. 27b1~101b6, No.1481 · 대정장13, pp.473c4~522b27, No.400에 수록되어 있고, 티베트역본(北京版 No.819)도 전한다. 빨리 깨달음을 증득하기 위하여 정인삼마지(淨印三摩地)를 얻는 방법과 여러 가지 대승의 교법을 설한 법문이다.

정인불성 正因佛性 바른 인인 부처의 자성. 삼인불성(三因佛性) 중 하나. 성불의 정인이며 모든 중생이 본래 갖추고 있는 공가중(空假中) 삼제(三諦)의 이법(理法)을 말한다. 『인왕호국반야경소』 권3(대정장33, p.268c23)에 "지혜로 연하여 멸하지 않는다라 한 것은 정인불성을 말하니, 자성이 본래 깨끗하여 번뇌의 티끌이 없어서 애써 관행하지 않아도 번뇌를 멸하는 것이다. 非智緣滅者 謂正因佛性 性本自淨 無煩惱垢 不勞觀行 而滅惑也", 같은 책 권4(대정장33, p.272a9)에 "'자성청정을 살운야성(薩云若性 : 本覺性)이라고 한다'란, 곧 정인불성이니, 일체중생과 부처님과 보살이 다 함께 이것을 갖는다. 自性淸淨 名薩云若性者 卽正因佛性 一切衆生 佛及菩薩 同共有此"라고 하였다. [참고문헌]『仁王護國般若經疏』, 『法華玄義』 권10상(대정장33, p.802a10). ⇨ 삼인불성 三因佛性❶, 불성 佛性, 삼제 三諦

정인사 正因寺 ❶ 서울특별시 은평구 구산동 삼각산(三角山)에 있는 수국사(守國寺). 조선 세조(世祖)의 장남으로 일찍 죽은 의경세자(懿敬世子 : 덕종으로 추존)의 경릉(敬陵) 능사(陵寺)로 창건되었으며, 경릉 곁에 예종(睿宗 : 세조의 둘째아들)의 창릉(昌陵)이 봉해지자 인수왕비(仁粹王妃 : 덕종의 부인이자 예종의 어머니 소혜왕후)가 대대적으로 중창하였다. 김수온(金守溫 1410~1481)의 「정인사중창기」(『식우집』 권2 · 한국문집총간9, p.95b23)에 "천순 기원(1457 · 세조3) 가을 8월에 우리 의경대왕이 훙서하여 고양군 동쪽 봉현 언덕에 장사하였다. 다음 해에 세조대왕께서 내수사에 전지하기를, '… 너희 내수사는 현실(玄室)에서 멀지 않은 곳에 절을 짓도록 하라'. … 마침내 그해 모월 모일에 능 동쪽에다 터를 닦고 역사를 시작하였는데, 열두 달이 지나서 마쳤다. 이에 의경대왕을 위해 매년 춘추에 수륙재를 설행하였으므로 밭 200결과 식염 50석 및 아울러 향화로써 절을 지키는 비용을 내려주었다. … 인수왕비께서 고쳐 짓기를 발원하고 재물을 보태어 정인사의 불사를 도왔다. … 그해 2월에 시작하여 … 겨울 10월에 마쳤다. … (도합 119칸의 전각으로) 사찰의 아름다움이 봉선사(세조 광릉의 능사)와 서로 갑을을 다투니 그 전당제도와 간각광협은 모두 전교종판사도대사 설준의 주청을 윤허한 것이다. 공사를 마치자 인수왕비전하와 왕대비전하가 절에 친행하였다. … 계사년(1473 · 성종4) 4월 초파일에 인수왕비전하가 크게 낙성법회를 설행하니 당에 오른 스님이 33명의 사사가 모두 갖추어졌으며 둘째날에는 대승제경을 인성하여 보시하였다. 天順紀元秋八月 我懿敬大王薨逝 葬高陽郡東蜂峴之原 旣葬之明年 世祖大王傳旨于內需司若曰 … 爾內需其距玄室不遠 造寺一區 … 遂以其年月日 攻位於坐地之東 闢址肇役 閱十有二朔而畢 仍爲懿敬大王 每年春秋 水陸設行 賜給田二百結 食鹽十五石 兼以香火守寺之供 … 仁粹王妃改造之願 幷力共財 以助正因之事 … 其年二月起始 … 至冬十月有日考成 … 寺刹之美 與奉先寺相甲乙 其殿堂制度 間閣廣俠 皆前判敎宗事都大師雪峻之奏允也 其及告訖 仁粹王妃殿下 王大妃殿下親幸於寺 … 歲癸巳四月初八日 仁粹王妃殿下大設落成會 上堂三十三員 四事皆具 第二日散施印成大乘諸經"라고 하였다. 인수왕비 중창당시 전각은 정전층각(正殿層閣)인 범웅전(梵雄殿) 3칸 · 동상실인 원징당(圓澄堂) 4칸 · 서상실 법락당(法樂堂) 4칸 · 승당인 탐현당(探玄堂) 3칸 · 선당인 법운당(法雲堂) 3칸이고, 남쪽 횡장랑(橫長廊) 17칸은 반승식당(飯僧食堂) 중정문인 원적문(圓寂門) 1칸 · 동별실 팔환료(八還寮) 2칸 · 장랑 밖 종각인 진법루(振法樓) 1칸 · 종각의 동루실(東樓室)인 반학료(伴鶴寮) 3칸 서루실인 탁마료(琢磨寮) 3칸이며, 외랑(外廊) 18칸의 가운데는 중문인 묘각문(妙覺門) · 중문 동쪽으로 2칸씩 단혹료(斷惑寮) · 칠징료(七徵寮) · 침운료(枕雲寮)이고, 서쪽으로 2칸씩 완주료(玩珠寮) · 발진료(發眞寮) · 대객허실재(待客虛室齋)이고, 주실(廚室) 5칸 삼보정청(三寶正廳)인 쌍청료(雙淸寮) 3칸 · 서쪽 상하 누고(樓庫) 각 3칸 · 숙설방(熟設房) 4칸이며, 정전 뒤 나한전인 응진전(應眞殿) 3칸이고, 외사문(外沙門)인 사홍문(四弘門)과 절 밖 남쪽에 조포우마사(造泡牛馬舍) 등 15칸 · 객실 3칸 보장고(寶長庫) 동서로 9칸 등이다. 왕실의 원당(願堂)으로서 국상(國喪) 중 불교의례가 설행되었으니, 1470년(성종1) 2월 4일 예종 백일재와 11월 28일 소상재, 1474년(성종5) 5월 25일 성종비 공혜왕후 육재, 1483년(성종14) 3월 30일 세조비 정희왕후 삼재, 1495년(연산군1) 1월 21일에 성종의 사재등을 이 절에서 설행하였다. 『성종실록』 권59 6년(1475) 9월 18일에 "임금이 창릉에 나아가 행제(行祭)하고 또 경릉에 나아가 행제하고는, 정인사에 쌀과 콩 등 30석(碩)을 내려 주었다. 上詣昌陵行祭 又詣敬陵行祭 賜正因寺米豆并三十碩", 같은 책 권198 12월 14일에 "(전교하기를) 정인사의 공불하는 백미를 한 달에 9두로 더하고 자단향을 20근으로 하라. 正因寺供佛白米 一朔加九斗 紫檀香二十斤", 김수온(金守溫 1410~1481)의 『식우집』 권2 「정인사중창기 正因寺重創記」(한국문집총간9, p.95b19)에 "인수왕비께서 개조 발원을 세웠으므로, 힘과 재물을 모아 정인사의 일을 도왔다. … 그 해(1471·성종2) 2월에 시작하여 … 겨울 10월에 마치니 … 총 119칸이었다. … 계사년(1473) 사월 초파일에 인수왕비전하께서 낙성회를 크게 개설하고 … 다음날에는 대승의 여러 경전을 인출하여 보시하였다. 若因仁粹王妃改造之願 并力共財 以助正因之事 … 其年二月起始 … 至冬十月有日 考成 … 總一百十九間 … 歲癸巳四月初八日 … 仁粹王妃殿下大設落成會 … 第二日散施印成大乘諸經", 『연산군일기』 권55 10년(1504) 9월 24일에 "(전교하기를) 정인사에 불이 났으니 선왕의 영혼이 반드시 놀랐을 것이니 제사를 지내도록 하라. 傳曰 寺失火 神御必驚動 其祭之"라고 하였다. 이후 『범우고』 및 1899년(광무3)에 구본형(具本渟)이 편찬한 『고양군여지승람』 불우에 폐사되었다고 하였으며, 『조선불교통사』 권상 p.405에 "정인사는 나중에 수국사가 되었다. 正因寺後爲守國寺"라고 하였다. [참고문헌] 『東國輿地勝覽』, 『拭疣集』, 『成宗實錄』, 『拭疣集』, 『燕山君日記』, 『梵宇攷』, 『高陽郡輿地勝覽』, 『朝鮮佛教通史』, 『韓國寺刹全書』 권하 p.1003b6. ⇨ 수국사 守國寺❶ ❷ 황해북도 개성시에 있던 절. 『고려사』 권28 세가(世家)28 충렬왕 3년(1277) 7월 19일에 "왕이 정인사로 옮기니, 병이 조금 나아졌다. 移御正因寺 疾稍愈"라고 하였다. [참고문헌] 『高麗史』, 『韓國寺刹全書』 권하 p.1004b5.

정인사 淨因寺 ❶ 중국 강소성(江蘇省) 진강(鎭江) 동남쪽 오주산(五州山)에 있는 절. 진(晉)대인 290년(영희1) 창건했을 때 이름은 인승사(因勝寺)였다. 육조(六朝)와 수당(隋唐)시대에 모두 명찰로 일컬어졌다. 송 희녕년간(1068~1077)에 중수한 다음 현자사(顯慈寺)라 개명하였고, 명 만력년간(1573~1620)에 정비하고 이전 이름으로 바꾸었으며, 청 강희제(康熙帝)가 남순(南巡)하던 중에 현재의 이름으로 바꾸었다. 그 뒤 태평군(太平軍)에 의해 훼손되었다. ❷ 중국 하남성 개봉(開封)에 있는 절. 북송(北宋)대인 1049년(황우1) 내시 이윤녕(李允寧)이 자신의 집을 희사하여 절로 개축하였다. 인종(仁宗)이 시방정인사(十方淨因寺)라는 사액을 내렸다. 당시 경사(京師)에서는 오직 남산율종만 닦고 천태종이나 선종은 흥성하지 못하였는데 황제가 조인선사(祖印禪師) 거눌(居訥)의 명성을 듣고 본사에 주석하도록 명하였지만 거눌은 병을 핑계로 응하지 않았다. 대신 대각회련(大覺懷璉 1009~1090)이 명을 받들면서 경사의 선풍(禪風)이 마침내 일어났다. [참고문헌] 『佛祖統紀』 권53(대정장49, p.464b14).

정인연 正因緣 일체법(一切法)을 낳는 바른 인연. 십이인연(十二因緣)을 말한다. 외도의 사인연(邪因緣)에 대칭한다. 『법화현의』 권2(대정장33, p.698c6)에 "'둔근의 제자에게는 십이인연이라는 생멸의 상을 설한다'는 말은 외도와 다름을 가린 것이다. 외도는 제법이 자재천(自在天 Ⓢ Īśvara)이나 세성(世性 Ⓢ prakṛti)이나 원자(微塵)나 부모나, 또는 인이 없이(無因)도 생겨난다고 갖가지로 삿되게 미루어 짐작하는데, 이러한 이치는 당치도 않은 도리다. 이 정인연은 삿된 헤아림과 같지 않으니, 오직 과거 무명의 전도된 마음 중에 있으면서 제행을 조작해서 능히 지금의 육도의 괴로운 과와 호오의 차이를 낳는다고 하는 것이다. 爲鈍根弟子 說十二因緣生滅相 此簡異外道 外道邪謂諸法從自在天生 或言世性 或言微塵 或言父母 或言無因 種種邪推 不當道理 此正因緣不同邪計 唯是過去無明顚倒心中 造作諸行 能出今世六道苦果 好惡不同", 『유마경현소』 권2(대정장38, p.529c12)에 "정인연이 제법을 낳는다는 말은 무명이 인연이 되어 일체법을 낳는다는 것임을 알아야 할 것이다. 말하자면 이 정인연은 외도가 고집하는 사인연과 무인연으로 일체법을 낳는다는 주장과는 다르다. 正因緣生諸法者 知無明因緣生一切法 卽是正因緣 異外執邪因 緣無因緣生一切法也"라고 하였다. [참고문헌] 『法華玄義』, 『維摩經玄疏』. ⇨ 사인연 邪因緣, 십이인연 十二因緣

정인정행 正因正行 불과(佛果)를 획득하는 바른 인과 바른 행. 『관무량수불경소』 권4(대정장37, p.270b14)에 "첫째는 삼복이 정인이 됨을 밝힌 것이고, 둘째는 구품이 정행이 됨을 밝힌 것이다. … 첫 번째 복은 세속의 선근이고, … 두 번째 복은 계선이며, … 세 번째 복은 행선이다. 一 明三福以爲正因 二 明九品以爲正行 … 第一福 卽是世俗善根 … 第二福者 此名戒善 … 第三福者 名爲行善"라고 하였다. [참고문헌] 『觀無量壽佛經疏』.

정일 正一 1909~2004. 호는 석주(昔珠), 속성은 강(姜)씨, 본관은 진양(晋陽). 다생 동안 닦고 닦은 원력수생(願力受生)으로서 1909년 음력 3월 4일 경상북도 안동군 북후면 옹천리에서 대업(大業)공을 아버지로, 유정각화(柳正覺華) 신녀를 어머니로 하여 5형제 중 둘째 아들로 태어났다. 스님은 명실공히 선교를 겸비하고 종설(宗說)을 겸통한 종사로서 입적하실 때까지 후배를 보살피고 종단의 크고 작은 일을 도왔으며, 붓글씨에도 조예가 깊었는데 특히 한글에 더욱 명필이었다. 나아가서는 조계종단(曹溪宗團) 뿐만 아니라 한국불교 전체와 온 국민의 정신적 지주로서의 역할을 하신 근대 이후의 뛰어난 선지식이다. 1917년 9세 때부터 고향마을 서당에서 한학을 공부하다가 1923년 15세 때 부산 금정산 범어사(梵魚寺)로 찾아가 남전광언(南泉光彦)을 은사로 정하고 엄격한 스승 밑에서 6년간 모범다운 행자생활을 하였으며, 1928년 3월 15일 19세 때 일봉경념(一鳳敬念)율사를 사미계사로 하여 스님이 되었다. 1933년 범어사 불교전문강원에서 대교과(大敎科)를 졸업한 후 참선수행의 길을 밟기 시작하여 1936년 7월 15일 오대산 상원선원 한암(漢巖) 회하(會下)에서 수선안거(首先安居)를 성취한 후로부터 1939년까지 금강산 마하연(摩訶衍)·덕숭산 수덕사(修德寺)·묘향산 보현사(普賢寺)·가야산 해인사(海印寺)·영추산 통도사(通度寺)·금정산 범어사·지리산 천불암(千佛庵) 등 선원에서 안거하면서 서래밀지(西來密旨)를 탐구하였다. 1940년 부산 금정선원(金井禪院) 원장에 취임하였으며, 1946년 6월 침체된 민족불교의 개혁을 위해 경봉(鏡峰)·용담(龍潭)·대의(大義)·석기(石基) 등과 함께 불교혁신연맹을 조직하고 스스로 앞장서서 이끌었다. 1949년 3월 15일 범어사 금강계단에서 동산혜일(東山慧日)율사로부터 비구계와 보살계를 받았으며, 1951년 김해 은하사(銀河寺) 주지에 취임하였고, 1953년 10월 10일 동산·효봉(曉峰)·금오(金烏)·청담(青潭)·대의·자운(慈雲) 등 여러 스님들과 함께 서울 안국동 선학원(禪學院)에서 교단정화운동(教團淨化運動)을 전개하기 위한 축구 결의를 가졌다. 1958년 3월부터 대한불교조계종 제11교구 본사 경주 불국사(佛國寺) 주지에 취임하였고, 1959년 4월 10일에는 출가 본사인 부산 범어사에서 대덕법계(大德法階)를 품수하였다. 1960년 5월 20일 제16회 중앙종회에서 교단정화에 따른 분규 수습대책위원으로 선임되었고, 1961년 재단법인 선학원 이사장에 추대되었으며, 같은 해 법보원(法寶院)을 설립하여 『열반경 涅槃經』·『법화경 法華經』·『유마경 維摩經』·『육조단경 六祖壇經』·『현우경 賢愚經』·『선가귀감 禪家龜鑑』·『부모은중경 父母恩重經』·『목련경 目蓮經』·『우란분경 盂蘭盆經』 등을 번역 간행하였다. 1965년 미래불자(未來佛子)의 새싹을 양성하는 불사가 무엇보다 중요하다고 판단하고 서울 삼청동 칠보사(七寶寺)에 사찰 중 가장 먼저 유치원을 설립 운영하였다. 1969년 사회사업 후원회를 조직하는 한편, 동국역경원 부원장에 취임하였고, 같은 해 7월에는 서울 삼성동 봉은사(奉恩寺) 주지에 취임하였다. 1970년 대한불교청소년연합회 총재에 추대, 1971년 대한불교조계종 제8대 총무원장에 선임되었으며, 같은 해 불교신문사 사장직을 겸임하였다. 1975년부터 봉은사 조실로 추대되어 임종 때까지 이르렀으며, 1976년 제10교구 본사 영천 은해사(銀海寺) 주지에 취임, 1977년 대한불교조계종 초대 포교원장에 취임하였다. 1978년 제15대 총무원장에 추대되었으나 취임하지 않았으며, 1979년 원로회의 부의장에 선임되었다. 1980년 중앙승가대학(開運寺) 초대학장에 부임하였다. 1983년 조계종비상종단운영위원회가 발족되자 부의장 겸 상임위원에 선출되었다. 1984년에도 제23대 총무원장에 추대되었으나, 역시 취임을 거부하였다. 1985년 중앙승가대학 명예학장으로 추대되었고, 1989년 재단법인 동국역경사업진흥회 이사장에 선임되었으며 같은 해 대한불교조계종 종정으로부터 제2회 포교대상을 수상하였다. 1991년 단일계단 전계대화상에 추대되었고, 1995년 한글대장 역경사업후원회 회장을 맡았으며, 같은 해 6월 동국역경원 부원장에 취임하여 원장인 운허(耘虛)를 정점으로 하여 자운 및 영암(暎巖)과 함께 역경사업에 힘을 합하여 종단과 동국대의 후원으로 37년간에 걸쳐 한글대장경 318권 전질을 2002년 9월에 완간하게 되었다. 1997년부터 노인복지를 위해 온양 보문사(普門寺)를 창건하고 그 병설로 안양원(安養院)을 설립하였다. 스님께서는 은사뿐만 아니라 노모에 대한 효심도 지극하였다. 『남전선사문집 南泉禪師文集』 p.205 중 정일에게 보낸 답서에 따르면, 스님께서는 형제들이 뿔뿔이 흩어져 혼자 계신 어머님을 모셔야겠는데 출가사문으로서 은사께 누를 끼칠까 염려하였다. 그리하여 은사에게 문의하는 편지를 보냈는데, 그 답장에 '홍인(弘忍)대사는 노모를 모시기 위해 사찰 주변에 시모당(侍母堂)을 두었고, 현사사비(玄沙師備)선사는 아버지가 아들을 보고 싶어하다가 물에 빠져 죽었다는 소식을 듣고도 돌아보지 않았다. 이 두 스님의 행적을 살펴보건대, 시모를 한다 해서 애정에 끌려 공부에 방해됨이 없었고, 아버지의 장례식에도 참석치 않아 불효(不孝)를 저질렀지만, 먼 훗날을 기약할 때 마치 목련존자처럼 부모를 생사로부터 해탈시켰으니 불효인 것만은 아니다'라고 하였다. 스님께서는 어머니가 돌아갈 때까지 시모의 효도를 보였던 것이다. 2004년 11월 14일(음력 10월 3일) 오후 6시 보문사에 문도를 모아 놓고 "나는 이제 떠날 때가 되었으니 너희들은 부지런히 정진하여 출가한 초지를 잊지 마라"고 당부하시자 시자가 세 차례에 걸쳐 마지막 유법(遺法)인 임종게를 간청하였다. 스님께서는 미소를 지으시면서 "『열반경』 전체가 가장 깊은 임종게인데 그 밖에 또 무슨 군더더기로 임종게를 설할 것이 있겠는가? 내 다만 지금 소감을 말할 뿐이라"면서 "96년간의 세월을 되돌아보니, 흡사 구슬 품고 고용살이하듯 하였네! 오늘에사 무거운 짐을 던지고 보니, 옛 모습 그대로 빛나는 본고향일새. 廻顧九十六年事 一似懷珠傭作擔 貧今朝放下煩

重 本地風光古如今"라는 게송을 읊은 다음 조용히 입적하였으니 세수 96, 법랍 82세였다. 11월 18일 범어사에서 조계종원로회의장으로 다비하였다. 은법을 겸한 상좌에는 성윤・혜광・송운・현관・송담・오철・오원・주인・정묵・보경・송암・법경・성림・성암・법원・우성・덕산・보광 등이 있다. [참고문헌]『그리운 석주큰스님 : 석주큰스님탄신100주년기념문집』(한국불교선리연구원, 2009), 「曹溪宗元老昔珠堂正一大宗師元老會議葬彙報」.

정일 正日 ❶ 다비하는 날. 『백장청규』 권2 「제사열반帝師涅槃」(대정장48, p.1117a24)에 "정일에 종을 쳐 대중이 모인다. 正日 鳴鐘集衆"라고 하였다. [참고문헌]『百丈淸規』, 『禪林象器箋』 권3(불광장, 禪藏, p.202). ❷ 1932~2004. 호는 남산(南山). 1932년 서울에서 태어났다. 1956년 4월 속리산 법주사(法住寺)로 찾아가 행자생활을 하다가 1957년 25세 때 법주사에서 금오(金烏)를 은사로 하여 스님이 되었다. 그로부터 서울 도봉산 망월사(望月寺)에서 천일 간의 기도를 회향하고는 전강(田崗)을 모시고 참선 정진하다가 부산 범어사(梵魚寺)에서 3년, 인천 용화사(龍華寺)에서 3년, 화성 용주사(龍珠寺)에서 3년 등 전강 회하에서 약 10년 동안 서래밀지(西來密旨)를 참구했다. 그 후 구례 화엄사(華嚴寺) 구층암・합천 해인사(海印寺) 퇴설당 선원 등에서 정진하다가 1979년부터 북한산 남쪽 자락인 우이동에 보광사(普光寺)를 창건한 후 1987년에는 관음전과 요사채, 1990년에는 보광선원, 1993년에는 대웅전 등을 건립하였고, 2004년에는 회관을 낙성하여 명실공히 훌륭한 사격을 갖추었다. 1983~1985년까지 재단법인 선학원 원장직에, 1992~2003년까지 재단법인 선학원 이사장직을 역임하였다. 1991~2004년까지 지리산 정각사(正覺寺) 죽림선원 조실, 1992년부터 1994년까지 속리산 법주사 주지를 역임하였다. 그리고 금산 서대산에 선문사(禪門寺), 부산 김해 보광사(普光寺), 1999년에는 청주 충북 불교문화회관 등 많은 사찰을 건립하였다. 2004년 9월 7일(음력 7월 23일) 시자들에게 이제 갈 수 없는 곳을 가야만 한다(不能去的也要去)며 세연이 다했음을 알렸다. 이에 제자가 "스님! 어디로 가신단 말씀입니까? 口到底要去何去"라고 묻자 "창문을 열고 자세히 살펴보라. 打門窓戶看一看"라고 대답했다. 문답이 끝나자마자 오전 5시 46분 세수 73, 법랍 47세를 일기로 법주사 중현당에서 입적하였다. [참고문헌]『佛教新聞』(2004.9.15.).

정일 鼎馹 1741~1804. 조선후기 스님. 호는 운담(雲潭), 자는 만리(萬里), 속성은 윤(尹)씨. 해남 대흥사(大興寺) 13대강사(大講師) 중 여섯 번째 해당되는 스님이다. 1741년(영조17) 경상도 상주에서 태어났다. 1752년(영조28) 12세 때 설담자우(雪潭自優)로부터 비구계를 받은 뒤, 겸하여 그의 법을 이어 받았다. 그후 나암승제(懶庵勝濟)・연담유일(蓮潭有一)・설파상언(雪坡尙彦) 등으로부터 수학하고 대흥사에서 화엄대법회를 개설하였다. 1804년(순조4)에 세수 64, 법랍 52세를 일기로 입적하였다. 저서로는 『운담임간록 雲潭林間錄』 1권이 있다. 『대둔사지』(아세아문화사, 1980) p.50에 "운담정일은 추월산 스님인 소요의 후예이다. 일찌기 정진당에서 강회를 개설하였다. 雲潭鼎馹者 秋月之僧 逍遙之裔也 嘗於精進堂設講會"라고 하였다. [참고문헌]『大芚寺誌』, 『韓國佛教撰述文獻總錄』(동국대출판부, 1976) p.216, 智冠『韓國高僧碑文總集 朝鮮朝・近現代』 p.670. ⇨ 자우 自優

정일암 淨逸庵 조선전기 한양도성 근처에 있던 암자. 『성종실록』 권7 1년(1470) 9월 26일에 "(예조에서 아뢰기를) 나라에서 처음 도읍을 세울 때, 산수의 향배를 살피고 사사(寺社)를 건립하여 비보로 삼아 재앙을 진압하였습니다. 근래 사찰은 … 정일암 … 과 같은 것이 있어, 이 때문에 주산내맥 용호와 안산지맥이 손상되어 심히 미편합니다. 청컨대 철거를 명하시고, 부득이 있어야 하는 것은 땅을 골라 옮겨 짓는 것이 어떻겠습니까?"라고 하였다. 國初建都時 審山水向背 建寺社 以爲裨補鎭禳災變 邇來 寺刹 如 … 淨逸庵 … 因此主山來脈龍虎案山地脈虧損 甚未便 請令撤去 其有不得已當存者 卜地移造 何如"라고 하였다. [참고문헌]『成宗實錄』, 『韓國寺刹全書』 권하 p.1019b14.

정일탁이 丁一卓二 하나를 세우기도 하고 둘을 드러내기도 하다. 『원오어록』 권2(대정장47, p.722b5)에 "이렇게 세우기도 하고 저렇게 세우기도 하니 이는 본분의 집게와 망치다. 끌어 모으거나 놓아 벌리거나 짓는 이 받아 쓸 뿐이다. 丁一卓二 本分鉗鎚 捏聚放開 作家受用", 『무문도찬어록』(卍속장150, p.1015b13)에 "동짓날 소참 : 하나를 세우기도 둘을 내세우기도 하지만 한 구를 말할 뿐이니, 물방울질 때마다 얼어붙어 빈틈이 없는 격이고, 셋을 모아 둘로 놓지만 하나의 기틀일 뿐이니, 벼랑 무너지면서 돌마저 부서져 내린다. 일체처 알 수 없고 일체처 분별할 수 없다. 冬至小參 丁一卓二道一句 滴水冰生 抛三放兩示一機 崖崩石裂 一切處解會不得 一切處擬議不得", 『석계심월어록』 권상(卍속장123, p.64b9)에 "일이란 한결같을 수 없고 지혜 또한 천 가지로 다르다. 때론 하나로 정하고 둘을 드러내기도 하며, 둘을 놓아 셋을 버리기도 한다. 만일 하나 세우고 둘 드러내는 곳 향해 저 무엇인가를 보려 한다면 그는 하나 세우고 둘 드러내는 곳에서는 찾을 수 없고, 만일 둘을 놓고 셋을 버리는 곳을 향해 저 무엇인가를 보려 한다면 그는 둘을 놓고 셋을 버리는 곳에는 있을 리 없다. 事無一向 智有千差 有時 丁一卓二 有時 放兩拋三 若向丁一卓二處見伊 伊不在丁一卓二處 若向放兩拋三處見伊 伊不在放兩拋三處"라고 하였다. 〔참고문헌〕『圜悟語錄』, 『無文道燦語錄』, 『石溪心月語錄』.

정임마 正恁麼 다른 것이 아닌 바로 그것. 『조산어록』(대정장47, p.530a9)에 "조산이 사금게를 지었다. '마음이 처한 길 그대로 따르지 말고, 본래 옷 걸치지도 마라. 어찌 반드시 이와 같아야 하는가? 나기 전 그 때를 간절히 멀리 하라'. 師作四禁偈曰 莫行心處路 不挂本來衣 何須正恁麼 切忌未生時"라고 하였다. 〔참고문헌〕『曹山語錄』. ⇨ 임마 恁麼

정임마시 正恁麼時 다른 때가 바로 이때. 정당임마시(正當恁麼時)·정여마시(正與麼時)라고도 한다. 바로 앞에서 드러낸 바를 가져서 다음으로 새겨 이어가는 형식이다. 『앙산어록』(대정장47, p.586a12)에 "앙산이 제일좌에게 물었다. '선도 생각하지 않고 악도 생각하지 않는 바로 이와 같을 때는 어떤가?' '바로 이와 같을 때는 제가 몸도 목숨도 놓을 곳입니다' '어째서 노승에게는 묻지 않는가?' '바로 이와 같을 때는 화상 계신 줄 보지 못합니다' '나를 붙들어 일어나지도 못하도록 하는구나'. 師謂第一座云 不思善 不思惡 正恁麼時 作麼生 座云 正恁麼時 是某甲放身命處 師云 何不問老僧 座云 正恁麼時 不見有和尙 師云 扶我敎不起", 『고봉원묘어록』(卍속장122, p.657b14)에 "결제상당 : 크게는 90일이고 적게는 7일에 추중에 세 있고 세중에 다시 밀 있으며 밀밀한 중에 틈새 없으니 티끌조차 세울 수 없다. 바로 이와 같을 때 은산철벽이어서 나가려 해도 문이 없고 물러서려 하면 길마저 잃는다. 結制上堂 大限九旬 小限七日 麤中有細 細中有密 密密無間 纖塵不立 正恁麼時 銀山鐵壁 進則無門 退之則失"라고 하였다. 〔참고문헌〕『仰山語錄』, 『高峰原妙語錄』. ⇨ 정당임마시 正當恁麼時

정자 定者 Ⓢ yogin, Ⓣ rnal-'byor-ldan. 선정(禪定) 수행자. 또는 요가행자. 『대승입능가경』 권6(대정장16, p.626c6)에 "정자는 세간의 온갖 색이 마음으로 말미암아 일어나니 시원을 알 수 없는 이래로 마음이 미혹하지만 실로 색도 없고 마음도 없음을 꿰뚫어본다. 定者觀世間 衆色由心起 無始心迷惑 實無色無心"라고 하였다. 〔참고문헌〕『大乘入楞伽經』, *Laṅk.304.*

정자 貞慈 신라 스님 진자(眞慈)의 다른 이름. 『삼국유사』 권3(대정장49, p.995a7·한불전6, p.328a12) 탑상(塔像)4 미륵선화미시랑진자사(彌勒仙花未尸郞眞慈師)에 "흥륜사 스님 진자〈정자라고도 함〉가 매일 당주 미륵상 앞에 나아가 발원하며 맹세하여 말하였다. 有興輪寺僧眞慈〈一作貞慈也〉 每就堂主彌勒像前 發願誓言"라고 하였다. 〔참고문헌〕『三國遺事』. ⇨ 진자 眞慈

정자 幀子 그림 족자. 어떻게 해도 그림자일 뿐인 모습을 말한다. 정은 정(幀)과 같다. 『경덕전등록』 권25 「법등태흠전 法燈泰欽傳」(대정장51, p.414c23)에 "법등이 법좌에서 내려와 서서 주장자에 기대고 대중에게 일렀다. '알겠는가? 천룡이 조용히 설법을 듣더니 꽃을 비처럼 뿌리는구나. 수보리라 생각하여 화폭에 그리려 하지 마라. 다만 이렇게 믿고 받아들여 그대로 행하라'. 師便下坐 立倚拄杖 而告衆曰 還會麼 天龍寂聽而雨華 莫作須菩提 幀子畫將去 且恁麼信受奉行", 『신수과분육학승전』 권7(卍속장133, p.563a16)에 "어떤 학인이 종심(從諗)의 진영을 그려서 종심에게 바치자 종심이 말했다. '대답해 보라! 나와 닮았는가, 닮지 않았는가? 만일 나와 닮았다면 이 노승을 때려죽이고, 나를 닮지 않았다면 그 족자를 태워버려라!' 有僧寫諗眞 呈諗 諗曰 且道 似我不似我 若似我卽 打殺老僧 若不似我卽 燒却幀子", 『초석범기어록』 권13(卍속장124, p.213a6)에 "깨달음의 하늘이 드넓게 트이자 마음의 달이 홀로 둥글다. 고요히 선정에 들어 전혀 흔들림이 없으니 달빛은 끝이 없다. 좁을 때는 한 터럭에 모이고, 넓을 때는 대천세계 가득하다. 정자일랑 거둬버려라! 진신이 눈앞에 계시거늘. 覺天空濶 心月孤圓 宴坐不動 光明無邊 狹則一毫 寬則大千 捲却幀子 眞身現前"라고 하였다. 〔참고문헌〕『景德傳燈錄』, 『新修科分六學僧傳』, 『楚石梵琦語錄』.

정자사 正慈寺 황해북도 개성시 영북면 박연리에 있던 절. 정자암(正慈庵)이라고도 한다. 박장원(朴長遠 1612~1671)의 『구당집』 권15 「유박연기 遊朴淵記」(한국문집총간121, p.335a5)에 "작은 고개가 있는데 이름은 설마치라고 한다. 고개를 넘어 동쪽 좁은 길로 5리쯤 가니 정자사가 있기에 문루에 올라 조금 쉬었다. 有小嶺 其名雪馬峙云 逾嶺取東小路 去五里抵正慈寺 登門樓小憩"라고 하였다. 〔참고문헌〕『久堂集』, 『韓國寺刹全書』 권하 p.1004b6 欄外. ⇨ 정자암 正慈庵

정자사 淨慈寺 절강성(浙江省) 항현(杭縣) 남쪽의 남병산(南屛山)에 위치한 절. 중국 오산(五山) 중 하나이다. 후주(後周)대인 954년(현덕1) 오월(吳越)의 왕 전홍숙(錢弘俶)이 창건하였다. 당시에는 혜일영명사(慧日永明寺)라 불렸으며 구주(衢州)에서 도잠(道潛)을 초빙하여 개산조(開山祖)로 삼았다. 도잠은 십팔나한상(十八羅漢像)을 주조하려 했지만 명을 받지 못하고 있었는데 왕이 열여덟 명의 거인을 꿈에서 보고는 마침내 그 뜻에 동조하여 나한당(羅漢堂)을 세우고 안치하였다. 북송(北宋)대인 961년(건융2) 도잠이 입적하자 왕은 영은사(靈隱寺)의 연수(延壽)를 주지로 청하였다. 연수는 이곳에서 15년 주석하면서 불법을 크게 펼쳤고 제자 약 1,700여 명을 가르쳤으며 칠중(七衆)에게 보살계를 주었고 일과로 108건의 불사를 치르면서 매일 밤마다 아미타불의 명호를 칭명하여 온 세상에 그 명성이 자자하게 퍼졌다. 이때부터 영명연수(永明延壽)라 불렸고 왕은 향엄전(香嚴殿)을 조성하여 그 뜻에 보답하였다. 연수는『종경록 宗鏡錄』100권을 편찬한 다음 절 안에 당우 한 채를 세우고 종경대(宗鏡臺) 또는 종경당(宗鏡堂)이라 불렀다. 송 태종(太宗)대는 수령선원(壽寧禪院)이라 개칭하였고, 그 뒤에 다시 정자사(淨慈寺)로 바꾸었다. 화재로 피해를 입고 남송(南宋) 고종(高宗) 때인 1139년(소흥9) 중건하면서 정자보은광효선사(淨慈報恩光孝禪寺)라는 사액을 내렸으며 오백나한도 다시 새겼다. 명대인 홍무년간(1368~1398)에 이만 근 무게의 거대한 종을 주조하였다. 그 종소리가 크고 밝아 먼 곳까지 울렸는데 이것이 서호십경(西湖十景中) 중 남병만종(南屛晩鐘)이다. 일본의 성심(成尋)이 지은『참천태오대산기 參天台五臺山記』권1에서 당시 이 절의 정황을 상세히 서술하였는데, 특히 오백나한원(五百羅漢院)과 매 층마다 오백나한이 새겨져 있는 구층석탑(九重石塔)이 장관이라고 하였다. 그 뒤에 원조종본(圓照宗本)·대통선본(大通善本) 등이 선풍(禪風)을 크게 떨치면서 이 절이 번흥하였다. 또한 법진수일(法眞守一)과 그 동지와 신도들이 칠보로 장엄한 아미타불상(彌陀佛像)을 건립하기도 하였다. 명대인 1592년(만력20) 주굉(袾宏)이 주석하여 법을 펼쳤다. 청대인 순치·강희·옹정 등의 기간에 중건하여 오늘에 이른다. 대전(大殿)·종경대·연수묘탑(延壽墓塔) 그리고 오급(五級)에서 칠급(七級)의 전탑(塼塔 : 雷峰塔) 등은 남아 있지만 송대 조성한 오백나한소상(五百羅漢塑像)은 볼 수 없다. [참고문헌]『佛祖統紀』권43(대정장49, p.395a10),『永明道蹟』(卍속장146, p.980b16),『宗統編年』권31(卍속장147, p.466b15),『武林梵志』권3「淨慈寺」(대장경보편29, p.517b8). ⇨연수 延壽, 오산 五山

정자사지 淨慈寺志 제상주운(際祥主雲)이 쓴 정자사의 사지(寺誌). 30권. 1805년(가경10) 간행. 명 천계년간(1621~1627)에 대학(大壑)이『남병정자사지 南屛淨慈寺志』10권을 짓고 이어서 청 건륭년간(1736~1795) 전옥(篆玉)이『정자속지 淨慈續志』1권을 지었다. 본서는 이들을 모아 집대성한 것이다. ⇨정자사 淨慈寺

정자암 正慈庵 황해북도 개성시 영북면 박연리에 있던 정자사(正慈寺).『동국여지승람』권4 개성부 불우에 “관음굴은 박연 상류에 있다. … 위에는 정자·실상 … 등의 암자가 있다. 觀音窟 在朴淵上流 … 上有正慈 實相 … 等庵”라고 하였다. [참고문헌]『東國輿地勝覽』,『韓國寺刹全書』권하 p.1004b7. ⇨정자사 正慈寺

정자암 淨慈庵 전라남도 장흥군 관산읍 농안리 천관산(天冠山)에 있던 암자. 천관산에 있던 89개 암자 중 하나였다.『지제지』암실(庵室)에 “수정암 위쪽에 위치한다. 在修定上”라고 하였다. [참고문헌]『支提誌』,『韓國寺刹全書』권하 p.1019b14 欄外.

정자요어 淨慈要語 명대 영각원현(永覺元賢 1578~1657) 지음. 2권. 卍속장108, pp.1001a1~1026b17에 수록되어 있다. 1634년(숭정7)에 쓴 저자의 서문(序文)과 1637년(숭정10)에 쓴 풍홍업(馮洪業)의 발문(跋文)을 붙여 간행하였다. 염불(念佛)과 방생(放生)을 권하는 요어로 이것이 사람의 마음을 본래 청정하고 본래 자비로운 상태로 돌려놓는다고 설한다. 권상은 정문(淨門)은 염불에 해당하며 종토교원(淨土敎源)을 비롯한 여덟 조목으로 나누어 서술하였고, 권하는 자문(慈門)은 방생에 해당하며 계살생(戒殺生) 등 다섯 조목으로 나누어 서술하였다. ⇨원현 元賢

정자재색 定自在色 법처소섭색(法處所攝色) 중 하나. 정자재소생색(定自在所生色)이라고도 한다.『유가론기』권14(대정장42, p.631c8·한불전14, p.108b2)에 “법처 중에 색은 다섯 가지인데, 유일하게 정자재색이 실이다. 法處中色有五 唯一定自在色是實”, 같은 책 권14(대정장42, p.635b2·한불전14, p.117b12)에 “혜경(惠景)은 ‘정자재색은 사대(地水火風)로 만들어지는 게 아니다’라고 하였다. 景云 定自在色 無四大造”, 같은 책 권18(대정장42, p.713b5·한불전14, p.349a19)에 “『유가사지론』권65(대정장30, p.661b8)의 ‘비록 저 10색처의 자상과 상응하지는 않지만 그것 같은 자성으로 나타날 수 있다’는 말은 ‘나타남’을 해명한 것이다. 이 문장은 정심으로 안 등의 오근과 색 등의 오진의 영상이 나타날 때이니 정자재색이라 한다. 10색중에 있어서 관을 따라 어떤 색이 영상으로 나타날 때이니, 비록 본질은 아니지만 저 10색과 그런듯하게 나타난다. 言雖不與彼至然得似彼自性顯現者 此釋顯現 此文即說 定心所現眼等五根 色等五塵影像時 名定自在色 於十色中 隨觀何色影像現時 雖非本質然似彼現”라고 하였다. [참고문헌]『瑜伽論記』,『瑜伽師地論』. ⇨법처소섭색 法處所攝色[2], 정자재소생색 定自在所生色, 정과색 定果色

정자재소생색 定自在所生色 Ⓢ vaibhutvikam, Ⓣ dbang-'byor-ba. 법처소섭색(法處所攝色 Ⓢ dharmāyat ana-saṁgṛhītaṁ rūpaṁ) 중 하나. 즉 십이처(十二處) 중 십색처(十色處)가 아닌 법처로 거두는 색. 정(定)의 힘으로 드러나고 사대종(四大種)은 아니다. 정과색(定果色)·정소인색(定所引色)·정소생색(定所生色)·정자재색(定自在色)·자재소생색(自在所生色)이라고도 한다. 『대승아비달마집론』 권1(대정장31, p.663c15 : *Abh-s.*, p.4)에 "어떠한 것들이 법처소섭색인가? 다섯 가지가 있으니 마땅히 알아야 한다. 극략색·극형색·수소인색·변계소기색·정자재소생색이 그것이다. 何等法處所攝色 有五種應知 謂極略色 極逈色 受所引色 遍計所起 定自在所生色 dharmāyatanasaṁgṛhītaṁ rūpaṁ katamat. pañcavidham. ābhisaṁkṣepikamābhyavakāśiṁkaṁ sāmādānikaṁ parikalpitaṁ vaibhutvikaṁ ca", 『화엄경탐현기』 권14(대정장35, p.362c17)에 "대승종에서는 무색계에도 미진이 있다고 하는데 곧 정자재소생색이다. 大乘宗無色界中亦有微塵 卽定自在所生色", 『화엄경소초』 권83(대정장36, p.654a17)에 "정자재소생색이란, 사정려와 팔해탈이 행한 바의 경색이다. 定自在所生色者 謂解脫靜慮所行境色", 『대승백법명문론해』 권하(대정장44, p.51a10)에 "정과색은 해탈정려에서 변현한 물고기·쌀·산더미 같은 고기·위의신 등으로 정자재소생색이라고도 한다. 정은 선정이고, 자재소생색은 보살이 정에 들어 나툰 광명과 드러낸 일체색상경계를 말하는 것으로, 마치 화광정에 들어 불꽃광명을 발현하는 등의 일이다. 定果色 謂解脫定 亦魚米肉山威儀身等 亦名定自在所生色 定卽禪定 自在所生色 謂菩薩入定所現光明 及見一切色像境界 如入火光定 則有火光發現等", 『석정토군의론』 권1(대정장47, p.31c7)에 "물리적인 색이 아니면 육안으로는 볼 수 없지만 만약 대위덕정(八地)을 얻어서 변현한 정자재소생색은 범부의 눈으로도 볼 수 있다. 非是色塵 不合爲眼所見 若得大威德定 所變定自在所生色 卽能令凡夫人眼所見"라고 하였다. 〔참고문헌〕『大乘阿毘達磨集論』, 『華嚴經探玄記』, 『華嚴經疏鈔』, 『大乘百法明門論解』, 『釋淨土群疑論』, *Abh-s.* ⇨법처소섭색 法處所攝色❷, 정과색 定果色, 색법 色法, 정 定❶

정잡이행 正雜二行 정행(正行)과 잡행(雜行). 정행은 정토종(淨土宗)의 선도(善導 613~681)가 세운 다섯 가지 정행(五正行 : 讀誦·觀察·禮拜·稱名·讚歎供養)이고, 잡행은 계정혜(戒定慧) 삼학(三學)과 육도(六度 : 六波羅蜜) 등을 말한다. 『선택전홍결의초』 권2(대정장83, p.46a21)에 "선도화상은 정잡이행을 세워 잡행을 버리고 정행에 귀의해야 한다는 글을 썼다. 〔문〕 잡행을 버려야 한다는 것은 그 잡행으로는 정토에 날 수 없기 때문인가? 〔답〕 전하기로는 정잡이행 다 같이 왕생할 수 있다. 같이 왕생한다고는 해도, 잡행은 약하고 정행은 강하다고 한다. 여기서는 하근기가 왕생이 어려울까 두려워하는 것을 나무라고자 버리고 행하지 말라고 한 것이지, 감당할 수 있는 근기라면 왕생 못할 일이 없다. 따라서 인용한 문장은 정행과 잡행 모두를 같이 든 것이다. 잡행으로 왕생할 수 없다고 한다면 어째서 두 가지 행을 거론했겠는가. 善導和尙立正雜二行 而捨雜行歸正行之文 問 捨雜行者 爲其雜行 不生淨土乎 答 傳云 正雜二行 同得往生 雖得同生 而雜行弱正行强也 今望下機 恐難生故 且捨不行 對堪能機 非不生也 故所引文 同擧正雜 雜若不生 何擧二行"라고 하였다. 〔참고문헌〕『選擇傳弘決疑鈔』. ⇨정행 正行❶, 잡행 雜行, 정조이업 正助二業, 오종정행 五種正行, 오종잡행 五種雜行

정장 淨長 송대 스님 천동여정(天童如淨 1163~1228)의 별명. 『고애만록』 권상(卍속장148, p.155a3)에 "경원부 천동여정선사 : 크고 호방하며 솔직한 풍모로 총림에서 정장이라 불렀다. … 누군가 물었다. '홍성할 시대는 누구의 뒤를 잇는가?' '여정이다' '도호는 무엇인가?' '정장이다'. 慶元府 天童如淨禪師 頎然豪爽 叢林號曰淨長 … 有問 瑞世嗣誰 曰 如淨 問 道號謂何 曰 淨長"라고 하였다. 〔참고문헌〕『枯崖漫錄』. ⇨여정 如淨❷

정장 淨藏 ❶청정한 덕들의 모음. 여래장(如來藏)과 통한다. 『법화현찬』 권10(대정장34, p.845c16)에 "정장이라 하였으니 온갖 덕을 머금고 있기 때문이다. 淨藏者 含衆德故", 『법화경소의찬』 권6(卍속장45, p.579a6)에 "정장이란 여래장으로서 물듦이 없다는 뜻이다. 淨藏者 如來藏 無染故"라고 하였다. 〔참고문헌〕『法華玄贊』, 『法華經疏義纘』. ⇨여래장 如來藏❶ ❷675~746. 당대 6조 문하의 스님. 속성은 학(郝)씨. 산동성(山東省) 제음군(濟陰郡) 출신. 19세에 출가하여 6년간 『금강경』 등을 읽었다. 숭산혜안(嵩山慧安)을 10여 년간 시봉한 다음 소양(韶陽)의 6조 혜능(慧能)을 친견하였다. 또한 형남(荊南)으로 가서 6조 문하로 들어가 5년 후에 인가받고 법을 전수받았다. 후에 대웅산(大雄山) 옥란야(玉蘭若)에 30여 년 동안 주석하다가 숭산(嵩山) 회선사(會善寺) 서탑안선사(西塔安禪師)의 원(院)으로 옮겨 대장경 오천여 권을 서사하였다. 선종의 제7조라 불리기도 한다. 746년(천보5) 10월 26일 세수 72세로 입적하였다. 〔참고문헌〕『金石萃篇』 권87 「淨藏禪師身塔銘」. ❸➡정장정안 淨藏淨眼

정장암 靜莊庵 위치 미상. 신라 의상(義湘 625~702) 대사가 주석하던 곳이다. 혜심(慧諶 1178~1234)의 『무의자시집』 권하 「제정장암차진락공운 題靜莊庵次眞樂公韻」(한불전6, p.54c18)에 "천하제일의 장관이라, 전부 거두어 보고 또 보려하네. … 의상대사가 옛날 은둔하던 곳을 좇아서 따라가는 내가 부끄럽구나. 壯觀甲天下 全收顧眄間 … 湘師舊所隱 慚愧我追攀"라고 하였다. [참고문헌]『無衣子詩集』.

정장정안 淨藏淨眼 정장(Ⓢ Vimalagarbha)과 정안(Ⓢ Vimalanetra). 묘장엄왕(妙莊嚴王 Ⓢ Śubhavyūha-rāja)의 아들들로서 각각 약왕(藥王 Ⓢ Bhaiṣajya-rāja)과 약상(藥上 Ⓢ Bhaiṣajya-samudgata)보살의 과거세 이름이다. 『법화경』 권7(대정장9, p.59c3 : *Saddh-p.*, p.457)에 "묘장엄이라는 이름의 왕이 있었는데, 그 왕 부인의 이름은 정덕이었고 두 아들 중 한 명의 이름은 정장이고 다른 한 명은 정안이었다. 이 두 아들에게는 큰 신통력과 복덕과 지혜가 있었으니 오랫동안 보살행을 닦았기 때문이다. 有王名妙莊嚴 其王夫人名曰淨德 有二子 一名 淨藏 二名 淨眼 是二子有大神力福德智慧 久修菩薩所行之道 tasya khalu punaḥ kulaputrā rājñaḥ śubhavyūhasya vimaladattā nāma bhāryābhūt. tasya khalu punaḥ kulaputrā rājñaḥ śubhavyūhasya dvau putrāvabhūtām, eko vimalagarbho nāma, dvitīyo vimalanetro nāma. tau ca dvau dārakāvṛddhimantau cābhūtām, prajñāvantau ca puṇyavantau ca jñānavantau ca bodhisattvacaryāyāṃ ca abhiyuktāvabhūtām", 『법화의소』 권11(대정장34, p.620a26)에 "정장과 정안에게는 수승한 공덕이 있어 부왕이 사견에서 회심하여 정견에 들어가게 하였다. 淨藏淨眼 有勝功德 能令父王迴邪入正", 『법화현찬』 권10(대정장34, p.850c7)에 "또 정장과 정안이 곧 약왕과 약상이다. 又淨藏淨眼 卽藥王藥上"라고 하였다. [참고문헌]『法華經』, 『法華義疏』, 『法華玄贊』, *Saddh-p.* ⇨ 약왕보살 藥王菩薩, 약상보살 藥上菩薩, 묘장엄왕 妙莊嚴王

정재 淨財 청정한 재물. 보시로 얻은 승가의 재화를 이르는 말이다. 부정재(不淨財)와 대칭한다. 『육취윤회경』(대정장17, p.456b29)에 "만약 어떤 이가 청정한 재물로 인색한 마음을 여의고 널리 보시를 행한다면, 수승한 음식을 얻고 원하는 바가 모두 뜻대로 되리라. 若人以淨財 離慳廣行施 得上妙飮食 所欲皆如意", 『대반열반경의기』 권6(대정장37, p.771c10)에 "미래의 비구는 여덟 가지 부정물을 비축할 것이다. 청정한 재물은 얻기 어려우니 이를 곡귀라고 한다. 未來比丘 畜八不淨 淨財難得 故名穀貴"라고 하였다. [참고문헌]『六趣輪迴經』, 『大般涅槃經義記』. ⇨ 부정재 不淨財

정재암 淨齋庵 전라북도 정읍시 내장동 내장산(內藏山)에 있던 암자. 내장사(內藏寺)의 산내암자였다. [참고문헌]『韓國寺刹全書』 권하 p.1019b15.

정재암 精齋庵 경기도 광주시 퇴촌면에 있던 절. 1846년(헌종12)에 편찬된 『중정남한지』 권3 불우에 "퇴촌면에 있었으며, 지금은 폐사되었다. 在退村面 今廢"라고 하였다. [참고문헌]『重訂南漢誌』.

정저하마탄각월 井底蝦蟆呑却月 우물 밑 두꺼비가 달을 삼켜버렸네. 두꺼비는 달의 다른 이름이기도 하다. 『경덕전등록』 권17 「백마둔유전 白馬遁儒傳」(대정장51, p.338c23)에 "'무엇이 법신의 향상하는 일인지요?' '우물 밑 두꺼비가 달을 삼켰다'〈학인이 황룡에게 물었다. '우물 밑 두꺼비가 달을 삼키면 어찌지요?' '어쩔 수 없지' '그렇다면 삼킨 채로 있겠군요' '삼키거나 말거나' '삼킨 다음에는 어찌하는지요?' '대단한 두꺼비일세'〉. 問 如何是法身向上事 師曰 井底蝦蟆呑却月〈僧問黃龍 如何是井底蝦蟆呑却月 黃龍云 不奈何 僧云 恁麽卽呑却去也 黃龍云 一任呑 僧云 呑後如何 黃龍云 好蝦蟆〉"라고 하였고, 같은 책 권23 「백마행애전 白馬行靄傳」(대정장51, p.394a18)에 "무엇이 청정한 법신인가? 如何是淸淨法身"라는 질문에 위와 같이 답하였고, 그 밖에 『속전등록』 권17 「굉지정각전 宏智正覺傳」(대정장51, p.579a25)에 "공겁 이전의 자기는 무엇인가? 如何是空劫以前自己", 『오등회원』 권19 「상방일익장 上方日益章」(卍속장138, p.737b13)에 "세상에 출현하기 전의 일은 무엇인가? 如何是未出世邊事"라는 등의 질문에도 이처럼 응했다. [참고문헌]『景德傳燈錄』, 『續傳燈錄』, 『五燈會元』.

정적 正嫡 바르게 이은 법맥. 『불조통기』 권1(대정장49, p.140a27)에 "민주에서 선사까지 삼십삼대를 거쳐 정적을 서로 이었다. 自民主至善思 三十三世 正嫡相承", 『투자의청어록』 「발 跋」(卍속장124, p.477b12)에 "서천 28조와 동토 6조에 이르도록 마음으로 마음에 전하고 잘못은 잘못대로 취했으며, 부처와 부처가 손수 전하고 조사와 조사가 눈썹을 맞대고 전한 서쪽에서 온 정통의 법맥으로 종풍을 크게 드날렸다. 西天四七 東土二三 以心傳心 將錯就錯 佛佛授手 祖祖締眉 西來正嫡大陽宗風"라고 하였다. [참고문헌]『佛祖統紀』, 『投子義靑語錄』. ⇨ 이심전심 以心傳心

정전 丁錢 도첩(度牒)을 받을 때 징수하던 대납금. 정전이란 장정(壯丁)이 군역(軍役)을 면제받는 대신에 바치던 세금인데, 중국의 송대 이후와 우리나라 고려말 이후부터 도첩을 받는 스님들에게 정전을 납부토록 하였다. 『불조통기』 권47(대정장49, p.425c26)에 "15년(남송 고종15 · 1145)에 천하의 승도에게 처음으로 정전을 납부하도록 하였다. 십천에서 1천3백에 이르기까지 모두 9등이며 청한전이라고도 하였다. 나이 60이상과 병약한 이들은 면납을 들어주었다. 十五年 勅天下僧

道始令納丁錢 自十千至一千三百 凡九等 謂之淸閑錢 年六十已上及殘疾者聽免納",『고려사』 권84 지(志)38 형법1에 "(1371년·공민왕20) 12월 교서에 이르기를 … 지금 이후로 진정으로 스님이 되려고 하는 자는 먼저 소재지 관사로 가서 정전 50필 포를 납부한 다음에야 출가를 허락한다. 十二月 敎曰 … 今後情願爲僧者 先赴所在官司 納訖丁錢五十匹布 方許祝髮",『태조실록』 권2 1년(1392) 9월 24일에 "무릇 스님이 되려는 자는 양반의 자제이면 오승포 100필, 서인은 150필, 천인은 200필을 (납부하고) 소재한 관사에서는 이에 따라 수입을 헤아려서 바로 도첩을 주어 출가를 허락하고 제멋대로 출가하는 자는 엄히 다스린다. 凡爲僧者 兩班子弟 五升布一百匹 庶人百五十匹 賤口二百匹 所在官司以此計入 方許給牒出家 擅自出家者 痛理",『예종실록』 권8 1년(1469) 10월 27일에는 "도첩의 법이 『경국대전』에 실려 있으나 … 금후에 향리와 역리로서 스님이 되고자 하는 자는 그 고을에 고하고, (고을에서는) 관찰사에게 전보하고, (관찰사는) 예조에 이문하고, (예조에서는) 선교 양종 모두 『심경』·『금강경』·『살달타』·『법화경』 등을 시험하여 합격자를 보고하게 하고, (이들로부터) 정전 정포 50필을 받고 도첩을 준다. 度牒之法 載在大典 … 今後鄕驛吏爲僧者 告其邑 轉報觀察使 移文禮曹 令兩宗試心經金剛經薩怛陀法華經 中格者啓聞 收丁錢正布五十匹 給度牒"라고 하였다. 〔참고문헌〕『佛祖統紀』, 『高麗史』, 『太祖實錄』, 『睿宗實錄』. ⇨ 면정 免丁, 면정전 免丁錢, 도첩제 度牒制

정전 正傳 ❶ 곧바로 전하다. 전한 법이나 법을 받은 적자를 가리키기도 한다. 『조정지남』「자서 自序」(卍속장148, p.385a16)에 "남악문하에서 마조를 배출하였고, 마조는 임제·위앙·운문·법안을 배출하여 종파는 비록 네 갈래이지만 임제를 바른 전통으로 간주한다. 嶽出馬祖 祖出臨濟 潙仰 雲門 法眼 派雖有四 而臨濟爲正傳", 『선림승보전』 권5 「석상경저전 石霜慶諸傳」(卍속장137, p.462a9)에 "지공(道吾圓智)이 입적할 즈음에 경저를 정전(적자)으로 여기고 자기 문하의 대중을 버리고 경저를 따랐다. 智公將化 以諸爲正傳 棄其衆從諸"라고 하였다. 〔참고문헌〕『祖庭指南』, 『禪林僧寶傳』. ❷ 1549~1614. 명대 임제종(臨濟宗) 스님. 자는 환유(幻有), 호는 일심(一心), 속성은 이(李)씨. 응천(應天 : 江蘇省) 율양(溧陽) 출신. 22세에 형계(荊溪 : 江蘇省) 정락원(靜樂院)에서 삭발하고 출가한 다음 연도(燕都 : 河北省) 관음암(觀音庵)의 소암덕보(笑巖德寶) 문하로 들어가 그 법을 이었다. 득법 인연에 대하여 『오등전서』 권64(卍속장141, p.364a16)에 "덕보가 갑자기 짚신 한 짝을 차서 벗고 '이에 대하여 한 구절 말해 보라!'고 하였다. 마침내 정전이 그 화두를 잡고 궁리하다가 일시에 부서지는 느낌에 부끄러운 마음으로 자리를 벗어나 밤새도록 잠들지 못하였다. 다음 날 덕보가 방장에서 나오다가 정전이 여전히 처마 밑에 우두커니 서 있는 모습을 보고 느닷없이 '상좌!' 하고 불렀다. 정전이 돌아보자 덕보가 한 다리를 들고 서서 아수라가 해와 달을 가리는 자세를 취하였다. 정전이 여기서 활연히 깨달았다. 寶驀踢出隻履曰 向者裏 道一句看 遂把話頭 一時打斷 慘懼而出 通夕不寐 翌旦寶出方丈 見師猶佇立簷下 驀喚上座 師回顧 寶翹一足 作修羅障日月勢 師豁然悟旨"라고 전한다. 1573년(만력1) 형계 용지산(龍池山)의 우문선원(禹門禪院)에 주석하였고, 1584년(만력12) 청량산(淸涼山) 비마암사(祕魔巖寺)로 들어갔으며, 그 뒤에 연산(燕山 : 河北省) 보소사(普昭寺)에 주석하였다. 1614년(만력42) 세수 66, 법랍 44세로 입적하였다. 〔참고문헌〕『五燈全書』, 『南宋元明禪林僧寶傳』 권14(卍속장137, p.750a11), 『五燈會元續略』 권4(卍속장138, p.1002b9), 『五燈嚴統』 권24(卍속장139, p.1014b13), 『續燈存稿』 권10(卍145, p.238a18).

정전 淨全 1137~1207. 남송대 임제종(臨濟宗) 스님. 호는 무용(無用), 속성은 옹(翁)씨. 월주(越州 : 浙江省) 출신. 대비산(大悲山) 신변(神弁)을 은사로 출가한 다음 경산(徑山 : 浙江省)의 대혜종고(大慧宗杲) 문하로 들어가 공부하다가 그 법을 이었다. 대혜가 입적한 다음에 그 문인들의 지도를 받다가 수암사일(水庵師一)의 문하로 들어가 수년 동안 머무른 다음 정자사(淨慈寺) 혼원담밀(混源曇密)의 수좌가 되었다. 1189년(순희16) 신도의 청에 따라 천동산경덕사(天童山景德寺)로 들어갔다. 『속전등록』 권32(대정장51, p.689c11)에 "대혜가 언젠가 복사꽃을 보고 깨달은 영운선사의 일화를 들고는 정전에게 묻자 게송으로 답했다. '영운이 한 번 보고 깨달음에 두 눈썹 가로로 붙어 있었으니, 어부들을 끌어들여 살 길 짜내도록 하였다네. 흰 파도가 일어날 때 낚시 하나 던지니, 물고기들 다투는 대로 두리라'. 大慧嘗擧 靈雲悟桃花 問師 師曰 靈雲一見兩眉橫 引得漁翁良計生 白浪起時抛一釣 任敎魚鼈競頭爭"라는 등의 문답이 전한다. 1207년(개희3) 6월 29일 세수 71, 법랍 45세로 입적하였다. 전상조(錢象祖)가 탑명(塔銘)을 지어 응암담화(應庵曇華)의 탑 좌측에 세웠다. 〔참고문헌〕『續傳燈錄』, 『五燈會元』 권20(卍속장138, p.796a3), 『五燈嚴統』 권20(卍속장139, p.890b17), 『天童寺志』 「塔銘」. ⇨ 무용 無用 ❶

정전백수자 庭前栢樹子 조주종심(趙州從諗)의 화두. 뜰 앞의 잣나무. 조주백수(趙州柏樹)라고도 한다. 『원오어록』 권8(대정장47, p.750a16)에 "누구나 알 것이다. 조주가 처음으로 남전에게 법을 물으러 가서 평상심이 도라는 진실을 깨달은 뒤에 어떤 학인이 찾아와 서래의를 묻자 곧바로 '뜰 앞의 잣나무'라고 대답하였고, '진주에서 큰 무가 난다' 하거나 '내가 청주에 있을 때 일곱 근 베적삼 한 벌을 지었다'라고 답하기도 하였다. 조주뿐만 아니라 덕산도 이 시절인연을 터득하여 문에 들어오기만 하면 곧바로 때렸고, 임제도 이 시절인연을 터득하여 문에 들어오기만 하면 할을 내질렀다. … 요지로 말하면 예전부터 종사라면 누구나 이 시절인연을 쓰지 않는 경우가 없었다. 豈不見 趙州初參南泉 悟平常心是道後 來有問西來意 便對曰 庭前柏樹子 以至 鎭州出大蘿蔔頭 我在青州 作一領布衫重七斤 非唯趙州 德山得此時節 入門便打 臨濟得此時節 入門便喝 … 以要言之 古來宗師 無不皆用此箇時節"라고 하였다. 〔참고문헌〕『圜悟語錄』. ⇨ 법연정전백수자 法演庭前柏樹子, 백수자화 柏樹子話, 조주백수 趙州栢樹

정전사 停戰寺 경상북도 청도군 풍각면 송서리에 있던 절. 풍각초등학교 주변 천정사지(天井寺址)에 있었던 절로 추정된다. 장지연(張志淵 1864~1921)의 『위암문고』 권9 「동사계의 東史稽疑」에 "또 정전사가 있는데, 풍각고현 동쪽 7리 송지서리에 위치해 있었다. 진흥왕(재위 540~576)이 대가야를 정벌할 때, 친히 정벌하고자 이곳에 와서 병사를 주둔하였다가 승전을 알리는 글(捷書)이 왔다는 말을 듣고 군사를 돌렸다. 이 때문에 정전사라 이름하였다고 전한다. 그 석탑은 중세에 이르기까지 여전히 남아 있었다. 又有停戰寺 在豐角古縣東七里松只西里 眞興征大伽倻時 欲親征來 駐兵於此 聞捷書至 卽班師 故仍名云 而其石塔 至中世尙存"라고 하였다. 〔참고문헌〕『韋庵文稿』, 『韓國寺刹全書』 권하 p.1010a11, 『한국사지총람』 권상(문화재청·佛敎文化財硏究所, 2010) p.306. ⇨ 천정사 天井寺

정전적부 正傳的付 바르게 전하고 어김없이 받다. 또는 그러한 인물. 적부는 적확하게 부촉(付囑)을 받았다는 뜻. 『임간록』 권상(卍속장148, p.595a14)에 "규봉은 하택을 바르게 전해 어김없이 받은 이로 내세우고자 하였다. 圭峰欲立荷澤 爲正傳的付"라고 하였다. 〔참고문헌〕『林間錄』. ⇨ 정전 正傳 ❶, 정종 正宗

정정 正定 ❶ Ⓢ samyak-samādhi, Ⓟ sammā-samādhi, Ⓣ yang-dag-pa'i-ting-nge-'dzin. 팔정도 중 하나. 바른 정(定). 정법에 의지해 바르게 정에 드는 일을 말한다. 『니건자소설경』 권8(대정장9, p.354c10)에 "정에 들어 산란하지 않으며 일체법에 대해 이 정에 머물 때에 정결정을 성취하면, 이것을 정정이라 합니다. 대왕이여, 마땅히 알아야 합니다. 이 삼매에 머무는 이는 일체중생을 위하여 해탈을 얻기에 정결정을 성취하니, 이것을 정정이라고 합니다. 若定不亂 於一切法 住是定時 成正決定 是名正定 大王 當知 住是三昧者 爲一切衆生 得解脫故 成正決定 是名正定", 『대방등대집경』 권26(대정장13, p.180c9)에 "무엇이 정정인가? 성행을 수행하여 고를 알고 집을 여의며, 멸을 증득하고 팔정도를 닦는 것을 정정이라고 한다. 또 정정이 있으니 일체법은 모두 다 평등하다고 관하여 아가 청정하니 일체법 역시 청정하다고 관하거나, 아가 공이니 일체법 역시 공이라고 관하는데, 비록 이렇게 관하지만 정위에는 들지 않는 것을 보살의 정정이라고 한다. 보살마하살은 이런 정 중에 머물러 찰나에 일체지를 얻는데 이것을 정정이라고 한다. 云何正定 修行聖行 知苦離集 證滅修道 是名正定 復有正定 觀一切法 皆悉平等 若觀我淨 一切亦淨 若觀我空 一切亦空 雖作是觀 不入正位 是名菩薩之正定也 菩薩摩訶薩 住是定中 於一念頃 得一切智 是名正定", 『대지도론』 권22(대정장25, p.226b9)에 "사제 중에 대하여 마음을 거둬 산란하지 않으면서도 색정이나 무색정으로 향하지 않고 한결같이 열반으로 향하는 것을 정정이라고 한다. 於四諦中 攝心不散 不令向色 無色定中 一心向涅槃 是名正定", 『법온족론』 권6(대정장26, p.482a9)에 "어떤 것을 정정이라 하는가? 부처님의 제자가 고를 그 고라고 사유하고, 나아가 팔정도에 있어서도 그 길을 사유하는 무루작의와 상응하는 모든 것들에 대하여 등주하며, 근주하고 안주하며, 산란하지 않게 하고 어지럽지 않게 하여 거두고 그쳐서, 고르게 가지고는 마음을 한 경성에 있게 하니 정정이라고 한다. 云何正定 謂聖弟子 於苦思惟苦 乃至 於道思惟道 無漏作意 相應所有 心住 等住 近住 安住 不散 不亂 攝止 等持 心一境性 是名正定"라고 하였다. 〔참고문헌〕『尼乾子所說經』, 『大方等大集經』, 『大智度論』, 『法蘊足論』, *Śrāv-bh.329.*, *MN.3.252.*, *SN.5.2.* ⇨ 팔정도 八正道 ❷ 삼취(三聚) 중 하나. 정정취(正定聚 Ⓟ sammatta-niyata-rāsi). 사정취(邪定聚)의 상대어다. 『유가론기』 권11(대정장42, p.551a8·한불전13, p.859c14)에 "지금 『유가론 瑜伽論』에서는 삼승정성중생을 정정이라고 한다. 今瑜伽約三乘定性衆生 名正定", 같은 책 권18(대정장42, p.708c16·한불전14, p.333a4)에 "정정 역시 두 가지이다. 첫째 본성정성정이니, 일승종성을 이루고, 둘째 방편정성정이니, 견도에 증입한 이후를 말한다. 正定亦二 一 本性正性定 成一乘種性 二 方便正性定 謂入見道已去"라고 하였다. 〔참고문헌〕『瑜伽論記』. ⇨ 정정취 正定聚

정정 淨定 Ⓢ śuddhakaṃ dhyānam, Ⓣ bsam-gtan-dag-pa. 팔등지(八等至) 중 유루(有漏)의 정을 말하며 정등지(淨等至)라고도 한다. 『대비바사론』 권162(대정장27, p.822b22)에 "〔문〕 무슨 까닭에 정정은 계지를 초월하면 버리는데, 무루는 그렇지 않은가? 〔답〕

정정은 유루여서 계지에 떨어져 있으므로 위에 나면 아래를 싫어하고, 또 쓸 일 없기에 바로 버린다. 무루는 비록 지에 떨어질지라도 계에는 떨어지지 않으며, 위에 태어나도 아래를 싫어하지 않고 비록 씀이 없어도 버리지 않는다. 問 何故 淨定 越界地捨 非無漏耶 答 淨定有漏 墮在界地 生上厭下 又無用故則捨 無漏 雖墮地 而不墮界 生上不厭下 雖無用而不捨", 『구사론』 권28(대정장29, p.148c12 : *Abh-k-bh.*, p.445)에 "〔송〕 정정에는 네 가지가 있다. 말하자면 곧 순퇴분, 순주분과 순승진분, 순결택분으로 거둔다. … 〔논〕 모든 정등지에는 모두 네 가지가 있으니 첫째는 순퇴분으로 거두는 것, 둘째는 순주분으로 거두는 것, 셋째는 순승진분에 거두는 것, 넷째는 순결택분에 거두는 것이다. 지는 각각 네 종류지만 유정지(有頂地)에는 오로지 세 종류만 있으니, 저 지에는 다시 나아갈 수 있는 상지가 없기에 저 지에는 순승진분으로 거두는 등지가 없다. 頌曰 淨定有四種 謂卽順退分 順住順勝進 順決擇分攝 … 論曰 諸淨等至 總有四種 一 順退分攝 二 順住分攝 三 順勝進分攝 四 順決擇分攝 地各有四 有頂唯三 由彼更無上地可趣故 彼地無有順勝進分攝 〈kārikā〉 caturdhā śuddhakaṃ hānabhāgīyādi. 〈bhāṣya〉 hānabhāgīyaṃ viśeṣabhāgīyaṃ sthitibhāgīyaṃ nirvedhabhāgīyamiti caturvidhaṃ śuddhakam. bhavāgraṃ tu trividhamanyatra viśeṣabhāgīyāt", 『순정리론』 권78(대정장29, p.765b13)에 "모든 근분정에도 여덟 가지가 있으니, 여덟 가지 근본정으로 입문을 삼는다. 일체의 근분정은 오직 하나의 사수와 상응할 뿐이니, 공을 들임으로써 뒤치기 때문이고, 아직 하지의 두려움을 벗어나지 못했기 때문이다. 이 여덟 가지 근분정은 모두 정정으로 거두며, 오로지 첫 번째 근분정만이 무루정에도 통하니, 미착함이 없는 이염도이기 때문이다. 위의 일곱 가지 근분정에 무루정이 없다는 것은 무슨 말인가? 자기 지의 법을 싫어하여 등지지 않기 때문이다. 오직 첫 번째 근분정만이 무루정에 통한다는 것은 무슨 말인가? 자기 지의 법을 싫어하여 등지기 때문이다. 諸近分定 亦有八種 與八根本 爲入門故 一切唯一捨受相應 作功用轉故 未離下怖故 此八近分 皆淨定攝 唯初近分 亦通無漏 皆無有味 離染道故 上七近分 無無漏者 於自地法 不厭背故 唯初近分 通無漏者 於自地法 能厭背故"라고 하였다. 〔참고문헌〕 『大毘婆沙論』, 『俱舍論』, 『順正理論』, *Abh-k-bh.443.* ⇨ 정등지 淨等至, 등지 等至

정정 淨挺 1615~1684. 명말청초(明末淸初)대 조동종(曹洞宗) 스님. 자는 세신(世臣), 호는 양정(俍亭), 속성은 서(徐)씨. 전당(錢唐 : 浙江省) 출신. 출가 이전에는 일정거사(逸亭居士)라고 불렸다. 46세에 석우명방(石雨明方) 문하로 들어가 구족계를 받았다. 항주(杭州 : 浙江省) 불일사(佛日寺)의 삼의명우(三宜明盂)에게 법을 얻었다. 하저운계(河渚雲溪)에 주석하였다. 『오등전서』 권110(卍속장142, p.127a7)에 "싸게 사서 비싸게 팔더라도, 이미 몹시도 상대를 어리석게 하였다. 있는가? 안에서 쪼고 밖에서 깨뜨려 동시라 하여도 칠통은 시원하게 트이지 않는다. 買賤賣貴 已是鈍置煞人 有麼 啐啄同時 漆桶不快"라는 등의 법어가 전한다. 1684년(강희23) 세수 70세로 입적하였다. 『운계양정선사어록』 18권을 남겼다. 스스로 쓴 「행실 行實」 및 「우암선노화상행실 愚庵先老和尙行實」에 행장이 전한다. 모기령(毛奇令)의 「탑명 塔銘」에도 전기가 보인다. 『학불고훈 學佛考訓』 10권·『칠원지통 漆園指通』 3권·『열경십이종 閱經十二種』 12권·『일정십집병연보 逸亭十集幷年譜』 등을 지었다고 한다. 〔참고문헌〕 『五燈全書』. ⇨ 열경십이종 閱經十二種

정정려 定靜慮 Ⓢ samāpatti-dhyāna. 정려를 유지하는 정. 정려를 위한 인(因)으로서 일체선성(一切善性)을 거두어 가지는 일체등지(一切等持)를 말한다. 인(因)과 과(果)로 나눌 때 인에 당하는 정려이며, 과에 당하는 것을 생정려(生靜慮 Ⓢ dhyāna-upapatti)라고 한다. 색계사선(色界四禪)마다에 하나씩 있어 네 가지 정정려가 있다. 『구사론』 권28(대정장29, p.145a28 : *Abh-k-bh.*, p.432)에 "정정려의 체는 다 들어 말하면 선성으로 거둔 심일경성이니, 선등지로 자성을 삼기 때문이다. 定靜慮體 總而言之 是善性攝 心一境性 以善等持 爲自性故 samāpatti-dhyānaṃ tu vaktavyam. ata ucyate. samāpattiḥ śubhaikāgyraṃ. abhedena kuśala-citta-ekāgratā dhyānam. samādhi-svabhāvatvāt", 『현종론』 권38(대정장29, p.963c27)에 "모든 정정려의 총상에는 차별이 없다. 이 네 정려의 체에 대해 다 모아 말하면, 모두 선성으로 거두는 심일경성이니 선등지를 자성으로 삼기 때문이다. … 생과 정의 두 정려 이미 같은 것이라 무엇이 다른지 알기 어렵다. (정정려들은) 그 특징에는 차이가 없지만 그 지(地)에는 차이가 있다. 그 지의 차이를 드러내기 위해 수를 빌어 이름을 나타낸다. 따라서 초정려 내지 제4정려라고만 하는 것이다. 諸定靜慮 總相無別 謂此四體 總而言之 皆善性攝心一境性 以善等持爲自性故 … 此二旣同 難知差別 相雖無別 而地有異 爲顯地異 就數標名 故說爲初乃至第四"라고 하였다. 〔참고문헌〕 『俱舍論』, 『顯宗論』, *Abh-k-bh.* ⇨ 생정려 生靜慮, 정려 靜慮

정정렬 丁貞烈 1876~1938. 근세 명창(名唱). 전라북도 익산 출신. 이날치(李捺致)로부터 소리를 배웠다. 익산 신곡사(神谷寺), 부여 무량사(無量寺), 공주 갑사(甲寺) 등지를 전전하며 혼자서 소리를 익혔다. 1915

년 이후 마산에서 남녀 악인(樂人)들을 가르치다가 1925년 서울로 와서 이동백(李東伯)·송만갑(宋萬甲)·김창룡(金昌龍) 등과 함께 조선성악연구회(朝鮮聲樂研究會)를 조직하고 상무이사로 있으면서 창극(唱劇)의 정립에 진력했다. 취입(吹入)한 음반 중에 춘향가가 뛰어났다. 〔참고문헌〕『朝鮮唱劇史』.

정정법적 正定法迹 Ⓟ sammāsamādhi dhammapada. 바른 정으로 법을 삼은 자취. 사법적(四法迹) 중 하나로 번뇌를 멀리 여읜 선법에 의지해 일으킨 모든 선정의 자취를 말한다. 『집이문족론』 권7(대정장26, p.395a10)에 "사법적이란 첫째 무탐법적, 둘째 무진법적, 셋째 정념법적, 넷째 정정법적이다. … 어떤 것을 정정법적이라고 하는가? 〔답〕 정정이란 벗어남과 멀리 여읨이 낳은 선법에 의지해 모든 정을 마음에 머물도록 하는 것이며, 더 나아가 마음이 한 경을 자성으로 하는 것을 정정이라고 한다. 법적이란, 바로 정정을 법이라고도 하며, 적이라고도 하고 법적이라고도 한다. 그러므로 정정법적이라고 한다. 四法迹者 一 無貪法迹 二 無瞋法迹 三 正念法迹 四 正定法迹 … 云何正定法迹 答 正定者 謂依出離遠離所生善法 諸定令心住 廣說乃至 心一境性 是名正定 法迹者 謂卽正定 亦名爲法 亦名爲迹 亦名法迹 是故 名爲 正定法迹"라고 하였다. 〔참고문헌〕『集異門足論』, 『大毘婆沙論』 권6(대정장27, p.28c12), *AN.2.29.* ⇨ 사법적 四法迹, 심일경성 心一境性

정정성자 正定性者 바르게 정해진 성품이 있는 이. 정정은 정정취(正定聚 Ⓢ samyaktva-niyato rāśi)를 말한다. 『십지경』 권7(대정장10, p.564b10)에 "이 보살은 모든 유정들의 정정취(正定聚)와 사정취(邪定聚 Ⓢ mithyātvaniyato rāśi)와 부정취(不定聚 Ⓢ aniyato rāśi)의 성품을 여실하게 잘 알고 있다. 정견으로 정정성에 떨어지고, 사견으로 사정성에 떨어지며 … 오무간업 하나라도 지으면 사정성에 떨어지며, 오근을 닦음으로 정정성에 떨어지고 … 아끼고 질투하여 자비 없이 현행을 쉬지 않아 사정성에 떨어지며, 위없는 성인의 도를 가르치고 닦아 정정성에 떨어지고, 이 두 가지를 모두 떠나서는 부정성에 떨어진다. 이와 같은 일체를 모두 여실하게 안다. 此菩薩 如實了知 諸有情聚 正定 邪定 俱不定性 由正見故 墮正定性 由邪見故 墮邪定性 … 於五無間 隨造一故 墮邪定性 由修五根 墮正定性 … 慳嫉無悲 現行不息 墮邪定性 誨示無上聖道修習 墮正定性 此二俱離 墮不定性 如是一切 皆如實知", 『식신족론』 권11(대정장26, p.582b24)에 "육식신이 있으니 안이비설신의 식을 말한다. 오식신은 오직 염만을 일으킬 수 있을 뿐이어서 염오를 여읠 수는 없지만, 의식신은 염오를 일으킬 수도 있고 여읠 수도 있다. 나락가취·방생취·조역취·선근을 끊은 이·사정성자·북구로주(Ⓢ Uttarakuru)·무상유정(Ⓢ Asaṃjñisattvāḥ)의 마음은 오직 염오를 일으킬 수 있을 뿐이고 염오를 여읠 수는 없다. 부정성을 지닌 이·정정성을 지닌 이·남섬부주(Ⓢ Jambudvīpa)·동비제하(Ⓢ Pūrvavideha)·서구다니(Ⓢ Aparagodānīya)의 모든 유정의 마음은 염오를 일으킬 수도 있고 염오를 여읠 수도 있다. 有六識身 謂眼識耳鼻舌身意識 五識身 唯能起染 不能離染 意識身 亦能起染 亦能離染 那落迦趣 傍生趣 祖域趣 斷善根者 邪定性者 北拘盧洲 無想有情心 唯能起染 不能離染 不定性者 正定性者 南贍部洲 東毘提訶 西瞿陀尼 諸有情心 亦能起染 亦能離染"라고 하였다. 〔참고문헌〕『十地經』, 『識身足論』. ⇨ 정정취 正定聚

정정업 正定業 바르게 정해진 업. 정토왕생(淨土往生)을 위한 바르고 결정적인 행업. 정토종(淨土宗)의 선도(善導 613~681)가 세운 다섯 가지 정행(五正行 : 讀誦·觀察·禮拜·稱名·讚歎供養) 중 칭명(稱名)으로서, 아미타불(阿彌陀佛)의 명호를 칭념(稱念)하는 것을 말한다. 정업(正業)이라고도 한다. 『선택본원염불집』(대정장83, p.3a27)에 "〔문〕 어째서 오종정행 중 유독 칭명염불만이 정정업인가? 〔답〕 저 아미타불의 본원에 부합하기 때문이다. 그 의미를 말하자면, 칭명염불은 저 부처님의 본원의 행업이다. 따라서 이를 닦는 이라면 저 부처님의 본원에 힘입어 반드시 왕생할 수 있게 되는 것이다. 問曰 何故五種之中 獨以稱名念佛 爲正定業乎 答曰 順彼佛願故 意云 稱名念佛 是彼佛本願行也 故修之者 乘彼佛願 必得往生也", 『선택전홍결의초』 권2(대정장83, p.47b26)에 "왕생하는 행업은 여럿이지만 크게는 두 부류로 나뉜다. 첫째는 정행이고 둘째는 잡행이다. 아미타불과 먼 것이 잡행이고, 아미타불과 가까운 것이 정행이다. 이 의미는 이해하기 쉽다. 그런 뒤 다섯 가지 정행 중 오직 칭명 한 가지 행업만을 정정업이라 한다. 往生業雖多 大分爲二種 一者 正行 二者 雜行 疎阿彌陀佛以爲雜行 親阿彌陀佛以爲正行 其義易解 然後五正行中 唯以稱名一行 名正定業", 『결정왕생집』(대정장84, p.110b28)에 "일심으로 오로지 아미타불의 명호를 염하되 일상의 활동 중에 언제 할지 얼마나 할지를 가리지 않고 한순간도 끊이지 않고 하는 것을 정정업이라 한다. 저 아미타불의 본원에 수순하는 것이기 때문이다. 一心專念彌陀名號 行住坐臥 不問時節久近 念念不捨 是名正定業 順彼佛願故"라고 하였다. 〔참고문헌〕『選擇本願念佛集』, 『選擇傳弘決疑鈔』, 『決定往生集』. ⇨ 정업 正業③, 정조이업 正助二業, 오종정행 五種正行

정정중생 正定衆生 Ⓢ samyaktva-niyataḥ sattva-rāśi, Ⓣ yang-dag-pa-nyid-du-nges-pa'i-sems-ca n-gyi-phung-po. 정정취(正定聚)의 중생. 정정취인을 말한다. 『사익범천소문경』 권3(대정장15, p.48b13)에 "그 때 등행보살이 부처님께 말씀드렸다. '세존이시여, 말씀하신 보살에서 보살이란 무엇을 말씀하시는 것입니까?' 부처님께서 말씀하셨다. '선남자야, 보살이 사정중생(Ⓢ mithyātvaniyataḥ sattvarāśi : 邪定聚衆生)에게 대비심을 일으키면, 정정중생을 다르게 보지 않기에 보살이라고 한다. 왜냐하면 보살은 정정중생을 위한 것도 아니며 부정중생(Ⓢ aniyataḥ sattvarāśi : 不定聚衆生)을 위한 것도 아니기에 발심하며, 단지 사정중생을 제도하기 위해서 대비를 일으키고 아누다라삼막삼보리심을 내기에 보살이라고 한다'. 爾時 等行菩薩白佛言 世尊 所言菩薩 菩薩者 爲何謂耶 佛言 善男子 若菩薩 於邪定衆生 發大悲心 於正定衆生 不見殊異 故言菩薩 所以者何 菩薩不爲正定衆生 不爲不定衆生 故發心 但爲度邪定衆生故 而起大悲 發阿耨多羅三藐三菩提心 故言菩薩", 『대지도론』 권45(대정장25, p.383a28)에 "부처님께서는 여기에서 스스로 마하살의 뜻을 말씀하셨다. 중생에게는 세 가지가 있다. 첫째는 정정중생이니, 반드시 열반에 들어갈 중생이다. 둘째는 사정중생이니, 반드시 악도에 들어갈 중생이다. 셋째는 부정중생이니, 정정중생 가운데에서 가장 크기 때문에 마하살이라고 한다. 佛此中自說 摩訶薩義 衆生有三分 一者 正定 必入涅槃 二者 邪定 必入惡道 三者 不定 於正定衆生中 當最大 故名摩訶薩"라고 하였다. 〔참고문헌〕『思益梵天所問經』, 『大智度論』, *Ratna-ut.29*. ⇨ 정정취 正定聚, 삼정취 三定聚

정정진 正精進 Ⓢ samyag-vyāyāma, Ⓟ sammā-vāyāma, Ⓣ yang-dag-pa'i-rtsol-ba. 팔정도(八正道 Ⓢ āryāṣṭāṅga-mārga) 중 여섯 번째. 계정혜 삼학 등 정법에 의지해 쉼 없이 신심을 기울여 행하는 일. 삼십칠조도법(三十七助道法) 중 사정근(四正勤), 오력(五力)의 정진력(精進力), 칠각지(七覺支)의 정진각지(精進覺支)에 해당한다. 정방편(正方便)이라고도 한다. 『품류족론』 권8(대정장26, p.722b5)에 "정정진이란 무엇인가? 불제자가 … 팔정도에 대해서 팔정도라고 사유함에, 무루작의와 상응하는 모든 쉼 없는 정진으로서 용기있게 굳세고, 그 세력 또한 힘차서 불꽃처럼 다스리기 어려우며, 뜻을 독려함도 그치지 않아서 그 마음 솟구쳐 굳셈을 정정진이라 한다. 正精進云何 謂聖弟子 … 於道思惟道 無漏作意相應諸勤精進 勇健勢猛 熾盛難制 勵意不息 心勇悍性 是名正精進", 『유가사지론』 권14(대정장30, p.352b5)에 "번뇌를 끊는 정정진의 장애에는 다섯 가지가 있다. 첫째는 등지에 머무르고 무색계에 태어나는 데 탐착하는 것이며, 둘째는 이익과 공경에 탐착하는 것이며, 셋째는 방일이며, 넷째는 악혜이며, 다섯째는 자신의 마음이 하열하다거나 뛰어나다고 여기는 만이다. 有五種爲斷煩惱正精進障 一者 耽著等至及生 二者 耽著利養恭敬 三者 放逸 四者 惡慧 五者 其心下劣 或增上慢", 『변중변론』 권중(대정장31, p.472b21 : *Madhy-vibh.*, p.54)에 "정정진 등(正念·正定)의 셋은 다음과 같이 차제로 근본번뇌와 수번뇌 두 가지 그리고 자재장을 다스린다. 이 다스림은 크게 세 가지다. 첫째는 근본번뇌이니 수도에서 끊어지는 번뇌이고, 둘째는 수번뇌이니 혼침과 도거이며, 셋째는 자재장이니 이끄는 바 수승한 품류의 공덕을 장애하는 것을 말한다. 여기서 정정진은 특별히 첫 번째 것을 상대하여 다스리니, 이를 다스리기 위해 팔정도를 부지런히 수습한다. 正精進等三 如次對治本隨二煩惱及自在障 此所對治略有三種 一根本煩惱 謂修所斷 二 隨煩惱 謂惛沈掉擧 三自在障 謂障所引勝品功德 此中 正精進別能對治初 爲對治彼 勤修道故 vipakṣa-pratipakṣāṅgaṃ tridha-eva samyag-vyāyāma-smṛti-samādhayaḥ. eṣāṃ hi yathākramaṃ. kleśa-upakleśa-vaibhutva-vipakṣa-pratipakṣatā. trividho hi vipakṣaḥ kleśo bhāvanā-heyaḥ. upakleśo layauddhatyaṃ vibhutva-vipakṣaś ca vaiśeṣika-guṇābhinirhāra-vibandhaḥ tatra prathamasya samyag-vyāyāmaḥ pratipakṣas tena mārgabhāvanāt", 『화엄경소』 권37(대정장35, p.793b5)에 "정정진은 번뇌장을 청정하게 하는 지분이다. 이것을 말미암아 일체번뇌를 영구히 끊기 때문이다. 正精進者 是淨煩惱障支 由此永斷一切結故", 『해탈도론』 권11(대정장32, p.452b15)에 "정정진은 네 가지 정근이다. 正精進者 四正勤"라고 하였다. 〔참고문헌〕『品類足論』, 『瑜伽師地論』, 『辯中邊論』, 『華嚴經疏』, 『解脫道論』, *Madhy-vibh.* ⇨ 팔정도 八正道, 사정근 四正勤, 오력 五力, 칠각지 七覺支, 삼십칠조도품 三十七助道品, 등방편 等方便, 심용한성 心勇悍性, 정방편 正方便 ■

정정취 正定聚 Ⓢ samyaktva-niyato rāśi, Ⓟ sammatta-niyata-rāsi, Ⓣ yang-dag-pa-nyid-du-nges-pa'i-phung-po. 바르게 닦아 반드시 깨달음을 성취하는 중생. 삼취(三聚) 중 하나로 중생 중에서 반드시 깨달음을 얻거나 성불이 결정되어 있는 성인. 보살위 중 십신(十信) 이상을 말한다. 정성정취(正性定聚)·직견제(直見際)·정정(正定)·등취(等聚)·선취(善聚) 등이라고도 한다. 『구사석론』 권8(대정장29, p.213c29 : *Abh-k-bh.*, p.157)에 "취에는 세 가지가 있다. 첫째는 정정취, 둘째는 사정취, 셋째는 부정취이다. 〔게〕 정정취와 사정취이니, 성인과 무간으로 짓는 이다. 聚有三種 一 正定聚 二 邪定聚 三 不定聚 於此中 偈曰 正定邪定聚 聖人無間作 trayo rāśayaḥ, samyaktvaniyato rāśirmithyātvaniyato rāśiraniyato rāśiriti samyaṅmithyātvaniyatā āryānantaryakāriṇaḥ", "〔석〕

어떤 것을 정(正)이라 하는가? 욕이 다하여 남김이 없고, 분노 다하여 남김이 없으며, 어리석음 다하여 남김이 없고, 일체번뇌 다하여 남김이 없기에 정이라고 한다. 경전에서도 이와 같이 설한다. 釋曰 何者爲正 欲盡無餘 瞋盡無餘 癡盡無餘 一切惑盡無餘 故名爲正 經說如此 samyaktvaṃ katamat, yattatparyādāya rāgaprahāṇaṃ paryādāya dveṣaprahāṇaṃ paryādāya mohaprahāṇaṃ paryādāya sarvakleśaprahāṇamidamucyate samyaktvamiti sūtram", "성(聖)이란 사람이 상속하는 중에 무류도가 이미 생겼기에 성이라고 한다. 그런데 어찌하여 '성'을 악법을 멀리 떠나 여의기에 성이라고 하는가? 지득으로 말미암아 반드시 번뇌를 영원히 여의고 멸하는 과가 결정되기 때문이다. 이와 같은 사람들의 번뇌가 다함이 결정되었기에 정정이라고 한다. 만약 사람이 해탈분의 공능을 이미 얻었으면 그 선근은 반드시 열반을 결정하는 법이 된다. 聖者 若此人相續中 無流道已生 故名聖 云何名聖 從惡墮法 能遠出離故名聖 由至得必定永離滅果故 如此等人 由於惑盡定故故名正定 若人已得 解脫分能 善根必定涅槃爲法 āryāḥ katame, yeṣāmanāsravo mārga utpannaḥ, ārādyātāḥ pāpakebhyo dharmebhya ityāryāḥ ātyantikavisaṃyogaprāptilābhāt, ete hi kleśakṣaye niyatatvāt samyaktvaniyatāḥ mokṣabhāgīyalābhino 'pyavaśyaṃ parinirvāṇadharmāṇa iti", "그런데 어찌하여 정정이라고 세우지 않는가? 이 사람은 후에 사정에 떨어지는데, 이 사람은 그 때가 정해져서 반드시 정을 성취하지 못하기 때문이니, 비유하면 칠승(七乘) 등과 같다. 어떠한 것이 사인가? 지옥도·축생도·귀신도를 사라고 한다. 云何不立爲正定 此人後當 墮於邪定 此人不由時定 定於正中 譬如七勝等 何者爲邪 地獄畜生鬼神道 說此名邪 mithyātvaṃ katamat, narakāḥ pretās tiryañca idamucyate mithyātvam", "여기에서 무간업을 짓는 이는 지옥도가 결정되었기 때문에 사정이라고 한다. 만약 이 두 가지 정과 다른 그 이외의 것은 결정되지 않으니, 이런 뜻은 저절로 성립된다. 이와 같은 삼취관의 인연은 두 가지에 속하거나 속하지 않는다. 此中作無間業人 於地獄道中定故 說名邪定 若異二定 所餘非定 此義自成 是三聚觀因緣 屬二不屬二", 『석마하연론』 권1(대정장32, p.596c5)에 "삼취의 분류에는 세 가지 주장이 있다. 어떤 것이 그 셋인가? 첫 번째 주장이다. 십신 이전을 사정취라고 하니, 업의 과보 등을 믿지 못하기 때문이다. 삼현과 십성을 정정취라고 하니, 불퇴위에 확실하게 안립하기 때문이다. 열 가지 신심을 부정취라고 하니, 나아가거나 물러나는 것이 아직 결정되지 않았기 때문이다. 두 번째 주장이다. … 최상의 깨달음의 과를 정정취라고 하니, 이미 만족하였기 때문이다. … 세 번째 주장이다. … 십성을 정정취라고 하니, 이미 깨달음을 얻었기 때문이다. … 이런 것이 세 가지 주장이다. 三聚門 有其三種 云何爲三 一者 十信前 名爲邪定聚不能信業果報等故 三賢及十聖 名爲正定聚 決定安立 不退位故 十種信心 名爲不定聚 或進或退 未決定故 二者 … 無上大覺果 名爲正定聚 已滿足故 … 三者 … 十聖名爲正定聚 已得眞證故 … 是名爲三"라고 하였다. 〔참고문헌〕『俱舍釋論』, 『釋摩訶衍論』, *Abh-k-bh.* ⇨ 삼취 三趣 [1], 삼정취 三定聚, 십신 十信

정제죄개오락불법경 淨除罪蓋娛樂佛法經 동진(東晉)대 담무란(曇無蘭) 한역. 1권. 『오고장구경 五苦章句經』·『오도장구경 五道章句經』·『제천오고경 諸天五苦經』·『도장고경 道章苦經』·『오고경 五苦經』이라고도 한다. 고려장19, pp.913a1~918c8, No.797·대정장17, pp.543c2~548b25, No.741에 수록되어 있다. 삼계오도의 윤회에서 벗어날 것을 권한다. 『오고장구경』(대정장17, p.543c3)에 "『오고장구경』〈『정제죄개오락불법경』·『제천오고경』이라고도 한다〉. 五苦章句經〈一名 淨除罪蓋娛樂佛法經 一名 諸天五苦經〉"라고 하였다. 〔참고문헌〕『五苦章句經』. ⇨ 오고장구경 五苦章句經

정조수주 淨照隨舟 정조(淨照 : 伯祥道臻)가 배를 따르다. 『선원몽구』 권하(卍속장148, p.265b11)에 "정조수주〈부산법원의 법제자. 출전은 『선림승보전』 권26〉 : 부인 정조선사의 이름은 도진이고 자는 백상이다. 하루는 강가에 가서 배를 돌아보고는 말없이 '머무는 곳마다 마땅히 내가 연임을 알아야겠지'라고 생각하다가 뱃사공에게 물었다. '나를 배끝에 태워줄 수 있겠소?' 뱃사공이 웃으면서 '스님은 어디로 가시려 하십니까? 이 배는 변 지역에 들어갑니다'라고 하자, '나는 경사로 가려 합니다'라고 답하고 몸을 실어 북으로 갔다. 淨照隨舟〈浮山遠法嗣 僧寶廿六〉 浮因淨照禪師 名道臻 字伯祥 一日 行江上 顧舟 默計曰 當隨所住 信吾緣也 問舟師曰 載我船尾可乎 舟師笑曰 師欲何之 我入汴船也 師云 吾行游京師 因載之而北"라고 하였다. 〔참고문헌〕『禪苑蒙求』, 『禪林僧寶傳』 권26(卍속장148, p.543a5). ⇨ 도진 道臻 [2]

정조이업 正助二業 정업(正業)과 조업(助業). 선도(善導 613~681)가 세운 다섯 가지 정행(五正行 : 讀誦·觀察·禮拜·稱名·讚歎供養) 중 칭명(稱名)이 정토에 왕생하는 정업(또는 正定業)이고 나머지 넷이 조업이다. 『선택본원염불집』(대정장83, p.18c29)에 "무릇 생사를 지체 없이 벗어나고자 한다면, 두 가지 수승한 방법 중에서도 먼저 성도문을 제쳐두고 정토문을 선택하여 들어간다. 정토문에 들고자 한다면, 정행과 잡행(雜行 : 三學·六度 등) 중에서도 먼저 여러 잡행은 제쳐두고 정행을 선택하여 마땅히 돌아가야 한다. 정행을 닦고

자 한다면, 정조이업 중에서 조업은 제쳐두고 정정업을 선택해 전념해야 한다. 이는 아미타불의 명호를 칭념하는 것이다. 칭명하면 반드시 정토에 태어날 수 있을 것이니 아미타불의 본원에 의지하기 때문이다. 夫欲速離生死 二種勝法中 且閣聖道門 選入淨土門 欲入淨土門 正雜二行中 且抛諸雜行 選應歸正行 欲修於正行 正助二業中 猶傍於助業 選應專正定之業者 卽是稱佛名 稱名必得生 依佛本願故"라고 하였다. [참고문헌]『選擇本願念佛集』. ⇨ 정업 正業 ❸, 조업 助業, 정정업 正定業, 정잡이행 正雜二行, 오종정행 五種正行, 이업 二業 ❷

정조이행 正助二行 ❶ 정행(正行)과 조행(助行). 『관무량수불경소』 권4(대정장37, p.272b9)에 "이 정조이행을 제외하고 나머지 선한 행위는 모두 잡행이다. 예를 들어 앞에서 정조이행을 닦고 마음으로 항상 친근하고 기억하여 끊어지지 않는 것을 무간이라고 이름한다. 除此正助二行已外 自餘諸善悉名雜行 若修前正助二行 心常親近憶念不斷 名爲無間也"라고 하였다. [참고문헌]『觀無量壽佛經疏』. ⇨ 오종정행 五種正行, 정행 正行 ❹, 잡행 雜行, 조행 助行 ❷ 보리심으로 행하고 방편으로 도와 행함. 『화엄경탐현기』 권17(대정장35, p.433a25)에 "두 번째 (보살도에) 열 가지가 있다. … 처음은 행의 근본에 따른다. 보살의 만행은 모두 보리심을 근본으로 하기 때문이다. 두 번째는 실혜와 방편혜에 따른 것이니 또한 정조이행이라고 한다. 二 有十種道者 … 初一約行本 以菩薩萬行皆菩提心爲本故 二 約實惠方便惠 亦是正助二行"라고 하였다. [참고문헌]『華嚴經探玄記』, 『楞嚴經文句』 권7(卍속장20, p.652a8).

정종 正宗 부처와 부처(佛佛)끼리 조사와 조사(祖祖)끼리 직접 전한 으뜸의 종지. 오직 한 사람의 적자(嫡子)에게만 직접 전한 종지를 말한다. 『전법정종기』 권1(대정장51, p.718b27)에 "그러므로 정종이란 성인이 그윽이 서로 전해 받았기에 그곳과 그때를 알 수는 없다. … 무릇 정종이란 반드시 몸소 스승에게서 제자로 이어져야 효력이 있다고 여긴다. 然正宗者 蓋聖人之密相傳受 不可得必知 其處與其時也 … 夫正宗者 必以親相師承 爲其効也", 『금강경천해』(卍속장39, p.702b11)에 "정종이란 적자의 자격이 있는 후손으로서 방계의 갈래는 아니다. 正宗者 言爲嫡裔 而非旁枝也", 『벽암록』 32칙 「평창 評唱」(대정장48, p.171c3)에 "저를 간해 이렇듯 하니 곧바로 나와 곧바로 들고 곧바로 가고 곧바로 온다. 이것이야말로 바로 임제의 정종이니 이렇듯 작용할 뿐이다. 看他恁麽 直出直入 直往直來 乃是臨濟正宗 有恁麽作用", 『밀암어록』(대정장47, p.958b6)에 "두 존숙이 멋지기는 참으로 멋지지만 임제의 바른 종지를 떠받치고자 한다면 두 사람 각각 일돈방의 매가 모자란다. 답해 보라! 어느 구석이 저들의 흠인가? 간택하는 눈을 갖춘 사람이라면 한번 살펴보라. 二尊宿 美則美矣 若要扶臨濟正宗 每人各欠一頓棒在 且道 那裏是他欠處 具擇法眼者 試定當看"라고 하였다. [참고문헌]『傳法正宗記』, 『金剛經淺解』, 『碧巖錄』, 『密菴語錄』. ⇨ 정전 正傳 ❶, 정전적부 正傳的付, 유불여불 唯佛與佛

정종 定宗 ❶ 923~949. 재위 945~949. 고려 제3대 임금. 휘는 요(堯), 자는 천의(天義), 시호는 지덕장경정숙영인간경장원문명대왕(至德章敬正肅令仁簡敬莊元文明大王), 능호는 안릉(安陵). 태조(太祖) 왕건(王建)의 둘째 아들로서, 어머니는 유긍달(柳兢達)의 딸인 신명순성왕태후(神明順聖王太后), 비는 문공왕후(文恭王后) 박(朴)씨와 문성왕후(文成王后) 박씨이다. 이복형(異腹兄)인 혜종의 뒤를 이어 945년(혜종2) 9월 5일에 즉위하였고, 그 해에 왕규(王規)의 난을 평정하였다. 947년(정종2)에 도참설(圖讖說)을 좇아 서경(西京 : 平壤)에 왕성(王城)을 쌓고 천도(遷都)하려고 하였으나 뜻을 이루지 못한 채, 949년(정종4) 3월 19일에 향수 27세로 홍서(薨逝)하였다. 불교를 깊이 신봉하였는데, 『고려사』 권2 세가(世家)2 정종 원년(946) 1월에 "왕이 의장을 갖추고 불사리를 받든 후, 10리를 걸어서 개국사에 봉안하였다. 또 곡식 7만석을 여러 대사원에 헌납하고 각각 불명경보와 광학보를 두어 법을 배우는 자들을 장려하였다. 王備儀仗 奉佛舍利 步至十里所開國寺安之 又以穀七萬石 納諸大寺院 各置佛名經寶 及廣學寶以勸學法者"라고 하였다. [참고문헌]『高麗史』, 『高麗史節要』 권2 「定宗文明大王」. ⇨ 개국사 開國寺 ❷ 1357~1419. 재위 1398~1400. 조선 제2대 임금. 휘는 경(曔), 초명(初名)은 방과(芳果), 자는 광원(光遠), 시호는 공정의문장무온인순효대왕(恭靖懿文莊武溫仁順孝大王), 능호는 후릉(厚陵). 태조 이성계(李成桂)의 둘째 아들로서, 어머니는 신의왕후(神懿王后) 한씨(韓氏), 비는 김천서(金天瑞)의 딸인 정안왕후(定安王后)이다. 성품이 인자하고 용략(勇略)이 뛰어났다. 1357년 7월 1일에 함경도 함흥 귀주동에서 태어났으며, 1419년(세종1) 9월 26일에 인덕궁(仁德宮)에서 향수 63세로 홍서하였다. 불교에 대해 우호적인 태도를 보였는데, 『정종실록』 권1 1년(1399) 1월 3일에 "연경사에 법석을 개설하였는데, 새로 조성한 금자 『화엄경』을 옮겼기 때문이다. 스님 설오를 보내어 금강산과 안변 석왕사에서 보살재를 베풀고 스님 200명에게 반승하였다. 設法席于衍慶寺 轉新成金字華嚴經也 遣僧雪悟 設菩薩齋于金剛山及安邊釋王寺 飯僧二百"라고 하였다. [참고문헌]『定宗實錄』, 『璿源系譜』, 『國朝寶鑑』.

정종 定鐘 좌선 종료를 알리는 종. 『선림상기전』 권18

「정종」(불광장, 禪藏, p.1383)에 "좌선은 정종에 이르면 그치며, 정종이 울리고 나서 비로소 좌선에 드는 것은 아니다. 정종 후에 좌선에 드는 경우를 배수라 한다. 이는 재청선이라 한다〈『백장청규』를 참조하라〉. 또한 속칭 초야종이라는 말은 바로 정종을 가리킨다. 坐禪到定鐘而止 非定鐘鳴 方坐禪 或定鐘後坐禪者 陪修也 此名再請禪〈見勅修〉 又曰 俗言初夜鐘者 正是定鐘也", 『백장청규』 권6 「대좌참 大坐參」(대정장48, p.1143c12)에 "다음으로 주지가 들어가 향을 사르고 승당을 돈다. 정종이 울린 뒤에 주지는 승당에서 나간다. 次住持入燒香巡堂候定鐘鳴 住持出堂"라고 하였다. 〔참고문헌〕『禪林象器箋』, 『百丈淸規』. ⇨ 개침 開枕

정종무답구 正宗無答句 정종은 답이 없는 구. 제종십삼종구(濟宗十三種句) 중 제4구. 구경에는 말로 답할 수 있는 길이 끊어진 구를 말한다. 『오가종지찬요』 권상 「제종십삼종구」(卍속장114, p.520b15)에 "네 번째, 정종은 답할 도리가 없는 구다. 답하는 일이야 어찌 어렵겠는가? 구경에는 주고 받고 오고 감도 끊어져야 한다. 四 正宗無答句 要答也何難 究竟沒交涉", 『종문현감도』(卍속장112, p.933b8)에 "네 번째는 정종무답구다. 마치 '이곳에 이르러서는 무슨 말을 한다 해도 말더듬이 병을 앓는 이 같다' 함이 바로 이것이다. 第四 正宗無答句 如云 到這裏 說得十成 猶是患謇漢 是也"라고 하였다. 〔참고문헌〕『五家宗旨纂要』, 『宗門玄鑑圖』. ⇨ 제종십삼종구 濟宗十三種句, 정종 正宗

정종무문구 正宗無問句 정종은 물을 수도 없는 구. 제종십삼종구(濟宗十三種句) 중 제3구. 말에 의지해 물을 수 없는 구를 말한다. 『오가종지찬요』 권상 「제종십삼종구」(卍속장114, p.520b14)에 "세 번째, 정종은 물을 수도 없는 구다. 많은 말에 있지 않으니 말하자마자 잘못된다. 三 正宗無問句 不在多言 開口卽錯", 『종문현감도』(卍속장112, p.933b6)에 "세 번째는 정종무문구다. 마치 취봉이 '제가 나무 위 오르리니 질문 하나를 던져 보시죠'라고 한 말이 그것이다. 第三 正宗無問句 如翠峰云 某甲上樹 致將一問來 是也"라고 하였다. 〔참고문헌〕『五家宗旨纂要』, 『宗門玄鑑圖』. ⇨ 제종십삼종구 濟宗十三種句, 정종 正宗

정종분 正宗分 불경을 구분하는 삼분과경(三分科經) 중 하나로 서분(序分)·정종분·유통분(流通分)에서 해당 경전의 핵심인 뜻을 드러내 보이는 부분을 정종분이라 한다. 동진(東晉)대 도안(道安)에 의해 정착되었다. 정설분(正說分)이라고도 한다. 『아미타경통찬소』 권상(대정장37, p.331a24)에 "금선(부처님)께서 법을 널리 펼치실 때마다 각각 으뜸의 가르침이 있는데, 청정한 권역을 펼쳐 그 경계의 수승함을 중생에게 권하여 기꺼이 흠모하도록 하신다. 이런 이유로 정종분이라 한다. 金僊演法 各有所宗 陳淨域以境殊 勸令生而忻慕 故云正宗分也", 『관무량수경직지소』 권하(卍속장91, p.712a12)에 "앞의 네 분을 모두 들어 이 경이 종지로 삼기에 정종분이라 한다. 總前四分 此經所宗 故名爲正宗分", 『반야이취분술찬』 권1(대정장33, p.27a4)에 "'그때 세존께서 보살들에게 일체법의 심심미묘함을 말씀해 주셨다'라 하시고 내지는 간략하게 설하신 말씀까지라 한 이와 같이 적은 부분이 정종분이다. 爾時世尊 爲諸菩薩 說一切法 甚深微妙 乃至略說 如是少分 是正宗分也", 『관무량수불경의소』 권중(대정장37, p.286b10)에 "'그때 세존께서 미간의 광명을 놓으셨다'는 대목에서 '무량제천이 무상도심을 발하였다'는 대목까지가 정종분이다. 爾時世尊 放眉間光 至無量諸天 發無上道心 爲正宗分"라고 하였다. 〔참고문헌〕『阿彌陀經通贊疏』, 『觀無量壽經直指疏』, 『般若理趣分述讚』, 『觀無量壽佛經義疏』. ⇨ 삼분과경 三分科經, 서분 序分, 유통분 流通分

정종사 正宗寺 중국 여항(餘杭 : 浙江省 杭州市) 천목산(天目山)에 있는 절. 남송(南宋)후기에 고봉원묘(高峰原妙)선사가 산에 들어와 수행한 뒤로 학인들이 모여들어 암자를 짓고 선수행의 도량으로 삼았다. 당시 이름은 사자원(師子院)이었다. 원대인 1319년(연우6) 사자정종사(師子正宗寺)라는 사액을 받았지만 그 뒤로 쇠락하였다. 청전기가 되자 옥림통수(玉琳通琇)선사가 중건하였으나 얼마 되지 않아 재난을 당해 옹정년간(1723~1735)에 수리하면서 선원사(禪源寺)라 개명하였다. 함풍년간(1851~1861)전기에 태평천국(太平天國)의 전란 때 화를 당하여 전각 하나만 남았다. 동치년간(1862~1874)에 수복하여 요사 천여 칸의 거찰(巨刹)로 바뀌었지만 일본과 전란을 겪으면서 또 다시 많은 피해를 보았다. 〔참고문헌〕『天如惟則語錄』 권9 「師子林菩提正宗寺記」(卍속장122, p.978b5).

정종심인후속련방 正宗心印後續聯芳 명대 선찬(善燦) 엮음. 1권. 卍속장148, pp.366a1~383b16에 수록되어 있다. 주로 복건성(福建省) 복주부(福州府)를 중심으로 당시 승속(僧俗) 72인의 본적·성씨·기연어구 등을 수록하였다. 서문과 발문이 보이지 않아 간행연대는 알 수 없다.

정좌 定坐 고요히 또는 바르게 앉다. 또는 삼매에 들어 앉다. 『증일아함경』 권48(대정장2, p.808c23)에 "부왕이 먼저 꼿꼿하게 앉아 아뢰는 말을 들었다. 父先定坐聞所啓白", 『보요경』 권5(대정장3, p.511b3)에 "그때 보살은 여섯 해 동안 정좌하며 빈틈없는 고행을 실현하였다. 爾時菩薩 定坐六年 現勤苦行", 『방광대장엄경』 권8(대정장3, p.586b27)에 "억겁 동안 수행한 행자의 무리들이 지금 보리도량에서 정좌하고 있다. 億劫修行衆行者 今時定坐菩提場"라고 하였다. 〔참고문헌〕『增壹阿含經』, 『普曜經』, 『方廣大莊嚴經』. ⇨ 정신단좌 正身端坐

정좌 定座 대중이 불좌(佛座) 주변을 도는 행도(行道)를 할 때 향로(香爐)를 들고 앞서 가는 사미. 정자사미(定者沙彌) 또는 보재동자(普財童子)라고도 한다. 법사 모습으로 차려 입은 어린 두 사미가 맡는다. 『석씨요람』 권상(대정장54, p.275c3)에 "오늘날 부청의 의식은 향을 돌리는 정좌가 하는 일로서 모두 도안법사가 제정한 법도이다. 今之赴請儀式 行香定座之事 皆道安法師布置也", 『사분율행사초비』 권5말(卍속장67, p.507a10)에 "위에서 '산가지를 거두는 이에게 공양하라'고 한 말은 다름 아닌 불전에서 향로를 들고 소사에게 공양하는 일을 말한다. 오늘날 정좌의 소임과 같다. 上言供養收籌者 只是佛前執香爐 供養小師 猶如今時定座"라고 하였다. 〔참고문헌〕『釋氏要覽』, 『四分律行事鈔批』.

정좌 靜坐 고요히 앉다. 몸과 마음의 움직임을 그쳐 고요히 하는 행위로 선정이나 삼매에 드는 뜻이기도 하다. 『별역잡아함경』 권16(대정장2, p.489c5)에 "이 모든 비구들은 세간의 임무를 버리고 언제나 한적한 곳 찾아 정좌로써 안락을 얻는다. 此諸比丘等 捨棄於緣務 常求空閑處 靜坐得安樂", 『대승비분다리경』 권3(대정장3, p.255c15)에 "나는 이 7년 동안 한곳에서 정좌하며 깨끗한 부처님의 공덕과 불세계의 장엄한 모습과 정불국토의 공덕을 사유하였다. 我於此七年中 一處靜坐 思惟淨佛功德 佛刹莊嚴 淨佛土功德", 『방광대장엄경』 권11(대정장3, p.606c9)에 "그때 세존께서 못에 들어가 목욕하시고 목욕을 마치고는 다시 한 곳에서 정좌하고 '과거의 모든 부처님들은 어떤 자리에서 법륜을 굴리셨을까?'라고 사유하셨다. 이러한 생각을 하는 순간 문득 이곳에서 천 개의 아름다운 자리가 땅으로부터 솟아올랐다. 爾時 世尊 入池澡浴 浴訖復於一處 靜坐思惟 過去諸佛 當於何座 而轉法輪 作是念時 忽於是處 有千寶座 從地涌出", 『오분율』 권15(대정장22, p.103a17)에 "지금 불세존께서 처음으로 대도를 성취하시고 이레 동안 고요한 좌선에 드신 다음 정에서 일어나 유행하시다가 저 나무 아래 앉아 계시지만 아직 음식을 드린 이가 없었다. 그대 보릿가루 섞은 꿀을 올려드렸으니 긴긴 밤의 무명에서 안식을 얻으리. 今佛世尊 初成大道 靜坐七日 從定起遊行 坐彼樹下 未有獻食者 汝奉上麨蜜 長夜獲安", 『석선바라밀차제법문』 권8(대정장46, p.529b27)에 "호흡을 관하는 방법은 무엇인가? 마음을 거두고 정좌하여 호흡을 고른 다음 한 마음으로 진실하게 호흡을 관하되 그것이 온몸에서 출입한다고 생각한다. 云何觀息 謂攝心靜坐 調和氣息 一心諦觀息 想遍身出入", 『대혜어록』 권7(대정장47, p.838b22)에 "어떤 때는 정좌하여 사량하면 그중에 마음에 들 만한 것이 있다. 有時 靜坐思量 就中也有可愛", 종보본 『단경』(대정장48, p.350a28)에 "무엇보다 공에 착하지 말 일이니, 마음을 비우고 고요히 앉아 선정에 들면 무기공에 착하기도 한다. 第一莫著空 若空心靜坐 卽著無記空", 『굉지광록』 권6(대정장48, p.73c14)에 "진실하게 공부하는 방법으로 오로지 정좌하고 묵묵히 궁구한다면 깊게 이르는 곳 있어 밖으로 어떤 인연에 의해서도 흘러 구르지 않는다. 眞實做處 唯靜坐默究 深有所詣 外不被因緣流轉", 『초석범기어록』 권18(대정장124, p.267a11)에 "누가 정좌하고 사량하여 간해서 안팎과 중간 그 어디나 한 점의 티끌조차 끊겠는가? 誰能靜坐思量看 內外中間絶點塵"라고 하였다. 〔참고문헌〕『別譯雜阿含經』, 『大乘悲分陀利經』, 『方廣大莊嚴經』, 『五分律』, 『釋禪波羅蜜次第法門』, 『大慧語錄』, 『壇經』, 『宏智廣錄』, 『楚石梵琦語錄』. ⇨ 선정 禪定, 삼매 三昧, 좌선 坐禪

정죄 定罪 ❶ 죄를 정하다. 죄를 다스리는 것을 말한다. 『육도집경』 권1(대정장3, p.4a3)에 "왕이 다음과 같이 말했다. '무슨 연고로 빈손으로 돌아왔는가?' 답하였다. '만나지 못했습니다'. 왕은 속으로 '반드시 까닭이 있을 것이다'라고 생각하고, 그 상인을 불러 이렇게 물었다. '네가 참으로 자수하면 살 것이지만 속인다면 죽을 것이다'. 이에 곧 자수하니, 옥에 가두는 것으로 죄를 주었다. 王曰 何緣空還乎 對曰 不遇 王靖思曰 其必有以乎 召商人問 爾誠首之卽活 欺者死矣 卽皆首之 付獄定罪"라고 하였다. 〔참고문헌〕『六度集經』. ❷ 정(定)의 허물. 『금광명경문구기』 권3(대정장39, p.116b26)에 "작법하여 그릇된 행위를 막기에 계의 허물을 다하고, 상을 취하여 전념하기에 정의 허물을 버리며, 무생을 관조하기에 지혜의 허물도 사라진다. 作法防非 故滅戒罪 取相專意 故滅定罪 無生觀照 故滅慧罪"라고 하였다. 〔참고문헌〕『金光明經文句記』. ❸ 죄 지음이 분명함. 『법원주림』 권90(대정장53, p.947a22)에 "만일 한가로운 재가인의 업식이 바람처럼 내달려 재색에 빠지고, 명리를 탐하며, 오욕에 집착하고 불법을 믿지 않는다. 이렇듯 죄가 분명한 사람은 여기에서 설명할 것이 아니다. 지금 말하는 이는 출가한 승니와 우바새 등이니, 부처님의 가르침을 어기고, 헛되이 명예와 이익에 물들까 걱정하여 지금 기울여 설한다. 若是悠悠白衣 業識風馳 昏沈財色 好貪名利 樂著五欲 不信佛法者 此定罪人 非此所明 今時述者 出家僧尼 及優婆塞等 恐乖佛教 虛染名利 故今偏說"라고 하였다. 〔참고문헌〕『法苑珠林』.

정주 亭主 여관 주인. 나그네 잠시 머물다 떠나지만 주인 그대로 있음을 진심에 비유한다. 『능엄경』 권2(대정장19, p.111a15)에 "비유하자면 어떤 나그네가 여관에 몸을 맡기고 묵을 경우 잠시 쉬었다가 떠나며 끝내 항상 머물지 않지만, 여관을 소유한 사람은 도무지 갈 일 없기에 여관 주인이라 하는 것과 같다. 이 또한 그러하여 진실한 그대 마음이라면 어디로도 갈 수 없다. 譬如有客 寄宿旅亭 暫止便去 終不常住 而掌亭人 都無所去 名爲亭主 此亦如是 若眞汝心 則無所去", 『수능엄의소주경』 권2(대정장39, p.847b3)에 "마음을 연하고 경을 따라 오가나 진심은 고요하게 항상 머묾을 밝혔다. 나그네란 망에 비유하고 주인으로 진심을 비유한다. 此明緣心隨境往來 眞心湛然常住 以客喩妄 以主喩眞"라고 하였다. [참고문헌] 『楞嚴經』, 『首楞嚴義疏注經』.

정주 淨主 ❶ 비구를 대신하여 재화나 부정물을 관리하는 이. 정인(淨人)이라고도 한다. ⇨ 정인 淨人, 정시법 淨施法, 정옥 淨屋 ❷ 미륵불의 어머니 범마발제(梵摩拔提)의 한역어. [참고문헌] 『彌勒經遊意』(대정장38, p.265b13). ⇨ 범마파제 梵摩婆提

정주 淨住 ❶ 깨끗이 세간에 머물다. 계를 가져 생활하는 것을 말한다. 『잡아함경』 권33(대정장2, p.236c12)에 "그때 석씨 마하남은 오백 명의 우바새와 함께 부처님 처소로 찾아와서 부처님의 발에 머리 조아리고 한쪽에 물러나 앉아 부처님께 말씀드렸다. '세존이시여, 어떤 것을 우바새라고 합니까?' 부처님께서 마하남에게 말씀하셨다. '우바새란 무엇인가? 집에서 정주하며 수명이 다할 때까지 삼보에 귀의하여 우바새가 되겠으니, 저를 증지(證知)하소서(라고 하는 사람이다)'. 爾時 釋氏摩訶男 與五百優婆塞 來詣佛所 稽首佛足 退坐一面 白佛言 世尊 云何名優婆塞 佛告摩訶男 優婆塞者 在家淨住 乃至盡壽 歸依三寶 爲優婆塞 證知我", 『수마제보살경』(대정장12, p.77a28)에 "보살에게는 다시 네 가지 법이 있어서 재앙과 죄가 없고, 지은 바 착한 행으로 빨리 정주를 얻는다. 어떤 것이 그 네 가지인가? 첫째는 뜻으로 항상 선을 지향하고, 둘째는 항상 계와 삼매와 지혜를 가지며, 셋째는 보살의 뜻을 처음 발할 때에 바로 일체지를 일으켜 벗어나는 것이 많고, 넷째는 항상 대자대비하여 일체중생을 가엽게 여기는 것이다. 이것이 네 가지 법이니, 보살은 이 네 가지를 행하여 재앙과 죄가 없이 빨리 정주를 얻는다. 菩薩復有四事法 得無殃罪 所作善行 疾得淨住 何等爲四 一者 心意所念 常志於善 二者 常持戒 三昧 智慧 三者 初發菩薩意 便起一切智 多所度脫 四者 常有大慈 愍於一切 是爲四法 菩薩用是四事故 得無殃罪 疾得淨住"라고 하였다. [참고문헌] 『雜阿含經』, 『須摩提菩薩經』. ⇨ 지계 持戒 ❷ Ⓢ poṣadha, upoṣadha, Ⓟ uposatha. 포살(布薩). 승가(僧伽)에서 초승달이 뜰 때와 보름달이 뜰 때 모두 모여 계를 외우며 허물을 돌이켜 깨끗이 하는 법회. 『대비구삼천위의』 권상(대정장24, p.913b22)에 "포살은 정주라고 한역한다. 布薩者 秦言淨住"라고 하였다. [참고문헌] 『大比丘三千威儀』, 『四分律行事秒』 권상(대정장40, p.34b17). ⇨ 포살 布薩 ❸ 사십종이명(寺十種異名) 중 하나. 정주사(淨住舍 Ⓢ vihāra, saṃghārāma)의 줄임말. 비구들이 머무는 사원을 말한다. 『사분율행사초자지기』 권상(대정장40, p.215b23)에 "정주란 곧 가람의 다른 명칭이다. 淨住卽伽藍之異名也"라고 하였다. [참고문헌] 『四分律行事鈔資持記』, 『法苑珠林』 권39(대정장53, p.591a26). ⇨ 정주사 淨住舍 ❹ 삼주(三住) 또는 사주(四住) 중 성주(聖住). 삼삼매(三三昧)를 말한다. 『법화문구기』 권1(대정장34, p.163c13)에 "또 세 가지가 있다. 첫째 천주이니, 욕천을 말하는데 지금 십선이라고 한다. 둘째 범주이니, 곧 색천인데 지금 사선이라고 한다. 단지 이름만 다를 뿐이다〈지금 문장은 사람을 위한 것이다〉. 셋째 정주이니, 곧 삼과 이상인데 지금 삼삼매라고 하는 것이다. 復有三種 一者 天住 謂欲天 今云十善 二者 梵住 卽色天 今云四禪 但名異耳〈今文爲人〉 三者 淨住 卽三果已去 今云三三昧者"라고 하였다. [참고문헌] 『法華文句記』. ⇨ 삼주 三住, 사주 四住❶ ❺ 승고여래(勝高如來)께서 세상에 출현하셨을 때, 장자 선집(善集)의 두 아들 중 하나. [참고문헌] 『大乘菩薩藏正法經』 권28(대정장11, p.854a25). ❻ 삼매(三昧)의 이름. 모든 바라밀(波羅蜜)을 성취하는 삼매이다. [참고문헌] 『大方等大集經』 권16(대정장13, p.113b22). ❼ 부처님의 명호. 그 국토의 이름은 선화(善華)이다. [참고문헌] 『大方等大集經』 권25(대정장13, p.173c7). ❽ 불국토의 이름. 이 국토의 부처님 명호는 무상(無相)이다. [참고문헌] 『地藏菩薩本願經』 권하(대정장13, p.785c19).

정주 淨周 1597~1648. 명대 조동종(曹洞宗) 스님. 호는 숙안(淑安), 속성은 오(吳)씨. 염관(塩官 : 浙江省) 출신. 유년기에 죽은 사람을 보고 불문에 귀의하기로 결심하였다. 『능엄경』을 듣고 의문을 일으켜 월주 즙산계주사(蕺山戒珠寺)의 서백명설(瑞白明雪)에게 법을 묻고 그 법을 이었다. 후에 안길주 낙평사(樂平寺)에 주석하였다. 『오등전서』 권115(卍속장142, p.157b2)에 "삼계를 훌쩍 넘어서고 온 세상을 활보하니, 물물마다 그 모습 드러내 금빛 바람이고, 처처마다에 둥근 달 가을밤이네. 高超三界 濶步大方 頭頭體露金風 處處月圓秋夜"라는 해하상당(解夏上堂)을 비롯한 법문과 기연이 남아 전한다. 1648년(순치5) 세수 52, 법랍 38세로 입적하였다. [참고문헌] 『五燈全書』.

정주 淨柱 1601~1654. 명말청초(明末淸初)대 조동종(曹洞宗) 스님. 호는 원문(遠門), 속성은 진(陳)씨. 복건성(福建省) 용계(龍溪) 출신. 세칭 원문정주선사(遠門淨柱禪師)라 하였다. 모친이 쌍룡(雙龍)이 침상을 둘러싸는 태몽을 꾸었다고 한다. 어릴 때부터 불경에 탐닉하였고 세속의 일에는 관심이 없었다. 구족계를 받은 다음에 전등사(傳燈史)를 읽다가 부족한 점을 발견하고 마침내 원통사(圓通寺) 각랑도성(覺浪道盛)의 가르침을 받고 그 다음에는 취암(翠巖)의 오성정형(午星淨炯) 문하에서 수행하다가 깨달음을 얻었다. 다시 여항(餘杭 : 浙江省) 보수산(寶壽山)의 석우명방(石雨明方)을 친견하고 종지를 깊이 깨닫고 그 법을 이었다. 독립한 뒤에는 항주용당(杭州龍唐)에서 개당(開堂)한 뒤로 보수산의 법석을 계승하였다. 『오등전서』 권109(卍속장142, p.117a15)에 따르면, 1654년(순치11) 12월 "법좌에 올라 '옛 사람(天皇道悟)은 절규하기도 쾌활하다고도 하니 도무지 들귀신 산도깨비 놀음이다. 산승이라면 그렇게 하지 않겠다'. 잠깐 침묵하다가 '한조정에는 본래 제도가 있다'는 말을 마치고 편안히 좌탈하였다. 上堂 古人呌苦呌快活 都是野鬼山精 山僧則不然 良久曰 漢家自有制度 語畢頎然坐脫"라고 임종을 전하는데, 그 당시 세수 54, 법랍 22세였다. 『오등회원속략 五燈會元續略』 8권을 편집하였다. 〔참고문헌〕『五燈全書』.

정주 淨珠 ❶ 맑은 구슬. 여의주. 또는 물을 맑게 정화하는 구슬. 『대방등대집경』 권3(대정장13, p.21a4)에 "여래의 말씀은 정주(여의주)와 같아서 무량한 갖가지 공덕을 성취하고, 그 소리는 시방세계 그 어디나 가득하여 한 음성으로도 온갖 것 알게 이끈다. 如來所說如淨珠 成就無量諸功德 其聲遍滿十方界 一音能令種種解", 『십팔공론』(대정장31, p.862b5)에 "불성이 없다면 해탈의 과는 성취할 수 없다. 비유하자면 흐린 물을 맑게 하는 정주와 같다. 若無佛性 解脫之果 不得成就 譬如淨珠能淸濁水", 『대승의장』 권19(대정장44, p.835a23)에 "물 따라 비춤이 저 정주와 같아 비추지 않는 색이 없다. 隨物所現 猶如淨珠 無色不現"라고 하였다. 〔참고문헌〕『大方等大集經 』, 『十八空論』, 『大乘義章』. ⇨ 여의주 如意珠 ❷ 1615~1656. 명말청초(明末淸初)대 조동종(曹洞宗) 스님. 호는 대휴(大休). 속성은 알려져 있지 않다. 즉념정현(卽念淨現) 문하로 들어가 공부하다가 그 법을 이었다. 1654년(순치11) 조계(曹溪 : 廣東省) 남화사(南華寺)에 주석하다가 그 뒤에 가흥(嘉興 : 浙江省) 백련사(白蓮寺) · 정은사(定隱寺) · 대각묘제사(大覺妙濟寺) 그리고 동향(桐鄉)의 밀인사(密印寺)와 월성(越城)의 천화사(天華寺) 등에 주석하였다. 스승 즉념의 어록을 기록하기도 하였고, 『대휴주선사어록 大休珠禪師語錄』 12권을 남겼다. 『정원략집』 권13(卍속장145, p.445b6)에 "주장자로 향탁을 치면서 말했다. '참으로 보통 사람의 생각과는 거리가 머니 움직이기만 하면 아무렇게나 마구 때리기 때문이다. 예부터 전해온 책은 읽은 적이 없기에 하찮은 말조차도 이해하지 못한다. 그러므로 곧은 틀에는 굽은 물건을 가두지 못하고, 지혜로운 이는 귀머거리나 벙어리와 같다'. 주장자를 세우고 말했다. '이것에서 알아차린다면 어찌 애써 동이다 서다 수고롭게 하겠는가!' 以拄杖擊香桌云 太煞不近人情 動著胡打亂打 未曾讀得古書 不解之乎者也 是以直不藏曲 智者如聾如啞 卓拄杖云 於此薦得 何勞東扯西扯"라는 등의 법어가 전한다. 1656년(순치13)8월에 세수42, 법랍 23세로 입적하였다. 〔참고문헌〕『正源略集』.

정주 淨籌 뒷간에서 용변 후 뒤를 닦는 용도로 쓰는 나뭇가지. 대나무 따위로 만드는 주걱 모양이기도 하다. 사용하기 이전이므로 정주라 하고, 이미 사용한 것은 촉주(觸籌)라 한다. 정주와 촉주를 아울러 측주(厠籌)라 한다. 『비니모경』 권6(대정장24, p.838b5)에 "응용하는 소재는 일반 나무 · 대나무 · 갈대이니 이로써 조각을 만든다. 크기의 규정은 가장 길면 한 뼘이고 짧으면 손가락 네 마디 길이이다. 이미 사용한 것을 아무렇게나 놓아 깨끗한 것을 더럽히도록 하면 안 되니 정주와 섞이면 안 된다는 뜻이다. 이를 뒷간에 들어가 측주를 사용하는 방법이라 한다. 所應用者 木竹葦作籌 度量法 極長者一磔 短者四指 已用者不得振 令汚淨者 不得著淨籌中 是名上厠用厠籌法", 『선림상기전』 권20(불광장, 禪藏, p.1587)에 "정주 : 도충(道忠)이 말한다. '이미 사용한 뒷간의 대나무 조각은 촉주라 하고 아직 사용하지 않는 뒷간의 대나무 조각은 정주라 한다'. 「일용궤범」에 '예로부터 뒷간에 들어가 대나무 조각을 쓸 경우 촉주와 정주를 구분한다'라고 한다. 淨籌 忠曰 已使厠籌 爲觸籌 未使厠籌 爲淨籌 日用軌範云 古云 入厠用籌分觸淨"라고 하였다. 〔참고문헌〕『毘尼母經』, 『禪林象器箋』. ⇨ 측주 厠籌, 촉주 觸籌, 정랑 淨廊

정주 頂珠 ❶ Ⓢ cūḍikā-avabaddha, Ⓣ byur-bur-gyur-ba. 정수리 구슬. 육계(肉髻) 또는 그 위의 구슬을 말한다. 구슬은 장엄이 아니고 정수리 상투와 뼈가 합해 저절로 빛을 내는 살상투다. 『조정사원』 권4(卍속장113, p.95a6)에 "정주 : 불정주를 말하니 곧 세존의 정수리에 있는 둥근 구슬로 항상 광명을 내뿜는다. 지금의 회화나 조소에서 별도로 그린 장식은 아니다. 스물아홉째 상호인 오슬니사상과 같으니 부처님의 정수리 상투와 정수리뼈가 합해져 이루어진 것이다. 크기는 주먹을 덮을 만하고 푸르고 둥글며 수승한 모습이다. 頂珠 佛頂珠 卽世尊頂圓如珠 常放光明 非今繪塑者別加首飾 如第二十九烏瑟膩沙相 謂佛頂髮骨肉合成 量如覆拳 靑圓殊

妙"라고 하였다. 〔참고문헌〕『祖庭事苑』, *Mvyut.245.* ⇨육계 肉髻, 불정주 佛頂珠, 정계 頂髻, 오슬니사 烏瑟膩沙 ❷정수리 위에 올리는 밝은 구슬. 비장(祕藏)의 가르침을 비유하며, 법화칠유(法華七喩)의 하나이기도 하다. 『법화현의석첨』 권2(대정장33, p.828c1)에 "정주의 비유에서 공에 따라 상을 내리는 것은 방편을 베푸는 것을 비유하고, 상투를 풀어서 구슬을 주는 것은 진실을 드러내는 것을 비유한다. 頂珠中 隨功賞賜是施權 解髻與珠是顯實"라고 하였다. 〔참고문헌〕『法華玄義釋籤』. ⇨계주유 髻珠喩, 법화칠유 法華七喩

정주 청곡사 · 옥천사 · 금탑사 · 천은사 괘불 불상(왼쪽상단부터 시계방향)

정주 靜主 ❶고요한 절의 주인. 한 절의 주지(住持)를 가리킨다. 정중(靜衆)을 거두고 보살피기에 이렇게 말한다. 『황벽청규』 「천화장 遷化章」(대정장82, p.781a14)에 "본산의 주지와 각 원의 정주는 같은 종파이니 마땅히 힘을 합하고 마음이 하나되어 법과 도를 존중해야 합니다. 本山住持 與各院靜主 旣同宗派 當以協力一心 尊法重道", 『영각광록』 권3(卍속장125, p.439a2)에 "쌍봉사의 정주가 대중을 이끌고 청하여 법좌에 올라 앉았다. 雙峯靜主 率衆請 上堂"라고 하였다. 〔참고문헌〕『黃檗淸規』, 『永覺廣錄』. ⇨주지 住持 ❷장주(莊主)를 달리 부르는 말. 『백장청규증의기』 권6(卍속장111, p.742b11)에 "장주는 정주라고도 한다. 고요한 방의 주인이라는 의미이다. 莊主 亦名靜主 乃靜室之主也"라고 하였다. 〔참고문헌〕『百丈淸規證義記』. ⇨장주 莊主

정주리청주조 鄭州梨靑州棗 정주(鄭州 : 河南省) 하면 배고 청주(靑州 : 山東省 남부와 安徽省 북부)라면 대추다. 배의 산지인 정주와 대추의 산지인 청주를 소재로 한 선구. 『오조법연어록』 권상(대정장47, p.650a4)에 "달마대사는 발길 닿는 대로 와서 입에서 나오는 대로 말했는데, 후대의 자손들은 대부분 그것을 헤아릴 뿐이구나. 꽃 피고 열매 맺은 것 알고 싶은가? 정주는 배고 청주는 대추다. 만물이란 그 나온 곳보다 좋은 곳은 없다. 達磨大師 信脚來 信口道 後代兒孫 多成計校 要會開花結果處麽 鄭州梨靑州棗 萬物無過出處好", 『송원숭악어록』 권하(卍속장121, p.610b4)에 "법좌에 오르다 '양 칼날끝 겨뤄 간단히 한 가닥 열어준다. 귀 있는 사람은 듣고 눈 있는 사람은 보라. 그렇다면 보거나 듣는 것에 떨어지지 않는 한 구 어떻게 말할까?'라고 한 뒤 잠깐 침묵하다가 말하였다. '정주는 배가 좋고 청주는 대추가 좋다'. 上堂 兩刃交鋒 略通一線 有耳者聞 有眼者見 且不落見聞一句 作麽生道 良久 云 鄭州梨靑州棗"라고 하였다. 〔참고문헌〕『五祖法演語錄』, 『松源崇嶽語錄』.

정주명씨 淨住命氏 문선왕(文宣王 460~494)이 지은 『정주자정행법문 淨住子淨行法門』 20권의 별명. 불교입문서의 일종이다. 『출삼장기집』 권12 「제태재경릉문선왕법집록서 齊太宰竟陵文宣王法集錄序」(대정장55, p.85b28)에 "그러므로 『정주명씨』는 불도로 들어가는 문을 열어주고, 『화엄경』과 『영락경』은 세속의 속박을 벗어나는 방법을 보여준다. 是以 淨住命氏 啓入道之門 華嚴瓔珞 標出世之術"라고 하였다. 〔참고문헌〕『出三藏記集』. ⇨정주자 淨住子, 문선왕 文宣王, 소자량 蕭子良

정주사 淨住社 남제(南齊)대 경릉문선왕(竟陵文宣王) 소자량(蕭子良)이 승속(僧俗)의 대중을 모아 함께 정주를 행하던 결사(結社). 정주란 포살(布薩 Ⓢ poṣadha)의 한역어로 보름마다 대중이 도여 계를 외우고 허물을 돌이켜 늘 깨끗이 머물기에 이렇게 말한다. 『승사략』 권하 「결사법집 結社法集」(대정장54, p.250c23)에 "제의 경릉문선왕은 승속을 모집하여 정주법을 실행하였다. 이것도 결사로서 정주사라 하였다. 齊 竟陵文宣王 募僧俗行淨住法 亦淨住社也"라고 하였다. 〔참고문헌〕『僧史略』, 『樂邦文類』 권2 「結社法集文」(대정장47, p.177b10). ⇨정주 淨住❷, 포살 布薩

정주사 淨住舍 Ⓢ vihāra, saṃghārāma. 사십종이명(寺十種異名) 중 하나. 대중이 신심을 고요히 하여 머무는 사원(寺院)을 말한다. 『법원주림』 권39(대정장53, p.591a15)에 "저 가람이란 무슨 말인가? 옛날 서역에서 금을 깔아 처음으로 복의 기반을 세우고, 동천에 집을 지어 끝내 정업을 빌었다. … 복을 더하고 선을 낳았으니 이것을 가람이라고 하는 것이다. … 고덕의 사고(寺誥)에 많은 이름이 있다. 도량이라고 하니 무생의 마당이며, 사라고도 하니 공공의 뜰이고, 정주사나 법동사라고도 한다. … 뜻에 따라 이름을 세웠으니 각각 드러내는 바가 있다. 原夫伽藍者 昔布金西域 肇樹福基 締搆東川 終祈淨業 … 益福生善 稱爲伽藍也 … 古德寺誥 乃有多名 或名道場 卽無生廷也 或名爲寺 卽公廷也 或名淨住舍 或名法同舍 … 並隨義立 各有所表"라고 하였다. 〔참고문헌〕『法苑珠林』, 『中天竺舍衛國祇洹寺圖經』 권상(대정장45, p.883c4). ⇨사십종이명 寺十種異名

정주사산비명 精註四山碑銘 석전정호(石顚鼎鎬 187

0~1943) 지음. 고운(孤雲) 최치원(崔致遠)이 지은 사산비명(四山碑銘), 즉 「쌍계사진감선사대공영탑비명 雙磎寺眞鑑禪師大空靈塔碑銘」, 「성주사낭혜화상백월보광탑비명 聖住寺朗慧和尙白月葆光塔碑銘」, 「초월산숭복사비명 初月山崇福寺碑銘」, 「봉암사지증대사적조탑비명 鳳巖寺智證大師寂照塔碑銘」에 대하여 조선후기 백파긍선(白坡亘璇 1767~1852)의 문하생인 홍경모(洪敬謨)가 지은 『사산비명집주 四山碑銘集註』를 저본으로 하여 주석한 책이다. ⇨ 사산비명 四山碑銘

정주자 淨住子 남제(南齊)대 소자량(蕭子良 460~494) 지음. 20권. 갖춘 이름은 『정주자정행법문 淨住子淨行法門』이다. 전하지 않는다. 다만 슈타인(M.A.Stein)이 돈황(敦煌)에서 수집한 단간(斷簡 : S721)이 전하며, 당대 도선(道宣)의 요약본인 「통략정주자정행법문 統略淨住子淨行法門」이 『광홍명집』 권27(대정장52, p.306a2)에 실려 있는데, 황각변덕문(皇覺辨德門)에서부터 발원장엄문(發願莊嚴門)까지 총31문으로 구성되어 있다. 『불조역대통재』 권8(대정장49, p.543a23)에 "경릉왕(竟陵王)은 『정주자』 4부 20권을 지어 불교를 밝히고 널리 퍼뜨렸다. 竟陵著淨住子四部二十卷 闡揚佛敎", 『광홍명집』 권27(대정장52, p.306a12)에 "예전 남제대 사도(司徒) 경릉왕 문선공(文宣公) 소자량은 불교(釋宗)를 숭상해 지극한 가르침에 깊이 통달하였으니, 경론을 주석하고 말씀의 이치를 추려내어 사도를 막고 정진도를 열어젖혔다. … 제 영명 8년(490)에 동방 보광세계의 천왕여래께서 정주정행법문을 수립하는 감통의 꿈을 꾸었다. 부연하자면, '정주'라는 말은 포살의 한역어로 포살은 천축의 말이고, 정주는 중국말이다. … 이른바 신구의를 깨끗이 하며 계와 같이 머무는 것이기에 정주라고 한 것이다. '자'란 계승한다는 뜻이다. 삼귀의로써 칠중이 정의 티끌을 다스려 선근을 증장시켜 부처의 종자를 계승하기에 '정주자'라 하는 것이다. '정행법문'이란 모든 업 깨끗이 하여 세간을 교화함으로써 모든 법문을 깨우친다는 것이다. 昔南齊司徒 竟陵王文宣公蕭子良者 崇仰釋宗 深達至教 注釋經論 鈔略詞理 掩邪道而闢正津 … 以齊永明八年 感夢東方普光世界天王如來樹立淨住淨行法門 因其開衍 言淨住者 卽布薩之翻名 布薩天言 淨住人語 … 所謂淨身口意 如戒而住 故曰淨住也 子者紹繼爲義 以三歸七衆制御情塵 善根增長 紹續佛種 故曰淨住子也 言淨行法門者 以諸業淨所以化行於世 了諸法門"라고 하였다. 〔참고문헌〕 『廣弘明集』, 『佛祖歷代通載』. ⇨ 소자량 蕭子良, 계 戒, 칠중계 七衆戒

정주자정행법문 淨住子淨行法門 ➡ 정주자 淨住子

정죽 淨粥 깨끗한 죽. 법도에 맞게 만든 죽을 말한다. 『마하승기율』 권29(대정장22, p.463a15)에 "부처님께서 말씀하셨다. '묵혀 둔 쌀로 지은 죽은 허용하지 않고, 절 안에서 끓인 죽도 허용하지 않는다. 그 외의 청정한 죽만 허락하고 이런 죽은 허용하지 않는다'. 佛言 內宿不聽 內煮亦不聽 聽餘淨粥 不聽是粥", 『영산청규』 권상 「일중행사 日中行事」(대정장82, p.424b1)에 "알림 판이 울릴 때 곳집 아래서 청정한 죽 등의 음식을 마련하여 대반에 올려놓는다. 版鳴際 庫下備淨粥等 於臺盤上"라고 하였다. 〔참고문헌〕 『摩訶僧祇律』, 『瑩山淸規』.

정중 淨衆 ❶ Ⓢ saṃgha-prasannāḥ. 청정한 승중. 『대승집보살학론』 권1(대정장32, p.75c21 : *Śikṣ*., p.3)에 "만일 항상 승보를 믿고 중히 여긴다면 정중에서 게을리 물러남이 없을 것이며, 청정한 대중을 게을리 대하는 마음이 없다면 믿음의 힘으로 그 무엇에도 동요하지 않을 것이다. 若常信重於僧寶 則於淨衆無懈退 若於淨衆無懈退 則於信力無能動 ye sada-śraddha sagaurava saṃghe te avivartika saṃgha-prasannāḥ, ye avivartika saṃgha-prasannāste avivartika śraddha-balātaḥ"라고 하였다. 〔참고문헌〕 『大乘集菩薩學論』, *Śikṣ*. ❷ 정토에 나는 무리. 『낙방문류』 권4 「서자초간시편찬서방 西資鈔揀示偏讚西方」(대정장47, p.201b15)에 "유심으로 일관하는 사람이라면 낙토의 정중을 맞이함에 무엇으로 막겠는가? 唯心一貫者 則何妨接樂土之淨衆"라고 하였다. 〔참고문헌〕 『大乘集菩薩學論』, 『樂邦文類』. ❸ 정중사(淨衆寺)의 줄임말. 『북산록』 권6(대정장52, p.611b10)에 "촉에 들어가 정중에 머물면서 문인 신회에게 법을 부촉하였다. 入蜀止淨衆 付法門人神會"라고 하였다. 〔참고문헌〕 『北山錄』. ⇨ 정중사 淨衆寺, 신회 神會❷

정중고왕게 庭中告王偈 뜰에서 왕에게 출가를 고하는 게송. 출가하여 스님이 되기로 결심한 사람이 먼저 뜰 앞에 자리를 펴고 꿇어앉아 신하의 도리를 다하지 못하게 되었음을 임금님께 고하는 게송이다. 『제반문』(『한국불교의례자료총서』 권2, p.671a1)에 "위로는 막중한 사은에 보답하고, 아래로는 불쌍한 중생들의 삼도의 고통을 구제키 위해 출가하여 수도코자 하오니 전하께서는 가엾이 여기시어 허락하여 주소서. 上報四重恩 下濟三途苦 出家修善道 國王哀聽許"라고 하였다. 『석문의범』에서는 제4구인 '국왕애청허 國王哀聽許'를 '통령애청허 統領哀聽許'라 하였다. 〔참고문헌〕 『諸般文』, 『韓國佛教儀禮資料叢書』, 『釋門儀範』 권하 p.125a2.

정중독두의식 定中獨頭意識 사종의식(四種意識) 중 세 가지 독두의식(獨頭意識)의 하나. 모든 정심(定心)과 상응하는 제6의식(第六意識). 선정(禪定 : 靜慮) 중에 일어난 의식을 말한다. 『팔식규구보주』 권상(대정장45, p.470c20)에 "제6의식에는 다섯 가지가 있는데, 첫째는 정중독두의식이다. 제6의식이 정경을 반연하는 것이니, 정경에는 이와 사가 있는데 사에는 다시 극략색·극형색·정자재소생색이라는 법처로 거두는 색들이 있다. 第六識有五種 一 定中獨頭 意識緣定境 定境有理事 事又有極略極逈色 及定自在所生法處諸色", 『종경록』 권49(대정장48, p.704b16)에 "정중독두의식은 오직 현량이다. 定中獨頭 唯是現量", 『능엄경지장소』 권1(卍속장24, p.225b7)에 "정중독두란 정중경을 연한다. 위에서 '멸'이라 말했는데, 정중을 잡아 말한다면 정중 눈은 색을 볼 수 없고 귀로 소리 등을 들을 수 없고 또 산심과 몽상도 없으니, 곧 전5식 그리고 전5식과 함께 일어나는 의식 및 산몽독두 그 일체가 다 행하지 않는다. 하지만 이와 같다고는 해도 진정 다 멸하는 것은 아니다. 왜냐하면 정중에 홀로 일어난 의식과 정중의 경을 지키기 때문이다. 따라서 그윽함과 고요함을 안으로 지킨다고 하는 것이다. 대개 안으로 지키는 마음이 정중독두여서 그윽이 깊고 고요하기에 정중의 경일 수밖에 없어 정중의 경이라 한다. 定中獨頭 緣定中境 今云滅者 約定中言 以定中眼不觀色 耳不聽聲等 亦無散心及與夢想 則前五識與五俱意及散夢獨頭 一切皆悉不行 然縱能如此 亦非眞滅 以猶有定中獨頭 守定中境 故曰內守幽閑 蓋內守之心 卽是定中獨頭 幽深閑靜 卽是定中之境 定中之境"라고 하였다. 〔참고문헌〕『八識規矩補註』, 『宗鏡錄』, 『楞嚴經指掌疏』. ⇨ 의식 意識[1], 독두의식 獨頭意識, 정중의식 定中意識, 정 定[1], 사종의식 四種意識

정중래 正中來 정중에서 오다. 조동종(曹洞宗)의 편정오위(偏正五位) 중 세 번째. 편중지(偏中至)와 대칭한다. 『조산어록』(대정장47, p.531c20)에 "정위중에 온다는 말은, 구구마다 말이 없으니 존귀함 세우지 않고 좌우에도 떨어지지 않는다. 그러므로 정중래라 한다. 正位中來者 句句無語 不立尊貴 不落左右 故云正中來也"라고 하였다. 〔참고문헌〕『曹山語錄』. ⇨ 동산오위 洞山五位, 편정오위 偏正五位, 무구중유구 無句中有句, 비묵 非默, 사전영기 四轉靈機, 편중지 偏中至

정중래대과 正中來大過 정중에서 와서 크게 지나감. 편정오위(偏正五位)의 세 번째인 정중래(正中來)를 『역易』의 택풍대과(澤風大過)라는 괘(卦)에 배대한 말. 『조산오위지결』에 "정중래란 (택풍)대과다. 온몸이 홀로 드러나 만법의 근원일 뿐이어서 허물도 명예도 없다. 正中來者 大過也 全身獨露 萬法根源 無咎無譽"라고 하였다. 〔참고문헌〕『曹山五位旨訣』. ⇨ 정중래 正中來, 변진성오 變盡成五, 편정오위 偏正五位

정중묘협 正中妙挾 정중에 묘가 틈을 내다. 『동산어록』 「보경삼매가 寶鏡三昧歌」(대정장47, p.515a26)에 "정중에도 묘가 틈을 내니 북 치고 노래 부른다. 마루에도 통하고 길에도 통하니 좁은 길에도 끼어든다. 正中妙挾 敲唱雙擧 通宗通途 挾帶挾路", 『영각광록』 권27(卍속장125, p.708a6)에 "정중묘협 고창쌍거 … : 정위중에는 한 물건도 없지만 실로 묘하게 일체의 사상이 끼어든다. 그러므로 반드시 정위와 편위를 쌍으로 들어 치우쳐 마름에 떨어져선 안 된다. 正中妙挾 敲唱雙擧 … 正位之中 本無一物 而實妙挾一切事相 故必正偏雙擧 不可落於偏枯", 『불조역대통재』 권18(대정장49, p.662a11)에 "평등한 바탕에 오묘한 차별의 모용이 드러나니 회호하여 서로 통하지만 칼날을 주저하면 위세를 잃어버리네. 正中妙挾通回互 擬議鋒鋩失却威"라고 하였다. 〔참고문헌〕『洞山語錄』, 『永覺廣錄』, 『佛祖歷代通載』.

정중무용 正中無用 정중엔 용이 없다. 『조산어록』(대정장47, p.531c4)에 "정위는 도리어 치우침이다. 정중에 용이 없어서 치우침이 된다. 온전히 써야 원만이다. 이것이 두 가지 뜻이다. 正位却偏 正中無用爲偏 全用爲圓 是兩意"라고 하였다. 〔참고문헌〕『曹山語錄』. ⇨ 정중편 正中偏, 정위각편 正位却偏

정중사 淨衆寺 사천성(四川省) 성도시(成都市) 금우구(金牛區)에 위치한 사찰. 만복사(萬福寺)라고도 한다. 정중무상(淨衆無相)의 종지를 잇는 정중파의 근거지가 되는 곳이다. 정중무상은 속성이 김씨이므로 김무상(金無相)이라고도 불리는데 신라 왕족 출신으로 알려져 있다. 성도의 현령이었던 양익(楊翌)이 두상에게 귀의하여 정중사·대자사(大慈寺)·영극사(寧國寺) 등을 창건했다. 정중사에는 무상을 이어 신회(神會)·승함(僧緘)·귀신(歸信) 등이 머물렀다. 〔참고문헌〕『宋高僧傳』 권19(대정장50, p.832b10). ⇨ 무상 無相[2]

정중소식 靜中消息 고요한 중에 한 소식. 고요함 중에도 떠들썩함 중에도 오히려 깨우침 있음을 말한다. 『무문혜개어록』 권상(卍속장120, p.501a6)에 "고요한 중에 소식을 떠들썩한 중에서 관하고, 시끄러운 소식을 고요함 중에 살핀다. 정요를 휘저어 뒤집고 정령만을 행한다면, 하늘 끝 닿은 긴 칼에 오싹함 몰려오리라. 靜中消息鬧中觀 鬧中消息靜中看 靜鬧掀翻行正令 倚天長劍逼人寒", 『무문도찬어록』(卍속장150, p.1020a9)에 "고요한 곳에서 시끄러운 경계 갖추고, 시끄러운 곳에서 고요한 소식을 드러낸다. 달마는 소림사에서 면벽하였고, 보화는 저자에서 요령 흔들었지만, 이들 모두가 눈으로는 동남을 보면서 생각은 서북쪽에 있었다. 만약 저 위를 향해 잡으려 한들 결국 언제 알았다 하겠는가? 靜處具

足 鬧中境界 鬧處顯示 靜中消息 達磨面壁少林 普化搖鈴鬧市 皆是眼觀東南 意在西北 若是向上巴鼻 畢竟何曾會得"라고 하였다. 〔참고문헌〕『無門慧開語錄』, 『無文道燦語錄』, 『松源崇嶽語錄』 권하(卍속장121, p.625b8).

정중의식 定中意識 정중의 의식. 사종의식(四種意識) 중 하나. 삼매 중의 의식. 독두의식(獨頭意識)에 해당하며, 정중독두의식(定中獨頭意識)이라고 한다. 『종경록』 권68(대정장48, p.798b22)에 "정중의식은 또한 삼류경에 통한다. 삼세의 질이 있거나 질이 없는 법을 모두 연하기에 독영경이라 하고, 또 자신에게 현행하는 심심소를 연하기에 대질경에 통하며, 또 칠지(七地) 이전의 유루정위에서는 또한 능히 전5식을 견인해 일으켜 오진을 연할 수 있기에 성경에도 통한다. 定中意識 亦通三境 通緣三世有質無質法故 是獨影境 又能緣自身現行心心所故 是帶質境 又七地已前有漏定位 亦能引起五識 緣五塵故 卽是性境"라고 하였다. 〔참고문헌〕『宗鏡錄』. ⇨정중독두의식 定中獨頭意識, 독두의식 獨頭意識, 사종의식 四種意識, 의식 意識 ❶

정중종 淨衆宗 사천성(四川省) 성도(成都) 정중사(淨衆寺)를 교화의 중심으로 삼은 중국 초기 선종(禪宗)의 종파. 정중파(淨衆派)라고도 한다. 당대 성도부에서 정중사를 창건한 신라 출신 무상(無相 684~762)이 종파를 열었다. 무억(無憶)·무념(無念)·막망(莫忘)이라는 삼구(三句)를 종지로 삼아 각각 계정혜(戒定慧) 삼학에 배대하였다. 삼구 가운데 특히 무념을 강조하였다. 무상은 엄숙한 법의(法儀)를 중시하였으므로 관단(官壇)을 모방하여 구족계를 주는 행의(行儀) 도량을 건립하고 대중에게 소리 높여 염불(念佛)하게 함으로써 모든 염(念)을 그치도록 하였다. 이 파의 법계(法系)를 보면 위로는 5조 홍인(弘忍)·자주지선(資州智詵)·처적(處寂)을 이었고, 아래로는 보당무주(保唐無住)에게 전하였다. 무상의 뒤를 이은 별도의 제자인 정중사 신회(神會)는 남인(南印)·도원(道圓)에게 법을 전수하였는데, 규봉종밀(圭峰宗密)은 이 계통을 이었다. 별도의 제자인 혜의사(慧義寺) 신청(神淸)은 『북산록 北山錄』을 저술하여 삼교(三敎)의 관계를 논술하였다. 〔참고문헌〕『宋高僧傳』 권19(대정장50, p.832b10), 『圓覺經大疏鈔』 권3상(卍속장14, p.555b18), 『禪門師資承襲圖』(卍속장110, p.870b2). ⇨무상 無相 ❷

정중편 正中偏 편정오위(偏正五位)의 첫 번째 위. 정위(正位) 중에 편위(偏位). 군신오위(君臣五位)에서는 군시신(君視臣)에 해당한다. 평등의 이(理)를 등지고 차별의 사(事)로 나아가는(背理就事) 위다. 괘로는 손(巽 ☴)이고, 오권(五圈)으로는 ◓으로 도시한다. 『조동오위현결』 권중(卍속장111, p.245b4)에 "정중편 : 〈송〉 삼경초야 달 밝기 전이다. 〔간〕 '어둠과 밝음이 섞이기 전이다. 가려내어라!' '싹 아직 트지 않은 때다' '지금이 도대체 몇 시인가?' '지금 이 중에 해와 달이 없어 앞과 뒤도 말하지 못하리라'. 〈송〉 마주쳤으나 알아보지 못한다고 이상타 여기지 마라. 〔간〕 '잊어 버려라!' '나아가라!' '지난 어떤 겁중에 등지고 온 적 있었던가? 그렇다면 손을 맞잡고 가리라'. 〈송〉 은은하지만 오히려 여전히 옛날의 고운 자태 품었노라. 〔간〕 '이 두 구 한뜻이지만, 결코 닮은 점 없다' '둥글다!' '오늘 거듭 무엇하랴?' '그렇다면 스스로 속일 일 없겠구나'. 正中偏 三更初夜月明前 揀云 黑白未交時 辨取 又云 萌芽未生之時 又云 只今是什麽時 又云 此中無日月 不說前後去也 莫怪相逢不相記 揀云 忘却也 又云 就也 又 作麽劫中違背來 恁麽則俱拱手去也 隱隱猶懷舊時姸 揀云 此兩句一意 終不相似 又云 圓也 又 今日重什麽 又 恁麽則不自欺得", 같은 책 권중(卍속장111, p.248a3)에 "정중편 : 정위는 홀로 서지 못하고 반드시 편위에 가탁하여 나타나기 때문이다. 正中偏 正位不獨立 須假偏位現故"라고 하였다. 〔참고문헌〕『曹洞五位顯訣』. ⇨동산오위 洞山五位, 편정오위 偏正五位, 공훈오위 功勳五位, 군신오위 君臣五位, 왕자오위 王子五位, 오위 五位 ❸, 배리취사 背理就事, 이사 理事, 오상송 五相頌, 오위도 五位圖, 손 巽

정중편손 正中偏巽 정중편(正中偏)을 『역 易』에 배대하면 손괘(☴)에 해당한다는 뜻. 양(陽 ─)은 편위, 음(陰 --)은 정위를 상징한다. 음 위에 양 둘인 손은 파편의 조각인 듯한 각각이 정중에서 유래한 그대로 원통이라는 뜻이다. 『조산오위지결』에 "정중편은 손괘다. 허공이 부서진 조각이라 해도 처처는 두렷이 통하고, 육근도 육진도 고요할 뿐이다. 正中偏者 巽也 虛空破片 處處圓通 根塵寂爾"라고 하였다. 〔참고문헌〕『曹山五位旨訣』. ⇨정중편 正中偏, 변진성오 變盡成五, 손 巽

정지 正志 Ⓟ sammā-saṅkappa, sammā-saṃkappa. 팔정도(八正道)의 정사유(正思惟)를 달리 이르는 말. 『중아함경』 권7 「분별성제경 分別聖諦經」(대정장1, p.469a19)에 "무엇이 정지인가? 성제자는 이 고를 고라고 생각하고, 습(習 : 集)을 습이라고, 멸을 멸이라고 생각하고, 이 길을 길이라고 생각할 때, 혹은 본래 지은 바를 관하거나, 제행에 집중하는 것을 배우거나, 모든 재난과 어려움을 보거나, 열반의 그침을 보거나, 집착하는 마음이 없이 선한 마음을 관하여 해탈할 때, 이렇게 하는 중에도 마음으로 살피고 그 주변을 두루 살피며 따라서 살핀다. 기억할 만한 것은 기억하고 멀리서 바라볼 만하면 바라보는 것을 정지라고 이름한다. 云何正志 謂聖弟子念苦是苦時 習是習 滅是滅 念道是道時 或觀本所

作 或學念諸行 或見諸行災患 或見涅槃止息 或無著念觀善心解脫時 於中心伺遍伺隨順伺 可念則念 可望則望 是名正志"라고 하였다. [참고문헌]『中阿含經』, 『雜阿含經』 권3(대정장2, p.18c7), 『鞞婆沙論』 권10(대정장28, p.484c11), *MN.3.251.* ⇨ 팔정도 八正道, 정사유 正思惟

정지 正知 Ⓢ saṃprajāna, saṃprajanya, Ⓟ sampajāna, sampajañña, Ⓣ shes-bzhin, shes-pa. 바르게 알다. 팔단행(八斷行) 중 하나로 전도없이 바르게 알기에 번뇌에 물들지 않은 지혜를 말한다. 부정지(不正知)의 상대어다. 『해의보살소문경』 권6(대정장13, p.487c24)에 "어찌하여 전도되는가? 모든 중생들이 무상중에 상을 생각하고, 고에서 낙을 생각하며, 무아에서 아라고 생각하고, 부정에서 정을 생각하기 때문이다. 보살이 저 생각들을 바르게 알면 곧 상응하여 그 법의 요체를 설하게 된다. 그 상을 바르게 아는 것이란 어떤 것인가? 즉 받아들이지 않고 취할 것도 없으면 곧 바르게 알 수 있다. 왜냐하면 이런 상 받아들이지 않는다면 저것을 취하지 않고, 이것을 취하지 않으면 저것 역시 받지 않으니, 이렇다면 곧 어리석음의 어둠이 없이 그 상을 바르게 알 수 있다. 何所顚倒 以諸衆生 於無常中 而生常想 苦生樂想 無我我想 不淨淨想 菩薩若能 正知彼想 卽爲如應 說其法要 云何正知想邪 謂若無受 無取 卽能正知 何以故 此若不受 彼卽不取 此若不取 彼亦不受 若如是者 卽無癡昧 能正知想", 『집이문족론』 권2(대정장26, p.372a21)에 "정지란 어떤 것인가? [답] 출리·원리·선법에 의지해서 법에 대하여 간택하고 지극히 간택하며, 매우 지극하게 간택하고 이해하여 알며, 고르게 알고 가까이 알며, 두루 알고 핵심을 알며, 통달하고 자세히 살피며, 꿰뚫어 보고 깨우쳐 밝으며, 지혜롭고 집중하는 것을 정지라고 한다. 正知云何 答 若依出離 遠離善法 於法揀擇 極揀擇 最極揀擇 解了 等了 近了 遍了 機黠 通達 審察 聰叡 覺明 慧行 毘鉢舍那 是謂正知", 『대비바사론』 권171(대정장27, p.863c27)에 "일체염오심은 모두 부정지와 상응한다. 그런데 어떻게 '정지'로 모태에 들어간다고 할 수 있는가? [답] '정지'란 전도상이나 전도승해가 없는 것을 말한다. 무명과 상응하지 않기에 '정지'라고 하는 것은 아니다. 一切染心 皆與不正知相應 云何得說正知入母胎耶 答 所說正知 謂無顚倒想顚倒勝解 非要無明不相應故 名爲正知", 『유가사지론』 권29(대정장30, p.444a14)에 "여섯째 정지이니, 비발사나품의 혜를 말한다. 六者 正知 謂毘鉢舍那品慧"라고 하였다. [참고문헌]『海意菩薩所問經』, 『集異門足論』, 『大毘婆沙論』, 『瑜伽師地論』, *Śrāv-bh.98·120., Bodh-bh.97., SN.5.298.* ⇨ 십정법 十正法, 팔단행 八斷行, 부정지 不正知, 무전도 無顚倒

정지 正持 ❶ Ⓢ samyak pradadhāti. 바르게 가지다. 마음이나 위의(威儀) 또는 의발(衣鉢) 등을 바르게 갖는 것을 말한다. 『대보적경』 권102(대정장11, p.573c7)에 "또 저 일체대중인 하늘·용·야차·건달바·아수라·가루라·긴나라·마후라가·인비인 나아가 모든 비구·비구니·우바새·우바이 등이 모두 다 금색의 몸을 성취하는 것을 보고, 이에 존자 마하가섭은 자리에서 일어나 위의를 바르게 가지고 오른쪽 어깨를 드러내고 오른쪽 무릎을 땅에 대고 합장하고 공경하였다. 復見彼一切大衆 天 龍 夜叉 乾闥婆 阿修羅 迦樓羅 緊那羅 摩睺羅伽 人及非人 乃至 所有比丘 比丘尼 優婆塞 優婆夷等一切皆悉 具足成就 金色相身 於是 尊者摩訶迦葉 從座而起 正持威儀 偏袒右臂 右膝著地 合掌恭敬", 『구사론』 권25(대정장29, p.132c3)에 "어찌하여 근(勤)을 정단이라 하는가? 단수를 바르게 수습하는 위에서 이 근력으로 나태함을 끊기 때문이다. 혹은 (勤을) 정승이라고도 한다. 왜냐하면 신어의를 바르게 가지고 책려하는 데에는 이것이 가장 수승하기 때문이다. 何故說勤 名爲正斷 於正修習斷修位中 此勤力能斷懈怠故 或名正勝 於正持策身語意中 此最勝故", 『유가사지론』 권24(대정장30, p.414c7 : *Śrāv-bh.*, p.116)에 "그는 이 정지(正知 Ⓢ saṃprajanya)를 성취하기 위해 지녀야 할 것인 승가지나 옷이나 발우를 스스로 알아서 지니고, 지녀야 할 것을 지녀야 할 때에 바르게 지닌다. 지녀야 할 것을 이와 같이 지니는 것을 승가지와 의발을 가져서 바르게 알아 머문다고 한다. 彼由成就此正知故 於所應持 或僧伽胝 或衣 或鉢 自知而持 於所應持 於應持時 而能正持 如所應持 如是而持 如是名爲 持僧伽胝 及以衣鉢 正知而住 sa tena saṃprajanyena samanvāgataḥ. sacet saṃghāṭīṃ, cīvaraṃ, pātraṃ dhārayamāṇo jānāti dhārayāmīti. yacca dhārayitavyaṃ taddhārayati. yadā ca dhārayitavyaṃ tadā dhārayati. yathā ca dhārayitavyaṃ tathā dhārayatīyamasyocyate saṃprajānadvihāritā. yaduta saṃghāṭīcīvarapātradhāraṇe", 『대승장엄경론』 권10(대정장31, p.643b24)에 "[문] 무엇이 정진을 일으키는 것인가? [답] 마음을 거두어(攝心 Ⓢ cittaṃ pragṛhṇāti) 바르게 가지는(Ⓢ pradadhāti) 것이다. 섭심이란 사마타를 말한다. '정지'란, 마음이 평등해지면 곧 이와 같이 머물고 이와 같이 바르게 가진다. 이 세 가지를 닦아서 앞에서 말한 열 가지 행을 닦는 것을 정근을 닦는다고 한다. 問 云何起精進 答 謂攝心及正持 攝心者 謂奢摩他 正持者 若心平等則如是住 如是正持 以此三修 修前十行 是名修正勤"라고 하였다. [참고문헌]『大寶積經』, 『俱舍論』, 『瑜伽師地論』, 『大乘莊嚴經論』, *Śrāv-bh., Sūtr.142.* ❷ 1779~1852. 조선후기 스님. 호는 하의(荷衣), 속성은 임(林)씨. 어느 날 어머니가 흰 옷 입은 선인이 아름다운 구슬을 건

네는 태몽 후, 1779년(정조3) 전라도 영암에서 태어났다. 부모의 허락을 받고 두륜산 대흥사(大興寺)로 찾아가 백련도연(白蓮禱演)을 은사로 하여 스님이 되었다. 완호윤우(玩虎倫佑)에게서 비구계를 받고 아울러 법도 이었다. 남쪽으로 달마산(達磨山) 미황사(美黃寺), 북쪽으로 나주 덕룡산(德龍山) 흥룡사(興龍寺), 동쪽으로 팔영산(八影山) 능가사(楞伽寺), 서쪽으로는 진도 첨찰산(尖察山) 쌍계사(雙溪寺) 등지에서 주석하다가 제방으로 행각(行脚)을 마치고 다시 본사로 돌아와 30여 년간 참선하여 크게 깨달았다. 특히 초의의순(草衣意恂)·호의시오(縞衣始悟)와 함께 완호문하삼의(玩虎門下三衣)로 불리는 절친한 도반이었으니, 마치 설담자우(雪潭自優 1769~1830) 문하의 삼담(三潭)이었던 운담대일(雲潭大日)·화담영규(華潭永圭)·춘담몽인(春潭夢忍) 등의 경우와 같았다. 스님은 과묵(寡默)하였으며, 시에 능하고 강설도 잘했다. 음식·의복·거처 등에 남달리 검소하였다. 1852년(철종3) 6월 11일 대흥사 도반암(導般庵)에서 세수 74, 법랍 58세를 일기로 입적하였다. 어록(語錄) 1권이 있었다고 하나 전하지 않는다. [참고문헌]『東師列傳』 권4 「荷衣大士傳」(한불전10, p.1038c18). ⇨윤우 倫佑

정지 正智 ❶ 법에 맞게(如法) 알아 지혜로움. 『왕생론주』 권2(대정장40, p.843c16)에 "정이란 성지다. 법상과 같이 알기에 정지라고 부르는 것이다. 正者 聖智也 如法相而知故 稱爲正智", 『대승의장』 권3(대정장44, p.523a16)에 "정지라는 말은 법이 연기하여 자성이 없음을 알아서 허망분별 여의고 여에 계합하며 참으로 비추게 되는 것으로, 이를 정지라고 한다. 言正智者 了法緣起無有自性 離妄分別契如眞照 名爲正智"라고 하였다. [참고문헌]『往生論註』, 『大乘義章』. ⇨성지 聖智, 사지 邪智 ❷ Ⓟ abhiññā, samma-ppaññā. 사성제를 여실관찰(如實觀察)하여 얻은 지. 『잡아함경』 권16(대정장2, p.109a5 : *Cintā-sutta, SN.5,* p.448)에 "너희는 마땅히 바르게 사유할지니 '고·고집·고멸·고멸도적성제다'. 왜냐하면 이와 같은 사유인즉 뜻과 법과 범행을 요익케 하고 정지정각으로 올곧게 열반을 향한다. *汝等當正思惟 此苦聖諦 此苦集聖諦 此苦滅聖諦 此苦滅道跡聖諦 所以者何 如此思惟則義饒益 法饒益 梵行饒益 正智正覺 正向涅槃* cintentā ca kho tumhe bhikkhave, idaṃ dukkhan ti … abhiññāya sambodhāya nibbānāya saṃvattati", 같은 책 권34(대정장2, p.242b10 : *Puggala-sutta, SN.2,* p.185)에 "저 성제자들이 정지로 진제를 보니, 괴로움과 괴로움의 인과 괴로움을 여의고 적멸을 얻는 것이다. … 일체 모든 번뇌를 다하고 구경에는 고해의 끝에 이르리라. 若諸聖弟子 正智見眞諦 此苦及苦因 離苦得寂滅 … 盡一切諸結 究竟於苦邊 yato ariya-saccāni samma-ppaññāya passati, dukkhaṃ dukkha-samuppādaṃ dukkha-ssaca atikkamaṃ … dukkhassantakaro hoti sabba-saṃyojanakkhayā ti"라고 하였다. [참고문헌]『雜阿含經』, *SN.* ❸ Ⓢ samyag-jñāna, Ⓟ sammā-ñāṇa, Ⓣ yang-dag-pa'i-shes-pa. 무학위의 성자가 성취하는 무루의 진지와 무생지. 『중아함경』 권49(대정장1, p.736b19)에 "무엇이 정지인가. 비구라면 탐진치를 알아야 마음을 해탈하니 이를 정지라 한다. 유학이 성취해야 할 것은 팔지고, 번뇌를 다한 아라한이 성취할 바는 열 가지다. 云何正智 比丘者 知欲心解脫 知恚癡心解脫 是謂正智也 是爲學者成就八支 漏盡阿羅訶成就十支", 『구사론』 권25(대정장29, p.133c10 : *Abh-k-bh.,* p.387)에 "유학위 중 정해탈과 정지가 있다고 설하지 않은 까닭은 무엇인가. 정해탈과 정지의 그 체는 무엇인가? … 정지는 그 각분에서 설한 바와 같으니, 진지와 무생지를 말한다. 何緣不說 有學位中 有正解脫及有正智 正脫正智其體是何 … 正智如覺說 謂盡無生智 kasmāc-chaikṣasya samyak vimuktiḥ samyagjñānaṃ ca na-uktam. … yaiva hi pūrvaṃ bodhir-uktā saiveha samyag jñānaṃ veditavyam. yad-uta kṣayajñānam-anutpādajñānaṃ ca", 『구사론기』 권25(대정장41, p.382a26)에 "정지의 체는 앞의 삼십칠각분에서 설한 바와 같다. 곧 전설한 진지와 무생지를 정지라고 한다. 오분법신 중 해탈지견온에 해당한다. 正智體者 如前三十七覺分中說 謂卽前說盡智無生智 名爲正智 卽是五分法身中解脫知見蘊"라고 하였다. [참고문헌]『中阿含經』, 『俱舍論』, 『俱舍論記』, *Abh-k-bh., MN.3.76.* ⇨진지 盡智, 무생지 無生智 ❹ 삼승인(三乘人)이 수행하는 무루의 근본지(根本智)와 후득지(後得智). 『유가사지론』 권72(대정장30, p.696a6)에 "어떠한 것들이 정지인가? 간략히 두 가지가 있다. 첫째는 유출세간정지이고, 둘째는 세간출세간정지이다. … 유출세간정지로 인해 성문·독각·보살들이 진여에 통달하게 된다. 또 이것 때문에 저 보살들이 오명처를 통해 방편을 잘 닦고 이와 같은 일체에 두루 행하는 진여지에 오래도록 머물기에 소지장의 청정을 지체 없이 증득하고 원만히 한다. … 성문과 독각은 앞서의 정지로써 진여를 통달하고 나서 그런 다음, 이 후소득의 세간출세간정지 덕분에 안립제들을 통해 마음이 삼계의 과환을 싫어하고 삼계의 적정을 맛보는 것을 좋아하게 한다. 또 여기에 오래도록 안주하기 때문에 번뇌장의 청정을 지체 없이 증득하고 원만히 한다. 何等爲正智 謂略有二種 一 唯出世間正智 二 世間出世間正智 … 謂由此故 聲聞獨覺諸菩薩等 通達眞如 又由此故 彼諸菩薩於五明處善修方便 多住如是一切遍行眞如智故 速證圓滿所知障淨 … 謂聲聞獨覺 以初正智通達眞如已 由此後所得世間出世間正智 於諸安立諦中 令心厭怖三界

過患愛味三界寂靜 又由多分安住此故 速證圓滿煩惱障淨"라고 하였다. 〔참고문헌〕『瑜伽師地論』. ⇨근본지 根本智, 후득지 後得智 **5** Ⓢpratyakṣa. 바른 앎이나 그 과. 진현량(眞現量)과 진비량(眞比量)을 말한다. 『인명입정리론』(대정장32, p.12b28)에 "가령 정지가 있는데 색 등의 뜻에 대해 이름·종 등 모든 분별을 여읜 것으로서, 나타나 각각 따로 구르기에 현량이라 한다. … 저를 말미암고 인을 삼아 견주는 뜻으로도 정지가 생겨난다. '불이 있다'·'무상하다' 등이라고 아는 것을 비량이라 한다. 若有正智 於色等義 離名種等所有分別 現現別轉 故名現量 … 由彼爲因 於所比義有正智生 了知有火或無常等 是名比量", 『인명입정리론소』 권3(대정장44, p.139a18)에 "여기서 정지는 저것들에 즉했을 때 미란이 없는 것이니 불바퀴(旋火輪 : 착시현상) 따위를 여읜 것이다. 此中正智 卽彼無迷亂 離旋火輪等"라고 하였다. 〔참고문헌〕『因明入正理論』, 『因明入正理論疏』, *Nyāy-pr.7.* ⇨진현량 眞現量, 진비량 眞比量, 인명 因明, 현량 現量, 비량 比量 **6** 고려말 조선초 스님 지천(智泉 1324~1395)의 시호. ⇨지천 智泉

정지 定地 **1** Ⓢdhyāna-bhūmi, Ⓣbsam-gtan-gyi-sa. 정이 행하는 계. 색계(色界)나 무색계(無色界) 등을 말한다. 『대비바사론』 권52(대정장27, p.271b5)에 "삼결 내지 구십팔수면은 몇 가지는 욕계에 매인 것이고, 몇 가지는 색계에 매인 것이며, 몇 가지는 무색계에 매인 것인가? 〔문〕 무슨 까닭에 이러 논의를 하는가? 〔답〕 다른 주장을 그쳐서 바른 이치를 드러내기 위한 것이다. 말하자면 어떤 이는 이렇게 집착한다. '욕계에 있는 번뇌와 수번뇌의 이름과 수는 색계와 무색계에도 있다'. 이런 생각을 그치도록 하고, 욕계는 부정지이므로 번뇌와 수번뇌가 많으나 색계와 무색계는 정지이므로 번뇌와 수번뇌가 적다는 것을 드러내기 위한 것이다. 예를 들면 진수면이나 악작 등과 같은 것은 그 세계에 없기 때문이다. 三結乃至九十八隨眠 幾欲界繫 幾色界繫 幾無色界繫 問 何故作此論 答 爲止他宗 顯正理故 謂或有執 欲界所有 煩惱及隨煩惱名數 色無色界亦有 爲止彼意 顯示欲界 是不定地 多諸煩惱 及隨煩惱 色無色界 是定地故 少諸煩惱 及隨煩惱 如瞋隨眠 及惡作等 彼界無故", 『성유식론』 권6(대정장31, p.31a25)에 "다음과 같이 말해야 한다. 신 등의 열한 가지 법 중에서 열 가지는 선심에 두루하고, 경안은 두루하지 않다. 정위에 있을 때에라야 비로소 경안이 있어 몸과 마음이 조화롭고 상쾌하지만 다른 지에는 없기 때문이다. 「섭결택분」에서 열 가지 선심소는 정지든 정지가 아니어도 모두 선심에 두루하고, 정지심중에는 경안을 증장한다고 하기 때문이다. 다음과 같은 주장도 있다. 정의 가행도 역시 정지라고 할 수 있다. 그것도 역시 미미하지만 조화롭고 상쾌하다는 뜻이 있기 때문이다. 이것으로 말미암아 욕계에도 역시 경안이 있다. 그렇지 않으면 곧 「본지분」에서 '신' 등 열한 가지 심소는 일체경지에 통한다고 한 것을 거스르게 된다. 어떤 사람은 주장한다. 경안은 오직 정에만 있으니, 정의 자양으로 말미암아 조화롭고 상쾌함이 있게 된다. 논서에서는 말한다. 욕계의 모든 심심소는 경안을 결여하기에 부정지다. 應說 信等 十一法中 十遍善心 輕安不遍 要在定位 方有輕安 調暢身心 餘位無故 決擇分說 十善心所 定不定地 皆遍善心 定地心中 增輕安故 有義 定加行 亦得定地名 彼亦微有 調暢義故 由斯 欲界 亦有輕安 不爾便違 本地分說 信等十一 通一切地 有義 輕安 唯在定有 由定滋養 有調暢故 論說 欲界 諸心心所 由闕輕安 名不定地"라고 하였다. 〔참고문헌〕『大毘婆沙論』, 『成唯識論』, *Abh-k-bh.35.* ⇨삼결 三結, 구십팔수면 九十八隨眠, 부정지 不定地 **2** 보살의 칠지(七地) 중 하나. 보살의 십지 중 반드시 무상보리로 나아가는 제팔지(第八地)를 말한다. 결정지(決定地 Ⓢniyata-bhūmi)와 같은 말이다. 『보살선계경』 권9(대정장30, p.1008b19)에 "보살마하살이 십이행을 닦는데 칠지가 있으니, 여섯 가지는 보살지이고, 나머지 하나는 성문과 보살에게 공통적인 것이다. 첫째 성지, 둘째 해지, 셋째 정심지. 넷째 지지, 다섯째 정지, …무상행(無相行)을 행함이 없는 것을 정지라고 한다. 菩薩摩訶薩 修十二行有七地 六是菩薩地 餘一地聲聞菩薩共 一者 性地 二者 解地 三者 淨心地 四者 持地 五者 定地 … 無行無相行名爲定地"라고 하였다. 〔참고문헌〕『菩薩善戒經』. ⇨칠지 七地, 결정지 決定地

정지 定智 사지(四智) 중 하나. 평등성지(平等性智 Ⓢsamatā-jñāna)를 말한다. 『금강삼매경』(대정장9, p.372a8)에 "그 지에는 네 가지가 있다. 어떤 것이 그 네 가지인가? 첫째는 정지이니, 여를 따르는 것을 말하고, 둘째는 부정지이니, 방편으로 병을 부수는 것을 말하며, … 넷째는 구경지이니, 실에 들어 불도를 갖추는 것을 말한다. 其智有四 何者爲四 一者 定智 所謂隨如 二者 不定智 所謂方便破病 … 四者 究竟智 所謂入實 具足佛道", 원효(元曉)의 『금강삼매경론』 권하(대정장34, p.997b28·한불전1, p.661b7)에 "각각 나타나는 가운데 '정지'란 무엇인가? 평등성지이니, 오직 정관에만 있으며, 방편을 짓지 않기에 정지라고 한다. 말나식의 아와 아소집을 상대해 다스리기에 따라 평등을 관하기에 여를 따른다고 한다. 別顯中 言定智者 平等性智 唯在正觀 不作方便 故名定智 對治末那 我我所執 隨觀平等 故曰隨如"라고 하였다. 〔참고문헌〕『金剛三昧經』, 『金剛三昧經論』. ⇨평등성지 平等性智, 사지 四智 **1**

정지 淨地 Ⓟkappiya-bhūmi. 비구가 머무를 수 있

도록 여법히(作淨) 하여 결계한 곳. 『오분율』 권22(대정장22, p.150a26)에 “비구들이 새로 주처를 만들고자 하였는데 이전에 비구가 머물게 한 승정옥이 없었던 곳이었기에 어떻게 해야 할지 몰랐다. 이 때문에 부처님께 아뢰자 부처님께서 다음과 같이 말씀하셨다. ‘새로운 주처를 만들려면 먼저 특정한 곳을 지정하고 작정(作淨)하여 깨끗한 땅 만들어야 하며, 그래야 그 안에 보시받은 음식도 둘 수 있다. 만약 갈마를 행하지 않았다면 비구는 해가 뜰 때까지 그 안에 들어가서는 안 된다’. 有諸比丘新作住處 未有僧淨屋 不知云何 以是白佛 佛言 若作新住處 應先指某處作淨地 便可以食置中 若未羯磨 比丘不得入中 至明相出”, 『사분율』 권43(대정장22, p.874c26)에 “이때 비구들은 어디가 정지인지 몰라서 부처님께 아뢰자 부처님께서 다음과 같이 말씀하셨다. ‘결계를 행해야 한다. 만약 이전에 정지였는지 의심스럽다면, 결계를 해제한 연후에 다시 결계해야 한다’. 時諸比丘 不知何處是淨地 白佛 佛言 應結 若疑先有淨地 應解然後結”라고 하였다. 〔참고문헌〕『五分律』, 『四分律』, *Vin.1.239.* ⇨작정 作淨, 정시법 淨施法, 정인 淨人, 정옥 淨屋, 정지갈마 淨地羯磨

정지 淨志 바라문(婆羅門 Ⓢ brāhmaṇa)의 한역어. 정지(靜志)·범지(梵志)라고도 한다. 『십주단결경』 권1(대정장10, p.972b8)에 “모든 대중들이 있는 곳에서 사자후를 하여 대법륜을 굴리시니, 사문·정지·범천·제석천·마군·모든 외도는 굴릴 수 없었고 오직 부처님만이 능히 굴린다. 在諸大衆而師子吼轉大法輪 沙門淨志梵釋魔衆一切外道所不能轉 唯佛能轉”, 『유가론기』 권19(대정장42, p.732b1·한불전14, p.419b10)에 “바라문은 정지라고 한역한다 婆羅門 此翻淨志也”, 『수능엄의소주경』 권2(대정장39, p.852b18)에 "바라문은 범지 혹은 정지라고 한역한다. 婆羅門 此云梵志 或淨志“라고 하였다. 〔참고문헌〕『十住斷結經』, 『瑜伽論記』, 『首楞嚴義疏注經』. ⇨범지 梵志[1], 정지 靜志

정지 靜志 Ⓢ brāhmaṇyatā. 바라문(婆羅門)의 한역어. 정지(淨志)라고도 한다. 『출요경』 권27(대정장4, p.755c9)에 “출가하여 도를 구하려고 모든 은애를 끊고 가업을 버리고, 항상 삼업을 행하고 지조를 잃지 않는다. 또한 백천군생이 아끼고 원하는 것을 때에 맞게 공양하고 공급한다. 출가한 범지는 몸을 삼가고 고행을 하며 속박과 집착을 끊고 청정한 행을 하며 악행의 근본을 짓지 않는다. 그러므로 말한다. ‘세간에는 사문의 즐거움이 있고, 정지의 즐거움도 있네’. 出家學道斷諸恩愛 離棄家業 恒行三業不失其操 復爲百千群生所見愛念 隨時供養供給所須 出家梵志懃身苦體求斷縛著 所行淸淨不造惡本 是故說曰世有沙門樂 靜志樂亦然也”, 『구사론기』 권8(대정장41, p.157c18)에 “바라문은 정지라고 한역한다. 婆羅門此云靜志”라고 하였다. 〔참고문헌〕『出曜經』, 『俱舍論記』, *Udāna-v.397.* ⇨범지 梵志[1]

정지갈마 淨地羯磨 비구가 머물 수 있도록 여법히 갈마하는 것. 『십송율』 권26(대정장23, p.190a15)에 “부처님께서 아난에게 이르셨다. ‘한 방사라도 정지갈마를 지어야 한다. 어떻게 지어야 합니까? 승중이 한 마음으로 화합한 다음 한 비구가 「대덕 스님들은 허락해 주십시오! 아무개 스님의 방사를 정지를 짓겠습니다. 승중은 때가 적절하다고 여기시면 허락하십시오. 아무개 스님의 방사를 정지하겠습니다. 이와 같이 알립니다」라고 큰 소리로 말한다. 백이갈마로 한다. 「아무개 스님의 방사를 정지로 정하였고, 승중이 승인하기도 하였고 묵묵히 허락하기도 하였으므로 이 일은 이와 같이 결정하겠습니다!」라는 형식으로 한다’. 佛告阿難 於一房舍應作淨地羯磨 云何應作 僧一心和合 一比丘唱 大德僧聽 某甲房舍作淨地 若僧時到 僧忍聽 僧某甲房舍作淨地 如是白 白二羯磨 僧某甲房舍 作淨地竟 僧忍默然故 是事如是持”, 같은 책 권38(대정장23, p.273c3)에 “부처님께서 사위국에 계실 때 모든 비구들이 정지갈마를 짓자 부처님께서 말씀하셨다. ‘지금부터는 정지를 더 이상 하지 않는다. 만약 짓는 사람은 돌길라를 범한다’. 佛在舍衛國 諸比丘作 淨地羯磨 佛言 從今不聽作淨地 若作者 突吉羅”, 『사분율행사초』 권하(대정장40, p.156a29)에 “후에 외도들이 말하길 ‘독거사들이 방사에서 음식을 짓고 창고에 저장도 하니 속인과 다른 점이 무엇인가?’라고 비난하자 부처님께서 승방 밖에서 음식을 짓도록 하셨다. 그 뒤로 음식 짓는 연기를 보고 사람들이 찾아와 걸식하자 승중의 음식이 줄어들어 부처님께서 정지갈마 짓기를 더 이상 허용하지 않으셨고 지으면 돌길라에 해당한다고 하셨다. 後外道譏言 禿居士舍作食及倉篅 與白衣何異 佛令僧坊外作食 後爲煙火 起人來索 食少 從今日後 不聽作淨地羯磨 若作犯吉羅”라고 하였다. 〔참고문헌〕『十誦律』, 『四分律行事鈔』. ⇨정지 淨地, 작정 作淨, 정인 淨人, 정시법 淨施法, 정옥 淨屋

정지견작의 淨智見作意 Ⓢ jñāna-darśana-viśodhano manaskāraḥ, Ⓣ ye-shes-dang-mthong-ba-rnam-par-sbyong-ba'i-yid-la-byed-pa. 정지에 의지해 보고 뜻을 짓다. 사종작의(四種作意) 중 하나다. 『유가사지론』 권31(대정장30, p.458b26 : *Śrāv-bh.*, p.406)에 “네 가지 작의를 닦아 익힌다. 어떤 것이 그 네 가지인가? 첫째 조련심작의, 둘째 자윤심작의, 셋째 생경안작의, 넷째 정지견작의 … 어떤 것이 정지견작의인가? 말하자면 이 작의에 의지하여, 때때로 그 사이에 이와 같이 해야 하니 내심을 적정히 하여 의지로 삼고,

내정심으로 자주 가행하여 법을 관하는 중에 증상혜를 닦는 것을 정지견작의라고 한다. 修習四種作意 何等爲四 一 調練心作意 二 滋潤心作意 三 生輕安作意 四 淨智見作意 … 云何淨智見作意 謂由此作意 於時時間 卽用如是 內心寂靜 爲所依止 由內靜心 數數加行 於法觀中 修增上慧 是名淨智見作意 caturbhirmanaskāraiḥ prayujyate. katamaiścacaturbhiścittasantā panīyena manaskāreṇa, cittābhiṣyandanīyena, praśrabdhijanakena, jñānadarśanaviśodhakena ca manaskāreṇa … tatra jñānadarśana viśodhano manaskāraḥ katamaḥ. yena manaskāreṇa kālena kālaṃ cittena tathādhyātmaṃ saṃśamayati tena punaḥ punarabhīkṣṇaṃ adhiprajñaṃ dharmavipaśyanāyāṃ yogaṃ karoti. yaduta tamevādhyātmaṃ cetaḥśamathaṃ niśritya. ayamucyate jñānadarśanaviśodhano manaskāraḥ", 같은 책 권31(대정장30, p.459a27 : *Śrāv-bh.*, p.410)에 "때때로 사유하여 가리고, 매우 지극하게 사유하여 가리며, 두루 살펴 사유하고, 두루 세밀하게 관찰하는 것은 정지에 의지해 보고 뜻을 짓기 때문이다. 於時時間 於法思擇 最極思擇 周遍尋思 周遍伺察 由淨智見作意故 kālena kālaṃ dharmānvicinoti. pravicinoti. parivitarkayati. parimīmāṃsāmāpadyate. jñānadarśanaviśodhanena manaskāreṇa"라고 하였다. 〔참고문헌〕『瑜伽師地論』, *Śrāv-bh.* ⇨사종작의 四種作意, 작의 作意 ■

정지경 淨智境 Ⓢ viśuddhy-ālambana, viśuddhi-jñāna gocara, Ⓣ rnam-par-dag-pa'i-dmigs-pa. 정지로 마주하는 경. 원성실(圓成實)로만 보는 경이다. 삼상(三相) 중 원성실상(圓成實相)을 말한다. 『변중변론』 권중(대정장31, p.469c23 : *Madhy-vibh.*, p.42)에 "번뇌소지라는 두 가지 장애를 깨끗이 한 지혜로 행하는 진실은 오직 근본인 세 가지 진실 중 원성실상에 의지해 세운다. 그 나머지 두 진실은 이 정지의 경이 아니다. 煩惱所知 二障淨智 所行眞實 唯依根本 三眞實中圓成實立 餘二非此淨智境故 viśuddhigocaratatvaṃ dvividhaṃ kleśāvaraṇaviśuddhijñānagocaraṃ. jñeyāvaraṇaviśuddhijñānagocaraṃ ca. … pariniṣpannād eva svabhāvān na hy anyasvabhāvo viśuddhijñānadvayagocaro bhavati"라고 하였다. 〔참고문헌〕『辯中邊論』, 『中邊分別論』 권상(대정장31, p.456b20), *Madhy-vibh.23.* ⇨원성실상 圓成實相

정지국사탑및비명 正智國師塔◯碑銘 고려말 조선초 정지국사 지천(智泉 1324~1395)의 부도와 비. 1398년(태조7)에 양촌(陽村) 권근(權近 1352~1409)이 왕명을 받들어 비문을 지었는데, 『양촌집』 권38(한국문집총간7, p.334b11)에 "고승 지천이 천마산 적멸암에서 입적하였다. … 문인 조안 등이 미지산 용문사로 가서 부도를 조성하여 유골을 안치하였다. 또 비를 세워 스님의 공덕을 기록하고자 하여 무인년 여름 서울로 와서 임금께 아뢰니, 상이 신 근에게 비문을 지으라고 명하였다. 高僧泉公示寂于天磨山之寂滅庵 … 門人祖眼等就彌智山龍門寺 置浮圖安骨 又欲立碑紀德 戊寅之夏 來京以聞 上命臣近文之"라고 하였다. 현재 양평 용문사(龍門寺)에 있는 부도와 비는 보물 제531호로 지정되어 있으며, 부도 높이는 2.15m·비 높이는 1.1m이다. 부도의 지대석과 하대석은 사각이며, 상대석과 탑신부는 팔각이다. 하대석과 상대석에 연꽃잎 무늬, 탑신부에 문비(門扉)도 새겨져 있다. 삼단위 옥개석 끝에는 귀꽃이 장식되어 있다. 〔참고문헌〕『陽村集』, 李智冠 『校勘譯註歷代高僧碑文』 朝鮮篇1 pp.66~70, 『韓國金石文大系』 권5 p.62, 『文化財大觀』 寶物篇 石造 I (文化財廳, 2004) pp.544~546. ⇨지천 智泉

정지국사탑및비명

정지미인 淨地迷人 깨끗한 땅이 도리어 사람을 헤매게 한다. 『종용록』 46칙 「시중 示衆」(대정장48, p.256b9)에 "만리나 너른 곳에 풀 한 포기 없다. 청정한 땅이 도리어 사람을 헤매게 한다. 팔방 너른 하늘에 구름 한 점 없다. 끝없이 푸른 하늘이 오히려 우리를 속인다. 비록 또 쐐기 있어야 박힌 쐐기 뽑아낸다 하지만 허공 집어 허공에 거는 일 못할 것도 없다. 萬里無寸草 淨地迷人 八方無片雲 晴空賺汝 雖是以楔去楔 不妨拈空挂空", 『삼산등래어록』 권12(가흥장29, p.740b13)에 "곧바로 넉넉히 문 밖에 나서지 않더라도 풀이 어지럽게 돋아 있으리라〈깨끗한 땅이 도리어 사람을 헤매게 한다〉. 直饒不出門 亦是草漫漫〈淨地迷人〉"라고 하였다. 〔참고문헌〕『從容錄』, 『三山燈來語錄』.

정지방 亭止房 충청남도 공주시에 있던 절. 『동국여지승람』 권17 충청도 공주목 고적에 "금강 가에 있으며 주에서 3리 떨어져 있다. 在錦江邊 距州三里"라고 하였으며, 뒤이어 고려 권적(權適 1094~1147)의 시를 인용하였다. 『가휴집』 권10 「공산일기 公山日記」(한국문집총간 속집9, p.498a11)에 "1605년(선조38) 정월 22일 정지방 옛터에서 반자(半刺 : 부사나 독사의 보좌관)를 맞이하는 모임을 가졌다. 예전에 작은 절이 있었는데 정유병화(丁酉兵火 : 1597년 정유재란)로 폐사되었다. 뛰어난 경치가 금강 위아래에서 으뜸이다. 乙巳正月 二十二日 半刺邀會於亭止房故基 舊有小刹 而廢於丁酉兵火 景象之勝 甲於錦江上下"라고 하였다. 〔참고문헌〕『東國輿地勝覽』, 『可畦集』, 『梵宇攷』, 『韓國寺刹全書』 권하 p.1010a7.

정지법 淨地法 ➡ 결정지법 結淨地法

정지부 正地部 Ⓢ Mahīśāsaka. 소승이십부(小乘二十部) 중 하나. 화지부(化地部)의 구역. 불멸 후 300년경 불가기(不可棄 Ⓢ Āvantaka)가 설일체유부(說一切有部 Ⓢ Sarvāstivāda)에서 분파해 세운 학파이다. 음역하면 미사새부(彌沙塞部)이다. 『성유식론술기』 권2(대정장43, p.292a2)에 "화지부는 구역에서 정지부라 한다. 化地部舊云正地部", 『부집이론』(대정장49, p.20b14)에 "이로부터 300년 후쯤 설일체유부로부터 또 한 부파가 갈라져 나와 정지부라 하였다. … 정지부가 내세우는 근본은 다음과 같다. 과거와 미래는 무(無)이고, 현재와 무위는 유(有)다. 사성제는 일시에 보는데, 가령 고제를 보면 바로 사성제 일체를 보는 것이며, 이미 봤다면 이미 사성제 모두를 본 것이다. 수면번뇌는 심도 아니고 심소법도 아니며 연할 수 있는 경계도 아니다. 수면번뇌와 도기번뇌는 서로 다르다. 수면번뇌는 심과 상응하지 않고 도기번뇌는 심과 상응한다. 범부는 욕계의 욕과 진을 버리지 못한다. 외도에게는 오신통이 없다. 천상에는 브라만이 없다. 중음은 없다. 아라한에게는 복덕이 많지만 증장하는 일은 없다. 오식신에는 염오가 있고 염오의 여윔도 있다. 육식신은 각관과 상응한다. 시작이 있는 중생(時頭衆生)이 있다. 세간에는 정견이 없고, 세간에는 신근이 없으며, 출세간에 정이 없다. 각과 관에는 무루가 없고 인은 있으며 선은 없다. 수루다아반나(須氀多阿半那 Ⓢ srota-āpanna : 須陀洹)에게는 물러나는 일이 있고, 아라한에게는 물러나는 일이 없다. 팔정도(道分)는 사념처로 거둔다. 무위법에는 아홉 가지가 있다. … 태어남은 시작이고 죽음은 끝이며, 사대·오근·심·심소법은 모두 변이한다. 대중 가운데 부처님께서 계시니 대중에게 보시하면 얻는 과보가 크지만 부처님께 따로 보시하면 공덕이 그에 미치지 못한다. 모든 부처님과 모든 성문은 그 도가 같고 그 해탈이 같다. 일체행은 찰니가(刹尼柯 Ⓢ kṣaṇika : 刹那滅)여서 어떤 법도 이 세상에서 다음 세상으로 건너가지 못한다. 정지부는 이와 같은 주장을 근본으로 내세운다. 於此第三百年中 從說一切有部 又出一部 名正地部 … 正地部是執義本 過去未來是無 現在及無爲是有 四聖諦一時觀 若見苦諦 卽見一切諦 見已曾見諸諦見 隨眠煩惱 非心非助心法 無有境界 隨眠煩惱異 倒起煩惱異 隨眠煩惱與心不相應 倒起煩惱與心相應 凡夫不捨欲界欲及瞋 外道無五通 天無夫嵐摩 無中陰 阿羅漢多福德無增長 五識聚有染離 六識聚與覺觀相應 有時頭衆生 世間無正見 世間無信根 無出世定 覺觀無無漏 有因無善 須氀多阿半那有退法 阿羅漢多無退法 道分是四念處所攝 無爲法有九種 … 受生是始 死墮爲終 四大 五根 心及助心法 皆有變異 大衆中有佛 若施大衆得報則大 若別施佛功德則不及 一切佛及一切聲聞 同一道 同一解脫 一切行刹尼柯 無有一法從此世度後世 正地部是執此義本"라고 하였다. 〔참고문헌〕『成唯識論述記』, 『部執異論』. ⇨ 소승이십부 小乘二十部, 화지부 化地部, 미사새부 彌沙塞部, 불가기 不可棄

정지사 綎止寺 충청남도 공주시 금성동 정지산(綎止山)에 있던 절. 『동국여지승람』 권17 충청도 공주목 불우에 이름과 위치가 기록되어 있으며, 『범우고』에는 "지금은 폐사되었다. 今廢"라고 하였다. 신유(申濡 1610~1665)의 『죽당집』 권4 「공산십영 公山十詠」(한국문집총간 속집31, p.423a7)에 "정지사〈정지산에 있다〉. 누가 이 산에 절을 지었을까? 편액과 산 이름이 같구나. 여래께서 제도하심에 헛된 날 없으니 어찌 자비의 배가 여기에서 멈추겠는가! 綎止寺〈在綎止山〉 誰向玆山築梵宮 却將題扁與山同 如來濟渡無虛日 何得慈航止此中"라고 하였다. 절터로 추정되는 곳에는 작은 건물지가 있으며, 발견된 소탑 1기는 국립공주박물관으로 옮겨졌다. 〔참고문헌〕『東國輿地勝覽』, 『梵宇攷』, 『竹堂集』, 『韓國寺刹全書』 권하 p.1021a11, 『한국사지총람』 권상(문화재청·佛敎文化財硏究所, 2010) p.397.

정지암 井池庵 경상북도 구미시 해평면 송곡리 냉산(冷山)에 있던 암자. 『동국여지승람』 권29 경상도 선산도호부 불우와 『여지도서』 경상도 선산 사찰에 "도리사 남쪽에 있다. 在桃李寺南"라고 하였으며, 『범우고』에는 "지금은 폐사되었다. 今廢"라고 하였다. 〔참고문헌〕『東國輿地勝覽』, 『輿地圖書』, 『梵宇攷』, 『伽藍考』, 『韓國寺刹全書』 권하 p.1001a1.

정지옥 正地獄 과보로 장소도 벌 받음도 정해진 지옥. 두 가지 지옥 중 하나로 사주(四洲) 중 섬부주(瞻部洲)의 팔대지옥이나 그에 부속된 소지옥을 말한다. 강이나 산 또는 지하나 공중 등에 있는 지옥인 변지옥(邊地獄)과 상대한다. 『아비담비바사론』 권7(대정장28, p.47c23)에 "여러 권속지옥에서는 갖가지 고통으로 죄인을 다스리고, 정지옥에서는 한 가지 고통으로 죄인을 다스린다. 염부제(閻浮提 Ⓢ Jambudvīpa : 瞻部洲) 아래에도 정지옥이 있으며, 염부제 위로는 변지옥만 있을 뿐이니, 산꼭대기·골짜기·넓은 들판·공중에 있다. 불바제(Ⓢ

Pūrvavideha)와 구다니(Ⓢ Godānīya)에는 변지옥만 있을 뿐 정지옥은 없으며, 울단월(Ⓢ Uttarakuru)에는 정지옥도 없고 변지옥도 없다. 왜냐하면 그곳은 청정한 과보이기 때문이다. 諸眷屬地獄中 以種種苦治罪人 正地獄中 以一種苦治罪人 閻浮提下 亦有正地獄 閻浮提地上 唯有邊地獄 或在山上 或在谷中 或在曠野 或在空中 弗婆提 瞿陀尼 唯有邊地獄 無正地獄 欝單越 無正地獄 亦無邊地獄 所以者何 彼是淨果報", 『대승의장』 권8(대정장44, p.625a23)에 "지옥에는 두 가지가 있으니, 정지옥과 변지옥이다. 정지옥은 큰 바다 아래에 있는데, 대략적으로 나누면 여덟 가지이고, 세분하면 백서른여섯 곳이다. 대략 여덟 가지로 나누면 첫째 활지옥, 둘째 흑승지옥, 셋째 중합지옥, 넷째 규환지옥, 다섯째 대규환지옥, 여섯째 열지옥, 일곱째 대열지옥, 여덟째 아비비옥이다. 地獄有二 一 正地獄 二 邊地獄 正地獄者 在大海下 麤分有八 細有一百三十六所 麤分八者 一 活地獄 二 黑繩地獄 三 衆合地獄 四 叫喚地獄 五 大叫喚地獄 六 熱地獄 七 大熱地獄 八 阿鼻地獄"라고 하였다. 〔참고문헌〕『阿毘曇毘婆沙論』, 『大乘義章』. ⇨지옥 地獄, 팔대지옥 八大地獄, 변지옥 邊地獄

정지원명금동여래입상 鄭智遠銘金銅如來立像 삼국시대 불상. 보물 제196호. 높이 8.5cm. 국립부여박물관 소장. 부여 부소산 송월대 부근에서 발견되었다. 본존불 좌우에 협시보살이 있는데, 왼쪽 협시보살은 몸체가 없고 얼굴만 남아 있다. 본존불 두광 위에는 연꽃 속에서 합장하고 있는 화불(化佛)이 있다. 광배 뒷면에 "정지원이 죽은 부인 조사를 위하여 금상을 조성하오니, 빨리 삼도를 떠나게 해주십시오. 鄭智遠爲亡妻趙思 敬造金像 早離三塗"라는 3행의 명문이 있다. 〔참고문헌〕『韓國金石全文』 古代 p.74, 『고대불교조각대전』(국립중앙박물관, 2015) p.213·214.

정지원명금동여래입상

정지정해 正知正解 바르게 알고 이해하다. 반야를 뜻으로 푼 말이다. 『반야심경주해』(卍속장42, p.71b7)에 "반야 : 서천의 범어이다. 동토에서는 지혜라고 한역한다. 지혜는 올바른 앎과 이해로 자세하게 살피는 것을 일컫는다. 般若 西天梵語也 東土翻爲智慧 且智慧者 正知正解 審察之謂也"라고 하였다. 〔참고문헌〕『般若心經註解』, 『成唯識論集解』 권1(卍속장81, p.315a2).

정지진언 淨地眞言 도량을 결계(結界)할 때 그곳을 청정하게 하는 진언. 『석문의범』 권하 p.94a18에 "기세간의 모든 불결함을 정결히 하여 적광의 화장인 찍으니 선정과 지혜의 물로써 관하여 모든 티끌법들 떠나게 합니다. 옴 나유바아다 살바달마. 潔淨器世間 寂光華藏印 卽以定慧水 觀念離塵法 唵 那唯婆阿多 薩婆達摩"라고 하였다. 〔참고문헌〕『作法龜鑑』 권하(『韓國佛敎儀禮資料叢書』 권3, p.414b7), 『釋門儀範』.

정지해탈 正智解脫 Ⓟ sammadaññāvimutta. 모든 번뇌가 다해 얻는 해탈. 『법화현찬』 권1(대정장34, p.668b13)에 "정지해탈이란 모든 번뇌가 이미 다한 것이다. 즉 모든 번뇌가 다한 정지로 능히 무위해탈을 증득하는 것을 정지해탈이라고 한다. 正智解脫者 諸漏已盡故 以諸漏盡正智 能證無爲解脫 名智解脫", 『법화경현찬요집』 권8(卍속장53, p.724a16)에 "〔문〕 무엇으로 정지해탈을 얻는가? 〔답〕 모든 번뇌가 이미 다하였으므로 정지해탈이다. 정지는 능히 증한 지이고, 해탈이란 증득한 진리다. 問 因何得正智解脫 答 由諸漏已盡 所以正智解脫 正智是能證智 解脫是所證眞理"라고 하였다. 〔참고문헌〕『法華玄贊』, 『法華經玄贊要集』, *DN.3.83·97.*

정지혜장진실의 淨智慧障眞實義 지혜의 장애를 깨끗이 한 진실한 뜻. 『보살선계경』 권2(대정장30, p.968b11)에 "번뇌를 부수기에 지혜가 밝고 깨끗함을 얻는다. 지혜가 밝고 청정하기에 몸과 마음에 걸림이 없다. 정지혜장진실의라고 한다. 以壞煩惱故 智得明淨 智慧淨故 身心無礙 是名淨智慧障眞實義也", "어떤 것을 다시 진실이라고 하는가? 진실이란 사제를 말하니, 즉 고집멸도이다. 이 사제를 관하여 진실한 지혜를 얻으면 성문벽지불이라고 한다. 성문벽지불은 오음을 분별하여 관한다. 그러므로 음을 떠나서 전혀 아아소를 보지 않으며 십이인연도 분별하여 관한다. 그러므로 음을 떠나서는 중생과 사부를 보지 않는다. 이것을 정지혜장진실의라고 한다. 云何復名眞實 眞實者名爲四諦 所謂苦集滅道 觀此四諦 得實智慧 是名聲聞辟支佛 聲聞辟支佛 分觀五陰 是故離陰 都不見我 及以我所 分觀十二因緣 是故 離陰 不見衆生 及以士夫 是名淨智慧障眞實義也", "만일 지혜로 능히 경계를 보지 못하면 지장이라고 하며, 장애를 부수고 경계를 알면 정지혜장진실의라고 한다. 진실의란, 부처님이나 보살이 일체의 음입계를 깊이 관하기에, 아의 무아·중생의 비중생·사부의 비사부를 관할 수 있으니 이를 지장을 깨끗이 했다 한다. 모든 법계는 자세하게 설할 수 없음을 관하고 세제도 알기에 법계를 분별하며, 모든 법계의 진실한 성품을 알기에 무승혜라 하는데, 무승혜자는 일체장애를 무너뜨렸기에 지혜장을 깨끗이 한 진실한 뜻이라고 한다. 若智不能知境界者 名曰智障 若

能壞障 知境界者 名淨智障眞實義也 眞實義者 謂佛菩薩 深觀一切 陰入界故 觀我無我 衆生非衆生 士夫非士夫 是名淨智障 觀諸法界 不可宣說 知世諦故 分別法界 知諸法界 眞實性故 名無勝慧 無勝慧者 壞一切障 是故 名爲淨智慧障眞實義也"라고 하였다. 〔참고문헌〕『菩薩善戒經』.

정직견 正直見 팔정도(八正道) 중 하나인 정견(正見 Ⓟ sammā-diṭṭhi)의 구역어(舊譯語). 직견(直見)이라고도 한다. 『사제경』(대정장1, p.816a17)에 "어떤 것이 현자의 직견인가? 현자인 도덕제자가 고(苦)를 고라고 생각하며, 습(習)을 습이라 생각하고, 진(盡)을 진이라고 생각하며, 도(道)를 도라고 생각하여 분별관을 얻으며, 법관을 얻고 분별상을 받아들이며 관찰하고 분별하며 그 작용을 받아들이면, 이것을 직견이라고 한다. … 이것을 정직견・도덕제라고도 한다. 何等爲賢者直見 若賢者 道德弟子 爲苦念苦 爲習念習 爲盡念盡 爲道念道 得分別觀 能得法觀 能受想 能觀想 能可想 能受行 是名爲直見 … 是名爲正直見 是名爲道德諦"라고 하였다. 〔참고문헌〕『四諦經』. ⇨정견 正見

정직방편 正直方便 팔정도(八正道) 중 하나인 정정진(正精進 Ⓟ sammā-vāyāma)의 구역어(舊譯語). 『사제경』(대정장1, p.816b28)에 "어떤 것이 현자의 정직방편인가? 현자인 도덕제자가 고(苦)를 고라고 생각하며, 습(習)을 습이라 생각하고, 진(盡)을 진이라고 생각하며, 도(道)를 도라고 생각하여, 정진・방편・출리・주지(住止)・능(能)・부(敷)・희(喜)를 훼멸하지 않고 바르게 섭지(攝持)할 것을 마음에 두면 이것을 정직방편이라고 한다. 何等爲賢者正直方便 賢者 道德弟子 苦爲念苦 習爲念習 盡爲念盡 道爲念道 所精進 所方便 所出所住止 所能 所敷 所喜 不毁不滅 念正止 是名爲正直方便"라고 하였다. 〔참고문헌〕『四諦經』. ⇨정정진 正精進

정직사방편 正直捨方便 Ⓢ saṃlīyanāṃ sarva vivar jayitvā, Ⓣ yang-dag-nang-'jog-thams-cad-rnam-spangs-nas. 곧바로 방편을 버리는 것. 방편법인 삼승(三乘)의 가르침을 버리는 것을 말한다. 『법화경』이 삼승의 가르침을 벗어난 일승의 무상도(無上道)라는 뜻이다. 『법화경』 권1(대정장9, p.10a18)에 "이제 나는 기쁘고 두려움이 없어 여러 보살들에게 곧바로 방편을 버리고 무상도를 말할 뿐이라. 今我喜無畏 於諸菩薩中 正直捨方便 但說無上道", 『인왕호국반야경소』 권5(대정장33, p.282a26)에 "〔문〕『인왕호국경』과 『법화경』 「보탑품」은 무엇이 다른가? 〔답〕 같은 점과 다른 점이 있다. 같은 점은 한결같이 석가모니불을 본존으로 삼음을 밝힌 것이고, 다른 점은 『인왕호국경』은 방편을 갖지만, 『법화경』은 곧바로 방편을 버리는 것이다. 問 此經與法華寶塔品何異 答 有同有異 同者 同明釋迦爲本 異者 此經 帶方便 法華 正直捨方便也"라고 하였다. 〔참고문헌〕『法華經』, 『仁王護國般若經疏』, *Saddh-p.57.* ⇨정직사방편단설무상도 正直捨方便但說無上道

정직사방편단설무상도 正直捨方便但說無上道 바르고 곧바로여서 방편을 버려 무상도만을 설하다. 『법화경』의 종지를 드러낸 말이다. 『법화경』 권1 「방편품 方便品」(대정장9, p.10a18)에 "모든 보살들이 바르고 곧바로여서 방편을 버리고 다만 무상도를 설한다. 於諸菩薩中 正直捨方便但說無上道", 『법화문구』 권5(대정장34, p.62c3)에 "'보살가운데서' 이하 세 구절은 곧바로 실을 드러낸 것이다. 오승은 구부러져서 바르지 않으며, 통교와 별교는 치우쳐 곁가지일 뿐이니 근본이 아니다. 지금은 저 치우치고 구부러진 것을 다 버리고 다만 정직한 하나의 도만을 설한다. 於菩薩中下三句正顯實也 五乘是曲而非直 通別偏傍而非正 今皆捨彼偏曲 但說正直一道也"라고 하였다. 〔참고문헌〕『法華經』, 『法華文句』, 『法華經義記』 권6(대정장33, p.640a5).

정직심 正直心 Ⓢ adhyāśaya. 바르고 곧은 마음. 피곤해하거나 싫어함이 없는 마음. 직심(直心)과 같은 뜻이다. 60권본 『화엄경』 권60(대정장9, p.782c18)에 "바르고 곧은 마음이야말로 보살이 나는 곳이고, 선지식을 낳는 집이다. 正直心 是菩薩生處 生善知識家故", 『승사유범천소문경론』 권1(대정장26, p.339c27)에 "그 마음이 견고하여 피곤해하거나 싫증내지 않는다 한다. 정직심이다. 이 가운데 대보리는 신심으로 본을 삼으니, 이것으로 원상을 짓는다. 저 원에 의지하기에 곧바로 구족하여 여래지일체공덕을 얻는다. 보리심이라는 견고방편에 의지하므로 첫 번째 질문이 있는 것이다. 대승 중에는 대략 네 가지 피곤해하거나 싫증낼 일이 있다. 그 네 가지 네 가지 피곤해하거나 싫증낼 일에 의지하기 때문에, 보살이 비록 보리심을 발하여 보리원을 지어도 그 마음을 잃는다. 其心堅固 而不疲倦者 是正直心 此中大菩提 信心爲本 是作願相 依彼願故 則能具足 得如來地一切功德 依菩提心 堅固方便 有第一問 於大乘中 略有四種疲倦之事 依彼四種疲倦事故 菩薩雖發 菩提之心 作菩提願 而失彼心"라고 하였다. 〔참고문헌〕『華嚴經』, 『勝思惟梵天所問經論』, 『大乘起信論』 권하(대정장32, p.589a16), *Gaṇḍ-vy.285.* ⇨직심 直心

정직어 正直語 ❶ 바르고 곧게 말함. 팔정도(八正道) 중 하나인 정어(正語 Ⓟ sammā-vācā)의 구역어. 『사제경』(대정장1, p.816b1)에 "'어떤 것이 현자의 정직어인가?' '같이 함입니다. 현자인 도덕제자는 고를 따라서 고를 생각하고, 습을 따라서 습을 생각하며, 멸을 따라서 멸을 생각하고, 도를 따라서 도를 생각하여 네 가지 입으로 범하는 것과 그 밖의 다른 입으로 짓는 악행을 그쳐, 이로부터 그치고 여의게 된다. 그치고 서로 여의며 거두어 지켜서 하지 않아야 할 일은 하지 않고, 받을 죄 이미 그쳐 있을 리 없게 된다. 이것을 정직어라고 한다'. 何等爲 賢者 正直語 同 賢者 道德弟子 爲從苦念苦 爲從習念習 爲從盡念盡 爲從道念道 止四口犯 有餘口惡行 從是得止離 止 相離 攝守 不可作不作 從受罪無有罪已止 是爲直語",『유가사지론』 권97(대정장30, p.855c19)에 "어떤 것이 정직어인가? 말함에 거짓이 없으니 허구에 의하여 말하지 않는 것이고, 아첨을 여의기에 하는 말이 순수하다. 이와 같은 것을 정직어라고 함을 알아야 한다. 云何正直語 謂言無詭詐 不因虛構 而有所說 離諂曲故 發言純質 如是當知 名正直語"라고 하였다. [참고문헌]『四諦經』,『瑜伽師地論』. ⇨ 정어 正語 ❷ 보살이 쓰는 열 가지 말 중 하나. 80권본『화엄경』 권56(대정장10, p.297c14)에 "불자야, 보살마하살에게는 열 가지 말이 있다. 어떤 것이 그 열 가지인가? 곧 유연어이니, … 정직어이니, 말함에 바꾸지 않는 것이다. 종종어이니, … 이런 것이 열 가지이다. 보살들이 이런 법에 안주하면 부처님의 가장 미묘한 말을 얻는다. 佛子 菩薩摩訶薩 有十種語 何等爲十 所謂 柔軟語 … 正直語 發言易故 種種語 … 是爲十 若諸菩薩安住此法 則得如來無上微妙語"라고 하였다. [참고문헌]『華嚴經』.

정직업 正直業 바르고 곧게 생활하여 목숨을 유지함. 팔정도(八正道) 중 하나인 정명(正命 Ⓟsammā-ājiva)의 구역어(舊譯語). 사업(邪業)에 맞선다.『사제경』(대정장1, p.816b19)에 "무엇이 현자의 정직업인가? 만약 현자로 도덕을 닦는 제자라면, 고를 고라고 생각하고, 집을 집이라 생각하며, 다함은 다함이라 생각하고, 길은 길이라 여겨 행하여 얻는다. … 거두고 지키면서, 하지 않아야 할 일은 하지 않고, 받을 죄에서 받을 죄가 없도록 이미 그쳤으니, 이것을 정직업이라고 하며, 도덕제라고 한다. 何等爲賢者正直業 若賢者道德弟子 苦從苦念苦 習從習念習 盡從盡念盡 道從道行得 … 攝守 不可作 從受罪無有罪 已止 是名爲正直業 是名爲道德諦"라고 하였다. [참고문헌]『四諦經』. ⇨ 팔정도 八正道, 정명 正命, 사업 邪業

정직치 正直治 바르고 곧게 다스림. 팔정도(八正道) 중 하나인 정사(正思 Ⓟsammā-saṅkappa) 또는 정사유(正思惟)의 구역어(舊譯語).『사제경』(대정장1, p.816a24)에 "현자들의 정직치란 무엇인가? 만일 현자들이 도덕을 갖춘 제자라면, 괴로움을 괴로움이라 생각하고, 쌓임을 쌓임이라 생각하며, 다함은 다함이라 생각하고, 닦는 길을 닦는 길이라 생각한다. 만일 이렇게 따라 행하며 생각을 더하고 다시 생각한다면, 이것을 바른 다스림이라고 한다. 또한 과거 세상의 일을 관하여 지니고, 역시 닦고 배운 행을 마음에 간직한다면, 행을 따라 관하며 돌이키게 된다. 함이 없이 고요히 그렇게 받아들이니 모든 것 그쳐 집착할 것 없어지니 해탈을 얻는다. 뜻으로 관하여 그치고, 구할 것과 집중할 것에, 생각해 행하고 따라 행하니 이것이 곧바로 다스림이라고, 도덕제라고 한다. 何等爲賢者正直治 若賢者道德弟子 苦爲苦念 習爲習念 盡爲盡念 道爲道念 若行隨投念復念 是名爲直治 亦觀宿命持 亦所學行相念 從行觀悔 無爲 寂然受 止從無所著 得脫 意觀止 所求所投念行隨行 是名爲直治 是名爲道德諦"라고 하였다. [참고문헌]『四諦經』. ⇨ 팔정도 八正道, 정사유 正思惟

정직행 正直行 팔정도(八正道) 중 하나인 정업(正業 Ⓟsammā-kammanta)의 구역어(舊譯語). 바른 행위.『사제경』(대정장1, p.816b10)에 "현자들의 정직행이란 무엇인가. 현자로서 도덕을 갖춘 제자라면, 고를 고라고 생각하고, 쌓임을 쌓임이라 생각하며, 다함을 다함이라 생각하고, 닦는 길을 닦는 길이라 생각하면서, 몸으로 짓는 세 가지 나쁜 행을 없앤다. 또한 몸으로 짓는 나머지 나쁜 짓을, 여기에서 그치고 떠나 거두고 지키니 하지 않아야 할 일은 하지 않는다. 받을 죄에서 받을 죄가 없도록 이미 그쳤으니, 이것을 직행이라고 한다. 何等爲賢者正直行 念爲 賢者道德弟子 從苦爲念苦 從習爲念習 從盡爲念盡 從道爲念道 除身三惡行 亦餘身惡行 從是止 離 攝守 不可作不作 從受罪無有罪 已止 是名爲直行"라고 하였다. [참고문헌]『四諦經』. ⇨ 팔정도 八正道, 정업 正業❶

정진 情塵 정식(情識)과 진경(塵境)을 함께 일컫는 말. 분별과 대상을 말한다. 육정(六情 : 六根)과 육진(六塵 : 六境)에 해당한다.『대지도론』 권5(대정장25, p.100b25)에 "정·진·식이 합하는 것을 촉이라 한다. 情塵識合 是名爲觸",『반야등론석』 권15(대정장30, p.132a24)에 "명색의 바탕을 좇아 차제로 육입을 일으키고, 정과 진 등이 화합하여 여섯 가지 촉을 일으킨다. 從於名色體 次第起六入 情塵等和合 而起於六觸",『백론소』 권하(대정장42, p.287b8)에 "정과 진이 십이입이다. 십이입은 일체법을 아우른다 정과 진이 공하니 일체가 공이다. 情塵是十二入 十二入攝一切法 情塵既空 則一切空",『원오어록』 권9(대정장47, p.753a25)에 "어쩔 수 없이 그대에게 '온 세상이 반야의 빛이다'라고 말하지만, 빛이 일어나기 전에는 부처도 없고 중생도 없으니 어디에서 소식을 얻겠는가? 이러한 이야기는 이미 갈등일 뿐이다. 그러므로 평소 형제들에게 말하기를 '켜켜이 쌓인 정진·득실·헤아림을 깨끗하게 소진하면 갑자기 한바탕 땀 흘려 저절로 활발발하리니 세상 누구도 그를 어쩌지 못한다'고 하였다. 事不獲已向爾道 盡大地是般若光 光未發時無佛無衆生 消息向什麽處得來 恁麽說話 早是葛藤了也 所以尋常向兄弟道 須是打疊情塵 得失計較 淨盡 驀地一場汗出 自然活鱍鱍 天下人不奈何", 『대혜어록』 권28(대정장47, p.933a27)에 "또한 일상생활 속에서 구자무불성화로 정진을 부수어 없앱니다. 만약 이와 같이 공부해도 아직 실마리를 찾지 못할까 염려스러우니, 청컨대 자기 발밑에서 차별경계가 어디에서 일어나는지 볼일이다. 움직여 보이고 두루 돌아가는 일상중에 어떻게 구자무불성화두로 정진을 부술 것인가? 정진을 부숴 버리는 이는 또 누구인가? 又於日用動容之間 以狗子無佛性話 破除情塵 若作如是工夫 恐卒未得悟入 請於脚跟下照顧 差別境界從甚麽處起 動容周旋之間 如何以狗子無佛性話 破除情塵 能知破除情塵者 又是阿誰"라고 하였다. 〔참고문헌〕『大智度論』, 『般若燈論釋』, 『百論疏』, 『圜悟語錄』, 『大慧語錄』. ⇨ 정식 情識, 진경 塵境, 육근 六根, 육경 六境

정진 淨振 명대 조동종(曹洞宗) 스님. 호는 사후(獅吼), 속성은 최(崔)씨. 등주(鄧州 : 河南省) 출신. 일찍이 『능엄경』에서 의문이 생겨 백장산(百丈山 : 江西省) 서백명설(瑞白明雪 1584~1641)에게 법을 물으러 가서 수행하다가 그 법을 이었다. 스승이 왕사(王師)가 되리라는 예언대로 1637년(숭정10) 예장(豫章) 건안(建安 : 江西省 南京)의 왕이 내전(內殿)으로 초빙하여 자의(紫衣)를 하사하고 설법을 들었다. 영주(寧州 : 江西省) 서봉(西峰)에 주석하였다. 『오등전서』 권114(卍속장142, p.151b17)에 "왕이 다시 물었다. '나(공자)는 그대들에게 숨길 일이 없다(『논어』 「술이 述而」)는 말은 무슨 뜻인지요?' '새가 노래하니 꽃이 웃습니다' '은밀히 한 걸음 옮긴다는 말은 무슨 뜻인지요?' '산은 본래 높고 물은 본래 깊습니다' '동산이 물 위로 간다는 말은 결국 어떤 일을 밝히려는 뜻인지요?' '기암괴석의 모양이 호랑이 같군요'. 王復宣問 如何是吾無隱乎爾 師曰 鳥啼花笑 曰 如何是密迻一步 師曰 山自高兮水自深 曰 東山水上行 畢竟明甚麽邊事 師曰 怪石形如虎"라는 등의 문답과 법어가 전한다. 〔참고문헌〕『五燈全書』.

정진 精眞 정명(精明)과 진여(眞如)의 뜻. 오온(五蘊) 중 식온(識蘊 : 識陰)에 해당한다. 『능엄경』 권10(대정장19, p.154c1)에 "부처님께서 아난에게 말씀하셨다. '정진은 묘하고 밝으며 본각은 두렷이 깨끗하니 생사나 온갖 티끌 내지 허공에 머물지 않으나, 모두 망상으로 인하여 생기한 것이니라. 이것은 원래 본각의 묘하고 밝은 진정이 허망하게 온갖 기세간을 일으킨 것으로, 마치 연야달다가 제 머리는 모르고 거울에 비친 영상을 자신의 머리로 오인했던 것과 같다. 佛告阿難 精眞妙明 本覺圓淨 非留死生 及諸塵垢乃至虛空 皆因妄想之所生起 斯元本覺妙明眞精 妄以發生諸器世間 如演若多迷頭認影", 『수능엄의소주경』 권10(대정장39, p.956b25)에 "유일한 정진이란 유일한 식음을 말한다. 아래 경문에서 '고요히 깨우쳐 안으로 상이 없어 허무한 미세정상'이라고 하고 행음을 마주했기에, 정진이라 하였다. 이 행자가 상음을 다하고 오직 식음과 행음만 남아있음을 드러낸 것이다. 여기서 행음이 다시 드러났기에, 식음을 정진이라고 한 것이다. 唯一精眞者 唯一識陰也 如下文云 則湛了內罔象虛無微細精想 以對行陰 故云精眞也 顯此行人得想陰盡 唯識陰及行陰在 今此行陰 又現披露 故名識陰爲精眞也"라고 하였다. 〔참고문헌〕『楞嚴經』, 『首楞嚴義疏注經』. ⇨ 식온 識蘊

정진 精進 Ⓢ vīrya, utsaha, Ⓟ viriya, vāyāma, Ⓣ brtson-'grus, brtson-pa. 삼십칠조도품(三十七助道品) 중 사정근(四正勤) · 오근(五根) · 오력(五力) · 칠각지(七覺支) · 팔정도(八正道) 중 하나이고, 십대선지법(十大善地法) 또는 십일선심소(十一善心所) 중 하나이며, 육바라밀(六波羅蜜) 또는 십바라밀(十波羅蜜) 중 하나이다. 용맹하게 선법(善法)을 닦아 키우고 악법(惡法)을 줄여 끊는 마음 작용(心所)으로 미리야(尾唎也) · 비리(毘梨) · 비리야(毘梨耶 · 毘離耶) 등으로 음사하며, 정근(精勤) · 근정진(勤精進) · 진(進) · 근(勤) 등으로 한역한다. 수행중에 매순간 게으름과 나태함(懈怠)을 다스리는 수도(修道)의 근본이다. 정진의 양상에 따라 이종(二種) · 삼종(三種) · 오종(五種) · 육종(六種) · 십종(十種), 또는 근기에 따라 상중하품(上 · 中 · 下品) 등으로 다양하게 기술하기도 한다. 40권본 『대반열반경』 권27(대정장12, p.527a6)에 "어떤 것을 정진이라고 하는가? 어떤 비구가 신구의 등의 행업이 청정하도록 하기 위하여 일체의 모든 불선업을 멀리 여의고, 일체의 모든 선업을 닦는 것을 정진이라고 한다. 이렇게 부지런히 정진하는 이는 부처님 · 법 · 승가 · 계율 · 보시 · 하늘 등 여섯 가지에 생각을 둔다. 이것을 정념이라고 한다. 정념을 갖춘 이가 얻는 삼매를 정정이라고 한다. 云何精進 若有比丘 欲令身口意業淸淨 遠離一切諸不善業 修習一切諸善業者 是名精進 是勤精進者 繫念六處 所謂佛 法 僧 戒 施 天 是名正念 具正念者 所得三昧 是名正定", 『성유식론』 권6(대정장31, p.30a23)에 "근은 정진을 말하는 것으로, 선품과 악품을 각각 닦고 끊는 일에 있어 용맹함을 성으로 하고, 해태를 상대해 다스리고 선을 채우는 것을 업으로 한다. 勤謂精進 於善惡品修斷事中 勇悍爲性 對治懈怠 滿善爲業", 『성실론』 권14(대정장32, p.353c26)에 "정진은 행자가 정근을 행하여 불선법을 끊고 선법을 닦고 모으는 것으로, 그렇게 하면서도 부지런히 행하기에 정진이라 한다. 精進者 行者若行正勤 斷不善法 修集善法 是中勤行 故名精進",『화엄경소』 권8(대정장35, p.560b18)에 "정진이란, 법을 가져 마음으로 연마하는 것을 정이라 하고, 그 정심으로써 애써 도달하려 함을 진이라 한다. 精進者 練心於法 名之爲精 精心務達 目之爲進",『관미륵상생도솔천경찬』 권하(대정장38, p.291b9)에 "정이란 순수해서 악과 잡이 없다는 것이고, 진이란 오르고 나아감에 게을러 물러나지 않음을 말한다. 精謂精純無惡雜故 進謂昇進不懈退故",『지관보행전홍결』 권2(대정장46, p.186b6)에 "법에 대해 물듦이 없는 것을 정이라 하고, 념념이 나아가며 구하는 것을 진이라 한다. 於法無染曰精 念念趣求爲進",『대지도론』 권16(대정장25, p.174b18)에 "일체 선법중에 부지런히 닦되 게으르지 않는 것이 정진의 상이다. 오근에 있어서는 정진근이라 하고, 근의 증장에 있어서는 정진력이라 하며, 마음의 개오에 있어서는 정진각이라 하고, 불도의 열반성에 도달하는 데 있어서는 정정진이라 하며, 사념처에 있어서는 노력을 기울여 마음을 매어두는 것이 정진분이고, 사정근에 있어서는 정진문이며, 사여의족에 있어서는 욕여의족과 정진여의족이 정진이고, 육바라밀에서는 정진바라밀이라 한다. … 불도를 위한 정진을 바라밀이라고 하는데, 여타의 선법에 있어서의 정진은 다만 정진이라고 할 뿐이지 바라밀이라고 하지 않는다. 於一切善法中懃修不懈 是名精進相 於五根中 名精進根 根增長 名精進力 心能開悟 名精進覺 能到佛道涅槃城 是名正精進 四念處中 能懃繫心 是精進分 四正懃 是精進門 四如意足中 欲精進卽是精進 六波羅蜜中 名精進波羅蜜 … 爲佛道精進 名爲波羅蜜 諸餘善法中精進 但名精進 不名波羅蜜",『대승장엄경론』 권8(대정장31, p.633a7 : *Sūtr.*, p.114)에 "정진의 종류의 차별에는 … 여섯 가지가 있다. 첫째는 증감정진으로서 사정근을 말한다. 두 가지는 악법을 줄여가는 것이고 나머지 두 가지는 선법을 키워가는 것이기 때문이다. 둘째는 증상정진으로서 오근을 말한다. 해탈법에 있어 증상의 대상이 되기 때문이다. 셋째는 장애를 버리는 정진으로서 오력을 말한다. 저 장애가 장애할 수 없도록 하기 때문이다. 넷째는 진실에 드는 정진으로서 칠각지를 말한다. 견도위를 건립하는 데 연유가 되기 때문이다. 다섯째는 의지함을 뒤치는 정진으로서 팔정도를 말한다. 수도위는 이 구경의 전의의 인이 되기 때문이다. 여섯째는 큰 이익이 있는 정진으로서 육바라밀을 말한다. 자리와 이타의 연유가 되기 때문이다. 精進種差別 … 有六種 一 增減精進 謂四正勤 二惡法減 二善法增故 二 增上精進 謂五根 由於解脫法 爲增上義故 三 捨障精進 謂五力 由彼障礙不能礙故 四 入眞精進 謂七覺分 由見道建立故 五 轉依精進 謂八聖道分 由修道是究竟轉依因故 六 大利精進 謂六波羅蜜 由自利利他故 ity eṣa prakārabhedaḥ. tatra hānivivṛddhivīryaṃ samyakprahāṇeṣu ca dvayoḥ kuśaladharmābhivṛddhaye. mokṣādhipaṃ vīryam indriyeṣu. mokṣādhipatyārthena yasmād indriyāṇi. pakṣavipakṣaṃ baleṣu vipakṣānavamṛdyārthena yasmād balāni. tatve praviṣṭaṃ bodhyaṅgeṣu darśanamārge tadvyavasthāpanāt. parivartakaṃ mārgāṅgeṣu bhāvanāmārge 'ntasyāśrayaparivṛttihetutvāt. mahārthaṃ vīryaṃ pāramitāsvabhāvaṃ svaparārthādhikārāt"라고 하였다. 〔참고문헌〕『大般涅槃經』,『成唯識論』,『成實論』,『華嚴經疏』,『觀彌勒上生兜率天經贊』,『止觀輔行傳弘決』,『大智度論』,『大乘莊嚴經論』, *Sūtr.*, *DN.2.274.*, *AN.1.207.* ⇨비리야 毘梨也, 삼종정진 三種精進, 오종정진 五種精進, 구종상정진 九種相精進, 십종정진 十種精進, 신정진 身精進, 심정진 心精進, 삼십칠도품 三十七道品, 십대선지법 十大善地法, 육바라밀 六波羅蜜

정진 靜振 조선후기 스님. 연담유일(蓮潭有一 1720~1799)이 지은『도서과목병입사기 都序科目幷入私記』와『법집별행록절요과목병입사기 法集別行錄節要科目幷入私記』를 합철간행(合綴刊行)할 때, 각공(刻工)을 담당하였다.『도서과목병입사기』「간기 刊記」(한불전10, p.195c19)에 "가경 원년(1796·정조20) 중춘일에 제자 윤우가 썼다. 시주는 퇴암성봉, 각공승은 정진이다. 嘉慶元年仲春日 弟子尹祐書 施主退庵性蓬 刻工僧靜振"라고 하였다. 〔참고문헌〕『都序科目幷入私記』.

정진 靜眞 구산선문(九山禪門)의 하나인 문경 봉암사(鳳巖寺)를 중흥시킨 긍양(兢讓 878~956)의 시호. 〔참고문헌〕李智冠『校勘譯註歷代高僧碑文』高麗篇1 p.382. ⇨긍양 兢讓

정진각 正盡覺 Ⓟ sammā-sambuddha. 바르게 남김없이 깨우치신 이. 정등각(正等覺)의 구역어(舊譯語).『중아함경』 권29「용상경 龍象經」(대정장1, p.608c4)에 "(부처님께서는) 널리 듣고 바르게 다 깨우치심은 저 허공에 해 오른 듯하고, 일체 용 중에 우뚝하기는 뭇 산 위로 솟은 멧부리 같으시네. 普聞正盡覺 如日昇虛空 一切龍中高 如衆山有嶽", 같은 책 권60「팔성경 八城經」(대정장1, p.802b4)에 "거사가 물었다. '존자 아난이시여, 세존여래무소착정진각께서는 혜안을 성취하시어 제일의를 보시고, 한 법은 어떻게 말씀하셨습니까? 만약 성제자가 머물면 번뇌가 다하여 심해탈을 얻습니까?' 존자 아난이 대답하였다. '거사여, 많이 들어 아는 부처님의 제자는 욕을 여의고, 악하고 선하지 않은 법을 여의며, 나아가 제4선을 성취하여 노니는데, 그는 이에 의지하여 법을 관하여 여법하게 한다. 居士 問曰 尊者阿難

世尊 如來 無所著 正盡覺 成就慧眼 見第一義 云何說有一法 若聖弟子住 漏盡無餘 得心解脫耶 尊者阿難 答曰 居士 多聞聖弟子 離欲離惡不善之法 至得第四禪成就遊 彼依此處 觀法如法"라고 하였다. 〔참고문헌〕『中阿含經』, *MN.1.349.* ⇨정등각 正等覺

정진각지 精進覺支 Ⓢ vīrya-bodhyaṅga, vīrya-saṃbodhyaṅga, Ⓟ viriya-sambojjhaṅga, Ⓣ brtson-'grus-yang-dag-byang-chub-kyi-yan-lag. 깨우침을 향하여 부지런히 나아감. 칠각지(七覺支) 중 하나로 정진각(精進覺)·정진각분(精進覺分)·정진각의(精進覺意) 등이라고도 한다. 『법온족론』 권8(대정장26, p.492b19)에 "어떤 것이 정진각지인가? 세존께서는 말씀하셨다. '부처님의 제자는 이미 생긴 악한 불선법을 끊고자 의욕을 일으키고 부지런히 정진하여 마음을 도닥여 지니며, 아직 생기지 않은 악한 불선법이 생기지 않게 하고자 의욕을 일으키고 부지런히 정진하여 마음을 다잡아 지니고, 아직 생기지 않은 선법을 생기게 하기 위하여 의욕을 일으키고 부지런히 정진하여 마음을 다잡아 지니며, 이미 생긴 선법에 굳게 머물러 잃지 않고 행하여 채우고 더하고 광대하게 하여 지혜로 증득하고 뜻으로 상응하며 부지런히 정진하여 마음을 다잡아 지닌다'. 그가 이와 같은 사정승을 닦을 때, 모든 무루작의와 상응하고, 모든 것에 부지런히 정진하며, 매우 용맹스럽고 치성하여 누르기 어려우며, 북돋는 뜻을 멈추지 않는 것을 통틀어 정진이라 하고, 또 정진근이라 하며, 정진력이라고도 하고, 또한 정진각지라고 하며, 정근이라고도 한다. 云何精進覺支 謂世尊說 若聖弟子 爲令已生惡不善法斷故 起欲發勤精進 策心持心 爲令未生惡不善法不生故 起欲發勤精進策心持心 爲令未生善法生故 起欲發勤精進策心持心 爲令已生善法堅住不忘脩滿倍增廣大智作證故 起欲發勤精進策心持心 彼脩如是四正勝時 所有無漏作意相應 諸勤精進 勇健勢猛 熾盛難制 勵意不息 總名精進 亦名精進根 亦名精進力 亦名精進覺支 亦名正勤", 『구사론』 권25(대정장29, p.132b14)에 "사정단·정진근·정진력·정진각지·정정진은 근으로 바탕을 삼는다. 四正斷 精進根 精進力 精進覺支 正精進 以勤爲體", 『집대승상론』 권상(대정장32, p.147a21)에 "정진각지란, 비록 적정이 매우 수승한 공덕문을 관할지라도 탐착하지 않아서 더욱 수행하며 게으르지 않는 것을 말한다. 精進覺支者 謂雖觀寂靜勝上功德門 而不味著 進修諸行 復無懈息"라고 하였다. 〔참고문헌〕『法蘊足論』, 『俱舍論』, 『集大乘相論』, *Abh-k-bh.383.*, *SN.5.64·99.* ⇨칠각지 七覺支, 사정단 四正斷

정진개 精進鎧 정진이라는 갑옷. 삼종정진(三種精進) 중 하나로 피갑정진(被甲精進)이라고도 한다. 『방광대장엄경』 권5(대정장3, p.569a16)에 "모든 경계에 마음이 집착이 없고, 크게 보시의 모임을 베풀어 복덕을 증장하며, 인색함과 탐욕을 멀리 여의고, 보시하되 보답을 바라지 않는다. 기나긴 세월 용맹정진하여 탐내고 분노하며 교만하고 인색하며 질투하는 번뇌를 잘 항복시키고, 일체의 지혜로운 마음을 잠시라도 잊은 적이 없으며, 큰 보시라는 갑옷과 정진이라는 갑옷을 입고, 대비심으로 중생을 제도하여 해탈하도록 하며, 지혜의 힘이 굳건하고 강하여 어느 때든 물러남이 없고, 중생을 평등하게 여기는 마음으로 그들의 의향에 따라 모두 만족하게 한다. 於諸境界 心無所著 設大施會 增長福德 遠離慳貪 施不望報 於長夜中 勇猛精進 善能降伏 貪瞋憍慢慳嫉煩惱 未曾暫忘 一切智心 著大施甲 被精進鎧 以大悲心度脫衆生 智力堅强 恒無退失 等心衆生 隨其意樂 皆令滿足", 『법화의기』 권3(대정장85, p.179a23)에 "'정진개를 입는다'라는 말은 무슨 뜻인가? 개(鎧)는 본래 몸을 방호하고 적진을 부수는 것이다. 말하자면 정진은 본래 한 행에만 전념하지 않고 만행을 구비하고 전진하여 네 가지 마귀의 적진을 꺾고 그 몸을 방호하는 것이다. 그러므로 '정진개를 입는다'라고 한다. 被精進鎧者 鎧本防身碎陣 明精進本不主一行 萬行俱前 能摧四魔敵陣 防其身也 故言被精進鎧"라고 하였다. 〔참고문헌〕『方廣大莊嚴經』, 『法華義記』, 『法華經』 권5(대정장9, p.41a16). ⇨피갑정진 被甲精進, 삼종정진 三種精進

정진근 精進根 Ⓢ vīrya-indriya, Ⓟ viriya-indriya, Ⓣ brtson-'grus-kyi-dbang-po. 정법에 의지해 끊임없이 정진하여 쉬지 않는 것. 오근(五根) 또는 이십이근(二十二根) 중 하나다. 『잡아함경』 권26(대정장2, p.182b29 : *Vibhaṅga-sutta*, *SN.5*, p.197)에 "어떤 것을 정진근이라고 하는가? 이미 생긴 악하고 선하지 않은 법은 끊도록 의욕을 내고 노력하며 마음을 거두어 더욱 정진하고, 아직 생기지 않은 악하고 선하지 않은 법은 일어나지 않도록 의욕을 내며 노력하고 마음을 거두어 더욱 정진하며, 아직 생기지 않은 선한 법은 일어나도록 의욕을 내고 노력하며 마음을 거두어 더욱 정진하고, 이미 생긴 선한 법은 거기에 머물러 잊지 않으며 닦아 익혀 더욱 확대하도록 의욕을 내고 노력하며 마음을 거두어 더욱 정진하는 것을 정진근이라고 한다. 何等爲精進根 已生惡不善法令斷 生欲 方便 攝心 增進 未生惡不善法不起 生欲 方便 攝心 增進 未生善法令起 生欲 方便 攝心 增進 已生善法住不忘 修習增廣 生欲 方便 攝心 增進 是名精進根 katamañ-ca bhikkhave viriya-indriyaṃ. idha bhikkhave ariyasāvako āraddhaviriyo viharati, akusalānaṃ dhammānam pahānāya kusalānaṃ dhammānam upasampadāya thāmavā daḷhaparakkamo anikkhittadhuro kusalesu dha mmesu. idam vuccati viriya-indriyaṃ", 『대지도론』 권19(대정장25, p.204b11)에 "정진근이란 무엇인가? 주야로 항상 정진하여 오개를 버리고 오근을 잘 수호하며, 깊은 경의 가르침을 얻고자 하고 알고자 하며 행하고자 하고 외우고자 하며 읽고자 하고 나아가 듣고자 하는 것이다. 만일 모든 선하지 않은 악법이 일어나면 빨리 사라지게 하고, 아직 생기지 않은 것은 생겨나지 않게 하며, 아직 생기지 않은 모든 선한 법은 생겨나게 하고, 이미 생긴 것은 더욱 확대하도록 한다. 또한 불선법을 싫어하지도 않고, 선법을 좋아하지도 않아 고르게 정진하며, 곧장 나아가 물러나지 않고 정정진의 정심을 얻기에 정진근이라고 한다. 精進根者 晝夜常行精進 除却五蓋 攝護五根 諸深經法 欲得 欲知 欲行 欲誦 欲讀 乃至欲聞 若諸不善惡法起 令疾滅 未生者 令不生 未生諸善法 令生 已生 令增廣 亦不惡不善法 亦不愛善法 得等精進 直進不轉 得正精進定心故 名爲精進根"라고 하였다. [참고문헌] 『雜阿含經』, 『大智度論』, *SN.*, *Abh-k-bh.37.* ⇨ 오근 五根[2], 오개 五蓋, 이십이근 二十二根[1], 여리승 如理勝

정진대사원오탑 靜眞大師圓悟塔 ➡ 봉암사정진대사원오탑 鳳巖寺靜眞大師圓悟塔

정진도 正眞道 Ⓢ samyaksaṃbodhi. 바르고 진실한 깨달음. 또는 이런 깨달음을 성취한 이. 『과거현재인과경』 권3(대정장3, p.638b23)에 "그때 태자는 아라라와 가란 두 선인을 조복한 다음 곧 가사산의 고행림 속으로 나아갔는데, 이곳은 교진여 등 다섯 사람이 머무르고 있던 곳이었다. 곧 니련선하 곁에 정좌하고 사유하였다. '중생들의 근기를 살펴보니 마땅히 육년의 고행으로 제도해야 한다'. 이렇게 생각하고서 곧 고행을 닦으니, 이에 여러 하늘들이 마와 쌀을 바쳤다. 태자는 정진도를 구하기 위하여 청정한 마음으로 계를 지키며, 하루에 한 톨의 마와 쌀을 먹으면서 구걸하는 이가 있으면 역시 베풀었다. 爾時 太子 調伏阿羅邏 迦蘭二仙人已 卽便前進 迦闍山苦行林中 是憍陳如等五人所止住處 卽於尼連禪河側 靜坐思惟 觀衆生根 宜應六年苦行 而以度之 思惟是已 便修苦行 於是諸天 奉獻麻米 太子爲求正眞道故 淨心守戒 日食一麻一米 設有乞者 亦以施之"라고 하였다. [참고문헌] 『過去現在因果經』, *Rāṣṭr.152·159.* ⇨ 무상정등정각 無上正等正覺, 무상정진도 無上正眞道

정진도 精進度 육바라밀(六波羅蜜) 중 하나인 정진바라밀(Ⓢ vīrya-pāramitā)을 달리 이르는 말. 『불본행집경』 권6(대정장3, p.682a8)에 "정진도는 법명문이다. 일체의 선법을 모두 얻어 게으른 중생들을 교화하기 때문이다. 精進度 是法明門 悉得一切諸善法 教化懈怠諸衆生故", 원측(圓測)의 『인왕경소』 권중(대정장33, p.395c19·한불전1, p.73a9)에 "십도 중에서 정진도를 행하는 것을 대정진이라 한다. 於十度中 行精進度 名大精進"라고 하였다. [참고문헌] 『佛本行集經』, 『仁王經疏』. ⇨ 정진바라밀 精進波羅蜜

정진도 精進圖 진허팔관(振虛捌關)이 십바라밀(十波羅密)을 그림에 붙여 설명한 것. 십바라밀정진도라고도 한다. 『삼문직지』 「정진도설 精進圖說」(한불전10, p.162a18)에서 보시(布施)는 둥근 달(圓月), 지계(持戒)는 반달(半月), 인욕(忍辱)은 신날(圭斤 또는 鞋經), 정진(精進)은 가위(剪子), 선정(禪定)은 구름 낀 상태(靉靆), 지혜(智慧)는 금강저(金剛杵), 방편(方便)은 좌우 양쪽 두 개의 우물(左右雙井), 원(願)은 앞뒤 두 개의 우물(前後二井), 역(力)은 이중고리(卓環二周), 지(智)는 별에 둘러싸인 둥근 달(星中圓月)에 배대하였다. 안진호(安震湖)는 「성도재산림식 成道齋山林式」(『석문의범』 권하, p.154a14)에서 일승법계도(一乘法界圖)를 중앙에 두고, 이 십바라밀도상을 배치하였다. [참고문헌] 『三門直指』, 『釋門儀範』. ⇨ 십바라밀정진도 十波羅密精進圖, 십바라밀 十波羅蜜

정진력 精進力 **1** Ⓢ vīrya-bala, Ⓟ viriya-bala, Ⓣ brtson-'grus-kyi-stobs. 사정근(四正斷) 등 정법과 그 방편에 의지하여 의욕을 일으켜 나아가고 북돋아 가져서 물러나지 않는 것. 사력(四力) 또는 오력(五力) 중 하나다. 『잡아함경』 권26(대정장2, p.185b21)에 "어떤 것이 정진력인가? 불선법에 대하여 불선을 헤아리고, 흑을 흑이라 살피고, 죄 있으면 죄만큼 헤아린다. 가까이 해서는 안 되는 것들에 대해서도 그렇게 헤아린다. 이런 모든 법을 여의고서는, 그 이외의 모든 선의 선에 대하여 사유하고, 백법을 백이라 사유하며, 무죄는 무죄라 사유하고, 친근해야 하는 것은 친근해야 하는 것으로 사유하여 이런 것 등을 닦아 익히고 더욱 정근하며, 바라고, 방편을 쓰며, 감당하고, 정념과 정지로 익히는 것을 정진력이라고 한다. 何等爲精進力 若於不善法不善數 黑黑數 有罪有罪數 不應親近不應親近數 離此諸法已 若諸餘善善數 白白數 無罪無罪數 應親近應親近數 如此等修習 增上精勤 欲 方便 堪能 正念正知而學 是名精進力", 『집이문족론』 권7(대정장26, p.394a9)에 "정진력이란 어떤 것인가? [답] 이미 생긴 악한 불선법을 끊기 위하여 의욕을 일으키고 부지런히 정진하여 마음을 다잡고 유지하며, 아직 생기지 않은 악한 불선법이 생기지 않게 하기 위하여 의욕을 일으키고 부지런히 정진하여 마음을 다잡고 유지하고, 아직 생기지 않은 선법을 낳기 위하여 의욕을 일으키고 부지런히 정진하여 마음을 다잡고 유지하며, 이미 생긴 선법에 견고하게 머물러 잊지 않고, 닦아 채우고 더욱 광대하게 하여 지혜로 지어 증하고자 의욕을 일으키고 부지런히 정진하여 마음을 다잡고 유지하는 것을 정진력이라고 한다. 精進力云何 答 爲令已生惡不善法斷故 起欲發勤精進策心持心 爲令未生惡不善法不生故 起欲發勤精進策心持心 爲令未生善法生故 起欲發勤精進策心持心 爲令已生善法 堅住不忘 修滿倍增廣大 智作證故 起欲發勤精進策心持心 是名精進力"라고 하였다. 〔참고문헌〕『雜阿含經』, 『集異門足論』, 『大智度論』 권16(대정장25, p.174b20), *Śrāv-bh.3 65.*, *AN.2.142.* ⇨ 사력 四力 **2**, 오력 五力 **1**, 사정단 四正斷 **2** 보살 이름. 『대반야경』 권572(대정장7, p.953a19)에 "선남자야, 지난 세상 한량없고 헤일 수 없고 끝없고 생각할 수 없는 겁에 다문이라는 부처님께서 계셨으니 열 가지 명호를 구족하셨고, 겁의 이름은 증상이었으며, 나라의 이름은 일광이었다. 다문여래께서는 보살마하살들에게 청정법문을 설하셨다. '선남자야, 너희들 부지런히 선법을 닦되 신명을 돌아보지 마라'. 그 때, 그 모임중에 있던 정진력이라는 보살이 자리에서 일어나 부처님의 발에 예를 올리고, 왼쪽 어깨를 덮고 오른쪽 무릎을 꿇고, 합장공경하였다. 善男子 過去無量無數無邊難思議劫 有佛出世 名曰多聞 十號具足 劫名增上 國名日光 多聞如來 爲諸菩薩摩訶薩 說清淨法門言 善男子 汝應精勤 修諸善法 勿顧身命 時 彼會中 有一菩薩 名精進力 卽從座起 頂禮佛足 偏覆左肩 右膝著地 合掌恭敬"라고 하였다. 〔참고문헌〕『大般若經』.

정진력삼마지 精進力三摩地 Ⓢ balavyūho nāma samādhi, Ⓣ dpung-bkod-pa-zhes-bya-ba'i-ting-nge-'dzin. 백팔삼매(百八三昧) 중 하나. 정진근(精進根 Ⓢ vīrya-indriya)을 증장하여 게으르지 않도록 하는 삼매(三昧 Ⓢ samādhi). 역진삼매(力進三昧)라고도 한다. 『대반야경』 권52(대정장5, p.293a25 : *Pañca-pr.*, p.199)에 "세존이시여, 어찌하여 정진력삼마지라고 합니까? 선현아, 이 삼마지에 머물면 모든 선정의 정진세력을 일으키기 때문에 정진력삼마지라고 한다. 世尊云何名爲精進力三摩地 善現 謂若住此三摩地時 能發諸定精進勢力 是故名爲精進力三摩地 katamaḥ balavyūho nāma samādhiḥ yatra samādhau sthitvā sarva-samādhīnāṃ balavyūhaṃ dhārayati ayam ucyate balavyūho nāma samādhiḥ"라고 하였다. 〔참고문헌〕『大般若經』, *Pañca-pr.* ⇨ 역진삼매 力進三昧, 백팔삼매 百八三昧, 정진근 精進根

정진무감 精進無減 Ⓢ nāsti vīryasya hāṇiḥ, Ⓣ brtson-'grus-nyams-pa-med-pa. 끝없이 정진함에 덜함이 없는 뜻. 육무감(六無減) 또는 십팔불공법(十八不共法) 중 하나로 정진함에 덜함이 없어서 끊임없이 중생을 제도하는 것을 말한다. 『대승보살장정법경』 권15(대정장11, p.816b15)에 "사리자야, 여래의 정진에는 덜함이 없으니, 그 여래정진력 때문에 널리 일체중생을 다 교화하여 제도하기 위하여 정진을 버리지 않아서 법을 듣는 이가 피곤해하지 않게 한다. 여래께서는 법을 듣는 이에 대해서도 피곤해하지 않으시니, 그를 법기라고 여겨 여래께서 그에 따라 법요를 설하지만 게을리 하시거나 피곤해하지 않으시고, 또 중간에 그치지도 않으시며, 설법할 때에는 음식도 잊으시고, 그 중간에도 중생을 버리지 않으신다. 여래께서는 갠지스강의 모래알과 같은 불국토 가운데에서 한 중생이라도 제도하지 못했다면, 여래께서는 신어의업에 실로 피곤함이 없으시니, 삼업에 경안하게 정진을 일으켜 이치에 맞게 부지런히 수행하여 중생들이 해탈을 얻게 하신다. 이것이 여래께서 중생들을 위한 대정진력이니, 이것이 여래의 여덟째 불공불법이다. 舍利子 如來精進無減 以其如來精進力故 普爲化度 一切衆生 不捨精進 令聽法者 不生疲倦 如來 於聽法者 亦無所得 觀其法器 如來隨應 爲說法要 不生疲懈 亦無中止 當說法時 不念飮食 於其中間 不捨衆生 如來過度 殑伽沙數等諸佛刹 其中 若有一衆生 未化度者 如來身語心業 悉無疲倦 三業輕安 發起精進 如理勤行 令諸衆生 得聖解脫 是爲如來 爲諸衆生 大精進力 此是如來 第八不共佛法"라고 하였다. 〔참고문헌〕『大乘菩薩藏正法經』, 『大智度論』 권26(대정장25, p.249c13), *Sūtr.187.* ⇨ 육무감 六無減, 십팔불공법 十八不共法

정진바라밀 精進波羅蜜 Ⓢ vīrya-pāramitā, Ⓟ viriya-pāramita, Ⓣ brtson-'grus-kyi-pha-rol-tu-phyin-pa. 끝이 없이 행하고 나아가 쉬지 않는 뜻이다. 육바라밀(六波羅蜜) 또는 십바라밀(十波羅蜜) 중 하나. 비리야바라밀(毘梨耶波羅蜜)·정진도무극(精進度無極)·진바라밀(進波羅蜜) 등이라고도 한다. 『유가약술삼십칠존심요』(대정장18, p.296c2)에 "정진바라밀이란 무엇인가? 만일 수행하는 사람이 정진하여 부지런히 고행하지 않으면서 해탈을 구하기까지 한다면, 마구니가 그를 멋대로 할 기회를 얻어 지옥의 생사해에 떨어뜨린 다음 육도를 거듭 돌아 벗어날 길이 없도록 할 것이다. 그런 까닭에 반드시 정진의 갑옷을 입고서 게으름의 마구니를 제압하고 만행을 정밀하게 닦아 그 모든 것들을 성취해야 한다. 위덕이 저 태양처럼 자재하고 삼천위의와 팔만세행이 모두 이 계를 가짐으로 말미암기 때문이다. 정진바라밀의 행상이다. 精進波羅蜜者 若人修行不能精進 勤行苦行 至求解脫者 魔卽得便 墮在泥犁生死海中 巡環六道 無由得出 所以 須被精進鎧甲 摧懈怠之魔 萬行精修 悉皆成就 威德自在 由若日輪 三千威儀 八萬細行 皆由持此戒也 精進波羅蜜行相也", 『광박엄정불퇴전륜경』 권6(대정장9, p.285a22)에 "마음에 겁약함이 없으면 정진바라밀이라 한다. 心無怯弱 名精進波羅蜜", 『이취육바라밀다경』 권10(대정장8, p.916b18)에 "이치대로 하여 게으르지 않는 것을 정진바라밀이라고 한다. 如理不懈 此卽名爲精進波羅蜜", 『법집경』 권5(대정장17, p.642a7)에 "정진바라밀을 수행하는 마음을 불퇴심이라 한다. 修行精進波羅蜜 名爲不退心", 『대지도론』 권16(대정장25, p.174c11)에 "또한 보살의 정진은 그치지도 않고 쉬지도 않아서 한 마음으로 불도를 구하는 일이니 이와 같은 수행을 정진바라밀이라 한다. 마치 호시보살이 여의주를 구하고자 바닷물을 퍼내면서 근육과 뼈가 모조리 마르는 지경에 이르면서도 결코 게을리 하여 그만두지 않았고, 여의주를 찾아서는 중생에게 나누어주어 그들 몸의 고통을 구하듯이 한 것과 같다. 보살은 이와 같이 하기 어려운 일을 할 수 있으니 이를 보살의 정진바라밀이라 한다. 復次 菩薩精進 不休不息 一心求佛道 如是行者 名爲精進波羅蜜 如好施菩薩 求如意珠 抒大海水 正使筋骨枯盡 終不懈廢 得如意珠 以給衆生 濟其身苦 菩薩如是 難爲能爲 是爲菩薩精進波羅蜜", 『대보적경』 권119(대정장11, p.674b13)에 "마땅히 정진으로 성숙한 사람은 저들 유정에 대하여 게으르다거나 하열하다는 마음을 일으키지 않고 크고 기껍게 하고자 하는 마음을 일으켜야 한다. 최상의 정진은 행주좌와에 저들의 생각을 그대로 따르면서 그들을 성숙시키고, 결국은 저들 유정이 정법에 안주하도록 하는 것이다. 이를 정진바라밀이라 한다. 應以精進 而成熟者 於彼有情 不起懈怠 下劣之心 起大樂欲 最上精進 於四威儀 隨順彼意 而成熟之 令彼有情 安住正法 是名精進波羅蜜", 『인왕호국반야바라밀다경소』 권하(대정장33, p.505a25)에 "〔경〕 칠아승기겁 동안 무량한 정진바라밀다를 닦고 익히면서 조금도 게으름을 피우지 않고 중생에게 두루 이익을 주었다. 〔해〕 칠아승기겁은 이전과 같이 앞의 겁(육아승기겁)에 하나를 더한 수이다. 무량이라 말한 까닭은 온갖 행으로 광대하기 때문이며, 닦고 익혀 물러나지 않음이 다 정진이기 때문이고, 이 바라밀만 치우쳐 늘어날 뿐 나머지 바라밀은 각자의 분에 따르기 때문이다. '게으름을 멀리하고'라는 말은 장애를 영원히 끊었다는 뜻이다. '중생에게 두루 이익을 주었다'라는 말은 이타와 같은 뜻이다. 經 於七阿僧祇劫 修習無量精進波羅蜜多 遠離懈怠 普利衆生 解曰 於七阿僧祇者 如前加也 言無量者 衆行廣故 修習不退 皆精進故 此度偏增 餘隨分故 遠離懈怠者 障永斷故 普利衆生者 等利他故", 『신화엄경론』 권10(대정장36, p.786a10)에 "넷째, 우화묘안도량신은 선바라밀 가운데 정진바라밀을 주관한다. 법신이 정의 바탕임을 밝히고, 정에 의지하여 만행정진이 일어나는 것을 우화라 하니, 이것이 정진의 뜻이다. 정이 혜를 일으키므로 묘안이라 부른다. 그 법안으로 꽃을 비처럼 뿌려 게으를 틈도 없이 중생을 이롭게 하는 것이 정진이기 때문이다. 四 雨華妙眼道場神 主禪波羅蜜中精進波羅蜜 明法身爲定體 依定起萬行精進 名爲雨華 是精進義 定能起慧 故稱妙眼 以其法眼行華 利生無懈 是精進故"라고 하였다. 〔참고문헌〕『瑜伽略述三十七尊心要』, 『廣博嚴淨不退轉輪經』, 『理趣六波羅蜜多經』, 『法集經』, 『大智度論』, 『大寶積經』, 『仁王護國般若波羅蜜多經疏』, 『新華嚴經論』, *Mvyut.34.*, *Jā.1.22.* ⇨ 육바라밀 六波羅蜜, 십바라밀 十波羅蜜, 비리야바라길 毘梨耶波羅蜜, 발근 發勤❷, 정진 精進

정진바라밀다 精進波羅蜜多 Ⓢvīrya-pāramitā, Ⓟviriya-pāramita, Ⓣbrtson-'grus-kyi-pha-rol-tu-phyin-pa. 정진바라밀을 말한다. 『유가사지론』 권42(대정장30, p.525c3)에 "어떤 것을 보살의 정진바라밀다라고 하는가? 올타남이 말한다. 〔게〕 자성·일체·어려움, … 이와 같은 아홉 가지 양상을 간략하게 정진이라 한다네. 〈논〉 아홉 가지 상을 보살의 정진바라밀다라고 한다. 첫째 자성정진, 둘째 일체정진, 셋째 난행정진, 넷째 일체문정진, 다섯째 선사정진, 여섯째 일체종정진, 일곱째 구함에 따른 정진, 여덟째 이 세상과 다른 세상에서의 즐거운 정진, 아홉째 청정정진이다. 云何菩薩精進波羅蜜多 嗢拕南曰 自性一切難 … 如是九種相 名略說精進 謂九種相精進 名爲菩薩精進波羅蜜多 一者 自性精進 二者 一切精進 三者 難行精進 四者 一切門精進 五者 善士精進 六者 一切種精進 七者 遂求精進 八者 此世他世樂精進 九者 淸淨精進", 『대승아비달다잡집론』 권11(대정장31, p.747b5)에 "어떤 것이 정진바라밀다의 상인가? 보살들이 보살법성에 안주하여 보리심으로 의지를 삼고, 자비로 인도하는 마음으로 일체의 수승한 선법을 이끌어 낼 때의 모든 신업과 어업과 의업을 말한다. 云何精進波羅蜜多相 謂諸菩薩 安住菩薩法性 菩提心爲依止 以悲導心 引發一切勝善法時 所有身語意業"라고 하였다. 〔참고문헌〕『瑜伽師地論』, 『大乘阿毘達磨雜集論』, *Abh-s-bh.103.* ⇨ 정진바라밀 精進波羅蜜

정진바라밀보살 精進波羅蜜菩薩 ⓈVīryapāramitā. 십바라밀보살(十波羅蜜菩薩) 중 한 분. 태장만다라(胎藏曼荼羅) 허공장원(虛空藏院) 내열(內列) 북측 제2위에 위치하는 보살. 아리야미리야바라밀다(阿利也微利也波羅蜜多)로 음사한다. 밀호는 혜호금강(慧護金剛) 또는 자호금강(慈護金剛), 종자는 वी(vī), 삼매야형은 창(戟). 수인은 정진바라밀인이다. 양손으로 내박권(內縛拳)을 만들고 양손의 엄지와 검지를 세우되 양손의 검지 사이를 벌린다. 형상은 살색 몸에 갈마의를 입고 왼손으로 독고극을 쥐고 있으며 오른손은 약지와 소지를 구부리고 나머지 손가락은 편 채 도인(刀印)을 취하고 붉은 연화대 위에 앉아 있는 모습이다. 이 보살은 십바라밀보살 중 넷째로서 정진의 공덕을 나타내는데 왼손에 든 창은 용맹정진의 세 가지 뜻을 나타낸다. 갑옷을 입어 적에 대한 두려움이 없는 피갑정진(被甲精進), 선행을 닦음에 게으름이 없는 섭선정진(攝善精進), 중생을 교화함에 피곤해하지 않는 이락유정정진(利樂有情精進) 등이다. 진언은 『청룡사의궤』 권2(대정장18, p.157a1)에 "옴 니〈장음〉리야〈리와 야는 한 음절〉 가리 훔 니〈장음〉리예〈리와 예는 한 음절〉 니리예〈리와 예는 한 음절〉 사바〈사와 바는 한 음절〉하

 唵 尾〈引〉哩野〈二合〉迦哩 吽 尾〈引〉哩裔〈二合〉 尾哩裔〈二合〉 娑嚩〈二合〉賀 oṃ vīrya-kari hūṃ vīrye vīrye svāhā 옴 정진하여 애쓰는 여존이여! 훔 정진여존이여! 정진여존이여! 스바하" 라고 하였고, 수인은 『천수천안의궤경』 권2(대정장20, p.77c16)에 "다음으로 정진바라밀보살의 인을 결한다. … 이 인을 결하고 진언을 세 번 지송함으로써 무량겁의 해태와 나태의 업종자를 소멸시키고 세 가지 정진을 획득하는데, 이른바 피갑정진·섭선법정진·이락유정정진이다. 곧 정진바라밀다가 원만해지면 몸과 마음이 안락해져 모든 전염병에서 벗어나 괴로움이 없게 된다. 次結精進波羅蜜菩薩印 … 由結此印誦眞言三遍 卽滅無量劫懈怠懶惰業種 獲得三種精進 所謂被甲精進 攝善法精進 利樂有情精進 則精進波羅蜜圓滿 身心安樂 離諸疾疹 無有苦惱"라고 하였다. 〔참고문헌〕『靑龍寺儀軌』, 『千手千眼儀軌經』. ⇨ 십바라밀보살 十波羅蜜菩薩

정진사 淨進寺 평안남도 성천군 향풍리 향풍산(香楓山)에 있는 절. 북한사적 제28호. 『동국여지승람』 권54 평안도 성천도호부 불우에 이름과 위치가 전하나, 『범우고』에는 "지금은 폐사되었다. 今廢"라고 하였다. 1781년(정조5)에 중건되었다고 전한다. 일제강점기에 소실되었다가 해방 이후 중건되었으며, 6·25한국전쟁 때 피해를 입었으나 1954년에 복구하였다. 현존 당우로는 보광전·향풍루·축성전 등이 있다. 〔참고문헌〕『東國輿地勝覽』, 『梵宇攷』, 『韓國寺刹全書』 권하 p.1019b17, 『北韓寺刹硏究』(寺刹文化硏究院, 1993) p.71.

정진사 精進事 Ⓟ ārabbha-vatthu. 수행하는 이가 물러나지 않고 힘써 나아가게 하도록 하는 일. 디가니카야 제33경 *Saṅgīti-sutta*(*DN.3*, p.256)는 비구가 일을 해야 하거나 일을 마쳤을 때, 비구가 길을 가야 하거나 이미 갔을 때, 비구가 탁발하여 음식을 충분히 얻거나 얻지 못했을 때, 비구가 병을 얻거나 병상에서 일어난 때의 힘써 나아가게 함을 팔정진사(八精進事 Ⓟ aṭṭha ārabbha-vatthūni)로 설한다. 또 『집이문족론』 권18(대정장26, p.442c3)에 "〔문〕 무슨 까닭에 이 여덟 가지를 정진사라고 하는가? 〔답〕 정진이란 무엇인가? 다잡아 북돋는 것을 말한다. 이 여덟 가지 정진사에 의해 아직 생기지 않은 것을 생기게 하고, 생긴 다음에는 배로 더하고 키운다. 이런 인연으로 정진사라고 한다. 問 何緣此八名精進事 答 精進者 謂策勵 由此八事 未生而生 生已倍復增長廣大 由此因緣 名精進事"라고 하였다. 〔참고문헌〕『集異門足論』, *DN.* ⇨ 팔정진사 八精進事

정진삼매행진신족 精進三昧行盡神足 Ⓟ viriya-samādhi-padhāna-saṅkhāra-samannāgataṃ iddhipāda. 사신족(四神足 : 四如意足) 중 하나. 부지런히 선정을 닦아 자유자재한 신통을 성취하는 것. 정진신족(精進神足 Ⓟ viriya-iddhipāda)·정진여의족(精進如意足)이라고도 한다. 『증일아함경』 권21(대정장2, p.658a6)에 "사신족이 있으니, 어떤 것이 그 네 가지인가? 자재삼매행진신족·심삼매행진신족·정진삼매행진신족·계삼매행진신족이다. … 어떤 것을 정진삼매행진신족이라고 하는가? 즉 이 삼매에는 게으름이 없고, 두려움이 없으며, 용맹한 의지가 있는 것이니, 이것을 정진삼매행진신족이라고 한다. 有四神足 云何爲四 自在三昧行盡神足 心三昧行盡神足 精進三昧行盡神足 誡三昧行盡神足 … 彼云何名爲精進三昧行盡神足 所謂此三昧無有懈惓 亦無所畏 有勇猛意 是謂名爲精進三昧行盡神足"라고 하였다. 〔참고문헌〕『增壹阿含經』, *SN.4.365·5.254.* ⇨ 사신족 四神足, 정진여의족 精進如意足, 진신족 進神足

정진성신 精進誠信 Ⓟ sampakkhandana-lakkhaṇā saddhā. 무리중에 있어서 수행해 나아가고 진실로 믿는 일. 부처님제자들이 무리져 승가를 이루고 서로 마주해 공부하기에 본받아 정진하고 믿고 도를 얻을 수 있다는 뜻이다. 『나선비구경』 권상(대정장32, p.707c5)에 "왕이 나선비구에게 물었다. '정진성신이란 무엇입니까?' 나선비구가 답했다. '부처님의 여러 제자들은 스스로 무리들중에 있으면서 서로 마주해 보는 중에 온갖 악심을 벗어나는데, 그 중에는 수다원을 얻은 이도 있고, 사다함을 얻은 이도 있으며, 아나함을 얻은 이도 있고, 아라한의 도를 얻은 이도 있으며, 그중에 서로서로 본받고 받들어 행하며 진실로 믿는 이들이 있게 되니, 이들 모두가 도를 얻고 세간도 제도한다'. 王問言人 精進誠信者云何 那先言 佛諸弟子自相見輩中 脫諸惡心 中有得須陀洹者 中有得斯陀含者 中有得阿那含者 中有得阿羅漢者 中有因相效奉行誠信者 皆亦得度世道"라고 하였다. 〔참고문헌〕『那先比丘經』, *Mil.35.* ⇨ 성신 誠信, 신 信

정진식 情塵識　정(情)과 진(塵)과 식(識). 정은 근(根)에 해당하고, 진은 경(境)에 해당하므로 근진식(根塵識 : 根境識)이라고도 한다. 『과거현재인과경』 권4(대정장3, p.651b6)에 "대왕이여, 단지 정과 진과 식이 합하여 경을 물들이고 상을 쌓아 적셔 무성하게 하니, 이런 연으로 생사로 달려 흐르고 온갖 고통의 보를 받아 챙긴다. 만약 경에 물듦이 없어서 그 쌓인 상들을 버리면 곧 해탈을 얻는다. 정진식의 세 가지 인연으로 함께 선악을 일으켜 과보를 받는 것일 뿐, 다시 별도의 아는 없다. 비유하면 찬화하는 것과 같으니, 손으로 부싯돌을 튕겨 불이 일어나지만 그 불의 성품은 손이나 부싯돌에서 생겨난 것도 아니며, 손과 부싯돌 부딪히는 것을 여읜 것도 아니다. 저 정진식도 이와 같다. 大王 但以情塵識合 於境生染 累想滋繁 以是緣故 馳流生死 備受苦報 若於境無染 息其累想 則得解脫 以情塵識三事因緣 共起善惡 及受果報 更無別我 譬如鑽火 因手轉燧 得有火生 然彼火性 不從手生及以燧出 亦復不離手及燧鑽 彼情塵識亦復如是", 『대지도론』 권5(대정장25, p.100b24)에 "이 명색중에 안등의 육정이 생기는데, 이것을 육입이라고 한다. 정진식이 화합하는 것을 촉이라 하고, 촉으로부터 수가 생긴다. 是名色中 生眼等六情 是名六入 情塵識合 是名爲觸 從觸生受"라고 하였다. 〔참고문헌〕『過去現在因果經』, 『大智度論』. ⇨ 근진식 根塵識

정진심 精進心　십신(十信 : 十心) 중 하나. 보리심(菩提心)을 발하여 선업(善業)을 부지런히 닦는 마음. 『인왕호국경』 권상(대정장8, p.836b18)에 "초발심한 상이다. 항하사중생이 있으니, 불법승 삼보를 보고 십신을 일으킨다. 즉 신심·염심·정진심 … 회향심이니, 이 열 가지 마음을 갖추면 조금으로도 모든 중생을 교화하고 이승의 모든 선지를 뛰어넘는데, 이것이 보살 처음의 장양심이다. 성태가 되기 때문이다. 初發心相 有恒河沙衆生 見佛法僧 發於十信 所謂 信心 念心 精進心 … 迴向心 具此十心 而能少分 化諸衆生 超過二乘 一切善地 是爲菩薩 初長養心 爲聖胎故", 『인왕호국경소』 권중(대정장33, p.465b2)에 "정진심이란, 삼업을 두루 다잡아 모두 물러나지 않도록 하는 것이니, 게으름을 여의기 때문이다. 精進心者 遍策三業 皆令不退 離懈怠故"라고 하였다. 〔참고문헌〕『仁王護國經』, 『仁王護國經疏』. ⇨ 십신 十信

정진십리 精進十利　➡ 정진십종이익 精進十種利益

정진십종이익 精進十種利益　Ⓢ daśa ānuśaṃsā ārabdhavīryasya. 정진의 열 가지 이익. 부지런히 보살행을 닦아 얻는 열 가지 이익을 말한다. 『월등삼매경』 권6(대정장15, p.584b26 : *Sam-r.*, p.161)에 "동자야, 보살의 정진에는 열 가지 이익이 있다. 어떤 것이 그 열 가지인가? 첫째 다른 이에게 굴복되지 않고, 둘째 부처님께서 거두시고, 셋째 사람 아닌 것들에게 보호를 받으며, 넷째 가르침을 들으면 잊지 않고, 다섯째 아직 듣지 않은 가르침을 들으며, 여섯째 변재가 더욱 뛰어나고, 일곱째 삼매를 얻으며, 여덟째 병을 앓지 않고 번뇌가 적고, 아홉째 어디서나 음식을 얻고 먹고서는 잘 소화하고, 열째 저 청련화와 같지 절굿공이와는 같지 않은 것이다. 동자야, 이런 것이 열 가지 정진의 이익이다. 童子 菩薩精進有十種利益 何等爲十 一者 他不折伏 二者 得佛所攝 三者 爲非人所護 四者 聞法不忘 五者 未聞能聞 六者 增長辯才 七者 得三昧性 八者 少病少惱 九者 隨所得食 食已能消 十者 如優鉢羅花 不同於杵 童子 是爲十種精進利益 daśeme kumāra ānuśaṃsā ārabdhavīryasya bodhisattvasya mahāsattvasya. katame daśa. yaduta durāsadaśca bhavati. buddhaparigrahaṃ ca pratilabhate. devatāparigṛhītaśca bhavati. śrutvā cāsya dharmā na parihīyante. aśrutapūrvāṃśca dharmān pratilabhate. samādhigotraṃ ca pratilabhate. alpābādhaśca bhavati. āhāraścāsya samyak pariṇāmayati. padmopamaśca bhavati na musalopamaḥ. ibhe kumāra daśānuśaṃsā ārabdhavīryasya bodhisattvasya mahāsattvasya"라고 하였다. 〔참고문헌〕『月燈三昧經』, *Sam-r.* ⇨ 정진 精進

정진여의족 精進如意足　Ⓢ vīrya-samādhi-prahāṇa-saṃskāra-samanvāgato ṛddhipādaḥ, Ⓣ brtson-'grus-kyi-ting-nge-'dzin-spong-ba'i-'du-byed-dang-ldan-pa'i-rdzu-'phrul-gyi-rkang-pa.　정진하여 뜻대로 성취함. 사여의족(四如意足 : 四神足) 중 하나로 정진신족(精進神足)이라고도 한다. 『법계차제초문』 권중(대정장46, p.682a4)에 "둘째, 정진여의족이란 무엇인가? 정진을 주로 하여 정을 얻고, 끊어 행함을 성취하여 뜻대로 하는 분을 닦는 것이 정진여의족이다. 二 精進如意足 精進爲主得定 斷行成就 修如意分 是爲精進如意足", 『아미타경약해원중초』 권상(卍속장91, p.806b6)에 "셋째, 정진여의족이란, 오직 오롯이 이를 관하여 뒤섞임이 없도록 하기에 정진이라고 한다. 무릇 닦고 익히는 일체제법에 정진하지 않으면 그 일은 결코 이루어지지 않는다. 정진하면 바라는 것을 모두 얻으니 이것이 정진여의족이다. 三 精進如意足 謂唯專觀理 使無間雜 故曰精進 凡所修習 一切諸法 若無精進 事必不成 若能精進 所願皆得 是爲精進如意足"라고 하였다. 〔참고문헌〕『法界次第初門』, 『阿彌陀經略解圓中鈔』, *Mvyut.40.* ⇨ 사여의족 四如意足

정진유가 精進瑜伽　Ⓢ vīrya yoga. 문사수(聞思修)와

장정(障淨)을 끊임없이 하여 떠나지 않음. 사유가(四瑜伽) 중 하나로 정근유가(正勤瑜伽)라고도 한다. 『유가사지론』 권28(대정장30, p.438a16 : *Śrāv-bh.*, p.275)에 "어떤 것을 유가라 하는가? 사유가를 말한다. 어떤 것이 사유가인가? … 셋째가 정진유가이다. … 정진에는 네 가지다. 어떤 것이 그 네 가지인가? 첫째 법을 들음에 정진하는 것, 둘째 사유함에 정진하는 것, 셋째 닦고 익히는 것에 정진하는 것, 넷째 장애를 청정히 하는데 정진하는 것이다. 云何瑜伽 謂四瑜伽 何等爲四… 三 精進 … 精進有四 何等爲四 一 爲聞精進 二 爲思精進 三 爲修精進 四 爲障淨精進 tatra yogaḥ katamaḥ. āha. caturvidho yogaḥ … vīryaṃ … tatra vīryam-api caturvidhaṃ tadyathā śravaṇāya cintanāyai bhāvanāyai āvaraṇa-pariśuddhaye ca", "위문정진이란 듣지 못한 것을 들으려 하고 듣고 나서는 구경에 이르고자 부지런한 마음으로 용맹하게 살펴 맺고 가행하는 것. 爲聞精進者 謂爲聽未聞 聞已究竟 勤心勇猛 審決加行", "위사정진은 들은 대로 홀로 공적한 곳에서 그 뜻을 사유하고 헤아리며 관찰하는 것. 爲思精進者 謂如所聞法 獨處空閑 思惟其義 籌量觀察", "위수정진은 적정에 들어 때때로 지관을 부지런히 닦는 것. 爲修精進者 謂入寂靜 於時時間 勤修止觀", "위장정정진은 밤낮으로 책려정근하고 경행하고 연좌하여 여러 장애가 되는 법으로부터 그 마음을 깨끗하게 닦으며 부지런한 마음으로 용맹하게 살펴 결정하고 정진하는 것. 爲障淨精進者 謂於晝夜 策勵精勤 經行宴坐 從諸障法 淨修其心 勤心勇猛 審決精進"이라고 하였다. [참고문헌] 『瑜伽師地論』, 『顯揚聖敎論』 권5(대정장31, p.502a26), *Śrāv-bh.* ⇨ 사유가 四瑜伽[1], 유가 瑜伽, 정진 精進

정진정 精進定 Ⓟ viriya-samādhi. 정진으로 얻은 정. 네 가지 정 중 하나. 또는 사신족(四神足 : 四如意足) 중 하나로 정진여의족(精進如意足)·근삼마지단행성취신족(勤三摩地斷行成就神足)이라고도 한다. 『대지도론』 권48(대정장25, p.405c15)에 "정에는 네 가지가 있으니, 욕정·정진정·심정·사유정이다. 사념처 중의 허물을 다스린 지혜다. 이때 정도와 혜도로 정진을 얻기에 바라는 바 뜻대로 이루어진다. 定有四種 欲定 精進定 心定 思惟定 制四念處中過智慧 是時 定慧道 得精進故 所欲如意", 『해탈도론』 권2(대정장32, p.407c17)에 "정진에 의하여 얻는 바를 정진정이라고 한다. 依精進得 謂精進定", 『대승의장』 권16(대정장44, p.785a27)에 "정진정이란 무엇인가? 하지의 과실을 싫어하고 상지의 정려를 구하는 것을 정진이라 하고, 정진으로 얻은 정을 정진정이라고 한다. 精進定者 懃厭下過 懃求上靜 名曰精進 從進得定 名精進定", 『화엄공목장』 권2(대정장45, p.554c22)에 "사여의란 욕정·정진정·염정·혜정을 말한다. 四如意者 謂欲定 精進定 念定 慧定"라고 하였다. [참고문헌] 『大智度論』, 『解脫道論』, 『大乘義章』, 『華嚴孔目章』, *SN.5.255.* ⇨ 근삼마지단행성취신족 勤三摩地斷行成就神足, 사신족 四神足

정진증상삼마지 精進增上三摩地 정진하여 얻은 뛰어난 삼매. 근증상삼마지(勤增上三摩地)라고도 한다. 『유가사지론』 권98(대정장30, p.862c1)에 "어떤 비구가 들은 법이나 얻어야 할 법에 대해 크게 노력하고 크게 정진하며, 바로 타인에게 자세하게 말하고 열어 보여주거나 승묘한 음성으로 독송하여 끊임없이 하여 점차로 인연에 따라 승삼마지를 얻음을 정진증상삼마지라고 함을 알아야 한다. 有苾芻 如所聞法 如所得法 起大功用 發大精進 或正爲他宣說開示 或以勝妙音詞讀誦 從此無間 漸次因緣 能隨獲得 勝三摩地 當知是名精進增上三摩地"라고 하였다. [참고문헌] 『瑜伽師地論』, 『中邊分別論疏』 권3(한불전1, p.826c9). ⇨ 근증상삼마지 勤增上三摩地

정징 正澄 1274~1339. 원대 임제종(臨濟宗) 스님. 자는 청졸(淸拙), 속성은 유(劉)씨. 복주(福州 : 福建省) 연강(連江) 출신. 나이 열여섯에 개원사(開元寺)에서 구족계를 받은 뒤에 곡원악(谷源岳)·무방보(無方普)·대헐진(大歇眞) 등의 문하에서 6년 동안 시봉하였다. 23세에 절강성(浙江省)으로 가서 정자사(淨慈寺) 우극혜(愚極慧)를 친견하고 경함(經函)을 관리하는 소임을 맡았다. 15년 뒤에 사직하고 돌아다니다가 영은사(靈隱寺) 호암(虎巖)과 육왕산(育王山) 동암(東巖)과 장산(蔣山) 월정(月庭) 등을 찾아가 점검받고 그들에게 모두 큰 그릇이라는 칭찬을 받았다. 그 뒤에 계족산(鷄足山)에서 법을 알리고자 승당(僧堂)을 건립하여 찾아오는 학인들을 가르쳤다. 1326년(태정3) 일본으로 건너갔고, 다음 해 정월에 경도(京都)에 도착하여 극진한 예우를 받고 건장사(建長寺)·정지사(淨智寺) 등에 주석하였다. 그 뒤에 복산(福山)으로 물러나 선거암(禪居菴)에 거처하였다. 1333년(원홍3) 제호천황(醍醐天皇)이 경도에 와서 건장사(建長寺)에 주석하라는 칙령을 내렸다. 3년이 지나 다시 남선사(南禪寺)로 옮겼고 당시 신농태수(信濃太守)가 귀의하여 제자로서의 예를 갖추었다. 1339년(역응2) 정월 17일 "비람풍이 허공을 돌아 바닷물 치솟더니, 삼십삼천의 별들이 모두 젖는구나. 지신이 노하여 무쇠소 채찍 잡으니, 전광석화로 미칠 수 없었네. 毘嵐卷空海水立 三十三天星斗濕 地神怒把鐵牛鞭 石火電光追不及"라는 임종게를 남기고 세수 66, 법랍 53세로 입적하였다. 시호는 대감선사(大鑑禪師)이다. 남긴 유파를 청졸파(淸拙派) 또는 대감문도(大鑑門徒)라 하며, 일본 선종의 24유파 중 하나이다. 어록 7권을 남겼고, 임제종 승단생활을 간략하게 서술한 『대감청규 大鑑淸規』를 저술하였다. [참고문헌] 『扶桑五山記』 권3, 『延寶傳燈錄』 권4, 『本朝高僧傳』 권25.

정징 淨澄 명말청초(明末淸初)대 임제종(臨濟宗) 스님. 호는 고월(孤月), 속성은 장(張)씨. 서하(西河 : 山西省) 출신. 출가한 뒤에 월계유징(月溪惟澄)에게 법을 물으러 갔다가 조주무자 화두를 받고 3일 만에 소식이 있어 월계가 인가하였다. 그 뒤 촉의 비설산(飛雪山)으로 가서 광복(廣福)을 친견하였다. 『오등회원속략』 권4(卍속장138, p.991b13)에 당시의 문답이 전한다. 곧 "광복이 물었다. '완전히 죽은 사람이 다시 살아났을 때는 어떠한가?' '눈썹 눈 위로 가로지르고, 코는 머리에서 세로로 드리워져 있겠지요' '무자의 뜻은 무엇인가?' '바람 불어 풀 눕고, 물들 모여 도랑 됩니다'. 福問 大死底人 却活時 如何 師曰 眉毛眼上橫 鼻孔大頭垂 曰 如何是無字意 師曰 風行草偃 水到渠成"라고 하였다. 1457년(천순1) 청량으로 돌아갔다. 대주의 왕에게 귀의를 받고 오대산 화엄곡(華嚴谷)에 개창한 보제사(普濟寺)로 들어갔다. [참고문헌] 『五燈會元續略』, 『釋鑑稽古略續集』 권3(대정장49, p.952c16), 『五燈全書』 권59(卍속장141, p.271b7), 『續燈正統』 권28(卍속장144, p.822a4).

정찬 淨璨 1600~1658. 명말청초(明末淸初)대 조동종(曹洞宗) 스님. 호는 반광(蕃光), 속성은 주(朱)씨. 금릉(金陵 : 江蘇省) 출신. 세칭 반광정찬선사(蕃光淨璨禪師)라 한다. 모친이 스님을 만나는 꿈을 꾼 뒤에 태어났다. 어릴 때는 도사(道士)였다가 나중에 불문(佛門)에 출가하였다. 서백명설(瑞白明雪)에게 법을 물으러 갔다가 하루는 문득 나무에서 과일이 기와에 떨어지는 소리를 듣고 허공이 분쇄되는 느낌을 받아 변산(弁山)을 친견하고 인가를 받아 그 법석을 이었다. 당시는 청대인 1646년(순치3)이었다. 만년에 소주 고소(姑蘇)의 금선사(金仙寺)에 주석하였고, 그 뒤에 화림사(華林寺)의 제5대 주지를 맡았다. 1658년(순치15) 세수 59세를 일기로 입적하였다. 법을 이은 제자는 20여 명이 있다. [참고문헌] 『五燈全書』 권113(卍속장142, p.148a7), 『正源略集』 권7(卍속장145, p.372a8).

정찬 晶贊 조선후기 스님 태우(泰祐)의 법호. [참고문헌] 『東師列傳』 권5 「寶雲禪師傳」(한불전10, p.1055c2) ⇨ 태우 泰祐

정처려 井覰驢 우물이 나귀 보듯 하다. 나귀가 우물 쳐다보듯 한다는 뜻의 여처정(驢覰井)과 마주한다. 진(塵)이 근(根)을 보는 뜻과 경(境)이 식(識)을 보는 경우를 겸하여 말하나 근진과 식경은 삼사로 화합(三事和合)해야 분별을 일으킨다. 『조산어록』(대정장47, p.527c14)에 "조산(曹山)이 덕상좌(德上座)에게 다시 물었다. '부처의 진신은 마치 허공과 같아서 물에 응해서 모습을 드러내니 마치 물속의 달과 같다. 응하는 도리에 대해 어떻게 설해야 할까?' '나귀가 우물 보듯 합니다' '말은 대단히 절묘하나 단지 8할밖에 말하지 못했다' '화상께서는 다시 무어라 하시겠습니까?' '우물이 나귀 보듯 한다'. 師又問 佛眞法身 猶若虛空 應物現形 如水中月 作麼生說應底道理 德曰 如驢覰井 師曰 道則太殺道 只道得八成 德曰 和尙又如何 師曰 如井覰驢", 『연등회요』 권29 「천동정각장 天童正覺章」(卍속장136, p.923a1)에 "천동이 대중에게 말하였다. '일체의 색은 눈을 가리는 일 없으니 문수문중에 기를 발하고, 일체소리는 귀를 현혹시키지 않으니 관음문중에서 사무친다. 일체용은 몸에 구속되는 일 없고 일체응은 드러난 일 등지지 않으니, 문득 보현문중으로 드나든다. 경이 사라짐이라! 마치 나귀가 우물 쳐다보듯 하고, 사람을 빼앗는 것은 저 우물이 나귀 보듯 하는 것이다. 삼천대천세계의 백억몸을 굳이 안배할 일 없으니, 다만 이러할 뿐이다'. 示衆云 一切色不爲眼礙 文殊門中發機 一切聲不爲耳魔 觀音門中透徹 一切用不爲身拘 一切應不爲事背 便是普賢門中出入 奪境也 如驢覰井 奪人也 如井覰驢 三千世界百億身 不用安排 只這是"라고 하였다. [참고문헌] 『曹山語錄』, 『聯燈會要』, 『大慧語錄』 권14(대정장47, p.870c17), 『枯崖漫錄』 권중(卍속장148, p.167a1). ⇨ 여처정 驢覰井

정처살바하 靜處薩婆訶 고요함이여! 이루어지소서. 살바하는 범어 스바하(Ⓢ svāhā)의 음사어로 길상(吉祥)과 성취(成就) 등을 뜻하며, 다라니(陀羅尼)의 마지막에 붙여 '이루어지길' 소망하는 뜻이다. 언어에 모두 담지 못하는 몰자미(沒滋味)의 소식을 다라니라는 형식을 빌려서 표현한 구다. 『경덕전등록』 권21 「계부청법전 契符淸法傳」(대정장51, p.373a1)에 "사리가 만일 종승의 뜻을 묻는다면 정처살바하 만한 것이 없다. 闍梨若問宗乘意 不如靜處薩婆訶", 『금강경주해』 권2(卍속장38, p.890b17)에 "야보도천(冶父道川)선사가 말했다. '앞도 삼삼이고 뒤도 삼삼이다'. [송] 하나 둘 셋 넷 항하의 모래알 헤아리네. 모래알처럼 항하수 더불어 많구나. 셈 다하여 눈앞에 한 법도 없어야 비로소 고요함 성취하리. 川禪師曰 前三三 後三三 頌曰 一二三四數河沙 沙等恒河數更多 算盡目前無一法 方能靜處薩婆訶", 『대혜어록』 권1(대정장47, p.814c15)에 "바로 이러할 때 몸 뒤칠 한마디 어떻게 말할까? 천겹백겹으로 둘러친들 돌이켜 마주할 일 없으니, 모두들 고요함 얻으리라. 正當恁麼時 轉身一句 作麼生道 千重百匝無回互 大家靜處薩婆訶", 『운문광록』 권상(고존숙어록15, 卍속장118, p.343b13)에 "어떤 학인이 '저는 마지막으로 형주에서 떠났습니다' 하자 운문이 소리지르며 '그대의 짚신뒤꿈치 떨어졌다'고 말했다. '안녕히 계십시오'라고 인사함에 할하고 말했다. '고요함 성취하소서!' 進云 學人近離衡州 師喝云 是你草鞋跟斷 僧云 珍重 師喝云 靜處薩婆訶", 『가태보등록』 권16 「황룡법충장 黃龍法忠章」(卍속장137, p.244b14)에 "학인이 물었다. '부처란 무엇인지요?' '밖에서 찾지 마라' '마음이란 무엇인지요?' '밖에서 구하지 마라' '도란 무엇인지요?' '밖에서 뒤지지 마라' '선이란 무엇인지요?' '밖으로 전하지 마라' '마쳐 끝낼 것 무엇인지요?' '고요함 성취하라'. 僧問 如何是佛 曰 莫向外邊覓 云 如何是心 曰 莫向外邊尋 云 如何是道 曰 莫向外邊討 云 如何是禪 曰 莫向外邊傳 云 畢竟如何 曰 靜處薩婆訶"라고 하였다. [참고문헌] 『景德傳燈錄』, 『金剛經註解』, 『大慧語錄』, 『雲門廣錄』, 『嘉泰普燈錄』.

정천 正天 1930~2006. 호는 휴암(休庵), 속성은 이(李)씨, 본관은 영천(永川). 아버지는 장근(長根), 어머니는 밀양 손씨 봉이(鳳伊)부인이다. 1930년 2월 부산 동래 복천동 444번지에서 2남 3녀 중 둘째 아들로 태어났다. 1946년 2월 17세 때 동래 원예고등학교를 졸업하고 10월에 합천 해인사(海印寺)로 찾아가, 1947년 4월 해인사에서 청담(靑潭)을 은사로 자운(慈雲)율사를 계사로 하여 사미계를 받고 스님이 되었다. 1948년 해인사에서 겨울 안거를 시작하여 1949년 20세 때 문경 봉암사(鳳巖寺)에서 청담·성철(性徹)·자운·향곡(香谷)·홍경(弘經)·법전(法傳)·지관(智冠)·보경(寶瓊)·혜명(慧明) 등과 함께 결사 정진하였다. 1950년 3월 해인사에서 자운율사로부터 비구계를 받았다. 1951년 10월 부산 범어사(梵魚寺) 금어선원(金魚禪院)에서 정진하였고 1952년 4월 기장군 장안읍 월내리 묘관음사(妙觀音寺)에서 하안거를 지냈다. 1954년 10월 25세 때부터 경상남도 고성군 상리면 무선리 문수암(文殊庵) 남대 토굴에서 정진하였고 1955년 조계종 교단 정화운동에 참여했으며, 1956년 고성 하이면 와룡리 운흥사(雲興寺) 낙서암(樂西庵)에서 정진하였고 1958년에는 남해 보리암(菩提庵) 좌선대에서 정진하였으며, 1959년부터는 해인사 중봉 토굴에서 안거했다. 1962년 10월부터 고성 문수암 주지를 맡은 후 1967년에 이르러 문수암의 1차 중창을 마쳤다. 1973년 44세 때 대한불교조계종 제13교구 본사 하동 쌍계사(雙磎寺) 주지에 취임하였으며 같은 해 10월 25일 고성 문수암에 청담대종사사리탑을 세웠다. 1974년 조계종 중앙종회 의원에 당선되었으며 1975년 7월 29일 제10교구 본사 영천 은해사(銀海寺) 주지에 취임했다. 1976년부터 김천 청암사(靑巖寺) 수도암에서 고송(孤松)·석주(昔珠)·관응(觀應) 등과 함께 정진한 후 하화중생의 교화불사를 시작하였다. 1983년 고성군 하일면 수양리 수태산(秀泰山)에 보현사(普賢寺)를 창건했고, 1997년 12월 조계종 원로의원에 추대되었으며, 2004년 5월 75세 때 종단으로부터 대종사 법계를 품수받았고 2005년에는 수태산 보현사 약사전에 약사대불(藥師大佛)을 조성 봉안하였다. 2006년 10월 15일(음력 8월 24일) 새벽 5시 35분 고성 문수암에서 "역력히 홀로 밝아 모양이 없는 이여! 생사 본래 없어 참으로 당당하네! 꿈결같은 삼계에 자유로 오고 가니, 천상천하에 누가 능히 당할 자인가. 歷歷孤明勿形者 本無生死最堂堂 幻化三界任去來 天上天下誰能當"라는 임종게를 설하자마자 단정히 앉은 채로 조용히 입적하였으니 세수 77, 법랍 60세였다. [참고문헌] 『佛教新聞』(2006.10.21), 「曹溪宗元老休庵堂正天大宗師元老會議葬禮彙報」.

정천 淨天 Ⓢ viśuddhi-deva, Ⓣ rnam-par-dag-pa'i-lha. 사종천(四種天) 중 하나로 현성(賢聖)을 말하며, 청정천(淸淨天)이라고도 한다. 40권본 『대반열반경』 권22(대정장12, p.494b23)에 "정천이란 무엇인가? 수다원으로부터 벽지불까지이다. 淨天者 從須陀洹 至辟支佛", 『대승의장』 권12(대정장44, p.711c16)에 "둘째는 정천이니, 즉 일체삼승의 현성이다. 二者 淨天 所謂一切三乘賢聖", 『비바사론』 권10(대정장28, p.487b26)에 "존자 (비)바사는 말한다. '여기서 설하는 천은 정천을 말한다. … 정천은 아라한과 같다. 저 아라한은 이 가운데 두 가지 도가 있다. 견도와 사유도·인도와 지도·법지도와 미지지도다. 이 때문에 천의 정천을 설한다'. 尊者婆奢說曰 此說天是淨天 … 淨天者如阿羅漢 彼阿羅漢者 此中有二種道 見道及思惟道 忍道及智道 法智道及未知智道 是故說天淨天"라고 하였다. [참고문헌] 『大般涅槃經』, 『大乘義章』, 『鞞婆沙論』, *Bodh-bh.152.* ⇨ 삼종천 三種天, 사종천 四種天

정천사 井泉寺 경기도 여주시 환희산(歡喜山)에 있던 절. 이규보(李奎報 1168~1241)의 『동국이상국집』 권17 「제황려정천사의사야경루 題黃驪井泉寺誼師野景樓」(한국문집총간1, p.473b3)에 "한 누각 꿈결인 듯 드러내어 높이 솟으니, 온갖 경들 달려 와서 모두 품어 안는구나. 幼出一樓高突兀 驅來萬景摠包含"라고 하였다. 『동국여지승람』 권7 불우·『범우고』에도 이규보의 시 등이 전한다. [참고문헌] 『東國李相國集』, 『東國輿地勝覽』, 『梵宇攷』, 『韓國寺刹全書』 권하 p.1001a3.

정천사 淨泉寺 경상북도 성주군에 있던 절. 1677년(숙종3)에 편찬된 성주군 읍지인 『경산지』 권2 사찰에 "산성 내 서북문에 인접한 곳에 있다. 在山城內西北門之交"라고 하였다. [참고문헌] 『京山誌』.

정천안 淨天眼 Ⓢ divyena cakṣuṣā, divya-viśuddh

a-cakṣus, Ⓟ dibbacakkhuṃ visujjhi, Ⓣ lha'i-mig. 깨끗한 하늘 눈. 다섯 갈래 선정으로 얻은 깨끗해 걸림없이 다 보는 천안을 말한다. 『중아함경』 권13 「설본경 說本經」(대정장1, p.509b18 : *Theragāthā*, p.84)에 "오지선정을 얻고 늘 마음 그쳐 고요하네. 이미 정정주에 머무니 지체없이 깨끗한 천안도 얻었네. 得五支禪定 常息心靜默 已得靜正住 便逮淨天眼 pañcaṅgike samādhimhi sante ekodibhāvite, paṭippassaddhiladdh'amhi dibbacakkhuṃ visujjhi me", 『별역잡아함경』 권6(대정장2, p.412c27)에 "마하가섭존자가 정천안으로 여래께서 어느 곳에 가셨는가를 관했다. 바로 세존께서 범천의 정상에 계신 것을 알았다. 다시 이 정에 들어가고 이곳에서 사라져서 범천정상이라 여겨 갔으나, 범천정상은 여래 계신 아래 남쪽에 있었다. 목련존자가 정천안으로 여래께서 어느 곳으로 가셨는지를 관했다. 곧 세존께서 범천정상에 계신 것을 알고는 곧 이 정에 들어가 이곳에서 사라져 정상에 가서 보니 범천정상은 여래 계신 아래 서쪽이었다. 尊者摩訶迦葉 以淨天眼 觀於如來 爲至何處 尋知世尊 在梵頂上 復入此定 於此處沒 在如來下 現梵頂上 在於南面 尊者目連 以淨天眼 觀於如來 爲至何處 尋知世尊 在梵頂上 卽入是定 於此處沒 現梵頂上 處如來下 現於西面", 『대방등대집경』 권26(대정장13, p.180c16)에 "선남자야, 어떤 것이 보살의 정신통행인가? 선남자야, 다섯 가지 천안으로 시방세계를 다 보고, 시방세계의 모든 부처님을 보며, 또 중생들의 출생과 퇴몰을 보고, 시방을 두루 보는데 걸림 없음이 모든 성문연각과 모든 천인보다 뛰어나다. 보살은 이러한 다섯 가지 일을 두루 갖추어 곧 일체법을 분명하게 보니, 이것을 보살의 정천안행이라고 한다. 善男子 云何菩薩淨神通行 善男子 天眼五種 悉能覩見十方世界 及見十方世界諸佛 亦見衆生出生退沒 所見十方無有罣礙 勝於一切聲聞 緣覺 及諸天人 菩薩具足 如是五事 則能了了見一切法 是名菩薩淨天眼行"라고 하였다. [참고문헌] 『中阿含經』, 『別譯雜阿含經』, 『大方等大集經』, *Th.*, *Bodh-bh.49.*, *Ratna-ut.62.* ⇨ 정천안삼매 淨天眼三昧, 천안 天眼, 오종삼매 五種三昧 ❷

정천안삼매 淨天眼三昧 범천이나 제석천의 해탈신에서 얻는 삼매. 오종삼매(五種三昧) 중 하나다. 『대일경소』 권6(대정장39, p.645b21)에 "범천과 제석천의 모든 존자는 각각 한 법계문에서 자재를 얻는데, 저 해탈신에 한마음으로 산란하지 않아 정천안삼매라고 한다. 梵釋諸尊 各於一法界門 而得自在 若於彼解脫身 一緣不亂 名彼淨天眼三昧"라고 하였다. [참고문헌] 『大日經疏』. ⇨ 오종삼매 五種三昧 ❷

정천이 淨天耳 Ⓢ divya śrotra, Ⓣ lha'i-rna-ba. 청정한 이근(耳根). 육신통(六神通) 중 하나인 천이통(天耳通)을 일으키는 이근을 말한다. 청정천이(淸淨天耳)라고도 한다. 『대반열반경』 권하(대정장1, p.203c13)에 "이때 세존께서 정천이로 수발다라가 아난에게 탄원하는 소리를 듣고, 또 그의 근기가 제도할 대임을 관하시고 곧 범음으로 아난에게 말씀하셨다. '너는 나의 최후의 제자가 홀로 머무는 것을 막지 마라. 수발다라가 내 앞에 오기를 청하니 내가 그를 만나고자 한다'. 爾時世尊以淨天耳 聞須跋陀羅請阿難聲 又觀其根 是可度時 卽以梵音告阿難言 汝莫於我最後弟子獨作留礙 聽須跋陀羅前來 我欲見之", 『중아함경』 권3 「화파경 想破經」(대정장1, p.434a25)에 "그때 세존께서는 고요한 곳에서 좌선을 하시다가 다른 사람들을 뛰어넘는 청정한 천이로써 존자 대목건련과 니건의 제자 석화파가 서로 논쟁하는 것을 들으셨다. 彼時 世尊靜處宴坐 以淨天耳出過於人 聞尊者大目乾連與尼乾弟子釋想破共論", 『유가사지론』 권37(대정장30, p.494a13)에 "무엇을 모든 부처와 보살의 천이지통이라 하는가? 보살은 정천이로써 갖가지 하늘의 소리와 인간의 소리를 … 모든 것을 다 들을 수 있다. 하늘소리 듣는다는 것은, 작의를 하지 않을 때는 하지인 욕계에서부터 상지인 색구경천의 궁에 이르기까지 그 안에서 수생하는 모든 류의 유정의 갖가지 음성을 모두 다 들을 수 있다는 것이며, 작의를 할 때는 이를 뛰어넘는 그 이상의 모든 세계의 소리를 다 들을 수 있다. … 정천이로써 빠짐없이 한량없고 셀 수 없는 모든 류의 유정이 말로 짓는 정업과 부정업을 듣고는 … 갖가지 이익과 안락을 베푸신다. 云何諸佛菩薩天耳智通 謂佛菩薩以淨天耳 能於種種天聲人聲 … 皆悉得聞 聞天聲者 若不作意 下從欲界上至色究竟宮 其中受生諸有情類 種種音聲 皆悉能聞 若作意時 過是已上諸世界聲 皆亦能聞 … 以淨天耳 普聞十方無量無數諸有情類語之所作淨不淨業 … 施作種種利益安樂"라고 하였다. [참고문헌] 『大般涅槃經』, 『中阿含經』·권11 「三十二相經」(대정장1, p.493b9), 『瑜伽師地論』, 『雜阿含經』 권38(대정장2, p.277c4), 『大般若經』 권376(대정장6, p.944b17), 60권본 『華嚴經』 권28(대정장9, p.579a3), *Bodh-bh.49.*, *Dharm-s.330.* ⇨ 천이통 天耳通

정철 正轍 바른 자취. 이철(異轍)에 상대한다. 부처님의 정법(正法)을 말한다. 『대지도론』 권2(대정장25, p.72b14)에 "불법은 수레가 되고 제자는 말이 되어 진실한 법보의 주인이신 부처님의 조어를 받네. 만약 말이 길을 벗어나 바른 자취를 잃는다면 이와 같이 다스려서 조복시키시네. 佛法爲車弟子馬 實法寶主佛調御 若馬出道失正轍 如是當治令調伏", 『대반열반경소』 권3(대정장38, p.55a11)에 "부처님은 능히 법신의 혜명을 기르시니 그 곁에서 생을 구하는 것이다. 부처님은 가르쳐 이끌어서 바른 길을 얻게 하시니, 그분을 따라 구하고 성취한다. 佛能長養 法身慧命 卽是從親求生 佛能訓導 令得正轍 卽是從師求成", 『지관보행전홍결』 권10(대정장46, p.442a6)에 "불법의 대소승 한결같이 십육문으로 유무를 말하지만 단지 집착하는 마음만 부수면 스스로 바른 자취로 돌아간다. 그러므로 이룸과 이루지 못함이 있다고 한다. 佛法大小一十六門 雖云有無 但破執心 自歸正轍 故云有成不成"라고 하였다. [참고문헌] 『大智度論』, 『大般涅槃經疏』, 『止觀輔行傳弘決』. ⇨ 이철 異轍

정철 鼎徹 청대 조동종(曹洞宗) 스님. 호는 요당(了堂), 속성은 한(韓)씨. 강남(江南) 감천(甘泉 : 江蘇省) 출신. 한유(韓愈)의 53세손. 세칭 고산요당정철(鼓山了堂鼎徹)이라고 한다. 고산도원(鼓山道源)화상에게 법을 물으러 가서 그 인가를 받고 이어서 규봉(圭峰 : 陝西省)을 돌아다니며 화엄학을 궁구하였다. 동산오위(洞山五位)의 종지와 삼현삼요(三玄三要) 등에 독자적인 견해를 지니고 있었다.

정첨 正添 조선후기 스님. 호는 대연(大淵). 인파유안(仁坡由安)의 수계제자이며 성공(性空)선사와 도반이었다. 호은(虎隱) 상좌가 주선하여 그린 진영이 해인사(海印寺)에 있는데, 영제(影題)는 '부종수교화엄강주대연당정첨대선사진영 扶宗樹教華嚴講主大淵堂正添大禪師眞影'이며, 경허(鏡虛)가 지은 「대연화상영찬 大淵和尙影贊」(『경허집』· 한불전11, p.614b1)에 "용문사에 주석하신 대연장로는 경을 강하여 현풍을 크게 떨쳤다. 居龍門大淵長老 講貝葉 大振玄風"라고 하였다. [참고문헌] 『鏡虛集』, 李智冠 『伽倻山海印寺誌』 p.772. ⇨ 대연화상영찬 大淵和尙影贊

대연당정첨진영
해인사성보박물관 조선후기

정첩 定疊 서서히 고요해지다. 안정되다. 정돈되다. 어떤 일이 마무리되어 일상의 평정을 찾아간다는 뜻이기도 하다. 『응암담화화상어』(속고존숙어요4, 卍속장119, p.27a14)에 "눈 내리길 기원하며 : 밤 사이에 한 번 눈이 내렸다. 자세히 짚어 보면 다섯 건의 특별한 일이 있었다. 시절에 적절한 조짐이었고, 재앙이 모조리 사라졌으며, 뜨거운 번뇌도 식혔고, 모든 이들이 고요해지길 거듭하였으며, 게다가 까마귀 머리마저 하얗게 샌 모습도 보았다. 말해 보라! 납승문하에서는 결국 어떻게 해야 할까? 문수 달리지만 그 끝 간 데를 알 수 없고, 보현의 눈 속에 금가루 겹겹이 쌓이는데. 祈雪 夜來得一番雪 子細思量 有五件奇特事 應時應節 災殃殄滅 能除熱惱 衆人定疊 又見老鴉頭白 且道 衲僧門下 畢竟如何 文殊疾走無邊方 普賢眼裏重添屑", 『선원청규』 권7 「존숙천화 尊宿遷化」(卍속장111, p.917a2)에 "원문이 (존숙 장례식을 마치고) 조금씩 안정을 찾아가는 듯하면 높은 지위의 모든 존숙들인 경우 특별히 감사의 인사말을 올리고 순서대로 의견을 주고받으며 신임 주지의 천거를 부탁한다. 院門稍似定疊 如上尊宿諸人 須當特爲陳謝 次第商量 請新住持人"라고 하였다. [참고문헌] 『應菴曇華和尙語』, 『禪苑淸規』.

정청 靜聽 조용히 듣다. 마음을 가라앉히고 듣다. 제청(諦聽)의 뜻과 통한다. 『잡아함경』 권49(대정장2, p.363a8)에 "모두들 그 어머니 말을 받아들이며 말없이 조용히 들었다. 悉受其母語 默然而靜聽", 『대승법원의림장』 권2(대정장45, p.270b3)에 "가섭은 대중에게 모두들 조용히 들어야 한다고 하였다. 迦葉勅衆 皆當靜聽"라고 하였다. [참고문헌] 『雜阿含經』, 『大乘法苑義林章』.

정체 正體 ❶ 바른 바탕. 다른 것 아닌 바로 그것의 뜻이다. 『대지도론』 권72(대정장25, p.569a27)에 "이 보살은 불법의 정체가 '필경공 · 무아 · 무아소이고, 정해진 실법이란 하나도 없다. 보이거나 들리거나 알거나 하는 모든 것이 허망한 거짓이라 허깨비와 같고 꿈과 같다'는 이 법을 깊이 믿었으므로 목숨까지 바쳐 원적을 공양하였다. 是菩薩聞 佛法正體 所謂畢竟空 無我 無我所 無一定實法 所見所聞所知 皆是虛誑 如幻如夢 深信是法故 能以身命 供養怨賊", 『인왕호국반야바라밀경소신보기』 권1(대정장33, p.288c15)에 "비록 열 가지로 법계가 다르지만 한결같이 한 법성의 체에 의지하고, 그 체는 시작과 끝도 다르지 않으니 드러난 그 끝은 오로지 부처님에게 있다. 그러므로 모든 대승의 경은 하나같이 실상을 가리켜 정체로 삼는다. 雖十界之別 而同依一法性體 惟其體未始異 則所顯極唯在佛 故凡大乘諸經 通指實相 以爲正體也", 『법화경소의찬』 권5(卍속장45, p.546a1)에 "법륜의 정체란 이전의 모든 교설은 방편에 속하므로 『법화경』을 정체라 한다. 法輪正體者 前諸敎皆屬方便 故法華名正體也"라고 하였다. [참고문헌] 『大智度論』, 『仁王護國般若波羅蜜經疏神寶記』, 『法華經疏義纘』. ❷ 경(經) 등에서 전하고자 하는 본래의 가르침이나 뜻. 『금강반야경소』(대정장33, p.75a17)에 "체란 무엇인가? 만일 모든 상을 상이 아닌 것으로 본다면 여래를 보리라. 이것이 경의 본래 뜻이다. 體者 若見諸相非相 卽見如來 是經之正體也", 『법화경의기』 권1(대정장33, p.575b1)에 "앞에서는 인의 뜻을 가려내고, 뒤에서는 과의 종지를 밝혔다. 그러므로 인과를 한 쌍으로 설함이 경의 바른 모습이다. 前辨因義 後明果宗 然則因果雙說

經之正體也", 『법화현의』 권8하(대정장33, p.781b26)에 "하나뿐인 실제란 실상이고, 실상이란 경의 바른 바탕이다. 이와 같은 실상인즉 공가중이다. 一實諦者 卽是實相 實相者 卽經之正體也 如是實相 卽空假中"라고 하였다. [참고문헌] 『金剛般若經疏』, 『法華經義記』, 『法華玄義』. **3** 정체지(正體智)의 줄임말. 진여를 성취(如理)한 지혜를 말한다. 『기신론소필삭기』 권14(대정장44, p.373a5)에 "여리란 앞서 말한 정체의 다른 이름으로 진여의 이치를 증득하는 지혜다. 如理卽前正體之異名 能證眞如理之智", 원측(圓測)의 『해심밀경소』 권3(한불전1, p.231a12)에 "만약 이 해석에 따르면 정체와 후득이 모두 현량이다. 若依此釋 正體後得 皆是現量", 『섭대승론석』 권12(대정장31, p.241a16)에 "만약 정체에 의지한다면 무분별로 얻은 과보는 응신이다. 若依正體 無分別所得 果報是應身", 『섭대승론석론』 권8(대정장31, p.307a27)에 "(增上慧) 가운데 오직 무분별을 성취한 지혜만을 정체라 한다. 於中 唯成就無分別智爲正體"라고 하였다. [참고문헌] 『起信論疏筆削記』, 『解深密經疏』, 『攝大乘論釋』, 『攝大乘論釋論』. ⇨ 정체지 正體智

정체지 正體智 진여(眞如)로부터 유출된 지혜. 진제(眞諦)와 상응하는 지혜로 근본지(根本智)·근본무분별지(根本無分別智)·여리지(如理智)·진지(眞智)·실지(實智) 등이라고도 한다. 속제(俗諦)에 따르는 불보살의 후득지(後得智)와 대칭한다. 『석마하연론』 권5(대정장32, p.639b14)에 "무엇을 가리켜 정위에 들어가지 못했다고 하는가? 십신범부와 일체이승과 삼현위보살 등은 정체지를 얻지 못했고 후득지도 얻지 못했으니, 아직 여리 증득하지 못했기 때문이다. 云何名爲未入正位 謂十信凡夫 一切二乘 三賢菩薩等 未得正體智 未證後得知 未證如理故", 『금강경찬요간정기』 권6(대정장33, p.218c26)에 "근본이란 능히 후득을 낳을 수 있기에 정체지나 진지·여리지라고도 한다. 진실을 능히 비추기에 혜안이라 한다. 根本者 能生後得故 亦名正體智 眞智如理智 以能照眞故 名慧眼也", 『인왕호국반야바라밀다경소』 권상1(대정장33, p.442a6)에 "정체지와 후득지를 모두 실지라 한다. 진속을 능히 반연하기 때문이다. 正體後得 俱名實智 能緣眞俗 二實境故", 『유가론기』 권10(대정장42, p.523a19·한불전13, p.745c15)에 "원측은 주장한다. '번뇌장과 아울러 습기도 끊는 지혜를 청정지라 하니 바로 이것이 정체지다. 일체사중에서도 물들지 않은 무지를 끊기에 일체지라 하니 이것이 후득지다'. 測云 斷煩惱障 並習氣 名淸淨智 卽是正體智 斷一切事中 不染汚無知故 名一切智 卽是後得智", 『성유식론술기』 권10말(대정장43, p.596b11)에 "진리를 증한 성도로 말하자면 그중에는 오직 정체지이지 후득지는 없다. 若言證眞理之聖道 於中唯正體智 非後得", 『화엄경소』 권36(대정장35, p.779b14)에 "『섭대승론석』에 '진여를 쫓아 정체지(무분별지)가 흘러나오고, 정체지에서 후득지가 흘러나오며, 후득지에서 대비가 흘러나오고, 대비에서 십이부경이 흘러나온다'고 한다. 이를 승류법계라 한다. 梁攝論云 從眞如流出正體智 正體智流出後得智 後得智流出大悲 大悲流出一二部經 名爲勝流法界故"라고 하였다. [참고문헌] 『釋摩訶衍論』, 『金剛經纂要刊定記』, 『仁王護國般若波羅密多經疏』, 『瑜伽論記』, 『成唯識論述記』, 『華嚴經疏』, 『攝大乘論釋』 권10(대정장31, p.222b4). ⇨ 근본지 根本智, 무분별지 無分別智, 여리지 如理智, 정체 正體[3], 후득지 後得智

정초 淨草 Ⓢ tṛṇa-saṃstara. 정갈한 풀. 부처님께서 정각을 얻으실 때 자리로 앉으셨던 풀이며, 길상초(吉祥草)라고 한다. 『방광대장엄경』 권8(대정장3, p.587a20 : *Lal-v.*, p.207)에 "보살은 그 때에 이렇게 사유했다. '옛날의 모든 부처님들께서는 어떤 자리에 앉아 아누다라삼막삼보리를 증득하셨는가?' 이런 생각을 할 때, 곧 과거의 모든 부처님들은 모두 정갈한 풀 위에 앉아 정각을 성취하셨음을 알았다. 이 때, 정거천의 천자가 보살의 마음을 알고 보살에게 말했다. '바로 그렇습니다. 과거의 모든 부처님들께서는 깨달음을 증득하시려고 모두 다 정갈한 풀 위에 앉으셨습니다'. 菩薩爾時 作是思惟 古昔諸佛 坐於何座 證阿耨多羅三藐三菩提 作是念時 卽知過去諸佛 皆坐淨草 而成正覺 是時 淨居天子知菩薩心 白菩薩言 如是如是 過去諸佛 欲證菩提 皆坐淨草 atha khalu bhikṣavo bodhisattvasyaitadabhavat-kutra niṣaṇṇaistaiḥ pūrvakaistathāgatairan uttarā samyaksaṃbodhirabhisaṃbuddhā iti. tat o'syaitadabhūt-tṛṇasaṃstare niṣaṇṇairiti. atha khalvantarīkṣagatāni śuddhāvāsakāyikadevaśata sahasrāṇi bodhisattvasya cetobhireva cetaḥpari vitarkamājñāyaivaṃ vāco bhāṣante sma-evametat satpuruṣa, evametat. tṛṇasaṃstare satpuruṣa niṣadya taiḥ pūrvakaistathāgatairanuttarā samyaksaṃbodhirabhisaṃbuddhā iti", 『여래비밀대승경』 권10(대정장11, p.728b10)에 "적혜야, 그 때 보살이 정각을 이루려고 하니 모든 현성이 위신력으로 깨우쳐 주었다. 바로 그때 길상이라는 풀 베는 한 사람이 있었는데, 저절로 보살의 오른쪽에 서서 정갈한 풀을 가지고 있었다. 이 풀의 유연함은 마치 공작의 목털미와 같았으며, 또 가좌린나의처럼 색향도 구족하였고, 낱낱이 오른쪽으로 감겨 있었다. 그 때 풀을 베는 이가 곧 그 풀을 가지고 보살 앞에 나아가서 받들어 올렸으니, 가장 수승한 아누다라삼막삼보리심을 깊이 일으켰다. 寂慧 爾時菩薩將成正覺 有諸賢聖 以威神力 而爲警發 卽時 有一刈草之人 名曰吉祥 自然住立 菩薩之右 持以淨草 是草柔軟

如孔雀項 復如迦左隣那衣 色香具足 一一右旋 時 刈草人 卽持其草 詣菩薩前 奉上菩薩 深發最勝阿耨多羅三藐三菩提心"라고 하였다. 〔참고문헌〕『方廣大莊嚴經』, 『如來祕密大乘經』, *Lal-v.* ⇨길상초 吉祥草

정초초 靜悄悄 쥐 죽은 듯이 조용하다는 말. 시끄럽다는 뜻의 요호호(鬧浩浩)와 대칭한다. 『대혜어록』 권9(대정장47, p.848b10)에 "하안거를 시작하는 날의 병불상당 : 어떤 소리도 나기 이전에 아득히 뻗은 한 길에서는 황면의 구담일지라도 그 소식을 알리는 한 구절을 알지 못하고, 온갖 현상이 분명하게 드러나 있는 곳에서는 푸른 눈의 달마일지라도 어찌 할 도리가 없다. 시끄럽기 짝이 없는 곳에서 조용하고, 조용한 곳에서는 시끄럽게 굴면서, 그 자리에서 금강왕의 보검과 같은 기세인데 누가 감히 맞서서 대적하려 들겠는가? 結夏秉拂 聲前逈逈一路子 黃面瞿曇不知一句 明明百草頭 碧眼胡兒罔措 鬧浩浩處靜悄悄 靜悄悄處鬧浩浩 直下如王寶劍 誰敢當頭擬犯"라고 하였다. 〔참고문헌〕『大慧語錄』. ⇨정초초지 靜悄悄地, 요호호 鬧浩浩

정초초지 靜悄悄地 고요하고 고요하여 더없이 고요함. 고요한 중에 한층 더 애쓴다는 뜻이니 더없이 고요한 뜻이다. 『원오어록』 권10(대정장47, p.756a27)에 "고요하고 고요하여 더없이 고요해, 소란함 끊었다. 천성이라도 감히 무어라 하지 못한다. 靜悄悄地絶譊訛 千聖不敢疑議", 『벽암록』 27칙 「평창 評唱」(대정장48, p.168a20)에 "달마는 서천으로 돌아가기 전 아홉 해나 벽을 볼 뿐 참으로 고요하게 지냈다. 達磨未歸西天時 九年面壁 靜悄悄地", 『설암조흠어록』 권2(卍속장122, p.517b14)에 "다시 몸을 뒤쳐 포단에 오른 다음 자세를 꼿꼿이 하고 앉으면 가슴 속이 활짝 열린다. 저 은산철벽과 같아 허한 중에 더없이 허하고 조용한 중에 애써 한층 고요하니, 어느 구석에 한 터럭이라도 동요하는 형상이 있고 한 터럭이라도 다른 모양이 있겠는가! 又復翻身上蒲團 挺身而坐 則胸次中豁然 如銀山鐵壁 虛勞勞地 靜悄悄地 何處有一絲毫動相 有一絲毫異相"라고 하였다. 〔참고문헌〕『圜悟語錄』, 『碧巖錄』, 『雪巖祖欽語錄』.

정촉 淨觸 깨끗한 것과 더러운 것. 승가에서 물건과 장소, 그리고 좌우의 손 등을 가려 씀을 말한다. 『남해기귀내법전』 권1(대정장54, p.207c11)에 "물은 깨끗한 것과 더러운 것으로 구분하고 물병에는 두 가지가 있다. 깨끗한 물은 모두 도자기로 된 병에 채우고, 더러운 물은 동이나 철 재질로 된 병을 겸용한다. 깨끗한 물은 때 아닌 때 마시고자 할 때 쓰고 더러운 것은 편리에 따라 쓴다. 깨끗한 것은 깨끗한 손으로 들고 반드시 깨끗한 자리에 둔다. 더러운 것은 더러운 손으로 들고 더러운 곳에 놓아도 된다. 凡水分淨觸 甁有二枚 淨者咸用瓦瓷 觸者任兼銅鐵 淨擬非時飮用 觸乃便利所須 淨則淨手方持 必須安著淨處 觸乃觸手隨執 可於觸處置之"라고 하였다. 〔참고문헌〕『南海寄歸內法傳』.

정총 淨聰 1591~1647. 명대 조동종 스님. 속성은 이(李)씨. 덕안(德安) 출신. 서백명설(瑞白明雪)을 만나서 깨닫고 그 법을 이었다. 처음에 여산에 들어가서 18년 동안 두문불출하였다. 서주(瑞州) 신창의 동산사(洞山寺)를 중흥시켰다. 1647년(순치4) 대중을 모아놓고 법좌에 올라 세수 57, 법랍 35세로 입적했다. 〔참고문헌〕『五燈全書』(卍속장142, p.147a14).

정축자 丁丑字 조선전기 정축년(1457·세조3)에 만들어진 동활자(銅活字). 세조가 의경세자(懿敬世子)의 명복을 빌기 위해 친사(親寫)한 『금강경』 정문대자(正文大字)를 자본(字本)으로 삼아 주조하였다. 『금강경』 정문대자만을 찍기 위해 주성하였기 때문에 '금강경대자'라고도 한다. 정축자본 『금강경오가해 金剛經五家解』는 100부를 인출하였는데, 주석의 중간자와 작은 자는 갑인자(甲寅字)로 하였다. 자본에 대해서는 1457년에 인출한 『영가진각선사증도가주해 永嘉眞覺禪師證道歌註解』에 수록된 「어제발 御製跋」과 강희맹(姜希孟)·신숙주(申叔舟)·한명회(韓明澮)·한계미(韓繼美)·김수온(金守溫)·한계희(韓繼禧)·임원준(任元濬) 등 입시고관(入侍高官)들의 발문(跋文)에 소상하게 적고 있다. 김수온의 발문에 "동궁저하의 병이 오래되어 낫지 않다가 … 지난 9월에 본궁의 정침에서 서거하시니, 우리 주상전하께서 그지없이 애통해 하시면서 세자의 명복을 위해 친히 사경하신 『금강반야경』 정문을 자본으로 삼아 『영가집』은 구주 사이에 득통의 주석을 채입하고, 『증도가』에는 언기·굉덕·조정 삼가의 풀이를 합하고, 친히 영응군 염과 … 예문관직제학 한계희 등을 인솔하여 『능엄경』과 『법화경』을 대교하였다. 또 스님 홍준과 신미 등에게 『금강경』 득통의 설의와 『영가집』의 동이를 교정하게 하여 주자소로 내려 보내고 각 100부씩 인출하도록 명하였다. 東宮邸下寢疾旣彌留 … 越其年秋九月有日 殂于本宮之正寢 我主上殿下 哀痛罔極 爲追冥福 手書金剛般若經正文 以爲字本 永嘉集舊註間有得通所釋者採入 證道歌合彦琪宏德祖庭三解 親率永膺大君臣琰 … 藝文館直提學臣韓繼禧等 讎校楞嚴法華經 又命僧弘濬信眉等 校定金剛經得通說義 永嘉集同異 下於鑄字 各印一百件"라고 하였다. 정축자는 이후 1482년(성종13)에 『금강경삼가해 金剛經三家解』 언해본(諺解本)의 정문을 찍어내는데도 사용되었다. 『삼가해』는 다섯 조사 중 야보(冶父)·종경(宗鏡)의 주석과 득통의 설의(說義)를 합친 것이다. 세종의 명으로 착수하여 세조가 이어받았으나 미처 마치지 못하고 승하하자, 정희왕후(貞熹王后)가 학조(學祖)에게 부탁하여 300부를 인출하였다. 주석의 중간자와 작은 자는 1455년(세조1)에 주조한 을해자(乙亥字)로, 국문은 1461년(세조7)에 『능엄경언해 楞嚴經諺解』를 찍기 위해 주조한 훈민자(訓民字)로 찍었다. 현재까지 국내에 알려진 정축자본은 성암고서박물관소장 『금강경오가해』 1책(권상)과 『금강경삼가해』 국역본 2책(권3 · 4), 서울대학교도서관 가람문고소장 『금강경삼가해』 국역본 4책(권2~5), 세종대왕기념사업회소장 『금강경삼가해』 2책(권1 · 5), 동국대학교소장 『금강경삼가해』 낙질본(落帙本) 3책(서 · 권1 · 권5)이 있다. 이외 번각본(飜刻本) 『금강경오가해』는 여러 본이 전래되고 있다. [참고문헌] 千惠鳳 「丁丑字攷」(『歷史學報』 35 · 36, 1967), 『한국금속활자인쇄사』(범우, 2012). ⇨ 인경 印經, 인경자 印經字, 갑인자 甲寅字, 금강경오가해 金剛經五家解

金剛般若波羅蜜經
尊重正敎分第十二
復次須菩提 隨說是經 乃至四句
偈等 當知此處 一切世間天人阿
修羅 皆應供養 如佛塔廟 何況
有人 盡能受持讀誦 須菩提
當知是人 成就最上第一希有之
法
四句偈者 對全經而言其小分也 雖是
小分 隨所說處 皆應供養如塔 小分

정축자 『금강경삼가해』 언해본 서울대도서관

정출가 正出家 Ⓢ pravrajyā, Ⓣ rab-tu-byung-ba. 출가하여 구족계를 받는 일. 육처법(六處法 : 正法住 正法滅 別解脫 毘奈耶 正出家 受具足) 중에 하나로 부처가 되기 위해 구족계를 받는 뜻을 말한다. 『대보적경』 권119(대정장11, p.675a13)에 "저 불세존께서 말씀하신 육처는 다음과 같다. 즉 정법주 · 정법멸 · 별해탈 · 비나야 · 정출가 · 수구족을 말한다. 대승을 위하여 이 여섯 가지를 말씀하셨으니, 그 까닭은 무엇인가? 정법주란 무엇인가? 대승을 위하여 대승이 머무는 것을 말씀하신 것이 곧 정법주다. 정법멸이란 무엇인가? 대승을 위하여 대승이 멸하는 것도 말씀하신 것이 곧 정법멸이다. 별해탈과 비나야, 이 두 가지 법의 뜻은 같고 이름만 다르다. 비나야란 무엇인가? 곧 대승을 배우는 것이다. 그 까닭은 무엇인가? 부처가 되기 위해 출가하여 구족계를 받기에 이것이 대승계온이고 이것이야말로 비나야이며, 이것이야말로 정출가이며 수구족이다. 如佛世尊所說六處 謂正法住 正法滅 別解脫 毘奈耶 正出家 受具足 爲大乘故 說此六處 所以者何 正法住者 爲大乘說大乘住者 卽正法住 正法滅者 爲大乘說大乘滅者 卽正法滅 別解脫 毘奈耶 此之二法 義一名異 毘奈耶者 卽大乘學 所以者何 爲佛出家 而受具足 是故大乘戒蘊 是毘奈耶 是正出家 是受具足", 『유가사지론』 권21(대정장30, p.397a14 : *Śrāv-bh.*, p.9)에 "무엇을 정출가라고 하는가? 곧 이 수승한 선법을 더욱 뛰어나게 하고자 백사갈마로 구족계를 받음을 말한다. 혹은 힘써 책려하면서 배워야 하는 계를 받는 것을 정출가라고 한다. 云何正出家 謂卽由此勝善法欲增上力故 白四羯磨 受具足戒 或受勞策所學尸羅 是名正出家 pravrajyā katamā. yā tameva kuśalaṃ dharmacchandamadhipatiṃ kṛtvā jñapticaturthena vākkarmaṇā upasampatkuśalaiḥśīlasamādānaṃ vā. iyamucyate pravrajyā"라고 하였다. [참고문헌] 『大寶積經』, 『瑜伽師地論』, *Śrāv-bh.*

정취 正聚 삼취(三聚) 중 하나인 정정취(正定聚). 정법(正法)을 닦아서 그 과보로 성불(成佛)하는 것이 결정되어 있는 수행인. 『대지도론』 권75(대정장25, p.589b13)에 "수보리야, 보살마하살이 육바라밀을 수행할 때에 중생들이 삼취인 첫째의 틀림없는 정취 · 둘째의 틀림없는 사취(邪聚) · 셋째의 부정취(不定聚)에 머무는 것을 보고 다음과 같이 서원한다. '나는 그때 육바라밀을 수행하면서 부처님 세계를 청정하게 하여 중생들을 성취시키며, 내가 부처님이 되었을 때 내 국토의 중생에게는 사취가 없고 나아가 그 이름도 없게 하겠다'. 수보리야, 보살마하살이 이와 같이 행하여 육바라밀을 빠짐없이 갖추면 일체종지에 가까워진다. 須菩提 菩薩摩訶薩行六波羅蜜時 見衆生住於三聚 一者 必正聚 二者 必邪聚 三者 不定聚 當作是願 我隨爾所時行六波羅蜜 淨佛世界 成就衆生 我得佛時 令我國土衆生無邪聚 乃至無其名 須菩提 菩薩摩訶薩作如是行 能具足六波羅蜜 近一切種智"라고 하였다. [참고문헌] 『大智度論』. ⇨ 정정취 正定聚❷, 삼취 三聚❶, 일체종지 一切種智

정취 定聚 Ⓢ samyaktva-niyata-rāśi, Ⓟ sammatta-niyato rāsi, Ⓣ yang-dag-pa-nyid-du-nges-pa'i-phung-po. 삼정취(三定聚) 중 하나. 정정취(正定聚 : 正性定聚). 정법(正法)을 닦아서 그 과보로 성불(成佛)하는 것이 결정되어 있는 수행인을 일컫는다. 『증일아함경』 권13(대정장2, p.614c7)에 "어떤 것이 정취인가? 고를 알고, 고인인 습을 알고, 고의 다함을 알고, 고를 다하는 길을 알고, 선취를 알고, 악취를 알며, 정취를 아는 것을 정취라고 한다. 彼云何名爲定聚 所謂知苦 知習 知盡 知道 知善聚 知惡趣 知定聚 是謂名爲定聚", 『대비바사론』 권5(대정장27, p.22c12)에 "견도로부터 다시 물러남이 있다면 제를 보아 마친 후에 다시 제를 보지 못해야 하고, 과를 얻은 후에 다시 과를 얻지 못해야 하며, 현관한 다음에 다시 현관하지 못해야 하고, 정성이생에 들어간 후에 다시 정성이생에 들어가지 못해야 하며, 성자가 된 다음에 다시 이생이 되어야 하고, 정취에 머문 후에 다시 부정취에 머물러야 한다. 물론 이와 같은 뭇 허물은 있을 수 없기에 견도에서는 결정코 물러나지 않는다. 若從見道有還退者 應見諦已還不

見諦 應得果已還不得果 應現觀已還不現觀 應入正性離生已還不入正性離生 應成聖者已還作異生 應住定聚已還住不定聚 勿有如是衆多過失 是故 見道 決定不退"라고 하였다. [참고문헌] 『增壹阿含經』, 『大毘婆沙論』, *Ratna-ut.29.*, *Kv.610.* ⇨ 삼정취 三定聚, 정정취 正定聚

정취보살 正趣菩薩 Ⓢ Ananyagāmī bodhisattva. 『화엄경』「입법계품」에 등장하는 선재동자가 만난 53명의 선지식 중 한 분. 선재동자에게 보살보문속행법문(菩薩普門速行法門：菩薩普門不動速疾行法門·菩薩普門速疾行法門 Ⓢ samantamukhanirjavanaṃ bodhisattvavimokṣaṃ)을 베푼 보살이며, 무이행보살(無異行菩薩)이라고도 한다. 『삼국유사』 권3(대정장49, p.997a3·한불전6, p.331b1) 홍법(興法)3 「낙산이대성관음정취조신 洛山二大聖觀音正趣調信」에 "한 여인이 낙산 아랫마을에 살고 있었는데 그 이름을 물으니 덕기라고 하였다. 그 여인에게는 한 아들이 있었으니, 나이가 여덟 살이었다. 항상 마을 남쪽의 돌다리 주변에 나가 놀았는데, 그 어머니에게 이렇게 말씀드렸다. '제가 함께 노는 아이로 금색동자가 있습니다'. 어머니가 범일조사에게 말씀드리니 조사는 뛸 듯이 기뻐하며 그 아이와 함께 놀던 다리 밑으로 가서 찾았다. 물속에 석불 하나가 있어서 꺼냈는데, 왼쪽 귀가 떨어진 것이 이전에 본 사미와 닮았는데 바로 정취보살상이었다. 이에 간자를 만들어 절을 지을 땅을 점치니, 낙산 위쪽이 길하였으므로 세 칸의 전각을 짓고 그 보살상을 안치하였다. 有一女居洛山下村 問其名 曰德耆 女有一子 年才八歲 常出遊於村南石橋邊 告其母曰 吾所與遊者 有金色童子 母以告于師 師驚喜 與其子尋所遊橋下 水中有一石佛 舁出之 截左耳類前所見沙彌 卽正趣菩薩之像也 乃作簡子 卜其營構之地 洛山上方吉 乃作殿三間 安其像"라고 하였다. [참고문헌] 『三國遺事』, 60권본 『華嚴經』 권51(대정장9, p.718c13), *Gaṇḍ-vy.165·166.* ⇨ 오십삼선지식 五十三善知識, 입법계품 入法界品

정취사 淨趣寺 경상남도 산청군 신등면 양전리 대성산(大聖山)에 있는 정취암(淨趣庵). [참고문헌] 『東國輿地勝覽』 권31 慶尙道 丹城縣 佛宇, 『伽藍考』, 『梵宇攷』, 『韓國寺刹全書』 권하 p.1019b19. ⇨ 정취암 淨趣庵

정취암 淨趣庵 경상남도 산청군 신등면 양전리 대성산(大聖山：一名 芚鐵山)에 있는 절. 대한불교조계종 제12교구 본사 해인사(海印寺)의 말사이며, 정취사(淨趣寺)라고도 한다. 686년(신문왕6)에 의상(義湘)대사가 창건하였다고 전하는데, 1834년(순조34) 오대산인(五臺山人) 긍식(亘湜)이 지은 「대성산정암중건기 大聖山淨菴重建記」(『조선사찰사료』 권상, pp.607~608)에 "우리 대성산 정취암은 신라와 고려 이래의 고찰인데 왜 정취암이라 하는가? 옛날에 장륙금신이 동해에서 솟아나 서기 두 줄기를 방출하니 하나는 금강산을, 다른 하나는 대성산을 가리켰다. 옛날에 의상조사가 그 끝을 찾아 사암을 창건하였는데 금강산에는 원통전을, 대성산에는 정취암을 창건하였기 때문이다. 唯我大聖山淨趣庵 羅麗古寺而何曰淨趣庵也 昔者丈六金身 聳出於東海之中 放二道瑞氣 一指金剛 一指大聖 古義相祖師 隨尋終源 遂刱寺菴 金剛刱圓通殿 大聖建淨趣而故也"라고 하였다. 1652년(효종3)에 소실된 후, 이듬해부터 봉성치헌(鳳城致憲)이 중건하기 시작하여 9년 만에 완공하였다. 『가람고』·『범우고』에 이름과 위치가 전하며, 1776년(영조52)에 조술도(趙述道 1729~1803)가 지리산을 유람하고 지은 「남유록 南遊錄」(『만곡집』 권9·한국문집총간 속집92, p.321b14)에 "걸어서 정취암에 올라가 유숙하였다. 步上淨趣庵 仍留宿"라고 하였다. 1834년(순조34)에 계곡이관(溪谷以官)이 중수하고, 1923년에 설하(雪荷) 조장원(曺章源)이 중수하였다. 1956년에 동성(東城)이 법당과 요사를 수리하였고 1968년에 효공(曉空)이 보수하였다. 1987년에 인법당을 해체하고 법당을 새로 지을 때, 도영(道永)이 대웅전을 짓고 석가모니불·관세음보살·대세지보살상을 봉안하였으며, 같은 해에 수일(秀一)이 대웅전을 단청하고 세지보살 대신 지장보살상을 봉안하였다. 1994년에 순민(純敏)이 응진전과 요사를 건립하였고, 1996년에 수완(修完)이 대웅전 편액을 원통보전으로 바꾸었다. 현존 당우로는 원통보전·응진전·삼성각 등이 있다. 성보문화재로는 18세기에 조성된 원통보전 보살상인 유형문화재 제543호 목조관음보살좌상과 1833년(순조33)에 조성된 문화재자료 제243호 산신탱 등이 있다. [참고문헌] 『朝鮮寺刹史料』, 『伽藍考』, 『梵宇攷』, 『晩谷集』, 『韓國寺刹全書』 권하 p.1020a2.

정취암 목조관음보살좌상

정취철설 釘觜鐵舌 쇠못같은 입부리에 쇳덩이 혀. 여지없이 예리하게 던지는 말. 『속전등록』 권8 「응부광조전 應夫廣照傳」(대정장51, p.513b15)에 "법좌에 올라 대중을 돌아보고 말했다. '이것이 무엇이길래 왜 안으려 해도 모이지 않고, 떨쳐도 흩어지지 않으며, 바람 불어도 들이지 않고, 물에 적셔도 젖지 않으며, 불에 태워도 타지 않고 칼로 자를 수도 없는가? 이것은 무엇인가? 대중 중에서 쇠못과 같이 예리한 변재를 가진 납승이 있는가? 나를 위해 그대로 보게 하라'. 上堂 顧大衆曰 這箇爲甚麽 摊不聚 撥不散 風吹不入 水灑不著 火燒不得 刀斫不斷 是箇甚麽 衆中莫有釘嘴鐵舌底衲僧 試爲山僧定當看", 『허당록』 권9(대정장47, p.1048b17)에 "쇳부리 철퇴같은 말솜씨는 남들의 미움을 산다. 釘嘴鐵舌得人憎"라고 하였다. 〔참고문헌〕『續傳燈錄』, 『虛堂錄』.

정치 正治 **1** 바르게 다스리다. 팔정도(八正道) 중 하나로 경전에 따라 정견(正見)이나 정사유(正思惟) 또는 정정진(正精進) 등 차이가 있다. 『증일아함경』 권5(대정장2, p.568a5)에 "어떤 것이 도인가? 말하자면 현성의 여덟 가지 도이니, 첫째 정견, 둘째 정치, 셋째 정업, 넷째 정명, 다섯째 정방편, 여섯째 정어, 일곱째 정념, 여덟째 정정이니, 이것을 도라고 한다. 云何爲道 所謂賢聖八品道 一名 正見 二名 正治 三名 正業 四名 正命 五名 正方便 六名 正語 七名 正念 八名 正定 是謂名道", 같은 책 권7(대정장2, p.580b19)에 "어떤 것을 촉명(燭明)이라고 하는가? 탐음·진에·우치 등이 다한 것을 말한다. 어떤 것이 등불에 의하여 나아가는 길을 위한 행업인가? 말하자면 정견·정치·정어·정업·정명·정방편·정념·정삼매 등이니, 이것을 등불에 의하여 나아가는 길을 위한 행업이라고 한다. 彼云何名燭明者 所謂貪婬 瞋恚 愚癡盡 彼云何名爲由燭趣道之業 所謂正見 正治 正語 正業 正命 正方便 正念 正三昧 是謂由燭趣道之業"라고 하였는데, 정사유를 말한다. 『출요경』 권26(대정장4, p.748a10)에 "어떤 중생이 멸진의 열반에는 생도 없고 멸도 없음을 알면, 세상에 속거나 미혹되지 않는다. 모든 불세존께서 영원히 쉬시는 집이니, 어떤 중생이 이 집에 들어가면 영예가 이를지라도 더 기뻐하지 않고, 비방에 핍박을 받을지라도 근심하지 않는다. … 그 집에 들어가고자 하는 이는 팔정도를 건너야 한다. … 그러므로 이렇게 말한다. 감옥을 감옥이라고 알면, 감옥이 아닌 것도 감옥이 아님을 안다. 저 사람이 감옥에서 나오려면 정치를 근본으로 한다. 若有衆生解滅盡泥洹無生無滅 亦不欺詐誑惑於世 諸佛世尊 永息之室 其有衆生 入此室者 寵位至不以增歡 毁辱逼不以加慼 … 欲至彼室者 要涉八正之徑路 … 是故說曰 牢而知牢者 不牢知不牢 彼人求於牢 正治以爲本也"라고 하였는데, 정견을 말한다. 『전법륜경』(대정장2, p.503b17)에 "어떤 것이 중도를 수지하는 것인가? 팔직도를 수지하는 것이니, 첫째 정견, 둘째 정사, 셋째 정언, 넷째 정행, 다섯째 정명, 여섯째 정치, 일곱째 정지, 여덟째 정정을 말한다. 何謂受中 謂受八直之道 一曰 正見 二曰 正思 三曰 正言 四曰 正行 五曰 正命 六曰 正治 七曰 正志 八曰 正定"라고 하였는데, 정정진을 뜻한다. 〔참고문헌〕『增壹阿含經』, 『出曜經』, 『轉法輪經』. ⇨ 팔정도 八正道, 정견 正見, 정사유 正思惟, 정정진 正精進 **2** 나라를 바르게 다스리는 것. 『장아함경』 권18 「세기경 世記經」(대정장1, p.121a21)에 "전륜성왕이 나라를 바르게 다스려 사곡함이 없고 십선행을 닦으니, 그 때 모든 백성들도 정견을 닦고 십선행을 갖추었다. 轉輪聖王 以正治國 無有阿抂 修十善行 爾時 諸人民 亦修正見 具十善行"라고 하였다. 〔참고문헌〕『長阿含經』, 『賢愚經』 권11(대정장4, p.426a14). ⇨ 전륜성왕 轉輪聖王

정칭 靜稱 남북조대 송에서 활동하던 비구니. 속성은 유(劉)씨, 출가 전의 이름은 승(勝). 초군(譙郡) 출신. 『비구니전』 권2 「산양동향죽림사정칭니전 山陽東鄕竹林寺靜稱尼傳」(대정장50, p.940a4)에 의하면, 계율을 열심히 지키고 경전 45만 자를 암송하였는데 항상 호랑이 한 마리가 따라다녔다. 좌선할 때는 옆에 있었고 다른 비구니가 과실이 있어도 참회하지 않으면 호랑이가 크게 노하고 참회하면 기뻐하였다고 한다. 박평(博平) 출신의 문강(文姜)을 우연히 만나 함께 고행하였으니 마(麻)와 차조만을 먹으며 수행하였다. 그 명성이 알려져 북조에서 초빙하였으나 변경을 좋아하지 않아 결국 돌아왔다. 93세에 병 없이 입적하였다. 『법원주림』 권14 「송비구니혜목 宋比丘尼慧木」(대정장53, p.400a7)에 의하면, 혜목의 도덕을 알고 찾아와 친하게 지냈으며 함께 무량수불을 예배하기도 하였다고 한다. 〔참고문헌〕『比丘尼傳』, 『法苑珠林』.

정타 頂墮 정위(頂位)에서 떨어지는 것. 정퇴(頂退)라고도 한다. 성문의 사선근위(四善根位) 중 두 번째인 정선근위(頂善根位)에서 물러나 악도(惡道)에 나는 것을 말한다. 사선근위 중에서 난위(煖位)와 정위(頂位)는 동선근(動善根)이기 때문에 산란한 마음에 머물거나 악한 벗을 가까이하거나 바른 가르침을 듣지 않고 스스로 잘못 이해하면 퇴보하여 악도에 떨어지지만 인위(忍位)와 세제일법(世第一法)은 부동선근(不動善根)이기에 결코 악도에 떨어지지 않는다. 이외에 천태지의(天台智顗)는 『지관보행전홍결』 권7(대정장46, p.386c24)에서 정위에 머물러 나아가거나 물러나지 않는 위를 정타라 하였으며, 『대반야경』 권36(대정장5, p.200c13)에서는 보살이 이승(二乘 : 聲聞獨覺)의 위르 떨어지는 것을 정타라고 하였다. 『대비바사론』 권6(대정장27, p.27a29)에 "어떤 것이 정타인가? 〔답〕 어떤 한 류가 있어 선사를 친근히 하고 정법을 들으며, 도리에 맞게 생각하고 부처님과 보리법을 믿으며, 이것을 잘 말하고 더욱 잘 수행하며, 색수상행식 등은 무상하다 하고 고집멸도 등 사제를 선설하지만, 그가 다른 때에는 선사를 친근히 하지 않고 정법도 듣지 않으며, 도리에 맞게 생각하지 않아 이미 세속에서 얻은 믿음에서 물러나 떨어져 파괴하고 옮겨 달라져 망실하기까지 하기에 정타라고 한다.

云何頂墮 答 如有一類 親近善士 聽聞正法 如理作意 信佛菩提法 是善說增修妙行 色無常 受想行識無常 善施設苦諦 善施設集滅道諦 彼於異時 不親近善士 不聽聞正法 不如理作意 於已得世俗信 退沒破壞移轉亡失 故名頂墮", 『유마경현소』 권2(대정장38, p.530a5)에 "법에 대한 애착이 생기면 곧바로 정타하여 인법위에 들어서 세제일법을 성취하여 참된 무루지를 드러내지 못한다. 법애를 낳지 않으면 곧 정타하지 않아서 인법위에 들어가 세제일법을 성취하여 참된 무루지를 드러낸다. 若生法愛 卽便頂墮 不得進入忍法 成世第一法 發眞無滿也 若能不生法愛 卽不頂墮 得入忍法位 成世第一法 發眞無漏"라고 하였다. [참고문헌] 『止觀輔行傳弘決』, 『大般若經』, 『大毘婆沙論』, 『維摩經玄疏』, 『雜阿毘曇心論』 권5(대정장28, p.909c15). ⇨ 정위 頂位, 사선근위 四善根位

정탁불군 挺卓不群 빼어나 무리짓지 않다. 무리중에 빼어난 뜻이다. 『당고승전』 권25 「도선전 道仙傳」(대정장50, p.651a22)에 "도선은 출중하여 무리와 달랐으니 들에서 금수와 어울렸다. 仙挺卓不群 野栖禽獸", 『즉비전록』 권8 「조사원류상찬 祖師源流像贊」(가흥장38, p.668a22)에 "보장보지선사 : 출중한 면모는 무리와 달랐고, 강직한 품성은 비교할 이가 없도다. 법인을 고스란히 드러내 세속의 저편에서 휜출했다. 寶藏普持禪師 挺卓不群 骨梗無輩 法印全提 超方之外"라고 하였다. [참고문헌] 『唐高僧傳』, 『卽非全錄』.

정탈득출 定奪得出 결정짓고 벗어나다. 『대혜어록』 권3(대정장47, p.823a5)에 "만약 그중에 있다면 법상을 취하는 것이고, 그중에 있지 않다면 비법상을 취하는 셈이다. 그러므로 경에서 '법상을 취해도 아상·인상·중생상·수자상에 집착하는 것이고, 비법상을 취해도 아상·인상·중생상·수자상에 집착하는 것이라고 하였다. 바로 이때에 오히려 결정짓고 벗어날 이가 있는가? 결정하지 못했다면 내일 그대에게 물어보겠다. 若在其中 卽取法相 若不在其中 卽取非法相 故經云 若取法相 卽著我人衆生壽者 若取非法相 卽著我人衆生壽者 正當恁麽時 還有定奪得出者麽 若定奪不出 明日來向汝道"라고 하였다. [참고문헌] 『大慧語錄』.

정태록 靜泰錄 당대 정태(靜泰)가 지은 『중경목록 衆經目錄』 5권의 다른 이름. 『대당동경대경애사일체경론목 大唐東京大敬愛寺一切經論目』이라고도 한다. ⇨ 중경목록 衆經目錄, 대당동경대경애사일체경론목 大唐東京大敬愛寺一切經論目

정토 淨土 Ⓢ kṣetra-pariśuddhi, kṣetra-vara, kṣetra-viśuddhi-vibhutva, buddhakṣetra-pariśuddhi, Ⓣ zhing-yongs-su-dag-pa, zhing-rnam-par-dag-pa-la-'byor-pa, sangs-rgyas-kyi-zhing-yongs-su-dag-pa. 청정한 국토. 깨끗한 제불인위(諸佛因位)와 그 본원(本願)에 의지해 드러나는 청정장엄한 불국토를 말한다. 청정국토(淸淨國土)·청정불찰(淸淨佛刹)·청정토(淸淨土)·정찰(淨刹)·정계(淨界)·정국(淨國)·정방(淨方)·정세계(淨世界)·정묘토(淨妙土)·정역(淨域)·묘토(妙土)·불찰(佛刹)·불국(佛國) 등이라고도 한다. 상대어는 중생들의 번뇌 가득한 예토(穢土 : 穢國)이다. 『대승현론』 권5(대정장45, p.67a2)에 "정토는 대개 제불보살이 깃드는 곳이고 중생이 돌아가야 할 곳이다. 淨土者 蓋是諸佛菩薩之所栖域 衆生之所歸", 『대승의장』 권19(대정장44, p.834a10)에 "정토라고 말하는 것은, 경중에 때론 불찰이라고 하고 불계라 하며 불국이라 부른다. 때론 불토·정찰·정계·정국·정토라 부른다. 찰이란 이 천축의 말로 여기에서 번역할 말은 없고 대개 처처라는 다른 말이 있다. 부처를 중심으로 처를 가리기에 불찰이라 한 것이다. 불세계라 할 때 세란 세간의 국토경계로서 중생이 모여 사는 처는 기세간이라 한다. 계란 바로 경계가 다른 뜻이니, 부처님 계시는 곳은 다른 이들이 머무는 곳과 다르고, 또 부처님의 교화에 따라 주처도 다르기에 계라 부른다. 부처님을 잡아서 계를 가리면 불세계라 하고, 불국이라 하면 사람을 거두는 곳의 뜻이어서 국이라고 하고, 토라고 함은 몸을 둘 곳이어서 토라 한다. 다시 부처님을 잡아서 토를 가리면, 불토가 되지만 만약 그저 국이라 하면 왕이 다스리는 곳이어야 하기에 왕이 없기에 토는 그런 뜻이 아니지만 몸의 뜻인 신은 다 있으니 찰과 계는 그 뜻에서 통한다. 이 모든 것이 물들지 않았기에 정이라 한다. 言淨土者 經中或時名佛刹 或稱佛界 或云佛國 或云佛土 或復說爲淨刹 淨界 淨國 淨土 刹者是其天竺人語 此方無翻 蓋乃處處之別名也 約佛辨處 故云佛刹 佛世界者 世謂世間國土境界 盛衆生處 名器世間 界是界別 佛所居處 異於餘人 故名界別 又佛隨化 住處各異 亦名界別 約佛辨界 名佛世界 言佛國者 攝人之所 目之爲國 約佛辨國 故名佛國 言佛土者 安身之處 號之爲土 約佛辨土 名爲佛土 若論其國 王領者有 不王者無 土卽不爾 有身皆有 刹之與界 其義則通 此無雜穢 故悉名淨"라고 하였다. 정토란 대승 중에서 설하는 뜻이어서 보살이 일찍이 정불국토(淨佛國土)에서의 성취중생(成就衆生)을 위해서 서원을 세운 이후로 무량억겁의 공덕을 쌓아 건립하는 청정국토이기에, 회신멸지(灰身滅智)의 무여열반(無餘涅槃)을 꿈꾸는 소승에서는 없는 교문이다. 『아촉불국경』 권상 「선쾌품 善快品」(대정장11, p.755b21)에 "아촉여래무소착등정각은 과거 보살도를 행할 때, 이 대승나승반을 입어 이에 원을 짓는다. 부처님께서 말씀하시길 '그 옛날 보살도를 행할 때 백천인등 혜아릴 수 없는 무앙수의 사람을 위해 덕을 쌓고 무상정진도에도 덕을 쌓아 가지며 불도를 짓고 불찰을 깨끗이 하길 원했다. 원한 바대로 불찰을 장엄하고자 그 원을 구족히 하였다'. 阿閦如來無所著等正覺 昔行菩薩道時 以被是大僧那僧涅 乃作是願 佛言 昔行菩薩道時 若干百千人不可復計無央數人 積累德本 於無上正眞道 持是積累德本願作佛道及淨其佛刹 如所願欲嚴其佛刹 卽亦具足其願", 『방광반야경』 권19 「건립품 建立品」(대정장8, p.136a12)에 "보살은 어떻게 능히 불토를 깨끗이 하는가? 부처님께서 말씀하시길 '보살이 초발심한 이래로 항상 신구의를 깨끗이 하고 다른 이도 교화하여 깨끗이 하게 한다. … 이렇게 하여 보살은 뭇 악을 버리고 육바라밀을 행하니 또한 다른 이들도 육바라밀을 행하게 한다. 이 공덕을 가져서 중생과 함께 불국토를 깨끗이 한다'. 菩薩云何能淨佛土 佛言 菩薩從初發意已來 常淨身口意 幷化餘人 淨身口意 … 是故菩薩 捨衆惡已 自行六波羅蜜亦勸進人 使行六度 持是功德 與衆生共求佛國淨", 『무량수경』 권상(대정장12, p.267b23)에 "때에 세요왕불께서 법장비구에게 말씀하셨다. '네가 수행하는 장엄불토는 너 스스로 마땅히 알아야 한다'. 비구는 부처님께 사루었다. '이 뜻 크고 깊어서 나의 경계로는 알 수 없습니다. 원컨대 세존께서 널리 제불여래의 정토 행하심을 펴 말씀해 주십시오. 나 이제 듣고 나서는 마땅히 말씀하신 대로 수행하여 소원대로 성취하리다'. 時世饒王佛告法藏比丘 汝所修行莊嚴佛土 汝自當知 比丘白佛 斯義弘深 非我境界 唯願世尊 廣爲敷演 諸佛如來 淨土之行我聞此已 當如說修行 成滿所願", 『대지도론』 권7(대정장25, p.108b27)에 "불세계를 장엄하는 일은 큰일이다. 오직 공덕을 행하는 것만으로는 능히 성취할 수 없다. 반드시 원력을 세워야 한다. 비유컨대 소의 힘으로 수레를 끌지만 반드시 이끄는 자가 있어야 능히 도달할 수 있는 것과 같다. 세계를 깨끗이 하고자 하는 원도 이와 같다. 복덕은 소와 같고 원은 이끄는 자와 같다. 莊嚴佛世界事大 獨行功德 不能成故 要須願力 譬如牛力 雖能挽車 要須御者 能有所至 淨世界願 亦復如是 福德如牛願如御者"라고 하였다. 『아촉불국경』 권상 「발의수혜품 發意受慧品」(대정장11, p.751b26)에서 말하는 천불찰(千佛刹)의 묘희(妙喜)세계, 아미타불의 극락정토(極樂淨土), 『대반열반경』 권12 「광명변조고귀덕왕보살품 光明遍照高貴德王菩薩品」에 석가의 무승세계(無勝世界), 『약사여래본원경』(대정장14, p.401b20)의 정유리세계(淨琉璃世界), 『문수사리불토엄정경』 권하(대정장11, p.899b11)에 문수사리가 당래에 성불할 이진구심(離塵垢心)세계, 『관세음보살수기경』(대정장12, p.357a24)에 아미타불반열반후에 관세음보살이 정각을 성취하는 국토 중보보집장엄(衆寶普集莊嚴), 『비화경』 권4 「제보살본수기품 諸菩薩本授記品」(대정장3, p.188c24)에는 금강지혜광명공덕보살은 연화(蓮華), 사자향보살은 지수선정공덕(知水善淨功德), 『법화경』 권2 「비유품 譬喩品」(대정장9, p.11b21)에는 사리불의 이구(離垢), 마하가섭의 광덕(光德), 수보리의 보생(寶生), 대목건련의 의요(意樂) 등의 정토가 있다. 이 외에도 많은 대승경에서 수많은 정토를 시설하고 있다. 모두 차별한 인위(因位)의 발원에 의지하기에 정토의 장엄은 다 각기 다르다. 『신화엄경론』 권6(대정장36, p.759b1)에서는 권실(權實)을 기준으로 『아미타경』의 정토·『무량수관경』의 정토·『유마경』의 정토·『범망경』의 정토·마혜수라천(摩醯首羅天)의 정토·『열반경』의 정토·『법화경』의 삼변정토(三變淨土)·영산회(靈山會)의 정토·유심(唯心)의 정토·비로자나(毘盧遮那)의 정토 등 열가지 정토를 시설하였으며, 『법원주림』 권15(대정장53, p.397c1)에서는 법성토(法性土)·실보토(實報土)·사정토(事淨土)·화정토(化淨土) 등 네 가지 정토를 말한다. 『불지경론』 권1(대정장26, p.292b25)에 "〔논〕 이것은 여래의 거주처가 원만함을 나타낸다. 즉 부처님의 정토를 말한다. 이와 같은 정토는 다시 열여덟 가지 원만한 일에 의지하므로 원만하다고 한다. … 이런 원만함으로 장엄된 궁전을 부처님의 정토라고 한다. 論曰 此顯如來住處圓滿 謂佛淨土 如是淨土 復由十八圓滿事故 說名圓滿 … 卽此圓滿所嚴宮殿 名佛淨土", 『법원주림』 권15(대정장53, p.397b27)에 "세계가 깨끗한 곳을 정이라 한다. 깨끗이 머물 수 있는 곳을 토라 한다. 그러므로 『섭론』에서 이렇게 말한다. '머구는 땅에 오탁이 없어 파리가 등과 같아서 청정토라고 한다'. 『법화론』에서는 다음과 같이 말한다. '번뇌 없는 중생이 머무는 곳을 정토라고 한다'. 世界皎潔 目之爲淨 卽淨所居 名之爲土 故攝論云 所居之土 無於五濁 如玻璃珂等 名淸淨土 法華論云 無煩惱衆生住處 名爲淨土"라고 하였다. 〔참고문헌〕 『大乘玄論』, 『大乘義章』, 『阿閦佛國經』 『放光般若經』, 『無量壽經』, 『大般涅槃經』, 『藥師如來本願經』, 『文殊師利佛土嚴淨經』, 『觀世音菩薩授記經』, 『悲華經』, 『法華經』, 『新華嚴經論』, 『法苑珠林』, 『佛地經論』, *Saddh-p.206.*, *Madhy-vibh.36.*, *Sūtr.41·170.* ⇨ 극락 極樂, 불국 佛國 ❶, 불국토 佛國土, 불정토 佛淨土, 불토 佛土, 아미타불국 阿彌陀佛國, 아촉불국 阿閦佛國, 아미타정토 阿彌陀淨土, 안락국토 安樂國土, 안양국 安養國, 정토십락 淨土十樂, 정토종 淨土宗, 사토 四土, 시방정토 十方淨土, 밀엄정토 密嚴淨土, 연화장세계 蓮華藏世界, 법화경삼변정토 法華經三變淨土, 예토 穢土

정토간요록 淨土簡要錄 명대인 1381년 도연(道衍 1335~1418) 편. 1권. 여산혜원(廬山慧遠)과 천태지의(天台智顗)를 비롯한 30여 인의 정토 관련 문헌의 요점을 모아 놓은 책. 『여산집 廬山集』·『십의론 十疑論』 등

의 문헌을 인용하고 있다. ⇨ 도연 道衍 [2]

정토감주 淨土紺珠 허주덕진(虛舟德眞 1806~1888) 지음. 1권. 卍속장110, pp.347a1~405a17·한불전11, pp.826a1~867c6에 수록되어 있다. 1879년(고종16)에 노련거사(露蓮居士)가 쓴 「서문」과 허주덕진이 지은 「자서 自敍」, 보광거사(葆光居士)의 청을 받아 1880년 3월에 유엽(劉燁)이 쓴 「발문 跋文」을 모아 1882년 2월 정원사(淨願寺)에서 개간하였다. 「자서」 다음에는 일러두기인 「예언 例言」, 45개 경론에 해당하는 「인용서목 引用書目」을 수록하였고, 본문은 일심(一心)에서 사십팔원(四十八願)까지 143항목으로 구성하였다. 「서문」(한불전11, p.826a12)에 "법당산의 허주장로가 … 지금 경론 중에 정토관련 어구 여럿을 취하여 하나의 책으로 집성하고 『정토감주』라 이름하였으니 대개 장연공(張燕公 : 張說 667~730)이 현상을 기록하여 잊지 않게 하려는 뜻을 취한 것이다. 옛날 천태·중봉·천여·감산 제사는 모두 선종의 대종장이고 문정 또한 높았으나 다른 사람을 가르치는 데에 이르러서는 또한 이 정토문을 들어 타이르기를 멈추지 않았으니 어찌 자비로운 마음이 절박하고 다른 사람을 제도하기를 급하게 여겨 요체를 뽑아낸 지름길을 보여준 것이 아니겠는가! 훗날 이 책을 읽는 이들 역시 대사의 노파심절을 알아야 할 것이다. 法幢山虛舟長老 … 今取經論中淨土句語屬數者 輯成一書 名曰淨土紺珠 盖取張燕公記事不忘之義也 在昔天台中峯天如憨山諸師 俱是禪宗大匠 門庭高峻 而及其誨人 又拈此門 諄諄不已 豈非慈悲心切 度人爲急 指示出要之捷徑耶 後之讀是編者 亦須知師之婆心忉怛也"라고 하였다. ⇨ 덕진 德眞

정토경관요문 淨土境觀要門 원대 회측(懷則) 지음. 1권. 대정장47, pp.289c13~291c23, No.1971에 있다. 송대 천태종 사명지례(四明知禮)의 약심관불(約心觀佛)을 천명하는 내용으로 서방 아미타불 그대로 마음과 같고, 아미타불을 마음에 즉하여 삼천삼제(三千三諦)를 관하는 사상이다. 지례의 제자 인악(仁岳)이 아미타불을 자기의 마음으로 귀속시키는 섭불귀심론(攝佛歸心論)을 펼치고 이에 상현(尙賢)은 마음을 아미타불로 되돌리는 섭심귀불론(攝心歸佛論)으로 논쟁하였는데, 지례는 양쪽 모두를 부정하고 약심관(約心觀)과 불경지관(佛境地觀)을 불이(不二)로 보는 약심관불론을 주장했다. ⇨ 약심관불 約心觀佛

정토당 淨土堂 정토왕생(淨土往生)을 기원하며 수행하는 법당. 일반적으로 아미타불(阿彌陀佛)을 본존으로 모시고 관세음보살(觀世音菩薩)과 대세지보살(大勢至菩薩)을 각각 좌협시(左脇侍)와 우협시(右脇侍)로 안치하는 아미타삼존(阿彌陀三尊)의 법당이다. 『왕생서방정토서응전』 「혜원법사전 慧遠法師傳」(대정장51, p.104a15)에 "비록 여러 종류의 전적에 박식하였지만 서방정토의 교설만 전파하면서 바위 아래 정토당을 건립하고 아침저녁으로 예참하였다. 雖博群典 偏弘西方 嵒下建淨土堂 晨夕禮懺", 『낙방문류』 권3(대정장47, p.182c25)에 "영주 용흥사의 전 자사 이승질과 법림스님이 절의 동쪽 구석에 정토당을 세우고 항상 이 정토업을 받들었다. 永州龍興寺 前刺史 李承晊 及僧法林 置淨土堂 于寺之東偏 常奉斯事"라고 하였다. [참고문헌] 『往生西方淨土瑞應傳』, 『樂邦文類』, 『佛祖歷代通載』 권15(대정장49, p.618a24). ⇨ 정토 淨土, 아미타삼존 阿彌陀三尊

정토론 淨土論 [1] 당대 가재(迦才) 지음. 3권. 『가재정토론 迦才淨土論』이라고도 한다. 대정장47, pp.83b3~104a12, No.1963에 수록되어 있다. 당(唐) 도작(道綽)의 『안락집 安樂集』(대정장47, No.1958)을 「토체성 土體性」·「왕생인 往生人」·「왕생인 往生因」·「도리 道理」·「성교 聖教」·「득왕생인상모 得往生人相貌」·「서방도솔상대우열 西方兜率相對優劣」·「교흥시절 教興時節」·「교인흔염권진기심 教人欣厭勸進其心」 등 아홉 가지 주제로 정비하고 경·론·해석서 등을 인용하여 염불에 의해 서방정토에 왕생하는 정토교의 교법(教法)을 문답형식으로 서술하였다. ⇨ 안락집 安樂集 [2] 세친(世親 Ⓢ Vasubandhu)이 짓고, 원위(元魏)의 보리유지(菩提流支)가 한역한 『무량수경우파제사』(대정장26, No.1524)의 다른 이름. ⇨ 무량수경우파제사 無量壽經優波提舍

정토론주 淨土論註 ➡ 무량수경론게주해 無量壽經論偈注解, 무량수경우파제사원생게주 無量壽經優婆提舍願生偈註, 왕생론주 往生論註

정토만다라 淨土曼荼羅 정토변상도(淨土變相圖). 『아미타경 阿彌陀經』이나 『관무량수경 觀無量壽經』 등에 의지해 그린 만다라. 『무량수의궤』(대정장19, p.67c6)에 "재가자나 출가자 가운데 정토에 왕생하고 싶은 사람은 마땅히 먼저 만다라에 들어가 관정을 받은 다음에 스승에게 염송의 의궤를 받아야 한다. 若在家出家 願生淨土者 應先入曼荼羅 得灌頂已 然後 從師受念誦儀軌"라고 하였다. [참고문헌] 『無量壽儀軌』. ⇨ 정토변상 淨土變相, 만다라 曼荼羅, 도솔만다라 兜率曼荼羅, 아미타구품만다라 阿彌陀九品曼荼羅

정토문 淨土門 정토종 교판(教判)의 이문 중 하나. 갖추어서 왕생정토문(往生淨土門)이라고도 한다. 다른 하나는 성도문(聖道門)이며, 둘을 합하여 성정이문(聖淨

二門)이라고 한다. 자력에 의지하는 성도문과 달리 정토문은 아미타불(阿彌陀佛)의 원력(願力)에 의지하여 염불함으로써 왕생을 성취한다. 『정토승은집』(卍속장109, p.1016a12)에 "방편 중 정토문과 비견할 만한 상대는 없다. 부처님 명호를 한 번 소리내어 부르면 삼근이 모두 그것에 거두어진다. 설령 입으로 읊지만 마음은 매우 산란할지라도 념념이 능히 고의 근원을 멸할 수 있다. 方便無如淨土門 一聲佛號攝三根 縱然口誦心多亂 念念猶能滅苦原"라고 하였다. [참고문헌] 『淨土承恩集』. ⇨ 성정이문 聖淨二門, 사성귀정 捨聖歸淨, 성도문 聖道門

정토문류취초 淨土文類聚鈔 일본 겸창(鎌倉)시대 스님 친란(親鸞) 지음. 1권. 대정장83, pp.644a3~647a21, No.2647에 수록되어 있다. 본서는 친란의 주저인 『교행신증』 6권(대정장83, No.2646)이 64부(部)의 경서에서 인용하는 등 지나치게 광박하고 복잡하여 말법 때의 하근기들이 알기 어려워 하므로, 핵심만을 발췌하여 1권으로 축약하고 그 대의를 간명하게 한 책이다. 그래서 『교행신증』은 광문류(廣文類)·광본(廣本)이라 부르고, 이에 반해 본서는 약문류(略文類)·약본(略本)이라 칭한다. 본서는 정토삼부경 및 용수(龍樹)·세친(世親)·담란(曇鸞)·선도(善導)의 논서 등으로 인용범위를 간략화하고, 교행증(敎行證)의 삼법을 중심으로 그 근본 뜻을 밝히고, 또 왕상(往相)과 환상(還相)에 대해서도 요점을 설명한다. 또 삼심일심(三心一心)을 논하면서 『대무량수경』·『관무량수불경』·『아미타경』의 삼부경이 일치하며, 정토왕생의 참된 인(因)은 본원력(本願力)을 회향(廻向)하는 신심(信心)일 뿐임을 밝히고 있다. ⇨ 교행신증 敎行信證

정토법신찬 淨土法身讚 당대 법조(法照) 지음. 1권. 대정장85, pp.1264c19~1265a15, No.2827에 수록되어 있다. 대정장85, pp.1266a13~b12에 수록된 No.2828과 「대승정토찬 大乘淨土讚」은 동일한 작품이다. 오언(五言) 형식으로 지은 찬문(讚文)이다. 법조의 『정토오회염불송위관행의 淨土五會念佛誦位觀行儀』 권하에도 수록되어 있는데, 대정장본도 그것이다. 참선(參禪)과 염불(念佛)이 다르지 않다는 선정일치(禪淨一致)가 그 배경이다. 돈황본(敦煌本)에 S382·S447·S3096·S4654·S5569·S6109·S6734·P2483·P2690·P2963·P3645·P3839P·北8347 등이 있다. ⇨ 대승정토찬 大乘淨土讚

정토변상 淨土變相 경전에서 시설한 정토의 모습을 그림으로 드러내 보인 모습. 정토변(淨土變)·정토도(淨土圖)·정토만다라(淨土曼茶羅)라고도 한다. 정토의 부처님과 보살 및 성중들과 아울러 장엄(莊嚴) 등의 모습을 그리거나 조각한 성물을 말한다. 아미타(阿彌陀)·약사(藥師)·미륵(彌勒)·영산(靈山)·보타락(補陀落)·노사나(盧舍那)·도솔천궁관(兜率天宮觀) 등이 있는데 대개는 아미타불의 극락정토변을 정토변상이라고 한다. 불보살들이 보수(寶樹)와 연지(蓮池)로 꾸며진 전각과 누각 안에서 설법하는 장면이 많다. 수당대의 정토변상도가 성행하였는데, 선도(善導)는 스스로 서방변

〈그림1〉 아미타정토변상도 돈황막고217굴 성당

〈그림2〉 약사정토변상도 돈황148굴

〈그림3〉 미륵정토변상도 돈황유림25굴 북벽 수

상을 그리기도 하였다. 가장 대표적인 정토변상은 『무량수경 無量壽經』에 의지한 아미타불의 극락정토인 아미타정토변상이며 관경변상도(觀經變相圖)라고도 한다.

중국에서는 7세기경부터 아미타신앙이 유행하면서 정토변상이 다수 제작되었다. 8세기 초 제작으로 추정되는 돈황 217굴의 아미타정토변상도〈그림1〉는 중앙의 웅장한 전각을 배경으로 연지 위 누대(樓臺) 위에 아미타삼존과 보살들을 모시고, 그 앞으로 주악천인상(奏樂天人像)과 무악상(舞樂像)을 배치하여 화려하고 신비한 극락을 표현했다. 약사정토변상은 『약사본원공덕경 藥師本願功德經』에 의지해 약사여래의 동방정유리정토(東方淨琉璃淨土)를 표현한 것이다. 돈황 148굴 약사정토변상도〈그림2〉는 약사여래가 설법하는 장면으로 연화보좌 위에 결가부좌한 약사여래와 양 옆의 일광월광보살과 권속들, 법을 경청하는 성중, 그리고 악기를 연주하는 천인들이 등장하여 장엄한 유리광정토세계를 보여준다. 미륵정토변상은 『미륵상생경 彌勒上生經』에 의지하여 미륵보살이 도솔천의 내원궁에서 설법하는 장면을 묘사하였다. 도솔천만다라(兜率天曼茶羅)라고도 한다. 수대 그려진 돈황 유림굴(楡林窟) 25굴 북벽 미륵정토변상도〈그림3〉는 보관을 쓴 미륵보살이 영락과 보배로 장식된 도솔천궁 연화좌에 앉아 천인과 보살 등에 둘러 싸여 있는 장면을 표현하였다. 우리나라에서는 고려 말에서 조선초에 걸쳐 유행하였다. 대표적인 작품은 아쉽게도 해외에 소재하는데 일본 복정현(福井縣) 서복사(西福寺) 소장의 관경서분변상도와 관경십육관변상도, 경도(京都) 지은원(知恩院)에 소장되어 있는 1323년(충숙왕10)작 설충(薛沖)의 관경십육관변상도〈그림4〉와 1465년(세조11)작 이맹근(李孟根)의 관경십육관변상도, 조선후기의 동화사 염불암 극락구품도〈그림5〉 등의 성보가 전한다. [참고문헌] 『敦煌-紀念敦煌藏經洞發現一百周年』(北京 : 朝華出版社, 2000) pp.7~45. ⇨ 극락변상 極樂變相, 관경변상도 觀經變相圖, 아미타구품도 阿彌陀九品圖, 약사여래도 藥師如來圖, 미륵정토변상도 彌勒淨土變相圖

〈그림4〉 관경십육관변상도 일본 지은원 고려 1323년

〈그림5〉 극락구품도 동화사 염불암 1841년

정토변현생인 淨土變現生因 정토를 변화로 나타나게 하는 인. 정토를 일으키는 본래의 무분별지(無分別智)와 후득의 무루선근종자(無漏善根種子)를 말한다. 『불지경론』 권1(대정장26, p.294a11)에 “이것은 본래의 무분별지와 후득의 무루선근종자로서 삼무수겁 동안 닦아 늘리고 넓힘으로써 이 정토변현의 생인이 되었다. 此用本來無分別智 後得無漏善法種子 三無數劫 修令增廣 爲此淨土變現生因”, 『화엄경소초』 권48(대정장36, p.376a20)에 “이 부처님의 정토는 여래식중에 무루선근을 인으로 삼아 생한다. 곧 갖추어 닦아 나게 하니 본래부터 있는 두 가지 법을 합하여 인연이 된다. 此佛淨土 如來識中 無漏善根 爲因而生 則具修生 本有二法 合爲因緣也”라고 하였다. [참고문헌] 『佛地經論』, 『華嚴經疏鈔』, 『解深密經疏』 권1(한불전1, p.146a5). ⇨ 무분별지 無分別智, 무루선근 無漏善根

정토보살 淨土菩薩 정토에 왕생한 보살. 『신화엄경론』 권14(대정장36, p.810a12)에 “오직 이승과 정토보살만 근본무명을 끊도록 허락받지 못했다. 왜냐하면 무명이 근본지임을 분명하게 알지 못했기 때문이다. 唯不許二乘 及淨土菩薩 斷得根本無明 爲不了無明是根本智故”, 『화엄경결의론』 권1(대정장36, p.1013c9)에 “정토보살은 생사를 염려하여 정토에 왕생하며 부처님을 만나 법을 듣고도 대비심이 없이 먼저 자신의 안락을 취하고 나중에 회향한다. 이것은 모두 스스로의 무명이 본래 대지혜임을 알지 못하고서 작은 도에서 달리 구하려는 바를 가진 것이다. 淨土菩薩 厭患生死 往生淨土 見佛聞法 無大悲心 且受自樂 後當迴向 此皆迷自無明本是大智 而於小道別有所求”라고 하였다. [참고문헌] 『新華嚴經論』, 『華嚴經決疑論』.

정토보서 淨土寶書 백암성총(栢庵性聰 1631~1700) 지음. 1권. 한불전8, pp.484b1~511a14에 수록되어 있다. 권수(卷首)에 1686년(숙종12) 욕불일(浴佛日)에 백암성총이 직접 지은 「서문 序文」이 있고, 권말(卷末)에는 강희 25년(1686) 전라도 낙안 징광사(澄光寺) 개판사실을 전하는 「간기」와 각수(刻手)·화사(化士)의 이름도 전한다. 서문에 “현겁 제4존께서 평생 베푸신 교화는 선교방편이 아닌 것이 없다. 그러나 일체방편 중 그 긴요한 묘를 곧장 구하려는 이에게 염불하여 정토를 구함만한 것이 없다. … 드디어 여러 저술을 모

으고 격언 및 고금의 왕생과 관련된 문장을 가려서 1편으로 집성하였다. 賢劫第四尊 一代施化 莫非善巧方便 然於一切方便中 求其直捷要妙者 莫念佛求淨土之若也 … 遂蒐獵諸述 採掇格言及古今往生之章章者 輯成一編"라고 하였다. 본문은 아미타·관세음·대세지보살의 인지(因地)에 대하여 서술하고, 먼 길을 떠나려는 사람이 반드시 우구(雨具)를 갖추어야 하듯이 정토를 닦으려는 이는 반드시 먼저 믿음과 원을 일으켜야(起信願) 하기에 「정토기신문 淨土起信文」을 수록하였다. 다음으로 정토업을 권하는 「권수정토업 勸修淨土業」, 염불하는 법의 「염불법문 念佛法門」, 부처님께서 보여주신 염불의 열 가지 공덕과 『불설아미타경』을 수록하였다. 이어서 고금에서 행한 감응을 모은 「염불현응 念佛現應」과 염불을 일과로 삼은 인물과 역대 존숙이 염불을 권하는 내용, 「정토과험 淨土果驗」에서는 사문(沙門)·왕신(王臣)·사민(士民)·니중(尼衆)·부녀(婦女)·악인(惡人)·축생(畜生)으로 나누어 각각의 왕생 사례를 수록하고, 제일 마지막에는 「왕생정토다라니 往生淨土陀羅尼」로 마무리 하였다. 징광사 개판본이 동국대학교에 소장되어 있다. ⇨ 성총 性聰

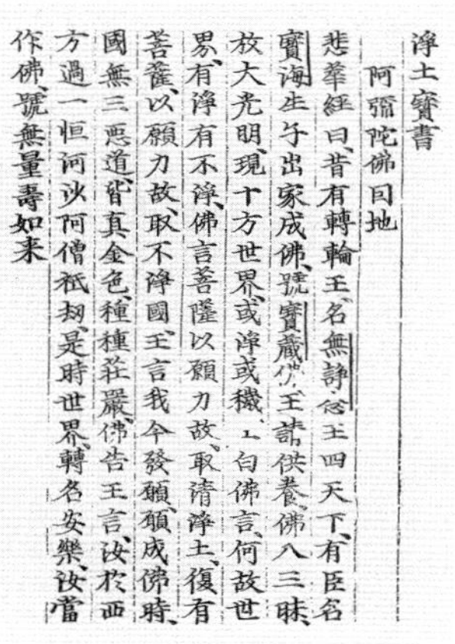
淨土寶書
阿彌陀佛因地
悲華經曰 昔有轉輪王 名無諍念王 四天下 有臣名
寶海 生子出家成佛 號寶藏佛 王請供養 佛入三昧
放大光明 現十方世界 或淨或穢 王白佛言 何故世
界 有淨有不淨 佛言 菩薩以願力故 取清淨土 復有
菩薩 以願力故 取不淨國 王言 我今發願 願成佛時
國無三惡道 皆真金色 種種莊嚴 佛告王言 汝於西
方過一恒河沙阿僧祇刼 是時世界 轉名安樂 汝當
作佛 號無量壽如來

정토보서 낙안징광사판 1689년

정토불 淨土佛 ❶ 아미타불(阿彌陀佛 Ⓢ Amitāyus-tathāgata)의 다른 이름. 『법화현론』 권9(대정장34, p.435a10)에 "석가는 정토를 일러 화신의 자취라고 하였으니 정토불은 실신이 아니다. 석가의 거친 몸은 결코 승묘신이 아니니 석가 역시 자취임을 알 수 있다. 以釋迦指淨土爲化迹 則淨土佛非實身 釋迦之麤 必非妙身 則知釋迦亦爲迹矣", 『법화의소』 권9(대정장34, p.589b28)에 "〔문〕 석가는 무엇 때문에 정토불이 분신이라고 하였는가? 〔답〕 정토불은 수승하지만 여전히 응신이고 진불이 아니기 때문이다. 곧 석가의 예토신과 아미타불이 자취이지 근본이 아님을 드러낸 것이다. 問 釋迦何故指淨土佛 爲分身耶 答 淨土佛妙 尙是應而非眞 則顯釋迦穢身 彌是迹而非本"라고 하였다. 〔참고문헌〕『法華玄論』, 『法華義疏』. ⇨ 아미타불 阿彌陀佛, 무량수불 無量壽佛❶ ❷ 정토와 부처. 『조당집』 권20 「순지장 順之章」(대장경보편25, p.671b8)에 "빛을 돌이켜 지혜를 일으키고 진공에 통달하면 자기의 부처와 정토가 일시에 나란히 드러나니 마음 밖에서 정토와 부처를 구하지 않는다. 若迴光發智 達得眞空 自己佛及淨土 一時齊現 不求心外 淨土佛"라고 하였다. 〔참고문헌〕『祖堂集』.

정토사 淨土寺 ❶ 서울특별시 서대문구 홍은동 백련산(白蓮山)에 있는 백련사(白蓮寺). 1909년(융희3)에 죽하(竹下)가 지은 「백련사사적병서 白蓮寺事蹟幷序」(『한국사찰전서』 권상, p.422a5)에 "신라 경덕왕 5년(747) 정해에 창건하였다. … 왕이 그 소문을 듣고 진표국사를 위해 절을 지어 주석하게 하였으며, '정토'라고 사액하였다. 創自新羅景德王五年丁亥 … 王聞之 爲建寶坊而俾居之 賜其額曰淨土"라고 하였다. 〔참고문헌〕『韓國寺刹全書』. ⇨ 백련사 白蓮寺❷ ❷ 강원도 강릉시 옥계면 낙풍리에 있던 절. 정토암(淨土庵)이라고도 한다. 『사탑고적고』에 "초석과 기와조각이 흩어져 있다. 礎石瓦片散在"라고 하였다. 〔참고문헌〕『韓國寺刹全書』 권하 p.1020b1. ⇨ 정토암 淨土庵❶ ❸ 경상북도 성주군에 있던 절. 1560년(명종15)에 황준량(1517~1563)이 창건하였다. 1677년(숙종3)에 편찬된 성주군 읍지인 『경산지』 권2 사찰에 "황준량이 성주목사가 되어 녹봉서재를 지었으며, 옆에 사우를 두고 스님들로 하여금 지키게 하였다. 黃俊良爲星州牧使 設鹿峰書齋 傍置寺宇使僧守之"라고 하였다. 〔참고문헌〕『京山誌』. ❹ 전라남도 장성군 북하면 약수리 백암산(白巖山)에 있는 백양사(白羊寺). 『동국여지승람』 권36 전라도 장성현 불우·『범우고』에 "쌍계루가 있다. 有雙溪樓"라고 하였으며, 뒤이어 이색(李穡)의 「쌍계루기」를 기록하였다. 「전라남도장성군백암산백양사 全羅南道長城郡白巖山白羊寺」(『조선불교통사』 권상, p.653)에 "고려 덕종 3년(1034) 갑술에 중연선사가 정토법문을 선양하였으므로, 이름을 고쳐 정토사라고 하였다. 高麗德宗王三年甲戌 中延禪師爲宣揚淨土法門 更名淨土寺", 1377년(우왕3) 삼봉(三峰) 정도전(鄭道傳)의 「정토사교루기 淨土寺橋樓記」(『조선사찰사료』 권상, p.172)에 "지난 경술년(1370·공민왕19) 여름에 비가 많이 내려 냇물이 넘쳐 교루가 급류에 휩쓸려 붕괴되자, 청수(淸叟)가 다시 재목과 기와를 마련하여 날을 다투어 완성하였다. 越庚戌夏雨甚 溪水暴漲 樓爲狂湍所激崩壞 淸叟復鳩材瓦 剋日成之", 노사(蘆沙) 기정진(奇正鎭 1798~1879)의 「정토사기 淨土寺記」(『노사집』 권21·한국문집총간310, p.483a7)에 "오늘날 (물줄기가 사찰을) 둘러싸고 있는 것은 전과 같으나, 한줄기만 보이고 다른 한줄기는 보이지 않는다. 今日繞而前也 見其一 不見其二也", 기정진의 「백암정토사사적서 白巖淨土寺事蹟序」(『노사집』 권18·한국문집총간310, p.418b14)에 "상인 인정이 정토사 석굴에 주석하며 조사서래의를 참구하였는데 사람들이 그의 하산을 보지 못한 지 몇 년이 흘렀다. 청수(淸叟)도 처음에는 알아보지 못하였는데 알아본 이들이 '맞다'고 하였다. 홀연히 『정토사적』을 가져와 '산 밖의 청수가 목판에 새겨 전하려 하니 청수에게 팔 한 쪽을 빌리겠다'고 말하였다. 칭칭 묶인 책을 받아 살펴보니 각엄 이후의 전장설회, 지정년간(1341~1367) 이래로 걸문장엄, 삼봉 정도전 이후의 일이 손바닥을 가리키는 것처럼 다채로웠다. 上人印正 其居淨土石窟 其所參究祖師西來意 人不見其下山 動輒數季 叟初不識渠 識渠者云然 忽攜淨土寺蹟 謁山外叟言將鏤板以壽傳 俾叟借一臂力 視其籍綢繆付囑 自覺儼以下 轉藏設會 自至正以下 乞文莊嚴 自鄭三峯以下 犁然若指掌라고 하였다. [참고문헌] 『東國輿地勝覽』, 『梵宇攷』, 『朝鮮佛教通史』, 『朝鮮寺刹史料』, 『蘆沙集』, 『伽藍考』, 『韓國寺刹全書』 권하 p.1020a15. ⇨ 백양사 白羊寺 ❺ 전라북도 장수군 덕유산(德裕山)에 있던 절. 정토암(淨土庵)이라고도 한다. 『동국여지승람』 권39 전라도 장수현 불우에 이름과 위치가 전하나, 『범우고』에는 "지금은 폐사되었다. 今廢"라고 하였다. [참고문헌] 『東國輿地勝覽』, 『梵宇攷』, 『韓國寺刹全書』 권하 p.1020a18. ⇨ 정토암 淨土庵[3] ❻ 전라북도 정읍시 정우면 산북리에 있는 절. 대한불교조계종 제24교구 본사 선운사(禪雲寺)의 말사다. 1299년(충렬왕25)에 담운선사(曇雲禪師)가 창건, 1603년(선조36)에 진묵화상(震默和尙)이 중건하였다. 1918년에 주지 이진성(李振聲)이 원통전을 세우고, 1922년에 전광명화(全光明華)가 칠성각을 건립하였다. 현존 당우로는 대웅전·칠성각·종각·요사 등이 있고, 경내에는 1968년에 세운 기적비(紀蹟碑)가 있다. [참고문헌] 『韓國寺刹全書』 권하 p.1020a12, 『전통사찰현황』(문화관광부, 2004) p.144. ❼ 제주특별자치도 제주시 조천읍 함덕리에 있는 절. 대한불교조계종 제23교구 본사 관음사(觀音寺)의 말사다. 일제강점기에 석화가 창건, 1963년에 대광이 중창하였다. 1970년에 대웅전, 2000년에 요사를 건립하였다. [참고문헌] 『전통사찰총서』 권21 제주의 사찰과 불교문화(寺刹文化研究院, 2006) pp.206~209. ❽ 충청남도 논산시 정토산(淨土山 : 一名 摩耶山)에 있던 절. 『동국여지승람』 권18 충청도 은진현 불우·『범우고』에 이름과 위치가 전하며, 『여지도서』 충청도 은진 사찰·『가람고』에 "현 동쪽 25리에 있다. 縣東二十五里"라고 하였다. [참고문헌] 『東國輿地勝覽』, 『梵宇攷』, 『輿地圖書』, 『伽藍考』, 『韓國寺刹全書』 권하 p.1020a10. ❾ 충청북도 충주시 동량면 하천리 개천산(開天山)에 있던 절. 「정토사법경대사자등탑비문 淨土寺法鏡大師慈燈塔碑文」에 "임금의 불심은 더욱 돈독해지고 스님을 자주 친견하려는 마음이 깊고 간절하여 가까운 곳인 중주 정토난야에 주지토록 청하였다. 上事佛精勤 深求親近 仍于中州淨土蘭若 請以住持", 「정토사홍법국사실상탑비문 淨土寺弘法國師實相塔碑文」에 "(홍법국사가) 개천산 정토사로 나아가서 산중에 은둔하여 명성을 감추었다. 屆于開天山淨土招提 遁世韜光"라고 하였는데, 두 스님이 나말여초에 활동하였으므로 정토사 역시 나말여초에는 창건되어 있었음을 알 수 있다. 이후 절터는 경작지로 이용되다가 충주댐 건설로 수몰되었다. 댐을 건설하기 전에 발굴조사를 실시하였는데, '淨土寺'명 기와와 함께 '개천사 開天寺'명 기와도 발굴되었다. 『동국여지승람』 권14 충청도 충주목 불우에 "개천사는 정토산에 있다. 開天寺在淨土山", 산천에 "정토산은 개천산이라고도 한다. 淨土山 一云開天山"라고 하였는데, 이를 근거로 개천사와 정토사를 같은 절로 보는 견해도 있다. 수몰 후 절터의 유물과 유적을 인근 언덕에 이전 복원하였는데, 성보문화재로는 국보 제102호 홍법국사탑, 보물 제17호 법경대사탑비·제359호 홍법국사탑비가 있다. 한편 『한국사찰전서』에서는 "생각해보니 용두사이다. 按卽龍頭寺"라 하였는데, 위치로 보아 동량면 대전리 말흘산(末訖山)에 있던 용두사인 듯하다. [참고문헌] 李智冠 『校勘譯註歷代高僧碑文』 高麗篇1 p.181·高麗篇2 p.163, 『東國輿地勝覽』, 『韓國寺刹全書』 권하 p.1020a9, 『寺誌』(충청북도, 1982) pp.569~574, 『한국사지총람』 권상(문화재청·佛教文化財研究所, 2010) pp.382~383. ⇨ 개천사 開天寺, 용두사 龍頭寺[3] ❿ 위치 미상. 신라시대 세규사(世逵寺) 스님 조신(調信)이 창건하였다. 『삼국유사』 권3(대정장49, p.997c5·한불전6, p.332b15) 탑상(塔像)4 「낙산이대성관음정취조신 洛山二大聖觀音正趣調信」에 "수도로 돌아가 장사 관리 소임을 그만 두었으며, 사재를 기울여 정토사를 창건하고 선업을 힘써 닦았다. 이후 종적은 알 수 없다. 還京師免莊任 傾私財創淨土寺 懃修白業 後莫知所終"라 하였다. [참고문헌] 『三國遺事』, 『韓國寺刹全書』 권하 p.1020a4. ⇨ 조신 調信

정토사법경대사자등탑비 淨土寺法鏡大師慈燈塔碑 법경대사 현휘(玄暉 879~941)의 사리탑비. '유진고려국중원부고개천산정토사교시법경대사자등지탑비명병서 有晉高麗國中原府故開天山淨土寺教諡法鏡大師慈燈之塔碑銘幷序'로 시작하는 비문을 최언위(崔彦撝)가 짓고 구족달(具足達)이 썼는데, 비문에 "태조 임금이 특사를 보내어 교외에서 받들어 맞이하였으니, 융성한 총애의 영광이 당시로는 으뜸이었다. 다음날 궁궐로 맞아들여 3등의 품계를 내리고 지극한 마음으로 찬앙하여 국사로서 우대하였다. 上乃特遣使臣 奉迎郊外 寵榮之盛 冠絶當時 翌日延入九重 降於三等 虔心鑽仰 待以國師"라고 하였다. 비는 943년(태조26)에 충청북도 충주시 동량면 하천리 개천산(開天山)에 있던 정토사에 건립하였는데, 1983년에 충주댐으로 수몰지역이 되면서 북동쪽인 현 위치로 이전하였다. 통일신라후기양식을 계승한 고려전기의 석비로 높이 315cm·너비 142cm·두께 31cm이며, 1963년에 보물 제17호로 지정되었다. 화강암으로 된 이수(螭首) 앞면 가운데 '법경대사'를 해서로 쓰고 2행으로 배열한 제액(題額)이 있다. 비신(碑身)은 대리석이며 6·25한국전쟁 때 입은 탄흔(彈痕)이 남아 있다. 앞면에 법경대사의 행적 3,200여 자를, 뒷면에는 음기(陰記) 300여 자를 새겼다. 귀부(龜趺)는 입에 여의주를 물고 있는 용의 모습이며, 등에는 연꽃무늬가 들어 있는 육각귀갑문을 새겼다. [참고문헌] 『朝鮮金石總覽』 권상 pp.149~157, 『韓國金石全文』 中世上 pp.318~328, 『海東金石苑』 권상(亞細亞文化社, 1976) pp.251~268, 李智冠 『校勘譯註歷代高僧碑文』 高麗篇1 pp.176~208, 『文化財大觀』 寶物 石造Ⅱ(文化財廳, 2005) pp.60~63. ⇨ 법경 法鏡, 현휘 玄暉, 정토사 淨土寺 ⑨

정토사법경대사자등탑비

정토사상 淨土思想 ➡ 정토 淨土

정토사홍법국사실상탑비 淨土寺弘法國師實相塔碑 고려전기 고승인 홍법국사의 부도와 비. 원래는 부도와 비 모두 충청북도 충주시 동량면 하천리 정토사지에 있었으나 1915년에 조선물산공진회를 위해 경복궁으로 옮겼다가, 현재는 국립중앙박물관 뜰에 있다. 부도는 국보 제102호. 높이 255cm. 1017년(현종8)에 비를 건립하면서 함께 조성한 것으로 추정된다. 팔각원당형의 신라의 부도양식을 기본으로 하면서도, 탑신을 구형(球形)으로 조성하여 특별하다. 기단부는 팔각 지대석 위에 귀꽃이 봉긋한 복련석(覆蓮石)을 올린 하대석, 안상(眼象) 안에는 운룡문을 새겨 넣은 중대석, 꽃무늬를 겹으로 새겨넣은 앙련(仰蓮)의 상대석으로 구성되어 있다. 둥근 탑신에는 '십 十' 자형 두 줄을 양각으로 조각하고 교차점에는 십자형 겹꽃무늬를 매듭으로 마무리하였다. 탑신 위에는 원통형 석재 위에 옥개석을 올렸는데, 모서리의 귀꽃은 양감이 도드라진 하나만 남아 있고, 옥개 하부는 팔분하여 비천상과 길상초 등을 섬세하게 부조하였다. 상륜부는 반구(半球) 위에 꽃 장식을 올린 형태로, 세로로 반파(半破)되었던 것을 복원하였다. 독특한 조형과 섬세한 의장이 돋보이는 걸작이다. 비는 보물 제359호. 전체 높이 375cm·비신 높이 222cm·너비 105cm·두께 22.5cm. 귀부(龜趺)·비신(碑身)·이수(螭首)가 완전하지만, 비신은 마결되어 판독이 어려운 부분이 많다. 비문은 손몽주(孫夢周)가 왕명을 받들어 지었는데 앞면에는 국사의 행적이, 뒷면에는 제자들의 이름이 새겨져 있다. 비문에 "영원히 자비의 음덕 전하여 인방을 두루 덮는 이가 있으니 오직 우리 대선사 바로 그 분이시다. 永傳慈蔭 闊庇仁方者 唯我大禪師是著"라고 하였다. 귀부는 정면을 응시하는 용두(龍頭)이고, 등에는 육각귀갑문이 가득 새겨져 있다. 이수는 제액을 둘러싸고 구름과 용이 노니는 듯한 모습인데, 용의 비늘까지 섬세하게 새겼다. [참고문헌] 『朝鮮金石總覽』 권상 pp.234~240, 『韓國金石全文』 中世上 pp.435~440, 李智冠 『校勘譯註歷代高僧碑文』 高麗篇2 pp.160~179, 『文化財大觀 國寶 建造物』(文化財廳, 2001) pp.284~285. ⇨ 홍법 弘法, 정토사 淨土寺 ⑨

정토사홍법국사실상탑비

제액 탁본

정토사홍법국사실상탑비 비문 탁본

정토산림 淨土山林 대중이 모여 일정한 기간 정토왕생을 기리며 정진하는 모임. 미타산림(彌陀山林)이라고도 한다. 금명보정(錦溟寶鼎)의 『조계고승전』 「조계종사눌봉선사전 曹溪宗師訥峯禪師傳」(한불전12, p.421b15)에 "같은 해(1929년) 가을, 길상암에서 백일 동안 정토산림을 수행하였다. 신도들이 귀향하길 흡사 저 시장같았는데, 수복을 구하고 자손을 얻고자 하였으니 이루지 못한 이가 없었다. 同年秋住吉祥庵 與錦兄結社 修百日淨土山林 信徒歸向 恰如市門 求壽福乞子孫者 莫不成就也"라 하였다. [참고문헌] 『曹溪高僧傳』. ⇨ 정토 淨土

정토삼매경 淨土三昧經 북위대 소현사문통(昭玄沙門

統) 담요(曇曜) 한역. 1권. 담요에 가탁한 위경(僞經)이라는 설도 있다. 담정(曇靖)의 『제위경 提謂經』과 동시대에 찬술된 것으로 추정한다. 이 경전은 재계를 수지함으로써 선신(善神)이 수호하고 매월 육재일과 팔왕일마다 계법을 굳게 수지하면 수명이 늘어나고 복덕이 증장하며 죽은 뒤에는 천계에 나는 이익이 있음을 밝혔다. 돈황본과 대일본속장경(大日本屬藏經) 수록본이 있다. 이 경의 내용은 『경율이상 經律異相』·『법원주림 法苑珠林』·『제경요집 諸經要集』 등에 인용되었다. 〔참고문헌〕『僧史略』 권중(대정장54, p.243b22).

정토삼부경 淨土三部經 아미타불의 정토왕생을 설하는 세 가지 경전. 『무량수경 無量壽經』·『관무량수불경 觀無量壽佛經』·『아미타경 阿彌陀經』을 말한다. 정토종에서 소의로 삼는 삼부경전을 말한다. 『무량수경』은 『대경 大經』, 『관무량수불경』은 『관경 觀經』, 『아미타경』은 『소경 小經』으로 약칭하기도 한다. 『무량수경』과 『아미타경』은 본래 서기 100년경 서북 인도 지역에서 찬술된 것으로 추정하지만 『관무량수불경』은 인도찬술로 확증하지 않는다. 4~5세기 경 중앙아시아에서 대체적인 개요가 완성된 이후 한역되면서 동아시아에 큰 영향을 미쳤다. 『무량수경』은 조위(曹魏) 강승개(康僧鎧)의 한역으로 전해지지만 실제로는 동진 불타발타라(佛陀跋陀羅)와 유송(劉宋) 보운(寶雲)의 공역으로 추정하기도 한다. 한역본으로 4종의 동본이역이 있고, 범어원본과 티베트어역본(北京版 No.760)이 있으며, 코탄어본·위구르어역본과 서하어(西夏語) 역본 단편이 남아있다. 『관무량수불경』은 유송 강량야사(畺良耶舍) 역본으로 전하는데 위구르어역 단편은 남아있으나 범본이나 한역이본은 전하지 않는다. 『아미타경』은 요진(姚秦) 구마라집 역이고 동본이역 한 가지와 범본 및 티베트역(北京版 No.783)·위구르어역·서하어역이 전한다. 『무량수경』은 아미타부처님의 전생이었던 법장보살(法藏菩薩)이 세운 사십팔원을 설하고 무량수불과 안락세계의 수승함을 상세하게 설명한다. 또한 칭명염불을 중심으로 다양한 수행방법을 시설하여 정토왕생을 인도하는 내용이다. 『관무량수불경』은 아미타부처님과 극락세계를 관상하는 십육관법(十六觀法)과 삼복수행을 설하고 있으며 『아미타경』은 서방정토의 청정한 장엄과 함께 중생의 정토왕생에 대한 제불찬탄과 육방제불의 인증을 술하여 정토신앙을 분명하고 쉽게 전하는 내용이다. ⇨ 정토 淨土, 미타삼부경 彌陀三部經, 삼경일론 三經一論, 아미타불 阿彌陀佛, 미타신앙 彌陀信仰, 무량수경 無量壽經, 관무량수불경 觀無量壽佛經, 아미타경 阿彌陀經

정토삼십익 淨土三十益 정토왕생에 따르는 서른 가지 이익. 『연종보감』 권9(대정장47, p.342c13)에 "천태지자대사의 『정토군의론』에서 서방정토에 왕생하는 서른 가지 이익을 말한다. 첫째, 불국토에 왕생하는 이익. 둘째, 완전한 법락을 얻는 이익. 셋째, 여러 부처님을 가까이 하는 이익. 넷째, 시방세계를 유력하며 부처님께 공양드리는 이익. 다섯째, 부처님의 설법을 직접 듣는 이익. 여섯째, 복덕과 지혜자량이 신속하게 원만해 지는 이익. 일곱째, 신속하게 깨달음을 증득하는 이익. 여덟째, 천인이 함께 한 자리에 모이는 이익. 아홉째, 퇴전하지 않는 이익. 열째, 무량한 행원이 증진하는 이익. 열한째, 앵무새와 사리조가 법음을 널리 선양하는 이익. 열두째, 나무에 부는 바람으로 아름다운 음악이 울려 퍼지는 이익. 열셋째, 마니주로 된 못에 흐르는 물소리에서 고공에 관한 법음이 펼쳐지는 이익. 열넷째, 갖가지 악기가 묘음을 연주하는 이익. 열다섯째, 사십팔원의 이익. 열여섯째, 진금색신의 이익. 열일곱째, 몸에 추루함이 없는 이익. 열여덟째, 육신통을 갖추는 이익. 열아홉째, 항상 정취에 머무는 이익. 스무째, 어떠한 불선도 없는 이익. 스물한째, 수명이 긴 이익. 스물두째, 의복과 음식이 저절로 해결되는 이익. 스물셋째, 온갖 즐거움만을 누리는 이익. 스물넷째, 삼십이상의 이익. 스물다섯째, 여인이 없는 이익. 스물여섯째, 소승이 없는 이익. 스물일곱째, 팔난이 없는 이익. 스물여덟째, 삼법인을 얻는 이익. 스물아홉째, 몸에 항상 광명이 있는 이익. 서른째, 나라연과 같은 몸의 힘을 얻는 이익. 모든 곳이 보리도의 밝고 밝은 공덕의 숲이라 할 만하다. 天台智者大師淨土群疑論云 生西方者有三十種益 一 往生佛土益 二 得大法樂益 三 親近諸佛益 四 遊歷十方供佛益 五 親聞佛說益 六 福慧資糧疾得圓滿益 七 速證菩提益 八 諸天人等同集一會益 九 無退轉益 十 無量行願增進益 十一 鸚鵡舍利宣揚法音益 十二 風樹樂響益 十三 摩尼水漩演苦空益 十四 諸樂奏妙音益 十五 四十八願益 十六 眞金色身益 十七 形無醜陋益 十八 具足六通益 十九 常住定聚益 二十 無諸不善益 二十一 壽命長遠益 二十二 衣食自然益 二十三 唯受衆樂益 二十四 三十二相益 二十五 實無女人益 二十六 無有小乘益 二十七 離於八難益 二十八 得三法忍益 二十九 身常有光益 三十 得那羅延身力益 可謂處處菩提道明明功德林"라고 하였다. 〔참고문헌〕『蓮宗寶鑑』, 『釋淨土群疑論』 권5(대정장47, p.61a9). ⇨ 정토 淨土, 삼십종익공덕장엄 三十種益功德莊嚴

정토삼자량 淨土三資糧 정토에 왕생하기 위한 세 가지 자량. 신심(信心)과 발원(發願)과 수행(修行)을 말한다. 『아미타경소초연의』 권1(卍속장33, p.531b3)에 "믿음이란 의심하지 않는 것을 말하는데 정토의 묘한 이치를 깊이 믿어 의심하지 않는 것이며, 행이란 뛰어 넘어감을 말하는데 아미타불의 명호를 매 순간 밝게 알아차리는 것이고, 발원이란 기꺼이 하고자 함을 말하는데 마음, 마음으로 향하여 가는 것이니 이것이 정토삼자량이다. 信者 不疑之謂 於淨土妙理 深信不疑 行者 趣造之謂 於彌陀名號 念念明了 願者 樂欲之謂 於極樂世界 心心向往 此淨土三資糧也"라고 하였다. [참고문헌]『阿彌陀經疏鈔演義』. ⇨신원행 信願行, 정토 淨土

정토생무생론 淨土生無生論 명대 전등(傳燈) 지음. 1권. 대정장47, pp.381a21~384a7, No.1975에 수록되어 있다. 여러 경론의 요점을 모아 정토에 태어남과 태어나지 못함에 대해 십문(十門)으로 구분하여 서술하는 내용이다. 십문은 진법계문(眞法界門)·신토연기문(身土緣起門)·심토상즉문(心土相卽門)·생불불이문(生佛不二門)·법계위념문(法界爲念門)·경관상탄문(境觀相呑門)·삼관법이문(三觀法爾門)·감응임운문(感應任運門)·피차항일문(彼此恒一門)·현미호재문(現未互在門)의 순서로 구성되어 있다. 수대 천태지의(天台智顗)가 지은 『정토십의론 淨土十疑論』(대정장47, No.1961), 당대 비석(飛錫)의 『염불삼매보왕론 念佛三昧寶王論』 3권(대정장47, No.1967)과 함께 정토삼론(淨土三論)으로 꼽힌다. 주석서로 명대 정적(正寂)의 『정토생무생론주 淨土生無生論註』 1권(卍속장109, pp.1a1~34a6), 명대 수교(受教)의 『정토생무생론친문기 淨土生無生論親聞記』 2권(卍속장109, pp.35a1~78a16), 달묵(達默)이 지은 『정토생무생론회집 淨土生無生論會集』 1권(卍속장109, pp.79a1~129a10) 등이 있다. 이 책을 계승한 것으로 청대 도림(道霖)의 『속정토생무생론 續淨土生無生論』 1권이 있다.

정토서응전 淨土瑞應傳 당대 문심(文諗)과 소강(小康)이 지은 『왕생서방정토서응전』(대정장51, No.2070)의 줄인 이름. ⇨왕생서방정토서응전 往生西方淨土瑞應傳

정토성현록 淨土聖賢錄 청대 팽희속(彭希涑) 지음. 9권. 卍속장135, pp.187a1~385a17에 수록되어 있다. 『고승전 高僧傳』·『불조통기 佛祖統紀』·『불조통재 佛祖通載』 등에서 정토교의 교주인 아미타불과 관세음보살·대세지보살·문수보살·보현보살 등의 성중과 정토를 성취한 비구나 비구니의 행장을 모은 것이다. 「정토교주 淨土教主」·「천교성중 闡教聖衆」·「왕생비구 往生比丘」·「왕생비구니 往生比丘尼」·「왕생인왕 往生人王」·「왕생왕신 往生王臣」·「왕생거사 往生居士」·「왕생잡류 往生雜流」·「왕생여인 往生女人」·「왕생물류 往生物類」 등 열 가지로 구성되어 있다. 책 권두에는 건륭 48년(1783)에 팽제청(彭際淸)이 쓴 서문과 발범(發凡)이 있다. 이 책을 저본으로 하여 청대 호정(胡珽)은 『정토성현록속편 淨土聖賢錄續編』 4권(卍속장135, pp.387a1~464a15)을 지었다.

정토수증의 土修證儀 북송(北宋)대 동강택영(桐江擇瑛) 지음. 2권. 성립연대 미상. 현재 전하지 않지만, 『불조통기』 권14(대정장49, p.221c4)에 "(택영은) 일찍이 『정토수증의』를 지었는데, 그 찬송에 있는 「아미타불진금색」이라는 게송은 오늘날까지도 많은 사람들이 외운다. 또한 서방과 이 사바세계라는 두 가지 관문의 상을 가림으로써 정업을 닦는 이들을 격려하여 힘쓰도록 하였다. 嘗述淨土修證儀 其讚有阿彌陀佛眞金色之偈至今人皆誦之 又辯西方此土 二種觀門之相 以勸專修淨業者"라는 말에 그 대체적인 성격을 알 수 있다. 또한 『복종집』 권하(卍속장101, p.349a16)에는 「변정토수증 辯淨土修證」이라는 제목 아래 이 저술에 대하여 상세하게 평가하고 있다. [참고문헌]『佛祖統紀』, 『復宗集』, 『西舫彙征』 권상(卍속장135, p.490b8).

정토수학 淨土隨學 청대 고곤(古崑) 엮음. 2권. 卍속장109, pp.930a1~982b10에 수록되어 있다. 1875년(광서1)에 간행하였다. 정토교의 핵심 도리와 행의(行儀) 또는 신앙 등에 관한 문집이다. 저자의 신앙 체험이 잘 드러나 있다.

정토신앙 淨土信仰 ➡정토 淨土, 미타신앙 彌陀信仰, 염불왕생 念佛往生

정토신종 淨土晨鐘 청대 주극복(周克復) 엮음. 10권. 卍속장109, pp.191a1~323b8에 수록되어 있다. 1659년(순치16)에 간행하였다. 정토교와 관련된 주요 문구를 편집하여 엮은 책이다. 먼저 나날이 해야 할 과제를 제시하고, 정토교의 신앙과 수행을 권장하며 염불(念佛) 등의 주제가 이어지고 마지막으로 왕생한 사람들의 전기를 수록하고 있다.

정토신주 淨土神珠 청대 고곤(古崑) 엮음. 1권. 卍속장110, pp.271a1~308a13에 수록되어 있다. 성립연대 미상. 정토왕생에 관한 선대의 요긴한 구절을 모아 놓은 책이다. 말미에 「혈불상시 血佛像詩」와 「정토팔요 淨土八要」가 부록으로 붙어 있다.

정토십락 淨土十樂 ❶정토에서 누리는 열 가지 즐거움. 『왕생요집』 권상(대정장84, p.41b18)의 설이다. 첫째는 성중내영락(聖衆來迎樂)으로 임종 시 아미타불과 관음·세지보살 및 무수한 성중이 맞이하러 오는 즐거움. 둘째는 연화초개락(蓮華初開樂)으로 극락정토에 왕생할 때 연꽃이 처음 피는 모습을 보는 즐거움. 셋째는 신상신통락(身相神通樂)으로 정토의 중생으로서 삼십이상을 갖추고 천안통 등 다섯 가지 신통을 얻어 누리는 즐거움. 넷째는 오묘경계락(五妙境界樂)으로 색성향미촉(色聲香味觸) 등이 묘하고 뛰어남으로 인해 누리는 즐거움. 다섯째는 쾌락무퇴락(快樂無退樂)으로 쾌락이 무궁하여 사라지지 않는 즐거움. 여섯째는 인접결연락(引接結緣樂)으로 예전에 맺은 은인을 직접 찾아 정토로 이끌며 누리는 즐거움. 일곱째는 성중구회락(聖衆俱會樂)으로 수많은 성중과 한곳에 모여 누리는 즐거움. 여덟째는 견불문법락(見佛聞法樂)으로 부처님을 보고 법을 들으면서 누리는 즐거움. 아홉째는 수심공불락(隨心供佛樂)으로 마음 가는 대로 시방제불에게 공양하며 누리는 즐거움. 열째는 증진불도락(增進佛道樂)으로 수행하고 정진하여 불도를 증진하고 결국 불과를 얻어 누리는 즐거움 등을 말한다. 〔참고문헌〕『往生要集』. ⇨극락 極樂, 정토 淨土 ❷ 염불행자가 극락정토의 의보(依報)와 정보(正報)로 누리는 열 가지 즐거움. 주굉(袾宏)의 『아미타경소초』 권2(卍속장33, p.396a10)에 "열 가지란 무엇인가? 자운참주(慈雲懺主) 준식(遵式)은 이 땅과 저 땅에 어렵고 쉬운 열 가지를 열어 보였다. 이제 고와 낙으로 마주해 보겠다. 첫째, 이 땅에서는 부처님을 항상 만나지는 못하는 고통이 있지만 저 땅은 그렇지 않으니 연꽃 핀 곳에서 부처님을 친견하며 항상 가까이 할 수 있는 즐거움이 있다. 둘째, 이 땅에는 설법을 듣지 못하는 고통이 있지만 저 땅은 그렇지 않으니 물새와 수림이 모두 묘법을 드러내는 즐거움이 있다. 셋째, 나쁜 벗에 이끌려 당하는 고통이 없고 가장 선한 사람들이 함께 한곳에 모여 사는 즐거움이 있다. 넷째, 마구니 무리가 괴롭히는 고통이 없고 부처님들이 보호하여 마구니의 작난에서 멀리 벗어나는 즐거움이 있다. 다섯째, 윤회가 그치지 않는 고통이 없고 생사를 용감하게 끊고 영원히 윤회에서 벗어나는 즐거움이 있다. 여섯째, 장애 없이 삼악도의 고통을 벗어나고 악도에서 영원히 떠나 이름조차도 듣지 않는 즐거움이 있다. 일곱째, 번뇌를 일으키는 인연과 도를 가로막는 고통이 없고 마음껏 써먹어도 저절로 되고 애써 도모하지 않아도 되는 즐거움이 있다. 여덟째, 수명이 짧은 고통이 없고 부처님과 함께 한량없이 긴 수명을 누리는 즐거움이 있다. 아홉째, 수행하다가 이전 단계로 떨어지는 고통이 없고 정정취로 들어가 영원히 물러남이 없는 즐거움이 있다. 열째, 무수한 겁이 되도록 성불하지 못하는 괴로움이 없고 한 번의 생 동안 행을 가득 채워 할 일 다 마치는 즐거움이 있다. 十種者 慈雲懺主 開此土彼土 難易十種 今以苦樂對之 一者 此土有不常值佛苦 彼土無之 而但有華開見佛 常得親近之樂 二者 此土有不聞說法苦 彼土無之 而但有水鳥樹林 皆宣妙法之樂 三者 無惡友牽纏苦 而有諸上善人俱會一處之樂 四者 無羣魔惱亂苦 而有諸佛護念遠離魔事之樂 五者 無輪迴不息苦 而有橫截生死 永脫輪迴之樂 六者 無難免三塗苦 而有惡道永離 名且不聞之樂 七者 無塵緣障道苦 而有受用自然 不俟經營之樂 八者 無壽命短促苦 而有壽與佛同 更無限量之樂 九者 無修行退失苦 而有入正定聚 永無退轉之樂 十者 無塵劫難成苦 而有一生行滿 所作得辦之樂"라고 하였다. 〔참고문헌〕『阿彌陀經疏鈔』. ⇨극락 極樂, 정토 淨土

정토십승 淨土十勝 정토의 열 가지 뛰어남. 도솔천(兜率天)과 비교하여 열 가지나 뛰어난 정토에 대해 자은대사(慈恩大師) 규기(窺基)가 설했다. 안락십승(安樂十勝)·안양십승(安養十勝) 등이라고도 한다. 『아미타경통찬소』 권중(대정장37, p.343a9)에 "만일 도솔천으로 말하자면 인간계보다 뛰어나지만 서방정토와 견주면 전적으로 미열하다. 우열로 이미 다르지만 저곳과 이곳 각각 다르기에 서방왕생하라고 권하니 열함을 버리고 뛰어남을 구하라는 뜻이다. 우열로 다르다 하니 정토는 열 가지로 뛰어나고 도솔천궁은 열 가지로 열하다. 정토십승이란, 첫째, 교화의 주인이 머무는 곳이어서 뛰어나다. 둘째, 그곳 중생의 목숨이 길고 뛰어나다. 셋째, 국토가 삼계 어디에도 얽히지 않는다. 넷째, 청정한 곳이어서 욕이 없다. 다섯째, 여자가 살지 않는다. 여섯째, 수행에서 물러나지 않는다. 일곱째, 청정한 곳이어서 물듦이 없다. 여덟째, 국토가 장엄하다. 아홉째, 염불로 망상분별을 거두어들인다. 열째, 열 번 부르기만 하여도 왕생한다. 若論兜率 卽勝人間 乃並西方 全成微劣 勝劣既異 彼此各殊 勸生西方 捨劣求勝也 勝劣有異者 淨土十勝 天宮十劣 淨土十勝者 一 化主所居勝 二 所化命長勝 三 國非界繫勝 四 淨方無欲勝 五 女子不居勝 六 修行不退勝 七 淨方非穢勝 八 國土莊嚴勝 九 念佛攝情勝 十 十念往生勝"라고 하였다. 이와 별도로 『예념미타도량참법』 권3(卍속장128, p.175b11)에는 자각종색(慈覺宗賾)이 제시한 정토십승도 있다. 〔참고문헌〕『阿彌陀經通贊疏』, 『禮念彌陀道場懺法』. ⇨정토 淨土

정토십요 淨土十要 명(明)대 지욱(智旭) 지음. 10권. 『영봉우익대사선정정토십요 靈峰蕅益大師選定淨土十要』라고도 한다. 卍속장108, pp.649a1~931b4에 수록되어 있다. 정토교 경전의 요해(要解)와 논서를 편집한 책이다. 권1~3까지는 지욱의 『아미타경요해 阿彌陀經要解』·송(宋) 준식(遵式)의 『왕생정토참원의 往生淨土懺願儀』와 『왕생정토결의행원이문 往生淨土決疑行願二門』·명(明) 성시(成時)의 『관무량수불경초심삼매문 觀無量壽佛經初心三昧門』과 『수지불설아미타경행원의 受持佛說阿彌陀經行願儀』 등의 해석과 행원으로 구성되어 있고, 권4~10까지는 수(隋) 지의(智顗)의 『정토십의론 淨土十疑論』·당(唐) 비석(飛錫)의 『염불삼매보왕론 念佛三昧寶王論』·원(元) 선우(善遇)의 『정토혹문 淨土

或問』·명 묘엽(妙叶)의 『보왕삼매염불직지 寶王三昧念佛直指』·명 범기(梵碕)의 『서재정토시 西齋淨土詩』·명 전등(傳燈)의 『정토생무생론 淨土生無生論』·명 정지(正知)의 『정토법어 淨土法語』·명 원굉도(袁宏道)의 『서방합론 西方合論』 등의 논서가 수록되어 있다.

정토십의론 淨土十疑論 수(隋)대 지의(智顗) 지음. 1권. 대정장47, pp.77a3~81c18, No.1961에 수록되어 있다. 『십의론』·『아미타십의론 阿彌陀十疑論』·『아미타경결십의 阿彌陀經決十疑』·『천태십의론 天台十疑論』·『정토십의 淨土十疑』·『서방십의 西方十疑』라고도 한다. 1047년(희령9)에 양걸(楊傑)이 쓴 「서문」과 1093년(원우8)에 진관(陳瓘)이 쓴 「후서 後序」가 있다. 왕생에 관한 열 가지 물음에 대하여 천태종의 관점에서 여러 경론을 인용하여 답하는 형식의 논서이다. 정토왕생하여 자신의 편안함만을 구하는 것은 자리(自利)이고 보리도(菩提道)를 장애하는 것이 아닌가에 대한 물음에, 아직 무생법인(無生法忍)을 터득하지 못한 초발심보살(初發心菩薩)은 정토왕생으로 무생법인을 얻을 수 있다고 답하였다. 시방제불일체정토(十方諸佛一切淨土)인데 일불정토(一佛淨土)만을 구하는 것은 옳은가에 대한 물음에, 염부제중생은 마음이 탁란(濁亂)하여 일체제불을 염하면 마음이 산만해져 삼매를 이루기 어려우므로 왕생하기도 어렵고, 또 일불공덕은 일체제불공덕과 다르지 않기 때문이라고 답하였다. 그 외 서방미타불만을 염송해야 하는 연유, 범부가 왕생할 수 있는 법, 정토에 왕생한 범부에게 사견과 삼독이 일어났을 때 불퇴를 얻을 수 있는 법, 미륵하생(彌勒下生)으로 성과를 얻을 수 있음에도 서방정토에 나기를 구해야 하는 이유 등에 대한 문답이 수록되어 있다. 주석서로는 송 징욱(澄彧)의 『주십의론 注十疑論』(卍속장107), 송 원조(元照)의 『십의론과 十疑論科』, 승박(僧樸)의 『승량록 升量錄』 등이 있다. [참고문헌] 『佛祖統紀』 권25(대정장49, p.258b26), 『佛祖歷代通載』 권15(대정장49, p.618a21). ⇨아미타경결십의 阿彌陀經決十疑

정토십이 淨土十易 정토에서 수행하기 쉬운 열 가지 이유. 상대어는 사바십난(娑婆十難)이다. 『정토지귀집』 권상 「정토십이」(卍속장108, p.132b1)에 따르면 다음과 같다. "첫째는 언제나 부처님을 뵐 수 있다. 무량수불께서는 성도이래 십대겁을 지나시며 상주불멸하시기 때문이다. 一 常得見佛 無量壽佛 成道以來 經十大劫 常住不滅故", "둘째 항상 법음을 듣는다. 불보살 등이 항상 묘법을 설하기 때문이다. 二 常聞法音 佛及菩薩 樹林水鳥 常宣妙法故", "셋째 성현들이 모두 한 곳에 모인다. 관음세지로 뛰어난 도반을 삼아 여러 뛰어난 벗들이 모두 한 곳에 모여 있기 때문이다. 三 聖賢會集 觀音勢至爲其勝友 諸上善人 俱會一處故", "넷째 마구니 일을 멀리 여읜다. 천마가 있어도 불법을 수호하여 수행인이 속히 성취토록 하기 때문이다. 四 遠離魔事 雖有天魔 皆護佛法 令修行人 速成就故", "다섯째는 윤회하지 않는다. 연꽃에서 화생하여 더는 생사라는 고통의 세계를 윤회하지 않기 때문이다. 五 不受輪迴 蓮華化生 無復輪轉 生死苦趣故", "여섯째 영원히 악도를 여읜다. 저 불국토에는 삼악도가 없어서 그 이름조차 들을 일 없기 때문이다. 六 永離惡道 彼佛國土 無三惡道 名字尙不聞故", "일곱째 수승한 연 도를 도우니 경루·옥전·진귀한 옷과 맛난 음식 등 모두 도를 돕는 자구다. 七 勝緣助道 瓊樓玉殿 珍衣美饌 皆爲助道之資具故", "여덟째 수명에 한량이 없다. 중생의 수명이 부처님과 같고 인천과 범부가 지력을 다하여도 그 수명이 얼마인지 알 길 없기 때문이다. 八 壽命無量 衆生壽量 與佛齊等 人天凡夫 盡其智力 莫知其數故", "아홉째 정정취에 든다. 중생으로 나도 다 아비발치여서 퇴전함이 없기 때문이다. 九 入正定聚 衆生生者 皆是阿鞞跋致 無退轉故", "열째 한 번의 생애 동안 행을 채운다. 부처님을 따라 배워서 한 번의 생에 언제나 무상보리를 증득하기 때문이다. 十 一生行滿 常隨佛學 一生常得 無上菩提故"라고 하였다. [참고문헌] 『淨土指歸集』, 『阿彌陀經略解圓中鈔』 권하(卍속장91, p.841b2). ⇨십난 十難[4], 정토 淨土

정토암 淨土庵 **1** 강원도 강릉시 옥계면 낙풍리에 있던 암자. 정토사(淨土寺)라고도 한다. 1933년에 편찬된 『증수임영지』 권1 사찰에 "부 남쪽 60리 우계에 있다. 在府南六十里羽溪"라고 하였다. [참고문헌] 『增修臨瀛誌』. ⇨정토사 淨土寺[2] **2** 경상북도 문경시 가은읍 원북리 희양산(曦陽山)에 있던 암자. 봉암사(鳳巖寺)의 산내암자였다. 「봉암사사실약록 鳳巖寺事實略錄」(『한국사찰전서』 권상, p.547b7)에 "1935년에 정진국사가 봉암사를 중건할 당시) 산중에 남암 … 정토암 … 등이 있었는데, 전부 그윽하고 고요하며 후미진 곳이다. 山之中有 南庵 … 淨土庵 … 盡是幽闃靜僻之地也"라고 하였다. [참고문헌] 『韓國寺刹全書』. **3** 전라북도 장수군 덕유산(德裕山)에 있던 암자. 정토사(淨土寺)라고도 한다. 『여지도서』 전라도 장수 사찰·『가람고』에 "현 북쪽 60리에 있다. 縣北六十里"라고 하였다. [참고문헌] 『輿地圖書』, 『伽藍考』, 『韓國寺刹全書』 권하 p.1020b3. ⇨정토사 淨土寺[5] **4** 함경남도 이원군 이원면 송림산(松林山)에 있던 암자. 대본사 귀주사(歸州寺)의 말사였다. [참고문헌] 『韓國寺刹全書』 권하 p.1020b4. **5** 황해남도 안악군 구월산(九月山)에 있던 암자. [참고문헌] 『梵宇攷』, 『韓國寺刹全書』 권하 p.1020b9.

정토오조 淨土五祖 중국 정토종의 오대르 이어진 조사

(祖師). 『왕생론』을 풀이하고 난이이도(難易二道)의 교판을 주장한 담란(曇鸞), 담란의 교판에 근거하여 성정이문(聖淨二門)을 세우고 염불을 널리 퍼뜨린 도작(道綽), 범부의 몸으로 정토에 왕생할 수 있다고 한 선도(善導), 선도를 법상(法相)에 의지하여 정토교의를 풀이한 회감(懷感)과 소강(少康)의 정토교를 널리 전하여 조사로 숭앙받는 다섯 분의 고승(高僧)을 말한다. 여기에 세친(世親)의 『왕생론』을 한역하였으며, 담란에게 『관무량수경』을 전한 보리유지(菩提流支)를 더하면 육조(六祖)가 된다. 『정토법문원류장』(대정장84, p.195b10)에 "중국의 정토교는 보리유지가 시조이고, 담란은 2조이며, 도작선사는 3조이고, 선도화상은 4조이며, 회감법사는 5조이고, 소강법사는 6조다. 담란으로부터 취하면 오조가 된다. 震旦淨教 留支爲始 曇鸞爲二 道綽禪師爲三 善導和尙爲四 懷感法師爲五 少康法師爲六 若自鸞公取之 卽爲五祖"라고 하였다. [참고문헌] 『淨土法門源流章』. ⇨ 담란 曇鸞, 도작 道綽, 선도 善導, 소강 少康, 회감 懷感, 보리유지 菩提流支

정토오회염불송경관행의 淨土五會念佛誦經觀行儀 당대 법조(法照) 지음. 현존 2권. 대정장85, pp.1242c4~1266a10, No.2827에 수록되어 있다. 줄임말은 『오회법사의 五會法事儀』이다. 오회염불의 작법을 열 가지로 분류하여 자세하게 술한 것으로 약본(略本)에 해당하는 『정토오회염불약법사의찬 淨土五會念佛略法事儀讚』(대정장47, No.1983)에 상대하여 광본(廣本)이다. 이 책은 본래 3권인데, 오래도록 전하지 않다가 1908년 프랑스인 펠리오(P.Pelliot)가 돈황에서 권중(P2066)·권하(P2250·P3373) 2권의 사본을 발견하였다. ⇨ 약법사의찬 略法事儀讚

정토왕생 淨土往生 깨끗한 나라에 가서 나다. 아미타부처님의 서방 극락정토에 가서 나는 일로 극락왕생이라고도 한다. 『석정토군의론』 권4(대정장47, p.51a17)에 "점점 모든 도품법과 육바라밀을 닦아나아가 념념이 항상 행하니, 무시 이래의 죄가 모두 소멸하고 수승한 행원이 매 순간 증장하여, 백천삼매가 모두 현전하며 인법공을 관하여 바로 무소득에 이른다. 어찌 천궁에서 오욕남녀가 기뻐하고 즐거워하며 방종하고 육정으로 십악죄를 짓는 것과 저 정토왕생하는 유정을 같이 견줄 수 있겠는가? 漸漸進修 諸道品法 六波羅蜜 念念恒行 無始罪愆 悉皆消滅 殊勝行願 念念增長 百千三昧 皆悉現前 觀人法空 逮無所得 豈比天宮 五欲男女 歡娛放縱 六情造十惡罪 同彼淨土往生有情", 『연종보감』 권8(대정장47, p.340c27)에 "그 빛을 보는 것을 부처님을 뵙는 것이라 하며, 임종할 때 중생을 정토왕생하도록 한다. 見其光者 名爲見佛 能令臨命終時淨土往生", 『서방요결석의통규』(대정장47, p.107b19)에 "『미타경』에서 말씀하시길, 작은 선근복덕의 인연으로 저 나라에 날 수 없다. 의심해서 말하길, 정토왕생은 큰 선이 필요하고 온갖 행업을 갖추어야 비로소 왕생할 수 있다. 공연히 염불하는 것만으로 어찌 그곳에 날 수 있겠는가? 다 거둬들여 말한다. 선근의 많고 적음을 논하자면 오직 염불에 따를 뿐이다. 과거 숙세에 선업을 닦는 인연이 없다면 금생에 부처님의 명호를 들을 수 없음을 밝혔다. 그러나 금생에 정토를 듣고 전일한 마음으로 염불한다면 이것은 과거의 선인이고, 서방정토를 염상해야 비로소 그곳에 이를 수 있으니 이것은 큰 선근이다. 비록 아미타불의 정토를 듣고 왕생의 원을 세웠더라도 진퇴가 한결되지 못하고 마음을 결정치 못하는 것은 선업이 적기 때문이니 정토왕생하지 못한다. 彌陀經云 不可以少善根福德因緣 得生彼國 疑曰 淨土往生 要須大善 具行諸業 方可往生 但空念佛 如何生彼 通曰 夫論善根多少 只約念佛 以明過去無宿善緣 今生不聞佛號 但今得聞淨土 專心念佛 卽是過去善因 想念西方 方能決至 此爲大善根也 雖聞彌陀淨土 發意願生 進退未恒 心不決定 判爲少善 不生淨土也", 『왕생집』 권1(대정장51, p.138a7)에 "세간에 광승이 있어 때론 말하길 '정토왕생은 재가의 두 무리를 유인하기 위한 것이다. 나는 사문이니 내가 어찌 그것을 염두에 두겠는가?'라고 말하고, 어떤 때는 '정토왕생은 둔근기의 승중을 이끌기 위한 것이다. 나는 교법에 밝고 종지에 밝으니 내가 어찌 그것을 신경쓰겠는가'라고 한다. 아! 이것은 잘못된 지식이니 조사를 멀리하고 노숙들을 폄하하는 짓이다. 世有狂僧 或曰 淨土往生 接引在家二衆 吾沙門 吾何屑乎是 或曰 淨土往生 接引僧中鈍根 吾明教吾明宗 吾何屑乎是 噫 是惡知 遠祖而下諸大老", 『능엄경집주』 권8(卍속장17, p.424a18)에 "만약 선선 만을 닦는다면 다만 상계에 날 뿐이다. 만약 여러 복혜를 겸한다면 뜻대로 시방에 난다. … 순수한 관상은 예토에서 상승하는 인이고, 복혜는 정토왕생하는 업이다. 若單修善禪 則唯生上界 若兼諸福慧則隨往十方 … 以純想是穢土上升之因 福慧是淨土往生之業", 『염불백문』(卍속장109, p.803a2)에 "정토왕생은 부처님께서는 빈말로 하신 것이 아니다. 왕생한다고 하셨으면 반드시 왕생한다. 만약 미타가 본성이고 본성이 미타임을 요달한다면, 여래란 오는 곳이 없고 가는 곳도 없으니 '가더라도 실로는 간 일이 없다'고 말한다. 이것은 이와 사를 함께 들고 권과 실을 쌍으로 드러낸 말이다. 淨土往生 佛無虛語 故云生則決定生 若了彌陀卽本性 本性卽彌陀 而如來者 無所從來 亦無所去 故云去則實不去 此理事並擧 權實雙彰語也"라고 하였다. [참고문헌] 『釋淨土群疑論』, 『蓮宗寶鑑』, 『西方要決釋疑通規』, 『往生集』, 『楞嚴經集註』, 『念佛百問』, 『阿彌陀經』(대정장12, p.347b9). ⇨ 정토 淨土, 극락 極樂, 왕생 往生

정토왕생전 淨土往生傳 북송(北宋)대 계주(戒珠 985~1077) 지음. 3권. 대정장51, pp.108b18~126b15, No.2071에 수록되어 있다. 『왕생정토전』·『계주전 戒珠傳』·『왕생전』 등이라고도 한다. 『양고승전』·『당고승전』·『송고승전』 등에서 서방정토에 왕생하기를 염원하였던 사람들의 행적을 모은 책이다. 서진(西晉)의 석승현(釋僧顯)으로부터 북송의 오은(晤恩)에 이르기까지 75인의 행장이 수록되어 있다. 송(宋)대 왕고(王古)가 지은 『신수정토왕생전 新修淨土往生傳』은 이 책을 증보(增補)한 것이다. ⇨ 신수정토왕생전 新修淨土往生傳, 왕생전 往生傳

정토우란분경 淨土盂蘭盆經 당전기의 위경(僞經). 1권. 『대분정토경 大盆淨土經』·『대분경 大盆經』 등이라고도 한다. 『우란분경』(대정장16, No.685)을 저본으로 삼아 재편한 책이다. 목건련(目犍連)이 아귀도(餓鬼道)에 떨어진 어머니를 구제하는 본래의 고사에 대하여 과거세 인연으로 거슬러올라가 국왕과 왕비 그리고 장자(長者)와 그 부인이 금분(金盆)과 은분(銀盆) 등을 부처님과 스님들에게 공양함으로써 칠세(七世)의 부모들을 구제한 고사를 더하였다. 이 경전은 『법원주림』 권62(대정장53, p.751a5)에 『대분정토경』 또는 『대분경』이라는 제명으로 인용되고 있지만 돈황(敦煌)에서 발견된 고본이 전하는데 P2185이며, 암본유(岩本裕)의 『目連傳說と盂蘭盆』(1968년)에 전문이 수록되어 있다. 『개원석교록』 권18(대정장55, p.671c28)에 "『정토우란분경』 1권〈오지(五紙)〉. 이 한 부의 경전은 신구의 경록(經錄) 어디에도 실린 적이 없지만, 당시 세속에서 전해져 유행한 이유로 정통 경전으로 간주될 뿐이다. 문구를 자세히 살펴 보아도 보통 사람들의 생각에 많이 물들어 있어 반드시 상세한 검토가 필요하므로 의록(疑錄)에 부속시킨다. 淨土盂蘭盆經一卷〈五紙〉 右一經 新舊之錄 皆未曾載 時俗傳行 將爲正典 細尋文句 亦涉人情 事須審詳 且附疑錄"라고 하였다. [참고문헌] 『法苑珠林』, 『開元釋教錄』, 『貞元新定釋教目錄』 권28(대정장55, p.1016a25). ⇨ 우란분경 盂蘭盆經, 우란분 盂蘭盆

정토원 淨土院 정토왕생을 위해 수행하는 곳. 『낙방문류』 권3에 유자후(柳子厚 : 柳宗元)의 「용흥사수정토원기 龍興寺修淨土院記」(대정장47, p.182c14)·진관(陳瓘)의 「연경사정토원기 延慶寺淨土院記」(같은 책, p.185a6)·박암수좌(朴菴首座) 청철(淸哲)의 「연경중수정토원기 延慶重修淨土院記」(같은 책, p.186a2) 등의 이름으로 전한다. 남악사문(南岳沙門) 법조(法照)는 장경사(章敬寺) 정토원에서 『정토오회념불약법사의찬』을 짓기도 하였다. 『불조통기』 권28(대정장49, p.284c6)에 "가태년간(1201~1204) 초반 소강 혜광사에 정토원을 건립하고 연못 한 가운데 석탑을 세워 마을 사람들이 화장한 뼈를 모시는 곳으로 삼았다. 염불도를 찍어 베풀고 매월 28일에 승속을 모아 정토원에 나아가 『관경』을 외우고 염불하는 것을 상규(常規)로 삼았다. 嘉泰初 於小江慧光建淨土院 結石塔於池心 爲鄉民火焚藏骨之所 印施念佛圖 月二八集僧俗 就淨土院 諷觀經念佛以爲常", 『정토왕생전』 권하(대정장51, p.125c19)에 "(錢氏가) 특별히 항주 보탑사에 정토원을 건립하여 (紹巖을) 주석토록 하였다. 特於杭州寶塔寺 建淨土院居之"라고 하였다. [참고문헌] 『樂邦文類』, 『淨土五會念佛略法事儀讚』, 『佛祖統紀』, 『淨土往生傳』. ⇨ 염불당 念佛堂, 정토산림 淨土山林

정토의변 淨土疑辨 명대 운서주굉(雲棲袾宏) 지음. 1권. 1653년(승응2) 간행. 대정장47, pp.419c20~420c10, No.1977에 수록되어 있다. 참선(參禪)과 염불(念佛)수행이 다르지 않다는 선정일치(禪淨一致)의 관점에서 정토교(淨土敎)의 종지를 문답의 형식으로 전한다. 『정토의변』(대정장47, p.420a15)에 "중봉대사는 '선이란 정토의 선이고, 정토는 선의 정토이다. 따라서 닦는 사람은 반드시 어느 한 문을 높이 받들어 깊이 깨달으면 된다'라고 하였는데, 이 몇 마디 말씀이 만세가 지나도 변하지 않을 뛰어난 주장이다. 如中峰大師道 禪者 淨土之禪 淨土者 禪之淨土 而修之者 必貴一門深入 此數語 尤萬世不易之定論也", 같은 책(대정장47, p.420b22)에 "이 정토법문은 얕은 듯하지만 깊고 가까운 듯하지만 멀며 어려운 듯하지만 쉽고 쉬운 듯하지만 어려우니 언젠가는 그대가 저절로 알게 될 것이다. 此淨土法門 似淺而深 似近而遠 似難而易 似易而難 他日汝當自知"라 하였다. 전편 789자로 구성된 단편이지만 저자의 사상이 압축적으로 잘 드러나 있다. [참고문헌] 『淨土義辨』, 『雲棲法彙』 권20 「與陳春陽居士」(가흥장33, p.136a22). ⇨ 주굉 袾宏

정토인 淨土因 정토를 성취하는 인. 『염불경』 권말(대정장47, p.132b27)에 "아침 먹을 시인 진시 : 염불은 무엇보다 반드시 아와 인을 조복해야 한다. 염불하면서 인아에 기댄다면 언제 정토인을 심어 거두겠는가? 食時辰 念佛先須伏我人 若將念佛恃人我 何始何成淨土因", 『석정토군의론』 권5(대정장47, p.60c23)에 "만일 오직 선하고 선한 업만이 정토의 인이라면 사정려정에 나기 이전에는 어떤 업을 인으로 삼아 서방정토에 왕생하겠는가? 그러므로 정토의 정인이란 앞선 업으로 거두지 않음을 알아야 한다. 若唯白白業 是淨土因者 如未生得四靜慮定 爲因何業 生於西方 故知 淨土正因 非前業攝", 원효(元曉)의 『무량수경종요』(대정장37, p.128a23·한불전1, p.557b19)에 "다음으로 두 번째는 정토인을 밝힌다. 정토의 인에는 두 갈래 길이 있다. 하나는 성판인이고 또 하나는 왕생인이다. 성판인에 대한 주장은 같지 않다. 어떤 이는 '본래 번뇌가 없는 법 그대로의 순수한 종자를 삼무수겁 동안 닦아서 자라도록 함으로써 이 정토를 위해 변현하여 왕생하는 인이 된다'라고 주장한다. 次第二明 淨土因者 淨土之因 有其二途 一 成辦因 二 往生因 成辦因者 說者不同 或有說者 本來無漏 法爾種子 三無數劫 修令增廣 爲此淨土 變現生因",『정명현론』 권8(대정장38, p.904c25)에 "정토인이란 곧은 마음에서 시작하여 뜻을 청정하게 하는 것으로 마무리하니 만행을 다 거느려 꾸림으로써 타자를 교화하고 자신도 행한다. 淨土因者 始自直心 終乎意淨 總該萬行 化他及自行"라고 하였다. [참고문헌]『念佛鏡』,『釋淨土群疑論』,『無量壽經宗要』,『淨名玄論』. ⇨ 정토왕생 淨土往生

정토자량전집 淨土資糧全集 명대 주굉(袾宏) 교정(校正), 장광환(莊廣還) 엮음. 8권. 1599년(만력27) 간행. 卍속장108, pp.422a1~616a17에 있다.「주굉서」(卍속장108, p.427b2)에 "장거사는 고금의 정토경론을 모으고 그곳에서 긴요한 말을 가려내어 류 별로 편집한 다음 자신의 생각을 덧붙여 한 질을 완성하였다. 莊居士 集古今淨土經論 擇要語類編之 而間附以己意 旣成帙"라고 한 말이 그 평가다. 정토왕생장(淨土往生章)·정토기신장(淨土起信章)·정토서원장(淨土誓願章)·정토재계장(淨土齋戒章)·정토일과장(淨土日課章)·정토겸선장(淨土兼禪章)이라는 6장과 전집(前集)·후집(後集)의 보집(補輯) 2권으로 구성되어 있다.

정토자비집 淨土慈悲集 ➡ 약제경론염불법문왕생정토집 略諸經論念佛法門往生淨土集

정토장엄변 淨土莊嚴變 정토의 장엄한 모습을 묘사한 변상도(變相圖). 정토변(淨土變)이라고도 한다.『관념법문』(대정장47, p.25a8)에 "또한 어떤 사람이『관경』등에 의지하여 정토장엄변을 그려 만든 뒤에 밤낮을 가리지 않고 보배로운 정토를 관상한다면 현생에 찰나마다 80억겁 동안 쌓은 생사의 죄를 사라지게 할 것이다. 又若有人 依觀經等 畫造淨土莊嚴變 日夜觀想寶地者 現生念念除滅 八十億劫 生死之罪"라고 하였다. [참고문헌]『觀念法門』. ⇨ 정토변상 淨土變相

정토종 淨土宗 아미타불의 본원을 믿고 서방 극락정토에 왕생하는 것을 종지로 하는 종파. ❶ 중국 십삼종(十三宗) 중 하나. 연화는 정토의 의보(依報)를 상징하며 정토왕생하는 이들은 연꽃 안에서 화생(化生)하므로 연종(蓮宗), 아미타불의 명호칭념을 주요 수행법으로 삼으므로 염불종(念佛宗)이라고도 한다. 동진(東晋)대 여산(廬山) 혜원(慧遠)이 백련사(白蓮社)를 결성하고 서방정토에의 왕생을 서원하고 수행했던 것에서 기원한다. 소의경전은『무량수경 無量壽經』·『관무량수경 觀無量壽經』·『아미타경 阿彌陀經』의 정토삼부경(淨土三部經)이다. 서역에서 정토 관계 경전들이 전래한역되면서 차츰 종지(宗旨)를 세우는 기반이 되었는데, 가장 이른 시기에 역출된 경전은 후한(後漢) 179년(광화2) 지루가참(支婁迦讖)과 축불삭(竺佛朔)이 한역한『반주삼매경 般舟三昧經』이다. 이 경전은 반주삼매에 의해 부처님의 현전을 감득하는 것을 내용으로 하였다. 후에 여산혜원은 이 경에 근거하여 염불삼매와 견불(見佛)을 제창하였다. 삼국시대에는 지겸(支謙)이『대아미타경 大阿彌陀經』 2권을 역출하였는데 아미타불이 인위(因位)에서 발한 서원과 극락정토의 장엄(莊嚴)을 구체적으로 설하는 경전이다.『혜인삼매경 慧印三昧經』·『무량문미밀지경 無量門微密持經』도 역출하였다. 서진(西晉)대에는 축법호(竺法護)가『무량청정평등각경 無量淸淨平等覺經』 2권·『덕광태자경 德光太子經』·『결정총지경 決定總持經』·『아미타불게 阿彌陀佛偈』를 역출하였고, 요진(姚秦)에서는 구마라집(鳩摩羅什)이 401년(홍시3)에『아미타경』과『십주비바사론 十住毘婆沙論』등을, 북량(北涼)의 담무참(曇無讖)이 419년(원희원년)에『비화경 悲華經』10권을, 유송(劉宋)의 보운(寶雲)은 421년(경령2)에『신무량수경 新無量壽經』 2권을, 강량야사(畺良耶舍)는 424년(경령2)에『관무량수경』을 각각 역출하였다. 이후 북위(北魏) 508년(영평1)에 보리유지(菩提流支)가 세친의『왕생론』을 역출하고 담란(曇鸞)에게『관무량수경』을 전하면서 정토종은 일대전환을 맞게 된다. 담란은『왕생론주』를 지어 아미타불 본원의 힘이라는 타력(他力)에 의지하는 길이『십주비바사론』「이행품 易行品」에서 설한 이행도(易行道)이며 이를 통해 정토왕생할 수 있다고 주장하여 본종의 교의를 최초로 확립하고, 전적으로 염불수행을 중시하는 정토왕생론을 세웠다. 이후 당대(唐代)의 도작(道綽)과 선도(善導) 등을 거치며 종지가 계승되었는데, 도작은『안락집 安樂集』을 짓고 난이이도(難易二道)에 대한 담란의 설에 의지하여 일대장교를 성도문(聖道門)과 정토문(淨土門)으로 교판하기도 하였다. 선도는『관무량수불경소 觀無量壽佛經疏』를 지어 고금의 오류를 바로잡고 정토의 교의와 교상을 분명히 하였으며, 수행도 정행(正行 : 念佛)과 잡행(雜行 : 念佛 外의 수행)으로 나눴다. 이어서 선도를 사사하고『석정토군의론 釋淨土群疑論』을 지은 회감(懷感)과 후선도(後先導)로 불린 소강(少康)이 정토의 종지를 널리 선양하였다. 개원년간(713~741) 초에는 혜일(慧日)이 정토를 단순히 어리석은 이들을 이끄는 방편설로 보는 선가에 반대하여 염불왕생의 종지를 다시 간별하였으니 지계와 정토를 같이 행하고(戒淨竝行) 선과 정토를 함께 닦으며(禪淨雙修) 교학과 선을 일치(敎禪一致)시켜야 한다고 주장하면서 일체수행을 정토왕생으로 회향하였다. 승원(承遠)·법조(法照)·비석(飛錫) 등은 혜일의 설을 이어받아 염불삼매가 무상(無上)의 깊고 미묘한 선문(禪門)이라 주장하면서까지 선가를 강하게 비판하였다. 후주(後周)대에는 영명연수(永明延壽)가 선정쌍수를 더욱 힘써 주창하고 이를 선가에 널리 퍼뜨렸고, 송대(宋代)에는 이 영향으로 승속을 불문하고 선정쌍수의 풍조가 유행하였다. 천태종(天台宗)에서도 정토를 연구하고 영향 받은 이들이 많았는데, 대표적으로 사명지례(四明知禮)는 『관경소묘종초 觀經疏妙宗鈔』를 짓고 약심관불(約心觀佛)을 주장하였으며 천태의 입장에서 정토와의 융회를 꾀하였다. 원대(元代) 이후로 선정쌍수의 풍조는 더욱 성행하여 천여유칙(天如惟則)이 정토의 가르침을 널리 선양하면서 『정토혹문 淨土或問』을 지어 정토교에 대한 의혹을 해소하고자 하였다. 명대(明代)에도 초산소기(楚山紹琦)·공곡경륭(空谷景隆)·일원종본(一元宗本)·운서주굉(雲棲袾宏)·감산덕청(憨山德清)·고산원현(鼓山元賢) 등이 선정쌍수를 설하였는데, 특히 주굉은 늘 염불삼매를 부지런히 닦았고 『아미타경』을 주해하고 여러 저술을 지어 선정일치(禪淨一致)를 더욱 널리하였다. 당시 천태종에서도 거암대우(蘧菴大佑)·유계전등(幽溪傳燈)·영봉지욱(靈峰智旭) 등이 저술로 정토의 가르침을 널리 드러냈는데, 지욱은 삼학일원(三學一源)의 논지를 펼치며 선교율(禪敎律)이 모두 정토법문으로 귀결된다고 하였다. 청대(清代)에 오면 정토신앙이 재가에서 널리 신봉되어 팽소승(彭紹升) 같은 거사에 의해 관련 저술들이 나왔으며, 건륭년간(1736~1795)에는 실현(實賢)이 항주(杭州)에서 결사를 조직하고 대중을 교화하기도 하였다. ⇨정토 淨土, 정토삼부경 淨土三部經, 연종 蓮宗, 연종구조 蓮宗九祖, 미타신앙 彌陀信仰, 십삼종 十三宗 **2** 일본 십삼종 중 하나. 법연방(法然房) 원공(源空)이 개종(開宗)하였으며, 중국의 담란·도작·선도·회감·소강을 정토상승(淨土相承)의 오사(五師)로 존숭한다. 정토삼부경과 세친의 『정토론』을 삼경일론(三經一論)으로 중시하고, 특히 선도의 교설에 많은 영향을 받았으며, 이행(易行)·정토문(淨土門)·타력염불에 주력하는 것이 특징이다. 교리의 강요는 원공의 『선택본원염불집 選擇本願念佛集』에 잘 밝혀져 있다. 원공은 오로지 염불을 수행할 것을 주창하였는데, 정토왕생에 대한 믿음인 안심(安心)과 염불을 위주로 하는 오정행(五正行)인 기행(起行)과 이를 상속시키는 네 가지 수행인 작업(作業) 등을 통해 체계를 확립하고 특히 칭명염불의 중요성을 강조하였다. 또한 염불 횟수와 엄격한 지계(持戒)를 중시하는 풍조를 남겼으며, 당시 무사와 농민 계층의 많은 지지를 받아 교세가 확장되었다. 진서류(鎭西流)를 열은 성광방(聖光房) 변장(辨長)과 양충(良忠)이 그의 법맥을 이어받았다. 양충 문하에서 존관(尊觀)의 명월류(名越流)·성심(性心)의 등전류(藤田流)·조혜(寂惠)의 백기류(白旗流)·도광(道光)의 삼조류(三條流)·도심(道心)의 목번류(木幡流)·연공(然空)의 일조류(一條流)가 분파되었다. 이중 백기류와 명월류가 번성하여 법맥을 계승해 오다가 1948년(소화23)에 정토종과 정토종본파(淨土宗本派)로 갈라졌지만 1962년(소화37)에 통합하여 새로운 정토종을 설립하였다. 한편 원공 문하에서 선혜방(善惠房) 증공(證空)의 서산류(西山流)가 갈라져 나왔고 이로부터 유관(遊觀)·시도(示導)의 본산류(本山流), 입신(立信)의 심초류(心草流), 정음(淨音)·관지(觀智)의 서곡류(西谷流), 정음·요음(了音)의 육각류(六角流), 증혜(證慧)의 차아류(嵯峨流), 증입(證入)의 동산류(東山流)가 분파되었다. 이중 심초류가 정토종서산심초파(淨土宗西山深草派)가 되고 서곡류가 정토종서산선림사파(淨土宗西山禪林寺派)와 정토종서산광명사파(淨土宗西山光明寺派)로 되었는데 이들이 다시 정토종서산파(淨土宗西山派)로 통합되었다. 또한 원공 문하에서 행서(幸西)가 나와 일념의(一念義)를 세웠지만 후에 진종(眞宗)에 흡수되고, 원공 문하의 융관(隆寬)과 장서(長西)가 각각 장락사류(長樂寺流)와 구품사류(九品寺流)를 세웠지만 결국 쇠퇴하였다. 그리고 후에 원공 법맥에서 친란(親鸞)이 나와 정토진종(淨土眞宗)을 개종하였으며, 양충 법맥에서 일향(一向)의 일향파(一向派)가 세워졌고, 증공·성달(聖達) 법맥에서 일편(一遍)이 나와 시종(時宗)을 세우기도 하였다.

정토종전서 淨土宗全書 일본 정토종종전간행회(淨土宗宗典刊行會) 엮음. 20권. 1910년(명치43) 간행. 정토종에 관한 인도의 주요 전적을 총괄하여 수록한 총서(叢書). 소의경론(所依經論)·진단조석(震旦祖釋)·진단제사(震旦諸師)·선택입종(選擇立宗)·종의현창(宗義顯彰)·요의해석(要義解釋)·광덕술작(光德述作)·원계장소(圓戒章疏)·전기계보(傳記系譜)·사지종사(寺誌宗史)라는 열 가지 주제로 분류하였다.

정토주 淨土主 정토의 교주. 아미타불(阿彌陀佛)을 가리킨다. 『아미타경통찬소』 권중(대정장37, p.338a10)에 "〔문〕 시방불국이 쾌락을 누린다는 점에서 모두 같은데 어떤 이유로 오로지 서방만 가리켜 그곳에 왕생하도록 중생에게 권장하는가? 〔답〕 범부의 업은 무거운 탓에 곳곳에서 탐욕을 일으키니 오로지 어느 일방만을 가리키지 않는다면 마음을 묶어서 쏟아붓지 못한다. 그런 까닭에 『법화경』 권1(대정장9, p.6a27)에서 '중생은 처처에서 집착하니, 이끌어서 나오도록 한다'라고 한다.

또한 서방정토의 교주는 더욱 두드러지시니 서원이 강하여 오로지 왕생만을 권하여 재빨리 성과를 이루도록 하신다. 그런 까닭에 오로지 서방정토만 가리키는 것이다. 問 十方佛國 快樂皆同 何故偏指西方 勸人生彼 答 良爲凡夫業重 處處生貪 若不偏指一方 卽不繫心專注 所以法華經云 衆生處處著 引之令得出 又西方淨土主勝 願强偏勸往生 疾成聖果 所以偏指也", 『삼시계념의범』「서방찬 西方讚」(卍속장128, p.136b12)에 "지극한 마음으로 서방정토의 교주이자 인위에서 크나큰 서원을 발하신 아미타무량수부처님께 신심의 예를 올리옵니다. 至心信禮 西方淨土主 阿彌陀 無量壽 因中發弘誓"라고 하였다. 〔참고문헌〕『阿彌陀經通贊疏』, 『法華經』, 『三時繫念儀範』. ⇨아미타불 阿彌陀佛, 무량수불 無量壽佛

정토지결 淨土旨訣 청대 위림도패(爲霖道霈) 지음. 1권. 卍속장109, pp.173a1~189a10에 수록되어 있다. 1681년(강희20)에 간행하였다. 정토교에 관한 저자의 글을 모아서 엮은 책이다. 「서 序」(卍속장109, p.173a2)에 "불조께서 문정에 시설한 방편은 하나가 아니지만 곧바로 간명하고 쉬우면서도 광대하고 세밀한 교설을 찾자면 정토라는 하나의 문 같은 것은 없다. 佛祖門庭方便不一 而求其直截簡易 廣大精微 無如淨土一門"라 하였다. 주로 염불(念佛)을 분류하여 설명하고, 나머지는 서서(書序)·문답(問答)·게찬(偈讚) 등을 수록하였다. 「온릉공안재거사청시수정업법어 溫陵龔岸齋居士請示修淨業法語」 8칙(則)을 시작으로 「아미타불찬 阿彌陀佛贊」까지 모두 16단락으로 구성되어 있다.

정토지귀집 淨土指歸集 명대 대우(大佑) 엮음. 2권. 卍속장108, pp.114a1~198b5에 수록되어 있다. 1393년(홍무26)에 간행하였다. 정토왕생에 대한 경론의 해석에서 주요한 문구를 선별하고 왕생의 사실을 모은 책이다. 10문 189조로 구성되었다. 권상에 원교(原敎)·종지(宗旨)·법상(法相)·관혜(觀慧)·행법(行法)이라는 5문과 권하에는 증험(證驗)·결의(決疑)·척류(斥謬)·지광(指廣)·권수(勸修)라는 5문을 수록하였다. 종효(宗曉)의 『낙방문류 樂邦文類』(대정장47, No.1969A)와 함께 유집(類集) 형태의 정토교 저작을 대표한다. ⇨낙방문류 樂邦文類

정토진종 淨土眞宗 ➡진종 眞宗[2]

정토찬 淨土讚 ➡백암정토찬 栢庵淨土讚

정토참법 淨土懺法 정토에 왕생을 위하여 지은 죄를 참회하는 법. 『낙방유고』「양무위제정토참법 楊無爲題淨土懺法」(대정장47, p.234a7)에 "전당의 법혜보각조율사는 출가오중을 위하여 정토참법을 닦았다. 무위자가 보고는 그 뒤에 그 취지를 지었다. '낙토는 청정하여 원력이 아니면 왕생할 수 없고, 탁세의 죄는 깊어 참회가 아니면 없앨 수 없다. 죄는 돌덩이와 같아서 물에 던지면 틀림없이 가라앉지만 원력을 배로 삼아 그것을 싣고 건진다. 일단 피안으로 넘어가면 념념이 모두 보리니 삼보의 위신력으로 악이 모두 사라진다. 이와 같이 관하면 하품참회다. 죄는 빙설과 같아서 가장 그늘진 곳에 쌓이지만 태양이 융화하면 빙설은 녹아 내린다. 혹독한 응어리도 한 번에 변하여 윤택해지면 싹이 트리라. 이와 같이 관하면 중품참회다. 마치 태허와 같아 넓고 사무쳐 고요한 허공은 먼지가 쌓일 수도 없고 물로 씻을 일도 없다. 행주좌와에 그 누가 아미타불 아니겠으며, 나고 죽으며 오가는 자리 그 어느 곳인들 정토가 아니겠는가? 이와 같이 관한다면 상품참회다. 진실로 이것을 깨달으면 마음도 멸하고 죄도 사라지리라. 아직도 원만하게 성취하지 못했다면 더욱 참법을 먼저 시행해야 한다. 오중에게 보이니 이 말을 따라야 한다'. 〈『무위집』 참조〉'. 錢唐 法慧寶閣照律師 爲出家五衆 修淨土懺法 無爲子見而題其後曰 樂土淸淨 非願力不能生 濁世罪尤 非懺悔不能去 罪如瓦石 投水必沈 願力爲舟 載之則濟 旣超彼岸 念念菩提 三寶威神 惡皆消殞 如是觀者 下品之懺悔也 罪如氷雪 積於最陰 大陽融和 氷雪消釋 嚴凝一變 潤澤萠芽 如是觀者 中品之懺悔也 如太虛曠徹空寂 塵不能坌 水不能洗 行住坐臥 孰非彌陀 生死去來 孰非淨土 如是觀者 上品之懺悔也 苟悟于此 心滅罪亡 或未圓成 尤先懺法 示五衆等 當遵是言 〈見無爲集〉", 『왕생집』 권1 「정관장 淨觀章」(대정장51, p.134a10)에 "송 정관은 가화적광암에 주석하면서 정토참법을 10여 년 동안 닦고 나서 제자들에게 '나는 27일 뒤에 떠나겠다'라고 말했다. 기약한 날 이틀 전에 붉은 연꽃이 나타났고, 다음 날에는 다시 노란 연꽃이 나타나 방을 가득 채우더니 꽃마다에 갓난아이 나고 연꽃 위에 앉아 선대마저 엮었다. 기약한 셋째 날 감에 들어가 꼿꼿이 앉아 대중에게 염불하라고 명한 다음 잠깐 사이에 이 몸 벗고 가셨다. 宋淨觀 住嘉禾寂光庵 修淨土懺法十餘年 謂弟子曰 我後二十七日行矣 至期二日前 見紅蓮花 次日又見黃花滿室 皆有化生孩兒坐於花上 仙帶結束 三日入龕端坐 命衆念佛 頃之脫去"라고 하였다. 〔참고문헌〕『樂邦遺稿』, 『往生集』, 『雲棲淨土彙語』「禮懺僧」(卍속장109, p.157b4).

정토참의 淨土懺儀 정토에 왕생하고자 닦는 참법. 『왕생정토참의 往生淨土懺儀』 등에서 자세히 시설한다. 『정토성현록』 권9 「진온장 秦媼章」(卍속장135, p.376a18)에 "아침저녁으로 정토참의를 닦는다. 부처님께 천 번의 절을 올렸고, 아울러 『화엄경』·『반야경』·『법화경』·『금광명경』 등 여러 대승경전 읽기를 일삼아 하루도 헛되게 보내지 않았다. 어느날 단정히 앉은 방 안 가득히 홀연히 햇빛보다 밝은 광명이 허공을 비추자 서쪽을 바라보며 떠나셨다. 晨夕修淨土懺儀 禮佛千拜 兼閱華嚴般若法華光明 諸大乘經 日無虛晷 一日方端坐室中忽有光明照空 逾於皎日 面西而逝"라고 하였다. 〔참고문헌〕『淨土聖賢錄』. ⇨ 왕생정토참원의 往生淨土懺願儀

정토총료간 淨土總料簡 신라 태현(太賢) 지음. 1권. 『신편제종교장총록』 권1(한불전4, p.688a14)에 "(『칭찬정토경 稱讚淨土經』) 『고적기』 1권〈『정토총료간』이 덧붙여져 있음〉. 태현 지음. 古迹記 一卷〈淨土總料簡附〉 太賢述"이라고 하였다. 〔참고문헌〕『新編諸宗教藏總錄』. ⇨ 칭찬정토경 稱讚淨土經

정토칠경 淨土七經 정토종에서 의지하는 일곱 가지 경. 『무량청정평등각경 無量淸淨平等覺經』 4권, 『대아미타경 大阿彌陀經』 2권, 『무량수경 無量壽經』 2권, 『관무량수경 觀無量壽經』 1권, 『아미타경 阿彌陀經』 1권, 『칭찬정토불섭수경 稱讚淨土佛攝受經』 1권, 『아미타고음성왕다라니경 阿彌陀鼓音聲王陀羅尼經』 1권을 말한다. 이들 모두 정토를 찬양하므로 칭찬정토칠경(稱讚淨土七經)이라고도 한다. 『불조통기』 권14 「사조장 思照章」(대정장49, p.222a7)에 "스님은 정토칠경을 한 자 쓸 때마다 한 번씩 절을 올렸다. 師於淨土七經 一字一禮", 『정토성현록』 권4 「충익장 沖益章」(卍속장135, p.267b5)에 "충익의 출신은 잘 알려져 있지 않다. 전당의 정광사에 거처하며 몸에 피를 내어 정토칠경을 썼고, 또한 『법화경』을 금니로 서사하였으며, 서방정토의 삼성상을 조각하였고, (천태의) 지관좌선법에 의지하여 아미타불을 칭념하였다. 沖益 不詳其所出 居錢塘淨光寺 刺血書淨土七經 復金書法華 刻西方三聖像 依止觀坐禪法 念阿彌陀佛"라고 하였다. 〔참고문헌〕『佛祖統紀』, 『淨土聖賢錄』. ⇨ 무량청정평등각경 無量淸淨平等覺經, 대아미타경 大阿彌陀經, 무량수경 無量壽經, 관무량수경 觀無量壽經, 아미타경 阿彌陀經, 칭찬정토불섭수경 稱讚淨土佛攝受經, 아미타고음성왕다라니경 阿彌陀鼓音聲王陀羅尼經

정토필구 淨土必求 청대 고곤(古崑) 엮음. 1권. 卍속장109, pp.983a1~997a8에 수록되어 있다. 1877년(광서3)에 간행하였다. 정토교의 교법을 잘 드러내는 주요한 문구를 모아놓은 책이다. 염불(念佛)을 권할 목적에서 유계(幽谿)·우익(蕅益)·견밀(堅密)·철오(徹悟)라는 사대조사(四大祖師)를 숭상한다.

정토혹문 淨土或問 원대 천여유칙(天如惟則 1286~1354) 지음. 명 주굉(袾宏 1535~1615) 편찬. 1권. 대정장47, pp.292a21~302c9, No.1972에 수록되어 있다. 정확한 성립 연대는 알려지지 않았다. 정토종의 교의에 관한 스물여섯 개의 의문에 대해 답하는 형식으로 구성되었다. 선교일치(禪敎一致)의 실천을 권하는 관점에서 쓰여졌다. ⇨ 유칙 惟則 ❷

정통 淨桶 정랑에서 뒤에 깨끗이 씻기 위해 담아두는 물통. 촉통(觸桶)이라고도 한다. 『선림상기전』 권20(불광장, 禪藏, p.1589)에 "정통 : 『일용궤범』 「추탈법」에 '정통을 앞에 둔 다음 손가락을 세 번 퉁겨서 분변 먹는 귀신을 경각시킨다'고 하였다. 전통적인 설로는 '정통은 촉통이라고도 한다. 원래 촉기를 도리어 정통이라 이름한 까닭은, 대체로 측간은 더러움 만지기 쉬운 곳이어서 극히 정결하게 함이 요긴하기 때문이다. 서정이나 동정이라 이름하는 뜻도 이 취지다. 용기에 적용해도 마찬가지이기에 정통이라 한다'고 한다. 淨桶 日用軌範 抽脫法云 安淨桶在前 鳴指三下 驚嗽糞鬼 舊說曰 淨桶又名觸桶 元是觸器 卻名淨桶者 凡厠是觸穢處 故令極淨潔爲要 以西淨東淨爲名 是也 到器亦爾 故名淨桶", 『치문경훈』 권6 「소옹화상가훈 笑翁和尙家訓」(대정장48, p.1071a22)에 "정통은 항상 오른손으로 들어야 한다. 淨桶常將右手提"라고 하였다. 〔참고문헌〕『禪林象器箋』, 『緇門警訓』. ⇨ 촉통 觸桶, 병측 屛厠, 서정 西淨, 정랑 淨廊

정통 淨通 명말청초(明末淸初)의 조동종(曹洞宗) 스님. 호는 미실(眉悉). 속성은 도(陶)씨. 절강성(浙江省) 출신. 출가한 후 월주(越州 : 浙江省) 종경(宗鏡)에 머물렀다. 삼의명우(三宜明盂 1599~1665)에게 참학하고 그의 법을 이었다. 〔참고문헌〕『五燈全書』 권110(卍속장142, p.127b4).

정통원년명동탁 正統元年銘銅鐸 조선전기 동탁. 2점. 높이 14.5cm·상부너비 7.5cm·하부너비 12.8cm. 통도사성보박물관 소장. 윗부분 천판(天板)에 원형 고리가 달려 있으며, 내부에도 원형 고리가 있으나 탁설(鐸舌)은 남아 있지 않다. 하대(下帶)에 당초문(唐草文)을 양각하였으며, 몸체에 점선(點線)으로 "정통 원년(1436·세종18) 병진 6월 사리각 풍탁을 조성하다. 正統元年丙辰六月舍利閣風鐸造"라는 명문을 새겼다. 시주인(施主人)·장인(匠人) 등의 이름도 양각되어 있으나 대부분 마멸되었다. 〔참고문헌〕『名品 통도사성보박물관소

정통원년명동탁

장유물』(통도사성보박물관, 2014) p.314.

정파리경 淨頗梨鏡 사자(死者)가 생전에 지은 업을 비추는 거울. 지옥 염마왕궁 광명왕원(光明王院)의 중앙에 있다. 업경(業鏡)이라고도 한다. 파리(Ⓢ sphaṭika)는 칠보 중 하나로 파리(玻璃·婆璃·婆利)로도 쓴다. 『지장시왕경』「염마왕국 閻魔王國」(卍속장150, p.771b13)에 “광명왕원의 중전 안에 큰 거울받침이 있고 그곳에 광명왕경이 매달려 있는데 정파리경이라 한다. 과거 거침없이 저지른 인들이 하나의 대왕경에 다 비친다. 염마법왕이 이 왕경을 향하면 자기 마음의 일 비추고, 삼세의 모든 법과 유정과 비정의 일도 다 그대로 비춘다. 光明王院 於中殿裏 有大鏡臺 懸光明王鏡 名淨頗梨鏡 昔依無遮因 感一大王鏡 閻魔法王 向此王鏡 鑑自心事 三世諸法 情非情事 皆悉照然”라고 하였다. 〔참고문헌〕『地藏十王經』. ⇨ 업경 業鏡

정판 定判 Ⓢ nirdhārita, Ⓣ nges-par-bzung-ba. 정해 가리다. 『잡아함경』 권42(대정장2, p.306a23)에 “‘오욕 중에서 어떤 것이 제일인가?’ 어떤 사람이 말했다. ‘색이 모든 것 중에서 제일이다’. 또 다시 어떤 사람은 일컬었다. ‘성향미촉이 제일이다’. 이 중에서 어떤 사람은 말했다. ‘우리들이 사람마다 각각 제일을 주장하여 결정해 가릴 수 없으니, 세존을 찾아뵙고 이런 뜻에 대해 여쭈어보고 세존께서 말씀하신 대로 함께 기억해 가져야 한다’. 五欲之中 何者第一 有一人言 色最第一 又復有稱 聲香味觸 爲第一者 中有人言 我等人人 各說第一 竟無定判 當詣世尊 問如此義 如世尊說 當共憶持”, 『구사론』 권29(대정장29, p.153c19)에 “이것은 결코 안식으로 알 수 있는 것이 아님이 확실하다. 만약 안식이 일어나 이것도 연하고 때론 모두를 연으로 한다면 곧 경설에 위배된다. 계경 중에는 ‘식이 일어나는 것은 두 가지 연으로 말미암는다’고 정해 가렸기 때문이다. 또 경에서 말씀하시길 ‘비구는 마땅히 알아야 한다. 안이 인이고 색이 연이 되어 안식을 낳는다. 모든 안식은 다 안색을 연으로 하기 때문이다’. 此定非眼識所了 若眼識起 緣此或俱 便違經說 以契經中 定判識起 由二緣故 又契經說 苾芻當知 眼因色緣 能生眼識 諸所有眼識 皆緣眼色故”라고 하였다. 〔참고문헌〕『雜阿含經』, 『俱舍論』, *Abh-k-bh.464.* ⇨ 택법 擇法

정패 靜牌 선원의 내외 대중이 언제나 고요히 하길 경계하는 뜻에서 거는 패. 좌선패(坐禪牌)라고도 한다. 정은 선나(禪那)의 신역인 정려(靜慮)를 말한다. 『선림상기전』 권16(불광장, 禪藏, p.1244)에 “정패 : 좌선패는 정패라고도 한다. 정이란 정려의 뜻이다. 『제조게송』에서 ‘자수심선사가 시중하여 말하기를 「정패를 걸면 마땅히 각자 말하지 말아야 하고, 설령 정패를 걸지 않았을 때라 하여도 어찌 웃으며 담소하겠는가?」라고 하였다’. 靜牌 坐禪牌 又言靜牌 靜者 靜慮也 諸祖偈頌 慈受深禪師示衆云 靜牌才掛 宜各默然 縱不掛時 豈可談笑”라고 하였다. 〔참고문헌〕『禪林象器箋』, 『禪門諸祖師偈頌』 권2(卍속장116, p.971b7). ⇨ 좌선패 坐禪牌

정편 正偏 정과 편. 『인천안목』 권3(대정장48, p.320c18)에 “대략 조동가풍은 체용과 편정과 빈주를 벗어나지 않는다. 향상하는 한 길을 밝혀서 조동을 만나고 싶은가? 부처와 조사가 나기 전 공겁의 밖에서는 정도 편도 유와 무의 기틀에 떨어지지 않네. 大約曹洞家風 不過體用偏正賓主 以明向上一路 要見曹洞麽 佛祖未生空劫外 正偏不落有無機”, 『종용록』 6칙 「평창 評唱」(대정장48, p.231a2)에 “동림조각의 송 : 사구백비로는 말을 끊고, 흑백의 분명함은 정과 편으로 정하네. 東林照覺頌云 百非四句絶無言 黑白分明定正偏”, 『굉지광록』 권5(대정장48, p.71b7)에 “그러므로 정위는 비록 정이라 하면서 도리어 치우치고, 편위도 비록 치우치지만 도리어 둥글다. 정편이 완연하게 구르면 가지가지 흩어져 버려, 수중에 구슬마저 놓치고 말리라. 所以道 正位雖正却偏 偏位雖偏却圓 正偏宛轉若支離 失却手中珠墮地”라고 하였다. 〔참고문헌〕『人天眼目』, 『從容錄』, 『宏智廣錄』.

정편오위 正偏五位 동산양개(洞山良价)가 선(禪)의 종지를 간명하게 나타내고자 시설한 다섯 위. 정위(正位)와 편위(偏位)를 조합하여 정위각편(正位却偏)·편위각정(偏位却正)·정위중래(正位中來)·편위중래(偏位中來)·상겸대래(相兼帶來)로 세웠다. 애초에 동산 자신은 이것을 ‘편정오위’라고 이름하지 않았지만, 후인들이 동산의 설을 비롯하여 거듭 펼친 오위설을 모두 편정오위라는 이름 아래 범범하게 가리켰다. 동산오위를 조산본적(曹山本寂)은 정중편(正中偏)·편중정(偏中正)·정중래(正中來)·편중지(偏中至)·겸중도(兼中到)로 각각 다른 이름을 붙였고, 군신(君臣) 관계로 비유하여 제시하기도 하였다. 석상경저(石霜慶諸)의 왕자오위(王子五位)도 동산오위설의 변형이자 새로운 해설이다. 『조동오위현결』 권하(卍속장111, p.259b3)에 “정편오위를 임금과 신하로 구분한다. 임금은 신하를 살피고 신하는 임금을 받들며, 임금과 신하가 연회를 즐기느라 길 가운데 서 있다. 겸중지는 점에서 돈으로 들어가니 순해 따라서 이루는 둥근 법도이고, 겸중도는 돈에서 점으로 들어가니 거슬러 이루는 모난 법도다. 둥글게도 모나게도 하지 않으면 그 길을 볼 수 없으니, 관하는 이들은 마땅히 곱자로든 그림쇠로든 관해야 한다. 夫正偏五位 君臣之分也 君視臣 臣奉君 君臣慶會 中道立矣 兼中至 從漸入頓 順成者規也 兼中到 從頓入漸 逆成者矩也 不規

矩 不能見其道 觀者當觀規矩", 『보경삼매원종변류설』(卍속장111, p.282a6)에 "세 번째는 조산본적 조사다. 이 조사도 공훈에 뿌리를 두고 오위군신의 틀을 세웠다. 이것은 정편오위에서 존비와 주반의 덕상을 밝힌다. 그러므로 정중편에서 군을 세워 신을 살핀다. 이는 체를 좇아 용을 일으키는 덕상을 비유한다. 편중정에서 신을 세워 군을 섬긴다. 이는 용을 거두어 체로 돌아가는 덕상을 비유한다. 정중래하에서는 군위를 세워 중에 머물게 하니, 이는 인과가 하나로 같고 이사가 서로 어울리는 덕상을 비유한다. 겸중지 아래에서는 신위를 세우니, 이는 도를 이룬 뒤에 펼치는 보현대행을 비유하며, 순수한 이타행으로서 중생에게 그윽이 응하는 덕상이다. 겸중도에서 신군을 세워 도에 합한다. 이는 범부와 성인이 함께 사라짐을 비유하며, 화엄육상에서 괴상과 어김없이 부합한다. 第三 曹山寂祖 又根功勳 而立五位君臣者 此明正偏五位 尊卑主伴之德相也 故於正中偏下 立君視臣 是喩從體起用之德相也 於偏中正下 立臣奉君 是喩攝用歸體之德相也 於正中來下 立君位居中 是喩因果一如 理事互融之德相也 於兼中至下 立臣位 是喩道後普賢大行 純是利他 爲冥應羣生之德相也 於兼中到下 立君臣道合 是喩凡聖同泯 正符華嚴六相之壞相也", 『석계심월어록』 권상(卍속장123, p.78b12)에 "석계가 '동산 문하의 정편오위는 (정위와 편위가) 자리를 바꾸며 두루 통한다. 정위는 비록 반듯한 무차별이지만 도리어 치우친 차별이 되고, 편위는 비록 치우친 차별이지만 도리어 반듯한 무차별이 된다. 결국 무엇이 계절의 변화에 지배되지 않는 경지인가?'라고 한 뒤 한 소리 크게 내지르고 말했다. '졸지 마라'. 師云 洞山門下 正偏五位 回互旁通 正位雖正却偏 偏位雖偏却正 畢竟如何是無寒暑處 喝一喝云 莫瞌睡"라고 하였다. [참고문헌] 『曹洞五位顯訣』, 『寶鏡三昧原宗辨謬說』, 『石溪心月語錄』. ⇨ 동산오위 洞山五位, 조동오위 曹洞五位, 군신오위 君臣五位, 권아 圈兒, 왕자오위 王子五位, 겸대 兼帶, 상겸대래 相兼帶來

정편오위송 正偏五位頌 동산양개(洞山良价)가 정편(正偏)의 오위(五位)를 노래함. 『동산어록』(대정장47, p.525c1)에 "동산선사가 오위군신의 송을 지어 이르길 '정중편 : 삼경초야 달 밝은데, 만나서도 알아보지 못함이 괴이타 마라. 은은함이 옛 미움을 품은 듯하네. 편중정 : 총명함 잃은 노파 옛 거울을 만나니 분명히 마주한 들 달리 참모습 없네. 그쳤다가 문득 다시 머리를 잃고 오히려 그림자 알아보네. 정중래 : 없는 가운데 길이 있으나 티끌에 막혔고, 단지 범하지 않을 수 있으니 바로 지금 피해야 하네. 수승하더라도 지난 아침 말솜씨는 끊었네. 겸중지 : 양날이 칼끝과 교차하니 피할 필요 없고, 훌륭한 솜씨는 불 속의 연꽃과 같네. 완연하여 저절로 하늘 찌르는 뜻 가득하네. 겸중도 : 유무에 떨어진 일 없는데 누가 감히 고르게 하는가. 사람사람이 온통 늘 그렇게 흐르려 한다네. 꺾어 합하여 돌이켜 돌아가니, 타버린 숯 속에 앉았네'. 師 作五位君臣頌云 正中偏 三更初夜月明前 莫怪相逢不相識 隱隱猶懷舊日嫌 偏中正 失曉老婆逢古鏡 分明覿面別無眞 休更迷頭猶認影 正中來 無中有路隔塵埃 但能不觸當今諱 也勝前朝斷舌才 兼中至 兩刃交鋒不須避 好手猶如火裏蓮 宛然自有冲天志 兼中到 不落有無誰敢和 人人盡欲出常流 折合還歸炭裏坐"라고 하였다. [참고문헌] 『洞山語錄』. ⇨ 동산오위 洞山五位

정편회호 正偏回互 정위(正位)와 편위(偏位)가 돌아 서로를 바꾸다. 편정회호(偏正回互)라고도 한다. 『조동오위현결』 권상 「동산오위현결 洞山五位顯訣」(卍속장111, p.231a12)에 "운암에서 조동부자에 이르기까지 많은 경우 편정을 활용하여 군신과 부자를 아울렀다. 만약 「보경삼매가」에서 약산에게 이미 정편회호와 삼첩오위의 설이 있었다면 도오원지(道吾圓智)에게 비밀로 하고 전하지 않고 운암담성(雲巖曇晟)에게만 전하였기에 가풍이 이렇게 다르게 된 것이다 雲岩下至於曹洞父子而來 多以偏正用之而兼含君父 若使寶鏡三昧藥山已有正偏回互三五之說者 秘於智而不傳 獨私於晟 使家風乃爾不同", 『보경삼매본의』 「정편회호도설 正偏回互圖說」(卍속장111, p.268b13)에 "이 그림은 두 가지 모양새로 이미 갈렸다. 흑백으로 이미 나뉬는데, 흑은 정을 표하고 백은 편을 나타낸다. 정중에 편이 있고 편중에 정이 있음을 말한다. 회호의 뜻은 이에 근거한다. 중간은 이래서 하나의 텅 빈 모습으로 향상사를 나타낸다. 此圖兩儀旣判 黑白已分 以黑表正 以白表偏 所謂正中有偏 偏中有正 回互之義本此 中間仍有一虛相者 表向上事"라고 하였다. [참고문헌] 『曹洞五位顯訣』, 『寶鏡三昧本義』. ⇨ 편정회호 偏正回互, 정위 正位❷, 편위 偏位

정평등성삼마지 定平等性三摩地 Ⓢ samādhi-samatā nāma samādhi. 백팔삼매(百八三昧) 중 하나. 등삼매(等三昧)·삼매등삼매(三昧等三昧)라고도 한다. 『대반야경』 권52(대정장5, p.296c23 *Pañca-pr.*, p.203)에 "'세존이시여, 무엇을 정평등성삼마지라 하는지요?' '선현아, 이 삼마지에 머물면 등지와 정산의 차별을 보지 않는다. 이 때문에 정평등성삼마지라 한다. 世尊 云何名爲定平等性三摩地 善現 謂若住此三摩地時 不見等持定散差別 是故名爲定平等性三摩地 katamaḥ samādhi samatā nāma samādhiḥ. yatra samādhau sthitvā sarvasamādhīnāṃ na vikṣepaṃ naikāgratāṃ ca samanupaśyati, tenocyate samādhisamatā nāma samādhiḥ"라고 하였다. [참고문헌] 『大般若經』, *Pañca-pr.* ⇨ 삼매등삼매 三昧等三昧, 백팔삼매 百八三昧

정포 頂包 선림에서 행각할 때 짐을 싸는 방법. 『백장청규』 권5(대정장48, p.1140a4)에 "지금의 정포와 장포의 법은 푸른 보자기 두 조를 쓴다. 今則頂包裝包之法用青布袱二條"라고 하였다. 〔참고문헌〕 『百丈清規』. ⇨ 장포법 裝包法

정품 呈稟 문서나 구두로 알리다. 정은 문서로 알림이고, 품은 직접 말씀드리는 것이다. 『백장청규』 권3 「당만소참 當晩小參」(대정장48, p.1126b28)에 "배웅하러 온 관청의 손님이나 다른 산문에서 와서 머무는 이가 있다면 조례를 준비하여 문서나 구두로 소참을 알린다. 或有相送官客諸山留宿者 逐一條列預用呈稟"라고 하였다. 〔참고문헌〕 『百丈清規』.

정품 淨品 Ⓢ vyavadāna-pakṣa, vyāvadānika, Ⓣ rnam-par-byang-ba'i-phyogs. 청정한 품. 일체선법(一切善法)을 말한다. 삼성(三性)의 염정이분의타기성(染淨二分依他起性) 중 정품을 말하기도 한다. 부정품(不淨品 Ⓢ saṃkleśa-pakṣa)의 상대어다. 『중변분별론』 권하(대정장31, p.462b8 : *Madhy-vibh.*, p.68)에 "사람에게는 염오도 없고 청정도 없다. 법 역시 이와 같으니, 앞선 염오가 없으니 뒤따르는 청정도 없다. 어찌하여 이와 같은가? 사람과 법이 실유하지 않기 때문이다. 그러므로 두 가지 중에 이 정품이다 염품이다 할 한 물건도 없다. 人者 無染汚 無清淨 法亦如是 先無染汚 後無清淨 云何如此 人及法 非實有故 是故二中 無有一物 是淨品 及不淨品 na hi pudgalasya saṃkleśo na viśuddhir nāpi dharmasya. yasmān na pudgalo 'sti na dharmo yataś ca na kasyacit saṃkleśo na vyavadānaṃ ato na saṃkleśapakṣe kasyacid dhāniḥ na vyavadānapakse kasyacid viśeṣaḥ", 같은 책 권하(대정장31, p.462c12 : *Madhy-vibh.*, p.70)에 "일체불선법을 부정품이라 하며 조도가 아니라고 한다. 일체선법은 모두 정품이어서 마주해 다스리는 것이라 한다. 이 두 치우침을 여의기 위하여 부처님께서는 중도를 말씀하셨다. 즉, 부처님께서는 말씀하셨다. '이런 두 가지 치우침은 버릴 수도, 오게 할 수도, 비유로도, 말로도 할 수 없다'. 一切不善法 名不淨品 名非助道 一切善法 等是淨品 名對治邊 爲離此二邊故 佛說中道 佛說此二種邊不去不來無譬無言 akuśalādayo dharmāḥ saṃkleśa iti vipakṣāntaḥ. kuśalādayo vyavadānam iti pratipakṣāntas tatparivarjanārthaṃ madhyamā pratipad yo 'syāntadvayasyānupagamo 'nudāhāro 'pravyāhāraḥ", 『삼무성론』 권하(대정장31, p.874b27)에 "〔문〕 어찌하여 인집과 법집을 아직 멸하지 못해서 부정품을 세운다 하고, 두 집착을 멸하고서야 비로소 정품이라고 하는가? 〔답〕 의타성 중의 아집은 분별성으로 훈습한 것이니 부정품류라고 하며, 의타성 중에서 진실성으로 훈습한 것이어서 정품이라고 한다. 부정품을 설하는 것은 유류계를 말하고, 정품을 말하는 경우에는 무류계를 말하는데, 이 무류계는 전의(Ⓢ āśraya-parivṛtti)를 자성으로 삼는다. 問曰 云何未滅 人法兩執 立不淨品 兩執滅已 方立淨品 答曰 於依他性中執我 是分別性之所熏習 名不淨品 若於依他中 修眞實性之所熏習 名爲淨品 若說不淨品 謂有流界 若說淨品 謂無流界 此無流界 以轉依爲體也"라고 하였다. 〔참고문헌〕 『中邊分別論』, 『三無性論』, *Madhy-vibh.* ⇨ 의타기성 依他起性, 부정품 不淨品, 전의 轉依 ❶

정풍이년명동종 正豊二年銘銅鐘 고려시대 범종. 개인 소장. 높이 22.5cm · 입지름 16.9cm. 종의 정상부에는 용뉴(龍鈕)와 음통(音筒)이 있고, 종신 상대 위로는 입상화문대(立狀花文帶)가 있다. 상하대의 뇌문(雷紋) 안 원권문(圓圈紋)에는 범자(梵字)가 양각되어 있는데,

정풍이년명동종

상대에는 12자 · 하대에는 7자가 있다. 상대 밑 뇌문곽(雷紋廓) 아래에는 4개의 당좌(撞座)가 있고, 그 사이에는 좌불상(坐佛像)이 있다. 당좌 사이에 있는 명문에 "정풍 2년(1157) 경술 중하사 주지 비구 종□가 □□□을 발심하였다. 正豊二年 庚戌支中河寺住持比丘宗□ 發心□□□"라고 하였다. 정풍은 정륭(正隆)으로서 고려 태조 부왕의 이름인 융(隆)을 피휘(避諱)한 것으로 추정되고 있다. 그러나 정륭 2년(1157 · 의종11)의 간지가 정축년(丁丑年)인 점과 범종의 양식 등으로 미루어 명문은 뒤에 새긴(後刻) 것으로 보는 견해도 있다. 〔참고문헌〕 『韓國의 梵鍾』(국립문화재연구소, 1996) p.276, 『韓國金石全文』 中世上 p.750.

정하 井河 무상함을 우물과 강 언덕의 나무에 비유한 말. 우물의 비유는 흰쥐의 비유(白鼠喩)라고도 하는데, 고대 인도의 우화에서 유래하며 『비유경』(대정장4, p.801b8)에도 보인다. 광야에서 술에 취한 사나운 코끼리에 쫓기던 사람이 간신히 나무줄기를 잡고 우물 속에 들어갔다. 나무줄기의 윗부분을 흰 쥐와 검은 쥐가 갉아먹고 있어서 언제 끊어질지 모르는 상황에 처하게 되었다. 여기서 흰 쥐와 검은 쥐는 밤과 낮이라는 시간을 상징하며, 사람은 언젠가는 반드시 죽을 존재임을 비유한 우화이다. 강의 비유는 36권본 『대반열반경』 권11(대정장12, p.678b1)에서 유래하는데, 강 언덕 위태로운 곳에

있는 나무가 사나운 비바람을 만나면 반드시 거꾸러지듯이 사람도 늙어 죽음에 이르게 됨을 비유한 내용이다. 『석문귀경의』 권상(대정장45, p.859b28)에 "우물과 강 언덕은 모양새 갖춘 그릇인 몸이 찰나에 핍박받음을 비유한 것이다. 井河引喩逼形器於剎那"라고 하였다. 〔참고문헌〕『譬喩經』, 『大般涅槃經』, 『釋門歸敬儀』. ⇨ 백서유 白鼠喩, 정등 井藤

정학 正學 ❶ Ⓢ śikṣamāṇā, Ⓟ sikkhamānā, Ⓣ dge-slob-ma. 정학녀(正學女)의 줄인 이름. 『대비바사론』 권117(대정장27, p.607a22)에 "어떤 것이 율의에 머무는 이들인가? 즉 칠중이 있으니, … 셋째 정학이다. 云何住律儀者 謂有七衆 … 三 正學", 『구사론기』 권14(대정장41, p.217b8)에 "범어 식차마나는 정학이라 한역한다. 정이란 육법을 바르게 배우는 것을 말한다. 육법이란, 사음하지 않는 것·도둑질하지 않는 것·살생하지 않는 것·거짓말하지 않는 것·음주하지 않는 것·때가 아닌 때 먹지 않는 것을 말한다. 梵云式叉摩那 唐言正學 正謂正學六法 言六法者 謂不婬 不盜 不殺 不虛誑語 不飮諸酒 不非時食"라고 하였다. 〔참고문헌〕『大毘婆沙論』, 『俱舍論記』, 『法蘊足論』 권1(대정장26, p.458a25), *Prāt-m.41.*, *Yogā-bh.48.* ⇨ 정학녀 正學女 ❷ 바른 배움. 곡학(曲學)이나 사학(邪學)의 상대어다. 『유가사지론』 권13(대정장30, p.348a7)에 "두 가지 법이 있어 증상심학과 증상혜학을 파괴한다. 첫째는 삿된 배움을 건립하여 정학을 거스르고 망설이는 것이며, 둘째는 증익과 손감의 사견으로 결정하는 것이다. 이것과 서로 어긋나는 것이 곧 백품의 두 가지 법임을 알아야 한다. 有二法 能壞增上心學慧學 一者 建立邪學 違越正學 及懷猶豫 二者 增益損減 邪見決定 與此相違 當知卽是白品二法"라고 하였다. 〔참고문헌〕『瑜伽師地論』. ❸ 보살이 바르게 익히는 일. 『대승십법경』(대정장11, p.768a26)에 "여러 부처님 계신 곳에서 모든 선근을 심고 대승을 행하며, 보리를 바르게 배워 보리로 따라 향하니, 대보리에서 물러나지 않고 아누다라삼막삼보리에 다가간다. 於諸佛所 種諸善根 及大乘行 正學菩提 順向菩提 不退於大菩提 近阿耨多羅三藐三菩提", 『미증유정법경』 권2(대정장15, p.432a5)에 "변적보살이 부처님께 이렇게 여쭈었다. '세존이시여, 어떻게 배우면 깨달음을 얻습니까?' 화불께서 답하셨다. '모든 법은 배울 것이 없기에 보살은 이와 같이 배우며, 행할 것이 없고 두려워할 것이 없으며, 의혹이 없고 소유할 것이 없으며, 연할 것도 없고 … 지혜로써 관할 것도 아니므로 일체상을 여읜다. 보살마하살은 이와 같이 배워야 한다. 이와 같이 배우면 이것을 정학이라고 한다. 덜하여 잃는 일도 더해 기르는 일도 없으니, 이와 같이 배우면 멀리 여의는 것도 없으며, 희론도 없고 즐거운 것도 없으며, 싫어하는 것도 없고 기쁨도 없고 분노도 없으며, 오는 것도 없고 가는 것도 없다. 이와 같이 배우면 이것을 정학이라고 한다. 辯積菩薩白佛言 世尊 當云何學而得菩提 化佛答言 一切法無所學 菩薩當如是學 諸法無所行 菩薩應如是學 諸法無所畏 菩薩應如是學 諸法無疑惑 菩薩應如是學 諸法無所有 無所緣 … 非智所觀 離一切想 菩薩摩訶薩 應如是學 如是學者 是名正學 無所減失 亦無增長 若如是學者 無所遠離 無所戲論 無所樂 無所厭 無喜無恚 無來無去 若如是學 是名正學"라고 하였다. 〔참고문헌〕『大乘十法經』, 『未曾有正法經』. ❹ 지금 바로 배우는 것. 『유가사지론』 권82(대정장30, p.757c1)에 "시차별이란 배움에 있어 뛰어난 이익을 말하니, 과거에 이미 배운 것과 미래에 배워야 할 것과 현재 바로 배우는 것이다. 이 배움의 수승한 이익은 과거미래현재로 평등하여 다름이 없음을 알아야 한다. 時差別者 謂學勝利 過去已學 未來當學 現在正學 此學勝利 當知於去來今 平等無異"라고 하였다. 〔참고문헌〕『瑜伽師地論』.

정학 定學 정(定)을 익히는 일. 계정혜(戒定慧) 삼학(三學) 중 하나로 삼매(三昧)를 익히는 선정(禪定)을 말한다. 『대명삼장법수』 권5(영락장181, p.579b3)에 "둘째, 정학이다. 정이란 선정을 말한다. 산란한 마음을 거두어 정신을 맑게 하고 성을 보아 도를 깨닫기에 정학이라 한다. 二 定學 定者禪定也 謂能攝散澄神 見性悟道 故名定學", 『유가사지론』 권98(대정장30, p.867a22)에 "정학이 있으면 반드시 계학이 있고, 혜학이 있으면 반드시 정학이 있다. 若有定學 必有戒學 若有慧學 必有定學", 『유가론기』 권7(대정장42, p.451b27·한불전13, p.510a24)에 "어떤 이유로 혜학은 오로지 무루이고 정학은 유루에 통하는가? 그 뜻을 푼다. 정학도 오직 무루일 뿐이다. 앞에서 '또한 무색정이란 무루정과 그 나머지 모든 등지(等持)·등지(等至)까지도 취하여 정학이라 한다'라고 하였으니, 이는 바로 사정려가 능히 이끌어 발하여 통하게 한 무루정이라는 뜻이다. 정학은 오직 무루일 뿐이니 혜학의 뜻과 같다고 해도 무방하다. 何故 慧學唯無漏 定學通漏耶 義曰 其定亦唯無漏 前言又無色定者 取無漏定 及餘所有 等持等至 亦名定學者 此卽四靜慮 能引發通之無漏定也 定學唯無漏 慧學義齊 亦無妨", 『금광명최승왕경소』 권1(대정장39, p.191b24)에 "목욕하고 깨끗한 옷을 입는 행위는 계학이고, 마음을 한 곳에 기울이는 것은 정학이며, 독송 등은 혜학이다. 이 경에 의지하여 이들 삼학을 수행하도록 한다. 澡浴著淨衣是戒學 專注是定學 讀誦等是慧學 令依此經修其三學", 『법집별행록절요』(한불전4, p.747b8)에 "정학은 돈과 점으로 같지 않다. 定學者 有頓漸不同"라고 하였다. 〔참고문헌〕『大明三藏法數』, 『瑜伽師地論』, 『瑜伽論記』, 『金光明最勝王經疏』, 『法集別行錄節要』. ⇨ 삼학 三

學■, 계정혜 戒定慧, 선정 禪定

정학녀 正學女 Ⓢ śikṣamāṇā, Ⓟ sikkhāmānā, Ⓣ dge-slob-ma. 출가오중(出家五衆) 중 하나. 사미니 수계 후 비구니계를 받기 전의 수행과정으로 6법을 배운다. 학법녀(學法女)·학계녀(學戒女)·식차마나(式叉摩那)·식차마나니(式叉摩那尼)·식차니(式叉尼) 등이라고도 한다. 『속일체경음의』 권9(대정장54, p.975b7)에 "범어 구역 음사어는 식차마나이고, 한역하면 정학녀이니 계를 배우는 니라는 뜻의 학계니다. 곧 여섯 가지 계법을 배워서 지니는 비구니다. 梵語舊云 式叉摩那 此翻爲正學女 卽學戒尼也 謂持六法者也", 『유부율』 권28(대정장23, p.779a8)에 "만약 비구가 일부러 이러한 말을 하여 타인을 괴롭힐 경우 바일지가를 범한다. 이와 마찬가지로 정학녀·구적(사미·구적녀(사미니)까지도 이전과 같이 문답한다면 바일지가를 범한다. 若苾芻故作是語 惱亂他時 得波逸底迦 如是乃至 正學女 求寂 求寂女 同前問答 得波逸底迦"라고 하였다. [참고문헌] 『續一切經音義』, 『有部律』, 『有部律雜事』 권30(대정장24, p.357c9), *Prāt-m.41.* ⇨ 육법계 六法戒, 식차마나 式叉摩那, 학계녀 學戒女, 출가오중 出家五衆

정학율의 正學律儀 Ⓢ śikṣamāṇā-saṃvara, Ⓣ dge-slob-ma'i-sdom-pa. 별해탈율의(別解脫律儀) 중 정학녀(正學女 : 式叉摩那 Ⓢ śikṣamāṇā)가 수지하는 육법계(六法戒)를 말한다. 『입아비달마론』 권상(대정장28, p.981b2)에 "별해탈율의에는 다시 여덟 가지가 있다. 첫째 비구율의, 둘째 비구니율의, 셋째 근책율의, 넷째 정학율의, … 여덟째 근주율의이다. 이와 같은 여덟 가지는 오직 욕계에만 있다. 別解脫律儀 復有八種 一 苾芻律儀 二 苾芻尼律儀 三 勤策律儀 四 正學律儀 … 八 近住律儀 如是八種 唯欲界繫", 『구사론송소론본』 권14(대정장41, p.894c8)에 "셋째 정학율의이니, 정학육법〈오계에 때가 아니면 먹지 않는 계를 더한다〉을 말한다. 三 正學律儀 謂正學六法故〈於五戒上 加不非時食也〉"라고 하였다. [참고문헌] 『入阿毘達磨論』, 『俱舍論頌疏論本』, *Abh-k-bh.205.* ⇨ 육법계 六法戒, 정학녀 正學女

정해 正解 바른 견해나 이해. 또는 바른 깨달음(正學). 사해(邪解)가 없는 뜻이며, 또는 이승이 아닌 대승을 아는 것. 나아가 유무를 떠나 중도(中道)를 아는 뜻이다. 『중아함경』 권6 「교화병경 敎化病經」(대정장1, p.459b21)에 "장자에게는 그릇된 견해가 없고 바른 견해만 있다. 장자는 바른 견해 때문에 고통을 멸하여 지극한 쾌락을 낳거나, 혹은 바른 견해 때문에 사다함과를 얻거나 아나함과를 얻을 것이다. 장자는 예전에 이미 수다원을 얻었다. 長者 無有邪解 唯有正解 長者 因正解故 或滅苦痛 生極快樂 因正解故 或得斯陀含果 或阿那含果 長者本已得須陀洹", 『이취육바라밀다경』 권9(대정장8, p.905a17)에 "희란, 모든 유정중생에게 손해를 끼치려는 마음이 없으며, 부지런히 제불묘법을 구하여 이미 얻었거나, 아직 얻지 못하였어도 마음에 잠시도 버림이 없고, 마음으로 항상 대승법을 바르게 이해하며 이승법에 집착하지 않는 것이다. 인색함을 버리고 단나(Ⓢ dāna : 布施)를 증장하여 구걸하는 이가 오는 것을 보면 마음으로 즐겁게 은혜를 베풀며 … 설사 헐뜯고 욕하여도 편안히 참아 받아들이는 것이다. 此喜者 於諸有情 無損害心 勤求一切 諸佛妙法 已得未得 心無暫捨 於大乘法 心恒正解 於二乘法 不生取著 捨離慳悋 增長檀那 見乞者來 心樂惠施 … 設有毀罵 安忍受之", 『보살선계경』 권2(대정장30, p.970a18)에 "어떤 것을 참으로 공의 뜻을 이해한다고 하는가? 만일 비구·비구니·우바새·우바이가 일체법에는 성이 있지 않음으로 이것을 공이라 하며, 그 법은 또한 공이 아니다라고 말하면 이것을 공을 이해한다고 한다. 이렇게 이해하는 이는 뜻에 걸림이 없어 삼보를 비방하지 않는데, 이것을 올바르게 이해하여 그릇됨이 없다고 한다. 어떤 것을 올바른 이해라고 하는가? 예를 들어 색을 색이라 하고, 나아가 열반에 이르기까지의 갖가지 상과 성이 있지 않다고 분별하는 것을 색공이라 하고, 색이 진실로 세상에 유포된다는 것을 불공이라 한다. 이런 뜻으로 하나의 색법이 있기도 하고 없기도 하다고 한다. 이 두 가지를 이해하기에 법이기도 하고 공이기도 하니, 끝내 이중에서 그릇되게 헤아려 집착하지 않는 것을 참으로 공의 뜻을 이해한다고 한다. 云何名爲 眞解空義 若比丘比丘尼優婆塞優婆夷說 一切法中 無有性故 是名爲空 法亦不空 是名解空 如是解者 不妨於義 不謗三寶 是名正解 無有錯謬 云何正解 如色說色 乃至涅槃 分別無有 種種相性 是名色空 以色眞實流布於世 是名不空 以是義故 說色一法 亦有亦無 解是二故 亦法亦空 終不於中 妄生計著 是名眞解空義"라고 하였다. [참고문헌] 『中阿含經』, 『理趣六波羅蜜多經』, 『菩薩善戒經』, 『成唯識論』 권1(대정장31, p.1a9). ⇨ 정각 正覺■, 사해 邪解, 중도 中道

정해문 呈解問 분양십팔문(汾陽十八問) 중 하나. 학인이 먼저 자신의 견해를 스승에게 올린 다음 그 대답을 기다리는 질문 방식이다. 『직주설두송고』 권1(卍속장117, p.511a9)에 "학인이 운문에게 물었다. '눈앞에 꿈틀대는 기미도 아니고 눈앞에 일도 아니라는 말은 무슨 뜻인지요?'〈세속의 이치가 아님을 깨달아라. 이것이 바로 정해문이로군〉. 僧問雲門 不是目前機 亦非目前事時如何〈悟非世理 特呈解問〉", 『운계양정정어록』 권6(가흥장33, p.746a9)에 "'무엇이 정해문인지요?' '보물을 팔다가 눈먼 페르시아 상인을 만났다'. 如何是呈解問 師云 賣寶撞

著瞎波斯"라고 하였다. 〔참고문헌〕『直註雪竇頌古』, 『雲溪俍亭挺語錄』. ⇨ 분양십팔문 汾陽十八問

정해탈 正解脫 ❶ Ⓟ sammā-vimutti. 바르게 해탈함. 사제(四諦)를 깨우쳐 열반을 얻고 다시는 삼유(三有)의 몸을 받지 않는 뜻에서의 해탈이다. 『중아함경』 권49 「성도경 聖道經」(대정장1, p.736b17)에 "어떤 것을 정해탈이라고 하는가? 비구가 욕심에서 해탈하는 것·분노와 어리석음에서 해탈하는 것을 정해탈이라고 한다. 云何正解脫 比丘者 欲心解脫 恚癡心解脫 是謂正解脫", 『별역잡아함경』 권10(대정장2, p.445b8)에 "여래세존께서는 아주 오래도록 모든 소견을 모두 다 없애 버려 어떤 소견도 없다. 비록 소견이 있을지라도 마음에 취착함이 없다. 즉 고성제를 보고 고집제를 보며 고멸제를 보고 고멸도제를 보며, 나는 이 모든 것을 밝히 깨우치고 알아 보아 마쳤다. 일체법은 모두 탐애와 번뇌의 결사이며 아와 아소라고 보는 것이 견취착이고 또한 교만이라 한다. 이러한 법은 싫어하여 버릴 수 있다. 그러므로 모두 끊어 버려야 하고, 이미 끊어 버려 마쳐서는 열반의 적멸과 청정을 얻는다. 이렇게 정해탈하면 비구들이 삼유에서 몸을 받는 일은 다시 있을 수 없다. 如來世尊 於久遠來 諸有見者 悉皆除捨 都無諸見 雖有所見 心無取著 所謂見苦聖諦 見苦集諦 見苦滅諦 見至苦滅道諦 我悉明了 知見是已 視一切法 皆是貪愛 諸煩惱結 是我我所 名見取著 亦名憍慢 如斯之法 是可患厭 是故 皆應當斷除之 旣斷除已 獲得涅槃 寂滅清淨 如是正解脫 諸比丘等 若更受身 於三有者 無有是處"라고 하였다. 〔참고문헌〕『中阿含經』, 『別譯雜阿含經』, *MN.3.76*. ⇨ 해탈 解脫 ❷ Ⓢ samyag-vimukti, Ⓣ yang-dag-pa'i-rnam-par-grol-ba. 대지법(大地法) 중 불염오해탈(不染汚解脫). 유위해탈(有爲解脫) 중 하나인 정승해(正勝解 Ⓢ samyak-adhimokṣa)를 말하며, 염오해탈(染汚解脫)인 사승해(邪勝解 : 邪解脫)의 상대어다. 『아비담비바사론』 권15(대정장28, p.113b26)에 "일체제법 중에 두 법이 있는데, 그 체는 해탈이다. 첫째는 유위, 둘째는 무위이다. 유위해탈이란 심수법 중의 해탈이고, 무위해탈이란 수멸이다. 여기에서는 유위해탈만 설하고, 무위해탈은 설하지 않았다. 유위해탈에 두 가지가 있으니, 첫째는 염오, 둘째는 불염오이다. 염오란 사해탈이며, 불염오란 정해탈이다. 정해탈에는 다시 두 가지가 있으니, 첫째는 유루, 둘째는 무루이다. 유루는 부정관과 상응하고, 자비희사와 상응한다. 무루는 학무학과 상응한다. 학은 사향과 삼과에 머물며, 무학은 오직 하나의 과에만 머문다. 一切諸法中有二法 體是解脫 一者 有爲 二者 無爲 有爲者 心數法中 解脫是也 無爲者 數滅是也 此中 唯說 有爲解脫 不說 無爲解脫 有爲解脫 有二種 一者 染汚 二者 不染汚 染汚者 是邪解脫 不染汚者 是正解脫 正解脫 復有二種 一者 有漏 二者 無漏 有漏者 與不淨觀相應 慈悲喜捨相應 無漏者 與學無學相應 學者 有四向住三果 無學者 唯住一果", 『구사론』 권25(대정장29, p.133c9)에 "경에서 이렇게 말한다. '유학위에서는 팔지를 성취하고, 무학위에서는 십지를 빠짐없이 성취한다'. 어떤 연유로 유학위 중에 정해탈은 있고, 정지는 있다고 설하지 않는가? 정해탈과 정지의 체는 무엇인가? 〔송〕 유학에는 남은 계박이 있기에 정해탈과 정지의 갈래가 없다. 해탈에는 유위와 무위가 있으니, 즉 승해와 번뇌의 멸이다. 유위는 무학지이고, 두 가지 해탈은 곧 해탈온이다. … 〔논〕 유학위 중에는 아직 남은 계박이 있어 아직 해탈하지 못하였기에 정해탈의 갈래가 없으니, 조금 계박을 떠난 것을 해탈이라 할 수 있는 것은 아니고, 해탈의 체가 없는데 해탈지를 세울 수 있는 것은 아니다. 무학은 이미 모든 번뇌의 계박에서 벗어났으며, 또 두 가지 해탈을 아는 지혜를 일으키니, 두 가지 지가 드러남으로 말미암아 두 가지 갈래를 세울 수 있으나 유학은 그렇지 않기에 오직 팔지만을 성취한다. 해탈의 체에는 두 가지가 있으니, 즉 유위와 무위다. 유위해탈이란 무학의 승해를 말하고, 무위해탈이란 일체번뇌가 다한 것을 말한다. 유위해탈을 무학지라고 하는데, 왜냐하면 지(支)의 명칭은 유위에 의지하기 때문이다. 무학지로 거두는 해탈에는 다시 두 가지가 있으니, 곧 다른 경에서는 심해탈과 혜해탈이라고 한다. 이러한 두 가지가 곧 해탈온임을 알아야 한다. … 진지의 힘에 의해 탐진치를 끊는 것, 즉 마음이 번뇌를 여의는 것을 해탈온이라고 한다. 이와 같이 정해탈의 체에 대해 설하였다. 經言 學位成就八支 無學位中 具成就十 何緣不說 有學位中 有正解脫 及有正智 正脫正智 其體是何 頌曰 學有餘縛故 無正脫智支 解脫爲無爲 謂勝解惑滅 有爲無學支 卽二解脫蘊 … 論曰 有學位中 尙有餘縛 未解脫故 無解脫支 非離少縛可名脫者 非無解脫體可立解脫智 無學已脫諸煩惱縛 復能起二了解脫智 由二顯了 可立二支 有學不然 故唯成八 解脫體有二 謂有爲無爲 有爲解脫 謂無學勝解 無爲解脫 謂一切惑滅 有爲解脫 名無學支 以立支名 依有爲故 支攝解脫 復有二種 卽餘經言 心慧解脫 應知此二卽解脫蘊 … 由眞智力 遣貪瞋癡 卽心離垢 名解脫蘊 如是已說正解脫體"라고 하였다. 〔참고문헌〕『阿毘曇毘婆沙論』, 『俱舍論』, 『順正理論』 권11(대정장29, p.390a26), *Abh-k-bh.387*. ⇨ 정승해 正勝解, 사해탈 邪解脫

정해탈 淨解脫 ❶ Ⓟ subhaṃ vimokhaṃ. 정법(正法)에 의지해 얻은 해탈. 다른 법이 아닌 일체중생이 일체 속박을 벗어나서 얻는 해탈을 말한다. 『장아함경』 권11 「아누이경 阿㝹夷經」(대정장1, p.70a11)에 "세존께서는 스스로 말씀하셨습니다. '내 제자는 정해탈에 들어 정행을 성취하여, 그들은 청정과 일체가 드루 청정함을 안다'. 또 (梵志는) 부처님께 여쭈었다. '저도 이 정해탈에 들어가 정행을 성취하고 일체를 두루 압니다'. 부처님께서 범지에게 말씀하셨다. '네가 거기에 들어가고자 하지만 매우 어렵다. 너는 견이 다르고 인이 다르며 행이 다르다. 다른 견에 의지하여 정해탈에 들어가려고 하는 것은 이루기 어려운 일이다. 단지 네가 부처님을 좋아하고 즐거워하여 마음을 끊이지 않는다면 오래도록 늘 안락을 얻을 것이다'. 世尊自言 我弟子入淨解脫 成就淨行 彼知淸淨 一切遍淨 又白佛言 我亦當入此淨解脫 成就淨行 一切遍知 佛告梵志 汝欲入者 甚爲難也 汝見異 忍異 行異 欲依餘見入淨解脫者 難可得也 但使汝好樂佛心不斷絶者 則於長夜 常得安樂", 『별역잡아함경』 권9(대정장2, p.438b27)에 "'구담이시여, 당신은 지금 일체중생의 집착과 속박을 아시며, 그리고 일체중생이 해탈을 얻은 것과 아울러 정해탈인지를 아십니까?' 이때 세존께서는 곧 그 천인에게 말씀하셨다. '나는 진실로 일체중생의 속박이나 집착, 그리고 해탈을 얻음이 진해탈인지 정해탈인지를 모두 다 안다'. 천인이 다시 여쭈었다. '구담이시여, 어떻게 일체중생의 속박이나 집착을 알고, 해탈을 얻은 것이 진해탈인지 정해탈인지를 아십니까?' 부처님께서 말씀하셨다. '나는 모두 다 관하여 본다. 너 천인은 마땅히 알아야 한다. 지금 나의 마음은 선해탈을 얻었다. 해탈을 얻었기에 중생의 속박이나 집착을 알고, 해탈을 얻은 것이 진해탈인지 정해탈인지도 역시 모두 안다'. 瞿曇 汝今能知 一切衆生 所著所縛 及知一切衆生 得解脫者 幷淨解脫不 爾時 世尊卽告天曰 我實盡知一切之所縛著 及得解脫 盡解脫 淨解脫者 天復問言 瞿曇 云何能知一切衆生之所縛著 得解脫 盡解脫 淨解脫耶 佛復告言 我盡觀見有 汝天當知 今我之心 得善解脫 得解脫故 能知衆生之所縛著 得解脫 盡解脫 淨解脫 亦悉知之"라고 하였다. [참고문헌] 『長阿含經』, 『別譯雜阿含經』, *DN.3.34.* ⇨ 성정해탈 性淨解脫, 장진해탈 障盡解脫 **2** Ⓢ śubhaṃ vimokṣaṃ. 팔해탈(八解脫) 중 하나로 정해탈신작증구족주(淨解脫身作證具足住)를 말한다. 『장아함경』 권9 「십상경 十上經」(대정장1, p.56a14)에 "무엇이 팔증법인가? 팔해탈을 말한다. 안으로 색상이 있고 밖의 색을 관하는 것이 첫 번째 해탈이며, 안으로 색상이 없고 밖의 색을 관하는 것은 두 번째 해탈이고, 정해탈은 세 번째 해탈이며 … 유상무상처를 넘어 상지멸에 머무는 것이 여덟 번째 해탈이다. 云何八證法 謂八解脫 內有色想 觀外色 一解脫 內無色想 觀外色 二解脫 淨解脫 三解脫 … 度有想無想處 住想知滅 八解脫"라고 하였다. [참고문헌] 『長阿含經』, *Abh-k-bh.455.*, *Abh-s.95.* ⇨ 정해탈신작증구족주 淨解脫身作證具足住

정해탈삼매 淨解脫三昧 팔해탈(八解脫 : 八解脫三昧) 중 하나인 정해탈(淨解脫). 『무량수경기』 권상(卍속장32, p.398b9)에 "정해탈삼매란 무엇인가? 팔해탈 중 세 번째 해탈이니, 정해탈이라고 한다. 言淨解脫三昧者 八解中第三解脫 名爲淨解脫"라고 하였다. [참고문헌] 『無量壽經記』. ⇨ 정해탈신작증구족주 淨解脫身作證具足住

정해탈신작증구족주 淨解脫身作證具足住 Ⓢ śubhaṃ vimokṣaṃ kāyena sākṣātkṛtvopasaṃpadya viharati, Ⓣ sdug-pa'i-rnam-par-thar-pa-lus-kyis-mngon-sum-du-byas-te-rdzogs-par-byas-nas-gnas-pa. 팔해탈(八解脫) 중 하나. 깨끗한 색(色)을 관찰하여 탐심(貪心)이 일어나지 않는 정해탈을 증득하여 선정에 머무는 것을 말한다. 정해탈(淨解脫)·정해탈삼매(淨解脫三昧)·정해탈신증삼매(淨解脫身證三昧)·정해탈구족주(淨解脫具足住)·정해탈신작증구족주해탈(淨解脫身作證具足住解脫)이라고도 한다. 『구사론』 권29(대정장29, p.151b1 : *Abh-k-bh.*, p.454)에 "해탈에는 여덟 가지가 있다. … 셋째 정해탈신작증구족주이다. 解脫有八 … 三 淨解脫身作證具足住 〈kārikā〉 aṣṭau vimokṣāḥ 〈bhāṣya〉 … śubhaṃ vimokṣaṃ kāyena sākṣātkṛtvopasaṃpadya viharatīti tṛtīyaḥ", 『대승아비달마집론』 권7(대정장31, p.690c29 : *Abh-s.*, p.95)에 "무엇이 정해탈신작증구족주인가? 즉 정려에 의지하여 안으로 정부정의 모든 색에서 전전상대상·전전상입상·전전일미상을 이미 성취하였기에 그것을 이미 얻어 구족히 머무는 중에 정이든 혜든 나머지 모든 앞에서 설한 대로여서, 정이나 부정으로 변화하는 번뇌로부터 일어나는 장애를 해탈한다. 云何淨解脫身作證具足住 謂依止靜慮 於內淨不淨諸色 已得展轉相待想 展轉相入想 展轉一味想故 於彼已得住具足中 若定若慧 餘如前說 乃至 爲解脫淨不淨變化煩惱生起障 kathaṃ śubhaṃ vimokṣaṃ kāyena sākṣātkṛtyopasaṃpadya viharati. dhyānaṃ niśritya adhyātmaṃ śubhāśubheṣu rūpeṣu anyonyāpekṣāsaṃjñāyā anyonyānugamasaṃjñāyā anyonyaikarasasaṃjñāyāśca labhāt tatra labdhe vihārasamṛddhau samādhiḥ prajñā śeṣaṃ pūrvavat yāvat śubhaśubhanirmāṇāt saṁkleśotpattyāvaraṇācca vimuktiḥ", 『대승아비달마잡집론』 권13(대정장31, p.758a26)에 "무엇이 정해탈신작증구족주인가? … 이 중에 드러난 정부정의 모든 색에 있어 '전전상대상'과 '전전상입상'에 의지해서 '전전일미상'을 성취하는 것이다. 어떻게 그런가? 모든 정색을 대하여서는 나머지 색은 부정하다고 하며, 부정색을 대하여서는 그 나머지 색을 정하다고 하는 것이어서 서로 대하지 않을 수 없다. 왜냐하면 오직 한 류만을 보는 경우에는 정부정을 깨우칠 수 없기 때문이다. 또 정중에 부정성이 따르고 부정중에 정성이 따르니, 왜냐하면 얇게 덮인 피부를 모두 깨끗하다 하지만 발모 등 서른여섯 가지 부정

물이 드러나 있다. 이와 같이 상대상입하는 일체색을 합하여 일미청정상이라 이해하고, 이와 같이 좋아하는 색에 따라 해탈자재를 얻으면 정부정색의 변화의 장애와 여기에서 번뇌가 일어나는 장애도 끊을 수 있다. 어떤 것을 변화의 번뇌라고 하는가? 정색이 변화하고 더하여 공용까지 행하는 것이니, 부정색과 더불어 변화하여 서로 어긋나기 때문이다. 云何淨解脫身作證具足住 … 此中顯示 於淨不淨諸色 依展轉相待想 展轉相入想 得展轉一味想 所以者何 待諸淨色 於餘色中 謂爲不淨 待不淨色 於餘色中 謂爲淸淨 非不相待 何以故 唯見一類時 淨不淨覺無故 又於淨中不淨性所隨入 於不淨中淨性所隨入 何以故 於薄皮所覆 共謂爲淨中 現有髮毛等三十六種不淨物故 如是展轉 總一切色 合爲一味 淸淨想解 如是已得 隨所樂色 解脫自在者 能斷淨不淨色變化障 及於此中煩惱生起障 何等名於變化煩惱 謂於淨色變化加行功用 與不淨色變化相違故", 『유가사지론』 권12(대정장30, p.336c4)에 "어떤 것을 정해탈신작증구족주라고 하는가? 즉 어떤 사람이 이미 사념·원만·청백을 얻고, 이것을 의지로 하여 청정을 닦아 익혀 성행이 원만한 것을 정해탈이라고 한다. 그 까닭은 무엇인가? 세 가지 인연 때문이다. 즉 이미 온갖 고락을 뛰어넘었기 때문이고, 일체의 흔들림이 이미 적정해졌기 때문이며, 잘 닦아 빛이 나기 때문이다. 신작증이란, 이 머묾에 일체현성 대부분이 머물기 때문이다. 云何淨解脫身作證具足住 謂如有一 已得捨念 圓滿 淸白 以此爲依 修習淸淨 聖行圓滿 名淨解脫 何以故 三因緣故 謂已超過 諸苦樂故 一切動亂 已寂靜故 善磨瑩故 身作證者 於此住中 一切賢聖 多所住故"라고 하였다. [참고문헌] 『俱舍論』, 『大乘阿毘達磨集論』, 『大乘阿毘達磨雜集論』, 『瑜伽師地論』, *Abh-k-bh.*, *Abh-s.*, *Abh-s-bh.124.* ⇨ 팔해탈 八解脫

정해탈정 淨解脫定 정해탈신작증구족주로 드는 제4정려를 말한다. 『집이문족론』 권18(대정장26, p.443b24)에 "정해탈신작증구족주란 무엇인가? 묻는다. 이 정해탈가행이란 어떤 것인가? 관행을 닦는 이는 어떤 방편으로 정해탈정에 드는가? … 마음이 편안하게 머물고, 고르게 머물며, 가까이 머물고, 상속하며 한 곳으로 나아가, 하나의 경계에 생각을 매어, 푸른 모양을 사유하여, 다름이 없고 전변이 없음으로 문득 정해탈정에 든다. 淨解脫身作證具足住者 問 此淨解脫加行云何 修觀行者 由何方便 入淨解脫定 … 由心安住 等住 近住 相續一趣 繫念一境 思惟青相 無二無轉 便能證入 淨解脫定", 『대비바사론』 권84(대정장27, p.434c19)에 "제3의 해탈은 제4정려에 있다. 하지에도 상사한 선근이 있으나 제3해탈이라고 세우지 않는다. 왜냐하면 정해탈을 세워 부정관심을 버려 등지려 하기 때문이다. 만일 하지에 있으면 부정관의 힘에 꺾이고 조복되어 넓지도 않고 밝지도 않기에 세우지 않으며, 제3정려에는 비록 처음의 두 가지 부정해탈은 없을지라도 수승한 즐거움에 빠져 혼란스러우므로 넓지도 않고 밝지도 않기에 세우지 않는다. 第三解脫 在第四靜慮 下地亦有相似善根 而不立爲第三解脫 所以者何 立淨解脫 爲欲棄背 不淨觀心 若在下地 爲不淨觀力所摧伏 不廣不明 故不建立 第三靜慮 雖無初二不淨解脫 而爲勝樂所迷亂故 不廣不明 故不建立"라고 하였다. [참고문헌] 『集異門足論』, 『大毘婆沙論』. ⇨ 정해탈신작증구족주 淨解脫身作證具足住

정행 井幸 조선후기 스님. 호는 추담(秋淡). 해인사(海印寺) 도봉돈수(道峰頓修)의 후손이고, 활해성여(濶海性如 1804~1877)의 속제(俗弟)이기도 하다. 수행이 철저하고 학덕 또한 높고 깊었다. 1850년부터 해인사 산내암자인 도솔암(兜率庵 : 지금의 해인사 지족암)의 감원(監院)으로 있었고, 1870년 큰절인 해인사의 재정상황이 극도로 어려울 때 지족암을 큰절에 귀속시키고 스님 자신은 궁현당(窮玄堂)으로 이석(移錫)하였다. 1883년에 해인사에서 『육조단경 六祖壇經』을 판각할 때 증명법사였고, 1885년(고종22)에 『화엄법화약찬총지 華嚴法華略纂摠持』와 『법화경』 약찬게(略纂偈)를 판각할 때 교정(校正) 및 교증(較證)을 맡았으며, 해인사 법보전(法寶殿)의 삼존불상을 개금할 때에도 담화보정(曇華普淨)·상허혜조(相虛慧造)와 더불어 증명법사(證明法師)로 계셨다. 1887년에 궁현당을 중창할 때의 소임이 안집(安集)이었는데, 고경덕원(古鏡德元)이 지은 지족암(知足庵) 「양간록 樑間錄」에 따르면 그 당시 스님이 큰절의 재무(財務) 소임을 맡고 있었으므로 '안집'은 재무 소임일 것으로 보인다. 저서로는 『승가일용식시묵언작법 僧家日用食時默言作法』 1권(『한국불교의례자료총서』 권3, pp.521a1~567a15)·『다비작법 茶毘作法』 1권(같은 책 권3, pp.571a1~593b6)이 있으며, 스님이 서사(書寫)하여 판각한 『칠성청문 七星請文』 1권(같은 책 권3, pp.603a1~608a20) 등이 있다. 해인사성보박물관에 전하는 진영의 방제(傍題)에 '도봉후손추담당정행지진 道峯後孫秋淡堂井幸之眞'이라 하였다. [참고문헌] 『韓國佛敎儀禮資料叢書』, 李智冠 『伽倻山海印寺誌』 p.778·938.

도봉후손추담당정행지진
해인사성보박물관 조선후기

정행 正行 Ⓢ samyak-pratipatti, samyak-pratipa

nna, Ⓟ sammā-paṭipatti, sammā-paṭipanna, Ⓣ yang-dag-par-sgrub-pa, yang-dag-par-zhugs-pa. ❶ 십선업(十善業)과 정견 등으로 행하는 것. 『잡아함경』 권37(대정장2, p.273a3)에 "'세존이시여! 어떤 법행과 정행을 행해야 몸이 부서지고 목숨이 다한 후에 천상에 날 수 있습니까?' 부처님께서 바라문장자에게 말씀하셨다. '살생을 여의는 것'에서 정견까지를 말하니, 이 열 가지 선업을 지은 인연으로 몸이 부서지고 목숨이 다한 후 천상에 난다. 世尊 行何等法行 何等正行 身壞命終 得生天上 佛告婆羅門長者 謂離殺生 乃至正見 十善業跡 因緣故 身壞命終 得生天上"라고 하였다. 〔참고문헌〕『雜阿含經』, *DN.1.55.*, *SN.1.187.* ❷ 번뇌를 여의고 중생을 위하는 일. 『방광대장엄경』 권9(대정장3, p.593a29)에 "백천생중에 정행을 닦아 모든 서원을 모두 성취하였으며, 스스로도 생사를 건너가고 타인도 제도하였으니 중생을 구제함에 게으름이 없었네. 百千生中修正行 所有誓願皆成就 自度生死能度他 救濟衆生無懈倦", 『대방등대집경』 권11(대정장13, p.71a24)에 "세존이시여, 어떤 보살이 모든 마음세계를 깨끗하게 하면 일체번뇌를 여의며, 일체번뇌를 여의면 정행이라고 하고, 정행이라면 법답게 머무는 것이라고 합니다. 世尊 若有菩薩 淨諸心界 是則能離一切諸漏 若能遠離一切漏者 是名正行 若正行者 名如法住", 『유가사지론』 권8(대정장30, p.316c29 : *Yogā-bh.*, p.179)에 "모든 유정중생들에게 잘못된 행위를 떠나 전도함이 없이 행하기에 정행이라고 한다. 於諸有情 遠離邪行 行無倒行 故名正行 sattveṣu mithyāpratipattivivarjitapratipatteḥ samyak pratipannāḥ"라고 하였다. 〔참고문헌〕『方廣大莊嚴經』, 『大方等大集經』, 『瑜伽師地論』, *Yogā-bh.*, *Bodh-bh.58·185.* ❸ 대승에 의지해 행함. 『변중변론』 권하(대정장31, p.473c10 : *Madhy-vibh.*, p.60)에 "〔논〕 이 대승 중에서는 모두 세 가지 위없는 뜻으로 무상승이라고 한다. 세 가지 무상이란, 첫째 정행무상, 둘째 소연무상, 셋째 수증무상이다. 이 중에서 정행무상이란 열 가지 바라밀다행을 말한다. 論曰 此大乘中 總由三種無上義故 名無上乘 三無上者 一 正行無上 二 所緣無上 三 修證無上 此中 正行無上者 謂十波羅蜜多行 trividham ānuttaryaṃ mahāyāne yenaitad anuttaraṃ yānam pratipattyānuttaryaṃ. ālambanānuttaryaṃ. samudāgamānuttaryañ ca. tatra pratipattyānuttaryaṃ daśapāramitāpratipattito veditavyaṃ"라고 하였다. 〔참고문헌〕『辯中邊論』, *Madhy-vibh.* ❹ 정토왕생을 위한 수행. 『관무량수불경소』 권4(대정장37, p.272a29)에 "행에는 두 가지가 있으니 첫째는 정행, 둘째는 잡행이다. 정행이란 오로지 왕생경에 의지하여 행하는 것을 정행이라고 한다. 行有二種 一者 正行 二者 雜行 言正行者 專依往生經行行者 是名正行"라고 하였다. 〔참고문헌〕『觀無量壽佛經疏』. ❺ 세간에서 효행하는 일. 『잡보장경』 권1(대정장4, p.449a6)에 "두 가지 정행이 있으니 제기 차듯 빨리 천상에 난다. 어떤 것이 그 두 가지인가? 첫째 부모님을 공양하는 것, 둘째 부모님께 여러 선행을 짓는 것이다. 有二正行 如似拍鞠 速生天上 云何爲二 一者 供養父母 二者 於父母所作衆善行"라고 하였다. 〔참고문헌〕『雜寶藏經』. ⇨ 십정행 十正行[2], 십종정법행 十種正法行[1], 오종정행 五種正行, 팔정행 八正行, 사행 邪行, 잡행 雜行, 조행 助行, 정행무상 正行無上, 정인정행 正因正行 ❻ ➡ 정업 正業[1]

정행 淨行 ❶ Ⓢ brahmacārya, Ⓟ brahmacariya, Ⓣ tshangs-par-spyod-pa. 법다이 행하는 것. 『대견고바라문연기경』 권2(대정장1, p.211b20)에서는 "무아를 닦는 것이 곧 정행이다. 修無我者卽淨行"라고 하였다. 『증일아함경』 권7(대정장2, p.576b23)에 "만약 사람으로 나더라도 집에서 간음하고 정행을 하지 않으면 다른 사람들에게 꾸짖음을 당하고 항상 비방을 받는다. 이 한 법이 사음이다. 若生人中 居家姦婬 無有淨行 爲人所譏 常被誹謗 云何一法 所謂邪婬也", 『방광대장엄경』 권9(대정장3, p.592b23)에 "너희 딸들아! 함께 저 보리수 아래로 가서 석가족의 아들을 유혹하여 그의 정행을 무너뜨려라. 이에 마왕의 딸들은 보리수로 다가갔다. 汝等諸女 可共往彼菩提樹下 誘此釋子壞其淨行 於是魔女詣菩提樹"라고 하였다. 〔참고문헌〕『大婆羅門堅固緣起經』, 『增壹阿含經』, 『方廣大莊嚴經』, *Prāt-m.17.* ⇨ 부정행 不淨行[2], 범지 梵志[2] ❷ Ⓢ Viśuddhacāritra. 『법화경』에 등장하는 사대보살(四大菩薩) 중 한 분. 『법화경』 권5 「종지용출품 從地踊出品」(대정장9, p.40a21 : *Saddh-p.*, p.300)에 "이때 사부대중이 또한 부처님의 신력으로 모든 보살들이 무량한 백천만억 국토의 허공에 가득 차 있음을 보았다. 이 보살들 중 네 명의 이끄는 스승이 있었다. 첫째는 상행, 둘째는 무변행, 셋째는 정행, 넷째는 안립행이라고 이름한다. 爾時四衆 亦以佛神力故 見諸菩薩遍滿無量百千萬億國土虛空 是菩薩衆中有四導師 一名 上行 二名 無邊行 三名 淨行 四名 安立行 atha khalu bhagavāṃstathārūpamṛddhyabhisaṃskāramakarot … imāṃ ca sahāṃ lokadhātuṃ śatasahasrākāśaparigṛhītāṃ bodhisattvaparipūrṇām adrākṣuḥ. tasya khalu punarmahato bodhisattvagaṇasya mahato bodhisattvarāśeścatvāro bodhisattvā mahāsattvāḥ, ye pramukhā abhūvan, tad yathā viśiṣṭacāritraśca nāma bodhisattvo mahāsattvaḥ, anantacāritraśca nāma bodhisattvo mahāsattvaḥ, viśuddhacāritraśca nāma bodhisattvo mahāsattvaḥ, supratiṣṭhitacāritraśca nāma bodhisattvo mahāsattvaḥ"라고 하였다. 〔참고문헌〕『法華

經』, *Saddh-p.* ⇨ 묘법연화경 妙法蓮華經 **3** ?~509. 중국 남북조대 제(齊)와 양(梁)에서 활동하던 비구니. 속성은 시(時)씨. 거록(鉅鹿) 출신. 정연(淨淵) 비구니의 여동생이다. 『비구니전』 권4 「죽원사정행니전 竹園寺淨行尼傳」에 의하면, 17세에 법시(法施) 비구니를 따라 출가하여 죽원사(竹園寺)에 머물렀다. 성실·비담·열반·화엄을 배워 그 뜻에 통달하였다. 제(齊)의 경릉왕(竟陵王)이었던 소자량(蕭子良)의 시주를 받았고 승종(僧宗)과 보량(寶亮) 두 법사가 강설을 청하자 청중이 수백 명이었다고 한다. 선관(禪觀)을 즐겨하고 채식으로 고행하니 황제의 찬탄을 받기도 하였다. 509년 입적하니 종산(鍾山)에 묻혔다. 〔참고문헌〕『比丘尼傳』. **4** 1902~2000. 비구니. 호는 보월(寶月), 속성은 정(鄭)씨, 본관은 곤양(昆陽). 아버지의 휘는 현오(現悟)이고 법명은 법장거사(法藏居士), 어머니는 하묘법화(河妙法華)다. 경상남도 함안군 대산면 동촌리에서 둘째 딸로 태어났다. 1910년(융희4) 9세의 어린 나이에 언니 성문(性文), 이종(姨從) 오전(悟田), 이모 수만(修滿) 등을 따라 합천 해인사(海印寺) 삼선암(三仙庵)을 찾아가 성학(性學)을 은사로, 회광사선(晦光師璿)을 계사로 하여 스님이 되었다. 신심이 견고하고 효심이 지극하여 은사와 노스님인 지종(智鐘)을 정성껏 시봉하였다. 20세 때인 1922년에 해인사 금강계단에서 용성진종(龍城震鐘)으로부터 비구니계와 보살계를 받았다. 1923년 해인사 강원에서 대교과(大敎科)를 졸업하였고, 붓글씨에 능하여 80권본 『화엄경』과 『묘법연화경』 7권을 사경하였으며, 도반(道伴)으로는 성문·수옥(守玉)·혜옥(慧玉)·명주(明珠)·수인(修仁)·복련(福蓮) 등 많은 비구니가 있어 서로 탁마·정진했다. 1944년 여름 결제는 오대산 상원사(上院寺) 청량선원(淸凉禪院)의 한암(漢巖)을 모시고 지장암(地藏庵)에서 안거하였다. 1959년 3월부터 계룡산 동학사(東鶴寺)의 교단정화 후 초대주지를 맡아 비구니 강원을 개설하고 후학지도에 힘을 기울였다. 1981년부터 자운(慈雲)율사가 조계종 전국단일계단을 설립하고 율장에 의거하여 이부승수계(二部僧受戒)를 시행할 때, 1982년 제1회부터 1991년 제9회까지 비구니계단의 전계화상(傳戒和尙)을 역임했다. 90여 년 동안 스님 시봉, 수학, 수행, 후학지도, 전계는 물론 아흔의 노구에도 하루 108배 참회기도를 하면서 대중의 모범을 보였다. 2000년 4월 15일(음력 3월 11일) 13시 20분 해인사 삼선암에서 문도를 모아 놓고 단정히 앉아 "이와 같이 왔다가 이와 같이 떠나니, 백년의 한평생이 잠깐인 것을, 높고 넓은 하늘 한결같은 빛이요, 청산은 그대로이고 백운은 쉼이 없네! 如是來如是去兮 百年生涯刹那間 萬里長天一樣色 靑山不動白雲流"라는 임종게를 설하고 조용히 입적하였으니 세수 99, 법랍 90세였다. 같은 해 4월 19일 삼선암에서 영결식을 행할 때, 가산지관(伽山智冠)은 추도사 끝부분에 다음과 같이 읊었다. "홍류동의 벚꽃은 생사거래의 이치를 보여주고, 삼선암 계곡물은 제행무상의 도리를 설하고 있습니다. 정행화상이시여! 무명구름 흩어지니 달빛이 밝고, 봄이 오니 곳곳마다 꽃들은 웃네! 북쪽에는 묘향산(妙香山)의 법왕대이고, 남쪽에는 지리산(智異山)의 노고단일새! 진흙소 물밑으로 걸어다니고, 나무말 불속으로 뛰어다니며, 쇠로 만든 배를 타고 항해(航海)를 하고, 지렁이의 등에 업혀 상천(上天)하도다. 雲散家家月 春來處處花 北之法王臺 南之老姑壇 泥牛水底行 木馬火中走 鐵船入海遊 蚯蚓上天飛"라고 하였다. 〔참고문헌〕「曹溪宗二部授戒比丘尼戒壇初代傳戒和尙全國比丘尼葬禮彙報」. ⇨ 이부승수계 二部僧受戒

정행공양 正行供養 Ⓢ pratipatti-pūjā, pratipatti-sahagatā pūjā, Ⓣ sgrub-pa'i-mchod-pa. 정법으로 공양하는 일. 십종공양(十種供養) 중 하나로 불과(佛果)를 성취하는 공양이며, 수지공양(受持供養)·지처도공양(至處道供養)이라고도 한다. 『대승본생심지관경』 권8(대정장3, p.331a24)에 "문수사리야, 내가 열반한 뒤 그후 오백년에 정법이 멸하려고 할 때, 만일 어떤 법사가 뭇 경 중 왕인 이 『심지경』을 수지독송하고 익히며 해설하고 베껴 쓰면, 이와 같은 법사는 나와 다름이 없다. 선남자선여인이 이 법사를 공양하고 존중하면 곧 시방삼세의 일체제불을 공양하여 얻는 복덕과 평등하여 다름이 없다. 이것을 참된 법으로 여래를 공양하는 것이라 하며 정행공양이라고 한다. 文殊師利 我涅槃後 後五百歲 法欲滅時 若有法師 受持讀習 解說書寫 此心地經 衆經中王 如是法師 與我無異 若有善男子善女人 供養尊重 此法師者 卽爲供養 十方三世 一切諸佛 所得福德 平等無二 是名眞法 供養如來 如是名爲 正行供養", 『유가사지론』 권44(대정장30, p.534b25 : *Bodh-bh.*, p.162)에 "모든 보살이 아주 잠깐만이라도 우유를 짜는 동안만큼이라도 널리 일체의 꿈틀거리는 유정을 위하여 자비희사와 함께 하는 마음을 수습하며, 일체행에서 무상상·무상고상·고무아상을 닦고, 그 열반에 대하여 승리상을 닦으며, 불법승과 바라밀다에 대하여 수념을 수습하며, 아주 잠깐 동안 일체법에 대하여 조그맣고 하열한 인지라도 일으키며 말을 떠난 법성진여를 신해하여 무분별의 무상심주를 일으키려니, 어찌 이보다 더 지나치거나 더한 것이겠는가? 이와 같이 보살은 받은 바 시라율의를 수호하고, 사마타와 비발사나의 보리분법을 부지런히 힘써 닦아 배우며, 역시 일체의 바라밀다와 모든 섭사를 바르게 힘써 닦아 배우는데, 이것을 보살이 여래에게 정행으로 공양하는 것이라고 한다. 若諸菩薩 少時少時 須臾須臾 乃至下如搆牛乳頃 普於一切 蠢動有情 修習慈悲喜捨俱心 於一切行 修無常想 無常苦想 苦無

我想 於其涅槃 修勝利想 於佛法僧 波羅蜜多 修習隨念 少時少時 須臾須臾 於一切法 發生少分下劣忍智 信解離言法性眞如 起無分別 無相心住 何況於此 若過若增 如是守護 菩薩所受 尸羅律儀 於奢摩他 毘鉢舍那 菩提分法 精勤修學 亦於一切波羅蜜多 及諸攝事 正勤修學 是名菩薩 於如來所 正行供養 tatra yadbodhisattvaḥ stokastokaṃ muhūrtamuhūrtamantato godohamātram api sarvasattva prāṇibhūteṣu maitracittaṃ bhāvayati. karuṇāsahagataṃ muditāsahagatamupekṣāsahagataṃ cittaṃ bhāvayati. tathā sarvasaṃskāreṣvanityasaṃjñāmanitye duḥkhasaṃjñāṃ duḥkhe 'nātmasaṃjñāṃ nirvāṇe cānuśaṃsasaṃjñāṃ bhāvayati. tathā tathāgatānusmṛtiṃ dharmasaṃghapāramitānusmṛtiṃ bhāvayati. tathā stokastokaṃ muhūrtamuhūrtaṃ sarvadharmāṇāṃ prādeśikena mṛdukṣāntikenāpi jñānena nirabhilāpyadharmasvabhāvatathatādhimukto nirvikalpena nirnimittena cetasā viharati. prāgeva tata uttari tato bhūyaḥ. tathā bodhisattvaśīlasaṃvaraparipālanā. śamathavipaśyanāyāṃ bodhipākṣikeṣu ca dharmeṣu yogakriyā. tathā pāramitāsu saṃgrahavastuṣu ca samyagyogakriyā. itīyaṃ bodhisattvasya pratipattisahagatā tathāgata pūjā"라고 하였다. 〔참고문헌〕『大乘本生心地觀經』, 『瑜伽師地論』, *Bodh-bh.* ⇨ 십종공양 十種供養

정행과 正行果 삼학(三學)에 머무는 것을 말한다. 『유가사지론』 권81(대정장30, p.753b27)에 "행은 두 가지이니 첫째는 사행, 둘째는 정행이다. 그 과도 두 가지이니 첫째는 정행과이고 둘째는 사행과다. 行復二種 一者 邪行 二者 正行 果亦二種 一者 正行果 二者 邪行果", 같은 책 권82(대정장30, p.757b15)에 "이 경은 정행과 정행과를 자세히 설한다. 이와 같은 계 등의 삼학을 학의 변제라 함을 알아야 한다. 또 이렇게 말한다. 이와 같이 머묾이란 무슨 말인가? 이것은 정방편을 나타내니 네 가지 유가로 거둔다. 또 이렇게 말한다. 이와 같이 삼학에 머묾이란, 이것은 정행과를 나타낸다. 이 중에서 신과 욕을 우선으로 하여 시라를 섭수하고, 정진과 지혜 등의 방편을 수용한다. 此經宣說 正行及正行果 如是戒等三學 當知是名學之邊際 又言 如是住者 此顯正方便 四種瑜伽所攝 又言 如是住三學者 此顯正行果 此中信欲爲先 攝受尸羅 聽受精進慧等方便"라고 하였다. 〔참고문헌〕『瑜伽師地論』. ⇨ 삼학 三學

정행무상 正行無上 Ⓢ pratipatty-ānuttarya, Ⓣ sgrub-pa-bla-na-med-pa-nyid. 바르게 행함에 위없이 하다. 대승의 삼종무상승의(三種無上乘義) 중 하나로 보살이 중도행(中道行)과 십바라밀행(十波羅蜜行)을 더 없이 행하는 뜻이다. 『변중변론』 권하(대정장31, p.476a23)에 "색 등에 대해 아와 다르다고 집착하거나 하나라고 집착하면 하나의 치우침이다. 이런 변집을 여의게 하고자 중도행을 설한다. … 이와 같이 이미 이변을 여의는 정행을 설했다. 차별과 무차별의 정행은 어떤 것인가? 〔송〕 차별과 무차별이란, 알아야 하니, 십지에서 십바라밀다의 증상과 등을 닦아 모음이다. 〔논〕 십지 중에 십도피안을 하나씩 닦아 모으는 것을 차별정행이라고 한다. 일체지에서 모두 평등하게 보시 등의 십바라밀다를 닦아 모으는 이와 같은 정행을 무차별정행이라고 한다. … 무상승을 거두는 뜻에는 대략 세 가지 무상승의가 있으니, 정행무상이고 정행지무상이며 정행과무상이다. 若於色等 執我有異 或執是一 名爲一邊 爲離此執說中道行 … 如是已說 離二邊正行 差別 無差別正行云何 頌曰 差別無差別 應知於十地 十波羅蜜多 增上等修集 論曰 於十地中 十到彼岸 隨一增上 而修集者 應知說爲差別正行 於一切地 皆等修集 布施等十波羅蜜多 如是正行 名無差別 … 無上乘總義者 略有三種無上乘義 謂正行無上故 正行持無上故 正行果無上故"라고 하였다. 〔참고문헌〕『辯中邊論』, 『中邊分別論』 권하(대정장31, p.464a2), *Madhy-vibh.73.* ⇨ 십바라밀 十波羅蜜

정행승의 正行勝義 Ⓢ pratipatti-paramārtha, Ⓣ sgrub-pa'i-don-dam-pa. 바르게 뛰어난 뜻을 행하다. 성도(聖道)를 말한다. 삼승의(三勝義) 중 하나로 행승의(行勝義)·정행진실(正行眞實)이라고도 한다. 『변중변론』 권중(대정장31, p.469c4 : *Madhy-vibh.*, p.41)에 "셋째 정행승의이니, 성도를 말한다. 뛰어난 법을 뜻으로 삼기 때문이다. 三 正行勝義 謂聖道 以勝法爲義故 pratipatti-paramārtho mārgaḥ paramo 'syārtha iti kṛtvā", 『변중변론술기』 권중(대정장44, p.17c16)에 "정행승의란 무엇인가? 앞의 두 가지 승의(義勝義·得勝義)를 가린 것으로 『성유식론』에서는 단지 행승의라고만 할 뿐이니, 정(正)이란 글자는 없다. 言正行者 爲簡前二 唯識 但言行勝義 無正字"라고 하였다. 〔참고문헌〕『辯中邊論』, 『辯中邊論述記』, 『成唯識論』 권8(대정장31, p.47c2), *Madhy-vibh.* ⇨ 삼승의 三勝義

정행육도품 正行六度品 천태오품관행위(天台五品觀行位) 중 다섯 번째로, 육바라밀을 닦아 이사(理事)와 권실(權實)에 걸림이 없는 위를 말한다. 『법화현의』 권5(대정장33, p.733c14)에 "정행육도품은 원가에서 염불로 마음을 멈추는 법이다. 육도를 바르게 행할 때 사 그대로 이이니, 이로도 도를 방해하지 않고 사로도 도를 방해하지 않는다. 사 그대로 이이니 장애될 것이 없다. 대의는 이와 같다. 正行六度品 是圓家念佛停心 正行六

度時 卽事而理 理不妨道 事不妨道 卽事而理 無障可論 大意如此", 『아미타경소초연의』 권2(卍속장33, p.610b7)에 "다섯 번째, 정행육도품은 육도를 관하고 행함에 두 상이 없다. 五 正行六度品 觀行六度 無有二相", 『범망경현의』(卍속장60, p.611b10)에 "다섯 번째는 정행육도품이다. 원관이 익을 대로 익어 사와 이가 어울리니 사가 이를 방해하지도, 떨어지지도 않아서 권지와 실지를 모두 궁구하여 통달한다. 세속의 언어를 다스리고 생산업을 돕는 일이 모두 실상과 위배되지 않으니, 십심의 빛이 맹렬하여 마치 타는 불에 섶을 더하는 듯하다. 五 正行六度品 圓觀淳熟 事理欲融 事不妨理 理不隔事 權實二智 究了通達 治世語言 資生産業 皆與實相不相違背 十心光猛 如火益薪也"라고 하였다. [참고문헌] 『法華玄義』, 『阿彌陀經疏鈔演義』, 『梵網經玄義』. ⇨ 관행오품위 觀行五品位, 오품제자위 五品弟子位

정행잡행 正行雜行 정행과 잡행. 정토(淨土)에서 아미타불 칭명을 정행(正行)이라 하고, 그 나머지는 잡행이라 부른다. 『관무량수불경소』 권4(대정장37, p.272a28)에 "다음은 행에 나아가 믿음을 세우는 것이니, 행은 두 가지다. 첫째는 정행이고 둘째는 잡행이다. 정행은 오로지 『왕생경』에 의지하여 행자가 수행하는 것을 정행이라고 한다. … 정업과 조업 두 가지 행을 제외한 나머지 모든 선을 모두 잡행이라고 한다. 次就行立信者 然行有二種 一者 正行 二者 雜行 言正行者 專依往生經行行者 是名正行 … 除此正助二行已外 自餘諸善 悉名雜行"라고 하였다. [참고문헌] 『觀無量壽佛經疏』, 『無上依經』 권하(대정장16, p.475b20). ⇨ 정행 正行❶, 잡행 雜行, 오종정행 五種正行, 정업 正業, 조업 助業

정행진여 正行眞如 Ⓢ samyak-pratipatti-tathatā, Ⓣ yang-dag-par-sgrub-pa'i-de-bzhin-nyid. 바르게 진여를 행함. 칠진여(七眞如 Ⓢ sapta-vidhā tathatāḥ : 七種諦假建立·七如) 중 하나로 진여의 실성(實性)에 의지한 행을 말하며, 팔정도(八正道)와 같은 도성제(道聖諦)를 일컫는다. 정행여(正行如 Ⓢ samyak-pratipatti-tathatā)·정행여여(正行如如)·정행진실(正行眞實 Ⓢ samyak-pratipatti-tattva)이라고도 한다. 『불지경론』 권7(대정장26, p.323a17)에 "(칠진여 중) 일곱째는 정행진여니, 모든 유위의 무루선법인 도제의 실성을 말한다. 七 正行眞如 謂諸有爲 無漏善法 道諦實性", 『유가사지론』 권77(대정장30, p.725b23)에 "일곱째는 정행진여다. 즉 내가 말한 모든 도성제다. … 정행진여로 말미암아 정법을 듣고, 모든 경계를 연으로 하는 수승한 사마타와 비발사나로 거두어 들인 지혜는 평등하고 평등하다. 七者 正行眞如 謂我所說 諸道聖諦 … 由正行眞如故 聽聞正法 緣總境界 勝奢摩他 毘鉢舍那所攝受慧 平等平等"라고 하였다. [참고문헌] 『佛地經論』, 『瑜伽師地論』, *Madhy-vibh.43.*, *Sūtr.168.* ⇨ 칠진여 七眞如, 진여 眞如, 평등 平等

정행집 正行集 북송(北宋)후기 본연청각(本然淸覺) 지음. 1권. 卍속장112, pp.906b1~910a3에 수록되어 있다. 항주(杭州) 영은사(靈隱寺) 백운암(白雲庵)에 주석하였기에 그 문도를 백운종이라 불렀다. 유불도(儒佛道) 삼교의 뜻이 서로 통한다는 저술이다. 원대인 황경년간(1312~1313)에 후손 명인(明仁)이 『초학기 初學記』와 함께 개판하여 입장되었다.

정행품 淨行品 ❶ 『화엄경』의 품명. 80권본 『화엄경』 제14권의 열한 번째 품명이고, 60권본에서는 제6권 일곱 번째 품명으로 지수(智首)보살이 문수보살에게 청정행(淸淨行)에 대해 묻고 답한 법문이다. ❷ 『보살본업경』(대정장10, No.281)의 다른 이름. 『화엄경전기』 권1(대정장51, p.155b12)에 "『보살본업경』 1권〈『정행품』이라고도 한다. 경이 (『화엄경』의) 「정행품」에 해당한다〉. 오대 월지국 출신 사문 청신사 지겸 한역. 菩薩本業經一卷〈或云淨行品 經是淨行品〉 吳月支國沙門 淸信士 支謙譯"라고 하였다. [참고문헌] 『華嚴經傳記』, 『開元釋敎錄』 권2(대정장55, p.488a1). ⇨ 보살본업경 菩薩本業經

정향 丁香 오향(五香) 중 하나이며 작법(作法)이나 탕약으로 쓴다. 『허공장보살능만제원최승심다라니구문지법』 권1(대정장20, p.602a15)에 "만약 꽃 필 때가 아니면 멥쌀을 쓰거나 때론 메밀을 볶거나 때론 측백잎을 쓰고, 또는 정향을 써서 꽃을 대신한다. 若無時華 當以粳米 或燒蕎麥 或取橘柏等葉 或用丁香 以充華用", 『현밀원통성불심요집』 권상(대정장46, p.997b25)에 "향을 태울 때 정향을 밀과 섞어서 태운다. 燒香以丁香蘇合香蜜和燒之", 『번역명의집』 권3(대정장54, p.1104c6)에 "필력가란 때론 정향이다. 畢力迦 或云卽丁香", 『가태보등록』 권23 「문공양억거사 文公楊億居士」(卍속장137, p.315a15)에 "공이 크게 웃었지만 조금 아픈 듯 하여 환대사에게 물었다. '오늘은 무슨 불편하신 일이라도 있으십니까? 대사께서 자비를 베푸시어 어떻게 치료하시겠습니까?' 환대사께서 말씀하시길 '정향 한 사발 끓이면 된다' 공이 문득 토하듯 하였다. 환대사 말씀하시길 '은혜란 받으면 번뇌다' 환대사 약을 다리려 하자 공이 절규하며 '도적이다' 하였고, 환대사 곧이 공거사 앞에 약을 내렸다. 公大笑 因微恙 問環大師曰 某今日忽違和 大師慈悲 如何醫療 環曰 丁香湯一椀 公便作吐勢 環曰 恩受成煩惱 環爲煎藥次 公叫曰 有賊 環下藥於公前"라고 하였다. [참고문헌] 『虛空藏菩薩能滿諸願最勝心陀羅尼求聞持法』, 『顯密圓通成佛心要集卷』, 『翻譯名義集』, 『嘉泰普

燈錄』. ⇨ 오향 五香❷, 향 香

정향 定香 ❶ 오분법신향(五分法身香) 중 하나. 『보살영락경』 권2(대정장16, p.19a11)에 "정향으로 생각을 거두어들인다. 定香攝意", 『신화엄경론』 권36(대정장36, p.970c1)에 "정향은 다만 한 알만 사르더라도 오분법신을 두루 갖춘다. 定香 但燒一丸 五分法身周備"라고 하였다. [참고문헌] 『菩薩瓔珞經』, 『新華嚴經論』. ⇨ 오분법신향 五分法身香, 오향 五香❶ ❷ 좌선할 때 시간을 재기 위하여 태우는 선향(線香). 한 자 길이는 정향척(定香尺)이라 한다. 이 밖에 불전 등에 향내음이 끊이지 않게 하기 위해 태우는 향로는 정향반(定香盤) 또는 상향반(常香盤)이라 한다. 『황벽청규』 「주지장 住持章」(대정장82, p.768a23)에 "매일 새벽 불전에 올라가 예불하고, 공양하는 두 때에 운판 소리를 듣고 승당에 가며, 상오와 하오에 정향 한 심지를 피우고 좌선한다. 每日侵早 登殿禮佛 二時聽雲版赴堂 上下午定香一炷"라고 하였다. [참고문헌] 『黃檗淸規』.

정현 定玄 통일신라 스님. 894년(진성여왕8)에 고운(孤雲) 최치원(崔致遠)이 해인사(海印寺)에 들어가 은둔할 때 우정이 깊었던 스님이다. 『삼국사기』 권46 열전(列傳)6 최치원에 "최후에는 가족을 데리고 가야산 해인사에 은거하여 친형인 스님 현준 및 정현사와 도우를 맺었다. 最後帶家 隱伽耶山海印寺 與母兄浮圖賢俊及定玄師 結爲道友"라고 하였다. [참고문헌] 『三國史記』, 李智冠 『伽倻山海印寺誌』 p.926. ⇨ 현준 賢俊

정현 淨賢 430~505. 중국 남북조대 활동했던 비구니. 속성은 홍(弘)씨. 영세(永世) 출신. 10여 년간 동청원사(東青園寺)의 소임을 살았고 75세로 505년에 입적하였다. 『비구니전』 권4 「동청원사정현니전 東靑園寺淨賢尼傳」(대정장50, p.946c13)에 의하면 정에 들기를 즐겨 하였고 경율을 깊이 이해하였으며, 말하는 바가 옳고 정밀하여 송 문제(文帝)의 우호를 받았다. 문제의 아들로 이후 명제(明帝)가 되는 상동왕(湘東王)이 7·8세에 잠자다가 놀라거나 가위에 눌렸는데 정현에게 삼귀의(三歸依)를 받도록 한 후 병이 나아서 더욱 숭배하고 보시를 더하였다고 한다. 명제가 즉위 후에도 명사들로부터 존경받았다. [참고문헌] 『比丘尼傳』.

정현 鼎賢 972~1054. 고려전기 스님. 유가(瑜伽)에 밝았던 스님. 속성은 이(李)씨. 어머니가 밝은 달이 방안으로 들어오는 태몽을 꾼 다음, 972년(광종23)에 태어났다. 9세 때 개성 광교사(光敎寺)로 찾아가 충회(忠會)를 은사로 하여 스님이 되었다. 13세부터 중요경전을 배워 마치고, 17세 때인 988년(성종7)에 안성 칠현산(七賢山) 칠장사(七長寺 : 漆長寺) 융철(融哲)로부터 유가교문(瑜伽敎門)을 배웠고, 개성 영통사(靈通寺) 계단(戒壇)에서 비구계를 받았다. 996년(성종15) 개성 미륵사(彌勒寺)에서 시행한 승과(僧科)에 응시하여 오교대선(五敎大選)에 합격하였으며, 999년(목종2) 대사(大師)의 법계에 오르고, 1012년(현종3)에는 수좌(首座)의 법계를 받았다. 1033년(덕종2) 승통(僧統)이 되어 왕명으로 원주 법천사(法泉寺)와 개풍 현화사(玄化寺)에 주석하였다. 1044년(정종10)에는 개성 광제사(廣濟寺) 문 앞에 솥을 걸어놓고 수천 가마(叺)의 밥을 지어 배고픈 사람들을 공양하였고, 1045년에는 삼각산에 사현사(沙峴寺 : 서울 서대문구 홍제동)를 짓고 교화에 힘썼다. 1046년(문종1) 5월 문종 즉위후에 황도공고(皇圖鞏固)를 기원하며 『금고경 金鼓經』(『金光明經』의 다른 이름)을 강설하고, 왕으로부터 자수승가리(紫繡僧伽梨) 1령과 금첩법의(錦貼法衣) 한 벌을 하사받았다. 1048년에도 문덕전(文德殿)에서 8권본 『금고경』을 설했고, 1049년에 왕사(王師) 책봉을 세 번이나 사양하다가 부득이 수락하여 개성 봉은사(奉恩寺)에서 책봉식을 행하였고, 1054년(문종8)에 국사가 되었다. 노환으로 쉬고자 칠장사로 돌아가 있다가 그 해 11월 15일 세수 83, 법랍 74세를 일기로 입적하였다. 문종이 시호를 '혜소국사 慧炤國師'라고 추증하였다. 왕명에 따라 김현(金顯)이 비문을 짓고 민상제(閔賞濟)가 글씨를 썼으며 배가성(裵可成)·이맹(李孟) 등이 새겨서 세운 비가 안성 칠장사에 있으며 보물 제488호로 지정되어 있다. [참고문헌] 『朝鮮金石總覽』 권상 pp.273~279, 李智冠 『校勘譯註歷代高僧碑文』 高麗篇2 pp.300~334. ⇨ 칠장사혜소국사비 七長寺慧炤國師碑

정혈 精血 Ⓢ śukra-śoṇita, Ⓣ khu-ba-dang-khrag, khu-chu-dang-khrag. 아버지의 정(精)과 어머니의 혈(血). 『대보적경』 권56(대정장11, p.328b26)에 "난타야, 그때 중유는 이런 생각을 하고서 곧 모태로 들어가니, 이런 수생을 갈라람(Ⓢ kalalam)이라 하는데, 아버지의 정과 어머니의 혈이고 다른 것이 아님을 알아야 한다. 아버지와 어머니의 정혈이 화합하는 인연으로 식의 의지처가 되어 머문다. 비유하면 마치 타락과 병과 찬인의 공에 의하여 그침없이 저으면 소가 나올 수 있고 이것과 다르면 생기지 않는 것처럼, 부모의 부정한 정혈에 의한 갈라람신 역시 이와 같다. 難陀 其時中有 作此念已 卽入母胎 應知受生 名羯羅藍 父精母血 非是餘物 由父母精血 和合因緣 爲識所緣 依止而住 譬如依酪瓶鑽人功 動轉不已 得有酥出 異此不生 當知父母不淨精血 羯羅藍身 亦復如是", 『구사론』 권9(대정장29, p.46c21 : *Abh-k-bh.*, p.127)에 "중유로 처해 있을 때에는 여자나 남자로 모태에 들고 그에 상응하여 머물지만, 후에 태아가 자라면서 남자가 되지 않기도 한다. 이 이치에 대하여 다시 잘 생각해보아야 한다. 업력으로 말미암아 정혈의 대종은 곧 근의 의지처가 되는가, (아니면) 업이 별도로 근의 의지처인 대종을 낳고 정혈에 의지하여 머무는가? 어떤 사람은 이렇게 말한다. 정혈이 근의 의지처가 된다. 즉 이전의 무근의 정혈은 중유와 함께 소멸하고, 그 이후 유근의 대종이 곧바로 이어서 생긴다. 이것은 마치 씨앗과 싹이 멸하고 생하는 이치와 같다. 그러므로 첫 위를 갈랄람이라고 한다. 由處中有 或女或男 故入母胎 隨應而住 後胎增長 或作不男 於此義中 復應思擇 爲由業力 精血大種 卽成根依 爲業別生 根依大種 依精血住 有言 精血 卽成根依 謂前無根 中有俱滅 後有根者 無間續生 如種與芽 滅生道理 由斯初位 名羯剌藍 athaḥ strībhūtaḥ puruṣabhūto vā 'nupraviśya yathā sthānaṃ tiṣṭhati paścāt garbha āpyāyamāno napuṃsakaṃ bhavatīti. idaṃ vicāryate. kimasya śukraśoṇitamahābhūtānyevendriyāśrayabhāvamāpadyante karmavaśādāhosvit bhūtāntarāṇyeva karmabhirjāyante. tānyupaśrityeti. tānyevetyeke. anindriyaṃ hi śukraśoṇitamantarābhavena sārdhaṃ nirudhyate sendriyaṃ prādurbhavati. vījāṅduranirodhotpādanyāyena yattatkālamityākhyāyate"라고 하였다. 〔참고문헌〕『大寶積經』, 『俱舍論』, *Abh-k-bh.* ⇨ 갈라람 羯羅藍

정혜 正慧 Ⓢ samyak-prajñā, Ⓣ yang-dag-pa'i-shes-rab. 사제(四諦)와 오온무아(五蘊無我)를 바르게 알아 일체번뇌를 끊고 해탈을 성취하게 하는 지혜. 『잡아함경』 권6(대정장2, p.42b14)에 "〔문〕 무상이라면 고인가? 〔답〕 고입니다. 세존이시여. 비구들아, 이와 같다. 무상이라면 고이다. 고가 있기에 일이 일어나고 집착하며, 아를 보아 저 중생들이 무명에 덮히고 탐애에 계박됨이 으뜸이 된다. 먼 길을 달리면서 생사에 윤회하고 유전하는데 수상행식 역시 이와 같다. 그러므로 모든 비구들아, 모든 색은 과거이건 미래이건 현재이건, 안이건 밖이건, 거친 것이건 미세한 것이건, 아름다운 것이건 추한 것이건, 먼 것이건 가까운 것이건 이 모든 것은 비아고 비이아이며 비비아비이아이다. 이와 같이 관하는 것을 정혜라고 하며 수상행식 역시 이와 같다. 이와 같이 견문각식하며, 이에 따라 기억하고 따라 사유하며 따라 깨우치고 따라 관할지라도 이 모든 것은 비아이고 비이아며 비비아비이아이다. 이것을 정혜라고 한다. 問若無常者 是苦耶 答曰 是苦 世尊 如是 比丘 若無常者是苦 是苦有故 是事起 繫著 見我 令彼衆生無明所蓋 愛繫其首 長道驅馳 生死輪迴 生死流轉 受想行識 亦復如是 是故 諸比丘 諸所有色 若過去 若未來 若現在 若內 若外 若麤 若細 若好 若醜 若遠 若近 彼一切非我 非異我 不相在 如是觀者 是名正慧 受想行識 亦復如是 如是見聞覺識 求得隨憶 隨覺 隨觀 彼一切非我 非異我 不相在 是名正慧", 40권본 『대반열반경』 권27(대정장12, p.527a10)에 "정정을 갖춘 이는 모든 법이 허공과 같다고 관하는데 이것을 정혜라고 한다. 정혜를 갖춘 이는 일체번뇌의 결박을 멀리 여의니 이것을 해탈이라고 한다. 具正定者 觀見諸法 猶如虛空 是名正慧 具正慧者 遠離一切煩惱諸結 是名解脫", 같은 책 권27(대정장12, p.527b5)에 "네 가지 거룩한 진실을 보기에 정혜라 하는데, 일체번뇌의 결박을 길이 끊었기에 해탈이라고 한다. … 하늘의 행을 따르는 것을 정정이라고 한다. 이 정에 편안히 머물러 바르게 보고 바르게 알기에 정혜라고 한다. 見四聖實故 故名正慧 永斷一切煩惱結故 故名解脫 … 隨順天行 是名正定 安住是定 正見正知 是名正慧"라고 하였다. 〔참고문헌〕『雜阿含經』, 『大般涅槃經』, *Bodh-bh.32・98.* ⇨ 사제 四諦, 오온 五蘊, 무아 無我

정혜 定慧 **1** Ⓢ samādhi-prajñā, dhyāna-prajñā. 정과 혜. 삼학(三學 : 戒定慧) 중 이법(二法). 육바라밀(六波羅蜜) 중 선정바라밀(禪定波羅蜜)과 지혜바라밀(智慧波羅蜜). 또는 여러 법수(法數)의 토대를 이루는 정과 혜. 〔아함의 정혜와 부파의 주석〕『반니원경』 권상(대정장1, p.181c19)에 "무릇 계를 지키며 정혜가 있으면 대덕을 성취하여 명예롭게 되고, 길이 음탐과 진에와 우치를 여의어 응진을 얻는다. 夫以守戒 有定慧者 成大德致豐譽 永離貪婬 瞋恚愚癡 可得應眞"라고 하였고, 이역본인 『장아함경』 「유행경 遊行經」(대정장1, p.12a20)에서 "계를 닦고 정을 얻어 대과보를 얻고, 정을 닦아 지를 얻어 대과보를 얻는다. 닦은 지혜로 마음이 깨끗해 평등의 해탈을 얻고 삼루를 다한다. 修戒獲定 得大果報 修定獲智 得大果報 修智心淨 得等解脫 盡於三漏"라고 하였다. 『별역잡아함경』 권5(대정장2, p.409c12)에 "그때 이 비구들이 정혜를 닦아 쌓으면 아라한과를 얻어 모든 유루를 다한다. 時此比丘 修集定慧 得羅漢果 盡諸有漏", 같은 책 권15(대정장2, p.479c25)에 "일체계를 원만히 갖추면 정혜가 마음에 가득해지네. 一切戒完具 定慧充其心", 『집이문족론』 권3 「이법품 二法品」(대정장26, p.375b22)에 "세존께서 설하셨다. '정만 있고 혜가 없음도 그르고, 혜만 있고 정이 없음도 그르네. 반드시 정도 있고 혜도 있어야 비로소 열반을 증득하네'. 如世尊說 非有定無慧 非有慧無定 要有定有慧 方證於涅槃", "'정만 있고 혜가 없음은 그르다'라 한 것은, 이런 류의 혜가 있으면 이런 류의 정을 얻음이 있고, 이런 류의 혜가 없으면 이런 류의 정을 얻음이 없다. 이런 까닭에 '정만 있고 혜가 없음은 그르다'라고 설한다. 非有定無慧者 謂若有如是類慧 則有獲得如是類定 若無如是類慧 則無獲得如是類定 故說非有定無慧", "'혜만 있고 정이 없음은 그르다'라는 뜻은, 만약 혜가 있다면 정에 의해 생겨서 정으로 쌓이게 된다. 이런 정의 류는 정으로 말미암아 일어나니, 만약 이런 류의 정이 있다면 이런 류의 혜를 얻는다. 만약 이런 류의 정이 없으면 이런 류의 혜를 얻음이 없다. 그러므로 '혜만 있고 정이 없음은 그르다'라고 설한다. 非有慧無定者 謂若有慧是定所生 以定爲集 是定種類 由定而發 若有如是類定 則有獲得如是類慧 若無如是類定 則無獲得如是類慧 故說非有慧無定", "'반드시 정도 있고 혜도 있어야 비로소 열반을 증득한다'라는 뜻은 이렇다. 애(愛)가 다하고 여의어 멸한 것을 열반이라 하니, 반드시 정혜를 갖춰야 바야흐로 증득할 수 있다. 만약 하나라도 빠지면 결코 증득할 수 없다. 이러한 인연 때문에 '반드시 정도 있고 혜도 있어야 비로소 열반을 증득한다'라고 설하는 것이다. 要有定有慧方證於涅槃者 愛盡離滅 名曰涅槃 要具定慧 方能證得 若隨闕一 必不能證 由此因緣 故作是說 要有定有慧方證於涅槃", 『사리불아비담론』 권15(대정장28, p.629c26)에 "무엇을 정이라 하는가? 마음이 머물되 바르게 머무는 것을 정이라 한다. 무엇을 혜라 하는가? 지로 분별하는 것을 혜라 한다. 이와 같은 정과 이와 같은 혜를 정혜라 한다. 정혜를 친근히 하여 자주 닦고 배우면 수다원과·사다함과·아나함과·아라한과를 얻으니, 이를 '정혜 두 갈래로 열반도를 향한다'고 이름한다. 何謂定 心住正住 是名定 何謂慧 智分別是名慧 如是定 如是慧 是名定慧 定慧親近 多修學已 得須陀洹果 斯陀含果 阿那含果 阿羅漢果 是名定慧二支向涅槃道", 『구사석론』 권13(대정장29, p.249c24)에 "〔게〕 정혜각은 틈새가 없다. 〔석〕 무상보리에 앞서 지가나바라밀·반야바라밀이 원만해져 금강삼마제위에 있게 된다. 偈曰 定慧覺無間 釋曰 先無上菩提 持訶那波羅蜜 般若波羅蜜已圓滿 於金剛三摩提位"라고 하였다. 〔**반야의 정혜**〕 『이취육바라밀다경』 권8 「정려바라밀다품 靜慮波羅蜜多品」(대정장8, p.899b5)에 "정려는 지를 낳고, 정은 다시 지로부터 일어나니, 불과대보리 그것은 정혜를 뿌리로 한다. 靜慮能生智 定復從智生 佛果大菩提 定慧爲根本", 같은 책 권8(대정장8, p.899b21)에 "중생이 허망한 마음을 일으키는 것이 마치 눈병 걸려 공화를 보는 것과 같네. 오직 정혜만이 낫게 할 수 있으니, 모든 부처님 이렇게 설하시네. 衆生妄心起 如翳見空花 唯定慧能治 諸佛說如是", 『대지도론』 권27(대정장25, p.262c19)에 "비록 제법의 공을 알지만 방편력 때문에 또한 중생을 버리지 않으며, 비록 중생을 버리지 않지만 또한 제법이 실로 공임을 안다. 이 두 일에 대해 평등하면 보살위에 들어갈 수 있으니, 이는 마치 성문이 정혜 두 법을 고르게 해서야 정위에 들 수 있는 것과 같다. 雖知諸法空 方便力故 亦不捨衆生 雖不捨衆生 亦知諸法實空 若於是二事等 卽得入菩薩位 如聲聞人 於定慧二法等故 是時卽得入正位"라고 하였다. 〔**성실론의 정혜**〕 분통대승(分通大乘)의 교의를 담고 있는 『성실론』 권15(대정장32, p.358a17)에서는 "지는 정이고 관은 혜다. 일체선법이 닦음으로부터 생겨남에 이 두 가지로 모두 거두며, 흐트러진 마음에서 듣고 생각하는 등의 혜 또한 여기에서 거둔다. 이 두 가지 일로써 도와 법을 능히 가린다. 止名定 觀名慧 一切善法 從修生者 此二皆攝 及在散心聞思等慧 亦此中攝 以此二事 能辦道法"라고 하였다. 〔**삼론과 천태의 정혜**〕 길장(吉藏)의 『승만보굴』 권2(대정장37, p.57b19)에 "지는 정의 처음이고, 관은 혜의 처음이다. 그러므로 승예법사가 『정명경』을 주석하며 이렇게 말하였다. '지관은 정혜의 뿌리다. 선과 정수는 정행을 성취함이다. 세속의 팔선을 이름하여 선이라 하고, 리에 합한 고요함을 정수라고 설한다'. 止是定初 觀是慧初 故叡師註淨名云 止觀 定慧之根也 禪與正受 是定行成也 世俗八禪 名之爲禪 合理之靜 說爲正受", 천태(天台)의 『수습지관좌선법요』(대정장46, p.462b11)에 "누구라도 정혜라는 두 법을 성취한다면 이에 스스로 이롭고 남도 이롭게 하며 법을 모두 빠짐없이 갖춘다. 그러므로 『법화경』 권1(대정장9, p.8a23)에서 '부처님께서는 스스로 대승에 머무시며 당신이 증득하신 법 그대로 정혜의 힘으로 장엄하시고 이로써 중생을 제도하시네'라고 하였다. 若人成就 定慧二法 斯乃自利利人 法皆具足 故法華經云 佛自住大乘 如其所得法 定慧力莊嚴 以此度衆生", "마땅히 알라. 이 두 법은 수레바퀴 한 쌍이나 새의 두 날개와 같음을 알아야 한다. 만약 하나에 치우쳐 닦고 익힌다면 삿되고 전도에 떨어질 것이다. 그러므로 경에 '만약 치우쳐 선정과 복덕만 닦고 지혜를 익히지 않는다면 어리석다고 하며, 지혜만 치우쳐 닦고 선정과 복덕을 닦지 않는다면 제멋대로라고 한다'라고 하였다. 當知 此之二法 如車之雙輪 鳥之兩翼 若偏修習 卽墮邪倒 故經云 若偏修禪定福德 不學智慧 名之曰愚 偏學知慧 不修禪定福德 名之曰狂", 관정(灌頂)의 『관심론소』 권4(대정장46, p.608c27)에 "안심지관이 바로 정혜다. 정혜가 막히고 불통인 것을 비추어 밝히면 곧바로 모름지기 깨뜨리기 때문이다. 安心止觀 卽定慧 定慧照了有壅滯不通 卽須破之故"라고 하였다. 〔**대승과 선문에서의 정혜**〕 종밀의 『도서』 권하2(대정장48, p.409c19)에 "육바라밀을 수순하여 수행하는 정혜의 힘을 써서〈처음 닦음에는 지관이라 하고, 성취함에는 정혜라 한다〉 아와 법 모두를 잊는다. 隨順修行六波羅蜜定慧力用〈初修名止觀 成就名定慧〉 我法雙亡", 『정혜결사문』(한불전4, p.700b19)에서 "만약 이렇게 정혜를 쌍운하여 만행을 가지런히 닦는다면, 어찌 침묵을 지키기만 하는 어리석은 선과 다만 글을 찾는 미친 혜에 견줄 수 있으랴. 若能如是定慧雙運 萬行齊修 則豈比夫空守默之癡禪 但尋文之狂慧者也", 종보본 『단경』 「정혜」(대정장48, p.352c13)에 "나의 이

법문은 정혜를 본으로 삼는다. 대중이여! 미혹하여 정과 혜가 다르다고 말 마라. 정과 혜는 한 몸이어서 둘이 아니니, 정은 혜의 바탕이고 혜는 정의 용이다. 我此法門 以定慧爲本 大衆 勿迷言定慧別 定慧一體 不是二 定是慧體 慧是定用", 돈황본 『단경』(대정장48, p.338b26)에 "정혜는 어떻게 가지런한가? 마치 등불 빛과 같다. 등이 있으면 빛이 있고, 등이 없으면 빛이 없다. 등은 빛의 몸이요, 빛은 등의 움직임이다. 이름이 두 개일 뿐 그 체는 별개가 아니다. 이 정혜법 또한 이러한 것이다. 定惠猶如何等 如燈光 有燈卽有光 無燈卽無光 燈是光之體 光是燈之用 名卽有二 體無兩般 此定惠法 亦復如是", 『경덕전등록』 권28 「대주혜해어 大珠慧海語」(대정장51, p.444b4)에 "정은 체이고 혜는 용이다. 정에서 혜가 일어나고 혜를 따라 정으로 돌아간다. 마치 물과 물결이 일체이고 달리 앞뒤가 없는 것과 같다. 師曰 定是體慧是用 從定起慧從慧歸定 如水與波一體更無前後", 『돈오입도요문론』 권상(卍속장110, p.845b17)에 "비추는 것은 혜요, 움직이지 않는 것은 정이다. 보살은 이 정혜를 가지런히 씀으로써 삼막삼보리를 얻는다. 그러므로 '정혜를 고르게 씀이 바로 해탈이다'라고 말한다. 照者是慧 不動者是定 菩薩用是定慧等法 得三菩提 故云定慧等用 卽是解脫也", 『종경록』 권45(대정장48, p.679c14)에 "정은 자심의 체요, 혜는 자심의 용이다. 정 그대로 혜인 까닭에 체는 용을 여의지 않고, 혜가 바로 정인 까닭에 용은 체를 여의지 않는다. 定是自心之體 慧是自心之用 定卽慧故 體不離用 慧卽定故 用不離體", 『대장엄론경』 권10(대정장4, p.313c14)에 "계를 가져 정혜를 얻을 뿐 고행을 닦아서 얻지 않네. … 잿더미나 가시덤불 위에 누우면 이렇듯 목숨을 해치니, 정혜를 얻을 수 없으므로 중도에 자리해야 하네. 올바른 법에 의지해야 하며, 진흙탕에 들어가서도 안 되고 몸을 괴롭히기만 해서도 안 되네. 持戒得定慧 不修苦行得 … 臥灰棘刺上 如是損身命 不能得定慧 是故處中道 依止如是法 莫沒於淤泥 亦莫苦惱身", 36권본 『대반열반경』 권29(대정장12, p.793c28)에 "더러운 옷을 빨 때 먼저 잿물을 쓰고 그 다음에 맑은 물로 헹구어야 옷이 깨끗해지는 것처럼 보살의 정혜 또한 이와 같다. 如浣垢衣 先以灰汁 後以淸水 衣則鮮潔 菩薩定慧 亦復如是", 80권본 『화엄경』 권13 「보살문명품 菩薩問明品」(대정장10, p.68c1)에 "비유컨대 대력왕을 영토 안의 모든 이가 우러르듯이, 정혜 또한 이와 같아 보살이 힘입고 의지하는 바라네. 譬如大力王 率土咸戴仰 定慧亦如是 菩薩所依賴", 진제(眞諦) 역본 『섭대승론』 권중(대정장31, p.124b21)에 "만약 이미 행을 발하여 약하게 물러나지 않는 마음을 일으켰다면, 마음을 무너뜨려 잃게 하는 인을 마주해 다스리기 위하여 정혜의 두 바라밀을 세운다. '마음을 무너뜨려 잃게 하는 인'이란 산란과 삿된 지다. 若已起發行 及不退弱心 爲對治壞失心因故 立定慧二波羅蜜 壞失心因者 謂散亂邪智", 『해탈도론』 권1(대정장32, p.399c21)에 "정은 산란하지 않다는 뜻이요, 혜는 알아 깨우친다는 뜻이다. 定者 不亂義 慧者 知覺義", 『금강삼매경론』 권상(대정장34, p.962b23)에 "정혜가 평등하여 서로 여의지 않기 때문에 '등지'라고 한다. 定慧平等 令不相離 故名等持", 『주화엄법계관문송』 권상(대정장45, p.696a20)에 "인으로는 지관이라 하고 과로는 정혜라 한다. 지는 관의 체이고 관은 지의 용이니, 이들 두 법을 한 쌍으로 어울리게 함으로써 끝이 없이 묘한 경계를 비춘다. 因名止觀 果名定慧 止爲觀體 觀爲止用 以此兩法雙融 照無盡之妙境也", 『주조론소』 권4(卍속장96, p.292b7)에 "정혜라 한 것은, 80권본 『화엄경』 권33(대정장10, p.178b6)에 '선정으로 마음을 가져 항상 하나의 연에 있게 하고, 지혜로 경을 알아 삼매와 같게 한다'고 하였다. 정이란 심일경성이다. 곧 마음이 경의 한 자성과 그윽이 합하는 것을 정이라 하고, 경의 성이 하나라고 아는 것을 혜라 한다. 이것은 모두 마음과 경이 비추고 움직이는 것이다. 定慧者 華嚴云 禪定持心常一緣 智慧了境同三昧 定者心一境性也 卽心冥境之一性曰定 了境之性一曰慧 此皆心境照用也"라고 하였다. [참고문헌] 『般泥洹經』, 『長阿含經』, 『別譯雜阿含經』, 『集異門足論』, 『舍利弗阿毘曇論』, 『俱舍釋論』, 『理趣六波羅蜜多經』, 『大智度論』, 『成實論』, 『勝鬘寶窟』, 『修習止觀坐禪法要』, 『法華經』, 『觀心論疏』, 『都序』, 『定慧結社文』, 『壇經』, 『景德傳燈錄』, 『頓悟入道要門論』, 『宗鏡錄』, 『大莊嚴論經』, 『大般涅槃經』, 『華嚴經』, 『攝大乘論』, 『解脫道論』, 『金剛三昧經論』, 『註華嚴法界觀門頌』, 『注肇論疏』. *A5h-k-bh.319.* ⇨정 定[1], 혜 慧, 등지 等持, 등지 等至, 지관 止觀, 선 禪, 삼학 三學[1], 계정혜 戒定慧, 쌍수정혜 雙修定慧, 자성정혜 自性定慧, 정혜쌍수 定慧雙修, 사마타 奢摩他, 사마타비발사나 奢摩他毘鉢舍那 **2** 고려후기 스님. 진각국사(眞覺國師) 혜심(慧諶 1178~1234)과 같은 시대 스님이다. 『진각국사어록』 「답정혜장로 答定慧長老」(한불전6, p.47b17)에 "이별한 이래로 안부를 듣지 못하여 연연하던 중 문득 아름다운 서신을 받아 도체가 편안하심을 알게 되니 또한 족히 위로가 됩니다. 하물며 조정에서 소문(疏文)을 지으라 특별히 중사를 보내고 법의를 보내 개당을 굳게 청하여 나를 위해 향을 올리셨다 하니 기쁨과 위로를 말로 다할 수 없습니다. … 스님께서 이미 세상에 나가시어 큰 직분을 맡아 널리 구제할 뜻을 품으셨으니 자잘한 것들에는 구애되지 마소서. 啓別來 未聞安否 戀戀中 忽得芳信 知道體無恙 亦足以慰 況朝庭撰疏 特遣中使 送法衣堅請開堂 爲我燒一片香 喜慰不可言也 … 汝旣出頭 當承巨職 以弘濟爲懷 勿拘小節"라고 하였다. [참고문헌] 『眞覺國師語錄』. **3** 1685~1741. 조선후기 스님. 호는 회암(晦庵), 속성은 김씨. 어느 날 어머니가 해와 달이 함께 공중으로 떠올랐다가 갑자기 가슴 속으로 떨어져 들어오는 태몽을 꾼 다음, 1685년(숙종11) 5월 2일 경상도 창원에서 태어났다. 일월의 태몽을 꾸었다 하여 이름을 명걸(明傑)이라 했다. 총명하였을 뿐 아니라 모든 면에서 보통 아이들과 달랐다. 어느 날 홀연히 세상의 번잡함을 싫어하여 부모의 반대를 무릅쓰고, 9세 때인 1693년(숙종19) 부산 범어사(梵魚寺)로 찾아가 자수(自守)를 은사로 하여 스님이 되었다. 자수는 스님을 처음 보고 준수(俊秀)한 근기인 줄 알고 충허지책(冲虛旨冊 1721~1809)에게로 보내어 지도를 받게 했다. 충허장로를 따라 가야산 해인사(海印寺)로 가서 보광원민(葆光圓旻)에게서 비구계를 받고 또 경론을 배웠다. 그 당시 묘향산으로부터 호남지방에 와서 후학을 지도(講化)하는 설암추붕(雪巖秋鵬)을 친견하고자 떠나려 하니 보광이 "세상이 매우 시끄러우니 호련(瑚璉 : 훌륭한 인물)이 다칠까 두렵다. 風塵擾擾 恐傷瑚璉"라고 하였다. 스님이 "푸른 대나무 서리 속의 여름이고 푸른 소나무 눈 속의 봄인 것처럼, 남아가 이러한 절조를 지닌다면 어찌 풍진 흔들림 두려워 하겠습니까! 綠竹霜中夏 青松雪裡春 男兒持此節 何畏撼風塵"라고 화답하니, 보광이 만족스러워하며 유행(遊行)을 허락했다. 그 후 보광원민의 법을 이어 받았다. 이름이 널리 퍼지자 사방에서 배움을 받고자 찾아오는 사람이 많으므로 1710년(숙종36) 계룡산 율사(栗寺)에서 개강하고 학인을 지도하였다. 얼마 후 파강(罷講)하고 일암(一庵)·환성지안(喚惺志安) 등 종장을 만나 문답을 나누고 지리산·거창 덕유산·김천 불령산 청암사·가야산 해인사·안변 석왕사·예천 명봉사(鳴鳳寺)·김천 직지사·함양 벽송사 등 사찰에서 강주로서 많은 학인을 지도하여 그 이름을 도저히 숨길 수가 없었다. 1741년(영조17) 5월 20일 가벼운 병을 보이면서 대중을 모아놓고 염불로 영결하며 "염불을 하되, 만약 염염이 항상하지 않으면 참다운 염불이 아니다. 念佛 若不念念者 念佛非眞"라는 말씀이 끝나자마자 조용히 입적하시니 세수 57, 법랍 48세였다. 다비 후 문인(門人) 용암채청(龍巖彩晴)이 「회암대사행적 晦庵大師行蹟」(『선원집도서과기』 권하·한불전9, pp.544c1~545b21)을 짓고 주선하여 지리산 의신동과 김천 청암사에 각각 비와 탑을 세웠으며, 청암사·벽송사·석왕사에 각각 진영을 모시고 재를 지내게 했다. 저서는 생전에 스님이 문인들에게 내가 쓴 글을 편록(編錄)하지 마라고 하신 후로 거의 낙엽처럼 흩어져 『화엄경소은과 華嚴經疏隱科』·『선원제전집도서착병 禪源諸詮都序著柄』·『법집별행록절요사기 法集別行錄節要私記』·『제경론소구절 諸經論疏句絶』만 유통되었으나, 『선원제전집도서착병』 1권·『법집별행록절요사기』 1권만 남아 전한다. 〔참고문헌〕『禪源集都序科記』, 『朝鮮寺刹史料』 권상 pp.384~386, 『朝鮮佛教通史』 권상 pp.539~540, 智冠『韓國高僧碑文總集 朝鮮朝·近現代』 pp.430~432, 『韓國佛教撰述文獻總錄』(동국대출판부, 1976) pp.198~200. **4** 조선후기 스님. 유척기(兪拓基 1691~1767)가 1761년(영조37)에 가야산 해인사를 유람할 때 만났던 스님이다. 『지수재집』 권15 「유가야기 遊伽倻記」(한국문집총간213, p.577a11)에 "해인사에 이르러 북문으로 백여 걸음을 가면 학사대이다. 또 북쪽으로 수백 걸음 올라가면 관음전인데 별다른 경관은 없다. 노스님 한 분이 계시는데 '묘향산으로부터 와서 머물고 있으며 올해 나이 75세이다'라고 하셨다. 정신이 전혀 노쇠하지 않으며 이야기하는 논변(論辯)이 명쾌하여 마치 도(道)가 있는 듯 하였으니, 이름은 정혜이다. 至海印寺 自北門行百餘步 爲學士臺 又北上數百步 卽觀音殿 無他觀 有一老釋云 自妙香來棲 年今七十五 神觀不衰 談辯快爽 若有道者 其名定慧"라고 하였다. 〔참고문헌〕『知守齋集』 권15.

선교양종회암당대선사정혜지진
직지성보박물관 조선후기

정혜 淨慧 **1** Ⓢ prajñā-amalā, Ⓣ shes-rab-dri-med. 무루법(無漏法)을 말한다. 『구사론』 권1(대정장29, p.1b1 : *Abh-k-bh.*, p.2)에 "무엇을 대법이라 하는가? 〔송〕 정혜로 따라 행함을 대법이라 한다. 그리고 이것을 얻을 수 있는 모든 지혜로운 논들이다. 〔논〕 혜란 택법을 말하고 정이란 무루를 말한다. 정혜의 권속을 따라 행한다 한다. 이와 같이 모두어 말하면 무루오온을 대법이라고 하는데, 이것은 곧 승의의 아비달마다. 何謂對法 頌曰 淨慧隨行名對法 及能得此諸慧論 論曰 慧謂擇法 淨謂無漏 淨慧眷屬 名曰隨行 如是總說 無漏五蘊 名爲對法 此則勝義 阿毘達磨 〈bhāṣya〉 ko 'yamabhidharmo nāma. 〈kārikā〉 prajñā 'malā sānucarā 'bhidharmaḥ. 〈bhāṣya〉 tatra prajñā dharmapravicayaḥ. amaleti anāsravā. sānucareti saparivārā. evamanāsravaḥ pañcaskandhako 'bhidharma ityuktaṃ bhavati. eṣa tāvat pāramārthiko 'bhidharmaḥ", 『구사론기』 권1(대정장41, p.7b24)에 "혜란 사성제의 가르침을 가려 택하는 것을 말하고, 정이란 무루를 말한다. 두 가지 속박을 여의기 때문에 정혜라고 한다. 慧謂簡擇四聖諦法 淨謂無漏 離二縛故 故名淨慧"라고 하였다. 〔참고문헌〕『俱舍論』, 『俱舍論記』, *Abh-k-bh.* **2** 보살

의 혜. 무상보리심을 가져 잃지 않는 뜻에서 정혜다. 『대방등대집경』 권11(대정장13, p.68b28)에 “일체불법을 수지하여 자세히 분별하여 설하고, 다함없이 설하며, 막힘없이 설하고, 헛되지 않게 설하며, 즐겨 설하는 것을 정혜라 하고, 보살마하살이 나는 곳마다 위없는 보리심 잃지 않아야 이를 정혜라고 한다. 若能受持 一切佛法 廣分別說 無窮盡說 無障礙說 不空而說 隨樂而說 是名淨慧 菩薩摩訶薩 生生之處 不失無上菩提之心 是名淨慧”라고 하였다. [참고문헌] 『大方等大集經』. ⇨ 염혜 染慧 **3** 고려후기 스님. 조계산 수선사(修禪社) 제14대 법주. 자는 복암(復庵). 정혜(靜慧)라고도 한다. 보정(寶鼎)의 『조계고승전』 권1(한불전12, p.387c14)에 “조계종 정혜국사전〈자는 복암이다〉. 曹溪宗靜慧國師傳〈字復庵〉”, 「백암산정토사사적 白巖山淨土寺事蹟」(『조선사찰사료』 권상, p.169)에 “주법 조계십사대화상 복암정혜. 主法 曹溪十四代和尙 復庵淨慧”, 「억정사대지국사지감원명비명 億政寺大智國師智鑑圓明碑銘」(『조선금석총람』 권하, p.715)에 “대지국사 찬영(粲英)이 14세(1341·충혜왕 복위2) 때 한강가를 유람하다가 삼각산의 초연히 우뚝 서있는 봉우리를 보고는 출가하여 스님 될 것을 결심하였다. 중흥사의 원증국사 태고보우(太古普愚)에서 가서 머리를 깎고 법을 받았다. 5년 만에 확연히 깨친 바가 있어 정혜국사를 친견하고 총림으로 가서 가지산의 제2좌에 올랐다. 年十四 遊于漢濱 望見三峯 屹立超然 有出世志 投重興圓證國師 祝髮受法 五年卓然有成 造淨慧國師 赴叢林 升迦智山下第二座”라고 하였다. [참고문헌] 『曹溪高僧傳』, 『朝鮮寺刹史料』, 『朝鮮金石總覽』, 李智冠 『校勘譯註歷代高僧碑文』 朝鮮篇1 pp.2~27, 智冠 『韓國高僧碑文總集 朝鮮朝·近現代』 p.38.

제십사세조사복암화상정혜국사 보물제1043호 송광사성보박물관 1780년

정혜 靜慧 **1** 고요한 지혜. 공혜(空慧)라고도 한다. 모든 생각(諸念)을 고요히 해서 얻는 지혜다. 정려(靜慮)와 통한다. 『원각경』(대정장17, p.917c16)에 “온갖 상념을 부르는 각식의 번잡한 동요를 맑게 함으로써 고요한 지혜가 발생하여 몸과 마음의 번뇌가 이로부터 영원히 사라지면 문득 안에서 고요하고 편안함이 일어난다. 由澄諸念 覺識煩動 靜慧發生 身心客塵 從此永滅 便能內發 寂靜輕安”, 『원각경약소』 권하(대정장39, p.558a10)에 “고요한 지혜가 발생하다. 전념에 각식이 맑게 가라앉아 혜의 자성이 밝게 열리니, 그 고요함으로 인하여 일어난 혜이기에 정혜라 한다. 이전에는 숨었다가 지금 나타나므로 발생이라 한다. 靜慧發生 由前念澄覺識 慧性開明 因靜生慧 故云靜慧 比隱今顯 故云發生”, 『원각경석의소』 권3(卍속장94, p.157a16)에 “비록 사마타를 닦지 않지만 고요한 념을 잃지도 않으며, 선나를 닦지 않지만 고요한 지혜를 잃지도 않는다. 고요한 지혜는 정려의 뜻이다. 雖不修奢摩 而亦不失寂念 雖不修禪那 而亦不失靜慧 靜慧卽靜慮義”, 『능엄경의소석요초』 권5(卍속장16, p.951a18)에 “‘온갖 념 ~ 발생하여’라고 한 대목을 푼다. 온갖 잡다한 생각을 맑고 고요히 가라앉히면 각지와 망식이 번잡하게 소요하거나 어지럽게 움직이더라도, 동란 그치자마자 고요하고 묘한 혜가 저절로 발생한다. 그러므로 ‘고요한 혜가 발생한다’고 한다. 由澄諸念等者 由定澄寂 諸雜念慮 則覺知妄識 煩擾動亂 動亂纔息 寂靜妙慧 自然發生 故曰靜慧發生’, 『무희망경』(대정장17, p.777b27)에 “온갖 도우시는 것들에 희망이 없게 되면 곧바로 텅 비고 고요한 지혜를 갖출 수 있으며, 이미 고요한 지혜 갖추었다면 좇아 남이 없는 법인을 속히 성취할 수 있으리라. 其於衆祐 無希望已 則能具足 虛靜之慧 已具靜慧 則能速成無所從生法忍”, 『도서』 권상1(대정장48, p.399c14)에 “미세한 습정들 기멸하며 고요한 지혜에 비추고, 차별된 법의 뜻을 벌려 텅 빈 마음에 보게 한다. 微細習情 起滅彰於靜慧 差別法義 羅列見於空心”라고 하였다. [참고문헌] 『圓覺經』, 『圓覺經略疏』, 『圓覺經析義疏』, 『楞嚴經義疏釋要鈔』, 『無希望經』, 『都序』, *Lal-v.147*. ⇨ 공혜 空慧, 정려 靜慮 **2** Ⓢ Śāntamati. 부처님께서 도성을 나와 출가할 당시 눈에 띄지 않도록 도운 천자. 『방광대장엄경』 권6(대정장3, p.573a19 : *Lal-v.*, p.147)에 “그때 석제환인이 33천중에게 일렀다. ‘보살이 오늘 밤 출가하려 하니 너희들은 마땅히 보호하고 돕도록 하라’. 당시 그 무리중에 정혜라는 이름의 한 천자가 말했다. ‘제가 가비라성에서 그곳의 모든 군사와 채녀를 비롯하여 보살을 지키는 모든 인력을 다들 잠재워 출가를 알아채지 못하도록 하겠습니다’. 時 釋提桓因 告三十三天衆言 菩薩今夜 將欲出家 汝等宜應 營護佐助 時彼衆中 有一天子 名曰靜慧 作如是言 我當於迦毘羅城 所有一切軍士婇女守菩薩者 悉令惛睡 無所覺知 atha khalu bhikṣavaḥ śakro devānāmindro devāṁstrāyatriṁśānāmantrayate sma-adya mārṣā bodhisattvo'bhiniṣkramiṣyati. tatra yuṣmābhiḥ sarvaiḥ pūjākarmaṇe autsukyena bhavitavyam. tatra śāntamatirnāma devaputraḥ sa evamāha, ahaṁ tāvatkapilavastuni mahānagare sarvastrīpuruṣadārakadārikāṇāṁ prasvāpanaṁ kariṣyām i"라고 하였다. 〔참고문헌〕『方廣大莊嚴經』, *Lal-v.*

정혜결사 定慧結社 고려중기 보조지눌이 결의한 모임. 수선사(修禪社 : 修禪結社)라고도 한다. 지눌은 1182년(명종12) 개경(開京)에서 열린 담선법회(談禪法會)에서 동지(同志)들과 함께 수행에 전념하는 결사를 맺겠다고 서원하였다. 이후 1188년(명종18) 득재(得才)의 초빙으로 팔공산(八公山) 거조사(居祖社)로 자리를 옮기고, 1190년(명종20)에 『권수정혜결사문 勸修定慧結社文』(『정혜결사문』이라고 약칭함)을 내세우며 공식적으로 결사를 선포하였다. 『정혜결사문』(한불전4, p.707b3)에 "'도를 닦는 이로서 이름을 버리고 입산했으면서도 정작 이 행은 닦지 않고 헛되이 위의만을 드러내어 신심단월을 속여 미혹케 한다면, 명리와 부귀를 구하고 주색을 탐하여 몸과 마음을 황폐하게 만들며 일생을 헛되이 보내는 것보다 못할 것입니다'라고 한 말을 여러 사람들이 듣고서 모두 이렇게 말하였습니다. '훗날 이 언약을 이룰 수 있다면 산림에 은거하여 함께 결사를 맺고 이름을 마땅히 정혜라고 합시다'라고 말하였습니다. 맹세의 글을 써서 뜻을 모았는데, 그 후 선불장의 득실의 일로 인해 사방으로 흩어졌고 아름다운 기약은 이루지 못한 채 거의 십년이 흘렀습니다. 若修道人 捨名入山 不修此行 詐現威儀 誑惑信心丹越 則不如求名利富貴 貪着酒色 身心荒迷 虛過一生也 諸公聞語 咸以爲然曰 他日能成此約 隱居林下 結爲同社 則宜以定慧名之 因成盟文 而結意焉 其後偶因選佛場得失之事 流離四方 未遂佳期者 至今幾盈十載矣", "지난날의 동지를 불러 모았는데, 어떤 이는 죽고 어떤 이는 병들었고 어떤 이는 명리를 구하느라 모이지 못했습니다. 그렇다 해도 남은 스님 서너 명과 함께 드디어 법석을 열어 지난날의 뜻에 응하고자 할 따름입니다. 바라옵건대 선학자·교학자·유학자·도사 등 세속에 염증이 난 뜻 높은 사람이 풍진으로 찌든 세상을 벗어나 물외에서 높이 노닐며 안으로 도를 행함에 오롯이 정진하려는 뜻에 동조한다면, 비록 지난날 결계의 인연이 없다 하더라도 결사문 뒤에 이름자 적는 것을 허용합니다. 招集昔時同愿者 或亡或病 或求名利而未會 且與殘僧三四輩 始啓法席 用酬曩愿耳 伏望 禪敎儒道 厭世高人 脫略塵寰 高遊物外 而專精內行之道 符於此意 則雖無往日結契之因 許題名字於社文之後"라는 말에 잘 드러난다. 이후 1200년(신종3)에 순천(順天) 송광산(松廣山)으로 본거지를 옮겼다. 이때 인근에 '정혜(定慧)'라는 이름의 사찰이 있어 조정의 허가를 받고 '수선(修禪)'으로 결사의 이름을 바꾸었다. 〔참고문헌〕『定慧結社文』. ⇨ 수선사 修禪社, 권수정혜결사문 勸修定慧結社文, 지눌 知訥

정혜결사문 定慧結社文 ➡ 권수정혜결사문 勸修定慧結社文

정혜등지 定慧等持 정과 혜를 가지런히 가지다. 종보본『단경』「기연 機緣」(대정장48, p.355a27)에 "법해스님이 … 육조에게 물었다. '즉심즉불에 대해 가르쳐주십시오'. '전념이 일어나지 않는 것이 마음이요, 후념이 사라지지 않는 것이 부처니라. 일체상을 성취하면 마음이요, 일체상을 여의면 부처니라. 내가 만약 갖춰서 설하자면 겁이 다하여도 끝나지 않으리니, 나의 게송을 들으라. 「즉심을 혜라 하고 즉불을 정이라 하며 정혜 가지런히 가지니 마음속이 청정하네. 이 법문을 깨우친다 해도 그대 익혀오던 성을 따를 뿐 용 본래 일어난 일 없으니, 쌍으로 닦음이 옳을 뿐이다. 僧法海 … 問曰 卽心卽佛 願垂指諭 師曰 前念不生卽心 後念不滅卽佛 成一切相卽心 離一切相卽佛 吾若具說 窮劫不盡 聽吾偈曰 卽心名慧 卽佛乃定 定慧等持 意中淸淨 悟此法門 由汝習性 用本無生 雙修是正"라고 하였다. 〔참고문헌〕『壇經』. ⇨ 정혜쌍수 定慧雙修, 정혜등학 定慧等學

정혜등학 定慧等學 정과 혜를 가지런히 익히다. 『금강경찬요간정기』 권3(대정장33, p.194a27)에 "구경에 의지하여 다 들어 논하자면 반드시 정과 혜를 같이 익혀야 한다. 『열반경』에서 '정과 혜가 고르지 못하면 불성을 보지 못하고 무명의 삿된 견해가 여기에서 일어난다'고 하였다. 若據究竟通論 必須定慧等學 涅槃經中說 定慧不等不見佛性 無明邪見自此而生", 『기신론소필삭기』 권18(대정장44, p.395a21)에 "〔문〕 왜 지관을 합해 닦아야 하는가? 〔답〕 함께 닦지 않으면 잘못되기 때문이다. 『열반경』에서 '정만 많고 혜가 부족하면 불성을 보지 못하고, 혜만 많고 정이 부족하면 성을 봄이 분명하지 않으니, 정과 혜를 가지런히 익혀야 불성을 밝히 본다'고 하였다. 問 何故止觀合修耶 答 若不雙修皆成邪故 涅槃經說 定多慧少不見佛性 慧多定少見性不了 定慧等學明見佛性", 『경덕전등록』 권8 「남전보원전 南泉普願傳」(대정장51, p.257c25)에 "남전선사가 때를 보아 황벽에게 물었다. '정혜등학이라 하니, 그 이치는 무엇인가?' '십이시중에 한 물건에도 의지하지 않습니다' '장로의 견처라 해도 되는가?' '네' '장 값은 차치하고 짚신 값을 누구에게 받을까?' 師又別時問黃檗 定慧等學 此理如何 黃檗云 十二時中不依倚一物 師云 莫是長老見處麽 黃檗云 不敢 師云 漿水價且置 草鞋錢敎阿誰還", 같은 책 권28 「대주혜해어 大珠慧海語」(대정장51, p.444b3)에 "학인이 물었다. '무엇이 정혜등학입니까?' '정은 체이고 혜는 용이다. 정에서 혜가 일어나고 혜를 따라 정으로 돌아간다. 마치 물과 물결이 일체여서 달리 앞뒤가 없는 것과 같으니 이를 정혜등학이라 한다. 무릇 출가한 사람은 언어를 좇지 말아야 한다. 행주좌와가 모두 그대

불성의 용인데, 어느 곳이 도와 상응하지 않겠는가? 자, 한 번에 헐떡임을 그쳐야 한다. 바깥 경계의 바람을 따르지 않으면 심성의 물은 저절로 고요하다'. 僧問 如何是定慧等學 師曰 定是體慧是用 從定起慧從慧歸定 如水與波一體更無前後 名定慧等學 夫出家兒莫尋言逐語 行住坐臥並是汝性用 什麽處與道不相應 且自一時休歇去 若不隨外境風 心性水常自湛湛"라고 하였다. [참고문헌] 『金剛經纂要刊定記』, 『起信論疏筆削記』, 『景德傳燈錄』, 40권본 『大般涅槃經』 권30(대정장12, p.547a13). ⇨ 정혜쌍수 定慧雙修, 정혜등지 定慧等持

정혜사 定惠寺 ❶ 경상북도 경주시 안강읍 옥산리에 있던 정혜사(淨惠寺). 『가람고』·『범우고』에 이름과 위치가 전하며, 『여지도서』 경상도 경주 사찰에 "문원공 이언적(1491~1553)이 어렸을 적에 이곳에서 학업에 힘썼다. 창건된 지 몇 백 년이 지났는지는 알 수가 없다. 문원공이 손수 쓴 「동유록」이 법당 북쪽 벽에 있으며, 「영잠」 7구가 이 벽의 동창 왼쪽에 있다. 후인들이 더러워질까 걱정하여 글자를 새기고 분을 칠하여 덮어 두었다. 옥산서원을 창건한 후에는 서원을 지키는 사찰이 되었다. 文元公李彦迪少時肄業於斯 其創建不知其幾百年 有文元公手書同遊錄在法堂北壁中 楹箴七句在於此壁東窓之左 後人恐其塵汚 遂刻其字粉而籠之 玉山書院創建後因爲院護寺"라고 하였다. [참고문헌] 『伽藍考』, 『梵宇攷』, 『輿地圖書』, 『韓國寺刹全書』 권하 p.1009b2. ⇨ 정혜사 淨惠寺❶ ❷ 전라남도 순천시 서면 청소리 계족산(鷄足山)에 있는 정혜사(定慧寺). 『여지도서』 전라도 순천 사찰에 "부 북쪽 30리에 있다. 在府北三十里"라고 하였다. [참고문헌] 『輿地圖書』, 『伽藍考』, 『韓國寺刹全書』 권하 p.1009a19. ⇨ 정혜사 定慧寺❸ ❸ 충청남도 청양군 장평면 화산리 칠갑산(七甲山)에 있는 정혜사(定慧寺). 정조(正祖 재위 1776~1800) 때에 편찬된 것으로 추정되는 『정산읍지』에 "현 서쪽 30리에 있다. 在縣西三十里"라고 하였다. [참고문헌] 『定山邑誌』. ⇨ 정혜사 定慧寺❽ ❹ 평안남도 개천군에 있던 절. 『여지도서』 평안도 개천 사찰·『범우고』에 "군 동쪽 40리에 있다. 在郡東四十里"라고 하였다. [참고문헌] 『輿地圖書』, 『梵宇攷』, 『伽藍考』, 『韓國寺刹全書』 권하 p.1009b4. ❺ 위치 미상. 『삼국유사』 권3(대정장49, p.994b18·한불전6, p.327a16) 탑상(塔像)4 전후소장사리(前後所藏舍利)에 "본조 예종(재위 1105~1122) 때, 혜조국사가 왕명을 받들어 중국으로 유학가서 요본 대장경 3부를 구입하고 돌아왔는데, 1본은 지금 정혜사에 있다. 本朝睿廟時 慧照國師奉詔西學 市遼本大藏三部而來 一本今在定惠寺"라고 하였다. [참고문헌] 『三國遺事』, 『韓國寺刹全書』 권하 p.1009a17.

정혜사 定慧寺 ❶ 대구광역시 중구 남산동에 있던 절. 1931년에 월재화상(月齋和尙)이 창건하였다. [참고문헌] 『韓國寺刹全書』 권하 p.1009b19欄外. ❷ 경상북도 경주시 안강읍 옥산리 자옥산(紫玉山)에 있던 정혜사(淨惠寺). 『회재집』 권1 「향정혜사음록즉경 向定慧寺吟錄卽景」(한국문집총간24, p.355a8)에 "무성한 나무 밑을 뚫고 지나가니, 홀연히 오래된 탑이 보이는구나. 斜穿茂樹下 忽見有古塔"라고 하였다. [참고문헌] 『晦齋集』, 『韓國寺刹全書』 권하 p.1009b17. ⇨ 정혜사 淨惠寺❶ ❸ 전라남도 순천시 서면 청소리 계족산(鷄足山)에 있는 절. 대한불교조계종 제19교구 본사 화엄사(華嚴寺)의 말사이며, '正惠寺·定惠寺·定慧社'라고도 한다. 창건과 관련하여 『원감국사문집』 「혜소국사제문 慧炤國師祭文」(한불전6, p.396b6)의 "계족산 정혜사 사문이 삼가 좋은 차와 여러 가지 음식을 준비하여 당산의 개창 시조인 혜소국사의 영전에 정중히 제사를 올립니다. 雞足山定慧社沙門 謹以香茶庶羞之奠 敬祭于當山開刱始祖慧炤國師之靈"를 근거로 한 혜소국사(972~1054) 창건설, 1854년(철종5)에 작성된 대웅전 상량문의 "초창은 보조국사, 이창은 혜철국사가 하였다. 初創普照國師 二創慧徹國師"를 근거로 한 보조국사 체징(體澄 804~880) 창건설, 1962년에 대웅전을 중수하면서 기존의 상량문에 부기한 "본사는 신라 경덕왕(재위 742~765) 때에 혜조국사가 창건하였다. 本寺卽新羅景德王時 慧照國師創建"를 근거로 한 혜조국사 창건설이 있다. 『동국여지승람』 권40 전라도 순천도호부 불우에 "절에 부처님의 치아사리가 있다. 寺有佛齒"라고 하였으며, 원감국사 충지(冲止 1226~1293)가 출가하여 정혜사에 머물렀던 사실 및 관련된 시가 수록되어 있다. 임진왜란 때 소실되었으며, 1617년(광해군9)에 신욱(信旭)이 법당 3칸을 중창하였는데, 1618년에 편찬된 『승평지』 사찰에 "예전에는 큰 사찰이었다. 왜란 후에 중창하였지만 절에 있는 스님은 매우 적다. 舊爲大刹 亂後草創 居僧甚少"라고 하였다. 이후 『가람고』·『범우고』에도 절의 이름과 위치가 기록되어 있다. 1940년에 건물보수가 이루어졌으나, 여순사건과 6·25한국전쟁으로 큰 피해를 입었다. 1962년 이후 지속적으로 수리와 신축이 이어져 지금에 이른다. 현존 당우로는 대웅전·명부전·삼성각·보제루·범종각·요사 등이 있으며, 성보문화재로는 보물 제804호 대웅전이 있다. [참고문헌] 『圓鑑國師文集』, 『東國輿地勝覽』, 『昇平誌』, 『伽藍考』, 『梵宇攷』, 『定慧寺大雄殿』(文化財廳·順天市, 2001) pp.69~72, 『韓國寺刹全書』 권하 p.1009b9. ❹ 전라북도 완주군 소양면에 있던 절. 일제강점기에는 대본사 위봉사(威鳳寺)의 말사였다. [참고문헌] 『韓國寺刹全書』 권하 p.1009b8欄外. ❺ 전라북도 전주시 완산구 효자동 완산칠봉(完山七峰)에 있는 절. 대한불교보문종 소속 비구니사찰이다.

1898년(광무2)에 최향관이 아들을 얻기 위해 칠성각을 짓고 안행사(雁行寺)로 창건하였으나, 안양사(安養寺)로도 불렸으며, 최향관의 외손녀인 한산명주(寒山明珠)가 1922년에 보광전을 짓고 정혜사로 고쳐 불렀다. 이후 혜명(慧明)이 주석하였고, 혜일(慧日)이 주지로 부임했다. 1987년에 보광전을 중건하였다. 현존 당우로는 보광전·명부전·나한전·용화전·칠성각·완산선원·범종루·요사·유치원 등이 있으며, 한산당명주대종사비·정영명불망비·혜명율사탑·영명율사탑·정금광(鄭金光)부도 등의 탑비와 부도군이 있다. **6** 전라북도 정읍시 연지동 추령산(秋嶺山)에 있는 절. 1930년경 박대화(朴大和)가 법당을 세우고 대성사(大成寺)라고 하였다. 1983년에 여산(如山)이 요사를 중수하고 이름을 정혜사로 바꾸었으며, 1990년에 대웅전을 건립하였다. 현존 당우로는 대웅전과 요사가 있고, 성보문화재로는 원통형 보관(寶冠)을 쓴 고려전기 석불인 유형문화재 제195호 석조보살입상이 있다.

정혜사석조보살입상 고려말
전북유형문화재 제195호

7 충청남도 예산군 덕산면 사천리 덕숭산(德崇山)에 있는 절. 대한불교조계종 제7교구 본사 수덕사(修德寺)의 산내암자이다. 599년(법왕1)에 지명(智明)법사가 수덕사와 함께 창건하였다고 전하며, 1930년에 선원의 조실이었던 만공선사(滿空禪師)가 중수하면서 가람이 재정비되고, 선원으로서의 위상이 향상되었다. 현존 당우로는 관음전·능인선원·산신각·요사 등이 있고, 성보문화재로는 1947년에 만공의 제자들이 조성한 만공탑이 있다. 경허성우(鏡虛惺牛 1846~1912)가 쓴 시 「정혜사」가 『경허집』(한불전11, p.619c21)에 수록되어 있다. [참고문헌] 『鏡虛集』, 『韓國寺刹全書』 권하 p.1009b5. **8** 충청남도 청양군 장평면 화산리 칠갑산(七甲山)에 있는 절. 문화재자료 제151호. 대한불교조계종 제6교구 본사 마곡사(麻谷寺)의 말사이다. 『동국여지승람』 권18 충청도 정산현 불우·『가람고』·『범우고』에는 '淨慧寺'라고 하였다. 841년(문성왕3)에 혜조국사(慧詔國師)가 창건, 조선시대에 마곡사의 인명선사(寅明禪師)가 중건, 임진왜란 이후 표충원장(表忠院長) 송월(松月)선사가 삼창하였다고 전한다. 1907년에 항일의병대를 진압하던 일본군에 의해 전소하였고, 다음해에 월파(月波)가 대웅전을 세우고 삼존불상을 봉안하였다. 현존 당우로는 대웅전·칠성각·요사 등이 있으며, 성보문화재로는 17세기 법령파(法領派) 불상양식으로 조성된 대웅전 삼세불인 유형문화재 제241호 목조석가여래삼불좌상, 1815년(순조15)에 조성된 혜월당탑(慧月堂塔)과 행표충원장겸팔도선교양종화엄강주국일도대선사등계존자혜월당비(行表忠院長兼八道禪敎兩宗華嚴講主國一都大禪師登階尊者慧月堂碑)가 있다. [참고문헌] 『東國輿地勝覽』, 『伽藍考』, 『梵宇攷』, 『韓國寺刹全書』 권하 p.1009b7, 『靑陽郡誌』 권하(청양군지편찬위원회, 2005) pp.254~255.

정혜사목조석가여래삼불좌상

9 중국 절강성(浙江省) 항주시(杭州市)에 있는 절. 호포사(虎跑寺)라고도 한다. 항주 서호(西湖)에는 유명한 샘물이 매우 많지만 이 절의 호포천(虎跑泉)이 그중 가장 잘 알려져 있다. 호랑이 두 마리가 땅을 긁으며 팠는데 그때 생긴 구멍에서 샘물이 솟았다는 당대 전설에 따라 호포천이라 부르기 시작했다. 천하제삼천(天下第三泉)이라 불리는 이 샘물은 맑고 감미로우며 가득 넘친다. [참고문헌] 『神僧傳』 권4 「慧思傳」(대정장50, p.976a14), 『佛祖統紀』 권6(대정장49, p.180a4)·권26(대정장49, p.262a8). **10** 중국 강소성(江蘇省) 진강(鎭江)의 초산(焦山)에 있는 절. 금산사(金山寺)와 함께 수려한 풍경으로 널리 알려져 있다. 초산은 부옥산(浮玉山)이라고도 불리는데, 동한(東漢)대 처사 초선(焦先 : 焦光)이 이곳에 은거하면서 붙여진 이름이다. 당대 건축했다는 설도 있지만, 대체로 동한대인 흥평년간(194~195)에 지었다고 본다. 당시 이름은 보제사(普濟寺)였으나 송대인 가정년간(1208~1209)에 중건하면서 초산사(焦山寺)로 개명하였다. 원오극근(圜悟克勤)·고목법성(枯木法成)·불인요원(佛印了元) 등 선사들이 주석하였다. 원대 화재로 훼손되고 그대로 두었다가 명 선종(宣宗)대인 선덕년간(1426~1435) 수리하였다. 청 성조(聖祖)대인 1686년(강희25) 또는 1703년(강희42) 편액을 내리고 정혜사라 개명하면서 대대적으로 정비하였다. [참고문헌] 『樂邦遺稿』 권하(대정장47, p.246a24), 『新續高僧傳』 권35 「了然傳」(대장경보편27, p.272b15), 『大明一統志』 권11, 『大淸一統志』 권63, 『焦山志』 권1. ⇨ 보제사 普濟寺 [4]

정혜사 定慧社 전라남도 순천시 송광면 신평리 조계산(曹溪山)에 있는 송광사(松廣寺). 「송광사사원사적비문 松廣寺嗣院事蹟碑文」(『조계산송광사사고』 p.29)에 "정혜사는 보조국사가 자비심으로 깨우치고 발원한 첫이름이다. 定慧社者 普照慈覺發願之始名也"라고 하였다. [참고문헌] 『曹溪山松廣寺史庫』(亞細亞文化社, 1977), 『韓國寺刹全書』 권하 p.1010a1欄外. ⇨ 송광사 松廣寺 [1]

정혜사 淨惠寺 **1** 경상북도 경주시 안강읍 옥산리 자옥산(紫玉山)에 있던 절. 이언적(李彦迪 1491~1553)의 『회재집』에는 '定慧寺', 18세기에 편찬된 『가람고』·『범우고』·『여지도서』 경상도 경주 사찰에는 '定惠寺', 1845년(헌종11)에 증보·중간된 『동경잡기』와 1933년에 간행된 『동경통지』에는 '淨惠寺'라고 하였다. 『동경통지』 권7 불사에 "신라 선덕왕 경신년(780)에 당 첨의사 백우경이 참소를 당해 자옥산 아래에 와서 머물며 영월당과 만세암을 지었다. 선덕왕이 행차하여 암자를 정혜사, 영월당을 경춘당이라 고쳐 불렀다. 新羅宣德王庚申 唐朝僉議使白宇經被讒 來寓于紫玉山下 建迎月堂萬歲庵 宣德王幸行 改庵爲淨惠寺 堂爲景春云", 『동경잡기』 권2 불우에 "정혜사지는 자옥산 아래에 있다. 예전부터 신라 고찰이라 불렸다고 전한다. 부처님 앞 탁자 다리에 '치화 원년(1328·충숙왕15) 정월 일에 만들었다'라는 여덟 글자가 있다. 淨惠寺址在紫玉山下 自古傳稱新羅古刹 佛前卓子足 有致和元年正月日造八字"라고 하였다. 이언적이 이곳에서 학업을 닦았으며, 『회재집』 권1에 「향정혜사음록즉경 向定慧寺吟錄卽景」(한국문집총간24, p.355a1)과 「정혜사화별 定慧寺話別」(한국문집총간24, p.361a4) 등 시 두 편이 수록되어 있다. 1572년(선조5)에 옥산서원(玉山書院)이 창건된 후에는 서원을 지키는 사찰(院護寺)이 되었다. 절터에는 국보 제40호 십삼층석탑이 있으며, 탑 주변에 기와와 토기 조각이 흩어져 있다. [참고문헌] 『晦齋集』, 『伽藍考』, 『梵宇攷』, 『輿地圖書』, 『東京雜記』, 『東京通志』, 『韓國寺刹全書』 권하 p.1020b10. ⇨ 경주정혜사지십삼층석탑 慶州淨惠寺址十三層石塔 **2** 평안북도 창성군 운림산(雲林山)에 있던 절. 『동국여지승람』 권53 평안도 창성도호부 불우에 이름과 위치가 전하며, 『범우고』에는 "지금은 폐사다. 今廢"라고 하였다. [참고문헌] 『東國輿地勝覽』, 『梵宇攷』, 『韓國寺刹全書』 권하 p.1021a4.

정혜사 淨慧寺 **1** 충청남도 청양군 장평면 화산리 칠갑산(七甲山)에 있는 정혜사(定慧寺). 『동국여지승람』 권18 충청도 정산현 불우·『범우고』에 이름과 위치가 전하며, 『가람고』에는 "현 서쪽 16리에 있다. 縣西十六里"라고 하였다. [참고문헌] 『東國輿地勝覽』, 『梵宇攷』, 『伽藍考』, 『韓國寺刹全書』 권하 p.1009b7. ⇨ 정혜사 定慧寺[8] **2** 중국 광동성 광주(廣州) 육용사(六榕寺)의 옛 이름. 『고금도서집성선집』 권상 「광동통지 廣東通志」(대장장보편15, p.584b11)에 "정혜사는 부 서북쪽 반리에 있다. 남한때에는 정수사라 하였고, 양 대동 3년(537)에는 승 담유가 사리탑을 세우고 보장엄사라 하였으며, 송대 단공중에 고쳐서 정혜사라 이름하였다. 후에 원우년간에 천불탑을 세웠고, 소성년간에 소동파가 와서는 육용이라 하였다. 명 홍무 6년(1373)에 그 반을 허물어 영풍창을 세워 오직 탑과 관음전만 있었으나, 8년(1375)에 견유가 탑 동쪽에 불전을 증창하고 동쪽으로 문을 내고는 이에 육용이라 하였으며, 24년(1391) 서선사에 소속되었다가 영락 9년(1411)에 본사로 복귀하였다. 淨慧寺 寺在府西北半里 南漢時爲長壽寺 梁大同三年僧曇裕建舍利塔曰寶莊嚴寺 宋端拱中改名淨慧 後元祐間林修建千佛塔 紹聖間蘇軾至顏曰六榕 明洪武六年毁其半 以建永豐倉 惟存塔及觀音殿 八年僧堅愈 於塔東 重創佛殿 啓門東向 仍曰六榕 二十四年倂入西禪寺 永樂九年復爲本寺"라고 하였다. [참고문헌] 『古今圖書集成選輯』. ⇨ 육용사 六榕寺

정혜사대웅전 定慧寺大雄殿 조선후기 목조건축. 보물 제804호. 정면 3칸·측면 2칸의 다포식 팔작지붕 건물이다. 1854(철종5)에 작성된 대웅전상량문(大雄殿上樑文)에 "임진년(1592)에 왜적들이 불태워버렸다. … 또 신욱(信旭)이 서원을 발하여 정사년(1617)에 법당 3칸을 중창했다. 壬辰年倭賊燒燼 … 亦有山之僧信旭師發誓願越丁巳次建法堂三間"라고 하였다. 장대석 기단 위에 다듬지 않은 편편한 주춧돌을 놓고 약한 배흘림기둥을 세웠다. 창방과 평방을 두고 외삼출목(外三出目)·내사출목(內四出目)의 공포를 올렸다. 창호는 전면 3칸과 양측면에 2짝 빗살분합문을 달았으며 후면은 창호 없이 전체를 판벽으로 마감하였다. 처마는 서까래 위에 부연을 설치한 겹처마이며 네 귀의 추녀에는 활주(活柱)를 세워 안정감이 있도록 했다. 내부의 바닥은 우물마루이고, 천장은 빗천장과 우물천장으로 되어 있다. 불단에는 아미타불·관음보살·대세지보살상을 봉안하고 있다. 조선후기 중창 때의 양식적 특징을 잘 간직하고 있는 중요한 건물로 평가 받고 있다. [참고문헌] 『文化財大觀』 寶物篇 木造(文化財廳, 2004) pp.592~595. ⇨ 정혜사 定慧寺[3]

정혜사대웅전

정혜상자가 定慧相資歌 송대 영명연수(永明延壽 904~975) 지음. 1권. 卍속장110, pp.964a1~965a7에 수록되어 있다. 『영명지각선사유심결 永明智覺禪師唯心訣』의 부록(대정장48, pp.996c27~997b17)으로도 전한다. 천태덕소(天台德韶)의 제자로 법안종(法眼宗) 삼조(三祖)인 저자가 선정(禪定)과 지혜(智慧)는 서로 돕는다는 시가로 115구로 구성되어 있다. 선정은 아버지·장수(將帥)·달빛과 같고, 지혜는 어머니·승상(丞相)・햇빛과 같아 둘은 가지런히 무명을 비추어 삿된 견해에 속박된 범부를 모두 진정한 불도의 문으로 이끌기에 잊으면 안 된다고 하였다.

정혜선사 定慧禪師 당대 규봉종밀(圭峰宗密 780~841)의 시호(諡號). 입적 후 당 선종(宣宗)이 내렸다. 『석씨계고략』 권3(대정장49, p.821c19)에 "도속의 대중이 종밀선사의 전신을 규봉에 봉안하고 다비하여 사리를 얻어 석실에 담았다. 선종은 추증하여 정혜선사라는 시호를 추증하였으며 탑명은 청련이라 하였다. 세수는 63세이다. 수주원의 법을 이었고, 육조 아래 5세의 법손으로서 하택파이다. 道俗奉全身於圭峯 茶毘得舍利藏之石室 宣宗追諡定慧禪師 塔曰靑蓮 壽六十三 嗣遂州圓 六組下五世荷澤派也"라고 하였다. 〔참고문헌〕『釋氏稽古略』. ⇨ 규봉비 圭峯碑, 종밀 宗密

정혜선사 淨慧禪師 오대십국(五代十國) 때 남당국(南唐國) 군주가 베푼 법안문익(法眼文益 885~958)의 법호. 『경덕전등록』 권24 「문익전」(대정장51, p.398c26)에 "강남의 국주가 법안의 도를 귀히 여겨 보은선원에 맞이하여 머물게 하고 정혜선사라는 법호를 베풀었다. 江南國主重師之道 迎入住報恩禪院 署淨慧禪師"라고 하였다. 〔참고문헌〕『景德傳燈錄』, 『隆興編年通論』(卍속장130, p.707a14). ⇨ 문익 文益, 법안문익 法眼文益

정혜쌍개 定慧雙開 정(定)과 혜(慧)를 쌍으로 열다. 『당고승전』 권17 「혜사전 慧思傳」(대정장50, p.563c29)에 "강동의 불법이 널리 깊은 뜻의 문을 연 이후로 선법에 이르러 대부분 미미한 신세로 전락했다. 혜사가 이러한 남방의 실태를 개탄하여 정과 혜를 쌍으로 열어 낮에는 이치를 강설하고 밤에는 사유해 가리게 하였다. 그러므로 꺼내는 말마다 그윽함에 닿지 않는 것 없었으니, 정을 인으로 혜를 발함이 입증되었다. 自江東佛法 弘重義門 至於禪法 蓋蔑如也 而思慨斯南服 定慧雙開 晝談理義 夜便思擇 故所發言 無非致遠 便驗因定發慧"라고 하였다. 〔참고문헌〕『唐高僧傳』. ⇨ 정혜 定慧

정혜쌍수 定慧雙修 정과 혜를 함께 닦다. 쌍수정혜(雙修定慧)라고 한다. 『종경록』 권97(대정장48, p.941a16)에 "만약 공에 머문다면 반드시 공에 떨어지는 근심이 생긴다. 머묾이 없는 것이야말로 본래 자성의 고요한 바탕에서 그 마음을 일으키니, 바로 비추는 용이다. 곧 고요함은 자성의 정이고 비춤은 자성의 혜다. 정은 혜의 체고 혜는 정의 용이다. 정을 떠나 다른 혜가 없고 혜를 떠나 달리 정이 없다. 정일 때가 바로 혜고 혜일 때가 바로 정이다. 정이라 할 때 정이 없고, 혜라 할 때 혜가 없다. 왜 그러한가? 성이 스스로 여하기 때문이다. 마치 등과 불이 비록 두 가지 이름이 있지만 그 체는 다르지 않다. 등이 불이고 불이 등이다. 등을 떠나 달리 불이 없고, 불을 떠나 달리 등이 없다. 등은 불의 체이고 불은 등의 용이다. 정혜를 함께 닦아 서로 떠나지 않는다. 若住於空 必有墮落之患 無住 是本自性體寂 而生其心 是照用 卽寂是自性定 卽照是自性慧 卽定是慧體 卽慧是定用 離定無別慧 離慧無別定 卽定之時卽是慧 卽慧之時卽是定 卽定之時無有定 卽慧之時無有慧 何以故 性自如故 如燈光雖有二名 其體不別 卽燈是光 卽光是燈 離燈無別光 離光無別燈 卽燈是光體 卽光是燈用 卽定慧雙修不相去離", 『수심결』(한불전4, p.711c10)에 "〔문〕 깨달은 이후의 수행문에서 정혜등지의 뜻이 실로 분명하지 않으니, 다시 펴 설해주시어 미혹을 깨트리고 해탈의 문 보여주십시오. 〔답〕 만약 법의를 베푼다면 이에 드는 천 갈래 문 있으나 정혜 아닌 것이 없다. 강요를 취하면 자성상의 체와 용이라는 두 가지 뜻이니, 앞에서 말한 공적영지가 그것이다. 정은 체이고 혜는 용이다. 체와 상즉한 용이므로 혜가 정을 떠나지 않고, 용과 상즉한 체이므로 정이 혜를 떠나지 않는다. 정이 곧 혜이므로 적정하되 항상 알고, 혜가 곧 정이므로 알아차리되 항상 적정하다. 육조혜능이 '마음 바탕에 어지러움 없음이 자성의 정이고, 마음 바탕에 어리석음 없음이 자성의 혜다'라고 한 것과 같다. 만약 이와 같이 깨닫고서 자유롭고 고요한 줄 알아차리면 막고 비춤에 둘이 없으니, 이것이 돈오의 문이 된다. 이것이 정과 혜를 쌍으로 닦음이다. 問 後修門中 定慧等持之義 實未明了 更爲宣說 委示開迷 引入解脫之門 答 若設法義 入理千門 莫非定慧 取其綱要 則自性上體用二義 前所謂空寂靈知是也 定是體 慧是用也 卽體之用故 慧不離定 卽用之體故 定不離慧 定則慧故 寂而常知 慧則定故 知而常寂 如曹溪云 心地無亂自性定 心地無癡自性慧 若悟如是 任運寂知 遮炤無二 則是爲頓門 箇者雙修定慧也", 『심부주』 권2(卍속장111, p.79a13)에 "살운로란 중생의 마음이다. 이것을 깨달으면 가깝거나 멂을 논하지 않는다. 청량한 못이란 일심이 두렷이 밝아 번뇌와 열뇌가 없으므로 청량이라 한다. 『대지도론』에서 '눈은 있지만 발이 없으니 청량한 못에 이르지 못한다' 하였다. 발은 있고 눈이 없어도 역시 청량한 못에 이르지 못한다. 눈과 발이 서로 도와야 비로소 이를 수 있다. 돈오란 자기 마음의 눈이고, 설한 것처럼 수행함은 발이 된다. 그러므로 이와 사를 나란히 움직이고 정과 혜를 함께 닦아야 비로소 일심이라는 지혜의 바다에 들어간다. 薩雲路者 卽衆生心 了之卽是 非論近遠 淸涼池者 卽一心圓明 無塵垢熱惱 故云淸涼 智論云 有目無足 不到淸涼池 有足無目 亦不到淸涼池 目足更資 方能得到 頓悟自心爲目 如說修行爲足 故須理事齊運 定慧雙修 方入一心之智海也"라고 하였다. 〔참고문헌〕『宗鏡錄』, 『修心訣』, 『心賦註』. ⇨ 쌍수정혜 雙修定慧, 정

혜등지 定慧等持, 정혜등학 定慧等學, 정혜 定慧

정혜암 定慧庵 ❶ 전라북도 전주시 완산구 평화동 고덕산(高德山)에 있던 암자. 일제강점기에는 대본사 위봉사(威鳳寺)의 말사였으며, 미륵암(彌勒庵)의 산내암자였다. 〔참고문헌〕『韓國寺刹全書』 권하 p.1009b20. ❷ 경상남도 밀양시 삼랑진읍 율동리에 있는 암자. 성보문화재로는 문화재자료 제589호 아미타불회도가 있다. 〔참고문헌〕『경상남도고시』 제2015-25호.

정혜왕사 正慧王師 고려전기 스님인 담휴(曇休). 〔참고문헌〕 李智冠『校勘譯註歷代高僧碑文』 高麗篇3 p.330. ⇨ 담휴 曇休, 의광 義光❷

정혜원명 定慧圓明 고요하고 지혜로워 두렷이 밝음. 적멸을 여의지 않고도 한없이 지혜로운 뜻이다. 『벽암록』 99칙 「평창 評唱」(대정장48, p.222c19)에 "옛사람은 '닦고 배운다는 마음을 조금도 일으키지 않고 모습 없는 빛 중에서 언제나 자재하다' 하였다. 다만 적멸의 저 끝을 알 뿐 성색을 가리지 않았고, 단지 영지를 알 뿐 망상을 받아들이지 않았다. 그래서 설령 철륜정상에서 돌더라도 정혜로 두렷이 밝은 빛 끝내 잃지 않는다고 한 것이다. 古人道 不起纖毫修學心 無相光中常自在 但識常寂滅底 莫認聲色 但識靈知 莫認妄想 所以道 假使鐵輪頂上旋 定慧圓明終不失", 『종경록』 권29(대정장48, p.584a9)에 "진각대사는 '종에도 통하고 설에도 통하여, 정혜 두렷이 밝아 공에 걸리지 않네'라고 하였다. 종에도 통함은 바로 정이고 설에 통함은 혜이니, 종설을 겸하여 드러내 정과 혜를 쌍으로 밝혔다. 두 가지 뜻이 서로 성립하므로 한 가지도 빠트릴 수 없다. 『법화경』에서 '정혜력으로 장엄하여 중생을 제도한다' 한 것과 같다. 眞覺大師云 宗亦通 說亦通 定慧圓明不滯空 宗通是定 說通是慧 則宗說兼暢 定慧雙明 二義相成 闕一不可 如法華經云 定慧力莊嚴 以此度衆生", 『증도가주』(卍속장111, p.370a6)에 "정혜 한없이 밝아 공에 떨어질 일 없네. 인위에서는 지관을 말하고 과위에서는 정혜를 말한다. 정혜가 둘이 아님을 한없이 밝다고 하였다. 두렷이 밝은 성은 소승의 단정이 아니다. 그러므로 공에 걸림 없다고 하였다. 定慧圓明不滯空 因中謂之止觀 果上謂之定慧 定慧不二謂之圓明 此圓明之性 非小乘斷定 故曰不滯空也"라고 하였다. 〔참고문헌〕『碧巖錄』, 『宗鏡錄』, 『證道歌註』, 『法華經』 권1(대정장9, p.8a24).

정호 正浩 ?~1834. 조선후기 스님. 호는 은암(銀巖), 속성은 송(宋)씨. 전라도 해남 용당(龍塘)에서 태어났다. 일찍이 대흥사(大興寺)를 찾아가 스님이 되었다. 처음 제방 강원으로 다니면서 공부할 때 초근목피(草根木皮)를 먹으면서 누더기를 입고 고행정진한 결과로 법재(法財)를 구족하였다. 1799년(정조23) 가을에 의암창인(義庵暢印)의 법을 이어 받고 완호윤우(玩虎倫佑 1758~1826)의 강석(講席)을 이어 받아 두륜산 상원암(上院庵)에서 개강하니 많은 학인이 모여들었다. 대흥사 총섭(摠攝)직을 맡아 상원암을 중수하였으며, 1825년(순조25)에는 대흥사 명적암(明寂庵)을 중창하였고, 연담유일(蓮潭有一)의 영각도 중건하였으니 그의 법손이 되기 때문이다. 1834년(순조34) 3월 22일 명적암에서 입적하였다. 경월영오(鏡月寧遨)·수월영민(水月永旻)·포운응원(浦雲應元)·연호(蓮湖) 등 문인들이 힘을 모아 대흥사의 왼쪽 기슭에 부도를 세웠다. 전계(傳戒) 제자도 20여 명 있다. 〔참고문헌〕『東師列傳』 권4 「銀巖講師傳」(한불전10, p.1034b5). 權相老『朝鮮佛敎略史』 p.232. ⇨ 유일 有一

정호 程顥 1032~1085. 북송(北宋)대 유학자이자 배불론자(排佛論者). 자는 백순(伯淳), 시호는 순공(純公). 낙양(洛陽 : 河南省) 출신. 명도선생(明道先生)이라고도 한다. 아우 정이천(程伊川 : 程頤)과 함께 이정자(二程子)라 불린다. 진사(進士)에 급제한 다음 벼슬길에 들어섰다. 노장(老莊)과 불교 연구에 힘쓰면서 경학(經學)에서 독특한 견해를 확립하였다. 음양이 증감하는 변화로 만물이 발생하는데 이것이 천도(天道)이고 천도를 그대로 따르는 것이 인도(人道)라고 주장한다. 그가 세운 천리(天理)는 송명이학(宋明理學)의 중심관념이 되었다. 전기에 따르면 그는 『백장청규 百丈淸規』와 『화엄합론 華嚴合論』이라는 두 책의 영향을 받은 뒤로 더욱 불교문헌을 연구하게 되었고 선정 수행까지 겸하였다고 한다. 『거사분등록』 권하 「정호장」(卍속장147, p.908b18)에 "부처님 말씀은 광명이 변하여 나타나는 듯하여 그 취지를 전혀 헤아릴 수 없었는데, 최근에 『화엄합론』을 보다가 그 말씀이 분명해졌다. … 삼대의 예악이 모두 여기(『백장청규』)에 들어 있구나! 佛說光明變現 初莫測其旨 近看華嚴合論 却說得分曉 … 三代禮樂 盡在是矣"라고 하였다. 불교에 친숙한 그 배경이 오히려 그를 송대 배불론의 대표자로 이끄는 계기가 되었다. 『종통편년』 권4(卍속장147, p.72a7)에 "정호의 자는 백순이며 세칭 명도선생이다. 어떤 이가 '유교와 불교는 다른가?'라고 묻자 정호가 '공의 본래 자리에도 유불이 있는가?'라고 반문하였다. 程顥 字伯淳 世稱明道先生 有問 儒佛同異 顥曰 公本來處 還有儒佛否"라는 문답을 보면, 당시 선가의 흐름도 분명히 꿰고 있었다. 그러나 유교이념을 수호하려는 의도가 있는 이상, 비판은 의도적인 불교 왜곡으로 변질될 수밖에 없었다. 그와 비슷하게 유학자로서 불교의 이론과 수행을 고두 체험한 장상영(張商英 ?~1122)이 『호법론』(대정장52, p.642c

23)에서 "근세에 이천과 정호는 '불가에서 말하는 출세는 무엇일까? 오로지 세계에서 행하는 것과 상관이 없으니 그것을 출세라 한다'고 말한다. 사대부로서 연원을 모르고 불교를 언급하는 이들은 대체로 이와 같다. 그들은 색수상행식이라는 세간법이 있고 계정혜해탈해탈지견은 출세간법으로 다름을 전혀 모른다. 近世伊川程顥謂 佛家所謂出世者 除是不在世界上行 爲出世也 士大夫不知淵源 而論佛者 類如此也 殊不知 色受想行識 世間法也 戒定慧解脫解脫知見 出世間法也"라고 한 비판에서 그 단면을 엿볼 수 있다. 『송사』 권427 「정호전」에 "제가의 주장이 범람하면서 노장과 불교에 출입한 세월이 10년 가까이 되던 즈음에 되돌아와 육경에서 구해 터득하였다. 진한 이후 이러한 이치에 도달한 사람은 없었다. 氾濫於諸家 出入於老釋者幾十年 返求諸六經 而後得之 秦漢以來 未有臻斯理者"라고 평가하였다. 그 문집과 어록은 모두 『이정전서 二程全書』에 수록되었다. 1085년(원풍8) 향년 54세로 별세하였다. 〔참고문헌〕『居士分燈錄』, 『宗統編年』, 『護法論』, 『宋史』.

정호 鼎鎬 1870~1948. 근대 스님. 불교교육의 선구자이며 불교학자. 호는 영호(映湖), 속성은 박(朴)씨, 속명은 한영(漢永 : 譜名). 아버지의 휘는 성용(聖鏞), 어머니는 강씨부인(姜氏夫人)이다. 1870년(고종7) 8월 18일 전라북도 완주군 초포면 조사리에서 태어났다. 어려서부터 서당에서 공부하던 중, 17세 때 전주 위봉사(威鳳寺) 금산(錦山)의 생사윤회에 대한 법문을 어머니로부터 전해 들었다. 그 후 출가하려는 뜻을 품고 있다가, 1888년(고종25) 위봉사의 산내암자인 태조암(太祖庵)으로 찾아가 금산(錦山)을 은사로 하여 스님이 되었다. 은사스님을 시봉하다가 1890년 장성 백양사(白羊寺) 운문암 환응탄영(幻應坦泳 1847~1929)에게서 사교(四敎)를 배웠으며, 1892년 순천 선암사(仙巖寺) 경운원기(擎雲元奇)로부터 대교인 『화엄경』을 수학했다. 이어 1895년(고종32) 가을부터 순창 구암사(龜巖寺)에서 설유처명(雪乳處明 1858~1903)으로부터 '영호'라는 호와 함께 법을 이어 받았으니, 설유는 설파상언(雪坡尙彦)의 9세요, 백파긍선(白坡亘璇)의 6세 법손이다. 건당입실(建幢入室)한 다음날부터 구암사에서 개당(開堂)하고 학인을 지도하니 사방으로부터 학인이 구름처럼 모여들었다. 1899년(광무3) 산청 대원사(大源寺)를 비롯하여 장성 백양사, 합천 해인사(海印寺), 안변 석왕사(釋王寺) 등에서 후학을 지도하였다. 1909년 39세 때 불교유신의 뜻을 품고 서울로 올라와 만해(卍海·萬海) 한용운(韓龍雲)·금파경호(琴巴竟湖 1868~1915) 등과 함께 유신운동을 펼쳤다. 한일합방이 되던 1910년에 회광사선(晦光師璿)이 일본 조동종(曹洞宗) 관장 관진설삼(管津說三)과 연합동맹 7조약을 체결하여 한국불교를 일본 조동종에 예속시키려 하자, 만해·성월(惺月)·진응(震應)·종래(鐘來) 등과 함께 한국불교의 전통은 임제종(臨濟宗)임을 밝히고, 조동종에 예속시킴은 개종역조(改宗易祖)하는 것이라 하여 임제종을 세워 독자성을 견지하려고 심혈을 기울였다. 1913년부터 『해동불보 海東佛報』를 창간하여 불교유신을 제창하고 불교인의 자각을 촉구하였다. 1914년 서울에 고등불교강숙이 설립되자 여기에 참여하여 교육사업을 시작한 이래, 1926년을 전후하여 서울 안암동 개운사(開運寺) 대원암에 강당을 개설하고 학인을 지도하였으며, 조선불교월보사 사장에 취임하였고, 1928년에 개설한 불교전문학교에 강사로서 『선문염송집』 강좌를 담당하다가 1933년 중앙불교전문학교 교장에 취임하였다. 1931년부터 1946년까지 조선불교 교정(敎正 : 지금의 宗正)을 지냈으며, 한국불교의 근대화에 총력을 경주하였다. 1900년을 전후한 때 우리나라 불교계에 종설겸통(宗說兼通)한 삼대강백(三大講伯)이 출세하였으니 곧 순천 선암사의 금봉(錦峰)화상·화엄사의 진응화상·영호정호(暎湖鼎鎬)이다. 금봉화상은 한시(漢詩)에는 조예가 없었으나 삼장강설에는 추종을 불허하였고, 진응화상은 삼장강설에는 인도의 세친(世親)과 중국의 규봉(圭峰)·청량(淸涼)도 양보할 정도이지만 시문 등 문학에는 전혀 유의하지 않았다. 오직 스님만이 삼장강설을 주로 하는 외에, 경사자집(經史子集)과 노장학설(老莊學說)까지 섭렵하였을 뿐만 아니라, 서법(書法)까지도 겸통한 희세(希世)의 대종장이었다. 만년에는 정읍 내장사(內藏寺)에 물러가 있다가 1945년 광복이 되던 해의 봄에 제자인 포광영수(包光映遂)를 불러 『불교요의경 佛敎要義經』을 번역하게 한 후, 당시 주지인 정봉모(鄭奉謨)에게는 이를 출간하는 책임을 맡도록 하는 등 스님의 마지막 사업을 당부하였다. 1948년 음력 2월 29일 세수 79, 법랍 60세를 일기로 입적하였다. 시호는 석전(石顚)이다. 스님의 시호가 석전인 것은 추사 김정희(金正喜)가 백파긍선에게 '석전만암 石顚曼庵'이라는 네 글자를 써 주면서 후일 법손 중에 도를 터득한 이가 있거든 이것으로써 호를 지어 주라고 부탁하였는데, 그 글씨가 백파로부터 설유까지 전해오다가 마침내 석전이란 두 글자가 스님의 시호로 낙착된 것이다. 제자에는 청담순호(淸潭淳浩)·운허용하(耘虛龍夏)·미당(未堂) 서정주(徐廷柱) 등이 있고, 저서에는 『석전시초 石顚詩鈔』·『석림수필 石林隨筆』·『정선치문집주 精選緇門集註』·『정선염송설화 精選拈頌說話』·『계학약전 戒學約詮』·『염송신편 拈頌新編』 등이 있다. 〔참고문헌〕『石顚文鈔』「映湖和尙行狀」, 智冠 「高敞禪雲寺石顚堂映湖大宗師碑文」(『韓國高僧碑文總集 朝鮮朝·近現代』 pp.962~965), 『石顚上人小傳』.

정호산지 鼎湖山志 청대 성취(成鷲) 지음. 8권. 『중국불교사사지휘간 中國佛寺史志彙刊』 제1집에 수록되어 있다. 정호산은 광동성(廣東省) 고요현(高要縣) 경계에 위치한 단주(端州)의 명산으로 산이 깊고 샘이 달며 꼭대기의 호수는 사시사철 마르지 않는다. 산봉우리가 빙 둘러 감싸는 중심에 경운사(慶雲寺)가 자리 잡고 있는데 범우(梵宇)의 정취가 그윽하여 범수정토(梵修淨土)로 불린다. 이곳은 과거 6조 혜능(慧能)의 제자 지상(智常)이 은거했던 장소이다. 숭정년간(1621~1644) 운정화상(雲頂和尙) 개산하고 나서 경운사에서 법을 알리면서 선정율(禪淨律) 삼학을 병행하였다. 그 뒤에 고승을 배출하면서 월동(粵東 : 廣東省의 옛 명칭)의 명찰이 되었다. 강희년간(1662~1722) 경운사 제6대 주지 성취가 처음으로 산지(山志)를 편찬하였을 때 당시 유명한 유학자와 석학의 서문이 모두 11편 실렸다. 첫째 권에는 산중의 명승여도(名勝輿圖)를 수록하였고, 다음은 8권 14문으로 나누었다. 14문은 총론(總論)·성야강역(星野疆域)·산천형승(山川形勝)·전각당료(殿閣堂寮)·창조연기(創造緣起)·신구연혁(新舊沿革)·개산주법(開山主法)·계석굉화(繼席宏化)·청규궤범(淸規軌範)·기석인물(耆碩人物)·단신외호(檀信外護)·등림제영(登臨題詠)·예문비갈(藝文碑碣)·산사잡지(山事雜志) 등이다. 책 전체의 체재는 확고하여 지서(志書)로서는 상품에 속하며, 『정호산지』라고는 하지만 사실은 경운사의 사지(寺志)이기도 하다.

정혹소연 淨惑所緣 Ⓢ kleśa-viśodhanam ālambanam, Ⓣ nyon-mongs-pa-rnam-par-sbyong-ba'i-dmigs-pa. 번뇌를 깨끗이 하기 위한 경계. 사종소연(四種所緣) 중 하나로 상지(上地)의 정성(靜性)과 하지(下地)의 추성(麤性)을 관하는 것이다. 정번뇌소연(淨煩惱所緣)과 같은 말이다. 『유가사지론』 권27(대정장30, p.434b14 : *Śrāv-bh.*, p.249)에 "어떤 것을 정혹소연이라고 하는가? 하지의 추성과 상지의 정성을 관찰하는 것을 말한다. 저 욕계는 초정려를 마주하고, 무소유처는 비상비비상처를 마주하는 것과 같다. 云何淨惑所緣 謂觀下地麤性 上地靜性 如欲界對初靜慮 乃至 無所有處 對非想非非想處 tatra kleśaviśodhanamālambanaṃ katamat. āha. adhobhūmīnāmaudārikatvaṃ tadyathā kāmadhātau prathamadhyānasya evaṃ yāvannaiva saṃjñānāsaṃjñāyatanasya", 『대승아비달마잡집론』 권11(대정장31, p.745b4 : *Abh-s-bh.*, p.98)에 "정혹소연이란 하지의 추성과 상지의 정성, 진여와 사성제를 말한다. 하지의 추성과 상지의 정성이란 세간도에 의지해 설한 것이니, 이것으로 모든 번뇌를 다스려 조복하기 때문이다. 진여와 사성제란 출세도에 의지해 설한 것이니, 간략하기에 진여이고 자세하기에 사성제다. 이것으로 모든 번뇌를 길이 없게 하기 때문이다. 淨惑所緣者 謂下地麤性 上地靜性 眞如及四聖諦 下地麤性上地靜性者 依世間道說 由此制伏諸纏故 眞如及四聖諦者 依出世道說 略故眞如 廣故四聖諦 由此永害 諸隨眠故 kleśaviśodhanamālaṃbanaṃ laukikamārgādhikāreṇādhaūrdhvabhūmīnāmaudārikaśāntatā, tena paryavasthānaviṣkambhaṇāt. lokottaramārgādhikāreṇa samāsatastathatā, vyāsena catvāryāryasatyāni, tenānuśayasamudghātāt"라고 하였다. 〔참고문헌〕『瑜伽師地論』, 『大乘阿毘達磨雜集論』, *Śrāv-bh.*, *Abh-s-bh.* ⇨ 사종소연 四種所緣

정화 靖和 통일신라 스님. 『삼국유사』 권3(대정장49, p.991c29·한불전6, p.323a8) 탑상(塔像)4 흥륜사벽화보현(興輪寺壁畵普賢)에 "제54대 경명왕(재위 917~924) 때 흥륜사 남문과 좌우 행랑이 모두 불타고 아직 중수되지 못하자 정화와 홍계 두 스님이 인연을 모아 중수하려 하였다. 정명 7년(921·경명왕5) 신사 5월 15일에 제석천신이 절의 왼쪽 경루에 강림하여 열흘 동안 머물고 있자, 전탑(殿塔)·주변의 초목·토석(土石)들이 특이한 향기를 풍기고 오색구름이 절을 자욱이 덮었으며, 남쪽 연못에는 고기들이 기뻐 춤약하며 뛰놀았다. 나라 사람들이 모여들어 이 광경을 보고 전에 없었던 일이라 탄복하며 시주한 금옥·비단·양식이 산더미처럼 쌓이고 공장(工匠)도 스스로 와서 며칠 안 되어 완성하였다. … 두 스님이 제석천의 가르침을 받들어 벽 사이에 보현보살을 공손히 그렸는데 지금까지도 그 상이 남아 있다. 第五十四景明王時 興輪寺南門及左右廊廡災焚未修 靖和弘繼二僧 募緣將修 貞明七年辛巳五月十五日 帝釋降于寺之左經樓 留旬日 殿塔及草樹土石皆發異香五雲覆寺 南池魚龍喜躍跳擲 國人聚觀 嘆未曾有 玉帛粱稻施積丘山 工匠自來 不日成之 … 二僧奉敎 敬畫普賢菩薩於壁間 至今猶存其像"라고 하였다. 〔참고문헌〕『三國遺事』. ⇨ 홍계 弘繼, 흥륜사 興輪寺

정화숙왕지여래 淨華宿王智如來 Ⓢ Kamaladalavimalanakṣatrarājasaṃkusumitābhijña의 한역어. 정광장엄(淨光莊嚴 Ⓢ Vairocanaraśmipratimaṇḍitā)이라는 국토의 부처님. 『법화경』 권7(대정장9, p.55a19 : *Saddh-p.*, p.423)에 "정광장엄이라는 세계가 있다. 그 국토에 계신 부처님의 명호는 정화숙왕지여래·응공·정변지·명행족·선서·세간해·무상사·조어장부·천인사·불세존으로서 한도 없고 끝도 없는 보살대중의 공경을 받으며 둘러싸인 그대로 그들에게 법을 설하시는데 석가모니불께서 백호의 광명을 방출하여 그 국토를 두루 비추셨다. 有世界名淨光莊嚴 其國有佛 號淨華宿王智如來 應供 正遍知 明行足 善逝 世間解 無上

士 調御丈夫 天人師 佛世尊 爲無量無邊 菩薩大衆 恭敬圍繞 而爲說法 釋迦牟尼佛 白毫光明 遍照其國 tāni cāṣṭādaśagaṅgānadīvālikāsamāni buddhakṣetrakoṭīnayutaśatasahasrāṇyatikramya vairocanaraśmipratimaṇḍitā nāma lokadhātuḥ, tatra kamaladalavimalanakṣatrarājasaṃkusumitābhijño nāma tathāgato 'rhan samyaksaṃbuddhastiṣṭhati dhriyate yāpayati vipulenāyuṣpramāṇena. vipulena bodhisattvasaṃghena sārdhaṃ parivṛtaḥ puraskṛto dharmaṃ deśayati sma. atha khalu yā bhagavatā śākyamuninā tathāgatenārhatā samyaksaṃbuddhenorṇākośāt prabhā pramuktāḥ", 『법화경격절』(卍속장49, p.791b1)에 "청정하고 진실한 인으로써 과체와 묘하게 합하므로 그 국토 부처님의 명호를 정화숙왕지라 한다. 以淸淨眞因 妙契果體 故其國有佛 號淨華宿王智"라고 하였다. 『정법화경』 권9(대정장9, p.127a21)의 이구자금숙화왕여래(離垢紫金宿華王如來)와 같은 부처님이다. [참고문헌] 『法華經』, 『法華經擊節』, 『正法華經』, *Saddh-p.* ⇨ 법화경 法華經

정화중 淨華衆 깨끗한 꽃무리. 아미타불의 정토에 머무는 대중. 정토왕생은 탁태(托胎)해서 나는 것이 아니라 청정한 연꽃에서 화생(化生)하기에 이렇게 말한다. 『아미타경소』(대정장37, p.349c10)에 "권속의 공덕성취를 장엄함이란 무엇인가? [게] 여래의 정화중, 정각의 꽃으로 난다네. [안] 여기서 말하는 정화중이란 일곱 가지 깨끗한 꽃무리를 말한다. … 이런 일곱 가지 정화를 갖춘 중생은 부처님의 정각화 중에서 화생한다. 莊嚴眷屬功德成就者 偈言 如來淨華衆 正覺華生故 案云 此言淨華衆者 謂得七種淨華之衆 … 有此七種淨華之衆 從佛正覺華中化生也"라고 하였다. [참고문헌] 『阿彌陀經疏』, 『無量壽經優波提舍』(대정장26, p.231a10). ⇨ 여래정화중 如來淨華衆, 칠정화 七淨華

정황우 政黃牛 북송(北宋)대 스님 유정(惟政 986~1049)의 별명. 여항 공신산(功臣山)에 머무를 때 전당의 관리였던 시랑(侍郎) 장당(蔣堂)과 방외(方外)의 벗으로 교유하였는데 항상 송아지를 타고 다녔기에 세상 사람들이 정황우라고 불렀다. [참고문헌] 『補續高僧傳』 권7(卍속장134, p.135a9), 『禪林僧寶傳』 권19(卍속장137, p.516a17). ⇨ 유정 惟政 ❸

정후 情猴 망념이라는 원숭이. 원숭이의 쉴 새 없이 움직이는 모습을 본떠 분별망상에 비유한다. 심원(心猿)·정원(情猿)·의마(意馬) 등과 통한다. 『법원주림』 권51(대정장53, p.670b3)에 "마음의 말 쉽게 치달리고 망념의 원숭이 가두기 어렵다. 心馬易馳 情猴難禁", 『제경요집』 권10(대정장54, p.93c13)에 "이리저리 달리는 망념의 원숭이는 억눌러 가둘 방도가 전혀 없다. 馳騁情猴 都無制鎖"라고 하였다. [참고문헌] 『法苑珠林』, 『諸經要集』. ⇨ 심원 心猿, 의마 意馬

정후이승 正後二僧 정체지(正體智)와 후득지(後得智)를 얻은 두 부류의 스님. 『석마하연론』 권1(대정장32, p.596b26)에 "(連續門의) 세 번째는 승가를 끊지 않는 문이다. 지전과 지상의 대도를 닦게 하고자 진여법계의 궁전을 건립하여 정체지와 후득지를 얻은 두 부류의 스님을 주석시켜 끊어지지 않게 한다. 三者 不斷僧伽門 爲令修地前地上之大道 建立眞如法界之宮殿 住正後二僧 而不斷絶故", 『석마하연론기』 권1(卍속장73, p.13b3)에 "정후이승은 근본지(정체지)와 후득지라는 두 가지 지혜를 말한다. 正後二僧 謂根本後得之二智"라고 하였다. [참고문헌] 『釋摩訶衍論』, 『釋摩訶衍論記』. ⇨ 정체지 正體智, 후득지 後得智

정훈 正訓 1751~1823. 조선후기 스님. 자는 경호(敬昊), 호는 징월(澄月), 속성은 김(金)씨. 신라 경순왕(敬順王)의 아들인 의성군(義城君) 김석(金錫)의 후손이다. 1751년(영조27) 문소(聞韶 : 지금의 의성) 원당(元塘)에서 태어났다. 어릴 때부터 독서를 좋아하여 금성산(金城山)에 들어가 책을 읽다가 우연히 암두전활(巖頭全豁 828~887)선사의 제자인 서암사언(瑞巖師彦)의 '주인공성성지설 主人公惺惺之說'을 보고 발심하여 가선총공(嘉善聰公)을 은사로 하여 스님이 되었고, 관월(冠月)화상으로부터 『금강경』·『능엄경』 등을 배웠다. 그 뒤 설파상언(雪坡尙彦 1707~1791)과 용암체조(龍巖體照 1713~1779 : 일설에는 聾巖)의 문하에서 수학하였다. 1781년(정조5) 31세 때 강원 조실이 되어 후학을 지도하였다. 명산을 순례하다가 황폐한 절을 보면 반드시 중수하였으니, 예컨대 1805년(순조5) 영천 팔공산(八公山) 수도사(修道寺)의 폐허를 개탄하여 당시 경상도관찰사인 김희순(金羲淳 1757~1821)의 도움을 받아 중창하고, 그의 글씨로 '수도난야해회루염화실 修道蘭若海會樓拈花室'이라는 편액(偏額)도 받았다. 또한 스님은 시문(詩文)에도 뛰어나, 연천(淵泉) 홍석주(洪奭周 1774~1842)·박옹(泊翁)·홍교(汞橋)·희곡(希谷) 이지연(李止淵 1777~1841)·석애(石崖) 조만영(趙萬永 1776~1846)·운석(雲石) 조인영(趙寅永 1782~1850)·황정(黃庭) 이태승(李台升)·이운(怡雲)·창빈(滄濱) 등 많은 사대부들과 친교를 가졌다. 1823년(순조23) 2월 팔공산 은해사(銀海寺) 운부암(雲浮庵)에서 세수 73세를 일기로 입적하였다. 법계는 임제의현(臨濟義玄)의 제35세이고 청허휴정(淸虛休靜)의 9세이며, 기성쾌선(箕城快善)의 4세 법손이다. 제자들이 진영 두 폭을 조성하여 하나는 운부암에, 다른 하나는 수도암에 봉안하였다고 한다. 저서에는 『징월대사시집』 3권이 있다. [참고문헌] 『澄月大師詩集』 권3 「澄月和上行狀」(한불전10, p.504a5). ⇨ 징월대사시집 澄月大師詩集

정휘 淨暉 420~492. 중국 남북조시기 제(齊)에서 활동하던 비구니. 속성은 양(楊)씨. 건강(建康) 출신. 20여 년 동안 보현사의 주지를 역임했고 492년에 72세로 입적하였다. 『비구니전』 권3 「보현사정휘니전 普賢寺淨暉尼傳」(대정장50, p.943b20)에 의하면, 구족계를 받을 때 제원(濟瑗)을 따라 배웠으며 대승의 깊은 뜻을 궁구하여 승려가 된 지 10년 후에는 종장(宗匠)이 되었다. 제나라 문혜제(文惠帝)와 경릉왕(竟陵王)에게 존숭받았고 490년에는 경릉왕이 자신의 집으로 초대하여 『유마경 維摩經』을 강론하게 하였다. 『비구니전』 권4 「남진릉사석영옥니전 南晉陵寺釋令玉尼傳」에 영옥 비구니의 스승으로 기록된 정요(淨曜) 비구니를 정휘로 파악하는 견해도 있다. [참고문헌] 『比丘尼傳』.

정흡 淨洽 1613~1671. 조동종(曹洞宗) 스님. 호는 협수(浹水). 속성은 심(沈)씨. 휴리(携李 : 浙江省) 동향(桐鄉) 출신. 호주(湖州 : 浙江省) 변산(弁山)의 서백명설(瑞白明雪)에게 법을 전수받고, 조산(曹山 : 江西省)에서 개당하였다. 그 뒤 대령(大嶺 : 安徽省)의 광제사(廣濟寺)와 월주(越州 : 浙江省) 성산(城山)의 자교사(資教寺)를 비롯하여 호주 변산의 여러 절에 두루 주석하였다. 『오등전서』 권115(卍속장142, p.160a18)에 "여래선은 원숭이가 나무에 올라 꼬리를 걸고 뒤집어진 모양과 같고, 조사선은 꽃에 파고드는 나비가 몸을 놀리는 모양과 같다. 옥문에 황금의 자물쇠 겹으로 채웠다. 如來禪 猢猻上樹尾連顚 祖師意 穿花蛺蝶身遊戲 玉門金鎖兩重關"라는 등의 법어를 남겼고, '하루 일하지 않으면 하루 먹지 않는다'는 백장(百丈)의 유계를 노년까지 지키며 살았다. 1671년(강희10) 3월 26일에 세수 59세로 입적하였다. [참고문헌] 『五燈全書』.

정흥사 正興寺 전라남도 보성군 보성읍 봉산리 가야산(伽倻山)에 있던 절. 『동국여지승람』 권40 전라도 보성군 불우에 이름과 위치가 전하나, 『범우고』에는 "지금은 폐사되었다. 今廢"라고 하였다. [참고문헌] 『東國輿地勝覽』, 『梵宇攷』, 『韓國寺刹全書』 권하 p.1004b9.

제 帝 제왕(帝王). 천제(天帝). 왕 중의 왕을 뜻하며 제석천(帝釋天 Ⓢ Indra, Śakra) 또는 찰제리(刹帝利 Ⓢ kṣatriya)를 일컫기도 한다. 『열반현의발원기요』 권4(대정장38, p.37a13)에 "『역위』에서 '제'는 하늘을 부르는 것이라 하였으니, 덕이 천지를 닮아 사사롭지 않은 공적 지위를 칭하여 '제'라고 한다. 易緯曰 帝者 天號也 德象天地 不私公位 稱之曰帝", 『금광명최승왕경소』 권5(대정장39, p.314a2)에 "왕은 세 가지로 부르는데, 첫째는 '황'이니 '황'이란 천왕이고 둘째는 '제'이니 '제'는 주인이라는 뜻이며, 셋째는 '왕'이니 '왕'은 돌아온다는 뜻이다. 무리들이 돌아갈 곳이니, 또한 통하는 이름은 '군'이다. 王有三號 一曰皇 皇者天王也 二曰帝 帝者主也 三曰王 王者歸也 爲衆所歸 亦通名君", 『일체경음의』 권9(대정장54, p.361c13)에 "'인제' 또는 '인다라'라고도 하는데 바른 한역은 천주이고 제(帝)라는 글자로 대체한다. 그러므로 경에서 천주 또는 천제라고 부르는 것이니, 아울러 자리매겨 함께 이름한 것이다. 或言因提 或云因陀囉 正翻名天主 以帝代之 故經中 亦稱天主 或稱天帝者 並位之 與名者也"라고 하였다. [참고문헌] 『涅槃玄義發源機要』, 『金光明最勝王經疏』, 『一切經音義』.

제 際 Ⓢ koṭi, anta, koṭy-anta, paryanta, Ⓟ koṭi, kotī, Ⓣ mtha', mu. 구경(究竟). 지극(至極). 다함(盡). 진제(眞諦) 역본 세친(世親)의 『섭대승론석』 권2(대정장31, p.165c22)에 "아려야식은 이때에야 비로소 공능을 다하기에 '제'라고 한 것이다. 阿黎耶識 於此時 功能方盡故名際", 현장(玄奘) 역본 무성(無性)의 『섭대승론석』 권5(대정장31, p.406b29)에 "실제라고 말한 것은 진이기에 '실'이라 하고 구경이기에 '제'라고 한다. 言實際者 眞故名實 究竟名際", 『청관음경소천의초』 권1(대정장39, p.979a1)에 "진여란 무엇인가? 체가 허망하거나 거짓이 아니기에 '진'이라고 말하며, 성이 변하여 바뀜이 없기에 '여'라고 부른다. 텅 비지 않은 것을 '실'이라 하고 극에 닿았기에 '제'라고 한다. 眞如者 體非妄僞 故言眞 性無改異 故稱如 不虛名實 至極曰際"라고 하였다. [참고문헌] 『攝大乘論釋』, 『請觀音經疏闡義鈔』.

제 諦 Ⓢ satya, Ⓟ sacca. 범어 사티아의 음사어. 실(實)이어서 헛되지 않으며(不虛) 전도(顚倒)가 없어서 여(如)의 뜻이다. 생사(生死)를 벗어나 열반에 이르게 하는 뜻에서 성(聖)이며 승의(勝義)이며 감로(甘露)라 한다. 석존의 성도 이후 시설하신 사제(四諦) 등 설하신 바 상과 떨어질 수 없는 뜻(如所說相不相離義)이고 나아가 떠나면 뜻이 다하는 곳에 이르게 되는 것(離此故致究竟義處)을 제의 뜻으로 삼기도 한다. 대승에서는 이 사제의 뜻을 풀어 열기도 하였으니, 생멸・무생・무량・무작(生滅 無生 無量 無作)의 사종사제라 하였고, 진속(眞俗)의 이제(二諦)로 나누기도 하고, 일체법공(一切法空)의 뜻에서 중도제일의제(中道第一義諦)를 세우기도 한다. 반야에서는 제(諦)마저 보지 않는 뜻에서 불견제(不見諦)라 하였으며, 온갖 제를 두루 다 살피는 무량제(無量諦)에 이르기까지 여러 갈래로 제의 뜻을 풀었다. 선문(禪門)에서는 양무제가 달마에게 물은 성제제일의(聖諦第一義)가 『벽암록』 제1칙으로 자리하고는 달마가 '확연무성 廓然無聖'이라 답하였다 하니, 후인들은 이를 화두로 끊임없이 진실을 되새겨 깨우친다. 〔아함 등에서의 제〕『장아함경』 권1 「대본경 大本經」(대정장1, p.10b2)에 "뭇 살아가는 것들을 가엾이 여기셨기에 세간에서 성도하셨으며, 사진제를 성문을 위해 설하셨으니 고와 고의 인 그리고 고를 멸하는 진실인 현성의 팔도로 안온한 곳에 이르렀네. 愍群生故 在世成道 以四眞諦 爲聲聞說 苦與苦因 滅苦之諦 賢聖八道 到安隱處", 『불반니원경』 권하(대정장1, p.172c20)에 "제2제석이 제천에게 고하였다. '부처님께서는 늘 「나서 죽지 않는 이는 없다」라고 말씀하셨으니, 그대들은 비상·고·공·비신의 진실을 기억해야 하며 다시는 울지 마라'. 第二帝釋 告諸天曰 佛常云 生無不死者 爾等當念 非常苦空非身之諦 莫復啼哭", 『중아함경』 권7 「분별성제경 分別聖諦經」(대정장1, p.468b23)에 "그대 현자들이여. 과거시도 바로 고성제이며 미래시도 현재시도 그대로 고성제이니 진제여서 허하지 않고 여를 떠나지 않아서 전도가 아니다. 진제 자세히 살펴 실이고 여와 합하니 바로 제라 한다. 성인에게 있는 것이고 성인이 아는 것이며 성인이 본 것이고 성인이 깨우친 것이고 성인이 얻은 것이며 성인이라면 한결같이 바르게 깨우쳤기에 고라고 설하는 것은 성스런 진실이다. 諸賢 過去時是苦聖諦 未來現在時 是苦聖諦 眞諦不虛 不離於如 亦非顚倒 眞諦審實 合如是諦 聖所有 聖所知 聖所見 聖所了 聖所得 聖所等正覺 是故說苦聖諦", 『잡아함경』 권5(대정장2, p.34b2)에 "비구들이여! 진실을 본 이가 끊는 온갖 고통은 저 못의 물과 같으니, 미래세에 영원히 다시 나지 않으리라. 諸比丘 見諦者 所斷衆苦 如彼池水 於未來世 永不復生", 같은 책 권45(대정장2, p.332b29)에 "감로인 제를 보는 진실법을 세우시고 이와 같이 도에 따라 순하게 하셨으니 이와 같은 스승을 얻기 어렵다네. 建立於甘露 見諦眞實法 如是隨順道 如是師難得", 『앙굴마라경』 권2(대정장2, p.530c5)에 "이제 실과 제를 설하니 목련은 잘 들어야 합니다. 실이고 제인 것은 여래장을 말합니다. 제일의의 상신과 부처님의 불사의신과 제일의 변역이 없는 항신 또한 그러합니다. 今說實及諦 目連宜善聽 若實若諦者 所謂如來藏 第一義常身 佛不思議身 第一不變易 恒身亦復然", 같은 책 권3(대정장2, p.531c9)에 "무엇을 넷이라고 하는가? 사성제를 말하니 이는 성문승이며, 이는 마하연은 아닙니다. 일체제여래들의 제일이고 필경이며 상인 이것이 대승제이며, 고가 아닌 것이야말로 참된 진실입니다. 云何名爲四 所謂四聖諦 是則聲聞乘 斯非摩訶衍 一切諸如來 第一畢竟常 是則大乘諦 非苦是眞諦", 『증일아함경』 권17(대정장2, p.631a24)에 "이와 같이, 비구여! 이 사제가 있으니 실이어서 헛되지 않으며 세존께서 설하신 바이기에 제라고 이름한다. 如是 比丘 有此四諦 實有不虛 世尊之所說 故名爲諦", 『과거현재인과경』 권4(대정장3, p.653b7)에 "이때 가섭은 이 말을 듣고 나서 곧바로 진실을 보았으며 이에 아라한과를 얻었다. 于時迦葉 聞此言已卽便見諦 乃至得於阿羅漢果", 『중허마하제경』 권13(대정장3, p.972c3)에 "이때 정반왕은 이 동자가 게송을 설해 찬불한 것을 듣고 마음 깊이 환희하였지만, 진실에 대해 아직 제를 보지 못하였다. … 세존께서는 사유하셨다. '부친 정반왕이 진실을 보지 못한 것은 두 가지 때문이니 첫째는 아심이고, 둘째는 분별심이다. 만약 이들을 여읜다면 진실을 볼 수 있다'. 爾時 淨飯王 聞此童子說偈讚佛 深心歡喜 然於眞實 而未見諦 … 世尊思惟 父淨飯王 不見眞實 乃爲二事 一者 我心 二者 分別心 若能離此 可見眞實", 『대장엄론경』 권3(대정장4, p.270b11)에 "또한 도의 자취를 보지 못하면 비록 많이 들었다 해도 생사의 고통을 뽑을 수 없다. 이 때문에 지자는 마땅히 진실을 보고자 한다. 復次 若不見道跡 雖復多聞 不能得拔生死之苦 是故智者 應求見諦", 같은 책 권4(대정장4, p.276c20)에 "이 때문에 응당 사제를 부지런히 닦아야 하니, 만약 제를 본다면 소견이 참되고 바르게 되니 영원히 삿된 길을 여읜다. 是故應當勤修四諦 若見諦者 所見眞正 永離邪趣", 『출요경』 권4(대정장4, p.632a12)에 "그렇지만 세존이시여! 저는 끝내 제를 보지 못하고 죽었기에 비록 하늘에 나서 하늘의 복을 받더라도 복이 다하면 다시 태산지옥에 들어가서 이와 같이 유전하여 다할 날이 있을 리 없습니다. 然我 世尊 竟不見諦 而取命終 雖生爲天 受天之福 福盡還入泰山地獄 如是流轉 無有窮已", 같은 책 권13(대정장4, p.682b5)에 "성제인 사구가 뛰어나다고 했는데, 많은 외도와 이학들이 모두 허망한 진실을 닦으면서 한적한 곳에서 밤낮으로 고행한다. … 세존께서 설하셨다. '이것은 참된 길이 아니며 요처에 이르지도 못한다. 진실제란 사제 바로 이것일 뿐이다. 무위와 멸진이라는 곳에 이를 수 있다'. 聖諦四句上者 猶衆多外道異學 皆修妄諦 在閑靜處 日夜苦行 … 世尊說曰 此非眞道 非至要處 眞實諦者 四諦 是也 得至無爲滅盡之處"라고 하였다. 〔대승에서의 제〕『대반야경』 권47(대정장5, p.264c10)에 "세존이시여! 모든 보살들은 유정을 위하여 무소득을 방편으로 삼아 온·처·계·제·연기에 대한 견을 끊는 법을 설하기에 이 보살을 또한 마하살이라고 합니다. 世尊 由諸菩薩 能爲有情 以無所得 而爲方便 說斷蘊見 處見 界見 諦見 緣起見法故 此菩薩 復名摩訶薩", 같은 책 권54(대정장5, p.304a4)에 "또한 선현아! 보살마하살이 제7의 원행지에 머물 때 이십법을 멀리 여의어야 하느니라. 무엇이 이십인가? … 열째로 제에 대한 집착을 멀리 여읜다. 復次

善現 菩薩摩訶薩 住第七遠行地時 應遠離二十法 何等二十 … 十者 應遠離諦執", 『승천왕반야경』 권4(대정장8, p.707c11)에 "성문법을 인하여 교화를 받는 이들에게 모든 제들을 설하고, 벽지불법을 인하여 교화를 받는 이들에게 인연을 설하며, 보살법으로 교화를 받는 이들에게는 정심과 대비법을 설합니다. 因聲聞法 而受化者 爲說諸諦 辟支佛法 而受化者 爲說因緣 以菩薩法 而受化者 爲說淨心及大悲法", 『인왕경』 권상(대정장8, p.826a12)에 "반야바라밀이 공이기에 연도 보지 않고 제도 보지 않는다. 以般若波羅蜜空故 不見緣 不見諦", 『인왕호국경』 권하(대정장8, p.842a12)에 "또한 난승지의 보살마하살은 사무외로 진여에 수순하며 청정평등하며 무차별한 상으로 소승을 따라 기꺼이 열반을 구하는 것을 끊고 공덕들을 모아 이 고성제・집제・멸제・도제・세속제・승의제라는 제들을 빠짐없이 관하며 무량제를 관한다. 復次 難勝地菩薩摩訶薩 以四無畏 隨順眞如 淸淨平等 無差別相 斷隨小乘 樂求涅槃 集諸功德 具觀諸諦 此苦聖諦 集滅道諦 世俗 勝義 觀無量諦", 60권본 『화엄경』 권25(대정장9, p.555c28)에 "제법의 자상을 분별하기에 상의 진실을 알며, 제법이 각각 다르기에 차별의 진실을 알며, 음・계・입을 분별하기에 말씀의 진실도 안다. 分別諸法自相故 知相諦 諸法各異故 知差別諦 分別陰界入故 知說諦", 『범망경』 권상(대정장24, p.998b20)에 "지혜를 머리로 삼아 이루 설할 수 없는 관혜를 닦고 중도라는 단 하나 제에 들어간다. 以慧爲首 修不可說觀慧 入中道一諦", 『보살영락본업경』 권상(대정장24, p.1015a17)에 "불자여! 다섯째로 법계지관에 드니, 십육제를 말한다. 바로 있음의 진실, 없음의 진실, 중도여서 제일의 뜻인 진실, 고통의 진실, 쌓임의 진실, 사라짐의 진실, 가야 할 길의 진실, 보이는 것들의 진실, 차별함의 진실, 보여 성취케 하는 진실, 말씀의 진실, 드러난 것들의 진실, 일어남의 진실, 다해 남이 없음의 진실, 도에 드는 진실, 여래 지혜의 진실이다. 佛子 五 入法界智觀 所謂十六諦 有諦 無諦 中道第一義諦 苦諦 集諦 滅諦 道諦 相諦 差別諦 視成諦 說諦 事諦 生起諦 盡無生諦 入道諦 如來智諦"라고 하였다. 〔논서에서의 제〕 『집이문족론』 권7(대정장26, p.394a29)에 "제는 여실한 법을 말한다. 諦者 謂如實法", 『구사론』 권22(대정장29, p.113c19)에 "〈송〉 진실한 네 가지를 앞서 설했으니 고・집・멸・도라 하였다. 그 자체 또한 그러하니 차제로 따라 보는 대로 관하라. 諦四先已說 謂苦集滅道 彼自體亦然 次第隨現觀", 『백론』 권상(대정장30, p.168b5)에 "외도가 말했다. '모든 나머지 다른 도사들도 법상들을 분명하게 알며 깊고 깨끗한 법을 설할 수 있다. 예를 들면 가비라의 제자들은 『승거경 僧佉經』을 외우고 모든 선법들의 총상과 별상을 설하는데 이십오제 중 정각분을 선법이라고 하며, 우루가의 제자들은 『위세사경 衛世師經』을 외우고 육제 중 구나제에 의해 날마다 세 번 목욕하고 두 번 불에 공양하는 등의 화합으로 신과 나는 선법을 일으킨다고 말한다'. 外曰 諸餘導師 亦能明了諸法相 亦能說深淨法 如迦毘羅弟子 誦僧佉經 說諸善法總相別相 於二十五諦中 淨覺分是名善法 優樓迦弟子 誦衛世師經 言於六諦求那諦中 日三洗再供養火等和合生神分善法", 『변중변론』 권중(대정장31, p.471a1)에 "〔논〕 진실을 알아야 한다고 했는데 바로 사성제다. 論曰 應知諦者 卽四聖諦", 『현양성교론』 권8(대정장31, p.519b20)에 "제를 베풀어 건립한다는 것은 혹 하나의 진실을 세워 허망하지 않고 뜻이 오직 하나여서 다시 두 번째가 없다. 혹 이제를 세우니 첫째 세속제 둘째 승의제다. 혹 삼제를 세우니 첫째 상제 둘째 전제 셋째 용제이다. 혹 사제를 세우니 첫째 고제 둘째 집제 셋째 멸제 넷째 도제다. 혹 오제를 세우니 첫째 인제 둘째 과제 셋째 능지제 넷째 소지제 다섯째 불이제다. 혹 육제를 세우니 첫째 진제 둘째 망제 셋째 응지제 넷째 응단제 다섯째 응증제 여섯째 응수제다. 혹 칠제를 세우니 첫째 애미제 둘째 과환제 셋째 출리제 넷째 법성제 다섯째 승해제 여섯째 성제 일곱째 비성제다. 혹 팔제를 세우니 첫째 행고제 둘째 괴고제 셋째 고고제 넷째 유전제 다섯째 유식제 여섯째 잡염제 일곱째 청정제 여덟째 정방편제다. 혹 구제를 세우니 첫째 무상제 둘째 고제 셋째 공제 넷째 무아제 다섯째 유애제 여섯째 무유애제 일곱째 피단방편제 여덟째 유여의열반제 아홉째 무여의열반제다. 혹 십제를 세우니 첫째 편절고제 둘째 소수용불구족제 셋째 계성괴위고제 넷째 애괴고제 다섯째 추중고제 여섯째 업제 일곱째 번뇌제 여덟째 청문정법여리작의제 아홉째 정견제 열째 정견과제다. 이와 같은 것들을 보살의 제시설건립이라고 하지만 널리 분별하면 끝이 없음을 알아야 한다. 諦施設建立者 謂或立一諦 以不虛妄 義唯是一 更無第二 或立二諦 一 世俗諦 二 勝義諦 或立三諦 一 相諦 二 詮諦 三 用諦 或立四諦 一 苦諦 二 集諦 三 滅諦 四 道諦 或立五諦 一 因諦 二 果諦 三 能知諦 四 所知諦 五 不二諦 或立六諦 一 眞諦 二 妄諦 三 應知諦 四 應斷諦 五 應證諦 六 應修諦 或立七諦 一 愛味諦 二 過患諦 三 出離諦 四 法性諦 五 勝解諦 六 聖諦 七 非聖諦 或立八諦 一 行苦諦 二 壞苦諦 三 苦苦諦 四 流轉諦 五 流息諦 六 雜染諦 七 淸淨諦 八 正方便諦 或立九諦 一 無常諦 二 苦諦 三 空諦 四 無我諦 五 有愛諦 六 無有愛諦 七 彼斷方便諦 八 有餘依涅槃諦 九 無餘依涅槃諦 或立十諦 一 遍切苦諦 二 所受用不具足苦諦 三 界性乖違苦諦 四 愛壞苦諦 五 麤重苦諦 六 業諦 七 煩惱諦 八 聽聞正法如理作意諦 九 正見諦 十 正見果諦 如是名爲菩薩諦施設建立 若廣分別 無量應知", 『반야이취분술찬』 권2(대정장33, p.43a8)에 "제란 실의 뜻이다. 고는 참으로 고여서 더 이상 다른 고는 없기에 제라고

한다. 범부는 알지 못하고 성인만이 아는 것이어서 성자의 제이기 때문에 성제라고 한다. … 이 네 가지 묘한 뜻은 체가 하나인 진여인데 말로 구별함에 의지해 네 가지로 나눴기에 성이 청정하다. 諦者實義 苦眞是苦 更無異苦 故名爲諦 凡夫不知 唯聖所識 聖者之諦 故名聖諦 … 此四妙理 體一眞如 由依詮別 以分四種 故性淸淨", 『금강경소론찬요』 권하(대정장33, p.163b27)에 "실다운 말이란 소승의 사제를 설한 말인데, 제란 실의 뜻이다. 實語者 說小乘四諦 諦是實義", 『법화현의』 권1(대정장33, p.687c23)에 "네 가지 사제란 낱낱이 사실단으로 마주한다. 다시 모두어 상대해 보면, 생멸사제는 세계와 마주한 것이고 무생사제는 사람을 위해 마주한 진실이고 무량사제란 마주해 다스리기 위한 진실이고 무작사제란 더할 수 없는 진실을 상대하는 것이다. 四種四諦 一一以四悉檀對之 復總對者 生滅四諦 對世界 無生四諦 對爲人 無量四諦 對對治 無作四諦 對第一義", 『화엄경소』 권13(대정장35, p.593a6)에 "제에는 두 가지 뜻이 있다. 첫째는 말로 한 진실이고, 둘째는 살펴 안 진실이다. 諦有二義 一者 諦實 二者 審諦", 『십이문론소』 권상(대정장42, p.181c25)에 "〔문〕 이미 공으로 제일의를 삼았다면 제일의는 매우 깊은 것이라 하면, 유는 세제인데 세제는 얕아야 하는가? 〔답〕 뜻이 정말 그렇다. 그러므로 『중론』 「사제품」에 '세제란 일체제법의 본성은 공이지만 세간에서는 유라고 하니, 세인들에게는 이것이 실이기에 제라고 한다'라고 하였으니, 범부의 소견이기에 유는 얕고, 성인이 아는 바이기에 공은 깊다고 한다. 問 卽〔旣〕得以空爲第一義 第一義是甚深者 有是世諦 世諦應是淺耶 答 義正爾也 故中論四諦品云 世諦者 一切諸法本性空 而世間謂有 於世人是實 故名諦 則知 以凡夫所見 有是淺 聖人所知 空爲深也", 『대승의장』 권3(대정장44, p.511a17)에 "어째서 성이라 하고 다시 제라고 하는가? 『열반경』에 '성이란 소위 불보살과 일체성인들을 말한다'라고 하였으니, 성에 나아가 제를 가리기에 성제라고 한다. 어째서 성에 나아가 제를 가리는가? 참으로 진실로서 실답기에 성인만 아는 것이고 범부는 알 수 없으니, 성인이 아는 것이어야 비로소 제라고 한다. 그러므로 성에 나아가서 가렸다. 제란 말을 세인들은 한결같이 실이라 풀었지만 이것은 늘 그런 것이 아니다. 마치 저 『열반경』에서는 제와 실을 둘로 구별한 것과 같은 것이니 저 경에서 '고가 있고 제가 있고 실이 있다'라고 하였는데, 고사를 바로 논하여 고라고 하며 저 고 중에서 인연의 유무와 법상이 틀리지 않기에 제라고 한다. 그 본성이 유도 아니고 무도 아님을 끝내 설해야 실이라 할 수 있으니, 통상으로 풀어 실이기에 제라고 한다. 何故名聖 而復云諦 如涅槃云 聖者 所謂諸佛菩薩 一切聖人 就聖辨諦 故云聖諦 何故就聖 而辨諦乎 良以諦實 唯聖所知 非凡能覺 聖所知者方名諦 故就聖辨之 所言諦者 世人一向 以實釋之 此非一向 如涅槃中 諦實兩別故 彼經言 有苦有諦有實 直論苦事 名之爲苦 就彼苦中 因緣有無法相不謬 故稱爲諦 窮其本性 非有非無 說之爲實 通相釋之 實故名諦", 『이제의』 권중(대정장45, p.97a23)에 "'제'란 살펴 실함을 뜻으로 삼는다. '제'는 범부중생과 성인 모두에게 참으로 진실하기에 '제'라고 한다. 〔문〕 '제'는 경에 속하는가, 지에 있는 것인가? 〔해〕 범부와 성인의 지에 진실인 것을 말한다. 왜냐하면 범부가 이해한 것이 속제고 성인이 알면 진제이니, 범부와 성인이 헤아려 지혜로운 것이 '제'고, 공유 두 경을 취하지 않는 것이 '제'이기 때문이다. 諦以審實爲義 於諦於兩情審實故 名爲諦也 問 於諦爲當屬境 爲當在智耶 解云 於諦於兩情智爲名 何者 於凡所解爲俗諦 於聖所解爲眞諦 於兩情智爲諦 不取空有兩境爲諦也", 『대승법원의림장』 권1(대정장45, p.260c10)에 "『유가론』 중에 베풀어 보이기도 하고 베풀어 보이지 않기도 하는데 낮고 깊음이 다르기에 안립제와 비안립제라고 하니, 바로 『승만경』에서 설한 유작사성제와 무작사성제이며, 『열반경』에서도 승의와 세속의 이제라고 하였다. 瑜伽論中 施設非施設 淺深異故 名爲安立 非安立諦 卽勝鬘經 有作四聖諦 無作四聖諦 涅槃經中 亦名勝義世俗二諦", 같은 책 권2(대정장45, p.288a2)에 "제란 실의 뜻이니, 사가 여실한 사이고 이도 여실한 이여서 이도 사도 그릇됨이 없어서 그 이름이 제다. 뛰어난 뜻이라면 바로 제이니 승의로서의 제다. 諦者 實義 事如實事 理如實理 理事不謬 名之爲諦 勝義卽諦 勝義之諦", 『광홍명집』 권21(대정장52, p.247c16)에 "『열반경』에서는 말한다. '출세인이 아는 것을 제일의제라 하고, 세인이 아는 것을 세제라고 한다'. 이 말이야말로 칭찬하고 폄하는 이치를 증명한 문장이다. 제일의제와 세제라는 이름을 세운 것은 차별하여 같지 않으니, 진속세 등은 하나의 뜻으로 말하고 제일의제는 두 가지 뜻으로 말한다. … 제란 실을 살핀 것을 뜻으로 삼는다. 진제로서 실을 살핀 것이 진이고, 속제로서 실을 살핀 것이 속이다. … 진이란 중도이니 불생을 바탕으로 삼고, 속은 이미 가명이니 법을 내는 것으로서 그 바탕을 삼는다. 涅槃經言 出世人所知 名第一義諦 世人所知 名爲世諦 此卽文證 褒貶之理 二諦立名 差別不同 眞俗世等 以一義說 第一義諦 以二義說 … 諦者 以審實爲義 眞諦審實是眞 俗諦審實是俗 … 眞是中道 以不生爲體 俗旣假名 以生法爲體", 『법원주림』 권72(대정장53, p.836a15)에 "사제란 무엇인가? 첫째는 고, 둘째는 집, 셋째는 멸, 넷째는 도이다. … 생멸무상하기에 이로서는 실로 고이고, 핍박해 행하므로 고제라고 한다. '제'는 실이라는 뜻이니, 살펴 그릇됨이 없으므로 제라고 부른다. 이하 삼제에 대한 뜻도 이 해석과 같다. 言四諦者 一 苦 二 集 三 滅 四 道 … 生滅無常 理實是苦 逼迫行者 名爲苦諦 諦是實義 審爾不謬 故稱爲諦 下

三諦義 同此一釋", 원측(圓測)의 『인왕경소』 권중(한불전1, p.83c15)에 "모두 이름이 제인 것은 저 유가에서 설하길 '제에는 두 가지 뜻이 있으니, 첫째는 말씀하신 것과 같이 하여서 뜻에 있어 버리거나 떠나지 않는 것이고, 둘째는 이를 관함으로써 구경처에 이르기에 제라 이름한다'(『瑜伽師地論』 권55, 대정장30, p.605b18)라 하였다. 皆名諦者 如瑜伽說 諦有二義 一 如所說相 不捨離義 二 由觀此故 到究竟處 故名爲諦", 원효(元曉)의 『본업경소』 권하(한불전1, p.500c14)에 "말하길 세제라 하니 의타성과 분별성에 의지한 유무이제로 이 중에 합하여 세제로 삼는다. 의타성 중에 분별성이 드러난 바 없으면 진여여서 제일의제가 되고, 여래는 일심의 끝으로 돌아가서 유도 무도 아니고 허도 실도 아니며 유위도 무위도 아니고 차별도 평등도 아니다. 그러므로 이제 그 밖이어서 이를 제3제라 하니 견줄 것도 마주할 것도 없어 둘이 아닌 진실이라 하고 무진제라 이름한다. 말하길 홀로 우뚝할 뿐 둘이 없다 한다. 言世諦者 謂依他性及分別性 有無二諦 此中合爲世諦 依他性中 分別性無所顯眞如 名第一義諦 如來歸於一心之原 非有非無 非虛非實 非有爲非無爲 非差別非平等 故言二諦之外 是第三諦 無比無對 名無二諦 名無盡諦 故言獨在無二"라고 하였다. 〔선문에서의 제〕 『벽암록』 1칙 「본칙 本則」(대정장48, p.140a17)에 "들었다. 양무제가 달마대사에게 물었다〈재잘거리는 놈은 아니라 한다〉. '무엇이 성스런 진실이어서 제일의 뜻입니까?'〈이야말로 당나귀 말뚝에 꼼짝없이 매였다〉 달마대사 이르길 '텅 비어 성이라 할 것도 없습니다'〈다소 기특하다 하겠지만 화살 이미 신라를 지났으니 죽였음이 명백하다〉. 擧 梁武帝問達磨大師〈說這不喞𠺕漢〉 如何是聖諦第一義〈是甚繫驢橛〉 磨云 廓然無聖〈將謂多少奇特 箭過新羅可殺明白〉", 같은 책 1칙 「평창 評唱」(대정장48, p.140b13)에 "논에서의 진속이제를 가져 교에 의지해 설하면, 진제로서 유가 아님을 밝히고 속제로서 무가 아님을 밝혀서 진속불이여서 바로 이것이 성제제일의라 한다. 이것이야말로 교가 끝내 밝힌 그윽한 경계다. 양무제가 문득 이 극즉처를 들어 달마에게 물었으니, 무엇이 성제제일의인가 하였고 달마는 텅 비어 그대로여서 성이랄 것도 없습니다 하였다. 천하의 납승도 뛰쳐 나올 수 없게 하였으니 달마는 여지없이 한 칼에 끊었다. 요즘 사람들 그릇되게 알아 헤매니 바로 귀신놀음 제쳐 두고 눈동자 바로 하여 확연무성이라 할 뿐이다. 또한 기꺼이 헤매는 일 버릴지니, 오조선사 일찍이 말씀한 것도 다만 확연무성이라 할 뿐이다. 만약 사무쳐 얻는 이 있으면 집으로 돌아가 고요히 앉아서 한결같이 갈등을 부술 뿐이니 무엇인들 더불어 저 칠통 부수는 일 막겠는가? 달마 나아가는 중에 기특하리라. 그래서 이른다. 한 마디 사무쳐 참구해 얻으면 천 마디 만 마디 일시에 사무치리니 스스로 그렇게 앉은 채로 끊고 잡아 삼매 얻으리라. 持論眞俗二諦 據教中說 眞諦以明非有 俗諦以明非無 眞俗不二 卽是聖諦第一義 此是教家極妙窮玄處 帝便拈此極則處 問達磨 如何是聖諦第一義 磨云 廓然無聖 天下衲僧跳不出 達磨與他一刀截斷 如今人多少錯會 却去弄精魂 瞠眼睛云 廓然無聖 且喜沒交涉 五祖先師嘗說 只這廓然無聖 若人透得 歸家穩坐 一等是打葛藤 不妨與他打破漆桶 達磨就中奇特 所以道 參得一句透 千句萬句一時透 自然坐得斷把得定", 『선문염송설화』 1181칙(한불전5, p.801a16)에 "진과 진제가 함께 한다 하였다. 진이란 능히 증하는 지혜이고 진제란 증한 법이니 이것이 바로 마음이 바로 부처인 뜻이다. 眞與眞諦者 眞卽能證之智 眞諦卽所證之法也 此卽心卽佛也"라고 하였다. 〔참고문헌〕 『長阿含經』, 『佛般泥洹經』, 『中阿含經』, 『雜阿含經』, 『央掘魔羅經』, 『增壹阿含經』, 『過去現在因果經』, 『衆許摩訶帝經』, 『大莊嚴論經』, 『出曜經』, 『大般若經』, 『勝天王般若經』, 『仁王經』, 『仁王護國經』, 『華嚴經』, 『梵網經』, 『菩薩瓔珞本業經』, 『集異門足論』, 『俱舍論』, 『百論』, 『辯中邊論』, 『顯揚聖教論』, 『般若理趣分述讚』, 『金剛經疏論纂要』, 『法華玄義』, 『華嚴經疏』, 『十二門論疏』, 『大乘義章』, 『二諦義』, 『大乘法苑義林章』, 『廣弘明集』, 『法苑珠林』, 『仁王經疏』, 『本業經疏』, 『碧巖錄』, 『禪門拈頌說話』, 40권본 『大般涅槃經』 권13(대정장12, pp.443a14), *Abh-k-bh.141.*, *Vism.21.*, *SN.5.421.* ⇨ 견제 見諦, 일제 一諦, 이제 二諦, 삼제 三諦, 사제 四諦, 사종사제 四種四諦, 칠제 七諦, 십제 十諦, 이십오제 二十五諦, 진제 眞諦, 속제 俗諦, 세제 世諦, 제일의제 第一義諦, 십육구의 十六句義

제가 濟家 임제가(臨濟家)의 줄임말. 임제종(臨濟宗)으로 제문(濟門)·제종(濟宗)이라고도 한다. 『찬향록』 권하 「각불과원오선사법어서 刻佛果圓悟禪師法語序」(卍속장125, p.885a13)에 "어떤 나그네가 나에게 '이것은 제가의 말이군요. 당신의 본업은 조동종 아닙니까? 자기 종지에 뿌리를 두지 않으면 모방에 굴고 하니, 다른 종의 말에 급급하다면 멀어지지 않겠소?'라고 비판조로 말하기에, 나는 '불법이란 자기 마음의 불법입니다. 비록 문호를 건립하여 같지 않은 듯 하더라도 구경의 궁극에 어찌 두 길이 있겠소!'라고 응수했다 客有難於予曰 此濟家語耳 子業洞宗 不本宗是圖 而亟亟於他宗之語 毋乃迂乎 予應之曰 佛法者 自心之佛法也 雖建立門戶 有若不同 而究竟窮極 豈有二致"라고 하였다. 〔참고문헌〕 『餐香錄』. ⇨ 임제종 臨濟宗

제가건립 諦假建立 Ⓢ satya-vyavasthāna. 진실과 가로 건립하다. 사종가건립(四種假建立) 중 하나로 7종 진여를 진실성과 분별·의타로 나누어 건립한 뜻이다. 『대승장엄경론』 권12(대정장31, p.653a5)에 "네 가지로 가를 건립한다. … 둘째는 제가건립이다. … 〔문〕 각각에는 몇 가지가 있는가? … 제가건립에는 일곱 가지 차별이 있다. … 일곱 가지 차별이란 일곱 진여다. 첫째는 윤전여(Ⓢ pravṛtti-tathatā), 둘째는 공상여(Ⓢ lakṣaṇa-tathatā), 셋째는 유식여(Ⓢ vijñapti-tathatā), 넷째는 의지여(Ⓢ saṁniveśa-tathatā), 다섯째는 사행여(Ⓢ mithyāpratipatti-tathatā), 여섯째는 청정여(Ⓢ viśuddhi-tathatā), 일곱째는 정행여(Ⓢ samyakpratipati-tathatā)다. 윤전여란 생사를 말한다. 바로 삼계의 심과 심소를 말한다. 이것은 분별로부터 일어나고, 이 분별은 다시 인연으로부터 일어난다. 자재천 등의 인으로부터는 일어나지 않고 인 없이 생겨나는 것도 아니다. 분별된 경계는 공하기에 일체시에 다만 분별과 의타 이 두 성이 있어 윤전할 뿐이다. 공상여란 법무아다. 일체제법은 동일한 공여를 상으로 하기 때문이다. 유식여는 무분별지다. 의지여는 고제다. 여기에는 두 가지인데 첫째는 기세간이고 둘째는 중생세간이다. 사행여는 집제다. 이것은 바로 애다. 청정여는 멸제다. 이에 두 가지인데 첫째는 번뇌장의 청정이고 둘째는 지혜장의 청정이다. 정행여는 도제다. 이 같은 일곱 가지 진여를 제가건립이라 한다. 이 중에서 세 가지 여는 분별의타 두 가지 성이니 윤전여·의지여·사행여가 그것이고, 네 가지 여는 진실성이어서 공상여·유식여·청정여·정행여가 그것임을 알아야 한다. 그러므로 분별의타 두 성으로 거두는 것이 세제이고, 진실성으로 거두는 것은 진제다. 四種假建立者 … 二 諦假建立 … 問 各有幾種 … 諦假建立 有七種差別 … 七種差別卽是七如 一 輪轉如 二 空相如 三 唯識如 四 依止如 五 邪行如 六 淸淨如 七 正行如 輪轉如者 謂生死 卽是三界心心法 此從分別起 此分別復從因緣起 不從自在等因生 亦非無因生 由分別境界空故 一切時但有分別依他二性輪轉 空相如者 謂法無我 一切諸法 同一空如 以爲相故 唯識如者 謂無分別智 依止如者 謂苦諦 此有二種 一 器世間 二 衆生世間 邪行如者 謂集諦 此卽是愛 淸淨如者 謂滅諦 此有二種 一 煩惱障淨 二 智障淨 正行如者 謂道諦 如此七種如 名諦假建立 此中應知三種如是分別依他二性 謂輪轉如依止如邪行如 四種如是眞實性 謂空相如唯識如淸淨如正行如 故分別依他二性攝者 卽是世諦 眞實性攝者 卽是眞諦"라고 하였다. [참고문헌]『大乘莊嚴經論』, *Sūtr. 168.* ⇨ 사종가건립 四種假建立, 칠종진여 七種眞如

제가야산독서당 題伽倻山讀書堂 최치원(崔致遠 857~?)이 지은 칠언절구. 『고운집』 권1(한국문집총간1, p.151c8)에 "미친 물결 바위 쳐 산 거듭 울리니 지척에서 하는 말 분간할 수 없건만, 시비소리 이곳까지 들려올까봐 물 흐르게 하여 하여금 산마저 감아도네! 狂奔疊石吼重巒 人語難分咫尺間 尙恐是非聲到耳 故敎流水盡籠山"라고 하였다. 이 시는 후세 고운의 자취를 흠모하던 소인묵객(騷人墨客)들에게 두루 회자되어, 농산정(籠山亭) 현판과 문집 등에는 「제가야산독서당」의 차운시(次韻詩)라 하여 60여 편 이상 전한다. 홍류동(紅流洞) 계곡에도 제시석(題詩石)이 두 개가 있는데, 최치원의 친필로 여겨지는 원본은 마모되어 몇 글자만 남아 있고, 농산정 건너편 절벽에 새긴 시는 우암(尤庵) 송시열(宋時烈 1607~1689)의 글씨로 전한다. 그러나 후인들이 바위에 새긴 글씨를 고운의 진적(眞跡)으로 잘못 말하기에, 지관(智冠)이 원본에 표시를 하고, 그 옆에 전후사정을 기록한 「가야산홍류동최고운제시석처 伽倻山紅流洞崔孤雲題詩石處」라는 비를 새겨두었다. 비문은 이지관(李智冠) 『교감역주역대고승비문』 고려편4 pp.521~525에 수록되어 있다. [참고문헌]『孤雲集』, 『東文選』 권19, 『校勘譯註歷代高僧碑文』. ⇨ 홍류동최고운제시석고 紅流洞崔孤雲題詩石考

제각 除覺 버려 깨우치다. 번뇌를 버려 몸과 마음이 경쾌해지는 것. 제각분(除覺分)·경안각지(輕安覺支 Ⓢ praśrabdhi-saṃbodhy-aṅgam)와 같은 뜻이다. 『사리불아비담론』 권6(대정장28, p.568b20)에 "어떤 것이 제각인가? 학인이 번뇌를 여의고 나아가 아라한과를 얻는데, 저 실인이 열반에 나아가기도 하여 몸이 안락하고 마음이 안락하며, 몸이 부드럽고 마음이 부드러우며, 몸이 가볍고 마음이 가벼우며, 몸이 유연하고 마음이 유연하며, 몸이 경쾌하고 마음이 경쾌하면 이것을 버려 깨우친다고 한다. 云何除覺 學人離結使 乃至 卽得阿羅漢果 若實人 若趣 若身樂 心樂 身柔 心柔 身輕 心輕 身軟 心軟 身除 心除 是名除覺"라고 하였다. [참고문헌]『舍利弗阿毘曇論』. ⇨ 제각분 除覺分, 경안각지 輕安覺支

제각분 除覺分 칠각지(七覺支 : 七覺分) 중 하나. 경안각지(輕安覺支 Ⓢ praśrabdhi-saṃbodhy-aṅgam)·제각지(除覺支)라 한다. 40권본 『대반열반경』 권30(대정장12, p.547b9)에 "칠각분이란 첫째 염처각분, 둘째 택법각분, … 다섯째 제각분, 여섯째 정각분, 일곱째 사각분이다. 所謂七覺分 一者 念處覺分 二者 擇法覺分 … 五者 除覺分 六者 定覺分 七者 捨覺分", 『대방등대집경』 권8(대정장13, p.50b8)에 "몸과 마음의 적정(寂靜)을 제각분이라고 한다. 身心寂靜 名除覺分"라고 하였다. [참고문헌]『大般涅槃經』, 『大方等大集經』. ⇨ 경안각지 輕安覺支, 제각 除覺, 칠각지 七覺支

제강 提綱 벼리를 들어 올리다. 종지를 드러내다. 제란 드러내 보이다의 뜻이고 강은 핵심(綱要)·근본(大綱)의 뜻이다. 벼리를 들어 올려 그물을 통째로 거두는 것처럼, 종지와 핵심 등을 거론하여 전체를 설명하는 방법이다. 『삼론현의』(대정장45, p.1a14)에 "삿됨을 부수는 것은 아래로 빠져 헤매임을 건지는 일이고, 바름을 드러냄은 위로 큰 법을 펼치는 것이다. 그러므로 '옷깃을 떨치고 벼리를 들어 올리듯 한다' 한 것이다. 破邪則下拯沈淪 顯正則上弘大法 故振領提綱", 『법계도기총수록』 권상(대정장45, p.737a18 · 한불전6, p.800c21)에 "무릇 옷깃을 들어 올려 머리카락 가지런히 하고 그물의 벼리를 들어 올려야 안목이 바른 법이다. 且擧領毛齊 提綱目正也", 『운문광록』 권상(대정장47, p.550b15)에 "물었다. '청컨대 선사께서 종문의 근본을 드러내 주시기 바랍니다' '남쪽에 설봉이 있고, 북쪽에 조주가 있다'. 問請師提綱宗門 師云 南有雪峯北有趙州", 『도서』 권하(대정장48, p.412b2)에 "일심의 바탕과 모양새는 헤아릴 수 없이 많은 뜻이 있으나, 위에 서술한 것은 단지 핵심만을 든 것이다. 모두 거느려 진술한 것을 벗어나지 않지만 쓰려 하면 천 가지 만 갈래다. … 벼리를 들어 올리는 뜻은 그물을 펴는 데 있으니, 그물을 없애고 벼리만을 남길 수 없다. 一心性相 有無量義 上來所述 但是提綱 雖統之不出所陳 而用之千變萬勢 … 提綱意在張網 不可去網存綱", 『황룡혜남어록』(대정장47, p.631b25)에 "종지를 남김없이 들어 올리면 범부와 성인이라는 분별이 통하지 않지만, 한줄기 길을 놓으면 헤아릴 만한 일이 생긴다. 盡令提綱 不通凡聖 放一線道 有箇商量", 『경덕전등록』 권12 「진존숙전 陳尊宿傳」(대정장51, p.292a10)에 "물었다. '교학의 뜻에 대해 선사께서 핵심을 보여주시기 바랍니다' '물어오면 그대에게 일러줄 뿐이다' '화상께서 말씀해주시기를 청합니다' '불전에서 향을 사르고 삼문 밖에서 합장한다'. 問教意請師提綱 師云 但問將來與爾道 僧云 請和尚道 師云 佛殿裏燒香三門外合掌", 『백장청규』 권3 「개당축수 開堂祝壽」(대정장48, p.1126a18)에 "주지는 시자로 하여금 관원들이 앉도록 청하고 제산의 상수가 나와서 백추를 울린다. 백추를 한 번 울리고 말한다〈법연의 용상 대중들이여! 제일의 뜻을 관해야 하리〉. 주지는 법어를 베풀고 문답하며 종지를 드러낸다. 住持當令侍者請官員坐 諸山上首出白椎鳴 椎一下云〈法筵龍象衆 當觀第一義〉 住持垂語問答提綱", 『선림상기전』 권11(불광장, 禪藏, p.843)에 "제강 : 설법을 제강이라 한다. 종지의 큰 뜻 끌어내 설하는 것이다. 또는 핵심을 끌어낸다 한다. 만암이 '고인이 법좌에 올라 대법의 강요를 끌어낸다'〈말을 낚아 보인다〉라고 한 것이 그것이다. … 도충이 말한다. '고덕의 어록에서 법좌에 올라 벼리를 끌 때 압운이 있기도 하고 없기도 하며 게송을 쓰기도 하는 등 그 바탕 일정하지 않지만, 본래 입으로 말할 만한 법이 없는데 장구의 형식에 무슨 구애됨이 있겠는가? 옛설에서 「강요를 끌어내고 끌어낸 것을 집어 말하는 것에 압운을 쓰지 않는다」 하였다. 단지 자기의 소견에 근거하여 깨우쳐 갈 길을 보이는 법들을 펴며 도도하게 말하는 것만으로 묘를 삼는다'. 提綱 說法曰提綱 提起宗旨大綱而說 又曰提要 萬菴曰 古人上堂 提大法綱要〈見釣語處〉 是也 … 忠曰 古德語錄 上堂提綱 有押韻 有不押韻 有用偈頌 其體不一定 本無拄唇齒法 何有拘章句式 舊說曰 提綱拈提 不用押韻 只據自家所見 宣發道蘊 滔滔地說將去 爲妙"라고 하였다. 〔참고문헌〕『三論玄義』, 『法界圖記叢髓錄』, 『雲門廣錄』, 『都序』, 『黃龍慧南語錄』, 『景德傳燈錄』, 『百丈淸規』, 『禪林象器箋』. ⇨ 화두 話頭, 공안 公案

제개 諸蓋 Ⓢ nivaraṇāni, nīvaraṇāni, Ⓟ nīvaraṇāni, Ⓣ sgrib-pa. 모든 번뇌. 깨끗한 마음을 덮어 가리는 모든 번뇌를 말한다. 『잡아함경』 권45(대정장2, p.331c12)에 "그 마음이 기쁨과 즐거움을 얻고 도를 보아 스스로 거두어 가진다. 이 때문에 걸림없이 법을 말하고, 청정하여 모든 번뇌를 떠난다. 其心得喜樂 見道自攝持 是故無礙辯 淸淨離諸蓋", 『증일아함경』 권2(대정장2, p.554b27)에 "무릇 정법이란, 욕에서 욕이 없는 곳에 이르니, 모든 결박과 모든 번뇌의 병을 떠난다. 夫正法者 於欲至無欲 離諸結縛 諸蓋之病", 『십주비바사론』 권3(대정장26, p.33a11)에 "중생이 빛을 만난즉 능히 부처님을 생각할 수 있으니, 부처님을 끄단히 생각하는 인연 때문에 법을 생각하고, 법을 생각하기에 모든 번뇌 사라짐을 얻게 된다. 衆生遇光 卽能念佛 念佛因緣故念法 念法故諸蓋得除"라고 하였다. 〔참고문헌〕『雜阿含經』, 『增壹阿含經』, 『十住毘婆沙論』, *Śrāv-bh.13.*, *Yogā-bh.168.*, *SN.1.188.* ⇨ 개 蓋[1], 번뇌 煩惱

제개장보살 除蓋障菩薩 Ⓢ Sarvanīvaraṇaviṣkambhī, Ⓣ sgrib-pa-thams-cad-rnam-par-sel-ba. 제개장삼매(除蓋障三昧)에 들어 모든 중생의 번뇌를 버리게 하는 보살. 밀교 태장만다라(胎藏曼茶羅) 제개장원(除蓋障院)의 주존(主尊)이며, 제일체개장보살(除一切蓋障菩薩) · 항복일체장애보살(降伏一切障礙菩薩) · 기제음개보살(棄諸陰蓋菩薩)이라고도 한다. 밀호는 이뇌금강(離惱金剛), 삼매야형은 연상보주(蓮上寶珠) 또는 보당(寶幢), 종자는 ञः(āḥ). 수인은 제개장인(除蓋障印)으로 양손의 소지와 약지 그리고 엄지를 안으로 넣고 검지와 중지는 보형으로 만든다. 진언은 『태장범자진언』 권상(대정장18, p.165b17)에 의하면 "나마 사만타붓

다남 아 사트바 히타뮤드가타 트람 트람 람 람 스바하 namaḥ samantabuddhānāṃ āḥ sattva hitābhyudgata trāṃ trāṃ raṃ raṃ svāhā 어디에나 계신 제불께 귀의합니다. 아! 중생을 위해 출현하신 분이여! 트람 트람 람 람 스바하"이다. 태장현도만다라에서 형상은 살색이고 왼손으로 보당을 쥐고 오른손은 여원인(與願印)을 맺은 채 적련화에 앉은 모습이다. 다른 형상으로도 설명되는데 『대일경소』 권5(대정장39, p.635b9)에 "대일여래의 왼쪽에 제개장보살을 그린다. 인도의 법식에서는 (임금이) 동쪽을 향하여 다스리기 때문에 동쪽을 처음의 방향으로 한다. 남쪽은 오른쪽이고, 서쪽은 뒤쪽이며, 북쪽은 승방이다. 지금 이 만다라단의 문은 서쪽을 향하기 때문에 대일여래의 왼쪽에 해당하는 것이다. 도상 중의 제개장보살은 왼손으로 연꽃을 잡고, 꽃 위에 마니보주를 놓으며, 오른손으로는 시무외의 수인을 짓는다. 이 보살과 모든 권속은 모두 대자비로 괴로움을 뽑고 장애를 제거하는 문이니, 바로 이 보리심 중의 여의보주로 일체중생에게 무외를 베풀고 그 소원을 충만하게 한다. 大日如來左方 畫除蓋障菩薩 西方俗法 東向而治故 以東爲初方 南爲右方 西爲後方 北爲勝方 今此漫荼羅壇門向西故 當大日左方也 圖中除蓋障菩薩 左手持蓮華 華上置摩尼寶珠 右作施無畏手 此菩薩及諸眷屬 皆是大慈悲 拔苦除障門 正以此菩提心中如意寶珠 施一切衆生無畏 滿其所願也"라고 하였다. [참고문헌] 『胎藏梵字眞言』, 『大日經疏』, 『除蓋障菩薩所問經』 권1(대정장14, p.705c2), *Mvyut.23*, 『曼荼羅図典』(大法輪閣, 2002).

제개장보살 탕카

제개장보살소문경 除蓋障菩薩所問經 Ⓢ Āryaratnamegha-nāma-mahāyāna-sūtra, Ⓣ 'phags-pa dkon-mchog sprin shes-bya-ba theg-pa chen-po'i mdo. 송대 법호(法護) 한역. 20권. 고려장40, pp.890a1~963c14, No.1476 · 대정장14, pp.704b3~751b19, No.489에 수록되어 있고, 티베트역본(北京版 No. 897)도 전한다. 동방 대연화(大蓮花) 세계에서 연화안(蓮花眼)부처님께서 보살들을 위해 일승(一乘)의 이익을 설할 때 제개장보살(Ⓢ Sarvanivaraṇaviṣkambhin bodhisattva)이 석가모니부처님의 광명을 받고 석가모니부처님이 계신 곳에 와서 보살의 수행에 대해 묻고 들은 것을 내용으로 한다. 10종의 십바라밀과 18불공법(不共法) · 32상(相) · 10종 허공여법(虛空如法) · 10종 월여법(月如法) · 10종 조복법 · 10종 선법행(善法行) · 승의제를 아는 10종법 · 세속제를 아는 10종법 · 불국토에 태어나는 10종법 등 보살의 수행을 망라하는 내용이다. 이역본으로 만다라선(曼陀羅仙)과 승가바라(僧伽婆羅)의 『대승보운경 大乘寶雲經』 7권(대정장16, No.659) · 만다라선의 『보운경』 7권(대정장16, No.658) · 달마유지(達磨流支)의 『보운경』 10권(대정장16, No.660) 등이 있다.

제개장불정인 除蓋障佛頂印 제장불정인(除障佛頂印)의 다른 이름. 오른손으로 주먹을 쥐고 검지는 갈고리 모양으로 구부려서 펴는 형태의 수인. 또는 양손을 내박하고 양손의 중지를 세우되 오른손 중지는 끝을 구부려 왼손 중지의 윗마디를 받치는 형태의 수인을 말하기도 한다. 『대일경소』 권16(대정장39, p.743c15)에 "제장불정은 갈고리를 수인으로 한다. 除障佛頂以鉤爲印", 『태장삼밀초』 권4(대정장75, p.608a22)에 "제장불정인 : 의궤에서 '오른손으로 주먹을 쥐고 검지는 갈고리처럼 구부린다'라고 하였다. 『기』에서 '오른손으로 주먹을 쥐고 검지는 갈고리 모양으로 약간 구부리며 왼손은 주먹을 쥐어 허리춤에 붙인다'라고 하였다. 경전에서는 '앞서의 구인과 같으니 오른손은 권형을 만들고 검지를 세워 조금 구부린다'라고 하였다. 除障佛頂印 軌云 捨除智成拳 風輪屈如鉤 記云 右手作拳 舒其頭指微屈如鉤 左手作拳置腰 經云 如前鉤印 慧手爲拳 擧其風輪而少屈之"라고 하였다. [참고문헌] 『大日經疏』, 『胎藏三密抄』.

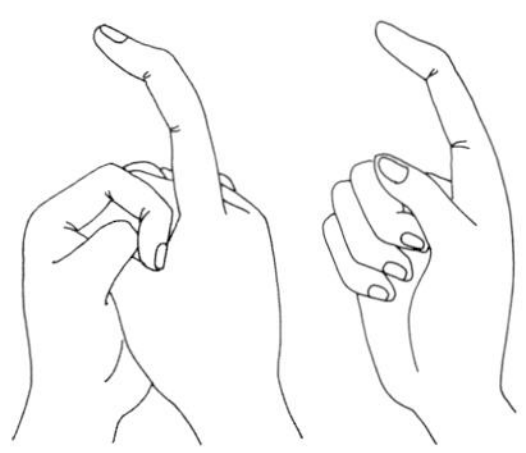

제개장원 除蓋障院 태장만다라 13원(院) 중 하나. 만다라 왼쪽(南方) 두 번째에 위치하고 제개장보살(除蓋障菩薩)이 관장한다. 이 원은 중생의 모든 번뇌를 없애는 공덕을 나타낸다. 현도만다라(現圖曼荼羅)에 의하면 제개장 · 파악취(破惡趣) · 시무외(施無畏) · 제의괴(除疑怪) · 부사의혜(不思議慧) · 비민(悲愍) · 자발생(慈發生) · 절제열뇌(折諸熱惱) · 현호(賢護)의 아홉 존격의 보살이 안치되어 있지만 소(疏)에 따라 보살의 명호에 차이가 있다. 『대일경』 「구연품」에 의하면 재개장보살을 중심으로 왼쪽으로 재의괴 · 시무외 · 파악취 · 구의혜 보살을, 오른쪽으로 부사의혜 · 비민혜 · 자발생 · 절제열뇌보살을 안치한다. 문수원(文殊院)과 함께 대비만행(大悲萬行)을 나타낸다. 『대일경소』 권5(대정장39, p.635b9)에 "대일여래 왼쪽에 제개장보살을 그린다. 서쪽은 속법이니 동향으로 다스린다. 동쪽을 처음으로 하

고, 남쪽은 오른쪽이 되며, 서쪽은 뒤가 되고, 북쪽이 승방이 된다. 지금 이 만다라단은 문을 서쪽으로 향하므로 대일여래의 왼쪽이 된다. 만다라도 중에 제개장보살은 왼손으로 연꽃을 들었는데 연꽃 위에 마니주를 안치하였고 오른손은 시무외인을 맺었다. 이 보살과 그 권속들은 모두 대자비발고제장문이다. 바로 이 보살의 마음 속 여의주로 일체중생에게 무외를 베풀어 그들의 소원을 만족시킨다. 경전에서 자리를 둘로 나누어 여덟 보살을 그린다고 한 것은 제개장의 옆에 두 사자를 그려야 함을 말한다. 그렇게 한 후에 순서대로 여덟 보살을 그린다. … 지금 여기에서 여덟 보살 중 먼저 제의괴보살을 제개장보살 오른쪽에 그리고, 시일체무외를 왼쪽에 그린다. 다음으로 제일체악취를 제의괴보살의 오른쪽에 그리고, 구의혜보살을 시무외보살 왼쪽에 그린다. 다음으로 비념보살을 제악취보살의 오른쪽에 그리고, 자기보살을 구의혜보살의 왼쪽에 그린다. 다음으로 제일체열뇌보살을 비념보살 오른쪽에 그리고, 불가사의혜보살을 자기보살의 왼쪽에 그린다. 大日如來左方 畫除蓋障菩薩 西方俗法 東向而治故以東爲初方 南爲右方 西爲後方 北爲勝方 今此漫荼羅壇門向西故當大日左方也 圖中除蓋障菩薩 左手持蓮華 華上置摩尼寶珠 右作施無畏手 此菩薩及諸眷屬 皆是大慈悲拔苦除障門 正以此菩提心中如意寶珠 施一切衆生無畏 滿其所願也 經云 捨於二分位當畫八菩薩者 謂除蓋障之側 當作二使者 然後如其次第置八菩薩 … 今於此八菩薩中 先以除疑怪在除蓋障之右 施一切無畏在左 次復以除一切惡趣在除疑怪之右 以救意慧在施無畏之左 次復以悲念菩薩在除惡趣之右 以慈起菩薩在救意慧之左 次復以除一切熱惱在悲念之右 不可思議慧在慈起之左"라고 하였다. [참고문헌]『大日經疏』. ⇨ 제개장보살 除蓋障菩薩, 태장만다라 胎藏曼荼羅

	현도만다라現圖曼荼羅	대소오大疏五
165	비민보살悲愍菩薩	구의혜보살救意慧菩薩
166	파악취보살破惡趣菩薩	비념보살悲念菩薩
167	시무외보살施無畏菩薩	제악취보살除惡趣菩薩
168	현호보살賢護菩薩菩薩	제의괴보살除疑怪菩薩
169	제개장보살除蓋障菩薩	제개장보살除蓋障菩薩
170	비민혜보살悲愍慧菩薩	제열뇌보살除熱惱菩薩
171	자발생보살慈發生菩薩	시무외보살施無畏菩薩
172	절제열뇌보살折除熱惱菩薩	자기보살慈起菩薩
173	부사의혜보살不思議慧菩薩	부사의혜보살不思疑慧菩薩

제개장원팔보살 除蓋障院八菩薩 ➡ 제개장원 除蓋障院

제거반택가 除去半擇迦 Ⓢ āpat-paṇḍaka, Ⓣ nyams-pa'i-ma-ning. 오종불능남(五種不能男) 중 하나. 남성의 기능을 상실한 사람을 말한다. 병불능남(病不能男)·건불남(犍不男)·건황둔(犍黃門)·형잔황문(形殘黃門)과 같은 뜻이다.『대승아비달마집론』권4(대정장31, p.680a28 : *Abh-s.*, p.57)에 "반택가에는 다섯 종류가 있으니, 생변반택가·질투반택가·반월반택가·관쇄반택가·제거반택가를 말한다. 半擇迦有五種 謂生便半擇迦 嫉妬半擇迦 半月半擇迦 灌灑半擇迦 除去半擇迦 paṇḍakaḥ punaḥ pañcavidhaḥ. jātipaṇḍakaḥ īrṣyāpaṇḍakaḥ pakṣapaṇḍakaḥ āsecanakapaṇḍakaḥ āpatpaṇḍakaśca",『구사론기』권3(대정장41, p.56c24)에 "제거란 손상된 것을 말한다. 除去謂被損壞"라고 하였다. [참고문헌]『大乘阿毘達磨集論』,『俱舍論記』, *Abh-s.* ⇨ 건황문 犍黃門, 오종불능남 五種不能男

제거수 除去修 Ⓢ nirdhāvana-bhāvanā. 네 가지로 닦는 것(四修) 중 하나. 이미 일어난 악불선법(惡不善法)을 버리는 수행이다.『유가사지론』권66(대정장30, p.667a7)에 "이미 생겨난 불선법을 끊고자 뜻을 지어 닦아 익히는 것을 제거수라고 한다. 已生不善法爲欲斷故 作意修習 名除去修",『대승아비달마집론』권5(대정장31, p.684a17 : *Abh-s.*, p.70)에 "제거수란 이미 생겨난 악불선법을 길이 닦아 끊는다. 除去修者 謂已生惡不善法修令永斷 nirdhāvana-bhāvanā katamā. utpannānāṃ pāpakānām akuśalānāṃ dharmāṇāṃ prahāṇāya yā bhāvanā",『대승아비달마잡집론』권9(대정장31, p.738a20)에 "버리기 위해 닦는 것을 제거수라고 하니, 이 수력에 의하여 현행위의 모든 불선법을 버리기 때문이다. … 또 이 도가 현전하는 때에 능히 스스로의 장애를 버리는 것을 제거수라고 한다. 爲除故修名除去修 由此修力 除去現行位諸不善法故 … 又卽此道現在前時 能捨自障 是名除去修"라고 하였다. [참고문헌]『瑜伽師地論』,『大乘阿毘達磨集論』,『大乘阿毘達磨雜集論』, *Abh-s.* ⇨ 사수 四修 ❷

제견 除遣 Ⓢ vibhava, prahāṇa, Ⓣ bsal-ba. 버려 보내다. 몸과 마음에 관한 모든 것들을 능히 끊고 능히 보내버리는 뜻이다.『불모반야바라밀다원집요의석론』권4(대정장25, p.912a22)에 "제견이란 버린다는 뜻이다. 除遣者 棄捨義",『집이문족론』권12(대정장26, p.418c26)에 "제견이란, 이 바른 논은 오랜 세월 동안 욕심을 줄이고 기쁜 마음으로 만족하며 쉽게 채우고 쉽게 기르니 덜어서 줄이고 버리고 보내서 두타공덕으로 양을 알아 청정하게 함을 제견이라 한다. 除遣者 謂此正論長夜能引 少欲喜足 易滿易養 損減除遣 杜多功德 知量淸淨 故名除遣",『유가사지론』권36(대정장30, p.489b28 : *Bodh-bh.*, p.34)에 "그가 이 생각을 엄정하게 하여 버리고 보내니, 능히 끊어 버리므로 제견이라 한다.

彼於此想 能正除遣 能斷能捨 故名除遣 sā ca saṃjñāsya vibhūtā bhavati. vibhava ucyate prahāṇaṃ tyāgaḥ", 『유부율잡사』 권36(대정장24, p.386a5)에 "만약 어떤 비구가 죄악에 물든 생각과 선하지 못한 마음을 일으킨다면, 바로 그때 즉각 버려 보내고 바른 믿음 일으켜 부지런히 수행할 생각을 일으켜야 한다. 若有苾芻起罪惡念 不善心時 當卽除遣 應生正信 發起精勤", 『대지도론』 권5(대정장25, p.96a19)에 "이 보살은 비록 번뇌를 다하지는 못했지만 큰 지혜와 영리한 근기로 사유하여 분노에 찬 마음을 보내 버렸다. 是菩薩 雖未盡漏 大智利根 能思惟除遣瞋心"라고 하였다. [참고문헌] 『佛母般若波羅蜜多圓集要義釋論』, 『集異門足論』, 『瑜伽師地論』, 『有部律雜事』, 『大智度論』, *Bodh-bh.*

제견 諸見 갖가지로 보는 일. 세간과 출세간 등 일체(一切)에 대한 갖가지 치우친 견해를 말한다. 『증일아함경』 권43(대정장2, p.784b28)에 "이들 갖가지 견해는 모두 무상하니, 이러한 견을 품어 안고 있으면 그것이야말로 무상하게 바뀌는 법이다. 此諸見者 皆是無常 其有懷抱此見 則是無常變易之法", 『보요경』 권5(대정장3, p.511b11)에 "삿되게 익힌 업이 불타듯 거세게 일어나니 갖가지 견해가 예순두 가지다. 邪學業熾盛 諸見六十二", 『주유마힐경』 권2(대정장38, p.345a23)에 "승조(僧肇)가 말했다. '갖가지 견이란 예순두 가지 갖가지 헛된 견해를 말한다'. 肇曰 諸見 六十二諸妄見也", 『무량수경연의술문찬』 권상(대정장37, p.142b26 · 한불전2, p.34c1)에 "갖가지 견이란 삿된 집착을 말한다. 삿된 견해는 틀림없이 삿된 법에 의지하여 일어나므로 모두 무너지고 만다. 諸見者 卽邪執也 邪見必依邪法起 故皆破之"라고 하였다. [참고문헌] 『增壹阿含經』, 『普曜經』, 『注維摩詰經』, 『無量壽經連義述文贊』. ⇨ 견 見, 사견 邪見, 육십이견 六十二見

제견 諦見 진실을 보다. 팔정도(八正道) 정견(正見 Ⓟ sammā-diṭṭhi)의 고역(古譯). 『팔정도경』(대정장2, p.505a4)에 "무엇이 여덟 가지로 바르게 행하는 길인가? 첫째는 진실을 보는 일이다. 제견은 무엇인가? 보시에 대한 믿음 · 출가자에게 예를 갖추는 것에 대한 믿음 · 섬길 것에 대한 믿음 · 선악의 행위에 반드시 과가 따른다는 믿음 · 부모에 대한 믿음 · 천하 도인에 대한 믿음 · 도를 구하는 일에 대한 믿음 · 진실로 행하는 일에 대한 믿음 · 진실로 생활하는 것에 대한 믿음이다. 금세나 후세에 스스로 깨우쳐 스스로 성취함을 안다. 이를 다시 마주해 일러줄 수 있을 때 진실로 본 것이라 할 수 있다. 何等爲道八正行 一者 諦見 諦見爲何等 信布施 信禮 信祠 信善惡行自然福 信父母 信天下道人 信求道 信諦行 信諦受 今世後世 自黠得證自成 便相告說 是爲諦見"라고 하였다. [참고문헌] 『八正道經』. ⇨ 정견 正見

제견경 諸見境 모든 분별로 본 경계. 천태(天台)에서 설정한 열 가지 관경(觀境) 중 일곱 번째. 줄여서 견경이라고도 한다. 『마하지관』 권10상(대정장46, p.131c28)에 "일곱 번째, 제견경이란, 하나가 아니므로 '제'라 하고, 삿된 이해를 '견'이라 하며, 또한 이해하여 아는 앎이 견의 뜻이기도 하다. 추리가 타당하지 않고 치우쳐 봄이 분명한 상태로 결정하여 이해하는 것을 견이라 한다. 第七觀 諸見境者 非一曰諸 邪解稱見 又解知是見義 推理不當 而偏見分明 作決定解 名之爲見"라고 하였다. [참고문헌] 『摩訶止觀』, 『觀心論疏』 권4(대정장46, p.608b1). ⇨ 십경 十境, 십승관법 十乘觀法

제견망 諸見網 Ⓢ dṛṣṭi-jāla. 온갖 견해의 그물. 갖가지 삿된 견해에 걸려 있는 중생의 현실을 비유한다. 『방광대장엄경』 권4(대정장3, p.564c6)에 "선정을 활로 삼고, 공 · 무아를 화살로 삼아, 온갖 견해의 그물을 찢어 없애고, 번뇌라는 원수를 쏘아 물리친다. 禪定以爲弓 空無我爲箭 決除諸見網 射破煩惱怨", 『대품반야경』 권4(대정장8, p.244b5)에 "이 가운데 보살마하살은 반야바라밀을 행하고 방편의 힘으로 온갖 견해의 그물을 끊는다. 是中菩薩摩訶薩 行般若波羅蜜 以方便力 斷諸見網"라고 하였다. [참고문헌] 『方廣大莊嚴經』, 『大品般若經』, 80권본 『華嚴經』 권77(대정장10, p.426b20), *Lal-v.108.* ⇨ 제견 諸見, 견망 見網 ■

제견삼마지 除遣三摩地 번뇌의 습기를 제거하는 삼마지. 『대반야경』 권52(대정장5, p.296a20)에 "'세존이시여, 무엇을 제견삼마지라 하는지요?' '선현아, 만약 이 삼마지에 머물 때면 끝이 없는 번뇌의 습기를 제거할 수 있다. 이런 이유로 제견삼마지라 한다'. 世尊 云何名爲除遣三摩地 善現 謂若住此三摩地時 除遣無邊煩惱習氣 是故名爲除遣三摩地"라 하였다. [참고문헌] 『大般若經』.

제견수 除遣修 Ⓢ vinirdhāvana-bhāvanā, Ⓣ thag-bsrings-pa'i-'thob-pa. 버려 보내서 닦다. 사수(四修) 또는 육수(六修) 중 하나로 수행을 통해 대치되어야 할 일체의 유루법을 말하며 제거수(除去修)라고도 한다. 『현종론』 권36(대정장29, p.954c27)에 "몸 등의 법에 대해 대치할 수 있음을 획득하였기 때문에 대치되는 몸 등에 대해 대치수라 한다. 따라서 몸 등에 대한 대치를 획득할 때 '몸 등을 닦는다'라고 말하니 나머지 유루법의 부류에 대해서도 그렇다고 해야 한다. 몸 등의 경계를 반연하는 번뇌가 끊어졌기 때문에 몸 등의 법을 제견수라 한다. 따라서 몸 등을 반연하는 번뇌가 끊어질 때에도 '몸 등을 닦는다'라고 말하니 나머지 유루법이 끊어지는 사예에 대해서도 그렇다고 해야 한다. 이 두 가지 대치수와 제견수는 다만 유루법에 의거해 설정된 것이다. 於身等法得能治故 所治身等名對治修 故於身等得對治時 卽說名爲修於身等 餘有漏法類亦應然 緣身等境煩惱斷故 說身等法名除遣修 故緣身等煩惱斷時 亦說名爲修於身等 餘有漏法例亦應然 此二但依有漏法立", 『구사론기』 권26(대정장41, p.402c28)에 "방비하고 보호하고 관찰하는 주체라는 의미의 측면에서는 대치수라 하고, 방비되고 관찰되어 제거되는 번뇌라는 의미의 측면에서는 제견수라 한다. 若望能防能護能觀察義邊 名對治修 若望所防所觀遣惑義邊名除遣修", 『구사론소』 권26(대정장41, p.776a21)에 "일체의 유루법을 제견수라 한다. 一切有漏名除遣修"라고 하였다. 〔참고문헌〕『顯宗論』, 『俱舍論記』, 『俱舍論疏』, *Abh-k-bh.410·411*. ⇨ 사수 四修[2], 육수 六修[1], 대치수 對治修

제견영적 諸見永寂 모든 견해 영원히 그치다. 온갖 잘못된 견해가 완전히 사라졌다는 뜻이다. 『대반야경』 권578(대정장7, p.986b28)에 "모든 견해가 영원히 그친 그 경지가 청정한 구절의 뜻이고 그것이 보살이 얻은 구절의 뜻이다. 諸見永寂 淸淨句義 是菩薩句義", 『불공견삭신변진언경』 권22(대정장20, p.346a4)에 "또한 어떤 유정은 모든 견해가 영원히 그쳐 모든 법에서 무상을 실행하니 다른 유정들이 부처님처럼 우러러본다. 復有有情 諸見永寂 法無相行 於諸有情 視之如佛"라고 하였다. 〔참고문헌〕『大般若經』, 『不空羂索神變眞言經』.

제결 諸結 ➡ 제결사 諸結使

제결사 諸結使 온갖 번뇌. 맺어 부리는 뜻에서의 모든 번뇌를 말한다. 모든 결사(結使 Ⓢ saṃyojana : 煩惱). 『장아함경』 권1 「대본경 大本經」(대정장1, p.1b14)에 "그대 비구들이여! 오직 무상존(無上尊)만이 가장 빼어나고, 신통을 깊이 통달하였고, 위력이 광대하시기에 과거의 무수한 부처님들이 열반에 들었고 온갖 결사를 끊었으며 희론을 소멸하신 것을 알고 계신다. 諸賢比丘 唯無上尊 爲最奇特 神通遠達 威力弘大 乃知過去無數諸佛入於涅槃 斷諸結使 消滅戱論", 『출요경』 권20(대정장4, p.713b10)에 "'온갖 결사를 뛰어넘는다'라는 말은 무엇인가? 진에와 교만은 결사의 근본이니 그 뿌리를 제거하면 가지와 잎은 살아남을 수 없기 때문에 '온갖 결사를 뛰어넘는다'고 한 것이다. 超度諸結使者 瞋恚憍慢結使爲本 除本則無有枝葉 是故說 超度諸結使", 『대지도론』 권62(대정장25, p.497c14)에 "'단멸한다' '항상하다'는 입장은 모든 견해의 뿌리이고, 모든 견해는 온갖 결사의 뿌리이며, 온갖 결사는 윤회의 와중에 일어나는 괴로움의 뿌리이다. 斷常是諸見本 諸見是諸結使本 諸結使是一切生死中苦本"라고 하였다. 〔참고문헌〕『長阿含經』, 『出曜經』, 『大智度論』. ⇨ 결사 結使[1]

제경대의 諸經大意 ➡ 재래한국불교전문강원교재제경대의 在來韓國佛敎專門講院敎材諸經大意

제경대지 諸經大旨 한국불교 전승경론의 큰 뜻을 모아 놓은 글. 강원(講院)에서 학습하는 경론들에 대한 대지다. 『승가일용식시묵언작법』 「제경대지」(『한국불교의례자료총서』 권3, p.566b3)에 "『기신론』〈일심에 의지하여 진여와 생멸의 이문을 열다〉, 『능엄경』〈탐진치의 탁염을 버리고 진심의 묘명을 발하다〉, 『반야경』〈아집과 법집인 이집을 여의고 삼공을 드러내다〉, 『원각경』〈구명을 끊고 불성을 보이다〉, 『화엄경』〈만법을 다 들어 일심을 밝히다〉, 『법화경』〈삼승을 모아 일승으로 돌아가다〉, 『염송지』〈격외를 들어 조사의 령을 행하다〉, 『전등록』〈정맥을 두루 펴서 5종의 종지를 나타내다〉, 『서장』〈사견을 물리치고 정해를 드러내다〉, 『도서』〈삼종을 회통하여 일종으로 귀결한다〉, 『선요』〈큰 뜻을 떨쳐 현관을 뚫는다〉, 『절요』〈돈점을 가려 영지를 나투다〉. 起信論〈依一心 開二門〉 楞嚴經〈棄濁染 發妙明〉 般若經〈離二執 顯三空〉 圓覺經〈斷無明 顯佛性〉 華嚴經〈統萬法 明一心〉 法華經〈會三乘 歸一乘〉 拈頌旨〈擧格外 行祖令〉 傳燈錄〈遍正脉 顯五宗〉 書狀〈斥邪見 顯正解〉 都序〈會三宗 歸一宗〉 禪要〈憤大志 透玄關〉 節要〈揀頓漸 顯靈知〉"라고 하였다. 〔참고문헌〕『僧家日用食時默言作法』, 『韓國佛敎儀禮資料叢書』, 海印寺板 『日用作法』 85張 右面 3行. ⇨ 강원 講院

제경요집 諸經要集 [1] 659년(현경4) 도세(道世) 엮음. 20권. 『선악업보론 善惡業報論』이라고도 한다. 고려장31, pp.1a1~283a23, No.1052·대정장54, pp.1a3~194a11, No.2123에 수록되어 있다. 경율론(經律論) 중에서 선별하여 주제별로 분류하고 편집한 최초의 불교백과전서이며, 후대 『법원주림 法苑珠林』(대정장53, No.2122)의 기원이 되었다. 200여 종에 이르는 대소승의 삼장(三藏)에서 선별한 문구(文句) 중에는 특히 선악 업보(業報)에 대한 구절들이 가장 많다. 삼보(三寶)·경탑(敬塔)·섭념(攝念)·입도(入道)·패찬(唄讚)·향등(香燈)·수청(受請)·수재(受齋)·파재(破齋)·부귀(富貴)·빈천(貧賤)·장도(獎導)·보은(報恩)·방생(放生)·홍복(興福)·택교(擇交)·사신(思愼)·육도(六度)·업인(業因)·욕개(欲蓋)·사생(四生)·수보(受報)·십악(十惡)·사위(詐僞)·타만(惰慢)·주육(酒肉)·점상(占相)·지옥(地獄)·송종(送終)·잡요(雜要) 등 30부문 185항목으로 구성되어 있으며, 각 부의 첫 장에는 술의연(述意緣)이라는 제목 아래 해당 부의 대의를 서술하고 다시 세부 제목아래 인용문들을 정리해 놓았다. 『개원석교록』 권8(대정장55,

p.562c23)에 "『제경요집』 20권〈현경년간 서명사에서 찬술〉 이상 1부 20권은 책이 현존한다. 사문 현휘의 본래 이름은 도세인데 율학으로 높이 기려졌다. 전대 어진이의 글을 흠모함이 깊어 모으고 묶는 것에 힘썼으며 여러 경의 소초주해도 아울렀다. 서명사가 창건되자 주석하며 대덕을 모아 현경연간에 일체경을 읽고 긴요한 일들을 초록하여 1부를 찬술하여 『제경요집』이라 하였다. 諸經要集二十卷〈顯慶年西明寺撰〉 右一部二十卷 其本見在 沙門釋玄惲 本名道世 律學高譽 慕重前良 綴緝爲務 兼有鈔疏注解衆經 西明創居 召爲大德 顯慶年中 讀一切經 鈔諸要事 撰成一部 名諸經要集"라고 하였다. 〔참고문헌〕『開元釋敎錄』. ⇨ 법원주림 法苑珠林 ❷ 당대 지엄(智嚴)이 한역한 『수행보살행제경요집 修行菩薩行諸經要集』(대정장17, No.847)의 줄인 이름. ⇨ 수행보살행제경요집 修行菩薩行諸經要集

제경유심 諸境唯心 모든 경은 오직 마음일 뿐. 삼계유심(三界唯心)과 통한다. 『능가경주해』 권3하(대정장39, p.403b19)에 "모든 경이 오직 마음일 뿐이라고 이미 알았다면 상을 드러낼 이도 드러난 상도 없다. 드러난 사가 바로 경이다. 사와 경으로 드러나는 말은 마치 겨울에 비친 영상이 실이 아닌 것과 같다. 다만 어리석은 사람이 알아차리지 못하고 스스로 분별을 일으킬 뿐이다. 旣知諸境唯心 則無能相所相 事卽境也 言事境之現如鏡像之無實 但愚迷不了 自生分別耳", 『대승기신론의기』 권중말(대정장44, p.266a21)에 "이미 마음이 불각을 따라 헛되이 온갖 경을 드러내니, 그 모든 경이 오직 마음일 뿐 체가 없음을 알게 한다. 旣心隨不覺 妄現諸境 卽驗諸境唯心無體也", 돈황본 『대승기신론약술』 권하(대정장85, p.1110a23)에 "범부이승은 마음을 일으켜 분별함으로써 부처를 본다는 말은 분별사식에 의지하여 본다는 뜻이다. 이 식은 모든 경이 마음일 뿐임을 모르고 마음 밖의 경이 있다고 집착한다. 범부이승은 이 식을 떠나지 못해 부처님의 몸을 본다. 이 거친 식에 의지하여 부처님의 몸을 분별하기에 단지 응신의 거친 색상만을 볼 뿐이고 보신의 묘한 색상은 보지 못한다. 凡夫二乘 起心分別 而見佛者 依於分別事識見也 此識不知 諸境唯心 執有外境 凡夫二乘 未離此識 而見佛身 依此麤識 分別佛身 但見應身 麤色之相 不見報身 微妙色相"라고 하였다. 〔참고문헌〕『楞伽經註解』, 『大乘起信論義記』, 『大乘起信論略述』. ⇨ 삼계유심 三界唯心, 일체유심조 一切唯心造

제경촬요 諸經撮要 편저자 미상. 1권. 한국에 전승된 주요경의 요지를 모아 편집한 책. 불복장(佛腹藏) 필사본만 전한다. 『제경요집 諸經要集』·『제경회요 諸經會要』 등류다. 남권희소장본은 촬요와 더불어 몽산덕이(蒙山德異) 관련 40항이 합철되어 있다. 그중 촬요에는 「원각강요 圓覺綱要」·「능엄강요 楞嚴綱要」·「화엄품목 華嚴品目」·「법화경품목 法花經品目」·「묘법연화경요해서주 妙法蓮花經要解序注」·「법화대지 法花大旨」·「석가불총게 釋迦佛總偈」·「화엄서 花嚴序」(澄觀 述)·「대방광불화엄경용수보살약찬게 大方廣佛華嚴經龍樹菩薩略讚偈」·「대승묘법화연경보장보살약찬게 大乘妙法華蓮經寶掌菩薩略讚偈」·「원불설교 源佛說敎」 등으로 구성되어 있다. 〔참고문헌〕 許興植 「蒙山德異의 諸經撮要와 敎學思想」(『書誌學報』28, 2004), 南權熙 「蒙山 德異와 高麗 人物들과의 交流 : 筆寫本 『諸經撮要』의 수록내용을 중심으로」(『圖書館學論集』21, 1994).

제경회요 諸經會要 ❶ 묵암최눌(默庵最訥 1717~1790) 지음. 1권. 한불전10, pp.26a1~57a1에 수록되어 있다. 『화엄경』·『기신론』·『원각경』 등 경전의 주요 내용을 도설(圖說)하고 해석을 더하였다. 「화엄십례과욕현난사도 華嚴十例科欲顯難思圖」·「사법계십문도 四法界十門圖」·「성상유식도 性相唯識圖」·「불조종파도 佛祖宗派圖」·「육십사괘지도 六十四卦之圖」·「반야경사구게배육중도 般若經四句偈配六重圖」·「유식습기도 唯識習氣圖」·「삼처전심 三處傳心」·「이십오종청정정륜도 二十五種淸淨定輪圖」·「십본경론이장체설 十本經論二章體說」·「우법소승오위위총상도 愚法小乘五位位摠相圖」·「삼아승기도 三阿僧祇圖」·「대총상법문도 大摠相法門圖」 등이 실려있다. 국립중앙도서관과 동국대학교 소장 목판본은 절첩장(折帖裝)으로 앞표지 제목이 『諸經會要』, 뒷표지 제목이 『화엄품목 華嚴品目』이고 판심제(版心題)는 『默庵集諸經會要』 또는 『會要』이다. 간기(刊記)에 "해동사문 묵암최눌이 요체를 모아서 찬술하였으며 수선제자 와월교평(1760~1832)이 거듭 보완하여 간행하고 전라좌도 곡성 태안사에 목판을 보관하였다. 海東沙門默庵最訥 會要以述 受禪弟子臥月敎

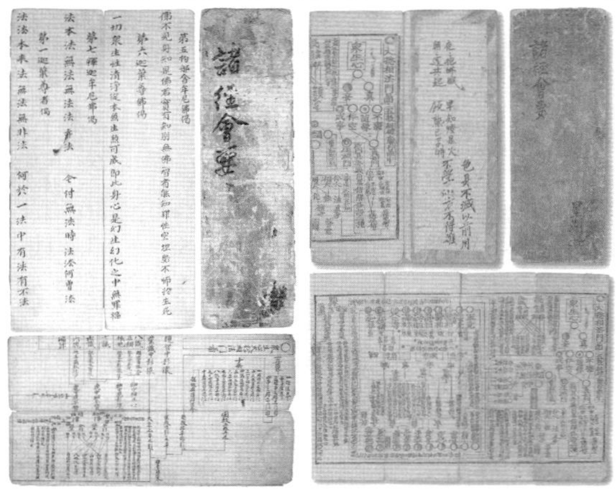

제경회요 필사본 순천 송광사 19세기 · 목판본 곡성 태안사 간행년 미상

萍重增以刊 湖左谷城泰安寺留板"라고 하였다. 순천 송광사(松廣寺)에 전하는 『묵암집제경회요』 8판 중 5판은 『제경회요』이고 나머지 3판은 『화엄품목회요』이다. 송광사의 『제경회요』 제5판 16장차(張次)에 간기가 있는데 '海東沙門～重增以刊'까지는 태안사판과 동일하지만 이하 간행처 사항은 '全南順天松廣寺留板'이라 하여 구분해 판각하였고, 태안사 유판본의 「달마삼처전심 達摩三處傳心」이 송광사 목판에는 「여래삼처전심 如來三處傳心」으로 달리 판각하였다. 목판본 외에도 19세기경에 제작된 필사절첩본이 동국대도서관 및 송광사에 소장되어 있다. [참고문헌] 『한국의 사찰문화재』 권4 전라남도2(문화재청, 2015) pp.840～845, 『松廣寺聖寶博物館所藏佛書目錄』(송광사성보박물관, 2005) p.256, 『韓國佛敎撰述文獻總錄』(동국대출판부, 1976) pp.207～208. ⇨ 최눌 最訥, 교평 敎萍 **2** 연담유일(蓮潭有一 1720～1799) 지음. 1권. 『원각경』·『능엄경』·『화엄경』·『천태사교의』·『서장어록 書狀語錄』 등의 주요 내용을 도설하고 해석하였는데, 묵암의 『제경회요』보다 도표는 적고 내용이 많다. 담양 용화사(龍華寺) 묵담유물관자료실 소장 필사본의 표제는 『제행상 諸行相』이며 목차 다음에 "해동사문 임하옹(연담유일)이 요체를 모으고 화벽자가 편차하였다. 海東沙門林下翁撮要 和璧子添葺編次"라고 하였다. 『연담대사임하록』 권4 「연담대사자보행업 蓮潭大師自譜行業」(한불전10, p.286a2)에 책 이름과 권수가 전한다. [참고문헌] 『蓮潭大師林下錄』.

제계 制戒 Ⓢ prajñāpayanti prātimokṣam, Ⓟ sikkhāpadaṃ paññāpeti. 계를 제정하다. 『오분율』 권28(대정장22, p.181a22)에 "나의 모든 제자는 제계한 계를 결코 넘어서선 안 된다. 범할 경우는 반드시 승가에서 내몰고 머물게 두지 않는다. 我諸弟子 於所制戒 終不敢越 有犯必黜 不宿容之", 『마하승기율』 권4(대정장22, p.260c16)에 "열 가지 이익 때문에 모든 비구를 위해 계율을 제정하였다. 以十利故 爲諸比丘制戒"라고 하였다. [참고문헌] 『五分律』, 『摩訶僧祇律』, *Vin.3.21.* ⇨ 제계십익 制戒十益, 십리 十利**1**, 계 戒, 율장 律藏

제계십익 制戒十益 Ⓢ daśa-arthavaśa prajñāpayanti prātimokṣam, Ⓟ sikkhāpadaṃ paññāpeti dasa atthavase. 계를 제정함에 열 가지 이익이 있음. 결계십의(結戒十義)라고도 한다. 『마하승기율』 권1(대정장22, p.228c22)에 "부처님께서 사리불에게 이르셨다. '열 가지 일로 이익이 있기 때문에 모든 불여래께서는 제자들을 위해 계를 제정하시고 바라제목차법을 세워 설하신다. 무엇이 그 열 가지인가? 첫째는 승중을 거두고, 둘째는 끝까지 승중을 거둘 수 있다. 셋째는 승중을 안락하게 하고, 넷째는 수치를 모르는 사람의 마음을 조복시키며, 다섯째는 부끄러움을 품은 사람이 편안하게 살 수 있고, 여섯째는 믿지 않는 사람이 믿음을 가지도록 하며, 일곱째는 믿음이 있는 사람에게 믿음을 더욱 늘리고, 여덟째는 현법중에 번뇌 다함을 얻고, 아홉째는 일어나지 않은 번뇌는 생기지 않게 하고, 열째는 정법을 오래 머물게 하여 모든 하늘과 인간을 위해 감로와 같은 보시문을 열어준다. 이러한 열 가지 일이 있어서 여래응공정변지께서 제자들을 위해 계를 제정하시고 바라제목차법을 세워 설하신다'. 佛告舍利弗 有十事利益故 諸佛如來 爲諸弟子制戒 立說波羅提木叉法 何等十 一者 攝僧故 二者 極攝僧故 三者 令僧安樂故 四者 折伏無羞人故 五者 有慚愧人 得安隱住故 六者 不信者 令得信故 七者 已信者 增益信故 八者 於現法中 得漏盡故 九者 未生諸漏 令不生故 十者 正法得久住 爲諸天人 開甘露施門故 以是十事 如來 應供 正遍知 爲諸弟子制戒 立說波羅提木叉法"라고 하였다. [참고문헌] 『摩訶僧祇律』, 『釋氏要覽』 권상(대정장54, p.272c2), *Vin.3.21.* ⇨ 결계십의 結戒十義, 십구의 十句義**1**, 십리 十利**1**

제곡불 啼哭佛 루지불(樓至佛 Ⓢ Rudita)의 한역어 중 하나. 제읍불(啼泣佛)이라고도 한다. 『법화의소』 권12(대정장34, p.629a7)에 "루지는 제곡불이라 한역한다. 반현겁 동안 홀로 머물며 중생을 제도한다. 樓至 此云啼哭佛 獨住半賢劫度衆生", 『사분율행사초자지기』 권하(대정장40, p.360c22)에 "(현겁의) 천불 중 최후의 부처님은 루지불이다. … 한역하면 제곡이니, 깊이 슬퍼함의 뜻을 취하여 붙인 이름이다. 千佛最後樓至 … 此云啼哭 從悲爲名"라고 하였다. [참고문헌] 『法華義疏』, 『四分律行事鈔資持記』. ⇨ 루지불 樓至佛, 제읍불 啼泣佛

제공선사 制空禪師 당대 스님. 6조 혜능(惠能 638～713)의 제자. 자세한 행적은 알 수 없다. 사법제자로 형주현각(荊州玄覺)이 있다. 『경덕전등록』 권7 「서당지장전 西堂智藏傳」(대정장51, p.252b3)에 "제공선사가 서당지장선사에게 말했다. '해가 너무 일찍 떴습니다' '정확한 시간입니다'. 制空禪師謂師曰 日出太早生 師曰 正是時", 『전법정종기』 권7(대정장51, p.749c9)에 "혜능 문하의 제공산 도진선사는 법을 이은 제자 한 명을 배출했으니 형주현각이다. 大鑒之二世 曰制空山道進禪師 其所出法嗣一人 曰荊州玄覺者"라고 하였다. [참고문헌] 『景德傳燈錄』, 『傳法正宗記』.

제관법왕법 諦觀法王法 법왕의 법을 진실로 관하다. 법문을 마치면 수좌 등이 건추(揵椎)를 울린 다음 외우는 송이다. 『백장청규』 권3 「개당축수 開堂祝壽」(대정장48, p.1126a19)에 "모든 산문의 상수 중에서 백추의 소임을 맡은 스님이 나와 건추를 한 번 울리고 '법석의 용상들이여! 마땅히 제일의를 관하시오'라고 말한다. … 설법을 마치면 백추를 담당하는 스님이 다시 건추를 한 번 울리고 '법왕의 법을 진실로 관하시오! 법왕의 법은 이와 같습니다'라고 한다. 諸山上首 出白椎 鳴椎一下 云〈法筵龍象衆 當觀第一義〉… 結座 白椎人 復鳴椎一下 白云〈諦觀法王法 法王法如是〉", 『직주설두송고』 권하(卍속장117, p.525a6)에 "세존께서 어느 날 법좌에 오르시자 〈마땅히 중앙을 곧바로 보이는군〉 문수가 건추를 울리고〈크게 써서 대중을 놀라게 한다〉 '법왕의 법 진실로 보시길. 법왕의 법은 이와 같습니다'〈망상을 다하고 상세히 풀었다〉 라고 말했다. 세존께서 법좌에서 내려왔다〈탁월한 견해 누설했으니, 그 흔적을 떨쳐버리지 않을 수 없다〉. 世尊一日陞座〈當央直示〉 文殊白槌云〈大用驚衆〉 諦觀法王法 法王法如是〈盡情註解〉 世尊下座〈見殊漏泄 不免拂迹〉"라고 하였다. 80권본 『화엄경』 권4(대정장10, p.21b4)에 "그대 마땅히 법왕을 살펴라! 법왕의 법은 이와 같다. 색상(화신)은 끝이 없어서 세간 어디에나 가득 나투신다. 汝應觀法王 法王法如是 色相無有邊 普現於世間"라는 등의 경문에 의지한다. [참고문헌] 『百丈淸規』, 『直註雪竇頌古』, 『華嚴經』. ⇨ 법왕법여시 法王法如是, 세존승좌 世尊陞座, 청법게 請法偈, 제 諦

제교 制教 남산율종(南山律宗)의 교판(教判)에 의한 이교(二教 : 行教 化教) 중 하나. 악업을 다스리는 율장(律藏)의 계학(戒學)으로 실행하여 증과에 이르게 하는 가르침이므로 행교(行教)라고도 한다. 경장(經藏)의 정학(定學)과 혜학(慧學)을 일컫는 화교(化教)의 상대어다. 다시 계체(戒體)에 의지해 실법종(實法宗 : 有宗)·가명종(假名宗 : 空宗)·원교종(圓教宗 : 圓宗)의 세 가지로 분류한다. 『범망경보살계초진』 권5(卍속장95, p.109b1)에 "경은 화교이니, 말하자면 열어 가르치고 교화하여 인도하기 때문이다. 율은 제교이니, 행업을 잡아 다스리기 때문이다. 經是化教 謂開誘化導故 律是制教 謂制約行業故"라고 하였다. [참고문헌] 『梵網經菩薩戒初津』, 『盂蘭盆經疏』 권상(대정장39, p.506b1). ⇨ 제교삼종 制教三宗, 남산종 南山宗, 남산삼관 南山三觀, 실법종 實法宗, 가명종 假名宗, 원교종 圓教宗, 화교 化教

제교결정명의론 諸教決定名義論 자씨보살(慈氏菩薩) 지음. 송대 시호(施護) 한역. 1권. 고려장40, pp.149a1~151c24, No.1420·대정장32, pp.507b12~508c1, No.1658에 수록되어 있다. 모든 교(教)에서 근본자(根本字)로 간주하는 자의 진실한 뜻을 푼다. 예를 들면 옴자(唵字)·훔자(吽字) 등의 깊은 뜻을 펼쳐 보이는데, p.507b21에 "옴자(ॐ)는 가장 으뜸으로 삼는다. 나는 이제 이 글자에 정례를 올린다. 청정하여 둘이 아닌 상에 머문다. 만일 누군가 이 글자를 혀에 올려놓고 굴린다면 그는 진실로 모든 지혜의 근본을 얻을 것이다. 이 글자는 모든 교에서도 깊고 깊은 비밀이다. 唵字最爲上首 我今頂禮此字 淸淨住不二相 若復有人 能以此字 舌上轉者 彼得眞實 諸慧根本 此字 於一切教中 甚深祕密"라고 하였다. 행자가 저들 자의 진실한 뜻을 분명하게 알고 그에 따라 만법을 진실 그대로 자세히 관하고 정념에 안주한다면 열반에 이른다는 법문이다. [참고문헌] 『法輪寶懺』 권5(卍속장130, p.13b13), 『天聖釋教總錄』 권2(金藏110, p.695b10). ⇨ 자문 字門, 실담 悉曇

제교령 齊教領 분제를 정해 깨우침. 천태 용어이며 이령(二領 : 探領 齊領) 중 하나로, 제령(齊領)이라고도 한다. 화신(化身)으로 세간에 오신 부처님께 직접 듣고 깨우치는 것이고, 법신(法身)의 본의를 찾아 깨우치는 것이 탐령(探領)이다. 『법화경입소』 권4(卍속장47, p.218b12)에 "〈경〉이때 궁자가 먼저 일값을 취한 후 분뇨 치우는 일을 하였다. 그 아버지는 아들을 보고 가엾이 여기면서도 이상하다 하였다. 〈소〉이는 넷째 제교령이다. 해야 할 행을 받은 후 깨우쳐 들어가니, 궁자가 먼저 그 값등을 취한 뜻이다. 위에서 원에 맞춰 다투어 불난 집에서 나오게 함이다. 이승은 과를 바라는 것으로 행의 인을 삼으니, 그 까닭에 먼저 취한다 한다. 그 아버지가 자식을 가엾이 여기면서도 이상하다 여겼다면, 불도를 구하지 못할까 하여서이다. 그들이 아라한과를 취한 것을 가엾이 여겼으니 잃는 것이 더 크고 얻는 것이 적기에 이상하다 말한 것이다. 분한계를 정해 법을 깨우치게 한다는 비유 중에 제교의 문을 마친다. 마땅히 알라. 교를 근기에 맞게 깨우치게 한다. 또 점점 처음의 뜻을 알아가게 하니 품받은 바가 적어 제교령이라 한다. 爾時窮子 先取其價 尋與除糞 其父見子 愍而怪之 此是第四齊教領 受行悟入 窮子先取其價等 領上適願爭出火宅也 二乘慕果行因 所以先取也 其父見子愍而怪之者 怪不求佛道 愍其取阿羅漢果 所失者大 所得者寡 故言怪也 齊此領法譬中齊教文竟 應知齊教領 且領漸初 以所稟小 名齊教領也", 『법화경』 권2 「신해품 信解品」(대정장9, p.16b13)에서 사대성문(四大聲聞 : 須菩提 迦旃延 迦葉 目犍連)들이 말하길 "저희들은 거승의 수장들이고 나이도 많아 스스로 이미 열반을 얻었고 감당하여 맡을 바도 없다 여기어 다시금 아누다라삼막삼보리를 구하려 나아가지도 않습니다. … 저희들은 이제 부처님 앞에서 성문으로서 아누다라삼막삼보리의 기별을 들어 받았습니다. 마음으로 깊히 환희하여 일찍이 없었던 일입니다. 我等居僧之首 年竝朽邁 自謂已得涅槃 無所堪任 不復進求阿耨多羅三藐三菩提 … 我等今於佛前 聞授聲聞阿耨多羅三藐三菩提記 心甚歡喜 得未曾有"라는 경문을 푸는 뜻으로, 『법화경삼대부독교기』 권13(卍속장43, p.777a8)에 "법신으로 깨우치면 탐령이라 하고, 화신으로 기계를 정하여 깨우치면 제령이라고 한다. 領法身名探領 領化身名齊領也", 같은 책 권13(卍속장43, p.775b11)에 "『법화문구』에서 '제교령이라 하였으니 다른 이를 교화하는 방편의 일이고, 탐령이란 자타라는 방편을 아는 것이다'라고 하였으니, 무릇 제령중에 자기와 계를 맞게 한 후 가르침도 바르게 한다 하였으니, 기는 자기이고, 계란 계의 분이고, 교란 교법을 말한다. 무릇 사대제자는 자기와 계의 분한에 따른 가르침으로 깨우쳤다는 것이다. 文句云 齊敎領 領化佗之權事 探領 領自佗之權 夫齊領中言齊 己界齊敎者 己謂自己 界謂界分 敎謂敎法 蓋四大弟子領齊已界之敎"라고 하였다. [참고문헌] 『法華經入疏』, 『法華經』, 『法華經三大部讀敎記』, 『法華經文句格言』 권중(卍속장46, p.610a9). ⇨ 이종영해 二種領解 ■

제교삼종 制敎三宗 제교의 세 갈래 종. 남산종(南山宗)의 교판(敎判) 중 제교를 계체(戒體)를 기준으로 실법종(實法宗)・가명종(假名宗)・원교종(圓敎宗) 등으로 나눈다. 이 삼종의 분류가 도선(道宣)의 『사분율산보수기갈마소 四分律刪補隨機羯磨疏』에 의지하였기에 업소삼종(業疏三宗)이라고도 한다. 『사분율행사초자지기』 권상(대정장40, p.157b24)에 "업소삼종에 의지하여 일가를 가려 보이겠다. 곧 교는 체로 말미암아 세우니, 체가 바로 교의 본원이다. 그러므로 반드시 체를 따라서 교상을 나눈다. 첫 번째는 실법종이니 살바다부다. 저 종의 체를 밝히자면 모두가 색취로 돌아간다. 따라서 행한즉 다만 칠지악업을 막는 것일 뿐이다. 몸과 입모양의 색이어서 멀리 떨어진 방편만을 성취한다. 이는 바로 소승교에 해당한다. 두 번째는 가명종이니 여기(『사분율』)에서 받드는 담무덕부다. 이 종의 체를 논하자면 색과 심 모두가 아니라고 힘주어 내세운다. 계를 따른즉 십업과 같아지니 거듭 사각을 연하여 곧바로 범하는 조목에 들였다. 이런 점은 소승교의 한계를 넘어선 것이라고 할 수 있다. 세 번째는 원교종이니, 『열반경』에서 개회한 뜻을 써서 방편승을 분명하게 알게 하여 모두가 실도로 돌아가게 한다. 그러므로 체를 받는 것이 바로 식에 숨어서 종자를 훈습하는 것이라 살피는데, 따라 행하면 삼취정계를 원만히 닦고 조금이라도 망심을 좇으면 업을 이루는 행이 된다. 이는 대승교의 종착지라고 할 수 있다. 依業疏三宗 以示一家處判 然敎由體立 體卽敎源 故須約體 用分敎相 一者實法宗 卽薩婆多部 彼宗明體則同歸色聚 隨行則但防七支 形身口色 成遠方便 此卽當分小乘敎也 二者假名宗 卽今所承曇無德部 此宗論體則强號二非 隨戒則相同十業 重緣思覺 卽入犯科 此名過分小乘敎也 三者圓敎宗 卽用涅槃開會之意 決了權乘 同歸實道 故考受體 乃是識藏熏種 隨行卽同三聚圓修 微縱妄心卽成業行 此名終窮大乘敎也"라고 하였다. [참고문헌] 『四分律行事鈔資持記』, 『律宗新學名句』 권상(卍속장105, p.621b17). ⇨ 제교 制敎, 삼관삼종 三觀三宗, 남산종 南山宗, 계체 戒體, 사분율산보수기갈마소 四分律刪補隨機羯磨疏, 삼취정계 三聚淨戒

제구 諦句 Ⓢ satya-pada, Ⓣ bden-pa'i-tshig. 진실한 말씀. 『대승입능가경』 권1(대정장16, p.592c28 : *Laṅk.*, p.34)에 "그때 대혜보살마하살이 세존께 아뢰었다. '세존이시여! 무엇이 백여덟가지 구입니까?' 부처님께서 말씀하셨다. … 제구 비제구 등이다. … 대혜여! 이 백여덟 가지 구절은 모두 과거의 부처님들께서 설하신 것들이다'. 爾時 大慧菩薩摩訶薩白佛言 世尊 何者是一百八句 佛言 … 諦句非諦句 … 大慧 此百八句 皆是過去諸佛所說 atha khalu mahāmatirbodhisattvo mahāsattvo bhagavantametadavocat, katamadbhagavan aṣṭottarapadaśatam … satyapadam asatyapadam … idaṃ tanmahāmate aṣṭottaraṃ padaśataṃ pūrvabuddhānuvarṇitam", 『대집대허공장보살소문경』 권2(대정장13, p.620a17)에 "선남자여! 반야는 청정한 말씀임을 알아야 한다. 그릇된 깨달음을 꺾을 수 있기 때문이다. … 이는 진실한 말씀이니 동요가 없기 때문이다. 善男子 當知般若是淸淨句 能摧惡覺故 … 是諦句 無動搖故"라고 하였다. [참고문헌] 『大乘入楞伽經』, 『大集大虛空藏菩薩所問經』, *Laṅk.*

제구무간도 第九無間道 Ⓢ navamānantarya-mārga, Ⓣ dgu-pa-bar-chad-med-pa'i-lam. 제구품(第九品)의 미혹을 틈새없이 끊은 길. 금강유정(金剛喩定 Ⓢ vajraḥ samādhiḥ)을 가리키기도 한다. 진제(眞諦)는 『구사석론』에서 제구차제도(第九次第道)로 한역했다. 『구사론송소론본』 권3(대정장41, p.838a6)에 "이지근이 무간도에 있다는 말은 금강유정을 가리키고, 구지근이 해탈도에 있다는 말은 진지를 가리킨다. 유정천의 미혹을 끊은 제구무간도를 금강유정이라 하고, 제구해탈도를 진지라 한다. 已知根 在無間道者 金剛喩定是也 具知根 在解脫道者 盡智是也 斷有頂惑 第九無間道名金剛喩定 第九解脫道 名爲盡智", 『대비바사론』 권34(대정장27, p.175c12)에 "욕계의 제구무간도로 불환과를 증득할 때 삼계의 견도에서 끊는 번뇌도 끊고 욕계 수도에서 끊는 번뇌까지 끊는다. 이를 불환과라 한다. 금강유정이 눈앞에 실현되는 순간 삼계의 견도와 수도에서 끊는 번뇌를 모두 끊으면 아라한과라 한다. 그러므로 그렇게 끊음은 또한 이름이 널리 빠짐없이 안다는 뜻에서 변지다. 欲界第九無間道 證不還果時 通得三界見所斷斷 及得欲界修所斷斷 爲不還果 金剛喩定 現在前時 通得三界 見修所斷斷 爲阿羅漢果 是故彼斷 亦名遍知"라고 하였다. [참고문헌] 『俱舍論頌疏論本』, 『大毘婆沙論』, *Abh-k-bh.236.* ⇨ 금강유정 金剛喩定, 구무간도 九無間道

제구바라문 諸舊婆羅門 Ⓟ brāhmaṇānaṃ pubbakā. 모든 옛적 바라문들. 『베다 *Veda*』 찬가를 읊는 이들을 총칭한다. 『장아함경』 권13 「아마주경 阿摩晝經」(대정장1, p.87a12)에 "부처님께서 마납에게 이르셨다. '그대 자신이 비천하고 미미하여 참과 거짓을 가리지 못하고서 석자를 비방하고 업신여겼다. 이는 스스로 죄의 뿌리를 심어 지옥에 떨어질 근본을 기르고 있는 셈이다. 무슨 뜻인가? 마납아! 모든 옛날의 바라문과 모든 선인들이 다양한 기교로 이전부터 외우고 익혔던 것을 찬탄하고 칭송하였는데 그것은 오늘날 바라문들이 외우고 칭송하여야 할 본보기가 되었다. … 이와 같은 모든 위대한 선인과 바라문들이 모두 머무는 곳의 해자를 파고 당각을 세우듯이 너의 스승과 무리들도 지금 머물듯 하던가?' '그렇지 않습니다'. 佛告摩納 汝自卑微 不識眞僞 而便誹謗 輕慢釋子 自種罪根 長地獄本 云何 摩納 諸舊婆羅門 及諸仙人 多諸伎術 讚歎稱說 本所誦習 如今婆羅門 所可諷誦稱說 … 如此諸大仙 婆羅門 皆掘塹建立堂閣 如汝師徒 今所居止不 答曰 不也"라고 하였다. 〔참고문헌〕『長阿含經』, *DN.1.104.*

제구식 第九識 아마라식(阿摩羅識 Ⓢ amala-vijñāna)의 다른 이름. 암마라식(菴摩羅識)이라고도 음사하고, 무구식(無垢識)·순정식(純淨識) 등으로 한역한다. 『유마경약소』 권9(대정장38, p.686a7)에 "진제는 '제구식이 진식이며, 팔식은 여전히 허망한 생사의 종자가 기대는 근거다'라고 한다. 眞諦云 有第九識 是眞識 八識猶是 虛妄生死種子所依", 『금강삼매경론』 권중(대정장34, p.989b25)에 "본각은 다름아닌 제구식이기에 마음에 분별이 없어 경에 동요하지 않는다. 그러므로 번뇌의 바람도 흔들지 못한다. 本覺正是 第九識故 心無分別 非境所動 故風不能動", 『금강삼매경통종기』 권6(卍속장55, p.509b12)에 "어째서 제팔식을 언급하지 않고 도리어 구식을 말하는가? 대체로 팔식을 굴려 제구식으로 삼기 때문이다. 구식은 범어 음사어로 암마라라 하고 청정 또는 백정식이라 한역하니 제팔이숙식이다. 곧 성불하는 순간 제팔식을 뒤쳐 암마라식이 될 뿐이며 별도의 제구식은 없다. 何以不言第八識 而反言九識耶 蓋以轉八識 爲第九識耳 九識 梵語名爲唵摩羅 此云淸淨 又云白淨識 卽第八異熟識 謂成佛時 轉第八而成唵摩羅 無別第九"라고 하였다. 〔참고문헌〕『維摩經略疏』, 『金剛三昧經論』, 『金剛三昧經通宗記』. ⇨ 구식설 九識說, 아마라식 阿摩羅識, 무구식 無垢識, 순정식 純淨識

제구식십명 第九識十名 제9식인 아마라식(阿摩羅識 Ⓢ amala-vijñāna)의 열 가지 다른 이름. 『종경록』 권50(대정장48, p.713a7)에 "제9식에는 열 가지 이름이 있다. 첫째는 자체가 허위가 아니라는 의미에서 진식(眞識)이다. 둘째는 자체가 있는 것도 없는 것도 아니라는 의미에서 무상식(無相識)이다. 셋째는 용을 가져 변하지 않기에 법성식이라 한다. 넷째는 진각으로 언제나 존재해 자체로 숨거나 드러남이 없기에 불성진식이라 한다. 다섯째는 본성상 허가를 끊기에 실제식이다. 여섯째는 용이 원대해 방소가 없기에 법신식이다. 일곱째는 흐름에 물들지 않기에 자성청정식이다. 여덟째는 아마라식으로서 무구식으로 한역한다. 아홉째는 자체는 하나도 둘도 아니어서 진여식이다. 열째는 승하고 묘해 마주함도 끊었기에 불가명목식이라 한다. 第九識十名者 一 自體非僞 名爲眞識 二 體非有無 名無相識 三 軌用不改 名法性識 四 眞覺常存 體非隱顯 名佛性眞識 五 性絶虛假 名實際識 六 大用無方 名法身識 七 隨流不染 名自性淸淨識 八 阿摩羅識 此翻名無垢識 九 體非一異 名眞如識 十 勝妙絶待 號不可名目識"라고 하였다. 〔참고문헌〕『宗鏡錄』. ⇨ 아마라식 阿摩羅識

제구지 第九地 십지(十地) 중 아홉 번째의 선혜지(善慧地 Ⓢ sādhumatī-bhūmi)를 말한다. 『십주경』 권4(대정장10, p.525c29)에 "보살마하살은 이와 같이 무애지를 잘 알고 제구지에 안주하니, 이를 제불의 법장을 얻었다고 하니 능히 대법사라 할 만하다. 菩薩摩訶薩 如是 善知無礙智 安住第九地 名爲得諸佛法藏 能爲大法師", 『대보적경』 권115(대정장11, p.650a12)에 "제구지중에는 가이 없는 법문다라니를 드러내 보일 수 있다. 第九地中 得示現無邊法門陀羅尼", 『십주비바사론』 권1(대정장26, p.23a18)에 "제구지중에 그 혜가 거듭 밝아지고 고르고 유연함이 늘어나므로 선혜지라 한다. 第九地中 其慧轉明 調柔增上 故名善慧地", 『섭대승론』 권2(대정장31, p.107a20)에 "어떤 이유로 제구지를 선혜라 하는가? 뛰어난 변재의 지혜를 터득하기 때문이다. 何故第九地 名爲善慧 得上辯才智故", 『화엄경수현기』 권4(대정장35, p.71c17)에 "제구지중의 여섯 문은 위와 같다. 첫째로 이름을 푼다. 걸림 없는 힘으로 법 설함을 성취하여 이타를 행하므로 선혜지라 한다. 第九地中 六門同上 一釋名者 無礙力 說法成就 利他行故 名善慧地"라고 하였다. 〔참고문헌〕『十住經』, 『大寶積經』, 『十住毘婆沙論』, 『攝大乘論』, 『華嚴經搜玄記』, *Bodh-bh.241.* ⇨ 선혜지 善慧地, 십지 十地 ❷

제군 諸君 여러분. 여러 사람을 한번에 부르는 말. 『장아함경』 권4 「유행경 遊行經」(대정장1, p.27c15)에 "아난이 알렸다. '그만 하시오, 그만 하시오! 여러분! 슬프게 울지들 마십시오. 유위를 변하지 않도록 하려 해도 도리가 없습니다. 부처님께서 앞서 말씀하셨습니다. 「태어난 존재는 죽음을 맞이하고, 만나면 헤어져야 하며, 은애로 맺어진 모든 것은 항상 그렇게 남아 있지 않은 법이다」라고 말씀하셨습니다'. 阿難 報曰 止 止 諸君 勿爲悲泣 欲使有爲不變易者 無有是處 佛已先說 生者有死 合會有離 一切恩愛 無常存者", 『법화경』 권2(대정장9, p.17b10)에 "여러분, 아셔야 합니다. 이 사람은 저의 아들이고 저의 소생입니다. 諸君 當知 此是我子 我之所生"라고 하였다. 〔참고문헌〕『長阿含經』, 『法華經』.

제궁 帝弓 Ⓢ indra-cāpa, Ⓣ 'ja'-'am-dbang-po'i-gzhu. 천제(天帝)의 활. 천궁(天弓)이라고도 한다. 고운 눈썹 또는 무지개를 가리킨다. 『법승의결정경』 권하(대정장17, p.659b18)에 "눈썹은 제궁을 닮았고 미간 백호는 도는 듯했다. 眉若帝弓 眉間白毫 有旋宛轉", 『제개장보살소문경』 권2(대정장14, p.707a14)에 "세간의 법 저 희극 같음을 분명히 깨우쳐, 숱한 법들 저 무지개 같은 줄 방편으로 보이시네. 覺了世法如戲劇 巧現衆法如帝弓", 『일체경음의』 권12(대정장54, p.380c13)에 "천궁〈제궁이라고도 한다. 무지개를 말한다. 속칭 홍(虹)이라는 글자의 발음은 항이다. 『시』에 '체동'이라 한 말은 모두 같은 뜻이다〉. 天弓〈或名帝弓 卽虹蜺也 俗呼虹字 爲降音 詩云蝃蝀 皆一也〉"라고 하였다. 〔참고문헌〕『法乘義決定經』, 『除蓋障菩薩所問經』, 『一切經音義』, *Mvyut.199.*

제근 除饉 육정(六情)의 굶주림을 버린 이. 비구(比丘 Ⓢ bhikṣu)의 한역어 중 하나다. 『분별공덕론』 권2(대정장25, p.35c13)에 "제근이라고도 한다. 세속인은 색욕에 굶주려 있지만 비구는 이러한 갈망에 굶주려 그에 따르는 굶주렸다는 생각을 버린다. 亦名除饉 世人飢饉於色欲 比丘者 除此愛饉之飢想", 『아미타경의기』(대정장37, p.306b9)에 "비구는 제근이라 한역한다. 인에서 세 뜻으로 보면, 걸식하는 이(걸사), 마구니를 두렵게 하는 이(포마), 사악함을 부수는 이(파악)다. 과지로 보면, 마땅히 공양 받을 이(응공), 번뇌라는 도적을 죽인 이(살적), 더 이상 나지 않는 이(불생)는 세 가지 덕이다. 比丘者 此言除饉 在因三義 乞士 怖魔 破惡 果地三德 應供 殺賊 不生", 『승사략』 권하(대정장54, p.251b15)에 "또한 제근이라는 구역에 강승회가 주석한 『법경경』에 전한다. '범부가 육정경에 얽혀 있음이 저 굶주린 이가 꿈에 밥 먹는 것과 같다. 출가인은 이 육정을 제거하였기에 제근이라 한다'. 又舊曰除饉者 康僧會注法鏡經曰 凡夫於六情境 如餓夫夢食 出家人 除去六情 名爲除饉也"라고 하였다. 〔참고문헌〕『分別功德論』, 『阿彌陀經義記』, 『僧史略』. ⇨ 비구 比丘, 제근남 除饉男

제근남 除饉男 비구(比丘 Ⓢ bhikṣu)의 한역어. 비구니(比丘尼)와 구별하기 위하여 '남'을 붙였다. 『법화경현첨증석』 권1(卍속장44, p.780a5)에 "제근남 : 구역으로 사문을 (결핍의) 핍이라 한다. 법운스님은 '좋은 복전이 되어 중생의 굶주림을 능히 끊어주기에 제근남이라 한다'라고 푼다. 除饉男 古飜沙門云乏 法雲師云 以爲良福田故 能斷衆生饉乏 故稱除饉男也"라고 하였다. 〔참고문헌〕『法華經玄籤證釋』 ⇨ 비구 比丘, 제근 除饉

제근녀 除饉女 비구니(比丘尼 Ⓢ bhikṣuṇī)의 한역어 『유마경약소』 권2(대정장38, p.582b24)에 "비구라는 이름이 품은 세 뜻은 전에 푼 것과 같다. 니는 여를 뜻한다. 구역 경에서는 제근남·제근녀라 한다. 比丘名 含三義如前釋 尼者女也 古經云 除饉男 除饉女", 『석씨요람』 권상(대정장54, p.262a18)에 "니 : 온전한 범어 음사어는 비구니이고, 제근녀라고도 한다. 천축에서는 부처님 이모인 마하파사파제(Ⓢ Mahāprajāpatī)〈한역어는 대애도〉가 처음이다. 尼 梵音具云 比丘尼 亦名除饉女 天竺 以佛姨母 摩訶波闍波提〈此云大愛道〉爲始也"라고 하였다. 〔참고문헌〕『維摩經略疏』, 『釋氏要覽』. ⇨ 비구니 比丘尼, 제근 除饉, 제근남 除饉男

제근맹리 諸根猛利 모든 근이 뛰어나게 예리함. 오근(五根 : 信 勤 念 定 慧)의 용이 예리함을 말하기도 한다. 『법화경』 권1(대정장9, p.6c10 : *Saddh-p.*, p.36)에 "이 회의 무수한 백천만억아승기 중생들이 일찍이 부처님을 친견하고 모든 근이 뛰어나게 예리하고 지혜마저 명료하니 부처님의 설법을 듣고는 능히 존경하고 신뢰하게 되었다. 是會無數百千萬億 阿僧祇衆生 曾見諸佛 諸根猛利 智慧明了 聞佛所說 則能敬信 santi bhagavaṃstasyāṃ parṣadi bahūni prāṇiśatāni bahūni prāṇisahasrāṇi bahūni prāṇiśatasahasrāṇi bahūni prāṇikoṭīnayutaśatasahasrāṇi pūrvabuddhadarśāvīni prajñāvanti yāni bhagavato bhāṣitaṃ śraddhāsyanti pratīyiṣyanty-udgrahīṣyanti", 『법화경소의찬』 권3(卍속장45, p.467b13)에 "제근맹리란 신 등의 오근이다. 번뇌를 버리는 것을 맹이라 하고, 잊어 비추기에 리라 한다. 諸根猛利者 信等五根 以去塵爲猛 忘照曰利", 『수능엄삼매경』 권상(대정장15, p.632c29)에 "부처님께서 견의보살에게 이르셨다. '보살은 수능엄삼매에 머물면서 지혜를 닦아 모든 근이 매우 예리해서 중생의 성이 있음을 본 적이 없지만 교화하려고 중생이 있다고 설한다'. 佛告堅意 菩薩住首楞嚴三昧 修行智慧 諸根猛利 未曾見有衆生之性 爲欲化故 說有衆生"라고 하였다. 〔참고문헌〕『法華經』, 『法華經疏義纘』, 『首楞嚴三昧經』, *Saddh-p.* ⇨ 오근 五根

제근승렬지력 諸根勝劣智力 Ⓢ indriya-parāpara-jñāna-bala, Ⓣ dbang-po-mchog-dang-mchog-ma-yin-pa-mkhyen-pa'i-stobs. 여래십력(如來十力) 중 하나. 근상하지력(根上下智力)이라고도 한다. 여래께서

진실 그대로 중생 지력의 상하와 우열의 차이로 갈라짐을 뚜렷하게 아는 능력을 가리킨다. 『원각경대소석의초』 권8상(卍속장14, p.746a2)에 "소에서 '사지신등' 이하는 제근승렬지력이다. 『대지도론』 권24(대정장25, p.238c29)에서〈논의 인용과 주석을 아울러 통하여 푼다〉 '부처님께서는 이렇게 상하근의 지력을 쓴다 하였으니' 라고 한 말은, 부처님께서는 중생이 이근인지 둔근인지 중근인지 아신다. 이근의 지혜를 상근기라 하고, 둔근의 지혜를 하근기라 한다. 부처님께서는 이렇게 상근기와 하근기의 지혜를 구분하는 능력으로써 일체중생을 이근과 중근과 둔근으로 분별하시어 이 사람 이와 같은 근기다라고 아신다. 疏四智信等下 諸根勝劣智力也 論云〈引論兼注通解之〉 佛用是上下根智力者 佛知衆生 是利根鈍根中根 利智名爲上 鈍智名爲下 佛用是上下根智力 分別一切衆生 是利根是中根是鈍根 是人如是根"라고 하였다. [참고문헌] 『圓覺經大疏釋義鈔』, 『大智度論』, 『瑜伽師地論』 권38(대정장30, p.504c5), *Bodh-bh.265.* ⇨ 불십력 佛十力, 여래십력 如來十力, 근상하지력 根上下智力

제근적열성 諸根適悅聲 Ⓢ sarvendriyasaṃtoṣaṇī, Ⓣ dbang-po-thams-cad-tshim-par-byed-pa. 모든 근에 닿아 기쁘게 하는 소리. 육십사범음(六十四梵音) 중 하나다. 『삼장법수』 권37(대장경보편22, p.665a18)에 "쉰세 번째, 제근적열성이다. 여래께서 미묘한 법을 펼치시는 음성을 중생이 한 번 듣기만 해도 모든 근에 다가가 기쁘게 한다. 五十三 諸根適悅聲 謂如來所演妙法音聲 衆生一聞 諸根適悅也"라고 하였다. [참고문헌] 『三藏法數』, *Mvyut.20.* ⇨ 육십사범음 六十四梵音

제기 齊己 860~940. 당말오대(唐末五代) 시승(詩僧). 자호(自號)는 형악사문(衡嶽沙門), 속성은 호(胡)씨. 호남성(湖南省) 익양(益陽) 출신. 시를 잘 쓰는 그의 재능을 보고 놀란 스님들의 권유로 어려서 대위산(大潙山) 동경사(同慶寺)에 출가하여 율의(律儀)를 배웠다. 산수를 좋아하고 명리를 구하지 않는 성품이었으므로 왕후(王侯)를 가까이하지 않았다. 목에 혹이 나 있어 당시 사람들이 장난삼아 시낭(詩囊)이라 하였다. 항상 화산(華山)의 은사(隱士) 정곡(鄭谷)과 함께 노래했는데, 스님이 지은 「조매시 早梅詩」 중의 수지개(數枝開)라는 구절을 정곡이 일지개(一枝開)로 고치니 스님이 탄복하여 절을 했다. 이에 사람들이 정곡을 일자사(一字師)라고 하였다. 시의 기조(氣調)가 청담(淸淡)하여 동시대의 관휴(貫休)와 함께 일컬어졌는데, 당 시승 가운데 으뜸으로 평가받았다. 유시(遺詩)를 모아 손광헌(孫光憲)이 편집한 『백련집 白蓮集』 10권이 있다. 앙산혜적(仰山慧寂)과 함께 예장(豫章) 관음원(觀音院)에 머물면서 지은 「죽소 粥疏」는 「능운봉영창선원기 凌雲峰永昌禪院記」와 함께 『전당문 全唐文』 권921에 수록되어 있다. 이외에 『현기분별요람 玄機分別要覽』 1권과 『시격 詩格』 1권이 있다. 후당(後唐) 장흥(長興) 말년에 세수 70여 세로 입적했다. [참고문헌] 『宋高僧傳』 권30(대정장50, p.897c11), 『新修科分六學僧傳』 권18(卍속장133, p.748a9). ⇨ 관휴 貫休

제기죽소 齊己粥疏 제기가 쓴 죽에 관한 소문(疏文). 제기는 제이(齊已)라고도 하는데, 위산영우(潙山靈祐)의 법을 이은 제자로서 앙산혜적(仰山慧寂)과는 동문이며, 시승(詩僧)으로 이름났다. 『운와기담』 권상(卍속장148, p.5b13)에 "앙산의 소석가가 예장의 관음원에 머무를 때 스님 제기가 여러 사무를 총괄하며 죽소를 썼는데 이렇다. '죽은 좋은 약으로 부처님이 칭찬한 것이네. 뜻으로는 삼단을 쓰고 공은 십리를 드러내네. 다시 영철들에게 비나니 각자 서원한 마음을 이루소서. 이른 아침 공양으로 준비하였으니 오래도록 백업에 도움되리'. 예전에는 돌에다가 새겨 놓았는데 건염년간(1127~1130) 금(金)의 침략 이후로 더 이상 남아있는 것이 없다. 예장 직방승에 다만 '시승 제기의 죽소는 제기가 쓴 것으로 문장과 필체가 볼 만하다'라고 되어 있을 뿐 그 말은 수록하지 않았다. 요즘 선림에서 새벽에 죽 공양을 할 때 오직 앞 네 구절만을 제창할 뿐이고, 누구의 작품인지 알지 못한다. 仰山小釋迦 住豫章觀音 僧齊已爲總轄庶務 有粥疏曰 粥名良藥 佛所讚揚 義冠三檀 功標十利 更祈英哲 各遂願心 旣備淸晨 永資白業 昔刊于石 旣經建炎兵火 無復存矣 豫章職方乘 但云 詩僧齊已粥疏 已之所書 文墨可觀 不收其詞 今禪林晨粥 唯唱前四句 且不知誰作也"라고 하였다. [참고문헌] 『雲臥紀譚』. ⇨ 제기 齊已

제납박타 提納薄陀 원대 인도 출신의 고승 지공(指空 1289~1363)의 범어 이름. [참고문헌] 『遊方記抄』(대정장51, p.982c12). ⇨ 지공 指空

제내지 除內地 결계(結界)에서 벗어난 곳. 대계(大界)의 계장(戒場)을 공표하며 창상(唱相)할 때 결계 밖이 됨을 정해 알린다. 『오분율』 권16(대정장22, p.112b5)에 "대덕 스님들은 들으십시오. 이 비구 아무개가 사방의 계상과 제내지를 공표합니다. 大德僧聽 此某甲比丘 唱四方界相 及除內地", 『사분율소식종의기』 권8(卍속장66, p.493a4)에 "제내지란 계장의 밖 자연지로 남아있는 것이다. 대계의 내상 안에 있기에 내지라고 일컫는 것이다. 除內地者 戒場之外 留自然地 由在大界內相之內 故名內地也"라고 하였다. [참고문헌] 『五分律』, 『四分律疏飾宗義記』, 『重治毘尼事義集要』 권11(卍속장63, p.512a10). ⇨ 결계 結界[1], 대계 大界

제념 諦念 진실을 기억하다. 팔정도(八正道) 정사유(正思惟 P samma-saṅkappa)의 고역(古譯). 『팔정도경』(대정장2, p.505a8)에 "둘째 제념은 무엇인가? 뜻으로 욕을 버리고 집도 버려서 성내지 않고 서로 다투지 않는 것이야말로 진실을 마음에 두는 것이다. 第二 諦念爲何等 所意棄欲 棄家 不瞋恚怒 不相侵 是爲諦念"라고 하였다. [참고문헌] 『八正道經』. ⇨정사유 正思惟

제뇌선 除惱禪 번뇌를 버리게 하는 선. 삼종선(三種禪) 중 하나다. 제번뇌선(諸煩惱禪)이라고도 한다. 『보살지지경』 권6(대정장30, p.922a14)에 "보살이 정에 들어 사대가 일으키는 온갖 병을 능히 버린다. 이를 제뇌선이라 한다. 菩薩入定 能除四大 所起衆病 是名除惱禪", 『사미학계의궤송주』(卍속장107, p.212a17)에 "일곱 번째, 제뇌선이다. 이 정을 닦으면 중생의 갖가지 고뇌를 버려 다한다. 이름에 여덟 가지가 있다. 첫째 주술소의선, 둘째 제병선, 셋째 운우선, 넷째 등도선, 다섯째 요익선, 여섯째 조복선, 일곱째 개각선, 여덟째 등작선이다. 七 除惱禪 謂修此定 能除滅衆生種種苦惱 名有八種 一 呪術所依禪 二 除病禪 三 雲雨禪 四 等度禪 五 饒益禪 六 調伏禪 七 開覺禪 八 等作禪"라고 하였다. [참고문헌] 『菩薩地持經』, 『沙彌學戒儀軌頌註』, 『法界次第初門』 권하(대정장46, p.689a7). ⇨삼종선 三種禪❶, 구종대선 九種大禪, 출세간상상선 出世間上上禪

제닉 提搦 끌어 붙들다. 조사의 언구(言句) 등을 외워 가지는 것을 말한다. 『벽암록』 85칙 「평창 評唱」(대정장48, p.210c7)에 "운문선사가 이렇게 말한 것을 모르는가? '행각하는 이가 헛되이 이 고을 저 고을을 다니면서 쓸데없는 말을 끌어 붙들고 있다가 화상이 입을 열기를 기다려 선과 도를 묻고, 향상과 향하를 묻고서는 … 나는 불법을 깨달았다고 말한다. 이렇게 행각한다면 망상을 그칠 날이 없음을 알아야 한다'라고 한 것을. 不見雲門大師道 行脚漢莫只空遊州獵縣 只欲得提搦閑言語 待老和尙口動 便問禪問道 向上向下 如何若何 … 便道我會佛法了也 將知恁麽行脚 驢年得休歇去"라고 하였다. [참고문헌] 『碧巖錄』. ⇨제지 提持

제다 制多 ❶ S caitya, P cetiya의 음사어, T mchod-rten. 부처님의 사리 등을 모신 불당. 탑묘(塔廟)·영묘(靈廟)·영사(靈祠)라 풀고 지제(支提)·제지(制底)·제달라(制怛羅) 등으로도 음사한다. 사당(祠堂)이나 석탑(石塔)·의총(蟻冢) 등을 말한다. 『법화현찬』 권4(대정장34, p.726c15)에 "석묘란 석불당이다. 예전에는 지제라 음사하였고, 요즘에는 제다라 한다. 한역하면 영묘다. 石廟者 石佛堂 古云支提 今云制多 翻爲靈廟", 『금강경찬요간정기』 권5(대정장33, p.209b28)에 "범어로 제다는 영묘라 한역하고 공양할 만한 곳이라는 뜻에서 가공양처라고도 한다. 若梵語制多 此云靈廟 或云可供養處", 『금광명최승왕경소』 권6(대정장39, p.332a19)에 "불당은 제다다. 한역하면 영조다. 구역 음사로 지제라 한 말은 오류이다. 탑은 솔도파다. 佛堂云制多 此云靈廟 舊云支提者訛 塔云窣堵波", 『구사론기』 권14(대정장41, p.228a11)에 "제다는 외도의 탑묘이다. 制多 卽是外道塔廟", 『일체경음의』 권2(대정장54, p.321a24)에 "제다〈고역에는 제지 또는 지제라고 하였다. 모두 범어를 음사하는 과정에서 소리가 바뀌었을 뿐 사실은 한 가지이다. 한역어는 묘이니, 사우나 가람의 탑묘 등이 그것이다〉. 制多〈古譯 或云制底 或云支提 皆梵語聲轉耳 其實一也 此譯爲廟 卽寺宇伽藍塔廟等 是也〉"라고 하였다. [참고문헌] 『法華玄贊』, 『金剛經纂要刊定記』, 『金光明最勝王經疏』, 『俱舍論記』, 『一切經音義』, *Bodh-bn.15·109*. ⇨불제다 佛制多, 불탑 佛塔, 지제 支提 ❷ S P Jeta의 음사어. 사위국 파사익왕(波斯匿王)의 태자인 기타(祇陀)를 말한다. ⇨기타태자 祇陀太子

제다가 制多迦 S Ceṭaka의 음사어. 부동명왕(不動明王)의 팔대동자(八大童子) 중 여덟 번째. 한역어는 복취승자(福聚勝者). 제타가(制吒迦)·제타가난(制吒迦難)이라고도 음사한다. 긍갈라(矜羯羅)와 함께 부동명왕의 사자(使者)다. 『팔대동자궤』(대정장21, p.31c8)에 "출생사자인 까닭에 제다가라 한다. 한역하면 식재이다. 所以出生使者名制多迦 此云息災也"라고 하였다. [참고문헌] 『八大童子軌』. ⇨제타가동자 制吒迦童子

제다가 提多迦 S Dhṛtaka의 음사어. 부법장(付法藏)의 제5조. 인도 마돌라국(摩突羅國) 출신. 제지가(提知迦)·지지가(地底迦 S Dhītika)라고도 음사하며, 유괴(有愧)라고 한역한다. 우파국다(優波鞠多 S Upagupta)의 가르침을 받아 아라한(阿羅漢)위에 올랐다. 후에 미차가(彌遮迦 S Miccaka)에게 법을 전하고 열반에 들었다. 『불조역대통재』 권3(대정장49, p.498c17)에 "제5조 제다가는 마가다국 출신이다. 처음 태어날 때, 아버지께서 '금빛 태양이 집에서 나와 천지를 비추었으며, 앞에는 커다란 산이 있

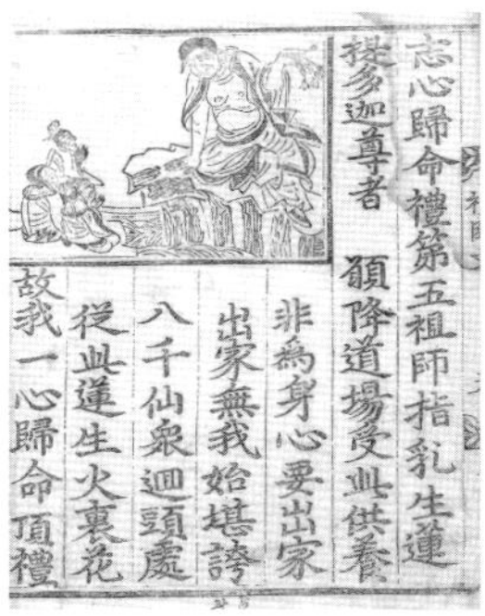

제다가 선문조사예참의문

는데, 온갖 보배로 장식되었고, 산 정상에서 샘물이 솟아 사방으로 흘러내리는' 꿈을 꾸었다. 후에 우파국다존자를 만나니 이렇게 해몽하였다. '보배로 장식된 산은 나의 몸이고, 샘물이 솟아난 것은 법이 다함이 없는 것이며, 금빛 태양이 집에서 나온 것은 네가 이제 불도에 들어가는 모습이고, 천지를 비추는 것은 너의 지혜가 뛰어난 것이다'. 존자의 본명은 향중(香衆)이다. 第五祖 提多迦者 摩伽陀國人 初生之時 父夢 金日自屋而出 照耀天地 前有大山 諸寶嚴飾 山頂泉湧 滂沱四流 後遇鞠多尊者 爲解之曰 寶山者 吾身也 泉湧者 法無盡也 日從屋出者 汝今入道之相也 照耀天地者 汝智慧超越也 尊者本名香衆"라고 하였다. 〔참고문헌〕『佛祖歷代通載』, 『釋氏稽古略』 권1(대정장49, p.757a8). ⇨시라난다비구 尸羅難多比丘, 서건사칠 西乾四七

제다공양 制多供養 Ⓢcaitya-pūjā, Ⓣmchod-rten-la-mchod-pa. 탑묘인 제다에서 여래를 위해 올리는 모든 공양. 보살이 여래를 섬기는 열 가지 공양 중 하나다. 『유가사지론』 권44(대정장30, p.533b15 : *Bodh-bh.*, p.159)에 "만약 보살들이 여래 계신 곳에서 온갖 것을 조성하니, 솔도파이거나 감이거나 대이거나 오래된 제다에서나 새로운 제다이거나 갖가지 공양을 베푼다면 이를 제다공양이라 한다. 若諸菩薩 於爲如來所 造一切 若窣堵波 若龕若臺 若故制多 新制多所 設諸供養 是名制多供養 tatra yadbodhisattvastathāgatamuddisya stūpaṃ vā gahaṃ vā kūṭaṃ vā purāṇacaitya vā abhinavacaityaṃ vā pūjayati. iyamasyocyate caityapūjā"라고 하였다. 〔참고문헌〕『瑜伽師地論』, *Bodh-bh.* ⇨십종공양 十種供養❶, 지제 支提, 지제공양 支提供養, 제다 制多❶, 탑 塔

제다산부 制多山部 Ⓢ Caityavādin, Caitika, Ⓟ Cetiyavādā. 소승이십부(小乘二十部) 중 하나. 대중부(大衆部)의 일파. 부처님께서 열반에 드신 후 이백 년 경에 대중부의 대천(大天 Ⓢ Mahādeva)이 오사(五事)의 논쟁을 벌여 생각을 같이하는 무리를 이끌고 떠나 제다산에 머물렀기에 이렇게 불렀다. 현수(賢首)는 그 가르침에 따라 법무거래종(法無去來宗)이라고 하였다. 지제산부(支提山部)・제다부・지제가부(支提加部)・지지가부(只底舸部)・지제라아바(支提羅阿婆)・유가부(遊迦部)・마하제바부(摩訶提婆部)라고도 한다. 『이부종륜론』(대정장49, p.16a20)에 "제다산부・서산주부・북산주부 등 이 세 부파는 본종(本宗)과 뜻을 같이한다. 말하자면 모든 보살은 악취를 벗어나지 않으며, 솔도파(窣堵波 Ⓢ stūpa : 塔)에 공양하는 행업을 일으켜도 대과를 얻지 못하고, 아라한은 다른 이의 유혹을 받기도 한다는 등의 다섯 가지와 그 밖의 내용은 그 주장하는 것이 대부분 대중부의 주장과 같다. 制多山部 西山住部 北山住部 如是三部 本宗同義 謂諸菩薩 不脫惡趣 於窣堵波 興供養業 不得大果 有阿羅漢 爲餘所誘 此等五事 及餘義門 所執多同 大衆部說"라고 하였다. 〔참고문헌〕『異部宗輪論』, 『大乘法苑義林章』 권1(대정장45, p.250b27). ⇨소승이십부 小乘二十部, 십팔부 十八部, 대중부 大衆部, 대천오사 大天五事, 법무거래종 法無去來宗

제단 祭壇 제사를 지내는 단. 사단(祠壇)이라고도 한다. 『법구비유경』 권1(대정장4, p.581c23)에 "왕이 바로 바라문이 말한 대로 준비하여 사람과 코끼리・말・소・양 100마리를 몰고 갔는데, 가는 길마다 슬퍼하며 우는 소리가 천지를 진동하였다. 동문에서 나와 제단으로 가서 이들을 죽이고 하늘에 제사 지내려고 하였다. 王卽供辦 如其所言 驅人象馬 牛羊百頭 隨道悲鳴 震動天地 從東門出 當就祭壇 殺以祠天"라고 하였다. 〔참고문헌〕『法句譬喩經』, 『四分律行事鈔』 권상(대정장40, p.17c11). ⇨사단 祠壇, 제사 祭祠

제달라 制呾邏 Ⓢ Caitra, Citra의 음사어, Ⓣ nag-pa. 인도력(印度曆) 1월. 제달라(制怛羅)・조달라(祖怛羅)・달라(怛羅) 등으로도 음사하며, 중춘(仲春)이라고 한역한다. 음력 1월 16일부터 2월 15일까지에 해당한다. 『대당서역기』 권2(대정장51, p.876a4)에 "사시는 춘하추동이다. 봄의 석 달은 제달라월・베사거월・서슬타월을 말하는데, 이것은 1월 16일부터 4월 15일까지에 해당한다. 여름의 석 달은 알사다월・실라벌나월・바달라발타월이다. … 그러므로 인도의 스님들은 부처님의 가르침에 따라 우안거를 지키는데, 전삼월이나 후삼월이다. 전삼월은 5월 16일부터 8월 15일까지에 해당하며, 후삼월은 6월 16일부터 9월 15일까지에 해당한다. 전대의 경율 등을 한역한 이들은 좌하・좌랍 등이라 하였다. 四時 春夏秋冬也 春三月謂 制呾邏月 吠舍佉月 逝瑟吒月 當此從正月十六日至四月十五日 夏三月謂 頞沙荼月 室羅伐拏月 婆達羅鉢陀月 … 故印度僧徒 依佛聖教 坐雨安居 或前三月 或後三月 前三月當此從五月十六日至八月十五日 後三月當此從六月十六日至九月十五日 前代譯經律者 或云坐夏 或云坐臘"라고 하였다. 〔참고문헌〕『大唐西域記』, *Mvyut.253.* ⇨불교역법 佛教曆法

제달라 制怛羅 ❶Ⓢ caitra, Ⓣ nag-pa. 별 이름. 정월(正月)에 나타나는 별. 정월의 이름으로 쓰기도 한다. 『구사론기』 권30(대정장41, p.447c12)에 "제달라는 별 이름으로 정월에 출현하는 별이다. 정월도 이 별 이름에서 가져와 붙인 이름이다. 制怛羅 是星名 正月出現 正月 從此星爲名", 『대당서역기』 권2(대정장51, p.876a5)에 "춘삼월은 제달라월・베사거월・서슬타월이다.

중국 음력의 정월 16일부터 4월 15일까지 기간에 해당한다. 春三月 謂制呾羅月 吠舍佉月 逝瑟吒月 當此 從正月十六日 至四月十五日"라고 하였다. [참고문헌] 『俱舍論記』, 『大唐西域記』, *Abh-k-bh.473.* ⇨ 불교역법 佛敎曆法 **2** 사람 이름. 정월생이라 그 달에 따라 이름을 붙였다. 『일체경음의』 권70(대정장54, p.768a4)에 "제달라〈달은 도와 달을 반절한 음. 사람 이름이다. 이 말은 정월에 나타나는 별 이름이며, 서국에서는 사람 이름을 지을 때 이런 경우가 보통이다〉. 制呾羅〈都達反 人名也 此正月星名 西國立名多此也〉"라고 하였다. [참고문헌] 『一切經音義』.

제달라월 制呾羅月 Ⓢcaitra-māsa. 정월. 음력 정월 16일부터 2월 15일까지의 기간. 『신집장경음의수함록』 권19(고려장35, p.245b6)에 "제달라월〈이것은 남방의 별 이름이며, 한역하면 각숙이다. 『대당서역기』에 '중국 음력의 정월 16일부터 2월 15일까지에 해당하는 기간을 제달라월이라 한다'고 하였다〉. 制呾羅月〈此是南方星名 唐言角宿 西域記云 當此 正月十六日 至二月十五日 爲制呾羅月〉", 『사분율소식종의기』 권7(卍속장66, p.439a9)에 "정월 보름 이후를 제달라월이라 하니 연초이다. 중국의 건인월(建寅月)에 해당하는 달을 정월이라 하니 정월 보름 이후의 기간이다. 正月半後 名爲制呾羅月 卽爲年初 正當此方建寅爲正 正月半後"라고 하였다. [참고문헌] 『新集藏經音義隨函錄』, 『四分律疏飾宗義記』. ⇨ 제달라 制呾羅 **1**

제당 諦當 진실을 마주하다. 진실하여 여지가 없는 뜻이다. 『조당집』 권10 「현사사비장 玄沙師備章」(대장경보편25, p.489a9)에 "영운이 진실에 맞고 참으로 진실하지만 아직 사무치지는 못했다. 靈雲 諦當甚諦當 敢報未徹在", 『운와기담』 권상(卍속장148, p.22b2)에 "그가 깨우친 곳은 진실로 맞다. 마치 활을 쏘는 이와 같아 쏘는 화살마다 적중한다. 其悟處諦當 如人善射 所發皆中的", 『경덕전등록』 권13 「흥양청양전 興陽淸讓傳」(대정장51, p.301c28)에 "학인이 물었다. '대통지승불이 십겁 동안 도량에서 좌선하였지만 불법이 눈앞에 나타나지 않아 불도를 이루지 못하였는데 그 까닭은 무엇인지요?' '그 질문 참으로 진실에 맞는구나' '기왕에 도량에서 좌선하였는데 어째서 불도를 이루지 못했나요?' '그야말로 부처가 되려 하지 않았다'. 僧問 大通智勝佛 十劫坐道場 佛法不現前 不得成佛道時 如何 師曰 其問甚諦當 僧曰 旣是坐道場 爲什麼 不得成佛道 師曰 爲伊不成佛", 『굉지광록』 권6(대정장48, p.78a19)에 "불조이래로 원래 승속은 없었다. 다만 사람사람마다 진실에 당함이 있어서 몸소 진실을 증하고 얻는다. 불심종에 들어간다고 하며, 법의 그 깊은 끝마저 사무친다. 佛祖而來 元無僧俗 但人人有諦當 親證眞得處 名入佛心宗 徹法源底", 『오조법연어록』 권상(대정장47, p.655a7)에 "현사는 '진실을 마주해 깊히 진실하지만 아직 사무치지는 못했다'라고 한 말을 오조법연이 평가한다. '진실에 들어맞다니 무슨 말인가? 앞으로 삼십년 더 참구해야 비로소 얻으리'. 玄沙云 諦當甚諦當 敢保老兄未徹在 師云 說什麼諦當 更參三十年始得"라고 하였다. [참고문헌] 『祖堂集』, 『雲臥紀譚』, 『景德傳燈錄』, 『宏智廣錄』, 『五祖法演語錄』. ⇨ 제 諦

제당사 諦當事 진실을 마주하는 일. 여지없이 타당한 일의 뜻으로 불법의 요체. 『선종결의집』 「부징해타지경식미 復徵懈惰止境息迷」(대정장48, p.1015b23)에 '진실을 마주한 곳에서 다시 진실에 맞도록 이끈다. 지금 진실에 당해 드러난 일은 무엇일까? 학인들에게 전한다. 성성히 깨어 있어라! 진실을 마주하는 일이 지금 이 자리에 와 있다. 諦當處 更敎諦當去也 且道 卽今諦當事 作麽生 分付學人 惺惺著 諦當事 直下來也", 『경덕전등록』 권25 「청량법등전 淸涼法燈傳」(대정장51, p.415a11)에 "'어김없이 타당한 일은 무엇입니까?' '어김없이 타당하지 않다면 다른 곳에서 찾아라'. 曰 諦當事 如何 師曰 不諦當 卽別處覓"라고 하였다. [참고문헌] 『禪宗決疑集』, 『景德傳燈錄』. ⇨ 제당 諦當

제대 諸大 Ⓢbhūtāni. 모든 대(大). 사대종(四大種) 또는 사대(四大). 지수화풍(地水火風)을 말한다. 『대지도론』 권28(대정장25, p.264b23)에 "모든 물을 능히 변화시킬 수 있다. 지가 수가 되도록 하고, 수가 지가 되도록 하며, 풍이 화가 되도록 하고, 화가 풍이 되도록 한다. 이와 같이 모든 대종 다 뒤쳐 바꾼다. 亦能變化諸物 令地作水 水作地 風作火 火作風 如是諸大 皆令轉易", 『사리불아비담론』 권13(대정장28, p.613b16)에 "몸의 모든 대종을 관하라. 이 몸에는 오로지 지수화풍이라는 대종이 있을 뿐이다. 觀身諸大 此身中唯有 地水火風大", 『섭대승론석』 권12(대정장31, p.244a20)에 "보살이 생각하여 하고자 하는 대로 하니 뜻대로 모두 이룬다. 곧 지 등 모든 대종이 바뀌어 금 등이 되게 하므로 뜻대로 드러내 보인다고 한다. 如菩薩所思欲 如意皆成 謂於地等諸大 轉爲金等故 稱如意顯示"라고 하였다. [참고문헌] 『大智度論』, 『舍利弗阿毘曇論』, 『攝大乘論釋』, *Abh-k-bh.8.* ⇨ 대종 大種, 사대 四大 **1**

제대음계입 諸大陰界入 사대(四大)와 오음(五陰) 그리고 십팔계(十八界)와 십이입(十二入)을 함께 부르는 말. 『무량의경』(대정장9, p.385a3)에 "영원히 꿈처럼 허망한 사상을 끊어서 다시는 제대음계입이 없으시다. 永斷夢妄思想念 無復諸大陰界入", 『마하지관』 권5상(대정장46, p.52c17)에 "『무량의경』에 '부처님께서는 제대음계입이 없으시다'라는 말은 이전의 구음계입이 없다는 뜻이다. 여기서 있다고 한 말은 열반상주의 음계입이 있다는 뜻이다. 無量義經云 佛無諸大陰界入者 無前九陰界入也 今言有者 有涅槃常住 陰界入也"라고 하였다. 〔참고문헌〕『無量義經』, 『摩訶止觀』. ⇨ 사대 四大❶, 음계입 陰界入, 십이입 十二入, 십팔계 十八界

제도 制度 ❶ Ⓟ paññatta. 다스려 법도가 된 것. 『장아함경』 권2 「유행경 遊行經」(대정장1, p.11b29)에 "(七不退法 중) 세 번째는 법을 받들고 금기에 밝으며 다스리는 법도를 어기지 않아서 어른과 어린이가 잘 어울리니 법을 무너뜨리지 못할 것이다. 三曰 奉法曉忌 不違制度 則長幼和順 法不可壞"라고 하였다. 〔참고문헌〕『長阿含經』, *DN.2.74.* ❷ 다스려 지키게 함. 부처님께서 제정한 본보기로 계법 등을 말한다. 40권본 『대반열반경』 권8(대정장12, p.413a18)에 "또한 (阿闍梨의) 아(阿)란 다스려 건지다라 한다. 정계를 닦아 가져서 따라 순하는 위의다. 又復阿者 名曰制度 修持淨戒 隨順威儀", 『아비담비바사론』 권42(대정장28, p.318c29)에 "제도를 넘지 않는 사람은 천상에 나고 열반에 이르지만, 세존의 제자로서 이 학중에 제도를 무너뜨려 틈을 내고 어기는 사람은 몸이 다하고 목숨을 마치면 악취중에 난다. 不越制度者 得生天上 及到涅槃 世尊弟子 於此學中 破穿越制度者 身壞命終 生惡趣中", 『석씨요람』 권상 「법의 法衣」(대정장54, p.268a17)에 "율에는 제정한 법도가 있어 법에 따라 짓는 옷이므로 법의라 한다〈서천에서는 제단하기 이전의 천일지라도 모두 옷이라 부른다〉. 律有制度 應法而作 故曰法衣〈西天 一切帛未剪者 皆呼爲衣〉"라고 하였다. 〔참고문헌〕『大般涅槃經』, 『阿毘曇毘婆沙論』, 『釋氏要覽』. ⇨ 율 律, 계 戒, 제계 制戒

제도 諦道 Ⓢ satya-mārga. 진실에 이르는 길. 『대승입능가경』 권4(대정장16, p.614a16 : *Laṅk.*, p.184)에 "혹은 진실의 길을 얻음에 대해 그릇되게 분별하여 열반이라고 주장한다. 或計證於諦道 虛妄分別 以爲涅槃 anye punarmahāmate tīrthakarāḥ satyamārgādhigamānnirvāṇaṃ kalpayanti", 『주대승입능가경』 권7(대정장39, p.482c21)에 "'혹은 제도의 증득에 대해 그릇되게 분별하여 열반이라고 주장한다'라고 하였는데, 승거(僧佉 Ⓢ Sāṃkhya : 數論) 논사들은 이십오제(二十五諦)가 명성에서 생겨나고 사덕은 자연히 갖추니 이를 증득하는 것이 진실한 진리의 길이라 주장한다. 或計證於諦道 虛妄分別 以爲涅槃 僧佉論師 計二十五諦 從冥而生 自然四德 謂證眞實諦道"라고 하였다. 〔참고문헌〕『大乘入楞伽經』, 『注大乘入楞伽經』, *Laṅk.*

제도 濟度 Ⓢ √tṛ, tārayati, nayanti. 건져 건너게 하다. 생사고해(生死苦海)에 빠져있는 차안(此岸)의 중생을 건져 깨달음의 피안(彼岸)에 이르도록 하는 일로 제(濟)는 건지다의 뜻이고, 도(度)는 건너다의 뜻이다. 『불소행찬』 권3(대정장4, p.28c1)에 "세존께서는 이미 생사라는 큰 고해를 건너셨으니, 원컨대 깊이 빠져 있는 모든 중생들 제도하소서. 世尊已免度 生死大苦海 願當濟度彼 沈溺諸衆生", 『찬집백연경』 권3(대정장4, p.215a21)에 "부처님께서 뱃사공에게 말씀하셨다. '당신은 이제 나를 위해 모든 스님들을 건네주시오'. 뱃사공이 답하였다. '뱃삯을 주신 후에 건네 드리겠습니다'. 부처님께서 뱃사공에게 말씀하셨다. '나도 같은 뱃사공이오. 삼계중에 서로서로 제도하여 생사의 바다에서 벗어나게 하니 즐겁지 않은가? 저 앙굴마라도 분노가 치성하여 사람들을 살해하였지만 제도하여 생사의 바다에서 벗어나게 하였으며 … 나 이와 같이 한량없는 중생을 제도하여 모두 생사의 바다에서 벗어나게 했으나 그 값을 요구하지 않았거늘, 당신은 지금 어찌하여 이제 뱃삯을 받고서 건네주려 하는가?' 佛告船師 汝今爲我 渡諸衆僧 船師答曰 與我價直 然後當渡 佛告船匠 我亦船師 於三界中 互相濟度 出生死海 不亦快乎 如鴦掘摩羅 瞋恚熾盛 殺害人民 我亦度彼 出生死海 … 如是等比 無量衆生 我亦皆度 出生死海 盡不索直 汝今何故 特從我索 然後渡人", "그때 저 하류의 다른 뱃사공이 부처님의 설법을 듣고는 마음에 환희심이 들자 부처님 앞에 나아가 말씀드렸다. '제가 부처님을 위해서 저 모든 스님들을 건너게 하겠습니다' 하였고, 부처님께서 그렇게 하라 하자 배를 꾸미고는 스님들을 불러 타게 하였는데, 그때 모든 비구들이 허공에서, 저 강물 중에서, 때론 저 언덕에서 모여들었고 모든 뱃사공들은 부처님과 스님들이 이와 같이 갖가지로 신변을 나투는 것을 보더니, 깊이 공경해 믿는 마음을 품고 일찍이 있을 수 없는 일이라 찬탄하였다. 時河下流 復有船師 聞佛所說 心懷歡喜 便前白言 我今爲佛渡諸衆僧 佛卽然可 莊嚴船舫 喚僧乘船 時諸比丘 或在虛空 或在中流 或在彼岸 時諸船師 見佛及僧 現如是等種種神變 甚懷信敬 歎未曾有", "그때 앞서 뱃삯을 받으려던 뱃사공은 다른 뱃사공들이 부처님과 스님들 건네주길 마치자 다시 신변을 보고는 깊이 참괴하는 마음을 내고, 문득 오체투지하여 부처님께 귀의하였고 지심으로 참회하였다. 見後船師渡佛僧竟 復見神變 深生慚愧 卽便以身五體投地 歸誠向佛 至心懺悔", "이때 아난이 부처님께 여쭈었다. '여래께서는 귀하고 진중하셔서 잘 미소지으시지 않으시는데, 어찌하여 지금 미소지으십니까' … 부처님께서 말씀하셨다. '그대 지금 이 뱃사공이 참괴하고 자책하며 공양을 베풀고 참회하는 것 보지 못했느냐?' 아난이 사루길 '그렇습니다' 하니 '저 뱃사공 이렇게 참회하고 재를 베푼 공덕으로 미래세에 십삼겁을 지나서는 지옥축생아귀천상인간중에 떨어지는 일 없이 최후신을 받아서 벽지불을 성취하리니, 그 이름 도생사해광도

중생불가한량이다. 이래서 미소지었다. 爾時 阿難 而白佛言 如來尊重 不妄有笑 以何因緣 今者微笑 … 佛告阿難 汝今見是船師慚愧自責設供懺悔不 阿難白言 唯然已見 彼船師者 以是懺悔設供功德 於未來世 經十三劫 不墮地獄畜生餓鬼天上人中常受快樂受最後身 得成辟支佛 號曰度生死海廣度衆生不可限量 是故笑耳"라고 하였다. [참고문헌] 『佛所行讚』, 『撰集百緣經』, *Av-ś.68.*, *Saddh-p.46.* ⇨ 구도 救度

제도 濟渡 강이나 바다를 건너다. 건져내다. 생사윤회의 고해(苦海)에 빠진 중생을 건져내어 열반의 언덕에 이르게 하다. 도(渡)는 도(度)와 같이 쓴다. 『별역잡아함경』 권7(대정장2, p.424b3)에 "저들 비구와 비구니는 나의 법을 듣고 나서 내게 의지하여 머물렀고 나에게 귀의하였으며 나에게 기대었으니 나는 배 주인으로서 그들을 건네준다. 彼比丘 比丘尼 聽我法已 依止我住 歸依於我 依憑於我 我爲舟主 而濟渡之", 『불본행집경』 권14(대정장3, p.717c6)에 "삼계는 생노병의 불길이 거세게 타오르고 굶주림과 갈증의 뜨거운 열기가 식은 적이 없으니 마땅히 이 세상을 위해 큰 다리가 되어 그곳의 중생을 제도하여 저편 언덕에 돌아가도록 하리라. 三界生老病火熾 飢渴熱炎不曾休 應當爲世作大橋 濟渡令歸到彼岸", 『잡보장경』 권8(대정장4, p.485b25)에 "왕이라는 신분은 온 나라 사람들이 돌아와 우러르니 왕은 마땅히 다리와 같이 하여 만민을 건너게 해야 한다. 夫爲王者 率土歸仰 王當如橋 濟渡萬民", 『불모보덕장반야바라밀경』 권중(대정장8, p.681a15)에 "공무상무원을 행하지만 고요하고 행상 없음을 구하지는 않으니, 마치 뱃사공이 물을 잘 건너지만 양편의 언덕에 집착하지 않고 물 중간에서 흐르지 않는 것과 같다. 行空無相無願行 不求寂靜無行相 亦如船師善濟渡 不著兩岸非中流", 80권본 『화엄경』 권54(대정장10, p.286c7)에 "지혜는 드넓고 거대하여 기울어서는 안 되니 장차 정각을 이루면 생사의 바다에서 모든 중생을 평등하게 건져내리라. 智慧廣大 不可傾動 當成正覺 於生死海 平等濟渡 一切衆生", 40권본 『대반열반경』 권9(대정장12, p.420c18)에 "또한 선남자야! 마치 큰 배가 바다의 이 언덕에서 저 언덕에 이르렀다가 다시 저 언덕에서 이 언덕으로 돌아오는 것과 같다. 여래응정변지께서도 이와 같으시다. 대열반이라는 대승보배 실은 배에 올라 두루 어디나 오가면서 중생을 건져내신다. 있는 곳 어디서나 건져내야 할 이들은 모두 여래의 몸을 보도록 하신다. 이러한 뜻에 따라 여래의 이름을 위없는 뱃사공이라 한다. 復次善男子 譬如大船 從海此岸 至於彼岸 復從彼岸 還至此岸 如來 應 正遍知 亦復如是 乘大涅槃 大乘寶船 周旋往返 濟渡衆生 在在處處 有應度者 悉令得見 如來之身 以是義故 如來名曰 無上船師", 『화엄경결의론』 권3하(대정장36, p.1037a20)에 "이 위는 방향을 돌이켜 생사의 바다로 들어가 그곳에 빠진 중생을 건져내도록 하므로 뱃사공의 형상을 본뜨는 것이다. 此位迴令 入於生死海 濟渡沈倫生死衆生故 以船師像之"라고 하였다. [참고문헌] 『別譯雜阿含經』, 『佛本行經』, 『雜寶藏經』, 『佛母寶德藏般若波羅蜜經』, 『華嚴經』, 『大般涅槃經』, 『華嚴經決疑論』.

제두뢰타 提頭賴吒 Ⓢ Dhṛtarāṣṭra, Ⓟ Dhataraṭṭha, Ⓣ yul-'khor-srung. 사천왕(四天王) 중 동방을 다스리는 천왕. 제다라타(提多羅吒)라고도 음사하고, 지국천(持國天)이라 한역한다. 『장아함경』 권5 「사니사경 闍尼沙經」(대정장1, p.35a20)에 "제두뢰타는 동방에 앉아 서쪽을 바라보고 제석은 그 앞에 자리잡는다. 提頭賴吒 在東方坐 其面西向 帝釋在前", 『관정경』 권7(대정장21, p.516a25)에 "동방의 천왕은 제다라타라 한다. 갖가지 뜻밖의 재난과 물이나 불의 변고를 주관한다. 신왕의 이름으로 누르는 길상이다. 東方天王 名提多羅吒 主諸災橫 水火變怪 以神王名 厭之吉祥", 『법화경과주』 권8(卍속장49, p.75b4)에 "범어 음사어 제두뢰타는 제다라타라고도 음사하며 지국 또는 안민이라고도 한역한다. 국토를 보호하고 지킨다는 등의 뜻이다. 梵語 提頭賴吒 亦云提多羅吒 此云 持國 又翻安民 以能護持國土等故"라고 하였다. [참고문헌] 『長阿含經』, 『灌頂經』, 『法華經科註』, *Mvyut.171.*, *DN.2.207.* ⇨ 사천왕 四天王, 다타랏타 Dhṛta-rāṣṭra ❹, 지국천 持國天

제등 梯隥 ❶ 점점 높이 올라가는 사다리나 층계. 돈교(頓敎)에 상대한 점교(漸敎)를 비유한다. 『불소행찬』 권5(대정장4, p.43a11)에 "계를 청정하게 지키는 것은 사다리나 층계가 되어 사람을 하늘에 오르게 하네. 정계를 건립하는 이는 이것으로 말미암아 번뇌도 약해지네. 淨戒爲梯隥 令人上昇天 建立淨戒者 斯由煩惱微", 『마하지관』 권1(대정장46, p.1c3)에 "점이란 처음에는 얕은 것에서 나중에 깊어지는 것으로 저 사다리나 층계와 같다. 漸則初淺後深 如彼梯隥", 『지관보행전홍결』 권1(대정장46, p.150a10)에 "다음 점은, 이전에 행상을 해석하는 가운데에서 '점은 사다리나 층계와 같다'라고 말하였다. 제는 『설문』에 '나무사다리'라고 하였다. 아주 높은 곳에는 사다리를 쓰고 다음 높은 곳에는 계단을 쓴다. 그러므로 『대경』 제8에 '모든 세간을 교화하고 제도하려고 하기에 차별의 모습을 갖가지로 시현함이 저 사다리나 계단과 같다'라고 하였다. 次漸則去釋行相中云 漸如梯磴者 梯者 說文云 木階也 極高用梯 次高用磴 故大經第八云 爲欲化度諸世間故 種種示現差別之相 如彼梯隥"라고 하였다. [참고문헌] 『佛所行讚』, 『摩訶止觀』, 『止觀輔行傳弘決』. ⇨ 점교 漸敎 ❷ 사다리나 계단과 같은 삼보. 사다리를 타고 위로 오르는 것처럼 중생을 불법으로 인도하는 뜻에서의 삼보를 말하며 삼보에도 우열이 있음을 알게 하기 위해 사다리의 비유를 쓴다. 『대반열반경소』 권11(대정장38, p.106b8)에 "먼저 옛 삼보를 들고 나중에야 버림을 권한다. 옛 별체 중 머리를 들어 불보를 비유하니, 머리가 가장 위에 있기 때문이다. 사지와 손발은 법보와 승보를 비유하니, 중생을 교화하기 위하여 나무 사다리와 계단을 보이는 것이다. 先出昔三寶 後乃勸捨 昔別體中 擧頭譬佛寶 頭最爲上 支節手足譬法僧 爲化衆生示此梯隥", 『열반경소사기』 권6(卍속장57, p.847b18)에는 "이 사다리와 계단을 보이는 것은, 아래로부터 위로 오르는 것이 사다리이니 이것은 삼보의 승열로 같지 않음을 설하는 것이다. 示此梯隥者 從下至上 名之爲梯 說此三寶勝劣不同耳", 『열반경소삼덕지귀』 권8(卍속장58, p.633b10)에도 "이 세 가지 사항을 세 가지 인에 배대하여 사용한다 … 세 가지 사항은 곧 삼보이다. 이 사다리를 보이는 것은 높고 낮은 등급이 저 사다리나 돌층계와 같다는 것이다. 以此三事用配三因 … 三事卽三寶也 示此梯隥者 高下等級 如梯如隥"라고 하였다. [참고문헌] 『大般涅槃經疏』, 『涅槃經疏私記』, 『涅槃經疏三德指歸』. ⇨ 삼보 三寶

제등 提燈 등을 들다. 들고 다닐 수 있는 등. 『전계정범』 권2(卍속장107, p.50b16)에 "그러므로 청하오니 대중 가운데 대덕은 돌아다니며 정숙하여 참회하는 모습인지 살펴주십시오. 저들로 하여금 삼업이 발동하여도 일심으로 태만하지 않게 해야 하니 자기를 굽혀 다른 사람 된다 할 수 있으므로 수고로움을 사양하지 마십시오. 〈대중이 일제히 차수하고 답하며〉 명대로 하겠습니다. 〈대답을 마치고 위를 향하여 차수하고 문신하여 나온다. 각기 등을 갖춰 들고 엄숙하고 고요히 살핀다〉. 故請衆大德檢巡察視 整肅儀 令彼三業翹勤 一心無怠 可謂曲己成人 幸勿辭勞 〈衆齊叉手答云〉 如命 〈答已 向上叉手問訊而出 各備提燈 嚴肅淸察〉, 『법계성범수륙대재보리도량성상통론』 권1(卍속장129, p.615a4)에 "세 갈래 깨끗한 길에 제등·제로·제번을 두는 선반을 나누어 세운다. 三淨道旁 分立提燈提爐提旛之架", 『다송시고』 권1 「납팔재 臘八齋」(한불전12, p.643b24)에 "등을 들고 참으로 돌아가신 자취를 찾으려 하니 정에 든 고승이 꿈꾸다 문득 돌아오네. 提燈欲覓眞歸蹟 入定高僧夢便回"라고 하였다. 같은 책 권1(한불전12, p.640a8)에 「사팔일제등 四八日提燈」이 전한다. [참고문헌] 『傳戒正範』, 『法界聖凡水陸大齋普利道場性相通論』, 『茶松詩稿』.

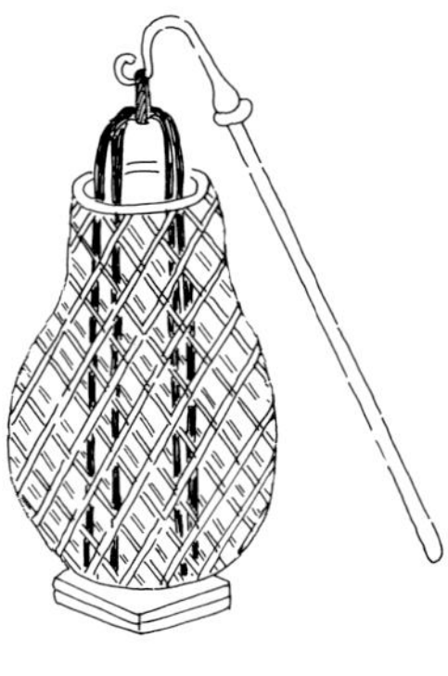

제라 帝攞 S taila의 음사어, T 'bru-mar. 호마(胡麻)의 기름. 『범어잡명』(대정장54, p.1231c1)에 "기름. 제라. 油 帝攞"라고 하였다. [참고문헌] 『梵語雜名』, 『起世經』 권10(대정장1, p.363a7), *Mvyut.232*.

제라부하 梯羅浮訶 P Theraguhā의 음사어. 존자가 거처하던 굴(窟)의 이름. 60권본 『화엄경』 권29(대정장9, p.590b2)에 "난제발단나성에 보살의 거주처가 있는데 그 이름이 제라부하이다. 과거 보살들이 항상 이곳에 머물렀다. 難提拔檀那城 有菩薩住處 名梯羅浮訶 過去諸菩薩 常於中住", 『화엄경탐현기』 권15(대정장35, p.391c13)에 "제라부하는 상좌라 한역한다. 존자를 이름하며 그가 이 굴에 거처하였기에 이름으로 삼았다. 梯羅浮訶者 此云上座 卽尊者之名 以居此窟故 因以爲目"라고 하였다. [참고문헌] 『華嚴經』, 『華嚴經探玄記』.

제라석가가람 鞮羅釋迦伽藍 S Telāḍhaka. 고대 인도 마가다국(S Magadha)에 있었던 절. 석은 택(擇)으로 쓰기도 한다. 파타리자성(波吒釐子城 S Pāṭaliputra : 華氏城) 서남쪽 방향 3백여 리 지점에 있었다고 전한다. 『자은전』 권3(대정장50, p.236b4)에서 언급한 지라책가사(低羅磔迦寺)와 같은 절로 보이고, 『남해기귀내법전』 권4(대정장54, p.229c13)에서 언급한 저라다사(羝羅茶寺)와는 다른 사찰로 보인다. 『대당서역기』 권8 「마게다국 摩揭陀國」(대정장51, p.913b18)에 "파타리자성 서남쪽으로 2백여 리 지점에 가람터가 남아 있고 그 곁에 솔도파가 있다. … 그 옛 가람터에서 서남쪽으로 백여 리를 가면 제라석가가람에 이른다. 마당을 갖춘 건물은 네 채이고 관각은 3층이며 숭대는 몇 길이나 되고 겹문이 활짝 열려 있다. 이는 빈비사라왕의 먼 후손이 건립한 가람이다. 재능 있는 이를 초청하고 덕 높은 이를 널리 끌어들이자 이역의 학인과 먼 지방의 빼어난 지식인들이 무리를 지어 좇아오고 겨루는 이들도 당도하였다. 승도 천 여 명은 함께 대승을 배우고 있다. … 중앙 정사의 서 있는 불상은 높이가 석 장이고 왼쪽에는 다라보살상, 오른쪽에는 관자재보살상이 있다. 이 세 상은 놋쇠 주물로 조성하였는데, 위신이 숙연하고 그윽한 빛이 멀리까지 비춘다. 정사에는 각기 사리가 한 되씩 보관되어 있는데 신비한 빛이 비추일 때면 상서로운 조짐이 간혹 일어난다. 제라석가가람에서 서남쪽으로 90여 리를 가면 큰 산에 당도하는데 구름은 짙고 돌이 가득 차 있으니, 영험한 신선이 머무르는 곳이다. 독사와 흉포한 용은 굴 깊은 곳에 똬리 틀고 있고 맹수와 맹금은 그 숲에 매복하거나 깃들어 있다. 산 정상에는 큰 반석이 있고 그 위에 솔도파를 건립하였는데, 높이가 10여 척으로 부처님께서 정에 들었던 곳이다. 城西南隅二百餘里 有伽藍餘址 其傍有窣堵波 … 故伽藍

西南行百餘里 至鞮羅釋迦伽藍 庭宇四院 觀閣三層 崇臺累仞 重門洞啓 頻毘娑羅王末孫之所建也 旌召高才 廣延俊德 異域學人 遠方髦彦 同類相趨 肩隨戾止 僧徒千數 並學大乘 … 中精舍佛立像高三丈 左多羅菩薩像 右觀自在菩薩像 凡斯三像 鍮石鑄成 威神肅然 冥鑒遠矣 精舍中各有舍利一升 靈光或照 奇瑞間起 鞮羅釋迦伽藍西南九十餘里 至大山 雲石幽蔚 靈僊攸舍 毒蛇暴龍 窟穴其藪 猛獸鷙鳥 棲伏其林 山頂有大盤石 上建窣堵波 其高十餘尺 是佛入定處也"라고 하였다. [참고문헌]『慈恩傳』, 『南海寄歸內法傳』, 『大唐西域記』. ⇨ 저라다사 羝羅茶寺, 지라책가사 低羅磔迦寺, 화씨성 華氏城

제량 濟亮 1602~1681. 청대 스님. 자는 회여(灰如). 속성은 왕(王)씨. 강서성(江西省) 평향(萍鄉) 출신. 유학을 섬기던 집에서 태어나 나이 서른에 수림자성(繡林自性)을 은사로 출가한 다음 대수증공(大樹證公) 문하에서 참구하였다. 이어서 천동(天童)·삼봉(三峰) 등을 친견하였고, 천릉(天隆)에서 문석(問石)을 만나 향을 품고 질문을 올리려다가 한 마디를 듣고서 깨달아 묵은 의문을 풀었다. 그 뒤 협산(夾山)에 은거하였고 대중의 거듭된 요청에도 나오지 않았다. 순치년간(1644~1661) 공안보자사(公安報慈寺)에 주석해 달라는 청에 응하였다. 냉엄한 성정에 용맹한 장부도 그 위의를 보고는 두려움에 엎드렸다. 1681년(강희20) 11월 29일 세수 80, 법랍 49세로 입적하였다. [참고문헌]『新續高僧傳』 권57(대장경보편27, p.417b9).

제력사관증제다 諸力士冠增制多 Ⓟ Makuṭabandhanaṃ nāma mallānaṃ cetiyaṃ. 고대 인도 십육대국 중 하나인 마라국(摩羅國)에 있던 천관사(天冠寺). 석가모니부처님의 유해를 안치하고 다비한 곳이다. 『대비바사론』 권191(대정장27, p.956c5)에 "어떤 사람은 말한다. '부처님께서는 일찍이 여기에서 여러 번 몸과 목숨을 버리셨기 때문이다. 저 경에서는 「부처님께서 아난에게 말씀하셨다. 나아가 구시성의 금하쌍사라림에 제력사관증제다가 있으니, 경계의 둘레가 반듯하게 12유선나인 땅이다. 여래께서는 여기에서 여섯 번이나 전륜왕의 몸과 목숨을 버렸으며, 지금 일곱 번째로 여래응정등각의 몸과 목숨을 버리려고 하신다」라고 하였다'. 有說 佛曾於此 數數捨身命故 如彼經說 佛告阿難 乃至拘尸城 有金河雙娑羅林 諸力士冠增制多 界分周匝 正等十二踰繕那地 如來於此 六返捨轉輪王身命 今第七返捨如來應正等覺身命"라고 하였다. [참고문헌]『大毘婆沙論』, *DN.2.160.* ⇨ 천관사 天冠寺, 마라국 摩羅國

제련 齊璉 1073~1145. 조동종(曹洞宗) 스님. 속성은 모(牟)씨. 동주(潼州 : 四川省) 중강(中江) 출신. 나이 열셋에 출가하여 오조법연(五祖法演)·위산모철(潙山慕喆)·백장원숙(百丈元肅) 등에게 법을 물었고, 결국은 정인사(淨因寺)의 부용도해(芙蓉道楷) 문하에서 그 법을 이었다. 장안(長安 : 陝西省) 천녕사(天寧寺)와 성도(成都 : 四川省) 대지사(大智寺)에 주석하면서 종풍을 널리 알렸다. 1145년(소흥15) 11월 4일 세수 73, 법랍 60세로 입적하였다. [참고문헌]『續傳燈錄』 권12(대정장51, p.542c24), 『嘉泰普燈錄』 권5(卍속장137, p.106b17), 『五燈會元』 권14(卍속장138, p.537a15).

제료보방 諸寮報榜 모든 요사에 알리는 알림방. 『백장청규』 권5(대정장48, p.1141a13)에 "유나는 모든 요사에 알린다〈양식은 뒤에 나온다〉. 행자는 대중의 뭇 요사마다 내판을 세 번 내린다. … 방식 : 괘탑. 하나, 학인 아무개 상좌 아무개 고을 아무개 성씨, 모계. 아무개상좌 금월 ○일 당사 아무개 알림. 시사에게 알릴 때 신이라 하는 것은 주지를 존중함이다. 전당수좌·시사·중료에게는 반드시 계차와 고을이름을 갖추어서 적어 주되 나머지는 다 적지 않는다. 維那發諸寮報榜〈式見後〉 行者引至衆寮鳴內板三下 … 榜式 掛搭 一 僧 某甲上座 某州人氏 某戒 某甲上座 今月 日堂司 某報 報侍司曰申 尊住持也 前堂首座 侍司衆寮 必具戒次州名 餘皆不具"라고 하였다. [참고문헌]『百丈清規』.

제료소판 諸寮小板 각 요사(寮舍) 앞에 있는 작은 운판(雲板). 제료판(諸寮版)이라고도 한다. 『선림상기전』 권18(불광장, 禪藏, p.1396)에 "제료소판 : 『백장청규』 「법기장」에서 '방장·고사·수좌료 및 여러 요사에 각각 소판이 있다. 아침에 기상하는 시간에 모든 요사에서 이것을 길게 치고 대중에게 알릴 때 각각 세 번씩 내린다'고 하였다. 諸寮小板 敕修清規法器章云 方丈 庫司 首座寮 及諸寮 各有小板 開靜時 皆長擊之 報衆時 各鳴三下"라고 하였다. [참고문헌]『禪林象器箋』, 『百丈清規』 권8(대정장48, p.1155c23). ⇨ 운판 雲板

제루이진 諸漏已盡 Ⓢ kṣīnāsrava, Ⓣ zag-pa-zad-pa. 모든 번뇌가 이미 다 사라짐. 삼루(三漏 : 欲漏 有漏 無明漏)를 다하여 아라한과를 성취한 뜻이다. 『법화경』 권1(대정장9, p.1c20 : *Saddh-p.*, p.1)에 "대비구 무리 만이천명은 모두 아라한이 되었는데 모든 번뇌 이미 다하여 다시는 번뇌함이 없었다. 大比丘衆萬二千人俱 皆是阿羅漢 諸漏已盡 無復煩惱 mahatā bhikṣusaṃghena sārdhaṃ dvādaśabhirbhikṣuśataiḥ sarvairarhadbhiḥ kṣīṇāsravairniḥkleśair", 『법화론소』 권1(대정장40, p.788b7)에 "모든 번뇌가 이미 다하였기에 아라한이라 하고, 마음에 자재함을 얻었기에 모든 번뇌 이미 다하였다고 한다. 謂諸漏已盡故 名爲阿羅漢 以心

得自在故 名爲諸漏已盡",『유가론기』 권8(대정장42, p.481c24 · 한불전13, p.633a2)에 "'모든 번뇌 이미 다 했다'고 한 것은 삼루가 다했기 때문이다. 云諸漏已盡者 以三漏盡故"라고 하였다. 〔참고문헌〕『法華經』, 『法華論疏』, 『瑜伽論記』, *Saddh-p.*, *Śrāv-bh.508.* ⇨ 아생이진 我生已盡, 아라한 阿羅漢

제륜기해 臍輪氣海 배꼽 아래 기의 바다. 단전(丹田)을 말한다. 『임제록』(대정장47, p.501c8)에 "대덕이여! 소리와 이름과 글 마디는 모두 다 이 옷을 갈아입는 것이다. 배꼽 밑 단전의 북을 두드리고 치아를 마주쳐서 구의 뜻을 만든 것이니 이것이 허깨비 조화임을 분명하게 알 수 있다. 大德 但有聲名文句 皆悉是衣變 從臍輪氣海中鼓激 牙齒敲磕 成其句義 明知是幻化"라고 하였다. 〔참고문헌〕『臨濟錄』.

제륜사 濟淪寺 위치 미상. 이색(李穡 1328~1396)의 『가정집』 권2 「유천태산제륜사 遊千太山濟淪寺」(한국문집총간3, p.227a9)에 "얕은 산이 병풍처럼 끌어안은 범왕의 궁전, 산 바깥 사람 사는 곳에서도 저녁 종소리 듣는다네. 淺山屛擁梵王宮 山外人家聽暮鍾"라고 하였다. 〔참고문헌〕『稼亭集』.

제리 諦理 Ⓢ satya. 진실한 이. 사성제(四聖諦)를 말한다. 『구사론』 권24(대정장29, p.127a4 : *Abh-k-bh.*, p.365)에 "만약 그렇다고 한다면, 이생(異生 : 凡夫)도 유학이라 해야 할 것이다. 그렇지 않다. 아직 여실하게 사제의 뜻을 지견하지 못했기 때문이며, 그들이 수용한다 해도 바른 배움을 잃을 수 있기 때문이다. 若爾異生應名有學 不爾 未如實見知諦理故 彼容後時失正學故 pṛthagjano 'pi śaikṣaḥ prāpnoti. na. yathābhūtaṃ satyāprajñānāt punaścāpaśikṣaṇāt", 『순정리론』 권68(대정장29, p.711b10)에 "견도소단의 번뇌는 진실한 뜻에 미혹해 아 등의 상에 집착하지만, 사제의 뜻 중에는 아 등의 상 등이 없다는 것은 이치로 정한 것이어서 반드시 의지할 수 있기에 성자의 지견에는 퇴실이 없다. 見斷惑迷於諦理 執我等相 諦理中無 理定可依 聖見無退"라고 하였다. 〔참고문헌〕『俱舍論』, 『順正理論』, *Abh-k-bh.* ⇨ 제 諦, 사성제 四聖諦

제리야구유니가 帝利耶瞿榆泥伽 Ⓢ tairyag-yonika의 음사어. Ⓣ dud-'gro'i-skye-gnas-pa. 방생(傍生) · 방행(傍行)으로 한역한다. 축생(畜生)의 뜻이다. 『번역명의집』 권2(대정장54, p.1087b29)에 "제리야구유니가 : 방행으로 한역한다. 이 도의 중생은 대부분 엎드려 다닌다. 『대비바사론』에서 '그 모습이 가로이기에 그 걸음걸이 역시 옆으로 가는 모습이다'라고 하였다. 바로잡는다. 하는 행위가 올바르지 않으면 방생의 과보를 받는다. 하늘을 짐 지고 다니기에 방행이라 한다. 帝利耶瞿榆泥伽 此云旁行 此道衆生 多覆身行 婆沙云 其形旁故 其行亦旁 刊正云 行行不正 受果報旁 負天而行 故云旁行"라고 하였다. 〔참고문헌〕『翻譯名義集』, *Bodh-bh.168.* ⇨ 방생 傍生, 축생 畜生, 지율거 底栗車

제리예합장 啼哩曳合掌 십이합장(十二合掌) 중 하나. 횡주지합장(橫柱指合掌)이라고도 한다. 『대일경소』 권13(대정장39, p.714c29)에 "열번째는 양손바닥을 위로 향하되 양손의 중지 끝을 서로 붙여 위를 향하게 한다. 이를 제리예합장〈횡주지합장이라 한다〉이라 한다. 第十次仰二手掌 令二手中指頭相接而仰之 名啼哩曳合掌〈此名橫柱指合掌〉"라고 하였다. 〔참고문헌〕『大日經疏』. ⇨ 십이합장 十二合掌, 횡주지합장 橫柱指合掌

제립 制立 ❶ Ⓢ pra-√jñā, prajñapayanti, Ⓣ 'cha'-bar-byed-pa. 다스려 세우다. 법(法)과 학처(學處) 등을 정하여 지키게 하는 일을 말한다. 『해심밀경』 권4(대정장16, p.706b22)에 "또한 보살들은 다스려 세운 율의와 모든 학처를 아주 잘 안다. 又諸菩薩 能善了知 制立律儀 一切學處", 『마하승기율』 권1(대정장22, p.228a20)에 "원하건대 왕께서 장차 이들을 위해 형벌을 다스려 세워 지극히 즐거운 이곳에 온갖 근심거리가 생기지 않도록 해주십시오. 願王當爲斯等 制立刑罰 莫令極樂 生諸過患", 『유가사지론』 권43(대정장30, p.530b4 : *Bodh-bh.*, p.150)에 "무엇이 보살과 선사가 좋아하는 말인가? 이러한 말에는 대략 다섯 가지가 있음을 알아야 한다. 모든 보살은 교화할 중생을 위해 여래와 보살들의 인연이 있는 법과 속박에서 벗어나는 법과 의지할 만한 법과 용맹한 결단이 있는 법과 신변이 있는 법을 설해준다. 만약 설하는 법이 처를 얻고 인이 있으며 다스려 세운 학처라면, 이 때문에 이 법을 인연이 있다고 한다. 云何菩薩善士愛語 當知 此語略有五種 謂諸菩薩 爲所化生 能說如來 及諸菩薩 有因緣法 有出離法 有所依法 有勇決法 有神變法 若所說法 得處有因 制立學處 是故 此法名有因緣 tatra katamā bodhisattvānāṃ sat-puruṣāṇāṃ satpuruṣapriyavāditā. sā pañcavidhā draṣṭavyā. iha bodhisattvabhūtāstathāgatabhūtāśca bodhisattvāḥ sanidānameva vineyānāṃ dharmaṃ deśayanti saniḥsaraṇaṃ sapratisaraṇaṃ saparākramaṃ saprātihāryam. sthāne sotpattikaṃ śikṣāpadaṃ prajñapayanti. tasmāt eṣāṃ dharmaḥ sanidāno bhavati"라고 하였다. 〔참고문헌〕『解深密經』, 『摩訶僧祇律』, 『瑜伽師地論』, *Bodh-bh.* ❷ Ⓢ upacāra, Ⓣ nye-bar-'dogs-pa. 법(法)을 잡아 인과를 정하고 이름을 짓는 일. 오온(五蘊) · 십이처(十

二處) 등으로 뜻을 가져 이름을 정하는 일을 말한다. 『유가사지론』 권36(대정장30, p.488a19 : *Bodh-bh.*, p.30)에 "마땅히 알라. 오직 이것(勝義의 자성)만이 무분별지로 행하는 경계다. 모든 법과 모든 일에 있어서 따라 언설이 일어난다. 저 법과 저 사마다에 자성이 있다는 것은 이와 같이 하나의 법과 하나의 사에는 응당 다양한 자성이 있어야만 한다. 왜 그런가? 하나의 법과 하나의 사에서 다양한 가설을 다스려 세움으로서만이 말로 드러내야 하기 때문이다. 當知 唯是無分別智 所行境界 若於諸法諸事 隨起言說 卽於彼法彼事 有自性者 如是一法一事 應有衆多自性 何以故 以於一法一事 制立衆多假說 而詮表故 sa cetpunaryathaivābhilāpo yeṣu dharmeṣu yasminvastuni pravartate tadātmakāste dharmā vā tadvastu syāt. evaṃ sati bahuvidhā bahavaḥ svabhāvā ekasya dharmasyaikasya vastuno bhaveyuḥ. tat kasya hetoḥ. tathā hyekasmindharme ekasminvastuni bahuvidhā bahavo bahubhirabhilāpaiḥ prajñaptaya upacārāḥ kriyante", 『열반경소사기』 권7(卍속장57, p.876b7)에 "다섯째 제립을 밝힌다. 제란 이름을 짓는다는 뜻이고, 입이란 법을 세운다는 말이다. 곧 법을 잡아 그 인과를 정하므로 세운다고 한다. 五 明制立者 制謂制名 立謂立法 卽是約法定其因果 故名立也"라고 하였다. [참고문헌] 『瑜伽師地論』, 『涅槃經疏私記』, *Bodh-bh.* **3** Ⓢ vyavasthāna-samāyoga, Ⓣ bsdebs-pa. 십이분교에 맞게 다스려 세우다. 『유가사지론』 권46(대정장30, p.547b22 : *Bodh-bh.*, p.198)에 "무엇을 가리켜 법을 시설하여 건립한다고 하는가? 부처님께서 말씀하신 소달람(경장) 등 십이분교를 차제로 결집하고 차제로 안치하며 차제로 다스려 세우는 것을 가리켜 법을 시설하여 건립한다고 한다. 云何名法施設建立 謂佛所說 素呾纜等 十二分敎 次第結集 次第安置 次第制立 是名爲法施設建立 tatra yā dvādaśāṅgasya sūtrādikasya vacogatasyānupūrvaracanā anupūrvavyavasthānasamāyogaḥ. idamucyate dharmaprajñaptivyavasthānam"라고 하였다. [참고문헌] 『瑜伽師地論』, *Bodh-bh.*

제망 帝網 Ⓢ indra-jāla, Ⓣ dbang-po'i-dra-ba. 제석망(帝釋網) 또는 천제망(天帝網). 음사어와 한자를 합하여 인다라망(因陀羅網)이라고도 한다. 『화엄경소』 권12(대정장35, p.582b11)에 "제망과 같다는 말은 크게 나눠 펼침은 수레바퀴인 듯하고, 그 특별함이 있다 함은 제석전의 그물이 천주로 엮여 있어서 하나의 가장 큰 구슬을 중심에 놓고 순서대로 그 다음 구슬들을 그물에 꿰어 큰 구슬 중심으로 빙 두르며, 이런 방식으로 거듭하여 번갈아 둘러쳐서 무수한 겹을 경과한다. 상하와 사면의 네 모퉁이에서 바라본다면 모두 위와 아래 줄마다 일정한 간격으로 들어맞는다. 言如帝網者 大都分布 則似車輪 其有別者 謂帝釋殿 網貫天珠成 以一大珠當心 次以其次大珠 貫穿匝繞 如是展轉遞繞 經百千匝 若上下四面四角望之 皆行伍相當", 같은 책 권11(대정장35, p.576b9)에 "여덟 번째, 겹겹이 드러나 걸림없음이다. 하나의 티끌중에 일체찰이 나타나고, 그들 세계 안의 티끌마다에 또 세계가 나타남도 또한 그렇다. 겹치고 또 겹쳐서 끝이 없는 모양이 마치 제망과 같다. 八 重現無礙 謂於塵中 見一切刹 刹內塵中 見刹亦然 重重無盡 如帝網故, 『화엄경소초현담』 권2(卍속장8, p.409b5)에 "아홉째, 제망과 같다는 말을 푼다. 저들 하나하나의 티끌이 이미 각자 무한한 세계 전체를 끌어안고 있으며 이들 세계에 또 티끌이 있고 그 모든 티끌 안에 다시 세계 전체가 들어 있다. 이러하니 티끌 하나마다 끝이 없고 세계 하나마다 한계가 없다. 마치 제석천 궁전의 그물이 겹겹이 겹치고 또 겹쳐서 불가설의 수인 것과 같다. 九 猶帝網者 彼一一微塵 旣各攝無邊刹海 卽此刹等 復有微塵 彼諸塵內 復有刹海 是則 塵塵不盡 刹刹無窮 如帝釋殿網 重重重重不可說"라고 하였다. [참고문헌] 『華嚴經疏』, 『華嚴經疏鈔玄談』, *Gaṇḍ-vy.20.*, *Laṅk.28.* ⇨ 제석 帝釋, 제석망 帝釋網, 인다라망 因陀羅網**1**, 제망중중 帝網重重, 당망 幢網, 망주 網周

제망매가 祭亡妹歌 신라 경덕왕(재위 742~765) 때 월명사(月明師)가 먼저 떠난 누이를 기려 지은 10구체 향가. 위망매영재가(爲亡妹營齋歌)라고도 한다. 『삼국유사』 권5(대정장49, p.1013c8 · 한불전6, p.360b20) 감통(感通)7 월명사도솔가(月明師兜率歌)에 "월명스님이 또한 일찍이 죽은 누이를 위하여 재를 베풀고 향가를 지어 기렸는데, 갑자기 세찬 바람이 불어 지전을 날리니 날아올라 서쪽으로 향하여 가다가 사라졌다. 슬피 노래하길 '생사의 길 아득한데 두려워 나는 간다는 말도 못다 이르고 떠났습니까? 어느 가을 이른 바람에 여기저기 떨어지는 잎처럼 한 가지에 나고도 가는 곳을 모르는구나! 아, 미타찰에서 만날 나는 도를 닦으며 기다리련다'. 明又嘗爲亡妹營齋 作鄕歌祭之 忽有驚飆吹紙錢 飛擧向西而沒 歌曰 生死路隱 此矣有阿米次肹伊遣 吾隱去內如辭叱都 毛如云遣去內尼叱古 於內秋察早隱風未 此矣彼矣浮良落尸葉如一等隱枝良出古 去奴隱處毛冬乎丁 阿也 彌陁刹 良逢乎吾 道修良待是古如"라고 하였다. [참고문헌] 『三國遺事』. ⇨ 월명 月明**2**

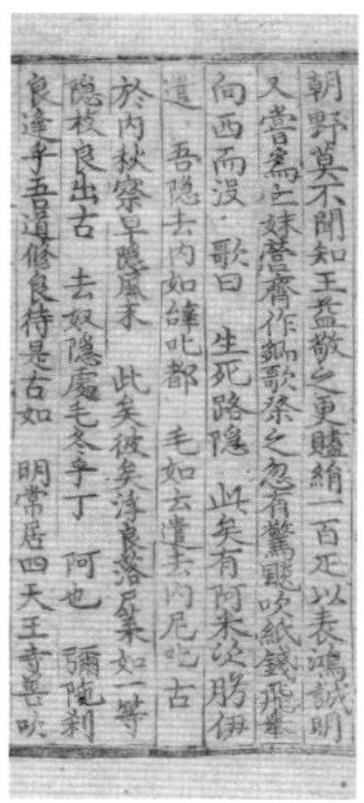

제망매가 『삼국유사』 범어사판

제망중중 帝網重重 제석궁의 망에 매달린 모든 구슬이 겹겹으로 끝없이 서로 비추는 모양. 『화엄경탐현기』 권1(대정장35, p.119b29)에 "여덟 번째, 제망중중문이다. 여기에도 두 뜻이 있다. 먼저 하나의 문을 가리고, 그 다음은 유로서의 일체를 드러내겠다. 앞의 경우 저 한 구 내에 일체구 갖추는 것과 같다. 이 한 구에 일체구가 있고 또한 한 구 그대로 일체구이니, 이와 같이 거듭거듭 갖춘즉 다 헤아릴 수 없게 되고 마침내 온통 한 구이게 된다. 다음으로 유로 드러낸다는 것은 이 한 구와 마찬가지로 나머지 모든 구도 낱낱이 모두 그렇게 다함이 없게 되니 끝이 없는 열을 갖추게 되어 오직 보안보살만이 알 수 있는 경계이며 심식으로 사량하여 알 수 있는 경계는 아니게 된다. … 또한 '만약 하나 작은 티끌에 온갖 불국토가 들어 있어 설할 수도 없고, 그 하나하나의 불국토에 다시 불국토가 있어 말로 할 수 없다' 라고도 말한다. 풀어 말하길 '이와 같이 거듭거듭함이 저 인다라망과 같다 하니, 이를 이 경 원종의 교설이라 한다'고 한다. 第八 帝網重重門者 亦二義 先辨一門 後類顯一切 前中如一句內 卽具一切 此一中一切 復一卽一切 如是重重具 卽不可窮盡 總是一句 二 類顯者 如此一句 餘一切句 一一皆爾 是卽無盡 無盡十具 唯普眼所知 非是心識思量境界 … 又云 若於一小微塵中 有諸佛刹 不可說 於彼一一佛刹中 復有佛刹 不可說 解云 如是重重 如因陀羅網 是謂此經圓宗教", 『화엄법계현경』 권하(대정장45, p.682b25)에 "이렇게 서로 거두고 서로 있게 하기에 제망중중의 뜻이 있게 된다. 由此互攝互在故 有帝網重重之義", 『화엄경소초현담』 권8(卍속장8, p.629a5)에 "인위와 과위는 각각 차별된 법에 따라 법계를 빠짐없이 거두어들이지 않음이 없다. 그러므로 하나하나의 법과 하나하나의 행과 하나하나의 위와 하나하나의 덕이 모두 각각 끝이 없고 또 끝이 없는 제망으로 거듭거듭한 넓고 깊은 모든 법문의 바다를 온통 다 거두어 들인다. 이것이 화엄의 끝없는 종취이다. 因果二位 各隨差別之法 無不該攝法界 故一一法 一一行 一一位 一一德 皆各總攝 無盡無盡 帝網重重 諸法門海 是謂華嚴無盡宗趣"라고 하였다. [참고문헌] 『華嚴經探玄記』, 『華嚴法界玄鏡』, 『華嚴經疏鈔玄談』. ⇨ 제망 帝網, 인다라망 因陀羅網❶, 법계연기 法界緣起, 원교 圓教

제명 諸冥 [S] sarvathā-sarva andhakāra, [T] kun-la-mun-pa. 모든 어두움. 온갖 무지(無知 [S] ajñānā)와 무명(無明 [S] avidyā)을 가리킨다. 일체종지(一切種智)로 끊는다. 『구사론』 권1(대정장29, p.1a12 : *Abh-k-bh.*, p.1)에 "모든 종의 모든 어둠이 사라졌다는 것은 온갖 경의 모든 품의 어두움을 사라지게 하였다는 뜻이다. 온갖 무지로 진실한 뜻을 덮거나 참된 견해를 막기에 어두움이라 한다. 오직 불세존만이 일체경의 모든 어두움 길이 마주해 다스렸기에 불생법을 증득한다. 그러기에 멸이라 한다. 성문과 독각은 비록 갖가지 어두움을 멸하기는 하였지만 염무지만을 필경에 끊기에 모든 종의 어두움을 끊은 것은 아니다. 言一切種諸冥滅者 謂滅諸境 一切品冥 以諸無知 能覆實義 及障眞見 故說爲冥 唯佛世尊 得永對治 於一切境 一切種冥 證不生法 故稱爲滅 聲聞獨覺 雖滅諸冥 以染無知 畢竟斷故 非一切種 sarveṇa prakāreṇa sarvasmin hatāndhakāraḥ sarvathāsarvahatāndhakāraḥ. ajñānaṃ hi bhūtārthadarśanapratibandhādhakāram. tacca bhagavato buddhasya pratipakṣalābhenātyantaṃ sarvathā sarvatra jñeye punaranutpattidharmatvāddhatam. ato ′sau sarvathāsarvahatāndhakāraḥ. pratyaikabuddhaśrāvakā api kāmaṃ sarvatra hatāndhakārāḥ. kliṣṭasaṃmohātyantavigamāt. na tu sarvathā", 『순정리론』 권1(대정장29, p.329a19)에 "성문과 독각은 비록 갖가지 어두움을 부순다 하지만 모든 종류를 멸하지는 못한다. 그러므로 일체종지를 성취하지 못하면 모든 무지의 차별을 알 수 없다. 聲聞獨覺 雖破諸冥 而猶未能滅一切種 故不成就 一切種智 未得所有 無知差別", 『구사론송소기』 권1(卍속장86, p.218b6)에 "온갖 어두움은 바로 염오무지다 한 말은 오부의 경이 번뇌로 미하기에 염오무지라는 뜻이다. 言諸冥是 染汙無知者 謂五部之境 煩惱所迷故 是染汙無知"라고 하였다. [참고문헌] 『俱舍論』, 『順正理論』, 『俱舍論頌疏記』, *Abh-k-bh.* ⇨ 무명 無明❶, 무지 無知❸, 일체종지 一切種智

제명사 題明寺 황해북도 개성시 영북면 박연리 제석산(帝釋山)에 있던 절. 제명은 고려 때 스님이다. 미수(眉叟) 허목(許穆 1595~1682)의 『기언』 권27 「성거천마고사 聖居天摩古事」(한국문집총간98, p.136b6)에 "박연의 물은 북쪽으로 흘러 제석산 밑을 지나 오조천이 된다. 박연 위는 옛 제명사인데, 제명은 고려대 스님이다. 그 위에는 밤나무 천 그루와 해송 천 그루가 있는데 모두 제명이 심은 것이라고 한다. 8월에 그 열매를 공물로 바친다. 朴淵之水北流 過帝釋山下 爲五祖川 淵上古題明寺 題明者麗僧 上有千樹栗 又海松千樹 皆題明所樹云 八月 貢其實"라고 하였다. [참고문헌] 『記言』, 『大東水經』, 『韓國寺刹全書』 권하 p.1022a9.

제목 題目 경의 이름. 대승에서는 경의 제명을 독송하고 수지하는 공덕을 드러내 경의 제명을 외우는 전통이 있으며, 논소에서는 경의 제목 풀이(釋經題目)부터 한다. 『시식단의』(卍속장104, p.831b7)에 "(제목이라는 말에서) 제란 머리에 둠이니 강령을 거느린다는 뜻이고, 목이란 이름붙인 눈들이니 조들의 시작을 벌여 놓은 것이다. 마치 사람에게 머리가 있고 사지도 빠짐없이 갖추는 것과 같고, 사람에게 눈이 있고 육근도 지니게 되는 이치와 같다. 이렇게 묘한 뜻이 있으므로 제목이라 한다. 題者 題頭 挈其綱領也 目者 名目 列其條序也 如人之有頭 則四肢無不具焉 似人之有目 則六根寞不該焉 有此妙義故 名之曰題目", 『반야바라밀다심경찬』(대정장33, p.543b6)에 "불설반야바라밀다심경을 목이라 한 것은, 불설은 능히 설하는 주인을 드러낸다. 범어 음사어로 불타(Ⓢ buddha)는 각이라 한역한다. 진속의 지혜를 모두 갖추고 자각과 각타를 깨우쳐 채웠기에 불이라 한다. 묘문을 펼쳐서 중생이 알도록 하니 이를 '설'이라 한다. 반야바라밀다는 설한 법을 가려낸 말로서 한역하면 지혜로 피안에 이른다는 뜻의 '지도피안'이다. 심경은 설명하려는 교설을 바로 드러낸 말이다. 비로자나불의 도량에서는 심왕만이 홀로 빼어나니, 모든 교설에서 가장 존귀하여 비유를 따라 붙인 이름이므로 '심'이라 한다. 경에는 두 가지 뜻이 있다. 꿴다는 뜻과 거두어들인다는 뜻이다. 마땅히 설해야 할 뜻을 꿰고, 교화할 중생을 거두어들이기 때문이다. 이것은 의지해야 할 주인(부처님)이 능히 말씀하신 것에 나아가 법과 비유를 들어 세워 부르니 불설반야바라밀다심경이라 한다. 佛說般若波羅蜜多心經 言題目者 佛說 即是標能說主 梵音佛陀 此翻名覺 具眞俗智 自他覺滿 故名爲佛 開敷妙門 令衆生解 名之爲說 般若波羅蜜多 辨所說法 此土翻爲 智到彼岸 心經 正顯能詮之教 盧道之中 心王獨秀 於諸般若此教最尊 從諭立名 故曰心也 經有二義 貫穿攝持 貫穿所應說義 攝持所化生故 此即依主 就能所詮 法諭立號 故言佛說般若波羅蜜多心經"라고 하였다. 〔참고문헌〕『施食壇儀』, 『般若波羅蜜多心經贊』.

제무간등 諦無間等 사제(四諦)를 틈없이 고르게 보다. 견도위(見道位)에서는 무루지(無漏智)로 사성제(四聖諦)를 끊임없이 본다. 현전한 사제의 십육행상을 관하는 뜻으로 신역어는 성제현관(聖諦現觀 Ⓢ satya-abhisamaya)이다. 『잡아비담심론』 권5(대정장28, p.916a29)에 "공덕과 악을 건립하여, 점점 진제를 본다란, 이 진제에서 허물과 악을 보기에 고제와 집제를 세우고, 공덕을 보기에 멸제와 도제를 세운다. 그러므로 허물과 악을 보지 않을 때 공덕을 보게 되고, 또 공덕을 보지 않을 때 과악을 보게 되니, 그 바탕이 다르기 때문이다. 또한 여실히 진리를 보지 않음이 없는 것을 제무간등이라 하고, 또 하나의 지혜로는 사제를 온통 다 볼 수 없으니 사제는 여러 가지 성이기 때문이다. 그러므로 점점으로 진제를 본다. … 〔문〕 제무간등으로 사문과를 얻는 것은 유위과인가, 무위과인가? 〔답〕 무애도의 힘으로 얻는 것은 유위와 무위의 과다. 번뇌수멸과 해탈도는 모두 무애도의 힘으로 얻는 것이다. 그러므로 모두 사문과라고 한다. 번뇌의 멸이 그대로 해탈과와 공용과이고, 해탈도는 그대로 공용과와 의과다. 建立功德惡 漸漸見眞諦者 於此眞諦 見過惡故 立苦集諦 見功德故 立滅道諦是故 非見過惡 時見功德 亦非見功德 時見過惡 體異故亦非不如實見諦 名諦無間等 亦非一智總觀諦 諦衆多性故是故 漸漸見眞諦 … 問 諦無間等 得沙門果 云何爲有爲果耶 無爲果耶 答 無礙道力得 有爲無爲果 煩惱數滅 及解脫道 俱無礙道力得 是故 俱說沙門果 煩惱滅是解脫果及功用果 解脫道是功用果 及衣果", "또한 여실히 사제를 본다고 해서 제무간등이라 할 수 없다. 또한 한 가지 지로 사제를 모두 관하는 것도 아니다. 사제에는 다수의 자성이 있기 때문이다. 따라서 점점으로 사제를 보는 것이다. 亦非不如實見諦 名諦無間等 亦非一智總觀諦 諦衆多性故 是故漸漸見眞諦", 같은 책 권11(대정장28, p.962a18)에 "〔문〕 여러 논사들은 제무간등을 제각기 설한다. 살바다(薩婆多 : 說一切有部)와 바차부(婆蹉部 : 犢子部)는 차제 제무간등(漸現觀)을 설하였고, 담무득(曇無得 : 法藏部) 등은 일거의 제무간등(頓現觀)을 설하였다. 問 諸師說諦無間等各各異 薩婆多及婆蹉部說次第諦無間等 曇無得等說一無間等"라고 하였다. 〔참고문헌〕『雜阿毘曇心論』. ⇨ 성제현관 聖諦現觀, 돈현관 頓現觀, 점현관 漸現觀, 견도위 見道位[1], 무루지 無漏智, 사성제 四聖諦, 십육행상 十六行相

제문 制門 다스리기 위해 연 교화의 문. 율문(律門)을 말한다. 지지계(止持戒)와 작지계(作持戒) 등으로 열린 문이다. 자비로써 오역(五逆)·십악(十惡) 등 모든 악까지 거두어들이는 개문(開門) 또는 화교(化教)와 대칭한다. 『사분율수현록』 권2(卍속장95, p.355b3)에 "화교란 대승과 소승의 경론이고, 제문이란 율론이다. 化教是大小乘經論 制門 是律論也", 『사분율행사초』 권중(대정장40, p.91b15)에 "제문 중의 일에는 두 가지가 있다. 첫째, 다스려 그침을 배우는 일이다. 가령 음은 삼경(人·非人·畜生)에 통하고, 도둑질은 네 주인으로(三寶物·人·非人·畜生)로 나뉘는 등이다. 다른 하나는 반드시 적극적으로 해야 할 일이니, 저 삼의(三衣)나 발우의 바탕과 크기 등과 같은 것이다. 둘째, 익혀서 될 일이 아닌 것이다. 마음이 미혹하고 전도됨으로 말미암아 경계를 따르면서 깨우치지 못하는 것이니 이는 옛 뜻이기에 버린다〈과거에는 제반 조건 때문에 배울 수 없었고, 오늘날에는 생각이 미망하여 배울 수 없다. 모든 마음의 경계는 다 배울 수 있지만 미혹된 상태라서 배우지 못하고 있을 뿐이다. 그러므로 부처님께서 모든 것을 열어놓으셨다〉. 制門中事有二 一者 可學制止 如淫通三境 盜分四主等 二者制作如衣鉢體量等 二者 不可學事 由心迷倒 隨境未了等 是廢昔義也〈昔以事不可學 今以心想迷忘不可學 一切心境 皆是可學但迷非學了 故佛一切開也〉"라고 하였다. 〔참고문헌〕『四分律搜玄錄』, 『四分律行事鈔』. ⇨ 제교 制教, 화교 化教

제문 祭文 돌아가신 이를 기려 쓰는 글. 『백장청규』 권3(대정장48, p.1130a6)에 “서기에게 청하여 제문을 짓게 하며, 방장제문은 간혹 주지가 스스로 짓기도 한다. … 양서가 향을 올리고 나면 주지와 양서가 절을 하고 유나가 제문을 읽는다. 請書記作祭文 方丈祭文 或住持自作 … 兩序上香畢 住持兩序展拜 維那宣祭文”라고 하였다. 고려시대 『대각국사문집』에 「제경덕국사문 祭景德國師文」·「제분황사효성문 祭芬皇寺曉聖文」·「제금산사적법사문 祭金山寺寂法師文」·「제용두사우상대사문 祭龍頭寺祐祥大師文」 등이 전한다. 조선시대에는 『석문가례초』 권하(한불전8, pp.287a22~288a22)에 「장입감시제문 將入龕時祭文」·「입감구필제문 入龕柩畢祭文」·「노차제문 路次祭文」·「회삭절서제문 晦朔節叙祭文」·「대숙야제문 大宿夜祭文」·「대소상등문 大小祥等文」·「재원분상지영석고제문 在遠奔喪至靈席告祭文」·「신재원지화상애부지〈붕우등선설영석치〉제문 身在遠地和尙哀訃至〈朋友等先設靈席置〉祭文」·「제소사문 祭小師文」·「제부모문 祭父母文」 등의 각종 글이 전하며, 고승문집에도 선사(先師)·제자(弟子)·법제(法弟) 등을 위해 지은 제문이 다수 전한다. 또한 스님이 재가자를 위해 지은 제문도 전하니, 「제신청천선생문 祭申靑泉先生文」(『호은집』 권2·한불전9, p.712b3)·「제영안부원군풍고김선생문 祭永安府院君楓皐金先生文」(『응운공여대사유망록』·한불전10, p.747a8) 등이다. [참고문헌] 『百丈淸規』, 『大覺國師文集』, 『釋門家禮抄』, 『好隱集』, 『應雲空如大師遺忘錄』. ⇨ 재 齋

제문경 帝問經 Ⓟ Sakkapañha-sutta. 『장아함경』 권10 「석제환인문경 釋提桓因問經」을 달리 이르는 말. 『대비바사론』 권53(대정장27, p.277b7)에 “색계와 무색계에서 모든 번뇌가 사라진 경계를 얻고 나서는 번뇌가 일어나지 않는다면, 『제문경』의 게송과 어떻게 통할 수 있는가? 在色無色界 得諸漏盡 若不生者 帝問經頌 當云何通”라고 하였다. [참고문헌] 『大毘婆沙論』. ⇨ 석제환인문경 釋提桓因問經, 석제환인 釋提桓因

제물 齊物 ❶ 만물을 고르게 하다. 『조론소』 권하(대정장45, p.199a15)에 “이에 맞지 않음이 없으므로 모든 덕이 여기서 넓혀진다. 이미 묘리와 맞는 까닭에 덕을 닦아 물을 고르게 하고, 이미 마음의 상념이 사라졌기에 자기를 잊어 아도 없다. 理無不契故 萬德斯弘 旣契妙理 所以修德齊物 旣滅心想 所以忘己無我也”, 『벽암록』 40칙 「평창 評唱」(대정장48, p.178a15)에 “장자와 노자는 ‘하늘도 땅도 크다면 나의 모습도 그러하니 함께 허무중에 났기 때문이다’라고 생각한다. 장자의 대의는 단지 만물을 고르게 할 뿐이고, 승조의 대의는 만물의 성은 모두 자기에게 돌아간다고 말하고자 했다. 莊老意謂天地形之大也 我形亦爾也 同生於虛無之中 莊生大意 只論齊物 肇公大意 論性皆歸自己”, 『설두어록』 권6(대정장47, p.706b27)에 “진열수재에게 부친다 : 물 속에서 불 피운다니 그 뜻 얼마나 깊은가? 풀포기 쥔 까닭은 금을 얻으려는 맘 아니었네. 장자가 제물을 깨달았다 하지 마라. 몇이나 끝내 무심에 이르렀던가. 寄陳悅秀才 水中得火旨何深 握草由來不是金 莫道莊生解齊物 幾人窮極到無心”라고 하였다. [참고문헌] 『肇論疏』, 『碧巖錄』, 『雪竇語錄』. ❷ 『장자』의 편명 중 하나인 「제물론 齊物論」의 줄임말. 『지관보행전홍결』 권3(대정장46, p.247b14)에 “대품에서 이르길 ‘성문은 반딧불과 같고 보살은 햇빛과 같다’고 하였으니, 여기서 굳이 노장과 견준다면 지나치게 넘치는 것이다. ‘태산과 추호는 마주할 여지가 끊어졌다’라 하였으니 저 「제물」에 ‘추호는 작지 않고, 태산은 크지 않다’라 하였다. 그러나 여기서는 저 「제물」의 뜻 쓰지 않고, 큰 것과 작은 것이 영원히 끊어졌다는 문을 빌어온 것이다. 그러므로 ‘비교할 여지가 끊어졌다’고 한다. 大品中云 聲聞如螢火 菩薩如日光 今借比老莊 饒之過分 山毫相絶者 彼齊物云 秋毫不小 泰山不大 今不用彼齊物之儀 借用大小永絶之文 故云相絶”라고 하였다. [참고문헌] 『止觀輔行傳弘決』.

제물이생 濟物利生 만물을 건지고 중생을 이롭게 하다. 『유가염구주집찬요의궤』 권상(卍속장104, p.939a3)에 “엎드려 바라건대 유가의 현교와 밀교의 법좌에 올라 육바라밀을 고르게 닦아서 만물을 건지고 중생을 이롭게 하는 문을 연다. 伏以登瑜伽顯密之座 六度齊修 開濟物利生之門”, 『신정홍인어록』 「응기간변 應機揀辨」(고존숙어록24, 卍속장118, p.476a13)에 “‘만물을 건져 중생을 이롭게 하는 일은 무엇인지요?’ 스승이 말씀하셨다. ‘그대는 질문을 던지고 나는 답한다’. 問 濟物利生事 如何 師云 闍黎有問 山僧有答”, 『무명혜경어록』 권3(卍속장125, p.44b4)에 “법계에 반듯이 머물러 홀로 제왕이 되니, 보전은 낡디 낡아 한 물건도 없다. 만물 다스려 중생 이롭게 하길 늘 꺼리지 말고, 누구에게도 비로자나불께 절 올리게 하지 마라. 端居法界獨稱孤 寶殿脩脩一物無 濟物利生常勿憚 不敎人拜佛毗盧”, 『공제천과의』(卍속장129, p.251a14)에 “걸림 없는 변설을 갖추고 어느 때가 되었거나 항상 세간을 지키면서 만물을 건져 중생을 이롭게 하니 부처님법을 널리 퍼뜨린다. 具無礙辯 於一切時 常自護世 濟物利生 流通佛法”라고 하였다. [참고문헌] 『瑜伽燄口註集纂要儀軌』, 『神鼎洪諲語錄』, 『無明慧經語錄』, 『供諸天科儀』.

제미 提迷 Ⓢ timiṅgila. 물고기의 일종. 온전한 음사어는 제미기라(帝迷祇羅)·지미의라(低迷宜羅)이며, 지미(坻彌)라고도 한다. 『번범어』 권7(대정장54, p.103

2c6)에 "제미어〈지미라고도 한다. 도(闍)라 한역한다〉. 提迷魚〈亦云低米 譯曰闍也〉"라고 하였다. 〔참고문헌〕『翻梵語』, 『十誦律』 권25(대정장23, p.178c8).

제미기라 帝彌祇羅 Ⓢ timiṅgila, Ⓟ timiṅgala. 지미어(坻彌魚). 『번역명의집』 권2(대정장54, p.1091b13)에 "지미는 온전히 하면 제미기라이고, 대신어라 한다. 네 종류인데 이것이 가장 작다. 『경방역전』에서는 '바다에는 큰 물고기가 종종 보이는데, 사악한 이는 나아가고 어진 이는 멀리 한다'라고 하였다. 坻彌 具云帝彌祇羅 此云大身魚 其類有四 此最小者 京房易傳云 海數見巨魚 邪人進賢人疎"라고 하였다. 〔참고문헌〕『翻譯名義集』, *Divy.232.*, *Ap.2.430.* ⇨ 지미어 坻彌魚

제미어 提迷魚 지미어(坻彌魚). 『번범어』 권7(대정장54, p.1032c6)에 "제미어〈지미(低米)라고도 한다. '사(闍)'라 한역한다〉. 提迷魚〈亦云低米 譯曰闍也〉"라고 하였다. 〔참고문헌〕『翻梵語』. ⇨ 지미어 坻彌魚

제미의라 堤彌宜羅 Ⓢ timiṅgila, timiṅgala, Ⓟ timiṅgala, Ⓣ nya-mid. 대형 수생 동물의 이름. 지미의라(坻彌宜羅)·지미어(坻彌魚)라고도 한다. 『정법염처경』 권4 「생사품 生死品」(대정장17, p.18a26)에 "축생은 서로 먹고 먹힐 뿐이니 이치가 아닌 음욕이어서 그 마땅함을 알지 못한다. 수중에 나서 물속을 다니며 마음은 초조하고 늘 굶주리며 언제나 다른 것에 먹히지 않을까 두려워하니, 자라와 거북이, 괴수와 수달 등이다. 어류로는 제미·제미의라·이름난 옹어·금비라어·나가라어·대구어라고 불리는 것과 대합·소라와 같은 패류 등은 언제나 늘 큰 놈은 작은 놈을 먹고, 언제나 그물 등에 잡힐 것을 두려워한다. 畜生迭互相食 非理婬欲 不知所應 若生水中 水中而行 心燥常飢 常畏他取 黿龜怪獸 及水獺等 魚則堤彌 堤彌宜羅 有名瓮魚 金毘羅魚 那迦羅魚 名大口魚 蛤螯等虫 常一切時 大者食小 常畏網等 遮障而取", 『일체경음의』 권26(대정장54, p.480a8)에 "『법거경』에서 말하는 지미의라는 세 번째로 작은 것이다. 모두 차례로 서로서로 잡아먹는다. 法炬經中 低迷宜羅 卽第三魚 皆次第相呑噉"라고 하였다. 〔참고문헌〕『正法念處經』, 『一切經音義』, 『大法炬陀羅尼經』 권20(대정장21, p.751c28), 『宗鏡錄』 권5(대정장48, p.443b21), *Divy.232.*, *Ap.2.430.* ⇨ 지미어 坻彌魚

제미중득최상미상 諸味中得最上味相 Ⓢ rasarasāgratā, Ⓣ ro-bro-ba'i-mchog-dang-ldan-pa. 삼십이상(三十二相) 중 하나. 미중득상미상(味中得上味相) 또는 미미지(味味知)라고도 한다. 『법승의결정경』 권중(대정장17, p.658b25)에 "비구가 다시 부처님께 아뢰었다. '여래의 삼십이상이란 무엇입니까?' 부처님께서 말씀하셨다. '… 모든 맛 중에 최상의 맛을 얻는다'. 比丘復白佛言 云何如來三十二相 … 於諸味中得最上味相"라고 하였다. 〔참고문헌〕『法乘義決定經』, *Mvyut.17.* ⇨ 미중득상미상 味中得上味相, 미미지 味味知

제바 提婆 ❶ Ⓢ deva의 음사어. 천(天) 또는 천신(天神)이라 한역한다. 『번범어』 권6(대정장54, p.1023a20)에 "제바〈천이라 한역한다〉. 提婆〈譯曰天也〉", 『번역명의집』 권2(대정장54, p.1077a21)에 "석제환인 : 『대지도론』 권54(대정장25, p.443b14)에 '석가는 능이라 한역하고, 제바는 천이라 한역하며, 인제는 주라 한역하니, 결합하여 말하면 석제바나민이다'라고 하였으며, '석가제바인다라'라고도 하는데, 지금 간략히 제석이라 한다. 아마도 한자와 범어를 함께 든 것인 듯하다. 釋提桓因 大論云 釋迦 秦言能 提婆 秦言天 因提 秦言主 合而言之 云釋提婆那民 或云釋迦提婆因陀羅 今略云帝釋 蓋華梵雙擧也"라고 하였다. 〔참고문헌〕『翻梵語』, 『翻譯名義集』·권2(대정장54, p.1075b8), 『大智度論』. ⇨ 천 天, 제석천 帝釋天, 오취 五趣, 육취 六趣 ❷ Ⓢ Āryadeva, Kāṇadeva, Ⓣ 'Phags-pa-lha. 2세기경에 활약한 인도 초기중관파(中觀派 Ⓢ Mādhyamika) 논사. 가나제바(伽那提婆)·아리야데바라고 하며, 성천(聖天)·성제바(聖提婆) 등으로 한역한다. 『제바보살전』(대정장50, p.186c11)에 "제바보살은 남천축국 출신으로 용수보살의 제자이고 바라문종이다. 널리 알고 깊이 살피며 말솜씨도 뛰어나 천축에 이름이 높았으며 여러 나라에서 추앙받았다. 提婆菩薩者 南天竺人 龍樹菩薩弟子 婆羅門種也 博識淵攬 才辯絶倫 擅名天竺 爲諸國所推"라고 하였다. 〔참고문헌〕『提婆菩薩傳』. ⇨ 가나제바 伽那提婆, 아리야데바 Āryadeva, 중관학파 中觀學派 ❸ ➡ 마하제바 摩訶提婆 ❹ ➡ 제바달다 提婆達多

제바구타 提婆鳩吒 Ⓢ Devakūṭa의 음사어. 산 이름. 한역어는 천대(天臺). 타(吒)는 타(咤)로도 쓴다. 『번범어』 권9(대정장54, p.1043c6)에 "제바구타산〈한역어는 천대〉. 提婆鳩吒山〈譯曰天臺〉", 『선견율비바사』 권3(대정장24, p.690b23)에 '그때 구류손불께서 세간에 출현하시어 구류손불(Ⓢ Kakusandha)의 성문 마하제바(Ⓢ Mahādeva)는 천 명의 비구와 함께 제바구타로 가서 머물렀다. 爾時 鳩留孫佛 出於世間 鳩留孫佛聲聞名摩訶提婆 與千比丘俱 到提婆鳩咤而住"라고 하였다. 〔참고문헌〕『翻梵語』, 『善見律毘婆沙』.

제바다 提婆多 Ⓢ devatā의 음사어. 데바(天)의 부인. 천후(天后). 『화엄경탐현기』 권20(대정장35, p.483b23)에 "부인의 범어는 제바다이다. 직역하면 천후가 옳지만 옛 사람이 뜻에 따라서 부인이라 부른다. 夫人者 梵名提婆多 正翻應名天后 古人就義 名曰夫人"라고 하였다. [참고문헌]『華嚴經探玄記』. ⇨ 천후 天后

제바다하 提婆陀訶 Ⓢ Devadaha의 음사어. 성 이름. 한역어는 천비(天臂). 『불본행집경』 권7(대정장3, p.685c11)에 "그때 마야대부인은 크고 흰 코끼리 등에 편안히 곧은 자세로 앉았다. 천신들은 아름다운 보배 휘장으로 변하였고 마야부인은 보배 휘장 안에 앉아 친정 아버지 집에 가고자 하여 제바다하성 안에 이르렀다. 是時 摩耶大夫人 身安然端坐 大白象上 時象背上 諸天化作 微妙寶帳 摩耶夫人 坐寶帳裏 詣其父家 到於提婆陀訶城內"라고 하였다. [참고문헌]『佛本行集經』. ⇨ 구리 拘利 ❶

제바달 提婆達 제바달다(提婆達多 Ⓢ Ⓟ Devadatta). 『불소행찬』 권4(대정장4, p.40c19)에 "그때 제바달은 부처님의 덕이 수승하다고 알게 되자 내심 질투를 품고 모든 선정에서 물러나 온갖 악한 방편을 짓고 정법의 승가를 파괴하였다. 爾時提婆達 見佛德殊勝 內心懷嫉妬 退失諸禪定 造諸惡方便 破壞正法僧", 『대지도론』 권84(대정장25, p.650a1)에 "또한 제바달은 분노하는 마음으로 부처님을 향해 돌을 밀어 굴렸고, 라후라는 공경하는 마음으로 합장하고 부처님께 절을 올렸다. 又提婆達 瞋心 以石推佛 羅睺羅敬心 合手禮佛"라고 하였다. [참고문헌]『佛所行讚』, 『大智度論』, 『雜阿毘曇心論』 권3(대정장28, p.899a26). ⇨ 제바달다 提婆達多

제바달다 提婆達多 Ⓢ Ⓟ Devadatta의 음사어, Ⓣ lhas-byin. 부처님 재세 시 오역죄를 범하고 승가의 화합을 깬 악비구. 제바달도(提婆達兜)·제바달다(捺婆達多)·지바달다(地婆達多)·조달(調達)·제바·달다·달도(達兜)라고도 음사하며, 천열(天熱)·천수(天授)·천여(天與) 등으로 한역한다. 부처님의 숙부인 곡반왕의 아들이며, 아난의 형이고 부처님의 종제(從弟)다. 이외에 감로반왕이나 백반왕 또는 선각장자(善覺長者)의 아들이라고 하는 등 여러 가지 다른 주장도 있다. 어려서 종형인 부처님과 아우인 아난과 함께 갖은 기예를 배웠는데 항상 부처님과 경쟁할 정도로 그 재능이 뛰어났다. 부처님께서 성도하신 후, 부처님을 따라 출가하여 12년간 부지런히 수행하였으나 성과를 얻지 못하고 퇴전하여 이득을 얻고자 신통을 배웠다. 이후 마가다국 아사세태자(阿闍世太子)의 공양을 받고는 교만해져 부처님을 대신하여 승단을 이끌고자 하였으나 실패하였다. 이에 자신을 추종하는 무리를 이끌고 승단에서 이탈하여 스스로를 대사(大師)라 하고 오법을 제정함으로써 승가의 화합을 파괴하였다. 아사세태자의 옹호로 세력이 점점 증대하자 마침내 태자를 교사하여 그 부왕을 가두고 왕위에 오르도록 하였으며, 자신도 부처님을 핍박하여 스스로 법왕이 되려고 하였으나 모두 실패하였다. 아사세왕은 후에 부처님께 참회하고 귀의하였으나, 그는 야심을 버리지 않아 무간지옥에 떨어졌다. 부처님과 제바달다와의 관계에 대하여는 많은 본생담이 있으며, 제바달다라는 인물과 그가 이끈 교단 등에 대한 다양한 연구가 있다. 『대당서역기』 권6(대정장51, p.899c29)에 "가람의 동쪽으로 백여 걸음쯤에 크고 깊은 구덩이가 있는데, 이곳은 제바달다가 독약으로 부처님을 살해하려다 산 채로 지옥에 떨어진 곳이다. 제바달다〈천수라고 한역함〉는 곡반왕의 아들이다. 12년 동안 부지런히 정진하여 팔만법장을 외워 가졌으나, 후에 이익때문에 신통을 익혔으며 악우를 가까이하여 그들과 공모하였다. '나는 서른 가지 모습을 갖추었으니 부처님보다 부족한 것이 많지 않으며, 대중들이 나를 추종하니 여래와 무엇이 다르겠는가?' 이렇게 생각하고서 곧 승가의 화합을 깼다. 사리자와 몰특가라자는 부처님의 명을 받들고 부처님의 위신을 받아서 그들에게 설법하고 타일러서 승가는 다시 화합하였다. 제바달다는 악심을 버리지 않고 흉악한 독약을 손톱에 묻혀 예를 올리는 척하며 부처님께 상해를 입히려고도 하였다. 이런 음모를 행하려 먼 곳에서 당도하였으나, 땅이 갑자기 갈라져 산 채로 지옥에 떨어졌다. 伽藍東百餘步 有大深坑 是提婆達多欲以毒藥害佛 生身陷入地獄處 提婆達多〈唐言 天授〉斛飯王之子也 精勤十二年 已誦持八萬法藏 後爲利故 求學神通 親近惡友 共相議曰 我相三十 減佛未幾 大衆圍繞 何異如來 思惟是已 卽事破僧 舍利子 沒特伽羅子 奉佛指告 承佛威神 說法誨喩 僧復和合 提婆達多 惡心不捨 以惡毒藥 置指爪中 欲因作禮 以傷害佛 方行此謀 自遠而來 至於此也 地遂坼焉 生陷地獄"라고 하였다. [참고문헌]『大唐西域記』, 『雜阿含經』 권38(대정장2, p.276b21), 『大智度論』 권14(대정장25, p.164c8). ⇨ 데바닷타 Devadatta, 빈가라 賓伽羅 ❷, 식타자 食唾子, 아사세 阿闍世

제바달다삼역죄 提婆達多三逆罪 제바달다가 저지른 세 가지 역죄. 화합승가를 깨뜨리고 부처님 몸을 해쳐 피를 나게 하였으며, 아라한 화색비구니를 폭행하여 살해한 일이다. 세 가지 모두 오역죄에 해당하기에 제바달다오역죄(提婆達多五逆罪)라고도 한다. 36권본 『대반열반경』 권17(대정장12, p.722b28)에 "여래의 아우 중에 제바달다는 중승을 파괴하고 부처님의 몸에서 피가 나게 하였으며 연화비구니를 해쳐서 삼역죄를 지었다. 如來有弟提婆達多 破壞衆僧 出佛身血 害蓮花比丘尼 作三逆罪", 『금강경과의회요주해』 권9(卍속장92, p.439b9)에 "옛날 제바달다가 산을 밀어 부처님을 압살하려다 부처님의 몸에서 피가 나게 하였고, 화색비구니를 때려서 눈이 튀어나오게 하였으며, 화합승가를 깨뜨렸다.

이 삼역중죄로 무간지옥에 떨어졌다. 昔提婆達多 推山壓佛 出佛身血 拳打華色比丘尼眼出 破和合僧 三逆重罪 入無間獄"라고 하였다. [참고문헌]『大般涅槃經』, 『金剛經科儀會要註解』. ⇨ 제바달다오역죄 提婆達多五逆罪

제바달다신통 提婆達多神通 제바달다(Ⓢ Devadatta : 調達·提婆達兜)의 신통. 제바달다가 신통을 얻은 인연은 여러 갈래로 전한다. 『오분율』 권3(대정장22, p.17c15)에 "세존께서 여러 대덕성문과 함께 아누달용왕의 초청을 받으셨다. 조달은 신통을 얻지 못하여 갈 수 없게 되자 수치심이 더욱 깊어졌다. 곧 '나는 지금 당장 신통도를 묻고서 수련해야겠다'라고 생각하고 바로 부처님께 가서 아뢰었다. '부처님께 원하옵니다. 제게 신통을 닦는 법을 설하여 주십시오'. 부처님께서 바로 설해주자 조달은 가르침을 받고 안거 기간 중에 신통을 얻었다. 世尊與諸大德聲聞 受阿耨達龍王請 調達未得神通 不能得去 羞恥益深 便作是念 我今當問修神通道 便往白佛 願佛爲我說修通法 佛卽爲說 調達受學 安居之中 便獲神通", 『증일아함경』 권47(대정장2, p.802b21)에 "부처님께서 다시 고하셨다. '너는 재가하는 것이 마땅하고 출가하여 사문행을 닦는 것은 마땅치 않다'. … 그때 제바달도는 바로 스스로 물러나 돌아가서 스스로 머리카락을 깎고 가사를 입고서 자칭 '나는 석종자이다'라고 하였다. 그때 한 비구가 있었는데 이름이 수라다였다. … 이때 제바달도가 수라다비구에게 말하였다. '오직 원하옵니다. 존자께서 제게 신족도를 말씀해주시기를 바랍니다. 저는 이 도를 감당하여 수행할 수 있습니다'. 그러자 비구가 거듭 신족도를 설해주었다. 佛復告曰 汝宜在家 不宜出家修沙門行 … 是時提婆達兜 卽自退歸 自剃鬚髮 著袈裟 自稱言 我是釋種子 爾時 有一比丘名修羅陀 … 是時 提婆達兜白比丘言 唯願尊者 當與我說神足道 我能堪任修行此道 爾時 比丘復與說神足之道", 『유부율파승사』 권13(대정장24, p.168a21)에 "그때 세존께서는 제바달다가 애초에 오역죄를 저지르려는 마음이 있음을 알고서 제바달다에게 고하였다. '너는 응당 더욱 높아지는 계를 받아 부지런히 마음을 수습하면 곧 바로 신통을 얻고 더욱 높아지는 마음과 더욱 높아지는 지혜에 도달할 것이다. 응당 받은 마음으로 부지런히 수습하면 신통을 얻고 나머지 법도 얻을 수 있을 것이다'. 제바달다가 이 말을 다 듣고 난 다음 이와 같이 생각하였다. '세존께서는 나에게 신통법도 가르쳐 주기를 기꺼워하시지 않는구나'. … 그때 묘비 등 오백필추는 모두 부처님의 뜻을 관하고 제바달다가 애초에 오역죄를 저지르려는 마음이 있음을 알았다. … 제바달다는 곧장 십력가섭이 머무는 곳으로 가서 두 발에 이마를 대고 절을 올린 후 한쪽에 서서 이와 같이 말하였다. '상좌이신 십력가섭이시여! 자비로써 제게 성스러운 도인 신통을 가르쳐 주십시오'. 그때 십력가섭은 부처님의 뜻과 오백 상좌대중의 뜻을 관하지도 않았고 또한 제바달다가 이와 같은 오역죄를 저지르려는 마음이 있음도 알아채지 못하였다. 관하지 못하였기 때문에 제바달다에게 성스러운 도인 신통을 가르쳐 주었다. 爾時世尊 知提婆達多起罪逆心已 告提婆達多 汝應受增戒中 勤心修習 卽得神通 乃至增心增智 應受心中 當勤修習 卽得神通 及得餘法 時提婆達多 聞此語已 作如是念 世尊不肯敎我神通法道 … 爾時妙臂等 五百苾芻 咸觀佛意 知提婆達多起罪逆心 … 卽往詣十力迦攝所 頂禮雙足於一邊立 作如是語 上座十力迦攝 慈悲敎我聖道神通 爾時十力迦葉 不觀佛意及五百上座聖衆意 亦不知提婆達多發生如是逆心 以不觀故 卽敎提婆達多聖道神通", 『출요경』 권14 「이양품 利養品」(대정장4, p.687b13)에 "(조달이) 부처님께 아뢰었다. '오직 그러하오니 세존이시여! 원컨대 신족도를 설해주십시오. 제가 그것을 들으면 잘 수행할 것이며, 저로 하여금 신족을 얻게 하시면 다른 지방 곳곳을 다니며 교화할 것입니다'. 그때 세존께서 조달비구에게 고하였다. '너는 지금 신족은 차치하고 어찌하여 비상 등의 네 가지인 비상의 뜻·고의 뜻·공의 뜻·무아의 뜻을 익히지 않는가?' 이에 조달비구가 이런 생각을 일으켰다. '여래께서 나에게 신족의 뜻을 설해주지 않는 이유는, 자기보다 뛰어날까봐 두렵고 나보다 못함이 부끄러워서다'. 조달은 여래에게 간청하는 것을 포기하고 사리불이 머무는 곳으로 갔다. … 이에 조달은 존자 아난이 머무는 곳으로 가서 아난에게 말했다. '내가 듣기로는 경은 신족도를 잘 이해하고 있다는데, 내게 말해 줄 수 있는가? 내가 신족을 얻으면 다른 지방 곳곳을 다니며 교화할 것이다'. 이에 아난이 바로 신족도를 설해주었고, 조달은 들은 다음 한정처에서 마음을 오롯이 하고 뜻을 하나로 하였다. 白佛言 唯然世尊 願說神足之道 我聞此已 當善修行 使我得神足已 遊至他方處處敎化 爾時世尊 告調達比丘曰 汝今且置神足 何不學四非常 非常義 苦義 空義 無我之義 是時 調達比丘 便生此念 如來所以不與我說神足義者 恐有勝己 耻在不如 調達卽捨如來 往至舍利弗所 … 是時調達 便至尊者阿難所 語阿難曰 吾聞卿善解神足之道 可與吾說 吾得神足已 遊至他方處處敎化 是時阿難 便與說神足之道 調達聞已 在閑靜處 專心一意"라고 하였다. [참고문헌]『五分律』, 『增壹阿含經』, 『有部律破僧事』, 『出曜經』. ⇨ 제바달다 提婆達多, 신통 神通

제바달다오역죄 提婆達多五逆罪 제바달다가 저지른 오역죄. 오역조달(五逆調達)이라고도 부른다. 『마하마야경』 권상(대정장12, p.1006c15)에 "저 제바달다가 오역행을 저질렀다네. 귀신을 부려 큰 돌로 여래를 해치려 하였다네. 彼提婆達多 造作五逆行 使鬼擧大石 而欲害如來", 『입대승론』 권하(대정장32, p.45a3)에 "어떤 이를 옹호할 수 없는 중생이라고 하는가? 제바달다는 오역죄를 지어 구제받지 못했다. 마땅히 알라. 마땅히 옹호할 수 없는 중생이다. 云何名爲不能擁護衆生 提婆達多 作五逆罪 而不救度 以是當知 不能擁護衆生"라고 하였다. [참고문헌]『摩訶摩耶經』, 『入大乘論』, 『天如惟則語錄』 권9(卍속장122, p.972a16). ⇨ 제바달다삼역죄 提婆達多三逆罪, 제바달다 提婆達多

제바달다품 提婆達多品 『법화경』 28품 중 제12품. 제바품이라고도 한다. 구마라집이 한역한 『묘법연화경』에서는 독립된 품이지만, 범본에서는 「견보탑품 見寶塔品 *Stūpasaṃdarśana-parivarta*」에 합해 있다. 승가의 화합을 깨고 무간지옥에 떨어졌던 제바달다의 성불과, 여덟 살 용녀(龍女)가 문수보살의 교화에 따라 남방 무구세계(無垢世界)에서 현신으로 성불한 이야기를 주제로 다룬 품이다. 『법화경대의』 권하(卍속장49, p.770a4)에 "제바달다품 제12. 이 한 품의 경을 가리켜 경을 듣는 기틀이고, 도를 닦는 요체이며, 성불이 매우 신속하게 이루어진다는 진실을 들을 수 있다고 한다. 천하의 뭇 악으로 사람으로서 저지를 수 없는 일을 제바달다는 저질렀고, 세상의 온갖 선에서 사람으로서 행할 수 없는 일을 우리 부처님께서 행하셨던 것이다. 提婆達多品第十二 此一品經 謂之得聞經之機 修道之要 乃成佛甚速者也 蓋天下之衆惡 人不能作者 達多能作也 天下之衆善 人不能爲者 吾佛能爲也", 『법화경요해』 권4(卍속장47, p.629a13)에 "제바달다는 조달이라고도 하고 천수라고 한역한다. 부처님 숙부인 곡반왕의 아들로서 하늘에 기도하여 태어났다. 과거세 선인이었을 때 부처님묘법을 전해 받고는 여래의 씨앗이 되어 마침내 성불에 이르렀다. 여기서는 그가 수기받은 바를 밝혀서 법의 묘한 이익을 드러내고자 하였으므로 그 이름을 품으로 삼았다. 提婆達多 亦曰調達 此云天授 爲斛飯王子 禱天而生也 昔爲仙人 授佛妙法 如來因之 遂致成佛 今欲明其所授 而顯法妙利 故以名品"라고 하였다. [참고문헌]『法華經大意』, 『法華經要解』. ⇨ 제바달다 提婆達多

제바라밀 諸波羅蜜 모든 바라밀. 육바라밀(六波羅蜜)과 십바라밀(十波羅蜜) 등 모든 바라밀을 다 들어 이르는 말이다. 『섭대승론』 권중(대정장31, p.125c11)에 "어째서 모든 바라밀은 거듭 서로서로 드러냄을 알아야 하는가? 세존께서는 시라는 이름으로 모든 바라밀을 설하시기도 하고, 또는 계라는 이름으로, 또는 인이라는 이름으로, 또는 정진이라는 이름으로, 또는 정이라는 이름으로, 또는 반야라는 이름으로 모든 바라밀을 설하신다. 여래께서는 어떤 뜻으로 이와 같이 설하시는가? 바라밀이라는 수행과 방편에는 일체 나머지 바라밀이 모두 모이고 도와서 성취시킨다. 云何應知 諸波羅蜜 更互相顯 世尊 或以施名 說諸波羅蜜 或以戒名 或以忍名 或以精進名 或以定名 或以般若名 說諸波羅蜜 如來以何意作如此說 於波羅蜜 修行方便中 一切餘波羅蜜 皆聚集助成故", 『섭대승론석』 권9(대정장31, p.220b25)에 "다섯 바라밀이 하나의 바라밀에 들어가고, 하나의 바라밀 중에 곧바로 여섯바라밀을 다 갖춘다. 다만 시 등의 한 가지 이름만으로 설할 뿐이다. 五波羅蜜 入一波羅蜜攝一波羅蜜中 則具有六 但以施等一名說之", 『대지도론』 권49(대정장25, p.414c24)에 "'모든 바라밀을 부지런히 구한다'는 말은 보살이 '이 육바라밀은 위없는 바르고 진실한 도를 깨우치는 인연이니, 나는 마땅히 한 마음으로 이 인연을 행한다'고 생각한다는 뜻이다. 비유하자면 상인과 농부가 가는 국토마다 필요한 물건이나 땅에 적합한 종자를 부지런히 가꾸어 구하여 가리면 이루지 못할 일이 없는 것과 같다. 勤求諸波羅蜜者 菩薩作是念 是六波羅蜜 是無上正眞道因緣 我當一心 行是因緣 譬如商人農夫 隨所適國土 所須之物 地之所宜種子 勤修求辦 事無不成", 『유마경문소』 권10(卍속장28, p.50a17)에 "모든 바라밀이란, 육바라밀을 열어 칠바라밀을 삼기도 하고, 십바라밀의 뜻으로 열기도 하며, 백바라밀로 열기도 하고, 팔만사천바라밀로 열기도 하며 불가설불가설의 모든 바라밀에 이르기까지 한다. 그러므로 '모든 바라밀'이라 한다. 諸波羅蜜者 或開六度 爲七波羅蜜 或開爲十波羅蜜義 或開爲百波羅蜜 或開爲八萬四千波羅蜜 乃至不可說不可說 諸波羅蜜 故言諸波羅蜜"라고 하였다. [참고문헌]『攝大乘論』, 『攝大乘論釋』, 『大智度論』, 『維摩經文疏』, 『法集經』 권3(대정장17, p.626a13). ⇨ 바라밀 波羅密, 육바라밀 六波羅蜜, 십바라밀 十波羅蜜

제바락기다 提婆落起多 Ⓢ Devarakṣita. 부처님 재세시 대상(隊商)의 우두머리. 천호(天護)라 한역한다. 『아육왕경』 권9 「제바락기다인연 提婆落起多因緣」(대정장50, p.163a7)에 "그때 천호 상주는 육구나〈한역 불가〉국에 머물며 항상 즐겁게 보시하고 부처님에 대한 신심을 일으켰다. 그곳을 떠나 바다로 들어가기 직전에 그는 큰 소리로 외쳤다. '내가 만일 바다에서 무사히 돌아온다면 장차 불법에서 5년마다 큰 법회를 치르겠다'. … '또한 선남자야, 생사의 괴로움은 끝이 없으니 그대는 마땅히 불법에 의지하여 출가해야 하리'. 이 말은 들은 뒤 천호는 출가하여 아라한과를 얻었다. 是時 天護商主住陸求那〈不解翻〉國 常樂布施 於佛生信 欲往入海 而作師子吼 若我從海 安隱得還 我當於佛法中 作五年大會 … 復次 善男子 生死苦無窮 汝當於佛法出家 乃至天護出家得阿羅漢果"라고 하였다. [참고문헌]『阿育王經』.

제바론 提婆論 ➡ 제바보살석능가경중외도소승열반론 提婆菩薩釋楞伽經中外道小乘涅槃論

제바마라파비 提婆魔囉播裨 Ⓢ Devamāra-pāpīyas의 음사어. 천마파순(天魔波旬). 『일체경음의』 권23(대정장54, p.449c23)에 "천마파순〈온전한 음사어는 '제바마라파비'이다. 제바는 천이라 한역한다. 마라는 장애를, 파비는 죄악을 뜻한다. 곧 이 무리는 과보로 천궁에 나는데 그 성품은 사람들에게 악을 저지르고 선에서 물러나도록 권하기를 좋아하여 그 굴레를 벗어날 수 없도록 만든다〉. 天魔波旬〈具云 提婆魔囉播裨 言提婆者 此云天也 磨囉 障导也 播裨 罪惡也 謂此類報生天宮 性好勸人 造惡退善 令不得出離故也〉"라고 하였다. 〔참고문헌〕『一切經音義』. ⇨ 천마 天魔

제바반두 提婆盤豆 Ⓢ Vasubandhu. 한역어는 천친(天親). 또는 세친(世親)의 음사어다. 『금강경찬요간정기』 권1(대정장33, p.178a12)에 "범어 제바반두는 천친이라 한역한다. 지전 사가행위의 보살로서 무착의 동생이다. 梵語 提婆盤豆 此云 天親 是地前四加行位菩薩 卽無著弟也", 『구사론송소서기』(卍속장83, p.790b2)에 "천친보살은 범어 음사어는 제바반두이고, 천친이라 한역하지만, 한역과 음사어 모두 오류이다. 구역은 바수반두이고 신역은 벌소반두 또는 벌소반도이며, 세친이라 한역한다. 天親菩薩者 梵云提婆盤豆 此云天親 漢梵皆訛也 舊云婆藪盤豆 新云筏蘇盤豆 亦云筏蘇畔度 此云世親"라고 하였다. 〔참고문헌〕『金剛經纂要刊定記』, 『俱舍論頌疏序記』. ⇨ 세친 世親❷

제바발제 提婆跋提 욕계 정점의 자재천(自在天). 또는 타화자재천(他化自在天)이라고도 하다. 『능엄경소해몽초』 권6(卍속장21, p.433a3)에 "자재천은 욕계의 꼭대기에 있는 천계이다. 온전한 음사어는 제바발제이고, 한역어는 타화자재이다. 다른 하늘이 지은 변화를 빌려와 자기의 즐거움으로 만든다는 뜻이다. 마왕이다. 自在天 是欲界頂 具云提婆跋提 此云他化自在 假他所作 以成己樂 卽是魔王也"라고 하였다. 〔참고문헌〕『楞嚴經疏解蒙鈔』. ⇨ 자재천 自在天❷, 타화자재천 他化自在天

제바보살 提婆菩薩 ➡ 제바 提婆❷, 성제바 聖提婆, 가나제바 伽那提婆, 아리야데바 Āryadeva

제바보살석능가경중외도소승열반론 提婆菩薩釋楞伽經中外道小乘涅槃論 제바보살(提婆菩薩 Ⓢ Āryadeva) 지음. 원위(元魏)대 보리유지(菩提流支 Ⓢ Bodhiruci) 한역. 1권. 고려장17, pp.804a1~806a21, No.642・대정장32, pp.156c12~158b9, No.1640에 전한다. 『외도소승열반론』・『파외도소승열반론 破外道小乘涅槃論』・『파외도열반론』이라고도 한다. 『능가경』에서 예시된 외도와 소승의 열반론 스무 가지를 논파하고 열반의 정인(正因)과 정과(正果)를 해석하는 내용이다. 〔참고문헌〕『開元釋敎錄』 권6(대정장55, p.541b1).

제바보살전 提婆菩薩傳 후진(後秦)대 구마라집(鳩摩羅什) 한역. 1권. 대정장50, pp.186c8~188a3, No.2048에 수록되어 있다. 『부법장인연전 付法藏因緣傳』에 실린 이야기와 대동소이하다. 〔참고문헌〕『歷代三寶紀』 권8(대정장49, p.79a8), 『衆經目錄』 권2(대정장55, p.161c25). ⇨ 부법장인연전 付法藏因緣傳

제바보살파능가경중외도소승사종론 提婆菩薩破楞伽經中外道小乘四宗論 제바보살 지음. 후위(後魏)대 보리유지(菩提流支) 한역. 1권. 후위 영평 원년(508)에서 동위(東魏) 천평 2년(535) 사이의 역출로 본다. 고려장17, pp.809a1~811b7, No.645・대정장32, pp.155a13~156c9, No.1639에 수록되어 있다. 줄여서 『외도소승사종론 外道小乘四宗論』・『파외도소승사종론 破外道小乘四宗論』・『파외도사종론 破外道四宗論』이라고도 한다. 『능가경』(4권본 『능가경』 권2〔대정장16, p.490c22〕・『입능가경』 권3〔대정장16, p.531b14〕・『대승입가경』 권3〔대정장16, p.601a1〕)에서 시설한 사구분별(四句分別)에 의지해 일체법(一切法)을 논하는 입장을 일(一)・이(異)・구(俱)・불구(不俱)로 나누어 승거(僧佉 Ⓢ Sāṃkhya : 數論)・비세사(毘世師 Ⓢ Vaiśeṣika : 勝論)・니건자(尼犍子 Ⓢ Nirgrantha)・야제자(若提子 Ⓢ Jñātiputra) 등을 논파한다. 논서 전반에는 외도사종의 핵심 주장을 정리하고, 순서대로 자세히 논파하는 형식을 취하고 있다. 동일한 찬자와 역자의 논서인 『제바보살석능가경중외도소승열반론 提婆菩薩釋楞伽經中外道小乘涅槃論』(대정장32, No.1640)과 자매편이다. 〔참고문헌〕『開元釋敎錄』 권6(대정장55, p.541a26). ⇨ 제바보살석능가경중외도소승열반론 提婆菩薩釋楞伽經中外道小乘涅槃論

제바복외도 提婆伏外道 제바(提婆 Ⓢ Āryadeva)보살이 중천축(中天竺) 발라야가국(鉢邏耶伽國)의 한 가람에서 순환론(循環論)에 빠진 외도를 그 순환론으로 조복시킨 고사. 『대당서역기』 권5(대정장51, p.897b2)에 "부처님 머리카락과 손톱을 모신 솔도파 옆에 오래된 가람이 있는데 이곳은 제바〈한역어는 천〉보살이 『광백론』을 지어 소승을 꺾고 외도를 엎드리게 한 곳이다. 본래 제바보살은 남인도에서 이 가람으로 왔다. 성에는 외도 바라문이 고답적인 논쟁으로 널리 알려져 있었는데, 걸림 없는 말솜씨로 상대의 말을 순환하며 진실을 따지거나 되물어서 그 말을 파고 들었다. 髮爪窣堵波側 有故伽藍 是提婆〈唐言天〉菩薩 作廣百論 挫小乘 伏外道處 初 提婆菩薩 自南印度 至此伽藍 城中有外道婆羅門 高論有聞 辯才無礙 循名責實 反質窮辭"라고 하였다. 〔참고문헌〕『

大唐西域記』. ⇨ 아천이구 我天爾狗

제바서 提婆書 Ⓢ Devalipi. 육십사서(六十四書) 중 하나. 천신(天神)들의 문자라는 뜻. 『불조통기』 권2(대정장49, p.143b5)에 "육십사서 가운데 제바서는 한역하면 천이다. 六十四書 中有提婆書 天也"라고 하였다. [참고문헌] 『佛祖統紀』, 『佛本行集經』 권11(대정장3, p.703c22), *Lal-v.88.* ⇨ 육십사서 六十四書

제바서나 提婆犀那 Ⓢ Devasena. 나한의 이름. 한역어는 천군(天軍). 『자은전』 권2(대정장50, p.232c16)에 "그때 제바서나〈한역어는 천군〉아라한이 도사다천을 왕래하였다. 時提婆犀那〈唐言天軍〉阿羅漢 往來覩史多天"라고 하였다. [참고문헌] 『慈恩傳』, 『大唐西域記』 권4(대정장51, p.891c5).

제바설마 提婆設摩 Ⓢ Devaśarman. ❶ 설일체유부의 논사. 중인도 비삭가국(鞞索迦國 Ⓢ Viśaka) 출신. 천적(天寂)·현적(賢寂) 등으로 한역한다. 부처님께서 열반에 드신 후 일백 년 경 출세하였으며, 육족론(六足論) 중 하나인 『아비달마식신족론 阿毘達磨識身足論』(대정장26, No.1539) 16권을 지었다. 『구사론기』 권1(대정장41, p.8c2)에 "부처님께서 열반에 드신 후, 일백년 중에 제바설마가 『식신족론』 칠천 송〈천적이라 한역함〉을 지었다. 佛涅槃後 一百年中 提婆設摩 造識身足論 七千頌〈此云天寂〉", 『대당서역기』 권5(대정장51, p.898c15)에 "성의 남쪽길 왼쪽에 커다란 가람이 있는데, 예전에 제바설마아라한이 이곳에서 『식신족론』을 지어 무아를 주장하였으며, 구파아라한은 『성교요실론』을 지어 유아를 주장하였다. 이런 법집 때문에 마침내 심하게 쟁론하였다. 城南道左 有大伽藍 昔提婆設摩阿羅漢 於此造識身論 說無我人 瞿波阿羅漢作聖教要實論 說有我人 因此法執 遂深諍論"라고 하였다. [참고문헌] 『俱舍論記』, 『大唐西域記』. ⇨ 식신족론 識身足論 ❷ 용수(龍樹)의 『중론 中論』에 대한 팔대주석가(八大註釋家) 중 한 사람.

제바연나 提波延那 Ⓢ Devayāna. 선인(仙人) 이름. 제바야나(提波耶那)라고도 한다. 『지관보행전홍결』 권4(대정장46, p.269c26)에 "부처님께서 출현하시기 전에 제석천은 항상 제바연나선인의 처소를 찾아가 법을 들었다. 그 아내 사지는 '제석이 나를 버리고 다른 여인에게 가려고 하는구나'라고 생각한 끝에 몸을 숨기고 수레에 올라 선인의 처소에 갔다. 佛未出時 帝釋 常詣提波延那仙人所 聽法 舍脂念云 帝釋捨我 欲詣餘女 隱形上車到仙人所", 『불본행집경』 권16(대정장3, p.726b6)에 "옛날 가시국에 제바야나〈한역어는 연상생〉라는 선인 한 명이 살았는데 손다리라는 음녀에게 속아 미혹되었다. 昔迦尸國 有一仙人 名提波耶那〈隋言 埏上生〉 被孫陀梨婬女誑惑"라고 하였다. [참고문헌] 『止觀輔行傳弘決』, 『佛本行集經』. ⇨ 제석 帝釋

제바오법 提婆五法 ➡ 제바오사법 提婆五邪法

제바오사법 提婆五邪法 부처님 재세 시 제바달다(提婆達多)가 주장한 다섯 가지 삿된 법. 제바오법(提婆五法)이라고도 한다. 이 법을 부처님의 말씀인 듯이 내세움으로써 화합승(和合僧)을 깨뜨려 오역죄(五逆罪) 가운데 가장 무거운 과보를 받았다. 다섯 가지 법은 전거에 따라 조금씩 다르다. 『비니모경』 권4(대정장24, p.823a17)에 "제바달다가 승가의 화합을 깨뜨린 다섯 가지 법이 있다. 첫째, 목숨이 다하도록 걸식한다. 둘째, 분소의를 입는다. 셋째, 소(酥)와 소금을 먹지 않는다. 넷째, 육류와 물고기를 먹지 않는다. 다섯째, 노지에 앉는다. 提婆達多 破僧有五法 一者 盡形壽乞食 二者 糞掃衣 三者 不食酥鹽 四者 不食肉魚 五者 露坐", 『순정리론』 권43(대정장29, p.588a4)에 "삿된 도란 제바달다가 다섯 가지를 생사에서 벗어나는 도라고 망설한 것이다. 첫째, 우유 등을 마음대로 받아먹어서는 안 된다. 둘째, 육식을 끊어야 한다. 셋째, 소금을 끊어야 한다. 넷째, 재단하지 않은 옷을 입어야 한다. 다섯째, 마을 주변의 절에 살아야 한다. 言邪道者 提婆達多 妄說五事 爲出離道 一者 不應受用乳等 二者 斷肉 三者 斷鹽 四者 應被不截衣服 五者 應居聚落邊寺", 『대비바사론』 권116(대정장27, p.602c1)에 "첫째, 목숨이 다할 때까지 분소의를 입는다. 둘째, 목숨이 다할 때까지 항상 걸식하여 먹는다. 셋째, 목숨이 다할 때까지 오직 한 곳에 앉아서 먹는다. 넷째, 목숨이 다할 때까지 항상 노지에서 산다. 다섯째, 목숨이 다할 때까지 물고기와 육류 따위의 모든 피맛나는 음식과 소금·소·우유 등을 먹지 않는다. 一者 盡壽著糞掃衣 二者 盡壽常乞食食 三者 盡壽唯一坐食 四者 盡壽常居迥露 五者 盡壽不食 一切魚肉血味 鹽酥乳等"라고 하였다. 율장에서는 대부분 『대비바사론』의 설을 인용한다. 부처님께서 제정하신 네 가지 행법 곧 사의지법(四依止法)은 『사분율』 권58(대정장22, p.1001c9)에 따르면, "사의지법이 있다. 분소의를 입고, 걸식하며, 나무 아래 앉고, 부란약을 먹는다. 이것이 사의지법이다. 有四依止法 糞掃衣 乞食 樹下坐 腐爛藥 是爲四依止法"라고 하였다. 제바가 내세운 다섯 법은 비록 이 사의지법과 유사하지만 부처님의 의중을 위반하여 불제자를 속여 화합승을 깨기 위한 내용이었다. 대체로 부처님께서 제정한 분소의는 재단하고 꿰매어 가사를 만드는 방식이지만 제바의 분소의는 이를 금한다. 불제자의 걸식은 일정한 시간을 엄수해야 하지만 제바의 법은 밤낮을 구분하지 않고 발우 가득 채워지는 때를 한도로 삼는다. 또한 불제자는 일중 이후에는 먹지 않지만 제바의 법은 시간을 정하지 않는다. 부처님께서 비록 노지에 앉는 생활을 허용하셨어도 방사에의 거주도 허용하셨으나 제바는 이를 깨뜨렸다. 부처님께서 비록 부정육(不淨肉)을 먹지 말라고 하셨어도 정육(淨肉)은 허용하셨지만 제바는 육식을 무조건 끊어야 하는 듯이 부처님의 뜻을 왜곡하였다. 이 때문에 같은 책 권5(대정장22, p.596a12)에 "제바달은 법이 아닌 법을 비구들에게 말하고 율이 아닌 율을 비구들에게 말하였으니, 그대들은 화합승을 무너뜨리지 말고 그대들 항상 도와 화합승이 되도록 한다. 提婆達 非法語比丘 非律語比丘 汝等莫壞和合僧 汝等當助和合僧"라고 부처님께서 당부하셨다. [참고문헌]『毘尼母經』, 『順正理論』, 『大毘婆沙論』, 『四分律』. ⇨ 제바달다오역죄 提婆達多五逆罪

제바오역 提婆五逆 ➡ 제바달다 提婆達多, 제바달다오역죄 提婆達多五逆罪

제바적번 提婆赤幡 제바의 붉은 깃발. 제바가 논쟁에서 이겼다는 표시로 붉은 깃발을 들었다는 말. 제바는 중관파 나가르주나(Ⓢ Nāgārjuna : 龍樹)의 제자인 아리야데바(Ⓢ Āryadeva : 伽那提婆)로서 선종의 등사(燈史)에 제15대 조사로 전한다. 인도에서 붉은 깃발은 논쟁에서 상대를 이긴 편이 드는 관습이 있었다. 『선원몽구』 권중(卍속장148, p.225b13)에 "제바의 붉은 깃발〈출전은 『벽암록』 권2〉: 제15대 가나제바대사가 처음 법을 얻은 후에 파련불성에 갔는데 외도들이 불법을 방해한지 오래되었다는 이야기를 들었다. 제바가 긴 깃발을 들고 그 무리에 들어갔는데 깃발의 길이는 8자이고 깃대의 길이는 2장이었다. 그곳에 서서 움직이지 않자 외도가 말했다. '당신은 왜 앞으로 가지 않는가?' '당신은 왜 뒤로 가지 않는가?' '그대는 천민처럼 보인다' '그대는 양민처럼 보인다' '그대는 어떤 법을 아는가?' '나는 전혀 모른다' '나는 부처가 되고자 한다' '나는 불 보듯 부처가 되었다' '그대는 될 수 없다' '나는 이미 되었다고 하였다. 그대는 실로 될 수 없다' '그대는 되지 못하였는데 어찌 되었다고 말하는가?' '그대는 아가 있기에 될 수 없고, 나는 아가 없기에 스스로 마땅히 부처가 될 수 있다'. 그 외도가 물러나 몸을 굽히고 물었다. '그대의 이름은 무엇입니까?' '나의 이름은 제바이다'. 외도가 처음으로 그 이름을 듣고 잘못을 뉘우치고 사죄했다. 범어 제바는 천(天)으로 한역한다. 提婆赤幡 〈碧巖二〉第十五祖迦那提婆大士 初得法已 至巴連弗城 聞諸外道欲障佛法 許之旣久 大士乃執長幡入彼衆中 其幡八尺竿長丈二 於彼而立 更不移步 外道曰 汝何不前 曰 汝何不後 外道曰 汝似賤者 曰 汝似良人 外道曰 汝解何法 曰 汝百不解 外道曰 我欲得佛 曰 我灼然得 外道曰 汝不合得 曰 元道我得 汝實不得 外道曰 汝旣不得 云何言得 曰 汝有我故所以不得 我無我故 自當得佛 彼旣辭屈 乃問曰 汝名何等 曰 我名提婆 外道素聞其名 乃悔過致謝 梵曰提婆 此云天"라고 하였다. [참고문헌]『禪苑蒙求』, 『碧巖錄』 권2(대정장48, p.154a14). ⇨ 가나제바 伽那提婆

제바종 提婆宗 제바의 종파. 인도 중관파를 가리키는 말. 제바는 인도 중관파의 개조 나가르주나(Ⓢ Nāgārjuna : 龍樹)의 제자 아리야데바(Ⓢ Āryadeva)를 말한다. 『운문광록』 권중(대정장47, p.560b1)에 "마조대사는 '일체언어는 제바종이 주제로 삼았다'고 하였다. 이 화제를 거론하고서 운문선사가 말했다. '좋은 말이지만 아무도 묻지 않는구나'. 학인이 물었다. '무엇이 제바종입니까?' '인도의 아흔여섯 가지 외도 중에 그대가 가장 하천한 부류이다'. 擧馬大師云 一切語言是提婆宗 以此箇爲主 師云 好語秖是無人問 僧便問 如何是提婆宗 師云 西天九十六種 爾是最下種", 『인천안목』 권2(대정장48, p.313a6)에 "학인이 파릉호감에게 물었다. '무엇이 제바종입니까?' '은주발에 눈이 가득하다'. 僧問巴陵 如何是提婆宗 陵云 銀盌裏盛雪", 『오가종지찬요』 권하(卍속장114, p.558b5)에 "학인이 물었다. '제바종이 무엇입니까?' '은주발에 눈이 가득하다'. 삼산등래가 송한다. '은주발에 가득한 눈, 안팎으로 밝아 사무치네. 파릉이 아니라면 입이 있어도 말할 수 없으리'. 僧問巴陵 如何是提婆宗 陵云 銀盌裏盛雪 三山來頌云 銀盌盛雪 內外明徹 不是巴陵 有口難說", 『조정사원』(卍속장113, p.45b3)에 "제바종 : 어떤 이는 외도종이라고 한다. 깃발을 세운 제바왕은 선종에서 열다섯 째 조사와 다르지 않으니 제바를 말한다. 『대당서역기』·『부법장전』·『보림전』 등이 자세히 싣고 있으나 어디에도 외드라고 하지 않았다. 提婆宗 或者謂外道宗矣 立幡提婆三禪宗第十五祖無別 提婆也 西域記 付法藏傳 寶林諸書 載之甚詳 竝不書外道事"라고 하였다. [참고문헌]『雲門廣錄』, 『人天眼目』, 『五家宗旨纂要』, 『祖庭事苑』. ⇨ 중관학파 中觀學派, 삼론종 三論宗, 가나제바 伽那提婆

제바지제바 提婆池提婆 Ⓢ Devātideva. 하늘 중에 하늘. 석존의 출가 이전의 이름. 한역어는 천중천(天中天) 또는 천상천(天上天). 『범망경보살계본술기』 권상(卍속장60, p.219a7)에 "태자가 출가하기 이전에 본래 이름 두 개가 있었다. 하나는 실다알타(Ⓢ Siddhārtha)이고 그 뜻은 이전의 해석과 같다. 또 하나는 제바지제바로 천상천이라 한역한다. 太子未出家時 自有兩名 一名 悉多頞他 義如前釋 二名 提婆池提婆 此云天上天"라고 하였다. [참고문헌]『梵網經菩薩戒本述記』.

제바투침 提婆投針 제바가 바늘을 던지다. 제바보살이 발우에 담긴 물에 바늘을 던진 일화. 물은 용수(龍樹)의 덕, 바늘은 제바의 지혜를 비유한다. 『선원몽구』 권하(卍속장148, p.278b7)에 "제바가 바늘을 던지다. 제바보살이 사자국에 와서 논쟁하길 주장하며 용맹의 문 앞에 갔다. 용맹은 평소 그 이름을 알고 있던 터라 발우에 물을 가득 담아서 제자에게 들고 나가 보여주게 하였다. 제바는 물을 보고 말없이 바늘을 던졌다. 제자가 돌아오자 용맹이 매우 기뻐하며 말했다. '물의 맑음을 나의 덕으로 여겼는데, 그가 와서 바늘을 던져 그 바닥에 이르렀다. 이 사람이라면 그윽함을 논하고 도를 말할 만하다'. 提婆投針 提婆菩薩自執師子國來求論難 造龍猛門 龍猛素知其名 遂滿鉢盛水 令弟子持出示之 提婆見水默而投針 弟子將還 龍猛深嘉嘆曰 水之澄以方我德 彼來投針以窮其底 若斯人者可以論玄議道"라고 하였다. 〔참고문헌〕『禪苑蒙求』. ⇨ 가나제바 伽那提婆

제발 濟拔 Ⓢ niṣkāsita, paritrāṇa, Ⓣ yongs-su-bskyab-pa. 건져 내다. 중생을 고해에서 건져 낸다는 말. 『어제연화심륜회문게송』 권22(고려장35, p.816a20)에 "중생을 건져 내어 영원히 고해에서 나오게 하는 것을 '여러 인민을 건져 낸다'고 한다. 濟拔衆生 永出苦海 名曰濟拔群民", 『별역잡아함경』 권2(대정장2, p.384a12)에 "크게 정진하여 건져 내야 하니 여래정법으로 제도한다. 법 그대로 도탈한다면 지혜로운 이가 기뻐하지 않을 수 없으리. 大精進濟拔 如來正法度 如法得度脫 智者莫不欣", 『불본행집경』 권8(대정장3, p.689a12)에 "모든 세간에서 내가 가장 뛰어나니, 나는 장차 모든 생사와 번뇌를 그 뿌리부터 뽑아내리. 於諸世間 我爲最勝 我當濟拔 一切生死 煩惱根本", 『대반야경』 권445(대정장7, p.245c10)에 "모든 세간을 건져 내고자 발심하여 무상정등보리를 향한다. 爲欲濟拔諸世間故 發趣無上正等菩提", 『설무구칭경소』 권4(대정장38, p.1067c15)에 "엄정하게 살펴서 반드시 두루하기에 고르게 나눈다고 말한다. 평등하게 건져 내서 어느 편으로 치우치는 일 없기 때문이다. 莊挍必周 故言等分 平等濟拔 無偏儻故"라고 하였다. 〔참고문헌〕『御製蓮華心輪迴文偈頌』, 『別譯雜阿含經』, 『佛本行集經』, 『大般若經』, 『說無垢稱經疏』, *Saddh-p.91.*, *Bodh-bh.3·8.*

제방 諸方 ❶ 여러 곳. 여기 저기 흩어져 있는 선문(禪門)을 말한다. 『경덕전등록』 권8 「남전보원전 南泉普願傳」(대정장51, p.259a22)에 "학인이 제방에 이르러 누군가 '화상은 요즘 어떠신가?' 묻는다면 어떻게 마주해야 할런지요? 學人到諸方 有人問 和尚近日作麽生 未審如何祇對", 『선림보훈합주』 권4(卍속장113, p.399b5)에 "여러 선문을 견주어보니 존숙은 품은 마음 있어 부리고, 납자들은 권세와 이익을 엿보아 존숙을 섬긴다. 주인과 나그네 이익을 주고받으면서 상하가 서로 업신여기니 어찌 법문이 흥하고 총림이 번성하겠는가! 比見諸方 尊宿懷心術 以御衲子 衲子挾勢利 以事尊宿 主賓交利 上下欺侮 安得法門之興 叢林之盛乎"라고 하였다. 〔참고문헌〕『景德傳燈錄』, 『禪林寶訓合註』. ❷ 여러 선문의 납자들. 『설두어록』 권2(대정장47, p.683a4)에 "여러 선문의 대중이 모두들 기특하다고 말한다. 이렇게 들먹이는 말이 맞기는 할까? 만일 맞더라도 해파리가 새우를 눈으로 삼아 돌아다니듯 하고, 맞지 않다면 부질없이 찬탄은 해서 무엇하려는가? 諸方皆謂奇特 溜麽擧還當麽若當 譬若水母以蝦爲目 若不當 又空讚歎 圖箇什麽"라고 하였다. 〔참고문헌〕『雪竇語錄』. ❸ 모든 곳. 『잡아함경』 권40(대정장2, p.293c12)에 "그때 제석이 상승전에서 내려와 두루 모든 방위를 향하여 합장하고 공경하는 마음을 표하였다. 爾時 帝釋從常勝殿來下 周向諸方 合掌恭敬"라고 하였다. 〔참고문헌〕『雜阿含經』.

제방문인참문어록 諸方門人參問語錄 명대 묘엽(妙叶) 편찬. 1권. 마조도일(馬祖道一)의 법을 이은 대주혜해(大珠慧海)가 제방(諸方) 문인들의 참문(參問)에 답한 기연(機緣)을 엮은 것으로 40여 편이 집록되어 있다. 『경덕전등록』 권28 「제방광어 諸方廣語」 중 대주혜해화상어(大珠慧海和尙語)와 같은 책 권6 「대주혜해장 大珠慧海章」을 합친 것이다. 묘엽이 대주의 『돈오입도요문론 頓悟入道要門論』으로 상권을 삼고 이 어록에 『연등회요』에서 뽑은 보리달마(菩提達磨)의 「안심요론 安心要論」을 부가하여 하권으로 삼아서 1374년(홍무7)에 간행했다. 卍속장110, pp.853a1~864a9에 수록되어 있다. 어록 끝에 묘엽과 만금(萬金)의 「서 序」가 있다.

제번뇌선 除煩惱禪 ➡ 제뇌선 除惱禪, 구종대선 九種大禪

제법 諸法 모든 법. 제법은 십이처(十二處)와 오온(五蘊)·십팔계(十八界)를 벗어나지 않으며, 삼법인(三法印)·팔성도(八聖道)와 사문사과(沙門四果)의 법이 있어서 일체종지(一切種智)를 거둔다. 이 제법의 총상과 별상을 다 헤아려 알아 일체종지를 거두는 이가 부처(佛)다. 대승은 온처계(蘊處界)로 별상(別相)을 삼고 무생(無生)으로 총상(總相)을 삼지만 제법은 인연화합(因緣和合)일 뿐이어서 자성(自性)이 공(空)하여 본래 있는 바 없다(無所有)고 말하고, 유식에서는 제법은 삼성(遍計所執性 依他起性 圓成實性)으로 드러나지만 모두 식(識)으로 거둔다고 한다. 화엄에서는 여래장(如來藏)에 나아가 진여(眞如)에 의지해 제법이 있게 되지만 그 자성이 공(空)하지 않으면 연기할 수 없는 뜻에서 제법은 법계연기(法界緣起)의 뜻으로 거둔다. 선문(禪門)

에서는 반야(般若)는 스스로 알음알이 없고 법신(法身)에는 스스로 모양 없으니, 제법은 그대로 진실(眞實)이고 해탈(解脫)이고 적멸(寂滅)이라고 말하기도 한다. 『장아함경』 권1 「대본경 大本經」(대정장1, p.8b3)에 "비파시부처님 고요한 때에 제법을 관찰하셨다. 늙고 죽음 무슨 연으로 있게 되고 무엇을 좇아 사라지는가. 저 부처님 이렇게 관하여 마치니 청정지혜 일어났고, 늙고 죽음 생으로부터 있고 나는 일 사라지면 늙고 죽음도 사라짐을 알았다네. 毗婆尸閑靜 觀察於諸法 老死何緣有 從何而得滅 彼作是觀已 生淸淨智慧 知老死由生 生滅老死滅", 『잡아함경』 권13 제312경(대정장2, p.90b11)에 "제법에 물들지 않아서 바른 지혜 바른 생각으로 머문다. 그 마음 물들지 않고 또한 즐겨 착하지도 않는다. 不染於諸法 正智正念住 其心不染汚 亦復不樂著", 『증일아함경』 권1 「서품 序品」(대정장2, p.550b22)에 "이 방편으로 한 법을 깨우치고 둘을 따라 두 법을, 셋을 따라 세 법을 이어 사오육칠팔구십 그리고 열한 가지 법에 깨우치지 않음이 없으니 하나씩 더하여 모든 법에 이르렀다. 뜻으로 풍부하고 지혜 넓어 다함이 없다. 낱낱 계경의 뜻 또한 깊었으니 이렇기에 그 이름이 '증일아함'이라 하였다. 以此方便了一法 二從二法三從三 四五六七八九十 十一之法無不了 從一增一至諸法 義豐慧廣不可盡 一一契經義亦深 是故名曰增壹含", 법현(法顯) 역 『대반열반경』 권하(대정장1, p.204a7)에 "만약 제법중에 팔성도법이 있으면 마땅히 알라. 반드시 네 갈래 사문의 이름이 있게 된다. 사문의 이름이 있게 된다는 것은 해탈이 있게 된다는 것이고, 이미 해탈이 있게 된다면 이는 그대로 일체종지다. 若諸法中 有八聖道法 當知必有四沙門名 有沙門名 則有解脫 旣有解脫 是一切種智", 『대비바사론』 권73 「십문납식 十門納息」(대정장27, p.378c22)에 "오직 부처님께서 말씀하신 십이처의 가르침으로 제법을 거둬 다하니 더 넓히지도 더 줄이지도 않는다. 이렇기에 부처님 말씀 최상이고 승묘다. 그러므로 이렇게 말한다. 만약 제법성상을 관찰하고자 하면 마땅히 이와 같이 십이처의 가르침을 의지한다. 이와 같이 십이처의 가르침 의지해 제법의 모든 성과 상을 관찰하면 문득 열두 갈래 타오르는 지혜의 빛 생겨나리라. 唯佛所說 十二處敎 攝諸法盡 非廣非略 是故 說爲最上勝妙 故作是言 若欲觀察 諸法性相 當依如是 十二處敎 若依如是 十二處敎 觀察諸法 所有性相 便生十二爾焰智光", 『아비담비바사론』 권39(대정장28, p.287b19)에 "존자 사리불이 설한 바는 여지가 없다. 부처님께서 설하신 열두 갈래 입(入)인 안입에서 의입까지와 마지막으로 설하신 법입을 안다. 존자 사리불이 이와 같이 생각하였으니 제법 열한 가지 입 중이라 일컬을 수 없는 것은 마땅히 법입 중에 다 있기 때문이다. 尊者舍利弗 以所說無餘故 知佛說十二入 眼入乃至意入 最後說法入 尊者舍利弗 作如是念 諸法十一入中 所不稱說者 應盡在法入中", 『순정리론』 권3 「변본사품 辯本事品」(대정장29, p.342b6)에 "이렇게 따로 온과 처와 계를 건립하는 것은 마땅히 모든 법을 널리 거둬 다함을 안다. 此別建立 蘊處界門 應知遍攝諸法皆盡", 『대품반야경』 권3(대정장8, p.234c14)에 "모든 법은 인연으로 화합하고 가명으로 시설한다. 보살이라 부르는 것도 이 명자일 뿐이어서 오음중에서 설할 수 없고 십이입과 십팔계 내지 십팔불공법중에서도 설할 수 없으며 저 화합법중에서도 마찬가지로 설할 수 없다. 諸法 因緣和合 假名施設 所謂菩薩是名字 於五蔭中不可說 十二入 十八界 乃至 十八不共法中 不可說 於和合法中 亦無可說", 같은 책 권6(대정장8, p.259a2)에 "어째서 보살은 오음에 착함이 없고, 십팔계 드러낼 수 없으며, 십이입으로도 말할 수 없는가. 이는 제법의 자성 없기 때문이다. 云何菩薩不著五陰 不著十八界 不著十二入 是諸法性無故", 『대지도론』 권14(대정장25, p.164b5)에 "보살이 만약 악구로 욕함을 당하거나 만약 칼과 몽둥이를 가하더라도, 죄와 복업의 인연과 제법이 안팎으로 필경에 공하고 아도 없고 아소도 없으며 삼법인으로 제법을 분명히 알기에, 힘으로 능히 갚을 수 있어도 악심을 내지도 악구업을 일으키지도 않는다. 菩薩若遇惡口罵詈 若刀杖所加 思惟知罪 福業因緣 諸法內外 畢竟空 無我 無我所 以三法印 印諸法故 力雖能報 不生惡心 不起惡口業", 같은 책 권27(대정장25, p.259a19)에 "부처님께서는 제법의 총상과 별상을 온통 다 아시기에 그 이름이 일체종지다. 佛盡知諸法總相別相故名爲一切種智", 길장(吉藏)의 『대승현론』 권4 「섭지문 攝智門」(대정장45, p.61a15)에 "총상으로 일체지 됨을 알고 별상으로는 일체종지 삼음을 안다. 다만 총별의 세 갈래 문이 있으니, 첫째 고와 무상으로 총상을 삼고 음과 입과 계로 별상을 삼는다. 둘째 생멸이 없음으로 총상이라 여기고 제법이 차별함으로 별상이라 여긴다. 셋째 간략히 함으로 총상이라 하고 넓게 함으로 별상이라 한다. 總相知爲一切智 別相知爲一切種智 但總別三門 一 以苦無常爲總相 陰入界爲別相 二 以無生滅爲總相 諸法差別爲別相 三 以略爲總相 廣爲別相", 『해심밀경』 권2 「일체법상품 一切法相品」(대정장16, p.693a15)에 "나 마땅히 너를 위하여 모든 법상을 설하리라. 모든 법상을 말하려 하니 간략히 세 가지가 있다. 무엇이 셋인가. 첫째 변계소집상이고, 둘째 의타기상이며, 셋째 원성실상이다. 吾當爲汝 說諸法相 謂諸法相 略有三種 何等爲三 一者 遍計所執相 二者 依他起相 三者 圓成實相", 같은 책 권2 「무자성상품 無自性相品」(대정장16, p.696b2)에 "일체제법 온통 다 성이 없다. 남도 없고 사라짐도 없어 본래 고요하여 제법의 자성 언제나 열반이다. 一切諸法皆無性 無生無滅本來寂 諸法自性恒涅槃", 같은 책 권5 「여래성소작사품 如來成所作事品」(대정장16,

p.709a17)에 "만약 이곳에서 나는 열한 가지 상으로 끝내 알아 마치고는 제법을 분별하여 드러내 보이리니 이 이름은 본모다. 어떤 것들의 이름이 열한 가지 상인가. 첫째 세속상, 둘째 승의상, 셋째 보리분법으로 연한 상, 넷째 행상, 다섯째 자성상, 여섯째 저 과상, 일곱째 저 개시상을 받게 함, 여덟째 저 장애라는 법상, 아홉째 저 수순이라는 상, 열째 저 과환상, 열한째 저 승리상이다. 若於是處 我以十一種相決了 分別顯示諸法 是名本母 何等名爲十一種相 一者 世俗相 二者 勝義相 三者 菩提分法所緣相 四者 行相 五者 自性相 六者 彼果相 七者 彼領受開示相 八者 彼障礙法相 九者 彼隨順法相 十者 彼過患相 十一者 彼勝利相", 『입능가경』 권10(대정장16, p.577a17)에 "제법이 드러난다 하니 저 바탕 그대로 허망하다. 인으로 의지해 나타나고 화합하니 그러기에 십이입이 있다. 인에 의지해 화합을 관하니 이 법이라고 설할 수 없다. 現生於諸法 彼體是虛妄 因依現和合 故有十二入 依因觀和合 我不說是法", 『유가사지론』 권16 「본지분 本地分」(대정장30, p.363a17)에 "도무지 다스리는 주인도 짓는 이도 받는 이도 있을 리 없다. 제법 또한 용도 없지만 쓰고 구름은 없지 않으니 오직 십이지와 온처계로 흐르고 구르며 이 일체를 살피고 사유한다. 중생은 안으로도 밖으로도 찾을 수 없다. 이것이 일체개공이다. 이에 능히 공을 닦는다 하면 이 또한 언제나 있는 바 없어야 한다. 都無有宰主 及作者受者 諸法亦無用 而用轉非無 唯十二有支 蘊處界流轉 審思此一切 衆生不可得 於內及於外 是一切皆空 其能修空者 亦常無所有", 『성유식론』 권5(대정장31, p.24c12)에 "수승함 따라 제8식을 나투니 그 이름이 마음이다. 제법의 종자 모아서 제법을 일으킨다. 隨勝顯第八名心 集諸法種 起諸法故", 진제(眞諦) 역 『삼무성론』 권상(대정장31, p.871c29)에 "거두지만 뒤집힘 없다는 것은 십이입등의 일체제법을 말한다. 다만 오직 이 식일 뿐이어서 어지러움 떠나서 식 밖에 따로 다른 법은 없다. 일체제법 모두 식으로 거두니 이 뜻 결정이어서 거두지만 뒤집힘 없다고 한다. 뒤집힘 없기에 여여라 하고 뒤집힘 없는 여여라 해도 무상여여는 아직 아니다. … 소승에서 가리는 일체제법 오직 십이입으로 이 전도가 아니라 하고, 지금은 대승의 뜻으로 모든 들어감을 파하고 아울러 온통 다 무이고 오직 이 어지러운 식이 짓는 것일 뿐이라 한다. 십이입을 전도로 삼고 오직 하나 난식이라고 한즉 전도는 여여라 부른다. 이 식체 오히려 변하고 달라지니 다음은 분별의 타다. 이 난식을 보내버리면 오직 아마라식일 뿐이어서 전도는 없다. 변하고 달라지지 않으므로 진여여라 한다. 攝無倒者 謂十二入等 一切諸法 但唯是識 離亂識外 無別餘法故 一切諸法 皆爲識攝 此義決定 故稱攝無倒 無倒故如如 無倒如如 未是無相如如也 … 小乘所辨 一切諸法 唯十二入 非是顚倒 今大乘義破諸入 並皆是無 唯是亂識所作故 十二入則爲顚倒 唯一亂識 則非顚倒 故稱如如 此識體猶變異 次以分別依他 遣此亂識 唯阿摩羅識 是無顚倒 是無變異 是眞如如也", 『화엄경탐현기』 권4(대정장35, p.176c15)에 "연기란 제법이 아뢰야식에 의지하고 스스로의 성을 연으로 하여 일어나서는 마침내 모여 일어나게 되는 것을 말한다. 緣起者 諸法依阿賴耶識 自性緣生 方得集起故也", 표원(表員)의 『화엄경문의요결문답』 권2(한불전2, p.354c18)에 "정보의 모공과 의보의 티끌 중에 각각 거듭거듭 갖추고 삼세간 등을 거두는 일체제법은 저 제석의 망이 나투듯 한다. 正報毛孔 依報塵中 各重重具 攝三世間等 一切諸法 如帝網現", 『화엄경소초』 권32(대정장36, p.242c17)에 "모든 것이 연하여 일어남은 다 자성이 없기 때문이다. 성이 없는 뜻을 연유해야 사(事) 비로소 성취된다. 마치 저 파도가 물에 의지해 성립되듯이 여래장에 의지해 제법이 있게 된다. 저 『대품』에 이르길, 만약 제법이 공하지 않다면 도도 없고 과도 없다. 『중론』에 이르길, 공의 뜻이 있기에 일체법 비로소 성취된다. 以諸緣起 皆無自性故 由無性理事方成故 如波攬水 而成立故 亦是依如來藏 得有諸法 故大品云 若諸法不空 則無道無果 中論云 以有空義故 一切法得成", 같은 책 권76(대정장36, p.598c7)에 "이제 간략히 논석을 이끌어 제일을 풀어 말한다. 다음에 정법계상을 드러내 보이려 함에 법계차별을 결택함에 있어서의 어려움을 푼다. 어려움이 있다 말한 것은 만약 모든 여래법계를 성으로 삼은즉 법계는 그대로 진여를 써서 체를 삼게 되고 진여는 곧바로 제법의 공상(共相)이 된다. 제법에 이미 종종차별이 있을진대 법계가 저를 따라 어떻게 갖가지로 차별할 수 있겠으며, 법계에 만약 종종차별이 있게 되면 어떻게 청정이라 하겠는가. 파지가가 갖가지로 의지하여 서로 상응하는 것은 아니기에 종종상은 없다. 이 어려움을 풀고자 최초로 태허공의 비유를 말한 것이다. 뜻으로 말하자면 비록 갖가지로 두루하지만 따라 모습을 성취하지는 않는다. 자성을 버리지 않기 때문이다. 今略引論釋 釋第一云 次當顯示淨法界相 釋難決擇法界差別 謂有難言 若諸如來法界爲性 法界則用眞如爲體 眞如卽是諸法共相 諸法旣有種種差別 法界隨彼云何無有種種差別 法界若有種種差別云何淸淨 非頗胝迦種種依止共相應 故無種種相 爲釋此難故說最初太虛空喩意云 雖遍種種不隨成形 不捨自性故", 『경덕전등록』 권6 「백장회해전 百丈懷海傳」(대정장51, p.250a18)에 "스님이 물었다. 무엇이 대승의 돈오법문입니까. 스승이 말씀하셨다. 그대들 먼저 제연을 쉬어야 하리. 만사를 쉬어 그치면 선과 불선, 세간과 출세간 등 일체제법을 기억할 일도 없고 연하여 생각할 일도 없어서 몸도 마음도 놓아버리고 그 모든 것이 자재하리라. 마음이 목석과 같아 가리고 나눌 것이 없으며 마음으로 행함도 없어 마음바탕 저 허공과 같아지리라. 지혜의 태양 스스로 나투니

마치 구름 개어 해 나듯 하리라. 僧問 如何是大乘頓悟法門 師曰 汝等先歇諸緣 休息萬事 善與不善 世出世間 一切諸法 莫記憶莫緣念 放捨身心 令其自在 心如木石 無所辯別 心無所行 心地若空 慧日自現 如雲開日出", 같은 책 권25「천태덕소전 天台德韶傳」(대정장51, p.408a22)에 "무엇이 제법을 깨우치는 것입니까. 스승이 말씀하셨다. 취했느냐. … 만약 알아 깨우쳐 스스로 그러할 뿐이니, 견문각지 끊어지고 일체제법 눈앞에 나타나리라. 어떻게 이와 같은가. 법신에 모양 없으니 눈에 닿는 것마다가 다 모습을 나툰다. 반야는 알음알이 없어서 연을 마주하면 바로 비추니 일시에 끝까지 사무쳐 어울려 기꺼이 취한다. 曰 如何是證諸法 師曰 醉作麼 … 若會得自然 見聞覺知路絶 一切諸法現前 何故如此 爲法身無相 觸目皆形 般若無知 對緣而照 一時徹底會取好",『백운어록』권상「흥성사입원소설 興聖寺入院小說」(한불전6, p.640a3)에 "일체제법 처하는 것마다에서 스스로 진실이고 해탈이고 적멸이다. 긴 것은 긴 대로 법신이고 짧은 것은 짧은 대로 법신일 뿐이니 다시 한 물건 가져 더할 일도 덜할 것도 없다. 一切諸法 當處自眞 當處解脫 當處寂滅 長者長法身 短者短法身 更無一物可雌黃"라고 하였다. [참고문헌]『長阿含經』,『雜阿含經』,『增壹阿含經』,『大般涅槃經』,『大毘婆沙論』,『阿毘曇毘婆沙論』,『順正理論』,『大品般若經』,『大智度論』,『大乘玄論』,『解深密經』,『入楞伽經』,『瑜伽師地論』,『成唯識論』,『三無性論』,『華嚴經探玄記』,『華嚴經文義要決問答』,『華嚴經疏鈔』,『景德傳燈錄』,『白雲語錄』. ⇨ 일체 一切, 일체법 一切法, 오온 五蘊, 십이처 十二處, 십팔계 十八界, 삼과 三科, 온처계 蘊處界, 삼법인 三法印, 사과 四果, 삼성삼무성 三性三無性[2], 아리야식 阿賴耶識, 여래장 如來藏[1], 진여 眞如, 법계 法界, 제법실상 諸法實相[1], 적멸 寂滅, 제법적멸상 諸法寂滅相, 일체지 一切智, 일체종지 一切種智

제법개공 諸法皆空 Ⓢ sarva-dharma-śūnyatā, Ⓣ chos-thams-cad-stong-pa-nyid. 모든 법이 다 공하다는 말. 『좌선삼매경』 권2(대정장15, p.279a21)에 "모든 법은 다 공해서 자재하지 않으니, 인연이 화합해서 생기고 인연이 무너지면 사라진다. 諸法皆空不自在 因緣合故生 因緣壞故滅",『대승광백론석론』 권9(대정장30, p.242b22)에 "유위와 무외를 버리고는 다시 다른 법은 없다. 설사 다시 있다고 해도 단지 헛된 말에 지나지 않는다. 유위무위로 일체법을 거둘 수 있으니, 이 두 가지가 공하기에 모든 법은 공하다. 공에는 도무지 분별과 희론이 없어 비어 통하고, 걸림없어 성혜만이 밝다. 따라서 계경에서 '일체제법은 본래부터 다 공하다. 공하기에 자성이 없고, 자성이 없기에 반야바라밀다다. 그 중에는 도무지 어떤 조그만 법도 생이니 멸이니, 단이니 상이니, 하나이니 다르니, 오거니 가거니 한다고 말할 수 없다' 하였다. 除爲無爲 更無別法 設復說有 但是虛言 有爲無爲攝一切法 此二空故諸法皆空 空中都無分別戲論 虛通無礙卽聖慧明 故契經言 一切諸法從本皆空 空卽無性 由無性故 卽是般若波羅蜜多 其中都無少法可說 爲生爲滅 爲斷爲常 爲一爲異 爲來爲去"라고 하였다. [참고문헌]『坐禪三昧經』,『大乘廣百論釋論』, *Pañca-pr.197.* ⇨ 제법 諸法, 일체개공 一切皆空[1], 십이공 十二空

제법개상종 諸法皆常宗 모든 법은 다 영원히 사라지지 않아 상(常)이라고 주장하는 종파나 그 교설. 인도 십육이론(十六異論) 중 하나이기도 하며 이사가(伊師迦 Ⓢ iṣikā)라고도 하는데, 갈대과의 질긴 야생식물로 버리기 어려운 상견론자를 이사가초(草)에 비유한다. 아(我)와 세간이 영속한다고 주장하는 사변상론(四遍常論)이 대표적이다.『대승법원의림장』권1(대정장45, p.249c8)에 "외도에 비록 95종이 있다고 하나 큰 뜻에서는 열여섯 가지 론에 불과하다. … 다섯 번째는 제법개상종으로 이사가의 주장인데, 아와 세간이 모두 상이라고 한다. 말하자면 전체 또는 일분만이 상이라고 한다. 극미를 상이라 계탁함도 이에 들어간다. 外道雖有九十五種 大意莫過十六異論 … 五 諸法皆常宗 謂伊師迦計 我及世間皆是常住 卽計全常 一分常等 計極微常 亦是此攝",『대승백법명문론개종의결』(대정장85, p.1082a14)에 "천안으로 중생을 보면 이전 세간에서 이후 세간에 이르기까지 단절이 없기에 아와 세간은 모두 상이라고 주장한다. 앞서 말한 제법개상종이다. … 미진·시·방·본제·자연·허공 등의 류는 상주하고 변하거나 바뀌지 않는다고 하니 모두 제법개상종이다. 以天眼見諸衆生 從前世間至後世間無斷絶故 計我世間皆悉是常 卽前諸法皆常宗也 … 微塵時方本際自然虛空等類 爲常爲恒無有變易 總是諸法皆常宗也"라고 하였다. [참고문헌]『大乘法苑義林章』,『大乘百法明門論開宗義決』,『瑜伽師地論』 권6(대정장30, p.307c3). ⇨ 제법 諸法, 계상론 計常論, 변상론 遍常論, 사변상론 四遍常論, 십육이론 十六異論, 외도십육종 外道十六宗, 이사가 伊師迦

제법공 諸法空 Ⓢ sarva-dharma śūnyatā, Ⓣ chos-thams-cad-stong-pa-nyid. 모든 법은 공하다. 모든 법이란 오온·십이처·십팔계로, 영원하지(常)도 사라져 없어지지(斷)도 않아서 공이라는 말이다. 18공(空) 중 하나로 모든 법은 인연에 따른 가화합으로서 고정된 것이 없지만 사라지지도 않기 때문이다.『대지도론』권46(대정장25, p.394a11)에 무엇을 일러 모든 법은 공하다고 하는가? 모든 법이란 색수상행식의 5온, 안이비설신의와 색성향미촉법의 12처, 안계·색계·안식계 내지 의계·의식계의 18계이다. 이러한 모든 법은 공해서 언제나 있지도 끊어지지도 않기 때문이다. 왜 그러한가? 그 바탕이 본래 그러하기 때문이다. 이를 모든 법은 공하다고 한다. 何等爲諸法空 諸法名色受想行識 眼耳鼻舌身意 色聲香味觸法 眼界色界眼識界 乃至意界法界意識界 是諸法空 非常非滅故 何以故 性自爾 是爲諸法空, 『대승의장』 권4(대정장44, p.554c7)에 "'모든 법은 공하다'란, 음계입 등을 모든 법이라 하는데, 이 모든 법의 모양 다르지만 그 갖가지가 모두 공하니, 이를 모든 법은 공하다고 하는 것이다. 〔문〕 만약 모든 법은 공하다고 한다면 그 의미는 자연스럽지 않다. 일체제법은 각기 자상을 갖고 있는데 어째서 공하다 하는가? 〔답〕 모든 법의 자상은 정해져 있지 않기에 공이라고 하는 것이다. 諸法空者 陰界入等名爲諸法 是諸法中相別 種種一切皆空 名諸法空 問曰 若說諸法空者 是義不然 一切諸法各有自相 云何言空 答曰 諸法自相不定 故說爲空"라고 하였다. 〔참고문헌〕 『大智度論』, 『大乘義章』, *Sam-r.19.* ⇨ 십팔공 十八空, 온처계 蘊處界, 음계입 陰界入

제법기 諸法器 모든 법기들. 사원에서 대중이 여법히 생활할 수 있도록 때에 맞춰 울리는 것들로서 종(鍾)·판(版)·고(鼓)를 아울러 부르는 말이다. 『백장청규』 권8(대정장48, p.1156b3)에 "새로 주지가 선원에 들어오면 모든 법기들을 일제히 함께 울린다. 若新住持入院 諸法器一齊俱鳴", 『선림상기전』 권18(불광장, 禪藏, p.1363)에 "도충이 말한다. '옛 설에서는 이것을 모든 것이 깨어나는 새벽의 일이라고 여겼으나 옳지 않다. 모든 것이 열리는 고요한 새벽에는 부엌 앞과 여러 당우의 운판만 두드리고 종과 북은 울리지 않는다. 선원에 들어와서 주지직을 접수할 때 종과 운판과 북을 동시에 울린다. 그러므로 모든 법기들이라고 한 것이다'라고 하였다. 忠曰 舊說以之爲大開靜非也 大開靜 但鳴廚前諸堂版而已 不鳴鐘鼓 如今入院 接住持 則鐘板鼓一同鳴 故云諸法器也"라고 하였다. 〔참고문헌〕 『百丈清規』, 『禪林象器箋』. ⇨ 법기 法器 ❷, 법구 法具

제법단명종 諸法但名宗 일체가 단지 가명(假名)일 뿐이어서 그 실체는 없다고 주장하는 교의 또는 일파. 일설부(一說部) 등을 말한다. 『화엄경탐현기』 권1(대정장35, p.116b18)에 "제법단명종이란 일설부 등이다. 모든 아와 법은 오직 가명만이 있을 뿐 그 실체는 전혀 없다고 한다. 이 종은 대승초교인 시교다. 諸法但名宗 謂一說部等 一切我法 唯有假名 都無實體 此又通於初教之始", 『화엄경소초』 권14(대정장36, p.107b9)에 "제법단명종이라는 말은 출세간법도 또한 가명일 뿐임을 드러낸다. … 만약 세간이 있다고 한다면 출세간도 있겠지만 세간이 이미 없는데 어떻게 출세간이 있겠는가 하는 주장이다. 諸法但名宗者 則顯出世亦假名耳 … 若有世間則有出世間 既無世間 何有出世間"라고 하였다. 〔참고문헌〕 『華嚴經探玄記』, 『華嚴經疏鈔』. ⇨ 일설부 一說部, 십종 十宗, 팔종 八宗, 제법 諸法

제법등취해인삼마지 諸法等趣海印三摩地 Ⓢ sarvadharma-samavasaraṇa-sāgaramudro nāma samādhi, Ⓣ chos-thams-cad-yang-dag-par-'du-ba-rgya-mtsho'i-phyag-rgya-zhes-bya-ba'i-ting-nge-'dzin. 백팔삼매(百八三昧) 중 하나. 섭제법해삼매(攝諸法海三昧)·섭제법해인삼매(攝諸法海印三昧)라고 한다. 『대반야경』 권52(대정장5, p.293b14 : *Pañca-pr.*, p.199)에 "'세존이시여! 무엇이 모든 법 고르게 나아가게 하는 해인삼마지입니까?' '선현이여! 만약 이 삼마지에 안주하면 뛰어난 정에 한결같이 다 들어갈 수 있으니, 마치 저 큰 바다가 온갖 지류를 빠짐없이 거둬들이듯 하기에 제법등취해인삼마지라 한다'. 世尊 云何名爲諸法等趣海印三摩地 善現 謂若住此三摩地時 令諸勝定等皆趣入 如大海印攝受衆流 是故名爲諸法等趣海印三摩地 tatra katamaḥ sarvadharma-samavasaraṇa-sāgaramudro nāma samādhiḥ yatra samādhau sthitvā tasya sarva-samādhayaḥ saṃgrahaṃ samavasaraṇatām udgacchanti ayam ucyate sarvadharma-samavasaraṇa-sāgaramudro nāma samādhiḥ"라고 하였다. 〔참고문헌〕 『大般若經』, *Pañca-pr.* ⇨ 섭제법해삼매 攝諸法海三昧, 제법 諸法

제법무상 諸法無相 모든 법은 상이 없다. 인연(因緣)에 따른 가화합(假和合)으로서 고정된 상(相)이 없다는 뜻이다. 『대지도론』 권43(대정장25, p.372a17)에 "무엇을 제법무상의 상이라 하는가? 〔답〕 상을 취한다고 하는 것은 초학자를 위한 설명이고, 상이 없다고 하는 것은 성도를 행하고 해탈문에 머무는 이를 위한 설이다. … 이제 행하는 이는 선상을 취하고 불선상은 깨뜨리니, 이른바 남자다 여자다 하는 등의 상을 취해 온갖 번뇌인연을 일으키지만, 그 뒤에는 그러한 상이 없어서 선법상마저도 깨뜨린다. 만약 불선상을 깨뜨리면서도 선상을 깨뜨리지 않는다면 그 선이 근심이 되어 온갖 집착이 일어나기 때문이다. 무상이라는 생각으로 선법을 깨뜨리면 무상도 스스로 무너진다. … 비유하면 우박이 떨어져 곡식이 상했지만 우박도 스스로 소멸하는 것과 같다. 또한 일체법은 무상이라는 특징을 그 진실로 한다. … 마치 파리주가 앞에 있는 색깔에 따라 변하되 자신에게는 일정한 색깔이 없듯이, 모든 법도 또한 이와 같이 정해진 상이 없어 마음에 따라 변하면서 항상하다 무상하다 하는 등의 상이 있게 된다. … 이 같은 색은 갖가지 인연화합으로 있게 되는 것이니, 마치 물거품과 같고 환사와 같으며 꿈과 같다. 만약 보살이 어떤 색에 대해 하나의 상이라도 취하면 반야바라밀을 잃게 된다. 색의 자성은 상 없음이 상이기 때문이다. 云何說諸法無相相 答曰 取相者爲初學者說 無相者爲行道 住解脫門者說 … 今行者取善相 破不善相 所謂取男女等相生諸煩惱因緣 後以無相相破善法相 若破不善而不破善相者 善卽爲患 生諸著故 以無相相破善法 無相亦自破 … 譬如雹墮害穀 雹自消滅 復次 一切法無相相爲實 … 如頗梨珠 隨前色變 自無定色 諸法亦如是 無有定相 隨心爲異 若常 無常等相 … 是色從種種因緣和合而有 譬如水沫 如幻如夢 若菩薩於色中取一相 卽失般若波羅蜜 色性是無相相故"라고 하였다. [참고문헌] 『大智度論』. ⇨ 제법 諸法, 무상 無相[1], 무상개공 無相皆空, 임지자성궤생물해 任持自性軌生物解

제법무아 諸法無我 Ⓢ sarvadharmā anātmānaḥ, dharma-nairātmya, Ⓟ sabbe dhammā anattā, Ⓣ chos-thams-cad-ni-bdag-med-pa'o. 모든 법에는 아(我)가 없다. 삼법인 중 하나다. 일체법무아(一切法無我)라고도 한다. 『잡아함경』 권11(대정장2, p.72c10)에 "이러한 모든 법은 아가 아니고 상도 아니며, 이것은 무상으로서의 아다. 영원하지 않고 안온하지 않으며 변역하는 아다. 왜 그러한가? 비구여! 나고 늙고 죽고 사라지며 생을 받는 법이기 때문이다. … 의와 법이 인연하여 의식이 생겨나는데, 이 세 가지가 화합한 것이 촉이고, 촉에서 수상사가 함께 생겨난다. 이 모든 법에는 아가 없고 항상하지 않으며 내지 아와 아소마저도 공하다. 此等諸法非我非常 是無常之我 非恒非安隱 變易之我 所以者何 比丘 謂生老死沒受生之法 … 意法因緣生意識 三事和合觸 觸俱生受想思 此諸法無我無常 乃至空我我所", 『승천왕반야바라밀경』 권3(대정장8, p.704b1)에 "보살마하살이 이와 같이 반야바라밀다를 행하면 … 또한 유위법은 무상하며 일체행은 고이고 제법은 무아이며, 세간중생은 희론(Ⓢ prapañca)에 탐착하고 일체법 중에는 오직 열반과 그 적정함만이 있음을 여실히 안다. 菩薩摩訶薩如是行般若波羅蜜 … 亦如實知 有爲無常 一切行苦 諸法無我 世間衆生耽著戲論 一切法中唯有涅槃乃爲寂靜", 『이취육바라밀다경』 권2(대정장8, p.870c4)에 "모든 법은 무아이고 본래 공적하니 마치 메아리의 바탕이 온통 비어 있는 것과 같으며, 짓는 일도 받는 것도 마치 환화와 같음을 구세대비께서는 항상 연설하신다. 부처님께서는 저 뜬구름 같고 폭포수 같은 모든 법이 빠르게 흘러가버리듯 하니, 세간법이란 견고하지도 못하고 어리석음으로 쌓인 것이어서 성인의 지혜로 능히 보아 영원히 끊어 없애야 한다고 깨우치셨다. 諸法無我本空寂 猶如谷響性皆虛 無造無受如幻化 救世大悲恒演說 佛了諸法如浮雲 亦如瀑水速流注 世法不堅愚所集 聖智能觀永斷除", 『대승아비달마잡집론』 권3(대정장31, p.705a16)에 "'일체의 모든 것은 승의로서만 있다'고 하였으니, 일체법이 진여를 여의지 않기 때문이다. 제법무아의 바탕을 이름하여 진여라 하는데, 저 무아성은 진실로 있기 때문이다. 一切皆是勝義有者 以一切法不離眞如故 諸法無我性是名眞如 彼無我性眞實有故"라고 하였다. [참고문헌] 『雜阿含經』, 『勝天王般若波羅蜜經』, 『理趣六波羅蜜多經』, 『大乘阿毘達磨雜集論』, *Laṅk.15.*, *Sūtr.155.*, *Abh-s-bh.20.*, *AN.1.286.* ⇨ 제법 諸法, 무아인 無我印, 삼법인 三法印

제법무아인 諸法無我印 Ⓢ sarvadharmā anātmānaḥ, Ⓣ chos-thams-cad-ni-bdag-med-pa'o. 모든 법에는 아(我)가 없다는 진실. 삼법인 중 하나로 무아인(無我印)·일체법무아인(一切法無我印)·제법무아(諸法無我)라고도 한다. 『대승장엄경론』 권11(대정장31, p.649b22 : *Sūtr.*, p.155)에 "제법무아인과 진실공을 설하신 것은, 아가 있다고 하는 데 다섯 가지 허물이 있기에 무아임을 안다. [석] 『법인경』(대정장2, No.104) 중에서 부처님께서 설하시길 '일체법은 무아다' 하였고, 『진실공경』(대정장2, No.335 : 第一義空經 Ⓢ Paramārthaśūnyatā-sūtra) 중에서 부처님께서는 '업도 있고 보도 있지만 그 짓는 이는 찾을 수 없으며, 앞선 온을 버리고 뒤의 온이 일어나며, 일어났다 사라지는 것은 오직 법일 뿐이다'라고 하셨으며, 『증오경 *Pañcaka*』에서는 '아가 있다고 집착하는 데 다섯 가지 과실이 있다'고 하셨다. 이처럼 아함경들의 말씀에 따르면 실체로서의 인이 있다는 것도 있을 수 없는 일이다. 諸法無我印 及說眞實空 有我有五過 是故知無我 釋曰 法印經中佛說 一切法無我 眞實空經中佛說 有業有報作者不可得 捨前陰起後陰 起滅唯法 增五經中說 若執有我有五過失 … 如是依阿含說 有實人亦不可得 ⟨śloka⟩ sarvadharmā anātmānaḥ paramārthena śūnyatā, ātmopalambhe doṣaś ca deśito yata eva ca. ⟨bhāṣya⟩ dharmoddāneṣu hi bhagavatā sarve dharmā anātmāna iti deśitaṃ paramārthaśūnyatāyām asti karmāsti vipākaḥ kārakas tu nopalabhyate ya imaṃś ca skhandān nikṣipati anyāṃś ca skhandān pratisaṃdadhāti. anyatra dharmasaṃketād iti deśitaṃ. pañcakeṣu pañcādīnavā ātmopalambha iti deśitā … evam āgamato 'pi na yujyate"라고 하였다. [참고문헌] 『大乘莊嚴經論』, *Sūtr.* ⇨ 제법 諸法, 무아인 無我印, 제법무아 諸法無我, 삼법인 三法印

제법무이 諸法無二 모든 법에 둘이란 없다. 『대방등대집경』 권8(대정장13, p.50a25)에 "모든 법에는 둘이 없고 분별도 없으니, 한 맛이고 하나의 승이고 하나의 도이고 하나의 물길이다. 諸法無二 無有分別 一味一乘一道一源", 『설무구칭경소』 권3(대정장38, p.1045b11)에 "모든 법에는 둘이 없으니 생사와 열반 이 둘 다

평등하고, 삿됨과 올바름도 다르지 않으니 삿됨을 고르고 가지런히 해야 바름의 평등함에도 들어갈 수 있다. 이 모두가 진제이고 일체가 무상이어서 모든 성이 공하기 때문이다. 諸法無二 生死涅槃 二俱平等 邪正不殊 故以邪平等 能入正平等 此皆眞諦 一切無相 皆性空故", 원효(元曉)의 『본업경소』 권하(한불전1, p.506a1)에 "'모든 법에는 둘이 없다'란 취한 경에 대해 집착하지 않음이다. 諸法無二者 不著所取之境"라고 하였다. 〔참고문헌〕『大方等大集經』, 『說無垢稱經疏』, 『本業經疏』. ⇨ 제법 諸法, 무이 無二 ❶, 무이무별 無二無別

제법무인종 諸法無因宗 모든 법이 인(因) 없이도 일어난다고 하는 주장. 인도의 외도십육종(外道十六宗) 중 하나로 무인견론(無因見論)·무인생론(無因生論)이라고도 한다. 『대승법원의림장』 권1(대정장45, p.250a13)에 "열한 번째는 제법무인종으로 무인외도의 주장이다. 아와 세간이 인 없이도 일어난다고 한다. 十一諸法無因宗 謂無因外道計 我及世間 無因而起", 『대승백법명문론개종의결』 권1(대정장85, p.1070b27)에 "제법무인종 등이란 세간의 정려와 그릇된 사유에 의지해 아와 세간이 인 없이 발생한다고 보거나, 또 어떤 때에는 모든 인연이 공하여 과보마저 없다고도 본다. 말하자면 마치 큰 바람이 별안간 일순간에 일어났다가 다시 아무런 까닭 없이 조용히 그치며, 큰 강이 넘치듯 도도히 흐르더라도 이후에는 없는 듯 마르고, 과실수가 흐드러지게 피었다가 쇠잔해지는 것처럼, 아무런 인 없이도 보고 드러나는 일은 인이 없다고 주장하니, 아와 세간이 인 없이 일어난다고 한다. 諸法無因宗等者 依世靜慮及邪思惟 見我世間無因而起 或復有時 見諸因緣空無果報 謂見世間都無因緣 大風卒起於一時間 亦無因緣寂然止息 大河彌漫宛然空竭 果木敷榮颯然衰雜 由如是見立無因論 我及世間無因而起"라고 하였다. 〔참고문헌〕『大乘法苑義林章』, 『大乘百法明門論開宗義決』. ⇨ 무인견론 無因見論, 무인생론 無因生論, 무인외도 無因外道, 십육이론 十六異論

제법무쟁삼매법문 諸法無諍三昧法門 남조(南朝) 진(陳)대 혜사(慧思 515~577) 지음. 2권. 대정장46, pp.627c3~640c22, No.1923에 수록되어 있다. 『제법무쟁삼매법문』 권1(대정장46, p.627c8)에 "무릇 일체불법을 배우고자 하면 먼저 정계를 가져서 부지런히 정을 닦아 일체불법을 증득해야 하니, 모든 삼매문·백팔삼매·오백다라니·모든 해탈·대자대비·일체종지·오안·육신통·삼명·팔해탈·육신통·삼명·팔해탈·십력·사무외·십팔불공법·삼십이상·팔십종호·육바라밀·삼십칠도품·사홍서원·사무량심·여의신족·사섭법 등 이와 같은 무량한 불법의 공덕은 모두 다 선으로부터 일어난다. 왜 그러한가? 삼세시방의 무량제불이 중생을 제도하기 위해 설법을 하실 때는, 먼저 선정에 들어 십력도종지로써 중생근성차별을 관찰해 그 대치와 득도인연을 알아 법안으로 관찰하여 마치고는 일체종지로 법을 설해 중생을 건진다. 夫欲學一切佛法 先持淨戒勤禪定 得一切佛法 諸三昧門 百八三昧 五百陀羅尼 及諸解脫 大慈大悲 一切種智 五眼 六神通 三明 八解脫 十力 四無畏 十八不共法 三十二相 八十種好 六波羅蜜 三十七品 四弘大誓願 四無量心 如意神通 四攝法 如是無量佛法功德 一切皆從禪生 何以故 三世十方無量諸佛 若欲說法度衆生時 先入禪定 以十力道種智 觀察衆生根性差別 知其對治 得道因緣 以法眼觀察竟 以一切種智 說法度衆生"라고 하였다. 〔참고문헌〕『諸法無諍三昧法門』.

제법무행경 諸法無行經 Ⓢ Āryasarvadharmapravṛttinirdeśa-nāma-mahāyānasūtra, Ⓣ 'phags-pa chos thams-cad 'byung-ba med-par bstan-pa shes-bya-ba theg-pa chen-po'i mdo. 후진(後秦) 구마라집(鳩摩羅什 Ⓢ Kumārajīva 344~413)이 401년(홍시3)에 한역. 2권. 고려장10, pp.1155a1~1170a8, No.168·대정장15, pp.750a3~761b22, No.650에 수록되어 있다. 이역본으로 수(隋)대 사나굴다(闍那崛多 Ⓢ Jñānagupta 523~600 또는 605)와 달마급다(達摩笈多 Ⓢ Dharmagupta 523~619)가 공역한 『제법본무경 諸法本無經』 3권(대정장15, No.651), 북송(北宋) 소덕(紹德)의 『대승수전선설제법경 大乘隨轉宣說諸法經』 3권(대정장15, No.652) 및 일실된 구나발다라(求那跋陀羅 Ⓢ Guṇabhadra 394~468)의 1권이 있다. 티베트역본(北京版 No.847)도 전한다. 부처님께서 모든 법의 실상(實相)에는 선(善)과 악(惡), 생사(生死)와 열반(涅槃), 번뇌(煩惱)와 보리(菩提) 등의 분별이 없음을 설하자 법회의 모든 중생이 무생법인(無生法忍)을 증득하였다는 내용이다. 『대주간정중경목록』 권3(대정장55, p.388c29)에 "『제법무행경』 1부 2권〈32쪽〉은 후진 홍시 3년 사문 구마라집이 장안(長安) 소요원(逍遙園)에서 한역했다. 비장방의 『역대삼보기』에 보인다. 『제법무행경』 1권은 송제대에 사문 구나발다라가 한역했다. 비장방의 『역대삼보기』에 나온다. 『제법본무경』 1부 3권〈48쪽〉은 수 개황 15년 사문 사나굴다와 달마급다가 대흥선사에서 한역했다. 비장방의 『역대삼보기』에 보인다. 위의 세 경은 동본이역이다. 諸法無行經一部二卷〈三十二紙〉 右後秦弘始三年 沙門羅什於長安逍遙園譯 見長房錄 諸法無行經一卷 右宋帝代 沙門求那跋陀羅譯 出長房錄 諸法本無經一部三卷〈四十八紙〉 右隋開皇十五年 沙門闍那崛多及笈多 於大興善寺譯 見長房錄 以前三經同本別譯"라고 하였다. 〔참고문헌〕『大周刊定衆經目錄』. ⇨ 제법 諸法, 제법본무경 諸法本無經, 대승수전선설제법경 大乘隨轉宣說諸法經

제법법주 諸法法住 제법은 법으로 머문다. 모든 법의 자성을 말한다. 모든 법이 각기 그 자성을 임시로 가져 머무는 뜻이다. 『법화경』 권1(대정장9, p.9b10 : *Saddh-p.*, p.53)에 “이 법이 법의 위에 머물기에 세간상이 언제나 머문다. 是法住法位 世間相常住 dharmasthitiṃ dharmaniyāmatāṃ ca nityasthitāṃ loki imām akampyām”는 구에 대한 해설이다. 『유가론기』 권10(대정장42, p.544c18・한불전13, p.836c1)에 “모든 법의 자성을 제법법주라 하고, 모든 법의 차별을 법안주라 한다. 모든 법의 자성과 차별에 전도 없는 혜다. 규기(窺基)는 말한다. ‘법이란 과법을 말한다. 과법이 인법중에 머물러 있기에 법주라 한다’. 원측(圓測)은 두 가지로 푼다. 하나는 십이연생중 인을 아는 지혜라 하고, 또 하나는 법에 두 가지가 있다고 한다. 첫째는 하나의 법이 있으니 곧 모든 유무 등으로 오진 등 모든 자상이 각자 자기자리에 머무는 뜻이다. 둘째는 법상에 가지가지 차별을 말하는데, 곧 색 등 상에서 상과 무상 등이나 가견과 불가견 등과 같은 차별의 뜻이다. 諸法自性名諸法法住 諸法差別 名法安住 於諸法自性差別中 無顚倒慧也 基云 法謂果法 果法住在因法中 故言住法也 測述兩釋 一云 知十二緣生中因智 一云 法有二種 一謂有一法 謂一切有無等 五塵等 諸自相各住其位 二 謂有法上種種差別 謂色等上 常無常等 可見不可見等 差別義”라고 하였다. [참고문헌] 『法華經』, 『瑜伽論記』, 『瑜伽師地論』 권43(대정장30, p.529a13), *Saddh-p.* ⇨ 제법 諸法, 법주법위 法住法位, 세간상상주 世間相常住

제법본무경 諸法本無經 Ⓢ Āryasarvadharmapravṛttinirdeśa-nāma-mahāyānasūtra, Ⓣ 'phags-pa chos thams-cad 'byung-ba med-par bstan-pa shes-bya-ba theg-pa chen-po'i mdo. 수(隋)대인 595년(개황15)에 사나굴다(闍那崛多 Ⓢ Jñānagupta)와 달마급다(達摩笈多 Ⓢ Dharmagupta)가 대흥선사(大興善寺)에서 공역. 3권. 고려장10, pp.1171a1~1189a18, No.169・대정장15, pp.761b26~774a6, No.651에 수록되어 있고, 티베트역본(北京版 No.847)도 전한다. 제법이란 본래 없는 뜻을 드러냈다. 『제법무행경 諸法無行經』(대정장15, No.650)・『대승수전선설제법경 大乘隨轉宣說諸法經』(대정장15, No.652)과 동본이역이다. 『역대삼보기』 권12(대정장49, p.103c6)에 “『제법본무경』 3권〈개황 15년 6월에 한역을 시작해 7월에 마쳤는데 학사 유빙 등이 필수를 맡았다〉. 諸法本無經三卷〈開皇十五年六月翻 七月訖 學士劉憑等筆受〉”, 『정원신정석교목록』 권10(대정장55, p.847a4)에 “『제법본무경』 3권〈세 번째 역출본으로 『제법무행경』 등과 동본이다. 개황 15년 6월에 시작해 7월에 마쳤다. 학사 유빙(劉憑) 등이 필수를 맡았다. 비장방의 『역대삼보기』에 보인다〉. 諸法本無經三卷〈第三出 與諸法無行經等同本 開皇十五年六月出七月訖 學士劉憑等筆受 見長房錄〉”라고 하였다. [참고문헌] 『歷代三寶紀』, 『貞元新定釋教目錄』. ⇨ 제법무행경 諸法無行經, 대승수전선설제법경 大乘隨轉宣說諸法經

제법본불생 諸法本不生 Ⓢ anutpannāḥ sarvabhāvā. 모든 법은 본래 일어난 적이 없다. 인연으로 일어날 뿐이라는 뜻이다. 40권본 『화엄경』 권6(대정장10, p.688a12)에 “선남자여! 부처님께서는 제법이 난 적도 없고 사라진 적도 없으며, 삼세 또한 없다고 설하는데, 왜 그렇겠는가? 스스로의 마음으로 오진경계를 나투는 것과 같으니 본래부터 있던 것이 아니기 때문이다. 있고도 없는 제법은 본래 생한 바가 없기 때문이니, 저 토끼의 뿔과 같다. 善男子 佛說諸法無生無滅 亦無三世 何以故 如自心現五塵境界 本無有故 有無諸法本不生故 如兎角等”, 『입능가경』 권5(대정장16, p.543b13 : *Laṅk.*, p.152)에 “세간은 유나 무에서 생하는 것이 아니고 유나 무를 떠나 불생인데, 어째서 범부들은 인연에 의허 생겨난 법을 분별하는가? 만약 세간의 유무나 유무 아님을 볼 수 있다면 허망한 마음을 돌이켜 진실한 무아법을 얻는다. 모든 법은 본래 불생이기에 인연에 의지하면 생겨난다. 世有無不生 離有無不生 云何愚分別 依因緣生法 若能見世間 有無非有無 轉於虛妄心 得眞無我法 諸法本不生 故依因緣生 asanna jāyate loko na sanna sadasan kvacit, pratyayaiḥ kāraṇaiścāpi yathā bālairvikalpyate. na sannāsanna sadasadyadā lokaṃ prapaśyati, tadā vyāvartate cittaṃ nairātmyaṃ cādhigacchati. anutpannāḥ sarvabhāvā yasmātpratyayasaṃbhavāḥ”라고 하였다. [참고문헌] 『華嚴經』, 『入楞伽經』, *Laṅk.* ⇨ 제법 諸法

제법상즉문 諸法相卽門 제법상즉자재문(諸法相卽自在門). 표원(表員)의 『화엄경문의요결문답』 권2(卍속장12, p.668b10)에 “제법상즉문이란 어떤 하나의 일이 자기를 버려 타자와 같게 하는 것이다. 저 일체법이니, 항시 타자를 거두어 자기와 같게 함으로 저 일체법 온전히 곧바로 자기의 몸이다. 하나와 여럿이 서로 마주해 섞이지만 걸림도 막힘도 없다. 60권본 『화엄경』 권9(대정장9, p.452c4)에서 ‘초발심 보살이 바로 부처다’라고 하였기 때문이다. 이 연기의 묘한 이치로 시작과 끝이 온통 가지런하다. 처음을 얻으면 곧 끝을 얻고, 끝이 다하는 그때가 바야흐로 처음을 시작한다. 같은 책 권1(대정장9, p.395b25)에서 ‘하나의 지에 있으면서 일체의 모든 지의 공덕을 두루 아우른다’고 하였다. 따라서 하나를 얻으면 일체를 얻는다. 같은 책 권8(대정장9, p.448b16)에 ‘하나가 곧 여럿이면 여럿이 곧 하나이기 때문이다’라고 하였다. 십신의 마지막 마음이 곧 부처를 짓는 것이라는 말이 바로 이 일이다. 諸法相卽門者 謂此一事 廢已同他 擧體全是彼一切法 而恒攝他同已 全彼一切法 卽是已體 一多相卽 混無障礙 經云 初發心菩薩卽是佛故 由此緣起妙理始終皆齊 得始卽得終 窮終方原始 又云 在於一地 普攝一切諸地功德也 是故 得一卽得一切 又云 若一卽多 多卽一故也 十信終心卽作佛者者 卽其事也"라고 하였다. 〔참고문헌〕『華嚴經文義要決問答』, 『華嚴經』. ⇨ 제법상즉자재문 諸法相卽自在門, 십현문 十玄門

제법상즉자재문 諸法相卽自在門 모든 법 서로 마주하지만 서로 어울려 자유로움. 화엄종(華嚴宗)의 십현문(十玄門) 중 하나로, 삼세간(衆生 國土 智正覺)이 삼세(過現未)로 두렷이 어울려 막힘없이 자유로운 원융법계 무진연기의 뜻이다. 『칠처구회송석장』 권1(대정장36, p.718c12)에 "여덟 번째 제법상즉자재문은 … 하나가 곧 일체이고 일체가 곧 하나이기에 두렷이 어울리며 스스로를 지키지만 걸림이 없다. 왜냐하면 원융법계의 무진연기이기 때문이다. 하나가 없다면 일체가 모두 없고, 하나를 얻으면 일체를 얻으며, 인과 과가 함께하고 가지런해서 전후의 구별이 없다. 이 『화엄경』 권17 「발심공덕품」에서는 '이 초발심보살이 곧 부처이기 때문이다'라고 하였고, 구역 60권본 『화엄경』 권8 「범행품」(대정장9, p.449c14)에서는 '처음 발심을 할 때 문득 정각을 성취하고 일체법의 진실한 성품을 알아 지혜의 몸을 구족하니, 다른 어떤 것 연유하지 않고 깨닫는다'고 하였다. 八諸法相卽自在門者 … 一卽一切一切卽一 圓融自在無礙成耳 所以然者 圓融法界無盡緣起 一若無時一切並無若得一時卽得一切 因果俱齊無前後別 此經第十七卷 發心功德品云 此初發心菩薩卽是佛故 舊經第九卷 梵行品云 初發心時便成正覺 知一切法眞實之性 具足慧身 不由他悟等", 『화엄일승십현문』 권1(대정장45, p.517b25)에 "제법상즉자재문을 용을 잡아서 말한다. … 중생과 국토 그리고 지정각이라는 세 세간은 원융무애자재함을 취해서 말한다. 하나가 곧 일체를 거두니 그 무진에 다시 무진이 성취되기에 그 무진에 의해 서로 마주하고 서로 들인다. … 〔문〕 이것이 그 무진에 다시 무진이어서 상즉에 다시 상입임을 밝힌 것인데, 앞의 인다라망경계문 및 미세상용안립문과 어떻게 차별한가? 〔답〕 … 만약 은은히 비추어 서로 응하고 서로서로 드러나게 함에 나아가 거듭거듭하고 다시 거듭거듭하여 그 무진을 성취함은 인다라망경계문으로 거둔다. 만약 모든 문이 일시에 모두 드러나 서로 장애되지 않음은 미세상용안립문으로 거둔다. 삼세가 원융무애자재한 것에 빗대어 상즉에 다시 상입으로 그 무진에 다시 무진을 성취함을 이 문으로 거둔다. 〔문〕 만약 이처럼 상즉하고 곧 다시 상입하여 그 무진에 다시 무진이 성립한다면, 이는 서로 섞여 경계마저 없게 되어 무엇을 시작·끝·인·과라 할 수 있겠는가? 〔답〕 이는 법계연기의 체성에 의지하기에 그 무진에 다시 무진을 성취한다. 따라서 선과 후, 인과 과를 잃지 않으며, 비록 선후를 잃지 않지만 선후가 서로 마주하고 다시 서로 들이기에 저 무진을 성취한다. 선후가 상즉하고 다시 상입하기에 처음 발심할 때 바로 정각을 성취한다. 第八諸法相卽自在門者 此約用說 … 取其三種世間圓融無礙自在 故一卽攝一切 成其無盡復無盡 以其無盡故相卽復相入 … 問 此明其無盡復無盡 相卽復相入 與前因陀羅網 及微細相容門 有何差別耶 答 … 若就隱映相應互相顯發 重重復重重 成其無盡者 卽是因陀羅網門攝 若諸門一時具顯不相妨礙者 是相容門攝 若就三世圓融無礙自在 相卽復相入成其無盡復無盡者 卽是此門攝 問 若如是相卽卽復相入 成其無盡復無盡者 此乃渾無疆界 何始何終何因何果耶 答 此據法界緣起體性 成其無盡復無盡 故先後因果不失 雖不失先後而先後相卽復相入 故成其無盡 以先後相卽復相入故初發心時便成正覺", 『대화엄경약책』 권1(대정장36, p.707b16)에 "넷째는 제법상즉자재문으로, 금과 금색의 둘 불가분리의 관계에 있는 것과 같다. 四 諸法相卽自在門 如金與金色二不相離"라고 하였다. 〔참고문헌〕『七處九會頌釋章』, 『華嚴經』, 『華嚴一乘十玄門』, 『大華嚴經略策』. ⇨ 제법 諸法, 십현문 十玄門, 초발심시변정각 初發心時便正覺

제법실상 諸法實相 **1** Ⓢ sarva-dharmāṇāṃ dharmatā, dharmatā, dharma-svabhāva. 제법이 끝내 공하여 생멸이 없는 모습. 열반상과 같고 부처와 같으며 반야로서 비추어 드러난다. 구마라집(鳩摩羅什)의 한역어다. 『불장경』 권상(대정장15, p.785a29)에 "제법실상을 본다면 부처를 본다. 무엇을 제법실상이라 하는가? 모든 법은 필경공이어서 존재하는 바가 없다. 見諸法實相名爲見佛 何等名爲諸法實相 所謂諸法畢竟空無所有", 『중론』 권3(대정장30, p.23c16)에 "모든 법이 온통 끝내 완전히 공하여 생도 없고 멸도 없으니, 이를 제법실상이라 한다. 若諸法盡畢竟空 無生無滅 是名諸法實相者", 『대지도론』 권18(대정장25, p.190b10)에 "무엇이 제법실상인가? 〔답〕 다들 각각이 제법실상을 말하면서 스스로만이 실이라고 한다. 이 중 실상이란 파괴할 수 없고 상주하여 달라짐이 없으며, 능히 짓는 이도 없다. … 일체의 봄도 버리고, 일체언어도 사라지고 모든 마음의 행로마저 떠난다. 본래부터 불생불멸이어서 저 열반상과 같다. 일체 모든 법상 또한 이와 같으니, 이 이름이 제법실상이다. 云何是諸法實相 答曰 衆人各各說諸法實相 自以爲實 此中實相者 不可破壞 常住不異 無能作者 … 捨一切觀 滅一切言語 離諸心行 從本已來不生不滅 如涅槃相 一切諸法相 亦如是 是名諸法實相", 같은 책 권99(대정장25, p.747a1)에 "유무의 두 끝을 여의고 중도에 처하면 제법실상이다. 제법실상은 곧 부처다. 왜 그러한가? 제법실상을 얻는 것을 성불했다고 하기 때문이다. 離是有無二邊 處中道 卽是諸法實相 諸法實相卽是佛 何以故 得是諸法實相 名爲得佛", 『법화의소』 권3(대정장34, p.488c11)에 "제법실상이란, 『법화론』에서는 '여래장법신의 바탕 변하지 않으니 실상이라고 이름하고 불성이라고도 한다'고 하였다. 諸法實相者 法華論云 謂如來藏法身之體不變 故此亦名實相亦名佛性", 『대승현론』 권4(대정장45, p.54b10)에 "반야는 제법의 실상을 비추고, 방편은 실상인 제법을 비춘다. 波若照諸法實相 方便能照實相諸法", 같은 책 권4(대정장45, p.59b14)에 "제법의 실상을 비추기에 반야라고 한다. 照諸法實相 故名波若"라고 하였다. [참고문헌] 『佛藏經』, 『中論』, 『大智度論』, 『法華義疏』, 『大乘玄論』, 『法華玄論』 권2(대정장34, p.367b13), *Pañca-pr.122.*, *Pras.154.*, *Saddh-p.25.* ⇨ 제법 諸法, 실상 實相, 제법실성 諸法實性, 유불여불내능구진제법실상 唯佛與佛乃能究盡諸法實相 ❷ Ⓢ dharma-svabhāva, Ⓣ chos-kyi-rang-bshin. 제법이 실상인 뜻. 『법화경』에서의 요지로서의 제법실상의 뜻이다. 『법화경』 권1(대정장9, p.5a10 : *Saddh-p.*, p.25)에 "제법실상의 뜻을 이미 그대들에게 설하였으니, 나는 이제 오늘 밤 열반에 들 것이다. 그대들은 일심으로 정진하고 방일하지 말아야 할 것이니, 모든 부처님 뵙기 참으로 어려우니 억겁 동안에 한 번 뵈올까 한다. 諸法實相義 已爲汝等說 我今於中夜 當入於涅槃 汝一心精進 當離於放逸 諸佛甚難值 億劫時一遇 prakāśitā me iya dharmanetrī ācakṣito dharmasvabhāva yādṛśaḥ, nirvāṇakālo mama adya bhikṣavo rātrīya yāmasmiha madhyamasmin. bhavathāpramattā adhimuktisārā abhiyujyathā mahya imasmi śāsane, sudurlabhā bhonti jinā maharṣayaḥ kalpāna koṭīnayutāna atyayāt", 『법화경요해』 권1(卍속장47, p.549b6)에 "제법실상의 뜻이란 바로 『법화경』의 요지다. 諸法實相義 卽法華要旨", 『법화경소』 권상(卍속장150, p.805b5)에 "제법실상의 뜻이란 이승이라는 거짓은 없고, 오직 대승의 실상만을 설한다. 諸法實相義 無二乘之僞 唯說大乘之實相"라고 하였다. [참고문헌] 『法華經』, 『法華經要解』, 『法華經疏』, *Saddh-p.* ⇨ 제법 諸法, 실상의 實相義, 제법실상 諸法實相

제법실상관 諸法實相觀 모든 법이 인연으로 생멸할 뿐이어서 필경에 공하여 실로 있는 것은 없다고 보는 것. 『사유약요법』(대정장15, p.300a12)에 "제법의 실상을 관한다면 제법은 인연을 따라 생하고, 인연 따라 생하니 자재할 수 없고, 스스로 존재할 수 없기에 필경 공상이며, 단지 가명으로 있을 뿐 실로 있는 것은 아니라고 마땅히 안다. 만약 법이 실로 있다면 무라고 할 수 없을 것이며, 전에는 있다가 지금은 없다고 한다면 이는 단견이다. … 이와 같이 여러 가지로 그 마음을 곰곰이 살펴본 뒤, 돌이켜 그 본래의 연을 생각한다. 심상이 머물면 마음이 유연해져 온갖 빛깔의 빛이 몸으로부터 나오는 것을 보게 되리니, 이를 모든 제법실상관이라 한다. 諸法實相觀者 當知諸法從因緣生 因緣生故不得自在 不自在故畢竟空相 但有假名無有實者 若法實有不應說無 先有今無是名爲斷 … 如是種種呵責其心已 還念本緣 心想住者心得柔軟 見有種種色光從身而出 是名諸法實相觀也", 『대품경의소』 권4(卍속장38, p.109b13)에 "바른 억념이 바로 제법실상관이다. 正憶念是諸法實相觀也"라고 한다. [참고문헌] 『思惟略要法』, 『大品經義疏』. ⇨ 제법 諸法, 제법실상 諸法實相

제법실상이명 諸法實相異名 제법실상의 다른 이름. 『대지도론』 권32(대정장25, p.297c14)에 "진여(Ⓢ tathatā)·법성(Ⓢ dharmatā)·실제(Ⓢ bhūtakoṭi) … 이 셋은 모두 제법실상의 다른 이름이다. 왜 그러한가? 범부에게는 지혜가 없어 일체법에 대해 그릇되게 관하여, 이른바 상·락·정·실·아 등이라고 말한다. 불제자는 여법하게 본래의 상을 관할 때 상이라고 보지 않으니 무상이라 하고, 즐거운 것이라고 보지 않으니 고라고 하고, 청정하다고 보지 않으니 부정이라 하고, 실이라고 보지 않으니 공이라고 하고, 아라고 보지 않으니 무아라고 한다. … 고·공·무아·부정에 대해서도 이와 같으니 이를 진여(眞如)라 한다. 如 法性 實際 … 是三皆是諸法實相異名 所以者何 凡夫無智 於一切法作邪觀 所謂常 樂 淨 實 我等 佛弟子如法本相觀 是時不見常 是名無常 不見樂 是名苦 不見淨 是名不淨 不見實 是名空 不見我 是名無我 … 見苦 空 無我 不淨亦如是 是名爲如", 『대승현론』 권3(대정장45, p.41c18)에 "대성께서는 연을 따라 알맞은 방편을 쓰시기에 여러 경에서 설한 실상의 이름이 같지 않다. 따라서 『열반경』에서는 불성(Ⓢ buddha-dhātu)이라 했으며, 『화엄경』에서는 법계(Ⓢ dharma-dhātu)라 했으며, 『승만경』에서는 여래장(Ⓢ tathāgata-garbha)과 자성청정심(Ⓢ prakṛti-pariśuddha-citta)이라 했으며, 『능가경』에서는 제8식(Ⓢ ālaya-vijñāna)이라 했으며, 『수능엄경』에서는 수능엄삼매라 했으며, 『법화경』에서는 일도(Ⓢ ekasyāṃ-gatau)와 일승(Ⓢ eka-yāna)이라 했으며, 『대품반야경』에서는 반야(Ⓢ prajñā)와 법성이라 했으며, 『유마경』에서는 무주(Ⓢ apratiṣṭhitatva)와 실제라 했다. 大聖隨緣善巧 於諸經中說名不同 故於涅槃經中 名爲佛性 則於華嚴 名爲法界 於勝鬘中 名爲如來藏自性淸淨心 楞伽名爲八識 首楞嚴經名首楞嚴三昧 法華名爲一道一乘 大品名爲般若法性 維摩名爲無住實際 如是等名", 『정명경관중석초』 권상(대정장85, p.506b10)에 "일체법은 불성·열반·여래장, 또는 일실제·자성청정심·여여·실제·

법성・법신・중도・필경공이라고도 한다. 一切法卽佛性 涅槃 如來藏也 或名一實諦 或名自性淸淨 或言如如 實際 法性 法身 中道 畢竟空等"라고 하였다. [참고문헌]『大智度論』,『大乘玄論』,『淨名經關中釋抄』.

제법실상인 諸法實相印 제법실상이라는 인장. 성문교(聲聞敎)에 삼법인이 있다면 대승에는 이 인이 있다. 『유마경현소』 권6(대정장38,p.555a1)에 "『대지도론』에서 설한 성문경에 있는 삼법인이라 한 것은 무상・무아・적멸열반인으로서, 소승경에 이 삼법인이 있으니 소승요의경이다. … 모든 대승경에는 다만 하나의 법인이 있을 뿐이니, 이른바 제법실상인이다. 만약 대승경에 이 실상인이 있으면 바로 대승의 요의경이다. … 대승에서는 어째서 단지 하나의 실상인만을 쓰는 것인가? … 보살대비는 근기가 예리해 생사가 바로 열반임을 어렵지 않게 깨우쳐서 능히 생사를 버리지도 열반을 취하지도 않는 불이법문에 들어갈 수 있기에 부처님께서는 단지 제법실상인만을 설하신다. 如大智論說聲聞經有三法印 無常無我寂滅涅槃印小乘經有此印 卽是小乘了義經 … 一切大乘經但有一法印 所謂諸法實相 若大乘經有實相印 卽是大乘了義經 … 摩訶衍敎 何故但用一實相印 … 菩薩大悲根利易悟 生死卽涅槃相 能不捨生死不取涅槃入不二法門 故佛但說諸法實相印也"라고 하였다. [참고문헌]『維摩經玄疏』. ⇨ 제법 諸法, 삼법인 三法印

제법실성 諸法實性 진여(眞如)・일미(一味)・원성실(圓成實) 등으로 달리 부르는 제법의 진실한 성. 분별로는 알 수 없고 내증으로만 드러나는 바탕이다. 『대보적경』 권52(대정장11, p.304c25)에 "무엇을 제법실성이라 하는가? … 법성은 분별할 길 있지 않고 연을 삼을 일도 없어 일체법에 있어서 그 결정적인 구경체상을 증득하는 길 밖에 없으니, 이를 제법의 실성이라 한다. 何等是爲諸法實性 … 法性者無有分別 無有所緣 於一切法 證得決定究竟體相 如是名爲諸法實性", 『불지경론』 권7(대정장26, p.323a1)에 "진여가 바로 제법의 실성이니, 전도성이 없어서 일체법과 같지도 다르지도 않고, 그 체는 오직 한 맛일 뿐이다. 眞如卽是諸法實性無顚倒性 與一切法不一不異 體唯一味", 『대승광백론석론』 권7(대정장30, p.226a6)에 "제법실성은 내증으로 알 바이지 세간의 살펴 앎을 통해 알 수 있는 경계는 아니다. 만약 실유로 있다고 하면 결코 합당하지 않다. 諸法實性 內證所知 非世尋思 所行境界 若執實有 理必不然", 『성유식론』 권8(대정장31, p.46b10)에 "아공과 법공으로 드러나 이즈러짐 없이 두렷이 가득한 제법실성을 원성실이라 한다. 二空所顯 圓滿成就 諸法實性 名圓成實"라고 하였다. [참고문헌]『大寶積經』,『佛地經論』,『大乘廣百論釋論』,『成唯識論』. ⇨ 제법실상 諸法實相

제법오위 諸法五位 모든 법을 분류하는 다섯 갈래 범주. 구사종(俱舍宗)에서는 75법, 성실종(成實宗)에서는 84법, 유식종(唯識宗)에서는 100법으로 세분하지만 이들 모두 오위로 거둔다. ⇨ 오위백법 五位百法, 오위칠십오법 五位七十五法, 백법 百法, 오위 五位 ❶

제법용왕경 諸法勇王經 유송(劉宋)대 담마밀다(曇摩密多) 한역. 1권. 고려장11, pp.221a1~229b18, No.200・대정장17, pp.846a3~852a16, No.822에 수록되어 있다. 동본이역으로 북위(北魏)대 구담반야유지(瞿曇般若流支) 한역의 『일체법고왕경 一切法高王經』 1권(대정장17, No.823), 수대 사나굴다(闍那崛多) 한역의 『제법최상왕경 諸法最上王經』 1권(대정장17, No.824)이 있다. 보리심(菩提心)을 일으킨 보살의 행이 보리분(菩提分)의 수행과 사향사과(四向四果)의 얻음보다 나을 뿐만 아니라, 모든 부처님의 법문에서 으뜸이고 일체법 가운데 왕과 같은 위라고 설한다. [참고문헌]『歷代三寶紀』 권10(대정장49, p.92b17), 『大周刊定衆經目錄』 권4(대정장55, p.396c3), 『開元釋敎錄』 권5(대정장55, p.524a20). ⇨ 일체법고왕경 一切法高王經, 제법최상왕경 諸法最上王經

제법인 諸法印 모든 법의 진실임을 알리는 표지. 모든 법이 고・공・무상・무아임을 보이는 사법인(四法印)이나 무상・고・무아임을 드러내는 삼법인(三法印) 등이다. 『과거현재인과경』 권1(대정장3, p.624a5)에 "모든 법인을 중생의 마음에 찍는다. 以諸法印 印衆生心", 60권본 『화엄경』 권43(대정장9, p.672b3)에 "갖가지 모든 불국토와 중생계에서 갖가지 모든 법의 진실을 다 분별하여 안다. 一切諸佛刹 及衆生境界 悉能分別知 一切諸法印", 『대지도론』 권22(대정장25, p.223a28)에 "모든 법성은 부술 수 없다. 설령 누군가 허공을 상하게 할 수는 있어도, 이 모든 법인은 법 그대로여서 무너뜨릴 수 없다. 諸法性不可壞 假使人能傷虛空 是諸法印 如法不可壞"라고 하였다. [참고문헌]『過去現在因果經』,『華嚴經』,『大智度論』. ⇨ 제법 諸法, 법인 法印, 사법인 四法印, 삼법인 三法印

제법인연생 諸法因緣生 모든 법은 인연으로 일어난다. 자재천(自在天 Ⓢ Īśvara) 등의 인으로 나거나 인 없이 일어나는(無因論) 것이 아닌 뜻이다. 80권본 『화엄경』 권25(대정장10, p.135a28)에 "일체의 모든 법은 인연으로 일어나니, 체성은 유도 무도 아니어서 인연에 따라 일어난 것은 끝내 그 중에서 취착할 것이 없다. 一切諸法因緣生 體性非有亦非無 而於因緣及所起畢竟於中無取著", 『조탑공덕경』 권1(대정장16, p.801b8)에 "그때 세존께서는 게송으로 말씀하셨다. 모든 법은 인연으로 일어나니 나는 이 인연을 설하는 것이고, 인연이 다하면 사라지니 나는 이처럼 설하는 것이다. 爾時世尊說是偈言 諸法因緣生 我說是因緣 因緣盡故滅 我作如是說", 『미륵보살소문경론』 권1(대정장26, p.236b4)에 "모든 법은 인연으로 일어나니 그러한 법에 실체는 없다. 법에 실로 체가 없다면 그 법은 실로 불생이다. 諸法因緣生 彼法無實體 法若實無體 彼法實不生"라고 하였다. [참고문헌] 『華嚴經』, 『造塔功德經』, 『彌勒菩薩所問經論』. ⇨ 제법 諸法, 법신게 法身偈

제법적멸상 諸法寂滅相 Ⓢ dharmaṃ praśānta-bhūmim. 모든 법 적멸한 모습이라네. 『법화경』 권1(대정장9, p.10a1 : *Saddh-p.*, p.56)에 "'나는 오탁악세에 났으니, 부처님들께서 말씀하신 대로 나도 따라 행할 것이다'. 이처럼 생각하고 나서 바라나시로 갔다. 모든 법 적멸한 모습이어서 말로 펼 수 없지만 방편의 힘으로 다섯 비구를 위해 설하였다. 我出濁惡世 如諸佛所說 我亦隨順行 思惟是事已 卽趣波羅柰 諸法寂滅相 不可以言宣 以方便力故 爲五比丘說 ahaṃ pi evaṃ samudācariṣye yathā vadantī vidu lokanāyakāḥ, ahaṃ pi saṃkṣobhi imasmi dāruṇe utpanna sattvāna kaṣāyamadhye. tato hyahaṃ śārisutā viditvā vārāṇasīṃ prasthitu tasmi kāle, tahi pañcakānāṃ pravadāmi bhikṣuṇāṃ dharmaṃ upāyena praśāntabhūmim", 『법화경의기』 권3(대정장33, p.609c11)에 "'모든 법의 적멸한 모습'이란 온갖 선한 법들도 적멸임을 밝힌 것으로, 삼승의 모습으로는 설할 수 없으니 다만 방편으로 삼승이 있다고 설한다. 諸法寂滅相者 此明萬善諸法寂滅 無有三乘之相可說 但以方便故說有三乘也", 『법화현찬』 권1(대정장34, p.658a27)에 "'모든 법의 적멸한 모습은 말로 베풀 수 없다'고 하였으니, 불과의 진리는 또한 일승이라 이름할 뿐이다. 諸法寂滅相不可以言宣 故知佛果眞理亦名一乘"라고 하였다. [참고문헌] 『法華經』, 『法華經義記』, 『法華玄贊』, *Saddh-p.* ⇨ 제법 諸法, 적멸 寂滅, 적멸상 寂滅相

제법종본래상자적멸상 諸法從本來常自寂滅相 Ⓢ nitya-nirvṛtā ādi-praśāntā imi sarva-dharmāḥ. 모든 법은 본래부터 언제나 스스로 적멸한 모습이라네. 『법화경』의 게송이다. 『법화경』 권1(대정장9, p.8b22 : *Saddh-p.*, p.48)에 "그러니 사리불이여! 나는 방편을 베풀어 온갖 고통 다하는 길을 설했고 그것을 열반으로 보여주었다. 내가 열반이라고 설하긴 했어도 이는 진정한 사라짐은 아니니, 모든 법은 본래부터 언제나 스스로 적멸한 모습이다. 불자가 이 도를 행하면 내세에는 부처가 될 것이다. 是故舍利弗 我爲設方便 說諸盡苦道 示之以涅槃 我雖說涅槃 是亦非眞滅 諸法從本來 常自寂滅相 佛子行道已 來世得作佛 teṣāmahaṃ śārisutā upāyaṃ vadāmi duḥkhasya karotha antam, duḥkhena saṃpīḍita dṛṣṭva sattvān nirvāṇa tatrāpyupadarśayāmi. evaṃ ca bhāṣāmyahu nityanirvṛtā ādipraśāntā imi sarvadharmāḥ, caryāṃ ca so pūriya buddhaputro anāgate 'dhvāni jino bhaviṣyati", 『법화현의』 권5(대정장33, p.745c3)에 "'모든 법은 본래부터 항시 스스로 적멸한 모습이다'란, 자성 깨끗한 열반을 말한다. 諸法從本來 常自寂滅相 是性淨涅槃", 『법화유의』(대정장34, p.637b19)에 "'모든 법은 본래부터 언제나 그대로 적멸한 모습이다'란, 적멸상이란 바로 얻을 수 없는 실상의 다른 이름이다. 諸法從本來常自寂滅相 寂滅相卽是無得實相異名", 『대승현론』 권3(대정장45, p.43a14)에 "'모든 법은 본래부터 항시 그 자체로 적멸한 모습이다'란, 자성이 불성에 머무는 것을 밝힌 것이고 … 이는 법상주의 뜻이다. 諸法從本來常自寂滅相 此明自性住佛性 … 此是法常住義"라고 하였다. [참고문헌] 『法華經』, 『法華玄義』, 『法華遊意』, 『大乘玄論』, *Saddh-p.* ⇨ 제법 諸法, 적멸 寂滅, 적멸상 寂滅相

제법종연생 諸法從緣生 모든 법 연을 따라 일어나다. 『사익범천소문경』 권1(대정장15, p.38b18)에 "모든 법은 연을 따라 일어나니 스스로 정한 바탕 있을 수 없다네. 만약 이 인연을 안다면 법의 참다운 모습 밝히 깨우친다. 諸法從緣生 自無有定性 若知此因緣 則達法實相", 40권본 『대반열반경』 권14(대정장12, p.445b27)에 "선남자여! 나는 모든 행 실로 무상하다고 관한다. 어떻게 알겠는가? 인연 때문이다. 만약 제법이 연을 따라 일어난다면 항상하지 않다고 알아야 할 것이다. 이렇게 외도들의 그 어떤 법도 연을 따라 생하지 않은 것이 없다. 善男子 我觀諸行 悉皆無常 云何知耶 以因緣故 若有諸法從緣生者 則知無常 是諸外道無有一法不從緣生", 『대승집보살학론』 권25(대정장32, p.145a27)에 "모든 법은 연을 따라 일어나고 연을 버린즉 사라진다. 나의 스승 대사문께서는 항시 이와 같이 말씀하셨다. 諸法從緣生 緣謝法卽滅 我師大沙門 常作如是說"라고 하였다. [참고문헌] 『思益梵天所問經』, 『大般涅槃經』, 『大乘集菩薩學論』. ⇨ 제법 諸法

제법종인연생 諸法從因緣生 모든 법 인연 따라 일어나다. 『대보적경』 권36(대정장11, p.207b9)에 "저 모든 법은 인연을 따라 생하지 주재하는 이도 작자도 수자도 있을 수 없으니, 인연을 따라 구른다. 彼諸法從因緣生 無有主宰 無有作者 無有受者 從因緣轉", 『대법거다라니경』 권18(대정장21, p.743a5)에 "여래께서는 오직 일체의 모든 법은 인연에 따라 생하고 인연을 따라 사라진다고 설할 뿐이다. 왜 모든 법은 인연을 따라 생멸한다고 하는가? 이를테면 저것이 있기에 이것이 있고, 저것이 생했기에 이것이 생하며, 저것이 없기에 이것이 없고, 저것이 사라지기에 이것도 사라진다. 如來惟說一切諸法 從因緣生 從因緣滅 云何諸法因緣生滅 所謂因彼故有此 彼生已此生 彼無故此無 彼滅已此滅"라고 하였다. ［참고문헌］『大寶積經』, 『大法炬陀羅尼經』. ⇨ 제법 諸法

제법진여실상 諸法眞如實相 모든 법이 있는 그대로 실상이라는 것. 『대반야경』 권510(대정장7, p.604b19)에 "장로 선현이 부처님께 사뢰었다. '깊고 깊은 반야바라밀다로 증득하는 모든 법이 진여실상임은 극히 깊어 보기 어렵고 깨닫기도 어려운데, 일체여래응공정등각께서는 모두 제법이 진여의 실상임을 통해 제불의 무상정등보리를 분별해 보여주십니다. 이 같은 진여의 깊고도 오묘함을 누가 믿을 수 있겠습니까? 오직 불퇴전위의 보살마하살과 정견을 갖춘 번뇌 없는 아라한만이 부처님께서 말씀하신 이 깊고 깊은 진여에 대해 믿고 이해할 수 있습니다'. 具壽善現卽白佛言 甚深般若波羅蜜多所證諸法眞如實相 極爲甚深難見難覺 一切如來應正等覺 皆用諸法眞如實相 顯示分別諸佛無上正等菩提 如是眞如甚深甚妙誰能信解 唯有不退位菩薩摩訶薩 及具正見漏盡阿羅漢 聞佛說此甚深眞如能生信解", 『범망경합주』 권1(卍속장60, p.640b6)에 "일체제법은 진여의 실상이기에 능히 나지도 머물지도 사라지지도 않는 바탕 중에서, 언제나 일어나고 언제나 머물며 언제나 사라짐을 드러내 보일 수 있다. 一切諸法眞如實相故 能於無生無住無滅性中示現常生常住常滅"라고 하였다. ［참고문헌］『大般若經』, 『梵網經合註』. ⇨ 제법 諸法, 제법실상 諸法實相

제법집요경 諸法集要經 Ⓢ Dharmasamuccaya. 송대 일칭(日稱) 한역. 10권. 고려장41, pp.614a1～664a18, No.1494 · 대정장17, pp.458a15～516c18, No.728에 있다. 관무외존자(觀無畏尊者)의 집(集)이라 전한다. 『정법염처경 正法念處經』에서 경문을 발췌하여 전편을 5언의 운문 형식에 따라 전개하고 있다. 범어 사본(寫本)은 1922년 네팔에서 실뱅 레비(Sylvain Lévi)에 의해 발견되었다. 범어 교정본으로 1946～1973년에 걸쳐 린리쾅(林黎光) · 앙드레 바로(André Bareau) · 폴 드미에빌(Paul Demiéville) 등이 출간한 *Dharmasamuccaya, compendium de la Loi*(3 vols. Annales de Musée Guimet, Bibliothèque d'Études 53, Paris)가 있다. ⇨ 정법염처경 正法念處經

제법체성평등무희론삼매 諸法體性平等無戲論三昧 Ⓢ sarvadharmasvabhāva-samatāvipañcitaṃ nāma samādhi. 제법이 그 바탕의 자성에 있어 공으로 평등하기에 모든 희론이 사라지고 없는 삼매. 달빛 닮은 월등삼매(月燈三昧)라고도 한다. 『월등삼매경』 권1(대정장15, p.549b29 : *Sam-r.*, p.4)에 "동자여! 보살마하살은 일체중생에게 평등한 마음, 구해 보호하려는 마음, 걸림 없는 마음, 독함이 없는 마음 등을 일으키며, 세간의 눈이 되고자 얻은 삼매의 이름이 제법체성평등무희론삼매다. 童子 菩薩摩訶薩 於一切衆生 起平等心 救護心 無礙心 無毒心 爲世間眼 證得三昧 名爲諸法體性平等無戲論三昧 kumāra sarvasattveṣu samacitto bodhisattvo mahāsattvo hitacitto 'pratihatacitto 'viṣamacittaṃ imaṃ sarvadharmasvabhāvasamatāvipañcitaṃ nāma samādhiṃ pratilabhate"라고 하였다. ［참고문헌］『月燈三昧經』, *Sam-r.* ⇨ 제법 諸法, 월등삼매 月燈三昧, 삼매 三昧

제법최상왕경 諸法最上王經 수대 북인도 삼장 사나굴다(闍那崛多) 한역. 1권. 고려장13, pp.1257a1～1268a2, No.478 · 대정장17, pp.859a1～867a15, No.824에 있다. 무상정등보리심을 일으키게 함이 최상의 뜻임을 밝혔고, 이역본으로는 『제법용왕경 諸法勇王經』과 『일체법고왕경 一切法高王經』이 있다. 『역대삼보기』 권12(대정장49, p.104a5)에 "『제법최상왕경』 1권〈개황 15년(595) 11월에 번역하기 시작하여 4월에 마쳤으며 사문 명분 등이 필수하였다〉. 諸法最上王經一卷〈開皇十五年十一月翻 四月訖 沙門明芬等筆受〉", 『중경목록』 권1(대정장55, p.183b11)에 "『제법최상왕경』 1권〈22장〉은 수 개황년에 사나굴다와 급다 등이 대흥선사에서 번역하였는데, 황실에서 주도하였다. 諸法最上王經一卷〈二十二紙〉 隋開皇年 闍那崛多及笈多等 於大興善寺譯 皇朝奏行"라고 하였다. ［참고문헌］『歷代三寶紀』, 『衆經目錄』. ⇨ 일체법고왕경 一切法高王經

제법평등 諸法平等 Ⓢ sarvadharma-samatā. 일체법이 차별 없이 평등하다는 말. 법평등(法平等)이라고도 한다. 『대품반야경』 권26(대정장8, p.413c16)에 "부처님께서는 수보리에게 말씀하셨다. '이 제법평등의 상을 나는 정이라고 한다. 수보리야, 어떤 것이 제법평등인가? 곧 여 · 불이 · 불광 · 법상 · 법성 · 법주 · 법위 · 실제를 말하니, 부처님께서 계시든 계시지 않든 법성은 언제나 머문다. 이것을 정이라고 한다. 세간의 진실을 설하는 것이기에 가장 뛰어난 제일의는 아니다. 최상인 제일의는 일체의 언어와 논의와 음성을 넘어서 있다'. 佛告須菩提 是諸法平等相 我說是淨 須菩提 何等是諸法平等 所謂如 不異 不誑 法相 法性 法住 法位 實際 有佛無佛 法性常住 是名淨 世諦故說 非最第一義 最第一義 過一切語言 論議 音聲", 같은 책 권26(대정장8, p.414b25)에 "부처님께서 말씀하셨다. '두 법을 행해도 도도 없고 과도 없고, 둘이 아닌 법을 행해도 도도 없고 과도 없다. 만약 두 법도 없고 불이법도 없다면 이것이 곧 도이고 과다. 왜냐하면 이런 법으로는 도를 얻고 과도 얻지만, 이런 법으로서는 도를 얻지 못하고 과도 얻지 못한다고 하면 이는 희론이기 때문이다. 모든 평등법 중에는 희론이 있을 수 없고, 희론이 있지 않아야 제법평등이다'. 佛言 行二法 無道 無果 行不二法 亦無道 無果 若無二法 無不二法 卽是道 卽是果 何以故 用如是法得道 得果 用如是法 不得道 不得果 是爲戲論 諸平等法中 無有戲論 無有戲論 是諸法平等", "수보리가 부처님께 여쭈었다. '세존이시여, 제법이 무소유한 성품이라면 이 중에 어떤 것들이 평등합니까?' 부처님께서 이렇게 말씀하셨다. '유법도 없고 무법도 없으며, 또한 제법의 평등상을 설할 수도 없다. 평등을 제하면 다시 그 밖의 법이 없으니, 일체법을 여읜 것이 평등상이다. 평등상이란 저 범부도 저 성인도 행할 수도 도달할 수도 없다'. 須菩提白佛言 世尊 諸法無所有性 是中何等是平等 佛言 若無有有法 無有無法 亦不說諸法平等相 除平等 更無餘法 離一切法 平等相 平等相者 若凡夫 若聖人 不能行 不能到", "수보리가 부처님께 여쭈었다. '세존도 부처님마저도 행할 수 없고, 도달할 수 없는 것입니까?' 부처님께서 말씀하셨다. '이 제법평등은 일체성인이 모두 행할 수도 도달할 수도 없다. 즉 모든 수다원·사다함·아나함·아라한·벽지불·모든 보살마하살과 모든 부처님조차 행할 수도 도달할 수도 없다'. 須菩提白佛言 世尊 乃至佛 亦不能行 亦不能到 佛言 是諸法平等 一切聖人 皆不能行 亦不能到 所謂諸須陀洹 斯陀含 阿那含 阿羅漢 辟支佛 諸菩薩摩訶薩 及諸佛", 같은 책 권26(대정장8, p.414c13)에 "수보리야, 지금 모든 범부중생들은 평등하고, 모든 수다원·사다함·아나함·아라한·벽지불·모든 보살마하살·제불과 성스러운 법이 모두 평등하니, 이렇게 하나로 평등하여 둘이 없다. … 제법평등 중에는 '이 범부인이다' '이 수다원이다' 나아가 '이 부처다'라는 분별은 있을 수 없다. 須菩提 今諸凡夫人平等 諸須陀洹 斯陀含 阿那含 阿羅漢 辟支佛 諸菩薩摩訶薩 諸佛 及聖法 皆平等 是一平等無二 … 諸法平等中 無有分別 是凡夫人 是須陀洹 乃至是佛", 『유마경소』 권6(대정장85, p.419a2)에 "등정각에서 등은 바로 평등, 정은 바른 이해, 각은 깨달음을 뜻하니, 부처님께서 제법평등에 대해 깨달으신 것을 등정각이라 한다. 等正覺 等是平等 正是正解 覺是覺悟 佛於諸法平等覺悟 云等正覺也"라고 하였다. 〔참고문헌〕『大品般若經』, 『維摩經疏』, *Vikī-n.144.* ⇨제법 諸法, 평등 平等, 법평등 法平等

제변산소래사 題邊山蘇來寺　고려전기 정지상(鄭知常 ?~1135) 지음. 『동문선』 권12에 수록되어 있다. 싯구 중에 "흘러가는 구름과 물길 따라 나그네 절에 이르니, 잎 붉고 이끼 푸릇한데 스님은 문을 닫으셨네. … 기이하도다! 눈썹 하야신 노스님, 긴긴 세월 인간사 소란한데 꿈조차 없으시다니! 浮雲流水客到寺 紅葉蒼苔僧閉門 … 奇哉厖眉一老衲 長年不夢人間喧"라고 하였다. 〔참고문헌〕『東文選』. ⇨내소사 來蘇寺

제보살구불본업경 諸菩薩求佛本業經　서진(西晉)대 섭도진(聶道眞) 한역. 1권. 고려장8, pp.1109a1~1113c22, No.93·대정장10, pp.451a3~454a27, No.282에 수록되어 있다. 『구불본업경』·『보살구불본업경』이라고도 한다. 지겸(支謙) 한역의 『보살본업경 菩薩本業經』(대정장10, No.281) 중 「원행품 願行品」 전부와 「십지품 十地品」 일부를 따로 한역한 본이다. ⇨구불본업경 求佛本業經, 보살구불본업경 菩薩求佛本業經

제복 制伏　Ⓢ vibhūta, nigraha-artha, Ⓣ bzhig-pa, tshar-bcad-pa'i-phyir. 다스려 엎드리게 함. 악이나 번뇌 등을 더 이상 일어나지 않도록 다스리는 뜻이다. 『대반야경』 권571(대정장7, p.950c10)에 "그때 모든 유정의 심성은 고르고 선하였으니, 삼독번뇌마저 다스려 엎드려 행하지 않았다. 時 諸有情心性調善 三毒煩惱 制伏不行", 『원각경대소』 권상(卍속장14, p.221a5)에 "비나야는 조복이라 한다. 삼업을 조련하고 허물과 그릇됨을 다스려 엎드리게 한다. 조련은 그치거나 짓게 함이고, 제복이란 오직 악을 멈추게 함을 밝힐 뿐이다. 毗奈耶 此云調伏 謂調練三業 制伏過非 調練 通於止作 制伏 唯明止惡", 『해심밀경』 권4(대정장16, p.707c1)에 "만약 보살들이 무량한 시간을 지나며 보시 등을 수행한다면 선법을 성취하겠지만, 온갖 번뇌는 오히려 옛과 같이 현행하여 제복하지 못하면 도리어 그것에 제복당할 것이다. 若諸菩薩 經無量時 修行施等 成就善法 而諸煩惱 猶故現行 未能制伏 然爲彼伏", 80권본 『화엄경』 권30(대정장10, p.164a2)에 "비유하자면 진여가 그 무엇으로도 능히 다스려 엎드리게 할 수 없는 것과 같다. 선근으로 회향하는 일도 이와 같아서, 모든 마구니들의 사업이나 외도의 삿된 말장난으로 제복당하지 않는다. 譬如眞如 無能制伏 善根迴向 亦復如是 不爲一切衆魔事業 外道邪論之所制伏", 『대비바사론』 권14(대정장27, p.70a25)에 "만약 명구문신을 관찰한다면 마치 켜켜이 쌓인 산과 같은 번뇌와 악행도 제복할 수 있다. 비록 모욕을 당하는 일이 있어도 능히 참아낼 수 있기 때문이다. 만약 명구문신을 관찰하지 않는다면 번뇌와 악행은 저 강물처럼 흘러 끊어지지 않을 것이다. 若能觀察名句文身 則能制伏 猶如積山 煩惱惡行 雖遭罵辱能堪忍故 若不觀察名句文身 則煩惱惡行 如河流不絶"라고 하였다. 〔참고문헌〕『大般若經』, 『圓覺經大疏』, 『解深密經』, 『華嚴經』, 『大毘婆沙論』, *Abh-k-bh.384·434.*

제봉 霽峰 조선후기 스님 운봉(雲峰)의 호. 〔참고문헌〕『東師列傳』 권4 「霽峰禪伯傳」(한불전10, p.1042a12). ⇨ 운봉 雲峰 ⑦

제북 濟北 당대 임제종(臨濟宗) 조사(祖師) 임제의현(臨濟義玄 ?~867)을 가리키는 말. 임제의 주석처 임제원(臨濟院)이 있던 하북(河北) 정정(正定)에서 유래한 별칭이다. 『허당록』 권4(대정장47, p.1011c9)에 "눈 먼 당나귀 임제가 처음 고안의 물가에 갔다가 한 번 밟아보지도 못하고 다시 황벽산으로 돌아왔다. 濟北瞎驢 初到高安灘頭 旣不能踢蹈 却還黃檗山中", 『백장청규증의기』 권8(卍속장111, p.851a1)에 "대혜가 임제의 도를 중흥시켰으니 그 기용을 어떻게 갖추지 않을 수 있겠는가? 大慧中興濟北之道 豈其機用弗具"라고 하였다. 〔참고문헌〕『虛堂錄』, 『百丈淸規證義記』. ⇨ 의현 義玄 ①

제북아손 濟北兒孫 임제종(臨濟宗)의 법손(法孫). 『영은문선사어록』 권3 「대동합인선인 大同合仁禪人」(가흥장39, p.371c23)에 "임제의 법손은 크게 다르니 큰 할로 종풍을 떨치네. 몸 지킬 부적 은밀히 전하니 노승을 잠든 늙은이라 하지 마라. 濟北兒孫大不同 當陽一喝震宗風 護身符子密分付 莫道老僧瞌睡翁"라고 하였다. 〔참고문헌〕『靈隱文禪師語錄』. ⇨ 제북 濟北, 임제종 臨濟宗

제분 除糞 ① 분뇨를 치우다. 번뇌를 끊는 비유로 『법화경』에서 궁자(窮子)가 수행한 일이다. 『법화경대성』 권4(卍속장51, p.236b8)에 "분뇨를 치운다는 말은 번뇌를 끊는다는 뜻이다. 번뇌의 혹업이 분뇨처럼 심지를 더럽히자, 이승은 온갖 관법을 지어 버린다. 言除糞者 斷煩惱也 煩惱惑業 糞穢心地 二乘作諸觀以除之"라고 하였다. 〔참고문헌〕『法華經大成』. ⇨ 궁자 窮子 ② Ⓟ pukkusa. 청소하는 사람. 제분종((除糞種)이라고도 한다. 『사분율』 권11(대정장22, p.635b25)에 "그대는 전다라가문 출신이고 제분가 출신이다. 汝是旃陀羅家生 除糞家生"라고 하였다. 〔참고문헌〕『四分律』, *Vin.4.12.* ⇨ 제분종 除糞種, 복갈사 卜羯娑

제분인 除糞人 제분종(除糞種)을 달리 이르는 말. 『십송율』 권26(대정장23, p.186c3)에 "부처님께서 일전에 바라나국에 계셨다. 그때 굶주림으로 음식을 구걸하여 얻기 어렵자 코끼리 관리인·말 관리인·소 관리인·시신 화장하는 사람 그리고 청소하는 사람 등 온갖 빈천한 사람들이 모두 개를 잡아 먹었다. 佛故在波羅奈國 是時飢餓 乞求難得 諸貧賤人 象子 馬子 牛子客 燒死人 及除糞人 皆殺狗噉"라고 하였다. 〔참고문헌〕『十誦律』. ⇨ 제분종 除糞種, 제분 除糞 ②

제분종 除糞種 Ⓟ pukkusa-jāti. 분뇨를 치우는 이들. 『사분율』 권11(대정장22, p.635b14 : *Suttavibhaṅga, Vin.4,* p.12)에 "비천한 종은 전다라종·제분종·죽사종·차사종이다. 卑者 旃陀羅種 除糞種 竹師種 車師種 caṇḍālajāti veṇajāti nesādajāti rathakārajāti pukkusajāti, esā hīnā nāma jāti"라고 하였다. 〔참고문헌〕『四分律』, *Vin.* ⇨ 제분인 除糞人, 제분 除糞 ②

제불 諸佛 ① Ⓢ buddhāḥ, jinā-maharṣayaḥ. 시방삼세에 차제로 출현하시는 모든 부처님들. 『대방편불보은경』 권6(대정장3, p.156c19)에 "〔문〕 부처님께 귀의한다는 말은 석가모니불께 귀의한다는 말인가? 삼세의 부처님께 귀의한다는 말인가? 〔답〕 삼세의 부처님께 귀의한다는 말이다. 부처님의 법신은 같기에 한 부처님께 귀의할지라도 그 부처님은 삼세제불이시다. 부처님은 다름이 없기 때문이다. 問 歸依佛者 爲歸依釋迦文佛 爲歸依三世佛耶 答曰 歸依三世佛 以佛法身同故 歸依一佛則是三世諸佛 以佛無異故", 『비니관요』 권1(卍속장63, p.624a2)에 "제불이라 말하는 것은, 시방으로 지금의 도량에 앉아 계신 일체대사를 아울러 가리키는 말이다. 깨달음의 체는 두루하기에 비록 타방에 계셔도 이 국토에 훌륭한 도움이 될 수 있다. 또한 삼세에 차제로 출현하시는 일체세존을 아울러 가리키는 말이다. 깨달음의 성은 변함 없기에 비록 과거와 미래에 몸을 시현하실지라도 능히 현재에 감응을 드리우신다. 이런 이유로 제불이라 한다. 그러므로 제라는 글자는 법과 승에도 통하여 제법·제승이라고도 한다. 所言諸佛者 卽通指十方 現坐道場 一切大師 以覺體遍故 雖在他方 能於此土 而作良祐 亦卽通指 三世次第出興 一切世尊 以覺性常故 雖示過未 能於現在 而垂感應 故云諸佛 然諸字而通法僧 亦云諸法諸僧也", 『구사론』 권12(대정장29, p.64a18 : *Abh-k-bh.*, p.182)에 "이 남섬부주 사람들의 수명이 팔만 세부터 점차 줄어 수명이 최대 백 년이 될 때까지 그 중간에 제불이 출현하신다. 從此洲人壽八萬歲 漸減乃至壽極百年 於此中間 諸佛出現 aśītivarṣaśatāyupi prajāyāmapakarṣe ārabdhe yāvadvarṣaśatāyuṣo manuṣyā bhavantyetasminnantare buddhā utpadyante", 『법화경』 권1(대정장9, p.5a12 : *Saddh-p.*, p.25)에 "그대는 한 마음으로 정진하고 게으름을 벗어나야 한다. 제불은 참으로 만나기 어려우니, 억겁의 시간 동안 한 번 만날 수 있다. 汝一心精進 當離於放逸 諸佛甚難值 億劫時一遇 bhavathāpramattā adhimuktisārā abhiyujyathā mahya imasmi śāsane, sudurlabhā bhonti jinā maharṣayaḥ kalpāna koṭīnayutāna atyayāt", 『법화문구기』 권3중(대정장34, p.202c25)에 "제불이란 복수인 제를 들어 하나를 드러냈으니, 바로 석가불을 가리킨다. 言諸佛者 擧諸顯一 正指釋迦", 『법화현찬』

권7본(대정장34, p.780a11)에 “제불이라는 말은 모든 부처님의 법이 한가지임을 나타낸다. 그러므로 오직 한 분의 부처님일 뿐만 아니라, 과거세에 다른 부처님들도 수기하셨기 때문이다. 그렇지 않고 한 분의 부처님이라면 어째서 ‘제’라고 했겠는가? 그러므로 앞에서 ‘일찍이 제불을 따라 방편으로 설하신 법을 들었다’고 한 것이다. 言諸佛者 顯一切佛法皆同 故非唯一佛 亦是過去 曾於餘佛 所授記故 不爾一佛 云何言諸 故前說言 曾從諸佛聞 方便所說法”, 『법화경요해』 권5(卍속장47, p.646a9)에 “이 부분은 석가불 한 분이 교화하신 자취를 펼치셨는데, 제불이라 한 까닭은 한 분 한 분의 부처님께서 증득한 도가 한결같기 때문이다. 此宣釋迦化跡 而言諸佛者 佛佛道同故”, 『석마하연론』 권10(대정장32, p.668a9)에 “제불이란 이 둘이 없는 마하연법이다. 왜 그런가? 이 불이법이 그 부처님으로 모습을 드러낸 것이니, 덕이 뛰어났기 때문이다. 言諸佛者 則是不二摩訶衍法 所以者何 此不二法 形於彼佛 其德勝故”, 『금강경찬요간정기』 권7(대정장33, p.225c7)에 “제불이라 말한 뜻은, 소승열반이 일향에 적멸임을 가려내 자비와 지혜로 아울러 움직이는 여래열반을 가리키니 무주처라 한다. 言諸佛者 揀小乘涅槃 一向寂滅 如來涅槃 悲智兼運 名無住處”, 『아미타경소초연의』 권3(卍속장33, p.661b11)에 “제불께 예경한다는 말은, 모든 법계와 허공계 그리고 시방과 삼세에 계신 일체제불께 내가 모두 청정한 삼업으로 항상 예경을 올린다는 뜻이다. 부처님께서 계시는 하나하나의 처소에 모두 불가설의 티끌처럼 무수한 부처님 몸이 나타나고, 그 하나하나의 부처님 몸이 불가설의 티끌처럼 무수한 부처님께 두루 예경을 올린다. 禮敬諸佛者 所有盡法界 虛空界 十方三世 一切諸佛 我悉以清淨三業 常修禮敬 一一佛所 皆現不可說 微塵數身 一一身徧禮 不可說微塵數佛”, 『서귀직지』 권2(卍속장109, p.346b10)에 “삼세의 모래알처럼 많은 제불이란 나의 마음 속에 있는 부처일 뿐이다. 이를 알면 한 국토라도 나의 마음에 의하지 않고 나타나는 일 없고, 한 부처님이라도 나의 품성을 따르지 않고 출현하시는 일은 없음을 알아야 한다. 三世恒沙諸佛者 惟我心中之佛也 知此則知無一土 不依我心而立 無一佛不因我性而現”라고 하였다. ［참고문헌］『大方便佛報恩經』, 『毘尼關要』, 『俱舍論』, 『法華經』, 『法華文句記』, 『法華玄贊』, 『法華經要解』, 『釋摩訶衍論』, 『金剛經纂要刊定記』, 『阿彌陀經疏鈔演義』, 『西歸直指』, *Abh-k-bh.*, *Saddh-p.* **2** Ⓢ paramārtha-darśin, sarva-darśin, sarvajña. 더없이 아름다운 법을 알 삼보를 출생시키시는 이. 『보성론』 권2(대정장31, p.826c25 : *Ratna-ut.*, p.21)에 “이와 같이 아름다운 경계 부처님들만 아실 수 있다. 이 묘법신에 의지하여 삼보를 출생한다. 如是妙境界 是諸佛所知 依此妙法身 出生於三寶 viṣayaḥ paramārthadarśinām śubharatnatrayasargako yataḥ”라고 하였다. ［참고문헌］『寶性論』, *Ratna-ut.* ⇨ 삼보 三寶

제불가 諸佛家 **1** 부처님의 집. 부처님께서 머무시는 극락정토(極樂淨土)를 말한다. 『관무량수경』(대정장12, p.346b12)에 “부처를 념하는 이라면 마땅히 이 사람을 알아야 하리. 사람중에 분다리화와 같이 존귀한 분이시다. 관세음보살과 대세지보살께서 그의 훌륭한 벗이 되어, 장차 도량에 앉은 그대로 모든 부처님 집에 왕생하리라. 若念佛者 當知此人 卽是人中 芬陀利花 觀世音菩薩 大勢至菩薩 爲其勝友 當坐道場 生諸佛家”, 돈황본 『무량수관경의기』(대정장85, p.253a13)에 “부처님의 집이란 무엇인가? 그 집에는 두 종류가 있다. 하나는 생가로서 시왕의 과보를 말한다. 또 하나는 법가로서 진여법신을 말한다. 행자는 염불하기에 염원에 따라 반드시 불가에 난다. 가령 어떤 사람이 천계에 나기를 염원하면, 그 원에 따라 반드시 그곳에 날 수 있듯이 이것도 마찬가지다. 諸佛家者 佛家有二種 一者 生家 謂十王報 二者 法家 謂眞如法身 由行者念佛故 隨念必生佛家 如人念生天中 隨願必得 此亦如是”라고 하였다. ［참고문헌］『觀無量壽經』, 『無量壽觀經義記』. ⇨ 극락 極樂, 정토 淨土 **2** 여래가(如來家)라고도 한다. 부처님의 가르침을 받는 문하라는 뜻이다. 『인왕호국경』 권하(대정장8, p.842c13)에 “처음으로 평등성을 증득하여 제불가에 나면 처음으로 깨우쳐 얻기에 환희지라 한다. 初證平等性 而生諸佛家 由初得覺悟 名爲歡喜地”라고 하였다. ［참고문헌］『仁王護國經』. ⇨ 여래가 如來家

제불경 諸佛經 송대 시호(施護) 한역. 1권. 고려장34, pp.223a1~224b17, No.1194 · 대정장14, pp.112c19~113c28, No.439에 수록되어 있다. 부처님께서 왕사성(王舍城)에 머무실 때 과거세 무수겁 중에 무수한 부처님께서 세간에 출현하시어 중생에게 가르침을 주셨던 인연을 설하시고 제불명호를 드러내 보였다. 많은 부처님께서 세간에 출현하심을 보이는 경이다.

제불경계섭진실경 諸佛境界攝眞實經 786년(정원2)에 반야유지(般若流支 Ⓢ Prajñāruci) 한역. 3권. 대정장18, pp.270a3~284c8, No.868에 수록되어 있다. 『섭진실경 攝眞實經』·『진실경 眞實經』이라고도 한다. 「서품 序品」·「출생품 出生品」·「금강계대도량품 金剛界大道場品」·「금강외계품 金剛外界品」·「금강계외공양품 金剛界外供養品」·「수행의궤품 修行儀軌品」·「건립도량발원품 建立道場發願品」·「지념품 持念品」·「호마품 護摩品」의 아홉 품으로 구성되어 있는데, 대비로자나여래께서 금강계 삼십칠존(三十七尊)의 인언(印言)·공양의식·호마법(護摩法) 등을 설하는 내용이다. 응신의 설법으로서 잡밀 경전에 속한다. 본경은 『금강정경 金剛頂經』(대정정18, No.865)과 그 형태가 유사해서 본경이 『금강정경』의 원형이라는 주장과, 『금강정경』이나 『금강정약출염송경 金剛頂略出念誦經』의 영향을 받아 성립되었을 것이라고 보는 설이 있다.

제불광명소불능급 諸佛光明所不能及 제불의 광명이 미칠 수 없다는 말. 무량수불(無量壽佛 : 阿彌陀佛)이 광명으로는 가장 뛰어나다는 뜻이다. 이 부처님의 모든 명호에 광(光) 자가 붙는 이유이기도 하다. 『무량수경』 권상(대정장12, p.270a23 : *Sukh-vy. I*, p.32) 에 "부처님께서 아난에게 이르셨다. '무량수불의 위신과 광명은 가장 존귀하고 으뜸이라 다른 모든 부처님의 광명이 미칠 수 없다. … 그러므로 무량수불은 무량광불・무변광불・무애광불 … 초일월광불이라 부른다'. 佛告阿難 無量壽佛 威神光明 最尊第一 諸佛光明所不能及 … 是故 無量壽佛 號無量光佛 無邊光佛 無礙光佛 … 超日月光佛 amitā cāsya prabhā yasyā na sukaraṃ pramāṇa ṃ paryanto vādhigantum … sa tathāgato 'mitāb ha ity ucyate. amitaprabho … 'samāptaprabho ' saṅgaprabho … 'bhibhūyacandrasūryajihmīkaraṇ aprabho"라고 하였다. 〔참고문헌〕『無量壽經』, *Sukh-v y.I.* ⇨ 무량수불 無量壽佛

제불기 提不起 끌어내 들 수 없다. 어떤 화제(話題)를 드러내 말할 수 없다는 뜻으로도 쓴다. 『동산어록』(대정장47, p.517a25)에 "설봉이 나무를 할 때 동산선사 앞에 땔감 한 묶음을 던졌다. '무게가 얼마나 나가는가?' '온 세상 사람도 들 수 없습니다' '어떻게 여기까지 왔는가?' 설봉이 말이 없었다. 雪峯般柴次 乃于師面前抛下一束 師曰 重多少 峯云 盡大地人提不起 師曰 爭得到這裏 峯無語", 『운문광록』 권중(대정장47, p.561c16)에 "운문선사가 법좌에 올라 말했다. '교의 뜻을 드러내 말할 수 없다. 잘못은 어디에 있는가?' 대어하여 말했다. '그대가 개구리의 살림살이를 하기 때문이다'. 上堂云 敎意提不起 過在什麼處 代云 爲爾蝦蟆活"라고 하였다. 〔참고문헌〕『洞山語錄』, 『雲門廣錄』. ⇨ 불기 不起 [4]

제불내증무루청정법계 諸佛內證無漏淸淨法戒 밀교에서 최고로 섬기는 계. 삼매야계(三昧耶戒)라고도 한다. 『무외삼장선요』(대정장18, p.944a21)에 "이전에 비록 보살정계를 받았더라도 지금 거듭 제불내증무루청정법계를 받아야 비로소 선문에 들어갈 수 있고, 선문에 들어간 다음에는 반드시 이 다라니를 염송해야 한다. 다라니는 구경이며 지극으로서 제불과 같다. 법에 올라 일체지혜의 바다에 깨우쳐 드니 이것이 진실한 법계다. 前雖受菩薩淨戒 今須重受 諸佛內證無漏淸淨法戒 方可入禪門 入禪門已 要須誦此陀羅尼 陀羅尼者 究竟至極 同於諸佛 乘法悟入 一切智海 是名眞法戒也"라고 하였다. 〔참고문헌〕『無畏三藏禪要』. ⇨ 삼매야계 三昧耶戒

제불대원감 諸佛大圓鑑 모든 부처의 크고도 둥근 거울. 『경덕전등록』 권2 「승가난제전 僧伽難提傳」(대정장51, p.212b17)에 "승가난제존자가 말했다. '그대의 손에 있는 것을 어떻게 드러내려는가?' 동자가 말했다. '모든 부처님의 크고 둥근 거울은 안팎으로 티끌 없고 두 사람 같이 볼 수 있으니 마음의 눈도 다 그렇습니다'. 동자의 부모가 아들의 말을 듣고는 출가를 허락했다. 師曰 汝手中者當何所表 童曰 諸佛大圓鑑 內外無瑕翳 兩人同得見 心眼皆相似 彼父母聞子語 卽捨令出家"라고 하였다. 〔참고문헌〕『景德傳燈錄』. ⇨ 대원감 大圓鑑

제불동사동의동체 諸佛同事同意同體 모든 부처님께서는 일도 뜻도 몸도 다 함께 한다. 『합부금광명경』 권1(대정장16, p.363b26)에 "모든 부처님께서 첫 번째 몸으로는 모든 부처님과 함께 하시고, 두 번째 몸으로는 모든 부처님과 함께 생각하시며, 세 번째 몸으로는 모든 부처님과 한 몸으로 나누신다. 一切諸佛 於第一身 與諸佛同事 於第二身 與諸佛同意 於第三身 與諸佛同體", 『금광명최승왕경소』 권3(대정장39, p.219b3)에 "대부분 팔상으로 모든 사업을 나타내시므로 함께 일한다. 多以八相 現諸事業 故名同事"라고 하였다. 〔참고문헌〕『合部金光明經』, 『金光明最勝王經疏』.

제불동체 諸佛同體 모든 부처님은 그 바탕에서 같다. 『금광명최승왕경』 권2(대정장16, p.409a24)에 "모든 부처님은 제일의 몸으로 다른 모든 부처님과 일에 있어서 함께 하시고, 두 번째 몸으로는 다른 모든 부처님과 뜻을 같이 하며, 세 번째 몸으로는 다른 모든 부처님과 한몸으로 움직이신다. 一切諸佛 於第一身 與諸佛同事 於第二身 與諸佛同意 於第三身 與諸佛同體", 『대반열반경현의』 권상(대정장38, p.3b8)에 "실상반야란 바로 일체종지여서 모든 부처님과 한몸이다. 實相般若 是一切種智 與諸佛同體", 『금강경정해』 권하(卍속장92, p.584b13)에 "여래는 모든 부처님과 한몸이여서 고요함과 비춤이 스스로 한결같고 장애 없음을 깨우치시니 여래에게는 불안이 있다. 如來與諸佛同體 寂照自如 了無障礙 如來有佛眼也"라고 하였다. 〔참고문헌〕『金光明最勝王經』, 『大般涅槃經玄義』, 『金剛經正解』. ⇨ 여래 如來

제불명 諸佛明 모든 부처님의 지혜(明). 일체지(一切智)를 말한다. 삼명(三明 : 菩薩明・諸佛明・無明明) 중 하나로 불안(佛眼)을 말한다. 36권본 『대반열반경』 권16(대정장12, p.711b7)에 "(明行足의) 명이란 삼명을 일컬으니, … 둘째 제불명이다. … 제불명이란 곧 불안이다. 明者 名爲三明 … 二 諸佛明 … 諸佛明者 卽是佛眼", 『화엄경탐현기』 권15(대정장35, p.380b18)에 "『열반경』에 의하면 역시 삼명이 있다. 첫째 제불명이니, 일체지를 말한다. 依涅槃經 亦有三明 一 諸佛明 謂一切智"라고 하였다. [참고문헌] 『大般涅槃經』, 『華嚴經探玄記』. ⇨ 삼명 三明[2], 일체지 一切智

제불법 諸佛法 Ⓢ deśana nāyakānām. 모든 부처님의 법. 모든 불법은 만억가지 방편이 있어 깨우칠 수 있고, 반야로 정진하여 얻을 수 있으며, 구경에는 누구와도 함께 할 수 없는 불공의 열반을 성취하기도 한다. 『법화경』 권1(대정장9, p.10b15 : *Saddh-p.*, p.59)에 "모든 부처님의 법은 이와 같으니, 만억의 방편으로 마땅함 따라 법을 설하시니, 익히고 배우지 않은 사람은 깨우쳐 알지 못한다. 諸佛法如是 以萬億方便 隨宜而說法 其不習學者 不能曉了此 etādṛśī deśana nāyakānām-upāyakauśalyam-idaṃ variṣṭham, bahūni saṃdhāvacanehi coktaṃ durbodhyam-etaṃ hi aśikṣitehi", 『방광반야경』 권7(대정장8, p.53a18)에 "선남자와 선여인이 반야바라밀을 공양하여 문득 모든 부처님의 법을 얻는다. 以善男子 善女人 供養般若波羅蜜故 便得諸佛法", 『대승기신론』(대정장32, p.578c3)에 "모든 불법에는 인도 있고 연도 있으니, 인과 연이 빠짐없이 갖추어야 비로소 흠없이 성취한다. 마치 나무중에 불의 성이 불의 바른 인인 경우와 같다. 그러나 만약 사람이 알지 못하고 방편마저 빌리지 못한다면 나무 스스로 타는 일은 있을 수 없다. 又諸佛法 有因有緣 因緣具足 乃得成辦 如木中火性 是火正因 若無人知 不假方便 能自燒木 無有是處", 『설무구칭경소』 권5(대정장38, p.1086c5)에 "모든 불법이란 인과를 통하여 구경에 나아간 바다. 곧 불과중에 보리와 열반이니 어떻게 능히 깨달음의 인에 도달하겠는가? 37보리분은 아니니 그것은 삼승이 함께 하지만 이것은 함께 하지 않는다. 諸佛法者 謂通因果 究竟所趣 卽佛果中菩提涅槃 云何能到得覺因也 非三十七菩提之分 彼共三乘 此不共故", 『인왕호국반야경소』 권1(대정장33, p.253c17)에 "낱낱의 법중에 모든 불법이 갖춘다. 초지부터 묘각에 이르기까지 각 분위마다 원만하여 연화대에 머물러 움직이지도 않고 구르지도 않지만 능히 움직이고 능히 구른다. 一一法中 具諸佛法 從於初地 乃至妙覺 分分圓滿 住蓮華臺 不動不轉 能動能轉"라고 하였다. [참고문헌] 『法華經』, 『放光般若經』, 『大乘起信論』, 『說無垢稱經疏』, 『仁王護國般若經疏』, *Saddh-p.* ⇨ 불법 佛法, 제불 諸佛, 제법 諸法

제불법신경 諸佛法身經 『대승지인경 大乘智印經』(대정장15, No.634) 또는 『여래지인경 如來智印經』(대정장15, No.633)의 다른 이름. 『법륜보찬』 권1(卍속장129, p.761b5)에 "한 마음으로 『불설대승지인경』 및 『불설혜인삼매경』과 『불설여러지인경』을 받들어 청하옵니다〈배관은 위와 같이 한다〉. 송대 서하 출신 사문 지길상 등이 한역하였다. 두 번째는 오대 월지국 출신 우바새 지겸이 한역하였고, 세 번째는 유송록 부록으로 일명 『제불법신경』이라 한다. 一心奉請佛說大乘智印經 及佛說慧印三昧經 佛說如來智印經 〈拜觀同上〉 宋西夏沙門 智吉祥等譯 第二 吳月支國 優婆塞 支謙譯 第三 附劉宋錄 一名諸佛法身經"라고 하였다. [참고문헌] 『法輪寶懺』. ⇨ 대승지인경 大乘智印經, 여래지인경 如來智印經

제불보리 諸佛菩提 모든 부처님의 깨우침. 『문수대교왕경』 권7(대정장20, p.761a27)에 "모든 부처님이 성취하신 보리를 닦는 보살이라면 누구나 삼매의 힘을 따라 모든 죄를 멸하고 일체법에서 반야바라밀이라는 번뇌 없는 지혜를 낳는다. 菩薩若修一切諸佛菩提者 皆從定力 得滅一切罪 而生一切法 般若波羅蜜 無漏智慧", 『대보적경』 권103(대정장11, p.577a10)에 "모든 부처님의 보리는 본디 문자도 없고 마음도 마음을 떠남도 없으며 깨우침도 있을 리 없다. 비록 이름을 빌려 설명한다 해도 그 이름은 다시 공이다. 諸佛菩提 本無文字 無心離心 無有覺悟 雖假名說 其名亦空", 『화수경』 권6(대정장16, p.171c23)에 "사리불아, 그대는 여래의 가르침과 행을 그대로 따라야 하니 어기거나 거스르지 말라. 왜 그런가? 모든 부처님의 보리는 무엇보다 깊디깊어서 어떤 범부도 미칠 수 없기 때문이다. 舍利弗 汝當隨順 如來教行 勿違逆也 所以者何 諸佛菩提 第一甚深 一切凡夫 所不能及"라고 하였다. [참고문헌] 『文殊大教王經』, 『大寶積經』, 『華手經』. ⇨ 불보리 佛菩提

제불보살십종대은 諸佛菩薩十種大恩 모든 불보살들이 중생에게 베푸신 열 가지 은혜. 십종대은(十種大恩)·여래십은(如來十恩)이라고도 한다. 『석문의범』 권상 p.86a9에 "제불보살에게 입은 열 가지 큰 은혜 : 발심하여 중생이 두루 공덕을 입게 하신 은혜·난행과 고행을 실천하여 중생을 이롭게 하신 은혜·한결같이 남을 위하신 은혜·육도를 가지지 않고 몸을 나투신 은혜·중생의 근기 따라 구제해 주신 은혜·큰 자비심 베풀어 주신 두터운 은혜·수승한 덕을 감추고 하열한 모습 드러내신 은혜·진실을 보이고자 갖은 방편을 펼치신 은혜·선함을 일으키고자 입멸을 브여주신 은혜·중생을 향한 비념이 다함없으신 은혜. 諸佛菩薩十種大恩 發心普被恩 難行苦行恩 一向爲他恩 隨形六途恩 隨逐衆生恩 大悲深重恩 隱勝彰劣恩 爲實示權恩 示滅生善恩 悲念無盡恩"라고 하였다. [참고문헌] 『釋門儀範』. ⇨ 십종대은 十種大恩[1], 여래십은 如來十恩

種子"라고 하였다. [참고문헌]『華嚴經』, 『法華論疏』, 『般若理趣分述讚』, 『金剛經疏記科會』. ⇨ 보리심 菩提心

제불증성 諸佛證誠 제불이 진실을 증명하다. 정토종의 칭명염불공덕을 증명하는 뜻이다. 『관무량수불경소』 권3(대정장37, p.268a15)에 "그러므로 여러 경의 곳곳에서 염불공능을 널리 찬탄했으니, 『무량수경』의 사십팔원중에 미타의 명호를 오롯이 념해서 왕생할 수 있음을 밝히고 있고, 또 『아미타경』 중에는 1일에서 7일까지 아미타불의 명호를 오롯이 념해서 왕생할 수 있음을 밝히고 있으며, 또 이는 시방의 항하의 모래만큼 많은 부처님께서 증명하신 진실이어서 헛되지 않다. 是故諸經中 處處廣讚念佛功能 如無量壽經四十八願中 唯明專念彌陀名號得生 又如彌陀經中 一日七日專念彌陀名號得生 又十方恒沙諸佛證誠不虛也", 『관경소전통기』 권5(대정장57, p.554b19)에 "[문] 제불께서 1일에서 7일까지 부처님을 부르는 행이 진실함을 증명하셨다고 했는데, 증성과 호념은 그 뜻이 다르다. 어째서 증성이라는 글로 호념의 뜻을 푸는가? 問 諸佛證誠一日七日稱佛之行 然證誠護念其義是別 何引證誠文而釋護念義"라고 하였다. [참고문헌]『觀無量壽佛經疏』, 『觀經疏傳通記』. ⇨ 칭명염불 稱名念佛

제불집회다라니경 諸佛集會陀羅尼經 Ⓢ Āryasarvabuddhāṅgavatī-nāma-dhāraṇī, Ⓣ 'phags-pa sangs-rgyas thams-cad-kyi yan-lag-dang ldan-pa shes-bya-ba'i gzungs. 당대 제운반야(提雲般若) 한역. 1권. 고려장13, pp.1253a1~1254b14, No.475・대정장21, pp.858c19~859c22, No.1346에 수록되어 있다. 『제불집회경』이라고도 하며 티베트역본(北京版 No.150・481)도 전한다. 이역본으로 송대 시호(施護)의 『식제중요다라니경 息除中天陀羅尼經』(대정장21, No.1346)이 있다. 부처님께서 생사를 두려워하는 중생을 연민하시어 항가하가에 시방의 부처님들을 오시게 한 다음 한결같은 소리로 식재연명(息災延命)의 주(呪)를 설하시고, 금강밀적(金剛密跡)과 사천왕(四天王)들과 함께 단법(壇法)을 시설하셨다. [참고문헌]『大周刊定衆經目錄』 권1(대정장55, p.379c23), 『開元釋敎錄』 권9(대정장55, p.565b14). ⇨ 식제중요다라니경 息除中天陀羅尼經

제불칭명원 諸佛稱名願 ➡ 제불칭양원 諸佛稱揚願

제불칭양원 諸佛稱揚願 아미타불이 인위에서 발한 48원(願) 중 열일곱째 원. 『대아미타경』 권상(대정장12, p.329a24)에 "제십칠원. 내가 성불할 때 경전을 설하고 도를 행하는 것이 다른 부처님들의 열 배가 되리라. 만약 이 원이 이루어지지 않으면 끝까지 성불하지 않으리라. 第十七願 我作佛時 說經行道十倍於諸佛 不得是願終不作佛", 『무량수경회역』(卍속장150, p.711a5)에 "제십칠원. 내가 성불할 수 있더라도 시방세계의 중생이 나의 명호를 듣고 보리심을 일으켜 지극한 마음으로 믿고 좋아하며 나의 국토에 왕생하고자 하거나 내지는 임종 때에 열 번 칭념하여 왕생하고자 하는데 부처님과 대중의 위요가 그 사람 앞에 나타나지 않는다면 정각을 성취하지 않으리라. 이 때 오직 오역죄인과 정법을 비방한 이들을 제외하리라. 第十七願 設我得佛 十方衆生 聞我名號 發菩提心 至心信樂 欲生我國 乃至臨終十念求生 若不見佛與大衆圍繞 現其人前者 不取正覺 惟除五逆 誹謗正法"라고 하였다. [참고문헌]『大阿彌陀經』, 『無量壽經會譯』. ⇨ 사십팔원 四十八願

제불현전삼매 諸佛現前三昧 모든 부처님들을 바로 보는 삼매. 반주삼매(般舟三昧)・불립삼매(佛立三昧)・상행삼매(常行三昧)라고도 한다. 『수능엄삼매경』 권상(대정장15, p.634a5)에 "제팔 보살지에 들어간 다음에 제불현전삼매를 얻고, 제불현전삼매를 얻고 나면 항상 제불을 떠날 일 없이 친견한다. 入第八菩薩地已 得諸佛現前三昧 得諸佛現前三昧已 常不離見諸佛", 『관불삼매해경』 권10(대정장15, p.693c7)에 "제불현전삼매라 이름 붙인 까닭은 무엇인가? 이 삼매를 얻으면 정에서 나오거나 들거나 가거나 머물거나 앉았거나 누웠거나 언제나 모든 부처님을 눈앞에서 본다. 묘색신으로 그 사람 앞에 나타나신다. 所以名諸佛現前三昧者 得此三昧 出定入定 行住坐臥 恒得覩見 一切諸佛 以妙色身 現其人前"라고 하였다. [참고문헌]『首楞嚴三昧經』, 『觀佛三昧海經』. ⇨ 반주삼매 般舟三昧, 상행삼매 常行三昧

제비 除非 **1** 그릇됨 없이 하다. 반드시. 틀림없이의 뜻이다. 제시(除是)・지제시(只除是)라고도 한다. 『원오어록』 권15(대정장47, p.783c27)에 "그러므로 학인이 석두에게 무엇이 선인가 묻자 벽돌이라고 답했고, 다시 학인이 무엇이 도인가 묻자 나무토막이라고 답했다. 이것을 어떻게 의식의 공훈으로 능히 가릴 수 있겠는가? 반드시 곧바로 흐름을 끊어야 느닷없이 사무쳐 선의 길 분명하리라. 재주 피워 헤아린다면 천리만리로 멀어진다. 是故 僧問石頭 如何是禪 頭云碌磚 僧云 如何是道 頭云 木頭 此豈意想功勳所能辯哉 除非直下頓領截流便透 則禪道歷然 才擬作解則千里萬里", 『대혜어록』 권17(대정장47, p.884c13)에 "이미 견문각지를 벗어난다면 무엇을 법이라고 부를 것인가? 이곳에 이른다면 마치 사람은 물 마셔야 차고 더운지 저절로 아는 것과 같다. 반드시 몸소 증하고 직접 깨달아야 비로소 법을 볼 수 있다. 旣離見聞覺知外 却喚甚麽作法 到這裏如人飮水

冷煖自知 除非親證親悟 方可見得"라고 하였다. 〔참고문헌〕『圜悟語錄』, 『大慧語錄』. ❷ 버려두다. 염두에 두지 않다. 『조당집』 권13 「초경장 招慶章」(대장경보편25, p.542b5)에 "물었다. '사자가 포효하기 전에는 왜 무리와 함께 머뭅니까?' '놀라지 않는다' '포효한 후에는 왜 털과 깃이 모두 빠집니까?' '스님 본분의 일이오' '사자는 버려두고 화상의 한 마디 청합니다' '바로 이때에 물은 채로 둔다'. 問 師子未吼已前 爲什摩衆類同居 師云 不驚 進曰 只如吼後 爲什摩毛羽脫落 師云 是闍梨分上事 進曰 除非師子 請和尙道一句 師云 向與摩時 置一問來"라고 하였다. 〔참고문헌〕『祖堂集』.

제비사 提鞞沙 Ⓢ dveṣa의 음사어. 진에(瞋恚)라고 한역한다. 삼독(三毒) 중 하나다. 『대위덕다라니경』 권14(대정장21, p.812a18)에 "제비사〈한역하여 진에라고 한다〉. 提鞞沙〈隋云瞋恚〉", 『번역명의집』 권6(대정장54, p.1150c6)에 "제비사 : 진에라고 한다. 성내고 원망하는 것이다. 선문에서는 삼종진을 밝힌다. 첫째는 뜻이 아닌 것에 진이다. 타인이 와서 괴롭히지 않았는데도 스스로 성을 내는 것이다. 둘째는 순리진이다. 외부인이 와서 괴롭히자 성을 내는 것이다. 또한 정토에 정삼독이 있는 경우와도 같다. 셋째는 쟁송진이다. 자기의 법에 집착하여 옳다 말하고 타인의 법에 대해서 그르다 말하는 것이다. 이로 말미암아 불순하게 괴롭히려는 마음을 일으킨다. 提鞞沙 此云嗔恚 恚怒恨也 禪門明三種嗔 一 非理嗔 他不來惱 而自生嗔 二 順理嗔 外人來惱 爾乃生嗔 亦如淨土有正三毒 三 諍訟嗔 著己之法謂是 在他之法言非 由茲不順 而生惱覺"라고 하였다. 〔참고문헌〕『大威德陀羅尼經』, 『翻譯名義集』, 『四分律名義標釋』 권7(卍속장70, p.502b1). ⇨ 진에 瞋恚, 삼독 三毒

제비시 除非是 옳고 그름 밖에 있다. 전하여 틀림없이 또는 여지없다의 뜻이다. 『벽암록』 7칙 「평창 評唱」(대정장48, p.147b8)에 "저 다른 이의 온전한 기틀을 보고 싶은가? 한 방 때려도 틀림없이 돌아보지 않을 이이다. 송곳니 저 칼나무 같고 입은 피범벅 주둥이 같아서 말 그 밖을 향해 돌아갈 자리를 알아야 비로소 조금 상응할 따름이다. 若要見他全機 除非是一棒打不回頭底漢 牙如劍樹 口似血盆 向言外知歸 方有少分相應", 『천목명본잡록』(卍속장122, p.774a14)에 "그러므로 이 일은 옛 사람이 큰 불덩이에 비유하였다. 틀림없이 진실하고 용맹한 대장부라야 목숨 돌보지 않고 몸을 던져 곧장 들어가서 다시는 헤아리지 않아 한 점 다른 생각 없이 한다. 所以此事古人喩之如大火聚 除非是箇眞實猛利大丈夫 不顧性命奮身直入 更不擬議亦無一點異見"라고 하였다. 〔참고문헌〕『碧巖錄』, 『天目明本雜錄』. ⇨ 제비 除非 ❶

제비원 ○○院 ➡ 연미사 燕尾寺

제사 帝沙 Ⓢ Tiṣya, Ⓟ Tissa의 음사어. 한역어는 광명. 제사(提舍)라고도 한다. 『번범어』 권2(대정장54, p.997c15)에 "제수〈바른 음사어는 제사, 한역어는 광명이다〉. 帝須〈應云帝沙 譯曰光明〉"라고 하였다. 〔참고문헌〕『翻梵語』. ⇨ 제사 提舍

제사 帝師 황제의 스승. 원 세조(世祖 재위 1260~1294) 때 설치한 승관(僧官). 제왕의 스승으로 나라의 일을 자문하고 불교를 통솔하는 직위이다. 티베트불교 사캬파(Ⓣ Sa-skya-pa : 薩迦派)의 팔사파(八思巴)를 처음으로 하여 내려오다 원이 쇠퇴함에 따라 원후기에 폐지되었다. 『불조통기』 권48(대정장49, p.433c17)에 "중통 원년(1260)에 크게 사면하고, 널리 승니를 출가시켰다. 그해 12월에는 범승 팔합사팔을 제사로 삼아 옥인을 드리고 석교의 일을 통솔하게 하였다. 中統元年 大赦 普度僧尼 十二月 以梵僧八合思八爲帝師 授以玉印 統釋敎事"라고 하였다. 〔참고문헌〕『佛祖統紀』, 『佛祖歷代通載』 권21(대정장49, p.705b8).

제사 除士 비구(比丘)의 한역어 중 하나. 제근(除饉)이라고도 한다. 『일체경음의』 권10(대정장54, p.364b19)에 "제근〈(뒷 글자는) 거와 진의 반절이다. 구경전 중에 제사제녀 또는 훈사훈녀라고 하였는데, 지금 비구와 비구니라고 하는 말이 바로 이것이다〉. 除饉〈渠鎭反 舊經中 或作除士除女 或薰士薰女 今言比丘比丘尼 是也〉"라고 하였다. 〔참고문헌〕『一切經音義』. ⇨ 비구 比丘, 제근 除饉

제사 祭祀 Ⓢ yajña, Ⓟ yañña. 죽은 이나 신 또는 그 외의 것들을 섬기는 행위. 제식(祭式)·제의(祭儀)·의례(儀禮)·희생제(犧牲祭) 등으로 불리며, 제사(祭祠)라고도 한다. 불교는 처음부터 제사를 주관하는 브라만 전통이 아닌 사문전통에 뿌리하고 있다. 따라서 보시하고 계를 가져 하늘에 나는 시계천(施戒天)이라는 삼론(三論)을 수용하여 살생하지 않는 등 선업을 쌓는 것으로 하늘에 나기를 인도하였다. 따라서 다른 생명을 죽이거나 해쳐 제물로 삼아 또다른 생명의 안위를 비는 일이나, 하늘에 제사지내는 제주가 되어(作天祠主) 큰 이익을 얻는 사제(司祭)직 등도 해서는 안될 법답지 못한 일(非法)로 강하게 비판하였다. 비구는 사제나 성직이 아닌 사문전통에 뿌리박고 있기에, 계를 가져 깨끗히 생명을 유지하는 재(齋)가 불교의례의 전통으로 이어져 오늘에 이르고 있다. 『불본행집경』 권20(대정장3, p.747a22)에 "보살이 다시 말했다. '무릇 죽이고 해쳐서 법을 얻는다 하니 그 이름 어떻게 행하는 것인가?' 고행사가 또 다시 말씀드리기를 '저희가 서로 이어온 바로는 모든 하늘을 섬겨 법을 씀에 이와같이 합니다'. 보살이 답해 말하길 '어떻게 다른 이를 고통스럽게 하는 일을 법이라 하는가? 티끌과 흙으로 된 이 몸은 다시 티끌로 떨쳐 돌아갈 것인데 어찌 깨끗하다 하겠는가? 피투성이 몸으로 피를 씻고자 하는 일이 어째서 능히 깨끗히 하는 일이겠는가? 비법 행함을 가져 법을 얻었다 하니 참으로 옳지 않는 일이다'. 菩薩復言 凡以殺害而得法者 可名行乎 其苦行師 又復白言 我相承來 祭祀諸天法用如是 菩薩報言 何有苦他名爲法也 有塵坌身 還將塵拭 能得淨乎 有血塗身 還以血洗 豈能得淨 有行非法 當得於法 無有是處", "고행사들이 말하길 '베다론에 의지해 옛 선인들이 말한 것이라 합니다'. 보살이 또 말한다. '이 무슨 뜻인가' 고행사들이 말하길 '사람이 있는 곳이라면 하늘에 제사지내는 일을 법으로 삼는다 합니다'. 보살이 또 말한다. '나 또한 그대에게 세간과 가까이 하는 법을 묻겠다. 만약 사람이 양을 죽여 하늘에 제사지내면 법다움 얻었다 하니, 어찌하여 사랑하는 친족을 죽이지 않고 제사지내는가? 나는 양을 죽여 제사함이 공덕이 있을 리 없고, 그대 잡법을 행하고자 함이 이와 같을 뿐임을 안다'. 苦行師言 依韋陀論 往仙所說 菩薩又言 此是何義 苦行師言 若有諸人 祭祀諸天 是名爲法 菩薩又言 我且問汝世間近法 若人殺羊 祭祀天已 得如法者 何故不殺所愛親族而祭祀天 是故我知殺羊祭祀 無有功德 汝行雜法 意欲如是", 『법구비유경』 권1 「자인품 慈仁品」(대정장4, p.582a13)에 "이때 세존께서 게로 설하여 말씀하셨다. 사람 목숨 백세거늘 부지런히 천하의 신들을 섬기고 코끼리와 말로 제사지내니, 단 한번의 자비를 행함만 못하다. 於是世尊 卽說偈言 若人壽百歲 勤事天下神 象馬用祭祀 不如行一慈", 『대보적경』 권97(대정장11, p.545a4)에 "만약 다시 일체금수를 죽이고 해쳐서 신들에게 제사지내고, 뒤집힌 생각으로 인을 삼아 법 아닌 것으로 복을 구한다면, 영원히 일체안락에서 멀어질 것이다. 或復殺害一切禽獸 祭祀神祇 倒見爲因 非法求福 由斯永離 一切安樂", 『귀문목련경』 권1(대정장17, p.536a26)에 "한 귀신이 물었다. '나 일생동안 칼산의 검수지옥에 오르고 때론 불덩이의 확탕지옥에 떨어져 가지가지로 고통받아 쉴 줄 모르는데, 무슨 죄로 이렇게까지 되었습니까?' 목련이 답해 주었다. '그대 사람으로 있을 때 하늘에 제사지내는 제주가 되어 세 가지 희생물로 삶고 죽여서 천신에 제사지내며, 피와 살을 사방으로 뿌리고 여러 사람에게 「너희들 제사지내면 큰 이익을 얻으리라」며 이런 마구니의 삿된 말을 지어 요망한 말로 백성을 가벼이 여기고 속였을 뿐 아니라, 부모마저 미혹하게 하였으므로 그 과로 지옥에 든 것이다'. 一鬼問言 我一生已來 或登刀山劍樹地獄 或墮火坑鑊湯地獄 種種受苦 無復休已 何罪所致 目連答言 汝爲人時 作天祠主 烹殺三牲 祭祀天神 血肉灌灑四方 語衆人言 汝等祠祀 大得吉利 作此魔邪之言 妖孽之語 輕欺百姓 誑惑父母 以是之故 果入地獄", 『기암집』 권3 「유점사보광전기계개축낙성수륙권선문 楡岾寺普光殿基陛改築落成水陸勸善文」(한불전8, p.180a19)에 "혹은 말하길 '천자에서 서인에 이르기까지 돌이켜 멀리 갚는 근본의 예는 다 제사증상으로 이름하는데, 불교에서는 부처님을 모시고 혼을 부르는 일을 들어서 수륙이라 이름한다. 왜 그런가?' … 무릇 제사라 함은 그 뜻도 넓지 못하고 베풂마저 두루하지 못해서 친한 이에게만 통하고 소원한 이에게는 미치지 못하니, 예의에 국한될 뿐이어서 자비에는 미칠 수 없다. 그래서 예에 합당하면 제사지내지만 그렇지 않으면 그친다. 때문에 교에서는 단지 천신에게만, 사당에서는 인귀에게만, 나아가 사직·산천·번시·고성의 제사에서도 오직 해당되는 신령만 섬길 뿐 다른 신들은 끼일 수가 없다. 그런 까닭에 사람은 제사지낼 귀신이 아니면 지내지 않고, 귀신도 그 예가 아니면 흠향하지 않는다. 그래서 공자가 제사지낼 귀신이 아닌데 제사지내는 것은 아첨하는 것이라고 하였다. 或曰 自天子 至於庶人 追遠報本之禮 皆以祭祀蒸嘗爲名 浮屠者 奉佛招魂之事 擧以水陸爲名 何耶 … 夫祭祀者 其義不普 其施不愽 通於親而不及於疎 局於禮義而不及於慈悲 故禮之所當爲則爲之 不可則止之 故郊則只格天神 廟則惟享人鬼 以至社稷山川燔柴告聖之祭 惟敬其所當主者 而餘神不得與焉 故人不事非其鬼 鬼不享非其禮也 是以孔子曰 非其鬼而祭之 謂之諂", "수륙은 저와 아주 달라서 그 베풂으로 말하면 아주 넓고 구제함으로라면 중생이어서, 원친을 고르게 하고 귀천을 한결같이 하며 물과 육지에 의지한 저 혼령에 이르기까지 그 이익을 얻어 받지 않음이 없게 한다. 재란 건지는 뜻이어서 성제와 명군, 충신과 효자, 열녀와 정남, 용렬한 군주와 몽매한 주군, 난신과 적자, 악처와 완손, 수중의 물고기와 조개, 육지의 날짐승, 굶주린 이와 추워하는 이, 고통받는 이와 슬퍼하는 이 등 만가지 모습 천갈래로 가지런히 베풀어 먹여서 법으로 제도하므로 수륙이라 이름한다. 且水陸者 逈異於彼 其施之也愽 濟之也衆 等於寃親 同於貴賤 以至水陸依附魂靈 無不蒙益也 所謂齋者 齊也濟也 謂聖帝明君 忠臣孝子 烈女貞男 及庸君暗主 亂臣賊子 惡妻頑孫 乃至水之鱗介 陸之飛走 飢者寒者苦者悲者 萬狀千般 齋施以食 濟度以法 故以水陸名焉"라고 하였다. 〔참고문헌〕『佛本行集經』, 『法句譬喩經』, 『大寶積經』, 『鬼問目連經』, 『奇巖集』. ⇨ 제사 祭祠, 재齋, 삼론 三論, 시계수 施戒受

제사 祭祠 Ⓢ yajña, Ⓟ yañña. 신이나 조상 또는 일월수화(日月水火) 등 온갖 것을 섬겨 기리는 일. 제사(祭祀)라고도 한다. 『법구비유경』 권1(대정장4, p.583b24)에 "〔문〕 '받들어 닦아 어떻게 행해야 생사 여윌 수 있는가?' 〔답〕 '일월수화를 섬겨 때를 따라 제사 지내며,

만일 어떤 사람이 죽으면 젊은이나 노인이 모여 범천에 나서 생사를 여읠 것을 노래한다'. 부처님께서 여러 바라문들에게 말씀하셨다. '농사를 짓고 목축을 하며, 일월수화에 제사를 지내고 범천에 나기를 부르짖는 것은 영원히 생사를 여의는 법이 아니다. 지극한 복이라도 이십팔천을 벗어나지 못한다. 도혜가 없으면 다시 삼도에 떨어질 뿐이니, 오직 출가하여 청정한 뜻을 닦고 열반의 뜻을 밟아가야만 열반을 얻는다'. 問 奉脩何行 求離生死 答曰 事日月水火 隨時祭祠 若有死者 大小聚會 唱生梵天 以離生死 佛語諸婆羅門 夫田作畜牧 祭祠日月水火 唱叫生天 非是長存離生死法 極福無過二十八天 無有道慧 還墮三塗 唯有出家 修淸淨志 履行寂義 可得泥洹",『삼법도론』 권하(대정장25, p.28b13)에 "〔문〕 무엇을 다재라 하는가? 〔답〕 다재란 기와 실과 대세다. 버림과 잃음과 큰 세력 이 세 가지가 다재이다. 기란 과거세에 보시하였기에 나머지를 얻는 것인데, 그는 종신토록 제사를 행하니, 이것 때문에 즐거움을 얻는다. 실이란 사거리를 떨쳐 버리는 것이니 종신토록 이렇게 해서 즐거움을 얻는다. 대세란 야차·나찰·비사차이다. 야차·나찰·비사차 이 세 가지가 대세이다. 그 경계는 하늘과 같으니, 과거세의 복덕 때문이다. 問 云何多財 答 多財者 棄 失 大勢 棄 失 大勢 此三種是多財 棄者 若宿命施故得殘 彼終身祭祠得 由此故得樂 失者 街巷四道 所遺落者 彼終身得 由此故得樂 大勢者 夜叉 羅刹 毘舍遮 夜叉 羅刹 毘舍遮 此三種是大勢 彼境界如天 宿命福德故"라고 하였다. 〔참고문헌〕『法句譬喩經』, 『三法度論』, *AN.2.42·43.*

제사 提沙 Ⓢ Tiṣya의 음사어. 부처님의 숙부 백반왕(白飯王 Ⓢ Śuklodana)의 아들. 『대지도론』 권3(대정장25, p.83b29)에 "백반왕은 발제(Ⓢ Bhadrika)와 제사라는 두 아들을 두었다. 白飯王有二子 跋提 提沙"라고 하였다. 〔참고문헌〕『大智度論』. ⇨ 백반왕 白飯王

제사 提舍 Ⓢ Tiṣya, Ⓟ Tissa의 음사어. 언제나 법을 설하다(常說法) 또는 빛(光)의 뜻이고 여래의 이름이기도 하다. 지사(底沙)·제사(帝沙)라고도 음사한다. 『화엄경탐현기』 권5(대정장35, p.193b27)에 "제사를 한역하면 설이니 항상 법을 설한다는 뜻이다. 광이라고도 한다. 提舍此云說 謂常說法也 亦名光也", 『번범어』 권1(대정장54, p.981c17)에 "제사여래〈제사를 한역하면 설이고 광이라고도 한다〉. 提舍如來〈譯曰提舍者 說 亦云光也〉"라고 하였다. 〔참고문헌〕『華嚴經探玄記』. ⇨ 제사 帝沙, 지사 底沙, 지사불 底沙佛

제사가라니죄 提舍迦羅尼罪 Ⓢ deśanā-karaṇīyā. 사타(捨墮)·단타(單墮)·중학법(衆學法) 등을 범한 죄. 대중 앞에서 드러내 놓고 참회해야 하며, 회과죄(悔過罪)라고도 한다. 『번범어』 권3(대정장54, p.1004a18)에 "제사가라니죄〈제사는 드러내 보인다는 뜻이고 가라니는 마땅히 해야 한다는 뜻이다〉. 提舍迦羅尼罪〈譯曰 提舍者 發露 迦羅尼者 應作〉", 『십송율』 권23(대정장23, p.169a14)에 "어떤 주처에서 자자할 때 비구가 타인이 말하든 말하지 않든 타인이 기억나도록 하든 기억하게 하지 않든 스스로 제사가라니죄가 있다고 말한다면 이 일은 함께 다투어야 한다. 有一住處自恣時 比丘若他人擧若不擧 若令憶念若不令憶念 自言有提舍迦羅尼罪 是事共諍"라고 하였다. 〔참고문헌〕『翻梵語』, 『十誦律』, *Mvyut.264.* ⇨ 사타 捨墮, 중학법 衆學法, 회과죄 悔過罪

제사겁 第四劫 일소겁 중 감겁(減劫)의 네 번째 겁. 일대겁(一大劫)은 성주괴공(成住壞空)의 네 가지 중겁(中劫)으로 구분하고, 하나의 중겁은 다시 20소겁(小劫)으로 나뉜다. 20소겁은 증겁·감겁·증감겁으로 구분되는데 이 중 네 번째 겁을 제사겁이라 한다. 『경덕전등록』 권2 「마나라존자전 摩拏羅尊者傳」(대정장51, p.214a14)에 "다시 물었다. '저는 무슨 인연으로 학의 무리를 감득하였습니까?' 존자가 말했다. '그대는 제사겁에서 일찍이 비구였고 용궁으로 가야 했었는데 그대의 제자들이 모두 그대를 따라 가고자 하였다. 그대가 오백 대중을 관하였으나 수승한 공양을 받을 만한 이가 하나도 없었다'. 又問 我有何緣而感鶴衆 尊者曰 汝第四劫中嘗爲比丘 當赴會龍宮 汝諸弟子咸欲隨從 汝觀五百衆中無有一人堪任妙供"라고 하였다. 〔참고문헌〕『景德傳燈錄』. ⇨ 감겁 減劫, 겁 劫

제사과 第四果 사과(四果) 중 넷째 과위인 아라한과. 『별역잡아함경』 권6(대정장2, p.413c7)에 "만약 팔정도를 닦는다면 능히 초과에서 제사과까지 얻는다. 만약 팔정도를 닦지 않는다면 초과도 알 수 없으니, 하물며 제사과이겠는가. 若修八正道 能獲於初果 乃至第四果 若不修八正 初果不可知 況復第四果", 40권본 『대반열반경』 권11(대정장12, p.430b13)에 "혹은 세존께서 사자후를 하셔서 이 회중에 모인 중생들로 하여금 일과·이과·삼과 내지는 제사과를 얻게 하였다. 或有世尊作師子吼 令此會中有得一果 二果 三果 至第四果", 『대비바사론』 권77(대정장27, p.397a8)에 "사향과 앞의 삼과에 해당하는 일곱 성자의 몸 중에 온갖 번뇌 없는 도가 바로 학의 뜻이고, 제사과 한 성자의 몸에 온갖 번뇌가 없는 도가 바로 무학의 뜻이다. 四向及前三果七聖者身中 諸無漏道是學義 第四果一聖者身中 諸無漏道是無學義", 『구사론소』 권24(대정장41, p.750a7)에 "초선의 번뇌를 끊는 데서부터 아홉째 비상비비상처정에 이르기까지 틈새 없이 이어짐을 모두 제사과향이라 한다. 從斷初禪惑至非想第九無間 總是第四果向", 『대승의장』 권17(대정장44, p.792b15)에 "견류를 끊으면 초과를 다스려 세운다. 욕류 중 소분을 끊으면 제이과가 선다. 욕류가 온전히 다하면 제삼과가 선다. 유류와 무명류를 끊으면 제사과가 선다. … 습생과 난생을 버리면 초과가 선다. 이 두 가지는 축생도에 많다. 그러므로 태생의 소분을 여의면 제이과가 선다. 화생을 영원히 벗어나면 제사과가 선다. … 인도를 온전히 버리면 제삼과가 서고, 천도를 여의면 제사과가 선다. 또한 인도와 천도의 소분을 버리면 제삼과가 서고, 천도를 온전히 벗어나면 제사과를 세울 수도 있다. 斷絶見流 制立初果 於欲流中 斷其小分 立第二果 欲流全盡 立第三果 斷絶有流及無明流 立第四果 … 對捨濕生 及與卵生 制立初果 此二多在畜生道 故離胎少分 立第二果 全捨胎生 立第三果 永出化生 立第四果 … 全捨人道 立第三果 出離天道 制第四果 亦可 捨人及天少分 立第三果 全出天道 立第四果"라고 하였다. ［참고문헌］『別譯雜阿含經』, 『大般涅槃經』, 『大毘婆沙論』, 『俱舍論疏』, 『大乘義章』. ⇨ 아라한과 阿羅漢果, 사과 四果, 사향사과 四向四果 ■

제사과인 第四果人 사과(四果) 중 네 번째 아라한과를 증득한 사람. 『금강반야경지찬』 권상(대정장85, p.86c12)에 "관에서 나왔을 때 앞의 삼과인에게는 여전히 구생아견이 남아 온전히 사라지지 않는다. 제사과인에게도 여전히 법견이 남아있어 '이미 나의 생은 다하였다'라 하고, 또 '마땅히 저를 얻어 나는 과를 얻고 알았다'고도 한다. 이제 바로 증함에 나아간다면 생각을 지음이 아예 없어야 한다. 若出觀時 前三果人 尙有俱生我見未盡 第四果人 法見猶存 旣有我生已盡等語 亦應作彼我得果解 今就正證故 不作念故", 『능엄경훈문기』 권1(卍속장17, p.550a13)에 "경문에 '네 부류 사람이 정법을 능히 수호하고 세간이 의지함이 되니 바로 사과인이다'라고 하였다. 또한 '제사과인은 아라한이라 하니 모든 번뇌를 끊고 십지에 머물며 자재한 지혜를 얻고, 사람들이 좋아하는 갖가지 색과 모습을 따라 다 능히 보게 한다'고 하였다. 文云 有四種人 能護正法 爲世所依 卽四果人也 又曰第四果人 名阿羅漢 斷諸煩惱 住第十地 得自在智 隨人所樂種種色像 悉能示現"라고 하였다. ［참고문헌］『金剛般若經旨贊』, 『楞嚴經熏聞記』. ⇨ 아라한 阿羅漢, 사과 四果, 성문사과 聲聞四果

제사나 提舍那 Ⓢ deśanā. 자신이 범한 죄를 대중에게 드러내 참회하는 일. 제사니(提舍尼 Ⓢ deśanīya)로도 음사하고 발로(發露)·설죄(說罪)·참회(懺悔) 등으로 한역한다. 『사분율행사초』 권중(대정장40, p.97b24)에 "제사나란 발로라고 한역한다. 이것은 참회라는 뜻이니 드러내 보이는 법이다. 提舍那者 此云發露 謂此懺悔是發露法", 『사분율행사초자지기』 권중(대정장40, p.352c23)에 "제사나는 참회로 통하는 이름이기도 하다. 提舍那者 亦卽懺悔之通名", 『사분율소』 권4(卍속장65, p.546a6)에 "제사나는 발로라고 한역한다. 먼저 죄의 인과 연기와 체상과 과실 등을 잘 알아 분별한 후에, 믿을만한 사람에게 도리에 맞게 다스려 보호하는 등을 구한다. 이와 같이 하고서 마음을 바로 한 후에 참회한다. 提舍那者 此云發露 先須了別 罪因緣起體相過失等已 於可親信人邊 如理求受對治護等 要作如是立心 後方懺悔", 『갈마의식』 권상(卍속장107, p.265a7)에 "제사나는 말한다는 뜻이니 설죄라고 해야 한다. 스스로 죄가 있음을 알고서 청정한 비구에게 마음을 기울여 드러내서 말하되 진실 그대로 말해야 한다. 提舍那 是說 應云說罪 謂自知有罪 當向淸淨比丘 傾心吐露 如實而說也"라고 하였다. ［참고문헌］『四分律行事鈔』, 『四分律行事鈔自持記』, 『四分律疏』, 『羯磨儀式』, *Śikṣ.291.* ⇨ 바라제제사니 波羅提提舍尼, 제사니법 提舍尼法, 발로 發露, 설죄 說罪

제사니법 提舍尼法 Ⓢ deśanīya. 바라제제사니(波羅提提舍尼 Ⓢ pratideśanīya, Ⓟ pāṭidesaniya)의 줄임말. 대중 앞에 자신의 죄를 드러내 말하는 것. 발로(發露)·설죄(說罪)·현시(顯示) 등으로 한역한다. 발로참회(發露懺悔)의 법을 말한다. 『번역명의집』 권7(대정장54, p.1175b5)에 "바라제제사니는 의역하면 다른 이를 향해 뉘우친다는 말이다. 상대해 다스리는 경을 좇아 이름 붙인 것이다. 『승기율』에서 '이 죄는 마땅히 드러내야 한다'고 하였다. 제사니를 범한 죄는 삼십삼천의 수명 천 세가 인간의 수명으로 삼억육십천세인 것처럼 죄가 커져서 흑승지옥에 떨어진다. 波羅提提舍尼 義翻向彼悔 從對治境以立名 僧祇云 此罪應發露也 提舍尼罪 如三十三天壽命千歲 於人間數三億六十千歲 此墮黑繩地獄"라고 하였다. ［참고문헌］『翻譯名義集』, *Prāt-m.46.* ⇨ 바라제제사니 波羅提提舍尼, 제사나 提舍那

제사선 第四禪 Ⓢ caturtha dhyāna, Ⓟ catuttha jhāna. 색계 사선 중 네 번째에 해당하는 선정. 또는 이것에 상응하는 천계. 신역은 제사정려(第四靜慮)이다. 이 선정은 사청정(捨淸淨)·염청정(念淸淨)·불고불락수(不苦不樂受)·심일경성(心一境性)의 네 가지 요소를 갖춘다. 제3선의 탐과 묘락을 떠나 사청정을 얻고, 정념이 깊어져 염청정을 증득하며, 불고불락을 감수하고 들숨과 날숨도 다스린다. 이 선정을 증득한 이는 색계 사선천에 나는데 이곳은 8개의 천으로 구성된다. 첫째, 무운천(無雲天)은 촘촘한 구름 위에 있으며 이 천에서부터 구름이 엷어진다. 둘째, 복생천(福生天)이니 수승한 공덕을 쌓은 범부가 나는 천이다. 셋째, 광과천(廣果天)은 범부가 날 수 있는 가장 수승한 천이다. 넷째, 무번천(無煩天)은 어지럽고 번잡한 일이 없는 곳이다. 이곳의 중생은 무색계에 가려 하지 않으므로 무구천(無求天)이라고도 한다. 다섯째, 무열천(無熱天)은 상중품의 번뇌를 조복시키고 열뇌를 떠난 이가 나는 천이다. 여섯째, 선현천(善現天)은 수행으로 닦은 과덕이 드러나는 곳이다. 일곱째, 선견천(善見天)은 선정을 닦는 과정에서 나타나는 장애를 떠나 미세한 경지에 이르러 보이는 것이 모두 투명하게 보이는 곳이다. 여덟째, 색구경천(色究竟天)은 색계 마지막에 있는 천으로 괴로움이 의지하는 몸이 마지막으로 머무는 곳이다. 『범망육십이견경』(대정장1, p.270a7)에 "어떤 비구가 즐거움도 괴로움도 끊고, 과거에 대해 생각할 것도 생각할 수 없는 것도 있지 않게 되니, 또한 괴롭지도 즐겁지도 않으면서 항상 청정을 섬기면 이것이 바로 제4선을 행하는 것이다. 이 사람이 현세에 무위의 멸진정을 얻으면 다음 생에 다시는 나고 죽지 않는다. 其有比丘 斷樂斷苦 無有昔時可意不可意 亦不苦亦不樂 常奉清淨 便行第四禪 其人現在得無爲滅盡 以後世不復生死", 『중아함경』 권46 「행선경 行禪經」(대정장1, p.714a22)에 "선을 행하는 이에게 즐거움도 사라지고 괴로움도 사라져 기쁨도 근심도 이미 다하니, 괴롭지도 않고 즐겁지도 않아서 사청정과 염청정이 되면 제4선을 성취하여 노닌다. 그가 마음으로 수습하여 바르게 사유하니 제4선을 좇아서 무량공처로 나아간다. 行禪者 樂滅苦滅 喜憂本已滅 不苦不樂 捨念清淨 得第四禪成就遊 彼心修習正思 從第四禪趣無量空處", 『법집경』 권3(대정장17, p.622c20)에 "이 보살은 괴로움과 즐거움을 멀리 떠나서 이미 근심과 기쁨도 사라졌으니, 괴롭지도 않고 즐겁지도 않으며, 평온과 정념이 청정하여 4선에 들어가 행한다. 이 보살은 제4선의 삼마발제와 유연심・자재심・적정심・광명심・정직심을 증득하고 모든 즐거운 일을 버려 일체중생에게 돌린다. 이 보살이 일체중생에게 안은과 즐거움이 현전하게 할 때 곧바로 무생법인을 얻고 광명이 현전한다. 이 보살이 저 무생법인 증득하여 광명이 현전하면 행함에 신속하고 빠르다. 이 보살이 제4선의 수승한 즐거움에도 즐겁다는 마음을 일으키지 않고서 그 즐거움을 멀리 떠나고, 버려 가짐이 정하여 오직 허공이 현전함만 본다. 이 보살이 모든 색상을 지나서 일체 마주함이 있는 상을 사라지게 하며, 갖가지 차별상을 일으키지 않아서 무변허공을 알아 무변허공에 들어가 행한다. 是菩薩 遠離苦樂 先滅憂喜 不苦不樂 捨念清淨 入四禪行 是菩薩得第四禪 三摩拔提 柔軟心 自在心 寂靜心 光明心 正直心 以彼一切樂事 捨與一切衆生 是菩薩 與一切衆生 現前安隱樂時 卽得無生法忍 光明現前 是菩薩 得彼無生法忍光明現前故 令行速疾 是菩薩 於彼第四禪 勝妙樂中 不生樂心 遠離彼樂 捨念清淨 唯見虛空現前 是菩薩 過一切色相 滅一切有對相 不念種種相 知無邊虛空 卽入無邊虛空行", 『구사론송소론본』 권5(대정장41, p.850b19)에 "제4선에서는 비록 고락을 벗어나지만 여전히 상념이 있으므로 아직 열반을 얻은 것은 아니다. 第四禪中 雖出苦樂 仍有想念 未得涅槃", 『대지도론』 권17(대정장25, p.186b16)에 "행자가 즐거움의 허물을 관하니, 역시 기쁨을 관할 때와 같이 해서 마음이 흔들리지 않는 것이 가장 수승함을 안다. 만약 흔들림이 있는 자리라면 괴로움이 있다. 수행자는 제3선의 즐거움이 흔들렸기에 흔들림이 없는 경지를 구한다. 괴로움과 즐거움을 끊었고 이미 근심도 기쁨도 끊었으므로, 괴롭지도 않고 즐겁지도 않으며 평온한 가운데 정념이 청정하여 제4선에 들어간다. 4선 중에는 괴로움도 없고 즐거움도 없으며 오직 흔들림 없는 지혜만 있을 뿐이다. 이런 까닭에 제4선이 평온과 정념의 청정이라 설하고, 제3선은 즐거움의 동요 때문에 괴로움이라고 설한다. 그러므로 제4선에서 괴로움도 즐거움도 끊는다고 설한다. 行者 觀樂之失 亦如觀喜 知心不動處 最爲第一 若有動處 是則有苦 行者以第三禪樂動故 求不動處 以斷苦樂 先滅憂喜故 不苦不樂 捨念清淨 入第四禪 四禪中無苦無樂 但有不動智慧 以是故 說第四禪 捨念清淨 第三禪樂動故說苦 是故第四禪中說 斷苦樂"라고 하였다. [참고문헌] 『梵網六十二見經』, 『中阿含經』, 『法集經』, 『俱舍論頌疏論本』, 『大智度論』, *Lank.97.*, *DN.2.186・313.* ⇨사선 四禪[1][2], 사선구천 四禪九天, 제사정려 第四靜慮, 제사정려처 第四靜慮處, 색계 色界

제사선천 第四禪天 제4정려처를 달리 이르는 말. 『화엄경탐현기』 권7(대정장35, p.236c17)에 "제4선천에서 신행으로 들숨과 날숨을 끊어 없앴으므로 갖추어 밀이라고 부른다. 以第四禪天 身行斷無出入息故 俱名密也", 『보살본생만론』 권13(대정장3, p.371c24)에 "제4선천에서는 삼재가 모두 그친다. 第四禪天三災並止", 『능엄경문구』 권9(卍속장20, p.713b7)에 "사심의 중동분이란 제4선천을 가리킨다. 이것은 사념청정지라고 통칭한다. 捨心衆同分者 卽指第四禪天 通名捨念清淨地故"라고 하였다. [참고문헌] 『華嚴經探玄記』, 『菩薩本生鬘論』, 『楞嚴經文句』. ⇨색계십칠천 色界十七天, 사선천 四禪天, 제사정려처 第四靜慮處, 사념청정 捨念清淨

제사정려 第四靜慮 Ⓢcaturtha-dhyāna, Ⓟcatuttha jjhāna, Ⓣbsam-gtan-bzhi-pa. 제4선의 신역. 색계 사선(四禪) 중 네 번째 정려. 『대반야경』 권591(대정장7, p.1056a21)에 "일체보살마하살 대중은 이와 같은 네 가지 정려에 안주하여 수승한 방편으로 온갖 공덕을 이끈다. 이와 같이 보살마하살 대중은 제4정려에 의지하여 공무변처상을 일으키고 공무변처정을 이끈다. 一切菩薩摩訶薩衆 安住如是四種靜慮 爲勝方便引諸功德 如是菩薩摩訶薩衆依第四靜慮 起空無邊處想 引空無邊處

定", 『집이문족론』 권6(대정장26, p.392a13)에 "무엇을 제4정려라 하는가? 〔답〕 제4정려로 거두는 선법의 오온을 제4정려라 한다. 云何第四靜慮 答 第四靜慮所攝善五蘊 是名第四靜慮", 『대비바사론』 권80(대정장27, p.412a25)에 "제4정려에 네 가지 갈래가 있다. 첫째 불고불락수, 둘째 행사청정, 셋째 염청정, 넷째 심일경성이다. 第四靜慮有四支 一 不苦不樂受 二 行捨淸淨 三 念淸淨 四 心一境性"라고 하였다. 〔참고문헌〕 『大般若經』, 『集異門足論』, 『大毘婆沙論』, *Abh-k-bh.117 · 190.*, *Bodh-bh.63.* ⇨ 사선 四禪❶❷, 제사선 第四禪

제사정려사지 第四靜慮四支 제사정려로 갖추는 네 가지 특징. 『구사론』 권28(대정장29, p.146c16 : *Abh-k-bh.*, p.438)에 "제4정려에는 오직 네 가지가 있다. 첫째 행사청정, 둘째 염청정, 셋째 비고락수, 넷째 등지다. 第四靜慮 唯有四支 一 行捨淸淨 二 念淸淨 三 非苦樂受 四 等持 caturthaṃ dhyānamantyam. tatra catvāry-aṅgāni. aduḥkha-asukhā vedanā upekṣā-pariśuddhiḥ smṛti-pariśuddhiḥ samādhiś-ca"라고 하였다. 〔참고문헌〕 『俱舍論』, *Abh-k-bh.*

제사정려처 第四靜慮處 Ⓢ caturtham dhyāna sthāna. 색계십칠천(色界十七天) 또는 색계십팔천을 넷으로 세분한 것 중 네 번째. 여기에는 8천(天) 또는 9천이 있다. 제사선천(第四禪天)이라고도 한다. 『대비바사론』 권154(대정장27, p.784b5)에 "〔문〕 무상천은 어느 곳에서 거두는가? 〔답〕 외국사는 제4정려처에 별도로 아홉 가지가 있다고 하였으니 이것이 그 중 한 곳이다. 問 無想天在何處攝 答 外國師說 第四靜慮處別有九 此是一處", 『구사론』 권8(대정장29, p.41a19 : *Abh-k-bh.*, p.111)에 "제4정려처에 여덟 하늘이 있다. 첫째 무운천, 둘째 복생천, 셋째, 광과천, 넷째 무번천, 다섯째 무열천, 여섯째 선현천, 일곱째 선견천, 여덟째 색구경천이다. 第四靜慮處 有八者 一 無雲天 二 福生天 三 廣果天 四 無煩天 五 無熱天 六 善現天 七 善見天 八 色究竟天 caturtham anabhrakāḥ puṇyaprasavāḥ bṛhatphalā abṛhā atapāḥ sudṛśāḥ sudarśanā akaniṣṭhā ity etāni saptadaśa sthānāni rūpadhātuḥ. saha tannivāsibhiḥ sattvaiḥ"라고 하였다. 〔참고문헌〕 『大毘婆沙論』, 『俱舍論』, *Abh-k-bh.* ⇨ 색계십칠천 色界十七天, 색계십팔천 色界十八天❶, 사선천 四禪天

제사지 第四地 십지(十地) 중 네 번째 위. 염혜지(焰慧地 Ⓢ arciṣmatī-bhūmi)라고도 한다. 『대반야경』 권568(대정장7, p.932b29)에 "제4지에서 선수신을 증득한다. 왜 그러한가? 항상 보리분을 부지런히 수습하기 때문이다. 第四地中 得善修身 何以故 常勤修習菩提分故", 『십주경』 권2(대정장10, p.509c23)에 "불자야! 보살마하살은 보살의 제4지에 머물러 신체 내부를 관하고 신체를 차례대로 관하며 일심에 정진하여 세간의 탐욕과 걱정을 없앤다. 신체 외부를 관하고 순서대로 신체를 관하며 일심으로 정진하여 세간의 탐욕과 근심을 없앤다. 신체 안팎을 관찰하되 순서대로 관찰하고 일심으로 정진하여 세간의 탐욕과 근심을 없앤다. 내수와 외수, 그리고 내외의 수를 관하고, 내심과 외심 그리고 내외의 심을 관하며, 내법과 외법, 그리고 내외의 법을 순서대로 관하되 일심으로 정진하여 세간의 탐욕과 근심을 없앤다. 佛子 菩薩摩訶薩住是菩薩第四地 觀內身循身觀 精勤一心除世間貪憂 觀外身循身觀 精勤一心除世間貪憂 觀內外身循身觀 精勤一心除世間貪憂 觀內受 外受 內外受 內心 外心 內外心 內法 外法 內外法循法觀 精勤一心除世間貪憂", 『십주비바사론』 권1(대정장26, p.23a12)에 "제4지에서 보시와 지계와 다문이 점차 늘어나고 위덕이 치성하므로 염지라고 한다. 第四地中 布施持戒多聞轉增 威德熾盛 故名爲炎地", 『불지경론』 권2(대정장26, p.300c16)에 "온갖 분별을 떠난다는 것 등은, 제4지에서 삼십칠보리분법을 증득하여 온갖 분별을 떠나서 갖가지로 분별하지 않는다는 뜻이다. 離諸分別等者 謂第四地得三十七菩提分法 離諸分別 及不分別種種分別", 『화엄경소초』 권63(대정장36, p.505b1)에 "제4지는 모든 성문과 독각지를 초월한다. 第四地超一切聲聞獨覺地", 『대승의장』 권10(대정장44, p.673a12)에 "제4지에서 처음으로 출세간에 들어가니 이를 견도라고 한다. 그러므로 『인왕경』에서는 제4지를 수다원이라고 하였다. 또한 『십지경』 권3(대정장10, p.549b22)에서는 '신견을 으뜸으로 삼는다' 하였다. 아와 인과 중생의 음계입과 아만이 일으키고 출몰하는 등의 일은 제사지에서 모두 영원히 여읜다. 第四地中 初入出世 名爲見道 故仁王中 名第四地爲須陀洹 又地經云 身見爲首 我人衆生 陰界諸入 我慢所起出沒等事 第四地中 皆悉遠離"라고 하였다. 〔참고문헌〕 『大般若經』, 『十住經』, 『十住毘婆沙論』, 『佛地經論』, 『華嚴經疏鈔』, 『大乘義章』, 『十地經』. ⇨ 염혜지 焰慧地, 보살십지 菩薩十地, 십지 十地❶

제사천 第四天 욕계육천(欲界六天) 중 넷째 천인 도솔천(兜率天). 『반니원경』 권하(대정장1, p.190c18)에 "하루 동안 삼십만 명의 대중과 여러 나라의 귀족과 신하들이 부처님이 계신 때를 만나 공경하는 마음으로 복을 행하였으니, 틀림없이 목숨이 다한 후에 모두 제사천에 태어나 미륵보살을 만나 해탈할 것입니다. 一日三十萬衆 及諸國豪姓群臣 得値佛時 敬意行福 終皆當生第四天上 與彌勒會而得解脫", 『대승의장』 권8(대정장44, p.627c16)에 "제사천이란 도솔타를 말한다. 이것은 묘족으로 한역한다. 용수의 설명과 같이 아마도 모두 천주를 따라 이름을 지은 듯하다. 第四天者 名兜率陀 此名妙足如龍樹說 蓋乃從於天主爲名", 『미륵경유의』(대정장38, p.270b13)에 "[문] 보처보살은 왜 반드시 제사천에 태어나고 그 아래 천이나 위의 천에는 태어나지 않는가? 〈답〉 보처보살은 반드시 제사천에 태어난다는 것에 대해서는 『대지도론』과 『열반경』에서 자세히 설하고 있다. 問 補處菩薩 何意必生第四天中 不生下天與上天耶 補處菩薩必生第四天者 大論與涅槃經具說之"라고 하였다. [참고문헌] 『般泥洹經』, 『大乘義章』, 『彌勒經遊意』. ⇨ 도솔천 兜率天, 욕계 欲界

제사타 際史吒 Ⓢjyeṣṭha, Ⓟjeṭṭha의 음사어. 인도력(印度曆) 제3월의 명칭. 서슬타(誓瑟咤·逝瑟吒)라고도 음사하고 맹하(孟夏)라고 한역한다. 중국력으로 음력 3월 16일부터 4월 15일까지를 말한다. 『범어잡명』(대정장54, p.1233b23)에 "3월 : 제사타〈사와 타는 한 음절〉. 三月 際史吒〈二合〉"라고 하였다. [참고문헌] 『梵語雜名』, 『唐梵兩語雙對集』(대정장54, p.1242b17). ⇨ 서슬타 逝瑟吒, 불교역법 佛敎曆法

제산 諸山 대중이 머무는 이곳 저곳의 모든 산문. 『불조역대통재』 권19 「각범전 覺範傳」(대정장49, p.683b3)에 "그와 동문의 벗으로서 곡산에 머물렀고 법도 받았다. 모든 산문에 계셨다 하였으니, 모두가 스님을 반겨 방장으로 모시니 배우는 이들이 돌아왔다. 其同門友居谷山 及其嗣法在諸山者 皆迎師居丈室 學者歸之", 휴정(休靜)의 『설선의 說禪儀』 부록 「동국제산선등직점단 東國諸山禪燈直點壇」(한불전7, p.739b5)에 "이 요령 떨쳐 불러 모십니다. 모든 산문의 선탑들 원컨대 듣고 아시길 바랍니다. 원컨대 이 요령소리 산천에 떨치니, 오늘 밤 지금 이때 다 오시어 함께하여 주시길 바랍니다. 以此振鈴伸召請 諸山禪榻願聞知 願此鈴聲振山川 今夜今時來赴會", 『석문가례초』 권상 「명정서규 名旌書規」 '대종사 大宗師'(한불전8, p.280a12)에 "부처님의 마음 도장 전하여 종지 떨치고 가르침 차오르게 하셨네. 이 나라 온갖 모든 산문에 그 이름 밝으신 대종사시여. 傳佛心印 扶宗樹敎 一國諸山 名現大宗師"라고 하였다. [참고문헌] 『佛祖歷代通載』, 『說禪義』, 『釋門家禮抄』.

제산 濟山 1930~2004. 종성(宗性)의 호. [참고문헌] 『현대불교』 제506호(2004.12.29). ⇨ 종성 宗性 ❷

제산 霽山 ❶ 조선후기 스님 운봉(雲峰)의 호. 『동사열전』 권4 「제봉선백전 霽峰禪伯傳」(한불전10, p.1042a12)에 "스님의 법명은 운봉, 호는 제봉인데 제산운사라고도 부른다. 師名雲峰 號霽峰 一稱霽山雲史"라고 하였다. [참고문헌] 『東師列傳』 권4 「霽峰禪伯傳」(한불전10, p.1042a12). ⇨ 운봉 雲峰 ❼ ❷ 조선후기 스님 정원(淨圓 1862~1930)의 호. [참고문헌] 智冠 『韓國高僧碑文總集 朝鮮朝·近現代』 p.878. ⇨ 정원 淨圓

제산란심인 除散亂心印 진언행자가 산란한 마음을 제거하고 삼매에 들 수 있도록 돕는 밀교 수인. 미타정인(彌陀定印)이라고도 한다. 『제불경계섭진실경』 권중(대정장18, p.276a12)에 "넷째 제산란심인을 맺는다. 먼저 왼손 다섯 손가락을 펴서 배꼽 앞에 두고 다음으로 오른쪽 다섯 손가락을 펴서 왼손바닥 위에 올린다. 이 수인을 맺은 후에 서방무량수여래삼매에 들어 호(ཧྲཱིཿ)자의 색을 관상하여 나의 몸과 모든 서방세계와 아울러 구방 무량세계의 모든 불보살과 일체중생과 산천초목이 모두 붉은 연꽃의 색이 되어 진언행자와 모든 중생이 산란한 마음을 없애고 삼매에 들도록 할 수 있다. 第四結除散亂心印 先舒左五指 安臍輪前 次舒右五指 安左掌上 結此印已 入西方無量壽如來三昧 當觀ཧྲཱིཿ 𤙖字色 及我身盡西方界 幷與九方無量世界諸佛菩薩 一切衆生山川草木 悉作紅蓮華色 能令行者及諸衆生 除散亂心入三昧故"라고 하였다. [참고문헌] 『諸佛境界攝眞實經』. ⇨ 산란 散亂

제산소 諸山疏 신임 주지의 취임을 축하하고자 그 인근 절에서 쓰는 글(疏文). 신임 주지는 취임하는 당일 이 제산소를 손에 들고 그에 어울리는 법문으로 화답하기도 한다. 『선림상기전』 권15(불광장, 禪藏, p.1148)에 "제산소 : 본사 인근의 여러 산문에서 신임 주지의 입사를 축하하고자 짓는 소문이다. 산문소 항목을 보라. 諸山疏 本寺鄰封之諸山 製新住持入寺疏也 見山門疏處", 『허당록』 권3(대정장47, p.1004a5)에 "제산소를 집어 들고 말했다. '찰간 우뚝 서 있는 저곳, 종소리와 경 읽는 소리 들리는구나. 따뜻한 기운으로 서로 내부는 소식 알고 싶은가? 온통 이 안에 있다'. 拈諸山疏 刹竿標處 鐘梵相聞 要知暖氣相噓 總在裏許", 『열조제강록』 권23 「염제산소법어 拈諸山疏法語」(卍속장112, p.538b9)에 "남석문수(南石文琇)선사가 보문사 주지로 취임하면서 제산소를 들고 말했다. '익히고 배우는 것을 듣는다 하고, 배움이 끊어지면 가깝다 한다'. 잠깐 침묵하다가 말했다. '황하 굽이굽이 흘러도 물 곤륜산에서 시작한다'. 南石琇禪師 住普門 諸山疏 習學謂之聞 絶學謂之隣 良久 黃河九曲 水出崑崙", 『무문혜개어록』 권상(卍속장120, p.511b16)에 "제산소를 들고 말하다. 제방이 떠들석하게 옛을 들어 지금을 밝히고 사람들을 높이 추켜세웠지만, 호의적인 마음에서 그러지 않았다. 諸山疏 諸方浩浩 擧古明今 送人上樹 不是好心"라고 하였다. [참고문헌] 『禪林象器箋』, 『虛堂錄』, 『列祖提綱錄』, 『無門慧開語錄』. ⇨ 산문소 山門疏

제삼결집 第三結集 불멸 후 250년 경에 아쇼카왕의 적극적 지원으로 이루어진 결집. 천명의 장로들이 모여 합송했기에 일천결집(一千結集)이라고 한다. 『디파밤사 *Dīpavaṃsa*』에 의하면 불멸후 236년(기원전 250년) 파탈리푸트라(Pāṭaliputra)의 아쇼카라마(Aśokārāma)에서 이루어졌고, 『마하밤사 *Mahāvaṃsa*』에 의하면 아쇼카 즉위 17~18년에 9개월 동안 계속되었다. 『선견율비바사』(대정장24, p.684a)에 전한다. 아쇼카의 적극적 지원으로 목갈리풋타팃사가 중심이 되어 세 번째로 단행한 정법의 결집이었다. 때는 외도들이 생계 등을 빌미로 승단에 머물며 62견, 상주론(常住論 śāśvatavāda), 일분상주론(一分常住論 ekatyaśāśvatavāda), 회의론(懷疑論 amarāvikṣepa) 등으로 정법을 훼손함이 심하게 되고, 포살마저 할 수 없게 되자 단행한 정법결집(saddharma-saṃgrāha)이다. 『사분율소식종의기』 권3(卍속장66, p.81b14)에 "아쇼카왕이 세간에 출현하여 재위한지 9년이 되어 마침내 불법을 펼치자 외도가 이익을 잃고 거짓으로 출가하여 자신의 외전으로 불법을 어지럽혔기에 7년 동안 설계(說戒 : 布薩)할 수 없었다. 아쇼카왕이 목건련제사에게 다툼을 없애주기를 청하고 천 명을 소집하여 파타리불국에서 제3결집을 시행하였다. 이에 의하면 불멸 후 이백십팔 년 되는 해에 아쇼카왕이 왕위에 올랐고 9년이 지나 외도가 이익을 잃었으며 또한 7년이 경과하자 포살을 할 수 없었으니 도합 이백삼십사년 후에 제3결집이 있었다. 아쇼카왕이 세간에 나온 때가 비록 『부법장전』 등의 연월과 같지 않지만 앞의 일을 살펴보면 역시 5사가 있었고, 그러므로 가섭에서 국다까지 5사의 시기와 별도로 이곳에서 우파리 등이 율장을 송지해 왔음을 알 수 있다. 또한 제3결집은 외도의 출가로 인한 것이다. 진제의 『부집이론소』에서 '제3결집의 때는 두 부파로 분파된 일에 기인한다'고 하였다. 그러나 이 논은 스스로 한 지파가 상전된 것임을 증명하고자 하였기에 부파를 나누어 구분하지 않고 간략하게 설하였다. 이후에 마신다에게 부촉하였으니 이는 아쇼카왕의 아들이다. 育王出世 昇位九年 遂弘佛法 外道失利 賊住出家 欲以己典雜亂佛法 七年之中 不得說戒 阿育王請目揵連子帝須滅諍 更集千人 於波吒梨弗國 第三結集 准此二百一十八年 育王登位 九年已後 外道失利 又經七年 不得布薩 都合二百三十四年 第三結集 育王出世 雖與付法傳等年月不同 然望已前 亦有五師 故知迦葉乃至鞠多五師之時 自別有此優波離等 誦持律藏 又第三結集 既因賊住 卽應准同部執疏中 第三結集之時 因分二部 然由此論 但欲自辨一支相傳 故略不說分部差別也 從此已後 付摩哂陀 此卽育王之子也"라고 하였다. 〔참고문헌〕『四分律疏飾宗義記』, 에띠엔 라모뜨 지음 호진 옮김 『인도불교사』 I, p.491·529. ⇨ 결집 結集 ❸, 바라리불다라 波羅利弗多羅, 파타리불다라 波吒利弗多羅, 파라리대국 波羅梨大國, 근본분열 根本分裂 ❷

제삼능변 第三能變 Ⓢ tṛtīyaḥ pariṇāmaḥ. 육식(六識)의 다른 이름. 세 번째 능변. 유식에서 식이 경계를 변현할 때 세 번째 능변에 해당하는 안식에서 의식까지의 여섯 가지 식. 『성유식론』 권5(대정장31, p.26a12)에 "제삼능변은 그 상이 어떠한가? 〔송〕 다음으로 제삼능변이니 차별에 여섯 가지다. 경을 아는 것을 성과 상으로 삼고 선과 불선과 무기 등 삼성을 갖춘다. 〔논〕 사량능변식 다음으로 경의 능변식상을 가려 안다. 이 식은 구분하면 모두 여섯 가지다. 육근경의 다름을 따라 종류가 다르다. 그 이름이 안식에서 의식까지다. 근을 따라 세운 이름에 다섯 가지 뜻이 있다. 다섯 가지란 의지하고 일으키며 속하고 돕기를 근과 같이 한다. 第三能變其相云何 頌曰 次第三能變 差別有六種 了境爲性相 善不善俱非 論曰 次中思量能變識 後應辯了境能變識相 此識差別總有六種 隨六根境種類異故 謂名眼識乃至意識 隨根立名具五義故 五謂依發屬助如根", 『성유식론증의』 권5(卍속장81, p.824b7)에 "제삼능변은 여섯 가지로 합하여 이루어진 것이다. 식은 비록 한 바탕이지만 근과 경이 차별하여 여섯 가지 이름을 붙였으니 안식·이식·비식·설식·신식·의식이다. 안 등은 근이고 식은 자체이다. 그러므로 이러한 여섯 가지 이름은 근에 따라 세웠고 다섯 가지 뜻을 갖춘다. 첫째 근에 의지하고, 둘째 근에서 일어나며, 셋째 근에 속하고, 넷째 근을 도우며, 다섯째 근과 같이한다. 第三能變 六種合成 識雖一體 而隨根境種類差別 立六種名 謂眼識 耳識 鼻識 舌識 身識 意識 眼等是根 識卽自體 故此六名 隨根建立 具五義故 一 依於根 二 根所發 三 屬於根 四 助於根 五 如於根"라고 하였다. 〔참고문헌〕『成唯識論』, 『成唯識論證義』, *Vijñ-t-bh.70.* ⇨ 육식 六識 ❶, 요별경식 了別境識, 능변 能變, 삼능변 三能變

제삼락생 第三樂生 Ⓢ tṛtīyā sukhopapatti. 색계의 제삼선(第三禪)으로 변정천에 머문다. 삼종낙과(三種樂果) 중 하나이기도 하다. 희락마저 버려서 안락하게 머물기에 붙여진 이름이다. 『대집법문경』 권상(대정장1, p.228a12)에 "또한 어떤 중생은 목숨이 다할 때까지 쾌락을 충분히 누리니 변정천과 같다. 이 이름이 제삼락생이다. 復有衆生 乃至盡壽 受快樂足 如遍淨天 是名第三樂生", 『집이문족론』 권5(대정장26, p.386c22)에 "모든 유정은 이러한 몸으로 희락을 벗어나 적시고 두루 적시고 기쁘고 두루 기쁘며, 충만하고 가득 충만하여 적시고 또 적셔 두루 충만해 마쳐서는 안락히 머문다. 변정천을 말하니 이것이 제삼락생이다. 有諸有情 卽如是身 離喜之樂之所滋潤遍滋潤 適悅遍適悅 充滿遍充滿 滋潤乃至遍充滿已 安樂而住 謂遍淨天 是第三樂生", 『유가사지론』 권5(대정장30, p.300c3 : *Yogā-bh.*, p.94)에 "어떤 중생은 (第二禪의) 희락을 벗어남으로써 그 몸을 씻는다. 이는 제삼정려지의 하늘이니 제삼락생이라 한다. 或有衆生 以離喜樂 灌灑其身 謂第三靜慮地諸天 是名第三樂生 santi sattvā ye niṣprītikena sukhena kāmamabhiṣyandayanti tadyathā devāstṛtīyadhyānabhūmikāḥ. iyaṃ tṛtīyā sukhopapattiḥ"라고 하였다. [참고문헌] 『大集法門經』, 『集異門足論』, 『瑜伽師地論』, *Yogā-bh.* ⇨ 삼종낙과 三種樂果

제삼분 第三分 ❶ 유식(唯識)의 사분(四分) 중 세 번째인 자증분(自證分 : 自體分). 『유가론기』 권13(대정장42, p.596c15 · 한불전14, p.14a1)에 "사분을 설정했다 함은 자증분을 떠나지 못하기 때문이니, 다만 제삼분의 차별을 세울 뿐이다. 設立四分者 以不離自證分故 但是第三分差別立"라고 하였다. [참고문헌] 『瑜伽論記』. ⇨ 사분 四分❶, 자증분 自證分, 자체분 自體分, 안난진호일이삼사 安難陳護一二三四 ❷ 부처님께서 중생을 위해 버리신 세간에서의 수명(歲壽). 인수(人壽) 백세(百歲)에 출세하신 부처님은 세인보다 과보가 뛰어나 120세를 누릴 수 있지만, 중생을 가엾이 여기시어 당신의 복분(福分)을 나누어 제삼분 40세를 버리고 80세에 열반에 드셨다는 설이다. 『대방등대집경』 권56(대정장13, p.379b28)에 "과거세 어떤 부처님도 하지 못했지만, 내가 이제 중생을 위하여 목숨을 버리고자 하노라. 이로써 세 가지 정기를 늘리고, 중생을 가엾이 여기기에 수명의 제삼분을 버려서, 나의 법이 바다처럼 가득 차 모든 하늘들과 사람들이 목욕하게 하리라. 先佛不作者 我今爲衆生 棄捨身壽命 爲增三精氣 悲愍衆生故 捨壽第三分 令我法海滿 洗浴諸天人", 『유가론기』 권5(대정장42, p.423b24 · 한불전13, p.376a24)에 "경에서 일반적으로 가섭불은 인수 이만세 때 출세하셨고, 석가불은 인수 백세 때 출세하셨다고 한다. 두 번째 설로 '석가불은 최대 수명으로 120세까지 마땅히 머무실 수 있었고, 40년을 일분으로 삼았으나 다만 80세에 제삼분의 수명을 버리셨다'. 經多說 迦葉佛 二萬歲時出 釋迦佛 人壽百歲時出 二云 釋迦佛大分 應壽百二十歲 四十年爲一分 但年八十 捨第三分壽"라고 하였다. [참고문헌] 『大方等大集經』, 『瑜伽論記』.

제삼선 第三禪 Ⓢ tṛtīya dhyāna, Ⓟ tatiya-jjhāna. 색계사선 중 세 번째. 희열이 잦아들고 평온(捨) · 정념(正念) · 정지(正知) · 묘락(妙樂) · 심일경성(心一境性)에 머무는 경지. 『장아함경』 권8 「중집경 衆集經」(대정장1, p.50c21 : *Saṅgīti-sutta*, *DN.3*, p.222)에 "희를 떠나 사 · 념 · 진을 닦으며 몸의 즐거움과 모든 성인이 구하는 억념과 평온과 묘락을 알아차리면 제3선에 들어간다. 離喜修捨念進 自知身樂 諸聖所求 憶念捨樂 入第三禪 pītiyā ca virāgā upekhako ca viharati sato ca sampajāno sukhañ ca kāyena paṭisaṃvedeti, yan taṃ ariyā ācikkhanti, upekhako satimā sukha-vihārī ti, tatiya-jjhānaṃ upasampajja viharati", 『대지도론』 권17(대정장25, p.186b7)에 "(제2선에 들어간) 수행자가 기쁨의 허물을 관하니 이것 또한 각관과 같다. 기뻐함을 따라 많은 기쁨과 많은 근심이 생긴다. 왜 그러한가? 빈자가 보배를 얻으면 환희심이 헤아릴 수 없이 많지만 하루아침에 잃으면 근심 역시 깊으니 기쁨이 변하여 근심이 되는 것이다. 그러므로 반드시 버려야 한다. 이러한 기쁨을 떠나기에 사 · 념 · 지를 행하고 몸의 즐거움을 받는다. 이러한 즐거움을 성인은 얻고 버릴 수 있으니 일심이 즐거움 안에 있으면 제3선에 들어간다. 사란 무엇인가? 기쁜 마음을 버리고 다시 후회하지도 않는 것이다. 념과 지란 삼선의 즐거움을 얻은 중에 그 즐거움에서 근심이 생기지 않도록 하는 것이다. 몸의 즐거움을 받는다는 것은 삼선의 즐거움을 온 몸으로 받는다는 뜻이다. 성인은 능히 얻고 버릴 수 있다는 말은 이 즐거움이 세간에서 최고이니 마음의 집착을 일으켜 범부는 버릴 수 있는 이가 적기 때문이다. 行者 觀喜之過 亦如覺觀 隨所喜處 多喜多憂 所以者何 如貧人得寶 歡喜無量 一旦失之 其憂亦深 喜即轉而成憂 是故當捨 離此喜故 行捨念智 受身樂 是樂聖人 能得能捨 一心在樂 入第三禪 捨者 捨喜心 不復悔 念智者 旣得三禪中樂 不令於樂生患 受身樂者 是三禪樂 遍身皆受 聖人能得能捨者 此樂世間第一 能生心著 凡夫少能捨者 以是故"라고 하였다. [참고문헌] 『長阿含經』, 『大智度論』, *DN.*, *Buddh-c.135.* ⇨ 삼선 三禪, 사선 四禪❶, 사선천 四禪天❶, 제삼정려 第三靜慮

제삼수 第三首 세 번째 머리. 제일의 머리가 되지 못하여 세 번째나 되어서 밀려 고려해야 할 경지라는 뜻으로, 이미 진실에서 한참 멀어졌다는 뜻이다. 『앙산어록』(대정장47, p.584c4)에 "육희성 상공이 앙산선사를 뵈려 하였는데, 먼저 원상을 그려서 편지로 보내드렸다. 선사가 열어보고서 원상 아래에 이렇게 적었다. '생각하지 않고 알아도 이미 두 번째 머리에 떨어지고, 생각하고 알면 세 번째 머리에 떨어진다'. 陸希聲相公欲謁師 先作此◯相封呈 師開封 於相下面書云 不思而知 落第二頭 思而知之 落第三首", 『원오어록』 권6(대정장47, p.740c27)에 "법좌에 올라 말했다. '영산회상에서 말한 달은 말씀 그윽해 감출 길 없었고, 조계에서 가리킨 달은 마음이 진실하여 헤아릴 수 없다. 절 둔 앞 당간을 쓰러뜨린다면 이미 두 번째 머리에 떨어진 것이고, 금강이 계단 아래 조아리고 신묘한 거북이 불 속으로 달려든다 해도 오히려 세 번째 머리에 떨어질 뿐이다'. 上堂云 靈

山話月 語密難藏 曹溪指月 心眞莫測 倒却門前刹竿著 已落第二頭 金剛階下蹲 神龜火裏走 猶落第三首", 같은 책 권10(대정장47, p.757a17)에 "조사라는 계위는 두 번째 머리고, 부처도 조사도 넘는다 하면 세 번째 머리다. 祖師階梯是第二頭 超佛越祖是第三首", 『경덕전등록』 권21 「사호전심전 師浩傳心傳」(대정장51, p.377c16)에 "학인이 물었다. '생각하려 한즉 두 번째 경지고, 생각하려 하지 않은즉 세 번째 경지입니다. 무엇이 제일의 머리입니까?' '수'. 僧問 擬卽第二頭 不擬卽第三首 如何是第一頭 師曰 收"라고 하였다. [참고문헌] 『仰山語錄』, 『圜悟語錄』, 『景德傳燈錄』. ⇨ 제이두 第二頭, 낙재제이두 落在第二頭, 낙재제이두제삼두 落在第二頭第三頭

제삼염천 第三炎天 Ⓢ yāmā devāḥ. 욕계육천 중 셋째 천인 야마천의 다른 이름. 수미산 위쪽에 있는 공거천(空居天)에 속한다. 염(炎)은 염(焰)으로도 쓴다. 『무량수경』 권상(대정장12, p.270a15)에 "이때 아난이 부처님께 아뢰었다. '세존이시여! 만약 그 국토에 수미산이 없다면 사천왕천과 도리천은 어디에 의지하여 머뭅니까?' 부처님께서 물으셨다. '제삼염천부터 색구경천까지는 모두 어디에 의지하여 머무느냐?' 아난이 말씀드렸다. '행업의 과보는 불가사의합니다'. 부처님께서 말씀하셨다. '행업과보는 불가사의하고 제불세계 역시 불가사의하다. 모든 중생의 공덕과 선력은 행업의 자리에 머문다. 그러므로 그렇게 할 수 있다'. 爾時 阿難白佛言 世尊 若彼國土無須彌山 其四天王及忉利天 依何而住 佛語阿難 第三炎天 乃至色究竟天 皆依何住 阿難白佛 行業果報 不可思議 佛語阿難 行業果報 不可思議 諸佛世界 亦不可思議 其諸衆生功德善力 住行業之地 故能爾耳", 『목환자경』(대정장17, p.726a24)에 "만약 목환자를 염상하면서 이십만 번 돌리면 몸과 마음에 산란이 없고 아첨이 없으며, 목숨이 다하면 제삼염천에 태어나 의식이 저절로 해결되고 항상 안락할 것이다. 若能滿二十萬遍 身心不亂 無諸諂曲 捨命得生第三焰天 衣食自然 常安樂行"라고 하였다. [참고문헌] 『無量壽經』, 『木槵子經』, *Sukh-vy. I.39.* ⇨ 야마천 夜摩天

제삼욕생 第三欲生 삼욕생(三欲生) 중 셋째인 타화자재천(他化自在天). 『집이문족론』 권5(대정장26, p.386b2)에 "다른 이가 화작한 온갖 묘욕(妙欲)의 경계를 받아서 즐기는 온갖 유정이 있다. 이들은 다른 이가 화작한 온갖 묘욕의 경계에서 부귀를 자재하게 누린다. 이를 타화자재천이라 하니 제삼욕생이다. 有諸有情樂受他化 諸妙欲境 彼於他化諸妙欲境 富貴自在轉 謂他化自在天 是第三欲生"라고 하였다. [참고문헌] 『集異門足論』. ⇨ 타화자재천 他化自在天, 삼종욕생 三種欲生

제삼정려 第三靜慮 Ⓢ tṛtīya-dhyāna, Ⓣ bsam-gtan-gsum-pa. 제3선의 신역. 『구사론』 권3(대정장29, p.14c17 : *Abh-k-bh.*, p.41)에 "제3정려는 마음으로 기뻐함이 고요하고 희탐도 떠났기에 낙근이라고만 부른다. 第三靜慮 心悅安靜 離喜貪故 唯名樂根 tṛtīye tu dhyāne prītivītarāgatvāt sukhendriyam eva sā na saumanasyendriyam", 같은 책 권28(대정장29, p.146c15 : *Abh-k-bh.*, p.438)에 "제3정려는 다섯 가지를 갖추고 있다. 첫째 행사, 둘째 정념, 셋째 정혜, 넷째 낙수, 다섯째 등지이다. 第三靜慮具有五支 一 行捨 二 正念 三 正慧 四 受樂 五 等持 tṛtīye tu dhyāne pañcāṅgāni. upekṣā smṛtiḥ saṃprajñānaṃ sukhaṃ samādhiśca", 『유가사지론』 권63(대정장30, p.649a25)에 "제3정려에서 다스리는 것은 무엇인가? 네 가지가 있다. 첫째 제2정려의 탐, 둘째 희, 셋째 용약, 넷째 정하열성이다. 云何第三靜慮所治 謂有四種 一 第二靜慮貪 二 喜 三 踊躍 四 定下劣性", 『현양성교론』 권2(대정장31, p.487b11)에 "제3정려란 희를 떠나고 나서 사·념·정지·낙이 의지하는 곳이다. 第三靜慮者 謂離喜已 捨念正知樂所依止"라고 하였다. [참고문헌] 『俱舍論』, 『瑜伽師地論』, 『顯揚聖教論』, *Abh-k-bh.* ⇨ 제삼선 第三禪, 삼선 三禪, 사선 四禪❶, 사선천 四禪天❶

제삼정려처 第三靜慮處 Ⓢ tṛtīyam dhyāna sthāna. 색계의 제3선에 해당하는 천. 『구사론』 권8(대정장29, p.41a18 : *Abh-k-bh.*, p.111)에 "제3정려처에 세 가지가 있다. 첫째 소정천, 둘째 무량정천, 셋째 변정천이다. 第三靜慮處有三者 一 少淨天 二 無量淨天 三 遍淨天 tṛtīyaṃ parīttaśubhā apramāṇaśubhāḥ śubhakṛtsnāḥ"라고 하였다. [참고문헌] 『俱舍論』, *Abh-k-bh.* ⇨ 삼선 三禪, 제삼선 第三禪, 사선 四禪❶, 사선천 四禪天❶, 색계십팔천 色界十八天❶

제삼제 第三諦 ❶ 사제(四諦) 중 세 번째 진실인 멸제(滅諦 Ⓢ nirodha-satya). 『별역잡아함경』 권11(대정장2, p.450c23)에 "바라문이여! 제삼제란 아와 아소를 떠나 진실로 아가 없다. 만약 이와 같은 세 가지 법상을 여읜 이라면 일체 모든 악을 멀리 여읠 수 있다. 婆羅門 第三諦者 離我我所 眞實無我 若離如是三法相者 便能遠離一切諸惡", 『법화경』 권2(대정장9, p.15a28 : *Saddh-p.*, p.92)에 "만약 탐욕을 없애고 의지하는 바가 없으면 온갖 괴로움이 사라져 다하니, 이를 제삼제라 하고 멸제로 삼는다. 若滅貪欲 無所依止 滅盡諸苦 名第三諦 爲滅諦故 tṛṣṇānirodho 'tha sadā aniśritā nirodhasatyaṃ tṛtiyaṃ idaṃ me", 『대지도론』 권54(대정장25, p.444a23)에 "성문인은 지혜의 힘이 약하므로 처음에는 오온이나 원리나 적멸 등을 관하지 못하고, 단지 무상 등만 관할 따름이다. 제삼제에 들어가야 비로소 적멸을 관할 수 있다. 보살은 영리한 근기이므로 처음부터 오온을 관하여 바로 적멸상을 증득한다. 聲聞人智力薄故 初始不能觀五衆 若遠離 若寂滅等 但能觀無常等 入第三諦 乃能觀寂滅 菩薩利根故 初觀五衆 便得寂滅相", 같은 책 권57(대정장25, p.468a5)에 "법보란 제삼제이니 열반을 말한다. 네 사문으로 거두는 유학이나 무학의 공덕을 제한 나머지 벽지불 공덕이나 보살의 공덕이 이에 해당한다. 法寶者 第三諦 所謂涅槃 除四沙門所攝學無學功德 餘殘辟支佛功德 菩薩功德", 『조론소』 권상(대정장45, p.166c7)에 "진제는 곧 멸제이다. 사제 중 열반이니 곧 제삼제이다. 盡諦卽滅諦 四諦之中涅槃 卽第三諦也"라고 하였다. [참고문헌] 『別譯雜阿含經』, 『法華經』, 『大智度論』, 『肇論疏』, *Saddh-p.* ⇨ 멸제 滅諦, 사제 四諦, 사성제 四聖諦 ❷ 천태종에서 시설한 공가중(空假中) 삼제 중 세 번째 진실. 중도제일의제(中道第一義諦)를 말한다. 『마하지관』 권3(대정장46, p.28a22)에 "저 삼장(開善)이 말하는 제삼제는 단지 중도라는 이름만 있을 뿐 별도의 체가 없고, 눈으로도 따로 볼 것이 없으며, 지혜로도 따로 알 것이 없으나 천태에서는 그렇지 않다. 제삼제는 진제라고도 하고 중도제일의제라고도 하며, 별도의 체와 별도의 견과 별도의 앎이 있다. 彼三藏第三諦 但有中道名無別體 眼無別見 智無別知 今則不爾 第三諦亦名眞諦 亦名中道第一義諦 有別體別見別知"라고 하였다. [참고문헌] 『摩訶止觀』. ⇨ 중도제일의제 中道第一義諦, 공가중 空假中, 삼제 三諦 ❸ 유식에서 삼성(三性)을 없애고 남은 삼무성(三無性). 원측(圓測)의 『인왕경소』 권중(대정장33, p.395b13・한불전1, p.72b9)에 "제삼제란 진실성의 공이다. [해] 삼성을 보내 버리고 남은 삼무성을 말한다. … 제삼제란 승의무자성성으로, 진여를 바탕으로 하고 집착함이 없는 진실한 공상이기 때문이다. 第三諦者 眞實性空 解云 除遣三性 存三無性也 … 言第三諦者 勝義無自性性 眞如爲體 而無所執 眞空相故"라고 하였다. [참고문헌] 『仁王經疏』. ⇨ 삼무성 三無性, 삼성 三性[1] ❹ 둘이 없는(無二) 뜻. 원측의 『인왕경소』 권중(대정장33, p.395b26・한불전1, p.72a1)에 "무이란 유와 무 두 가지 상을 떠남을 말한다. 용에 있어 둘이 없이 하니 제삼제를 삼는다. 言無二者 謂離有無二相 卽用無二 爲第三諦" 같은 책 권중(대정장33, p.396b26・한불전1, p.74b3)에 "일설에는 '제8지로 제삼제를 관하여 유와 무의 상을 떠남을 무이의 비춤이라 한다. 지혜로 분단생사하는 이십일생을 관하여 공적한 행을 짓는다'고 한다. 一云 第八觀第三諦 離有無相 名無二照 智觀分段二十一生 作空寂行"라고 하였다. [참고문헌] 『仁王經疏』.

제삼좌 第三座 세 번째 자리. 방장실에서 본산변사(本山辨事)와 제방변사(諸方辨事)가 앉는 자리다. 『무문관』 「삼좌설법 三座說法」(대정장48, p.296a22)에 "앙산화상이 꿈에서 미륵보살 계신 곳에 가서 제삼좌에 앉았는데, 어떤 존자가 건추를 울리고 '오늘은 제삼좌가 설법합니다' 하였다. 이에 앙산이 일어나 건추를 울리고 말했다. '마하연법은 사구를 더나고 백비마저 끊습니다'. 仰山和尙 夢見往彌勒所安第三座 有一尊者 白槌云 今日當第三座說法 山乃起白槌云 摩訶衍法離四句絶百非"라고 하였다. [참고문헌] 『無門關』. ⇨ 삼좌설법 三座說法

제삼지 第三地 보살십지(菩薩十地) 중 세 번째 위. 명지(明地)・발광지(發光地 Ⓢ prabhākarī-bhūmi)라고도 한다. 80권본 『화엄경』 권35(대정장10, p.187b13)에 "불자여! 보살마하살이 이미 제2지를 청정하게 하고 제3지에 들어가고자 한다면 열 가지 깊은 마음 일으켜야 한다. 열 가지란 무엇인가? 청정심・안주심・염사심・이탐심・불퇴심・견고심・명성심・용맹심・광심・대심이다. 보살은 이러한 열 가지 마음으로 제3지에 들어갈 수 있다. 불자여! 보살마하살이 제3지에 머물면 일체유위법의 여실상을 관한다. 佛子 菩薩摩訶薩已淨第二地 欲入第三地 當起十種深心 何等爲十 所謂 淸淨心 安住心 厭捨心 離貪心 不退心 堅固心 明盛心 勇猛心 廣心 大心 菩薩以是十心 得入第三地 佛子 菩薩摩訶薩住第三地已 觀一切有爲法如實相", 『십주비바사론』 권1(대정장26, p.23a11)에 "제3지에서는 널리 알고 많이 익혀 대중을 위해 설법하고, 능히 비추고 밝힌다. 그러므로 명지라고 한다. 第三地中 廣博多學 爲衆說法 能作照明 故名爲明地", 원측(圓測)의 『인왕경소』 권중(대정장33, p.388c6・한불전1, p.61b5)에 "명이란 밝은 지혜이니 제3지다. 세 가지 지혜의 빛으로 모든 법을 밝히므로 밝은 지혜라 한다. 明卽明慧 謂第三地 以三慧光 明諸法故 名明慧"라고 하였다. [참고문헌] 『華嚴經』, 『十住毘婆沙論』, 『仁王經疏』, *Daś-bh.3.*, *Sūtr.182.* ⇨ 명지 明地, 발광지 發光地, 보살십지 菩薩十地, 십지 十地[2]

제삼처 第三處 무색계 사선(四禪) 중 세 번째인 무소유처(無所有處 Ⓟ ākiñcaññāyatana). 『십주비바사론』 권11(대정장26, p.79c11)에 "약간의 중생은 무색계 초선정처에 태어난다. 약간의 중생은 두 번째 정처에 태어난다. 약간의 중생은 세 번째 정처에 태어난다. 약간의 중생은 네 번째 정처에 태어난다. 若干衆生 生初無色定處 若干衆生 生第二處 若干衆生 生第三處 若干衆生 生第四處"라고 하였다. [참고문헌] 『十住毘婆沙論』. ⇨ 무소유처 無所有處, 무색계 無色界

제삼천사 第三天使 Ⓟ tatiyaṃ devadūta. 삼사자(三使者) 중 염라대왕의 세 번째 사자. 『장아함경』 권19 「

세기경 世記經」(대정장1, p.126c17)에 "이때 염라왕이 … 다시 제삼천사로 하여금 죄인을 문초한 다음에 물었다. '어찌하여 그대는 제삼천사를 보지 못하였는가?' '보지 못하였습니다'. 염라왕이 다시 물었다. '그대는 본래 사람이었을 때 사람이 죽은 것을 자주 보았을 것이다. 몸이 무너지고 목숨이 다하면 여러 감각기관들이 영원히 소멸하고 몸은 마치 고목처럼 굳어지며 무덤가에 버려져 새와 들짐승의 먹이가 되거나 관에 싸이거나 불에 태워진다. 너는 이러한 것을 보지 못하였느냐?' 時 閻羅王 … 復以第三天使 問罪人言 云何汝不見第三天使耶 答言 不見 王又問言 汝本爲人時 頗見人死 身壞命終 諸根永滅 身體挺直 猶如枯木 捐棄塚間 鳥獸所食 或衣棺槨 或以火燒 汝見是不"라고 하였다. 〔참고문헌〕『長阿含經』, *MN.3.180.* ⇨ 삼사자 三使者

제상선인영 諸上善人詠 명대 도연(道衍 1335~1418) 지음. 1권. 卍속장135, pp.89a1~125a2에 수록되어 있다. 문수보살부터 도씨십육랑(陶氏十六娘)까지 극락정토에 왕생하기를 원하는 125인 각각에 대하여 칠언사구(七言四句) 형식의 영찬(詠讚) 한 수를 붙이고 그 일생의 특징을 간략하게 기술하였다. 그중 다섯 사람은 하나로 합하여 서술하였기 때문에 모두 122수이며, 비구 64인·비구니 3인·우바새 38인·우바이 10인이다. 권말에는 1381년(홍무14)에 쓴 대우(大佑)의 발문(跋文)과 1383년(홍무16)에 쓴 성심(性深)의 발문 그리고 송양차공(宋楊次公)의 「염불원문 念佛願文」 1편이 붙어 있다. ⇨ 도연 道衍 ❷

제색상 除色想 Ⓢ vibhūta-rūpa-saṃjñā, Ⓣ gzugs-dang-bral-ba'i-'du-shes. 색상을 제거한 선정. 무색정의 네 가지 근본정과 공무변처의 근분정을 제외한 세 가지 근분정을 말한다. 복제색상(伏除色想)이라고도 한다. 『발지론』 권13(대정장26, p.987c10)에 "무엇을 색상을 버렸다 하는가? 〔답〕 어떤 비구가 이와 같은 승해를 일으키는 것이다. 즉 '지금의 내 이 몸은 죽을 것이고, 죽은 후에는 상여에 오를 것이며, 상여에 올라서는 묘지로 갈 것이고, 묘지에 가서는 땅에 묻힐 것이며, 땅에 묻힌 다음에는 온갖 벌레들에게 먹힐 것이고, 온갖 여러 벌레들이 먹고서 이 온갖 벌레마저 흩어질 것이다. 흩어져 버렸으니 그는 최후에 자기의 몸을 보지 못하고, 벌레들도 역시 볼 수 없게 된다. 云何除色想耶 答 謂有苾芻 起如是勝解 今我此身將死 已死將上輿 已上輿將往塚間 已往塚間將置地 已置地 將爲種種蟲食 已爲種種蟲食 此種種蟲將散 已散 彼於最後不見自身 亦不見蟲", "또 어떤 비구가 다음과 같은 승해를 일으킨다. 즉 '지금의 내 이 몸은 장차 죽을 것이고, 죽은 후 상여에 오를 것이며 … 장작더미 위에 안치되고 화장될 것이고, 화장해 마치면 주검 태운 불마저 사라질 것이며, 사라진 다음에 그는 최후에 자기의 몸을 보지 못하며 불마저도 보지 못한다. … 이를 제색상이라고 한다. 復有苾芻 起如是勝解 今我此身將死 已死將上輿 … 已置薪積 將爲火焚 已爲火焚 此焚屍火將滅 已滅 彼於最後不見自身 亦不見火 … 是名除色想", 『대비바사론』 권137(대정장27, p.705c8)에 "〔문〕 이 제색상 그 자체는 어떤 것인가? 〔답〕 혜를 스스로의 바탕으로 삼는다. 問 此除色想 自體云何 答 慧爲自體", 『구사론』 권28(대정장29, p.145b27)에 "무색정은 어떠한가? 〔송〕 무색정도 역시 이와 같다. 사온이며 하지를 떠난다. 아울러 위의 세 가지 근분정을 모두 제색상이라 하니, 무색정이란 색이 없는 것이니 후의 색은 마음으로부터 일어난다. … 〈논〉 여기서 '떠난다'란 무슨 뜻인가? 즉 이 도에 의지해 하지혹에서 해탈하는 것을 말한다. 바로 하지의 염오를 떠나는 뜻이니, 곧 이 네 가지 근본정과 위의 세 가지 근분정을 모두 제거색상이라고 한다. 공무변처의 근분정은 이 이름을 얻지 못하는데, 하지색을 반연하여 색상을 일으키기 때문이다. 無色云何 頌曰 無色亦如是 四蘊離下地 并上三近分 總名除色想 無色謂無色 後色起從心 … 離名何義 謂由此道 解脫下地惑 是離下染義 卽此四根本 并上三近分 總說名爲 除去色想 空處近分 未得此名 緣下地色 起色想故"라고 하였다. 〔참고문헌〕『發智論』, 『大毘婆沙論』, 『俱舍論』, *Abh-k-bh.434.* ⇨ 복제색상 伏除色想, 사무색정 四無色定, 근본정 根本定, 근분정 近分定

제색작두 諸色作頭 산문의 수조국(修造局)에 소속된 여러 분야의 장인(匠人)들. 목수·도공·석공·토공들로서 사찰에서 필요한 각종 기물(器物)을 제작하고 유지보수하는 소임이다. 『선림상기전』 권7(불광장, 禪藏, p.521)에 "제색작두 : 도충이 말한다. '산문의 장인으로서 수조국에 속한 사람이다' … 『백장청규』 「제차」에서 수조국 다음으로 제색작두를 열거하였다. 도충이 말한다. '옛 설에서는 작두를 원두라고 하였으나 옳지 않다'. 諸色作頭 忠曰 山門匠人 隸修造局者 … 又同祭次 修造局之次 有諸色作頭 忠曰 舊說曰 作頭者 園頭乎 非也"라고 하였다. 〔참고문헌〕『禪林象器箋』, 『百丈淸規』 권3(대정장48, p.1128c14). ⇨ 작두 作頭, 수조국 修造局

제석 帝釋 Ⓢ Indra, Ⓟ Inda. 석제환인(釋提桓因)·석제환인다라(釋提桓因陀羅)·석가제바인달라(釋迦提婆因達羅 Ⓢ Śakraṃ devānām Indra)라고도 한다. 『리그베다』 이후 전승된 인도의 신격이다. 불교에서는 욕계 육천 중 도리천의 주인으로 수미산 정상의 희견성(喜見城)에 머물며 범천과 함께 불법을 지키는 수호신이다. 십이천 중으로는 동방의 수호신이며 사천왕과 태자들을 사천하에 보내 선악과 사정을 살핀다. 밀교에서는 태장계만다라 석가원의 존격이며 존상은 천인형이고 흰 코끼리에 앉은 채 오른손은 삼고저를 쥔 형상이다. 『장아함경』 권21 「세기경 世記經」(대정장1, p.141a26)에 "이때 도리천의 신들이 제석의 가르침을 받고 각자 장엄했다. 이때 비마질다라 아수륜은 아수륜들에게 명령하여 말했다. '너희들은 이제 저들과 싸울 것이다. 만약 이긴다면 석제환인을 잡아서 다섯 가지 끈으로 묶어서 칠엽강당에 데려오라. 내가 보고 싶다'. 時 忉利諸天受帝釋敎已 各自莊嚴 時 毘摩質多羅阿須倫命諸阿須倫而告之曰 汝等今往與彼共戰 若得勝者 捉釋提桓因 以五繫繫縛 將詣七葉講堂 吾欲觀之", 『칠불경』(대정장1, p.152c17)에 "보살이 세상에 태어날 때 도리천의 제석이 사천왕을 보냈는데 각자 대위력을 갖추고 몸은 금갑옷을 입고 손에는 활과 창검을 지니고 항상 호위하였네. 菩薩降生時 忉利天帝釋 遣彼四天王 各具大威力 身被金甲冑 手執弓刀槍 恒時常衛護", 『잡아함경』 권23(대정장2, p.167b25)에 "이때 왕은 이곳에서 갖가지 공양을 올리고 탑묘를 세웠다. … 이곳은 여래께서 하늘의 제석을 위해 설법하신 곳인데 제석과 팔만의 천들이 득도했다. 時 王於是處興種種供養 及立塔廟 … 此處如來爲天帝釋說法 帝釋及八萬諸天得道", 『별역잡아함경』 권3(대정장2, p.388c9)에 "비마질다라는 그날 밤에 제석과 전투하는 꿈을 꾸고 크게 놀랐다. 둘째 밤 역시 그러했다. 셋째날 밤에 꿈꿀 때 제석의 군대가 와서 싸우려 하였다. 이 때 비마질다는 함께 싸웠으나 아수라가 패하고 제석이 결국 아수라궁까지 쳐들어왔다. 이때 제석은 온갖 전투에서 승리하고서 선인들이 있는 곳으로 가니 선인들은 동쪽에 있었고 제석은 서쪽에 있어 서로 마주 앉았다. 毘摩質多羅卽於其夜 夢與帝釋交兵共戰 生大驚怕 第二亦爾 第三夢時 帝釋軍衆 果來求戰 時 毘摩質多卽共交兵 阿脩羅敗 帝釋逐進 至阿脩羅宮 爾時 帝釋 種種戰諍旣得勝已 詣諸仙所 諸仙在東 帝釋在西 相對而坐", 『금강반야경소론찬요』 권상(대정장33, p.155b13) "금강이란 범어로 발절라로 읽는다. 역사가 쥔 몽둥이는 이 보배이다. 금 중 최강이므로 금강이라 한다. 제석이 이것을 가졌다. 金剛者 梵云跋折羅 力士所執之杵是此寶也 金中最剛故名金剛 帝釋有之", 『일체경음의』 권18(대정장54, p.417a9)에 "제석〈삼장은 '제는 당의 말이고 석은 범어의 생략이다'라고 하였다. 바른 범어음은 삭갈라이고 중국어로 번역하면 용결이라는 뜻이다. 구역에서는 생략하여 제석이라 하였다. 여기서는 구역을 따르므로 한역과 범어 음을 함께 말했다〉. 帝釋〈三藏云 帝是唐言釋是梵語略也 正梵音云 鑠羯囉 唐語翻而譯之義當勇決 舊譯文略但云帝釋 今循古譯故雙擧之〉", 『번역명의집』 권2(대정장54, p.1077a21)에 "석제환인에 대해 『대지도론』에서는 '석가는 능으로 한역하고, 제바는 천으로 한역하며 인제는 주로 한역한다. 합쳐서 석제바나민이라 한다'고 하였고, 석가제바인다라라고도 한다. 여기에서는 생략하여 제석이라 한다. 대개 한어와 범어를 함께 말한 것이다. 釋提桓因 大論云 釋迦秦言能 提婆秦言天 因提秦言主 合而言之 云釋提婆那民 或云釋迦提婆因陀羅 今略云帝釋 蓋華梵雙擧也", 『대일경소』 권17(대정장39, p.755c22)에 "제석은 온갖 보시를 인으로 성취한다. 백 번이라도 사방의 성문을 열어 널리 보시하는 것이다. 석이란 백이고 가락은 뛰어난 보시다. 부처님은 무량한 백 가지 보시를 갖추었기에 제석이라 한다. 帝釋因百施得成也 百度開四城門廣施也 釋是百 迦落是勇施也 佛具無量百施 故名帝釋也", 같은 책 권20(대정장39, p.780c6)에 "중앙의 단을 범어로 마하인다라라고 한다. 이것은 제석존의 별명이고 또한 금강륜의 별명이다. 此中方壇者 梵名摩訶因陀羅 是帝釋尊之別名 又則金剛輪別名也"라고 하였다. 〔참고문헌〕『長阿含經』, 『七佛經』, 『雜阿含經』, 『別譯雜阿含經』, 『金剛般若經疏論纂要』, 『一切經音義』, 『翻譯名義集』, 『大日經疏』, 『大智度論』 권54(대정장25, p.443b14), *Aṣṭ-pr.17.*, *DN.1.217.* ⇨ 인다라 因陀羅 1, 석제환인 釋提桓因, 제석천 帝釋天

제석굴 帝釋窟 S Indraśailaguhā, T dbang-po'i-brag-phug. 제석천왕이 부처님께 의심나는 것을 물었던 굴. 과거부처님과도 인연이 있는 굴로 인다라굴(因陀羅窟)이라고도 한다. 마가다국에 있었고 제석암(帝釋巖)이라고도 한다. 『제석소문경 帝釋所問經』의 배경이다. 『석가방지』 권2(대정장51, p.965a9)이 "또한 동남쪽 5리 지점에 탑이 있는데 가섭파부처님 때에 있었던 3억 아라한이 함께 입멸한 자리이다. 다시 동쪽으로 30여 리를 가면 제석굴이 있다. 암곡은 험준하고 꽃나무가 무성하다. 두 봉우리가 우뚝한데 서쪽 바위가 남쪽으로 석굴을 마주하고 있다. 부처님께서 일찍이 이곳에 머무실 때 제석천이 마흔두 가지 의심을 석벽에 그려서 여쭈었는데 그 흔적이 아직 남아있다. 又東南五里塔 迦葉波佛時有三億大羅漢 同此入滅處 又東三十餘里帝釋窟也 巖谷危險華林竦茂 兩峯特起西巖南面石室 佛曾止往 釋以四十二疑畫石請問 其跡向存"라고 하였다. 〔참고문헌〕『釋迦方志』, *Mvyut.194.* ⇨ 인다라굴 因陀羅窟

제석굴설법상 간다라 3세기

제석굿 帝釋○ 서울굿의 열두거리 중 하나. 제석천(帝釋天)이 이승의 가택(家宅)에 머물며 망자와 그 자손의 수복(壽福)을 빌어주는 무속의례다. 국가무형문화재 제98호 경기도도당굿(京畿道都堂굿) 중 제석청배(帝釋請

야차, 공중에 머무는 야차, 천에 머무는 야차이다. 『석론』에서 말한 것은 천에 머무는 야차이다. 夜叉惡鬼者 釋論云 帝釋城有九百九十九門 門有六青衣夜叉 然夜叉有三 地住空住天住 釋論擧天住者耳"라고 하였다. 〔참고문헌〕『法華義疏』. ⇨선견성 善見城

제석소문경 帝釋所問經 조송(趙宋)대 법현(法賢) 한역. 1권. 고려장34, pp.563a1~568c10, No.1252·대정장1, pp.246b2~250c7, No.15에 수록되어 있다. 『장아함경』 제14경 「석제환인문경 釋帝桓因問經」(대정장1, pp.62b28~66a4)·『중아함경』 제134경 「석문경 釋問經」(대정장1, pp.632c27~638c5)·『잡보장경 雜寶藏經』 제6 「제석문사연 帝釋問事緣」(대정장4, pp.476a17~478b8)과 문헌적 관련이 있다. 상응하는 팔리경전은 디가니카야 제21경 *Sakkapañha-sutta* (*DN.2*, pp.263~289)이다. 부처님께서 마가다국 제석암(帝釋巖)에서 제석천에게 괴로움의 인과 팔정도(八正道)에 대해 설법하는 내용이다. 부처님께서는 제석천에게 괴로움은 허망한 인에서 생겨나는 것이므로 그것을 없애면 괴로움이 일어나지 않으므로 번뇌의 허망한 인을 없애기 위한 팔정도를 닦아야 한다고 설하셨다. 이를 들은 제석천은 환희하며 불교에 귀의하였다. 이 경에 석가족 여인 밀행(密行)이 출가하여 여인의 몸을 염오하여 도리천에 태어나 제석천의 아들이 되었다는 내용이 있는데, 이는 후대 『법화경』의 변성남자(變性男子)에 영향을 준 것으로 추정하기도 한다. ⇨석제환인문경 釋提桓因問經

제석숙인 帝釋宿因 제석천의 과거 인연. 『대지도론』 권56(대정장25, p.458a23)에 "〔문〕 앞에서 '석'은 자이고 '제환인'은 하늘의 주인이라는 뜻이라고 하였는데 지금 부처님께서 왜 '석'이라고 하시지 않고 '교시가'라고 하시는가? 〔답〕 옛날 마가다국에 이름은 마가이고 성은 교시가라는 바라문이 있었는데 복덕과 큰 지혜가 있었고 친구들 서른세 명과 함께 복덕을 닦았다. 목숨이 다한 후에 모두 수미산 정상의 두 번째 천에 태어났는데 마가바라문은 천주가 되었고, 서른두 명의 친구들은 보필하는 신하가 되었다. 이들이 서른세 명이므로 삼십삼천이라 한 것이다. 본래의 성을 불렀기에 교시가라 하였다. 천주라고도 하고, 천안 등이라고도 하지만 어른께서 부르셨으므로 그 성을 칭하신 것이다. 問曰 先言釋是字 提桓因是天主 今佛何以不言釋 乃命言憍尸迦 答曰 昔摩伽陀國中 有婆羅門名摩伽 姓憍尸迦 有福德大智慧 知友三十三人共修福德 命終皆生須彌山頂第二天上 摩伽婆羅門爲天主 三十二人爲輔臣 以此三十三人故 名爲三十三天 喚其本姓 故言憍尸迦 或言天主 或言千眼等 大人喚之 故稱其姓"라고 하였다. 〔참고문헌〕『大智度論』. ⇨제석천 帝釋天, 석제환인 釋提桓因

제석신앙 帝釋信仰 제석천을 믿어 모시는 일. 『삼국유사』 권1(대정장49, p.968b13·한불전6, p.281a4) 기이1 천사옥대(天賜玉帶)에 "내제석궁〈또한 천주사라고도 하는데 왕이 창건하였다〉. 內帝釋宮〈亦名天柱寺 王之所創〉", 『고려사』 권7 세가(世家)7 문종 즉위년(1046) 12월 1일에 "백관이 건덕전에 나아가 성평절을 경하하였다. … 성평절은 왕의 생일인데, 매년 절일을 맞아 국가가 외제석원에서 기상영복도량을 설행하였다. 百官詣乾德殿 賀成平節 … 成平節 王生日也 每遇節日 國家設祈祥迎福道場於外帝釋院七日", 같은 책 권123 열전(列傳) 36 영의(榮儀)에 " 영의가 '수명을 연장하고 싶으시면 모름지기 천제석과 관음보살을 섬겨야 합니다'라 하자, 왕(의종)이 그 형상을 많이 그려서 중외사원에 나누어 보내어 범채를 널리 설행하였는데, 축성법회라 불렀다. 奏曰 如欲延壽 須事天帝釋觀音菩薩 王多畫其像 分送中外寺院 廣設梵采 號曰祝聖法會", 「운문사원응국사비문 雲門寺圓應國師碑文」에 "만약 기일이라면 『섬자경』 중에 설한 일체보살의 본생담에 의지하여 제석에게 목숨을 청하리라. 若以爲忌 吾依睒子經中□ 請命帝釋"라고 하였다. 〔참고문헌〕『三國遺事』, 『高麗史』, 李智冠 『校勘譯註歷代高僧碑文』 高麗篇3 p.285, 안지원 『고려의 국가 불교의례와 문화』(서울대출판부, 2005). ⇨제석 帝釋, 제석천 帝釋天, 제석도량 帝釋道場, 제석천도 帝釋天圖

제석심경 帝釋心經 ➡제석반야바라밀다심경 帝釋般若波羅蜜多心經

제석암 帝釋庵 경상북도 경산시 자인면 북사리 도천산(到天山)에 있는 제석사(帝釋寺). 〔참고문헌〕 韓國寺刹全書』 권하 p.1022a4 欄外. ⇨제석사 帝釋寺 ❶

제석암 帝釋巖 ➡제석굴 帝釋窟

제석암비밀성취의궤 帝釋巖祕密成就儀軌 송대 시호(施護) 한역. 밀교 의궤. 1권. 고려장40, pp.83c1~86c11, No.1416·대정장19, pp.95c5~97a1, No.940에 수록되어 있다. 석가모니부처님께서 금강수비밀주보살(金剛手大祕密主菩薩)에게 마가다국 북쪽 위제희산(韋提希山) 제석암에 미륵보살이 좌정하고 있다고 말씀하시고 현생에 미륵보살을 만날 수 있는 성취법과 근본진언을 설하시는 내용이다. 본 경전의 특이한 점은 미륵보살을 찾아가는 행보가 마치 의궤처럼 설해지고 있고, 본 경전에 의궤라는 이름이 붙여진 이유다.

제석여수라전 帝釋與修羅戰 제석천과 아수라의 전투.

싸움의 연유는 문헌마다 다르지만 대체로 아수라는 제석천의 감로를 비롯한 음식을 탐했고 제석천은 아수라의 여색을 탐하여 다투었다고 전한다. 『법화의소』 권1(대정장34, p.465c7)에 "〔문〕 아수라는 무슨 이유로 항상 제석천과 싸우는가? 〔답〕 『아비담비바사론』에 '아수라에게는 미녀가 있지만 맛있는 음식이 없고, 제천에게는 맛있는 음식은 있지만 미녀가 없어 서로 미워하며 질시하므로 항상 전투를 벌인다'라고 한다. 問 修羅何故常與帝釋戰 答 婆沙云 修羅有美女 而無好食 諸天有好食 而無美女 互相憎嫉 故恒鬪戰也", 『화엄경소초』 권19(대정장36, p.151a10)에 "아수라는 제천이 지닌 감로미를 질투하였고, 제천은 아수라의 여색을 구하려 하였다. 그로 인하여 다툼이 일어나면서 온갖 인연이 생겼다. 修羅嫉天有甘露味 諸天求修羅之女色 因起諍競 廣有因緣", 『법화경대성음의』(卍속장51, p.457a13)에 "제석천은 아수라와 전투에서 승리한 기념으로 건물을 지었는데 장엄하고 빼어나게 아름다웠다. 목련이 가서 보았는데 모든 천녀가 숨어서 몸을 감추고 나타나지 않았다. 목련은 제석천이 쾌락에 빠져 도를 닦지 않는다고 생각한 끝에 신통력으로 그 전승기념 건물을 불살라버리고 그 핑계로 제석에게 무상 등의 법을 설해 주자 제석천은 몹시 기뻐하였다. 나중에 보니 건물은 그대로 남아 있었고 불과 연기로 그을린 자욱이 전혀 없었다. 帝釋與修羅戰勝 造得勝堂 莊嚴奇麗 目連往看 諸天女皆隱 避不出 目連念帝釋著樂 不修道本 乃以神通 焚得勝堂 仍爲帝釋說 無常等法 帝釋歡喜 後堂儼然 無灰烟色", 『유가론기』 권2(대정장42, p.340a11·한불전13, p.95b13)에 "제석과 수라가 전투를 할 때 위의 사천이 각각 천중을 파견하여 제석을 도우러 왔다. 帝釋與修羅戰時 上之四天 各遣天衆 來助帝釋"라고 하였다. 〔참고문헌〕 『法華義疏』, 『華嚴經疏鈔』, 『法華經大成音義』, 『瑜伽論記』, 『阿毘曇毘婆沙論』 권7(대정장28, p.50a19).

제석역사 帝釋力士 제석천의 역사. 금강역사(金剛力士)인 나라연(Ⓢ Nārāyaṇa)을 가리킨다. 『화엄경탐현기』 권15(대정장35, p.396a29)에 "나라연은 견뢰라고 한역하며, 곧 제석역사의 이름이다. 那羅延者 此云堅牢 卽帝釋力士之名"라고 하였다. 〔참고문헌〕 『華嚴經探玄記』. ⇨ 금강역사 金剛力士, 나라연 那羅延, 나라연력집금강 那羅延力執金剛

제석예참 帝釋禮懺 제석천에 드리는 예참 기도. 고려시대 이래로 개성의 현성사(賢聖寺)와 건성사(乾聖寺)에서 호국적 성격의 제석도량(帝釋道場)과 제석재(帝釋齋) 등을 봉행하여 조선전기까지 이어졌다. 『태종실록』 권1 1년(1401) 1월 7일에 "건성사에서 제석예참을, 진관사에서 수륙재를 베풀었다. 設帝釋禮懺于乾聖寺 水陸齋于津關寺"라고 하였다. 〔참고문헌〕 『太宗實錄』. ⇨ 제석도량 帝釋道場, 제석재 帝釋齋

제석왕 帝釋王 Ⓢ Indrarāja, Ⓣ dbang-po'i-rgyal-po. 제석천(帝釋天)의 다른 이름. 『정법염처경』 권47(대정장17, p.279a22)에 "처음 제석은 암서마라고 하였는데 이미 삼십삼천왕이었다. 자신의 복이 다하였기에 대해의 마가라라는 거대한 물고기가 되었다. 본래 사람들 속에 있을 때 사냥꾼과 어부가 되어 항상 물고기를 많이 죽였고 또한 항상 부처님께 예불하였다. 예불한 업으로 삼십삼천에 태어나 제석왕이 되었다. 初帝釋者 名菴舒摩 旣作三十三天王已 自福盡故 生大海中作摩伽羅大身之魚 本在人中 作獵魚師 常多殺魚 亦常禮佛 以禮佛業 是故得生三十三天 爲帝釋王", 『입능가경』 권3(대정장16, p.533c15 : *Laṅk.*, p.101)에 "이때 시방 일체제불은 각각 손을 뻗어 연화왕좌 위의 보살마하살의 정수리를 쓰다듬으니 마치 득자재왕·제석왕·전륜왕이 태자를 관정하여 왕위를 수여하는 것과 같았다. 爾時十方一切諸佛 各申其手 遙摩蓮花王座上菩薩摩訶薩頂 如得自在王帝釋王轉輪王 灌太子頂授位故 daśadiglokadhātvāgatā jinakarās-tasya bodhisattvasya mahāsattvasya padmavimānāsanasthasya mūrdhany-abhiṣiñcanti vaśavarti-cakravarti-indrarājavat-sarvakāyamukhapāṇy-abhiṣekena"라고 하였다. 〔참고문헌〕 『正法念處經』, 『入楞伽經』, *Laṅk.* ⇨ 제석천 帝釋天

제석원 帝釋院 **1** 경상북도 경주시 인왕동에 있던 천주사(天柱寺). 1845년(헌종11)에 편찬된 『동경잡기』 권2 불우에 "(천주사는) 신라왕의 내불당이며, 지금의 제석원이다. 나라 사람들이 해마다 마당에 이름난 꽃을 심고 복을 빈다. 卽新羅王內佛堂 今帝釋院也 國人歲植名花于庭 祈福"라고 하였다. 〔참고문헌〕 『東京雜記』. ⇨ 천주사 天柱寺 **2** 황해북도 개성시에 있던 절. 고려왕실에서 창건하였고, 내제석원(內帝釋院)과 외제석원(外帝釋院)이 있었다. 『고려사』 권1 세가(世家)1 태조 11년(928) 8월에 "신라 스님 홍경이 당 민부에서 대장경 1부를 배에 싣고 예성강에 이르자, 왕이 친히 맞이하고 제석원에 두었다. 新羅僧洪慶 自唐閩府 航載大藏經一部 至禮成江 王親迎之 置于帝釋院", 같은 책 권2 세가2 정종 4년(949) 3월 13일에 "왕의 병이 심하여 동모제인 왕소를 불러 선양하고 제석원으로 처소를 옮겼다가 세상을 떠났다. 王疾篤 召母弟昭內禪 移御帝釋院薨"라고 하였다. 〔참고문헌〕 『高麗史』, 『韓國寺刹全書』 권하 p.1022a5. ⇨ 내제석원 內帝釋院, 외제석원 外帝釋院

제석위불조강당 帝釋爲佛造講堂 제석이 부처님을 위해 강당을 건립한 고사. 『찬집백연경』 권2(대정장4, p.

208c13)에 "부처님께서 왕사성 가란다죽림에 계셨다. 이때 세존께서 아라한 육만이천 명을 데리고 구비라국으로 가셨다. 그곳 사람들은 품성이 현명하고 선했으며 인자하고 효순하며 도량이 넓고 관대했다. 이때 여래께서 이런 생각을 하셨다. '내가 이제 우두전단으로 중각강당을 지어 이 사람들을 교화해야겠다'. 이렇게 생각하자 제석천이 부처님의 마음을 알고서 천・용・야차・구반다 등과 함께 각각 우두전단 나무를 부처님께 바치고 여래를 위해 대강당을 지었고 하늘의 상・탑・와구・피욕・천수다식이 저절로 갖추어져서 부처님과 승가에 공양했다. 佛在王舍城迦蘭陀竹林 爾時 世尊將諸羅漢六萬二千 詣拘毘羅國 彼諸民衆 稟性賢善 慈仁孝順 意志寬博 於時如來作是念言 吾今當作牛頭栴檀重閣講堂 化彼民衆 作是念已 時天帝釋知佛心念 卽共天 龍 夜叉 究槃茶等 各各齎持牛頭栴檀樹 奉上世尊 爲於如來 造大講堂 天諸床榻臥具被褥 天須陀食 自然備有 供養佛僧"라고 하였다. 〔참고문헌〕『撰集百緣經』. ⇨ 중각강당 重閣講堂

제석이명 帝釋異名 제석천이 가졌던 여러 가지 다른 이름들. 『잡아함경』 권40(대정장2, p.290c23)에 "부처님께서 비구에게 말씀하셨다. '석제환인이 과거세에 사람이었을 때 돈시를 행하였다. 사문・바라문이 빈궁하고 곤고하여 살기를 구하며 길에서 구걸하면 음식・전재・곡・백・화향・엄구・상와・등명을 보시하는 것을 능히 감당할 수 있었으므로 석제환인이라 하였다. … 석제환인이 본래 사람이었을 때 자주 의복・음식 내지 등명을 보시했다. 이러한 인연으로 부란다라(Ⓟ Purindada)라고 하였다. … 석제환인이 본래 사람이었을 때 자주 바선사의로 보시하고 공양했다. 이러한 인연으로 석제환인을 사바바(Ⓟ Sahassakkha)라고 하였다. … 석제환인이 본래 사람이었을 때 교시족 사람이었다. 이러한 인연으로 석제환인을 교시가라고도 하였다. … 사지라는 이름의 아수라녀가 천제석의 첫째 천후가 되었으므로 제석을 사지발지(Ⓟ Sujampati)라고 하였다. … 석제환인이 본래 사람이었을 때 총명한 지혜로 한 번 앉은 동안 천 가지 뜻을 생각하고 관찰하고 헤아렸다. 이러한 인연으로 천제석을 천안이라고도 하였다. … 천제석은 삼십삼천에서 왕이 되고 주가 되었다. 이러한 인연으로 천제석을 인제리라고 하였다. … 그리하여 석제환인이 본래 사람이었을 때 일곱 가지 수를 수지하였다. 이러한 인연으로 천제석이 되었다. 佛告比丘 釋提桓因 本爲人時 行於頓施 沙門 婆羅門 貧窮困苦 求生行路乞 施以飮食 錢財 穀 帛 華香 嚴具 床臥 燈明 以堪能故 名釋提桓因 … 彼釋提桓因 本爲人時 數數行施衣被 飮食乃至燈明 以是因緣 故名富蘭陀羅 … 彼釋提桓因 本爲人時 數以婆詵私衣布施供養 以是因緣故 釋提桓因 名娑婆婆 … 彼釋提桓因 本爲人時 爲憍尸族姓人 以是因緣故 彼釋提桓因 復名憍尸迦 … 彼阿修羅女 名曰舍脂 爲天帝釋第一天后 是故帝釋 名舍脂鉢低 … 彼釋提桓因 本爲人時 聰明智慧 於一坐間 思千種義 觀察稱量 以是因緣 彼天帝釋 復名千眼 … 彼天帝釋 於諸三十三天 爲王爲主 以是因緣故 彼天帝釋 名因提利 … 然彼釋提桓因 本爲人時 受持七種受 以是因緣 得天帝釋"라고 하였다. 〔참고문헌〕『雜阿含經』, *SN.1.229*. ⇨ 석제환인 釋帝桓因, 부란다라 富蘭陀羅, 교시가 憍尸迦, 천제석 天帝釋

제석자 帝釋子 제석천의 아들. 『제석소문경』(대정장1, p.247c10)에 "나는 예전에 그대와 함께 다니며 부처님 곁에서 정법을 듣고 믿음을 일으키고 불계를 지니며 성인들에게 공양드렸네. 나는 바른 실천을 행하였기에 제석천의 아들이 되어 신의 대위력을 얻고 스스로 밀행이라 이름 붙였네. 我昔汝同行 近佛聞正法 起信持佛戒 及供養聖衆 我因行正行 得爲帝釋子 具天大威力 自知名密行", 『아비담비바사론』 권29(대정장28, p.215c26)에 "이때 구이는 법을 들었기에 기쁜 마음이 일어났다. 여인의 몸을 싫어하고 남자의 몸을 원하였으며 목숨이 다한 후에 삼십삼천에 태어나 제석천의 아들이 되었다. 爾時瞿夷 以聞法故 心生欣樂 厭患女身 願男子身 命終之後 生三十三天 爲帝釋子"라고 하였다. 〔참고문헌〕『帝釋所問經』, 『阿毘曇毘婆沙論』. ⇨ 제석천 帝釋天

제석자의라후라이화험지 諸釋子疑羅睺羅以火驗之 석가족 사람들이 라후라와 야수다라(耶輸陀羅)를 불구덩이에서 시험한 일화. 제석자이화취험라후라(諸釋子以火聚驗羅睺羅)라고도 한다. 『잡보장경』 권10 「라후라인연 羅睺羅因緣」(대정장4, p.496b13)에 실려 있는 고사를 말한다. 이야기에 따르면 석존께서 성도하기 전 태자였을 때 그의 부인이었던 야수다라는 태중에 아이를 임신하고 있었다. 태자가 출가하여 6년 고행하는 동안 야수다라는 기이하게 아이를 출산하지 않고 계속 임신한 채 지내다가 6년이 지나자 라훌라를 출산했다. 석가족 사람들은 야수다라의 외도를 의심하여 비난했다. 야수다라 모자는 결백을 증명하기 위해 불구덩이에 뛰어들었는데 불구덩이가 순식간에 연못으로 바뀌었고 야수다라는 연꽃 위에 있었다. 이에 사람들이 의심을 거두었다는 내용이다(佛初出家夜 佛子羅睺羅 始入于胎 悉達菩薩 六年苦行 於菩提樹下 … 豁然大悟 成無上道 … 於初成道夜 生羅睺羅 擧宮婇女 咸皆慚恥 生大憂惱 … 淨飯王極大瞋恚 問諸釋言 今當云何苦毒殺害 復有釋言 如我意者 當作火坑 擲置火中 使其母子 都無遺餘 … 卽掘火坑 以佉陀羅木 積於坑中 以火焚之 卽將耶輸陀羅 至火坑邊 時耶輸陀羅 見火坑已 方大驚怖 … 念菩薩言 汝有慈悲 憐愍一切 … 卽時向佛方所 一心敬禮 復拜諸釋 合掌向火 而說實語 我此兒者 實不從他而有斯子 若實不虛 猶六年

在我胎中者 火當消滅 終不燒害我之母子 作是語已 卽入火中 而此火坑 變爲水池 自見己身 處蓮花上 都無恐怖 顔色和悅 合掌向諸釋言 若我虛妄 應卽燋死 以今此兒實菩薩子 以我實語 得免火患). [참고문헌]『雜寶藏經』. ⇨ 라후라 羅睺羅, 야수다라 耶輸陀羅

제석재 帝釋齋 호법신인 제석천의 가호를 비는 재. 『고려사』 권19 세가(世家)19 명종 6년(1176) 5월 2일에 "왕이 친히 현성사에서 제석재를 설행하였다. 親設帝釋齋于賢聖寺", 같은 책 권22 세가22 고종 3년(1216) 3월 15일에 "처음으로 건성사에 행차하여 제석재를 지냈다. 始幸乾聖寺 行帝釋齋", 『태종실록』 권6 3년(1403) 12월 2일에 "건성사에서 제석재를 지내 왕의 수명을 빌었다. 設帝釋齋於乾聖寺 乞命也"라고 하였다. [참고문헌]『高麗史』, 『太宗實錄』. ⇨ 제석도량 帝釋道場

제석지 帝釋持 석가비릉가마니보(釋迦毘楞伽摩尼寶 Ⓢ Śakra-abhilagna-maṇi-ratna)의 한역어. 하늘에서 시방을 두루 비추는 보주(寶珠)로 제석천이 지니고 다니므로 '제석지'라고 한역한다. ⇨ 석가비릉가마니보 釋迦毘楞伽摩尼寶, 비릉가보 毘楞伽寶

제석처 帝釋處 제석천이 머무는 곳. 삼십삼천의 정상을 말한다. 『불소행찬』 권5(대정장4, p.49b11)에 "어떤 이가 게으름을 피우지 않으면 제석천이 머무는 삼십삼천에 태어나고, 마음대로 방일하는 이는 아수라의 세계에 떨어진다. 若人不放逸 得生帝釋處 縱心放逸者 則墮阿修羅", 『니건자소설경』 권2(대정장9, p.329a8)에 "마음을 섭수하여 방일하지 않으면 하늘의 제석천의 자리에 태어나네. 모든 중생은 목숨을 아끼지 않는 이가 없으니 왕이 만약 장수를 구한다면 살생하지 말아야 하네. 攝心不放逸 生天帝釋處 一切諸衆生 無不愛壽命 王若求長生 不應行殺害"라고 하였다. [참고문헌]『佛所行讚』, 『尼乾子所說經』. ⇨ 도리천 忉利天

제석천 帝釋天 ❶ Ⓢ Śakra devānām-indra, Ⓣ lha'i-dbang-po-brgya-byin. 고대 인도의 신인 인드라(Ⓢ Indra : 因陀羅)를 기원으로 한다. 사가라(舍迦羅·沙伽羅·娑迦羅)·석가라(釋迦羅)·석가제환인다라(釋迦提桓因陀羅)·석제환인(釋帝桓因)·석가제바(釋迦提婆)·석가제바인다라·석가제바인제(釋迦提婆因提)·석게라(釋揭羅) 등으로 음사하며, 석(釋)·제석(帝釋)·천제석(天帝釋)·석가천주(釋迦天主)·천주(天主)·인다라(因陀羅)·교시가(憍尸迦)·마가바(摩伽婆)·바사바(婆娑婆)·바차바(婆蹉婆)·부란타라(富蘭陀羅)·사바바(娑婆婆)·천안(千眼)이라고도 한다. 범천(梵天)과 함께 불법(佛法)의 수호신이다. 『유가사지론』 권2(대정장30, p.287b16 : *Yogā-bh.*, p.41)에 "소미려산 꼭대기 중앙에 제석천의 궁전을 건립하였는데 세로와 폭이 일만유선나이고, 그 이외의 처소는 그 모든 하늘의 촌읍과 취락이다. 그 산의 사방은 사대주를 마주하고 있는데, 네 가지 보물로 이루어져 있다. 말하자면 남섬부주를 마주하는 쪽은 유리로 되어 있고, 동비제하주를 마주하는 쪽은 백은으로 되어 있으며, 서구다니주를 마주하는 쪽은 황금으로 되어 있고, 북구로주를 마주하는 쪽은 파지로 되어 있다. 於蘇迷盧頂處中 建立帝釋天宮 縱廣十千踰繕那量 所餘之處 是彼諸天村邑聚落 其山四面對四大洲 四寶所成 謂對贍部洲琉璃爲面 對毘提訶白銀爲面 對瞿陀尼黃金爲面 對拘盧洲頗胝爲面 tasmiṃśca sumerutale devapurī sanniviṣṭā daśayojanasahasraparimāṇā dairdhyeṇa vaipulyena ca. anyatra teṣāṃ devānāṃ grāmanigamajanapadāḥ. tasya sumeroścatvāri mukhāni. jambūdvīpādayaścatvāro dvīpāḥ. te tasya bhavanti catvāraḥ pārśvāḥ. yo jambūdvīpamukhaḥ pārśvaḥ sa vaidūryamayaḥ. yaḥ pūrvavidehamukhaḥ sa rūpyamayaḥ. yo'varagodānīyamukha sa suvarṇamayaḥ. ya uttarakurumukhaḥ sa sphaṭikamayaḥ"라고 하였다. [참고문헌]『瑜伽師地論』, *Yogā-bh.*, *Śraddh-p.416*. ⇨ 인다라 因陀羅❶, 제석 帝釋, 석제환인 釋帝桓因, 사천왕 四天王, 범천 梵天, 아수라 阿修羅, 신중 神衆 ❷ 밀교의 호세팔방천(護世八方天)·십이천(十二天) 중 한 분. 태장만다라 최외원 동쪽과 북쪽에 위치한 존격. 삼매야형은 독고저, 종자는 (śa) 또는 (ī). 수인은 제석천인이다. 인상은 양손을 내박하고 양손의 검지를 곧게 세워 바늘처럼 만들고 양손의 엄지를 나란하게 붙인 형상이다. 진언은 『대일경』 권2(대정장18, p.15a29)에 의하면 "나마 사만다발타남 삭흘라야 사바하

제석천 태장만다라 최외원 동방

제석천 태장만다라 최외원 북방

南麼 三曼多勃馱喃 鑠吃囉也 莎訶 namaḥ samantabuddhānāṃ śakrāya svāhā 두루하신 제불께 귀의합니다. 제석천께 스바하" 이다. 형상은 붉은 색이고 분노형이다. 왼손에는 독고저를 들고 왼손은 주먹을 쥔 채 허리에 붙였으며 갑옷과 천의를 입고 앉은 모습이다. 최외원 북방의 제석천은 황금색 몸에 보관을 썼으며 제3의 눈을 가지고 오른손에 독고저를 가슴 위로 올려 쥐고, 왼손은 주먹 쥐어 무릎 위에 올렸으며 산꼭대기 위에 앉은 모습이다. 『리그베다』의 인드라에서 유래한 신격으로 불교에 수용되면서 동방을 수호하고 마장과 외부의 적을 물리치는 호법신이 되었다. 『현법사의궤』 권하(대정장18, p.124a18)에 "동문의 제석천은 묘고산에 머물며 보관에 영락을 두르고 손에는 독고저를 들었네. 東門帝釋天 安住妙高山 寶冠被瓔珞 手持獨股杵"라고 하였다. [참고문헌] 『玄法寺儀軌』, 『曼荼羅図典』(大法輪閣, 2002). ⇨ 십이천 十二天, 호세팔방천 護世八方天

제석천 일본 경도 동사 1127년

제석천도 帝釋天圖 수미산 정상의 도리천(忉利天)을 다스리는 호법신인 제석천을 그린 불화. 제석탱화(帝釋幀畵)라고도 한다. [도상의 연원과 전개] 제석천은 인도 고대의 인드라(Ⓢ Indra : 因陀羅)가 불교에 수용된 존상으로 주로 금강저를 손에 든 무신(武神)으로 형상화한다. 쿠샨(Ⓢ Kuṣāṇa)대 이후에는 주로 범천과 짝을 이루며 부처님의 탄생·관욕(灌浴)·유성출가(踰城出家)·범천권청·사위성신변(舍衛城神變)·도리천강하·제석굴설법·열반 등의 불전장면에 등장하였는데, 이러한 도상은 이후 굽타시대 및 서역의 키질(Kizil) 벽화 등에서도 계승되었다. 당(唐) 이후에도 석굴사원이나 사찰벽화, 수륙회도(水陸會圖) 등에 불보살의 협시나 권속으로서 관리형(官吏形)·천녀형(天女形)으로 표현되었다. [한국 제석천도의 도상] 우리나라에서 제석천은 불법의 수호신일 뿐만 아니라 재래의 천신으로도 여겨져 고대부터 전승되었다. 불화에 표현된 제석천의 도상은 독존으로 그려지기도 하지만 불보살의 권속이나 신중도 중에 등장하기도 하는데, 불보살의 권속일 경우에는 대부분 범천과 짝을 이룬다. ① 고려시대 : 현존하는 제석천도 중 가장 이른 시기의 것은 고려시대의 작품으로 일본 정가당문고미술관(靜嘉堂文庫美術館)과〈그림1〉 성택원(聖澤院)에 제석천도가 전한다. 두 작품 모두 14세기에 제작된 것으로 추정되는 견본채색화(絹本彩色畵)이며, 독존 좌상(坐像)이다. 제석천은 화려한 보관(寶冠)과 복식을 착용하고 용두(龍頭) 장식이 있는 의자에 앉아 도리천의 선견성(善見城)이 그려진 부채를 들고 있다. ② 조선시대 : 조선의 제석천도는 주로 사찰의 정문, 대루(大樓)와 같이 크고 개방된 공간이나 법당 내부의 중단(中壇)에 봉안되었다. 조선전기 제석천의 착의법·지물·자세 등은 고려의 제석천도를 계승하고 있으나, 독존도 형식이 아닌 군도(群圖) 형식으로 제작되어 화면에 많은 권속이 등장하는 것이 특징이다. 1583년(선조16)에 제작된 일본 덕도현(德島縣) 선각사(善覺寺) 소장 제석천도〈그림2〉는 화면 중앙에 앉아 있는 제석천을 중심으로 좌우에는 협시보살·일월천자(日月天子)·주악천인(奏樂天人)·동자동녀·공양녀 등이 좌우대칭으로 둘러싸고 있다. 화기(畫記)에 "만력 11년 계미 … 부여 망월산 경□사의 대루를 단청하고 좌우에 제석탱을 처음으로 조성하였다. 萬曆十一年癸未 … 扶餘地望月山敬□寺 大樓丹青 及左右帝釋幀 創成"라고 하여 제석천도 2점을 동시에 조성 봉안하였음을 알 수 있다. 이외 일본 영평사(永平寺)에는 1483년(성종14)에 조성된 삼제석천도(三帝釋天圖)가 전해지고 있는데, 제석천 세 존을 한 화면에 그린 독특한 도상이다. 조선후기가 되면 이전 시기 제석천도의 형식과 도상을 계승하면서도 화면 크기와 권속의 수가 줄어드는 변화가 생긴다. 제석천의 지물도 선견성이 그려진 부채에서 모란이나 연꽃으로 바뀌고 설법인(說法印)을 결하기도 하며, 주변 권속들의 지물이나 자세도 다양해진다. 1748년(영조24)에 조성된 국립중앙박물관 소장 한천사(寒天寺) 제석천도〈그림3〉는 병풍 앞 의자에 앉은

〈그림1〉 제석천도 일본 정가당문고미술관 고려후기

〈그림2〉 일본 선각사 조선 1583년

〈그림3〉제석삼존도 국립중앙박물관 1748년

제석천이 모란을 손에 들고 있는데, 아래에는 합장한 보살이 시립해 있고 그 뒤로는 천자 2명, 동자 2명이 서 있다. 또한 18세기가 되면 제석천도를 범천도나 천룡도(天龍圖)와 함께 조성하여 같이 봉안하거나 제석천도와 천룡도가 합쳐진 '제석천룡도'를 조성하기도 하는데, 1741년(영조17)에 제작한 흥국사(興國寺) 제석천룡도〈그림4〉 등 여러 형식의 제석천도가 전한다. 특히 신중탱(神衆幀) 하단에 위태천(韋馱天)이 자리하고 상단에 좌우로 제석천과 범천(梵天)이 나란히 서있고 일천자와 월천자가 시위하고 있는 역삼각형 구도〈그림5〉로 모시거나 또는 위태천과 나란히 중심에 자리하기도 한다〈그림6〉. 한편 조선후기에는 신중신앙이 성행하면서 신중도의 제작이 급증하는데 대부분의 신중도에는 제석천이 반드시 등장하며, 도상의 비중이나 존상배치 등이 제석천도의 도상변화와 맞물리며 전개된다. [참고문헌] 『신중 불교의 수호신들』(국립중앙박물관, 2013) pp.8~59. ⇨제석 帝釋, 제석천 帝釋天, 제석천상 帝釋天像, 위태천 韋馱天, 천 天

〈그림4〉 여수 흥국사 1741년

〈그림5〉 국립중앙박물관 1855년

〈그림6〉 건륭57년명신중도
양산 통도사 1792년

제석천룡도 帝釋天龍圖 ➡제석천도 帝釋天圖

제석천법 帝釋天法 ➡십이천 十二天

제석천비 帝釋天妃 Ⓢ Indrāṇī, Aindrī. 칠모여천(七母女天) 중 한 분. 제석천녀(帝釋天女)·연날리(燕捺利)·인날리(印捺哩) 등이라고도 한다. 태장도상(胎藏圖像)에는 동방 제석천 곁에 있는데 『대일경소』에서는 칠모녀를 염마왕의 권속으로 분류하고, 아사리소전만다라(阿闍利所傳蔓荼羅)에서는 남쪽에 안치한다. 태장현도만다라에는 칠모여천 중 범천모(梵天母)·구마리(鳩摩利)와 함께 외원 서쪽에 위치한다. 태장도상에 의하면 존형의 몸은 살색이고 왼손으로 아직 피지 않은 연꽃을 쥐었으며 오른손은 독고저를 든 채 허리에 위치한 형상이다. 삼매야형은 함련화(含蓮華), 또는 칠모여천 공통의 삼매야형인 퇴(槌)를 쓴다. 종자는 (ai) 또는 (ma)를 쓰거나 칠모여천 공통의 종자인 (ca)를 쓴다. 수인과 진언은 제석천과 같다. ⇨칠모천 七母天, 제석천 帝釋天, 제석천후 帝釋天后

제석천상 帝釋天像 제석천을 조각이나 회화 등으로 형상화한 모습. 주로 범천과 함께 부처님의 협시로 등장하며 쿠샨(Ⓢ Kuṣāṇa)시대 이후 도상특징이 정형화되었다. 범천은 머리를 묶고 장신구를 착용하지 않으며 손에 물병(혹은 拂子)을 든 수행자상으로, 제석천은 터번이나 보관(寶冠)을 쓰고 화려한 장신구를 착용하며 손에 금강저를 쥔 귀족이나 무사형(武士形)으로 표현된다. 본존을 중심으로 오른쪽은 범천, 왼쪽에 제석천을 협시로 둔다. 범천·제석천이 등장하는 불타전의 장면들 중 탄생·관욕(灌浴)·유성출가(踰城出家)·범천권청(梵天勸請)·사위성신변(舍衛城神變)·도리천강하(忉利天降下)·제석굴설법(帝釋窟說法)·열반도 등의 서사에 등장한다. 이러한 도상은 서역의 키질(Kizil) 석굴 및 초기 중국석굴사원의 조각이나 벽화 또는 불상광배의 부조 등에서도 보인다. 당대(唐代)에는 사찰벽화나 부조상에 관리형(官吏形)·제왕형(帝王形)·여성형으로 표현되면서 팔부중상(八部衆像)과 결합한다. 한편, 우리나라의 경우 이미 삼국시대부터 전통신앙과 습합되어 제석신앙이 수용되었고, 백제 제석정사(帝釋精寺)·신라 내제석궁(內帝釋宮) 등의 사찰이 있었음을 감안하면 일찍부터 제석천상이 제작되었을 가능성이 있으나, 현존하는 작품은 통일신라 이후부터 보인다. 대표적인 사례는 석굴암의 제석천상으로, 비슷한 시기 일본 내량(奈良)시대 제석천상과도 도상과 양식이 유사하다. 석굴암 제석천상의 도상 전거는 『다라니집경』 권3 「불설발절라공능법상품 佛說跋折囉功能法相品」(대정장18, p.805b25)에 "보살의 왼쪽 상(廂)에는 제석천을 안치한다. 온몸이 백색이고 귀에 보배귀걸이를 하고 있으며, 목에 칠보

제석천상. 경주 석굴암
국보제24호 751년

영락을 두르고 구유 위에 서 있다. 오른손은 팔을 구부려 어깨 위로 향하게 하여 손에 흰 불자를 잡는다. 왼손은 팔을 구부려 팔꿈치를 왼쪽으로 향하게 하며 손바닥은 배 쪽으로 향하게 하여 위로 뒤집고, 손바닥 안에는 발절라 한 개를 단단히 놓되 발절라의 끝을 밖으로 향하게 하여 놓는다. 菩薩左廂安帝釋天 通身白色耳著寶璫 其項上著七寶瓔珞 立氍毹上 右手屈臂向於肩上 手執白拂 左手屈臂肘節向左 手掌向腹仰 掌掌中堅著一跋折羅 跋折羅頭外向著之"라고 하였다. 석굴암에서 전형을 이룬 제석천 도상은 범천상과 함께 석탑과 부도·사리기 등의 부조상에 변용·계승되면서 고려전기까지 이어진다. 이후에도 다양한 불교미술에 표현되면서 사천왕·금강역사·팔부중 등 다른 신중상과 결합하여 불세계(佛世界)를 구현하거나 수호하는 역할을 수행한다. [참고문헌] 『陀羅尼集經』, 宮治昭 『涅槃と彌勒の圖像學』(吉川弘文館, 1972) pp.213~244. ⇨ 제석천 帝釋天, 제석천도 帝釋天圖, 범천 梵天, 범천권청 梵天勸請, 석굴암 石窟庵

제석천주 帝釋天主 제석천의 다른 이름. 『제석소문경』(대정장1, p.250b20)에 "이때 범왕이 게송을 설하고서 말씀드렸다. '세존이시여! 부처님께서 정법을 설하실 때 제석천왕이 번뇌를 멀리 떠나 법안의 청정을 얻었고, 팔만의 천인 역시 법안의 청정을 얻었습니다'. 爾時 梵王說伽陀已 白言 世尊 佛說正法時 帝釋天王遠塵離垢得法眼淨 八萬天人亦得法眼淨"라고 하였다. [참고문헌] 『帝釋所問經』. ⇨ 제석천 帝釋天

제석천후 帝釋天后 제석천의 후비(后妃). 『진실섭경』 권10(대정장18, p.373b8)에 "제석천후의 이름은 금강권이다. 帝釋天后號金剛拳"라고 하였다. 진언은 '옴 바아라모슬치 훔 唵 縛若羅〈二合〉 母瑟致〈二合〉 吽 oṃ vajramuṣṭi hūṃ 옴 금강권이여! 훔'이다. 『조상경』 점안문제진언(點眼文諸眞言) 중 제석천왕제구예진언(帝釋天王除垢穢眞言)과 제석심진언(帝釋心眞言) 다음에 제석천후진언을 지송한다. [참고문헌] 『眞實攝經』, 『造像經』. ⇨ 제석천 帝釋天

제석청 帝釋請 제석천을 도량에 청하여 모시는 의식. 『제석소문경 帝釋所問經』·『석제환인소문경 釋帝桓因所問經』을 소의경전으로 한다. 의례는 단을 설치하고 거목(擧目)·보소청(普召請)진언·유치(由致)·청사(請詞)·향화청(香花請)·가영(歌詠)·헌좌(獻座)진언 공양을 올린 후 회향하는 절차로 진행된다. 거목에서는 도리천주(忉利天主) 제석천왕·좌보처(左補處) 바수루나천자(波數婁那天子)·우보처(右補處) 이사나천자(伊舍那天子)의 명호를 들었으며, 유치에서는 "정성을 다해 의식을 행하고, 우러러 신묘한 도움을 바라는 이가 하늘 부엌의 묘한 공양을 준비하고 해안의 명향을 사르오니, 잠시 보전을 떠나 단에 와주기시를 청하옵니다. 勳懃作法 仰祈妙援者 右伏以 設天廚之妙供 焚海岸之茗香 暫辭於寶殿 請赴於壇筵"라고 하였다. [참고문헌] 『釋門儀範』 권하 p.40a2, 안지원 『고려의 국가 불교의례와 문화』(서울대학교출판부, 2005) pp.226~233. ⇨ 제석천 帝釋天

제석태자 帝釋太子 Ⓢ Indrarāja. 제석천의 다른 이름. 『경율이상』 권33(대정장53, p.183b27)에 "사문이 되어 입산 수도하고 사람의 목숨이 다한 후에 둘째 천에 태어나서 하늘의 제석태자가 되었고 후에 천하를 다스리니 마치 대왕과 같았다. 行作沙門入山修道 畢人之壽 卽生第二天上 爲天帝釋太子 於後領理天下亦如大王", 『능가경주해』 권2(대정장39, p.373c8)에 "온갖 최승수가 시방에서 와서 대연화 궁전좌에서 관정을 하니 비유컨대 자재한 전륜성왕과 하늘의 제석태자의 관정과 같다. 이것을 보살수관정신력이라 한다. 諸最勝手從十方來 就大蓮華宮殿座上 而灌其頂 譬如自在轉輪聖王及天帝釋太子灌頂 是名菩薩手灌頂神力"라고 하였다. [참고문헌] 『經律異相』, 『楞伽經註解』, *Laṅk.101.* ⇨ 제석 帝釋

제석환인 帝釋桓因 ➡ 석제환인 釋帝桓因, 제석 帝釋

제선 諸仙 ❶ Ⓢ ṛṣi-saṃgha, Ⓣ drang-srong-mang-po. 고대 인도 브라만이나 외도 수행자를 지칭하는 말. 『법화경』 권1(대정장9, p.5b2 : *Saddh-p.*, p.27)에 "최후 천 중의 천은 명호가 연등불이었네. 선인들의 스승으로서 헤아릴 수 없이 많은 이들을 해탈시켰네. 最後天中天 號曰燃燈佛 諸仙之導師 度脫無量衆 teṣāṃ ca buddhāna paraṃpareṇa dīpaṃkaraḥ paścimako abhūṣi, devātidevo ṛṣisaṃghapūjito vinītavān prāṇisahasrakoṭyaḥ", 『구사론기』 권19(대정장41, p.294b3)에 "외도의 선인들은 견도위에서 끊는 번뇌를 조복시키지 못한다. 수도위에서 끊는 번뇌는 잠시 조복시킬 수 있지만 다시 일어날 수 있다. 外道諸仙不能伏見所斷惑 修所斷惑但能暫伏而得上生", 『해탈도론』 권7(대정장32, p.432a21)에 "옛날에 선인들은 대신통의 대신력이 있었다. 비사밀다사마달리선인은 몸에서 물과 불을 뿜고 다시 죽음으로 들어갔다. 昔諸仙人大神通大神力 毘沙蜜多閣摩達梨仙人身出水火 復入死法"라고 하였다. [참고문헌] 『法華經』, 『俱舍論記』, 『解脫道論』, *Saddh-p.* ❷ 송대 스님. 속성은 배(裴)씨. 산서성(山西省) 기현(祁縣) 출신. 태원(太原 : 山西省) 선유사(仙幽寺)에 머물렀는데 100세가 넘도록 살았으며, 이후 100일 동안 절식하다 천화하였다. 송 휘종(徽宗)이 '제선'이란 호를 내렸다.

제선교 諦善巧 Ⓢ satya-kuśala, satya-kauśalya,

Ⓣ bden-la-mkhas. 십선교(十善巧 : 善巧眞實) 중 하나. 고집멸도의 사성제와 세간과 출세간의 인과를 관찰하여 그것의 불가득을 체득하는 것. 『대반야경』 권585(대정장7, p.1029a4)에 "제선교란 무엇인가? 보살들이 고성제의 갖가지 자체의 특성을 있는 그대로 분명히 알고, 집성제·멸성제·도성제의 갖가지 자체의 특성을 있는 그대로 분명하게 아는 것을 말한다. 이것을 제선교라고 한다. 또한 보살들이 고성제의 갖가지 자체의 특성이 얻을 수 없음을 있는 그대로 여실하게 알고, 집성제·멸성제·도성제의 갖가지 자체의 특성을 모두 얻을 수 없음을 있는 그대로 분명하게 아는 것이다. 이와 같은 것을 제선교라 한다. 云何名爲於諦善巧 謂諸菩薩 如實了知 所有苦聖諦 種種自相 如實了知 所有集滅道聖諦 種種自相 如是名爲於諦善巧 又諸菩薩 如實了知 所有苦聖諦 種種自相 皆不可得 如實了知 所有集滅道聖諦 種種自相 皆不可得 如是名爲於諦善巧"라고 하였다. 〔참고문헌〕『大般若經』, *Madhy-vibh.37.* ⇨ 선교진실 善巧眞實, 십선교 十善巧

제선덕 諸禪德 참선하는 대덕들. 선원에서 대중을 높여 부르는 말이다. 대중(大衆)·대덕과 같은 의미이다. 『임제록』(대정장47, p.497b10)에 "잘못 헤아리지 마라. 선덕들이여! 이때를 만나지 못하면 만겁과 천생 동안 삼계를 윤회하며 경계를 따라 끌려 다니다가 당나귀나 소의 뱃속에서 태어난다. 莫錯諸禪德 此時不遇 萬劫千生 輪回三界 徇好境掇去 驢牛肚裏生", 『굉지광록』 권1(대정장48, p.2b14)에 "대덕들이여! 모든 시방세계와 산하대지, 초목과 총림이 비로자나의 혀 하나일 뿐이다. 諸禪德 盡十方世界 山河大地 草木叢林 祇是毘盧遮那一箇舌頭"라고 하였다. 〔참고문헌〕『臨濟錄』, 『宏智廣錄』. ⇨ 대덕 大德[2], 대중 大衆

제선봉행 諸善奉行 Ⓢ kuśalasya-upasaṃpada. 온갖 선을 받들어 행하다. 칠불통계게(七佛通戒偈) 중 두 번째 구절로 중선봉행(衆善奉行)이라고도 한다. 『출요경』 권25(대정장4, p.741b28)에 "온갖 선을 받들어 행하라는 것은 저 수행하는 사람이 널리 온갖 선을 닦아서 오직 스스로의 영락으로 온갖 공덕을 갖춘 것을 말한다. 악을 보면 피하고 항상 그 선을 닦는다. 선이란 지관의 묘약으로 산란한 생각을 태워버리는 것이다. 그러므로 온갖 선을 받들어 행하라고 하였다. 諸善奉行者 彼修行人普脩衆善 唯自瓔珞具足衆德 見惡則避恒脩其善 所謂善者 止觀妙藥燒滅亂想 是故說曰諸善奉行", 『법화문구』 권10(대정장34, p.145b4)에 "사람과 하늘의 기틀이란 모든 악을 행하지 말고 온갖 선을 행하라는 말에 해당하고, 이승의 기틀이란 생사를 싫어 두려워 하고 무위를 좋아한다는 말이다. 人天機者 諸惡莫作 諸善奉行 也 二乘機者 厭畏生死 欣尙無爲也", 돈황본 『단경』(대정장48, p.342b19)에 "신수화상은 계정혜를 말하되 '어떠한 악도 행하지 않는 것을 계라 하고, 온갖 선을 받들어 행하는 것을 혜라 하며, 스스로 자신의 생각을 깨끗하게 하는 것을 정이라 한다. 이것을 계정혜라 한다'고 하였다. 秀和尙言戒定惠 諸惡不作名爲戒 諸善奉行名爲惠 自淨其意名爲定 此卽名爲戒定惠"라고 하였다. 〔참고문헌〕『出曜經』, 『法華文句』, 『壇經』, *Udāna-v.651.* ⇨ 칠불통계게 七佛通戒偈

제선조탑명 諸禪祖塔銘 당대 악현태(南岳玄泰)가 지은 선종 조사에 관한 탑명. 현태는 석상경저(石霜慶諸 807~888)의 법을 이은 시승(詩僧)으로서 탑명에 관한 기록은 『송고승전』 권17과 『조당집』 권9에 수록되어 있으나 그 내용은 전하지 않는다. 〔참고문헌〕『宋高僧傳』 권17(대정장50, p.818a5). ⇨ 현태 玄泰

제선해탈삼매지력 諸禪解脫三昧智力 Ⓢ sarvadhyāna-vimokṣasamādhi samāpattisaṃkleśa-vyavadāna avyutthāna-jñānabala, Ⓣ bsam-gtan-dang-rnam-par-thar-pa-dang-ting-nge-'dzin-dang-snyoms-par-'jug-pa-dang-kun-nas-nyon-mongs-pa-dang-rnam-par-byang-ba-dang-ldan-pa-thams-cad-mkhyen-pa'i-stobs. 여래십력 중 하나. 모든 선정의 깊이와 차별 그리고 해탈을 여실하게 아시는 힘. 지제선삼매력(知諸禪三昧力)·정려해탈등지등지지력(靜慮解脫等持等至智力) 등이라고도 한다. 『원각경대소석의초』 권8(卍속장14, p.745a6)에 '제선해탈삼매지력은 논에서 '모든 선정해탈삼매의 청정과 더러움의 분별상을 여실히 아는 것이 세 번째 힘이다'라고 하였다. '모든 선정' 등이라 한 것은 논에서 '선은 사선을 말한다. 부처님께서는 선이 도법을 돕는다는 것을 아셨다. 명상의분·차제훈수·유루무루·학무학·정구삼매와 심천의 분별 등이다. … 부처님께서는 「이 사람은 이러한 선을 얻을 것이다」라고 아시고, 「이 사람은 선정과 오욕을 함께 얻을 것이다」라고 아시며, 「이 사람은 오욕을 받은 후에 다시 선을 얻을 것이다」라고 아신다. 갖가지 선에 의지하여 아라한과를 증득하는데 이와 같은 것이 일체제선정해탈이니 이것이 삼매이고 선정이다. 부처님께서 매우 깊은 지혜로 모두 아시니 무너뜨릴 수 없고 이길 수 없다. 이것을 세 번째 힘이라 한다'라고 하였다. 諸禪解脫三昧智力也 論云 知諸禪定解脫三昧淨垢分別相如實知 三力也 言諸禪等者 論云 禪名四禪 佛知是禪 佐助道法 名相義分 次第熏修 有漏無漏 學無學 淨垢三昧 深淺分別等 … 佛知是人應得如是禪 知是人共禪定五欲 知是人受五欲已還得禪 依是諸禪 得阿羅漢 如是等一切諸禪定解脫 卽是三昧 是禪定 佛以甚深智慧盡知 無能壞 無能勝 是名第三力"

라고 하였다. 〔참고문헌〕『圓覺經大疏釋義鈔』, *Mvyut.7.* ⇨여래십력 如來十力

제설 齚齧 Ⓢbhakṣayantaḥ, vibhakṣayantaḥ. 씹어 갉아먹다. 『법화경』 권2(대정장9, p.13c28 : *Saddh-p.*, p.83)에 "이리와 여우가 씹고 밟으며 시신을 갉아먹어 뼈와 살이 어지럽게 흩어진다. 狐狼野干 咀嚼踐蹋 齚齧死屍 骨肉狼藉 śṛgālaiśca nināditaṃ ca. bherundakā dāruṇa tatra santi manuṣyakuṇapāni vibhakṣayantaḥ", 『법화의소』 권6(대정장34, p.535a2)에 "갉아먹는다란 육근이 탐을 일으켜 경을 취함이 심히 깊어 마치 갉아먹듯 하다는 뜻이다. 주검이란 탐하는 오욕이 깨끗하지 못하여 악취나고 더러워 저들 시신에 비유한다. 뼈와 살이 낭자하다는 말은 탐으로 취해 쌓아 올림이 매우 많아 이리떼가 물어뜯듯 한 것이다. 齚齧者 六根起貪 取境深重 如齚齧也 死尸者 所貪五欲 不淨臭穢 譬彼死尸也 骨肉狼籍者 貪取積聚 其事衆多 如狼籍也"라고 하였다. 〔참고문헌〕『法華經』, 『法華義疏』, 『起世經』 권3 「地獄品」(대정장1, p.324b14), *Saddh-p.*

제설부동기 諸說不同記 일본 평안시대(平安時代) 스님 진적(眞寂 : 眞寂法親王 · 法三宮眞寂이라고도 함. 886~979) 찬. 10권. 8권 또는 11권으로 편집된 경우도 있다. 갖춘 이름은 『대비태장보통대만다라중제존종자표치형상성위제설부동기 大悲胎藏普通大曼茶羅中諸尊種子標幟形相聖位諸說不同記』이며, 『태장계제설부동기 胎藏界諸說不同記』라고도 한다. 경궤(經軌)와 주소(註疏)에 의거하여 태장만다라의 체제와 존위를 설하고, 홍법대사(弘法大師) 공해(空海)가 청래(請來)한 만다라에 의지해 제존의 범호(梵號) · 밀호(密號) · 종자(種子) · 삼매야형(三昧耶形) 등을 설명하고, 각각을 동사(東寺) 및 고웅(高雄)의 만다라에 대조하고 경소의궤(經疏儀軌)의 고초(古抄)와 비교하여 태장만다라에 관한 제설(諸說)이 같지 않음(不同)을 기록하였다.

제설제문 齊說齊聞 가지런히 말하고 가지런히 듣다. 설청동시(說聽同時), 구선구청(俱宣俱聽)과 같은 뜻이다. 『사명존자교행록』 권4(대정장46, p.894a23)에 "시방국토에서 모든 중생이 가지런히 말하고 가지런히 들으며, 삼세의 모든 중생이 함께 말하고 함께 듣는다. (시방중생이) 이미 함께 말하고 다시 어떻게 함께 들으며, (삼세의 중생이) 이미 함께 말하고 다시 어떻게 함께 듣는가? 또 모든 성자들은 또 어떻게 듣겠는가? 〔답〕 그대가 말하면서 동시에 듣고, 함께 말하면서 듣는 것을 의심한다면 다음의 사실을 알아야 한다. 국토마다 함께 말하고 들어서 설하고 들음이 동시이니 달리 나아감이 없음을 깨우친다. 묘하다. 이 경이여! 가히 말과 생각으로 구할 수 없고, 범부의 생각으로 헤아릴 수 없으니, 대총상의 법문이며, 고요하지만 늘 비추니 법신의 그윽히 돕는 경계다. 十方齊說 十方齊聞 三世俱宣 三世俱聽 既齊說 又如何俱聞 既齊宣 又如何俱聽 況復諸聖又如何用聞耶 答 子疑齊說齊聞俱宣俱聽者 當知 剎剎塵塵 俱說俱聽 說聽同時 了無異趣 妙哉此境 不可以言想求 不可以凡情測 是大總相法門 寂而常照 法身冥資之境也"라고 하였다. 〔참고문헌〕『四明尊者教行錄』.

제성 際醒 1741~1810. 청대 연화종 스님. 자는 철오(徹悟) · 눌당(訥堂), 호는 몽동(夢東), 속성은 마(馬)씨. 하북(河北) 풍윤(豐潤) 출신. 어릴 적에 과거 공부를 준비하며 경사(經史)에 정통하였으나 22세 때 병에 걸린 후 인생의 무상함을 깨닫고 하북 삼성암(三聖庵) 영지(榮池)에게 출가했다. 이듬해 수운사(岫雲寺)에서 구족계를 받고 후에 향계사(香界寺) 융일(隆一) · 증수사(增壽寺) 혜안(慧岸) · 심화사(心華寺) 변공(遍空) · 광통사(廣通寺) 수여(粹如)를 찾아가 공부하고 『원각경』 · 『능엄경』 · 『법화경』 · 『금강경』 등의 종지를 널리 익혔다. 광통사 수여의 선법을 이었으며 수여가 입적한 후에 그의 법석을 이어 광통사에 주석하며 선정쌍수(禪淨雙修)의 종풍을 펼쳤다. 1800년(가경5)에 요녕성(遼寧省) 홍라산(紅螺山) 자복사(資福寺)로 물러나 오로지 정토의 가르침만을 설하며 많은 이들을 교화했다. 당시 세간에서 그를 홍라철오(紅螺徹悟)라고 불렀다. 1810년 12월에 대중이 운집한 가운데 염불하며 입적했다. 세수 70, 법랍 49세였다. 『철오선사어록 徹悟禪師語錄』 2권(卍속장109, pp.750a1~790a3)과 『염불가타 念佛伽陀』를 남겼다.

제성 諸聖 성현들. 성문 · 연각 · 보살의 삼승(三乘). 또는 삼세의 여러 부처님을 가리키는 말. 『니구다범지경』 권하(대정장1, p.225b29)에 "반드시 알아야 한다. 성문이 머물러 쉬는 자리는 높은 것 중에 가장 높고, 지극히 수승하니 이것이 성인들이 머무는 자리이다. 當知 聲聞止息處者 上中最上 極爲高勝 是諸聖者 止息之所", 40권본 『대반열반경』 권30(대정장12, p.546a13)에 "머무는 이란 바로 모든 범부다. 모든 성인들은 가고 오고 머묾이 없다. 여래는 이미 오고 가고 머무는 상을 끊었으니 어떻게 머문다고 말하겠는가? 住者卽是一切凡夫 諸聖無去 無來無住 如來已斷去來住相 云何言住", 『입능가경』 권5(대정장16, p.545b18)에 "세존께서는 모든 성인들처럼 성지에 의지하고 성견에 의지하며 성스러운 혜안에 의지한다. 육안이 아니라 천안으로 일체법 체상에 이와 같은 상은 없음을 깨달아 아시니, 범부의 허망한 분별은 아니다. 世尊如諸聖人等 依聖智依聖見依聖慧眼 非肉眼天眼 覺知一切諸法體相無如是相 非如凡夫虛妄

分別"라고 하였다. [참고문헌]『尼拘陀梵志經』, 『大般涅槃經』, 『入楞伽經』. ⇨ 삼승 三乘 1, 삼세제불 三世諸佛

제성모다라니경 諸星母陀羅尼經 Ⓢ Āryagrahamātṛkā-nāma-dhāraṇī, Ⓣ 'phags-ma gza'-rnams-kyi yum shes-bya-ba'i gzungs. 당대 법성(法成) 한역. 1권. 대정장21, pp.420a1~421a14, No.1302에 수록되어 있고, 티베트역본(北京版 No.339·622)도 전한다. 공양성법(供養星法)·팔성비밀심주(八聖祕密心呪)·제성모다라니 등을 설한 경이며, 마지막 부분에서는 제성모다라니비밀주구(諸星母陀羅尼祕密呪句)의 공능을 밝히고 있다. 곧 9월의 백월(白月) 7일부터 14일까지 제성(諸星)에 공양하고, 그달 15일에 주야로 다라니비밀주구를 독송하길 9년을 채우면 죽음 등에 대한 공포가 사라지고 일체의 제성이 수행자의 소원을 성취시켜 준다고 한다. 이역본으로는 송(宋) 법천(法天) 한역의 『성요모다라니경 聖曜母陀羅尼經』(대정장21, No.1303)이 있다. ⇨ 성요모다라니경 聖曜母陀羅尼經

제성탄일 諸聖誕日 석가모니부처님을 비롯한 여러 보살 및 성중들을 기리는 날. 『승가일용식시묵언작법』「제성탄일」(『한국불교의례자료총서』 권3, p.551a17)에 "석가모니부처님 4월 초8일, 아미타부처님 11월 17일, 문수보살 4월 초4일, 지장보살 7월 30일, 나옹조사 5월 15일, 무학조사 9월 11일이다. 釋迦文佛 四月初八日 阿彌陀佛 十一月十七日 文殊菩薩 四月初四日 地藏菩薩 七月三十日 懶翁祖師 五月十五日 無學祖師 九月十一日"라고 하였다. [참고문헌]『僧家日用食時默言作法』, 『韓國佛敎儀禮資料叢書』, 海印寺板『日用作法』56張.

제세열뇌 除世熱惱 세간의 타는 듯한 번뇌를 없애다. 석가세존께서 사성제와 팔정도의 법으로 중생의 뜨거운 번뇌를 쉬게 하신 뜻이다. 『마하지관』 권1(대정장46, p.2c13)에 "『무량의경』에서 '부처님께서 법륜을 굴리셔서 선대의 허물을 씻으시고 온갖 욕망의 티끌을 없애셨으며 열반의 문을 여시고 해탈의 바람을 일으키셔서 세간의 뜨거운 번뇌를 없애고 법륜으로 시원하게 만드셨다. 다음으로 십이인연의 가르침을 무명의 땅에 적셔주시니 삿된 견해의 광명을 뒤덮으시고 나중에 무상 대승의 단비를 널리 내려서 모든 이들이 보리심을 일으키도록 하셨다'고 하였으니 이것이 증점이다. 無量義云 佛轉法輪 微渧先墮 淹諸欲塵 開涅槃門扇解脫風 除世熱惱 致法淸凉 次降十二因緣 雨灑無明地 掩邪見光 後澍無上大乘 普令一切發菩提心 此證漸也"라고 하였다. [참고문헌]『摩訶止觀』, 『無量義經』(대정장9, p.384b21).

제세중경목록 齊世衆經目錄 북제대 법상(法上)이 정리한 목록. 『역대삼보기』 권15(대정장49, p.126a22)에 "『재세중경목록』은 무평년간에 사문통 법상이 찬집하였다. 齊世衆經目錄 武平年沙門統法上撰"라고 하였다. [참고문헌]『歷代三寶紀』. ⇨ 중경목록 衆經目錄 4

제소연설풍의미변 諸所演說豐義味辯 모든 연설에 풍부한 뜻이 있고 한 맛으로 가릴 줄 알다. 칠변(七辯) 중 하나로 다풍의미변(多豐義味辯)이라고도 한다. 『대반야경』 권426(대정장7, p.140c3)에 "보살마하살은 이 반야바라밀다를 열심히 행하기에 나는 곳이 어디든 늘 변화한 몸을 받고 태어나 신통에 퇴보가 없고 자유롭게 노닐며 무량법문을 제대로 통달한다. … 모든 부처님께서 머무시는 곳에서 정법을 들어 기억하고 내지 무상정등보리를 언제나 잃지 않고 늘 뛰어난 삼매에 머물며 산란한 마음도 여읜다. 이것들이 인연이 되어 무애변·무단진변 … 제소연설풍의미변·일체세간최승묘변을 얻는다. 菩薩摩訶薩 於此般若波羅蜜多 勤修行故 隨所生處 常受化生 不退神通 自在遊戲 能善通達無量法門 … 於諸佛所 聞持正法 乃至無上正等菩提 常不忘失 恒居勝定 離散亂心 由此爲緣 得無礙辯 無斷盡辯 … 諸所演說豐義味辯 一切世間最勝妙辯"라고 하였다. [참고문헌]『大般若經』. ⇨ 다풍의미변 多豐義味辯, 칠변 七辯

제소유류성 諸所有類性 갖가지 모든 것에 두루 퍼져 있는 속성. 무명(無明)을 가리킨다. 여기서 류(類)는 모든 것에 바탕으로 작용하는 뜻의 행(行)이다. 『구사론기』 권10(대정장41, p.174a27)에 "갖가지 모든 것에 두루 퍼져 있는 속성이란 무명을 가리킨다. 그것은 어디서나 두루 번뇌와 함께함이 두드러지기에 따로 무명 등이라 설한다. 설함은 다름을 드러내고자 함이고, 그것을 유성이라 말한다. 그러므로 『순정리론』에 '두드러진 번뇌 가운데 무명은 아직 밝히지 않고 있다가, 그것을 특별히 드러내고자 유성이라는 말로 표현하였다. 그것은 어디서나 번뇌와 함께하는 동시에 모든 윤회의 갈래 그 어디에나 가기에 유성이라 규정한다. 유는 행이라는 의미이며, 이것이 유의 바탕으로서 유성이라는 이름이 붙었다'(대정장29, p.502c1)라고 한 것이다. 諸所有類性 謂無明 遍與惑俱 勝故別說無明等 說爲別顯 彼說類性 故正理云 勝煩惱中 無明未說 爲別顯彼 說類性言 遍與惑俱 遍往諸趣 故名類性 類是行義 是類之體 得類性名"라고 하였다. [참고문헌]『俱舍論記』, 『俱舍論』 권10(대정장29, p.52a21). ⇨ 무명 無明 1

제수 帝須 Ⓟ Tissa. 1 제3차 결집을 주도한 비구 목건련자제수(目犍連子帝須 Ⓟ Moggaliputtatissa)의 줄인 이름. 『선견율비바사』 권1(대정장24, p.679c5)에 "가르침을 받은 후에 구족계를 받았고 일 년이 채 되지 않았을 때 율장에 정통했다. 삼장을 모두 갖추어 알았다. 화상아사리는 일체의 불법을 제수에게 부촉하고서 목숨에 따라 열반에 들었다. 이 때 제수는 선정을 깊이 닦아 아라한과를 얻었고 불법으로 모든 사람을 가르쳐 인도했다. 教學已竟受具足戒 未滿一歲卽通律藏 於三藏中悉具足知 和尙阿闍梨 以一切佛法付帝須已 隨壽命長短入於涅槃 爾時 帝須深修禪定 卽得阿羅漢 以佛法教導一切人民"라고 하였다. 〔참고문헌〕『善見律毘婆沙』. ⇨ 목건련자제수 目犍連子帝須, 제삼결집 第三結集 ❷ 아쇼카왕의 동생. 왕위를 잇기 위해 태자가 되었다가 비구 담무덕(曇無德)의 신통력을 본 후 출가했다. 『선견율비바사』 권2(대정장24, p.682b23)에 "〔문〕 제수는 누구인가? 〔답〕 아쇼카왕의 동생이다. 이때 아육왕이 왕위에 올라 동생을 태자로 옹립했다. … 이때 태자 제수가 대덕이 이와 같은 신통력을 가졌음을 보고 마음으로 크게 환희하여 말했다. '오늘 나는 출가하리라!' 바로 환궁하여 왕에게 말했다. '저는 출가하고 싶습니다. 왕께서는 분명 슬퍼하시겠지만 저의 출가를 허락해주십시오!' 왕은 제수가 출가하겠다는 말을 듣고 매우 놀랐다. 問曰 帝須是誰 答曰 是王弟同生 爾時 阿育王登位 立弟爲太子 … 是時太子帝須 見大德有如是神力 心大歡喜而言 今日我當出家 卽還宮中白王言 我欲出家 王必哀念 聽我出家 王聞帝須求出家 心大驚怪"라고 하였다. 〔참고문헌〕『善見律毘婆沙』. ⇨ 아육왕 阿育王

제수 渧數 물방울 헤아리다. 헤아릴 수 없음을 비유하는 말이다. 적수(滴水)와 통한다. 『대반야경』 권341(대정장6, p.753a10)에 "한 분의 끝만을 저 바다에 적셔서는 그 물방울 수를 헤아려 알 수 있지만, 이렇게 따라서 기뻐하는 복은 헤아려 알 수 없다. 取一分端 沾彼海水 可知渧數 是隨喜福 不可數知", 『허공장보살신주경』(대정장13, p.661b18)에 "모든 바닷물을 헤아려 그 물방울 수를 아는 중생이 있을지라도 허공장보살이 대지혜의 방편으로 중생을 성취시켜 주는 경지를 헤아릴 수 있는 중생은 없다. 或有衆生 能數四大海水 知其渧數 無有衆生 能量虛空藏菩薩 大智方便 成就衆生者"라고 하였다. 〔참고문헌〕『大般若經』, 『虛空藏菩薩神呪經』.

제수 諸數 모든 헤아림. 갖가지로 헤아릴 수 있는 것. 유위의 일체법을 말한다. 갖가지 법에는 각종의 차별된 법수가 있기 때문에 제수라 한다. 『잡아함경』 권3(대정장2, p.19a9)에 "지혜로운 이는 누구인가? 아라한이 그이다. 아라한은 다른 세의 죽음이 있지도 않고, 다른 세의 죽음이 없는 것도 아니며, 다른 세의 죽음이 있기도 하고 없는 것도 아니고, 다른 세의 죽음이 있기도 하고 없지 않기도 하다. 널리 설하여 끊임없이 하면 모든 헤아림은 길이 사라진다. 云何智者 阿羅漢是 阿羅漢者 非有他世死 非無他世死 非有無他世死 非非有無他世死 廣說無量 諸數永滅", 『설무구칭경』 권2(대정장14, p.564b17)에 "이 무위의 불신은 모든 유위에서 벗어나고 뭇 헤아림 넘어섰으니, 모든 헤아림 영원히 고요하다. 是無爲身 離諸有爲 出過衆數 諸數永寂", 돈황본 『정명경관중석초』 권하(대정장85, p.521c10)에 "제수란 유위사상으로 헤아림이다. 諸數者 有爲四相數也", 『허주보도어록』(卍속장123, p.164b6)에 "불전에서 : '불신은 무위이니 온갖 헤아림에도 떨어지지 않는다. 그렇다면 이 한 불전의 공덕은 어째서 모두 색으로 장식되고 진흙으로 빚어졌을까?' 잠깐 침묵하다가 말했다. '지금 없으면 옛도 없다'. 佛殿 佛身無爲 不墮諸數 者一殿功德 爲什麽盡是色裝泥塑 良久云 無今不成古"라고 하였다. 〔참고문헌〕『雜阿含經』, 『說無垢稱經』, 『淨名經關中釋抄』, 『虛舟普度語錄』. ⇨ 불타제수 不墮諸數, 일체 一切, 제법 諸法

제수 諦受 진실만을 받아 가짐. 팔정도 정명(正命 Ⓟ sammā-ājīva)의 고역(古譯). 『팔정도경』(대정장2, p.505a13)에 "다섯째 제수는 무엇인가? 도에 대해 들은 바 있는 제자로서 법을 구할 때는 법이 아닌 것은 행하지 않아야 하고, 공양·와구·탕약도 바른 법으로 구하고 법이 아닌 것은 행하지 않아야 하니 이를 제수라 한다. 第五 諦受爲何等 是聞有道弟子法求 不可非法 飯食床臥 病瘦正法求 不可非法 是爲諦受"라고 하였다. 〔참고문헌〕『八正道經』. ⇨ 정명 正命

제순인 諦順忍 진실을 따라 견디다. 『집이문족론』 권6(대정장26, p.390a7)에 "만약 다른 사람이 듣고 나서 성제를 따라 견디지 못하고 현관변의 세속지를 얻지 못했다면, 교계에서는 자재하지만 보여 이끈다고 하지는 못한다. 若他聞已 不起諦順忍 不得現觀邊世俗智 但名教誡自在 不名示導"라고 하였다. 〔참고문헌〕『集異門足論』, 『雜阿毘曇心論』 권5(대정장28, p.909c19).

제승가 帝勝伽 Ⓢ Triśaṅku. 부처님께서 전생에 전다라(旃茶羅)족의 왕이었을 때 이름. 삼구(三鉤)라고 한역한다. 지혜와 용맹이 뛰어났으며, 아들 사자이(師子耳)를 바라문 계급의 여인 본성(本性)과 혼인시켰다. 『마등가경』 권상(대정장21, p.401b22)에 "정원에 제승가라는 왕이 있었으니 전다라인 마등가족성이었고 백천만 전다라 무리들과 함께 그 정원에 머물고 있었다. 비구들이여, 이 제승가는 큰 지혜가 있고 재주가 높고 용맹하였으며 스스로 전생의 운명을 알았고 세간에서 행하는 일에 통달하지 못한 것이 없었다. … 이와 같이 지혜로움이 다함이 없었다. 園中有王 名帝勝伽 是栴陀羅摩登伽種 與百千萬栴陀羅衆 共住此園 諸比丘彼帝勝伽有大智慧 高才勇猛 自識宿命 世所爲事 無不通達 … 如

是智慧 不可窮盡", 『능엄경전』 권4(卍속장89, p.80a3)에 "마등가는 창녀로 한역한다. 숙세에는 음녀였으며 과거에는 바라문 연화실녀로 본성이라고 불렸다. 아난이 그때 제승가 전다라의 아들로서 사자이라고 하였으니, 오백세 전에 부부 사이였다. 摩登伽 唐言倡女 宿爲婬女 過去是婆羅門蓮華實女 名曰本性 阿難彼時 是帝勝伽旃陀羅兒 名曰師子耳 五百世曾爲夫婦"라고 하였다. [참고문헌] 『摩登伽經』, 『楞嚴經箋』, *Divy.619.* ⇨ 삼구 三鉤

제승갈마 除僧羯磨 대중의 갈마로 벗어나다. 승중 4인 이상의 허락을 받을 경우는 범한 죄를 면한다는 뜻이다. 『마하승기율』 권9(대정장22, p.308c11)에 "만약 어떤 비구가 새로운 부구를 만들려면 반드시 여섯 해 동안 지니고 있어야 한다. 만약 여섯 해 이전에 묵은 부구를 버리거나 버리지 않고 새 부구를 지었다면, 승가의 허락을 받은 경우를 제외하고는 모두 니살기바일제다. 若比丘作新敷具 應至六年持 若減六年 故敷具若捨 若不捨作新敷具 除僧羯磨 尼薩耆波夜提"라고 하였다. [참고문헌] 『摩訶僧祇律』. ⇨ 승갈마 僧羯磨❶, 갈마 羯磨❷

제승법수 諸乘法數 ❶ 고려시대 일연(一然) 지음. 7권. 민지(閔漬) 찬술 「인각사보각국존비문 麟角寺普覺國尊碑文」에 "스님의 저서로는 『화록』 2권 … 『제승법수』 7권 … 『선문염송사원』 30권 등 백여 권이 세상에 유행하고 있다. 師之所著 有話錄二卷 … 諸乘法數七卷 … 禪門拈頌事苑三十卷等 百餘卷行于世"라고 하였다. [참고문헌] 『朝鮮金石總覽』 권상 p.472, 李智冠 『校勘譯註歷代高僧碑文』 高麗篇4 p.254. ⇨ 일연 一然 ❷ 명대 행심(行深) 지음. 11권. 『현수제승법수 賢首諸乘法數』의 준말이며, 『현수법수』라고도 한다. 화엄종을 중심으로 일진(一眞)부터 팔만사천법문(八萬四千法門)까지 대소승의 여러 경전에 나오는 주요 법수 용어 2,100여 항목에 대하여 설명하고 출처를 밝힌 책이다. 본래 현수(賢首 : 法藏)가 지은 것이었으나 산일(散佚)된 것을 행심이 다시 편찬한 것이기에 『중편제승법수 重編諸乘法數』라고 한다. 권말에는 사문 본승(本勝)의 「찬법수명 讚法數銘」, 「팔식심왕제문요간 八識心王諸門料簡」, 홍치 13년(1500)에 쓴 등곡(燈谷)의 발문이 있다. 간본(刊本)으로는 명대인 1427년(선덕2)에 간행한 것, 1500년(홍치13) 조선의 봉서사(鳳棲寺)에서 간행한 것, 일본의 관영년간(1624~1644)에 간행한 것이 있다. [참고문헌] 『中華大藏經總目錄』 권6(대장경보편35, p.770a9). ⇨ 법장 法藏❻

제시 提示 들어 보이다. 제시(提撕)라고도 한다. 『율종회원』 권2(卍속장105, p.867a16)에 "계가 마음으로부터 일어남에 이미 이 마음에서 일어난 것이라면 어찌 이 계가 아니겠는가? 대승의 견해에는 잘못된 해석이 있다. 그러므로 특별히 들어 보여 스스로 찾아보게 한 것이다. 戒從心發 既發此心 那非此戒 大見錯解 故特提示 使自求之"라고 하였다. [참고문헌] 『律宗會元』, 『御選語錄』 권19(卍속장119, p.754b7), 『牧雲和尚宗本投機頌』(가흥장31, p.658b10). ⇨ 제시 提撕❶

제시 提撕 ❶ 들어 보여서 이끌다. 또는 떨쳐 일으키다. 스승이 학인에게 법을 드러내 몸소 이끄는 뜻이다. 『일체경음의』 권91(대정장54, p.838a16)에 "제시〈시는 사와 해를 반절한 음이다. 제시란 낱낱이 분석하여 잘 설명한다는 뜻이다〉. 提撕〈思奚反 案提撕者 一一分析 善說之也〉", 『대당서역기』 권2(대정장51, p.876c24)에 "인도의 스승들은 널리 구하고 정미롭게 하여 그윽하고 깊음을 뚫어 사무쳐서 큰 뜻을 보이며, 미묘한 말로 이끌고 들어 보여서 잘 다독여야 하니, 썩은 곳 다듬고 후미진 것에 힘쓴다. 師必博究精微 貫窮玄奧 示之大義 導以微言 提撕善誘 彫朽勵薄", 『분양어록』 권상(대정장47, p.600c24)에 "물었다. '발 딛는 계곡 천이나 되는데 근원을 찾아 헤매다 길 잃었네. 그 중 한 마디 선사께 청하니 방편으로 들어 보여주십시오'. 問 舉步涉千谿 尋源轉路迷 箇中一句子 請師方便爲提撕", 『원오어록』 권10(대정장47, p.759a29)에 "밝고 밝아 하늘도 땅도 덮고, 뚜렷하고 뚜렷하여 고금을 관통하네. 온갖 차별 끊어버리고 만 길 벼랑으로 우뚝 서니, 천성이 떨쳐 일어나도 이를 수 없네. 明明蓋天蓋地 歷歷亘古亘今 坐斷千差壁立萬仞 千聖提撕不到"라고 하였다. [참고문헌] 『一切經音義』, 『大唐西域記』, 『汾陽語錄』, 『圜悟語錄』. ❷ 화두를 잡들이다. 『간화결의론』(한불전4, p.735a2)에 "분별이 부수지 못했다면 마음의 불길이 뚜렷하다. 바로 이 때 단지 의심의 저 끝 화두를 잡들일 뿐이다. 情識未破則心火熠熠地 正當恁麽時 但只以所疑底話頭提撕", 『대혜어록』 권17(대정장47, p.886a5)에 "학인이 조주에게 물었다. '개에게 불성이 있습니까?' 주가 '무(無)'라 하였다. 대가라 하는 이들 대부분 이 화두에 대해 천착해서 말하기를 좋아한다. 이것은 유무라는 상대적인 뜻의 무가 아니고, 진실로 없는 무도 아니며, 세간의 허무한 무에 속하지도 않는다. 바로 이렇게 말할 때 저 생사와 대적할 수 있는가? 저 생사와 대적할 수 없다면 아직 아니다. 아직 그렇지 않다면 반드시 걸어갈 때도 잡아 들고, 앉아서도 붙잡아 들며, 희노애락의 때와 응용하고 수작할 때 언제라도 화두를 들어야 한다. 계속 화두를 들면 맛이 사라지고 갑자기 마음이 뜨거운 쇳덩어리처럼 된다. 僧問趙州 狗子還有佛性也無 州云無 爾措大家 多愛穿鑿說道 這箇不是有無之無 乃是眞無之無 不屬世間虛豁之無 恁麽說時 還敵得他生死也無 既敵他生死不得 則未是在 既然未是 須是行也提撕 坐也提撕 喜怒哀樂時 應用酬酢時 總是

提撕時節 提撕來提撕去 沒滋味 心頭恰如頓一團熱鐵相似", 『무문관』(대정장48, p.293a3)에 "온 몸으로 의단만을 일으켜 무 자만을 참구하되 밤낮으로 잡들인다. 허무라 짓지 말고 유무라고 하지 않는다. 뜨거운 쇠구슬 삼킨듯 하여 토하고 토해도 나오지 않는다. 종전의 악지와 악각 쓸어버리고 오래오래 그대로 익으면 저절로 안팎 사라져 한소식 뿐이리니, 마치 벙어리 꿈꾸듯 저절로 알게 되리라. 通身起箇疑團 參箇無字 晝夜提撕 莫作虛無會 莫作有無會 如呑了箇熱鐵丸相似 吐又吐不出 蕩盡從前惡知惡覺 久久純熟 自然內外打成一片 如啞子得夢只許自知"라고 하였다. 〔참고문헌〕『看話決疑論』, 『大慧語錄』, 『無門關』. ⇨ 화두 話頭

제식삼상 諸識三相 모든 식의 특징을 세 가지로 나눈 뜻. 업상·전상·진상을 말한다. 『능가경』 권1(대정장16, p.483a14)에 "모든 식에는 세 가지 상이 있으니, 즉 전상과 업상과 진상이다. 대혜야, 간략히 말하면 세 종류의 식이 있고, 자세히 말하면 여덟 가지 상이 있다. 어떤 것이 세 종류인가? 진식(眞識)·현식(現識 Ⓢkhyāti-vijñāna)·분별사식(分別事識 Ⓢvastu-prativikalpa-vijñāna)이다. … 대혜야, 만약 저 진식을 덮고 있는 갖가지 진실하지 않은 것과 모든 허망한 것들이 없어지면 일체의 근식은 사라진다. 대혜야, 이것을 상멸이라고 한다. 諸識 有三種相 謂轉相 業相 眞相 大慧 略說有三種識 廣說 有八相 何等爲三 謂眞識現識及分別事識 … 大慧 若覆彼眞識 種種不實 諸虛妄滅 則一切根識滅 大慧 是名相滅", 『석마하연론』 권4(대정장32, p.627b17)에 "모든 식에는 세 가지 상이 있으니 즉 전상과 업상과 진상이다. 첫째 전상은 곧 삼세로 거두는 전식이고, 둘째 업상은 곧 삼세로 거두는 업식이며, 셋째 진상도 곧 의식세분으로 거두는 말나식이다. 諸識有三種相 謂轉相 業相 眞相 第一 轉相 卽是三細所攝轉識 第二 業相 卽是三細所攝業識 第三 眞相 卽是意識細分所攝之末那識", 『화엄경소초』 권31(대정장36, p.234c18)에 "모든 식에는 세 가지 상이 있으니 전상·업상·진상을 말한다. 〔석〕 이 세 가지 상은 팔식에 통한다. 즉 마음을 일으키는 것을 전이라고 하니, 여덟 가지가 함께 일어나기 때문인데, 모두 생멸하므로 전상이라고 한다. 움직인즉 업이니, 저 삼세 중에서 최초의 업상과 같다. 팔식이 모두 움직이므로 다 업상이라고 한다. 팔식의 진성을 다 진상이라고 한다. 그러므로 경에서 모든 식에는 세 가지 상이 있다고 하였으니, 세 가지 상은 팔식에 통함을 알아야 한다. 諸識有三種相 謂轉相 業相 眞相 釋曰 此三種相 通於八識 謂起心名轉 八俱起故 皆有生滅 故名轉相 動則是業 如三細中 初業相故 八識皆動 盡名業相 八之眞性 盡名眞相 是故 經云 諸識有三種相 則知三相通八識矣"라고 하였다. 〔참고문헌〕『楞伽經』, 『釋摩訶衍論』, 『華嚴經疏鈔』. ⇨ 팔식 八識, 삼세육추 三細六麤

제신행인 除身行人 몸의 행을 그친 사람. 수식관(數息觀)의 열여섯 가지 뛰어난 관법인 십육특승(十六特勝) 또는 십육승행(十六勝行) 중 하나. 십육특승 중 사관신(四觀身)에 속한다. 식제신행(息除身行)·제제신행(除諸身行)이라고도 한다. 『사리불아비담론』 권8(대정장28, p.589a6)에 "무엇이 제신행인인가? 몸이란 날숨과 들숨이다. 그것이 만약 고요함에 들어 사라져 없게 되면 이를 신행이 사라진 이라 한다. 또한 제신행인이란, 만약 이 비구가 괴로움도 끊고 즐거움도 끊고 나서 먼저 걱정과 기쁨의 생각을 멸하여 괴롭지도 않고 즐겁지도 않아서 생각을 버려 청정하면 사선행을 성취한다. 이를 제신행인이라 한다. 云何除身行人 身謂出息入息 彼若入於寂靜滅除 是名除身行人 復次 除身行人 若此比丘 斷苦斷樂 先滅憂喜想 不苦不樂 捨念淸淨 成就於四禪行 是名除身行人", 『십송율』 권2(대정장23, p.8a26)에 "몸의 행이 다했을 때 마땅히 그 마음을 한결같이 하여 날숨과 들숨만을 생각한다. 除身行時 當一其心 念出入息", 『대승의장』 권16(대정장44, p.771b12)에 "몸으로 행함이 사라졌다 함은, 행자가 모든 상념을 갈무리해 경계를 쉬어 머물러 경계의 힘을 얻으면 마음이 안정되고 마음이 안정되면 거친 호흡은 바로 사라진다. 이를 몸으로 행함을 버렸다고 한다. 除身行者 行者繫念 住息境界 得境界力 心則安靜 心安靜故 麤息則滅 名除身行"라고 하였다. 〔참고문헌〕『舍利弗阿毘曇論』, 『十誦律』, 『大乘義章』. ⇨ 식제신행 息除身行, 십육특승 十六特勝

제실 諦實 말로 한 진실의 진실. 『해심밀경』 권1(대정장16, p.690b8)에 "이 모든 보살 중 누가 진실을 말하고 누가 거짓을 말하는가? 是諸菩薩 誰言諦實 誰言虛妄", 『해심밀경소』 권6(卍속장34, p.895b3)에 "〔경〕 제실이란 제법진여를 말한다. 〔해〕 제실이란 바로 진실상이다. 經云 諦實者 謂諸法眞如 解云 諦實卽是眞實相也", 『섭대승론석』 권1(대정장31, p.158b3)에 "진실의 인과를 마음이 미혹하여 이해하지 못하는 것을 무명이라 한다. 諦實因果 心迷不解 名爲無明", 『화엄경소』 권13(대정장35, p.593a7)에 "제실이라 하였으니, 이것은 경을 잡아서 가린 것이다. 곧 말로 드러낸 상 그대로여서, 버려 떠나지 못하여 진실이라는 뜻이며 맺어 정했다는 뜻이다. 세간과 출세간이라는 두 가지 인과에는 결코 거짓이 없어 조금도 어길 수 없다. 言諦實者 此約境辨謂如所說相 不捨離故 眞實故 決定故 謂世出世 二種因果必無虛妄 不可差失", 『원오어록』 권15 「시이가중현량 示李嘉仲賢良」(대정장47, p.785b18)에 "마음 전부가 고스란히 부처고 부처 전부가 그대로 중생이다. 중생과 부처가 차이가 없어야 비로소 도라 할 수 있다. 이것은 진실의 진실한 말이다. 다만 마음이 참되면 중생과 부처 온통 참되리라. 이 때문에 조사는 중생의 마음을 곧바로 가리켜 성을 보아 부처를 이룬다고 하였다. 全心卽佛 全佛卽人 人佛無異 始爲道矣 此諦實之言也 但心眞則 人佛俱眞 是故祖師 直指人心 俾見性成佛"라고 하였다. 〔참고문헌〕『解深密經』, 『解深密經疏』, 『攝大乘論釋』, 『華嚴經疏』, 『圜悟語錄』. ⇨제 諦

제실라차 帝失羅叉 Ⓢ Tiṣyarakṣitā. 아육왕(阿育王 Ⓢ Aśoka)의 첫 번째 부인. 구나라(鳩那羅 Ⓢ kuṇāla)의 계모. 미사락기다(微沙落起多)・미묘락기다(微妙落起多)・지사라치다(低舍羅絺多) 등으로 음사하며, 정용(淨容) 또는 광호(光護)로 한역한다. 아육왕은 연화부인(蓮華夫人)이 낳은 아들 구나라를 가장 아꼈는데, 제실라차는 용모가 수려한 구나라를 겁박하여 통정하려 하였다. 심지 곧은 구나라가 끝내 응하지 않자 구나라를 모함하여 두 눈을 뽑았다. 『아육왕전』 권3「구나라본연 駒那羅本緣」(대정장50, p.108b2)에 "이때 아육왕의 첫째 부인의 이름은 제실라차였는데, 구나라가 홀로 앉아 있는 모습을 보고는 그 눈에 애착한 나머지 구나라를 껴안으며 이렇게 말했다. '맹렬한 불길이 산과 들판을 모조리 태우듯이, 음욕이 나를 다그치는 게 이와 같네. 너는 지금 나와 사랑을 나누는 게 어떻겠느냐'. 時 阿育王第一夫人 名帝失羅叉 向拘那羅所 見其獨坐 愛其眼故 抱駒那羅 而作是言 猛火熾盛 燒於山野 婬欲逼我 亦復如是 汝今與我 宜相愛樂", "왕은 점점 괴로움에 분노의 불길이 치솟았다. … 구나라는 그 말을 듣고 자비심을 일으켜 왕에게 아뢰었다. '제실라차는 악법만을 닦아서 이와 같습니다. 왕께서는 이제 성스러운 법으로 다스려야 하니 저 여인을 살해하는 것은 옳지 않습니다. 어린 아이는 어리석고 작으니 응당 성내지 않으셔야 합니다'. 왕은 허락하지 않고 아교를 바른 집에서 불태워 죽였으며, 또한 차시라성의 인민들도 함께 태워 죽였다. 王轉懊惱 瞋恚火起 … 駒那羅聞 便生悲心 而白王言 帝失羅叉 修行惡法 是以如此 王今應當修於聖法 不宜殺害於彼女人 於嬰兒愚小不應生瞋 王猶不聽 作胡膠舍以火燒殺 亦復燒殺得叉尸羅城中人民"라고 하였다. 〔참고문헌〕『阿育王傳』, *Divy.397.* ⇨미묘락기다 微妙落起多, 아육왕 阿育王, 구나라 鳩那羅 ❷

제심 制心 마음을 다스리다. 『육도집경』 권7(대정장3, p.39c22)에 "두 번째 선은 헤아리지 않고 생각하지도 않으면서 마음을 다스려 내면을 관한다. 이러면 선한 움직임이 안에 깃들어 더 이상 귀눈코입을 따라 출입함이 없어 선악의 행이 더는 서로 드나들지 못하며 마음이 내면에 처하여 오로지 환희만 있을 뿐이다. 第二之禪 不計不念 制心內觀 善行在內 不復由耳目鼻口出入 善惡二行 不復相干 心處在內 唯有歡喜也", 『대집대허공장보살소문경』 권2(대정장13, p.619b6)에 "(선정 수행의 네 가지 중 하나) 밖의 경계에서 마음 밖을 다스려 밖으로 향하는 마음에 얻을 것이 없게 한다. 制心於外 外心無所得", 『좌선삼매경』 권상(대정장15, p.272a18)에 "또한 젖어미가 항상 아기를 살펴서 떨어지지 않도록 하듯이 행자가 마음을 관함도 이와 같이 해서 점점 마음을 다스려 반연할 곳에 머물게 한다. 亦如乳母 常觀嬰兒 不令墮落 行者觀心 亦復如是 漸漸制心 令住緣處", 『석선바라밀차제법문』 권3상(대정장46, p.491c7)에 "일체선정공덕은 모두 마음을 다스려 혹란을 쉼으로서 일어난다. 그러므로 『경』에서 '다스려 한 곳에 있게 하면 이루지 못할 일이 없다'고 하였다. 지(止)를 첫 번째 문으로 삼는 의도는 여기에 있다. 一切禪定功德 皆因制心息亂而發 故經云 制之一處 無事不辦 止爲初門 則意在此也", 『재가율요광집』 권2「제탐지족 除貪知足」(卍속장106, p.789b2)에 "보살이 그쳐 만족할 줄 몰라서 이양을 탐착하여 마음을 다스리지 못한다면 무거운 죄를 범할 것이다. 菩薩 不知厭足 貪著利養 不制心者 犯重垢罪", 『능가사자기』「찬선사장 粲禪師章」(대정장85, p.1286c14)에 "원숭이에게 채운 족쇄란 계로 마음을 다스림의 비유다. 猴著鎖 喩戒制心"라고 하였다. 〔참고문헌〕『六度集經』, 『大集大虛空藏菩薩所問經』, 『坐禪三昧經』, 『釋禪波羅蜜次第法門』, 『在家律要廣集』, 『楞伽師資記』, 『佛垂般涅槃略說教誡經』 권1(대정장12, p.1111a20).

제심 帝心 당대 화엄종(華嚴宗) 초조(初祖) 두순(杜順 557~640)이 태종(太宗)에게 받은 호. 제심존자(帝心尊者)・제심선사(帝心禪師)・제심대사(帝心大師)라고도 한다. 『불조통기』 권29(대정장49, p.292c21)에 "당 태종이 물었다. '짐의 심신을 괴롭히는 열을 스님의 신통력으로 어떻게 깨끗이 버리게 할 수 있겠는지요?' '성덕으로 천하를 다스리시면서 자잘한 병을 어찌 걱정하십니까? 다만 대사면을 반포하신다면 성스러운 그 몸이 저절로 편안할 것입니다'. 태종이 그 말을 들은 뒤 질병이 마침내 낫자 그로 인하여 제심이라는 호를 드렸다. 唐太宗詔問 朕苦勞熱 師之神力 何以蠲除 師曰 聖德御宇 微恙奚憂 但頒大赦 聖躬自安 上從之疾遂瘳 因錫號曰帝心", 『주화엄법계관문송』 권상(대정장45, p.697b29)에 "제심은 밀교와 현교를 한 쌍으로 융합했다. 帝心 密顯雙融", 『화엄오교지관』「서 敍

제심 화엄칠조탱
예천 용문사 조선후기

」(대정장45, p.509a10)에 "『오교지관』은 화엄종 초조 제심존자의 저술이다. 夫五敎止觀也者 華嚴初祖 帝心尊者所造"라고 하였다. [참고문헌]『佛祖統紀』, 『註華嚴法界觀門頌』, 『華嚴五敎止觀』. ⇨ 두순 杜順

제심 諦審 자세히 살피다. 진실을 살펴 보다. 『조론신소』 권상(대정장45, p.208b25)에 "일기의 성을 자세히 살펴 만물의 변화를 보니 무릇 마주치는 것들마다 그 성을 따라 서로 응하지 않는 것이 없다. 諦審一氣之性 以觀萬化 則凡所對遇 無不順性而契合", 『선림보훈합주』 권2(卍속장113, p.363a5)에 "빈도가 언젠가 대장경의 교설을 열람하여 부처님의 뜻을 진실로 살펴보니 비구가 앉아서 아무 공도 들이지 않은 음식을 받아먹는 것은 허용하지 않으셨다. 나태한 마음을 부르고 아견을 일으킨다. 이른 아침이 될 때마다 부처님과 그 제자들은 발우를 들고 걸식하였으니 귀천을 가리지 않아 마음에 높고 낮음이 없었다. 貧道嘗閱藏敎 諦審佛意 不許比丘坐受無功之食 生懶惰心 起吾我見 每至晨朝 佛及弟子 持鉢乞食 不擇貴賤 心無高下"라고 하였다. [참고문헌]『肇論新疏』, 『禪林寶訓合註』.

제심 臍深 Ⓢ gāmbhīra-nābhi, Ⓣ lte-ba-zab-pa. 팔십종호(八十種好) 중 하나. 배꼽이 깊이 들어간 모양이다. 『대반야경』 권381(대정장6, p.968b4)에 "세존의 배꼽은 깊고 오른쪽으로 돌아 둥글고 아름다우며 청정하고 광택이 난다. 이것이 스물세 번째 종호이다. 世尊臍深 右旋圓妙 淸淨光澤 是二十三", 『대지도론』 권89(대정장25, p.684b27)에 "서른한 번째는 배꼽이 깊어 둥글고 아름답다. 三十一者 臍深圓好"라고 하였다. [참고문헌]『大般若經』, 『大智度論』, 『方廣大莊嚴經』 권3(대정장3, p.557b19), *Mvyut.18.* ⇨ 팔십종호 八十種好

제심존자 帝心尊者 ➡ 제심 帝心

제심지 制心止 마음을 다스려 그치다. 세 가지 닦아 그치는 수지(修止) 중 하나다. 생각이 일어나는대로 알아차림으로써 고요한 경계에 머무는 선법. 『수습지관좌선법요』(대정장46, p.467a8)에 "제심지란 마음이 일어나는 대로 바로 문득 다스려 내쳐 흩어지지 않게 한다는 뜻이다. 그러므로 『경』에서 '이 오근이란 마음이 그 주인이다. 그러므로 그대들은 마음을 잘 다스려야 한다'고 하였다. 制心止 所謂隨心所起 卽便制之 不令馳散 故經云 此五根者 心爲其主 是故汝等 當好制心", 『석선바라밀차제법문』 권3(대정장46, p.492a10)에 "제심지란 마음이 깨우쳐 관해서 일어나지 않게 하기에 제심지라 한다. 制心止者 心若覺觀 卽制令不起故 名制心止", 같은 책 권7(대정장46, p.524c6)에 "만약 어떤 이가 피로가 극심하여 자고 싶기만 하고 많은 일을 즐기지 못할 때에는 행자는 응당 버려 따르고 닦아 그친다. 그침에는 두 가지가 있다. 하나는 닦아 그치는 것이고, 다른 하나는 그침에 서로 응하는 것이다. 닦아 그친다는 것은 삼지 중 오직 제심지만을 행한다. 마음을 다스려 온갖 연을 쉬고 생각을 없이 하며 자주 따라 그 마음을 다잡아 고요히 하는 것이다. 如人疲極 欲眠不樂衆務 爾時 行者應當捨隨修止 止有二種 一者 修止 二與止相應 修止者 三止之中 但用制心止也 制心息諸緣慮不念數隨凝靜其心 是名修止", 『원각경대소석의초』 권11(卍속장14, p.917a4)에 "마음이 일어나는 대로 바로 다스리는 것은 제심지라 한다. 마음이 일어나는 바를 따라 곧바로 다스려 달려 흩어지지 않도록 하는 것을 말한다. 그러므로 경에서 '이 오근이란 것은 마음을 주인으로 한다. 그러므로 그대들 마땅히 마음 다스림을 기꺼이 한다. 隨起卽制者 制心止也 所謂隨心所起 卽便制之 不令馳散 故經云 此五根者 心爲其主 是故汝等當好制心", 『선문장』(卍속장99, p.50a14)에 "제심지를 닦는다는 것은, 지금까지는 외경의 치달음을 쉬게 함으로서 이것은 내경을 지키기 위한 것이다. 마음은 안팎이 없는데 어찌 경을 지킨다 하는가? 마음은 그대로 밝고 지혜로운 법이어서 번뇌가 일어난즉 다스리고 곧바로 다스림을 제심지라 한다. 비유컨대 마치 말을 길들여 마쳤다면 기둥에 묶을 수 있듯이, 다만 올라타서 제어해야만 앞으로도 움직일 수 있고 뒤로도 물러 설 수 있으며 좌우로 움직일 수 있다. 움직이면 말은 비로소 길들여진 것이니 올라타서 부릴 수 있고 가거나 서거나 자유롭게 된다. 마음의 말 역시 그러하다. 일어난즉 다스리고 일어난 자리를 따라 바로 다스린다. 마음이 멈추면 들어가서 볼 수 있다. 만약 사람이 이 말을 타지 않으면 그 성질을 알 수 없으니 올라타야 비로소 알아차릴 수 있다. 사람이 선을 닦지 않으면 마음을 알 수 없고 거둔즉 알 수 있다. 그러므로 제심지라고 한다. 修制心止者 向來爲外境馳蕩 以內境守之 非心內外 何可以境守之 心是靈智之法 煩惱起卽制 卽制名制心止 譬如調馬已 可繫之於柱 但騎之而制調 若前透亦動 後縮亦動 左傍右傍隨動隨動 動已馬方得調 堪可乘御 去住自在 心馬亦爾 欻起卽制 隨其起處卽便制之 心若得止 乃可入觀 若人不騎此馬 不知其性 騎之方覺 人不生禪 不知其心 攝之則知 是故名制心止"라고 하였다. [참고문헌]『修習止觀坐禪法要』, 『釋禪波羅密坐禪法要』, 『圓覺經大疏釋義鈔』, 『禪門章』. ⇨ 수지삼 修止三

제심행 除心行 좋아하는 것에 집착하는 마음에서 탐욕이 일어나는 것을 알아차림으로써 번뇌를 없애는 행법. 『성실론』 권14(대정장32, p.356a5)에 "제심행이란 행자가 느껴서 일어나는 탐의 허물을 따라 보고서는 없애 사라지게 하기에 마음이 안온하게 되고 또한 거친 느낌도 없앨 수 있다. 그러므로 제심행이라 한다. 除心行者 行者見從受生貪過 除滅故心則安隱 亦滅除麤受 故說除心行", 『대승의장』 권16(대정장44, p.771c16)에 "제심행이란 행자가 좋아하는 것에서 탐심이 일어나는 것을 보고 좋다는 느낌을 없애고 탐심을 버려 마음이 안온하게 되는 것이니 이를 제심행이라 한다. 이러한 네 가지는 멀리는 날숨과 들숨을 알아차리는 방편에서 일어난다. 그러므로 염출입식이라 한다. 除心行者 行者以見從喜生貪 除受去貪心則安穩 名除心行 此四遠從念出入息方便發生 是故名爲念出入息"라고 하였다. 〔참고문헌〕『成實論』, 『大乘義章』.

제십삼처 第十三處 Ⓢ trayodaśam-āyatanam. 십이처(十二處) 밖의 처. 일체(一切)를 십이처로 거두는 뜻에 의지해 설정한 것으로 실체없는 것의 이름이다. 제십삼처는 토끼뿔(兎角)이나 거북털(龜毛)과 같다. 『대비바사론』 권15(대정장27, p.72c3)에 "〔문〕 만약 이러한 이름으로 단상을 드러낸다면, 두 번째 머리·세 번째 손과 제육온·제십삼처·제십구계 등 이러한 이름은 무엇을 드러내겠는가? 〔답〕 이러한 이름은 단견과 상견 등의 생각을 드러낼 뿐이다. 問 若以此名顯斷常 第二頭 第三手 第六蘊 第十三處 第十九界等 此名何所顯耶 答 此名卽顯 斷常等想", 『구사론』 권20 「분별수면품 分別隨眠品」(대정장29, p.105c20 : *Abh-k-bh.*, p.300)에 "만약 바탕 전혀 없는 것이 바로 연할 바라면 제십삼처가 응당 소연이 될 것이다. 제유에 제십삼처라 없다고 하는데 이 능연식인들 무엇을 연할 수 있겠는가? 若體全無 是所緣者 第十三處 應是所緣 諸有達無第十三處 此能緣識爲何所緣 yadyasadapyālambanaṃ syāt trayodaśamapyāyatanaṃ syāt. atha trayodaśamāyatanaṃ nāstītyasya vijñānasya kimālambanam"라고 하였다. 〔참고문헌〕『大毘婆沙論』, 『俱舍論』, *Abh-k-bh.* ⇨ 십이처 十二處, 십구계 十九界

제십육심 第十六心 견도(見道)에 들어가 사제를 관하여 팔인팔지(八忍八智) 가운데 도류지(道類智 Ⓢ mārga-anvaya-jñāna)로 얻은 마음. 『십주비바사론』 권11(대정장26, p.80b14)에 "부처님께서는 세력바라밀을 성취하신다. 이 세력이 제십육심에서 이 이익을 더하니 일체지가 항상 부처님 몸에 깃들다가 무여열반에까지 이른다. 이러한 사연 때문에 일체법중에 무애지를 얻는다. 佛能成就 勢力波羅蜜 是勢力在 第十六心中 得增益 一切智 常在佛身 乃至無餘涅槃 因是事故 於一切法中 得無礙智", 『구사론송소론본』 권3(대정장41, p.837c22)에 "해탈도에 있다는 말은 제십육심의 도류지가 바로 그것이다. 在解脫道者 第十六心 道類智 是也", 『속화엄경약소간정기』 권5(卍속장5, p.209b3)에 "두 번째, 예류과라는 말은 제십육심인 도류지를 가리킨다. 도제를 연하기에 예성류를 얻으니 이를 예류라 한다. 도류지를 낳고 예류과를 얻어 수도위에 든다. 二云 預流果者 謂第十六心道類智 緣道諦故 得預聖流 名爲預流 道類智生 得預流果 入脩道也"라고 하였다. 〔참고문헌〕『十住毘婆沙論』, 『俱舍論頌疏論本』, 『續華嚴經略疏刊定記』, *Abh-k-bh.353·356.* ⇨ 십육심 十六心, 십육심견도 十六心見道

제아사리진언밀교부류총록 除阿闍梨眞言密教部類總錄 일본 평안(平安)시대 천태종 스님 안연(安然) 지음. 2권. 9~10세기 성립. 입당팔가(入唐八家)에 의해 전래된 전적을 분류한 목록. 『진언밀교부류총록』·『팔가비록 八家祕錄』이라고도 한다. 대정장55, pp.1113b22~1132c5, No.2176에 수록되어 있다. 입당팔가란 중국으로 건너가 유학하고 일본으로 의궤를 가지고 돌아온 최징(最澄)·공해(空海)·상효(常曉)·원인(圓仁)·원행(圓行)·혜운(惠運)·원진(圓珍)·종예(宗叡)의 여덟 스님을 가리킨다. 이들의 목록을 「예산징화상록(叡山澄和上錄」·「고야해화상록 高野海和上錄」·「예산인화상록 叡山仁和上錄」·「영암행화상록 靈巖行和上錄」·「안상운화상록 安祥運和尙錄」·「소율효화상록 小栗曉和上錄」·「예산진화상록 叡山珍和尙錄」·「원각예화상록 圓覺叡和上錄」으로 정리한 다음 다시 삼관정(三灌頂)·태장계(胎藏界)·금강계(金剛界)·소실지(蘇悉地)·제여래(諸如來)·제불정(諸佛頂)·제불모(諸佛母)·제경법(諸經法)·제관음(諸觀音)·제보살(諸菩薩)·제금강(諸金剛)·제분노(諸忿怒)·제세천(諸世天)·제천공(諸天供)·제호마(諸護摩)·제예참(諸禮懺)·제찬탄(諸讚歎)·제실담(諸悉曇)·제비전(諸碑傳)·제도상(諸圖像) 등 20부로 나누었다. 본서는 평안시대에 전래된 밀교전적을 검토하기에 요긴한 자료로 평가받는다.

제악견론 制惡見論 당대 현장(玄奘 660~664)법사가 외도의 삿된 견해를 논파하기 위해 지은 논서. 『파악견론 破惡見論』이라고도 한다. 『성유식론술기』 권7(대정장43, p.500c7)에 "나의 스승께서 계일대왕이 십팔일 동안 무차회를 베풀 때 『제악견론』을 지었다. 我之大師 戒日大王爲設十八日無遮會時 造制惡見論", 『대당고삼장현장법사행장』(대정장50, p.217b7)에 "현장법사가 한 편의 설을 보냈으니 종지를 갖추었고 외도의 오류를 찾아내서 대승의 뜻을 펼쳐 논파하였으니 천육백 게송이었다. 이를 『제악견론』이라 한다. 계현과 덕중에게 보이니 모두 칭찬하여 말하기를 '이는 궁극의 길이니 어찌 대적하겠는가?'라고 하였다. 法師遣說一遍 備得其旨 遂尋其謬 卽申大乘義破之 爲一千六百頌 名制惡見論 將呈戒賢及德衆 咸悉稱善曰 以此窮竅 何敵不已"라고 하였다.

〔참고문헌〕『成唯識論述記』, 『大唐故三藏玄奘法師行狀』, 『慈恩傳』 권4(대정장50, p.245c10).

제악막작 諸惡莫作 Ⓢ sarva-pāpasya-akaraṇam. 모든 악도 짓지 않는다. 칠불통계게(七佛通戒偈)의 첫 구다. 『증일아함경』 권1(대정장2, p.551a11)에 "이때 존자 아난이 이 게를 설했다. '「모든 악도 짓지 말고 모든 선을 받들어 행하여 스스로 그 생각을 깨끗하게 하면 이것이 바로 부처님의 가르침이네」. 왜 그러한가? 어떠한 악도 짓지 않음이 모든 법의 바탕이니 문득 일체선법을 출생시킨다. 선법을 일으킴으로써 마음과 뜻이 청정하다. 그러므로 가섭이여! 모든 불세존은 신구의로 행하여 항상 닦아 청정하다'. 時 尊者阿難便說此偈 諸惡莫作 諸善奉行 自淨其意 是諸佛教 所以然者 諸惡莫作 是諸法本 便出生一切善法 以生善法 心意清淨 是故 迦葉 諸佛世尊 身口意行 常修清淨", 『출요경』 권25(대정장4, p.741b26)에 "어떠한 악도 행하지 않는다는 것은 모든 불세존께서 후인과 삼승도를 행하는 이들에게 가르쳐 경계하신 것이다. 악을 행하지 않음으로써 지극한 도를 얻음은 모두 선을 익혀 저절로 도의 자취에 이르는 것이다. 그러므로 어떠한 악도 짓지 말라고 하였다. 諸惡莫作者 諸佛世尊 教誡後人三乘道者 不以脩惡而得至道 皆習於善 自致道跡 是故說曰 諸惡莫作也", 『중관론소』 권1(대정장42, p.12c2)에 "부처님에게는 경계와 권유의 두 문이 있다. '어떠한 악도 행하지 마라'는 것은 경계하는 문이고, '온갖 선을 받들어 행하라'는 것은 권유하는 문이다. 佛有誡勸二門 諸惡莫作名爲誡門 諸善奉行名爲勸門"라고 하였다. 〔참고문헌〕『增壹阿含經』, 『出曜經』, 『中觀論疏』, *Udāna-v.651.* ⇨ 제선봉행 諸善奉行, 칠불통계게 七佛通戒偈, 권계 勸誡

제악막작게 諸惡莫作偈 ➡ 칠불통계게 七佛通戒偈

제안 齊安 ?~842. 당후기 선승. 호는 염관(鹽官), 속성은 이(李)씨. 해문군(海門郡) 출신. 당 황실의 후손이다. 어려서 운종선사(雲琮禪師)에게 출가하였고 남악지엄(南嶽智嚴)율사에게 구족계를 받은 후에 율의(律儀)를 배웠다. 남강(南康) 공공산(龔公山)에서 마조도일(馬祖道一)선사가 교화를 펼친다는 소식을 듣고 찾아갔는데 마조가 그의 법기(法器)를 알아보고 입실을 명하여 비밀하게 정법을 전해 주었다. 원화년간(806~820) 말에 쇠락한 월주(越州) 소산(蕭山) 법락사(法樂寺)를 중창하였고, 법흔(法昕)의 청을 받아 항주(杭州) 해창원(海昌院)에 주석하며 선풍을 펼쳤다. 선종(宣宗)이 즉위하기 전 스승으로 모셨다. 842년(회창2)에 좌선한 채 입적하였으며, 선종(宣宗)이 '오공선사 悟空禪師'라는 시호를 내렸다. 탑은 분주(汾州)와 염관 두 곳에 건립되었다. 〔참고문헌〕『祖堂集』 권15(대장경보편25, p.581b8), 『佛祖統紀』(대정장49, p.467a4), 『宋高僧傳』 권11(대정장50, p.776b21), 『景德傳燈錄』 권7(대정장51, p.254a4). ⇨ 염관서우선자 鹽官犀牛扇子, 염관온하경론 鹽官蘊何經論

제야 除夜 한 해의 마지막 밤. 음력 12월 30일 밤인 섣달 그믐날 밤을 말한다. 『입중수지』(卍속장111, p.965a16)에 "제야 : 봄을 주재하는 신(東皇)이 법령을 반포하여 북두칠성이 한 바퀴 도는 72후(1년)에 해당하는 시간을 한 주기라 하였고, 그때 서른여섯의 열이 마지막을 고한다. 除夜 東皇布令 北斗回杓 當七十二候 以云周 乃三十六旬之告畢", 『인사집현어록』 권1(卍속장114, p.11b8)에 "제야 : 밤비는 추위 남기고, 북풍은 섣달을 보낸다. 혹독한 서리가 오슬오슬하니 집집마다 다시 누대를 짓고, 서설이 분분하니 숱한 골짜기마다 은빛 세계다. 360일이 마지막을 고하고, 72후도 마지막을 알린다. 除夜 夜雨餞寒 北風送臘 嚴霜凜凜 千家翻作玉樓臺 瑞雪紛紛 萬壑變成銀世界 三百六旬告畢 七十二候云終", 『불조광화상어』(속고존숙어요5, 卍속장119, p.93a9)에 "제야에 학인이 물었다. '새해에는 불법은 묻지 않겠습니다. 해가 가고 날도 다한 이 일은 어떤지요?' 궁하면 지지고 배고프면 운다. 除夜 僧問 新年佛法卽不問 年窮歲盡事如何 師云 窮廝煎 餓廝吵"라고 하였다. 〔참고문헌〕『入衆須知』, 『因師集賢語錄』, 『佛照光和尙語』. ⇨ 제야소참 除夜小參

제야소참 除夜小參 제야에 행하는 소참. 『원오어록』 권9(대정장47, p.755a4)에 "제야소참 : 나무 시들고 잎이 떨어지니 무너지듯 사라져서, 한 해 저물고 년이 다하니 집은 쇠잔하고 창도 부서졌네. 세속의 진실로 바라보면 뜻맞는 경계라 할 수 없지만, 불도의 안목으로 살펴보면 도리어 좋은 소식이라 할 만하다. … 바로 이러한 때 한 마디 어떻게 던질까? 올해는 오늘 밤으로 다하고, 내년은 내일 새롭게 하리라. 除夜小參 樹凋葉落 瓦解氷消 歲暮年窮 家殘戶破 以世諦觀之 是不稱意境界 以道眼觀之 却是好箇消息 … 正當恁麽時 一句作麽生道 今歲今宵盡 來年來日新", 『허당록』 권9(대정장47, p.1055c10)에 "제야소참 때 학인이 물었다. '문 앞의 폭죽이 소식을 전하는데 어찌 거듭 새롭게 화두 들어야 하는지요?' '아교통에 머리를 들이미는구나' '재는 식고 불도 꺼져 한 해의 시간이 마지막을 알리는데 무엇이 갈아끼울 끝 구인지요?' '집에 괴이한 조짐이 없는데 굳이 복숭아나무 부적을 박을 필요 있겠는가?' 除夜小參 僧問 門前爆竹通消息 何必重新擧話頭 師云 刺腦入膠盆 僧云 灰寒火冷 歲律告闌 如何是交接頭句 師云 家中無怪兆 何必釘桃符", 『월림사관어록』(卍속장120, p.486b3)에

"제야소참 : 한 해 가고 한 해가 오니 해마다 일이요, 하루 오고 또 하루 가니 날마다 새롭다. 목인형이 박수를 치며 깔깔대고 웃는다. 그 한 풍광 그리려 해도 그릴 수 없지만, 보이는 대로 보면 될 뿐 그리려 애써 읊으려 하지 마라. 누각에서는 벌써 새해를 알리는 피리를 부는데, 승당 앞에서는 여전히 묵은해의 등불 밝힌다. 除夜小參 年去年來年年事 日來日往日日新 木人撫掌呵呵笑 一段風光畫不成 見便見莫沈吟 樓上已吹新歲角 堂前猶點舊年燈"라고 하였다. 『열조제강록』 권13(卍속장112, p.363b3)에는 「세야제강 歲夜提綱」이라는 제명 아래 여러 선사들의 제야소참을 모아놓았다. 〔참고문헌〕『圜悟語錄』, 『虛堂錄』, 『月林師觀語錄』, 『列祖提綱錄』.

제어 諦語 ❶ 팔정도 정어(正語 Ⓟ sammā-vācā)의 고역(古譯). 『팔정도경』(대정장2, p.505a10)에 "세 번째 제어란 무엇인가? 두말하지 않는 것, 말을 전하지 않는 것, 매도하는 말을 하지 않는 것, 거짓말을 하지 않는 것이 진실의 말이다. 第三 諦語爲何等 不兩舌 不傳語 不惡罵 不妄語 是爲諦語"라고 하였다. 〔참고문헌〕『八正道經』. ⇨ 정어 正語 ❷ 진리의 말씀. 진실한 말. 『집이문족론』 권10(대정장26, p.409b9)에 "진실한 말이란 설한 말이 실다워 실답지 않음이 없고 참다워 참답지 않음이 없으며 허망하지도 변하여 달라지지도 않는 것이니 이를 진실한 말이라 한다. 諦語者 謂所說語是實非不實是眞非不眞 不虛妄不變異 是名諦語", 『순정리론』 권28(대정장29, p.500c10)에 "진실한 말씀을 실이라 한다면 이것으로 마주해 다스릴 거짓된 언론은 실이 아니라는 것이다. 諦語名實 此所對治 虛誑言論 名爲非實"라고 하였다. 〔참고문헌〕『集異門足論』, 『順正理論』. ❸ Ⓟ Aggivessana. 바라문 이름. 화종거사(火種居士)를 가리킨다. 『대비바사론』 권6(대정장27, p.30c13)에 "〔문〕 만약 그렇다고 한다면, 오파리(Ⓢ Upāli)·실리국다(Ⓢ Śrīgupta)·지만(Ⓢ Aṅgulimāla)·제어 등은 인위(忍位)를 획득하지 못했을 것이다. 그들은 아가 있다고 집착하면서 부처님을 따르지 않았기 때문이다. 〔답〕 그들은 논의하기 위해 임의로 아가 있다고 설정한 것이지 실제로 아가 있다고 집착한 것은 아니다. 問 若爾鄔波離室利鞠多 指鬘諦語等 應未得忍 彼執有我 抗拒佛故 答 彼欲論議 假立有我 實不執著"라고 하였다. 〔참고문헌〕『大毘婆沙論』, *MN.1.229.* ⇨ 화종거사 火種居士

제어경 諦語經 경전 이름. 『잡아함경』 권5 제110경과 『증일아함경』 권30 제10경에 대응한다. 구역 『아비담비바사론 阿毘曇毘婆沙論』에서는 『살차니건자경 薩遮尼乾子經』으로 한역하고 있다. 『대비바사론』 권8(대정장27, p.37c14)에 "만약 없다고 한다면, 『제어경』에서 설한 바와는 어떻게 회통할 것인가? 가령 그 『경』에서는 '제어외도는 부처님께 다음처럼 말하였다. 「교답마시여! 저는 색이 아이며, 수상행식이 아라고 말합니다」'라고 하였다. 若無者 諦語經說 當云何通 如彼經說 諦語外道白佛言 喬答摩 我說色是我 受想行識是我"라고 하였다. 〔참고문헌〕『大毘婆沙論』. ⇨ 제어 諦語❸

제업불휴식상 諸業不休息相 어떤 일에도 쉼이 없이 함. 보신(報身)의 오종상(五種相) 중 하나다. 『보성론』 권4(대정장31, p.843a20)에 "보신의 자재한 신력은 간략하게 다섯 가지로 말할 수 있네. 설법상·가견상·제업불휴식상·휴식은몰상·시현불실체상이니 이를 요약설이라 하네. 此神力自在 略說有五種 說法及可見 諸業不休息 及休息隱沒 示現不實體 是名要略說"라고 하였다. 〔참고문헌〕『寶性論』. ⇨ 보신오종상 報身五種相

제업신 齊業身 업이 다한 몸. 천태에서 설하는 소승 삼장교(三藏敎)의 불신(佛身). 대승의 제연신(齊緣身)과 상대한다. 『법화현의』 권7(대정장33, p.769a25)에 "삼장교의 부처님은 부모님이 낳은 몸이니, 팔십이 세 다하면 몸도 지혜도 다하여 끝내 날 일이 없다. 통교의 부처님은 서원의 몸이어서 교화의 연을 마쳐야 역시 재로 돌아가 단멸해 마쳐서야 다시 나지 않으신다. 이 두 부처님의 몸은 제업과 제연의 몸일 뿐이다. 三藏佛 父母生身 八十二盡 身灰智滅 畢竟不生 通教佛 誓願之身 化緣若訖 亦歸灰斷滅已不生 此兩佛 但齊業齊緣"라고 하였다. 〔참고문헌〕『法華玄義』. ⇨ 제연신 齊緣身

제여시 除餘時 Ⓟ aññatra samayā. 명시한 판례가 아닌 경우는 범계(犯戒)에 해당하지 않는다는 말. 율장에서 쓰는 말이다. 『마하승기율』 권18(대정장22, p.371a4)에 "만일 비구가 보배나 보배라 부르는 것들을 원 안에서 스스로 줍거나 남을 시켜서 줍거나 나머지 때를 제하고는 바일제다. 나머지 때란 무엇인가? 비구가 보배이거나 보배라 이름 붙인 것들을 스스로 줍거나 남을 시켜서 줍거나 '주인이 있어 찾으면 주는 것을 나머지 때라 한다. 若比丘 若寶若名寶 園內若自取 若使人取 除餘時 波夜提 餘時者 比丘 若寶若名寶 若自取 若使人取 作是念 有主求者與 是名餘時"라고 하였다. 〔참고문헌〕『摩訶僧祇律』, *Vin.4.57.* ⇨ 여시 餘時

제연도 諦緣度 사제·십이인연·육바라밀을 합하여 이르는 말. 천태에서 삼장교의 성문·연각·보살의 가르침을 말한다. 『법화현의석첨』 권1(대정장33, p.821c13)에 "처음 삼장중에서는 제와 연과 도가 다르므로 인에 크게 차이가 있지만 모두 견혹과 사혹을 끊음에서는 삼승이 적게 다른 듯 하지만 과에서는 같을 수 없다. 初三藏中 諦緣度殊 故因大異 俱斷見思 三乘微異 故果小

同",『법화문구』 권5(대정장34, p.72a29)에 "희고 큰 소를 탄다는 말은 무루반야로써 능히 사제와 십이인연과 육바라밀로 이끌고 온갖 만행으로 일체지(Ⓢ sarvajña) 이르게 함을 비유한다. 駕以白牛者 譬無漏般若 能導諦緣度 一切萬行 到薩婆若",『마하지관』 권8하(대정장46, p.111b27)에 "통하거나 막힘을 안다하니, 병든 법을 관하여 구구중에 제연도를 알아 병도 지혜도 관하고, 구구마다에서 제연도를 알아 조목조목 분명히 해서 의혹이 없게 하며 글과 글아닌 것도 알고 득실도 알아서 함이 저 위에서 말한 예와 같다. 識通塞者 觀於病法 句句之中 識諦緣度 觀病觀智 句句識諦緣度 了了分明 而無疑惑 解字非字 知得知失 例如上說也"라고 하였다. [참고문헌]『法華玄義釋籤』,『法華文句』,『摩訶止觀』. ⇨ 사제 四諦, 십이인연 十二因緣, 육바라밀 六波羅蜜

제연비유언사방편력 諸緣譬喩言辭方便力 온갖 연과 비유와 언사방편력. 부처님께서 중생과 함께 하기 위해 베푼 구분십이부경들의 말씀을 말한다.『법화경』 권1(대정장9, p.7c22)에 "얼마간의 하고자 하는 바탕으로 지은 선세의 선악업을 부처님께서는 모두 아시기에 여러 인연과 비유들, 그리고 언어방편으로 모두를 기쁘게 하신다. 若干諸欲性 先世善惡業 佛悉知是已 以諸緣譬喩言辭方便力 令一切歡喜",『법화경입소』 권2(卍속장47, p.120a13)에 "부처님께서는 이미 다 아시기에 여러 인연과 비유의 언사방편력으로 모두 환희하게 하셨다는 것은 혹은 경전·가타·본사·본생·미증유를 설하시고 또한 인연과 비유 그리고 기야와 우파제사경을 설하셨다는 뜻이다. 佛悉知是已 以諸緣譬喩 言辭方便力 令一切歡喜 或說修多羅 伽陀及本事 本生未曾有 亦說於因緣 譬喩幷祇夜 優波提舍經"라고 하였다. [참고문헌]『法華經』,『法華經入疏』. ⇨ 구부경 九部經

제연신 齊緣身 중생 교화의 연이 다해야 열반에 드시는 몸. 천태에서 설하는 통교(通敎)의 불신(佛身)으로 중생을 교화할 인연이 다하면 사라지고, 인연이 있으면 나타나는 불신을 가리킨다. 제업신(齊業身)의 상대어이다. [참고문헌]『法華玄義』 권7(대정장33, p.769a28). ⇨ 통교 通敎, 제업신 齊業身

제예로가야폐사야 帝㘑路迦也吠闍也 Ⓢ trailokya-vijaya의 음사어. 항삼세(降三世)라고 한역한다.『대일경소』 권10(대정장39, p.685c3)에 "제예로가야〈삼세라는 뜻이다〉폐사야〈눌러 이긴다는 뜻이다〉. 帝㘑路迦也〈此是三世也〉吠闍也〈此是降勝之義也〉"라고 하였다. [참고문헌]『大日經疏』. ⇨ 승삼세명왕 勝三世明王

제오 濟悟 1626~1687. 청대 임제종 스님. 법호는 학봉(鶴峰), 속성은 비(費)씨. 오문(吳門 : 江蘇省 蘇州) 출신. 12세 때 속세를 떠날 뜻을 품었다. 부모가 허락하고 송릉(松陵) 나한사(羅漢寺) 서지광(瑞芝光)율사에게 보냈다. 스무 살이 되자 만봉부석(萬峰剖石)에게 구족계를 받았고 후에 영은(靈隱)선사에게 참학하고 그 법을 이었다. 1687년(강희26) 9월 11일에 세수 62, 법랍 44세로 입적하였다. [참고문헌]『鶴峰禪師語錄』「行狀」(가흥장38, p.567a12).

제오대제육음 第五大第六陰 사대(四大) 밖에 제오대와 오음(五陰) 밖에 제육음. 유명무실한 것의 비유로 덧붙여 제칠정(第七情)·제십삼입(第十三入)·제십구계(第十九界) 등으로 구모토각(龜毛兎角) 등과 같이 불가득(不可得) 불가견(不可見)의 비유들이다.『유마의기』 권3(대정장38, p.480c11)에 "뒤의 다섯 구는 정에 나아가 없다고 말한 것이니 망정으로 취한 것이어서 필경에는 있는 것 아니다. 저 제오대와 제육음 등과 같다. … 또 다시 임시로 이름한 인상 또한 없는 것이어서 저 색법중에 제오대와 제육음 등과 같다 하였다. 오직 지수화풍 사대여서 다시 다섯 번째 대는 없으며, 몸을 이루는 법중에는 오직 오음 뿐이여서 더할 제육은 없고, 제칠정과 같아서 정 오히려 식이라 해야하니, 저 사식중에는 오직 육식만 있어서 다시 제칠은 없다. 後之五句 就情說無 妄情所取 畢竟不有 如第五大第六陰等 … 又復假名人相亦無 是以說言如第五大第六陰等 於色法中 唯有地水火風四大 更無第五 成身法中 唯有五陰 更無第六 如第七情 情猶識也 於事識中 唯有六識 更無第七",『유마경약소』 권8(대정장38, p.673b20)에 "여기서는 이 다섯 비유로 거북이 털이나 토끼 뿔처럼 얻을 수 없는 것들임을 밝혔다. 중생뿐만 아니라 법에도 실한 법 없으니 언어의 길 끊어졌고 마음의 행처 또한 사라졌다. 그러므로 제오대 등과 같은 것들도 도리상 없다. 이렇게 중생을 본다해도 진실로 그 끝내 들어간다해도 중생상을 볼 수는 없다. 今此五譬 明衆生如龜毛兎角 皆不可得 非但無衆生 亦無實法 言語道斷 心行處滅 如第五大等 無此道理 是觀衆生 入眞畢竟 不見衆生相也"라고 하였다. [참고문헌]『維摩義記』,『維摩經略疏』, *Vikī-n.254.* ⇨ 구모토각 龜毛兎角, 제육음 第六陰, 제칠정 第七情

제오대제육음제칠정제십삼입제십구계 第五大第六陰第七情第十三入第十九界 유위법(有爲法)이 의지하는 사대(四大)·오온(五蘊)·십이처(十二處)·십팔계(十八界) 그 밖을 가리키는 말. 일체법(一切法)의 의지하는 이름(名)과 근거(色)들을 벗어난 것의 이름으로 무생(無生)의 비유라고 할 수 있다.『유마경』 권중「관중생품 觀衆生品」(대정장14, p.547a29)에 "이때 문수사리가 유마힐에게 물었다. '보살은 어떻게 중생을 보는가?' '환술사가 환술의 사람을 보듯이 보살도 중생을 보는 일도 이와 같이 합니다. 저 지혜로운 사람이 물속의 달을 보듯, 거울 속의 모습을 보듯, 뜨거울 때 아지랑이를 보듯, 외치는 소리의 메아리를 듣듯, 허공의 구름을 보듯, 물이 모인 물방울을 보듯, 물위에 거품을 보듯, 속이 텅빈 파초를 보듯, 잠깐 머무는 번개 보듯, 제오대를 보듯, 제육음을 보듯, 제칠정을 보듯, 제십삼입처를 보듯, 제십구계를 보듯 보살이 중생을 보되 이와 같이 합니다'. 爾時 文殊師利問維摩詰言 菩薩云何觀於衆生 維摩詰言 譬如幻師 見所幻人 菩薩觀衆生爲若此 如智者見水中月 如鏡中見其面像 如熱時焰 如呼聲響 如空中雲 如水聚沫 如水上泡 如芭蕉堅 如電久住 如第五大 如第六陰 如第七情 如十三入 如十九界 菩薩觀衆生爲若此", 『유마경초』(대정장85, p.430c7)에 "[술] 환술사는 환술로 만든 사람이 실제가 아님을 분명하게 알고, 보살은 중생이 환과 같음을 분명하게 알기에 중생 등 상에 집착하지 않는다. 제오대와 같다 하였으니, 삼세의 제불은 지수화풍의 사대만을 설했기에 제오대와 같은 것들은 없는데 제오대를 실체로 여기니 중생도 이와 같다. 제육음〈오음만 있을 뿐 여섯 번째는 없다〉과도 같고 제칠정〈여섯 번째 감각 기관까지만 있을 뿐 일곱 번째는 없다〉과도 같으며 제십삼입〈육근과 육식인 십이입이라는 문만 있을 뿐 열세 번째는 없다〉과도 같고 제십구계〈육근·육식·육경 등 육이 세 쌍인 십팔계만 있을 뿐 다시 십구계는 없다〉와도 같으며 무색계에 색이 없고 불에 탄 낟알에는 싹이 없으며 수다원에게는 더 이상 없는 신견과 같다. 述曰 幻師了知幻人無實 菩薩了知衆生如幻 於中不著衆生等相 如第五大者 三世諸佛只說四大 地水火風 無第五大之等 第五實其體 衆生同此 如第六陰〈只有五蘊 無有第六〉 如第七情〈只有第六根無第七也〉 如第十三入〈只有六根六識十二入門 無第十三也〉 如第十九界〈只有六根六識六境三六十八 更無十九〉 無色界無色 燋穀無芽 如須陀洹身見"라고 하였다. [참고문헌] 『維摩經』, 『維摩經抄』. ⇨ 삼과 三科, 일체법 一切法

제오오백세 第五五百歲 불멸후 다섯번째가 되는 오백세. 오오백년(五五百年) 중 마지막 오백년을 말한다. 투쟁견고(鬪爭堅固)의 시대라고 하며 최후의 오백년이기에 후오백년(後五百年) 또는 후오백세(後五百歲)라고도 하고 말법시대(末法時代)다. 『금강경약소』(卍속장39, p.310a18)에 "오백세란, 부처님 입멸 후 처음 오백세는 해탈견고이고 두번째 오백세는 선정견고이며 세번째 오백세는 다문견고이고 네번째 오백세는 탑사견고이며 다섯번째 오백세는 투쟁견고다. 『경』에서 후오백세라고 한 말은 다섯번째를 가리킨다. 五百歲者 佛滅後 初五百歲 解脫堅固 第二五百歲 禪定堅固 第三五百歲 多聞堅固 第四五百歲 塔寺堅固 第五五百歲 鬥諍堅固 經言後五百歲 指第五也", 『금강경심인소』 권상(卍속장40, p.375b15)에 "오백세에 대해 『법륜예기』에서 이르길 '정법과 상법시대는 각각 천년동안 이어지고, 말법시대는 만년동안 이어진다. 처음 오백세는 해탈견고이고 … 다섯번째 오백세는 투쟁견고이다'라고 하였는데, 지금 후오백세라고 한 말은 다섯번째 오백세를 가리킨다. 五百歲者 法輪預記云 正法像法 各一千年 末法萬年 初五百歲 解脫堅固 … 五五百歲 鬥諍堅固 今言後者 第五五百歲也", 『묘경문구사지기』 권2(卍속장45, p.723a5)에 "지금 후백세라고 한 말은 최후의 다섯번째 오백세다. 今言後百歲 卽當最後第五五百歲也"라고 하였다. [참고문헌] 『金剛經略疏』, 『金剛經心印疏』, 『妙經文句私志記』. ⇨ 오오백년 五五百年, 투쟁견고 鬥諍堅固

제옥 齊玉 1071~1129. 송대 정토종 스님. 속성은 막(莫)씨, 삽천(霅川 : 浙江省) 출신. 호는 혜각(慧覺). 어려서 출가하였으며, 자변(慈辨)에게서 천태의 일심삼관(一心三觀)을 배운 후에 정토회를 건립하였고 장륙의 아미타불상을 도시고서 도속이 함께 수행했다. 혜변(慧辨)의 법을 이었으며, 1129년(건염3)에 세수 59세로 입적하였다. [참고문헌] 『佛祖統紀』 권27(대정장49, p.278a28), 『補續高僧傳』 권2(卍속장134, p.66b1).

제왕신 帝王臣 Ⓢ rāja-puruṣa, Ⓣ rgyal-po'i-mi. 제왕의 신하. 취(取)와 온(蘊)의 관계에 대한 비유. 『구사론』 권1(대정장29, p.2a26 : *Abh-k-bh.*, p.5)에 "또는 온은 취에 속하기에 취온이라고 하는데 마치 제왕의 신하와 같다. 또는 온이 취를 낳기에 취온이라고 하는데 꽃과 열매 맺는 나무와 같다. 或蘊屬取 故名取蘊 如帝王臣 或蘊生取 故名取蘊 如花果樹 tadvidheyatvād vā, rājapuruṣavat. upādānāni vā tebhyaḥ saṃbhavantīti upādānaskandhāḥ, puṣpaphalavṛkṣavat", 『구사론기』 권1(대정장41, p.14c28)에 "신하는 왕에게 딸려 있기에 제왕신이라고 하듯이 온은 취에 속하기에 취온이라고 하니 좇아 속하게 된 이름이다. 臣屬於王 名帝王臣 蘊屬於取 故名取蘊 從屬爲名", 『구사론소』 권1(대정장41, p.475b16)에 "취에 딸려 있기에 저 제왕신과 같으며, 좇아 속하게 되어 붙여진 이름이다. 繫屬取故 如帝王臣 從所屬立名也"라고 하였다. [참고문헌] 『俱舍論』, 『俱舍論記』, 『俱舍論疏』, *Abh-k-bh.*

제요 提要 ➡ 제창 提唱

제우 除憂 Ⓢ Vītaśoka. 아육왕(阿育王)의 동생인 비다수가(毘多輸柯)의 한역 이름. 선용(善容)이라고도 한다. 『아육왕경』 권1(대정장50, p.132c2)에 "빈두사라왕(賓頭娑羅王)은 둘째 아이가 태어나자 마음속의 근심이 완전히 없어졌기 때문에 이 아이의 이름을 비다수가

〈제우라고 한역〉라고 하였는데, 이 아이의 몸이 거칠고 추했기 때문에 부왕은 애정을 갖지 않았다. 乃至生第二兒 除心憂故 卽名此兒 爲毘多輸柯〈翻爲除憂〉 其體麤澁 父不愛念"라고 하였다. 〔참고문헌〕『阿育王經』, *Divy.419*. ⇨ 비다수가 毘多輸柯, 선용 善容 ❷

제우명보살 除憂冥菩薩 ➡ 제일체우명보살 除一切憂冥菩薩

제우선 臍右旋 Ⓢ pradakṣiṇāvarta-nābhi, Ⓣ lte-ba-gyas-phyogs-su-'khyil-ba. 팔십종호 중 하나. 배꼽이 오른쪽으로 도는 모습. 제문우선(臍文右旋)·제분우선(臍分右旋)·제심우선원묘청정광택(臍深右旋圓妙淸淨光澤) 이라고도 한다. 『대장엄론경』 권14(대정장4, p.335a13)에 "배는 평만하고 그 배꼽은 오른쪽으로 돌고 있어 마치 향렴과 같다. 其腹平滿 其臍右旋 猶如香奩", 『대반야경』 권470 「중덕상품 衆德相品」(대정장7, p.377a7)에 "선현아! 팔십종호는 다음과 같다. … 여래의 배꼽은 깊으며 오른쪽으로 도는데 원묘하고 청정하며 빛나니, 이는 스물세번째다. 善現 八十隨好者 … 如來臍深右旋 圓妙淸淨光澤 是二十三"라고 하였다. 〔참고문헌〕『大莊嚴論經』, 『大般若經』, 『優婆夷淨行法門經』 권하(대정장14, p.960b15), 『大乘百福相經』(대정장16, p.329b27), *Mvyut.18*. ⇨ 팔십종호 八十種好

제우암보살 除憂闇菩薩 Ⓢ Sarvaśokatamoghātamati. 금강계 삼매야회(三昧耶會)에서 현겁십육존(賢劫十六尊) 중 한 존위이고 성신회·미세회·공양회 등의 존위이며, 태장계 등에서는 제일체우명보살(除一切憂冥菩薩)·파일체우암(破一切憂闇)보살·제일체암(除一切闇)보살·무우암(無憂闇)보살·각청정(覺淸淨)보살 등이라고도 한다.

삼매야회·공양회·미세회(시계방향)

본각(本覺)의 청정한 원조(圓照)를 가지고 무명의 일체 암흑을 소멸시켜서 중생으로 하여금 보리를 깨닫고 증득하게 하므로 이와 같은 명호가 붙었다. 밀호는 해탈금강(解脫金剛)·정지금강(淨智金剛)이며 종자는 암(aṃ)이고 삼매야형은 나뭇가지이니, 이 나뭇가지 또는 버들가지는 번뇌를 떨쳐버리는 뜻이다.

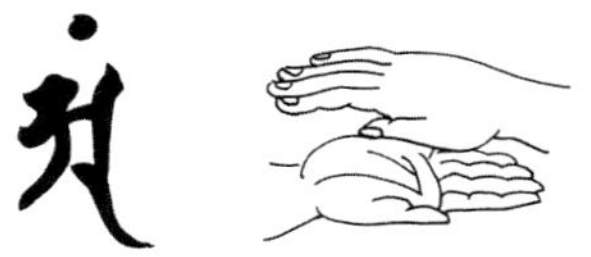

인상(印相)은 범협인(梵篋印)이다. 진언은 '옴 사르바쇼카타모 니르가타나마타예 암 스바하 Oṃ sarvaśokatamo-nirghātanamataye aṃ svāhā 옴 일체 어두운 번뇌와 어리석음을 벗어나게 해주시는 이여, 암 이루어지소서'이다. 〔참고문헌〕『地藏十王經』(卍속장150, p.773a12), 『曼荼羅図典』(大法輪閣, 2002). ⇨ 현겁십육존 賢劫十六尊, 각청정 覺淸淨

제운 齊雲 신라말 고려초 스님 영조(靈照 870~947)의 법호. 〔참고문헌〕『祖堂集』 권11(고려장45, p.305b9). ⇨ 영조 靈照 ❷

제운 霽雲 조선후기 스님 해징(海澄 1719~1804)의 법호. 〔참고문헌〕 智冠 『韓國高僧碑文總集 朝鮮朝·近現代』 p.566. ⇨ 해징 海澄

제운당해징대선사비문 霽雲堂海澄大禪師碑文 제운해징(1719~1804)의 행장을 새긴 비문. 규장각직제학 정만조(鄭萬朝)가 비문을 짓고 성당거사(惺堂居士) 김돈희(金敦熙)가 전액과 글씨를 써서 1918년에 조계산 송광사(松廣寺)에 세웠다. 비문은 『한국고승비문총집 조선조·근현대』 pp.566~568에 수록되어 있다. 금명보정(錦溟寶鼎)이 지은 「음기 陰記」에 "대사께서 열반하신 후 115년이 지나서 증손 경해·인봉·경봉 등이 돌아가신 스승의 덕을 그리워하며 문손 40여 명과 함께 도모하여 의금 천여원을 내고 운암·상전 등에게 명하여 돌을 다듬고 명문을 새기게 하였다. 師之泥洹後 百有十五年 曾孫鏡海印峯景鳳等 慕先師之德 與門孫四十餘人 共謀而出義金千有餘圓 命云庵祥銓等 鍊石而勒銘之"라 하였다. 〔참고문헌〕 智冠 『韓國高僧碑文總集 朝鮮朝·近現代』. ⇨ 해징 海澄

제운반야 提雲般若 Ⓢ Devaprajñā. 생몰연대 미상. 우전국(于闐國) 출신 역경승. 제운타야나(提雲陀若那)라고도 하며, 천지(天智)·천혜(天慧)로 한역한다. 『속고금역경도기』 권1(대정장55, p.369b6)에 "사문 제운반야는 … 대소승에 통했고, 지혜로도 출세간을 겸했다. 천후 영창 원년(689)에 도성으로 왔고, 위국동사에서 역경에 종사하게 되었다. 그해 기축부터 천수 2년(691) 신묘에 이르기까지 『대승조상공덕경』 1부〈2권〉·『대방광불화엄경부사의불경계분』〈1권〉·『대방광불화엄경수자분』〈1권〉·『지거다라니경』〈1권〉·『제불집회다라니경』〈1권〉·『대승법계무차별론』〈1권〉의 6부 도합 7권을 한역했다. 沙門提雲般若 … 學通大小 智兼眞俗 以天后永昌元年 來屆都邑 勅於魏國東寺翻經 從永昌元年己丑至天授二年辛卯 譯大乘造像功德經一部〈二卷〉 大方廣佛花嚴經不思議佛境界分〈一卷〉 大方廣佛花嚴經修慈分〈一卷〉 智炬陀羅尼經〈一卷〉 諸佛集會陀羅尼經〈一卷〉 大乘法界無差別論〈一卷〉 凡六部合七卷"라고 하였다. [참고문헌] 『續古今譯經圖紀』, 『大乘法界無差別論疏』(대정장44, p.63c22), 『宋高僧傳』 권2(대정장50, p.719b6).

제원갈 提洹竭 Ⓢ Dīpaṃkara의 음사어. 연등불(燃燈佛). 제화갈라(提和竭羅)라고도 음사한다. 『번역명의집』 권1(대정장54, p.1058a14)에 "제원갈 : '제화갈라'라고도 하며, '연등'이라 한역한다. 『대지도론』 권9(대정장25, p.124b10)에서 '태자로 태어났을 때 온몸이 마치 등불처럼 빛났기에 연등이라 하였고, 성불해서도 또한 연등이라고 하였다'라고 하였다. 提洹竭 或云提和竭羅 此云燃燈 大論云 太子生時 一切身邊 光如燈故 故云燃燈 以至成佛 亦名燃燈"라고 하였다. [참고문헌] 『翻譯名義集』, 『大智度論』, 『阿閦佛國經』 권상(대정장11, p.753b15). ⇨ 연등불 燃燈佛, 제화갈라 提和竭羅

제월 霽月 ❶ 조선중기 스님 순명경헌(順命敬軒 1544~1633)의 당호. [참고문헌] 『霽月堂大師集』 권하(한불전8, p.126b4). ⇨ 경헌 敬軒 ❷ 조선후기 인악의첨(仁嶽義沾)의 제자인 성안(聖岸)의 법호. [참고문헌] 『霜峰門譜』. ⇨ 성안 聖岸

제월당대사집 霽月堂大師集 조선중기 제월경헌(霽月敬軒 1544~1633)의 시문집. 2권 1책. 한불전8, pp.113c1~127c15에 전한 권상에는 시(詩) 12편·오언율시(五言律詩) 6편·칠언소시(七言小詩) 39편·선게잡저(禪偈雜著) 18편·선어(禪語) 10편 등이, 권하에는 스승과 부친 등의 천소(薦疏)·「발라경찬소 鈸螺慶讚疏」·「보개산석대암중수모권문 寶盖山石臺庵重修募勸文」·「금강산불지암기 金剛山佛地庵記」 및 편지글을 포함한 문(文) 19편이 있다. 권수(卷首)에는 1635년(인조13) 3월 송암도인(松巖道人) 홍택(洪澤)이 지은 「제월당대사행적 霽月堂大師行蹟」과 1637년(인조15) 회백(懷白)이 지은 「제월당대사집서」가 차례로 수록되어 있고, 권상의 말미에 "숭정 10년(1637·인조15) 정축 5월 어느 날 지제산 천관사에서 간행하고 판목을 남겨둔다. 崇禎十年丁丑五月 日 支提山天冠寺刊于留鎭"라는 간기와 1638년(인조16)에 더한 시목(施目)에, 간자질(刊字秩)·부도질(浮屠秩)·영당질(影堂秩)·대목질(大木秩)을 남기고 있어, 문도들이 스승의 입적직후에 탑과 영당을 건립하고 문집을 간행하는 세 가지 추숭불사를 수행하였음을 알게 한다. ⇨ 경헌 敬軒

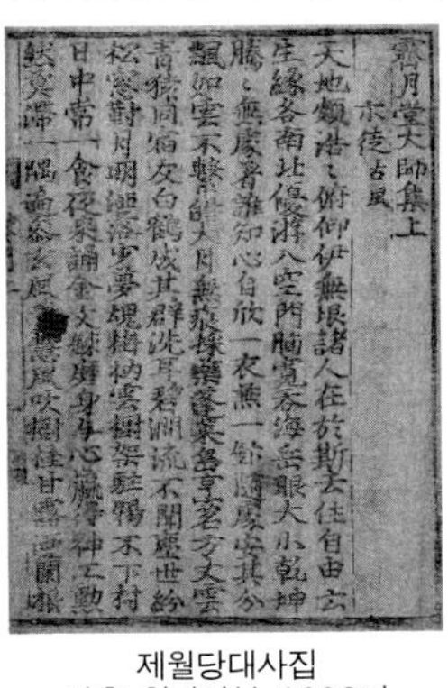

제월당대사집
장흥 천관사본 1638년

제월암 霽月庵 전라북도 고창군 부안면 선운리 소요산(逍遙山)에 있던 암자. 『범우고』에 "지금은 폐사되었다. 今廢"라고 하였다. [참고문헌] 『梵宇攷』, 『韓國寺刹全書』 권하 p.1023b13.

제위 提謂 Ⓢ Trapuṣa, Ⓟ Tapussa. 동생 바리(波利 Ⓢ Bhallika : 婆梨迦)와 함께 부처님 성도 후 처음으로 공양을 올리고 귀의한 우바새. 갖춘 음사어는 제리부사(帝梨富娑·帝履富娑)이고, 호과(胡瓜)라고 한역한다. 『대당서역기』 권1(대정장51, p.873a2)에서는 북인도 박갈국(縛喝國 : 박트리아) 출신이라고 밝히고 있다. 대상(隊商)을 이끌고 지나는 중에 성도하신 부처님의 위의와 광명을 보고 감화되었다. 여비를 들여 초밀(麨蜜) 공양을 올리고 삼귀의와 오계와 십선을 받고 최초의 청신사가 되었다. 박갈국으로 돌아가서 부처님의 머리카락과 손톱이 봉안된 탑도 조성하였다. [참고문헌] 『大唐西域記』, 『修行本起經』 권하(대정장3, p.472b15), 『普曜經』 권7(대정장3, p.526b14), 『四分律』 권31(대정장22, p.781c15), 『薩婆多毘尼毘婆沙』 권1(대정장23, p.506a7), 『優婆塞戒經』 권5(대정장24, p.1061c4). ⇨ 제위바리 提謂波利, 바리가 婆梨迦

제위경 提謂經 역자 미상. 1권. 제위경(提胃經)이라고도 쓴다. 현재 전하지 않는다. 담정(曇靖)이 찬집한 『제위바리경 提謂波利經』 2권의 고형 원본으로 추정하기도 하는데, 전혀 다른 경으로 보기도 한다. 『화엄경소』 권1(대정장35, p.508c26)에 "유규(劉虯)는 누르고 드러내지 않고 가르침의 처음으로 『제위경』을 취하여 인천교로 삼았다. 劉公 不開抑揚 而有敎之初 取提胃經 爲人天敎", 『출삼장기집』 권4 「신집속찬실역잡경록 新集續撰失譯雜經錄」(대정장55, p.34c20)에 "『제위경』 1권. 提謂經一卷", 『번역명의집』 권7(대정장54, p.1173b16)에 "한편 『제위경』에서는 팔왕일을 밝히고 있는데, 어떤 것들이 팔왕일인가? 입춘·춘분·입하·하지·입추·추분·입동·동지이니, 이것들이 팔왕일이다. 천지의 여러 신들이 음양으로 교대하기에 팔왕일이라고 한다. 又提謂經明八王日 何等爲八王日 謂立春春分 立夏夏至 立秋秋分 立冬冬至 是謂八王日 天地諸神 陰陽交代

故名八王日"라고 하였다. [참고문헌]『華嚴經疏』, 『出三藏記集』, 『翻譯名義集』, 『金光明經文句』 권1(대정장39, p.50b25). ⇨ 제위바리경 提謂波利經

제위답 祭位畓 돌아가신 분의 기제를 위해 사찰에 기부된 논. 『조선불교통사』 권하 p.986 「재산보관제출목록 財産保管提出目錄」에 "〈셋째, 제위답이라고 한다〉. 승속을 막론하고 절에 기부한 땅인데 해마다 한 번 지내는 기제를 위한 전결이기에 이렇게 이름하였다. 〈三日 祭位畓〉 無論僧俗 寄附寺中 年一忌祭之田結故名"라고 하였다. [참고문헌]『朝鮮佛敎通史』.

제위바리 提謂波利 제위(Ⓢ Trapuṣa)와 바리(Ⓢ Bhallika)를 함께 이르는 말. 부처님께서 성도하신 후 처음으로 공양을 올리고 귀의한 우바새 형제이다. 『수행본기경』 권하(대정장3, p.472b13)에 "그때 부처님께서는 마갈제(Ⓢ Magadhā) 경계의 선승도량 패다수(Ⓢ pattra) 아래에 계셨는데 덕의 힘으로 마군을 항복시켰고, 깨달음의 지혜는 신이하고 고요했으며, 삼달지에 걸림이 없으셨다. 제위와 파리라고 하는 두 명의 상인을 제도하여 삼귀의와 오계를 수여해 청신사가 되게 하셨다. 是時佛在摩竭提界 善勝道場 貝多樹下 德力降魔 覺慧神靜 三達無礙 度二賈客 提謂 波利 授三自歸 及與五戒 爲淸信士", 『보요경』 권7(대정장3, p.526b14)에 "그때 제위와 바리 등과 함께하는 상인은 모두 오백의 무리였는데, 마침 나무들의 꽃과 열매는 무성하였고 7일 동안 움직이거나 흔들림 없이 부처님의 말씀이 계속되었다. 그러자 그 이름이 식건인 범천이 범천에 머물다 부처님께서 새로이 도를 이루시고 기쁜 마음으로 7일 동안 앉아 계시지만 공양을 올리는 이가 없자 '사람을 구해 부처님께 공양을 올리도록 해야겠다'. 그러고는 오백 명의 상인들이의 발걸음을 잡았다. 식건은 선세에 오백 명의 상인들의 스승이었기에 제도하려 하였으니 자연스러운 일이었다. 제위와 파리는 두려워하며 돌아와서는 무리들과 함께 의논하였다. 爾時提謂波利之等 與賈人俱五百爲侶 於時樹木華實茂盛 演佛之音 七日不動不搖 時有梵天厥名識乾 住于梵天 見佛新得道 快坐七日 未有獻食者 我當求人令飯上佛 卽使五百賈人皆躓不行 識乾先世五百賈人之知識也 欲度之故 故使然矣 提謂波利怖還與衆人共議"라고 하였다. [참고문헌]『修行本起經』, 『普曜經』, *Lal-v.269.* ⇨ 제위 提謂, 이위 離謂, 바리가 婆梨迦, 삼과상객 三果商客

제위바리경 提謂波利經 송대 담정(曇靖) 지음. 2권. 현존하지 않는다. 북위 태무제(太武帝 재위 423~452)의 폐불 이후에 교화를 위해 담정이 기존의 『제위경 提謂經』 1권에다 도교의 오방(五方)과 오행(五行) 관련 내용을 더해 2권으로 증보한 것으로 추정되는 경전이다. 『출삼장기집』 권5(대정장55, p.39a24)에 "『제위바리경』 2권〈예전에는 『제위경』 1권이 별도로 있었다〉. 위의 1부는 송 효무제 때 북국의 비구 담정이 지었다. 提謂波利經二卷〈舊別有提謂經一卷〉 右一部 宋孝武時 北國比丘曇靖撰", 『당고승전』 권1(대정장50, p.428a10)에 "사문담정은 부처님의 지혜가 처음 열렸으나 구역의 많은 경들이 모두 불타버려 사람들을 불도로 이끌려고 해도 의지할 데가 없었다. 이에 『제위바리경』 2권을 내놓았다. 그 뜻은 깨우침에 있었지만 글귀는 잘못된 것이 많았다. … 예전의 목록집들에는 『제위경』 1권이 별도로 있었고 여타의 경들의 말들과 다를 바 없었는데, 다만 담정이 오방과 오행을 더해 마치 금에다 돌을 섞은 꼴이 되어서 위경이 된 게 아닐까 할 뿐이다. 沙門曇靖者 以創開佛日 舊譯諸經並從焚蕩 人間誘道憑准無因 乃出提謂波利經二卷 意在通悟 而言多妄習 … 舊錄別有提謂經一卷 與諸經語同 但靖加五方五行 用石糅金 疑成僞耳", 『법화경현첨증석』 권10(卍속장44, p.924b15)에 "『제위경』: 『대당내전록』에는 '『제위바리경』 2권'으로 되어 있으나 지금 대장경에는 없다. 提謂經 大唐內典錄有提謂波利經二卷 今藏中無"라고 하였다. [참고문헌]『出三藏記集』, 『唐高僧傳』, 『法華經玄籤證釋』, 『佛祖統紀』 권3(대정장49, p.153a1). ⇨ 제위경 提謂經

제위보 濟危寶 고려대에 빈민구제와 질병치료를 위해 귀법사(歸法寺)에 설치한 보. 제위원(濟危院)·제위포(濟危鋪)라고도 한다. 『고려사』 권77 지(志)31에 "제위보는 광종 14년(963)에 처음 설치하였다. 문종(文宗 재위 1046~1083)대 관제를 정하였는데, 부사는 1인이고 7품 이상이며, 녹사는 1인이고 병과권무였다. 공양왕 3년(1391)에 폐지하였다. 濟危寶 光宗十四年 始置 文宗定 副使一人七品以上 錄事一人丙科權務 恭讓王三年罷", 같은 책 권80 지34에 "숙종 6년(1101) 4월에 조서 내리기를 '백성이 가난하여 스스로 생존할 수 없는 자는 제위보에서 보리가 익을 때까지 진휼하라'고 하였다. 肅宗六年四月詔 民貧不能自存者 令濟危寶限麥熟賑恤"라고 하였다. [참고문헌]『高麗史』. ⇨ 보 寶[2]

제위성 提謂城 고대 인도 박갈국(縛喝國: 박트리아)에 있던 성. 부처님께 최초로 귀의한 우바새 제위(提謂)의 성이다. 박갈국에는 제위의 동생 바리(波利)의 성도 있었다. 『대당서역기』 권1(대정장51, p.873a2)에 "대성에서 서북쪽으로 50여 리를 가면 제위성에 이른다. 다시 북쪽으로 40여 리를 가면 바리성이 있다. 성 안에는 각기 하나의 솔도파가 있는데, 높이는 세길 남짓이다. 옛날 여래께서 처음으로 불과를 증득하고 보리수에서 일어나서 녹야원으로 가고 있었다. 당시 두 장자가 우연히 위광을 입고 노잣돈을 들여서 초밀을 바쳤다. 세존께서는 인천의 복 받는 법을 설하셨으니, 최초로 오계와 십선을 듣고 얻었다. 법의 깨우침을 듣고 나서 공양할 무엇인가를 청하자 여래께서는 자신의 머리카락과 손톱을 그들에게 주었다. 大城西北 五十餘里 至提謂城 城北四十餘里 有波利城 城中各有一窣堵波 高餘三丈 昔者如來初證佛果 起菩提樹 方詣鹿園 時二長者 遇被威光 隨其行路之資 遂獻麨蜜 世尊爲說人天之福 最初得聞五戒十善也 旣聞法誨 請所供養 如來遂授其髮爪焉"라고 하였다. [참고문헌]『大唐西域記』,『釋迦方志』권상(대정장51, p.953c1). ⇨ 제위바리 提謂波利, 바리성 波利城

제위파리 提謂波利 ➡ 제위바리 提謂波利

제유 諸有 존재하는 모든 것들. 제법(諸法), 일체(一切)라고도 한다. 삼유(三有)에서 이십오유(二十五有)까지 일체유위계를 말하니, 적멸(寂滅) 즉 열반이 아닌 때를 말한다. 사유(四有)·칠유(七有)·구유(九有) 등으로 구별하기도 한다.『화엄현담회현기』권26(卍속장12, p.399b15)에 "제유란 간략하게는 삼유이고 넓게는 이십오유다. 또한 모든 유위법이다. 言諸有者 略唯三有 廣則二十五有 又卽一切有爲諸法也",『대비바사론』권9(대정장27, p.42a24)에 "제유에 두 가지 설이 있다. 하나는 실물유이니 오온과 십팔계 등을 말하고, 다른 하나는 시설유이니 남녀 등을 말한다. 세 가지로 나누는 설도 있다. 첫째는 상대유이니 어떤 일이 이것과 상대하면 있다가 저것과 상대하면 없다. 둘째는 화합유이니 어떤 일이 이곳에는 있다가 저곳에서는 없게 되는 것이다. 셋째는 시분유이니 어떤 일이 이 때는 있다가 저 때는 없는 것이다. 다섯 가지로 나누기도 한다. 첫째는 이름으로만 있으니 거북 털·토끼 뿔·허공의 꽃다발 등이다. 둘째는 실제로 있는 것이니 모든 법이 각자 자성에 머무는 것이다. 셋째는 임시로 있게 된 것이니 병·옷·수레·군대·숲·집 등을 말한다. 넷째는 화합유이니 모든 온으로 시설된 보특가라를 말한다. 다섯째는 상대유이니 차안과 피안이나 긴 것과 짧은 것 등을 말한다. 諸有者 有說二種 一 實物有 謂蘊界等 二 施設有 謂男女等 有說三種 一 相待有 謂如是事 待此故有 待彼故無 二 和合有 謂如是事 在此處有 在彼處無 三 時分有 謂如是事 此時分有 彼時分無 有說五種 一 名有 謂龜毛 兎角 空花鬘等 二 實有 謂一切法 各住自性 三 假有 謂甁衣車乘軍林舍等 四 和合有 謂於諸蘊 和合施設 補特伽羅 五 相待有 謂此彼岸長短事等",『능엄경』권1(대정장19, p.106b14)에 "불자는 머물고 가지면서 모든 유를 잘 넘어서고 능히 국토에서 위의를 성취한다. 佛子住持 善超諸有 能於國土 成就威儀",『수능엄의소주경』권1(대정장39, p.828a25)에 "모든 유란 이십오유여서 다 이십오종 삼매를 얻어 계에 얽히지 않으므로 '잘 넘어선다'고 하였으니, 이는 스스로를 이롭게 함에 대한 찬탄이다. 諸有者 二十五有 皆得二十五種三昧 不爲界繫 故云善超 此嘆自利", 40권본『대반열반경』권4(대정장12, p.387b23)에 "제유에서 벗어나야 비로소 열반이라 한다. 이 열반중에 제유는 없다. 離諸有者 乃名涅槃 是涅槃中 無有諸有",『종경록』권31(대정장48, p.597c21)에 "모든 유를 버린 것이 바로 진실한 해탈이며, 진실한 해탈이 그대로 여래이다. 捨諸有者 卽眞解脫 眞解脫者 卽是如來"라고 하였다. [참고문헌]『華嚴懸談會玄記』,『大毘婆沙論』,『楞嚴經』,『首楞嚴義疏注經』,『大般涅槃經』,『宗鏡錄』. ⇨ 일체 一切, 유 有❶, 유위법 有爲法, 제법 諸法, 삼유 三有❶❷, 이십오유 二十五有

제유결 諸有結 온갖 유위의 삶을 엮어내는 번뇌.『장아함경』권20「세기경 世記經」(대정장1, p.135a19)에 "우리 비구들은 번뇌가 다한 아라한으로서 해야 할 일을 이미 마쳤고 무거운 짐을 버렸으며 스스로 자기를 이롭게 하였으니 제유의 번뇌 다하고 평등하게 해탈하였다. 若我比丘 漏盡阿羅漢 所作已辦 捨於重擔 自獲己利 盡諸有結 平等解脫",『법화경우파제사』권상(대정장26, p.1c11)에 "제유의 번뇌 다하였다 하니 스스로를 이롭게 함으로써 모든 번뇌의 인을 끊었다는 뜻이다. 盡諸有結者 以逮得己利 斷諸煩惱因故"라고 하였다. [참고문헌]『長阿含經』,『法華經優波提舍』. ⇨ 결 結, 제유 諸有

제유중생 諸有衆生 온갖 모습의 중생. 일체중생을 말한다.『증일아함경』권17(대정장2, p.631a24)에 "이 사제 진실로 있어 헛되지 않다. 세존이 설한 것이기에 제(諦)라 이름 붙였다. 제유중생에는 이족·사족·다족이고, 욕계·색계·무색계라는 것과 유상·무상이 있다. 여래가 가장 높으시니 이 네 가지 진실을 성취하셨기에 '사제'라고 이름 붙이는 것이다. 有此四諦 實有不虛 世尊所說 故名爲諦 諸有衆生 二足四足多足 欲者色者無色者 有想無想者 如來最上 然成此四諦 故名爲四諦",『무량수경』권하(대정장12, p.272b11)에 "제유중생이 그 명호를 듣고 신심으로 기뻐하였다. 諸有衆生 聞其名號 信心歡喜"라고 하였다. [참고문헌]『增壹阿含經』,『無量壽經』. ⇨ 일체중생 一切衆生, 제유 諸有, 중생 衆生

제유지자 諸有智者 Ⓟ viññū purisā. 모든 지혜로운 이.『장아함경』권7「폐숙경 弊宿經」(대정장1, p.45c2)에 "바라문이 말했다. '나는 끝내 이 견을 버릴 수 없다. 왜냐하면 나는 이런 견으로 많이 가르쳤으며, 많은 이익이 있었고, 사방의 모든 왕이 모두 나의 이름만 들어도 역시 내가 단멸학자임을 다 알고 있다'. 가섭이 다시 말했다. '모든 지혜로운 이는 비유로 이해할 수 있다고 하니, 나는 이제 다시 너를 위해 비유를 들겠다. 아주 오랜 옛날에 어떤 국토가 있었는데, 그 국토는 변방이었고, 인민들은 황폐하였다. 婆羅門言 我終不能 捨此見也 所以者何 我以此見 多所敎授 多所饒益 四方諸王 皆聞我名 亦盡知我是斷滅學者 迦葉復言 諸有智者 以譬喩得解 我今當更 爲汝引喩 乃往久遠 有一國土 其土邊壃 人民荒壞", "그 나라에 두 사람이 있었으니, 한 사람은 지혜롭고 한 사람은 어리석었다. 자기들끼리 서로 말하길, 「나는 그대와 친하니, 그대와 함께 성을 나가 짝을 가려 재물을 구합시다」. … 그 한 지자가 말했다. 「금이 없으면 마땅히 백은을 취하고, 백은이 없으면 마땅히 백동을 취하며, 내지 삼실(麻縷)에 이르러 삼실이 없으면 마땅히 삼(麻)을 취해야 할 따름이다. 지금은 이 마을에 황금이 많고 뭇 보배 중에 뛰어나니, 그대는 마땅히 삼을 버리고 나는 마땅히 은을 버려 함께 황금을 취하고 자중하며 돌아가야 한다」. 저 한 사람이 말했다. 「나는 이 삼을 취해 매고 묶길 단단히 하고 먼 길 가져 왔으니 버릴 수 없소. 그대가 취하고 싶으면, 스스로 그대 뜻에 따르시오」. 彼國有二人 一智一愚 自相謂言 我是汝親 共汝出城 採侶求財 … 其一智者言 若無金者 當取白銀 若無白銀 當取白銅 乃至麻縷 若無麻縷 當取麻耳 今者此村 大有黃金 衆寶之上 汝宜捨麻 我當捨銀 共取黃金 自重而歸 彼一人言 我取此麻 繫縛牢固 齎來道遠 不能捨也 汝欲取者 自隨汝意", "그 한 지자는 은을 버리고 금을 취해 겹겹이 짊어지고 돌아오자, 그 집안의 친족이 멀리서 그가 황금을 많이 얻은 것을 보고서 환희하며 받들어 맞았다. … 그 무지한 사람은 삼을 짊어지고 사는 집으로 돌아오자 친족이 보고서 기뻐하지 않고 일어나 맞이하지도 않았다. 삼을 짊어진 이는 더욱 슬프고 부끄러웠다. 바라문이여, 그대는 이제 마땅히 악습과 사견을 버리고 긴긴 밤 동안 스스로 고뇌를 더하지 마시오. 저 삼 짊어진 사람이 고집을 피워 금 보배를 취하지 못하고 삼을 짊어지고 돌아와 쓸데없이 스스로 피로하고 친족은 기뻐하지 않으며 긴 세월을 빈궁하게 스스로 근심과 괴로움을 늘린 것처럼 말이오'. 其一智者 捨銀取金 重擔而歸 其家親族 遙見彼人 大得金寶 歡喜奉迎 … 其無智人 負麻而歸居家 親族見之 不悅亦不起迎 其負麻者 倍增憂愧 婆羅門 汝今宜捨惡習邪見 勿爲長夜 自增苦惱 如負麻人 執意堅固 不取金寶 負麻而歸 空自疲勞 親族不悅 長夜貧窮 自增憂苦也", 『유가사지론』 권70(대정장30, p.689c6)에 "이 탐욕을 품은 이는 그 경계가 변하여 부서지는 때에 마음이 문득 슬퍼지는데, 이것을 근심이라고 한다. 모든 지혜로운 이는 일체도리가 모두 다 이것과 서로 어긋남을 안다. 그러므로 네 번째 수번뇌에서 해탈한다. 또 모든 어리석은 범부는 모든 탐욕의 부정법 중에서 여실하게 그 허물을 모르므로 항상 나머지 사간에 빠져 다시 법간을 일으킨다. 모든 지혜로운 이는 저 허물을 여실하게 알아 나머지 사간을 오히려 일으키지 않는다. 설령 일어나더라도 살펴 버려서 끝내 굳게 집착하지 않거늘 하물며 법간을 일으키겠는가? 懷此貪者 若彼境界 變壞之時 心便下慼 是名爲憂 諸有智者 一切道理 當知皆悉與此相違 故能解脫 第四隨煩惱 又諸愚夫 於諸貪欲 不正法中 不能如實知其過患 常爲餘四慳所漂溺 復起法慳 諸有智者 於彼過患 能如實知 於餘四慳 尙不生起 設起尋捨 終不堅著 況起法慳"라고 하였다. [참고문헌] 『長阿含經』, 『瑜伽師地論』, *DN.2.342.*

제유해 諸有海 Ⓢbhavārṇava. 모든 유(有)들의 바다. 모든 중생이 삼유(三有 : 欲有 色有 無色有)에서 이십오유(二十五有)로 끊임없이 생사윤회하여 쉼이 없는 것을 바다에 비유한 말이다. 60권본 『화엄경』 권56(대정장9, p.754c29)에 "보살마하살은 스스로를 위하지 않기에 살바야(Ⓢsarvajña : 一切智)를 구하며, 생사와 오욕의 쾌락을 탐하지 않고, 마음으로 떠올린 온갖 견들의 뒤집힘도 번뇌의 얽힘도 탐하고 갈망하는 사견도 따르지 않으며, 중생의 갖가지 즐거운 생각에 집착하지 않고, 선정의 맛에도 집착하지 않아서 번뇌에 막혀 유전생사하지 않는다. 보살은 단지 모든 유의 바다중에 일체중생이 무량한 고통받음만을 보아 대비원을 일으켜 거두어 취할 뿐이니 항상 대비대원으로 보살행을 행하고 모든 부처님을 공양하며 살바야를 구할 뿐이다. 菩薩摩訶薩不自爲故 求薩婆若 不貪生死 五欲快樂 不隨心想 諸見顚倒 結使纒縛 貪愛邪見 不著衆生種種樂想 不著禪味 不爲結礙流轉生死 菩薩但見 諸有海中 一切衆生 受無量苦 發大悲願 而攝取之 常以大悲大願力故 行菩薩行 供養諸佛 求薩婆若", 『대방광삼계경』 권상(대정장11, p.687c10)에 "이와같은 상수인 팔천 인과 함께 여실한 성품을 모두 다 잘 알아 실제를 관찰하였으니, 법성을 깨달아 모든 생사하는 유의 바다를 건넜다. 여래의 허공행을 행하여 번뇌를 영원히 끊었으며, 소굴의 장애가 없었고, 공의 적정을 행하였으며, 의심의 그물을 길이 끊었고, 부처님 지혜의 바다를 믿었으며, 저 언덕에 이르렀고, 세간을 이롭게 하였으며, 청하지 않아도 벗이 되었다. 如是上首八千人俱 悉皆諦了 如實之性 觀察實際 度於法性 度諸有海 行於如來虛空之行 結縛永斷 無巢窟礙 行空寂靜 永斷疑網 信佛智海 度到彼岸 益利世間 作不請友"라고 하였다. [참고문헌] 『華嚴經』, 『大方廣三戒經』, *Gaṇḍ-vy.248·386.* ⇨삼유 三有, 이십오유 二十五有, 일체 一切, 일체지 一切智

제육마왕 第六魔王 제육천의 마왕. 욕계 제육천인 타화자재천을 관장하는 마왕으로 제육마천(第六魔天)·제육마천왕(第六魔天王)·제육천마왕(第六天魔王)이라고도 한다. 불도를 장애하기에 마왕이라 부르며 사마(四

魔) 중 천마이다. 『불소행찬』 권2(대정장4, p.12c14)에 "저 모든 범지들은 놀라고 기뻐하며 서로 전하며 일렀다. '팔바수천으로서, 이아습바로서, 제육마왕으로서, 범가이천으로서, 일월천자로서, 이곳에 내려왔는가?' 彼諸梵志等 驚喜傳相告 爲八婆藪天 爲二阿濕波 爲第六魔王 爲梵迦夷天 爲日月天子 而來下此耶", 『대길의신주경』 권2(대정장21, p.572c29)에 "제육마왕파순이 무수한 마천을 거느리고 부처님의 처소에 이르러 부처님 발에 머리를 조아린 다음 한쪽으로 자리 잡고 앉았다. 第六魔王波旬 將無數魔天 往至佛所 頂禮佛足 在一面坐"라고 하였다. 〔참고문헌〕『佛所行讚』, 『大吉義神呪經』, 『大方等大集經』 권30(대정장13, p.212b11), *Buddh-c.69.* ⇨ 제육마천 第六魔天, 타화자재천 他化自在天

제육마천 第六魔天 제육마왕(第六魔王)을 달리 이르는 말. 『육도집경』 권4(대정장3, p.20a24)에 "세존께서 '제육마천이 나에게 세 딸을 바치려 했으나 내가 그들을 늙은 귀신으로 변하게 했었는데 지금 그대가 똥 주머니를 차고 또 찾아왔으니 무슨 의도인가?'라고 말씀하시자 범지는 어쩔줄 몰라 했고 그 처도 거듭 수치스러워하였다. 世尊告曰 第六魔天 獻吾三女 變爲老鬼 今爾屎囊 又來何爲 梵志恧然 妻重恥之"라고 하였다. 〔참고문헌〕『六度集經』, 『優塡王經』(대정장12, p.71a16). ⇨ 제육마왕 第六魔王, 타화자재천 他化自在天

제육마천왕 第六魔天王 제육마왕(第六魔王)을 달리 이르는 말. 『우전왕경』(대정장12, p.71a15)에 "옛날에 내가 패다수아래서 수행할 때 제육마천왕이 세 딸을 치장시켜 찾아왔다. 그들의 얼굴은 꽃처럼 고와서 하늘들 중에 견줄 이가 없었고 이 무리들과 짝할 수 없었다. 나의 도를 무너뜨리려 하였지만 내가 그들에게 몸 속의 더러운 오물에 대하여 말해 주었고 곧바로 모두 할머니로 변하더니 형상이 쭈그러들어 회복되지 않았다. 결국 그들은 부끄러워하며 떠났다. 昔者 吾在貝多樹下 第六魔天王 莊飾三女 顔容華色 天中無比 非徒此倫 欲以壞吾道意 我爲說身中穢惡 卽皆化成老母 形壞不復 慚愧而去"라고 하였다. 〔참고문헌〕『優塡王經』. ⇨ 제육마왕 第六魔王, 제육마천 第六魔天, 타화자재천 他化自在天

제육성 第六聲 Ⓢ ṣaṣṭhī, Ⓣ drug-pa. 팔전성(八轉聲 Ⓢ aṣṭa-vibhakti) 중 하나. 범어문법에 있어서 속격(屬格 Ⓢ svāmivacana : 所有格)을 말한다. 제육전(第六轉)이라고도 한다. 『구사론』 권30(대정장29, p.157a16 : *Abh-k-bh.*, p.473)에 "세간에서 말하는 제달라가 능히 기억한다 하였으니, 이 온의 상속에 제달라라는 이름을 세운 것이다. 앞서 본 마음으로부터 후의 기억이 일어나는 것이니, 이와 같은 이치에 의하여 그가 기억한다고 하는 것이다. 아의 체가 없다면 이것은 누구의 기억이고, 어떤 뜻에 의하여 제육성을 설하는가? 주인 속하는 뜻에 의지한다 하니 어떤 것이 어떤 주인 속한다 하는가? 이것은 마치 소 등이 제달라에 속한다고 하는 것과 같은데, 이것은 어떻게 소의 주인이 되는가? 世間所言 制怛羅能憶 此於蘊相續 立制怛羅名 從先見心 後憶念起 依如是理 說彼能憶 我體若無 是誰之念 爲依何義說第六聲 此第六聲 依屬主義 如何物屬何主 此如牛等 屬制怛羅 彼如何爲牛主 yat-tarhi caitraḥ smaratīty-ucyate. tato caitrākhyāt-saṃtānāttāṃ bhavantīṃ dṛṣṭvocyate caitraḥ smaratīti. asaty-ātmani kasyeyaṃ smṛtiḥ. kiṃ-arthaiṣā ṣaṣṭhī. svāmy-arthā. yathā kasya kaḥ svāmī. yathā goś-caitraḥ. katham-asau tasyāḥ svāmī", 『성유식론증의』 권2(卍속장81, p.697a9)에 "제육성이란 곧 팔전성 중 여섯 번째에 속한 소리다. 第六聲 卽八轉聲中第六屬聲也"라고 하였다. 〔참고문헌〕『俱舍論』, 『成唯識論證義』, *Abh-k-bh.* ⇨ 제육전 第六轉, 팔전성 八轉聲

제육식 第六識 ➡ 제육의식 第六意識, 의식 意識❶

제육심 第六心 여섯 번째 마음. 제6의식을 가리킨다. 『섭대승론석』 권4(대정장31, p.175c19)에 "제6심이 있게 될 때를 유심이라 한다. 제6심을 잡아서 식은 몸을 여의는 일이 없다고 한다면, 이러한 주장은 심으로서의 의미를 충족하지 못한다. 有第六心 名爲有心 約第六心 說識不離身 如彼所說 則不成心"라고 하였다. 〔참고문헌〕『攝大乘論釋』. ⇨ 제육의식 第六意識

제육음 第六陰 여섯 번째 온. 오온(五蘊) 그밖의 영역을 가리킨다. 생멸(生滅)하는 유위(有爲)가 아니어서 존재하지 않는 또는 무생(無生)의 비유다. 제오대(第五大)·제칠정(第七情)·제십삼입(第十三入)·제십구계(第十九界) 등도 같은 의미다. 『아비담비바사론』 권9(대정장28, p.61b20)에 "다섯 가지가 있어야 법을 설한 게 된다고 말하는 이도 있으니, 이른바 오음에는 여섯 번째는 없으므로 제육음은 없다. 復有說者 應有五種名說法 所謂五陰 無第六者 無第六陰", 같은 책 권40(대정장28, p.294a12)에 "만약 과에 과거나 미래나 현재에 없다면 이는 과는 없는 것이다. 과가 없다면 인도 없으니 두 번째 머리나 세 번째 손이나 제육음이나 제십삼입과 같다. 若果不在過去未來現在 則無果 若無果 則無因 如第二頭 第三手 第六陰 第十三入", 『정명경관중석초』 권하(대정장85, p.528c3)에 "제오대 등이란, 앞의 사대는 실로 있기에 비유로 취하지 않았고, 오대는 본래 없기에 중생은 본래 무생임에 비유하였다. 제육음 등도 이에 준해 풀면 마찬가지다. 다른 교학에서는 '두 번째 머리나 세 번째 손이나 거북이 털이나 토끼 뿔 모두 이와 같이 본래 생겨난 적이 없는 것들의 비유다'라 하였다. 第五大等者 前四大實有故 不取爲喩 五大本無故 喩衆生本無生也 第六陰等 准釋亦然 餘敎云 第二頭 第三手 龜毛兎角 皆同此 喩本無生也"라고 하였다. [참고문헌] 『阿毘曇毘婆沙論』, 『淨名經關中釋抄』, 『維摩經』 권2 「觀衆生品」(대정장14, p.547b5). ⇨ 제오대제육음제칠정제십삼입제십구계 第五大第六陰第七情第十三入第十九界

제육의식 第六意識 Ⓢ mano-vijñāna, Ⓣ yid-kyi-rnam-shes. 안이비설신의 전5식 다음의 여섯 번째 식. 색법인 오진(五塵 : 色聲香味觸)이 아닌 심법인 법(法)을 반연하며, 전5식과 함께 일어날 때는 오동연의식(五同緣意識)이고 홀로 일어나는 독두의식(獨頭意識)이라 한다. 전5식은 반드시 제6의식을 수반한다. 제6의식은 대부분 끊임없이 상속하지만, 다섯 가지 마음상태(五無心位)에서는 끊어진다. 법상종에서는 제7식과 제8식을 제6식을 열어 이끄는 의지처(開導依 Ⓢ avakāśadānāśraya)로 간주한다. 제육식(第六識)·의식(意識)이라고도 한다. 『성유식론』 권1(대정장31, p.2a17)에 "분별하여 아가 있다고 집착하는 것 또한 현재하는 외연력으로 말미암기에 신체적인 요소를 수반하지 않는다. 반드시 삿된 교설과 그릇된 분별에 의지해야만 비로소 일어나기에 분별이라 한다. 분별은 오직 제6의식중에 존재한다. 分別我執 亦由現在外緣力 故非與身俱 要待邪敎及邪分別 然後方起 故名分別 唯在第六意識中有", 같은 책 권4(대정장31, p.21b8)에 "제6의식은 이전 찰나들의 자류(제6의식)를 쓰거나 제7식과 제8식을 개도의로 한다. 제7말나식(Ⓢ manas)은 이전 찰나들의 자류의 움직임이거나 제7식을 개도의로 한다. 아타나식(Ⓢ ādāna-vijñāna : 제8식)은 이전 찰나들의 자류 및 제6식과 제7식을 개도의로 한다. 第六意識 用前自類 或第七八爲開導依 第七末那 用前自類 或第六識爲開導依 阿陀那識 用前自類 及第六七爲開導依", 『종경록』 권55(대정장48, p.734a10)에 "일체법을 능히 알 수 있는 것은 바로 제6의식으로서 총 다섯 류가 있는데 모두 법경(法境)을 반연한다. 첫째는 정중에 홀로 일어나는 의식이다. 정경을 반연한다. … 둘째는 산위에서 홀로 일어나는 의식이다. 수소인색과 변계소기색 등 온갖 법처색을 반연한다. 예를 들면, 허공꽃과 토끼뿔 등이다. … 셋째는 꿈속에서 홀로 일어나는 의식이다. 꿈속의 경을 반연하는데 이는 변계소집의 법처색이다. 넷째는 명료한 의식이다. 오근문에 의지하고 전5식과 더불어 오진을 동시에 반연한다. 명료하게 경을 파악하기에 명료한 의식이라 한다. 다섯째는 어지러운 의식으로서 산위의식이다. 오근중에 어지럽게 일어나 전5식과 더불어 함께하지 않는다. 근심이나 열병이 있어 푸른것을 보고 노랗다고 하는 것이니 이는 안식이 아니다. … 제6의식은 스스로 사려할 수 있고, 내외의 문으로 작용하며, 무상천·무상정·멸진정·수면·기절 등의 다섯 위를 제외하고는 언제나 현기한다. 能了一切法者 卽第六意識 都有五般 皆緣法境 一 定中獨頭意識 緣於定境 … 二 散位獨頭 緣受所引 及遍計所起 諸法處色 如緣空華兎角 … 三 夢中獨頭 緣夢中境 遍計所執法處色 四 明了意識 依五根門 與前五識同緣五塵 明了取境 名明了意識 五 亂意識 是散意識 於五根中狂亂而起 然不與五識同緣 如患熱病 見靑爲黃 非是眼識 … 第六意識 自能思慮 內外門轉 唯除無想天 無想定 滅盡定 睡眠 悶絶等五位 常能現起故", 『팔식규구보주』 권상(대정장45, p.470c9)에 "제6식은 선·악·무기의 세 가지 성, 현량·비량·비량의 세 가지 헤아림, 성경·대질경·독영경의 세 가지 경 모두에 통한다. 第六識 於三性 三量 三境 俱通", 『석마하연론』 권4(대정장32, p.627c3)에 "『법계법륜계경』에서는 '제6의식이 육진경계를 분별할 때에는 반드시 말나식을 의지해 근으로 삼아야만 비로소 발생할 수 있다'고 하였다. 따라서 의식은 능히 의지하고 저 말나식은 의지처이다. 法界法輪契經中作如是說 第六意識分別六塵境界時中 必依末那爲所依根方得生起 是故意識當是能依 彼末那識當是所依"라고 하였다. [참고문헌] 『成唯識論』, 『宗鏡錄』, 『八識規矩補註』, 『釋摩訶衍論』, *Vijñ-t-bh.104.* ⇨ 의 意❶, 의식 意識❶, 오구의식 五俱意識, 오동연의식 五同緣意識, 독두의식 獨頭意識, 개도의 開導依, 팔식 八識

제육전 第六轉 Ⓢ ṣaṣṭhī, Ⓣ drug-pa. 범어문법에 있어서의 속격(屬格 Ⓢ svāmivacana : 所有格). 제육성(第六聲)이라고도 한다. 『구사론』 권5(대정장29, p.28c18 : *Abh-k-bh.*, p.79)에 "또 여섯 번째로 굴려 하는 말을 성립시키기 위해서는 따로 색의 취성이 있다고 주장해야 한다. 또 색의 자성을 말하는 것과 같은 이 제육전은 어떻게 성립한다고 하는가? 그러므로 생 등은 오직 임시로 건립한 것이어서 별도의 실물은 없다. 제행은 본래 없다가 지금 있는 것임을 알도록 하기 위하여 임시로 세워 '생'이라 하는 것이다. 이와 같이 본래 없다가 지금 있는 '생'이라는 상은 색 등의 법에 의지하는데, 그 류가 많다. 나머지 가리기 위하여 '제육전'을 설하여 '색으로 난 것'·'수로 난 것' 등이라 하여 다른 이로 하여금 이 '생'은 오직 '색'일 뿐이며, 그 나머지 '수' 등이 아님을 알도록 하기 위한 것이니, 그 이외의 경우도 그렇다. 예를 들면 세간에서 '전단의 향'이나 '석자의 몸'이라고 말하는 것도 역시 그러하다. 又爲成立 第六轉言 應執別有 色之聚性 又如說言 色之自性 此第六轉 言何得成 是故 生等 唯假建立 無別實物 爲了諸行 本無今有 假立爲生 如是本無 今有生相 依色等法 種類衆多 爲簡所餘 說第六轉 言色之生 受之生等 爲令他知 此生唯色 非餘受

等 餘例亦然 如世間說 栴檀之香 石子之體 此亦應爾 ṣaṣṭīvidhānārthaṃ ca rūpasya saṃyoga iti. eṣā ca ṣaṣṭo kathaṃ kalpyate. rūpasya svabhāva iti. tasmāt prajñaptimātramevaitadabhūtvābhāvajñāpanārthaṃ kriyate jātamiti. sa cābhūtvābhāvalakṣaṇa utpādo bahuvikalpaḥ. tasya viśeṣaṇārthaṃ rūpasyotpāda iti ṣaṣṭīṃ kurvanti yathā rupasaṃjñaka evotpādaḥ pratīyeta mā 'nyaḥ pratyāyīti. tad yathā candanasya gandhādayaḥ śilāputrakasya śarīramiti"라고 하였다. 〔참고문헌〕『俱舍論』, *Abh-k-bh.* ⇨ 제육성 第六聲, 팔전성 八轉聲

제육천 第六天 욕계육천(欲界六天) 중 가장 높은 하늘. 타화자재천(他化自在天)이다. 『법화경의기』 권1(대정장33, p.581b29)에 "대자재천은 욕계의 여섯번째 하늘인 타화자재천이다. 大自在天子者 卽是欲界 第六天 他化自在天", 『대승의장』 권8(대정장44, p.627c19)에 "제6천의 음사어는 바사발제(Ⓢ Vaśavartin)이고 한역하면 타화자재천이다. 第六天者 名婆舍跋提 此云他化自在天也"라고 하였다. 〔참고문헌〕『法華經義記』, 『大乘義章』. ⇨ 타화자재천 他化自在天, 바사발제천 婆舍跋提天, 육욕천 六欲天, 욕계 欲界

제읍불 啼泣佛 루지불(樓至佛 Ⓢ Rudita)의 다른 이름. 현겁천불(賢劫千佛) 중 마지막 부처님 이름. 제곡불(啼哭佛)이라고도 한다. 『미륵경유의』(대정장38, p.265c11)에 "이러한 인연 때문에 최후 한 부처님께서 홀로 반겁동안 눈물을 흘렸다. 이런 이유로 제읍불이라고 한다. 以是因緣故 最後一佛 獨當半劫也 以泣啼故 名爲啼泣佛", 『미륵상생경종요』(대정장38, p.302b10)에 "눈물을 흘렸기에 제읍불이라고 하였다. 이 모든 형들이 원을 세워 금강신이 되어서 루지불을 보호하였다. 以啼泣故 名啼泣佛 於是諸兄 卽願作金剛神 護樓至佛"라고 하였다. 〔참고문헌〕『彌勒經遊意』, 『彌勒上生經宗要』. ⇨ 루지불 樓至佛, 현겁천불 賢劫千佛

제의 提衣 ❶ 입적한 스님의 의발을 대중에게 펼쳐놓고 마지막을 회향하는 일. 창의(唱衣)라고도 한다. 『선림상기전』 권14(불광장, 禪藏, p.1078)에 "제의 : 창의를 제의라고도 한다. 『백장청규』에서 존숙이 입적하면 「창의 唱衣」에서 '바구니를 열어 의발을 꺼낸 다음 법호에 따라 자리 위에 벌여 놓고 제의불사를 청한다'라고 하였다. 提衣 唱衣 亦名提衣 敕修淸規 尊宿遷化 唱衣云 開籠出衣鉢 依號排席上 請提衣佛事"라고 하였다. 〔참고문헌〕『禪林象器箋』, 『百丈淸規』 권3(대정장48, p.1129b3). ⇨ 창의 唱衣 ❷ ➡ 염의 拈衣

제의 諦意 정념(正念 Ⓟ sammā-sati)의 고역(古譯). 『팔정도경』(대정장2, p.505a18)에 "일곱째 제의는 무엇인가? 생멸하는 행에 의념을 합하고 향하여 의념하되 헛되이 하지도 않고 함께 하지도 않으면서 뜻을 구함을 제의라 한다. 第七 諦意爲何等 生死行合意念 向意念 不妄不共意求 是名爲諦意"라고 하였다. 〔참고문헌〕『八正道經』. ⇨ 정념 正念❶

제의 諦義 Ⓢ satyārtha, Ⓣ bden-pa'i-don. 진실한 뜻. 사성제(四聖諦)를 가리킨다. 『순정리론』 권58(대정장29, p.667b2)에 "여기서 '한 가지 제'라는 말은 성교에서 설한 제의 뜻을 모아 드러낸 것이며, '두 번째 제는 없다'라는 말은 거듭 살펴 결정해서 진실은 오직 하나임을 드러낸 것이다. 此一諦言 總顯聖敎所說諦義 無第二言 是重審決顯諦唯一", 『유가사지론』 권55(대정장30, p.605b18)에 "〔문〕 제의 뜻은 무엇인가? 〔답〕 설한 바의 상은 버리거나 여읠 수 없다는 뜻이고, 이것을 관하기에 청정한 구경의에 이른다는 뜻이니 이것이 제의 뜻이다. 問 諦義云何 答 如所說相 不捨離義 由觀此故 到淸淨究竟義 是諦義", 같은 책 권64(대정장30, p.654a4)에 "이 때문에 제의 뜻은 안립할 수 없고 안으로 증득하는 것이다. 由此諦義 不可安立 內所證故", 『사제론』 권1(대정장32, p.377a13)에 "제의 뜻에 일곱 가지가 있다. 첫째는 전도되지 않음이고 … 둘째는 실유이고 … 셋째는 변하여 달라지지 않음이고 … 넷째는 둘이 없는 행이고 … 다섯째는 (번뇌가) 다시는 일어나지 않음이고 … 여섯째는 서로 어긋나지 않음이고 … 일곱째는 문과 뜻이 서로 꼭 맞음이 제의 뜻이다. 諦義有七 一不倒是諦義 … 二 實有是諦義 … 三 無變異是諦義 四 無二行是諦義 … 五 不更起是諦義 … 六 不相違是諦義 … 七 文義相稱是諦義"라고 하였다. 〔참고문헌〕『順正理論』, 『瑜伽師地論』, 『四諦論』, *Abh-k-bh.93.* ⇨ 제 諦

제의괴보살 除疑怪菩薩 Ⓢ Kautūhala. 의심스럽고 이상한 일들을 없애주는 보살. 모든 중생의 의혹을 끊어 없애기에 붙여진 이름이다. 대애락보살(大愛樂菩薩)·제의개보살(除疑蓋菩薩)이라고도 한다. 제개장보살(除蓋障菩薩)의 오른쪽에 안치한다. 밀교(密敎) 태장현도 만다라(胎藏現圖曼荼羅) 제개장원(除蓋障院)의 현호보살(賢護菩薩)이 이 존자이다. 종자는 ꣽ(vi), 밀호(密號)는 공제금강(功濟金剛)·공덕금강(功德金剛)이다. 몸은 살색을 띠고 오른손은 가슴 앞에 세우며 독고저를 지닌다. 왼손은 손바닥을 위로 한 모양으로 무릎에 올려놓고 손에는 독고저가 꽂혀 있는 병을 잡고 붉은 연꽃에 앉아 있다. 독고저는 의심을 제거하는 덕을 나타내고, 병은 현호(賢護)의 덕을 상징한다. 『현겁사의궤』 권상(대정장18, p.134c19)에 따르면 진언은 "귀명 미마지체락가 사바하 歸命 尾麽底 掣諾迦 娑嚩賀 namaḥ vimati-cchedaka svāhā 귀의합니다, 의혹을 끊으시는 이여! 스바하"이다. [참고문헌] 『玄法寺義軌』, 『大日經疏』 권10(대정장39, p.687a11). ⇨ 대애락보살 大愛樂菩薩

제의승의 諦義勝義 진실한 뜻과 뛰어난 뜻. 진제(眞諦)의 뜻을 말한다. 『집이문족론』 권17(대정장26, p.437c27)에 "유정이란 진실한 뜻으로도 수승한 뜻에서도 비록 모든 유정이라는 것은 붙들 수도 얻을 수도 실재하는 것도 아니지만, 온처계에 의지해 임시로 유정이라 세웠을 뿐이다. 모든 상·등상·시설·언설의 작용으로 유정·인·의생·유동·명자·생자·양자·사부·보특가라로 말하는 것이니, 이렇게 해서 유정이라 부를 뿐이다. 有情者 謂諦義勝義 雖諸有情 不可獲不可得 無所有非現有 而依蘊界處 假立有情 諸想等想施設言說轉 謂有情 人 意生 儒童 命者 生者 養者 士夫 補特伽羅 故名有情", 『유가사지론』 권85(대정장30, p.774c10)에 "미래제행은 그 성이 아직 존재하지 않으니 이 때문에 공이고, 과거의 제행은 그 자성이 이미 사라졌으니 이 때문에 공이며, 현재의 제행은 비록 사라지지 않았지만 제의와 승의로서의 성과는 멀리 떠나있기에 공이다. 未來諸行 其性未有 由此故空 過去諸行 其性已滅 由此故空 現在諸行 雖有未滅 諦義勝義 性所遠離 由此故空"라고 하였다. [참고문헌] 『集異門足論』, 『瑜伽師地論』. ⇨ 승의 勝義, 제의 諦義, 진제 眞諦

제의팔법 制衣八法 승중이 가사등을 지어 가짐에 지켜야 할 여덟 가지 법. 『사분율산번보궐행사초』 권3(대정장40, p.105b15)에 "옷을 짓는 방법에는 여덟문으로 다 다르다. 첫째, 바탕을 구함에 있어 여법해야 한다. 네다섯 가지 삿된 행위로 이익을 취하거나 팔고 사서는 안 된다. … 둘째, 바탕 또한 여법해야 한다. 반드시 중후하고 촘촘해야 한다. 만약 얇고 성글어서 비단같아 부드러워서는 법다운 것일 수 없다. … 셋째, 색깔 또한 여법해야 한다. 『사분율』에서 이르길 뛰어난 색으로 물들여 두지 마라. 마땅히 섞여 무너진 색으로 가사를 짓는다〈부정색으로 물들인 것이라 해야 갖춘 번역이다〉. … 넷째 그 크기를 헤아려야 한다. 『사분율』에 이르길 안다회의 길이는 4주 넓이는 2주, 울다라승의 길이는 5주 넓이는 3주, 승가리 또한 같다. … 다섯째, 조의 다소를 헤아려야 하니 오직 홀수로 한다. 저 소초중과 같으니, 『사분』에 이르길 9조에서 19조, 오조십격 등이다. … 여섯째, 사방둘레의 장단을 헤아려야 한다. 『사분율』의 글로는 알 수 없다. 5조와 7조 모두 정했으니 장단은 대의와 같이 한다. … 일곱째, 겹의 다소다. 『사분』 등의 율에서 말하길 가늘고 얇지 않기에 대의는 두겹으로 나머지 두 옷은 한겹이다. … 여덟째, 가사짓는 법이다. 사분대의는 7조로 자르고 오조는 주름만 잡아 짓는다. 作衣方法八門不同 一求財如法 謂非四邪五邪興利販易得者不成 … 二財體如 必須厚重熟緻者 若細薄生疎綾羅錦綺紗縠細絹等 並非法物 … 三色如法 四分云 上色染衣不得畜 當壞作袈裟色〈此云不正色染 具有正翻〉 … 四量是非 四分云 安陀會長四肘廣二肘 鬱多羅僧長五肘廣三肘 僧伽梨亦爾 … 五條數多少所以唯隻 如疏鈔中 四分云 從九條乃至十九條五條十隔等 … 六堤數長短 四分文不了 五條七條 具明定量長短大衣準同 … 七重數多少 四分等律云 不得細薄 大衣二重餘二衣並一重 … 八作衣方法 四分大衣七條要割截 五條得褊葉"라고 하였다. [참고문헌] 『四分律删繁補闕行事鈔』. ⇨ 의법 衣法 [2]

제이 提耳 귀에 가까이 하여 가르치다. 친절하게 지도하는 것. 제시(提撕)라고도 한다. 『도서』 「서문 敍文」(대정장48, p.398c5)에 "또한 종지근원에 대한 본말, 진망의 화합, 공성의 은현, 법과 뜻의 다름, 돈점의 동이, 막거나 드러내는 등의 서로 바꿈, 방편과 진실의 깊고 얕음, 통국의 시비를 곧바로 보이고 귀를 당겨 일러주지 않은 적이 없었고〈『시경』에 '대면하여 일러줄 뿐만 아니라 귀를 당겨 가르쳐 준다'라고 하였는데, 당시에 사람들이 덕을 닦지 않고 방탕함을 걱정하여 '나는 얼굴을 맞대거나 귀를 당겨 하지 못했다 하니 귓가에 나아가 그대들에게 일러주지만 그대들은 끝내 고치지 못한다'라는 뜻에서 한 말이다. 뜻으로 정성을 다함이 깊다는 말이다〉, 손바닥을 가리키듯 보였다 하니〈『논어』에 '(공자는) 「그 설할 줄 아는 이는 천하에 모든 것 보듯이 한다」라고 말한 뒤 자신의 손바닥을 가리켰다'라고 하였는데, 부자께서 말씀을 마친 뒤 손바닥을 가리켜 제자에게 말해 마쳤다는 말이다. 스스로의 손과 손바닥 가리켜 제자에게 보였으니 이 일이 분명함을 보았다는 말이니, 손에 쥔 물건 보듯 쉽게 안다는 말이다〉, 사자가 포효하듯 하였고 자애롭고 부드럽게 이끌기도 하였다. 又復直示宗源之本末 眞妄之和合 空性之隱顯 法義之差殊 頓漸之異同 遮表之迴互 權實之深淺 通局之是非 莫不提耳而告之〈毛詩云 匪面命之 言提其耳 當時疾彼人不修德荒亂 言我不對面向汝說 又提耳起耳 就耳邊告汝 汝終不改也 意說丁寧之甚〉 指掌而示之〈論語云 知其說者之於天下也 其如視諸斯乎 指其掌 言夫子語了 指自手掌示弟子 言見此事分明 如掌中之物易了〉 嚬呻以吼之 愛軟以誘之", 『지원유편』 권상(卍속장105, p.532a15)에 "일체제불이 만행으로 장엄한 항하사과덕은 전부 이로부터 생겨나니, 중생이 없다면 결코 생겨날 곳마저 없다. 이 때문에 이 마음을 일으킨 이는 오탁악세에 들겠다고 맹세하고 손을 내밀고 귀를 당긴 뒤 갖가지 방편으로 중생을 성숙시키며, 비록 열반을 증득했지만 생사를 떠나지 않고 갖가지 방편으로 권하고 교화하고 조복시켜서 모두가 위없는 보리를 남김없이 성취하게 한다.

一切諸佛 萬行莊嚴 河沙果德 皆從此生 若無衆生 定無生處 是以 發此心者 誓入五濁惡世 垂手提耳 種種方便 成熟衆生 雖證涅槃 而不離生死 種種方便 勸化調伏 皆是成就無上菩提無有邊餘", 『정토지귀집』「지귀직음약훈 指歸直音略訓」(卍속장108, p.191b14)에 "제시 : (시는) 하와 서를 반절한 음이다. 귀를 당겨 깨우치게 함을 시라고 한다. 提撕 下西音 提耳之誨 曰撕也"라고 하였다. 〔참고문헌〕『都序』, 『芝園遺編』, 『淨土指歸集』.

제이 齊已 ?~1186. 송대 임제종(臨濟宗) 양기파(楊岐派) 스님. 속성은 사(謝)씨. 고주(邛州 : 四川省) 포강(蒲江) 출신. 제기(齊已)라고 기록하기도 하였다. 25세에 속세의 뜻을 버리고 법륜사(法輪寺)로 가서 출가하여 오랫동안 『원각경』 강설을 들었다. 후에 반룡산(蟠龍山)에서 불해혜원(佛海慧遠)선사를 만나고 기용(機用)이 다함을 깨우치고 인가받았다. 처음에 아호산(鵝湖山)에 주석하다가 광혜사(廣慧寺)로 옮겼고 다시 동산(東山)으로 가서 머물렀다. 염불결사와 교유하기도 하였다. 만년에 천동산(天童山)에 머물다가 입적했다. 〔참고문헌〕『續傳燈錄』 권31(대정장51, p.683a5), 『嘉泰普燈錄』 권20(卍속장137, p.286b1), 『五燈會元』 권20(卍속장138, p.813b8).

제이결집 第二結集 부처님의 가르침을 두 번째로 합송(Ⓢ saṃgīti)한 일. 부처님께서 열반에 드신 후 백년 경에 이루어진 결집이고, 바이샬리(Ⓢ Vaiśālī)의 밧지족(Ⓟ Vajji)비구들이 십사(十事)가 계율에 어긋나지 않는다고 주장하면서 시작되었다. 야사장로가 바이샬리에서 그곳 비구들이 발우를 놓고 금은화를 보시받는 것을 보고는 신도들을 경책하였고, 밧지족비구들은 이에 맞서 야사에게 하의갈마(下意羯磨 Ⓟ paṭisāraṇiya-kamma)를 요구하기도 하였다. 야사는 코삼비로 가서 주변 다른 상가의 비구들에게 알리고 의견을 구했고 리바타(Revata)등 영향력 있는 비구들의 동의와 협력으로 700비구가 바이샬리에 모이게 되었다. 아지타(Ajita)등으로 구성된 위원회(ubbāhikāya : 斷事人)에 위임하여 토론하게 하였으며 공개 심문하기도 하였다. 논의 결과 십사를 비법(非法)이라고 결정하였고, 밧지족비구들이 이에 굴복하지 않는 채로 삼장을 다시 정리하여 편찬하였다. 칠백결집(七百結集)·칠백집법(七百集法)이라고 하는 제2결집이다. 불교의 승단이 상좌부와 대중부로 분열하는 계기가 된 역사적 사건이다. 〔참고문헌〕『四分律』 권54(대정장22, p.968c18), 『法苑珠林』 권12(대정장53, p.376a15). ⇨ 결집 結集❷, 십사비법 十事非法, 근본분열 根本分裂❶, 베사리국 吠舍釐國

제이능변 第二能變 Ⓢ dvitīyaḥ pariṇāmaḥ. 말나식(末那識)을 달리 이르는 말. 제8식인 아뢰야식(阿賴耶識)을 초능변(初能變), 제7식인 말나식은 제이능변, 나머지 육식을 제삼능변이라 한다. 『성유식론』 권4(대정장31, p.19b1)에 "다음으로 제이능변이니, 이 식의 이름은 말나이다. 次第二能變 是識名末那"라고 하였다. 〔참고문헌〕『成唯識論』, *Vijñ-t-bh.70.* ⇨ 말나식 末那識, 제이식 第二識, 능변 能變

제이두 第二頭 두 번째일 뿐이라는 말. 끝내 진실을 알 수 없게 된다는 뜻이다. 『앙산어록』(대정장47, p.584c4)에 "육희성상공이 앙산선사를 뵙고자 하였는데 먼저 원상을 만들어 봉인하여 드렸다. 앙산선사가 봉인을 열어보고 원상 아래에 '생각하지 않고 알면 두 번째에 떨어지고, 생각하고서 알면 세 번째에 떨어진다'라고 적고 봉인하여 답장했다. 陸希聲相公欲謁師 先作此○相封呈 師開封 於相下面書云 不思而知 落第二頭 思而知之 落第三首 遂封回", 『벽암록』 47칙 「평창 評唱」(대정장48, p.183a20)에 "운문은 '여섯으로 거둘 수 없다'고 하였으니 바로 알아차리기 어렵다. 만약 조짐이 일기 전에 알아차린다 해도 이미 두 번째 머리에 떨어지고, 조짐이 일어난 후에 알아차린다면 그것 또한 세 번째 머리에 떨어진다. 만약 언구상에서 가려 밝히고자 한다면 끝내 찾아 헤맨들 알 수 없을 것이다. 雲門道 六不收 直是難搆 若向朕兆未分時搆得 已是第二頭 若向朕兆已生後薦得 又落第三首 若向言句上辨明 卒摸索不著"라고 하였다. 〔참고문헌〕『仰山語錄』, 『碧巖錄』. ⇨ 낙재제이두 落在第二頭, 제일두 第一頭

제이두제삼두 第二頭第三頭 두 번째 알음알이와 세 번째 알음알이. 하나 뿐이어야 하는 머리가 아닌 뜻에서 진실에서 멀어짐을 비유한다. 『벽암록』 22칙 「송 頌」(대정장48, p.163c13)에 "스님이 소리 높여 할하고 말했다. '발밑을 보라!'〈도둑이 달아난 뒤에 활을 당기네. 두 번째 머리고 세 번째 머리다. 거듭 말하여 더듬지 말길〉. 師高聲喝云 看脚下〈賊過後張弓 第二頭第三頭 重言不當吃〉", 『속등정통』 권7 「형수여각장 荊叟如玨章」(卍속장144, p.576b4)에 "하안거 마치는 날의 소참 : 우리의 이 하나의 종지 바로 세워 온전히 보인다. 마치 폭풍쳐 갑자기 비몰아 요동쳐 앞이 없듯 하고, 부싯불 번개치듯 좇아 달려도 미칠 수 없듯 한다. 뜻을 든즉 근원을 잃고, 눈뜬즉 이미 놓치고 만다. 눈앞에 법이 아니니 온갖 마음 일으키지 마라. 설령 그대가 세 가지(삼학) 번갈아 닦아 기한 다해 깨우친다 해도 두 번째 알음알이요 세 번째 알음알이일 뿐이어서 만가지로 떠받치고 천가지로 붙들더라도 거듭거듭 생각만 많아지고 숨결만 급해지리라. 結夏小參 我此一宗 正令全提 如暴風卒雨 鼓蕩無前 石火電光 追奔不及 擧意卽迷源 擡眸已錯過 不是目前法 莫生

種種心 縱汝三種互修 剋期取證 第二頭第三頭 萬扗千撐轉見氣急"라고 하였다. [참고문헌]『碧巖錄』,『續燈正統』. ⇨ 낙재제이두제삼두 落在第二頭第三頭

제이발심 第二發心 두 번째 발심. 『대반야경』에서는 독각지를 넘어 만법의 공성을 깨닫는 발심이라 하지만 전거에 따라 의미가 다르다. 『대반야경』 권582(대정장7, p.1008b12)에 "만약 보살들이 두 번째 발심을 하면 독각지를 넘어서 일체가 아공법공으로 나툰 바여서 평등한 진법계임을 두루 깨닫는다. 若諸菩薩 第二發心 超獨覺地 普覺一切 我空法空所顯 平等眞法界故", 『대보적경』 권115(대정장11, p.649c29)에 "보살은 초발심으로 현보삼매를 얻고, 두 번째 발심으로 선주삼매를 얻으며, … 열 번째 발심으로 수능엄삼매를 얻는다. 菩薩 初發心 得現寶三昧 第二發心 得善住三昧 … 第十發心 得首楞嚴三昧", 『대승보살장정법경』 권19(대정장11, p.826b11)에 "보살은 중생이 이와 같이 견실하지 못한 몸을 싫어하여 버리고 견고하고 진실한 몸을 기쁘게 취하게 하고자 한다. 이것이 보살의 두 번째 발심이다. 菩薩欲令衆生 厭棄如是不堅實身 悕取堅固眞實之身 此是菩薩第二發心", 『상두정사경』(대정장14, p.488a12)에 "초발심한 사람은 성문지를 넘어서고, 두 번째 발심으로는 벽지불지를 넘어서며, 세 번째 발심으로는 부정지를 넘어서고, 네 번째 발심으로는 정지를 얻는다. 初發心人 過聲聞地 第二發心 過辟支佛地 第三發心 過不定地 第四發心 得於定地"라고 하였다. [참고문헌]『大般若經』,『大寶積經』,『大乘菩薩藏正法經』,『象頭精舍經』.

제이번권다 第二番勸茶 다시 한 번 차를 권하는 일. 『선원청규』 권5 「입료납차전점 入寮蠟次煎點」(卍속장111, p.905a3)에 "두 번째 차를 권함은 편의에 따르고 돌아가며 묻는 것도 생략할 수 있다. 第二番勸茶但從便簡省問訊一匝"라고 하였다. [참고문헌]『禪苑淸規』. ⇨ 제일번권다 第一番勸茶

제이선 第二禪 Ⓢ dvitīyaṃ-dhyāna, Ⓟ dutiyaṃ-jhāna. 사선(四禪) 중 두 번째. 이선(二禪) 또는 제이정려(第二靜慮)라고도 한다. 『장아함경』 권4 「유행경 遊行經」(대정장1, p.23c20)에 "각과 관을 버려 안으로 믿어 기뻤으며, 마음을 거두어 오롯이 하나이고, 각도 없고 관도 없어서 정으로 난 기쁨과 즐거움으로 제2선을 얻었다. 除覺觀 內信歡悅 撿心專一 無覺無觀 定生喜樂 得第二禪", 『잡아함경』 권18(대정장2, p.132a18)에 "만약 어떤 비구가 각과 관을 그쳐 안으로 깨끗해 한 마음이어서, 각도 없고 관도 없으며 삼매로 기쁨과 즐거움을 일으켜 제이선에 구족히 머무니 이를 성묵연이라 한다. 若有比丘 息有覺有觀 內淨一心 無覺無觀 三昧生喜樂 第二禪具足住 是名聖默然", 『증일아함경』 권18(대정장2, p.640a25)에 "제이선 따라 일어나 초선에 들고, 초선 좇아 일어나 제이선에 들며, 제이선에서 일어나 제삼선에 든다. 從第二禪起 入初禪 從初禪起 入第二禪 從第二禪起 入第三禪", 『방광반야경』 권4(대정장8, p.25c22)에 "제이선을 따라 사상없는 무사상혜선에 이르면 이를 각도 없고 관도 없게 된다고 한다. 從第二禪至無思想 無思想慧禪 是爲無覺無觀", 『십지경론』 권5(대정장26, p.156b8)에 "제이선에서 각과 관이 사라지니 이를 '장애를 떠났다'고 한다. 경에서 '각관이 사라졌다'라고 한 말씀과 같다. 안을 깨끗이 하니 이를 '수행으로 대치하여 각과 관으로 막힘이 사라졌다'고 한다. 경에서 '안으로 청정하고 마음이 한 곳에 처해 각도 없고 관도 없다'라고 한 말씀과 같다. 마음이 한 곳에 처한다는 말은 닦아 번뇌 없고 삼매 끊이지 않아서 한 경을 행하기 때문이다. 정으로 기쁨과 즐거움을 일으키는 것은 '수행의 이익'이라고 한다. 경에서 정으로 기쁨과 즐거움을 일으켜 이선행에 들어간다는 말은 저 피이의지삼매라 한다. 경에서 '이선행에 들어간다'라고 한 말씀과 같다. 第二禪中 滅覺觀 是名離障 如經滅覺觀故 內淨 是名修行對治 滅覺觀障 如經 內淸淨 心一處 無覺無觀故 心一處者 修無漏不斷三昧 行一境故 定生喜樂 是名修行利益 如經 定生喜樂故 入二禪行 是名彼二依止三昧 如經入二禪行故", 『대지도론』 권81(대정장25, p.628b17)에 "산란한 마음에서 일어나 제이선에 들고, 제이선에서 일어나 산란한 마음에 머문다. 散心中起 入第二禪 第二禪中起 住散心中"라고 하였다. [참고문헌]『長阿含經』,『雜阿含經』,『增壹阿含經』,『放光般若經』,『十地經論』,『大智度論』, *Daś-bh.20.*, *SN.4.263.* ⇨ 사선 四禪❶, 사선천 四禪天❶, 제이정려 第二靜慮

제이시공교 第二時空敎 두 번째 때에 설하신 공의 가르침. 법상종의 삼시교(三時敎) 중 제이시교(第二時敎)를 말한다. 『원각경약소초』 권3(卍속장15, p.237a9)에 "파상종이 의지하는 경은 본래 제이시공교로 『반야경』 등이다. 其破相宗所依之經 自是第二時空敎 般若等", 『대승법원의림장』 권1(대정장45, p.249a11)에 "모든 공을 설하는 경은 제이시교이니 은밀한 말로써 제법의 무자성을 다 거둬 설한다. 이 때문에 『화엄경』·『해심밀경』 그리고 유식의 교설 등은 제삼시다. 諸說空經 是第二時敎 以隱密言 總說諸法無自性 故花嚴深密唯識敎等第三時也"라고 하였다. [참고문헌]『圓覺經略疏鈔』,『大乘法苑義林章』. ⇨ 삼시교 三時敎❶, 공교 空敎

제이식 第二識 말나식(末那識 Ⓢ manas)의 별명. 『섭대승론석』 권1(대정장31, p.159b1)에 "제2식은 제1식(阿賴耶識)을 연하여 아집을 일으킨다. 만약 제1식을 떠난다면 이 식은 일어나지 못한다. 그러므로 제1식이 있어서 지금 제2식을 성취하였으니 제1식을 드러내고 있는 것이다. 第二識 緣第一識 起我執 若離第一識 此識不得起 故知 有第一識 今成就第二識 爲顯第一識故", 『화엄오교장』 권3(대정장45, p.495b27)에 "『무상론』의 말과 같이 '제2식인 집식과 그에 상응하는 법은 아라한 위에 이르러 끝내 사라진다. 견제내에서 번뇌에 물든 식과 심법이라면 출세도인 십육심의 때 필경 끊어져 사라진다. 남아서 아직 다하지 못한 것은 단지 사유에 속할 뿐이다. 이것을 제2식이라 한다'. 무성의 『섭론』도 이와 같이 설한다. 如無相論云 第二執識 及相應法 至羅漢位 究竟滅盡 若見諦內 煩惱識 及心法 得出世道 十六心時 畢竟斷滅 餘殘未盡 但屬思惟 是名第二識 無性攝論 亦同此說"라고 하였다. [참고문헌] 『攝大乘論釋』, 『華嚴五教章』. ⇨ 말나식 末那識, 제이능변 第二能變

제이욕생 第二欲生 Ⓢ dvitīyā kāmopapattiḥ. 욕계육천(欲界六天) 중 제5천. 낙변화천(樂變化天 Ⓢ nirmāṇa-rati)을 말한다. 스스로 오묘욕(五妙欲)을 향락하므로 이렇게 부른다. 『집이문족론』 권5(대정장26, p.386a29)에 "모든 유정들이 스스로 변화하여 모든 묘욕을 즐겨 누리며, 스스로 변화한 모든 묘욕에서 부귀자재하게 구르니 낙변화천이라 하는데, 이것이 제이욕생이다. 有諸有情 樂受自化 諸妙欲境 彼於自化 諸妙欲境 富貴自在轉 謂樂變化天 是第二欲生", 『유가사지론』 권5(대정장30, p.300b18 : *Yogā-bh.*, p.101)에 "어떤 중생은 욕진을 변화시킨다. 욕진을 변화시키기에 부귀자재하다. 이것은 다시 무슨 말인가? 낙화천을 말한다. 저 하늘은 자기를 위하여 욕진을 변화시키는데 타인을 위한 것이 아니다. 오직 스스로 모든 욕진을 변화시키기에 부귀자재하니, 이것을 제이욕생이라고 한다. 或有衆生 變化欲塵 由此變化欲塵故 富貴自在 彼復云何 謂樂化天 由彼諸天 爲自己故 化爲欲塵 非爲他故 唯自變化 諸欲塵故 富貴自在 是名第二欲生 santi sattvā nirmitakāmā ye nirmāya nirmāya kāmākāmānaiśvaryaṃ vaśe vartayanti. te punaḥ katame. tadyathā devā nirmāṇaratayaḥ. teṣāṃ ca nirmāṇaratīnāṃ devānāmātmanimittaṃ kāmanirmāṇaṃ samṛdhyati. na paranimittaṃ. tataste svanirmitaireva kāmaireśvaryaṃ vaśe vartayanti. iyaṃ dvitīyā kāmopapattiḥ"라고 하였다. [참고문헌] 『集異門足論』, 『瑜伽師地論』, *Yogā-bh.* ⇨ 낙변화천 樂變化天, 오묘욕 五妙欲

제이월 第二月 두 번째 달. 실재하지 않은 것의 비유다. 『원각경』(대정장17, p.913b23)에 "모든 중생은 시작을 알 수 없는 때로부터 갖가지로 전도되어 마치 길을 잃은 사람이 사방으로 쉽게 처하고, 사대를 그릇 알아 자신의 모습이라 여기고, 육진으로 연한 그림자를 자기 마음의 모습이라고 여긴다. 비유컨대 저 눈병으로 허공중에 꽃과 두 번째 달을 보는 것과 같다. 一切衆生 從無始來 種種顚倒 猶如迷人 四方易處 妄認四大 爲自身相 六塵緣影 爲自心相 譬彼病目 見空中花 及第二月", 『인왕호국경』 권상(대정장8, p.838c19)에 "모든 유위법은 아지랑이와 같으니 모든 법은 서로를 기다려 있을 뿐이다. 색계·안계·안식계에서 법계·의계·의식계까지 모두 번갯불 같아 정한 바 없이 서로를 마주할 뿐이니 있음과 없음, 하나와 다름은 마치 두 번째 달과 같아 모든 법은 연해야 성취된다. 諸有爲法如陽焰故 諸法相待 所謂色界 眼界 眼識界 乃至法界 意界 意識界 猶如電光 不定相待 有無一異 如第二月 諸法緣成", 『조산어록』(대정장47, p.539a4)에 "학인이 물었다. '고덕께서 「대지온통 오직 이 사람뿐이다」라고 하셨는데 어떤 사람입니까?' '두 번째 달은 있을 수 없다'. 僧問 古德道 盡大地惟有此人 未審是甚麽人 師曰 不可有第二月也", 『법안어록』(대정장47, p.590a15)에 "학인이 물었다. '무엇이 두 번째 달입니까?' '삼라만상' '무엇이 첫 번째 달입니까?' '삼라만상'. 僧問 如何是第二月 師云 森羅萬象 云如何是第一月 師云 萬象森羅"라고 하였다. [참고문헌] 『圓覺經』, 『仁王護國經』, 『曹山語錄』, 『法眼語錄』.

제이의문 第二義門 제일의문이 아닌 두 번째 뜻으로 여는 문. 분별이 작동하여 실상을 등지는 때여서 무어라 말해도 제일에서 멀어진다. 제일의문은 입리심담(入理深談)에, 제이의문은 방일선도(放一線道)·낙초지담(落草之談)·문정시설(門庭施設)에 각각 대응한다. 제이기(第二機)·제이두(第二頭)라고도 하니, 향상의 대기(大機)·제일의문(第一義門)을 등지고 방편문으로 들어감을 뜻한다. 『능엄경』 권5(대정장19, p.124b14)에 "아난이 부처님께 아뢰었다. '세존이시여! 여래께서 비록 제이의문을 설하시지만 지금 세간에서 번뇌를 풀려는 사람들을 살펴보니 자신이 결박의 근원을 모른다면 이런 사람들은 결코 번뇌를 풀지 못한다고 저는 믿습니다'. 阿難白佛言 世尊 如來雖說第二義門 今觀世間解結之人 若不知其所結之元 我信是人 終不能解", 『유가론기』 권24(대정장42, p.857b3·한불전14, p.898a17)에 "세 가지 연이 현행함으로 저 품의 번뇌가 행자의 몸에 남아 길이 끊지 못한다. 이것이 제이의문의 차별이다. 由三緣現行故 彼品煩惱 在行者身未永斷 比卽第二義門差別", 『원오어록』 권7(대정장47, p.742b18)에 "즉시 알아채지 못하고 머뭇거린다면 제이의문에 떨어지게 될 것이다. 苟或踟躕 落在第二義門去也", 같은 책 권8(대정장47, p.750c17)에 "조짐이 드러나기 전에 이미 드러나 펼쳤고, 말해 겨우 세우려 하자마자 도드라진 경계 어긋나 멀어진다. 비록 그렇다 해도 제이의문이 진흙과 합한 물이라 할 수는 없다. 眹兆未分 已成露布 言詮纔立 特地乖張 雖然 第二義門 且不是和泥合水", 『경덕전등록』 권25 「나한수인전 羅漢守仁傳」(대정장51, p.412a16)에 "다만 지금같이 여긴다면 누가 모자라고 누가 더한 것이겠는가? 비록 이와 같다 해도 오히려 제이의문에 불과하다. 상좌들 만일 밝히 깨우쳤더라도 하나인지 둘인지 더욱 자세히 살펴야 할 것이다. 只據如今 誰欠誰剩 然雖如此 猶是第二義門 上座若明達得去 也且是一是二 更須子細看", 『송원숭악어록』 권하(卍속장121, p.611a6)에 "한결같이 이렇게 하여 법 다하고 백성마저 없으리니, 불자 잡은 상좌가 오늘 밤 제이의문 향하여 한 소식 드러내리라. 一向與麽 盡法無民 秉拂上座 今夜且向第二義門 露箇消息"라고 하였다. 〔참고문헌〕『楞嚴經』, 『瑜伽論記』, 『圜悟語錄』, 『景德傳燈錄』, 『松源崇嶽語錄』. ⇨ 제일의문 第一義門, 낙초 落草[2], 낙초담 落草談, 문정시설 門庭施設, 방일선도 放一線道

제이인 第二人 두 번째 사람. 『경덕전등록』 권7 「장경회운전 章敬懷惲傳」(대정장51, p.252b26)에 "신령한 촛불이 묘하게 밝지만 단련을 빌리지 않는다. 명료하게 알지 못하기에 물상에서 취하지만 마치 눈동자 비벼 허공 꽃 헛되이 일어남과 같으니, 한갓 애만 쓰다가 무수한 겁의 세월을 부질없이 보낼 뿐이다. 만일 능히 돌이켜 비춘다면 두 번째 사람은 없으리니, 들고 잡아 보이는 것마다 실상에 어긋나지 않으리라. 靈燭妙明 非假鍛鍊 爲不了故 取於物象 但如捏目 妄起空華 徒自疲勞 枉經劫數 若能返照 無第二人 擧措施爲 不虧實相", 『불조주대록』(고존숙어록48, 卍속장118, p.823a6)에 "임금이 '짐의 이 마음이 불심과 통하는군요' 하자 불조가 '곧바로 이 자리에 다시는 다른 사람은 없습니다'라고 응답했다. 上曰 朕此心與佛心通 師云 直下更無第二人", 『담연원징어록』 권6(卍속장126, p.241a17)에 "명핵이 물었다. '옛이나 지금이나 다른 사람은 없다고 저는 믿고 있는데 어째서 공안을 뚫지 못할까요?' '그대에게 어떤 공안이 있다고 뚫지 못하는가? 들어 보라!' 명핵이 막 입을 떼려고 하자 담연이 말했다. '가거라 가! 그대는 좋은 사람은 아니다'. 明翮問 亘古亘今 我信無有第二人 爲甚麽公案透不得 師云 汝有甚麽公案透不得 擧來看 翮擬開口 師云 去去 汝不是好人"라고 하였다. 〔참고문헌〕『景德傳燈錄』, 『佛照奏對錄』, 『湛然圓澄語錄』.

제이정려 第二靜慮 제2선의 다른 이름. 『대비바사론』 권80(대정장27, p.412a22)에 "제2정려는 네 갈래다. 첫째는 내등정, 둘째는 희, 셋째는 락, 넷째는 심일경성이다. 第二靜慮 有四支 一 內等淨 二 喜 三 樂 四 心一境性", 『대반야경』 권372(대정장6, p.918c28)에 "심과 사가 고요하여 안으로 고르고 청정하며, 마음은 한결같이 나아가는 성이어서, 심도 없고 사도 없으며, 정으로 기쁨과 즐거움을 일으키니, 제2정려에 들어 모자람없이 머문다. 尋伺寂靜 內等淨 心一趣性 無尋無伺 定生喜樂 入第二靜慮 具足住", 같은 책 권8(대정장5, p.39c3)에 "멸진정에서 일어나 제2정려에 들고, 제2정려에서 일어나 멸진정에 든다. 從滅盡定起 入第二靜慮 從第二靜慮起 入滅盡定", 『집이문족론』 권6(대정장26, p.392a11)에 "제2정려란 무엇인가? 제2정려로 거두는 선한 오온을 제2정려라 한다. 云何第二靜慮 答 第二靜慮 所攝善五蘊 是名第二靜慮"라고 하였다. 〔참고문헌〕『大毘婆沙論』, 『大般若經』, 『集異門足論』. ⇨ 제이선 第二禪

제이정려처 第二靜慮處 제2정려가 처하는 곳. 세 곳의 천계를 말한다. 『구사론』 권8(대정장29, p.41a16)에 "제2정려가 처함에는 세 가지다. 첫째는 소광천(Ⓢ Parīttābhāḥ), 둘째는 무량광천(Ⓢ Apramāṇābhāḥ), 셋째는 극광정천(Ⓢ Ābhāsvarāḥ)이다. 第二靜慮處有三者 一 少光天 二 無量光天 三 極光淨天"라고 하였다. 〔참고문헌〕『俱舍論』, 『順正理論』 권21(대정장29, p.456b11), *Abh-k-bh.111.* ⇨ 제이정려 第二靜慮

제이제삼 第二第三 두 번째 세 번째. 제일이 아닌 때나 말. 향상이 아닌 뜻이지만 방편을 허용하는 뜻에서는 수용한다. 『석계심월어록』 권중(卍속장123, p.102b1)에 "비추고 씀을 한 쌍으로 행하고, 거두고 폄을 가지런히 외쳐야 한다. 온통 이와 같지 못하다면 기준점 잘못 알아 진실이라 여긴다. 공적인 법으로는 바늘 하나 허용할 수 없지만, 두 번째 세 번째 향해 따로 금 긋고 한계 짓는다. 照用雙行 卷舒齊唱 總不與麽 錯認定盤星 官不容針 向第二第三 別作箇程限", 『무이원래광록』 권4(卍속장125, p.146a11)에 "여기서는 반 구도 허용할 수 없지만 누가 그대와 더불어 제이제삼으로 주고받으면서 밥 먹고 생긴 기운 두드리겠는가? 箇中半句 也容不得 誰與你論 第二第三 鼓粥飯氣去也", 『거사분등록』 권상 「하송장 夏竦章」(卍속장147, p.887b17)에 "만리에 구름 한 점 없이 달 뜨는 그 때 말해 보라! 이는 몇 번째 기틀인가? 두 번째 세 번째로 일곱에도 여덟에도 떨어지리라. 온통 이렇게 하지 않는다. 돌! 그릇되이 집착함 쉬길. 이전 그대로 그릇 착각함도 또한 옳지 않다. 萬里無雲月上時 且道 是第幾機 第二第三 落七落八 總不與麽 咄 休認著 認著依前還不是", 『벽암록』 92칙 「송 頌」(대정장48, p.216c9)에 "회중에 선타객이 있었다면〈그 안에 영리한 사람을 만나기 어렵구나. 문수마저 작가라 할 수 없으니 그대들 틀림없이 그런 인물이 아니다〉, 어찌 문수가 건추를 내릴 필요가 있었으랴?〈다시 건추를 한 번 내린들 또한 무엇이 방해를 하랴! 두 번째 세 번째 건추가 모두 전혀 필요하지 않다. 상황에 들어맞는 한 구 어떻게 말해야 할까? 험하다!〉 會中若有仙陀客〈就中難得伶俐人 文殊不是作家 闍黎定不是〉 何必文殊下一槌〈更下一槌又何妨 第二第三槌總不要 當機一句 作麽生道 嶮〉"라고 하였다. 〔참고문헌〕『石溪心月語錄』, 『無異元來廣錄』, 『居士分燈錄』, 『碧巖錄』. ⇨ 낙재제이두제삼두 落在第二頭第三頭

제이제삼추총불요 第二第三槌總不要 두 번째나 세 번째의 추는 필요 없다. 『벽암록』 92칙 「송 頌」(대정장48, p.216c9)에 "회중에 선타바와 같은 선객이 있었다면 문수가 왜 추 한번 내렸겠는가?〈다시 한 추 내린다고 해도 무엇이 어렵겠는가? 두 번째 세 번째 추 모두 필요 없다. 상황에 맞는 한 마디 어떻게 말해야 할까? 험〉. 會中若有仙陀客 何必文殊下一槌〈更下一槌 又何妨 第二第三槌總不要 當機一句作麽生道 嶮〉"라고 하였다. 〔참고문헌〕『碧巖錄』. ⇨ 선타바 先陀婆

제이좌 第二座 선원에서의 두 번째 자리. 제일좌(第一座)는 수좌(首座)다. 또는 의식이나 설법을 행할 때 두 번째에 위치한 자리. 『백장청규』 권7 「방장소좌탕 方丈少座湯」(대정장48, p.1152b3)에 "제이좌는 넷으로 나눈다. 하나는 두수이고, 둘은 지사이며, 셋은 서서근구이고, 넷은 동서근구이다. 서당이 함께한다. 第二座分四出 頭首一出 知事二出 西序勤舊三出 東序勤舊四出 西堂光伴"라고 하였다. 〔참고문헌〕『百丈淸規』. ⇨ 제일좌 第一座, 제삼좌 第三座, 삼좌 三座❶

제이지 第二地 십지(十地) 중 두 번째 이구지(離垢地 Ⓢ vimalā-bhūmi). 『대반야경』 권568(대정장7, p.932b26)에 "제2지에서 청정신을 얻는다. 왜 그런가? 계를 범하는 잘못에서 벗어나 계가 청정하기 때문이다. 第二地中 得淸淨身 何以故 離犯戒失 戒淸淨故", 80권본 『화엄경』 권35(대정장10, p.185a16)에 "불자야, 보살마하살이 이미 초지를 닦고 나서 제2지에 들고자 한다면 마땅히 열 가지 깊은 마음을 일으켜야 한다. 무엇이 그 열 가지인가? 정직심·유연심·감능심·조복심·적정심·순선심·부잡심·무고련심·광심·대심을 말한다. 보살은 이 열 가지 마음으로 제2지인 이구지에 들 수 있다. 佛子 菩薩摩訶薩 已修初地 欲入第二地 當起十種深心 何等爲十 所謂 正直心 柔軟心 堪能心 調伏心 寂靜心 純善心 不雜心 無顧戀心 廣心 大心 菩薩以此十心 得入第二離垢地", 『십주경』 권3(대정장10, p.518a14)에 "제2지에서 마음의 악한 번뇌를 버리고 보리를 돕는 법을 모두 갖춘다. 第二地中 除心惡垢故 具足助菩提法", 『심밀해탈경』 권3(대정장16, p.678c9)에 "제2지에서 미세과실을 마주해 다스린다. 第二地中 對治微細過失"라고 하였다. 〔참고문헌〕『大般若經』, 『華嚴經』, 『十住經』, 『深密解脫經』. ⇨ 십지 十地❶❷, 이구지 離垢地

제이처 第二處 식무변처(識無邊處)를 달리 이르는 말. 『십주비바사론』 권11(대정장26, p.79c12)에 "약간의 중생은 제2처에 태어난다. 若干衆生 生第二處"라고 하였다. 〔참고문헌〕『十住毘婆沙論』. ⇨ 식무변처 識無邊處

제이천사 第二天使 Ⓟ dutiyaṃ devadūta. 삼사자(三使者) 중 두 번째 천사. 『장아함경』 권19 「세기경 世記經」(대정장1, p.126c5)에 "그때 염라왕이 제1천사로 죄인에게 묻고 나서 다시 제2천사로 죄인에게 물었다. '어째서 그대는 제2천사를 못 보았느냐?' '못 보았습니다' '그대는 생전에 사람이었을 때 남들이 질병으로 괴로워하며 침상에 누워 대소변의 악취나는 곳에 몸을 눕히고 홀로 움직일 수도 없어 먹을 때도 남들의 손이 필요하고 모든 뼈마디가 욱신거려 눈물을 흘리며 신음만 할 뿐 말도 하지 못하는 모습을 적지 않게 보지 않았느냐?' '보았습니다'. 時 閻羅王 以第一天使 問罪人已 復以第二天使 問罪人言 云何汝不見第二天使耶 對曰 不見 王又問言 汝本爲人時 頗見人疾病困篤 臥著牀褥 屎尿臭處 身臥其上 不能起居 飮食須人 百節酸疼 流淚呻吟 不能言語 汝見是不 答曰 見"라고 하였다. 〔참고문헌〕『長阿含經』, *MN.3.180.* ⇨ 삼사자 三使者

제이천왕 第二天王 사천왕 중 남방의 천왕. 증장천(增長天 Ⓢ Virūḍhaka)을 말한다. 음사어는 미로다가(尾嚕茶迦)이다. 『승가라찰소집경』 권상(대정장4, p.119a24)에 "그때 제2천왕이 다시 이렇게 물었다. '나는 이제 저들 남녀와 성인과 어린이를 비롯하여 성곽의 인민을 죽여서 모두 쓸어 없앨 작정이다'. 이 말을 마치자 당시 선인이 묵묵히 대꾸하지 않았다. 時 第二天王 復作是問 我今當殺 彼男女大小 及城郭人民 皆悉蕩盡 作是語已 是時仙人 默然不對"라고 하였다. 〔참고문헌〕『僧伽羅刹所集經』. ⇨ 미로다가 尾嚕茶迦, 증장천 增長天

제이천제 第二天帝 제석천을 달리 부르는 말. 『육도집경』 권7(대정장3, p.41a22)에 "태자가 성을 나서자 제2천제는 노인으로 변화하여 그 마차 앞에 다가섰다. 그는 백발에 허리는 굽었으며 지팡이를 짚고 겨우 걸었다. 태자가 '이 사람은 무엇인가?'라고 묻자 마부가 답했다. '늙은 사람입니다' '늙었다는 말은 무슨 뜻인가?' '사대육신의 근이 다하여 목숨이 얼마 남지 않았다는 말입니다' '나도 나중에 늙는가?' '옛날부터 늙음이 있었으니 어떤 성인도 이를 피할 수 없습니다'. 太子出城 第二天帝 化爲老人 當其車前 頭白背僂 倚杖羸步 太子曰 斯人何乎 御使對曰 老人矣 何謂爲老 曰 四大根熟 餘命無幾 太子曰 吾後亦當老乎 對曰 自古有老 無聖免玆"라고 하였다. 〔참고문헌〕『六度集經』. ⇨ 제석천 帝釋天

제이칠일설 第二七日說 부처님께서 성도(成道) 후 두 번째 7일에 『화엄경』을 설하셨다는 설. 『십지경론』 권1(대정장26, p.123b26 : *Daś-bh.*, p.1)의 "이와 같이 나는 들었다. 한때 바가바께서 성도하신 지 얼마 안 되어 두 번째 7일이 되던 날 타화자재천에 있는 자재천왕궁의 마니보장전에서 불퇴전위에 있는 대보살들과 함께 하셨다. 如是我聞 一時 婆伽婆 成道未久 第二七日 在他化自在天中自在天王宮摩尼寶藏殿 與大菩薩衆俱 一切不退轉 evaṃ mayā śrutam. ekasmin samaye bhagavān paranirmitavaśavartiṣu devabhuvaneṣu viharati sma acirābhisaṃbuddho dvitīye saptāhe vaśavartino devarājasya vimāne maṇiratnagarbhe prabhāsvare prāsāde mahatā bodhisattvagaṇena sārdhaṃ sarvairavaivartikairekajātipratibaddhaiḥ"에 의지해서 말한다. 그러나 천태종에서는 『법화경』 권1 「방편품 方便品」(대정장9, p.9c4)의 "나는 비로소 도량에 앉아 보리수를 보았고 경행을 하였으며, 세 번째 7일(Ⓢ saptāha trīṇi) 중에 이와 같은 일을 사유하였네. 我始坐道場 觀樹亦經行 於三七日中 思惟如是事"라는 경문에 근거하여 부처님의 성도 후 세 번째 7일에 설하셨다고 판정한다. 『법화현의석첨』 권20(대정장33, p.958a13)에 "보리유지(菩提流支)는 '『화엄경』의 전반부 5회는 첫 번째 7일에 설해졌고, 제6회 이후는 두 번째 7일에 설해졌다. 『십지경』의 「이와 같이 나는 들었다」 등에서는 성도한 지 얼마 안 된 두 번째 7일이다'라고 하였다. 또 다른 이는 '8회는 앞서 말한 대로이고 제9회는 다른 때에 설했다' 하였고, 신소(新疏)에서는 앞의 두 법사의 해석에 반박하여 '제7일에는 십지(十地)에 대해서만 설했기에 반드시 두 번째 7일이었음을 알 수 있다'고 주장하였다. 『해심밀경』과 『보요경』에 준하면 제7일에는 녹야원에서 삼승을 설하였는데, 『사분율』에서는 여섯 번째 7일이라 하였고 『흥기행경』에서는 일곱 번째 7일이라 가렸으며, 『오분율』에서는 제7일, 『대지도론』에서는 57일, 『십이유경』에서는 1년이 되어서야 법을 설했다고 하였다. 菩薩流支云 說華嚴經前之五會初七日說 第六會去 第二七說 引地經云 如是我聞等 成道未久 第二七日也 復有人言 八會如前 第九會別時說 新疏破前二師釋云 第七日 但說十地 故知定在第二七日 若準深密普曜二經 第七日在鹿苑 說三乘 四分律云 第六七 興起行 判七七 五分律 第七日 智論 五十七 十二遊 一年方始說法", 『화엄경탐현기』 권2(대정장35, p.127c20)에 "셋째 차별을 드러낸다. 『보요경』에 의하면 두 번째 7일에 녹야원에서 저 다섯 사람(五比丘)을 위해 세번에 걸쳐 사제를 설하였는데 이는 소승이다. 『밀적역사경』에 의하면 두 번째 7일에 녹야원에서 헤아릴 수 없이 많은 대중에게 법륜을 굴렸는데, 이때 아라한과 벽지불과 보살이 가야 할 길을 얻었다고 하니 이는 삼승이다. 그리고 이 경에 의하면 두 번째 7일에 보리수 아래에서 바다같이 모인 보살들을 위해 다함이 없는 법륜을 굴리셨으니 이는 분명히 일승이다. 위의 셋이 동시라 한다면 교법의 측면에서 본말이 동시이고, 사람을 기준으로 하면 근기와 그에 따른 감응이 다름을 드러낸 것이다. 그래서 『법화경』에 의하면 세 번째 7일이지만 『사분율』에 의하면 여섯 번째 7일이며, 『흥기행경』에 의하면 일곱 번째 7일이고 『오분율』에 의하면 여덟 번째 7일이며, 『대지도론』에 의하면 57일이고 『십이유경』에 의하면 1년 뒤에야 설했다고 한다. 이는 모두 마지막 가르침을 받아들이는 근기가 다르고 마땅히 듣는 바도 각각 다르기에 같을 수 없다. (『화엄경』의 가르침인) 본교(本敎)를 받아들이는 근기는 정해져 있기에 두 번째 7일일 뿐이다. 三 顯差別者 依普曜經 第二七日 於鹿野園 爲彼五人 三轉四諦 此是小乘 依密迹力士經 第二七日 鹿園 爲於無量大衆 轉法輪時 有得羅漢辟支菩薩道等 此是三乘 依此經 第二七日 於樹王下 爲海會菩薩 轉無盡法輪 明是一乘 上三同時者 約法表本末同時 約人顯機感各異 依法華 三七日 四分律 六七日 興起行經 七七日 依五分律 八七日 智論 五十七日 十二遊經 一年方說 此竝末敎機異宜聞各別 故致不同 本敎機定 故唯二七"라고 하였다. 〔참고문헌〕『十地經論』, 『法華經』, 『法華玄義釋籤』, 『華嚴經探玄記』, *Daś-bh.*, *Saddh-p.54.* ⇨ 삼칠일사유 三七日思惟, 화엄시 華嚴時

제이표악수 第二杓惡水 두 번째 국자로 뜬 더러운 물. 이미 첫 국자로 떠야 할 물을 놓친 뒤에서 말과 분별에 앞서 문득 사라져 잡을 수 없는 제일의 뜻을 되새기는 말이다. 제이표악수경독(第二杓惡水更毒) · 제이표악수요(第二杓惡水澆)라고도 한다. 『임제록』(대정장47, p.504a15)에 "조주가 행각할 때 임제를 찾아갔다. 임제가 발을 씻던 차에 조주가 물었다. '무엇이 조사가 서쪽에서 온 뜻입니까?' '마침 내가 발을 씻고 있다'. 조주가 가까이 가서 듣는 자세를 취하자 임제가 말했다. '다시 두 번째 국자의 더러운 물을 뿌려야겠군'. 조주가 바로 떠났다. 趙州行脚時參師 遇師洗脚次 州便問 如何是祖師西來意 師云 恰値老僧洗脚 州近前作聽勢 師云 更要第二杓惡水潑在 州便下去", 『오등회원』 권5 「취미무학장 翠微無學章」(卍속장138, p.177b17)에 "어느 날 무학선사가 법당 안에서 걸어가는데 투자의청이 다가와 예를 올리고 물었다. '조사가 서쪽에서 온 그윽한 뜻을 화상께서는 어떻게 학인들에게 보이시겠습니까?' 선사가 멈추었다가 조금 걸었을 때 투자가 물었다. '선사의 가르침 바랍니다' '다시 두 번째 국자의 더러운 물이 필요한가?' 투자가 예를 올려 인사드렸다. 一日 師在法堂內行 投子進前接禮 問曰 西來密旨 和尙如何示人 師駐步少時 子曰 乞師垂示 師曰 更要第二杓惡水那 子便禮謝", 『벽암록』 42칙 「본칙 本則」(대정장48, p.179b16)에 "방거사가 허공의 눈을 가리키며 말했다. '눈이 송이송이 내리는데 떨어지는 곳은 없구나'〈바람 없는데 물결 일어나니 손가락 끝에 눈 달렸네. 이 노인의 말 중엔 울림이 있다〉. 이때 전선객이 말했다. '떨어지는 곳 어디입니까?'〈적중했다. 서로 따르는구나. 과연 갈고리 위로 올라온다〉 방거사가 따귀를 한 대 쳤다〈맞았다. 결국 도둑을 끌어들여 집안을 망치는군〉. '거사도 거칠게 하면 안 됩니다'〈관 속에서 눈을 뜬다〉 '그대가 그러고도 선객이라 할 수 있는가? 염라대왕이 그대를 용서하지 않을 것이다'〈두 번째 국자로 뜬 더러운 물을 뿌렸다. 어찌 염라대왕에 그치겠는가? 나의 이곳 역시 잘못을 허용하지 않는다〉. 居士指空中雪云 好雪片片不落別處〈無風起浪 指頭有眼 這老漢言中有響〉 時有全禪客云 落在什麽處〈中也 相隨來也 果然上鉤來〉 士打一掌〈著 果然勾賊破家〉 全云 居士也不得草草〈棺木裏瞠眼〉 士云 汝恁麽稱禪客 閻老子未放汝在〈第二杓惡水潑了 何止閻老子 山僧這裏也不放過〉" 같은 책 53칙 「본칙 本則」(대정장48, p.187c15)에 "마조대사가 백장과 함께 걸어가다가 들오리가 날아가는 것을 보았다〈둘 다 이리저리 허둥대다 갑자기 돌아본들 무엇 하겠는가?〉 마조가 말했다. '이것이 무엇인가?'〈화상이라면 알아야 하는데 이 노인 콧구멍도 모른다〉 '들오리입니다'〈본분 이미 다른 사람의 손에 있으니 다만 가늠해 볼 뿐이다. 두 번째 국자의 더러운 물은 더욱 혹독하다〉. 馬大師與百丈行次 見野鴨子飛過〈兩箇落草漢草裏輥 驀顧作什麽〉 大師云 是什麽〈和尙合知 這老漢鼻孔也不知〉 丈云 野鴨子〈鼻孔已在別人手裏 只管供款 第二杓惡水更毒〉"라고 하였다. 〔참고문헌〕『臨濟錄』, 『五燈會元』, 『碧巖錄』.

제인 諸仁 여러분. 그대들. 『불본행경』 권7(대정장4, p.114b2)에 "인천의 스승이신 부처님께서는 인욕의 덕이 제일이라고 늘 찬탄하셨는데, 지금 그대들 무엇 때문에 끓어오르는 분노로 싸우려 하는가? 佛天師每嘆 忍辱德第一 今諸仁何故 熾然怒求戰", 40권본 『화엄경』 권8(대정장10, p.697c9)에 "이때 저 선인은 선인 무리를 홀끗 돌아보고는 말했다. '여러분! 이 동자는 이미 무상정등정각을 얻겠다는 마음을 일으켰고 일체중생에게 무외를 베풀려 하고, 일체중생에게 이익을 주려 하며, 일체중생에게 안락을 베풀려 하고, 일체제불의 바다와도 같은 지혜를 관하려 한다는 것을 알아야 합니다'. 時彼仙人 顧眄仙衆 而告之言 諸仁 當知 此童子已發阿耨多羅三藐三菩提心 此童子欲施一切衆生無畏 此童子欲與一切衆生利益 此童子欲惠一切衆生安樂 此童子欲觀一切諸佛智海"라고 하였다. 〔참고문헌〕『佛本行經』, 『華嚴經』.

제인견 除因見 인을 버린 견. 백팔법명문(百八法明門) 중 하나로 일체의 혹업을 일으키는 인을 없앤 지견(知見)을 말한다. 『불본행집경』 권6(대정장3, p.681b18)에 "(혹업의) 인을 버린 견은 법명문이니 해탈을 얻기 때문이다. 除因見 是法明門 得解脫故"라고 하였다. 〔참고문헌〕『佛本行集經』. ⇨ 백팔법명문 百八法明門

제인숙작종 諸因宿作宗 모든 인은 과거에 지은 것이라고 주장하는 무리. 고대 인도의 십육종외도(十六種外道 : 十六異論) 중 하나로 무참외도(無慚外道)·숙작외도(宿作外道)·숙작인론(宿作因論) 등이라고도 한다. 현세에 받는 갖가지 과보는 모두 과거세의 숙인(宿因)에서 비롯되었기에, 현세에서는 고행하여야 숙인이 다하고 미래세에 악한 과보도 받지 않는다고 주장한다. 『대승법원의림장』 권1(대정장45, p.249c29)에 "여섯째 제인숙작종. 이계친자(離繫親子 : 尼乾陀若提子)를 말하며 무참외도라고도 한다. 현세에 받는 고통은 전부 과거에 지은 업으로 인이 된다. 만약 현세에 정진하면 과거의 업을 토하게 되니 업인에 의한 해도 당할 일이 일어나지 않게 하기에, 이렇게 한 후에 다시는 번뇌하지 않게 된다. 六 諸因宿作宗 謂離繫親子 亦云無慚外道 謂現所受苦 皆宿作爲因 若現精進 便吐舊業 由不作因之所害故 如是於後 不復有漏"라고 하였다. 〔참고문헌〕『大乘法苑義林章』. ⇨ 니건자외도 尼犍子外道, 무참외도 無慚外道, 숙작외도 宿作外道, 십육이론 十六異論

제일 第一 ❶ Ⓢ parama, vara. 제일의. 『대승장엄경론』 권1(대정장31, p.593a8)에 "일체의 귀의삼보 중 대승에 귀의함이 최고로 제일임을 알아야 한다. 一切歸依三寶中 應知 大乘歸依 最爲第一", 『중론』 권1 「관인연품 觀因緣品」(대정장30, p.1b16 : *Madhy-k.*, p.1)에 "이 인연을 능히 설하시어 온갖 희론을 다 사라지게 하셨으니, 모든 설법 중에 가장 뛰어나신 부처님께 저는 머리 숙여 예배합니다. 能說是因緣 善滅諸戲論 我稽首禮佛 諸說中第一 yaḥ pratītyasamutpādaṃ prapañcopaśamaṃ śivam, deśayām āsa saṃbuddhas taṃ vande vadatāṃ varam"라고 하였다. 〔참고문헌〕『大乘莊嚴經論』, 『中論』, *Sūtr.8.*, *Madhy-k.* ❷ 우선은. 절대로. 결코. 무엇보다 먼저의 뜻으로 금지의 술어 앞에 붙어서 의미를 강하게 하는 말이다. 제일부득(第一不得)·제일불가(第一不可)·제일막(第一莫)·제일물(第一勿) 등의 예다. 종보본 『단경』(대정장48, p.350a27)에 "내가 설하는 공에 대해 듣고서 공에 집착하지 마라. 무엇보다 먼저 공에 집착해서는 안 된다. 만약 공한 마음으로 고요히 앉았다면 곧바로 무기공에 착한다. 莫聞吾說空 便卽著空 第一莫著空 若空心靜坐 卽著無記空", 『동산어록』(대정장47, p.507c3)에 "내가 이곳에 있었다고 절대 말하지 마라. 第一不得道老僧在這裏", 『운문광록』 권중(대정장47, p.565b18)에 "운문이 때로는 말했다. '그대 스스로 어리석어 잘못 드는 일이 절대로 없어야 한다'. 대신 말했다. '일이란 홀로 일어나지 않는다'. 師或云 爾自鈍置 第一不得錯擧 代云 事不孤起",『대혜어록』권15(대정장47, p.876c1)에 "그대들에게 분명하게 설파해주었으니 내가 말한 것을 무엇보다 먼저 그릇되게 알아서는 안 된다. 分明爲諸人說破 第一不得錯會我說底",『종경록』권29(대정장48, p.586a4)에 "선덕께서 말씀하시기를 '무엇보다 먼저 한 기에 한 가지 가르침 그 끝에서 글 지켜 알음알이 짓지 마라. 정해진 법이 있어 여래께서 설하신 일은 실로 없다'라고 하였다. 先德云 第一不得於一機一敎邊 守文作解 實無有定法如來可說",『경덕전등록』권28「약산유엄전 藥山惟儼傳」(대정장51, p.440c12)에 "제일로 이것 버리지 말아야 한다. 이것은 쉽게 얻을 수도 없다. 반드시 높고 높은 산 정상에 서고, 깊고 깊은 바다 밑으로 다녀야 한다. 이 자리에서 행하기는 쉽지 않다. 이렇게 해야 비로소 조금 상응함이 있다. 第一不得棄遮箇 遮箇不是易得 須向高高山頂立 深深海底行 此處行不易 方有少相應"라고 하였다. [참고문헌]『壇經』,『洞山語錄』,『雲門廣錄』,『大慧語錄』,『宗鏡錄』,『景德傳燈錄』.

제일결집 第一結集 ➡결집 結集 ❶

제일구 第一句 ❶제일의 구. 무엇보다 앞선 처음의 구. 밀교에서 본불생(本不生)의 아(阿 अ)자로 불가득공(不可得空 Ⓢanupalambha-śūnyatā)을 뜻한다.『대일경』권6(대정장18, p.41c29)에 "비밀주여! 이 삼매문에서 공으로 가지하니 일체법에서 자재를 성취한 최정각이다. 그러므로 이 자는 그대로 본존이 된다. 게송으로 설한다. '비밀주는 반드시 알아야 하네. 아(अ)자는 제일구라네. 법 널리 가득함을 밝히고 자륜으로 위요하네. 저 본존은 모습 없으시니 온갖 보는 모습마저 멀리 떠났네. 모습 없는 성스러운 존격들이야말로 모습 나투시며 오신다네'. 祕密主 於此三昧門 以空加持 於一切法 自在成就最正覺 是故此字 卽爲本尊 而說偈言 祕密主當知 阿字第一句 明法普周遍 字輪以圍繞 彼尊無有相 遠離諸見相 無相衆聖尊 而現相中來",『대일경소』권19(대정장39, p.775a18)에 "'아자는 제일구이니 법 널리 위요함을 밝히네. 모습 없는 저 존격은 모습 떠나 모습 없는 더 높은 모습 나투며 오신다네'라고 한 뜻은, 부처님께서 진언행자를 원만하게 하고자 하시기에 다시 이 삼매구를 설하신 것이다. 이 중에서 공이란 아(अ)자를 말한다. 아자는 그대로 본불생의 불가득공이다. 이것은 필경불가득에 가깝다. 불가득공은 온갖 덕을 갖추어 일체불법을 널리 거둔다. 거둔다는 것은 범어로 거둬 취하는 뜻으로의 거둠이다. 마치 온갖 물들을 거둬 취해서 자기 몸에 두듯 하는 뜻이다. 이러한 공의 가지력으로 능히 일체법을 거두어 부처를 이루는 뜻이다. 여기에서 자재라고 한 것은 범어에서 관자재의 자재와는 다르다. 이것은 거두어 취하는 뜻이기에 능히 일체법을 거둬 취할 수 있다는 말이다. 마치 왕이 자신의 국경 안에서 뜻대로 섭취함이 모두 자재한 것과 같이, 여래법왕이 일체법에 자재함 역시 이러하다. 阿字第一句 明法普皆圍遶 無相彼尊 現離相無相尊相中而來者 佛爲欲滿彼修眞言行者令圓滿故 復說此三昧句也 於此中 空者謂阿字也 阿字卽本不生不可得空也 猶此畢竟不可得 不可得空 具足衆德 普攝一切佛法也 此攝 於梵音是攝取之攝 如攝取諸物 令在己身之義也 由以此空加持力故 能攝一切法成佛也 此中自在者 梵音與觀自在之自在有異 此是攝取義 謂能攝取一切法也 如王者於其境內 隨意攝取皆得自在 如來法王於一切法自在 亦如是也"라고 하였다. [참고문헌]『大日經』,『大日經疏』. ⇨아자 阿字, 아자본불생 阿字本不生, 자륜 字輪 ❷본분(本分)을 드러내는 한마디.『운문광록』권중(대정장47, p.562a24)에 "언젠가 말했다. '제일구는 어떻게 말하는가? 말하지 못한다면 어떻게 해야 마음을 쉴 수 있는가?' 或云 第一句作麽生道 若道不得 作麽生得心息",『오조법연어록』권중(대정장47, p.660a14)에 "법연선사가 법좌에 올라 말했다. '이십오년 동안 이 굽은 나무 끝에 앉아서 고금의 공안 들지 못할 일 없으나, 다만 이것들 제일구로 말한 적이 없다. 대중 중에 자비 가득한 이 나와서 말해보라'. 上堂云 二十五年坐這曲彔木頭上 擧古擧今則不無 秖是未曾道著第一句 衆中莫有具大慈悲者 試出來道看",『임제록』(대정장47, p.502a4)에 "지금 산승의 견처는 부처나 조사와 다름이 없으니 제일구에 얻는다면 불조의 스승이 되고, 제이구에서 알아차리면 인천의 스승의 되며, 제삼구에서 알아차리면 자신도 구하지 못한다. 山僧今日見處 與祖佛不別 若第一句中得 與祖佛爲師 若第二句中得 與人天爲師 若第三句中得 自救不了",『원오어록』권3(대정장47, p.724b4)에 "원오선사가 법좌에 올라 말했다. '제일구에서 알아차린다면 조사가 목숨을 구걸할 것이고, 제이구에서 알아차린다면 인천이 두려워 떨 것이며, 제삼구에서 알아차린다면 호랑이 입 속에 몸을 던져야 하리'. 上堂云 第一句下薦得 祖師乞命 第二句下薦得 人天膽落 第三句下薦得 虎口裏橫身"라고 하였다. [참고문헌]『雲門廣錄』,『五祖法演語錄』,『臨濟錄』,『圜悟語錄』. ⇨본분일구 本分一句 ❸➡사구분별 四句分別

제일기하 第一機下 첫 번째 기틀 아래. 마주한 기틀만이 오롯이 뛰어나 그 외에 어떤 것도 앞서 있거나 의지할 것 없는 사태다.『벽암록』20칙「평창 評唱」(대정장48, p.160b15)에 "황룡사신은 말했다. '용아는 밭가는 농부의 소를 내몰고 굶주린 이의 양식을 빼앗은 일은 이미 밝혀져 분명한데, 왜 조사가 서쪽에서 온 뜻은 되돌려 없앴는가? 알겠는가? 몽둥이에 달린 눈은 태양처럼 밝다. 순금을 알고 싶다면 불속에 넣어보아야 한다. 무릇 핵심을 드날리고 종승을 제창하는 일이란 첫 번째 기틀 아래 향하여 밝힐 수 있어야 천하 사람들의 혀끝을 잠재울 수 있다. 구차하게 주저한다면 두 번째 기틀에 떨어진다'. 黃龍新云 龍牙驅耕夫之牛 奪飢人之食 旣明則明矣 因什麽却無祖師西來意 會麽 棒頭有眼明如日 要識眞金火裏看 大凡激揚要妙 提唱宗乘 向第一機下明得 可以坐斷天下人舌頭 儻或躊躇落在第二"라고 하였다. [참고문헌]『碧巖錄』.

제일뇌강정진 第一牢强精進 가장 견고한 정진. 몸과 마음으로 조작함이 없고 밖으로 구함이 없는 것을 말한다. 『사익범천소문경』 권4(대정장15, p.57a24)에 "몸에서 일어난 일 없고, 마음에서 일어난 바 없음이 제일의 굳고 강한 정진이다. 身無所起 心無所起 是爲第一牢强精進", 『완릉록』(대정장48, p.386a18)에 "'무엇이 정진입니까?' '몸도 마음도 일어날 일 없음을 가장 견고한 정진이라 한다. 마음을 일으키자마자 밖을 향해 구하는 것이라면 가리왕이 사냥하러 나가기를 좋아하는 것이리라. 마음이 밖으로 노닐지 않은즉 이것이야말로 인욕선인이 몸과 마음 모두 없이 한 것이니, 그대로 이것이 불도다'. 問 何者是精進 師云 身心不起 是名第一牢强精進 纔起心向外求者 名爲歌利王愛游獵去 心不外遊 卽是忍辱仙人身心俱無 卽是佛道"라고 하였다. [참고문헌]『思益梵天所問經』, 『宛陵錄』. ⇨ 인욕선인 忍辱仙人

제일능변 第一能變 삼능변(三能變) 중 아뢰야식(阿賴耶識)위에서의 능히 변하는 뜻. 초능변(初能變)·이숙능변(異熟能變)이라고도 한다. 『능엄경전』 권2(卍속장88, p.927a6)에 "회는 어둡다는 말로서 제8식의 체이고, 한순간 진여를 거슬러 문득 성을 가진 밝은 마음이 바로 일어나기 시작하는데, 업식과 전식이라는 두 식을 견분 삼고 현식을 상분 삼는다. 그리고 이 세 가지 미세한 식의 화합이 제일능변인 아뢰야식이기에 참된 밝음이라 부를 수 없어서 어둡다고 한다. 晦謂昏晦 是第八識體 謂一念違如 便有性明心起來 帶業轉二識爲見分 現識爲相分 此三細識和合 爲第一能變阿賴耶 不稱眞明 故晦也"라고 하였다. [참고문헌]『楞嚴經箋』. ⇨ 아뢰야식 阿賴耶識, 삼능변 三能變

제일도 第一道 무엇보다 앞서고 중요한 길. 경율론마다에서 으뜸이라 여기는 것을 말하였으니 인욕(忍辱), 열반(涅槃), 대승(大乘), 반야바라밀(般若波羅蜜)등이다. 『마하승기율』 권27(대정장22, p.446c21)에 "비바시불인 여래응공정변지께서 적정한 승가를 위해 최초로 바라제목차를 말씀하셨다. '인욕이 제일도이고 열반은 부처님께서 최고라 부르셨고, 출가하여 타인을 괴롭게 한다면 사문이라 부르지 않는다'. 毘婆尸佛 如來 應供 正遍知 爲寂靜僧 最初說波羅提木叉 忍辱第一道 涅槃佛稱最 出家惱他人 不名爲沙門", 『대위덕다라니경』 권8(대정장21, p.791a14)에 "아난아, 여래께서는 이와 같이 일체사상을 뽑아 끊으시고서 설법하셨으니, 열반이라는 제일도로 향하게 함이다. 만일 이와 같은 행중에서 닦아 배우는 이 있다면 저들 반드시 반열반을 얻으리라! 阿難 如來 如是 拔斷一切思想故說法 爲向涅槃第一道故 若於如是行中 有修學者 彼等當得 般涅槃耶", 『범망경』 권하(대정장24, p.1010a6)에 "나지도 사라지지도 않고 영원하지도 끊어질 일도 없으며, 하나도 아니고 다르지도 않고 오지도 가지도 않으니, 이와 같은 일심중에 방편으로 부지런히 장엄하고, 보살들이 해야 할 일을 차제로 마땅히 배우며, 유학과 무학에 대해 분별하는 생각도 내지 않는다. 이것을 제일도라 하고 마하연이라고도 한다. 不生亦不滅 不常復不斷 不一亦不異 不來亦不去 如是一心中 方便勤莊嚴 菩薩所應作 應當次第學 於學於無學 勿生分別想 是名第一道 亦名摩訶衍", 『대지도론』 권27(대정장25, p.258b19)에 "[문] 반야바라밀이야말로 바로 보살의 제일도이고 한결같은 상이어서 무상이라 하거늘 어찌하여 갖가지 도라고 하는가? [답] 이(갖가지) 도는 모두 한결같은 도중에 들어가니, 곧 제법실상이다. 처음 배울 때에는 갖가지 구별이 있으나, 나중에는 모두 한결같이 하여 차별이 있을 수 없다. 비유하면 겁이 다해 타버린 때와 같아서 일체의 모든 것이 모두 허공과 같아지듯 한다. 또 중생을 인도하고자 보살은 분별하여 갖가지 도를 말하니, 즉 세간도와 출세간도 등이다. 問曰 般若波羅蜜是菩薩第一道 一相 所謂無相 何以說是種種道 答曰 是道皆入一道中 所謂諸法實相 初學有種種別 後皆同一 無有差別 譬如劫盡燒時 一切所有 皆同虛空 復次 爲引導衆生故 菩薩分別說是種種道 所謂世間道 出世間道等"라고 하였다. [참고문헌]『摩訶僧祇律』, 『大威德陀羅尼經』, 『梵網經』, 『大智度論』, 『法集要頌經』 권3(대정장4, p.790b18). ⇨ 마하연 摩訶衍, 대승 大乘, 반야바라밀 般若波羅蜜

제일두 第一頭 모든 것에 앞서 처음인 것. 분별이나 언사등이 짐짓 끼어들 수 없는 사태를 말한다. 『굉지광록』 권9(대정장48, p.101b11)에 "원래 조사라 하면 제일의 머릿일을 곧바로 밝힌다. 原所以爲祖者 直明第一頭事", 『경덕전등록』 권21 「전심장 傳心章」(대정장51, p.377c16)에 "학인이 물었다. '헤아린즉 두 번째 머리에 떨어지고, 헤아리지 않은즉 세 번째 머리끝에 떨어집니다. 첫 번째는 무엇입니까?' '거둔다'. 僧問 擬卽第二頭 不擬卽第三首 如何是第一頭 師曰 收"라고 하였다. [참고문헌]『宏智廣錄』, 『景德傳燈錄』. ⇨ 제이두 第二頭

제일락 第一樂 ❶ Ⓢ Ⓟ parama sukha. 열반 또는 적멸을 가리킨다. 『중아함경』 권38 「수한제경 鬚閑提經」(대정장1, p.672a28)에 "'수한제야, 여래무소착등정각께서는 병 없음이 제일가는 이로움이고, 열반이야말로 제일락이라 말씀하셨다'. 외도 수한제는 부처님께 말씀드렸다. '구담이시여, 저도 일찍이 기구·존덕·장로·구학·범행자로부터 무병이 제일가는 이로움이고, 열반이 제일락이라고 들었습니다'. 부처님께서 다음과 같이 물으셨다. '수한제야, 네가 일찍이 기구·존덕·장로·구학·범행자로부터 무병이 제일가는 이로움이고, 열반이 제일락이라고 들었다면, 수한제야, 어떤 것이 무병이고, 무엇이 열반이더냐?' 鬚閑提 如來 無所著 等正覺 說無病第一利 涅槃第一樂 鬚閑提異學白世尊曰 瞿曇 我亦曾從耆舊 尊德 長老 久學 梵行所聞 無病第一利 涅槃第一樂 世尊問曰 鬚閑提 若汝曾從耆舊 尊德 長老 久學 梵行所聞 無病第一利 涅槃第一樂 鬚閑提 何者無病 何者涅槃耶", 『정생왕고사경』(대정장1, p.824a13)에 "모든 법은 다 무상하여 생긴 것은 반드시 무너진다. 나고 또 나서 돌아가 다하니, 저 적멸이야말로 제일락이라네. 諸法悉無常 生者必壞敗 生生悉歸盡 彼滅第一樂", 『출요경』 권23(대정장4, p.732b16)에 "열반이 제일락이라 하였으니, 열반중에 끝내 걱정이나 괴로움이 없고, 근심으로 수고로운 뭇 번뇌가 영원히 다시 있을 리 없으니 모두 그쳐 사라지고 다한다. 그러므로 열반이 제일락이라고 한다. 泥洹第一樂者 泥洹之中 終無患苦 塵勞衆結 永無復有 休息滅盡 是故說曰 泥洹第一樂"라고 하였다. [참고문헌] 『中阿含經』, 『頂生王故事經』, 『出曜經』, *Udāna-v. 319.*, *MN. 1.510.* ⇨ 열반 涅槃, 적멸 寂滅 ❷ Ⓢ sukha. 사제를 닦고 익히는 것. 『출요경』 권20(대정장4, p.713b19)에 "분노에 항복받아 일어날 일 없고, 욕이 생기면 마땅히 다스리며, 점차 무명의 뿌리를 끊고, 제를 닦는 것이야말로 제일락이라네. … '제를 닦는 것이 제일락이라네'라 하였으니, 행자가 속히 불도를 성취하지 못하는 까닭은 음욕·분노·어리석음이 몸과 마음을 물들이기 때문이다. 이 세 가지 번뇌는 사제로 끊으니, 사제를 얻지 못한 사람은 이 세 가지를 버릴 수 없으면 무수한 세상이 지나도록 무위의 즐거움을 얻지 못한다. 사제를 얻는 것이 곧 즐거움이다. 그러므로 제를 닦는 것이 제일락이라고 한다. 降恚勿令起 欲生當制之 漸斷無明根 修諦第一樂 … 修諦第一樂者 行者所以不速成道 猶其婬怒癡染汚身心 此三結使 由四諦斷 不獲諦人 不能除此三事 從無數世以來未曾獲無爲樂 得四諦者 爾乃爲樂 是故說 修諦第一樂"라고 하였다. [참고문헌] 『出曜經』, *Udāna-v. 269.* ⇨ 사성제 四聖諦 ❸ 하늘에 나서 누리는 즐거움. 『정법염처경』 권22(대정장17, p.129b20)에 "만지천의 열 번째 땅은 임희라고 하는데, 어떤 업으로 그곳에 나는가? 그는 보고 들어 다음과 같은 것을 안다. 즉 어떤 사람이 지계하고 신심이 청정하며, 승가가 복전임을 알고 옷을 보시하고자 과일 한 개 값을 주어 옷짓는 값으로 하고서 마음으로 항상 즐거워하고 기뻐하면, 이 사람은 목숨을 마치고 임희천에 난다. 그 하늘에 나서 그 하늘의 동산에서 자유로이 유희하고 마음대로 다니는데, 물 위를 갈 때도 육지에서 노니듯 하고, 허공을 다녀도 두려움이 없으며, 천의와 머리장식을 하고 제일락을 받는다. 그리하여 위의 여러 땅에서처럼 노니는데 걸림이 없다. 鬘持天 第十地處 名曰林戲 以何等業 生於彼處 彼見聞知 若人持戒 信心淸淨 知僧福田 爲施衣故 施一果直 爲作衣價 心常愛樂 而生隨喜 是人命終 生林戲天 生彼天已 於天園林 自在遊戲 隨意所至 若行水上 如遊陸地 若行於空 亦無所畏 服天衣鬘 受第一樂 如上諸地 遊行無礙"라고 하였다. [참고문헌] 『正法念處經』.

제일락생 第一樂生 Ⓢ prathamā sukha-upapatti. 삼락생(三樂生) 중 하나로 색계(色界)의 초정려를 수용하는 중생들을 말한다. 『대집법문경』 권상(대정장1, p.228a9)에 "세 가지 낙생이란 부처님의 말씀이다. 즉 어떤 중생이 나고 또 나서는 즐거움을 누린다. 사람 중의 한 류를 제일락생이라고 한다. 三種樂生 是佛所說 謂有衆生生 生已受樂 如人中一類 是名第一樂生", 『집이문족론』 권5(대정장26, p.386c16)에 "모든 유정들에게는 이러한 몸이었으니 이생희락으로 적시고 두루 적셔 한없이 기쁘고 끝없이 기쁘며, 충만하고 가득 충만하며, 적셔 끝없이 차올라 남김없이 하여서는 안락하게 머무니 범중천이고, 이것이 제일낙생이다. 有諸有情 卽如是身 離生喜樂之所滋潤遍滋潤 適悅遍適悅 充滿遍充滿 滋潤乃至 遍充滿已 安樂而住 謂梵衆天 是第一樂生", 『유가사지론』 권5(대정장30, p.300b29 : *Yogā-bh.*, p.102)에 "어떤 중생은 이생희락으로 그 몸을 씻으니, 초정려지의 여러 하늘을 말하며, 이것을 제일락생이라고 한다. 或有衆生 用離生喜樂 灌灑其身 謂初靜慮地諸天 是名第一樂生 santi sattvā ye vivekajena prītisukhena kāmamabhiṣvandayanti. tadyathā devāḥ prathamadhyānabhūmikāḥ. iyaṃ prathamā sukhopapattiḥ"라고 하였다. [참고문헌] 『大集法門經』, 『集異門足論』, 『瑜伽師地論』, *Yogā-bh.* ⇨ 삼락생 三樂生, 초정려 初靜慮, 색계 色界

제일명 第一命 제일의 목숨. 본불생(本不生)의 아(阿 𑖀)자를 말한다. 아자가 모든 진언의 근본이며 불행(佛行)을 거두어 자신에게 돌아가게 하므로 목숨처럼 중요하다는 뜻이다. 『대일경』 권3(대정장18, p.20b10)에 "아자는 제일명이니 이것을 이끌어 거두는 구로 삼는다. 항상 대공점에 머물러 모든 과를 섭수한다. 阿字第一命 是爲引攝句 常安大空點 能攝授諸果", 『대일경소』 권11

(대정장39, p.701c28)에 "다음으로 장음 아자를 설한다. 이것은 아자가 제일의 명근이라는 뜻이다. 모든 종자자를 능히 살리기에 명이라고 하였다. 만약 아자가 없다면 모든 자가 생길 수 없다. 그러므로 제일명이다. 이것은 거두어 불러들이는 구다. 만약 이 자를 관상하면 능히 거둬 부를 수 있다. 장음 아자는 바로 이 행이다. 아자에 닿자마자 일체의 불행을 이끈다. 그러므로 거두어 불러들인다고 하였다. 일체내외법을 거둬 부른다. 섭소란 거두어서 자기에게 귀속시킨다는 뜻이다. 자재수용의 뜻이다. 이 아자문은 일체여래의 공덕을 섭소하여 자신에게 돌아가게 하고 또한 일체행을 능히 채울 수 있기 때문이다. 次說長聲之阿 此是阿第一命根也 以能活諸字故言命也 若無阿字 諸字卽不生 故第一命也 此是能攝召句 若想此字能攝召 長阿卽是行 若觸阿字 卽引一切佛行 故云攝召也 攝召一切內外之法 攝召是攝令屬己 自在受用義也 此阿字門 能攝召一切如來功德 令歸自身 亦能滿足一切之行故也", 같은 책 권17(대정장39, p.756b3)에 "나의 마음 모든 곳에 자유롭게 머문다. 나는 갖가지 유정과 무정에도 온통 두루하다. 아자가 제일명이란 아자를 마음으로 삼기에 모든 것에 자재하여 모든 것을 성취함을 말한다. 아자는 나와 다르지 않고 나는 아자와 다르지 않으니 일체유정무정에 온통 두루하다. 이러한 제법인즉 아자를 제일명으로 삼는다. 마치 어떤 사람이 들숨과 날숨을 자신의 목숨으로 삼는데 호흡이 끊어지면 목숨이 이어질 수 없는 것과 같다. 아자 역시 그러하다. 일체법도 유정도 이것을 목숨으로 삼는다. 我心住一切遍自在 我皆遍種種有情非有情 阿字第一命者 謂卽以阿字爲心 故遍於一切自在而成 言此阿字不異我 我不異阿字也 乃悉遍於一切情非情法 此諸法卽以阿字而爲第一命也 猶如人有出入息以此爲命 息絶卽命不續 此阿字亦爾 一切法有情以此爲命也"라고 하였다. 〔참고문헌〕『大日經』, 『大日經疏』. ⇨ 제일구 第一句❶, 아자 阿字, 실담 悉曇

제일무아 第一無我 [S] agra-nairātmya, [T] bdag-med-pa-mchog. 청정하여 공한 무루계를 자성으로 하는 아(我). 『대승장엄경론』 권3(대정장31, p.603c11 : *Sūtr.*, p.38)에 "청정하고 공이며 무아라 하였으니, 이는 무루계다. 제일무아가 자성이기 때문이다. 부처님께서 말씀하신 제일아란 곧 제일무아이니, 청정여를 말한다. 저 청정여가 바로 모든 부처님들의 아라는 자성이다. 淸淨空無我者 此無漏界 由第一無我爲自性故 佛說第一我者 第一無我 謂淸淨如 彼淸淨如 卽是諸佛我自性 agranairātmyātmakatvāt. agraṃ nairātmyaṃ viśuddhā tathatā sā ca buddhānām ātmā svabhāvārthena tasyāṃ viśuddhāyām agraṃ nairātmyam ātmānaṃ buddhā labhante śuddhaṃ"라고 하였다. 〔참고문헌〕『大乘莊嚴經論』, *Sūtr.* ⇨ 청정여 淸淨如

제일무이 第一無二 제일이어서 둘이 없다는 말. 지(智)도 경(境)도 고요하여 마주할 일을 끊은 절대(絶待)를 말한다. 『인왕경』 권상(대정장8, p.838a21)에 "제일의에 둘이 없으니, 상도 아니고 무상도 아니며, 자신도 없고 타인도 없으며, 옴도 없고 감도 없다. 마치 허공과 같기 때문이다. 第一無二 非相非無相 無自無他 無來無去 如虛空故", 『인왕반야경소』 권중4(대정장33, p.336b8)에 "제일의에 둘이 없다 하니 경(境)도 지(智)도 모두 고요하다. 그러므로 '제일이어서 둘이 없다'고 한다. 第一無二者 境智俱寂 故云第一無二也", 『인왕경소』 권2(卍속장41, p.340a15)에 "제일이어서 둘이 없다 : 제일의제에는 마주함 끊었기에 둘이 없다. 第一無二 第一義諦 絶待無二", 원효(元曉)의 『본업경소』 권하(한불전1, p.509a17)에 "제일에는 둘이 없다 함은 바로 제일의 뜻에서 두 가지 상이 없다는 뜻이다. 이와 같이 세제는 유무의 차별이 있으므로 제일의제와 하나일 수 없고, 유무가 성립할 수 없으므로 제일의제와 둘일 수도 없다. 第一無二者 是第一義 無二相故 如是世諦有無差別 故與第一義諦不一 有無不成 故與第一義諦不二"라고 하였다. 〔참고문헌〕『仁王經』, 『仁王般若經疏』, 『仁王經疏』, 『本業經疏』.

제일바라밀 第一波羅蜜 [S] parama-pāramitā. 무엇보다 뛰어나 앞선 바라밀. 세친은 시방제불이 한결같이 설하여 찬탄하신 무분별지로 무아의 뜻을 증득해서만이 얻을 수 있는 것이기 때문이라 하였으며, 무착은 바라밀 중 최승인 반야바라밀이 제일의 뜻이라 하였다. 『금강경』(대정장8, p.750b9 : *Vajr-pr.*, p.40)에 "부처님께서 수보리에게 말씀하셨다. '그렇다! 그렇다! 만일 어떤 이가 이 경을 듣고도 놀라거나 두려워하지 않는다면, 이 사람은 대단히 드문 사람임을 알아야 한다. 어째서인가? 수보리여! 여래가 설한 제일바라밀은 제일바라밀이 아니여서 이를 제일바라밀이라고 이름한다'. 佛告須菩提 如是 如是 若復有人 得聞是經 不驚 不怖 不畏 當知 是人甚爲希有 何以故 須菩提 如來說第一波羅蜜 非第一波羅蜜 是名第一波羅蜜 bhagavān āyuṣmantam subhūtim etad avocat, evam etat subhūte evam etat. parama-āścarya-samanvāgatās te sattvā bhaviṣyanti ya iha subhūte sūtre bhāṣyamāṇe nottrasiṣyanti na samtrasiṣyanti na saṃtrāsam āpatsyante. tat kasya hetoḥ. parama-pāramiteyaṃ subhūte tathāgatena bhāṣitā yaduta-apāramitā … tena-ucyate parama-pāramiteti", 『금강선론』 권5(대정장25, p.835a9)에 "여래가 설한 제일바라밀이라 한 것은, 불과의 피안인 앞선 뛰어난 공덕을 밝히고자 제일바라밀을 설했다고 하였다. 일반적으로 바라밀을 밝히는 데 세 개의 위계가 있다. 첫째는 십지전의 상사바라밀이고, 둘째는 초지 이상의 진실바라밀인데 이 둘은 모두 인위중의 행이다. 지금 말하는 제일바라밀이란 바로 과위의 법신이 상주하는 피안공덕이기에 제일이라고 말한다. … 여래가 설한 제일바라밀이라 함에는 7번째 단락인데 논에서는 대인이라고 하였다. 큰 인이란 정인이며 바른 인이란 청정법신인 광대한 이치를 말한다. 석가여래 스스로 '나는 이 경을 받아 가졌기에 무위법신을 알아 불과인 피안공덕을 증득하였다'고 말했기에 여래가 설한 제일바라밀이라고 한 것이다. 如來說第一波羅蜜者 明佛果彼岸前勝功德 故云說第一波羅蜜也 汎明波羅蜜 有於三階 一 是地前相似波羅蜜 二 是登地以上眞實波羅蜜 斯二皆是因中之行也 今言第一波羅蜜者 乃是果頭法身常住彼岸功德 故云第一也 … 如來說第一波羅蜜者 此第七段 論名大因 大因者 正因也 正因者 卽淸淨法身廣大理也 明釋迦如來自云 我由受持此經故 解無爲法身 證得佛果彼岸功德 故云如來說第一波羅蜜者也", 『금강반야경찬술』 권하(대정장33, p.140c6)에 "〔술〕 여기서는 두 번째로 뛰어남을 찬탄해 풀었다. 세친은 말하길 '여래가 설한 제일바라밀은 다음과 같은 뜻이다. 시방제불이 다 같이 설하고 찬탄하였기에 대인을 삼는 것이니 제일이라고 하였으며, 이 경이 여타 경보다 뛰어남을 드러낸 것이다. 제일바라밀이 아니라는 말은 다른 사람들은 얻을 수 없다는 것이다. 무분별지로 무아의 이치를 증득하는 일은 오직 시방불만이 얻을 뿐이고 여타 사람들은 얻지 못하기 때문이다. 이를 일러 제일바라밀이라고 한다는 말은 부처님만이 얻을 수 있다는 뜻이다'라고 하였고, 무착은 '제일바라밀이란 반야바라밀이 나머지 다섯 바라밀 중에 가장 뛰어나다는 뜻이다'라고 해석하였다. 述曰 此第二讚釋勝也 世親云 如來說第一波羅蜜者 謂十方諸佛同說讚能爲大因故 名爲第一 顯此經勝餘經也 非第一波羅蜜者 謂非餘人所得也 無分別智證無我理 唯十方佛得 餘人不得故 是名第一波羅蜜者 唯佛所得也 無著釋云 第一波羅蜜者 謂般若於餘五中最勝故也"라고 하였다. 〔참고문헌〕 『金剛經』, 『金剛仙論』, 『金剛般若經贊述』, *Vajr-pr.* ⇨ 바라밀 波羅蜜, 육바라밀 六波羅蜜, 반야바라밀 般若波羅蜜, 무분별지 無分別智

제일번권다 第一番勸茶 처음으로 차를 권하는 일. 대중이 하나되게 하는 일이다. 『선원청규』 권5 「입료납차전점 入寮蠟次煎點」(卍속장111, p.905a3)에 "첫 번째 차를 권할 때는 다만 상하 간에 안부를 묻는 데 나아가야 하니 널리 함께할 수 있는 일이다. 第一番勸茶但就上下間問訊 普同亦可也"라고 하였다. 〔참고문헌〕 『禪苑淸規』. ⇨ 제이번권다 第二番勸茶

제일부득 第一不得 ➡ 제일 第一❷

제일삼매야구 第一三昧耶句 『대일경』에서 설한 삼삼매야(三三昧耶) 중 첫 삼매야구로 아(𑖀)자를 말한다. 『대일경의석연밀초』 권10(卍속장37, p.263a3)에 "초심불관자성 등은 제일삼매야의 구다. 이것은 발심하여 부처를 구할 뿐 아직 관조의 지혜를 갖추지 못한 것이니, 바로 아(𑖀)자다. 初心不觀自性等者 卽第一三昧耶句 此但發心求佛 而未具觀照之慧 卽𑖀阿字也"라고 하였다. 〔참고문헌〕 『大日經義釋演密鈔』. ⇨ 아자 阿字, 삼삼매야구 三三昧耶句

제일선 第一禪 Ⓟ paṭhama-jjhāna. 색계 사선(四禪) 중 초선. 초정려(初靜慮)·제일정려처(第一靜慮處)라고도 한다. 『장아함경』 권6 「전륜성왕수행경 轉輪聖王修行經」(대정장1, p.42b4 : *Cakkavattisīhanāda-sutta, DN.3*, p.78)에 "그때 비구가 음욕을 끊고 선하지 않은 법을 제거하였으며, 각과 관이 남아 있었지만 탐욕을 떠나 기쁨과 즐거움이 일어났으니, 이것이 제1선을 수행한 것이다. 於是比丘 斷除婬欲 去不善法 有覺 有觀 離生喜樂 行第一禪 bhikkhu vivicc' eva kāmehi vivicca akusala dhammehi savitakkaṃ savicāraṃ vivekajaṃ pīti-sukhaṃ paṭhama-jjhānaṃ upasampajja viharati", 『범망육십이견경』(대정장1, p.269c22)에 "만일 비구가 탐욕을 떠나고 악하고 선하지 않은 법을 벗어나 마음으로 선을 행하고 즐거움에 안주한다면 제1선이다. 若比丘離欲 脫惡不善之法 意念行善安樂 便第一禪", 『수행도지경』 권5(대정장15, p.212b23)에 "이 제1선은 번뇌가 이어져 있어서 모든 번뇌가 다 사라지지 않았으며 이와 같이 수행하는 사람은 제1선에 머물기 때문에 범부라 한다. 是第一禪 續在穿漏 諸漏未盡 如是行者 住第一禪 故爲凡夫"라고 하였다. 〔참고문헌〕 『長阿含經』, 『梵網六十二見經』, 『修行道地經』, *DN.* ⇨ 사선 四禪❶, 초선 初禪, 제일정려처 第一靜慮處

제일순경안상 第一順輕安相 초정려에 들어가 얻는 몸과 마음의 평안한 경안각지(輕安覺支). 『법온족론』 권9(대정장26, p.493c7)에 "무엇이 경안각지(Ⓢ prasrabdhi-saṃbodhy-aṅga)인가? 부처님께서 말씀하셨다. '경희(阿難)야, 마땅히 알라! 초정려에 들어가면 언어가 고요히 그친다. 이것이 연이 되어 그 나머지 법도 따라서 고요히 그친다. 이것을 첫 번째 가볍고 편안해짐을 따르는 상이라 부른다'. 云何輕安覺支 謂世尊說 慶喜 當知 入初靜慮時 語言靜息 由此爲緣 餘法亦靜息 此名第一順輕安相"라고 하였다. 〔참고문헌〕 『法蘊足論』.

제일식 第一識 아뢰야식(阿賴耶識)의 별명. 『섭대승론석』 권1(대정장31, p.159b12)에 "제일식은 때론 질다(Ⓢ citta)라고도 한다. 질다라 이름함에는 무슨 뜻이 있는가? 갖가지 뜻과 그 뜻을 적셔 기르는 뜻이다. 종종이라 함에는 스스로 열 가지 뜻이 있다. 첫째 증상연, 둘째 연연, 셋째 해상, 넷째 공작, 다섯째 염오, 여섯째 업훈습, 일곱째 인, 여덟째 과, 아홉째 도, 열째 지이다. 이 뜻 중에 각각 많은 종의 뜻이 있기에 종종이라 한다. 적셔 늘어난다는 말에는 세 가지 뜻이 있다. 첫째, 이 열 가지 법이 모임으로 말미암아 마음이 끊임없이 이어져 오래 머물게 한다. 둘째, 이 마음이 모든 법의 종자를 거두어 가진다. 셋째, 이 갖가지 법은 종자들을 적셔 길러서 훈습한다. 종자란 공능을 차별하게 하는 인이고, 적셔 기른다 함은 변하고 달라져 삼계가 되는 뜻이다. 이러한 뜻으로 부처님께서 '제일식은 또한 이름이 질다다'라고 설하신다. 第一識 或名質多 質多名有何義 謂種種義 及滋長義 種種者 自有十義 一 增上緣 二 緣緣 三 解相 四 共作 五 染汚 六 業熏習 七 因 八 果 九 道 十 地 此義中各有多種義 故名種種 滋長有三義 一 由此十法聚集 令心相續久住 二 此心能攝持 一切法種子 三 是種種法熏習種子之所滋長 種子者 謂功能差別因 所滋長者 謂變異爲三界 由此義故 佛說 第一識 亦名質多", 『성유식론요의등』 권4본(대정장43, p.729c20)에 "일곱째, 제일식이니 본에서 말로 향하는 수에서 첫 번째다. 七 第一識 從本向末 數爲第一"라고 하였다. [참고문헌] 『攝大乘論釋』, 『成唯識論了義燈』. ⇨ 아뢰야식 阿賴耶識

제일신 第一身 Ⓢ prathama kāya. 첫 번째 몸. 근본이 되는 몸. 법신(法身)·자성신(自性身) 등이라고도 한다. 『대승장엄경론』 권3(대정장31, p.606b6 : *Sūtr.*, p.45)에 "[게] 성신과 식신, 그리고 화신을 합하여 삼신이라네. 마땅히 알아야 하리. 첫 번째 몸은 나머지 두 몸의 의지라네. [석] 일체제불에는 삼종신이 있다. 첫째, 자성신은 구르고 의지할 수 있다. 둘째, 식신(報身)은 크게 모인 무리중에 있어서 법이라는 음식을 짓는다. 셋째, 화신이니 교화할 중생에게 이익을 짓는다. 이 중에 자성신은 식신과 화신의 의지임을 알아야 한다. 이것이 바탕으로 하기 때문이다. 偈曰 性身及食身 化身合三身 應知第一身 餘二之依止 釋曰 一切諸佛 有三種身 一者 自性身 由轉依相故 二者 食身 由於大集衆中 作法食故 三者 化身 由作所化衆生利益故 此中應知 自性身爲食身化身依止 由是本故 〈śloka〉 svābhāviko 'tha sāṃbhogyaḥ kāyo nairmāṇiko 'paraḥ, kāyabhedā hi buddhānāṃ prathamas tu dvayāśrayaḥ. 〈bhāṣya〉 trividhiḥ kāyo buddhānāṃ. svābhāviko dharmakāya āśrayaparāvṛttilakṣaṇaḥ. sāṃbhogiko yena parṣanbhaṇḍaleṣu dharmasaṃbhogaṃ karoti. nairmāṇiko yena nirmāṇena satvārthaṃ karoti"라고 하였다. [참고문헌] 『大乘莊嚴經論』, *Sūtr.* ⇨ 법신 法身, 자성신 自性身, 삼신 三身

제일쌍 第一雙 부처님 제자 중 선정제일의 목련과 지혜제일의 사리불을 말한다. 지관제일쌍(止觀第一雙)이라고도 한다. 『구사론송소론본』 권18(대정장41, p.917c5)에 "목련은 지에서 제일이고, 사리불은 관에서 가장 뛰어나니, 가장 뛰어난 한 쌍이라 한다. 目連 止第一也 舍利弗 觀第一也 名第一雙", 『대승의장』 권7(대정장44, p.609b7)에 "사리불과 목련, 이들 두 사람은 제자중에 가장 뛰어난 한 쌍이라 한다. 舍利目連 此之二人 弟子中標 名第一雙"라고 하였다. [참고문헌] 『俱舍論頌疏論本』, 『大乘義章』, 『大毘婆沙論』 권116(대정장27, p.603a7). ⇨ 대목건련 大目犍連, 사리불 舍利弗

제일아 第一我 Ⓢ paramātman. 청정하고 공이고 무아여서 으뜸의 아. 『대승장엄경론』 권3(대정장31, p.603c9 : *Sūtr.*, p.37)에 "청정하여 공이며 무아이니, 부처님께서 이를 제일아라 하신다네. 모든 부처님의 아는 청정하니 이 때문에 부처님을 대아라 부른다네. … 모든 부처님은 무루계에서 제일아를 건립하시니 이를 법계의 대아상이라 한다. 清淨空無我 佛說第一我 諸佛我淨故 故佛名大我 … 諸佛於無漏界 建立第一我 是名法界大我相 〈śloka〉 śūnyatāyāṃ viśuddhāyāṃ nairātmyānmārgalābhataḥ, buddhāḥ śuddhātmalābhitvāt gatā ātmamahātmatām. 〈bhāṣya〉 tatra cānāsrave dhātau buddhānāṃ paramātmā nirdiśyate"라고 하였다. [참고문헌] 『大乘莊嚴經論』, *Sūtr.*

제일아신 第一我身 첫 번째 나의 몸. 밀교도상에서 비로자나위다. 『대일경』 권1(대정장18, p.5a25)에 "백단으로 칠하여 원묘만다라를 그린다. 그 중에 제일의 나의 몸을 그리고, 둘째 모든 구세의 불보살 … 여섯째로 부동존을 그린다. 白檀以塗畫 圓妙漫荼羅 中第一我身 第二諸救世 … 第六不動尊", 『대일경소』 권4(대정장39, p.622b10)에 "『경』에서 처음에 제일의 나의 몸이라고 한 것은 바로 비로자나위를 말한다. 오불로써 마땅히 함께 한 단인 호마단에 모신다. 經云 初第一我身 卽毘盧遮那位 以五佛當共置一壇"라고 하였다. [참고문헌] 『大日經』, 『大日經疏』.

제일욕생 第一欲生 가장 으뜸의 욕망을 일으키는 천. 인계와 욕계육천 중 사천왕중천(四天王衆天)·삼십삼천(三十三天)·야마천(夜摩天)·도사다천(覩史多天) 등 네 부류로, 바라는 대로 즐기므로 이렇게 말한다. 『집이문족론』 권5(대정장26, p.386a27)에 "삼욕생이라 하였으니, 모든 유정은 눈앞에 드러난 모든 묘욕의 경을 기꺼이 받아들여 저 눈앞에 드러난 모든 묘욕경에서 부귀를 자재로 굴린다. 곧 인계 전부와 천계 일분이니 이것이 제일욕생이다. 三欲生者 有諸有情 樂受現前 諸妙

欲境 彼於現前 諸妙欲境 富貴自在轉 謂人全天一分 是第一欲生"라고 하였다. [참고문헌]『集異門足論』. ⇨ 욕계육천 欲界六天

제일위 第一位 첫 번째 자리. 제일좌(第一座)라 하며 선방에서 수좌의 자리를 말한다. 『임제록』(대정장47, p.506b25)에 "임제가 금우선사에게 갔다. 금우는 임제가 오는 것을 보고 주장자를 비껴들고 문에 걸터앉아 있었다. 임제가 손으로 주장자를 세 번 두드리고는 선당의 첫 번째 자리로 돌아가 앉았다. 금우가 보고 있다가 말했다. '나그네와 주인이 만나면 각각 위의가 있거늘 상좌는 어디에서 왔는데 이토록 무례한가?' '화상은 무슨 말씀을 하십니까?' 금우가 입을 열려 하자 임제가 바로 때렸다. 到金牛 牛見師來 橫按拄杖 當門踞坐 師以手敲拄杖三下 却歸堂中第一位坐 牛下來見 乃問 夫賓主相見 各具威儀 上座從何而來 太無禮生 師云 老和尙道什麼 牛擬開口 師便打"라고 하였다. [참고문헌]『臨濟錄』. ⇨ 제일좌 第一座, 수좌 首座

제일유 第一有 Ⓢ bhava-agra, Ⓣ srid-pa'i-rtse-mo. 삼계중에 가장 위에 있는 존재. 유정천(有頂天)이라고 한다. 『법문명의집』(대정장54, p.204a21)에 "비상비비상천의 수명은 팔만대겁이다. 이는 삼계중에 최상이어서 유정이라 부르고 제일유라고도 한다. 非想非非想天 壽命八萬大劫 此三界中最上 名曰有頂 亦名第一有也", 『순정리론』 권3(대정장29, p.345b19)에 "제일유중에는 행이 가장 뛰어나다. 그곳에서 생각하면 능히 가장 큰 과보를 부르기 때문이다. 第一有中 行最爲勝 彼思能感 最大果故"라고 하였다. [참고문헌]『法門名義集』, 『順正理論』, *Bodh-bh.188.* ⇨ 유정천 有頂天

제일유사 第一有思 Ⓢ bhavāgra-cetanā, Ⓣ srid-rtse'i-sems. 제일의 존재가 사유함. 유정지(有頂地)인 비상비비상처(非想非非想處)에서의 사유를 말한다. 『구사론』 권18(대정장29, p.94b2 : *Abh-k-bh.*, p.264)에 "승가의 화합을 무너뜨리는 허탄한 거짓말은 죄 가운데 가장 크며, 제일유를 부르는 사가 세간의 선업중에 가장 큰 과다. 破僧虛誑語 於罪中最大 感第一有思 世善中大果 〈kārikā〉 saṃghamede mṛṣāvādo mahāvadyatamo mataḥ, bhavāgracetanā loke mahāphalatamā śubhe", 『구사론송소론본』 권18(대정장41, p.918b1)에 "'제일유를 부르는 사가 세간선중 가장 큰 과다'라는 말에서 사란 바로 업이다. 곧 제일유정의 업을 부르는 사가 세간선중에 가장 큰 과라는 뜻이다. 팔만대겁을 불러오기 때문이다. 이숙과로 한정할 경우 유정을 초래하는 업이 가장 뛰어나고, 모든 속박을 벗어난 과를 근거로 할 경우에는 금강유정과 상응하는 사만이 능히 가장 큰 과를 얻고 모든 번뇌를 끊으니 이 과를 얻게 되는 것이다. 이러한 진실을 가려야 하기에 '세간의 선'이라 말한 것이다. 感第一有思 世善中大果者 思是業也 謂感第一有頂業思 於世間善中 爲最大果 感八萬大劫故 約異熟果 有頂業勝 據離繫果 金剛喩定相應思者 能得大果 一切結斷 爲此果故 爲簡此故 說世善言"라고 하였다. [참고문헌]『俱舍論』, 『俱舍論頌疏論本』, *Abh-k-bh.* ⇨ 제일유 第一有, 사업 思業, 금강유정 金剛喩定

제일유지 第一有地 삼유(三有 : 欲有 色有 無色有) 중에 제일의 유. 구경(究竟)은 아니지만 존재하는 것들 중에서는 제일인 뜻이다. 사무색처(四無色處) 중 제일유(第一有 Ⓢ bhavāgra)인 네 번째 천, 즉 비상비비상처(非想非非想處)를 말한다. 『유가사지론』 권69(대정장30, p.684a25)에 "만약 먼저 아직 정려무색을 일으키지 못하였는데 처음에 나려고 하는 경우에는 반드시 욕계선심을 좇아 곧바로 초정려지의 선심으로 생을 얻고, 초정려지선심을 따라 곧바로 두 번째 정려지선심으로 생을 얻으며, 이와 같이하여 마침내 무소유처의 선심으로부터 곧바로 제일유지선심으로 생을 얻으니, 반드시 색계선심을 좇아 곧바로 처음 유학의 마음을 낳고, 유학마음으로부터 무학의 마음을 낳는다. 若先未起 靜慮無色 初欲生時 要從欲界善心無間 初靜慮地善心得生 初靜慮地善心無間 第二靜慮善心得生 如是乃至 無所有處善心無間 第一有地善心得生 必從色界善心無間 初學心生 學心無間 無學心生", 『섭대승론석』 권1(대정장31, p.384c2)에 "무상정과 멸진정의 차별이 있을 수 없어서 과실이 된다 함은, 만약 염오가 있음을 정하여 세운다면 여기에는 있고 여기에는 없다. 또 (무상정은) 범부의 상속에 있으며, (멸진정은) 성인의 상속에 있다. 이런 차제로 두 정을 차별하는 도리가 성취된다. 그렇지 않다면 모든 상수멸이 한가지로 식이 있는 행일 뿐이어서 차별이 없어야 한다. 왜냐하면 제4정려에 있는 것과 제일유지에 있는 것의 차별을 말할 수 없기 때문이다. 출리·정주·욕의 차별 때문에 두 가지 정은 차별하다. 無想定 與滅盡定差別無有 成過失者 若有定立 有染汚意 此有此無 在凡相續 在聖相續 如其次第 二定差別 道理成就 若不爾者 俱想受滅 等有識行 應無差別 不可說在第四靜慮 在第一有地差別故 出離 靜住 欲差別故 二定差別"라고 하였다. [참고문헌]『瑜伽師地論』, 『攝大乘論釋』, 『法門名義集』 권1(대정장54, p.204a21). ⇨ 제일유 第一有, 비상비비상처 非想非非想處, 사무색처 四無色處

제일의 第一義 ❶ Ⓢ parama-artha, Ⓣ dam-pa'i-don. 제일의제(第一義諦). 『능가경』 권2(대정장16, p.490c9 : *Laṅk.*, p.87)에 "제일의란 성인의 지혜로 자각하여 얻는 것이지 언설이나 망상으로 깨우칠 경계가 아니다. 이 때문에 언설과 망상으로는 제일의를 드러낼 수 없다. 第一義者 聖智自覺所得 非言說妄想覺境界 是故言說妄想 不顯示第一義 paramārthas-tu mahāmate āryajñāna-pratyātma-gatigamyo na vāg-vikalpa-buddhi-gocaraḥ. tena vikalpo na-udbhāvayati paramārtham", 『능가경주해』 권2(대정장39, p.369c4)에 "언설이란 말로 표현된 가르침이며, 설해진 것이란 그 말 속의 이치다. 묻는 의미는 이 두 가지 중 어떤 것이 제일의인지 묻는다. 부처님께서 말씀하시길 언설도 설해진 내용도 모두 제일의가 아니라고 하였으니, 비록 말씀이 진실이긴 하지만 스스로 체득한 묘는 아니어서 그럴듯하지만 아니다. 오직 성인이 즐기는 곳에서만 말을 인해 들어갈 뿐이니, 언설은 아니라는 말은 바로 이 뜻이다. 하지만 성인의 지혜로 즐기는 경지는 스스로 체득한 묘한 경계이기에 언설과 망상을 통해 깨달을 수 있는 경계가 아니라고 하였다. 언설로 제일의를 드러낼 수 없는 이유에는 세 가지가 있다. 첫째로 언설은 생멸과 동요에서 나오며 거듭해서 연하여 일어나 무상하기 때문이다. 둘째로 언설문답에는 자타의 차별상이 있기 때문이다. 셋째로 언설망상으로는 오직 마음의 온갖 상들은 없는 것들임을 알 수 없기 때문이다. 이 때문에 '언설과 모든 망상으로부터 벗어나야 한다'고 하였다. 言說者 能詮之敎也 所說者 所詮之理也 問意 謂此二者 孰爲第一義耶 佛答能說所說皆非第一義者 雖所詮是理 而非自得之妙 似是而非 惟聖樂處 因言而入 非言說 卽是也 然聖智樂處 是自得之妙 故云 非言說妄想覺境界 言說不能顯示第一義者 有三 一者 言說出於生滅動搖 展轉緣起無常故 二者 言說問答 有自他相故 三者 言說妄想不了惟心諸相無故 乃戒云 當離言說諸妄想相", 『주유마힐경』 권1(대정장38, p.332c19)에 "제일의에서 흔들림이 없다. 승조가 말한다. '제일의란 제법의 한결같은 모습과 뜻을 말한다. 비록 분별하여 제법의 모습이 다를 수 있지만 한결같은 모습을 어기지 않는다. 이에 법왕의 바꿀 수 없는 길을 찬미한다. 흔들린다는 말은 어긋남을 말한다'. 於第一義而不動 肇曰 第一義 謂諸法一相義也 雖分別諸法殊相 而不乖一相 此美法王莫易之道也 動謂乖矣", 『대승의장』 권1(대정장44, p.482c24)에 "제일의란 진제라고도 한다. 제일은 뛰어남을 드러내는 말이며, 그 까닭에 뜻이라 한다. 진이란 헛됨이 끊어졌음을 나타내는 말이다. 세도 제일도 모두 살펴 실이어서 그릇됨이 없기에 제라고 한다. 진이라면 바로 실이라 할 수 있는데 세간의 법은 거짓이거늘 어째서 제라고 하는가? 거짓이란 말은 진실에 상대하여 그 뜻을 가리는 것인데, 세간의 법 일어남 실이어서 없지 않기에 제라고 칭할 수 있다. 第一義者 亦名眞諦 第一是其顯勝之目 所以名義 眞者是其絶妄之稱 世與第一 審實不謬 故通名諦 眞卽可實 世法虛誑 云何名諦 言虛誑者 對眞辨義 然於世法 事實不無 故得稱諦"라고 하였다. [참고문헌] 『楞伽經』, 『楞伽經註解』, 『注維摩詰經』, 『大乘義章』, *Laṅk*. ⇨ 제 諦, 제일의제 第一義諦, 승의 勝義, 성취제일의 成就第一義, 아르타 artha

2 Ⓢ agra-dharma, Ⓣ chos-kyi-mchog. 제일의 뜻이어서 방편이 아닌 뜻. 『법화경』에 의지해 천태에서 말하는 일승(一乘)의 뜻이다. 『법화경』 권1 「방편품 方便品」(대정장9, p.8c6)에 "이 모든 세존들 한결같이 일승법을 설하여 무량중생을 교화하여 불도에 들게 하신다. 또한 모든 대성현들의 우두머리는 일체세간과 인천군생들이 마음속 깊이 원하는 것을 알기에 다시 다른 방편으로 도와 제일의 뜻을 드러내신다. 是諸世尊等 皆說一乘法 化無量衆生 令入於佛道 又諸大聖主 知一切世間 天人群生類 深心之所欲 更以異方便 助顯第一義", 『법화현의』 권3(대정장33, p.707a20)에 "「방편품」에서 '다시 다른 방편으로 도와 제일의를 드러내신다'라고 하였는데, 이는 하나뿐이고 실다운 진실이라 한다. 方便品云 更以異方便 助顯第一義 是一實諦也", 같은 책 권9(대정장33, p.798a1)에 "과거의 제불 또한 삼승에 머물며 일승을 드러내었으며, 지금의 부처님 또한 그러하다. 그러므로 다시 다른 방편으로 도와 제일의 뜻을 드러낸다고 말한다. 過去諸佛 亦住三乘而顯一乘 今佛亦爾 故言更以異方便 助顯第一義", 『법화의소』 권4(대정장34, p.504c16)에 "제일의란 한결같고 진실한 길인데, 이치가 극하기에 제일이라 하고 깊은 까닭이 있기에 의라 한다. 第一義者 一實之道 理極莫過爲第一 深有所以稱爲義也", 『법화현찬』 권4(대정장34, p.726b1)에 "[경] '또한 모든 큰 성현들의 우두머리는 ~ 도와 제일의를 드러낸다'. [찬] 방편을 펼쳐서 진실을 드러내는 뜻을 풀었다. 중생이 단번에 일승의 가르침을 배울 수 없다는 걸 알고 그들의 근기와 욕구를 알기에, 처음에는 방편을 권해 도와서 일승의 가르침을 드러내고 나중에 실상에 들어가게 한다. 또한 보살의 근성에도 두 가지다. 첫째는 부정성이고, 둘째는 정성이다. 부정성에게는 처음에 방편을 설해 주고 나중에 진실을 설해 줌으로써 일승을 드러내는데, 앞의 두 게송이 이에 해당한다. 정성을 위한다 함은 돈교일승을 설한다 하는 이 문장이다. 중생심성으로 단번에 깨달으려는 욕구를 알기에 다른 방편으로 권을 따라 실을 나투지 않고 일승을 도울 뿐이니, 제일의제인 진여 등을 말한다. 처음에는 삼승을 설하고 나중에 일승을 설하는 것은 권실의 방편이기에 단번에 일승의 가르침을 설하는 것을 다른 방편이라고 하였다. 經 又諸大聖主〈至〉助顯第一義 贊曰 釋開權顯實之義 知諸衆生 未能頓學一乘敎故 識其根欲故 初以權方便助顯一乘 後令入實 又菩薩根性 有二 一 不定性 二 定性 爲不定性 初權後實 顯暢一乘 前二頌是 爲定性者 說頓敎一乘 此文是也 謂知衆生心性頓欲故 以異方便 不從權取實顯 助一乘 一乘者 第一義諦 眞如等 是 初三後一 是權

實之方便 頓說一乘故 名異方便"라고 하였다. [참고문헌]『法華經』, 『法華玄義』, 『法華義疏』, 『法華玄贊』, *Saddh-p.49.* **3** S ekāyanatām. 다른 뜻이 아니어서 제일이고 유일한 뜻. 『백오십찬불송』(대정장32, p.758c25)에 "항상 삿되고 굽은 것들로부터 벗어나고 늘 소박하고 정직한 것들을 가까이하여, 제업의 본성이 공한 바 오직 제일의에 머무실 뿐이네. 常離諸邪曲 恒親質直者 諸業本性空 唯居第一義"라고 하였다. [참고문헌]『百五十讚佛頌』, *Śata-śa.44.* **4** S pāramārthika. 변계(徧計)와 의타(依他)를 여읜 제일의 뜻. 원성실성(圓成實性 S pariniṣpanna, niṣpanna)을 말한다. 『대승입능가경』 권3(대정장16, p.606c18 : *Laṅk.*, p.131)에 "연하여 일어나고 허망함에 의지해서는 구경을 성취할 수 없지만, 이때 드러난 청정을 제일의라 한다네. 以緣起依妄 究竟不成就 是時現淸淨 名爲第一義 atyantaṃ ca-apy-aniṣpannaṃ kalpitaṃ na para-udbhavam, tadā prajñāyate śuddhaṃ svabhāvaṃ pāramārthikam", 『주대승입능가경』 권5(대정장39, p.469b23)에 "망녕되이 헤아려 연하기에 삼계의 생사와 유무의 일체제법이 생겨나니 바로 이것이 세간의 진실이다. 만약 연이란 것이 성이 없고 허망한 상이어서 사라질 것임을 깨우친즉 이는 성인이 행할 경계중에 제일의 뜻이다. 그러므로 유식론에서 이르길, 모든 법성 간략히 두 가지다. 하나는 허망이니 망계소집이고, 두번째는 진실이니 원성실성을 말한다. 다시 또 두 가지 있으니, 하나는 세속이어서 의타기이고, 두번째는 승의이니 원성실이다. 그러므로 말한다. 원성실은 언제나 저 앞선 성을 멀리 떠나 있다. 말하자면 의타에 있어 망계를 여읜즉 바로 원성실이니 그러므로 끊은즉 성인의 경계다. … 만약 망상을 건널 수만 있다면 바로 성인의 제일의 진실인 원성실이라 부를 수 있다. 由妄計緣 而生三界生死有無一切諸法 卽是世諦 若了緣無性妄想滅 卽是聖人所行境界第一義也 故唯識論 謂諸法性 略有二種 一者 虛妄 謂妄計所執 二者 眞實 謂圓成實 復有二種 一者 世俗 謂依他起 二者 勝義 謂圓成實 故云 圓成實於彼 常遠離前性 謂於依他 若離妄計 卽圓成實 故云 斷則聖境界 … 若度妄想 卽名聖人第一義諦圓成實性"라고 하였다. [참고문헌]『大乘入楞伽經』, 『注大乘入楞伽經』, 『成唯識論』, 『唯識三十論頌』, 『楞伽經會譯』 권1(卍속장1, p.494a13), *Laṅk.* ⇨ 원성실성 圓成實性, 삼성삼무성 三性三無性

제일의경계 第一義境界 S paramārtha-gocara. 스스로 깨우쳐 언제나 한결같은 성인의 자취이며 말과 생각으로는 마주할 수 없어 부사의한 경계. 『능가경』 권1(대정장16, p.486b23 : *Laṅk.*, p.59)에 "이때 대혜보살마하살이 부처님께 말했다. '세존이시여! 세존께서 설하신 상이며 부사의는 스스로 깨달은 성인들이 가는 경계이고 제일의경계입니다. 세존이시여! 이는 외도들이 설하는 상과 부사의의 인연이 아닙니까?' 爾時 大慧菩薩摩訶薩白佛言 世尊 世尊所說常不思議 自覺聖趣境界 及第一義境界 世尊 非諸外道所說常不思議因緣耶 atha khalu mahāmatirbodhisattvo mahāsattvo bhagavantam-etad-avocat. nityam-acintyaṃ ca bhagavatā pratyātmāryagatigocaraṃ paramārthagocaraṃ ca prabhāṣitam. nanu bhagavaṃs-tīrthakarā api nitya-acintyavādinaḥ kāraṇānām", 『능가경주해』 권1(대정장39, p.359c12)에 "여래께서 말씀하신 상인 부사의는 외도가 설한 것과 이름이 같다. 그래서 배우는 이들이 진실을 함부로 하여 헛된 경계에 떨어질까 걱정하였기에 드러내 물은 것이다. 이름은 같지만 뜻은 다르니 아래 문에 갖추어 볼 일이다. 여래께서 설하신 상이며 부사의란 두 가지 경계를 벗어날 수 없는데, 상인즉 스스로 깨달은 성인들의 나아감이고 부사의란 바로 제일의 뜻이다. 스스로 깨달았다는 것은 한결같은 지혜이고 성인들이 나아감은 한결같은 경이다. 언제나 한결같은 지혜로 한결같은 경과 만나기에 상이라고 하며, 제일의의 바탕이란 말과 생각이 끊어졌기에 생각하여 헤아릴 수 없다고 한 것이다. 어찌 외도사견과 같아서 삿되다고 하겠는가? 如來所談 常不思議 與外道所說名同 恐學者濫眞墮妄故 擧以爲問 名同義異 具見下文 所言常與不思議 無出二種境界 常卽自覺聖趣 不思議卽第一義 自覺 常智也 聖趣 常境也 由常智而契常境故 名爲常 第一義體 絶言思故 云不思議也 豈外道邪見所可同邪"라고 하였다. [참고문헌]『楞伽經』, 『楞伽經註解』, *Laṅk.*

제일의고 第一義苦 S paramārthato duḥkhitam, T don-dam-pa'i-sdug-bsngal. 가장 고통스러운 뜻. 삼고(三苦) 중 행고(行苦)를 말하니, 일체법 무상하여 멈출 수 없기에 중생이 한결같이 받아 피할 수 없는 고통이므로 제일의고라 한다. 『유가사지론』 권48(대정장30, p.556c23 : *Bodh-bh.*, p.228)에 "흥하든 쇠하든 고르게 차별없이 모든 것이 제일의고에 떨어져 한없이 괴롭다. 갖가지 괴로움에 몹시 시달리니 참으로 애석하고 가엾다. 이렇게 넓고 크게 애민하여야 여실히 바라보고 비춰볼 줄 알게 된다. 若興若衰 等無差別 一切皆墮第一義苦 並任艱辛 種種艱辛之所逼切 甚可哀愍 於彼獲得廣大哀愍如實觀照 sarvamaviśeṣeṇa sampattivipattigataṃ paramārthato duḥkhitaṃ vyasanastham vicitrairvyasanākārairanukampamāno 'nukampāvaipulyamanuprāptaḥ pratyavekṣate", 『유가론기』 권12(대정장42, p.567b24 · 한불전13, p.924a21)에 "제일의고란 바로 멈출 수 없는 행고다. 第一義苦是其行苦"라고 하였다. [참고문헌]『瑜伽師地論』, 『瑜伽論記』, *Bodh-bh.* ⇨ 삼고 三苦 **1**, 행고 行苦

제일의공 第一義空 Ⓢ paramārtha-śūnyatā, Ⓣ don-dam-pa-stong-pa-nyid. 모든 법(一切法)이 일어나 생멸하지만 온 곳(來處)도 간 곳(去處)도 없고 짓는 이(作者)도 없는 뜻에서 제일의공이며, 반야의 뜻에서는 중도(中道)이고, 불성(佛性)이며, 열반(涅槃)의 다른 이름이고, 나아가 제법실상(諸法實相)인 공(空)의 뜻에서 제일의공의 이름을 얻으며, 법화에 의지해서는 일승의 뜻과 여래장의 이름과도 함께한다. 『잡아함경』 권13(대정장2, p.92c16)에 "무엇을 제일의공경이라고 하는가? 모든 비구들이여! 눈으로 보려 할 때 오는 곳 있지 않고 보는 일 사라지지만 가는 곳 또한 있지 않다. 이와 같이 눈이란 것 실이 아니지만 생하고 일어난 다음에는 다하여 사라진다. 업보는 있지만 짓는 이는 없으니, 이 음이 사라져 다하면 다른 음이 서로 이을 뿐이다. 세간의 이런저런 법은 예외다. … 속수법이란 이것이 있으므로 저것이 있고 이것이 일어나면 저것이 일어난다. … 행이 사라지면 식도 사라진다. … 내지 끝도 없이 큰 고통의 무더기마저 사라진다. 비구여! 이를 제일의공의 법경이라 한다. 云何爲第一義空經 諸比丘 眼生時無有來處 滅時無有去處 如是眼不實而生 生已盡滅 有業報而無作者 此陰滅已 異陰相續 除俗數法 … 俗數法者 謂此有故彼有 此起故彼起 … 行滅故識滅 … 乃至 純大苦聚滅 比丘 是名第一義空法經", 40권본 『대반열반경』 권16(대정장12, p.461c12)에 "무엇을 제일의공이라 하는가? 업이 있고 보가 있더라도 작자는 볼 수 없으니 이와 같이 공한 법을 제일의공이라 한다. 何等名爲第一義空 有業有報 不見作者 如是空法 名第一義空", 같은 책 권27(대정장12, p.524b7)에 "십이인연을 이름하면 불성이고, 불성이라 하면 제일의공이고, 제일의공이라 부르면 중도이고, 중도인즉 그 이름은 부처이고, 부처라면 그대로 열반이다. 十二因緣名爲佛性 佛性者卽第一義空 第一義空名爲中道 中道者卽名爲佛 佛者名爲涅槃", 『대지도론』 권31(대정장25, p.288b23)에 "제일의공이라 하니, 제일의를 이름하면 제법실상이다. 부서질 일도 무너질 일도 없기 때문이다. 이 제법실상은 또한 공이다. … 모든 법 중에 제일법을 열반이라 한다. … 열반 중에 또한 열반상마저 없으니, 열반이 공인 것이 바로 제일의공이다. … 일체법은 제일의를 여의지 않고, 제일의는 제법실상을 여의지 않기에 능히 제법의 실상이 공할 수 있다. 이를 제일의공이라 한다. 第一義空者 第一義名諸法實相 不破不壞故 是諸法實相亦空 … 諸法中第一法 名爲涅槃 … 涅槃中亦無涅槃相 涅槃空是第一義空 … 一切法不離第一義 第一義不離諸法實相 能使諸法實相空 是名爲第一義空", 『법화현의』 권5(대정장33, p.741b14)에 "일불승이라면 세 가지 법을 갖추고, 제일의제라 부르기도 하고, 제일의공이라 하며, 여래장이라 부르기도 한다. 一佛乘卽具三法 亦名第一義諦 亦名第一義空 亦名如來藏"라고 하였다. 〔참고문헌〕『雜阿含經』, 『大般涅槃經』, 『大智度論』, 『法華玄義』, *Dharm-s.331.*, *Madhy-vibh. 24.* ⇨ 십팔공 十八空, 부사의공 不思議空, 실상 實相, 중도 中道, 제법실상 諸法實相 ❶

제일의공여 第一義空如 제일의 뜻으로 공한 진여. 『인왕경』 권상(대정장8, p.829a10)에 "상 없어 제일의에는 스스로 짓는 일도 다른 이가 짓는 일도 없다. 인연이란 본래 스스로 있어서, 스스로도 다른 것이 있어 지은 일도 없다. 법의 자성 본래 상 없어서 제일의공으로서 그대로다. 無相第一義 無自無他作 因緣本自有 無自無他作 法性本無相 第一義空如", 『인왕반야경소』 권중(대정장33, p.339c26)에 "'제일의 뜻에서 공이고 여이다'라고 하였으니, 이는 바로 제일의 공으로서 의지하는 바도 없고 얻을 바도 없기에 공이고 진여라 한 것이다. 第一義空如者 卽是第一義空 以無依無得 故名空如", 원측(圓測)의 『인왕경소』 권중말(대정장33, p.403c5 · 한불전1, p.85a20)에 "법성은 본래 상이 없다 하였으니, 모든 법의 실다운 자성 본래 모양 없으니 이것이 진실로 없다는 뜻이다. 제일의 뜻에서 공하여 여하다 한 것은 이름을 달리하여 거듭 풀었을 뿐이니, 이 조한 제일의공을 이름한 것이고 진여를 이름한 것이다. 言法性本無相者 諸法實性 本來無相 是眞無義 第一義空如者 異名重釋 亦名第一義空 亦名眞如"라고 하였다. 〔참고문헌〕『仁王經』, 『仁王般若經疏』, 『仁王經疏』. ⇨ 제일의공 第一義空, 진여 眞如, 무상 無相 ❶

제일의관 第一義觀 가장 으뜸의 뜻으로서의 관. 천태의 삼관(三觀) 중 중관(中觀)으로 중도제일의관(中道第一義觀)이라고도 한다. 『금광명경문구』 권1(대정장39, p.48a19)에 "공관으로 진에 머물고 가관으로 속에 머물며 제일의관으로 중에 머문다. 空觀住眞 假觀住俗 第一義觀住中", 『산정지관』 권상(卍속장99, p.139a2)에 "바탕 그대로 일체의 임시여서 온통 공이며 공이 바로 실상이라 하면 이를 공에 들어 관한다 하고, 관하여 중도에 합하면 세간의 생멸하는 법들의 상을 능히 알아 여실히 보게 되니 가에 들어 본다고 하며, 바탕 그대로 진실이어서 둘도 없고 다르지도 않으면 제일의관이라고 한다. 體一切假悉空 空卽實相 名入空觀 觀冥中道 能知世間生滅法相 如實而見 名入假觀 體卽眞實 無二無別 名第一義觀"라고 하였다. 〔참고문헌〕『金光明經文句』, 『删定止觀』. ⇨ 삼관 三觀 ❶, 중도제일의관 中道第一義觀

제일의문 第一義門 제일의 뜻으로 열어야 할 문. 출세간의 지혜로 끝내는 세간을 이롭게 하기 위해 열어야 할 문을 말한다. 『운봉어록』(고존숙어록40, 卍속장118, p.672b8)에 "운봉문열이 말했다. '조상일 해결하지 못하면 재앙은 자손에게 미친다. 일이란 이와 같이 오니 어찌 변명할 수 있겠는가? 세간을 나와서 중생을 이롭게 하는 일을 불러 제일의문이라 하는데, 다만 언설로는 있지만 도무지 실다운 뜻은 없다. 그대들이 이를 남김없이 알아차린다면 산승의 출세간의 일 마치겠지만, 아직 그렇지 못하다면 의심 가져 청하고 물어야 하리'. 師云 祖禰不了 殃及子孫 事到如斯 寧容分雪 所謂出世利生之事 呼爲第一義門 但有言說 都無實義 諸人若也委悉 山僧出世事畢 其或未然 有疑請問"라고 하였다. 〔참고문헌〕『雲峰語錄』. ⇨ 제일의제 第一義諦

제일의법승경 第一義法勝經 Ⓢ Āryaparamārthadharmavijaya-nāma-mahāyānasūtra, Ⓣ 'phags-pa don dam-pa'i chos-kyi rnam-par rgyal-ba shes-bya-ba theg-pa chen-po'i mdo. 원위(元魏) 542년(흥화4)에 반야유지(般若流支) 한역. 1권. 고려장11, pp.241a1~247a22, No.202·대정장17, pp.879b5~883c10, No.833에 수록되어 있다. 부처님께서 광명거선인(光明炬仙人)에게 중생은 어떻게 생겨났는지, 세계가 무너질 때 그 불은 어떻게 생겨나는지, 중생들의 전생과 금생, 중생이란 무엇인지 등을 설한다. 앞에 「제일의법승경번역지기 第一義法勝經翻譯之記」가 실려 있다. 이역본으로는 586년(개황6)에 수 사나굴다(闍那崛多)가 한역한 『대위등광선인문의경 大威燈光仙人問疑經』(대정장17, No.834) 1권이 있으며 티베트역(北京版 No.912)도 전한다. 〔참고문헌〕 *Mvyut.65.*

제일의상 第一義相 원성실성(圓成實性)을 달리 이르는 말. 『심밀해탈경』 권2(대정장16, p.669c16)에 "공덕림이여! 일체법상에는 세 가지 상이 있다. 무엇이 그 세 가지인가? 허망분별상과 인연상과 제일의상을 말한다. … 공덕림이여! 무엇을 제법의 제일의상이라 하는가? 제법진여의 바탕을 말한다. 보살들은 정념으로 수행하고 지극한 마음으로 수행하여 불이법을 증득하며, 저 법을 증득하고 나서 결국 아누다라삼먁삼보리를 얻어 성취한다. 功德林 一切法相 有三種相 何等爲三 所謂 虛妄分別相 因緣相 第一義相 … 功德林 何者是諸法第一義相 所謂諸法眞如之體 諸菩薩等 正念修行 至心修行 證不二法 證彼法已 乃至得成就阿耨多羅三藐三菩提", 『능가경회역』 권1(卍속장1, p.494a13)에 "이때 세존께서는 거듭 이 뜻을 드러내고자 게로 말씀하셨다. '이름과 모습 그리고 각상은 자성의 두 가지 모습이며, 정지와 여여란 바로 성취된 상이라네'. 〈위역〉 이때 세존께서는 게로 다시 설하셨다. '이름과 모습 그리고 분별한 일들이라는 법의 두 모습 있고, 진여와 정묘지라는 제일의 모습 있다네'. 〈당역〉 이때 세존께서는 바로 게로 말씀하셨다. '이름과 모습 그리고 분별은 두 가지 자성의 모습이며 올바른 지혜와 진여는 원만하게 이루어진 성질이라네'. 爾時 世尊 欲重宣此義 而說偈言 名相覺想 自性二相 正智如如 是則成相 魏譯 爾時 世尊 重說偈言 名相分別事 及法有二相 眞如正妙智 是第一義相 唐譯 爾時 世尊 卽說頌言 名相分別 二自性相 正智眞如 是圓成性", 『능가경주해』 권1(대정장39, p.363a7)에 "이름과 모습은 연기자성이고 각상은 곧 망상의 자성이며, 올바른 지혜와 여여 곧바로 자성을 성취한다. 이에 오법(名 相 妄想 正智 如如)을 거두어 세 가지 자성으로 삼았다. 名相 卽緣起自性 覺想 卽妄想自性 正智如如 卽成自性 此攝五法爲三自性", 『해심밀경소』 권4(卍속장34, p.743a16)에 "『심밀해탈경』에 '허망분별상·인연상·제일의상'〈진제 삼장이 한역한 논서들에서는 분별성·의타성·진실성이고, 『능가경』 권1(대정장16, p.487c5)에서는 '망상자성·연기자성·성자성'이라고 하였다. 역경가마다 (한역어가) 다르기 때문이다〉라고 하였다. 深密經云 虛妄分別相 因緣相 第一義相〈眞諦三藏所翻諸論 分別性 依他性 眞實性 楞伽經云 妄相自性 緣起自性 成自性者 譯家別故〉"라고 하였다. 〔참고문헌〕『深密解脫經』, 『楞伽經會譯』, 『楞伽經註解』, 『解深密經疏』, 『楞嚴經』. ⇨ 원성실성 圓成實性, 삼성삼무성 三性三無性, 아누다라삼막삼보리 阿耨多羅三藐三菩提

제일의성지대공 第一義聖智大空 Ⓢ paramārthāryajñāna-mahāśūnyatā, Ⓣ don-dam-pa-'phags-pa'i-ye-shes-stong-pa-chen-po-nyid. 스스로 깨우친 성스런 지혜로 일체견해로 인한 허물과 습기마저 다 버려서 모든 시공간에서 하는 일마다에 제일의 뜻을 성취하는 지혜. 『대승입능가경』 권2(대정장16, p.599a6 : *Lank.*, p.75)에 "무엇을 일러 제일의성지대공이라 하는가? 스스로 증득하는 성지를 얻었을 때 일체제견의 과습을 모두 여의는데, 이를 제일의성지대공이라 한다. 云何第一義聖智大空 謂得自證聖智時 一切諸見過習悉離 是名第一義聖智大空 paramārthāryajñānamahāśūnyatā punarmahāmate katamā. yaduta svapratyātmāryajñānādhigamaḥ sarvadṛṣṭidoṣavāsanābhiḥ śūnyaḥ. tenocyate paramārthāryajñānamahāśūnyateti", 『주대승입능가경』 권3(대정장39, p.456a9)에 "여래께서 스스로 깨우쳐 성지제일의 뜻을 얻었을 때 일체 망상과 견의 과실과 습기를 모두 여읜다. 謂如來得自覺聖智第一義時 一切妄想見過習氣 悉皆離故", 『능가경심인』 권2(卍속장27, p.197a15)에 "스스로 깨닫는 성지란 본래 유무와 같은 온갖 견해로 인한 과실에서 벗어난다. 이 증득한 지혜로 일체처 일체시 일체사에 있어서 제일의 뜻을 성취한다. 이를 제일의대공이라 한다. 自覺聖智 本離有無 諸見過患 於此證知 則一切處 一切時 一切事 成第一義 是第一義大空也"라고 하였다. 〔참고문헌〕『大乘入楞伽經』, 『注大乘入楞伽經』, 『楞伽經心印』, *La* ṅk. ⇨ 칠공 七空, 제일의 第一義 ❶

제일의승 第一義僧 사종승(四種僧) 중 하나로 불보살과 성문연각 그리고 성과를 얻은 모든 무리를 말한다. 승의승(勝義僧)이라고도 한다. 『이취육바라밀다경』 권1(대정장8, p.869a16)에 "자씨여, 어떤 것을 진실승보라고 하는가? 승보에도 또한 세 가지다. 첫째는 제일의승이다. 즉 모든 제불성승은 여법하게 머물지만 볼 수도 없고 잡을 수도 없으며, 파괴할 수도 없고 불로 태울 수 없으니 불가사의하다. 일체중생을 진실로 돕는 복전이다. 비록 복전이지만 받아 취할 수 없고 모든 공덕법은 항상하여 변하거나 바뀌지 않으니, 이와 같은 것을 제일의승이라고 한다. 慈氏 云何名爲 眞實僧寶 言僧寶者 亦有三種 一者 第一義僧 所謂諸佛聖僧 如法而住 不可覩見 不可捉持 不可破壞 無能燒害 不可思議 一切衆生 良祐福田 雖爲福田 無所受取 諸功德法 常不變易 如是名爲第一義僧", 『대방광십륜경』 권5(대정장13, p.703a19)에 "어떤 이를 제일의승이라고 하는가? 모든 불세존·대보살마하살·벽지불이다. 일체법에 있어 모두 자유를 얻은 아라한·아나함·사다함·수다원의 이 일곱 부류의 사람을 제일의승이라고 한다. 법복을 입지 않은 재가자로 바라제목차계를 빠짐없이 다 받지 못하여 포살과 자자에는 들어가지 못하지만 성과를 얻을 수 있는데, 성과를 얻어 마치도록 하여 또한 제일의승이라 부른다. 云何名第一義僧 諸佛世尊 大菩薩摩訶薩 辟支佛 於一切法 悉得自在 阿羅漢 阿那含 斯陀含 須陀洹 是七種人 名爲第一義僧 諸有在家 無法服者 不能具受波羅提木叉戒 不入布薩自恣 而得聖果 得聖果已 亦名第一義僧"라고 하였다. 〔참고문헌〕『理趣六波羅蜜多經』, 『大方廣十輪經』. ⇨ 승의승 勝義僧, 사종승 四種僧 ❷

제일의실단 第一義悉檀 Ⓢ pāramārthika siddhānta. 사실단(四悉檀) 중 네 번째로 제일의 뜻이 성취됨. 실단(siddhānta)이란 성취 또는 구경의 뜻이니, 일체 희론이나 언어의 길 및 마음의 행로마저 다하여 제법실상(諸法實相)을 성취한 뜻이다. 『대지도론』 권1(대정장25, p.60c7)에 "제일의실단이란 일체법성, 일체논의언어, 일체의 옳은 법과 그른 법들에 대해서 낱낱이 분별하여 깨뜨리고 흩뜨릴 수 있지만, 제불과 벽지불과 아라한이 행하는 진실법은 깨뜨릴 수도 없고 흩을 수도 없다. 앞서 세 실단중에서는 통하지 않던 것이 이 제일의실단에서는 모두 통한다. … 〔답〕 일체언어의 길이 끊어졌고 마음으로 행할 곳마저 사라져서 가득해 의지할 것도 없으며 제법을 보일 수도 없다. 제법실상이란 처음도 없고 중간도 없고 끝도 없으며 다하지도 않고 무너지지도 않으니 이를 제일의실단이라 한다. 第一義悉檀者 一切法性 一切論議語言 一切是法非法 一一可分別破散 諸佛 辟支佛 阿羅漢所行眞實法 不可破 不可散 上於三悉檀中所不通者 此中皆通 … 答曰 一切語言道斷 心行處滅 遍無所依 不示諸法 諸法實相 無初 無中 無後 不盡 不壞 是名第一義悉檀", 『금강반야소』 권1(대정장33, p.84b29)에 "제일의실단이란 제법실상을 말한다. 일체희론이 사라지고 일체언어를 벗어나지만 벗어날 일도 사라질 것도 없다. 비유하자면 저 불꽃이 사방에 가득하지만 가히 만질 수 없고 의지할 것도 없는 것과 같다. 마치 저 『경』에서 '취할 수도 없고 설할 수도 없다'고 한 말은, 취할 수 없어서 마음길마저 끊어져 설할 수 없어서 언어마저 사라졌다고 말하는 것이어서 바로 제일의실단을 가리킨다. 第一義悉檀者 所謂諸法實相 滅一切戲論 過一切言語 亦無所過 亦無所滅 譬如火炎四 不可觸的 無所依止 如經 不可取 不可說 謂不可取 心行斷 不可說 言語滅 卽是第一義悉檀", 『법화현의』 권1(대정장33, p.687a12)에 "넷째 제일의실단에는 두 가지가 있다. 첫째는 불가설이고 둘째는 가설이다. 불가설이란 바로 제불과 벽지불과 아라한이 얻은 진실법을 말한다. 게로 이끌면 다음과 같다. 말과 논함 다해 마쳤고 마음의 행로 또한 그쳤다네. 불생불멸이어서 법 그대로 열반이라네. 모든 행처 설하여 세계라 부르고, 행하지 않는 처 설해 제일의라 한다네. 둘째로 가설을 잡았다 하니 일체실, 일체부실, 일체실이기도 하고 부실하기도 한 것 그리고 일체비실이며 비부실인 것들 온통 제법실상이라고 한다. 부처님께서는 이와 같이 곳곳의 경중에서 제일의실단의 모습을 설하셨는데, 이는 또한 한 집안에 네 문이 있어 실의 뜻에 들 수 있음을 밝혔다. 四 第一義悉檀者 有二種 一 不可說 二 可說 不可說者 卽是諸佛 辟支佛 羅漢所得眞實法 引偈云 言論盡竟 心行亦訖 不生不滅 法如涅槃 說諸行處 名世界 說不行處 名第一義 二 約可說者 一切實 一切不實 一切亦實亦不實 一切非實非不實 皆名諸法之實相 佛於如是等處處經中 說第一義悉檀相 此亦是一家明四門入實之意"라고 하였다. 〔참고문헌〕『大智度論』, 『金剛般若疏』, 『法華玄義』. ⇨ 사실단 四悉檀, 위인실단 爲人悉檀, 아야실단 阿若悉檀, 입리실단 入理悉檀

제일의정 第一義淨 무루법을 말한다. 『잡아비담심론』 권3(대정장28, p.897a22)에 "〔문〕 유루법에는 번뇌가 있는데 어떻게 깨끗하다고 하는가? 〔답〕 번뇌와 어긋나고, 제일의정을 이끌기 때문이다. 問 有漏法有垢 云何說淨 答 煩惱相違故 引導第一義淨故"라고 하였다. 〔참고문헌〕『雜阿毘曇心論』. ⇨ 무루법 無漏法

제일의정법 第一義正法 삼십칠도품(三十七道品 : 三十七覺品)을 말하며 승의정법(勝義正法)이라고도 하고, 속정법(俗正法)과 대칭한다. 『잡아비담심론』 권10(대정장28, p.957b27)에 "'삼십칠각품이 제일의를 설한 것이란 삼십칠각품이 제일의의 정법이라는 뜻이니, 이름을 떠나서 일어나기 때문이다. 유루로 닦은 혜는 비록 이름으로 구름을 여읜다 해도 번뇌가 있기에 제일의정법 설하지 못한다. 三十七覺品 是說第一義者 三十七覺品 是第一義正法 離名起故 有漏修慧 雖離名轉 有垢故 不說第一義正法"라고 하였다. 〔참고문헌〕『雜阿毘曇心論』, 『勝鬘寶窟』 권중(대정장37, p.43c9). ⇨삼십칠도품 三十七道品, 승의정법 勝義正法, 이종정법 二種正法, 정법 正法[1], 속정법 俗正法

제일의제 第一義諦 Ⓢ paramārtha-satya, Ⓟ paramattha-sacca, Ⓣ don-dam-pa'i-bden-pa. 제일의 뜻에서의 진실. 온갖 이름(名)과 모양(相)마저 끊어져 무어라 말할 수 없고, 분별하는 마음의 행로마저 다하여 떠올릴 수도 없는 진실을 말한다. 도(道), 열반(涅槃), 보리(菩提), 실상(實相)의 뜻과 통한다. 36권본『대반열반경』 권15(대정장12, p.708a15)에 "가섭이 또 말했다. '세존이시여! 제일의제를 이름하여 도·보리·열반이라고도 합니다. 어떤 보살이 도·보리·열반을 얻었다고 말한다면 보리열반은 그 즉시 무상입니다. 어째서 그럴까요? 법이 영원하다면 얻을 수가 없을 것이니 마치 저 허공과 같기 때문이니 누군들 얻을 수 있겠습니까? 세존이시여! 세간의 사물들 본래 없다가 지금 있어서 무상하다고 합니다. 도 또한 이와 같으니 도 만약 얻을 수 있는 것이라면 곧바로 무상이라 불러야 할 것입니다. 법 만약 영원하다면 얻을 수 없어야 하고 생겨난 적도 없어야 합니다. 이는 저 불성과 같아서 얻을 수도 생겨나게 할 수도 없습니다. 이는 불성을 얻을 수 없으며 불성이 생겨난 적도 없는 것과 같습니다. 세존이시여! 무릇 도라 하는 것은 색도 아니고 색이 아닌 것도 아니며, 길지도 않고 짧지도 않으며, 높지도 않고 낮지도 않으며, 생겨나지도 않고 사라지지지도 않으며, 붉지도 않고 하얗지도 않으며, 푸르지도 않고 누렇지도 않으며, 있지도 않고 없지도 않으니, 어찌 여래께서 말로 표현할 수 있겠습니까? 보리와 열반 또한 마찬가지입니다'. 迦葉復言 世尊 第一義諦 亦名爲道 亦名菩提 亦名涅槃 若有菩薩 言有得道 菩提涅槃 卽是無常 何以故 法若常者 則不可得 猶如虛空 誰有得者 世尊 如世間物 本無今有 名爲無常 道亦如是 道若可得 則名無常 法若常者 無得無生 猶如佛性 無得無生 世尊 夫道者 非色 非不色 不長 不短 非高 非下 非生 非滅 非赤 非白 非青 非黃 非有 非無 云何如來說言可得 菩提涅槃 亦復如是", 『주대승입능가경』 권4(대정장39, p.458c4)에 "말하여 제일의제라 할진댄 자타의 상이 끊어졌다고 한다. 언설이란 상이 있어야 움직일 수 있으니 능히 제일의를 드러낼 수는 없다. 또한 제일의란 단지 자성인 진심을 증해 들어갈 수 있을 뿐이어서, 마음 밖에 법이 없으므로 밖의 갖가지 법들은 모두 자성이 없으니 언설과 망상으로 어떻게 드러낼 수 있겠는가? 이 때문에 언설분별에서 벗어나 제일의에 의지하기를 권하였다. 言第一義諦 絶自他相 言說涉有相故 不能顯示 又第一義者 但唯證入自性眞心 心外無法 外種種法 悉皆無性 言說妄想 豈能顯示 故勸離言說分別 依第一義", 『대지도론』 권55(대정장25, p.452a4)에 "성인은 아신다. 이름과 글자들은 바로 속제이고 실상은 제일의제임을. 聖人知 名字是俗諦 實相是第一義諦", 같은 책 권99(대정장25, p.746b22)에 "불법에는 이제가 있다. 세제와 제일의제다. 세제이기에 말하길 부처님께서 반야바라밀을 설하셨다 하고, 제일의제로 설하시길 제불이 공이어서 온 적도 없고 간 적도 없다고 한다. 佛法中有二諦 世諦 第一義諦 世諦故言 佛說般若波羅蜜 第一義故說 諸佛空 無來無去", 『중론』 권4「관사제품 觀四諦品」(대정장30, p.32c16)에 "〈송〉 제불은 이제에 의지하여 중생에게 법을 설하시니, 첫째는 세속제를 쓰시고 둘째는 제일의제라네. 만약 이제를 잘 알아서 분별하지 못한다면 깊은 불법의 진실한 이치를 알 수 없다네. 〈논〉 세속제란, 일체법성은 공하지만 세간은 전도하기에 허망법을 일으켜 세간은 실이라고 여긴다. 모든 성현들은 전도성에 대해 진정으로 알기에 일체법은 모두 공이며 무생임을 안다. 성인에게 있어서는 제일의제가 진실이 된다. 諸佛依二諦 爲衆生說法 一以世俗諦 二第一義諦 若人不能知 分別於二諦 則於深佛法 不知眞實義 世俗諦者 一切法性空 而世間顚倒故 生虛妄法 於世間是實 諸賢聖眞知顚倒性故 知一切法皆空無生 於聖人 是第一義諦名爲實", 『이제의』 권상(대정장45, p.78c8)에 "〔문〕 만약 이제에 의지하여 법을 설한다면 설한 법들은 모두 진실한가? 〔해〕 모든 성현들은 여실하게 제법의 성이 공임을 깨달으셨으며, 여래께서도 저 여실한 깨우침에 의지해 설하시기에 제불께서 하신 말씀은 또한 진실이다. 이는 제일의제에 의지하여 설한 법은 진실하다는 뜻이다. 세간의 사람들은 항아리나 옷 등을 실하다고 여기니, 제불께서도 세간을 따라 항아리와 옷을 설하기에 말씀 또한 진실하다. 마치 『백론』에서 '부처님께서 사위성에 들어가셔서 세속의 언어에 따르셨기에 과실이 없었다'고 하였는데, 이는 세제에 의지하여 설한 법은 진실하다는 뜻이다. 저 두 가지 진실에 의지하여 설했기에 제불께서 설하신 법은 모두 진실하다. 앞에서 '평범한 진실에 의지하여 설한 것을 두고 세제에 의지하여 법을 설했다고 하고, 성제에 의지하여 설한 것을 두고 제일의제에 의지하여 법을 설했다고 한다' 하였는데, 이제에 의지하여 중생을 위해 법을 설하셨다는 이 말만은 놓쳐서는 안 된다. 又問 若爲依二諦說法 說法皆實耶 解云 諸賢聖如實悟諸法性空 如來依彼如實悟而說故 諸佛所說亦實 此則依第一義諦說法是實 世人於甁衣等是實 諸佛隨俗說甁衣故 所說亦實 如百論云 佛入舍衛城 隨俗語故無過 此則依世

諦說法是實 依彼二實而說故 諸佛說法皆實也 前云 依凡諦說 名依世諦說法 依聖諦說 名依第一義諦說法 依二諦爲衆生說法 此語不可失也"라고 하였다. [참고문헌]『大般涅槃經』, 『注大乘入楞伽經』, 『大智度論』, 『中論』, 『二諦義』, *Ratna-ut.55·70.*, *Sūtr.76.* ⇨ 제 諦, 이제 二諦, 제일의 第一義❷, 승의제 勝義諦, 진제 眞諦, 진속이제 眞俗二諦, 무상제일의 無上第一義, 비진비속 非眞非俗

제일의제관 第一義諦觀 생멸이 없는 제일의 뜻만을 관하는 무생인관(無生忍觀)을 말한다. 원측(圓測)의 『인왕경소』 권하(대정장33, p.416c17·한불전1, p.106a17)에 "세 번째는 뛰어남을 들어 열한 것을 가렸다. 곧 이 위에서는 비록 십인을 행하지만 만분중에 전의 구인을 가리고 열 번째인 진제인관만을 행한다는 뜻이다. 이것을 무생인관이라 하고 제일의제관이라고도 한다. 第三擧勝簡劣 謂此位中 雖行十忍 而滿分中 簡前九忍 而行第十眞諦忍觀 卽說無生忍觀 名爲第一義諦觀也"라고 하였다. [참고문헌]『仁王經疏』. ⇨ 무생인관 無生忍觀, 무생법인 無生法忍

제일의제삼매 第一義諦三昧 비안립진여(非安立眞如)를 아는 삼매. 비안립진여란 말로 표현하거나 분별할 수 없는 적멸무위의 진여를 말한다. 실상삼매(實相三昧)와 같은 뜻이다. 『인왕경』 권하(대정장8, p.833b6)에 "일만보살은 내세의 중생을 생각하여, 곧 묘각삼매·원명삼매·금강삼매·세제삼매·진제삼매·제일의제삼매를 증득하였다. 이 삼제삼매는 일체삼매왕삼매이다. 또 무량삼매·칠재삼매·이십오유삼매·일체행삼매를 얻었다. 十千菩薩念來世衆生 卽證妙覺三昧 圓明三昧 金剛三昧 世諦三昧 眞諦三昧 第一義諦三昧 此三諦三昧是一切三昧王三昧 亦得無量三昧 七財三昧 二十五有三昧 一切行三昧", 원측(圓測)의 『인왕경소』 권하(대정장33, p.425a12·한불전1, p.118c9)에 "비안립진여를 아는 것을 제일의제삼매라고 한다. 知非安立眞如 名第一義諦三昧"라고 하였다. [참고문헌]『仁王經』, 『仁王經疏』. ⇨ 실상삼매 實相三昧❶, 진여 眞如

제일의지 第一義智 Ⓢ paramārtha-jñāna, Ⓣ don-dam-pa'i-ye-shes. 제일의 뜻으로서의 지혜. 『승만경』(대정장12, p.221a23)에 "세존이시여! 금강으로 비유할 수 있다면 그것은 제일의지입니다. 세존이시여! 성문연각이 무명주지를 끊지 못한 것이 아니어서 처음의 성제지를 제일의지라 하는 것이 아닙니다. 세존이시여! 둘이 없는 성제지로 모든 주지번뇌를 끊기 때문입니다. 세존이시여! 여래응등정각은 일체성문연각경계가 아니어서 부사의공지로 일체번뇌장을 끊습니다. 세존이시여! 일체 번뇌장을 무너뜨리는 구경지를 일러 제일의지라고 합니다. 처음의 성제지는 구경지혜는 아니지만, 아누다라삼먁삼보리를 지향하는 지혜입니다. 世尊 金剛喩者 是第一義智 世尊 非聲聞緣覺不斷無明住地 初聖諦智是第一義智 世尊 以無二聖諦智 斷諸住地 世尊 如來應等正覺 非一切聲聞緣覺境界 不思議空智 斷一切煩惱藏 世尊 若壞一切煩惱藏究竟智 是名第一義智 初聖諦智 非究竟智 向阿耨多羅三藐三菩提智", 『승만보굴』 권하(대정장37, p.65b27)에 "지금은 부처님의 지혜가 영원함을 밝혔다. 생멸에 의해 무너지지 않음에서 그 류가 금강의 견고함과 같아서, 어떤 것으로도 부술 수 없기에 금강에 비유한다고 말하였다. 또한 금강은 꺾지 못할 번뇌가 없는데 저 무명주지도 불보리의 지혜로 끊기 때문이다. 또한 사무쳐 끝을 다한다 하지만 본래 끝도 아니고 멈추지도 않는다. 부처님의 지혜 또한 마찬가지여서 무작사제의 이치를 사무쳐 다하기에 유작사제에 머물며 멈추지 않는다. 무명을 능히 버려서 제일의를 보기에 제일의지라고 한다. 今明佛智是常 不爲生滅所壞 類同金剛堅固 不爲物壞 故云金剛喩者 又金剛無惑不摧 如云無明住地 佛菩提智斷 又徹窮際 本非際不停 佛智亦然 徹窮無作諦理 非住有作四諦而停也 能滅無明 見第一義 故名第一義智", 『승만경의기』 권하(卍속장19, p.885a16)에 "마치 세간의 금강이 온갖 물체들을 깨뜨릴 수 있듯이 부처님의 지혜도 이렇게 온갖 번뇌들을 능히 꺾는다. 저 세간의 금강과 같으므로 금강유라 한다. 이와 같은 비유는 무명을 없애고 제일의를 보기에 제일의지라는 이름을 얻었다. 如世金剛 能破諸物 佛智如是 能摧衆結 如世金剛 名金剛喩 如此喩者 能滅无明 見第一義 是故得名第一義智"라고 하였다. [참고문헌]『勝鬘經』, 『勝鬘寶窟』, 『勝鬘經義記』, *Sūtr.24.*, *Laṅk.60.* ⇨ 불지 佛智

제일의천 第一義天 제일의 뜻으로서의 하늘. 하늘중에 하늘(天中天)인 제불보살의 세계를 비유한 말이다. 40권본 『대반열반경』 권18(대정장12, p.470c23)에 "나는 일찍이 제일의천이 있다고 들었다. 모든 불보살들이 늘 그러하여 변하거나 바뀌는 일이 없다 한다. 항상 머물기에 나지도 늙지도 않으며 병들고 죽지도 않는다. 나는 중생들을 위하여 부지런히 제일의천을 구한다. 왜냐하면 제일의천이야말로 중생들로 하여금 번뇌를 끊어 없애게 하니, 마치 여의수와 같기 때문이다. 만일 나에게 믿음이 있고 나아가 지혜가 있으면 곧 능히 제일의천을 얻을 것이니, 중생들을 위하여 제일의천을 자세히 분별하여 말하겠다. 이것이 보살마하살이 하늘을 기억하는 일이다. 我曾聞有第一義天 謂諸佛菩薩 常不變易 以常住故 不生不老 不病不死 我爲衆生 精勤求於第一義天 何以故 第一義天 能令衆生 除斷煩惱 猶如意樹 若我有信乃至有慧 則能得是第一義天 當爲衆生 廣分別說 第一義天 是名菩薩摩訶薩念天", 『대반열반경의기』 권1(대정장

37, p.632b20)에 "(오천 중) 다섯 번째 제일의천이니 불여래를 말한다. 성을 보아 다한 끝을 제일의라고 이름하니, 부처님께서는 이와 같은 오천 가운데 가장 위에 있는 천이기에 천중천이라 하셨다. 五 第一義天 謂佛如來 見性窮極 名第一義 佛於如是五天之中 最爲上天 名天中天"라고 하였다. [참고문헌] 『大般涅槃經』, 『大般涅槃經義記』, 『華嚴經探玄記』 권2(대정장35, p.136a19). ⇨ 오천 五天❶, 천중천 天中天, 제일의공 第一義空

제일의화합 第一義和合 보살승가를 가리키는 말. 세화합은 성문승가다. 36권본 『대반열반경』 권26(대정장12, p.778a29)에 "선남자여! 승을 화합이라 하는데, 화합에는 두 가지가 있다. 첫째는 세화합이고 둘째는 제일의화합이다. 세화합은 성문승가를 말하고, 의화합은 보살승이라 한다. 善男子 僧名和合 和合有二 一者 世和合 二者 第一義和合 世和合者 名聲聞僧 義和合者 名菩薩僧"라고 하였다. [참고문헌] 『大般涅槃經』. ⇨ 세화합 世和合, 화합 和合, 법화합 法和合

제일적멸 第一寂滅 ❶ Ⓢ uttama-śānta-bhūmi, Ⓣ shi-ba'i-sa-mchog. 무엇보다 먼저인 적멸. 끝내 부처에 오르는 가르침을 말한다. 『법화경』 권1(대정장9, p.9b15 : *Saddh-p.*, p.53)에 "제일적멸을 아는 것은 방편의 힘을 쓰기 때문이다. 비록 갖가지 길을 보이더라도 그 진실은 부처에 오르는 것이다. 知第一寂滅 以方便力故 雖示種種道 其實爲佛乘 upāyakauśalya prakāśayanti vividhāni yānāny-upadarśayanti, ekaṃ ca yānaṃ paridīpayanti buddhā imām-uttama-śānta-bhūmim", 『법화의소』 권4(대정장34, p.506a22)에 "제일적멸을 안다는 것은 근본법륜을 말하고, 방편력을 쓴다는 것은 지말법륜을 말한다. 곧 본을 따라 말을 일으킨 것이다. 기실은 불승이 된다는 것은 말을 거둬 본법륜으로 돌아간다는 뜻이다. 知第一寂滅 謂根本法輪 以方便力故 謂枝末法輪 則從本起末 其實爲佛乘 謂攝末歸本法輪", 『법화문구』 권4(대정장34, p.58a22)에 "제일적멸을 안다는 것은 이치가 하나라는 것을 읊은 것이고, 진실이 불승이 된다는 것은 가르침이 하나라는 것을 읊은 것이다. 知第一寂滅 卽頌理一 其實爲佛乘 或頌教一"라고 하였다. [참고문헌] 『法華經』, 『法華義疏』, 『法華文句』, *Saddh-p.* ⇨ 근본법륜 根本法輪, 적멸 寂滅 ❷ 일체의 분별을 떠난 평등한 아자본불생(阿字本不生)의 자리다. 『대일경소』 권1(대정장39, p.580c18)에 "다음으로 누각의 장엄상을 밝힌다. 마치 어떤 사람이 갖가지 잡색금강으로 금강을 엄식하더라도 그 체성에는 차별이 있을 수 없는 것과 같다. 지금이 또한 이렇다. 오히려 여래의 갖가지 공덕보왕으로 누각보왕을 사이를 꾸민 것이다. 왜 그러한가? 다시 이와 같은 보배의 성품을 벗어나는 법은 있을 수 없기 때문이다. 그러나 이러한 제일적멸상을 여래가지신력으로써 마땅히 건너게 하는 것은 갖가지 법문의 표상을 따르게 하는 것이다. 만약 보고 듣고 만져 알 수 있다면 이것을 문으로 삼아 법계에 들어간다. 次明樓觀莊嚴之相 猶如有人 以種種雜色金剛 嚴飾金剛 然其體性 無有差別 今亦如是 還以如來種種功德寶王 間飾樓閣寶王 何以故 更無有法出如是寶性故 然此第一寂滅之相 以如來加持神力 令應度者 隨諸法門表像 若可見聞觸知 卽以此爲門 而入法界"라고 하였다. [참고문헌] 『大日經疏』. ⇨ 아자본불생 阿字本不生

제일전 第一轉 가장 처음 법륜을 굴리신 일. 첫 번째 전법륜. 석가모니부처님께서 녹야원에서 처음으로 법의 바퀴를 굴리신 일을 가리킨다. 『대반야경』 권296(대정장6, p.506a21)에 "이때 부처님께서 구수선현에게 말씀하셨다. '이와 같은 법륜은 첫 번째 전법륜도 아니고 두 번째 전법륜도 아니다. 어째서 그런가? 수보리여! 이와 같은 반야바라밀다는 일체법에 의해 굴려진 일도 없고 되돌아온 적도 없이 세간에 출현하기 때문이다. 어째서인가? 무자성으로 성이 공하기 때문이다. 爾時 佛告具壽善現言 如是法輪 非第一轉 非第二轉 所以者何 善現 如是般若波羅蜜多 於一切法 不爲轉故 不爲還故 出現於世 何以故 以無性自性空故"라고 하였다. [참고문헌] 『大般若經』. ⇨ 삼전법륜 三轉法輪❶, 초전법륜 初轉法輪

제일정려처 第一靜慮處 제1선 또는 초선(初禪)의 다른 이름. 『구사론』 권8(대정장29, p.41a15)에 "제일정려처에 셋이 있다. 첫째는 범중천(Ⓢ Brahmakāyikāḥ), 둘째는 범보천(Ⓢ Brahmapurohitāḥ), 셋째는 대범천(Ⓢ Mahābrahmāṇa)이다. 第一靜慮處有三者 一 梵衆天 二 梵輔天 三 大梵天", 『창소지론』 권하(대정장32, p.234a29)에 "색계중 제일정려는 진심을 버린다. 色界之中 第一靜慮除瞋"라고 하였다. [참고문헌] 『俱舍論』, 『彰所知論』, *Abh-k-bh.111.* ⇨ 초선 初禪

제일제이제삼법인 第一第二第三法忍 아미타불이 인위(因位)에서 발한 48원 중 마지막 득삼법인원(得三法忍願)에서 말한 첫째와 둘째와 셋째 법인. 『무량수경』 권상(대정장12, p.269b4)에 "설령 제가 부처가 된다 해도 다른 국토의 보살들이 제 이름을 듣고서 곧바로 제일제이 제삼의 법인을 얻지 못하고 불법에 있어 곧바로 불퇴전을 얻지 못한다면 정각을 성취하지 않겠습니다. 設我得佛 他方國土諸菩薩衆聞我名字 不卽得至第一第二第三法忍 於諸佛法 不能卽得不退轉者 不取正覺", 『무량수경기』 권상(卍속장32, p.398b13)에 "첫째와 둘째와 셋째의 법인이라 한 것에 법위는 '말하여 풀기를, 『인왕경』에 오인이 있는데 복인·신인·순인·무생인·적멸인이다. 복인위는 십지전인 습종성과 성종성과 도종성이다. 신인위는 초지·2지·3지에 있고, 순인위는 4지·5지·6지에 두며, 무생인위는 7지·8지·9지에 있게 된다. 적멸인위는 제10지와 불지에 당한다. 지금 여기서 첫째와 둘째와 셋째라고 한 말은 바로 처음의 세 가지 인인 복·신·순인을 말했다. 그러나 여기서는 바로 이 경의 아래에서 밝힌 삼인을 말하니 즉 음향인·유순인·무생인이다. 言第一第二第三法忍者 法位云 案 人王經有五忍 謂伏忍 信忍 順忍 無生忍 寂滅忍 伏忍位在地前 習種 性種 道種 信忍位在初二三地 順忍位在四五六地 無生忍位七八九地 寂滅忍位在第十地及佛地 今此中言第一二三者 卽是初三忍 今謂卽此經下所明三忍 謂音響忍 柔順忍 無生忍 是也",『무량수경연의술문찬』 권중(대정장37, p.153a29)에 "어떤 이는 첫째와 둘째와 셋째 법인이란 『인왕반야경』에서 설한 오인중 차례대로 복인·신인·순인이라고 설한다. 자못 그렇지 않다고 여겨진다. 신인은 초지·2지·3지에 해당하고 순인은 4지·5지·6지에 해당하는데, 어떻게 저 부처님의 이름을 듣는 것만으로 이 두 법인을 얻을 수 있겠는가? 이름을 듣고 점차로 얻는다고 한다면 또한 마땅히 오인을 얻었다고 설해야 할 것이다. 여기서는 복인 중의 세 위를 세 법인이라고 한 것이다. 『유가사지론』에서도 승해행지(勝解行地 : 十信 十住 十行 十回向)에 하품·중품·상품의 삼인이 있다고 설하기 때문이다. 有說第一第二第三法忍者 卽仁王般若五忍中 如其次第 伏忍 信忍 順忍也 此恐不然 信忍卽初二三地 順忍卽四五六地 如何但聞彼佛之名 得此二忍耶 若謂聞名漸次得者 亦應說獲五忍故 今卽伏忍三位 名爲三法 瑜伽亦說勝解行地有下中上品三忍故"라고 하였다. [참고문헌] 『無量壽經』, 『無量壽經記』, 『無量壽經連義述文贊』. ⇨ 득삼법인원 得三法忍願

제일좌 第一座 무엇보다 먼저인 자리. 수좌(首座) 즉 선원에서 상석인 서당이 앉는 자리를 말한다. 전하여 어떤 분별도 들어서지 못한 제일의 뜻을 비유한다. 『백장청규』 권7(대정장48, p.1152b2)에 "네 번에 걸쳐 강을 행한다. 옛 법식에 의하면 삼좌탕이 있다. 제일좌는 나누어 둘로 내는데 특별히 동당과 서당을 위한 것이다. 수좌를 청하여 동반한다. 四節講行 按古 有三座湯 第一座分二出 特爲東堂西堂 請首座 光伴", 『선림상기전』 권2(불광장, 禪藏, p.146)에 "제일좌 제이좌 : 향찬을 베풂에 있어 첫 번째로 마련한 첫째 자리를 제일좌라 하고, 두 번째 편 자리를 제이좌라 한다. 『백장청규』 「사법사기」에서 '세 명에서 다섯 명의 서당이 있는 경우 나누어 두 갈래로 자리를 마련한다. 제일좌에서는 서당이 다탕을 마시고 주지가 예를 행한다. 제이좌에서는 양서가 다탕을 마시고 시자가 예를 행한다'고 하였다. 第一座 第二座 饗禮第一筵謂之第一座 第二筵 謂之第二座 敕修清規嗣法師忌云 如有三五人西堂則分作兩座 第一座西堂喫湯 住持行禮 第二座兩序喫湯 侍者行禮", 『운문광록』 권하(대정장47, p.567c2)에 "운문이 학인에게 물었다. '마음도 법도 함께 잊으면 이것 몇 번째 자리인가?' '두 번째 자리입니다' '무엇이 처음 자리인가?' '감히 화상을 저버릴 수 없습니다'. 운문이 그렇다 하지 않았다. 問僧 心法雙忘 是第幾座 僧云 第二座 師云作麽生是第一座 僧云 不敢虧於和尙 師不肯"라고 하였다. [참고문헌] 『百丈清規』, 『禪林象器箋』, 『雲門廣錄』, 『百丈淸規』 권2(대정장48, p.1119a17). ⇨ 제일위 第一位, 수좌 首座, 삼좌 三座[1], 선림직위 禪林職位

제일체개장보살 除一切蓋障菩薩 Ⓢ Sarvanivaraṇaviṣkambhin. 태장만다라 13대원 중 제8원인 제개장원(除蓋障院)의 주존. 줄여서 제개보살·제개장보살이라고도 한다. 그의 권속은 제의(除疑)·시일체무외(施一切無畏)·제일체악취(除一切惡趣)·구의혜(救意慧)·비념(悲念)·자기(慈起)·제일체열뇌(除一切熱惱)·불가사의혜(不可思議慧)의 여덟 보살이다. 금강계만다라에서는 현겁 16존 중 하나이다. 밀호는 이뇌금강(離惱金剛), 종자는 [illegible](āḥ). 삼매야형은 연꽃 위의 보주(寶珠), 또는 보당(寶幢). 존형은 살색 몸에 왼손에는 보당을 들고 오른손에는 여원인(與願印)을 맺었으며 적련화에 앉은 모습이다. 수인은 제개장인(除蓋章印)으로 양손의 엄지·무명지·소지를 손바닥 안으로 넣고 검지와 중지로 보형(寶形)을 만들어 손가락 끝을 붙인 형상이다. 진언은 『태장범자진언』 권상(대정장18, p.165b17)에 의하면 "나마 사만타붓다남 아 사트바 히타비유드가타 트람 트람 람람 스바하 [illegible] namaḥ samantabuddhānāṃ āḥ sattvahitābhyudgata trāṃ trāṃ raṃ raṃ svāhā 두루하신 제불께 귀의합니다. 중생을 이롭게 하고자 출현하신 분이여! 트람 트람 람 람 스바하"이다. 『대일경』 권3(대정장18, p.23c12)에 "제일체개장보살은 금색 머리카락에 관을 썼으며 여의보를 들었다. 수인을 그리는 경우도 있고 종자자를 안치하는 경우도 있다. 종자자는 아자〈장음〉이다. 除一切蓋障菩薩 金色髮冠 持如意寶 或畫彼印 或置字句 所謂噁字〈長聲〉", 『대일경소』 권1(대정장39, p.582b23)에 "제일체개장보살은 장애가 중생의 갖가지 마음을 더럽히고 여래의 청정한 안목을 가려 깨닫지 못하므로 분별하지 않는 법으로 희론을 적멸시키니 마치 운무가 개이고 태양이 드러나 비추는 것과 같다. 그러므로 제개장이라 한다. 除一切蓋障菩薩者 謂障爲衆生種種心垢 能翳如來淨眼 不能開明 若以無分別法 滅諸戲論 如雲霧消除 日輪顯照 故曰除蓋障"라고 하였다. [참고문헌] 『胎藏梵字眞言』, 『大日經』, 『大日經疏』, *Guhy-s.15.* ⇨ 제개장보살 除蓋障菩薩, 제개장원 除蓋障院

제일체개장불정 除一切蓋障佛頂 ➡ 존승불정 尊勝佛頂

제일체개장삼매 除一切蓋障三昧 일체 덮어 가리는 것들을 없애는 삼매. 줄여서 제개장삼매(除蓋障三昧)라고도 한다. 청정한 보리심을 문으로 삼아 다섯 가지 장애(煩惱障 業障 生障 法障 所知障)를 다 버리는 삼매를 말한다. 이것을 얻은 이는 모든 불보살과 다름없는 위에 머문다. 『대일경』 권1(대정장18, p.1c27)에 "보살이 청정한 보리심의 문에 머물러 닦아나가면 오래 고생하지 않고 곧바로 제일체개장삼매를 얻는다. 이것을 얻은 이는 모든 불보살과 동등하게 머물고 오신통을 일으키고 무량언어음성다라니를 얻어서 중생 마음의 행로를 안다. 제불께서 보호하실 것이니 생사에 처하더라도 물듦이 없고 법계중생을 위해 노고를 마다하지 않으며 무위계에 머무름을 성취하고 사견을 떠나 정견에 통달한다. 菩薩住此修學 不久勤苦 便得除一切蓋障三昧 若得此者 則與諸佛菩薩同等住 當發五神通 獲無量語言音陀羅尼 知衆生心行 諸佛護持 雖處生死 而無染著 爲法界衆生 不辭勞倦 成就住無爲戒 離於邪見 通達正見", 『대일경소』 권1(대정장39, p.590a24)에 "그러므로 경에서 이어서 말하길 '보살이 여기에 머물러 수학하면 오래 고생하지 않고 바로 제일체개장삼매를 얻는다. 만약 이것을 증득한 이는 제불보살과 동등하게 머문다'고 하였다. 여기에서 말한 장애에는 다섯 가지가 있다. 첫째, 번뇌장이니 근본번뇌부터 팔만사천 가지 상중하품의 장애로 청정한 마음을 가렸으니, 숙세로부터 치우쳐 익혔기에 도의 인연을 방해하여 불도에 들지 못하는 것이다. 둘째, 업장이다. 과거와 현재에 지은 온갖 중죄 내지 방등경을 비방한 것을 이른다. 이 사람은 비록 득도의 인연이 있더라도 이미 지은 업장을 버리지 못했기에 갖가지 어려움이 남아서 불법에 들지 못한다. 셋째, 생장이다. 이 사람이 팔난이 없는 수승한 곳에 나면 반드시 도를 깨닫는다. 그러나 앞선 업에 올라 다시 여유 없는 몸을 받아서 삶을 갚아내느라 장애가 되어 불법에 들지 못한다. 넷째, 법장이다. 이 사람은 이미 어려움 없는 곳에 날 수 있고 오도의 기회도 있지만, 전생에 이미 법을 장애하는 등의 인연이 있어서 선우를 만나지 못하고 정법도 듣지 못한다. 다섯째, 소지장이다. 이 사람이 선지식을 만나 정법을 듣게 되더라도 갖가지 인연이 서로 화합하지 못하면 반야바라밀을 닦는 것을 방해한다. 저 『대품반야경』 「마사품」에서 널리 밝힌 대로다. 이 경우 역시 전생에 혹은 전에 교화의 기연에 어긋났으므로 이러한 장애가 일어나는 것이다. 故經次云 菩薩住此修學 不久勤苦 便得除一切蓋障三昧 若得此者 則與諸佛菩薩同等住 是中障有五種 一者 煩惱障 謂根本煩惱 乃至八萬四千 上中下品障 蓋淨心及 由宿世偏習故 妨礙道機不入佛法 二者 業障 謂過去及現在世造 諸重罪 乃至謗方等經 是人雖有得道因緣 以先業障未除故 種種留難不入佛法 三者 生障 謂是人若得勝上無難生處 必當悟道 然乘先業 更受無暇之身 以報生卽爲障 不入佛法 四者 法障 謂此人已得無障生處 又有悟道之機 以先世曾有障法等緣故 不逢善友 不聞正法 五者 所知障 謂此人乃至遇善知識得聞正法 然有種種因緣 兩不和合 妨修般若波羅密 如大品魔事中廣明 亦是先世或曾差化道機故 憙生此障也", "진언행자가 다섯 가지 장애를 청정하게 버리는 삼매를 얻으면 이때 자심중에 항상 시방일체제불의 아름답고 고요한 모습을 거울 보듯이 밝히 볼 수 있다. 내지는 오고 가며 잠자고 깨어나는 어떠한 행위에서도 모두 이와 같이 부처님을 만나는 인연을 떠나지 않는다. 이때 모든 성자는 항상 승묘방편으로 그 마음을 열어 깨우친다. 범어 위유는 의심의 그물을 푼다는 뜻이다. 수행자가 법을 듣고 기뻐하며 깨달으면 장애의 그물이 따라서 사라지니 오래지 않아 일체불법을 성취한다. 그러므로 '이 삼매를 얻는 이는 불보살과 동등하게 머문다'고 한 것이다. 반드시 알아야 한다. 행인이 곧바로 이 위인즉 대각과 같다. 그는 마음을 스스로 깨달았기에 부처라는 이름을 얻는다. 行者已得淨除五障三昧 爾時於自心中 常見十方一切諸佛妙相湛然 如觀明鏡 乃至於諸威儀去來睡寤 皆不離如是佛會因緣 時諸聖者 常以勝妙方便 啓悟其心 梵音慰喩 爲決疑網 行者隨聞隨喜 悟已 網障隨除 不久成就一切佛法 故云 若得此三昧者 卽與諸佛菩薩同等住 當知行人 則是位同大覺也 以其自覺心故 便得佛名"라고 하였다. [참고문헌] 『大日經』, 『大日經疏』. ⇨ 오장 五障

제일체악취보살 除一切惡趣菩薩 Ⓢ Apāyajaha, Sarvāpāyajaha. 삼악도(地獄 餓鬼 畜生)의 괴로움을 없애리라는 서원을 세운 보살. 파악취보살(破惡趣菩薩)·제일체죄장보살(除一切罪障菩薩)·사악도보살(捨惡道菩薩)·제악취보살(諸惡趣菩薩)이라고도 한다. 밀교 태장만다라 제개장원(除蓋障院)에 위치하고 금강계만다라에서는 삼매야회(三昧耶會)의 현겁16존에 속하고, 공양회

미세회

항삼세삼매야회

(供養會)·항삼세회(降三世會)·항삼세삼매야회에서는 제44위로 외곽 동좌(東座)에 위치한다. 밀호는 태장에서는 제장금강(除障金剛), 금강계에서는 보구금강(普救金剛) 또는 지만금강(智滿金剛)이다. 태장현도만다라에

의하면 몸은 백황색이고, 왼손은 구부려 가슴 앞에 두고 손바닥이 위로 향하되 엄지와 중지의 끝을 서로 붙이고

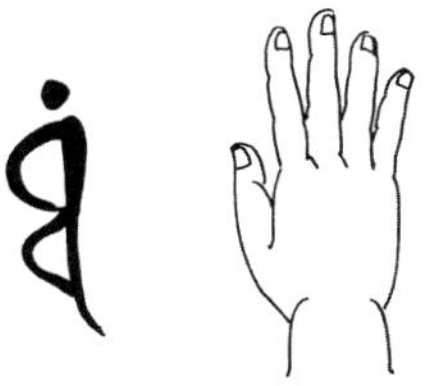

나머지 손가락은 곧게 폈다. 오른손은 손바닥에 바깥쪽을 향하여 아래로 늘어트려 시무외인(施無畏印)을 만들었으며 연화좌에 가부좌한 모습이다. 종자는 (dhvaṃ), 삼매야형은 발기수(發起手) 또는 수지(樹枝)다. 수인은 시무외인이고 진언은 『현법사의궤』 권1(대정장18, p.117a16)에 의하면 "낭막 사만다몰타남 특종사난 아비유다라니 살달바타둔 사바하 曩莫三滿多沒馱喃 特憎娑難 阿毘庾達攞抳 薩怛嚩馱敦 娑嚩賀 namaḥ samantabuddhānāṃ dhvaṃsanam abhyuddhāraṇe sattvadhātuṃ svāhā 두루하신 제불께 귀의합니다. 악취를 파하시는 이여, 중생계를 구하소서! 스바하"다. [참고문헌] 『玄法寺儀軌』, 『大日經疏』(대정장39, p.638a17), 『曼荼羅図典』(大法輪閣, 2002). ⇨ 멸악취보살 滅惡趣菩薩, 제개장원 除蓋障院, 파악취보살 破惡趣菩薩, 현겁십육존 賢劫十六尊, 삼악도 三惡道

제일체열뇌보살 除一切熱惱菩薩 Ⓢ Sarvadāhapraśamita. 중생의 모든 뜨거운 삼독(貪瞋癡)의 번뇌를 없애리라는 서원을 세운 보살. 절제열뇌보살(折諸熱惱菩薩)·제열뇌보살(除熱惱菩薩)이라고도 한다. 밀호는 이포외금강(離怖畏金剛)이다. 태장만다라 제개장원(除蓋障院)에 위치한다. 존형은 살색 몸에 오른손은 여원인(與願印)을 나타내고 왼손에는 범협(梵篋)을 든 채 연화좌에 앉은 모습이다. 왼손의 범협은 지혜의 획득을 상징하고, 오른손의 여원인은 무외를 나타낸다. 삼매야형은 여원인. 종자는 (i)인데 이자(伊字)의 삼점(三點)으로 모든 번뇌의 핵심인 삼독을 태워 소멸시키는 것을 상징한다. 수인은 시무외인(施無畏印)이고

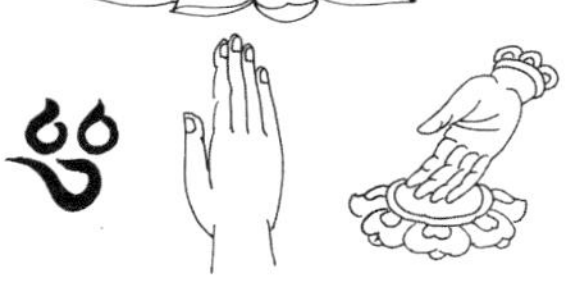

진언은 『현법사의궤』 권1(대정장18, p.117a29)에 의하면 "낭막 사만다몰타남 액 계 바라나 바라발라발다 사바하 曩莫三滿多沒馱喃 縊 係 嚩囉娜 嚩囉鉢囉鉢多 娑嚩賀 namaḥ samantabuddhānām i he varada varaprāpta svāhā 두루하신 제불께 귀의합니다. 이! 헤! 서원을 들어주시는 이여, 서원을 이루신 이여! 스바하"이다. 『대일경소』 권10(대정장39, p.687a18)에 "제일체열뇌보살이다. 삼독의 열뇌를 제거할 수 있으니 극삼매의 뜻이다. 除一切熱惱菩薩也 能除三毒熱惱 是極三昧義也"라고 하였다. [참고문헌] 『玄法寺儀軌』, 『大日經疏』 『曼荼羅図典』(大法輪閣, 2002). ⇨ 제개장원 除蓋障院, 삼독 三毒

제일체우명보살 除一切憂冥菩薩 Ⓢ Sarvaśokatamoghātamati. 일체의 의혹을 없애리라는 본서(本誓)를 세운 보살. 제일체우뇌보살(除一切憂惱菩薩)·제우암보살(除憂闇菩薩)·제우명보살(除憂冥菩薩)이라고도 한다. 밀호는 태장계에서는 대사금강(大赦金剛), 금강계에서는 정지금강(淨智金剛)·해탈금강(解脫金剛)이다. 종자는 (daṃ), 삼매야형은 나뭇가지(樹枝). 태장계만다라 지장원에 의치하고 금강계만다라에서는 현겁16존 중 제우암보살(除憂闇菩薩)이다. 일체의 우

뇌와 미망을 파괴할 지혜를 갖춘 이를 의미한다. 태장만다라에서 존형은 옅은 황색 몸에 오른손은 팔꿈치를 세워 손바닥을 바깥으로 향하고 왼손에는 나뭇가지를 쥔 채 연화좌에 앉은 모습이다. 수인은 제의괴금강인(除疑怪金剛印)이다. 양손을 내박(內縛)하고 중지를 세워서 손가락 끝만 붙인다. 진언은 '나마 사만타붓다남 비마티체다카 스바하 namaḥ samantabuddhānāṃ vimaticchedaka svāhā 두루하신 제불께 귀의합니다. 의혹을 끊으시는 이여! 스바하'이다. [참고문헌] 『青龍寺儀軌』 권2(대정장18, p.155c14) 『曼荼羅図典』(大法輪閣, 2002). ⇨ 지장원 地藏院

제일체질병다라니경 除一切疾病陀羅尼經 Ⓢ Āryasarvarogapraśamani-nāma-dhāraṇī, Ⓣ 'phags-pa nad thams-cad rab-tu shi-bar-byed-pa'i gzungs. 당대 불공(不空) 한역. 1권. 고려장36, pp.961c1~962a7, No.1300·대정장21, pp.489c6~490a3, No.1323에 수록되어 있고 티베트역본(北京版 No.207)도 전한다. 줄여서 『제병경 除病經』이라고도 한다. 부처님께서 사위국 기수급고독원에 계실 때 세간의 일체질병을 없애기 위해 다라니를 설해주신 법문이다.

제일최승삼매인 第一最勝三昧印 아미타부처님의 정인(定印). 법계정인(法界定印)·제산란심인(除散亂心印)·최승삼매야인(最勝三昧耶印)이라고도 한다. 이 수인으로 산란한 마음을 다스리고 법계삼매에 들어간다. 『수호국계주다라니경』 권2(대정장19, p.530c15)에 "또한 서쪽에서 동쪽을 향해 앉아 위와 같이 금강결가부좌하고 몸을 단정하고 바르게 앉는다. 왼손은 손바닥을 위로 하여 배꼽 앞에 두고 오른손은 손바닥을 위로 하여 왼손 위에 포개고 엄지를 닿게 한다. 이 수인을 제일최승삼매인이라 하는데 광란한 모든 망념을 없애서 마음을 하나의 대상에 집중하게 한다. 이것은 아미타여래의 수인이다. 復於西方 面向東坐 亦作如上 金剛結跏 端身正坐 左手仰掌 當於臍上 右手仰掌 重左手上 以大母指令頭相拄 此印名爲第一最勝三昧之印 能滅狂亂一切妄念令心一境 卽阿彌陀如來之印"라고 하였다. [참고문헌] 『守護國界主陀羅尼經』. ⇨ 법계정인 法界定印, 제산란심인 除散亂心印, 정인 定印

제일취 第一趣 무엇보다 앞서 나아가야 할 곳. 열반을 달리 이르는 말. 『유가사지론』 권70(대정장30, p.684c7)에 "모든 지혜광명에는 다섯 가지 뛰어난 이익이 있다. 첫째 능히 알아야 할 것에서 모든 어둠이 사라짐. … 넷째 능히 현재법에서 제일락을 주는 것, 다섯째 몸이 부서진 후에 제일취를 주는 것이다. 諸智光明 有五勝利 一 能於所知 滅一切闇 … 四 能於現法 與第一樂 五 能身壞後 與第一趣", 『유가론기』 권19(대정장42, p.732a7·한불전14, p.418b19)에 "앞에서 말한 제일락을 주는 것과 제일취를 주는 것은 무슨 말인가? 현법사는 이렇게 말한다. 보리를 제일락이라 하고, 열반을 제일취라고 한다. 前中言 與第一樂 與第一趣者 玄云 菩提名第一樂 涅槃名第一趣也"라고 하였다. [참고문헌] 『瑜伽師地論』, 『瑜伽論記』. ⇨ 열반 涅槃

제일희유 第一希有 Ⓢ paramāścarya-samanvāgata. 무엇보다 드문 존재. 드물게 볼 수 있는 경이로운 일. 금강경과의 인연을 말한다. 『금강경』(대정장8, p.750b5 : *Vajr-pr.*, p.40)에 "만약 부처님께서 입멸하신 후 500년이 지난 미래세에 어떤 중생이 이 경을 듣고 믿고 알아 받아 가진다면 이 사람은 참으로 드문 사람이다. 어째서인가? 이 사람에게는 아상도 인상도 중생상도 수자상도 없기 때문이다. 若當來世 後五百歲 其有衆生 得聞是經 信解受持 是人則爲第一希有 何以故 此人無我相 人相 衆生相 壽者相 ye 'pi te bhagavan sattvā bhaviṣyanty anāgate 'dhvani paścime kāle paścime samaye paścimāyāṃ pañcaśatyāṃ saddharma-vipralope vartamāne, ya imaṃ bhagavan dharma-paryāyam udgrahīṣyanti dhārayiṣyanti vācayiṣyanti paryavāpsyanti parebhyaś ca vistareṇa samprakāśayiṣyanti, te paramāścaryeṇa samanvāgatā bhaviṣyanti. api tu khalu punar bhagavan na teṣām ātmasaṃjñā pravartiṣyate, na sattvasaṃjñā na jīvasaṃjñā na pudgalasaṃjñā pravartiṣyate", 『금강선론』 권5(대정장25, p.834b6)에 "여래께서 입멸한 후여서 이미 부처님을 만날 수 없게 된다. 만약 이 경전에 능히 믿음을 낼 수 있다면 이 사람은 초지 이상의 위에 오른 참으로 드문 사람이다. 초지에서 얻은 바로 지전인 이승범부보다 뛰어나게 되었으니 제일이라고 한다. 희유라 한 것은 일대아승기겁의 행을 챙겨야 비로소 얻기에 지전에는 오를 수 없다는 뜻이다. 그러므로 희유하다고 하였다. 如來滅後 旣不値佛世 若能於此經生信 是人則爲登初地已上第一希有人也 初地所得 勝地前二乘凡夫 故云第一也 希有者 一大阿僧祇 行滿始得 地前未階 故云希有也", 『금강경해의』 권하(卍속장38, p.675b18)에 "이때에 이 깊은 경을 듣고 깨끗한 마음으로 우러러 믿어서 무생의 이치를 깨우침이야말로 대단히 드문 일이다. 그러므로 제일희유하다고 하였다. 於此時中 得聞深經 淸心敬信 悟無生理者 甚爲希有 故言第一希有", 『금강경주해』 권3(卍속장38, p.902b10)에 "이문회가 말하였다. '만약 사람이 마음이 늘 공적하고 담연청정하여 온갖 상에 집착하지 않아서, 머무르되 머무른다는 마음이 없음을 깨닫고 얻을 만한 법도 없음을 깨닫는다면 이 사람은 제일 희유하다'. 도천선사가 말하였다. '가고 머무르고 앉고 누우며 옷 입고 밥 먹는 것 외에 달리 무슨 일이 있겠는가? [송] 얼음은 뜨겁지 않고 불은 차갑지 않으며, 흙은 축축하지 않고 물은 마르지 않다네. 금강처럼 굳센 다리로 땅을 밟고 깃발 달린 장대는 하늘을 가리키는구나. 만약 사람이 믿고 얻을 수 있다면 북두로 얼굴 돌려 남쪽을 본다네'. 李文會曰 若人心常空寂 湛然淸淨 不著諸相 悟住無所住心 了得無所得法 是爲第一希有 川禪師曰 行住坐臥 著衣喫飯 更有什麽事 頌曰 氷不熱 火不寒 土不濕 水不乾 金剛脚踏地 旛竿頭指天 若人信得及 北斗面南看"라고 하였다. [참고문헌] 『金剛經』, 『金剛仙論』, 『金剛經解義』, 『金剛經註解』, *Vajr-pr.* ⇨ 금강경 金剛經

제일희유난해지법 第一希有難解之法 제일 희유하여 알기 어려운 법. 법화의 교설을 말한다. 『법화경』 권1 「방편품 方便品」(대정장9, p.5c9)에 "그만두어라, 사리불이여! 다시 설해서는 안 된다. 그 이유는 무엇일까? 부처가 성취한 것은 제일희유하여 알기 어려운 법이기 때문이다. 오직 부처와 부처끼리만 이에 능히 제법실상을 구해 다한다. 제법의 이와 같은 모습·이와 같은 성·이와 같은 바탕·이와 같은 힘·이와 같은 지음·이와 같은 인·이와 같은 연·이와 같은 과·이와 같은 보·이와 같은 본말구경 등을 말한다. 止 舍利弗 不須復說 所以者何 佛所成就 第一希有難解之法 唯佛與佛 乃能究盡諸法實相 所謂 諸法如是相 如是性 如是體 如是力 如是作 如是因 如是緣 如是果 如是報 如是本末究竟等", 『법화경입소』 권2(卍속장47, p.86b8)에 "또한 제일이라고 했는데 이 경에서 부처로서 닦아 제일을 얻음이니, 과거의 사람들의 가르침과 그때의 부들을 제일이라 부르지 않는 것을 상대한 것이다. 또한 지금 경이 부처로서 닦아 얻었기에 희유한 것이며, 과거의 사람들과 가르침과 그 때 그 부를 희유하다고 할 수 없는 것과 상대된다. 또한 지금 이 경은 부처로서 닦아 얻었기에 알기 어려우니, 옛 사람과 가르침과 그 때의 부는 난해라고 이름하지 않는다. 第一者 以今經佛修得第一 對昔人教時部 未名第一 又以今經佛修得之希有 對昔人教時部 未名希有 又以今經佛修得之難解 對昔人教時部 未名難解", 『법화경연의』 권1(卍속장52, p.113b8)에 "제일 희유하여 알기 어려운 가르침이란 방편과 진실이 둘이 아닌 묘경을 가리킨다. 구계와 삼승을 넘어서기에 제일이라고 하며, 구계와 삼승에선 능히 얻을 수 없기에 희유하다고 하며, 구계와 삼승으로는 알 수 없기에 알기 어렵다고 한다. 이 묘경은 비록 일체중생에게 갖춰져 있지만 온통 그 바탕이 미혹함에 있기에 부처만이 끝내 다할 수 있다. 이 때문에 제일이라 하고 희유하다 하며 이해하기 어렵다고 한다. 이것과 앞서 말한 무량무변미증유법과 더불어 말로는 비록 다르지만 권실이 둘이 아닌 뜻에서는 경으로 하나다. 第一希有難解之法者 卽指權實不二之妙境也 以其超於九界三乘之上 故言第一 非九界三乘之所能證 故言希有 非九界三乘之所能知 故言難解 蓋此妙境雖一切衆生所具 然全體在迷 唯佛究盡 故稱第一 故稱希有 故稱難解也 此與上無量無邊未曾有法 言雖有異 而權實不二之理境一也"라고 하였다. 〔참고문헌〕『法華經』, 『法華經入疏』, 『法華經演義』. ⇨ 미증유 未曾有❶

제입 制入 [S] abhibhvāyatana, [P] abhibhāyatana, [T] zil-gyis-gnon-pa'i-skye-mched. 다스려서 들이다. 능히 경(外六入)을 다스려 마음(內六入)을 따르게 하는 뜻이다. 승처(勝處)의 뜻이고 제입(除入)이라고도 한다. 『구사석론』 권21(대정장29, p.303b1 : *Abh-k-bh.*, p.457)에 "〔게〕 제입에는 여덟 가지가 있다. 〔석〕 안에 색상이 있고, 밖으로 색을 보아 드물게 아는데 때론 좋고 때론 나쁘다, 이런 색을 다스려 닦으니 '내가 보고 내가 안다'는 생각을 하는 것이 첫 번째 다스려 들임이다. 偈曰 制入有八種 釋曰 於內有色相 於外觀色小量 或好或惡 制修此色 我見我知 作如此想 是第一制入 〈kārikā〉 abhibhvāyatanānyaṣṭau. 〈bhāṣya〉 adhyātmaṃ rūpasaṃjñī vahirdhā rūpāṇi paśyati parīttāni suvarṇāni durvarṇāni tāni khalu rūpāṇyabhibhūyajānātyabhibhūya paśyatītyevaṃsaṃjñī bhavatīdaṃ prathamamabhibhvāyatanam", 『섭대승론석』 권14(대정장31, p.256a22)에 "〔논〕 세간지를 항복시킨다. 〔석〕 이 구절은 여덟 가지 다스려 들임을 밝힌다. 이것은 무류이지만 구경은 아닌 것과 구경이지만 무류가 아닌 것으로 여덟 가지 제입에 속하기 때문에 여덟 가지 해탈과는 다르다. 마음으로 능히 경을 다스리고 경으로 하여금 마음을 따르도록 하기에 세간지를 항복시킨 사람이라고 부르니 바로 부처님이다. 論曰 降伏世智者 釋曰 此句明八制入 是無流非究竟 是究竟非無流 屬八制入故 異八解脫 心能制境 使境從心 故名降伏世智者 卽是佛"라고 하였다. 〔참고문헌〕『俱舍釋論』, 『攝大乘論釋』, *Abh-k-bh.* ⇨ 제입 除入

제입 除入 [S] abhibhvāyatana, [P] abhibhāyatana. 버려서 들다. 승처(勝處)의 구역어(舊譯語). 육근인 내입(內入)과 육경인 외입(外入)을 다스려 입(入) 즉 처(處) 깨끗하게 하는 뜻이다. 제입(制入)이라고도 한다. 『비바사론』 권12(대정장28, p.507b27)에 "무슨 까닭에 제입이라고 하는가? 제입에는 무슨 뜻이 있는가? 〔답〕 연을 무너뜨리기에 제입이라고 한다. 저 설한 바 처소를 부순다고 말하는 것이다. 그러므로 세존께서는 제입이라 하셨는데, 이것은 곧 연을 무너뜨리기에 버려 들인다 하신 것이다. 何以故說除入 除入有何義 答曰 緣壞故名爲除入 如所說 能壞處所者 是故 世尊說除入 是謂緣壞故名爲除入", 『아비담심론』 권3(대정장28, p.824b3)에 "제입이라 하였으니 여덟 가지 제입을 말한다. 안으로 색상을 버리지 않았지만 부정하다고 적은 경계를 관하는 것이 첫째이고, 무량경이 둘째이며, 색상을 버린 소경계가 셋째이고, 무량경계가 넷째이다. 청·황·적·백을 관하여 버려 들어가는 것이 나머지이니, 다섯에 여덟 번째다. 버려서 경계를 깨끗이 하기에 버려 든다고 한다. 除入者 八除入 內未除色想 不淨觀少境界 一無量境 二 除色相少境界 三 無量境界 四 復除色想 青黃赤白觀除入 除淨境界故 故曰除入"라고 하였다. 〔참고문헌〕『鞞婆沙論』, 『阿毘曇心論』. ⇨ 팔제입 八除入, 승처 勝處, 입 入❷, 육입 六入, 육처 六處, 십이입 十二入

제입 諸入 내육입(內六入)인 육근과 외육입(外六入)인 육경으로 십이입(十二入). 제처(諸處 [S] āyatanāni)의 구역어(舊譯語)로 일체(一切)를 뜻한다. 『광찬경』 권5(대정장8, p.180a29)에 "어떤 것을 모든 번뇌가 아직 다하지 않은 법이라고 하는가? 오음의 모든 일·열두 가지 모든 입·열여덟 가지 모든 종·열두 가지 인연·네 가지 선·네 가지 평등심·네 가지 무색정을 번뇌가 다하지 않은 모든 법이라고 한다. 何謂爲法諸漏未盡 五陰諸事 十二諸入 十八諸種 十二因緣 四禪 四等心 四無

色定 是謂諸漏不盡法", 『제불요집경』 권상(대정장17, p.758a1)에 "어떤 것을 내외육입이라고 하는가? 여래께서는 항상 아는 공이라고 하셨다. 왜냐하면 모든 것이 본래 깨끗하기 때문이다. 안이비구신의 역시 공하고 본래 깨끗하여 몸이 없다. 가령 본래 깨끗하고 공하여 모든 입이 없다면 색성향미촉의 내육처가 없게 되고, 안이비구신의가 없으면 인연하는 식도 없고 내외의 육입도 없게 된다. 何謂內外六入 如來常說 其吾我空 所以者何 悉本淨故 眼耳鼻口身意亦空 本淨無身 假使本淨空無諸入 則無色聲香味細滑法處 設無眼耳鼻口身意 無因緣識 無內外六入"라고 하였다. 〔참고문헌〕『光讚經』, 『諸佛要集經』. ⇨ 일체 一切, 십이입 十二入, 육입 六入, 육근 六根

제자 弟子 Ⓢ śiṣya, Ⓟ sissa, Ⓣ slob-ma. 스승에게서 가르침을 받는 이. 부처님의 제자들은 크게 사중(四衆 : 比丘 比丘尼 優婆塞 優婆夷)이나 칠중(七衆)으로 말한다. 더하여 성문·보살은 물론 하늘무리(天衆)에서 지옥중생까지 일체중생을 품는다. 실쇄(室灑)라 음사하고, 배우는 뜻에서 소교(所敎)라고 한역한다. 보통 문인(門人)은 문제(門弟)·도제(徒弟) 등이라 하고, 법을 전해 받은 제자는 부제(附弟)라 하며, 유법제자(遺法弟子)는 유제(遺弟)라고도 하고, 수계제자(授戒弟子)는 계제(戒弟)·계자(戒子)·계도(戒徒) 등이라고 한다. 『번역명의집』 권1(대정장54, p.1072a19)에 "『대지도론』에서 '부처님의 제자는 칠중이니 첫째 비구, 둘째 비구니, 셋째 학계니, 넷째 사미, 다섯째 사미니, 여섯째 우바새, 일곱째 우바이이다'라고 하였다. 그러나 여러 경중에서 말하는 사중이라 드러내니, 예로부터 모두 비구·비구니·우바새·우바이를 사중이라 한다. … 실쇄의 구역은 제자이고 신역은 소교이다. 남산은 이렇게 말한다. '배움이 나보다 뒤이니 제라고 하며, 이해가 스승으로부터 생겨나니 자라 한다'. … 율에서는 말한다. '스승은 제자에 대해 아이라는 생각을 가져야 하며, 제자는 스승에 대해 아버지라는 생각을 가져야 한다'. 大論云 佛弟子七衆 一 比丘 二 比丘尼 三 學戒尼 四 沙彌 五 沙彌尼 六 優婆塞 七 優婆夷 然諸經中 標四衆者 自古 皆以比丘 比丘尼 優婆塞 優婆夷 爲四衆 … 室灑 舊翻弟子 新云所敎 南山曰 學在我後 名弟 解從師生 名子 … 律云 和尙於弟子 當生兒想 弟子於和尙 當生父想", 『유마경약소』 권2(卍속장29, p.223b10)에 "〔문〕 모든 성문보살이 모두 제자인데, 무슨 뜻으로 성문은 제자라 하고 보살은 제자라 하지 않는가? 〔해〕 보통은 그렇지 않다. 성문은 몸소 부처님을 모시며, 모습도 행의도 법도에 맞게 하기에 제자라 한다. (그러나) 보살은 정해진 규범이 없어서 늘 하던대로 하지 않고도 도에 합하니, 마치 문수보살이 칼을 가지고 부처님을 찌르고자 하는 일은 제자의 법이라 할 수 없는 것과 같다. 그러므로 제자라고 부르지 않는다. 問 諸聲聞菩薩 皆弟子 何意聲聞云弟子 菩薩不稱弟子耶 解云 通例而不爾者 聲聞親侍佛 形儀如法 故云弟子 菩薩形無定方 反常合道 如文殊安劍欲刺佛 非弟子之法 故不得云弟子也"라고 하였다. 〔참고문헌〕『翻譯名義集』, 『維摩經略疏』, 『大智度論』 권10(대정장25, p.130b13), 『維摩義記』 권2(대정장38, p.444c21), *Abh-k-bh. 3.*, *Bodh-bh.87.*, *Vism.463.* ⇨ 불제자 佛弟子, 사중 四衆, 칠중 七衆, 실쇄 室灑, 소교 所敎, 도제 徒弟

제자 諦者 Ⓢ satyatā. 진실이라는 것. 여래의 다른 이름. 『대승입능가경』 권5(대정장16, p.615b22 : *Laṅk.*, p.192)에 "대혜여! 나 또한 이와 같아서 이 사바세계에 삼아승기의 백천명호가 있으나 어리석은 범부들은 비록 듣고 말하더라도 이러한 것들이 여래의 다른 이름인 줄을 알지 못하니, 그 중에 어떤 이는 여래라는 것으로 알고 … 진여라는 것으로 알고 제라는 것으로 알고 실성이라는 것으로 알고 실제라는 것으로 알고 법계라는 것으로 알고 … 의성신이라는 것으로 아는데 이와 같은 것들이 삼아승기의 백천명호에 달한다. 大慧 我亦如是 於此娑婆世界有三阿僧祇百千名號 諸凡愚人 雖聞雖說 而不知是如來異名 其中或有知如來者 … 知眞如者 知是諦者 知實性者 知實際者 知法界者 … 知意成身者 如是等滿足三阿僧祇百千名號 evaṃ mahāmate aham-api sahāyāṃ lokadhātau tribhir-nāma-asaṃkhyeya-śatasahasrair-bālānāṃ śravaṇāvabhāsamāgacchāmi. taiś-ca-abhilapanti māṃ na ca prajānanti tathāgatasyaite nāma-paryāyā iti. tatra kecin-mahāmate tathāgatam-iti māṃ saṃprajānanti … tathatāṃ satyatāṃ bhūtatāṃ bhūtakoṭiṃ dharma-dhātuṃ … manomayam-iti caike saṃjānanti"라고 하였다. 〔참고문헌〕『大乘入楞伽經』, *Laṅk.* ⇨ 제 諦

제자굴 弟子窟 황해북도 개풍군 성거산(聖居山)에 있던 암자. 김육(金堉 1580~1658)의 『잠곡유고』 권14 「천성일록 天聖日錄」(한국문집총간86, p.261a14)에 "(법달봉 아래에 있는 북성거암의) 뒤편에 두 개의 바위굴이 있다. 위에 있는 법달굴은 서역스님인 법달이 주석하던 곳이며, 아래에 있는 제자굴은 법달의 제자들이 머무르던 곳이다. 위의 굴은 돌담으로 막혀 들어가지 못했으나 아래의 굴은 들어갈 수 있었다. 석불 1존이 있는데 제자의 등신상이다. 後有二石窟 上曰法達窟 西域僧法達所住也 下曰弟子窟 法達弟子所住也 上窟 以石墻塞之 不可入見 下窟則可入 有一石佛 乃弟子之等身也"라고 하였으며, 성해응(成海應 1760~1839)의 『동국명산기』에도 이 내용이 전한다. 〔참고문헌〕『潛谷遺稿』, 『東國名山記』, 『韓國寺刹全書』 권하 p.1042b11.

제자사부생경 弟子死復生經 유송(劉宋)대인 455년(효건2) 저거경성(沮渠京聲) 한역. 1권. 『사망갱생경死亡更生經』이라고도 한다. 고려장20, pp.1182a1～1184b25, No.842·대정장17, pp.868b16～870a29, No.826에 수록되어 있다. 부처님께서 기수급고독원에 계실 때 한 우바새가 외도의 가르침을 버리고 불법에 귀의했는데 갑자기 죽어서 지옥에 나게 되었다. 지옥의 관리가 그를 지옥의 왕 앞으로 끌고 갔고, 왕은 그가 청정한 믿음이 있었다는 것을 알았다. 관리에게 명부를 찾아보게 하였더니 아직 20년의 수명이 남아 있으므로 그를 돌려보냈다. 다시 살아난 그는 바로 부모와 함께 부처님 계신 곳으로 가서 그간의 일들을 말씀드렸고 부처님께서는 아난이 그 까닭을 물음에 법을 설하셨다. 소생한 우바새와 그의 부모는 아라한과를 얻었다고 한다. [참고문헌] 『古今譯經圖記』 권3(대정장55, p.360c26), 『大周刊定衆經目錄』 권7(대정장55, p.413a18), 『貞元新定釋敎目錄』 권8(대정장55, p.827c19).

제자십덕 弟子十德 밀교에서 관정(灌頂)하여 전법을 받을 제자가 갖추어야 하는 열 가지 덕. 첫째 신심(信心), 둘째, 종성청정(種姓淸淨), 셋째 공경삼보(恭敬三寶), 넷째 심혜엄신(深慧嚴身), 다섯째 감인무해태(堪忍無懈怠), 여섯째 시라정무결(尸羅淨無缺), 일곱째 인욕(忍辱), 여덟째 불간인(不慳恪), 아홉째 용건(勇健), 열째 견원행(堅願行)이다. 『대일경』 권1(대정장18, p.5b18)에 "그리고 다른 날에 사람을 섭수하여 제도해야 한다. 제자로서 신심이 있고, 종성이 청정한 집안에 났으며, 삼보에 공경하고 깊은 지혜로 몸을 장엄하였으며, 견뎌 참고 게으르지 않고 계에 있어 청정하여 흠결이 없으며, 인욕하여 인색하지 않으며, 용맹하고 행원이 견고하면 이러한 이는 반드시 섭수해야 하고 다른 것은 볼 것도 없다. 復次於餘日 攝受應度人 若弟子信心 生種姓淸淨 恭敬於三寶 深慧以嚴身 堪忍無懈倦 尸羅淨無缺 忍辱不慳悋 勇健堅行願 如是應攝取 餘則無所觀", 『대일경소』 권4(대정장39, p.624b11)에 "게로 말하길 '제자로서 신심이 있다'고 함은 아사리가 그의 현재근성과 오랜 과거인연을 관하여 부사의연기의 세 가지 비밀한 온갖 방편에 대해 곧바로 믿어 의심치 않으며 전혀 두려움이 없이 받아들이는 것이다. 다른 것은 저 스승의 덕 가운데에서 설명한 것과 같다. 偈云 若弟子信心者 謂阿闍梨觀彼現在根性 或久遠因緣 於此不思議緣起 三種祕密 諸方便中 直信不疑 無有能怖畏 乃堪攝受 餘如師德中說", "게송에서 '종성이 청정한 집안에 난 이'라고 함은 바라문 등 사종성의 집안에 난 것을 말한다. 전다라 등은 집안이 청정하지 않은 일을 이어 익혔으므로 성품이 다분히 패악하다. 만약 전법관정을 하여 대법을 유통하고자 할 때 다른 이의 업신여김을 초래하거나 법을 버리는 인연이 된다. 이러한 인연 때문에 비구로서 구족계를 받는 것 역시 승중을 훼방하고 모욕하는 극히 낮은 종성을 가린다. 다만 연을 맺어 법을 받는다면 논할 바가 아니다. 그리고 오랜 옛날부터 보리심을 일으킨 인연이 있다면 여래종성중에 난 것이니 가장 수승한 종족이다. 偈云 生種姓淸淨者 謂於婆羅門等 四種大姓家生 若是旃陀羅等 以家法相承習行不淸淨事故 性多弊惡 若爲作傳法灌頂 使流通大法 則生他輕慢 或成匱法因緣 由如比丘受具 亦簡去毁辱衆僧 極卑下姓也 若但結緣受法 則非所論 復次若久遠以來 曾有發菩提心因緣 卽是如來種姓中生 最爲勝族也", "게에 이르길 '삼보에 공경한다' 함은 불법승에 순후하고 겸하하는 마음을 일으켜 항상 친근하게 공양하고 존중하며 찬탄하는 것을 말한다. 이러한 사람은 전생에 도를 행한 인연이 있음을 알아야 한다. 상불경보살의 예와 같이 이것을 일체중생을 깊이 공경하고 불법승 삼보를 믿는다고 한다. 偈云 恭敬於三寶者 謂於佛法衆僧 起淳厚謙下之心 常好親近供養 尊重讚歎 當知是人 有先世行道因緣 乃至如常不輕菩薩 是名深敬一切衆生 信佛法僧寶也", "'깊은 지혜로 몸을 장엄한다'는 것은 이처럼 허공과 같은 끝없는 불법은 용렬한 지혜를 가진 이의 마음의 그릇으로 감당할 수 있는 것이 아니므로, 지혜의 성품이 깊고 날카로워 스스로를 장엄하는 자라야 설할 수 있게 된다는 말이다. 深慧以嚴身者 如是等虛空無邊佛法 非劣慧者心器之所能堪 故智性深利 以自莊嚴者 乃至爲說也", "'견뎌 참아 게으름이 없다'고 하였는데 이것은 감당할 수 있다면 물러남이 없다는 뜻이다. 범어에서는 인욕과 다르다. 법을 구하는 인연에 비록 갖가지 어려움이 있더라도 모두 해내고, 설령 한 번 이루지 못하였더라도 다시 발심수행하여 마치 '바다를 다 퍼낸 다음에야 그만둔다'고 맹세하는 것과 같다. 만약 사람의 의지와 근성이 이와 같다면 법을 전할 수 있다. 堪忍無懈倦者 此是有所堪能 無所退屈之義 梵音與忍辱不同 謂求法因緣 雖種種艱苦之事 皆悉能作 假使一度不成 復更發迹修之 如誓抒大海盡而後已 若人志性如是 則可傳法也", "'계를 가져 깨끗하여 흠결이 없다'고 한 것은 재가와 출가의 율의계 내지 본성계등 받아 지니는 모든 금계를 받들어 지키며, 깊은 마음으로 방호하여 무너뜨리거나 빠뜨림이 없음을 말한다. 만약 이와 같은 성품을 갖춘 이라면 비록 삼매야평등대서에 들어가지 않았더라도 역시 공경하고 따르며 거스르지 않으므로 법을 전할 수 있다. 尸羅淨無缺者 謂於在家出家律儀 乃至於本性受諸禁戒 隨所奉持 則深心防護 無有毁缺 若具如是性者 雖未入三昧耶平等大誓 亦當敬順不違 故堪傳法也", "'인욕과 불간인'은 두 구절로 나눈다. 인욕이란 안팎으로 따르거나 거스르는 경계의 여덟 가지 대풍에서 그 마음이 안인하여 흔들림이 없음을 말한다. 『대지도론』 시라바라밀에서 자세히 설한 것과 같다. 이 사람은 결코 지명의 중금을 범하지 않고 중생에게 이롭지 않은 일을 행하지 않음을 알아야 한다. 그러므로 법을 전할 만하다. '인색하여 아끼지 않는 것'이란 가진 바 재물을 항상 다른 이에게 베풀 생각을 하고 구하는 자에게 베풀되 마음에 아까움이 없는 것을 말한다. 『대지도론』 단바라밀 중에 자세히 설한 것과 같다. 이 사람은 지명의 중금을 범하지 않고 정법에 인색하지 않음을 알아야 한다. 그러므로 법을 전할 만하다. 忍辱不慳恪者 此中分爲二句 忍辱 謂於內外違順境界八種大風 其心安忍 無所傾動 如智度尸波羅蜜中廣說 當知 是人必不犯持明重禁 作不利衆生行 故堪傳法也 不慳恪 謂於所有財法 常念惠他 設來求者 心無鄙悋 如智度檀波羅蜜中廣說 當知 是人必不犯持明重禁 慳悋正法 故堪傳授也", "용건과 견행원은 두 구절로 나눈다. 용건이란 아사리의 덕 가운데 용건보리심의 종성을 말한다. 도를 행할 때 비록 갖가지 두려워할만한 모양과 소리를 만나더라도 마음이 약해지지 않고, 삶에서 벗어나 죽음에 들어가도 두렵다는 생각이 없으며, 보리살타의 대인이 행하는 바를 바르게 따른다. 그러므로 법을 전해야 한다. '행원이 견고하다'는 것은 요긴한 마음의 원이다. 범어로 구원과 뜻이 같지 않다. 스스로 뜻을 세우고 매일 세 번 염송하기로 하여 기한이 다할 때까지 비록 갖가지 다른 인연을 지나더라도 처음에서부터 끊어짐이 없도록 하는 것과 같다. 이와 같은 일에는 시작과 끝이 있다. 만약 보살도를 행할 때에도 본서를 훼손하지 않는다. 그러므로 법을 전할 만하다. 그러나 여기에서 말한 제자의 열가지 덕을 겸비한 이는 매우 드물다는 것을 알아야 한다. 다만 치우쳐 기를 만한 것이 있고, 견뎌 가히 다듬어 성취시킬 수 있다면 곧바로 마땅히 거둬 관정한다. 勇健堅行願者 亦分爲二句 勇健 卽是阿闍梨德中 勇健菩提心種性 於行道時 雖遇種種可畏色聲 心不怯弱 乃至出生入死 無怖畏想 正順菩提薩埵 大人所行 故應傳授也 堅行願者 此是要心之願 梵音與求願之義不同 如自立志 令每日三時念誦 則終竟一期 雖過種種異緣 初不間絶 如是事有始終 若行菩薩道時 亦不虧本誓 故堪傳法也 然此所說弟子十德若兼備者 當知是人甚爲希有 但使偏有所長 堪可一匠成者 卽應攝受耳"라고 하였다. [참고문헌] 『大日經』, 『大日經疏』. ⇨ 관정 灌頂

제자위 弟子位 밀교에서 오종삼매야(五種三昧耶) 중 제삼삼매야(第三三昧耶)에 해당하는 수명관정(受明灌頂) 이하를 말한다. 『대일경소』 권17(대정장39, p.751c1)에 "만약 제자위를 아직 허락받지 못했다면 진실로 말로 할 수 있는 한계에 있지 않거늘, 어찌 망령되이 말하여 남을 가볍게 비방하게 하고 스스로 무간지옥에 떨어지는 죄를 불러들이겠는가? 若弟子之位未得許可等 固不在言限 何可妄說 令他輕謗 自招無間大獄之罪耶"라고 하였다. [참고문헌] 『大日經疏』. ⇨ 수명관정 受明灌頂, 오종삼매야 五種三昧耶, 관정 灌頂 ❶

제자품 弟子品 ❶ Ⓢ Śrāvakabodhisattva-visarjanapraśno nāma tṛtīyaḥ parivartaḥ. 『유마경』 제3품의 이름. 여래는 비야리성(毘耶離城)의 유마거사가 병에 걸렸다는 소식을 듣고 사리불을 필두로 한 십대제자에게 문병을 명하셨다. 이전에 유마거사로부터 자신들의 모자람을 질책당한 과거가 있었기에 이를 떠올리며 모두들 사양하였고, 부처님의 오백제자마저 유마거사를 감당할 수 없다며 부처님의 명을 따르지 않았다는 내용이다. ❷ ➡ 오백제자수기품 五百弟子受記品

제잡염송 諸雜念誦 진언행자가 본존을 비롯한 여러 존위의 진언을 함께 염송하는 것. 처음에는 불안진언(佛眼眞言)을 염송하고, 마치면서는 일자금륜진언(一字金輪眞言)을 송주한다. 산염송(散念誦)・가용염송(加用念誦)이라고도 하며, 정염송(正念誦)의 상대어다. 『대야차녀환희모병애자성취법』(대정장21, p.286c16)에 "(歡喜母의) 존상은 서쪽을 향하고, 지송자는 단의 서쪽에서 동쪽으로 존상을 대면하여 염송하는데, 네 번이나 세 번 내지는 한 번이라도 끊임이 없어야 한다. 끊어짐이 있으면 다라니법을 성취하기 어렵다. 또한 금강부진언과 제잡염송을 암송할 수도 없다. 像面向西 其持誦者壇西面東 對像念誦 或四時三時 乃至一時 不應間闕 若有間斷 法卽難成 亦不得誦 金剛部眞言 及諸雜念誦"라고 하였다. [참고문헌] 『大藥叉女歡喜母幷愛子成就法』. ⇨ 산염송 散念誦, 정염송 正念誦, 염송 念誦

제장감수 諸莊監收 선종사원에 속한 장원(莊園)의 소작인들을 감독하고 소작료를 거두는 소임. 우리나라 사원에서도 도감(都監) 또는 감원(監園) 등의 이름으로 이 소임이 있었다. 『백장청규』 권4 「열직잡무 列職雜務」(대정장48, p.1133b22)에 "제장감수 : 옛날 청규에는 애초에 장주감수가 없었는데, 근래에 이 직위가 생기게 되었다. 그런데 이 직위가 한번 생겨나자 폐단이 숱하게 나왔다. 諸莊監收 古規初無莊主監收 近代方立此名 此名一立 其弊百出"라고 하였다. [참고문헌] 『百丈淸規』. ⇨ 감수 監收, 장주 莊主

제장불정 除障佛頂 Ⓢ Vikiraṇoṣṇīṣa. 오불정(五佛頂) 또는 팔불정(八佛頂) 중 하나. 태장만다라 13원 중 석가원(釋迦院)에 속한 존격. 온전한 이름은 제일체개장불정(除一切蓋障佛頂)이며, 존승불정(尊勝佛頂)・최쇄불정(摧碎佛頂) 등이라고도 한다. 『존승불정수유가법의궤』 권하(대정장19, p.378b9)에 "일체불정 중 존승불정은 일체번뇌의 업장을 없앨 수 있으므로 존승불정심이라 하고 제장불정이라고도 한다. 一切佛頂中尊勝佛頂

能除一切煩惱業障故 號爲尊勝佛頂心 亦名除障佛頂”라고 하였다. [참고문헌] 尊勝佛頂脩瑜伽法軌儀』. ⇨ 오불정 五佛頂, 존승불정 尊勝佛頂, 최쇄불정 摧碎佛頂

제장순잡구덕문 諸藏純雜具德門 법계는 일체를 다 머금고 있기에 순으로도 잡으로도 장애함이 없어서 빠짐없이 모든 덕을 갖춘 뜻을 열어 보이는 문. 화엄종 지상 지엄의 고십현문(古十玄門) 중 한 문의 이름이다. 현수 법장(賢首法藏)의 신십현(新十玄)에서는 광협자재무애문(廣狹自在無礙門)이라 하였다. 『화엄경소초』 권10(대정장36, p.75b21)에서 “그 두 번째 광협자재문은 법계관중에 말한 널리 받아들이고 두루 변재하다는 뜻과 같으며, 이름만 이 문과 조금 다를 뿐이다. 현수는 새로 세워 지상십현문 중 제장순잡구덕문을 바꿨는데, 그 뜻은 하나의 행이기에 순이라 하고 만행이기에 잡이라 하면 바로 사사무애의 뜻이다. 그러나 만약 하나의 이치여서 순이라 하고 만행이어서 잡이라면 이는 바로 이사무애의 뜻이니, 이렇게 이사무애의 뜻을 넘어서게 될 것을 염려하였기에 고쳤다. 其第二 廣狹自在門 同法界觀中廣容普遍之義 而名小異此門 賢首新立以替至相十玄諸藏純雜具德門 意云 一行爲純 萬行爲雜等 卽事事無礙義 若一理爲純 萬行爲雜 卽事理無礙 恐濫事理無礙 所以改之”라고 하였다. 『화엄일승십현문』(대정장45, p.517a24)에서는 “여섯 번째는 제장순잡구덕문인데, 여기서는 바라밀들을 잡아서 설하겠다. 무엇인가? 마치 한 가지 시문만에 나아가 설하자면 일체만법을 모두 다 시라고 부르니, 이 까닭에 순이라 하고 이 시문이 그대로 여타 바라밀행들도 구족하기에 잡이라 한다. 이와 같은 순과 잡이 서로 장애가 되지 않기에 구덕이라고 한다. … 여기서 설명하는 순이란 시문을 기준으로 하면 일체가 모두 시이고 인문을 잡으면 일체가 모두 인이어서, 인문을 설하면 모든 행들은 허공과 같게 되니 순이라 하고 이 인문에 모든 문들이 구족하므로 잡이라 하니 순잡이 서로를 어지럽히지 않으므로 구덕이라 한다. 그러므로 저 「일념품」(『大品經』)과는 다르다. 第六 諸藏純雜具德門者 此約諸度門說 何者 如似就一施門說者 一切萬法 皆悉名施 所以名純 而此施門 卽具諸度等行 故名爲雜 如是純之與雜 不相妨礙 故名具德 … 若此明純者 若約施門 一切皆施 若說忍門 一切皆忍 說忍門者 諸行如虛空 卽名爲純 而此忍門 具足諸門 卽名爲雜 純雜不相亂 故名具德 故不同彼念品”, 『화엄오교장』 권4(대정장45, p.506c9)에 “일곱 번째 제장순잡구덕문이다. 여기에서의 모든 뜻은 때론 순이고 때론 잡이다. 앞서 인법등과 같으니, 만약 인문을 취해 보자면 일체가 모두 인이기에 순이라 하고, 바로 이 인문에 이와 사 등 일체차별법들을 다 품었기에 잡이라 한다. 또한 저 보살이 한 삼매에 들어 보시만을 끝없이 행하면 다시 다른 행은 없기에 순이라 하고, 한 삼매에 들어 보시와 지계와 중생제도 등을 끝없이 행하면 여타 잡다한 행들이 한꺼번에 성취된다. 이처럼 번잡하게 일어나고 있는 법계에는 순과 잡이 자재하여 갖춰지지 않음이 없다. 第七諸藏純雜具德門 此上諸義 或純或雜 如前人法等 若以人門取者 卽一切皆人 故名爲純 又卽此人門 具含理事等一切差別法 故名爲雜 又如菩薩入一三昧 唯行布施無量無邊 更無餘行 故名純 又入一三昧 卽施戒度生等無量無邊 諸餘雜行 俱時成就也 如是繁興法界 純雜自在 無不具足者矣”라고 하였다. [참고문헌] 『華嚴經疏鈔』, 『華嚴一乘十玄門』, 『華嚴五敎章』, 『七處九會頌釋章』(대정장36, p.718b26). ⇨ 광협자재무애문 廣狹自在無礙門, 십현문 十玄門

제장행자 諸莊行者 사원에서 장주(莊主)를 모시는 소임. 『선원청규』 권9(卍속장111, p.929a17)에 “제장행자가 맡은 소임이 가볍지 않다. 첫째, 청렴하여 선원의 상주물을 침해하지 않아야 한다. 둘째, 일을 마치고 나서 관청에 불려가는 일이 없어야 한다. 셋째, 지혜로운 방편으로 행자들과 장원의 소작들과 화합해야 하며, 장원내 거주하는 사람들이 화목하게 지내며 다투지 않도록 한다. 넷째, 때를 알아서 밭을 갈고 씨를 뿌리되 각자 임무가 합당해야 한다. 다섯째, 자비심을 가지고 가축을 돌아보고 보살펴 야위게 해서도 안 되고, 소를 부리는 사람이 마구 채찍질도 못하게 해야 한다. 여섯째, 계를 잘 지키고 행자들을 단속하여 어긋나는 일을 하지 않게 해야 하며, 장원의 소작인들이 상주물이나 돈·곡식 등을 훔치지 않게 잘 방비해야 한다. 일곱째, 늘 부지런히 전답에 가서 땅의 경계와 갖가지 모종들을 점검하고 관리해야 한다. 여덟째, 근본에 있어 삼보에 힘써 공양하려는 마음이 없다면 애쓴다 해도 본분에 부합하지 않은 것이다. 諸莊行者 所託非輕 第一 淸廉不侵常住 第二 了事不惹官方 第三 善巧調和行者莊客 與莊舍和睦 不令鬪爭 第四 知時耕田下種 各務合宜 第五 慈心照管頭口 勿令羸瘦 及不得令使牛人亂有鞭打 第六 護戒鈴束行者 不作非違之事 防關莊客 不偸常住錢穀 第七 精勤常詣地頭 照管地界及諸色田苗 第八 明本不爲供勤三寶 則是勞而無切”라고 하였다. [참고문헌] 『禪苑淸規』.

제저라 制咀羅 Ⓢ caitra의 음사어. Ⓣ nag-pa. 별 이름. 또는 이 별이 정월에 나타나기에 인도 기준으로 정월 16일부터 2월 15일까지의 기간을 말한다. 제달라(制怛羅)·질다라(質多羅)라고도 한다. 『신집장경음의 함수록』 권26(고려장35, p.527a4)에 “제저라〈저는 다와 달을 반절한 음이다. 『대비바사론』에서는 제달라라고 하였고, 『공작왕경』에서는 질다라라고 하였다. 각수라고 한역한다〉. 制咀羅〈咀多達反 大毗婆沙 作制怛羅 孔雀王經 作質多羅 唐言角宿〉”라고 하였다. [참고문헌] 『新集藏經音義隨函錄

』, *Abh-k-bh.473.* ⇨ 제달라 制怛羅[1], 각수 角宿

제적가 制摘迦 Ⓢ Ceṭaka의 음사어. 제타가동자(制吒迦童子). 『불공견삭다라니경』「불공견삭명주주왕성취제적가품 不空羂索明主呪王成就制摘迦品」(대정장20, p.411c23)에 "제적가 받아 지니려면 그 사람은 불공견삭 제적가의 상을 제작해야 하는데, 동자의 형상은 기쁨에 넘치는 모습이어야 한다. 若欲受持制摘迦者 彼人應作不空羂索制摘迦像 作童子形歡喜相貌"라고 하였다. [참고문헌]『不空羂索陀羅尼經』. ⇨ 제타가동자 制吒迦童子

제전선사어록 濟顚禪師語錄 송대 임제종 양기파 스님 제전도제(濟顚道濟 1150~1209)의 어록. 1권. 심맹반(沈孟柈) 편집. 명대인 1569년(융경3)에 간행. 『전당호은제전선사어록 錢塘湖隱濟顚禪師語錄』이라고도 한다. 卍속장121, pp.1a9~45a15에 수록되어 있다. 할당혜원(瞎堂慧遠)의 법사인 제전도제의 행장과 법어들을 채록하였다. ⇨ 도제 道濟[1]

제전지기도로저사 掣電之機徒勞佇思 번개치듯 하는 중에 쓸데없이 우두커니 헤아리다. 의근(意根)에 떨어져 득실(得失)을 헤아리는 등의 분별을 경계하는 뜻이다. 『운문광록』 권상(대정장47, p.549a16)에 "물었다. '영산의 한 법회에서 가섭이 몸소 들으셨다 하니 무슨 구를 들었습니까?' '날아오는 칼끝 피할 새 없으니 빨리 말해라, 빨리 말해!' '이것은 무슨 말입니까?' '번개치듯 하는 중 어찌 하릴없는 듯 우두커니 생각하는가'. 問 靈山一會 迦葉親聞 未審聞箇什麼句 師云 不避來鋒 速道速道 進云 是什麼句 師云 掣電之機 徒勞佇思", 『벽암록』 37칙 「수시 垂示」(대정장48, p.175a7)에 "수시하여 말한다. 번개 치듯 하는 중에 공연히 골똘하게 헤아리고, 허공에 벼락 치는데 귀 막고 분별하기 어렵다. 정수리에 붉은 깃발 꽂고, 귓바퀴에 쌍검을 돌린다. 눈으로 보고 손으로 만져보지 않고서 어찌 능히 몸소 얻겠는가? 모든 이들 고개 숙여 가만히 생각하거나 의근에서 헤아리지만, 해골 앞에 헤아릴 수 없이 많은 귀신이 있음을 알지 못한다. 말해보라! 의근에 떨어지지 않고 득실에 안기지 않고서도 문득 이렇게 알아차림이 있으니 어떻게 대해야 할까? 말해보라. 垂示云 掣電之機 徒勞佇思 當空霹靂 掩耳難諧 腦門上播紅旗 耳背後輪雙劍 若不是眼辨手親 爭能搆得 有般底 低頭佇思 意根下卜度 殊不知髑髏前見鬼無數 且道 不落意根 不抱得失 忽有箇恁麼舉覺 作麼生祗對 試擧看", 『오등회원』 권12 「대우수지장 大愚守芝章」(卍속장138, p.429a10)에 "대우선사가 불자를 세우고 말했다. '이것은 인이고 저것은 광명이다. 이것은 광명이고 저것은 인이다. 번개가 치듯 하는 중에 쓸데없이 우두커니 헤아린다. 알겠는가?' 師乃竪起拂子曰 這箇是印 那箇是光 這箇是光 那箇是印 掣電之機 徒勞佇思 會麼"라고 하였다. [참고문헌]『雲門廣錄』, 『碧巖錄』, 『五燈會元』.

제점 提點 ❶들어 자세히 살피다. 『백장청규』 권3(대정장48, p.1130a7)에 "강호의 법권판사는 모두 마땅히 향을 준비하여 제를 지내야 하고 시자는 일일이 들어 살핀다. 江湖法眷辦事 皆當備香致祭 侍者一一提點"라고 하였다. [참고문헌]『百丈淸規』. ❷선원(禪院)의 소임 중 하나. 금전과 양식을 관장하는 소임. 본래 송의 관직명이었다. 『선림상기전』 권7(불광장, 禪藏, p.489)에 "제점 : 도충이 말한다. '금전과 양곡을 관장하는 사람이다. … 제점은 본래 조정의 관직이름인데 사찰에서 가져다 세웠다. 제점이란 막히고 정체된 것들을 들어 털어내는 일이다. 산암의 말에 의하면 고사·지사 외에 제점이 있었다'. 提點 忠曰 掌常住金穀者 … 忠曰 提點 本朝廷官職名 而僧寺擬立也 提點者 提振其壅滯也 按山菴所言 庫司知事外 有提點"라고 하였다. [참고문헌]『禪林象器箋』. ⇨ 선림직위 禪林職位

제접 提接 이끌어 마주하는 일. 선문에서 종사가 학인을 마주해 문답이나 행의(行儀) 등을 일으키며 지도하는 일로 제강접인(提綱接引)이라고도 한다. 『경덕전등록』 권22(대정장51, p.382b1)에 "'오늘 민령 남쪽에서는 어떻게 제접하시겠습니까?' '알겠는가?' 今日閩嶺南方如何提接 師曰 會麼", 『현사광록』 권하(卍속장126, p.394a1)에 "학인이 물었다. '제가 선림에 입문한 지 얼마 되지 않았습니다. 선사의 가르침을 구합니다'. 현사선사가 주장자만으로 가리켰다. '저는 모르겠습니다'. 僧問 學人創入叢林 乞師提接 師以杖指之 僧云 學人不會"라고 하였다. [참고문헌]『景德傳燈錄』, 『玄沙廣錄』.

제정 齊整 Ⓢ pari-maṇḍala. 위의나 옷매무새를 다듬는 일. 40권본 『화엄경』 권33(대정장10, p.815a17)에 "걸식을 다닐 때 성읍에 다다르면 위의를 가지런히 하고 모든 근을 잘 수습하여 한마음으로 산란치 않게 하라. 於行乞時 若至城邑 齊整威儀 善攝諸根 一心不亂", 『선비요법경』 권상(대정장15, p.243b24)에 "사문법이란, 응당 고요한 곳에 처해서 니사단을 펼치고 결가부좌하고 가사를 가지런히 한 다음 몸을 바로하고 단정히 앉는다. 편단우견하고 왼손을 오른손 위에 붙이고 눈을 감은 채 혀는 경구개를 떠받친다. 마음을 가라앉혀 분산되지 않게 한다. 沙門法者 應當靜處 敷尼師壇 結跏趺坐 齊整衣服 正身端坐 偏袒右肩 左手著右手上 閉目以舌拄齶 定心令住不使分散"라고 하였다. [참고문헌]『華嚴經』, 『禪祕要法經』, *Gaṇḍ-vy.213.*

제정 諦定 진실의 삼매. 팔정도 정정(正定 Ⓟ sammā-samādhi)의 고역(古譯). 『팔정도경』(대정장2, p.505a20)에 "여덟째 제정은 무엇을 말하는가? 생사의 뜻과 합하여 기억하고 그쳐서 상도 그치고 자기를 보호함도 그치고, 가히 할 수 있는 것도 그쳐 일부러 할 일이 없이 하고, 죄를 짓는 일도 없고 그 중간의 정원에 떨어지는 일도 없으니 이를 제정이라 한다. 第八 諦定爲何等 生死意合 念止 相止 護已止 聚止 不可爲 不作所有罪 不墮中庭 是名爲諦定"라고 하였다. 〔참고문헌〕『八正道經』. ⇨정정 正定[1], 팔정도 八正道

제정려 諸靜慮 모든 정려. 색계사선(色界四禪)을 말한다. 『순정리론』 권77(대정장29, p.756b15)에 "〔논〕 일체공덕은 대부분 정려에 의지하기에 우선 정려차별을 가린다. 여기에 모두 네 가지가 있으니, 즉 초·2·3·4정려다. 어찌하여 모든 정려에는 자(慈) 등이 없고 상(相)이라는 이름도 함께하지 않으며 이제 단지 초 등의 네 가지 수로만 따로 이름을 세우는가? 이 중에 상이라는 이름과 함께하지 않음이 없지만 오직 하나의 지만을 두루 거두는 이름은 없다. 왜냐하면 모든 정려에는 각각 두 가지만 있으니 정(定)과 생(生)으로 차별하기 때문이다. 論曰 一切功德 多依靜慮 故應先辯 靜慮差別 此總有四種 謂初二三四 豈諸靜慮 無如慈等 不共名想 而今但說 初等四數 建立別名 此中非無 不共名想 然無唯遍 攝一地名 以諸靜慮 各有二種 謂定及生 有差別故", 『유가사지론』 권11(대정장30, p.330c14)에 "초정려에서는 다섯 가지 지를 갖추니 심·사·희·낙·심일경성이다. 제2정려에는 네 가지 지가 있으니 내등정·희·낙·심일경성이다. 제3정려에는 다섯 가지 지가 있으니 사·염·정지·낙·심일경성이다. 제4정려에는 네 가지 지가 있으니 사청정·염청정·불고불락수·심일경성이다. … 다시 이 모든 정려의 이름차별이라 하였으니, 때론 증상심이라고도 하는데 즉 심청정의 증상력에 의해서 바르게 심려하기 때문이다. 혹은 낙주라고도 하는데 즉 여기에서 극락을 누리기 때문이다. 왜냐하면 제정려에 의하여 희락·안락·사락·심신락을 받아들이기 때문이고, 또 정을 얻는다 하니 제정려에 자주 입출하여 현법에 안락하게 머물기 때문이다. 於初靜慮 具足五支 一 尋 二 伺 三 喜 四 樂 五 心一境性 第二靜慮 有四支 一 內等淨 二 喜 三 樂 四 心一境性 第三靜慮 有五支 一 捨 二 念 三 正知 四 樂 五 心一境性 第四靜慮 有四支 一 捨清淨 二 念清淨 三 不苦不樂受 四 心一境性 … 復次是諸靜慮 名差別者 或名增上心 謂由心清淨增上力 正審慮故 或名樂住 謂於此中 受極樂故 所以者何 依諸靜慮 領受喜樂 安樂 捨樂 身心樂故 又得定者 於諸靜慮 數數入出 領受現法安樂住故"라고 하였다. 〔참고문헌〕『順正理論』, 『瑜伽師地論』. ⇨사선 四禪[1]

제제 帝際 Ⓢ teje의 음사어. 광명의 뜻. teje는 광명·위엄·영광 등을 뜻하는 범어 tejas가 의인화되어 여성형으로 쓰인 tejā의 단수호격이다. 감로를 의미하는 아밀다(阿蜜多)와 결합되어 아미타여래의 수식어로 쓰인다. 〔참고문헌〕『大日如來劍印』(대정장18, p.201a1). ⇨아밀다제제 阿蜜多帝際

제제다사 濟濟多士 많고도 뛰어난 현사들. 제제란 많고 성하면서도 아름답고 훌륭한 모습을 말한다. 『법화경지장소현시』(卍속장93, p.458a15)에 "아름다운 모임이라 하였으니 바로 영산에서의 모임을 가리킨다. 영산에 모여든 수많은 뛰어난 이들로 일대의 아름다운 모임이 되었기 때문이다. 嘉會 即指靈山 以靈山濟濟多士 爲一代嘉美之會故", 『법화경지장소사의』 「홍전서 弘傳序」(卍속장93, p.889a3)에 "제제다사 : 『시경』 「대아 大雅」에 '왕의 나라에 나서 국정을 바르게 하고 많고도 뛰어난 이들 있어 문왕이 이로써 평안하다네'라고 하였는데, 주석에 '정이란 바로잡음을 말하며, 제제란 많은 모습이다. 문왕의 나라에서는 수많은 선비들을 능히 출생시키니 나라의 기둥으로 삼기에 충분하며, 문왕 또한 이들에게 의지하여 편안하게 되었다는 뜻이다'라고 하였다. 「대아」 문왕 편에 보인다. 濟濟多士 詩曰 王國克生 維周之貞 濟濟多士 文王以寧 註云 貞 幹也 濟濟 多貌 言文王之國 能生衆多之士 則足以爲國之幹 而文王亦賴以爲安矣 見大雅文王篇"라고 하였다. 〔참고문헌〕『法華經指掌疏懸示』, 『法華經指掌疏事義』. ⇨영산회상 靈山會上

제제뢰타 提帝賴吒 Ⓟ Dhataraṭṭha의 음사어. 제석천의 권속인 사천왕 중 하나. 동방을 수호하는 신. 지국천(持國天)이라 한역한다. 『장아함경』 권5 「전존경 典尊經」(대정장1, p.30b18)에 "한때 도리천의 천신들이 법강당에 모여 강론을 하고 있었다. 이때 사천왕은 방위에 따라 각자 당한 자리에 앉았다. 제제뢰타천왕은 동방에 앉아 서쪽을 바라보고 있었으며 제석천의 앞에 위치하였다. 一時 忉利諸天 集法講堂 有所講論 時 四天王 隨其方面 各當位坐 提帝賴吒天王 在東方坐 其面西向 帝釋在前"라고 하였다. 〔참고문헌〕『長阿含經』, *DN.2.220.* ⇨지국천 持國天, 사천왕 四天王

제제방등학경 濟諸方等學經 Ⓢ Āryasarvavaidalyasaṃgraha-nāma-mahāyānasūtra, Ⓣ 'phags-pa rnam-par 'thag-pa thams-cad bsdus-pa shes-bya-ba theg-pa chen-po'i mdo. 서진(西晉)대 축법호(竺法護) 한역. 1권. 고려장10, pp.579a1~585c5·대정장9, pp.374c3~379a13, No.274에 수록되어 있고 티베트역본(北京版 No.893)도 전한다. 『제제방등경』이라고도 한다. 열반을 앞둔 부처님의 왕사성 영추산에

서의 설법으로, 미륵보살과 문수보살을 주인공으로 하여 반야바라밀의 공덕을 드러낸다. 이역본으로는 수(隋)대 비니다류지(毘尼多流支)가 한역한 『대승방광총지경 大乘方廣總持經』(대정장9, No.275) 1권이 있다.

제제입 制諸入 Ⓟ āyatana-paññatti. 모든 입을 다스리다. 내육입(眼耳鼻舌身意)과 외육입(色聲香味觸法)인 십이입(十二入)을 다스린다는 뜻이다. 일체(一切)는 십이처니 결국 일체를 다스리는 뜻이 된다. 『장아함경』 권12 「자환희경 自歡喜經」(대정장1, p.77a3)에 "세존의 설법 중에도 또한 뛰어난 것이 있으니, 모든 입을 다스리는 것이다. 모든 입이란 안색, 이성, 비향, 설미, 신촉, 의법을 말한다. … 지금 우리들의 여래지진등정각께서도 또한 이 입을 다스렸으니 소위 안색과 내지 의법이다. 世尊說法 又有上者 謂制諸入 諸入者 謂眼色 耳聲 鼻香 舌味 身觸 意法 … 今我如來至眞等正覺 亦制此入 所謂眼色 乃至意法"라고 하였다. 〔참고문헌〕『長阿含經』, *DN.3.102.* ⇨ 십이입 十二入, 일체 一切, 제입 制入

제제창창 濟濟蹌蹌 무리지어 아름답게 어울림. 『불조역대통재』 권21(대정장49, p.706c20)에 "조정의 의례는 가지런하고 엄숙하면서도 무리지어 아름답게 어울리니, 많은 현인들이 모여들어 정사를 폄에 나무랄 데 없었다. 朝儀整肅 濟濟蹌蹌 群賢來集 庶政允臧"라고 하였다. 〔참고문헌〕『佛祖歷代通載』.

제조 提調 대중의 일을 수행함에 있어 잘 이끌고 고르게 판단하여 여법히 하는 뜻. 『선림상기전』 권12(불광장, 禪藏, p.898)에 "제조 : 『백장청규』 「요주부료」에 '향등다탕 상주물을 고르게 다스려 대중이 불편함이 없게 하다'라고 하였다. 또한 「방장특위신구양서탕」에서 '이에 전임에게 죽반을 삼일동안 보낸다'고 하였다. 또한 「존숙출상」에서 '고사와 상사가 서로 상의해 상의를 드러내 고르게 한다'고 하였다. 또한 「월분수지」에서 '유월에 절기가 복에 들어서면 당사가 돗자리나 방물 등을 햇볕에 말리는 일을 드러내 고르게 한다'고 하였다. 도충이 말한다. '일본선림에서는 입원동문소를 짓고 동문대중 중 한 사람을 뽑아서 대중을 이끌면 소를 알린다. 이를 마치고 소 말미에 대중의 이름을 열거하는데 그 사람을 가장 마지막에 적는다. 이를 제조인이라고 하는데 제조란 이 일을 이끌어 일으키고 잘 가려 하는 것을 말한다'. 提調 敕修淸規 寮主副寮云 提調香燈茶湯 又方丈特爲新舊兩序湯云 仍提調 送舊人粥飯三日 又尊宿出喪云 庫司喪司相關 提調喪儀 又月分須知云 六月入伏 堂司提調晒薦 忠曰 日本禪林 撰入院同門疏 同門衆中 一人幹蟲率衆告諭 成之 及疏後列衆名 其人在最末 此謂提調人 提調者 提起其事 調辨之也"라고 하였다. 〔참고문헌〕『禪林象器箋』, 『百丈淸規』 권4(대정장48, p.1133a6)·권4(대정장48, p.1135a26)·권3(대정장48, p.1128c15)·권7(대정장48, p.1155a10).

제조 蠐螬 굼벵이. 『대비바사론』 권151(대정장27, p.769a20)에 "또한 유정들에는 행동이 민첩한 것들이 있는가 하면 행동이 굼뜬 것들이 있다. 행동이 민첩한 것들로는 말·사슴·고양이·살쾡이 등이 있으며, 행동이 굼뜬 것들로는 굼벵이·지렁이 등이 있다. 又諸有情 或有行動捷速 或有行動遲緩 行動捷速者 如馬鹿猫狸等 行動遲緩者 如蠐螬蚯蚓等", 『일체경음의』 권61(대정장54, p.715a22)에 "제조〈앞 글자의 음은 제이고 뒷 글자의 음은 조이다. 똥 속에 있는 벌레인데, 매미로 변하기도 하여 날 수도 있고 울 수도 있다. 여러 종류의 이름으로 불린다〉. 蠐螬〈上音齊 下音曹 糞中蟲也 或化爲蟬 能飛能鳴 數般名也〉"라고 하였다. 〔참고문헌〕『大毘婆沙論』, 『一切經音義』.

제조게송 諸祖偈頌 ➡ 선문제조사게송 禪門諸祖師偈頌

제존 諸尊 밀교에서 진언과 만다라로 공양하는 모든 성중(聖衆). 제불·보살·명왕·천 등을 말한다. 양부만다라(兩部曼荼羅)의 제존은 모두 중앙의 대일여래를 향하여 앉은 모습이다. 금강계 오해탈륜(五解脫輪) 성중 경우는 각각 다른 위치에 자리하지만 모두 대일여래를 향한다. 반면 현도만다라(現圖曼荼羅)에서 제존은 진언행자를 향해 앉아 있는데 이는 진언행자가 관상하게 하는 방편이라 한다. 『대일경소』 권3(대정장39, p.611c7)에 "만약 이 만다라의 갖가지 지분에서 일체제존의 진언과 수인 및 관행의 성취에 이르기까지 모두 통달하게 되면 전교관정을 얻으니 이를 아사리라 한다. 若於此漫茶羅種種支分 乃至一切諸尊眞言手印觀行悉地 皆悉通達得傳敎灌頂 是名阿闍梨", 같은 책 권4(대정장39, p.622c29)에 "만다라의 전자법은 낱낱 제존 모두 본래의 종자자를 쓴다. 凡漫荼羅 轉字之法 一一諸尊 皆用本種子字", 같은 책 권5(대정장39, p.626b24)에 "다음으로 도향화 꽃 등을 수여하여 마음을 움직여 제존께 공양한 연후에 삼세무장애지계를 받는다. 次當授與塗香花等 敎令運心供養諸尊 然後爲受三世無障礙智戒", 같은 책 권8(대정장39, p.660b23)에 "다만 중태연화대 위에서 아(𑖀)자를 관하되 자문에서 무량한 광명이 나와 제존의 좌위를 두루 비춘다고 관상하면 이때 제존이 나타난다. 이때 방편으로 이와 같은 제존과 나의 몸이 둘이 아니고 다름이 없으며 제존 바로 몸 안에 있다고 관상한다. 但於中胎蓮花臺上 而觀阿字 字門出無量光遍照諸尊座位 爾時諸尊卽現 爾時以方便 轉觀如是諸尊與我身無二無別 卽是諸尊卽在身中", 『대일경공양차제법소』 권상(대정장39, p.794a17)에 "진언은 실상의 지혜이고 제존은 실상의 지혜를 몸과 마음으로 삼는다. 眞言卽是實相智 諸尊以實相智爲身心"라고 하였다. [참고문헌] 『大日經疏』, 『大日經供養次第法疏』. ⇨ 실담 悉曇, 자문 字門, 자륜 字輪, 진언 眞言, 만다라 曼茶羅

제존만다라 諸尊曼茶羅 일존(一尊)의 별덕(別德)을 드러내기 위한 제존법(諸尊法)에 쓰는 만다라. 별단만다라(別壇曼茶羅)라고도 한다. 양부의 도회(都會)만다라 또는 보집회(普集會)만다라에 상대한다. 본존이 속한 부족을 배열하거나 본존의 권속을 배열한다. 태장계의 경우 팔방천(八方天)을 배치하는 것이 일반적이다. 본존의 종류와 작법에 따라 불부(佛部)만다라·경법(經法)만다라·보살만다라·관음만다라·명왕만다라 등으로 부르기도 한다. 『이취석비요초』 권5(대정장61, p.690b9)에 "일체만다라라고 한 것은 밀교에서 제존만다라가 같지 않기 때문에 일체만다라라고 한 것이다. 크게 나누면 네 가지 만다라가 있으니 경문과 같이 알 수 있다. 본부는 제존만다라에 각각 근본 경궤가 있으니, 이를 본부 또는 본교라고 한 것이다. 一切曼茶羅者等者 瑜伽教中諸尊曼茶羅非一故 云一切曼茶羅 大分之四種曼茶羅也 如文可知 本部者 諸尊曼茶羅 各有本經軌 名云本部亦云本教也"라고 하였다. [참고문헌] 『理趣釋祕要鈔』. ⇨ 별단만다라 別壇曼茶羅, 보집회만다라 普集會曼茶羅

제존법 諸尊法 밀교작법에서 보문(普門)의 존법에 상대하는 작법. 일존법(一尊法)·별존법(別尊法)·제존별행호마비법(諸尊別行護摩祕法) 등이라고도 한다. 제부공통의 공양법이 아니라 별덕(別德)을 지닌 존격을 본존으로 모시고 공양하는 법을 말한다. 『박초자구결』 권1(대정장79, p.182b15)에 "[문] 본존은 태장인데 예불은 왜 금강계를 쓰는가? [답] 구전에 이르기를 '제존법은 비록 태장계의 존격이더라도 행하는 뜻은 금강계이다'라고 하였으므로 그러하다. 問 本尊旣胎藏 禮佛何用金界乎 答 御口云 諸尊法習雖胎藏尊 行義金界故爾也"라고 하였다. [참고문헌] 『薄草子口決』. ⇨ 일존법 一尊法, 별존법 別尊法

제존보살마하살 諸尊菩薩摩訶薩 모든 뛰어나신 보살마하살. 『집제경예참의』 권상(대정장47, p.462c29)에 "서방 극락세계의 제존보살마하살의 청정한 큰 바다와 같은 성중께 귀의합니다. 南無西方極樂世界諸尊菩薩摩訶薩淸淨大海衆", 『비니일용절요향유기』 권하(卍속장106, p.190b7)에 "제존보살마하살 : [기] 제존이란 티끌처럼 많은 온갖 곳의 일체보살을 꾸려 거둔다. 예컨대 지장·대세지 등의 성중이 이와 같은 은덕을 가지고 무량하고 무변한 일체중생을 지나치는 경우가 없으므로 존귀하다고 부른다. 범어 마하살은 대보살이라고 한역한다. 위로는 십지에 올라 등각 이상인 이로서 자비와 지혜를 함께 움직여 스스로도 이롭고 다른 이도 이롭게 한다. 諸尊菩薩摩訶薩 記 諸尊者 該攝塵方一切菩薩也 如地藏勢至等衆聖 有如是恩德 無量無邊 一切衆生 無有過者 故稱日尊 梵語摩訶薩 此云大菩薩 位登十地 等覺以上者 悲智並運 自利利他也"라고 하였다. [참고문헌] 『集諸經禮懺儀』, 『毘尼日用切要香乳記』.

제종사대세 濟宗四大勢 임제종에서 종사가 학인과 마주해 행하는 네 가지 큰 기세. 『오가종지찬요』 권상 「제종사대세」(卍속장114, p.518b2)에 따르면 다음과 같다. 첫째는 정리대세이니, 정법에 따라 학인을 맞이하고 이것으로써 중생을 이롭게 하며 고매하고 깊은 뜻만을 짓지 않는다(第一 正利大勢 從正接人 以此利物 不作高遠). 둘째는 평상대세로, 쓰는 기세 늘 하던 대로여서 집어내는 것마다 문득 옳으니 기특함을 두지 않는다(第二 平常大勢 用處尋常 拈來便是 不存奇特). 셋째는 진가대세이니, 거짓을 빌어 진실을 밝히니, 뜻을 말 밖에 두기에 한가지로 정하여 얽어매지 않는다(三 眞假大勢 借假明眞 意在言外 不拘一定). 넷째는 본분대세이니, 작용이 자연스러워 털끝만큼도 애써 굳이 하지 않아서 가지 쳐 마디를 만들지 않는다(第四 本分大勢 作用自然 毫無勉强 不生枝節). [참고문헌] 『五家宗旨纂要』. ⇨ 사대세 四大勢, 제종팔대세 濟宗八大勢

제종사사수신 濟宗四事隨身 임제의 종사들 네 가지 몸짓으로 행하다. 『오가종지찬요』 권상(卍속장114, p.517b1)에 "임제종 네 가지 일로 몸을 수행한다. 첫째, 죽이고 살리는 주장자다. 한편으로는 불을 놓고 한편으로는 물을 놓는다. 둘째, 금강과 같은 눈등자다. 우열을 분변하고 바다도 산도 사무쳐 뚫는다. 셋째, 사자의 발톱과 이빨이다. 호랑이 입의 먹이를 빼앗고 용의 턱밑 구슬도 움켜쥔다. 넷째, 발꿈치로 땅을 딛는다. 가고자 하면 반드시 가고, 앉고자 하면 바로 앉는다. 濟宗四事隨身 一 殺活拄杖子 一頭放火 一頭放水 二 金剛眼睛 分優辨劣 透海穿山 三 獅子爪牙 虎口奪食 龍頷撈珠 四 脚跟點地 行則須行 坐則便坐"라고 하였다. [참고문헌] 『五家宗旨纂要』. ⇨ 금강안정 金剛睛, 사자조아 獅子爪牙, 제종칠사수신 濟宗七事隨身

제종삼곡 濟宗三哭 임제종에서는 세 가지 때에 소리쳐 운다. 정종(正宗)을 얻어도 잃어도 운다. 『오가종지찬요』 권상(卍속장114, p.516b6)에 "임제종에서는 세 가지 때에 운다. 첫째, 바른 종지를 잃은 이의 곡이다 종지를 잃어 통하여 사무칠 수 없기에 학인 스스로 통곡하는 경우다. 둘째, 바른 종지에 부합한 울음이다. 갑자기 깨우쳐 종지에 부합하는 경우다. 수보리가 부처님께서 설하신 경을 깨닫고 스스로 소리내 울었던 것에 해당한다. 셋째, 바른 종지에 어긋나서 우는 울음이다. 종지에 위배되고 문답이 맞아 떨어지지 않는 경우다. 종사가 손을 놓고 하늘을 우러러 소리쳐 통곡하는 것이다. 濟宗三哭 一者 有失正宗哭 如昧失宗旨 不能通徹 學人自己痛哭之類 二者 相符正宗哭 如偶爾契悟 符合宗旨 若須菩提悟佛說經 自己啼哭之類 三者 有違正宗哭 如違背宗旨 問答不投 宗師家斂手而哭蒼天之類"라고 하였다. [참고문헌]『五家宗旨纂要』. ⇨ 유실정종곡 有失正宗哭, 상부정종곡 相符正宗哭, 유위정종곡 有違正宗哭

제종삼소 濟宗三笑 임제종에서는 세 가지 때에 미소짓는다. 『오가종지찬요』 권상(卍속장114, p.516b13)에 "임제종에서는 세 가지 때에 미소짓는다. 첫째, 바른 종지와 부합할 때의 웃음이다. 문답이 맞아 떨어져서 피차가 계합하는 것이니 한산이 손뼉치고 습득이 껄껄 웃는 경우다. 둘째, 바른 종지를 잃었을 때의 웃음이다. 종지에 어긋나고 물어도 귀착되는 곳을 모를 때 스승이 웃으며 '사량정식으로는 도저히 헤아릴 수 있는 것이 아니다' 라고 일러주는 경우다. 셋째, 바른 종지를 깨달은 웃음이다. 하루아침에 깨우쳐 사무쳐서 종지를 따르면 한 점 불씨를 보거나 목어 소리를 듣고서 불쏘시개를 던지며 '아! 아!'하고 탄식하며 크게 껄껄 웃는 경우다. 濟宗三笑 一者 相符正宗笑 如問答相符 彼此契合 寒山撫掌 拾得呵呵之類 二者 有失正宗笑 如錯過宗旨 問著不知落處 師笑云非思量情識所能測之類 三者 悟順正宗笑 如一旦悟徹 順應宗旨 有一火頭聞打木魚 抛下火杈云啊啷 啊啷 呵呵大笑之類"라고 하였다. [참고문헌]『五家宗旨纂要』. ⇨ 상부정종소 相符正宗笑, 유실정종소 有失正宗笑, 오순정종소 悟順正宗笑

제종송어 濟宗頌語 명대 임제종 스님 한월법장(漢月法藏 1573~1635) 지음. 1권. 1628년(숭정1) 간행. 卍속장114, pp.213a1~218b4에 『오종원 五宗原』의 부록으로 실려 있다. 소암덕보(笑巖德寶)의 법사(法嗣)인 삼제광통(三際廣通)이 자신의 스승의 문집인 『소암집 笑巖集』의 「서문」에서 임제(臨濟)를 방계로 보고 종지를 폄하하자 이에 격분하여 오종의 본원을 밝히고 임제종의 위상을 세우기 위해 찬술하였다. 마조(馬祖) 일파의 법맥을 따라 전승되어 온 공안(公案)들을 들어 낱낱에 착어(著語)와 송(頌)을 달아 임제종풍을 부연하고 있다. ⇨ 오종원 五宗原, 법장 法藏 [9]

제종십삼종구 濟宗十三種句 임제종의 열세 가지 구. 선문에서 스승이 제자를 마주하는 열세 가지 수단을 말한다. 『오가종지찬요』 권상(卍속장114, p.520b11)에 "임제종에서 활용하는 열세 가지 구 : 첫째, 미진구다. 탐하여 언어의 길을 찾으니 본래의 진실을 잃어버린다. 둘째, 출신구다. 오늘이 또 가면 내일이 다시 온다. 셋째, 정종무문구다. 말 많은 곳에 있지 않으니 입을 열자마자 틀린다. 넷째, 정종무답구다. 답이야 어려울 것 없지만 구경에는 아무런 의미 없게 된다. 다섯째, 말후구다. 긴요한 관건 잡아 끊으니 범성에 통하지 않는다. 여섯째, 전신구다. 본분을 보았는가? 도리어 이 주먹이다. 일곱째, 격신구다. 하늘 끝 달을 본 듯 했는데 오히려 집안의 등불이네. 여덟째, 파관구다. 현묘한 관문을 쥐어 끊으니 오갈 길마저 없다. 아홉째, 장봉구다. 입에서 검을 토하고 혀끝에 칼을 찼다. 열째, 성전구다. 입 열기를 기다리지 않는다. 이미 팔각이 늦었다. 열한째. 의문상현구다. 한생각 현묘함을 구하려 한 즉시 구름이 하늘끝 달을 가린다. 열두째, 포폄구다. 훌륭한 스님이 측간에서 개를 기른다. 열셋째, 수방구다. 나 삼십방 놓지만 나 이미 그대가 아니라네. 濟宗十三種句 一 迷眞句 貪尋言語路 失却本來眞 二 出身句 今日且去 明日再來 三 正宗無問句 不在多言 開口卽錯 四 正宗無答句 要答也何難 究竟沒交涉 五 末後句 把斷要津 不通凡聖 六 轉身句 見鼻孔麽 却是拳頭 七 隔身句 但看天邊月 却是屋裏燈 八 把關句 扼斷玄關 往來無路 九 藏鋒句 口裏吐劍舌上帶刀 十 聲前句 不待開口 已遲八刻 十一 擬問傷玄句 一念擬求玄 雲障天邊月 十二 褒貶句 好箇闍黎 廁中餵狗 十三 收放句 喫我三十棒 我煞不如你"라고 하였다. [참고문헌]『五家宗旨纂要』. ⇨ 임제종 臨濟宗

제종육구 濟宗六句 임제종의 여섯 구. 『오가종지찬요』 권상(卍속장114, p.519b2)에 "임제종에서는 여섯 구로 알아차리게 한다. 첫째, 이렇게 하여도 좋다. 계를 지키고 참선하며 종일 앉아서 번뇌가 마음밭을 더럽히지 않도록 한다. 둘째, 이렇게 해서는 안 된다. 술잔과 꽃받침엔 사대가 없다. 그 중에 맛을 아는 이 몇이나 되겠는가? 셋째, 이렇더라도 얻지 못한다. 유위는 끝내 얻을 것이 없으니, 본래 한 물건도 없는데 또 무엇을 구하랴? 넷째, 이렇지 않다 해도 얻지 못하리. 버들과 꽃 한창인 거리 하릴없이 지나치고, 누각에서 연주하고 집에서는 노래 한창이니 열어 품는다. 다섯째, 이렇게 해도 이렇게 하지 못해도 온통 옳다. 잡아 거두고 놓아 가게 하니 걸림이 없다. 청산도 녹수도 본래 그대로네. 여섯째, 이렇다 해도 이렇지 못하다 해도 온통 맞지 않다네. 잡은 듯 보아 오면 잡힌 것 아니고, 놓아 간듯 하지만 무엇이 있어 갔겠는가? 濟宗六句內會取 恁麽也得 守戒護參終日坐 不教塵世汙心田 不恁麽也得 酒盞花盤無四大 就中滋味幾人知 恁麽也不得 到底有爲無所得 本來無物也何求 不恁麽也不得 柳陌花衢空過眼 秦樓歌舘漫開懷 恁麽不恁麽總得 把定放行無罣礙 青山綠水本如如 恁麽不恁麽總不得 把定看來無可把 放行覷去有何行"라고 하였

다. [참고문헌]『五家宗旨纂要』. ⇨ 임마야부득 恁麽也不得, 임마불임마총부득 恁麽不恁麽總不得

제종육병약 濟宗六病藥 임제종에서 제시한 다섯 가지 병통과 그에 대한 한 가지 처방. 『오가종지찬요』 권상(卍속장114, p.520a15)에 “임제종의 여섯 가지 병통과 약〈앞의 다섯 가지 길은 가지 말아야 한다. 가면 어긋난다〉: 첫째, 청정한 자리에서 눈 비벼 허공꽃을 만들지 않는다. 이것은 고요한 허공을 헤아리는 병통이다. 삼산등래는 ‘눈을 크게 떠라’ 하였다. 둘째, 일 없는 경계에서 칼이 두려워 피해서는 안 된다. 이것은 흑산 아래 귀신굴의 병통이다. 삼산등래는 ‘어찌 머리를 내놓지 않는가’라고 하였다. 셋째, 아무 일도 없는데 노예를 주인으로 섬기지 말아야 한다. 이것은 견지가 진실하지 못한 병통이다. 삼산등래는 ‘무엇이 본래면목인가?’라고 하였다. 넷째, 빛과 그림자 끝에서 밥 먹고 죽 먹은 기운으로 희롱하지 말아야 한다. 이것은 움직임에 실제적이지 않은 병통이다. 삼산등래는 ‘빨래 토해내라’고 하였다. 다섯째, 이리저리 얽힌 중에 청이다 황이다 말해서는 안 된다. 이것은 묶인 손 다시 묶는 병통이다. 삼산등래는 ‘똥이 넘쳐서 무엇하겠는가?’ 하였다. 여섯째, 태양처럼 크게 밝은 큰 길이다. 무위진인이 붉은 살덩어리 위에서 여러 제근을 서로 쓰니 온갖 풀끝에서 홀로 밝아 역력하다. 이것은 병통에 있지 않은 것이다. 삼산등래는 ‘그나마 그럴듯 하다’ 하였다. 濟宗六病藥〈前五路不得行 行卽錯〉 一 不得淨地上揑目生花 此是平空卜度之病 三山來云 大睜著眼好 二 不得無事甲裏畏刀避劍 此是黑山鬼窟之病 三山來云 何不出頭來 三 不得平地上認奴作郎 此是見地不眞之病 三山來云 如何是本來面目 四 不得光影門頭弄粥飯氣 此是用不親切之病 三山來云 急須吐却 五 不得葛藤裏說靑道黃 此是纏却縛手之病 三山來云 屎沸作麽 第六 當陽大路 有無位眞人向赤肉團上互用諸根 於百草頭邊孤明歷歷 此不在病之內者 三山來云 略較些子”라고 하였다. [참고문헌]『五家宗旨纂要』. ⇨ 임제종 臨濟宗

제종의선로문 祭鍾義禪老文 고려후기 이규보(李奎報 1168~1241) 지음. 종의선사를 애도하며 쓴 제문으로, 『동국이상국집』 권37(한국문집총간2, p.88b18)과 『동문선』 권109에 수록되어 있다. 선사와 도담(道談)을 주고받으며 흉금을 터놓고 지낸 이야기, 국청사(國淸寺)·감로사(甘露寺) 등에서 함께 노닐던 일 등을 회상하였다. 제문에 “덕 가득한 법의 그릇에 넉넉하다 못해 행마저 뛰어나시며 도 꽉 차올라 출렁입니다. 여사인 문장도 용처럼 맹렬하고 호랑이처럼 씩씩하여 붓을 휘둘러 종이에 뿌리면, 바람 일고 비가 쏟아지듯 탁 트여 널리 미쳤으니 온갖 것에 통하셨습니다. 全德法器 旣豐而充 行修而峻 道盈而沖 餘事文章 龍獰虎雄 揮翰洒紙 風凄雨濛 坦然曠達 多可旁通”라고 하였다. [참고문헌]『東國李相國集』, 『東文選』. ⇨ 제문 祭文

제종칠사수신 濟宗七事隨身 임제종의 납승들 일곱 가지 몸짓으로 행하다. 사사(四事)로도 수신(隨身)한다. 『오가종지찬요』 권상(卍속장114, p.517a3)에 “임제종 납승들 일곱 가지 몸짓으로 행하다. 첫째, 죽이는 칼이다. 무소를 베고 코끼리를 베니 쓰러진 시체가 만 리에 가득하다. 둘째, 살리는 검이다. 칼끝 범하지 않았으니 끊어진 후에 다시 소생한다. 셋째, 실지에 발 딛는다. 가는 곳이 모두 길이어서 걸음마다 어긋나지 않는다. 넷째, 향상의 관려자이다. 늘 하던 바 멀리 벗어났으니 밟자마자 문득 뒤친다. 다섯째, 격외의 이야기이다. 소의 입으로 말하고 말의 언어로 알아차린다. 여섯째, 납승이 자기 코를 만지다. 부처와 조사를 꾸짖고 수미산을 넘어뜨린다. 일곱째, 장대로 찾고 풀그림자 드리운다. 참과 거짓 가리지만 흔적없이 한다. 濟宗七事隨身 一 殺人刀 斬犀截象 伏屍萬里 二 活人劍 鋒鋩不犯 絶後再甦 三 脚踏實地 行行皆路 步步不差 四 向上關棙子 逈出尋常 踏著便轉 五 格外說話 牛口言語 馬口會取 六 衲僧巴鼻 訶佛罵祖 踢倒須彌 七 探竿影草 別眞辨假 斂跡藏踪”라고 하였다. [참고문헌]『五家宗旨纂要』. ⇨ 각답실지 脚踏實地, 제종사사수신 濟宗四事隨身

제종팔대세 濟宗八大勢 임제종의 납승들이 행하는 여덟 가지 큰 기세. 『오가종지찬요』 권상(卍속장114, p.518b7)에 “임제종의 여덟 가지 대세: 첫째, 천진대세다. 백장이 자리 거두고 마조가 법좌에서 내려오듯 하니, 움직임 자연스러워 굳이 세울 것 없다. 둘째, 비밀대세다. 취미화상이 머물다 걷고, 조주가 비구니를 누른 것과 같다. 어둠 속의 기관이어서 언설에 기대지 않는다. 셋째, 평상대세다. 정병을 가져오라고 했다가 다시 본래의 자리에 두라고 하는 것과 같다. 모든 움직임이 온통 본래의 모습을 보인다. 넷째, 직시대세다. ‘바로 마음이 부처’라거나 ‘그대가 바로 혜초다’라고 하는 경우와 같다. 곧 끌어내니 걸림이 없다. 다섯째, 정사대세다. 불자를 세우거나 주먹을 쥐고 가래를 꽂거나 손을 모으고, 상황에 맞게 집어 들어내 얼굴 앞에 보인다. 여섯째, 수방대세다. 마치 포대를 내려놓거나 들어내자 문득 가버리며 때론 펴고 때론 거두며 잡기도 하고 놓아주기도 한다. 일곱째, 권설대세다. 여섯 창의 비유나 나무를 가리키고 털 날리듯 한다. 에둘러 방편을 드리워 묘하게 합하고 기에 맞춘다. 여덟째, 성오대세다. 위산이 불을 헤집고 임제가 대우에게 주먹 세 방을 날리듯 한다. 긴급한 자리에서 묘하게 보이니 온몸이 경쾌하다. 濟宗八大勢 第一 天眞大勢 如百丈捲席 馬祖下座 用處自然 不假安立 第二 秘密大勢 如翠微駐步 趙州捏尼 暗裏機關

無須言說 第三 平常大勢 如喚過淨甁 却安舊處 施爲動轉盡見本來 第四 直示大勢 如卽心是佛 汝是慧超 直捷提時更無粘滯 第五 呈似大勢 如豎拂拈拳 揷鍬叉手 當機拈出覿面相呈 第六 收放大勢 如放下布袋 提起便行 隨卷隨舒有擒有縱 第七 權設大勢 如六牕譬喩 指樹吹毛 曲垂方便妙合機宜 第八 省悟大勢 如潙山撥火 臨濟三拳 急處妙提通身慶快"라고 하였다. 〔참고문헌〕『五家宗旨纂要』. ⇨ 비밀대세 祕密大勢, 수방대세 收放大勢, 권설대세 權設大勢, 성오대세 省悟大勢, 제종사대세 濟宗四大勢

제종팔방 濟宗八棒 임제종에서 종사가 학인에게 보이는 방(棒)의 여덟 가지. 『오가종지찬요』 권상(卍속장114, p.517b6)에 "임제종에서 종사가 활용하는 여덟 가지 방 : 첫째, 법령을 범하여 현묘한 종지와 멀어질 때 때리는 방. 삼산등래는 '종사가 내린 법령을 학인이 피할 줄 모르고 범하여 현지와 멀어지면 종사가 문득 때리니 이것은 벌주는 방이다'라고 하였다. 둘째, 근기에 따라 정법을 활용하는 방. 삼산등래는 '종사가 학인을 마주해 근기따라 때려야 함에 때린다. 이것은 정법을 따른다고 한다. 이것은 상벌의 류가 아니다'라고 하였다. 셋째, 현묘를 등지고 정법을 손상하는 방. 삼산등래는 '학인이 와서 보니 종사가 오로지 기특함을 조작하고 현묘함을 등지며 바른 도리를 상하게 하여 종사가 바로 때리더라도 학인은 허물을 인정하지 않는다. 이것 역시 벌주는 방이다'라고 하였다. 넷째, 종지를 인가하고 따르는 방이다. 삼산등래는 '학인이 종사가 종지를 들어 보이자 능히 깨닫고서 답이 맞아떨어지면 종사는 바로 때린다. 이것은 학인을 인증함이니 상주는 방이라 한다' 하였다. 다섯째, 허실을 시험하는 방. 삼산등래는 '학인이 오자마자 종사가 바로 때리거나 언구를 말해도 종사는 문득 때린다. 이것은 학인의 허실을 시험하여 그에게 견해가 있는지 없는지 살피는 것이니 역시 상벌의 방이 아니다'라고 하였다. 여섯째, 눈이 멀어 때리는 방이다. 삼산등래는 '종사가 학인을 접화할 때 학인의 근기를 가리지 않고 한결같이 난타하는 경우다. 눈에 진주가 없으니 이를 눈이 멀었다 한다. 이는 종사의 잘못이고 학인의 일과 관계가 없다'고 하였다. 일곱째, 어리석음을 꾸짖는 방. 삼산등래는 '학인이 이 일을 깨닫지 못하고 자질과 견지가 어리석어 분발하지 못하니 종사가 강하게 분발을 당부하며 학인을 때린다. 이를 어리석음을 꾸짖는다 하였다. 이 역시 상벌류가 아니다'라고 하였다. 여덟째, 범부와 성인을 모두 쓸어버리는 방. 삼산등래는 '종사가 학인을 접화하면서 미세한 조작에도 떨어지지 않고 언어를 허용하지도 않으며 범부의 분별도 성인의 알음알이도 모조리 쓸어버리니, 말할 수 있어도 때리고 말할 수 없어도 때리며 말할 수 있거나 말할 수 없거나 모두 때려서 학인의 명근을 끊어 없애고 가지와 잎사귀마저 두지 않아서 높고 높이 들어보인다. 여덟 가지 방의 활용 중에 가장 수승한 것이니 이를 정방이라 한다'라고 하였다. 濟宗八棒 一 觸令支玄棒 三山來云 如宗師置下一令 學人不知廻避 觸犯當頭 支離玄旨 宗師便打 此是罰棒 二 接機從正棒 三山來云 如宗師應接學人 順其來機當打而打 謂之從正 此不在賞罰之類 三 靠玄傷正棒 三山來云 如學人來見 宗師專務奇特造作 倚靠玄妙 反傷正理宗師直下便打 不肯放過 此亦是罰棒 四 印順宗旨棒 三山來云 如學人相見 宗師拈示宗旨 彼能領會 答得相應 宗師便打 此是印證來機 名爲賞棒 五 取驗虛實棒 三山來云如學人纔到 宗師便打 或進有語句 宗師亦打 此是辨驗學人虛實 看他有見無見 亦不在賞罰之類 六 盲枷瞎棒 三山來云 如宗師接待學人 不辨學人來機 一味亂打 眼裏無珠謂之盲瞎 此師家之過 不干學人事 七 苦責愚癡棒 三山來云 如學人於此事不曾分曉 其資質見地十分癡愚 不堪策進宗師勉强打他 是謂苦責愚癡 亦不在賞罰之類 八 埽除凡聖棒 三山來云 如宗師家接待往來 不落廉纖 不容擬議 將彼凡情聖解一並埽除 道得也打 道不得也打 道得道不得也打 直令學人斷却命根 不存枝葉 乃上上提持 八棒中之用得最妙者 此則名爲正棒"라고 하였다. 〔참고문헌〕『五家宗旨纂要』. ⇨ 고현상정방 靠玄傷正棒, 맹가할방 盲枷瞎棒, 고책우치방 苦責愚癡棒, 소제범성방 埽除凡聖棒

제좌구 提坐具 좌구를 들어 보이다. 법을 청하는(請法) 행의(行儀)다. 『백장청규』 권1 「성절 聖節」(대정장48, p.1113b13)에 "시자는 자리에 올라 왼손으로 향을 올린 후 몸을 돌려 좌구를 끌어서 문신한다〈이를 대중을 대신하여 청법하는 것이라고 한다〉. 侍者登座 左手上香轉身提坐具問訊〈謂之代衆請法〉", 『양기방회어록』(대정장47, p.645a3)에 "양기가 학인에게 물었다. '먼저 간 이는 이르지 못하였고, 끝에 간 이는 지나쳐 버렸다'. 학인이 좌구를 끌어 들자 양기가 가리켜 말했다. '좌구는 내려놓아라. 어떻게 말하겠는가?' '화상이시여, 어디에서 그런 소식을 들으셨습니까?' 양기가 때리자 학인이 좌구를 끌려 하였다. 양기가 다시 때리고 말했다. '애꾸눈 녀석'. 학인이 머뭇거리며 궁리하자 양기가 또 때리고서 말했다. '앉아서 차나 마셔라'. 師問僧 先行不到 末後太過 僧擬提起坐具 師指云 離却坐具 作麽生道 僧云 和尙那裏得這消息來 師便打 僧擬提坐具 師又打云 瞎漢 僧擬議 師又打云 且坐喫茶", 『원오어록』 권2(대정장47, p.720a20)에 "학인이 '법은 홀로 일어나지 않고 경에 의지해야 비로소 일어난다' 하고는 좌구를 끌며 물었다. '이것이 경입니다. 무엇이 법입니까?' '아사리에게 창을 빼앗겼다'. 問 法不孤起 仗境方生 提坐具云 這箇是境 如何是法 師云 却被闍梨奪却槍"라고 하였다. 〔참고문헌〕『百丈淸規』, 『楊岐方會語錄』, 『圜悟語錄』, 『禪林備用淸規』 권1(卍속장112, p.61a7). ⇨ 좌구 坐具, 청법 請法

제죄 制罪 Ⓢ pratikṣepaṇa-sāvadya, Ⓣ bcad-pa'i-kha-na-ma-tho-ba. 부처님께서 승중에서 일어난 일을 다스려 제정한 계로서 계목과 계상이 분명한 죄. 반드시 실제 일어난 일 즉 제계연기상(制戒緣起相)이 따른다. 가제죄(假制罪 Ⓢ prajñapti-sāvadya)·차죄(遮罪)라고도 하고, 뜻(意)으로만 짓는 성죄(性罪)와 대칭한다. 『율이십이명료론』(대정장24, p.667a19)에 "〔게〕자성이나 입제로 있게 된 계들을 뜻에 맞게 분별하여 능히 해설하리라. 〔석〕이는 앞에서 설한 상죄와 진실죄다. 이 죄문을 연유로 해서 부처님께서 학처를 세움이 세 가지 있게 되었으니 성죄, 제죄, 제성이죄다. … 때론 계를 분명히 구분해 알지 못하거나, 기억하지 못하거나, 때론 고의로 범한 것이 아닌 것 등을 말함이니, 이중에 만약 혹이나 혹의 등류와 또는 념념의 증장함이 없으면 제죄라 한다. 偈曰 自性立制所有戒 如理分別能解說 釋曰 是前所說想罪眞實罪 由此罪門 佛所立學處有三種 一 性罪 二 制罪 三 二罪 … 或由不了別戒 或由失念 或由不故意過犯 此中若無惑及惑等流 又無念念增長 是名制罪", 『구사석론』 권11 「분별업품 分別業品」(대정장29, p.234a23 : *Abh-k-bh.*, p.218)에 "어떻게 음주가 방편으로 정한 죄입니까? 자성이 없는 죄이기 때문이다. … 때로는 병든 이를 위해 방편으로 제죄를 열었다가도 음주를 다시 막는 경우다. 云何知飮酒是假制罪 無自性罪相故 … 有時爲病人許開假制罪 而重遮飮酒 kathaṃ punar-madyapānaṃ pratikṣepaṇa-sāvadyaṃ gamyate. prakṛti-sāvadya-lakṣaṇa-abhāvāt … utsarga-vihitasya-api glāneṣu prajñapti-sāvadyasya punar-madyasya-apavādaḥ"라고 하였다. 〔참고문헌〕『律二十二明了論』, 『俱舍釋論』, *Abh-k-bh.* ⇨ 성죄 性罪, 성차이죄 性遮二罪, 차죄 遮罪

제주도성내본산대흥사포교출장소 濟州島城內本山大興寺布敎出張所 제주특별자치도 제주시 이도동(당시 제주면 이도리 1362번지)에 있던 대흥사의 포교소. 1925년 3월 14일에 관음사(觀音寺) 스님 안도월(安道月)과 봉려관(逢廬觀)이 설립하였다. 포교담임자로는 평안남도 영명사(永明寺) 전 주지 대교사(大敎師) 이회명(李晦明)을 추대하였다. 1927년 음력 4월 1일부터 제주불교협회(濟州佛敎協會)·불교부인회(佛敎婦人會)·불교소녀단(佛敎少女團)이 순차적으로 정기총회를 개최하였으며, 이후 불탄축하식(佛誕祝賀式)을 성대하게 거행하였다. 〔참고문헌〕「布敎本山」(『韓國近世佛敎百年史』 권2, pp.6~8). ⇨ 봉려관 逢廬觀

제주불교소녀단 濟州佛敎少女團 제주도의 재가여성신도들이 결성한 조직. 1926년 1월에 김일순(金日順) 외 11인의 발기로 결성하였다. '장래를 희망하면서 예기(銳氣)의 정신을 단합하여 불교의 강령을 관철'하는 것을 목적으로 하였으며, 이를 위해 서무부(庶務部)·지육부(智育部)·덕육부(德育部)의 삼부(三部)를 두고 간사장(幹事長)·전무간사·상무간사의 임원을 두었다. 20세 이내 미혼녀를 보통회원으로 하였으며, 연령이 초과되거나 기혼녀는 특별회원으로 하였다. 〔참고문헌〕「各宗團體本山」(『韓國近世佛敎百年史』 권3, pp.12~13).

제주불교협회 濟州佛敎協會 불교진흥·심신수양·지방문화발전을 목적으로 결성한 조직. 1924년 11월 17일에 이회명(李晦明) 외 16인이 발기하여 제주공립보통학교에서 조직하였으며, 11월 21일에 관덕정에서 총회를 개최하고 규칙 제정·임원 선거를 실시하였다. 규칙에는 서무부(庶務部)·포교부(布敎部)·기도부(祈禱部)·구휼부(救恤部)·교육부(敎育部)의 부서를 두며, 회장 1인·부회장 1인 등의 간부를 둔다고 하였는데, 초대회장은 이회명이 선출되었다. 이후 산하에 제주불교부인회·제주불교소녀단 등 계층별로 다양한 신행단체를 조직하고 활동하였다. 〔참고문헌〕『東亞日報』 제1555호(1924.11.30), 「佛敎消息」(『佛敎』6, 1924) p.66.

제중 制中 결제중. 안거중임을 뜻하는 말. 『단교묘륜어록』 권상(卍속장122, p.405a17)에 "여름 결제하고 법좌에 올랐다. '성스러운 제중에 비결이 하나 있다. 위로는 별 셋이고, 아래로는 반달이네. 여러분에게 맡기니 반드시 가려내주시길. 90일 참하여 훤히 밝혀보라. 참해도 사무치지 못하면 마시는 것은 불로 녹인 구릿물이요 삼키는 것은 불에 달군 쇳덩이리라. 結夏上堂 聖制中有一訣 上三星下半月 付諸人須辨別 九十日參敎徹 參不徹 飮底是洋銅 呑底是熱鐵", 『파산어록』 권20 「연보 年譜」(가흥장26, p.96b3)에 "스님 41세 가을 음력 8월에 서령에서 주석하였다. 겨울 10월에 결제하는 제중에 대중을 제접하였다. 師四十一歲 秋八月 住栖靈 冬十月結制 制中爲衆提撕"라고 하였다. 〔참고문헌〕『斷橋妙倫語錄』, 『破山語錄』. ⇨ 결제 結制, 안거 安居

제중암 濟衆庵 황해남도 은율군 구월산(九月山)에 있던 암자. 『범우고』에 "망해암이라고도 한다. 박로(1584~1643)가 신천군수로 있을 때 창건하였다. 무릇 그 아버지가 천자를 배알하러 항해하다가 서해에서 익사하였으므로 이 암자를 창건하고 화상을 두었다. 암자의 이름을 망해라 한 것은 추모의 뜻을 드러낸 것이다. 一名望海 朴簬爲信川郡守時創建 蓋其父航海朝天 溺死西海 故爲刱此庵 仍留畵像 庵名望海 以寓追慕之義"라고 하였다. 〔참고문헌〕『梵宇攷』, 『伽藍考』, 『輿地圖書』, 『韓國寺刹全書』 권하 p.1022a14.

제지 制止 다스려 그치다. 계(戒)의 뜻이다. 『범망경』 권하(대정장24, p.1004a23)에 "석가모니불이 보리수에 앉아서 처음으로 위없는 깨달음을 얻고 난 후 맨 먼저 보살의 바라제목차를 맺었다. 부모와 사승과 삼보에게 효순하고 지극한 도의 법에 효순해야 하니, 효를 일컬어 계라 하였고 또한 제지라고 하였다. 釋迦牟尼佛 初坐菩提樹下 成無上覺 初結菩薩波羅提木叉 孝順父母師僧三寶 孝順至道之法 孝名爲戒 亦名制止", 『범망경보살계본소』 권1(대정장40, p.607b22)에 "계는 삼업을 제어하여 모든 악을 그쳐 사라지게 한다. 그러므로 계를 일컬어 '또한 제지라고도 한다' 한 것이다. 戒謂制御三業 止滅諸惡 故云戒 亦名制止也", 『보살계본소』 권상(대정장40, p.662c4)에 "대사계에는 두 뜻을 갖추어 겸하니, 첫째는 효순의 뜻이니 선 등을 거두기 때문이다. 둘째는 제지의 뜻이니 능히 악법을 여윌 수 있기 때문이다. 若大士戒 具兼兩義 一孝順義 能攝善等故 二制止義 能離惡法故"라고 하였다. [참고문헌] 『梵網經』, 『梵網經菩薩戒本疏』, 『菩薩戒本疏』. ⇨ 계 戒

제지 制底 Ⓢcaitya, Ⓟcetiya의 음사어. 탑원(塔院)을 말한다. 고대 인도에서 불사리(佛舍利)를 봉안한 원형의 스투파(Ⓢstūpa)를 중앙에 두고 그 주위를 돌며 예배할 수 있도록 만든 불당 또는 불탑을 가리키며 지제(支提)·제지야(制底耶)·제다(制多)·질지(質底) 등으로 음사한다. 『금광명최승왕경』 권4(대정장16, p.422b15)에 "이 설법처는 도량이 되는 땅이니 일체제천과 사람과 사람이 아닌 등 일체중생들이 밟거나 더럽혀서는 안 됩니다. 어째서 그럴까요? 설법처는 바로 제지여서 향기로운 꽃과 비단과 깃발과 천개로 공양해야 하며 저희들이 늘 수호하여 낡거나 손상되지 않게 해야 합니다. 此說法處 道場之地 一切諸天 人非人等 一切衆生 不應履踐 及以汚穢 何以故 說法之處 卽是制底 當以香花繒綵 幡蓋 而爲供養 我等常爲守護 令離衰損", 『대일경』 권2(대정장18, p.9b29)에 "만약 중생들이 이 불법이라는 가르침을 안다면, 세상 사람들이 마땅히 공양해야 하니 마치 제지를 공경하듯 한다. 若有諸衆生 知此法敎者 世人應供養 猶如敬制底", 『유부율』 권40(대정장24, p.408c24)에 "신통력으로 4대 제지, 즉 태어나신 곳·성불하신 곳·법륜을 굴리신 곳·열반하신 곳과 아울러 나머지 사리탑이 있는 곳에 가서 지성으로 공양하리라. 以神通力往四大制底 謂生處 成佛處 轉法輪處 涅槃處 幷餘舍利塔處 至誠供養", 『대일경소』 권5(대정장39, p.628b25)에 "제지는 번역하면 복취이니, 제불의 일체공덕을 그 중에 모았다. 그러므로 세상 사람들이 복을 구하고자 모두 공양공경한다. 制底翻爲福聚 謂諸佛一切功德聚在其中 是故世人爲求福 故悉皆供養恭敬", 같은 책 권6(대정장39, p.647b7)에 "범음의 제지는 질다와 어근이 같다. 그 안은 비밀스러운데 중심이 불탑이기 때문이라고 말한다. 梵音制底 與質多體同 此中祕密 謂心爲佛塔也", 『일체경음의』 권41(대정장54, p.581c23)에 "제지〈범어이다. 고역에 혹 '지제'라 이름하고 또는 초제라고도 한다〉. 制底〈梵語也 古釋 或名支提 或曰招提〉"라고 하였다. [참고문헌] 『金光明最勝王經』, 『大日經』, 『有部律』, 『大日經疏』, 『一切經音義』, *Vajr-pr. 79.* ⇨ 차이티야 caitya, 탑원 塔院, 대제지 大制底, 지제 支提

제지 制持 다스려 가지다. 『구사론』 권13(대정장29, p.70a17)에 "계는 제방의 뜻을 삼으니 또한 이에 준해야 할 것이다. 먼저 서원을 세우고 한계를 정하여 결코 악을 짓지 않아야 하고, 그런 뒤 거듭 억념하면서 참괴로 현전하며 능히 스스로 다스려 기억해 가져서 계를 범하지 않게 하는 것을 말한다. 戒爲隄塘義 亦應准此 謂先立誓限定不作惡 後數憶念 慚愧現前 能自制持 令不犯戒", 『유가사지론』 권11(대정장30, p.331b3)에 "이와 같이 알고 나서 출리 중에서 극히 마음을 다스려 가지는 것이니 무엇을 제지라 하는가? 행을 물들임에 임해서는 그 마음을 다스려 거두고, 사유수에 있어서는 임지해서 견고하게 머문다. 如是知已 於出離中 極制持心者 云何制持 謂於染汚行 制攝其心 於思惟修 任持堅住", 같은 책 권58(대정장30, p.622a28)에 "만약 상지에 있다면 사마타의 힘에 의해 다스려 가지고, 대부분 백정법에 의해 거둘 수 있기에 무기성을 성취한다. 若在上地 奢摩他力所制持故 多白淨法所攝受故 成無記性"라고 하였다. [참고문헌] 『俱舍論』, 『瑜伽師地論』.

제지 提持 들어 가지다. 끌어 가져서는 놓지 않고 자유자재로 쓰다의 뜻으로 대기대용(大機大用)의 뜻이기도 하다. 『원오어록』 권2(대정장47, p.719a18)에 "종승을 짊어지고 조사의 심인을 들어 가진다. 荷負宗乘 提持祖印", 『대혜어록』 권6(대정장47, p.833c9)에 "말해보라! 본분사 분상에 합하려면 어떻게 들어 가져야 할까? 且道 本分事上合作麽生提持", 『인천안목』 권2(대정장48, p.311b8)에 "임제종이란 대기대용이어서 조롱도 보금자리도 벗어나 호랑이 뛰고 용이 달아나듯, 별 떨어지고 번개치듯 한다. 천관을 뒤집고 지축을 흔드니 하늘 뜻과 기틀 짊어지고는 격외로 들어 가져 쓰니, 거두고 펴며 사로잡고 놓아주며 죽이고 살림을 마음대로 한다. 臨濟宗者 大機大用 脫羅籠出窠臼 虎驟龍奔 星馳電激 轉天關斡地軸 負衝天意氣 用格外提持 卷舒擒縱殺活自在", 『선림보훈』 권4(대정장48, p.1035b18)에 "이 일을 들어 가져서 부처와 조사의 은혜를 갚으니 당시 듣고 있던 이들 그 누군들 감동하지 않았겠는가? 提持此事報佛祖恩 當時聞者孰不感慟"라고 하였다. [참고문헌] 『圜悟語錄』, 『大慧語錄』, 『人天眼目』, 『禪林寶訓』. ⇨ 제닉 提搦

제지 齊知 자기의 수준에 맞게 안다는 말. 40권본『대반열반경』권8(대정장12, p.415b14)에 "성문과 연각 역시 그러하여 스스로의 경지를 가지런히 안다. 여래는 그렇지 않으니 자신의 경지와 타인의 경지를 모두 안다. 그러므로 여래를 걸림없는 지혜라고 부른다. 聲聞緣覺 亦復如是 齊知自地 如來不爾 悉知自地及以他地 是故如來名無礙智",『마하지관』권3(대정장46, p.35a23)에 "경에서 안다고 하는 것은 자신의 도리가 무위의 진제라고 여겨서 아는 것을 말한다. 經稱知者 齊知己理 眞諦無爲"라고 하였다. [참고문헌]『大般涅槃經』,『摩訶止觀』.

제지가 提地迦 서천부법장(西天付法藏) 제5조 제다가(提多迦 Ⓢ Dhītika).『아육왕전』권5(대정장50, p.121a23)에 "상나화수가 우파국다에게 말했다. '여래는 법을 존자 마하가섭에게 부촉하였고, 가섭은 나의 화상이신 아난에게 부촉하였으며, 화상은 법을 나에게 부촉하였다. 나는 이제 법을 그대에게 부촉하노라. 이 마돌라국에 선남자가 있으니 이름이 제지가이다. 그대는 그를 출가시켜 저 부처님의 법을 부촉하라'. 商那和修語優波鞠多言 如來以法付囑尊者摩訶迦葉 迦葉便以付囑我和上阿難 和上以法付囑於我 我今以法付囑於汝 此摩突羅國有善男子 名提地迦 汝當度使出家 付其佛法"라고 하였다. [참고문헌]『阿育王傳』. ⇨ 제다가 提多迦

제지반제 制底畔睇 Ⓢ caitya-vandana의 음사어. 탑묘공양(塔廟供養)을 뜻하는 말. 제지반탄나(制底畔彈那)라고도 음사한다.『남해기귀내법전』권3(대정장54, p.222b19)에 "앞에서 말한 제지반제란 말은 제지반탄나라고도 한다. 위대한 스승 세존께서 이미 열반에 드신 후에 인천대중이 모두 모여 불로 다비를 하고자 향기로운 장작들을 모아 큰불로 다비하였으니, 이곳을 일러 제지라고 하며 쌓아 모았다는 뜻이니 일어난 뜻에 의지해서 제지라는 이름이 있게 되었다. 또한 다음과 같이 푼다. 첫째는 세존의 온갖 덕을 생각하며 이곳에 모은 뜻이기도 하고, 둘째는 벽돌과 흙을 쌓아서 조성했다는 뜻이다. 자세히 전하는 글자의 뜻은 이와 같다. 때론 솔도파라고 하니 뜻은 이와 같다. 구역에서는 전부 탑으로 한역하거나 별도로 지제라고도 했는데 이들은 모두 변한 뜻이다. … 반제란 공경하여 예배한다는 뜻이다. 무릇 밖으로 나가 불상에 예배하려고 할 때 어떤 사람이 '어디로 가시오?'라고 물으면, '나는 모처에서 불탑에 공경의 뜻으로 예배하려고 하오'라고 답한다. 예배란 마음속으로 공경하여 높이기에 스스로는 낮추는 뜻이다. 上言制底畔睇者 或云制底畔彈那 大師世尊 旣涅槃後 人天並集 以火焚之 衆聚香柴 遂成大積 卽名此處 以爲制底 是積聚義 據從生理 遂有制底之名 又釋 一 想世尊衆德俱聚於此 二 乃積甎土而成之 詳傳字義如是 或名窣覩波義亦同此 舊總云塔 別道支提 斯皆訛矣 … 畔睇者 敬禮也 凡欲出外 禮拜尊像 有人問云 何所之適 答曰 我向某處 制底畔睇 凡禮拜者 意在敬上 自卑之義也",『근본살바다부율섭』권13(대정장24, p.599c27)에 "요약해서 말하자면 은사가 계신 주변이나 의지사가 계신 근처에서는 어떠한 일이든 묻지 않고 행해서는 안 된다. 오직 다섯 가지 일만은 예외인데, 어떤 것들이 그 다섯 가지인가? 물 마시는 것, 양치질, 대변, 소변, 동일 계내 49심 안쪽에서의 제지반제이니 앞에서 설한 것과 같다. 以要言之 在本師邊及依止師處 於一切事不問不作 唯除五事 何謂爲五 謂飮水 嚼齒木 大小便利 於同界中 齊四十九尋內 制底畔睇 如前所說"라고 하였다. [참고문헌]『南海寄歸內法傳』,『根本薩婆多部律攝』,『有部律頌』권상(대정장24, p.628a22). ⇨ 제지 制底, 반제 畔睇

제지사 制旨寺 중국 광동성(廣東省) 광주(廣州)에 있는 절. 제지사(制止寺)라고도 한다. 남월왕(南越王) 건덕(建德)의 고택에 동진(東晋) 융화년간(362~363)에 계빈국(罽賓國) 스님이 와서 지은 절이다. 유송(劉宋) 원가년간(424~453)에 구나발다라(求那跋陀羅)가 여기에 계단(戒壇)을 만들고 제지도량(制旨道場)이라 하였다. 선종의 초조 달마와 6조 혜능이 이곳에 머물렀다. 또한 양말(梁末)의 전란을 피하여 인도로 돌아가려던 진제(眞諦)가 이곳에 머물며『구사석론 俱舍釋論』·『대승유식론 大乘唯識論』·『섭대승론 攝大乘論』·『섭대승론석 攝大乘論釋』등을 한역하였다. 건명선원(乾明禪院)·법성사(法性寺)·광효사(廣孝寺) 등으로 사호가 바뀌었으며, 현재는 광효사(光孝寺)라 한다.『대승유식론』(대정장31, p.73c17)에 "보리유지법사가 먼저 북위에서『유식론』을 한역하였다. 혜개(慧愷 518~568)가 진 천가 4년(563) 계미년 1월 16일에 광주 제지사에서 삼장법사 구라나타에게 이 논서를 다시 한역할 것을 간청하였다. 이에 한역과 강의를 병행하여 3월 5일에 이르러 비로소 마쳤다. 菩提留支法師 先於北翻出唯識論 慧愷 以陳天嘉四年 歲次 癸未正月十六日 於廣州制旨寺 請三藏法師拘羅那他 重譯此論 行翻行講 至三月五日方竟",『고금역경도기』권4(대정장55, p.364c7)에 "사문 파라말타는 진제라고 한역한다 … 마침 광주자사 목국공 구양외가 제지사에 머물게 하고 경론을 한역해 줄 것을 간청하였다. 沙門 波羅末陀 此言眞諦 … 屬廣州刺史穆國公 歐陽頠 延住制旨寺請譯經論"라고 하였다. [참고문헌]『大乘唯識論』,『古今譯經圖紀』. ⇨ 광효사 光孝寺, 법성사 法性寺 3, 진제 眞諦

제지세간 諦知世間 Ⓢ satya-jñānena loka-jñatā. 사제(四諦)로서 세간이 생하고 사라지는 것을 아는 것.『대승장엄경론』권10(대정장31, p.641c23)에서 설한

신지(身知 Ⓢ kāya-jñāna)・구지(口知 Ⓢ vāc-jñāna)・제지(諦知 Ⓢ satya-jñāna) 등 세 가지 지세간(知世間 Ⓢ loka-jñatā) 중 하나다. 같은 책 권1(대정장31, p.642a4)에 “〔문〕 제지세간이란 무엇인가? 〔게〕 두 가지 지로써 세간의 생함을 알고 두 가지 지로써 세간의 멸함을 아네. 그치기도 하고 다시 일어나기도 하기에 제로서 알아 부지런히 수행하네. 〔석〕 두 가지 지로써 세간이 생함을 안다는 것은 고집의 이제를 안즉 세간이 항상 생함을 아는 것이다. 생과 생의 방편이기 때문이다. 두 가지 지로써 세간이 멸함을 안다는 것은 멸도의 이제를 안즉 세간의 멸함도 아는 것이다. 멸과 멸의 방편이기 때문이다. 問云 何諦知世間 偈曰 二知知世生 二知知世滅 爲息復爲得 諦知勤修行 釋曰 二知知世生者 知苦集二諦 則知世間常生 由生及生方便故 二知知世滅者 知滅道二諦 則知世間可滅 由滅及滅方便故”라고 하였다. 〔참고문헌〕『大乘莊嚴經論』, *Sūtr. 137.* ⇨ 지세간 知世間

제집 提什 담마난제(曇摩難提)와 구마라집(鳩摩羅什). 『출삼장기집』「서문 序文」(대정장55, p.265b9)에 “담마난제와 구마라집이 큰 그물을 끌어올리고, 도안과 혜원이 그 깊은 요점을 들어올렸다. 提什擧其宏綱 安遠振其奧領”라고 하였다. 〔참고문헌〕『出三藏記集』. ⇨ 담마난제 曇摩難提, 구마라집 鳩摩羅什

제집 諸執 천체에 걸려 있는 것들. 집이란 하늘에 집지(執持)되어 있는 천체를 말한다. 구집(九執 Ⓢ nava-grahāḥ)을 일컫는다. 『대일경』 권1(대정장18, p.4c4)에 “이와 같이 허물을 벗어나서 좋은 날 아침을 맞아 정해진 날의 시분과 수직(二十七宿) 및 제집을 다 모두 서로 응하게 한다. 공양하기 전에 길상상을 마주하고 먼저 일체여래께 절을 올린다. 離如是諸過 遇良日晨 定日時分 宿直諸執 皆悉相應 於食前時 値吉祥相 先當爲一切如來作禮”, 『대일경소』 권4(대정장39, p.618a13)에 “제집이라 하였으니, 집에 아홉 가지가 있다. 곧 일월화수목금토의 칠요에 라후와 계도를 합하여 구집이 된다. 라후는 겹쳐서 잠식하는 신이다. 계도는 말 그대로 한역하면 깃발이라는 뜻이고, 기성이란 혜성을 말한다. 諸執者 執有九種 卽是日月火水木金土七曜 及與羅睺計都合爲九執 羅睺是交會食神 計都正翻爲旗 旗星謂彗星也”라고 하였다. 〔참고문헌〕『大日經』, 『大日經疏』. ⇨ 구집 九執

제쮠담빠쿠툭투 rje-btsun-dam-pa Khutuktu 티베트불교 게룩파(Ⓣ dge-lugs-pa : 格魯派)에 속한 몽골지역의 최고지도자를 부르는 말. 장가호도극도(章嘉呼圖克圖 lcang-skya Khutuktu)와 함께 몽골의 2대 라마(喇嘛) 중 한 분이다. 제쮠담빠(rje-btsun-dam-pa)는 티베트어로 최상의 지존이라는 뜻이며, 쿠툭투(Khutuktu・Khotokto)는 몽골어로 활불(活佛)의 뜻이다. 철포존단파호도극도(哲布尊丹巴呼圖克圖)라고 음사한다. 〔참고문헌〕 Christian Schafferer *Understanding Modern East Asian Politics* (Nova Publishers, 2005) p.37. ⇨ 장가호도극도 章嘉呼圖克圖

제차 祭次 존숙(尊宿)의 다비식(茶毘式) 때에 대중이 도열하는 순서. 『백장청규』 권3(대정장48, p.1128c9)에 “제차 : 지사・두수・주상・서당・근구・몽당・강호・전자・노숙・중료・판사・구시자・향인・법권・제암탑・소사・사손・방장・행자・육국행자・행당・방장인복・교번・노랑・장갑・화객・수조국・제색작두. 祭次 知事 頭首 主喪 西堂 勤舊 蒙堂 江湖 前資 老宿 衆寮 辦事 舊侍者 鄕人 法眷 諸菴塔 小師 師孫 方丈 行者 六局行者 行堂 方丈人僕 轎番 老郎 莊甲 火客 修造局 諸色作頭”라고 하였다. 〔참고문헌〕『百丈淸規』.

제착 諸著 온갖 집착. 『법화경』 권1(대정장9, p.5c1)에 “사리불이여! 나는 성불한 이래로 갖가지 인연과 비유로 널리 가르침을 폈고, 무수한 방편으로 중생을 인도하여 온갖 집착에서 벗어나게 하였다. 어째서 그랬을까? 여래는 방편바라밀과 지견바라밀을 모두 구족하기 때문이다. 舍利弗 吾從成佛已來 種種因緣 種種譬喩 廣演言敎 無數方便 引導衆生 令離諸著 所以者何 如來方便知見波羅蜜 皆已具足”, 『법화현찬』 권3(대정장34, p.699b27)에 “이 방편으로 일체중생을 끌어 거두고 인도하여 온갖 집착에서 벗어나게 한다 하였으니, 착이란 본에 집착하는 것으로 애착에 의해 생사의 근본에 애착해 물들기 때문이다. 『법화론』에서 말하였다. ‘온갖 집착이란 저러저러한 처에 집착함이니, 때론 계에 착하고 지에 착하며 분에 집착하고 가르침에 집착한다. 계에 착한다는 말은 삼계에 착한다는 뜻이다. 지에 착한다는 말은 계취나 삼매 중 초선정 내지 비상비비상처 또는 멸진정에 착한다는 뜻인데, 구차제정을 지로 삼아 계취와 견취로 이 삼매들에 착하기에 지에 착한다고 한다. 분에 착한다는 말은 재가분으로서 동류라는 것에 착한다는 뜻이니, 이로부터 갖가지 업과 삿된 견해 등을 짓기 때문이다. 또 출가분이라는 명문이양에 착한다는 뜻이니, 이로부터 이리저리 살펴 번뇌 등을 일으키기 때문이다. 가르침에 착한다는 말은 성문승에 집착한다는 뜻이니, 소계 즐겨 가지고 사과등을 구하기 때문이다. 또 대승에 착한다는 뜻이니 이양・공양・공경 등에 착하기 때문이며, 착으로 분별하여 갖가지 법상을 관하고 심지어 부처의 경지까지도 분별하기 때문이다’. 以此方便 引攝將導一切衆生 令離諸著 著者 執本 愛染生死之根本故 論云 諸著者 彼彼處著 或著界 著地 著分 著乘 著界者 著三界 著地者 著戒取 三昧初禪定地 乃至非想非非想 滅盡定地

卽以九次第定爲地 戒取 見取 執此三昧 故名著地 著分者 著在家分已同類 作種種業邪見等故 著出家分名聞利養 能起種種覺察煩惱等故 著乘 著聲聞乘 樂持小戒 求四果等故 著於大乘 著利養 供養 恭敬等故 由著分別 觀種種法相 乃至分別佛地故"라고 하였다. [참고문헌] 『法華經』, 『法華玄贊』, 『妙法蓮華經論優波提舍』(대정장26, p.15a18). ⇨ 착 著, 오취 五趣

제찰법인 諦察法忍 삼법인(三法忍 : 耐怨害忍, 安受苦忍, 諦察法忍) 중 하나로 일체법의 깊고 깊은 본래적정과 자성열반을 자세히 살펴 견디는 뜻이다. 내원해인(耐怨害忍)과 안수고인(安受苦忍)의 의지처가 되는 인욕바라밀을 말한다. 『제개장보살소문경』 권3(대정장14, p.710b8)에 "무엇이 제찰법인인가? 보살은 여래께서 말씀하신 가장 깊고 깊은 경중에 법이 있어 능히 윤회종자를 끊고 모든 결박에서 벗어나 상속을 무너뜨린다 하니, 이것은 바로 일체법본래적정과 일체법자성열반을 말한다. 보살은 이와 같은 법을 듣고 나서 두려워하지 않고 이렇게 사유한다. '만약 이 법을 환히 알지 못하고 이 법을 얻지 못한다면 어찌 아누다라삼막삼보리과를 증득할 수 있겠는가?' 이 인연때문에 이와 같은 깊고 깊은 법중에 수지하고 사유하고 수습하고 사찰하여 승해를 일으키니 이것을 보살의 제찰법인이라 한다. 云何是諦察法忍 謂若菩薩若聞如來所說最極甚深經中 有法能斷輪迴種子 脫諸結縛 壞相續者 謂一切法本來寂靜 及一切法自性涅槃 菩薩得聞如是法已 不生驚怖 作是思惟 若不了知此法 及不得此法者 豈能證得阿耨多羅三藐三菩提果邪 由此因緣故 應於如是甚深法中 受持思惟修習伺察 及生勝解 是爲菩薩諦察法忍", 세친(世親)의 『섭대승론석』 권7(대정장31, p.357a3)에 "제찰법인으로 견뎌 능히 자세히 제법을 관찰할 수 있으니, 이 인욕의 힘으로 앞에서 설한 두 가지 인을 건립한다. 諦察法忍 堪能審諦觀察諸法 由此忍力 建立次前所說二忍", 무성(無性)의 『섭대승론석』 권7(대정장31, p.422a17)에 "제찰법인이란 바로 앞선 두 인의 의지처이니, 깊고 깊은 광대법을 견뎌 참아내기 때문이다. 諦察法忍 是前二忍所依止處 堪忍甚深廣大法故", 『금강반야경지찬』 권하(대정장85, p.92b17)에 "(세 가지 인 중에서) 첫째는 제찰법인이니, 두 가지 공의 뜻을 자세히 관찰하기에 생사유전하는 고통의 상만을 보지 않고 능히 대심을 일으켜 무상과를 구한다. 一 諦察法忍 於二空理審觀察故 不見生死流轉苦相 能發大心求無上果", 『성유식론소의연』 권12(卍속장79, p.740b2)에 "'제찰법인이란 무생법인으로 맡겨 가진다' 하였는데 제는 심제를, 찰은 관찰을, 법은 일체법을, 인은 인가를 말한다. 諦察法忍 是無生法忍任持者 諦謂審諦 察謂觀察 法謂一切法 忍謂印可"라고 하였다. [참고문헌] 『除蓋障菩薩所問經』, 『攝大乘論釋』, 『金剛般若經旨贊』, 『成唯識論疏義演』. ⇨ 삼법인 三法忍[3], 삼종인 三種忍[2], 인욕바라밀 忍辱波羅蜜, 무생법인 無生法忍, 내원해인 耐怨害忍, 안수고인 安受苦忍

제창 提唱 종지 등을 드러내 보이는 것. 제강창요(提綱唱要)라고도 한다. 『선원청규』 권2(卍속장111, p.886a16)에 "무릇 소참의 법은 초저녁에 종이 울리면 침당에서 자리를 만들고 지사와 대중이 모여 서로 묻고 답하니 조참과 같다. 드러내 말하는 것 외에도 위로는 지사와 두수에서 아래로는 사미와 동자승까지, 무릇 이 대중 중에 법도에 맞지 않은 일이 있다면 대소사를 가리지 않고 모두 법규에 따르게 한다. 夫小參之法 初夜鐘鳴 寢堂設位 集知事徒衆 賓主問酬並同早參 提唱之外 上自知事頭首 下至沙彌童行 凡是衆中不如法度 事無大小並合箴規", 『조론』 「열반무명론 涅槃無名論」(대정장45, p.157c13)에 "그러므로 석가가 마갈타성에서 문을 닫아걸고, 유마가 비야리성에서 입을 닫았으며, 수보리가 말없는 경지를 들어 보여서 도를 드러내고, 석범이 들음을 끊으니 꽃비가 내렸다. 所以釋迦掩室於摩竭 淨名杜口於毘耶 須菩提唱無說以顯道 釋梵絶聽而雨華", 『종범』 권상(卍속장114, p.571a4)에 "교외별전이란 학인이 경의 가르침에 막힘으로써 능히 묘한 마음에 계합하여 바로 성불하지 못하므로, 적절한 때에 돈오의 종지를 들어 보인 것이니 이것이야말로 선의 근원이다. 教外別傳者 良以學人滯於經教 卒未能印合妙心 立地成佛 故乘時而來 提唱頓宗 斯禪之源也", 『경덕전등록』 권11 「구지전 俱胝傳」(대정장51, p.288b3)에 "구지화상은 손가락 하나를 들어 보일 뿐 별다른 설법이 없었다. 師唯擧一指 無別提唱", 『벽암록』 20칙 「평창 評唱」(대정장48, p.160b18)에 "긴요한 묘만을 드날리고 종승을 들어 보여서 제일의 기틀 아래 향해 밝혀 얻게 하여야 가히 천하 사람들의 혀끝을 눌러 끊을 수 있으니, 주저한다면 두 번째 기틀에 떨어진다. 大凡激揚要妙 提唱宗乘 向第一機下明得 可以坐斷天下人舌頭 儻或躊躇 落在第二", 『황룡혜남어록』(대정장47, p.631a25)에 "지금 장로가 법당에 올라 들어보이는데 대중중에 아무도 묻는 이가 없다. 묻는 이 없으면 답하는 이도 없으니 종지의 옳고 그름을 어떻게 밝히 가리겠는가? 如今長老陞堂提唱 衆中又無人問 旣無人問 亦無答者 宗由邪正 若爲明辨"라고 하였다. [참고문헌] 『禪苑淸規』, 『肇論』, 『宗範』, 『景德傳燈錄』, 『碧巖錄』, 『黃龍慧南語錄』. ⇨ 제강 提綱

제처 諸處 Ⓢ āyatanāni. 내육처(眼耳鼻舌身意)와 외육처(色聲香味觸法)인 십이처(十二處)를 말한다. 일체(一切)를 뜻한다. 제입(諸入)이라고도 한다. 『불지경론』 권3(대정장26, p.302c16)에 "둥근 거울에 의지하여 뭇 영상들 나투듯이, 이렇게 여래의 지혜거울에 의지하여 제처의 경과 식 등 온갖 영상이 나타난다. 제처란 안의 육처를 말하고, 제경이란 밖의 육경을 말하며, 제식이란 여섯 가지 식을 말한다. 如依圓鏡 衆像影現 如是依止 如來智鏡 諸處境識 衆像影現 言諸處者 謂內六處 言諸境者 謂外六境 言諸識者 謂六種識", 『대비바사론』 권73(대정장27, p.380c12)에 "제처 하나하나의 상을 각각 설명하였으니, 이제 다시 제처의 차례를 설하겠다. 〔문〕 무슨 까닭으로 세존께서는 먼저 내처를 설하시고 후에 외처를 설하시는가? 〔답〕 육식이 의지하는 소의와 소연의 차례로 설하시기 때문이다. 〔문〕 무슨 까닭으로 세존께서는 육내처에서는 먼저 안처를 설하시고 나아가 후에 의처를 설하시며, 육외처에서는 먼저 색처를 설하시고 나아가 후에 법처를 설하시는가? 〔답〕 문장에 수순해서 상을 설명하시기 때문이다. 또 말하는 것과 말씀을 듣는 일과 말씀을 지니는 것의 차제법을 따르기 때문이다. 또 거칠고 미세한 차제법을 따르기 때문이니, 즉 육내처에서는 안처가 가장 거칠기 때문에 먼저 설하시고, 나아가 의처는 가장 미세하기 때문에 뒤에 설하신다. 別說諸處 一一相已 今應復說 諸處次第 問 何故 世尊先說內處 後說外處 答 以依六識 所依所緣 次第說故 問 何故 世尊 於六內處 先說眼處 乃至 後說意處 於六外處 先說色處 乃至 後說法處 答 隨順文詞 詮表相故 復次 隨順說者 受者 持者 次第法故 復次 隨順麤細 次第法故 謂 六內處 眼處最麤 是故前說 乃至 意處最細 是故後說"라고 하였다. 〔참고문헌〕 『佛地經論』, 『大毘婆沙論』, *Vikīn.160.* ⇨ 제입 諸入, 십이처 十二處, 십팔계 十八界

제처 諦處 Ⓢ satya-adhiṣṭhāna, Ⓟ sacca-adhiṭṭhāna. 사의처(四依處 : 四處) 중 하나로 여실법의 의지처. 여실법의 근거인 부동해탈(不動解脫)을 의미한다. 실처(實處)・일체행안주처(一切行安住處) 등이라고도 한다. 『집이문족론』 권7(대정장26, p.394a23)에 "네 가지 의지처란 첫째는 혜처, 둘째는 제처, 셋째는 사처, 넷째는 적정처이다. … 제처란 무엇인가? 〔답〕 저 박가범께서 『변육계기별경』에서 구수인 지견을 위해 '필추여 마땅히 알아야 할 것이니, 가장 수승한 제처를 부동해탈이라 한다. 제란 여실법이고 거짓이란 허망법이다. 그러니 필추는 마땅히 부동해탈을 성취해야 한다. 만약 부동해탈을 성취한다면 가장 수승한 제처를 성취했다고 할 수 있다'라고 설하신 것과 같다. 이를 제처라 한다. 四處者 一 慧處 二 諦處 三 捨處 四 寂靜處 … 諦處云何 答 如薄伽梵 於辯六界記別經中 爲具壽池堅說 苾芻當知 最勝諦處謂不動解脫 諦者謂如實法 誑者謂虛妄法 是故苾芻應成就不動解脫 若成就不動解脫 說名成就最勝諦處 是名諦處"라고 하였다. 〔참고문헌〕 『集異門足論』, 『大智度論』 권22(대정장25, p.222c24), *MN.3.245.* ⇨ 사의처 四依處, 부동해탈 不動解脫

제천 諸天 **1** 모든 하늘. 육도(六道) 중 천도(天道)의 중생. 욕계의 6천과 색계의 18천 그리고 무색계의 4천과 정법을 수호하는 호법천중 등을 말한다. 『기세경』 권1(대정장1, p.311a28)에 "비구들이여! 아가니타(Ⓢ Akaniṣṭha) 위에 다시 제천이 있으니 무변공처・무변식처・무소유처・비상비비상처라고 한다. 이들은 모두 제천이 머무는 처소이다. 諸比丘 阿迦尼吒已上 更有諸天 名無邊空處 無邊識處 無所有處 非想非非想處 此等皆名諸天住處", 『중아함경』 권33 「석문경 釋問經」(대정장1, p.638c1)에 "범천이여! 내가 설법할 때 제석천은 번뇌를 멀리 떠나고 제법의 법안이 생긴다. 그리고 팔만제천 역시 번뇌를 멀리 떠나고 제법의 법안이 생긴다. 梵天 我說法時 天王釋遠塵離垢 諸法法眼生 及八萬諸天 亦遠塵離垢 諸法法眼生", 『구사론』 권11(대정장29, p.60a27)에 "〔논〕 이것은 앞서 설한 삼십삼천 위에 있는 색계제천이니 허공에 머무는 궁전이다. 삼십삼천 위의 색계제천이란 무엇인가? 야마천・도시다천・낙변화천・타화자재천 그리고 앞서 설명한 범중천 등 16천 및 앞서 거론한 것과 합하여 22천이 있으니 모두 외기에 의지한다. … 〔논〕 또한 여섯 가지 욕계제천은 처음 날 때 차제로 나니 마치 5・6・7・8・9・10세로의 사람과 같다. 나게 되면 몸이 빠르게 원만해진다. 색계천중은 처음 날 때 몸의 크기가 두루 원만하고 아름다운 옷을 갖춰 입는다. 論曰 此前所說三十三天 上有色諸天 住依空宮殿 云何名上有色諸天 謂夜摩天 覩史多天 樂變化天 他化自在天 及前所說 梵衆天等 有十六處 并前合有二十二天 皆依外器 … 論曰 且六欲諸天 初生如次 如五六七八九十歲人 生已身形 速得成滿 色界天衆 於初生時 身量周圓 具妙衣服"라고 하였다. 〔참고문헌〕 『起世經』, 『中阿含經』, 『俱舍論』. ⇨ 천 天, 육욕천 六欲天, 색계십팔천 色界十八天**1**, 사무색천 四無色天 **2** 밀교 양부 만다라에 자리한 존격 중 천중(天衆). 금강계만다라 외원의 금강부 12천중과 태장계만다라 외원의 천룡귀신인 보세천(普世天)을 말한다. 『대일경소』 권9(대정장39, p.675c29)에 "여래의 금강갑옷을 입었기에 육도에 돌아가며 나고 죽어도 일체의 번뇌와 업고가 해치지 못한다. 만약 천략석에 의하면 수행자는 이 진언으로 스스로 가지함으로써 일체의 제천과 용 등이 금강살타의 몸에 똑같이 나타난다. 몸 전체에 금강갑옷을 입었으니 한없이 견고하고 촘촘하며 광명이 맹렬한 불길과 같다. 그러므로 장애가 되는 일체의 것이 해칠 수 없다. 以被如來金剛甲故 旋轉六道出生入死 一切煩惱業苦 所不能傷 若就淺略釋者 由行人以此眞言自加持故 一切諸天龍等 見皆同於金剛薩埵身 遍體皆被金剛甲胄 堅密無際光如猛焰 是故一切爲障者 皆不能傷也"라고 하였다. 〔참고문헌〕 『大日經疏』.

제천고 諸天苦 모든 하늘들의 고통. 오고(五苦) 중 하나로 모든 천이 공유하는 고통으로서, 어떠한 천이라도 열반을 얻음이 아니어서 목숨이 다하고 겁이 다해서 죽음을 맞이할 수밖에 없는 고통을 말한다. 『오고장구경』(대정장17, p.543c8)에 "무엇을 제천고라고 하는가? 제1천부터 제28천에 오르기까지 아나함천을 제외하고는 모두 오계를 지니고 십선을 지킨다. 사선을 행하면 그 위로 날 수 있다. 도와 지혜와 의지가 없기에 생로병사가 있고, 또한 천수를 누리지 못하기도 한다. 선세에서 지은 바를 따라서 수명에 장단이 있다. 제천에게는 두 가지 큰 재앙이 있으니, 첫째는 수명이 다하는 것이고 둘째는 겁이 다하는 것이다. 何謂諸天苦 從第一天 上至二十八天 除中阿那含天 皆是持五戒守十善 行四禪者 得生其上 無道慧意故 有生老病死 亦有不盡其天壽者 隨其先世所作故 壽命有長短 諸天有二大災 一曰 命盡 二曰 劫盡", 『대장성교법보표목』 권7(건륭장143, p.644b1)에 "오고라 했으니 첫 번째는 제천고다. 목숨이 다함과 겁이 다하는 특징이 있으니, 비록 대겁의 수명을 누려도 어쩔 수 없이 모두 죽게 된다. 五苦者 一 諸天苦 壽盡劫衰相現 雖壽大劫 要當皆死"라고 하였다. [참고문헌] 『五苦章句經』, 『大藏聖敎法寶標目』. ⇨ 오고 五苦

제천두학동석조여래입상 堤川頭鶴洞石造如來立像 고려시대 석조불상. 충청북도 유형문화재 제244호. 높이 340m·어깨 폭 85cm·하단 폭 110m. 충청북도 제천시 두학동에 위치한다. 하나의 돌을 다듬어 만든 것으로 굴곡이 거의 없는 돌기둥의 형태다. 신체에 비해 두부(頭部)가 크며, 방형의 얼굴에는 이목구비가 중앙으로 모여 있고, 백호공(白毫孔)만 남아 있다. 목과 가슴부분에 간단한 영락(瓔珞) 장식이 있고, 편단우견(偏袒右肩)의 법의 주름은 거의 음각선으로 표현되어 있다. 수인은 배 부근에서 양쪽 엄지를 맞댄 채 두 손을 포개고 있으며, 하반신은 두 발만 간략히 조각하였다. [참고문헌] 『文化遺蹟分布地圖 - 堤川市』(충북대박물관·제천시, 2003) p.230, 『韓國의 寺址』 대전광역시·충청북도(문화재청·불교문화재연구소, 2014) pp.327~329.

제천물태리석조여래입상 堤川勿台里石造如來立像 고려전기 불상. 보물 제546호. 전체높이 385cm·불상높이 349cm·어깨너비 99cm. 충북 제천 청풍문화재단지(清風文化財團地) 안에 있다. 원래는 제천시 읍리 대광사(大光寺) 입구에 있던 불상으로, 1971년에 보물로 지정될 당시의 명칭은 청풍석조여래입상(淸風石造如來立像)이다. 1985년 충주댐 건설로 이 지역이 수몰되게 되자 단지 내로 이안하였다. 기다란 석재에 불상을 새긴 후 대좌 위에 끼워 세우는 방식으로 조성한 석주형 불상이다. 석주형 대불은 보물 제219호 개태사지석조여래삼존입상(開泰寺址石造如來三尊立像) 같은 고려전기의 불상에서 많이 볼 수 있다. 불상의 상호는 원만한 방형으로 전체적으로 많이 마멸되었고, 육계도 일부 파손되었다. 수인은 오른손은 모두 구부리고, 왼손은 검지와 약지를 구부린 시무외여원인(施無畏與願印)이다. 통견의 법의 안에는 승기지(僧祇支)가 보이고, 측면에도 옷주름이 조각되었으나, 뒷면에는 치석(治石) 흔적만 있다. 대좌는 둥근 팔각형으로 윗부분에 두 발과 군의(裙衣) 자락이 양각되어 있는데, 대좌 위에 불족(佛足)을 조각한 수법은 보물 제197호 청양읍내리석조여래삼존입상(靑陽邑內里石造如來三尊立像)에서도 보인다. 석주형 대불의 조각기법과 세부 표현 등에서 전형적인 고려전기 불상양식이 드러난다. [참고문헌] 『제천물태리석조여래입상 : 정밀실측조사보고서』(제천시, 2017).

제천물태리석조여래입상

제천송계리대불정주범자비 堤川松界里大佛頂呪梵字碑 고려시대 비. 충청북도 유형문화재 제231호. 높이 1.61m·폭 1.63m. 11행 105자. 충청북도 제천시 한수면 송계리 덕주사(德周寺) 경내에 있다. 두께가 일정하지 않은 사다리꼴 모양의 자연 화강암에 '대불정주 大佛頂呪'라는 제목을 한자로 새겼고, 뒤이어 범어로 『수능엄경 首楞嚴經』 능엄주(楞嚴呪)의 일부분을 새겼다. 바닥면을 다듬은 흔적으로 보아 받침돌이 있었을 것이나 현존하지 않는다. 월광사지(月光寺址) 입구에서 발견되어 월광사와 관련된 것으로 추정되며, 우리나라에 존재하는 유일한 범자비이다. [참고문헌] 『文化遺蹟分布地圖 - 堤川市』(충북대박물관·제천시, 2003) p.349. ⇨ 덕주사 德周寺, 월광사 月光寺 ❷

제천장락동칠층모전석탑 堤川長樂洞七層模塼石塔 고려시대 모전석탑. 보물 제459호. 높이 9.1m. 충청북도 제천시 장락동에 소재한다. 회색 점판암을 다듬어 조성한 7층 모전석탑으로, 단층 기단은 여러 장의 자연석으로 구성하였고, 탑신석과 옥개석은 점판암을 벽돌모양으로 다듬어서 축조하였다. 1층 탑신의 네 모서리에는 굵은 화강암 기둥을 세우고 동·서쪽 면은 전체를 모전석재로 쌓았다. 남·북쪽 면에는 감실(龕室)을 만들었는데, 현재 남쪽 문은 소실되었다. 2층 탑신부터는 탑신부의 높이가 급격히 낮아지고, 모든 면에는 회(灰)를 덧칠하였던 흔적이 있다. 옥개석은 위아래 모두 층단형으로 1~3층까지는 9단, 4·5층은 8단, 6·7층은 7단이다. 매층 모서리에는 풍령(風鈴) 구멍이 있고, 7층에는 풍령을 달았던 철제 고리도 남아 있다. 상륜부(相輪部)는 모두 소실되어 사각 노반(露盤)만 남아 있는데, 윗면 가운데에는 연꽃으로 장식한 찰주공(擦柱孔)이 6층 탑신까지 뚫려 있다. 1967년에 해체수리를 하던 중 7층 옥개석 위에서 상륜부재로 추정되는 꽃문양이 투각(透刻)된 청동조각이 발견되었다. 5층 탑신에서는 사리공(舍利孔)이 있는 방형의 화강암 석재가 발견되었으나, 사리장엄구는 확인되지 않았다. [참고문헌]『文化財大觀 寶物篇 石造 I』(文化財廳, 2004) pp.454~457. ⇨ 모전석탑 模塼石塔

제천장락동칠층모전석탑

제천전 諸天傳 남송대 행정(行霆) 지음. 2권. 1173년(건도9) 간행. 천태종 가람에 안치된 여러 천신들의 유래를 적은 글. 『중편제천전 重編諸天傳』이라고도 한다. 卍속장150, pp.253a1~285b7에 수록되어 있다. 『국청백록 國淸百錄』「금광명참법 金光明懺法」에 의지하여 각각의 존위를 정하였으며, 범천(梵天)·제석(帝釋)·다문천(多聞天)·지국천(指國天)·증장천(增長天)·광목천(廣目天)·금강밀적천(金剛密迹天)·마혜수라천(摩醯首羅天)·산지대장(散脂大將)·대변재천(大辯才天)·대공덕천(大功德天)·위타천신(韋馱天神)·견뢰지신(堅牢地神)·보리수신(菩提樹神)·귀자모신(鬼子母神)·마리지천(摩利支天)·일궁천자(日宮天子)·월궁천자(月宮天子)·사갈라왕(娑竭羅王)·염마라왕(閻魔羅王) 등 20천을 열거하고 여러 경론에 근거하여 그들의 인연을 술한 뒤 7언 26구의 찬(讚)도 덧붙였다. 이전에 신환(神煥)이 천신들의 열전으로 구성한 저술을 지었는데 배열 순서에 결점이 있었기에 이를 고쳐 본서를 저술했다고 한다. ⇨ 행정 行霆

제천중 諸天衆 Ⓢ divyāḥ kāyāḥ. 모든 하늘의 무리들. 불법에 귀의해 법을 듣고 불법을 수호한다. 『기세경』 권8(대정장1, p.352b20)에 "비구들이여! 바로 이때 천주제석은 모든 하늘 무리들에게 이렇게 말했다. '그대들은 이 대지가 이와 같이 진동하는 것이 보이는가? 諸比丘 卽於是時 天主帝釋 告諸天衆 作如是言 汝等諸仁 見此大地 如是動不", 『제석소문경』(대정장1, p.247a29)에 "이때 모든 하늘 무리들이 이렇게 생각했다. '이 제석암은 너무 좁은데 천신들은 무수하니 어떻게 앉을까?' 부처님께서는 그의 마음을 아시고는 곧 신통력으로 바위를 넓혀 수용하여 서로 장애가 없도록 하셨다. 是時天主卽起是念 此帝釋巖 其相迫窄 天衆無數 如何坐耶 佛知其意 卽以神力 令巖寬廣 容諸天衆 各不相礙", 『법화경』 권1(대정장9, p.9c9)에 "이때 범천왕과 제석천과 … 나머지 모든 하늘 무리들과 백천만 권속들이 공경하고 합장하며 예를 표한 다음 나에게 법륜을 굴리기를 청하였다네. 爾時 諸梵王及諸天帝釋 … 幷餘諸天衆 眷屬百千萬 恭敬合掌禮 請我轉法輪", 『제불경계섭진실경』(대정장18, p.271a2)에 "사방에서 이 광명이 안으로 들어온 뒤 허공에 가득 차는데, 미진수 불보살들과 끝없이 많은 모든 하늘 무리들 이 광명을 보고는 일찍이 없었던 일이라고 찬탄하였다. 從四方來 入此光內 遍滿虛空 微塵沙數諸佛菩薩 無邊諸天衆 見是光明 歎未曾有"라고 하였다. [참고문헌]『起世經』, 『帝釋所問經』, 『法華經』, 『諸佛境界攝眞實經』, *Saddh-p.177.* ⇨ 천 天

제천홍 濟川洪 명대 임제종 스님. 초산소기(楚山紹琦 1403~1473)의 법을 이었다. 자세한 전기는 전하지 않는다. 『오등전서』 권59(卍속장141, p.265a7)에 "제천홍선사가 초산소기화상에게 물었다. '초명이 푸른 바닷물을 모조리 마셔버리면 물고기와 용과 가재는 어딜 향해 안심입명합니까?' '바다가 허공과 같다고 알면 물고기와 용은 저절로 변화한다' '초명은 지금 어디에 있습니까?' '그대의 눈썹 아래 있다'. 問 楚山琦曰 蟭螟蟲吸乾滄海 魚龍蝦蟹 向何處安身立命 琦曰 識海若空 魚龍自有變化 師曰 未審蟭螟蟲 卽今何在 琦曰 在汝眉毛下"라고 하였다. [참고문헌]『五燈全書』.

제철 提掇 끌어 부여잡다. 선문에서 화제 등을 끌어 부여잡는다는 말이다. 『원오어록』 권5(대정장47, p.734a11)에 "말해보라! 이 일을 어떻게 헤아릴까? 도리어 가져 부여잡을 수는 있는가? 흑백을 분명히 할 수나 있는가? 且道 恁麽事作麽生商量 還提掇得出麽 還緇素得明麽", 『대혜어록』 권21(대정장47, p.900b5)에 "다만 미처 다 뽑아내지 못한 곳으로 나아가 다만 화두만을 간하라. 학인이 조주에게 '개에게 불성이 있습니까?' 묻자 조주가 '무'라고 답했습니다. 행주좌와에 다만 때때로 들어 부여잡고 있다가 갑자기 폭발하듯 한 번 타파되면, 비로소 부모가 낳아주신 본래면목이 단지 얼굴에 있음을 알 수 있을 것입니다. 힘쓰고 힘써야 합니다. 只教就未拔處 看箇話頭 僧問趙州 狗子還有佛性也無 州云 無 行住坐臥 但時時提掇 驀然噴地一發 方知 父母所生鼻孔只在面上 勉之勉之", 『벽암록』「서 序」(대정장48, p.139a5)에 "오직 설두선사만이 종파와 격식을 뛰어넘는 바른 안목을 갖추고 바른 법령을 들어 부여잡고 식상한 풍격을 드러내지 않았다. 其惟雪竇禪師 具超宗越格正眼提掇正令 不露風規"라고 하였다. 〔참고문헌〕『圜悟語錄』, 『大慧語錄』, 『碧巖錄』. ⇨ 제시 提撕

제청 制聽 정해 지키게 한 계와 때때로 물어 허락하신 규범들. 제교와 청교. 제교는 반드시 지켜야 하는 계문으로 제문(制門)·제계(制戒)라고도 하고, 청교란 열고 닫을 수 있도록 허용한 규범으로 청문(聽門)·청계(聽戒)라고도 한다. 『사분율행사초』 권하(대정장40, p.104c23)에 "먼저 다 들어 '제'와 '청'으로 나누고, 그런 후에 법문에 따라서 푼다. 무엇을 '제'라고 하는가? 삼의와 육물을 말한다. 부처님께서 제정하여 비축하게끔 하니 모든 것에 한번 교화하여 통하게 하셨으며, 아울러 입고 쓰도록 제정하셨으니 어기면 죄가 성립한다. 무엇을 '청'이라고 하는가? 백 하나나 되는 가사의 재료를 말한다. 때때로 말씀드려 허락하신 것으로, 거스르든 따르든 허물이 될 것은 없고 법도에 통하게 하고 모자람이 없게 하신 것이다. 初總分制聽 後依門而解 何名爲制 謂三衣六物 佛制令畜 通諸一化 並制服用 有違結罪 何名爲聽 謂百一衣財 隨報開許 逆順無過 通道濟乏也", 『사분율행사초자지기』 권중(대정장40, p.332c3)에 "율장이 비록 넓고 행상이 극히 번쇄하지만, 제와 청 두 문으로 거두어 다하지 못한 것이 없다. 律藏雖廣 行相極繁 制聽二門 攝無不盡"라고 하였다. 〔참고문헌〕『四分律行事鈔』, 『四分律行事鈔資持記』, 『緇門警訓』 권5(대정장48, p.1068c27). ⇨ 제교 制敎, 청교 聽敎

제청 諦聽 Ⓢ śravaṇa, Ⓟ suṇāti, Ⓣ nyan-pa. 기울여 듣다. 살펴 진실로 듣는 것으로 십법행(十法行) 중 하나다. 부처님 말씀이나 모든 성현의 말씀 나아가 타인이 외우거나 설하는 법문을 존중하여 집중해 듣는 것을 말한다. 문혜(聞慧)를 일으키는 인(因)이기도 하다. 『장아함경』 권1 「대본경 大本經」(대정장1, p.1c16 : *Mahāpadāna-sutta, DN.2,* p.2)에 "자세히 들어라! 자세히 들어라! 잘 사유해 가져야 하니, 나는 그대들을 위해 분별하여 설할 것이다. 諦聽 諦聽 善思念之 吾當爲汝分別解說 tena hi bhikkhave suṇātha, sādhukaṃ manasikarotha, bhāsissāmīti", 『근본살바다부율섭』 권1(대정장24, p.530b20)에 "'자세히 들어라'라는 말은 온통 마음씀을 다하도록 하라는 것이다. '이를 잘 사유해 기억한다'는 말은 따로 세 뜻을 밝혔으니, 세 가지 류로 듣는 이들이 있음을 밝히고자 세 그릇에 비유한 것이다. 言諦聽者 總遣用心 言善思念之者 別明三義 欲明三類聽人 喩之三器", 『유가사지론』 권83(대정장30, p.763b20)에 "'제청'이란 이와 같은 상의 법에 대해 살펴 듣도록 권하는 말이다. 諦聽者 謂於如是相法 勸令審聽", 『변중변론』 권3(대정장31, p.474b25 : *Madhy-vibh.,* p.63)에 "(십법행 중) 넷째는 타인이 외워 소리내는 것을 오롯한 마음으로 자세히 살펴듣는 것이다. 四若他誦讀 專心諦聽 pareṇa vācyamānasya śravaṇaṃ", 원측(圓測)의 『해심밀경소』 권5(한불전1, p.267a9)에 "'부처님께서 아난에게 말씀하셨다. 이 경을 수지하는 데에는 십법행이 있다. … 넷째는 제청이다'. … 넷째는 가령 다른 이가 뜻을 내어 공경존중하여 미묘한 음성으로 선양하고 찬탄하면 우러르는 마음을 담아 법의 행상을 자세히 듣는 것이다. 佛告阿難 受持此經 有十法行 … 四者 諦聽 … 四 若他發意恭敬尊重 以微妙聲 宣揚闡讚 由宗仰故 諦聽法行", 원측의 『인왕경소』 권1(대정장33, p.380a9·한불전1, p.47c13)에 "제청이라 한 것은 문혜를 발생시키는 것이니, 이는 들음으로 인해 생겨나기 때문이다. 言諦聽者 發生聞慧 因聞生故", 『유마경의소』 권2(대정장38, p.927b11)에 "제청이란 그로 하여금 듣고 있는 법에 마음을 쏟게 하여 삼혜를 낳는 것으로서, 제청은 문혜를 위한다. 言諦聽者 令其注心聞法 生三慧也 諦聽爲聞慧"라고 하였다. 〔참고문헌〕『長阿含經』, 『根本薩婆多部律攝』, 『瑜伽師地論』, 『辯中邊論』, 『解深密經疏』, 『仁王經疏』, 『維摩經義疏』, *DN., Madhy-vibh.* ⇨ 십법행 十法行, 문혜 聞慧

제청평산거사진락공지문 祭清平山居士眞樂公之文 고려전기 청평사에 은거한 이자현(李資玄 1061~1125)의 제문. 입적 4개월 후인 1125년(인종3) 8월 제사에 지은 것으로, 진락공중수청평산문수원기비(眞樂公重修清平山文殊院記碑)를 세울 때 음기(陰記)로 기록하였다. 의천(義天)의 제자인 혜소(惠素)가 짓고, 신필(神筆) 탄연(坦然 1070~1159)이 썼으며, 조원(祖遠)이 새겼다. 전면의 「문수원기」는 『동문선』 권64에, 음기인 「제청평산거사진락공지문」은 『조선금석총람』 권상 p.328에 수록되어 있다. 제문에 "권세가에서 나고 자랐으나 정에 빠지지 않아서 부귀를 쭉정이처럼 여기고, 공경을 하찮게 여기며 도로 수양하였다. 높은 벼슬을 영화로 여기지 않고, 산림과 논밭에서 평생을 뜻대로 사셨다. 불조의 법인을 높이 받들고 바로 정법을 행하셨다. … 배우는 자

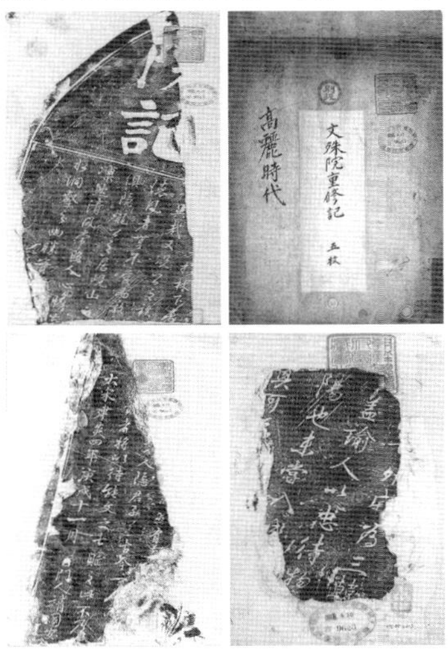

비편 국립중앙박물관

가 마당 가득하여 법보시 받기를 바라니, 조계의 물 한 방울을 근기에 따라 베풀었다. 이미 남에게 다 베풀었으나 없어지지 않았다. 生長閥閱 不溺其情 粃糠富貴 螻蟻公卿 道與之飾 軒冕非榮 山林皐壤 適我平生 高提祖印 正令當行 … 學者盈庭 願蒙法施 曹溪一滴 隨器普被 旣以與人 而已不匱"라고 하였다. 제문이 새겨진 문수원기비는 이자현이 창건한 강원도 춘천시 청평사에 세워져 있었는데, 오랜 세월 풍화와 화재로 훼손되다가 한국전쟁 때 완전히 파괴되었다. 1968년에 비편(碑片)만을 발굴하여 동국대 박물관에서 보관 중이다. 춘천시에서 문헌·탁본·사진 등의 고증을 통해 원문을 모두 복원하여, 2008년 7월 25일 청평사 경내에 복원비를 세웠다. [참고문헌] 『朝鮮金石總覽』, 『東文選』. ⇨ 이자현 李資玄, 문수원중수비 文殊院重修碑

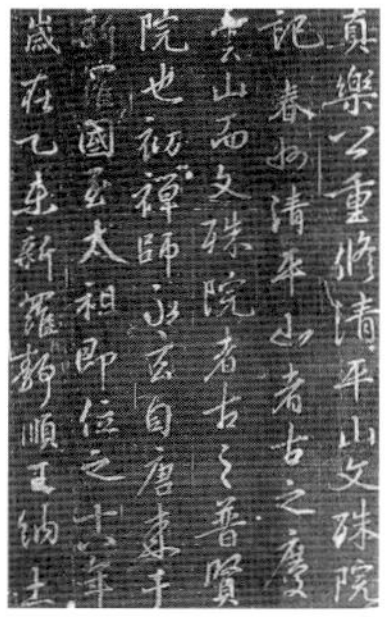

비첩부분 故임창순 소장

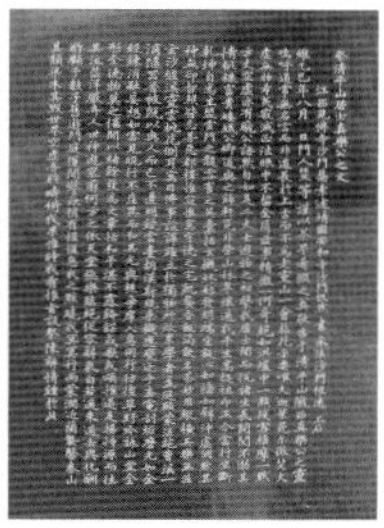

제청평거사진락공지문 복원비

제취 諸趣 Ⓢ gati-saṃkaṭa, Ⓣ 'gro-ba-thams-cad. 중생들이 생사에 미혹하여 윤회하며 이리저리 다니는 세계. 육도(六道) 또는 오취(五趣) 등을 말한다. 『잡아함경』 권36(대정장2, p.259b3)에 "대천세계에서 오도제취에 나거나 범천에 이르기까지 인천의 우열한 모습을 깨끗한 천안으로 다 보시기에, 머리 숙여 예를 올린다. 於大千世界 五道諸趣生 乃至於梵世 人天優劣想 淨天眼悉見 是故稽首禮", 『대승입능가경』 권5(대정장16, p.619b29 : *Laṅk.*, p.220)에 "부처님께서 말씀하셨다. '대혜여! 잘 들어라, 잘 들어라. 너를 위해 설하리라. 대혜여! 여래장은 선과 불선의 인이어서 능히 일체 취의 생을 일으키고 짓는다. 비유하자면 재주 부리는 아이가 이리저리 변하여 나타나는 것과 같다. 아와 아소를 여의어서 깨우칠 일 없기에, 근경식 세 연으로 화합하여 과로 남이 있게 된다'. 佛言 大慧 諦聽 諦聽 當爲汝說 大慧 如來藏是善不善因 能遍興造一切趣生 譬如伎兒變現諸趣 離我我所 以不覺故 三緣和合而有果生 bhagavāṃs-tasya-etad-avocat, tathāgatagarbho mahāmate kuśalākuśalahetukaḥ sarvajanmagati-kartā, pravartate naṭavadgati-saṃkaṭa ātmātmīya-varjitas-tad-anavabodhān-trisaṅgati-pratyaya-kriyāyogaḥ pravartate", 『화엄론절요』 권2(한불전4, p.830a12)에 "열 가지 근본번뇌란 첫째 욕, 둘째 색, 셋째 무색이다. 이 삼계는 근본적으로 묶인 곳이다. 넷째 교만, 다섯째 제취, 여섯째 애, 일곱째 어리석음, 여덟째 탐, 아홉째 성냄, 열째 마음이라는 마왕이다. 其十種根本煩惱者 一 欲 二 色 三 無色 此是三界根本所縛處 四 憍慢 五 諸趣 六 愛 七 愚癡 八 貪 九 恚 十 心魔王"라고 하였다. [참고문헌] 『雜阿含經』, 『大乘入楞伽經』, 『華嚴論節要』, 『華嚴經三寶章圓通記』 권상(한불전4, p.182a8), *Laṅk.* ⇨ 취 趣, 오도 五道, 육도 六道

제치 諦治 제를 가져 다스리다. 팔정도 중 하나인 정정진(正精進 Ⓟ sammā-vāyāma)의 구역어(舊譯語). 『팔정도경』(대정장2, p.505a16)에 "여섯째 제치는 무엇인가? 생사하는 뜻으로 함께 합해 행하면서도 정진으로서 행하며, 힘을 내어 인연으로서 행하며, 정진하여 싫증 내지 않는 뜻으로 가지니 이를 제치라 한다. 第六諦治爲何等 生死意共合行 所精進行 出力因緣行 乃精進不厭意持 是爲諦治"라고 하였다. [참고문헌] 『八正道經』. ⇨ 정정진 正精進, 팔정도 八正道

제치제밀상 諸齒齊密相 삼십이상 중 하나. 모든 치아가 가지런하고 조밀한 상. 치제상(齒齊相)·치밀제평상(齒密齊平相)이라고도 한다. 『불본행집경』 권9 「상사점간품 相師占看品」(대정장3, p.692c20)에 "삼십이종대인상은 다음과 같다. … 스물두 번째는 제치제밀상이다. 三十二種大人相者 … 二十二者 諸齒齊密"라고 하였다. [참고문헌] 『佛本行集經』. ⇨ 치제상 齒齊相

제칠선 第七仙 Ⓟ isi-sattama. 석가모니부처님의 별호. 제칠선성(第七仙聖)이라고도 한다. 석가모니부처님은 과거칠불 중 일곱 번째 부처님으로서 불로불사의 공덕을 갖추고 있기에 이렇게 부른다. 『증일아함경』 권1 「서품 序品」(대정장2, p.549b13)에 "능인이신 제칠선께 스스로 귀의하여 현성의 위없는 법문을 연설하리. 끝없이 흐르는 생사의 긴 강에 오래도록 머물렀는데, 세존께서 이제 백성을 구제하시네. 自歸能仁第七仙 演說賢聖無上軌 永在生死長流河 世尊今爲度黎庶", 『별역잡아함경』 권4(대정장2, p.401c26)에 "불타이고 여래이시며 지진이신 등정각으로 진금색에 두렷한 빛은 일심이나 빛나고, 신체 방정하시니 니구다수와 같으며, 설법은 제일에 제칠선성이시며, 해탈함이 세간에 우뚝하신 우리의 세존께 귀의합니다. 南無佛陀 如來至眞 等正覺 眞金之色 圓光一尋 身體方整 如尼拘陀樹 說法第一 第七仙聖 解脫世雄 我之世尊", 80권본 『화엄경』 권12 「여래명호품 如來名號品」(대정장10, p.58c14)에 "여래는 이 사천하 중에서 때로는 일체의성이라 하고, … 때로는 석가모니, 때로는 제칠선, 때로는 비로자나라고 한다. 如

來於此四天下中 或名一切義成 … 或名釋迦牟尼 或名第七仙 或名毘盧遮那"라고 하였다. 〔참고문헌〕『增壹阿含經』, 『別譯雜阿含經』, 『華嚴經』, *MN.1.386.*, *SN.1.192.* ⇨석가모니 釋迦牟尼, 과거칠불 過去七佛, 선 仙

제칠심 第七心 ❶열 가지 보리심 중 하나. 『장엄보리심경』(대정장10, p.961c10)에 "보살이 보리심을 냄에 열 가지 법이 있다. 어떤 것이 그 열인가? … 제칠심을 내면 반야바라밀을 행하여 모든 원을 가득 채운다. 비유하면 마치 상인이 온갖 어려움을 여읜 것과 같기 때문이다. 菩薩發菩提心有十法 何等爲十 … 發第七心 行般若波羅蜜 諸願得滿足 喩若商賈客 得離衆難故"라고 하였다. 〔참고문헌〕『莊嚴菩提心經』. ❷육바라밀 중 시라바라밀다(尸羅波羅蜜多 Ⓢ śīla-pāramitā : 戒波羅蜜)를 수행할 때 내는 마음. 『대보적경』 권42(대정장11, p.247a14)에 "사리자야, 모든 보살마하살은 시라바라밀다를 행할 때 이와 같은 제칠심을 일으키고 난 다음에 부지런히 대보살장미묘법문을 구하기 위하여 설법사를 더욱더 받들어 섬기고, 한층 더 공양하며 심지어 물 담는 그릇까지 보시한다. 舍利子 諸菩薩摩訶薩行尸羅波羅蜜多時 發如是第七心已 爲欲勤求大菩薩藏微妙法門故 於說法師倍復奉事 勤加供養 乃至施及貯水之器"라고 하였다. 〔참고문헌〕『大寶積經』. ⇨시라바라밀 尸羅波羅蜜 ❸육식(六識)을 떠난 일곱 번째 마음. 『순정리론』 권2(대정장29, p.338c21)에 "어떻게 수를 떠나 마음은 결코 생겨나지 않는다는 것을 아는가? 여러 계경에서 한결같이 설하기 때문이니, 저 계경에서 설하길 '안과 색이 연이 되어 안식을 낳으니, 이 세 가지의 화합인 촉은 함께 수상사를 일으킨다. 이와 같이 하여 나아가 의와 법이 연이 되어 의식을 낳으니, 이 세 가지의 화합인 촉은 수상사를 함께 일으킨다'. 제칠심이 수를 떠나 생겨나는 경우는 없기에 반드시 세 번째 수가 있음을 알아야 한다. 焉知離受 心必不生 由諸契經 同所說故 如契經說 眼及色爲緣 生於眼識 三和合觸 俱起受想思 如是乃至 意及法爲緣 生於意識 三和合觸 俱起受想思 無第七心 離受而起 故知決定 有第三受"라고 하였다. 〔참고문헌〕『順正理論』.

제칠정 第七情 일곱 번째 근. 정은 근(根)의 구역(舊譯)으로, 근은 오직 육근(六根) 뿐이니 실재하지 않는 것의 비유다. 『설무구칭경소』 권5(대정장38, p.1081b23)에 "〔찬〕 여기에는 열 가지가 있다. 범어로는 살타라고 음사하고 여기서는 유정이라 한역하였는데, 바로 육근을 지닌 존재가 이것이다. 구역 경문에서는 이 때문에 제칠정과 같다고 설했는데, 지금에는 근(根)이라 한다. 贊曰 此中有十 梵云薩埵 此云有情 卽六根 是 舊文由此 說如第七情 今言根也", 『대승의장』 권3(대정장44, p.530b22)에 "이 여섯 가지 밖에 다시 다른 식은 없다. 그래서 『유마경』에서 아와 인은 없으니 제칠정과 같다. 필경에는 없는 법이니 정이란 식이다. 육근 이외에 일곱 번째 근은 없으며, 육진 이외에 일곱 번째 진은 없다. 그러므로 육식 밖에 일곱 번째 식은 없으니, 일곱 번째 식이 없는데 하물며 어떻게 그 이외의 식이 있을 수 있겠는가? 此六之外 更無餘識 故維摩中說 無我人如第七情 畢竟無法 精猶識也 六根之外 無第七根 六塵之外 無第七塵 故六識外 無第七識 尙無第七 焉有餘識"라고 하였다. 〔참고문헌〕『說無垢稱經疏』, 『大乘義章』, 『維摩經』 권중(대정장14, p.547a28). ⇨제오대제육음제칠정제십삼입제십구계 第五大第六陰第七情第十三入第十九界

제칠지 第七地 십지(十地) 중 일곱 번째로 원행지(遠行地 Ⓢ dūraṃgamā-bhūmi). 80권본 『화엄경』 권37(대정장10, p.196b4)에 "보살이 이와 같은 열 가지 방편혜로 뛰어난 행을 일으켜서 제육지를 좇아 제칠지에 들며, 들고 나면 이 행이 늘 현전하기에 제칠원행지에 머문다고 한다. 菩薩以如是十種方便慧 起殊勝行 從第六地 入第七地 入已 此行常現在前 名爲住第七遠行地", 『섭대승론』 권하(대정장31, p.107a188 : *Mah-saṃ.*, p.66)에 "어째서 제칠지를 원행지라고 하는가? 노력할 공용을 행하여 다한 끝에 이르기 때문이다. 何故第七地 名爲遠行 有功用行盡至故 ci'i phyir sa bdun pa la ring du song ba shes bya she na. sbyor ba las byung ba'i spyod pa'i mthar 'gro ba'i phyir ro"라고 하였다. 〔참고문헌〕『華嚴經』, 『攝大乘論』, *Mah-saṃ.*, *Daś-bh.3.* ⇨원행지 遠行地, 십지 十地

제타가동자 制吒迦童子 Ⓢ Ceṭaka. 밀교 부동명왕(不動明王)의 오사자(五使者) 또는 팔대금강동자(八大金剛童子) 중 한 명. 긍갈라동자(矜羯羅童子)와 함께 부동명왕의 협시다. 부동명왕 이외의 존자에게도 제타가라는 사자가 있다. 제적가(制摘加)·제다가(制多加)·세다가(勢多迦)·선지가(扇底迦)라고도 하며, 식재(息災)·복덕취승(福德聚勝)·복취승자(福聚勝者) 등으로 한역한다. 『팔대동자궤』(대정장21, p.32b23)에 그 형상에 대해 "다음으로 제타가 역시 동자상이다. 그 피부색은 붉은 연꽃색이며, 머리에는 오계를 맺고 있다〈하나는 정수리 중앙에, 하나는 이마 위에, 두 개는 머리 좌우에, 하나는 정수리 뒤쪽에 맺고 있는데 이는 오방과 오지를 나타낸다〉. 왼손에는 금강저

제타가동자 일본 고야산금강봉사 겸창

를 들고 있고, 오른쪽에는 금강봉을 잡고 있다. 분노심과 악한 성품의 소유자라서 가사는 입고 있지 않으며, 천의로 목과 어깨를 감싸고 있다. 次制吒迦亦如童子 色如紅蓮頭 結五髻〈一 結頂上之中 一 結額上 二 結頭左右 一 結頂後 表五方五智〉 左手嚩日囉 右手執金剛棒 瞋心惡性之者 故不著袈裟 以天衣纏其頸肩"라고 하였다. 인계는 외박오고인(外縛五股印)이며, 진언은 "옴 갈로마 제타가 훔훔 발타남 唵 羯嚕麽 制吒迦 吽吽 發吒南"이다. 〔참고문헌〕『八大童子軌』. ⇨ 팔대금강동자 八大金剛童子, 긍갈라동자 矜羯羅童子, 부동명왕 不動明王

제팔성자 第八聖者 팔인지(八人地 Ⓢ aṣṭamaka-bhūmi) 또는 예류향(預流向). 처음으로 무루도를 얻는 수신행(隨信行)·수법행(隨法行)을 말한다. 승에서 열로 거꾸로 헤아려 부르기에 제8이다. 『대비바사론』 권46(대정장27, p.239c10)에 "〔문〕 처음으로 도를 얻어서 예류라고 하고, 처음으로 과를 얻기에 예류라고 하니, 과실이 있게 되는가? 둘 다 과실이다. 처음으로 도를 얻기에 예류라고 한다면 제팔성자를 예류라고 해야 한다. 제팔성자란 수신행·수법행을 말하니, 승한 것으로부터 헤아려 여덟 번째이기 때문이고, 이것은 최초로 무루도를 얻기 때문이다. 처음으로 과를 얻기에 예류라 한다면 배리욕염자와 전리욕염자가 정성이생에 들어가 도류지에 이른 이를 예류라고 해야 한다. 그때 네 가지 성과 중에서 최초의 과를 증득하기 때문이다. 어떤 이는 이렇게 말한다. '처음으로 도를 얻기에 예류라고 한다'. 〔문〕 제팔성자를 예류라고 해야 하는가? 〔답〕 처음으로 도를 얻고, 도지의 연마저 갖추어야 비로소 예류라고 한다. 제팔성자는 비록 처음으로 도를 얻었으나 아직 다 갖추지 못했기에 예류라고 하지 않는다. 問 爲初得道 故名預流 爲初得果 故名預流 設爾何失 兩俱有過 若初得道 故名預流 則第八聖 應名預流 第八聖者 謂隨信行 及隨法行 從勝數之 是第八故 彼最初得 無漏道故 若初得果 故名預流 則倍離欲染 及全離欲染者 入正性離生 至道類智位 應名預流 爾時 證得四聖果中 最初果故 有作是說 以初得道 故名預流 問 第八聖者 應名預流 答 若初得道 具緣道智 乃名預流 第八聖者 雖初得道 而未具得 緣道智故 不名預流"라고 하였다. 〔참고문헌〕『大毘婆沙論』, 『俱舍論記』 권23(대정장41, p.355a1). ⇨ 수신행 隨信行, 수법행 隨法行, 팔인지 八人地, 예류향 預流向, 예류 預流, 사향사과 四向四果 ❶

제팔식 第八識 여덟 가지 식 중 여덟 번째 식. 아뢰야식(阿賴耶識 Ⓢ ālaya-vijñāna)을 말한다. 『성유식론술기』 권2(대정장43, p.268b7)에 "제팔식이 변해서 오근 및 오진인 듯하고, 안 등 오식은 저에 변한 근에 의지해서는 저 본질인 오진을 연한다. 第八識變似五根 五塵 眼等五識依彼所變根 緣彼本質塵", 같은 책 권3(대정장43, p.344a19)에 "소승의 경우는 근본식(Ⓢ mūla-vijñāna)이라 하고, 『섭대승론』 제2권초에서는 제팔식 또는 의라고도 하며, 『보성론』 등에도 여러 이름이 있지만 『성유식론별초 成唯識論別抄』에서 설한 바와 같다. 이 식은 유루와 무루, 그리고 범부와 성자에 모두 통한다. 如小乘名根本識 如攝論第二卷初 亦名第八識 亦名爲意 及寶性論等衆名 如別抄說 此通有無漏 及若凡若聖", 같은 책 권4(대정장43, p.350c2)에 "오직 제팔식만이 모든 법을 거둬 가진다. 이는 바로 종자식이며 아뢰야식이라 한다. 세존께서는 수승한 이를 위해 비로소 해설하셨기 때문이다. 육식은 이렇지 못하다. 唯第八識 攝藏諸法 是種子識 名阿賴耶 世尊爲勝者 方解說故 六識不然"라고 하였다. 〔참고문헌〕『成唯識論述記』. ⇨ 아뢰야식 阿賴耶識, 종자식 種子識, 근본식 根本識, 팔식 八識

제팔식십팔명 第八識十八名 제팔식의 열여덟 가지 다른 이름. 『성유식론요의등』 권4(대정장43, p.729b25)에 "제팔식의 이름은 모두 열여덟 가지다. … 첫 번째는 무몰식(無沒識)이니 … 일체 모든 종자가 숨어 사라질 일 없기에 무몰이다. 둘째는 본식(本識)이니, 일체법의 근본이기 때문이다. 셋째는 택(宅)이니 … 종자가 머무는 집이기 때문이다. 넷째는 장식(藏識)이니 식을 가져 쌓고 있는 것이어서 아뢰야(阿賴耶 Ⓢ ālaya)의 의미다. 다섯째는 종(種)이니 종자식을 말한다. 여섯째는 무구식(無垢識)이니 아래에서 이끈 경의 설명과 같다. 일곱째는 집지식(執持識)이니 아다나식(阿陀那識 Ⓢ ādāna-vijñāna)을 말한다. 여덟째는 연(緣)이니 … 능히 현상을 반연하는 식이기 때문이다. 아홉째는 현(顯)이니 … 오근과 사대 등이 모두 여기에서 나타나기 때문이다. 열째는 현식(現識)이니 … 모든 법은 다 본식 상에서 나타나기 때문이다. 열한째는 전(轉)이니 … 제법이 더불어 의지하여 일어나기 때문이다. 열두째는 심(心)이니 집기의 뜻이다. 열셋째는 의(依)이니 모든 앎이 일어나는 의지하는 바다. 열넷째는 이(異)이니 이숙식(異熟識 Ⓢ vipāka-vijñāna)을 말한다. 열다섯째는 식(識)이니 … 모든 현상을 분별하는 식(分別事識 Ⓢ vastu-prativikalpa-vijñāna)을 말한다. 열여섯째는 근식(根識)이니 대중부가 세운 근본식(根本識 Ⓢ mūla-vijñāna)에 해당한다. 열일곱째는 생(生)이라 한 것으로 화지부가 세운 궁생사온(窮生死蘊 Ⓢ āsaṃsārikaskandha)에 해당한다. 열여덟째는 유(有)라 한 것으로 상좌부와 분별설부가 세운 유분식(有分識 Ⓢ bhavāṅga-vijñāna)에 해당한다. 第八識名 總有十八 … 初 無沒識者 … 一切諸種 無所隱沒 故無沒也 二名 本識者 謂是一切法之根本故 第三 宅者 … 是種子之宅舍故 四 藏識者 謂執藏識 卽阿賴耶 五名 種者 謂種子識 六 無垢識者 如下引經 七

名 執持識 謂阿陀那識 八名 緣者 … 能緣事識故 九名 顯者 … 爲顯五根四大等 皆於此顯也 … 十名 現識者 … 諸法皆於本識上現故 十一 轉者 … 與諸法爲依而起故 十二名 心者 謂集起義故 十三名 依者 謂所知依故 十四名 異者 謂異熟識也 十五名 識 … 分別事識也 十六名 根識者 大衆部 立爲根本識 十七名 生者 謂化地部 立名窮生死蘊 十八名 有者 謂上坐部 分別說部 立爲有分識", "예전 사람이 풀기로는 그 이름에는 열일곱 가지다. 첫째는 무몰로 한역되는 아리야(阿梨耶)이고, 둘째는 아다나이고, 셋째는 궁생음식(窮生陰識)이고, 넷째는 요별식(了別識)이고, 다섯째는 심식(心識)으로 한역되는 질다(質多 Ⓢ citta)이고, 여섯째는 의식으로서 그 체가 의근(意根 Ⓢ mana-indriya)이기에 식이라고 이름하는 것이고, 일곱째는 제일식(第一識)이니 본을 좇아 말을 향해 헤아려 첫 번째이기 때문이다. 여덟째는 제팔식이니 말을 좇아 본을 향해 헤아려 여덟 번째다. 아홉째는 종자식이고, 열째는 연식(緣識)이고, 열한째는 근본식이고, 열두째는 유분식이고, 열셋째는 과보식(果報識)이고, 열넷째는 지상식(智相識)이니 헤아릴 줄 알아서 들어 익혀 배울 수 있기 때문이다. … 열다섯째는 … 진상식(眞相識)이니 염법의 허망함과 같지 않아서 진이라 한다. 열여섯째는 장식이고, 열일곱째는 현식이니 언제나 드러나 끊임이 없다. 准舊人釋名有十七 一 阿梨耶 此翻無沒 二 阿陀那 三 窮生陰識 四名 了別識 五名 質多 此云心識 六 意識 體是意根 故名識故 七 第一識 從本向末 數爲第一 八 第八識 從末向本 數爲第八 九 種子識 十名 緣識 十一 根本識 十二 有分識 十三 果報識 十四 智相識 以有解性 聞熏習故 … 十五 眞相識 … 不同染法虛妄名眞 十六 藏識 … 十七 現識 常現不斷"라고 하였다. [참고문헌] 『成唯識論了義燈』. ⇨ 제팔식 第八識, 무몰식 無沒識, 본식 本識, 아뢰야식 阿賴耶識, 종자식 種子識, 무구식 無垢識, 집지식 執持識, 아다나식 阿陀那識, 현식 現識, 이숙식 異熟識, 분별사식 分別事識, 근본식 根本識, 궁생사온 窮生死蘊, 유분식 有分識, 과보식 果報識

제팔아뢰야식 第八阿賴耶識 ➡ 아뢰야식 阿賴耶識, 제팔식 第八識

제팔외해 第八外海 구산팔해(九山八海) 중 여덟 번째 바다. 세계의 중심인 수미산을 에워싼 칠내해(七內海)와 칠보산 밖에 있는 여덟 번째 바다를 말하고, 여기에 염부제 등의 사주(四洲)가 있으며, 철위산이 이 외해를 밖에서 둘러싸고 있다. 내해(內海)의 상대어다. 『대비바사론』 권133(대정장27, p.691c7)에 "칠금산의 사이에는 일곱 내해가 있고, 팔공덕수가 그 속에 가득 출렁이며, 칠금산의 바깥에는 짠 맛의 외해가 있다. 이 여덟 개의 큰 바다는 각각의 깊이가 팔만이며, 앞의 일곱 바다의 너비는 마치 둘러싼 산과 같고, 여덟 번째 바다에 대해서는 어떤 사람은 '너비가 삼억이만이천유선나(Ⓢ yojana : 由旬)'라고 하며, 어떤 사람은 '일천이백팔십칠 유선나 반이 더 넓다'고 한다. 七金山間 有七內海 八功德水 盈滿其中 七金山外 有鹹外海 此八大海 各深八萬 前七廣量 如所遶山 第八有說 廣三億二萬二千踰繕那 有說 更增千二百八十七踰繕那半"라고 하였다. [참고문헌] 『大毘婆沙論』, 『楞嚴經合轍』 권4(卍속장22, p.391a1). ⇨ 구산팔해 九山八海, 내해 內海

제팔지 第八地 ❶ 십지(十地) 중 여덟 번째 부동지(不動地 Ⓢ acalā-bhūmi). 힘들여 작위하지 않아도 근원에 부합하는 무공용(無功用)을 특징으로 한다. 80권본 『화엄경』 권38(대정장10, p.199c12)에 "불자야, 보살은 이 제팔지에 머물면서 대방편의 뛰어난 지혜로 일어나는 무공용각혜로 일체지의 지혜로 행하는 경을 관한다. 佛子 菩薩住此第八地 以大方便善巧智所起 無功用覺慧 觀一切智智所行境", 『섭대승론석』 권7(대정장31, p.360b17)에 "제팔지에 들면 무공용행의 보특가라라 한다. 이 무공용행은 아직 채우지 못했지만 제구지와 제십지에 이르면 무공용행이 비로소 원만하게 된다. 入第八地 名無功用行 補特伽羅 此無功用行 猶未成滿 若至第九第十地中 無功用行 方得成滿"라고 하였다. [참고문헌] 『華嚴經』, 『攝大乘論釋』, *Daś-bh.42.* ⇨ 부동지 不動地, 무공용 無功用, 대승보살십지 大乘菩薩十地, 보살십지 菩薩十地, 십지 十地❶ ❷ 예류향을 달리 이르는 말. 아라한을 첫 번째로 삼아 그 아래로 제8의 위이기에 이렇게 부른다. 『이부종륜론』(대정장49, p.15c20)의 "제8지중에 오래 머물 수 있고, 세제일법(世第一法)에 이르기까지 모두 물러남이 있다고 설할 수 있다. 예류란 물러남이 있다는 뜻이고, 아라한은 물러남이 없다는 뜻이다. 第八地中 亦得久住 乃至性地法 皆可說有退 預流者 有退義 阿羅漢 無退義", 『이부종륜론소술기』(卍속장83, p.448b13)에 "아라한을 제1수로 삼아서 예류향에 이르면 바로 제8지에 당한다. 從阿羅漢 爲第一數 至預流向 正當第八", 『성유식론요간』 권상(卍속장76, p.949a2)에 "제8지는 예류향을 말한다. 第八地者 謂預流向"라고 하였다. [참고문헌] 『異部宗輪論』, 『異部宗輪論疏述記』, 『成唯識論料簡』. ⇨ 예류향 預流向

제패 稊稗 피. 한해살이풀로 좋은 곡식이 나는 것을 해친다. 『반니원경』 권상(대정장1, p.183a6)에 "경과 계를 이어받지 않는 이를 대중들은 마땅히 내쫓아 버려야 하니, 피를 제거하지 않으면 좋은 곡식의 싹마저 해친다. 제자가 선하지 않으면 우리의 도법을 파괴하니, 서로 점검하고 살펴서 부처님 떠나셨기로 가르침을 받들어 행하지 않음은 없어야 한다. 其不承經戒者 衆比丘當

黜之 稊稗不去 害善穀苗 弟子不善 壞我道法 當相檢校 無得以佛去故 不承用教", 『대비바사론』 권113(대정장27, p.588b6)에 "자구의 쇠손이라 하였으니, 겁초의 때에 이 섬부주는 안은하고 풍요롭고 즐거우며 갖가지 지미와 제죽과 멥쌀로 매우 좋은 음식이었는데, 겁말의 때가 되면 백성들이 굶주려 오직 피 등만을 으뜸가는 음식으로 여기게 된다. 資具衰損者 劫初時 此贍部洲 安隱豐樂 種種地味 帝竹 稻米 爲上妙食 至劫末時 人民飢饉 唯稊稗等 爲上妙食"라고 하였다. [참고문헌] 『般泥洹經』, 『大毘婆沙論』.

제하 濟河 조선후기 두즙(斗楫)의 법호. [참고문헌] 『萬德寺志』(亞細亞文化社, 1977) p.146. ⇨ 두즙 斗楫

제하삼평 濟下三評 임제문하의 세 조사에 대한 평을 담은 글. 『대광명장』의 편찬자 보담(寶曇 1129~1197)이 임제의 직계 제자인 삼성혜연(三聖慧然) · 흥화존장(興化存獎) · 보수연소(寶壽延沼) 세 명의 선사에 대해 평한 글이다. 『대광명장』 권하(卍속장137, p.875b13)에 "보담이 말한다. '임제의 문하에는 보수 · 삼성 · 흥화 세 성자가 있으니, 마조의 문하에 백장 · 남전 · 귀종이 있는 것과 같다. 백장은 마조인 듯 기력 있고, 귀종은 마조인 듯 끊은 듯 호방하여 멀고, 남전은 마조인 듯 끊은 듯 넓고 크며 끊었다. 이로써 보수는 임제인 듯 독실하고, 삼성은 임제인 듯 빼어나게 빠르고, 흥화는 임제인 듯 깊고 순수하다. 독실함은 푸른 하늘이 방망이를 맞는 자리에 있고, 호정교를 때린 자리에서 본다. 신속함은 앙산을 부르고 향엄을 때린 자리와 덕산을 넘어트려 정법안장을 없앤 자리에서 본다. 깊이는 자주색 장막 속에서 진주를 흩뿌린 일과, 눈앞에서 두 번 마주친 곳에서나 본다. 비록 각각 하나씩 얻었지만 백대로 이어지는 임제종이 되었으니, 어찌 모두를 얻었다면 천만세로 이어지는 임제종이 되지 못하랴? 나는 늘 방할을 지금 베풀지 않아 임제의 도가 미약해짐을 한탄하였으나, 어찌 후세 학자의 힘으로 능히 감당할 일이겠는가? 선사께서 종지 다하지 못함만을 탓할 뿐이다. 마치 물을 마심에 차고 더움 스스로 알 뿐이니, 흥화의 한 조각 향이라 하니 스스로 어려워한 신고 끝에 얻어야 성대함 이루리라'. 寶曇曰 臨濟之門 有寶壽三聖興化 猶馬祖之門 有百丈南泉歸宗也 百丈似馬祖而有氣力 歸宗似馬祖而絶豪邁 南泉似馬祖而絶恢廓 以是知寶壽似臨濟而篤實 三聖似臨濟而駿發 興化似臨濟而淵粹 篤實在靑天喫棒處 打胡釘鉸處見 駿發在召寂子打香嚴處 推倒德山滅却正法眼藏處見 困粹在紫羅帳裏撒眞珠 與面前橫兩遭處見 雖然各得其一 猶爲百世臨濟 況得其全 豈不爲千萬世臨濟哉 愚常恨棒喝不施於今世 而臨濟之道微 豈後之學者力有所不能堪 抑其師之有所未盡其旨 如人飮水冷煖自知 興化一瓣香自艱難辛苦得之 所以盛大"라고 하였다. [참고문헌] 『大光明藏』. ⇨ 연소 延沼, 존장 存獎, 혜연 慧然

제한불한 諸閑不閑 불도를 수행할 틈(閑)이 있는 경계와 그렇지 못한 경계. 인천(人天)에서는 고통이 미약하여 수행할 여유가 있기에 제한이라 하여 보살이 권하여 교화하지만, 고통이 극심해 보살이 직접 건지는 삼악도는 여유가 없기에 불한이라 한다. 『무량수경』 권상(대정장12, p.266b13)에 "깊은 정문에 머물러 온통 현재의 무량수제불을 목도한다. 일념경에 두루 계시지 않음이 없으시니, 극심한 고난이 있는 곳과 모든 한가한 곳과 한가할 겨를 없는 곳마저 제도하여 진실한 경계를 분별하여 드러내 보이신다. 住深定門 悉覩現在無量諸佛 一念之頃 無不周遍 濟諸劇難諸閑不閑 分別顯示眞實之際", 『무량수경의소』 권상(대정장37, p.99a2)에 "극심한 고난이 있는 곳과 한가한 곳과 틈이 없는 곳을 제도한다고 했는데, 사람들이 고통에서 벗어나도록 돕는다는 뜻이다. 고난을 구별하면 여덟 가지다. 삼악도의 고난이 그중 세 가지고, 인간계에 네 가지의 고난이 있는데 첫째는 장님 · 귀머거리 · 벙어리이고, 둘째는 세간의 지혜만 뛰어난 경우이고, 셋째는 부처님이 세간에 출현하시기 전이나 후에 나는 경우이고, 넷째는 울단월에 나는 것이다. 그리고 천상계에 한 가지가 있는데 색계 중 장수천에 나서 도를 떠나게 된다. 이 팔난 가운데 삼악도가 가장 고통이 극심하기에 보살이 이들을 건지지만, 인천은 고통이 미약하기에 제한이라 하고, 보살이 불도를 권하여 교화하기에 불한이라 한다. 濟諸劇難諸閑不閑 扶人離苦 難別有八 三塗爲三 人中有四 一 盲聾瘖瘂 二 世智辨聰 三 佛前佛後 四 鬱單越界 天中有一 謂色界中長壽天離 此八難中 三塗爲劇 菩薩濟之 人天苦微 名曰諸閑 菩薩勸化 故曰不閑"라고 하였다. [참고문헌] 『無量壽經』, 『無量壽經義疏』. ⇨ 불한 不閑, 한 閑

제해 濟海 조선후기 스님. 호는 혜월(慧月). 연담유일(蓮潭有一 1720~1799)의 문제자(門弟子)로 인곡영환(仁谷永奐)의 스승이다. 『동사열전』 권4 「인곡강백전 仁谷講伯傳」(한불전10, p.1050c19)에 "덕룡산 불호사에 출가하여 혜월제해선사에게 향을 올렸다. 出家於德龍山佛護寺 拈香於慧月濟海禪師"라고 하였다. 1799년(정조23)에 영월계신(靈月誡身)이 지은 『연담대사임하록』 권2 「발문 跋文」(한불전10, p.252a10)에도 보인다. [참고문헌] 『東師列傳』, 『蓮潭大師林下錄』.

제행 諸行 ❶ Ⓢ saṃskārāḥ, sarva-saṃskāra, Ⓣ 'du-byed-thams-cad. 어울려 일어나 쉬지 않고 흐르는 것들로 모든 유위법을 말한다. 무리짓고(衆) 조작(造作)하는 것으로서 반드시 허망하기에 고공무아(苦空無

我)이며, 찰나에 생멸하지만 상속하여 육취로 다시 나는 업이기도 하다. 『인왕호국반야바라밀다경소』 권중2(대정장33, p.476b10)에 "지은 바 제행이라 하니 제란 바로 무리이고 행은 조작을 가리킨다. 신구의에 의지해 선이나 물든 것 짓는 육취의 업을 제행이라 한다. 所作諸行者 諸卽衆也 行謂造作 依身口意 造作善染 六趣之業 名諸行也", 『중론』 권2(대정장30, p.17b8)에 "제행을 오음(오온)이라 한다. 행을 좇아 남으로 오음을 행이라 한다. 이 오음은 모두 허망하여 정해진 상이 없다. 諸行名五陰 從行生故 五陰名行 是五陰皆虛妄 無有定相", 『법화현의』 권10하(대정장33, p.812b3)에 "제행이란 바로 인연으로 일어난 법이다. 諸行是因緣生法", 『기세경』 권2(대정장1, p.320b20)에 "비구들이여! 마땅히 유위의 제행을 버려야 하고, 멀리 벗어나야 하며, 꺼려하는 마음을 먹어야 하고, 마땅히 해탈의 도를 속히 구해야 한다. 諸比丘 應當捨於有爲諸行 應當遠離 應當厭惡 應當速求解脫之道", 『중아함경』 권53「치혜지경 癡慧地經」(대정장1, p.762a2)에 "이 제행이란 가장 애착할 만하지 못하고, 참으로 즐길 만하지도 않으며, 마음에 담아 기억할 것도 아니다. 此諸行 最不可愛 實不可樂 非意所念", 『잡아함경』 권45(대정장2, p.331b4)에 "제행은 고·공·비유아라고 진실로 관찰해야 하니, 상념을 붙들어 매어 몸을 바르게 관하면서 늘 싫어서 여윌 것을 끊임없이 닦고 익힌다. 諦觀察諸行 苦空非有我 繫念正觀身 多修習厭離", 『순정리론』 권13(대정장29, p.407a25)에 "만약 제행중에 상속하는 모든 상을 비록 눈앞에서 스스로 보지는 못하더라도, 가르침의 힘을 입고 알아서 아집을 능히 다스린다. 若諸行中 相續諸相 雖非現見 而許教力 令其了知 能治我執", 『구사론』 권30(대정장29, p.157b14 : *Abh-k-bh.*, p.473)에 "찰나에 생멸하는 제행이 상속과 다르지 않아서 천수라는 이름을 붙였지만, 어리석은 이들은 이 말을 듣고 하나의 체로 집착하여 스스로 상속해서 이처에 나는 생인으로 삼는다. 於剎那生滅 諸行不異相續 立天授名 愚夫於中 執爲一體 爲自相續異處生因 kṣaṇikā hisaṃskārā abhinnasaṃtānā devadatta iti bālairekasattvapiṇḍagraheṇādhimuktāḥ svasya saṃtānasya deśāntare kāraṇaṃ bhavanta ucyante gacchati devadatta iti", 『구사론기』 권9(대정장41, p.172a20)에 "어리석은 범부들은 연을 좇아 일어난 법에 대하여 그것은 오로지 오온의 모든 움직임일 뿐임을 모르고, 부질없이 아견을 일으키고 아견으로 말미암아 다시 아만을 일으킨다. 諸愚夫 於從緣生法 不知唯有 五蘊諸行 妄起我見 由我見故 復起我慢", 『반야등론석』 권9(대정장30, p.95c21)에 "이들 제행이란 영원한가, 아니면 사라지는가? 둘 모두 그렇지 않다. 若是諸行者 爲是常耶 是無常乎 二皆不然", 돈황본 『유가론수기』 권33(대정장85, p.943b8)에 "제행이란 색 등의 모든 행을 가리킨다. 言諸行者 謂色等諸行也", 『증도가주』(卍속장111 p.364a5)에 "사대의 상만이 본래 공일 뿐만 아니라, 지은 바 모든 행은 다 공적하다. 모든 행이라 하니, 하나의 행에 그치지 않고 갖가지 만행에 이르기까지 모두 다 본래 공적하다. 非唯四大之相本空 亦乃所作諸行 盡皆空寂也 言諸行者 非止一行 乃至種種萬行 皆悉本來空寂"라고 하였다. [참고문헌] 『仁王護國般若波羅蜜多經疏』, 『中論』, 『法華玄義』, 『起世經』, 『中阿含經』, 『雜阿含經』, 『順正理論』, 『俱舍論』, 『俱舍論記』, 『般若燈論釋』, 『瑜伽論手記』, 『證道歌註』, *Abh-k-bh.*, *Pras.104.* ⇨ 행 行 제행무상 諸行無常 **2** 온갖 행위. 또는 신구의로 짓는 모든 행위나 보리심으로 행하는 행위로 만행(萬行)과도 통한다. 정토교에서는 염불이 핵심 수행법이므로 그 이외의 선행(善行)을 가리켜 제행이라 하거나 정산제행(定散諸行)·여행(餘行)이라고도 하고, 제행으로 극락에 왕생한 사람을 제행왕생(諸行往生)이라 한다. 『방광대장엄경』 권5(대정장3, p.566c3)에 "보리를 위하기에 제행을 닦는다. 爲菩提故修諸行", 『불본행집경』 권1(대정장3, p.655b10)에 "무량한 백천만겁동안 부지런히 제행을 닦으셨다. 於無量百千萬劫 懃修諸行", 『승사유범천소문경』 권2(대정장15, p.70a7)에 "비록 모든 행을 닦지만 두 상을 짓지 않는다. 雖修諸行 而不作二相", 『중론』 권2(대정장30, p.18a2)에 "모든 행이란 신구의다. 행에는 정과 부정이 있다. 무엇이 부정인가? 중생을 괴롭히는 탐착 등을 부정이라 한다. 중생을 괴롭히지 않는 진실한 말과 탐착하지 않음 등을 정이라 한다. 諸行者 身口意 行有二種淨不淨 何等爲不淨 惱衆生貪著等 名不淨 不惱衆生 實語不貪著等 名淨", 『아미타경소』(대정장37, p.327a6)에 "온갖 행 쌓는다 하지만 염불의 공과 견줄 수는 없다. 諸行雖積 靡方念佛之功", 『서방요결석의통규』(대정장47, p.108c7)에 "오로지 불명을 념하고 나아가 모든 행을 닦아서 정토로 돌아가 왕생하기를 마치 머리에 붙은 불을 끄듯 하라. 專念佛名 及修諸行 迴生淨土 如救頭然"라고 하였다. [참고문헌] 『方廣大莊嚴經』, 『佛本行集經』, 『勝思惟梵天所問經』, 『中論』, 『阿彌陀經疏』, 『西方要決釋疑通規』. ⇨ 만행 萬行, 제행왕생 諸行往生

제행 諦行 팔정도 중 하나인 정업(正業 Ⓟ sammā-kammanta)의 구역어(舊譯語). 『팔정도경』(대정장2, p.505a12)에 "넷째 제행은 무엇인가? 살생·도둑질·음행을 하지 않는 것이니 이를 제행이라 한다. 第四諦行爲何等 不殺盜婬 是爲諦行"라고 하였다. [참고문헌] 『八正道經』. ⇨ 정업 正業, 팔정도 八正道

제행무상 諸行無常 Ⓢ anityāḥ-sarva-saṃskārāḥ, Ⓟ sabba-saṅkhāra aniccā, Ⓣ 'du-byed-mi-rtag-p a, 'du-byed-thams-cad-mi-rtag-pa. 모든 행 영원하지 않다. 삼법인(三法印) 또는 사법인(四法印) 중 하나로 일체행무상인(一切行無常印)·일체유위법무상인(一切有爲法無常印)·무상인(無常印)이라고도 한다. 온갖 유위법은 인연화합으로 임시로 움직일 뿐이어서 영원한 것 없는 뜻이다. 『기세경』 권9(대정장1, p.357c25)에 "비구들이여, 제행은 무상하여 파괴되고 흩어지니 잠깐 머물 뿐 오래 하지 못한다. 이를 싫어함이 마땅하니 벗어날 길을 구한다. 諸比丘 諸行無常 破壞離散 須臾不久 乃至可厭 應求免脫", 『중아함경』 권30 「항마경 降魔經」(대정장1, p.621c24)에 "비구여, 그대들은 마땅히 제행무상을 관해야 하니, 일어났다 사그러드는 법이라 관하고, 탐욕의 여지가 없다고 관하며, 버리고 떠나야 한다고 관하고, 사라짐을 관하며, 그 끊어짐을 관하여 악마가 멋대로 하려 해도 얻을 수 없도록 하라. 比丘汝等當觀 諸行無常 觀興衰法 觀無欲 觀捨離 觀滅 觀斷 令惡魔求便 而不能得", 『별역잡아함경』 권2(대정장2, p.381b15)에 "모든 행은 무상하니 빠르게 지나가 머물지 않아 의지할 만한 것이 없다. 이는 마침내 무너지고 마니 마땅히 멀리 벗어나서 해탈의 길로 나아가네. 諸行無常 迅速不停 無可恃怙 是敗壞法 應當遠離 趣解脫道", 『개각자성반야바라밀다경』 권4(대정장8, p.864a27)에 "보살마하살은 색법중에 세 가지 뜻이 있어서 제행무상임을 마땅히 분명하게 알아야 한다. 무엇이 세 가지인가? 첫째는 실이 아닌 뜻이고, 둘째는 파괴의 뜻이며, 셋째는 번뇌가 있기도 하고 없기도 하다는 뜻이다. 菩薩摩訶薩 於色法中 應當了知 有三種義 諸行無常 何等爲三 一 不實義 二 破壞義 三 有垢無垢義", 『무상의경』 권상(대정장16, p.472c3)에 "만약 제행무상을 헤아리면 단견이라 하고, 열반상주를 헤아리면 상견이라 한다. 若計諸行無常 是名斷見 若計涅槃常住 是名常見", 『승만경』(대정장12, p.222a12)에 "제행무상만을 보면 이는 단견으로서 바른 견해가 아니고, 열반상주만을 보면 이도 상견으로서 바른 견해가 아니다. 見諸行無常 是斷見非正見 見涅槃常 是常見非正見", 『승만보굴』 권하(대정장37, p.76b20)에 "제행무상이라는 견해를 지니면 이는 단견으로서 바른 견해가 아니라는 말은, 생사법에만 근거하여 단견을 일으킨다는 뜻이다. 오음이 모여서 일어나면 제행이라 한다. 見諸行無常 是斷見者 依生死法 起斷見也 五陰集起 名爲諸行", 돈황본 『승만경기』(대정장85, p.259c21)에 "오음이 잠깐 사이에 죽는 것을 보고 문득 영원히 사라졌다 여기면 바른 견해가 아니라는 말은, 참으로 적멸이 아니므로 틀렸다는 뜻이다. 열반이 상주한다는 견해는 오음이 잠깐 있음을 보고서 문득 상존한다 여기고 그것을 열반으로 간주한다는 뜻이다. 바른 견해가 아니라는 말은 무상을 상이라 여기므로 틀렸다는 뜻이다. 見五陰暫死 便謂永滅 非正見者 實非寂滅故言非也 見涅槃常者 五陰暫有 便謂常存 以爲涅槃也 非正見者 無常言常 是以言非也", 돈황본 『승만경소』(대정장85, p.275c16)에 "필경에 이어지지 않는다고 여기기에 단견을 일으킨다고 한다. 爲畢竟不續 故起斷見也"라고 하였다. 〔참고문헌〕 『起世經』, 『中阿含經』, 『別譯雜阿含經』, 『開覺自性般若波羅蜜多經』, 『無上依經』, 『勝鬘經』, 『勝鬘寶窟』, 『勝鬘經記』, 『勝鬘經疏』, *Sūtr.149.*, *DN.2.157.*, *MN.1.336.* ⇨ 삼법인 三法印, 사법인 四法印, 무상게 無常偈, 제행 諸行

제행부단 諸行不斷 Ⓢ saṃskārā na prahīyante. 모든 행은 끊임이 없다. 십이인연 중 두 번째인 행(行)이 끊어지지 않음을 말한다. 『십지경』 권5(대정장10, p.555a27)에 "무명이 짓는 것에 두 가지가 있으니, 미혹을 연함으로써 행의 인이 된다. 이와 같이 하여 나아가 늙고 마침내 죽는다. 이로부터 고통이 생겨나 그칠 줄 모른다. 무명으로 반연하는 성을 '제행'이라 하는데, '끊임없이' 거듭 도와 이룬다. 이것이 없음으로 말미암아 '제행'이 끊어지면 다시는 붙들어 돕는 나머지도 또한 없게 된다. 무명과 애와 취 이것이야말로 번뇌의 흐름이니, 행이 있어 이 업이 있고 나머지 모든 것들이 고통스럽다. 무명과 행은 과거가 되고, 식에서 수까지는 현재며, 애·취·유는 미래의 괴로움을 낳으니, 보아 마주해서 이 괴로움을 끊는다. 無明所作有二種 由緣迷故與行因 如是乃至老終歿 從此苦生無有盡 無明緣性謂諸行 不斷而復有助成 由斯無故諸行斷 更無扶助餘亦爾 癡愛取是煩惱流 行有是業餘皆苦 無明與行爲過去 識至於受是現在 愛取有生未來苦 觀待斷是苦邊際", 『구사론』 권9(대정장29, p.51a3 : *Abh-k-bh.*, p.139)에 "'이것이 생겨나기에 저것이 생겨난다'는 곧 '이것이 있으므로 저것이 있다'이니 과가 따로 의지할 인 있는 것이 아니고, 무명은 행을 연하고 나아가 마침내 이와 같이 온통 크나큰 고통의 쌓임일 뿐이니, 여러 궤범사들은 풀기를 '이 두 구는 인과의 끊임없음과 생겨남을 드러내기 위한 것이다. 무명이 끊이지 않음에 의지하여 제행이 끊이지 않음이니 즉 무명이 생김으로 말미암아 제행도 일어난다'. 若此生故彼生 卽依此有彼有 非謂果有別依餘因 謂無明緣行 乃至如是純大苦蘊集 軌範諸師釋 此二句爲顯因果不斷及生 謂依無明不斷 諸行不斷 卽由無明生故 諸行得生 yasyaivotpādādyadutpadyate tasminneva sati tat bhavati nānyasmin. yadutā, vidyāpratyayāḥ saṃskārāḥ yāvadevamasya kevalasya mahato duḥkhaskandhasya samudayo bhavatiti. aprahīṇotpattijñāpanārthamityācāryāḥ. avidyāyāmaprahīṇāyāṃ saṃskārā na prahīyante. tasyā evotpādādutpadyanta iti"라고 하였다. 〔참고문헌〕 『十地經』, 『俱舍論』, *Abh-k-bh.* ⇨ 십이인연 十二因緣, 무명 無明 ■

제행상 諦行相 Ⓢ satya-ākāra, Ⓣ bden-pa'i-rnam-pa. 사성제의 십육행상(十六行相)을 말한다. 사성제상(四聖諦相)·제상(諦相)이라고도 한다. 『구사론』 권28(대정장29, p.149c15)에 "공은 공과 비아이고, 무상은 멸제의 네 가지 행상이며, 무원이란 나머지 열 가지 제행상과 상응한다. 空謂空非我 無相謂滅四 無願謂餘十諦行相相應", 같은 책 권23(대정장29, p.119c8)에 "유가사는 색계와 무색계의 대치도 등 낱낱의 성제행상소연으로 점차로 감하고 점차로 생략하여 마침내 단 두 찰나의 작의가 있어 욕계의 고성제경을 사유한다. 謂瑜伽師於色無色對治道等 一一聖諦行相所緣 漸減漸略 乃至但有二念作意 思惟欲界苦聖諦境"라고 하였다. 〔참고문헌〕『俱舍論』, *Abh-k-bh.449.* ⇨ 십육행상 十六行相

제행왕생 諸行往生 염불이 아닌 갖가지 행에 의지하여 성취하는 극락왕생. 선도(善導)의 『관무량수불경소』 권4(대정장37, p.272a29)에서 분류한 정행(正行)과 잡행(雜行) 중에서는 잡행에 해당하고, 도작(道綽)의 『안락집』 권하(대정장47, p.15a7)에서는 만행이라 한다. 『석정토군의론』 권5(대정장47, p.59c29)에 "산인 즉 일체중생이 가거나 앉았거나 모든 때와 곳에서 모두 염불할 수 있으며, 무슨 일을 해도 방해가 되지 않으니 목숨을 마칠 때까지도 이 행을 이룰 수 있다. 또한 갖가지 행을 닦아 서방정토에 왕생하기도 한다. 비록 성인의 말씀이 남아 있기는 하지만 경문을 설함이 드물고, 염불하여 왕생함은 그 교법이 지극히 많다. 散卽 一切衆生 若行若坐 一切時處 皆得念佛 不妨諸務 乃至命終 亦成其行 又修諸行往生西方 雖有聖言 經文說少 念佛得往生 其敎極多"라고 하였다. 〔참고문헌〕『觀無量壽佛經疏』, 『安樂集』, 『釋淨土群疑論』. ⇨ 제행 諸行❷, 잡행 雜行❷

제행유위경 諸行有爲經 Ⓢ Anityatā-sūtra, Ⓣ mi-rtag-pa-nyid-kyi mdo. 송대 법천(法天 ?~1001) 한역. 1권. 고려장33, pp.921b1~922a7, No.1112·대정장17, p.600b6~c23, No.758에 수록되어 있고 티베트역본(北京版 No.976)도 전한다. 부처님께서 급고독원 안에서 모든 행이 변화무쌍하게 유전하여 허깨비와 같이 부실하고 영원히 머물지 않으며 결정된 상이 없는 전도법임을 설하신다. 또한 모든 인천의 성인과 외도 등도 모두 사멸할 수밖에 없으며, 번뇌를 멸하여 아라한이나 벽지불을 거쳐 불지에 오르더라도, 그러한 법 중 하나인 현재의 무상한 육신에서 벗어날 수 없으니 반드시 버려야 한다고 설하셨다. 〔참고문헌〕『閱藏知津』 권31(가흥장32, p.129a21). ⇨ 법천 法天

제행의과 諸行依果 ➡ 십종의과 十種依果

제향 帝鄕 황제의 고향. 선문에서 중생 모두가 돌아가야 할 본분의 자리를 비유한다. 『황룡혜남어록』(대정장47, p.638b11)에 "법좌에 올라 들기를 '시자가 「대왕께서 오십니다」 하자, 조주가 「대왕은 만복을 받으소서」라고 하였다. 「아직 오지 않으셨습니다」 「다시 말해라」 「오셨습니다」' '온갖 곳에서 누설하더니 우연히 선타바를 만났다'. 황룡혜남이 말한다. '시자는 다만 손님에게 답할 줄만 알았지, 어찌 자신이 황제의 고향에 있음을 알았겠는가?' 上堂 擧趙州 因侍者報云 大王來也 州云 萬福大王 侍者云 未到在 州云 又道 來也 師云 頭頭漏泄 罕遇仙陀 歸宗道 侍者祇解報客 爭知身在帝鄕"라고 하였다. 〔참고문헌〕『黃龍慧南語錄』.

제호 醍醐 Ⓢ maṇḍa, sarpir-maṇḍa, Ⓟ maṇḍa, sappi-maṇḍa, Ⓣ mar-gyi-nying-khu, mar-gyi-snying-khu. 우유로 만든 다섯 맛(五味 : 乳 酪 生酥 熟酥 醍醐) 중 하나로 우유를 가장 맛나게 정제한 것. 최상의 품질을 가진 유제품으로 경중에서 열반·불성·진실교 등 더할 나위 없이 뛰어난 것을 비유한다. 『이취경』에서는 총지문(總持門)을 제호에 비유했고, 법화종에서는 『법화경』을 제호에 비유하였다. 『이취육바라밀다경』 권1(대정장8, p.868c15)에 "총지문이란 비유하자면 마치 제호와 같다. 제호는 우유·낙·소 중에 그 맛이 제일 좋고 모든 병을 낳게 하며, 또한 모든 유정들의 몸과 마음을 안락하게 한다. 총지문은 계경중에 최고이고 첫째여서, 무거운 죄를 없애 모든 중생을 생사에서 해탈시켜 빠르게 열반에 올라 법신으로 안락하게 한다. 總持門者 譬如醍醐 醍醐之味 乳酪酥中 微妙第一 能除諸病 令諸有情 身心安樂 總持門者 契經等中 最爲第一 能除重罪 令諸衆生 解脫生死 速證涅槃 安樂法身", 40권본 『대반열반경』 권29(대정장12, p.539b18)에 "선남자야, 비유하자면 어떤 사람이 우유 속에 독을 넣으면 제호에 이르기까지 모두 독이 있지만, 우유를 연유라고 하지 않으며 연유를 우유라고 하지 않고, 나아가 제호 역시 이와 같아 이름은 비록 바뀌지만 그 독성은 없어지지 않고 오미 중에 두루 있는 것과 같다. 모두 다 이와 같아 제호를 먹으면 역시 사람을 죽이지만, 실제로 제호 속에 독을 넣은 것은 아니다. 중생의 불성 역시 이와 같아 비록 오도에 처해서 각각 다른 몸을 받지만, 이 불성은 언제나 한결같아 변함이 없다. 善男子 譬如有人 置毒乳中 乃至醍醐 皆悉有毒 乳不名酪 酪不名乳 乃至醍醐 亦復如是 名字雖變 毒性不失 遍五味中 皆悉如是 若服醍醐 亦能殺人 實不置毒 於醍醐中 衆生佛性 亦復如是 雖處五道 受別異身 而是佛性 常一無變", 『법화현의』 권10하(대정장33, p.808a21)에 "또 일월등명부처님께서 『법화경』을 모두 설하시고 나서 곧 한밤중에 열반에 드실 것이라고 밝히셨으니, 저 부처님께서 일생에 걸쳐 교화하실 때 처음에는 『화엄경』을 설하시고 나중에 『법화경』을 설하셨다. 가섭불 당시에도 또한 이와 같이 모두 『열반경』을 밝히지 않으셨고, 모두 『법화경』을 가장 나중의 가르침과 나중의 맛으로 삼으셨다. 지금 석가모니부처님께서 근기가 무르익기 이전의 사람들로 하여금 『법화경』으로 제호를 삼게 한 것이다. 又燈明佛 說法華經竟 卽於中夜唱入涅槃 彼佛一化 初說華嚴 後說法華 迦葉佛時 亦復如是 悉不明涅槃 皆以法華 爲後敎後味 今佛熟前番人 以法華爲醍醐", 『법화문구』 권10하(대정장34, p.143c7)에 "이 『법화경』의 가르침은 비유하자면 제호의 바다와 같다. 본지를 끝내 설하여 깊고, 일체처에 두루하여 최고의 대승을 삼으셨다. 순전히 불법만을 밝히고 다른 짠 법은 설하지 않고, 오직 달기만한 가장 깊고 큰 법만을 설하였으니 그 뜻이 이와 같다고 하였다. 此法華教 譬醍醐海也 說窮本地爲深 遍一切處爲大 純明佛法 不說餘法爲鹹 最爲深大 其義如是", 『대반열반경소』 권16(대정장38, p.136a1)에 "부처님께서는 그대로 제호여서 최상이고 가장 미묘하시며, 온갖 모든 약이 모두 그중에 들었으니 여래란 바로 사람중에 제호다. 佛卽醍醐 最上最妙 一切諸藥 悉入其中 如來卽是人醍醐也"라고 하였다. 〔참고문헌〕 『理趣六波羅蜜多經』, 『大般涅槃經』, 『法華玄義』, 『法華文句』, 『大般涅槃經疏』, *Mvyut.231., AN.2.95.* ⇨ 오미 五味[1], 소락제호 酥酪醍醐

제호경 醍醐經 『법화경』·『열반경』을 가리킨다. 천태종의 교판에서는 이 두 경전이 가장 탁월한 교법이라는 비유다. 『법화현의』 권2상(대정장33, p.692c22)에 "제호경은 한 종의 인과로서 넓고 높고 길며 다만 미묘할 뿐 거칢이 없다. 또한 제호경의 묘인과 묘과는 다른 모든 경과 더불어 묘인과 묘과에 있어 다르지 않으므로 묘라 일컫는다. 醍醐經 一種因果廣高長 但妙無麤 又醍醐經 妙因妙果 與諸經妙因妙果不異 故稱爲妙也"라고 하였다. 〔참고문헌〕 『法華玄義』. ⇨ 법화열반시 法華涅槃時, 오시팔교 五時八教

제호관정 醍醐灌頂 제호로 관정하다. 『밀암어록』(대정장47, p.969a7)에 "기억해야 할 것으로 '하루 일하지 않으면 하루 먹지 않는다'는 옛 사람(百丈)의 말씀이 있으니, 때때로 들어 일으켜 씹어 삼키면 마치 제호로 관정하듯 한다. 여러분이 만약 이를 믿고 씹다가 문득 꿰뚫으면 선도와 불법을 문득 보리니, 그것이 무슨 부서진 시루 바닥 깔개라도 되겠는가? 記得 古人有 一日不作一日不食之語 時時提起咬嚼過 如醍醐灌頂 諸人若信得及驀地咬透 便見禪道佛法 當甚破甑箄", 돈황본 『혜원외전』(대정장85, p.1316b23)에 "상공이 말의 연유를 들었던 것은 감로가 마음에 든 듯하였고, 부인이 연 것은 제호로 관정하듯 했다. 相公聞語由 如甘露入心 夫人開之也似醍醐灌頂", 『서중무온어록』 권1(卍속장123, p.819a9)에 "누구라도 여기서 흉금을 열어젖히고 막힌 숨통을 펼친다면 어찌 제호관정에 그치겠는가? 만일 그렇지 못하여 누추한 저자거리에서 금색 말은 타지 못하였더라도, 돌아올 때는 도리어 헤진 난삼을 입고 있어야 하리. 有能於此 撥開胸襟 伸得口氣 何止醍醐灌頂 苟或未然 陋巷不騎金色馬 回來却著破襴衫"라고 하였다. 〔참고문헌〕 『密菴語錄』, 『惠遠外傳』, 『恕中無慍語錄』.

제호독약일시행 醍醐毒藥一時行 제호와 독약을 일시에 행하다. 종사가 학인들 상대함에 살활(殺活)이 자재한 방편을 씀을 말한다. 『벽암록』 74칙 「본칙 本則」(대정장48, p.201c19)에 "금우화상은 공양의 때마다 밥통을 들고 승당 앞에서 춤추고 껄껄 웃으며 말했다. '보살들이여, 밥 먹으러 오라'〈낚싯줄이 그대 쫓아 움직이지만 맑은 물결을 범하지 않아 그 뜻이 남다르다. 제호와 독약을 일시에 행하니 온갖 보배를 한꺼번에 나열한 셈이지만 알아보는 이가 없음은 어찌하랴〉. 擧 金牛和尙每至齋時 自將飯桶 於僧堂前作舞 呵呵大笑云 菩薩子喫飯來〈竿頭絲線從君弄 不犯淸波意自殊 醍醐毒藥一時行 是則是七珍八寶一時羅列 爭奈相逢者少〉"라고 하였다. 〔참고문헌〕 『碧巖錄』. ⇨ 제호 醍醐

제호묘과 醍醐妙果 제호라는 뛰어난 과. 삼밀(三密) 등의 행으로 얻는 과를 말한다. 『아사리주아자관문』 「성입리궤의 成入理軌儀」(대정장18, p.195b17)에 "또 『경』에 이르기를 '자세히 들어라, 금강수여! 이제 만다라행을 수행하여 일체지지를 만족시키는 법문에 대하여 설하리라' 하였다. 만행이 원만하고 지극한 까닭에 더 이상 보태어 닦을 것이 없고, 중생에 응하는 방편으로 할 일을 모두 마치니, 이것이 바로 제호를 마신 것과 같은 묘한 과보다. 又經云 諦聽金剛手 今說修行曼荼羅行 滿足一切智智法門 所以萬行圓極 無可復增 應物之權 究盡能事 卽醍醐妙果", 『대일경소』 권1 「입진언문주심품 入眞言門住心品」(대정장39, p.587a27)에 "방편이 곧 구경이라는 것은, 만행이 원만하고 지극하여 더 이상 보태어 닦을 것이 없으며, 중생의 근기에 응하는 방편으로 할 일을 모두 마치니, 이것이 바로 제호같은 묘과로서 삼밀의 샘이다. 方便爲究竟者 謂萬行圓極 無可復增 應物之權 究盡能事 卽醍醐妙果 三密之源也"라고 하였다. 〔참고문헌〕 『阿闍梨住阿字觀門』, 『大日經疏』, 『大日經』 권1(대정장18, p.4a17). ⇨ 제호 醍醐

제호묘약 醍醐妙藥 제호라는 묘약. 『광청량전』 권상 「석오대제사방소칠 釋五臺諸寺方所七」(대정장51, p.1109a17)에 "오대산 동대의 동화림사 아래 고찰이 있는데 제액과는 다르다. 절 뜰은 1, 2리로 넓고 사면으로 구름 쌓인 봉우리는 깎아지른 듯 험준하다. 산허리에 지은 가람과 허공으로 내달리는 듯한 보탑은 사람이 만든 것이라고는 보이지 않는다. 옛날에 윤선사라는 이가 있었는데 덕행이 고결하였다. 유람하던 중에 이곳에 이르러 홀연히 변화한 절을 만나서 두 노인을 보니 용모가 범상치 않고 달리는 말과 같이 재빨리 산 준령을 지나다가 눈 깜작할 사이에 소년의 모습으로 변하였는데 말소리가 온화하고 아름다운 것이 마치 종소리 같았다. 그 소년이 소리 내어 게송을 읊었다. '가장 아름다운 말은 풀어놓아야 하고, 그보다 좀 못한 말은 거두어들여야 하네. 금강보배라면 써야 하고, 제호의 묘약이라면 마셔야 하리'. 윤선사가 조용히 생각하며 듣다가 그 말씀을 기록하였는데, 공손생(공손추)과 같은 뛰어난 변재와 사리자와 같은 출중한 지혜가 들어 있어, 삼계의 근원을 다하고 일승구와 뜻에 통하였다. 윤선사에게 성약을 보내 드디어 먹는 법까지 얻게 하였다. 그러나 윤선사가 가르침을 받고 나서 돌아보니 아무도 보이지 않았고, 절 또한 온 데 간 데 없었으니, 허깨비의 장난인지 실제의 일인지 전혀 알 수 없었다. 東臺 東華林寺 山麓下 有一古寺 不中題額 院庭之中 寬一二里 四面雲峰 如同刻削 踞山半腹 締構精藍 寶塔淩空 實非人造 昔有閏禪師者 德行高潔 遊歷至此 忽逢化寺 見二老人 容狀非凡 行如奔馬 經此山巓 倏忽之間 卻見少年 語音和雅 猶如鐘磬 口稱偈云 上善之語可放 中下之善可收 金剛之寶可用 醍醐妙藥可服 其僧 凝思寂聽 記其所說 有公孫生之俊辯 舍利子雄才 窮三界之根源 同一乘之句義 遺僧聖藥 遂得服餌之法 僧既受教 旋卽不見人 既莫識 寺亦難逢 或化或眞 不可知矣"라고 하였다. 〔참고문헌〕『廣淸涼傳』. ⇨ 제호 醍醐

제호미 醍醐味 Ⓟ maṇḍa-peyya, sappi-maṇḍa. 제호의 맛. 『법화경』과 『열반경』을 제오시(第五時)인 제호미에 비유한다. 『천태팔교대의』(대정장46, p.769b9)에 "『법화경』과 『열반경』은 돈점으로 거두지 않고 앞서 돈점을 열어서 불승으로 돌아가 모은다. 비유의 차제에 따르면 제호의 맛이라 한다. 그러므로 『열반경』에 '마하반야를 좇아 대열반이 나온다'(대정장12, p.449a11) 하였으니 『법화경』과 부합하고, '비유하자면 숙소를 좇아 제호의 맛이 나온다'(대정장12, p.691a1) 하였다. 法華涅槃 非頓漸攝 開前頓漸 歸會佛乘 約譬次第 名醍醐味 故涅槃云 從摩訶般若 出大涅槃 合於法華 譬從熟酥 出醍醐味"라고 하였다. 〔참고문헌〕『天台八教大意』, 『天台四教儀』(대정장46, p.775c3), *DN.1.201.*, *Paṭis. 2.86.* ⇨ 오미 五味[1], 제호 醍醐

제호살인 醍醐殺人 제호의 맛과 같은 최상의 교법으로 번뇌 또는 미혹의 사람이 사라지게 하는 비유. 『법화현의』 권10상(대정장33, p.806b20)에 "'제호로 사람을 죽인다'라 하였다. 저 『열반경』의 교설중에 둔근성문이 지혜의 눈을 떠 불성을 보게 되고, 둔근의 연각보살이 칠종방편으로 모두 구경열반에 들어가는 뜻이다. 醍醐殺人者 如涅槃教中 鈍根聲聞 開發慧眼 得見佛性 乃至鈍根緣覺菩薩 七種方便 皆入究竟涅槃 卽其義也", 같은 책 권5하(대정장33, p.740b15)에 "만약 원교에서 발심하여 비로소 경을 들었다면 무명을 깨뜨리고 불성을 보는 것이니 이는 유중살인이다. 육근이 청정하게 된다면 이는 낙생숙소 등의 살인이다. 만약 초주 이후라면 제호살인이다. 若圓教中 發始聞經 卽破無明 見佛性 是乳中殺人 六根淸淨去 是酪生熟蘇等殺人 若初住去 是醍醐殺人"라고 하였다. 〔참고문헌〕『法華玄義』. ⇨ 오시팔교 五時八教, 생소살인 生酥殺人, 유중살인 乳中殺人

제호상미 醍醐上味 제호라는 최고의 맛. 『운문광록』 권상(대정장47, p.547b24)에 "물었다. '제호라는 뛰어난 맛이 어째서 뒤쳐 독약이 됩니까?' '축'. 問 醍醐上味 爲什麽 飜成毒藥 師云 塑", 『대혜어록』 권24(대정장47, p.915b2)에 "왕왕에 배우는 이들이 얻을 것 있으리라는 마음으로 무소득처를 참구하다가 구덩이에 떨어지는 일이 허다하다. 운문의 이 말은 결국 허를 이루어 진을 베푼 셈이다. 그러므로 제호의 뛰어난 맛으로 세간의 보배를 삼으니, 이러한 사람을 만나면 뒤쳐 독약이 된다는 것이다. 往往學者 以有所得心 參向無所得處 墮坑落塹多矣 雲門此語 遂成虛設眞 所謂醍醐上味爲世所珍 遇斯等人翻成毒藥", 『벽암록』 62칙 「평창 評唱」(대정장48, p.194b8)에 "학인이 나와서 물었다. '제가 산은 산이고, 물은 물이라고 알 때는 어떻습니까?' '삼문은 왜 이리로 지나가는가? 그대가 죽을까 걱정된다'. 결국 손으로 허공에 한 획을 긋고 말했다. '알아차렸을 때는 최상의 맛을 가진 제호이겠으나, 알지 못한다면 도리어 독약이 된다'. 有僧出問云 學人見山是山水是水時如何 門云 三門爲什麽從這裏過 恐爾死却 遂以手劃一劃云 識得時 是醍醐上味 若識不得 反爲毒藥也"라고 하였다. 〔참고문헌〕『雲門廣錄』, 『大慧語錄』, 『碧巖錄』. ⇨ 제호 醍醐

제혹 諸惑 Ⓢ kleśāḥ. 온갖 미혹한 것들르 번뇌를 말한다. 『구사론』 권1(대정장29, p.1b21 : *Abh-k-bh.*, p.2)에 "택법을 여의면 온갖 혹을 사라지게 할 뛰어난 방편이 없게 된다. 모든 번뇌는 세간이 생사의 큰 바다에서 표류하게 한다. 이런 이유로 부처님께서는 저 대법을 말씀하시어 세간으로 하여금 법을 가려 얻도록 하였다. 설하신 대법을 여의고서 부처님의 제자는 모든 법상에 대해 이치에 맞게 간택할 수 없다. 若離擇法 無勝方便 能滅諸惑 諸惑能令 世間漂轉 生死大海 因此傳佛說彼對法 欲令世間 得擇法故 離說對法 弟子不能 於諸法相 如理簡擇 〈kārikā〉 dharmāṇāṃ pravicayamantareṇa nāsti kleśānāṃ yata upaśāntaye 'bhyupāyaḥ. 〈bh āṣya〉 yato na vinā dharmapravicayenāsti kleśopaśamābhyupāyaḥ. kleśāśca lokaṃ bhramayanti saṃsāramahārṇeve 'sminan", 『섭대승론석』 권14(대정장31, p.259c24)에 "모든 번뇌는 본래 중생의 자성청정심에 들지 못한다. 갖가지 번뇌는 오직 객진(客塵) 스스로의 분상에서 분별에 의해 일어난 것일 뿐이니, 나는 이제 모든 중생의 객진번뇌를 없애기 위하여 이치에 맞는 바른 가르침을 설한다. 이 생각 때문에 보살은 하열심을 일으키지 않으며, 보살은 이를 기억하여 중생에 대하여 귀하게 여기고 경애하는 마음을 낳는다. 諸惑本來 不入衆生 自性淸淨心 諸惑唯是 客塵自分別所起 我今有能爲除諸衆生客塵煩惱 能說如理正教 由此念 菩薩不起下劣心 菩薩由此念 於衆生生貴敬心", 『대승장엄경론』 권3(대정장31, p.602b19)에 "제혹이란 곧 번뇌에 물듦이다. 諸惑者 卽煩惱染汚"라고 하였다. [참고문헌] 『俱舍論』, 『攝大乘論釋』, 『大乘莊嚴經論』, *Abh-k-bh.*, *Sūtr.34.* ⇨ 혹 惑, 번뇌 煩惱

제화갈 提和竭 Ⓢ Dīpaṃkara의 음사어. 제화갈라(提和竭羅)라고도 하며, 연등불(燃燈佛)이라 한역한다. 『일체경음의』 권9(대정장54, p.357b24)에 "제화갈〈제화갈라라고도 하며, 정광이라 한역한다. 연등불이라고도 하는 부처님이 바로 이 분이다〉. 提和竭〈或言提和竭羅 此云錠光 亦曰然燈佛 是也〉"라고 하였다. [참고문헌] 『一切經音義』. ⇨ 제화갈라 提和竭羅, 연등불 燃燈佛

제화갈라 提和竭羅 Ⓢ Dīpaṃkara의 음사어. 연등불(燃燈佛) 또는 정광불(錠光佛)이라 한다. 『번역명의집』 권1(대정장54, p.1058a14)에 "제원갈 : 제화갈라라고도 하며, 연등이라 한역한다. 『대지도론』에 '태자가 태어났을 때 온몸 주변이 등불처럼 빛났기에 연등이라 불렸으며, 부처가 되어서도 연등이라 불렸다'라고 하였다. 등(鐙) 자라 하니 『설문』에서는 '금(金)을 따른다' 하였고, 서현은 '정(錠)중에 촛불을 놓기에 등이라고 한다' 하였으며, 『성류』에서는 '발이 달린 것을 정이라 하고, 발이 없는 것을 등이라 한다'고 하였다. 그래서 『태자서응본기경』에서는 정광이라 하였는데, 『서화』에서 '정은 음으로 정이며 등에 속한다'고 하였다. 고래로 한역함에 돌이킨 문이 같지 않으니 연등이라고도 하고 정광이라고도 하지만, 말은 달라도 뜻은 같다. 그러므로 금을 따른다. 석존께서 수행하며 유동이란 이름으로 불릴 때 두 아승기겁을 채우시고는 연등불을 만나 수기를 받으셨다. 提洹竭 或云提和竭羅 此云燃燈 大論云 太子生時 一切身邊 光如燈故故云燃燈 以至成佛 亦名燃燈 鐙字 說文從金 徐鉉云 錠中置燭 故謂之燈 聲類云 有足曰錠 無足曰燈 故瑞應經翻爲錠光 摭華云 錠音定 燈屬也 古來翻譯 迴文不同 或云燃燈 或云錠光 語異義同 故須從金 釋尊修行 名儒童時二僧祇滿 遇燃燈佛 得受記莂"라고 하였다. [참고문헌] 『翻譯名義集』. ⇨ 연등불 燃燈佛

제화갈라 서산마애삼존불
국보제84호 백제 7세기

제화갈라불 提和竭羅佛 연등불(燃燈佛)을 말한다. 『증일아함경』 권40(대정장2, p.768c20)에 "내가 옛날에 선지식을 모시지 않았다면 결코 정광불로부터 수기를 받지 못했을 것이다. 선지식을 쫓아 섬겼기에 제화갈라불로부터 수기를 받을 수 있었으니, 이런 방편으로 선지식이란 온전한 범행의 사람임을 알 수 있다. 若我昔日不與善知識從事 終不爲錠光佛所見授決也 以與善知識從事故 得爲與提和竭羅佛所見授決 以此方便 知其善知識者卽是全梵行之人也", 『월명보살경』(대정장3, p.411c20)에 "부처님께서 월명보살에게 말씀하셨다. '이때의 지성의비구는 바로 제화갈라불이고, 지력왕은 지금의 미륵보살이며, 지지태자는 나 자신이다. 여래무소착등정각은 세간을 헤아릴 수 없을 만큼 이롭게 하며 공덕을 쌓아 일체를 제도하고자 하시기 때문이며 보살대사의 행위도 모두 이와 같다. 만약 선남자나 선여인이 세간의 고통 받는 이들을 제도하고자 한다면 마땅히 위없고 바르고 진실한 깨달음을 얻겠다는 뜻을 일으켜 이 삼매를 외우고 익혀야 한다'. 佛告月明童男 爾時 至誠意比丘者提和竭羅佛 是 爾時 智力王者 今彌勒菩薩 是 時 智止太子 我身 是 如來 無所著 等正覺 饒益於世間 不可計量 積累功德 欲度一切故 菩薩大士行皆如是 若善男子 善女人欲求度世苦者 當發無上正眞道意 誦習是三昧", 『도행반야경』 권2(대정장8, p.431a6)에 "부처님께서 모든 인천에게 말씀하셨다. '그렇다! 그렇다! 옛날에 내가 제화갈라불 앞에서 반야바라밀을 얻었으며 나는 곧바로 제화갈라불로부터 수기를 받았다. 「차후 사람들을 이끄는 스승이 될 것이고 모두 부처의 지혜를 얻게 될 것이며, 이후 무수아승기겁 후에 그대는 반드시 부처가 될 것인데 이름은 석가문이며, 천상천하에서 가장 존귀하고 세간을 안정시키는 이로서 법중에 극히 밝아 부처라고 불리리라」'. 佛語諸天人 如是 如是 昔 我於提和竭羅佛前逮得般若波羅蜜 我便爲提和竭羅佛所受決言 却後若當爲人中之導 悉當逮佛智慧 却後無數阿僧祇劫 汝當作佛 號字釋迦文 天上天下 於中最尊 安定世間 法中極明 號曰爲佛"라고 하였다. [참고문헌] 『增壹阿含經』, 『月明菩薩經』, 『道行般若經』. ⇨ 연등불 燃燈佛, 제화갈불 提和竭佛

제화갈불 提和竭佛 연등불(燃燈佛)이라 한다.『구잡비유경』권하(대정장4, p.518b5)에 "부처님께서 말씀하셨다. '이때 범지는 바로 제화갈불이고, 토끼는 나 자신이며, 원숭이는 사리불이고, 여우는 아난이며, 수달은 목건련이니라'. 佛言 時梵志者 提和竭佛 是 時兎者 我身是 獼猴者 舍利弗 是 狐者 阿難 是 獺者 目揵連 是也",『방광반야경』권6(대정장8, p.43a28)에 "부처님께서 모든 천자들에게 말씀하셨다. '옛날 내가 화엄국에서 제화갈불을 모신 이래로 한번도 육바라밀에서 벗어난 적이 없으며, 내외공 내지 유무공과 삼십칠조도품·사선·사무량심·사공정과 삼매 법문들과 다라니문과 부처가 갖춘 열 가지 지혜의 힘과 사무소외·사무애혜·대자대비·십팔불공불법을 비롯한 제불들의 기타 무수한 뛰어난 법들로부터 처음부터 벗어난 적도 없지만 의지한 적도 없었다. 그때 제화갈불께서 바로 나에게 수기를 내려 말씀하셨다.「아승기겁 후의 미래세에 그대는 부처가 될 것이며, 석가문여래·무소착·등정각·무상사·도법어·천인사로 불릴 것이다」'. 佛告諸天子 昔者我於花嚴國 從提和竭佛以來 初不離六波羅蜜 內外空 至有無空 三十七品 四禪 四等 及四空淨 諸三昧門 陀隣尼門 佛十種力 四無所畏 四無礙慧 大慈大悲 佛十八法 餘無央數諸佛上法 初不離此諸法 亦無所倚 是時 提和竭佛便記我言 後阿僧祇劫當來之世 汝當作佛 號釋迦文如來無所著 等正覺 無上士 道法御 天人師"라고 하였다. [참고문헌]『舊雜譬喩經』,『放光般若經』. ⇨ 연등불 燃燈佛

제화달차 提和達哆 S P Devadatta. 제바달다(提婆達多).『중아함경』권27「아노파경 阿奴波經」(대정장1, p.600c7 : *Udaka-sutta, AN.3*, p.402)에 "제화달차는 방일했기에 극고난에 떨어져 반드시 악한 곳에 이르렀다. 지옥에 떨어져서 한 겁 동안 머무르며 구제할 수 없었다. 提和達哆 以放逸故 墮極苦難 必至惡處 生地獄中 住至一劫 不可救濟 āpāyiko devadatto nerayiko kappaṭṭho atekiccho"라고 하였다. [참고문헌]『中阿含經』, *AN.* ⇨ 제바달다 提婆達多

제화라야 提和羅耶 S Devarāja, T lha'i-rgyal-po. 제바달다(提婆達多 S P Devadatta : 調達)가 아승기겁이 지난 다음에 부처를 이룰 때의 명호. 한역하여 천왕(天王)·천인왕(天人王)이라 한다.『살담분다리경』(대정장9, p.197b17)에 "조달은 아승기겁이 지난 후 부처님을 이룰 것이니 명호는 제화라야〈한역하여 천왕불이라고 한다〉이다. 십종력과 삼십이상·팔십종호를 얻을 것이다. 調達却後阿僧祇劫 當得作佛 號名提和羅耶〈漢言天王佛〉當得十種力 三十二相八十種好"라고 하였다. [참고문헌]『薩曇分陀利經』,『翻譯名義集』권1(대정장54, p.1058c15), *Saddh-p.259.* ⇨ 제바달다 提婆達多

제화월 提和越 S Devasopānā, T lha'i-them-skas. 제바달다(提婆達多 S Devadatta : 調達)가 부처를 이룰 때의 국토 이름. 한역하여 천도(天道)·천지(天地)라고 한다.『살담분다리경』(대정장9, p.197b19)에 "천왕불의 국토 이름은 제화월이다〈한역하여 천지국이라고 한다〉. 天王佛國 名提和越〈漢言 天地國〉"라고 하였다. [참고문헌]『薩曇分陀利經』,『翻譯名義集』권7(대정장54, p.1178a12), *Saddh-p.259.* ⇨ 제바달다 提婆達多, 제화라야 提和羅耶

제회 際會 1720~1781. 청대 임제종 스님. 호는 여정(旅亭), 속성은 장(張)씨. 가화(嘉禾 : 浙江省) 출신. 열여섯 살에 대성사의 견융(見融) 문하르 출가하여 스무 살에 보안사(普安寺)에서 구족계를 받았다. 동로법사(東魯法師)를 뵙고 운문(雲門)의 동산수상행(東山水上行) 화두를 받아 십 년 동안 제방을 편력하다가 1749년(건륭14) 대웅산(大雄山) 숭복선당(崇福禪堂)에서 빗소리를 듣고서 깨달았다. 항주(杭州) 천목산(天目山)에서 담여명영(澹如明永)의 법사(法嗣)인 문각실정(聞覺實定)에게 인가받았다. 1773년(건륭38)에 천목산에서 법을 펼쳤으며 이후 소주(蘇州) 문성각(文星閣)에 머물다가 1781년(건륭46) 6월 27일에 세수 62, 법랍 42세로 입적했다.『천목여정선사어록 天目旅亭禪師語錄』2권을 남겼다. [참고문헌]『正源略集』권16(卍속장145, p.483a10).

제휴 提携 붙들어 이끌다. 손잡아 함께하다의 뜻으로 미혹한 사람에게 길잡이가 되는 불보살의 행의다.『지장보살본원경』권하(대정장13, p.785a13)에 "이 선지식은 잡아 이끌며 손을 잡고 험한 길에서 끌어내어 온갖 악독함을 면하게 하고 좋은 길에 이르게 하니 안락을 얻게 하였다. 是善知識 提携接手 引出險道 免諸惡毒 至于好道 令得安樂",『서방요결석의통규』(대정장47, p.104c23)에 "만약 서방정토를 관상하면서 물러나지 않기를 바란다면 화토에 왕생하여 부처님의 화신을 친견하고 화토 주인의 이끌림으로 무생인을 얻게 된다. 若想西方 且求不退 得生化土 見佛化身 化主提携 得無生忍",『분양어록』권상(대정장47, p.606a24)에 "'저 위의 모든 성인이 스님께서 이끌기를 청하는군요' '산산이 부수어라!' '이렇게 말씀하시니 스님의 이끄심에 감사드립니다' '소로소로!' 從上諸聖 請師提携 師云 百雜碎 恁麽則謝師提携 師云 囌嚕囌嚕",『직주설두송고』권상(卍속장117, p.517b3)에 "학인이 물었다. '향상인 오면 어떻게 맞이하는지요?'〈존귀한 자리에 있는 이를 어떻게 이끈단 말인가?〉 僧云 向上人來 如何接〈尊貴中人 如何提携〉"라고 하였다. [참고문헌]『地藏菩薩本願經』,『西方要決釋疑通規』,『汾陽語錄』,『直註雪竇頌古』.

조 爪　부처님 성도직후 부처님께 공양을 올린 최초의 우바새. 『사분율』 권31(대정장22, p.781c11)에 "그때 세존께서 저 처에서 일체유루를 다하시고 일체결사도 다 버리시고 보리수하에 결가부좌하시고는 7일 동안 움직이지 않으셨으니 해탈락만을 수용하셨다. 세존께서 7일이 지나서 삼매로부터 일어나셨으며 7일중에 아무 것도 드신 것이 없었다. 그때 마침 조와 우바리라는 두 상인 나그네 형제가 오백수레에 재보를 가득 싣고는 보리수에서 멀지 않은 곳을 지나고 있었다. 그때 두 상인의 옛 선지식이었으며 지금은 부처님을 도탑게 믿게 된 수신이 저 형제를 득도케 하고자 다가가 일러주기를 '너희들은 아는가. 석가문불여래등정각께서 7일중에 제법을 구족하셨으나 그간에 드신 음식이 없으시다. 그대들 보리떡 여래께 드릴 수만 있다면 그대들은 긴긴밤을 지나 선하고도 안은한 쾌락을 얻을 수 있으리라' 하였다. 그때 형제는 수신의 말을 듣고 기뻐하며 곧바로 밀떡을 가지고 보리수로 나아갔다. 爾時世尊 於彼處盡一切漏 除一切結使 卽於菩提樹下結加趺坐 七日不動 受解脫樂 爾時世尊 過七日已 從定意起 於七日中未有所食 時有二賈客兄弟二人 一名瓜 二名優波離 將五百乘車載財寶 去菩提樹不遠而過 時樹神篤信於佛 曾與此二賈客舊知識 欲令彼得度 卽往至賈人所語言 汝等知不 釋迦文佛如來等正覺 於七日中具足諸法 於七日中未有所食 汝等可以蜜麨奉獻如來 令汝等長夜得利善安隱快樂 爾時兄弟二人 聞樹神語已歡喜 卽持蜜麨往詣道樹"라고 하였다. 〔참고문헌〕『四分律』. ⇨ 바리가 婆梨迦, 우바새 優婆塞

조 早　이미. 벌써. 일찍이. 조시(早是)라고도 쓴다. 『임제록』(대정장47, p.496b26)에 "오늘의 법연은 일대사를 위한 것이다. 다시 물을 것 있는가? 서둘러 물어온다 해도 그대가 입 열자마자 이미 서로 만날 일 없게 된다. 此日法筵爲一大事故 更有問話者麽 速致問來 爾纔開口 早勿交涉也", 『지주남전보원선사어요』(고존숙어록12, 卍속장118, p.298b1)에 "이 물건은 범도 성도 아니어서 어리석지도 지혜롭지도 않지만 굳이 어리석다 지혜롭다 부른다. 본래 이름이 아니니 말할 수도 없다. 말한 즉시 머리에 뿔이 자란다. 불러 여여라 하면 이미 변한다. 此物不是凡聖 不是愚智 强喚作愚智 本不是名字 不得道著 道著則頭角生 喚作如如 早是變也", 『운문광록』 권상(대정장47, p.545c20)에 "나의 일 어쩔 수 없어서 모든 이들 향해서 말하고 곧바로 아무 일 없다 하지만, 일찍이 서로 덮어버렸어야 할 것이다. 我事不獲已 向爾諸人道 直下無事 早是相埋沒也", 『황룡혜남어록』(대정장47, p.630b26)에 "약산이 이렇게 왔지만 이미 일 없는데 일을 일으킴이고, 멀쩡한 살에 상처 낸 것이다. 藥山與麽來 早是無事起事 好肉上剜瘡"라고 하였다. 〔참고문헌〕『臨濟錄』, 『池州南泉普願禪師語要』, 『雲門廣錄』, 『黃龍慧南語錄』.

조 祖　❶ 처음. 비롯함이 되는 것들로 시작을 말한다. 『일체경음의』 권80(대정장54, p.823a23)에 "조이〈조는 조와 고를 반절한 음이다. 『이아』에 '조란 비롯함이다'라고 하였다〉. 祖禰〈上租古反 爾雅云 祖者 始也〉"라고 하였다. 〔참고문헌〕『一切經音義』. ❷ 선문의 조사. 『경덕전등록』 권3 「보리달마전 菩提達磨傳」(대정장51, p.220a3)에 "일찍감치 불교의 교설을 흠모했던 성의 태수 양현지가 달마에게 물었다. '서천의 오인도에서 스승을 이어 조로 삼았으니 그 도는 어떠한지요?' '불심의 종지 밝히고 행도 지혜도 서로 따름을 조라 합니다'. 城太守 揚衒之 早慕佛乘 問師曰 西天五印 師承爲祖 其道如何 師曰 明佛心宗 行解相應 名之曰祖"라고 하였다. 〔참고문헌〕『景德傳燈錄』. ⇨ 조사 祖師

조 照　Ⓢ prakāśa, prakāśana, prakāśayati. 비추다. 밝히다. 깨닫다의 뜻이다. 『중론』 권2 「관삼상품 觀三相品」(대정장30, p.9c19)에 "등은 자체로 본래 어둡지 않고, 밝음이 미치는 곳 또한 어둠이 없다. 밝음과 어둠은 서로 어긋나기 때문이다. 어둠을 부수므로 비춤이라 하고 어둠이 없으면 비춤도 없으니, 어찌 등이 스스로 비추면서 또한 다른 어떤 것을 비춘다고 말할 수 있겠는가? 燈體自無闇 明所及處亦無闇 明闇相違故 破闇故名照 無闇則無照 何得言燈自照亦照彼", 『범망경』 권상(대정장24, p.1002b20)에 "반조·순조·역조·전조·후조·인조·과조·공조·유조·제일중도의제조 등의 지혜는 오직 팔지로 증하는 것으로, 그 아래의 지로는 미칠 수 없어서 부동·부도·불출·불입·불생·불멸이다. 이 지의 법문품은 한량없고 한량없어 형용하여 말할 수 없다. 反照 順照 逆照 前照 後照 因照 果照 空照 有照 第一中道義諦照 是智唯八地所證 下地所不及 不動 不到 不出 不入 不生 不滅 是地法門品 無量無量 不可說不可說"라고 하였다. 〔참고문헌〕『中論』, 『梵網經』. ⇨ 반조 返照, 보조 普照❶

조 銚　가마솥. 무언가를 끓이거나 데울 때 쓰는 기구. 또는 손잡이가 있거나 주둥이가 있어 차를 데우기도 한다. 『사분율명의표석』 권14(卍속장70, p.610a11)에 "가마솥을 필요로 한다 : 『일체경음의』에 '조는 고문에서는 초(鐎)와 같이 쓰였는데 여와 초를 반절한 음이다. 음은 요이다. 『광아』에서는 현(鋗)을 조라고 하였고 『설문』에서는 데우는 데 쓰는 기구라고 하였다. 솥 위에 고리가 있기 때문에 산동에서는 이 음(鬲)으로 읽는다. 도와 조를 반절한 음이기도 하며 성조는 거성이다. 지금 강남에는 구리로 만든 가마솥이 있는데 형태는 (솥의 일종인) 창(鎗)과 비슷하며 다리가 없고 위에 용이 웅크리고 앉아 있는데 고리로 쓰인다. 또한 끓이는 데 쓰는 기구라고도 한다〈현의 음은 훤이며, 구리로 만든 가마솥이다〉'라고 하였다. 須銚 經音義云 銚 古文鐎同 余招切 音堯 廣雅 銷謂之銚 說文云 溫器也 以鬲上有鐶 山東行此音 又徒弔切 調去聲 今江南有銅銚 形似鎗 而無脚 上加踞龍 爲欅也 又云 燒器也〈銷 音暄 銅銚也〉"라고 하였다. [참고문헌]『四分律名義標釋』.

조 調 도거(掉擧 Ⓢ auddhatya)의 구역어(舊譯語). 들뜨고 불안정한 마음이며 혼침의 구역어인 수(睡)의 상대어다. 『아비담심론』 권1(대정장28, p.811a4)에 "이 심품 중에는 스물한 가지 심수법이 있다. 즉 십대지법·각·관·두 가지 번뇌·무참·무괴·수·조·불신·방일·해태이다. 此心品中 當知有二十一心數法 十大地 覺 觀 二煩惱 無慚 無愧 睡 調 不信 放逸 懈怠"라고 하였다. [참고문헌]『阿毘曇心論』, 『阿毘曇八犍度論』 권8(대정장26, p.803b5). ⇨도거 掉擧, 수 睡

조 操 ❶지조(志操). 절개(節概). 『선림보훈음의』(卍속장113, p.254a11)에 "뜻을 지키고 바꾸지 않는 것을 조라 한다. 守志不改 曰操"라고 하였다. [참고문헌]『禪林寶訓音義』. ❷거문고 곡조. 『불조통기』 권26(대정장49, p.268c3)에 "거문을 타서 곡조를 울림은 온 산에 다 메아리치도록 하려 함이다. 撫琴動操 欲令衆山皆響"라고 하였다. [참고문헌]『佛祖統紀』.

조가 祖可 송대 스님. 자는 정평(正平), 속성은 소(蘇)씨. 단양(丹陽 : 江蘇省 鎭江市) 출신. 여산(廬山)에 주석하였다. 본래 유학을 익혀 시문에 능하였다. 출가한 다음에 선수행에 힘을 쏟아 정진하면서도 상규를 넘어섰다. 옴에 걸린 일로 인하여 나가(癩可)라는 별명이 붙기도 하였다. 저서에 『동계집 東溪集』·『폭천집 瀑泉集』 등이 있다. [참고문헌]『法華經顯應錄』 권하 「廬山可禪師」(卍속장134, p.867b10), 『法華經科註』 권10(卍속장48, p.707a14). ⇨나가 癩可

조가녀 曹家女 조씨네 여인. 토지신(土地神)으로 사람 얼굴에 뱀의 형상이라 전한다. 『경덕전등록』 권17 「소산광인전 疎山匡仁傳」(대정장51, p.339c23)에 "소산이 손에 나무로 만든 뱀을 쥐고 있는데 어떤 학인이 물었다. '손에 든 것은 무엇입니까?' 소산이 집어 들고 말했다. '조가녀'. 師手握木蛇 有僧問 手中是什麽 師提起曰 曹家女"라고 하였다. [참고문헌]『景德傳燈錄』.

조각 助覺 ❶Ⓢ bodhāv aṅgāni. 깨우침을 돕는 것들. 각지(覺支)를 말한다. 『변중변론』 권중(대정장31, p.472a23 : *Madhy-vibh.*, p.53)에 "이 지는 깨우침을 돕기에 각지라고 한다. 이 각지로 말미암아 위를 견도위에 있게 한다. 자세하게는 일곱 가지고, 간략하게는 다섯 가지다. 첫째는 깨달음의 의지하는 지이니 염을 말하고, 둘째는 깨달음의 자성 갈래이니 택법을 말하며, 셋째는 깨달음의 벗어남 갈래이니 정진을 말하고, 넷째는 깨달음의 이익 갈래이니 희를 말하며, 다섯째는 깨달음의 오염없는 갈래이다. 이것은 다시 세 가지이니, 안과 정과 사를 말한다. 此支助覺 故名覺支 由此覺支 位在見道 廣有七種 略爲五支 一 覺所依支 謂念 二 覺自性支 謂擇法 三 覺出離支 謂精進 四 覺利益支 謂喜 五 覺無染支 此復三種 謂安定捨 darśanamārge bodhāv aṅgāni bodhyaṅgāni. tatra bodher āśrayāṅgaṃ smṛtiḥ. sva bhāvāṅgaṃ dharmavicayah. niryāṇāṅgaṃ vīryaṃ. anuśansāṅgaṃ prītiḥ. asaṃkleśāṅgaṃ tridhā pra srabdhisamādhyupekṣāḥ", 『사제론』 권4(대정장32, p.399a5)에 "성도를 삼십칠조각이라고도 한다. 어떤 법을 각이라고 하는가? 진지와 무생지를 각이라고 한다. 세 갈래 사람에 의하여 세 품의 각을 세운다. 성문보리·벽지보리·무상보리다. 무명을 멸하여 남김이 없도록 하기에 자신의 일을 이미 다 하여 다시 함이 없고, 여실하게 깨달았기에 각이라고 한다. 조란 삼십칠법을 말하니, 진지와 무생지를 따르기 때문에 조라고 한다. 이름을 따라 삼십칠이라 하는 것이고, 체에 의한 것은 아니다. 지금 논해서 가린 바로는 체는 오직 열 가지이니 신·정진·염·정·혜·희·경안·사·계·각을 말한다. 聖道 或說三十七助覺 何法爲覺 以盡智無生智 名之爲覺 由三種人 成三品覺 謂聲聞菩提 辟支菩提 無上菩提 能滅無明 令無餘故 是自事已作 不復更作 如實覺故 是名爲覺 助者 三十七法 隨從盡智無生智 故名爲助 由名故說三十七 不由於體 今論所辯 體唯有十 謂信 精進 念 定 慧 喜 輕安 捨 戒 覺"라고 하였다. [참고문헌]『辯中邊論』, 『四諦論』, *Madhy-vibh.* ⇨각지 覺支, 삼십칠도품 三十七道品 ❷각지가 아니면서 깨달음을 돕는 것. 『순정리론』 권71(대정장29, p.729b25)에 "그러므로 (不放逸은) 산선에 있어 힘을 씀은 비록 강하지만 정선 중에 세를 씀은 미열하다. 보리분법은 정선을 취해 따라서 사제의 도리 깨닫는 것을 돕는다. 그러므로 저 불방일을 (覺分이라고) 하지 않는다. 故於散善 力用雖强 助定善中 勢用微劣 菩提分法 取順定善 助覺諦理 故彼不立"라고 하였다. [참고문헌]『順正理論』, 『顯宗論』 권34(대정장29, p.943a16).

조각 皀角 조는 주엽나무(쥐엄나무). 조협(皀莢)이라고도 하며, 조각(阜角)이라고도 쓴다. 세정(洗淨)할 때 그 열매를 비누처럼 쓴다. 세정제를 조두(澡豆)라 하는데 보통은 조각을 가리킨다. 『백장청규』 권6 「일용궤범 日用軌範」(대정장48, p.1145b29)에 "손을 씻은 다음에 조각으로 팔꿈치 앞 부위까지 씻는다. 洗手然後 用皀角 洗至肘前", 『범망경직해』 권하2(卍속장61, p.184b8)에 "조두는 조각을 말한다. 측간에서 일을 마치고 나올 때마다 몸과 손을 씻어야 예불·지주·송경을 할 수 있다. 澡豆卽皀角 凡出厠畢 以淨身手 便可禮佛 持呪 誦經", 『선가귀감』(한불전7, p.643a10)에 "또한 이렇게 말한다. '씻을 때는 반드시 냉수를 사용하되, 손은 주엽나무로 씻어야 하며 톱밥이나 잿가루도 괜찮다. 만약 잿가루를 써서 닦아내지 않으면 촉수가 손등에 흘러내려서 생긴 지저분한 기운이 그대로 남게 되고, 그 상태로 예불을 하거나 경전을 읽으면 반드시 죄를 받는다'. 又云 洗淨須用冷水 洗手須用皀角 又木屑灰泥 亦通 若不用灰泥 則觸水淋其手背 垢穢尙存 禮佛誦經必得罪"라고 하였다. 〔참고문헌〕『百丈淸規』, 『梵網經直解』, 『禪家龜鑑』. ⇨ 조두 澡豆

조각 祖覺 1087~1150. 송대 스님. 호는 치암(癡菴), 속성은 양(楊)씨. 가주(嘉州 : 四川省) 용유(龍游) 출신. 대대로 유학을 숭상하는 가문에 태어나 어릴 시절에는 책을 읽으며 눈에 스치기만 해도 외울 정도로 총명하였다. 출가한 다음에 화엄(華嚴)의 종지를 궁구하다가 깨달은 뒤로 각화엄(覺華嚴)이라 불렸다. 후에 미주(眉州) 중암사(中巖寺)에 머물면서 청량징관(淸涼澄觀)의 교설을 널리 알렸다. 일찍이 북송승사(北宋僧史)를 교정하였고, 『화엄집해 華嚴集解』·『금강경주 金剛經注』 등의 저술을 남겼다. 1150년(소흥20) 세수 64세, 법랍 35세로 입적하였다. 〔참고문헌〕『嘉泰普燈錄』 권14(卍속장137, p.218a18).

조간 釣竿 낚싯대. 선문에서 종사가 학인을 접화하는 수단을 비유하는 말. 『양기후록』(대정장47, p.647c14)에 "법좌에 올라 선상을 치며 말했다. '대중들이여! 낚싯대 쪼개 다해서 거듭 대나무 심어 기른다 해도 그 공정 헤아리지 않으니 문득 쉼을 얻으리라. 上堂拍禪床云 大衆 釣竿斫盡重栽竹 不計功程得便休", 『벽암록』 62칙 「평창 評唱」(대정장48, p.194b29)에 "운문이 마치 옛 언덕에서 낚싯대를 잡은 듯하다. 구름 또한 흘러가고 물마저 찰랑이는데 밝은 달은 갈대꽃을 비추고, 갈대꽃 밝은 달 비추네. 말해보라! 바로 이러한 시절은 어떠한 경계인가? 만약 바로 알 수 있다면 앞뒤가 오직 한 구로 같을 것이다. 할. 雲門如在古岸把釣竿相似 雲又冉冉 水又漫漫 明月映蘆花 蘆花映明月 正當恁麽時 且道是何境界 若便直下見得 前後只是一句相似 瞠"라고 하였다. 〔참고문헌〕『楊岐後錄』, 『碧巖錄』.

조감 照鑑 비춰 드러나게 하여 깨우치다. 지혜의 빛으로 만법의 진실을 비춰 깨우치는 뜻이고, 불보살이 자비심으로 중생을 굽어 살피는 뜻이기도 한다. 『대승의장』 권18(대정장44, p.822b1)에 "비추어 본다는 뜻도 있고, 각지라는 뜻도 있다. 그러므로 반야라 한다. 有照鑑義 有覺知義 故爲般若", 『원오어록』 권7(대정장47, p.742c11)에 "만일 한 물건에 기대지 않아 홀로 거듭 돌이켜 가파른 산처럼 우뚝하니, 천성도 알아채지 못하고 만령이라도 비춰 볼 수 없다네. 忽若不倚一物 孤迴迴 峭巍巍 千聖莫能知 萬靈沒照鑑", 지눌(知訥)의 『수심결』(대정장48, p.1008b3·한불전4, p.712b3)에 "만약 혼침 더욱 많다면 다음으로 혜문으로 법을 가리고 공을 관한다. 이로써 비추어 봄에 미혹이 없으면 본래의 지와 어김없게 된다. 若昏沈尤多 則次以慧門 擇法觀空 照鑑無惑 契乎本知", 『법화경지장소』 권5(卍속장93, p.780a11)에 "중생이 선한 법을 잃고 고통에 떨어져 있으니 여래께서 대비로 비춰 주시네. 衆生 失善墮苦 如來 大悲照鑑"라고 하였다. 〔참고문헌〕『大乘義章』, 『圜悟語錄』, 『修心訣』, 『法華經指掌疏』. ⇨ 조감무사 照鑑無私

조감무사 照鑑無私 그대로 비춰 사사롭지 않음. 『허당집』 63칙 「송 頌」(卍속장124, p.582a18)에 "드높은 하늘 밤마다 깨끗해 저 거울같고〈한 점이 분명하다〉, 만리에 구름 없어 아득한 허공엔 외로운 달 두렷하네〈비추지만 사사로움 없네〉. 長天夜夜淸如鏡〈一點分明〉 萬里無雲孤月圓〈照鑑無私〉"라고 하였다. 〔참고문헌〕『虛堂集』.

조갑정 爪甲淨 씨를 품은 것들을 먹으려면 손톱으로 껍질을 벗겨 씨를 발라내 깨끗이 한 후 먹는 일. 씨채로 먹지 않게 한 규정으로 오종정식(五種淨食 : 五種作淨) 중 하나다. 『마하승기율』 권14(대정장22, p.339b2)에 "씨를 둘러싸고 있는 종류의 과일은 가리륵·비혜륵·아마륵·거수라산조 따위인데 이와 같은 것들은 모두 손톱으로 씨를 발라내 깨끗이 한 후에 먹어야 한다. 만약 씨까지 먹고자 한다면 불에 익혀야 한다. 이는 씨를 감싸고 있는 종류의 과일에 관한 규정이다. 裹核種者 呵梨勒 鞞醯勒 阿摩勒 佉殊羅酸棗 如是比應 爪甲淨 去核而食 若欲合食核者 當火淨 是名裹核種"라고 하였다. 〔참고문헌〕『摩訶僧祇律』. ⇨ 오종작정 五種作淨

조강 朝講 아침에 경론 등을 강설하는 일. 『설무구칭경소』 권6 「발문 跋文」(대정장38, p.1114a22)에 "강설한 순서에 따라 이 문구를 지어서 깊은 이치를 드러내고자 밤에는 글을 짓고 아침에는 강하였다. 乃因講次 制作此文 以贊玄旨 夜制朝講", 『석문정통』 권6 「처함장 處咸章」(卍속장130, p.859b11)에 "법좌에 걸터앉아 심인을 부여잡고 아침엔 강설하고 저녁엔 참선하였다. 據法座 握心印 朝講暮參"라고 하였다. 〔참고문헌〕『說無垢稱經疏』, 『釋門正統』.

조강 糟糠 Ⓢkaṣaṭa, Ⓣsnyigs-ma. 쓸모없는 찌꺼기. 조는 술을 거른 다음 남는 지게미고, 강은 쌀을 골라낸 다음의 껍질이다. 원래 조열한 음식을 가리키는 말이지만 뜻이 바뀌어 교만한 비구나 조악한 법 등 쓸모없는 것들을 비유한다. 『법화경』 권1(대정장9, p.7c15 : *Saddh-p.*, p.44)에 "자신의 흠을 못 보게 숨기며 자잘한 꾀를 부리던 이들은 이미 나갔다. 대중 가운데 저들 찌꺼기 같은 무리들은 부처님의 위덕에 눌려 떠났으니, 이러한 사람들은 복덕이 거의 없어 이 법을 받아내지 못한다. 護惜其瑕疵 是小智已出 衆中之糟糠 佛威德故去 斯人尠福德 不堪受是法 vraṇāṃśca parirakṣantaḥ prakrāntā bālabuddhayaḥ. parṣatkaṣāyatāñ jñātvā lokanātho 'smi adhvaṃsi tān, tatteṣāṃ kuśalaṃ nāsti śṛṇuyurdharma ye imam", 『법화의소』 권4(대정장34, p.499b25)에 "오천이나 되는 사람이 중도라는 참된 맛을 잃고 단상이라는 술지게미를 얻었을 뿐이다. 삼승이라는 이름은 쌀을 고른 뒤에 남는 껍질과 같고, 일승이라는 이치는 껍질 안의 쌀알과 같으니, 삼승이라는 이름만 얻었을 뿐 삼승의 내밀한 뜻을 모르므로 껍질이라 한다. 또한 청정한 대중은 먹을 자격이 되기에 술이나 쌀과 같다고 비유하고, 죄인은 수용할 수 없기에 술지게미와 껍질과 같다고 비유한다. 五千人失 中道眞味 但得斷常之糟耳 三乘之名 如米外之糠 一乘之理 如糠內之米 但得三乘之名 不知三乘之義 故云糠也 又淨衆堪用 譬同酒米 罪人不堪用 喩如糟糠也", 『대법고경』 권상(대정장9, p.291a22)에 "그때 세존께서 대가섭에게 이르셨다. '이 모든 비구는 청정하고 순일하며 진실의 굳은 힘으로 모든 쓸모없는 찌꺼기를 떠났으니, 이 『대법고경』을 견뎌 감당할 수 있지 않겠느냐?' 爾時 世尊告大迦葉 此諸比丘 淸淨純一 眞實强力 離諸糟糠 堪任聞此大法鼓經不", 『보봉어록』 「화개복장로송강선자칠게 和開福長老送强禪者七偈」(고존숙어록45, 卍속장118, p.763a2)에 "언구가 맑고 참신하여 언뜻 봄처럼 여겼는데, 평소의 삶을 진실이라 여기며 신만을 안락하게 하였네. 성도하길 바라면서 깨달음 구하지 않고, 더구나 쓸모없는 말 가지고 남을 가르치누나. 言句淸新便謂春 平常爲實用安神 希望成道不求悟 更把糟糠敎授人", 『자백존자전집』 권4(卍속장126, p.707a11)에 "옛 사람은 거친 옷 걸치고 거친 음식 먹으면서도 달고 담박하다고 생각하였다. 대체로 거친 옷은 삼베의 종류에 불과하고 거친 음식은 찌꺼기 음식에 지나지 않는다. 나는 비록 덕이 없지만 여름이면 삼베옷 입기를 좋아하고 겨울이면 무명으로 짠 옷을 즐겨 입으며, 음식은 조강·푸성귀·비지 따위다. 古人 以衣惡衣 食惡食 則謂之能甘澹泊 大率惡衣不過緆蔬之類 惡食不過糟糠之食 吾雖不德 夏則喜著緆蔬 冬則樂服布裘 食則糟糠 菜根 荳査"라고 하였다. 〔참고문헌〕 『法華經』, 『法華義疏』, 『大法鼓經』, 『寶峰語錄』, 『紫柏尊者全集』, 『一切經音義』 권34(대정장54, p.536b16), *Saddh-p.*

조개 早箇 이미. 벌써. 이전에. 『앙산어록』(대정장47, p.584b28)에 "적간행자가 종소리를 듣고 물었다. '귀 있어야 종을 칩니까? 귀가 없어야 종을 칩니까?' '너는 묻기만 하고 내가 답 못할 것은 걱정하지도 않는구나' '이미 묻고 말았습니다' '가거라'. 赤干行者聞鐘聲 乃問 有耳打鐘 無耳打鐘 師云 汝但問 莫愁我荅不得 行者云 早箇問了也 師喝云 去", 『동산어록』(대정장47, p.521b26)에 "설봉이 올라와서 문안 드렸다. '문에 들었으면 말해야 한다. 이미 들어왔다고 말하지 마라' '저는 입이 없습니다'. 雪峯上問訊 師云 入門來須有語 不得道早箇入了也 雪峯云 某甲無口"라고 하였다. 〔참고문헌〕 『仰山語錄』, 『洞山語錄』.

조갱 調羹 사찰의 소임 중 하나. 국을 끓이고 간을 맞추는 소임으로 갱두(羹頭)와 같다. 1930년 서울 정릉 경국사(慶國寺)에서 새겨 벽에 걸었던 육색방(六色榜)의 22가지 소임 가운데에 '조갱'이라는 소임 이름을 새겼다. ⇨ 육색방 六色榜, 갱두 羹頭

조거 祖車 조사의 법구를 모신 수레. 『송고승전』 권26 「광의전 光儀傳」(대정장50, p.873c14)에 "운구가 시작되자 이채로운 향기가 사방으로 퍼졌고 법구의 모습은 생전과 같았다. 조사의 법구 모신 수레가 성을 빠져나갈 때 백학 수백 마리가 허공에서 울었고, 고운 구름이 약속이나 한 듯이 수레를 덮은 채로 수십 리를 따랐다. 柩之發也 異香芬馥 狀貌如生 祖車出城 白鶴數百 鳴唳空中 綵雲依約 覆車數十里"라고 하였다. 〔참고문헌〕 『宋高僧傳』. ⇨ 조사 祖師

조거합철 造車合轍 수레를 만들지만 바퀴 자국에 맞추다. "문 닫고 수레를 만들지만 문 열고 나서면 바퀴자국에 합한다. 閉門造車 出戶合轍"라는 『문선 文選』의 구절에서 비롯한 말이다. 출문합철(出門合轍)·폐문합철(閉門合轍)이라고도 한다. 고대에 뛰어난 장인 윤편(輪篇)이 공방(工房)에 갇혀 만든 수레가 밖으로 나와서 달리면 바퀴 자국에 딱 들어맞았다는 고사에 따른다. 구습에 굳이 따르는 망상분별을 비유한다. 수레바퀴의 크기와 폭을 규격화한 일은 진시황(秦始皇)의 업적이다. 선문에서는 본래의 의미를 떠나 세간에 맞춰 벗어나지 못한 뜻으로 옮겨 쓴다. 『광지광록』 권2(대정장48, p.22c17)에 "조주 노스님, 조주 노스님! 소란스런 총림 그칠 기미 없습니다. 덧없이 시간만 낭비하였으니, 수레 만들어 바퀴자국에 맞추려 할 뿐이네. 본래 기량이란 없었으니, 골짜기 막고 도랑마저 메울 뿐이네. 老趙州 老趙州

攪攪叢林卒未休 徒費功夫 也造車合轍 本無伎倆 也塞壑填溝"라고 하였는데, '한갓 ~ 짓이로다'라는 구절에 대한 『직주천동송고』 권상(卍속장117, p.795a15)의 「착어 著語」에 "제방에서 파고들 줄만 알았기에 '덧없이 수고롭다'고 한다. 諸方穿鑿 故曰徒勞"라고 하였다. 〔참고문헌〕『宏智廣錄』, 『直註天童頌古』.

조견 照見 Ⓢ avalokayati, vyavalokayati, Ⓟ apaloketi. 비추어 보다. 지혜로 사무쳐 본다는 뜻이다. 『불소행찬』 권5(대정장4, p.51b11)에 "세간의 멀거나 가까운 모든 것, 천안으로 모조리 비추어 보고, 업보도 진실대로 다 밝히니, 마치 거울 속 영상을 보는 듯하다. 世間無遠近 天眼悉照見 業報諦明了 如觀鏡中像", 『보편지장반야바라밀다심경』(대정장8, p.894a20)에 "이 정에 든 다음 삼매력으로 깊은 반야바라밀다를 행할 때 오온의 자성이 온통 비었음을 비추어 본다. 入此定已 以三昧力 行深般若波羅蜜多時 照見五蘊 自性皆空", 『인왕호국반야바라밀다경소』 권중1(대정장33, p.457a21)에 "조견이라는 말에서 조란 지혜의 바탕이고 견은 지혜의 용이다. 조라는 체가 보니 눈은 상이 없는 마음이다. 이 깨끗한 지혜로 피안에 이르기 때문이다. 言照見者 照謂智體 見謂智用 照體卽見 目無相心 由此淨慧 達彼岸故", 『반야심경사관해』 권상(卍속장92, p.936b15)에 "조견이란 반야를 관해 비춤이다. 照見者 觀照般若也", 돈황본 『협주바라밀다심경』(대정장85, p.169b10)에 "비춰 본다 하니 사유다. 照見者 思惟也", 『반야심경주』(卍속장41, p.794a11)에 "조견은 돌이켜 비춤이다. 경에 물들어 연하지 않고 물러나 자성을 보니, 반야의 참된 공을 돌이켜 비춘다는 말이다. 照見者 返照也 不染境緣 退步見性 謂返照般若眞空也", 『반야심경첨족』(卍속장41, p.924b15)에 "출세간의 모든 선정·지혜·해탈·삼매·무상정각보리·열반 등의 법은 모두 공이다. 그러므로 그 무엇도 보지 않고 도무지 볼 것도 없으니 이를 비춰 본다 하니, 이것이야말로 모든 법의 실상을 보는 것이다. 於出世間 一切禪定 智慧 解脫 三昧 無上正覺菩提 涅槃等法 悉空 故皆不見 都無所見 名爲照見 是見諸法實相也", 지눌(知訥)의 『정혜결사문』(한불전4, p.699b1)에 "다만 불조의 진실한 말씀에 의지하여 밝은 거울로 삼아 자심을 비춰 보니, 본래로부터 신령하게 밝고 청정하며 번뇌의 자성마저 공하니, 이에 다시 부지런히 더하여 삿된 법과 바른 법을 가려내어 자신의 견해에 집착하지 않으면 마음에 산란한 생각 없고 혼침에 머물 일도 없다. 但依佛祖誠實之言 爲明鏡 照見自心 從本而來 靈明淸淨 煩惱性空 而復勤加 決擇邪正 不執己見 心無亂想 不有昏滯"라고 하였다. 〔참고문헌〕『佛所行讚』, 『普遍智藏般若波羅蜜多心經』, 『仁王護國般若波羅蜜多經疏』, 『般若心經事觀解』, 『挾註波羅蜜多心經』, 『般若心經注』, 『般若心經添足』, 『定慧結社文』, *Prajñ-h.77.* ⇨ 조照, 관조 觀照, 반조 返照, 회광반조 迴光返照

조결 澡潔 씻어서 깨끗이 하다. 『장아함경』 권4 「유행경 遊行經」(대정장1, p.24a3)에 "모든 채녀들이 다 들은 다음 각기 의복을 장엄하고 목욕하며 씻고 깨끗이 하였다. 諸女聞已 各嚴衣服 沐浴澡潔", 40권본 『화엄경』 권34(대정장10, p.816b16)에 "만일 모든 보살이 총간에 머무를 때 모든 중생에 대해 항상 자비와 이익을 주려는 마음으로 머문다. 깨끗한 계를 굳게 지켜 위의를 거두어 보호하고 몸을 씻어 깨끗이 하며 절대 고기를 먹지 않는다. 若諸菩薩 住塚間時 於諸衆生 恒住慈心 及利益心 堅持淨戒 攝護威儀 澡潔其身 不應食肉"라고 하였다. 〔참고문헌〕『長阿含經』, 『華嚴經』.

조경 爪鏡 손톱 거울. 약을 바른 손톱에 주문을 외우면 거울처럼 밝아지면서 온갖 일들을 보게 된다는 점술법. 원광법(圓光法)이라고도 한다. 『범망경』 권하(대정장24, p.1007b16)에 "조경·시초·양지·발우·해골로써 도구를 삼아 점을 쳐서는 안 되고, 도적의 심부름을 해서도 안 된다. 그것 가운데 하나라도 지으면 안 되니, 만일 고의로 지으면 경구죄를 범한다. 不得 … 爪鏡 蓍草 楊枝 鉢盂 髑髏 而作卜筮 不得作盜賊使命 一一不得作 若故作者 犯輕垢罪", 『범망보살계경소주』 권하2(卍속장59, p.617a1)에 "조경이란 무엇인가? 전해 듣기로는 서역의 술사들은 손톱에 약을 바르고 주문을 외우면 그중에 길흉 등의 사가 보인다고 한다. 爪鏡者 承聞西域術師 以藥塗爪甲呪之 卽於中見吉凶等事", 『범망경보살계초진』 권7(卍속장95, p.158a11)에 "조경은 원광법이다. 곧 손톱 위에 약을 바르고 주술을 쓰거나 손가락이 거울처럼 밝게 되라고 주문을 외우므로 조경이라 한다. 爪鏡者 卽圓光法也 謂以藥塗指爪上 或用呪術呪指使明如鏡 故曰爪鏡", 『범망경보살계주』 권하(卍속장60, p.570b4)에 "조경 : 원래 하나의 거울을 사용한 뒤에 약을 손톱에 발라 법을 지어 주문으로 거울이 되어 비추면 거울중에 길흉 등의 사를 문득 본다. 爪鏡 元用一鏡後 以藥塗手爪 作法呪鏡 鏡中便見 吉凶等事"라고 하였다. 〔참고문헌〕『梵網經』, 『梵網菩薩戒經疏註』, 『梵網經菩薩戒初津』, 『梵網經菩薩戒注』.

조경 祖慶 **1** 남송(南宋)대 임제종 호구파(虎丘派) 스님. 호는 운곡(雲谷). 석계심월(石溪心月 ?~1254)의 법을 이었다. 강소성(江蘇省) 오강(吳江) 성수사(聖壽寺)에 주석했다. 불감혜근(佛鑑慧勤)·원오극근(圜悟克勤)·정각종현(正覺宗顯)의 염고(拈古)가 실린 『팔방주옥집 八方珠玉集』에 스승인 석계심월의 착어(著語)를 덧붙여 『염팔방주옥집』으로 중편하였다. 〔참고문헌〕『拈

八方珠玉集』「序」(卍속장119, p.204a6). ❷ 남송(南宋) 대 임제종 양기파(楊岐派) 스님. 호는 운암(雲菴). 건양(建陽 : 福建省) 출신. 대혜종고(大慧宗杲 1089~1163)의 법을 이었고, 항주(杭州 : 浙江省) 경산(徑山)에 주석하였다. 〔참고문헌〕『增集續傳燈錄』 권6(卍속장142, p.913a11), 『叢林盛事』 권하(卍속장148, p.82b10).

조경 造境 경을 짓다. 선정으로 마주하는 경으로 실상이고 중도다. 『법화현의』 권4(대정장33, p.720b29)에 "(九種禪 가운데) 모든 것으로 나아가는 선으로 경을 지은즉 진실하니 한 색과 한 향이 중도 아님이 없다. 一切趣禪 造境卽眞 一色一香 無非中道", 『수능엄의소주경』 권6(대정장39, p.907b5)에 "처음부터 실상을 연하여 경을 지은즉 중이여서 진실하지 않음이 없다. 初緣實相造境卽中 無不眞實"라고 하였다. 〔참고문헌〕『法華玄義』, 『首楞嚴義疏注經』.

조경 照境 경을 비추다. 『불지경론』 권7(대정장26, p.324b25)에 "원성실성은 모두 내증으로 있게 되니, 경을 비추는 작용으로 밖에 경인 듯 나투지만 지혜라 이름한다. 圓成實性 皆有內證 照境作用 似境顯現 說名爲智", 『인왕호국반야바라밀다경소』 권중1(대정장33, p.457a23)에 "제법이라 말하는 것들은 비추인 경을 말한다. 경과 지 모두 고요하므로 경의 말씀에 '일체가 모두 공이다'라고 하였다. 言諸法者 謂所照境 境智俱寂 故經說云 一切皆空", 『대승광백론석론』 권5(대정장30, p.210c4)에 "만약 경을 비춘다고 말하면 이는 용이어서 체가 아니다. 체는 비추지 않기 때문이다. 若言照境 是用非體 體非照故"라고 하였다. 〔참고문헌〕『佛地經論』, 『仁王護國般若波羅蜜多經疏』, 『大乘廣百論釋論』. ⇨ 제법 諸法

조경 照鏡 거울에 비추다. 자기 얼굴의 미추(美醜)를 분별하기 위하여 거울에 비추어 보는 행위를 금하는 계를 경법(鏡法)이라 한다. 『대애도비구니경』 권상(대정장24, p.947c14)에 "거울에 비추어 스스로 자신의 모습이 아름다운지 아닌지 보아서는 안 된다. 不得照鏡 自現其形相 好不好", 『마하승기율』 권33(대정장22, p.494b21)에 "거울에 비춘다는 말은 기름이나 물이나 거울 속에 비추어 보는 행위이다. 좋게 보이기 위해 얼굴을 비추어 스스로 살펴서는 안 된다. 병에 차도가 있는지 알고자 얼굴을 비춰 차도가 있는지 없는지 살피거나, 새로 삭발을 하고 나서 깨끗하게 되었는지 아닌지 스스로 살피거나, 머리나 얼굴에 종기가 나서 비춰 살피는 경우는 모두 죄가 없다. 좋게 보이기 위해 비춰 보는 행위는 월비니죄다. 이것을 경법이라 한다. 鏡者 油中 水中 鏡中 不得爲好故 照面自看 若病差 照面自看 病差不差 若新剃頭 自照看淨不淨 頭面有瘡 照看無罪 爲好故照鏡 越比尼罪 是名鏡法", 『오분비구니계본』(대정장22, p.212b9)에 "만일 비구니가 거울에 제 모습을 비춰 본다면 바일제다. 若比丘尼 照鏡 波逸提"라고 하였다. 〔참고문헌〕『大愛道比丘尼經』, 『摩訶僧祇律』, 『五分比丘尼戒本』.

조경 躁競 조급하게 다투다. 40권본 『화엄경』 권28(대정장10, p.792a18)에 "두루 선지식을 존중하고, 모든 악지식을 멀리하며, 마음으로 조급하게 다투지 않고 항상 따라 행하니, 일하기에 앞서 미리 생각하여 잘못이 없다. 普能尊重善知識 遠離一切惡知識 心無躁競恒順行 所作先思無謬失", 『변위록』 권3(대정장52, p.765c7)에 "노자가 겸손하게 물러나는 마음을 지키는 까닭은 조급하게 다투는 무리를 멈추게 하려는 뜻이다. 老子之守謙退者 息於躁競之徒也"라고 하였다. 〔참고문헌〕『華嚴經』, 『辯僞錄』.

조계 曹溪 광동성(廣東省) 소관시(韶關市) 곡강(曲江) 동남쪽에 위치한 계곡. 선종의 6조 혜능(慧能 638~713) 또는 그로부터 시작된 선맥(禪脈) 또는 선종을 대표하는 말이 되었다. 구이령(狗耳嶺)에서 발원하여 서쪽으로 흘러 진수(溱水)와 합하고, 조후라는 가문의 무덤인 조후총(曹侯塚)을 경유하므로 조후계(曹侯溪)라고도 부른다. 혜능이 법을 열기 시작한 곳으로 선종의 모든 유파는 이 조계라는 본류에서 갈라진 물줄기(流派)로 간주한다. 종보본 『단경』 「육조대사연기외기 六祖大師緣記外記」(대정장48, p.363a7)에 따르면, 양(梁)대인 502년(천감1) 천축(天竺)의 바라문삼장(婆羅門三藏) 지약(智藥)이 조계 어귀에 이르러 물맛을 보고 비상하다 여기며 그 발원지에 좋은 터가 있으리라 확신하였다. 마침내 그곳에 가서 사방을 둘러보고 서천의 보림산(寶林山)과 비슷한 경관에 감탄하여 주민들에게 절을 짓도록 권하였다. 이러한 사연으로 그 절을 보림사라 하였다. 당시 지약은 170년 후에 육신보살이 그곳에서 최상의 법문을 펼치리라 예언하기도 하였다. 그의 말대로 당대인 677년(의봉2) 봄에 6조 혜능이 행자의 신분으로 홍인(弘忍)에게 인가받은 다음 남쪽에 은거하다가 인종(印宗)을 만나 삭발하고 구족계를 받은 다음 보림사로 돌아가 선풍을 펼쳤다. 『임제록』 「서문 序文」(대정장47, p.495a5)에 "조계의 물줄기 갈라지고 도도히 솟구치면서 흘러흘러 끝이 없다. 曹溪派列洶涌 而流注無窮", 『동산어록』 「자서 自序」(대정장47, p.518b26)에 "소림 이후로 조계만한 존재가 없었다. 그 조계라는 한 줄기가 흘러서 두 갈래가 되었다. 흐름이 거대하고 무성하여 그 물결은 몹시 거세었다. 少林以還 莫若曹溪 曹溪一脈 流爲兩派 淫流之大沛然 其波瀾狂矣", 『조정사원』 권1(卍속장113, p.3b16)에 "조계 : 『보림전』에 따르면, 당 의봉년간(676~678)에 그곳에 거주하던 조숙량이 절 터를 보시하였고 육조대사가 거처하였다. 그곳 두 봉우리 사이에 흐르는 큰 계곡의 물을 조후의 성을 따라 조계라 하였다. 천하에 조사의 도를 참구하는 이들의 가지 나뉘고 물줄기가 갈라지지만 모두가 그 흐름의 후예다. 曹溪 寶林傳 唐儀鳳中 居人曹叔良施地 六祖大師居之 地有雙峯大溪 因曹侯之姓 曰曹溪 天下參祖道者 枝分派列 皆其流裔"라고 하였다. 당 말엽에 조산본적(曹山本寂)이 6조를 흠모하여 그가 거처하던 하옥산(荷玉山)을 조산(曹山)으로 개명하였고, 조동종(曹洞宗)이라는 이름도 조산과 동산(洞山)을 아울러 부르는 뜻이다. 송 이후에는 조(曹)라는 글자로 조계를 가리킴으로써 6조 혜능의 법을 전승하는 뜻으로 간주하기도 한다. 우리나라에서 고려 때 송광산(松廣山)을 조계산으로 개명한 예도 6조에서 발원하는 선맥의 정통을 계승한다는 뜻을 가진다. 명 만력년간(1573~1620)에 선도가 점차로 쇠퇴하자 자백(紫柏)·감산(憨山) 등의 선사들은 조계가 말랐다고 표현하였는데 『자백존자전집』 권18(卍속장126, p.946b6), 『감산집』 권1(卍속장127, p.206b14)·권23(卍속장127, p.544a8) 등에 전한다. ［참고문헌］『壇經』, 『臨濟錄』, 『洞山語錄』, 『祖庭事苑』, 『紫柏尊者全集』, 『憨山集』, 『大明一統志』 권79. ⇨ 혜능 慧能

조계 曹谿 조계산(曹谿山) 보림사(寶林寺)에 주석했던 육조혜능(六祖慧能)의 산호(山號). 『증도가』(대정장48, p.396a9)에 "조계가 걸었던 길을 알아차린 뒤로 생사마저 상관할 수 없음을 분명히 알았다네. 自從認得曹谿路 了知生死不相關", 『경덕전등록』 권5 「법달전 法達傳」(대정장51, p.238b15)에 "경 외워 삼천부라도 조계의 한 구에 사라진다네. 經誦三千部 曹谿一句亡"라고 하였다. ［참고문헌］『證道歌』, 『景德傳燈錄』.

조계 糟雞 일본 선림(禪林)에서 점심 때 사용하는 음식물. 구약(蒟蒻)을 찢어 묽은 간장에 졸여서 조리한다. 속가에서 닭고기를 조장(糟藏)하는 방법과 비슷하기에 붙여진 이름이다. 『선림상기전』 권17(불광장, 禪藏, p.1283)에 "조계 : 도충이 말한다. '구약을 찢어서 묽은 간장에 입혀서 조리는 음식이다. 일본 선림에서 졸여서 요리하는 점심에 쓴다. 그러나 그렇게 이름을 붙인 유래는 모른다. 만약 속가에서 닭고기를 조장하는 방법과 비슷하다는 이유로 그렇게 이름을 붙였다면 그 명목은 바꾸어도 좋다'. 糟雞 忠曰 擭裂蒟蒻 澆淡醬汁 煎者 日本禪林 煎點用之 然未識所以名之 若以似在家糟藏雞肉名之 則改換其目 可也"라고 하였다. ［참고문헌］『禪林象器箋』.

조계경리절진애 曹溪鏡裏絶塵埃 조계의 거울에는 티끌마저 끊어졌다는 말. 설두(雪竇)가 송(頌)한 구로 6조 혜능(慧能)의 득법인연이 된 "본래 한 물건도 없거늘, 어디에 티끌 끼겠는가! 本來無一物 何處惹塵埃"라는 구를 활용했다. 『벽암록』 5칙 「송」(대정장48, p.145b17)에 "소머리 사라지고〈번개치듯 하여 지나가버렸다〉 말머리로 돌아오니〈부싯돌이 번쩍이듯 하다〉, 조계의 거울에 티끌마저 끊어〈거울 깨버리면 그대와 마주 볼 수 있으리. 반드시 깨뜨려야 하네〉. 牛頭沒〈閃電相似 蹉過了也〉 馬頭回〈如擊石火〉 曹溪鏡裏絶塵埃〈打破鏡來 與爾相見 須是打破始得〉", 같은 책 5칙 「평창 評唱」(대정장48, p.145c2)에 "'조계의 거울에 티끌마저 끊어졌네'라 하니 많은 사람들이 '고요한 마음이 바로 거울이다' 하지만 안타깝게도 전혀 상관없다. 다만 가늠해 도리로 헤아려 짓기만 하니 어찌 깨달을 기약 있겠는가? 曹溪鏡裏絶塵埃 多少人道 靜心便是鏡 且喜沒交涉 只管作計較道理 有什麽了期"라 하였다. ［참고문헌］『碧巖錄』, 『直註雪竇頌古』 권1(卍속장117, p.509b1). ⇨ 본래무일물 本來無一物, 혜능 慧能

조계고승전 曹溪高僧傳 금명보정(錦溟寶鼎 1861~1930) 지음. 1권. 한불전12, pp.381a1~426b22에 수록되어 있다. 고려후기의 보조국사 지눌(知訥)부터 조선후기 용은완섭(龍隱完燮)에 이르기까지 조계종(曹溪宗)과 관련이 있는 고승 386명의 전기를 입록(入錄)하였다. 서문에서 "어느 산 어느 문인지 논하지 않고 이 종(조계종)에 관련되면 모두 입록한다. 不論何山何門 而唯關於是宗 幷入而錄"라고 하였지만, 실제로는 조선후기 이래 청허(淸虛)와 부휴(浮休) 두 문파 중 조계산 송광사(松廣寺)를 중심으로 한 부휴계 스님들의 행장을 모아 대거 수록하였다.

조계대사 曹溪大師 6조 혜능(慧能 638~713)의 별명. 조계의 보림사(寶林寺)를 주석처로 삼았기 때문에 이렇게 불린다. 『용문불안어록』(고존숙어록28, 卍속장118, p.519a8)에 "조계대사가 가사를 전해받고 영남으로 돌아온 뒤로 회양(懷讓)화상이 법을 얻고 마조(馬祖)대사에게 전수하였다. 曹溪大師 傳衣歸嶺南 後來讓和尙得法 授與馬大師"라고 하였다. ［참고문헌］『龍門佛眼語錄』. ⇨ 조계 曹溪, 혜능 慧能

조계대사별전 曹溪大師別傳 작자 미상. 일본 임제종 초산조방(草山祖芳 1722~1806) 교정. 1권. 1752년(보력2) 간행. 卍속장146, pp.965a1~975b7에 수록되어 있다. 6조 혜능(慧能 638~713)의 전기를 중심으로 전법종지(傳法宗旨)와 고종(高宗) 등 황제의 칙서(敕書), 혜능의 제자 행도(行滔)·혜상(惠象)·위리견(韋利見)의 전기, 조계산보림사(曹溪山寶林寺) 유래와 6조가 입적하면서 보인 여섯 가지 상서로운 조짐 등을 다 거두었다. 본래 제목인 『당소주조계보림산국녕사육조혜능대사전법종지 병고종대제칙서 겸사물개사액 급대사인가문인 병멸도육종서상 급지약삼장현기등전 唐韶州曹溪寶林山國寧寺六祖慧能大師傳法宗旨 并高宗大帝敕書 兼賜物改寺額 及大師印可門人 并滅度六種瑞相 及智藥三藏懸記等傳』에 이상의 내용이 모두 들어 있다. 『조계대사별전』이라는 제목은 일본 최징(最澄)의 『전교대사장래월주록 傳教大師將來越州錄』에서 편의상 붙인 약칭인데, 그 후로 일반적인 제목이 되었다. 동경대학(東京大學)도서관 소장본인 무착도충(無著道忠)의 필사본은 『육조대사별전 六祖大師別傳』이라는 약칭을 붙였다. 『육조단경 六祖壇經』을 비롯한 일반적인 혜능의 전기류와 다른 설을 거둬들였기에 초기선종사(初期禪宗史)의 설을 보완하는 자료로 평가한다. 작자는 분명하지 않지만 당대인 781년(건중2)경 성립되었다고 본다. 당 덕종(德宗) 치세 때인 건중년간(780~783) 일본의 최징이 803년(정원19) 필사본을 들여와 비예산(比叡山)에 전승되었는데, 한 때 항간에 유출되었다가 후에 비예산으로 돌아왔다. 1752년 경웅(敬雄)의 서(序)와 초산조방의 발(跋)을 붙여 상재(上梓)하였다. 일본의 국보다. 서명에 대해 호적(胡適)은 「단경고지일 壇經考之一」에서 여덟 항목의 잘못을 들어 비판하였으며, 『혜능연구 慧能研究』 제1장 「조계대사전의 연구 曹溪大師傳の研究」 p.8에 본전에 대하여 상세하고 본격적인 분석이 보인다. ⇨ 혜능 慧能

조계로상 曹溪路上 조계로 가는 길에. 6조 혜능(慧能 638~713)에서 유래하는 불법의 길을 가리키지만 선문의 종지를 벗어나지 않는 뜻으로 쓴다. 『운문광록』 권하(대정장47, p.572c10)에 "운문이 차를 마시던 중에 학인에게 물었다. '조계로 가는 길에 속된 이야기도 있는가?' '화상께서는 차를 드시기 바랍니다' '고요하시길 바랍니다!' 師因喫茶次 問僧 曹溪路上 還有俗談也無 僧云 請和尚喫茶 師云 靜處薩婆訶", 『설두어록』 권6 「운문구자 雲門俱字」(대정장47, p.705b28)에 "자라장 안에 진주가 있고, 조계로 뻗은 길에는 가시나무가 자란다. 紫羅帳裏有眞珠 曹溪路上生荊棘", 『원오어록』 권7(대정장47, p.745a17)에 "조계의 길 위는 하늘 높고 땅이 두터우며, 소림의 봉 앞 땅은 넓은데 사람은 드물다. 曹溪路上 天高地厚 少室峯前 土曠人稀", 『응암담화어록』 권1(卍속장120, p.812a12)에 "소림의 봉우리 앞은 칠통과 같아 말에 묶이고, 조계의 길에서는 그대들을 몹시도 속인다. 이러한 사실을 여러분은 꿈엔들 알았는가? '천 년 묵은 밭에 바뀐 주인이 팔백명이다'라는 말을 어찌 모르는가? 초명 벌레가 호랑이를 삼킨다. 少室峰前 漆桶話墮 曹溪路上 賺殺闍梨 是汝諸人 還曾夢見也未 豈不見道 千年田八百主 蟭螟蟲呑却虎"라고 하였다. [참고문헌] 『雲門廣錄』, 『雪竇語錄』, 『圜悟語錄』, 『應菴曇華語錄』. ⇨ 혜능 慧能

조계사 曹溪寺 **1** 한국불교를 대표하는 대한불교조계종총본산(大韓佛教曹溪宗總本山)이다. 서울특별시 종로구 수송동에 있으며 제1교구 본사이기도 하다. 1898년 스님의 도성출입금지해제(都城出入禁止解制) 이후 일제강점기의 격랑 속에서 자주적 종풍선양(宗風宣揚)과 통일종단건설의 상징적 도량이었다. 1910년 이후 각황사(覺皇寺)에서 1939년 이후 태고사(太古寺)로, 1954년 10월 15일 조계사로 그 이름을 바꾸고 1955년 8월 전국승려대회를 열어 조계종풍(曹溪宗風)의 회복과 자주개혁(自主改革)을 표방하며 조계사에 대한불교조계종 중앙종무원(中央宗務院) 간판을 걸기까지, 한국불교역사를 함께 하며 불교중흥(佛教中興)이라는 전 종도(宗徒)들의 숙원을 총관해 온 중추적 사찰이다. [총본산건설의 여정] 1908년(융희2)에 이회광(李晦光)은 창신동 원흥사(元興寺) 내에 원종(圓宗)을 설립하고 종정에 취임하였으며, 1910년에 일본 조동종(曹洞宗) 관장인 홍진설삼(弘津說三)과 7조항으로 연합맹약(聯合盟約)을 체결하였다. 1911년에 한영정호(漢永鼎鎬)·진응혜찬(震應慧燦)·만해용운(卍海龍雲)·경운원기(擎雲元奇)·종래(鐘來)·학산(鶴山) 등이 원종의 조동종 맹약에 반대하여 조선 불교 전통인 임제종(臨濟宗) 종무원을 창립하고 경운을 관장(管長)으로 추대하였다. 그러나 경운이 늙음을 핑계로 나오지 아니하였으므로 만해를 임시관장으로 하고 순천 송광사에 사무소를 두었다가 얼마 후 부산 범어사로 옮겼다. 1911년 6월 3일에 사찰령 7조가 반포됨으로써 전국 사찰은 30교구(1924년에 화엄사를 추가하여 31교구)로 확정되었으며, 1912년에 원흥사에서 삼십본산주지회의를 개최하여 종명을 조선불교선교양종(朝鮮佛教禪教兩宗)으로 바꾸고 각황사를 중앙포교당으로 정하였다. 1915년 조선불교선교양종삼십본산연합사무소(朝鮮佛教禪教兩宗三十本山聯合事務所)가 설치되고 1921년에 다시 조선불교선교양종중앙종무원(朝鮮佛教禪教兩宗中央教務院)이 조직되었으며, 1922년에는 60만원을 갹출하여 재단법인조선불교중앙교무원(財團法人朝鮮佛教中央教務院)을 설립하였다. 한편 1919년 3·1운동 이후 촉발된 불교계청년운동의 주체인 조선불교청년회(朝鮮佛教青年會)와 조선불교유신회(朝鮮佛教維新會) 등이 중심이 되어 일제의 간섭으로부터 벗어나 자주적인 종헌시행과 종단건립을 구체화고자 따로 총무원을 설치하였으니 중앙교무원과 병립하던 때였다. 1924년에 이르러서는 다시 교총양원(教總兩院)이 병합하여 조선불교선교양종중앙교무원만 남았다. 이어서 1929년에는 전국의 중진 스님 104명이 각황사에서 조선불교선교양종승려대회를 열고 종헌종회법(宗憲宗會法)을 제정하였다. 1935년에는 사내총독(寺內總督)이 심전개발기념사업(心田開發記念事業)을 주창하며 황국신민화(皇國臣民化)에 박차를 가하자 자주적 교권이 산만무통(散漫無統)함을 통탄하는 사부대중들의 통합종단구현염원(統合宗團具現念願)이 한층 고조되었다. 1937년에는 각황사를 현재의 조계사 터로 옮기는 불사를 시작하여 이듬해인 1938년 10월에 준공하였으며, 삼각산 등안봉(登岸峰) 밑 태고대(太古臺) 아래에 있었던 태고사(太古寺)를 이전하는 형식을 취하여 절 이름을 태고사로 이름했다. 1941년에는 전국의 사찰과 모든 스님들을 통할하는 조선불교조계종총본사인 태고사법(太古寺法)의 인가를 받아 조선불교조계종이 발족되었고 초대 종정에 한암(漢巖)이 추대되었다. 1945년 9월에는 이곳에서 전국승려대회를 개최하여 일제강점기 때 만들어진 사찰령과 태고사법의 폐지를 결의하였으며, 다시 조선불교 교헌(教憲)을 제정하고 제1세 교정(教正)에 한영정호(漢映鼎鎬), 중앙총무원장에 범산법린(梵山法麟 : 金法麟)을 선출했다. 1954년에는 이승만 대통령에 의해 일본불교잔재를 불식토록 하라는 특별유시 대비지문교제4호(大祕指文教第四號)가 내려졌고, 이를 계기로 수행 비구측 대표인 효봉(曉峰)·동산(東山)·금오(金烏)·청담(靑潭)·자운(慈雲)·경산(慶山)·적음(寂音)·구산(九山)·지효(智曉)·대의(大義) 등 중견스님들이 앞장서서 교단정화운동에 박차를 가했다. [창건과 연혁] 일제하 통일된 종단건설의 염원이 싹트던 1910년 전국 스님들의 자원금으로 수송동(壽松洞 : 북부 磚洞)에 위치한 동령위궁(東寧尉宮)의 기와집을 매입하여 각황사(覺皇寺)라 이름하고 한국불교의 중앙통할기관으로 삼은 것이 현 조계사의 기원이다. 이후 협소함을 면하고자, 1937년 9월 임시 삼십일본산주지총회를 개최하여 총본산을 신축하기로 결의하고, 현재 위치인 옛 보성고등보통학교(普成高等普通學校) 터에 건축을 시작하여 총예산 17만원을 투입, 1938년 10월 25일에 총본산 염원의 상징적 결실인 대웅전을 낙성하였다. 총본산은 태고사를 이전하는 형식을 취하되 조계종 중흥조인 태고의 호를 따서 절 이름을 태고사라 하였다. 대웅전은 민족주의 성향의 신흥종교였던 보천교(普天教)의 법당이었던 십일전(十一殿)을 매입하여 높은 기단 위에 이건하였는데, 정면 7칸·측면 3칸의 팔작지붕 건물이었다. 법당 내부가 155평에 이르는 대단히 웅장한 건물이며, 한때는 국립중앙박물관과 종로 사이에 있는 가장 높은 건물로서 사방을 짐작케 하는 기준이었을 정도로 위용을 자랑했다. 법당에 모신 부처님은 영암 도갑사(道岬寺)에서 모셔왔으며, 대웅전 편액은 의창군(義昌君) 이광(李珖 1589~1645)이 쓴 지리산 화엄사 대웅전 편액을 복각한 것이다. 1957년에 대웅전 동쪽 일주문 서쪽에 2층 규모의 정화기념관을 건립하였으나 현근(玄根) 주지 때 철거하였다. 1960년에 의현(義現)이 건평 200평에 5층의 불교회관을 건립하였으며, 2003년에 정대(正大) 총무원장이 1백억원의 정부 보조를 받아 이를 철거하고 지하 2층 지상 4층 규모의 역사기념관을 신축하였다. 이어 후임 법장(法長) 총무원장이 국비 74억과 자체부담 20억 등 90여 억원의 예산으로 '총본산성역화불사'와 대웅전 중수불사를 추진하였다. 2003년 7월 5일 지홍(志弘) 대행주지가 대웅전 상체 부분을 해체할 때, 1937년에 퇴경상로(退耕相老)가 지은 「조선불교총본산대웅전상량문 朝鮮佛教總本山大雄殿上樑文」, 「총본산건설소역원 總本山建設所役員」, 「총본산건축비각사부담액 總本山建築費各寺負擔額」 등이 발견되었다. 2005년 4월 9일에 원담(圓潭) 대행주지가 대웅전상부를 상량하였다. 2006년에 원담 주지가 일주문을 건립하여 세울 때 당시 총무원장 가산지관(伽山智冠)이 '대한불교조계종 총본산조계사 大韓佛教曹溪宗總本山曹溪寺'란 편액과 "이심전심 시하법 불불조조 유차전 조계산상 일륜월 만고광명 장불멸 以心傳心 是何法 佛佛祖祖 唯此傳 曹溪山上 一輪月 萬古光明 長不滅"이라는 주련을 직접 짓고 송천(松泉) 정하건(鄭夏建)이 글씨를 썼으며 철재(鐵齋) 오옥진(吳玉鎭)이 각자(刻字)하였다. 2008년 9월 지관총무원장은 세민(世敏) 주지에게 지도하여 팔각십층사리탑과 비신 12자의 조

1910년대 각황사

보천교 십일전

조계사대웅전상량유물

현 조계사 대웅전

조계사 일주문

계사사적비를 시공하였고 2009년 10월 8일에 준공하였다. 이렇게 조계사의 얼굴인 총본산 편액과 종도들의 염원인 총본산건설의 내력을 자세히 적은 사적비건립을 마치자 조계사는 총본산으로서의 면모를 갖추게 되었다. **〔현존건물〕** 대웅전·극락전·설법전·안심당·범종루·권선각·일주문·한국불교역사문화기념관·조계사도심포교백주년기념관·종무소 등이 있다. **〔탑비〕** 정중(庭中) 사리탑은 1930년 스리랑카의 달마바라가 부처님 진신사리 1과를 모시고 와서 스님대표인 김금담(金錦潭)에게 전해 준 것을 봉안한 탑이다. 처음 건립 당시 퇴경상로가 사리의 전래와 봉안 내력을 기록한 비문이 있다. 그런데 광복 직후부터 일식(日式)이라는 비판이 끊이지 않았으므로 2008년 9월 지관 총무원장이 팔각십층사리탑을 조성하여 다시 봉안하였다. **〔성보문화재〕** 유형문화재로는 1938년에 금용일섭(金蓉日燮)·송파(松坡)·보경(寶鏡)이 조성한 대웅전 후불탱인 유형문화재 제125호 석가불도, 같은 해에 영암 도갑사에서 이안(移安)한 조선후기 불상인 제126호 목조석가여래좌상, 제127호 대웅전이 있다. **〔천연기념물〕** 대웅전 동쪽에 수령 약 5백년으로 추정되는 천연기념물 제9호 백송(白松) 1그루가 있다. 대웅전 앞 사리탑 동쪽에는 수령 약 4백년으로 추측되는 회화나무 1그루가 있다. 〔참고문헌〕『朝鮮佛教略史』 권하 pp.247~256, 『朝鮮佛教史槪說』 pp.60~65, 『韓國寺刹全書』 권하 p.1112a16, 『朝鮮佛教通史』 권상 p.545, 『文化遺蹟總覽』 권상(文化財管理局, 1977) p.47, 『佛教新聞』(2003. 9. 12), 『조계사세존사리탑및사적비건립자료집』(대한불교조계종, 2007), 「朝鮮佛教總本山大雄殿上樑文」, 「大韓佛教曹溪宗總本山曹溪寺事蹟碑銘」. ❷ 경상북도 경산시 마안산(馬鞍山)에 있던 조계암(曹溪庵). 〔참고문헌〕『韓國寺刹全書』 권하 p.1023a3. ⇨조계암 曹溪庵[3] ❸ 충청북도 단양군 금수산(錦繡山)에 있던 절. 충북유형문화재 제217호 백련사목조아미타여래좌상의 복장기(腹藏記)에 "건륭 원년(1736·영조12) 병진 오월 원망일에 단양군 서면 금수산 조계사 극락전 삼존불상을 새로 조성하였다. 乾隆元年丙辰五月朊望日 丹陽西面錦繡山曹溪寺極樂殿三尊佛像新成"라는 기록이 있어 조선후기까지 조계사가 운영되었음을 알 수 있다. 적성면 상리에 조계사가 있었다고 전하는데, 추정 절터에는 기와·자기·토기 등이 남아 있다. 〔참고문헌〕『韓國의 寺址』 대전광역시·충청북도(문화재청·佛教文化財研究所, 2014) pp.107~110. ❹ 함경남도 덕원군 반룡산(盤龍山)에 있던 절. 조계사(漕溪寺)라고도 한다. 『가람고』에 "부 서남쪽 30리에 있다. 府西南三十里"라고 하였다. 〔참고문헌〕『伽藍考』, 『梵宇攷』, 『韓國寺刹全書』 권하 p.1023a6. ❺ 함경남도 정평군 고산면 오봉산(五峯山)에 있던 조계사(漕溪寺). 〔참고문헌〕『韓國寺刹全書』 권하 p.1023a4. ⇨조계사 漕溪寺[2]

조계사세존사리탑

조계사 漕溪寺 ❶ 함경남도 덕원군 반룡산(盤龍山)에 있던 조계사(曹溪寺). 〔참고문헌〕『梵宇攷』, 『韓國寺刹全書』 권하 p.1023b12. ⇨조계사 曹溪寺[4] ❷ 함경남도 정평군 고산면 오봉산(五峯山)에 있던 절. 일제강점기에는 대본사 석왕사(釋王寺)의 말사였다. 『범우고』·『정평읍지』 사찰에 이름과 위치가 기록되어 있으며, 『가람고』에 "부 서쪽 43리에 있다. 府西四十三里"라고 하였다. 〔참고문헌〕『梵宇攷』, 『定平邑誌』, 『伽藍考』, 『韓國寺刹全書』 권하 p.1023b13.

조계사사적비 曹溪寺事蹟碑 대한불교조계종 총본산 조계사의 사적을 새긴 비. 2009년에 가산지관(伽山智冠) 총무원장이 비문을 지어 건립하였다. 비문에는 배불숭유의 조선 오백년을 지나 1895년 이후 2009년 건립당시까지 일제강점기와 혼돈의 근현대를 슬기롭게 극복하며 한국불교 총본산으로서 불교중흥의 역사적 현장이 되어온 조계사의 역사는 물론, 함께 서로이 건립한 팔각십층세존사리탑 조성불사도 자세히 기록되었다. 총 8529자가 새겨진 오석(烏石)의 비신(碑身)에는, 제1면에 예서로 써진 전액(篆額) '大韓佛教曹溪宗總本山曹溪寺事蹟碑銘' 17자와 해서로 써진 비제(碑題) 17자 및 제1면과 2면에 걸쳐 비문 5751자(字)를 새겼다. 제3면에는 비명(碑銘) 8언 24구 768자와 간기(刊記) 45자, 제4면에는 종단·조계사 대중질 1931자 등을 새겼다. 귀부(龜趺)에는 고달사지(高達寺址) 원종국사탑비(元宗國師塔碑) 귀부를 모범으로 하여 불퇴전(不退轉)의 기상과 호법(護法)의 의지를 구현하였다. 이수(螭首)는 구룡(九龍)이 화합하여 승천하는 힘찬 기상으로 조성하였는데, 전면 중앙에 지관 총무원장이 한국불교중흥을 발원하여 구성한 '불광보조 佛光普照' 네 글자를 예서로 양각하고, 이수 중앙에는 팔각십층세존사리탑과 같은 도상인 팔방화염장엄여의보주(八方火焰莊嚴如意寶珠)를 안치하였다. 지관 총무원장

조계사사적비

은 조계사 현판 건립·팔각사리탑 재건·사적비 건립이라는 한국불교성역화를 위한 대작불사를『대한불교조계종총본산세존사리탑및사적비건립자료집』으로 마무리하였다. 자료집은 건립일지부터 비문, 탑·비의 세부 도상, 사전조사·도상기획·조성과정·건립현장을 비롯하여 수입지출내역과 주요 동참자의 표창에 이르는 불사의 전 과정을 담아냄으로써 현대 사찰에서 이루어지는 모든 조성불사의 규구(規矩)가 되었다. 〔참고문헌〕『대한불교조계종총본산세존사리탑및사적비건립자료집』(대한불교조계종, 2009).

조계사전신태고사상량문 曹溪寺前身太古寺上樑文 1937년 퇴경(退耕) 권상로(權相老) 지음. 1937년 한국불교의 총본산으로 서울 종로구 수송동(당시 北部磚洞 12통 1호로 지금의 종로구청) 45번지에 태고사를 창건할 때의 상량문이다. 원제(原題)는「조선불교총본산대웅전상량문 朝鮮佛敎總本山大雄殿上樑文」이다. 2003년 7월 5일 해체보수 때 발견되었고, 상량문 외에도「총본산건설소역원 總本山建設所役員」,「총본산건축비각사부담액 總本山建築費各寺負擔額」 등도 함께 발견되었다. 「조선불교총본산대웅전상량문」에 "대저 살펴보건대 황금을 땅에 깔아 터를 사서 정사를 지은 것은 인도에서 기타태자와 급고독장자가 처음이었고, 백마를 땅에 묻어 탑을 세우고 가람을 창건한 것은 중국의 한명제(漢明帝)가 처음이었다. 오직 적정하기만한 아란야는 수도할 수 있지만 장엄하고 화려하지 않으면 존엄함이 없다. 우리나라 불교로 말하자면 이도(阿道와 順道)가 옴으로써 접역(韓國)에서 비로소 사찰이 시작되었고, 삼성(阿道 法興王 厭髑)을 만남으로써 계림(신라)에 종소리와 경쇠소리가 서로 들리기 시작하였다. 그 후 역대왕조가 불교를 숭봉하되 삼국에서부터 백록(白鹿)에까지 닿았고 뭇 종들이 다투어 연창하였으니 오교구산이라 하였다. … 심지어 근세에 이르러서는 광무년간 무신(1908)에 청문(東大門) 밖 창신동 원흥사에 원종을 설립하고, 경술(1910)에는 서울 종로구 수송동에 각황사를 건립하였다. … 이제 총본산 대웅전을 새롭게 세움에 때는 전총독이 심전개발사업을 주창하며 황국신민화에 박차를 가할 때였으니 31본산주지회의를 열어 대웅전창건과 포교당을 지을 것을 제의함에 이구동성으로 결의하였다. 절마다 공금과 개인출연금을 모아 십만 원이라는 거액을 약속하였다. 목재 등을 헤아리고 힘따라 위치시키다보니 어느덧 3년을 고심하였으니 원근을 불구하고 정성이 닿지 않음이 없었다. 스님이나 재가가 한결같이 발원하였고 물이란 중론을 따르기 마련이니 총본산 건설의 뜻으로 마음이 모아졌고 앞뒤로 할 바를 알았기에 대역사는 대웅전건립으로 시작되었다. … 바라건대 상량한 후에는 집집마다 모두 부처님을 받들고 사람마다 예배를 올려 왕사성 삼억만호 다시 보듯 하여지고, 모두가 두렷이 밝고 밝으며 보이는 것마다 온전히 진실이어서 영산회상 천이백성중 다시 나투시어, 깨우침의 그 나무 언제나 밝게 빛나고 요순의 시절 돌아와 우담바라 가득 피어나는 단군과 기자의 강산되어지이다. 불기 2964년(1937) 9월 9일 소화 12년 10월 12일 사문 퇴경상로 삼가 짓다. 〈述夫〉布黃金買地而建精舍 乃權輿於西乾 瘞白馬立塔而剏伽藍 寔嚆矢於中夏 維寂靜可以修鍊 非莊麗無以尊嚴 〈至若朝鮮則〉 由二道之來儀 寺刹始起於鰈域 遇三聖而興法 鐘磬相聞於鷄林 歷代以之崇奉 自三國洎白鹿 群宗莫不競演曰五敎與九山 … 〈若乃至於近古〉 設圓宗於靑門之外 迺光武之戊申 建覺皇於紫陌之中 維明治之庚戌 自爾經年經歲 … 〈今此總本山大雄殿〉 當前總督心田開發提唱之秋 爲紀念而起見 開諸住持敎堂改建協議之會 實異口而同音 節公費募私捐 期以十萬金巨額 量材力相位置 居然數三年苦心 遠近莫不輸誠 緇素共同發願 物無非時衆論 歸決於總本山 知所後先巨役起始於大雄殿 … 〈伏願上樑之後〉 家家奉佛 人人作禮 復見王舍之三億萬家 個個圓明 法法全眞 再會靈山之千二百衆 覺樹恒明 堯舜之日月 曇花遍開檀箕之江山 佛紀二千九百六十四年(1937) 九月 初九日 昭和十二年十月 十二日 沙門 退耕相老 謹譔"라고 하였다.

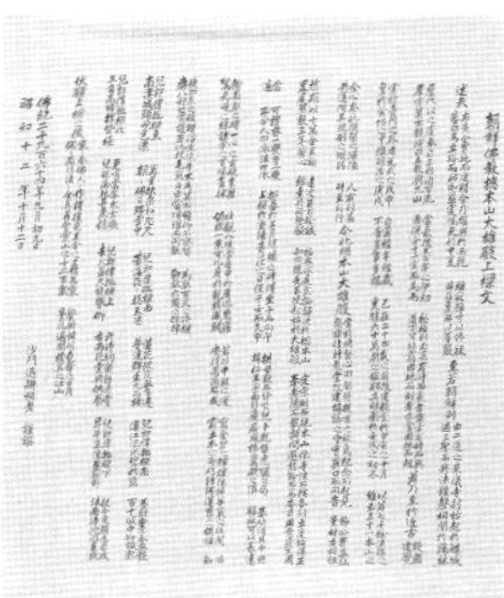

조계사전신태고사상량문

조계산 曹溪山 전라남도 순천시에 있는 산. 서쪽 사면에 송광사(松廣寺), 동쪽 사면에 선암사(仙巖寺)가 위치해 있다. 옛 이름은 송광산(松廣山)이었으며, 1205년(희종1)에 보조국사(普照國師) 지눌(知訥)이 송광사 중창불사를 마치자, 왕이 산명(山名)과 사호(寺號)를 내렸다. 「송광사사원사적비문 松廣寺嗣院事蹟碑文」(『조선금석총람』 권하, p.954)에 "산의 옛 이름 송광을 조계로 바꾸었으며, 절의 옛 이름 길상을 수선으로 고쳤다. 山舊號松廣易以曹溪 寺舊號吉祥改以修禪者"라고 하였다. 〔참고문헌〕『朝鮮金石總覽』.

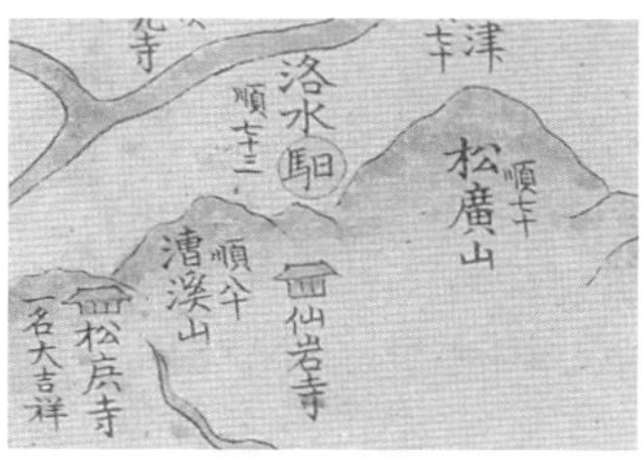

조계산 『동여비고』 17세기후반

조계산선암사중수비문 曹溪山仙巖寺重修碑文 전라남

도 순천시 선암사를 중수한 내력을 적은 비문. 채팽윤(蔡彭胤)이 짓고 이진휴(李震休)가 썼으며, 1707년(숙종33)에 비를 세웠다. 『조선금석총람』 권하 pp.1050~1053에 수록되어 있다. 비문 중에 "성상 24년(1698·숙종24)에 선암사 약휴대사(1664~1738)가 절의 북쪽에 원통각을 만들고, 다음해 성상 1구를 조성하였으며, 또 삼년에는 53전단상과 불화를 조성하였다. 또 이듬해에는 대법당을 수리하고 아울러 오십전의 낡고 해진 기와를 바꾸었다. 일을 마치자 문서를 가지고 사람이 와서 글을 청하였다. 聖上二十四年戊寅 仙巖寺若休大師 作圓通閣於寺之北 明年造聖相一軀 又三年造五十三梅檀像泊影 又明年修大法堂 以及五十殿併易其漫滮陊剝者 既已事 使來齎狀以乞辭"라고 하였다. 비의 뒷면에는 계음호연(桂陰澔然)이 짓고 전형(典炯)이 쓴 글이 덧붙여 있는데, 사적(事蹟)의 대강(大綱)과 전각·요사·산내암자의 숫자와 속암(屬庵)의 명칭, 유공자(有功者)·시주질(施主秩)·연화질(緣化秩)·삼강(三綱)·상주 스님(居在緇徒) 250여 명 등 사찰의 규모를 알 수 있는 상세한 내용이다. 조계산선암사중수비는 유형문화재 제92호로 지정되어 있으며, 현재 선암사 경내에 있다. 높이 502cm·너비 125cm·두께 30cm이다. [참고문헌] 『朝鮮金石總覽』, 趙東元 『韓國金石文大系』 권1(圓光大出版部, 1996) pp.143~145. ⇨ 선암사 仙巖寺[4]

선암사중수비(좌)·탁본(우)

조계선사 曹溪禪師 ❶ 육조 혜능(惠能). 『미암집』 권16 「경연일기 經筵日記」(한국문집총간34, p.448a19)에 "육세로 전해져 당 중종 때에 이르러 혜능을 조계선사라고 부른 것은 선학을 더욱 밝게 함이니, 천하의 사대부 중 마음을 다스리려는 이들이 모두 그 말씀을 지닌다. 六傳而至唐中宗時 僧惠能號曹溪禪師者 益明禪學 天下士大夫治心者 皆佩其說"라고 하였다. [참고문헌] 『眉巖集』. ⇨ 혜능 惠能 ❷ 고려말 조선초 스님. 법명은 운감(云鑑). 치악산 스님 운감이 인정(仁政)을 펼치고 돌아간 원주목사 하윤원(河允源)을 위한 싯구가 『목민심서』에 전한다. 박상충(朴尙衷)의 「증조계선사운감시서 贈曹溪禪師云鑑詩序」(『동문선』87)에 따르면, 하윤원이 스님의 싯구를 운자(韻字)로 하여 당대 문인에게 시를 받은 후 시권(詩卷)을 만들어 스님께 올렸다고 한다. 이때의 시로는 민제(閔霽)의 「증조계선사운감」(『동문선』5)과 석조이(釋祖異)의 「증조계선사운감득무자 贈曹溪禪師云鑑得無字」(『동문선』10) 등이 있다. [참고문헌] 『牧民心書』, 『東文選』.

조계암 曹溪庵 ❶ 강원도 고성군 금강산(金剛山)에 있던 암자. 이경석(李景奭 1595~1671)의 『백헌집』 권10 「풍악록 楓嶽錄」(한국문집총간95, p.503b14)에 "못 동쪽에 선암이 있고, 또 조계암이 있는데 모두 폐사되었다. 潭東有船庵 又有曹溪庵而俱廢"라고 하였다. [참고문헌] 『白軒集』, 『韓國寺刹全書』 권하 p.1023a14. ❷ 경상남도 양산시 하북면 용연리 천성산(千聖山 : 一名 圓寂山)에 있는 암자. 내원사(內院寺)의 산내암자로, 원효의 창건으로 전한다. 이양오(李養吾 1737~1811)의 『반계집』 권5 「중유원적산록 重遊圓寂山錄」에 "(사자암에서) 몇 리를 나아가 조계암에 도착하였다. 數里許入曹溪庵"라고 하였다. 1987년에 상현(尙玄)이 중창불사를 하였으며, 2003년에 대적선원 무문관(無門關)을 개원하였다. 현존 당우로는 대웅전·설선당·삼성각·범종각·무문관 등이 있다. [참고문헌] 『磻溪集』, 『韓國寺刹全書』 권하 p.1023a11. ❸ 경상북도 경산시 마안산(馬鞍山)에 있던 암자. 조계사(曹溪寺)라고도 한다. 18세기 후반에 편찬된 『경상도경산현읍지』 불우에 "현 남쪽 30리 마안산 서쪽 기슭에 있다. 在縣南三十里 馬鞍山西麓"라고 하였다. [참고문헌] 『慶尙道慶山縣邑誌』. ❹ 전라남도 순천시 송광면 신평리 조계산(曹溪山)에 있던 암자. 송광사(松廣寺)의 16개 산내암자 중 하나였으며, 절의 남서쪽에 위치하였다. 1650년(효종1)에 화주(化主) 망열(望悅)이 중수하였고, 1710년(숙종36)에 한 차례 더 중수되었다. [참고문헌] 『한국사지총람』 권하(문화재청·佛教文化財研究所, 2010) p.581. ❺ 전라남도 장흥군 대덕읍 천태산(天台山 : 一名 天蓋山)에 있던 절. 『지제지』에 "천개산에 위치하였으며, 순치년간(1644~1661)에 작성한 「전장기」가 있다. 지금은 강진에 속한다. 在天蓋山 有順治傳掌 今屬康津"라고 하였다. [참고문헌] 『支提誌』, 『韓國寺刹全書』 권하 p.1023a10 ❻ 전라북도 김제시 금산면 모악산(母岳山)에 있던 암자. 금산사(金山寺)의 산내암자였다. [참고문헌] 『韓國寺刹全書』 권하 p.1023a8. ❼ 전라북도 남원시 산내면 입석리에 있던 암자. 실상사(實相寺)의 산내암자였다. 암자터에 통일신라시대 스님인 편운화상(片雲和尙)의 부도가 세워져 있다. [참고문헌] 『韓國의 寺址』 강원도·전라북도(문화재청·佛教文化財研究所, 2013) pp.532~533. ❽ 평안북도 영변군 백령면 묘향산(妙香山)에 있던 암자. 일제강점기에는 대본사 보현사(普賢寺)의 말사였다. 법종(法宗 1670~1733)의 『허정집』 권하 「속향산록 續香山錄」(한불전9, p.525b5)에 "서쪽에 삼형제봉이 있는데, 홀로 우뚝 선 모습이 사람이 서 있는 형상이다. 그 남쪽이 조계암이다. 西有三兄弟峯 巋然人立之狀 其南卽曹溪庵"라고 하였다. [참고문헌] 『虛靜集』, 『韓國寺刹全書』 권하 p.1023a16.

조계양자일모탈출 曹溪樣子一模脫出 조계의 모양새 한 틀에서 나오다. 영가현각(永嘉玄覺)이 6조 혜능(慧能)을 친견하였을 때의 정황을 그대로 빼 닮았다는 뜻이다. 『벽암록』 31칙 「본칙 本則」(대정장48, p.170a25)에 "마곡이 석장을 들고 장경의 처소에 이르러 선상을 세 바퀴 돌고는 석장을 한 번 흔든 다음 꼿꼿한 자세로 서 있었다〈조계의 모양새 한 틀에서 나왔구나. 곧바로 하늘 놀라고 땅을 흔든다〉. 장경이 '옳구나, 옳다'〈진흙탕에서 흙덩이를 씻네. 한 배 탄 이를 몹시 속였다. 도대체 무슨 이야기인가? 나귀 묶어두는 말뚝이군〉라고 말했다. 설두가 착어를 붙였다. '착각이다'〈허물 놓아주면 안 된다. 여전히 한 수가 부족하다〉. 麻谷持錫到章敬 遶禪床三匝 振錫一下 卓然而立〈曹溪樣子一模脫出 直得驚天動地〉 敬云 是是〈泥裏洗土塊 賺殺一船人 是什麽語話 繫驢橛子〉 雪竇著語云 錯〈放過則不可 猶較一著在〉"라고 하였다. [참고문헌] 『碧巖錄』, 『壇經』(대정장48, p.357c8).

조계원감국사어록 曹溪圓鑑國師語錄 ➡ 원감국사가송 圓鑑國師歌頌

조계일적 曹溪一滴 **1** 조계의 물 한 방울. 6조 혜능(慧能 638~713)을 근원으로 삼는 선종의 종지. 『용문불안어록』(고존숙어록30, 卍속장118, p.545a15)에 "조계를 그리며 : 잎 떨어져 뿌리로 돌아간 뒤에, 조계의 물 한 방울이 깊구나. 산에 사노라니 찾는 사람 적으니, 진실로 속 맘 아는 벗 좋다네. 憶曹溪 葉落歸根後 曹溪一滴深 山居人少到 眞實好知音", 『밀암어록』(대정장47, p.983a20)에 "조계의 물 한 방울, 샘은 깊고 흐름은 길다. 임제에 이르러 그 도는 더욱 늘어났다네. 부싯돌 불꽃 튀기듯 하고 번갯불이 번득이는 듯하여, 그 자리에서 벗어나지 않고 눈앞에서 알아차려야 하리. 曹溪一滴 源深流長 至于臨濟 其道益張 如擊石火 如閃電光 不離當處 覿面承當", 『환계유일어록』 권하(卍속장122, p.143a1)에 "학인이 법안에게 '무엇이 조계의 물 한 방울인지요?'라고 묻자 법안이 '이것이 조계의 물 한 방울이다'라고 대답함에 그 학인이 망연했다. 그때 덕소(德韶)국사가 법좌 아래 있다 들었으니 깨우침이 있었다. 僧問法眼 如何是曹溪一滴水 眼云 是曹溪一滴水 其僧惘然 時韶國師在座下 聞之有省"라고 하였다. [참고문헌] 『龍門佛眼語錄』, 『密菴語錄』, 『環溪惟一語錄』. ⇨ 혜능 慧能 **2** 명대 일철주리(一徹周理) 엮음. 9권. 1636년(숭정9) 간행. 권1 머리 부분에 무학거사(無學居士) 도공(陶珙)의 「서 序」·과윤례(戈允禮)의 「인 引」이 실려 있고, 안으로 「선종 禪宗」·「응화 應化」 등 두 항으로 구분하여 선사(禪師)·기숙(耆宿) 40여 인의 기연어요(機緣語要)를 수록하였다. 권2부터 권5까지는 고정선견(古庭善堅)이 지은 『산운수석집 山雲水石集』에 해당한다. 권6은 대위정륜(大巍淨倫)이 지은 『죽실집 竹室集』, 권7은 낭목본지(朗目本智)가 지은 『부산법구 浮山法句』, 권8은 향곡철용(響谷徹庸)이 지은 『곡향집 谷響集』, 권9는 『운산몽어적요 雲山夢語摘要』라 하며 안으로 「원기장 元起章」·「유식장 惟識章」 등 4장으로 구성되어 있고, 권말에는 주리가 지은 『기업 紀業』이 붙어 있다. 전권에 이르는 목록과 게재된 순서 사이에는 차이가 있다.

조계정종원류송 曹溪正宗源流頌 청대 임제종(臨濟宗) 석원기운(石源機雲) 지음. 행소(行素) 교정. 1권. 산탁진재(山鐸眞在 1621~1672)의 제자인 석원이 6조 혜능(慧能)부터 자기 자신에 이르는 전승관계를 밝히고 아울러 각 조사의 간략한 전기를 중심으로 그 어요(語要)를 모아서 구성하였다. ⇨ 기운 機雲

조계종 曹溪宗 한국불교종파 중 하나. 고려·조선시대의 조계종과 현대의 대한불교조계종을 일컫는다. [고려·조선시대의 조계종] 신라말 도의조사(道義祖師)로부터 염거(廉居)·체징(體澄)에게 계승되어 선법을 펼친 가지산문(迦智山門)을 대표로 하는 고려초 구산선문(九山禪門 : 禪宗)에서 기원한다. 1132년(인종10)에 건립된 대각국사 의천(義天)의 선봉사비(僊鳳寺碑) 「음기 陰記」에는 당시 주요 종파를 조계·천태·화엄·유가의 사대업으로 일컬었고, 조계종은 이후 고려말까지 오교양종(五敎兩宗)의 주요 종파 중 하나였다. 대감국사 탄연(坦然 1069~1158)의 탑비 제액에 '고려국조계종굴산하 高麗國曹溪宗崛山下'라 하였고, 1150년(의종4)에 지은 「윤언이묘지명 尹彦頤墓誌銘」(『한국금석전문』 중세상, p.692)에 "넷째 아들은 조계종 중대사 효돈이며 1143년(인종21)에 대선 상품으로 급제하였다. 四曺溪宗重大師孝惇 癸亥中大選上品"라 하였으니, 효돈은 탄연의 문도였다. 이규보의 『동국이상국집』 권30에는 조계종을 대신하여 지은 하표(賀表) 3편이 수록되어 있으며, 고려후기에서 조선초까지의 대표적인 선승 보조지눌(普照知訥 1158~1210)·나옹혜근(懶翁惠勤 1320~1376)·구곡각운(龜谷覺雲 생몰연대미상)·무학자초(無學自超 1327~1405) 등은 모두 국사나 왕사로서 대조계종사(大曹溪宗師)에 봉해졌다. 혼원(混元 1191~1271)을 조계종 대선사에 제수하는 교서(敎書)와 관고(官誥)가 『동문선』 권27에 수록되어 있고, 일연(一然 1206~1289)과 혼구(混丘 1250~1322)의 탑비 제액에는 '조계종'이 명시되었다. 조선전기 조계종 소속 사찰로는 「정릉원당조계종본사흥천사조성기 貞陵願堂曹

溪宗本社興天寺造成記」(『양촌집』 권12·한국문집총간 7, p.139a3)에 "이듬해 정축년 정월 갑인일에 (태조비 신덕왕후 강씨를) 정릉에 장사지내고, 또 능 동쪽에 흥천사를 창건하여 명복을 빌었다. … (1주기 후에) 밭 천 결을 내려 공양하는 비용에 충당케 하고, 조계종 본사로 삼아 좌선하는 승등을 설치하여 길이 항규로 삼았다. 越明年丁丑正月甲寅 葬于貞陵 又置塋域之東創寺曰興天 追冥福也 … 賜田千結 用充供費 俾爲曹溪宗本社置僧堂坐禪 永爲恒規"라고 하였다. 『태종실록』 권14 7년(1407) 12월 2일 기사에 따르면, 전국의 명찰로써 자복사(資福寺)를 대신할 때의 조계종 소속 사찰은 다음과 같다. 양주의 통도사(通度寺)·송생의 쌍암사(雙巖寺)·창녕의 연화사(蓮花寺)·지평의 보리갑사(菩提岬寺)·의성의 빙산사(氷山寺)·영주의 정각사(鼎覺寺)·언양의 석남사(石南寺)·의흥의 인각사(麟角寺)·장흥의 가지사(迦智寺)·낙안의 징광사(澄光寺)·곡성의 동리사(桐裏寺)·감음의 영각사(靈覺寺)·군위의 법주사(法住寺)·기천의 정림사(淨林寺)·영암의 도갑사(道岬寺)·영춘의 덕천사(德泉寺)·남양의 홍법사(弘法寺)·인동의 가림사(嘉林寺)·산음의 지곡사(地谷寺)·옥천의 지륵사(智勒寺)·탐진의 만덕사(萬德寺)·청양의 장곡사(長谷寺)·직산의 천흥사(天興寺)·안성의 석남사(石南寺)이다. 조선전기까지 가장 주요한 종파로 활동하던 조계종은 『세종실록』 권24 6년(1424) 4월 5일에 "조계·천태·총남 3종을 합쳐서 선종으로 삼았다. 화엄·자은·중신·시흥 4종을 합쳐 교종으로 삼았다. 曹溪天台摠南三宗 合爲禪宗 華嚴慈恩中神始興四宗 合爲敎宗"라 하였듯이 선교양종 중 선종으로 통합되었다. 16세기 이후 종파의 구분이 약해지면서 17세기 이후로는 사실상 단일 교단 체제가 되어 '선교도총섭 禪敎都摠攝'처럼 선교를 병칭하거나 종명 없이 쓰는 경우가 대부분이었다. 하지만 특별히 선사(禪師)임을 강조하고자 '조계종'을 쓰는 경우도 있었다. 『삼로행적』(한불전 7, p.757b23)에 "이 책은 방외의 벗으로서 대화엄종사와 대조계종사를 겸하여 행하며 자색가사를 하사받은 도대선사 휴정(休靜)이 찬술한 것이다. 此卷方外友 行判大華嚴宗事 兼判大曺溪宗事 賜紫都大禪師靜公所撰也", 「제환성선사문 祭喚惺先師文」(『천경집』·한불전9, p.623a1)에 "대조계종환성당선사각령께 大曹溪宗喚惺堂先師覺靈之下", 「비명 碑銘」(『역산집』·한불전10·p.965b9)에 "배움은 팔만제경을 근원으로 하여 정법안장에서 정립함으로써 단일전승의 종통을 이루었으므로, 모든 사문이 조계종사 화엄강백으로 존숭하였다. 其學宗八萬諸經 立於正法眼藏 得單傳之統 諸路沙門 尊爲曹溪宗師華嚴講伯"라고 하였다. [현대의 대한불교조계종] 일제강점기에는 식민통치 전략의 일환으로 한일불교통합을 획책했지만, 조선불교계는 회유와 강권통치에 역동적으로 대응하며 천칠백년 한국불교의 공화제(共和制) 전통을 계승한 승가공의(僧伽共議)의 대중합의체회복(大衆合議體回復)을 일관되게 주창하였다. 1911년 한영(漢永)·진응(震應)·만해(卍海) 등이 임제종맥(臨濟宗脈)의 종통수호를 위한 임제종종무원(臨濟宗宗務院)을 설립하였으나, 같은 해 6월에 일제에 의해 폐지되었다. 1919년 3·1운동 이후 불교계도 일제에 대항하여 자율적인 합의체 구성을 적극 추진하여, 1920년 조선불교청년회(朝鮮佛教青年會)·1921년 조선불교유신회(朝鮮佛教維新會)와 선학원(禪學院)·1935년 조선불교선종(朝鮮佛教禪宗) 등을 창립하였다. 1937년 총본산(總本山) 건립위원회가 민족자주적 성향의 신흥종교 보천교(普天教)의 대성전인 십일전(十一殿)을 매입하여, 1938년 10월 25일에 총본산 각황사대웅전(覺皇寺大雄殿 : 지금의 대한불교조계종 총본산 조계사대웅전)을 낙성하였다. 이어서 1941년에는 조선불교조계종(朝鮮佛教曹溪宗)이 탄생하였으니, 이는 불교계 통일기관 설립 운동의 결과이자 조선불교의 전통을 계승한 종단 설립이라는 의의를 갖는다. 같은 해 선학원의 유교법회(遺教法會)를 시작으로 1946년 한암종정(漢巖宗正)의 해인사가야총림(海印寺伽倻叢林) 설치와 불교혁신연맹(佛教革新聯盟)의 출현 및 1947년 봉암사결사(鳳巖寺結社)로 한국불교는 중흥의 대전환기를 맞이하였다. 1954년 교단정화운동이 본격적으로 전개되어 비구측이 불교조계종중앙종무원(佛教曹溪宗中央宗務院)을 설립하고 옛 태고사(太古寺)를 조계사(曹溪寺)로 바꾸어 비구승 종단을 확립하여 1962년 4월 종정은 효봉(孝峰), 총무원장 임석진(林錫珍)으로 하는 통합종단 대한불교조계종(大韓佛教曹溪宗)을 출범시켰다. 『대한불교조계종종헌』에 "제1조 본종(本宗)은 대한불교조계종(大韓佛教曹溪宗)이라 칭한다. 본종은 신라 도의국사(道義國師)가 창수(創樹)한 가지산문(迦智山門)에서 기원하여 고려 보조국사(普照國師)의 중천(重闡)을 거쳐 태고보우국사(太古普愚國師)의 제종포섭(諸宗包攝)으로서 조계종(曹溪宗)이라 공칭하여 이후 그 종맥이 면면부절(綿綿不絕)한 것이다. 제2조 본종은 석가세존(釋迦世尊)의 자각각타(自覺覺他) 각행원만(覺行圓滿)한 근본교리를 봉체(奉體)하며 직지인심(直指人心)·견성성불(見性成佛)·전법도생(傳法度生)함을 종지(宗旨)로 한다. 제3조 본종의 소의경전(所依經典)은 『금강경 金剛經』과 전등법어(傳燈法語)로 한다. 기타 경전의 연구와 염불(念佛) 지주(持呪) 등은 제한치 아니한다"라고 하였다. 종단의 문장(文章)은 삼보륜(三寶輪)으로 삼보신앙과 선교양종의 조계종 이념을 담았으며, 사부대중의 화합 그

조계종 삼보륜

리고 신앙과 포교를 통한 불국정토의 구현을 의미한다. 2000년 이후 종정은 제11·12대 도림법전(道林法傳)·제13대 진제법원(眞際法遠)이며, 총무원장은 제31대 법장(法長)·제32대 가산지관(伽山智冠)·제33대 자승(慈乘)·제35대 설정(雪靖)·제36대 원행(遠行) 등이다. 〔참고문헌〕『韓國金石全文』, 李智冠『校勘譯註歷代高僧碑文』 高麗篇1~4, 『東國李相國集』, 『陽村集』, 『牧隱集』, 『太宗實錄』, 『世宗實錄』, 『三老行蹟』, 『天鏡集』, 『櫟山集』, 智冠『韓國高僧碑文總集 朝鮮朝·近現代』, 『朝鮮佛教通史』, 『大韓佛教曹溪宗宗憲』, 金煐泰 『한국불교사』(경서원, 2000). ⇨ 대한불교조계종 大韓佛教曹溪宗, 선종 禪宗, 조계사 曹溪寺 1, 조계사사적비 曹溪寺事蹟碑

조계종삼중신정위선사관고 曹溪宗三重神定爲禪師官誥 고려시대 송광사(松廣寺) 스님인 신정(神定)에게 선사 법계(法階)를 수여한 관고. 최자(崔滋 1188~1260) 지음. 『동문선』 권27에 수록되어 있다. 관고에 "대신이 이 정사(선원사)를 창설하고, 준엄한 선풍(禪風)의 힘을 빌어 전쟁의 재앙을 소멸시키기를 청하니 … 여름날에 무리를 거느리고 화산에 와서 크게 법도를 드날려서 울연히 모범이 되었다. 大臣開此精舍 請借柑槌之用 鎭消兵革之災 … 管衆來夏日花山 大振綱維 蔚爲模範"라고 하였다. 〔참고문헌〕『東文選』. ⇨ 신정 神定 2

조계종삼중신화위선사관고 曹溪宗三重神化爲禪師官誥 고려후기 스님인 삼중대사(三重大師) 신화(神化)에게 선사 법계(法階)를 수여한 관고. 최자(崔滋 1188~1260) 지음. 『동문선』 권27에 수록되어 있다. 관고에 따르면 신화는 잠시 소래사(蘇來寺)에 머물렀다가 곧 사양하고 송광사(松廣寺)로 가서 자유롭게 지냈다. 그러다 최이(崔怡 ?~1249)가 나라를 위해 선원사(禪源寺)를 창건하고 맞아들이니 선뜻 마음을 돌려 '백성들을 깨닫게 하겠다'라고 하였다. 관고에 "온갖 인연 모인 곳에 중생을 응함에 정함이 없고, 십자거리마다에서 기회 만나 본분을 발휘하니, 제방에서 기뻐하며 따랐다. 萬緣叢裏 應物無方 十字街頭 逢場作戲 諸方悅服"라고 하였다. 〔참고문헌〕『東文選』. ⇨ 신화 神化 2

조계종선사혼원위대선사교서관고 曹溪宗禪師混元爲大禪師教書官誥 고려후기 스님인 선사 혼원(混元 1191~1271)에게 대선사 법계(法階)를 수여한 교서와 관고. 최자(崔滋 1188~1260) 지음. 『동문선』 권27에 수록되어 있다. 혼원은 승과에 합격한 후 세상을 등지고 산에 들어가 노닐다가, 나라가 위험에 처하자 군신이 간절히 청하는 정성에 응하여 나왔다. 관고에 "선림의 칼에 의지하여 몰래 이역의 군대(몽골군)를 무너뜨리고자, 특별히 정려(禪源寺)를 세우고 깨달은 스님들을 맞아들였다. 欲仗禪林之劒 潛摧異域之兵 特刱精廬 敢邀悟侶", 교서에서는 "(이때 혼원은) 수승한 스님 200여 명을 거느리고 들어가 법회의 주맹이 되어 … 법유를 삼한에 널리 베푸니 … 대선사의 고신 한 통을 내린다. 率龍象二千指 來赴京師 主盟法會 … 廣施法乳於三韓 … 今賜大禪師告身一 通"라고 하였다. 〔참고문헌〕『東文選』.

조계종총본산조계사대웅전상부해체중수상량문 曹溪宗總本山曹溪寺大雄殿上部解體重修上樑文 가산지관(伽山智冠) 지음. 2003년 7월 5일 지홍(志弘) 대행주지가 상체 부분을 해체 보수하던 중 후임 원담(圓潭) 대행주지가 맡아 2005년 4월 9일 10시 상량할 때의 상량문이다. 그 서문(序文)과 명문(銘文)은 다음과 같다. "曹溪寺는 現在 大韓佛教曹溪宗의 總本山이다. 一九世紀初 이후 自主的 宗風宣揚과 통일된 종단건설의 象徵的 道場이었으며 韓國佛教榮辱의 역사를 함께 하며 佛教中興이라는 全宗徒들의 宿願을 總管해온 樞要的 寺刹이다. 一八九五年(1895년) 僧侶의 都城出入禁止解制이후 日帝强占期의 激浪 속에 孤軍奮鬪하던 한국불교가 一九五五年 八月 전국승려대회를 열고 大韓佛教曹溪宗 中央宗務院看板을 曹溪寺에 걸기까지의 60여 년은 통일종단 총본산형성과 近代化의 歷史라 할 수 있다. 一九一0年 이후 覺皇寺에서 一九三九年 이후 太古寺로, 一九五四年 一0月 一五日 曹溪寺로 그 이름을 바꾸면서 曹溪宗風의 回復과 自主改革의 기치를 높이 들고 이 도량을 지켜온 威勢堂堂한 大雄殿이 오늘 새단장을 하기에 이르렀다. … 68년전 총본산통일종단의 꿈을 싣고 나래를 편 대웅전이 다시 새 材木의 樑椽으로 交替하여 새나래를 활짝 펼쳤으니 한국불교 중흥의 法光이 더욱 충천하기를 발원함이다. 이에 傳統上樑文의 六方兒郎偉式을 따르지 않고 六方諸佛의 加護를 請하여 曹溪寺의 沿革과 工事顚末을 기록하여 後代에 傳하는 바이다. 이 因緣功德으로 法輪이 常轉하고 佛日이 恒照하여 曹溪宗의 法燈이 恒常 온누리에 비추기를 祈願하면서 다음과 같이 頌祝하는 바이다"라 하고는 이어 명문(銘文)에 이르길 "上方世界 梵音佛의 威大하신 法力으로 南北韓이 統一되고 大法輪이 常轉하며 東方世界 藥師如來 병고중생 치료하고 煩惱妄想 除去하여 몸과마음 편케하며 西方世界 阿彌陀佛 四八大願 세우시어 극락세계 莊嚴하고 娑婆중생 接引하며 南方世界 栴檀光佛 두루두루 비추시어 韓國佛教 中興하고 國民和合 하나되며 北方世界 不動尊佛 戒定으로 장엄하고 智慧光을 두루비춰 受苦衆生 解脫하며 中方世界 毘盧遮那 淸淨하온 法身으로 十方世界 두루하사 有情無情 同圓種智 佛紀二五四九年 四月 九日 十時 上樑 佛紀二五四九年(2005) 四月 三日 伽倻山衲 智冠 짓고 虛齋居士 李奎粲 쓰다"라고 하였다. ⇨ 조계사 曹溪寺 1, 대한불교조계종 大韓佛教曹溪宗

조계지 曹溪志 ➡조계통지 曹溪通志

조계진각국사어록 曹溪眞覺國師語錄 진각국사 혜심(慧諶 1178~1234)의 어록. 1권. 한불전6, pp.1a1~49c13에 수록되어 있다. 조사(祖師)로서의 인격을 구현한 혜심선사가 수미일관하게 조사선(祖師禪)의 면모와 간화선(看話禪)의 방법을 조화시킨 우리나라 최고(最古)의 선어록이다. [문헌] 저본은 가정(嘉靖) 5년인 1526년(조선 중종21)에 간행된 판본이다. 이전의 판본은 아직 발견된 것이 없고, 2년 뒤인 1528년에 대광산 용문사(龍門寺)에서 간행한 판본이 있지만 앞부분의 반 정도도 남아 있지 않다. 또 하나의 판본은 1940년 보제사(普濟寺)에서 간행한 활자본이다. 가정본은 상당(上堂)·시중(示衆)·소참(小參)·실중대기(室中對機)·수대(垂代)·하화(下火)·법어(法語)·조계진각국사서답(曹溪眞覺國師書答)·보유(補遺)의 순서로 구성되어 있다. 보제사 판본은 이것과 내용이 다르지는 않으나 편집 순서와 소제목 명칭에서 약간의 차이가 있다. [배경] 한국불교사에 있어 전향적 면모를 보였다. 선교일치로 당시 불교계를 개혁하려 했던 보조국사(普照國師) 지눌(智訥)의 사상과 다른 입장에서 오로지 조사선만을 초지일관 내세웠다. 당시까지 축적된 풍부한 조사선의 선법들에 대해 간화선의 적통으로서의 기개를 드날렸고, 교학에 대한 입장도 시종일관 조사선의 격외에서 재편하였다. [주요 편목의 특징] 「상당」에서는 조사의 선풍을 개성적으로 드러냈으며 전거를 철저하게 밝혀 임의로 차용한 구는 거의 없다. 간화의 방법에서는 대혜종고(大慧宗杲)의 영향이 지대하지만 「상당」에서는 표면에 드러내지 않으면서도 어디서나 조사선의 형식 중에 간화선의 특징을 드러내고 있다. 「상당」에서 든 구 마다 관문(關門)으로 설정되어 화두로서의 복선을 감추고 있다. 「시중」에서는 대부분 단편적인 형식에 종지를 실었다. 첫 번째 시중은 꿈을 소재로 긴 예화를 들었지만, 이것 이외에는 모두 짤막한 내용들로 대부분은 한 수의 시로 간명하게 종지를 드러냈다. 「소참」은 「상당」보다 자유로워 시간이나 장소 등에 제약되어 있지 않다. 주로 선대에서 남긴 조사선류의 풍모를 진각국사가 자유자재로 전개한다. 「법어」는 재가자와 출가자들의 요청에 따른 법문이다. 「상당」과 달리 무자(無字)화두를 참구하는 법도 도입되고 있다. 그러나 간화선의 방법은 「서답」에서 가장 분명하다. 화두를 궁구하는 방법과 공부를 잘못해서 생기는 병통 등 전통적인 간화선법의 맥락을 착실하게 보여준다. 이로부터 그 선의 중심이 간화선임을 분명하게 알게 한다. 「상당」은 일상 속에 형상화하여 종지를 펼치지만 곳곳에 관문을 설정하는 방법이 「상당」에 숨겨진 전략이다. 「보유」는 보제사 활자본 권말에 붙어 있는데, 『무의자시집 無衣子詩集』과 중복되는 것을 제하고 사목(四牧)·어부사(漁父詞)·낙화(洛花) 등 세 수의 시와 『선문염송설화 禪門拈頌說話』의 24개 공안에 대하여 붙인 진각국사의 게송을 발췌하여 수록했다. 이것은 진각국사가 역대공안과 그에 대한 여러 선사들의 염(拈)·송(頌)을 선별하여 이를 편집하였을 뿐만 아니라, 이들에 대한 해설도 붙였다는 점에서 그의 선법을 이해하는 데 귀중한 자료다. 『선문염송설화』의 저자인 각운(覺雲)에 대해서도 검토할 점이 있긴 하지만, 그 안에 진각국사의 게송이 수록되어 있는 것으로 보아서는 진각국사의 제자 각운이라는 설이 다른 주장보다 설득력이 있다. 다른 곳에서는 발견할 수 없는 친작의 게송이 있기에 이 게송을 직접 접할 수 있었던 당대의 제자일 가능성이 높다. [의의] 본 어록은 조사선이 활발하게 충분히 성숙한 때의 면모와 간화선의 전통을 충실하게 전하고 있다. 무엇보다 본 어록 전편에 걸쳐 조사선의 활발한 기틀과 간화선의 화두공부의 핵심이 담겨있기에 선을 이해하는 데 유용한 지침이다. 어록의 구성에 있어서도 중국이나 우리나라의 어떤 어록과 비교해도 손색이 없으며, 조사의 정통을 계승하면서도 진각국사만의 특징도 드러냈다. [참고문헌] 金榮郁『眞覺國師語錄譯解1』(가산삼학총서3, 2004) 「해제」 pp.7~13. ⇨ 혜심 慧諶, 무의자시집 無衣子詩集

조계진고불 曹溪眞古佛 조계의 참되고 오래된 부처. 6조 혜능(慧能)에 대한 존칭이다. 『원오어록』 권20 「육조대사 六祖大師」(대정장47, p.807b8)에 "조계의 진실한 고불께 머리 숙이오니, 80 평생 선지식에게 법을 전하셨다네. 稽首曹溪眞古佛 八十生爲善知識"라고 하였다. [참고문헌] 『圜悟語錄』. ⇨ 혜능 慧能

조계통지 曹溪通志 청대 마원(馬元)·진박(眞樸) 중수(重修). 8권. 1672년(강희11) 간행. 『조계지』 4권은 명대 감산덕청(憨山德淸)의 저술이라는 사실은 『선적지 禪籍志』에 나오는 기사이다. 그러나 본서는 그것에 대한 단순한 수정보완에 그치지 않고 여러 내용을 추가하여 완성되었다. 특히 6조 혜능(慧能)의 상세한 전기나 비문비명(碑文碑銘) 및 『육조단경 六祖壇經』 관계의 서발(序跋)이 여덟 종류까지 수록되어 있다는 점에 주의를 기울여야 한다. 그중에는 보통 알려지지 않은 글도 몇 가지 있다. 그 밖에 청원(靑原)·남악(南岳)·감산(憨山) 등의 전기까지 수록되어 있고, 탑기(塔記)·탑명(塔銘)·소(疏)·계(啓)·법어(法語)·게(偈)·전찬(傳贊)·시(詩) 등도 실려 있다.

조계퇴은 曹溪退隱 서산대사(西山大師) 휴정(休靜 1520~1604)의 자호. '曹溪'는 '曺磎'로도 쓴다. 『선가귀감』(한불전7, p.634c3)에 "조계퇴은 지음. 曹溪退隱

述", 『심법요초』(한불전7, p.648a2)에 "조계퇴은 청허당 지음. 曺磎退隱 淸虛堂述"이라고 하였다. [참고문헌] 『禪家龜鑑』, 『心法要抄』. ⇨ 휴정 休靜

조계파랑여상사 曹溪波浪如相似 조계의 물결이 서로 비슷하다는 말. 주고받는 선법이 구분이 가지 않을 정도로 개성이 없다는 비판의 말이다. 보통 무한평인피륙침(無限平人被陸沈)이라는 구절을 수반한다. 『요암청욕어록』 권3(卍속장123, p.660a2)에 "스승과 제자가 주고받은 법에는 근거가 있는 법인데, 어떤 이유로 활용한 방법은 같지 않았을까? 알겠는가? 조계의 물결이 서로 비슷했다면 아무 일 없던 무수한 사람들이 땅속에 묻혔으리라. 旣是師承有據 因甚用處不同 會麽 曹溪波浪如相似 無限平人被陸沈"라고 하였다. [참고문헌] 『了菴淸欲語錄』. ⇨ 무한평인피륙침 無限平人被陸沈

조고 照顧 비춰 돌아보다. 마음 기울여 잘 살피다. 『오조법연어록』 권상(대정장47, p.652b12)에 "지사는 비춰 돌아볼 줄 모르고, 주인은 방편이 부족하다. 비록 아무 맛은 없지만 요는 천천히 씹어서 삼켜야 한다. 知事失照顧 主人少方便 雖然沒滋味 要且緩緩嚥", 『허당록』 권1(대정장47, p.988c13)에 "화로를 지피기 시작하는 날 법좌에 올라 단하가 목불을 불사른 공안을 들어 말했다. '단하는 벌레가 나무를 갉아먹다가 글자모양을 새긴 듯 하였고, 원주는 우연히 문양을 그린다. 나는 오늘 화로를 지피지만 태울 목불은 없고 다만 작은 무명의 불씨뿐이니 항상 모든 이들 눈앞에 있다. 낮은 짧고 밤은 기니 각자 비춰 돌아보라'. 開爐 上堂 擧丹霞燒木佛 師云 丹霞如蟲禦木 院主偶爾成文 報恩今日開爐 且無木佛可燒 只有些無明火 常在諸人面前 日短夜長 各自照顧"라고 하였다. [참고문헌] 『五祖法演語錄』, 『虛堂錄』.

조고각하 照顧脚下 다리 아래를 비추어 보라는 말. 간각하(看脚下)라고도 한다. 『염팔방주옥집』 권상(卍속장119, p.227a17)에 "만약 알아 얻었다면 맡겨 그대로 행할 뿐이고, 알지 못했다면 각각이 다리 아래를 비추어 보라. 若會得 一任依而行之 若未會 各各照顧脚下", 『무준사범어록』 권1(卍속장121, p.870a4)에 "부처님 열반일에 법좌에 올라 말했다. '영산 그 산 칡넝쿨에서 덩굴과 가지가 뻗어 세계 가득 자랐다. 부끄럽게도 파순이 밀어 넘어뜨린 뒤에 동서로 길이 나서 사람이 다니게 되었다. 비록 그렇다 해도 다리 아래를 비추어 보아야 하리'. 佛涅槃 上堂 靈山山上葛藤樹 引蔓牽枝徧界生 慚愧波旬推倒後 東西有路與人行 雖然 也須照顧脚下", 『오등전서』 권68 「개암진장 介庵進章」(卍속장141, p.438b12)에 "방문도 창문도 활짝 열렸는데 처마 밑에서 서성이는 이 누구인가? 만약 보아 안다면 허리춤에 보따리를 차고 삿갓 쓰고 꼭두각시 조종하는 간목을 몸에 지닌 채로, 천태산이나 북으로 오대산이나 마음대로 가도록 하리라. 만일 그렇지 않다면 각자 다리 아래를 비추어 보아야 좋을 것이다. 豁開戶牖 當軒者誰 若也見得 不妨腰包頂笠 竿木隨身 一任南天台北五臺 其或未然 各須照顧脚下好"라고 하였다. [참고문헌] 『拈八方珠玉集』, 『無準師範語錄』, 『五燈全書』. ⇨ 간각하 看脚下

조고반도 照顧絆倒 걸려 넘어지지 않도록 비춰 살피다. 『종용록』 89칙 「송 頌」(대정장48, p.285b3)에 "번뇌의 풀이 어지럽구나〈아래로 밑을 알 수 없고 곁으로는 끝도 없다〉. 문 안과 문 밖에서 그대 스스로 살펴보라〈비춰 살펴 걸려 넘어지지 않도록 하라〉. 草漫漫〈直下無底傍無邊〉 門裏門外君自看〈照顧絆倒〉"라고 하였다. [참고문헌] 『從容錄』. ⇨ 조고 照顧

조고열비목 照顧捩鼻木 코 꿸 일 있는지 돌아보다. 열비목은 소를 마음대로 끌기 위하여 코에 꿴 고삐로 비관목(鼻貫木)이라고도 한다. 『허당집』 40칙 「본칙 本則」(卍속장124, p.557b14)에 "용천(涌泉)이 강(强)·덕(德) 두 상좌에게 물었다. '두 상좌는 바로 전에 어디서 떠났는가?'〈코 꿰이지 않도록 조심하라〉 '저 편에서 왔습니다'〈머리를 아교 동이 속으로 넣는군〉 '저 편의 일은 어떠한가?'〈곧바로 독한 수를 쓰네〉. 강상좌가 찻잔을 들어올렸다〈과연 손발을 버둥거린다〉. 乃問 二上座 近離甚麽處〈照顧捩鼻木〉 强云 那邊〈刺腦入膠盆〉 泉云 那邊事作麽生〈便下毒手〉 强提起茶盞〈果是手亂脚忙〉"라고 하였다. [참고문헌] 『虛堂集』, 『從容錄』 70則 「著語」(대정장48, p.271b8). ⇨ 조고 照顧, 열비목 捩鼻木

조고화촉 照顧火燭 아궁이 불이나 등불을 잘 살피라는 권고의 말. 총림에서는 대중이 잠자리에 든 뒤에 화재방지를 위하여 담당자가 '불을 잘 살펴보시오!'라고 외치며 순찰한다. 한편 다비식 때 불을 붙이며 소리치는 말이기도 하다. 요즘도 '스님! 불 들어갑니다'라고 외친다. 『선림상기전』 권12(불광장, 禪藏, p.892)에 "요사를 돌면서 화재를 경계하고자 불조심을 외친다. '불을 잘 살펴보시오!'라는 말이 그것이다. 巡寮警火 言喝火 所謂照顧火燭也", 『월림사관어록』(卍속장120, p.495a2)에 "만상좌 다비를 위한 하화 법회에서 : 눈 가득 들어차니 이야말로 멋진 풍광이로구나! 12월 25일, 돌연 돌아갈 때를 알아 무생곡을 부른다. 말해 보라! 무생곡은 어떻게 부르는 가? 〈횃불로 감을 가리키면서〉 화! 불을 잘 살펴보시오! 爲滿上座下火 滿目是風光 臘月二十五 瞥爾便知歸 唱起無生曲 且道 無生曲作麽生唱 〈以火把指龕〉 囫照顧火燭"라고 하였다. [참고문헌] 『禪林象器箋』, 『月林師觀語錄』. ⇨ 조관화촉 照管火燭

조곡사 朝谷寺 경상남도 함안군 여항면 외암리에 있던 절. 유구(遺構)는 남아 있지 않으며 와편(瓦片)과 토기들만 흩어져 있다. 이 자리에 있던 탑재들은 함안박물관으로 옮겨져 삼층석탑으로 복원되었다. [참고문헌]『韓國寺刹全書』 권하 p.1023b10, 『한국사지총람』 권하(문화재청·佛教文化財硏究所, 2010) pp.409~410.

조공 照空 **1** 하늘을 비추다. 『불본행경』 권5(대정장4, p.88b16)에 "햇빛은 낮에 하늘을 비추고, 달빛은 밤에 빛난다. 日光晝照空 月焰曜於夜", 『대방등대집경』 권16(대정장13, p.110a11)에 "마치 해가 하늘을 비추어도 기뻐하지 않고, 비추지 않아도 근심하지 않는 것처럼, 지혜로운 이 익히길 그렇게 한다. 如日照空 亦無有喜 不照不憂 智者學爾"라고 하였다. [참고문헌]『佛本行經』, 『大方等大集經』. **2** 공을 비추다. 『인왕호국반야경소』 권2(대정장33, p.260b20)에 "실의 지혜로는 공을 비추고, 방편의 지혜로는 유를 비춘다. 실의 지혜가 있기에 생사에 머물지 않고, 방편의 지혜가 있기에 열반에 머물지 않는다. 實智則照空 方便智照有 有實智故 不住生死 有方便故 不住涅槃", 『승만보굴』 권하(대정장37, p.66a5)에 "부처님 지혜로 능히 공도 비추고 유도 비추지만 공도 아니고 유도 아니다. 그러므로 부사의공지라 한다. 이렇게 공을 아는 지혜를 터득하기에 모든 미혹을 끊는다. 佛智能照空照有 而非空非有 故名不思議空智 得此空智 故一切惑斷"라고 하였다. [참고문헌]『仁王護國般若經疏』, 『勝鬘寶窟』.

조과 造菓 특별법회나 산림(山林) 때 육색방(六色榜) 중 한 소임. 유과나 다식 등 과자를 만드는 소임이다. ⇨ 육색방 六色榜

조과선사 鳥窠禪師 도림(道林 741~824)의 별명. 새처럼 나무 위에 보금자리를 틀고 살았기에 붙여졌다. 작소화상(鵲巢和尙)이라고도 한다. 『경덕전등록』 권4 「조과도림전 鳥窠道林傳」(대정장51, p.230b13)에 "진망산에 큰 소나무 한 그루가 있었다. 가지와 잎이 무성하여 서리서리 얽힌 모양이 덮개와 같았는데 도림이 마침내 그 위에 보금자리를 트고 살았으므로 당시 사람들이 조과선사라 불렀다. 秦望山 有長松 枝葉繁茂 盤屈如蓋 遂棲止其上 故時人謂之 鳥窠禪師"라고 하였다. [참고문헌]『景德傳燈錄』. ⇨ 도림 道林 **3**

조과풍경 朝課諷經 매일 이른 아침 일과로 불전에서 경전을 읽는 것. 『조동종행지궤범 曹洞宗行持軌範』에 따르면 조과풍경의 의례는 승당중(僧堂衆)과 제중료(諸寮衆)의 상전(上殿)을 시작으로, 주지상전(住持上殿)·입당법(入堂法)·입당삼배(入堂三拜)·풍경(諷經)·효고(曉鼓)·산당법(散堂法) 등이다. 여기에서 탑가사(搭袈裟)·중승과 주지의 상전·입당삼배 등은 준비의례이고, 불전(佛殿)풍경·응공(應供)풍경·조당(祖堂)풍경·개산(開山)풍경·사당(祠堂)풍경의 순으로 이어지는 풍경이 본 의례다. 마지막 산당은 조과풍경이 끝난 후 불전을 나가는 절차를 규정한 것이다.

조관 照管 비춰 가늠하다. 살펴 관리한다는 말. 『선림보훈』 권3(대정장48, p.1029b3)에 "감사로서 마음 쓰는 일은 참으로 쉽지 않다. 반드시 상주물을 살피고 관리하여 잃어버리는 경우가 없도록 해야 한다. 監寺用心 固難得 更須照管常住 勿令疎失", 『경덕전등록』 권28 「나한계침전 羅漢桂琛傳」(대정장51, p.448a11)에 "느닷없이 내가 건추를 집는 것 보고는 건추 뒤에서 문득 짓고 뜻으로 헤아려 돌아본다. 그렇지 않다면 내가 빗자루를 들면 동에서 서에서 쓸고 문득 각자 살펴본다. 그렇거늘 그대들이 평소에 섶을 나를 때는 어째서 돌아보지 않으니, 불러야 문득 갈 줄 아는가? 忽然見我 拈箇槌子 槌背便作 意度顧覽 不然 見我把箇箒子 掃東掃西 便各照管 是汝尋常打柴 何不顧覽 招呼便悟去", 『불심본재화상어』(속고존숙어요4, 卍속장119, p.3a16)에 "중생은 겁이 다하여 거대한 불로 타는 때라 할지라도 반드시 주인공을 살펴 가늠한다. 衆生見劫盡 大火所燒時 切要照管主人公"라고 하였다. [참고문헌]『禪林寶訓』, 『景德傳燈錄』, 『佛心本才和尙語』.

조관 慥冠 1700~1762. 조선후기 스님. 자는 무회(無懷), 호는 용담(龍潭), 속성은 김(金)씨. 어머니는 서(徐)씨부인이다. 어느 날 서씨부인이 한 마리의 용이 하늘로 날아오르는 태몽을 꾼 다음, 1700년(숙종26) 4월 8일 전라도 남원(南原)에서 태어났다. 골상이 비범(非凡)하고 재주가 총명하여 한번 보면 모두 외웠던 천재였다. 9세 때 향숙(鄕塾)에 입학하여 15세 이전에 이미 유업(儒業)을 마쳤다. 당시 한묵장(翰墨場 : 시문을 짓는 모임. 문단)에 들어 일과제(日課第)에 급제하여 기동(奇童)으로 칭송이 자자하였다. 16세 때 아버지가 먼저 세상을 뜨자 피눈물을 흘리면서 3년상을 마치는 한편, 깊이 인간무상을 느끼고 19세 때 어머님의 허락을 받아 감로사(甘露寺)로 찾아가 상흡(尙洽)을 은사로 하여 스님이 되었고, 이어 태허취간(太虛就侃)으로부터 비구계를 받았다. 22세 때인 1721년(경종1) 구례 화엄사(華嚴寺)로 가서 상월새봉(霜月璽篈)을 모시고 몇 년간 수학하고는 24세 때 영호남(嶺湖南)을 두루 찾아 다니면서 영해약탄(影海若坦)·낙암의눌(洛巖義訥)·설봉회정(雪峰懷淨)·남악태우(南岳泰宇)·회암정혜(晦庵定慧)·호암체정(虎巖體淨) 등 대강백을 친견하여 법을 물었다. 그 결과 명실공히 부종수교(扶宗樹敎)의 내실을 다졌다. 구례 견성암(見性庵)에서 『기신론』을 독송하다가 크게 깨달음을 얻은 후, 3일 만에 꿈에서 신동(神童)으로부터 책이 담긴 한 함(函)을 전해 받았는데, 서면(書面)에 진곡(震谷)이라 적혀 있었다. 호남의 선지식인 명진수일(冥眞守一)을 찾아가서 다음과 같이 문답하였다. 『용담집』「용담대사행장 龍潭大師行狀」(한불전9, p.693c24)에 "'화장세계 일체처에 두루한데 지금 천당과 지옥은 마땅히 어디에 있습니까?'라고 물었다. 한 노스님(명진수일)이 '회주의 소가 풀을 먹었는데 익주 말의 배에 물이 찼다'고 답했다. 또 '이는 격외 모습으로 본 것이니 진실로 단박에 들어오지 않으니 다시 한 말씀을 일러주십시오'라고 물었다. 대답하되 '천하 사람들이 의원을 찾아갔더니 돼지 왼쪽 어깨에 뜸을 떴다'라고 하였다. 問曰華藏遍一切處 現今天堂地獄 當在何處 一老答曰 懷州牛喫草 益州馬腹脹 又問曰 此是格外相見 實不頓入 更乞一轉語 答曰天下人求醫 灸猪左膊上"라고 하였다. 33세 때 지리산 영원암(靈源庵)에서 은거하다가 다시 영원암 서쪽 기슭에 가은암(佳隱庵)을 손수 구축하였으며 곡성 동락산(動樂山) 도림사(道林寺)로 옮겼다가 1749년(영조25) 겨울 상월의 법을 이어 받았다. 1762년(영조38) 6월 27일 남원 실상사(實相寺)에서 세수 63, 법랍 44세를 일기로 입적하였다. 다비한 후 사리 5과가 출현하였으므로 출가본사(出家本寺)인 감로사·수학사(受學寺)인 남원 파근사(波根寺 : 一名 大興寺)·입적사(入寂寺)인 실상사에 각각 봉안하였다. 저서에는 『용담집』 1권(한불전9, pp.677b1~695b14)이 있다. 〔참고문헌〕『龍潭集』, 『朝鮮佛教通史』 권상 pp.546~549, 『朝鮮佛教振興會報』7(『韓國佛教雜誌叢書』 권16, pp.568~569). ⇨ 용담집 龍潭集

조관 澡灌 Ⓟ paribhojanīya-ghata. 얼굴이나 손 등을 씻는 대야. 조관(澡罐·澡盥)이라고도 쓴다. 비구가 반드시 지니는 물품이다. 『일체경음의』 권64(대정장54, p.734a16)에 "조관〈첫 글자는 조와 노를 반절한 음이다. 고야왕의 『옥편』에 '조는 씻어서 깨끗하게 함이다'라고 하였고, 『창힐편』에 '조관과 같다'라고 하였으며, 『설문해자』에 '손을 씻는다'고 하였다〉. 澡罐〈上遭老反 顧野王云 澡猶洗之令潔也 蒼頡篇 澡盥也 說文 洗手也〉", 『중아함경』 권6 「범지타연경 梵志陀然經」(대정장1, p.456c15)에 "범지 타연이 존자 사리자가 자리 잡고 앉은 모습을 보자 쇠 조관을 들고 존자 사리자에게 공양을 청하였다. 梵志陀然 見尊者舍梨子坐已 執金澡灌 請尊者舍梨子食", 『마하승기율』 권18(대정장22, p.373a23)에 "비구는 구족계를 받고 나서 반드시 녹수낭과 법에 맞는 조관을 가져야 한다. 比丘受具足已 要當畜漉水囊 應法澡盥", 『사분율』 권39(대정장22, p.850a16)에 "그때 비구는 무덤에서 병 모양 조관을 주었다. 時比丘在塚間 得甁澡灌"라고 하였다. 〔참고문헌〕『一切經音義』, 『中阿含經』, 『摩訶僧祇律』, 『四分律』, *MN.3.157*.

조관화촉 照管火燭 아궁이 불이나 등불 등을 살펴 관리하다. 조고화촉(照顧火燭)이라고도 한다. 『선원청규』 권9 「훈동행 訓童行」(卍속장111, p.929a15)에 "당두와 고하의 다두행자는 언제나 화촉을 잘 살펴서 관리해야 하며 다탕도 점검한다. 堂頭庫下 茶頭行者 常宜照管火燭 及點撿茶湯"라고 하였다. 〔참고문헌〕『禪苑淸規』, 『增修教苑淸規』 권상 「知浴」(卍속장101, p.722a15). ⇨ 조고화촉 照顧火燭

조교 祖教 조사(祖師)의 가르침. 조사가 전한 종지. 초조(初祖) 달마(達磨)가 동쪽으로 와서 전한 가르침을 특칭하기도 한다. 경론상에 언설로 전하는 '부처님의 가르침'이라는 뜻에서의 불교와 구분해서 조사들에 의해서 언표된 것들을 부르는 말이다. 『벽암록』 「삼교노인서 三教老人序」(대정장48, p.139b29)에 "일찍이 조사의 가르침이 담긴 글을 공안이라고 일컫는데, 당대 제창되어 송대 성행하였으니 그 유래가 오래되었다. 이 두 글자는 곧 세간법중에서는 관리들의 문서에 담긴 말을 뜻한다. 嘗謂祖教之書 謂之公案者 倡於唐而盛於宋 其來尙矣 二字乃世間法中吏牘語", 『진심직설』 「진심이명 眞心異名」(대정장48, p.999c13)에 "때론 말하기를 '다만 진심이라고 하는데 따로 다른 이름이 있는가?' '부처의 가르침과 조사의 가르침에서 이름을 세운 것이 같지 않다. 먼저 부처의 가르침 중 『보살계경』에서는 심지(心地)라 부르니 온갖 선을 낳기 때문이다. 『반야경』에서는 보리라고 부르니 각(覺)과 더불어 체가 되기 때문이다. 『화엄경』에서는 세워서 법계라 하니 서로 사무쳐 어울리고 거두기 때문이다. 『금강경』에서는 여래라고 부르니 온 곳이 없기 때문이다'. … 때론 말한다. '부처의 가르침은 이제 알았으니 조사의 가르침은 어떠한가?' '조사의 문하에서는 이름과 말을 끊어서 이름을 세울 수 없거늘 어찌 도리어 많은 이름이겠냐만은, 감응하여 기에 따라야 하기에 그 이름 또한 여럿이다. 어떤 때는 자기라고 부르니 중생의 본성이기 때문이다. 어떤 때는 정안(正眼)이라고 이름 붙이니 모든 상 있는 것을 비추기 때문이다. 어떤 때는 묘심(妙心)이라고 부르니 텅 비어 영명하니 고요한듯 비추기 때문이다. 어떤 때는 주인옹(主人翁)이라 이름 붙이니 예전부터 짐지고 있기 때문이다. … 만약 진심을 통달하면 모든 이름에 대해 죄다 깨닫고, 이 진심에 어두우면 모든 이름에 대해 모두 막힌다. 그러므로 진심에 대해서 간절히 하고 자세히 해야 한다'. 或曰 但名眞心 別有異號耶 曰 佛教祖教 立名不同 且佛教者 菩薩戒呼爲心地 發生萬善故 般若經喚作菩提 與覺爲體故 華嚴經立爲法界 交徹融攝故 金剛經號爲如來

無所從來故 … 或曰 佛敎已知 祖敎何如 曰 祖師門下 杜絶名言 名不立 何更多名 應感隨機 其名亦衆 有時呼爲自己 衆生本性故 有時名爲正眼 鑑諸有相故 有時號曰妙心 虛靈寂照故 有時名曰主人翁 從來荷負故 … 若達眞心 諸名盡曉 昧此眞心 諸名皆滯 故於眞心 切宜子細"라고 하였다. [참고문헌]『碧巖錄』,『眞心直說』,『宗鏡錄』권7(대정장48, p.455b2). ⇨조사 祖師, 선종 禪宗, 공안 公案

조구 祖丘 ?~1395. 고려말 조선초 스님. 호는 공암(空菴). 전라도 담양에서 태어났다. 『태조실록』 권6 3년(1394) 9월 8일에 "천태종 스님 조구를 국사로 삼았다. 以天台宗僧祖丘爲國師", 10월 21일에 "내전에서 백여덟스님께 반승하고 국사의 봉숭례를 행하여 안장 갖춘 말도 하사하였다. 飯僧百八于內殿 行國師封崇禮 仍賜鞍馬", 같은 책 권7 4년(1395) 1월 27일에 "담양현을 승격하여 군으로 삼으니 국사 조구의 고향이기 때문이다. 陞潭陽縣爲郡 國師祖丘鄕也", 같은 책 권8 4년 11월 14일에 "국사 조구가 병으로 입적하자 그를 위해 조회도 멈추었다. 國師祖丘病死 爲之停朝"라고 하였다. 저서로는 『자비도량참법집해 慈悲道場懺法集解』 2권(한불전12, pp.45b1~155b25)이 전한다. [참고문헌]『太祖實錄』,『世宗實錄』권151 地理志 全羅道 潭陽都護府,『東國輿地勝覽』권39 全羅道 潭陽都護府 建置沿革,『朝鮮佛敎通史』권상 p.362.

조구타국 漕矩吒國 Ⓢ Jaguda. 예전에 아프가니스탄에 있던 나라. 조국(漕國)·조구국(漕矩國)·조리국(漕利國·早利國)·가달라지국(訶達羅支國)·사율국(謝颶國)·사호라살타나국(社護羅薩他那國)이라고도 한다. 『수서 隋書』와 『당서 唐書』의 「서역열전 西域列傳」에서는 가필시국(迦畢試國)을 포함하는 '조국'이 계빈(罽賓:아프가니스탄의 카불 일대)이라고 하였다. 『대당서역기』 권12(대정장51, p.939b17)에 "조구타국은 둘레가 칠천여 리이며, 나라의 큰 도성은 학실나라고 하는데 그 둘레는 삼십여 리다. 또 학살라성을 도읍으로 하는데, 이 성의 둘레는 삼십여 리이다. 두 성은 모두 견고하고 험준하다. … 사람들의 성품은 경박하고 조급하며, 인정은 많지만 잘 속인다. 학예를 좋아하고 기술이 다양하다. … 비록 수많은 신들에게 제사를 지내지만 삼보를 공경한다. 가람은 수백 곳이 있으며, 스님들은 만여 명이 있는데, 모두 대승법의 가르침을 익히고 배운다. 漕矩吒國 周七千餘里 國大都城 號鶴悉那 周三十餘里 或都鶴薩羅城 城周三十餘里 並堅峻險固也 … 人性輕躁 情多詭詐 好學藝 多技術 … 雖祀百神 敬崇三寶 伽藍數百所 僧徒萬餘人 並皆習學大乘法敎"라고 하였다. [참고문헌]『大唐西域記』,『釋迦方志』권상(대정장51, p.952b9). ⇨가필시국 迦畢試國, 계빈국 罽賓國

조귀진 趙歸眞 ?~846. 당대 도사(道士)로 회창법난(會昌法難)의 주역. 형주(荊州:湖北省) 출신. 연홍술(鉛汞術)에 정통하였다. 당 무종(武宗)이 그에게 망선대(望仙臺)를 축조하고 금록도량(金籙道場)을 수리하도록 명하였다. 무제는 몸소 법단(法壇)에 올라가 법록(法籙)을 배수(拜受)하였다. 843년(회창3) 인덕전(麟德殿)에서 지현법사(智玄法師)와 논쟁을 벌여 논파할 수 없게 되자 분을 삭이지 못하고 폐불하려 하였다. 다시 도사 유현정(劉玄靜) 등을 끌어들여 밤낮으로 폐불을 모의하였다. 845년(회창5) 무제가 마침내 훼불(毁佛)을 명하였다. 『불조통기』 권54(대정장49, p.471b10)에 "무종은 회창 5년 도사 조귀진을 재상 이덕유와 모의하게 하여 천하의 사원을 부수면서 강제로 환속시킨 승니가 26만 명이었다. 武宗 會昌五年 用道士趙歸眞 宰相李德裕謀 毁拆天下寺院 僧尼歸俗者 二十六萬人"라고 당시 훼불의 정도를 전한다. 조귀진은 문무백관과 함께 경하를 표하였고 나아가 금단(金丹)을 올려 만수무강을 기원하였지만 무제는 그것을 받아먹은 뒤에 죽었다. 선종(宣宗)이 즉위하고 불교를 부흥하면서 조귀진은 관련자 13인과 함께 주살당하였다. 같은 책 권46(대정장49, p.421a21)에 "수 문제가 불교를 크게 진흥하였으나 당 무종과 조귀진·이덕유는 불법을 파멸시켰다. 일 년이 되지 않아 조귀진은 주살되었고 이덕유는 귀양지에서 죽었다. 隋文帝大興之 唐武宗 趙歸眞 李德裕 滅佛法 不一年歸眞誅 德裕竄死"라고 하였다. [참고문헌]『佛祖統紀』. ⇨회창법난 會昌法難

조규부 祖揆符 명말 임제종 비구니. 법명은 영서(靈瑞)다. 속성은 이(李)씨. 호주(湖州:浙江省) 출신. 영암사(靈巖寺) 퇴옹홍저(退翁弘儲) 문하로 들어가 그 법을 이었다. 수주(秀州:浙江省) 묘담원(妙湛園)에 주석하였다. 어록 『영서니조규부선사묘담록 靈瑞尼祖揆符禪師妙湛錄』 5권(가흥장35, pp.715a1~739b20)을 남겼고, 저서로는 『영서선사암화집 靈瑞禪師嵓華集』 5권(가흥장35, pp.741c1~760c10), 보지(寶持)선사와 함께 지은 『송고합향집 頌古合響集』 1권(가흥장35, pp.565a1~571c9)이 전한다. [참고문헌]『五燈全書』권87(卍속장141, p.747b12),『正源略集』권9(卍속장145, p.404b12).

조기 照機 조선후기 스님. 호는 용계(龍溪). 『만덕사지』(아세아문화사, 1977) p.145에 "벽하대우(1676~1763)의 제자이고 화악문신(1629~1707)의 손제자(孫弟子)다. 세심암에서 학인을 지도하고 경전을 강설하였으며, 「세심암중수기」를 지었는데, 때는 건륭 17년(1752·영조28) 임신이었다. 碧霞大愚之嗣 華岳文信之孫也 嘗於洗心菴豎拂談經 著洗心菴重修記 時維乾隆十

七年壬申也"라고 하였다. 〔참고문헌〕『萬德寺誌』.

조기십팔배 祖忌十八拜 불조(佛祖)의 기일에 도사(導師)가 행하는 예배법. 십팔배는 구배(九拜)를 두 차례 행하는 방식이다. 『선림상기전』 권10(불광장, 禪藏, p.701)에 "조기십팔배 : 『백장청규』 권2 「달마기」(대정장48, p.1115c25)에 '주지가 향을 올리고 삼배한 뒤 좌구를 거두지 않고 향로 앞으로 나가 탕과 음식을 올린다. 청객시자가 공체한다. 소향시자가 조위 곁에 가서 궤 위에 받들어 놓는 모습을 본 다음에 물러나 자리로 돌아와서 삼배하고, 앞으로 나가 향을 사르고 공양물을 내린 다음 삼배하고 좌구를 거둔다. 북을 울려 알리고 특위차를 마련한다. 탕례와 같이 행한다'라고 하였다. 도충(道忠)이 말한다. '특위탕은 「숙기」 항에서 기록하였으므로 거듭 싣지 않기로 한다. 특위탕에도 구배의 의식이 있다〈불조기에 구배라 기록하였다〉. 여기서도 이와 같이 하여 이전과 합하면 십팔배가 된다'. 십팔배는 구배를 두 차례 하는 절이다. 먼저 주지가 향을 올리고 돌아오면 행자가 자리를 펴고 주지는 삼배한다. 좌구는 거두지 않는다. 탕을 올리고 밥을 올린 다음 돌아와 삼배하고, 향을 올리고 공양물을 내린 다음 돌아와 삼배하고 좌구를 거둔다. 행자가 자리를 말아서 거두면 다시 주지가 향을 올리고 돌아온다. 행자가 다시 자리를 펼치면 주지는 삼배하고 좌구는 거두지 않는다. 행자가 차 마시기를 알리는 북을 치고 주지는 차를 올린 다음 돌아와서 삼배하고 다시 나가 깊이 읍한 뒤에 돌아와 삼배한다. 행자가 북을 그치고 주지가 좌구를 거두면 행자는 자리를 만다. 祖忌十八拜 敕修淸規 達磨忌云 住持 上香三拜 不收坐具 進爐前 上湯上食 請客侍者供遞 俟燒香侍者 就祖位側 捧置几上 退就位三拜 仍進前燒香 下嚫畢 三拜收坐具 鳴鼓講特爲茶 如湯禮 忠曰 特爲湯 宿忌記之 故不煩重錄 特爲湯有九拜〈佛祖忌九拜錄之〉 今亦如此 合前成十八拜 十八拜 兩回九拜也 先住持上香歸 行者展席 住持三拜 不收坐具 進上湯進食 歸三拜 進上香下嚫 歸三拜收坐具 行者捲席 復住持進上香歸 行者復展席 住持三拜 不收坐具 行者鳴茶鼓 住持進上茶 歸三拜 又進深揖 歸三拜 行者止鼓 住持收坐具 行者捲席"라고 하였다. 〔참고문헌〕『禪林象器箋』, 『百丈淸規』, 『百丈淸規證義記』 권4 「初祖達磨忌」(卍속장111, p.637b9).

조기원왕자 造祇洹王子 수달다(須達多)와 함께 기원정사(祇園精舍)를 지어 부처님께 바친 왕자. 기타태자(祇陀太子 Ⓢ Ⓟ Jeta)를 말한다. 『증일아함경』 권3(대정장2, p.560a9)에 "성인의 무리를 공양하여 받들며 마음은 항상 평등하였으니 기원정사를 지어 바친 왕자가 그이다. 供奉聖衆 意恒平等 所謂造祇洹王子是"라고 하였다. 〔참고문헌〕『增壹阿含經』. ⇨ 기타태자 祇陀太子, 기원정사 祇園精舍, 수달 須達

조낭파 Jo-nang-pa 티베트불교의 한 종파. 조낭 사원의 첫 번째 법주(Ⓣ khri-pa)는 쿤팡툭제촌두(Ⓣ Kun-spangs-thugs-rje-brtson-'grus 1243~1313)이나, 널리 알려진 것은 네 번째 법주였던 돌포파셰랍걀첸(Ⓣ Dol-po-pa-shes-rab-rgyal-mtshan 1292~1361)에 의해서다. 돌포파는 조낭파가 유모미쾨돌제(Ⓣ Yu-mo-mi-bskyod-rdo-rje 1038?~1717?)로부터 계승되었다고 보았는데, 이는 티베트 중관학파의 타공설(Ⓣ gzhan-stong)과 칼라차크라의 도계보(Bro-lugs)의 가르침을 특징으로 한다. 조낭파는 겔룩파의 5대 달라이라마에 의해 17세기에 그 명맥이 끊어졌었으나 19세기의 종파주의에서 벗어나고자 한 리메(Ⓣ ris-med) 운동으로 부활되었다. 이후 1717년에 로도남겔 (Ⓣ bLo-gros-rnam-rgyal)이 암도(Amdo)의 참탕(Ⓣ 'Dzam-thang) 지역에 창건한 창와(Ⓣ gTsang ba) 사원을 중심으로 현재까지 전통을 이어 오고 있다. 〔참고문헌〕 Matthew Kepstein *Selected Writings of 'Dzam-thang Mkhan-po Blo-gros-grags-pa*(Dharamsala : Library of Tibetan Works and Archives, 1993). ⇨ 될포바셰랍겔첸 Dol-po-ba-shes-rab-rgyal-mtshan, 유모미쾨돌제 Yu-mo-mi-bskyod-rdo-rje, 칼라차크라 kālacakra, 타공견 他空見

조녜 祖禰 할아버지와 아버지. 돌아가신 선조(先祖)를 일컫는 말로 선문에서는 조사(祖師)를 일컫는다. 『굉지광록』 권2(대정장48, p.21a3)에 "그 어떠한 조사도 서쪽에서 온 적이 없으니, 여기(法眼指簾 공안)에는 득과 실이 반반이다. 無何祖禰西來 裡許得失相半"라고 하였다. 〔참고문헌〕『宏智廣錄』. ⇨ 조사 祖師, 조녜불료앙급아손 祖禰不了殃及兒孫

조녜불료앙급아손 祖禰不了殃及兒孫 선조가 할 일을 마치지 못하면 재앙이 자손들에게 미친다는 말. 앙은 루(累)로 쓰기도 한다. 『굉지광록』 권3(대정장48, p.28a18)에 "굉지가 다음의 공안을 거량하였다. '법등(法燈 : 淸涼泰欽)이 개당하며 대중에게 말하였다. 「나(山僧)는 본디 바위굴에 웅크리고 살고 싶었으나, 한편 나(淸涼老人)에게 마치지 못한 공안이 있기에 오늘 나와서 그대들에게 분석해주려고 한다」. 학인이 물었다. 「무엇이 마치지 못한 공안입니까?」 법등이 바로 때리고서 말했다. 「선조가 할 일을 마치지 못하면 재앙이 자손들에게 미친다」 「잘못이 어디에 있습니까?」 「허물은 나에게 있고 재앙이 너에게 미친다」'. 굉지가 말하였다. '그 학인이 만약 당당한 사내로서 걸어 나와서 선상을 들어 뒤집었다면 자기가 나갈 길이 있었을 뿐만 아니라, 선조가

할 일을 마치지 못하여 재앙이 자손에게 미칠 일도 면했을 것이다'. 擧 法燈開堂 謂衆云 山僧本欲跧棲巖竇 又緣淸涼老人有不了底公案 今日出來 爲他分析 僧問 如何是不了底公案 燈便打云 祖禰不了殃及兒孫 僧云 過在什麼處 燈云 過在我 殃及爾 師云 這僧若是箇漢 出來便與掀倒禪床 不唯自己有出身之路 亦免見祖禰不了殃及兒孫", 『인천안목』 권2(대정장48, p.308b16)에 "(九帶禪 중 佛正法眼藏帶에 대해) 대원지의 송 : 부처님의 정법안장은 가섭이 몸소 들었지만, 선조가 할 일을 마치지 못하여 재앙은 자손에게 미쳤다네. 大圓智頌 佛正法眼迦葉親聞 祖禰不了殃及兒孫"라고 하였다. 〔참고문헌〕『宏智廣錄』, 『人天眼目』, 『碧巖錄』 55칙 「著語」(대정장48, p.189c17), 『從容錄』 85칙 「著語」(대정장48, p.281c22).

조다기리 臊陀祁梨 Ⓢ Sodāgiri의 음사어. 앵무새(Ⓢ śuka, Ⓟ suka). 부처님께서 과거 앵무새로 나서 매와 싸워 이겼을 때의 이름이다. 매는 천마파순(天魔波旬)의 전생이었다. 『사분율명의표석』 권4(卍속장70, p.463b17)에 "앵무 : 범어로 숙가바희라고 하고 조다라고도 한다. 앵무라고 한역하는데 말할 수 있는 새다. 모습은 부엉이와 같고 푸른 날개에 붉은 부리가 달렸으며 혀는 어린아이와 같다. 흰 색과 붉은 색 또는 오색 빛을 지닌 놈도 있다. 새의 네 발가락은 보통 세 개는 앞을 향하고 하나는 뒤를 향하는데 이 새는 두 개가 뒤를 향한다. 『곡례』에서 '앵무새는 말할 수 있지만 새를 벗어나지 못하고 성성이는 말할 수 있지만 짐승을 벗어나지 못하니 사람이지만 예의가 없다면 이 또한 금수와 같은 마음이 아니겠는가?'라고 하였다. 鸚鵡 梵云 叔迦婆嘻 或云 臊陀 此云 鸚鵡 能言鳥也 其狀如鴞 青羽赤喙 舌似小兒 有白者 有赤者 有五色者 凡鳥四指 三指向前 一指向後 此鳥兩指向後 曲禮曰 鸚鵡能言 不離飛鳥 猩猩能言 不離走獸 人而無禮 不亦禽獸之心乎"라고 하였다. 〔참고문헌〕『四分律名義標釋』. ⇨ 마라기리 摩羅祁梨

조달 照達 비추어 다 드러내 알다. 정으로 얻은 지혜의 빛으로 비추어 만법의 진실에 통달하는 뜻이다. 『육도집경』 권8(대정장3, p.50a22)에 "내가 사선과 모든 공한 삼매를 보니 비추어 드러내지 못할 것이 없어 그 마음이 기뻤다. 이렇게 본 바로 모든 만물을 교화하여 깊은 법을 보게 하였다. 吾見四禪 及諸空定 靡不照達 其心歡喜 以其所見 敎化萬物 令見深法", 『대보적경』 권70(대정장11, p.398c27)에 "유의 근본을 끊어 없애고 삼천계의 실상을 비추어 사무쳤네. 斷除有根本 照達三千界", 『법화유의』(대정장34, p.638c2)에 "만약 이와 같이 비춰 깨우친다면 그것이 『법화경』의 종지다. 若能如此照達 卽是法花之宗旨也", 『화엄경탐현기』 권8(대정장35, p.275b15)에 "법계를 비추어 사무치니 다 안다고 한다. 照達法界 同名解也", 같은 책 권10(대정장35, p.302b13)에 "지혜로 비추어 도든 법의 가실과 체성과 유무에 통달한다. 慧能照達 諸法假實 體性有無", 원효(元曉)의 『열반종요』(한불전1, p.532a14)에 "반야란 비추어 깨우치는 뜻이고, 해탈이란 얽힘에서 벗어나는 뜻이다. 般若是照達義 解脫是離縛義"라고 하였다. 〔참고문헌〕『六度集經』, 『大寶積經』, 『法華遊意』, 『華嚴經探玄記』, 『涅槃宗要』. ⇨ 조견 照見

조달 調達 ➡ 제바달다 提婆達多

조달제자 調達弟子 조달(調達 Ⓢ Ⓟ Devadatta) 즉 제바달다(提婆達多)의 제자. 조달에게는 구가리(俱迦梨 Ⓟ Kokālika)나 가유라제사(迦留羅提舍 Ⓟ Kaṭamorakatissaka) 등의 제자가 있었다. 『비나야』 권5(대정장24, p.871c6)에 "그때 조달이 비구승가를 무너뜨리려 하였다. 이에 사리불과 목건련 등이 가서 타일렀다. '조달이여, 비구승가를 무너뜨리려고 하지 마시오. 왜냐하면 승가화합은 하나의 물과 우유이며, 같이 물려받은 것이기 때문이오'. 그때 조달의 제자인 건다·다바·가유라·제시·삼문다라계두가 사리불 등에게 이렇게 말했다. '여러분들은 조달께 그렇게 말씀하지 마십시오. 왜냐하면 조달께서는 여법하게 진실에 나아갈 것입니다. 조달께서 말씀하신 것을 우리들은 모두 받들어 행할 것입니다'. 爾時 調達欲壞亂比丘僧 時 舍利弗 目連等 欲往曉喩 調達勿壞亂比丘僧 何以故 僧和合 一水乳一稟受 爾時 調達弟子 騫陀 陀婆 迦留羅 提施 三聞陀羅系頭 語舍利弗等 諸君 莫語調達作是語 何以故 調達 如法去趣眞 調達所說 我等盡奉行"라고 하였다. 〔참고문헌〕『鼻奈耶』, 『翻譯名義集』 권2(대정장54, p.1084b26), *Vin.4.66.* ⇨ 제바달다 提婆達多, 구가리 俱迦梨

조달추산 調達推山 조달이 산을 밀다. 석존께서 겪은 구뇌(九惱 Ⓢ nava-āpattivipāka) 중 하나로 제바달다(提婆達多)가 바위를 굴려 부처님을 살해하려 했던 일. 『종용록』 5칙 「시중 示衆」(대정장48, p.230a25)에 "수사제(須闍提)는 살을 베어 부모에게 봉양했어도 효자전에 들지 못하였으니, 조달이 산을 밀어서 부처님을 압살하려 할 때 어찌 두려워 문득 천둥이 울렸겠는가? 가시밭길 지나서야 전단향나무 벨 수 있다. 줄곧 해 바뀌기를 기다리지만 옛 그대로 봄날이고 여전히 춥도다. 부처의 법신은 어느 곳에 있는가? 闍提割肉供親 不入孝子傳 調達推山壓佛 豈怕忽雷鳴 過得荊棘林 斫倒栴檀樹 直待年窮歲盡 依舊孟春猶寒 佛法身在甚麼處也"라고 하였다. 〔참고문헌〕『從容錄』, 『法華文句記』 권7(대정장34, p.283a27), *Vin.2.193.* ⇨ 구뇌 九惱

조담경 照膽鏡 마음을 비추는 거울. 조마경(照魔鏡)이라고도 한다. 『반야등론석』「서문 序文」(대정장30, p.51b6)에 "남쪽을 가리키는 수레는 본래 길을 잃은 이를 위한 것이고, 마음속을 비추는 거울은 삿된 이가 비춰보기를 위한 것이니, 삿됨이 없으면 거울도 쓸 일이 없고, 길을 잃은 이 없으면 사남거(司南車 : 指南車)마저 쓸 일이 없다. 司南之車 本示迷者 照膽之鏡 爲鑑邪人 無邪則鏡無所施 不迷則車不爲用"라고 하였다. [참고문헌] 『般若燈論釋』, 『唐高僧傳』 권3(대정장50, p.441b28).

조당 祖堂 개산조(開山祖)나 중흥조(中興祖) 등 사찰의 중요한 조사의 영정이나 위패를 안치한 당우. 개산당(開山堂)·조사당(祖師堂)이라고도 한다. 『백장청규』 권3 「입원 入院」(대정장48, p.1125b15)에 "괘탑을 마치면 불전으로 가서 향을 사른다. 법어를 하고 나서 좌복을 펼치고 삼배를 올린다. 다음으로 토지당과 조당에서 향을 피우고 각각 법어를 한다. 掛搭已 到佛殿拈香有法語大展三拜 次土地堂祖堂 炷香各有法語", 『요당유일어록』 권2 「천동사입원 天童寺入院」(卍속장123, p.915b5)에 "조당에 이르러 말하였다. '철로 된 이마와 동으로 된 머리. 나귀 모양 빰과 말 모양 턱. 만약 불심종을 전했다면 낱낱이 점검해야 하리'. 祖堂 鐵額銅頭 驢腮馬頷 若謂傳佛心宗 一一重須勘驗"라고 하였다. [참고문헌] 『百丈清規』, 『了堂惟一語錄』. ⇨ 개산당 開山堂, 조사당 祖師堂, 조사 祖師

조당산 祖堂山 중국 강소성(江蘇省) 남경시(南京市) 강녕구(江寧區)에 위치한 산. 유서산(幽棲山)이라고도 한다. 산중에 유서사(幽棲寺)가 있다. 당 정관년간(627~649) 초기에 우두법융(牛頭法融)이 주석한 이후로 조당산이라 불렀다. [참고문헌] 『新續高僧傳』 권53 「定淸傳」(대장경보편27, p.393b15), 『金陵梵刹志』 권44(대장경보편29, p.334a4). ⇨ 유서사 幽棲寺, 법융 法融 ■

조당집 祖堂集 중국 오대십국(五代十國) 남당(南唐)의 선승 정(靜)과 균(筠)이 모아서(集) 20권으로 952년(보대10) 남당관할의 천주(泉州 : 福建省) 초경사(招慶寺)에서 간행했다. 고려장45, pp.233a1~361a4, No.1503·대장경보편25, pp.291a2~683a4, No.144에 수록되어 있다. [판본] 초판본 및 여타의 판본은 전하지 않고 오직 고려 판본만이 전한다. 곧 보통 중국에서는 북송(北宋) 이후에 산실된 것으로 보며, 1245년(고종32) 경상남도 남해(南海)에 설치된 대장도감(大藏都監) 분사(分司)에서 개판(開版)하여 고려대장경 보유로 입장된, 이른바 해동신개초판(海東新開初版)만이 유일한 판본이다. 1912년 고려대장경의 판본을 조사하던 일본인 학자 관야정(關野貞)과 소야현묘(小野玄妙)가 해인사에서 발견하여 학계에 소개하였다. 근대자료로는 화원대학(花園大學)에서 고려대장경 목판을 등사하여 복각한 5책(1960)과 이를 다시 유전성산(柳田聖山)이 정리하였고(1972), 불광대장경 선장(禪藏)에 입장(1994)되었다. [구성] 책의 서두는 초경사의 주지였던 정수문등(淨修文僜 : 省僜. 保福從展의 법을 이어 받았으며, 찬집자인 靜과 筠의 스승으로 보기도 한다)의 초판본 서문, 광준(匡俊)이 쓴 「해동신개인판기 海東新開印版記」, 상명차제(上名次第) 등 세 부분으로 구성되어 있다. 이 상명차제에는 총 253인의 불조(佛祖)가 등재되었다. 또 문등의 서문과 광준의 기문에서는 초판본의 권수를 알 수 없다. 고려에서 20권본으로 재편한 것으로 보인다. 권1은 과거칠불과 제1조 가섭부터 제16조 라후라까지, 권2는 제17조 승가난제(僧伽難提)부터 동토(東土) 초조(初祖)인 달마를 거쳐 육조혜능까지를 기록하였다. 권3은 달마·도신·홍인·혜능의 방출(傍出) 계보를 기록하였다. 권4~13은 혜능의 제자인 청원행사(青原行思)와 청원의 제자 석두희천(石頭希遷) 및 석두를 잇는 96인의 선사, 권14~20은 다시 혜능의 제자 남악회양(南嶽懷讓)과 남악의 제자 마조도일 및 마조를 잇는 83인의 선사를 기록하였다. [의의] 먼저 서천이십팔조설(西天二十八祖說)과 함께 혜능을 제33조로 설정한 것은 당대 지거(智炬)가 801년에 찬집한 『보림전 寶林傳』의 조통설(祖統說)을 따른 것으로, 이는 『조당집』보다 50여 년 뒤 1004년(경덕1)에 도원(道源)이 찬집한 『경덕전등록 景德傳燈錄』에서도 보인다. 곧 『조당집』은 『보림전』과 함께 후대 선종의 사자상승(師資相承)의 전형을 담아내는 과정으로 볼 수 있다. 또 우두·신수·하택의 문하에 대해서는 다루지 않은 반면, 해동출신의 종사들에 대한 상세한 행장을 싣고 있어서 한국선종의 원류를 이해하는 귀중한 자료로 여긴다. 특히 신라출신 순지화상(順之和尙)의 사대팔상(四對八相)과 삼변성불(三遍成佛) 등을 권20에서 상세히 다루었다. 권수의 차제를 살펴보면 청원계보가 남악계보에 앞서는데, 이는 찬집의 주체들이 청원문하였고 남당지역에서 석두문하가 마조문하보다 영향력이 컸기 때문으로 추정하기도 한다. 또한 952년에 찬집된 관계로 운문문언(雲門文偃 864~949) 항은 있으나 법안문익(法眼文益 885~958)에 대한 것은 없다. 문체에서는 『경덕전등록』의 전기(傳記)적 입장보다 법요(法要) 중심으로 서술하였으며, 생생한 구어체로 전하고 있는 점도 큰 특색이다. ⇨ 경덕전등록 景德傳燈錄, 등록 燈錄, 고려대장경보유판 高麗大藏經補遺板, 보림전 寶林傳

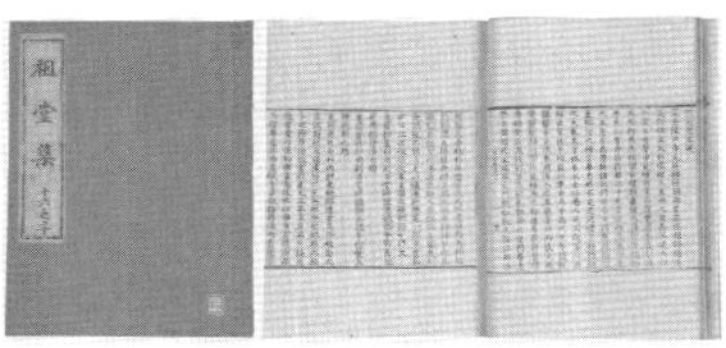

조당집 1245년개판본 동국대학교

조당집소재순지화상설 祖堂集所在順之和尙說 『조당집』 권20(대장경보편25, pp.668b9~680a3)에 실려 있는 순지화상의 법어. 사대팔상(四對八相)과 삼변성불(三遍成佛)에 관한 내용이다. ⇨ 순지 順之, 사대팔상 四對八相, 삼변성불 三遍成佛, 조당집 祖堂集

조대 措大 서생(書生). 주대(做大)·초대(醋大) 또는 노조대(老措大)라고도 한다. 원래는 글을 읽어 터득한 안목으로 천하의 대사를 잘 알아 둘 자리에 놓을 줄 아는 사람이라는 뜻이지만, 세상사에 서툴고 책만 읽을 줄 아는 선비나 자부심만 높은 사람을 경책하는 뜻으로 쓴다. 『조정사원』 권6(卍속장113, p.178a7)에 "조대 : 조는 창과 고를 반절한 음으로 '두다'라는 말이다. 천하의 대사를 보기 좋게 다스려 둘 줄 아는 사람이라는 뜻이다. 措大 倉故切 置也 言措置天下之大者", 『연등회요』 권4 「귀종지상장 歸宗智常章」(卍속장136, p.499b1)에 "이발(李渤)이 물었다. '일대장교는 어떤 일을 밝혔습니까?' 귀종이 주먹을 들어 보이며 '알겠소?'라고 묻자 이발이 '모르겠습니다'라고 답했다. '물리도록 공부해 큰 것 가늠하시는 선비께서 주먹도 모른단 말이오?' '저는 진짜 모르겠습니다' '알아차리는 사람을 만났다면 길바닥에서도 마음껏 펼치겠지만, 그런 사람을 만나지 못한다면 세상의 닳고 닳은 말만을 퍼뜨릴 뿐입니다'. 李問 一大藏敎 明甚麽邊事 師擧拳示之云 會麽 云 不會 師云 飽學措大 拳頭也不識 云 某甲實不會 師云 遇人卽 途中受用 不遇人卽 世諦流布", 『대혜어록』 권17(대정장47, p.886a6)에 "그대 서생들은 끊임없이 천착하여 '이것은 유무의 무가 아니라 진무의 무이다'라고 말한다. 爾措大家 多愛穿鑿說道 這箇不是有無之無 乃是眞無之無", 『서장』 「답여낭중장 答呂郎中狀」(대정장47, p.930b2)에 "서생들이란 이들은 한평생 낡은 종이만 뚫는다. 措大家 一生鑽故紙"라고 하였다. [참고문헌] 『祖庭事苑』, 『聯燈會要』, 『大慧語錄』, 『書狀』. ⇨ 주대 做大

조도 助道 Ⓢ bodhipakṣya, pratipakṣa, saṃbhāra, Ⓣ byang-chub-kyi-phyogs. 돕는 길. 또는 정도(正道)를 돕는 수행도를 말한다. 삼십칠조도품 등을 말한다. 천태 십승관법(十乘觀法) 중 일곱 번째는 장교(藏教)의 오정심(五停心)이나 육도(六度) 등으로, 도를 도와 장애를 대치하고 삼해탈문(三解脫門)을 여는데 이를 대치조개(對治助開)·조도대치(助道對治)라 하고 줄여서 조도라 한다. 『기세경』 권10(대정장1, p.364c14)에 "또 어떤 찰리는 바른 믿음으로 출가하여 삼십칠조도의 법을 수습하고 모든 번뇌를 멸함으로써 마음이 해탈을 얻고 지혜로도 해탈을 얻어 증득한 법을 드러내니 모든 신통도 얻는다. 復有刹利 正信出家 修習三十七助道之法 能盡諸漏 心得解脫 智得解脫 現見證法 得諸神通", 『대반야경』 권566(대정장7, p.924a8)에 "도를 가로막는 모든 악하고 선하지 않은 법은 모조리 멸하여 없도록 하고, 있는 바 돕는 도로 열반법을 향하니 모든 것이 늘게 한다. 一切障道 惡不善法 皆使滅除 所有助道 向涅槃法 悉令增長", 『대품반야경』 권25(대정장8, p.406c7)에 "삼십칠조도법을 닦아 점차로 삼승에 들어가 열반에 들고 마침내 도를 잃지 않는다. 修三十七助道法時 漸入三乘 而般涅槃 終不失道", 80권본 『화엄경』 권58(대정장10, p.309a7)에 "보시·지계·다문·지관·복혜와 같은 모든 조도의 법을 항상 부지런히 닦아 쌓음에 싫어함이 없으니 이것이 지혜로운 업이다. 施 戒 多聞 止觀 福慧 如是一切助道之法 常勤積集 無有厭倦 是智業", 『유마경』 권중(대정장14, p.545c21 : *Vikī-n.*, p.216)에 "비록 지관을 돕는 조도의 법을 행하지만 끝내 적멸에 떨어지지 않으니 이것이 보살행이다. 雖行止觀助道之法 而不畢竟墮於寂滅 是菩薩行 yac chamathavidarśanāsaṃbhāraparyeṣṭigocaraś ca na cātyantaśāntipatanagocaro yam bodhisattvasya gocaraḥ", 『법화현의』 권9상(대정장33, p.790a25)에 "잘 닦아 마주해 다스린다 하니, 만약 정도에 장애가 많다면 마땅히 조도로써 생사가 곧 열반이라고 관하여 과보의 장을 다스리고, 번뇌 그대로 보리라고 관하여 업장과 번뇌장마저 물리친다. 善修對治者 若正道多障 應須助道 觀生死卽涅槃 治報障也 觀煩惱卽菩提 治業障煩惱障也", 『법계차제초문』 권중(대정장46, p.680c5)에 "견제·팔인·팔지·십육심과 구무애·구해탈·십팔심으로 사유하여, 진실하여 번뇌 없는 지혜를 정도라 한다. 그 나머지 방편으로 대치하는 모든 선삼매와 삼십칠품·삼해탈 등은 모두 조도다. 이 두 가지 도가 서로 도와 능히 열반에 통하고 살핌이 진실하여 헛되지 않으니 이를 도제라 한다. 見諦 八忍 八智 十六心 思惟九無礙 九解脫 十八心 眞無漏慧 名爲正道 其餘方便對治 諸禪三昧 及三十七品 三解脫等 皆是助道 此二道相扶 能通涅槃 審實不虛 卽名道諦也", 『마하지관』 권8상(대정장46, p.104c6)에 "막아서는 장애가 무거우면 마땅히 조도를 닦아야 한다. 이미 아는 것과 미혹이 서로 버티니 문득 도움을 찾아야 한다. 밖에서 탐욕이 일어나면 청정하지 못하다고 관함으로써 돕고, 안에서 탐욕이 일어나면 등져 버림으로써 도우며, 안팎에서 모두 탐욕이 일어나면 탁월한 의지처로써 돕는다. 若遮障重 當修助道 旣解惑相持 便應索援 外貪欲起 以不淨助 內貪欲起 以背捨助 內外貪欲起 以勝處助", 『아미타경요해편몽초』 권중(卍속장91, p.949a4)에 "정도라면 사념처관으로 능히 네 가지 전도를 부수기에 정도라 하고, 조도라면 그 나머지 것들을 돕는 것이니 바로 보시·지계 등으로 조도라 한다. 正道 卽四念處觀 能破四倒 名爲正道 助道 卽其餘事助 卽布施持戒等 名爲助道", 『대승의장』 권16(대정장44, p.774c24)

에 "조도의 법이란 연의 뜻이다. 과덕을 돕기에 조라 한다. 또한 모든 행이 함께 서로 도우니 조라고도 한다. 言助法者 是其緣義 資助果德 故名爲助 又復諸行 共相資助 亦名爲助"라고 하였다. [참고문헌]『起世經』, 『大般若經』, 『大品般若經』, 『華嚴經』, 『維摩經』, 『法華玄義』, 『法界次第初門』, 『摩訶止觀』, 『阿彌陀經要解便蒙鈔』, 『大乘義章』, *Vikī-n.*, *Gaṇḍ-vy.28.*, *Madhy-vibh.33.* ⇨ 삼십칠조도품 三十七助道品, 조도법 助道法, 대치조도 對治助道, 대치조개 對治助開

조도 祖道 **1** 조사(祖師)의 길. 『오조법연어록』 권중(대정장47, p.660c15)에 "세제로 보면 조산이 20방 맞아야 합당하지만, 조도로 보면 백운이 20방 맞아야 합당하다. 若以世諦觀之 曹山合喫二十棒 若以祖道觀之 白雲合喫二十棒", 『조정사원』 권1 「조계 曹溪」(卍속장113, p.3b17)에 "천하에 조사의 길을 참하는 이들이 가지를 나누고 물결로 갈라지지만 모두 조계의 후예들이다. 天下參祖道者 枝分派列 皆其流裔"라고 하였다. [참고문헌]『五祖法演語錄』, 『祖庭事苑』. **2** 길 떠나는 사람을 위하여 베푸는 의식. 『보속고승전』 권12 「정인전 正因傳」(卍속장134, p.220a3)에 "공경대부와 명사숙덕에게 조칙을 내려 조도를 베풀고는 도성의 밖에서 환송하도록 하였다. 詔公卿大夫 名師宿德 設祖道 都門外送之"라고 하였다. [참고문헌]『補續高僧傳』.

조도 鳥道 새만이 날아 넘을 수 있는 길. 동산삼로(洞山三路) 중 하나다. 난(難)하여 아무도 갈 수 없기에 새만이 날아 어떤 흔적도 남기지 않는 경계를 비유한다. 『동산어록』(대정장47, p.511a26)에 "동산이 대중에게 말하기를 '나는 세 가지 길을 열어 학인을 만난다. 조도와 현로와 전수다'라고 하니, 한 학인이 동산에게 물었다. '스님께서는 늘상 학인들에게 조도로 다니라고 가르치셨습니다. 무엇이 조도입니까?' '한 사람도 마주칠 일 없다' … '무엇이 본래면목입니까?' '조도로 다니지 않는다'. 師示衆曰 我有三路接人 鳥道玄路展手 僧問 師尋常教學人行鳥道 未審如何是鳥道 師曰 不逢一人 … 云 如何是本來面目 師曰 不行鳥道", 『조당집』 권8 「용아거둔장 龍牙居遁章」(대장경보편25, p.467b5)에 "'한 마음조차 일어나지 않을 때는 어떠합니까?' '어떠한 때에 마음이 일어나지 않는가?' '이러할 때에는 조도를 어떻게 구분합니까?' '바로 이러할 때에 조도를 간다'. 問 一心不生時如何 師答曰 什摩時不生心 進曰 與摩時鳥道何分 師云 正伊摩時行鳥道"라고 하였다. [참고문헌]『洞山語錄』, 『祖堂集』. ⇨ 동산삼로 洞山三路, 동산조도 洞山鳥道, 불행조도 不行鳥道

조도 調度 **1** 도와 일상을 견디게 하는 것들. 살림살이의 뜻으로 일상을 적절히 영위하기 위한 도구들이다. 『유부율잡사』 권32(대정장24, p.365b8)에 "필추니 토라난타가 가난한 여인에게 말했다. '그렇다면 어찌하여 술을 팔지 않는가?' '성자시여! 저와 같은 부류가 어찌 술을 팔 수 있겠습니까? 보통 술을 파는 가게는 반드시 넓은 건물·상·의자·자리·잔·국자·쟁반·술통이 필요하니 밑천이 많이 듭니다. 또한 법도에 맞게 시중을 들어야 손님 방문이 끊이지 않고 이윤이 있게 됩니다' '그렇다면 필요한 물건을 내가 너에게 갖추어 줄 테니 벌어들인 돈을 나에게 주겠는가?' '제가 드리겠습니다'. 이에 곧 필추니의 절 가까이에 저택 하나를 짓고 필요한 조도를 모두 주며 많은 밑천도 주어서 술을 팔게 하였다. 尼曰 若爾 何不沽酒 答言 聖者 如我之類 豈能沽酒 凡沽酒家 須得寬宅 床榻座席 盞杓盤樽 錢本多停 供承如法 客來無乏 方有利潤 尼曰 若爾 所須之物 我爲汝辦 所得之財 能與我不 答言 我與 便近尼寺 造一大宅 所須調度 皆悉與之 多與本錢 令其沽酒", 『경덕전등록』 권30 「소계화상목호가 蘇溪和尙牧護歌」(대정장51, p.462c21)에 "마음껏 소요하며 일정하게 머무름이 없었으니, 한 자락 백납과 물병과 발우가 평생의 살림살이였다. 任運逍遙無住 一條百衲瓶盂 便是生涯調度"라고 하였다. [참고문헌]『有部律雜事』, 『景德傳燈錄』, 『佛本行集經』 권42(대정장3, p.849b20). **2** 정도에 맞게 하다. 고르게 하다. 『법원주림』 권56(대정장53, p.711b12)에 "왕이 수제가(樹提伽)에게 말했다. '경의 집안 능력이 그러하다면 경은 돌아가서 정도에 맞게 준비하라. 내가 20만 대중을 데리고 경의 집에 가서 보겠노라'. 王語樹提 卿家能爾 卿須還歸 任作調度 吾領二十萬衆 往到卿舍看去"라고 하였다. [참고문헌]『法苑珠林』.

조도대치 助道對治 ➡ 대치조개 對治助開, 대치조도 對治助道, 십승관법 十乘觀法

조도법 助道法 Ⓢ bodhipakṣa-dharma, saṃbhāra. 열반에 이르게 돕는 법. 『대지도론』 권31(대정장25, p.286c6)에 "또한 조도법을 닦아 나는 장차 해탈을 얻으리라. 亦修助道法 我當得解脫", 『대승의장』 권10(대정장44, p.655b28)에 "조도법이란 삼십칠도품의 수행법을 말한다. 助道法者 所謂三十七道品法", 『법화경과주』 권10(卍속장48, p.694b2)에 "삼십칠품의 조도법이란 간략하게 말하면 계정혜라는 삼학이고, 자세하게 말하면 삼십칠품의 조도법이다. 三十七品助道法者 略則戒定慧之三學 廣則三十七品助道法"라고 하였다. [참고문헌]『大智度論』, 『大乘義章』, 『法華經科註』, *Daś-bh.2.*, *Abh-k-bh.382.* ⇨ 삼십칠조도품 三十七助道品

조도생구 助道生具 도를 닦는데 도움이 되는 생활도

구. 사성종(四聖種 Ⓟcattāro ariya-vaṃsā) 중 세 가지인 의복희족성종(衣服喜足聖種 Ⓟitarītara-cīvara-santuṭṭhiyā vaṇṇa-vādī)·음식희족성종(飮食喜足聖種 Ⓟitarītara-piṇḍapāta-santuṭṭhiyā vaṇṇa-vādī)·와구희족성종(臥具喜足聖種 Ⓟitarītara-senāsana-santuṭṭhiyā vaṇṇa-vādī)을 말한다. 상대어는 속생구(俗生具)이다. 『구사론』 권22(대정장29, p.117a19)에 "어떠한 뜻을 드러내고자 사성종을 건립하는가? 모든 제자는 세속에서의 생활도구와 세속사업을 버리고 해탈을 구하고자 부처님께 귀의하여 출가하였으므로, 법왕이신 세존께서는 그들을 불쌍히 여겨 조도로 두 가지 일을 건립하셨다. 첫째는 생활도구, 둘째는 사업이었으니, (사성종 중) 앞의 세 가지는 도를 닦는 것을 도와주는 생활도구이고, 마지막 것은 도를 닦는 것을 도와주는 사업이다. 그러므로 '너희들이 앞의 생활도구에 의지하여 뒤의 사업을 한다면 해탈은 멀지 않을 것'이라고 한다. 爲顯何義 立四聖種 以諸弟子 捨俗生具 及俗事業 爲求解脫 歸佛出家 法王世尊 愍彼安立 助道二事 一者生具 二者 事業 前三卽是助道生具 最後卽是助道事業 汝等 若能依前生具 作後事業 解脫非久"라고 하였다. [참고문헌] 『俱舍論』, 『俱舍論頌疏論本』 권22(대정장41, p.941a13), *DN.3.224·225.* ⇨사성종 四聖種[1], 속생구 俗生具, 자구 資具

조동기 曹洞機 조동종의 기틀. 조동종 종풍(宗風)에 대하여 분양선소(汾陽善昭)가 읊은 송. 『인천안목』 권3(대정장48, p.320b5)에 "조동기〈분양의 송〉: 수많은 집의 누각마다 달 떴고, 아득한 강호는 가을 빛이네. 갈대꽃 하얗게 다른 색은 없고, 백조는 모래섬에 내려앉누나. 曹洞機〈汾陽〉 樓閣千家月 江湖萬里秋 蘆花無異色 白鳥下汀洲"라고 하였다. [참고문헌] 『人天眼目』.

조동문 曹洞門 조동으로 드나드는 문. 『밀암어록』(대정장47, p.962c9)에 "밝음이 어둠과 투합하니 모든 곳이 영롱하다. 마주해 부딪치는 일 없이 몸을 뒤쳐 나오는 길이 있으니, 조동문 아래에서는 족히 볼 수 있는 풍광이다. 임제의 자손이라면 방망이가 부러지도록 두들겨 패고도 놓아주지 않는다. 明投暗合 八面玲瓏 不犯當頭 轉身有路 曹洞門下 足可觀光 若是臨濟兒孫 棒折也未放在"라고 하였다. [참고문헌] 『密菴語錄』, 『禪林類聚』 권7(卍속장117, p.92a7). ⇨조동종 曹洞宗

조동사빈주 曹洞四賓主 사빈주에 관한 조동종의 설. 동산빈주구(洞山賓主句)·동종사빈주(洞宗四賓主)라고도 한다. 『오가종지찬요』 권중(卍속장114, p.538a12)에 "동종사빈주〈임제사빈주와는 다르다. 임제가 사자에 나아가 말했다면, 이는 체용에 나아가 말한다〉. 洞宗四賓主〈不同臨濟賓主 臨濟就師資而言 此就體用而言〉", 『인천안목』 권3 「조동문정 曹洞門庭」(대정장48, p.320c12)에 "(조동종의) 사빈주는 임제종과는 다르다. 주중빈은 체중 용이다. 빈중주는 용중 체이다. 빈중빈은 용중 용이니 머리 위에다 머리를 놓는 격이다. 주중주는 물아 둘 다 잊힌 것이요, 사람도 법도 함께 사라지는 것이다. (사빈주는) 정편위와는 관계가 없다. 四賓主 不同臨濟 主中賓 體中用也 賓中主 用中體也 賓中賓 用中用 頭上安頭也 主中主 物我雙忘 人法俱泯 不涉正偏位也", 라고 하였다. [참고문헌] 『五家宗旨纂要』, 『人天眼目』. ⇨동산빈주구 洞山賓主句, 사빈주 四賓主, 임제사빈주 臨濟四賓主

조동선 曹洞禪 조동종에서 행하는 선. 초창기에는 주로 오위설(五位說)에 기반하였으며, 송대 이후에는 굉지정각(宏智正覺)의 묵조선(默照禪)으로 임제종의 간화선(看話禪)과 대립하였다. 『굉지광록』 권5(대정장48, p.58c9)에 "조동선에는 허다한 말들 사라졌으니, 묵묵함이야말로 문득 옳다. 曹洞禪沒許多言語 默默地便是", 『영각원현광록』 권3(卍속장125, p.431a11)에 "내가 30년 전에 임제선을 배웠으나 임제굴 안에서 죽는 것이 기껍지 아니 하더니, 30년 후에 조동선을 배우고 나니 조동굴 안에서 죽는 것이 기껍지가 않구나. 老僧三十年前 學臨濟禪 不肯死在臨濟窟裏 三十年後 學曹洞禪 不肯死在曹洞窟裏"라고 하였다. [참고문헌] 『宏智廣錄』, 『永覺元賢廣錄』. ⇨조동종 曹洞宗

조동오위 曹洞五位 조동종 개조 동산양개(洞山良价)가 설정한 오위. 정위(正位)와 편위(偏位)를 조합하여 도출한 다섯 위로서 정중편(正中偏)·편중정(偏中正)·정중래(正中來)·편중지(偏中至)·겸대래(兼帶來)를 말한다. 이를 토대로 변형한 군신오위(君臣五位)와 왕자오위(王子五位) 등의 오위설은 〈표〉와 같다.

〈표〉 조동오위

정중편正中偏	◓	군위君位	☴	손괘巽卦
편중정偏中正	◒	신위臣位	☱	태괘兌卦
정중래正中來	◉	군시신君視臣	䷛	대과괘大過卦
편중지偏中至	○	신향군臣向君	䷼	중부괘中孚卦
겸중도兼中到	●	군신합君臣合	䷝	중리괘重離卦

『오조법연어록』 권상(대정장47, p.651b16)에 "여러 선원의 장로들이 절에 들어온 기념으로 오조가 법좌에 올라앉아 말했다. '임제는 누구라도 문으로 들어오기만 하면 할을 내질렀으나 이 무슨 물그릇 끓는 소리란 말인가? 덕산은 누구라도 문으로 들어오기만 하면 방을 휘둘렀으나 굽은 나무를 펴 곧게 하려 함일 뿐이다. 운문삼구와 조동오위는 눈 크게 뜨고 꿈을 꾸는 일이다. 무슨 까닭에 이와 같은가? 나라가 태평하면 능력있는 이들이 드물고, 집안이 부유하면 아이들이 교만하다'. 諸院長老入山師上堂云 臨濟入門便喝 是甚𤏲鳴聲 德山入門便棒 拗曲作直 雲門三句 曹洞五位 大開眼了作夢 何故如此 國淸才

子貴 家富小兒嬌"라고 하였다. [참고문헌] 『五祖法演語錄』. ⇨ 공훈오위 功勳五位, 군신오위 君臣五位, 동산오위 洞山五位, 동종소오위 洞宗小五位, 별간오위 別揀五位, 오위 五位3, 왕자오위 王子五位, 정편오위 正偏五位, 목마축풍시 木馬逐風嘶, 무배무향 無背無向, 법법자위 法法自位, 사전영기 四轉靈機

조동오위현결 曹洞五位顯訣 남송(南宋)대 혜하(慧霞) 엮음. 광휘(廣輝) 해석. 1260년 고려 회연(晦然 : 一然)의 증보개정. 3권. 卍속장111, pp.228a1~266b16에 수록되어 있다. 원제목은 『동산오위현결병선조산간출어요 洞山五位顯訣幷先曹山揀出語要』 또는 『동산편정오위조산간어 洞山偏正五位曹山揀語』이다. 동산양개(洞山良价)가 제시한 편정오위(偏正五位)의 종지를 풀이한 오위의 송에 조산본적(曹山本寂)이 해석을 부가하였고, 이것을 그 문인 혜하와 광휘가 편집하였다. 그 뒤 회연이 개정하였고 나아가 오위에 관한 여러 조사들의 문장을 더하여 한 책으로 만들어 조동종의 종지를 드러냈다. 현존하는 책은 그 뒤 일본에서 다시 엮은 결과물이지만 편자는 미상이다. ⇨ 동산오위 洞山五位

조동이사록 曹洞二師錄 동산양개(洞山良价)·조산본적(曹山本寂)의 어록. 일본 의묵현계(宜默玄契) 교편(校編). 2권. 1741년(관보1) 간행. 의묵은 1738년(원문3)에 여러 전적에 의지하여 『동산어록 洞山語錄』을 교정하였고 원신(圓信)·곽응(郭凝)이 엮은 『조산어록 曹山語錄』도 교정한 후 합하여 편집해 간행하였다. 1761년(보력11)에 간행한 지월(指月) 교정의 『조동이사록』은 의묵본을 기본으로 엮은 것이다. 말소(末梳)로는 확당조종(廓堂祖宗)의 『몽해 蒙解』(續曹洞全書, 注解三) 등이 있다.

조동종 曹洞宗 육조혜능(六祖慧能) 문하의 오가칠종(五家七宗) 중 하나로 청원행사(青原行思)의 법계인 동산양개(洞山良价 807~869)를 종조로 한다. 곧 육조혜능 → 청원행사 → 석두희천(石頭希遷) → 약산유엄(藥山惟儼) → 운암담성(雲巖曇晟) → 동산양개로 이어졌다. [조동의 뜻] '조동'이라는 이름에는 두 가지 전승이 있다. 하나는 동산양개의 동(洞) 자와 동산의 법을 크게 일으킨 제자 조산본적(曹山本寂 840~901)의 조(曹) 자를 합하고 도치시켰다는 설이다. 또 다른 하나는 보리달마에서 여섯 번 전하여 육조혜능에 이르러 남종선이 일어났고, 다시 육전하여 동산이 조계(曹溪)의 법을 다시 일으켰기에 조계의 '조' 자와 동산의 '동' 자를 합했다는 설이다. 전자와 관련하여 『종용록』 52칙 「평창 評唱」(대정장48, p.259c26)에서는 "(조산은) 처음 동산을 떠나서 조계로 들어갔다. 육조탑에 예배하고 길주의 길수로 돌아오니, 대중이 조산의 명성을 흠모하여 법을 열어주기를 청하였다. 조산은 조계를 기려 머무는 곳마다 조를 세워 불렀다. 동산의 종지가 조산에 이르러서 가장 융성하였기에 조동이라는 이름이 있게 되었다. 初離洞山 入曹溪 禮祖塔 迴吉州之吉水 衆嚮山名 遂請開法 師擬曹溪 凡隨所居立曹爲號 洞山之宗 至師最隆 故有曹洞之稱焉"라고 하였고, 명(明)대 어풍원신(語風圓信)의 「동산행록 洞山行錄」(『동산어록』, 대정장47, p.520b9)에서는 "(동산은) 또 조산을 얻어 뚜렷한 종지를 깊이 밝히고 아름다운 도를 신묘하게 창도하였다. 도가 군신에서 합하고 편정으로 서로 바꾸니, 이로써 동산의 그윽한 가풍이 천하에 퍼졌다. 그러므로 제방의 종장들이 공히 그들을 추존하여 조동종이라 일컬었다. 又得曹山 深明的旨 妙唱嘉猷 道合君臣 偏正回互 由是洞上玄風 播於天下 故諸方宗匠 咸共推尊之 曰洞曹宗"라고 하였다. 후자는 일본 조동종의 전승이다. [종조의 인연] 동산양개는 숭산(嵩山)에서 구족계를 받고 남전보원(南泉普願)과 위산영우(潙山靈祐)를 친견하여 참학하였다. 그 뒤 위산의 추천을 받고 운암담성에게 가서 무정설법(無情說法)을 주제로 문답하였고, 동산은 돌아오는 길에 물 위로 비친 그림자를 보고서 깨달음을 얻었다. 그 후 균주(筠州) 신풍산(新豐山)과 동산(洞山)에서 학인들을 이끌며 교화하였다. 「오위송 五位頌」·「보경삼매가 寶鏡三昧歌」 등으로 조동의 선풍을 이끌어냈다. 조동종의 제2조인 조산본적은 동산문하에서 참학하고 종지를 이었다. 이후 무주(撫州 : 吉州) 길수(吉水), 하옥산(荷玉山) 등 주석하는 곳마다 조계를 기리는 뜻에서 '조산'이라고 개칭하였다. 동산이 들어보인 오위(五位)를 보충하고 강설함으로써 총림에 조동가풍을 확실하게 자리매김하였다. [법계 전승] 조산의 법계는 오래지 않아 끊겼다. 대신 같은 동산문하의 운거도응(雲居道膺 ?~902) 법계는 끊이지 않고 이어졌는데, 운거의 법이 육전하여 부용도해(芙蓉道楷 1043~1118)에 이르러 조동종이 다시 활기를 되찾았다. 부용의 제자 녹문자각(鹿門自覺 ?~1117?) 문하는 중국에서 청대까지 이어졌다. 계보선상에 만송행수(萬松行秀 1166~1246)·무방가종(無方可從 1420~1483)·소산종서(小山宗書 1500~1567)·무이원래(無異元來 1575~1630)·영각원현(永覺元賢 1578~1657)·담연원징(湛然圓澄 1590~1642)·석우명방(石雨明方 1593~1648)·삼의명우(三宜明盂 1599~1665)·파암정등(破闇淨燈 1603~1659)·위림도패(爲霖道霈 1615~1702) 등 이름난 선사가 즐비하다. 실제로 오가선종(五家禪宗) 중 지속적으로 사자상승(師資相承)을 이어간 것은 조동종과 임제종(臨濟宗) 두 종파뿐이다. 부용도해의 또 다른 제자 단하자순(丹霞子淳 1064~1117)의 문하에서는 굉지정각(宏智正覺 1091~1157)과 진헐청료(眞歇清了 108

9~1151)가 나왔다. 굉지정각은 천동산(天童山)에서 30여 년 동안 교화를 펼치며 묵조선(默照禪)을 주창하였다. 이 굉지의 선법에 대해 임제종 양기파(楊岐派)의 대혜종고(大慧宗杲 1089~1163)가 나와 사선(邪禪)이라고 비판하며 간화선(看話禪)을 주창하였고, 대혜의 비판에 맞서 굉지는 「묵조명 默照銘」을 지어 응수하였다. 굉지는 또한 100개의 고칙공안(古則公案)에 대해 송고(頌古)하였으며, 후일 이것을 만송행수가 평창(評唱)하여 『종용록 從容錄』을 완성하였다. 『종용록』은 임제종의 관점이 투영된 『벽암록 碧巖錄』(雲門宗의 雪竇重顯 100칙 송고, 임제종의 圜悟克勤 평창)에 대응하는 조동종의 성과라 할 수 있다. 굉지와 함께 묵조선법으로 학인을 이끌던 진헐청료의 법은 삼전하여 천동여정(天童如淨 1163~1228)에 이르렀다. 이 조동종의 법은 당시 입송(入宋)한 영평도원(永平道元 1200~1253)을 통해 바다 너머 일본으로 건너가, 일본의 3대 선종종파(曹洞宗·臨濟宗·黃檗宗) 중 하나가 되었다. 영평은 천동산에서 여정의 인가를 받고 귀국 후 경도(京都) 일대를 전전하다가 흥성사(興聖寺)에서 10년간 묵조선에 기반하여 법을 설하며, '다만 가늠하길 다 놓고 앉는다. 只管打坐'고 하였다. 그러나 당시 유행하던 말법사상과 염불기도를 비판함에 따라 기존 종파의 박해를 받았다. 이에 다시 신도가 있던 복정(福井)으로 옮겨서 영평사(永平寺)를 개창하였다. 도원의 법은 삼전하여 형산소근(瑩山紹瑾)에게 전해졌으며, 형산은 총지사(總持寺)를 창건하였다. 이 총지사는 영평사와 함께 일본 조동종의 양대 본사(本寺)이다. 다시 형산의 2세 법손인 아산소석(峨山韶碩) 문하 다섯 명의 제자에 의해 5대 문파가 나뉘었는데, 태원종진(大源宗眞)·통환적령(通幻寂靈)·무단조환(無端祖環)·대철종령(大徹宗令)·실봉양수(實峯良秀)가 그들이다. 양대 본사 5대 문파로 전개된 일본 조동종의 법맥은 근대까지 면면히 이어지고 있다. 한국의 경우 구산선문(九山禪門) 중 수미산문(須彌山門)의 개산조 이엄(利嚴 870~936)이 896년(진성여왕10) 입당(入唐)하여 운거도응의 법을 이어받아 조동종지를 가지고 귀국하였다. 나말여초때 김해(金海) 승광산(勝光山)·영동(永同) 영각산사(靈覺山寺)·해주(海州) 광조사(廣照寺) 등에서 조동가풍을 선양하였으나, 처광(處光)·도인(道忍)·정비(貞朏) 등의 법제자만이 그 이름을 전할 뿐 뚜렷한 법맥전승의 자취를 살필 수 없다. 다만 고려시대 때 회연(晦然 : 一然)이 오위설에 대한 기존 해석을 다시 주석한 『중편조동오위 重編曹洞五位』와 이를 다시 해명한 조선시대 설잠(雪岑) 김시습(金時習)의 『조동오위요해 曹洞五位要解』가 전하고 있어 조동의 오위설이 법을 이해하는 틀거리로 계속 작동하였음을 알 수 있다. [**역대의 종풍평가**] 명시적으로 오가(五家)를 종합적으로 분별하여 비평한 것은 법안문익(法眼文益 885~958)이 처음인데, 그의 『종문십규론』(卍속장110, p.879a13)에 따르면, "조동은 박자에 맞춰 노래함을 활용한다. 曹洞則敲唱爲用"라고 하였다. 또 한편 같은 책(卍속장110, p.879b8)에서 법안은 "저 조동가풍에는 편정과 명암이 있으며 임제에는 주빈과 체용이 있다. 이렇듯 교화를 세움에 류가 다르지만 또한 혈맥은 서로 통하니, 어떠한 것도 꾸리지 않는 것이 없어 조금만 들어 올려도 다 모이게 된다. … 그러나 때론 그 종지를 제대로 알지 못해 허망하게 담론하며 끝내 물들 것과 본래 뜻을 구분하지 못하고 말놀음도 가리지 못한다. 그리하여 편과 정으로 회호함을 막고 체와 용으로 자연스러움을 섞으니, 이렇게 하여 '한 법도 밝히지 못하니 티끌이 눈을 가렸다' 일컫는다. 스스로의 병도 능히 잡아 끊지 못하면서 다른 이의 아픔을 어찌 살펴 다스리려 하는가. 如曹洞家風 則有偏有正 有明有暗 臨濟有主有賓 有體有用 然建化之不類 且血脈而相通 無一不該 擧動皆集 … 苟或不知其旨 妄有談論 致令觸淨不分 譊訛不辨 偏正滯於迴互 體用混於自然 謂之一法不明 纖塵翳目 自病未能勦絶 他疾安可醫治"라고 하며, 조동종과 임제종 모두 현상(事 : 偏明賓用)과 이치(理 : 正暗主體)를 가려 쓰지 못해 진실을 밝히지 못할 수도 있음을 비판하였다. 또 원오극근은 「오가종요 五家宗要」(『인천안목』 권6, 대정장48, p.331a19)에서 조동종을 평가하여 "군신이 도에 합하고, 편정이 서로 돕네. 새들만이 넘는 그윽한 길로 금바늘 따라 옥실을 잇네〈조동〉. 君臣合道 偏正相資 鳥道玄途 金針玉線〈曹洞〉"라고 하였다. 한편 임제법맥을 이어온 한국의 역대 조동종에 대한 진술을 살펴보면 다음과 같다. 고려 때 나옹혜근(懶翁慧勤)은 『나옹화상가송』(한불전6, p.745b7)에서 "조동의 종풍사라 하니 무엇인가? 시커먼 곤륜족과 흰 왜가리가 서로 뒤섞였네. 군신과 편정이 능히 서로 자리를 바꾸니, 어느 편에도 앉지 않아야 작가라네. 曹洞宗風事若何 崑崙白鷺兩交加 君臣偏正能廻互 不坐那邊是作家"라고 하였으며, 조선 때 청허휴정(淸虛休靜)은 『선가귀감』 「조동가풍 曹洞家風」(한불전7, p.644c10)에서 "방편으로 오위를 열어 상중하 세 근기를 잘 마주한다. 거침없이 보검을 빼들고 빽빽한 온갖 사견의 숲을 모조리 베어낸다. 묘하게 힘을 합해 널리 통하면서도 온갖 기틀의 천착을 끊어낸다. 위음왕불 저편에 눈 가득 아지랑이요, 공겁이전의 호리병 속에 청풍명월이로다. 조동종을 알고자 하는가? 불조 나시기 전 공겁 밖에 정편 어디에도 떨어질 일 없는, 있다가도 없는 기틀이다. 權開五位 善接三根 橫抽寶釰 斬諸見稠林 妙協弘通 截萬機穿鑿 威音那畔滿目烟光 空劫已前一壺風月 要識曹洞宗麽 佛祖未生空劫外 正偏不落有無機"라고 하였다. [참고문헌] 『從容錄』, 『洞山語錄』, 『宗門十規論』, 『人天眼目』, 『懶翁和尙歌頌』, 『禪家龜鑑』, 『朝鮮佛敎通史』 권하 p.112. ⇨ 양개

良价, 본적 本寂[2], 동산오위 洞山五位, 오가칠종 五家七宗, 묵조선 默照禪, 도원 道元[4], 수미산문 須彌山門, 이엄 利嚴, 조동오위 曹洞五位, 박산계 博山系

조동종삼해탈문 曹洞宗三解脫門 해탈에 이르기 위한 조동종의 세 가지 수행문. 문수면목(文殊面目)·관음묘창(觀音妙唱)·보현묘용(普賢妙用)이다. 동종삼해탈문(洞宗三解脫門)이라고도 한다. 『오가종지찬요』 권중 「동종삼해탈문」(卍속장114, p.548b8)에 "문수면목 : 문수문이란 물을 빌어 드러낸다. … 관음묘창 : 관음문이란 음성으로 높이는 것이다. … 보현묘용 : 보현문이란 몸을 움직이거나 고요히 하는 것이다. 文殊面目 文殊門者 借物顯也 … 觀音妙唱 觀音門者 音聲闡也 … 普賢妙用 普賢門者 身動靜也"라고 하였다. 〔참고문헌〕『五家宗旨纂要』. ⇨ 동종삼해탈문 洞宗三解脫門

조동종풍 曹洞宗風 조동종의 가풍(家風). 조동종의 풍격. 조동종의 분위기. 조동가풍(曹洞家風)·조동풍(曹洞風)이라고도 한다. ⇨ 조동종 曹洞宗

조두 澡豆 비구십팔물(比丘十八物) 중 하나. 몸이나 의복 등을 깨끗하게 하기 위해 쓰는 가루비누. 콩·팥·완두·가제바라초(迦提婆羅草)·이빈타자(梨頻陀子) 등을 갈아서 만든 비누이며, 두설(豆屑)이라고도 한다. 두설과 흙과 말린 소똥을 섞어 만든 것을 삼설정개(三屑淨揩)라고 한다. 『십송율』 권56(대정장23, p.416c28)에 "조두법이라 하니, 부처님께서는 팥·콩·마사두·비두·호두 등의 가루와 이빈타 등의 건초 가루 소량을 사용하는 것을 허락하셨고, 향을 섞지 말라고 하셨으며, 병자를 제외한 그 외의 사람이 쓰는 것은 허락하지 않으셨다. 달라고 하지 않았지만 단월이 스스로 준 것은 마음대로 사용할 수 있다. 이것을 조두법이라고 한다. 澡豆法者 佛聽用小豆 大豆 摩沙豆 碑豆 胡豆屑 一梨頻陀等乾草屑 莫雜香作 除病人餘不聽用 若不索 檀越自與 隨意得用 是名澡豆法", 『법원주림』 권33(대정장53, p.543b11)에 "목욕법이란 일곱 가지 물건을 써서 일곱 가지 병을 없애고, 일곱 가지 복보를 얻는 것이다. 일곱 가지 물건은 어떤 것인가? 첫째 불을 피워 물을 데우는 것, 둘째 깨끗한 물, 셋째 조두, 넷째 향유, 다섯째는 몸을 씻는 깨끗한 재, 여섯째 버드나무 칫솔, 일곱째 내의이니, 이것이 목욕법이다. 澡浴之法 當用七物 除去七病 得七福報 何謂爲七物 一者然火 二者 淨水 三者 澡豆 四者 酥膏 五者 淳灰 六者 楊枝 七者 內衣 此是澡浴之法"라고 하였다. 〔참고문헌〕『十誦律』·권38(대정장23, p.275c24), 『法苑珠林』. ⇨ 두설 豆屑, 비구십팔물 比丘十八物, 조각 皂角

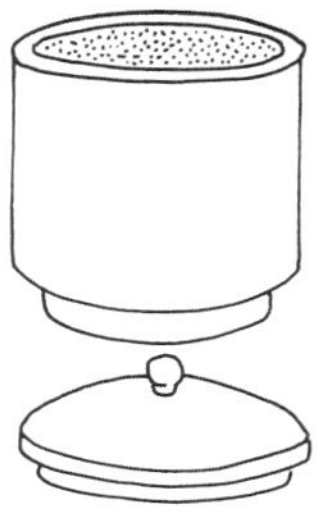

조두라 照頭羅 약사십이신장(藥師十二神將) 중 하나. 『소재연수약사관정장구의』 권2(장외불교문헌7, p.141a18)에 "조두라대장의 맹렬한 위엄이 시주에게 맺힌 원망을 풀어준다. 照頭羅大將威猛烈 能與施主解冤結"라고 하였다. 〔참고문헌〕『消災延壽藥師灌頂章句儀』, 『陀羅尼集經』 권2(대정장18, p.799b20), 『藥師琉璃光如來消災除難念誦儀軌』(대정장19, p.22b12). ⇨ 약사십이신장 藥師十二神將, 십이신장 十二神將

조두의 釣頭意 고리 끝에 달린 뜻. 조(釣)는 낚싯바늘을 말하지만 여기서는 얻고자 하는 물건을 잡아채 올리는 도구로 구(鉤)와 통한다. 정해진 저울 눈금(定盤星)이 아니라 갈고리 끝에 달린 실물을 알아야 한다는 뜻이니, 정해진 관습이나 분별을 떠나 실상을 마주하게 하는 비유로 쓴다. 『영기어록』 권6 「패판 挂板」(가흥장39, p.453a22)에 "영기가 말했다. '옛 성인이 자비심을 베풀어 법도를 건립하니 모든 사람이 갈고리 끝에 달린 뜻을 취해서 저울의 기준점이라 오인하지 않도록 이끌고자 하지 않음이 없었다. 그렇다면 바로 이것이 저울의 기준점이라면 무엇이 고리 끝에 달린 뜻이겠느냐? 영리한 사람이라면 한번 보고 바로 사무쳐 여래선이든 조사선이든 꿰뚫은 다음 재빨리 끌고와 매서운 주먹을 날릴 것이다. 만일 그렇지 못하다면 아래에서 자세히 설명하는 말을 들어보라'. 패판을 한 번 울리고 말했다. '분명히 이것일 뿐이니 알아채지 못했다면 어느 해까지 기다리겠느냐?' 師云 古聖垂慈 芳規建立 無非欲諸人 領取釣頭意 莫認定盤星 然則 者箇是 定盤星 作麽生是 釣頭意 伶俐漢 一覷便透 如來禪 祖師禪 驀鼻牽來好痛拳 如或未然 聽取下頭註脚 鳴板一下云 分明只者是 不悟待何年"라고 하였다. 〔참고문헌〕『靈機語錄』. ⇨ 구두의 鉤頭意, 정반성 定盤星

조등 祖燈 조사(祖師)들이 밝혀 전한 등불. 사자상승(師資相承)한 법등(法燈) 또는 심등(心燈)을 말한다. 조등을 잇는 행위를 전등(傳燈) 또는 분등(分燈)이라고 한다. 『운문광록』 「서문 序文」(대정장47, p.544c29)에 "조등을 이어온 지 수백 년 동안 무리에서 뛰쳐나와 고금을 뛰어넘고 신묘한 경계를 다하였으며 도가 융성하여 천하에 유행하게 만든 이는 몇 사람뿐이다. 운문대종사가 그중에서 특별히 가장 뛰어나도다. 祖燈相繼 數百年間 出類邁倫 超今越古 盡妙盡神 道盛行於天下者 數人而已 雲門大宗師 特爲之最", 『치문경훈』 권7 「설두명각선사벽간유문석각 雪竇明覺禪師壁間遺文石刻」(대정장48, p.1078a28)에 "조등을 전하여 지키는 것은 부처님의 수명을 잇는 것으로 이는 작은 소임이 아니다.

마땅히 앞서 닦음을 훤히 밝히고 그 위의를 엄숙히 하며, 그 우러러봄을 높이고 분노도 경계하고 욕심도 막으며, 기를 다스리고 마음을 길러야 한다. 夫傳持祖燈 嗣續佛壽 此非小任 宜景前修 肅爾威儀 尊其瞻視 懲忿窒慾 治氣養心"라고 하였다. 〔참고문헌〕『雲門廣錄』, 『緇門警訓』, 『圜悟語錄』 권15(대정장47, p.782a25). ⇨ 법등 法燈, 심등 心燈, 전등 傳燈❶, 분등 分燈

조등대통 祖燈大統 청대 조동종 위중정부(位中淨符) 엮음. 98권. 목록 2권. 1672년(강희11) 간행. 명말 임제종(臨濟宗) 비은통용(費隱通容)은 『오등엄통 五燈嚴統』에서 청원행사(青原行思) 문하에는 오직 조동종만 있고 그 나머지 임제종·위앙종(潙仰宗)·법안종(法眼宗)·운문종(雲門宗)은 모두 남악회양(南嶽懷讓) 문하에서 나온 종파라고 주장하지만, 본서는 모든 선사가 초조 보리달마의 문파에 속한다는 관점에 따라 청원하(青原下)나 남악하(南嶽下)라는 호칭은 폐기하고 모든 종파를 소림계통(少林系統)으로 귀착시켜야 한다고 역설하면서 방출(傍出)의 선사들까지 모두 달마 문하로 분류한다. 송대 성립한 『경덕전등록 景德傳燈錄』부터 명대 성립한 『계등록 繼燈錄』에 이르기까지 모든 등사(燈史)와 『자치통감 資治通鑑』 등 역사서를 참고하여 편찬하였다. 과거칠불(過去七佛)·서천이십팔조(西天二十八祖)·동토육조(東土六祖)에서 명대 소림계통의 제40세까지 그리고 계통을 알 수 없는 소수 선사들의 기연어구(機緣語句)를 수록하였다. ⇨ 오가칠종 五家七宗, 청원하 青原下, 남악하 南嶽下

조량선사어록 祖亮禪師語錄 조량초계(祖亮超啓)의 어록. 제자 광화(廣和) 엮음. 2권. 가흥장39, pp.459a1~464a15, B449에 수록되어 있다. 1665년(강희4) 간행. 자복사(資福寺)·정명사(淨明寺)·덕장사(德藏寺)·복엄사(福嚴寺)에서 행한 상당(上堂)·대기(對機)·제찬(題贊)·불사(佛事) 등을 수록하였다.

조련심작의 調練心作意 Ⓢ citta-saṃtāpano manaskāraḥ, Ⓣ sems-kun-tu-gdung-bar-'gyur-ba'i-yid-la-byed-pa. 고르게 단련하는 마음으로 일부러 뜻을 짓는 것으로서 사종작의(四種作意) 중 하나다. 마음이 염환법(厭患法)을 여의도록 하는 작의. 『유가사지론』 권31(대정장30, p.458b28 : *Śrāv-bh.*, p.406)에 "어떤 것을 조련심작의라고 하는가? 뜻을 지어 싫어 버릴 수 있는 법을 마음이 여의도록 하는 것을 조련심작의라고 한다. 云何調練心作意 謂由此作意 於可厭患法 令心厭離 是名調練心作意 tatra cittasaṃtāpano manaskāraḥ katamaḥ. āha. yenāyaṃ manaskāreṇa. saṃvejanīyeṣu dharmeṣu cittaṃ samvejayatyayaṃ cittasantāpano manaskāraḥ", 같은 책 권31(대정장30, p.459a24 : *Śrāv-bh.*, p.410)에 "그 마음을 이와 같이 해서 모든 어두운 것들을 등지는 것은 조련심작의에 의하기 때문이고, 모든 밝은 것들로 향하는 것은 자윤심작의에 의하기 때문이다. 其心如是 背諸黑品 由調練心作意故 向諸白品 由滋潤心作意故 kṛṣṇapakṣa vimukhaṃ ca. kṛtvā cittasantāpanīyena manaskāreṇa śuklapakṣābhimukhaṃ kṛtvā, abhiṣyandanīyena manaskāreṇa kālena kālamadhyātmaṃ ca pradadhāti"라고 하였다. 〔참고문헌〕『瑜伽師地論』, *Śrāv-bh.* ⇨ 사종작의 四種作意

조령 祖令 조사(祖師)도 어길 수 없는 것. 법령과도 같아 어떤 방편이라도 멈추게 하기에 정령(正令)이라고도 한다. 『벽암록』 97칙 「평창 評唱」(대정장48, p.220c2)에 "조령에 근거하여 마땅히 시행하자면, 본지풍광과 본래면목 또한 세 토막 내어버린다. 삼세제불과 십이분교는 조금도 꾀할 필요가 없으니, 여기에 이르면 설령 만 가지 공능이 있다손 치더라도 또한 전혀 가늠할 수 없게 된다. 요즘 사람들 다만 경(經) 뒤척이며 이것이 무슨 도리인지는 전혀 모른 채 '나는 하루종일 이만큼 외웁니다' 하니, 다만 누런 종이와 붉은 책만을 알아보고 글줄 따라 검은 것만을 헤아릴 뿐 온통 본심에서 일어났음은 전혀 알아채지 못한다. 若據祖令當行 本地風光 本來面目 亦斬爲三段 三世諸佛 十二分教 不消一捏 到這裏 設使有萬種功能 亦不能管得 如今人只管轉經 都不知是箇什麼道理 只管道 我一日轉得多少 只認黃卷赤軸 巡行數墨 殊不知全從自己本心上起", 『대혜어록』 권1(대정장47, p.811b27)에 "한 학인이 앞으로 불쑥 나와서 대혜에게 물었다. '인천이 모두 모여서 선불장이 열렸습니다. 이 사태에 당해 조령을 어떻게 드러내시겠습니까?' '어리석은 새는 바람을 거슬러 난다'. 有一僧攙前便問 人天普集 選佛場開 祖令當機 如何擧唱 師云 鈍鳥逆風飛"라고 하였다. 〔참고문헌〕『碧巖錄』, 『大慧語錄』, 『楊岐方會語錄』(대정장47, p.644a14). ⇨ 조사 祖師

조례 條例 갈래쳐서 벌려놓은 것들. 이름을 달리해 벌리다. 『삼론현의』(대정장45, p.4a8)에 "〔문〕 성실을 잡아 풀면 소승은 대승을 아울러 밝히기를 허용하지 않는다. 그렇다면 삼론종에서 대승을 풀이할 경우에도 소승을 아울러 밝혀서는 안 되는가? 〔답〕 뜻에는 조례가 있으니 서로 섞이게 하지 않는다. 불경에는 두 가지가 있다. 하나는 소승이고 또 하나는 방등이다. 만약 대승을 밝힌다면 반드시 소승을 아울러 가리지만, 소승을 가림에는 대승을 겸하여 밝히지 않는다. 그러므로 대승경전 첫 부분에는 소승의 무리가 있지만 소승경의 머리에는 보살승이 없다. 이는 대승은 소승을 품을 수 있지만 소승은 대승을 품지 못함을 나타낸다. 불경이 그러한 이상 논서의 예도 그러하다. 대승의 논은 소승을 아울러 밝히지만, 소승의 논에서는 대승을 아울러 밝히지 못한다. 問 若成實釋 小不許兼明於大 亦應三論解大 不應兼明於小 答 義有條例 不應相濫 佛經有二 一者 小乘 二者方等 若明大乘 必兼辨小 若辨小乘 不兼明大 故大乘經初有小乘衆 小乘經首 無菩薩僧 示大能包小 小不含大 佛經旣爾 在論例然 大乘之論 兼明小乘 小乘之論 不兼明大", 『석문귀경의』 권상(대정장45, p.854c24)에 "그러므로 갈래치고 벌려 세워서는 마음의 길을 깨끗이 한다. 故立條例 以淸心路", 『개원석교록』 권10(대정장55, p.575a2)에 "『승우록』에서 지은 갈래치고 벌려놓은 조례가 보기 좋다. 祐錄所撰條例可觀"라고 하였다. [참고문헌] 『三論玄義』, 『釋門歸敬儀』, 『開元釋敎錄』.

조례종송 朝禮鍾頌 사원에서 새벽 도량석(道場釋)을 마치고 이어지는 의식으로 소종을 치며 부르는 게송. 쇳송이라고도 한다. 『석문의범』 권하(p.150a2)에 "원컨대 이 종소리 온 법계에 가득 퍼져서 철위산의 깊은 어둠 모두 다 밝히어 삼악도의 고통 사라지고, 칼산지옥 무너져서 일체중생이 정각을 이루기를 바랍니다. 願此鐘聲遍法界 鐵圍幽暗悉皆明 三途離苦破刀山 一切衆生成正覺"라고 하고는, "귀의합니다. 비로교주이신 화장세계 자비로운 저 분께서 보배로운 게송으로 부처님 말씀을 설하고, 옥함 속의 묘한 진리 널리 펴시니, 티끌마다 스며들고 국토마다 원융하신 십조구만오천사십팔 글자의 일승원교 『대방광불화엄경』에 귀의합니다. 南無 毘盧敎主 華藏慈尊 演寶偈之金文 布琅函之玉軸 塵塵混入 刹刹圓融 十兆九萬五千四十八字 一乘圓敎 大方廣佛華嚴經"라는 게송에 이어 '나무대방광불화엄경'을 3편 외운다. 다시 이어 부처님의 공덕과 가르침을 찬탄하는 노래를 하고 파지옥진언(破地獄眞言)을 지송한 다음 때에 따라 장엄염불을 진행한다. [참고문헌] 『釋門儀範』. ⇨ 석례종송 夕禮鍾頌, 종송 鍾頌

조로 朝露 아침 이슬. 사람의 목숨을 비롯한 모든 법의 무상(無常)을 비유한다. 40권본 『대반열반경』 권38(대정장12, p.589c8)에 "이 목숨 언제나 무량한 원수들에게 흔들려 찰나마다 줄어들 뿐 늘지 않는다. 마치 폭포수가 잠시도 멈출 수 없듯 하고, 또한 아침 이슬 그 모습 오래 머물지 못하듯 하네. 是壽命 常爲無量怨讎所擾 念念損減 無有增長 猶山瀑水 不得停住 亦如朝露 勢不久停", 『대지도론』 권18(대정장25, p.190c5)에 "누구라도 반야를 터득하면 헤아려 논할 마음이 모두 사라진다. 마치 해가 뜨는 순간 아침 이슬이 일시에 사라짐과 같다. 若人得般若 議論心皆滅 譬如日出時 朝露一時失"라고 하였다. [참고문헌] 『大般涅槃經』, 『大智度論』.

조로아스터교 Zoroaster敎 기원전 6~7세기경 페르시아인 조로아스터가 창시한 종교. 배화교(拜火敎)·현교(祆敎)·화현교(火祆敎) 등이라고도 하고, 최근에는 그들이 섬기는 신의 이름을 따서 마즈다이즘(Mazdaism)이라고도 한다. 교조 조로아스터는 서이란 출신으로 30살에 계시를 받고 그 내용을 전파하였으나 인정받지 못하였다. 이후 고향을 떠나 방랑하다가 42살 때 박트리아(Bactria) 지역에서 비스타스파(Vishtaspa) 왕을 개종시키면서 이름이 알려졌다. 특히 다리우스(Darius) 1세를 비롯한 아케메네스(Achemenes)왕조가 조로아스터교 신자가 되면서 교세가 확장되었고, 페르시아의 종교로 자리 잡았다. '조로아스터'는 그리스식 발음이고 페르시아 발음으로는 '차라투스트라(Zarathustra)'인데, 아케메네스왕조를 통해 그리스를 거쳐 유럽으로 전해지면서 이 이름이 더욱 알려졌다. 조로아스터교는 아후라 마즈다(Ahura Mazda)를 주신(主神)으로 하고 『아베스타 *Avesta*』라는 경전이 있다. 우주를 선악이원론으로 설명하면서 선신인 아후라 마즈다가 악을 제압하고 인간을 위한 세계로 만들었다고 여기는 유일신 종교다. 아후라 마즈다는 '지혜(mazda)의 주(主 ahura)'라는 뜻으로 지혜·사랑·봉사·경건·완전·불멸 등 여섯 가지 속성으로서 인간들에게 이 여섯 가지 속성을 통해 자신을 드러낸다. 아후라 마즈다 외에 다른 신은 모두 거짓된 것으로 보며 종교학계에서는 조로아스터교가 유일신 개념을 최초로 도입한 종교로 보고 있고, 선악의 불가분 하면서도 대립된 관계에서의 선의 승리·종말과 최후의 심판 등의 개념이 다른 종교들에 영향을 주었을 것으로 추정한다. 또한 『아베스타』에 등장하는 의례가 인도의 『베다 *Veda*』에 등장하는 의례와 비슷하고, 의례용 찬가(讚歌 Ⓢ gatha)를 가타스(gathas)라고 하고 제식(Ⓢ yajña)을 야스나(yasna), 소마(Ⓢ soma)를 하오마(haoma)라고 하는 등 의식과 관련된 여러 가지가 많은 유사성을 갖는다. 특히 조로아스터교에서 선신은 아후라(ahura)이고 악신 중에는 다에바(daeva)가 있는데, 이는 인도신화의 선신 데바(deva)와 악신 아수라(asura)가 역할이 뒤바뀐 것으로, 고대 아리아인들이 인도와 이란으로 갈라져 이동할 때 어떤 분화가 있었을 것으로 추정한다. 조로아스터교는 사산(Sasan)왕조 때 최고로 융성했다가 이슬람에 의해 점차 쇠멸하였다. 『아베스타』도 원래 21책으로 구성되어 있었으나 이슬람의 박해로 대부분 유실되고, 현재는 인도로 이주한 일파인 파르시교도들이 전승한 번역본과 본서 주해서인 『젠드-아베스타 *Zend-Avesta*』가 전한다. 현재 교세가 가장 큰 곳은 인도이고, 이란·인도·중국 등지에 약 15만여 명의 신자가 있는 것으로 조사되고 있다. [참고문헌] M.Eliade *The Encyclopedia of Religion* 15(Macmilan, 1987), Mary Boyce *A History of*

Zoroastrianism Vol.Ⅰ·Ⅱ(BRILL, 1975·1982), James Darmesteter *The Zend-Avesta* Vol.Ⅰ·Ⅱ(Christian Literature, 1898). ⇨배화교 拜火教

조록 祖錄 조사나 선사의 어록. 특정 선사의 이름을 앞에 붙이기도 한다. 『찬향록』 권하(卍속장125, p.892b1)에 "불경과 조록에서 전한 말씀은 무엇인가? 佛經祖錄中 說底是什麽", 『종문보적록』 「범례 凡例」(卍속장127, p.1018b15)에 "『설봉어록』과 『현사광록』 그리고 송말의 조록들이 여러 차례 교정을 거쳐서 세상에 유행한 지 오래되었다. 雪峯玄沙 及宋末諸祖錄 屢經選訂 行世已久", 『방산문보어록』 「서 序」(卍속장122, p.449a6)에 "우리의 방산조록은 세상을 밝히는 진실한 등불로서 어두운 거리를 비춘다. 하물며 한 마디마다 진실을 드러내고 한 글자마다 종지를 넘어선다는 사실은 말할 필요도 없다. 我方山祖錄 寔淑世之眞燈 照耀昏衢 況言言見諦 字字超宗"라고 하였다. [참고문헌] 『餐香錄』, 『宗門寶積錄』, 『方山文寶語錄』.

조론 肇論 후진(後秦)대 승조(僧肇 384~414) 지음. 1권. 대정장45, pp.150a22~161b28, No.1858에 수록되어 있다. 구마라집(鳩摩羅什) 문하의 사성(四聖) 중 해공제일(解空第一)로 불리는 승조가 지은 네 가지 논문을 모아 편찬한 논서이므로 이렇게 부른다. 제법의 무자성·공 등 깊은 뜻을 풀이하였다. 「종본의 宗本義」·「물불천론 物不遷論」·「부진공론 不眞空論」·「반야무지론 般若無知論」·「열반무명론 涅槃無名論」의 다섯으로 구성되어 있으며, 권말에 「유유민서문 劉遺民書問」과 「답유유민서 答劉遺民書」가 첨부되어 있다. 현존하는 판본은 상기의 순서로 구성되어 있으나, 『양고승전』 권6(대정장50, p.365b4)에 의하면 「반야무지론」·「부진공론」·「물불천론」·「열반무명론」의 차례로 지어졌다고 전한다. 또한 유유민과의 문답에서 「부진공론」과 「물불천론」은 언급되지 않아 후세인의 저작이라고 보기도 한다. 본서는 노장(老莊)사상을 채용하고 있을 뿐만 아니라, 불교사상과 당시 사상계의 중요문제를 비교하고 있으므로 불교를 이해하는데 매우 중요한 서적이 되었다. 본서의 주석서로는 진(陳) 혜달(慧達)의 『조론소 肇論疏』 3권, 당(唐) 원강(元康)의 『조론소』 3권(대정장45, No.1859)과 『조론협과 肇論夾科』 2권, 당 광요(光瑤)의 『조론주기 肇論註記』 3권, 송(宋) 준식(遵式)의 『조론주소 肇論注疏』 6권과 『조론소과 肇論疏科』 1권, 송 정원(淨源)의 『조론오중집해 肇論中吳集解』 3권, 원(元) 문재(文才)의 『조론신소 肇論新疏』 3권(대정장45, No.1860), 명(明) 덕청(德淸)의 『조론약주 肇論略注』 6권 등 많은 주석서가 전한다. [참고문헌] 『梁高僧傳』. ⇨사론 四論❷, 승조 僧肇

조론소 肇論疏 ❶남조(南朝) 진(陳)대 혜달(慧達) 지음. 3권. 卍속장96, pp.833a1~896b16에 수록되어 있다. 상권과 중권 앞부분만 남아있고, 중권의 뒷부분과 하권 전체는 결락되어 있다. 『조론오중집해 肇論吳中集解』라고도 한다. 『조론』 주석서 중 최고본(最古本)이다. 본문을 따라 해석하지 않고 본문의 핵심만을 가려내어 풀었으며 문헌상 가치가 크다고 평가된다. ❷당대 원강(元康) 지음. 3권. 대정장45, pp.161c3~200c26, No.1859에 수록되어 있다. 혜달의 소 다음에 해당하는 주석서다. 『조론』에 대한 주석서 중에서도 본문에 충실한 해석 때문에 중시된다. 앞에서 혜달이 지은 「서 序」에 대해 해석하고 이어 본문을 풀이한다. 권상에는 「종본의 宗本義」·「물불천론 物不遷論」·「부진공론 不眞空論」, 권중에는 「반야무지론 般若無知論」·「은사유유민서문 隱士劉遺民書問」·「답유은사서 答劉隱士書」, 권하에는 「열반무명론 涅槃無名論」·「표상진왕요흥 表上秦王姚興」을 수록하였다. 송대 준식(遵式)의 『조론주소 肇論註疏』와 효월(曉月)의 『협과조론서주 夾科肇論序注』 등에 본서를 인용한 곳이 대단히 많다. 735년(개원23) 양주(揚州) 백탑사(白塔寺) 현식(玄湜)이 새로 교감·교정하였다. [참고문헌] 『東域傳燈目錄』(대정장55, p.1161b25), 『天台宗章疏』(대정장55, p.1137a18).

조론신소 肇論新疏 원대 문재(文才) 지음. 3권. 대정장45, pp.201a3~243b22, No.1860에 수록되어 있다. 『조론』 전체를 문구에 따라 하나씩 상세하게 풀이한 주석서이다. ⇨조론 肇論

조론신소유인 肇論新疏游刃 원대 문재(文才) 지음. 3권. 卍속장96, pp.467a1~576b3에 있으며 앞선 『조론신소』를 확대한 해설서다. ⇨조론 肇論

조론영모초 肇論令摸鈔 송대 정원(淨源) 지음. 2권. 『신편제종교장총록』 권3(한불전4, p.695c13)에 제목만 전한다. [참고문헌] 『新編諸宗教藏總錄』.

조론주 肇論注 ❶당대 호직(好直) 지음. 3권. 현존하지 않는다. 『신편제종교장총록』 권3(한불전4, p.695c10)에 제목만 수록되어 있다. [참고문헌] 『新編諸宗教藏總錄』. ❷요등삼(瑤等三) 지음. 3권. 『신편제종교장총록』 권3(한불전4, p.695c9)에 제목만 수록되어 있다. [참고문헌] 『新編諸宗教藏總錄』. ❸당대 광요(光瑤) 지음. 3권. 현존하지 않는다. 『신편제종교장총록』 권3(한불전4, p.695c8)에 제목만 수록되어 있다. [참고문헌] 『新編諸宗教藏總錄』. ❹동진(東晉)대 승예(僧叡) 지음. 또는 저자 미상. 1권. 현존하지 않는다. 『신편제종교장총록』 권3(한불전4, p.695c5)에 제목만 수록되어 있다. 〔참고문헌〕『新編諸宗教藏總錄』.

조론주소 肇論註疏 송대 준식(遵式) 지음. 6권. 주조론소(註肇論疏)라고도 한다. 현존하지 않고, 『장일경서표목』(대장경보편14, p.442a1)에 제목이 보인다. 〔참고문헌〕『藏逸經書標目』, 「注肇論疏序」(『吳都法乘』 권14, 대장경보편34, p.464b20).

조론중오집해 肇論中吳集解 송대 정원(淨源) 지음. 3권. 현존하지 않는다. 『신편제종교장총록』 권3(한불전4, p.695c11)에 제목만 수록되어 있다. 〔참고문헌〕『新編諸宗教藏總錄』.

조론중오집해과 肇論中吳集解科 송대 정원(淨源) 지음. 1권. 현존하지 않는다. 『신편제종교장총록』 권3(한불전4, p.695c12)에 제목만 수록되어 있다. 〔참고문헌〕『新編諸宗教藏總錄』.

조론협과 肇論夾科 당대 원강(元康) 지음. 2권. 현존하지 않는다. 『신편제종교장총록』 권3(한불전4, p.695c6)에 전한다. 〔참고문헌〕『新編諸宗教藏總錄』.

조롱 調弄 Ⓢ avahasana-avaspaṇḍana, avaspaṇḍayati, Ⓣ 'phya-ba-dang-bsting-ba, sting-bar-byed-pa. 이리저리 가져놀다. 희롱·조소(嘲笑)·경멸의 뜻이다. 만지작거리다. 악기를 연주하다의 뜻도 있다. 『잡아함경』 권39(대정장2, p.285b6)에 "크고 둥근 돌을 집어서 두 손으로 만지작거리다가 부처님 앞에 이르러 가루가 되게 부수었다. 執大團石 兩手調弄 到於佛前 碎成微塵", 『설묘법결정업장경』(대정장17, p.912c2)에 "대승경전을 펼쳐 보이는 곳에서 만일 어떤 중생이 대승의 말씀을 듣고 마음으로 즐겨 듣지 않고 조롱하고 비방한다면 그는 삿된 마구니 권속이라고 알아야 한다. 敷演大乘經典之處 若有衆生 聞說大乘 心不樂聞 調弄誹謗 當知則是 邪魔眷屬", 『사분율』 권11(대정장22, p.638b3)에 "그때 모든 장자들이 보고 나서 비난을 일으키고 크게 웃으며 조롱하였다. 時諸長者見已 便生譏嫌 大笑調弄"라고 하였다. 〔참고문헌〕『雜阿含經』, 『說妙法決定業障經』, 『四分律』, *Bodh-bh.120·163.*

조료 照了 Ⓢ saṃprakāśita, suprabhāsa, Ⓣ yang-dag-par-bshad-pa. 비춰 알다. 남김없이 비추어 환히 알다. 빛과 같은 지혜로 남김없이 비춰 깨우치는 뜻이다. 『보살본연경』 권상(대정장3, p.53b18)에 "비유하자면 해가 뜨면 모든 천하를 비록 능히 비춰 다 드러나지만, 맹인에게는 밝은 빛이 되지 못하는 예와 같다. 譬如日出 雖能照了 一切天下 然不能爲盲者作明", 『대장엄론경』 권10(대정장4, p.314c12)에 "선서의 말씀들 광대하여 비추어 보면 이해하지 못할 일이 없다. 善逝言辭廣 照了無不解", 『대반야경』 권596(대정장7, p.1085a16)에 "비유하자면 등불이 비록 잠시도 머물지 않지만 능히 비춰 남김없이 알게 하니, 눈 있는 사람 누구나 온갖 색을 보도록 하는 것과 같다. 이와 같이 반야바라밀다는 비록 제법에 도무지 머무는 일 없는데도 능히 비춰 알게 하니, 모든 성자가 그들 법의 실다운 성을 보도록 한다. 譬如燈光 雖不暫住 而能照了 令有目者 覩見衆色 如是般若波羅蜜多 雖於諸法 都無所住 而能照了 令諸聖者 見法實性", 80권본 『화엄경』 권23(대정장10, p.126c28)에 "선정 깊고 깊어 항상 비춰 다한다, 지혜는 미묘하여 생각으로 헤아리기 어렵다. 禪定甚深恒照了 智慧微妙難思議", 같은 책 권30(대정장10, p.163c5)에 "평등한 일체지지를 획득하여 모든 법을 속속들이 비추어 보고 모든 어리석음의 장애에서 벗어난다. 獲得平等一切智智 照了諸法 離諸癡翳", 『대비바사론』 권79(대정장27, p.411a25)에 "눈이란 관찰하여 본다는 뜻이고, 지혜란 분명하게 끊는 뜻이며, 밝음은 비춰 다하는 뜻이고, 알아차림은 깨우쳐 살피는 뜻이다. 眼是觀見義 智是決斷義 明是照了義 覺是警察義", 『청관음경소천의초』 권3(대정장39, p.991b4)에 "지혜의 빛으로 비춰 깨우친다는 말은, 지혜로 경을 비추어 경을 마주해 어김없이 보기에 경계와 지혜가 둘이 아니라는 뜻이다. 智慧之光照了者 即是智能照境 稱境而觀 境智不二也"라고 하였다. 〔참고문헌〕『菩薩本緣經』, 『大莊嚴論經』, 『大般若經』, 『華嚴經』, 『大毘婆沙論』, 『請觀音經疏闡義鈔』, *Śrāv-bh.135·422.* ⇨ 조견 照見, 조달 照達

조륜 祖倫 고려후기 스님. 제27대 충숙왕(재위 1313~1330·복위 1332~1339) 때 궁중에 출입하면서 권세를 누렸다. 『고려사』 권124 열전(列傳)37 최안도(崔安道)에 "최안도·김지경·신시용·승 조륜 등이 권력을 휘두르며 관직을 팔고 옥사를 처리하니, 하지 못하는 것이 없었다. 安道與金之鏡 申時用 僧祖倫等 擅權柄 賣官鬻獄 無所不至"라고 하였다. 〔참고문헌〕『高麗史』.

조리 操履 지조와 행리. 뜻을 굳게 지키고 몸소 행하다. 『선림보훈』 권2(대정장48, p.1025c24)에 "불감이 말했다. '무릇 한 절의 주지로서 귀하게 여길 덕목은 지조와 행리를 청정하게 하고 크나큰 신심을 지님으로써 사방의 납자를 영접하는 일이다'. 佛鑑曰 凡爲一寺之主 所貴操履淸淨 持大信 以待四方衲子", 『선림보훈음의』(卍속장113, p.254a11)에 "조 : 뜻을 지켜 바꾸지 않음을 조라 한다. 리 : 몸소 행하며 게으르지 않음을 리라 한다. 操 守志不改曰操 履 踐行不怠曰履", 『허당록』 권10 「증묘결도인 贈妙潔道人」(대정장47, p.1059b11)에

"묘심이 밝고 깨끗해 여여하니, 지조와 행실이 분명한 여장부로다. 방거사의 가풍과 다름 없으니, 조리 값 비싸거늘 누구에게 팔까? 妙心明潔契如如 操履分明女丈夫 龐老家風殊不二 擺籬高價許誰沽", 『감산집』 권30(卍속장127, p.634b12)에 "그는 견지가 가지런하고 촘촘하였으며 지조와 행실은 평탄하고 알찼으며 움직임마다 법도를 잊지 않았으니 마치 백장이 제정한 청규를 보존하는 듯하였다. 其於見地穩密 操履平實 動靜不忘規矩 猶存百丈之典刑"라고 하였다. 〔참고문헌〕『禪林寶訓』, 『禪林寶訓音義』, 『虛堂錄』, 『憨山集』.

조리국 早利國 Ⓢ Jaguda. 인도 국경에 있던 국가. 조구타국(漕矩吒國) 또는 조리국(漕利國)이라고도 한다. 『대당서역기』 권11(대정장51, p.938c13)에 "2천여 리를 가다가 인도 국경을 벗어나면 조구타국〈조리국이라고도 한다〉에 이른다. 行二千餘里 出印度境 至漕矩吒國〈亦謂漕利國〉", 『석가방지』 권상(대정장51, p.952b9)에 "조구타국〈조리라고도 한다〉. 국토는 사방 칠천여 리에 왕성은 사방 삼십여 리로 산과 냇물이 반씩 차지한다. 절은 백여 곳 있고, 수만의 승도는 모두 대승을 공부한다. 漕矩吒國〈亦曰早利〉 周七千餘里 王城周三十餘里 山川相半 寺有百數 僧徒數萬 皆學大乘"라고 하였다. 〔참고문헌〕『大唐西域記』, 『釋迦方志』. ⇨ 조구타국 漕矩吒國

조리속리 早離速離 조리와 속리라는 형제. 관세음보살과 대세지보살의 전생이야기 중의 인물. 『관세음보살왕생정토본연경』(卍속장87, p.576b12)에 "관상 보는 이가 보고는 기뻐하지 않았다. 조금 후에 말하였다. '이 아이들 비록 단정한 용모이지만 머지않아 부모를 떠날 것이니, 형은 조리라 부르고, 동생은 속리라고 이름하십시오'. 相者見而不悅 良久告言 此兒雖端正 別離父母不久 兄號早離 弟名速離"라고 하였다. 〔참고문헌〕『觀世音菩薩往生淨土本緣經』. ⇨ 관세음보살왕생정토본연경 觀世音菩薩往生淨土本緣經

조림 祖琳 조선전기 스님. 무학자초(無學自超 1327~1405)의 제자로 행장을 지었다. 「묘엄존자탑비문 妙嚴尊者塔碑文」(『교감역주역대고승비문』 조선편1, p.89)에 "임금께서 신 계량에게 명하여 탑의 이름을 짓고 또 비명을 지으라 하시기에 신 계량이 그 제자 조림이 지은 행장을 살펴보았습니다. 上命臣季良名其塔 且爲銘 臣季良謹按其弟子祖琳所撰行狀"라고 하였다. 〔참고문헌〕李智冠 『校勘譯註歷代高僧碑文』 朝鮮篇, 『春亭續集』 권1(韓國文集叢刊8, p.175a11), 『朝鮮金石總覽』 권하 p.1281. ⇨ 자초 自超, 무학대사행장 無學大師行狀

조림 照臨 비춰 임하다. 해와 달 따위가 내리비치다. 불보살이 세상을 굽어보다. 『정법화경』 권6(대정장9, p.106c16)에 "그때 보살들이 부처님께서 비춰 임하심을 알고 문득 두 손을 모으고 아뢰었다. '오직 바라옵건대 대성께서 이 경전을 우리들에게 전해주시고 강설하여 널리 알려주신다면 저희들은 이 경권을 얻고 오로지 부처님의 덕만 생각하겠습니다'. 時諸菩薩 見佛照臨 尋叉手啓白 唯願大聖 以斯經典 付授我等 講說宣布 得此經卷 專惟佛德", 80권본 『화엄경』 권60(대정장10, p.324c19)에 "마치 해가 허공에 있으면서 모든 곳을 내리비치듯이 부처님의 지혜도 이와 같아서 삼세의 법을 분명하게 아신다. 如日在虛空 照臨一切處 佛智亦如是 了達三世法", 『최무비경』(대정장16, p.786c7)에 "모든 사대주를 철륜산이 두루 에워싸고 하나의 해와 하나의 달이 그것을 내리비친다. 總四大洲 有鐵輪山 周匝圍繞 一日一月之所照臨", 『인천안목』 권2 「사관대 事貫帶」(대정장48, p.309a23)에 "무릇 해와 달이 내리비추지도 못하고, 하늘과 땅이 덮고 싣지도 못한다. 夫日月照臨不到 天地覆載不著"라고 하였다. 〔참고문헌〕『正法華經』, 『華嚴經』, 『最無比經』, 『人天眼目』.

조림 稠林 Ⓢ gahana, vanaṣā, vana-gahana, Ⓟ gahana, Ⓣ thibs-po, tshang-tshing. 나무가 무성하고 가득차 빽빽한 숲. 중생의 악견과 번뇌가 무성함을 비유하는 말이며, 미(謎)와 같은 뜻이다. 『대보적경』 권35(대정장11, p.196b28)에 "내가 보건대 세간의 일체 중생은 열 가지 악견의 숲속에 들어섰으니 그 다른 견해 때문에 스스로 벗어나지 못한다. 어떤 것이 열 가지인가? 첫째 아견이라는 악견조림, 둘째 유정견이라는 악견조림, 셋째 수명견이라는 악견조림, 넷째 삭취취견이라는 악견조림, 다섯째 단견이라는 악견조림, 여섯째 상견이라는 악견조림, 일곱째 무작견이라는 악견조림, 여덟째 무인견이라는 악견조림, 아홉째 불평등인견이라는 악견조림, 열째 사견이라는 악견조림이다. 장자야, 나는 중생들이 열 가지 악견조림에 들어가서 벗어나지 못하는 것을 보고서 아누다라삼먁삼보리를 얻어 이와 같은 모든 악견을 영원히 끊기 위하여 깨끗한 믿음으로 석씨의 가문을 버리고 무상도에 나아갔다. 我觀世間一切衆生 入於十種惡見稠林 由異見故 不能自出 何謂爲十 一者我見惡見稠林 二者 有情見惡見稠林 三者 壽命見惡見稠林 四者 數取趣見惡見稠林 五者 斷見惡見稠林 六者 常見惡見稠林 七者 無作見惡見稠林 八者 無因見惡見稠林 九者 不平等因見惡見稠林 十者 邪見惡見稠林 長者 我見衆生入於十種惡見稠林不能得出 爲得阿耨多羅三藐三菩提 永斷如是諸惡見故 以淨信心 捨釋氏家 趣無上道", 『대승아비달마집론』 권7(대정장31, p.678a25 : *Abh-s.*, p.50)에 "조림에 세 가지가 있으니 탐조림·진조림·치조림이다. 탐진치에 의지하기에 모든 생사의 근본행중에 널리 염착을 일으켜서 모든 중생들로 하여금 갖가지 몸을 받아 오취로 유전하게 한다. 그러므로 탐 등을 조림이라고 한다. 稠林有三 謂貪稠林瞋稠林癡稠林 由依止貪瞋癡故 於諸生死根本行中 廣興染著 令諸有情 感種種身 流轉五趣 是故 貪等 說名稠林 vanasāstrayaḥ. rāgavanaso dveṣavanaso mohavanasaśca. rāgadveṣamohasanniśrayeṇa jātimaraṇamūleṣu saṁskāreṣu saṁyojayanti saṁjanayanti sattvān nānāvidhakāyeṣu pañcagatisaṁsāreṣu abhinirvarttayantīti rāgādayo vanasā ityucyante"라고 하였다. [참고문헌] 『大寶積經』, 『大乘阿毘達磨集論』, 『十地經論』 권11(대정장26, p.186c20), *Abh-s.*, *Bodh-bh.241.*, *Laṅk.45.* ⇨ 사견조림 邪見稠林, 십일종조림 十一種稠林

조립 朝立 불조(佛祖)나 영위(靈位) 앞에 선 채로 드리는 예배. 『선림상기전』 권10(불광장, 禪藏, p.765)에 "조립 : 도충(道忠)이 말한다. '선 자세는 공경을 나타낸다. 이는 「읍좌」 항목에 상세히 밝혔다. 조립이란 불조나 영위를 향하여 선 채로 올리는 예배다'. 『교정청규』 「천화유서」에 '주지가 법좌에 오르거나 법좌에서 내려옴에 영위 앞에 나아가서 조립한다'라고 하였다. 朝立 忠曰 立爲敬 揖坐處詳說 朝立者 向佛祖及靈位立也 校定淸規 遷化遺書云 住持升座 乃至下座 詣靈位前朝立"라고 하였다. [참고문헌] 『禪林象器箋』.

조립형상복보경 造立形像福報經 Ⓢ Tathāgatapratibimba-pratiṣṭhānuśaṁsā-sūtra. 한역자 미상. 1권. 고려장11, pp.627a1~628b16, No.280 · 대정장16, pp.788c22~790a8, No.693에 수록되어 있다. 동진시대(東晉時代 317~420) 성립으로 추정한다. 『조불상복보경 造佛像福報經』 · 『조립형상경』 · 『형상복보경』 등이라고도 한다. 우전왕발원조립불(優塡王發願造立佛)의 형상을 서술하고 있다. 세존께서 왕에게 불상을 조성하여 얻는 깊은 공덕에 대하여 말씀하신다. 곧 아득한 후세까지 몸과 마음으로 큰 복의 과보를 받는다고 한다. 마지막에 '아미타불국(阿彌陀佛國)에 왕생한다'라 하였기에 미타정토신앙이 왕성하던 시대의 경으로 추정한다. 본경의 동본이역으로 『작불형상경 作佛形像經』이 있는데, 『우전왕작불형상경 優塡王作佛形像經』 · 『작상인연경 作像因緣經』이라고도 하며 시대는 동한(東漢)대이나 한역자는 알 수 없고, 다만 『조립형상복보경』 마지막에 있는 우전왕찬불게(優塡王讚佛偈)와 세존답왕게(世尊答王偈)는 없다. [참고문헌] 『開元釋敎錄』 권3(대정장55, p.509c26), 『歷代三寶紀』 권14(대정장49, p.116c14), 『衆經目錄』 권3(대정장55, p.130b24). ⇨ 대승조상공덕경 大乘造像功德經, 우전왕 優塡王

조막 朝莫 아침저녁. 잠깐 사이의 뜻인 조만간. 막은 모(暮)와 통한다. 『백장청규』 권3(대정장48, p.1126c27)에 "만약 성곽 안이거나 근처에나 아침저녁으로 때없이 출입할 수 있으니 일부러 행할 필요가 없다. 若在城附郭 朝莫出入無時 不必講行", 『역조석씨자감』 권9(卍속장132, p.179a15)에 "사람의 삶은 잠깐 사이이니 어찌 오래 산다 하겠는가? 人生朝莫 焉能久居"라고 하였다. [참고문헌] 『百丈淸規』, 『歷朝釋氏資鑑』.

조만 早晚 언제쯤. 조만간. 언제든. 종보본 『단경』 「부촉 付囑」(대정장47, p.361b17)에 "대중이 말하였다. '스님! 지금 가시면 언제쯤 돌아오십니까?' '잎 떨어지면 뿌리로 돌아가니 오는 때 할 말이 없다' '정법안장은 누구에게 전해주실 겁니까?' '도가 있으면 얻을 것이고 마음이 없으면 통한다'. 衆曰 師從此去 早晚可回 師曰 葉落歸根 來時無口 又問曰 正法眼藏 傳付何人 師曰 有道者得 無心者通", 『동산어록』(대정장47, p.508a19)에 "동산이 운암담성(雲巖曇晟)에게 떠날 것을 고하자 운암이 말했다. '어느 곳으로 갈 건가?' '화상을 떠나기는 하지만 머물 곳은 아직입니다' '호남으로는 가지 말게' '가지 않겠습니다' '고향으로도 가지 말게' '가지 않겠습니다' '조만간 돌아오게나' '화상께서 머물 곳 마련하시면 곧장 돌아오겠습니다' '이렇게 한 번 헤어지고 나면 서로 다시 만나기 힘들 걸세' '서로 만나지 않기가 더 어려울 것입니다'. 師辭雲巖 巖曰 甚麽處去 師曰 雖離和尙 未卜所止 曰 莫湖南去 師曰 無 曰 莫歸鄕去 師曰 無 曰 早晚却回 師曰 待和尙有住處卽來 曰 自此一別 難得相見 師曰 難得不相見"라고 하였다. [참고문헌] 『壇經』, 『洞山語錄』, 『傳心法要』(대정장48, p.382b21).

조망집 粗妄執 삼망집(三妄執) 중 하나. 마음 밖에 모든 법이 실제로 존재한다고 집착하는 것을 말한다. 겁초(劫初)의 미혹이라고도 한다. 추망집(麤妄執)이라고도 한다. ⇨ 추망집 麤妄執, 삼망집 三妄執

조면사 造麵寺 강원도 춘천시 서면 월송리에 있던 절. 엄황(嚴愰 1580~1653)이 편찬한 『춘천읍지』 불우에 "서상 수정동에 있다. 단지 기둥 초석과 섬돌만이 남아있다. 西上水精洞 只有柱礎砌石"라고 하였다. 절터에 문화재자료 제9호 월송리삼층석탑이 있으며, 와편(瓦片) 등이 산재하고 있다. [참고문헌] 『春川邑誌』, 『韓國寺刹全書』 권하 p.1023a18.

조명 祖銘 1280~1358. 임제종 양기파(楊岐派) 대혜파(大慧派) 스님. 호는 고정(古鼎), 속성은 응(應)씨. 사명(四明 : 浙江省) 봉화(奉化) 출신. 금아횡산(金峨橫山)에서 출가하였다. 천동산(天童山)의 축서묘탄(竺西

妙坦)을 시작으로 존숙(尊宿)을 두루 친견한 다음 영은(靈隱)의 원수행단(元叟行端) 문하에서 일대사를 깨우치고 54세까지 시봉하였다. 후에 융교(隆敎)에서 출세하여 보타산(普陀山)·중천축(中天竺)·경산(徑山) 등에 주석하였다. 시호는 혜성문민굉학보제선사(慧性文敏宏學普濟禪師)이다. 1358년(지정18) 세수 79세로 입적하였다.『고정조명선사어록 古鼎祖銘禪師語錄』1권을 남겼다. [참고문헌]『補續高僧傳』권13(卍속장134, p.227a18),『南宋元明禪林僧寶傳』권11(卍속장137, p.723b8),『增集續傳燈錄』권4(卍속장142, p.820a15),『續燈存稿』권5(卍속장145, p.111b3).

조명 照明 ❶ Ⓢ avabhāsa, prabhāsa. 비춰 밝히다. 비추어 드러내다. 진실이 드러나다.『장아함경』권5「사니사경 闍尼沙經」(대정장1, p.34c18)에 "이것으로부터 와서 항상 모든 법을 비춰 밝히니 수다원을 얻고 악도에 떨어지지 않았으며 일곱 차례 생 동안 항상 사니사(Ⓢ Janeśa : 勝結使)라 불리었다. 自從是來 常照明諸法 得須陀洹 不墮惡道 於七生中 常名闍尼沙",『별역잡아함경』권15(대정장2, p.478c24)에 "모든 세간에는 대체로 비춰 밝게 하는 세 가지가 있다. 무엇이 그 세 조명인가? 해와 달의 불은 밤낮에 걸쳐 처처를 비춰 밝힌다. 천상과 인간은 오직 부처님 위없는 밝음 뿐이다. 於一切世間 凡有三照明 云何三照明 所謂日月火 能於晝夜中 處處爲照明 天上及人間 唯佛無上明"라고 하였다. [참고문헌]『長阿含經』,『別譯雜阿含經』, *Laṅk.100.*, *Vikīn.112.* ❷ Ⓢ āloka, Ⓣ snang-ba. 비춰 보는 것, 거울 등을 말한다.『유가사지론』권2(대정장30, p.288c4 : *Yogā-bh.*, p.47)에 "무엇을 가리켜 몸을 지탱하는 열 가지 도구라 하는가? 첫째는 먹는 것, 둘째는 마시는 것, 셋째는 탈것, 넷째는 옷, 다섯째는 장식하는 도구, 여섯째는 웃고 즐기는 노래와 춤, 일곱째는 향·화만·가루분, 여덟째는 살림살이, 아홉째는 조명, 열째는 남녀가 서로 받아들이며 공경하는 행위이다. 云何十種身資具 一 食 二 飮 三 乘 四 衣 五 莊嚴具 六 歌笑舞樂 七 香鬘塗末 八 什物之具 九 照明 十 男女受行 daśa ca pariṣkārāḥ. katame. bhojanaṃ pānaṃ yānaṃ vastramalaṅkāro hāsyagītanṛtyavāditaṃ gandhamālyavilepanaṃ bhāṇḍopaskara ālokaḥ strīpuruṣaparicaryā ca"라고 하였다. [참고문헌]『瑜伽師地論』, *Yogā-bh.* ❸ 조선후기 스님. 설봉회정(雪峰懷淨 1678~1738)의 은사스님이다.「설봉당회정대사비문」(『한국고승비문총집 조선조·근현대』, p.404)에 "회정이 9세 때 해남 달마산의 조명장로에게 가서 16세에 머리를 깎고 스님이 되었다. 甫九歲 投達磨山之照明長老 十六 落髮"라고 하였다. [참고문헌] 智冠『韓國高僧碑文總集 朝鮮朝·近現代』,『朝鮮佛教通史』권상 p.535,『大芚寺志』(亞細亞文化社, 1980) p.284. ⇨ 회정 懷淨

조명교 曺命敎 1687~1753. 조선후기 문신(文臣). 자는 이보(彛甫), 호는 담운(澹雲). 덕행과 학문으로 선비들의 추앙을 받았으며 글씨에도 뛰어나 많은 비문을 썼는데, 그 중 불교에 관해서는「흥양팔영산능가사사적비명 興陽八影山楞伽寺事蹟碑銘」을 썼다. [참고문헌]『朝鮮金石總覽』권하 p.995,『槿域書畫徵』권5 p.168. ⇨ 능가사사적비 楞伽寺事蹟碑

조명기 趙明基 1905~1988. 근대 불교학자. 호는 효성(曉城). 1905년(광무9) 부산 동래에서 태어났다. 1926년 동래고등보통학교를 졸업하고, 1928년까지 울산 남목보통학교의 훈도(訓導)를 지냈다. 1931년에 중앙불교전수학교를 졸업하고, 1934년까지 이 학교의 사서(司書)를 역임했다. 그 후 일본으로 건너가 1937년 동양(東洋)대학 문학부 불교학과를 졸업하고 귀국하여 그 해 9월 경성제국대학 법문학부(佛語科) 종교학연구실 전공과에 입학하였다. 1939년부터 1940년까지 중앙불교전문학교의 강사를 지냈고, 1941년부터 1945년까지 경성제국대학 법문학부 종교학연구실 부수(副手)와 조수(助手)를 맡았다. 1945년 9월부터 혜화전문학교(동국대학교 전신)의 교수로 취임한 후 불교학과장을 역임하였으며, 1952년 서울대학교 문리과대학 강사를 하기도 했다. 1954년부터 1960년까지 동국대학교 불교대학장을 역임하였고, 이어 같은 학교의 교무처장, 진단학회(震檀學會) 이사 등을 지냈다. 1960년 11월부터 1961년까지 동국대학교 부총장을 역임하였으며, 1962년 3월 일본 동양대학에서 문학박사 학위를 받았고, 그 해 4월부터 1964년까지 동국대학교 부설 불교문화연구소의 초대 소장을 맡았다. 같은 해 경기대학 학장을 맡았으나, 곧바로 그 해 3월부터 1968년 5월까지 동국대학교 제5대 총장에 재임했다. 같은 해 문화재 보급협회 이사장을 지냈고, 1972년 국민훈장 동백장을 받았으며, 그 후 1977년 일본 경도(京都)불교대학 객원교수, 1981년 경기학원 이사장을 역임하였고, 1985년 일본 동경(東京)대학에서 제19회 불교전도문화상을 받았다. 1988년 5월 25일 향수(享壽) 84세로 별세했다. 저서는『장외잡록』·『신라불교의 이념과 역사』·『고려 대각국사의 천태사상』·『지혜의 圓性』·『불교복지론』및 기타 많은 논문 등이 있다. [참고문헌]『韓國佛教史學論集 - 曉城趙明基先生遺文稿』.

조명원 照明園 제석천(帝釋天)의 사원(四園) 중 하나. 도리천의 선견성(先見城 Ⓢ Sudarśana) 동쪽에 있다.『관허공장보살경』(대정장13, p.679c19)에 "도리천 성 동쪽에 위치한 조명원에 불발탑이 있다. 忉利天城東 照

明園中 有佛髮塔", 『불조통기』 권33(대정장49, p.318b12)에 "사리탑 : 부처님께서 입멸하시자 제석은 선견대성에 네 기의 탑을 세웠다. 성 동쪽의 조명원에 발탑이 있다. 舍利塔 佛入滅 帝釋於善見大城 起四塔 城東照明園髮塔"라고 하였다. [참고문헌] 『觀虛空藏菩薩經』, 『佛祖統紀』, 『釋迦譜』 권3(대정장50, p.66b28).

조묘 粗妙 거침과 아름다움. 미추(美醜)·우열(優劣) 등과 같다. 『무량수경』 권상(대정장12, p.267c3)에 "그때 세자재왕불께서 이백십억의 모든 불국토에 사는 천인의 선악과 국토의 조묘에 대하여 상세히 말씀하시고 저들 천인이 마음으로 바라는 소원에 응하여 모두 나타내여 보여주었다. 於是 世自在王佛 卽爲廣說 二百一十億 諸佛刹土 天人之善惡 國土之粗妙 應其心願 悉現與之", 『무량수경연의술문찬』 권중(대정장37, p.149c10)에 "천인의 선악은 모든 국토의 인이고, 국토의 조묘는 모든 국토의 과다. 조는 추하다는 뜻이다. 그러므로 어떤 본에는 '국토의 추묘'라고 한다. 天人善惡卽 諸土之因 國土粗妙 卽諸土之果 粗者麤也 故有本云 國土之麤妙", 『무량수경기』 권상(한불전2, p.239c13)에 "국토의 조묘는 국토의 과를 밝힌 말이다. 이 가운데 예토를 조라 하고 정토는 묘라 한다. 또한 악취를 조라 하고 선취를 묘라 하기도 한다〈조와 추라는 두 글자의 음은 사실상 다르지 않다〉. 言國土之粗妙者 明土之果 此中 穢土名之爲粗 淨土名爲妙 又說惡趣名粗 善趣名妙〈粗與麤字 音實無別〉"라고 하였다. [참고문헌] 『無量壽經』, 『無量壽經連義述文贊』, 『無量壽經記』.

조묘암 祖妙庵 전라북도 김제시에 있던 암자. [참고문헌] 『韓國寺刹全書』 권하 p.1022b8.

조문각루 彫文刻鏤 도드라지게 모양내고 깎아 아로 새기다. 『장아함경』 권20 「세기경 世記經」(대정장1, p.129b17)에 "이 기둥 아래 정사면체의 법좌가 있었다. 그것은 종횡으로 칠백 유순 크기에 도드라진 문채와 깎아 아로새겼으니 모두 칠보로 이루어져 있었다. 當此柱下 有正法座 縱廣七百由旬 彫文刻鏤 七寶所成", 『육도집경』 권3(대정장3, p.12b1)에 "모든 수레는 꽃으로 덮였고 호랑이 가죽을 자리 장식으로 삼았으며 그것에 도드라진 문채와 깎아 아로새김이 아름답지 않은 것이 없었다. 諸車華蓋 虎皮爲座 彫文刻鏤 無好不有"라고 하였다. [참고문헌] 『長阿含經』, 『六度集經』.

조문수 曺文秀 1590~1647. 조선후기 문신. 자는 자실(子實), 호는 설정(雪汀), 본관은 창녕(昌寧). 조맹부(趙孟頫)와 왕희지(王羲之)의 서체를 절충하였으며, 해서(楷書)와 초서(草書)에 능하였다. 『인조실록』 권48 25년(1647) 12월 30일에 "문수는 사람됨이 겸손하고 화평하였으며, 조용하고 고요하였다. 해서에 능하였으며, 시도 매우 잘 썼다. 文秀爲人謙和恬靜 善楷書 頗工於詩"라고 하였다. 고승 비문으로 「보현사편양당언기대사비문 普賢寺鞭羊堂彦機大師碑文」을 썼다. 또 『조문수필적위심수재서 曺文秀筆蹟爲沈秀才書』가 전한다. [참고문헌] 『仁祖實錄』, 『槿域書畵徵』 권4 鮮代編 p.129, 智冠 『韓國高僧碑文總集 朝鮮朝·近現代』 p.192. ⇨ 보현사편양당대사비 普賢寺鞭羊堂大師碑

조문업 趙文業 조정(趙正)의 자(字). 조정(趙政)이라고도 한다. 낙양(洛陽) 청수(淸水) 또는 제음(濟陰) 출신이다. 18세에 위진(僞秦)의 저작랑(著作郞)이 된 이후 황문시랑(黃門侍郞)·무위태수(武威太守)에 올랐다. 태수 시절에 『증일아함경 增壹阿含經』·『승가라찰경 僧伽羅刹經』 등의 역출(譯出)을 주도하였다. 『증일아함경』 「서 序」(대정장2, p.549a10)에 "외국 사문 담마난제(Ⓢ Dharmānandin)는 … 전진(前秦)대인 384년(건원20) 장안에 오자 외국인과 향인들이 모두 좋다고 하여 무위태수 조문업이 그 경을 구하여 역출하도록 하였다. 有外國沙門 曇摩難提者 … 以秦建元二十年 來詣長安 外國鄕人 咸皆善之 武威太守 趙文業 求令出焉"라고 하였다. [참고문헌] 『增壹阿含經』, 『梁高僧傳』 권1 「曇摩難提傳」(대정장50, p.328c6). ⇨ 담마난제 曇摩難提

조바달다 調婆達多 Ⓢ Ⓟ Devadatta. 석가모니부처님의 사촌동생인 제바달다(提婆達多)의 다른 음사어. 출가하여 부처님의 제자가 되었으나, 오역죄(五逆罪)를 지어 무간지옥에 떨어졌다. 조달(調達)로도 음사하고 천열(天熱)·천수(天授)·천여(天與) 등으로 한역한다. 40권본 『대반열반경』 권33(대정장12, p.563a1)에 "선남자야, 내가 예전에 처음 출가하였을 때에 동생 난다(Ⓢ Nanda), 사촌동생 아난·조바달다, 아들 라후라 등과 같은 무리들이 모두 나를 따라 출가하여 도를 닦았는데, 내가 선성(Ⓢ Sunakṣatra)의 출가를 허락하지 않았으면, 그가 다음에 왕위를 이어 그 자재한 힘으로 불법을 파괴하였을 것이다. 그런 인연으로 나는 그가 출가하여 수도할 것을 허락하였다. 善男子 我於往昔 初出家時 吾弟難陀 從弟阿難 調婆達多 子羅睺羅 如是等輩 皆悉隨我 出家修道 我若不聽 善星出家 其人次當 得紹王位 其力自在 當壞佛法 以是因緣 我便聽其出家修道"라고 하였다. [참고문헌] 『大般涅槃經』. ⇨ 제바달다 提婆達多

조박 糟粕 술찌끼. 술을 거르고 남은 찌꺼기. 쓸모없는 것. 『일체경음의』 권77(대정장54, p.810b19)에 "조박〈첫 글자는 조와 노를 반절한 음, 다음 글자는 방과 막을 반절한 음. 허숙중의 『회남자』 주석에 '조는 술찌끼이고, 박은 이미 거른 술찌끼이다'라고 하였다〉. 糟粕〈上早勞反 下滂莫反 許叔重 注淮南子云 糟 酒滓也 粕 已盞糟也〉", 『법화현찬의결』(대정장34, p.864b3)에 "소승의 하찮은 것들 얻었을 뿐이고, 대승의 순수함을 잃었다. 但得小乘之糟粕 失大乘之淳粹", 『총림공론』(卍속장113, p.903a18)에 "이를 가리켜 우리 선종에서는 죽은 말이라 하고, 윤편(『장자』에 나오는 수레바퀴 장인)은 조박이라 하였다. 此吾宗指爲死語 輪扁謂之糟粕", 『대혜어록』 권상(卍속장121, p.52b9)에 "가르칠 수 있는 것은 언어의 찌꺼기여서 마음의 지극한 묘는 아니다. 그 지극히 묘한 마음은 나에게 있지 문자언어에 있지 않다. 其可敎者 語言糟粕 非心之至妙 其至妙之心 在我不在文字語言也"라고 하였다. ［참고문헌］『一切經音義』, 『法華玄贊義決』, 『叢林公論』, 『大慧語錄』. ⇨ 조강 糟糠

조반 助伴 Ⓢ sahāya, sahāyata, Ⓣ grogs. 도움. 도움을 주며 함께하는 것. 『해의보살소문경』 권6(대정장13, p.489a20)에 "사리자여, 또 마치 독사가 물어서 상해를 입히는데 도와 함께함이 없는 것처럼, 처음 발심하는 보살 역시 이와 같으니 보리분법을 닦아 공덕을 쌓을 때에도 도움없이 홀로 하여 단지 스스로 보리분법을 닦아 공덕을 쌓을 뿐이다. 또 마치 반딧불이 저 백천의 태양과 같은 광대한 광명을 이길 수 없는 것처럼, 일체번뇌도 이와 같으니 보살의 지혜광명을 대적할 수 없다. 또한 마치 독을 제거하는 약이 비록 아주 적을지라도 광대한 독을 능히 풀어 버릴 수 있는 것처럼, 보살도 이와 같으니 지혜의 약이 비록 더없이 적을지라도 모든 번뇌의 독을 다 풀어 없앨 수 있다. 舍利子 又如蛇毒 凡所傷螫 而無助伴 新發意菩薩 亦復如是 修集菩提分法時 亦復單己 而無助伴 但自修集 菩提分法 又如螢火 不能勝彼百千日輪 廣大光明 一切煩惱 亦復如是 不能勝敵 菩薩慧光 又如除毒之藥 狀雖至小 而能解除 廣大之毒 菩薩亦復如是 智慧之藥 雖復至小 而能息除 諸煩惱毒", 『집이문족론』 권9(대정장26, p.403a29)에 "어떤 것을 동사섭사라고 하는가? ［답］ 이 가운데서 동사란 무엇인가? 생명을 끊는 것을 매우 싫어하여 여읜 이가 잘 도와 함께하여 생명을 끊지 않도록 하고, 또 도둑질하는 것을 매우 싫어하여 여읜 이가 잘 도와 함께하여 도둑질을 하지 않도록 하며, 또는 음욕의 삿된 행을 매우 싫어하여 여읜 이가 잘 도와 함께하여 음욕의 삿된 행을 하지 않도록 하고, 또한 거짓말을 매우 싫어하여 여읜 이가 잘 도와 함께하여 거짓말을 하지 않도록 하며, 또 술 마시는 것을 매우 싫어하여 여읜 이가 잘 도와 함께하여 술을 마시지 않도록 하는 것이다. 이와 같이 여러 일을 '동사'라고 한다. 云何同事攝事 答 此中同事者 謂於斷生命 深厭離者 爲善助伴 令離斷生命 若於不與取 深厭離者 爲善助伴 令離不與取 若於欲邪行 深厭離者 爲善助伴 令離欲邪行 若於虛誑語 深厭離者 爲善助伴 令離虛誑語 若於飮諸酒 深厭離者 爲善助伴 令離飮諸酒 諸如是等 說名同事", 『대승아비달마집론』 권3(대정장31, p.671c9 : *Abh-s.*, p.29)에 "조반이란, 모든 법이 함께 있어야 일어나고 반드시 결함도 없다. 예를 들면 사대종과 소조색이 따라 응하는 것과 같다. 助伴者 謂諸法共有而生 必無缺減 如四大種 及所造色 隨其所應 kathaṃ sahāyataḥ. ye dharmāḥ sahabhāvenotpadyante nānyatamavaikalyena. tadyathā bhūtāni bhautikañca", 『대승아비달마잡집론』 권5(대정장31, p.717b25 : *Abh-s-bh.*, p.46)에 "반섭(Ⓢ sahāya-saṃgraha) 즉 함께 거둔다 함이란, 색온과 그 나머지 온이 서로 반려가 되는 것을 말한다. 즉 거두고 도와 함께한다. 그 나머지 온계처도 이와 같다. 예를 들면 색온과 그 이외의 수온 등이 서로 조반이 되어 능히 오온을 거두는 것과 같다. 이와 같이 수온 등이 하나하나 도와서 함께하며 각각 오온을 거두는데, 오온처럼 계와 처 역시 그러하다. 서로 반이 되기에 하나하나가 모두 일체의 계와 처를 거둔다. 伴攝者 謂色蘊與餘蘊 互爲伴故 卽攝助伴 餘蘊界處亦爾 如色蘊與餘受等 互爲助伴 能攝五蘊 如是受等 一一助伴 各攝五蘊 如蘊 界處亦爾 互爲伴故 一一皆攝 一切界處 sahāyasaṃgraheṇa rūpaskandhaḥ saha tadāśritairvedanādibhiḥ sahāyairgṛhyamāṇaḥ pañcabhiḥ skandhaiḥ saṃgṛhītaḥ. evaṃ vedanādayā'pi pratyekaṃ saparivārā gṛhyamāṇāḥ pañcabhiḥ skandhaiḥ saṃgṛhītā bhavanti. tathā dhātava āyatanāni ca saparivārāṇi pratyekaṃ sarvardhātubhirāyatane śca saṃgṛhītāni veditavyāni"라고 하였다. ［참고문헌］『海意菩薩所問經』, 『集異門足論』, 『大乘阿毘達磨集論』, 『大乘阿毘達磨雜集論』, *Abh-s.*, *Abh-s-bh.*

조반 澡盤 입을 헹구거나 손을 씻는 대야. 조관(澡灌)이라고도 한다. 『오분율』 권25(대정장22, p.167c6)에 "늙고 병든 비구들이 추운 날씨에 나가서 씻을 수 없자 부처님께서 말씀하셨다. '대야를 쓰거나 동이에 물을 받아쓰도록 허용한다'. 有諸老病比丘 寒時不能出洗 佛言 聽用澡盤 及瓮承水", 『사분율』 권46(대정장22, p.904c23)에 "그 비구는 변을 본 뒤에 항상 음식 발우에 분뇨를 담아 버렸다. 다른 비구들이 보고 혐오하자 부처님께서 말씀하셨다. '발우를 분뇨 치우는 도구로 써서는 안 된다. 동이나 조반이나 빗자루는 허용한다. 발우는 청결하게 유지해야 한다'. 彼比丘便用已 常食鉢盛糞掃棄 餘比丘見惡之 佛言 不應用鉢棄糞掃 聽以瓮若澡盤若掃箒 鉢應淨潔畜", 『사미위의』(대정장24, p.934b3)에 "조반을 지니면서 지켜야 할 다섯 가지 일이 있다. 첫째, 조반으로 소리를 내서는 안 된다. 둘째, 두 손으로 꼭 붙들고 오른쪽으로 받쳐야 한다. 셋째, 당사자 손 높이에 따라야 하고 두리번거리며 보아서는 안 된다. 넷째, 조반이 가득 차면 나가서 버리되 남의 앞 바닥에 부어서는 안 된다. 다섯째, 이미 손을 씻고 나서는 가사를 갈아입어야 한다. 持澡盤有五事 一者 不得使盤有聲 二者 當兩手堅持 當倚右面 三者 當隨人手高下 不得左右顧視 四者 澡盤中滿 當出棄之 不得澆人前地 五者 已當過澡手 還著袈裟"라고 하였다. 〔참고문헌〕『五分律』, 『四分律』, 『沙彌威儀』. ⇨ 조관 澡灌

조반청정 助伴淸淨 조반의 청정. 여러 가지 인연의 청정함을 말한다. 『근본살바다부율섭』 권1(대정장24, p.525c21)에 "근의 욕을 잘 조복한다 하니, 이것은 도와 함께함이 청정함을 나타낸다. 능히 계를 빠짐없이 다 갖추기 때문이다. 言善伏根欲者 此顯助伴淸淨 能與戒俱故", 『유가사지론』 권70(대정장30, p.685a10)에 "어떤 것을 조반청정이라고 하는가? 즉 견청정 · 궤청정 · 명청정이다. 云何名爲助伴淸淨 謂見淸淨 軌淸淨 命淸淨", 『유가론기』 권19(대정장42, p.732b4 · 한불전14, p.419c18)에 "'조반이 청정하다'란 견 · 괘 · 명의 청정을 말하니, 이것들은 앞서 가행으로 얻는다. 인연을 조반이라 하고, 바른 견해와 마음으로 계를 수지하는 것을 견정, 몸을 움직이고 말을 하지만 사견과 그릇된 말을 하지 않는 것을 궤정, 다만 열반만으로서 계받기를 구하니 이것을 이름하여 목숨을 깨끗이 하는 명정이라 한다. 言助伴淨 謂見軌命淨者 卽前加行得 或因緣名爲助伴 正見心受戒名見淨 運動身語離邪見語 名軌淨 但爲涅槃而求受戒名命淨"라고 하였다. 〔참고문헌〕『根本薩婆多部律攝』, 『瑜伽師地論』, 『瑜伽論記』. ⇨ 조반 助伴

조발 助發 도와 일어나게 하다. 『법화경』 권1(대정장9, p.5b19)에 "지금 부처님께서 광명을 놓으시어, 실상의 뜻을 도와 일어나게 하신다. 今佛放光明 助發實相義", 『법화경의기』 권2(대정장33, p.592a1)에 "'실상의 뜻을 도와 일어나게 하시네'라고 한 까닭은 무엇인가? 여래께서 이 모습을 나타내심은 바로 중생이 대승의 도리를 행하도록 도우려고 하시는 것이다. 所以言助發實相義者 如來現此相 正欲助衆生發大乘機"라고 하였다. 〔참고문헌〕『法華經』, 『法華經義記』.

조발탑 爪髮塔 부처님의 손톱과 머리카락을 봉안한 탑. 『법원주림』 권62(대정장53, p.750c11)에 "옛날 『살바다론』에 이르기를, '부처님께 보시하고자 한다면 조발탑 중앙에 놓고 법신불에게 공양하라. 법신은 상주하기 때문이다'라고 하였다. 故薩婆多論云 若施佛寶者 置爪髮塔中 供養法身佛 以法身常在故"라고 하였다. 〔참고문헌〕『法苑珠林』. ⇨ 발탑 髮塔

조백 皀白 흑백(黑白). 선악(善惡) · 진가(眞假) · 도속(道俗) 등의 뜻을 다 거두는 상징이다. 조는 조(皁)와 통한다. 『화엄경의해백문』(대정장45, p.635b27)에 "그 실을 드러내고자 저 방편문에 나아가 가려서 흑백을 두 짝으로 나누고 진망을 나눠 달리한다. 今欲顯其實 趣簡彼權門 使皀白以雙分 令眞妄而兩別", 『당고승전』 권6 「혜초전 慧超傳」(대정장50, p.468a12)에 "일찍이 도속을 위하여 자신의 고상한 궤범을 일러주었고, 그 뒤 남쪽 강좌(長江 하류 지역)로 돌아다니다가 남간사에 주석하였다. 早爲皁白 挹其高軌 後南遊江左 住南澗寺", 『원오심요』 권상 「시촉중추봉장로 示蜀中鶖峰長老」(卍속장120, p.711b1)에 "번개치는 중에 뒤섞임 알아차리고, 부싯돌 반짝이는 사이에 흑백을 분간한다. 閃電中別殽訛 石火裏分皁白"라고 하였다. 〔참고문헌〕『華嚴經義海百門』, 『唐高僧傳』, 『圓悟心要』. ⇨ 분조백 分皀白, 불분조백 不分皀白

조백 祖柏 원대 스님. 자는 자정(子庭). 사명(四明 : 浙江省) 출신. 가정(嘉定)에 살았다. 그림과 시로 이름을 떨쳤다. 저서에 『불계주집 不繫舟集』이 있다. 〔참고문헌〕『元詩紀事』 권34.

조백미 照白眉 남악(南嶽) 방광조(方廣照)의 별명. 『고애만록』 권상 「남악방광조선사 南嶽方廣照禪師」(卍속장148, p.152a14)에 "순박하고 꾸밈없으나 욕하고 꾸짖기로 불사를 삼아 학인들이 꺼렸다. … 불조회중에서 조백미라 불렀다. 淳素鄙朴 以罵詈爲佛事 學者憚之 … 佛照會中 號照白眉者"라 하였다. 〔참고문헌〕『枯崖漫錄』.

조백미분 皀白未分 흑과 백이 나누어지기 이전. 어떤 조짐도 일어나기 이전 미분화의 혼돈과 같은 상태. 근본적으로 분별이 불가능한 대상을 말한다. 『건중정국속등록』 권8 「현충조인장 顯忠祖印章」(卍속장136, p.140a9)에 "점을 찍었는데 오지 않았으니 흑백이 나뉘기 전이며, 도착했는데 점 찍지 않았다면 진흙과 물이 합해버린 것이다. 點時不到 皀白未分 到時不點 和泥合水", 『삼산등래어록』 권11(가흥장29, p.737a7)에 "학인이 홍화에게 물었다. '흑과 백이 나누어지기 이전〈그대가 가려내지 못함이다〉에 대하여 스님께서 방편을 베풀어주시기 바랍니다〈답하지 않겠다〉'. 홍화가 소리를 내지르면서 곧바로 때렸다〈급하고 급하니 법령대로 하라〉. 僧問興化 皀白未分〈奈汝不辨〉 乞師方便〈不向道〉 化隨聲便打〈急急如律令〉"라고 하였다. 〔참고문헌〕『建中靖國續燈錄』, 『三山燈來語錄』. ⇨ 조백 皀白, 명암미분 明暗未分

조버 Jo 'ber 1196~255. 구루조버(Guru Jo 'ber) 혹은 장조버(Zhang-jo-'ber)라고도 불린다. 타라나타

(Tāranātha)의 청사(靑史)를 통해 족첸 (rDzogs-pa-chen-po, Atiyoga) 전통의 세 계보 중에 하나인 멘악데(man-ngag-sde)의 중요한 전승자로 전한다. 그의 삼촌인 니마붐(Nyi-ma-'bum 1158~1213)에게서 족첸의 가르침을 전수받은 이후 샤카판디타(Sa-skya paṇḍita kun-dga'-rgyal-mtshan) 등 유명한 스승들에게 배워 36세에 수학을 마쳤다고 알려졌으며, 그 닝틱(sNying-thig : 宗旨)은 툴직셍게갑파('Khrul-zhig-seng-ge-rgyab-pa 13세기경)에게 전수되었다. [참고문헌] Nyoshul Khenpo *A Marvelous Garland of Rare Gems*(Padma Publication, 2005) pp.89~90.

조법륜 照法輪 공(空)의 뜻으로 비춰 유(有)를 파한 반야의 법륜. 삼법륜(三法輪 : 妙 持 照) 중 하나로 부처님 일대의 가르침 중 두 번째 때의 공교(空敎)를 말한다. 성도하신 후 7년으로부터 31년 동안 강설하신 반야경을 말한다. 『금광명최승왕경』 권3(대정장16, p.414a5)에 "현재 시방의 일체제불과 이미 아누다라삼막삼보리를 얻으신 분들에게 귀의하며 예를 올립니다. 묘법륜·지법륜·조법륜을 굴리고 커다란 법우를 내리며, 커다란 법고를 치고 커다란 법라를 불며, 커다란 법당을 세우고 커다란 법의 횃불을 들고 계시니, 모든 중생을 이롭게 하고 안락하게 하기 위한 것입니다. 항상 법보시를 행하여 미혹에 빠진 중생을 이끌고 나아가 대과를 얻고 상락을 누리도록 하시기에, 이와 같은 제불세존께 몸과 말과 뜻으로 머리 조아려 지극한 마음으로 경배드립니다. 歸命頂禮 現在十方 一切諸佛 已得阿耨多羅三藐三菩提者 轉妙法輪 持照法輪 雨大法雨 擊大法鼓 吹大法螺 建大法幢 秉大法炬 爲欲利益安樂諸衆生故 常行法施 誘進群迷 令得大果 證常樂故 如是等諸佛世尊 以身語意 稽首歸誠 至心禮敬", 『설무구칭경소』 권1(대정장38, p.998c23)에 "제2시는 대승중에 유독 공리를 행하는 가르침만 설하여 유를 비춰 부수기에 조법륜이라고 한다. 第二時 說大乘獨行空理之教 照破有故 名照法輪"라고 하였다. [참고문헌] 『金光明最勝王經』, 『說無垢稱經疏』. ⇨ 삼법륜 三法輪, 삼륜교 三輪教, 공교 空教

조법사 肇法師 승조(僧肇 384~414)의 별명. 『법화현론』 권2(대정장34, p.377c14)에 "여래의 몸은 생멸하지 않아서 그 수명 또한 시작도 끝도 없다. 조법사의 『열반론』에서도 이 두 가지 뜻을 바로 밝힌다. 如來身不生滅 壽無始終也 又肇法師 涅槃論 正明此二義"라고 하였다. [참고문헌] 『法華玄論』. ⇨ 승조 僧肇

조병 澡瓶 물을 담아 지니고 다니는 병. 『잡보장경』 권8(대정장4, p.485c27)에 "부처님께서 성에 들어가신 뒤에 이렇게 생각하셨다. '잠시 후 물을 떠서 조병을 채운 다음에 돌아가야겠다'. 佛入城後 作是念言 當爲汲水令滿澡瓶 然後還歸", 『번역명의집』 권7(대정장54, p.1169c14)에 "『서역기』에 '군치가(Ⓢ Ⓟ kuṇḍikā)의 한역어는 조병이다. 군지라는 구역은 잘못 줄인 음사어다'라고 하였다. 西域記云 捃稚迦 唐言澡瓶也 舊云軍持 訛略也"라고 하였다. [참고문헌] 『雜寶藏經』, 『翻譯名義集』, 『大唐西域記』 권10(대정장51, p.926c6). ⇨ 군지 軍持, 정병 淨瓶, 비구십팔물 比丘十八物

조복 調伏 Ⓢ dama, damana, vinaya, nigraha, dānta, vinīta, Ⓣ 'dul-ba, tshar-gcad-pa, tshar-gcad-par-bya-ba, bsal-ba, rnam-par-bsal-ba. 고르게 하여 다스려 물러나게 하거나 없게 하는 뜻. 율의(律儀), 계(戒)의 뜻이며 조화제복(調和制伏)의 뜻이다. 『구사론』 권15(대정장29, p.79a21 : *Abh-k-bh.*, p.222)에 "[송] 조복인 별해탈계(別解脫戒 : 七衆戒)를 버리니, 고의로 버리거나 목숨을 마치거나, 이형이 동시에 생기거나, 선근을 끊거나, 밤이 다함에 의해서다. … 조복이란 무슨 말인가? 뜻으로는 율의를 나타낸다. 이것으로 능히 육근을 조복할 수 있기 때문이다. 頌曰 捨別解調伏 由故捨命終 及二形俱生 斷善根夜盡 … 言調伏者 意顯律儀 由此能令 根調伏故 〈kārikā〉 prātimokṣadamatyāgaḥ śikṣānikṣepaṇāccyuteḥ, ubhayavyañjanotpattermūlacchedānniśātyayāt. 〈bhāṣya〉 dāmyantyaneneti damaḥ saṃvaro 'bhipretastenendriyadamanāt", 『화엄경탐현기』 권1(대정장35, p.109a21)에 "둘째 비나야이다. 이것은 조복이라 한역한다. 조란 고르게 다스림이고, 복이란 다스려 없앰이다. 몸과 말 등의 행위를 다스려 엎드리게 하여, 모든 악행을 사라지게 하기 때문이다. 二 毘奈耶 此云調伏 調者和御 伏者制滅 調和控御 身語等業制伏除滅諸惡行故"라고 하였다. [참고문헌] 『俱舍論』, 『菩薩善戒經』, 『華嚴經探玄記』, *Abh-k-bh.*, *Vikī-n.30.*, *Bodh-bh.79·97·104.*, *Sūtr.119.*, *Ratna-ut.4.* ⇨ 비나야 毘奈耶, 율 律

조복가행계 調伏加行界 불보살이 중생을 교화하는 방편. 조복방편계(調伏方便界)라고도 한다. 『유가사지론』 권77(대정장30, p.726a26)에 "계의 뜻이란, 다섯 가지 계를 말한다. … 다섯째 조복가행계다. 言界義者 謂五種界 … 五者 調伏加行界"라고 하였다. [참고문헌] 『瑜伽師地論』. ⇨ 조복방편계 調伏方便界

조복갈마 調伏羯磨 이종갈마(二種羯磨 : 永擯羯磨 調伏羯磨) 중 하나. 죄를 범한 비구가 참회하는 동안 모든 일에서 대중과 함께하지 못하게 하여 스스로를 다스려 엎드리게 한다. 『십송율』 권51(대정장23, p.375a26)에 "네 가지 조복갈마가 있으니, 고절과 의지와 구출과

하의다. 有四調伏羯磨 苦切 依止 驅出 下意",『비니모경』 권2(대정장24, p.808a22)에 "조복갈마란, 참회가 끝나기 전에는 음식이나 앉고 서고 말하는 것에 이르기까지 일체 승가의 법사에 모두 함께할 수 없다. 이것을 빈출조복갈마라고 한다. 調伏者 未懺悔中間 及飲食 坐起 言語 一切僧法事 皆不得同 是名擯出調伏羯磨"라고 하였다. 〔참고문헌〕『十誦律』,『毘尼母經』. ⇨ 이종갈마 二種羯磨❷, 영빈갈마 永擯羯磨

조복광 調伏光 북인도 지나복지국(至那僕底國 Ⓢ Cīnabhukti) 출신 유식논사 비니다발랍바(毘膩多鉢臘婆 Ⓢ Vinītaprabha)의 한역 이름. 현장에게 『대법론 對法論』·『현종론 顯宗論』·『이문론 理門論』을 가르쳤다. 원측(圓測)의 『인왕경소』 권하(대정장33, p.418c15·한불전1, p.109a13)에 "한 논사가 있으니 이름이 조복광인데 『해심밀경』에 의지하여 다음과 같이 말한다. '팔지 이상에 나타나는 시왕의 몸은 변화신일 뿐이고, 칠지 이전은 의도적으로 번뇌를 일으켜 삼계의 업에 의하여 분단신을 받는다'. 有一論師 名調伏光 依解深密 作如此說 八地已上 所現王身 唯是變化 七地已前 故起煩惱 資三界業 受分段身"라고 하였다. 〔참고문헌〕『仁王經疏』,『慈恩傳』 권2(대정장50, p.232a25). ⇨ 비니다발랍바 毘膩多鉢臘婆, 현장 玄奘

조복박우취락 調伏駁牛聚落 Ⓟ Kammāsadhammanigama. 촌락(村落) 이름. 이 마을에서 비구들에게 『사품법경 四品法經』을 말씀하셨다. 〔참고문헌〕『雜阿含經』 권9(대정장2, p.58c17), *SN.2.92.*

조복방편계 調伏方便界 Ⓢ vinayopāya-dhātu, Ⓣ 'dul-ba'i-thabs-kyi-khams. 방편으로 조복하는 계. 오계(五界) 중 하나로 불보살이 중생을 교화하는 방편. 도성제인 팔성도나 삼승교등을 말한다. 조복가행계(調伏加行界)·화중생방편(化衆生方便)이라고도 한다. 『해심밀경』 권3(대정장16, p.700b25)에 "계라 말하는 뜻은, 다섯 가지 경계를 말하니 … 다섯째 조복방편계다. 言界義者 謂五種界 … 五者 調伏方便界",『유가론기』 권20(대정장42, p.780a6·한불전14, p.571b10)에 "다섯째 조복방편계란 바로 도성제다. … 견도 전의 방편이다. 五 調伏方便界者 卽是道諦 … 是見道前方便",『화엄강요』 권37(卍속장13, p.424a13)에 "〈경〉 무량성문승신해에 들어가니, 무량제불께서 말씀하신 지혜의 길에 들어가 믿어 알게 하는 것이며, 무량벽지불의 성취에 들어가니, 무량제불께서 말씀하신 깊고 깊은 지혜문에 들어가 깨닫도록 하는 것이고, 무량보살의 방편행에 들어가니, 무량제불께서 말씀하신 대승을 집대성한 일에 들어가 보살이 증득하도록 하는 것이다. 〈석〉 다섯 번째 세 가지로 마주하여 조복방편계를 밝힌다. 논에 이르되, 어떤 등의 가르침을 둔다 하는가? 삼승을 둔다는 말이다. 처음은 성문이 설한 지혜의 도를 상대하고, 다음은 마주해 연각이 설한 심지를 위하고, 이제는 인연을 알기에 마지막으로 보살이 설한 지도집성의 일들을 마주한다. 入無量聲聞乘信解 入無量諸佛說智道 令信解 入無量辟支佛所成就 入無量諸佛說甚深智慧門 令趣入 入無量諸菩薩方便行 入無量諸佛所說大乘集成事 令菩薩得入 五有三對 明調伏方便界 論云置何等乘 謂置三乘故 初對爲聲聞說智道 令證滅故 次對爲緣覺說深智 令知因緣故 後對爲菩薩說地度集成事"라고 하였다. 〔참고문헌〕『解深密經』,『瑜伽論記』,『華嚴綱要』, 80권본 『華嚴經』 권37(대정장10, p.196b15), *Sūtr.170.* ⇨ 오계 五界❸

조복방편계무량 調伏方便界無量 Ⓢ vinayopāya-aprameya, vineyopāyaśca-aprameyaḥ, Ⓣ 'dul-ba'i-thabs dpag-tu-med-pa. 조복해야 할 방편의 세계 헤아릴 수 없다는 말. 오무량(五無量) 중 하나로 불보살이 조복해야 하는 종성과 근기가 무량하므로 그 방편 또한 무량하다는 뜻이다. 『유가사지론』 권46(대정장30, p.548b18 : *Bodh-bh.*, p.200)에 "무엇이 조복방편계무량인가? 앞에서 말한 바와 같으니, 이 중에는 역시 한량없는 품류차별이 있음을 알아야 한다. 〔문〕 무슨 까닭에 이 다섯 가지 무량을 이와 같은 차제로 모두 설하는가? 〔답〕 모든 보살은 오직 유정중생을 이롭게 하는 것만을 힘써 닦아 익히기에 최초로 유정계무량을 설한다. … 이와 같은 방편선교로 말미암아 모든 유정이 구경에는 반드시 해탈하도록 해야 한다. 그러므로 다섯 번째로 조복방편계무량을 설한다. 따라서 보살은 이 다섯 가지 무량에 대하여 능히 일체의 훌륭한 작용을 일으킨다고 한다. 云何調伏方便界無量 謂如前說 當知 此中亦有 無量品類差別 問 何故總說 此五無量 如是次第 答 以諸菩薩 專精修習 饒益有情 是故 最初說有情界無量 … 要由如是方便善巧 令諸有情 究竟解脫 是故 第五說調伏方便界無量 是故 說言 菩薩於此五種無量 能起一切善巧作用 vineyopāyaḥ punaḥ pūrvavadyathā nirdiṣṭo veditavyaḥ. so 'pi cāprabheyaḥ prakārabhedataḥ. ta ete 'bhisamasya pañcāprameyā bhavanti. tatkasya hetoḥ. iha bodhisattvo yeṣāṃ sattvānāmarthe prayujyate sa prathamo 'prameyaḥ. … yaścopāyasteṣāmeva sattvānāṃ vimokṣāya sa pañcamoprameyaḥ. tasmādete pañcāprameyā bodhisattvānāṃ sarvakauśalakriyāyai saṃvartante",『유가론기』 권11(대정장42, p.561b6·한불전13, p.899b15)에 "'조복방편계무량은 앞에서 말한 것과 같다'란 무슨 뜻인가? 위의 「성숙품 成熟品」에서 스물일곱 가지 선교방편을 갖춰 밝혔다. 그러므로 옛 논에서 앞의 「성숙품」에서

설한 것과 같다고 하였다. 『장엄론』에 의하면 십이분교를 방편으로 삼는다. 調伏方便界無量如前說者 上成熟品具明二十七種善巧方便 故舊論云 如前成熟品說 若依莊嚴論 以十二分教爲方便"라고 하였다. [참고문헌] 『瑜伽師地論』, 『瑜伽論記』, 『顯揚聖敎論』 권8(대정장31, p.520b21), *Bodh-bh.* ⇨ 오무량 五無量 ❶

조복법 調伏法 Ⓢ abhicāraka, ābhicārika, Ⓣ drag-shul-spyod-pa. 사종단법(四種壇法) 또는 오장엄법(五莊嚴法) 중 하나다. 부동명왕(不動明王)·항삼세명왕(降三世明王)·대위덕명왕(大威德明王)·군다리명왕(軍荼利明王) 등의 분노존(忿怒尊)등을 본존으로 하여 호마를 닦아 악인 등을 굴복시키는 수법이다. 아비차로가(阿毘遮嚕迦) 또는 아비차라가(阿毘遮羅迦)로 음사하고 항복법(降伏法)·절복법(折伏法)이라고 한역한다. 『오불정삼매다라니경』 권2 「오정왕의법비밀품 五頂王儀法祕密品」(대정장19, p.272c24)에 "저 악심을 조복해서 선하게 하는 것을 아비투도가라고 한다. 調伏他惡心令善 名阿毘柘嚕迦", 수법에 대해서는 『칠구지불모소설준제다라니경』 권1(대정장20, p.184b25)에 "아비차로가법이란, 오무간을 범하고 방등대승을 비방하여 불성을 훼멸하고, 군주를 배역하며, 정법을 어지럽히는 등 이런 사람에게 깊이 비민을 일으켜 마땅히 항복시킬 법을 짓는다. 노새나 낙타의 분 또는 시신을 태운 재로 단을 바른다. 이 법을 지을 때는 검은 옷이나 푸른 옷을 입고 얼굴은 남쪽으로 향하게 하며 왼쪽 다리에 오른쪽 다리를 올려 무릎을 세우고 앉는다. 본존을 관하길 흑색이라 여기고 냄새나 향기없는 흑색 또는 청색 꽃을 공양하며, 음식·향화·과자·등촉 등도 모두 흑색이나 청색으로 올린다. 그 달의 23일부터 마지막 날까지 행하고 오전과 중야 두 때를 취해 염송한다. 阿毘遮嚕迦法者 犯五無間 謗方等大乘 毀滅佛性 背逆君主惑亂正法 於如是之人深起悲愍 應作降伏法 以驢糞或駝糞或燒尸灰 以用塗壇 作此法時 身著黑衣或青衣 面向南左脚押右脚蹲踞坐 觀本尊黑色 取臭無香氣黑色或青色花供養 所供飮食香花菓子燈燭地等 並皆黑色或青色 從月二十三日至月盡日 取午時中夜二時念誦", 『박초자구결』(대정장79, p.197c22)에 "『비장기』에 이르길, 조복법은 반드시 항삼세진언을 외우며, 흑월의 날 중에서도 야반에 시작하고 선악일은 가리지 않는다. 삼시로 행하지도 않는다. 祕藏記云 調伏法取黑月日中夜半起首 不論善惡日 行之不得三時行", 『대일경』 권7 「지송법칙품 持誦法則品」(대정장18, p.53a20)에 "만약 진언으로 처음에 옴(ॐ)자를 쓴다면 뒤에는 훔발(हूं फट् hūṃ phaṭ)을 더해서 거두어 불러야 한다. 若眞言初以唵字 後加斛發攝召用", 『금강삼업경』 권4(대정장18, p.492b19)에 "조복법을 지으려면 한 곳에서 분노상을 관상해야 한다. 법과 의궤에 의지해서 때와 장소에 상응하여 분노상 앞에서 저 대명주를 백팔편 염송하며 모든 악한 것들을 결정구로 불러들여 다 조복한다. 또 조복법을 지으려면 먼저 장소를 택해야 한다. 若作調伏法者 當於一處 想忿怒像 依法儀軌 時處相應 於忿怒像前 誦彼大明 一百八遍 一切惡者 決定句召悉令調伏 又復若作調伏法者 先當擇其處所"라고 하였다. [참고문헌] 『五佛頂三昧陀羅尼經』, 『七俱胝佛母所說准提陀羅尼經』, 『薄草子口決』, 『大日經』, 『金剛三業經』, *Mvyut.198.* ⇨ 항복법 降伏法, 사종단법 四種壇法, 소실지갈라오장엄법 蘇悉地羯羅五莊嚴法

조복산 調伏山 ⓈⓅ Vinataka, Ⓣ rnam-par-'dud. 구산팔해(九山八海) 중 하나로 수미산 밖 일곱 번째 산. 『장아함경』 권18 「세기경 世記經」(대정장1, p.116a5)에 "니민다라산(Ⓟ Nemindhara)에서 멀지 않은 곳에 산이 있으니, 조복산이라 하는데, 높이는 육백유순이고, 세로와 가로도 육백유순이다. 그 주변은 넓고 멀며, 여러 가지 색이 섞인 칠보로 이루어졌다. … 조복산에서 멀지 않은 곳에 산이 있으니, 금강위산(Ⓟ Cakkavāḷa)이라 하는데, 높이는 삼백유순이고, 세로와 가로도 삼백유순이다. 去尼民陀羅山不遠有山 名調伏 高六百由旬 縱廣六百由旬 其邊廣遠 雜色間廁 七寶所成 … 去調伏山不遠有山 名金剛圍 高三百由旬 縱廣三百由旬", 같은 책 권22 「세기경 世記經」(대정장1, p.146a14)에 "일곱째 니미다라산 밖에 조복산이 있는데, 높이는 육백유순이고 세로와 가로도 육백유순이며, 그 주위는 한량없는 칠보로 이루어져 햇빛이 비추어 닿으면 열이 생긴다. 七者去尼彌陀羅山表有調伏山 高六百由旬 縱廣六百由旬 周匝無量 七寶所成 日光照山 觸而生熱"라고 하였다. [참고문헌] 『長阿含經』, *Mvyut.195.* ⇨ 구산팔해 九山八海, 수미산 須彌山

조복섭 調伏攝 견혹(見惑)과 사혹(思惑) 그리고 근본무명을 조복해 거둬서 다시 일어나지 않게 함. 『대명삼장법수』 권3(영락장181, p.492b2)에 "두 번째는 조복섭이다. 조는 고르게 하여 다스린다는 뜻으로, 견혹과 사혹 및 근본무명의 번뇌를 조복하여 모두 바른 이치에 순하여 마음마음이 적멸하니 다시는 일어나지 않게 하는 것을 조복섭이라 한다. 二 調伏攝 調卽調治 謂調伏見思煩惱及根本無明之惑 皆順正理 心心寂滅 不令再起 是名調伏攝"라고 하였다. [참고문헌] 『大明三藏法數』. ⇨ 삼혹 三惑❷, 무명 無明

조복성 調伏聲 Ⓢ vinītā-vāg. 육십종성(六十種聲) 중 하나. 『대승장엄경론』 권6(대정장31, p.619c5 : *Sūtr.*, p.80)에 "조복성이란, 탐 등의 번뇌를 능히 마주해 다스린다. 調伏聲者 貪等煩惱 能對治故 vinītā rāgādip ratipakṣatvāt"라고 하였다. 〔참고문헌〕『大乘莊嚴經論』, *Sūtr.* ⇨ 육십종성 六十種聲

조복아심론 調伏我心論 신라 원효(元曉 617~686) 지음. 1권. 『신편제종교장총록』 권3 「해동유본견행록 海東有本見行錄」(대정장55, p.1178b8 · 한불전4, p.696c9)과 금명보정(錦溟寶鼎 1861~1930)의 『저역총보』 권2 「선일저술부 鮮日著述部」(한불전12, p.464b5)에 목록이 전할 뿐이다. 〔참고문헌〕『新編諸宗教藏總錄』, 『著譯叢譜』. ⇨ 원효 元曉

조복의 調伏義 보살마하살이 온갖 법으로 중생을 위함을 한결같이 자신과 같이 하여 일체중생이 안은하도록 함을 말한다. 내외의(內外義), 진실의(眞實義), 안은의(安隱義)라고도 한다. 『보살선계경』 권1(대정장30, p.965c27)에 "보살마하살의 모든 연설은 다 뭇 갖가지 사견과 이견을 파괴하기 위한 것이다. 즉 인과가 없다고 하여 파계하는 이는 허물을 보지 못하기 때문이니, 이들을 위하여 갖가지 금계를 훼손하는 잘못을 설하며, 삼악을 깨뜨리기 위하여 자세하게 설법한다. 퇴전하는 수선자나 선법자가 있으면 퇴전하지 않도록 하기 위하여 설법하며, 모든 선법을 더욱 증장하기 위하여 설법하고, 중생이 자유자재함을 얻도록 하기 위해 설법하며, 시방세계중생이 선신족을 얻도록 하기 위해 설법하는데, 이것을 조복의라고 한다. 菩薩摩訶薩 凡所演說 悉爲破壞衆邪異見 謂無因果 破戒之人 不見過故 爲說種種毁禁之過 爲破三惡 而演說法 若有退禪 及善法者 爲不退故 而爲說法 爲欲增長 諸善法故 而爲說法 欲令衆生 得自在故 而爲說法 欲令十方世界衆生 得善神足 而爲說法 是名調伏義", "내의는 외의라고 하며, 외의는 또 내의라고 한다. 내외의는 조복의라고 하며, 조복의는 또한 내외의라고 한다. 여래십력 · 사무소외 · 십팔불공법 · 대비 · 삼념처 · 오지 · 삼매를 진실의라고 하며, 진실의는 내외의라고 한다. 내외의란 무엇인가? 두 가지가 있으니, 어떤 것이 그 두 가지인가? 첫째는 스스로를 고르게 함, 둘째는 다른 이를 고르게 함이다. 內義者 名爲外義 外義者 亦名內義 內外義者 名調伏義 調伏義者 亦名內外義 如來十力 四無所畏 十八不共法 大悲 三念處 五智 三昧 是名眞實義 眞實義者 名內外義 內外義者 有二種 何等爲二 一者 自調 二者 調他", "보살마하살이 방편을 잘 아는 것을 조복의라고 하며, 보살이 행한 일체선행을 조복의라고 한다. 어떤 것을 다시 내외의라고 하는가? 내외의에 다섯 가지가 있으니, 어떤 것이 그 다섯 가지인가? 첫째는 남의 몸을 깨끗이 하는 것, 둘째는 남의 선법을 길러주는 것, 셋째는 현재의 이익, 넷째는 타세의 이익, 다섯째는 남의 번뇌를 부수는 것이다. 보살마하살이 닦은 선의 많고 적음에 따라 중생을 자신이 얻은 것과 같아지도록 한다면 이를 조복의라고 한다. 보살마하살은 자신이 안은하면 다시 자신의 안은함을 중생에 베푸는데, 즉 출세간이든 세간이든 욕계든 선정이든 그렇게 하는 것을 안은의라고 한다. 안은의는 또 내외의라고 하며, 또한 조복의이고 진실의다. 菩薩摩訶薩善知方便 是名調伏義 菩薩所行 一切善行 名調伏義 云何復名內外義 內外義者 有五事 何等爲五 一者 淨於他身 二者 長他善法 三者 現在利益 四者 他世利益 五者 壞他煩惱 若菩薩摩訶薩 隨所修善 若多若少 以敎衆生 同己所得 是名調伏義 菩薩摩訶薩 旣自安隱 復己安隱 施於衆生 所謂若出世及以世間 若欲界 若禪定 是名安隱義 安隱義者 亦名內外義 亦名調伏義 亦名眞實義"라고 하였다. 〔참고문헌〕『菩薩善戒經』. ⇨ 조복 調伏

조복장 調伏藏 ❶ 삼장(三藏) 중 하나. 율장(律藏)인 비나야장(毘奈耶藏 Ⓢ vinaya-piṭaka)을 말한다. 『명불법근본비』(대정장46, p.988c5)에 "소달람비적가는 계경장이라 한역하고, 미나야비적가는 조복장이라 한역하며, 아비달마비적가는 대법장이라 한역한다. 곧 계경장 · 율장 · 논장이므로 삼장이라 한다. 素怛覽比擿迦 唐言契經藏 微奈耶比擿迦 唐言調伏藏 阿毘達磨比擿迦 唐言對法藏 卽是契經律論藏 故稱三藏", 『일체경음의』 권7(대정장54, p.346b17)에 "비나야〈범어로 계율장이다. 조복장이라고 한다〉. 毘柰耶〈梵語 戒律藏也 亦名調伏藏〉"라고 하였다. 〔참고문헌〕『明佛法根本碑』, 『一切經音義』. ⇨ 비나야장 毘奈耶藏, 율장 律藏, 삼장 三藏❶, 조복 調伏 ❷ 부처님 명호. 조복주(調伏主)라는 국토의 부처님. 『앙굴마라경』 권3(대정장2, p.535a1)에 "서남방으로 여기에서 5항하사(恒河沙) 만큼의 세계를 지나면 국토가 있으니, 이름은 조복주이며, 부처님의 명호는 조복장이다. 西南方去此過五恒河沙刹 有國名調伏主 佛名調伏藏"라고 하였다. 〔참고문헌〕『央掘魔羅經』.

조복천 調伏天 ❶ Ⓢ Vinītadeva, Ⓣ 'dul-ba'i-lha. 인도의 유식학자이자 불교논리학자. 법칭(法稱)의 저작을 주석하였으며, 그의 주장을 법상(法上)이 비판하고 있어 그의 활동시기를 700년경으로 추정한다. 저술로는 *Vinayastotrapadavyākhyāna*(律贊句解說論) · *Vinayavibhṅgapadavyākhyāna*(律分別句解說論) · *Prakaraṇaviṃśakaṭīkā*(二十論註疏) · *Saṃtānāntarasiddhiṭīkā*(他相續論證論註疏) · *Nyāyabinduṭīkā*(正理一滴論註疏) · *Hetubinduṭīkā*(因一滴論註疏) · *Sambandhaparīkṣāṭīkā*(觀相續論註疏) · *Vādanyāyaṭīkā*(諍正理論註疏) · *Ālambanaparīkṣāṭīkā*(觀所緣論註疏) 등이 있다. ❷ ➡ 금강조복천 金剛調伏天

조복행 調伏行 육근(六根)을 수호하는 근율의(根律儀)

나 중생이 본래의 청정한 보리심(菩提心)을 체(體)로 삼는 삼매야계(三昧耶戒) 등의 계행(戒行)을 말한다. 『집이문족론』 권7(대정장26, p.395b25)에 "무엇이 조복행인가? 〔답〕 눈으로 색을 볼 때, 오롯한 뜻으로 생각을 매어 안근을 방호하고, 그 마음을 조복하여 번뇌와 악업을 일으키지 않으며, 귀로 소리를 들을 때·코로 냄새를 맡을 때·혀로 맛을 볼 때·몸으로 접촉할 때·뜻으로 법을 요별할 때에도 오롯한 뜻으로 생각을 매어 이근을 방호하고, 나아가 뜻을 방호하여 그 마음을 조복하게 되니 번뇌와 악업을 일으키지 않는 것을 조복행이라고 한다. 云何調伏行 答 眼見色時 專意繫念 防護眼根 調伏其心 不令發起 煩惱惡業 耳聞聲時 鼻嗅香時 舌嘗味時 身覺觸時 意了法時 專意繫念 防護耳根 廣說乃至 防護意根 調伏其心 不令發起 煩惱惡業 是名調伏行", 『대비바사론』 권94(대정장27, p.485a7)에 "무엇이 조복행인가? 근율의가 조복행이다. 云何調伏行 謂根律儀 是名調伏行", 『대일경공양차제법소』 권상(대정장39, p.791a15)에 "조복행이란 삼매야를 범하지 않는 것이다. 調伏行者 不犯三昧耶也"라고 하였다. 〔참고문헌〕『集異門足論』, 『大毘婆沙論』, 『大日經供養次第法疏』. ⇨ 조복 調伏, 근율의 根律儀, 삼매야계 三昧耶戒

조부귀 祖父鬼 Ⓢ preta의 한역어. 음사어는 비례다(俾禮多). 또는 비제리(卑帝梨 Ⓢ pitṛ)·비제리야(卑帝梨耶). 아귀(餓鬼) 중 가장 열등한 귀. 『재가율요광집』 권1(卍속장106, p.746b4)에 "벽려〈폐려다라고도 음사한다. 한역하면 조부귀이다〉. 薜荔〈亦云 閉麗多 此翻祖父鬼〉"라고 하였다. 〔참고문헌〕『在家律要廣集』, 『一切經音義』 권9(대정장54, p.357a10). ⇨ 벽려 薜荔[2], 비례다 俾禮多, 비제리 卑帝梨, 비제리야 卑帝梨耶, 아귀 餓鬼

조불공 造佛工 불상이나 불구 등을 조성하는 장인. 불공(佛工)·불사(佛師)·불모(佛母)라고도 한다. 『일본서기』 권20 정중창태주부천황(渟中倉太珠敷天皇) 민달천황(敏達天皇) 6년(577)에 "겨울 11월 경오 초하루. 백제국왕이 돌아가는 사신 대별왕 등에게 딸려서 경론 약간 권과 아울러 율사와 선사와 비구니 그리고 주금사, 조불공과 조사공 6인을 보내 난파의 대별왕사에 안치했다. 冬十一月庚午朔 百濟國王 付還使大別王等 獻經論若干卷 幷律師 禪師 比丘尼 呪禁師 造佛工 造寺工 六人 遂安置於難波大別王寺"라고 하였다. 〔참고문헌〕『日本書紀』. ⇨ 불사 佛師[2], 불공 佛工, 불모 佛母[5]

조불도법 助佛道法 [1] Ⓢ bodhipakṣyadharma. 부처가 되게 돕는 법. 출세간법을 말한다. 『주유마힐경』 권4(대정장38, p.370a9)에 "〈경〉 일체지혜와 일체선법을 얻음으로써 일체조불도법을 일으킨다. 〈주〉 구마라집(鳩摩羅什)이 말한다. '불법에는 두 가지가 있다. 하나는 세간법이고 다른 하나는 출세간법이다. 그중 출세간의 법을 조불도법이라 한다'. 승조(僧肇)가 말한다. '일체지혜란 지혜의 업이고, 일체선법이란 덕업이다. 조불도법은 대승은 모든 무루법이다. 지덕이라는 두 업은 유루로 성취한 것이 아니며 이들 두 업을 성취한 사람은 반드시 조불도법으로 말미암는다'. 以得一切智慧 一切善法 起於一切助佛道法 什曰 佛法有二種 一者 世間 二者 出世間 出世者 名爲助佛道法也 肇曰 一切智慧 卽智業也 一切善法 卽德業也 助佛道法 大乘諸無漏法也 智德二業 非有漏之所成 成之者 必由助佛道法也"라고 하였다. 〔참고문헌〕『注維摩詰經』, *Vikī-n.174.* [2] 불법을 도와 널리 알리다. 『법화경』 권7(대정장9, p.60b21)에 "이 왕은 나의 법에 들어와 비구가 되고 부지런히 닦고 익혀서 부처님의 도법을 도왔으니 장차 부처가 될 것이다. 此王於我法中作比丘 精勤修習 助佛道法 當得作佛", 『법화경대성』 권9(卍속장51, p.438a18)에 "부처님의 도법을 도왔다는 말은 불법을 수호했다는 뜻이다. 助佛道法者 猶護佛法也", 『법화경지장소』 권7(卍속장93, p.870b5)에 "부처님의 도법을 도왔다는 말은 부처님의 교법을 널리 알리는 일에 도움을 주었다는 뜻이다. 만자(富樓那 Ⓟ Puṇṇa-mantānī-putta)가 과거세에 '부처님의 정법을 보호해 지키고 도와 널리 베푼 것이 이것이다'(『법화경』 권4, 대정장9, p.27c4)라고 전하는 말이 그것이다. 助佛道法者 輔揚聖教 記滿慈中所謂 護持助宣 佛之正法 是也"라고 하였다. 〔참고문헌〕『法華經』, 『法華經大成』, 『法華經指掌疏』. ⇨ 부루나 富樓那

조불변사 祖佛邊事 조사와 부처 경계에서 일어난 일. 불조변사(佛祖邊事)라고도 한다. 평상사(平常事)와 맞선다. 『경덕전등록』 권23 「황룡회기전 黃龍誨機傳」(대정장51, p.391b28)에 "학인이 물었다. '조사와 부처 주변에서 일어난 일은 묻지 않겠습니다. 무엇이 늘 일어나는 일입니까?' '내가 산에 머문 지 15년이 지났다'. 僧問 不問祖佛邊事 如何是平常之事 師曰 我住山得十五年"라 하였다. 〔참고문헌〕『景德傳燈錄』. ⇨ 평상사 平常事

조불사 造佛師 불상을 조성하는 장인. 불사(佛師)·조사(造士)라고도 한다. 불상 조성자를 기록하는 전통은 불상 탄생 초기인 간다라(Gandhāra)와 마투라(Mathurā)에서부터 시작되어 중앙아시아·중국·우리나라·일본 등에도 전래되었다. 우리나라 고대의 조불사로는 『삼국유사』 권4(대정장49, p.1004a4·한불전6, p.344a14) 의해(義解)5 양지사석(良志使錫)에 전하는 신라 스님으로서 영묘사(靈廟寺) 장륙삼존상과 천왕상, 천왕사(天王寺) 팔부신장상 등을 조각한 고덕(高德) 양지(良志)가 있고, 751년에 조성된 일본 동대사(東大寺)

대불(大佛)은 조불경(造佛卿)인 백제인 국공마려(國公麻呂 712~774)가 조성하였다. 1450년(세종32)에 조성된 통도사성보박물관 소장 금은아미타삼존불좌상의 발원문에서는 "조사는 해료이다. 造士 海了"라고 하였다. [참고문헌] 『三國遺事』. ⇨ 불사 佛師 2, 불모 佛母 5

조불언교 祖佛言教 조사와 부처가 말로 전한 가르침. 반드시 사무쳐 건너야 할 말들의 경계를 말한다. 『종경록』 권44(대정장48, p.675b15)에 "조사와 부처님이 말씀으로 전한 가르침에는 이와 같은 불가사의한 힘이 있으니, 이것이야말로 광대무변하면서도 법의 이로움이다. 그래서 전문을 모두 이끌어 부처님의 말씀으로 증명한 것이다. 祖佛言教 有如是不可思議之力 爲是廣大無邊法利故 所以具引全文 佛語爲證", 『벽암록』 31칙 「평창 評唱」(대정장48, p.171a9)에 "용아거둔(龍牙居遁)이 대중에게 말했다. '무릇 참학하는 이라면 반드시 조사와 부처를 사무쳐야 한다. 신풍화상(新豐和尙 : 洞山良价)이 「조사와 부처가 말로 전한 가르침을 보거든 마치 원수 보듯 하라 하였으니, 그래야 비로소 참학할 분이 있게 된다. 만약 꿰뚫지 못한다면 조사와 부처에게 속게 되리」라고 하였다'. 龍牙示衆道 夫參學人 須透過祖佛始得 新豐和尙道 見祖佛言教 如生冤家 始有參學分 若透不得 卽被祖佛瞞去"라고 하였다. [참고문헌] 『宗鏡錄』, 『碧巖錄』, 『洞山語錄』(대정장47, p.509c11). ⇨ 불조가풍 佛祖家風, 조사 祖師

조비모락 鳥飛毛落 새 날자 깃털이 떨어진다. 어행수탁(魚行水濁)과 짝이다. 『벽암록』 29칙 「수시 垂示」(대정장48, p.169a14)에 "물고기 움직이면 물 흐리고, 새 날면 깃털 떨어진다. 주인과 나그네 분명히 가리고, 승과 속도 거침없이 나눈다. 魚行水濁 鳥飛毛落 明辨主賓 洞分緇素", 『증도가주』(卍속장114, p.911b17)에 "깊은 산에 들어가〈물고기가 헤엄치면 물이 흐려진다〉 난야에 사노라〈새가 날면 깃털이 떨어진다〉. 入深山〈魚行水濁〉 生蘭若〈鳥飛毛落〉"라고 하였다. [참고문헌] 『碧巖錄』, 『證道歌註』. ⇨ 어행수탁 魚行水濁

조사 祖師 부처님의 혜명(慧命) 즉 불심(佛心)을 으뜸으로 이어 전한 이들. 나아가 선문조사들의 행의(行儀)에 의지해 참구하는 종문(宗門)의 뛰어난 공부인들을 다 들어 말한다. 『허당집』 18칙 「평창 評唱」(卍속장124, p.536a12)에 "여래께서는 자비희사 사무량심으로 중생을 건지시고, 조사는 계정혜 삼무루학에 의지해 납자를 개발한다. 如來 以慈悲喜捨 四無量心 度脫衆生 祖師 依戒定慧 三無漏學 開發衲子", 『종경록』 권1(대정장48, p.418a22)에 "저 서천의 제1조사는 바로 본사이신 석가모니불이고, 처음으로 마하가섭에게 전하시어 초조로 삼았으며, 차제로 전하여 이 땅의 6대조까지 이르렀으니, 모두가 부처님의 제자다. … 모든 조사들이 서로 전한 근본은 바로 부처님께서 친히 맡긴 것이다. 보살이 논을 지은 처음도 끝도 오로지 불경을 널리함이었으니 하물며 가섭에서 국다에 이르기까지 널리 전함에 모두 삼장을 아울렀고 마명과 용수에 이르기까지 모두 조사였다! 且如西天第一祖師 是本師釋迦牟尼佛 首傳摩訶迦葉爲初祖 次第相傳 迄至此土六祖 皆是佛弟子 … 諸祖相承根本 是佛親付 菩薩造論始末 唯弘佛經 況迦葉乃至鞠多弘傳 皆兼三藏 及馬鳴龍樹 悉是祖師", 『조정사원』 권8(卍속장113, p.225b18)에 "조사 : 『열반경』에 '다시 다른 곳에 이르러 온갖번뇌의 독화살이 있는 자리마다 조사'라고 하였고, 또한 기성태수 양현지가 달마대사를 예방하고 '서토의 다섯 천축국에서 스승을 이어 조사로 삼는데 그 도는 무엇인지요?'라고 묻자 달마대사는 '불심이라는 으뜸의 것을 한 치의 어긋남도 없이 행하고 앎이 서로 마땅한 이를 「조」라 한다'라 하고는 다시 게송 한 수를 읊었다. '악을 보아도 꺼리지 않고, 선을 보았다고 부지런히 서두루지도 않으며, 어리석은 이를 버리고 현명한 이를 가까이 하지도 않고, 미혹을 내던지고 깨우치기만을 바라지 않는다. 대도에 이르러 모든 헤아림 넘어서고, 불심에 통하였음이여 모든 벗어나 건너갔네. 범성이 함께하지만 얽힐 일 없으니 훤출히 그대로여서 그 이름 조라 한다네'. 祖師 涅槃云 復至它方 有諸煩惱 毒箭之處 示見作祖 爲其療治 又期城太守 楊衒之 禮問達磨大師云 西土五天竺國 師承爲祖 其道如何 曰 明佛心宗 寸無差誤 行解相應 名之曰祖 復成偈曰 亦不覩惡而生嫌 亦不觀善而勤措 亦不舍愚而近賢 亦不拋迷而就悟 達大道兮過量 通佛心兮出度 不與凡聖同纏 超然名之曰祖", 『마하지관』 권1상(대정장46, p.1b25)에 "지자(天台智顗)의 『관심론』에 '용수사께 귀의하옵니다'라고 한 말을 근거로 용수(Ⓢ Nāgārjuna)야말로 뛰어나신 조사다. 智者 觀心論云 歸命龍樹師 驗知 龍樹是高祖師也", 『불조통기』 권6(대정장49, p.178b4)에 "오늘날 이 집안에서도 용수를 시조로 삼는다. 그러므로 지자대사는 용수를 가리켜 높으신 조사라 했다. 불심을 으뜸으로 도통을 이었으니 후인들이 이를 높이 사서 모두 '조'라 부른다. 이 때문에 부처님 말씀을 조사가 이었으니 24성에 모두 조사라 불렀다. 아래로 이 땅에서도 9조가 서로 이었으니 바로 이 뜻이다. 今家亦以龍樹爲始祖 故智者指爲高祖也 夫傳佛心宗 紹隆道統 後人尊之 通稱爲祖 故金口祖承 二十四聖 皆以祖爲稱也 下至此土 九祖相繼 亦此義焉", 무경자수(無竟子秀)의 『불조진심선격초』 「부처와 조사가 어울리는 선 佛祖融禪」(한불전9, p.450a6)에 "무릇 여래는 삼계의 대자부이시고 조사는 여래의 큰 법의 아들이다. 아버지인즉 이미 공을 향해 가서 문득 정각을 성취하셨기에 홀로 삼계중에 뛰어나시며,

생멸도 노사도 거래도 없으시고 머물지도 않으시니 항상 젊어 늙지도 않으신다. 그래서 언제나 그 모습으로 오시는 여래라 부른다. 자식이란 그 공행을 아직 다하지 못해서 장차 비원을 베풀어야 널리 무리 중에 뛰어날 수 있으니, 나서도 이 사람 구제하고 죽어서도 저 사람 구해야 하리. 천번 나고 만번 변화하며 항상 늙어있어 죽지 못한다. 그래서 조사라 부른다. 아버지는 젊고 자식은 늙은 뜻이 이렇다. 夫如來三界之大慈父 祖師如來之大法子 父則已向功行 便成正覺 獨爲三界之尊 無生無滅亦無老死 無去無來 亦無所住 常少不老故 謂之如來 子則未盡功行 將宣悲願 廣爲衆中之尊 生濟此人 死濟彼人 千生萬化 恒老不死故 謂之祖師 父少子老之意可矣", "아버지인즉 이미 현관에 이르러 스스로 깨우쳐 이미 두렷이 빛나고 온전히 그대로 이타이다. 비추는 것마다의 가르침으로 종을 삼고 두렷한 자증마저도 겸하였다. 그러므로 일체법 그대로, 일체상 떠나고 일체상 떠나서 다시 일체법 그대로이니 이것이 방편을 열고 실을 펴고 실을 잡아 방편을 널리하는 뜻이다. 父則旣到玄關 自覺已圓 全爲利他 以昭昭之敎爲宗 而兼圓自證 故卽一切法 離一切相 離一切相 卽一切法 此開權布實執實揚權之義也", "아들이라 하니 때로 적멸의 마당에 든다. 스스로 깨우침 아직 두렷하지 못해 온전히 자리로 삼으니 여여히 하는 선으로 종을 삼고 거듭 이타를 겸한다. 그러므로 일체상을 떠나 일체법에 있고, 일체법에 있으면서 일체성을 드러내고 방편을 행해 실을 증하는 뜻이다. 子則時入寂場 自覺未圓 全爲自利 以如如之禪爲宗 而兼復利他 故離一切相 卽一切法 卽一切法 離一切相 此執實揚權行權證實之意也", "부자가 서로 마주한즉 한마음으로 함께 응한다. 이러해서 선교가 둘이 아닌 것으로 종을 삼는다. 부즉불리라 하니 일체에 비추고 어울려 피차가 없으니 이 권실쌍행의 뜻이다. 父子相對則同心同應 以禪敎不二爲宗 故不卽不離 照融一切而無彼此 此權實雙行之義也"라고 하였다. [참고문헌]『虛堂集』,『宗鏡錄』,『祖庭事苑』,『摩訶止觀』,『佛祖統紀』,『佛祖眞心禪格抄』, 40권본『大般涅槃經』 권5(대정장12, p.391c11),『釋氏要覽』 권상(대정장54, p.259c27). ⇨ 개조 開祖, 비조 鼻祖, 불조 佛祖, 선종조사 禪宗祖師, 역대조사 歷代祖師, 서천이십팔조 西天二十八祖, 조사당 祖師堂

조사견고 造寺堅固 ➡ 다조탑사견고 多造塔寺堅固, 오오백년 五五百年

조사공 造寺工 사찰을 건축하는 장인. 사공(寺工)이라고도 한다.『석교부휘고』 권5(卍속장133, p.383a8)에 "11월에 오천 명의 군인을 조사의 공역으로 제공하였으며, 신사년에는 은 칠백오십 량과 지전 이천이백 정과 비단 삼백 필을 호천사에 보시하고 수륙대회를 베풀었다. 十一月 以軍五千人 供造寺工役 辛巳 以銀七百五十兩 鈔二千二百錠 幣帛三百匹 施昊天寺 爲水陸大會"라고 하였다. [참고문헌]『釋敎部彙考』. ⇨ 사공 寺工

조사관 祖師關 조사라면 반드시 열어야 할 잠금새나 닫혀있는 문.『오조법연어록』 권상(대정장47, p.654c27)에 "다행히 아무 일 없는 듯 행각하고 참선한다. 하지만 선이라는 상에 쫓긴다면 조사관을 뚫을 수 없다. 무엇이 조사관인가? 횃불 들고 외양간에 든다. 幸然無一事 行脚要參禪 却被禪相惱 不透祖師關 如何是祖師關 把火入牛欄", 같은 책 권하(대정장47, p.664c29)에 "반드시 조사관을 뚫어 얻어야 험하고 그윽한 길 만나고 비로소 들어야 할 이야기 만날 수 있다. 석두가 이렇듯 드러내 보였으니, 문득 조주의 뜰 앞의 잣나무나 동산의 삼 세 근이나 운문의 부처도 넘어서고 조사마저 뛰어넘는 이야기들이다. 나에게도 게송 한 수가 있다. '맡겨 움직여서 이름은 알 수 없지만 가벼이 가벼이 눈여겨 듣는다. 물위로 푸르디 푸른 저 녹음들 언제부터도 부평초였네'. 須是過得祖師關 會鳥道玄路 始會此般說話 石頭恁麽垂示 便類趙州庭前栢樹子 洞山麻三斤 雲門超佛越祖之談 五祖亦有一頌 任運不知名 輕輕著眼聽 水上靑靑綠 元來是浮萍",『원오어록』 권6(대정장47, p.740c19)에 "한 마디로 법도를 온전히 정비하여 비로자나불의 심인을 내보여야 하고, 한 가지 기틀로 모든 번뇌를 끊어 조사관을 뚫어야 한다. 만일 밝은 눈 달린 사람이라면 벌써 뚫고 삼천리 밖으로 벗어났겠지만, 만일 보고 들은 소식에 머물러 여전히 겉껍데기에 막혀 있다면 한 단계 떨어진 차원에서 거듭 설명하지 않을 수 없구나. 一句語全規矩 應出毘盧印 一種機截衆流 透過祖師關 若是明眼人 已透過三千里 其或尙留觀聽 猶滯皮膚 未免向第二義門 重話會去也",『설당도행화상어』(속고존숙어요6, 卍속장119, p.129b2)에 "금까마귀 급하고 옥토끼 빠르다. 하늘에 별이라면 땅엔 나무라네. 납승이여, 조사의 관문 뚫고자 하는가? 그대에게 권하니 눈앞에 대안산 집어내야 하리. 저절로 알 수 있으리, 오조가 '횃불을 들고 외양간으로 들어가라'고 한 화두를. 金烏急玉兎速 天上星兮地下木 衲僧 要透祖師關 勸君拈却面前大案山 自然會得 五祖把火入牛欄",『무문관』 1칙「평창 評唱」(대정장48, p.292c25)에 "선을 참구한다면 반드시 조사의 관문을 뚫어야 한다. 參禪須透祖師關",『개복도녕어록』 권하(卍속장120, p.467b18)에 "조사관을 뚫어 사무치면 한 마디에 옛도 지금도 꾸린다. 透徹祖師關 一句該今古",『서산량어록』「광상인구어 光上人求語」(卍속장121, p.106b18)에 "둘러친 것들 다 끊고 갈 곳마저 없이 해도 아직 아니다. 다시 조사관이 있음을 알아야 하리. 관문 뚫는다 하니, 생사도 부처와 마구니도 온통 심한 똥냄새일 뿐이러니 이러한 때가 도래해야 아무일 없는 곳에서

벼락치고 사해도 오호도 들끓어 넘치리라. 絶周遮處未爲是 更須知有祖師關 透得關 生死佛魔甚屎屁 時來平地一聲雷 四海五湖如鼎沸"라고 하였다. 〔참고문헌〕『五祖法演語錄』, 『圜悟語錄』, 『雪堂道行和尙語』, 『無門關』, 『開福道寧語錄』, 『西山亮語錄』. ⇨ 관 關, 용문 龍門 ❷

조사교수 釣絲絞水 낚싯줄로 물 짜듯 하다. 『허당록』 권1(대정장47, p.985c23)에 "한 학인이 물었다. '삼성은 「나는 누구를 만나든 다 드러내지만 누군가를 위해서가 아니다」라고 하시니 무슨 뜻인지요?' '땅 파서 깊이도 묻는구나' '흥화는 「나는 누구를 만나든 다 보이지 않지만 꺼냈다하면 남에게 전한다」라고 한 말은 또 무슨 뜻인지요?' '낚싯줄로 물 짜듯 하는군'. 僧云 三聖道我逢人則出 出則不爲人 此意如何 師云 掘地深埋 僧云 興化道 我逢人則不出 出則便爲人 又作麽生 師云 釣絲絞水", 『석전법훈어록』 권1(卍속장122, p.4b18)에 "법좌에 오르자 학인이 자명에게 말했다 '행각해 사람 만나지 못할 때는 어찌합니까?' 자명이 '낚싯줄로 물 짜듯 하는구나'라고 답한 일을 들어 읊었다. '늙어 꼬부라진 자명은 미혹을 가리키고자 낚싯줄로 짜듯 온갖 방편 내놓았지만 요즘 사람 갈꽃 하얀 것 가리려 할 뿐 저 언덕 멀리 갈매기 나는 것 보려 하지 못한다네'. 上堂 擧僧問慈明云 行脚不逢人時 如何 明云 釣絲絞水 師頌云 老倒慈明爲指迷 釣絲絞水出群機 時人貪看蘆花白 不見沙鷗隔岸飛"라고 하였다. 〔참고문헌〕『虛堂錄』, 『石田法薰語錄』, 『大慧語錄』 권15(대정장47, p.877a4).

조사기 祖師忌 조사의 열반일에 행하는 법회. 조기(祖忌) 또는 조사회(祖師會)라고도 한다. 자기 종파의 조사나 역대조사들과 개산조 이래 이어져 온 조사들의 열반일을 맞아 행하는 법회다. 『백장청규』 권2 「존조장 尊祖章」(대정장48, p.1117c5)에 달마기(達摩忌)·백장기(百丈忌)·사법사기(嗣法師忌) 그리고 개산역대조기(開山歷代祖忌)라 하였다. 『소은대흔어록』 권2(卍속장121, p.218b7)에 "달마조사의 기재에 향을 사르고 말했다. '800년 전에는 이곳에서 주고받는 거래로 손해를 보아도 오히려 한 수 앞섰는데, 800년 후에는 이렇게 본전을 까먹고 게다가 한 수 뒤지기까지 하였다. 말해 보라! 이는 어떤 한 수인가? 천하납승들에게 맡겨두리라'. 達磨 祖師忌 拈香 八百年前 向者裏落節 却贏得一著 八百年後 向者裏拔本 却輸了一著 且道 是那一著 一任天下衲僧貶剝", 『고설철어록』 권20(가흥장28, p.402b2)에 "임제혜조의 조사기일에 향을 사르고 말했다. '하룻밤비 퍼붓더니 화로가득 푸른 물결이 치솟았다. 조사의 진면목 예부터 뒤섞여 어지러운 일 끊었다. 뒤섞어 문란하지 않은데 무엇 때문에 기에 당해 어찔 줄 몰라 하는가! 주장자로 세 번 때리지 않았던들 어떻게 불법에 본래 많은 것 없음을 알았겠는가!' 臨濟慧照 祖師忌日 拈香 一夜雨滂沱 洪爐湧碧波 祖師眞面目 亘古絶淆訛 既絶淆訛 因甚當機罔措 不是烏藤三度擊 豈知佛法本無多"라고 하였다. 〔참고문헌〕『百丈清規』, 『笑隱大訢語錄』, 『古雪哲語錄』. ⇨ 개산기 開山忌

조사당 祖師堂 사찰의 개산조(開山祖)나 중흥조(中興祖) 등 덕 높은 고승의 조상(彫像)이나 진영(眞影)을 봉안한 전각(殿閣). 조사전(祖師殿)·조사각(祖師閣)·조당 등이라고도 한다. 특별히 달마상(達磨像)을 모신 전당을 말하기도 한다. 우리나라의 조사당에 관한 기록은 13세기 전반에 작성된 송광사(松廣寺) 「수선사형지기 修禪社形止記」와 『동리산태안사사적 桐裡山泰安寺事蹟』 등이 있다. 현존하는 대표적인 조사당으로는 1377년(고려 우왕3)에 창건된 영주 부석사(浮石寺) 조사당(국보 제19호), 조선전기에 창건된 여주 신륵사(神勒寺) 조사당(보물 제180호), 순천 송광사 국사전(國師殿 국보 제56호), 통도사(通度寺) 개산조당 등을 들 수 있다. 이중 신륵사 조사당에는 고려말 삼화상(三和尙)인 무학(無學)·지공(指空)·나옹(懶翁)의 진영을 봉안하였고, 송광사 국사전은 정면이 긴 장방형 전각 안에 16국사의 진영을 모시고 있으며, 통도사는 솟을삼문이 있는 별도의 개산조당역을 결계하고 개산조 자장(慈藏)의 진영을 모시고 있다. 『선림상기전』 권1(불광장, 禪藏, p.34)에 "조사당 : 조사의 당우는 불전의 서쪽에 둔다. … 『임간록』에 다음과 같이 전한다. '백운수단(白雲守端)선사가 말하기를 「천하총림이 일어난 것은 대지선사(百丈)의 공력이다. 조당에는 마땅히 달마초조의 상을 중앙에, 대지선사의 상을 서로 향하게 하고, 개산존숙의 상을 동으로 향하게 해서 마땅함을 따라야 하니, 오로지 개산존숙만 모시고 조종을 배제해서는 안된다」라고 하였다'. 祖師堂 祖師之堂 設于佛殿西邊 … 林間錄云 白雲端禪師曰 天下叢林之興 大智禪師力也 祖堂當設達磨初祖之像於其中 大智禪師像西向 開山尊宿像東向 得其宜也 不當止設 開山尊宿 而略其祖宗耳", 『담연원징어록』 권8 「서조사내원서 序祖師來原序」(卍속장

신륵사조사당

조사당 통도사 영각 내부

126, p.286a15)에 "제방에서 각각 조사를 섬겨 으뜸의 가르침이라 서로 공격함이 물과 불을 넘어서듯 해서 조사당에서는 오직 달마만을 모시고 교의 열조들을 모시지 않으니 근본을 잊은 듯 하다. 諸方各祖其祖 宗教相攻 過於水火 而祖師堂 唯以達磨配享 不列教祖者 似忘其本也", 『총림교정청규총요』 권하 「염송순당 念誦巡堂」(卍속장112, p.33a17)에 "주지가 조사당과 토지당에서 향을 사르면 당사행자는 고당 앞의 대판을 세 번 내린다. 住持 於祖師堂 土地堂 燒香 堂司行者 卽鳴庫堂前大板三下", 『여박암고』 권1(卍속장126, p.3b13)에 "조사당 : 전할 만한 법이 있다고 자신을 속이고, 전할 법이 없다며 남을 속인다. 필경에는 어떠한가? 푸른 하늘에는 번개도 그림자도 없지만 불꽃중에 저절로 연꽃은 핀다. 祖師堂 有法可傳 誑惑自己 無法可傳 誑惑於人 畢竟如何 青天無電影 火裏自生蓮", 『고봉용천원인사집현어록』 권13 「괘진 掛眞」(卍속장114, p.93b7)에 "비록 엄정한 안목으로는 바늘 침 하나 들어올 틈도 없지만 후손들이 우러러보고자 하는 열망을 어쩌랴! 이제 (이 진영을) 조사당에 걸어서 산문과 함께 하시어 본보기가 되도록 머무신다네. 〈걸어라!〉 雖然正眼不容針 爭奈兒孫要瞻仰 如今掛向祖師堂 留與山門作牓樣 〈掛〉"라고 하였다. [참고문헌] 『禪林象器箋』, 『湛然圓澄語錄』, 『叢林校定清規總要』, 『旅泊菴稿』, 『高峰龍泉院因師集賢語錄』. ⇨ 조당 祖堂, 조사 祖師, 조사전 祖師殿

조사모삼 朝四暮三　조삼모사(朝三暮四)의 도치형. 명목과 말만 다르고 실질은 다르지 않다는 고사. 『법화현의석첨』 권9(대정장33, p.882a12)에 "아침에는 세 개를 저녁에는 네 개라 하자 원숭이 무리가 모두 화가 났고, 아침에 네 개 저녁에는 세 개라 하자 원숭이들 온통 기뻐한다. 사마표가 말했다. '석 되요 넉 되요 하니 헤아림에 다르지 않지만 써먹을 때는 같지 않다'. 朝三暮四 衆狙皆怒 朝四暮三 衆狙皆悅 司馬彪曰 三升四升 數則不別　用時不同"라고 하였다. [참고문헌] 『法華玄義釋籤』. ⇨ 조삼모사 朝三暮四

조사문 曹思文　남조(南朝) 양(梁) 무제(武帝) 때 동궁사인(東宮舍人). 범진(范縝 450~515)이 귀신·인과를 믿지 않고 「신멸론 神滅論」을 지어 몸과 정신은 일체이므로 몸이 소멸하면 정신도 소멸한다는 주장을 불신하고, 「난범중서신멸론 難范中書神滅論」·「중난범중서신멸론 重難范中書神滅論」 등을 지어서 몸과 정신은 서로 따로여서 나뉘기도 합하기도 하였다. 서로 합하므로 함께 일체이고, 나뉘므로 몸이 사라져도 정신은 따로 있다 주장하였다. 양 무제의 「대양황제칙답신하신멸론 大梁皇帝敕答臣下神滅論」에 대하여 심약(沈約 441~513)과 함께 답서를 올리기도 하였다. [참고문헌] 『弘明集』 권9(대정장52, p.58a14)·권10(대정장52, p.65c5), 『法輪寶懺』 권10(卍속장130, p.164b18). ⇨ 범진 范縝, 신멸불멸논쟁 神滅不滅論爭

조사서래의 祖師西來意　조사(달마)께서 서쪽에서 오신 까닭. 중국 선종의 초조(初祖) 달마대사가 서천(西天)에서 동토(東土)로 온 뜻을 묻는 말로, 불법(佛法) 또는 선종(禪宗)의 적적대의(的的大意)를 물어 깨우치게 하는 의미 깊은 실마리로 전승해 온다. 석두(石頭)는 "노주에게 물어 보렴. 問取露柱", 임제는 "마침 나는 발을 씻었네. 恰值老僧洗脚", 분주는 "푸른 명주 부채에 서늘한 바람이 가득하구나. 青絹扇子足風涼", 조주는 "뜰 앞의 잣나무. 庭前栢樹子"·"동벽에 표주박 걸린지 오래다. 東壁上挂葫蘆 多少時也"·"앞니에 털이 났군. 板齒生毛", 향림(香林)은 "오래 앉아 고단하구나. 坐久成勞"라는 등으로 응답했고, 이 밖의 예를 보면 다음과 같다. "어찌 스스로의 마음은 묻지 않는가? 何不問自己意"(『경덕전등록』 권4 「숭악혜안전 嵩嶽慧安傳」, 대정장51, p.231c12), "노승은 지난 밤 외양간 안의 소를 잃어버렸다. 老僧昨夜 欄裏失却牛"(같은 책 권9 「용운대전 龍雲臺傳」, 대정장51, p.268b15), "뜰 앞의 꽃나무 울타리를 보았는가? 還見庭前花藥欄麼"(같은 책 권11 「노주녹수전 潞州淥水傳」(대정장51, p.287a15), "햇빛중에 산을 본다. 日裏看山"(『운문광록』 권상, 대정장47, p.545c1), "냄새나는 고기에 파리가 몰려든다. 臭肉來蠅"(『천성광등록』 권12 「삼성혜연장 三聖慧然章」, 卍속장135, p.706b11). 서산휴정(西山休靜)은 조주의 '뜰 앞의 잣나무'라는 답함에 "격을 벗어난 선지. 格外禪旨"(『선가귀감』, 한불전7, p.636b1)라 평했고, 『선문보장록』 권상(卍속장113, p.987b9)에는 "이 한 마디 용궁해장에 있던 것이 아니다. 此一句 龍宮海藏 所未有底"라고 하였으니 부처님의 경의 말씀이 격(格)에 의지한 삼장이라면 조사들이 서쪽에서 품고 온 부처님의 마음을 곧바로 전하는 말들이다. 『오조법연어록』 권상(대정장47, p.653b11)에 "법좌에 올라앉아 말했다. '사해의 물로 벼루 삼고, 수미산을 한 자루 붓 삼아 누군가 허공 향해 「조사서래의」라는 다섯 글자 그린다면 모든 것 차치하고 법좌에서 내려가 좌구 펼쳐 갖추고 예배 올려 스승으로 삼겠다. 만일 쓸 수 없다면 불법에 영험은 없다'. 上堂云 將四大海水 爲一枚硯 須彌山 作一管筆 有人向虛空裏 寫祖師西來意五字 太平下座 大展坐具 禮拜爲師 若寫不得 佛法無靈驗"라고 한 법어 착어인 『벽암록』 17칙(대정장48, p.157a19)에 "사람들이 의심하길 이런 소식이 있다니. 大有人疑著 猶有這箇消息在", 같은 책 20칙(대정장48, p.160a20)에 "제방의 화두라면 반드시 감당해 지나가야 한다. … 제방의 옛 공안 다시 물어온다해도 반푼도 줄 수 없다. … 때리면 맞겠습니다. 문제는 달마가 서쪽에서 온 뜻이란 것은 없습니다'〈분명하구나! 귀신굴속 살림살이다. 가져와 마땅하다 여기지만 도둑이 달아난 뒤에 활을 당기네〉. 諸方舊話 也要勘過 … 諸方舊公案 再問將來 不直半文錢 … 牙云 打卽任打 要且 無祖師西來意〈灼然 在鬼窟裏作活計 將謂得便宜 賊過後張弓〉", 『종용록』 80칙(대정장48, p.278b23)에 "매번 애둘러 집어낼 때마다 매번 새롭다. … 두터운 가죽에 굳은 살일세. 一迴拈出一迴新 … 頑皮癩肉", 『공곡집』 9칙(卍속장117, p.,542a11)에 "조사의 뜻은 서쪽에서 온 일 없고, 서쪽에서 왔다 해도 조사의 뜻은 없다. 祖意不西來 西來無祖意", 같은 책 15칙(卍속장117, p.548b12)에 "아침에는 조각조각 떠다니는 구름 보고, 저녁에는 졸졸 흐르는 물소리 듣는다. 朝看雲片片 暮聽水潺潺", 『허당집』 22칙(卍속장124, p.540a3)에 "가을 나무 봄에 잎이 돋고, 동아는 여름에 꽃이 핀다. 秋樹春生葉 冬瓜夏放花"라고 하였다. [참고문헌] 『景德傳燈錄』, 『雲門廣錄』, 『天聖廣燈錄』, 『禪家龜鑑』, 『禪門寶藏錄』, 『五祖法演語錄』, 『碧巖錄』, 『從容錄』, 『空谷集』, 『虛堂集』. ⇨조사 祖師, 조의 祖意, 조사의 祖師意, 불법적적대의 佛法的的大意, 서래적적의 西來的的意, 달마서래 達磨西來

조사선 祖師禪 말씀으로 남기신 부처님의 가르침 즉 교문(教門)이 있다면, 그 가르침을 깨우쳐 얻어야 할 부처님의 마음을 종지(宗旨)라 하고 이를 곧바로 주고 받으며 전하는 종문(宗門)의 전통이 생겨났는데 이를 교문의 선인 여래선(如來禪)과 구별해서 도드라지게 수행해온 조사들의 말씀(說話)과 행의(行儀)를 아울러 부르는 뜻이다. 그리고 이들은 조사의 기원을 가섭에서 시작하여 용수와 마명 등 인도의 뛰어난 논사들의 명맥을 거둬들여 부법장을 자리매김함으로서 배타적 위상을 넘어 부처의 마음을 얻으려 분투하는 종문의 행자 초조 보리달마(菩提達摩)라 하기도 하고, 육조 혜능(慧能 638~713)의 때부터를 조사선으로 보는 견해도 있고, 오가칠종(五家七宗) 이후를 조사선의 시대로 여기기도 한다. 또한 특별히 마조도일(馬祖道一 709~788)을 조사선의 비조로 내세우기도 하는데 이는 그가 퍼뜨린 평상심시도(平常心是道)가 조사선의 특징을 잘 드러냈기 때문이다. 부처님의 말씀인 경전 밖에 전한 교외별전(教外別傳)으로 문자를 세우지 않고 부처의 마음을 전하려 조사와 조사가 서로 전하는 행의를 말한다. 앙산혜적(仰山慧寂)과 향엄지한(香嚴智閑)은 여래선을 드러내 말하기 시작했는데 『위산어록』(대정장47, p.580c3)에 "현각이 말했다. '답해 보라! 여래선과 조사선 나눌 수 있는가 없는가?' 장경혜릉(長慶慧稜)이 말했다. '일시에 앉아버릴 것이다!' 운거청석(雲居淸錫)의 징이다. '대중중에는 헤아려 여래선은 깊이가 없고 조사선은 깊다고 한다. 그렇다면 향엄이 그때 어째서 「무엇이 조사선인가?」라고 묻지 않았을까? 만약 이 하나의 질문을 던졌다 해도 어디에 있겠는가?' 낭야혜각(瑯琊慧覺)이 말한다. '무제는 신선을 추구했으나 신선이 되지 못하였고, 왕교(한대 신선)는 가만히 앉아 있기만 하다 승천하였다'. 위산모철(潙山慕喆)이 말한다. '향엄은 「위로는 기한 조각도 없고 아래로는 송곳 꽂을 곳조차 없다」 했다. 다 벗어 버려 걸칠 것 없고 알몸마저 씻고 또 씻었으니 가히 붙들 것 없다. 만약 앙산의 안목이 아니었다면 이런 이를 놓칠 뻔했다. 왜 그런가? 눈과 서리의 시련 없이 어찌 소나무와 잣나무 푸름 수 있으리!' 玄覺云 且道 如來禪與祖師禪 是分不分 長慶稜云 一時坐却 雲居錫徵云 衆中商量 如來禪淺 祖師禪深 只如香嚴 當時 何不問 如何是祖師禪 若置此一問 何處有也 瑯琊覺云 武帝求仙 不得仙 王喬端坐却昇天 潙山喆云 香嚴可謂上無片瓦 下無卓錐 露裸裸赤灑灑 沒可把 若不是仰山 幾乎放過這漢 何故 不得雪霜力 焉知松柏操", 『선문염송설화』 「서 序」(한불전5, p.1b10)에 "여래선과 조사선의 같고 다름 무엇인가? 여래선이란 산은 산이고 물은 물이어서 법법이 그대로 진실일 뿐이고, 조사선이라 하면 뿌리까지 통째로 뽑아버려 잡아 헤아릴 것조차 없이 한다. 저 『금강경』에서 '모든 상 상 아님 보면 여래를 본다'라고 운운한 것이 이 여래선이다. 법안(法眼)이 '만약 모든 상을 상이 아니라고 본 즉 여래를 보지 못하리라' 한 것은 조사선이다. 또한 불법에 드러내 보일 것이 있다 하면 여래선이라 하고, 불법에 뾰족한 끝이나 모퉁이마저 찾을 길 없이 하면 조사선이라 한다. 且如來禪祖師禪 同別如何也 如來禪者 山山水水 法法全眞也 祖師禪者 和根拔去了 沒巴鼻也 如經云 若見諸相非相 卽見如來云云者 是如來禪也 如法眼云 若見諸相非相 卽不見如來云云者 是祖師禪也 又佛法有頭角邊 謂之如來禪 佛法無頭角邊 謂之祖師禪也", 『건중정국속등록』 권27 「유악불일장 惟岳佛日章」(卍속장136, p.372b10)에 "만약 구름과 달이 같다고 한다면 여래선에선 사형이 알겠다 하겠지만, 만일 시냇물과 산이 각기 다르다고 한다면 조사선에선 꿈에서도 보지 못한 것이다〈향엄의 게송에 대한 앙산의 평가를 활용하였다〉. 若道雲月是同 如來禪 卽許師兄會 若道溪山各異 祖師禪 未夢見在", 『송고연주통집』 권18(卍속장115, p.214b12)에 "곧추 섰는데 머리는 땅으로 향하고, 가로로 누웠는데 발은 하늘 향하네. 반드시 이렇게 이해해야만, 비로소 조사선과 하나되리. 直立頭垂地 橫眠脚指天 應須溜麽會 方契祖師禪", 『오조법연어록』 권상(대정장47, p.656a13)에 "시주 받으러 떠났다 돌아와서 법좌에 올랐다. '무리를 떠나 보름 동안 눈으로 콧구멍 볼 일 없어 조사선마저 잊어버리고 골동만을 주웠다. 말해 보라! 어디에 두면 될까? 일부는 석가모니불께 바치고, 일부는 다보불탑에 바치리'. 出隊歸 上堂云 出隊半箇月 眼不見鼻孔 忘却祖師禪 拾得箇骨董 且道 向什麽處

著 一分奉釋迦牟尼佛 一分奉多寶佛塔", 『대혜어록』 권1(대정장47, p.813c29)에 "경산의 법손은 무리에서 나가 80여 일 동안 콧구멍 언제나 눈동자와 서로 보았으니 조사선 잃을 일도 골동품 주은 일도 없다. 기왕 쓸모없는 물건이 없다면 석가모니불께 바칠 것도 없고 다보불탑에 바칠 것도 없으니, 끝내 얻은 것 무엇인가? 밤은 고요하고 강물은 차가워 물고기들 입질할 일 없고 빈 배 가득 달빛 싣고 돌아온다. 徑山法孫 出隊八十餘日 鼻孔常與眼睛相見 亦無祖師禪可失 亦不曾拾得骨董 旣無骨董 則無以奉釋迦牟尼佛 亦無以奉多寶佛塔 畢竟得箇甚麽 夜靜水寒魚不食 滿船空載月明歸"라고 하였다. 고려의 백운경한(白雲景閑)은 『백운어록』 「조사선」(한불전6, p.654b20)에서 "때론 모양새 소리도 법도 사람도 보이려 하였으니, 추를 잡거나 불자를 세우고, 손가락 튕기거나 눈썹 세우며 방을 행하고 할을 하니, 모두 다 조사선이다. 소리 들을 때 깨우칠 때이고, 모양 볼 때 이미 알아마친 때라 한 것이다. 영운지근(靈雲志勤)이 모습 좇아 깨우쳐 들고 향엄지한(香嚴智閑)이 소리 듣고 깨달아 들었으며 나아가 운문문언(雲門文偃)이 다리 아프다 하고 현사사비(玄沙師備)가 발이 아파 끙끙대는 일들을 마침내 이름붙여 부른다 하면 하나일 뿐이니 바로 조사들께서 깨우치신 이야기다. 或以色聲 示法示人者 拈搥竪拂 彈指揚眉 行棒下喝 種種作用 皆是祖師禪 故云 聞聲時證時 見色時證時 則靈雲從色悟入 香嚴從聲悟入 乃至雲門痛脚 玄沙痛足 良遂稱名一也"라고 하였다. 『선문수경』 「의리선격외선변 義理禪格外禪辨」(한불전10, p.519c3)에서는 "격을 벗어난 선이란 여래선에서의 즉심시불이고 조사선은 '산은 산이고 물은 물이다'라고 설한다. 잡아 얻을 것 없음 곧 깨우쳐 뜻으로 헤아릴 경계를 훤출히 벗어나므로 격〈의리〉을 벗어난 선이라 한다. 格外禪 以如來禪 卽心是佛 祖師禪 山是山水是水之說 了沒巴鼻 逈出義理之格故 名格〈義理〉外禪"라고 하였다. [참고문헌] 『潙山語錄』, 『禪門拈頌說話』, 『建中靖國續燈錄』, 『頌古聯珠通集』, 『五祖法演語錄』, 『大慧語錄』, 『白雲語錄』, 『禪文手鏡』, 『祖庭事苑』 권1(卍속장113, p.16b6). ⇨ 여래선 如來禪[3], 조사 祖師, 교외별전 敎外別傳[1], 불립문자 不立文字, 선종 禪宗, 반야심경개도 般若心經開度, 방완 放頑, 불법무두각변 佛法無頭角邊, 사종선나 四種禪那, 삼종선 三種禪[2], 송조선 宋朝禪

조사심인 祖師心印 조사들이 마음을 새기는 일. 조사들이 사태에 당해 드리우는 분명한 마음의 징표들을 말한다. 『경덕전등록』 권3 「승나전 僧那傳」(대정장51, p.221a28)에 "조사의 심인은 오롯한 고행에 있지 않으니 다만 도 도울 뿐이다. 만일 본심에 맞닿아 뜻을 일으킴에 따라 참된 빛을 쓴즉 고행이 저 흙을 움켜쥐자 금이 되는 듯 하지만, 만일 오직 애써 고행할 뿐 본심은 밝히지 못하고 애증에 얽힌 즉 고행은 마치 달빛이 없는 밤에 험한 길을 밟아 가듯 할 뿐이다. 祖師心印 非專苦行 但助道耳 若契本心 發隨意眞光之用 則苦行如握土成金 若唯務苦行 而不明本心 爲憎愛所縛 則苦行如黑月夜 履于險道", 『분양어록』 권상(대정장47, p.596a27)에 "조사의 마음새김에 유무에 떨어질 일 없다 하지만 선사께서는 선사께서 처한 곳에서 무엇을 얻으셨는지요?' '천년이나 그림자 드리울 일 없는 나무였고 지금은 밑창 없는 신발이다'. 問 祖師心印 不落有無 未審師於先師處 得箇什麽 師云 千年無影樹 今時勿底靴", 『오조법연어록』 권중(대정장47, p.659b20)에 "조사가 마음 새긴 좋은 소식 소식 없다 소식 없다 하지만 옛 새김글 분명하다 잡아 일으키니 대천세계 솟구치고 내려 놓으니 범성이 한 곳으로 돌아간다. 祖師心印 好消息處 無消息 無消息 古篆分明 拈起也大千岌嶪 放下也凡聖同源", 『원오어록』 권8(대정장47, p.749c17)에 "조사의 마음새김은 딱 끊고 곧바로 사태에 당할 뿐이다. 祖師心印 直截當機", 『벽암록』 38칙 「본칙 本則」(대정장48, p.175c9)에 "조사의 마음새김은 그 모양 구쇠소 기세인 듯 한다〈천 사람 만 사람이 흔들어도 꼼짝 않는다. 뒤섞는 말 꼬투리 어디에 있는가. 삼요로 새겨 여니 상할 일 없는 칼끝이구나〉. 祖師心印 狀似鐵牛之機〈千人萬人撼不動 誵訛節角 在什麽處 三要印開 不犯鋒鋩〉"라고 하였다. [참고문헌] 『景德傳燈錄』, 『汾陽語錄』, 『五祖法演語錄』, 『圜悟語錄』, 『碧巖錄』. ⇨ 조사 祖師, 심인 心印[1], 불심인 佛心印

조사암 祖師嵓 경상북도 경주시 외동읍에 있는 봉우리. 안혜(安惠) 등 네 대덕(大德)의 유골을 안장하였다. 『삼국유사』 권5(대정장49, p.1011b26·한불전6, p.357a6) 신주(神呪)6 명랑신인(明朗神印)에 "(원원사는) 안혜 등 네 대덕이 김유신·김의원·김술종 등과 함께 발원하여 창건한 것이라고 전한다. 네 대덕의 유골을 모두 절의 동쪽 봉우리에 안장하였기에 사령산 조사암이라고 하였다. 諺傳 安惠等四大德與金庾信 金義元 金述宗等同願所創也 四大德之遺骨 皆藏寺之東峰 因號四靈山祖師嵓云"라고 하였다. [참고문헌] 『三國遺事』. ⇨ 원원사 遠願寺, 안혜 安惠

조사의 祖師意 조사가 전하려 한 뜻. 『동산어록』(대정장47, p.514a2)에 "용아가 동산에게 물었다. '무엇이 조사의 뜻인지요?' '동수가 거꾸로 흐를 때 기다려 그대에게 일러주리다'. 용아가 비로소 그 뜻을 깨달았다. 龍牙問 如何是祖師意 師曰 待洞水逆流 卽向汝道 牙始悟厥旨", 『운문광록』 권중(대정장47, p.558a1)에 "학인이 석상에게 '교중에 조사의 뜻이 있는지요?'라고 묻자 석상이 '있다'라고 답하고, 다시 '무엇이 조사의 뜻인지요?'라고 물음에 '경권중에서 구하지 마라'라고 한 것을 운문이 석상을 대신하여 답했다. '노승을 등져서는 안 되는데 도리어 똥구덩이에 앉아서 무엇 하려느냐?' 擧 僧問石霜 教中還有祖師意麽 霜云 有 僧云 如何是教中祖師意 霜云 莫向卷中求 師代云 不得辜負老僧 却向屎坑裏坐地 作什麽"라고 하였다. [참고문헌] 『洞山語錄』, 『雲門廣錄』. ⇨ 조사서래의 祖師西來意, 조의 祖意

조사의백초두 祖師意百草頭 조사의 마음 온갖 풀 끝에서 빛나네. '明明百草頭 明明祖師意'라는 방거사(龐居士)의 말이다. 『언계광문어록』 권상(卍속장121, p.278a16)에 "법좌에 올라 대중에게 말했다. '조사의 마음 온갖 풀 끝에서 빛나고 납승의 눈은 주장의 끝에 머문다. 길 찾아야 길 막히고 누대 보아야 문득 누대 무너뜨린다. 숱한 함정도 한 터럭으로 거둠을 알아야 하리'. 上堂召大衆 祖師意百草頭 衲僧眼拄杖頭 得路塞路 看樓打樓 須知衆穴一毫收"라고 하였다. [참고문헌] 『偃溪廣聞語錄』. ⇨ 명명백초두 明明百草頭

조사전 祖師殿 종조(宗祖)와 개산조(開山祖) 등 역대 조사 진영(眞影)을 봉안한 전각. 조사당(祖師堂)·영당(影堂)이라고도 한다. 해남 대흥사(大興寺) 조사전은 표충사(表忠祠) 좌측에 있으며, 창건주 아도조사(阿度祖師)를 비롯하여 역대 대종사(大宗師)·대강사(大講師) 진영을 3폭에 나눠 그린 조사탱(祖師幀)이 봉안되었다. 동화사(桐華寺) 조사전에는 공산개조(公山開祖) 극달(極達)화상을 비롯하여 지눌(知訥)·홍진(弘眞)·(惟政) 등의 진영이 봉안되었다. 『동사열전』 권5 「월여선백전 月如禪伯傳」(한불전10, p.1061c2)에 "(月如梵寅이) 대둔사 조사전에서 무량회를 열었다. 開無量會於大芚之祖師殿", 『산보집』 권중 「선문조사예참 禪門祖師禮儀」(한불전11, p.491a3)에 "한쪽에서 유나가 모든 사미와 판수를 거느리고 시련위의를 갖추고는 조사전에 나아간다. 一邊維那 率諸沙彌及板首 侍輦威儀 俱進祖師殿", 『삼연집』 습유(拾遺) 권28 「영남일기 嶺南日記」(한국문집총간167, p.204b18)에 "(1708년 3월 26일에 해인사로 가서) 옆에 조사전이 있었고 그 벽에 화정(和貞: 利貞) 이하 개산하신 모든 승상들이 모셔져 있었는데, 조화상 또한 계셨다. 傍有祖師殿 壁掛和貞以下開山諸僧像 而祖和尙亦在焉"라고 하였다. [참고문헌] 『東師列傳』, 『刪補集』, 『三淵集』. ⇨ 조사당 祖師堂, 영당 影堂, 진영 眞影

조사전교서천이십팔조당래육조 祖師傳教西天二十八祖唐來六祖 저자 미상. 1권. 필사본. 전등사승(傳燈師承)을 기록한 당말의 작품이다. 표제(標題)는 위에 제사붕(第四朋)이라 되어 있고, '서천이십팔조당래육조'는 작은 글자에 두 줄로 쓰여 있다. 4장중 마지막 1장이다. 돈황본(敦煌本) P2977에 있지만 앞부분이 누락되었고 온전히 전하는 것은 3장의 「탑 塔」과 본장일 뿐이다. 『보림전 寶林傳』 계열의 서천이십팔조에 대하여 세대수와 조사 이름·출신지 그리고 중국제왕대에 따른 시대 등 세 항목으로 기록했다. 달마(達磨)의 초전을 강조하고, 동토의 오대에 대해서는 언급하지 않는다.

조사진영 祖師眞影 조사의 생전 모습을 그려 남긴 진면목의 그림자. 조사탱(祖師幀)이라고도 한다. 조사가 열반에 들면 후학들은 행장을 새긴 탑비(塔碑)를 세우고 진영을 모시고 영찬을 써서 영각에 모셔 잊지 않으려 함은 종문의 오래된 전통이다. 『삼국유사』 권3(대정장49, p.994b5·한불전6, p.326c18) 탑상(塔像)4 전후소장사리(前後所將舍利)에 신라말 해룡왕사(海龍王寺)의 개산조(開山祖)인 보요선사(普耀禪師)의 진영을 찬(讚)하여 "거룩하심이여 처음의 조사시여. 우뚝하심이여 저 참 모습. 거듭 오월에 가서 대장경을 성취하시니. 임금은 보요라 칭송하시고 네 번이나 조서도 내리셨네. 그의 덕을 묻는다면 밝은 달 맑은 바람이라네. 偉哉初祖 巍乎眞容 再至吳越 大藏成功 賜御普耀 鳳詔四封 若問其德 白月淸風"라고 하였다. 연기(緣起)의 진영이 화엄사(華嚴寺)에, 진표(眞表)의 진영이 부안 부사의방장(不思議方丈)에, 진감(眞鑑 774~850)의 진영이 연곡사(燕谷寺)에, 홍각(弘覺 ?~886)의 진영이 사림사(沙林寺)에, 도선(道詵 827~898)의 진영이 옥룡사(玉龍寺)에 봉안되었다고 전하며, 원효(元曉 617~686)·의상(義湘 625~702)·도의(道義)·무염(無染 801~888)·범일(梵日 810~889)·이엄(利嚴 866~936) 등의 진영도 조성되었다고 전한다. 고려시대에는 구산선문(九山禪門)의 개산조를 비롯하여 선사(禪師)와 국사(國師)들의 진영도 탑비와 함께 꾸준히 제작·봉안되었다. 희양산문(曦陽山門)의 조사 정진긍양(靜眞兢讓 878~956)이 입적하자 965년(광종16)에 탑비를 세웠는데, 「봉암사정진대사원오탑비문 鳳巖寺靜眞大師圓悟塔碑文」(『교감역주역대고승비문』 고려편1, p.455)에 "유사에게 명하여 진영 1포를 그리고 비단사면에 금축을 두르니, 며칠 만에 영찬마저 써 올려 완성하였다. 仍命有司 寫眞影一舖 錦緣金軸 不日而成 幷題讚述"라고 하였다. 선문의 중흥으로 조사진영 제작은 더욱 활기를 띠었다. 고려말 나옹혜근(懶翁惠勤 1320~1376)의 진영이 신륵사(神勒寺)·송천사(松泉寺)·윤필암(潤筆庵)·견암선사(見菴禪寺) 등 여러 곳에 제작·봉안되었고, 조선 건국을 도운 무학(無學 1327~1405)과 그의 스승인 지공(指空 ?~1363), 나옹의 삼화상 진영도 신륵사·통도사(通度寺)·선암사(仙巖寺)·회암사(檜巖寺) 등에 봉안되었다. 조선후기에는 청허휴정(淸虛休靜 1520~1604)과 부휴선수(浮休善修 1543~1615)를 중심으로 여러 문파(門派)가 형성되면서 그 제자들이 제방으로 나가 활동하게 되자 해당 사찰과 자신이 속한 문파의 정통성을 잊지 않으려 법계(法系)를 정립하고 조사진영을 봉안하여 조사로 이어지는 사자상승의 뜻을 분명히 하였다. 전라남도 순천시 선암사에 소장된 「선암사삼십삼조사도 仙巖寺三十三祖師圖」는 1753년(영조29)에 조성되었고, 마하가섭(摩訶迦葉)에서 혜능(慧能)까지 역대 33조사를 그렸는데 석가모니불과 제1가섭존자·제2아난존자를 그린 가운데 폭을 중심으로 3~4명의 조사들을 그렸다. 원래 11폭이었으나 현재는 7폭만 전한다. 각 조사마다 존명이 적혀있고 하단에 행장도 기록하였다. 순천 송광사 국사전(國師殿)에 봉안된 「송광사십육조사진영 松廣寺十六祖師眞影」은 1780년(정조4)에 조성하였는데, 송광사를 중심으로 활약한 보조국사(普照國師) 지눌(知訥 1158~1210)과 15분 조사들의 진영이다. 조사진영은 대부분 단독상이지만, 관련된 스님들을 하나의 화면에 함께 그려 모신 무리진 형식의 조사진영도 제작되었다. 스승과 여러 제자들을 같이 그려 사제 관계나 계파를 드러냈는데 대흥사와 직지사, 쌍계사에 군상 형식의 조사진영이 남아 있다. 대흥사 보련각에 봉안된 조사진영은 총 7폭에 154명의 선사를 나눠 그려 모시기도 하였다. 22분을 모신 진영〈그림1〉 중앙에 경상을 두고 의자에 앉은 청허휴정의 모습이 있고, 선사들이 좌우에서 중앙을 향해 앉아 있어 대흥사에서 청허휴정의 위상도 전하고 있으며 선사들은 모두 잿빛 장삼을 입고 붉은 가사를 걸치고 손에 염주(念珠)나 주장자(拄杖子) 등을 들고 있는데, 대부분 대흥사를 중심으로 활동했던 청허휴정의 법손들이다. 직지사 성보박물관에 소장된 직지사 조사진영은 3폭에 7조사·19조사·16조사로 나눠 그렸다. 19명을 그린 폭〈그림2〉 중앙에 직지사를 창건한 아도(阿度)와 고려 왕실의 후원을 받아 직지사를 중흥시킨 능여(能如)를 모시고, 조선시대 직지사에서 활동했던 여러 선사들을 좌우로 배치하여 사찰의 기원과 전승을 드러내 보여준다. 원래 5폭이었으나 3폭만 전한다. ［참고문헌］『三國遺事』, 李智冠『校勘譯註歷代高僧碑文』高麗篇, 『朝鮮金石總覽』 권상 p.205, 『다시 보는 우리 초상의 세계－조선시대 초상화 학술논문집』(국립문화재연구소, 2007), 『깨달음의 길을 간 얼굴들』(직지사성보박물관, 2000) pp.8~224, 『韓國의 佛畫』 권14(聖寶文化財研究院, 1999) pp.185~200.

〈그림1〉 조사진영 대흥사 보련각 20세기초

〈그림2〉 조사진영 직지사 20세기초

조사회 祖師會 선림(禪林)에서 달마 등 조사를 기념하는 법회. 『원오어록』 권5(대정장47, p.733c13)에 “조사회를 맞아 법좌에 올랐다. … ‘달마는 동토로 오지 않았고, 이조도 서천으로 가지 않았다. 사람사람마다 모두 만 길의 절벽처럼 우뚝하고, 낱낱이 언제나 빛으로 드러나 있다’. 주장자를 세웠다가 한 번 내리치고 법좌에서 내려왔다. 祖師會 上堂 … 達磨不來東土 二祖不往西天 人人壁立萬仞 箇箇常光現前 卓拄杖一下 下座”라고 하였다. ［참고문헌］『圜悟語錄』. ⇨ 조사기 祖師忌

조산 曹山 **1** 강서성(江西省) 의황현(宜黃縣) 북쪽으로 20여 리 지점에 있는 산. 본래 길수(吉水)·하옥상(荷玉山)·매산(梅山) 등이라 불렸지만, 당말 본적(本寂 840~901)이 이곳에 주석한 뒤로 조산이라 개명하였다. 동산양개(洞山良价)의 법을 계승하였지만 더 멀리는 육조혜능(六祖慧能)의 덕을 흠모했던 본적이 육조가 거처하던 조계(曹溪)의 앞 글자를 따서 조산(曹山)이라 개명한 것이 계기가 되었다. ［참고문헌］『從容錄』 52則 「評唱」(대정장48, p.259c26), 『佛祖綱目』 권33(卍속장146, p.571b8). **2** ➡ 본적 本寂**2**

조산 朝山 조사들이 인연했던 산문을 말한다. 『아미타경적요역해』(卍속장91, p.1023a1)에 “다리 움직여 걸음에 때때로 천녕 땅을 밟았으나, 이제는 동지와 선우에게 묻고 조사들의 산문을 찾아 여러 조사들께 머리 조아려 예배 올리리. 擧足動步 昔時踏著天甯 而今要問同志善友 及朝山拜頂諸師”, 『백장청규증의기』 권6(卍속장111, p.746a8)에 “시방납자는 의지와 행각 있어 두 갈래로 씨앗 심으니, 의지란 선당에 깃드는 것이고 행각이란 구름과 물을 따라 맡겨두는 것이니, 그러는 중에 대사를 사무쳐 알게 된다. 연 따라 행각하는 이가 자기 일은 밝히지 못하고, 스승과 벗을 찾는 이가 기연을 마주하지 못한다 하니, 따로 선지식 찾는다 하는 이는 조산에 향만 올릴 뿐이고, 따라 기뻐하며 연 맺는 이는 성품이 구름처럼 떠돌기를 즐길 뿐이다. 十方衲子 有依止行脚兩種 依止者 棲以禪堂 行脚者 安置雲水 其中有明徹大事 隨緣行脚者 有己事未明 尋師訪友者 有機緣不對 另參知識者 有朝山進香 隨喜結緣者 有性喜雲遊”라고 하였다. ［참고문헌］『阿彌陀經摘要易解』, 『百丈清規證義記』. ⇨ 조사 祖師, 운수 雲水, 행각 行脚

조산끽상주묘 曹山喫常住苗 조산본적(曹山本寂)과 운문문언(雲門文偃)이 이류중행(異類中行)을 주제로 나눈 문답. ⇨ 운문사문행 雲門沙門行, 이류중행 異類中行

조산본적선사어록 曹山本寂禪師語錄 ❶ 조산본적의 어록. 1권. 명대 곽응지(郭凝之)·설교원신(雪嶠圓信) 공편. 1665년(강희4) 간행. 온전한 제목은 『무주조산본적선사어록 撫州曹山本寂禪師語錄』이고, 줄여서 『조산록』이라고도 한다. 약전(略傳)·시중(示衆)·문답(問答) 등을 수록하고 있다. 명말 『오가어록 五家語錄』 중 일부로 수록되었다. ❷ 조산본적의 어록. 2권. 명대 곽응지·설교원신 공편. 의묵현계(宜默玄契) 교정 및 중편. 1741년(관보1) 간행. 대정장47, pp.535c22~544c22, No.1987B에 수록되어 있다. 외제(外題)는 『조산원증대사어록 曹山元證大師語錄』이고, 내제(內題)는 『무주조산본적선사어록』이다. 『오가어록』에 수록되어 있는 어록을 상권으로 삼고, 하권에는 의묵이 여러 본에서 조산이 남긴 어록을 모아 「해석동산오위현결 解釋洞山五位顯訣」·「주석동산오위송 註釋洞山五位頌」·「삼등지타 三等之墮」·「사종이류 四種異類」·「팔요현기 八要玄機」·「오위지결 五位旨訣」 등을 수록하였다. 1740년(원문5)의 「자서 自序」, 1741년의 「발 跋」을 부가하여 간행하였다. 조산본적의 어록으로 다른 편집본에 『조산원증선사어록 曹山元證禪師語錄』과 『조산원증대사어록』 등이 있다.

조산본적선사어록문해 曹山本寂禪師語錄聞解 부산현돌(斧山玄鈯) 지음. 『조동이사록문해 曹洞二師錄聞解』에 수록되어 있다. 『조산원증선사어록 曹山元證禪師語錄』의 주석서이다. 지월혜인(指月慧印)이 교정하고 상재한 어록에 따라 선덕의 어록이나 고사를 인용하여 강술한 것을 필사하여 수록하였기에 구어체로 쓰였다.

조산삼삼루 曹山三滲漏 조산본적(曹山本寂)이 동산양개(洞山良价)에게 받은 세 가지로 적셔 흐르게 한 가르침. 본적삼루(本寂滲漏)·동산삼삼루(洞山三滲漏)·삼종삼루(三種滲漏)라고도 한다. 『인천안목』 권3 「삼종삼루」(대정장48, p.319a7)에 "동산이 조산에게 말했다. '말법시대에 사람들 대부분 적실 수 없는 지혜만이 있으니, 그 사람의 진위를 가려 알고자 한다면 삼종삼루가 있어야 하니, 근기에 따라 곧장 제대로 된 안목을 갖춰야 하리'. 末法時代人多乾慧 若要辨驗向人之眞僞 有三種滲漏 當機直須具眼", 『선원몽구』 권하(卍속장148, p.279b9)에 "본적삼루〈(조산본적은) 동산의 사법제자이다. 출처는 『인천안목』〉: 조산삼종삼루이니, 그 말씀은 이렇다. '첫 번째는 견삼루이니, 심기는 자리를 떠나지 못하니 독의 바다에 떨어진다. 두 번째는 정삼루이니, 지혜는 언제나 어딘가를 등져 향하니 견처란 치우쳐 움직이기 어렵다. 세 번째는 어삼루이니, 묘를 체득하려다 으뜸의 자리 잃어버리니 기는 끝과 시작에 어둡다. 배우는 이가 물든 지혜로 흘러 뒤치니 이 세 가지를 벗어나지 못한다'. 本寂滲漏〈洞山法嗣 人天眼目〉 曹山三種滲漏 其詞曰 一 見滲漏 謂機不離位 墮在毒海 二 情滲漏 謂智常向背 見處偏枯 三 語滲漏 謂體妙失宗 機昧終始 學者濁智流轉 不出此三種"라고 하였다. [참고문헌] 『人天眼目』, 『禪苑蒙求』. ⇨ 동산삼삼루 洞山三滲漏

조산아야아야 曹山阿㖿阿㖿 조산본적(曹山本寂)이 종소리를 듣고 '아야, 아야!'라고 반응한 인연. 『송고연주통집』 권29(卍속장115, p.367a5)에 "조산이 종소리를 듣고서 '아야, 아야!'라고 하자 학인이 물었다. '화상이시여, 무엇하십니까?' '내 마음을 때리는구나'. 학인이 아무말 없었다. 오조사계(五祖師戒)가 대신하여 답했다. '도둑질하는 사람의 마음은 불안한 법입니다'. 曹山聞鐘聲 乃曰 阿㖿 阿㖿 僧問 和尙 作甚麽 師曰 打著我心 僧無對 五祖戒代云 作賊人心虛", "종소리 듣고 대중에게 내 마음 때린다 하니, 놀이꾼의 한가한 소리가 취한 듯 심하구나. 능엄회상의 원통한 분은 정법명왕이신 관세음이라네. 〈반야유의 송〉 聞鐘告衆打吾心 游子閑言醉更深 楞嚴會上圓通者 正法明王觀世音 〈般若柔〉", "종소리 듣고 곧바로 내 마음 때린다 하니, 말은 얄팍하고 뻔하지만 이사는 깊구나. 상류인은 묵묵히 고개 끄덕여 웃으리니, 천연 놋쇠는 금과 바꾸지 않는다 할만 하다. 〈분양선소(汾陽善昭)의 송〉 聞鐘便道打吾心 語淺分明理事深 上流默默點頭笑 可謂眞鍮不博金 〈汾陽昭〉", 『종감법림』 권62(卍속장116, p.784b11)에 "경산문수(徑山文琇)는 '도둑이 훔치지도 않고 스스로 도둑이라 인정하는 꼴이다'라고 말했다. 보수명방(寶壽明方)이 말했다. '허깨비 놀음하는 이에게 무슨 한정이 있겠는가? 타방으로 쫓아냄이 마땅하다'. 청화정은(淸化淨嶾)이 말했다. '헤아릴 줄 모르는 위대한 사람이 도리어 성색중에 들어가 남의 집 아들딸을 우롱하는구나'. 徑山琇云 賊不打自招 寶壽方云 弄精魂漢 有什麽限 好與貶向它方 淸化嶾云 沒量大人 却向聲色裏 鼓弄人家男女"라고 하였다. [참고문헌] 『頌古聯珠通集』, 『宗鑑法林』. ⇨ 아야아야 阿耶阿耶

조산오위군신도송병서 曹山五位君臣圖頌並序 당대 조산본적(曹山本寂) 지음. 1권. 군신오위(君臣五位)에 관한 도시와 그에 대한 송과 서문을 수록한 글. 조산은 그 스승 동산(洞山)의 편정오위송(偏正五位頌)을 군신에 배대하였는데 군(君), 신(臣), 신향군(臣向君), 군시신(君視臣), 군신도합(君臣道合)이라는 오위의 그림마다에 오언사구(五言四句)의 송을 붙였다. 그 첫 부분은 『인천안목』 권3(대정장48, p.316b7)에 "정위란 흑백이 나누어지기 이전과 조짐이 발생하기 전으로 어떤 성위에도 떨어지지 않는다. 편위란 조짐이 일어났기에 삼라만상이 숨거나 드러나는 묘문이 있게 된다. 夫正者 黑白未分 朕兆未生 不落諸聖位也 偏者 朕兆興來 故有森羅萬象 隱顯妙門也"라고 하였다. 〔참고문헌〕『人天眼目』. ⇨ 오상송 五相頌, 군신오위 君臣五位, 동산오위 洞山五位

조산원증대사어록 曹山元證大師語錄 당대 조산본적(曹山本寂)의 어록. 금봉종지(金峰從志) 엮음. 1권. 관영년간(1624~1644) 간행.『무주조산원증대사어록 撫州曹山元證大師語錄』 또는 『조산록』이라고도 한다. 상당(上堂)·시중(示衆)·문답 등 59편을 모아서 구성하였다. 금봉종지의 「서 序」, 초암법의(草庵法義)의 「발跋」을 붙여서 간행하였다. 1666년(관문6) 성해견졸(性海見拙)이 교정하여 간행한 『조산어록』은 종지가 편집한 본으로 덧붙인 내용이 있다. 이 밖에도 『조산본적선사어록』과 『조산원증선사어록』이 있다.

조산원증선사어록 曹山元證禪師語錄 당대 조산본적(曹山本寂)의 어록. 1권. 대정장47, pp.526b27~535c18, No.1987A에 수록되어 있다. 지월혜인(指月慧印)이 교정하여 1761년(보력11) 간행. 밖의 제목은 『조산대사어록 曹山大師語錄』, 안의 제목은 『무주조산원증선사어록 撫州曹山元證禪師語錄』이다. 『조산어록』이라고도 한다. 『오가어록 五家語錄』에 수록된 본을 자료로 삼은 의묵현계(宜默玄契) 편집의 『조산본적선사어록』(대정장47, No.1987B)이 있고, 그 뒤 지월(指月)의 첨삭을 거쳐서 간행되었으며, 1763년(보력13)에는 할도본광(瞎道本光)의 교정을 거쳐 1766년(명화3)에도 간행되었다. 조산의 약전(略傳)·문답·시중(示衆)과 본광이 중편한 「해석동산오위현결 解釋洞山五位顯訣」·「축위송병주별간 逐位頌幷注別揀」·「오위지결 五位旨訣」·「사종이류 四種異類」를 수록하였다. 본서는 조동이사록(曹洞二師錄)으로서도 취급된다.

조산적선사어요 曹山寂禪師語要 당대 조선본적(曹山本寂)의 어요. 1권. 1238년(가희2) 간행. 속고존숙어요2, 卍속장118, pp.895a8~898b6에 수록되어 있다. 삼종참루(三種滲漏)·강요송(綱要頌)·상당(上堂)·문답(問答) 등을 수록하였다.

조산축위송 曹山逐位頌 조산본적(曹山本寂)이 정편오위(正偏五位)에 송을 붙인 것. 줄여서 축위송(逐位頌)이라고도 하고, 오위송(五位頌) 또는 동산오위송(洞山五位頌)이라고도 한다. 『인천안목』 권3(대정장48, p.314c8)·『중편조동오위현결』 권중 「선조산본적선사축위송병주별간 先曹山本寂禪師逐位頌幷註別揀」(卍속장111, p.245a13)·『선림승보전』 권1 「조산본적전 曹山本寂傳」(卍속장137, p.444a13) 등에 수록되어 있다. 오위 각각에 7언 3구씩 게송을 붙여, 오위의 이름과 함께 4구를 이룬다. 동산양개(洞山良价)가 직접 붙인 것이라는 설도 있으나, 이를 입증할 만한 근거가 확실하지 않고, 조산본적의 작품이라는 근거는 여러 문헌에 보이므로 조산의 것으로 보는 것이 보다 타당하다. 〔참고문헌〕『人天眼目』, 『重編曹洞五位顯訣』, 『禪林僧寶傳』. ⇨ 동산오위송 洞山五位頌, 오위송 五位頌

조산포함만유 曹山包含萬有 큰 바다 주검을 받아들이지 않는다(不宿死屍)는 말씀과 바다는 무엇이든 품는다(包含萬有)는 뜻을 소재로 조산이 학인과 문답한 공안. 『경덕전등록』 권17 「조산본적전 曹山本寂傳」(대정장51, p.336b12)에 "학인이 물었다. '가르침 이어 말한다면 「큰 바다는 주검을 머물게 하지 않는다」(80권본 『화엄경』 권77, 대정장10, p.422a20)라고 하는데 무엇이 바다입니까?' '만유를 품어 다한다' '무엇 때문에 죽은 것은 머물지 못합니까?' '숨이 끊긴 것은 머물지 못한다' '앞서 만유를 품는다 하였는데 무엇 때문에 숨이 끊긴 것은 두지 않습니까?' '만유란 그것의 공이 아니지만, 숨이 끊긴 것은 그 덕이 있음이다' '향상사가 있습니까?' '있다고 해도 좋고 없다고 해도 좋다. 용왕이 칼자루를 쥐고 있으니 어쩌겠는가?' 問 承教有言 大海不宿死屍 如何是海 師曰 包含萬有 曰 爲什麽不宿死屍 師曰 絶氣者不著 曰 旣是包含萬有 爲什麽絶氣者不著 師曰 萬有非其功 絶氣有其德 曰 向上還有事也無 師曰 道有道無卽得 爭奈龍王按劍何"라고 하였다. 〔참고문헌〕『景德傳燈錄』, 『華嚴經』, 『曹山語錄』(대정장47, p.528c23), 『祖堂集』 권8(대장경보편25, p.460a13).

조삼라사 嘲三攞四 조롱함이 셋이고 엎어 버림이 넷이다. 무어라 말한다 해도 맞아 떨어질 수 없는 사태를 말한다. 『종용록』 20칙 「시중 示衆」(대정장48, p.240a5)에 "이치로 들어가 깊이 말한다면 세 번은 조롱이고 네 번은 엎어 버린다. 장안의 대도에서는 종횡 어디로나 통한다. 홀연히 입을 열어 설파하고 발 떼고 머뭇거리려거든 높이 걸어두고 주장자는 꺾어 두어야 하리. 말해보라! 누가 그런 사람인가? 入理深談 嘲三攞四 長安大道 七縱八橫 忽然開口說破 擧步踏著 便可高掛鉢囊 拗折拄杖 且道 誰是其人", 『공곡집』 14칙 「평창 評唱」(卍속장117, p.548a17)에 "당장에 이름자를 입에 올리지 않음이 천하의 금기이거늘, 누가 감히 황제의 얼굴 보기라도 하겠는가! 길목을 단단히 지키고 있거늘 어찌 순하게 그대들 조롱하고 엎어버리길 예사로 하겠는가? 엄정한 법령을 온전히 부여잡고 있거늘 어찌 그대에게 엄청난 재물 떨지도록 하겠는가? 當頭諱字寰中禁 誰敢依

稀犯聖顔 把斷要津 那許汝嘲三擺四 全提正令 豈容伊撥萬輪千"라고 하였다. [참고문헌] 『從容錄』, 『空谷集』.

조삼모사 朝三暮四 아침엔 셋이고 저녁은 넷이라네. 말하고 행위함에 정한 바 있을 수 없어, 기에 응하고 때에 따라 자재할 뿐인 뜻이다. 『가태보등록』 권28 「송고하 頌古下 · 대위불성태선사십이수 大潙佛性泰禪師十二首」(卍속장137, p.394a5)에 "호국정과(護國淨果)가 연화지원(演化知遠)과 함께 보자사에 이르자 연화가 물었다. '무엇이 진여불성인지요?' '뉘라서 없겠는가?' 〈이하는 佛性法泰의 송〉 아침에 셋 저녁에 넷이라 한들 하나 어찌 모자라랴? 저녁에 넷 아침에 셋이라 한들 어찌 넘치겠는가? 수많은 사람들이 미처 양을 셀 줄 몰라, 있다거나 없다는 것이 보는 놈의 속임수라네. 어지럽히지 마라! 옴 소로실리 사바하! 淨果與演化至報慈 化問 如何是眞如佛性 曰 誰無〈云云〉 朝三暮四一何少 暮四朝三何太多 多少未能知數量 有無從此見殽訛 不殽訛 唵 囌嚧悉唎 薩婆訶", 『선혜대사어록』 권3(卍속장120, p.25a6)에 "그대에게 권하는 말 일곱 번째 : 만사에 허물 없으니 모름지기 실다워야 한다. 조삼모사로는 남에게 전하지 못하니, 이 도리 몸에 붙인들 결코 길할 수 없으리. 勸君七 萬事無過須的實 朝三暮四不爲人 此理安身終不吉", 『선문염송설화』 279칙(한불전5, p.254c5)에 "자수회심(慈受懷深)의 송 : 사람사람에게는 늙은 원숭이 한 마리 있으니, 조삼모사의 속임수 단번에 그치지 못하네. 부르는 순간 곧바로 무슨 일인지 알 수 있으니, 팔화전에서 쇠공을 굴리며 놀리라. 慈受頌 人人有个老猢猻 暮四朝三卒未休 喚着便能知落處 八花磚上輥金毬", 『도솔불린견어록』 권중 「시근서기 示勤書記」(가흥장33, p.474b11)에 "이 일 논하자면 입 열곳 없고 움직여 힘쓸 곳마저 없다. 그 뜻을 궁구하고자 한다면 저 한 점 더할 것 없는 글에다가 말도 침묵도 이를 수 없는 곳이어서 조삼모사로나마 본래면목 알아차릴 뿐이라네. 若論此事 無啓口處 無運力處 欲究其旨 向者文不加點處 語默不到處 朝三莫四 識取本來面目"라고 하였다. [참고문헌] 『嘉泰普燈錄』, 『善慧大士語錄』, 『禪門拈頌說話』, 『兜率不磷堅語錄』. ⇨ 조사모삼 朝四暮三

조상경 造像經 **1** 불보살상의 조성연기(緣起)와 법식 및 봉안 차제 등에 대하여 정리한 책. 1권. 명대 진실(陳實)이 편집한 『대장일람경 大藏一覽經』에 수록된 「조상품 造像品」을 근간으로 이 경이란 이름으로 별행한 책이다. 조선후기에는 용허석민(聳虛碩旻)이 엮고 화악지탁(華嶽知濯 1750~1839)이 고증한 판본이 널리 유통되었다. 특히 화악지탁의 고증에 대해서는 스님의 문집인 『삼봉집』에 「유점사해장전조상경간판봉안기 楡岾寺海藏殿造像經刊板奉安記」(한불전10, p.469a11) · 「조상경증정서 造像經證正序」(한불전10, p.474a11) · 「조상경고증발 造像經考證跋」(한불전10, p.475a5) 등이 수록되어 있어서 간행사를 엿볼 수 있다. 그 중 유점사판본이 『한국불교의례자료총서』 권3 pp.333~369에 수록되어 있으며, 1824년에 뇌암(雷庵)과 백석(白石)이 각기 지은 2종의 「중간조상경서 重刊造像經序」 및 화악지탁과 용허석민의 제자 영해여훈(影海呂訓)이 각기 지은 2종의 「발문 跋文」과 시주질(施主秩)이 덧붙여져 있다. 내용은 『대장일람경』 「조상품」 15칙 · 「금강아사리관상의궤 金剛阿闍梨觀想儀軌」 · 「제불보살복장단의식 諸佛菩薩腹藏壇儀式」 · 「복장단중회의 腹藏壇衆會儀」 · 「이실지단석차역복장사 二悉地壇釋此亦腹藏事」 · 「불설불모반야바라밀다대명관상의 佛說佛母般若波羅密多大明觀想儀」 · 「점안문 點眼文」 · 「제진언 諸眞言」 등으로 구성되어 있으며 진언은 범자에 한자음사와 한글음을 병기하였다. 대표적인 판본으로는 다음과 같은 것이 있다. ① 1575년(선조8 · 만력3) 전라도 담양 추월산 용천사(龍泉寺) 개판본으로 고려대학교와 고양 원각사 등에 영인본이 전한다. ② 1677년(숙종3) 전라도 홍양 팔영산 능가사(楞伽寺) 개판본의 1759년(영조35) 후쇄본(後刷本) : 1권 1책(45장). 「불설불모반야바라밀다대명관상의궤 佛說佛母般若波羅密多大明觀想儀軌」와 「대장일람경조상품십오칙」 · 「제불보살복장단의식」으로 구성되어 있다. ③ 1720년(숙종46) 평안도 용강현 봉곡산 화장사(華藏寺) 개판본으로 영인본은 부산 내원정사(內院精舍)에 전한다. ④ 1746년(영조22) 경상도 상주 운달산 김룡사(金龍寺) 개판본으로 구성은 수록 순서만 다를 뿐 능가사본과 같다. ⑤ 1824년(순조24) 금강산 유점사 장판(藏板) 중간본(重刊本) : 1권 1책(67장). 용허석민이 엮고 화악지탁이 고증한 것으로 가장 많이 유통되는 판본이다. [참고문헌] 『三峯集』, 『韓國佛敎儀禮資料叢書』, 태경 역 『조상경』(운주사, 2006), 『全國寺刹所藏木板集』(文化財管理局, 1987) p.485. **2** ➡ 대승조상공덕경 大乘造像功德經

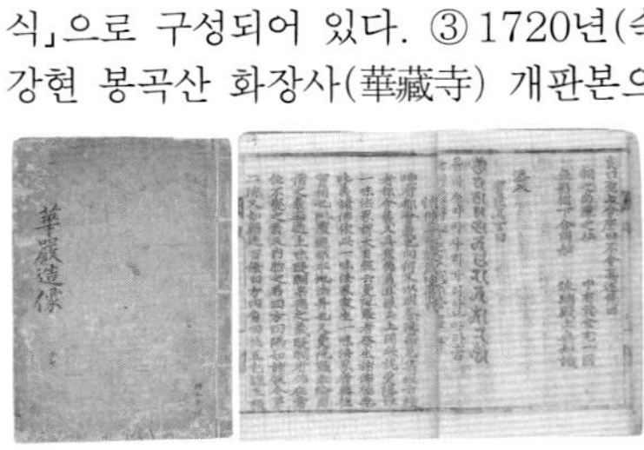

조상경 부산 내원사 1720년

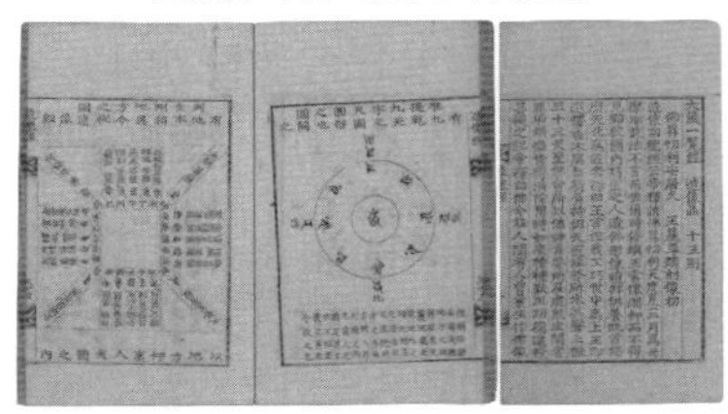

조상경 유점사중간본 1824년

조상양도경 造像量度經 청대 공포사포(工布查布) 한역. 1권. 卍속장87, pp.678a1~679b3에 수록되어 있

다. 갖춘 이름은 『사리불문조상양도경 舍利弗問造像量度經』이다. 부처님께서 도리천에 올라 어머니께 설법하려고 하실 때, 사리불의 질문에 대해 156게송(偈頌)으로 부처님 육신 각 부분의 법량(法量)에 대해 설하신 내용이며, 불상조성의 규격과 법칙에 관해 도상학적으로 해설한 경전이다. 공포사포는 1742년에 티베트본에서

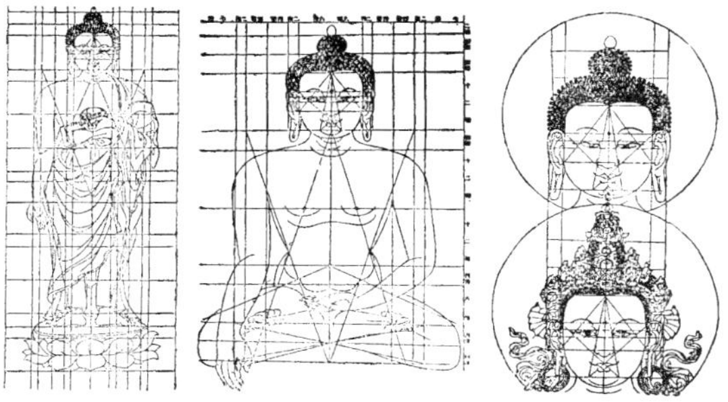

조상양도경 여래입상・여래좌상・여래보살두상

이 경전을 한역하였으며, 『조상양도경인 造像量度經引』・『조상양도경해 造像量度經解』・『조상양도경속보 造像量度經續補』 등도 지었다. ⇨ 공포사포 工布査布

조상토 爪上土 P nakhasikhāyam paṃsu. 손톱 위의 흙. 시방에 가득한 흙에 비해 아주 적은 수를 비유하는 말. 조토(爪土)・갑상토(甲上土)・갑두토(甲頭土) 등이라고도 한다. 사람의 몸을 받아 불도에 들고 닦아 해탈함이 지극히 어려운 일임을 비유함이다. 36권본 『대반열반경』 권31(대정장12, p.809c4)에 "세존께서 땅의 흙을 조금 집어서 손톱 위에 놓고 가섭에게 다음과 같이 말씀하셨다. '이 흙이 많으냐, 시방세계에 있는 땅의 흙이 많으냐?' 가섭이 부처님께 말씀드렸다. '세존이시여, 손톱 위에 있는 흙은 시방에 있는 흙에 비교할 수 없습니다' '선남자야, 어떤 사람이 이 몸을 버리고 다시 사람의 몸을 받으며, 삼악도의 몸을 버려 사람의 몸을 받거나, 제근을 완전하게 갖추어 부처님 계신 나라에 나거나, 바른 신심을 갖추어 도를 닦고, 도를 닦아서 해탈을 얻으며, 해탈을 얻어서 능히 열반에 드는 일이란 손톱 위의 흙과 같으리라'. 世尊取地少土 置之爪上 告迦葉言 是土多耶 十方世界地土多乎 迦葉菩薩白佛言 世尊 爪上土者 不比十方所有土也 善男子 有人捨身 還得人身 捨三惡身 得受人身 諸根完具 生於中國 具足正信 能修習道 修習道已 能得解脫 得解脫已 能入涅槃 如爪上土"라고 하였다. [참고문헌] 『大般涅槃經』, 『雜阿含經』 권47(대정장2, p.345a3), *SN.2.263.* ⇨ 조토 爪土

조상품 造像品 불상을 만든 인유(因由)와 공덕(功德) 등을 여러 경전에서 발췌하여 정리한 품(品). 명대 진실(陳實)이 편찬한 『대장일람』 권4(가흥장21, pp.495a10~497c11)에 수록되어 있으며, 조선후기에 용허석민(聳虛碩旻)이 관련 자료를 모으고 화악지탁(華嶽知濯 1750~1839)이 고증하여 인행(印行)한 『조상경』(『한국불교의례자료총서』 권3, pp.337a1~341b12)에도 편입되었다. 『조상경』「약술비의 略述鄙意」에 "이 경문의 조상품 15칙 중 첫번째는 불상을 만드는 인유를 일으킨 것으로 전법이 오래전부터 있어 왔음을 밝히는 것이며, 나머지는 다 불상을 만든 공덕을 증신하게 하는 것으로 영험이 진실하여 헛되지 않음을 밝혔다. 此經文造像品十五則中初一發起造像因由 則明傳法之有自來矣 餘皆證信造像功德 則明靈驗之眞實不虛矣"라고 하였다. [참고문헌] 『大藏一覽』, 『造像經』, 『韓國佛教儀禮資料叢書』.

조색 造色 S bhūta-bhautika, T 'byung-ba-dang-'byung-ba-las-gyur-pa. 만들어진 색(所造色). 사대(四大)를 인으로 공용(功用)을 얻게 되는 색온을 말한다. 사대종소조색(四大種所造色)・사대소조색(四大所造色)・대종조색(大種造色)・소조색(所造色)이라고도 한다. 40권본 『대반열반경』 권34(대정장12, p.568a4)에 "마치 거울로 인해 영상이 비춰 있게 되는 것과 같다. 색도 이와 같이 사대를 인으로 만들어졌기에 거침・미세함・껄끄러움・부드러움・청색・황색・적색・백색・긺・짧음・모남・둥긂・기울어짐・각짐・가벼움・무거움・차가움・따뜻함・배고픔・목마름・연기・구름・먼지・안개 등이라 부르니 이것들을 조색이라 한다. 비유하면 메아리나 비친 모습과 같다. 譬如因鏡 則有像現 色亦如是 因四大造 所謂麤細 澁滑 青黃赤白 長短方圓 斜角輕重 寒熱飢渴 煙雲塵霧 是名造色 猶如響像", 『순정리론』 권18(대정장29, p.440a26)에 "마치 온갖 만들어진 색은 그 바탕 본래 없는 것 아니지만, 쓰임이 있으려면 반드시 대종을 인으로 하는 것과 같다. … 유위법으로서 인에 의지하지 않고 이루어지는 것은 있을 수 없다. 如諸造色 體本非無 而功用成 必因大種 … 無有爲法成不由因"라고 하였다. [참고문헌] 『大般涅槃經』, 『順正理論』, *Lańk.118・137.* ⇨ 색온 色蘊, 소조색 所造色, 사대소조 四大所造, 사대 四大 ❶

조생 祖生 고려말 조선초 스님. 태조 대 내원당(內願堂: 宮中의 法堂) 감주(監主)로 있었다. 『태조실록』 권4 2년(1393) 11월 19일에 '내원당 감주 조생이 나아가 알현하였다. … 조생이 (신도건설에 참여할 승도를) 이끌어 나아가니 임금이 기뻐하여 조생에게 공양을 올리고, 각 종파의 스님에게는 명주와 면포를 내려 주었다. 內願堂監主祖生進見 … 祖生引進 上悅飯祖生 賜各宗僧絹及緜布", 『정종실록』 권2 1년(1399) 8월 12일에 "흥천사에서 신덕왕후(神德王后 1356~1396: 태조 이성계의 元妃)의 기재를 베풀었다. … 태상왕(태조 이성계)이 천수송정에 가서 흥천사의 법회를 주관한 조생

의 가는 길을 전송하였다. 設神德王后忌齋于興天寺 … 太上王如天水松亭 餞興天寺主法祖生之行"라고 하였다. 〔참고문헌〕『太祖實錄』, 『定宗實錄』.

조생연 助生緣 Ⓢ utpatti-nimitta, Ⓣ skye-ba'i-rgyu-mtshan. 어떤 법(法)이 일어나는 것을 돕는 연(緣). 적극적으로 관여하는 연은 능생연(能生緣)이다. 『구사론』 권1(대정장29, p.3c10 : *Abh-k-bh.*, p.9)에 "무표색이 대종에 의지해 움직일 때는 마치 그림자가 나무에 의지하고 빛이 보주에 의지하듯 한다. 안 등의 5식이 안 등에 의지해 일어나는 경우와는 같지 않으니 오직 조생연이 될 뿐이기 때문이다. 無表依止大種轉時 如影依樹 光依珠寶 眼等五識依眼等時則不如是 唯能爲作助生緣故 avijñaptirhi cchāyeva vṛkṣaṃ prabheva maṇiṃ bhūtānyāśrtya varttate. na tvevaṃ cakṣurādīnyāśritya varttante cakṣurvijñānādīni kevalaṃ tūtpattinimittamātraṃ tāni teṣāṃ bhavantīti", 『화엄경소초』 권39(대정장36, p.302c25)에 "'오직 조생연이 될 뿐이다'라 한 것은 뜻으로 말하면 안 등은 식에 대해 증상연으로서의 먼 의지처가 될 뿐 직접적인 연은 되기 어렵다는 뜻이 아니다. 따라서 논주는 논파하기를, '「그림자가 나무에 의지하고 빛이 보주에 의지한다」는 말은 우선 비바사(毘婆沙)의 뜻에 부합하지 않는다. 그들은 그림자 등의 현색극미는 각기 스스로 사대종에 의지한다고 주장하기 때문이다.」'라고 하였다. 또 이어서 파하기를, '설사 그림자와 빛이 나무와 보주에 의지한다고 하더라도 무표색이 저에 의지하는 것과는 같지 않기 때문이다. 비바사는 의지처가 되는 대종이 사라지더라도 무표색은 따라 사라지지 않는다고 인정하기 때문이다'라고 하였다. 唯能爲作助生緣故 意云 不應以眼等爲增上緣之疎依難親緣 故論主又破云 此影依樹 光依寶言且非扶順毘婆沙義 彼宗影等顯色極微 各自依止四大種故 論主又縱破云 設許影光依止樹寶 而無表色不同彼依 彼許所依大種雖滅 而無表色不隨滅故"라고 하였다. 〔참고문헌〕『俱舍論』, 『華嚴經疏鈔』, *Abh-k-bh.*

조생왕자 朝生王子 왕자오위(王子五位) 중 하나. 서출왕자로서 임금의 위에 오를 수 없지만 한결같이 임금을 섬기는 위를 말한다. 『오가종지찬요』 권중(卍속장114, p.533b1)에 "조생왕자 : 이는 수행인이 본래의 존귀한 위를 얻지 못했지만 반드시 수증함을 빌린다. 마치 시각은 본각을 향하고 해바라기는 태양을 따라 기울어 섬기듯 한다. 성지를 운용하고 망정을 조화하여 진성을 잘 다스려 두렷한 성취를 한다. 마치 세간에서 개국할 당시에 쌓은 업적에 큰 공로가 있으면 한 왕조에서 왕위를 봉하므로 왕자라 부르는 일과 흡사하다. 이 위는 처음부터 편위중에 나서 왕의 종자와 같지 않아서 또한 그 나머지 재상의 자리를 잇는 류이다. 朝生王子 此喩修行人未得本來尊貴 須借修證 如始覺向於本覺 葵傾藿奉 運用聖智 調和妄情 善理眞性 而得圓成 恰似世間 開國元勛有大功勞 一朝封以王位 故亦稱王子 此已在偏位中生出不同王種 亦是外紹宰相之類也", 『인천안목』 권3 「석상답오위왕자 石霜答五位王子」(대정장48, p.316b29)에 "무엇이 조생왕자인가? 석상이 말한다. '벼슬하지 않고도 왕을 보위하기 충분하니 왕궁 안을 곧바로 가리킨다'. 如何是朝生王子 霜云 白衣爲足輔 直指禁庭中", 『오등회원』 권6 「신라국서암장 新羅國瑞巖章」(卍속장138, p.213b1)에 "'무엇이 조생왕자인지요?' '궁중에서 지위를 차지하지 않는다'. 曰 如何是朝生王子 師曰 宮中不列位"라고 하였다. 〔참고문헌〕『五家宗旨纂要』, 『人天眼目』, 『五燈會元』. ⇨ 왕자오위 王子五位

조서 鵰鼠 담비. 초서(貂鼠)가 바른 말이다. 담비를 쥐의 무리로 보았기에 '서'로 분류한다. 『조정사원』 권6(卍속장113, p.178b2)에 "조서 : 바른 말은 초서이다. 조는 정과 료를 반절한 음이다. 성장하면 털빛이 황색이나 흑색이다. 본래 서식지는 오랑캐 정령국이다. 鵰鼠當作貂鼠 丁聊切 大而黃黑 出胡丁零國", 『연등회요』 권13 「부산법원장 浮山法遠章」(卍속장136, p.641a15)에 "'선대로부터 성인들이 전하려 했어도 미치지 못한 경계를 스님께서 말씀해 주시기 바랍니다' '티베트(土蕃)사람들은 담비 가죽으로 짠 모자를 좋아한다' '특별한 천지요 참신한 일월이로군요' '쇠채찍으로 멀리 하란산을 가리킨다'. 問 從上諸聖 傳不到處 請師道 師云 番人愛著鵰鼠帽 云 特地乾坤 斬新日月 師云 鐵鞭遙指賀蘭山"라고 하였다. 〔참고문헌〕『祖庭事苑』, 『聯燈會要』.

조서승 鳥鼠僧 박쥐와 같은 스님. 겉모습은 스님이지만 행의가 여법치 못한 스님을 말한다. 『불유교경론소절요』(대정장40, p.854b19)에 "만일 그렇지 않다면 이미 도인은 아니지만 백의도 아니라 붙일 이름이 없다. 마음에 지혜가 없으므로 도인이 아니고, 모습은 이미 삭발하고 가사를 입었으므로 속인도 아니다. 두 편 어디에도 거둘 수 없기에 붙일 이름이 없다. 〈보주〉 억지로 이름 붙여 조서승이라 한다. 승중으로서 존중받아야 할 이에게 박쥐라는 이름이 붙으니 참으로 수치스럽다 하겠다. 若不爾者 既非道人 又非白衣 無所名也 心無智慧 故非道人 形已削染 故非白衣 兩端不攝 故無所名 〈補註〉 强與安名 曰鳥鼠僧 僧衆中尊 而有鳥鼠之名 可恥甚矣", 『치문경훈』 권2 「석난문 釋難文」(대정장48, p.1049c24)에 "스님인듯 하지만 스님이 아니고, 속인인 듯 하지만 속인도 아닌 이를 부처님께서 조서승이라 하셨다. 似僧非僧 似俗非俗 佛謂之鳥鼠僧", 『선가귀감』(한불전7, p.641c18)에 "말법비구를 가리키는 여러 가지 이름이 있으니, 조서승·아양승·독거사·지옥의 찌꺼기·가사 입은 도적 등이 그것이다. … 스님의 본분도 빗겨가고 속인의 신분도 피해가니 박쥐라 한다. 末法比丘 有多般名字 或鳥鼠僧 或啞羊僧 或禿居士 或地獄滓 或被袈裟賊 … 避僧避俗 曰鳥鼠"라고 하였다. [참고문헌]『佛遺敎經論疏節要』, 『緇門警訓』, 『禪家龜鑑』. ⇨ 반승반속 半僧半俗, 비승비속 非僧非俗

조서천 造書天 Ⓢ Brahman. 범자(梵字)를 지었다고 하는 천. 바라하마천(婆羅賀摩天)이라 음사하고 정천(淨天)·범천(梵天)이라고도 한다. 『일체경음의』 권26(대정장54, p.477a12)에 "조서천〈범어 음사어는 바라하마천이다. 실담장 12음의 자모를 지은 신이 그이다. 전에 제8권에서 밝힌 대로다〉. 造書天〈梵云婆羅賀摩天 卽造悉曇章十二音字母者 是也 如前第八卷中所明也〉"라고 하였다. [참고문헌]『一切經音義』, 40권본 『大般涅槃經』 권24(대정장12, p.508b4). ⇨ 바라하마천 婆羅賀摩天, 범천 梵天

조석 祖席 조사(祖師)의 법석(法席). 부처의 혜명을 밝히는 일을 말한다. 『불조역대통재』 권19(대정장49, p.679a1)에 "다시 나라 남쪽에 법운선사를 세우자 이에 조석사의 자리가 빛났고 총림 또한 흥성하였다. 復建法雲禪寺 於國之南 於是 祖席光輝 叢林鼎盛", 『경덕전등록』 권25 「법등태흠전 法燈泰欽傳」(대정장51, p.415a15)에 "'임금이 청하고 명하여 조석이 거듭 열리고 학인이 찾아 올라오니 청컨대 스님께서 마음의 근원을 곧바로 가리켜 주시기 바랍니다' '올라왔으니 돌려 내려가시길'. 問 國主請命 祖席重開 學人上來 請師直指心源 師曰 上來却下去", 『천복승고어록』(卍속장126, p.438b1)에 "지금 사해 크게 움직여서 조사의 자리 황량하고 도의 무리 찾을 길 없다. 그대들 반드시 분명하게 헤아려야 하며 속지 말아야 하리. 다만 마주한 사람에게 달렸으니, 이 무슨 도리인가? 如今四海大行 所以祖席荒凉 道流闃爾 仁者 直須著忖 莫受塗糊 但據當人事 是何道理"라고 하였다. [참고문헌]『佛祖歷代通載』, 『景德傳燈錄』, 『薦福承古語錄』. ⇨ 강석 講席❷

조선 助善 Ⓢ sāhāyyaṃ gacchanti, Ⓟ sāhāyya, Ⓣ grogs-kyi-ngo-bor-'gro-bar-byed. 도와 선하게 하다. 돕는 것. 또는 도움을 주는 것. 조반(助伴). 『대승장엄경론』 권12(대정장31, p.650c13 : *Sūtr.*, p.161)에 "'도와 선하게 한다'는 것은 나아가 넉넉하게 함을 말한다. 중생을 도와 선업을 짓기 때문이다. … 비유하면 선우는 이미 자기에게 다섯 가지로 이로운 업을 짓는다. 첫째는 비밀의 말들을 덮어주고, 둘째는 악행을 끊도록 하고, 셋째는 선행을 칭탄하고, 넷째는 하는 일을 도와주고, 다섯째는 나쁜 일 반복하지 않도록 한다. 助善者 以進饒益 佐助衆生 營善業故 … 譬如善友 於己作五種饒益業 一 密語爲覆 二 惡行令斷 三 善行稱譽 四 所造佐助 五 遮習惡事 〈śloka〉 arthe vyāpāragāmitā … 〈bhāṣya〉 dānena hi satvānāṃ bhājanatve sthāpayanti kuśalakriyāyāḥ. … bandhavo hi bandhūnāṃ pañcavidham upakāraṃ kurvanti. guhyaṃ gūhayanti. kuceṣṭitaṃ vigarhanti. kuceṣṭitaṃ praśaṃsanti karaṇīyeṣu sāhāyyaṃ gacchantivyasanasthānebhyaś ca nivārayanti"라고 하였다. [참고문헌]『大乘莊嚴經論』, *Sūtr.* ⇨ 조반 助伴

조선 祖先 1136~1211. 남송(南宋)대 임제종(臨濟宗) 양기파(楊岐派) 스님. 호는 파암(破菴), 속성은 왕(王)씨. 광안(廣安 : 四川省) 출신. 처음에는 나한원(羅漢院)의 덕상(德祥)에게 사사를 받다가 얼마 지나지 않아 소각(昭覺)을 친견하고 다시 풍주(灃州)의 덕산연(德山涓) 문하에서 구족계를 받았다. 그 뒤 제방에서 참학하다가 소주(蘇州)의 만수사(萬壽寺)에서 눈 오는 밤 홀로 좌선하다가 종소리에 고거를 들고는 소당(昭堂)이라는 두 글자에 의심이 단번에 풀렸다. 다시 밀암함걸(密庵咸傑) 문하에서 수행하다가 종지를 깨우쳤다. 고향으로 잠시 돌아왔다가 또 다시 상주(常州)의 천복사(薦福寺)·진주(眞州)의 영암사(靈巖寺)·오중(吳中)의 수봉사(秀峰寺)와 궁륭사(穹窿寺) 그리고 복주(福州)의 자복사(資福寺) 등에 두루 주석하였다. 1211년(가정4) 6월 세수 76, 법랍 49세로 입적하였다. 어록 1권을 남겼다. [참고문헌]『大明高僧傳』 권8(대정장50, p.932a18), 『五燈嚴統』 권21(卍속장139, p.930b18).

조선 祖禪 조선전기 스님. 호는 철호(鐵虎). 나옹혜근(懶翁惠勤)의 제자로, 청계사(淸溪寺)·회암사(檜巖寺) 주지를 역임하였다. 『양촌집』 권12 「진관사수륙사조성기 津寬寺水陸社造成記」(한국문집총간7, p.140a1)에 "홍무 정축년(1397·태조6) 정월 을묘에 임금께서 내신 이득분과 사문 신 조선 등에게 명하시길, '… 고찰에 수륙도량을 세워 조종의 명복을 빌고 중생을 이롭게 하고자 하니, 가서 살펴주시길 바란다'라고 하였다. 洪武丁丑正月乙卯 上命內臣李得芬沙門臣祖禪等若曰 … 欲於古刹 爲建水陸道場 歲設以追祖宗冥福 且利群生 爾往相之"라고 하였다. [참고문헌]『陽村集』, 『太宗實錄』 권42년 7월 13日, 李智冠 『校勘譯註歷代高僧碑文』 高麗篇4 p.427. ⇨ 혜근 惠勤

조선 調善 ❶ Ⓢ karmaṇya. 고르고 선함. 붙들어 집착함이 없어서 스스로와 남에게 어긋나 넘치지 않아 이롭게 함을 말한다. 『유가사지론』 권13(대정장30, p.342a11)에 "무엇이 조선인가? 만약 삼마지가 오히려 행함에 붙들려 있는 듯 함이 있으면 마치 물을 붙들려 하는 것과 같고, 혹은 법성에 붙들릴 듯 하게 되어 고요할 수도 없고 묘하지도 못해서 안은도도 아니며, 또한 심일취성을 증득함도 아니라면, 이러한 삼마지는 조선이라고 하지 않는다. 좋아하는 것 따라 안은하게 머물지 않아서 이렇게 서로 어긋나게 하면 조선이라 이름할 수 있다. 云何調善 謂若三摩地 猶爲有行之所拘執 如水被持 或爲法性之所拘執 不靜不妙 非安隱道 亦非證得 心一趣性 此三摩地 不名調善 不隨所樂 安隱而住 與此相違 名爲調善", 같은 책 권15(대정장30, p.359b18)에 "응공이란, 마치 한 가지 있는데 성이 고르고 선해 끝내 어긋나 넘치지 않는다. 모든 고르고 착한 것이란 고르고 선한 경지이니 다른 이의 마음 따라 언설을 일으키고 때마다 실답게 하며 능히 뜻에 이롭게 한다. 언사가 유연함이 마치 저 선우 보듯 해야 그 이름 응공이다. 應供者 謂如有一 爲性調善 不惱於他 終不違越 諸調善者 調善之地 隨順他心 而起言說 以時如實 能引義利 言詞柔軟 如對善友 是名應供"라고 하였다. [참고문헌] 『瑜伽師地論』, *Bodh-bh.251·267.* **2** 잘 길들이다. 『대루탄경』 권1(대정장1, p.282a3)에 "전륜왕이 이 코끼리를 보고 이렇게 생각하였다. '이 코끼리를 길들인다면 곧 아주 뛰어나게 될 것이다'. 그리하여 곧 코끼리 조련사에게 길들이게 하고 거듭 길들이니 곧 아주 잘 길들여져 마치 잘 길들인 가축과 같았다. 轉輪王見已念言 此象若可調者 便當爲賢善 則與調象師 使調適 一反調 便調善最 如調善畜"라고 하였다. [참고문헌] 『大樓炭經』.

조선 藻先 844~928. 후당(後唐)대 스님. 건녕(建寧:福建省) 신풍옹씨(新豊翁氏)의 아들. 나이 열셋에 출가하여 오산(烏山) 흥복사(興福寺)의 행전(行全) 문하에서 공부하다가 865년(함통6) 삭발하고 구족계를 받았다. 설봉의존(雪峯義存)을 친견한 다음 온령(溫嶺)으로 돌아가 암자를 짓고 살았다. 그 후에 장군암(將軍巖)에 머물렀고, 신인(神人)이 땅을 헌납하여 서암원(瑞巖院)을 짓자 학인들이 운집하였다. 여름에는 닥나무 옷을 입고 겨울에는 얼음 속에서 목욕하였기에 구빙(扣氷)이라 불렸다. 928년(천성3) 민주(閩主)의 부름에 응하였다가 10일이 되어 질병을 핑계로 작별하고 같은 해 12월 2일 세수 85, 법랍 63세로 입적하였다. 시호는 '묘응법위자제선사 *妙應法威慈濟禪師*'이다. [참고문헌] 『佛祖統紀』 권42(대정장49, p.391b25), 『嘉泰普燈錄』 권24(卍속장137, p.330a4), 『禪苑蒙求』(卍속장148, p.319b9). ⇨ 구빙고불 扣氷古佛

조선불교 朝鮮佛教 1392년부터 1910년까지 한반도에 위치하였던 조선에서 일어난 불교 안팎의 모든 일. 조선왕조는 성리학을 통치의 근간으로 삼겨 개국하였고 이어 끊임없이 불교와 관련된 모든 것들을 강력히 억제하였다. 다만 왕실구성원들의 독자적인 의지와 결단에 의한 불사(佛事)가 행해지기도 하고, 왕실의 힘에 부친 불교에 대한 조정의 공적 태도 또한 일시 완화되기도 하였지만 그 기조는 조선조 오백여 년간 변함이 없었다. [왕실중심불사와 불교혁파] 나라의 자연재해(消災祈禳)나 왕실의 안녕 등을 위한 기재(忌齋) 그리고 절의 창건이나 탑의 조성과 경전 등 불사는 왕실의 의지로 유지되었다. 태조 자신이 무학(無學) 등 스님들과 교분을 갖고 먼저 돌아간 왕비 신덕왕후(神德王后)의 이름을 빌어 억조창생을 구제하는 수륙도량(水陸道場)을 개설하는 등 불교를 배척하지는 않았다. 왕실은 가혹한 권력의 유지와 승계라는 피할 수 없는 불안과 예측할 수 없는 자연재해와 내외의 난(內外難)등 파도처럼 밀려오는 일들을 마주해야 하는 최전선이다. 이러한 불안정성(無常)은 인간실존과 세계에 본질적으로 내재한 것들이라고 깨우치는 불교는 그 고통으로부터의 자유를 근원적으로 사유해온 전통의 힘이 있었다. 아울러 통치자의 교화야말로 민생구원의 최전선이라 여겼고, 정법(正法)을 담지한 전륜왕(轉輪王)이라는 꿈을 향해 왕실과 권력자 교화를 소홀히 하지 않았다. 인간이 이 세계에서 마주하는 불안의 모든 것들과 나고 죽는 세상 저 끝의 일들(生死大事)을 성리학이 대신할 수 없었다. 불교는 유교의 제례만으로는 넘어설 수 없는, 중생과 만유를 보듬어 어떻게 행위하고 어울려야 하는지를 실천해온 깊고 광대한 전승의 행의(行儀)들이 있었다. 조선조 불교가 왕실의 제사나 구복(求福)을 위해 봉사했다는 근래 연구자들의 진술은 반드시 되새겨 고쳐야 할 일이다. 그렇다고 조선조 선지식들이 그 역할을 잘 수행했다고 말할 수도 없다. 교단 축소를 단행했던 세종도 만년에는 내원당(內願堂)을 세우고 불경을 즐겨 외웠고, 세조는 불교에 깊은 이해를 가져 즉위 전부터 『석보상절 釋譜詳節』을 편찬하였으며, 간경도감(刊經都監)을 설치하고 여러 불전을 훈민정음으로 언해하여 간행하도록 하였다. 또 해인사와 상원사 등 여러 사찰의 중수를 지원하고 복천사와 낙산사 등을 찾아 신행하는 등 가혹해진

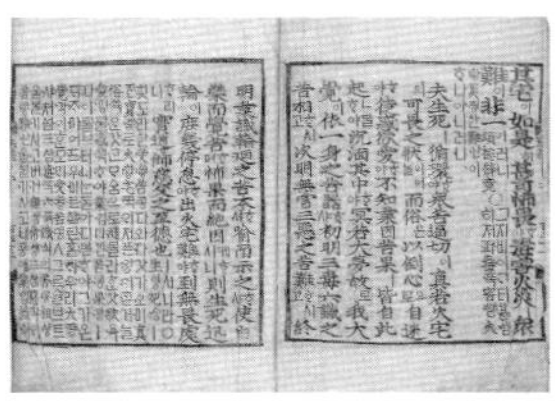

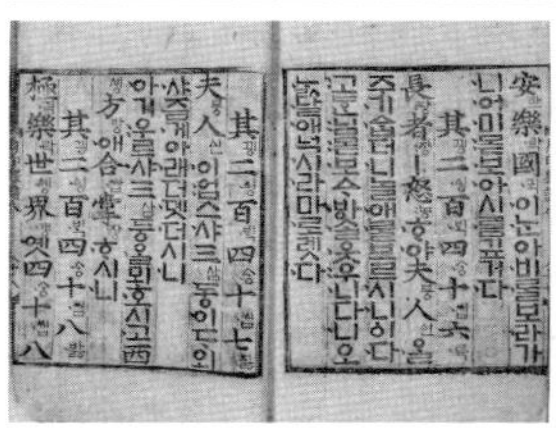

정음본 묘법연화경 원주 영원사 목불좌상복장전적 1545년 · 월인석보
안동 광흥사 불교중앙박물관 1459년 · 보물745-3호 개인소장 1459년

승정을 완화하고 스님의 권익도 보장하였다. 성종 즉위와 함께 사림(士林)들의 중앙진출이 활발해짐에 따라 불교배척의 수위가 강화되었지만 인수대비(仁粹大妃) 등 왕실의 불사와 신행은 끊이지 않았다. 1550년에 인종비 인성왕후(仁聖王后)는 정밀하고 세련된 장면 묘사와 장대한 화면 구성으로 이름난 도갑사관음보살삼십이응신도, 문정왕후는 약사여래도(1561년)와 200탱의 나한도(1562년) 및 400탱의 회암사사불도(1565년) 등 대규모의 불화를, 1575~1577년에 숙빈(淑嬪)은 비구니 지명(智明) 등과 명종비의 명복을 빌고 보리를 증득하기를 기원하며 자수궁정사지장보살본원경변상도(慈壽宮淨社地藏菩薩本願經變相圖)를, 1576년에 비구니 혜원(慧圓)과 혜월(慧月)은 독특한 구성의 안락국태자경변상도(安樂國太子經變相圖)를, 1582년에는 비구니 학명(學明)이 순금 서방구품용선접인회도(西方九品龍船接引會圖)를 조성하였다. 1768년(영조44)에 각도의 사찰 중에서 궁방의 원당(願堂)을 혁파하도록 하였고, 1776(정조1)에는 원당을 금지하는 조치가 내려졌다. 그러나 왕실과 연계된 원당을 완전히 없앨 수 없었으며, 전국의 유명기도처에 불단을 설치했고 숙빈최씨(淑嬪崔氏)가 왕자탄생을 발원하여 파계사에 기도하였고, 연잉군(延礽君)이 탄생하자 숙종은 파계사에 원당을 지정하고 내탕금을 하사하였으며, 화엄사의 각황전도 연잉군탄생을 기념하여 숙종이 사액한 건물이다. 정조도 효명세자(孝明世子)가 요절하자 선암사 등 각지에 왕자탄생을 기원하는 원당을 설치했고, 수빈박씨(綏嬪朴氏)가 왕자를 낳자 내원암, 법주사, 화암사 등 발원사찰에 공양하였다. 국왕의 사친(私親)을 추숭하기 위한 원당으로, 1756년(영조32)에 영조의 생모 숙빈최씨를 모시는 송광사 육상궁(毓祥宮)을, 1765년 경에 사도세자(思悼世子)의 생모 영빈이씨(映嬪李氏)를 모시는 법주사 선희궁(宣禧宮)이 있다. 정조는 사도세자의 묘를 화성으로 옮기고 그 원찰로 용주사(龍珠寺)를 1790년(정조14)에 낙성하였다. 이에 즈음하여 기념비적인 후불탱을 조성하고 부모은중경판을 간행하며 정조 스스로 부모의 은혜에 보답하는 복전을 지어 공양한다는 기복게(祈福偈)를 짓기도 하였다.

문정왕후발원 회암사약사삼존도 국립중앙박물관 1565년

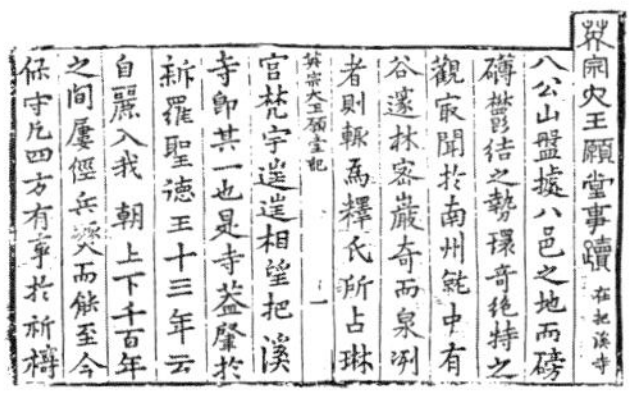
영종대왕원당사적 대구 파계사 1806년

1787년(정조11)에 내수사(內需司)에서 작성한 궁방전(宮房田) 도안(都案)에는 25개 사찰이 왕실 원당으로 지정되어 346결의 토지를 보유한 것으로 기록되었다. 위의 불사들이 선대의 명복과 왕실의 안녕만을 명분으로 하였다 하지만, 발원자와 동참자들의 내면이 개인의 영달에 그쳤을 것이라고 단언하기보다는 전승해온 불사의 발원문들을 좀 더 깊이 들여다 볼 일이다. 1458년 김수온이 왕명으로 지은 「인대장경오십건발 印大藏經五十件跋」(이지관 『가야산해인사지』, p.290)에 "성상께서 뜻을 내신 처음이 곧 이미 대법륜을 굴림입니다. 불찰미진중생과 함께 무상보리의 지혜를 증하기를. 聖上發意之初 卽已轉大法輪 而與佛刹微塵衆生 同證於無上菩提之智矣", 1485년(성종16) 인수대비(仁粹大妃) 발원 『불정심다라니경』의 학조(學祖) 「발문 跋文」에 "대개 스스로를 더하고 남을 이롭게 하여 사람마다마다가 즐겨 외게 하고 자기를 미루어 남에게 미치기까지 하니, 개개인으로 하여금 돌아갈 바를 알게 하고 근심과 핍박으로부터 창생을 건지게 되리. 盖益自利他 使人人而樂誦 推己及人 令箇箇而知歸 拯蒼生於憂逼之際"라고 하였다. [도첩제와 승과의 존폐 및 국역의 편입] 조선조 태조는 신분에 따라 포 100~200필을 내야만 출가를 허락하는 강한 억제책인 도첩제(度牒制)를 시행하여 교단 구성원의 자율적 편입을 막았다. 태종 6년(1406)에는 고려말에서 조선초로 계승된 11종을 조계·천태·총남·화엄·자은·중신·시흥의 7종으로 축소하였고, 세종 6년(1424) 선교양종(禪教兩宗)으로 통합하고는 양종 36개 사원에 3,770명의 스님과 7,950결의 토지만을 인정함으로써 불교교단의 경제적 기반마저 크게 위축시켰다. 조선시대의 실제 사원 수는 『신증동국여지승람 新增東國輿地勝覽』에 실린 1,658개에서 다소 증감이 있었을 뿐이다. 스님들의 도성출입이 금지되고 국가적 불사 뜨한 크게 줄었다. 성종 16년(1485)에 반포한 『경국대전 經國大典』에 스님의 출가와 도첩(度牒)의 발급, 승과(僧科) 그리고 주지(住持)임면 등마저 통제하며 불교계를 강력히 규제하였다. 승과는 문과나 무과처럼 3년에 한 번씩 정기적으로 행하고 선교양종에 각각 30인의 스님만을 선발하도록 제한하

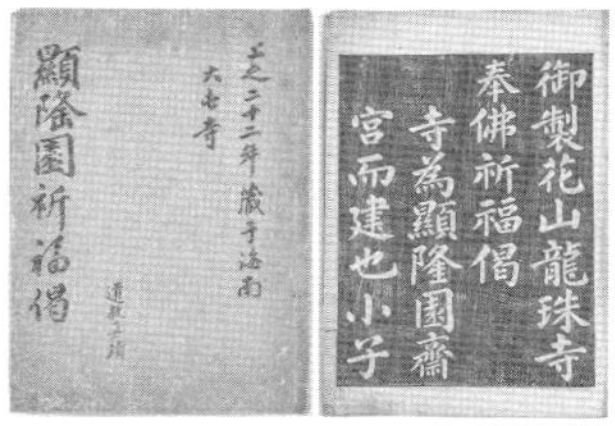
御製花山龍珠寺奉佛祈福偈 寺爲顯隆園齋宮而建也小子

顯隆園祈福偈

어제화산용주사봉불기복게 대흥사성보박물관 조선후기

경국대전 예전 도승 규장각

였다. 선종은 홍천사에서 『전등록 傳燈錄』과 『선문염송 禪門拈頌』을, 교종은 홍덕사에서 『화엄경』과 『십지론』을 과목으로, 예조주관아래 판사(判事)·장무(掌務)·전법(傳法)·10인의 증의(證義)로 구성된 스님들이 참석하였다. 합격한 이는 대선(大選)이라 하였고, 이후 중덕(中德)을 거쳐 선종은 선사와 대선사, 교종은 대덕과 대사로 법계를 올려 선종판사는 도대선사(都大禪師), 교종판사는 도대사(都大師)라 하였다. 중덕이어야만 주요 사찰의 주지가 될 수 있었고 주지의 임기는 30개월이었다. 연산군(재위 1495~1506)대에는 선종의 도회소(都會所)였던 홍천사와 교종의 도회소였던 홍덕사를 모두 폐지하여 관청으로 바꾸고, 삼각산의 모든 절에서 스님들을 쫓아내 폐사하였고, 드디어는 스님은 환속시키고 사찰의 토지는 몰수하는 등 극력 배척하였다. 중종 2년(1507)에는 식년(式年)의 승과마저 폐지하기에 이르렀으니 그나마 유지되던 종파적 기반마저 무너뜨렸고, 중종 11년(1516)에는 『경국대전』의 도승(度僧)조마저 삭제하며 그나마 명맥을 유지하던 제도적 기반을 없앴으며, 왕실의 기신재도 폐지하도록 함으로써 왕실불교의 명맥마저 끊었다. 각도의 사찰을 폐사하고 토지를 향교에 넘겼으며, 범종을 녹여 총통을 만들고 원각사를 헐어 재목을 민가에 나누는 등 중종대 훼불은 절정에 이르렀다. 억불에 이어 훼불마저 마주한 교단은 힘을 잃었고, 사찰은 종문(宗門)의 수행자들을 육성하는 일보다 사회의 힘없는 이들이 모여드는 곳이 되었으며, 이들이 사찰로 편입한 사태를 조정은 유독 드러내 거듭 관리하는 명분으로 삼았으니, 중종 30년(1535)에는 호패(號牌)와 국가 역을 시행한 일이다. 『중종실록』 권80 30년 11월 19일에 "전교하였다. 양정으로서 스님이 된 자는 신역을 시킨 뒤에 호패를 주기로 이미 논하여 정했다. 만약 공사천민으로서 스님이 된 자도 함께 역을 시킨 뒤에 호패를 준다면, 사람들이 즐겨 스님이 되어 공사천의 수효가 줄어들 것이니 그것은 옳지 못할 것 같다. 그러나 공사천민으로서 이미 스님이 된 자가 호패를 받지 못한다면 있을 곳이 없어서 몰려 다니며 도적이 될까 두렵다. 아직 스님이 되지 않은 자는 엄격히 금지하고 이미 스님이 된 자는 모두 역을 시킨 뒤에 호패를 주는 일에 대해 사관을 보내어 대신과 의논하라. 傳曰 良丁爲僧者 赴役後給號牌事 已議定矣 若以公私賤爲僧者 竝許赴役 而給號牌 則人樂爲而僧 公私賤數少 似不可矣 然公私賤曾爲僧者 未得受號牌 則無地自容 而恐聚爲盜賊也 其未爲僧者 固當嚴禁 其已爲者 竝令赴役 而給號牌事 遣史官收議于大臣"고 하였다. 승도관리와 국역이라는 명분 아래 승단은 더할 수 없는 사태로 추락하였다. 중종 33년(1538)에는 『신증동국여지승람』에 실리지 않은 사찰마저도 일제히 철폐하였다. 명종이 즉위(1545)하자 섭정의 문정왕후(文定王后)는 선교양종의 승과를 실시하여 명종 5년(1550)에 선교양종 본사도 복구하고, 1551년에는 462인에게 도첩을 주었으며 1552년에는 선과(禪科)를 시행하여 33인을 선발하기도 하였다. 몇 차례 수행된 승과를 통해 휴정(休靜)과 유정(惟政) 등이 불교계를 대표하여 진출함으로써 16세기 후반 이후 불교계는 대사회적 위상을 그나마 회복하였다. 그러나 승군이 산성축조와 방어, 궁궐조영과 산릉역 등 대규모 국가공역에 동원되면서 국역체계에 편입되기에 이르자, 종문의 수행자여야 했던 교단의 지도자들은 그 울분을 참지 못하였으니, 일선(一禪) 스님은 사형인 유정(惟政)에게 보내는 서한에서 나라에 봉사해서 얻은 허명으로 도탄에 빠진 종문의 세태를 심히 걱정하며 역대 선지식들이 왕실과 맞서며 종풍을 지켰던 전통을 거듭 드러내기도 하였으니, 「상도대장연형 上都大將年兄」(『정관집』·한불전8, p.31a20)에 "곧 오랑캐옷은 벗고 다시 누더기로 갈아입으시고, 깊은 산에 들어가 자취를 감추고 시냇물을 한줌 마시고, 명아주 끓여 먹으면서 선정을 닦아 반야의 자비로운 배에 올라 보리의 피안에 이르시길 간절히 바랍니다. 卽脫戎服 還掛衲衣 入深山絶蹤迹 掬溪而飮 煮藜而食 再澄定水重朗慧月 快登般若慈舟 直到菩提彼岸 至祝至祝"라고 하였다. 현종(顯宗 재위 1659~1674) 초년에는 양민의 출가를 금하고 도성의 왕실여인의 의지처였던 비구니 사원 인수원(仁壽院)과 자수원(慈壽院)을 혁파하였으며, 사원 위전(位田)의 몰수와 원당(願堂)의 혁파 등의 일이 다시 단행되었다. 이는 성리학적 명분론을 강하게 내세운 산림(山林)이 정국을 주도하며 왕실권세를 위축시켜 국가재정을 확충한다는 명분 아래 시행되었다. 숙종(肅宗 재위 1674~1720)대 이후에는 특별히 시행된 억불정책은 없었지만 국가공역에 스님을 동원하는 일은 계속되었다. 스님들은 사찰의 잡역 뿐만 아니라 각종 공역에도 동원되었고, 일반민들을 동원할 때 지급하는 품삯마저도 없이 공명첩(空名帖)만을 지급하는 것에 그쳐 재정의 효과적인 계책을 쓰기까지 하였으니, 스님들의 노동력이 일반민보다 훨씬 우수했고 농번기 등 계절에 관계없이 차출할 수 있었기에 각종역사에 선호동원되기에 이르렀다. 이는 조선조가 종문의 수행자들을 용상대덕(龍象大德)으로 보전하여 왕조의 품위를 높이고 널리 민생은 물론 억조창생(億兆蒼生)을 구제하는 큰 바다로 보존하기는 커녕, 그 법해(法海)의 청정수(淸淨水)를 마르게 하고도 모자라 잡역의 관리처로 전락케 한 훼불의 실태라 아니할 수 없다. [**유교사회에서의 선지식들의 분투**] 조선 초를 지나 15세기가 되면 종문의 지도자들은 유불이 다르지 않다는 유화적 태도를 견지하였다. 세종대의 함허기화(涵虛己和 1376~1433)는 『현정론 顯正論』을 지어 정형(政刑)을 주로 하는 유교에 비해 지악작선(止惡作善)의 인과법을 담지한 뛰어난 세간법이며, 유불도 삼교의 본지가 다르지 않다라는 관점에서 불법의 진면목을 드러내려 『유석질의론 儒釋質疑論』을 편찬하기도 하였으며, 김시습(金時習 1435~1493)은 비승비속(非僧非俗)의 삶으로 불유의 간극을 좁히려 하기도 하였다. 보우(普雨 1509~1565)도 '선은 제불의 마음이요 교는 제불의 말이므로 교는 곧 선이요 선은 곧 교이다'라고 하며 교선회통을 강조하면서, 유교와 불교 또한 모두 사사로움 없이 지극한 공적세계를 이상으로 함에 다르지 않다고 역설하며 강고한 유교사회를 통과해 나갔다.

[**임진왜란 이후의 불교계 변화**] 조선전기의 어려운 불교계 상황은 1592년에 임진왜란을 기점으로 큰 변화를 겪었다. 대부분의 산사가 불타고 파괴되는 막대한 피해를 입었으나, 국난 중에 충의를 발현한 승군과 이를 이끈 휴정(休靜)의 활동 등으로 불교계의 위상은 눈에 띄게 달라지기도 했는데, 전쟁에 공을 세운 스님들의 승직(僧職)이 제도화되고 사회적 지위 또한 향상되었다. 이어 휴정의 『운수단가사 雲水壇歌詞』에 이어 부휴(浮休)의 제자 벽암(碧巖)이 『석문상의초 釋門喪儀抄』를 편찬하는 등 사부대중이 함께 모여 지송하는 작법문(作法

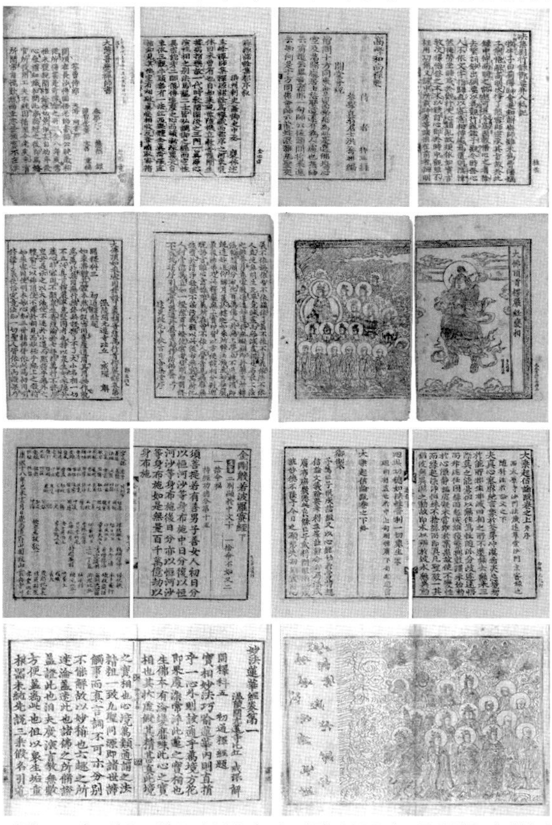

서장·도서·선요·절요 1681년·능엄경 1672년·금강경오가해설의 1679년·기신론소 1681년·묘법연화경 1668년 운흥사간

文)들이 편찬되는가 하면, 더하여 사미(沙彌)·사집(四集)·사교(四敎)·대교(大敎)로 구성된 승가의 이력(履歷) 즉, 종문의 교과과정이 정비됨으로써 종문(宗門) 수행자를 힘있게 육성하는 원동력으로 작동하였다. 16

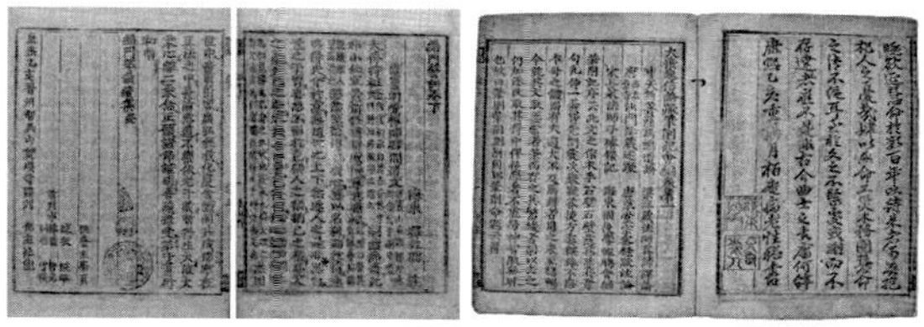

치문·기신론소 쌍계사 1695년

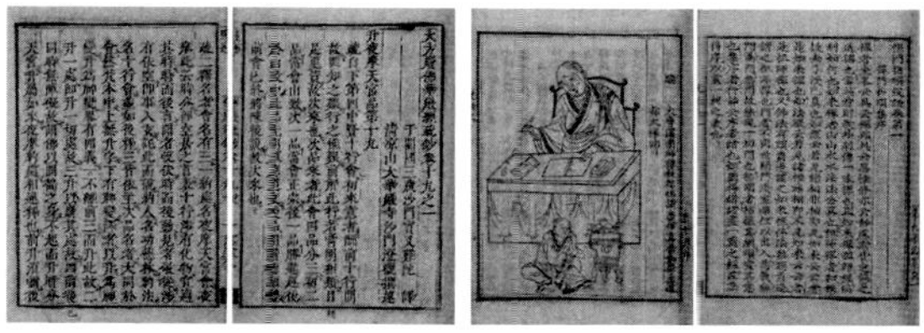

화엄경 징광사 1689년·선둔염송 능가사 1707년

81년에 운흥사에서 사집전적인 『서장』·『도서』·『선요』·『절요』가 간행되었고, 이어 1686년에 징광사에서도 『도서』·『선요』·『절요』가 간행되었으며, 1701년에 봉암사에서 또 다시 『서장』·『도서』·『절요』가 간행되었다. 1689년에는 『화엄경』이 간행되었고, 1695년에는 쌍계사에서 『치문』과 『기신론』이 간행되었으며, 1707년에는 『선문염송』이 간행되었다. 이렇게 활성화된 교학의 중심에는 화엄학이 있었는데, 『화엄경』에서도 인도찬술기원이 확실한 「입법계품 入法界品」의 연구와 「보현행원품 普賢行願品」의 사경 및 별행 등 신라와 고려를 거쳐 꾸준히 그 위상을 지켜온 것이었으니, 백암성총(栢庵性聰 1631~1700)이 임자도에 표류한 중국 배에서 확보한 징관(澄觀)의 『화엄소초 華嚴疏鈔』 등을 간행하면서는 주석도 강학도 보다 활발해졌고, 각지에서 화엄법회도 성행하였다. 풍담의심(楓潭義諶 1592~1665)과 모운진언(暮雲震言 1622~1703)을 이어 성총·상봉정원(霜峰淨源 1627~1709)·월저도안(月渚道安 1638~1715)·환성지안(喚惺志安 1664~1729)·회암정혜(晦庵定慧 1685~1741) 등이 화엄강맥의 대를 이었다. 선학들의 강경전통을 전승한 연담유일(蓮潭有一 1720~1799)은 화엄교의를 명료하게 간추린 『화엄현담사기 華嚴玄談私記』를 저술함은 물론, 이력전과정의 교재에 대한 사기(私記)를 지어 이후의 강경도량에 지대한 영향을 끼쳤다. 인악의첨(仁嶽義沾 1746~1796)도 사교와 화엄 등의 사기를 지었는데, 다소 다른 경향의 이들 사기는 강맥을 따라 쌍벽을 이루어 전승되면서 서로 독특한 학풍을 드러내기도 하였는데, 대둔사(大芚寺)에 의심(義諶)에서 유일(有一)에 이르는 12대 강맥(講脈)이 전승된 것이 그 예다. 종문의 이와 같은 이력은 스님들이 재가의 문사들과 시문을 화답하는 등 서면교류 또한 활발해졌고, 이런 글들을 모은 스

님들의 문집(文集) 간행 또한 눈에 띄게 늘어나 18세기에만 33인의 스님이 문집을 남기기도 하였다. 조선후기 불교계를 대표하는 휴정은 선교를 회통하여 간명직절(簡明直截)한 조사선(祖師禪)을 선양하였으며, 나아가 자성미타(自性彌陀)의 정토문으로 대중을 교화하기도 하였다. 그의 제자 중에 문중이 가장 번성한 편양언기(鞭羊彦機 1581~1644)는 「선교원류심검설 禪敎源流尋劍說」에서 교와 선의 구별은 법의 차이가 아니라 행자의 근기에 따른 다름일 뿐이라 강조했고, 경절문(徑截門)·원돈문·염불문의 겸학을 주장하며 마음과 부처와 육도가 하나이고 참선이 곧 염불이요 염불이 곧 참선이며 사바 즉 정토라고 주장하였으며, 이와 같은 선교관은 1769년에 간행된 진허팔관(振虛捌關)의 『삼문직지 三門直指』에도 이어져 삼학(三學) 수행이 보편화되었다. 성리학 중심의 사상계 영향으로 불교계에서도 심성에 대한 논의가 현실화 되기도 하였는데, 대지(大智)의 『심성론 心性論』 찬술, 연담유일(蓮潭有一 1720~1799)과 묵암최눌(默庵最訥 1717~1790) 사이의 논쟁, 조귀명(趙龜命 1692~1737)이 불교의 정혜(定慧)에 대해 유교의 존양성찰(存養省察)이나 지행쌍진(知行雙進)의 우위를 피력하는 등의 일이었다. [**문파의 중흥과 사원의 경제적 독립**] 청허휴정(淸虛休靜)과 부휴선수(浮休善修)의 양대문파가 크게 번성하고 문중의식이 자리잡자 교단도 활기를 되찾고 임란으로 소실된 사원의 중창도 추진되었다. 사원재건은 기존 건물의 기반 위에 중창하는 『경국대전』의 중수규정이 토대가 되었다. 현존하는 사원건축의 대종(大宗)을 이루는 대가람의 웅장한 건축물들이 17세기 초반부터 차례로 중창되었고, 불상과 불화제작에까지 미쳐 사원은 문화유산의 집약체가 되었다. 사원중창은 다수 지역민의 후원으로 이루어져 왕실과 양반 중심이었던 전기와는 다른 면모를 보였다. 1616년 법주사 대웅보전과 1626년 법주사 팔상전의 중건은 수백 명의 지역민이 참여하였으며, 1635년의 화엄사 대웅전 중창과 1644년의 통도사 대웅전 중건 또한 지역민의 대대적인 지원에 의해 건립되었다. 승가대중들이 늘어났고 청허와 부휴 양대 문파(門派)와 청허를 계승하는 4대 계파(系派) 등 문파의식 또한 강화되어 돌아가신 스승을 기리는 탑비건립이 성행하고, 중창으로 규모를 재정비한 사원의 내력과 당시의 성세를 기록하려는 사적비(事蹟碑)의 건립 또한 이어졌다. 숙종·영조(英祖 재위 1724~1776)·정조(正祖 재위 1776~1800) 때에 건립된 40여 기의 사적비와 중수비는 이 시기 불전의 중수중창을 비롯한 사원융성의 면모를 반영한다. 스님대중을 다수 확보한 대찰은 미투리와 종이 등 생산에 참여하거나 토지를 개간하면서 승가공유재산인 사방승물을 형성하였고, 사찰의 경제활동 또한 활발해지면서 상당한 정재(淨財)를 운용하는 스님들도 등장했다. 그렇지 못한 작은 사찰에서는 스님과 다수의 신도가 함께 참여하여 계를 조직하였는데, 사원에서도 갑계(甲契)·불량계(佛糧契)·문중계(門中契)·염불계 등 계조직이 다양한 형태로 확대되었다. 신도들은 불사를 후원하던 보사청(補寺廳)이나 계 모임을 통해 사원의 고갈된 운영비를 마련하고 전답을 조성하며 스님과 신도들의 친목도 도모하는 신행(信行)이 이어졌다. 17~8세기에 조직된 사찰계는 38개에 이르는데, 19세기에는 150여개로 대폭 늘어난다. 사찰계 중에서 가장 보편적인 것은 동년배 출가승들이 수행을 독려하고 친목을 도모하기 위해 만든 갑계로서, 계금을 적립하여 불서를 간행하고 전각을 보수하는 등 사원유지에 힘을 보탰다. 불량계란 토지를 매입하여 기부하는 계로서, 원칙적으로 스님만으로 구성되었던 갑계와 달리 계원에 제한을 두지 않아 18세기에 전국적으로 확대되었다. 염불계는 서방정토 극락왕생을 기원하는 모임으로서 신행을 위한 계였다. 불전의 등촉을 시주하기 위한 등촉계(燈燭契)도 다수 조직되었다. 같은 스승 아래 동료스님들이 조직한 문중계는 스승의 다비와 열반 후 추모사업

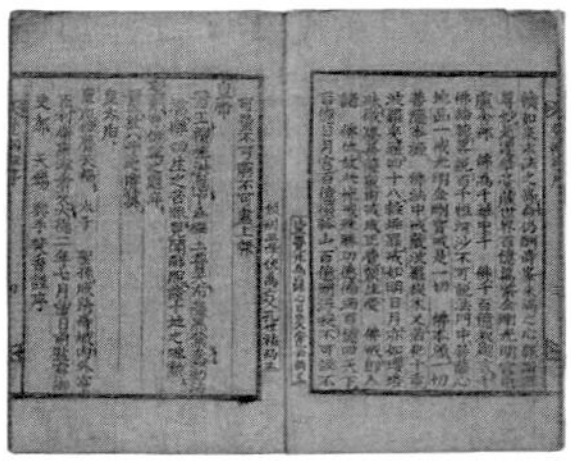
범망경포살계본 봉정사 1769년

설씨문인권선문첩 보물728호 국립전주박물관 1482년

화엄사목조비로자나삼신불상
구례 화엄사 1635년

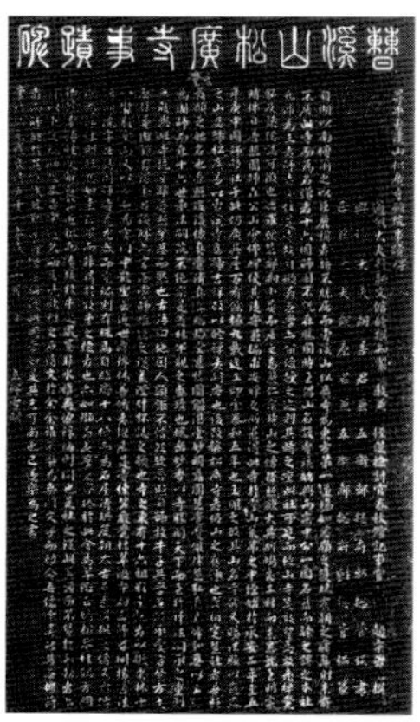
송광사사원사적비
순천 송광사 1678년

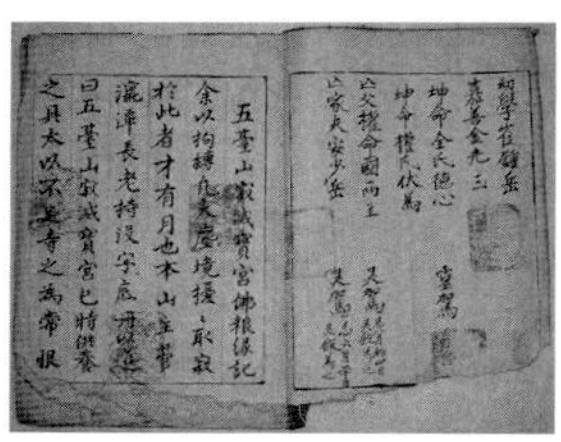
오대산중대불량계원수복문
월정사성보박물관 1825년

을 하며 문도 간의 결속을 강화하고 스승의 학문과 사상을 계승하는 뜻도 함께 하였다. 사원은 강원과 선원과 염불원이 갖추어진 총림(叢林) 전통이 이어졌는데, 사원이 총림화되자 거대한 구조를 갖추게 되고 일반인들이 사원에 왕래하며 대규모 법회를 거행하는 일이 잦아지게 되었다. 십 미터에 달하는 거대한 괘불(掛佛)이 사원마다 조성되었는데 막대한 비용이 소요되는 거대한 괘불제작에 수많은 지역민들이 적극적으로 동참하였다.

괘불 양산 통도사 1767년

현재 남아 전하는 90여 점 괘불은 조선후기 불교문화를 나타내는 주요한 문화적 지표가 되었다. 한편 만일 동안 칭명염불하며 정토왕생을 구하는 만일염불회(萬日念佛會)도 자주 베풀어졌다. 건봉사와 망월사 등에서 수차 만일염불회가 개최되었는데, 특히 건봉사는 순조(純祖 재위 1800~1834)·철종(哲宗 재위 1849~1863)·고종(高宗 재위 1863~1907) 때에 이르기까지 세 번이나 만일회가 개최된 대표적인 염불도량이었다. 18세기 후반에 들어서면서 조선사회는 변화된 현실을 직시하고 청조문화를 수용하여 새로운 사회건설을 지향하는 북학운동이 전개되었다. 이 사상적 변화의 때인 19세기 불교계는 사교입선(捨敎入禪)에 입각한 조사선풍(祖師禪風)이 풍미하는 가운데, 백파긍선(白坡亘璇 1767~1852)은 수선결사(修禪結社)를 결성하여 임제선을 복기하며 체계화한 삼종선론(三種禪論)을 주장하는 『선문수경 禪文手鏡』을 펴내는가 하면, 대중행의를 정비한 『작법귀감 作法龜鑑』을 편집하기도 하였다. 이에 대해 초의의순(草衣意恂 1786~1866)은 『선문사변만어 禪門四辨漫語』를 지어 이를 비판하기도 하였는데, 오랜만에 종문의 종지와 선수행 논쟁 또한 주목할만한 일이었다. 조선조 끝에서 근대로의 여정에는 불교계를 대표하는 경허성우(鏡虛惺牛 1849~1912) 스님이 있다. 스님은 대강백으로서 교에도 밝았지만 해인사와 범어사 등 제방선원에서 「결동수정혜동생도솔동성불과계사문 結同修定慧同生兜率同成佛果稧社文」을 짓고 수선사결사 운동을 제창하기도 하였다.

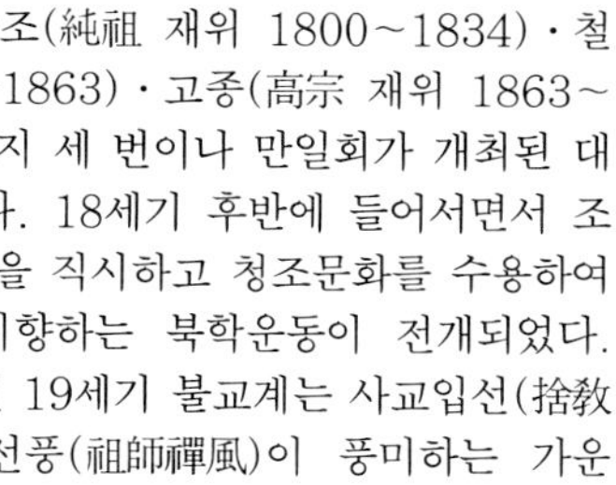
선문수경 국립중앙도서관 19세기

그러나 경허는 말년에 절집을 떠나 이류중행(異類中行)으로 어떤 그림자도 남기지 않은 채 외로이 적멸에 들어, 그의 열반을 목격한 스님은 없었다. 그러나 경허라는 바다에 뜬 세 개의 달이라 불리우는 수월(水月)·혜월(慧月)·만공(滿空)등 그의 마음을 닮은 제자들은 일제강점기 아득한 근대의 격랑 속에서 분투하였고, 모양 밖에서(無相) 불멸(不滅)하는 법등(法燈)은 꺼지지 않았다. 조선불교는 이렇게 아득한 근대를 맞이하였다. [참고문헌] 『太祖實錄』 권1 元年 9月 24日, 『太宗實錄』 권11 6年 3月 27日·권14 7年 12月 2日, 『世宗實錄』 권24 6年 4月 5日, 『中宗實錄』 권80 30年 8月 11日, 『宣祖實錄』 권36 26年 3月 27日, 『正祖實錄』 권1 卽位年 6月 14日, 『經國大典』 권3 禮典 度僧·寺社, 『東國輿地勝覽』, 『禪家龜鑑』, 『禪文手鏡』, 『禪門四辨漫語』, 『朝鮮金石總覽』 권하, 『朝鮮佛敎通史』 권상·권하, 李智冠 『韓國佛敎所依經典硏究』, 李智冠 『伽倻山海印寺誌』, 李智冠 『校勘譯註歷代高僧碑文』 朝鮮篇1, 智冠 『韓國高僧碑文總集 朝鮮朝·近現代』, 『韓國의 佛畵 畵記集』(성보문화재연구원, 2011). ⇨ 휴정 休靜, 일선 一禪, 유정 惟政, 법맥 法脈, 도첩제 度牒制, 의승 義僧, 석보상절 釋譜詳節, 현정론 顯正論, 선문수경 禪文手鏡, 괘불탱화 掛佛幁畵, 사찰계 寺刹契, 불량계 佛糧契, 성우 惺牛

조선불교계 朝鮮佛敎界 불교잡지. 1916년 3월에 창간하여 6월에 제3호로 종간되었다. 편집 겸 발행인은 이능화(李能和 1869~1943), 발행처는 불교진흥회본부(佛敎振興會本部)다. 『불교진흥회월보 佛敎振興會月報』의 제호(題號)를 바꿔 속간(續刊)하였고, 논설·강연·교리·사전(史傳)·문예·잡찬(雜纂)·연구·소설·관보(官報)·휘보(彙報) 등으로 구성되었다. 종간 후 다시 『조선불교총보 朝鮮佛敎叢報』로 속간되었다. [참고문헌] 『韓國近現代佛敎資料全集』 권49(民族史, 1996). ⇨ 불교진흥회월보 佛敎振興會月報, 조선불교총보 朝鮮佛敎叢報

조선불교도연맹 朝鮮佛敎徒聯盟 북한불교를 총괄하는 단체. 1945년에 북조선불교도연맹으로 창설되었으며, 이후 북조선불교연합회·북조선불교총무원 등으로 개칭하였다가 1972년에 조선불교도연맹으로 정식화하였다. 북한에는 조선불교도연맹이 전국불교도를 관장하는데, 평양에 중앙위원회가 있으며 각 시도에 시도위원회가 있다. 1998년에 금강산 신계사복원불사가 거론되기 시작하여 2007년에 준공식을 봉행하였는데, 남측의 공식대표는 대한불교조계종이 북측의 공식대표는 조선불교도연맹이 담당하였다. [참고문헌] 『북한종교연구』Ⅱ(현대사회연구소, 1992) pp.11~13, 『금강산신계사복원불사백서』(대한불교조계종총무원 2009) p.56.

조선불교부인회 朝鮮佛敎婦人會 1928년 1월 15일에 재가여성신도들이 조직한 단체. 서울 돈의동 조선불교부인회관에서 창립총회를 개최하여, 회장에 박선심화(朴善心華)를 비롯하여 부회장·총무·전도사·사교부장·서무부장 등을 선출하였다. 조만간에 재단법인화를 할 것과 자선사업과 생활개량, 부인부업을 장려하기로 하였다. 〔참고문헌〕「朝鮮佛教婦人會 創立總會와 進行方法」(『佛教』44, 1927) p.60, 「各宗團體編年」(『韓國近世佛教百年史』 권3, p.27).

조선불교선교양종승려대회 朝鮮佛教禪教兩宗僧侶大會 종헌(宗憲) 및 기타 법규를 제정하여 지리산만(支離散漫)한 교계를 통합·쇄신하고 장래의 발전을 획책(劃策)하기 위해 개최된 회의. 1929년 1월 3일부터 5일까지 각황사(覺皇寺)에서 개최되었으며, '개회－회원 검고(檢考)－사회선거급서기사찰지정(司會選擧及書記査察指定)－발기회록 낭독－준비위원경과보고－취지설명－발기회 결의안에 대한 토의－직원선거－기타사항 토의－폐회'의 순으로 진행되었다. 승려대회에서는 종헌을 자주적으로 제정하고 종헌에 따라 종회(宗會)·교무원·교정회(教正會)·법규위원회를 두었으며, 「종회법」·「교무원원칙」·「교정회규약 教正會規約」·「법규위원회규칙」을 제정하였다. 또 교정으로 김환응(金幻應)·서해담(徐海曇)·방한암(方寒巖 : 漢巖)·김경운(金擎雲)·박한영(朴漢永)·이용허(李龍虛)·김동선(金東宣) 7인을 선출하였다. 〔참고문헌〕「僧團編年」(『韓國近世佛教百年史』 권1, pp.152～158). ⇨ 조선불교승려대회발기회 朝鮮佛教僧侶大會發起會, 조선불교선교양종종헌 朝鮮佛教禪教兩宗宗憲, 조선불교선교양종종회 朝鮮佛教禪教兩宗宗會, 조선불교선교양종중앙교무원 朝鮮佛教禪教兩宗中央教務院

조선불교선교양종종헌 朝鮮佛教禪教兩宗宗憲 1929년 조선불교선교양종승려대회에서 제정한 종헌. 제1장 종명(宗名)·제2장 종지(宗旨)·제3장 본존(本尊)·제4장 의식·제5장 사찰·제6장 승니급신도(僧尼及信徒)·제7장 종회(宗會)·제8장 교무원(教務院)·제9장 교정(教正)·제10장 법규위원회·제11장 재정·제12장 보칙 등 12장 31조로 구성되었으며, 전문(全文)이 「각종법회 各種法會」(『한국근세불교백년사』 권4, pp.111～114)에 수록되어 있다. 종지에서는 "불조정전(佛祖正傳)의 심법(心法·禪)과 교리(教理·教)로서 종지라 함", 본존에서는 "석가모니(釋迦牟尼)를 본존으로 하고 태고보우국사(太古普愚國師)를 종조(宗祖)로 함", 의식에서는 "불조의 시훈(示訓)과 종지에 의함"이라고 하였고, 사찰에서는 삼십일본산을 열거하였다. 〔참고문헌〕『韓國近世佛教百年史』.

조선불교선교양종종회 朝鮮佛教禪教兩宗宗會 종문(宗門)의 만기(萬機)를 공결(公決)하기 위해 설립한 조직. 1929년 승려대회에서 제정한 종헌(宗憲) 제11조～제14조에 의지하여 설립하였다. 종회의 소집과 개회는 교정회(教正會)에서 발표·선언하였다. 종회에는 의장 1인·부의장 1인·서기 및 사찰(司察)을 두었으며, 종회원 수는 전 조선 승려 수의 100분의 1로 정하고 임기는 2년으로 하였다. 예결산 재결(裁決)·중요법규 협찬(協贊)·일체의안(一切議案) 의결 등의 권한을 가지며, 중요의안을 심의하기 위해 분과위원회를 둘 수 있다. 종회의 운영을 위해 종회법을 제정하였는데, 제1장 조직·제2장 소집 및 개회·제3장 의장 서기 및 사찰·제4장 종회원 선거 및 임기·제5장 종회의 권한·제6장 위원회·제7장 심사위원·제8장 회의·제9장 휴회 개회 정회 해산·제10장 징계·제11장 보칙 등 11장 38조로 구성되었으며, 전문(全文)이 「각종법회 各種法會」(『한국근세불교백년사』 권4, pp.120～125)에 수록되어 있다. 〔참고문헌〕『韓國近世佛教百年史』.

조선불교선교양종중앙교무원 朝鮮佛教禪教兩宗中央教務院 종단의 교무(教務)와 제반사업을 통판(統辦)하기 위해 설치한 삼십일본산의 단일기관. 1929년 승려대회에서 제정한 종헌(宗憲) 제15조·제16조에 의거하여 설립하였다. 서무부·교학부·재무부로 조직되었으며, 각부에 부장 1인과 부원을 두고 부장의 임기는 2년으로 하였다. 다만 제1회 부장은 승려대회에서 선거하고 임기는 1년으로 하였는데, 서무부장으로 이혼성(李混惺)·교학부장으로 송종헌(宋宗憲)·재무부장으로 황경운(黃耕雲)을 선출하였다. 교무원의 운영을 위해 원칙(院則)을 제정하였는데, 제1장 조직·제2장 직제·제3장 직무·제4장 직원 선거 및 임기·제5장 원의(院議)·제6장 지방위원회·제7장 보칙 등 7장 19조로 구성되었으며, 전문(全文)이 「각종법회 各種法會」(『한국근세불교백년사』 권4, pp.114～117)에 수록되어 있다. 〔참고문헌〕『韓國近世佛教百年史』.

조선불교승려대회발기회 朝鮮佛教僧侶大會發起會 조선불교선교양종승려대회 개최를 위해 주요사항을 논의한 회의. 1928년 11월 11일에 재경유지승려(在京有志僧侶)들이 각황사(覺皇寺)에 모여 승려대회를 개최하기로 결의하였으며, 발기회준비위원(發起會準備委員)으로 권상로(權相老) 등 11명을 선출하였다. 11월 30일부터 12월 1일까지 각황사에서 발기회를 개최하였는데, 승낙회원(承諾會員) 106명 중 45명이 출석하여 종헌(宗憲) 제정·중앙교무원 헌장(憲章) 제정·승니법규(僧尼法規) 제정·교육에 대한 근본방침·포교에 대한 근본책·재정에 대한 근본책·사회사업에 대한 문제·강기숙청(綱紀肅淸)의 근본책·불교청년운동의 옹호책·세계불교운동에 대한 태도 등 승려대회에서 토의할 사항의 범주를 논의하였다. 또 대회원(大會員)의 자격은 '각 본말사 총회에서 천거한 대표로써 해당 총회의 대표인 주지의 신임장을 휴대한 자'로 정하였으며, 소집기일은 1929년 1월 3일로 하였다. 이어 대회준비위원을 선출하고 기타사항을 논의한 후에 폐회하였으며, 12월 2일에 대회소집문을 각 본말사에 발송하였다. [참고문헌] 「朝鮮佛教僧侶大會發起會會錄」(『佛教』54, 1928) pp.109~116, 「僧團編年」(『韓國近世佛教百年史』 권1, pp.150~151). ⇨ 조선불교선교양종승려대회 朝鮮佛教禪教兩宗僧侶大會

조선불교약사 朝鮮佛教略史 1917년에 퇴경상로(退耕相老 1879~1965) 지음. 1권. 국한문혼용체로 신문관(新文館)에서 간행하였다. 전3편으로 구성되어 있는데, 「제1편 조선불교수입시대 朝鮮佛教輸入時代」에서는 삼국시대 불교, 「제2편 조선불교전성시대 朝鮮佛教全盛時代」에서는 고려시대 불교, 「제3편 조선불교쇠퇴시대 朝鮮佛教衰退時代」에서는 조선시대와 근대 불교에 대하여 서술하였다. 권말에는 석가모니 이래 계보를 정리한 「불조약계 佛祖略系」·여러 종파의 종지를 설명한 「제종종요 諸宗宗要」·역대 왕위계보를 정리한 「조선역대약계 朝鮮歷代略系」와 「편중인명고 篇中人名考」가 부록되었다. 우리나라 최초의 근대적 불교사라는 점에서 의미가 크다. ⇨ 권상로 權相老

조선불교여자청년회 朝鮮佛教女子青年會 1922년 4월 경에 창립된 재가여성 단체. 『조선불교』12(1925.4.11)호에 "불타(佛陀)의 진정신(眞精神)으로서 여성의 덕성을 함양시키는 지식계발(知識啓發)을 위해 지난 대정 11년(1922) 4월 조선불교여성청년회라는 단체를 조직한 이래 4개 성상(星霜)동안 회장 우봉운(禹鳳雲) 여사의 노력은 일시도 그치지 않아 그의 결과로써 백여 명의 회원을 가진 우리 불교여자계의 유일무이하게 있는 기관이 되었다. … 회관은 간동(諫洞)에 있는 석왕사(釋王寺) 소유의 큰 옥부(屋敷)를 빌려 일부는 사무소로 일부는 당회 교육부가 경영하고 있는 능인여자학원(能仁女子學院)의 교실로써 사용하고, 매월 1회의 예회(例會)인 강연회 및 토론을 개최하고 부인강좌 등을 개설하여 불교에 관한 학적(學的) 연구를 하여 일반민중을 위한 커다란 노력을 하고 있다"라고 하였다. 1925년 이후 뚜렷한 활동 없이 침체기에 들었다가 1929년 10월 19일에 서울 수송동 대자유치원(大慈幼稚園) 보모 중심으로 재조직되었다. 『동아일보』 1931년 4월 2일자에 "시내 수송동에 있는 불교여자청년회에서는 현하 조선 사정에 비춰어 본 바 여자의 직업적 기술 교양이 시대의 적절한 요구임을 간파하고 명성녀자실업학원(明星女子實業學院)을 창립하고 오는 4월 10일부터 시내 수송동 전 보성고보(普成高普) 자리에서 개학을 할 예정이다"라고 하였다. 명성녀자실업학원은 지금의 동국대학교 사범대학 부설 명성여자고등학교의 전신이다. 1931년 6월 경에 조선불교여자청년회는 조선불교청년총동맹 산하의 불교청년여자동맹으로 전환되었다. [참고문헌] 『朝鮮佛教』, 『東亞日報』, 「佛教女青發會式」(『佛教』65, 1929) p.67, 「各宗團體編年」(『韓國近世佛教百年史』 권3, p.27). ⇨ 명성여자고등학교 明星女子高等學校

조선불교월보 朝鮮佛教月報 최초의 근대 불교계 월간잡지. 편집 겸 발행인은 권상로(權相老)이며 조선불교월보사에서 발행하였다. 1912년 2월 25일에 창간되어 1913년 8월 25일자 통권 제19호로 폐간되었으며, 1913년 11월에 『해동불보 海東佛報』로 제호(題號)를 바꾸어 속간(續刊)되었다. 창간호에 밝힌 간행목적은, 불조(佛祖)의 골수(骨髓)로써 인천(人天)의 안목(眼目)을 열어주고 유구한 교단의 역사와 심오한 고리를 간명(簡明)하게 전달하며, 교해(教海)의 행상(行相)과 선림(禪林)의 공안(公案)을 상세히 번역하고 출세간과 세간의 소식을 빠르게 전달하는 데에 있다 하였다. 창간호에는 이회광(李晦光)의 서문을 비롯하여 운양(雲養) 김윤식(金允植)·춘고(春皐) 박영효(朴泳孝)·이능화(李能和)·『시천교월보 侍天教月報』 주필(主筆) 정원섭(丁元燮)·17세 학생 조학유(曺學乳)·김룡사(金龍寺) 학생 전유선(全裕銑) 등 20여 명의 창간사, 논설·문원(文苑)·교사(教史)·전기(傳記)·기서(寄書)·사림(詞林)·잡저(雜著)·단편소설·관보초록(官報抄錄)·잡보(雜報) 등이 수록되었다. 권상로가 「조선불교개혁론 朝鮮佛教改革論」을 『조선불교월보』 제3호부터 제18호까지 연재하였다.

조선불교유신론 朝鮮佛教維新論 만해(萬海) 한용운(韓龍雲)이 조선불교의 개혁을 주창한 글. 1913년 5월 25일 불교서관(佛教書館)에서 간행되었다. 이에 앞서 만해는 세계지리서인 『영환지략 瀛環地略』과 양계초(梁啓超 1873~1929)의 『음빙실문집 飮氷室文集』 등을 통해 서양근대사상 및 진화론을 이해했고,

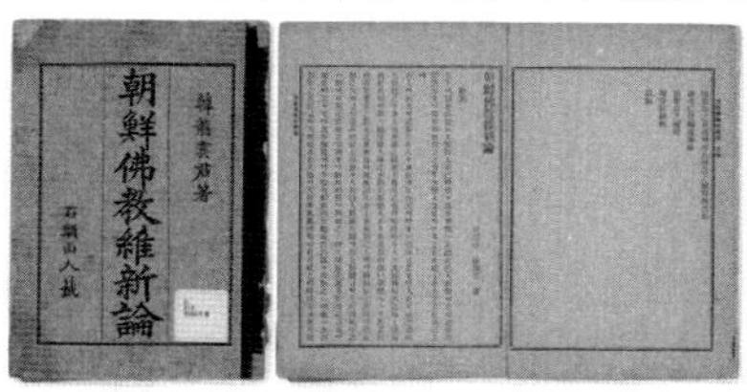

조선불교유신론

1908년에는 일본으로 가서 새로운 문물과 사조를 직접 접하고 돌아왔다. 이러한 경험을 토대로 불교개혁론에 대한 집필을 시작했는데, 서문이 1910년에 작성된 것을 보면 그 무렵에 원고를 완성했던 것으로 보인다. 『조

선불교유신론』은 1912년 『조선불교월보 朝鮮佛教月報』에 연재되었던 권상로의 「조선불교개혁론」보다도 집필 시기가 빠르며, 한국근대불교 최초의 개혁론이라는 의미를 지닌다. 전체 17장으로 구성되어 있으며, 1장과 17장은 각각 서론과 결론이다. 2장부터 4장까지는 조선불교를 개혁하고자 하는 본론을 서술하기에 앞서 그 사상적 기초에 해당한다. 2장 불교의 성질(性質)과 3장 불교의 주의(主義)에서서는 불교는 깨달음이라는 종교성과 합리적인 철학성을 함께 지닌 근대미래 문명의 종교로서, 시공간을 초월한 만물의 자유와 평등과 중생구제를 주의로 삼는다고 하였다. 4장에서는 폐단이 극치에 달한 현 조선불교를 피상적으로만 개량하려는 보수파 승려들을 비판하고 시대에 맞지 않는 구습을 과감히 파괴해 나갈 것(佛教之維新이 宜先破壞)을 주장하였고, 이후 5장부터 조선불교의 구체적인 폐단과 극복방안을 역설하였다. 5장 승려의 교육 · 6장 참선 · 7장 염불당의 폐지 · 8장 포교 · 9장 사원의 위치 · 10장 소회(塑繪)의 철거 · 11장 각종 의식의 개혁 · 12장 승려의 인권회복 · 13장 승려의 결혼 · 14장 주지 선거법 · 15장 승려의 단결 · 16장 사원의 통할 등 사찰과 승려를 비롯한 불교계 전반의 교정(教政)에 대한 개혁을 폭넓게 다루고 있다. 특히 소상(불상)과 회화(불화)의 철거와 각종 불교의식의 철폐, 승려의 결혼 등의 주장은 당시로서는 상당히 파격적인 제안으로서, 한용운을 전통불교에서 벗어나 근대불교를 주창한 인물로 평가하는 중요한 근거이기도 하다. 『조선불교유신론』은 단순히 불교계폐단을 개혁하려는 것에 그치지 않고 근대사상을 수용하고 불교를 근대적 종교로 재해석하려는 보다 근본적인 문제 의식을 담고 있어서 당시에 나온 저서들 중에서도 서양사상을 철저하게 자기 것으로 소화하여 현실에 구체적으로 응용한 작품이라 평가하기도 한다. 한편 이 사내(寺內) 총독에게 제출한 승려결혼을 주장하는 건백서(建白書)는 1910년대 초반 한용운의 한계를 보여주는 일이기도 하였다. 어디까지나 불교개혁을 통해 근대종교로서 자리매김하고 타종교와의 경쟁에서 불교의 우위를 주장하는 데 목적이 있었고, 사회진화론 및 자강론에 입각하여 구태 불교에서 벗어나 근대의 문명종교로의 발돋움을 꿈꿨다는 점에서 의미가 있다고 하겠다. 하지만 이 개혁은 실행되지 못해 주장으로 그쳤으며, 나아가 근대화와 개혁이라는 명분에 편승해 모순과 부조리의 근대를 모방하여 불교를 개혁하려 했다는 또 다른 비평에서서도 자유롭지 못하다고 할 수 있다. [참고문헌] 김광식 『한용운연구』(동국대출판부, 2011). ⇨ 한용운 韓龍雲

조선불교유신회 朝鮮佛教維新會 조선불교청년회(朝鮮佛教青年會)가 창립한 단체. 1921년 12월 20일에 발기총회를 열고 대강의 방침을 정하였으며, 21일에 간동(諫洞) 불교청년회관에서 창립총회를 개최하고 규칙과 임원을 선정하는 등 기타 사무를 협의하였다. 1922년 1월 3일부터 수송동에서 삼십본산주지회의가 개최되었는데, 4일에 유신회가 회의 양식을 조선승려대회로 하자고 발언하여 논쟁이 있었다. 이 결과 조선불교총회가 개최되었으며, 유신회원 90여명이 참석하였다. 3월 26일에 강신창(姜信昌) 등 유신회원 100여명이 용주사(龍珠寺) 주지 강대련(姜大蓮)을 단죄한 명고축출사건(鳴鼓逐出事件)이 발생하였는데, 주동자들은 징역형을 선고받았다. 4월 19일에는 유석규(劉碩規) 외 2,284명이 건백서(建白書)를 총독부에 제출, 사찰령(寺刹令)의 폐단을 언급하며 본말사(本末寺) 제도를 폐지하고 경성에 통일기관을 두어 모든 일을 주관하게 할 것 등을 주장하였다. 1923년 1월 6일에 각황사(覺皇寺)에서 총회를 열고 박한영(朴漢永) · 김경홍(金敬弘) 등 7명을 위원으로 선정하여 사찰령 철폐에 대해 다시 질문하기로 하였다. 1924년 이후 조선불교청년회가 거의 활동을 하지 못하였고 조선불교유신회도 소멸되었다. [참고문헌] 『東亞日報』 제481호(1921.12.22) · 제495호(1922.01.05) · 제601호(1922.04.21) · 제864호(1923.01.09), 「僧團編年」(『韓國近世佛教百年史』 권1, pp.98~99), 『曹溪宗史』 근현대편(대한불교조계종교육원, 2001) pp.87~90. ⇨ 조선불교청년회 朝鮮佛教青年會②, 조선불교총회 朝鮮佛教總會, 명고축출사건 鳴鼓逐出事件

조선불교일람표 朝鮮佛教一覽表 1928년에 조선불교중앙교무원(朝鮮佛教中央教務院) 편찬. 1권. 당시 조선불교와 관련된 현황들을 개괄적으로 설명한 서적으로, 「삼십일본산연혁 三十一本山沿革」 · 「선종구산문내력 禪宗九山門來歷」 · 「십삼종고 十三宗考」 · 「재단법인조선불교중앙교무원설립유래 財團法人朝鮮佛教中央教務院設立由來」 · 「강원조사표 講院調査表」 · 「조선불교경영학교 朝鮮佛教經營學校」 · 「포교당조사표 布教堂調査表」 · 「사찰승니수 寺刹僧尼數」 · 「본산별사찰승니수 本山別寺刹僧尼數」 · 「승니수누년비교표 僧尼數累年比較表」 · 「도별포교소포교자수 道別布教所布教者數」 · 「본산별포교소포교자수」 · 「포교소포교자누년비교표」 · 「도별내선외인신도수 道別內鮮外人信徒數」 · 「본산내선외인신도수」 · 「신도누년비교표」 · 「조선사찰일람표」로 구성되어 있다.

조선불교중앙교무원 朝鮮佛教中央教務院 1922년에 삼십본산주지회의(三十本山住持會議)에서 설립한 중앙기관. 1922년 1월에 삼십본산연합사무소를 폐지하고 조선불교총무원(朝鮮佛教總務院)을 설립할 때, 10개소 본산은 찬성하였고 나머지 본산은 반대하여 분쟁이 끊이지 않았다. 총독부 학무국에서 5월 25일부터 본산주지들을 불러 회의를 열게 하였으며, 회의에 참석한 26개소 본산주지들은 삼십본산연합제도와 조선불교총무원을 동시에 폐지하고 새로운 통일기관을 설립할 것을 논의하였다. 27일에 조선불교중앙교무원을 설치하기로 결정하고 재단법인 설립문제를 논의하였으며, 30일에 재단설립준비사무를 담당할 이사로 해인사 이회광(李晦光)·위봉사 곽법경(郭法鏡)·유점사 전일운(全一雲)·용주사 강대련(姜大蓮)·대흥사 신경허(申鏡虛) 등 5명을 선출하였다. 12월 28일에 정식으로 재단법인 설립인가를 받았다. 한편 통도사·범어사·석왕사는 교무원에 가입하지 않고 총무원을 유지하였으나 총독부의 압박과 경영난으로 인해, 1924년 교무원과 병합하였다. 재단법인조선불교중앙교무원은 기관지 『불교 佛教』와 성전(聖典) 간행·강연회 개최 등의 포교사업과 보성고등보통학교(普成高等普通學校)·불교전수학교(佛教專修學校) 경영 등의 교육사업을 담당하였으나, 총독부의 통제를 받았으며 재정난을 극복하지 못하였다는 한계가 있었다. 이에 1935년 8월에 열린 본산주지회의에서는 새로운 대표기관으로 조선불교선교양종종무원의 설립을 결의하였으며, 1937년 3월 5일에 제1회 총본산건설위원회를 개최하였다. [참고문헌] 「僧團編年」(『韓國近世佛教百年史』 권1, pp.111~116), 『曹溪宗史』 근현대편(대한불교조계종교육원, 2001) pp.93~95·121~123. ⇨ 조선불교총무원 朝鮮佛教總務院

조선불교중앙교회 朝鮮佛教中央教會 서울특별시 중구 정동(貞洞)에 있던 사찰. 1925년 7월 29일부터 31일까지 이회광(李晦光)의 주계(主戒) 하에 비구 9명·비구니 3명·우바새 12명·우바이 89명 등 113명이 수계하였다. 9월 27일에 건봉사(乾鳳寺) 강주 김일우(金日宇)를 초빙하여 화엄법회(華嚴法會)를 개최하였다. 1926년 7월에 이정관심(李正觀心)이 한국인의 불전결연(佛前結緣)이 희소함을 유감으로 생각하여, 금강계단(金剛戒壇)을 설치하고 화상사(和尙師) 이회광·갈마사(羯磨師) 이회명(李晦明)·교수사(教授師) 박동호(朴東杲)를 모셔 345명에게 불계(佛戒)를 받게 하였다. [참고문헌] 「法式編年」(『韓國近世佛教百年史』 권1, pp.6~7). ⇨ 이정관심 李正觀心

조선불교중앙선리참구원 朝鮮佛教中央禪理參究院 서울특별시 종로구 안국동에 있는 선학원(禪學院). 1934년 12월 5일에 선학원을 법인화하여 재단법인조선불교중앙선리참구원으로 인가받았는데, 초대이사장으로 만공월면(滿空月面), 부이사장으로 한암(漢巖), 이사로 적음(寂音)·남전(南泉)·성월(惺月)을 선임하였다. [참고문헌] 「禪房編年」(『韓國近世佛教百年史』 권2, p.9). ⇨ 선학원 禪學院 ❶

조선불교지방학림 朝鮮佛教地方學林 지방에 설치한 스님들의 교육기관. '승려에 수요(須要)한 학과를 교수하여 그의 지덕(智德)을 고(高)케 하고 겸하여 조선불교 중앙학림(中央學林)에 입(入)할 예수(豫修)를 위(爲)함'을 목적으로, 1915년 7월 3일에 총독부에 인가를 신청하였으며, 15일에 학칙강령(學則綱領)을 승인받았다. 수업연한은 3년이었으며, 입학 대상자는 만13세 이상으로 보통학교(普通學校)를 졸업하였거나 졸업자와 동일과정의 학력을 가진 자로 정하였다. 지방학림의 교과목 등은 〈표〉와 같다.

〈표〉 지방학림의 교과목 · 과정 · 매주수업시수

학년 / 교과목	1학년		2학년		3학년	
	과정	시수	과정	시수	과정	시수
수신修身	수신의 요지	4	수신의 요지	4	수신의 요지	4
국어國語	독방·해역 회화·작문	3	독방 해역 회화 작문	3	독방·해역 회화·작문	3
계율학 戒律學	사분율 범망경	3 3	사븐율 범당경	3 3	사분율 범망경	3 3
불교사학 佛教史學	일본역사·삼국시대불교사 전등록 고승전	4 3 3	일본역사·고려시대불교사 전등록 고승전	4 3 3	일본역사·이조시대불교사 전등록 고승전	4 3 3
정혜학 定慧學	서장·도서 금강경·기신론	3 4	절요 선요 능엄경	3 4	영가집·능가경 원각경	3 4
계計		30		30		30

[참고문헌] 「中央學林是選佛場」(『朝鮮佛教通史』 권하, pp.1229~1232), 「各種法會」(『韓國近世佛教百年史』 권4, pp.68~71). ⇨ 중앙학림 中央學林

조선불교청년회 朝鮮佛教青年會 ❶ 1909년 3월에 친목적 연락과 학사연구를 목적으로 결성한 조직. 경상남도 범어사(梵魚寺)·통도사(通度寺)·대원사(大源寺) 청년대표 13인과 전라남도 송광사(松廣寺)·화엄사(華嚴寺) 청년대표 27인이 화엄사에서 청년회 발기에 대해 협의하였으며, 1911년 6월 15일에 쌍계사(雙溪寺)에서 조선불교청년회 발회식(發會式)을 거행하니 영호남 사찰의 청년 59인이 모여 기관을 조직하였다. 이후 10년 동안에 조선불교유신운동에 있어서도 상당한 활동을 보여, 1920년에 결성된 조선불교청년회의 효시(嚆矢)로 보기도 한다. [참고문헌] 「汎太平洋會記」(『佛教』 76, pp.11~12). ❷ 1920년에 결성하여 조선불교의 유신운동(維新運動)을 주도한 청년 조직. 5월에 불교중앙학림(佛教中央學林) 학생들이 조선불교청년회를 조직하고자 각 지방청년들에게 발기인이 되어 달라는 통지서를 발송하였으며, 6월 15일에 중앙학림 대강당에서 발기총회를 개최하였고 20일에 각황사(覺皇寺)에서 창립총회를 개최하였다. 창립 당시에는 간사제(幹事制)로 운영하였으나 1924년 1월에 총재제(總裁制)로 변경하였는데, 초대 총재로 한용운(韓龍雲)을 선출하였다. 조선불교청년회는 창립 이후에 토론회·강연회·교육사업·불타강탄기념축제(佛陀降誕紀念祝祭) 등의 활동을 하였으나, 주된 활동은 조선불교의 유신에 있었다. 1920년 12월 16일에 청년회 간부 및 회원들이 모여 유신협의회(維新協議會)를 개최하고 8개항의 건의안을 채택하여 삼십본산연합사무소에 제출하였는데, '조선불교는 만사(萬事)를 공의(公議)에 부(付)할 것 · 삼십본산(三十本山) 연합제규를 수정할 것 · 조선사찰의 재정을 통일할 것 · 조선불교교육의 주의와 제도를 혁신할 것 · 포교방법을 개신(改新)할 것 · 종래의 의식을 개신할 것 · 경성에 홍교원(弘教院)을 건설할 것 · 인쇄소를 설치할 것'이었다. 그러나 이 건의안이 수용되지 않자 불교운동을 보다 효율적이고 적극적으로 추진하기 위해, 1921년 12월 21일에 조선불교유신회(朝鮮佛教維新會)를 창립하였다. 이후 조선불교 유신운동을 위해 노력하였으나 일제의 압박 · 경제적 기반의 부재 · 조직적 한계 등으로 인하여, 1924년경에 유신회는 소멸되었고 청년회는 명맥만 유지하였다. 청년회 부흥을 위하여 1927년 11월경에 임시평의원총회를 개최하였으며, 3일부터 사무를 집행하였다. 1928년 3월 17일에 수송동 교무원(教務院)에서 조선불교청년대회를 개최하였으며, 조선불교선교양종승려대회(朝鮮佛教禪教兩宗僧侶大會)의 개최를 추진하였다. 1930년 7월에 개최된 범태평양불교청년대회에 회원 도진호(都鎭鎬)가 조선불교대표로 참가하였다. 1930년 10월 17일에 임시총회를 개최하여 조선불교청년총동맹(朝鮮佛教靑年總同盟)으로 조직을 개편하기로 결의하였으며, 1931년 3월 22일에 창립대회를 개최하였다. 총동맹은 경성과 국내 사찰 및 일본 동경에도 지부를 두었으며, 승려대회에서 제정한 종헌을 실행하고 사법을 개정하는 것을 주요 활동으로 삼았다. 1932년 11월 27일에는 종헌실행 · 재단법인의 장래 · 중앙사업에 대한 문제 등을 안건으로 재경유지자 간담회를 개최하였으며, 1933년 1월 4일에는 종헌발포기념대회를 개최하기도 하였다. 한편 기관지 『불청운동 佛靑運動』을 1931년 8월에 창간하여 1933년 8월까지 총11호를 발간하였다. 총동맹은 다양한 활동을 하였으나, 창립 과정에서 주도적인 역할을 하였던 비밀결사 만당(卍黨)의 해산으로 결국 유명무실해졌다. 1932년부터 구성원들간의 갈등이 노출된 만당은 결국 1933년에 해산되었으며, 이후 총동맹의 역량도 현저히 약화되었다. 〔참고문헌〕『東亞日報』 제52호(1920.05.24) · 제82호(1920.06.22) · 제1228호(1924.01.08), 「佛教彙報」(『佛教』42, 1927) p.52, 「佛教靑年總同盟에 對하야」(『佛教』86, 1931) pp.2~8, 「各種團體編年」(『韓國近世佛教百年史』 권3, pp.6~7), 『曹溪宗史』 근현대편(대한불교조계종교육원, 2001) pp.85~92. ⇨조선불교유신회 朝鮮佛教維新會, 만당 卍黨, 불청운동 佛靑運動

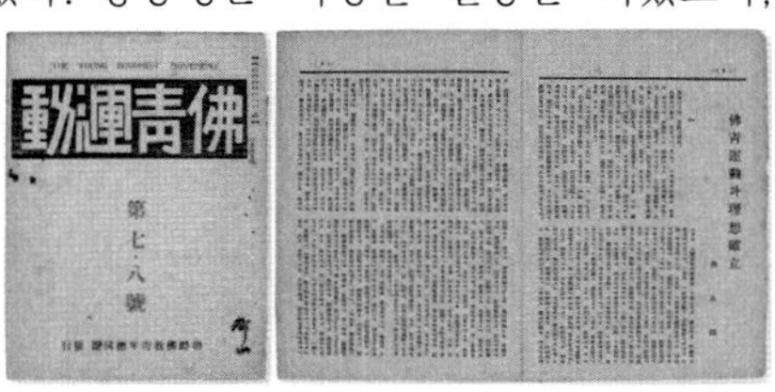

조선불교청년총동맹 『불청운동』 1932년

조선불교총무원 朝鮮佛教總務院 1922년에 조선불교총회(朝鮮佛教總會)에서 설립한 중앙기관. 삼십본산연합사무소(三十本山聯合事務所)가 중앙기관으로서의 역할을 담당하지 못하자, 조선불교총회에서 1월 7일에 사무소 폐지를 가결(可決)하였으며, 8일에 조선불교총무원 설립안을 결의하였다. 9일에 부서 · 재정통일 · 중앙학림의 재단설립 · 종헌(宗憲) 개정 문제 등을 결의하였으며, 임시원장 곽법경(郭法鏡), 이무부장(理務部長) 오성월(吳惺月), 사무부장(事務部長) 이회광(李晦光), 부원 유석규(劉碩規) · 황경운(黃耕雲) · 임석진(林錫珍) · 김지현(金智玄)을 선출하였다. 한편 총무원 설립에는 통도사 · 범어사 · 해인사 · 석왕사 · 백양사 · 위봉사 · 봉선사 · 송광사 · 기림사 · 건봉사 등 10개소 본산만 찬성하였으며, 이외의 본산은 연합사무소를 유지하는 것을 지지하였다. 이후 5월 25일에 본산주지총회에서 새로운 통일기관으로서 조선불교중앙교무원(朝鮮佛教中央教務院)을 설립하자, 통도사 · 범어사 · 석왕사는 가입하지 않고 총무원을 유지하였다. 두 단체는 서로의 존재를 인정하지 않았으며, 사무실을 동시에 각황사(覺皇寺)에 두었기 때문에 분쟁이 지속되었다. 1924년에 총독부가 개입하여 조선불교중앙교무원과 병합하였다. 〔참고문헌〕『東亞日報』 제501호(1922.01.11) · 제911호(1923.02.25), 「僧團編年」(『韓國近世佛教百年史』 권1, pp.99~118), 『曹溪宗史』 근현대편(대한불교조계종교육원, 2001) pp.93~97. ⇨삼십본산연합사무소 三十本山聯合事務所, 조선불교중앙교무원 朝鮮佛教中央教務院

조선불교총보 朝鮮佛教叢報 불교잡지. 1917년 3월에 창간되어 1921년 1월 통권 제22호로 종간되었다. 편집 겸 발행인은 이능화(李能和 1869~1943), 발행처는 삼십본산연합사무소이다. 『조선불교계 朝鮮佛教界』의 속간(續刊)으로서 삼십본산의 기관지적 성격을 지닌다. 국판(菊版)으로 매호 약 50~70면 정도로 간행되었으며 간혹 100여 면에 이르기도 하였다. 논설 · 교리 · 사조(詞藻) · 관보(官報) 등을 담았다. 제6호에는 『조선불교통사 朝鮮佛教通史』의 저술 동기와 자료수집 과정에 관한 논술이, 제16호에는 「제법찰대본산해인사고적명소기념품 題法刹大本山海印寺古蹟名所紀念品」이, 제21호에는 「고대조선불교 古代朝鮮佛教」 · 「속인불교관 俗人佛教觀」 · 「불교철학개론 佛教哲學概論」 등이 게재되었다. 〔참고문헌〕『東亞日報』(1920.6.14), 『韓國近

世佛教百年史』 권2「譯經」 pp.25~28, 『韓國近現代佛教資料全集』 권40 · 41 · 42(민족사, 1996). ⇨ 조선불교계 朝鮮佛教界

조선불교총본산대웅전상량문 朝鮮佛教總本山大雄殿上樑文 ➡ 조계사전신태고사상량문 曹溪寺前身太古寺上樑文

조선불교총서 朝鮮佛教總書 1920년대 조선불교총서간행회에서 간행하려고 한 총서. 회장 이능화(李能和) · 편찬사 정황진(鄭晄震)을 중심으로 조선 고금(古今)의 고승이 찬술한 불서를 수집하여 조선대장경인 조선불교총서를 간행하려고 하였는데, 「간행취지서 刊行趣旨書」에 '신라 이래의 고승석덕(高僧碩德)의 위대한 저술에 대하여 아는 사람이 극히 적으니, 이 어찌 유감이 아니리요. 우리 조선불교회에 설치한 조선불교총서간행회의 중대한 사명은 불교가 수입된 이래의 찬술을 일일이 찾아 조선불교총서라는 서명으로 발행하여, 우리 민족과 사회를 위해 찬란한 정신문명을 장엄해 주신 증거물로서 이를 일반사회에 소개하는 것'이라고 하였다. 간행회는 1925년에 의학부(義學部) 100책 · 선학부(禪學部) 51책 · 사전부(史傳部) 37책 · 문예부(文藝部) 103책 · 범학부(梵學部) 30책 · 목록부(目錄部) 15책 · 도상부(圖像部) 8책 · 사지부(寺誌部) 159책 · 영험부(靈驗部) 8책 · 잡저부(雜著部) 21책 등 532책으로 정리된 「간행예정서목 刊行豫定書目」을 발표하였으나, 실제로 간행되지는 못하였다. [참고문헌] 『朝鮮佛教總書趣旨及內容見本會規書目』(朝鮮佛教總書刊行會, 1925) pp.1~28.

조선불교총회 朝鮮佛教總會 1922년에 본산(本山) 주지와 유신회원(維新會員)이 함께 개최한 총회. 조선불교도총회(朝鮮佛教徒總會)라고도 한다. 1월 6일에 삼십본산주지회의를 개최하면서 회의를 주지총회로 할 것인가 아니면 조선불교총회로 할 것인가에 대하여, 주지 24명이 투표를 하였다. 그 결과 조선불교총회가 13표를 얻어, 최초로 불교총회가 열리게 되었다. 반대하여 퇴장한 주지 3명을 제외한 주지 21명과 불교청년들로 조직된 유신회원 90여명이 일반투표로 임시의장에 박한영(朴漢永)을 선출하였다. 7~9일에 열린 조선불교총회에서는 삼십본산 연합제규(聯合制規)를 폐지하고 조선불교총무원을 설립할 것을 결의하였다. [참고문헌] 『東亞日報』 제497호(1922.01.07), 「僧團編年」(『韓國近世佛教百年史』 권1, pp.98~99). ⇨ 조선불교총무원 朝鮮佛教總務院

조선불교통사 朝鮮佛教通史 이능화(李能和 1869~1943) 지음. 3편 2책. 1918년 신문관(新文館) 간행. 우리나라 불교의 전래부터 고대 · 고려 · 조선을 거쳐 근대에 이르기까지 역사를 집대성한 저술이다. [구성과 내용] 상편 「불화시처 佛化時處」는 부처님의 교화가 나타난 때와 장소에 대한 통사적(通史的) 기술로서, 고구려 불교수용에서부터 삼국시대 일본과 관계있는 고구려 · 백제 · 신라 출신 스님들의 활동을 비롯하여 고려와 조선시대 불교사, 근대 조선사찰 선교양종 30본사 및 소속 말사 등 1916년까지 조선불교사의 흐름을 서술하였다. 지면은 조선(284면) · 신라(165면) · 고려(128면) 순으로 할애하여 조선시대 불교사 서술에 집중하였다. 중편 「삼보원류 三寶源流」는 석가모니부처님으로부터 인도와 중국을 거쳐 전해진 조선의 임제선맥(臨濟禪脈)에 대한 종파적(宗派的) 기술로서, '석가여래응화기실 釋迦如來應化記實' · '삼장결집제론분피 三藏結集諸論紛披' · '전역경론 찬술장소 傳譯經論撰述章疏' · '인도와 중국을 연원으로 하는 신라와 고려의 여러 종파 印支淵源羅麗流派' · '임제종의 원류를 특별히 씀 特書臨濟宗之源流' · '조선선종임제적파 朝鮮禪宗臨濟嫡派' 등 여섯 개의 주제로 나누어 서술하였다. 특히 조선선종법맥에 대해서는 임제이래로 고려의 나옹혜근(懶翁惠勤)과 태고보우(太古普愚)를 거쳐 조선의 청허휴정(淸虛休靜)으로 계승되는 것으로 이해하였다. 하편 「이백품제 二百品題」는 '서역에서 발생하여 삼천년 내려온 역사 出西域三千年歷史'로부터 '중앙학림이 바로 선불장임 中央學林是選佛場'까지 203개 항목을 시설한 주제적(主題的) 기술이다. 대체로 불교사상 · 인물 · 불교신앙 · 신이영험(神異靈驗) · 사적 · 도교 및 기타종교 · 제도 · 지리 · 일본불교 · 불교문화 · 예술 · 사건 · 불교폐단 · 산업 · 대장경 · 척불 등의 주제를 다루었다. [전거자료] 『삼국사기』 · 『삼국유사』 · 『고려사』 · 『조선왕조실록』 · 『국조보감』 · 『대동야승』 등의 역대 사서(史書), 『경덕전등록』 · 『원형석서』 · 중국 역대 고승전류 · 『해동고승전』 · 『동사열전』 · 『원종문류』 · 『불조종파지도』 등의 불서(佛書), 『동국여지승람』 · 『택리지』 · 『팔역지』 등의 지리서(地理書), 『동국이상국집』 · 『용재총화』 · 『지월록』 · 『동문선』 등의 문집등은 물론이고 각종 사적기 및 행장 · 비문(碑文) 등에서 다양하고도 방대한 자료를 수집하여 정리하였다. 특히 백제불교의 계승과 국제적 위상을 밝힌 「미륵불광사사적 彌勒佛光寺事蹟」은 『조선불교통사』에만

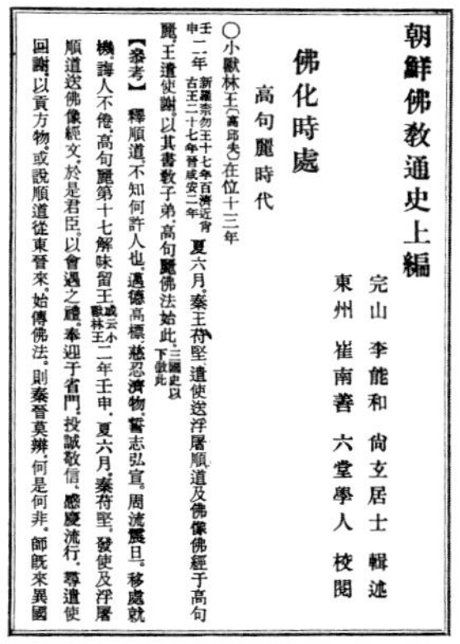
朝鮮佛教通史上編
完山 李能和 尙玄居士 輯述
東州 崔南善 六堂學人 校閱
佛化時處
高句麗時代
○小獸林王(高邱夫)在位十三年
壬申二年 新羅奈勿王十七年百濟近肖古王二十七年晉咸安二年 夏六月。秦王苻堅。遣使送浮屠順道及佛像佛經于高句麗。王遣使謝。以其書敎子弟。高句麗佛法始此。三國史以下倣此
【參考】 釋順道。不知何許人也。邁德高標。慈忍濟物。誓志弘宣。周流震旦。移處就機。誨人不倦。高句麗第十七解味留王(或云小獸林王)二年壬申。夏六月。秦苻堅。發使及浮屠順道送佛像經文。於是君臣。以會遇之禮。奉迎于省門。投誠敬信。感慶流行。尋遣使回謝。以貢方物。或說順道從東晉來。始傳佛法。則秦晉莫辨。何是何非。師旣來異國

조선불교통사

수록된 희귀자료다. [서술특징] 순한문으로 전체 2,300여 면에 달하는 방대한 기록인 『조선불교통사』는 다양한 역사서술 방식을 적절하게 채용하여 서술하였다. 즉 기(紀)·전(傳)·표(表)·지(志)를 구분하여 서술하는 기전체(紀傳體), 연월일(年月日)의 순서에 따라 일기형식으로 서술하는 편년체(編年體), 연월일의 순서를 따르되 중심표제어인 강(綱)과 구체적 서술인 목(目)으로 구분하여 사건을 서술하는 강목체(綱目體) 등을 채용하면서도 항간에 떠도는 이야기처럼 기술하는 패관연의(稗官演義) 방식도 채용하였다. 이에 대하여 예운산인(猊雲散人) 혜근(惠勤 : 崔東植)은 「서문」에서 "혹은 편년과 강목의 서법을, 혹은 전기와 서지의 서법을, 혹은 연의와 패관의 서법을 썼다. 或用編年綱目之書法 或用傳記叙志之書法 或用演義稗官之書法"라고 하였다. 또한 하편의 주제별 서술 중에 '상현왈 尙玄曰'이라 하여 이능화 자신의 비판적 견해를 덧붙이고 있는데, 이는 사마천(司馬遷) 『사기 史記』의 '태사공왈 太史公曰'을 모범으로 한 것이다. 1918년 간행 이후 권상로(權相老)·조명기(趙明基) 등의 교감으로 1968년 경희출판사(慶熙出版社)에서 영인중간(影印重刊)하였고, 2010년 동국대출판부에서 한문본 전체를 역주(譯註)하고 색인을 덧붙여 『역주조선불교통사』 전8권을 간행하였다.

조선불교포교사대회 朝鮮佛教布教師大會 조선불교계의 포교사업을 단합·통일하기 위하여 개최한 대회. 1927년 8월 25일에 대구 덕산정(德山町) 동화사포교소(桐華寺布教所)에서 경성·경남·경북의 포교사 14명이 모여 제1회 총회를 개최하였으며, 교전편간(教典編刊)·포교 의식방법·교회제도 및 규정·예식·각 포교소관 단체 통일·조선불교사업연구회 조직·의회위치·규칙개정·포교기관지·위원선정의 건(件)에 대해 의결하였다. 1928년 3월 16일에 중앙교무원회의실에서 제2회 정기총회를 개최하였는데, 토의사항은 제1회 총회와 동일하며 포교사 강습회·사설포교당 및 사암(寺庵)에 관한 건이 추가되었다. [참고문헌] 「布教編年」(『韓國近世佛教百年史』 권2, pp.25~28).

조선불교학인대회 朝鮮佛教學人大會 1928년 3월 14일~17일에 서울 각황사(覺皇寺)에서 개최한 대회. 당시 불교계의 퇴폐(頹廢) 원인과 미래의 발전책을 논의하고자 개최하였다. 1927년 10월 29일에 박용하(朴龍夏) 등 8명이 개운사(開運寺)에 모여 발기준비회를 열고 발기인 모집을 결정하였으며, 12월 21일에 취지서(趣旨書)를 발기인에게 발송하였다. 1928년 2월 5일에 제1회, 3월 12일~13일에 제2회 발기인총회를 개최한 후에, 학인대회를 개최하였다. '불타적(佛陀的) 구제의 중심자로 홍임(弘任)과 건행(健行)을 가지고 시대에 적응한 교화방법을 만들며, 불교조선의 건립에 필요한 모든 자량(資糧)을 통일적으로 준비하고 불타의 자리이타(自利利他)의 불지(佛旨)를 체인(體認)하기 위하여 완선(完善)한 불교교육제도의 일체확립을 기할 것'을 다짐하는 강령을 제정하였으며, 교육제도와 교과목·교육기관 배치 등을 논의하였다. 고등강원 1개소는 경성에 배치하되 기간은 4년, 중등강원은 6개소 이상을 지방에 배치하되 기간은 3년, 초등강원은 중등강원 내에 부설하고 그 외 각 사원에도 설치하되 기간은 3년으로 하였다. 또 기관지 『회광 回光』을 연2회 발행하며, 조선불교학인연맹을 조직하기로 하였다. [참고문헌] 「教育編年」(『韓國近世佛教百年史』 권2, pp.89~91·94~95). ⇨ 조선불교학인연맹 朝鮮佛教學人聯盟

조선불교학인연맹 朝鮮佛教學人聯盟 1928년 가을에 학인들의 유대를 공고히 하기 위해 결성한 조직. 3월 14일~17일에 개최된 조선불교학인대회에서 각지의 강당 동창회 또는 유사단체로 학인연맹을 결성하기로 하였다. 경성부동대문외개운사강원동우회(京城府東大門外開運寺講院同友會)·강원도고성군건봉사봉명강우회(江原道高城郡乾鳳寺鳳鳴講友會)·강원도고성군유점사동국경원홍법동우회(楡岾寺東國經院弘法同友會) 및 강원학우회(講院學友會)·경남양산군통도사강원신진회오인단체(慶南梁山郡通度寺講院新進會五人團體)·경남합천군해인사강원불지회(陜川郡海印寺講院佛地會)·경북달성군동화사강원강우회(慶北達城郡桐華寺講院講友會)·전남장성군백양사강원학우회(全南長城郡白羊寺講院學友會) 등 8개 단체가 연맹하였으며, 유점사동국강원에서 집행하던 사무를 개운사강원으로 이임하였다. [참고문헌] 「教育編年」(『韓國近世佛教百年史』 권2, p.96). ⇨ 조선불교학인대회 朝鮮佛教學人大會

조선불교혁신론 朝鮮佛教革新論 1935년에 소태산(少太山) 박중빈(朴重彬 1891~1943) 지음. 총론(總論)과 본문 7장으로 구성되어 있으며, 영인본이 『원불교사상』7(원광대 원불교사상연구원, 1983) pp.270~308에 수록되어 있다. 총론에서는 '외방(外邦)의 불교를 조선의 불교로, 과거의 불교를 현재와 미래의 불교로, 산중 승려 몇 사람의 불교를 일반대중의 불교로 혁신하되, 부처님께서 설하신 무상대도(無上大道)는 변하지 않을 것이나 세간·출세간을 따라서 세간생활에 필요한 인생의 요도(要道)를 밝혀야 할 것이며 모든 교리를 운전(運轉)하는 제도와 방편도 시대와 인심을 따라서 쇄신하여야 할 것이다'라고 하여, 조선불교혁신의 근본이 토착화·미래화·대중화·생활화임을 명시하였다. 「1 과거조선사회의 불법에 대한 견해」에서는 불교와 승려에 대한 잘못된 인식이 조선사회의 습관이 되어버린 것을 비판하였다. 「2 조선승려의 실생활」에서는 '산중 승려의 수도생활이 천상(天上) 선관(仙官)의 생활이니 세속 사람들이 이러한 생활을 알게 되면 모두 승려가 되기를 원할 것이다'라고 하였다. 「3 세존의 지혜와 능력」에서는 '중생제도하는 교리의 높이는 수미산, 깊이는 항하수(恒河水), 수효는 항하사(恒河沙)와 같고 크기는 천지만물 허공법계를 다 포함한다'라고 하였다. 「4 외방의 불교를 조선의 불교로」에서는 '인도의 불교를 조선의 제도로 정선(精選)하고 이로써 초등교과서를 정하여 무상대도의 이치와 자비사업의 대의를 깨치게 한 후에 과거 경전을 참고적으로 가르치는 것이 좋을 것'이라고 하였다. 「5 소수인(小數人)의 불교를 대중의 불교로」에서는 '세간 공부하는 사람과 출세간공부하는 사람 간의 주객의 차별을 없애고 수도처소(修道處所)·의식 및 결혼생활·재가출가 등을 모두 자의에 맡길 것'을 제시하였다. 「6 분열된 교화과목을 통일하기로」에서는 '주요한 화두(話頭)와 경전을 연구력 얻는 과목, 염불·좌선·주문을 정신통일하는 수양과목, 모든 계율·과보받는 내역·네 가지 중대한 은혜를 세간생활에 적절한 작업취사(作業取捨)의 과목으로 정할 것' 등을 제시하였다. 「7 등상불(等像佛) 숭배를 불성일원상(佛性一圓相)으로」에서는 불상 대신 일원상을 조성해야 하는 연유와 '불성일원상 조성법'·'심고(心告)와 기도에 대한 설명'을 제시하였다. [참고문헌] 『圓佛敎思想』. ⇨ 박중빈 朴重彬

조선불교회 朝鮮佛敎會 1920년에 결성한 단체. 2월 17일에 이능화(李能和)·박한영(朴漢永)·정황진(鄭晄震) 포함 29인이 설립을 발기하였는데, 취지서(趣旨書)에 '오인(吾人)이 지금 본회를 설립함은 이러한 역사의 관념으로 우리 선조를 계습(繼襲)하고 이러한 종교의 신앙으로 우리 동포에게 소개하여, 현재의 혼란한 정신계를 통일하고 조선불교의 자광혜염(慈光慧焰)을 세계에 발휘하고자 함'이라고 하였다. 3월에는 선전서(宣傳書)를 발표하였는데, '조선의 불교를 발전·사회의 정신을 지도·습속의 허위를 개량·감화의 사업을 진작(振作)·오인의 생활을 향상'하는 것을 강령으로 삼았다. 1923년에 원효(元曉)의 『금강삼매경론소 金剛三昧經論疏』를 간행하였으며, 산하에 조선불교총서간행회(朝鮮佛敎總書刊行會)를 두고 조선불교총서를 간행하고자 하였으나 실제로 간행하지는 못하였다. [참고문헌] 『朝鮮佛敎叢報』21(三十本山聯合事務所, 1920) pp.9~13, 『朝鮮佛敎總書趣旨及內容見本會規書目』(朝鮮佛敎總書刊行會, 1925) p.3. ⇨ 조선불교총서 朝鮮佛敎總書

조선사 朝鮮寺 재일한국과 조선인이 건립한 종교활동 시설. 일본에서는 세계대전 이전부터 고대조선의 샤머니즘과 불교가 습합된 종교적 관념과 의례가 전개되고 있었으며, 이러한 관념과 의례가 독자적으로 실행된 장소를 지칭하는 용어로 조선사라 하였다. 한자에 따라 한사(韓寺)·재일코리안사원(在日コリアン寺院)이라 부르기도 한다. 일본전역에 분포되어 있으나, 특히 대판부(大阪府)와 내량현(奈良縣)의 경계에 있는 생구산(生駒山) 지역에 많이 있는데 1984년 조사에서는 63개소가 확인되었다. 주요 신행 또는 의례 공간으로는 본당·칠성당·새신(賽神)을 행하는 무제장(巫祭場)·한국 사원에서는 볼 수 없는 농행장(瀧行場)·지장사(地藏祠)·토지신사(土地神祠) 등이 있다. 종파별로는 일본 진언종(眞言宗) 소속 사찰이 다수이며, 한국 조계종(曹溪宗) 소속 사찰도 있다. 조선사는 무속의례를 행하지만 동시에 불교사원이기도 하여서 열반일·생탄제(生誕祭)·칠성제·성도일 등의 연중행사를 행한다. [참고문헌] 飯田剛史 「生駒山地の朝鮮寺·概説」(『硏究年報』12, 富山大學日本海經濟硏究所, 1987) pp.40~44, 宮下良子 「朝鮮寺から在日コリアン寺院へ」(『人文學報』108, 京都大學人文科學硏究所, 2015) p.49.

조선사찰사료 朝鮮寺刹史料 1911년에 조선총독부(朝鮮總督府) 내무부(內務部) 지방국(地方局) 편찬. 2권. '사찰 사적(史籍)의 유결(遺缺)을 방지하고, 후일 사찰사(寺刹史)를 편찬하고자 모은 자료'들을 정리한 서적이다. 권1에 경기도·충청북도·전라남도·경상북도·경상남도, 권2에 강원도·평안남도·평안북도·황해도·함경남도 소재 사찰의 내력·기문·비문·상량문·현판문 등이 수록되어 있으며, 충청남도·전라북도·함경북도편은 누락되었다. 1972년에 한국문화개발사(韓國文化開發社)에서 증보교정본(增補校正本)을 간행하였는데, 교정은 퇴경상로(退耕相老 1879~1965)가 하였으며 동국대학교 불교문화연구소가 조사·발견하여 『불교학보 佛敎學報』 권2~4에 수록한 충청남도·전라북도편을 증보하였다.

조선선교사 朝鮮禪敎史 1930년에 홀활곡쾌천(忽滑谷快天 1867~1934) 지음. 구택(駒澤)대학에서 조선불교에 대해 강의한 내용을 정리한 서적이다. 선(禪)을 중심으로 한국불교를 통사적으로 서술하였는데, 「제1편 교학전래시대 第一編 敎學傳來の代」·「제2편 선도울흥시대 第二編 禪道蔚興の代」·「제3편 선교병립시대 第三編 禪敎竝立の代」·「제4편 선교쇠퇴시대 第四編 禪敎衰頹の代」로 구성되어 있다.

조선선교양종각본산주지회의원 朝鮮禪敎兩宗各本山住持會議院 1910년대 불교계 대표기관. 1912년 5월 28일에 11개소 본사주지(本寺住持)가 원종종무원(圓宗宗務院) 임시사무소에서 회동하여, '사법(寺法)과 사찰령

시행규칙(寺刹令施行規則)을 존봉(遵奉)할 건·사법을 제일(齊一)토록 제정할 건·본원(本院) 과거에 관계를 의결할 건·본원 미래 방침을 논정(論定)할 건' 등 4개 조건으로 삼십본산주지회의를 발기할 것을 통첩하였으며, 6월 17일부터 22일까지 22개소 본산 주지와 대리들이 주지회의를 개최하였다. 그 결과 회의원을 설치하기로 결정하였는데, 규칙 제1조 명칭에서는 '조선선교양종각본산주지회의원이라 칭함', 제2조 목적에서는 '본원은 조선전도내(朝鮮全道內) 각대본산주지(各大本山住持)가 신년축하(新年祝賀)를 거행할 때 또는 법요(法要)에 관한 중대사항이 있을 때에는 본원에서 이를 발기하여 회동의결(會同議決)함을 목적으로 함'이라고 하였다. 해인사(海印寺) 이회광(李晦光)이 제1대 원장(1912.6.17~1913.1.5), 유점사(楡岾寺) 김금담(金錦潭)이 제2대 원장(1913.1.9~1914.1.5), 이회광이 제3대 원장(1914.1.5~1915)을 역임하였으며, 1915년에는 삼십본산연합사무소(三十本山聯合事務所)로 이름을 변경하였다. [참고문헌] 「會議院會議顚末」(『朝鮮佛敎月報』6, 1912) pp.57~77, 「僧團編年」(『韓國近世佛敎百年史』 권1, pp.37~57). ⇨ 삼십본산연합사무소 三十本山聯合事務所

조선승니법계품승례일반 朝鮮僧尼法階稟承例一班 스님들이 해행학력(解行學歷)에 부합하는 법계를 받은 종래 법규의 대요(大要)를 서술한 글. 일본어본이 『조선총독부관보』 제457호(1912.3.8)에, 국한문혼용체본이 『조선불교월보』3(조선불교월보사, 1911) pp.50~54에 수록되어 있다. 본문에 들어가기에 앞서, 승니 법계에 관한 규율이 『경국대전 經國大典』 반포 전후와 사찰령(寺刹令) 시행 후에 어떻게 변하였는지 간략하게 서술하였다. 본문 「제1장 승니의 성립」에서는 득도(得度)의 과정·사미(沙彌) 및 사미니(沙彌尼)의 정의, 「제2장 승니의 신분」에서는 비구(比丘) 및 비구니(比丘尼)의 정의·입신(立身)의 과정, 「제3장 승니시험의 제(制)」에서는 『경국대전』 반포 이후의 법제에 따른 승니시험의 시행 일정·시험과목·주무감독관·합격자 정원, 「제4장 법계승진의 규제」에서는 법계 승진과 관련된 규율, 「제5장 법계의 명칭」에서는 보편적인 선교양종의 법계를 설명하였다. [참고문헌] 『朝鮮總督府官報』, 『朝鮮佛敎月報』, 「各種法會」(『韓國近世佛敎百年史』 권4, pp.16~19). ⇨ 법계 法階

조선승려수선제요 朝鮮僧侶修禪提要 1928년에 조선총독부(朝鮮總督府) 학무국(學務局) 종교과(宗敎課) 편찬. 1권. 「예언 例言」에 '본서는 현재 조선의 각 사찰에서 승려의 행해(行解)를 완전히 익히기(純熟) 위하여 실행하는 수선작법(修禪作法)의 실상을 보고 관찰한 자료로서, 각 도에서 수집한 기록을 분류·편집하였다'라고 하였다. 「제1 결제안거를 허용할 수 있는 설비가 있는 사찰의 명칭과 그 소재지명」·「제2 결제안거하는 선당에서 승직의 명칭과 그 처무분장구분」·「제3 결제안거하는 선당에서 철저하게 지켜야 하는 청규절목」·「제4 결제안거하는 선당에서 특수한 관례」·「제5 부록」으로 구성되어 있으며, 부록은 본말사법(本末寺法) 중 결제안거와 관련된 조목을 초출(抄出)한 것이다.

조선탑파의연구 朝鮮塔婆◯硏究 우현(又玄) 고유섭(高裕燮 1905~1944) 지음. 저자의 독특한 양식론(樣式論)에 입각하여 조선 탑파를 체계화한 것으로, 1948년에 을유문화사(乙酉文化社)에서 조선문화총서(朝鮮文化叢書) 제3집으로 발간하였다. 기일(其一)·기이(其二)의 양편으로 구성되어 있는데, '기일'은 저자가 1936년·1939년·1941년 등 3차례에 걸쳐 『진단학보 震檀學報』에 게재한 논문을 모은 것이며, '기이'는 1943년 가을부터 임종 전까지 일본어로 집필한 미발표 유고를 편자(編者) 황수영(黃壽永)이 번역한 것이다. '기일'은 서설(序說)·제1장 목조탑파(木造塔婆)·제2장 벽탑(甓塔)·제3장 석조탑파(石造塔婆)·주(註), '기이'는 탑파의 의의(意義)·조선 불교의 시전(始傳)·가람조영(伽籃造營)과 당탑가치(堂塔價値)의 변천·불사리(佛舍利)와 가람 창립연기(創立緣起)의 변천·조선 탑파의 본면목(本面目)·조선의 전조(塼造) 탑파·조선의 공예적 제탑(諸塔)·조선의 석탑·주로 구성되어 있으며, 인득(引得)·저자 약력·발(跋)이 부록되어 있다.

조선판제게 朝鮮板諸偈 1574년(선조7)에 모악산(母嶽山) 금산사(金山寺)에서 개판한 불교의식집. 1권. 일본 경도대학(京都大學) 소장. 뒷표지 안쪽에 "경장 2년(1597) 무술 팔월일 조선에 다시 건너갔을 때, 전라도 함열현에서 습득하였다. 慶長二戊戌八月日 朝鮮再渡之時 於全羅道咸悅縣拾得焉"라고 기록되어 있어, 정유재란 이후 왜군이 약탈하였음을 알 수 있다. 「공양문작법절차 供養文作法節次」·「별축상작법 別祝上作法」·「제불보살통청 諸佛菩薩通請」·「성도재문 成道齋文」·「북두칠성공양문 北斗七星供養文」·「관음시식문 觀音施食文」·「현왕재문 現王齋文」·「구병시식의문 救病施食儀文」 등이 수록되어 있다.

조설지 晁說之 1059~1129. 자는 이도(以道). 제주(濟州) 거야(鉅野) 곧 지금의 산동성(山東省) 거야(巨野) 출신. 1082년(원풍5) 진사(進士)가 되었고, 1103년(숭녕2) 정주(定州) 무극현(無極縣)에서 정강(靖康)의 변(變) 때 중서사인(中書舍人)을 지냈다. 고종(高宗)이 남쪽으로 건너간 뒤에 시독(侍讀)의 직책을 주었다. 『숭산문집 嵩山文集』을 남겼고, 『인왕호국반야경소 仁王護國般若經疏』(대정장33, No.1705)의 서문(序文)을 짓기도 하였다. 『명공법희지』 권3 「조설지장」(卍속장150, p.102b5)에 "만년에 매일 『법화경』을 외우며 스스로 천태교주라 불렀고, 또한 선학을 일삼기도 하였다. 晩年日誦法華 自號天台敎主 又從事禪學"라고 하였다. 〔참고문헌〕『名公法喜志』, 『釋門正統』 권7 「晁說之」(卍속장130, p.877b11).

조성 調聲 고르게 소리내다. 대중이 경문이나 게송을 독송할 때 소리를 고르게 하고자 한 사람이 앞서 첫 구절을 먼저 소리내는 일로, 경두(經頭)·구두(句頭)라고도 한다. ⇨경두 經頭❸, 구두 句頭

조세 蚤歲 젊은 시절. 어린 나이. 조는 조(早)와 통한다. 『불조강목』 권30(卍속장146, p.478b3)에 "어린 나이에 출가하여 삼장을 널리 꿰었고 특히 천태의 지관법문에 정통하였다. 蚤歲出家 博貫三藏 精天台止觀法門", 『서장』 「답부추밀장 答富樞密狀」(대정장47, p.921a18)에 "보내신 편지를 읽어보니 '젊은 시절부터 이 도를 알고 믿었으나 만년에 요모조모 분별하는 앎이 장애가 되어 깨달은 구석이라곤 하나도 없습니다'라고 하시더군요. 示諭 蚤歲知信向此道 晩年爲知解所障 未有一悟入處"라고 하였다. 〔참고문헌〕『佛祖綱目』, 『書狀』.

조소 早素 아침의 채식. 어육(魚肉)이 들어가지 않은 소박한 음식. 『선원청규』 권10 「권단신 勸檀信」(卍속장111, p.930a6)에 "만약 초심의 신도로서 단번에 오신채와 술을 끊지 못한다면 아침에 채식을 해 보라. 한 달 동안 이어지면 (오신채와 술이) 반으로 줄어들 것이며, 오랜 기간 되풀이하여 충분히 익숙해지면 저절로 완전히 끊어져 항상 그것들 없이 먹을 수 있다. 若初心之士 未能頓除葷酒 且食早素 一月之間 已能減半 久習淳熟 自能永斷長齋"라고 하였다. 〔참고문헌〕『禪苑淸規』.

조수 祖琇 송대 임제종(臨濟宗) 양기파(楊岐派) 스님. 호는 석실(石室). 진목정현(眞牧正賢 1084~1159)의 제자. 『승보정속전 僧寶正續傳』 7권, 『융흥불법편년통론 隆興佛法編年通論』 30권을 지었다. 『승보정속전』에는 융흥부사문(隆興府沙門)으로 되어 있다. 『불조역대통재』 권20(대정장49, p.691a24)에는 융흥 2년(1164)에 석실조수가 『융흥불운통론 隆興佛運通論』을 지었다고 되어 있다. 〔참고문헌〕『佛祖歷代通載』.

조수 祖髓 조사(祖師)의 골수(骨髓). 조사의 본의 즉 불조(佛祖)의 진수(眞髓)를 말한다. 달마의 법을 이은 이조(二祖) 혜가(慧可)의 인연에서 비롯한 말이다. 『자백존자전집』 「발 跋」(卍126, p.622a9)에 "부처님의 본의와 조사의 골수, 곳곳에서 그 근원과 마주친다. 佛意祖髓 在在逢源也", 『종통편년』 「서 序」(卍속장147, p.4a15)에 "이천 여 년 동안 전해진 부처님의 심장과 조사의 골수를 취하여 붓끝에 진실하고 변함없는 도리를 흘려보내어 미래의 황금 거울을 만든다. 取二千餘年佛心祖髓 向筆尖上 流注眞常 作未來金鏡"라고 하였다. 〔참고문헌〕『紫柏尊者全集』, 『宗統編年』. ⇨득수 得髓, 예배득수 禮拜得髓

조수 條數 가사(袈裟) 조각의 수. 가사를 지을 때 포백(布帛)의 작은 조각조각을 가로와 세로로 기워서 합하는데 그 세로 조의 수를 말한다. 그 수에 따라서 칠조의(七條衣)·구조의(九條衣)·이십오조의(二十五條衣)라 하고 법계에 따라 다르게 입고 훌수다. 이십오조는 현재 대종사(大宗師) 법계에 당한다. 『사분율』 권40(대정장22, p.855b12)에 "부처님께서 말씀하셨다. '오조라야 마땅하고 육조는 안 되며, 칠조라야 마땅하고 팔조는 안 되며, 구조라야 마땅하고 십조는 안 되며, 내지 십구조라야 마땅하고 이십조는 안 된다. 이렇게 규정된 조수와 어긋나면 지녀서는 안 된다'. 佛言 應五條 不應六條 應七條 不應八條 應九條 不應十條 乃至十九條 不應二十條 若過是條數 不應畜", 『유부백일갈마』 권10(대정장24, p.497a13)에 "구수 오파리가 세존께 여쭈었다. '대덕이시여! 승가지의(僧伽梨衣 Ⓢ saṃghāṭi)의 조수는 몇 가지가 있는지요?' '아홉 가지가 있다' '무엇이 그 아홉 가지인가요?' '구조·십일조·십삼조·십오조·십칠조·십구조·이십일조·이십삼조·이십오조를 말한다'. 具壽鄔波離 請世尊曰 大德 僧伽胝衣 條數有幾 佛言 有九 何謂爲九 謂九條 十一條 十三條 十五條 十七條 十九條 二十一條 二十三條 二十五條", 『번역명의집』 권7(대정장54, p.1171a11)에 "대의 즉 대가사는 잡쇄의라 한다. 조수가 많기 때문이다. 大衣名雜碎衣 以條數多故"라고 하였다. 〔참고문헌〕『四分律』, 『有部百一羯磨』, 『翻譯名義集』. ⇨가사 袈裟

조수 照水 1654~?. 청대 임제종(臨濟宗) 스님. 호는 세심(洗心), 속성은 유(劉)씨. 건강(建康 : 江蘇省) 강녕(江寧) 출신. 24세에 정각윤(正覺潤)을 은사로 하여 출가하였다. 백암(柏菴)에게 법을 물으러 간 이후 명사주(鳴沙州)에서 구족계를 받고, 나산(螺山)에서 의단(疑團)을 풀었다. 장안(長安 : 陝西省)의 흥선사(興善寺)·천복사(薦福寺) 등에서 참구하였고, 풍혈사(風穴寺)·금속사(金粟寺) 등에도 머물렀다. 후에 초지(楚地)에서 병이 들었다가 백운(白雲)의 상림본진(象林本眞) 문하로 들어가 30세에 부촉을 받았다. 섬서(陝西)로 돌아가 체도사(剃度師)를 친견하였다. 1683년(강희

22) 청을 받고 황간사(皇澗寺)에 주석하다가 이후 차례로 화엄사(華嚴寺), 보경사(寶慶寺), 관음사(觀音寺), 향암사(香巖寺) 등에 주석하였다. 『세심수선사어록 洗心水禪師語錄』 2권을 남겼다. 『어록』 「행실 行實」에 행장이 전한다. ⇨ 세심조수선사어록 洗心照水禪師語錄

조수 澡水 Ⓟ paribhojanīya. 손이나 입 또는 그 밖의 몸을 씻는 물. 『중아함경』 권45 「부미경 浮彌經」(대정장1, p.710a26)에 "식사를 마치고 그릇을 거두어 설거지를 한 다음 작은 의자를 들고 따로 앉아 법을 들었다. 食訖收器 行澡水已 取一小床 別坐聽法", 『마하승기율』 권11(대정장22, p.318c12)에 "손을 씻고서 입 헹구는 물과 치목을 받는다. 淨洗手 授澡水齒木", 『지관보행전홍결』 권2(대정장46, p.190b5)에 "도량에 갈 때는 마땅히 비구가 지켜야 할 법에 따라 깨끗한 행을 수행하고, 삼법의・양지・조수・식기・좌구를 갖추어야 한다. 趣道場時 應如比丘法 修行淨行 具三法衣 楊枝 澡水 食器 坐具"라고 하였다. [참고문헌] 『中阿含經』, 『摩訶僧祇律』, 『止觀輔行傳弘決』, *MN.3.157.* ⇨ 조관 澡灌

조수 澡漱 손을 씻고 양치질하는 일. 『일체경음의』 권22(대정장54, p.443b16)에 "조수〈조는 자와 노를 반절한 음, 수는 사와 구를 반절한 음이다. 『창힐편』에 '조는 씻는다는 뜻의 관이며, 관은 고와 만을 반절한 음이다'라고 하였고, 『주총』에 '관은 손을 씻는다는 말이다'라고 하였으며, 『설문해자』에 '수는 입을 헹군다는 뜻이다'라고 하였다〉. 澡漱〈澡子老反 下史救反 蒼頡篇曰 澡 盥也 盥音古滿反 珠叢曰 盥洗手也 說文曰 漱蕩口也〉", 『시가라월육방예경』(대정장1, p.251c20)에 "닭이 울면 마땅히 일찍 일어나 옷을 입고 침상에서 내려와 손을 씻고 양치질하여 마음을 깨끗하게 한 다음에 두 손으로 꽃과 향을 바친다. 鷄鳴當早起 被衣來下牀 澡漱令心淨 兩手奉花香", 『잡아함경』 권4(대정장2, p.25b28)에 "(장신바라문이) 식사를 하고 나서 손을 씻고 양치질하고 발우를 씻고 나서 작은 평상을 별도로 펼치고 대중 앞에 단정히 앉아 설법을 들었다. 食已 澡漱洗鉢畢 別敷卑床 於大衆前 端坐聽法"라고 하였다. [참고문헌] 『一切經音義』, 『尸迦羅越六方禮經』, 『雜阿含經』. ⇨ 조수구치 澡漱口齒

조수고상삼하 棗樹敲床三下 조수화상이 선상(禪床)을 세 번 두드린 공안. 『연등회요』 권26 「조수장」(卍속장136, p.876a1)에 "어떤 학인이 작별인사 할 때 조수선사가 물었다. '제방에 갔는데 어떤 이가 그대에게 노승의 법도를 물으면 그에게 어떻게 대답하겠는가?' '학인이 묻기를 기다렸다가 곧바로 말하겠습니다' '입이 없는 부처는 어디에 있는가?' '이 경지에 도달하는 것도 어렵습니다'. 선사가 불자를 세워들고 말했다. '보이는가?' '눈 없는 부처는 어디에 있습니까?' '이 경지에 오는 것도 어렵다'. 학인이 선상을 한 바퀴 돌고 나갔다. 선사가 말했다. '대답은 잘 하는군'. 학인이 큰 소리를 내지르자 선사가 말했다. '나는 모른다' '알아서 무슨 소용이 있겠습니까?' 선사가 선상을 세 번 두드렸다. 有僧辭 師問 若到諸方 有人問儞老僧法道 作麽生對他 云待他問 卽道 師云 何處有無口底佛 云只這也還難 師竪起拂子云 還見麽 僧云 何處有無眼底佛 師云 只這也還難 僧繞繩床一匝而出 師云 善能祗對 僧便喝 師云 老僧不識子 云用識作麽 師敲繩床三下"라고 하였다. [참고문헌] 『聯燈會要』.

조수구치 澡漱口齒 세면게(洗面偈) 중 한 구절. 60권본 『화엄경』 권6(대정장9, p.431b4)에 "입을 씻고 헹구니, 장차 바라옵건대 중생들이, 청정한 법문에서, 구경의 해탈을 얻기를. 澡漱口齒 當願衆生 向淨法門 究竟解脫", 『보살본업경』(대정장10, p.448a22)에 "손으로 양지를 들고서, 장차 원하옵건대 중생이, 법의 구절을 배워서, 모든 때를 발라내기를. 입을 씻고 헹구며, 장차 원하옵건대 중생이, 정과 성을 씻어내고서, 청정한 그대로 머물기를. 手執楊枝 當願衆生 學以法句 擿去諸垢 澡漱口齒 當願衆生 蕩滌情性 如淸淨住"라고 하였다. [참고문헌] 『華嚴經』, 『菩薩本業經』. ⇨ 세면게 洗面偈

조수불급 措手不及 손을 쓸 틈이 없다는 말. 무상(無常)이 신속하여 모든 일은 이미 지나가 버려서 손쓴다 하면 이미 지나가 버리고 만다는 뜻이다. 『종용록』 38칙 「평창 評唱」(대정장48, p.253a4)에 "그 학인은 이미 손을 쓸 틈이 없었고, 임제 또한 몸을 빼돌려 돌아볼 수 없었다. 수저 들 겨를도 없음을 알아채고서 문득 말하길 '무위진인이라니, 이 무슨 마른 똥막대기인가!'라고 했다. 이는 능히 놓기도 하고 거두기도 하며, 불러들여 모으다가 소리쳐 흩어버리니 결코 얽어 꿰매고 말끝으로 죽여서는 사람 가슴에 병들게 하지 않는다. 這僧旣措手不及 臨濟 亦抽身不顧 見得匙抄不上 便道 無位眞人 是甚乾屎橛 此能放能收 呼得聚 喝得散 終不繫綴 死在句下 與人胸次作病", 『종문염고휘집』 권31(卍속장115, p.872a6)에 "협산의 주장자 적절했지만 다만 나눠놓는 때는 이미 늦었다. '이 어찌 화상의 말씀이 아닌지요?'라는 말을 듣자마자 느닷없이 때려야 했다. 이때 북원에게 신통한 작용이 있었더라도 손을 쓸 틈이 없었을 것이다. 夾山好拄杖 祇是分付遲了 待問豈不是和尙語 驀頭便打 此時北院 縱有神用 也措手不及", 『정토십요』 권1(卍속장108, p.684a1)에 "(오탁 중 하나인) 명탁 중에 있으니 결정코 무상에 삼키듯 하리라. 부싯돌 붙일 듯 번개 치듯 하여 손을 쓸 여유가 없다. 處命濁中 決定爲無常所呑 石火電光 措手不及"라고 하였다. [참고문헌] 『從容錄』, 『宗門拈古彙集』, 『淨土十要』.

조수좌 鳥獸座 불보살 및 제천(諸天)이 앉는 온갖 새와 동물들의 자리. 금수좌(禽獸座)·수좌(獸座)라고도 한다. 인도의 영향을 받아 당대 크게 유행했다. 보현(普賢)보살상을 코끼리좌에 모시거나, 문수(文殊)보살이 사자좌 위에 앉는 등이다. 사자·코끼리·말·소·물소 등의 짐승이나 공작·금시조·거위 등의 조류 등이어서 조수좌라 한다. 『수약사의궤포단법』 권1(대정장19, p.65c25)에 "동문 내 우측 열 수레자리 위에 앉은 일광천자가 홍색 두 손에 일륜을 들었고, 좌측 거위자리 위에 월광천자는 백색 손에 월륜을 잡고 있다. 다음 거위자리 위의 범천은 사면이 황색으로 오른손엔 수레바퀴를 왼손엔 보병을 잡고 있다. 동남 사이에는 코끼리자리 위에 제석천이 백색으로 절구공이를, 남방의 산양자리 위에는 화천이 홍색 손에 화로를 들고 있으며, 물소자리 위의 염마천은 남색으로 방망이 잡고 있다. 일어나 앉은 주검자리 위의 라차천은 청색으로 칼을 잡고, 물범자리 위 수천은 백색의 두 손으로 뱀끈을 잡고 있다. 서남끝 사슴자리 위의 풍천은 밝은 남색으로 바람개비 잡고 있으며, 서방의 말자리 위 약차천은 황색으로 몽둥이 잡고 있고, 소자리 위 자채천은 백색으로 차를 쥐고 있고, 돼지자리 위 지천모는 황색의 두 손으로 병을 쥐었다. 저들 모든 하늘은 머리 위에 보관을 이었으며 몸에는 천의를 걸쳤다. 東門內右列車坐上 日光天子 紅色二手擎日輪 其左鵝座上 月光天子 白色手持月輪 次鵝座上梵天 四面黃色 右手持輪 左手持寶瓶 東南隅 象座上帝釋天 白色持杵 南方 山羊座上火天 紅色手持火爐 水牛座上閻摩天 藍色持捧 起屍座上囉叉天 青色持劍 水獸座上水天 白色二手持蛇索 西南隅 鹿座上風天 淺藍色持風旛 西方 馬座上藥叉天 黃色持捧 牛座上自在天 白色持叉 猪座上地天母 黃色二手持瓶 彼等諸天 頭戴寶冠身著天衣"라고 하였다. 일본 고야산 금강봉사(金剛峰寺)에 전하는 조수좌상 중 공작명왕(孔雀明王)은 뱀을 삼킨 채로 날개와 꼬리를 활짝 펴고 그 위에 연화대에 앉아 있고, 팔대동자 중 아녹달동자는 달리는 사슴 위에 연봉 들고 고요히 앉아 있다. 〔참고문헌〕『修藥師儀軌布壇法』. ⇨ 문수보살 文殊菩薩, 보현보살 普賢菩薩, 범천 梵天, 염마천 焰摩天

공작명왕상 1200년·아녹달동자상 14세기 일본 금강봉사

조숙 調熟 고르게 익히다. 일체의 분별이 그 지점에 있어 한 가지로 공한 실상임을 깨우쳐 익히는 뜻이다. 『법화현의석첨』 권1(대정장33, p.820a3)에 "어쩔 수 없이 부처님의 한 가지 음성이지만 달리 알아듣도록 하였지만 이미 고르게 익혀 마쳤기에 도의 맛에 차이가 없다. 事不獲已 使一音異解 既調熟竟 道味無殊", 같은 책 권2(대정장33, p.825c27)에 "고르게 하고 익히니 이를 조숙이라 한다. 因調而熟 名爲調熟"라고 하였다. 〔참고문헌〕『法華玄義釋籤』.

조순 祖淳 조선전기 스님. 대선사(大禪師) 정심(正心)과 함께 판각불사를 수행했다. 『대승기신론소』 간기(刊記)에 "대명 가정 7년(1528·중종23) 무자 음력 정월 갑자에 신음산 신안사에서 『대승기신론』과 『화엄제목』을 개판하였다. … 대화주는 조순이다. 大明嘉靖七年戊子孟春甲子 身陰山身安寺 大乘起信論 華嚴題目 開板 … 大化主 祖淳"라고 하였다. 〔참고문헌〕『大乘起信論疏』. ⇨ 정심 正心 ❷

조순성 調順聲 Ⓢ vinītā, Ⓣ dul-ba. 육십사범음(六十四梵音) 중 하나. 중생이 고르게 순하게 하는 여래의 음성을 가리킨다. 『삼장법수』 권37(대장경보편22, p.664a12)에 "열두 번째, 조순성이다. 여래의 음성은 근기에 따라 법을 설하여 중생을 조복하고 믿어 따르도록 한다. 十二 調順聲 謂如來音聲 隨機說法 調伏衆生 使其信順也"라고 하였다. 〔참고문헌〕『三藏法數』, *Mvyut.20.* ⇨ 육십사범음 六十四梵音

조술 祖述 본받아 쓰다. 『중용』의 구절에 따른다. 『법화경대성음의』(卍속장51, p.455a17)에 "'중니는 요순의 도를 본으로 삼아 서술하였고, 문무의 법을 지켰다'라고 하는 『중용』의 말에 주석을 단다. 조술이란 멀리서 그 도를 본받다의 뜻이고, 헌장이란 가까이서 그 법을 지킨다는 뜻이다'. 中庸 仲尼祖述堯舜 憲章文武 註云 祖述者 遠宗其道 憲章者 近守其法", 『주화엄법계관문송』 권하(대정장45, p.707a10)에 "널리 펴기 위해 번역하고 경의 뜻을 본받아 술한다. 弘宣翻譯 祖述經義", 『허당록』 권4(대정장47, p.1019a2)에 "부자(공자)는 일대의 유종을 위하여 본받아 술했을 뿐 지어내지 않는다. 夫子爲一代儒宗 祖述而不作"라고 하였다. 〔참고문헌〕『法華經大成音義』, 『註華嚴法界觀門頌』, 『虛堂錄』.

조식 曹植 삼국시대(三國時代) 위(魏)의 문인. 무제(武帝)의 셋째 아들이자 문제(文帝)의 아우. 자는 자건

(子建), 시호는 사(思). 진사왕(陳思王)이라 불렸다. 열 살에 글짓기를 잘하여 그 넘치는 재주로 무제의 총애를 받았다. 그러나 문제가 즉위한 뒤 그의 재주를 시기하여 가해를 입히고자 일곱 걸음 걷는 동안 시를 짓지 못하면 죽이겠다고 하였다. 그때 지은 시가 「칠보시 七步詩」이다. 동아왕(東阿王)에 봉해졌다가 나중에 진왕(陳王)으로 봉해졌다. 문제의 아들인 명제(明帝)와도 불화가 있어 울분을 품고 살다가 죽었다. 일찍이 산동(山東)의 어산(魚山)에 갔을 때 허공에서 범천(梵天)의 울림을 듣고 한곡(漢曲)과 배합하여 범패(梵唄)를 만들었다. 『태자서응본기경 太子瑞應本起經』을 수정·정리하였고, 사십이계(四十二契)의 성명(聲明) 곧 게송 등의 풍송을 읊는 학문을 지어 유송(劉宋)·남제(南齊) 때에 유전하도록 함으로써 중국불교사에서 성명학의 비조로 존경을 받았다. 도교를 비판한 「변도론 辯道論」(『광홍명집』 권5, 대정장52, p.118c21)을 짓기도 하였다. 『석씨통감』 권2(卍속장131, p.775b7)에 "황노를 좋아하지 않았고 언제나 불경을 읽을 뿐이었다. 不好黃老 惟每讀佛"라고 하였다. [참고문헌] 『廣弘明集』, 『釋氏通鑑』, 『佛祖統紀』 권35(대정장49, p.331c3), 『佛祖歷代通載』 권5(대정장49, p.515c12), 『四分律行事鈔簡正記』 권8(卍속장68, p.483a12). ⇨ 범패 梵唄

조식 調食 먹는 일을 고르게 하다. 정(定)으로 도를 얻는 수행에서 반드시 지켜야 할 먹는 법(食法)이다. 『마하지관』 권4하(대정장46, p.47a28)에 "조식이란, 병을 늘리거나 잠을 늘리거나 번뇌를 늘리는 등의 음식은 마땅히 먹지 말아야 한다. 몸을 편안히 하고 질병을 낫도록 하는 것이 먹어야 할 음식이다. 간략하게 말하면 고프지도 않고 배부르지도 않게 먹는 것이 음식을 고르게 한다는 것이다. 調食者 增病增眠增煩惱等食 則不應食也 安身愈疾之物 是所應食 略而言之 不飢不飽 是食調相", 『수습지관좌선법요』(대정장46, p.465b20)에 "조식이란, 무릇 먹는 것으로 법을 삼는다면 본디 몸을 도와 도에 나아가게 하려 함이다. 지나치게 배불리 먹으면 호흡이 빨라지고 몸이 불어나며 모든 혈맥이 잘 통하지 않아 가슴을 답답하게 만들어 좌선을 편안하게 할 수 없다. 반대로 너무 조금 먹으면 몸이 약해지고 마음이 들떠 생각이 굳지 못하다. 이 두 가지는 모두 정으로 도를 얻게 하지 못한다. 만약 더러운 음식물을 먹으면 심식을 혼미하게 하고, 법도에 맞지 않는 음식물을 먹으면 오래 묵은 병을 일깨워 4대가 어긋나 뒤집히게 만든다. 이상은 정을 닦는 처음에 반드시 깊이 삼가야 할 일이다. 調食者 夫食之爲法 本欲資身進道 食若過飽 則氣急身滿 百脈不通 令心閉塞 坐念不安 若食過少 則身羸心懸 意慮不固 此二皆非得定之道 若食穢觸之物 令人心識昏迷 若食不宜之物 則動宿病 使四大違反 此爲修定之初 須深愼之也", 『관심론소』 권3(대정장46, p.607b12)에 "조식이란 무엇인가? 지나치게 배불리 먹으면 좌선을 방해하고, 너무 적게 먹으면 몸이 허약해지니 고프지도 않고 포만하지도 않게 먹는 방법이 음식을 조절하는 특징이다. 調食者 過飽則妨坐 念過少則虛劣 不飢不飽 是食調相"라고 하였다. [참고문헌] 『摩訶止觀』, 『修習止觀坐禪法要』, 『觀心論疏』. ⇨ 조오사 調五事

조식 調息 숨을 고르게 하다. 정(定)에 들어 수행하는 이가 반드시 행하는 일이다. 『지관보행전홍결』 권4(대정장46, p.275b26)에 "조식이란, 몸 이미 고르게 하였으면 다음으로 입을 열고 가슴 속의 숨을 뱉어낸다. 스스로 도와 나오게 하되 온갖 백 가지 맥이 있는 곳에서 모두 날숨을 따라 나오게 한다. 그 다음은 입과 코를 닫아 그 안의 맑은 숨을 지킨다. 이와 같은 방법으로 세 차례 반복한다. 만약 호흡을 고르게 마쳤으면 한 번으로 충분하다. 調息者 身旣調已 次開口吐胸中氣 自恣而出 使身中百脈處 皆悉隨氣出 次閉口鼻中內淸氣 如是至三 若息已調 一度亦足", 『도서』 권상2(대정장48, p.402b28)에 "시끄러운 경계를 멀리 여의고 고요한 곳에 머물며 몸을 조절하고 호흡을 조절하고 나서 가부좌를 틀고 묵묵히 좌선한다. 遠離憒鬧 住閑靜處 調身調息 跏趺宴默"라고 하였다. [참고문헌] 『止觀輔行傳弘決』, 『都序』. ⇨ 조신조식조심 調身調息調心, 조신 調身, 조심 調心, 수식관 數息觀, 좌선사식 坐禪四息

조신 調身 몸을 고르게 하다. 좌선(坐禪)하거나 정에 들 때(入定) 몸을 고르게 하는 뜻이다. 『수습지관좌선법요』(대정장46, p.465c7)에 "무릇 정에 들고자 하면 몸을 고르게 한다 하니, 수행자가 삼매에 들고자 한다면 몸을 고르게 함이 마땅하다. 만약 정 밖에서 가거나 머물거나 전진하거나 그치거나 움직이거나 조용히 있는 등의 모든 경우에도 자세히 살펴야 한다. 만약 거칠거나 심하게 하면 호흡도 그에 따라 거칠어지고, 호흡이 거칠기에 마음도 흩어져 거두지 못하며, 다시 앉는다 해도 답답하고 어지러워 마음이 편안하지 않다. 따라서 몸이 비록 정 밖에 있더라도 반드시 잘 생각하여 미리 방편을 짜낸다면 뒤에 선에 들었을 때 틀림없이 몸을 편안하게 만들어 얻을 것 있게 된다. … 핵심을 집어내어 말하자면, 늘어지지도 않고 급하지도 않게 하는 것이 몸을 고르게 하는 것이다. 夫初欲入禪 調身者 行人欲入三昧 調身之宜 若在定外 行住進止 動靜運爲 悉須詳審 若所作麤獷 則氣息隨麤 以氣麤故 則心散難錄 兼復坐時煩憒 心不恬怡 身雖在定外 亦須用意 逆作方便 後入禪時 須善安身得所 … 擧要言之 不寬不急 是身調相", 『관심론소』 권3(대정장46, p.607b15)에 "몸을 고르게 한다 하니, 앉았을 때 몸이 뒤로 젖혀지면 급한 상이고, 앉았을 때 머리가 숙여지면 늘어져 있는 상이다. 숙이지도 젖혀지지도 않아야 몸이 고른 상이다. 調身者 坐時仰身 是其急相 坐時頭低 是其寬相 不低不仰 是身調相"라고 하였다. 〔참고문헌〕『修習止觀坐禪法要』, 『觀心論疏』. ⇨ 조오사 調五事, 조식 調息, 조심 調心

조신 調信 통일신라 스님. 제48대 경문왕(재위 861~875) 때 강원도 명주(溟州) 세규사(世逵寺 : 一名 世達寺, 뒤에 興敎寺라고 改額)의 장사(莊舍 : 農監)로 있었다. 『삼국유사』 권3(대정장49, p.997a28 · 한불전6, p.331c9) 권3 탑상(塔像)4 낙산이대성관음정취조신(洛山二大聖觀音正趣調信)에 그의 일화가 전한다. 조신이 명주 내리군(㮈李郡 : 명주가 아니라 지금의 榮州인 剛州에 있었던 㮈已郡) 군수인 김흔(金昕)의 딸을 흠모하여 양양 낙산사(洛山寺) 홍련암 관음굴의 관세음보살님께 맺어주기를 기도하였다. 그러나 김흔의 딸이 이미 출가했음을 알고는, 관세음보살상 앞에서 원망하다가 잠들었다. 꿈속에서 김흔의 딸과 혼인하여 다섯 아이를 낳고 50년간 살았는데, 사는 동안 큰아들이 먼저 죽는 등 인생살이 온갖 고초를 겪었으며 마침내 부인의 권유로 서로 헤어지면서 깨어났다. 꿈에서 깨어난 조신은 깊이 참회하고 절을 창건하여 정토업을 닦았다. 같은 책(대정장49, p.997c3 · 한불전6, p.332b13)에 "이에 관세음보살님 앞에서 정성껏 참회하고 해현령으로 가서 아들을 묻었던 무덤을 헤치고 보니, 돌미륵이 있었다. 깨끗이 씻어 이웃 절에 모셔놓고 서울로 돌아가서 지장소임을 사면받고 사재를 들여 정토사를 창건하여 백업을 닦았다. 그 후 언제 입적하였는지는 알 수 없다. 於是 慚對聖容 懺滌無已 歸撥蟹峴所埋兒塚 乃石彌勒也 灌洗 奉安于鄰寺 還京師 免莊任 傾私財 創淨土寺 懃修白業 後莫知所終"라고 하였다. 〔참고문헌〕『三國遺事』. ⇨ 낙산이대성관음정취조신 洛山二大聖觀音正趣調信

조신의꿈 調信◯夢 통일신라 강원도 명주(溟州) 세규사(世逵寺) 스님이었던 조신의 꿈. 『삼국유사』 권3(대정장49, p.997a28 · 한불전6, p.331c9) 탑상(塔像)4 낙산이대성관음정취조신(洛山二大聖觀音正趣調信)에 수록된 조신의 꿈 이야기는 다음과 같다. "조신은 관세음보살상 앞에서 원을 이루지 못한 것을 원망하면서 해가 저물 때까지 울다 지쳐서 피로에 쌓여 앉은 채 잠깐 잠이 들었는데(假寢 : 假寐), 홀연히 꿈속에 그녀가 예쁜 얼굴로 관음전 문을 열고 들어오면서 상냥하게 웃으며 말하되, '소녀 일찍부터 스님의 얼굴을 보고 마음으로 깊이 사모하여 한시도 잊은 적이 없었으나, 부모의 명을 못 이겨 강제로 다른 남자에게 시집을 가게 되었습니다. 허나 지금 소녀는 스님과 함께 굴속의 벗이라도 되어 함께하고자 왔사옵니다'. 이 말을 들은 조신은 미칠 정도로 기꺼워 그녀와 함께 고향으로 돌아가 40여 년을 동거하면서 자녀 다섯을 낳았다. 가세는 어려워 살림이란 사방의 벽뿐이었다. 명아주나 나물로도 입에 풀칠을 할 수가 없어 이곳저곳으로 떠돌아다니면서 얻어먹었다. 이와 같이 10여 년을 초야로 떠돌면서 백군데나 기운 누더기 걸치고는 이리저리 떠돌다가 마침 명주의 해현령을 지나는데, 15세인 큰아들이 갑자기 굶어 죽었다. 그들 부부는 통곡하면서 시신을 거두어 길가에 묻어주고, 남은 네 자녀를 데리고 우곡현이 이르러 길가에 초막을 짓고 살았다. 부부가 모두 늙고 병들었을 뿐만 아니라, 굶주려 설 힘도 없었다. 10세인 딸이 밥을 얻으려 마을에 들어가 이집 저집을 돌아다니다 사나운 개에게 물리고 밥을 얻지 못하고 돌아와 앞에 누워 아픔을 참지 못하여 통곡했고, 부모도 함께 흐느껴 눈물이 비 오듯 했다. 부인이 껄끄러운 삼베수건으로 눈물을 닦아주고 허둥지둥하면서 남편에게 말하였다. '내가 처음 당신을 만날 때는 모든 것이 아름다운 꽃다운 시절이었으며, 고운 비단옷에 한결같이 맛난 음식을 아이들과 나누고 따뜻한 큰 방에 모든 식구가 함께 살았으며, 집을 나와 50년 동안 정으로 함께함에 거스름 없었고 은애함도 얼기설기하였으니 가히 두터운 연이었습니다. 그러나 해가 갈수록 늙고 병듦이 더욱 깊어지고, 춥고 배고픔도 날이 갈수록 심하여 이웃을 보기에도 부끄러워 얼굴을 들 수 없습니다. 아이들은 춥고 배고프지만 먹이고 입힐 방법이 없으니, 어찌 부부간에 마음 나눌 여지가 있겠나이까! 홍안에 아름다운 미소는 풀 끝에 이슬 같고, 난향인듯 향기로운 약속도 버들처럼 바람에 흩어져 버렸습니다. 그대는 나에게 누가 될 뿐이고 나도 그대에게 근심이 될 뿐입니다. 곰곰이 생각해보니 지난날의 기쁨은 우환으로 난 사다리였을 뿐입니다. 그대도 나도 어쩌다 이 끝에 오고야 말았습니다. 무리진 새들이 함께 허기지니 홀로 사는 난새에게도 거울 있음을 어찌 알겠습니까? 식으면 버리고 따뜻하면 붙으니 정으로는 어쩔 수 없습니다. 그렇지만 행하고 그침은 사람이 아니나 떠나고 합함은 헤아릴 수 있으니, 청컨대 이제 이별하고자 합니다' 하였다. 조신이 듣고 크게 기뻐하며 각기 두 아이를 데리고 가기로 했다. 부인이 이르기를 '저는 북쪽 고향(溟州)으로 갈 것이니, 당신은 남쪽으로 가시오'라고 하면서 서로 손을 잡고 이별의 인사를 마치고 돌아서 떠나려는 순간 꿈에서 깨어났다. 又往堂前怨大悲之不遂已 哀泣至日暮 情思倦憊 俄成假寢 忽夢金氏 娘容豫入門 粲然啓齒而謂曰 兒 早識上人於半面 心乎愛矣 未嘗暫忘 迫於父母之命 强從人矣 今願爲同穴之友故 來爾 信乃顚喜 同歸鄕里 計活四十餘霜 有兒息五 家徒四壁 藜藿不給 遂乃落魄扶攜 糊其口於四方 如是十年 周流草野 懸鶉百結 亦不掩體 適過溟州蟹縣嶺 大兒十五歲者 忽餒死 痛哭收瘞於道 從率餘四口 到羽曲縣〈今羽縣也〉結茅於路傍而舍

夫婦老且病 飢不能興 十歲女兒巡乞 乃爲里獒所噬 號痛臥於前 父母爲之歔欷 泣下數行 婦乃□澀拭涕 倉卒而語曰 予之始遇君也 色美年芳 衣袴稠鮮 一味之甘 得與子分之 數尺之煖 得與子共之 出處五十年 情鍾莫逆 恩愛綢繆 可謂厚緣 自比年來 衰病歲益深 飢寒日益迫 傍舍壺漿 人不容乞 千門之恥 重似丘山 兒寒兒飢 未遑計補 何暇 有愛悅夫婦之心哉 紅顏巧笑 草上之露 約束芝蘭 柳絮飄風 君有我而爲累 我爲君而足憂 細思昔日之歡 適爲憂患所階 君乎予乎 奚至此極 與其衆鳥之同餒 焉知隻鸞之有鏡 寒棄炎附 情所不堪 然而行止非人 離合有數 請從此辭 信聞之大喜 各分二兒將行 女曰 我向桑梓 君其南矣 方分手進途而形開", 같은 책(대정장49, p.997c6・한불전6, p.332b18)에 "생각해 본다. 이 전기를 읽다가 책을 덮고 돌이켜 생각해 보니, 어찌 반드시 조신의 꿈만이 이러하겠는가. 요즈음 사람들이 인간에 살면서 낙을 구하고 그저 그렇게 기뻐하고 수고롭게 그렇게 하면서 깨어날 줄은 알지 못한다. 이에 노래지어 경계한다. '쾌적함 잠깐이어서 마음 이미 한적하리니, 어느덧 근심걱정 휘몰아쳐 백발이 됐네! 황량미숙의 한단몽을 꿈꾸지 않고서도 고달픈 인생살이 일장춘몽임을 알았네! 몸가짐을 자세히 살피고 또 살펴, 미녀를 도적질하고 장물을 꿈꾸는 것이, 어찌 서늘한 가을밤에 때때로 눈을 감고 청량에 노는 것만 같으랴! 議曰 讀此傳 掩卷而追繹之 何必信師之夢 爲然 今皆知其人世之爲樂 欣欣然 役役然 特未覺爾 乃作詞 誡之曰 快適須臾意已閑 暗從愁裏老蒼顔 不須更待黃粱熟 方悟勞生一夢間 治身臧否先誠意 鰥夢蛾眉賊夢藏 何似秋來淸夜夢 時時合眼到淸涼"라고 하였다. 〔참고문헌〕『三國遺事』. ⇨ 조신 調信

조신조식조심 調身調息調心 처음 정에 들 때 몸(身)과 숨(息)과 마음(心)을 고르게 하는 일. 『마하지관』 권4하(대정장46, p.47b14)에 "처음 정에 들고자 할 때 몸을 고르게 하여 늘어지지도 않고 급하지도 않게 하고, 숨을 고르게 하니 거칠게도 빠르게도 하지 않으며, 마음을 고르게 하니 가라앉지도 않고 들뜨지도 않게 한다. 거친 것을 고르게 하여 미세하게 하여 선중에 머문다. 고르지 않은 곳을 따라 마땅히 깨우쳐 점검하고 바로잡아 고르게 해서 안은케 한다. 마치 거문고 줄을 조율하여 연주에 들어간 다음에도 곡조가 제대로 이루어지지 않으면 거문고 기러기발이 어긋나 고르지 못하다는 사실을 알고 알아차려 고치는 것과 같다. 初入定時 調身令不寬不急 調息 令不澁不滑 調心 令不沈不浮 調麤入細住禪中 隨不調處 覺當檢校 調使安隱 如調絃入弄 後不成曲 卽知絃軫差異 覺而改之"라고 하였다. 〔참고문헌〕『摩訶止觀』. ⇨ 조신 調身, 조식 調息, 조심 調心

조실 祖室 조사(祖師)가 머무는 방. 또는 선문의 사원에서 가장 어른이신 스님이나 스님이 거처하는 방을 말한다. 나아가 종문(宗門)의 종지를 거량(擧量)하여 수좌들을 제접하고 지도하여 종사를 육성하는 최고의 종사가 머물고 있는 곳으로서 조실의 뜻은 조종(祖宗)의 핵심공간이라 할 수 있다. 그래서 수좌가 입실(入室)함은 은밀히 법을 거량하는 뜻에서 상징적인 의미를 가지며 입실제자란 전통도 전한다. 『개복도녕어록』 권상(卍속장120, p.460b4)에 "종문의 그윽한 뜻과 조실의 아득한 추는 감당할 사람을 만나지 못하면 뒤쳐 헛된 그림자고 메아리일 뿐이다. 宗門奧旨 祖室玄樞 不遇當人 翻成影響", 『조동오위현결』 「서 序」(卍속장111, p.229b9)에 "그 말은 간략하고 그 뜻 깊어서 하늘이라도 높지 않고 바다라 해도 넘칠 수 없다. 일찍이 조실에 참하지 않는다면 누군들 능히 저 나루터 절벽을 헤아리기나 하겠는가! 其言約 其理深 天不高 海不濶 若不曾參祖室 誰能測彼津涯", 『남송원명선림승보전』 「후서 後敍」(卍속장137, p.768a5)에 "조실에 들어가 조사의 지위에 오른 사람은 그 깊은 바닥까지 사무치고 큰 기틀 남김없이 끌어 쓰니 모든 견해의 숲을 베어버리고 이단의 그물마저 끊어낸다. 入祖室登祖位者 徹其淵底 提大機用 剪諸見林 截異端網", 『밀암어록』(대정장47, p.961b8)에 "사액을 걸고 법좌에 올라 말했다. '눈앞의 한 수로 헛된 분별 앉아 끊으니 부처도 손쓰지 못하여 고금에 붙여 알릴 뿐이다. 인천이 기쁨 나누고 조실에서 빛이 나니, 남에서 오고 북에서 오니 온통 이 문으로 들어온다'. 掛寺額 上堂 當頭一著 坐斷誵訛 佛手不能遮 古今爲牓樣 人天交慶 祖室生輝 南來北來 盡由此門而入"라고 하였다. 〔참고문헌〕『開福道寧語錄』, 『曹洞五位顯訣』, 『南宋元明禪林僧寶傳』, 『密菴語錄』. ⇨ 조사 祖師

조심 祖心 1025~1100. 송대 임제종(臨濟宗) 황룡파(黃龍派) 스님. 호는 회당(晦堂), 속성은 오(鄔)씨. 남웅(南雄 : 廣東省) 시흥(始興) 출신. 나이 열아홉에 용산사(龍山寺) 혜전(惠全)을 은사로 출가하였고, 다음해에 득도하였다. 운봉문열(雲峰文悅) 문하로 들어가 3년간 시봉하다가 오래 지나지 않아 황벽산(黃檗山)의 혜남(慧南)을 찾아가 4년간 머물며 공부하였다. 얼마 뒤에 다시 문열에게 돌아갔지만 당시 입적하여 뜻밖에 석상초원(石霜楚圓)에 의지하게 되었다. 어느 날 『전등록』을 읽다가 다복선사(多福禪師)의 인연에서 크게 깨달았다. 이어서 혜남을 따라 황룡산(黃龍山)으로 옮기고, 혜남이 입적하고 나서 마침내 황룡의 법석을 잇고 12년 동안 머물렀다. 1100년(원부3) 11월 세수 76세로 입적하였다. 시호는 '보각선사 寶覺禪師'라 한다. 제자로는 황룡오신(黃龍悟新)・황룡유신(黃龍惟新)・늑담선청(泐潭善淸) 등 47인이 있다. 시인 황정견(黃庭堅)과 교유하기도 했다. 『보각조심선사어록 寶覺祖心禪

師語錄』 1권을 남겼고, 저서에 『명추회요 冥樞會要』 3권이 있다. [참고문헌] 『續傳燈錄』 권15(대정장51, p.564a16), 『聯燈會要』 권14(卍속장136, p.658b8), 『五燈會元』 권17(卍속장138, p.652b13). ⇨ 보각조심선사어록 寶覺祖心禪師語錄, 조심배촉 祖心背觸

조심 調心 정(定)에 들 때 마음을 고르게 하다. 『석선바라밀차제법문』 권2(대정장46, p.490a17)에 "조심에는 두 가지 뜻이 있다. 첫째, 산란한 상념을 조복하여 멀리 달아나지 않도록 한다. 둘째, 들뜨거나 가라앉거나 느슨하거나 팽팽한 마음을 고르게 한다. 무엇을 가라앉음이라 하는가? 만일 좌선할 때 마음속이 어둡고 기억하지 못하니 머리가 앞으로 떨어지기 쉽다. 이것을 가라앉는 상이라 한다. 그때는 생각을 코끝에 묶어 두고 마음이 연에 머물도록 하여 흩어지지 않게 한다. 이것으로 가라앉는 마음을 다스린다. 무엇을 들뜬 상이라 하는가? 좌선할 때 심신이 이리저리 흔들리면 몸도 불안하고 생각도 이리저리 옮겨 다닌다. 이것이 들뜨는 상이다. 그때 마땅히 마음을 안정시키고 내려서 하나의 연에 묶어두고 모든 산란한 상념을 다스린다면 마음이 고요히 머물 것이다. 이렇게 하여 마음을 쉽게 안정시킨다. 핵심을 집어내어 말하면, 가라앉지도 않고 들뜨지도 않는 것이 마음을 고르게 하는 상이다. 調心有二義 一者 調伏亂念 不令越逸 二者 當令沈浮寬急得所 何等爲沈相 若坐時 心中昏暗 無所記錄 頭好低垂 是爲沈相 爾時 當繫念鼻端 令心住在緣中 無令散意 此可治沈 何等爲浮相 若坐時 心神飄動 身亦不安 念在異緣 此是浮相 爾時宜安心 向下係緣 制諸亂念 心則定住 此則心易安靜 擧要言之 不沈不浮 是心調相", 『선문요략』(卍속장99, p.70a17)에 "마음을 고르게 한다 하니, 만약 심하게 각과 관이 많이 들떠서 흔들리면 반드시 상념을 묶어 배꼽에 두고 모든 산란한 생각을 다스려야 한다. 만약 마음이 가라앉아 혼침하여 머리가 숙여지고 졸면서 아무 생각도 없다면 마땅히 코끝에 묶어두고 마음을 연에 묶어 생각이 흩어지지 않도록 한다. 핵심을 집어내어 말하면, 가라앉지도 않고 들뜨지도 않게 하는 것이 마음을 고르게 하는 상이다. 調心者 若多覺觀浮動 須繫念在齊中 制諸亂想 若心沈惛 頭低睡熟無記者 當繫鼻端 令心在緣 無分散意 擧要言之 不沈不浮 是調心相", 『마하지관』 권4하(대정장46, p.47c19)에 "마음을 고르게 한다는 것은, 보리심을 얻기 어렵다면 이는 가라앉았다고 하며, 보리심은 얻기 쉽다고 하면 들떴다고 한다. 어렵지도 않고 쉽지도 않다고 여긴다면 이것이 고른 상이다. 調心者 菩提心難得 是爲沈 菩提心易得 名爲浮 非難非易 是爲調相", 『기신론소기회열』 권10(卍속장72, p.596b13)에 "조심이란, 심은 곧 의다. 조심은 그 심의를 조복하여 참되고 바른 곳을 향해 가도록 한다. 調心者 心卽是意 調伏心意 令趣向眞正故"라고 하였다. [참고문헌] 『釋禪波羅蜜次第法門』, 『禪門要略』, 『摩訶止觀』, 『起信論疏記會閱』. ⇨ 조오사 調五事, 조신조식조심 調身調息調心

조심배촉 祖心背觸 황룡조심(黃龍祖心)이 등지고 물듦을 말한다. 만물에 이름 붙여 분별해도 이름 붙이지 않아 분별하지 못해도 물들든지 등지든지 하니, 이미 실상에서 문득 멀어지는 당처를 깨우치는 뜻이다. 『선원몽구』 권하(卍속장148, p.280a17)에 "조심배촉〈전거는 『오등회원』 권17〉: 황룡조심은 조실에서 항상 주먹을 들고서 학인들에게 물었다. '주먹이라 부른즉 물들고 주먹이라 부르지 않은즉 등진다. 그렇다면 무엇이라 불러야 할까? 祖心背觸〈會元十七〉 黃龍祖心 室中常擧拳 問僧曰 喚作拳頭則觸 不喚作拳頭則背 喚作甚麽", 『송고연주통집』 권39(卍속장115, p.495b10)에 "벌거벗은 몸에 더는 감출 곳 없으니, 황룡이 말하기 전에 미리 전한다. 견해 가져 문 열러 오지만, 저들 집안 스스로 하늘로 통하는 길이 있다네. 〈도량림의 송〉. 赤體更無藏隱處 黃龍未語先分付 若將見解上門來 他家自有通霄路 〈道場林〉". "등지거나 물드는 이는 알기 어려우니, 군자에 의지하여 자세히 살펴라. 조각구름 겨우 나오는가 했더니, 눈앞의 산을 가려 막았네. 〈설소일의 송〉. 背觸人難會 憑君子細看 片雲纔出洞 遮却面前山 〈雪巢一〉"라고 하였다. [참고문헌] 『禪苑蒙求』, 『頌古聯珠通集』. ⇨ 수산죽비 首山竹篦, 조심 祖心, 배촉관 背觸關

조심질구 祖心叱狗 조심이 개를 꾸짖다. 황룡조심(黃龍祖心)이 하의립(夏倚立)과 『조론 肇論』의 구절을 소재로 나눈 문답. 『선원몽구』 권상(卍속장148, p.220b13)에 "조심질구〈조심은 황룡혜남(黃龍慧南)의 법제자. 전거는 『선림승보전』 권하〉: 융흥부의 황룡보각조심선사가 전운판관 하의공입과 함께 『조론』에 대하여 논하다가 '만물이 자기다'라는 구와 '정과 무정이 함께 한 바탕이다'라는 구에 이르렀을 때 향탁 아래 개 한 마리 누워 있었다. 보각이 압척으로 개를 때리고 향탁도 치고서 말했다. '개는 유정이니 달아났지만 향탁은 무정이라 그대로 있는데 어떻게 한 바탕이 되겠는가!' 공이 아무 대꾸도 하지 못하자 보각이 말했다. '겨우 생각하려 드는 순간 문득 어긋나는 법이거늘 어떻게 만물이 자기라고 알 수 있단 말인가!' 祖心叱狗〈黃龍南法嗣 僧寶傳下〉 隆興府 黃龍寶覺祖心禪師 與轉運判官夏倚公立 至論肇論 會萬物爲自己者 及情與無情 共一體時 有狗臥香卓下 師以壓尺擊狗 又擊香卓曰 狗有情卽去 香卓無情自住 情與無情 如何得成一體 公立不能對 師云 纔入思惟 便成剩法 何曾會萬物爲己哉", 『종문염고휘집』 권42(卍속장115, p.1004b16)에 "서암무온(瑞巖無慍)이 말했다. '황룡노한은 안타까워하는 자비심 적지 않았고, 하공입은 마치

보산에 들어갔지만 빈손으로 돌아온 듯하다. 여러분은 만물을 자기로 삼고 유정과 무정이 함께 한 바탕임을 알고자 하는가? 유정인 개를 때려죽이고 무정인 향탁도 때려 부숴 버려 모두 거둬 가져다 한 덩이로 묶어 동해 바다에 던져버리면 자연히 깨끗해져 떨어낸 듯하리라. 비록 그렇다 해도 정수리에 한 구멍 있는 줄 반드시 알아야 한다'. 주장자를 잡고 향대 치고 말했다. '아자자, 아자자! 산에 올랐더니 무릎 시리고, 차 마셨더니 혀끝 매끄럽구나. 십자로 난 길 끝에 석감당 있어 달 보고 바람 맞으며 피리 분다네'. 瑞巖慍云 黃龍老漢 傷慈不少 夏公立 如入寶山 空手而回 諸人要會 萬物爲自己 情與無情 共一體麽 槌殺有情狗子 碎却無情香桌 盡情收拾將來 與他一團束縛 抛向東洋大海 自然洒洒落落 雖然 更須知有頂門一竅 始得 拈拄杖擊香臺云 阿剌剌 阿剌剌 登山脚膝酸 喫茶舌頭滑 十字街頭石敢當 對月臨風吹尺八"라고 하였다. 〔참고문헌〕『禪苑蒙求』, 『宗門拈古彙集』.

조아 爪牙 발톱과 어금니. 요긴한 수단. 맹수가 먹이를 사냥하는 수단과 같은 결정적인 방편을 말한다. 『임제록』「서 序」(대정장47, p.495c12)에 "이미 독한 발톱과 어금니를 드러냈으니 이어 자비로운 수단을 드러낸다. 旣露惡毒爪牙 仍顯慈悲手段", 『설두어록』 권2(대정장47, p.682a17)에 "대중에게 말했다. '비유하자면 두 마리 용이 여의주를 다투지만 발톱과 어금니를 가진 놈이라고 얻을 수 없다. 만일 어떤 납승이 「발톱과 어금니를 가진 놈이 어째서 얻을 수 없습니까?」라고 묻는다면, 대중에게 바라노니 나 설두 위해 뒤치는 한마디를 내려주시길'. 示衆云 譬若二龍爭珠 有爪牙者不得 或有衲僧問 旣是有爪牙者 爲什麽不得 請大衆爲雪竇 下一轉語", 『여정어록』 권상(대정장48, p.123b19)에 "거대한 용의 머리 뿔 꺾어버리고, 호랑이와 표범의 발톱과 어금니도 잘라내라! 부드러운 진흙덩이 가져 쓴들 다할 수 없으니 가시 밟고서야 바야흐로 작가라 할 수 있으리. 斬鯨龍頭角 截虎豹爪牙 爛泥團受用不盡 踏著刺方見作家"라고 하였다. 〔참고문헌〕『臨濟錄』, 『雪竇語錄』, 『如淨語錄』. ⇨ 조아자 爪牙者

조아자 爪牙者 맹수의 발톱과 어금니처럼 결정적인 수단을 지닌 사람. 용맹한 인물이나 뛰어난 신하 특히 무신(武臣)을 비유한다. '조아'라고만 쓰기도 한다. 『유부율잡사』 권22(대정장24, p.307c28)에 "왕(猛光王)께서 만약 이전부터 제가 뛰어난 신하라고 여기셨다면 일찌감치 긴 밧줄로 원승(猛光王과 전투했던 적국의 왕)의 목을 묶어서 성안으로 끌고 들어왔을 것입니다. 王若比來 以我爲爪牙者 久以長繩 繫圓勝頸 曳入城中"라고 하였다. 〔참고문헌〕『有部律雜事』. ⇨ 조아 爪牙

조악원 粗惡苑 Ⓢ Pāruṣakāvanam, Ⓣ rtsub-'gyur-tshal. 제석천의 사원(四苑) 중 하나. 조삽원(粗澀園)·추삽원(麤澀園)·추악원(麤惡苑)이라고도 한다. 수미산(須彌山) 정상의 선견당(善見堂) 동쪽 또는 남쪽에 있는 원림(園林)이다. 『불조통기』 권31(대정장49, p.307c27)에 "(四苑 중) 둘째 조악원〈『기세경』에서 조삽원이라 하였고, 『잡아함경』에서는 남문의 밖이라 하였다〉이다. 하늘이 전쟁을 하려고 할 때, 이 동산에 들어가면 필요한 무기가 저절로 나타난다. 二 粗惡苑〈起世云 粗澁苑 雜阿含云南門外〉 天欲戰時 甲仗自現"라고 하였다. 〔참고문헌〕『佛祖統紀』, *Mvyut.197*. ⇨ 사원 四苑, 도리천사원 忉利天四園, 제석천 帝釋天

조앙사 祖仰寺 전라북도 김제시 만경읍 화포리 유앙산(維仰山)에 있는 절. 진묵일옥(震默一玉 1562~1633)을 숭앙하여 1915년에 대웅전을 짓고 창건하였다. 1928년에 진묵조사전, 1958년에 종각, 1962년에 삼성전을 지었으며, 1977년에 대웅전을 다시 지었다. 성보문화재로는 1539년(중종34)에 덕유산 영각사(靈覺寺)에서 중간(重刊)한 『묘법연화경』 권1~7과 김제 귀신사(歸信寺)에서 1609년(광해1)에 개간(開刊)한 권1, 총 8책의 『묘법연화경』이 유형문화재 제214호로 지정되어 있다. 한편 화포리는 진묵조사가 탄생한 불거촌(佛居村)으로서, 인근에는 어머니 조의씨(調意氏)를 모신, 1917년에 창건한 성모암(聖母庵)도 있다. 〔참고문헌〕『文化遺蹟分布地圖 - 金堤市』(圓光大 馬韓百濟文化硏究所, 2007) p.171. ⇨ 일옥 一玉

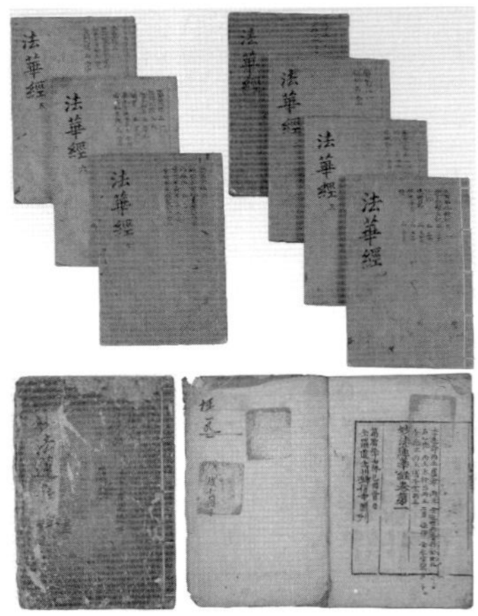

조앙사소장 묘법연화경
전북유형문화재 제214호 1539년

조양사 朝陽寺 중국 요녕성(遼寧省) 안산시(鞍山市) 동남쪽 17km 지점의 천산(千山)에 위치한 절. 천산은 백두산의 지맥(支脈)으로 그 형상이 천 줄기의 연꽃을 닮았다고 하여 천타연화산(千朶蓮花山)이라 한다. 수당(隋唐) 양대에 걸쳐 건립된 고찰로 요(遼)대 중건하여 절의 규모가 크고 모양도 화려해지면서 중국 북쪽지방을 대표하는 절이 되었다. 명대인 영락년간(1403~1424)에 다시 수리하였고, 청 순치년간(1644~1661) 초기에 주석하였던 광동잉인(廣東剩人) 함가(函可)선사

의 영탑(靈塔)이 전한다. ⇨ 함가 函可

조어 釣語 낚는 말. 학인의 의단(疑團)을 유도하는 말. 색화(索話)라고도 한다. 『선림상기전』 권11(불광장, 禪藏, p.843)에 "조어 : 색화 또는 조어라고도 하며, 조화라고도 한다. 배우는 이를 끌어내 물어 말하게 하는 뜻이다. 釣語 索話 又曰釣語 或曰釣話 蓋釣學者問話之義"라고 하였다. 〔참고문헌〕『禪林象器箋』. ⇨ 색화 索話

조어게 釣魚偈 당 화정선자(華亭船子) 덕성선사(德誠禪師) 지음. 덕성선사는 약산(藥山 751~834 혹은 746~829)의 제자이자 도오(道吾 769~835)·운암(雲巖 780~841) 등과 친한 도반이었다. 오랫동안 정진한 후, 수주(秀州) 화정의 강가에 자그마한 배를 띄워 놓고 때로는 사람을 무료로 건네주기도 하고, 때로는 강물 위에서 낚시를 드리우고 고기에게 밥을 주었으므로, 세인들이 그를 뱃사공 즉 선자라고 불렀다. "천 척이나 되는 낚싯줄을 곧게 드리우고, 물결 한 번 일자 만파로 따르네! 밤은 깊고 물이 차서 고기가 물지 않아, 빈 배 가득 달빛 싣고 돌아가네! 千尺絲綸直下垂 一派纔動萬派隨 夜靜水寒魚不食 滿船空載月明歸"라고 하였다. 〔참고문헌〕『景德傳燈錄』 권14(대정장51, p.315b26), 『五燈會元』 권5(卍속장138 p.175b2), 『禪門拈頌說話』 권13(한불전5, p.417c20), 『金剛經五家解說誼』(한불전7, p.101a7), 『僧家日用食時默言作法』(『韓國佛敎儀禮資料叢書』 권3 p.540b5), 『釋門儀範』 권하 p.153a16. ⇨ 덕성 德誠

조어사 調御師 Ⓢ damya-sārathi, puruṣa-damya-sārathi, Ⓟ purisa-damma-sārathi, Ⓣ 'dul-ba'i-kha-lo-sgyur-ba. 여래십호(如來十號) 중 하나. 사(師)는 사(士)로도 쓰며, 조어장부(調御丈夫)라고도 한다. 『대승본생심지관경』 권8(대정장3, p.328a1)에 "내가 바로 위없는 조어사로서 정법륜을 굴려 세계에 두루하고, 한량없는 모든 중생을 교화하고 제도하는 것은 심지관을 깨달았기 때문임을 마땅히 알라. 我是無上調御師 轉正法輪周世界 化度無量諸衆生 當知由悟心地觀", 『대지도론』 권24(대정장25, p.236b1)에 "출세간의 안온한 길을 잘 말씀하시므로 위없는 조어사라고 한다. 善說出世間安隱道故 名無上調御師", 『근본살바다부율섭』 권14(대정장24, p.610b3)에 "석가모니부처님께서는 하늘 중에 하늘이시다. 홀로 이 오탁악세에 조어하기 어려운 이를 조어하시니 조어사라고 하며, 근기에 따라 교화하여 해탈을 얻도록 하시기에 천중천이라고 한다. 釋迦大師 是天中天 獨能於此五濁惡世 調難調者 號調御師 隨機敎化 令得解脫 故曰天中天", 『백오십찬불송』(대정장32, p.759c22)에 "나는 선세의 복으로 다행히 조어사를 만나 뵙고, 공덕산을 우러러 찬탄하며 세존의 말씀에 오랫동안 보답하리라. 我因先世福 幸遇調御師 仰讚功德山 遠酬尊所說"라고 하였다. 〔참고문헌〕『大乘本生心地觀經』, 『大智度論』, 『根本薩婆多部律攝』, 『百五十讚佛頌』, *Aṣṭ-pr.24.*, *Bodh-bh.64.* ⇨ 조어장부 調御丈夫, 가화장부조어사 可化丈夫調御師, 여래십호 如來十號

조어선상사삼랑 釣魚船上謝三郎 낚싯배 오른 사삼랑 사삼랑은 출가 전 사씨네 셋째 아들로서 어부였던 현사사비(玄沙師備)의 별명이다. 『현사사비광록』 권중(卍속장126, p.378a7)에 "'무엇이 삼세의 모든 부처님 한꺼번에 눈앞에 나타나심인지요?' '나는 고기잡이배에 오른 사씨네 셋째 아들이다'. 問 如何是三世諸佛 一時現前 師云 我是釣魚船上謝三郎", 『초석범기어록』 권19(卍속장124, p.280b7)에 "어부 : 고기잡이배 위에 사삼랑이여, 갈대꽃 깊은 곳에 숨었구려. 초록 도롱이 높이 베고 한 곡조 부르지만, 등짝에 이슬 젖는 줄 모른다네. 漁者 釣魚船上謝三郎 只在蘆花深處藏 高枕綠蓑歌一曲 不知蓬背有嚴霜", 『우암지급어록』 권7(卍속장124, p.346a5)에 "현사가 세 가지로 병든 이 보이다. : 낚싯배 오른 사삼랑이시여, 휘저으면 강물 끓는 듯 한다. 납승 세 가지로 든 병 살핀다 하면서, 스스로는 고질병에 걸린 줄 모르네. 玄沙三種病人 釣魚船上謝三郎 攪得江湖沸似湯 撿點衲僧三種病 不知自病入膏肓"라고 하였다. 〔참고문헌〕『玄沙師備廣錄』, 『楚石梵琦語錄』, 『愚菴智及語錄』. ⇨ 사비 師備, 사삼랑 謝三郎 ❶

조어장부 調御丈夫 Ⓢ puruṣa-damya-sārathi, puruṣa-damaka, Ⓟ purisa-damma-sārathi, Ⓣ skyes-bu-'dul-ba'i-kha-lo-bsgyur-ba. 잘도 이끄시는 장부. 여래십호(如來十號) 중 하나로 부루사담막사라제(富樓沙曇藐娑羅提)로 음사하고, 조어사(調御士)·조어사(調御師)·조어대장부(調御大丈夫)·조어대사(調御大師) 등으로 한역한다. 가화장부조어사(可化丈夫調御師)라고도 한다. 40권본 『대반열반경』 권18(대정장12, p.469a27)에 "만약 어떤 남자가 이 네 가지 법이 없다면 장부라 할 수 없다. 왜 그런가? 몸은 비록 장부이나 행함에 축생과 같다. 여래께서는 남자이거나 여자이거나 조복시키시므로 불조어장부라 불리신다. 若有男子無此四法 則不得名爲丈夫也 何以故 身雖丈夫 行同畜生 如來調伏 若男若女 是故號佛調御丈夫", 『화엄경소』 권9(대정장35, p.565b13)에 "마음 따라 열어 깨우치니 조어장부다. 隨心開覺 是調御丈夫", 『화엄경소초』 권23(대정장36, p.180c10)에 "조어장부라는 말은, 조는 고르게 익힘이고 어는 끌어주는 뜻이어서 조어다. 곧 유정을 거둠을 부르는 말이다. 言調御丈夫者 調謂調練 御謂控御 故云調御 則乃攝有情號", 『무량수경의소』 권상(대정장37, p.101b10)에 "만물의 마음을 능히 고르게 하여 스스로를 고르게 하고 남도 고르게 한다. 조어 중 그 끝이므로 무상사라 함이니 이는 그러한 사람의 별칭이다. 이 무상사가 훌륭한 방편으로 중생을 조복하니 조어장부라 한다. 能調物心 自調調他 調御中極 故曰無上士者 是其人之別稱 此無上士 能善方便 調伏衆生 名調御丈夫", 『대반열반경의기』 권6(대정장37, p.767b20)에 "조어장부는 능히 만물의 마음을 조복한다. 부처님 스스로 장부시면서 능히 장부를 조복하므로 조어장부라 한다. 調御丈夫 能調物心 佛自丈夫 能調丈夫 是故 名爲調御丈夫", 『대반열반경소』 권18(대정장38, p.145a20)에 "『성실론』과 『아함경』에서는 모두 무상사와 조어장부를 합하여 하나로 부르는 까닭에 세존이라는 호에 열 가지 수가 비로소 다 차지만, 『열반경』과 『석론』에서는 무상사와 조어를 갈라서 두 가지로 부르는 까닭에 불에 이르러 열 가지 명호가 벌써 충족된다(이 경우 불세존을 한 가지 호로 삼는다). 成論與阿含 皆合無上士 與調御丈夫 爲一號 至世尊十數方滿 今經與釋論 開無上士 與調御 爲兩 至佛則十名已足", 『해탈도론』 권6(대정장32, p.427a24)에 "조어장부라 함에 세 갈래 사람이 있다. 법을 듣자 깨닫는 사람, 인연을 설하여 이끌 사람, 숙명을 설하여 이끌 사람이 그것이다. 세존께서는 팔해탈도로 이끌어 중생을 조복하시므로 조어장부라 한다. 調御丈夫者 有三種人 或聞法卽悟 或說因緣 或說宿命 世尊御八解脫道 調伏衆生故 名調御丈夫", 『범망경고적기』 권상(대정장40, p.699a7・한불전3, p.441a7)에 "여덟째, 조어장부는 세간을 해탈시키고자 중생의 억센 번뇌를 고르게 하여 이끈다. 八者 調御丈夫 爲世間解脫 調順衆生 剛强煩惱故"라고 하였다. 〔참고문헌〕『大般涅槃經』, 『華嚴經疏』, 『華嚴經疏鈔』, 『無量壽經義疏』, 『大般涅槃經義記』, 『大般涅槃經疏』, 『解脫道論』, 『梵網經古迹記』, *Saddh-p.17., Vikī-n.474., DN.1.49.* ⇨ 불십호 佛十號, 여래십호 如來十號, 가화장부조어사 可化丈夫調御師, 담마사라기 曇摩沙羅祁, 도법어 道法御, 법어 法御, 부루사담막바라제 富樓沙曇藐婆羅提, 부루사담막사라제 富樓沙曇藐娑羅提, 십신조어 十身調御

조업 助業 ➡ 정조이업 正助二業

조업상 造業相 육추상(六麤相) 중 하나. 기업상(起業相)이라고도 한다. 번뇌에 따라 갖가지 업을 짓는 모습을 말한다. 『수능엄의소주경』 권4(대정장39, p.885a7)에 "생멸이 행이니 행인즉 업이다. 중생은 집착하고 애착하여 단지 욕망으로 머물러 업의 자성 옮겨 흐르니 매 찰나 언제나 움직여 가니 떠나고 머물기를 반복하고 움직이고 머물기를 반복하며 서로 엮여서 온갖 법이 생멸한다. 이를 중생탁이라 하니 이것이 업을 짓는 모습이다. 生滅是行 行卽是業 衆生執愛 但欲留住 業性遷流 每常運動 一去一住 一動一留 互相交織 衆法生滅 名衆生濁 卽造業相也", 『능엄경의소석요초』 권4(卍속장16, p.936b8)에 "이렇게 하여 비로소 일어난다 하였으니, 생기하는 육추다. 『능가경』 권1(대정장16, p.484b11)에 '경계의 바람에 흔들리는 갖가지 모든 식의 물결이 솟아올라 구르며 일어난다'고 하였다. 업과가 상속함이 바로 조업상이고, 중생으로 이어짐이 곧 수보상이다. 由是方生者 生起六麤也 楞伽云 境界風所動 種種諸識浪 騰躍而轉生 業果相續 卽造業相 衆生相續 卽受報相", 『능엄경요해』 권8(卍속장17, p.765b15)에 "아침 저녁으로 생멸하는 현상이 조업상이다. 朝夕生滅 卽造業相也"라고 하였다. 〔참고문헌〕『首楞嚴義疏注經』, 『楞嚴經義疏釋要鈔』, 『楞伽經』, 『楞嚴經要解』. ⇨ 기업상 起業相, 육추 六麤, 삼세육추 三細六麤

조역 祖域 조사(祖師)들의 영역. 달마(達磨) 이래 조사들이 구축해온 세계를 말한다. 선문・조원(祖園)・조정(祖庭)과도 통한다. 『선원청규』 권8 「귀경문 龜鏡文」(卍속장111, p.920a4)에 "만일 도풍이 추락하지 않고 불일은 항상 밝으며 조역의 광휘 무성하고 황조의 성스러운 교화를 돕고자 한다면 이 글을 귀경으로 삼기 바란다. 若欲道風不墜 佛日常明 壯祖域之光輝 補皇朝之聖化 願以斯文爲龜鏡焉", 『허당집』 91칙 「평창 評唱」(卍속장124, p.607b4)에 "조사들 세계에 쳐놓은 아득한 그물은 어떤 기관으로도 막을 수 없다. 祖域玄綱 非機關之可隘", 『환계유일어록』 권하(卍속장122, p.135a12)에 "이백은 급제를 거치지도 않고 한림에 곧바로 들어갔고, 영가는 조계에서 하룻밤 묵고서 조사의 세계를 마음껏 돌아다녔다. 비록 그렇다고 해도 평지에 걸려 넘어진다. 李白不攀丹桂 直入翰林 永嘉一宿曹溪 橫行祖域 雖然如是 平地喫交", 『요당유일어록』 권3 「차운증수시자 次韻贈守侍者」(卍속장123, p.938a2)에 "조사들 계신 곳 높고도 깊어서 쉽게 이를 수 없으니, 큰 지혜를 성취코자 한다면 먼저 어리석어져야 하리. 祖域高深不易到 欲成大智先成愚"라고 하였다. 〔참고문헌〕『禪苑淸規』, 『虛堂集』, 『環溪惟一語錄』, 『了堂惟一語錄』. ⇨ 조사 祖師

조역교치 祖域交馳 조사(祖師)의 세계에서 이리저리 달리는 말. 『직주설두송고』 권상(卍속장117, p.513b12)에 "조사 계신 곳 내달리는 천리마여!〈법중에 자재해서 고삐 끊어진 망아지인 듯〉. 祖域交馳天馬駒〈法中自在 如駒絶絆〉", 『환계유일어록』 권상(卍속장122, p.101b11)에 "양기의 세 다리 나귀와 호구의 조는 호랑이는 털 빛깔이 똑같고 발굽도 비슷한데 조사 계신 곳에서 이리저리 달리지만 결코 따라붙지는 못한다. 楊岐三脚驢 虎丘睡虎子 毛色旣一同 蹄爪亦相似 祖域交馳 卒難搆赴", 『염팔방주옥집』 권하(卍속장119, p.297a4)에 "조사 계신 곳 내달리는 천리마여! 신통과 묘용 마음대로 하네. 삼천년 지난다 해도 참으로 드문 일이니, 구곡 황하는 저 밑바닥까지 맑다. 祖域駈馳天馬子 神通妙用得縱橫 三千年度誠希有 九曲黃河徹底淸"라고 하였다. [참고문헌] 『直註雪竇頌古』, 『環溪惟一語錄』, 『拈八方珠玉集』. ⇨ 조역 祖域, 조사 祖師

조연 照淵 조선후기 스님. 벽하대우(碧霞大愚 1676~1763)의 은사이다. 「미황사벽하당대우대사비문 美黃寺碧霞堂大愚大師碑文」(『한국고승비문총집 조선조·근현대』, p.398)에 "조연장로에게 머리를 깎고 스님이 되었고 화악문신(華岳文信 1629~1707)에게 교법(敎法)을 배웠으며, 환성대사에게 선법(禪法)을 전해 받고 고압선사에게 참회하였다. 薙髮于照淵長老 受敎于華岳大師 傳禪于喚惺大師 懺悔于孤鴨禪師"라고 하였다. [참고문헌] 智冠 『韓國高僧碑文總集 朝鮮朝·近現代』, 『大芚寺志』(亞細亞文化社, 1980) p.34. ⇨ 대우 大愚 ❶

조연사 槽淵寺 경상남도 산청군 지리산에 있던 단속사(斷俗寺). 『삼국유사』 권5(대정장49, p.1016b15·한불전6, p.365a17) 피은(避隱)8 신충괘관(信忠掛冠)에 "천보 7년(748·경덕왕7) 무자에 나이가 쉰 살이 되었다. 작은 조연사를 큰 절로 고쳐짓고, 단속사라 이름하였다. 天寶七年戊子 年登五十矣 改創槽淵小寺爲大刹 名斷俗寺"라고 하였다. [참고문헌] 『三國遺事』, 『韓國寺刹全書』 권하 p.1023b15. ⇨ 단속사 斷俗寺

조염 祖琰 고려 스님. 『고려사』 권57 지(志)11 지리(地理)2 전라도 보성군 동복현에 "세간에 조염의 고향이므로 감무로 승격하였다고 전한다. 諺傳 以僧祖琰之鄕 陞爲監務"라고 하였다. [참고문헌] 『高麗史』.

조영 祖英 고려 25대 충렬왕(재위 1274~1308) 때 왕실과 가까웠던 권승(權僧). 속성은 오(吳)씨. 오광찰(吳光札)의 아들이며, 대선사(大禪師)의 법계에 올랐다. 『고려사』 권29 세가(世家)29 충렬왕 6년(1280) 3월 2일에 "검교대장군 오광찰을 불러 명인전 시위장군에 임명하고 홍정을 하사하였다. 광찰은 89세로 동복현에 살았는데, 아들인 조영이 총애를 받았으므로 이러한 명이 있었다. 召檢校大將軍吳光札 拜爲明仁殿侍衛將軍 賜紅鞓 光札年八十九 居同福縣 其子僧祖英有寵 故有是命", 같은 책 권73 지(志)27 선거(選擧)에 "조영이 왕으로부터 총애를 받았으므로 조카와 친구들이 급제한지 멀고 가까움에 제한되지 않고, 다투어 그의 세력에 의지하여 전시에 응시하였다. 僧祖英得幸於王 其姪子及所親舊 不限登第久近 競依勢赴之"라고 하였다. [참고문헌] 『高麗史』, 『高麗史節要』 권20 忠烈王 6년 3월.

조영 祖瑛 1291~1343. 원대 임제종(臨濟宗) 스님. 속성은 진(陳)씨. 오강(吳江 : 江蘇省) 출신. 석실(石室)이라고도 부른다. 어릴 때 보향사(普向寺)에서 사미가 되었고, 열다섯에 삭발하고 구족계를 받았다. 처음에는 홍주(洪州 : 江西省) 앙산(仰山)의 허곡희릉(虛谷希陵)에게 법을 물었고, 그 뒤에 경산(徑山)의 회기원희(晦機元熙) 문하로 들어가 그 법을 이었다. 명주(明州 : 浙江省)의 융교(隆敎)에서 설법을 시작한 이래 항주(杭州 : 浙江省) 만수사(萬壽寺)와 명주 설두산(雪竇山) 자복사(資福寺) 그리고 육왕광리사(育王廣利寺)에 주석하였다. "53년 동안 기교만 부리다가 졸렬하게 되고 말았다. 허공을 차 부수고 맨발로 가니, 삼라만상의 웃음이 그치지 않는구나. 五十三年 弄巧成拙 踏破虛空赤脚行 萬象森羅笑不徹"라는 임종게를 남기고, 1343년(지정3) 3월 17일 세수 53세로 입적하였다. [참고문헌] 『五燈會元續略』 권2(卍속장138, p.920b17), 『五燈全書』 권55(卍속장141, p.197b2), 『增集續傳燈錄』 권4(卍속장142, p.817b17). ⇨ 설두 雪竇 ❻

조영집 祖英集 북송(北宋)대 설두중현(雪竇重顯 980~1052) 지음. 2권. 설두중현의 시문집(詩文集). 본 제목은 『명각선사조영집 明覺禪師祖英集』이다. 1032년(천성10) 서문을 붙여 간행. 생전에 완성되었던 글과 어록을 다 모아 『명각선사어록 明覺禪師語錄』(대정장47, No.1996) 1부로 간행하였는데 이 중 권5와 권6(대정장47, pp.698a10~713b18)에 속해 있다. 사부총간(四部叢刊) 중의 『설두사집 雪竇四集』에도 수록되었다. ⇨ 명각선사어록 明覺禪師語錄, 설두 雪竇 ❷

조오사 調五事 다섯 가지를 고르게 하다. 천태종의 이십오방편(二十五方便) 중 하나로 조오법(調五法)이라고도 한다. 음식·수면·몸·숨·마음(食眠身息心)을 고르게 하는 것으로, 앞의 두 가지는 정에 들기 전이므로 외조(外調)라 하고, 뒤의 세 가지는 입정 시에 해당하므로 내조(內調)라 한다. 십승관법(十乘觀法)에 뜻을 둔 행자라면 반드시 이 오사를 고르게 해야 삼매를 얻고 지혜도 생겨날 수 있다고 한다. 『마하지관』 권4(대정장46, p.47a24)에 "넷째 조오사란, 음식을 고르게 하는 것, 수면을 고르게 하는 것, 몸을 고르게 하는 것, 숨을 고르게 하는 것, 마음을 고르게 하는 것이다. 앞에서 비유한 대로 흙과 물이 고르지 못하면 그릇이 만들어질 수 없듯이 다섯 가지 일이 잘 이루어지지 않으면 선에 들 수 없다. 第四 調五事者 所謂 調食 調眠 調身 調息 調心 如前所喩 土水不調 不任爲器 五事不善 不得入禪", 『청관음경소천의초』 권4(대정장39, p.999a26)에 "조오사란, 음식을 고르게 하여 굶주리지도 배부르지도 않게 하며, 수면을 고르게 하여 너무 절제되지도 너무 풀어지지도 않게 하며, 몸을 고르게 하여 너무 늘어지지도 너무 급하지도 않게 하며, 호흡을 고르게 하여 답답하지도 지나치게 활발하지도 않게 하며, 마음을 고르게 하여 가라앉지도 들뜨지도 않게 한다. 그런데 이 다섯 가지 일 중 음식과 수면은 선정에 들지 않았을 때 각각 고르게 하고, 나머지 뒤의 세 가지는 선정 중에 함께 고르게 한다. 調五事者 謂調食 令不飢不飽 調眠 令不節不恣 調身 令不寬不急 調息 令不澁不滑 調心 令不沈不浮 然此五事 食眠則定外各調 後三則定內合調", 『수습지관좌선법요』(대정장46, p.465b15)에 "세간의 도공이 온갖 그릇들을 만들려면 먼저 반드시 잘 진흙을 고르게 하니 굳게도 무르지도 않게 한 후에야 틀에 돌리고 끊어내기를 한다. 또한 거문고를 튕기려면 먼저 줄을 고르게 하여 완급을 고르게 하여서야 비로소 미묘한 곡들을 연주할 수 있는 것과 같다. 수행자가 마음을 닦는 일 또한 이와 같으니, 다섯 가지 일들을 고르게 하여 반드시 조화롭게 해야 삼매가 쉽게 일어난다. 조화롭지 못한 부분이 있으면 장애와 어려움이 많아져 선근을 일으키기 어렵다. 如世間陶師 欲造衆器 先須善巧調泥 令使不彊不懦 然後可就輪繩 亦如彈琴 前應調絃 令寬急得所 方可入弄 出諸妙曲 行者修心 亦復如是 善調五事 必使和適 則三昧易生 有所不調 多諸妨難 善根難發"라고 하였다. [참고문헌] 『摩訶止觀』, 『請觀音經疏闡義鈔』, 『修習止觀坐禪法要』. ⇨ 이십오방편 二十五方便, 십승관법 十勝觀法

조왕 竈王 부엌에 모신 왕. 가정의 길흉을 주관하지만 특히 불의 신(火神)으로서 부뚜막이 있는 부엌에 모시는 가택신(家宅神)이며, 예로부터 민간에서 주로 신앙하였다. 조신(竈神)·조왕신·조왕대신·조왕대성(竈王大聖)이라고도 한다. 나무 땔감을 돕는 담시역사(擔柴力士)와 음식 만들기를 돕는 조식취모(造食炊母)가 양옆에서 모신다. 이능화(李能和)의 「가택신 家宅神」(『조선무속고』, p.57)에 "대개 조란 음식을 삶고 만드는 곳으로, 생활함에 있어 가장 중요한 곳이다. 그래서 신으로 모시고 제사를 지낸다. 蓋竈者烹造飮食之所 於生活上最爲重要 則神以祀之"라고 하였다. 불교에 수용되어 신중(神衆)으로 모셔졌는데, 『작법귀감』 권상(한불전10, p.573a3)에 "영산회상에서 부처님께 부촉받아 토지와 온갖 사물을 관장하고 중생의 사시로 쓰는 것들을 살피며, 위광이 자재하고 내외를 길하고 빛나게 하며, 장애를 벗어나 편안히 머물고 백병을 없애주시며, 선악을 밝히 나누시고 출납이 자재하시니, 이 주처에 상주하시며 내호하시는 조왕대성께 귀의합니다. 南無 靈山當時 受佛付囑 掌土地百物而列位 觀衆生四時之用之 威光自在 內外吉昌 離障安住 百病消除 明分善惡 自在出納 此一住處 常住內護竈王大聖"라고 하였다. 사찰공양간에 조왕단(竈王壇)을 만들어 조왕탱(竈王幀)을 봉안하며, 『조왕경 竈王經』에 의지하여 조왕청(竈王請)을 행하며 모신다. [참고문헌] 『朝鮮巫俗考』, 『作法龜鑑』. ⇨ 조왕경 竈王經, 조왕단 竈王壇, 조왕청 竈王請, 조왕탱 竈王幀

조왕경 竈王經 조왕의 공덕을 설한 『환희조왕경 歡喜竈王經』. 『작법귀감』 권상(한불전10, p.573a21)에 "공양주·회향주·『심경』·소재주를 읊고, 다음으로 『조왕경』을 읽고, 다음으로 귀의축원한다. 供養呪 回向呪 心經 消災呪云云 次讀竈王經 次歸依祝願"라고 하였다. [참고문헌] 『作法龜鑑』. ⇨ 환희조왕경 歡喜竈王經

조왕단 竈王壇 조왕을 모신 단. 사찰공양간에 조왕단을 조성하고 조왕탱 또는 '나무팔만사천조왕대신 좌보처 담시역사 우보처 조식취모 南無八萬四千竈王大神 左補處擔柴力士 右補處造食炊母'라는 글을 써서 봉안한다. 「조왕단」(『석문의범』 권상, p.69a18)에 조왕대신과 좌우보처에 지심귀명례(志心歸命禮) 한다. 이어 "항내 나는 부엌을 늘 드나들며, 불법을 호지하고 마귀를 항복시키네. 인간에 원이 있으면 와서 정성스럽게 기원하면 병과 재앙 사라지고 많은 복 내리시네. 이 때문에 저는 일심으로 귀명정례합니다. 香積廚中常出納 護持佛法亦摧魔 人間有願來誠祝 除病消災降福多 故我一心歸命頂禮"라고 하였다. [참고문헌] 『釋門儀範』. ⇨ 조왕 竈王

조왕단 청도 운문사 후원

조왕사 造旺寺 충청북도 청주시 청원구 북이면 영하리 탑동(塔洞)에 있던 절. 『사탑고적고』에 '석탑 두 기가 있는데, 하나는 육층방탑으로 높이는 약 11척이고 다른 하나는 일층방탑으로 높이는 약 3척이다. 불상은 아홉 존상인데, 높이 약 4척의 정교한 좌상을 중심으로 높이 2척 5촌에서 5척에 이르는 입상이 주변에 늘어서 있으나 많이 파손되었다'라고 하였다. [참고문헌] 『寺塔古蹟攷』, 『韓國寺刹全書』 권하 p.1023b2.

조왕사 朝王寺 충청남도 부여군 부여읍 동남리 금성산(錦城山)에 있는 절. 대한불교조계종 제6교구 본사 마곡사(麻谷寺)의 말사이다. 1913년 절 뒤편에 매몰되어 있던 비로자나불좌상을 발굴한 후, 1919년에 법당을 지어 봉안하였다. 유형문화재 제23호 금성산석불좌상으로 지정된 이 불상은 고려시대에 조성된 것으로 추정되며, 사찰 또한 고려시대에는 조영되었을 것으로 추정된다. 1981년에 요사, 1984년에 종각, 1997년에 대웅전을 건립하였다. 〔참고문헌〕『한국사지총람』 권상(문화재청・佛教文化財硏究所, 2010) p.440.

조왕전 竈王殿 ➡조왕단 竈王壇

조왕청 竈王請 조왕을 청하여 공양하는 의식. 『환희조왕경 歡喜竈王經』을 의지한다. 보례(普禮)진언과 『천수경』 등 모든 청에서 외우는 의례와 보회향진언 후 운심공양게(運心供養偈)・운심공양진언・『반야심경』・불설소재길상다라니(佛說消災吉祥陀羅尼)・『환희조왕경』・계수례(稽首禮)・축원의 절차로 마무리한다. 『작법귀감』 권상(한불전10, p.573a1)에 "조왕청〈널리 갖출 경우에는 할향에서 소청주까지는 위와 같고, 간략히 할 경우에는 천수 3편후에 소청진언을 하고 다음으로 유치를 행한다〉. 竈王請〈廣則自喝香 至召請呪如上 略則千手三遍後 召請眞言 次由致〉", 「조왕청」(『석문의범』 권하, p.35a13)에 "유치. 엎드려 생각하건대 부엌과 집안을 주재하시는 신령의 성스러운 덕은 높고 높으며, 신공 또한 크고 크십니다. 단 한번 위엄 있는 모습을 나투셔도 요마 스스로 항복하며, 문득 자애로운 얼굴을 드러내면 인간세상이 공경하며 우러릅니다. 구하면 모두 따르고 원하지 않는 것은 따르지 않게 하소서. 由致 切以 主宰竈戶 靈祇者 聖德嵬嵬 神功浩浩 一現之威相 妖魔自摧 一現之慈容 人世敬仰 有求皆遂 無願不從"라고 하였다. 〔참고문헌〕『作法龜鑑』, 『釋門儀範』. ⇨조왕 竈王

조왕탱 竈王幀 조왕(竈王)을 모신 불화. 사찰 공양간(供養間) 뒷벽 조왕단(竈王壇) 뒤에 봉안한다. 탱화에서 조왕은 주로 나이 든 문인이 의자에 앉아 있는 모습이고, 왼쪽에 땔감을 담당하여 도끼나 장작을 들고 있는 모습의 담시역사(擔柴力士)와 오른쪽에 공양물을 올리는 모습의 조식취모(造食炊母)를 모신다. 1925년 제작한 해인사(海印寺) 약수암(藥水庵) 조왕탱은 물 위에 해와 달을 그린 병풍을 뒤로 하고, 중앙에 조왕, 왼쪽에 도끼를 든 담시역사와 오른쪽에 큰 백자접시에 공양물을 담아 올리는 조식취모가 시위하고 있다. 조왕 앞 안상(案上)에는 문구와 다기가 놓여 있다. 1906년 제작한 호국지장사(護國地藏寺) 조왕탱은 무장한 무인형상의 조왕을 모셨다. 조왕단에 탱화 대신 '나무조왕대신 南無竈王大神'이라는 글만을 봉안하는 경우도 있다. 〔참고문헌〕『韓國의 佛畫』 권5(聖寶文化財硏究院, 1997) p.220. ⇨조왕 竈王

조왕탱 합천 해인사약수암 1925년

조욕 澡浴 Ⓢupasnāna, snāna, snāta, Ⓟnahāna, Ⓣ'dag-pa. 물로 씻다. 『장아함경』 권3 「유행경 遊行經」(대정장1, p.20a11 : *Mahāparinibbāna-sutta, DN.2,* p.135)에 "사람 중 가장 존귀하신 분께서 물에 들어가시어 물로 씻으시고는 피안으로 건너시네. 人中尊入水 澡浴度彼岸 tathāgato appaṭimo va loke. nahatvā pitvā c'udatāri satthā", 『잡아함경』 권30(대정장2, p.214a10 : *Nandaka-sutta, SN.5,* p.390)에 "난다가 답했다. '나는 이제 인간의 독욕이 필요하지 않으니 나는 이제 이 승묘법으로 스스로 목욕하기 때문이다. 그것은 세존께서 얻으신 법에서 깨끗해져 맑게 되어 믿어 즐겁다는 뜻이다'. 難陀答言 我今不須人間澡浴 我今於此勝妙法 以自沐浴 所謂 於世尊所得 淸淨信樂 alaṃ dāni bhaṇe etena bāhirena nahānena alam idam ajjhattaṃ nahānaṃ bhavissati yad idam bhagavati pasādo ti", 『비니모경』 권6(대정장24, p.835b9)에 "물로 씻는 일은 다른 인연을 위한 것이 아니라 오직 몸에 생긴 풍병과 냉병을 없애 안은하게 도를 행하기 위해 씻는다. 此澡浴者 不爲餘緣 但欲令除身中風冷病 得安隱行道故洗라고 하였다. 〔참고문헌〕『長阿含經』, 『雜阿含經』, 『毘尼母經』, *DN., SN., Buddh-c.75., Vikī-n.312., Abh-k-bh.333.*

조용 照用 비추고 쓰다. 임제의현(臨濟義玄)의 응기방편으로, 사조용(四照用)이라고도 한다. 『사가어록 四家語錄』에 수록된 『임제록』이나 『천성광등록』 「임제의현장」 등에는 보이지 않지만, 『임제록』 「마방서 馬防序」(대정장47, p.496b1)에 "양당에서 동시에 할하니 손님과 주인이 역연하고 조와 용이 동시여서 움직이니 본래 앞뒤도 없다. 兩堂齊喝 賓主歷然 照用同時 本無前後"라 하였고, 이에 의지해 수산(首山)이나 분양(汾陽)이 써서 널리 알려졌으리라고 추정한다. 『분양어록』 권하 「삼현삼요송 三玄三要頌」(대정장47, p.628b7)에 "첫 번째 현 : 조용이 일시에 온전하니, 일곱 별이 찬란하고, 만리에 티끌과 연기 모두 끊어졌다. 第一玄 照用一時全 七星常燦爛 萬里絶塵煙", 『양기어록』(대정장47, p.644a21)에 "'무엇이 먼저 비추고 나중에 쓰인지요?' '말길 따라 분명하게 설하니, 바늘이 개자씨 피하지 못한다' '무엇이 먼저 쓰고 나중에 비춤인지요?' '금강신장이 면전에서 직접 전하니, 하는 말마다 분명하게 기쁜 마음으로 털어놓는다' '비추고 씀이 동시라 함은 무슨 뜻인지요?' '조사와 부처님의 행로 다르지만, 삼라의 그림자 중에는 그 몸 머물지 않는다' '비춤과 씀이 동시가 아니라 하니 무슨 뜻인지요?' '청량산은 금색빛이 먼저 비추고, 아미산은 은계가 일시에 퍼진다'. 問 如何是先照後用 師云 語路分明說 投針不迴避 如何是先用後照 師云 金剛覿面親分付 話道分明好好陳 如何是照用同時 師云 祖佛道中行路異 森羅影裏不留身 如何是照用不同時 師云 淸涼金色光先照 峨嵋銀界一時鋪"라고 하였다. 〔참고문헌〕『臨濟錄』, 『汾陽語錄』, 『楊岐語錄』. ⇨사조용 四照用, 임제사조용 臨濟四照用, 선용후조 先用後照, 선조후용 先照後用

조우 祖雨 ❶조선전기 스님. 호는 현묵(玄默). 김세필(金世弼 1473~1533)의 『십청집』 권1에 「차현묵상인조우시축운 次玄默上人祖雨詩軸韻」(한국문집총간18, p.211b7)이 수록되었고, 같은 책 「화노석조우운 和老釋祖雨韻」(한국문집총간18, p.214a16)에 "나의 집이 신륵사 남쪽 언덕에 있었는데, 지난 가을에 스님께서 신륵사에서 나의 집을 방문하셨으며 지금은 장흥사에 계시기에 시 3수를 바친다. 弊業在神勒寺南岸 去秋 師自神勒訪窮居 今在長興寺 寄詩三首"라고 하였다. 〔참고문헌〕『十淸集』. ❷조선전기 스님. 윤근수(尹根壽 1537~1616)의 『월정별집』 권4(한국문집총간47, p.378b4)에 "조우는 일찍이 노사신(1427~1498)에게 『장자』를 청해 배운 분이다. … 조우가 송광사 주지였을 때에 사람들이 우송광이라 불렀으며 나이 8·90이 되도록 살아있었다. 有僧祖雨 嘗以莊子請學於盧相思愼者 … 雨嘗爲松廣住持 人呼爲雨松廣 及至八九十猶存"라고 하였다. 〔참고문헌〕『月汀別集』.

조우 祖愚 조선전기 스님. 부용영관(芙蓉靈觀 1485~1571)의 스승이다. 『동사열전』 권2 「부용조사전 芙蓉祖師傳」(한불전10, p.1012b15)에 "기사년(1509·중종4)에 멀리 계룡산으로 들어가 조우대사를 참방하여 선을 토론하는 여가에 노장도 모두 섭렵하였다. 己巳遠入龍門山 訪祖愚大師 討禪餘暇 涉盡莊老"라고 하였다. 〔참고문헌〕『東師列傳』. ⇨영관 靈觀

조우취락 調牛聚落 Ⓢ Kalmāṣadamya, Ⓟ Kammāsadhamma, Kammāssadhamma, Kammassadhamma. 부처님께서 교화하신 구루국(拘樓國 Ⓢ Kuru : 俱嚧國)의 도읍. 구루국은 마투라(Ⓢ Mathurā)보다 더 서북쪽에 있으며, 부처님께서 교화하신 지역 중 가장 서북쪽에 있다. 부처님께서는 이곳에서 『대연경 大緣經』·『대염처경 大念處經』 등을 설하셨다. 검마슬담(劍摩瑟曇)·검마사(劍摩沙)·겁마사주처(劫摩沙住處) 등이라고 음사하고, 실작법(悉作法)·조복간색왕성(調伏綱色王城)·조복교우취락(調伏鮫牛聚落)·잡색목우취락(雜色牧牛聚落)·법치처(法治處)·법행성(法行城) 등이라고도 한역한다. 『잡아함경』 권12(대정장2, p.84c11)에 "한때 부처님께서 구류수의 조우라는 마을에 계셨다. 그때 세존께서 모든 비구들에게 말씀하셨다. '내 마땅히 너희들에게 설법하리라. 처음과 중간과 마지막이 다 좋고, 좋은 뜻과 좋은 맛이어서 순일하고 청정하며, 범행마저 맑고 깨끗하니 이른바 대공법경이라는 것이다'. 一時 佛住拘留搜調牛聚落 爾時 世尊告諸比丘 我當爲汝等說法 初中後善 善義善味 純一淸淨 梵行淸白 所謂大空法經"라고 하였다. 〔참고문헌〕『雜阿含經』, *DN.2.55*. ⇨구로 俱嚧, 검마슬담 劍摩瑟曇

조운 祖雲 조선전기 스님. 청허휴정(淸虛休靜 1520~1604)이 지은 『삼로행적』 「부용당선사행적 芙蓉堂先師行蹟」(한불전7, p.754b16)에 "기묘년(1519·중종14)에 금강산 대존암에 이르러 조운대사와 함께 두 안거를 맺었다. 己卯 到金剛山大尊庵 與祖雲大師 結二夏"라고 하였다. 〔참고문헌〕『三老行蹟』, 『曹溪高僧傳』 권1(한불전12, p.395c10). ⇨영관 靈觀

조운암 祖運庵 강원도 삼척시 미로면 두타산(頭陀山)에 있던 암자. 일제강점기에는 대본산 월정사(月精寺)의 산외암자였으며, 6·25한국전쟁 때 소실된 것으로 추정된다. 〔참고문헌〕『韓國寺刹全書』 권하 p.1022b9.

조운흘 趙云仡 1332~1404. 고려말 조선초 문신. 호는 석간(石磵), 본관은 풍양(豐壤). 불교를 숭상하여 스님과 교유하고 사원을 중창하였다. 『태종실록』 권8 4년(1404) 12월 5일에 "신유년에 물러나 광주 고원강촌에 거주하였으며, 자은종 스님 종림과 세속을 떠난 교유를 하였다. 판교·사평 두 원을 중창하고는 스스로 원주라 칭하였다. 辛酉 退居廣州 古垣江村 與慈恩僧宗林爲方外交 重創板橋沙平兩院 自稱院主"라고 하였다. 〔참고문헌〕『太宗實錄』. ⇨종림 宗林

조원 祖元 ❶송대 임제종 대혜파(大慧派) 스님. 속성은 임(林)씨. 칠민(七閩 : 福建省) 출신. 세칭 고목(枯木)이라 한다. 설봉산(雪峰山) 혜조경예(慧照慶預) 문하에서 수행한 다음 대혜종고(大慧宗杲)의 법을 이었다. 1149년(소흥11) 온주(溫州) 안산(雁山)의 능인사(能仁寺)에 주석하였다. 『가태보등록』 권18(卍속장137, p.267b9)에 "안산 사는 고목의 진실한 선이여! 빼어나고 참신한 어구에서 결정되지 않노라. 뒷짐지고 문득 더듬다가 잡으니, 거대한 고래가 달 삼키자 하늘 높이 물결 넘치는 격이라네. 鴈山枯木實頭禪 不在尖新語句邊 背手忽然摸得著 長鯨呑月浪滔天"라는 등의 법문을 남겼다. 〔참고문헌〕『嘉泰普燈錄』, 『續傳燈錄』 권32(대정장51, p.690c12), 『五燈會元』 권20(卍속장138, p.798b

1). ❷ 1226~1286. 송대 임제종(臨濟宗) 양기파(楊岐派) 스님. 일본 선종 불광파(佛光派)의 조사. 자는 자원(子元), 별호는 무학(無學), 속성은 허(許)씨. 명주(明州) 경원부(慶元府 : 浙江省) 은현(鄞縣) 출신. 나이 열둘에 부친을 따라 산사를 돌아다니다가 그 다음 해에 항주(杭州) 정자사(淨慈寺)의 북간거간(北磵居簡)을 은사로 삭발하고 계를 받았다. 5년간 머물다가 경산(徑山)으로 가 무준사범(無準師範) 문하에서 뜻을 굳히고 5년간 참구하여 인가를 받고 그 법을 이었다. 무준이 입적한 다음 영은사(靈隱寺) 석계심월(石谿心月)과 육왕산(育王山) 언계광문(偃溪廣聞)·허당지우(虛堂智愚) 등을 친견한 다음 고향으로 돌아가 물초대관(物初大觀) 회하에 2년간 머물며 좌선하였다. 어느 날 우물 누각에 올라가 물을 뜨려고 도르래를 당기다가 확연히 깨달았다. 1269년(함순5) 10월 대주(臺州) 진여사(眞如寺)에 주석하였다. 1275년(덕우1) 원 병사가 침범하여 온주(溫州) 능인사(能仁寺)로 피난하였다. 1277년(경염2) 사명산(四明山)으로 돌아와 천동산(天童山)의 법형(法兄) 환계유일(環溪惟一)을 예방하였을 때 환계의 만류로 떠나지 못하고 제일좌(第一座)의 자리에 앉아 대중에게 법을 설하였다. 1279년(상흥2) 겨울 일본 북조시종(北條時宗)이 덕전(德詮)·종영(宗英)을 파견하여 일본에 와달라고 청하였다. 1279년(홍안2) 가을에 겸창(鎌倉)에 이르러 건장사(建長寺)에 주석하였다. 그 뒤 시종은 겸창에 원각사(圓覺寺)를 창건하고 개산 제1조로 초빙하였다. 1286년(홍안9) 9월 유서를 다 쓰고 나서 세수 61세로 돌연히 입적하였다. 시호는 '불광선사 佛光禪師'·'원만상조국사 圓滿常照國師'이다. 어록 몇 권이 남아 있다. [참고문헌] 「無學禪師行狀」, 『延寶傳燈錄』 권2, 『佛光國師語錄』, 『年譜』, 『元亨釋書』 권8, 『本朝高僧傳』 권21.

조원 曹源 ❶ 조계(曹溪)의 샘. 6조 혜능(慧能)에서 솟아 흐른 뜻이다. 『선림보훈』 권4(대정장48, p.1040a17)에 "더욱 바라건대 힘써서 후손을 끌어들여 조계의 샘 마르듯 하나 다시 불어나고 보리수 시들 듯 하나 다시 봄을 맞이하니 진실로 구구하지만 한껏 내려 품은 바램이다. 更冀勉力 誘引後昆 使曹源涸而復漲 覺樹凋而再春 實區區下懷之望也", 『조원도생어록』(卍속장121, p.490a1)에 "조계의 샘물에서 급하고, 가섭의 봉우리는 높다. 曹源水急 迦葉峰高"라고 하였다. [참고문헌] 『禪林寶訓』, 『曹源道生語錄』. ⇨ 조계 曹溪 ❷ 밀암함걸(密菴咸傑)의 제자 조원도생(曹源道生). 『속전등록』 권36 「치절도충전 癡絶道冲傳」(대정장51, p.711a11)에 "마침 조원생이 출세의 묘과를 얻었다. 會曹源生 出世妙果"라고 하였다. [참고문헌] 『續傳燈錄』. ⇨ 도생 道生 ❻

조원 照源 조선후기 스님. 호는 화봉(華峰). 합천 해인사에 있는 진영의 제액은 화봉당대선사조원지진(華峰堂大禪師照源之眞)이며 1779년(정조3)에 번암(樊巖) 채제공(蔡濟恭)이 영찬을 지었다. 『번암집』 권58 「화봉대사영찬」(한국문집총간236, p.567b6)에 "있으나 부림 없는 것이 마음이요 없지만 부림 있는 이 그림자라네. 없어도 진실로 방해가 되지 않고 있지만 이 또한 다행은 아니라네. 달은 가을 연못에 있고 소나무 서리맺힌 언덕에 우뚝하다. 이 우리선사의 참된 모습 이 한 폭에 있다 없다 물을 필요가 있겠는가! 有而使無者心 無而使有者影 無固不妨 有亦非幸 月在秋潭 松挺霜崚 是維吾師之眞 何必問一幅有亡"라고 하였다. [참고문헌] 『樊巖集』, 李智冠 『伽倻山海印寺誌』 p.773.

화봉당대선사조원진영
합천 해인사 1899년

조원도생선사어록 曹源道生禪師語錄 남송(南宋)대 스님인 조원도생의 어록. 치절도충(癡絶道冲) 엮음. 1권. 卍속장121, pp.483a1~491b15에 수록되어 있다. 『조원화상주요주묘과선사어록 曹源和尙住饒州妙果禪寺語錄』의 약칭이며, 꼬리 제목은 『조원화상어록』이다. 남북조(南北朝) 경에 간행되었다. 묘과선사에서 행한 상당어(上堂語)와 신주(信州) 귀봉사(龜峰寺)에서 행한 상당어와 소참(小參) 그리고 찬송(讚頌) 10수 등으로 구성되어 있다. 1414년(응영21) 남선사대운암간(南禪寺大雲菴刊) 『치절화상어록 癡絶和尙語錄』에도 합각(合刻)되었다고 한다. ⇨ 도생 道生 ❻

조원생선사어요 曹源生禪師語要 남송(南宋)대 임제종(臨濟宗) 스님인 조원도생(曹源道生)의 어요. 1권. 1238년(가희2) 간행. 속고존숙어요4, 卍속장119, pp.46a15~49a12에 수록되어 있다. 『조원도생선사어록』에서 상당어요(上堂語要)·소참(小參)·게송(偈頌)을 초록하여 엮었다. ⇨ 도생 道生 ❺

조원암 祖院庵 평안북도 묘향산(妙香山)에 있던 암자. 조원암(祖元庵)이라고도 한다. 설암추붕(雪巖秋鵬 1651~1706)의 『설암잡저』 권1 「묘향산지 妙香山誌」(한불전9, p.264a12)에 "조원이라 불리는 암자는 당우 무릇 10여 칸이다. 분칠 벽에 곱게 바른 창은 진실로 편안히 참선할 만하고, 늘어선 산봉우리 사방을 에워싸 그윽하니 신선이 사는 곳이라 할 만하다. 祖院名者 堂凡十

餘楹 粉壁紗窓 寔可安禪 列峀四圍 幽爲洞府", 월파태율(月波兌律 1695~?)의 『월파집』「향산지 香山誌」(한불전9, p.674a14)에 "서쪽으로 고개를 넘으면 조원암이 있으니, 곧 삽삼조사탱을 봉안한 곳이다. 西踰一嶺有祖院菴 卽卅三祖師幀奉安之處也", 동국대 소장 『대보부모은중경 大報父母恩重經』 간기에 "강희 28년(1689·숙종15) 맹하일 향산 조원암 개간. 포판시주 거사 도원 양주의 발원으로 조성하며, 혜원비구가 글자를 새김. 康熙二十八年己巳 盟夏日 香山祖院庵開刊 捬判施主居士道元兩主願成 刻字惠遠比丘"라고 하였다. 월화대사(月華大師)가 중수 내력을 기록한 「조원암상량문 祖院庵上梁文」(『설암잡저』 권3·한불전9, p.304b7)이 있고, 관련 시문으로 함월해원(涵月海源 1691~1770)의 「차조원암판상운 次祖元庵板上韻」(『천경집』 권상·한불전9, p.609b2)·조현명(趙顯命 1690~1752)의 「숙조원암 宿祖院庵」(『귀록집』 권2·한국문집총간212, p.64a4) 등이 전한다. [참고문헌] 『雪巖雜著』, 『月波集』, 『天鏡集』, 『歸鹿集』, 「大報父母恩重經刊記」.

조원일적수 曹源一滴水 조계의 샘에서 흐른 한 방울의 물. 조원일적이라고도 한다. 『법안어록』(대정장47, p.591b3)에 "법안이 어느 날 법좌에 오르자 학인이 물었다. '무엇이 조계의 샘에서 흐른 한 방울의 물입니까?' '이것이 조계의 샘에서 흐르는 한 방울의 물이다'. 학인은 망연히 물러났고 그때 덕소(德韶)국사가 앉아 있다가 활연히 깨달았다. 師 一日 上堂 僧問 如何是曹源一滴水 師云 是曹源一滴水 僧惘然而退 時韶國師於坐側 豁然開悟", 『오조법연어록』 권상(대정장47, p.652c26)에 "조계의 샘에서 흐르는 한 방울 물 인간에 차고 넘친다. 曹源一滴 彌滿人間"라고 하였다. [참고문헌] 『法眼語錄』, 『五祖法演語錄』. ⇨ 조원 曹源[1], 조계 曹溪

조원파 曹源派 임제종 양기파(楊岐派)에 기원한 호구소륭(虎丘紹隆 1077~1136)의 법계에 속하는 일파. 밀암함걸(密庵咸傑)의 법을 이은 조원도생(曹源道生)을 파조로 한다. 조원은 밀암 문하에서 법을 이어 요주(饒州 : 江西省) 천복사(薦福寺)에서 주석하며 법석을 펼쳤다. 그의 회하에 치절도충(痴絶道沖)이 나오고, 치절의 제자로는 완극미(頑極彌)와 월담지원(月潭智圓) 등이 있다. 다시 완극미의 제자 중 일산일령(一山一寧)이 일본으로 건너가 일산파(一山派)의 조사가 되었다. ⇨ 양기파 楊岐派, 도생 道生[6], 소륭 紹隆[2]

조월암 祖月庵 [1] 광주광역시 무등산(無等山 : 一名 瑞石山)에 있던 암자. 보조국사 지눌(知訥 1158~1210)이 창건하였다. 「조계산수선사불일보조국사비명 曹溪山修禪社佛日普照國師碑銘」(『동문선』117)에 "억보산의 백운정사와 적취암, 서석산의 규봉난야와 조월암은 모두 스님이 짓고 왕래하며 선을 닦던 곳이다. 億寶山之白雲精舍 積翠庵 瑞石山之珪峰蘭若 祖月庵 皆師所作而往來修禪者也"라고 하였다. 혜심(慧諶 1178~1234)이 쓴 시 「제조월암 題祖月庵」·「조월암문적 祖月庵聞笛」이 『무의자시집』 권하(한불전6, p.57a3·60b7)에 수록되어 있다. [참고문헌] 『東文選』, 『無衣子詩集』, 李智冠 『校勘譯註歷代高僧碑文』 高麗篇4 p.60. [2] 평안남도 맹산군에 있던 암자. 『가람고』·『여지도서』 평안도 맹산 사찰에 "현 북쪽 70리에 있다. 在縣北七十里"라고 하였으나, 『범우고』에는 "현 동쪽 5리에 있다. 在縣東五里"라고 하였다. [참고문헌] 『伽藍考』, 『輿地圖書』, 『梵宇攷』, 『韓國寺刹全書』 권하 p.1022b11.

조위 照位 조명을 받는 위치. 자신의 존재를 확실히 보일 수 있는 자리. 『선원청규』 권5 「당두전점 堂頭煎點」(卍속장111, p.902b5)에 "수좌 이하는 순서대로 앞으로 나가 조위를 기준으로 선다. 首座已下 次第進前 依照位立"라고 하였다. [참고문헌] 『禪苑淸規』.

조유 祖猷 고려후기 스님. 념송을 업으로 가진 지념업(持念業) 대선사(大禪師)에 봉해졌다. 「지념업선사조유위대선사교서관고 持念業禪師祖猷爲大禪師敎書官誥」(『동문선』27)에 "낙산사 주지 선사 조유는 지송하는 삼매력으로 일체마구니를 능히 섭복했다. 洛山寺住持禪師祖猷 以頌持三昧力 能攝伏一切魔"라고 하였다. [참고문헌] 『東文選』. ⇨ 지념업선사조유위대선사교서관고 持念業禪師祖猷爲大禪師敎書官誥

조유과 調柔果 조유라는 과. 고르고 부드럽게 되다. 보시(布施) 등으로 추중(麤重)한 번뇌를 여읜 상태. 『십지경론』 권3(대정장26, p.143b26)에 "이와 같이 이와 같게 저 모든 선근을 다 일체지(Ⓢ sarvajña)로 회향해 가기를 원하면, 점점 더 밝고 깨끗하며 고르고 부드럽게 되어 뜻대로 씀을 성취한다. 불자들이여! 비유하면 마치 금을 잘 다루는 금세공인이 금을 거듭거듭 불에 넣어 제련하면 할수록 명정해지고 유연하게 되어 마음먹은 대로 할 수 있는 것과 같다. … [논] 과(果)의 이익의 뛰어남을 헤아려 보면 네 가지가 있다. 첫째는 조유과의 이익의 뛰어남이다. … '조유과의 이익의 뛰어남'이란, 금을 제련하는 법과 유사한데 신 등의 선법은 마치 진금과 같다. '거듭거듭해서 불에 넣는다'라는 말에 세 가지가 있으니, 첫째는 공덕으로 들어감이니 부처님과 승가에 공양하는 것이고, 둘째는 자비로 들어가니 중생을 교화하는 것이며, 셋째는 무상과로 들어가니 대보리로 회향하기를 원하는 것이다. 如是如是 彼諸善根 皆願迴向薩婆若 轉復明淨調柔 成就隨意所用 諸佛子 譬如金師善

巧鍊金數數入火 如是如是轉復明淨調柔成就隨意所用 … 論曰 果利益挍量勝有四種 一 調柔果利益勝 … 調柔果利益勝者 金相似法 信等善法 猶如眞金 數數入火者 有三種入 一 功德入 供養佛僧故 二 悲心入 敎化衆生故 三 無上果入 願迴向大菩提故", 『화엄공목장』 권3(대정장45, p.564a4)에 "'조유과의 이익의 뛰어남'에서 조유라고 말한 것은 행을 바탕으로 여긴다. 調柔果利益勝 … 言調柔者 卽行爲體", 『십지경론의기』 권3(卍속장71, p.441b18)에 "보시 등으로 인해 번뇌를 여의고 청정해지기에 조유과라 한다. 由施等故 離垢淸淨故 曰調柔果"라고 하였다. [참고문헌] 『十地經論』, 『華嚴孔目章』, 『十地經論義記』. ⇨ 심조유 心調柔

조유선 調柔善 고르게 부드러운 선. 극단을 떠나 중도에 선 모습을 말한다. 대승칠선(大乘七善) 중 하나다. 『법화현의석첨』 권8(대정장33, p.871c6)에 "(七善 중) 여섯째, 청백(淸白)을 조유선이라고 한다. 六 淸白名爲調柔善", 『법화문구』 권3(대정장34, p.33c16)에 "맑고 깨끗하니 두 갈래로 일어나는 티끌이 없는 것이니, 바로 돈교의 고르고 부드러운 선이다. 남악(南嶽)은 행선이라 하였다. 淸白 無二邊瑕穢 卽是頓敎調柔善 師云行善"라고 하였다. [참고문헌] 『法華玄義釋籤』, 『法華文句』. ⇨ 대승칠선 大乘七善

조유환희 調柔歡喜 고르고 부드럽게 되어 기쁨. 『십지경론』 권2(대정장26, p.135c27)에 "환희란 마음의 기쁨・체의 기쁨・근의 기쁨 말한다. 이런 환희에 아홉 가지가 있다. … 넷째는 조유환희이니, 스스로의 몸과 마음이 두루 이롭게 됨을 성취하는 것으로 저 『십지경』에서 '다분히 고르고 부드럽다'라고 설한 것과 같다. 歡喜者 名爲心喜 體喜 根喜 是歡喜有九種 … 四者 調柔歡喜 自身心遍益成就 如經多調柔故"라고 하였다. [참고문헌] 『十地經論』. ⇨ 조유과 調柔果

조윤통 曹允通 ?~1306. 고려 제25대 충렬왕(재위 1274~1308) 때 무신. 탐진(耽津 : 전라남도 康津)에서 태어났다. 도첨의찬성사(都僉議贊成事)였으며, 『고려사』 권29 충렬왕 6년(1280) 3월 27일에 "장군 조윤통이 원에서 돌아왔다. 중서성으로부터 담선법회를 다시 여는 허가를 받았다. 將軍 曹允通 還自元 中書省 許復設談禪法會"라고 하였다. [참고문헌] 『高麗史』.

조은 祖誾 1234~1308. 송대 임제종(臨濟宗) 스님. 호는 열당(悅堂), 속성은 주(周)씨. 남강군(南康軍 : 江西省) 출신. 나이 열셋에 고향 가서사(嘉瑞寺)에서 출가하였다. 별산조지(別山祖智)와 단교묘륜(斷橋妙倫)에게 법을 물었고, 그가 입적한 뒤에 무주(婺州 : 浙江省) 쌍림사(雙林寺) 개석지붕(介石知朋)의 제자가 되어 그 법을 이었다. 『증집속전등록』 권3(卍속장142, p.798a8)에 "단교가 입적하고 백산의 개석지붕이 와서 그 자리를 채웠다. 어느 날 개석이 방장에서 백수자화를 제기했을 때 조은이 머뭇거리자 개석이 소리 높여 '어째서 「황학루 앞의 앵무주」라고 말하지 못하는가!'라는 소리를 듣고 단번에 깨달았다. 橋逝柏山介石來補處 一日室中擧柏樹子話 師擬議 石抗聲云 何不道 黃鶴樓前鸚鵡洲 師於言下頓悟"라고 개오의 인연을 전한다. 구강(九江 : 江西省)의 서림(西林)에서 독립한 다음 1288년(지원25) 개선사(開先寺)에 주석하였다가 다시 동림(東林)으로 옮겼다. 원정년간(1295~1297) 초기에 궁전에 들어가 설법하고 금란의(金襴衣)와 통혜선사(通慧禪師)라는 호를 부여받았다. 1305년(대덕9) 영은사(靈隱寺)에 주석하였다. 『오등회원속략』 권2(卍속장138, p.910a13)에 따르면, "인연이 모여 왔다가 인연이 흩어져 가노라. 수미산을 쳐서 뒤집으니, 허공만이 고스란히 드러나네. 緣會而來 緣散而去 撞倒須彌 虛空獨露"라는 임종게를 마치고, 1308년(지대1) 세수 75세로 입적하였다. 황잠(黃溍)이 탑명(塔銘)을 지었다. [참고문헌] 『增集續傳燈錄』, 『五燈會元續略』.

조음동 潮音洞 중국 절강성(浙江省) 주산시(舟山市) 보타산(普陀山)의 자죽림(紫竹林) 안에 위치한 동굴. 산의 바위가 갈려지면서 생긴 틈으로 생겼고 두 입구로 파도가 부딪혀 소리 내므로 조음동이라 한다. 『보타산지 普陀山志』 권1의 기록에 따르면, 조음동은 보제사(普濟寺) 좌측이자 용만(龍灣)의 기슭에 있는 모래밭 끝지점에 있으며 암석더미가 촘촘히 솟아 있는 모래밭은 발을 들여놓을 틈도 없을 정도라고 한다. 낭떠러지를 따라 동굴 입구에 이르면 높이는 20여 길이나 되고 바위 갈라진 틈은 문 같은 모양을 하고 위는 높고 아래는 비어 으슥하다. 전설에 따르면 관세음보살이 동굴 우측의 관세음보살과 함께 양쪽에서 현신하여 법을 설하였다고 한다. 이 때문에 바위에 현신처(現身處)라고 새겼다. 『보타락가산전』 「동우봉역품 洞宇封域品」(대정장51, p.1136b24)에 "조음동은 보살이 시현한 곳이다. 절(寶陀寺)에서 3리거리에 있다. 동굴까지 온통 황금빛 모래고 바위동굴이 가파르게 솟아 있다. 潮音洞 菩薩示現之所 去寺三里 至洞皆黃砂 石洞巉巖", 『불조통기』 권42(대정장49, p.388b29)에 "보타락가산에는 조음동이 있는데 바다 조수를 토해내기에 밤낮으로 철썩거린다. 其山有潮音洞 海潮呑吐 晝夜砰訇"라고 하였다. [참고문헌] 『補陀洛迦山傳』, 『佛祖統紀』.

조읍 朝揖 나이가 많은 이에게 행하는 몸가짐. 차수(叉手)하고 머리를 깊이 숙이는 자서로 한다. 『선원청규』 권1 「부다탕 赴茶湯」(卍속장111, p.883a13)에 "점잖게 차수하고 주인(주지)에게 깊이 머리 숙여 절을 한다. 儼然叉手 朝揖主人", 『백장청규』 권5 「장포 裝包」(대정장48, p.1140a9)에 "길 가다가 운수납자들이 마주치면 피차가 차수하고 깊이 머리 숙여 절을 하고 지나간다. 途中雲水相逢 彼此叉手 朝揖而過"라고 하였다. [참고문헌] 『禪苑淸規』, 『百丈淸規』. ⇨ 읍 揖

조의 皀衣 검은색 옷. 조(皀)는 조(皁)로도 쓴다. 흑의(黑衣)라고도 한다. 정색(正色)의 검은색이 아닌 간색(間色)을 말하며, 간색으로서의 검은색은 삼종괴색(三種壞色) 중 하나로 가사(袈裟)를 물들일 때 쓴다. 『사리불문경』(대정장24, p.900c14)에 "살바다부는 여러 부문에 통달하여 법을 인도하며 교화를 하는데 반드시 조의를 입는다. 薩婆多部 博通敏達 以導法化 應著皀衣", 『해룡왕경』 권4 「금시조품 金翅鳥品」(대정장15, p.151a12)에 "그때 세존께서는 몸에서 조의를 벗으며 해룡왕에게 말하였다. '너는 여래의 이 조의를 가지고 가서 여러 용왕들에게 모두 골고루 나누어 주거라'. 於是世尊脫身皀衣 告海龍王 汝當取是如來皀衣 分與諸龍王皆令周遍", 『대당서역기』 권1(대정장51, p.869c23)에 "여러 가축을 도살하여 저승의 혼에 제사를 올리는데, 길하면 하얀 옷을 입고 흉하면 조의를 입는다. 屠殺群畜 祀祭幽魂 吉乃素服 凶則皀衣"라고 하였다. [참고문헌] 『舍利弗問經』, 『海龍王經』, 『大唐西域記』. ⇨ 가사 袈裟, 삼종괴색 三種壞色, 괴색 壞色

조의 祖意 조사(祖師)의 뜻. 조사들에 의해 전지(傳持)된 종문의 종지(宗旨)를 말한다. 조사서래의(祖師西來意)의 줄임말로 볼 수도 있다. 부처님의 말씀(佛敎)이 경으로 전해졌듯이, 부처님의 마음(佛心)은 조사들에 의해 따로 전해졌기에 교외별전(敎外別傳)이라 한다. 『동산어록』(대정장47, p.516c2)에 "조사의 뜻은 언하에 바로 깨우친다. 祖意直敎言下曉", 『오등회원』 권17 「불조고장 佛照杲章」(卍속장138, p.678a11)에 "서쪽에서 전해온 조사의 뜻은 교 밖에서 따로 전했으니, 대근기가 아니면 깨우쳐 들 수 없다. 그렇게 깨달은 사람은 문자언어에 휘둘릴 일도 성색의 시비에 흔들릴 일도 없다. 西來祖意 敎外別傳 非大根器 不能證入 其證入者 不被文字語言所轉 聲色是非所迷", 『경덕전등록』 권11 「국청봉전 國淸奉傳」(대정장51, p.287b17)에 "'조사의 뜻과 교의 뜻은 다른지요?' '비 내려 적시니 세 가지 풀들 빼어나고, 봄바람 분다 해서 머리 싸매지 않는다' 다시 물으니 '필경에 하나입니까, 둘입니까?' 스승이 답했다. '상서로운 구름 다투어 일어나도 동굴은 이지러질 일 없다'. 問 祖意與敎意同別 師曰 雨滋三草秀 春風不裹頭 僧曰 畢竟是一是二 師曰 祥雲競起 巖洞不虧", 같은 책 권12 「회적장용전 晦迹藏用傳」(대정장51, p.291c10)에 "'교의 뜻과 조사의 뜻은 같습니까, 다릅니까?' '청산은 스스로 청산이고 백운 그대로 백운이다'. 問 敎意祖意 是同是別 師云 靑山自靑山 白雲自白雲", 같은 책 권17 「축령선본전 鷲嶺善本傳」(대정장51, p.341c24)에 "'조사의 뜻과 교의 뜻은 같습니까, 다릅니까?' '영축산 꼭대기엔 푸른 초목 하늘 가려 빽빽하고, 녹야의 동산에선 여우와 토끼 이리저리 뛰논다'. 問 祖意敎意 是同是別 師曰 鷲嶺峯上 靑草森天 鹿野苑中 狐兎交橫", 『운문광록』 권중(대정장47, p.554a10)에 "운문이 언젠가 말했다. '만일 마음이 바로 부처라면 잠깐 노비를 주인으로 오인하는 것이고, 생사와 열반을 같다고 한다면 흡사 목 베고는 살 길 찾는 듯하다. 만일 부처라 하거나 조사라 하고 부처님의 뜻과 조사의 뜻이라 한다면, 마치 목환자 가져 그대들의 눈동자를 바꾸는 일과 아주 흡사하다'. 師有時云 若言卽心卽佛 權且認奴作郎 生死涅槃 恰似斬頭覓活 若說佛說祖 佛意祖意 大似將木槵子 換却爾眼睛相似", 『굉지광록』 권9(대정장48, p.101a29)에 "조사의 뜻은 끝을 다해야 통하고, 불사는 빛이 나야 다 갖춘다. 祖意窮而通 佛事光而備"라고 하였다. [참고문헌] 『洞山語錄』, 『五燈會元』, 『景德傳燈錄』, 『雲門廣錄』, 『宏智廣錄』. ⇨ 조사서래의 祖師西來意, 조사의 祖師意, 조사 祖師, 교외별전 敎外別傳

조의 條衣 삼의(三衣) 중 하나인 승가리(僧伽梨 Ⓢ saṃghāṭī) 즉 가사(袈裟)를 말한다. 9조에서 25조까지 홀수로 이어 붙이기에 조(條)를 붙여서 부른다. 『사분율』 권40(대정장22, p.855b11)에 "여러 비구들이 몇 조의를 만들어야 하는지 알지 못하자 부처님께서 말씀하였다. '5조로 해야지 6조로 해서는 안 되며 7조로 해야지 8조로 해서는 안 되고 9조로 해야지 10조로 해서는 안 되며, 내지 19조로 해야지 20조로 해서는 안 된다'. 諸比丘不知 當作幾條衣 佛言 應五條不應六條 應七條不應八條 應九條不應十條 乃至十九條 不應二十條"라고 하였다. [참고문헌] 『四分律』. ⇨ 의 衣, 승가리 僧伽梨, 가사 袈裟, 삼의 三衣 ❶

조의 照衣 1605~1673. 명말청초(明末淸初)대 임제종(臨濟宗) 스님. 호는 혜각(慧覺), 속성은 웅(熊)씨. 사천성(四川省) 기강(綦江) 출신. 30세에 화은산(華銀山)에서 보현대사(普賢大士)를 참례하고 상백(常白)을 만나 삭발하고 구족계를 받았다. 반년 후에 상백이 입적하고 마침내 원무(院務)를 이어서 맡아 보다가 4년이 지나 사직하고 강남으로 유학하여 사천(四川)의 유삼덕(劉三德)을 만났다. 그의 청을 받아들여 호산(湖山)의 백의각(白衣閣)에 이르렀다. 그 뒤에 파산해명(破山海明)을 친견하고 아미산(峨嵋山)에서 돌아다니며 연이어 일곱 사찰에 앉아 대중과 함께 『능엄경』·『원각경』·『금강경』 등을 논하였다. 1644년(순치1) 갑신(甲申)의 변란을 맞아 사천성 야랑(夜郎)에 8년간 은거하였다. 1653년(순치10) 파산이 사천성 금성사(金城寺)에 주석하고 있다는 소식을 듣고 마침내 찾아가 파산을 시봉하다가 쌍계사(雙桂寺)에 이르러 기연이 성숙해지면서 그 법을 이었다. 오래 지나지 않아 유주(渝州 : 四川省)로 돌아와 중경숭인사(重慶崇因寺)에 주석하였고, 그 다음에 호산치평사(湖山治平寺)·태공산석보사(太公山石寶寺)·강진원통사(江津圓通寺)·주림홍복사(珠林洪福寺) 등에 두루 머물렀다. 『오등전서』 권70(卍속장141, p.462b13)에 "밥을 먹으면 입을 적시고, 얼굴을 씻으면 손에 물을 묻힌다. 이 일은 본래 드러난 그대로여서 사람사람마다 있는지 다 안다. 喫飯打濕口 洗面打濕手 箇事本現成 人人盡知有"라는 등의 법어가 전한다. 1673년(강희12) 9월 세수 69세에 입적하였다. 『혜각의선사어록』 3권을 남겼다. [참고문헌] 『五燈全書』.

조의 調意 Ⓢ damatha. 뜻을 고르게 하다. 조심(調心)의 뜻과 같다. 『대지도론』 권50(대정장25, p.417c26)에 "뜻을 고르게 한다 하였으니, 보살이 앞서 노병사와 삼악도를 기억해 중생을 가엾이 여기므로 그들이 마음에 품은 뜻을 조복하였지만, 이제는 제법실상을 알기에 삼계에 집착하지 않고, 삼계에 집착하지 않으므로 조복한다. 調意者 是菩薩先憶念老病死 三惡道 慈愍衆生故 調伏心意 今知諸法實相 故不著三界 不著三界 故調伏", 『무량수경의소』 권상(대정장37, p.102a16)에 "보시로 뜻을 고르고 그 마음을 닦아 인색함을 다스리는 것을 조의라 한다. 布施調意 是其檀度 修施治慳 名爲調意", 『유마경무아소』 권4(卍속장30, p.158a4)에 "뜻을 고르게 하여 들뜨지도 않고 가라앉지도 않게 한다. 정에 들면 거칠었다가 나중에는 미세해지고, 정에서 나오면 미세했다가 나중에는 거칠어진다. 이것이 선정에 드는 초문이다. 調意不浮不沉 入則先麤而後細 出則先細而後麤 此入定之初門"라고 하였다. [참고문헌] 『大智度論』, 『無量壽經義疏』, 『維摩經無我疏』, *Sukh-vy. I.11.*

조이 祖異 ❶ 태고보우(太古普愚 1301~1382)의 문도인 묘엄존자(妙嚴尊者)의 휘. [참고문헌] 『太古和尙語錄』 권하(한불전6, p.701c13). ⇨ 묘엄존자 妙嚴尊者❶
❷ 고려시대 스님. 선승(禪僧)이면서 시에 능했다. 『대동시선』 권11에 스님이 지은 「증운감선사 贈云鑑禪師」에 "감노사는 선림의 뛰어난 인물이시니, 재주 온전하고 덕 또한 갖추셨네. 운산에서 쾌활함 아시고 세로에선 기구함 벗어나, 계곡 깊은 곳 이끼 낀 길 내고, 발 드리운 텅 빈 사이에 달 떠오르네. 마음 편히 행주좌와하니 나날이 조주의 무로구나. 鑑老禪林傑 才全德亦俱 雲山知快活 世路脫崎嶇 谷密苔生逕 簾虛月上趺 安心行住臥 日用趙州無"라고 하였다. [참고문헌] 『大東詩選』.

조인 祖印 조사가 조사에게 도장찍듯 남겨 전하는 소식. 『경덕전등록』 권22 「실성대사전 實性大師傳」(대정장51, p.384c17)에 "실성대사가 입적을 앞두고 대중에게 말했다. '나는 비록 조사의 인을 들었으나 그중 다하지 못하였습니다. 그대들 말해보십시오. 그중에 일 어떻게 지어야 하리요? 끝도 중간도 안팎도 이미 없다 해서는 안 되리. 이와 같이 이해한다면 너른 땅을 마치 모래로 깔아버린 듯 하리라. 이제 다른 곳에서 봅시다'. 말을 마치고서 입적하였다. 師將示滅白衆曰 某甲雖提祖印 未盡其中 諸仁者 且道 其中事 作麽生 莫是無邊中間內外已否 如是會解 即大地如鋪沙去 此即他方相見 言訖告寂", 같은 책 권26 「보은사지전 報恩師智傳」(대정장51, p.428a26)에 "학인이 보은에게 물었다. '조사와 조사가 서로 조사의 심인을 전하였습니다. 스님께서 이제 법을 이으려 하시니 어떤 이에게 주시렵니까?' '영추봉 앞에 둥근 달 밝고 또 밝다'. 問 祖祖相傳傳祖印 師今法嗣嗣何人 師曰 靈鷲峯前月輪皎皎"라고 하였다. [참고문헌] 『景德傳燈錄』, 『汾陽語錄』 권중(대정장47, p.609b1). ⇨ 심인 心印❶, 조사 祖師

조인 粗人 마음이 거친 사람. 『능엄경관섭』 권9(卍속장23, p.457b6)에 "무릇 광야와 깊은 산이란 천태와 죽림과 아미와 오대와 같은 곳으로, 모두 성스러운 도량의 땅이다. 그곳 어디나 아라한이 머문다. 특히 세간의 거친 사람들 스스로는 절대 보지 못한다. 凡曠野深山 如天台竹林 峩眉五臺 皆是聖道場地 皆有阿羅漢 於中住持 特世間粗人 自不能見耳"라고 하였다. [참고문헌] 『楞嚴經貫攝』, 『釋氏通鑑』 권4(卍속장131, p.823b1). ⇨ 추인 麤人, 세인 細人

조입송 朝入頌 아침 입정(入定) 때 외우는 게송. 조게송(朝偈頌)이라고도 한다. "삼계 마치 드레박 줄 같아서, 백천만겁 티끌처럼 지나왔으니, 사람 몸을 받은 금생에 건널 수 없다면, 다시 어느 생을 기다려 벗어나리요? 三界猶如汲井輪 百千萬劫歷微塵 此身不向今生度 更待何生度此身" [참고문헌] 『三門直指』(한불전10, p.165c9), 『僧家日用集』(『韓國佛敎儀禮資料叢書』 권3, p.539b19), 「成道齋山林式」(『釋門儀範』 권하, p.153a12).

조자어시 雕觜魚顋 새 부리에 물고기 아가미. 남다르고 자기 주견이 뚜렷하고 탁월한 인물을 비유하는 말로 쓴다. 조취어시(鳥嘴魚顋)라고도 한다. 『종용록』 86칙 「시중 示衆」(대정장48, p.282c4)에 "구리머리에 쇠이마나, 하늘눈에 용의 눈동자나, 새 부리에 물고기 아가

미나, 곰의 심장에 표범의 쓸개라 한들 금강의 칼 아래에서는 이런 헤아림 용납할 수 없으니, 어떤 헤아림도 얻을 수 없으리. 어째서 이와 같을까? 銅頭鐵額 天眼龍睛 雕觜魚顋 熊心豹膽 金剛劍下 是計不納 一籌不獲 爲甚麽如此"라고 하였다. 〔참고문헌〕『從容錄』. ⇨조취어시 鳥嘴魚顋, 동두철액 銅頭鐵額

조작 造作 Ⓢ abhisaṃskaraṇa, abhisaṃskaroti, abhisaṃskāra, Ⓣ mngon-par-'du-byas-pa, mngon-par-'dus-byas. 지어 만들어내다. 이렇게 해서 드러난 것을 유위(有爲)의 제법(諸法)이라 부른다. 지어 만들었기에 무상(無常)하고 무상하기에 공(空)하다. 이를 깨우쳐 만물을 짓는 창조주, 즉 대범천왕 등의 사견(邪見)에서 벗어나고 열반을 얻으며 나아가 보리심을 일으킨다. 『구사론』에서는 행(行)을 조작이라 하고 상(想)과 사(思)가 그것을 있게 한다 하였으며, 유식가들은 아뢰야식(阿賴耶識)이 능히 무량제법(無量諸法)을 짓는다 한다. 선문(禪門)에 들어서는 고요함을 취하고 깨우침을 구함마저 조작의 경계일 수 있음을 경계한다. 『장아함경』 권16 「견고경 堅固經」(대정장1, p.102b22)에 "장자의 아들이여! 저 범왕은 오히려 비구에게 답한다. '나는 대범천왕이니 나보다 뛰어난 이는 없도다'. 그리고는 '만물을 조작하니 중생의 부모다'라고까지 말한다. 長者子 彼梵王猶報比丘言 我是大梵天王 無能勝者 乃至造作萬物 衆生父母", 『대반열반경』 권상(대정장1, p.191c13)에 "일체제중생이 죄다 생사 있음을 따르네. 나 지금 또한 나고 죽기는 하나 유를 따르지는 않네. 일체의 조작행을 나 이제 버리고자 하네. 一切諸衆生 皆隨有生死 我今亦生死 而不隨於有 一切造作行 我今欲棄捨", 『잡아함경』 권7(대정장2, p.45a10)에 "세존께서 비구들에게 말씀하셨다. '무엇인가 있고 무엇인가 일어나고 무엇인가에 얽히고 무엇인가를 아라 여긴다. 모든 중생으로 하여금 「이 대범자재가 자연을 지어내니 중생의 아버지다」라는 이와 같은 견해와 이와 같은 말을 하게 한다.' 世尊告諸比丘 何所有故 何所起 何所繫著 何所見我 令諸衆生 作如是見如是說 此大梵自在 造作自然 爲衆生父", 『구사론』 권1 「분별계품 分別界品」(대정장29, p.4a7 : *Abh-k-bh.*, p.10)에 "박가범께서는 계경에 설하시길 '육사신이 행온이다'라고 하셨으니 가장 승하기 때문이다. 왜인가? 행은 조작이라고 일컫는데, 사는 업성이고 조작의 의미가 강하기에 가장 승하다. 薄伽梵於契經中說 六思身爲行蘊者 由最勝故 所以者何 行名造作 思是業性 造作義强 故爲最勝 bhagavatā tu sūtre ṣaṭ cetanākāyā ityuktaṃ prādhānyāt. sā hi karmasvarūpatvādabhisaṃskaraṇe pradhānā", 같은 책 권4 「분별근품 分別根品」(대정장29, p.19a18 : *Abh-k-bh.*, p.54)에 "상은 경에 차별상을 취하는 것이고, 사는 마음으로 하여금 조작하게 한다. 想謂於境取差別相 思謂能令心有造作 cetanā citta-abhisaṃskāro manas karma. saṃjñā saṃjñānaṃ viṣaya-nimitta-udgrahaḥ", 『대품반야경』 권19(대정장8, p.360a25)에 "중생은 전도된 인연 때문에 신구의업을 조작하고, 욕을 따른 본업으로 육도의 몸을 받으니 지옥·아귀·축생·인·천·아수라다. 衆生顚倒因緣故 造作身口意業 隨欲本業 報受六道身 地獄餓鬼 畜生人天 阿修羅身", 『순중론』 권상(대정장30, p.42a26)에 "만약 법이 지어 만든 것이라면 모든 것이 그대로 무상이다. 비유컨대 병 등이나 소리 또한 이와 같다. 지었기에 무상하니 모든 것들이 이와 같다. 일체제법도 지은 것이기에 무상하다. 若法造作 皆是無常 譬如甁等 聲亦如是 作故無常 諸如是等 一切諸法 作故無常", 『유가사지론』 권2 「의지 意地」(대정장30, p.285b25 : *Yogā-bh.*, p.31)에 "유정을 헤아리려 해도 결정할 수 없다. 왜 그런가? 저들 가지가지로 업을 짓기 때문이니, 때론 한 겁을 지나고 때론 점점 줄기도 해서 1세까지 이르기 때문이다. 若有情數時無決定 所以者何 由彼造作種種業故 或過一劫 或復減少 乃至一歲 yatpunaḥ sattvasaṃṅkhyātaṃ tasya nāsti kālaniyamaḥ. tathā hi. te vicitrakarmābhisaṃskārāḥ. tasmāt teṣāṃ pareṇāpi kalpādbhavati tataścārvānyāvaddaśa saṃvatsarāditi", 『전식론』(대정장31, p.62b29)에 "〔석〕 이 일체종자식이라는 것은 바로 아리야식이니, 제법의 종자이자 나머지 전7식의 종자가 된다. 나머지 7식종자에 미쳐서는 능히 자류의 무량제법을 일으키기에 통틀어 일체법종자식이라고 한다. '이와 같고 이와 같다'라고 한 것은 이와 같은 식으로 말미암아 능히 돌고 돌며 무량제법을 조작하게 되니, 때로는 뒤쳐 근을 짓고 때로는 굴러 진을 짓고, 때로는 뒤쳐 아을 짓고 때로는 굴러 식을 짓는다. 釋曰 謂是一切種子識者 是阿梨耶識 爲諸法種子 及所餘七識種子 及所餘七識種子 並能生自類無量諸法故 通名一切法種子識也 如此如此者 由此等識 能迴轉造作無量諸法 或轉作根 或轉作塵 或轉作我 或轉作識", 『석마하연론』 권2(대정장32, p.611c16)에 "제7식은 수승한 힘이 있기에 때로는 조작하고 가져 담아 쓰고, 때론 조작하며 분별하여 의지한다. 第七識有殊勝力故 或時造作持藏之用 或時造作分別之依故", 『마조도일광록』(사가어록1, 卍속장119, p.811a16)에 "선을 취하며 악을 버리고, 공을 관하면서 정에 드는 것은 바로 조작에 속한다. 取善捨惡 觀空入定 卽屬造作", 『임제록』(대정장47, p.499b13)에 "보통의 눈먼 대머리들은 배불리 밥을 먹고는 문득 좌선하며 관행한다. 한 생각도 누실 없이 꽉 붙잡고 놓지 않는다. 그리고는 떠들썩함 싫어하여 고요함 구한다. 이것이야말로 외도법이다. 조사께서 말씀하셨다. 마음에 머물러 고요함 살피든, 마음 들어 밖을 비추든, 마음 거둬 안으로 증하든, 마음 붙들어 정에 들든 이렇게 하는 것들 온통 조작일 뿐이다. 有一般瞎禿子 飽喫飯了 便坐禪觀行 把捉念漏 不令放起 厭喧求靜 是外道法 祖師云 爾若住心看靜 擧心外照 攝心內澄 凝心入定 如是之流 皆是造作"라고 하였다. [참고문헌] 『長阿含經』, 『大般涅槃經』, 『雜阿含經』, 『俱舍論』, 『大品般若經』, 『順中論』, 『瑜伽師地論』, 『轉識論』, 『釋摩訶衍論』, 『馬祖道一廣錄』, 『臨濟錄』, *Abh-k-bh.*, *Yogā-bh.* ⇨ 일체 一切, 유위법 有爲法

조작업 造作業 Ⓢkarmakṛta. 일부러 짓는 업 즉 고작업(故作業 Ⓢsaṃcetanīyaṃ karman : 故思業) 중 증장하지는 않는 업(不增長業). 작업(作業)이라고도 한다. 심사(審思)·원만(圓滿)·무대치(無對治)·유반(有伴)·초이숙(招異熟)의 다섯 가지 인에 의해 짓는 증장업을 제외한 업, 또는 몽소작(夢所作)·무지소작(無知所作)·무고사소작(無故思所作)·불리불삭소작(不利不數所作)·광란소작(狂亂所作)·실념소작(失念所作)·비락욕소작(非樂欲所作)·자성무기(自性無記)·회소손(悔所損)·대치소손(對治所損)의 열 가지 인에 의해 짓는 업을 말한다. 『대비바사론』 권119(대정장27, p.618b22)에 "일부러 생각하지 않고도 짓는 것은 단지 조작업이라 하지 증장이라 하지 않는다. … 수가 정해지지 않은 업(順不定受業)의 경우는 단지 조작이라 하지 증장이라 하지 않는다. 若非故思所造 但名造作 不名增長 … 順不定受 但名造作 不名增長", 『구사론』 권18(대정장29, p.97a2 : *Abh-k-bh.*, p.271)에 "계경에서는 '두 종류의 업이 있는데, 첫째는 조작업이고 둘째는 증장업이다'라고 하였다. … 이(審思·圓滿·無對治·有伴·招異熟)와 다른 모든 업은 조작업일 뿐이다. 如契經說 有二種業 一 造作業 二 增長業 … 異此諸業 唯名造作 kṛtaṃ copacitaṃ ca karmocyate. kathaṃ karmopacitaṃ bhavati. pañcabhiḥ karaṇaiḥ … ato 'nyathā karma kṛtaṃ bhavati nopacitam", 『순정리론』 권40(대정장29, p.569b4)에 "또는 조작이란 견인업을 나타내는 것이며 … 또는 조작이란 생각없이 따라 하는 것이며 … 또는 조작이란 후회하여 버릴 수 있는 것이며 … 또는 이미 갖춰진 것에 의지하기에 조작업이라 한다. 或造作者 顯牽引業 … 或造作者 謂率爾爲 … 或造作者 追悔所損 … 或依具足 名爲造作", 『업성취론』(대정장31, p.781a17)에 "이미 각업을 설하였지 조작업에 대해서는 설하지 않았다. … 무엇을 조작업이라 하는가? 안등이 어느 곳에서나 차제로 힘써 구르는 것이다. 已說覺業 非造作業 … 何者造作 眼等何處 次第力轉"라고 하였다. [참고문헌] 『大毘婆沙論』, 『俱舍論』, 『順正理論』, 『業成就論』, *Abh-k-bh.* ⇨ 고작업 故作業, 증장업 增長業, 업 業

조재영겁 兆載永劫 조(兆 Ⓢatilakṣa : 度洛叉)와 재(載 Ⓢmahāprasuta : 大鉢羅庾多)와 영겁(永劫 Ⓢkalpa)을 함께 일컫는 말. 한없이 오랜 시간을 말한다. 조는 십억 또는 만억이며, 재는 십만조이고, 영겁 또는 겁은 무한히 긴 시간을 말한다. 『무량수경』 권상(대정장12, p.269c6)에 "아난아, 법장비구는 그 부처님께서 계신 곳의 여러 천·마귀·범천·용신 등 팔부대중 가운데서 이러한 큰 서원을 발하여 세우고는 한결같은 마음으로 미묘한 불국토를 장엄하였다. 그가 닦은 불국토는 넓고 크며, 빼어나 견줄 바 없이 아름답다. 일으켜 세워 언제나 그러해서 쇠퇴하거나 변함이 없다. 불가사의한 조재영겁으로 법장보살이 한량없는 공덕을 쌓았기 때문이다. 阿難 法藏比丘 於彼佛所 諸天魔梵龍神 八部大衆之中 發斯弘誓 建此願已 一向專志 莊嚴妙土 所修佛國 開廓廣大 超勝獨妙 建立常然 無衰 無變 於不可思議 兆載永劫 積殖菩薩無量德行", 『무량수경의소』(대정장37, p.121b24)에 "'불가사의조재영겁'이라는 말은 수행이 아주 오래임을 밝힌 것이지, 수의 끝을 말하는 것은 아니다. 於不可思議兆載永劫者 正明修行久遠 是非數之極名"라고 하였다. [참고문헌] 『無量壽經』, 『無量壽經義疏』, 『翻譯名義集』 권3(대정장54, p.1106b29), *Mvyut.249.* ⇨ 영겁 永劫, 법장비구 法藏比丘

조적 鳥迹 Ⓢśakuni pada. 새의 자취. 허공을 나는 새가 자취를 남기지 않는다는 뜻으로, 지혜로운 이에게도 어떤 상(相)이나 분별(分別)의 그림자가 없다는 비유다. 조적(鳥跡)이라고도 한다. 80권본 『화엄경』 권34(대정장10, p.180c25 : *Daś-bh.*, p.7)에 "지혜 일어나는 부처님의 경계는 생각이 아니며, 마음의 길도 떠났고 온처계로 열 수 없으며, 지식이나 생각으로 미칠 수 없다. 마치 허공 중 새의 자취와 같아서 말하거나 보이기 어렵다. 智起佛境界 非念離心道 非蘊界處門 智知意不及 如空中鳥迹 難說難可示 tacchintayā cittapathaiś ca varjitaṃ jñānābhinirhāramunīndraveditam, na skandhadhātvāyatanaprabhāvitaṃ na cittagamyaṃ na manovicintitam. yathāntarīkṣe śakuneḥ padaṃ budhairvaktuṃ na śakyaṃ na ca darśanopagam", 40권본 『대반열반경』 권2(대정장12, p.377b5)에 "비유하면 저 새의 자취 허공중에 나타날 리 없듯이, 능히 무아상을 수습한 사람에게는 어떤 견해도 있을 리 없다. 譬如鳥跡 空中現者 無有是處 有能修習無我想者 而有諸見 亦無是處"라고 하였다. [참고문헌] 『華嚴經』, 『大般涅槃經』, *Daś-bh.*

조적 照寂 비춤과 고요함. 일체(一切)를 비추지만 그 바탕 공(空)해 고요함을 말한다. 『대승구생방편문』(대정장85, p.1274b5)에 "보거나 듣거나 깨우쳐 아는 것이 용이니, 고요하면서 언제나 쓰고 쓰면서도 항상 고요하다. 용이면서 적이니, 상을 떠남을 적이라 한다. 고요하면서 비추고, 비추면서 고요하다. 고요하면서 비춘다 하니 성을 인으로 상을 일으킨다는 뜻이다. 비추면서 고요하다는 말은 상을 거두어 성으로 돌아감이다. 펼치면 법계 가득 스며들고, 거두면 터럭 끝에 온통 있게 된다. 見聞覺知是用 寂而常用 用而常寂 卽用卽寂 離相名寂 寂照照寂 寂照者 因性起相 照寂者 攝相歸性 舒則彌淪法界 卷則總在於毛端"라고 하였다. 〔참고문헌〕『大乘無生方便門』. ⇨ 적조 寂照 ❶

조전법 造錢法 명부(冥府)의 지전(紙錢)을 조성하는 법. 종이로 만들고 변성금은전진언(變成金銀錢眞言)을 지송한다. 『예수시왕칠재의찬요』 권1 「조전법」(한불전11, p.441a14)에 "어느 책에 '지전을 만들 때에 종이 1관에 30푼을 채운다'라 하였다. … 지금 사람들은 1척 길이의 종이 절반에 노란물을 들여 황백이 서로 교차되게 하고 원추로 돈을 새긴다. 한 줄에 10푼, 한 폭에 30푼이나 되는 돈을 만드니 이 법은 빈부에 통한다. 어느 책에 '지전을 만들어 차례대로 청정한 법석 위에 둔다' 하였다. 또는 양지로 3·7번 친 후 세 곳에 대렴을 설치하고 대렴에 황백의 지전을 걸어 월덕방수마저 적셔 한 차례 치고는, 스님이 대의를 입고 물에 들어가 진언을 지송한다. 一本云 造錢者 一貫 須具三十文 … 今之人 以一尺之長之紙 染黃折半 而黃白紙 相交堆之 以圓錸彫錢 一行十文 一幅成三十文 造無數文錢 此法通於貧富可矣 一本云 造錢以次第出置淨席上 又以楊枝三七條編之 三處作大簾 簾上堆黃白紙錢 汲月德方水一升 僧着大衣臨水誦眞言, 같은 책(한불전11, p.444a18)에 "혹은 사승과 부모형제자매가 사망한 날에 명왕재를 차려 망령의 복보를 빌어줄 때 파전을 가리지 않거나 조전법을 따르지 않고 명왕에게 헌납하면 왕이 수용하지 않고 이곳에 버려두므로 쌓여서 산을 이룰 뿐이다. 或爲師僧父母兄弟姉妹死亡之日 爲設冥王齋 資助亡靈福報者 不擇破錢不依造錢法 獻納冥王 王不受用 拖弃此處 積聚成山而已矣"라고 하였다. 〔참고문헌〕『預修十王生七齋儀纂要』, 『釋門儀範』 권상 p.234a2. ⇨ 변성금은전진언 變成金銀錢眞言, 지전 紙錢

조정 爪淨 부처님께서 제정한 오종작정(五種作淨 : 五種淨食) 중 하나. 창정(瘡淨)이라고도 한다. 열매나 과일의 경우 씨앗 채 먹어서는 안 되기에 손톱으로 껍질을 까게 한 후 먹어야만 정식이고, 그렇지 않으면 부정식(不淨食)이다. 『마하승기율』 권31(대정장22, p.478b13)에 "껍질을 제거하지 않은 것은 마땅히 조정을 한 후에 먹을 수 있다. 스스로 얻은 후 먹을 수 있는 것이 아니라 반드시 먼저 다른 사람에게 까게 하여 조정을 한 후에야 먹을 수 있다. … 만약 열매가 익어 땅에 떨어져서 손상된 것은 조정이라고 한다. 반드시 씨앗을 버린 후 먹어야 한다. 不須盡去皮 當爪淨聽食 不聽自取後受食 應先使淨人爪淨然後受食 … 若果熟落地傷破 卽名爪淨 應受取却核得食", 『유부율』 권36(대정장23, p.826a24)에 "무엇이 조정인가? 손톱을 빌리거나 손상된 것이다. 云何爪淨 謂以爪甲傷損"라고 하였다. 〔참고문헌〕『摩訶僧祇律』, 『有部律』. ⇨ 오종작정 五種作淨

조정 祖庭 ❶ 조사(祖師)들의 정원(庭苑). 부처의 마음을 전하고 받는 이들이 함께하는 뜰이며, 종문(宗門)의 종지(宗旨)가 살아 움직이는 곳의 뜻이다. 『선림보훈』 권2(대정장48, p.1022c3)에 "담당문준(湛堂文準)이 말했다. '조정이 저물어 가니 총림 아래 사람들 들뜨지 않은 이들 진실로 만나기 어렵게 되었다'. 湛堂曰 祖庭秋晩 林下人 不爲囂浮者 固自難得"라고 하였다. 〔참고문헌〕『禪林寶訓』. ⇨ 선종 禪宗, 조사 祖師 ❷ ?~1818. 일본 조동종(曹洞宗) 스님. 호는 각운(覺雲), 속성은 상정(相庭)씨. 삼하(三河 : 愛知縣) 보반(寶飯) 출신. 정당풍주(鼎堂豊州)의 법을 이었고, 1792년 『설주필서유마지기 雪舟筆書維摩之記』를 지었다. 1818년(문정1) 8월 28일 입적하였다. 〔참고문헌〕『長林傳燈錄』.

조정 藻井 고대 건축양식 중 하나로, 우물(井) 모양으로 장식한 천장. 기정(綺井)·승진(承塵)·천화판(天花板)이라고도 한다. 돈황(燉煌) 막고굴(莫高窟) 제205·329·407·420굴 등의 복두정(覆斗頂) 방형부분에서 전형을 볼 수 있다. 중심 방정에는 대개 연화(蓮華)·보상화(寶相華)·비천(飛天)·용봉(龍鳳)·삼토(三兎) 등의 다양한 문양을 그린다. 『대당대자은사삼장법사전』 권7(대정장50, p.259b8)에 "새로 건립한 도량은 대자은사라 이름하고, 별도로 번경원을 만들어 들보와 조정에는 운기를 단청하고 경초·동답·금환·화포를 모두 더하여 빼어나게 화려했다. 其新營道場宜名大慈恩寺 別造翻經院 虹梁藻井 丹靑雲氣 瓊礎銅沓 金環華鋪 並加殊麗"라고 하였다. 우리나라에서는 고구려 고분벽화에서 볼 수 있는데, 쌍영총(雙楹塚) 말각조정(抹角藻井)에는 연화·두꺼비와 삼족오(三足烏)가 그려진 일월(日月)·운기(雲氣) 등이 시문되어 있다. 『삼국사기』 권33 잡지(雜志)2 옥사(屋舍)에는 "사두품에서

조정 돈황제420굴 수

백성까지는 방의 길이와 너비가 15척을 넘지 못하고, 산유목을 쓰지 못하며 조정도 시설하지 못하고 당와 또한 덮지 못하게 하였다. 四頭品至百姓 室長廣不過十五尺 不用山楡木 不施藻井 不覆唐瓦"라고 하였다. 〔참고문헌〕『大唐大慈恩寺三藏法師傳』, 『三國史記』.

조정겸추록 祖庭鉗鎚錄 명대 비은통용(費隱通容) 지음. 2권. 卍속장114, pp.745a1~768b14에 수록되어 있다. 조사들이 학인을 단련시킨 어요(語要)와 간절한 설법에 저자 자신의 견해를 기술하여 엮었다. 영원유심(靈源惟深)·회암미광(晦菴彌光)·대혜종고(大慧宗杲) 등이 제시한 50여 조목의 법어나 기연 등을 수록하고 그에 대하여 하나하나 평가를 붙이고 점검하는 형식이다. 권말에 부록으로 염화(拈花)·자총선사문달관영화상범오문(自聰禪師問達觀穎和尙凡五問)·교몽당중교오가종파서(覺夢堂重較五家宗派序)·일할분오교(一喝分五教) 등 네 조목을 종문잡록(宗門雜錄)이라는 제명 아래 수록하고 있다. ⇨통용 通容

조정겸행 助正兼行 조업(助業)과 정업(正業)을 함께 행하다. 정조합행(正助合行)·정조쌍행(正助雙行)·정조겸수(正助兼修)라고도 한다. 예를 들면 보살이 육바라밀(六波羅蜜)을 행함에 하나의 바라밀을 행하여 정업으로 삼으면, 그 나머지 다섯바라밀은 조업이 된다. 정토종(淨土宗)에서는 오정행(五正行) 중 서방정토에 왕생하기 위하여 아미타불의 명호(名號)만을 염송하는 칭명(稱名)을 정업이라 하고, 그 이외의 독송(讀誦)·관찰(觀察)·예배(禮拜)·찬탄공양(讚歎供養) 등은 조업이라고 한다. 『섭대승론석』 권9(대정장31, p.220b23)에 "〔논〕 세존께서는 때로는 시라는 이름으로 모든 바라밀을 말씀하셨으며, 때로는 계로, 때로는 인으로, 때로는 정진으로, 때로는 정으로, 때로는 반야라는 이름으로 모든 바라밀을 말씀하셨다. 〔석〕 다섯바라밀은 하나의 바라밀로 거둬들이니, 하나의 바라밀중에 여섯바라밀을 모두 갖추지만, 시 등 한 가지 이름으로 설할 뿐이다. 〔논〕 여래께서는 무슨 뜻으로 이와 같이 말씀하시는가? 모든 바라밀을 방편으로 행하는 중에 일체 나머지 바라밀도 모두 모여 돕고 성취하기 때문이다. 이것이 바로 여래께서 말씀하신 뜻이다. 〔석〕 보살이 하나하나의 바라밀에 가행을 닦는다면 그 나머지 바라밀은 모두 이 하나의 바라밀을 도와서 성취한다. 마치 모든 보살이 바로 시를 행할 때 몸과 입을 수호하여 칠지악을 여의니 곧바로 정어·정업·정명 등의 계를 가지게 되며, 이 계로 말미암아 보시도 성취된다. 그러므로 계로 보시를 성취하게 된 것이다. … 정진은 이와 같은 선을 낳고 이와 같은 악을 대치하며, 이 정진으로 말미암아 보시가 성취된다. 그러므로 정진이 보시를 성취하게 한다. 또 보살이 보시를 정행할 때 일심으로 상속하며 중생을 이락케 하는 일을 하고, 이런 정으로 말미암아 보시를 성취한다. 그러므로 정이 보시를 성취하게 한다. 다시 보살이 보시를 바로 행할 때 인과를 잘 알고 삼륜에 집착하지 않기에 반야가 보시를 성취한다. 이런 것을 나머지 바라밀이 하나의 바라밀을 도와 취한다 한다. 그러므로 육바라밀을 통틀어 시라고 하며, 시와 같이 계 등도 이와 같다. 하나의 바라밀이 여섯바라밀을 갖추기에 서른여섯구가 된다. 論曰 世尊 或以施名 說諸波羅蜜 或以戒名 或以忍名 或以精進名 或以定名 或以般若名 說諸波羅蜜 釋曰 五波羅蜜入一波羅蜜攝 一波羅蜜中 則具有六 但以施等一名說之 論曰 如來以何意作如此說 於諸波羅蜜 修行方便中 一切餘波羅蜜 皆聚集助成故 此即如來說意 釋曰 若菩薩於一一波羅蜜修加行 餘波羅蜜 皆助成此一 如諸菩薩 正行施時 守護身口 離七支惡 即持正語 正業 正命戒 由此戒故 施得成就 故戒能成施 … 精進能生如此善 對治如此惡 由精進施得成就 故精進能成施 若菩薩正行施時 一心相續 緣利樂衆生事 由此定故 施得成就 故定能成施 若菩薩正行施時 由了別因果 不著三輪 故般若能成施 是名餘波羅蜜助成一波羅蜜 故合說六波羅蜜 總名爲施 如施戒等亦爾 一度具六故 成三十六句"라고 하였다. 〔참고문헌〕『攝大乘論釋』. ⇨정조이업 正助二業, 정잡이행 正雜二行, 육바라밀 六波羅蜜, 오정행 五正行

조정사원 祖庭事苑 송대 목암선경(睦庵善卿) 지음. 8권. 卍속장113, pp.1a1~242b18에 수록되어 있다. 1154년(소흥24) 중간되었다. 선종에서 가장 오래된, 선문의 사휘(事彙)를 모은 책이다. 운문(雲門)·설두(雪竇)·의회(義懷)·풍혈(風穴)·법안(法眼) 등의 어록과 『팔방주옥집 八方珠玉集』·『영가증도가 永嘉證道歌』·『십현담 十玄談』 등에서 불교·세전(世典)의 고사·성어·명수(名數)·인명·속어·방어(方語) 등을 가려내어 상세한 해설을 붙이고 그 전거를 제시하였으며 탈락한 자구의 교정도 겸하였다. 모두 2,400여 항목이 게시되어 있다. 책머리에 붙은 법영(法英)의 「서문 序文」에 본서의 연유를 밝혔다. 고래로 선문의 용어에 익숙하지 않은 초학자들이 널리 열람해 왔던 사전류다. 「발문 跋文」(卍속장113, p.242b7)에 '초학자들이 즐겨 가까이 하는 물건이다. 初機之善物'라 한 말이 그것이다. 책 말미에 1108년(대관2) 8월에 쓴 건무군절도사(建武軍節度使)의 「발문」과 1154년(소흥24) 진엄비구(盡庵比丘) 사감(師鑒)이 재간(再刊)하면서 붙인 「발문」 그리고 같은 해 6월 옥진비구(玉津比丘) 자운(紫雲)의 「후서 後序」 등이 붙어 있다. 고려의 일연(一然)에게 『조정사원』 30권이 있었다고 전해지지만 그 소재와 내용 등은 분명하지 않다. ⇨선경 善卿

조정이업 助正二業 조업과 정업이라는 두 가지 업. 정조이업(正助二業)이라고도 한다. 『선택전홍결의초』 권2(臺灣國圖善本42, p.46b6)에 "조정이업을 분별한다. 보조는 조업이고 정선은 정업이 된다. 이 때문에 지금 글의 뜻은 나머지 네 가지 정행은 본원행이 아니라는 것이다. 그러므로 조업으로 가려 둔다. 오직 입으로 부르는 단 하나의 행만이 홀로 부처님의 원에 따르는 것이다. 그러므로 만행 가운데 오직 염불만을 정업으로 삼는다. 分別助正二業者 爲傍助業選正業也 是故今文意者 餘四正行非本願行 故判屬助業 唯口稱一行 獨順佛願 故萬行中 唯以念佛爲正業也"라고 하였다. [참고문헌] 『選擇傳弘決疑鈔』. ⇨ 정조이업 正助二業, 오종정행 五種正行

조정지남 祖庭指南 통창거사(通昌居士) 서창치(徐昌治) 엮음. 2권. 청대인 1652년(순치9) 간행. 과거칠불(過去七佛)부터 28조와 명말까지 이어졌던 조사들의 간략한 행장을 모은 책이다. [참고문헌] 『五燈全書』 권71(卍속장141, p.491b9). ⇨ 서창치 徐昌治

조제암 鳥啼庵 강원도 고성군 현내면 명파리 금강산(金剛山)에 있는 암자. 조제사(鳥啼寺)라고 하였다. 『범우고』에 "건봉사 옆에 있다. 在乾鳳寺傍"라고 하였다. 772년(혜공왕8)에 진표율사(眞表律師)가 관음암(觀音庵)으로 창건, 1358년(공민왕7)에 나옹왕사(懶翁王師)가 중건하였다. 1465년(세조11)에 세조가 중건을 명하고 암자명을 변경하였다. 세조가 동쪽을 순시하면서 명파리에 이르렀는데, 관음청조(觀音靑鳥)의 소리가 들려 찾아보니 이 암자가 있어 '조제'로 이름하였다고 전한다. 이후 운곡대사(雲谷大師)가 중수하였고, 1896년(고종33)에 기월대사(機月大師)가 서쪽으로 5리 떨어진 곳으로 이건(移建)하였다가 1903년 다시 옛터로 옮겼다. 1910년에 선화대사(禪和大師)가 중수하였으며, 1927년에 대연(大蓮)이 불상을 개금(改金)하고 중종(中鐘)을 시주하였다. [참고문헌] 『輿地圖書』, 『伽藍考』, 『梵宇攷』, 『乾鳳寺本末事蹟』(亞細亞文化社, 1977) pp.207~208, 『韓國寺刹全書』 권하 p.1022b12·b13.

조조 刁刁 바람 등에 초목 등이 흔들리는 소리나 모양새. 또는 바람소리를 형용한다. 『송고구거』(가흥장29, p.182c1)에 "뼈에 사무치고 뇌리에 사무치니, 그대 가만가만 흔들리는 소리를 듣지 못했는가? 徹骨徹髓 子不聞調調之刁刁乎"라고 하였다. [참고문헌] 『頌古鉤距』.

조조 祖祖 조사(祖師)와 조사. 조사가 조사에게, 또는 조사와 조사들만이의 뜻이다. 불불조조(佛佛祖祖)라고도 하여 부처와 부처끼리, 조사와 조사만이의 뜻으로 쓴다. 『오등회원』 권3 「미령화상장 米嶺和尙章」(卍속장138, p.115b14)에 "미령화상이 입멸을 앞두고 게송을 남겼다. '조사는 조사일 뿐 헤아려 알 수 없고 언제나 세간에 머물 수도 없네. 대중들이여, 자세히 사유하라. 끝내 다만 이것일 뿐이네'. 말을 마치고서 입적하였다. 師將示滅 遺偈曰 祖祖不思議 不許常住世 大衆審思惟 畢竟祇這是 言訖而寂", 『선문보장록』 권상(한불전6, p.471a4)에 "무릇 교 밖에서 따로 전했다 하니 부처와 부처만이, 조사와 조사끼리만이 함께한 법이다. 且夫敎外別傳 卽佛佛祖祖所共法也", 『태고어록』 권상 「현릉청심요 玄陵請心要」(한불전6, p.677b10)에 "예부터 줄곧 부처가 부처에게, 조사가 조사에게 전했을 뿐 문자를 세우지도 않고 언어를 세우지도 않아, 다만 마음으로 마음을 전하였으니 별다른 법 있을 리 없다. 從上以來 佛佛祖祖 不立文字 不立語言 但以心傳心 更無別法"라고 하였다. [참고문헌] 『五燈會元』, 『禪門寶藏錄』, 『太古語錄』. ⇨ 조사 祖師, 불불조조 佛佛祖祖

조조 祖曹 선조들. 조(曹)는 무리(衆)를 뜻한다. 『종용록』 53칙 「송 頌」(대정장48, p.261a15)에 "갈림길 나누고 실에 물들이며 대단히도 애쓰지만〈아는 일 적으면 번뇌도 적고〉, 잎 엮고 꽃다발 묶느라 선조들을 팽개쳐버렸네〈알고 지내는 사람이 많으면 시비도 많다〉. 岐分絲染太勞勞〈知事少時煩惱少〉 葉綴花聯敗祖曹〈識人多處是非多〉"라고 하였다. [참고문헌] 『從容錄』.

조조기요 祖祖機要 조사와 조사만이 주고받는 마음씀(心機)의 핵심. 『굉지광록』 권8(대정장48, p.98a29)에 "부처님과 부처님끼리 마음씀이나, 조사와 조사끼리 주고받는 마음씀이 있으니, 일 없이도 알고 대상과 연 없이도 비춘다. 佛佛要機 祖祖機要 不觸事而知 不對緣而照", 『환계유일어록』 권상(卍속장122, p.125a16)에 "부처와 부처끼리 주고받는 일 누구도 알아채지 못하고, 조사와 조사끼리 주고받는 일 누가 헤아릴 줄 알겠는가? 그런 까닭에 물이 맑아 바닥까지 사무치면 물고기 천천히 움직이고, 창공이 드넓어 끝을 알 수 없으면 새로 난다 해도 아득하기만 한 소식이라네. 佛佛要機 無人採著 祖祖機要 誰解論量 所謂 水淸徹底 魚行遲遲 空闊莫涯 鳥飛杳杳底消息"라고 하였다. [참고문헌] 『宏智廣錄』, 『環溪惟一語錄』. ⇨ 불불요기 佛佛要機, 기요 機要

조조상전 祖祖相傳 조사(祖師)와 조사여야만 서로 전한다. 사사상전(師師相傳)이라고도 한다. 『종경록』 권1(대정장48, p.417b28)에 "서천의 석가문불 말씀하시길 '부처의 말은 마음을 종으로 하고 문이 없음을 법문으로 한다' 하였고, 이 땅의 초조 달마대사는 '마음으로 마음을 전하되 문자를 세우지 않는다' 하였으니, 부처와 부처끼리 손수 주며 이 종지를 주었고, 조사와 조사가 서로 전하며 이 마음을 전하였다. 西天釋迦文佛云 佛語心爲宗 無門爲法門 此土初祖達磨大師云 以心傳心 不立文字 則佛佛手授 授斯旨 祖祖相傳 傳此心", 『진심직설』「중각진심직설서 重刻眞心直說序」(대정장48, p.999a27)에 "진심직설이란 부처와 부처가 손수 전하고 조사와 조사가 서로 전한 것으로 별다른 법은 없다. 마음이란 사람사람마다의 본원이자 제불의 각성이니, 일체만법이 온통 한 마음 안에 있고, 팔만사천법문이 이로부터 나온다. 이 마음을 깨달으면 범성이 서로 섞이지만, 이 마음 어두우면 나고 죽음 끝이 없다. 夫眞心直說者 佛佛授手 祖祖相傳 更無別法也 心者 人人之本源 諸佛之覺性 一切萬法 盡在一心之內 八萬四千法門 從此而出 悟此心者 凡聖交參 迷此心者 生死無際", 『경덕전등록』 권8 「남전보원전 南泉普願傳」(대정장51, p.259a8)에 "학인이 남전에게 물었다. '조사와 조사가 서로 전했다 하니 합해서 전하면 무슨 일일까요?' '하나, 둘, 셋, 넷, 다섯'. 僧問 祖祖相傳 合傳何事 師云 一二三四五"라고 하였다. [참고문헌] 『宗鏡錄』, 『眞心直說』, 『景德傳燈錄』. ⇨ 사사상전 師師相傳, 조사 祖師

조조잡잡 嘈嘈雜雜 왁자지껄하게 매우 시끄러운 모양. 『직주천동송고』 권1(卍속장117, p.788a4)에 "개에게 불성이 있다고도 하고 개에게 불성이 없다고도 하니〈위의 공안에 대한 염이다〉, 곧은 낚싯바늘로는 원래 목숨 버린 물고기 낚는다네〈곧아서 굽은 구석이 전혀 없고 정을 끊어야 비로소 이해한다〉. 냄새 좇고 향기 맡는 운수객들, 왁자지껄 나누고 덧붙인다〈진실을 잃고 거짓 좇으니 개 목구멍에 뼈 걸린 듯하다〉. 狗子佛性有 狗子佛性無〈拈上公案〉 直鉤元釣負命魚〈直無委曲 情絶方領〉 逐氣尋香雲水客 嘈嘈雜雜作分疏〈迷眞逐妄 如狗咽骨〉"라고 하였다. [참고문헌] 『直註天童頌古』, 『從容錄』 18칙(대정장48, p.238c19).

조족봉 鳥足縫 가사(袈裟)의 조(條)를 서로 이어 붙일 때 새(鳥)의 발 모양으로 꿰매는 것. 곧 입(入) 또는 인(人) 자의 형태로 조엽(條葉)을 꿰매며 누비는 것을 말한다. 말(馬) 이빨 모양으로 꿰매는 것을 마치봉(馬齒縫)이라고 한다. 『사분율』 권40(대정장22, p.855b9)에 "지금부터 잘린 조각을 꿰맨 울다라승과 승가리 입는 것을 허용한다. 조엽은 새발뜨기 하고 조엽 끝을 엮으려면 말이뜨기 하는 것을 허용한다. 自今已去 聽著割截鬱多羅僧僧伽梨 聽葉作鳥足縫 若編葉邊 若作馬齒縫"라고 하였다. [참고문헌] 『四分律』, 『四分律行事鈔資持記』 권하(대정장40, p.363c26), 『釋門章服儀』(대정장45, p.837c26). ⇨ 마치봉 馬齒縫, 가사 袈裟

조종 祖宗 으뜸(宗)이라 여겨 섬기는 일이나 그런 사람. 부처의 혜명(慧命)을 이어 전하는 조사들이나 그들이 전하는 으뜸의 가르침, 즉 종지를 말한다. 『불소행찬』 권2(대정장4, p.18b14)에 "마치 사람이 자녀를 낳아 기르면 조상의 은혜를 등지지 않듯이, 선인이 남긴 글을 공부하고 하늘에 큰 제사지냄과 같다. 如人生育子 不負於祖宗 學仙人遺典 奉天大祠祀", 『보장론』(대정장45, p.143c15)에 "무릇 진실이라 하지만 머물 섬도 없고 함께할 짝도 없으며, 끝도 없고 처소도 없지만 능히 만물이 으뜸으로 섬기는 것이다. 夫眞也者 無洲無渚 無伴無侶 無涯無際 無處無所 能爲萬物之祖宗", 『경덕전등록』 권3 「보리달마전 菩提達磨傳」(대정장51, p.218a12)에 "우리의 선조라 여겨 으뜸인 이들, 모두 불도를 믿는다 하면서 사견에 빠져 수명이 길지 않았고, 운도 복도 짧았다. 我之祖宗 皆信佛道 陷于邪見 壽年不永 運祚亦促", 같은 책 권11 「앙산혜적전 仰山慧寂傳」(대정장51, p.283c10)에 "조종문하의 상근상지라면 한 번 듣고 천 가지를 깨우쳐 대총지를 얻는다. 若是祖宗門下 上根上智 一聞千悟 得大總持", 같은 책 권22 「건산징전 建山澄傳」(대정장51, p.384a1)에 "'부처님의 일대시교로 지금까지 마주해 이끌었는데, 조사의 종지는 어떻게 사람에게 보이는지요?' '일대시교는 이미 사람이 있었고 물어 마쳤다'. 問 一代時教 接引今時 未審祖宗 如何示人 師曰 一代時教 已有人問了也", 『임제종지』(卍속장111, p.172b10)에 "조종의 문풍이 만 길 절벽처럼 우뚝하기에 자손들이 두려워한다. 기꺼이 쉬운 길 가려 하니 법도는 또한 쇠하여 보잘 것 없게 된다. 祖宗門風 壁立萬仞 而子孫畏之 喜行平易坦塗 此所謂法道陵夷也"라고 하였다. [참고문헌] 『佛所行讚』, 『寶藏論』, 『景德傳燈錄』, 『臨濟宗旨』, *Buddh-c.103*. ⇨ 종 宗 ❶

조종육엽 祖宗六葉 조사(祖師)들의 종문이 여섯 잎으로 열렸다는 말. 달마(達磨)부터 혜능(慧能)까지 6대를 말한다. 『중수조계통지』 권5 「육조능선사비명 六祖能禪師碑銘」(대장경보편30, p.117b10)에 "세계는 한 송이 꽃이요, 조종은 여섯 잎이라네. 世界一花 祖宗六葉"라고 하였다. [참고문헌] 『重修曹溪通志』. ⇨ 오가칠종 五家七宗, 일화개오엽 一華開五葉

조종전기 祖宗傳記 종밀(宗密)의 『중화전심지선문사자승습도 中華傳心地禪門師資承襲圖』 중에 인용된 책 이름. 卍속장110, p.866b15에 보인다. 6조 혜능(慧能)이 입적을 맞아 행도(行滔)·초속(超俗)·법해(法海) 등 문인 세 명에게 20년 뒤의 일을 예언한 현기(懸記)를 기록하고 있다.

조주 趙州 ❶ 하북성(河北省) 서부에 위치한 도시. 조현(趙縣). 수대는 조군(趙郡), 당대는 조주, 송대는 경원부(慶源府), 금대는 택주(澤州), 원대는 조주의 수읍

(首邑)이었다. 서쪽으로는 태항산맥(太行山脈)이 이어지고, 전면에 하북평야(河北平野)가 펼쳐 있으며, 남북으로 관통하는 큰길도 끼고 있어 예부터 군사적 요충지가 되었다. 당말 대중년간(847~859)에 남전보원(南泉普願)의 법을 이은 조주종심(趙州從諗)이 진정수(眞定帥) 왕(王)씨의 귀의를 받고 관음원(觀音院)에 주석하면서 교화를 펼쳐 남종선을 크게 진흥한 곳이다. **2**
➡ 종심 從諗

조주감암주 趙州勘庵主 조주가 암주를 견디다. 『무문관』 11칙 「주감암주 州勘庵主」(대정장48, p.294b6)에 "'조주가 한 암주처에 이르러 물었다. 「계십니까? 계십니까?」 암주가 주먹을 세워 보였다. 조주가 말했다. 「물이 얕아 배를 댈 곳 아니다」 하고는 가버렸다. 다시 또 다른 암주처에 이르러 물었다. 「계십니까? 계십니까?」 그러자 그 암주도 주먹을 세워 보였다. 이에 조주가 「능히 쫓기도 빼앗기도 하고 죽이고 살리기도 한다 하는군」 하며 문득 절을 올렸다'. 무문이 평한다. '그저 다 같이 주먹을 세워 보였는데, 어째서 한 번은 기껍게 하고 한 번은 기껍게 하지 않는가? 말해 보라! 잘못된 곳 어디인가? 여길 향해 뒤친 한마디 얻는다면, 조주의 혀 끝에 뼈 없어 붙들어 일으키고 놓아 내치기도 하며 대자재 얻음을 볼 것이다. 그러나 비록 이와 같더라도 조주가 두 암주에게 간파당한 일 어쩔 수 없다. 만일 두 암주에게 우열이 있다고 말한다면 참학의 안목 아직 멀고, 우열이 없다 하면 이 또한 불학 한 이의 안목 갖추지 못함이다'. 〔송〕 눈은 흐르는 별이고 그 기틀 번개치듯 하니, 사람 살리다 죽이다 하는 칼이다. 趙州到一庵主處問 有麼 有麼 主竪起拳頭 州云 水淺 不是泊舡處 便行 又到一庵主處云 有麼 有麼 主亦竪起拳頭 州云 能縱能奪 能殺能活 便作禮 無門曰 一般竪起拳頭 爲甚麼肯一箇不肯一箇 且道 誵訛在甚處 若向者裏 下得一轉語 便見趙州舌頭無骨 扶起放倒 得大自在 雖然如是 爭奈趙州 却被二庵主勘破 若道二庵主有優劣 未具參學眼 若道無優劣 亦未具參學眼 頌曰 眼流星 機掣電 殺人刀 活人劍", 『종문염고휘집』 권16(卍속장115, p.704a9)에 "강산애(姜山愛)가 말했다. '조주는 송곳 끝 베는 것인 줄만 알았지, 끌 끝 네모진 줄은 몰랐다'. 姜山愛云 趙州只見錐頭利 不見鑿頭方", "운거효순(雲居曉舜)이 말했다. '조주는 당시에 의기 대단했지만 결국 콧구멍은 두 암주의 손아귀에 있었다'. 雲居舜云 趙州當時甚生意氣 雖然如是 要且鼻孔在二庵主手裏"라고 하였다. 〔참고문헌〕 『無門關』, 『宗門拈古彙集』.

조주감파 趙州勘婆 조주가 노파를 견디다. 대산파자(臺山婆子)라고도 한다. 『무문관』 31칙 「조주감파」(대정장48, p.297a9)에 "'학인이 노파에게 물었다. 「오대산 가려면 어디로 가야 하는지요?」 「돌아보지 말고 곧장 가시오」. 이에 학인이 서너 걸음을 막 떼었을 무렵 노파가 말했다. 「훌륭하신 스님께서 또 그렇게 가누나」. 후에 한 학인이 조주에게 이 일을 거론하자 조주가 말했다. 「내가 그대랑 가서 그 노파 만나 봐야겠다」. 날이 밝자 가서는 문득 조주가 같이 물었고, 노파 또한 똑같이 답했다. 조주는 돌아와 대중에게 이렇게 말하였다. 「오대산 노파 너도 나도 다 알아 무너뜨렸다」'. 무문이 평한다. '노파 장막치고 헤아려 앉아있을 줄만 알았지 적이 숨어드는 줄 몰랐으며, 조주노인 군영 엿보아 요새 빼앗을 줄 알았지 대인의 모양새는 없었다. 점검해 보면 둘 다 허물 있으니, 일러보라, 어느 곳이 조주가 노인 마음 깨우쳐 안 곳인가. 〔송〕 묻는 것 다 그러하니 답 또한 별 것 없다. 밥 속에 모래 있고 진흙 속에 가시 있네. 趙州因僧問婆子 臺山路向甚處去 婆云 驀直去 僧纔行三五步 婆云 好箇師僧 又恁麼去 後有僧擧似州 州云 待我去與爾 勘過這婆子 明日便去 亦如是問 婆亦如是答 州歸謂衆曰 臺山婆子 我與爾勘破了也 無門曰 婆子只解坐籌帷幄 要且著賊不知 趙州老人善用偸營劫塞之機 又且無大人相 撿點將來 二俱有過 且道 那裏是趙州勘破婆子處 頌曰 問旣一般 答亦相似 飯裏有砂 泥中有刺", 『종문염고휘집』 권15(卍속장115, p.693b15)에 "위산철(潙山喆)이 말했다. '천하의 납승도 노파에게 길을 물을 줄만 알았지, 발 아래 진흙투성이인 줄은 결국 몰랐다. 만일 조주노인 아니었다면 전장에서 땀 흘리던 준마의 공높음이 어찌 드러났겠는가!' 潙山喆云 天下衲僧 只知問路老婆 要且不知脚下泥深 若非趙州老漢 怎顯汗馬功高"라고 하였다. 〔참고문헌〕 『無門關』, 『宗門拈古彙集』. ⇨ 대산파자 臺山婆子

조주고불 趙州古佛 조주는 옛 부처라네. 『불과격절록』 권상(卍속장117, p.458a2)에 "학인이 설봉에게 물었다. '차디찬 샘 오래 적시는 때, 무어라 해야 하는가?' 〈머리에 이고 가져오너라〉 '눈 크게 떠도 밑바닥 볼 수 없네'〈노파심 간절하군〉 '마시면 어떻습니까?'〈곧바로 높은 자리 내려 저 낮은 곳으로 나아간다〉 '입을 쫓아 들지는 못한다'〈어디로 들어갈까?〉 후에 학인이 조주에게 이를 들었다〈반드시 이 학인이어야만 한다〉. 이에 조주가 말했다. '콧구멍으로 들어갈 수도 없다'〈반드시 이 노인이어야만 한다〉. 학인은 다시 조주에게 물었다. '오랜 산골짜기 찬 샘물 흐를 때 어떻습니까?'〈내버려 둬서는 안 될 일이네〉 '괴롭다'〈씹기에 어려움 없다〉 '마시면 어떻습니까?'〈다시는 살아나지 못한다〉 '죽는다'〈명백하다〉. 설봉이 이 일화를 듣고 말했다. '조주, 옛 부처로구나!' 이후로는 답할 일 없었으니〈이 무슨 마음인가?〉 설두가 집어 평한다. '대중은 모두 설봉이 학인이 묻는 요지 벗어나지 못했기에 조주가 수긍하지 않았다고 말한다〈많은 이들이 이렇게 말한다〉. 하지만 이 일 이렇게 알면 고인에게는 심한 굴욕이다〈명백하다〉. 나 설두는 그렇게 하지 않는다〈설두에겐 무슨 묘수라도 있는지 보아야 하리〉. 못이고 쇠고 단칼에 끊어내는 본분종사이니〈나누어 끝을 낸다〉, 저 아래로 나아가 고르게 높게 하려 하니, 참으로 작자되기 어렵다〈설두야말로 조주 함정 벗어나지 못했네〉'. 擧 僧問雪峯 古澗寒泉時如何〈戴得將來〉 峯云 瞪目不見底〈老婆心切〉 僧云 飮者如何〈正是降尊就卑〉 峯云 不從口入〈從什麽處入〉 僧擧似趙州〈也須是這僧始得〉 州云 不可從鼻孔裏入〈也須是這老漢始得〉 僧却問趙州 古澗寒泉時如何〈放過卽不可〉 州云 苦〈不妨難爲咬嚼〉 僧云 飮者如何〈更不再活〉 州云 死〈灼然〉 雪峯聞擧云 趙州古佛 從此不答話〈也是什麽心行〉 雪竇拈云 衆中總道 雪峯不出這僧問頭 所以趙州不肯〈多少人作者語話〉 如斯話會 深屈古人〈灼然〉 雪竇卽不然〈看雪竇有甚麽長處〉 斬釘截鐵 本分宗師〈分作兩邊〉 就下平高 難爲作者〈雪竇也出趙州綣繢不得〉", 『종문염고휘집』 권29(卍속장115, p.848b15)에 "천복회(薦福懷)가 말했다. '여러분! 설봉이 답하지 않은 도리 어떠한가? 조주를 찬탄하는 경우가 없진 않지만, 조주 한 조각 옥의 티를 가진 사람임을 아는가? 누군가 점검해 냈었다면 상여(相如 : 藺相如)가 진(秦) 왕(昭王)을 속이진 못했으리'. 薦福懷云 諸仁者 作麽生會不答話底道理 讚歎趙州卽不無 還知趙州一片玉瑕生麽 若人檢點得出 相如不誑於秦主"라고 하였다. [참고문헌] 『佛果擊節錄』, 『宗門拈古彙集』.

조주관 趙州關 조주의 빗장. 『조주어록』 권하(고존숙어록14, 卍속장118, p.327a9)에 "조주가 새로 온 학인에게 물었다. '어디서 왔는가?' '남방에서 왔습니다' '조주의 빗장 있는 줄 아는가?' '빗장 달린 문턱 밟지 않는 이도 있음을 아셔야 합니다'. 조주가 소리를 지르며 말했다. '이 소금 몰래 파는 놈아!' 조주가 또 말했다. '형제들이여! 조주관문은 지나기 어렵다'. 학인이 말했다. '무엇이 조주의 빗장이란 말입니까?' '돌다리가 바로 그것이다'. 師問新到 從什麽處來 云 南方來 師云 還知有趙州關麽 云 須知有不涉關者 師叱云 者販私鹽漢 又云 兄弟 趙州關也難過 云 如何是趙州關 師云 石橋是", 『오조법연어록』 권하(대정장47, p.667c23)에 "용문 사무쳐 벗어나기 오히려 어려운 일 아니니, 몇 사람이나 조주의 관문을 통과하겠는가? 하얀 구름 조각조각 푸른 저 산 밖이더니, 비 내리고 서리되어 되돌아 오네. 透出龍門未是難 幾人得過趙州關 白雲片片靑山外 爲雨爲霖去復還", 『원오어록』 권19(대정장47, p.804b29)에 "밧줄 없이도 잘도 묶고 자취 없이도 잘 행하니, 싸우지 않고도 적병을 굴복시키며 곧바로 마주해서는 참으로 빠르다. 노파 오대산 다 안다 하지만, 조주의 빗장 열어젖힌 이는 누구란 말인가? 善繫無繩約 善行無轍跡 不戰屈人兵 直面當機疾 老婆勘破五臺山 有誰參透趙州關", 『종용록』 10칙 「평창 評唱」(대정장48, p.233c7)에 "조주는 장사와 벗이고 남전은 스승이다. 그래서 견뎌 가리는 중에 득실이나 승부로 가릴 품격은 아니다. 천하가 말하길 조주관이라 하는데, 막지도 않는데 지나기는 어렵다. 趙州 以長沙爲友 以南泉爲師 故勘辨中 非得失勝負之可品格 天下謂之趙州關 也不妨難過"라고 하였다. [참고문헌] 『趙州語錄』, 『五祖法演語錄』, 『圜悟語錄』, 『從容錄』.

조주구자 趙州狗子 조주의 개. 조주무자(趙州無字)·구자무불성화(狗子無佛性話)라고도 한다. 『대혜어록』 권19(대정장47, p.891b27)에 "조주의 구자무불성화를 기뻐도 노여워도 고요해도 시끄러워도 반드시 들어 놓지 않는다. 무엇보다 뜻을 써서 깨우치려 해서는 안 된다. 만일 뜻을 내어 깨우치려 한즉 스스로 '나는 지금 헤맨다' 하는 것이다. 어리석다 하면서 깨우치길 기다린다면 진겁을 지나 헤맨다 해도 깨달을 일 없게 된다. 다만 화두 들 때는 정신마저 떨쳐버리고 그저 살피길, 이무슨 도리인가 할 뿐이다. 趙州狗子無佛性話 喜怒靜閙處 亦須提撕 第一不得用意等悟 若用意等悟 則自謂我卽今迷 執迷待悟 縱經塵劫 亦不能得悟 但擧話頭時 略抖擻精神 看是箇甚麽道理"라고 하였다. [참고문헌] 『大慧語錄』. ⇨ 구자무불성화 狗子無佛性話, 무자게 無字偈

조주구자화 趙州狗子話 조주의 개라는 화두. 『월림사관어록』 「탑명 塔銘」(卍속장120, p.497b8)에 "아침저녁으로 조주구자화를 참구하더니 찻잔을 씻던 차에 입에서 저절로 송을 얻었다. 이로부터 지혜와 알음알이 거침 없었지만 스님은 이것은 아니라고 알았고, 성스런 일도 아니라고 여겨 문 닫아걸고 뼈아프게 공부하였다. 朝夕硏究 趙州狗子話 因洗盞次 口自成頌 從此慧解橫發 師心知其非 不作聖證 閉門苦參"라고 하였다. [참고문헌] 『月林師觀語錄』. ⇨ 조주구자 趙州狗子, 구자무불성화 狗子無佛性話, 무자게 無字偈

조주구화 趙州救火 **1** 조주가 불을 구하다. 『조주어록』 권상(고존숙어록13, 卍속장118, p.306b8)에 "선사가 남전 문하에서 노두를 담당하고 있을 때였다. 대중이 운력으로 모여 나물 캐고 있었는데, 선사가 승당 안에서 '불이야! 불이야!' 하고 소리 지르자 대중이 일시에 승당 앞으로 달려왔다. 이에 선사가 승당 문을 닫아버리자 대중이 아무 말도 하지 못했다. 남전이 창을 통해 열쇠를 승당 안으로 던져 넣으니 선사가 바로 문을 열었다. 師在南泉作爐頭 大衆普請擇菜 師在堂內 叫 救火 救火 大衆一時 到僧堂前 師乃關却僧堂門 大衆無對 泉乃抛鑰匙 從窗內入堂中 師便開門", 『종문염고휘집』 권10(卍속장115, p.629b12)에 "의산정눌(義山淨訥)이 말했다. '나는 (조주에게) 기름을 더 붓고 땔감을 보태 준 남전을 본받지 않겠다. 내가 당시에 조주가 문을 닫는 걸 보고서 바로 흙덩이를 집어 들어 문에다 대고 봉(封) 자 양쪽에 썼다면, 저 조주는 지금까지도 빠져나올 계책이 없었을 것이다'. 義山訥云 我不學南泉益油添薪 當時見他閉却門 便拈土塊 就門上書兩箇封字 要他趙州至今出身無計"라고 하였다. [참고문헌]『趙州語錄』, 『宗門拈古彙集』. **2** 조주가 황벽희운(黃檗希運)을 찾아가 나눈 문답을 소재로 한 공안. 『종문염고휘집』 권16(卍속장115, p.697a11)에 "조주가 황벽을 찾아가자 그가 오는 걸 본 황벽이 곧바로 방장 문을 닫아버렸다. 이에 조주가 불을 들고서 법당 안에서 '불이야! 불이야!' 하고 소리를 질렀다. 그러자 황벽이 문을 연 다음 조주를 붙들고서 말했다. '말해라! 말해!' 조주가 말했다. '도둑이 도망간 후에 활을 당기는군'. 趙州到黃檗 檗見來 便閉却方丈門 州乃把火 於法堂內 叫曰 救火 救火 檗開門捉住曰 道 道 州曰 賊過後張弓", 『불과격절록』 40칙 「평창 評唱」(卍속장117, p.479a18)에 "원오가 평하여 말한다. '조주가 황벽을 찾아가자 황벽이 바로 방장 문을 닫은 것은 전광석화와 같았다. 그러나 어리석은 선승이라면 남이 막 문을 닫는 걸 보면 틀림없이 속수무책일 것이다. 저 조주와 황벽을 보면 둘 다 작가여서 신통하게 노니며 묘용 또한 자재하다. 조주가 「불이야! 불이야!」 하고 말했지만, 이 늙은 도둑을 황벽이 그때 두 손바닥으로 때렸더라면 저 조주도 어쩌지 못했을 것이다. 도둑이 도망간 후에 활을 당긴 지점은 어디인가? 설두가 「설령 우습다 해도 30년은 웃어야 한다」고 한 말을 들어 보면, 설두의 웃음은 호의가 아니니 웃음 속에 칼이 있다'. 師云 趙州到黃蘗 蘗便閉却方丈門 一似電光石火相似 若是懵懂禪和 見人纔閉却門 却必無奈何 看他趙州與黃蘗 二俱作家 神通游戲 妙用自在 趙州却云 救火 救火 這老賊 黃蘗當時 便打兩掌 他也不奈何 什麽處是賊過後張弓處 惹得雪竇道 直是好笑 笑須三十年 雪竇笑不是好心 笑中有刀"라고 하였다. [참고문헌]『宗門拈古彙集』, 『佛果擊節錄』.

조주권다시 趙州勸茶詩 조주종심(趙州從諗 778~897)이 차를 권하는 시. 선사는 법을 묻는 학인마다에게 다른 말은 하지 않고 오직 "차 한 잔 마시고 가게나! 喫茶去"라고 할 뿐이었으니, 이는 오늘에까지 이어지는 선문의 화두며 영가를 천도하는 시식(施食) 중 안좌진언(安座眞言)으로 영가를 불러 앉게 한 후 차를 올리는 게송(茶偈)이니 다음과 같다. "온갖 풀 중에서 언제나 새롭고 향기로운 그 맛, 조주 언제나 권했으니 그 얼마인가! 깊은 강물 떠다 돌솥에 끓였으니, 원컨대 영가시여! 고통의 수레바퀴에서 영원히 떠나시길. 百草林中一味新 趙州常勸幾千人 烹將石鼎江心水 願使亡靈歇苦輪"라고 하였다. [참고문헌]『刪補集』 권상(『韓國佛教儀禮資料叢書』 권3, p.5), 「施食篇」(『釋門儀範』 권하, p.73a15). ⇨ 끽다거 喫茶去, 시식의 施食儀

조주다 趙州茶 조주의 차. '차나 마시고 가라' 한 조주의 말에서 유래한다. 『허당록』 권8(대정장47, p.1047a6)에 "부처님 나신 날 허당이 법좌에 올랐다. '2월 15일에 입적하시고 4월 8일에 다시 나시니, 허공은 입 벌려 웃는데 대지에는 사람 발길 끊어졌다. 이렇게 알아차린다면 어찌 아홉 마리 용이 물을 뿜게 해서 금빛 몸 목욕시키겠는가? 그렇지 않다면', 불자를 내리치며 말했다. '사람들은 그림처럼 아름다운 누대 위 술 파는 곳에 있고, 오는 이 반갑게 맞이하여 조주차를 마신다'. 佛生日上堂 二月十五入寂 四月八日復生 虛空開笑口 大地絶人行 恁麽會得 何用九龍吐水 灌沐金軀 其或未然 擊拂子云 人在畫樓沽酒處 相邀來喫趙州茶", 『속전등록』 권19 「사혜묘담전 思慧妙湛傳」(대정장51, p.592b21)에 "묘담이 법좌에 올랐다. '일체법에는 차별이 없으니 운문의 호떡이요 조주의 차로다. 황학루 중에 옥피리 불고 강가의 성에는 5월 매화가 떨어지니 태원부상좌 부끄럽구나. 5경에 북소리와 뿔피리소리를 듣고 동이 트면 비파를 켠다네'. 할을 한 차례 내질렀다. 上堂 一切法無差 雲門胡餠趙州茶 黃鶴樓中吹玉笛 江城五月落梅花 慚愧太原孚上座 五更聞鼓角 天曉弄琵琶 喝一喝"라고 하였다. [참고문헌]『虛堂錄』, 『續傳燈錄』. ⇨ 끽다거 喫茶去

조주대라복두 趙州大蘿蔔頭 조주가 말하길 '진주엔 큰 무가 으뜸이라네'라고 하다. 조주대라복(趙州大蘿蔔)이라고도 한다. 『벽암록』 30칙 「본칙 本則」(대정장48, p.169c4)에 "학인이 조주에게 물었다. '화상께서는 남전선사를 몸소 뵈었다고 들었습니다. 맞습니까?'〈천 번 들어도 한 번 보는 것만 못하니, 눈썹은 분명히 팔자다〉 '진주에서 큰 무가 난다'〈하늘과 땅을 떠받치며 단칼에 못을 자르고 쇠를 자르지만, 화살은 이미 신라를 지나갔다. 뒤에서 봤을 때 턱이 보이는 놈과는 오고가지 마라〉. 擧 僧問趙州 承聞和尙親見南泉 是否〈千聞不如一見 拶眉分八字〉 州云 鎭州出大蘿蔔頭〈撐天拄地 斬釘截鐵 箭過新羅 腦後見腮 莫與往來〉", 『금강경주해』 권3(卍속장38, p.918b12)에 "도천(道川)선사가 말했다. '진주의 무, 운문의 호떡〈학인이 조주에게 물었다. 「남전을 친견한 것이 맞습니까?」 「진주에서 큰 무가 난다」. 학인이 운문에게 물었다. 「어떤 것이 부처와 조사를 넘어선 이야기입니까?」 「호떡」. 또 운문이 말했다. 「소리를 듣고 도를 깨닫고, 모양 보아 마음을 밝히는 게 어떤 것인가?」 이어 말했다. 「관음보살이 돈을 가지고 와 호떡을 산 다음 내려놓고 말했다. 「원래 만두였을 뿐이다」」〉'. [송] 그대와 함께 걷고 고향도 같아서 앉으나 서나 서로 따라다닌 세월이 오래구나. 목마르면 마시고 배고프면 먹으며 늘 마주하니, 고개 돌려 문득 헤아리지 말게나. 川禪師曰 鎭州蘿蔔 雲門糊餠〈僧問趙州 親見南泉 是否 州云 鎭州出大蘿蔔頭 僧問雲

門 如何是超佛越祖之談 門云 糊餅 又云 作麽生是聞聲悟道 見色明心 乃云 觀音菩薩 將錢來買糊餅 放下手云 元來只是饅頭〉頌曰 與君同步又同鄕 起坐相從歲月長 渴飮飢飡常對面 不須回首更思量"라고 하였다. 〔참고문헌〕『碧巖錄』, 『金剛經註解』. ⇨ 나복두 蘿蔔頭, 나복두선 蘿蔔頭禪

조주대사저인 趙州大死底人 조주가 '크게 죽어본 이'를 말하다. 투자대동(投子大同)과 나눈 공안으로 조주문사(趙州問死)라고도 한다. 『벽암록』 41칙 「본칙 本則」(대정장48, p.178c16)에 "조주가 투자에게 물었다. '크게 죽어본 이가 다시 살아날 때는 어떻습니까?'〈이런 일이 있다. 도둑은 가난한 사람의 집을 털지 않고, 평소 나그네가 되어 봐야 나그네 아낀다〉 '밤에 다닐 수 없다 해도 동틀 무렵에는 반드시 도착해 있어야 한다'〈상대방의 태도를 보고 대응하였군. 도둑이기에 도둑을 알아본다. 같은 침상에 누워 보지 않는다면 구멍난 줄 알겠는가?〉. 趙州問投子 大死底人却活時如何〈有恁麽事 賊不打貧兒家 慣曾作客方憐客〉 投子云 不許夜行 投明須到〈看樓打樓 是賊識賊 若不同床臥 焉知被底穿〉", 『종문염고휘집』 권24(卍속장115, p.788a16)에 "남당원정(南堂元靜)이 말했다. '조주라는 작가는 풀무와도 같아서 백 번이나 정련된 금을 단련하려 했고, 투자 본분의 쇠집게와 망치 또한 도중에 쓰지 않을 수 없었다. 여러분은 이 두 노인의 귀착점을 알고 싶은가? 십 년 동안 고생하던 시절에는 아무도 찾지 않더니, 하루아침에 이름 얻자 천하가 안다'. 南堂靜云 趙州作家爐鞴 要煅百煉精金 投子本分鉗槌 不免途中受用 諸人要見二老落處麽 十年辛苦無人問 一旦成名天下知"라고 하였다. 〔참고문헌〕『碧巖錄』, 『宗門拈古彙集』.

조주명두암두 趙州明頭暗頭 조주가 '밝은 끝인가, 어두운 그 끝인가'를 묻다. 『송고연주통집』 권11(卍속장115, p.127b5)에 "남전을 만나 조주가 물었다. '밝힌 끝에서 합하는가, 어두운 끝에서 합하는가?' 남전이 방장으로 돌아갔다. 조주가 승당까지 가서 말했다. '당두(堂頭 : 方丈)노인(南泉)이 나에게 질문 하나를 받고는 곧바로 말없이 보기만 하였다'. 수좌가 말했다. '화상께서 말 없으셨다 말하지 마라. 본래 상좌도 모르는 것이다'. 조주가 바로 수좌를 때리며 말했다. '이 한 방은 당두노인이 맞았어야 한다'. 南泉因趙州問 明頭合 暗頭合 師便歸方丈 州到僧堂前曰 堂頭老漢 被我一問 直得無言可對 首座曰 莫道和尙無語 自是上座不會 州便掌曰 這一掌本是堂頭老漢喫", "큰 일 태양 아래 이미 빛나고 있지만, 더 나눠야 반드시 널리 두렷해져야 하리. 법당 상좌는 칠흑 같이 깜깜하니 섬뜻한 구석에서 몰래 주먹으로 한 방 먹는구나. 〈보령인용(保寧仁勇)의 송〉. 大事當陽已皎然 十分須是更周圓 堂中上座黑如漆 冷地爲誰喫暗拳 〈保寧勇〉", 『종문염고휘집』 권15(卍속장115, p.692b4)에 "오조사계(五祖師戒)가 말했다. '진짜 도둑은 달아나 버리고 쫓던 나졸만 맞았다'. 또 말했다. '남전은 마땅히 끊어야 할 것 끊지 않아 도리어 반란을 초래했다'. 五祖戒云 正賊走了 邏賊人喫棒 又云 南泉當斷不斷 返招其亂"라고 하였다. 〔참고문헌〕『頌古聯珠通集』, 『宗門拈古彙集』. ⇨ 명두합암두합 明頭合暗頭合

조주명주재장 趙州明珠在掌 조주 손바닥 위의 밝은 구슬. 『조주어록』 권상(고존숙어록13, 卍속장118, p.310a16)에 "조주가 법좌에 올라 말했다. '이 일은 밝은 구슬 손바닥 위에 있듯 하니 낯선 이 오면 낯선 이로 비추고 한나라 사람 오면 한나라 사람 비춘다. 노승은 풀 한 포기 쥐어서 장륙금신으로 쓰고 장륙금신 가져서는 풀 한 포기 지어 쓴다. 부처가 바로 번뇌이고 번뇌 그대로 부처다'. 학인이 물었다. '부처는 어떤 사람에게 번뇌가 됩니까?' '모든 사람에게 번뇌가 된다' '어떻게 면할 수 있습니까?' '면해서 어쩌자는 것이냐?' 師上堂云 此事如明珠在掌 胡來胡現 漢來漢現 老僧把一枝草 作丈六金身用 把丈六金身 作一枝草用 佛卽是煩惱 煩惱卽是佛 問佛與誰人爲煩惱 師云 與一切人爲煩惱 云 如何免得 師云 用免作麽", 『자한각어록』 권4(가흥장33, p.548b23)에 "자한각이 이 공안을 두고 말했다. '조주노인은 적잖이 벗어나 공한 척하지만 나(岳林)라면 그렇지 않다'. 갑자기 주장자를 집어 들고 말했다. '산승은 주장자를 집어 들면 주장자로만 쓸 뿐, 다시 무슨 놈의 장륙금부처니 한 포기 풀이니 번뇌 그대로 부처고 부처 그대로 번뇌라고 하겠는가?' 주장자를 내리치며 말했다. '이 만찬이 끝나거든 차나 마시게'. 師云 趙州老漢脫空不少 岳林卽不然 驀拈拄杖云 山僧拈拄杖 只作拄杖用 更說甚麽丈六金身 一莖艸 煩惱卽佛 佛卽煩惱 遂卓一卓云 參退喫茶去"라고 하였다. 〔참고문헌〕『趙州語錄』, 『自閒覺語錄』. ⇨ 명주재장 明珠在掌

조주모주 朝呪暮呪 아침에도 외우고 저녁에도 외우네. 『허당록』 권2(대정장47, p.997a5)에 "허당이 법좌에 올라 말했다. '제방에서는 아침에도 외우고 저녁에도 외운다. 그대들에게 국 끓이고 밥 짓는 일을 주도하게 하지만, 나라 하는 이 부스럼투성이인 개 천상에 나길 원하지 않는다. 그대들이 만약 아무도 가지 않는 곳 향해서 한 갈래 길 찾아내니, 탕탕하여 뜻에 맡겨 자유자재하다면 문득 이 나와 같은 물결이다'. 上堂 諸方朝呪暮呪 要兜爾做羹飯主 我者裏疥狗 不願生天 爾若向無人行處 尋得一條路子 蕩蕩地臨機 自由自在 便是我同流", 『응암담화어록』 권9(卍속장120, p.882b16)에 "조사께서 서쪽에서 오시니 이 일을 특별히 드러냈다. 다만 말 밖에서 추리기만을 귀하게 여기고 곧바로 저 위로 사무치고 저 아래로 사무쳤으니, 어찌 선상 끝을 마주하고 아침에도 외우고 저녁에도 외우며 그래야 불법선도를 위한다 하리요. 이것이야말로 눈 먼 사람의 안목일 뿐이고, 또한 스승 이어받음 버리고 스스로 구해서도 안 되니, 스스로 구해 얻는다 하면 참으로 96종 외도 무리일 뿐이다. 祖師西來 特唱此事 祇貴言外領略 直下透頂透底 何待禪床角頭 朝呪暮呪 然後爲佛法禪道 正是瞎人眼 又不可舍師承而自求 自求而得 眞九十六種眷屬也"라고 하였다. [참고문헌]『虛堂錄』, 『應菴曇華語錄』.

조주무자 趙州無字 조주종심(趙州從諗)이 무(無)라 하다. 개에게도 불성이 있느냐(狗子無佛性話)는 학인의 물음에 조주가 없다(無)고 답한 공안(公案)이다. 『백운어록』 권상(한불전6, p.649b6)에 "대중에게 말하였다. '이 산승이 요사이 강남강북을 유력하며 선지식이 있기만 하면 참문하지 않은 적이 없었다. 이 여러 선지식들이 사람들에게 깨우쳐 보이기를 때론 조주무자를, 때론 만법귀일을, 때론 부모에게서 나기 전의 면목을, 어떤 이에게는 마음 들어 밖을 비추라 하고, 어떤 때는 마음 거두어 안을 비추라 하고, 때론 마음을 맑혀 정에 들라 하는데, 끝내 다른 말씀은 없었다. 示衆云 山僧頃年 遊歷江南江北 但有善知識 無不叅見 是諸善知識 誨示於人 或以趙州無字 或以萬法歸一 或以父母未生前面目 或以擧心外照 攝心內照 或以澄心入定 終無異說"라고 하였다. [참고문헌]『白雲語錄』, 『書狀』「答樓樞密狀」(대정장47, p.938b12), 『列祖提綱錄』 권39(卍속장112, p.741b2), 『高峰原妙語錄』 권하(卍속장122, p.688b2). ⇨ 구자무불성화 狗子無佛性話, 간화선 看話禪

조주방하착 趙州放下著 조주의 '모든 것 놓아버리다'. 『선문염송설화』 435칙(한불전5, p.368a23)에 "조주에게 엄양존자가 물었다. '한 물건도 가져 오지 않았을 때는 어떠합니까?' '모든 것 놓아버려라!' '아무것도 가져오지 않았는데 무엇을 놓아버립니까?' '그렇다면 짊어지고 가라'. 이에 엄양존자는 크게 깨달았다. 〈설화〉 '크게 깨달았다'고 하였는데, 깨우쳐 얻은 것 무엇인가? 趙州因嚴陽尊者問 一物不將來時 如何 師云 放下着 嚴云 一物不將來 放下箇什麽 師云 伊麽則擔取去 尊者大悟 〈說話〉 大悟者 悟得箇什麽", "천동정각(天童正覺)이 읊는다. '잔수 막으려 하지 않고 선수 거둬버리니, 마음 거칠어 얼굴 붉혀 부끄러운 줄 아네. 대국 마치자 허리춤 도낏자루도 썩어버렸으니, 범부의 뼛속 씻어내고 신선과 노닐 수 있으리'. 天童覺頌 不防行細輸先手 自覺心麤媿撞頭 局破腰間斧柯爛 洗淸凡骨共仙遊", "진정극문(眞淨克文)이 읊는다. '올렸다 내렸다 위엄과 권세 좇는다. 해탈문 열려 있건만 참으로 안타깝구나. 공왕의 현묘한 참 비결 얻지 못하고 움직여 성색따라 끌려다니네'. 眞淨文頌 移高就下縱威權 解脫門開信可憐 不得空王眞妙訣 動隨聲色被拘牽"라고 하였다. [참고문헌]『禪門拈頌說話』, 『頌古聯珠通集』 권22(卍속장115, p.272b5), 『宗門拈古彙集』 권22(卍속장115, p.771b14). ⇨ 엄양일물부장래 嚴陽一物不將來, 방하착 放下著

조주백수 趙州栢樹 조주의 잣나무. '뜰 앞에 잣나무 庭前栢樹子'라고 답한 조주의 공안을 말한다. 『선문염송설화』 421칙(한불전5, p.351a8)에 "조주에게 학인이 물었다. '무엇이 달마가 서쪽에서 온 뜻입니까?' '뜰 앞의 잣나무!' '화상이시여, 경물로 보이지 마십시오' '나는 경을 가져 사람에 보이지 않았다' '달마가 서쪽에서 온 뜻은 무엇입니까?' '뜰 앞의 잣나무!' 趙州因僧問 如何是祖師西來意 師云 庭前栢樹子 僧云 和尙 莫將境示人 師云 我不將境示人 僧云 如何是祖師西來意 師云 庭前栢樹子"라고 하였다. [참고문헌]『禪門拈頌說話』, 『頌古聯珠通集』 권19(卍속장115, p.226a13), 『宗門拈古彙集』 권22(卍속장115, p.771a9), 『禪林類聚』 권4(卍속장117, p.45b18), 『直註天童頌古』 권상(卍속장117, p.795a10), 『斷橋妙倫語錄』 권상(卍속장122, p.411b5). ⇨ 백수자화 柏樹子話, 정전백수자 庭前栢樹子

조주사 趙州寺 전라북도 김제시 금산면 상두산(象頭山)에 있던 절. 조주암(趙州庵)이라고도 한다. 『동국여지승람』 권34 전라도 금구현 불우에 이름과 위치가 기록되어 있으나, 『범우고』에는 "지금은 폐사되었다. 今廢"라고 하였다. [참고문헌]『東國輿地勝覽』, 『梵宇攷』. 『韓國寺刹全書』 권하 p.1023b10.

조주사대오온 趙州四大五蘊 조주의 사대오온. 『조주어록』 권하(고존숙어록14, 卍속장118, p.327b7)에 "조주가 대중에게 말했다. '세계가 있기 전에 일찍이 이 성 있었고, 세계가 무너질 때에도 이 성은 무너지지 않는다'. 학인이 물었다. '어떤 것이 이 성입니까?' '오온사대다' '이것 역시 무너지는 것입니다. 어떤 것이 이 성입니까?' '사대오온이라니까'. 師示衆云 未有世界 早有此性 世界壞時 此性不壞 僧問 如何是此性 師云 五蘊四大 云此猶是壞 如何是此性 師云 四大五蘊", 『종문염고휘집』 권17(卍속장115, p.710b8)에 "소각극근(昭覺克勤)이 말했다. '천 길이나 차고 깊은 물 사무쳐 저 끝까지 맑구나'. 昭覺勤云 千尺寒潭徹底淸", 『단교묘륜어록』 권하(卍속장122, p.434b14)에 "단교묘륜이 집어 말했다. '한 개 구멍 없는 쇠망치를 면전에서 두 차례나 내던졌으니, 저 학인이 알아차렸다면 잡아채서 한바탕 휘둘렀으리니, 조주의 눈빛이 사천하를 비추고 파하든 간에 반드시 거꾸로 일곱 걸음 걸었어야 하리'. 師拈云 一箇無孔鐵鎚 兩回當面擲出 者僧若會 接得信手一揮 任是趙州眼光爍破四天下 也須倒行七步", 『해인소여어록』(卍속장

122, p.597b5)에 "해인소여가 이 공안을 두고 게송을 읊었다. '봄에는 온갖 꽃들 있고 가을에는 달 밝고 여름에는 서늘한 바람 있고 겨울에는 눈 있으니, 쓸데없는 일 마음 끝에 둘 일 없다면 이야말로 사람에겐 좋은 시절이라네'. 불자를 내리치고 법좌에서 내려왔다. 頌云 春有百花秋有月 夏有凉風冬有雪 若無閑事在心頭 便是人間好時節 擊拂子下座"라고 하였다. [참고문헌] 『趙州語錄』, 『宗門拈古彙集』, 『斷橋妙倫語錄』, 『海印昭如語錄』.

조주사문 趙州四門 조주가 '사방으로 열린 문'이라 답하다. 『벽암록』 9칙 「본칙 本則」(대정장48, p.149a19)에 "학인이 조주에게 물었다. '어떤 것이 조주입니까?' 〈하북도 하남도, 무어라 할 수 없으니, 부드러운 진흙 속에 가시가 있다. 하남에 있지 않으면 하북에 있을 뿐이지〉 '동문! 서문! 남문! 북문!'〈열렸다. 욕하면 받아쳐도 좋고, 침을 뱉으면 그대 물 뿌려도 좋다. 보는 대로 그대로 공안이다. 보았는가? 바로 때린다〉. 擧 僧問趙州 如何是趙州〈河北河南 總說不著 爛泥裏有刺 不在河南 正在河北〉 州云 東門 西門 南門 北門〈開也 相罵饒爾接嘴 相唾饒爾潑水 見成公案 還見麼 便打〉", 『종문염고휘집』 권17(卍속장115, p.710a3)에 "경산종고(徑山宗杲)가 말했다. '이 학인이 조주를 묻자 조주는 조주라고 답했으니, 말 한 마리를 얻고서는 소 한 마리로 돌려준다. 사람이 고르면 말이 필요 없고, 물은 고요하면 흐르지 않는다. 알겠는가? 받은 은혜 깊은 즉 먼저 물러나기에 좋고, 뜻을 얻음이 더할 나위 없으면 문득 쉬는 게 좋다'. 徑山杲云 這僧問趙州 趙州答趙州 得人一馬 還人一牛 人平不語 水平不流 會麼 受恩深處宜先退 得意濃時便好休"라고 하였다. [참고문헌] 『碧巖錄』, 『宗門拈古彙集』.

조주삼전어 趙州三轉語 조주의 세 번 뒤친 말씀. 금불부도로(金佛不度爐)·목불부도화(木佛不度火)·니불부도수(泥佛不度水)라는 세 마디 공안. 『조주어록』 권중(고존숙어록14, 卍속장118, p.319a4)에 "조주가 법좌에 올라 말했다. '금부처는 화로 건너지 못하고, 나무부처 불을 건너지 못하며, 진흙부처 물을 건너지 못한다. 진정한 부처, 안에 앉아 있다. 보리와 열반도, 진여와 불성도 전부 몸에 붙은 옷과 같고 이들 또한 번뇌라고도 부른다. 묻지 않으면 번뇌도 없으니, 실제의 뜻만 가득하다면 한 마음도 나지 않아 만법에 허물이 없다. 다만 이를 구하며 앉아 이삼십년이어도 만약 알지 못한다면 노승의 머리를 베어 버려라'. 師上堂 示衆云 金佛不度爐 木佛不度火 泥佛不度水 眞佛內裏坐 菩提涅槃 眞如佛性 盡是貼體衣服 亦名煩惱 不問卽無煩惱 實際理地 什麽處著 一心不生 萬法無咎 但究理而坐二三十年 若不會 截取老僧頭去", 『종문염고휘집』 권16(卍속장115, p.706a15)에 "경산종고(徑山宗杲)가 말했다. '조주화상 심장 쓸개 다 토해 이렇게 알려 줬는데, 은혜를 알고 갚는 이 있는가?' 곧바로 법좌에서 내려왔다. 徑山杲云 趙州和尙吐心吐膽 恁麽告報了也 還有知恩報恩者麽 便下座", '앙산조흠(仰山祖欽)이 말했다. '여래 정체를 보여서 향상의 종유를 밝혔으니, 조주는 본래 고수지만 다만 굳이 명목들 내어 합할 것은 아니다. 나의 견처 또한 그렇지 않으니, 황금부처 화로 건너고 나무부처는 불을 지나며 진흙부처는 물을 건너네. 진정한 부처는 어떠하신가? 말에 떨어지지 말기를'. 이때 갑자기 누군가 나와서 말했다. '그대의 이런 말씀, 바로 굳이 절목 냄은 아닌가요?' 앙산이 무릎 치며 말했다. '장차 증해 밝힐 이 없으리라 하였다'. 仰山欽云 揭示如來正體 發明向上宗猷 趙州固是好手 只是不合强生節目 雪崖見處 又且不然 金佛度爐 木佛度火 泥佛度水 眞佛哆 切忌話墮 忽有個漢出來道 你恁麽說 正是强生節目 拍膝一下云 將謂無人證明"라고 하였다. [참고문헌] 『趙州語錄』, 『宗門拈古彙集』. ⇨ 금불부도로 金佛不度爐, 삼전어 三轉語

조주상구 趙州相救 조주가 구해 달라 외치다. 『선문염송설화』 423칙(한불전5, p.355c19)에 "조주가 남전 회하에 있을 때의 일이다. 하루는 조주가 우물에서 물을 긷다가 남전이 지나가는 것을 보고는 기둥을 끌어 잡고 한쪽 다리 떨어뜨린 채 '사람 살려, 사람 살려!' 하고 외쳤다. 남전이 사다리〈어떤 본에는 우물 난간 쳤다 한다〉에 올라가서는 '하나, 둘, 셋, 넷, 다섯!'이라 외쳤다. 저녁 때가 되어 위의를 갖추고 방장으로 찾아가 '오늘 화상께서 구해주심에 감사드립니다'라고 사의를 표했다. 趙州在南泉會裏 一日 在井樓上打水次 見泉過 乃抱定柱懸一脚云 相救 相救 泉上楜梯〈一本 打井欄〉云 一二三四五 師至晩具威儀 上方丈謝云 今日謝和尙相救", "숭승원공(崇勝院珙)이 읊는다. '다리 늘어뜨린 조주의 뜻 아는 사람 없는데, 왕노사가 사다리 밟고 올라가 도와주었네. 코끼리 다니는 길에 여우 자취 끊어지고, 사자굴엔 다른 짐승 없다'. 崇勝珙頌 趙州懸脚小知音 王老踏梯能相救 象王行處絶狐蹤 師子窟中無異獸", "죽암사규(竹菴士珪)가 집어 말한다. '뜰 가득 꽃잎 떨어져 봄날은 고요하고 고요하네. 제비 지저귐도 꾀꼬리 울음도 온통 들리지 않네'. 〈설화〉 크게 써서 그대로 끊음을 밝혔다. 竹庵珪拈 滿地落花春寂寂 渾無鸎語與鶯啼 〈說話〉 明大用直截也"라고 하였다. [참고문헌] 『禪門拈頌說話』, 『頌古聯珠通集』 권20(卍속장115, p.247a6).

조주석교 趙州石橋 조주가 한 학인과 석교(石橋)를 소재로 문답한 공안. 『조주어록』 권중(고존숙어록14, 卍속장118, p.322b9)에 "학인이 조주에게 물었다. '오래 전부터 조주의 석교 보고 싶었는데, 와서 보니 그저 외나무다리군요' '그대는 외나무다리만 보고 조주석교는 보지 못하는구나' '어떤 것이 석교입니까?' '건너와라! 건너와라!' 또 말했다. '당나귀도 건너고 말도 건넌다'. 問 久嚮趙州石橋 到來只見掠彴子 師云 闍黎只見掠彴子 不見趙州石橋 云 如何是石橋 師云 過來 過來 又云 度驢度馬", 『벽암록』 52칙 「평창 評唱」(대정장48, p.187a26)에 "조주에 석교가 있는데 이응(李膺)이 만들었으며, 지금까지도 천하에 유명하다. 약작이란 바로 외나무다리를 말한다. 학인이 저 위광을 일부러 깎아내리며 말했다. '오래 전부터 조주의 석교를 한 번 보고 싶었는데, 와서 보니 그저 외나무다리군요'. 이에 조주가 말했다. '그대는 외나무다리만 보고 석교는 보지 못하는구나'. 저 물은 뜻은 일상의 대화인 듯 하지만 조주는 이를 써 저 학인을 낚으려 했고, 저 학인 과연 걸려들어서 이내 물었다. '어떤 것이 석교입니까?' 그러자 조주는 '당나귀도 건네고 말도 건넨다'라고 답했는데, 이 말 중에서 스스로 빠져나올 수 있는 곳 있으니, 이렇게 조주는 임제나 덕산처럼 주장자로 때리거나 할 하지 않고 단지 말로 죽이고 살린다. 이 공안을 잘 보면 평소처럼 예리한 선기를 주고받은 것 같지만 실제로는 대단히 접근하기 어렵다. 趙州有石橋 蓋李膺造也 至今天下有名 略彴者 卽是獨木橋也 其僧故意減他威光 問他道 久響趙州石橋 到來只見略彴 趙州便道 汝只見略彴 且不見石橋 據他問處 也只是平常說話相似 趙州用去釣他 這僧果然上鉤 隨後便問如何是石橋 州云 渡驢渡馬 不妨言中自有出身處 趙州不似臨濟德山 行棒行喝 他只以言句殺活 這公案好好看來只是尋常鬪機鋒相似 雖然如是 也不妨難湊泊", 『종감법림』 권18(卍속장116, p.263a1)에 "성산흡(城山洽)이 말했다. '조주노인이 마지막에 「당나귀도 건네고 말도 건넨다」라고 한 말은 상을 내린 걸까, 벌을 내린 걸까? 여기에서 알아차린다면 일생 참학한 일을 마치겠지만, 그러지 못하면 물 마셔도 틀림없이 목이 막히리라'. 城山洽云 老漢末後道箇度驢度馬 是賞伊 罰伊 者裏勘破 一生參學事畢 不然 喫水也須防噎"라고 하였다. 〔참고문헌〕『趙州語錄』, 『碧巖錄』, 『宗鑑法林』. ⇨ 석교약작 石橋略彴, 조주약작 趙州略彴

조주세발 趙州洗鉢 조주가 '발우 씻으라'고 답한 일. 『무문관』 7칙 「조주세발」(대정장48, p.293c27)에 "'학인이 조주에게 물었다. 「저는 막 총림에 들어왔습니다. 스님의 가르침을 바랍니다」 「죽 먹었느냐?」 「먹었습니다」 「발우 씻어라」. 학인은 깨우침 있었다'. 무문이 평한다. '조주는 입을 열어 쓸개를 보이고 심장과 간을 드러냈지만, 이 학인은 들은 일 진실이 아니니 종을 두고 항아리라고 불렀다'. 〔송〕 너무나도 분명하기에 오히려 더디게 얻는구나. 등이 불인 줄 진작 알았고, 밥이 익은지도 이미 오래되었네. 趙州因僧問 某甲乍入叢林 乞師指示 州云 喫粥了也未 僧云 喫粥了也 州云 洗鉢盂去 其僧有省 無門曰 趙州 開口見膽 露出心肝 者僧 聽事不眞 喚鐘作甕 頌曰 只爲分明極 翻令所得遲 早知燈是火 飯熟已多時", 『종문염고휘집』 권16(卍속장115, p.696a7)에 "용문청원(龍門淸遠)이 말했다. '산승은 오늘 죽 먹고 발우 씻었지만 깨닫지 못했다. 이미 선지식인데 어째서 깨닫지 못했을까? 알겠는가? 어찌 종을 두고 항아리라 하겠는가? 결코 사슴을 가리켜 말이라 하지 않는다. 착한 사람은 죄 짓기 어렵고 수은에는 흠 있을 리 없으니, 차거운 땅에서 홀연히 간파한다면 틀림없이 일시에 놓아 버리게 된다'. 龍門遠云 山僧今日喫粥了也 洗鉢盂了也 只是不悟 既是善知識 爲甚麼不悟 還會麼 豈可喚鐘作甕 終不指鹿爲馬 善人難犯 水銀無假 冷地忽然覷破 管取一時放下"라고 하였다. 〔참고문헌〕『無門關』, 『宗門拈古彙集』. ⇨ 발우 鉢盂

조주암 趙州庵 전라북도 김제시 금산면 상두산(象頭山)에 있던 조주사(趙州寺). 〔참고문헌〕『韓國寺刹全書』 권하 p.1023b11 欄外. ⇨ 조주사 趙州寺

조주약작 趙州略彴 조주의 외나무다리. 『선원몽구요림』 권중(卍속장148, p.255a6)에 "조주약작〈『경덕전등록』 권10 참조〉: 학인이 조주에게 물었다. '오래 전부터 조주 석교를 꼭 한 번 보고 싶었는데, 와서 보니 그저 외나무다리군요' '그대 단지 외나무다리 볼 뿐 석교는 보지 못하는구나' '어떤 것이 석교입니까?' '당나귀도 건너고 말도 건넌다'. 趙州略彴〈傳燈十〉 僧問趙州 久響趙州石橋 到來只見略彴 州曰 汝只見略彴 不見石橋 僧云 如何是石橋 州曰 渡驢渡馬", 『검남회등록』 권7 「실행혜진장 實行慧眞章」(卍속장145, p.803a4)에 "내 다리는 당나귀 다리에 비해 어떠한가? 조주의 외나무다리를 밟아 끊어 버리고는 종횡으로 대총림 홀로 활보하니, 납승들 헤아리는 대로 놔두리라. 我脚何似驢脚 踏斷趙州略彴 縱橫獨步大方 一任衲僧卜度"라고 하였다. 〔참고문헌〕『禪苑蒙求瑤林』, 『黔南會燈錄』. ⇨ 석교약작 石橋略彴

조주일도 趙州一掐 조주 가볍게 두드리다. 『교외별전』 권6 「조주종심장 趙州從諗章」(卍속장144, p.115b4)에 "한 비구니가 물었다. '무엇이 그윽하고 그윽한 뜻입니까?' 조주가 손으로 가볍게 쳤다. '화상께는 여전히 이것이 있군요'. '그대에게야말로 이것이 있구나'. 尼問 如何是密密意 師以手掐之 尼曰 和尙猶有這箇在 師曰 却是你有這箇在", 『오조법연어록』 권중(대정장47, p.661b1)에 "법연이 말했다. '이 비구니가 이 사람(法演)이었다면 조주 향해 말했을 것이다. 「화상을 용서할 수가 없군요」'. 師云 此尼若是箇人 但向他道也 放和尙不得", 『송고연주통집』 권18(卍속장115, p.220b5)에 "밀밀하고 심심한 뜻 가장 오래 가니, 몇 사람이나 언 땅에서 그르쳐 상량했겠는가! 조주가 가볍게 친 뜻을 비구니가 알아차렸다면 강철로 된 심장을 가졌다 한들 창자 끊어지듯 했으리라.〈자수회심(慈受懷深)의 송〉. 密密深深意最長 幾人冷地錯商量 師姑若會趙州掐 鋕打心肝也斷腸〈慈受深〉", "두라나무 솜 모습이지만 목등뼈처럼 단단하니, 하북풍류 늙은 조주로다. 짠 곳에 소금 뿌리고 싱거우면 물 더하니, 고개 들어 한 번 웃을 뿐 쉴 줄 모르네.〈정당명변(正堂明辯)의 송〉. 兜羅綿樣硬贅頭 河北風流老趙州 鹹處著鹽淡添水 軒頭一笑更無休〈正堂辯〉", "사나운 호랑이 얕은 풀섶에 깊은 듯 숨지만, 몇 번이나 밝은 달빛 뒤덮인 안개 뚫고 들어왔겠는가! 정수리에 금강의 눈 있다 해도 눈앞에서 놓쳐 버리지 않을 수 없으리라.〈고봉원묘(高峰原妙)의 송〉. 猛虎深藏淺草窠 幾回明月入烟蘿 頂門縱有金剛眼 未免當頭蹉過他〈高峯妙〉", 『종감법림』 권16(卍속장116, p.243b13)에 "법림음(法林音)이 말했다. '당시에 저 비구니가 「화상께는 여전히 이것이 있군요」라고 말했을 때 어째서 바로 그만두지 않았는가? 어쨌든 저 비구니 30년간 의심하게 놔두었구나'. 法林音云 當時待他道和尙猶有者箇在 何不便休去 且敎他疑三十年"라고 하였다. [참고문헌] 『敎外別傳』, 『五祖法演語錄』, 『頌古聯珠通集』, 『宗鑑法林』.

조주전사노 趙州田厙奴 조주가 촌뜨기(田厙奴)라 하다. 『신심명 信心銘』의 '지극한 도에는 어려울 것이 없으니 다만 가려 택함을 꺼릴 뿐이라네. 至道無難 唯嫌揀擇'를 소재로 한 공안이다. 『벽암록』 57칙 「본칙 本則」(대정장48, p.191a3)에 "학인이 조주에게 물었다. '지극한 도에는 어려울 것이 없으니 다만 분간하여 가려 택함을 꺼릴 뿐입니다. 무엇이 가려 택하지 않는 것입니까?'〈이 가시돋힌 남가새열매 많은 이들 삼킬 수 없다. 크게 의심하는 사람 있어서 입 안 가득 서리 머금네〉 '하늘 위와 하늘 아래에 오직 나만이 홀로 존귀하다'〈평탄한 땅에 뼈무더기 생겨났구나. 납승의 콧구멍이 일시에 뚫려 버렸으니, 금강으로 철권을 만든다〉 '이것이야말로 간택입니다'〈과연 남을 따라 움직여 버렸구나. 이 노인을 몰아붙이다니〉 '이 촌뜨기야! 무엇을 간택했단 말이냐?'〈산 높은데 바위마저 갈라졌구나〉. 학인이 아무 말도 하지 못했다〈그대 30방을 놓아주리. 눈 크게 뜬 채 입만 벌렸네〉. 擧 僧問趙州 至道無難 唯嫌揀擇 如何是不揀擇〈這鐵蒺藜 多少人呑不得 大有人疑著在 滿口含霜〉 州云 天上天下 唯我獨尊〈平地上起骨堆 衲僧鼻孔 一時穿却 金剛鑄鐵券〉 僧云 此猶是揀擇〈果然 隨他轉了也 拶著這老漢〉 州云 田厙奴 什麽處是揀擇〈山高石裂〉 僧無語〈放爾三十棒 直得目瞪口呿〉", 『종감법림』 권17(卍속장116, p.245b16)에 "원오극근(圜悟克勤)이 말했다. '사람들은 대부분 오해하여 「지극한 도는 본래 어려울 게 없지만, 또한 어렵지 않은 것도 없다. 다만 이것이 바로 가려 택함을 꺼릴 뿐이라는 말이다」라고 말한다. 이렇게 이해한다면 만 년이 지나도록 꿈에서조차 보지 못한다'. 圓悟勤云 人多錯會道 至道本無難 亦無不難 只是惟嫌揀擇 若恁麽會 一萬年也 未夢見在"라고 하였다. [참고문헌] 『碧巖錄』, 『宗鑑法林』.

조주전장경필 趙州轉藏經畢 조주는 장경을 외워 마쳤다네. 대장경의 전독(轉讀)을 소재로 한 공안. 『송고연주통집』 권18(卍속장115, p.225a14)에 "한 노파가 사람을 통해 돈을 보내오면서 장경을 전독해 달라고 청하였다. 조주가 받고 나서 갑자기 선상에서 내려와 한 바퀴 돈 뒤에 말했다. '노파에게 이 말을 전해라. 장경의 전독을 마쳤다고'. 그 사람이 돌아가 노파에게 말해 주자 노파가 말했다. '원래 장경 전체를 전독해 달라고 청했는데, 어째서 절반만 전독한 것인가?' 趙州因一婆子令人送錢 請轉藏經 師受施了 却下禪牀 轉一匝乃曰 傳語婆 轉藏經已竟 其人回擧似婆 婆曰 比來請轉全藏 如何祇爲轉半藏", "선상을 뛰어 내려오는 것으로 전독이 한 번 행해져 여래의 오천권 보아 마쳤는데, 노파는 나이가 많음에도 눈 오히려 밝았으니 깊은 밤 달빛 아래에서 바느질을 하고 있다네.〈자수회심(慈受懷深)의 송〉. 走下禪牀行一轉 看了如來五千卷 婆子年高眼尙明 夜深月下穿針線〈慈受深〉"라고 하였다. [참고문헌] 『頌古聯珠通集』. ⇨ 전장 轉藏[1], 전독 轉讀

조주접객 趙州接客 조주가 손님을 맞이하다. 당시 군벌로서 조왕(趙王)이라 자칭했던 왕용(王鎔)을 맞이한 일을 말한다. 『선원몽구요린』 권하(卍속장148, p.275a7)에 "조주가 손님을 맞이하다〈남전의 법을 이은 제자다. 출처는 『오등회원』〉: 진정(眞定 : 鎭州)의 통치자인 조왕이 신하들을 거느리고 절에 들어왔다. 조주가 앉은 채로 물었다. '대왕께서는 아시겠습니까?' '모르겠습니다' '저는 어려서부터 재를 지켜 온 몸이 늙어서 사람을 보고도 선상을 내려갈 힘이 없습니다'. 대왕이 더욱 예를 다해 대했다. 다음 날 객장을 보내 말을 전했는데, 조주가 선상에서 내려와 이를 받았다. 잠시 후 시자가 조주에게 물었다. '화상께서는 어제 대왕이 온 걸 보고도 선상에서 내려가시지 않았습니다. 오늘은 장군이 왔는데 어째서 선상을 내려가신 겁니까?' '네가 알 바 아니다. 가장 높은 사람이 오면 선상 위에서 맞이하고, 중간이 오면 선상에서 내려와 맞이하며, 가장 낮은 이 오면 산문 밖에서 맞이하는 법이다'. 조주는 (입적을 앞두고) 불자를 대왕에게 보내면서 이렇게 말했다. '어디에서 얻은 것이냐고 묻거든 「노승이 평생 쓰고도 다 쓰지 못한 것이다」 말하거라'. 趙州接客〈南泉法嗣 會元〉 眞定師王携諸子入院 趙州坐而問曰 大王會麽 王云 不會 師云 自少持齋身已老 見人無力下禪床 王尤嘉禮重 翌日令客將傳語 師下禪床受之 少間侍者問云 和尙見大王來 不下禪床 今日將軍來

爲什麽却下禪床 師曰 非汝所知 第一等人來 禪床上接 中等人來 下禪床接 末等人來 三門外接 師寄拂子與大王 若問何處得來 但道老僧平日用不盡者"라고 하였다. 〔참고문헌〕『禪苑蒙求瑤林』.

조주종심 趙州從諗 ➡종심 從諗

조주진제선사어록 趙州眞際禪師語錄 당대 선사 조주종심(趙州從諗 778~897)의 어록. 3권. 문원(文遠) 엮음. 송대 징시(澄諟) 교정. 소흥연간(1131~1162) 간행. 줄여서 『조주록 趙州錄』이라고도 한다. 권 첫머리에는 남당(南唐) 보대 11년(953)에 지은 행장(行狀)을 실었으며, 이어서 상중하 세 권에 걸쳐 상당(上堂)·시중·문답 등을 모으고, 하권말미에 대기(對機)·감변(勘辨)·게송 등을 수록하였다. 『송고승전』 권11 「조주종심전」(대정장50, p.775c17)에 "어록이 크게 유행하여 세간에서 귀하게 여겼다. 語錄大行 爲世所貴也"라고 하였으나, 현존하는 가장 오래된 판본은 서현징시(棲賢澄諟)가 다시 상정(詳定)한 것으로 송대 승정수색(僧挻守賾)이 편집한 『고존숙어요 古尊宿語要』에 편입되었다. 그 후 명 만력45년(1617)에 이를 증보하여 재간행한 『고존숙어록 古尊宿語錄』 권13~14(卍속장118, pp.304a13~334b6)에 수록되어 오늘에 이르고 있다. 명말에 담연원징(湛然圓澄)이 서문을 붙인 판본이 『조주화상어록 趙州和尙語錄』이란 이름으로 가흥장24, pp.357a1~372b15에 수록되어 있고, 일본에서도 1613년(경장18)본과 1649년(경안2)에 간행된 판본이 전한다. 〔참고문헌〕『宋高僧傳』.

조주초생해자 趙州初生孩子 조주가 갓 태어난 아기를 답하다. 조주해자육식(趙州孩子六識)이라고도 한다. 『벽암록』 80칙 「본칙 本則」(대정장48, p.206b5)에 "학인이 조주에게 물었다. '갓 태어난 아기도 육식을 갖추고 있습니까?'〈번개치듯 무슨 놈의 갓 태어난 아기를 말하는가?〉 '급히 흐르는 물 위에서 격구 공을 찬다'〈지나갔군. 빠른 매조차 따라잡을 수 없지만 검증해 봐야 한다〉. 학인이 투자에게 물었다. '급류에서 격구 공 찬다 하니, 무슨 뜻입니까?'〈이 사람 또한 작가라서 똑같이 검증해 봐야 한다. 알겠는가? 지나갔다〉. '념념이 멈추지 않고 흐른다'〈갈등을 일으키는 이로군〉. 僧問趙州 初生孩子 還具六識也無〈閃電之機 說什麽初生孩兒子〉 趙州云 急水上打毬子〈過也 俊鷂趁不及 也要驗過〉 僧復問投子 急水上打毬子 意旨如何〈也是作家同驗過 還會麽 過也〉 子云 念念不停流〈打葛藤漢〉", 『송고연주통집』 권20(卍속장115, p.245b12)에 "육식에 공이 없는지 질문 던졌고, 작가는 일찍이 실마리 가려온다. 한없이 급한 물에서 격구 공 차는데 공 떨어졌던 자리 멈추지 못하니, 누군들 찾을 수 있으랴. 〈설두중현(雪竇重顯)의 송〉. 六識無功伸一問 作家曾共辨來端 茫茫急水打毬子 落處不停誰解看 〈雪竇顯〉"라고 하였다. 〔참고문헌〕『碧巖錄』, 『頌古聯珠通集』. ⇨급수상타구자 急水上打毬子, 작가 作家, 육식 六識

조주칠근포삼 趙州七斤布衫 조주가 '일곱 근 베적삼'이라 답하다. 『조주어록』 권상(고존숙어록13, 卍속장118, p.318b9)에 "학인이 물었다. '만법이 하나로 돌아간다면 그 하나는 어디로 돌아갑니까?' '내가 청주에 있을 때 베적삼을 한 벌 지었는데 무게가 일곱 근이었다'. 問萬法歸一 一歸何所 師云 我在靑州 作一領布衫 重七斤", 『원오어록』 권17(대정장47, p.793b25)에 "원오가 이를 집어 말했다. '마혜수라의 세 번째 눈이 이 한마디에 훤히 밝았으니, 바다라는 조종에 천 갈래 수레 길이 함께 모여들 듯하다. 비록 그렇다 해도 여전히 한 수가 남아 있다. 문득 누군가 나에게 「만법이 하나로 돌아간다면 그 하나는 어디로 돌아갑니까?」 묻는다면, 그에게 바로 이렇게 말하리라. 「배고프면 밥 먹고 졸리면 잔다」'. 師拈云 摩醯三眼 一句洞明 似海朝宗 千途共轍 雖然如是 更有一著在 忽有問蔣山 萬法歸一 一歸何處 只對他道 饑來喫飯困來眠", 『굉지광록』 권4(대정장48, p.40b7)에 "'또 다른 학인이 문수에게 물었다. 「만법이 하나로 돌아간다면 그 하나 어디로 갑니까?」 「황하는 아홉구비다」'. 굉지가 말했다. '황하는 아홉구비로 흐르고 베적삼은 일곱 근이며 호마는 북에서 울고 월조는 남쪽 향해 둥지 튼다. 납승은 언제나 진상처에 도달해 있으니, 말로 사람을 속이지 않아 얼굴에 부끄럽지 않다'. 又僧問文殊 萬法歸一 一歸何處 殊云 黃河九曲 師云 黃河九曲 七斤布衫 胡馬嘶北 越鳥巢南 衲僧恰到眞常處 語不欺人面不慚"라고 하였다. 〔참고문헌〕『趙州語錄』, 『圜悟語錄』, 『宏智廣錄』. ⇨일령포삼중칠근 一領布衫重七斤, 만법귀일 萬法歸一

조주탐수 趙州探水 조주가 물을 찾다. 『선원몽구』 권하(卍속장148, p.271a16)에 "조주탐수〈출처는 『경덕전등록』 권10〉: 조주가 하루는 수유를 찾아가서 주장자 들고 법당 위에서 동으로 갔다 서로 갔다 하였다. 수유가 물었다. '뭘 하는 겁니까?' '물을 찾고 있네' '나의 이곳에는 물방울 없습니다'. 조주가 주장자를 벽에 기대어 놓고는 바로 나갔다. 趙州探水〈傳燈十〉 趙州一日訪茱萸 將拄杖 於法堂上 東行西行 萸云 作什麽 州云 探水 萸云 我這裡一滴也無 州將拄杖靠壁便出", 『허당록』 권1(대정장47, p.992c4)에 "허당이 말했다. '모두들 한 방울도 없다고 하지만 하늘 덮듯 파도가 솟아올랐다. 누가 알겠는가, 조주가 까닭도 없이 주장자 한 자루 잃어버렸음을'. 師云 盡道一滴也無 鼓起滔天之浪 殊不知 趙州平白失却一條杖子", 『종문염고휘집』 권17(卍속장115, p.71

5b15)에 "이안행광(理安行洸)이 말했다. '수유의 담장과 해자 튼튼하지 못했고 조주의 탐간도 짧고 작았으니, 점검해 보면 둘 다 다하지 못했다'. 理安洸云 茱萸墻塹不牢 趙州探竿短小 檢點將來 二俱不了"라고 하였다. [참고문헌]『禪苑蒙求』,『虛堂錄』,『宗門拈古彙集』.

조주파정건곤안 趙州把定乾坤眼 조주가 하늘 땅 휘어잡아 바로 아는 눈을 말하다. 『종문염고휘집』 권17(卍속장115, p.708b4)에 "조주가 대중에게 보였다. '건곤을 움켜잡아 바로 아는 눈이라면 면면하여 털끝도 놓치지 않는다. 나는 그대들이 이를 알아차렸으면 하니, 그대들 어떻게 알아차리겠는가?' 趙州示衆 把定乾坤眼 綿綿不漏絲毫 我要你會 你且作麼生會", "천동정각(天童正覺)이 말했다. '분명하게 드러났는가? 설령 그대들이 여기에서 알아차려서 얻었다 하더라도, 나는 그대들이 조주의 함정에서 나올 수 없다는 걸 안다'. 天童覺云 還端的也未 直饒你這裏會得 七穿八穴 我也知你出趙州綣繢不得", "보수신(寶壽新)이 말했다. '놓치든 놓치지 않든 허공에 쐐기를 박음이며, 알아차렸든 알아차리지 못했든 혼돈에 눈썹만 더한다. 설령 그대들이 분명하게 알든 놓아버리든 어떻게 해도 충분치 않다. 대중이여! 건곤 알아볼 눈 있는가? 옛부터 해와 달과 별빛 빌리지 않고도 산과 물에 가득한 금 비춰 사무쳤다네'. 寶壽新云 漏與不漏 虛空著楔 會與不會 混沌增眉 饒你把得定放得開 猶未是十成穩當 大衆 還識乾坤眼麼 從來不藉三光力 照徹山河萬斛金"라고 하였다. [참고문헌]『宗門拈古彙集』.

조주포전인옥 趙州拋磚引玉 조주가 '벽돌 버려 옥을 가진다'라고 답하다. 『송고연주통집』 권18(卍속장115, p.219a4)에 "조주가 만참 때 대중에게 말했다. '오늘밤에는 답할 테니 물을 줄 아는 이는 나오거라'. 이때 한 학인이 나와 절을 올리자 조주가 말했다. '원래는 벽돌 내던지고 옥을 가지려 했는데, 도리어 굽지도 않은 벽돌을 취하게 되었구나'. 후에 법안이 조주의 제자인 각철자(覺鐵觜 : 光孝慧覺)에게 물었다. '돌아가신 당신 스승의 뜻은 무엇입니까?' '나라에서 장군을 임명하는 것과 같아서 누가 (전장으로) 갈 수 있는지를 묻습니다'. 이때 한 사람이 나와서 말했다. '제가 가겠습니다' '그대는 갈 수 없다'. 이에 법안이 말했다. '저는 알아차렸습니다'. 趙州因大衆晩參 師曰 今夜答話去也 有解問者出來 時有一僧 便出禮拜 師曰 比來拋磚引玉 却引得箇墼子 法眼問覺鐵觜 先師意作麼生 覺云 如國家拜將相似 乃問甚人去得 時有人出云 某甲去得 云 爾去不得 法眼云 我會也", "장대로 찾고 풀그림자 만드는 것을 몇 사람이나 아는가! 바로 장군의 깃발 하나와 같구나. 적장을 베고 병영을 안정시키는 일은 전부 내 손에 달렸으니, 철마 거꾸로 타고서 수미산을 오르네. 〈자수회심(慈受懷深)의 송〉. 探竿影草幾人知 正似將軍一面旗 斬將安營都在我 倒騎鐵馬上須彌 〈慈受深〉"라고 하였다. [참고문헌]『頌古聯珠通集』. ⇨ 인옥 引玉

조주하부진인고인어 趙州何不盡引古人語 조주가 '어찌 옛사람 말씀 끌어 다하지 않는가' 하다. 『조주어록』 권상(고존숙어록13, 卍속장118, p.312a5)에 "학인이 조주에게 물었다. '지극한 도에는 어려울 것이 없으니 오직 가려 택함만을 꺼릴 뿐이라 하였으니, 이 간택을 화상께서는 어떻게 보이시렵니까?' '어째서 옛사람 말씀 끌어 다하지 않느냐?' '저는 여기까지만 말할 수 있을 뿐입니다' '바로 이걸 두고 지극한 도에 어려울 것이 없으니 가려 택함만을 꺼릴 뿐이라고 한다'. 問 至道無難 唯嫌揀擇 纔有言語 是揀擇 和尙如何示人 師云 何不盡引古人語 學云 某甲只道得 到這裏 師云 只這至道無難 唯嫌揀擇", 『송고연주통집』 권19(卍속장115, p.231b13)에 "물 적셔도 붙지 않고 바람 불어도 들어오지 못하며, 호랑이 걸음에 용처럼 다니니 귀신도 소리쳐 운다네. 머리 길이가 삼척이니 누군지 아는가? 서로 마주해 말없이 한 발로 서 있네. 〈설두중현(雪竇重顯)의 송〉. 水灑不著 風吹不入 虎步龍行 鬼號神泣 頭長三尺知是誰 相對無言獨足立 〈雪竇顯〉", "자색비단 붉은 비단에 청실로 솜씨좋게 짜서 한 조각 성취했네. 그 중에 솔기 터진 곳이 없지 않으니 어쩌겠나. 이를 보고 못 보고는 그때의 사람들에게 달려 있을 뿐이라네. 〈용문청원(龍門淸遠)의 송〉. 紫綾紅錦靑絲線 巧手織來成一片 其中縫罅不能無 爭奈時人見不見 〈龍門遠〉", "햇살 따사롭고 바람 화창하여 꾀꼬리 울음 소리 새롭고, 버들은 금빛가지 드리워 동군을 묶지만 동군 아낌없이 하여 자기마저 없이 하니, 한점 꽃 붉은 곳에 한바탕 봄이라네. 〈무암법전(無菴法全)의 송〉. 日暖風和鶯囀新 柳垂金線繫東君 東君不惜無私力 一點花紅一點春 〈無菴全〉"라고 하였다. [참고문헌]『趙州語錄』,『碧巖錄』,『頌古聯珠通集』.

조주하재상재 趙州下載上載 조주가 짐 내리고 짐 올리게 하다. 상은 장(裝)으로도 쓴다. 『연등회요』 권6「조주종심장 趙州從諗章」(卍속장136, p.528b9)에 "조주가 대중에게 보인다. '형제들이여! 남방에서 온 이라면 바로 짐 내려주고, 북방에서 온 이라면 짐 실어주게나. 그래서 「높은 사람에게 다가가 일러준즉 도를 잃지만, 낮은 사람에게 다가가 말한즉 도를 얻는다」라고 말한다. 형제들이여! 바른이가 삿된 법 설하면 삿된 법 모두 바르지만, 삿된이가 바른 법 설하면 바른 법도 모두 삿되다. 제방에선 보기 어렵지만 쉽게 알고, 나의 이곳은 쉽게 보지만 알기 어렵다'. 示衆云 兄弟 若從南方來者 卽與下載 若從北方來者 卽與上載 所以道 近上人問道卽失道 近下人問道卽得道 兄弟 正人說邪法 邪法悉皆正 邪

人說正法 正法悉皆邪 諸方難見易識 我這裏易見難識"라고 하였다. [참고문헌]『聯燈會要』. ⇨ 상재 上載

조죽오반 朝粥午飯 아침엔 죽, 점심에는 밥을 먹다. 점심은 재반(齋飯)·오반(午飯)·중반(中飯)이다. 『어선어록』 권18 「태사산곡황정견거사 太史山谷黃庭堅居士」(卍속장119, p.737a6)에 "하루에 오직 아침에 죽, 점심엔 밥 먹어 뜻을 예리하게 하여 참구한다. 日惟朝粥午飯 銳志參求", 『석가여래행적송』 권하(卍속장130, p.316b10)에 "여래께서 애초에 비구는 하루에 한 번 먹도록 하셨다. 그 뒤 라후라 어려서 출가하였기에 배고파 울자 부처님께서 울음을 그치게 하고자 아침 죽을 허용하셨다. 후세의 비구들이 이것을 본으로 삼아 문을 열고 아침 죽과 점심밥을 변함없는 법도로 삼았다. 그러므로 이 두 때 이외에는 모두 남아도는 식사(餘食)라 한다. 만약 아침과 점심의 정해진 때를 놓치면 때 아닌 때 먹는 것이 된다. 如來初制 比丘 一日一食 後羅睺羅 幼少出家 飢而啼之 佛爲止啼 且許朝粥 後世比丘 見此開門 朝粥中食 以爲恒式 是以 此兩時外 皆爲餘食 若失朝中 非時得食"라고 하였다. [참고문헌]『御選語錄』, 『釋迦如來行蹟頌』. ⇨ 비시식 非時食

조중달 曹仲達 북제(北齊)대 화가. 강거(康居 : 서역) 출신. 관직은 조산대부(朝散大夫)에 이르렀다. 인물화에 능했고, 특히 탱화와 단청(丹靑)에 뛰어난 그의 화풍을 조가양(曹家樣)이라 하는데, 당시 사람들은 조의출수(曹衣出水 : 그림 속 인물의 옷자락이 물에서 금방 나온 듯함)라 하였다. 이러한 화풍은 당대 오도자(吳道子)의 오대당풍(吳帶當風 : 그림 속 인물의 옷자락이 바람에 휘날리는 듯함)과 어깨를 나란히 하며 크게 유행하였다. [참고문헌]『樂邦文類』 권3 「天竺五通菩薩請佛傳」(대정장47, p.192a24), 『集神州三寶感通錄』 권중(대정장52, p.421b1), 『法苑珠林』 권15(대정장53, p.401b2). ⇨ 오도자 吳道子

조증 祖證 남송(南宋)대 임제종 양기파(楊岐派) 스님. 속성은 반(潘)씨. 담주(潭州) 유양(劉陽) 출신. 대위선과(大潙善果)의 제자로 수주(隨州) 대홍산(大洪山)의 노납이라 불렸다. 『가태보등록』 권21(卍속장137, p.295a10)에 "법좌에 올라앉아 '만상중에 오롯이 드러난 몸, 어떻게 불쑥 드러난 도리를 설할까?'라 하고 불자를 세우고 말했다. '강에 이르러 오 땅이 다하자 언덕 너머 월 산이 첩첩이구나'. 上堂曰 萬象之中獨露身 如何說箇獨露底道理 豎起拂子曰 到江吳地盡 隔岸越山多"라는 등의 법어가 전한다. [참고문헌]『嘉泰普燈錄』, 『五燈會元』 권20(卍속장138, p.823b11), 『續傳燈錄』 권33(대정장51, p.698c11), 『五燈全書』 권46(卍속장141, p.52a5).

조지 條支 고대 서역의 나라 이름. 조지(條枝)라고도 쓴다. 지금의 이라크(Iraq)나 시리아(Syria) 지역이다. 『자은전』 권5(대정장50, p.250b15)에 "또한 어떤 무리의 새들(타조)은 형태가 한 길 남짓하였는데, 그 새의 알은 항아리만 하였다. 이전에 조지국의 거대한 알이라는 뜻의 '조지거각'이라는 말은 아마도 이를 가리키는 듯하다. 復有諸鳥 形高丈餘 鳥卵如甕 舊稱條支巨轂 或當此也"라고 하였다. [참고문헌]『慈恩傳』, 『佛祖歷代通載』 권22(대정장49, p.718c29).

조직정 調直定 고르고 곧으며 고요히 하다. 삼매(三昧 Ⓢ Ⓟ samādhi)를 푼 뜻이다. 『마하지관』 권2상(대정장46, p.11a25)에 "보통 삼매라 부르는 것은 조직정이다. 『대지도론』 권7(대정장25, p.110b24)에 '선한 마음을 한 곳에 머물게 하여 움직이지 않으니 이를 삼매라 한다' 하였다. 법계는 이 일처이니 바로 관하여 머물고 움직이지 않는다. 사행을 연으로 삼고 마음을 관하며 연을 빌어 고르고 곧게 하니 삼매라 한다. 通稱三昧者 調直定也 大論云 善心一處住不動 是名三昧 法界是一處 正觀能住不動 四行爲緣 觀心藉緣調直 故稱三昧也", 『능엄경비록』 권1(卍속장20, p.117b17)에 "삼매는 범어 음사어로, 한역하면 조직정이다. 모든 중생은 굽고 산란하기에 불보살께서 이 삼매로써 고르고 반듯하게 하셨으므로 조직정이라 한다. 三昧者 梵語也 華言調直定 謂一切衆生 曲而不直 佛菩薩 以此而調直之 故云調直定也", 『세지원통장소초』 권상(卍속장24, p.907b7)에 "조직정이라고도 한다. 중생이 굽고 산란하여 부처님께서 갖가지 삼매의 문으로 그 굽은 곳을 반듯하게 펴고 산란한 곳은 바로잡아 주신다는 뜻이다. 或云調直定 由衆生屈曲散亂 佛以諸三昧門 令直其屈曲 正其散亂故"라고 하였다. [참고문헌]『摩訶止觀』, 『大智度論』, 『楞嚴經秘錄』, 『勢至圓通章疏鈔』. ⇨ 삼매 三昧

조진 祖珍 송대 임제종(臨濟宗) 황룡파(黃龍派) 스님. 호는 별봉(別峰), 속성은 임(林)씨. 홍화(興化 : 江蘇省) 출신. 불심본재(佛心本才)의 제자. 복주(福州 : 福建省)의 고산(鼓山)에서 개당(開堂)하였다. 서암(瑞巖)에서 악림(岳林)의 청을 받아 법석사(法石寺)·숭복사(崇福寺)·승천사(承天寺) 등의 절에도 두루 주석하였다. 『별봉진선사어요』 1권을 남겼다. 『연등회요』 권16(卍속장136, p.699a10)에 "불자를 꼿꼿이 세우고 말했다. '이것이 발자취이다. 그렇다면 소는 어디에 있는가? 설령 뿔을 분명하게 보았더라도 콧구멍은 나의 손에 쥐어져 있다'. 豎起拂子云 這箇是跡 牛在甚麽處 直饒見得頭角分明 鼻孔也在嶽林手裏"라는 등의 법어가 전한다. [참고문헌]『聯燈會要』, 『續傳燈錄』 권30(대정장51, p.674b24), 『五燈會元』 권18(卍속장138, p.713a10).

조진 祖眞 조사(祖師)의 진영(眞影). 조사의 모습을 묘사한 그림이나 조각 등으로 표현한 모습. 『오등회원』 권1 「육조혜능장 六祖慧能章」(卍속장138, p.39b11)에 "방변이 혜능의 뜻을 이해하지 못하고 조사(혜능)의 진영을 빚었는데, 크기 7척 정도이며 그 묘함을 다했다. 조사가 보고는 말했다. '그대는 소성(塑性)에는 뛰어나지만 불성에는 뛰어나지 않구나' 한 뒤에 의물을 주자 방변은 감사의 절을 올리고 떠났다. 方辯不領旨 乃塑祖眞 可高七尺 曲盡其妙 祖觀之曰 汝善塑性 不善佛性 酬以衣物 辯禮謝而去"라고 하였다. [참고문헌] 『五燈會元』.

조징 祖澄 ❶ 조선전기 스님. 벽송지엄(碧松智嚴 1464~1534)의 은사이다. 『삼로행적』 「벽송당대사행적 碧松堂大師行蹟」(한불전7, p.752b18)에 "계룡산 상초암에 가서 조징대사를 뵙고 엎드려 삭발하니, 그때 나이 이십팔세였다. 入鷄龍山上草庵 參祖澄大師 投簪落髮 時年二十八矣"라고 하였다. [참고문헌] 『三老行蹟』, 『東師列傳』 권2 「碧松禪師傳」(한불전10, p.1011b19). ⇨ 지엄 智嚴 ❷ 조선후기 스님. 『정혜결사문』(한불전4, p.708a12)에 "대명 만력 36년(1608·광해군즉위년) 무신 유월일에 순천부 송광사에서 중간하였다. … 조징·행순이 함께 축원을 올렸다. 大明萬曆三十六年 戊申六月日 順天府 松廣寺重刊 … 祖澄 行純 願同上祝"라고 하였다. [참고문헌] 『定慧結社文』.

조착양처 抓著痒處 가려운 곳을 긁어주다. 궁금해 하는 것 풀어주다. 『서장』 「답향시랑장 答向侍郎狀」(대정장47, p.936a5)에 "종고가 서른여섯에 품었던 의문을 읽게 되었으니, 모르는 결에 가려운 곳 긁어준 듯 하였다. 宗杲三十六歲時所疑 讀之不覺抓著痒處", 『허당록』 권2(대정장47, p.1002b10)에 "학인이 물었다. '더운 시절에 추위는 어디로 가는지요?' '그대가 내 가려운 곳을 긁는구나' '추운 시절에 더위는 어디로 가는지요?' '마른 울타리에서 무슨 즙을 찾는가?' 僧問 熱時寒向甚麽處去 師云 爾抓著我痒處 僧云 寒時熱向甚麽處去 師云 乾籬頭上 覓甚麽汁", 『설봉혜공어록』 「정상찬 頂相讚」(卍속장120, p.304b15)에 "혜공은 나의 가려운 곳을 긁어주었지만, 나는 일찍이 그의 아픈 곳을 찔렀다. 아픈 곳을 간지럽히고 가려운 곳을 아프게 하면서 천성들도 같은 길을 가지 않거늘, 어찌 납승과 더불어 함께 씀이 있겠는가? 慧空抓著吾痒處 吾嘗箚著伊痛處 痛處痒痒處痛 不與千聖同途 豈與衲僧共用"라고 하였다. [참고문헌] 『書狀』, 『虛堂錄』, 『雪峰慧空語錄』.

조찰 照察 비추어 살피다. 꿰뚫어 보다의 뜻으로 관(觀)을 푼 뜻이기도 하다. 『대장엄론경』 권3(대정장4, p.275a17)에 "자기 몸을 비추어 살피면 귀천으로 차별이 없으니, 피부와 살과 골육 등 삼십육종의 요소들 귀천에 있어 모두 동등하여 무슨 차별상이 있겠는가? 照察已身中 貴賤無差別 皮肉筋骨等 三十六種物 貴賤悉同等 有何差別相", 『설무구칭경소』 권6(대정장38, p.1104c17)에 "지혜로 보고 비춰 살피니 그 이름이 관이다. 智見照察 名之爲觀", 『화엄경탐현기』 권10(대정장35, p.302b21)에 "일체법은 다만 이름일 뿐 실이 없다고 하니 자상관이라 하고, 일체법 진여로 한 맛이라고 여기면 동상관이라 한다. 이들 관을 혜라 하니 비추어 살피는 뜻이다. 觀一切法 但名無實 名自相觀 觀一切法 眞如一味 名同相觀 是觀名慧 照察義故", 지눌(知訥)의 『수심결』(대정장48, p.1007c7·한불전4, p.711b4)에 "그러므로 깨달은 다음에도 길이 비추고 살펴야 하니, 망념이 문득 일어나면 도무지 따를 일 아니라고 하여 버리고 또 버려서 더는 할 일 없음에 이르러야 비로소 구경이다. 故悟後長須照察 妄念忽起 都不隨之 損之又損 以至無爲 方始究竟"라고 하였다. [참고문헌] 『大莊嚴論經』, 『說無垢稱經疏』, 『華嚴經探玄記』, 『修心訣』. ⇨ 관 觀❶

조참 早參 아침에 대중이 함께 참선(參禪)함. 조참(朝參)이라고도 한다. 『선림상기전』 권11(불광장, 禪藏, p.815)에 "조참이란 이른 아침에 참선함이다. 朝參 旦朝參禪也"라고 하였다. [참고문헌] 『禪林象器箋』. ⇨ 참參, 조참석취 朝參夕聚, 조참모청 朝參暮請, 만참 晩參

조참모청 朝參暮請 아침에 참하고 저녁에 법을 묻다. 진참모청(晨參暮請)·진석참고(晨夕參叩)·조참만참(早參晩參)·조참석취(朝參夕聚)라고도 한다. 아침저녁으로 공양을 마치고는 대중이 모여 참선 또는 참문하거나 문답하는 등의 일을 말한다. 『승사략』 권상 「별립선거 別立禪居」(대정장54, p.240a28)에 "조참모청의 예가 있으니 석경과 목어를 울림에 따라 절도를 삼는다. 有朝參暮請之禮 隨石磬木魚爲節度", 『분양어록』 권상(대정장47, p.607a19)에 "법좌에 올라 말했다. '아침에 참하고 저녁에 법을 청하니 모두 하던 대로여서 말에 떨어지지 않고 어떻게 일러야 할까?' 上堂云 朝參暮請盡尋常 不落言詮 作麽生道", 『종감법림』 권55(卍속장116, p.698a5)에 "아침에 참하고 저녁에 법을 물으며, 물 긷고 섶을 나르는 이외에 다시 무슨 일을 하겠는가? 朝參暮請 運水般柴 又用個甚麽", 『설봉혜공어록』(卍속장120, p.288a7)에 "기억해 보니 법안선사는 '가거나 머물거나 앉거나 눕거나 옷을 입고 밥을 먹거나, 아침에 참하고 저녁에 법을 듣는 그 모든 일이 옛 그대로다. 제불여래께서도 옛 그대로에서 얻으셨다. 이제 대중에게 묻겠다. 도대체 무엇을 얻었단 말일까? 만약 얻은 것 있다면 옛 그대로가 아니며, 얻은 것 없다 해도 옛 그대로가 아니다. 만약 얻은 바 없는 것 얻었다면 얻지 못함을 얻음으로 여겨야 하니, 거듭 이에 옛 그대로가 아니게 된다'고 말하였다. 이제 만약 옛 그대로를 바란다면 먼저 법안화상을 잡아들여 한 방에 때려죽이고 개 먹이로 던져야 하리. 記得 法眼禪師道 但於行住坐臥 著衣喫飯 朝參暮請 一切仍舊 諸佛如來 於仍舊中得 敢問大衆 得个甚麽 若有所得 則不仍舊 若無所得 亦不仍舊 若得無所得 無得爲得 轉不仍舊 而今若要仍舊 先將法眼和尙 一棒打殺 與狗子喫却", 『초석범기어록』 권8(卍속장124, p.142a12)에 "아침에 참하고 저녁에 법 청할 일 없다. 다만 한 겨울 혹독한 추위에도 터럭 하나 더할 수도 덜어낼 수도 없다 할 뿐이다. 不用朝參暮請 也只是箇仲冬嚴寒 添一毫不得 減一毫不得"라고 하였다. 〔참고문헌〕『僧史略』, 『汾陽語錄』, 『宗鑑法林』, 『雪峰慧空語錄』, 『楚石梵琦語錄』. ⇨ 참 參, 조참석취 朝參夕聚

조참석취 朝參夕聚 아침에 참구하고 저녁에 모인다. 날이면 날마다 대중이 모여 참선하고 수시로 법을 묻고 답하는 선문의 일상을 표현하는 말이다. 조참모청(朝參暮請)이라고도 한다. 『백장청규』 권8 「고청규서 古淸規序」(대정장48, p.1158a13)에 "그 선원의 모든 대중이 아침에 참선하고 저녁에 모인다. 장로는 상당하고자 법좌에 올라앉고, 주사와 대중들은 나란히 늘어서서 귀 기울인다. 객이 되고 주인이 되어 묻고 받으니, 종요를 격하게 드러내고 법에 의지해 머묾을 보인다. 其闔院大衆 朝參夕聚 長老上堂陞座 主事徒衆 雁立側聆 賓主問酬 激揚宗要者 示依法而住也", 『송고승전』 권10 「백장회해전 百丈懷海傳」(대정장50, p.770c28)에 "아침에 참하고 저녁에 모이며 음식은 마땅함 따름으로써 검소함 보인다. 朝參夕聚 飮食隨宜 示節儉也"라고 하였다. 〔참고문헌〕『百丈淸規』, 『宋高僧傳』. ⇨ 참 參

조창 槽廠 정미소(精米所). 방앗간. 마원(磨院). 마소옥(馬小屋) 또는 굴립소옥(堀立小屋)이라고도 한다. 본래 말을 부려 돌방아를 돌림으로써 쌀을 빻는다는 말인 육전애(陸碾磑)에서 뜻이 바뀌었다. 종보본 『단경』(대정장48, p.348a22)에 "5조가 말했다. '이 오랑캐 근성은 매우 영리하구나! 너는 더는 다른 소리 하지 말고 방앗간에 붙어 있거라'. 祖云 這獦獠 根性大利 汝更勿言 著槽廠去", 『분양어록』 권중(대정장47, p.618b25)에 "행산이 감지행자에게 물었다. '어디서 오는가?' '오대산에서 옵니다' '문수보살을 만났는가?' '만났습니다' '그대를 보고는 무슨 말을 하시던가?' '저에게 「사리의 부모가 가시나무숲에 누워 있다」고 하더군요'. 분양이 행산 대신 응답했다. '방앗간에 붙어 있거라'. 杏山問甘贄行者 什麽處來 云 臺山來 還見文殊麽 云 見 云 見爾道什麽 云 道闍梨父母 臥在荊棘林中 代云 著槽廠去"라고 하였다. 〔참고문헌〕『壇經』, 『汾陽語錄』. ⇨ 마원 磨院

조천사 助天寺 경상북도 예천군 상리면 도촌리에 있던 절. 조선후기까지 사세가 유지되었으나 어느 때 전소하였다. 절터에 석종형 승탑과 탑비가 있는데, '서산육세와운문인학곡당대사지탑 西山六世臥雲門人鶴谷堂大師之塔'이라 새겨져 있다. 〔참고문헌〕『韓國의 寺址』 경상북도Ⅲ(문화재청 · 佛教文化財硏究所, 2012) pp.45~46.

조천사 朝天寺 경기도 용인시 처인구 백암면 장평리 진남산(鎭南山)에 있는 절. 대한불교조계종 제2교구 본사 용주사(龍珠寺)의 말사이다. 1732년(영조8)에 심처사(沈處士)가 창건하였다. 1770년(영조46)에 박처사(朴處士)가 관음전을 새로 짓고 신암사(神巖寺)로 개명하였다가 1796년(정조20)에 원래의 사명을 회복하였다. 1974년에 용상(龍象)이 중건하였고, 1979년에 비구니 승문(承文)이 대웅전을, 1981년에는 산신각을 각각 신축하였다. 〔참고문헌〕『韓國寺刹全書』 권하 p.1023b7, 『龍珠寺本末寺誌』(본말사주지회, 1984), 『京畿道佛蹟資料集』(경기도박물관, 1999) p.342.

조천조지 照天照地 하늘 비추고 땅 밝히네. 『임제록』(대정장47, p.499a6)에 "어떤 사람이 한마디 집어드니, 때론 숨은 듯 보일 듯 드러낸다면 문득 의심 일어난다. 천지가 빛나는데 이집 저집 찾아 물어본들 참으로 망연할 뿐이다. 有人拈起 一句子語 或隱顯中出 便卽疑生 照天照地 傍家尋問 也大茫然", 『보봉어록』(고존숙어록42, 卍속장118, p.717a1)에 "대중중 정수리에 눈붙은 납자 있는가? 있다면 나와서 하늘도 땅도 비춰보라. 衆中還有 具頂門上眼底衲子 出來 照天照地看", 『천송필기』(卍속장114, p.782a9)에 "곧바로 쏟아낸 말아래 더는 한 터럭 분별 붙이지 마라. 자기광명을 방출하여 하늘 비추고 땅을 밝히니, 번개 토하고 천둥 친다. 하늘 무너져 내린 그 틈에 다시 그 어떤 물건 있어 능히 이렇게 하겠는가! 直言之下 更不著纖毫擬議 放出自己光明 照天照地 吐電驚雷 天壤間更有何物 而能至於此耶"라 하였다. 〔참고문헌〕『臨濟錄』, 『寶峰語錄』, 『千松筆記』.

조철 照徹 비춰 사무치다. 『불정존승다라니경』(대정장19, p.351a29)에 "이 불정존승다라니는 마치 저 태양마니보 품은 듯 깨끗해 티끌 없고, 맑기도 허공같아 그 불빛 비춰 사무쳐서 두루 미치지 않는 곳 없다. 此佛頂尊勝陀羅尼 猶如日藏摩尼之寶 淨無瑕穢 淨等虛空 光焰照徹 無不周遍", 『대일경소』 권5(대정장39, p.627c17)에 "마니주 또한 두렷이 밝고 비춰 사무친다. 摩尼珠亦謂圓明照徹", 『낙양가람기』 권1(대정장51, p.1004b22)에 "또한 선인의 복숭아 있어 그 빛깔 붉고 겉과 속 비춰 사무치니 서리 맞으면 익는다. 곤륜산에서도 나는데 일명 왕모도라고도 한다. 又有仙人桃 其色赤 表裏照

徹 得霜卽熟 亦出崑崙山 一曰王母桃"라고 하였다. 〔참고문헌〕『佛頂尊勝陀羅尼經』, 『大日經疏』, 『洛陽伽藍記』.

조춘 祖瑃 송대 임제종(臨濟宗) 스님. 속성은 오(吳)씨. 복주(福州 : 福建省) 후관(侯官) 출신. 출가하고 구족계를 받은 뒤 대위회수(大潙懷秀)를 친견하고 그 법을 이었다. 녹원사(鹿苑寺)·악록사(岳麓寺) 등 여러 절에 두루 주석하였고, 담주(潭州 : 湖南省) 대위산(大潙山) 밀인선원(密印禪院)에도 주석하였다. 『건중정국속등록』 권22(卍속장136, p.312b8)에 "'무엇이 위산(조춘)의 가풍인지요?' '대나무 위아래로 마디지고, 소나무 고금에 늘 푸르다'. … 예부터 용문에는 머무는 나그네가 없고, 지금껏 새 넘는 험한 길엔 행적이 끊어졌다. 이 속의 분명한 뜻을 알고자 하는가? 불 속에 매미가 호랑이를 삼켰다네. 問 如何是潙山家風 師云 竹有上下節 松無古今青 … 自古龍門無宿客 至今鳥道絶行蹤 欲會箇中端的意 火裡蝍蟟呑大蟲"라는 법문이 전한다. 〔참고문헌〕『建中靖國續燈錄』, 『續傳燈錄』 권21(대정장51, p.609c18), 『五燈會元』 권18(卍속장138, p.687a9).

조취어시 鳥嘴魚顋 새 부리요 물고기 아가미라네. 『허당록』 권3(대정장47, p.1009b11)에 "방장에서 : 호랑이 머리에 제비 턱이나 새 부리에 물고기 아가미라 하니, 온통 향하는 대로 받아 머문다. 답해 보라! 이곳은 무엇이 있는 곳이란 말인가? 方丈 虎頭燕頷 鳥嘴魚顋 盡向者裏納款 且道 者裏是甚麽所在"라고 하였다. 〔참고문헌〕『虛堂錄』. ⇨ 조자어시 雕觜魚顋

조칙 詔勅 임금이 내리는 명령. 또는 그것을 담은 문서. 고칙(告勅)이라고도 한다. 『신력입인법문경』 권4(대정장10, p.952c19)에 "이와 같이 어느 곳이든 제불여래의 광명이 출생하면, 그곳에는 불빛이나 번갯불이나 해와 달의 광명이 일어나지 않는다. … 그곳에는 천자의 조칙도 행할 수 없고, 그곳에는 네 종성이 나지도 않으며, 그곳에는 여덟 가지 어려움인 지옥·아귀·축생 등의 어려움도 생기지 않는다. 如是何處 出生諸佛如來光明 彼處不生火之光明 及電光明 日月光明 … 彼處天子詔勅不行 彼處不生四種姓氏 彼處不生八種諸難 地獄餓鬼 畜生等難"라고 하였다. 〔참고문헌〕『信力入印法門經』, 36권본 『大般涅槃經』 권31(대정장12, p.812a6).

조타 臊陀 앵무(鸚鵡 Ⓢ śuka)의 음사어 중 하나. 『사분율명의표석』 권4(卍속장70, p.463b18)에 "범어 음사어는 숙가파희 또는 조타라고도 하고, 한역어는 앵무이다. 梵云叔迦婆嘻 或云臊陀 此云鸚鵡"라고 하였다. 〔참고문헌〕『四分律名義標釋』. ⇨ 앵무 鸚鵡

조타기리 臊陀祁梨 앵무새 이름. 피여산(彼與山)이라 한역한다. 『불본행집경』 권31(대정장3, p.797b27)에 "내가 생각건대 옛날 한량없는 과거세에 두 앵무새 형제가 있었다. 첫째는 마라기리〈만산이라고 한역함〉라고 하였으며, 둘째는 조타기리〈피여산이라 한역함〉라고 하였다. 我念 往昔 無量世時 有二兄弟鸚鵡之鳥 一名 摩羅祁梨〈隋言 鬘山〉 二名 臊陀祁梨〈隋言 彼與山〉"라고 하였다. 〔참고문헌〕『佛本行集經』. ⇨ 마라기리 摩羅祁梨

조타독수 遭他毒手 저 독한 손길 만나다. 『벽암록』 38칙 「본칙 本則」(대정장48, p.175c20)에 "노파가 문득 말하려 하자〈한 번 죽으면 다시는 살지 못한다. 이 사람 사람 꼼짝 못 하게 하는군. 저 독한 손 만났네〉 풍혈이 다시 불자로 때렸다. 陂擬開口〈一死更不再活 這漢鈍置殺人 遭他毒手〉 穴又打一拂子", 『사심오신어록』(卍속장120, p.253b17)에 "세존께서는 일체지 갖추고 저 한 신통 하였지만, 느닷없이 저 외도의 독한 손길 마주치고 말았다. 世尊具一切智 那一通 不覺遭他毒手"라고 하였다. 〔참고문헌〕『碧巖錄』, 『死心悟新語錄』.

조타모타 朝打暮打 아침에도 때리고 저녁에도 때리다. 『고설철어록』 권2(가흥장28, p.317b20)에 "가없이 큰 허공 묶어 한 방망이 만들고는, 20여 년 한결같이 아침에도 때리고 저녁에도 때렸는데 맞은 이는 없다네. 束無邊太虛空爲一棒 二十餘年 朝打暮打 不曾打著一人", 『대등국사참상어요』 권2 「설두어록중사 雪竇語錄中事」(臺灣國圖善本46, p.81b3)에 "학인이 설두에게 물었다. '생사가 닥쳐오면 어떻게 달아납니까?'〈결정적 시절을 만나기 어렵다〉 '삼매의 꽃판 의지'〈태양처럼 빛나네〉 '문득 다른 이 몸 둘 곳 아닌지요?〈아침에도 때리고 저녁에도 때린다〉 '호부(虎符)가 도달했으니 받들어 행하라'〈큰일이네, 큰일났어!〉 問 生死到來 如何回避〈時節難逢〉 竇云 定花板上〈明如杲日〉 僧云 莫便是他安身處也無〈朝打暮打〉 竇云 符到奉行〈大難 大難〉"라고 하였다. 〔참고문헌〕『古雪哲語錄』, 『大燈國師參詳語要』.

조타번사 竈墮翻邪 부엌 무너지고 삿된 것 뒤집다. 숭악혜안(嵩岳慧安)의 법사(法嗣) 파조타(破竈墮)의 기연에서 유래한다. 『선원몽구』 권상(卍속장148, p.222a14)에 "조타번사〈출처는 『오등회원』 권2〉 : 숭악 파조타화상은 이름으로 불리지 않았다. 언행을 예측할 수 없었고 숭산에 은거하였다. 산간평지에 사당이 있었는데 영기가 대단했으며 사당 안에 부엌이 하나 있을 뿐이었다. 먼 곳에서 찾아온 사람들과 근처에서 온 사람들이 끊임없이 제를 지내느라 생명이 있는 것들을 너무 많이 죽였다. 화상이 하루는 시봉하는 스님을 데리고 사당에 들어가서 주장자로 세 번 때리고 꾸짖으며 말했다. '너는 본래 진흙과 기와 합했을 뿐인데, 성스러움은 어디에서 왔으며 영기는 어디에서 생겨났느냐?' 또 세 번 때리자 부엌이 무너져 버렸다. 잠시 후에 푸른 옷을 입고 높은 관을 쓴 이가 화상 앞에서 절을 올렸다. 화상이 물었다. '너는 누구냐?' '저는 본래 이 사당의 신입니다. 오랫동안 업보를 받다가 오늘에서야 스님께서 설하신 무생법문을 듣고 이곳에서 벗어나게 되었기에 특별히 이렇게 찾아와 감사를 드립니다' '다름 아닌 그대에게 본래 있는 이치이지 내가 굳이 말한 게 아니다'. 신은 다시 절을 올리고 사라졌다. 이에 시봉하는 스님이 말했다. '저는 오랫동안 화상 곁에 있었으면서도 가르침을 받지 못했는데, 부엌신은 무엇을 깨달았기에 승천합니까?' '내가 특별히 그에게 말해준 도리는 없다. 다만 그에게 「너는 본래 진흙과 기와 합해 있을 뿐인데, 성스러움은 어디에서 왔으며 영기는 어디에서 생겨나느냐?」라고 물었을 뿐이다'. 그 스님이 가만히 있자 화상이 물었다. '알겠느냐?' '모르겠습니다' '본래 있는 성품을 어째서 모르느냐?' 학인이 절을 올리자 화상이 말했다. '부서졌다. 무너졌다'〈혜안국사가 그를 파조타라고 불렀다〉. 竈墮翻邪〈會元二〉 嵩嶽破竈墮和尚 不稱名氏 言行叵測 隱居嵩嶽 山塢有廟甚靈 廟中唯安一竈 遠近祭不輟 烹殺物命甚多 師一日領侍僧入廟 以杖敲三下 咄云 汝本泥瓦合成 聖從何來 靈從何起 又打三下 竈迺傾破 須臾有靑衣峩冠 設拜師前 師曰 汝是何人 云 我本此廟神 久受業報 今日蒙師說無生法 得脫此處 特來致謝 師云 是汝本有之理 非吾强言 神再拜而沒 侍僧云 某甲久在和尚左右 未蒙指示 竈神有何所得 遂得昇濟 師云 我別無道理爲他 只向他道 汝本泥瓦合成 聖從何來 靈從何起 侍僧默然 師云 會麽 云 不會 本有之性 爲甚不會 侍僧禮拜 師曰 破也 墮也〈安國師號爲破竈墮〉"라고 하였다. 〔참고문헌〕『禪苑蒙求』.

조타삼천모타팔백 朝打三千暮打八百 아침에 삼천대 때리고 저녁에 팔백대 치다. 『경덕전등록』 권17 「운거도응전 雲居道膺傳」(대정장51, p.335b5)에 "'집나간 아들이 돌아왔을 때는 어떤지요?' '기쁘게도 돌아왔구나' '무엇을 그에게 드릴까요?' '아침에 삼천대 때리고 저녁에 팔백대 때린다'. 問 遊子歸家時 如何 師曰 且喜歸來 曰 將何奉獻 師曰 朝打三千暮打八百", 『분양어록』 권중(대정장47, p.615c6)에 "주먹이 손 되고 손바닥 주먹 되듯이 펴고 쥠에 자유롭지만 남의 힘을 빌리지 않는다. 잘못은 어디에 있을까? 대신 답한다. '아침에 삼천대 때리고 저녁에 팔천대 때린다'. 如拳作手 如手作拳 展縮自由 不因他力 過在什麽處 代云 朝打三千暮打八百", 『원오어록』 권2(대정장47, p.720a25)에 "십자로에서 걸림없다 해도 아침에 삼천대 맞아야 부족하나마 조금 낫다. 말해 보라. 잘못은 어디에 있는가? 만일 갈 곳 안다면 온전히 들고 반만 들어도 안다. 모른다면 포대 속 까마귀 같아 살아있어도 죽은 목숨이다. 直饒十字縱橫 朝打三千 猶較些子 且道 誵訛在什麽處 若知有去 始見全提半提 儻或未知 布袋裏老鴉 雖活如死"라고 하였다. 〔참고문헌〕『景德傳燈錄』, 『汾陽語錄』, 『圜悟語錄』.

조탁 雕琢 새겨 다듬다. 『조산어록』(대정장47, p.529a15)에 "학인이 물었다. '옥돌 품어 스님께 엎드리니 쪼고 다듬어 주시길 청합니다'. 스승이 답했다. '쪼고 다듬지 않는다' '어째서 쪼고 다듬지 않으십니까?' '조산의 뛰어난 솜씨 알아야 할 뿐이지'. 僧問 抱璞投師 請師彫琢 師曰 不彫琢 僧云 爲甚麽不雕琢 師曰 須知曹山好手", 『동산어록』(대정장47, p.519b25)에 "이 사람은 비록 후생이지만 참으로 깊이 다듬어졌구나. 此子雖後生 甚堪雕琢", 『원오어록』 권15(대정장47, p.783c16)에 "안으로 마음 비우니 밖에 연들 고요하다. 옷을 입거나 밥을 먹거나 본래 스스로 천진하니 애써 쪼고 다듬지 않는다. 內心旣虛 外緣亦寂 著衣喫飯 本自天眞 不勞雕琢", 『경덕전등록』 권28 「나한계침화상어 羅漢桂琛和尙語」(대정장51, p.447c17)에 "'불법도 새기고 다듬는지요?' '받아들이지 않을 수 없지' '어떻게 새기고 다듬는지요?' '부처님 법이다'. 問 佛法還受雕琢也無 師曰 作麽不受 曰 如何雕琢 師曰 佛法"라고 하였다. 〔참고문헌〕『曹山語錄』, 『洞山語錄』, 『圜悟語錄』, 『景德傳燈錄』.

조탁정 鳥啄淨 ➡ 오종작정 五種作淨

조탑 爪塔 Ⓢnakha-stūpa. 여래의 손톱 발톱 등을 모신 탑. 급고독장자(給孤獨長者)가 부처님의 손톱과 머리카락(爪髮塔)을 모셔 세운 탑. 탑의 시초라 한다. 『살바다비니비바사』 권5(대정장23, p.534b18)에 "불보를 공양하고자 하지만 색신을 모실 수 없으니, 마땅히 조탑과 발탑 중 마음을 다해 법신께 공양한다. 법신은 영원히 계시기 때문이다. 若言供養佛寶 則色身不得受用 應著爪塔髮塔中 施心供養法身 法身長在故", 『자비도량참법』 권4(대정장45, p.940c21)에 "또한 시방여래와 일체발탑 · 일체치탑 · 일체아탑 · 일체조탑에 귀의하옵니다. 又復歸命 十方如來 一切髮塔 一切齒塔 一切牙塔 一切爪塔"라고 하였다. 〔참고문헌〕『薩婆多毘尼毘婆沙』, 『慈悲道場懺法』, *Sam-r.236.* ⇨ 발탑 髮塔, 불조탑소 佛爪塔所, 급고독장자 給孤獨長者

조탑공덕경 造塔功德經 Ⓢ Caitya-pradakṣiṇa-gāthā, Ⓣ mchod-rten bskor-ba'i tshigs-su-bcad-pa. 당대 지바가라(地婆訶羅 Ⓢ Divākara : 日照) 한역. 1권. 『조탑경』이라고도 한다. 고려장13, p.1324a1~c18, No.498 · 대정장16, pp.800c19~801b18, No.699에 수록되어 있고 티베트역본(北京版 No.987)도 전

한다. 크고 작은 탑을 건립하여 부처님의 사리나 경전 또는 경전을 베껴 쓴 것 등을 안치하는 공덕의 광대함에 대해 설했다. 「서 序」에 의하면 680년(영융1)에 지바가라와 원측(圓測) 등 다섯 명이 장안(長安 : 陝西省 長安)의 홍복사(弘福寺)에서 한역하였다고 하였으나, 『대주간정중경목록』 권1(대정장55, p.379c9)에 의하면 동태원사(東太原寺)에서 한역하였다고 하였다. [참고문헌] 『大周刊定衆經目錄』. ⇨ 탑 塔

조탑공덕경서 造塔功德經序 신라 원측(圓測 613~696) 지음. 680년(영융1) 지바가라(地婆訶羅) 한역 『조탑공덕경』(대정장16, pp.800c19~801b18)의 서문이다. 한불전12, p.1a1~12에도 수록되어 있다. 대정장 수록본에는 서문의 찬자가 기록되지 않았지만, 1290년(지원27)의 원본(元本)과 1601년(만력29)의 명본(明本)에는 "번경사문 원측 지음. 翻經沙門釋圓測撰"이라고 하였다. 『조탑공덕경』(대정장16, p.801a3)에 "이 경은 영융 원년 11월 15일에 천축법사 지바가라〈한역 일조〉에게 청하여 서명사 사문 원측 등 다섯 사람과 함께 홍복도량에서 조서를 받들어 한역하기 시작하였는데, 그 해 12월 8일에 마쳤다. 此經以永隆元年冬十一月十五日 請天竺法師地婆訶羅〈唐言日照〉 與西明寺沙門圓測等五人 於弘福道場 奉詔宣譯 至其年十二月八日終"라고 하였다. [참고문헌] 『造塔功德經』.

조탑리사지 造塔里寺址 경상북도 안동시 일직면 조탑리 131-4번지 일대의 옛 절터. 사지는 수십 년 전부터 과수원으로 사용되어 유구가 거의 교란되었으나, 2001년 안동대박물관 시굴조사 시 나말여초로 추정되는 소조불상편 4점・수막새 4점・암막새 2점 등 삼국시대부터 조선 초기까지의 유물 총 65점이 수습되었다. 이후 2005년 경상북도문화재연구원의 발굴조사에서는 탑지・구(溝)・수혈주거지(竪穴住居址)・건물지 등 총 74기의 유구, 삼국시대의 각종 토기편과 와편(瓦片), 통일신라시대의 와편 및 당초문 전돌편, 고려시대의 청자편, 다수의 철기류 등 청동기시대부터 조선시대까지의 유물 총 150점이 출토되었다. 현재 사지에는 보물 제57호 안동조탑리오층전탑이 남아있다. [참고문헌] 『安東造塔里寺址』(경상북도문화재연구원, 2007). ⇨ 안동조탑리오층전탑 安東造塔里五層塼塔

조탑연명공덕경 造塔延命功德經 당대 반야(般若) 한역. 1권. 고려장13, p.1324a1~c18, No.498・대정장19, pp.726a7~728a3, No.1026에 수록되어 있다. 조탑공덕에 대해 설한 경이다. 파사익왕(波斯匿王)이 상사(相師)에게 칠일 후 죽게 될 것이라는 이야기를 듣고, 부처님께 수명을 연장할 법을 물었고 이에 부처님께서는 조탑공양을 권하셨고, 조탑궤의법칙(造塔軌儀法則)을 열두 차제로 나누어 다라니와 함께 설하셨다.

조탕 粗湯 거칠어 소박한 탕. 자신이 끓인 탕을 대중 앞에 겸손하게 이르는 말이다. 『선림상기전』 권17(불광장, 禪藏, p.1292)에 "조탕 : 도충이 말한다. '조는 정미하고 곱지 못한 뜻이다. 남에게 끓여서 올린 탕을 겸손하게 이르는 말이다'. 『백장청규』 「고사사절특위수좌대중탕」에 이렇게 전한다. '도사가 대중에게 절을 올리고 나서 처음 자리를 펴고 말한다. 「오늘 올린 거친 탕으로 특별히 자비 내림이 두터우니, 이 못난 몸은 지극한 감격을 이길 수 없습니다」'. 粗湯 忠曰 粗 不精好也 爲人點湯 謙所稱也 敕修清規 庫司四節特爲首座大衆湯 云 都寺行禮 初展云 此日粗湯 特沐慈悲降重 下情不勝感激之至"라고 하였다. [참고문헌] 『禪林象器箋』, 『百丈淸規』(대정장48, p.1153a13).

조태 洮汰 Ⓢ Ⓟ dhūta. 일어 깨끗하게 하다. 두타(頭陀)의 한역어 중 하나로, 쌀 등을 물에서 씻고 일어내는 것으로 물 위로 띄워 돌 등의 찌꺼기와 분리해 깨끗하게 하는 뜻이다. 『일체경음의』 권28(대정장54, p.495a17)에 "조태〈조는 도와 도를 반절한 음이고, 아래 글자 음은 태이다. 『통속문』에 '쌀을 일어 돌을 골라내는 작업을 조태라 한다'라고 하였고, 『광아』에 '태는 씻는다는 뜻의 세이다'라고 하였다〉. 洮汰〈徒刀反 下音太 通俗文 淅米謂之洮汰 廣雅 汰洗也〉", 같은 책 권27(대정장54, p.491a15)에 "두타〈두다라고도 음사하고 조태라 한역한다. 잘 씻는 뜻이다. 제기 또는 규탄이라고도 한역하는데, 티끌과 먼지를 없앤다는 뜻이다. 번뇌를 털어낸다는 뜻의 두수와 한가지 뜻이지만 여기서의 뜻은 아니다〉. 頭陀〈杜多 云洮汰 言大洒也 或云除棄 或云糾彈 言去其塵穢耳 斗藪一義 非今理也〉"라고 하였다. [참고문헌] 『一切經音義』. ⇨ 두타 頭陀

조토 爪土 Ⓟ nakhasikhāyam paṃsu. 손톱에 묻은 흙. 공덕이나 죄업 등 아주 큰 것을 드러내기 위한 비유다. 『잡아함경』 권16(대정장2, p.114a22 : *Nakhasikho-sutta, SN.5*, p.459)에 "그때 세존께서 손톱으로 흙을 들어 올린 뒤 비구들에게 이르셨다. '어떻게 생각하느냐? 내 손톱에 묻은 흙이 많으냐? 아니면 이 대지의 흙이 많으냐?' 爾時 世尊以爪甲擎土已 告諸比丘 於意云何 我爪甲上土爲多 此大地土多 atha kho bhagavā parittam nakhasikhāyam paṃsum āropetvā bhikkhū āmantesi. taṃ kim maññatha bhikkhave katamaṃ nu kho bahutaram yo vāyam mayā parittο nakhasikhāyam paṃsu āropito. ayaṃ vā mahāpathavīti", 『밀적역사대권신왕경게송』(대정장32, p.779b1)에 "보살과 아라한의 신통력이 손톱에 묻은 흙

과 같다면, 세존의 부사의함은 대지의 흙과 같다. 菩薩羅漢神力如爪土 世尊不思却似大地土", 『아미타경요해』(대정장37, p.372a15)에 "낱낱의 소리중에 팔십억겁 동안 생사를 거듭하며 쌓은 죄를 남김없이 다한다 해도, 소멸한 죄는 손톱의 흙과 같고 소멸하지 못한 죄는 대지의 흙과 같다. 一一聲中 盡滅八十億劫 生死重罪 然所滅罪 猶如爪土 所未滅罪 如大地土"라고 하였다. [참고문헌] 『雜阿含經』, 『密跡力士大權神王經偈頌』, 『阿彌陀經要解』, 40권본 『大般涅槃經』 권33(대정장12, p.563a24), *SN.* ⇨ 조상토 爪上土

조통암 照通庵 전라북도 정읍시 운주산(雲柱山)에 있던 암자. 1936년에 장봉선(張奉善)이 편찬한 『정읍군지』 고적에 '백제시대에 한 스님이 있었는데, 손은 새 손톱(鳥爪)과 같고, 두발(頭髮)은 길지 않으나 모발(毛髮)이 몸 전체에 두루 퍼져 있었다. 이름을 조통(照通)이라 하였는데, 머무르는 곳에 항상 구름이 있었다. 백제의 왕이 불법(佛法)을 와서 묻고 스승으로 섬겼다고 한다. 지금은 없다'라고 하였다. [참고문헌] 『井邑郡誌』.

조티다사 Ⓟ Jotidāsa. 수제다사(樹提陀娑). 파디얏타(Ⓟ Pādiyattha, Pāniyattha)의 부유한 브라만으로, 마하가섭에게 법을 청해 듣고 출가하여 아라한이 되었다. 특히 율(律)에 밝아 지율존자(持律尊者)로 불렸다. 『증일아함경』 권3(대정장2, p.558a29)에 "천인이 아침마다 곁에서 보살피고 섬기는 이가 바로 수제비구이고, 사람 모습을 버림으로써 천인의 용모를 닮은 이도 이 수제비구이다. 天人所奉 恒朝侍省 所謂輸提比丘是 以捨人形 像天之貌 亦是輸提比丘", 『마하승기율』 권30(대정장22, p.469b5)에 "비구들이 말했다. 이는 바람직한 판단이 아닙니다. 의혹을 풀고 싶거든 지제산으로 가서 지율존자 수제다사에게 물으십시오. 꼭 답을 얻을 수 있을 겁니다. 諸比丘言 此非好斷 汝欲決疑者 可往枝提山中 問持律尊者樹提陀娑 必能決了", 같은 책 권32(대정장22, p.493a11)에 "부처님께서 무량한 지혜 있으시어 요익중생을 위해 (이 비니장을) 우팔리에게 주셨고, 우팔리는 다사바라에게 주었으며, 다사바라는 수제다사에게 주었고, 수제다사는 도력존자에게 주었습니다. 佛有無量智慧 爲饒益諸衆生 故授優波離 優波離 授陀娑婆羅 陀娑婆羅 授樹提陀娑 樹提陀娑 如是乃至 授尊者道力"라고 하였다. 존자가 남긴 게송 한 편이 전하는데 *Theragāthā*, p.20에 "주야(晝夜)는 가고 뭇 생명 사라지니, 여울물 마르듯 사람 목숨 다하네. 어리석은 이 악업을 짓고도 알지 못하니, 악(惡)한 과보로 먼 훗날 쓰디쓴 고통 있으리. accayanti ahorattā, jīvitaṃ uparujjhati, āyu khīyati maccānaṃ kunnadīnaṃ va odakaṃ. atha pāpāni kammāni karaṃ bālo na bujjhati, pacchāssa kaṭukaṃ hoti, vipāko hi 'ssa pāpako 'ti"라고 하였다. [참고문헌] 『增壹阿含經』, 『摩訶僧祇律』, *Th.*

조티팔라 Jotipāla 과거 가섭불(迦葉佛 Ⓟ Kassapa-buddha) 시대에 살았던 바라문청년. 석가모니부처님의 전신이다. 맛지마니카야 제81경 *Ghaṭīkāra-sutta* (*MN.2*, p.49)에 "바라문청년 조티팔라는 캇사파 세존 아라한 정등각의 허락으로 출가하여 구족계를 받았다. … 그때의 바라문청년 조티팔라가 바로 나였다. 세존께서 이와 같이 말씀하셨다. jotipālo māṇavo kassapassa bhagavato arahato sammāsambuddhassa santike pabbajjaṃ alattha upasampadaṃ … ahaṃ tena samayena jotipālo māṇavo ahosin ti. idam avoca bhagavā"라고 하였다. *Sarabhaṅga-jātaka*(*Jā.5*, pp.125~151)에서 조티팔라는 살인하지 않겠다는 원(願)을 세우고 출가한 보살 사라방가(Ⓟ bodhisatta Sarabhaṅga)의 속명(俗名)이다. [참고문헌] *MN.*, *Jā.* ⇨ 사라방가 Sarabhaṅga

조파승위간계 助破僧違諫戒 Ⓢ tad-anuvartaka, Ⓣ de'i-rjes-su-phyogs-pa. 승단의 화합을 깨는 이나 그 일을 돕는 것을 금하는 계. 십삼승잔(十三僧殘) 또는 십칠승잔(十七僧殘) 중 하나다. 조파위간계(助破違諫戒)라고도 한다. 『사분율비구함주계본』 권상(대정장40, p.435a9)에 "열한째 조파승위간계다. 부처님께서 나열기(羅閱祇 Ⓢ Rājagṛha)에 계셨다. 그때 제바달다는 다섯 가지 법에 고의로 집착하였으니, 목숨이 다하도록 걸식하는 것·분소의를 입는 것·늘 맨 땅에 앉는 것·버터나 소금을 먹지 않는 것·생선이나 고기를 먹지 않는 것을 비구에게 가르쳤다. 이에 대중스님들이 가려 말하고 이 일을 돕는 비구들도 파승을 돕는 일이라 여겨 비구들이 그 잘못을 드러내 말했다. 부처님께서는 꾸짖으셨고 이 일로 이 계를 제정하셨다. 十一 助破僧違諫戒 佛在羅閱祇 時 提婆達 故執五法 盡形乞食 著糞掃衣 常受露坐 不食穌鹽魚及肉 以教比丘 衆僧諫時 伴黨比丘 助破諫僧 比丘擧過 佛訶責已 因制此戒", 『신산정사분승계본』(卍속장61, p.536b7)에 "열한 째 조파승위간계이다. 어떤 비구가 하나나 둘 내지는 무수한 비구가 무리를 지어, 이 비구가 저 비구에게 이렇게 말한다. '대덕이여, 이 비구에게 충고하지 마라. 이 비구는 법도에 맞게 말하고, 계율에 맞게 말하는 비구이다. 이 비구가 하는 말을 우리들은 좋아하고, 우리들은 인가한다'. 이에 저 비구는 이 비구에게 다음과 같이 충고해야 한다. '대덕이여, 이런 말을 하지 마라. 이 비구는 법도에 맞게 말하고, 계율에 맞게 말하는 비구이며, 이 비구가 하는 말을 우리들은 좋아하고, 우리들은 인가한다고 하지만 이 비구는 법도에 맞게 말하고 계율에 맞게 말하는 비구가 아니다. 대덕이여, 화합승가를 무너뜨리지 마시오. 그대들은 마땅히 화합승가를 기꺼워해야 한다. 대덕이여, 승가와 화합하여 기뻐하며 다투지 않고, 같은 스승에게 배우며 물과 젖처럼 화합하면, 불법중에 더욱 안락하게 머문다'. 이 비구가 이와 같이 충고할 때 굳게 가져 버리지 않으니, 그 비구는 세 번 가려 말한다. 이 일을 버리게 하기 위한 것이다. 세 번 가려 말해 버리면 좋지만 버리지 않으면 승가바시사다. 助破僧違諫戒 第十一 若比丘 有餘伴黨 若一二三 乃至無數 是比丘語彼比丘言 大德 莫諫此比丘 此比丘 是法語律語比丘 此比丘所說 我等喜樂 我等忍可 彼比丘 應諫是比丘言 大德 莫作是說 言此比丘 是法語律語比丘 此比丘所說 我等喜樂 我等忍可 然此比丘 非法語律語比丘 大德 莫欲壞和合僧 汝等當樂欲和合僧 大德 與僧和合 歡喜不諍 同一師學 如水乳合 於佛法中 有增益安樂住 是比丘如是諫時 堅持不捨 彼比丘應三諫 捨此事故 乃至三諫 捨者 善 不捨者 僧伽婆尸沙"라고 하였다. [참고문헌] 『四分律比丘含注戒本』, 『新刪定四分僧戒本』, *Mvyut.258.*, *Vin.3.175.*, 李智冠 『南北傳六部律藏比較硏究』 p.111. ⇨ 승가바시사 僧伽婆尸沙, 승잔 僧殘, 파승 破僧

조패 照牌 대중이 각기 앉는 자리를 그림이나 글로 적어 보인 패. 『백장청규』 권4 「당사특위신구시자다탕 堂司特爲新舊侍者茶湯」(대정장48, p.1135b1)에 "당사는 자리를 베푼 후 조패에 배열한다. 堂司設位 排照牌", 『선원청규』 권1 「부다탕 赴茶湯」(卍속장111, p.883a9)에 "앉는 자리를 분명하게 적은 조패로써 허둥대거나 착란함을 면하도록 한다. 明記坐位照牌 免致倉遑錯亂", 같은 책 권6 「특위당두전점 特爲堂頭煎點」(卍속장111, p.906a14)에 "시자와 상의하여 앉는 자리를 안배하고 조패를 내건다. 計會侍者 安排坐位 幷照牌"라고 하였다. [참고문헌] 『百丈淸規』, 『禪苑淸規』.

조포 粗暴 거칠거나 사나움. 『치문경훈』 권8 「석장부 錫杖賦」(대정장48, p.1082c27)에 "밖으로는 거칠고 난폭하고, 안으로는 가시를 품는다. 外露粗暴 內懷荊棘", 『비니지지회집』 권14(卍속장61, p.945a16)에 "아란야는 정사라고도 한다. 곧 그 곳은 거칠거나 난폭한 이들이 머물지 않으니, 부지런히 수행하는 이들의 거처다. 阿蘭若 亦云精舍 謂其處非粗暴者所止 乃精練行者所居", 『북경초림어록』 권1(가흥장37, p.533a2)에 "임제는 사납게 머리가 쪼개지도록 문득 할 하였고, 덕산은 거칠게 허리가 끊어지도록 곧바로 방을 휘두른다. 臨濟莽鹵 劈頭便喝 德山粗暴 落脊便棒"라고 하였다. [참고문헌] 『緇門警訓』, 『毘尼止持會集』, 『北京楚林語錄』.

조포사 造泡寺 조선 후기에 왕실 능원(陵園)에 속하여 두부 등 제수(祭需)를 마련하던 절. 『승정원일기』 정조 13년(1789) 10월 기사(己巳)에 "임금께서 성정각에 거동하였다. … (행공조판서 이)문원이 '새 원에 조포사를 설치하지 않을 수 없는데, 다른 능원의 사례에 의거하여 가자와 권선을 미리 낸 뒤에야 조영할 수 있을 것입니다. …'고 하였다. 上御誠正閣 … 文源曰 新園所 不可不設置造泡寺 依他陵園例 帖加與勸善 預爲出給 然後可以營作"고 하였고, 같은 책 같은 해 11월 신묘에 "임금께서 성정각에 거동하였다. … 임금이 '본원(현륭원)은 매우 중요하므로 조포사가 없어선 안된다. 이 또한 헤아려야 하는가'라고 하였다. 上御誠正閣 … 上曰 本園體重 不可無造泡寺矣 此亦商量乎"고 하여, 정조가 아버지 장헌세자(莊獻世子·思悼世子 1735~1762)의 묘소인 현륭원(顯隆園)을 조영하면서 처음 조포사를 언급하였다. 정릉(貞陵)의 능(침)사가 흥천사이고 조포사는 봉국사인 것처럼, 조포사는 능사(陵寺)와 더불어 왕실 원당(願堂)에 속하였는데, 능사에서 축원(祝願) 등의 의례를 베풀었다면, 조포사는 의례에 관련된 역(役)을 전담하였다. 정약용(丁若鏞 1762~1836)의 『여유당전서』 잡찬집(雜纂集)2에 수록된 『아언각비』 권1에 "여러 능과 원에는 각기 승원을 두어 두부를 공급하므로 조포사라 이름한다. 諸陵諸園 各有僧院 以供豆腐 名之曰造泡寺"고 하였고, 『일성록』 순조6년(1806) 4월 갑오에 "장릉 경계 안의 보덕사는 본릉의 조포사로, 제향 때 두부를 만들고 제관을 맞이하는 역을 전담하도록 하였다. 莊陵局內 有報德寺 卽本陵造泡寺也 祭享時造泡之節 祭官接應之役 使之專當"고 하였으며, 1800년(정조24)에 작성된 「여주봉미산보은사중수사적기사 驪州鳳尾山報恩寺重修事蹟記詞」 『조선사찰사료』 권상에도 "이 절은 영·녕 두 능침의 원당 조포사이므로 소중함이 여타 사찰과는 다르다. 是英寧兩陵寢願堂造泡之寺 故其爲所重與他寺刹有所自別也"고 하였으며, 『정조실록』 권41 18년(1794) 9월 30일에도 "하교하기를, '… 듣자니 의릉의 조포사를 장차 순회(세자)의 묘 자리 곁으로 옮겨 짓는다고 하였다. …'고 하였다. 敎曰 … 聞之 稱云 懿陵造泡寺將移構梵宇於順懷墓塋築之側"고 하였다. 1793년 4월 3일에 정한 각 능묘의 조포사로는 공릉(恭陵) 영신암(靈神菴), 순릉(順陵) 화성암(化成菴), 온릉(溫陵) 봉온암(奉溫菴), 희릉(禧陵)과 효릉(孝陵) 고향사(高香寺), 의릉(懿陵) 청량사(淸凉寺), 영릉(永陵) 칠장암(漆莊菴), 소현묘(昭顯墓) 고봉사(高峯寺) 등인데, 한국학중앙연구원 장서각이 소장하고 있는 1930년에 작성한 『묘전궁릉원묘조포사조』의 조포사는 아래의 〈표〉와 같다. 『선정릉지』 조포사(造泡寺)에 "봉은사는 본릉(선정릉) 묘역 안에 있으므로, 제향 때다다 스님 두 명이 돌아가며 와서 만든다. 奉恩寺 在本陵局內 每當祭享

時 僧二名輪回來造"고 하였고, 『묘전궁릉원묘조포사조』 헌인릉(獻仁陵)에 "헌릉지에 수록된 바에 따르면 조포

〈표〉『묘전궁릉원묘조포사조』의 조포사(국왕별)

조포사	능·원
봉서사(鳳棲寺 전북 전주) 위봉사(威鳳寺 전북 전주) 학소암(鶴巢菴 전북 전주)	태조 이성계 어진 경기전(慶基殿), 이한(李翰)·이한 부인 사당 조경묘(肇慶廟)
운주사(雲住寺 함남 영흥) 안불사(安佛寺 함남 영흥)	태조 이성계 어진 준원전(濬源殿), 태조·신의왕후·신덕왕후·환조·의혜왕후 사당 영흥본궁(本宮)
귀주사(歸州寺 함남 함흥)	목조·환조·도조·환조·태조 사당 함흥본궁
성불사(成佛寺 함남 정평)	목조 덕릉(德陵), 효공왕후 안릉(安陵)
청련사(靑蓮寺 황해 문천)	익조·정숙왕후 숙릉(淑陵)
대동사(大同寺 함남 북청)	도조 의릉(義陵)
은적사(隱寂寺 함남 홍원)	도조비 경순왕후 순릉(純陵)
용흥사(龍興寺 함남 함흥) 개심사(開心寺 함남 신흥)	환조 정릉(定陵), 의혜왕후 화릉(和陵)
불암사(佛巖寺 경기 남양주)	동구릉(東九陵)의 태조 건원릉(健元陵), 문종·현덕왕후 현릉(顯陵), 선조·의인왕후·인목왕후 목릉(穆陵), 인조비 장렬왕후 휘릉(徽陵), 현종·명성왕후 숭릉(崇陵), 경종비 단의왕후 혜릉(惠陵), 영조·정순왕후 원릉(元陵), 문조익황제·신정익황후 수릉(綏陵), 헌종성황제·효현성황후·효정성황후 경릉(景陵), 중종비 문정왕후 태릉(泰陵), 명종·인순왕후 강릉(康陵)
연경사(衍慶寺 경기 개성)	태조비 신의고황후 제릉(齊陵)
봉국사(奉國寺 서울 성북) 흥천사(興川寺 서울 성북)	태조비 신덕고황후 정릉(貞陵)
흥교사(興敎寺 경기 개성)	정종·정안왕후 후릉(厚陵)
봉서사(鳳棲寺 경기 용인) 자운암(紫雲庵 경기 과천) 창선사(昌善寺 경기 수원) 백운사(白雲寺 경기 광주) 만덕사(萬德寺 전남 강진) 검단사(黔丹寺 전남 흥양)	태종·원경왕후 헌릉(獻陵), 순조숙황제·순원숙황후 인릉(仁陵)
신륵사(神勒寺 경기 여주)	세종·소헌왕후 영릉(英陵), 효종·인선왕후 영릉(寧陵)
보덕사(報德寺 강원 영월) 금몽암(禁夢菴 강원 영월)	단종 장릉(莊陵)
봉선사(奉先寺 경기 남양주)	세조·정희왕후 광릉(光陵)
진관사(津寬寺 서울 은평) 수국사(守國寺 서울 은평)	서오릉(西五陵)의 예종·안순황후 창릉(昌陵), 덕종·소혜왕후 경릉(敬陵), 숙종·인현왕후·인원왕후 명릉(明陵), 숙종비 인경왕후 익릉(翼陵), 영조비 정성왕후 홍릉(弘陵)
보광사(普光寺 경기 파주)	예종비 장순왕후 공릉(恭陵), 성종비 공혜왕후 순릉(順陵), 진종소황제·효순소황후 영릉(永陵)
봉은사(奉恩寺 서울 강남)	성종·정현왕후 선릉(宣陵), 중종 정릉(靖陵)
흥국사(興國寺 경기 남양주)	중종비 단경왕후 온릉(溫陵)
보광사(普光寺 경기 파주)	서삼릉(西三陵)의 중종비 장경왕후 희릉(禧陵), 인종·인성왕후 효릉(孝陵), 철종장황제·철인장황후 예릉(睿陵)
봉릉사(奉陵寺 경기 김포)	원종·인헌왕후 장릉(章陵)
검단사(黔丹寺 경기 파주)	인조·인열왕후 장릉(長陵)
만수사(萬壽寺 서울 동대문) 연화사(蓮華寺 서울 동대문)	경종·선의왕후 의릉(懿陵)
용주사(龍珠寺 경기 화성) 도갑사(道岬寺 전남 영암) 보림사(寶林寺 전남 장흥)	장조의황제·헌경의황후 융릉(隆陵), 정조선황제·효의선황후 건릉(健陵)
화양사(華陽寺 서울 광진)	순종효황제·순명효황후·순정효황후 유릉(裕陵)
봉선사(奉先寺 경기 남양주)	순조 생모 유비 휘경원(徽慶園)
삼막사(三幕寺 경기 안양)	소현세자비 민회빈 영회원(永懷園)
봉원사(奉元寺 서울 봉원동)	의소세손 의령원(懿寧園), 장헌세자 생모 영빈 수경원(綏慶園)
승가사(僧伽寺 서울 종로)	문효세자 효창원(孝昌園)
봉영사(奉永寺 경기 남양주)	원종 생모 인빈 순강원(順康園)
보광사(普光寺 경기 파주)	영조 생모 숙빈 소녕원(昭寧園), 진종 생모 정빈 수길원(綏吉園)
상이암(上耳庵 전북 임실) 용문사(龍門寺 경남 남해)	이한·이한 부인 묘소 조경단(肇慶壇)
천은사(天恩寺 강원 삼척)	이양무(李陽武) 준경묘(濬慶墓), 이양무 부인 영경묘(永慶墓)

사는 곧 용인 봉서사이다. …〈예전에는 봉헌사를 조포사로 삼았으나 절이 무너지고 스님들이 흩어졌으므로 본사를 조포사로 삼았다. …〉… 인릉지에 수록된 바에 따르면 속사는 전 250냥을 낸다. 獻陵陵誌所載 造泡寺 卽龍仁鳳棲寺 …〈舊以奉獻寺爲造泡寺 寺觀頹圮 僧徒流散 故以本寺爲造泡寺 …〉… 仁陵陵誌所載 屬寺錢貳百伍拾兩內"고 하였으며, 『일성록』 정조16년(1792) 12월 임신에 "우의정 김이소가 '지난번에 내사에 회부한 재가에는 광릉 조포사에 나누어 준 홍주·해미·결성 노비의 신공에 대한 추급과 급대를 묘당이 결정한 뒤에 기사를 초하라고 명하였는데, … 충청감사 이형원의 보고에는 봉선사 노비 중 홍주의 3명, 해미의 10명은 작년에 내사에 추급한 것이고, 결성의 11명은 내사와 호조에 나누어 속하게 한 것이므로, 모두 해당 절에 추급하게 해 주소서라고 하였습니다'고 계를 올렸다. 右議政金履素啓言 頃回內司判付光陵造泡寺劃給洪州海美結城奴婢貢 推給與給代間 令廟堂決給後 草記事 命下矣 … 忠淸監司李亨元報辭 則以爲奉先寺奴婢之洪州三口海美十口 昨年推付於內司者 結城十一口之分屬內司及戶曹者 竝令還爲推給 於該寺爲辭矣"고 하여, 조포사 운영의 실태를 소개하기도 하였다. 다만 『정조실록』 권30 14년(1790) 5월 17일에 "수원부사 조심태가 계를 올려 '… 조포사 스님들의 삶이 아주 어렵습니다. 전체를 참작하고 헤아려 분배하여 지혜를 만드는 본전으로 삼는다면, 반드시 혜택을 드리는 방법이 될 것입니다'고 하였다. 水原府使趙心泰啓言 … 造泡寺僧徒生涯凋殘 一體酌量分排 作爲紙鞋 本錢則合有沾漑之道矣"고 하였듯이, 조포사의 스님들은 승역(僧役)과 조포역을 함께 감당하느라 생활이 피폐하여 절을 떠나는 경우가 많아서, 조포사를 다른 절로 대체하거나 조포사에 속사(屬寺)를 정급(定給)하여 지원하기도 하였다.

〔참고문헌〕『正祖實錄』, 『承政院日記』, 『日省錄』, 『雅言覺非』(한국문집총간281, p.516a23), 『朝鮮寺刹史料』 권상 p.80, 『宣靖陵誌』, 『廟殿宮陵園壇墓造泡寺調』. ⇨ 원당 願堂, 능사 陵寺

조폭처 條幅處 가사의 조(條)와 조 사이에 날개인듯 겹쳐 달린 엽(葉). 또는 반엽(半葉). 『오분율』 권20(대정장22, p.136b10)에 "어떤 외도가 잡색의 실로 옷을

꿰매 조폭처로 삼았다. 그 뒤에 불법으로 출가하여서도 여전히 이 옷을 입고 있자 거사들이 보고서 '사문석자로서 외도의 옷을 입고 있으니 구별할 수가 없구나!'라고 비난하였다. 有一外道 以雜色線 縫著衣上 作條幅處 後於佛法中出家 猶著此衣 諸居士見 譏訶言 沙門釋子 著外道衣 不可分別", 『사분율행사초』 권하1(대정장40, p.106b8)에 "잡색의 실로 옷을 지어서 조폭처로 삼는다면 이것은 외도법이어서 투란차를 범한다. 若以雜色線 縫著衣上 作條幅處 此是外道法偸蘭"라고 하였다. [참고문헌] 『五分律』, 『四分律行事鈔』. ⇨ 가사 袈裟

조풍 祖風　조사(祖師)가 남긴 종풍(宗風). 가풍(家風). 『경덕전등록』 권3 「승찬전 僧璨傳」(대정장51, p.222a4)에 "오래 전부터 조풍을 우러러 그 그윽한 종지를 깊이 터득하였다. 素仰祖風 深得玄旨", 『선림보훈음의』(卍속장113, p.257b1)에 "가업을 맡긴다는 말은 덕이 있는 자식을 골라서 가업을 잇고 조풍이 허물어지지 않도록 한다. 當家者 選有德之子 克紹家業 使祖風之不遺墜也", 『원오어록』 권3(대정장47, p.725a6)에 "선원에 들어 말했다. '마가다에서 이 법령 몸소 시행하셨고, 비야리성에서 이미 신통을 보이셨으니, 지금은 그 모두를 거듭 집어내지 않지만 숱한 차별을 눌러앉히고 조풍을 이을 뿐이다. 그렇다면 짓눌러앉는 한마디 어떻게 말해야 할까? 일찌감치 말에 앞서 있었다'. 入院 至方丈云 摩竭陀親行此令 毘耶離已現神通 而今 總不重拈出 坐斷千差繼祖風 且坐斷一句 作麽生道 已在言前"라고 하였다. [참고문헌] 『景德傳燈錄』, 『禪林寶訓音義』, 『圜悟語錄』. ⇨ 가풍 家風, 조사 祖師

조행 助行　도와 행함. 정행(正行)을 도와 성취시키는 그 밖의 행을 말한다. 정토종(淨土宗)에서는 칭명(稱名)을 정행으로 삼고 나머지 독송(讀誦)·예배(禮拜)·관찰(觀察)·찬탄공양(讚歎供養) 등은 조행으로 여기며 『반야경』에서는 반야바라밀이 정행이고 나머지 다섯 바라밀이 조행이다. 『아미타경요해』(대정장37, p.371c27)에 "명호를 붙들어 지님은 분명히 조행이라면 무엇을 정행이라 하는가? 어떻게 낱낱의 소리중에 하고 많은 선근복덕을 갖출 수 있는가? 執持名號 應是助行 何名正行 何得一一聲中 皆悉具多善根福德", 『대승기신론열망소』 권6(대정장44, p.457c2)에 "마땅히 알라. 앞의 네 문은 조행이고 지관문만이 정행이다. 정행과 조행을 합해 행할 때 복덕과 지혜라는 두 가지 장엄을 성취하고 진여를 드러낼 수 있다. 當知前四門是助行 止觀門是正行 正助合行 以成福德智慧 二種莊嚴 顯發眞如也", 『마하지관』 권3하(대정장46, p.30b15)에 "지혜로 행함이 정행이고 나머지 모든 행은 조행이다. 慧行是正行 行行是助行", 『능엄경서지미소』(卍속장90, p.497b10)에 "반야로서 정행을 삼고 나머지 다섯 바라밀을 조행으로 삼는다. 본경은 세 번째 점차를 정행으로 삼고, 앞의 두 가지 점차를 조행으로 삼는다. 般若爲正行 五度爲助行 本經 第三漸次爲正行 前二漸次爲助行"라고 하였다. [참고문헌] 『阿彌陀經要解』, 『大乘起信論裂網疏』, 『摩訶止觀』, 『楞嚴經序指味疏』. ⇨ 정조이업 正助二業, 정행 正行

조현 造玄　당대 밀종(密宗) 스님. 장안(長安 : 陝西省 西安)의 자은사(慈恩寺)에 머물렀고, 청룡사(靑龍寺)의 법전(法全)으로부터 태장계법(胎藏界法)을 받았으며, 대흥선사(大興善寺)의 원정(元政)에게서 금강계법(金剛界法)을 받았다. 865년(함통6)에 태장계와 금강계의 혈맥에 관한 책인 『조현아사리부촉사자혈맥 造玄阿闍梨付屬師資血脈』을 지었다. 이 책은 현재 卍속장95, pp.993a10~216a32에 『태금양계혈맥 胎金兩界血脈』이라는 이름으로 수록되어 있다.

조협 皂莢　쥐엄나무. 조협(皁莢)·조각(皂角)이라고도 한다. 콩 과에 속하는 교목(喬木)으로, 칼 모양으로 열리는 꼬투리 열매를 가루내어 측간에서 손을 씻는 용도로 쓰였다. 『선원청규』 권7 「대소변리 大小便利」(卍속장111, p.912a14)에 "손을 씻을 경우 먼저 재 그 다음에 흙을 쓴다. 후가에 이르면 조협과 조두를 쓰고 아울러 팔꿈치 앞까지 씻는다. 洗手先灰次土 至後架用皂莢澡豆 竝洗至肘前", 『교계신학비구행호율의』 「이시식법 二時食法」(대정장45, p.871b19)에 "먼저 조협을 써서 손을 씻어 깨끗하게 한다. 先用皁莢 洗手令淨"라고 하였다. [참고문헌] 『禪苑淸規』, 『教誡新學比丘行護律儀』. ⇨ 조두 澡豆

조형 祖衡　고려후기 스님. 『고려사』 권35 세가35 충숙왕 12년(1325) 9월 14일에 "조형을 왕사로 삼았다. 以僧祖衡 爲王師"라고 하였다. [참고문헌] 『高麗史』.

조혜 照慧　**1** 비춰 지혜롭게 하다. 관(觀)을 푼 뜻이다. 『인왕호국반야바라밀다경소』 권중(대정장33, p.478c1)에 "관은 비춰 지혜롭게 함이고, 찰(察)은 진실을 살피는 것을 말한다. 관조하고 심제하기에 관찰이라고 한다. 觀謂照慧 察謂審諦 觀照審諦 故云觀察"라고 하였다. [참고문헌] 『仁王護國般若波羅蜜多經疏』. ⇨ 관 觀**1**
2 당대 서역구법승 현조(玄照 Ⓢ Prakāśamati)의 다른 이름. 『대당서역구법고승전』 권상(대정장51, p.1b26)에 "사문 현조법사는 태주(太州)의 선장(仙掌 : 陝西省 華陰縣) 출신이다. 범어 이름은 반가사말지〈조혜라고 한역함〉이다. 沙門 玄照法師者 太州 仙掌人也 梵名般迦舍末底〈唐言 照慧〉"라고 하였다. [참고문헌] 『大唐西域求法高僧傳』. ⇨ 현조 玄照

조혜사 照慧寺 충청북도 제천시 남천동에 있는 한산사(寒山寺)의 옛 명칭. [참고문헌]『寺誌』(충청북도, 1982) p.117. ⇨ 한산사 寒山寺

조화지본 造化之本 조화의 근본. 만물을 짓고 다스리는 존재(造化之主)로 외도에서 주장한다. 『법원주림』 권70 「이십오유주처 二十五有住處」(대정장53, p.819c7)에 "외도인들 또한 저 천왕이 능히 조화의 근본이어서, 그에게 돌아가면 해탈을 얻을 수 있다고 분별한다. 이러한 견해를 내칠 목적으로 여래께서 따로 드러내 유를 설하셨으니, 따로 설한 의의는 이를 드러내는 것이다. 外道人等 亦復計彼天王 能爲造化之本 歸之則得解脫 爲破此見 是故如來 別標說有 別說之意義顯斯也"라고 하였다. [참고문헌]『法苑珠林』. ⇨ 조화지주 造化之主

조화지주 造化之主 조화의 주님. 만물을 주재하는 주인. 자재천(自在天)이 대표적이며 삿된 견해에 속한다. 『십이문론소』 권하말(대정장42, p.208a17)에 "이 한 품은 순서대로 외도의 사견을 파한다. 자재천은 사견의 근본인데, 이를 조화의 주님으로 부르며 천축에서 성행한다. 이 한 품 중에서 조화의 주를 파하니 작자를 파한다 부른다. 今此一品 次破外邪 自在天是 邪見之本 謂是造化之主 盛行天竺 今此一品中 破造化之主 名破作者", 『법원주림』 권70(대정장53, p.819b26)에 "어떤 이는 초선천을 대범천이라 여기기도 한다. 외도들은 항상 능히 만물을 내는 근본이 있어서 그것을 어기면 생사를 반복하고, 그것에 따르면 해탈을 얻는다고 헤아린다. 또한 저 범왕도 스스로 자신의 몸을 헤아려 조화의 주인으로서 유일하고 상이며 진해탈이라고 여긴다. 여래께서 저들의 잘못된 견해를 깨기 위해 별도로 드러내 유(二十五有)를 설하신 것이다. 有以謂彼初禪大梵天者 外道人等 常計以爲能生萬物之本 違之則受生死 順之則得解脫 又彼梵王 亦復自計己身 能爲造化之主 是一是常 是眞解脫 如來爲欲破彼情見 是故別標說爲有也"라고 하였다. [참고문헌]『十二門論疏』, 『法苑珠林』. ⇨ 작자 作者, 이십오유 二十五有, 유 有❶, 조화지본 造化之本, 대자재천 大自在天, 대자재천외도 大自在天外道

조훈 祖訓 선대의 가르침. 불조(佛祖)께서 전승해온 가르침을 말한다. 『사분율행사초자지기』 권하3(대정장40, p.396a9)에 "불조의 교훈은 분명히 드러나 있지만 사람들이 허망하게 파고들어 속서를 끌어서 왜곡한다. 祖訓明顯 人妄穿鑿 或曲引俗書", 『백장청규증의기』 권5 「정관 停棺」(卍속장111, p.703b11)에 "『육조단경』에 '내가 멸도한 뒤에 세속의 정으로 울면서 눈물을 흘리거나 남들의 조문을 받거나 상복을 입지 마라. 이러면 나의 제자가 아니고 정법도 아니다'라고 하였다. 이것이 조사의 가르침이니 따라 지켜야 한다. 六祖壇經云 吾滅度後 莫作世情 悲泣雨淚 受人弔問 身著孝服 非吾弟子 亦非正法 此是祖訓 宜遵守也"라고 하였다. [참고문헌]『四分律行事鈔資持記』, 『百丈淸規證義記』, 종보본 『壇經』(대정장48, p.362a24). ⇨ 조사 祖師

조흠 祖欽 ?~1287. 송대 임제종(臨濟宗) 양기파(楊岐派) 중 파암파(破菴派) 스님. 호는 설암(雪巖). 무주(婺州 : 浙江省) 출신. 다섯 살에 사미가 되었고, 열여섯에 삭발하였으며, 열여덟에 행각을 떠나 쌍림사(雙林寺) 단봉원(短篷遠)에게 구자무불성화(狗子無佛性話)를 받아 참구하였다. 그 뒤 묘봉지선(妙峰之善)과 정자사(淨慈寺) 멸옹문례(滅翁文禮) 등에게 법을 물었다. 결국 경산(徑山)으로 가서 무준사범(無準師範)을 친견하고 그 법을 이었다. 1153년(보우1) 담주용흥사(潭州龍興寺)에 주석한 뒤로 상서도림사(湘西道林寺)·절강남명불일선사(浙江南明佛日禪寺)·선거호성선사(仙居護聖禪寺)·광효선사(光孝禪寺)·강서앙산선사(江西仰山禪寺) 등 여섯 사찰에 주석하였고, 황제의 자의(紫衣)를 받으면서 명성이 퍼졌다. 『오등회원속략』 권3(卍속장138, p.949a1)에 "들판의 흰 소들 거뭇거뭇하지만 어느 곳에서도 그놈 찾을 수 없구나. 산은 푸르고 물은 맑지만 있는 듯도 하고 없는 듯도 하며, 눈으로 보고 귀로 듣지만 이건듯 저건듯 하여 온전히 살피지 않을 때는 발굽도 뿔도 그래도 남아 있다가, 찾으려고 마음먹는 순간 발자취마저 이미 사라진다. 달빛 아래 무심코 피리 불다가 바람 앞에서 오래도 쥐고 있던 고삐와 재갈 손에서 놓는다. 하하하! 참으로 기특하구나. 쫓아가도 달아나지 않고 동서남북으로 자재하다. 露地白牛黑黑 是處尋他不得 山青水綠 似有如無 眼見耳聞 依稀彷彿 全不顧時 蹄角却在 纔動著時 踪由已沒 月下閑將短笛吹 風前休把長繩勒 阿呵呵 也奇特 如今趂亦不去 自在東西南北"라는 등의 법문이 전한다. 원 세조(世祖) 때인 1287년(지원24) 세수 70여 세로 입적하였다. 『설암화상어록』 4권을 남겼다. 일대행적은 『오등전서』 권49(卍속장141, p.92a8)에 상세히 나온다. [참고문헌]『五燈會元續略』, 『五燈全書』 권49(卍속장141, p.92a8), 『增集續傳燈錄』 권4(卍속장142, p.810a1), 『續燈正統』 권21(卍속장144, p.740b13). ⇨ 설암화상어록 雪巖和尙語錄

조희 調戲 Ⓟ papañca-saññā-saṅkhā. 헤아림을 즐기다. 실없이 노닥거리다. 시시덕거리다. 담학(談謔)·희롱(戲弄)·조학(嘲謔) 등과도 통한다. 번뇌의 일종으로 본다. 『장아함경』 권10 「석제환인문경 釋提桓因問經」(대정장1, p.64b13)에 "부처님께서 제석에게 이르셨다. '생각이 일어나는 까닭은 헤아림 즐기는 탓이다. 헤아림을 인으로, 헤아림을 연으로 하니 헤아림이 처음이 되니, 이것을 따라 있게 되고 이것이 없으면 없게 된다. 제석아! 만약 헤아림 즐기지 않으면 생각이 없게 되고 생각이 없으면 욕망도 없으며, 욕망이 없으면 애증도 없고 애증이 없으면 탐질도 없으며, 탐질이 없으면 모든 중생이 서로 상하게 하거나 해롭게 하지 않는다'. 佛告帝釋 想之所生 由於調戲 因調緣調 調爲原首 從此而有 無此則無 帝釋 若無調戲則無想 無想則無欲 無欲則無愛憎 無愛憎則無貪嫉 若無貪嫉 則一切衆生 不相傷害",『증일아함경』 권25(대정장2, p.687a17)에 "저 비구가 여인을 보고 욕상을 일으키지 않더라도 그 여인과 함께 실없이 노닥거리면서 말이 오가면, 이 실없이 노닥거린 것만으로도 바로 법복을 버리고 다시 속인으로 돌아간다. 彼若見女人 不起欲想 但與彼女人 共相調戲 言語往來 因此調戲 便捨法服 還爲白衣",『범지아발경』(대정장1, p.261a27)에 "사문은 시를 읊조리거나 노래를 하거나 춤을 추거나 실없이 노닥거리거나 창기에 대하여 말해서는 안 되며, 부지런히 정진사유하고 익힌 것들 힘써 새롭게 알아야 한다. 沙門不得 吟詠歌曲 弄舞調戲 及論倡伎 當勤精思 習故知新",『마하승기율』 권21(대정장22, p.402b9)에 "그때 육군비구가 속인의 집에 들어가 앉아 거듭해 시시덕거리며 함께 크게 웃어 세인들의 비난을 받았다. 爾時 六群比丘 白衣家內坐 展轉調戲 而共大笑 爲世人所譏",『일체경음의』 권44(대정장54, p.599b5)에 "조희〈조와 조를 반절한 음이다.『모시전』에 '조는 비웃는다는 뜻의 조(嘲)이다'라고 하였다. 희는 희와 의를 반절한 음이다. 곽박(郭璞) 주석의『이아』에 '희는 서로 농지거리한다는 뜻이다'라고 하였다〉. 調戲〈條弔反 毛詩傳云 調 嘲也 下希義反 郭註爾雅云 戲謂相調戲也〉"라고 하였다. [참고문헌]『長阿含經』,『增壹阿含經』,『梵志阿颰經』,『摩訶僧祇律』,『一切經音義』, *DN.2.277.*

조희개 調戲蓋 생각이 들떠 쉬지 않음. 오개(五蓋) 중 하나로 도회개(掉戲蓋)·도회개(掉悔蓋)라고도 한다.『증일아함경』 권31(대정장2, p.719a7)에 "그때 존자 아나율(阿那律 Ⓢ Aniruddha)은 새벽이 되도록 잠을 자지 않았지만 잠을 제거하지는 못하여 눈이 결국 손상되었다. 그때 세존께서 아나율에게 이르셨다. '너무 부지런히 정진하려 들면 조희개로 함께 하게 되니, 그렇다고 다시 게을러지면 번뇌와 하나가 되니, 그대는 이제 행하되 그 중간에 있게 해야 한다'. 爾時 尊者阿那律 達曉不眠 然不能除去睡眠 眼根遂損 爾時 世尊告阿那律曰 勤加精進者 與調戲蓋相應 設復懈怠 與結相應 汝今所行 當處其中"라고 하였다. [참고문헌]『增壹阿含經』. ⇨ 오개 五蓋, 도회개 掉悔蓋

조희상 調戲想 마음의 동요·술렁거림.『증일아함경』 권4(대정장2, p.563b28)에 "마음의 동요가 일어나지 않았으면 계속 일으키지 않고, 이미 마음의 동요가 일어났다면 곧바로 없앤다. 未生調戲想 便不生 已生調戲想 便能滅之"라고 하였다. [참고문헌]『增壹阿含經』.

족 足 ❶ Ⓢ Ⓟ caraṇa, pāda, Ⓣ rkang-pa, zhabs. 오작근(五作根) 중 하나인 발 또는 다리. 족근(足根)이라고도 한다.『잡아함경』 권43(대정장2, p.311b27)에 "손이 있기에 잡고 놓음이 있음을 알고, 발이 있기에 가고 옴이 있음을 알며, 관절이 있기에 굽히고 폄이 있음을 알고, 배가 있기에 배고프고 목마름이 있음을 안다. 이와 같이 비구들아, 눈이 있기에 눈이 사물과 접촉하여 느낌을 낳아 안으로 괴롭거나 즐겁거나 괴롭지도 즐겁지도 않은 줄 안다. 귀코혀몸마음 역시 이와 같다. 비구들아, 손이 없으면 잡고 놓을 줄 모르고, 발이 없으면 가고 올 줄 모르며, 관절이 없으면 굽히고 펼 줄 모르고, 배가 없으면 배고프고 목마른 줄 모른다. 有手故知有取捨 有足故知有往來 有關節故知有屈伸 有腹故知有飢渴 如是 比丘 有眼故眼觸因緣生受 內覺若苦 若樂 不苦不樂 耳鼻舌身意 亦復如是 諸比丘 若無手則不知取捨 若無足則不知往來 若無關節則不知有屈伸 若無腹則不知有飢渴",『금칠십론』 권상(대정장54, p.1250c8)에 "오작근이란, 첫째 혀, 둘째 손, 셋째 발, 넷째 생식기관, 다섯째 배설기관이다. 五作根者 一 舌 二 手 三 足 四 男女 五 大遺"라고 하였다. [참고문헌]『雜阿含經』,『金七十論』, *Abh-k-bh.384.*, *Saṅ-v.82.*, *SN.4.171.* ⇨ 오작근 五作根, 족근 足根 ❷ 더 바랄 것이 없음.『잡아함경』 권2(대정장2, p.9a18)에 "저 식은 머무는 바 없으니 다시 생장하여 더욱 커지지 못한다. 생장하지 못하기에 행하지 않고, 행하지 않아 머물며, 머문 다음에는 간족할 줄 알고, 만족해서는 해탈하며, 해탈해서는 모든 세간에서 도무지 취하거나 집착할 것이 없고, 취하거나 집착할 것이 없게 되면 스스로 깨우쳐 열반이다. 彼識無所住 不復生長增廣 不生長故 不作行 不作行已住 住已知足 知足已解脫 解脫已 於諸世間 都無所取 無所著 無所取 無所著已 自覺涅槃",『유교경론』(대정장26, p.287c28)에 "너희 비구들아, 모든 고뇌로부터 벗어나고자 하면 마땅히 관해 족한 줄 알아야 한다. 족한 줄 아는 법이 곧 부유하고 즐겁고 안은한 곳이다. 족한 줄 아는 사람은 비록 땅 위에 누워있을지라도 오히려 안락하고, 족한 줄 알지 못하는 사람은 비록 천당에 있을지라도 마음에 맞지 않으며, 족한 줄 알지 못하는 사람은 비록 부유하여도 가난하고, 족한 줄 아는 사람은 비록 가난하여도 부유하며, 족한 줄 알지 못하는 사람은 항상 다섯 가지 욕망에 이끌려 족한 줄 아는 사람에게 연민을 받는다. 이것을 '족함을 안다'고 한다. 汝等比丘 若欲脫諸苦惱 當觀知足 知足之法 卽是富樂安隱之處 知足之人 雖臥地上 猶爲安樂 不知足者 雖處天堂 亦不稱意 不知足者 雖富而

足善安住等案地相"라고 하였다. [참고문헌] 『有部律破僧事』, 『大毘婆沙論』 권177(대정장27, p.888a6), 『瑜伽師地論』 권49(대정장30, p.566c12), *Saṅ-v.50.* ⇨ 삼십이상 三十二相, 족하안평립상 足下安平立相

족성 族姓 Ⓢ kula, vaṃśa, kula-gotra, kulīna, gotra, Ⓟ kula, vaṁsa, Ⓣ rigs-dang-gdung, rigs, khyim-du-skyes-pa, rus. 혈통과 성씨의 무리. 전하여 이름난 집안이나 가문 또는 유정의 차별한 모습이나 지위 등을 말한다. 『법화경』 권1(대정장9, p.5b6 : *Saddh-p.*, p.27)에 "거리낌 없이 명예와 이익을 구하고자 이름난 집을 자주 찾아다니느라 익혀 외우는 일 내팽개치고 이익과 통하지 않는 일은 까맣게 잊었다. 求名利無厭 多遊族姓家 棄捨所習誦 廢忘不通利 yaśorthikaścāpyatimātra āsīt kulākulaṃ ca pratipannamāsīt, uddeśa svādhyāyu tathāsya sarvo na tiṣṭhate bhāṣitu tasmi kāle", 『능엄경정맥소』 권5(卍속장18, p.624b2)에 "이름난 가문을 즐겨 찾아다녔다는 말은, 국왕대신 등과 가까이 지내기를 좋아했다는 뜻이다. 好遊族姓者 喜親近國王大臣也", 『찬집백연경』 권5(대정장4, p.226c10)에 "당시 그 장자는 곧바로 이름난 집의 여인에게 장가들어 오래 되지 않아 임신한 사실을 알아차렸다. 時彼長者 卽便更取 族姓家女 未久之間 便覺有娠", 『구사론』 권8(대정장29, p.44a21 : *Abh-k-bh.*, p.119)에 "또한 만일 그렇게 나지 않았다면 족성을 알 수 없어서 허깨비라 의심하고 두렵게 하여 천신인가 귀신인가 하였다. 又若不爾 族姓難知 恐疑幻化 爲天爲鬼 itarathā hyaprajñāyamānakulagotraḥ ko 'pyayaṃ māyāpuruṣa ityevaṃ parikalpayeyurdevaḥ piśāca iti vā", 『열반경소사기』 권1(卍속장58, p.29a15)에 "네 가지 족성이란, 이 땅의 최노이정 등 무리와 같다. 四族姓者 如此土崔盧李鄭之類", 『일체경음의』 권27(대정장54, p.484c2)에 "족성〈족은 조와 록을 반절한 음이다. 『상서』 '방명이족'을 주함에 '족은 무리다'라고 하였다. 『주례』에는 '네 마을을 묶어 족이라 한다'라고 하였고, 정현은 '백가를 가리킨다. 족이란 또한 취라 하고 성이다'라고 하였다〉. 族姓〈上徂鹿反 尙書 方命圮族 注云 族類也 周禮 四閭爲族 鄭玄云 百家也 族亦聚也姓也〉", 『유가사지론』 권34(대정장30, p.473b23 : *Śrāv-bh.*, p.486)에 "마땅히 바르게 견주어 헤아린다. 무엇을 견주어 헤아린다 하는가? 모든 유정이 드러남에 가지가지로 있게 되니 차별하다. 고운 형색이고 추한 형색이며, 높은 족성도 있고 하천한 족성도 있으며, 부자도 있고 가난한 족성도 있다. 應正比度 云何比度 謂諸有情 現有種種 差別可得 或好形色 或惡形色 或上族姓 或下族姓 或富族姓 或貧族姓 evaṃ ca punaranumānaṃ karoti. santi sattvā ye avarṇā api durvarṇā apyupalabhyante, uccakulīnā api ādyakulīnā api daridrakulīnā api", 같은 책 권44(대정장30, p.538b5 : *Bodh-bh.*, p.173)에 "그중 세속에 흔한 말은 다음과 같다. '이 장로는 이렇게 이름하고 이런 종류이며, 이런 족성이고, 이런 음식을 이렇게 먹는다'. 於中所有 世俗語言 謂此長老 有如是名 如是種類 如是族姓 如是飮食 如是領納 tatra yo vyavahāra ityapi sa āyuṣmānevaṃnāmā evaṃjātīya evaṃgotra evamāhāra"라고 하였다. [참고문헌] 『法華經』, 『楞嚴經正脈疏』, 『撰集百緣經』, 『俱舍論』, 『涅槃經疏私記』, 『一切經音義』, 『瑜伽師地論』, *Saddh-p.*, *Abh-k-bh.*, *Śrāv-bh.*, *Bodh-bh.*, *Bodh-bh.66.*, *SN.2.263.*

족성녀 族姓女 Ⓢ kula-duhitṛ, Ⓟ kula-dhītā. 선량한 여인. 선여인(善女人)·청신녀(淸信女)를 말한다. 족성자(族姓子)와 대칭한다. 『중아함경』 권2 「세간복경 世間福經」(대정장1, p.428a2)에 "믿음이 있는 족성남과 족성녀가 비구중에게 방사와 당각을 보시하였다. 有信族姓男 族姓女 施比丘衆 房舍堂閣"라고 하였다. [참고문헌] 『中阿含經』, *Vikī-n.494.* ⇨ 선남선녀 善男善女

족성자 族姓子 Ⓢ kula-putra, kulika-putra, Ⓟ kula-putta, Ⓣ rigs-kyi-bu. 여래가(如來家)의 사람들. 혈통이나 세간의 명문족이 아닌 신심(信心)을 명예롭게 여겨 선법(善法)으로 족성을 삼은 무리 중에 선남자(善男子)다. 음사어는 구라보달라(矩羅補怛羅)이며, 족성남(族姓男)이라고도 한다. 고대인도에서 높은 족성의 뜻이었지만 전하여 정법(正法)을 혈통으로 여기는 비구를 부르는 말로 쓰이기도 한다. 여인들은 족성녀 또는 선여인(善女人)이라 한다. 『장아함경』 권13 「아마주경 阿摩晝經」(대정장1, p.82c16 : *Ambaṭṭha-sutta, DN.1*, p.93)에 "이 대마납은 진실한 족성자로서 안모가 단정하고 뛰어난 말솜씨로 근기에 잘 응하며 폭넓게 알아 구담과 함께하기에 충분했다. 此大摩納 眞族姓子 顏貌端正 辯才應機 廣博多聞 足與瞿曇 往返談論 mā bhavaṃ gotamo ambaṭṭhaṃ māṇavaṃ atibāḷhaṃ dāsi-putta-vādena nimmānesi. sujāto ca bho gotama ambaṭṭho māṇavo, kulaputto ca ambaṭṭho māṇavo, bahussutoca ambaṭṭho māṇavo, kalyāṇa-vākkaraṇo ca ambaṭṭho māṇavo, paṇḍito ca ambaṭṭho māṇavo, pahoti ca ambaṭṭho māṇavo bhotā gotamena saddhiṃ asmiṃ vacane paṭimantetun ti", 『대일경소』 권5(대정장39, p.629b8)에 "초구에 '불자여, 잘 들어라!'고 한 대목을 푼다. 범어로 구라는 족의 뜻이고 부의 뜻이며, 보달라는 남자라는 뜻이다. 세제로 풀면 사성 중에 나서 모두 대족이라 하므로 족성자라 한다. 여기서는 여래가에 났기에 모든 족 중에 가장 뛰어나므로 족성자라 한다. 初句言 佛子諦聽者 梵云矩羅 是

族義部義 補怛羅 是男子義 若世諦釋 於四姓中生 皆名大族 故名族姓子 今得生如來家 於諸族中 最爲殊勝 故名族姓子", 『사분율행사초자지기』 권하2(대정장40, p.390a18)에 "족성자는 높은 혈통의 귀족을 말한다. 族姓子謂上姓貴族", 『사분율행사초비』 권13(卍속장68, p.9a1)에 "동일한 석가종이므로 족성자라 하였다. 同一釋種故曰族姓子也"라고 하였다. 〔참고문헌〕『長阿含經』, 『大日經疏』, 『四分律行事鈔資持記』, 『四分律行事鈔批』, *DN.*, *Saddh-p.17.* ⇨ 선남자 善男子, 선남선녀 善男善女

족식 足食 Ⓟ pavāraṇā. 비구에게 약속된 오전(午前)의 한 끼. 족식 후에는 때 아닌 때 먹는 비시식(非時食)이어서 여식법(餘食法 Ⓢ atirikta)을 행한 후 먹어야 한다. 『사분율』 권14(대정장22, p.661a2)에 "비구가 족식이 끝났는데 어쩌다가 공양을 요청받았을 경우 여식법을 행하지 않고 먹는다면 바일제다. 若比丘足食竟或時受請 不作餘食法而食者 波逸提", 『중치비니사의집요』 권7(卍속장63, p.452b6)에 "〔석〕 족식의 다섯 가지 조건이 있다. (보시 받은 음식이) 밥이라는 것을 알아야 하고〈오정식을 말한다. 나머지는 족식이라 하지 않는다〉, 어디서 왔는지를 알아야 하며〈누군가에게서 받기 때문이다〉, 여법하지 않으면 끊을 줄 알고〈필요 없다고 말한다〉, 위의에 대해 알며〈행주좌와의 사위의 중 모든 경우에 음식을 받을 수 있기 때문이다〉, 위의를 버릴 줄 안다〈가던 사람은 멈추고 머물러 있던 사람은 이동하며 앉아 있던 사람은 자리를 뜨고 누워 있던 사람은 몸을 돌려 일어나기도 하니 위의를 버린다고 한다〉. 『십송율』에 '두 가지로 이롭기에 잔식법〈바로 여식법을 행하는 것을 말한다〉을 받아들이는 것을 허락한다. 첫째는 간병하던 비구 때문이고, 둘째는 비구에게 사연이 있어서 식사가 부족할 때이다'라고 하였다. 釋 有五種足食 知是飯〈謂五正食也 餘不名足食〉 知持來〈從人受也〉 知遮〈言不須也〉 知威儀〈行住坐臥四威儀 皆得受食也〉 知捨威儀〈行者止 住者移步 坐者離座 臥者轉側身起是名捨威儀〉 十誦律云 以二利故 聽受殘食法〈卽作餘食法也〉一者 看病比丘因緣故 二者 比丘有因緣 食不足故"라고 하였다. 〔참고문헌〕『四分律』, 『重治毘尼事義集要』, *Vin. 5.188.* ⇨ 여식법 餘食法

족식계 足食戒 여법히 공양해야 하도록 하는 계. 『사분율비구함주계본』 권중(대정장40, p.447b29)에 "서른다섯 번째, 족식계. 부처님께서 사위성에서 한 끼만 먹는 일식법을 설하셨는데, 다섯 가지로 먹는 오정식으로 배불리 먹게 했는데도 (병든 비구들은) 여전히 초췌하였다. 부처님께서는 '간병하는 사람이 병자가 남긴 음식을 또 먹어도 된다'라고 말씀하셨다. 또한 여식법을 행하기 시작했는데, 탐하여 먹는 이들이 있고 먹는 법도 몰랐기에 이 계를 제정하였다. 三十五 足食戒 佛在舍衛說一食法 五種食中 令飽足 後猶憔悴 佛言 聽瞻病者 又食病人殘食 又開作餘食法 有貪餮者 不知食法 因制此戒', 『사분비구계본소』 권하(대정장40, p.484c21)에 "제35 족식계. 본문에서 식사가 끝났다고 한 말은, 식사란 언제나 상주승의 오정식으로 끝내거나 자기 스스로 오정식을 마쳤거나 단월이 청한 오정식이 끝났다는 뜻이다. 이 두 구절은 앞서 있었던 앉아 받는 족식이 끝났음을 나타낸다. 여식법을 행하지 않고 먹으면 계율을 어기게 된다는 말은 다음 같다. 오전에 오정식을 먹은 후에 다시 음식을 먹고자 한다면 여식법을 행해야 한다. 그러지 않고 바로 먹으면 삼키는 족족 족식에 대한 바일제를 범하는 것이다. 足食戒 第三十五 文言食竟者 食常住五正食竟 或食自己五正食竟也 或時受請者 食檀越請五正食竟此二句顯前坐足食竟也 不作餘食法 而食犯者 謂於午前食五正後 更欲再食 應作餘食法 而不作法 直爾食者 咽咽犯足食提也"라고 하였다. 〔참고문헌〕『四分律比丘含注戒本』, 『四分比丘戒本疏』. ⇨ 부작여식법 不作餘食法, 여식법 餘食法, 비시식 非時食

족암 足庵 황해북도 개성시 송악(松岳)에 있던 암자. 암자명은 천사(闡師)의 부탁을 받은 임춘(林椿)이 지었으며, 그 내력이 『서하집』 권5 「족암기 足庵記」(한국문집총간1, p.257a11)에 수록되어 있다. 이규보(李奎報 1168~1241)의 『동국이상국집』 권19 「소성거사찬병서 小性居士贊并序」(한국문집총간1, p.491b5)에 "내가 종령수좌의 족암에서 소성거사의 진영을 보고 감히 재배하고 찬을 짓는다. 予於聆首座足庵 見小性居士眞 敢再拜作贊云"라고 하였다. 『동문선』 권19에 종령이 쓴 「희증천사 戲贈闡師」라는 제로 전한다. 〔참고문헌〕『西河集』, 『東國李相國集』, 『東文選』. ⇨ 족암기 足庵記

족암기 足庵記 개경 왕륜사(王輪寺) 근처에 있던 족암의 기문. 『서하집』 권5(한국문집총간1, p.257a11)와 『동문선』 권109에 전한다. 천대사(闡大師)가 2년째 주석하고 있는 암자에 임춘(林椿)이 족암이라 이름하고 지은 기문이다. "무릇 만물 무궁하나 이 몸은 끝이 있는 것이니, 반드시 물을 다한 뒤에야 족하다 할 수 있겠는가. … 만일 그 마음을 비우고 분수에 맡겨 편안히 하여 목숨처럼 여긴다면 나뭇가지 하나에도 배부를 터이니 새가 난 듯 어찌 부족하겠는가. … 족하다는 것은 이러한 것일 뿐이다. 그렇다 해도 실도 있어야 이름이 있게 되며, 내가 있은 후에 물도 있게 된다. 공 드디어 물 버리고 모양도 잊고서 홀로 우뚝하시니 스스로 몸도 없으신데 어찌 암자라 부르랴고. 夫物無窮而身有涯 必欲盡物而後爲足耶 … 苟虛其心委其分 而安之若命 則一枝滿腹 烏往而不足哉 … 足者如是而已 雖然有實而後有名 有我而後有物 公方將遺物忘形 而立於獨 則自身不有 而況

於是庵乎"라고 하였다. [참고문헌]『西河集』, 『東文選』.

족양과충상 足兩踝𦡊相 양발의 뒤꿈치가 평평한 상. 삼십이상(三十二相) 중 하나로 족근광평상(足跟廣平相)·족근원만상(足跟圓滿相)·족안립상(足安立相)·족안평상(足安平相)이라고도 한다. 과(踝)는 보통은 복사뼈를 뜻하지만, 여기에서는 뒤꿈치를 뜻하고, 충(𦡊)은 총(傭)과 같은 뜻으로 '평평하다'는 뜻이다. 『중아함경』 권11 「삼십이상경 三十二相經」(대정장1, p.493c25)에 "또 대인의 양발 뒤꿈치가 평평하니, 이것을 대인 중 대인의 상이라고 한다. 復次 大人足兩踝𦡊 是謂大人大人之相"라고 하였다. [참고문헌]『中阿含經』, 『長阿含經』 권1 「大本經」(대정장1, p.5a28), 『大智度論』 권4(대정장25, p.87b1). ⇨ 삼십이상 三十二相

족원만 族圓滿 ➡ 종족원만 種族圓滿

족적 足跡 Ⓢ Ⓟ pada. 발자국. 발자취. 걸어온 흔적 또는 유위의 분별망상을 뜻한다. 『잡아함경』 권4(대정장2, p.28a24)에 "(부처님의 千輻輪相을) 보고난 다음에 이렇게 생각했다. '나는 일찍이 인간에게 이와 같은 족적이 있음을 알지 못했다. 이제 발자국을 따라가 그 주인을 찾아보겠다'. 그러고는 발자국을 더듬어 부처님의 처소에 이르렀다. 見已 作是念 我未曾見 人間有如是足跡 今當隨跡 以求其人 卽尋脚跡 至於佛所", 『대지도론』 권17(대정장25, p.188b22)에 "비유하자면 마치 코끼리 강물을 건널 때나 나올 때 발자국을 볼 수 있지만 물속에 있을 때는 알 수 없듯 하니, 초선을 얻으면 함께 얻은 사람은 알 수 있지만, 보살이 들어간 초선은 알 수 없다. 譬如象王渡水 入時出時 足跡可見 在水中時 不可得知 若得初禪 同得初禪人能知 而不能知菩薩入初禪", 『반야심경약소연주기』 권하(대정장33, p.567c26)에 "얻은 것 없다는 말은, 반드시 발자국을 남기지 않고 쓸어버리듯 깨끗하니 비로소 얻은 것 없다고 한다. 無得者 要須足跡不存 蕩然淨掃 方云無得", 『대반야경강요』 권10(卍속장37, p.884a6)에 "일체법 얻을 수 없기에 이를 족적 없는 바라밀다라 한다. 以一切法 不可得故 是無足跡波羅蜜多", 『범망경직해』 권1(卍속장61, p.88a18)에 "사방으로 일곱 걸음 걸으시니 밟은 자취마다 모두 연꽃이 피었다. 周行七步 足跡所蹈 皆有蓮華"라고 하였다. [참고문헌]『雜阿含經』, 『大智度論』, 『般若心經略疏連珠記』, 『大般若經綱要』, 『梵網經直解』, *AN.2.37.*

족첸 Ⓣ rDzogs-chen. 티베트전통의 중요한 수행 방법 중 하나인 대구경법(大究竟法). 구경(究竟)을 의미하는 족(足 Ⓣ rdzogs)과 '위대하다'는 뜻의 첸(Ⓣ chen)이 결합된 말로, 주로 대구경(大究竟)이라 한역한다. 특히 티베트의 닝마(Ⓣ rNying-ma)와 뵌(Ⓣ Bon) 전통에서 가장 주요하고 수승한 수행법으로 강조된다. 본연의 자성을 깨우쳐 지속함을 구경으로 한다. 초기 닝마파가 광명심(光明心 Ⓢ prabhāsvara-citta)을 얻은 상태에서 신성(神性)을 관하는 아티요가(Ⓢ atiyoga)와 족첸 수행을 통합했다고 알려지며 중국선종의 돈오와도 관계있다고 한다. 닝마전통에 따르면 족첸전통은 처음 인도에서 가랍도르제(Ⓣ dGa′-rab-rdo-rje)에 의해 인간에게 전승되기 시작했고, 파드마삼바바(Ⓢ Padmasaṃbhava)가 티베트에 전했다고 알려진다. 이후 독자적인 체계를 발전시킨 족첸전승의 테르마(Ⓣ gter-ma : 埋藏經)는 셈데(Ⓣ sems-sde : 心部)와 롱데(Ⓣ klong-sde : 界部)·만악데(Ⓣ man-ngag-sde : 祕訣部)의 세 가지의 방식으로 전해졌다고 구분되는데, 맨 마지막 방식을 가장 핵심 요의로서 닝틱(sNying-thig : 心髓)이라고도 부른다. 뵌전통의 경우는 뵌교의 창시자인 퇸파쉔랍(Ⓣ sTon-pa-gshen-rab)에 의해 족첸의 가르침이 설시되었다고 말한다. [참고문헌] Karmay, Samten Gyaltsen *The Great Perfection(rdzogs chen) : A Philosophical and Meditative Teaching of Tibetan Buddhism*(Brill. 2007). ⇨ 대구경파 大究竟派, 닝마파 rÑiṅ-ma-pa

족하 足下 발아래. 선문(禪門)에서 저 밖이나 먼 것이 아닌 스스로를 깨우쳐야 하는 뜻에서 쓰는 말이다. 『무문혜개어록』 권하(卍속장120, p.524a11)에 "누구나 발꿈치로 몸소 밟아야 사람마다 발아래 맑은 바람 일어난다. 箇箇脚跟親蹈著 人人足下起淸風", 『요당유일어록』 권1(卍속장123, p.893a3)에 "발아래 온갖 보배연꽃이 피었다. 그대들 보았는가? 보자마자 알아차리고 누구보다 분명한데 잃어버린 머리 그림자 보고 찾았다 하네. 足下敷百寶蓮華 汝等諸人還見麼 直饒見得 倜儻分明 也是迷頭認影", 『영각원현광록』 권2(卍속장125, p.419b14)에 "'잎 떨어지고 나무 시든 때는 어떤지요?' '발밑에 진흙용 꿈틀거리네'. 問 葉落樹枯時如何 師云 足下踏泥龍", 『감산집』 권12(卍속장127, p.366a17)에 "발아래 일체망념 일어났다 사라지는 곳과 일체경계 일어나 사리지는 곳, 온통 허공꽃 피어나듯 실이 아닌 것 없다. 이리 보아 안다면 곧바로 마음 자연히 경 쫓을 일 없고 경 자연히 마음에 이끌릴 일 없으리. 足下但觀 一切妄念起滅處 一切境界起滅處 無非是幻化不實 則心自然不奔境 境自然不牽心矣"라고 하였다. [참고문헌]『無門慧開語錄』, 『了堂惟一語錄』, 『永覺元賢廣錄』, 『憨山集』.

족하무사거 足下無絲去 발아래 실오라기 하나 없이 하다. 사는 사(私)로도 쓴다. 『동산어록』(대정장47, p.511a28)에 "'어떻게 행하는지요?' '곧바로 발밑에 실오라기 하나 없이 행한다'. 云 如何行 師曰 直須足下無絲去"라고 하였다. [참고문헌]『洞山語錄』. ⇨ 족하 足下

족하안평립상 足下安平立相 Ⓢ supratiṣṭhitapādaḥ, supratiṣṭhitapādatā, supratiṣṭhitapādatva, Ⓟ suppatiṭṭhitapāda, Ⓣ zhabs-shin-tu-gnas-pa. 삼십이상(三十二相) 중 하나. 발바닥이 편안히 서 있으신 모습. 족하선안주상(足下善安住相)·족하안립상(足下安立相)·족하안주상(足下安住相)·족하안평상(足下安平相)·족하안평주상(足下安平住相)·족하평만도지선주상(足下平滿蹈地善住相)·족하평만상(足下平滿相)·족하평상(足下平相)·족하평여염저상(足下平如奩底相)·족하평정주변안지상(足下平正周遍案地相)이라고도 한다. 굳게 계를 가진(持戒) 인연으로 얻은 상호여서 삼십이상 중 첫 번째로 등장한다. 『대지도론』 권4(대정장25, p.90a27)에 "왕이 물었다. '어떤 것들이 삼십이상인가?' 상사가 답하였다. '첫 번째는 족하안평립상입니다. 발바닥 전체가 땅에 착 달라붙어 그 사이에 어떠한 것도 들어갈 수 없으니, 침 하나도 허용하지 않는 것입니다. 王言 何等三十二相 相師答言 一者 足下安平立相 足下一切著地 間無所受 不容一針"라고 하였다. [참고문헌]『大智度論』·권7(대정장25, p.113b15)·권29(대정장25, p.273c2), 『大方便佛報恩經』 권7(대정장3, p.165b16), 『方廣大莊嚴經』 권3 「誕生品」(대정장3, p.557a29), 『泥乾子所說經』 권6(대정장9, p.342c15), 『月燈三昧經』 권1(대정장15, p.549b24), 『大乘百福相經』(대정장16, p.330b4), 『法集名數經』(대정장17, p.661b7), 『優婆塞戒經』 권1(대정장24, p.1039b10), 『雜阿毘曇心論』 권11(대정장28, p.961c19), 『瑜伽師地論』 권49(대정장30, p.567b14), 『法華文句』 권8(대정장34, p.116b3), *Mvyut.17.*, *DN.3.143.* ⇨ 삼십이상 三十二相

족하운생 足下雲生 발아래 구름이 인다. 『경덕전등록』 권17 「서암사언전 瑞巖師彦傳」(대정장51, p.340c23)에 "스님이 묻는다. '머리 위에 보개가 나타나고 발아래 구름 일게 할 때 어떻습니까?' '칼 쓰고 족쇄 찬 사내로구나' '머리 위에 보개 없고 발아래 구름 일지 않을 때는 어떻습니까?' '그때도 수갑에 묶여 있군' '끝내는 어떻게 해야 합니까?' '점심 먹은 뒤라 곤하다'. 僧問 頭上寶蓋現 足下雲生時 如何 師曰 披枷帶鎖漢 曰頭上無寶蓋 足下無雲生時 如何 師曰 猶有杻在 曰 畢竟如何 師曰 齋後困", 『벽암록』 6칙 「송 頌」(대정장48, p.146b15)에 "풀은 총총하다〈뒷머리에 박힌 화살을 뽑아냈다. 이 무슨 소식일까? 늘 그런 곳에 떨어져 있다〉, 안개는 자욱하다〈아직 이 소굴에서 벗어나지 못해 발밑에서 구름 인다〉. 草茸茸〈腦後拔箭 是什麽消息 墮在平實處〉 煙羃羃〈未出這窠窟 足下雲生〉", 『원오어록』 권4(대정장47, p.731c19)에 "'문득 이 중에 사람 찾아오면 어떻게 하는지요?' '한 편에 기대면 되겠지' '그렇다면 오봉루 앞에서 물시계 소리 듣고 수미정상에서 종 치면 되겠군요' '발아래 구름 이는구나'. 忽遇其中人來時 如何 師云 倚著一邊去 進云 恁麽則五鳳樓前聽玉漏 須彌頂上擊金鐘 師云 足下雲生", 『진지』 (대정장85, p.1324b8)에 "원공(慧遠)은 장안을 벗어나자 발아래 구름 일듯 하니 마치 장사가 팔 펴는 잠깐 사이에 여산에 이르렀다. 遠公旣出長安 足下雲生 如壯士展臂 須臾之間 便至廬山"라고 하였다. [참고문헌]『景德傳燈錄』, 『碧巖錄』, 『圜悟語錄』, 『進旨』.

족하이륜상 足下二輪相 발바닥 각각에 있는 바퀴모습. 『대지도론』 권4(대정장25, p.90a27)에 "왕이 말하였다. '어떤 것들이 삼십이상인가?' 상사가 답하였다. … '두 번째는 족하이륜상입니다'. 王言 何等三十二相 相師答言 … 二者 足下二輪相"라고 하였다. [참고문헌]『大智度論』. ⇨ 삼십이상 三十二相

족하천폭륜상 足下千輻輪相 Ⓢ cakrāṅkapādatā, cakrāṅkitahastapādaḥ, Ⓟ heṭṭhāpādatalesu cakkāni jātāni honti sahassārāni sanemikāni sanābhikāni sabbākāraparipūrāni, Ⓣ phyag-dang-zhabs-kyi-mthil-'khor-lo'i-mtshan-dang-ldan-pa. 발바닥에 천 폭의 바퀴무늬가 있는 모습. 삼십이상(三十二相) 중 하나이며, 족하이륜상(足下二輪相)·천폭륜상(千輻輪相)·족하륜상(足下輪相)·족하상륜(足下相輪)·족하생륜상(足下生輪相)·족하천폭륜문상(足下千輻輪文相)·족하천폭망륜상(足下千輻輞輪相)이라고도 한다. 『보살지지경』 권10(대정장30, p.955a10)에 "무엇이 삼십이대인상인가? … 둘째는 족하천폭륜상이다. 云何三十二大人相 … 二者 足下千輻輪", 36권본 『대반열반경』 권26(대정장12, p.779c22)에 "보살마하살은 부모의 처소·화상·스승과 축생에 이르기까지 법도에 맞는 재물로 공양하고 공급하였다. 이런 업의 인연으로 족하천폭륜상을 얻을 수 있었다. 若菩薩摩訶薩於父母所 和上師長 乃至畜生 以如法財 供養供給 以是業緣 得成足下千輻輪相"라고 하였다. [참고문헌]『菩薩地持經』, 『大般涅槃經』, 『長阿含經』 권1 「大本經」(대정장1, p.5a29), 『中阿含經』 권11 「三十二相經」(대정장1, p.493c20), 『大般若經』 권469(대정장7, p.376b19), 『大品般若經』 권24(대정장8, p.395b29), 『法乘義決定經』 권하(대정장17, p.659a4), 『四分律』 권51(대정장22, p.950b4), 『有部律破僧事』 권18(대정장24, p.191c23), *Bodh-bh.261.*, *DN.3.143.* ⇨ 족하이륜상 足下二輪相

족행신 足行神 걸어다니는 중생이나 여래의 자취마다 좇아다니며 수호하는 신. 『화엄경소』 권5(대정장35, p.

538a13)에 "세 번째, 족행신에도 두 뜻이 있다. 첫째, 발 달린 중생을 따라다니며 수호한다. 마치 아래 선현비구의 족행신은 꽃을 들고 발을 받치듯 한다. 그러므로 하덕 중에는 여래를 우러러 두 발로 가시는 곳마다 모두 도로신이 있어서 부처님께서 행하시는 대로 따라 수행함을 다 들어 보인다. 第三 足行神 亦有二義 一 謂依止足行衆生 及守護故 如下善見比丘 足行之神 持華承足 故下德中 戀仰如來 二足所行處 卽道路神 通表修行履 佛所行故"라고 하였다. 〔참고문헌〕『華嚴經疏』, 80권본『華嚴經』권1(대정장10, p.2c5).

존괴사구 存壞四句 두거나 부수는 네 가지. 별교일승(別教一乘)의 일승이 삼승(三乘)을 꾸려 거두는 뜻을 푼 해섭문(該攝門)으로 현수법장(賢首法藏)의 설이다. 『화엄오교장』 권1(대정장45, p.478c1)에 "네 구가 있다. 첫째, 일승에 즉해 있기에 무너뜨림을 마주하지 않는다. 둘째, (삼승이) 일승에 즉해 있기에 (삼승을) 둠을 막지 않는다. 셋째, (삼승이) 일승에 즉해 있기에 무너질 것이 없다. 넷째, 일승에 즉해 있기에 둘 것도 없다. 앞의 두 가지 뜻으로 삼승의 근기는 의지할 바를 얻고, 뒤의 두 가지 뜻으로 삼승의 근기는 일승으로 들어갈 수 있다. 네 구 모두 일승에 즉하기 때문이다. 이런 까닭에 오직 일승이 있을 뿐 더이상 나머지는 없다. 有四句 一 由卽一故不待壞 二 由卽一故不礙存 三 由卽一故無不壞 四 由卽一故無可存 由初二義 三乘機得有所依 由後二義 三乘機得入一乘 由四句俱卽一故 是故唯有一乘 更無餘也"라고 하였다. 〔참고문헌〕『華嚴五教章』, 『華嚴五教章復古記』 권1(卍속장103, p.408b18). ⇨ 은현사구 隱顯四句, 해섭문 該攝門, 별교일승 別教一乘

존귀 尊貴 Ⓢ ucca, udāra, Ⓣ mthon-po, rgya-chen-po. 높고 귀함. 『대승본생심지관경천주』 권1(卍속장34, p.89b11)에 "높고 귀하신 이란, 여래는 성인과 범부 모두 둘러싸니 십계에서 홀로 높으시다는 뜻이다. 尊貴者 謂如來聖凡拱衛 十界獨尊故", 『화엄경소초』 권30(대정장36, p.229c20)에 "높고 귀하시다 하니, 일체 공덕을 갖추고 항상 방편을 일으켜서 세간을 이익케 하시고 일체를 안락하게 함에 게으르거나 그만둠이 없기 때문이다. 尊貴者 具一切功德 常起方便 利益世間 安樂一切 無懈廢故", 『대승광백론석론』 권6(대정장30, p.220c25)에 "바라문이 가장 존귀하다고 찬양하고, 찰제리 등은 모두 비천하다고 여긴다. 讚婆羅門 最爲尊貴 刹帝利等 皆是卑賤", 『금강경정해』 권상(卍속장92, p.580a15)에 "진실로 공경 받고 중시할 만한 사람이 도리어 남에게 경시되고, 참으로 존귀한 사람이 오히려 남에게 업신여김을 당한다. 그 까닭은 무엇일까? 대체로 틀림없이 이 사람은 경전의 말씀을 듣지 못했던 선세에 네 가지 상을 집착해 빠져 육진에 물들어 온갖 죄업을 짓고 악도에 떨어졌으니 금세에는 세인의 경천함으로 선세죄업 모두 사라지게 된다. 眞可敬重者也 而反爲人所輕 眞可尊貴者也 而反爲人所賤 其故何哉 蓋必是人 先世未聞經時 執泥四相 染著六塵 造有罪孽 當墮惡道 以今世人輕賤故 准抵得先世罪孽 卽盡爲消滅矣"라고 하였다. 〔참고문헌〕『大乘本生心地觀經淺註』, 『華嚴經疏鈔』, 『大乘廣百論釋論』, 『金剛經正解』, *Yogā-bh.23.*, *Bodh-bh.98.*

존귀변 尊貴邊 높아 귀한 저 끝. 끝내 헤아려 얻거나 머물 수 없는 부사의한 경계. 조동(曹洞)의 오위설(五位說)을 푸는 개념이다. 『경덕전등록』 권17 「운거도응전 雲居道膺傳」(대정장51, p.335c24)에 "사사마다 터득하기 시작하여 일체사를 남김없이 터득하더라도 일을 마친 사람이고 허물 없는 사람이라고만 부르지 결코 존귀하다고 부르지 않는다. 존귀의 끝을 알고자 한다면 어떤 물건 붙여야 하는지 알아야 한다. '문 밖에서 들어온 것은 보배가 아니니, 한 대 맞았다고 용되지 않는다. 알겠는가? 事事及得 及盡一切事 亦只喚作了事人 無過人 終不喚作尊貴 將知尊貴邊 著得什麼物 不見從門入者非寶 棒上不成龍 知麼", 『오가종지찬요』 권중 「동종왕자오위 洞宗王子五位」(卍속장114, p.533a10)에 "비록 태생 그대로 존귀하여 탄생(왕자)이라 말하고, 안으로 이었다고도 하며, 왕의 씨앗이라고도 하고, 떳떳한 위라고도 하지만, 이 위를 알고자 하면 반드시 뒤쳐 버려야 한다. 만약 뒤칠 수 없다면 곧바로 존귀변에 떨어질 것이다. 그런 까닭에 '왕자가 몸을 뒤쳐 부왕으로 향하지만 어째서 부왕은 돌아보지 않는가?'라고 하니 왕자탄생한 일 보지 못했기 때문이다. 부왕은 향상하는 헛된 위로서 본래 그대로여서 위차가 있을 리 없으니 계급에 떨어질 일도 없다. 雖是天然尊貴 名曰誕生 亦名內紹 亦名王種 亦名正位 要知此位 亦須轉却 若不轉 卽便墮在尊貴邊 所以道 子轉身而就父 爲甚父全不顧 不見有誕生王子也 父者向上虛位 明本來原無位次 不落階級也", 『운외운수어록』(卍속장124, p.998a7)에 "〔본칙〕 청원에게 학인이 물었다. '불법의 대의는 무엇인지요?' '여릉 지방의 쌀값은 어떻게 하느냐?' 〔염〕 황금의 궁전에서 살던 이여! 존귀한 일들을 말한 적이 없구나. 존귀한 곳에서 벌어진 일을 말해 버린다면, 황금궁전 사람은 아니다. 擧 僧問青原 如何是佛法大意 原云 廬陵米作麼價 拈曰 黃金殿上居止者 不曾說著尊貴邊事 說著尊貴邊事 非黃金殿上之人", 『영각광록』 권28 「동상고철 洞上古轍」 하(卍속장125, p.741a13)에 "만일 사람이 낱낱을 알아채고 물물에 통하면 일 마친 이라고만 부를 뿐 결코 존귀하다 부르지 않는다. 존귀라는 한 길 스스로 가려내어 문득 이것이 세간에서 극히 중하고 극히 값진 물건임을 알아야 한다. 하지만 존귀한 자리를 가져 가려 해서는 안 되니, 불가사의함을 알 뿐이다. 如人頭頭上了 物物上通 祇喚作了事人 終不喚作尊貴 將知尊貴一路自別 便是世間極重極貴物 不得將去向尊貴邊 須知不可思議"라고 하였다. [참고문헌] 『景德傳燈錄』, 『五家宗旨纂要』, 『雲外雲岫語錄』, 『永覺廣錄』. ⇨ 조동오위 曹洞五位, 존귀타 尊貴墮

존귀타 尊貴墮 높아 귀하다 하는 것에 떨어지다. 조산본적(曹山本寂)의 삼종타(三種墮) 중 하나다. 『조산어록』(대정장47, p.533c26)에 "존귀타란, 법신법성은 존귀편의 일이지만 이 또한 뒤쳐버려야 하니 이것이 존귀타다. 저 노지의 흰 소는 법신 최고의 뜻이지만 반드시 뒤쳐버려야 일색이어서 가릴 것 없는 곳에 들어앉을 일 벗어난다. 尊貴墮者 法身法性 是尊貴邊事 亦須轉卻 是尊貴墮 祇如露地白牛 是法身極則 亦須轉卻 免他坐一色無辨處", 『종범』 권하(卍속장114, p.659a7)에 "만약 무차별 저 편에 집착한즉 존귀중에 떨어지니 저편의 함정 알아차려 버리고 차별의 이 편으로 돌아와 살아가고 존귀한 위 비워 버린다. 그러므로 반드시 떨구어버린다. 若執那邊 落尊貴中 須知那邊了却 來這裏行履 虛却尊貴位 故亦須墮"라고 하였다. [참고문헌] 『曹山語錄』, 『宗範』. ⇨ 삼종타 三種墮, 존귀변 尊貴邊, 유타 類墮

존나경 尊那經 조송(趙宋)대 법현(法賢) 한역. 1권. 고려장34, pp.498c1~501a16, No.1231·대정장17, pp.932b7~934a11, No.845에 수록되어 있다. 부처님께서 존나(Ⓢ Cunda)인 춘다존자에게 일곱 가지 보시(布施)와 일곱 가지 발심(發心) 구족하였을 때 얻는 공덕이 불가사의함을 설하셨다.

존로 尊老 ❶ 존경받을 만한 어른이나 고승(高僧). 존숙(尊宿) 등과 통한다. 『방등반니원경』 권상(대정장12, p.913a3)에 "존로께서 이 질문을 받았다면 어찌 두려워했겠는가? 尊老聞此問 安能堪惶懼", 『남해기귀내법전』 권3 「이십오사자지도 二十五師資之道」(대정장54, p.222c21)에 "다만 존로 계신 곳이라면 여러 자리 마련해야 하니 틀림없이 사람들이 찾아올 때마다 의례에 따라 앉게 한다. 但尊老之處 多座須安 必有人來 准儀而坐", 『일체경음의』 권64(대정장54, p.733a11)에 "동쪽 제노와 위에서는 존로를 가리켜 수(叟)라 하고, 남쪽 초지방에서는 부(父)라 한다. 東齊魯衛之間 凡尊老謂之叟 南楚曰父", 『불반니원경』 권상(대정장1, p.167a25)에 "비구 가운데 불경을 이해하지 못한 이는 존경받고 나이도 든 비구에게 물어야 한다. 比丘有不解佛經者 當問尊老比丘"라고 하였다. [참고문헌] 『方等般泥洹經』, 『南海寄歸內法傳』, 『一切經音義』. ⇨ 존숙 尊宿 ❷ 노인을 공경·존경하다. 『육도집경』 권4(대정장3, p.18a7)에 "노인을 부모처럼 공경하고, 백성을 자식처럼 아낀다. 尊老若親 愛民若子"라고 하였다. [참고문헌] 『六度集經』.

존망은진종 存妄隱眞宗 헛된 것 놔두고 참된 것 숨김을 으뜸으로 여기다. 사종(四宗) 중 하나로 원측(圓測)의 『해심밀경소』 권1(한불전1, p.132b3)에 "사종 중 첫째는 존망은진종이다. 저 살바다 등에서 비록 사제를 설하지만 진여를 세우지 않는다. 一 存妄隱眞宗 如薩婆多等 雖說四諦 不立眞如"라고 하였다. [참고문헌] 『解深密經疏』. ⇨ 견망존진종 遣妄存眞宗, 진망구견종 眞妄俱遣宗, 진망구존종 眞妄俱存宗

존바수밀보살소집론 尊婆須蜜菩薩所集論 Ⓢ Ārya-vasumitra-saṃgrhīta-śāstra. 인도의 바수밀(婆須蜜) 존자 지음. 오호십육국대 부진(苻秦)의 승가발징(僧伽跋澄 Ⓢ Saṅghabhūti) 등 한역. 10권. 고려장28, pp.572a1~702b14, No.963·대정장28, pp.721a3~808a22, No.1549에 수록되어 있다. 『바수밀경』·『바수밀보살소집론』·『바수밀소집론』·『존자바수밀소집론 尊者婆須蜜所集論』이라고도 한다. 설일체유부(說一切有部)의 입장에 의지하여 제법을 「취건도 聚犍度」·「심건도 心犍度」·「삼매건도 三昧犍度」·「천건도 天犍度」·「사대건도 四大犍度」·「계경건도 契經犍度」·「갱락건도 更樂犍度」·「결사건도 結使犍度」·「행건도 行犍度」·「지건도 智犍度」·「견건도 見犍度」·「근건도 根犍度」·「일체유건도 一切有犍度」·「게건도 偈犍度」 등 14장(章 : 犍度)으로 자세하게 논했다. 매우 방대한 주제들을 여타 부파의 견해도 곁들여 비판하고 있어 부파불교 연구에 중요한 논서로 평가된다. 저자 바수밀에 대해서는 법구(法救)·묘음(妙音)·각천(覺天) 등과 함께 바사사대논사(婆沙四大論師) 중 한 사람인 세우(世友 Ⓢ Vasumitra : 天友)와의 동일인 여부도 논의되었다.

〈표〉 존바수밀보살소집론尊婆須蜜菩薩所集論

<table>
<tr><th></th><th>건도명</th><th>품수</th><th>권수</th></tr>
<tr><td rowspan="2">1</td><td rowspan="2">취건도聚犍度Samyukta-skandha</td><td>1~4품</td><td>권1</td></tr>
<tr><td>5~7품</td><td>권2</td></tr>
<tr><td>2</td><td>심건도心犍度Citta-skandha</td><td>1품</td><td>권3</td></tr>
<tr><td>3</td><td>삼매건도三昧犍度Samādhi-skandha</td><td>1품</td><td rowspan="2">권4</td></tr>
<tr><td>4</td><td>천건도天犍度Deva-skandha</td><td>1품</td></tr>
<tr><td>5</td><td>사대건도四大犍度Uahābhūta-skandha</td><td>1품</td><td rowspan="2">권5</td></tr>
<tr><td>6</td><td>계경건도契經犍度Sūtra-skanda</td><td>1품</td></tr>
<tr><td>7</td><td>갱락건도更樂犍度Vedanā-skandha</td><td>1품</td><td>권6</td></tr>
<tr><td>8</td><td>결사건도結使犍度Anusaya(ov samyojana-anusaga)-skandha</td><td>1품</td><td>권7</td></tr>
<tr><td>9</td><td>행건도行犍度Sauskāra-skandha</td><td>1품</td><td rowspan="2">권8</td></tr>
<tr><td>10</td><td>지건도智犍度Jūāna-skandha</td><td>1품</td></tr>
<tr><td>11</td><td>견건도見犍度Drsti-skandha</td><td>1품</td><td rowspan="4">권9</td></tr>
<tr><td>12</td><td>근건도根犍度Indriya-skandha</td><td>1품</td></tr>
<tr><td>13</td><td>일체유건도一切有犍度Sarvāsti-skandha</td><td>1품</td></tr>
<tr><td rowspan="2">14</td><td rowspan="2">게건도偈犍度Gāthā-skandha</td><td>1품</td></tr>
<tr><td>2~4품</td><td>권10</td></tr>
</table>

존삼수일 存三守一 셋을 두고서 하나를 지키다. 허공(虛空)·금강(金剛)·반야(般若)라는 삼해탈을 그대로 둔 채로 일심(一心)의 여(如)를 지킨다는 뜻이다. 『금강삼매경』(대정장9, p.370a24)에 "대력보살이 말했다. '셋을 그대로 두고 하나를 지켜서 여래선에 든다는 말은 무슨 뜻인지요?' 부처님께서 말씀하셨다. '셋을 둔다는 말은 삼해탈을 있게 한다는 뜻이고, 하나를 지킨다는 말은 일심의 여를 지킨다는 뜻이다. 여래선에 든다는 말은 이로써 마음의 여를 관한다는 뜻으로 이와 같이 심지에 들면 그대로가 실제에 드는 것이다'. 大力菩薩言 何謂存三守一 入如來禪 佛言 存三者 存三解脫 守一者 守一心如 入如來禪者 理觀心如 入如是心地 卽入實際"라고 하였다. [참고문헌] 『金剛三昧經』. ⇨삼해탈 三解脫❷, 일심 一心, 수일 守一❷

존상경 尊上經 진(晉)대 축법호(竺法護 Ⓢ Dharmarakṣa) 한역. 1권. 고려장19, pp.596b1~597c11, No.707·대정장1, pp.886a25~887a27, No.77에 수록되어 있다. 「현선게 賢善偈」의 뜻을 잘 알고, 따라 범행(梵行)을 행하면 열반을 성취하는 법문이다. 『중아함경』 권43 「석중선실존경 釋中禪室尊經」(대정장1, pp.698c3~699c26)의 이역본이다. 상응하는 팔리경전은 맛지마니카야 제134경 *Lomasakaṅgiya-bhaddekaratta-sutta*(*MN.3*, pp.199~202)이다.

존숙 尊宿 존경할 만하고 나이 드신 고승. '어른스님'이라고도 부르며 기숙(耆宿)·기구(耆舊)라고도 한다. 숙이란 노대(老大)의 뜻이다. 『관무량수불경소』 권2 「관경서분의 觀經序分義」(대정장37, p.253a3)에 "'이들 존숙을 어째서 대중의 선지식이라 하는지요?' '덕이 높아서 존이라 하고, 나이가 들어서 숙이라 한다. 모든 범성이 저들이 쌓은 덕이 남보다 많음을 알고, 그들의 밖으로 보이는 모습 또한 뛰어나게 다른지도 알기에 대중들이 알고 배워야 한다'. 又問曰 此等尊宿 云何名衆所知識 答曰 德高曰尊 耆年曰宿 一切凡聖 知彼內德過人 識其外相殊異 故名衆所知識", 『선원청규』 권2 「영접 迎接」(卍속장111, p.889a2)에 "가까이 모실 존숙이 원에 들어오면 미리 대중을 모아 삼문 앞에서 영접한다. 近上尊宿入院 預先集衆 門首相迎", 『일체경음의』 권23(대정장54, p.455b1)에 "존숙〈숙은 오래 되었다(舊)라는 뜻이다〉. 尊宿〈宿謂舊也〉"이라고 하였다. [참고문헌] 『觀無量壽佛經疏』, 『禪苑淸規』, 『一切經音義』. ⇨기숙 耆宿, 기구 耆舊❶, 기덕 耆德

존스윌리엄 Jones Sir William 1746~1794. 영국의 문헌학자이자 인도학자. 벵갈(Bengal) 포트 윌리엄(Fort William) 최고법원의 배석판사. 웨일스 출신. 왕립기숙학교인 해로우 스쿨(Harrow School)에서 그리스어와 라틴어를 익혔고, 옥스퍼드 재학 시에는 다른 고전 언어들과 프랑스어·이탈리아어·스페인어·포르투갈어·독일어 등도 독학하였는데 특히 아랍어와 페르시아어에 열정을 쏟았다. 1768년 문학사 학위를 취득 후 나디르 샤(Nadir Shah)의 생애가 적힌 페르시아어 필사본을 프랑스어로 옮겨 1770년 *Histoire de Nader Chah*(나디르 샤의 역사)로 출간하였다. 1771년에는 *A Grammaire of the Persian Language*(페르시아어 문법)를 발표했는데, 힌디어 등 다른 동양언어연구에 한 전범이 되었다. 1772년 26세 때 영국 왕립학회(Royal Society) 회원이 되었고, 1773년 옥스퍼드에서 문학석사 학위를 취득한 후에는 생계를 위해 진로를 바꿔 1774년부터 법학을 공부했다. 1783년에 캘커타(Calcutta) 영국 법원의 판사로 임명되어 인도로 떠났고 도착 후 1784년 헨리 토머스 콜브룩(Henry Thomas Colebrooke)·나타니얼 브래시 헬트(Nathaniel Brassey Halhed)와 함께 아시아학회(Asiatic Society)를 창립하고 초대 회장이 됐다. 창립총회에서 산스크리트어 원전연구의 당위성을 역설하였고, 그 자신도 1785년 여름 이후 산스크리트어연구에 본격 착수하였다. 1786년 학회 창립 3주년 기념강연에서 산스크리트어가 그리스어보다 더 완벽하고 라틴어보다 더 풍부할 뿐 아니라, 이 두 언어들보다 더 정제된 언어이며 그리스어·라틴어·산스크리트어·고대 페르시아어는 강한 친연성이 보인다는 연설은 인도-유럽어 비교언어학의 근본가설을 언명한 순간이자 근대 비교문법학이 탄생한 순간이었다고 알려졌다. 그는 칼리다사(Kālidāsa)의 *Śakuntalā*(사쿤탈라)와 인도의 아가(雅歌)라 불리는 *Gītagovinda*(기타고빈다)를 최초로 영역(英譯)하기도 하였다. 또한 힌두법전의 완결판을 편찬한다는 야심찬 프로젝트를 구상했지만 결실은 보지 못한 채 세상을 떠났다. 이 작업의 첫 권인 *A Digest of Hindu Law : On Contracts and Successions, with a Commentary*(힌두법요람)은 그의 사후 1801년에서야 출판되었고, 그의 중요한 업적 중 하나인 *Manusmṛti*(마누법전) 영역본에 대해 100년 후 다시 번역한 게오르그 뷜러(Georg Bühler)는 "학술적으로 탁월한, 현존하는 유일의 완역본"이라고 경의를 표했다. 존스의 인도학 연구는 특정 분야에만 한정되지 않아 인도의 음악·체스게임·연대기·천문학·식물학에 관한 논고들도 다수 남겼으며, 진보적 민주주의자였고, 너그러운 인품으로 덕망이 높아, 인도 현지인들에게도 친구처럼 존중받았다. 47세를 일기로 세상을 떠났으며, 인도 캘커타 벵갈주 사우스파크 스트리트(South Park Street) 묘지에 안장되었다. [참고문헌] Thomas A. Sebeok *Portrait of Linguists, Volume 1*(Thoemmes Press, 1966) pp.1~17.

존승다라니 尊勝陀羅尼 Ⓢ Uṣṇīṣa-vijaya-dhāraṇī. 존승불정존(尊勝佛頂尊)의 공덕을 설한 다라니. 부처님께서 일곱 번 축생으로 거듭나며 지옥에 떨어져 고통 받을 선주천자(善住天子)를 구하려고 설하신 다라니이다. 갖춘 이름은 정제일체악도불정존승다라니(淨除一切惡道佛頂尊勝陀羅尼)이고, 불정존승다라니라고도 한다. 본 다라니는 판본에 따라 자구(字句)의 장단(長短)이 서로 다른데, 그 중 널리 염송하는 다라니는 선무외삼장(善無畏三藏)이 한역한 『존승불정수유가법궤의 尊勝佛頂修瑜伽法軌儀』 권상(대정장19, p.377a1)이다. 이 다라니는 87구(句)이고, 광명진언(光明眞言)과 대일여래(大日如來)의 오자명(五字明 : 阿毘羅吽欠)과 함께 그 길이에 따라 각각 대주(大呪)·중주(中呪)·소주(小呪)라고 불린다. 『불정존승다라니경』(대정장19, p.350b2)에 "부처님께서 곧 미소를 지으며 제석천에게 말씀하셨다. '천제여! 다라니가 있으니 그 이름은 여래불정존승이다. 이 다라니는 일체악도를 능히 청정하게 하고 모든 생사고뇌를 깨끗이 없애주며, 또한 지옥의 염라왕계에 떨어지거나 축생의 고통을 없애 주고, 일체지옥을 파하고 선도로 회향하게 한다'. 부처님께서 제석천에게 또 말씀하셨다. '이 불정존승다라니는 만약 사람이 이를 듣고 한 번 귀에 스치기만 해도 선세에 지은 일체지옥에 떨어질 악업이 모두 멸하여 즉시 청정한 몸을 얻는다'. 佛便微笑告帝釋言 天帝 有陀羅尼 名爲如來佛頂尊勝 能淨一切惡道 能淨除一切生死苦惱 又能淨除諸地獄閻羅王界畜生之苦 又破一切地獄能迴向善道 佛告天帝 此佛頂尊勝陀羅尼 若有人聞一經於耳 先世所造一切地獄惡業 悉皆消滅 當得淸淨之身"라고 하였다. [참고문헌] 『尊勝佛頂修瑜伽法軌儀』, 『佛頂尊勝陀羅尼經』. ⇨ 불정존승다라니 佛頂尊勝陀羅尼, 존승불정 尊勝佛頂, 존승법 尊勝法

존승다라니경 尊勝陀羅尼經 당대 불타파리(佛陀波利 Ⓢ Buddhapāli)가 한역한 『불정존승다라니경 佛頂尊勝陀羅尼經』(대정장19, No.967 Ⓢ Āryasarvadurgatipariśodhani-uṣṇīṣavijaya-nāma-dhāraṇī)의 줄인 이름. 주석서로 당대 법숭(法崇)이 지은 『불정존승다라니경소 佛頂尊勝陀羅尼經疏』 2권(대정장39, No.1803)이 있다. 이 밖에 본경의 이역본(異譯本)은 다수 유통되었는데, 후주(後周)대 지칭(智稱)이 한역한 『존승다라니병염송공능법 尊勝陀羅尼竝念誦功能法』(실역)을 비롯하여 당대 두행의(杜行顗)가 한역한 『불정존승다라니경』 1권(대정장19, No.971), 지바가라(地婆訶羅)가 한역한 『최승불정다라니정제업장주경 最勝佛頂陀羅尼淨除業障呪經』 1권(대정장19, No.970), 지바가라 중역의 『불정최승다라니경 佛頂最勝陀羅尼經』 1권(대정장19, No.969), 의정(義淨)이 한역한 『불정존승다라니경』 1권(대정장19, No.971)이 있고, 송대는 시호(施護)가 한역한 『존승대명왕경 尊勝大明王經』 1권(대정장21, No.1413), 법천(法天)이 한역한 『최승불정다라니경 最勝佛頂陀羅尼經』 1권(대정장19, No.974A) 등이 있다. ⇨ 불정존승다라니경 佛頂尊勝陀羅尼經 ❶

존승다라니경당 尊勝陀羅尼經幢 불타파리(佛陀波利 Ⓢ Buddhapāli)가 한역한 『존승다라니경』을 돌에 새겨 세운 석당(石幢). 『입당구법순례행기』 권3(대장경보편18, p.79b6)에 따르면, 당대 불타파리가 오대산(五臺山)에 예배하러 갔을 때 사양령(思陽嶺) 부근에서 마주친 한 노인의 권고에 따라 다시 천축으로 돌아가 『존승다라니경』을 가지고 왔다. 문종(文宗) 때인 840년(개성5) 노인과 해후했던 그 자리에 다라니경당을 세웠는데 현존하는 경당은 후세에 조성한 것으로 송대인 1026년(천성4)에 새긴 명문(銘文)이다. 종남산(終南山) 백탑사(百塔寺) 외에도 존승다라니경당 2좌가 남아 있는데 그중 하나는 당대인 831년(태화5)에 새겼는데 삼계교(三階教) 총정(惣靜)을 다비한 사실이 기록되어 있다. 하남성(河南省) 정주(鄭州) 개원사(開元寺)에 조성된 팔각이층(八角二層)의 존승다라니경당은 주신(柱身) 하층에 다라니를 새겼고 상층에는 불감(佛龕)과 명문을 아울러 새겼다. 이는 당 희종(僖宗) 때인 885년(중화5)에 세웠으며 명종(明宗) 때인 930년(천성5)에 중건하였다. 이 밖에 금대인 천보년간(1117~1122)에 건립된 하북성(河北省) 고안현(固安縣) 왕룡촌(王龍村)의 다라니경당은 약 7m 높이의 9층 형식으로 최대 직경은 약 1m이며 기좌(基座)는 없다. 기층은 8면의 석주몸체에 다라니경문과 중수한 석당의 경과와 연대가 새겨져 있고, 2층과 4층에는 비천과 조수 등이 새겨져 있으며, 5층에는 황제와 황후 그리고 공주의 만수무강과 국난이 없기를 기원하는 뜻에서 이 석당을 건립한다는 취지의 '신찬천보황제만세제천창덕황후저군친왕공주천추특건소재보국불정존승다라니당 神贊天輔皇帝萬歲齊天彰德皇后儲君親王公主千秋特建消災報國佛頂尊勝陀羅尼幢'라는 문구가 새겨져 있다. 6층에는 수면(獸面)이, 7층과 9층에는 불상이 새겨졌으며, 8층은 앙련(仰蓮), 위로 최상층에는 마고상당정(蘑菇狀幢頂)이 있다. [참고문헌] 『入唐求法巡禮行記』.

존승다라니경소 尊勝陀羅尼經疏 당대 법숭(法崇)이 지은 『불정존승다라니경소 佛頂尊勝陀羅尼經疏』(대정장39, No.1803)의 줄인 이름 ⇨ 불정존승다라니경소 佛頂尊勝陀羅尼經疏 ❶

존승다라니의궤 尊勝陀羅尼儀軌 『불정존승다라니염송의궤법 佛頂尊勝陀羅尼念誦儀軌法』의 줄인 이름. 『존승의궤』라고도 한다. 2본이 있다. 하나는 당대 선무외(善

無畏)가 한역한 『존승불정수유가법궤의 尊勝佛頂修瑜伽法軌儀』 2권(대정장19, No.973)이고, 다른 하나는 당대 불공(不空)이 한역한 『불정존승다라니염송의궤법』 1권(대정장19, No.972)이다. ⇨존승불정수유가법궤의 尊勝佛頂修瑜伽法軌儀, 불정존승다라니염송의궤법 佛頂尊勝陀羅尼念誦儀軌法

존승대명왕경 尊勝大明王經 조송(趙宋)대 시호(施護 Ⓢ Dānapāla) 한역. 1권. 고려장34, pp.82b1~83c5, No.1165 · 대정장21, p.927a5~927c29, No.1413에 수록되어 있다. 과거칠구지불(過去七俱胝佛)께서 설한 주(呪)를 부처님께서 아난(阿難)에게 전하는 형식의 경전이다. 모든 중생에게 해악을 제거하고 원한을 풀며 삿된 기운을 소멸하고 두려움을 없애는 등의 공능을 지닌 주이다.

존승만다라 尊勝曼荼羅 ➡존승법 尊勝法

존승법 尊勝法 밀교 수법(修法). 존승불정존(尊勝佛頂尊)을 본존으로 하고 존승다라니(尊勝陀羅尼)를 염송하며 멸죄(滅罪) · 제병(除病) · 연명(延命) · 파지옥(破地獄) 등을 위해 닦는 식재증익(息災增益)의 비법(祕法)이다. 여법존승법(如法尊勝法) · 존승다라니법(尊勝陀羅尼法)이라고도 한다. 이 비법은 당대 불공(不空)이 한역한 『불정존승다라니염송의궤법 佛頂尊勝陀羅尼念誦儀軌法』(대정장19, No.972)이나 선무외(善無畏)가 한역한 『존승불정수유가법궤의 尊勝佛頂修瑜伽法軌儀』(대정장19, No.973)에 근거하여 닦는다. 전자는 중앙에 태장대일여래를 그리고, 그 사방과 사우에는 관자재보살(觀自在菩薩) · 자씨보살(慈氏菩薩) · 허공장보살(虛空藏菩薩) · 보현보살(普賢菩薩) · 금강수보살(金剛手菩薩) · 문수사리보살(文殊師利菩薩) · 제개장보살(除蓋障菩薩) · 지장보살(地藏菩薩) 등 팔대보살(八大菩薩)을 안치한다. 후자는 중앙에 금강계대일여래를 그리고, 사방의 원에는 백산개불정(白傘蓋佛頂) · 최승불정(最勝佛頂) · 존승불정(尊勝佛頂) · 광취불정(光聚佛頂) 등과 사우(四隅)의 원에는 승불정(勝佛頂) · 광생불정(廣生佛頂) · 무변성불정(無邊聲佛頂) · 발생불정(發生佛頂) 등 팔대불정(八大佛頂)을 그리며, 그 밖의 왼쪽 아래에는 부동명왕(不動明王), 오른쪽 아래에는 항삼세명왕(降三世明王), 위쪽의 왼쪽과 오른쪽에는 수타회천(首陀會天 : 淨居天)을 그린다. 존승불정은 석가여래오불정(釋迦如來五佛頂) 중 한 분이며 제장불정(除障佛頂)이라고도 하는데, 석가여래의 불정(佛頂)에서 나타난 윤왕형(輪王形)의 본존을 말한다. 불정존 중에서 가장 존승하므로 존승불정이라고 한다. ⇨존승불정 尊勝佛頂, 불정존승다라니 佛頂尊勝陀羅尼

존승법 존승만다라도 일본 금강봉사 14세기

존승불정 尊勝佛頂 Ⓢ Vikīrṇoṣṇīṣa. 오불정(五佛頂) 중 일존(一尊). 태장만다라(胎藏曼荼羅) 석가원(釋迦院)의 존위. 석가여래의 불정(佛頂)에서 나타난 윤왕형(輪王形)의 본존으로 모든 불정존 중에서 가장 수승하므로 이렇게 부른다. 불정존승(佛頂尊勝)이라고도 하며, 일체번뇌업장을 능히 없애므로 제장불정(除障佛頂) · 제일체개장불정륜왕(除一切蓋障佛頂輪王) · 최쇄불정(摧碎佛頂)이라고도 한다. 『삼종실지진언의궤』(대정장18, p.913c26)에 "존승불정이란 비로자나여래신이고 삼부의 불정신이다. 尊勝佛頂者 卽是毘盧遮那如來身 卽是三部佛頂身", 『유가법궤의』 권하(대정장19, p.378b10)에 "모든 불정 중에서 존승불정이 일체번뇌업장을 능히 없애기에 존승불정심이라고 하며, 제장불정이라고도 한다. 一切佛頂中 尊勝佛頂 能除一切煩惱業障故 號爲尊勝佛頂心 亦名除障佛頂"라고 하였다. [참고문헌] 『三種悉地眞言儀軌』, 『瑜伽法軌儀』. ⇨오불정 五佛頂, 존승법 尊勝法, 최쇄불정 摧碎佛頂

존승불정수유가법궤의 尊勝佛頂修瑜伽法軌儀 당대 선무외(善無畏) 지음. 2권. 갖춘 이름은 『존승불정진언수유가법궤의 尊勝佛頂眞言修瑜伽法軌儀』이며, 『존승불정수유가법』 · 『존승의궤』라고도 한다. 대정장19, pp.368b3~383b21, No.973에 수록되어 있다. 존승다라니(尊勝陀羅尼)를 염송하는 의식의 규칙을 설하는 내용이다. 열두 품으로 구성되어 있고, 제재(除災) · 증익(增益) 등 사종염송법(四種念誦法), 오륜삼마지법(五輪三摩地法), 호신결계법(護身結界法)의 금강삼매야와 항삼세명왕(降三世明王)의 인(印)과 진언(眞言), 34종 성취법(成就法), 일체의 번뇌와 업장을 제거하기 위한 존승다라니와 염송법, 존승만다라 · 대단만다라(大壇曼荼羅)를 그리는 법 등이 포함되어 있다. ⇨존승다라니 尊勝陀羅尼, 존승법 尊勝法, 불정존승다라니염송의궤법 佛頂尊勝陀羅尼念誦儀軌法

존승비법 尊勝祕法 존승불정존(尊勝佛頂尊)을 본존(本尊)으로 삼아 존승다라니(尊勝陀羅尼)를 외우면서 기원함으로써 소원을 성취하는 수법. 불정존승법·존승법·존승호마(尊勝護摩)라고도 한다. 『원형석서』 권10(대장경보편32, p.223c13)에 "존의(尊意)가 여섯 스님을 이끌고 불정존승법 닦은 이후 나흘 만에 비가 내리자 조정이 모두 기뻐하며 감탄하였다. 존승비법이 조정에서 시행된 것은 존의에서 비롯한다. 意率六僧 修佛頂尊勝法 四日雨降 擧朝嘉歎 尊勝祕法 嚮於朝 自意始"라고 하였다. [참고문헌] 『元亨釋書』. ⇨ 존승법 尊勝法, 존승호마 尊勝護摩, 불정존승다라니 佛頂尊勝陀羅尼

존승호마 尊勝護摩 양재(禳災)·제병(除病)·연수(延壽) 등을 목적으로 행하는 호마법. 존승법·존승비법(尊勝祕法)이라고도 한다. 『존승불정수유가법궤의』 권2 「존승불정진언수유가호마품 尊勝佛頂眞言修瑜伽護摩品」(대정장19, p.380b5)에 "내가 이제 다시 호마의 법을 설하겠다. 호마에 비록 여러 종류가 있지만 이제 간략하게 네 가지를 설하여 모든 호마법을 남김없이 그 안에 거두겠다. 그것은 제재원로·증익방로·섭소반월·항복삼각을 말한다. 이와 같은 네 가지 호마는 외호마와 내호마라는 두 종류를 갖춘다. 我今復說 護摩之法 護摩雖有多種 今略說四種 盡攝一切護摩之法 所謂除災圓爐 增益方爐 攝召半月 降伏三角 如是四種護摩 具有兩種 一者外護摩 二者 內護摩"라고 하였다. [참고문헌] 『尊勝佛頂脩瑜伽法軌儀』. ⇨ 존승법 尊勝法, 존승비법 尊勝祕法

존심 存心 마음에 두다. 『원각경』(대정장17, p.920a20)에 "만일 깨우친 세계로 돌아가고자 해서, 먼저 탐진치를 없애고, 법에 대한 애착마저 마음에 두지 않는다면, 점차로 성취할 수 있다. 若能歸悟刹 先去貪瞋癡 法愛不存心 漸次可成就", 『선문촬요』 권상 「사행론 四行論」 21절에 "만약 마음에 두고 뜻마저 세운 다음 성현이 되기를 바라지도 않고 해탈도 구하지 않으며, 죽음을 두려워하지도 않고 지옥을 두려워하지도 않으며, 무심하게 곧바로 맡긴다면, 비로소 그럴듯한 마음 하나 성취한다. 若能存心立志 不願賢聖 不求解脫 復不畏生死 亦不畏地獄 無心直作任 始成一箇規鈍心"라고 하였다. [참고문헌] 『圓覺經』, 『禪門撮要』.

존심징적 存心澄寂 마음을 맑고 고요하게만 함. 묵조선을 말한다. 『무문관』 「선잠 禪箴」(대정장48, p.299a29)에 "이럭저럭 따라 지키기만 한다면 오랏줄 없이도 스스로 묶이고, 종횡으로 걸림 없으면 외도나 마군이다. 마음 맑고 고요하게 한다 하면 묵조의 사선이고, 제멋대로 연마저 잊는다면 깊은 구덩이에 떨어진다. 循規守矩 無繩自縛 縱橫無礙 外道魔軍 存心澄寂 默照邪禪 恣意忘緣 墮落深坑"라고 하였다. [참고문헌] 『無門關』.

존우 尊祐 Ⓢ Īśvara, Ⓟ Issara. 높이 계시며 우리를 보우한다고 여기는 존재. 고대 인도의 창조주로서의 신이며 이스와라(Ⓢ Īśvara) 즉 자재라 하며, 세계를 주재하는 신(神)을 말한다. 경에서 비판하는 대표적인 삼종외도(外道) 즉 삼론(三論 : 宿命 尊祐 無因)중에 하나다. 우(祐)와 우(佑)는 서로 통한다. 『중아함경』 권3 「도경 度經」(대정장1, p.435b15)에 "이 중 어떤 사문범지는 이렇게 보고 이렇게 말한다. '사람이 하는 일체는 모두 존우로 인해 지은 것이다'. 나는 곧바로 그들에게 가서 물을 것이다. '그대들은 정말로 「일체는 모두 존우로 인해 만들어진다」고 보고 설하는가?' 그러면 그들은 '그렇소'라고 답할 것이고 나는 다시 그들에게 다음과 같이 말할 것이다. '만약 그렇다면 그대들은 모두 살생을 하는 것이다. 그 이유는 무엇일까? 일체는 전부 존우가 만들기 때문이다. 이와 같다면, 그대들은 모두 도둑질·삿된 음행·망언 내지 삿된 견해들을 행할 것이다. 왜 그런가? 일체는 모두 존우가 만들기 때문이다. 그대들이여! 만약 일체가 모두 존우가 만든 것이라면, 이를 그대로 진실이라고 보는 이들은 마음속으로 해야 할 일과 하지 않아야 할 일에 대해 전혀 의욕도 없고 방편도 없어야 할 것이다. 그대들이여! 해야 할 일과 하지 않아야 할 일에 대해 진실 그대로 알지 못한다면, 정념을 잃게 되고 올바른 지혜도 없게 되어 가르칠 것도 없을 것이다'. 사문법대로 이와 같이 설한다면 이에 비로소 뜻다워지기에 저 사문범지들을 설복시킬 수 있을 것이다. 於中 若有沙門梵志 如是見 如是說 謂人所爲一切 皆因尊祐造者 我便往彼 到已卽問 諸賢 實如是見 如是說 謂人所爲一切 皆因尊祐造耶 彼答言 爾 我復語彼 若如是者 諸賢等皆是殺生 所以者何 以其一切 皆因尊祐造故 如是 諸賢皆是不與取 邪婬 妄言 乃至邪見 所以者何 以其一切皆因尊祐造故 諸賢 若一切皆因尊祐造 見如眞者 於內因內 作以不作 都無欲 無方便 諸賢 若於作以不作 不知如眞者 便失正念 無正智 則無可以敎 如沙門法 如是說者 乃可以理 伏彼沙門梵志", 『법륜보참』 권2(卍속장129, p.867b12)에 "세 번째로 「도경」에서는 외도의 숙명·존우·무인연이라는 세 가지 이론을 논파하고 정교의 육처법과 육계법을 드러냈다. 三 度經 破外道宿命尊祐無因緣三種論 顯正敎六處法六界法"라고 하였다. [참고문헌] 『中阿含經』, 『法輪寶懺』, *MN.1.327.*

존자 尊者 Ⓢ āyuṣmat, Ⓟ āyasmant. 존경을 받을 만한 이. 불제자(佛弟子)나 지덕(智德)을 갖춘 출가자를 높이는 뜻이다. 구수(具壽)라고도 한다. 『대반열반경소』 권1(대정장38, p.46b27c1)에 "존자란, 모든 청정한 행을 하는 이들끼리 서로 높여 도탑게 여겨서 존자라 부른다. 저 『아함경』 중에 있다. 尊者者 諸梵行人 互相敬重 稱爲尊者 如阿含中", 『사분율행사초자지기』 권하(대정장40, p.397a22)에 "존자란 법랍이 높고 덕이 두터워 존경받을 만한 사람을 말한다. 尊者 謂臘高德重爲人所尊"라고 하였다. [참고문헌] 『大般涅槃經疏』, 『四分律行事鈔資持記』, *SN.2.37.*, *AN.1.57.* ⇨ 구수 具壽

존자무멸 尊者無滅 Ⓢ Aniruddha. 부처님의 십대제자 중 한 분인 아나율(阿那律)의 한역 이름. [참고문헌] 『說無垢稱經』 권2(대정장14, p.563b2), *Vikī-n.112.* ⇨ 무멸 無滅, 아나율 阿那律

존자발미 尊者撥眉 빈두로존자(賓頭盧尊者)가 아육왕(阿育王) 앞에서 눈썹을 걷어 올리다. 『선원몽구』 권상(卍속장148, p.200b15)에 "존자발미〈전거는 『경덕전등록』 권7〉: 빈두로존자가 아육왕궁대회에 나아갔을 때 왕이 물었다. '듣자하니 존자께서는 부처님을 친견하고 왔다는데 그렇습니까?' 존자가 손으로 눈썹을 걷어 올리고 말했다. '아시겠습니까?' '모르겠습니다' '아누달지에서 용왕이 부처님께 공양을 청하였을 때 빈도도 그 무리에 속했습니다'. 빈두로가 자신의 몸을 가리키며 물었다. '이것은 무엇인지요?' 尊者撥眉〈傳燈七〉 賓頭盧尊者 赴阿育王宮大會 王問 承聞 尊者親見佛來 是否 尊者 以手撥開眉毛 曰 會麽 王曰 不會 尊者曰 阿耨達池 龍王請佛齋時 貧道亦預其數 賓頭盧指吾身曰 如何是", 『경덕전등록』 권17 「화산무은전 禾山無殷傳」(대정장51, p.343a7)에 "'존자가 눈썹을 걷어 올리고 목격하여 아육왕에게 보인 것은 무엇인지요?' '지금의 소식은 무엇인가?' '제가 어떻게 알아차려야 하는지요?' '마리지산이 아닌가?' 問 尊者撥眉擊目 視育王時如何 師曰 卽今也什麽 曰 學人如何領會 師曰 莫非摩利支山"라고 하였다. [참고문헌] 『禪苑蒙求』, 『景德傳燈錄』. ⇨ 발개미모 撥開尾毛

존자암 尊者庵 ❶ 경기도 양주에 있던 절. 『세조실록』 권12 4년(1458) 4월 27일에 "양주 존자암의 스님 신원이 죽게 되었으니 그 인을 추국하여 아뢰어라. 楊州尊者庵僧信元致死 根因推鞫以聞"라고 하였다. [참고문헌] 『世祖實錄』. ❷ 제주특별자치도 서귀포시 하원동 한라산(漢拏山)에 있는 암자. 영실(靈室 : 현성들이 수행하던 영험한 곳) 존자암이라고도 한다. 대한불교조계종 제23교구 본사 관음사(觀音寺)의 말사이다. 「탐몰라주존자도량 耽沒羅州尊者道場」(『조선불교통사』 권하, p.148)에 "제6 발타라존자 … 이 존자는 9백 아라한과 함께 대부분 탐몰라주(제주도) 머무르고 있다. 六跋陀羅尊者 … 此尊者與九百阿羅漢 多分住在耽沒羅洲"라고 하였다. 『동국여지승람』 권38 전라도 제주목 불우에 "한라산 서쪽 고개에 있다. 골짜기에 마치 스님이 도를 닦는 듯한 모양의 돌이 있다. 전하기를 수행동이라 한다. 在漢拏山西嶺 其洞有石 如僧行道狀 諺傳修行洞", 홍유손(洪裕孫 1452~1529)의 『소총유고』 권상 「존자암개구유인문 尊者庵改構侑因文」(한국문집총간12, p.524a10)에 "지금의 존자암은 삼성(高・良・夫氏)이 처음 일어나던 때에서 비롯되어 삼읍이 정립된 뒤까지 오래 전해지며 복을 빌어주는 비보소였다. … 4월에 길일을 택하여 삼읍의 오두(수령) 중 한 사람을 차정(差定)해서 목욕재계하고 이 암자에서 제사를 지내며 '국성재'라 이름하였는데, 지금 폐한지 거의 6・7년이나 되었다. 今夫尊者之爲庵也 肇於三姓初起之時 而久傳於三邑鼎立之後 裨補之所也 … 於首夏之月 卜得吉日 爲差三邑遨頭中一員 齋沐行祀於是庵 謂之國聖齋 今其廢也 纔六七年矣", 김치(金緻 1577~1625)가 1609년(광해군1)에 쓴 「유한라산기 游漢拏山記」(『와유록』 권11, p.327a17)에 "정사가 높이 안개와 노을 속에 있으면서 넓고 큰 바다를 누르고 있었는데, 즉 존자암이다. 판옥 8~9칸은 띠로 지붕을 이었는데, 사치스럽지도 누추하지도 않았다. 호승 한 분이 문 밖에 나와 인사하며 선당으로 맞아주었다. 이름을 물어보니 '수정'이라고 하였다. 一精舍 高在烟霞 下壓滄溟 卽尊者庵也 板屋八九間 盖以草茅 不侈不陋 有一胡僧出拜於門外 迎入禪堂 問其名 則曰修淨也"라고 하였으나, 『범우고』에는 "지금은 폐사되었다. 今廢"라고 하였다. 1992년부터 복원불사를 시작하여 2002년에 대웅전・국성재각・요사 등을 마무리하였다. 복원 전 발굴조사시에 4단 석축과 탑재・명문 기와조각・자기조각 등이 발견되었다. 성보문화재로는 고려말 조선초에 조성된 현무암제 석종형(石鐘形) 사리탑인 유형문화재 제17호 세존사리탑이 있고, 암자 터는 기념물 제43호로 지정되어 있다. [참고문헌] 『朝鮮佛教通史』, 『東國輿地勝覽』, 『篠叢遺稿』, 『臥遊錄』, 『梵宇攷』, 『불교신문』(2002.11.09), 『韓國寺刹全書』 권하 p.1023b19, 『한국사지총람』 권하(문화재청・佛教文化財研究所, 2010) pp.645~646.

존자취녹두자 尊者取菉豆子 Ⓢ sthavira-mahā-maudgalyāyana, Ⓣ gnas-brtan-mau-dgal-gyi-bu. 부처님의 십대제자 중 한 분인 대목건련(大目犍連)의 한역 이름 중 하나. 취녹두자(取菉豆子)는 취연두자(取緣豆子)라고도 쓴다. [참고문헌] 『瑜伽師地論』 권4(대정장30, p.294c29), 『瑜伽師地論略纂』 권2(대정장43, p.25b22), *Yogā-bh.75.* ⇨ 대목건련 大目犍連

존장 存奬 830~888. 당말 임제종(臨濟宗) 스님. 속성은 공(孔)씨. 궐리(闕里 : 山東省) 출신. 임제의현(臨濟義玄)의 법을 잇고, 삼성혜연(三聖慧然)에게 법을 물었다. 위부(魏府)의 흥화사(興化寺)에 주석하면서 종풍을 널리 퍼뜨렸다. 『임제록』 교감자(校勘者)로 알려져 있고, 그 문하에서 남원혜옹(南院慧顒)을 배출하였다. 『건중정국속등록』 권1 「홍화존장장」(卍속장136, p.48b17)에 "본래 임제 문하에서 공부하여 근본을 밝혔고, 후에 위부대각(魏府大覺)이 20방을 때리는 인연을 접하고 나서 임제가 황벽을 참구했던 인연을 깨닫게 되었다. 나중에 출세하면서 홍화에 주석하였다. 임제의 법을 이어 정법안을 전하였다. 初參臨濟發明 後遇大覺 打二十棒 因悟臨濟參黃蘗因緣 後出世住興化 繼嗣臨濟 傳正法眼"라 하여 행적의 요지를 보였다. 888년(문덕1) 세수 59세로 입적했다. 시호는 '광제대사 廣濟大師', 탑호(塔號)는 '통적 通寂'이다. [참고문헌] 『建中靖國續燈錄』, 『祖堂集』(대장경보편25, p.681a14), 『景德傳燈錄』 권12(대정장51, p.295b1), 『天聖廣燈錄』 권12(卍속장135, p.707b17), 『聯燈會要』 권10(卍속장136, p.601b10).

존장 尊長 Ⓢ guru, Ⓟ kule jeṭṭha-apacāyin, Ⓣ bla-ma. 존경할 만한 어른. 덕을 갖춘 연장자로 존숙(尊宿)이라고도 한다. 『별역잡아함경』 권2(대정장2, p.384b13)에 "일곱 가지 행을 굳게 지키면 분명 제석이 될 수 있다. 왜인가? 옛날 제석이 사람이었을 때 발심하여 처음 행함에 부모에게 효순하였고 존장을 공경하였다. 堅持七行 必得帝釋 何以故 昔者 帝釋爲人之時 發初履行 孝順父母 恭敬尊長", 『대장엄론경』 권3(대정장4, p.274a12)에 "이 몸은 견고하지 않다. 그러므로 지혜로운 이는 응당 분별하여 존장을 공양하니, 이것이야말로 '오래가지 못할 법을 견고한 법으로 바꾸는 것'이라고 부른다. 此身不堅 是故智者 應當分別 供養尊長 是則名爲以不堅法易堅固法", 『유가사지론』 권36 「보살지 菩薩地」(대정장30, p.484c6 : *Bodh-bh.*, p.20)에 "미래세의 여러 가지 공덕을 거둬 가져 자신의 몸으로 큰 서원을 발하며 삼보와 모든 존장에게 공양을 올리면 이를 '보살이 큰 세를 갖추어 채우는 인'이라고 일컫는다. 攝持當來種種功德 於自身中發弘誓願 供養三寶及諸尊長 是名菩薩大勢具足因 āyatyāmātmani vicitraguṇādhānapraṇidhānavato ratnatrayapūjā gurupūjā maheśākhyatāyā hetuḥ"라고 하였다. [참고문헌] 『別譯雜阿含經』, 『大莊嚴論經』, 『瑜伽師地論』, *Bodh-bh.*, *DN.3.72.*, *AN.1.142·143.* ⇨ 존숙 尊宿

존장수 尊長宿 Ⓢ Jyeṣṭhā, Ⓣ snron. 이십팔수(二十八宿) 중 하나. 동방의 별로 심수(心宿)라고도 한다. 『사두간태자이십팔수경』(대정장21, p.415c7)에 "존장수란 세 개의 주요 별로 이루어져 있고 그 형상이 보리알처럼 생겨서 주변은 작고 가운데는 크다. 尊長宿者 有三要星 其形類麥 邊小中大", 같은 책(대정장21, p.417a4)에 "존장수일에 태어나면 또한 단명하고 재업이 적다. 尊長宿日生 亦復短命 少于財業", 같은 책(대정장21, p.418c23)에 "존장수는 모든 수문을 주관한다. 長宿者主諸守門"라고 하였다. 태장만다라에서는 최외원(最外院) 서쪽에 위치한 존격으로 종자는 (jo), 삼매야형은 연꽃위의 별(蓮上星)이며, 존형은 왼손에 연화를 쥐고 그 위로 별이 떠있고, 오른손은 펼쳐 받든다. 진언은 '나마사만타부다남 지에슈타낙샤트라 스바하 namaḥ samanta-buddhānāṃ jyeṣṭhā-nakṣatra svāha. 두루하신 제불께 귀의합니다. 존장수여! 스바하'이다. [참고문헌] 『舍頭諫太子二十八宿經』, 『曼荼羅図典』(大法輪閣, 2002), *Mvyut.166.* ⇨ 이십팔수 二十八宿

존조법식일 尊祖法式日 조사의 열반일을 기억해 행하는 날. 일제는 1911년에 사찰령(寺刹令)을 공포하였으며, 제3조에 의거하여 본사로 하여금 「◯◯사본말사법 ◯◯寺本末寺法」을 제정하고 인가받도록 하였다. 아울러 사법인가신청서식양(寺法認可申請書式樣)도 작성하였는데, 제7장 법식에서는 개산조모기(開山祖某忌)·모대사기(某大師忌)·모조사기(某祖師忌)·역대조사기(歷代祖師忌)를 존조법식일로 지정하였다. 1912년 6월 19일에 삼십본산주지회의(三十本山住持會議)에서 논의하여 존조법식일을 개산조기일·달마조사기(達摩祖師忌 : 10월 15일)태고조사기(太古祖師忌 : 12월 24일)·역대조사기(각 사찰의 茶禮日)로 제정(齊整)하였다. [참고문헌] 「寺法施行倘望中興」(『朝鮮佛敎通史』 권하, p.1146), 「會議院會議顚末」(『朝鮮佛敎月報』 6, pp.60~61), 「各種法會」(『韓國近世佛敎百年史』 권4, p.20).

존족산 尊足山 Ⓢ Gurupādaka-pravata. 계족산(雞足山 : 狼跡山)의 다른 이름. 『일체경음의』 권32(대정장54, p.523b16)에 "낭적산〈범본에 따르면 굴타파다산이라 하는데, 계족산·존족산이라 한역한다〉. 狼跡山〈案梵本言 屈吒播陁山 此唐云鷄足山 又云尊足山〉"라고 하였다. [참고문헌] 『一切經音義』, *Divy.61.* ⇨ 계족산 雞足山 [1]

존중 尊重 Ⓢ guruka, gaurava, Ⓟ gārava, garukāra, Ⓣ lhur-len-pa, ched-cher-'dzin-pa. 높여 무겁게 여기다. 『대지도론』 권30(대정장25, p.277a3)에 "존중이란 무슨 뜻인가? 일체중생중에 덕을 넘어서는

이가 없음을 알기에 '존'이라 하고, 경외하는 마음이 부모나 사장이나 군왕을 넘어서고 이익이 무겁기에 '중'이라 한다. 尊重者 知一切衆生中 德無過上 故言尊 敬畏之心 過於父母 師長君王 利益重故 故言重", 『법화경소』 권상(卍속장150, p.803a12)에 "존중이란 우러르며 귀하게 여긴다는 뜻으로 그러한 정이 임금이나 아버지보다 깊다. 尊重者 崇貴之意 情踰君父"라고 하였다. 〔참고문헌〕『大智度論』, 『法華經疏』.

존중수 尊重修 Ⓢ satkṛtyābhyāsa. 높이 받들고 무겁게 여겨 닦는 일. 사수(四修) 중 하나로 공경수(恭敬修)라고도 한다. 『구사론』 권27(대정장29, p.141b15)에 "네 번째, 존중수는 배운 법을 높이 받들고 돌아보아 아낌이 없고 닦아 게으름이 없는 뜻이다. 四 尊重修 恭敬所學 無所顧惜 修無慢故"라고 하였다. 〔참고문헌〕『俱舍論』, 『解深密經疏』 권9(한불전1, p.413c23), *Abh-k-bh. 415.* ⇨ 공경수 恭敬修, 사수 四修❶

존중행 尊重行 무차별한 평등심으로 존중하여 행함. 보살십행(菩薩十行) 중 하나로 난득행(難得行)이라고도 한다. 60권본 『화엄경』 권11 「공덕화취보살십행품 功德華聚菩薩十行品」(대정장9, p.470a25)에 "어떤 것들을 보살마하살의 제8 존중행이라고 하는가? 이 보살은 존중선근・불괴선근・최승선근・부사의선근・무진선근・불퇴선근・무비선근・적정선근・일체불법선근을 성취한다. … 일체의 모든 부처님의 법은 이와 같기에 이양을 구하지 않고, 사람의 악함을 헤아리지 않으며, 늘 평등한 마음으로 응하여 보살도를 행한다. 원수든 친구든 가지런히 보아 차별이 없어 끝내 피안에 당도하게 하니 위없는 보리를 구족히 성취하게 하신다. 이를 보살마하살의 제8 존중행이라고 한다. 何等爲菩薩摩訶薩第八尊重行 此菩薩成就尊重善根 不壞善根 最勝善根 不思議善根 無盡善根 不退善根 無比善根 寂靜善根 一切佛法善根 … 一切諸佛法如是故 不求利養 不計人惡 常應等心行菩薩道 怨親等觀 而無差別 欲令究竟至於彼岸 具足成就無上菩提 是名菩薩摩訶薩第八尊重行", 『능엄경』 권8(대정장19, p.142b17)에 "가지가지 드러나는 것마다 온통 제일의 바라밀다인 것을 존중행이라 부른다. 種種現前 咸是第一波羅蜜多 名尊重行", 『영락본업경』 권상 「현성명자품 賢聖名字品」(대정장24, p.1011b13)에 "도아하〈한역하여 존중행이라고 한다〉. 度阿訶〈秦言 尊重行〉"라고 하였다. 〔참고문헌〕『華嚴經』, 『楞嚴經』, 『瓔珞本業經』. ⇨ 보살십행 菩薩十行, 십행 十行❶, 난득행 難得行

존증사 尊證師 삼사칠증(三師七證) 중 칠증사(七證師)를 말한다. 『율학발인』 권상 「비구계 比丘戒」(卍속장106, p.933a2)에 "십사 중 한 사람은 갈마사, 또 한 사람은 교수사, 또 한 사람은 본사화상인데 이 세 사람을 삼사라 하고, 나머지 무리 일곱은 존증사라고 한다. 十師中 一人爲羯磨師 一人爲教授師 幷本師和尙 名三師 餘七衆爲尊證師"라고 하였다. 〔참고문헌〕『律學發軔』, 『受菩薩戒儀』(卍속장105, p.3a6). ⇨ 증명 證明❷, 칠증사 七證師, 삼사칠증 三師七證

존특 尊特 ➡ 존특보신 尊特報身, 존특신 尊特身

존특보신 尊特報身 높아 특별하신 보신의 몸. 색상(色相)으로 아름다우신 것이 아니고 보신으로서 장엄하신 부처님 몸을 말한다. 『무량수경소묘종초』 권5(대정장37, p.221c9)에 "진법신이란 앞서 관한 '보배로운 모습'이 부처님인 듯한 몸이었지만, 이제 저 그럴듯함과 맞서기에 '진'이라는 말을 붙인 것이다. 그리하여 이 색상은 실제의 '보신'이고 응하여 국토에 함께 거주하니, '존특'이라고도 하고 '승응'이라고도 한다. 眞法身者 前觀寶像則似佛身 今對彼似 故名爲眞 然此色相 是實報身 應同居土 亦名尊特 亦名勝應", 『용시보살본기경』(대정장14, p.911a24)에 "부처님께서 지금 세상에 나타나시어 그 공덕이 몹시 존특하네. 佛今現在世 功德甚尊特", 『법화현의』 권10(대정장33, p.802a19)에 "『석론』에 따르면 부처님에게는 생신과 법신이 있다 하였는데, 생신은 인간의 법과 같아 추위와 더위를 느끼고 병환도 겪으셨으니 마맥과 유미죽을 드시기도 한다. 반면 법성신으로서의 부처는 광명도 끝이 없고 색상도 가이 없는 존특한 몸으로서 마치 허공처럼 법성신이 성립한다. 보살이 법을 설할 때 법을 듣는 대중도 오히려 나고 죽는 몸이 아닐진대 하물며 어찌 부처님이시겠는가? 釋論云 佛有生身法身 生身同人法 有寒熱病患 馬麥乞乳 法性身佛 光明無邊 色像無邊 尊特之身 猶如虛空 爲法性身 菩薩說法聽法之衆 尙非生死身 何況佛耶", 『법화문구』 권2(대정장34, p.29b17)에 "존특불만이 홀로 빛을 놓는다고 하면 별교의 뜻이고, 장륙불의 몸 그대로 비로자나법신으로서 빛을 놓는다고 하면 원교의 뜻이다. 若尊特佛獨放光者 別義也 若丈六佛卽毘盧遮那法身放光者 圓義也", 『금광명경현의순정기』 권상(卍속장31, p.423a16)에 "삼십이상을 모두 갖춤이 법신의 상이 되는데 다시 존특보신이라고 이름 한다면 또한 잘못이 아니겠는가? 具相三十二爲法身之相 亦名尊特報身 不亦誤哉"라고 하였다. 〔참고문헌〕『無量壽經疏妙宗鈔』, 『龍施菩薩本起經』, 『法華玄義』, 『法華文句』, 『金光明經玄義順正記』. ⇨ 존특신 尊特身, 사나존특 舍那尊特, 성구존특 性具尊特, 수성존특 修成尊特, 노사나불 盧舍那佛

존특신 尊特身 노사나불(盧舍那佛)을 달리 일컫는 말. 노사나불의 몸이 존대특수(尊大特殊)하기에 붙여진 이름이다. 존특보신(尊特報身)이라고도 한다. 『법화문구』 권6(대정장34, p.82b28)에 "이제 승응신이 보살에 응함을 밝히겠다. 곧 노사나존특신이니 큰 기틀에 응한 것이다. 반면 열응신은 소승에 응하여 장륙의 몸으로 해진 옷을 걸치니 작은 기틀에 응한 것이다. 今明勝應應菩薩 卽盧舍那尊特身 大機所扣者也 劣應應小乘 丈六弊衣 小機所扣者也", 『금광명경문구신기』 권4(卍속장31, p.650b10)에 "노사나를 한역하면 보광변조 또는 존특신이라고 하니, 광명과 색상이 한량이 없고 끝이 없다. 盧舍那 此翻光明徧照 又尊特身 光明色像 無量無邊", 『무량수경소묘종초』 권5(대정장37, p.224b29)에 "삼십이상은 삼신을 두루 장엄하는데, 생신의 경우 온갖 복으로 이루어져 있어 아무리 보아도 질리지가 않고, 존특신은 색으로는 나눠 가릴 수 없다. 三十二相 遍嚴三身 生身則百福所成 見無厭足 尊特身則色無分齊"라고 하였다. [참고문헌] 『法華文句』, 『金光明經文句新記』, 『無量壽經疏妙宗鈔』. ⇨ 노사나불 盧舍那佛[1], 성구존특 性具尊特

존행 尊行 Ⓟ ānisaṃsa. 뛰어난 행. 『의족경』 권상 「경면왕경 鏡面王經」(대정장4, p.178b29 : *Sn.*, p.156)에 "늘 스스로 깨달아 뛰어난 행을 얻고, 스스로 듣고 보고 행함에 비할 데 없어라. 常自覺得尊行 自聞見行無比 yad attanī passati ānisaṃsaṃ diṭṭhe sute sīla vate mute vā", 『신세경』(대정장1, p.861a2)에 "세간 제일의 법과 존행을 이미 얻었으니, 이는 두 가지 길을 모두 얻을 것이라네. 이제 발화란(Ⓢ pravāraṇā : 自恣)을 행하네. 世間第一法 尊行爲已得 是已得二道 今爲鉢和蘭"라고 하였다. [참고문헌] 『義足經』, 『新歲經』, *Sn.*

존현사 尊賢寺 충청남도 서산시 운산면 신창리 상왕산(象王山)에 있던 절. 『가람고』에 "군 동쪽 30리에 위치한다. 郡東三十里"라고 하였다. [참고문헌] 『伽藍考』, 『韓國寺刹全書』 권하 p.1024a2.

존형 尊形 밀교 만다라(曼茶羅)에서 상호와 공덕을 갖춘 존격(尊格)의 형상. 『광대의궤』 권하(대정장18, p.99b12)에 "존형은 희고 깨끗하고 원광에는 황색・적색・백색이 섞여 있네 尊形如皓素 圓光黃赤白", 『대일경소』 권11(대정장39, p.695c22)에 "일체의 존형은 모두 법신의 문을 보는 것과 같다. 一切尊形 皆是見法身門故", 같은 책 권20(대정장39, p.783a4)에 "존형에도 두 가지가 있으니 청정한 것과 청정하지 않은 것이다. 청정한 형상을 증득할 때 형상이란 몸을 말한다. 바탕은 허공과 같이 일체 형상을 떠난 몸이다. 청정하지 않음은 유상의 몸이니 갖가지 형상과 색을 드러냄이 있다. 이 두 가지 존형이 두 가지 일을 이룬다. 유상이므로 유상을 이루고, 상이 아니므로 상이 아닌 실지를 따라 일으킨다. 尊形亦二種 謂淨非淸淨 彼證淨形 形謂身也 體同空離一切相 非淨有相之身 卽有顯形衆色 彼二種尊形成二種事 有相故成有相 非相故隨生非相悉地"라고 하였다. [참고문헌] 『廣大儀軌』, 『大日經疏』.

존형만다라 尊形曼茶羅 상호(相好)와 복덕(福德)을 구족한 신체의 형상으로 나타낸 만다라. 사만다라(四曼茶羅 : 四曼相大) 중 하나. 형상만다라(形像曼茶羅)라고도 한다. 『대일경』 「구연품 具緣品」의 대만다라(大曼茶羅)에 해당한다. 『유희야경』 권중(대정장18, p.765a20)에 "존형을 그리는 법에는 모두 세 가지가 있다. 한 곳을 정해 만다라를 그린다. 첫째, 존형상을 그린다. 둘째, 수인을 그린다. 셋째, 그 자리만 안치한다. 만약 형상을 그리는 경우 아사리는 그 형상을 매우 잘 그릴 수 있어야 한다. 하나하나 여법하게 몸의 부분과 지절이 반드시 상응하고 분명하게 드러나서 각 원과 상응해야 한다. 그 근본법에 따라 형상을 베풀고, 분노와 기쁨・앉음과 일어섬이 모두 상응하고 완전하게 구족되어 조금도 빠짐이 없어야 한다. 其畫尊法 總爲三種 隨取一處作曼茶羅 一者 畫尊形像 二者 畫作其印 三者 但置其座 若畫像者 阿闍梨極須好能畫其形貌 一一如法 身分支節 必應相稱 分明顯現 與院相稱 隨其本法說形像 瞋喜坐立一一相應 具足而作勿令闕少", 『관정사견문』(대정장77, p.190a15)에 "이 때 존형만다라를 쓴다. 단은 대비단이다. 此時用尊形曼茶羅 壇大悲壇也"라고 하였다. [참고문헌] 『蕤呬耶經』, 『灌頂私見聞』. ⇨ 대만다라 大曼茶羅, 사만다라 四曼茶羅, 사만상대 四曼相大

존혜음 尊慧音 부처님의 팔음(八音) 중 하나로 듣는 이로 하여금 존중과 지혜를 불러일으키는 음성. 『법계차제초문』 권하(대정장46, p.697b5)에 "(팔음 중) 네 번째는 존혜음이다. 부처님의 덕은 우러러 높고, 그 지혜로운 마음은 밝아 사무친다. 그러므로 내시는 음성마저 듣는 이로 하여금 존중하게 하며 지혜 풀어 밝게 열어준다. 때문에 존혜음이라고 한다. 四 尊慧音 佛德尊高 慧心明徹 故所出音聲 能令聞者尊重解慧開明 故名尊慧音"라고 하였다. [참고문헌] 『法界次第初門』, 『翻譯名義集』 권4(대정장54, p.1124a1). ⇨ 팔음 八音

존후 尊候 건강・안부・일상사 따위를 물을 때 쓰는 말. 『선림상기전』 권15(불광장, 禪藏, p.1099)에 "존후 : … 옛말로는 후란 맥의 증거가 되는 기미다. 또한 이렇게 말한다. '8각은 1진, 12진은 1일, 5일은 1후, 3후는 1기, 6기는 1시, 4시는 1세가 된다. 매 후마다 각각 사람의 혈맥이 바뀐다. 그러므로 상대의 일상사를 물으면서 「존후는 어떠신지요?」 하는데, 병이나 근심거리가 있지나 않은지 묻는 것이다'. 尊候 … 舊說曰 候者

脈之證候也 又曰 八刻爲一辰 十二辰爲一日夜 五日爲一候 三候爲一氣 六氣爲一時 四時爲一歲 每候人脈變換 故問人起居 曰 尊候如何 言無有病惱也否也", 『벽암록』 3칙 「본칙 本則」(대정장48, p.142c10)에 "화상의 요즈음 존후는 어떠신지요?〈404가지 병은 한꺼번에 일어난다〉. 和尙近日尊候如何〈四百四病一時發〉", 『오조법연어록』 권하(대정장47, p.663a26)에 "하안거를 시작하는 날 법좌에 올라 말했다. '여름이 점차 더워질 것이니 엎드려 바라건대 수좌와 대중은 존후에 만복이 깃들기를'. 結夏日 上堂云 孟夏漸熱 伏惟首座大衆 尊候萬福"라고 하였다. 〔참고문헌〕『禪林象器箋』, 『碧巖錄』, 『五祖法演語錄』.

졸객무졸주 卒客無卒主 느닷없는 나그네에게 갑작스레 잘 하는 주인은 없다. 『종용록』 2칙 「시중 示衆」(대정장48, p.228b8)에 "변화는 옥돌을 세 번 바쳤으나 형벌을 면할 수 없었고, 야광주 사람에게 던져주지만 칼 빼들지 않는 일 드물다. 느닷없는 손님에게 잘 대접하는 주인은 없으니, 가짜 물건을 내놓기에 진짜 보여줄 수 없다. 진수성찬과 기이한 보배라도 소용없으니 죽은 고양이나 집어 주리라. 살펴보라! 卞和三獻 未免遭刑 夜光投人 鮮不按劍 卒客無卒主 宜假不宜眞 差珍異寶用不著 死猫兒頭拈出 看"라고 하였다. 〔참고문헌〕『從容錄』.

졸곡 卒哭 상(喪)을 맞아 곡을 하다가 그것을 마친다는 뜻. 망자가 돌아간 지 100일째가 졸곡이다. 『선림상기전』 권4(대장경보편19, p.107a9)에 "도충이 말한다. '49일 망자를 천도하는 것은 경에 분명한 문이 있으니, 앞서 인증한 것과 같다. 1백일·1주기·3주기는 유가에서도 제사를 올리는데, 이른바 졸곡·소상·대상이 그것이다'. 忠曰 七七薦亡 經有明文 如前引證 一百日 一周忌 三年忌 儒家亦祭焉 所謂卒哭 小祥大祥也", 『불조역대통재』 권12(대정장49, p.587a10)에 "(神秀가 入寂한 후) 백일이 지나 졸곡이 되자 용화사에서 8천인에게 베푸는 대회를 열고 27인에게 도첩을 발행하였다. 百日卒哭也 在龍華寺 設大會八千人 度二十七人"라고 하였다. 〔참고문헌〕『禪林象器箋』, 『佛祖歷代通載』, 『列祖提綱錄』 권13(卍속장112, p.374a2).

졸구라 拙具羅 Ⓢgulgula, gulgulu의 음사어. 향약삼십이미(香藥三十二味) 중 하나로 안식향(安息香). 『천수천안관세음보살치병합약경』(대정장20, p.103c15)에 "졸구라향은 안식향이다. 拙具羅香者 安悉香是也"라고 하였다. 〔참고문헌〕『千手千眼觀世音菩薩治病合藥經』, 『楞嚴經精解評林』(卍속장90, p.329a1). ⇨ 안식향 安息香, 향약삼십이미 香藥三十二味

졸납 拙衲 못난 납자(衲子). 스님이 자신을 낮추어 부르는 말로 졸승(拙僧)이라고도 한다. 『담연원징어록』 권7 「답덕왕 答德王」(卍속장126, p.266b10)에 "졸납의 좁은 소견이 이러하니, 바라옵건대 대왕께서는 문자와 언어 앞섬을 비춰 보시어 광겁 이래로 하나의 물건도 하나의 이름도 있을 리 없었음을 스스로 알게 되실 것입니다. 拙衲管見如此 惟大王鑒之 於文字語言之前 自知曠劫已來 無有一物一名", 『오등전서』 권68 「송제통수장 松際通授章」(卍속장141, p.435b2)에 "졸납이 절에 거처한 30년 동안 단단히 지켜온 조사의 심인을 어떻게 전하리. 拙衲居山三十年 堅持祖印詎能傳"라고 하였다. 〔참고문헌〕『湛然圓澄語錄』, 『五燈全書』. ⇨ 졸승 拙僧

졸도관 拙度觀 천태종 용어. 뛰어난 제도법이 아닌 공관(空觀). 색(色)을 없게 하여 성취하는 소승의 공관이므로 졸렬(拙)하다고 하였다. 절공관(折空觀)이라고도 한다. 대승의 체공관(體空觀)인 교도관(巧度觀)에 상대한다. 『마하지관』 권3(대정장46, p.23c27)에 "이렇게 그쳐 관하여 비록 생사를 벗어나게는 하나 졸도일 뿐이니 색을 없애 공으로 들어가는 것이다. 此之止觀 雖出生死 而是拙度 滅色入空", 『유마경현소』 권2(대정장38, p.526a24)에 "가를 꺾고 공에 드는 것은 졸도라고 하고, 가를 바탕으로 공으로 드는 것은 교도라고 한다. 折假入空 名爲拙度 體假入空 名爲巧度", 『서곡명목구해』 권2에 "〔문〕 삼장교의 관문을 절공관 또는 생멸관 또는 졸도관이라고 하는데 그 뜻은 무엇인가? 〔답〕 절공관은 제법을 공으로 본다. 이런 공관에 대소승의 관법은 얕고 깊음이 같지 않기에 이를 드러냄도 같지 않다. 삼장공관을 절공관이라 하는데 '절'은 꺾어 부수는 뜻이다. 모든 법 눈앞에 역력하지만 생멸하는 무상한 법이라는 것이다. 산이 무너지고 강이 메워짐은 모두 그 바탕 공한 것이니, 하물며 온갖 초목에서부터 육도생류에 이르기까지 어떤 것인들 하나라도 영원히 머무는 법이랴! 모두 나서 사라지는 무상한 존재다. 한 법도 집착할 만한 것이 아님을 관하니 절공관 또는 생멸관이라고 한다. 이 절공관은 파초나 물거품에 비유하니, 물거품이란 저 물방울들이고 파초 또한 한껏 자라 그럴 듯 하다가도 바람 불면 산산이 흩어진다. 모든 법을 이와 같이 관해서 번뇌를 끊는다. 問 三藏教觀門 名折空觀 名生滅觀 名拙度觀 意如何 答 折空觀者 觀諸法空也 於此空觀 大小乘空觀淺深不同故 爲顯此不同 三藏空觀 名折空觀也 折者 折破義也 所謂諸法 眼前歷歷 皆生滅無常法也 山崩河埋 皆其體成空 況始千草萬木 至六道生類 何物一常住法哉 皆生滅無常法 一法觀非可執著 云折空觀 生滅觀也 此折空觀 譬芭蕉泡沫 泡沫者 如水淡也 芭蕉者 榮好然風吹 皆散散破物也 諸法如此觀 而斷煩惱也", "『구사론』 권12(대정장29, p.62a18)에 '모든 색을 분절하면 하나의 극미에 이른다'고 하였으니, 이것이 절공관의 특징이다.

이 절공관을 졸도관이라고 하니, 이런 삼장의 얄팍한 가르침을 섬겨 뛰어난 것 아니기에 졸도관이라고 하는 것이다. 俱舍論云 分折諸色 至一極微 是折空觀相也 此折空觀 名拙度觀 事此三藏淺近教而拙故 云拙度觀也"라고 하였다. 〔참고문헌〕『摩訶止觀』, 『維摩經玄疏』, 『西谷名目句解』, 『俱舍論』, 『四念處』 권2(대정장46, p.567a7). ⇨ 절공관 折空觀, 교도 巧度, 교도관 巧度觀

졸도파 窣堵婆 Ⓢstūpa의 음사어. 탑(塔)을 말하며 졸도파(卒都婆·卒堵波)라고도 쓴다. 『묘법연화경현찬』 권10 「약왕보살본사품 藥王菩薩本事品」(대정장34, p.844b2)에 "『승기율』에 의하면 사리가 있는 것은 '탑파'라고 하고, 사리가 없는 것은 '지제'라고 한다. 『유가』 등에서는 만약 사리가 있으면 '졸도파'라고 하고, 사리가 없으면 단지 '제다'라고 한다. 依僧祇律 有舍利者名爲塔婆 無舍利者說爲支提 瑜伽等中 若有舍利名窣堵婆 若無舍利但名制多"라고 하였다. 〔참고문헌〕『妙法蓮華經玄贊』. ⇨ 솔도파 率都婆, 탑 塔

졸성지종 卒成之終 느닷없이 성취해 마치다. 『대지도론』 「승예서 僧叡序」(대정장25, p.57a20)에 "논으로 삼았다 하니, 처음 글로 쓰려 함에 반드시 뭇 다른 것들을 드러내 아름다움을 다하지만, 마침내 성취해 마쳐서는 들어 집착할 것이 없어서 선마저 다한다. 其爲論也 初辭擬之 必標衆異以盡美 卒成之終 則擧無執以盡善"라고 하였다. 그런데 이 승예의 말은 『주역』 「계사전 繫辭傳」의 "그 처음(初爻)은 알기 어렵지만 그 위(上爻)는 알기 쉬우니 본말이다. 처음 말 헤아리는 듯하지만 느닷없이 성취하여 끝난다. 其初難知 其上易知 本末也 初辭擬之 卒成之終"라는 구절을 차용한 것이다. 〔참고문헌〕『大智度論』, 『周易』.

졸승 拙僧 스님이 스스로를 낮춰 부르는 말. 빈승(貧僧)·야승(野僧)·우승(愚僧)·졸납(拙衲) 등도 같은 맥락으로 쓰인다. ⇨ 빈승 貧僧, 야승 野僧, 졸납 拙衲

졸암 拙庵 고려 공민왕(재위 1351~1374) 때 스님 연온(衍昷)의 법호. 〔참고문헌〕『牧隱文藁』 권1 「勝蓮寺記」(한국문집총간5, p.7a14). ⇨ 연온 衍昷

졸재 拙齋 고려말 조선초 스님인 혜진(惠眞)의 호. 〔참고문헌〕『陽村集』 권11 「拙齋記」(한국문집총간7, p.129b9). ⇨ 혜진 惠眞

종 宗 **1** Ⓢsiddhānta, Ⓣgrub-pa'i-mtha'. 으뜸 또는 모든 것의 실마리가 되는 것의 뜻으로 우리말 '마루'이고, 음사어는 실단(悉檀)·실단다(悉檀多)이다. 『관무량수경의소』(대정장37, p.581a26)에 "종을 묶어 제로 삼는다란, 마치 저 『마하반야경』이 품은 비록 90이지만 모두 반야를 밝히고 있으므로 90장을 묶어 반야로서 제를 삼음과 같으니, 간략한 제를 열면 넓은 종이 되고 넓은 종을 묶으면 간략한 제가 된다. 마치 저 반야가 이미 그러하듯이 일체경 모두 그러하다. 지금 이 경 또한 그러하니, 경의 종을 묶으면 이 제가 되고 이 제를 열면 종이 된다. 그래서 용수가 용궁에서 경을 읽고 제를 보자마자 경과 종을 알았으니, 『무량수관경』을 본즉 이 경이 인과의 경에 대한 지를 밝혀서 여래로서 종을 삼았음을 알았으니 지금은 이름으로 종을 삼게 된 것이다. 言束宗爲題者 如摩訶般若經 品雖九十 皆明般若 只束九十章 爲般若題 開略題爲廣宗 束廣宗爲略題 如般若旣然 一切經皆然 今此經亦爾 束經宗爲此題 開此題爲宗 所以龍樹在龍宮讀經看題 則知經宗 見無量壽觀經 則知此經明因果境智 如來以宗爲名 今用名爲宗也", 원효(元曉)의 『열반종요』(대정장38, p.240a25·한불전1, p.525c8)에 "두렷해 이즈러짐없이 끝닿은 하나의 과가 있다면 이 『열반경』을 종으로 삼을 만하니, 말하자면 제불의 대반열반이다. 그러므로 종을 좇아 제명을 세운다. 『영락경』은 여섯 가지 영락으로 종을 삼고, 『대반야경』은 세 가지 반야로 종을 삼듯이, 『열반경』은 하나의 대열반이 종임을 알아야 한다. 圓極一果 爲是經宗 所謂諸佛大般涅槃 所以從宗而立題名 瓔珞經六種瓔珞爲宗 大般若經三種般若爲宗 當知是涅槃經一大涅槃爲宗", 『반야심경약소현정기』 권상(卍속장41, p.683a18)에 "말로 드러낸 진리란 바로 한 경의 주라 할 수 있으니 종이라 이름한다. 所詮眞理 是一經之主 故名爲宗", 함허(涵虛)의 『금강경오가해설의』 권상(한불전7, p.18b11)에 "둘째로 경의 종체를 밝히는 중에 둘이 있다. 첫째 종이란, 부처님의 가르침을 다 거둬 논하면 인연으로 종을 삼을 것이고, 따로 이 경을 드러내면 실상반야와 관조반야가 하나도 아니고 둘도 아님으로 종을 삼는다. 第二明經宗體中二 初宗者 統論佛教 因緣爲宗 別顯此經 則實相般若 觀照般若 不一不二 以爲其宗", 같은 책(한불전7, p.54c24)에 "인간세에서 존중하는 바는 현성이고, 현성이 으뜸으로 삼는 바는 부처님이며, 부처님이 으뜸으로 삼는 바는 경이다. 人間世之所尊重者 賢聖也 賢聖之所宗者 佛也 佛之所宗者 經也", 『능가경집주』 권1(卍속장25, p.613a8)에 "『능가』라는 한 경이 있어 능가로서 이름을 삼고 실상으로 체를 삼으며 부처님이 말씀하신 마음을 종으로 삼고 스스로 깨우친 성스런 지혜로 용을 삼는다. 若楞伽一經 以楞伽爲名 實相爲體 佛語心爲宗 自覺聖智爲用", 『능가경찬』 권1(卍속장91, p.321a18)에 "부처님께서 말씀하신 마음을 종으로 삼는다란 곧 마음이 종이 되니 이 밖에 다른 법이란 없다는 말이다. 무문으로서 법문을 삼는다란, 곧 마음이 법이니 문이 있다 하면 바로 허망한 연임을 말한다. 마음 밖에는 종이 없고 문이 있는 곳에서는 법을 떠나니 『능가』의 큰 뜻이 여기에 있지 않은가! 以佛語心爲宗者 謂卽心爲宗 除外更無別法 以無門爲法門者 謂卽心是法 有門卽是妄緣 心外無宗 有門離法 楞伽大旨 其在斯乎", 백암성총(栢庵性聰)의 『대승기신론소필삭기회편』 권1(한불전8, p.666c4)에 "여섯째 소전의 종취. 그 부가 높이는 바를 종이라 하고 종이 돌아가는 바를 취라 한다. 〔장수자선기〕(대정장44, p.312a11) 앞에선 능히 말하는 이의 글의 체를 가렸고, 여기선 말해진 의취를 밝힌다. 뜻 중에 존중하고 숭상할 만한 것을 종이라 이름하며, 돌아가 향해 가서 이를 곳이기에 취라 이름한다. 그 부 등이란, 마치 저 법화가 일승을, 열반이 불성을, 화엄은 법계를, 유마가 부사의해탈 등을 종으로 삼는 것과 같다. … 수습하고 행하는 사람을 잡아 종을 밝히면, 마음으로 높이는 바를 종이라 하니 마치 저 각각 익히는 경율론 등에 따름과 같다. 이제 한 부에서 숭상하는 바를 밝히면 존이 되고 주가 되니 이를 종이라 한다. 六所詮宗趣 當部所崇曰宗 宗之所歸曰趣 記 前辨能詮文體 此明所詮義趣 義中可尊可重可崇尙者 故名爲宗 歸向往詣 故名爲趣 當部等者 如法華宗一乘 涅槃宗佛性華嚴宗法界 維摩宗不思議解脫等 … 若約修習行人以明宗者 卽心之所尙曰宗 如各隨所習經律論等 今明一部所崇尙者 爲尊爲主 目之爲宗", 경흥(璟興)의 『삼미륵경소』(한불전2, p.78c14)에 "강남의 스님들은 허다히 이렇게 말한다. '소전의 뜻을 잡아 종체를 가리면 「종이 곧 체이고 체가 곧 종이다」라고 이르니 종과 체에 다름이 없기 때문이다' 하지만, 이제 당대의 스님들은 이르길 '교를 이름하여 체라 하고 뜻을 이름하여 종이라 하기에 종과 체는 같지 않다'라고 한다. 江南諸師多作是說 約所詮義辨宗體 云宗卽體 體卽宗 宗體無別故 今唐世諸師云 教名爲體 義名爲宗 故宗體不同", 『천태보살계소』 권상(대정장40, p.581a26)에 "종이란 말은 요이고 취이다. 처음부터 끝까지 체에 의지해 호지하되 나아가 원과를 기약하기에 종이라 이름한다. 所言宗者 要也 趣也 從始至末 依體護持 趣期圓果 名爲宗也", 『대승법원의림장』 권1(대정장45, p.249c1)에 "무릇 종을 논하자면, 받들고 높이 여기며 주가 되는 뜻이며, 성교로서 받들 만하여 높이 여겨 주가 될 만한 것을 종이라 이름한다. 또한 외도와 내도, 소승과 대승과 같이 숭상하고 존귀하게 생각하고 주요하게 여기는 법이 각각 달라서 종을 달리하는 것이다. 夫論宗者 崇 尊 主義 聖教所崇 所尊 所主 名爲宗故 且如外道內道 小乘大乘 崇 尊 主法 各各有異 說爲宗別", 『원오어록』 권15(대정장47, p.784a5)에 "마대사께서 일찍이 『능가경』의 '부처님이 말씀하신 마음을 종으로 삼고 무문을 법문으로 삼는다'라는 말을 들고는 '그대들은 부처님이 말씀하신 마음을 아는가? 그대들의 지금 말이 바로 이 마음이고 마음이 바로 이 부처기에 「부처님이 말씀하신 마음이 바로 종이고 이 종의 무문이 바로 법문이다」라고 이르는 것이다' 하였는데, 고인은 노파심이 지나쳐서 온몸에 흙탕물을 뒤집어썼다. 만약 한번 듦에 문득 꿰뚫는다 해도 여전히 조금 모자라니, 의리를 궁구한다 한들 끝내 더듬어 찾아낼 순 없으리라. 馬大師嘗擧楞伽經 以佛語心爲宗 無門爲法門 乃云 諸人要識佛語心麼 只爾如今語便是心 心便是佛 故云 佛語心乃是宗也 此宗無門乃是法門 古人太殺老婆 拕泥涉水 若一擧便透 猶較些子 或窮研義理 卒摸索不著", 『만선동귀집』 권3(대정장48, p.991b27)에 "불법엔 본래 정해진 뜻이 없지만 입처를 따라 마음바탕 밝히 볼 수 있으니 방편으로 종이라 이름할 뿐이다. 佛法本無定旨 但隨入處 明見心性 權名爲宗", 『불조통기』 권35(대정장49, p.330b24)에 "명제가 꿈에 감응하여 사자를 인도로 보내 불도를 묻고 불상을 그려서 돌아왔다. 경의 수가 수천 권인데, 허무를 종으로 삼아 정조를 널리 꾸려 거느리지 않음이 없다. 明帝感夢 乃遣使天竺問道 圖其像而還 有經數千卷 以虛無爲宗 包羅精粗 無所不統"라고 하였다. 〔실단悉檀으로서의 종宗〕 『능가경』 권2 「일체불어심품 一切佛語心品」(대정장16, p.493a5)에 "이때 대혜보살마하살이 다시 부처님께 사루었다. '부처님께서 「연기」라고 설하시고 이와 같이 「인연」이라고 설하셨지 스스로 「도」라고는 설하지 않으십니다. 세존이시여! 외도 또한 인연이라고 설하고는 승·자재·시·미진성 같은 것을 제법의 성이라 말합니다. 그러나 세존께서는 소위 「인연으로 모든 것들의 성이 생한다」고 말씀하시고는 「유간실단」·「무간실단」〈실단이란 뜻(義)이라 번역하고 종(宗)이라 말하며 성(成)·묵(默)이라고 말한다〉이라 설하십니다. 세존이시여! 외도 또한 무생유생이 있다 하고, 세존께서도 유생무생이 있고 생한 것은 멸한다고 하셨으며, 세존께서 「무명으로 연해 행이 있고 내지 노사가 있다」 하셨으니, 이는 세존께서 인 없음을 말씀하셨지 인이 있음을 말씀하신 뜻은 아닙니다. 세존께서 건립하시고 지으신 이 설은 「이것이 있으므로 저것이 있다」 하신 것도 점차로 나는 뜻을 건립하신 것이 아닙니다. 외도가 설하는 「뛰어난 것 勝」이 여래도 아닙니다. 세존이시여! 외도들이 설하는 인(因)이란 연을 좇아 일어나지 않고 있는 것(有)으로부터 생한다고 합니다. 세존께서 일어난 일(有事)을 관해 보시고는 일어난 일(事)에는 인(因)이 있을 뿐이어서 이렇듯 인연이 잡란하고 이와 같이 거듭거듭 끝이 없습니다'. 爾時 大慧菩薩摩訶薩復白佛言 世尊 佛說緣起 如是說因緣 不自說道 世尊 外道亦說因緣 謂勝 自在 時 微塵生 如是諸性生 然世尊所謂 因緣生諸性 言說有間悉檀無間悉檀〈悉檀者 譯義 或言宗 或言成 或言默〉 世尊 外道亦說有無有生 世尊亦說無有生 生已滅 如世尊所說 無明緣行 乃至老死 此是世尊無因說 非有因說 世尊建立 作如是

說 此有故彼有 非建立漸生 觀外道說勝 非如來也 所以者何 世尊 外道說因 不從緣生 而有所生 世尊說觀因有事 觀事有因 如是因緣雜亂 如是展轉無窮",『능가경찬』 권2(卍속장91, p.341b14)에 "실단이란, 번역하면 의(義)이고 때론 종(宗)이라고 말하며, 때론 성취(成就), 때론 이(理)라고 말한다. 悉檀者 譯義 或言宗 或言成就 或言理也",『법화현의』 권1(대정장33, p.686c6)에 "실단을 풀어본다. 실단이란 천축의 말이어서 한마디로 뒤칠 수는 없다. 저 수다라에 있는 예로는 한마디로 뒤쳐 종(宗)·성(成)·묵(默)·인(印)·실(實)·성취(成就)·구경(究竟) 등이라 하지만 깊이 알 수는 없다.『지지경』「보리분품」에서 설하길 '일체행무상·일체행고·일체법무아·열반적멸 이것의 이름이 네 가지 우단나이다'라 하였는데 이것을 번역하면 인(印)이라 하고 종(宗)이라 할 수 있으니, 인이란 바로 본보기로 정해진 것(楷定)이어서 고치기 쉽지 않다는 뜻이다. 釋名者 悉檀 天竺語 一云 此無翻 例如脩多羅多含 一云 翻爲宗 成 墨 印 實 成就 究竟等 莫知孰是 地持 菩提分品說 一切行無常 一切行苦 一切法無我 涅槃寂滅 是名四優檀那 此翻爲印 亦翻爲宗 印是楷定 不可改易",『법화현찬』 권4(대정장34, p.718b16)에 "마주해 다스린다는 것은 그 상대를 따라 마주해 다스릴 법을 말한다.『대지도론』 중에 사실단을 세웠고, 실단이란 종(宗)이다. 對治者 謂隨其相 說對治法 智度論中 立四悉檀 悉檀 宗也",『화엄경소초』 권34(대정장36, p.258b18)에 "실단이란 우리말로는 '뜻에 있어서 으뜸(義宗)'이니 이는『대지도론』중의 뜻이어서 제불이 법을 설함에 이 네 가지 실단을 떠나지 않는다. 悉檀 此云義宗 卽智論中意 諸佛說法 不離此四故",『대승의장』 권2(대정장44, p.509c10)에 "사실단의 뜻은『대지도론』에서 나왔는데, 실단이란 이 인도말이고 한자의 뜻으로 번역한 이름은 하나가 아니다. 저 능가자주에서 풀기를 '때론 종(宗)이라 하고, 성(成)·이(理)'라 하였으니, 말하자면 '종'이란 두 가지 뜻이 있게 된다. 하나는 법을 마주해 종을 가림이니, 법문무량하지만 으뜸의 중요한 뜻이 여기에 있다는 뜻에서 '종'을 삼는다. 둘째는 교에 마주해 종의 뜻을 가려 보는 것이니, 교를 달리해 무리짓기도 하지만 종으로 돌아가서는 세계실단 등 네 가지만 드러낼 수 있으니, 이것을 이름하여 종이라 한다. 그러므로 저『대지도론』에서 말하길 '사종실단으로 일체십이부경팔만사천무량법장을 다 거둬 모두 진실이게 하고 무상이게 하여 어긋나지 않게 한다' 하였다. 이 문에 준해 볼진댄 교를 바라서 '종'이라 설하고 뜻에 어긋나거나 뒤치는 것이 없어서 '성 成'이라 부르며 제법의 뜻이 나아갈 것이기에 '이 理'라 이름한다. 四悉檀義 出大智論 言悉檀者 是中國語 此方義翻 其名不一 如楞伽中子注釋言 或名爲宗 或名爲成 或云理也 所言宗者 釋有兩義 一 對法辨宗 法門無量 宗要在斯 故說爲宗 二 對教辨宗 教別雖衆 宗歸顯於世界等四 故名爲宗 故彼論云 四種悉檀 總攝一切十二部經八萬四千無量法藏 皆是眞實 無相違背 准驗斯文 望教說宗 義無乖返 故稱爲成 諸法理趣 故名爲理", 원측(圓測)의『해심밀경소』 권1(한불전1, p.137a20)에 "풀어 말한다. '이 뜻 여러 설이 있어 같지 않다. 저 용수종에 의지하여 사실단을 잡아「나는 들었다 我聞」를 풀어 본다〈범음 실단은 여러설로 같지 않다. 한마디로 번역할 수 없어 많은 뜻을 품고 있다. 대론 설(說)·종(宗)·묵(默)·인(印)·정(定)·취구경(就究竟) 등 다르게 번역하니 기준 정하기가 어렵다. 남악선사가 말씀하시길「저 대열반과 같아서 호한으로 아울러 부른다. 실이란 수대의 음이고 단이란 이 인도말이다. 실이란 두루하다이고 단이란 시(施)이니 부처님께서 이 네 가지 법으로 중생에게 두루 베풀기에 실단이다〉'. 解云 此義諸說不同 依龍猛宗 約四悉檀 以釋我聞〈梵音悉檀 諸說不同 一云 不翻 含多義故 或說翻之 或翻宗成 或翻爲墨 或翻爲印 或翻爲定 或翻或就究竟 如是異翻 難可定准 南岳禪師云 如大涅槃 胡漢並稱也 悉是隋音 檀是胡語 悉之言遍 檀翻名施 佛以四法 遍施衆生 故名悉檀也〉"라고 하였다. [참고문헌]『觀無量壽經義疏』,『涅槃宗要』,『般若心經略疏顯正記』,『金剛經五家解說誼』,『楞伽經集註』,『楞伽經纂』,『大乘起信論疏筆削記會編』,『三彌勒經疏』,『天台菩薩戒疏』,『大乘法苑義林章』,『圜悟語錄』,『萬善同歸集』,『佛祖統紀』,『楞伽經』,『楞伽經纂』,『法華玄義』,『法華玄贊』,『華嚴經疏鈔』,『大乘義章』,『解深密經疏』, *Mvyut.201.* ⇨ 실단 悉檀**1**, 위인실단 爲人悉檀, 종지 宗旨, 종체 宗體**1**, 종취 宗趣, 종통설통 宗通說通, 종요 宗要, 종지 宗旨, 종파 宗派, 종의 宗義**1**, 종풍 宗風, 종론 宗論, 체 體, 취 趣 **2** Ⓢ pakṣa, pratijñā, Ⓣ phyogs, dam-bcas-pa. 인명(因明)의 삼지작법(三支作法) 또는 오지작법(五支作法) 중 하나로 종의(宗依)인 주어와 술어로 구성된 주장명제. 종체(宗體)라고도 한다. 예를 들면 '소리는 무상(無常)하다'라는 명제는 종 곧 종체이고, '소리'와 '무상'은 종의다. 종에는 바른 논제(論題)인 진종(眞宗)과 사이비(似而非) 논제인 사종(似宗)이 있으며, 사종에는 다시 상위(相違)·불극성(不極成)·극성(極成) 등 세 가지가 있다. 진나(陳那) 이전의 고인명(古因明)에서는 '종'이 자기의 주장을 세운다는 뜻이므로 능립(能立)이라 하였으나, 진나 이후의 신인명(新因明)에서는 '종'이 인(因)과 유(喩)에 의해서 성취되기에 소립(所立)이라 하고, 주장명제를 확립시키는 '인'과 '유'를 능립이라 한다.『인명입정리론』(대정장32, p.11b1)에 "이 중에서 '종' 등의 다언을 능립이라고 한다. 종·인·유 등의 다언으로 묻는 이가 미처 깨닫지 못한 뜻을 열어 보여주기 때문이다. 이 중에서 종이란, 끝내 성취되어 능히 구별하게 되는 차별한 자성을 말한다. 즉 스스로가 즐겨하던 대로 성립되는 자성의 이름이 종이다. 예를 들면 '소리는 무상하다'라고 주장하는 것과 같

다. 此中宗等多言名爲能立 由宗因喩多言 開示諸有問者未了義故 此中宗者 謂極成有法 極成能別 差別性故 隨自樂爲所成立性 是名爲宗 如有成立聲是無常", 『번역명의집』 권5(대정장54, p.1137b18)에 "세친 이전에는 종등은 모두 능립이었으나, 진나 이후에는 오직 하나의 인과 둘의 유로서 능립을 삼을 뿐이고, 종은 소립이다. 世親已前 宗等皆爲能立 陳那已後 唯以一因二喩爲能立 宗是所立"라고 하였다. 〔참고문헌〕『因明入正理論』, 『翻譯名義集』, *Nyāy-pr.1.*, *Yogā-bh.105.* ⇨인명 因明, 삼지작법 三支作法, 오지작법 五支作法, 종의 宗依, 종체 宗體❷, 진종 眞宗, 사종 似宗, 인 因❷, 유 喩❶, 종인유 宗因喩

종 綜 잉아. 베틀의 부속품으로 종광(綜絖)이라고도 한다. 『출요경』 권1(대정장4, p.614c21)에 "그때, 세존께서는 삼달지(三達智)로 저들의 마음과 뜻 향하는 곳을 관찰하시고, 본말을 살펴서 뜻을 보아 마쳐서는 모든 비구들이 의심을 길이 여의고, 미래의 중생들이 큰 빛을 목도하며, 정법이 대중 속에 오래 남게 하시려고 곧 「출요게 出曜偈」를 설하셨다. '마치 잉아를 밀치고, 북을 던져 베를 짜니, 점점 그 실이 줄어드는 것처럼, 사람의 목숨도 이와 같다오'. 爾時 世尊 以三達智 觀察彼人 心意所向 尋究本末 觀了此義已 欲使諸比丘 永離嫌疑 使將來衆生 覩其大明 正法久存 在於衆中 便說出曜之偈 猶如張綜 以杼投織 漸盡其縷 人命如是"라고 하였다. 〔참고문헌〕『出曜經』.

종 縱 ❶세로의 뜻으로 공간이나 시간에 있어 깊고 먼 뜻이다. 횡(橫)이나 광(廣) 등의 뜻과는 맞선다. 『법화경의기』 권2(대정장33, p.594c28)에 "'아주 깊어 헤아릴 수 없다'(『법화경』 권1, 대정장9, p.5b26)라고 한 1구는 바로 실지를 찬탄한 두 번째 구절이다. '심심무량'이라고 말한 이유는 종으로는 깊고 깊음을 논하고 횡으로는 한량이 없음을 말하기 위해서이다. 삼세제불에게는 모두 이러한 실지가 있기에 '깊고 깊다'라고 말하였다. 횡으로 시방제불의 실지를 논하였기에 '헤아릴 수 없다'라고 말하였다. 甚深無量 此一句是第二正歎實智 所以言甚深無量者 縱則論甚深 橫則言無量 三世諸佛 皆有此實智 故言甚深 橫論十方諸佛實智 故言無量", 『기세경』 권1 「염부주품 閻浮洲品」(대정장1, p.313b15)에 "선주사라림 북쪽에 선주대용상왕을 출생시킨 못이 하나 있으니 이름이 만다길니이다. 세로가로 똑같이 50유순이다. 於善住娑羅林北 爲善住大龍象王出生一池 名曼陀吉尼 縱廣正等 五十由旬"라고 하였다. 〔참고문헌〕『法華經義記』, 『法華經』, 『起世經』. ⇨수 竪❷, 횡 橫, 종횡 縱橫 ❷놓아주다. 내버려두다. 방행(放行)을 뜻하며 파주(把住)를 뜻하는 금(擒)과 맞선다. 『원오어록』 권5 「이전어작년재상당 李典御作年齋上堂」(대정장47, p.735c20)에 "여래의 열반심, 보살의 대해탈, 조사의 정법안, 납자의 금강추는 비추기도 하고, 쓰기도 한다. 방편이기도 하고 실이기도 하다. 놓아주기도 하고 붙잡기도 하며, 죽이기도 하고 살리기도 한다. 여전히 향상하는 빗장 위에 있으면서 바로 이 한 사람 향해 그 속에서 출몰하고 그곳 향해 잡아 들지만 끝내 온전한 기틀 벗어나지 못한다. 만약 온전한 기틀이 모든 속박에서 벗어나려면 대지는 황금으로 만들고 긴 강물 휘저어 소락으로 바꾸며, 벼 줄기 고쳐 조 이삭 얻으며 단명할 목숨을 바꿔 오래살게 한다. 如來涅槃心 菩薩大解脫 祖師正法眼 衲子金剛鎚 有照有用 有權有實 有縱有擒 有殺有活 尙在向上關捩子上 是箇人向箇裏出沒 向箇裏拈提 終未能全機剔脫 若也全機剔脫去 變大地作黃金 攪長河爲酥酪 改禾莖爲粟柄 易短壽作長年", 『벽암록』 51칙 「평창 評唱」(대정장48, p.186a16)에 "으뜸의 가르침 붙들어 세우려 하니 모름지기 낱낱의 기에 당해 가려야 한다. 바로 나아감과 물러남 그리고 옮음과 그름을 알아 살리고 죽이며 잡기도 하고 놓기도 함을 지혜롭게 한다. 놓아줌과 붙잡음을 명확하게 밝혀야 한다. 扶竪宗敎 須是辨箇當機 知進退是非 明殺活擒縱"라고 하였다. 〔참고문헌〕『圜悟語錄』, 『碧巖錄』. ⇨방행 放行, 파주 把住 ❸설령. ~일지라도. 단독으로도 쓰이나, 종령(縱令)·종사(縱使)·종연(縱然)·종요(縱饒) 등으로도 쓴다. 『경덕전등록』 권12 「삼성혜연전 三聖慧然傳」(대정장51, p.295a4)에 "삼성이 덕산에 이르러 좌구를 펼치려고 하자, 덕산이 말하였다. '취건을 펴지 마라. 여기는 (너에게 줄) 쉰밥도 없다' '설령 있다 해도 놓아둘 곳 없다'. 덕산이 주장자로 삼성을 때리자, 삼성이 주장자를 잡아서 덕산을 선상위로 밀쳐버렸다. 덕산이 껄껄 크게 웃자, 삼성은 '아이고, 아이고' 곡을 하며 가버렸다. 師到德山 才展坐具 德山云 莫展炊巾 遮裏無餿飯 師曰 縱有也無著處 德山以拄杖打師 師接住却推德山向禪床上 德山大笑 師哭蒼天而去", 『법집별행록절요』(한불전4, p.758c19)에 "도를 깨달은 사람은 일체객진번뇌 있다고 하더라도 다른 이 분상에 있어서는 모두 여래의 지견을 성취한다. 이런 까닭에 '번뇌 그대로가 보리이다'라고 말한다. 悟道之人 縱有一切客塵煩惱 在他分上 俱成如來知見 故云 煩惱卽菩提"라고 하였다. 〔참고문헌〕『景德傳燈錄』, 『法集別行錄節要』. ⇨종사 縱使

종 蹤 발자취. 흔적. 『출요경』 권3(대정장4, p.622a23)에 "어느 때인가 행인이 일어나 가자 자취가 남는 듯했지만 사라지자 그 자취마저 있지 않았다. 비로소 스스로 깨달았으니 여래께서 '일체무상하여 보금자리조차 없다'고 하신 말씀을 떠올렸다. 或時行人 行起有蹤 滅無有跡 方自覺悟 憶如來 一切無常 亦無窠窟"라고 하였다.

〔참고문헌〕『出曜經』.

종 鐘 금속으로 안을 비워 만들어 소리나게 한 울림통. 종은 그 크기에 따라 대종(大鐘)·소종(小鐘)으로 나누고, 모양과 재료에 따라 운판(雲板)·금고(金鼓 : 쇠북)·금구(禁口)·반자(飯子) 등이 있다. 법구(法具)라는 의미에서는 맑은 소리(梵音)를 내는 금강령(金剛鈴)과 경자(磬子) 등도 종이며, 장엄구인 풍탁(風鐸)도 넓은 의미의 종이라 할 수 있다. 특히 이러한 다양한 종소리를 약속해서 승가의 대중들이 조용히 말 없이도 행의(行儀)를 가지런히 할 수 있게 하기에 법(法)을 행하는 사원에서의 온갖 종들은 법구로서의 각각의 역할이 따로 정해져 있다. 고려판(高麗板)『선원청규』권6「경중警衆」(卍속장111, p.909a18)에 "무릇 종고와 어판이 들리면 반드시 해야 할 일이 있다는 것을 알아야 한다. 오경에 대종이 울림은 잠을 깨우는 것이고, 다음 공양간 앞의 소종을 두드리면 작은 고요를 깨우는 것이다〈모든 요사를 받드는 행자와 타두 등이 다 먼저 일어난다〉. 다음 공양간 앞 운판을 치면 대중의 고요를 여는 것이다〈대중이 모두 일어나 잠자리와 모기장을 거둔다〉. 다음에 긴 판을 치면 대중들이 발우를 내린다〈대중들 일시에 큰방에 든다〉. 다음에 목어를 치면 대중은 모두 모여 정에 든다〈뒤에 오는 이는 부득이 큰방에 들지 못한다〉. 북을 세번 울리는 것은 주지가 큰방에 임했다는 것이고, 큰방 앞 소종을 치면 대중이 상을 내리고 서로 안부를 묻는다. 유나가 처음으로 추를 쳐 한번 내리면 대중은 발우를 편다. 凡聞鐘鼓魚版 須知所爲 五更鳴大鐘者 警睡眠也 次廚前打小鐘子者 開小靜也〈諸寮供過行者及打頭等並皆先起〉次擊廚前雲版者 開大靜也〈衆僧齊起方得摺疊單被及上蚊廚〉次打長版者 衆僧下鉢也〈衆僧一時入堂〉次打木魚衆僧集定也〈後到者更不得入堂〉三通鼓鳴者 住持人赴堂也 堂前小鐘子鳴者 衆僧下床祇候問訊住持人也 維那最初打槌一下者 衆僧開鉢也", "황혼에 대종을 울림은 행자는 전각에 올라 염불하라 함이다. 혹은 큰방 위의 고가 울리면 소참에 참선하라 함이다. 아침부터 저녁까지 종고가 번갈아 울림은 오직 대중을 알아차리고 깨우치게 함만이 아니다. 또한 나아가 무간지옥중생에게도 법을 설함이다. 총림의 스님들은 각자 때를 알아야 한다. 黃昏鳴大鐘者 行者上殿念佛也 或聞堂上鼓鳴者 小參也 從朝至暮鐘鼓交參 非唯警悟大衆 亦乃說法無間 叢林高士各自知時", "당 위의 고는 시자가 맡고, 곳집 아래의 고는 감원이 맡는다. 재죽의 고판·목어와 고요를 엶은 전좌가 맡고, 당 앞의 소종은 유나가 맡는다. 대종은 종두를 청하지 않았을 때는 유나가 맡고, 종을 치는 행자는 전좌가 맡는다. 이상의 종고들 모두 법칙에 따르지 아니한다면 크고 작은 일들로 마땅함을 잃게 할 것이며, 긴장하거나 태만하여 절도가 없게 된다. 모두 모름지기 밝게 깨우치게 함에는 음조가 있는 소리만큼 화창한 것 없다. 堂上鼓侍者主之 庫下鼓監院主之 齋粥版木魚開靜典座主之 堂前小鐘維那主之 大鐘如不請鐘頭 維那主之 打鐘行者典座主之 已上鐘鼓如不應法則 致令輕重失宜緊慢無節 並當曉諭 令音聲和暢爲上"라고 하였다. 고려시대 은퇴한 호장이 발원조성한 대혜원종(大惠院鐘 : 보물제1781호) 명문에 "불제자가 남섬부주 죽주 고려국 대혜원의 금종을 만들어 올립니다. 특히 임금이 만세로 오래 가고, 국토가 태평하며 법계의 산 이도 죽은 이도 함께 보리를 이루기를 원합니다. 전 상호장이 한마음으로 금종을 만들었으니 무게는 163근이다. 때는 계미년 8월 28일. 안일호장 최, 동량도인 현감, 원주대사 지성, 남일월사의 의부□희소. 奉佛弟子 南贍部洲 高麗國竹州大惠院金鍾造成 特爲 聖窮萬歲 國土太平 法界生亡 共證菩之愿 以前上戶長 同心爲金鍾 入重壹百陸十三斤印 時癸未八月二十八日 安逸戶長 崔 棟梁道人 賢堪 院主大師 智成 南日月寺 依芙□希素"라고 하였다. 〔참고문헌〕『禪苑清規』, 『발원, 간절한 바람을 담다』(국립중앙박물관, 2015). ⇨ 법구 法具, 사물 四物, 범종 梵鐘, 경 磬, 운판 雲板, 금고 金鼓, 반자 飯子, 풍탁 風鐸, 금강령 金剛鈴, 대종백팔추 大鐘百八搥, 명고명종 鳴鼓鳴鐘, 종어고판 鐘魚鼓版

종가명입공이제관 從假名入空二諦觀 가명을 쫓아 공에 들어 이제를 관하다. 삼관(三觀) 중 하나. 이제관(二諦觀)·종가입공관(從假入空觀)이라고도 한다. 『영락본업경』 권1「현성학관품 賢聖學觀品」(대정장24, p.1014b19)에 "삼관이란 무엇인가? 종가명입공이제관·종공입가명평등관, 이 두 가지는 방편도이다. 이 두 가지 공관으로 인해 중도제일의제관에 들어간다. 三觀者 從假名入空二諦觀 從空入假名平等觀 是二觀方便道 因是二空觀 得入中道第一義諦觀"라고 하였다. 〔참고문헌〕『瓔珞本業經』. ⇨ 삼관 三觀❶, 공관 空觀❶

종가입공관 從假入空觀 가로부터 공에 드는 관. 『유마경현소』 권2(대정장38, p.525b26)에 "종가입공관이란, 없지만 헛되게 설정한 것을 가라고 한다. 가를 관하여 환화와 같아서 없는 것이며, 단지 그 명자만 있음을 알아서 곧 공에 드는 것이다. 그러므로 이제관이라고 말한다. 所言從假入空觀者 無而虛設謂之爲假 觀假知無如幻如化 但有名字卽入空也 而說爲二諦觀者"라고 하였다 〔참고문헌〕『維摩經玄疏』, 『摩訶止觀』 권3(대정장46, p24b5). ⇨ 삼관 三觀❶, 공관 空觀❶, 이제관 二諦觀❷

종각 宗玨 1091~1162. 승대 조동종(曹洞宗) 스님 자호는 대휴(大休), 속성은 손(孫)씨. 화주(和州 : 安徽省 和縣) 출신. 열여섯에 출가하여 열여덟에 구족계를 받고, 장로(長蘆)의 조조도화(祖照道和) 문하에서 정진한 후 진헐청료(眞歇淸了)를 찾아가 심인을 얻었다. 1132년(소흥2) 악림사(岳林寺)에서 법문을 개시하였다. 1155년(소흥25) 설두산(雪竇山)으로 옮겨 주석하다가 1159년(소흥29) 다시 천동산(天童山)으로 옮기고 크게 교화하였으므로 천동종각이라 불린다. 1162년(소흥32) 세수 72세로 입적하였다. 제자로 족암지감(足菴智鑑)이 출중하였다. [참고문헌]『續傳燈錄』권24(대정장51, p.630c25),『嘉泰普燈錄』권13(卍속장137, p.204b13),『五燈嚴統』권14(卍속장139, p.619b1).

종각 宗覺 송(宋) 임제종 양기파 스님 올암보령(兀庵普寧 ?~1276)의 시호. ⇨보령 普寧

종각 種覺 일체지(一切智)의 씨앗을 품은 바탕. 삼신(三身)이 그대로 하나여서 뜻으로 다툴 것이 없는 뜻이다. 일체종각(一切種覺)이라고도 한다.『법화문구』권7(대정장34, p.101c11)에 "이 험한 길을 지나서 종각에 이르기를 구하려고 한 것이다. 그러므로 '진귀한 보배 있는 곳에 이르고자 한다'(『법화경』권3, 대정장9, p.25c27)라고 한 것이다. 欲過此險道 求至種覺 故言 至珍寶處也",『관음현의』권상(대정장34, p.877a11)에 "(관세음보살은) 사바세계에서 '무외'라는 이름을 받고 보장불 계신 곳에서는 '관음'이라 불렸으며, 이미 종각을 이루고서는 '정법명'으로 불린다. 다음에는 보처에 당하여 '보광공덕'이라 불린다. 그의 본과 지취가 이와 같으니 어찌 헤아려 알겠는가. 방편으로 연을 따라 나아가는 대로 한 가지 이름을 들 뿐이다. 娑婆世界 受無畏之名 寶藏佛所 稟觀音之目 已成種覺 號正法明 次當補處 稱爲普光功德 其本迹若此 寧可測知 方便隨緣 趣擧一名耳",『관음자림집』권상(卍속장149, p.583a10)에 "'보장불의 처소에서「관음」이라는 부름을 받았으며, 이미 종각을 성취해 정법명으로 불린다'고 하였다〈종이란 바로 종지를 뜻하니 오직 부처님만이 갖춘다. 상세한 것은 아래 해석과 같다〉. 寶藏佛所 稟觀音之目 已成種覺 號正法明〈種 卽種智 唯佛乃具 詳如下釋〉",『아미타경소초연의』권1(卍속장33, p.552b7)에 "원만대각이라 하니 미혹을 떠나서 '각'이요, 작은 것을 떠나서 '대'요, 인을 떠나서 (과를 얻었기에) '원만'이다. … 일체종지란 제법실상을 구하여 다하였기에 변제지가 가득차서 종각이 단박에 두렷함이다. 圓滿大覺者 離迷曰覺 離小曰大 離因曰圓滿 … 一切種智者 究盡諸法實相 邊際智滿 種覺頓圓也",『조당집』권18「앙산혜적장 仰山慧寂章」(대장경보편25, p.647a7)에 "도존이 앙산에게 물었다. '어떻게 해야 행과 해가 서로 응합니까?' '그대 모름지기 선종의 제3현을 깨쳐야 한다. 초심자는 입문구인 제1현을 귀하게 여기나, 그 후에 나머지 두 현은 자리를 얻어 옷을 입고는 스스로 종각과 종지가 있음을 알아야 한다. 종각이란 삼신이 하나인 듯하여 여일한 것이다. 또한「이치로는 다툴 것이 없다」하고,「비로자나로 맑고 고요하다」라고도 한다. 종지란 몸과 성이 두렷이 밝아, 그 후에 도리어 드러난 몸 앞에 비추어서 씀에 물들지 않고 집착하지 않는다. 또한「노사나불 의지할 지혜가 없다」라고도 하고,「한 바탕에 삼신이다」라고도 하니, 곧 행함에 다툴 것이 없다. 이와 같이 몸도 성도 두렷이 밝아 루가 다하고 뜻으로 아니, 드러난 몸 앞에는 어떠한 업도 없다. 움직임에 고요함에 머물지 않고 나고 죽음에 만나는 중생마다 이롭게 하니 또한 정행이라 하고 머묾이 없는 수레라 한다'. 道存問云 如何得行解相應 和尙云 汝須會得禪宗第三玄 初心卽貴入門第一玄 向後兩玄 是得座被衣 汝須自看 亦須自知有種覺種智 種覺者 卽三身如一 亦云理無諍 亦云 遮那湛寂 種智者 卽得身性圓明 後卻向身前照用 不染不著 亦云舍那無依智 亦云一體三身 卽行無諍 如是身性圓明 漏盡意解 身前無業 不住動靜 出生入死 接物利生 亦云正行 亦云無住車"라고 하였다. [참고문헌]『法華文句』,『法華經』,『觀音玄義』,『觀音慈林集』,『阿彌陀經疏鈔演義』,『祖堂集』. ⇨일체종지 一切種智

종감 宗鑑 ❶마음의 씨앗들 비추다.『굉지광록』권4(대정장48, p.43b23)에 "그림자가 종을 머금어 비추면 마음이 일어나 갖가지 법도 생하고, 도량에 걸어 들면 마음이 사그라져 갖가지 법도 사라진다. 影含宗鑑 心生則種種法生 步入道場 心滅則種種法滅"라고 하였다. [참고문헌]『宏智廣錄』,『五燈會元續略』권1(卍속장138, p.864b8). ❷송(宋)대 천태종 법사. 법호는 양저(良渚). 어려서 유학을 배웠고 문장에 뛰어났다. 출가한 후 천태삼관(天台三觀)을 수습하였고, 전당(錢唐 : 浙江省) 양저에서 주석하였다. 오극기(吳克己 1140~1214)가 착수하였던『석문정통 釋門正統』을 이어서 1237년(가희1)에 8권(卍속장130, pp.713a1~925b1)으로 완성하였다. [참고문헌]『佛祖統紀』권1(대정장49, p.132b7)·권17(대정장49, p.237a8). ⇨석문정통 釋門正統 ❸송대 임제종 선사. 법호는 석상(石霜). 오조법연(五祖法演 ?~1104)의 문하 3세 대위선과(大潙善果 1079~1152)의 법을 이었다. 상당 법문 하나가 전할 뿐 그 밖의 기연은 상세하지 않다. [참고문헌]『續傳燈錄』권33(대정장51, p.699a7),『嘉泰普燈錄』권21(卍속장137, p.295b16). ⇨법연 法演

종감록 宗鑑錄 ➡종경록 宗鏡錄

종감법림 宗鑑法林 청대 가릉성음(迦陵性音) 엮음. 72권. 卍속장116, pp.1a1~907b8에 수록되어 있다. 역대 선사들의 고칙(古則)·공안(公案)·염송(拈頌) 등을 널리 모아 모두 2,720칙으로 구성한 공안집이다. 배열순서는 세존(世尊)·제경(諸經)·응화성현(應化聖賢)·서천조사(西天祖師)·동토조사(東土祖師)·방출제조(旁出諸祖)·미상법사자(未詳法嗣者), 대감하(大鑑下) 1세부터 청원(青原)과 남악하(南嶽下) 37세 그리고 사법미상(嗣法未詳)의 존숙(尊宿) 등이다. 1712년(강희51) 봄에 새북(塞北)의 법림사(法林寺)에서 자료를 모아 책으로 엮고, 1714년(강희53) 여름 경사의 백림원(柏林院) 종감당(宗鑑堂)에서 새긴 연유로 제명을 『종감법림』이라 하였다.

종강 宗綱 으뜸이 되는 것들의 얼개. 『연종보감』「서序」(대정장47, p.304b1)에 "도량을 맡아 유지하고 당우를 고쳐 빛나게 하며 여러 성현이 전한 말씀을 모았으니, 옛을 더듬어 으뜸이 되는 것들의 얼개도 다듬었다. 住持道場 修營梵宇 集諸賢傳 乃追古而整宗綱", 『벽암록』「후서 後序」(대정장48, p.224b12)에 "다시 학도들의 간곡함 있었기에 무릇 세 차례 종강을 들었고 말 비록 같지 않았지만 그 뜻 한결같았다. 復爲學徒扣之 凡三提宗綱 語雖不同 其旨一也", 『열조제강록』 권25(卍속장112, p.568b6)에 "육칠척의 주장자를 흔들면 부처가 되었건 조사가 되었건 종강을 잃는다. 烏藤六七尺振 乃佛乃祖 墜地宗綱", 『경석적유집』 권2 「이봉녕장 夷峰寧章」(卍속장117, p.934a3)에 "크게 종강을 들어 알리려면 반드시 세 가지 요를 갖춘다. 첫 요는 귀착되는 종을 밝혀 그 뜻을 깨우쳐 사정을 가린다. 둘째 요는 대도의 진실한 체는 유무에 속하지 않음을 안다. 셋째 요는 큰 사자후 지을 줄 알아서 그 위세로 일체를 떨친다. 이 삼요를 갖추니 수레에 바퀴단 듯 새에 날개 있는 듯 하다. 날개 꺾이면 높이 날지 못하고 바퀴가 부서지면 수레가 구를 수 없으니, 종사들이 후학의 안목을 넓히는 일에 이들 삼요를 갖추지 못한다면 어찌 능히 일체를 세찬 기운으로 떨칠 수 있겠는가! 비록 그렇기는 하지만 반드시 제일 구 아래에서 거두어 취한다. 大凡提唱宗綱 須具三要 第一要 明宗曉旨 勘辨邪正 第二要 識大道眞體 不屬有無 第三要 解作大師子吼 威鎭一切 具此三要 如車有輪 如鳥有翼 翼折不能高擧 輪折不能轉運 宗師家 爲後學眼目 若不具此三要 安能奮鎭一切 然雖如是 要在第一句下領取"라고 하였다. [참고문헌] 『蓮宗寶鑑』, 『碧巖錄』, 『列祖提綱錄』, 『徑石滴乳集』. ⇨ 종요 宗要

종게 宗憩 원대 임제종(臨濟宗) 호구파(虎丘派) 스님. 호는 송파(松坡). 무준사범(無準師範)의 법을 이었다. 경산(徑山 : 浙江省)의 장주(藏主)로서 송대 함순년간(1265~1274)부터 원대 지치년간(1321~1323)까지 여러 선문의 존숙(尊宿)이 남긴 게송을 모아 『강호풍월집』을 엮었다. 많은 주석서가 전하지만 편자에 관해서는 이설도 있다. [참고문헌] 『江湖風月集』「跋文」.

종견 宗堅 청초 임제종(臨濟宗) 스님. 호는 불린(不磷). 운남부(雲南府 : 雲南省 昆明) 숭산(嵩山) 야죽복혜(野竹福慧)의 제자. 1667년(강희6) 미륵도솔원(彌勒兜率院)에 주석하였다. 1673년(강희12) 스승의 명을 받들어 숭산선사(嵩山禪寺)에 주석하였다. 『도솔불린견선사어록 兜率不磷堅禪師語錄』 3권을 남겼다. [참고문헌] 『五燈全書』 권107(卍속장142, p.68b7).

종경록 宗鏡錄 송대 영명연수(永明延壽 904~975) 지음. 100권. 고려장44, pp.1a1~538b13, No.1499·대정장48, pp.415a3~957b14, No.2016에 수록되어 있다. 『종감록 宗鑑錄』·『심경록 心鏡錄』이라고도 한다. 오월(吳越) 충의왕(忠懿王)의 청에 따라 시작하여 송 태조(太祖) 때인 961년(건륭2)에 완성하였다. 대승경론(大乘經論) 60부, 인도·중국의 성현 300여 인의 저작, 선승의 어록·계출서·속서 등을 널리 섭렵하여 법상(法相)·삼론(三論)·화엄(華嚴)·천태(天台) 등을 두루 거두고 선의 뜻도 함께 한 대작으로 평가받는다. 경론의 대의와 각 종파의 종지도 상세히 서술하면서 전반에 걸쳐 돈오(頓悟)와 원수(圓修)를 중시한다. 책 전체는 표종장(標宗章)·문답장(問答章)·인증장(引證章) 등 셋으로 구성되어 있다. 표종장은 총론 개설로서 제1권의 절반을 차지한다. 제2부 문답장은 제1권 후반부터 권93까지로서 교선(敎禪) 주요 종파들이 제기한 문제를 수록하였다. 제3부 인증장은 권94부터 마지막까지로서 300여 처의 경문을 인증함으로써 제2부의 논제들을 증명한다. 일심(一心)의 체를 내세운 다음 문답의 형식으로 깨우치는 방편을 드러내고, 800조목의 과제를 들어 광범위하게 경론의 말씀과 조사의 어록으로 인증하고 있다. 책이 완성된 다음에 오월의 왕 전숙(錢俶)이 서문을 붙여 실중에 비장하고 있으면서 유통하지 않다가 원우년간(1086~1093) 양걸(楊傑)의 서문을 붙여 개판하고 북송(北宋) 이후의 대장경에 입장되어 각 종파는 물론 송학(宋學)에 큰 영향을 주었다. 이후 개정판이 여러 차례 나왔다. 명말 가흥장(嘉興藏)을 각인할 당시 지욱(智旭)이 거듭 개정본을 내었다. 청 옹정제(雍正帝)의 중간본(重刊本)이 일찍이 조선에 전해져 고려대장경 보판(補板)으로 개판되어 현존한다. 절본(節本)도 연이어 나왔다. [참고문헌] 『佛祖統紀』 권51(대정장49, p.455a1), 『佛祖歷代通載』 권18(대정장49, p.658b14), 『釋氏稽古略』 권3(대정장49, p.857a28), 『東域傳燈目錄』(대정장55, p.1164c18), 『御製揀魔辨異錄』 권8(卍속장114, p.503a1). ⇨ 연수 延壽

종경촬요 宗鏡撮要 송(宋)대 영명연수(永明延壽 904~975)의 『종경록 宗鏡錄』을 송대 담분(曇賁)이 간추린 책. 1책. 1132년(소흥2) 개심(个諶)이 지은 「발문.

을 수선사(修禪社) 무의자(無依子) 혜심(慧諶)이 옮겨 적고 1213년(강종2)에 간행하였다. 1531년(중종26) 순천 조계산 은적암(隱寂菴) 개판 목판 17매(65장)가 조계산 송광사(松廣寺)에 전하는데, 유일판으로서 보물 제1912호에 지정되었다. 「발문」에 "영명수선사의 『종경록』이 세상에 성행하였는데, 배우는 이들이 많은 글자와 복잡한 이치 때문에 절벽만 바라보다 물러나기가 대부분이다. 동가 담분상인이 백에 한둘로 뽑아 촬요라 하였는데, 그럼에도 강령과 대략을 잃지 않았으므로 체를 갖추고 정미롭다 한다. … 소

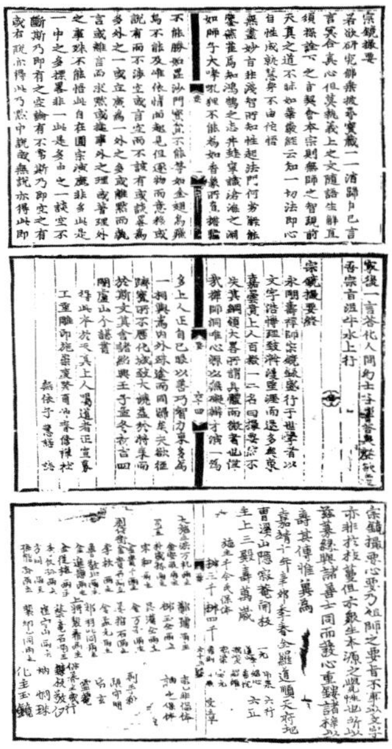

종경촬요 권수·발문·간기
조계산은적암본 1531년

흥 임자년(1132) 10월 초길일 사명에 노산 개심이 쓴다. 永明壽禪師宗鏡錄 盛行于世 學者以文字浩博 理致瀰漫 望涯而退多矣 東嘉曇賁上人 百掇一二 名曰撮要 然不失其綱領大略 所謂具體而微者也 … 紹興壬子孟冬初吉四明盧山个諶書"라 하였고, 이어서 "이 본을 천진상인에게서 얻었는데, 도를 부촉함이 바르게 펼쳐졌으므로 장인을 모아 다시 새겨서 찍어 베푼다. 숭경 계유년(1213) 2월 수선사 무의자 혜심이 적는다. 得此本於天眞上人 囑道者正宣 募工重雕印施 崇慶癸酉仲春修禪社無依子慧諶識"라고 하였다. 고려대·동국대도서관과 직지성보박물관에도 후쇄본이 전한다. [참고문헌] 『한국의 사찰문화재』 2015전국사찰목판일제조사7 중요목판인출(문화재청, 2016) pp.328~363. ⇨ 종경록 宗鏡錄

종계 宗計 으뜸이라 여겨 헤아림. 외도나 종파가 주요한 교리로 여겨 지켜 주장하는 것을 말한다. 『원각경약소』 권상(대정장39, p.528c11)에 "'나는 들었다'라고 한 것은 문성취이다. 나는 곧 문수와 아난해에 해당한다. 오온이 임시적인 것인데 어떻게 '나'라고 칭할 수 있을까? 아(我)에는 네 가지가 있다. 첫 번째는 범부들이 보통 분별하는 것이고, 두 번째는 외도가 고집스럽게 헤아리는 것이다. 세 번째는 모든 성인이 세간의 방편으로 빈과 주로 구분한 것이고, 네 번째는 법신의 진아다. 지금 여기서 말하는 것은 후자 두 가지로 허물이 없다. 我聞 聞成就也 我卽文殊及阿難海 五蘊假者 云何稱我 我有四種 一 凡夫遍計 二 外道宗計 三 諸聖隨世假分賓主 四法身眞我 今是後二 故無過也", 『일체경음의』 권36(대정장54, p.546a17)에 "사달범〈범어이며 외도 이름이다. 이는 지자외도와 더불어 종계가 대체로 같고, 다만 이름만 다를 뿐이다〉. 社怛梵〈梵語 外道名也 此與知者外道 宗計大同 但名字別異耳〉", 『우란분경소신기』 권상(卍속장35, p.205a10)에 "소승의 여러 부는 종계가 같지 않으니, 살바다부에서는 시방을 설하지 않지만 담무덕부에서는 제불이 있음을 인정한다. 小乘諸部宗計不同 薩婆多則不說十方 曇無德則許有諸佛"라고 하였다. [참고문헌] 『圓覺經略疏』, 『一切經音義』, 『盂蘭盆經疏新記』.

종계 宗桂 1478~1543. 일본 임제종(臨濟宗) 스님. 호는 천림(千林). 동해종조(東海宗朝)에게 사사받은 다음 그 법을 이었다. 대덕사(大德寺) 85세에 해당한다. 1543년(천문12) 2월 15일 세수 66세로 입적하였다. [참고문헌] 『紫巖譜略』, 『大德寺世譜』.

종계계 從戒戒 지키기로 약속한 계를 따라 지키다. 이계(二戒 : 威儀 從戒)와 삼계(三戒 : 從戒 從心 從慧)중 하나다. 36권본 『대반열반경』 권32(대정장12, p.822c20)에 "어떤 인연으로 제대로 갖추지 못하였다고 할까? 계에는 두 가지가 있다. 첫째는 위의계이고, 둘째는 종계계이다. 이런 사람은 오직 위의 등과 관련된 계만을 갖추고 종계계를 갖추지 않는다. 이런 까닭에 '계를 제대로 갖추지 못하였다'라고 하는 것이다. 何因緣名不具足 戒有二種 一威儀戒 二從戒戒 是人唯具威儀等戒 不具從戒戒 是故名爲戒不具足", 『대방등대집경』 권4(대정장13, p.25b24)에 "삼계를 구족하니 어떤 것들이 그 세 가지인가? 첫째는 종계계이고, 둘째는 종심계이며, 셋째는 종혜계이다. 보리심을 일으켜 태어나고 죽음에 대해 염증 일으키는 것을 종계계라고 한다. 삼매의 지혜 닦는 것을 종심계라고 한다. 지혜를 닦고 모아서 대지혜 얻는 것을 종혜계라고 한다. 具足三戒 何等爲三 一從戒戒 二從心戒 三從慧戒 發菩提心 厭悔生死 名從戒戒 修三昧慧 名從心戒 修集智慧 得大智慧 名從慧戒"라고 하였다. [참고문헌] 『大般涅槃經』, 『大方等大集經』.

종고 宗古 고려후기 스님. 명필로서 1339년(충숙왕복위8)에 월정사사시장경비(月精寺社施藏經碑)를 세울 때 비문을 썼다. [참고문헌] 『大東金石書』 p.152.

종고 宗杲 ➡ 대혜종고 大慧宗杲

종고루 鐘鼓樓 종루(鐘樓)와 고루(鼓樓). 또는 범종(梵鐘)과 법고(法鼓)를 함께 설치한 누각. 『감산노인몽유집』 권51(卍속장127, p.921b1)에 "그 종고루는 원

래 옛 보림사에 있었는데, 지금은 사역 좌측 선당 앞에 있다. 옮길 수가 없어서 산문 밖 좌우 양쪽에 고대를 짓고 그 위에 범종과 법고를 세우니, 이로써 한 사찰의 규모가 갖추어졌다. 其鐘鼓樓 原係古寶林寺者 今在左局禪堂之前 已不可動 但於山門之外 左右築兩高臺 建鐘鼓於上 以全一寺之規模", 『가산고』 권2 「청암명진당 靑巖明眞堂」(한불전10, p.771b23)에 "회옹(晦翁 : 晦庵定慧) 남긴 자취 오랫동안 번창하니 후손들도 이어받아 삼가 참모습 이어졌네 … 꽃피고 새우는 시절 아름다운 아지랑이 피면, 종고 울리는 누대에는 상서로운 햇살 가득하네 晦翁遺躅藹千春 苗裔相承毖護眞 … 鶯花時節佳烟景 鍾皷樓臺瑞日氤"이라고 하였다. [참고문헌] 『憨山老人夢遊集』, 『伽山藁』. ⇨ 고루 鼓樓, 종루 鐘樓

종골 宗骨 으뜸으로 여겨 뼈로 삼다. 『원각경대소석의초』 「서 序」(卍속장14, p.408a17)에 "참으로 이 경의 종골을 다했다고 하겠다. 實謂窮此經之宗骨也", 『지관보행조람』 권1(卍속장99, p.462a5)에 "여기서는 『중론』과 『대지도론』 등 두 논서를 종골로 삼는다. 今以中智二論爲宗骨也"라고 하였다. [참고문헌] 『圓覺經大疏釋義鈔』, 『止觀輔行助覽』. ⇨ 종지 宗旨

종공방하 從空放下 허공을 좇아 내려놓다. 걸음걸음 높이 오른다는 보보등고(步步登高)와 마주하는 뜻이다. 『황룡혜남어록』(대정장47, p.633c22)에 "법좌에 올라 말하였다. '「제불이 출세하셨다」 함은 임시로 언전을 시설한 것이고, 조사 서쪽에서 와서 입을 열어 말한 적도 없다. 허공을 좇아 내려놓아야 삼천세계의 모든 티끌 낱낱마다에 법계 품고 걸음걸음마다 높이 오르리니, 나귀 안장 그대 아비의 턱뼈 아니리'. 上堂 云諸佛出世 假設言詮 祖師西來 不掛脣吻 若也從空放下 三千世界所有塵一一塵中含法界 若也步步登高 驢鞍橋不是爾阿爺下頷"라고 하였다. [참고문헌] 『黃龍慧南語錄』, 『圜悟語錄』 권2(대정장47, p.722c17). ⇨ 보보등고 步步登高

종공입가관 從空入假觀 공을 좇아 가로 들어 관하다. 삼관(三觀) 중 하나로 가관(假觀)·평등관(平等觀)·종공입가명평등관(從空入假名平等觀)이라고도 한다. 『유마경현소』 권2(대정장38, p.525b29)에 "다음 종공입가관을 해석한다. 예를 들면 공에 머무르지 않고 환화로 다시 들어가고 가명의 세제를 분별해 막힘이 없다. 곧 이것이 종공입가관이다. 그런데 평등이라고 말하는 것은 만약 앞의 (종가입공이제관)과 같이 속을 부수고 진만을 쓰면 평등이라고 부를 수 없다. 이 관으로 부수고 씀을 고르게 하기에 평등이라고 한다. 次釋從空入假觀者 若不住空還入幻化 假名世諦分別無滯 卽是從空入假觀也 而言平等者 若前破俗用眞不名平等 此觀破用等故名平等也"라고 하였다. [참고문헌] 『維摩經玄疏』, 『摩訶止觀』 권3(대정장46, p.24b6). ⇨ 삼관 三觀 [1], 가관 假觀 [1]

종과득과 種瓜得瓜 오이 심어 오이 얻는다. 종두득두(種豆得豆)와 같은 비유다. 『아미타경요해』(대정장37, p.364c5)에 "과를 믿는다라 한다. 정토를 깊이 믿으니, 가장 선한 이들이 모인 국토이니 모두가 염불삼매를 좇아 왕생한다. 비유하자면 오이를 심으면 오이가 나고, 콩을 심으면 콩이 나며, 그림자는 반드시 형체를 따르고, 메아리는 반드시 소리에 응하는 것과 같으니 결코 헛되이 버림이 없다. 이것을 가리켜 '과를 믿는다'고 한다. 信果者 深信淨土 上善聚會 皆從念佛三昧得生 譬如種瓜得瓜 種豆得豆 亦如影必隨形 響必應聲 決無虛棄 是名信果", 『금강경보주』 권상(卍속장92, p.515a17)에 "도천(道川)선사가 '오이를 심으면 오이가 나고, 과일을 심으면 과일이 난다' 하고 송으로 읊었다. '한 부처 두 부처 천만 부처가 계시니, 각각 눈은 가로이고 코는 바로라네. 과거에 일찍이 선근을 심어 왔기에, 오늘은 전에 의지해 그 힘을 얻었노라. 수보리야, 수보리야! 옷 입고 밥 먹는 매일 하는 그 일인데, 어찌 특별히 의심할 필요가 있으랴!' 川禪師云 種瓜得瓜 種果得果 頌曰 一佛二佛千萬佛 各各眼橫兼鼻直 昔年曾種善根來 今日依前得渠力 須菩提 須菩提 著衣喫飯尋常事 何須特地却生疑"라고 하였다. [참고문헌] 『阿彌陀經要解』, 『金剛經補註』.

종과향인 從果向因 과(果)를 좇아 인(因)을 바라다. 『법화경현찬요집』 권29(卍속장54, p.703a9)에 "물듦을 따른다 하니 무슨 말인가? 경에서 '무명은 행을 연으로 하고, 행은 식을 연하며, 식은 명색 등을 연한다'고 하는데, 이것이 잡염순관이다. 잡염역관이란 무엇인가? 과를 좇아 인을 향해 관한다. 서로 나는 차제에 순하지 않기에 역관이라고 한다. 노사가 고제임을 역관하면 다음과 같다. 노사는 무엇을 좇아 있게 되었는가? 노사는 생지를 연으로 있게 되었다. 생은 무엇에 의하여 있는가? 생은 유를 연으로 하여 있다. 유는 어떤 것에 의하여 있는가? 유는 취를 연으로 하여 있다. 그리고 행은 어떤 것에 의하여 있는가? 행은 무명에 의하여 있다. 이것을 잡염역관이라고 한다. 言此染順也者 經言 無明緣行 行緣識 識緣名色等 此是雜染順觀 雜染逆觀者 從果向因觀 不順相生次第 名逆觀 逆觀 老死支是苦諦 老死從誰有 老死緣生支有 生支從誰有 生支緣有支有 有支從誰有 有支緣取支有 乃至 行支從誰有 行支從無明支有 是名雜染逆觀"라고 하였다. [참고문헌] 『法華經玄贊要集』. ⇨ 십이인연 十二因緣, 역관 逆觀

종교 終教 화엄종의 교판인 오교(五教) 중 하나로 일체법(一切法) 오직 여(如)인 여래장(如來藏) 연기여서 중생(衆生) 그대로 법신(法身)이고 부처라는 가르침. 『능가경』·『승만경』·『대승기신론』·『보성론』 등에 의지한 교설로서 대승종교(大乘終敎)라고도 한다. 종(終)이란 대승의 뜻을 다한 가르침의 뜻이다. 정성이승(定性二乘)과 무성(無性)의 일천제(一闡提 Ⓢ icchantika) 마저도 끝내 모두 성불한다. 오성이 각각 다름(五性各別)을 주장하는 시교(始敎)와 구별한다. 『화엄경소』 권2(대정장35, p.512b22)에 "(오교 중) 세 번째인 종교는 실교라고도 한다. 정성이승과 무성천제가 모두 성불한다고 하니 비로소 대승의 지극한 설을 다했기에 이름 세우기를 '종'이라 하고, 실리에 부합하기에 '실'이라 하였다. 이상의 두 가르침(始敎·終敎)은 모두 지위에 의지하여 점차로 닦아 이루기에 모두 점교라고 부른다. 三終敎者 亦名實敎 定性二乘 無性闡提 悉當成佛 方盡大乘至極之說 故立爲終 以稱實理 故名爲實 上二敎並依地位漸次修成 故總名爲漸", 『화엄오교장』 권1(대정장45, p.481b5)에 "먼저 법에 나아가 가르침을 나누면, 가르침의 류에는 다섯 가지가 있다. 다음으로 이치에 따라 종지를 열면 종에는 열 가지다. 처음 연 문은 성스러운 가르침 만가지로 다르지만 요는 다섯 가지 뿐이다. 첫째는 소승교, 둘째는 대승시교, 셋째는 종교, 넷째는 돈교, 다섯째는 원교다. 初就法分敎 敎類有五 後以理開宗 宗乃有十 初門者 聖敎萬差 要唯有五 一小乘敎 二大乘始敎 三終敎 四頓敎 五圓敎", 같은 책 권1(대정장45, p.482a6)에 "(십종 중) 여덟 번째는 참된 덕 헛되지 않다는 주장의 진덕불공종이니, 저 종교의 여러 경에서 '일체법은 오직 이 진여다'라고 설하는 것과 같다. 여래장실덕 때문이며, 자체가 있기 때문이며, 성덕을 갖추었기 때문이다. 八 眞德不空宗 謂如終敎諸經 說一切法唯是眞如 如來藏實德故 有自體故 具性德故", 『화엄오교지관』(대정장45, p.509a26)에 "행인이 도를 닦음에 삿됨을 가려 바름에 드는 지관문에는 다섯 가지가 있다. … 셋째는 사리원융문이다〈대승종교다〉. 行人修道 簡邪入正 止觀法門 有五 … 三 事理圓融門〈大乘終敎〉", 『화엄경탐현기』 권16(대정장35, p.413c1)에 "종교를 잡아서 보면 모두 아울러 여래장으로 연기하는 것이어서 바탕 온통 들어 그대로 여여서 항사덕을 갖추니 이에 이 중생이다. 『부증불감경』에서 중생은 바로 법신이고 법신 그대로 중생이어서 중생과 법신은 뜻은 같고 이름만 다르다고 하였으니, 풀어 말하면 이 종은 이를 잡아 중생이 바로 부처라고 한다. 若約終敎 竝是如來藏緣起 擧體卽如 具恒沙德 乃是衆生故 不增不減經云 衆生卽法身 法身卽衆生 衆生法身 義一名異 解云 此宗約理 衆生卽是佛"라고 하였다. 〔참고문헌〕『華嚴經疏』, 『華嚴五敎章』, 『華嚴五敎止觀』, 『華嚴經探玄記』. ⇨ 대승종교 大乘終敎, 시교 始敎, 오교십종 五敎十宗

종교율제가연파 宗敎律諸家演派 청(淸)대 수일공성(守一空成) 중편(重編). 1권. 중국불교 모든 종파의 종지와 그 전승을 간략하게 소개하는 내용이다. 卍속장150, pp.524a1~540a7에 수록되어 있으며, 『종교율제종연파 宗敎律諸宗演派』 또는 『제가종파 諸家宗派』라고도 한다. 임제(臨濟)·위앙(潙仰)·동산(洞山)·운문(雲門)·법안(法眼) 등 선종오가(禪宗五家)의 구결(口訣)과 천황하종파(天皇下宗派)와 천태교관(天台敎觀)·화엄현수교(華嚴賢首敎)·남산율파(南山律派) 및 법계가 명확하지 않은 제가(諸家)의 구결도 싣고 있다. 1890년(광서16) 작자미상의 『불조심등 佛祖心燈』과 합본으로 간행되었다. 〔참고문헌〕『中華大藏經總目錄』(대장경보편35, p.605a2). ⇨ 불조심등 佛祖心燈

종구과 宗九過 주장하고자 내세운 종(宗)의 아홉 가지 오류. 사종구과(似宗九過)라고도 한다. 현량상위(現量相違 Ⓢ pratyakṣa-viruddha)·비량상위(比量相違 Ⓢ anumāna-viruddha)·자교상위(自敎相違 Ⓢ āgama-viruddha)·세간상위(世間相違 Ⓢ loka-viruddha)·자어상위(自語相違 Ⓢ svavacana-viruddha)·능별불극성(能別不極成 Ⓢ aprasiddha-viśeṣaṇa)·소별불극성(所別不極成 Ⓢ aprasiddha-viśeṣya)·구불극성(俱不極成 Ⓢ aprasiddha-ubhaya)·상부극성(相符極成 Ⓢ prasiddha-sambandha)을 말한다. 이와 같은 아홉 가지 경우는 논쟁의 여지없이 허물이 된다. 인명에 따르면 종체(宗體 : 주장명제)는 입론자와 대론자가 서로 인정하지 않는 아홉 가지 오류 중 여섯째·일곱째·여덟째 등은 종의(宗依 : 종이 의지하는 바)의 과실이고, 그 나머지는 종체의 과실이다. 또한 앞의 다섯 가지는 현량이나 비량으로 어긋나는 다섯 가지 허물인 오상위과(五相違過)라 하는데, 족목선(足目仙)과 진나(陳那)가 이미 설파한 것이고, 뒤의 네 가지는 사불극성과(四不極成過)라 하는데, 진나의 제자인 상갈라주(商羯羅主 Ⓢ Śaṃkarasvāmin)가 새롭게 설정한 것이다. 〔참고문헌〕『楞伽經註解』 권3(대정장39, p.396c12), 『楞伽經疏』 권중(卍속장91, p.295b12). ⇨ 인명 因明, 사종구과 似宗九過, 사종 似宗, 오상위 五相位, 삼불극성 三不極成, 삼십삼과 三十三過, 종 宗 ❷

종귀어공 終歸於空 끝내 공으로 돌아가다. 『대지도론』 권71(대정장25, p.560c8)에 "색 등의 법이 공으로 나아간다 하니, 저 허공이 다만 이름만 있을 뿐 어떤 법도 없는 것 같다. 색 등의 법 또한 그러하여 끝내 공으로 돌아간다. 色等法趣空者 如虛空但有名而無法 色等法亦爾 終歸於空", 『법화문구』 권7(대정장34, p.95a14)에 "끝내 공으로 돌아간다(『법화경』 권3, 대정장9, p.19c5)는 말은 남김없이 끊어져 빈 것이 아니라 중도인 제일의공을 의미한다. 終歸於空者 非是灰斷之空 乃是中道第一義空", 『중관론소』 권2말(대정장42, p.30c18)에 "〔문〕 어째서 '마침내 공으로 돌아간다' 말하는가? 〔답〕 도로는 사구를 넘어서고 이로는 백비를 끊었다. 대체로 모든 법의 본체에 대하여 삼승과 이승 또는 상과 무상 등이라 말하지만, 그 모두가 방편으로 쓰는 말일 따름이다. 만일 일체용을 그친즉 이 본체로 돌아가므로 '끝내 공으로 돌아간다'고 말한다. 또한 '모든 교설은 이 이치를 깨닫도록 하기에 「끝내 공으로 돌아간다」고 말하기도 한다'. … '끝내 공으로 돌아간다'는 말은 비록 거듭 만행을 설하지만 결국 이 청정한 깨달음을 얻도록 하는 것이다. 그렇지 않을 경우 소득이 있게 되어 버려서 움직이지도 못하고 벗어나지도 못하여 타고 오르는 승이라고도 할 수 없다. 問 何故言 終歸於空 答 道超四句 理絶百非 蓋是諸法本體 言三乘一乘 常無常等 皆是方便之用耳 若息一切用 則歸於此本體 故言 終歸於空 又說 一切敎令悟此理 故是終歸於空 … 終歸於空者 雖復說萬行終令得此淨悟 不爾者 成有所得 不動不出 不名爲乘"라고 하였다. 〔참고문헌〕 『大智度論』, 『法華文句』, 『法華經』, 『中觀論疏』. ⇨ 공 空

종규 宗規 으뜸의 약속들. 승가(Ⓢ saṃgha) 즉 종문(宗門)의 대중들이 합의하고 약속한 규범들, 나아가 종지전통 등을 말한다. 『개위주어록』 권10 「동주규약 同住規約」(가흥장28, p.270a15)에 "마조와 백장은 석씨 문중의 으뜸의 약속들을 처음으로 열었고, 황벽과 임제는 천고의 세월 동안 변함없이 아름다운 도를 뚜렷하게 드러냈다. 그런 까닭에 총림을 건립하고 그 법도를 설정하여 손님과 주인을 분명히 했고, 상과 벌을 정함으로써 도를 가려 마음을 깨치려는 수행자들이 돌아갈 곳 있게 되었다. 馬祖百丈 開闢釋氏宗規 黃檗臨濟 特倡千古玄猷 所以建叢林 立規矩 分賓主 定賞罰 辦道安心之士 有所歸焉"라고 하였다. 〔참고문헌〕 『介爲舟語錄』. ⇨ 종법 宗法

종규 鍾馗 중국에서 문에 모시는 신(門神). 역병이 창궐하는 5월을 지키므로 종문에서는 단오상당(端午上堂) 때 종규를 소재로 법문을 한다. 종(鍾)은 종(鐘)으로도 쓴다. 전승에 따르면 종규는 종남산(終南山)의 진사(進士)였는데 당 고조(高祖) 때 대과(大科)에 낙방하여 자결하였다. 고조가 후하게 상을 치러주자 훗날 병에 걸린 현종(玄宗)의 꿈에 나타나 현종의 옥적(玉笛)과 양귀비의 수향낭(繡香囊)을 훔친 허망(虛妄)이라는 잡귀를 먹어치워 은혜를 갚았다. 꿈에서 깬 현종은 병이 나았고, 당시 명망 높은 화가 오도자(吳道子)를 불러 종규의 형상을 그리게 함으로써 민간에서 문신으로 널리 모시게 되었다. 형상은 대략 눈은 크고 수염은 덥수룩하며 검은 관모와 장화를 신은 험악한 모습에, 왼손에 잡고 있는 작은 귀신을 오른손의 칼로 치려는 자세를 취하고 있다. 한편 종규에게는 아리따운 누이가 있었는데, 종규가 이 누이를 시집보내는 광경은 중국회화의 중요한 소재 중 하나여서 『종규가매도 鍾馗嫁妹圖』라고 불린다. 『오조법연어록』 권상(대정장47, p.652b7)에 "학인이 오조에게 물었다. '어떻게 하면 손님 중의 손님입니까?' '적게 기뻐하고 많이 성낸다' '무엇이 손님 중의 주인입니까?' '말해 전하기만 보내기만 한다' '무엇이 주인 중의 손님입니까?' '종규의 어린 누이다' '무엇이 주인 중의 주인입니까?' '한 마디 입 밖에 내자마자 땅 위로는 비단 수놓듯 열린다'. 僧問 如何是賓中賓 師云 少喜多嗔 學云 如何是賓中主 師云 傳言送語 學云 如何是主中賓 師云 鍾馗小妹 學云 如何是主中主 師云 一言纔出口 地上繡䌌開", 『여정어록』 권상(대정장48, p.124c12)이 "단오에 상당하여 말했다. '하늘 아득히 높고 땅은 드넓습니다. 알겠습니까? 종규는 본래 이 귀신일 뿐인데. 돌! 붉은 입으로 물리쳐 소탕한다. 말해봅시다. 어떻게 납승 면면에는 문도 창도 없는가? 예든 지금이든 자취없이 고요하고 긴긴 한낮이구나'. 重午上堂 天蒼蒼地皇皇 還知麽 鍾馗元是鬼 咄 赤口倂消亡 且道 如何衲僧八面無門戶 今古寥寥白晝長", 『열조제강록』 권40(卍속장112, p.760b10)에 "유암덕연(唯庵德然)선사가 단오에 법좌에 올랐다. '기장떡 한 그릇 먹고, 창포차 반 사발 마셨다. 이것이 바로 납승의 좋은 시절이니, 모두들 배불러서 코골고 잘 것이다. 종횡으로 자재하여 아무 일 없이 기쁘고 자유롭기만 할 터이니, 앙산의 밭갈기·위산의 암소·화산의 북치기·설봉의 공굴리기 설한다 해도 온통 어린아이 놀음이리라. 선덕들의 종지도 아닐 뿐만 아니라 좋은 단옷날 망치는 한마디일 뿐이다. 어떠한가? 눈앞에 괴이한 것이 없으니 종규 그려 붙일 필요 있는가'. 唯庵然禪師端午上堂 黃米粽喫一鉢 菖蒲茶喫半甌 箇是衲僧好時節 大家相見飽齁齁 縱橫自在 自樂自由 說甚仰山開畬 潙山牯牛 禾山打鼓 雪峰輥毬 總是小兒褉劇 且非先德宗猷 只如端午掩殃一句 又作麽生 目前無怪異 不用貼鐘馗"라고 하였다. 〔참고문헌〕 『五祖法演語錄』, 『如淨語錄』, 『列祖提綱錄』, 『圜悟語錄』 권7(대정장47, p.744a4). ⇨ 문신 門神

종극 宗極 으뜸인 것의 그 끝. 더 할 것이 없는 뜻이다. 『장아함경』 「승조서 僧肇序」(대정장1, p.1a5)에 "무릇 종극이란 불러 말함을 끊었으니 현성은 그저 끝내 말 없고 현지는 말이 아니고는 전하지 못한다. 그리하여 석가께서는 가르침을 끝까지 가르치신 것이다. 夫宗極絶於稱謂 賢聖以之沖默 玄旨非言不傳 釋迦所以致教", 『주유마힐경』 「승조서 僧肇序」(대정장38, p.327a27)에 "이 경이 밝히는 바는 온갖 행을 다 꾸림에 있어 방편의 지혜를 주제로 삼고, 덕의 뿌리를 심음에 있어서는 육바

想行識等各別種類 總名爲一種類共相", 『유가론기』 권5(대정장42, p.415a14)에 "종류공상이란, 오온의 종류는 비록 그 바탕이 각각 다르지만 적취의 뜻으로는 같아서 다 거둬 온이라고 하니, 온을 공상으로 한다. 種類共相者 五蘊種類 雖體各別 積聚義同 總名爲蘊 蘊爲共相"라고 하였다. [참고문헌] 『瑜伽師地論』, 『瑜伽論記』. ⇨ 오온 五蘊, 공상 共相

종류멸 種類滅 종(種)과 류(類)가 사라지는 것. 근분정(根分定)과 무루정(無漏定) 등을 수습하여 욕계(欲界)나 색계(色界) 등에 매여 있던 신어표(身語表)와 사온(四蘊) 등이 사라져서 종과 류의 구별도 사라지는 뜻이다. 『대비바사론』 권171(대정장27, p.861a3)에 "만약 통하여 종류멸에 의지해 말한다면, 저들은 말하길 '미지(未至)라는 말은 세 지(地)를 거둔다. 미지정 중에서는 유루도 무루도 거둔다. 이것은 욕계와 초정려에 매인 신(身)과 어(語)의 표업을 멸하기 때문이다'. 若說通依種類滅說者 彼說未至言攝三地 於未至定中 攝有漏無漏 以此能滅 欲界初靜慮繫身語表故", 같은 책 권172(대정장27, p.864c2)에 "멸이 말하는 것은, 이것을 종류멸에 의지해 말하면 저는 이렇게 말한다. '미지라는 말은 미지정과 정려중간과 위의 네 가지 근분(近分)을 거두기에, 미지정중에서는 유루와 무루를 거둔다. 이것에 의하여 욕계, 나아가 제4정려에 매인 색온과 색취온을 멸하기 때문이다'. … 멸이라 말한 것은, 이것을 종류멸에 의지해 말한다면 저는 이렇게 말한다. '미지라는 말은 미지정과 정려중간과 위의 일곱 가지 근분을 거두기에, 미지정중에서는 유루와 무루를 거둔다. 이것에 의하여 욕계, 나아가 비상비비상처에 매인 사온과 사취온을 능히 사라지게 하기 때문이다'. 所說滅者 若說此依種類滅說者 彼說未至言 攝未至定 靜慮中間 上四近分 於未至定中 攝有漏無漏 依此能滅 欲界繫 乃至 第四靜慮繫 色蘊色取蘊故 … 所說滅者 若說此依種類滅說者 彼說未至言 攝未至定 靜慮中間 上七近分 於未至定中 攝有漏無漏 依此能滅 欲界繫 乃至非想非非想處繫 四蘊 四取蘊故"라고 하였다. [참고문헌] 『大毘婆沙論』. ⇨ 구경멸 究竟滅, 근분정 近分定, 무루정 無漏定

종륜 從倫 원초 조동종(曹洞宗) 스님. 호는 임천(林泉). 연경(燕京) 보은사(報恩寺)의 만송행수(萬松行秀 1166~1246)의 가르침을 받고 종지를 알아차려 그 법제자가 되었다. 처음에 만수사(萬壽寺)에 주석하면서 아울러 스승의 뒤를 계승하여 보은사의 주지가 되었다. 『오등회원속략』 권1(卍속장138, p.860a8)에 따르면 당시에 "이런 선이나 저런 선이나 정위도 아니고 편위도 아니다. 생각으로 따라갈 길이 없고 심연처럼 깊어 고금을 모두 넘어서 이후에도 없고 이전에도 없다. 자취를 잊기만 한다면 어찌 언어의 수단을 고수할 필요가 있겠는가! 禪禪非正非偏 無意路 有玄淵 超今邁古 絶後光先 但能忘影迹 何必守筌箵"라는 등의 상당 법어를 남겼다. 1268년(세조9) 임금의 명을 받고 내전에 들어가 제사(帝師)와 법에 대한 견해를 주고받으며 선의 종지를 드러내고 종밀(宗密)의 『선원제전집 禪源諸詮集』을 진상하였다. 1277년(세조18) 10월 20일 임금의 명으로 대도(大都) 민충사(憫忠寺)에서 도장(道藏)의 위경(僞經)을 불사를 당시 『도덕경 道德經』을 제외하고 모두 태워 없앴다. 투자의청(投子義青)의 송고(頌古) 100칙과 단하자순(丹霞子淳)의 송고 100칙에 모두 착어(著語)와 평창(評唱)을 달아 각각 『공곡집 空谷集』·『허당집 虛堂集』으로 집성하였다. [참고문헌] 『五燈會元續略』, 『五燈嚴統』 권14(卍속장139, p.628a3), 『五燈全書』 권61(卍속장141, p.302b12).

종륵 宗泐 1318~1391. 명초 임제종(臨濟宗) 스님. 자는 계담(季潭), 호는 전실(全室), 속성은 주(周)씨. 대주(臺州 : 浙江省 臨海) 출신. 세속을 싫어하는 품성을 타고났다. 나이 여덟에 항주정자사(杭州淨慈寺)의 소은대흔(笑隱大訢) 문하로 들어가 공부하다가 열넷에 삭발하고 스무 살에 구족계를 받았다. 대흔이 금릉용상집경사(金陵龍翔集慶寺 : 天界寺)에서 개산했을 당시 따라가서 경산원수(徑山元叟)를 친견하고 그 절의 기실(記室) 소임을 맡았다. 처음에는 수서사(水西寺)에 주석하다가 나중에 중천축사(中天竺寺)·쌍경사(雙徑寺) 등으로 옮겼다. 명초에 임금의 명으로 천계사(天界寺)에 주석하였고, 역시 임금의 명에 따라 여기(如玘)와 함께 『능가경주해 楞伽經注解』·『반야심경주해 般若心經注解』·『금강반야경주해 金剛般若經注解』 각 1권 등을 지었고, 아울러 대장경을 점검하였으며 헌불악장(獻佛樂章) 등을 제작하였다. 1377년(홍무10) 법을 구하고자 서역에 가서 『장엄보왕경 莊嚴寶王經』과 『문수경 文殊經』 등을 가져왔다. 1382년(홍무15) 조정으로 돌아와 같은 해에 창설한 승록사우선세(僧祿司右善世)를 맡아 천하의 승교(僧教)를 관장하였다. 조정 신하들의 질투를 받아 원통암(圓通庵)을 짓고 그곳에 은퇴하였다. 1391년(홍무24) 강포석불사(江浦石佛寺)에서 세수 74세로 입적하였다. 위의 저술 이외에 『전실외집 全室外集』 1권·『전실고 全室稾』 1권 등이 있다. [참고문헌] 『釋鑑稽古略續集』 권2(대정장49, p.925a18), 『南宋元明禪林僧寶傳』 권13(卍속장137, p.739b10), 『金陵梵刹志』 권1·16, 『淨慈寺志』 권10·19.

종리 宗利 1055~1144. 남송(南宋)대 정토종(淨土宗) 스님. 속성은 고(高)씨. 회계(會稽 : 浙江省) 출신. 일곱 살에 천화산(天華山)에서 불법을 배웠다. 구족계를 받고 소주(蘇州) 남병산(南屛山) 신오(神悟) 문하에서 3년 동안 참법(懺法)을 닦은 끝에 감응하여 보현보살(普賢菩薩)을 보았다. 참회를 마치고서 서호(西湖) 영지사(靈芝寺)로 가서 원조(元照)율사를 친견하고 그 계법을 받았다. 정에 들어 정토에서 노닐며 연못과 숲을 보기도 하였다. 오래지 않아 신성(新城) 벽소사(碧沼寺)로 옮겨 10년 동안 염불삼매(念佛三昧)에 전념하였다. 그 뒤 천태(天台)·안탕(雁蕩)·천봉(天封) 등으로 다니며 모두 정토도량(淨土道場)을 건립하였고, 만년에는 천화산으로 돌아와 무량수불각(無量壽佛閣)을 건립하였다. 건염년간(1127~1130)말에 도미산(道味山)으로 들어가 일상암(一相菴)을 짓고 은거하였다. 『불조통기』 권27(대정장49, p.278a24)에 "제자에게 '나는 허공을 가득 메운 백련화를 보았다'라 말하고 3일 뒤에 다시 '부처님께서 오셨다!'라고 한 다음 '내 나이 구십에 머리는 흰 눈이 내린 듯하니, 세상에는 결코 백 년 사는 나그네 없으리라. 한 모습 길에 있던 사람이 고향으로 돌아가는데, 금대에 앉았노라니 하늘과 땅도 좁구나'라는 임종게를 남기고 홀연히 입적하였다. 謂弟子曰 吾見白蓮華 遍滿空中 三日復曰 佛來矣 卽書偈曰 吾年九十頭雪白 世上應無百年客 一相道人歸去來 金臺坐斷乾坤窄 奄然而化"라고 하였다. 그때가 1144년(소흥14)으로 세수 90세였다. [참고문헌] 『佛祖統紀』, 『淨土資糧全集』 권1(卍속장108, p.454b8), 『補續高僧傳』 권3 「宗利傳」(卍속장134, p.75a9).

종리 種理 Ⓢ bīja-dharma-yoga, Ⓣ sa-bon-gyi-chos-kyi-tshul. 씨앗이 싹을 틔우는 도리(道理). 창조도 유물(唯物)도 아닌 뜻에서 만물이 나는 뜻으로, 사제(四諦) 중 집제(集諦)의 사상(四相 : 因集生緣) 중 인상(因相)의 비유다. 『구사론』 권26(대정장29, p.137a10 : *Abh-k-bh.*, p.400)에 "집성제에는 네 가지 상이 있으니 첫째는 인, 둘째는 집, 셋째는 생, 넷째는 연이다. 종자의 뜻과 같기에 인이며, 가지런히 함께 드러나는 뜻이기에 집이고, 상속하는 뜻이기에 생이며, 성취해 가리는 뜻이기에 연이다. 비유하자면 진흙덩이·물레·밧줄·물 등의 뭇 연이 화합하여 병 등을 가려내는 것과 같다. 集聖諦有四相 一 因 二 集 三 生 四 緣 如種理故因 等現理故集 相續理故生 成辦理故緣 譬如泥團 輪 繩 水等 衆緣和合 成辦甁等 heturbījadharmayogena. samudayaḥ prādurbhāvayoigena. prabhavaḥ prabandhayogena. abhiniṣpādanārthena pratyayaḥ. tadyathā mṛtpiṇḍadaṇḍacatrasūtrodakasamavāyāt ghaṭābhiniṣpattirbhavati tadvaditi", 『구사론송소론본』 권26(대정장41, p.961b3)에 "집제에 네 가지가 있으니 인집생연이다. 종자의 뜻과 같기에 인이다〈종자가 싹을 낳는 도리〉. 集諦有四 因集生緣 如種理故因〈種子生芽道理〉"라고 하였다. [참고문헌] 『俱舍論』, 『俱舍論頌疏論本』, *Abh-k-bh.* ⇨ 종자 種子, 인집생연 因集生緣, 사제 四諦, 집제 集諦

종리근 鍾離瑾 967?~1030. 송대 관료이자 독실한 염불수행자. 자는 공유(公瑜). 회계(會稽 : 浙江省 紹興) 출신. 제형(提刑)·소사(少師) 등을 역임하였다. 모친 임(任)씨의 정성스러운 염불 수행의 영향을 받았다고 전하는데, 『불조통기』 권28 「왕생공경전 往生公卿傳」(대정장49, p.282c9)의 '종리근전'에 모친의 말이 다음과 같이 전한다. "(종리근은) 어려서부터 모친 임씨 부인을 모시었는데, 부인은 정업을 정성스레 닦았다. 나이 98세에 평소대로 일어나서는 문득 종리근을 깨우치며 말하길 '사람마다 다 아미타불 계시니 어찌 품기를 마다하겠는가? 념념이 극락 아님이 없으나 돌아갈 줄 모를 뿐이다. 내일 나는 가려 한다'. 幼事母任夫人 夫人精修淨業 年九十八 起居如常 忽戒瑾曰 人人有箇彌陀 奈何抛去 念念無非極樂 不解歸來 翌日予將行矣"라고 하였다. 다음날 임씨는 새벽에 일어나 향을 피운 다음 독송을 마치고 합장한 채로 입적하였다. 종리근은 이후로 매일 스무가지 선행을 하였다고 한다. 또 다른 한편 『왕생집』 권2 「종리소사 鍾離少師」(대정장51, p.140a17)에 따르면, 절서(浙西)에 머무를 때 자운준식(慈雲遵懺 964~1032)을 만나 염불수행을 돈독하게 하였다(遇慈雲懺主 遂篤信淨土)고 전한다. 밖으로는 국사를 돌보고 안으로는 잠을 잊고 염불수행에 매진하였다. 임종하는 날 가족을 불러 모아놓고 청련화대(青蓮華臺)를 타고 신선의 연주(仙樂)와 함께 서방으로 갔다고 전한다. 훗날 아들 종리경공(鍾離景融)과 증손자 종리송(鍾離松)도 관료로서 이름을 남기면서 정토행업도 함께 성취했다. [참고문헌] 『佛祖統紀』, 『往生集』, 『龍舒增廣淨土文』 권8(대정장47, p.277c27), 『善女人傳』 권상 「鍾離夫人任氏」(卍속장150, p.220a4).

종리중경목록 綜理衆經目錄 동진(東晉)대 도안(道安) 지음. 1권. 후한(後漢)부터 동진 효무제 2년(374)까지 한역된 경전과 주석서에 대한 중국 최초의 목록서. 『부진사문석도안종리중경목록 苻秦沙門釋道安綜理衆經目錄』·『안법사소찬록 安法師所撰錄』·『중경목록』·『석도록 釋道錄』·『도안록 道安錄』·『안공록 安公錄』·『안록 安錄』 등이라고도 한다. 현재 전하지 않지만, 이 책을 기반으로 하여 양(梁)의 승우(僧祐)가 지은 『출삼장기집 出三藏記集』(대정장55, No.2145) 권2~5에 따르면 이 책의 내용은 「찬출경율론록 撰出經律論錄」·「이출경록 異出經錄」·「고이경록 古異經錄」·「실역경론 失譯經論」·「양토이경록 涼土異經錄」·「관중이경 關中異經」·「의경록 疑經錄」·「주경급잡지경록 注經及雜志

經錄」의 8부분으로 나누었고, 총639부 886권을 수록하고 있다. 『개원석교록』 권10(대정장55, p.572c29)에 "『종리중경목록』 1권 : 부진(符秦)대 사문 석도안이 지은 책이다. 이전의 모든 목록은 경전의 이름만 나열할 뿐, 품류와 시대에 대해서는 모두 빠뜨리고 기록하지 않아 후세인이 보면 근거를 헤아릴 수 없었다. 이에 석도안이 경전의 이름을 다 모으고, 그 시대를 나타내 품류의 순서를 가려서 그 제작을 확정하였다. 뭇 경의 근거가 이 책을 통해 밝혀져 후세의 뭇 목록들도 이 책을 바탕으로 더욱 넓혀졌다. 綜理衆經目錄 一卷 右符秦代 沙門 釋道安所撰 自前諸錄 但列經名 至於品類時代 蓋闕而不紀 後人披覽 莫測根由 安乃 總集名題 表其時代 銓品新舊 定其制作 衆經有據 自此而明 在後群錄 資而增廣"라고 하였다. [참고문헌] 『開元釋敎錄』, 『歷代三寶紀』 권8(대정장49, p.76b13), 『大唐內典錄』 권10(대정장55, p.336c4). ⇨ 도안 道安 ❶

종린 宗璘 1127~1179. 고려전기 스님. 화엄종의 대가(大家). 자는 중지(重之), 입적 후 현오국사(玄悟國師)라 시호하였다. 왕(王)씨이니 1127년(인종5)에 왕족으로 태어났다. 일찍부터 인종이 대각국사 의천(義天)의 화엄종을 계승할 제자가 없을까 염려하였는데, 13세 때인 1139년(인종17)에 숙종의 넷째 왕자인 원명국사(圓明國師) 징엄(澄儼)을 은사로 하여 스님이 되었고, 1141년(인종19) 15세 때 개성 불일사(佛日寺)에서 비구계를 받았다. 1146년(의종즉위년) 비서(批書)로 수좌(首座)가 된 후, 김제 귀신사(歸信寺)·국태사(國泰寺)·개성 중흥사(重興寺)·영주 부석사(浮石寺) 등의 주지를 역임하였는데 검소하여 방장실에는 십전어치의 물건도 없었다고 전한다. 이후 승통(僧統)으로 추대되었다. 1147년(의종1)에는 왕궁에 가서 왕의 큰 동생인 원경국사(元敬國師) 충희(冲曦 ?~1183)를 출가시키기도 하였다. 1170년(명종즉위년) 좌세승통(佐世僧統)이라는 호를 받았고, 1171년 겨울 궁중에서 백고좌회(百高座會)를 열었을 때 증명법사로 추대되었다. 1179년(명종9) 6월 29일 병세가 악화되어 손으로 해가 빠지는 곳을 가리키면서 조용히 입적하니 세수 53, 법랍 39세였다. 왕이 '현오국사 玄悟國師'라는 시호를 올리고 장단현(長湍縣) 대탁산(大倬山) 동쪽 기슭에서 화장했다. [참고문헌] 『朝鮮金石總覽』 권상 pp.404~408, 『韓國金石全文』 中世下 pp.875~878, 李智冠 『校勘譯註歷代高僧碑文』 高麗篇3 pp.470~486. ⇨ 서봉사현오국사비 瑞峰寺玄悟國師碑

종림 宗林 고려말 조선초 스님. 법천대사(法泉大師)·우세군(祐世君)이라고도 한다. 자은종(慈恩宗) 도승통(都僧統)으로서 목은(牧隱) 이색(李穡)·조운흘(趙云仡) 등과 깊이 교유하였는데, 『목은시고』에 종림과 관련된 시 5편이 전한다. 『태조실록』 권9 5년(1396) 3월 4일에 "자은종의 도승통 종림과 전 판사 윤안정이 일찍이 판교원을 세우고, 성을 짓느라 오가는 사람 중에 환자가 있으면 의원을 청해 맥을 짚고 약을 지어 치료하게 하였다. 또 음식을 공양하여 병이 나은 사람에게 주어 보냈다. 우정승 김사형이 이를 듣고 아뢰니, 임금께서 쌀·콩·소금·장을 보낼 것을 명하였다. 慈恩都僧統宗林與前判事尹安鼎 嘗作板橋院 及築城人往還有疾病者 請醫胗脈 劑藥救療 且供飮食 疾愈者 給糧遣之 右政丞金士衡聞之以聞 上命賜米豆鹽醬"라고 하였다. [참고문헌] 『太祖實錄』, 『牧隱詩藁』 권20·25·26·28·33, 『高麗史』 권112 列傳25 趙云仡.

종립 宗立 1595~1666. 일본 강호(江戶)시대 임제종 스님. 법호는 강설(江雪), 별호는 파혜자(破鞋子)·불여자(不如子)·고체자(枯體子), 시호는 대강지해선사(大綱智海禪師). 천주(泉州) 출신. 욱련사(旭蓮社)에서 삭발하였고 택암종팽(澤庵宗彭)과 강월종완(江月宗玩)을 스승으로 모셨다. 훗날 그의 법을 잇고 용광원(龍光院)의 제일두(第一頭)를 거쳐 1644년(정보1) 경도(京都) 대덕사(大德寺)의 181세(世) 주지가 되었다. 서화(書畵)에도 뛰어났다. 관문(寬文) 6년(1666), 세수 72세로 입적하였다.

종맥 宗脈 으뜸의 뜻(宗旨)을 이어 끊임없이 이어지다. 『분양어록』 권하 「광지가일십오가문풍 廣智歌一十五家門風」(대정장47, p.621b26)에 "으뜸의 길을 알지 못해 어리둥절해 하지 마라. 그러다가는 영겁의 세월 동안 길이 생사에 빠져 있으리라. 不知宗脈莫顢頇 永劫長沈生死界", 『조당집』 권11 「보복장 保福章」(대장경보편25, p.508b10)에 "이것인즉 거두어 방편을 삼는다 하지만, 다만 으뜸의 뜻으로 일어나는 일은 어찌하랴? 這個則收爲方便 只如宗脈中事 作摩生"라고 하였다. [참고문헌] 『汾陽語錄』, 『祖堂集』. ⇨ 종지 宗旨

종명누진 鐘鳴漏盡 새벽종이 울리고 물시계(漏刻)의 물도 다했다는 말. 날이 밝기 전에 오경(五更 : 새벽 3~5시)을 알리는 종이 울리면 물시계마저 물을 흘려 흐르기를 다하는 일에 빗대어, 덧없이 흐르는 세월을 경계하여 공부하게 하는 뜻이다. 『서장』 「답영시랑장 答榮侍郞狀」 제2서(대정장47, p.939c20)에 "보내주신 편지에서 '종이 울리고 흐름도 다했다'라고 하신 자책은 위로 임금에게 충성을 다하고 아래로는 백성을 편안하게 하려는 말씀으로 들립니다. 본래 거문고 소리를 듣고 그 뜻을 알아듣는 벗이 있는 법입니다. 示諭 鐘鳴漏盡之議 爲君上盡誠 而下安百姓 自有聞絃賞音者", 『벽암록』 「

삼교노인서 三敎老人序」(대정장48, p.139c18)에 "뱃속 가득 온갖 것 얽혀 두고 묻고 따지며 수없이 되새기더라도 그것이 생사대사에는 어떤 일도 할 수 없다네. 종 울리면 흐르는 일 다하는데 장차 쓸 일 있겠는가! 滿肚葛藤 能問千轉 其於生死大事 初無干涉 鐘鳴漏盡 將焉用之", 『삼교평심론』 권상(대정장52, p.783a8)에 "유학은 마치 한 잔의 등불로 하루 저녁을 비추듯 하니, 종 울리고 누각의 물이 다하는 새벽이면 기름 없어 등불 꺼지듯 한다. 儒猶一盞之燈 光照一夕 鐘鳴漏盡則 油竭燈滅也"라고 하였다. [참고문헌] 『書狀』, 『碧巖錄』, 『三敎平心論』, 『四集私記』 p.116.

종명입명 從冥入冥 Ⓢ tamo andhakāro ayu sarva-loka, Ⓣ 'jig-rten-'di-kun-gti-mug-mun-gnag. 어둠을 좇아 어둠으로 들어가다. 무명(無明) 속에 거듭 헤매는 뜻이다. 『잡아함경』 권10(대정장2, p.72a12)에 "그대 비구들은 이와 같이 훌륭한 뜻으로 출가하였다. 그런데 어찌하여 그중에 다시 한 어리석은 범부 있어 탐욕을 일으키며 극히 염착을 내고, 성내어 흉폭하고 게으르며 하열하여 바른 생각을 잊고 평정을 잃어 모든 근을 어지럽게 하는가? 비유하자면 어떤 사내가 깜깜한 곳을 좇아 도로 깜깜한 곳에 드는 것과 같고, 어둠을 빠져나와 다시 어둠으로 들어가는 것과 같고, 측간을 빠져나와 도로 측간으로 떨어지는 것과 같고, 피로 피를 씻는 것과 같고, 모든 악을 버렸다가 다시 악을 취하는 것과 같다. 汝等比丘 爲如是勝義而出家 云何於中 猶復有一愚癡凡夫 而起貪欲 極生染著 瞋恚兇暴 懈怠下劣 失念不定 諸根迷亂 譬如士夫 從闇而入闇 從冥入冥 從糞廁出 復墮糞廁 以血洗血 捨離諸惡 還復取惡", 같은 책 권42(대정장2, p.304c5)에 "무엇을 '같은 한 사람이 어둠을 빠져나와 다시 어둠으로 들어가는 것'이라고 하는가? 어떤 사람이 비천한 종성의 집안에 나니, 만약 전다라 집안 또는 어부 집안, 죽세공 집안, 수레공 집안 등 여타 여러 가지 하천한 기술을 업으로 하는 집안에서 태어나 빈궁하고 단명하며 몰골은 초췌한데 다시 비천한 집안에서 수행하여 다시 사람들이 하천하게 부림을 당하니, 이것을 어둠이라고 한다. 이 어둠에 처해서 다시 몸으로 악행을 저지르고 입으로 악행을 저지르며 마음으로 악행을 저지른다. 이런 인연 때문에 몸이 무너져 목숨이 다해도 악취에서 나서 지옥(泥梨)에 떨어진다. 마치 어떤 사람이 깜깜한 곳 좇아 나와서 다시 깜깜한 곳으로 들어가고, 측간을 나와서 도로 측간에 들어가며, 피로써 피를 씻고 악을 버리고 악을 받는 것과 같다. 어둠을 빠져나와 다시 어둠으로 들어가는 것도 이와 같다. 이런 까닭에 '어둠을 빠져나와 다시 어둠으로 들어간다'고 하는 것이다. 云何爲一種人從冥入冥 謂有人生卑姓家 若生旃陀羅家 魚獵家 竹作家 車師家 及餘種種下賤工巧業家 貧窮短命 形體憔悴 而復修行卑賤之家 亦復爲人下賤作使 是名爲冥 處斯冥中 復行身惡行 行口惡行 行意惡行 以是因緣 身壞命終 當生惡趣 墮泥梨中 猶如有人從闇入闇 從廁入廁 以血洗血 捨惡受惡 從冥入冥者 亦復如是 是故名爲從冥入冥", 『법화경』 권3 「화성유품 化城喩品」(대정장9, p.22c24 : *Saddh-p.*, p.162)에 '어둠을 좇아 어둠에 드니 영영 부처님의 명호를 듣지 못하네. 從冥入於冥 永不聞佛名 na śrūyate jātu jinānā śabdas-tamo 'ndhakāro ayu sarva-lokaḥ"라고 하였다. [참고문헌] 『雜阿含經』, 『法華經』, 『無量壽經』 권하(대정장12, p.277a28), *Saddh-p.*

종묘사직 宗廟社稷 대대로 개국의 뜻을 잇고 섬기는 일. 『광홍명집』 권12(대정장52, p.170b6)에 "다만 부처님께서 천축에 태어나 그 풍토에 따르셨으니, 장법은 반드시 다비로 하고 사리를 거두어 반드시 탑을 세웠다. 탑은 곧 묘이고 묘란 곧 모습을 갖춤이니, 제사를 받들어 섬기되 마치 그 모습 계신 듯이 한다. 지금 국가의 종묘사직이 다 그렇게 한다. 但佛生天竺 隨其土風 葬必闍維 收必起塔 塔卽是廟 廟者貌也 祭祀承事 如貌存焉 今之國家宗廟社稷類皆然也", 『비니모경』 권3(대정장24, p.816b15)에 "(백정왕이) '세존이시여! 형제가 이미 함께 출가하였으므로 라후라는 뒤를 이어 종묘가 끊이지 않기를 바랐는데 어찌하여 라후라를 출가시키셨습니까?' 부처님이 부왕을 위해 출가의 갖가지 공덕과 큰 이로움을 설하시고 이 일로 인하여 훗날 출가자를 위하여 계율을 제정하셨다. '만약 출가하고 싶으면 먼저 부모님께 말씀드려야 한다. 부모가 허락하지 않으면 출가해서는 안 된다.' 世尊 兄弟已共出家 望羅睺羅繼後使宗廟不絶 云何度羅睺羅出家 佛卽爲父王說出家種種功德大利 因此爲後出家者作制 若欲出家先白父母 父母不聽不得出家 是名度沙彌法 出家求父母如法之初始也"라고 하였다. [참고문헌] 『廣弘明集』, 『毘尼母經』. ⇨ 사직 社稷

종무 宗鍪 1208~1287. 원대 임제종 스님. 법호는 용제(龍濟), 자호는 우운(友雲). 속성은 왕(王)씨. 여릉(廬陵) 출신. 12세에 출가하여 19세에 구족계를 받고, 22세에 참방하러 다니다가 영은지선(靈隱之善)의 불열반일 법문을 듣고 활연계오(豁然契悟)하여 법을 이었다. 작별할 때 깊은 산에 암자를 짓고 머물라는 영은의 당부에 따라 1243년 동산(東山) 불정봉(佛頂峰)에 암자를 짓고 머물렀다. 1287년(지원24) 7월에 세수 80, 법랍 61세로 입적하였다. 불정봉에 전신으로 입탑되었다. [참고문헌] 『天如惟則語錄』 권6 「龍濟禪寺友雲禪師塔銘」(卍속장122, p.920b12), 『五燈嚴統』 권22(卍속장139, p.960a1), 『五燈全書』 권53(卍속장141, p.153a11), 『續指月錄』 권3(卍속장143, p.825b17), 『佛祖綱目』 권3

9(卍속장146, p.813b10). ⇨지선 之善

종문 宗門 으뜸(宗)을 밝혀 여는 문. 종(宗)이란 실단다(悉檀多 Ⓢsiddhānta)의 번역어로 끝내 알아야 할 으뜸의 뜻을 말한다. 교문(教門)과 달리하는 선문(禪門)을 지칭하는 말로 알려졌지만, 종문의 진술자들은 그렇게 말하지 않는다. 하나뿐인 불교(佛教) 즉 부처님 가르침 중에서도 으뜸의 뜻(宗旨)을 깨우쳐 열고자, 한 층 다른 격외(格外)의 종풍(宗風)을 몸소 행하는 무리들이 스스로의 면모를 가리켜 부르는 말이다. 종문(宗門)의 계보를 가섭(迦葉)으로 시작하고 교문의 자취(教迹)를 끊임없이 살펴 향상(向上)의 길을 거듭해 감당하는 종사(宗師)들이 스스로 넘기 어려운 관문(關門)을 설치하고 넘나드는 문이 종문의 뜻이다. 『전법정종론』 권하(대정장51, p.781b16)에 "옛부터 우리 선문을 명명하여 종문이라 하였으니, 교의 자취 그 밖에 다름을 높여 부른 말이다. 그러나 이 선요가 이미 우리의 하나뿐인 불교로서의 으뜸의 뜻이기에, 바로 그 법요를 전한 이들은 33조이고, 대가섭부터 조계 혜능에 이르기까지 모두 단 하나 석교의 조사들이다. 그럼에도 식견이 얕은 사람들은 허망하게 달마와 조계를 나누고 유독 그들만 선문의 조사로 여기니 심히 그릇되다 하지 않을 수 없다. 古者 命吾禪門 謂之宗門 而尊於教迹之外殊 是也 然此禪要 既是吾一佛教之宗 則其傳法要者 三十三祖 自大迦葉 至乎曹溪 乃皆一釋教之祖也 而淺識者 妄分達磨曹溪 獨爲禪門之祖 不亦甚謬乎", 『종문십규론』「자서 自敘」(卍속장110, p.877b3)에 "말 없는 중에 굳이 말로 드러내고 법이 없는 중에 억지로 법을 두게 되니, 종문에서 병통을 가리켜 십조로 간추려 낸다. 於無言中 强顯其言 向無法中 强存其法 宗門指病 簡辯十條"고 하였다. 선문에서는 그들 저술의 머릿글로 장식했는데, 법안(法眼)의 『종문십규론』, 도겸(道謙)의 『대혜종문무고 大慧宗門武庫』, 종영(宗永)의 『종문통요 宗門統要』, 원징(圓澄)의 『종문혹문 宗門或問』 등이 그 예이다. 『건주홍석록』 권상 「송건양종영선사 宋建陽宗永禪師」(卍속장147, p.827b18)에 "제방을 더없이 참문하여 선지를 깊이 터득한 다음, 종문의 기어를 모아 『종문통요』라 이름한다. 飽參諸方 深得禪旨 嘗集宗門機語 名曰宗門統要", 『조정사원』 권8(卍속장113, p.234a15)에 "종문 : 삼학이라 하면 이 문을 으뜸으로 삼지 않음이 없으므로 이를 종문이라 부른다. 宗門 謂三學者 莫不宗於此門 故謂之宗門", 『감산집』 권6(卍속장127, p.287a18)에 "부처님과 조사는 한 마음이고 교와 선은 하나에 이른다. 종문의 교외별전은 마음을 떠난 밖에 한 법 따로 전할 것이 있다는 게 아니다. 다만 누구나 언어문자를 벗어나 오로지 말 밖의 뜻을 깨달아야 한다는 것이다. 요즈음 참선하는 사람들이 입만 열면 교를 비난하지만, 교가 한 마음을 말했으며 이에 선의 뿌리인 줄은 모른다. 佛祖一心 教禪一致 宗門教外別傳 非離心外 別有一法可傳 祇是要人 離却語言文字 單悟言外之旨耳 今參禪人 動卽呵教 不知教詮一心 乃禪之本也", 『원오어록』 권16 「시종각대사 示宗覺大師」(대정장47, p.786a25)에 "부처님 말씀은 마음을 으뜸으로 삼으니 종에도 통하고 말씀 또한 통한다. 이미 그것을 종문이라 하였는데 어찌 갈래쳐서 본을 버리고 말을 좇으니 언어와 기경을 따르면서 소굴만을 짓는가! 佛語心爲宗 宗通說亦通 既謂之宗門 豈可支離去本逐末 隨言語機境作窠窟", 『속전등록』 권12 「왕숭승익전 王崇勝益傳」(대정장51, p.539b22)에 "주장자 내리치고서 다시 말했다. '종문의 조사 말씀인즉 다만 입을 다물고 묘봉을 눌러앉아 한 입에 황하 들이켰다가 토해낸다. 곤륜산의 무쇠소는 우주를 가로지른다. 이곳에 이르러서야 도리어 이 몸 벗어날 한 길 있게 되리라'. 잠깐 말 없으시다가 말한다. '옥마 흐느낄 때 금빛 별은 돌기 시작하고, 금빛 닭 울기 시작해야 태양빛 가득차리. 참!' 卓一下 又曰 宗門祖令 徒自緘言 坐斷妙峯 一口呑盡 黃河倒瀉 崑崙鐵牛 橫行宇宙 到這裏却須有出身一路 良久曰 玉馬嘶時金斗轉 金雞啼處日光生 參", 『전심법요』(대정장48, p.383c9)에 "그러므로 '여래의 말씀은 모두 사람을 교화함이다'라고 하였으니, 마치 노랗게 시든 잎을 금이라 하여 어린 아이 울음 그치게 한다. 결정코 부실함에도 만일 실로 얻은 무엇 있다면 우리 종문의 손님은 아니다. 故云 如來所說 皆爲化人 如將黃葉爲金 止小兒啼 決定不實 若有實得 非我宗門下客"라고 하였다. [참고문헌] 『傳法正宗論』, 『宗門十規論』, 『建州弘釋錄』, 『祖庭事苑』, 『憨山集』, 『圜悟語錄』, 『續傳燈錄』, 『傳心法要』. ⇨선문 禪門[3], 교상문 教相門

종문무고 宗門武庫 ➡대혜보각선사종문무고 大慧普覺禪師宗門武庫

종문보적록 宗門寶積錄 청대 산효본석(山曉本晳) 엮음. 93권. 『오등회원 五燈會元』·『고존숙어록 古尊宿語錄』 등에 게재되지 않은 송말(宋末)·원(元)·명(明)시대 88위 선사어록을 수록하였다. 『고존숙어록』의 형식을 모방하였고, 상당(上堂)·시중(示衆)·소참(小參)·기연(機緣)·염송(拈頌)·법어(法語) 등을 모았다. 권1부터 권91까지는 남악회양(南嶽懷讓)·청원행사(青原行思)·설봉의존(雪峰義存)·현사사비(玄沙師備)에서 각랑도성(覺浪道盛)·위림도패(爲霖道霈)·설관도은(雪關道誾)·숭유도밀(嵩乳道密)까지이고, 권92·93은 「역전조도찬 歷傳祖圖贊」이다. 卍속장127, p.1014a1에 수록되어 있지만, 서문(序文)·범례(凡例)·목록(目錄)만 수록하고 있다. ⇨본석 本晳

종문분등집 宗門分燈集 송대 정탁(井度) 지음. 25권. 『선적지 禪籍志』 권상에 서명만 전한다.

종문삼인 宗門三印 종문에서 세 가지로 새겨 보이다. 마음 드러내 보이는(心印) 뜻을 허공에 새기듯(印空) 하여 자취 없고, 물 위에 새기듯(印水) 하니 천변만화로 드러나고, 진흙에 새기듯(印泥) 하니 만지고 보게 한다. 법신(法身)과 보신(報身) 그리고 응신(應身)에 각기 상응한다. 『인천안목』 권6(대정장48, p.329b23)에 "종문삼인〈석문온총 옥천사달〉: 하나의 심인을 허공에 찍다. 석문온총이 말했다. '혀는 위로 잇몸에 붙인다'. 옥천사달이 말했다. '온갖 모습들 옛 거울 중으로 거둬 돌아간다'. 하나의 심인을 물에 찍다. 석문온총이 말했다. '귀머거리에게 말한다'. 옥천사달이 말했다. '가을 달그림자 천강에 떨어졌다'. 하나의 심인 진흙에 찍다. 석문온총이 말했다. '머리를 주장자로 맞고서 입으로 재잘거린다'. 옥천사달이 말했다. '문채가 생겨나기 전을 자세히 보라'. 宗門三印〈石門聰 玉泉達〉 一印印空 門云 舌拄上齶 泉云 萬象收歸古鑑中 一印印水 門云 說話對聾人 泉云 秋蟾影落千江裏 一印印泥 門云 頭上喫棒 口裏喃喃 泉云 細觀文彩未生時", 『설두어록』 권5(대정장47, p.702b15)에 "종문삼인〈3수〉: 허공에 찍고 물에 찍고 진흙에 찍는다 하니, 글자 뜻 더없이 환하지만 도리어 아리송하구나. 황두대사(釋尊)도 모르는데 감히 누군들 몸소 얻어들어 보일 수 있겠는가. 진흙에 찍고 허공에 찍으며 물에 비추니, 대지 가득 차디찬 물결 다투어 인다. 그중에 가없는 물고기와 용들 어느 곳인들 벗어날 수 있겠는가. 물에 비추고 진흙에 찍고 허공에도 찍지만 납자는 동서를 가릴 줄 모른다네. 향상하는 한 구멍 열어젖히니 천성들 나란히 그 아래 서 있네. 宗門三印〈三首〉 印空印水印泥 炳然字義還迷 黃頭大士不識 敢問誰得親提 印泥印空印水 匝地寒濤競起 其中無限鱗龍 幾處爭求出觜 印水印泥印空 衲子不辯西東 撥開向上一竅 千聖齊立下風"라고 하였다. [참고문헌] 『人天眼目』, 『雪竇語錄』.

종문설난 宗門設難 명대 조동종(曹洞宗) 스님 맥랑명회(麥浪明懷) 지음. 허원쇠(許元釗) 기록. 1권. 卍속장127, pp.1002a1~1013b7에 수록되어 있다. 원제목은 『운문맥랑회선사종문설난 雲門麥浪懷禪師宗門設難』이다. '종문설난'이라 하였듯이, 종문에서 행하는 행의들에 대해 비판적으로 묻고 답하는 내용이다. 머리 부분(卍속장127, p.1002a7)은 그 설난이 신종(神宗) 때인 1620년(만력48)의 기록인데 다음과 같다. "달마는 서쪽에서 와 곧바로 사람의 마음을 가리켜 성을 보아 부처가 된다 하였다. 관행을 쓸어 없애고 문자도 세우지 않았다. 참선이라는 한마디도 이미 쓸데없는 혹에 불과하거늘, 어째서 조동종과 임제종의 여러 조사들은 여기에 삼현삼요니 오위삼관이니 하며 다시 세우는가. 이와 같은 것들이 어찌 초조가 서쪽에서 오신 뜻 어기지 않음이라 하겠는가. 初祖西來 直指人心 見性成佛 掃除觀行 不立文字 參禪一句 已是贅疣 云何曹洞臨濟 諸師更立 三玄三要 五位三關 如是等豈不悖初祖西來之意耶"라 하였듯이, 25주제를 설정하고 묻고 답한다.

종문십규론 宗門十規論 ➡ 법안선사종문십규론 法眼禪師宗門十規論

종문연등회요 宗門聯燈會要 ➡ 연등회요 聯燈會要

종문염고 宗門拈古 청대 혜궁개형(慧弓開詗) 지음. 4권. 『혜궁형선사어록』 권3~6(가흥장35, pp.679c1~704c24)에 수록되어 있다. 1681년(강희20) 경 간행되었다. ⇨ 혜궁형선사어록 慧弓詗禪師語錄

종문염고휘집 宗門拈古彙集 청대 백암정부(白巖淨符) 엮음. 45권. 1664년(강희3) 간행. 卍속장115, pp.514a1~1043b12에 수록되어 있다. 불조(佛祖)부터 남악하(南嶽下) 33세와 청원하(青原下) 36세 선사들의 염제(拈提)·기연(機緣)을 도아서 편집하였다. 『종문통요속집 宗門統要續集』에 수록된 송원(宋元) 이전의 모든 선사들이 남긴 어요(語要)를 보정(補正)하고 그것에 들어 있는 고칙(古則)을 대상으로 상량한 여러 종장(宗匠)들의 염송(拈頌) 등을 모았다. 그 이전에 간행된 『송고연주통집 頌古聯珠通集』(1179년·1392년)이나 『선문염송 禪門拈頌』(1226년) 등의 공안을 망라하고 더하여 모두 1,700칙의 공안을 집대성하였다.

종문원상집 宗門圓相集 고려 정각국사(靜覺國師) 지겸(至謙 1145~1229) 집록(集錄). 1권. 지겸이 장단(長湍) 화장사(華藏寺)에 주석하면서 제가선록(諸家禪錄) 중 원상(圓相: ◯)에 대한 옛 스님들의 송구(頌句) 170칙을 모아 엮어 1219년(고종6)에 묘봉암(妙峰庵)에서 간행하였다. 권말에 묘봉암의 몽여(夢如 ?~1252)가 지은 「발문 跋文」이 있는데, "지금 왕사인 화장사 대선옹이 독견지명으로 옛 성인들의 골수를 깨쳐 보았다. 선의 고요함 그 바깥으로 한 손을 뽑아들어 제가의 선록 중에 상에 대해 지은 170칙을 수집하였다. 今王師華藏寺大禪翁 以獨見之明 覷破先聖骨髓 禪寂之外

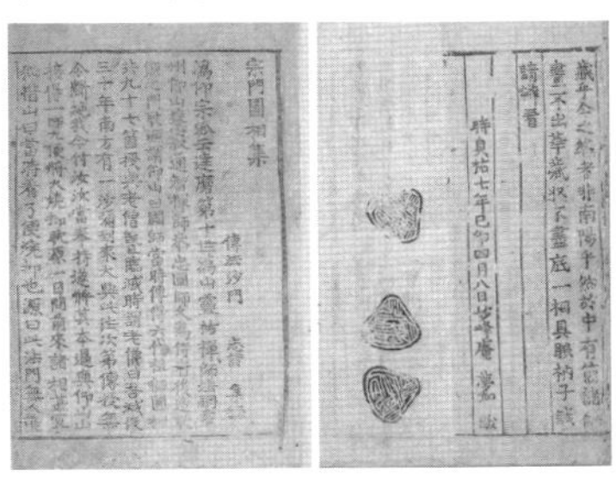
종문원상집 권수·간기 아단문고소장 그려후기

出一隻手 搜集諸家禪錄中 所著之相百七十則”라고 하였다. 전문이 한불전6, pp.71a1~89a6에 수록되어 있으며, (재)아단문고에 소장되어 있는 후쇄본(後刷本)이 보물 제888호로 지정되었다. ⇨ 원상 圓相, 지겸 志謙

종문입자불시가진 從門入者不是家珍 문을 좇아 들어온 것은 가문의 보배가 아니다. 근문(六根)을 열어 안(內六入)과 밖(外六入)이 있게 되고 일체(一切)가 일어나게 되면, 본래 스스로 밝은 자리는 등지게 되는 뜻이다. 『경덕전등록』 권16 「월륜전 月輪傳」(대정장51, p.332c23)에 “달마가 서쪽에서 온 까닭은 특별히 이 일을 알리려 함이었다. 다만 모든 사람이 이를 알아차리지 못하고 밖으로 내달리며 찾으니, 적수에 몸을 던져 진주를 구하거나 형산에 나아가 옥 찾듯 한다. 그래서 ‘문으로 들어온 것은 가문의 보배가 아니다’ 하였으니, 거울에 비친 그림자를 자신의 머리라 여기니 어찌 큰 착각 아니겠는가! 祖師西來 特唱此事 自是諸人不薦 向外馳求 投赤水以尋珠 就荊山而覓玉 所以道 從門入者不是家珍 認影爲頭 豈非大錯”, 『허당집』 21칙 「시중 示衆」(卍속장124, p.539a5)에 “문으로 들어온 것은 가문의 보배가 아니다. 본래 스스로 두렷하거늘 어찌 애써 별달리 도모하는가? 어둡지 않은 영지를 알아차린 사람 있는가? 從門入者不是家珍 本自圓成 何勞特地 有不昧靈知認得者麽”, 『보봉어록』(고존숙어록42, 卍속장118, p.708a18)에 “법좌에 올라 말했다. ‘고덕이 이르시길 「문으로 들어온 것은 가문의 보배가 아니다」라고 하였는데, 도대체 무엇이 가문의 보배일까?’ 문득 주장자 잡고 대중에게 말했다. ‘보았는가?’ 마침내 주장자로 향대를 치고 다시 한숨을 토하고 나서 말했다. ‘석가노자는 몽둥이로 아무리 때려도 죽이지 못하고, 문수와 보현은 불러도 돌아보지 않는다. 그만 두자, 그만 두어! 공연히 힘만 썼구나. 시절 오기만을 기다려야 하리. 잎 하나 떨어지고 천하는 가을일 터’. 上堂 古德道 從門入者不是家珍 又作麽生是家珍 驀拈拄杖 召大衆云 還見麽 遂敲香臺 復乃噓噓 釋迦老子 棒打不殺 文殊普賢 喚不回頭 休 休 虛費力 且隨流 待伊時節至 一葉落 天下秋”, 『장령수탁어록』(卍속장120, p.323b6)에 “문으로 들어온 것은 가문의 보배가 아니다 : 불법이라는 두 글자를 말해서는 안 된다. 말해 버린즉 등롱도 노주도 그대 속이게 되리라. 從門入者不是家珍 佛法兩字 不得道著 道著則燈籠露拄欺你去”라고 하였다. 〔참고문헌〕『景德傳燈錄』, 『虛堂集』, 『寶峰語錄』, 『長靈守卓語錄』. ⇨ 종문입자비보 從門入者非寶, 가진 家珍, 십이입 十二入

종문입자비보 從門入者非寶 문으로 들어온 것은 보배가 아니라는 말. 『경덕전등록』 권15 「동산양개전 洞山良价傳」(대정장51, p.322c5)에 “‘문으로 들어온 것은 보배가 아니라는 말은 무슨 뜻인가?’ ‘그쳐라, 그쳐!’ 問 如何是從門入者非寶 師曰 便休 便休”, 『운문광록』 권중(대정장47, p.565c1)에 “언젠가 ‘옛사람은 문으로 들어온 것은 보배가 아니라고 하였는데, 무엇이 문인가?’라고 한 다음 대신하여 스스로 ‘말한다 해도 쓸모가 없다’고 응답했다. 或云 古人道 從門入者非寶 作麽生是門 代云 道得也無用處”라고 하였다. 〔참고문헌〕『景德傳燈錄』, 『雲門廣錄』.

종문잡록 宗門雜錄 1권. 『조정겸추록 祖庭鉗鎚錄』의 부록. 卍속장114, pp.769a1~772b16에 수록되어 있다. 중국 선종사와 관련한 네 가지 조항에 대해 왕안석(王安石)이 묻고 불혜법천(佛慧法泉)이 답한 내용이다.

종문중사 宗門中事 종문에서 해야 할 일. 『운문광록』 권상(대정장47, p.548c21)에 “학인이 운문에게 물었다. ‘교가의 일에 대해서는 묻지 않겠습니다. 무엇이 종문중의 할 일입니까?’ ‘찾아와 물었으니 어서 삼배를 하거라’. 問 教中卽不問 如何是宗門中事 師云 旣有來問 速禮三拜”, 『정법안장』 권1(卍속장118, p.22a4)에 “이때 학인이 고산에게 물었다. ‘무엇이 불법의 큰 뜻입니까?’ ‘토해 내라’ ‘언구가 있게 되면 온통 종풍을 범합니다. 그렇다면 도대체 종문중의 일이란 무엇입니까?’ ‘입 다물어라’. 時有僧問 如何是佛法大意 曰 吐却著 問 凡有言句盡是觸犯宗風 未審如何是宗門中事 曰 合取口”라고 하였다. 〔참고문헌〕『雲門廣錄』, 『正法眼藏』.

종문중이류 宗門中異類 사종이류(四種異類) 중 하나. 『조산어록』 권하(대정장47, p.543c14)에 “넷째, 종문중이류를 밝힌다. 저 남전은 ‘지혜로 이르지 못할 곳 간절히 말로도 하지 마라. 무슨 말을 하건 머리에 뿔 날 것이다. 여여라고 부르는 순간, 벌써 이미 변해 버렸다. 반드시 이류중을 향하여 행할지니 이류의 일만을 취해 말해야 한다’ 하였고, 동산은 ‘이 일은 반드시 그윽히 알아야 하리. 일이란 그 묘에 있고, 체도 또한 그 묘에 있기 때문이다’. 나는 스스로 말한다. ‘이 일이란 반드시 한 자리마저 비우고 온전히 없어서 적적해야 하리. 마주하기도 하고 함께 하기도 해야 하리. 만약 작가라면 「편도 아니고 정도 아니며 유도 아니고 무도 아니다」라고 말하면 불러도 이류중이 텅 비게 되리라. 이 일은 반드시 작가가 몸을 던져야 하리니, 나무를 만나면 나무로 보이고 대나무와 마주치면 대나무만 보이리니, 서로 범하는 일 막아야 한다. 당부하고 당부하고 당부하고 당부하노라’〈어떤 이가 나에게 ‘무엇이 다른 것입니까?’라고 물어 ‘내가 그대에게 대답한다면 당나귀해나 되어야 달라질 수 있을까?’ 반문하였다. 그런 까닭에 학인이 남전에게 ‘백년 뒤에 어디로 가십니까?’라고 물음에 ‘절 아래 단월가에 한 마리 물소가 되리다'라고 답했고, '제가 화상을 따라가도 되는지요?' 하자 '나를 따라 오려거든 한 줄기 풀을 물고 오라'고 했던 것이다. 내가 평한다. '이 물소는 사문의 물소와 같지 않으니, 반드시 자세히 해야 비로소 얻으리니 때를 놓치지 말게나'〉. 四者 宗門中異類者 如南泉曰 智不到處 切忌道著 道著則頭角生 喚作如如 早是變也 直須向異類中行 道取異類中事 洞山曰 此事 直須妙會 事在其妙 體在妙處 余自道 此事 直須虛一位 全無的的也 覿面兼帶始得 若是作家 語不偏不正 不有不無 呼爲異類中虛 此事 直須作家橫身 逢木著木 逢竹著竹 須護觸犯 囑囑囑囑〈有人問余 如何是異 曰 我若向汝道 驢年得異否 所以 有人問南泉 百年後 向甚麽處去 泉曰 山下檀越家 作一頭水牯牛去 云 某甲隨和尙去得否 泉曰 爾若隨我 含一莖草來 余曰 此水牯牛 不同沙門水牯牛 直須子細始得 不迷時候〉"라고 하였다. [참고문헌] 『曹山語錄』. ⇨ 사종이류 四種異類, 이류중행 異類中行

종문척영집 宗門摭英集 북송대 1038년(경우5)에 월주(越州) 초화선원(超化禪院) 주지 유간(惟簡)이 집록했다. 3권. 황우년간(1049~1054)에 항주(杭州)에서 새기고 간행하였는데 후에 고려에 전해졌으며, 1254년(고종41)에 고려의 대장도감(大藏都監)에서 중간하였다. 이후 수백 년 동안 본서와 판목 모두 일실되었기에 존재가 알려지지 않다가 1981년 7월에 조명기(趙明基)에 의해 사본이 발견되어 학계의 관심을 받게 되었다. 상권은 53개의 판목 중 2개가 일실되어 있고 현존하는 부분은 180인의 행적만이 실려 있으며 권 말미에 『위산경책 潙山警策』이 수록되어 있다. 중권은 52개의 판목으로 137인의 행장이, 하권은 48개의 판목으로 107인의 행장이 실려 있다. 저자는 각지의 종장들을 찾아다니며 여러 전적들을 살펴보았고 『보림전 寶林傳』·『경덕전등록 景德傳燈錄』·『천성광등록 天聖廣燈錄』·『전등옥영집 傳燈玉英集』 등을 저본으로 누락된 스님들의 행장을 채록하여 본서를 집성하였다. 선종사(禪宗史)를 연구하는 데 중요한 자료로 평가된다. ⇨ 유간 惟簡

종문통요 宗門統要 ➡ 종문통요집 宗門統要集

종문통요속집 宗門統要續集 원대 고림청무(古林淸茂 1262~1329) 엮음. 22권. 1320년(연우7) 서문을 붙여 간행. 영락장154·155, pp.463a1~236b5, No.1519에 수록되어 있다. 송대 종영(宗永)이 지은 『종문통요집 宗門統要集』 10권에 대하여 속편 12권을 엮어 넣어 완성하였다. 석존(釋尊) 이후 원에 이르기까지 918명 가운데 기연(機緣)이 남아 있는 1366칙이 수록되어 있다. ⇨ 종문통요집 宗門統要集, 고림청무 古林淸茂

종문통요집 宗門統要集 송대 종영(宗永) 엮음. 10권. 1133년(소흥3) 서문을 붙여 간행. 세존 이하 응화(應化)의 성현과 서천과 동토의 조사 등이 남긴 기연(機緣)의 고칙(古則)을 모아 구성하였다. 남악하(南岳下) 11세, 청원하(靑原下) 10세까지 총 1,107칙을 게재하였다. 『종문연등회요 宗門聯燈會要』 30권의 성립에 지대한 영향을 미쳤다. 동양문고(東洋文庫)에 1179년(순희6) 간행본인 송판(宋板)이 소장되어 있다. 본집에 이어지는 고림청무(古林淸茂)가 엮은 『속집 續集』이 있다.

종문현감도 宗門玄鑑圖 명대 조동종(曹洞宗) 스님 허일방각(虛一方覺) 지음. 1권. 1607년(만력35) 간행. 卍속장112, pp.929a11~945a9에 수록되어 있다. 직지단전(直旨單傳)의 종지는 순일무잡하여 복잡하지 않지만 선종 각 종파들이 갈라져 서로 다르게 말하기에 후세의 학인들이 그 유래를 알 수 없게 된 실태를 돌이키기 위하여 지었다. 옛 성인이 제시한 기틀이나 강목(綱目)을 인용하는 방법으로 문·론·송·도(門論頌圖) 등 수십 항목을 설정하여 조동(曹洞)·위앙(潙仰)·임제(臨濟)·운문(雲門)·법안(法眼) 등 모든 종문의 원류와 종지를 밝히고 있다. 보현(普賢)·문수(文殊)·관음(觀音)·이리인하(以理因何)·순실의오(順實依伍)·법체자연(法體自然)·밀응장봉(密應藏鋒)·사리이대(事理理對)·기사표현(寄事標玄)·이절전사(理絶詮事)·순정귀실(順正歸實)·전기진법(全機盡法) 등 12문, 삼현(三玄)·사대식(四大式)·팔방(八棒)·오구(五句)·팔대세(八大勢) 등 오론(五論)과 여러 가지 오위도송(五位圖頌) 등도 다 거둬 살폈다.

종문혹문 宗門或問 명대 조동종(曹洞宗) 스님 담연원징(湛然圓澄)이 1595년(만력23) 4월에 짓고 유정(柳湞)·주가모(朱嘉謨)가 엮음. 1권. 卍속장126, pp.317b11~346b9(『담연원징어록』 부록)에 수록되어 있다. 갖춘 이름은 『운문현성사산독선사종문혹문 雲門顯聖寺散木禪師宗門或問』이고, 『담연선사종문혹문』이라고도 한다. 참선과 수도의 요지에 대한 학인의 질문에 답한 52항의 문답으로 구성되어 있고, 그 하나하나를 경론과 선사들의 어요를 전거로 삼아 상세히 풀었다. 종문의 길이 교선으로 다르지 않음을 밝혔다. 말미에 「참선석난혹문보유 參禪釋難或問補遺」·「답명정자문 答明鼎子問」·「달관화상초앙전 達觀和尙招殃傳」 등이 딸려 있다.

종미 騣尾 말갈기. 또는 말갈기와 꼬리털. 보통 말은 갈기와 꼬리털이 동일한 색조를 띤다. 『장아함경』 권18 「세기경 世記經」(대정장1, p.120a19)에 "어떻게 전륜성왕은 감마보를 성취하였는가? 언젠가 전륜성왕은 맑은 아침 궁전에 앉아 있는데 자연스레 마보가 홀연히 목전에 나타났다. 감청색에 붉은 종미로 머리와 목은 마치 코끼리와 같았고 힘이 있어 나르듯 달린다. 云何轉輪聖王紺馬寶成就 時轉輪聖王淸旦在正殿上坐 自然馬寶忽現在前 紺靑色 朱騣尾 頭頸如象 力能飛行", 『대법거다라니경』 권10(대정장21, p.706a24)에 "이와 같이 좋은 말은 종미 털의 빛깔이 모두 석대같다. 如是良馬 騣尾毛色皆如石黛", 『일체경음의』 권61(대정장54, p.714b9)에 "종미〈앞 글자 음은 '종'이다. 『고금정자』에 말의 목에 난 긴 갈기라 하였고, 또한 말의 금관이라고도 하였다〉. 騣尾〈上音宗 古今正字 馬項上長鬣也 亦馬金冠也〉"라고 하였다. 〔참고문헌〕『長阿含經』, 『大法炬陀羅尼經』, 『一切經音義』.

종미진생 從微塵生　미진(微塵)을 좇아 나다. 세상 만물이 미진으로부터 생겨났다는 외도의 주장. 『중론』 권1(대정장30, p.1b18)에 "〔문〕 왜 이 논을 지었는가? 〔답〕 어떤 사람은 만물이 대자재천으로부터 생겨났다고 말한다. … 어떤 사람은 변화로부터 생겨났다고 말한다. 어떤 사람은 자연히 생겨났다고 말한다. 어떤 사람은 미진으로부터 생겨났다고 말한다. 이와 같은 오류 때문에 무인과 사인, 그리고 단상 등의 사견에 떨어진다. 問曰 何故造此論 答曰 有人言萬物從大自在天生 … 有言從自然生 有言從微塵生 有如是等謬故墮於無因邪因斷常等邪見"라고 하였다. 〔참고문헌〕『中論』, 『三觀義』 권상(卍속장99, p.81b1).

종민 宗敏　고려후기 스님. 진각국사(眞覺國師) 혜심(慧諶)이 스님께 준 법어가 전한다. 『조계진각국사어록』「시종민상인 示宗敏上人」(한불전6, p.25b3)에 "종민 도인이여, 다만 이것에 의지하여 참구하되 만약에라도 이것에 계합하지 않는다면 다시 십이시와 사위의 안에서 화두를 드십시오. … 숭경 2년 계유(1213·강종2) 여름에 종민도인이 청원·희원·요연 등 삼형제와 함께 사(社 : 순천 송광사의 옛이름인 吉祥社)에 법회를 열고 이에 이 두루마리로 가르침 구하므로 이 갈등을 타파해 보낸다. 宗敏道人 但依此參 若也於此不契 則更向十二時中四威儀內 看箇話頭 … 崇慶二年癸酉夏 宗敏道人 與淸遠希遠了然等三兄弟 到社設會 仍以此軸 求指示 打此葛藤以遺之"라고 하였다. 〔참고문헌〕『曹溪眞覺國師語錄』.

종밀 宗密　780~841. 당대 스님. 중국 화엄종(華嚴宗) 제5조이자 하택종(荷澤宗)의 선사. 속성은 하(何)씨. 과주(果州 : 四川省) 서충(西充) 출신. 규봉종밀(圭峰宗密)·규산대사(圭山大師)·초당선사(草堂禪師) 등으로 불리며, 시호는 정혜선사(定慧禪師)이다. 어려서부터는 유학(儒學)을 배웠고 20세 무렵에 불교를 배웠다. 23세에 수주(遂州) 의학원(義學院)에서 다시 유학에 전념하다가 25세 때 도원(道圓)화상을 만나고서 의기투합하였고 27세에 그의 문하로 출가하였다. 이 무렵 『원각경 圓覺經』을 읽다가 환희심을 냈고, 후에도 『원각경』 연구에 많은 공을 들이게 되었다. 808년(원화3)에 구족계를 받았다. 도원의 권유로 정중사(淨衆寺) 신회(神會)의 제자인 익주(益州 : 泗川省) 남인(南印)선사를 찾아뵈었고 이어서 낙양(洛陽 : 河南省) 보국사(報國寺)의 신조(神照)를 찾아가 만났다. 810년에는 양한(襄漢 : 湖北省 襄陽市)에서 징관(澄觀)의 제자인 영봉(靈峯)을 만나 징관의 『화엄경소 華嚴經疏』 20권과 『화엄경소초 華嚴經疏鈔』 40권을 받고 화엄교학을 받아들이게 되었다. 이듬해에는 동도(東都 : 洛陽)로 가서 불탑을 예배하고 영목사(永穆寺)에 머물며 강의를 했다. 그곳에서 징관과 서신을 주고받다가 장안(長安 : 陝西省 西安市)으로 가서 징관을 만났고 2년 간 그를 따르며 화엄교학을 배웠다. 그 후 곳곳을 돌아다니면서 강의를 하는 틈틈이 여러 경론의 주석서를 쓰는 데 몰두했다. 816년(원화11)에 종남산(終南山) 지거사(智炬寺)에서 『원각경과문 圓覺經科文』과 『원각경찬요 圓覺經纂要』를 지었고, 종남산 풍덕사(豊德寺)에서 『화엄윤관 華嚴綸貫』 5권과 『사분율소 四分律疏』 3권을 지었으며, 후에 종남산 초당사(草堂寺)로 옮겨 간 뒤 822년(장경2)에는 『원각경대소 圓覺經大疏』 20권(卍속장14, pp.215a1~405b6)·『원각경대소초 圓覺經大疏鈔』 13권(卍속장14, p.407a1~卍속장15, p.81b6)·『원각경약소주 圓覺經略疏註』 4권(대정장39, No.1795)·『원각경약소초 圓覺經略疏鈔』 12권(卍속장15, pp.179a1~454a17)·『원각경도량수증의 圓覺經道場修證儀』 18권(卍속장128, pp.721a1~996a1)을 지었다. 828년(태화2)에는 문종(文宗)의 부름을 받고 입궐하여 자방포(紫方袍)와 함께 사호를 수여받고 칙명에 따라 성내에 머물게 되었는데, 2~3년 뒤에 다시 초당사로 돌아갔다. 배휴(裴休)·소면(蕭俛)·사산인(史山人)·온조(溫造)·이훈(李訓) 등 당시

종밀조소 『석씨원류응화사적』 권4 양주불암사판 1673년

종밀 화엄칠조탱 예천 용문사 조선후기

문사들의 귀의를 받았으며, 배휴를 위해 『중화전심지선문사자승습도 中華傳心地禪門師資承襲圖』 1권(卍속장110, pp.866a1~876a4)을 저술하였는데 이 책에서 북종·우두종·홍주종 등 선종 각파를 비교하며 비판하였고, 893년(태화7)부터는 『선원제전집도서 禪源諸詮集都序』 4권(대정장48, No.2015)을 지어 하택종의 종지를 널리 알렸다. 841년(회창1) 정월 6일에 흥복원(興福院)에서 세수 62세, 법랍 34세를 일기로 입적하였다. 저서로는 앞서 언급한 책들 이외에 『원인론 原人論』 1권(대정장45, No.1886)·『금강반야경론찬요 金剛般若經論纂要』 2권·『기신론소주 起信論疏注』 4권·『우란분경소 盂蘭盆經疏』 2권(대정장39, No.1792)·『주화엄법계관문 注華嚴法界觀門』 1권(대정장45, No.1884)·『화엄경행원품소초 華嚴經行願品疏鈔』 6권·『원각경예참약본 圓覺經禮懺略本』 4권 등이 있다. ⇨ 규봉 圭峰, 규봉비 圭峯碑, 규산 圭山 2, 배휴 裵休, 사산인 史山人, 온조 溫造

종백두 宗白頭 흰 머리의 사종(嗣宗). 문암사종(聞庵嗣宗 1085~1153)을 말한다. 굉지정각(宏智正覺)의 제자이다. 『선림구실혼명집』 권하에 "명주 설두사종선사의 호는 문암이다. 그를 종백두라 불렀다. 明州雪竇嗣宗禪師 號聞庵 謂之宗白頭"라고 하였다. 〔참고문헌〕『禪林口實混名集』. ⇨ 사종 嗣宗

종범 宗範 청대 전이암(錢伊庵) 엮음. 2권. 1835년(도광15) 간행. 卍속장114, pp.567a1~697a7에 수록되어 있다. 선원(禪源)·철참(徹參)·조습(調習)·입성(入聖)·이인(利人)·현유(顯喩)·기용(機用)·강종(綱宗)·시변(示辯)·관교(貫敎)의 10장으로 나누어 별전(別傳)의 미묘한 마음을 설하고 있다. 각 종파를 이끌었던 선구의 선사들이 참구하여 깨달았던 기연(機緣)을 인용하고, 참구하는 선후의 순서에 따라 층층으로 교선합일(敎禪合一)과 선정쌍수(禪淨雙修) 등을 제시하여 학인들이 "현세에는 중생의 스승이 되고, 내생에는 불조가 되리라. 現世爲人師 來生作佛祖"(『종범』 권상, 卍속장114, p.570b15)고 하는 원을 세우도록 하였다.

종법 宗法 Ⓢ pakṣa-dharma. 인명(因明)용어. 드러내고자 하는 으뜸의 술어 또는 이유명제(因)의 술어를 말한다. 종이란 주장명제 또는 주장명제의 주어를 말하며, 이 명제의 주어를 앞서 펴는 것으로 전진(前陳 : 有法·體·自性·所別)이라 하고, 술어를 뒤에 따라 펴는 것으로 후진(後陳 : 法·義·差別·能別)이라 한다. 또한 주어와 술어를 별종(別宗) 또는 종의(宗依)라고도 한다. 예를 들어 '소리는 무상(無常)하다. 만들어진 것이기 때문에. 항아리처럼'이란 논식에서 주장명제의 술어인 '무상'를 종법이라 하는데, 이유명제의 '만들어진 것' 역시 주장명제의 주어가 갖는 뜻을 드러내기에 이것 또한 종법이라고 한다. 『인명정리문론』(대정장32, p.3c2)에 "이와 같이 이미 설한 대로 종(宗)과 사종, 인(因)과 사인은 대부분 종법이다. 이것의 차별상을 여기서 드러내 보이겠다. 〔송〕 종법은 동품에, 있거나·있지 않거나·있거나 있지 않거나라네. 이품에도 각각 셋이니, 있거나·있지 않거나·그리고 있거나 있지 않거나라네. 〔논〕 어찌 다 모아 성립되기를 바라는 것을 합하여 종이라 하지 않고, 어찌하여 이 중에 종이란 오직 유법만을 취한다고 하는가? 여기에는 과실이 없다. 그 총으로서의 '소리'란 개별적인 이름에서도 또한 전용되기 때문이다. 예를 들면 '불에 탄 옷'이라고 말하는 것과 같다. 혹 종으로서 '소리'는 오직 법을 말하는 것일 뿐이다. 이 가운데에서 종법은 오직 입론자와 적론자가 반드시 모두 허용하는 것만을 취한다. 동품 중에 있거나·있지 않거나 하는 등도 역시 이와 같다. 如是已說 宗及似宗 因與似因 多是宗法 此差別相 今當顯示 頌曰 宗法於同品 謂有非有俱 於異品各三 有非有及二 論曰 豈不總以樂所成立 合說爲宗 云何此中 乃言宗者 唯取有法 此無有失 以其總聲 於別亦轉 如言燒衣 或有宗聲 唯詮於法 此中宗法 唯取立論 及敵論者 決定同許 於同品中 有非有等 亦復如是", 같은 책(대정장32, p.6c25)에 "대개 종법을 세우는 이치는 다시 (종의 후진과) 나머지 법으로 인을 삼아 이 법(종의 후진)을 성립시켜야 한다. 夫立宗法 理應更以餘法爲因 成立此法", 『이문론술기』(대정장44, p.80c11)에 "여기에서 종을 세우는 중에 종법을 취하여 인으로 삼는 것은 오직 입론자와 적론자가 반드시 모두 허용하는 소작성의 종법만을 취하고, 무상의 종법을 취하지 않는다. 此立宗中 欲取宗法爲因者 唯取立敵 決定同許 所作性宗法 不取無常宗法"라고 하였다. 〔참고문헌〕『因明正理門論』, 『理門論述記』, 『因明入正理論』(대정장32, p.11b21), *Nyāy-pr.4.* ⇨ 삼지작법 三支作法, 종의 宗依, 인명 因明, 종 宗 2, 종인유 宗因喩

종법오명 宗法五名 인명(因明) 용어. 종법(宗法)의 다섯 가지 이름. 종법을 구성하는 종의(宗依)의 다섯 가지 이름을 말한다. 종법이란 인명의 삼지(三支) 중 첫 번째 명제를 말하며, 종의란 종법의 주어와 술어를 일컫는다. 종법의 주어는 자성(自性)·유법(有法)·소별(所別)·전진(前陳)·종의 등이라 하고, 술어는 차별(差別)·법(法)·능별(能別)·후진(後陳)·종의 등이라 한다. 『성유식론의온』 권3(卍속장78, p.855a4)에 "인명에 따르면 앞서 펴 말하는(陳述) '소별'은 '유법'이라 하고, 뒤의 진술인 '능별'은 '법'이라 한다. 若順因明 前陳所別 名有法 後陳能別 名法"라고 하였다. 〔참고문헌〕『成唯識論義蘊』. ⇨ 종법 宗法, 종의 宗依, 종인유 宗因喩

종법행 從法行 법(法)을 따르는 행. 종신행(從信行)에 대칭한다. 『아비담심론』 권2(대정장28, p.819a9)에 "종신행과 종법행이 사문과로 나아갈 때, 아직 욕탐을 여의지 못한 경우라도 함께 수다원과로는 나아간 것이다. 從信行及從法行 趣沙門果時 若未離欲 俱趣須陀洹果", 같은 책 권4(대정장28, p.827b29)에 "'종법행으로서의 제법은 번뇌 없는 속상이다'란, 종법행의 무루법은 이근의 무리에서 거두기에 '빠르다'는 것이다. 從法行諸法無煩惱速想者 從法行無漏法 利根輩所攝是速", 『삼법도론』 권중(대정장25, p.20c22)에 "종신행은 둔근이고, 종법행은 중근이며, 이 둘을 갖춘 행은 이근이다. 從信行爲鈍根 從法行爲中根 俱行爲利根"라고 하였다. [참고문헌] 『阿毘曇心論』, 『三法度論』. ⇨ 종신행 從信行

종변생 從變生 변화를 좇아 나다. 만물이 변화하여 생겨난다는 외도의 주장. 『중관론소』 권1(대정장42, p.15a21)에 "변화로부터 생긴다 하니, 변생에서 변에 네 가지가 있다. 첫째 신통변이니, 돌을 옥으로 바꾸는 것과 같다. 둘째 성이 저절로 변하는 것이니, 젊은이가 늙은이가 되는 것과 같다. 셋째 연을 만나 변하는 것이니, 물이 추위를 만나 변하여 얼음이 되는 것과 같다. 넷째, 외도가 말하는 따로 변법이 있어서 능히 변하여 만법을 낳는다. 從變生者 變生者變有四種 一 神通變如變石爲玉 二 性自變如少變爲老 三 遇緣變如水遇寒則變爲氷 四者 外道謂別有變法能變生萬法"라고 하였다. [참고문헌] 『中觀論疏』, 『中論』 권1(대정장30, p.1b20).

종병 宗炳 375~443. 남조(南朝) 유송(劉宋)대 은사(隱士). 자는 소문(少文). 남양(南陽 : 河南省) 열양(涅陽) 출신. 여산십팔현(廬山十八賢 : 東林十八賢·白蓮寺十八賢) 중 한 사람. 그림과 음악에 능하였고 산수를 즐겼으며, 유송 무제(武帝)가 주부(主簿)로 임명하려 했지만 사양하고 평생 벼슬에 나가지 않았다. 한때 여산에 들어가 혜원(慧遠)에게 가르침을 받기도 했지만, 얼마 안 되어 산을 내려왔으며 강릉(江陵)에 은둔하면서 석혜견(釋慧堅) 등과 교유하였고 거사로서 살았다. 당시에 신멸불멸논쟁(神滅不滅論爭)이 벌어졌는데 신불멸론(神不滅論)을 주장하였다. 저서로는 『홍명집 弘明集』에 수록되어 있는 「명불론 明佛論」과 「난백흑론 難白黑論」이 있는데, 특히 후자는 불교를 비방하고 있는 하승천(何承天)의 『달성론 達性論』에 대한 반론을 담고 있다. ⇨ 난백흑론 難白黑論, 명불론 明佛論, 여산십팔현 廬山十八賢, 신멸불멸논쟁 神滅不滅論爭

종보 宗寶 ❶ 원대 스님. 소주(韶州 : 廣東省 曲江) 풍번보은광효사(風旛報恩光孝寺)에 주석하였다. 상세한 전기는 전하지 않는다. 1291년(지원28) 세 종류의 『단경 壇經』 이본을 교감하여 오류를 수정하고 부족한 곳은 보충하였다. 또한 제자의 청익기연(請益機緣)을 증편하여 『육조대사법보단경 六祖大師法寶壇經』이라는 제명으로 간행했다. 이를 종보본 『단경』이라 한다. 「육조단경발 六祖壇經跋」을 짓기도 하였다. ⇨ 단경 壇經 ❷ 명말 조동종(曹洞宗) 스님 도독(道獨 1600~1661)의 법호. ⇨ 도독 道獨

종보도독선사어록 宗寶道獨禪師語錄 명대 종보도독의 어록을 청대 금석(今釋)이 중편. 6권. 卍속장126, pp.95a1~173b18에 수록되어 있다. 상당(上堂)·시중(示衆)·다화(茶話)·문답(問答)·착어(著語)·송고(頌古)·게(偈)·찬(贊)·서문(書問)·잡저(雜著)·행장(行狀)·탑명(塔銘) 등으로 구성했다. ⇨ 도독 道獨

종본 宗本 1020~1099. 북송(北宋)대 스님. 자는 무철(無喆), 속성은 관(管)씨. 상주(常州 : 江蘇省) 무석(無錫) 출신. 나이 열아홉에 소주(蘇州 : 江蘇省) 승천영안사(承天永安寺)의 도승(道昇) 문하로 들어가 10년 수행하다가 삭발하고 구족계를 받았다. 그 뒤로 3년 더 공부한 다음 지주경덕사(池州景德寺)로 가서 천의의회(天衣義懷)를 친견하고 깨달음을 얻었다. 의회의 추천으로 소주서광사(蘇州瑞光寺)에서 법석을 열자 도중이 오백 인에 이르렀고, 그 뒤 정자사(淨慈寺)를 거쳐 소주의 도속이 청하여 만수사(萬壽寺)·용화사(龍華寺)에 머물며 법문을 펼치니 천여 인에 이르렀다. 1082년(원풍5) 신종(神宗)의 명을 받고 상국사(相國寺) 혜림선찰(慧林禪刹) 제1조가 되었고, 황제가 초빙하여 연화전(延和殿)에서 도를 물었으며, 철종(哲宗)은 원조선사(圓照禪師)라는 호를 내렸다. 1086년(원우1) 노구를 핑계로 도성을 벗어나 만년에 평강영광사(平江靈光寺)에 주석하며 문 닫고 참선하여 힘껏 정업(淨業)도 닦았다. 『가태보등록』 권3(卍속장137, p.77b11)에 따르면, 제자들이 게송을 청하자 "나는 평소에도 게송 지을 생각 없었는데, 오늘 특별히 무슨 게송을 지으려 하겠는가? 언제나 그랬듯이 눕고 싶으면 누웠으니, 오늘이라고 특별히 앉아 있는 것이 아니다. 我尋常尙懶作偈 今日特地圖箇甚麽 尋常要臥便臥 不可今日特地坐也"라는 말을 마치고 1099년(원부2) 세수 80세로 입적하였다. 제자로는 선본대통(善本大通)·금산선영(金山善寧)·수일법진(守一法眞)·수옹진오(修顒眞悟)·변량불자(晉良佛慈)·연영정각(延泳正覺) 등이 있다. 저서에 『귀원직지집 歸元直指集』 2권, 『혜변록 慧辨錄』 1권이 있다. [참고문헌] 『嘉泰普燈錄』, 『佛祖統紀』 권27(대정장49, p.278c4), 『釋氏稽古略』 권4(대정장49, p.874b3), 『禪林僧寶傳』 권14(卍속장137, p.500a16), 『五燈會元』 권16(卍속장138, p.615a11).

종본수적 從本垂迹 본을 좇아 자취를 드리우다. 『법화경』에 의지한 비유로 본지수적(本地垂迹)이라고도 한다. 맺은 인연 즉 열매(蓮) 있기에 꽃(華)이 피듯 구원겁의 원행이 있어 중생을 구원하는 뜻이다. 『경덕전등록』 권27 「천태지의전 天台智顗傳」(대정장51, p.432a10)에 "이름인즉 법화의 비유를 가지런히 들어서 일승묘법이라 하니, 중생본성이 무명번뇌에 있지만 물듦이 없어서 저 연화가 진흙탕에 처하지만 그 바탕 청정하기에 이렇게 이름한다 하였다. 이 경은 방편을 열어 진실을 드러내거나, 방편을 폐하고 진실을 내세우거나, 방편을 모아 실로 돌아가게 하는데, 마치 연밥이 펴고 짐에 품어 들이고 열어 떨어뜨리듯 하고, 꽃이 열매 맺어 숨고 보이며 열매 맺는 듯이 한다. 또한 본을 좇아 자취를 보이고 자취로 인해 그 바탕 드러낸다는 말이다. 名則法喩齊擧 謂一乘妙法 卽衆生本性 在無明煩惱 不爲所染 如蓮華處于淤泥 而體常淨 故以爲名 此經 開權顯實 廢權立實 會權歸實 如蓮之華有含容開落之義 華之蓮有隱現成實之義 亦謂從本垂迹 因迹顯本", 『법화경문구찬요』 권1(卍속장46, p.646b6)에 "다음은 본문에 대한 세 가지 비유다. 첫째로 열매를 위해 피는 꽃이다. 연은 본에 비하고 꽃은 자취에 비유한다. 본으로부터 자취를 보이며 자취는 본에 의지한다. 경에서 '나는 사실 성불한 이래로 오랫동안 이와 같았었지만, 중생을 교화하기 위해 이와 같이 설한다. 「나는 어려서 출가하여 위없는 보리를 얻었다」'라고 하였다. 둘째로 꽃이 피어 연이 드러나는데, 자취를 열어 본을 드러내는 비유다. 경에서 '일체세간이 모두 「지금 비로소 도를 얻었다」고 한다. 내가 성불한 이래로 무량무변나유타겁이 흘렀다'고 하였다. 셋째로 꽃이 떨어지고 열매 맺는다. 자취를 폐하고 본을 세우는 비유다. 경에서 '제불여래의 법 모두 이와 같아서 중생을 제도하기 위함이니, 모두 실이어서 헛됨이 없다'고 하였다. 次本門三喩 一 爲蓮故華 蓮譬於本 華喩於迹 從本垂迹 迹依於本 經云 我實成佛以來 久遠若斯 但教化衆生 作如是說 我少出家 得三菩提 二 華開蓮現 譬開迹顯本 經云 一切世間 皆謂今始得道 我成佛以來 無量無邊那由他劫 三 華落蓮成 譬廢迹立本 經云 諸佛如來法皆如是 爲度衆生 皆實不虛"라고 하였다. [참고문헌] 『景德傳燈錄』, 『法華經文句纂要』. ⇨ 본지수적 本地垂迹, 본지 本地, 수적 垂迹, 본문적문 本門迹門, 본적이문 本迹二門, 삼유 三喩

종봉 鍾峯 사명유정(四溟惟政 1544~1610)의 별호. 『사명당대사집』 권7(한불전8, p.77c13)에 "사명종봉은 헌호이다. 四溟鍾峯 其軒號也", 「해인사사명대사석장비문 海印寺四溟大師石藏碑文」에 "많고 많은 제자들 백천을 헤아리지만 크신 종봉만이 능히 어지러운 물가에 뗏목 놓으셨네. 종봉께서 가르쳐 널리 구함에 끝이 없으셨네. 于于上足 其指百千 只詡鍾峯 能筏迷川 鍾峯之敎 廣濟無邊"라고 하였다. [참고문헌] 『四溟堂大師集』, 李智冠 『校勘譯註歷代高僧碑文』 朝鮮篇1 p.133. ⇨ 유정 惟政

종불지분생인 從佛支分生印 비밀팔인(祕密八印) 중 하나. 여래일체지분생인(如來一切支分生印)이라고도 한다. 『대일경소』 권17(대정장39, p.751a9)에 "다섯째는 앞에서처럼 삼보타합장을 하되 조금 열어 구부리고 양손의 소지를 펼쳐〈안쪽을 향해 살짝 구부린다〉 손바닥을 열어 물을 뜨는 모양을 만든다. 이를 종불지분생인이라 하니 여래의 일체지분에서 생겨났음을 뜻한다. 第五如前三補吒合掌 而稍開曲 其二空指開張〈稍向裏曲〉開掌心如掬水像也 名從佛支分生印 謂從如來一切支分而生也"라고 하였다. [참고문헌] 『大日經疏』. ⇨ 비밀팔인 祕密八印

종비친니취식 從非親尼取食 Ⓢ bhikṣuṇīpiṇḍakagrahaṇa. 사바라제제사니(四波羅提提舍尼) 중 하나로 병들지 않은 비구가 친족이 아닌 비구니에게서 음식을 취하는 것을 금하는 계. 갖춘 이름은 재속가종비친니취식계(在俗家從非親尼取食戒)이며, 종비친니수식계(從非親尼受食戒)·종비친니수식학처(從非親尼受食學處)라고 한다. 계상(戒相)은 『사분율』 권19(대정장22, p.696a22)에 "만약 비구가 마을 안에 들어가 병이 없으면서 친척 아닌 비구니로부터 직접 음식을 받아먹으면, 이 비구는 그 밖의 다른 비구들에게 잘못을 참회하며 이렇게 말해야 한다. '대덕이시여, 제가 마땅히 하지 말아야 할 일을 해서 책망 받을 만한 법을 범하였으니, 이제 대덕들께 잘못을 참회합니다'. 이를 회과법이라고 한다. 若比丘入村中 從非親里比丘尼 若無病自手取食食者 是比丘應向餘比丘 悔過言 大德 我犯可呵法 所不應爲 我今向大德悔過 是法名悔過法"라고 하였다. [참고문헌] 『四分律』, 『新刪定四分僧戒本』(卍속장61, p.548a12), *Mvyut.261.*, *Vin.4.176.*, 李智冠 『南北傳六部律藏比較研究』 pp.265~266. ⇨ 사바라제제사니 四波羅提提舍尼

종비친속인걸의계 從非親俗人乞衣戒 삼십니살기바일제(三十尼薩耆波逸提) 중 하나로 친족이 아닌 속인에게서 옷을 얻는 것을 금하는 계. 걸의계(乞衣戒)·종비친족인걸의계(從非親族人乞衣戒)·종비친리거사걸의계(從非親里居士乞衣戒)라고도 한다. 『신산정사분승계본』(卍속장61, p.538b5)에 "여섯째 종비친속인걸의계다. 어떤 비구가 친속이 아닌 거사나 거사의 부인에게 옷을 구걸하면 예외적인 때가 아니고는 니살기바일제다. 예외적인 경우란 옷을 빼앗겼거나 잃었거나 태웠거나 물에 떠내려 보냈을 때가 이런 때다. 從非親俗人乞衣戒 第六 若比丘 從非親里居士 若居士婦 乞衣除餘時 尼薩耆波逸提 餘時者 奪衣 失衣 燒衣 漂衣 此是時"라고 하였다.

〔참고문헌〕『新刪定四分僧戒本』, *Vin.3.214.*, 李智冠『南北傳六部律藏比較硏究』 p.133. ⇨니살기바일제 尼薩耆波逸提, 걸의계 乞衣戒

종사 宗寺 각 종파의 주된 절. 또는 여러 속사(屬寺)들을 관할하는 각 지역의 으뜸 되는 절을 말한다. 속사(屬寺)에 대칭한다. ⇨본사 本寺❷, 속사 屬寺❶

종사 宗事 으뜸이라 여겨 우러러 모심. 『장아함경』 권2 「유행경 遊行經」(대정장1, p.11b11)에 "'아난이여! 그렇게 할 수 있다면 어른과 어린이가 화합해 따르며 거듭 다시 한층 더한다면 나라는 오래도록 평안하고 침략이나 손해를 당하는 일이 없을 것이다. 아난이여! 그대는 발기국 사람들이 사문을 우러러 모시고 계를 지키는 이들을 공경하며 우러러보고 보호하고 공양하며 게으른 적이 없다는 사실을 들었느냐?' '들었습니다'. 阿難 若能爾者 長幼和順 轉更增盛 其國久安 無能侵損 阿難 汝聞跋祇國人 宗事沙門 敬持戒者 瞻視護養 未嘗懈倦不 答曰 聞之", 『대당서역기』 권7(대정장51, p.905b4)에 "가람은 삼십여 곳이었고 승도는 삼천여 명이며 모두 소승 정량부법을 배운다. 천을 모시는 사당이 백여 곳이고 외도는 만여 명인데 대부분 대자재천을 으뜸이라 섬긴다. 머리카락을 자르기도 하고 상투를 틀기도 하며, 알몸으로 옷을 안 입기도 하고 재를 몸에 바르기도 하며, 부지런히 고행하며 생사에서 벗어나기를 구한다. 伽藍三十餘所 僧徒三千餘人 並學小乘正量部法 天祠百餘所 外道萬餘人 並多宗事大自在天 或斷髮 或椎髻 露形無服 塗身以灰 精勤苦行 求出生死"라고 하였다. 〔참고문헌〕『長阿含經』, 『大唐西域記』. ⇨종 宗❶

종사 宗師 으뜸의 스승. 부처님의 뜻을 끝내 깨우쳐 보이는 으뜸의 선지식(善知識)을 말한다. 특별히 본분사(本分事) 깨우쳐 중생과 마주하고 그들 또한 으뜸(宗)에 이르게 해서 구경에는 생사라는 큰 일(生死大事)에서 자유롭게 하는 뜻에서 종사라 한다. 『석씨요람』 권상(대정장54, p.260b4)에 "종사 : 불심을 전함에 있어 으뜸인 스승이다. 또한 종이란 높이 여긴다는 뜻이기도 하다. 이 사람은 공한 법의 도를 열어 대중의 존경을 받는다는 뜻이다. 宗師 傳佛心宗之師 又云 宗者 尊也 謂此人開空法道 爲衆所尊故", 『불조통기』 권10(대정장49, p.205c9)에 "무릇 종사라 부르는 이들은 반드시 세 가지 눈을 갖춘다. 첫째는 교안이니 권실과 대소의 법을 분명히 안다. 둘째는 도안이니 온갖 수증의 문을 몸소 밟아본다. 셋째는 종안이니 원돈을 깊이 다하여 그 뜻을 갖춤이다. 왕왕에 산문 밖에 스승들은 종안을 밝히지 못하니, 그 소견으로는 끝내 두렷하고도 지극함에는 이르지 못한다. 夫稱宗師者 須具三眼 一曰 敎眼 明識權實大小之法也 二曰 道眼 親踐諸行修證之門也 三曰 宗眼 深窮圓頓卽具之旨也 往往山外諸師 宗眼未明 以故所見 未臻圓極耳", 『벽암록』 93칙 「평창 評唱」(대정장48, p.217a10)에 "무릇 종사라면 반드시 못을 빼고 번뇌의 쐐기를 뽑듯 허물을 버리고 묶임을 풀어줄 수 있어야 비로소 선지식이라 할 수 있다. 大凡宗師 須與人抽釘拔楔 去粘解縛 方謂之善知識", 『속전등록』 권3 「석상초원전 石霜楚圓傳」(대정장51, p.483b25)에 "무릇 종사라 하면 가난한 이 옷 속 구슬 털어주고 달인의 견처를 궁구한다. 만일 이와 같지 않다면 한낱 진흙투성이 물에 빠진 이일 뿐이리. 夫宗師者 奪貧子之衣珠 究達人之見處 若不如是 盡是和泥合水漢", 『청익록』 67칙 「평창 評唱」(卍속장117, p.872b6)에 "조주가 말하길 '대종사라면 반드시 본분사로써 학인을 마주해야 한다' 하였다. 답해보라. 무엇이 본분사인가? 순노부 일찍이 '본래 스스로 일 없었으니, 나에게서 무엇을 구하려 하는가?' 하였는데, 이 말이 본분사다. 趙州道 大宗師 須以本分事接人 且道 如何是本分事 舜老夫嘗道 本自無事 從我何求 此謂之本分事", 『별봉보운화상어』(속고존숙어요6, 卍속장119, p.176b17)에 "조주화상이 '종사 노릇 하려면 반드시 본분사로써 학인을 마주해야 한다'는 말을 들어서 말씀하시길 '산승이 사는 이곳에 만일 한 터럭이라도 있어 본분사 그대에게 간 일 있다면, 어찌 피차가 굴욕 당함이 아니겠는가! 비록 이와 같이 한들 산꽃 심어 기르지 않아도 저절로 봄바람 그대 곁에 있으리'. 擧 趙州和尙道 夫爲宗師 須以本分事接人 師云 山僧這裏 若有一毫頭本分事到你 豈不彼此受屈 雖然如是 山花不費栽培力 自有春風管帶伊", 『개고록』(卍속장114, p.736a4)에 "옛부터 종사라 하면 조사의 심인 높이 들어올려서는 활달하고 자유자재로 다시 들어 보인다. 불조가 향상하는 기틀과 빗장 써서 중생 위한 최후의 할 일이라 여겨 열고 보인다. 古之爲宗師者 高提祖印 活弄懸拈 用佛祖向上機關 作衆生最後開示"라고 하였다. 〔참고문헌〕『釋氏要覽』, 『佛祖統紀』, 『碧巖錄』, 『續傳燈錄』, 『請益錄』, 『別峰寶雲和尙語』, 『慨古錄』, 『華嚴經疏鈔』 권7(대정장36, p.52c19). ⇨종 宗❶, 본분사 本分事, 종사가 宗師家, 종장 宗匠, 선지식 善知識, 대종사 大宗師❶, 법계 法階

종사 縱使 설령 ~일지라도. 가령 ~라 하더라도의 뜻으로 쓴다. 『대반열반경후분』 권하(대정장12, p.907a13)에 "설령 남녀와 대소를 비롯한 성 안의 모든 사람이 여래의 관을 들어서 성 안에 들이려 해서도 할 수 없었거늘, 하물며 당신들 역사의 힘으로 감당이나 할 수 있겠소! 縱使盡城內人 男女大小 擧如來棺 欲入城內 亦不能得 何況汝等 而能勝耶", 『선종결의집』 「원담류청문 源湛流淸門」(대정장48, p.1009c10)에 "설령 마구니를 만나거나 어려움에 부딪히더라도 이 생각은 잊지 않고,

설령 굴욕을 당하거나 영광스러운 일을 맞이하더라도 한 마음은 변하지 않는다. 그러므로 판이나 질 사람이라 한다. 縱使逢魔逢難 此念不忘 假饒遇辱遇榮 一心不變 故名擔板漢"라고 하였다. [참고문헌]『大般涅槃經後分』, 『禪宗決疑集』. ⇨가요 假饒

종사 縱捨 좇아 붙은 것들 버리다. 놓아 버리다. 내버려 두다. 『법화경』 권2(대정장9, p.17b24)에 "그런데 세존께서는 저희들이 마음이 닫혀 있고 욕심으로 가려 작은 법만을 즐겨함을 아셨지만, 문득 보시고도 내버려 두시고는 분별하지 않으셨습니다. '너희들은 마땅히 여래지견이라는 보장분을 갖고 있다'. 然世尊先知我等 心著弊欲 樂於小法 便見縱捨 不爲分別 汝等當有如來知見寶藏之分", 36권본 『대반열반경』 권30(대정장12, p.804b22)에 "보살이 모든 악하고 선하지 않은 중생을 보면 꾸짖거나 부드럽게 달래거나 물리치거나 내버려두거나 한다. 악한 성품이 있는 사람에게는 부드러운 말을 하고, 교만함이 있는 자에게는 더 큰 교만을 보이지만, 그의 속마음은 실제 교만이 없다. 이것을 보살방편의 불가사의라고 이름한다. 菩薩若見諸惡不善衆生 若呵責 若軟語 若驅擯 若縱捨 有惡性者現爲軟語 有憍慢者現爲大慢 而其內心實無憍慢 是名菩薩方便不可思議"라고 하였다. [참고문헌]『法華經』, 『大般涅槃經』, 『瑜伽師地論』 권11(대정장30, p.329a20).

종사가 宗師家 종사(宗師) 또는 사가(師家). 『원오어록』 권17(대정장47, p.793a25)에 "종사가는 엄정한 법령을 마땅히 행하여 온 세상 앉은 채로 끊고서는 하늘과 땅도 정하는 한마디로 용과 뱀 가려내는 눈을 가진다. 宗師家 正令當行 十方坐斷 有定乾坤句 辨龍蛇眼", 『염팔방주옥집』 권하(卍속장119, p.284b10)에 "종사가는 불조의 수단을 손아귀에 쥐고 이치에 합당하면 바로 행하지만 어떤 자취도 남기지 않는다. 宗師家 握佛祖鉗鎚 理當卽行 不留朕迹", 『고림청무어록』 권3(卍속장123, p.452a12)에 "종사가는 어쩔 수 없이 한마디나 반구만 내려도 곧바로 돌아갈 곳 알아차려야 함만을 귀하게 여긴다. 宗師家 不得已 垂一言半句 貴圖直下知歸"라고 하였다. [참고문헌]『圜悟語錄』, 『拈八方珠玉集』, 『古林淸茂語錄』. ⇨종사 宗師, 사가 師家

종사영반 宗師靈飯 종사 입적 후 열반일 등에 올리는 법식. 종문의 전통에 따라 다사한 여타의 염불을 하지 않으며 선문(禪門)의 종지(宗旨)를 드러내는 게송으로 일관한다. 「종사영반」(『석문의범』 권하, pp.84~86)에 부처님을 모셔오는 거불(擧佛)과 청혼(請魂) 등은 다른 시식(施食)과 같이 해 마치고는 착어(着語) "참된 몸 어느 곳에나 통하시니, 본래 남도 북도 서도 동도 없으시네. 요령소리 울려 포단 위에 살포시 앉으시니 위음나반의 본래 모습 받들어 모십니다. 一段眞身觸處通 本無南北與西東 振鈴正坐蒲團上 奉重威音那畔容"라 하고는 진령게 등과 보소청진언도 다름없이 한다. 나무일심봉청(南無一心奉請)하길 "지혜 그윽한 진제려니 계수나무 밝은 달 벽천에 걸린 듯 대비로 중생 품으시사 보배의 뗏목 창해로 띄우셨네. 선문의 영향이며 불법의 생황이시네. 금일 ◯◯법제자와 ◯◯인 등은 엎드려 옮겨가신 법사 ◯◯당 대종사 각령께 오직 바라옵나니, 부처님의 위신광 받들어 이 향단에 임하시고 이 공양 받으시옵소서. 智冥眞諦 桂輪孤朗於碧天 悲化含生 寶筏妙浮於蒼海 禪門影響 佛法笙簧 今日〈云云〉受法弟資 某人等伏爲所薦先法師 某堂大禪師覺靈 唯願 承佛威光 來詣香壇 受此供養"라 한다. 이어 향화로 청(香花請)하길 "선지는 서천으로 골수고 교의 말씀 동토에선 생황으 혀셨네. 삿된 것 부수고 바른 것 나투어 불도에 돌아오게 하시니 다섯 잎 한 꽃으로 만방에 피었네. 禪旨西天爲骨髓 教談東土作笙簧 摧邪顯正歸黃道 五葉一花啓萬邦", 다시 차 올리고 다게(茶偈)하길 "저 밑 없는 발우에 선열의 맛 채우고 구멍 뚫린 찻잔에 조주차 기울여 은근히 올려 선타객에게 권하오니, 남쪽의 우물물 떠다 달빛 일렁이며 피는 물꽃 보시게나. 無底鉢擎禪悅味 穿心椀貯趙州茶 慇懃奉勸禪陀客 薦取南泉玩月華"라 한다. 이어 "◯◯각령이시여, 여기 이 물물들과 종종진수 하늘로부터 내려온 것도 땅으로부터 솟은 일도 아닙니다. 다만 제자의 한 조각 마음 좇아 성심으로 온 것들 영전에 올렸을 뿐이오니, 엎드려 바라오니 조금 맛 보시길. 某靈 於此物物 種種珍羞 不從天降 非從地聳 但從弟子之一片 誠心流出 羅列靈前 伏唯尙饗", 다시 이어 반야심경이나 진언 등으로 마무리하고, 소대(燒臺)로 옮겨 태울 것을 태우며 다음과 같이 외운다. "황매산하에 몸소 전한 불조의 심인, 임제문중에서 영원히 지으신 인천의 안목, 죽어도 잊지 못할 본래 세운 맹서 잊을 수 없습니다. 속히 사바에 돌아오셔서 다시 크나큰 일 밝히시고 널리 군생을 복되게 하소서. 黃梅山下 親傳佛祖之心印 臨濟門中 永作人天之眼目 不忘本誓 速還娑婆 再明大事 普利群生"하고는 '나무반야바라밀 南無般若波羅蜜' 등 십념(十念)한다. 끝으로 '파산게 罷散偈' "시방에 가득하신 부처님 나라 장엄하시기 참으로 원만하시네. 원컨대 정토에 돌아가시거든 이 세계 사람들 가엾이 여기소서. 十方諸佛刹 莊嚴悉圓滿 願須歸淨土 哀念忍界人"라고 하였다. [참고문헌]『釋門儀範』, 『作法龜鑑』 권상(한불전10, pp.565c12~566c12). ⇨영반 靈飯, 종사 宗師

종산 鍾山 중국 강소성(江蘇省) 강녕부(江寧府) 상원현(上元縣) 동북쪽에 위치한 산. 장산(蔣山)·금릉산(金陵山)·자금산(紫金山)·성유산(聖遊山)·북산(北

山)·신열산(神烈山)이라고도 부른다. 풍광이 뛰어난 곳이 많은 강남(江南)의 명산이다. 육조(六祖)대에는 정림사(定林寺)·도림사(道林寺)·송희사(宋熙寺)·애경사(愛敬寺)·초당사(草堂寺)·개선사(開善寺) 등이 깃들어 많은 고승들이 머물러, 70여 개의 사찰이 있었지만 거의 폐사되었다. 송대에는 산중의 작은 절들을 합쳐서 태평흥국사(太平興國寺)가 건립되었고, 명초에는 태조(太祖)의 효릉(孝陵)이 조성되기도 하였다.

종산암 鍾山庵 평안남도 양덕군 효종산(曉鐘山)에 있던 암자. 『여지도서』 평안도 양덕 사찰·『가람고』에 "현 북쪽 100리에 있다. 在縣北一百里", 『사탑고적고』에 "효종사지라고도 한다. 방추형 부도 1기가 있는데, 높이는 4척·둘레는 5척이며 완전하다. 또 석비가 있는데, 높이는 4척·폭은 1척 8촌이며 다섯으로 깨져 있다. 비면에 '조영탑 경오년 건립'이라고 새겨져 있다. 亦云曉鍾寺址 有紡錘形浮屠一 高四尺 胸圍五尺 完全 又有石碑 高四尺 幅一尺八寸 五分 碑面刻照影塔庚午建"라고 하였다. [참고문헌] 『輿地圖書』, 『伽藍考』, 『寺塔古蹟攷』, 『梵宇攷』, 『韓國寺刹全書』 권하 p.1024a8.

종색 宗賾 송대 운문종(雲門宗)과 정토종(淨土宗) 스님. 속성은 손(孫)씨. 낙주(洛州 : 河南省) 영년(永年) 출신. 유학(儒學)을 학습하다가 법운법수(法雲法秀)의 문하로 들어갔고, 그 뒤에 장로응부(長蘆應夫)의 문하로 들어갔다. 『속전등록』 권12(대정장51, p.539c28)에 따르면 "다리 들어 벽돌 계단에 올려놓으니 분명히 이 법이로구나. 황양나무 곁에서 크게 웃으니 만리나 푸른 하늘에 한 덩이 달일세. 擧足上甎階 分明這箇法 黃楊木畔笑呵呵 萬里青天一輪月"라는 게송을 지어서 응부에게 바치자 인가해 주었다고 한다. 숭녕년간(1102~1105) 진정부(眞定府 : 河北省) 홍제선원(洪濟禪院)에 주석하면서 『선원청규 禪苑淸規』 10권을 지은 뒤에 진주(眞州 : 江蘇省) 장로사(長蘆寺)에 주석하였다. 정토사상가로도 알려져 관련저술을 남겼으니 「관념불송 觀念佛頌」·「권수선인겸수정토 勸修禪人兼修淨土」·『위강집 葦江集』·「좌선잠 坐禪箴」·「염불참선구종지설 念佛參禪求宗旨說」·「연화승회록문 蓮華勝會錄文」·「염불회향발원문 念佛回向發願文」·「염불방퇴방편문 念佛防退方便文」·「관무량수불경서 觀無量壽佛經序」·「서방정토송 西方淨土頌」 등이 있고, 『고존숙어요 古尊宿語要』 4권도 편집하였다. 시호는 자각대사(慈覺大師)이다. [참고문헌] 『續傳燈錄』, 『建中靖國續燈錄』 권18(卍속장136, p.266a10), 『嘉泰普燈錄』 권5(卍속장137, p.101b14). ⇨ 선원청규 禪苑淸規, 고존숙어요 古尊宿語要

종생현 種生現 종자생현행(種子生現行)의 줄임말. 『성유식론술기』 권2(대정장43, p.306b5)에 "등의 심지와 불꽃이 펴고 구르며 타오르는 듯하니, 심지를 따라 불꽃이 이는 것이 마치 종자가 현행을 낳는 것과 같고, 불꽃으로 인해 심지가 타는 일은 현행이 종자를 훈하는 것과 같다. 이래서 펴고 구른다고 한다. 이는 세 법이 마치 갈대가 서로 의지하듯 한다. 如燈炷與燈焰 展轉生燒 由炷生焰 如種生現 由焰燒炷 如現熏種 故名展轉 此顯三法 如蘆相依"라고 하였다. [참고문헌] 『成唯識論述記』.

종서 宗書 1500~1567. 명대 조동종(曹洞宗) 스님. 호는 소산(小山), 별호는 대장(大章), 속성은 이(李)씨. 순덕부(順德府 : 河北省) 형대(邢臺) 출신. 유학을 학습하다 열 살 때 문사(文史)의 대의에 통하였다. 어느 날 책을 덮고 출세간법을 알고 싶다는 생각에 개원사(開元寺)로 출가하였다. 숭산소실사(嵩山少室寺) 월주문재(月舟文載)의 문하에 들어가 8년 수행하다가 그 법을 이었고, 1532년(가정11) 흥덕사(興德寺)에서 법문을 연 이래 천경사(天慶寺)·오대사(五臺寺) 등에 주석하였다. 1557년(가정36) 대중의 청에 응하여 소실사의 주지가 되었다. 1566(가정45) 경사(京師)로 들어가 종경암(宗鏡菴)에 주석하였다. 1567년(융경1) 서산(西山)을 다니다가 곡집산(谷集山) 삼학동(三學洞)에 이르러 공부해 마칠 곳이라 기뻐하며 하안거를 보냈고, 같은 해 12월 16일 세수 68, 법랍 36세로 입적하였다. 유골은 삼분하여 종경암·순덕부조영사(順德府祖塋寺)·소실사에 각각 안장하였다. [참고문헌] 『五燈會元續略』 권1(卍속장138, p.868a1), 『五燈全書』 권61(卍속장141, p.320b10), 『續燈正統』 권37(卍속장144, p.923b11).

종석사 鍾石寺 전라북도 정읍 종석산(鍾石山)에 있던 절. 1936년에 장봉선(張奉善)의 『정읍군지』 고적에 "지금은 없다. 無今"라고 하였다. [참고문헌] 『井邑郡誌』.

종선계 種善稧 1914년 4월에 예천포교당(醴泉布教堂)의 신도들이 조직한 계. 용문사와 명봉사의 신도들이 예성(醴城)의 봉동(鳳洞)에 누각을 짓고 포교당이라고 하였으며, 봉불식 날에 모연(募緣)하여 종선계도 결성하였다. "생각하건대 우리 동지들 이미 선한 씨앗 심었으니, 오늘의 몸이 불신에 이르기까지 바다가 마르고 바위 먼지로 난다 해도 이 원을 물리지 않겠습니다. 維我同志 旣種善因則自從今身 至于佛身 海枯石爛 此願不退"라고 다짐하였다. [참고문헌] 金靖濟 「種善稧序」(『朝鮮佛教界』1, 1917) p.48, 「各宗團體本山」(『韓國近世佛教百年史』 권3, pp.3~4).

종선근위 種善根位 선근을 뿌리내린 위. 십신(十信) 이전의 위(位)다. 원측(圓測)의 『해심밀경소』 권4(한불전1, p.253b6)에 "종선근위란 십신 이전에 해탈분의 선근위다. 해탈분으로서의 선근법을 심는 뜻은 저 『우바새계경』에서 설한다. 種善根位 謂十信前種解脫分善根位也 種解脫分善根之法 如優婆塞戒經中說"라고 하였다. 〔참고문헌〕『解深密經疏』. ⇨ 사선근위 四善根位

종설 宗說 으뜸의 뜻을 말로 하는 일. 『대명고승전』 권3 「행비전 行丕傳」(대정장50, p.908b7)에 "종에도 설에도 아울러 통하여 행과 해가 서로 응하셨다. 宗說兼通 行解相應", 『화엄일승십현문』(대정장45, p.515c11)에 "만약 종에도 설에도 정통한 이라면 곧바로 행하고 그대로 안다. 마치 얼굴 마주해 그 이름 말하지 않아도 저절로 알아차림과 같다. 若通宗說者 卽行卽解 如看其面 不說其名 而自識也"라고 하였다. 〔참고문헌〕『大明高僧傳』, 『華嚴一乘十玄門』. ⇨ 종통설통 宗通說通

종설구통 宗說俱通 으뜸의 뜻에도 그것을 말해 보임에도 다 갖추어 통하다. 종통설통(宗通說通)이라고 한다. 『능가경주해』 권3(대정장39, p.389c15)에 "〈경〉 부처님께서 대혜에게 이르셨다. '일체성문연각보살에게는 두 가지로 통하는 모습이 있다'. 〈주〉 잘 교화하고 이끌고자 하면 반드시 종과 설을 갖추어 통해야 비로소 중생을 유인하여 끝내 도에 이르게 할 수 있다. 무릇 종이란 도의 본이고, 설이란 교의 자취다. 종으로써 나아갈 곳 밝히지 못하면 돌아갈 곳마저 잃게 된다. 교로서 이치를 말해야 하니 이치에 미한즉 들어갈 곳을 잃게 된다. 그러므로 종에만 통하고 설에 통하지 않으면 이에 정통하더라도 그것을 드러낼 수 없고, 설에만 통하고 종에 통하지 못하면 말로는 가려내더라도 종요는 아니다. 두 가지 실로 서로 반드시 쓸 수밖에 없으니 치우쳐 버릴 수 없다. 佛告大慧 一切聲聞緣覺菩薩 有二種通相 謂宗通及說通 欲善化導 必宗說俱通 方能誘物而底于道 蓋宗者 道之本 說者 敎之跡 宗以明趣 趣不明則 失其所歸 敎以詮理 理或昧則 迷其所入 故宗通而說不通 理雖精而不顯 說通而宗不通 言雖辯而非要 而二者實相須爲用 不可偏廢也", 『주화엄법계관문송』 권하(대정장45, p.707b27)에 "종과 설에 모두 통해야 비로소 널리 어울려 걸림 없는 지혜라 할 수 있다. 宗說俱通 方是溥融 無礙智矣", 『고봉어록』 권상(卍속장122, p.665b15)에 "법좌에 올라 말했다. '생각이 말로 이르지 못하면 종과 설에 통할 수 없으니, 눈먼 거북이와 절름발이 자라일 뿐이고, 생각이나 말 모두 도달해 종과 설 다 통해도 눈먼 거북이고 절름발이 자라다. 내가 이렇게 일러주는 것 밖에 다른 살림살이 있을 리 없으니, 눈먼 거북과 절름발이 자라다'. 上堂 意句不到 宗說不通 盲龜跛鱉 意句俱到 宗說俱通 盲龜跛鱉 西峰恁麽告報 莫有離此之外 別有生涯底麽 盲龜跛鱉"라고 하였다. 〔참고문헌〕『楞伽經註解』, 『註華嚴法界觀門頌』, 『高峰語錄』, 『楞伽經』 권3(대정장16, p.499b27). ⇨ 종통설통 宗通說通

종섭 宗燮 ?~1912. 조선후기 스님. 속성은 김(金)씨. 대본산 귀주사(歸州寺)의 말사인 브현사(普賢寺 : 단천군 하다면 아미산)의 주지였다. 「주지사망 住持死亡」(『조선불교월보』 제7호, p.38)에 "咸鏡南道(함경남도) 端川郡(단천군) 住持 金宗燮은 六月 十五日에 死亡홈"이라고 하였다. 〔참고문헌〕『朝鮮佛敎月報』, 『韓國佛敎雜誌叢書』 권12 p.488.

종성 宗性 ❶ ➡ 종체 宗體[2] ❷ 1930~2004. 현대 스님. 호는 제산(濟山). 1930년 전라북도 부안(扶安)에서 태어났다. 전주고등학교, 원광대학교 불교학과를 졸업한 후 1968년 백양사(白羊寺)에서 서옹석호(西翁石虎)를 은사로 하여 스님이 되었다. 1990년부터 서울특별시 관악구 봉천동 관악산에 임제선원(臨濟禪院)을 열고 임제선풍을 진작했다. 그 후 계속 임제선원 조실로 있다가 1992년 서옹의 법을 이어 받았다. 2004년 12월 21일(음력 11월 10일)에 "이리저리 꿈같이 살아오다가 오늘에야 비로소 쉬어버렸네! 맑은 바람 하늘 땅 오가더니, 어느덧 태양은 서산에 걸렸네! 優遊夢幻世 今日大寂休 淸風拂乾坤 一落西山頭"라는 임종게를 설한 다음, 세수 75, 법랍 37세를 일기로 입적하였다. 〔참고문헌〕『현대불교』 제506호(2004.12.29).

종성 從盛 오대(五代) 스님. 청원하(靑原下) 나산도한(羅山道閑)의 제자. 복주(福州 : 福建省) 민현(閩縣) 출신. 장생산(長生山)에서 출가하여 구족계를 받은 다음 곳곳을 돌아다니다가 나산을 친견하고 단번에 깊은 뜻을 깨달았다. 처음으로 보였다. 그 뒤 유양(瀏陽 : 湖南省) 도오산(道吾山)에 주석하면서 대중을 교화하였다. 〔참고문헌〕『祖堂集』 권12(고려장45, p.312c7), 『景德傳燈錄』 권23(대정장51, p.393c6).

종성 種姓 Ⓢ gotra, jāti-gotra, varṇa, Ⓟ vaṇṇa, Ⓣ rigs, rigs-dang-rus. ❶ 혈통과 성씨에 따른 구분. 인도의 사성(四姓) 등이 그 예다. 『대당서역기』 권2(대정장51, p.875b24)에 "인도는 종성과 종족을 무리지어 나누지만, 바라문이 특히 청정하고 귀하다고 여기고 높여 부르니 전해서 관습이 되었다. 따라서 경계의 차별을 없애고 인도를 통틀어 바라문국이라고 부른다. 印度種姓族類群分 而婆羅門特爲淸貴 從其雅稱 傳以成俗 無云經界之別 總謂婆羅門國焉", 『석가씨보』(대정장50, p.85a8)에 "태하(太夏)의 종성에 네 가지로 같지 않으니 찰제리(刹帝利 Ⓢ kṣatriya)·바라문(婆羅門 Ⓢ brāhman)·비사(毘舍 Ⓢ vaiśya)·수다라(首陀羅 Ⓢ śūdra)

이다. 太夏種姓有四不同 謂刹帝利 婆羅門 毘舍 首陀羅也", 『십송율』 권9(대정장23, 대정장23, p.66c25)에 "'성'이란 바차・구차・상제라・바라타・아지라같은 성씨를 말하고, '종'이란 찰리종・바라문종・비사종・수다라종을 말한다. 婆蹉姓 俱磋姓 傷提羅姓 婆羅墮姓 阿支羅姓 是名姓 種者 刹利種 婆羅門種 毘舍種 首陀羅種", 『잡아함경』 권20(대정장2, p.142b12)에 "'대왕이여! 이와 같은 네 종성은 모두 평등한데 어찌 차별이 있다 합니까? 알아야 할 것입니다. 대왕이여! 네 종성은 모두 다 평등하여 누가 낫고 못한 차별이 없습니다'. 마투라왕이 존자 마하가전연에게 말했다. '실로 그렇습니다. 존자시여!' … '대왕이여! 네 종성은 세간의 언설로 차별할 뿐입니다. … 「바라문이 제일이고 나머지는 다 비열하며, 바라문이 고결하고 나머지 사람은 다 더러우며, 바라문이 청정하고 바라문이 아닌 이들은 그렇지 않다」고 세간에서는 말합니다. 그러나 마땅히 업에 의지한 진실일 뿐이니 행위에 따른 것일 뿐입니다'. 大王 如是四姓悉皆平等 有何差別 當知 大王 四種姓者 皆悉平等 無有勝如差別之異 摩偸羅王白尊者摩訶迦旃延 實爾 尊者 … 大王 當知四姓 世間言說爲差別耳 … 婆羅門第一 餘悉卑劣 婆羅門白 餘人悉黑 婆羅門淸淨 非非婆羅門 當依業眞實 業依耶", 상응하는 *Madhura-sutta*(*MN.2*, p.86)에 "존자 캇차나여, 참으로 그러하다면 이 네 종성은 평등합니다. addhā kho bho kaccāna evaṃ sante ime cattāro vaṇṇā samasamā honti"라고 하였다. 〔참고문헌〕『大唐西域記』, 『釋迦氏譜』, 『十誦律』, 『雜阿含經』, *MN.* **2** 유정(有情)은 보특가라(有身)에 의지해 종자(種子)를 보존하고 현행하게 되는데 계(界)라고도 하고 성(性)이라고도 할 수 있는 뜻에서의 종성이다. 『유가사지론』 권21(대정장30, p.395c19)에 "무엇을 종성이라 하는가? 종성에 머무는 보특가라에게는 종자법이 있어서 나타나 있게 되기 때문에, 종성에 안주하는 보특가라가 만약 승연을 만나면 문득 견뎌 감당하고 세력 있게 되어 열반을 얻을 수도 능히 증득할 수도 있다. 〔문〕 이러한 종성의 이름에는 어떤 차별이 있는가? 〔답〕 때론 종자라 하고, 때론 계라 하고 때론 성이라 하는 것이 이름의 차별이다. 〔문〕 이제 이런 종성은 무엇으로 그 바탕을 삼는가? 〔답〕 의지할 바(所依 : 阿賴耶識) 붙어 이런 모습 있게 되니 육처(六處 : 眼耳鼻舌身意)로 거둔 것이고 시작 없는 세로 좇아 거듭 구르고 펴며 전해온 것이어서 법 그대로 얻은 것이다. 云何種姓 謂住種姓補特伽羅 有種子法由現有故 安住種姓補特伽羅 若遇勝緣 便有堪任 便有勢力 於其涅槃 能得能證 問 此種姓名 有何差別 答 或名種子 或名爲界 或名爲性 是名差別 問 今此種姓 以何爲體 答 附在所依 有如是相 六處所攝 從無始世 展轉傳來 法爾所得", "어떻게 종성은 안립하는가? '지금 이 종성은 세라고 해야 하는가, 추라고 해야 하는가?'라고 물으면 당연히 '세다'라고 답해야 한다. 왜 그러한가? 이 같은 종자는 세력이 약해 아직 과와 함께하지 못하고 아직 과가 될 만큼 익지 못했기에 세신으로 한다. 만약 이미 과와 함께하고 이미 익혀 과를 성취했다면 그때는 종이든 과든 모두 드러나 볼 수 있어 추라고 한다. 云何種姓安立 謂應問言 今此種姓 爲當言細 爲當言麤 應答言細 何以故 由此種子 未能與果 未習成果 故名爲細 若已與果 已習成果 爾時種姓 若種若果 俱說名麤"라고 하였다. 〔참고문헌〕『瑜伽師地論』, *MN.*, *Yogā-bh.26.*, *Śrāv-bh.48.*, *Bodh-bh.134.* ⇨ 종성 種性**2**, 사성 四姓

종성 種性 Ⓢgotra, Ⓣrigs. **1** 종성(種姓)의 구역(舊譯). 『범망경보살계초진』 권8(卍속장95, p.212a2)에 "종성에서 '종'은 곧 종자(種子)로서 발생함이 있다는 뜻이고, '성'은 성분(性分)으로서 스스로의 분이어서 고칠 수 없는 뜻이다. 種性 種卽種子 有發生之義 性卽性分 乃自分不改之義", 『화엄경소』 권18(대정장35, p.634c13)에 "범본의 명칭은 구라인데, 가로 한역하며, 가는 곧 가족이다. 구역으로 이름하면 종성이다. 梵本名爲俱羅 此云家也 家卽家族 是以舊譯名爲種性"라고 하였다. 〔참고문헌〕『梵網經菩薩戒初津』, 『華嚴經疏』. ⇨ 종성 種姓**1** **2** 교법(敎法)에 의지하고 수행위(修行位)나 그 과(果)에 따라 자성을 구분한 뜻. 『화엄경소초』 권73(대정장36, p.580c10)에 "불자로서 여섯 가지 종성이란, 습종성・성종성・도종성・성종성・등각성・묘각성을 말한다. 〔석〕 첫째 습종성은 십주, 둘째 성종성은 십행, 셋째 도종성은 십회향, 넷째 성종성은 십지에 해당하며, 다섯째와 여섯째는 알 수 있을 것이다. 佛子六種性者 所謂習種性 性種性 道種性 聖種性 等覺性 妙覺性 釋曰 一 習種性卽十住 二 性種性卽十行 三 道種性卽十迴向 四 聖種性卽十地 五六可知", 『불지경론』 권2(대정장26, p.298a12)에 "시작이 없는 때로부터 일체유정에게는 다섯 가지 종성이 있다. 첫째는 성문종성이고, 둘째는 독각종성이고, 셋째는 여래종성이고, 넷째는 부정종성이고, 다섯째는 무유출세공덕종성이다. … 앞의 네 가지 종성을 분별해 세우면 비록 시한은 없지만 끝내는 멸도의 때를 얻게 되니 모든 부처님의 자비와 묘한 방편 때문이다. 다섯 번째 종성은 세간을 벗어나는 공덕의 인이 있지 않기에 끝내 멸도할 때를 얻지 못한다. 無始時來 一切有情有五種性 一 聲聞種性 二 獨覺種性 三 如來種性 四 不定種性 五 無有出世功德種性 … 分別建立前四種性 雖無時限 然有畢竟得滅度期 諸佛慈悲巧方便故 第五種性無有出世功德因故 畢竟無有得滅度期", 같은 책 권5(대정장26, p.312b4)에 "모든 삼승인은 스스로의 종성으로 인연을 삼고, 여래경지를 증상연으로 삼아서 정근방편으로 자량을 닦아 모아 성도를 이끌어 낳고, 번뇌장과 소지장을 없애어 응한 바 따라 각각 열반을 증득한다. 결정종성의 성문과 독각은 무학위에 머무니 적멸에 즐기기 때문이다. 업을 낳는 윤생의 모든 번뇌는 영구히 없앴기에 앞선 업의 번뇌가 초래한 몸과 마음은 저절로 사라져 다시는 생을 받지 않으니 의지할 바가 없기 때문이다. 諸三乘人用自種性以爲因緣 如來鏡智爲增上緣 精勤方便修集資糧引生聖道 除煩惱障及所知障 隨其所應各證涅槃 決定種性聲聞獨覺住無學位 樂寂滅故 發業潤生諸煩惱障永滅除故 先業煩惱所感身心 任運滅已更不受生無所依故", 『섭대승론석』 권9(대정장31, p.437a14)에 "종성에는 두 가지가 있다. 첫째는 본성주종성(本性住種性 Ⓢprakṛtistha gotra)으로서 무시이래로 육처 수승하여 펴고 구르며 상속한 법 그대로 얻은 것이다. 둘째는 습소성종성(習所成種性 Ⓢsamudānīta gotra)으로서 전생에서부터 선우력 등을 거듭 닦아 성취한 바다. 種性有二 一 本性住種性 謂無始來 六處殊勝 展轉相續法爾所得 二習所成種性 謂從先來善友力等數習所成"라고 하였다. [참고문헌] 『華嚴經疏鈔』, 『佛地經論』, 『攝大乘論釋』, *Śrāv-bh.16.*, *Bodh-bh.253.* ⇨ 종성 種姓❷

종성구종차별 種性九種差別 ➡ 유체 有體❷, 종성 種性❷

종성미발심수기 種性未發心授記 육종수기(六種授記) 중 하나. 종성지(種性地)에 있으면서 아직 발심하지 않은 이에게 주는 수기(受記). 미발심수기(未發心授記)라고도 한다. 『승만보굴』 권상(대정장37, p.18a18)에 "『보살지지경』에 따르면 수기에는 여섯 가지가 있다. 첫째는 종성미발심기이다. … 보살위에는 높고 낮음의 차이가 있다. 앞의 하나는 종성지에 있고, 이미 발심한 이의 위는 해행지 이상에 머문다. 如地持中 授記有六 一種性未發心記 … 位地上下差別 前一在種性地 發心者位在解行已上", 『법화의소』 권8 「수기품 授記品」(대정장34, p.566b7)에 "발심하기 전에 수기함이 둘이 있다. 첫째, 전혀 발심하지 않았지만 수기하시는 것이니 저 구조 등이다. 둘째, 비록 이미 발심하였지만 아직 충분하지 못해서 발심하지 못했다 한다. 未發心授記有二 一 都未發心而授記 如鳩鳥等 二 雖已發心而未成立 亦名未發心也"라고 하였다. [참고문헌] 『勝鬘寶窟』, 『法華義疏』. ⇨ 육종수기 六種授記, 미발보리심수기 未發菩提心授記

종성보살 種性菩薩 Ⓢtad-gotraṃ bodhisattvānām. 대비(大悲)의 씨앗(種)을 품어 자성(性)으로 삼은 보살. 종성보살(種姓菩薩)로도 쓴다. 종성이 결정되어 있는 성결정보살(性決定菩薩)과 종성이 아직 결정되지 않은 성부정보살(性不定菩薩)로 나눈다. 『보살지지경』 권1(대정장30, p.889b6)에 "종성보살로서 백정법(Ⓢśukla-dharma)을 성취한 이는, 네 가지 번뇌에 물들지 않는다. 물든다면 백정법은 현전할 수 없고, 때론 악도에 나기도 한다. 종성보살은 오래도록 생사에 처해 있거나 악도에 떨어지기도 하지만, 악도에 떨어졌더라도 빨리 벗어날 수 있고 비록 악도에 처해 있더라도 큰 고통을 받지 않는다. 가령 지옥에 있는 다른 중생에게 고통이 몸에 닿기라도 하면 바로 염리심이 일어나니 그들이 받는 고통을 보고는 자비심을 일으킨다. 이와 같이 종성은 대비의 인이 되며 그렇기에 종성보살은 비록 악도에 떨어져 있더라도 나머지 일체악도중생들보다 뛰어나다. 種性菩薩 成就白淨法者 不爲四種煩惱之所染汚 若染汚者白淨之法 不現在前 或生惡道 種性菩薩 久處生死 或墮惡道 墮惡道者 疾得解脫 雖處惡道 不受大苦 如餘衆生 入地獄者 若苦觸身 卽能厭離 見他受苦 能起悲心 如是種性爲大悲因 是故菩薩 雖墮惡道 勝餘一切惡道衆生"라고 하였다. [참고문헌] 『菩薩地持經』, *Bodh-bh.6·7.* ⇨ 성결정보살 性決定菩薩, 성부정보살 性不定菩薩, 보살종성 菩薩種性, 백정법 白淨法

종성성문 種性聲聞 사종성문(四種聲聞) 중 한 부류. 대승(大乘)으로 회심하지 못하고 성문과(聲聞果)만이 결정되어 있는 성문. 결정성문(決定聲聞)이라고도 한다. 『대승의장』 권17(대정장44, p.788c26)에 "성문은 네 부류다. 첫째는 종성성문이다. 이 사람은 본래 소승법을 항상 닦아 소승의 성품을 성취한다. 세상에 나오신 부처님을 최후의 몸으로서 만났지만 소승법만을 기꺼이 바라니 부처님께서는 그에 따라 소승과를 증득하는 법을 설하신다. 그 본을 따라 부른 이름이 종성성문이다. … 앞의 둘 중에서 종성성문은 부처님 일대교화에 있어서는 소승에 머물기로 결정하여 대승에 들어가지 못한다. 그렇기에 이 사람은 뒷날을 바라서도 마찬가지로 결정성문이다. 聲聞有其四種 一 種性聲聞 是人本來 常習小法 小性成就 於最後身 値佛出世 樂欲小法 佛依爲說證得小果 從本立稱名 種性聲聞 … 於前二中 種性聲聞 於佛一化 決定住小 不能入大 是故此人 望後亦名 決定聲聞"라고 하였다. [참고문헌] 『大乘義章』. ⇨ 사종성문 四種聲聞, 결정성문 決定聲聞, 성문종성 聲聞種性

종성위 種性位 Ⓢgotra-stha, Ⓣrigs-la-gnas-pa. 종성주(種性住)를 달리 이르는 말. 종성지(種姓地)로도 쓴다. 『유가사지론』 권46(대정장30, p.547a7 : *Bodh-bh.*, p.197)에 "제보살이 이 종성위에 머문다면 바로 보살이 결정되었다고 말한다. 왜 그러한가? 이 보살이 만약 승연과 만나면 반드시 무상정등각을 감당해 마땅히 증득하기로 정해졌기 때문이다. 諸菩薩住種性位 便名爲墮決定菩薩 何以故 由此菩薩若遇勝緣 必定堪任證於無上正等覺故 gotrastha eva bodhisattvo niyatipat ita ityucyate. tatkasya hetoḥ. bhavyo 'sau pratyayānāsādya niyatamanuttarāṃ samyaksaṃbodhimabhisaṃboddhum", 원측(圓測)의 『해심밀경소』 권5(한불전1, p.273c13)에 "『영락본업경』에 따르면, 십주이상을 종성위라 한다. 십주중에서 앞의 여섯 주에는 퇴전(退轉)함이 있고 일곱 번째부터는 물러남이 없다. 그러므로 알라. 종성위에도 물러남의 뜻이 있다. 依本業經 十住已上 名種姓位 於十住中 前六名退 第七不退 故知種姓 亦有退義", 『유가론기』 권19(대정장42, p.740a2·한불전14, p.450a7)에 "만약 앞서 종성을 성취했지만 아직 현행하지 않았다면 종성위라 한다. 若先成種姓未起現行 名種姓位", 『권발보리심집』 권하(대정장45, p.402a15)에 "종성위에 머무니 본성은 인자하고 어질며 몸과 말로 짓는 두 업 언제나 깨끗하고 맑게 구른다. 住種姓位 本性仁賢 身語二業 恒淸淨轉"라고 하였다. [참고문헌] 『瑜伽師地論』, 『解深密經疏』, 『瑜伽論記』, 『勸發菩提心集』, *Bodh-bh.* ⇨ 종성주 種性住, 종성지 種性地

종성제도 種姓制度 ➡ 종성 種姓 ❶

종성주 種性住 Ⓢ gotra-vihāra, gotra-stha, Ⓣ rigs-la-gnas-pa. 종성이 머물다. 십삼주(十三住) 중 하나로 장차 보살이 될 무루종자(無漏種子)를 갖추고 있는 단계. 발심(發心)하기 전의 위다. 종성지(種性地)·종성위(種性位)·보살종성주(菩薩種性住)·본성주종성(本性住種性)·자성중주(自性中住)라고도 한다. 『보살지지경』 권9(대정장30, p.939c29)에 "무엇을 종성주라 하는가? 이 보살성은 스스로 어질고 선해서 성 스스로 능히 공덕과 선법을 행할 수 있고, 성이 어질고 선함에 느닷없이 방편을 써도 온갖 선법이 일어나 사유를 기다리지 않는다. 그런 후에 능히 종성보살이 되니 이는 일체불법의 종자다. 일체불법종자는 몸 중에 있지만 추번뇌를 여였기에 종성이 머무는 보살은 비록 상번뇌가 일어나더라도 결코 오무간업과 선근의 종성을 끊는 일을 하지 않으니 … 이를 보살의 종성이 머문다라고 한다. 云何種性住 是菩薩性自賢善 性自能行功德善法 性賢善故率意方便 諸善法生不待思惟 然後能得種性菩薩 是一切佛法種子 一切佛法種子 在於身中 離麤煩惱 種性住菩薩 雖起上煩惱纏 終不能行五無間業 及斷善根種性義 … 是名種性住", 같은 책 권10(대정장30, p.954a11)에 "종성주는 종성지라고도 한다. 種性住名種性地", 『대승의장』 권15(대정장44, p.766c17)에 "종성주란, 이른바 습종성과 성종성을 말한다. 부처의 씨앗 굳건히 세워 견고하여 무너질 일 없기에 종성주라 한다. 種性住 所謂習種及與性種 佛種建立 堅固不壞 名種性住"라고 하였다. [참고문헌] 『菩薩地持經』, 『大乘義章』, *Bodh-bh.218.* ⇨ 십삼주 十三住, 종성지 種性地

종성지 種性地 Ⓢ gotra-bhūmi, Ⓣ rigs-kyi-sa. 종성주(種性住)를 달리 이르는 말. 종성위(種性位)라고도 한다. 『유가사지론』 권49(대정장30, p.564c28 : *Bodh-bh.*, p.253)에 "앞서 말한 십삼주 중에 저를 따라 7지를 건립함을 알아야 한다. 앞서 말한 6지는 오직 보살만이 머무는 지이고, 일곱 번째 지는 보살과 여래를 섞어 세워 지로 삼았다. 어떠한 것들이 일곱인가? 첫째는 종성지이다. … 앞의 종성주는 종성지라고 한다. … 보살이 만약 종성지 중에 머문다면, 오직 종자만이 존재해 그 몸에 의지해서 머문다. 如前所說十三住中 應知隨彼建立七地 前之六種 唯菩薩地 第七一種 菩薩如來 雜立爲地 何等爲七 一 種性地 … 前種姓住名種性地 … 菩薩若在種性地中 唯有種子 依身而住 eṣu yathāvarṇiteṣu trayodaśasu vihāreṣvanugatāḥ sapta bhūmayo veditavyāḥ. ṣaṭ bodhisattvabhūmayaḥ. ekā vyāmiśrā bodhisattvatāthāgatībhūmiḥ. gotrabhūmiḥ. … tatra gotrabhūmau bodhisattvānāmetallakṣaṇabījamātre 'vasthānaṃ veditavyam", 『법화경현찬요집』 권3(卍속장53, p.486a13)에 "종성지란 본성주종성이다. 아직 아승기행에 들지 못했으니 십신이전이다. 범부위중에서는 무루종자가 무시이래로 본식에 의탁해 법그대로 있었을 뿐 훈하여 일어나지는 못한다. 이 종성위에 처해 있는 것을 종성지라 한다. 種性地 卽本性住種性 未入僧祇劫 卽十信已前 凡夫位中 無漏種子 無始時來 依附本識 法爾而有 不由熏生 處種性位 名種性地", 『법화현찬의결』(대정장34, p.856a22)에 "종성지는 곧 종성주로서 발심하기 전의 위다. 種性地 卽種姓住 未發心位", 『성유식론장중추요』 권상(대정장43, p.628c14)에 "종성지가 바로 종성위다. 種姓地卽種姓位"라고 하였다. [참고문헌] 『瑜伽師地論』, 『法華經玄贊要集』, 『法華玄贊義決』, 『成唯識論掌中樞要』, *Bodh-bh.* ⇨ 종성 種性 ❷, 종성주 種性住, 종성위 種性位

종성차별집 種性差別集 신라 신방(神昉) 지음. 3권. 『법상종장소』(대정장55, p.1140a11)와 『동역전등목록』(대정장55, p.1162c25)에 책 이름이 보인다. [참고문헌] 『法相宗章疏』, 『東域傳燈目錄』. ⇨ 신방 神昉

종성청정 種姓淸淨 Ⓢ gotra-viśuddhi. 종족 또는 자성이 깨끗하고 맑음. 40권본 『화엄경』 권12(대정장10, p.716a7)에 "임금의 음식을 담당하는 사람이라면 열 가지 덕을 갖추고 있어야 한다. 어떠한 것이 그 열 가지인가? 첫째는 종성의 청정함이다. 典御膳人 應具十德 何者爲十 一 種姓淸淨", 『대비경』 권4(대정장12, p.963c22)에 "아난이여! 나는 석가족으로 났기에 종성이 청정하다. 阿難 我生釋種故種姓淸淨", 『유가사지론』 권48(대정장30, p.562b15 : *Bodh-bh.*, p.243)에 "대략

열한 가지의 청정함이 있는 줄 알아야 한다. 제일은 종성주 중에 종성의 청정함이다. 當知略有十一淸淨 謂於第一 種性住中 種性淸淨 samāsata ekādaśavidhā viśuddhirveditavyā. prathame gotraviśuddhiḥ"라고 하였다. [참고문헌]『華嚴經』,『大悲經』,『瑜伽師地論』, *Bodh-bh.* ⇨ 종성 種姓, 제자십덕 弟子十德

종세성생 從世性生 세성(世性 Ⓢprakṛti)으로부터 만물이 발생한다는 것. 상키야(Ⓢ Sāṃkhya : 數論)의 주장이다.『성실론』권11(대정장32, p.325a12)에 "외도들은 모두 이 일을 믿지 않는다. 이 몸은 인도 연도 없이 저 초목처럼 자연히 난 것이라거나, 만물은 대자재천(Ⓢ Īśvara) 등 하늘이 낸 것이라 하거나, 만물은 세성을 좇아났다고 하거나, 미진(微塵 Ⓢ paramāṇu)이 화합해서 생겨났다고 주장한다. 有諸外道 不信此事 或言是身 無因無緣 猶如草木 自然而生 或言萬物 是大自在等諸天所生 或言萬物 從世性生 或言微塵 和合故生",『중관론소』권1(대정장42, p.15a16)에 "'세성으로부터 생겨난다'란 곧 명초외도(冥初外道 : 수론)의 주장이다. 신통력으로 팔만겁의 일을 본다고 해도, 저절로 그러하기 이전은 아득하여 불가지라고 하는데, 이 아득한 하나가 모든 존재의 처음이기 때문에 명초(冥初 Ⓢ prakṛti)라 하고, 일체세간은 이를 본성으로 삼기 때문에 세성이라 한다. 從世性生者 卽是冥初外道 以神通力 見八萬劫事自爾之前冥 然不知 謂此一冥 爲諸法始 故云冥初 一切世間 以爲本性 名爲世性"라고 하였다. [참고문헌]『成實論』,『中觀論疏』. ⇨ 세성 世性, 명초 冥初

종송 鍾頌 아침저녁 예불 전에 종을 치면서 지송하는 게송. 아침 그리고 저녁 송주(誦呪)라고도 한다. 아침종송은 처음 마루를 가볍게 세 번 치고 종을 아주 약하게 시작하면서 점점 높게 친다. '원차종성변법계 願此鍾聲遍法界'로 시작하는 게송 후 '나무비로교주화장자존 … 십조구만오천사십팔자 일승원교대방광불화엄경 南無毘盧敎主華藏慈尊 … 十兆九萬五千四十八字 一乘圓敎大方廣佛華嚴經(세 번)'이라 한다. 제일게(第一偈)로 "만약 누군가 삼세일체불을 깨우쳐 알고자 할진댄 마땅히 법계성을 관하라. 일체 오직 마음이 지음이라. 若人欲了知三世一切佛 應觀法界性 一切唯心造"하고 파지옥진언(破地獄眞言)을 세 번 지송한다. 이어 "원컨대 저희 이 생이 다하도록 다른 생각 없어 아미타불 오직 마주해 따를 뿐이니, 마음마음 늘 옥호광명중에 있고 생각생각 금빛모습 떠나지 않으리. 저희 마음의 구슬 놓지 않고 법계 관하니 허공 엮어 꿰지 않음 없도다. 언제나 한결같은 노사나 어느 곳인들 없으리요만, 서방아미타불 보고 싶어서 서방대교주무량수여래불께 귀의할 뿐이네. 願我盡生無別念 阿彌陀佛獨相隨 心心常係玉毫光 念念不離金色相 我執念珠法界觀 虛空爲繩無不貫 平等舍那無何處 觀求西方阿彌陀 南無西方大敎主無量壽如來佛"라 한다. 이어 '나무아미타불 南無阿彌陀佛' 하며 극락세계십종장엄(極樂世界十種莊嚴)과 석가여래팔상성도(釋迦如來八相成道)와 오종대은명심불망(五種大恩銘心不忘)과 극락장엄송(極樂莊嚴頌)과 대승계경의 4구송 차례로 외운다. 더하여 입지게(立志偈)인 "지금 이 몸 부처의 몸 될 때까지 가진 계 굳게 지켜 무너지는 일 없이 하리. 오직 모든 부처님께서 증명하시어 이 목숨 버리도록 물러나지 않으리. 自從今身至佛身 堅持禁戒不毁犯 唯願諸佛作證明 寧捨身命終不退"에 이어 선문의 게송들과 참회게(懺悔偈) 등을 더 외운 후 삼악도중생이 이 종소리 듣고 이고득락하며 법계중생이 일시에 성불하길 발원하고는 아미타불본심미묘진언(阿彌陀佛本心微妙眞言) 후 '원이차공덕 보급어일체 아등여중생 당생극락국 동견무량수 개공성불도. 願以此功德 普及於一切 我等與衆生 當生極樂國 同見無量壽 皆共成佛道'로 마친다. [참고문헌]『釋門儀範』권하 pp.150a2~152a14,『常用佛敎儀範』(寶蓮閣, 1977) pp.58~75. ⇨ 조례종송 朝禮鍾頌, 석례종송 夕禮鍾頌, 아침대종이십팔추 ○○大鐘二十八搥, 극락세계십종장엄 極樂世界十種莊嚴, 오종대은명심불망 五種大恩銘心不忘, 입지게 立志偈, 참회게 懺悔偈

종수 宗壽 ❶ 남송(南宋)대 임제종(臨濟宗) 대혜파(大慧派) 스님. 호는 무량(無量). 수암사서(秀巖師瑞)의 제자. 명주(明州 : 浙江省 鄞縣) 서암사(瑞巖寺)에 주석하였다.『입중일용청규 入衆日用淸規』를 지어서 1209년(가정2) 간행하였다. [참고문헌]『續傳燈錄』권35(대정장51, p.708c6),『五燈嚴統』권22(卍속장139, p.961b12). ⇨ 입중일용 入衆日用 ❷ 1918~1985. 호는 일우(一愚), 속명은 경진(敬鎭), 속성은 서(徐)씨. 본관은 달성(達城). 아버지의 휘는 공삼(孔三), 어머니는 강(姜)씨부인인데 노스님이 걸망을 지고 들어오는 태몽을 꾼 후, 1918년 1월 27일 경상북도 의성군 구천면 장국리에서 둘째 아들로 태어났다. 17세 때인 1934년 대구 팔공산 파계사(把溪寺)로 찾아가 벽담(碧潭)을 은사로 하여 스님이 되었고, 3년간 은사스님을 시봉하다가 20세 때 대구 동화사(桐華寺)로 가서 동명(東溟) 강백을 모시고 22세 때까지 일대시교(一代時敎 : 理繹)를 마쳤다. 같은 절 금당(金堂)부처님 사리탑전에서 일중식(日中食)을 하면서 백일기도를 봉행한 후, 참선의 길로 들어 금강산 마하연(摩訶衍)에서 만공(滿空)을 모시고 하안거를 지냈다. 이어 오대산 상원사(上院寺)로 가서 한암중원(漢巖重遠)을 친견하고 스님으로부터 '계율로 말미암아 선정이 일어나고, 그 선정으로부터 지혜가 생겨나 해행이 상응하여야 바야흐로 스님이라 할 수 있다'는 가르침을 받고 계율에 깊이 정진하였다. 25세 때, 부산 범어사 금강계단에서 보살계와 비구계를 받았다. 날마다 새벽 3시 예불이 끝난 후 108배 참회를 하루도 쉬지 않았다. 20여 년간 참선 수행을 계속하였으며, 1963년 3월 자운성우(慈雲盛祐)율사로부터 계맥(戒脉)을 전해받고, 대한불교조계종 중앙종회에서 전국계단전계화상(全國戒壇傳戒和尙)으로 추대되었고, 같은 해 종사법계도 품수받았다. 1964년 45세 때 파계사 주지에 취임하여 사찰을 운영하는 외에도 율장을 놓지 않았다. 그 후 해마다 통도사(通度寺)·쌍계사(雙磎寺) 등에서 수계법회를 주도했다. 1977년 60세 때 제16교구 본사인 의성 고운사(孤雲寺) 주지에 취임하였고 파계사 금당에서 후학을 지도하였다. 1983년 조계종 원로회의원(元老會議員)으로 추대되었다. 1985년 11월 21일(음력 10월 10일) 파계사 금당에서 문도를 모아놓고 "고금의 지혜 있는 사람은 이 몸이 환신임을 알고, 환인줄 알아 문득 환신을 여의니 당당하게 본신을 나툰다. 古今大智人 念念知幻身 知幻便離幻 當當現本身"라는 임종게를 설하고 세수 68, 법랍 52세로 입적하였다. 다비 후, 영골(靈骨)을 얻어서는 동곡일타(東谷日陀)의 비문을 받아 현산(顯山)이 써서 부도와 함께 1988년에 세운 비가 파계사 금당에 있다. 법제자에는 연담종진(蓮潭宗眞)이 있고, 은상좌(恩上佐)에는 법성(法盛)·회암(洄巖)·법륜(法輪)·원각(圓覺)·법련(法蓮)·정각(正覺)·보성(寶性)·보광(普光) 등이 있다. [참고문헌] 智冠 『韓國高僧碑文總集 朝鮮朝·近現代』 pp.1358~1360.

종숙탈 種熟脫 심고 익혀 벗어나다. 부처님께서 중생을 교화하는 세 단계로 하종(下種)·성숙(成熟)·해탈(解脫)의 줄임말이다. 『법화현의석참』 권4(대정장33, p.840b22)에 "'심어 싹이 튼다'라 하니, 두 가지 법으로 심고 익어 벗어나게 하기 때문이다. 법을 듣는 것으로 종을 삼고, 발심하는 것으로 싹 틔우며, 현위에서 익히고 성위에 들어 벗어나니, 시방십계중생들 종횡으로 종탈을 깨우쳐 알지 못함이 없다. 種芽等者 皆以二法爲種熟脫故也 聞法爲種 發心爲芽 在賢如熟 入聖如脫 於十方十界衆生 無不了知橫竪種脫", 『법화문구기』 권1(대정장34, p.172a8)에 "작은 것(소승)을 이끌어 큰 것(대승)으로 들어가게 하고 치우친 것을 모아서 두렷함으로 돌아가게 한다. 인으로부터 과에 이르게 하니 모두 중생을 위하여 종숙탈을 짓는다. 引小入大 會偏歸圓 自因之果 皆爲衆生作種熟脫", 『법화경문구보정기』 권1(卍속장45, p.15a14)에 "'만약 아직 불지를 얻지 못했다면'이란 말은 만약 아직 개근현원의 설을 듣지 못한즉 미쳐 구원실성을 알 수 없다는 것이다. 종이란 만약 (이 법을) 듣고 나면 여래구원을 알게 되니 나를 위하여 종숙탈의 세 가지를 짓는다. '지금 그 뜻을 냈을 따름이다'라는 것은, 이것은 소의 문에서 후인을 위하여 개권현실과 개근현원의 종숙탈의 세 뜻을 간략하게 밝힌 것일 뿐이다. 若未得佛智者 若未聞開近顯遠之說 則未能知久 種若聞已則知如來久遠爲我作種熟脫三也 今出其意耳者 此明疏文爲後人 略出開權顯實 開近顯遠 種熟脫三意耳"라고 하였다. [참고문헌] 『法華玄義釋籤』, 『法華文句記』, 『法華經文句輔正記』. ⇨ 삼시 三時 5, 삼익 三益 1, 순결택분 順決擇分, 순해탈분 順解脫分

종승 宗乘 으뜸에 오르다. 으뜸의 가르침을 이어 깨우치다. 더하여 교외별전(教外別傳)의 종문(宗門)에 들다의 뜻이다. 『동산어록』「서문 序文」(대정장47, p.518a21)에 "위로 좇아 종을 받듦은 중생을 위하여 말씀을 드리웠지만 하나같이 독을 바른 북을 치는 것이어서 듣는 이는 모두 죽는다. 그러나 일단 한번 죽고 난 후에 다시 살아나면 혀 없이도 말한다. 從上宗乘 爲物垂言 一如撾塗毒鼓 聞者皆喪 絶後乃重甦 無舌而解語", 『법안어록』(대정장47, p.593b7)에 "법안이 들었다. '한 학인이 설봉에게 물었다. 「망치 집거나 불자 세워도 마땅히 으뜸에 오르지 못한다면 화상께서는 어떻게 하시겠습니까?」 설봉이 불자를 세웠다. 그러자 학인은 머리 싸맨 채 달아나고 설봉 또한 돌아보지 않았다'. 법안이 설봉을 대신해 말했다. '대중이여! 이 하나 뿐인 대장을 잘 보라'. 擧 僧問雪峯 拈槌竪拂 不當宗乘 未審和尙如何 雪峯竪起拂子 僧乃抱頭出去 雪峯不顧 師代云 大衆 看此一員大將", 『황룡혜남어록』(대정장47, p.630a3)에 "황룡이 말했다. '이 법좌에 오르기 전에는 아무 일도 없다가 일단 오르고 나면 곧바로 허다한 문답이 있게 된다. 대중에게 감히 묻겠노라. 그렇다면 이런 일문일답이 도리어 으뜸을 깨우침에 마땅하다 할 수 있을까? 만약 들어맞는다고 말한다면, 일대장교라고 어찌 문답이 없었겠으며 무엇 때문에 「교외에 따로 행하여 근기가 뛰어난 이들에게 전한다」라고 말하겠는가? 그러나 만약 마땅치 않다고 한다면 지금까지의 허다한 문답은 도대체 무엇을 위한 것이었는가? 행각하는 사람이라면 스스로 눈을 떠야 하니 후회를 만들지 마라. 이 일에 대해 논한다면, 신통력이나 수증으로 이를 수 있는 경계가 아니며 많이 들어서 생긴 지혜로 말할 수 있는 것도 아니다. 삼세제불도 스스로 알라고 말할 뿐이니 일대장교로 말해 더한다 해도 미칠 수 없다. 師乃云 未登此座 一事也無 纔登此座 便有許多問答 敢問大衆 只如一問一答 還當宗乘也無 若言當去 一大藏教 豈無問答 爲什麽道 教外別行 傳上根輩 若言不當 適來許多問答 圖箇什麽 行脚人 當自開眼 勿使後悔 若論此事 非神通修證之能到 非多聞智慧之所談 三世諸佛 只言自知 一大藏教 詮註不及"라고 하였다. [참고문헌] 『洞山語錄』, 『法眼語錄』, 『黃龍慧南語錄』. ⇨ 여승 餘乘, 종 宗 1, 일대장교 一大藏教

종시생 從時生 시(Ⓢ kāla)로부터 만물이 생한다는 외도의 주장. 시산외도(時散外道)의 주장이다. 『화엄경소초』 권13(대정장36, p.102c3)에 “시산외도는 일체물이 모두 시로 좇아 난다고 주장한다. 그러므로 시는 바로 상이고 유일한 것이어서 만물의 인이고 열반의 인이라고 주장한다. 時散外道 執一切物 皆從時生 是故 時是常是一 是萬物因 是涅槃因”, 『성유식론속전』 권1(卍속장81, p.41b1)에 “둘째, 시라 한 것은 바로 시산외도다. 개몽에게는 다섯 번째이고, 청량에게는 여섯 번째 외도다. 이 외도는 일체법이 모두 시로 좇아 발생한다고 주장한다. 곧 저들의 견해에 따르면, 시가 있어 꽃이 피고 시가 있어 열매 맺으니 시가 펴고 거두는 것이며 시가 번성하고 시들기 때문이다. 시 비록 너무 미세해 볼 수 없지만 꽃과 열매 등을 살피면 시가 있음을 알 수 있다. 그러므로 시는 영원하고 하나뿐이어서 만물의 인이고 열반의 인이라고 분별한다. 二 時者 卽時散外道 開蒙爲第五 淸涼爲第六 執一切法 皆從時生 謂彼見 草木等物 有時生華 有時結果 時舒時卷 時榮時枯 時雖細不可見 以觀華實等 則知有時 是故 計時是常是一 是萬物因 是涅槃因”라고 하였다. 〔참고문헌〕 『華嚴經疏鈔』, 『成唯識論俗詮』, 『中觀論疏』 권1(대정장42, p.15a10). ⇨ 시론사 時論師, 시산외도 時散外道, 외도 外道

종식 種識 종자식(種子識). 제8아뢰야식(阿賴耶識 Ⓢ ālaya-vijñāna)의 다른 이름. 『성유식론술기』 권5(대정장43, p.393a4)에 “본식 상에 저 오온을 일으키는 공능이 있는 것을 종식이라 하기에, 과실이 없다. 本識上有彼能生五蘊功能 名種識故 故無有失”라고 하였다. 〔참고문헌〕 『成唯識論述記』. ⇨ 종자식 種子識, 아뢰야식 阿賴耶識, 제팔식십팔명 第八識十八名

종신 宗信 원대 임제종 스님. 호는 급암(及菴), 속성은 방(方)씨. 무주(婺州 : 浙江省) 출신. 설암조흠(雪巖祖欽 ?~1287)의 법을 이었으며, 건양(建陽 : 福建省) 서봉(西峰)에서 교화를 시작하여 호주(湖州 : 浙江省)의 도량산(道場山) 만수사(萬壽寺)에 주석하였다.

종신약 終身藥 Ⓟ yāvajīvika-bhesajja. 죽을 때까지 몸에 지녀도 되는 약. 진수약(盡壽藥)이라고도 한다. 호초(胡椒)와 같이 평생 지녀도 되는 약으로 율에서 허용된 약을 말한다. 『십송율』 권8(대정장23, p.59c9)에 “물이란 승중에게 베푼 물품으로 의발·호구·조관·시약·야분약·칠일약·종신약을 말한다. 物者 謂施僧物 若衣鉢 戶鉤 澡灌 時藥 夜分藥 七日藥 終身藥”, 『사분율개종기』 권8(卍속장67, p.79a14)에 “『마하승기율』 권3(대정장22, p.244c27)에서 말한 하리륵·아마륵·호초·필발·생강·소금 등 이들 모든 약은 아무것도 먹지 않은 공복에 복용한다. 병든 비구는 종신토록 복용해도 되니 이를 종신약이라 한다. 祇云 呵梨勒 阿摩勒 胡椒 畢鉢 薑 鹽等 此諸藥 無食氣頓受 病比丘 終身服 是名終身藥”라고 하였다. 〔참고문헌〕 『十誦律』, 『四分律開宗記』, 『摩訶僧祇律』, *Vin.4.176.* ⇨ 진수약 盡壽藥

종신행 從信行 신을 좇아 행하다. 십팔유학(十八有學) 중 하나로 견도(見道)에 이른 성자. 수신행(隨信行 Ⓢ śraddhā-anusārin)과 같고, 종법행(從法行 : 隨法行)과 마주한다. 『아비담심론』 권2(대정장28, p.819a5)에 “‘종신행은 둔견으로서 그 중에 있게 됨을 알아야 할 것이다’란, 저 견도 십오심의 꼭대기에 도달한 이가 둔근이라면 종신행이라 한다. 從信行當知 鈍見亦在中者 卽彼十五心頂 若鈍根是說從信行”라고 하였다. 〔참고문헌〕 『阿毘曇心論』. ⇨ 수신행 隨信行, 수법행 隨法行, 종법행 從法行, 십팔유학 十八有學

종심 從諗 778~897. 당말(唐末)의 선사. 속성은 학(郝) 씨. 조주(曹州 : 山東省) 학향(郝鄕) 출신. 전심(全諗) 또는 조주화상(趙州和尙)이라고도 하며, 시호는 진제선사(眞際禪師)이다. 출신에 대해서는 이설이 있는데, 『조당집』 권18 「조주종심장 趙州從諗章」(대장경보편25, p.630a2)에는 청사(靑社 : 靑州) 치구(緇丘) 출신이라 하지만, 『송고승전』 권11 「조주종심전 趙州從諗傳」(대정장50, p.775c7)에서는 청주 임치(臨淄) 출신이라 하였다. 어려서 출가하였으며 스승을 따라 행각을 하던 중 남전보원(南泉普願)을 찾아 제자가 되었으며 후에 그의 법을 이었다. 834년에 남전이 입적할 때까지 그의 문하에 있었으며, 이후 각지를 행각하며 황벽(黃檗)·보수(寶壽)·염관(塩官)·협산(夾山)·임제(臨濟) 등 여러 선지식들을 찾아가 공부를 점검하였고 80세 무렵 조주(趙州 : 河北省) 관음원(觀音院)에 주석한 뒤 입적할 때까지 40여 년 간 독자적인 선풍을 떨치며 교화하였다. 학인들과의 문답 중에 촌철살인의 말들로 선기를 드러냈기에 입술 위에서 빛을 발하는 선이라는 뜻에서 구순피선(口脣皮禪)이라 한다. 무자(無字)·정전백수자(庭前栢樹子)·끽다거(喫茶去) 등을 비롯한 유명한 화두들을 많이 남겼으며, 당대에 이미 세간에서는 조주고불(趙州古佛)이라고 칭송하였다. 897년(건녕 4) 11월 2일에 세수 120세를 일기로 입적하였으며, 저서로 『조주진제선사어록 趙州眞際禪師語錄』 3권이 남아 있다. ⇨ 정전백수자 庭前栢樹子, 끽다거 喫茶去

종심 縱心 마음을 제멋대로 하게 하다. 40권본 『대반열반경』 권23(대정장12, p.498c26)에 “사람의 목숨 멈출 수 없어 산수간에 지나가니 오늘 비록 살아있으나 내일인들 보존하기 어렵다네. 어찌 마음 놓아 악법에 머물게 하겠는가? 人命不停 過於山水 今日雖存 明亦難保 云何縱心 令住惡法", 『순정리론』 60(대정장29, p.673c18)에 "'지나치게 느슨해 잃는다 하니, 가행이 지나치게 느려지면 해태나 혼침과 수면 등 번뇌가 마음에 얽혀 들게 되고, 또는 마음이 제멋대로 외경에 치달려 흩어지게 된다. 太緩失者 謂由加行太慢緩故 便有懈怠惛睡纏心 或復縱心馳散外境", 『유가사지론』 권77(대정장30, p.727b22)에 "밖으로 연한 경중에 마음대로 흘러 흩어지니, 마땅히 알라 이것이 외심산동이다. 外所緣境中 縱心流散 當知是名 外心散動"라고 하였다. [참고문헌] 『大般涅槃經』, 『順正理論』, 『瑜伽師地論』.

종심세각 從諗洗脚 조주종심(趙州從諗)이 행각하다 임제를 찾아가 발을 씻다. 『조주어록』 권하(고존숙어록14, 卍속장118, p.330b12)에 "조주가 임제원(臨濟院)에 도착해서 발을 씻고 있던 참이었다. 임제가 조주에게 물었다. 무엇이 '조사가 서쪽에서 온 뜻입니까?' '마침 발 씻고 있던 참이라네'. 그러자 임제가 가까이 다가가 귀 기울였다. 이에 조주가 말했다. '안다면 바로 알 뿐이니 모르는데 입으로 쪼을 일은 아니다'. 임제가 소매 떨치고 가 버렸다. 이에 조주가 말했다. '30년 간 행각을 했었는데 오늘은 남에게 다리 잘못 달았네'. 師因到臨濟方始洗脚 臨濟便問 如何是祖師西來意 師云 正值洗脚 臨濟乃近前側聆 師云 若會便會 若不會 更莫啗啄作麼 臨濟拂袖去 師云 三十年行脚 今日爲人錯下注脚"라고 하였고, 『임제록』에는 임제가 발을 씻고 있다. 『임제록』(대정장47, p.504a15)에 "조주가 행각을 할 때 임제를 찾아왔는데, 마침 임제는 발을 씻고 있었다. 조주가 바로 물었다. '무엇이 조사가 서쪽에서 온 뜻입니까?' '마침 노승은 발을 씻고 있네'. 그러자 조주가 가까이 와서 들으려는 자세를 취했다. 이에 임제가 '다시 국자로 두 번째 씻은 물을 뿌리려 하네'라고 하자 조주는 바로 내려가 버렸다. 趙州行脚時參師 遇師洗脚次 州便問 如何是祖師西來意 師云 恰値老僧洗脚 州近前作聽勢 師云 更要第二杓惡水潑在 州便下去"라고 하였다. 이 공안에 대하여 『송고연주통집』 권20(卍속장115, p.247b13)에 "발 씻은 일 염두에 두지 마라. 귀 기울인다 해서 쪼아 먹는 일 아니다. 조주와 임제 두 노인이 마주 보았는데 어찌 수고로이 주석을 달겠는가! 〈고산사규(鼓山士珪)의 송〉. 洗脚處更不安排 側聆時非是啗啄 趙州臨濟二老人 相見何勞下註脚 〈鼓山珪〉", "한 사람 눈이 북채 같고 한 사람은 머리가 나무 국자 같은데, 두 노인은 부끄러움을 모르니 지금도 어떻게 해야 할 줄 모른다네. 〈경산종고(徑山宗杲)의 송〉. 一人眼似鼓椎 一人頭如木杓 兩箇老不識羞 至今無處安著 〈徑山杲〉", "임제와 조주는 선림의 종장인데 특별히 만나서 서로 치고받는 듯했지만, 오늘날의 행각승들 마주친다면 한가로운 두 화상들이라 부르리. 〈설암종근(雪菴從瑾)의 송〉. 臨濟趙州禪林宗匠 特地相逢恰似撲相撞見今時行脚僧 呼爲兩箇閒和尙 〈雪菴瑾〉", 『종문염고휘집』 권15(卍속장115, p.692b12)에 "법운법수(法雲法秀)가 말했다. '대중중에 헤아려 말하길 「조주는 임제가 도둑질 하는 줄 모르고 오히려 그에게 주석 달려 하였네. 임제가 당시 듣는 시늉을 했을 때 어째서 한 대 치지 않았는가!」 만약 그렇게 했다면 어찌 꿈엔들 조주를 보고 임제를 알아보겠는가. 저 두 사람 모두 늙은 도둑임을 결코 알지 못했다 해도 한 사람은 고수라는 것을 알아야 한다. 그렇다면 그대들에게 감히 묻겠노라. 어느 쪽이 고수일까? 안목을 갖춘 이는 가려내 보라'. 法雲秀云 衆中商量道 趙州不識臨濟作賊 却爲他下個註脚 臨濟當時作聽勢 何不劈耳便掌 若恁麼 何曾夢見趙州識得臨濟 殊不知兩個盡是老賊 須知一個好手 敢問諸人 那個是好手 具眼者辨取"라고 하였다. [참고문헌] 『趙州語錄』, 『臨濟錄』, 『頌古聯珠通集』, 『宗門拈古彙集』. ⇨ 제이표악수 第二杓惡水, 종장 宗匠

종안 宗眼 **1** 으뜸의 안목. 종문(宗門)에서 공부해 깨우친 종사(宗師)의 안목을 말한다. 『설두어록』 권1(대정장47, p.672b19)에 "설두가 들었다. '설봉이 투자에게 묻기를 「망치 한 번에 문득 성취하니 어떻습니까?」 「성미가 급한 이는 아니다」 「망치로 한 번 칠 일 없을 때는 어떻습니까?」 「이 칠통아!」' 설두가 이어서 말했다. '이렇게 일단 설봉을 꺾었으니 작가로서의 수단이 있었다. 그러나 내가 그때 설봉이었다면 투자가 「성미가 급한 이는 아니다」라고 말하자마자 바로 그를 향해 「쇠집게와 망치가 제 손아귀에 있습니다」라고 말했을 것이다. 상좌들이여! 투자와 같은 뜻이라면 어떤 말 해야 할까? 만약 능히 할 말 있다면 성미 조급해도 평생 종문의 안목으로 빛나리라. 만약 멍텅구리 이마 한 번 맞는다 해도 말할 수 없다고 해서는 안 되리'. 擧 雪峯問投子 一槌便成時如何 投子云 不是性懆漢 峯云 不假一槌時如何 投子云 者漆桶 師云 然則一期折挫雪峯 且投子是作家爐鞴 我當時若作雪峯 待投子道不是性懆漢 只向伊道鉗槌在我手裏 諸上座 合與投子 著得箇什麼語 若能道得便乃性懆平生光揚宗眼 若也顢頇 頂上一槌 莫言不道", 『원오어록』 권12(대정장47, p.768b18)에 "다만 조주가 한 암주 감당하길, 문에 들어 문득 물었다. '계십니까? 계십니까?' 암주가 주먹을 세워 보였다. 조주가 말했다. '물이 얕아 배 댈 곳이 없구나'. 또 다른 한 암주를 찾아가서 말했다. '계십니까? 계십니까?' 그 암주도 주먹을 세워 보였다. 이에 조주가 말했다. '능히 놓기도 빼앗기도 하고 죽이기도 살리기도 한다'. 어느 쪽이 물이 얕아서 배를 댈 곳 아닌가? 어느 쪽이 능히 쫓기도 놓기도 하고 살리기도 죽이기도 하는가? 어떤 이들 말한다. '조주 미리 먼저 암주 알아차리지 못할 줄 알아 배 댈 곳 아니라 말하였고, 앞서서 뒤의 암주 알아차릴 줄 알았기에 능히 죽이고 살린다 하였다'. 또 어떤 이는 '혀끝 조주 입 속에 있으므로 그가 주든 빼앗든 그의 마음대로다'라고 말하는데, 온통 삿된 무리의 분별일 뿐이어서 참되고도 바른 으뜸의 안목은 얻지 못한다. 금강우리에서 벗어날 수도, 가시 밤송이 삼킬 수도 없다. 只如趙州勘一菴主 入門便問 有麽 有麽 庵主竪起拳 州云 水淺不是泊船處 又訪一庵主云 有麽 有麽 主亦竪起拳 州云 能縱能奪 能殺能活 且那裏是水淺不是泊船處 那裏是能縱能奪能殺能活處 有者道 趙州先知前庵主不會 所以道 不是泊船處 先知後庵主會 所以道 能殺能活 有底道 舌頭在趙州口裏 任渠與奪 如斯見解 總是邪徒情識卜度 不得眞正宗眼 便是呑跳金剛圈栗棘蓬不得也", 『종문십규론』(卍속장110, p.879a11)에 "무릇 종사가 되려면 먼저 삿됨과 올바름 가려야 하리. 사정 이미 가렸다면 다시 시절 분명하게 해야 한다. 또한 모름지기 하는 말마다 으뜸의 안목 가져 기틀 지혜롭게 주고받을 줄 알아야 각각이 서로 저버릴 일 업으리. 凡爲宗師 先辨邪正 邪正旣辨 更要時節分明 又須語帶宗眼 機鋒酬對 各不相辜", 『청허집』「선교결 禪敎訣」(한불전7, p.658a7)에 "옛적 마조의 할에 백장이 귀멀고 황벽이 토한 일들이 임제종의 연원일 뿐이다. 우리 스님 휴정은 반드시 바른 맥을 가리시고 종안마저 분명하셨다. 그러므로 잇고 잇기를 허락하셨으니, 후일에 노승을 등지는 일 없이 하라. 만약 노승을 등진다면 불조의 깊은 은혜 저버리는 일이 되리니 자세히 살피고 자세히 살피라. 昔馬祖一喝也百丈耳聾 黃蘗吐舌 此臨濟宗之淵源也 師必擇正脉 宗眼分明 故如許縷縷 後日莫辜負老僧也 若辜負老僧則必辜負佛祖之深恩也 詳悉詳悉", 『소요당집』「무제 無題」(한불전8, p.197b10)에 "금으로 싸고 겹으로 닫아 건 한 묶음 경. 춥고 덥고 봄가을에도 바꿀 수 없어 동에서 떨치고 서에서 다해도 전한 뜻 없다 하니, 총림의 종안은 글뿐 경에 빠져드네. 金緘雙鎖一封經 寒暑春秋不易經 東震西乾不傳旨 叢林宗眼沒文經"라고 하였다. [참고문헌] 『雪竇語錄』, 『圜悟語錄』, 『宗門十規論』, 『淸虛集』, 『逍遙堂集』. ❷ 조선후기 스님. 설암추붕(雪巖秋鵬 1651~1706)과 영허천우(靈虛天雨 1653~1701)의 은사이다. 「대흥사설암당추붕대선사비문 大興寺雪巖堂秋鵬大禪師碑文」에 "처음에 종안장로를 은사로 하여 스님이 된 후 발심하여 구도하였다. 初 從宗眼長老 剃落 發心求道", 「조계암영허당천우대사비문 曹溪庵靈虛堂天雨大師碑文」에 "관년에 종안장로를 은사로 하여 스님이 되었다. 冠年 投宗眼長老 祝髮"라고 하였다. [참고문헌] 智冠 『韓國高僧碑文總集 朝鮮朝·近現代』 p.346·356. ⇨ 추붕 秋鵬, 천우 天雨

종암 鍾庵 조선후기 스님 백인(白印)의 법호. [참고문헌] 『東師列傳』 권5 「鍾庵講師傳」(한불전10, p.1056b13). ⇨ 백인 白印

종애 宗愛 남북조 시대 스님. 일대시교를 삼교(三敎 : 頓 漸 不定)로 분류함에 대해 점교를 다시 유상(有相)·무상(無相)·동귀(同歸)·상주(常住)의 사시교(四時敎)로 분류하였다. 『법화현의』 권10(대정장33, p.801a29)에 "둘째 종애법사는 돈교와 부정교는 앞선 내용과 같지만 점교에 나아가서는 다시 사시교로 가렸으니, 장엄사의 민법사가 이 설을 채용하였다. 삼시(有相 無相 常住)는 앞서 언급한 급법사의 설과 다르지 않지만 다시 무상교 뒤 상주교 앞에 법화의 회삼귀일을 지목하고는 만선이 다 보리로 향하게 하였으니, 이를 동귀교라고 이름하였다. 二者 宗愛法師 頓與不定同前 就漸更判四時敎 卽莊嚴旻師所用 三時不異前 更於無相後 常住之前 指法華會三歸一 萬善悉向菩提 名同歸敎也", 『유마경약소수유기』 권10(대정장38, p.851a16)에 "사시교란 백마사의 종애법사가 점교를 넷으로 가린 것이다. 앞의 셋은 이전과 다르지 않지만, 무상전 상주후에 법화를 지목하여 동귀교라고 하였다. 四時者 白馬寺 宗愛師判漸爲四 三不異前 於常住前無相後 指法華 名同歸敎"라고 하였다. [참고문헌] 『法華玄義』, 『維摩經略疏垂裕記』. ⇨ 사교 四敎, 사시교 四時敎, 일대시교 一代時敎

종어고판 鐘魚鼓版 범종(梵鐘)·목어(木魚)·법고(法鼓)·운판(雲版)의 사물(四物). 승가의 강령(綱領)이 되는 예악(禮樂)에서 예가 향촉다탕이라면 악은 사물로 다스린다. 『운외운수선사어록』 권1 「발비용청규 跋備用淸規」(卍속장124, p.1012b1)에 "선원청규는 백장으로부터 시작되었다. 예를 다스리고 악을 지음은 사람의 실수를 막아 예로써 중도를 세우고 악으로써 성정을 이끌려 함이다. 향촉다탕으로 예를 삼고 종어고판으로 악을 삼아 예악을 잃는 일이 없게 하니, 마치 그물에 벼리가 있고 옷에 깃이 있는 것과 같다. 禪苑淸規 始自百丈 制禮作樂 防人之失 禮以立中道 樂以導性情 香燭茶湯爲之禮 鐘魚鼓版爲之樂 禮樂不失 猶網之有綱 衣之有領"라고 하였다. [참고문헌] 『雲外雲岫禪師語錄』. ⇨ 사물 四物

종언 宗彦 1859~1945. 조선후기 스님. 호는 보담(寶潭), 속성은 이(李)씨, 본관은 전주. 아버지의 휘는 건응(建應), 어머니는 최씨부인이다. 1859년(철종10) 4월 15일 서울 남부 하교동에서 태어났다. 1872년(고종9) 금강산 신계사(神溪寺)에서 영제자항(永濟慈航)을 은사로 하여 스님이 되었고, 추봉(鷲峰)의 법을 이어받았다. 1886년(고종23) 서울 봉원사(奉元寺)로 와서 보니 한 치의 땅도 없을 뿐 아니라 당우(堂宇)는 거의 기울었으며 대중스님들은 오로지 걸식에 의해서 살아가고 있었다. 1908년(융희2) 주지에 추천되자 당시 삼림령(森林令)의 발표에 따른 고난을 무릅쓰고 많은 재원을 마련해서 1908년부터 1912년까지 5년 동안에 걸쳐 사찰 주변의 임야 83,644평과 전답(田畓) 15,983평 등 모두 99,627평을 확보하여 사기(寺基)를 튼튼히 하였다. 사찰 경내에 다비장을 설치하는 등 9년간의 주지 재직 시 봉원사 도량을 쇄신중창하였다. 1905년에는 화계사(華溪寺) 주지 월초거연(月初巨淵)과 함께 일본 정토종 개교사(開敎師)인 정상현진(井上玄眞)의 영향을 받아 신학문을 연구교육하는 것을 목적으로 불교연구회를 창설하여 회장이 되었으며, 서울 창신동 원흥사(元興寺) 안에 동국대학교의 전신인 명진학교(明進學校)를 세우고 월초거연은 교장이 되었다. 그러나 불교연구회의 정토종 휘장(徽章) 부착의 일로 각도의 사찰대표회의에서 문제를 삼자 월초거연과 함께 회장과 교장자리를 회광사선(晦光師璿)에게 물려주고 사임했다. 1913년에는 대본산인 황해도 황주 성불사 주지에 취임한 후, 20여 년간 해서(海西) 지방 불교를 크게 발전시켰다. 1914년 11월 각황사(覺皇寺)에 사선(師璿)이 대표가 된 불교진흥회가 설립되자 이 회의 28명 간사 중 한 사람으로 참여하였다. 1945년 세수 87세로 봉원사에서 입적하였다. 퇴경상로(退耕相老)가 비문을 짓고 세운 비가 서울 서대문 신촌 봉원사에 있다. [참고문헌] 智冠『韓國高僧碑文總集 朝鮮朝·近現代』pp.859~861.

종연 宗淵 898~980. 송대 스님. 속성은 궁(宮) 씨. 고밀(高密 : 山東省) 출신. 동래(東萊 : 山東省) 북선원(北禪院 : 河南省)으로 출가하였다. 시를 읊는 걸 좋아했으며 의양(宜陽 : 河南省) 백각산(柏閣山)의 수려하고 고요한 풍광을 특히 좋아했기 때문에 그곳에 머물렀다. 성품이 고결하고 강직하여 세속에 대해 잠시도 돌아보지 않았으며, 매일『법화경』「보문품」을 독송하였다. 980년(태평흥국5)에 임종이 다가왔음을 알고 목공에게 좌상(坐床)을 만들 것을 재촉한 다음 엄숙하게 앉아 입적하였다. 저서에『낙서집 洛西集』이 있다.

종연 宗然 고려후기 자정국존(慈淨國尊) 미수(彌授)의 은사스님.「법주사자정국존보명탑비문 法住寺慈淨國尊普明塔碑文」(『조선사찰사료』권상, p.120)에 "(미수가) 13세(1252·고종39)에 원흥사(元興寺 : 경북 구미)로 찾아가 종연을 은사로 하여 스님이 되었다. 十三投元興寺 宗然堂下 剃度受具"라고 하였다. [참고문헌]『朝鮮寺刹史料』,『朝鮮金石總覽』권상 p.487,『朝鮮佛敎通史』권하 p.173, 李智冠『校勘譯註歷代高僧碑文』高麗篇4 p.325. ⇨미수 彌授

종연 宗演 ❶송대 운문종 스님. 속성은 최(崔) 씨. 은주(恩州 : 河北省) 출신. 출가 후에 원풍청만(元豊淸滿)을 찾아뵙고 그의 법을 이었다. 복주(福州 : 福建省) 설봉산(雪峰山)에 주석하였고 선화년간(1119~1125)에 휘종(徽宗)의 칙명에 따라 입궐하여 설법하고 원각선사(圓覺禪師)라는 사호를 하사받았다. 1120년(선화2)에『임제록 臨濟錄』을 중간하였고 그 전후로『운문광록 雲門廣錄』을 중간하였다. ❷송대 임제종 스님. 호는 둔암(遯庵). 속성은 정(鄭) 씨. 복주(福州 : 福建省) 출신. 대혜종고(大慧宗杲 1089~1164)의 법사(法嗣)이며, 상주(常州 : 江蘇省) 화장(華藏)에 주석하였다. 어록으로『둔암연화상어요 遯庵演和尙語要』(『속고존숙어요』권5, 卍속장119, pp.97a12~102a11)가 있다.

종연무자성 從緣無自性 연에 좇아 자성이 없다.『화엄경의해백문』(대정장45, p.628b23)에 "[문] 진(塵)이란 있는 것인가? [답] 없다. 연에 따르기에 자성이 없고 공이다. 問曰 塵是有耶 答曰 不也 從緣無自性 卽空故",『화엄경담현결택』권5(卍속장11, p.974b11)에 "경문중에 일체세간법과 출세간법 다 들어 비유하길 이들 모두 연을 좇아 자성이 없기에 저 환영 등과 같아 헛되고 실이 아니다. 비록 실이 있을 리 없지만 환으로 드러남 갖가지 모습들 없지 않으니, 마치 일체법이 비록 공이지만 끊이지 않는 듯하니 헛된 이름 무너뜨리지 않아서 둘이면서 둘이 아니니 중도의 뜻에 비유한다. 經文之中 總喩一切世間出世間法 以皆從緣無自性故 如幻等虛而不實 雖無有實 非無幻化種種之相 如一切法 雖空不斷 不壞假名 二而不二 喩中道義"라고 하였다. [참고문헌]『華嚴經義海百門』,『華嚴經談玄抉擇』. ⇨연기무성 緣起無性, 연기 緣起❶, 자성 自性❶

종연생법 從緣生法 연 따라 일어나는 법. 유위법을 말한다.『대반야경』권379(대정장6, p.959b10)에 "연 따라 나는 법은 꿈과 같아서 도무지 자성이 없다. 저 메아리·저 거울 속 모습·저 그림자·아지랑이·환으로 일어난 일과 향성 찾아 헤매듯 하고, 변화로 일어난 일인 듯하여 도무지 자성이란 없다. 從緣生法如夢 都無自性 如響 如像 如光影 如陽焰 如幻事 如尋香城 如變化事 都無自性",『대비바사론』권136(대정장27, p.702b15)에 "연 따라 나는 법에 세 가지가 있다. 첫째는 색법이고, 둘째는 심법과 심소법이며, 셋째는 심불상응행법이다. 從緣生法 有三種 一 色 二 心心所法 三 心不相應行",『십이문론』(대정장30, p.160b1)에 "이 때문에 뭇 연들은 다 공이다. 연은 공이기에 연 따라 나는 법 또한 공이니, 이 때문에 일체유위법은 모두 공임을 알아야 한다. 是故 衆緣皆空 緣空故 從緣生法亦空 是故當知 一切有爲法皆空",『대승광백론석론』권10(대정장30, p.248c2)에 "연 따라 나는 법은 두 가지다. 첫째는 변계소집이고, 둘째는 의타기성이다. 以從緣生法 有二種 一者 遍

計所執 二者 依他起性",『반야심경약소연주기』권상(대정장33, p.557a29)에 "연 따라 나는 법은 결코 자성이 없다. 이 때문에 진공이라 한다. 從緣生法 決無自性 故曰眞空"라고 하였다.〔참고문헌〕『大般若經』,『大毘婆沙論』,『十二門論』,『大乘廣百論釋論』,『般若心經略疏連珠記』. ⇨연생법 緣生法, 유위법 有爲法, 일체 一切, 일체유위법 一切有爲法, 삼성삼무성 三性三無性, 공 空

종연현료종 從緣顯了宗 외도십육종(外道十六宗 : 十六異論) 중 하나. 본유(本有)가 있어 연을 따르고 만물이 드러난다고 주장하는 외도. 종연현료론(從緣顯了論 Ⓢ abhivyakti-vāda)이라고 한다. 상키야(Ⓢ Sāṃkhya : 數論)와 미망사(Ⓢ Mīmāṃsā)를 가리킨다.『대승법원의림장』권1(대정장45, p.249c17)에 "둘째는 종연현료종이니, 상키야와 성론을 말한다. 상키야논사들은 '일체법체의 자성이 본래 있어서, 뭇연을 따라 드러나지 연에서 생겨나는 것은 아니며, 만약 연을 따라 드러나지 않더라도 과가 앞서 있고, 또한 인(因)을 좇아 난다고 하는 것은 도리에 맞지 않다'라고 주장한다. 성론의 경우는 '소리의 체 상이어서 상은 본래 있고, 생하는 일도 멸하는 일도 없지만, 거듭거듭 토해내서 드러날 뿐이다'라고 주장한다. 二 從緣顯了宗 謂卽僧佉及聲論者 僧佉師計 一切法體 自性本有 從衆緣顯 非緣所生 若非緣顯 果先是有 復從因生 不應道理 聲論者言 聲體是常 而相本有 無生無滅 然由數數 宣吐顯了",『대승백법명문론개종의결』(대정장85, p.1069b11)에 "종연현료종이라 하니, 즉 앞의 인중유과론자와 성론사는 모두 '법체의 체 스스로 본래 있어 뭇연을 따라 드러나지 연으로 일어남은 아니라고 설한다. 이미 인중에 과성이 선재해 존재하지, 뒤에 연을 따라 생겨난다고 하는 것은 도리에 맞지 않다. 그러나 공력을 쓰지 않고 성취할 수 있는 것은 아니어서 반드시 공용을 좇아 과를 드러내고 만다'라고 주장한다. 그렇다면 종연현료종에 마땅히 물어야 할 것이다. 인중에 과성이 선재한다고 주장하는데, 어째서 드러나지 못하다가 연에 의지해 비로소 드러나는가? 만약 연을 장애해 드러나지 못한다면, 어째서 인을 장애하는 게 아니라 단지 과만을 장애하는가? 비유하면 어둠이 물단지 안의 물을 장애하는 것과 같아서 또한 물단지도 장애하는 것이니, 이 또한 그렇기 때문이다. 만약 그와 같이 연을 장애하는 것이 또한 인을 장애하는 것이라면, 연을 따라 드러나면서 어째서 단지 과만이 드러나는가? 인과 연의 두 법이 함께 하나의 과를 성립시키는 것이니 단지 연을 따라서만 드러난다고 하는 것은 이치에 맞지 않다. 從緣顯了宗者 卽前因中有果論者及聲論師皆說 諸法體自本有 從衆緣顯 非緣所生 謂旣因中 先有果性 後從緣生 不應道理 然非不用功力而成 要從功用而果顯了 應問從緣顯了宗曰 若說因中 先有果性 何故不顯 待緣方顯 若有障緣 令不顯者 何不障因 但障於果 譬如黑闇障瓫中水 亦能障瓫 此亦爾故 若彼障緣 亦能障因 從緣顯了 何但顯果 因緣兩法 共成一果 但從緣顯 不應道理"라고 하였다.〔참고문헌〕『大乘法苑義林章』,『大乘百法明門論開宗義決』. ⇨십육이론 十六異論, 인중유과론 因中有果論, 상키야학파 Sāṃkhya學派, 미망사 Mīmāṃsā

종열 從悅 1044~1091. 북송대 임제종 황룡파 스님. 속성은 웅(熊) 씨. 건주(虔州 : 江西省) 출신. 도솔(都率·兜率)이라고도 한다. 15세에 보원원(普圓院)의 덕숭상인(德崇上人)을 통해 출가하였으며 16세에 구족계를 받았다. 처음에는 운개수지(雲蓋守智)의 가르침을 받았고 이후 황룡혜남(黃龍慧南)의 제자인 진정극문(眞淨克文)을 찾았다. 녹원사(鹿苑寺)에서 처음으로 교화를 펼쳤는데, 마침 석상초원(石霜楚圓)의 문하에서 오랫동안 참학하여 법을 얻은 청소(淸素)를 만나 그의 인가를 받았으며, 진정극문의 법을 잇고 융흥부(隆興府 : 江西省 南昌市)의 도솔사(都率寺)에 주석하여 종풍을 선양하였다. 처음에 동림상총(東林常聰)을 찾았던 승상(丞相) 장상영(張商英)이 법을 이었다. 1091년(원우6) 11월 3일에 세수 48세를 일기로 입적하였다. 1121년(선화3)에 장상영의 주청에 의해 진적선사(眞寂禪師)라는 시호가 하사되었다. 어록으로『도솔열선사어요 兜率悅禪師語要』(『속고존숙어요』권1, 卍속장118, pp.866a10~867b6)가 있다.

종오 宗悟 고려후기 스님.『고려사』권28 세가(世家) 28 충렬왕 2년(1276) 8월 18일에 "구정에서 왕이 스님 1,400명에게 공양을 베풀 때, 왕과 공주가 직접 공양을 도왔다. 승 종오가 법좌에 올라 설법하자 왕이 이에 스님에게 은병 15구를 선물했다. 飯僧千四百于毬庭 王及公主 親臨侑飯 僧宗悟陞座說法 王賜宗悟銀甁十五"라고 하였다.〔참고문헌〕『高麗史』.

종요 宗要 종지(宗旨)나 핵심. 경론에서 드러내고자 하는 으뜸의 취지를 말한다.『유가사지론석』(대정장30, p.885a15)에 "(本地分의) 십칠지로 모든 문의를 갖춰 거둬서 간략히 다하고, 뒤의 네 분은 다 십칠지 중의 모든 중요한 문의를 해석하기이 역시 유가사지를 여의는 일은 없다. 그러므로 이 논서는 십칠지로서 으뜸으로 중요하게 여겼다. 十七地 具攝一切文義略盡 後之四分 皆爲解釋 十七地中 諸要文義故 亦不離瑜伽師地 由是此論用十七地 以爲宗要",『법화현의』권1상(대정장33, p.683a9)에 "종(宗)이란 요(要)다. 말하자면 부처님께서 행하신 인과를 종이라 하는 것이다. 무엇을 요라고 하는가? 헤아릴 수 없는 뭇 선은 인(因)을 말한즉 거둘 수 있고, 한량없이 깨우쳐 얻은 것들은 과(果)를 말한즉 거둔다. 마치 그물을 끌면 그물코 움직이지 않음이 없고, 옷의 한 자락을 당기면 실올 따라오지 않음이 없는 것과 같다. 그러므로 종요라고 한다. 宗者 要也 所謂佛自行因果 以爲宗也 云何爲要 無量衆善 言因則攝 無量證得 言果則攝 如提綱維 無目而不動 牽衣一角 無縷而不來 故言宗要", 『고려국신조대장교정별록』 권23(한불전11, p.218c8)에 "율장에서 밝힌 승가정법의 으뜸이며 요긴한 것(宗要)으로 세 가지가 있으니, 결집에서 말하길 이 법과 이 비니와 부처님 말씀이다. … 또 셋이라 한다면 성인이라 불리는 때 말하길 법을 알고 율을 알고 마이를 안다하니, 법을 안 이란 수다라장을 잘 가진 이이니 저 아난 등이며, 율을 잘 아는 이는 비니장 고이 가진 이이니 저 우바리 등이며, 마이를 잘 안다 하니 잘 이끌고 가르쳐 재상이 현관에 임한 듯하니 저 대가섭 등이다. 무릇 성인의 자취 빛나게 하여 중생이 갈 길 넓히고 다듬어 그 가르침 후대로 이어 끊일 때 없게 하는 이, 이 아니고 누구이겠는가. 律藏所明 僧之正法宗要有三 故結集稱言 是法 是毗尼 是佛所敎 … 亦有於三故 聖諳稱言 知法 知律 知摩夷 知法者 謂善持修多羅藏 如阿難等 知律者 謂善持毗尼藏 如優波離等 知摩夷者 謂善於訓導 宰任玄綱 如大迦葉等 故 凡欲暈蹤聖跡 以隆道教 繼軌後代 不絶於時者 非玆而誰", 『금강삼매경론』 권상(한불전1, p.604c2)에 "두 번째, 경의 종을 가린다 하였으니 이 경의 종요에도 열고 합함이 있다. 합해 한마디로 하면 일미관행을 요로 하고, 열어 설하면 십중법문으로 종을 삼는다. 第二辨經宗者 此經宗要 有開有合 合而言之 一味觀行爲要 開而說之 十重法門爲宗"라고 하였다. [참고문헌] 『瑜伽師地論釋』, 『法華玄義』, 『高麗國新雕大藏校正別錄』, 『金剛三昧經論』. ⇨ 종지 宗旨

종요 縱饒 놓아 넉넉히 하더라도, 모든 것 다 받아들여 그렇다 하더라도의 뜻이다. 『앙산어록』(대정장47, p.586a6)에 "지금은 우선 마음을 알아차려 본에 도달해야 한다. 일단 본을 얻고 그 말은 걱정하지 않는다. 언젠가 뒷날에 다 갖춰지게 된다. 그러나 본을 얻지 못했다면 놓아 넉넉히 분별을 가져 다른 것 익힌다 해도 또한 얻지 못한다. 그대는 어찌 위산화상의 다음 말을 보지 못했는가? '범성의 분별이 다하면 그 바탕 그대로 드러나고, 사리가 다르지 않아서 곧바로 여여한 부처다'. 如今且要識心達本 但得其本 不愁其末 他時後日 自具去在 若未得本 縱饒將情學他 亦不得 汝豈不見 潙山和尙云 凡聖情盡 體露眞常 事理不二 卽如如佛", 『대혜어록』 권16(대정장47, p.880a24)에 "곧바로 넉넉히 사구를 벗어나 백비를 끊었다 해도 곧바로 저 경대 위 밝은 거울과 같고 손바닥 위 밝은 구슬과 같아서 낯선 이 오면 낯선 이 드러내고 한인이 오면 한인을 드러내니, 사람마다에 당해 발 아래 숨길 것 없어 정라라 명력력할 뿐이니, 나고 죽는 일 저 꿈결같고 허공 꽃 피듯 하고 오고 감도 저 뜬 구름 물에 뜬 달과 같다. 끝내 사무쳐야 할 곳 아직 그대로라면 놓아 넉넉히 여실히 보았다 해도 예날의 난 일, 본래 난 일이 없고 오늘 사라진 것 또한 일찍이 사라진 적 없다. 이 또한 꿈 없이 꿈 설하니, 무슨 일인가. 났지만 난 적 없어 거울 속 그림자며 사라졌다 해도 사라지지 못하니 물 속의 달이라네. 정히 이런 때 당해서는 무엇이 이 왕씨가 몸을 낸 곳인가? 直饒離四句絶百非 直下如明鏡當臺 明珠在掌 胡來現胡 漢來現漢 當人各各脚跟下 淨裸裸 明歷歷 生死如夢幻空華 去來如浮雲水月 猶未是徹頭處 縱饒如實見得 昔日之生 本不曾生 今日之滅 本不曾滅 亦是無夢說夢 何以故 生而不生 鏡裏之形 滅而不滅 水中之月 正當恁麽時 那裏是王氏出身處", 『무문관』 19칙 「평상시도 平常是道」(대정장48, p.295b19)에 "무문이 말한다. '남전이 조주의 질문을 받자 곧바로 기와 무너지듯 얼음 녹듯 하여 어찌할 바를 몰랐다. 조주 넉넉히 깨우쳤다 해도 다시 30년은 더 참구해야 비로소 옳다'. 無門曰 南泉被趙州發問 直得瓦解氷消 分疎不下 趙州縱饒悟去 更參三十年 始得"라고 하였다. [참고문헌] 『仰山語錄』, 『大慧語錄』, 『無門關』.

종용 宗用 천태에서 경을 해석하는 오중현의(五重玄義) 중 명종(明宗)과 논용(論用)을 가리킨다. 『법화현의』 권9(대정장33, p.796c6)에 "지금 용을 논하고자 종용에 나아가 분별한다 하여 종용을 씀에 넘치지 않게 한다. 왜인가? 종에도 또한 용이 있고, 용에도 역시 종이 있다. … 용이라 할 때 인과가 이 종이며, 인과가 각각 끊어 쉬게 해서 용을 삼는다. 今論於用 就宗用分別 使宗用不濫 何者 宗亦有用 用亦有宗 … 宗用者 因果是宗 因果各有斷伏爲用"라고 하였다. [참고문헌] 『法華玄義』, 『法華文句記』 권10(대정장34, p.350a21). ⇨ 오중현의 五重玄義, 논용 論用

종용 從容 **1** 모습 그대로 자연스러움. 『반니원경』 권하(대정장1, p.184a17)에 "부처님께서는 현자 아난에게 명하여 복계가 공양한 황금으로 짠 모포를 가져오게 하셨다. 아난이 가르침을 받고 모포를 바치자 부처님께서는 이를 받아 몸에 걸치셨는데, 아난이 부처님을 보니 빛나는 얼굴 모습 그대로 편안하셨고 기쁜 듯 밝고 아름다우셨으니 특별히 자금색으로 빛나셨다. 무릎을 꿇고 말씀드렸다. '제가 모시게 된 지 20여 년이 되었지만 오늘처럼 부처님의 얼굴에서 광택과 윤기가 나고 안색이 좋으신 경우가 있었는지 모르겠습니다. 그 의미를 듣고 싶습니다'. 佛勅賢者阿難 取福罽黃金織成氍來 受敎奉進 佛取被身 阿難見佛 光顔從容 舒懌明好 殊紫金色 長跪白言 自我得侍 二十餘年 不識有如今日佛面光潤顔色發明 願聞其意"라고 하였다. [참고문헌] 『般泥洹經』. **2** 좇아 받아들이게 하다. 또는 '모습을 좇다'의 뜻이다. 종용(慫慂)이라고도 쓴다. 『조당집』 권5 「운암담성장 雲巖曇晟章」(대장경보편25, p.398a6)에 "운암의 입적 후 극진히 재를 모시고서 사백과 함께 위산으로 가기로 하였다. 곧장 담주에 이르러 큰 시내를 건너던 참이었다. 사백이 먼저 건넜고 동산이 이 둔덕 떠나 저 언덕에 이르기도 전에 물에 비친 모습을 보고는 전의 일을 크게 깨우치고는 안색을 바꾸며 크게 웃었다. 이에 사백이 물었다. '사제! 무슨 일 있는가?' '사백께 말씀드리지요. 돌아가신 스승께서 모습 좇는 힘이라 하신 것 얻었습니다'. 師遷化後 過太相齋 共師伯欲往潙山 直到潭州 過大溪次 師伯先過 洞山離這岸 未到彼岸時 臨水睹影 大省前事 顔色變異 呵呵底笑 師伯問 師弟 有什摩事 洞山曰 啓師伯 得個先師從容之力"라고 하였다. [참고문헌] 『祖堂集』. 3 ➡ 종용록 從容錄, 종용암 從容庵

종용록 從容錄 원대 만송행수(萬松行秀 1166~1246) 지음. 6권. 1224년(가정17) 간행. 굉지정각(宏智正覺)의 송고(頌古)에 만송행수가 평창(評唱)을 달아 넣은 책. 갖춘 이름은 『만송노인평창천동각화상송고종용암록 萬松老人評唱天童覺和尙頌古從容庵錄』이며, 『종용암록 從容庵錄』이라고도 한다. 대정장48, pp.226a3~292a22, No.2004에 수록되어 있다. 송 소흥년간(1131~1162)에 굉지정각이 공안 100칙을 선별하고 그 하나하나에 게송을 달아 『굉지송고 宏智頌古』라는 책을 지은 바 있었다. 그 후 1223년(가정16)에 당시 세수 58세였던 만송행수가 연경(燕京 : 北京)의 보은사(報恩寺) 내에 종용암(從容庵)을 지어 머물고 있었는데, 마침 원 태조(太祖)의 서역(西域) 친정(親征)을 따라 원정 중이던 담연거사(湛然居士) 야율초재(耶律楚材)의 권청에 응하여 『굉지송고』에 시중(示衆)·평창·착어를 붙여 본서를 완성하였으며 암자의 이름을 따 제목으로 삼았다. 만송행수가 1223년에 담연거사에게 보낸 서신과 담연거사가 이듬해에 지은 서문이 실려 있으며, 현재의 판본은 명 만력 35년(1607)의 중간본이다. 일본에서는 종문제일서(宗門第一書)로 칭하며 임제종의 『벽암록 碧巖錄』(대정장48, No.2003)과 쌍벽을 이루는 조동종의 대표적 공안집이다. 본서의 굉지정각 송고는 고상한 풍격을 지닌 것으로 평가되고 있다. 주석서로는 천계(天桂)의 『종용록변해 從容錄辨解』, 면산(面山)의 『굉지선사송고칭제문해 宏智禪師頌古稱提聞解』, 정삼(鼎三)의 『굉지선사송고접취록 宏智禪師頌古接觜錄』 2권 등이 있다. ⇨ 사가록 四家錄 1

종용선 從用善 씀을 좇는 선. 베푼 것(施物)을 받은 이(受者)가 쓸 때마다 베푼 이(施者)에게 더해지는 선을 말한다. 경(經)이나 탑 등을 조성해서 생기는 선은 사재선(事在善)이다. 『중관론소』 권8(대정장42, p.117b24)에 "비유하면, 경을 조성하는 이 일이야말로 선이 있음에 틀림없고, 그 경을 거듭 외우는 일이야말로 참으로 따라 쓰는 선이다. 猶如造經 是事在善 若轉誦之 卽是從用善", 『중론소기』 권7본(대정장65, p.183a18)에 "가령, 옷을 벗어 남에게 베푸는 등의 일을 사재선이라 하고, 받는 이가 입을 때마다 보시한 이가 복덕 등을 얻으니 종용선이라 한다. 우물을 파거나 다리를 놓는 일 등이 그러하다. 如脫衣服 施他人等 名事在善 受者每服 施者得福德等 名從用善 造井橋等亦爾"라고 하였다. [참고문헌] 『中觀論疏』, 『中論疏記』. ⇨ 사재선 事在善

종용암 從容庵 중국 순천부(順天府) 연경(燕京 : 北京)에 소재한 보은홍제사(報恩洪濟寺) 내 암자. 1223년(가정16)에 만송행수(萬松行秀)가 이 암자를 짓고 『종용록 從容錄』을 저술하였다. ⇨ 종용록 從容錄

종욱 鍾郁 1884~1969. 근현대 스님. 호는 지암(智庵)·윤응(潤應), 별호는 해관(海觀)·고경(古鏡), 속성은 이(李)씨, 본관은 전주(全州). 아버지의 휘는 영록(永彔)이고 어머니는 경주 김씨다. 1884년(고종21) 1월 13일 강원도 양양군 현북면 상광정리에서 둘째 아들로 태어났으니 덕흥대원군(德興大院君 : 中宗의 일곱째 아들)의 11대손이다. 태어난 지 13일 만에 어머니가 죽고, 사나흘이 지나도록 생명이 여전하므로 강릉김씨 경윤(敬允)이 강보에 싸서 젖을 얻어 먹여 키웠으니, 마치 후직(后稷)의 어머니인 강원(姜嫄)이 길을 가다가 거인(巨人)의 발자취를 밟고 심감(心感)으로 잉태하여 출생한 듯하다 하였다. 또 고려 현종 때 적연국사(寂然國師) 영준(英俊)도 산골벽지에서 태어났는데, 계속 큰 소리로 울음을 그치지 않으므로 근처에 있는 도적떼가 덮칠까 두려워서 아이를 먼 곳에 버리라는 이웃들의 위협에 못 이겨 부득이 가까운 숲속에 버렸는데, 7일후 가서 보니 죽지 않았을 뿐만 아니라 사슴 두 마리가 핥고 품어 탈 없이 자란 일과도 같았다. 6세 때 어머니, 7세 때 아버지, 조부모마저 모두 사별하고, 계모(繼母) 밑에서 자랐다. 1896년(건양1) 13세 때 강원도 양양 명주사(明珠寺)로 찾아가 백월병조(白月炳肇)화상을 은사로 하여 스님이 되었다. 그 후 본사를 나와 16세부터 27세까지 오대산 월정사(月精寺)·예천 용문사(龍門寺)·안성 칠장사(七長寺)·계룡산 동학사(東鶴寺)·순천 선암사(仙巖寺)·부산 범어사(梵魚寺)·양산 통도사(通度寺)·간성 건봉사(乾鳳寺)·문경 대승사(大乘寺)·속리산 법주사(法住寺) 등 강원에서 경론을 연구하고, 1906년(광무10) 동국대학교의 전신(前身)인 명진학교(明進學校)에 입학하여 신학문을 연마했다. 1908년(융희2) 설악산 오세암(五歲庵)에서 설운봉인(雪耘

奉忍)을 법사로 하여 법을 이어받는 한편 지암(智庵)이라는 호도 함께 받았다. 그로부터 오대산 월정사에서 정진하고 있었는데 1911년 월정사소유 토지문제로 소작인들과 분규가 일어나 30여 정보(町步)의 밭과 5,000정보의 사찰림을 속수무책으로 빼앗길 위기에 처했다. 자원하여 목숨 건 투쟁 끝에 승소하여 사찰이 폐망할 뻔했던 위기도 면하게 하였다. 1917년 34세 때에는 조국광복을 위해 상경하여 1919년 3·1독립만세운동에 참여한 후 이칠결사대(二七決死隊)를 조직하여 매국적(賣國賊)의 암살을 도모하는 한편, 또 청년외교단·대한애국부인회·국민회 등을 조직하여 국내에서 지하활동도 펼쳤다. 이후 중국으로 망명하여 상해임시정부의 내무부참사의정원의원(內務部參事議政院議員), 연통제특파원(聯通制特派員), 의열단원(義烈團員) 등으로 활동하다가 일경에 체포되어 함흥(咸興) 감옥에서 3년간의 옥고를 치르고 출옥하였으니, 스님의 나이 41세였다. 본사로 돌아와 보니 월정사가 막대한 채무로 폐사(廢寺) 지경에 놓여 있었다. 스님은 다시 부채정리와 사찰복구의 원을 세우고, 총독부 고위관리를 설득하여 총독부내에 월정사 재산정리위원회를 설치하고 31본산에 호소하여 의연금을 얻음과 동시에 석존사리탑묘찬앙회(釋尊舍利塔廟贊仰會)를 조직하여 김용우(金溶禹)씨의 희사금과 임산매각대금(林産賣却代金) 등으로 부채를 청산하고 국유림(國有林) 1,500정보도 불하받아 사유(寺有)로 만들었다. 1930년 공민권(公民權)이 회복되자 월정사 주지에 취임하여 1955년까지 무려 25년간 재임했다. 1931년 일본불교 조동종의 영목부산(鈴木夫山)이 박문사(博文寺)를 창건하고 한국불교 31본산을 예속시키려 하자, 스님은 31본산의 결의를 은밀히 진행하고 1932년 조선불교 중앙총무원의 서무이사로 피선되었고 총본사(지금의 조계사)가 창건되자 사실상 31본산의 중앙행정을 담당하면서까지 영목부산의 음모를 좌절시켰다. 1940년부터 1950년까지 동국학원 이사장에 재임하였다. 1941년부터는 자신이 이룩해 놓은 31본산의 중앙기관인 조선불교조계종 총본산의 종무총장에 취임하여 1945년까지 전국사찰을 통괄했다. 1951년 다시 총무원장에 피선되어 1954년까지 교정을 대표했다. 총무원장으로 있으면서 월정사 주지를 겸하고는 영암임성(映巖任性)에게 총무직을 맡겨 한암종정(漢巖宗正)을 모시게 하였고 본말사의 교육과 포교 등에도 위대한 업적을 남겼다. 광복 후에는 반탁운동(反託運動)의 강원도책과 대한축성국민회 총무부장으로 건국준비에 헌신하였고, 제2대 국회의원에 당선되었으며, 대한불교임전구국총연맹위원장(大韓佛敎臨戰救國總聯盟委員長), 대한상이군인회장 등의 중책도 역임하였다. 1952년 일본 동경에서 개최된 세계불교도회의에 한국대표로 참석했으며, 1962년 강원도 주문진에 동명사(東明寺)를 창건하고는 노환에 와병직전까지 포교에 진력하다가, 1969년 11월 3일(음력 9월 24일) 구례 화엄사(華嚴寺)에서 세수 86, 법랍 73세로 입적하였다. 다비한 후 사리 64과가 출현하였는데, 그 중 일부는 서울 동작구 동작동 국립묘지에, 나머지는 월정사 서북쪽 비림(碑林)에 비와 함께 부도를 세우고 봉안하였다. 비문은 탄허택성(呑虛宅成)이 짓고 써서 1979년에 세웠다. 제자에는 구산(九山)·대운(戴雲)·지월(指月)·와운(臥雲)·천운(天雲) 등이 뛰어났다. [참고문헌] 智冠 『韓國高僧碑文總集 朝鮮朝·近現代』, pp.1052~1055, 『大韓佛敎』(1969.11.9), 『智庵和尙評傳』 pp.283~300.

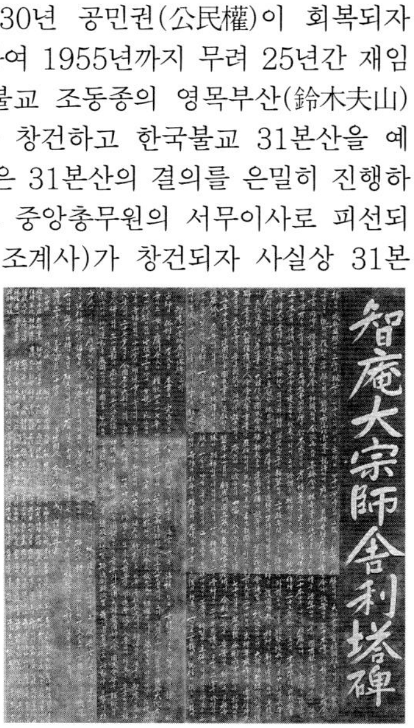

지암대종사사리탑비 탁본

종원 宗元 **1** 으뜸의 가르침 그 시작. 『마하지관』 권1(대정장46, p.1a13)에 "행인이 이어져 온 법장을 듣게 되니 곧바로 으뜸의 그 시작을 알게 된다. 行人 若聞付法藏 則識宗元"라고 하였다. [참고문헌] 『摩訶止觀』. **2** 1100~1176. 송대 임제종 대혜파 스님. 호는 개암(介庵), 속성은 연(連)씨. 건양(建陽 : 福建省) 출신. 죽원암주(竹原庵主)라고도 한다. 어려서부터 유림(儒林)의 수재로 칭송받았는데, 28세에 세상이 공함을 깨닫고 서봉도용(西峰道聳)을 찾아가 출가하였다. 그 후 경산(徑山 : 浙江省)으로 가서 대혜종고(大慧宗杲) 문하로 들어갔으며 깨달은 후에 그의 법을 이었다. 서선사(西禪寺)에서 수좌(首座)로서 설법을 하기도 했다. 승상(丞相) 장준(張浚)의 권유로 여러 절을 다니며 교화를 펼쳤고 만년에는 고향으로 돌아와 띠를 엮어 중묘원(衆妙園)이란 거처를 만든 뒤 일생을 보냈다. 1176년(순희3) 10월 10일 세수 77, 법랍 50세를 일기로 입적하였다. 어록으로 『죽원원암주어 竹原元菴主語』 1권(속고존숙어요5, 卍속장119, pp.102a13~105a10)이 있다.

종원 宗院 으뜸가는 사원. 종찰(宗刹)이라고도 한다. 『대둔사지』에 "고려말에 종풍은 희미해지고 이술법이 뒤섞여 들었다. 태고보우화상이 배를 타고 중국에 들어가 임제의 바른 법맥을 얻었다. 여섯 번 전하여 그 법등이 서산(休靜)에 이르렀으며 의발은 대둔사에 전해졌으니, 대둔사는 우리나라 선교의 으뜸이 되는 사원이다. 高麗之末 宗風凌夷異術參錯 太古普愚和尙 舟入中原得臨濟正脈 六傳其燈至于西山 衣鉢傳于大芚 大芚者 我東禪敎之

宗院也"라고 하였다. [참고문헌] 『大芚寺志』(亞細亞文化社, 1980) p.20. ⇨ 대흥사 大興寺 ❾

종원 宗圓 유학을 떠나 스리랑카에서 28세의 젊은 나이로 병사한 영재(英宰 1900~1927)의 법명. [참고문헌] 『佛教』42(佛教社, 1927) pp.15~39. ⇨ 영재 英宰

종원 宗源 ❶ 으뜸의 샘. 경(經)에서 으뜸으로 여기는 뜻 즉 종지(宗旨)를 말하며, 의리(義理)로 열어 보이는 것을 파(派)라 한다. 『금강경찬요간정기』 권1(대정장33, p.177c4)에 "샘만을 바라 물길에 어둡다 한다. 망이란 멀리 바라본다는 뜻이고 원이란 물이 나는 곳이며, 미란 어두워 헤매이다는 뜻이고 파란 흘러 갈라지는 것을 말하는데, 길이 갈라지는 것을 기라 하고 물이 갈라지는 것을 파라 한다. 뜻은 다음과 같다. 이 경 비록 무상을 으뜸으로 삼지만 문의 뜻은 천가지로 다르다. 지금 비록 크게는 으뜸의 샘에는 부합한다지만 차별한 의리로는 온전히 어긋난다. 그러기에 샘만을 바라 그 물길에는 어둡게 되고 말았다. 이 말은 바로 원효의 『기신론소』 「서문」에 나오는데, 여기서 차용했지만 뜻은 다르다. 거기에서는 일심을 샘으로 삼고 연을 따르는 생멸을 물결이라고 하였지만, 여기서는 경의 으뜸의 뜻을 샘이라 하였고 그 뜻과 이치를 물결로 삼았으니 같지 않다. 望源迷派者 望謂瞻望 源謂水生之處也 迷謂昏迷 派謂流派 路分曰岐 水分曰派 意云 此經雖宗無相 而文義千差 今雖符大底宗源 而全乖差別義理 故云望源迷派已 斯言乃是曉公起信序文 今雖用之 而意異彼 彼則以一心爲源 隨緣生滅爲派 此則以經宗爲源 義理爲派 故不同也", 『삼론현의』 권1(대정장45, p.2b17)에 "[문] 이치를 세우려면 먼저 종지의 근원을 펴야 한다. 비담에는 몇 가지가 있는가? [답] 부류는 매우 많지만 간략하게 여섯 가지로 설명하겠다. 問 夫欲立理 先須序宗源 未知毘曇凡有幾種 答 部類甚多 略明其六"라고 하였다. [참고문헌] 『金剛經纂要刊定記』, 『三論玄義』. ❷ 1263~1335. 일본 겸창(鎌倉)시대 스님.처음 법명은 봉원(逢源), 시호는 쌍봉국사(雙峰國師). 임제종 고승인 동복사(東福寺) 원이(円爾)의 법을 이었고 무학조원(無學祖元)·대휴정념(大休正念) 등에게 배웠다. 축전(筑前) 복강현(福岡縣) 숭복사(崇福寺)에 주석하였으며 1321년(원형1)에 경도 남선사(南禪寺) 주지를 역임하였다. ⇨ 쌍봉 雙峰 ❺

종원 從源 담연거사(湛然居士)의 법명. 야율초재(耶律楚材)를 가리킨다. 『불조강목』 권39(卍속장146, p.810b5)에 "이에 진경(晉卿 : 耶律楚材)은 만송을 찾아갔다. 인적을 끊고 집안일을 내팽개치고 잠자는 것도 그만두고 밥 먹는 것도 잊으며 근 3년을 보내자 만송이 비로소 인가해 주면서 담연거사라는 호와 종원이라는 법명을 지어 주었다. 이후 진경은 원(元) 황제를 따라 서역에 갔는데 후학들을 계발하여 자유롭게 운신하게 할 수 있도록 『천동송고 天童頌古』(『宏智頌古』) 100편에 평창을 달아 달라며 만송에게 서신을 보내 청하였고, 이 책은 7년 계미년에 완성되었다. 만송의 법명은 행수이며 설암법서의 제자로 조동종에 속한다. 於是 晉卿謁松 杜絶人跡 屛斥家務 廢寢忘餐者 幾三年 松始爲印可 以湛然居士從源目之 自後 晉卿扈從元帝至西域 因貽書松 請評唱天童頌古百篇 開發後學肩關 七年癸未始成 松名行秀 雪巖法瑞嗣 曹洞宗"라고 하였다. [참고문헌] 『佛祖綱目』 『從容錄』 「序文」(대정장48, p.226b26), 『居士傳』 권36 「耶律晉卿傳」(卍속장149, p.923a9). ⇨ 야율초재 耶律楚材, 만송행수 萬松行秀

종유 宗猷 으뜸을 꾀하다. 종문의 길(道)이나 으뜸의 도를 성취해 세간에 드러내 브이는 종문의 걸출한 이를 가리킨다. 『허당록』 권4(대정장47, p.1015b3)에 "요 몇 년 사이에 총림이 시들고 힘없게 되니 학인들이 종문의 도를 본받지 않고 외학에 물들어 무명을 키우고 있으니, 수천수백이 무리지어 살지만 거북무늬 터진 듯하였다는 소식 들을 수 없게 되었다. 가히 말세의 오랑캐 종족들이라 할 수 있으니 진실로 슬프다. 近年叢林凋弊 學者不本宗猷 浸淫外學 滋長無明 雖千百群居 未聞有如爆龜紋 可以爲末世滅胡種族 良可悲也", 『벽암록』 99칙 「수시 垂示」(대정장48, p.222a28)에 '용이 신음하면 안개 일고 호랑이가 울부짖으면 바람이 인다. 세간을 뛰어넘는 종문의 걸출한 이 세상에 나오니 금과 옥이 서로 울리고, 방편에 통달해 그 지략 지으니, 화살 끝 서로 이어 달려서 세계 가득 감출 곳 없네. 멀고 가까운 곳 가지런히 빛나고 옛과 지금은 분명히 가린다네. 말해 보라! 이것 어떤 사람의 경계인가? 한번 들어 보시게. 龍吟霧起 虎嘯風生 出世宗猷 金玉相振 通方作略 箭鋒相拄 遍界不藏 遠近齊彰 古今明辨 且道 是什麽人境界 試擧看"라고 하였다. [참고문헌] 『虛堂錄』, 『碧巖錄』.

종유 蹤由 밟아 온 자취. 어떤 일이나 물건이 생겨난 연유나 한 사람이 살아 남긴 행장 등을 말한다. 『원오어록』 권7(대정장47, p.743b15)에 "어떤 세계에서는 광명으로 불사를 하고, 어떤 세계에서는 음성으로 불사를 하며, 어떤 세계에서는 향반으로 불사를 하고, 어떤 세계에서는 장엄으로 불사를 하며, 어떤 세계에서는 침묵으로 불사를 한다. 말해 보라! 운거는 무엇으로 불사를 할까? 눈썹을 아낄 일 없어 그대들에게 집어 내니, 행주좌와로 움직여 돌아 시위하지만 삼라만상과 안팎을 품어 다해 한 법도 두루하지 않음이 없고 한 가지 일 두렷하지 않음이 없다. 이곳에 이르러서는 만나는 것마다 다 불사일 터이니 이것은 그대로 둔다해도 부처는 어디에 계신가. 도리어 자세히 이럴진대 높고 높은 봉우리 소식 끊어졌고 깊고 깊은 바다 저끝 자취 없다네. 有世界以光明爲佛事 有世界以音聲爲佛事 有世界以香飯爲佛事 有世界以莊嚴爲佛事 有世界以寂默爲佛事 且道 雲居以何爲佛事 不惜眉毛 爲諸人拈出 行住坐臥 動轉施爲 萬象森羅 包含內外 無一法不周 無一事不圓 到這裏 著著盡是佛事 則且置 佛在什麽處 還委悉麽 高高峯頂無消息 深深海底沒蹤由", 『굉지광록』 권5(대정장48, p.67b4)에 "소참 때 학인이 물었다. '밀밀하면서 끊이지 않으나 눈여겨 볼 수 없고 밝고 밝아 뚜렷하여 서로 주고 마음으로 전하니, 무엇이 이 마음 전하는 것인가' '흔들릴 때는 비춘 그림자 없고, 가려 분명할 때는 자취마저 끊어졌네'. 小參僧問 密密綿綿 不容著眼 明明了了 相與傳心 作麽生是傳底心 師云 混時無影像 辨處絶蹤由", 『벽암록』 54칙 「평창 評唱」(대정장48, p.188c6)에 "저 운문을 보면 원래 작가라서 한 걸음 뗄 때마다 그 걸음의 귀착점을 알았으며, 앞을 살필 줄도 알고 뒤를 돌아볼 줄도 알아서 밟은 자취 놓친 일 없다. 이 학인 앞만 살필 줄 알았지 뒤를 돌아볼 줄은 모른다. 看他雲門 自是作家 行一步 知一步落處 會瞻前 亦解顧後 不失蹤由 這僧只解瞻前 不能顧後"라고 하였다. 〔참고문헌〕『圜悟語錄』, 『宏智廣錄』, 『碧巖錄』.

종의 宗依 인명 용어. 종(宗)이 의지하는 것. 다른 이에게 드러내 이해시키고자 하는 뜻(宗)이 종체(宗體)라면 그 뜻을 성취시키기 위해 의지하는 주부(主部)와 술부(術部)의 진술들은 종의다. 주어(有法 Ⓢ dharmin 또는 所別 Ⓢ viśeṣya : 前陳)와 술어(法 Ⓢ dharma 또는 能別 Ⓢ viśeṣa : 後陳)를 가리킨다. 가령 '말소리는 무상하다(聲是無常)'라는 종(宗)에서 의(依)는 '성(聲)'과 '무상(無常)'이다. 『인명입정리론소』 권상(대정장44, p.98a16)에 "법이 있어서 능히 다를 수 있는 것은 다만 이 종에 의지함이지 이것이 그대로 종은 아니다. 이의란 반드시 양쪽의 종이 지극하기에 함께 수용하고 성취한 것이니, 의의 뜻이 성립되면 종체가 비로소 성립한다. 소의가 만약 없다면 능의가 어떻게 성립하겠는가? 이 때문에 종의는 반드시 모두 인정하는 것이어야 한다. 有法能別 但是宗依 而非是宗 此依必須兩宗至極共許成就 爲依義立 宗體方成 所依若無 能依何立 由此宗依 必須共許", 『인명입정리론해』(卍속장87, p.89a10)에 "유법은 곧 전진이니 색 등의 법을 말하는데, 색 등의 유법은 종과 더불어 의가 되기에 종의라 하며, 마주해 능히 종을 구별하면 소별이다. 능별이란 곧 후진이다. 有法卽前陳 謂色等法也 以色等有法與宗爲依 亦名宗依 對能別宗 此卽所別也 能別卽後陳", 『인명입정리론집해』(卍속장87, p109a9)에 "타인을 열어 깨우치기에 종이라 한다. 종에는 의와 체가 있다. 극성(極成 : 共許)의 유법으로서 전진은 종의이고, 공리의 능별로서 후진은 종체다. 종체의 소의이기 때문에 종의라 한다. 종체는 능별이 되니 곧 종의는 소별이 된다. 啓悟於他 故名爲宗 宗有依有體 極成有法 前陳宗依也 極成能別 後陳宗體也 宗體所依 故名宗依 宗體爲能別 則宗依爲所別矣"라고 하였다. 〔참고문헌〕『因明入正理論疏』, 『因明入正理論解』, 『因明入正理論集解』. ⇨인명 因明, 종 宗❷, 종인유 宗因喩, 종체 宗體❷, 유법 有法❷, 소별 所別, 능별 能別, 극성 極成

종의 宗義 ❶부파나 종파 등이 세운 교의(敎義). 『순정리론』 권1(대정장29, p.332a23)에 "또 저들은 일체 계경을 바른 헤아림으로 삼지 않으면서 어떻게 경량부(經量部)라 이름하는가? 계경을 보고서 자신들이 주장하는 종의와 서로 다르면 곧 버려버린다. 또는 자신들의 주장에 따라 고쳐서 다른 글을 만들고는 본래의 경문을 전하고 외운 이들의 과실이라고 말하거나, 또는 모든 것을 다 믿고 받아들일 수 없다고 말한다. 又彼不以一切契經皆爲定量 豈名經部 謂見契經 與自所執宗義相違 卽便誹撥 或隨自執改作異文 言本經文傳誦者失 或復一切皆不信受", 『현종론』 권26(대정장29, p.899b9)에 "세존께서는 탐진치 셋이 불선의 뿌리라고 설하셨는데, 그 체는 오직 불선번뇌다. 불선법의 근이 되기 때문에 불선근이라 하니, 종의는 이와 같은 것이다. 世尊說爲貪瞋癡三不善根 體唯不善煩惱 爲不善法根 名不善根 宗義如是"라고 하였다. 〔참고문헌〕『順正理論』, 『顯宗論』. ❷인명용어. 주장명제(宗)의 후진(後陳 : 能別)을 말한다. 가령 '말소리는 무상하다(聲是無常)'라는 종(宗)에서 종의는 '무상(無常)'이다. 『인명입정리론소』 권상(대정장44, p.102a2)에 "'인'이란 연유과 되는 것이다. 세우고자 하는 으뜸의 뜻의 까닭을 풀어 알게 한다. 혹은 까닭으로서의 뜻인데, 이 소이 때문에 소립의 뜻이 성립한다. 또 건립의 뜻이다. 능히 드러내고자 하는 뜻을 건립하기 때문이다. 또는 이익을 따르는 뜻이니, 이 인을 세움으로써 이익을 따르는 종의 뜻을 세울 수 있기 때문이다. 그렇기에 인이라 한다. 因者所由 釋所立宗義之所由也 或所以義 由此所以 所立義成 又建立義 能建立彼所立宗故 或順益義 由立此因 順益宗義 令宗義立 是故名因"라고 하였다. 〔참고문헌〕『因明入正理論疏』. ⇨인명 因明, 종 宗❷, 종인유 宗因喩, 능별 能別, 후진 後陳

종의 從義 1042~1091. 송대 천태종 스님. 자는 숙단(叔端), 속성은 섭(葉)씨. 온주(溫州 : 浙江省) 평양(平陽) 출신. 8세에 출가한 뒤 17세에 산가파(山家派)의 부종계충(扶宗繼忠)을 사사하고 천태교학을 배웠다. 이후 각지를 돌아다녔고, 대운사(大雲寺)·진백사(眞白寺)·오봉사(五峰寺)·보적사(寶積寺)·묘과사(妙果寺) 등의 주지를 역임하였으며, 만년에는 수성사(壽聖

寺)에 머물렀다. 묘과사에서 『천태사교의 天台四敎儀』를 강의하고 『사교의집해 四敎儀集解』 3권을 저술하였으며, 『법화삼대부보주 法華三大部補註』 14권·『금광명경현의순정기 金光明經玄義順正記』 3권·『지관의례찬요 止觀義例纂要』 6권·『금광명문구신기 金光明文句新記』 7권·『시종심요주 始終心要註』 1권 등의 저서를 지었다. 1091년(원우6)에 세수 50세를 일기로 입적하였다. 시호는 신지(神智)이다. 선(禪)·화엄(華嚴)·법상(法相)을 강하게 비판하고 천태교학을 현양하는 데 힘썼으며, 산가파 사명지례(四明知禮)의 종학을 배웠지만 견해를 달리하기에 후산외파(後山外派)로 분류된다. ⇨ 산가산외 山家山外, 후산외 後山外

종의 從漪 송대 스님. 청계홍진(淸谿洪進)의 법을 이었으며 상주(相州 : 河南省) 천평산(天平山)에 주석하였다. 『연등회요』 권27(卍속장136, p.892b9)에 서원(西院)과의 문답이 전한다. 〔참고문헌〕『聯燈會要』.

종의 縱意 뜻대로 또는 멋대로 하다. 『별역잡아함경』 권16(대정장2, p.490b16)에 "그대(阿那律)는 예전 천상에 있을 때, 거문고 즐겨 연주하였고, 또한 노래하고 춤추며, 뜻대로 하며 쾌락을 누렸소. 汝昔天上時 善巧奏琴樂 又復能歌舞 縱意受快樂", 『찬집백연경』 권8(대정장4, p.240b7)에 "저는 지금 세존 앞에서 교만하기 이를 데 없고 분별없이 멋대로 하였습니다. 원하옵건대 세존이시여, 자비로운 가르침을 내려주옵소서. 我於今者在世尊前 憍慢自大 放情縱意 唯願世尊 當垂慈悲", 『박산선경어』(卍속장112, p.950b15)에 "간절하지 못한즉 게으르고 게으르기 시작하면 곧바로 놓아버리고는 멋대로 하여 못할 것이 없게 된다. 不切則懈怠 爲懈怠生 則放逸縱意 靡所不至"라고 하였다. 〔참고문헌〕『別譯雜阿含經』, 『撰集百緣經』, 『博山禪警語』.

종의 鍾義 고려후기 스님. 이규보(李奎報 1168~1241)의 『동국이상국집』 권27 「답종의선사수서 答鍾義禪師手書」(한국문집총간1, p.573b6)에 "옛날 방장에 갔을 때 소나무 정자에 올라 술을 마신 일 몹시 즐거웠고 밝은 등불 아래 납전의 이른 싹을 달여 마시며 도를 말하다 보니 밤 깊은 줄도 몰랐습니다. 이 모든 것들 생각나 아른거립니다. 前詣方丈登松亭 飮酒甚樂 又於明燈下煎臘前早芽 談道不覺夜分 此皆懸懸在念"라고 하였다. 〔참고문헌〕『東國李相國集』, 『東文選』 권60.

종의사 從儀師 수계갈마시 위의사를 따라 수계받는 이의 면면을 살피는 일을 맡는다. 『동대사수계방궤』(대정장74, p.21a14)에 "우선 동대사에서 다른 절에서 모아 수집한 계첩을 보고, 다음에 승강첩장에 의지해 보니, 동대사에는 따로 위의사와 종위의사와 성료사가 있었음 모두 드러난다. 계단원 중문 내에 자리하고 관서사해문에 의지해 득도관부에 나아가 대조해서 감수한다. … 화상이 입방을 청하면 다음에 십사가 방에 들고 다음에 십사가 방에 들 때 당에 들어가야 한다. 위의사와 종의사와 당달사와 더불어 네 사람이 식당에 들어서면 그 앞에서 실제 점검을 더한다. 先著東大寺放諸寺可集受者牒 次依僧綱牒狀東大寺別當與使威儀師從威儀師省寮使相共著 座戒壇院中門內 而依官書寺解文就得度官符將對勘之 … 和上乞入房 次之大十師入房 次十師入房之時入堂 威儀師從儀師堂達師并四人到立食堂前加實檢"라고 하였다. 〔참고문헌〕『東大寺授戒方軌』. ⇨ 위의사 威儀師

종의생 從意生 Ⓢ mano-nirjātatva, Ⓣ yid-las-skyes-pa. 뜻(意 Ⓢ manas)을 좇아 나다. 의성신(意成身) 또는 의생신(意生身)으로서의 유정(有情)이 나는 뜻으로 색무색계와 화생(化生) 그리고 중음(中陰 : 中有) 등을 말한다. 『잡아비담심론』 권10(대정장28, p.958c3)에 "뜻을 좇아 나기에 마음을 승의행이라 한다. 이 모든 중생들은 업으로 나기도 하고 … 또는 뜻을 좇아 나기도 하는데, 색계와 무색계의 천들과 겁초의 인, 화생과 중음들이다. 從意生故 說乘意行 此諸衆生 或業生 … 或從意生 謂色無色界天及劫初人 化及中陰", 『대비바사론』 권70(대정장27, p.363a17)에 "〔문〕 어째서 중유를 또한 의성이라 하는가? 〔답〕 뜻을 좇아 나기 때문이다. 유정들은 뜻을 좇아 나기도 하고, 업을 따라 나기도 하고, 이숙을 따라 나기도 하고, 음욕을 따라 나기도 한다. 뜻을 좇아 나는 것이란, 겁초의 사람들 및 모든 중유, 색계무색계 그리고 변화신을 말한다. 問 何故中有復名意成 答 從意生故 謂諸有情 或從意生 或從業生 或從異熟生 或從婬欲生 從意生者 謂劫初人 及諸中有 色無色界 幷變化身", 『구사론』 권10(대정장29, p.55b4 : *Abh-k-bh.*, p.153)에 "(중유를) 의성이라고 하는 것은 뜻을 좇아 나기 때문이고, 정혈 등 외연의 합으로 이루어진 것이 아니기 때문이다. 意成 從意生故 非精血等所有外緣合所成故 sa eva manonirjātatvāt manomaya uktaḥ. śukraśoṇitādikaṃ kiñcidbāhyamanupādāya bhāvāt"라고 하였다. 〔참고문헌〕『雜阿毘曇心論』, 『大毘婆沙論』, 『俱舍論』, *Abh-k-bh.* ⇨ 의생신 意生身, 의성신 意成身, 중유 中有, 화생 化生

종이품 宗異品 인명용어. 종의 이품(Ⓢ vipakṣa). 드러내고자 하는 뜻(宗)과는 다른 품(品). 다른 실례(異喩) 중 하나이다. 예를 들어 '갈소리는 무상하다'라는 종을 세울 때 '무상'은 논증되어야 할 법(所立法)인데 '허공 등'은 무상의 성질(品)이 아니기에 종이품이다. 종을 성취시키는 예는 종동품(宗同品)이다. 『인명입정리론소

』 권상(대정장44, p.106a4)에 "여기(異品)에도 두 가지가 있다. 첫째는 종이품이다. 따라서 다음처럼 『인명입정리론』에서는 '이품이란, 이곳에 세울 것이 없는 것을 말한다'라고 하였다. … 그러나 논에서는 대부분 종의 이품을 이품이라 하니, 종의 류가 다르기 때문이다. … 인이 될만한 것이 없으면 종이품이라 하는 것은 그 인이 종을 따를 만한 것이 없음을 나타내기 위해서다. … 먼저, 종이품에서 무엇을 '다르다(異)' 하는가? 만약 유법과 다르다면, 동법의 소의(물단지)하는 유법(말소리)도 각자 다르기에 또한 다르다고 한다. 만약 법을 달리한다면, 대론자는 원칙적으로 세운 법이 유법에 있다고 인정할 수 없게 되어서 일체이법이 모두 같아지게 된다. 이 이품이란 것을 따로 둘로 취하지 않고 다 들어 일체 종이 없는 법처로 취할 뿐이어서 종이품이라 이름한 것이다. 그래서 이 논에서는 이 처에는 세울 만한 것이 없다라고 말한다. 此亦有二 一 宗異品 故下論云 異品者 謂於是處無其所立 … 然論多說宗之異品 名爲異品 宗類異故 … 因之無處 說宗異品 欲顯其因隨宗無故 … 且宗異品 何者名異 若異有法 同法所依 有法各別 亦應名異 若異於法 敵本不許 所立之法 於有法有 一切異法 皆應名同 此異品者 不別取二 總取一切無宗法處 名宗異品 故論說言 謂於是處無其所立"라고 하였다. [참고문헌] 『因明入正理論疏』, 『因明入正理論』(대정장32, p.11b15). ⇨ 종宗[2], 인명 因明, 종인유 宗因喩, 이품 異品, 인이품 因異品, 이품변무성 異品遍無性, 종동품 宗同品

종인 宗人 조상이 같거나 성 등이 같은 이들. 『송고승전』 권7 「항초전 恒超傳」(대정장50, p.749c5)에 "또한 상국(相國 : 宰相)이었던 영왕(瀛王) 풍도(馮道)가 그의 이름을 듣고서 고향의 동족임을 알았다. 又相國瀛王憑道聞其名 知是鄕關宗人", 같은 책 권15 「대의전 大義傳」(대정장50, p.800b6)에 "명주자사 서교와 아들 서호는 모두 스님과 동족이었다. 洺州刺史徐嶠 次徐浩 皆宗人也"라고 하였다. [참고문헌] 『宋高僧傳』.

종인 宗印 ❶ 으뜸의 뜻을 새기다. 종문(宗門)에서 으뜸이라 여겨 마음에 새기는 뜻이고, 다른 이에게도 새겨 전하는 뜻이다. 『경덕전등록』 권19 「용흥종정전 龍興宗靖傳」(대정장51, p.355c17)에 "항주 용흥사 종정선사는 태주출신이다. 처음에 설봉을 찾아뵙고 종의 새긴 뜻을 그윽이 이었다. 스스로 반두를 담당하기로 서원한 뒤 10년 간 소임을 다했다. 杭州龍興宗靖禪師 台州人也 初參雪峯 密承宗印 乃自誓充飯頭 服勞逾十載", 『종문십규론』(卍속장110, p.880a3)에 "저 선덕들을 보면, 한껏 돌이킬 인연을 위해 산을 오르고 바다를 건너면서까지 죽고 살기를 마다하지 않았으니, 티끌만큼이라도 의심나는 일이 있으면 반드시 결정코 가려 귀한 요체 분명히 하였으며, 몸소 규범을 지어서야 인천의 안목을 삼았으니, 그런 연후에야 으뜸으로 새긴 뜻을 높이 드러내서 크게 참된 바람 일으켰으니, 선대의 시비를 불러내 이끌고 타파하지 못한 공안에는 채찍으로 달리게 하였다. 看他先德 梯航山海 不避死生 爲一兩轉之因緣 有纖瑕之疑事 須憑決擇 貴要分明 作親僞之箴規 爲人天之眼目 然後高提宗印 大播眞風 徵引先代是非 鞭撻未了公案"라고 하였다. [참고문헌] 『景德傳燈錄』, 『宗門十規論』. ❷ 1148~1213. 남송대 스님. 자는 원실(元實), 호는 북봉(北峰), 속성은 진(陳)씨. 항주(杭州 : 浙江省) 염관(鹽官) 출신. 혜력덕린(慧力德鄰)을 사사하였고 후에 죽암가관(竹菴可觀)을 찾아뵙고 천태 교관을 익혔다. 후에 상전(象田)으로 가서 원오연(圓悟演)선사를 찾아뵈었고, 남호(南湖) 연경사(延慶寺)로 돌아와서는 허당본공(虛堂本空)의 청을 받고 수좌가 되었다. 그 후 소비(蘇玭)의 청을 받고 정각사(正覺寺)의 주지가 되었으며 상천축사(上天竺寺)에 머물면서 지관(止觀)을 강의하였고, 잠시 은거하였다가 두(杜)씨가 보광정사(普光精舍)를 짓고 영접하자 강학과 선(禪)으로 불도를 더욱 성행하게 하였다. 후에 초과사(超果寺)·원통사(圓通寺)·북선사(北禪寺)에 주석하였고, 해공영(海空英)의 뒤를 이어 영산사(靈山寺)의 주지가 되었다. 명성이 황제에게까지 퍼져 영종(寧宗)의 부름을 받고 선덕전(選德殿)에 가서 강의하였으며 혜행법사(慧行法師)라는 호를 사사받았다. 1213년(가정6)에 오중(吳中)에서 교화를 행하던 중 송강(松江)의 한 암자에서 세수 66세를 일기로 입적하였다. 저서에 『능엄경석제 楞嚴經釋題』 1권·『금강경신해 金剛經新解』·『북봉교의 北峰教義』 등이 있으며, 문인으로는 고운원수(古雲元粹)·불광법조(佛光法照)·해봉범규(海峰梵奎)·석계사수(石溪思壽)·석경청고(石鏡淸杲)·남봉사성(南峰思誠)·운소여보(雲巢如寶)·남간행과(南澗行果) 등이 있다. ❸ 송대 임제종 대혜파 스님. 호는 공수(空叟). 서촉(西蜀 : 四川省) 출신. 육왕덕광(育王德光)의 사법 제자. 처음에는 호산(湖山 : 浙江省) 숭광(崇光) 보수원(保壽院)에 주석하였고 후에는 경원부(慶元府 : 浙江省) 육왕산(育王山)에 주석하였다. 저서에는 어록인 『공수인선사어요 空叟印禪師語要』가 있다. ⇨ 공수인선사어요 空叟印禪師語要

종인암 宗仁庵 강원도 고성군 외금강면 창대리 금강산(金剛山)에 있던 보운암(普雲庵). 『범우고』에 "신계사 북쪽에 있으며, 보운암으로 이름을 고쳤다. 在新溪寺北改名普雲菴"라고 하였다. [참고문헌] 『梵宇攷』, 『韓國寺剎全書』 권하 p.1024a3. ⇨ 보운암 普雲庵

종인유 宗因喩 인명용어. 종(Ⓢ pakṣa)·인(Ⓢ hetu)·유(Ⓢ dṛṣṭānta)를 아울러서 부르는 말. 삼지작법(三

支作法)을 구성하는 세 요소로, 드러내고자 하는 으뜸의 뜻(宗)과 그것의 이유가 되는 것(因) 그리고 이 뜻을 이해시키는 실례로서의 유(喩)를 말한다. 요즈음은 주장명제·이유명제·실례명제라고 푼다. 『인명정리문론본』(대정장32, p.1a10)에 "'종 등의 여러 언설을 능립이라 한다'라고 하였는데, 종인유라는 여러 말로 타인이 아직 알지 못하는 뜻을 가려 설한다. 宗等多言說能立者 由宗因喩多言 辯說他未了義故", 『인명입정리론소』 권상(대정장44, p.97b10)에 "『인명정리문론본』에서는 '종인유라는 말로서 타인이 아직 알지 못하는 뜻을 밝혀준다'라고 하였다. 『인명입정리론』에서 말한 '모든 물음이 있는 이들'이란 마주해서 물어보거나 그 뜻을 증명하고자 하는 등의 사람들이다. '아직 알지 못하는 뜻'이란 입론자가 으뜸으로 여겨야 할 것이다. 그 적론자는 첫째 무지 때문에, 둘째 의혹 때문에, 셋째 각각이 종에 근거해 배우기 때문이다. 입론자가 어떤 뜻의 요지를 세울지 알지 못해서 의문이 있기에 종 등 이와 같은 말로 으뜸의 뜻을 세워 저들의 무지와 망설임(猶預)·치우친 집착을 버리게 해서 입론자가 세우고자 하는 의종(義宗)을 알도록 하는 것이다. 『유가사지론』 등에서는 '(논의를 위한 처소는) 여섯 곳이 있다. 첫째는 왕가, 둘째는 집리가, 셋째는 대중 가운데, 넷째는 현철 앞, 다섯째는 법의 뜻을 능숙히 이해하는 사문과 바라문 앞, 여섯째는 법에 대한 논의를 좋아하는 사람들 앞이다'라고 설하였다. 이 여섯 곳 중에서는 반드시 증의인은 자신과 타인의 종에 밝아야 하고, 마음에 편향이 없어야 하며, 발언이 있으면 즉시 시비를 정해야 한다. 증의인은 어떤 종을 논한 것인가 물어야 하고, 여기서 종 등 이와 같은 말로써 그 종지를 펴서 증의자가 세운 뜻을 알게 한다. 理門亦云 由宗因喩多言 辨說他未了義 諸有問者 謂敵證等 未了義者 立論者宗 其敵論者 一 由無知 二 爲疑惑 三 各宗學 未了立者立何義旨 而有所問 故以宗等如是多言 成立宗義 除彼無知 猶預僻執 令了立者 所立義宗 其論義法 瑜伽等說 有六處所 一 於王家 二 於執理家 三 於大衆中 四 於賢哲者前 五 於善解法義沙門婆羅門前 六 於樂法義者前 於此六中 必須證者 善自他宗 心無偏黨 出言有則 能定是非 證者有問 立何論宗 今以宗等 如是多言 申其宗旨 令證義者 了所立義"라고 하였다. [참고문헌] 『因明正理門論本』, 『因明入正理論疏』, 『因明入正理論』(대정장32, p.11b2). ⇨ 삼지작법 三支作法, 종 宗[2], 인 因[2], 유 喩[1], 인삼상 因三相, 인명 因明

종일 宗一 중국 화엄종(華嚴宗) 현수법장(賢首法藏 643~712)의 6대 제자 중 한 스님. [참고문헌] 『法藏和尙傳』(대정장50, p.283b3). ⇨ 석문초 釋文超

종일대사 宗一大師 현사사비(玄沙師備)의 호. 『경덕전등록』 권18 「현사사비전 玄沙師備傳」(대정장51, p.343c27)에 "복주(福州 : 福建省)의 현사 종일대사의 법명은 사비이며, 복주 민현 출신이고 속성은 사 씨이다. 福州玄沙宗一大師 法名師備 福州閩縣人也 姓謝氏"라고 하였다. [참고문헌] 『景德傳燈錄』. ⇨ 사비 師備

종일법생 從一法生 한 법을 좇아나다. 일체법(一切法)이 이 한 법으로부터 있게 된다는 말이니, 일법이란 무상(無相)인 실상(實相)이며 나아가 일심(一心)의 뜻이다. 『무량의경』(대정장9, p.385c24)에 "무량한 뜻이란 하나의 법을 좇아 난다. 그 한 법이란 바로 무상이다. 이와 같은 상 없는 것이란 … 실상이라 부른다. 無量義者 從一法生 其一法者 卽無相也 如是無相 … 名爲實相", 『법화문구』 권2(대정장34, p.27c17)에 "'무량한 뜻이란 한 법을 좇아 난다'라고 하였는데, … 이 실상을 좇아 무량한 법이 생겨나니 이른바 (頓漸의) 두 가지 법과 세 가지 길(三道 : 三乘)과 네 가지 과(四果)다. 無量義者 從一法生 … 從此實相 生無量法 所謂二法 三道 四果", 『종경록』 권12(대정장 48, p.481c17)에 "『무량의경』에서 '무량한 뜻들은 한 법을 좇아 난다'라고 하였는데, 한 법이 능히 무량한 뜻 내는 것임을 안다 함은 일심을 말하는 것이며, 낱낱의 법들이 다 무량한 뜻을 낸다고 하는 것은 마음이 일체법에 두루해서 낱낱 법이 마음 아님이 없기 때문이다. 無量義經云 無量義者 從一法生 卽知一法能生無量義 所謂一心 一一法皆生無量義者 以心遍一切法 一一法無非心故"라고 하였다. [참고문헌] 『無量義經』, 『法華文句』, 『宗鏡錄』. ⇨ 무량의자종일법생 無量義者從一法生, 일심 一心, 일체법 一切法

종자 種子 ❶ Ⓢ bīja, Ⓣ sa-bon. 스스로의 과(自果)를 내는 공능(功能)이 있는 것의 이름. 경량부(經量部)에서 종자라 함은 명(名 : 心)과 색(色 : 有根身)이 스스로의 과를 낳는 데에 있어 전전(展轉)과 인근(隣近)의 공능이 있기 때문이고, 유식(唯識)에서는 본식(本識 : 阿賴耶識) 중에서 직접 자신의 과를 낳을 수 있는 공능의 차별(差別)이 있어 종자라 부른다. 제8 아뢰야식중에서의 종자의 뜻에는 여섯가지 뜻(種子六義 : 刹那滅 果俱有 恒隨轉 性決定 待衆緣 引自果)이 있고, 나누어 뜻을 풀면 본유(本有)와 신훈(新薰)으로 나누고, 다시

〈표1〉 종자

본유종자 本有種子	유루색심종자 有漏色心種子	명언종자(등류습기) 名言種子(等流習氣)	표의명언 表義名言
신훈종자 新薰種子	무루색심종자 無漏色心種子	업 종 자(이숙습기) 業 種 子(異熟習氣)	현경명언 顯境名言

유루색심(有漏色心)과 무루색심(無漏色心)으로 나눈다. 유루색심종자는 다시 등류습기(等流習氣)인 명언종자(名言種子)와 이숙습기(異熟習氣)인 업종자(業種子)로

나누며, 명언종자는 또다시 표의명언(表義名言)과 현경명언(顯境名言)의 두 가지 종자로 나눈다〈표1〉. 한편 제8식 자체중의 종자는 스스로의 과를 내기 위해 전찰나 후찰나로 움직이는데(現行) 이를 인과이시(因果異時)의 종자생종자(種子生種子)라 하고, 종자가 단번에 중연화합(衆椽和合)해서 인과동시(因果同時)의 과법을 일으키는 것을 종자생현행(種子生現行), 현행이 종자를 훈하는 것을 현행훈종자(現行薰種子)라 한다〈표2〉.

〈표2〉 종자種子

종생종 種生種	전념후념상속 前念後念相續		인과이시 因果異時
종생현 種生現	제일중인과 第一重因果	주생염 炷生焰	인과동시 因果同時
현훈종 現薰種	제이중인과 第二重因果	염소주 焰燒炷	

『잡아함경』 권31(대정장2, p.224c16)에 "다섯 가지로 심어 종자의 생겨남이 있다. 무엇이 다섯 가지인가? 뿌리의 종자・줄기의 종자・마디의 종자・가지의 종자・씨앗으로서의 종자이다. 이 종자들은 끊어지지도 무너지지도 썩지도 상하지도 단단함이 뚫리지도 않는데, 새로이 지계를 얻더라도 수계를 얻지 못하면 이 종자들은 생장하여 자라나지 못한다. … 이와 같이 업・번뇌・유・애・견・만・무명으로서 행을 일으킨다. 만약 업이 있더라도 번뇌・애・견・무명이 없다면 행은 곧 사라진다. 有五種種子生 何等爲五 謂根種子 莖種子 節種子 枝種子 種種子 此諸種子不斷 不破 不腐 不傷 不穿堅 新得地界 不得水界 彼諸種子不得生長增廣 … 如是業 煩惱 有 愛 見 慢 無明而生行 若有業而無煩惱 愛 見 無明者 行則滅", 『발지론』 권20(대정장26, p.1031c13)에 "세존께서 설하셨듯이, 다섯 가지 종자란 식을 취함이 있음을 드러내는 것이고, 지계란 사식주를 나타낸다. 잎은 아만을 비유한 것이다. … 아라한들은 사식주중에 후유를 끌어들이는 유취식이 없으며, 아만과 아애가 없기에 '지계에 뿌리가 내리는 일이 없으니 잎도 가지도 없다'고 설하셨다. 如世尊說 五種子者 顯有取識 地界者 顯四識住 葉者 喻我慢 … 諸阿羅漢 於四識住中 無牽後有有取之識 無慢無愛 故說無根於地界 無葉亦無枝", 『구사론』 권4(대정장29, p.22c10 : *Abh-k-bh.*, p.64)에 "소의신(所依身) 중에 오직 종자가 있어서 (성도와 세간도에 의해 번뇌종자는) 아직 제거되지 않았고, (사견에 의해 생득선의 종자) 아직 손상되지 않았으며, (가행선이) 커서 자라나길 자재로 한다. 이와 같은 위에 성취라는 이름을 세운다. 별도의 실체(別物)가 있을 수 없다. (설일체유부) 이 중에 어떤 법을 종자라 한 것인가? 명과 색이 스스로 과를 낳음에 있어 가지게 되는 펴고 구르는 가까운 공능을 말한다. 이 공능들은 상속의 전변과 차별에 의지한다. 무엇을 전변이라 하는가? 상속하는 와중에서 전후로 성을 달리하는 것이다. 무엇을 상속이라 하는가? 인과 과로 그 성이 삼세로 모두 흐르는 것이다. 무엇을 차별이라 하는가? 무간에 과를 낳는 공능이 있는 것이다. 하지만 어떤 곳에서는 '만약 탐을 성취하면 문득 사념주를 수습할 수 없다'라고도 설한다. 所依中唯有種子 未拔未損 增長自在 於如是位 立成就名 無有別物 此中何法 名爲種子 謂名與色於生自果 所有展轉隣近功能 此由相續轉變差別 何名轉變 謂相續中前後異性 何名相續 謂因果性三世諸行 何名差別 謂有無間生果功能 然有處說 若成就貪便不能修四念住者 tasmād-vījam-eva-atra-anapoddhṛtam-anupahatam paripṛṣṭaṃ ca vaśiatva-kāle samanvāgam-ākhyāṃ tabhate na-anyad dravyam. kiṃ punar-idaṃ bījaṃ nāma. yan-nāma-rūpaṃ phala-utpattau samartha sākṣāt pāraṃparyeṇa vā. santati-pariṇāma-viśeṣāt. ko'yaṃ pariṇāmo nāma. santater-anyathātvam. kā ca-iyaṃ santatiḥ. hetu-phala-bhūtas-traiyadhvikāḥ saṃskārāḥ. yat tu-ukta lobhena samanvāgato 'bhavyaś-catvāri smṛty-upasthānāni bhāvayitum-iti", 『구사론기』 권4(대정장41, p.87a6)에 "'명과 더불어 색이 과를 낳는 공능에 이르는 것이다'라는 말은, 경량부의 답이다. 명색이란 명은 사온(受想行識)이고 색은 색온인데, 그 종(경량부)에서의 종자란 명과 색의 익힘이다. … 또 풀이한다. (종자는) 펴고 구르는 공능과 가까이 하는 공능이라 하니, (공능은) 상속전변과 차별을 말하는 것이다. 이러한 상속의 전변을 말미암는 것이 바로 전전공능이고, 상속차별에 의지하는 것이 바로 인근공능이다. 謂名與色至生果功能者 經部答 言名色者 名謂四蘊 色謂色蘊 彼宗種子熏名及色 … 又解 謂展轉功能隣近功能 謂相續轉變相續差別 由此相續轉變 卽是展轉功能 此由相續差別 卽是隣近功能", 『구사론』 권5(대정장29, p.25c22 : *Abh-k-bh.*, p.72)에 "저 나머지 논사들이 말한다. '가령 무색계에 나서는 색법이 오랫동안 끊어지는데, 어떻게 이 이후에 (욕계와 색계에서) 색법이 다시 생겨날 수 있는가? 그것(색법)이 나는 것은 결정코 심법 (중의 색법종자)에 의한 것이지, (과거의) 색법에 의한 것은 아니다. 이와 같이 출정 후의 심법 또한 마땅히 그러하니, 유근신 (중에 있는 심법종자)에 의한 것이지 과거 입정 이전의 심법)에 의한 것은 아니다'. 따라서 그들의 선대 궤범사는 하나같이 '두 법이 서로 종자가 된다'라고 하였으니, 이 두 법은 심과 유근신을 말한다. 존자 세우는 『문론 *Paripṛcchā*』에서 '만약 멸진정에 심이 전혀 없다고 주장한다면, 이 (無心이 有心을 낳는) 과실이 될 것이다. 나는 멸진정에도 여전히 세심(細心)있다고 설하기에 이러한 과실이 없다'라고 설하였다. 有餘師言 如生無色 色久時斷 如何於後 色復得生 彼生定應由心非色 如是出定心亦應然 由有根身非由心起 故彼先代諸軌範師咸言 二法互爲種子 二法者 謂心有根身 尊者世友問論中說 若執滅定 全無有心 可有此過 我說滅定 猶有細心 故無此

失 apare punar-āhuḥ. kathaṃ tāvad-ārūpya-upapannānāṃ cira-niruddhe'pi rūpe punar-api rūpaṃ jāyate. cittād-eva hi taj-jāyate na rūpāt. evaṃ cittam-apy-asmād-eva sa-indriyāt-kāyāj-jāyate na cittāt. anyonya-bījakaṃ hy-etad-ubhayaṃ yad-uta cittaṃ ca sa-indriyaś-ca kāya iti pūrvācāryāḥ. bhadanta-vasumitras-tv-āha paripṛcchāyāṃ yasya-acittikā nirodha-samāpattis-tasyaiṣa doṣo mama tu sa-cittikā samāpattir-iti", 『유가사지론』 권52(대정장30, p.589a9)에 "어떻게 간략히 설해서 종자를 안정되게 세울 수 있는가? 아뢰야식중에 일체제법의 변계자성인 망집습기를 안립종자라 한다. 하지만 이 습기는 실물로서 존재하니 바로 세속유이다. 그 제법을 바래서는 다름과 다르지 않음을 정해 말할 수 없으니, 이는 마치 진여와 같은데 곧 이를 또한 변행의 추중이라 한다. 云何略說安立種子 謂於阿賴耶識中 一切諸法遍計自性妄執習氣 是名安立種子 然此習氣是實物有 是世俗有 望彼諸法 不可定說異不異相 猶如眞如 卽此亦名遍行麤重", 『성유식론』 권2(대정장31, p.8a5)에 "이 중에서 어떤 법을 종자라 이름하는가? 본식 중에서 직접 스스로의 과를 내는 공능차별을 말한다. 此中何法 名爲種子 謂本識中親生自果功能差別", 같은 책 권7(대정장31, p.40a23)에 "종자란 본식 중의 선·염오·무기 및 여러 계와 지 등의 공능차별을 말한다. 능히 차후에 자류의 공능을 이끌고 또 동시에 자류의 현행과도 일으킨다. 種子者 謂本識中善染無記諸界地等功能差別 能引次後自類功能 及起同時自類現果", 『현식론』(대정장31, p.880c14)에 "육식이 선악을 일으켜서 훈습력을 본식 중에 남겨 두듯이, 미래보를 능히 얻게 하는 것을 종자라 한다. … 종자란 이 상속하고 변이해서 미래의 과보를 초감할 수 있는 것이니, 이를 종자라 한다. 상속하지만 변이하지 않는 것도 종자가 아니고, 변이할 뿐 상속이 없어도 종자가 아니다. 상속과 변이는 분리될 수 없으니 이로써 종자가 성립한다. 예를 들어, 소라와 백색이 하나도 아니고 다른 것도 아닌 것과 같다. 如六識起善惡 留在熏力於本識中 能得未來報 名爲種子 … 言種子者 此相續變異 能感未來果報 是名種子 相續無變異 亦非種子 若但變異無相續 亦非種子 相續變異不相離 故成種子 如螺白色 非一非異"라고 하였다. [참고문헌] 『雜阿含經』, 『發智論』, 『俱舍論』, 『俱舍論記』, 『瑜伽師地論』, 『成唯識論』, 『顯識論』, *Abh-k-bh*. ⇨ 종자식 種子識, 종자육의 種子六義, 명언종자 名言種子, 업종자 業種子, 유루종자 有漏種子, 무루종자 無漏種子, 본유종자 本有種子, 신훈종자 新熏種子, 습기 習氣, 현행 現行, 현행훈종자 現行熏種子, 내종 內種, 외종 外種 **2** Ⓢ bīja. 진언행자가 자륜관(字輪觀)을 할 때 제존(諸尊)의 진언중 한 자(一字)만을 관하는데, 그 때 이 한 자(一字)를 종자라 한다. 『대일경소』 권10(대정장39, p.681a29)에 "만약 중생이 이 진언문에 들어가고자 하는 이가 있다면 오래지 않아 저 보살의 덕과 같아져야 하니, 무릇 관하여 비추고자 할 때는 오직 본체인 한 자(一字)로써 주(主)를 삼는다. 가져 외운다는 것은 다 갖춰 말하는 것이니, 이것이 종자라는 글자다. … 한 자만으로도 능히 많은 것을 내기에 종자라 이름한다. 若有衆生入此眞言門者 不久卽同彼菩薩之德也 凡觀照時 唯以本體一字爲主 持誦則具言也 此卽是種子之字 … 從一字能生多故名種子也", 같은 책 권17(대정장39, p.754b11)에 "종자란 능히 많은 과를 낸다. 낱낱의 종자가 다시 백천만 가지를 생겨나게 하고, 나아가 거듭 구르고 펴서 무량하게 되니 불가설이라 한다. 種子能生多果 一一復生百千萬數 乃至展轉無量不可說也"라고 하였다. 이렇게 한 글자 즉 종자에 의지해 자문(字門)을 관해서 불지(佛智)를 성취한다고 여겨 종자를 제법의 근원으로 여긴다. 보통 제존의 진언(眞言) 중 첫 머리글자를 취해 종자로 삼지만, 때론 끝자로 종자를 삼기도 하는데, 위의 책 권10(대정장39, p.687b9)에 "무릇 제진언중 따라서는 초중후의 자를 취해서 종자를 삼아도 된다. 凡諸眞言中 隨取初中後字用 爲種子皆得也"고 하였다. 예를 들어 태장의 대일(大日)의 종자는 (a), 월천(月天)의 종자는 (ca), 수천(水天)의 종자는 (va)로 모두 첫 머리글자이고, 금강계의 대일은 (vāṃ), 석가는 (haḥ)로 끝자이며 문수(文殊)의 (maṃ), 약사(藥師)의 (bhai), 아미타(阿彌陀)의 (hrīḥ)는 본서(本誓)의 뜻 중에서 가져온 것이다. 제존만이 아니고 오대(五大 : 地水火風空) 등에서도 종자를 건립하였는데 위의 책 권1(대정장39, p.586b11)에 "아()자문을 땅으로 삼고, 바()자문을 물로 삼고, 라()자문을 불로, 하()자문을 바람으로 여기고, 거()자문을 하늘로 또는 세간의 종자로 삼는다. (a)阿字門爲地 (va)嚩字門爲水 (ra)囉字門爲火 (ha)訶字門爲風 (kha)佉字門爲空 又如世間種子"라고 한 것이 한 예다. [참고문헌] 『大日經疏』. ⇨ 실담 悉曇, 자문 字門, 자륜관 字輪觀

〈표〉 종자

a자 본불생本不生anutpāda불가득不可得 ⇆ va자 언설言說vāc 불가득不可得 ⇆ ra자 진구塵垢rajas불가득不可得 ⇆ ha자 인업因業hetu ⇆ kha자 등허공等虛空kha불가득不可得

종자가사 種子袈裟 아(阿 a)·밤(鍐 vaṃ)·훔(吽 hūṃ)등의 종자를 새겨 넣은 가사. 주자가사(呪字袈裟)·종자의(種子衣)라고도 한다. 『일자불정륜왕경

』 권1(대정장19, p.226b19)에 "자작나무 껍질 위에 웅황(雄黃)으로 주문을 써서 모든 비구와 비구니에게 베풀고 가사귀퉁이에 오도록 안치하면, 모든 이들이 공경하여 섬긴다. 樺木皮上 雄黃書呪 施諸苾芻及苾芻尼 置袈裟角 恭敬佩之"라고 하였는데, 이를 후세 종자가사의 문헌 근거로 삼는다. 〔참고문헌〕『一字佛頂輪王經』, 井筒雅風『法衣史』(雄山閣出版, 1977) p.239·268. ⇨ 가사 袈裟, 위의세윤가사 威儀細輪袈裟

종자기 鍾子期 춘추시대 초(楚) 사람. 백아(伯牙) 거문고 소리를 잘 들어주던 벗. 이로부터 지음(知音)·백아절현(伯牙絶絃) 등의 말이 생겨났다. 『화엄경소초』 권5(대정장36, p.33c19)에 "소(疏)에서 '종자기가 죽자'라 한 말에 대해 『열자』에 '백아는 거문고 소리 잘냈고, 종자기는 그 소리 잘 들어 주었다'. 라고 하였으며, … 장자는 '종자기가 죽자 백아는 죽을 때까지 다시는 거문고를 타지 않았다'라 하였다. 『문선』에서는 '선비는 자기를 알아주는 이를 위해 목숨을 바치고, 여인은 자기를 아껴 주는 이를 위해 단장한다'고 하였다. 사람의 도술이 지음을 만났을 때 빛을 발한다는 것이니, 지음은 법을 듣는 이다. 疏 子期云喪者 列子云 伯牙善鼓琴 鍾子期善聽 … 莊子加云 鍾子期死 伯牙終身 不復鼓琴 文選云 士爲知己者用 女爲悅己者容 明人之道術 在遇知音 知音卽聽者", 『서중어록』 권2(卍속장123, p.825a3)에 "법좌에 올라 말했다. '한 생각도 일어나기 전이라고 해서 그 속에 지켜 머무르려 해서는 안 된다. 누군가가 「바위틈에서 흐르는 물 차갑고, 꽃을 지나온 바람은 향기롭다」고 말한다면 주장자로 이 사람을 때리지 않겠다'. 곧이어 말했다. '가을 달빛 높은 법당을 비추는데 풀숲에서 베짱이가 노래하누나. 종자기가 아니라면 거문고 소리에 담긴 뜻을 묻지 마라'. 上堂 一念未生以前 切忌守住者裏 有底道 水向石邊流出冷 風從華裏過來香 有棒不打者漢 乃云 秋月照高堂 草根鳴絡緯 若非鍾子期 休問琴中趣"라고 하였다. 〔참고문헌〕『華嚴經疏鈔』, 『恕中語錄』. ⇨ 백아미우종자기시 伯牙未遇鍾子期時, 백아금운소지음 伯牙琴韻少知音, 백아절현 伯牙絶絃, 지음 知音

종자만다라 種子曼荼羅 제존(諸尊)의 종자(種子)를 존상(尊像) 대신 제존의 각각 자리에 배열한 만다라. 자(字)만다라 또는 법(法)만다라라고도 부른다. 『대일경소』 권6(대정장39, p.641c4)에 "그 자만다라를 짓는 이는 경중의 종자자가 있으니, 마땅히 법 그대로 안치하면 된다. 만약 경중에 종자자가 실려 있지 않으면 때론 제존의 범

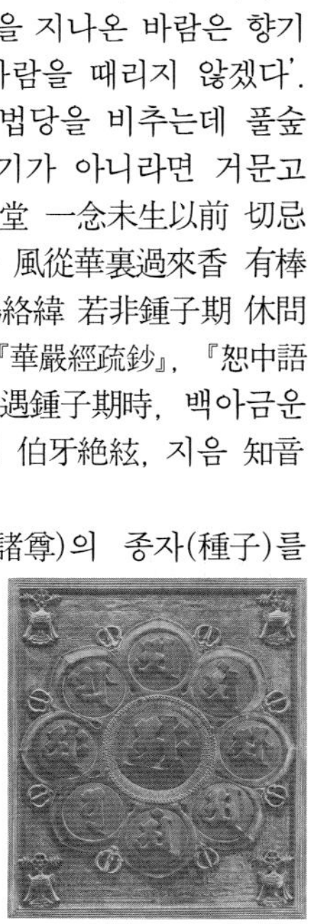

종자팔엽원
일본 교토 제호사 13세기

어이름 중 최초의 글자를 취해서 종자로 삼는다. 其作字漫荼羅者 經中有種子字 當如法置之 如經不載 當取梵

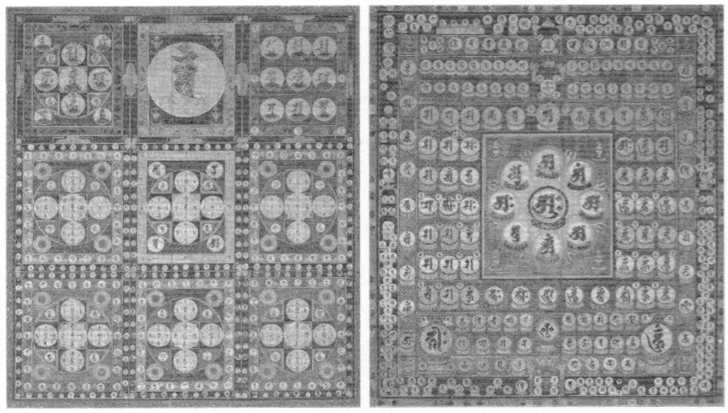

금강계 종자만다라·태장 종자만다라 일본 고야산 원통사 13세기

名中最初字爲種子字", 『반야이취석』 권상(대정장19, p.610a12)에 "종자의 자를 각각의 본래 자리에 써 모신 것이 법만다라다. 種子字各書本位 卽名法曼荼羅"라고 하였다. 〔참고문헌〕『大日經疏』, 『般若理趣釋』. ⇨ 종자 種子[2], 만다라 曼荼羅, 금강계만다라 金剛界曼荼羅, 태장만다라 胎藏曼荼羅, 법만다라 法曼荼羅, 자만다라 字曼荼羅, 자문 字門, 실담자문 悉曇字門

종자부정 種子不淨 오종부정(五種不淨) 또는 칠종부정(七種不淨) 중 하나. 몸의 종자 즉 부모의 정혈(精血)을 청정하지 않다고 관하는 부정관. 『대지도론』 권19(대정장25, p.198c21)에 "행자는 정계에 의지하여 머물고 일심으로 행하고 정진하며 몸의 다섯 가지 부정상을 관한다. 무엇이 그 다섯 가지인가? … 둘째는 종자부정이다. … 종자부정이란, 부모의 망상과 삿된 기억의 세찬 바람이 음욕의 불길에 불었기에 정혈과 골수로 흐르고 신열이 변하여 정이 되었다고 관한다. 숙업행의 인연으로 식종자가 붉고 흰 정중에 머무르게 되었으니 이를 몸의 종자라 한다. 다음처럼 되뇌어야 할 것이다. '이 몸의 종자는 부정한 것이니 여타의 아름다운 보물이 아니다. 깨끗하고 고결한 것에서 생겨난 것이 아니라 다만 요도로부터 나온 것이다'. 이를 두고 종자의 부정함이라 한다. 行者依淨戒住 一心行精進 觀身五種不淨相 何等五 … 二者 種子不淨 … 種子不淨者 父母以妄想邪憶念風吹婬欲火故 血髓膏流 熱變爲精 宿業行因緣 識種子在赤白精中住 是名身種子 如說 是身種不淨 非餘妙寶物 不由淨白生 但從尿道出 是名種子不淨", 『정토십의론』(대정장47, p.80c12)에 "행자는 일하거나 눕거나 자거나 깨어 있거나 항시 이 몸은 괴로운 것일 뿐 즐거움이란 없는 것이라며 깊이 싫어 떠나려 한다. 설령 음욕을 단번에 끊을 순 없다고 해도, 점점 싫어하여 일곱 가지 부정관을 짓는다. 첫째는 이 음욕의 몸뚱이는 탐애라는 번뇌에서 비롯했다고 관하는 것이니 이를 종자부정이라 한다. 行者若行 若坐 若睡 若覺 常觀此身 唯苦無樂 深生厭離

縱使妻房 不能頓斷 漸漸生厭 作七種不淨觀 一者 觀此婬欲身 從貪愛煩惱生 卽是種子不淨"라고 하였다. [참고문헌]『大智度論』,『淨土十疑論』. ⇨ 오종부정 五種不淨❶, 칠종부정 七種不淨, 부정관 不淨觀

종자삼세 種子三世 삼종삼세(三種三世) 중 하나. 종자증당삼세(種子曾當三世)라고도 한다. 『성유식론별초』 권1(卍속장77, p.883a3)에 "종자삼세란, 종자상에 임시로 세운 삼세다. 지금 짓는 것과 아직 짓지 않은 것과 지나간 것이 찰나의 현세에 있기에 삼세를 갖춘다. 種子三世者 於種子上 假立三世 現作未作過去 刹那現世在故 具三世也"라고 하였다. [참고문헌]『成唯識論別抄』. ⇨ 삼종삼세 三種三世, 종자증당삼세 種子曾當三世

종자상속 種子相續 Ⓢ bīja-saṃtāna, Ⓣ sa-bon-gyi-rgyud. 종자(Ⓢ bīja)가 이어져 끊이지 않는 뜻. 『순정리론』 권51(대정장29, p.629c26)에 "우선 종자의 이끎이니 스스로의 과를 낳아 마친 다음에 다시 인이 되어 뒤의 싹 등 중에 종자가 상속하니, 전업에 이끌린 공능은 스스로 초래한 이숙과를 낳은 다음에 다시 인이 되어 뒤에 업을 상속한다. 如先種子所引 生自果已復爲因生後芽等中種子相續 則應先業所引功能 生自所招異熟果已 復爲因起後業相續", 『유가사지론』 권52(대정장30, p.585c3)에 "이미 과가 주어지고 종자가 상속하면 과거계라고 하며, 아직 과가 주어지진 않았지만 장차 종자가 상속될 것을 미래계라 하고, 아직 과가 부여되지 않았고 현재종자가 상속되고 있으면 현재계다. 이 중에서 이와 같은 비밀스런 뜻을 알아야 한다. 만약 비구들이 이와 같은 종자상속 중에서 묘한 뜻을 얻으면, 저 일체법 중에서 한량없는 갖가지 자성의 모든 세계의 지혜를 증득한 것이라고 한다. 若已與果 種子相續 名過去界 若未與果 當來種子相續 名未來界 若未與果 現在種子相續名現在界 當知此中如是密意 若苾芻等 於如是種子相續中而得善巧 名於彼彼一切法中 證得無量 種種自性 諸界善巧"라고 하였다. [참고문헌]『順正理論』,『瑜伽師地論』, *Yogā-bh.61.* ⇨ 종자 種子❶, 상속 相續

종자생현행현행훈종자 種子生現行現行熏種子 종자가 현행을 낳고 그 현행이 종자를 훈습한다는 말. 원측(圓測)의 『인왕경소』 권중(대정장33, p.402b15 · 한불전1, p.83b7)에 "현행이 종자를 훈하는 일과 종자가 현행을 낳는 등의 일은 때를 같이하는 인과다. 現行熏種子種子生現行等 卽是俱時因果", 『유식이십론술기』 권상(대정장43, p.990b4)에 "종자로부터 현행이 일어날 때 그 현행식은 색 등으로 변한 듯이 경의 모습으로 움직이지만, 이는 외계에 실유하는 색 등의 십처는 아니다. 從自種子生現行時 其現行識 變似色等 境相而轉 非外實有色等十處", 『성유식론소초』 권4(卍속장80, p.334b3)에 "종자가 현행을 낳는 것과 현행이 종자를 낳는 것은 모두 인능변이다. 種子生現行 現行生種子 皆名因能變"『성유식론술기집성편』 권14(대정장67, p.297b27)에 "이것은 호법의 뜻으로서 또한 신훈종자와 본유종자가 함께 현행을 낳는다는 것이다. 또한 전후로 서로 바라서 신본이라 한다. 만약 종자가 현행에서 비롯한 훈습에서 생기했다면 신훈종자라 하고, 현행이 종자에서 비롯해 생기했다면 그 종자를 본유종자라 한다. 무시이래로 종자가 현행을 생기하고 현행이 종자를 훈하는 것이니 종자와 현행이 합하여 신훈과 본유의 뜻을 성취한다. 此護法意 亦合新本 共生現行 亦是前後相望 名新本也 若種子從現行熏起 卽名新種也 若現行從種子所生 卽種子名本有也 但是無始時來 種子生現行現行熏種子 卽種子現行合成新本義"라고 하였다. [참고문헌]『仁王經疏』,『唯識二十論述記』,『成唯識論疏抄』,『成唯識論述記集成編』. ⇨ 종자 種子❶, 현행 現行

종자식 種子識 Ⓢ bīja-bhūtaṃ vijñānam, Ⓣ sa-bon-du-gyur-pa'i-rnam-par-shes-pa. 아뢰야식(阿賴耶識)의 다른 이름. 아뢰야식의 삼상(三相) 중 인상(因相)에 해당한다. 일체종자식(一切種子識 Ⓢ sarva-bījakam vijñānam)이라고도 한다. 『성유식론』 권3(대정장31, p.13c7)에 "제8식은 모든 유정이 다 성취하고 있지만, 뜻의 다름으로 갖가지 이름을 세운다. 때론 마음이라고도 하는데, 갖가지 법으로 훈습한 종자가 적집되는 곳이기 때문이다. … 또는 종자식이라고도 하는데, 세간과 출세간의 여러 종자를 능히 두루 임지하고 있기 때문이다. … 종자식은 무시이래로 전전상속해 직접 온갖 법을 내기에 인이 된다. 第八識 雖諸有情 皆悉成就 而隨義別 立種種名 謂或名心 由種種法 熏習種子 所積集故 … 或名種子識 能遍任持世出世間諸種子 … 卽種子識無始時來 展轉相續 親生諸法 故名爲因", 『성유식론술기』 권2(대정장43, p.302a11)에 "이 제8식에 집지되어 있는 모든 법은 온갖 법의 인이기에 여기서는 또한 이것이 식의 인상이어서 곧 종자식이다. 此第八識 所執諸法 諸法之因 今說亦是 此識因相 卽種子識", 같은 책 권4(대정장43, p.350c2)에 "오직 제8식만이 온갖 법을 섭장하니 바로 종자식이다. 唯第八識 攝藏諸法 是種子識", 같은 책 권7(대정장43, p.495b17)에 "종자는 식으로 바탕을 삼기에 식이라는 이름을 세운다. 종자가 본식을 떠나서는 별도의 성이 없기 때문이다. 종자는 본식의 자체분에 의지하기에 또한 종자식이라 한다. 種子 以識爲體故立識名 以種離本識 無別性故 種子依本識自體分 亦卽名種子識"라고 하였다. [참고문헌]『成唯識論』,『成唯識論述記』, *Yogā-bh.206 · 222.* ⇨ 종자 種子❶, 아뢰야식 阿賴耶識, 일체종자식 一切種子識, 선악종자식 善惡種

子識, 수생식 受生識, 인상 因相 ❶

종자신훈설 種子新熏說 종자가 아뢰야식(阿賴耶識)에 본래 있는 것이 아니라 새롭게 훈습되는 것이라는 주장. 난다(難陀 Ⓢ Nanda)논사의 주장이며, 신훈설(新熏說)이라고도 한다. 호월(護月 Ⓢ Candragupta)논사가 주장한 본유설(本有說)과 대립한다. 『입능가심현의』(대정장39, p.431b24)에 "본식과 종자의 문에 두 뜻이 있다. 첫째 종자의 신훈과 본유를 가리고, 둘째 종자와 식의 동이를 가린다. 첫째 어떤 사람은 말하길, '종자는 모두 새롭게 익힌 것이다. 생겨난 것이어야 비로소 생겨나게 할 수 있기 때문이다'. 本識種子門者 有二義 一 辨種子新熏本有 二 辨種子與識同異 初者 有說 種子皆是新熏要是所生方能生故"라고 하였다. 〔참고문헌〕『入楞伽心玄義』. ⇨ 종자 種子 ❶, 종자생현행현행훈종자 種子生現行現行熏種子, 신훈설 新熏說, 신훈종자 新熏種子, 신구합생설 新舊合生說, 본유가 本有家

종자연 種子緣 ❶ Ⓢ bīja-pratyaya, Ⓣ sa-bon-gyi-rkyen. 제8아뢰야식에 함장된 종자라는 친인연(親因緣). 『유가사지론』 권8(대정장30, p.316c22 : *Yogā-bh.*, p.179)에 "또 유전하게 하는 어떠한 연도 있을 수 없음을 드러내기 위해 '이 세상도 저 세상도 있지 않다'고들 말하는 것이다. 또 그 의탁할 곳 없고 그 종자연도 없다는 점을 보이기 위해 '어머니도 아버지도 없다'고들 말하는 것이다. 유전의 사부가 없다는 점을 보이기 위해 '화생의 유정은 없다'고들 말하는 것이다. 又顯非撥流轉依處緣故 說如是言 無有此世 無有他世 又顯非撥彼所託緣故 及非撥彼種子緣故 說如是言 無母無父 又顯非撥流轉士夫故 說如是言 無有化生有情 pravṛttyadhiṣṭhāna pratyayāpavādānnāstyayaṃ loko nāsti paraloka ityāha. tatphalapratyayāpavādāttadbījapratyayāpavādācca nāsti mātā nāsti pitetyāha. pravṛttipuruṣāpavādānnāsti sattva upapāduka ityāha"라고 하였다. 〔참고문헌〕『瑜伽師地論』, *Yogā-bh.* ⇨ 구연생식 九緣生識, 종자 種子 ❶ ❷ 아버지 정혈(精血)의 인연. 어머니는 소탁연이다. 『유가론기』 권2(대정장42, p.358b7 · 한불전13, p.155b4)에 "어머니는 소탁연이고, 아버지는 종자연이다. 母是所託緣 父是種子緣", 『팔식규구보주』 권상(대정장45, p.469c1)에 "종자연이란, 몸소 종자가 생함을 말한다. 구연중 종자연이 사연중의 친인연이다. 種子緣者 謂親生種子也 九緣中種子緣 卽四緣中親因緣"라고 하였다. 〔참고문헌〕『瑜伽論記』, 『八識規矩補註』. ⇨ 소탁연 所託緣

종자연생 從自然生 세상 만물이 자연으로부터 생겨났다는 주장. 『중론』에 제시된 외도의 주장 중 하나다. 『중관론소』 권1(대정장42, p.15b3)에 "자연으로부터 생겨난다는 것은 외도들이 제법을 추구하는 것이다. 인의 뜻을 성취할 수 없기에 만법이 자연적으로 생겨났다고 말한다. 다만 자연을 해석하는 것은 두 집단이 있다. 예를 들어 장주가 논하여 밝힌 것 같은 것이니, 있게 된 것 있어서 이미 난 것이라면 굳이 생겨날 필요가 없고 없어서 아직 나지 못한 것이라면 다시 어찌 능히 나겠는가. 지금 생겨나는 것은 스스로 그러할 뿐이다. 대개 이렇게 말하는 것은 그렇게 된 까닭을 알지 못하여 자연이라고 말할 뿐이다. 이것은 자연의 유인과 자연의 무인을 밝히는 것이다. 두 번째, 외도는 제법은 인 없이도 생겨나기에 자연이라고 이름한다. 從自然生者外道推求諸法因義不成故謂萬法自然而生 但解自然有二家 若如莊周所論明有之已生則不須生 無之未生復何能生 今言生者自然爾耳 蓋是不知其所以然謂之自然 此明自然有因自然無因二者 外道謂諸法無因而生名爲自然"라고 하였다. 〔참고문헌〕『中觀論疏』, 『中論』 권1(대정장30, p.1b21), 『注大乘入楞伽經』 권7(대정장39, p.482c28).

종자육의 種子六義 아뢰야식(阿賴耶識) 종자의 여섯 가지 뜻. 『성유식론』 권2(대정장31, p.9b7)에 "종자의 뜻은 간략히 여섯 가지가 있다. 첫째는 찰나멸로서, 체에서 겨우 나자마자 틈새없이 반드시 사라지지만 승공력이 있어 비로소 종자로 성립한다. 이것은 영원한 것 즉 상법을 막는 뜻이다. 상주하여 전변이 없는 법은 능히 용을 일으킬 수 없기 때문이다. 種子義略有六種 一 刹那滅 謂體纔生無間必滅 有勝功力方成種子 此遮常法常無轉變不可說有能生用故", "둘째는 과구유로서 일어난 현행과법과 함께 현행해 화합해서 비로소 종자가 될 수 있다. 이것은 전후라는 것과 서로 떨어져 정해진 것이라는 주장을 막는다. 현행과 종자는 류를 달리할 뿐 서로 어긋나지 않는다. 하나의 몸에 함께 할 때 능히 쓰임을 일으킨다. 종자가 자류상생해서 전과 후 서로 어긋나 함께하지 못하는 경우와는 다르다. 비록 인과 과가 함께하기도 하고 함께 하지 못하기도 해서 현재의 때에는 인의 용이 있을 수 있지만 이미 난 것이나 이미 사라진 것은 자체가 아예 없기에 현재의 과를 내는 것에 의지해 종자라는 이름을 세운 것이지 자류를 이끌어 내는 것으로 종이란 이름을 세운 것은 아니다. 그래서 다만 마땅히 과와 더불어 함께한다라고 설한다. 二 果俱有 謂與所生現行果法俱現和合方成種子 此遮前後及定相離 現種異類互不相違 一身俱時有能生用 非如種子自類相生前後相違必不俱有 雖因與果有俱不俱 而現在時可有因用 未生已滅無自體故 依生現果立種子名 不依引生自類名種 故但應說與果俱有", "셋째는 항수전이다. 오랫동안 한 류로 상속해서 구경위에 이르러야 종자라 할 수 있다. 이는 종자는 전식이 아님을 보인 것이다. 구르고 바뀌어 틈이 있고 끊어지는 것은 종자법과는 다른 것이다. 이것은 종자가 자류로서 서로 나는 뜻이다. 三 恒隨轉 謂要長時一類相續至究竟位方成種子 此遮轉識 轉易間斷與種子法不相應故 此顯種子自類相生", "넷째는 성결정으로서, 인의 힘에 따라 선과 악 등을 발생시키는 공능이 결정적이어야 비로소 종자로 성립한다. 이는 다른 부파에서 다른 성의 인이 다른 성의 과여야 인연의 뜻이라는 주장을 막는다. 四 性決定 謂隨因力生善惡等功能決定方成種子 此遮餘部執異性因生異性果有因緣義", "다섯째는 대중연으로서 반드시 자신의 뭇 연이 화합하는 데 의지해 공능이 수승해져야 비로소 종자로 성립한다. 이는 외도가 자연인은 뭇연을 기다리지 않고 항시 일거에 과를 일으킨다는 주장을 막는다. 또는 연은 항시 없는 것이라고 하는 다른 부파의 주장도 막으면서, 의지하는 연은 항시 없지 않다는 주장도 막는다. 따라서 종자는 과를 언제나 문득 일으키는 것이 아니다. 五 待衆緣 謂此要待自衆緣合功能殊勝方成種子 此遮外道執自然因不待衆緣恒頓生果 或遮餘部緣恒非無 顯所待緣非恒有性 故種於果非恒頓生", "여섯째는 인자과로서, 각기 다른 색과 심법의 과를 각기 다르게 이끌어 나게 해야 비로소 종자로 성립한다. 이는 외도가 오직 유일한 인에서 일체과가 발생한다는 주장을 막는다. 또는 다른 부파에서 색과 심 등이 서로 번갈아가며 인연이 된다는 주장도 막는다. 오직 본식 안의 공능의 다양함만이 이 여섯 가지 의미를 충족해 종자로 성립하지 그 밖의 것은 그렇지 않다. 六 引自果 謂於別別色心等果 各各引生 方成種子 此遮外道執唯一因生一切果 或遮餘部執色心等互爲因緣 唯本識中功能差別具斯六義成種非餘"라고 하였다. [참고문헌] 『成唯識論』. ⇨ 찰나멸 刹那滅, 과구유 果俱有, 항수전 恒隨轉, 인자과 引自果, 종자 種子[1], 인문육의 因門六義

종자의 種子依 Ⓢ bīja-āśraya, Ⓣ sa-bon-gyi-gnas. 삼종소의(三種所依 : 三所依)의 중 하나로 종자. 제8아뢰야식(阿賴耶識)에 종자라는 의지처(所依)가 있다는 뜻이다. 종자소의(種子所依)로도 쓰며, 근본의(根本依)・인연의(因緣依)라고도 한다. 『유가사지론』 권1(대정장30, p.279a26 : *Yogā-bh.*, p.4)에 "저 의지함이란, 구유의란 안근이고, 등무간의란 의를 말하며, 종자의란 일체종자를 집수하는 소의로서 이숙으로 거두는 아뢰야식이다. 彼所依者 俱有依謂眼 等無間依謂意 種子依謂卽此一切種子 執受所依 異熟所攝阿賴耶識 cakṣurvijñānasyāśrayaḥ katamaḥ. cakṣuḥ sahabhūrāśrayaḥ. manaḥ samanantara āśrayaḥ. sarvabījakamāśrayo pādātṛvipākasaṃgṛhītamālayavijñānaṃ bījāśrayaḥ", 『성유식론』 권4(대정장31, p.19b28)에 "종자의에 대해서는 이렇게 말하기도 한다. 반드시 종자가 소멸하고 나서야 현행의 과가 비로소 생한다. … 씨앗과 싹 등은 함께 있을 수 없기 때문이다. 또 다음과 같은 주장도 있다. 저들이 말한 바는 증명할 수 없다. 이끌려난 뒤에 씨앗을 말한 것이기 때문이고, 씨앗에서 싹 등이 나는 일은 승의가 아니기 대문이고, 씨앗이 사라지고 싹 등이 난다는 말도 타당하지 않기 때문이니, 불꽃과 심지는 동시에 서로 인이 되기 때문이다. … 종자와 현행 서로 나서 결정코 함께 한다. … 따라서 종자의는 결정해 전후가 아니다. … 이와 같이 여덟 식과 모든 심소에는 반드시 각기 다른 종자소의가 있다 種子依有作是說 要種滅已 現果方生 … 種與芽等 不俱有故 有義彼說爲證不成 彼依引生 後種說故 種生芽等 非勝義故 種滅芽生 非極成故 焰炷同時 互爲因故 … 種現相生 決定俱有 … 故種子依 定非前後 … 如是八識 及諸心所 定各別有種子所依", 『종경록』 권36(대정장48, p.624b10)에 "능히 볼 수 있는 마음 등에는 스스로의 종자가 있어 인연의를 삼는다. 현행이 종자에 의지하기에 또한 종자의라 이름한다. 能觀心等 有自種子 爲因緣依 現依種故 亦名種子依"라고 하였다. [참고문헌] 『瑜伽師地論』, 『成唯識論』, 『宗鏡錄』, *Yogā-bh.* ⇨ 삼소의 三所依[1], 근본의 根本依[1], 인연의 因緣依, 종자 種子[1]

종자자 種子字 ➡ 실담 悉曇, 자륜 字輪, 자문 字門, 자만다라 字曼茶羅

종자증당삼세 種子曾當三世 종자에 의지해 과거와 미래 등 삼세가 있다는 뜻. 『성유식론술기』 권3(대정장43, p.339c9)에 "종자의 증과 당의 뜻에 의지해 과거세와 미래세가 있다고 설한다. 마땅히 있게 된다는 것의 이름이 미래이고, 일찍이 있었던 것의 이름이 과거이며, 지금 있는 것의 이름이 현재다. 현재법 상의 뜻으로 삼세를 설한 것이기 때문이다. 依種子曾當義 說有去來世 當有名未來 曾有名過去 現有名現在 於現法上義說三故"라고 하였다. [참고문헌] 『成唯識論述記』. ⇨ 삼종삼세 三種三世, 삼세 三世

종잠 宗岑 1512~1599. 일본 전국(戰國)시대 임제종 스님. 법호는 대충(大虫・大蟲). 강남수영(江南殊榮)의 법을 잇고, 하총(下總)의 대룡사(大龍寺) 주지가 되었다. 이후 상륙(常陸)의 소월원(巢月院)과 회진(會津)의 홍덕사(興德寺)・근본사(根本寺) 등에서 주지를 지냈다. 관동(關東)지방의 오산파(五山派) 사찰 대부분을 묘심사파(妙心寺派)로 귀속시켰다. 경장(慶長) 4년(1599) 5월 4일, 세수 88세로 입적하였다.

종장 宗匠 종문의 솜씨 좋은 선지식. 『동산어록』(대정장47, p.520b11)에 "이로부터 동산의 현풍이 천하에 퍼지게 되었다. 그래서 제방의 종장들은 다함께 추존하여 조동종이라고 불렀다. 由是 洞上玄風 播於天下 故諸方宗匠 咸共推尊之 曰洞曹宗", 『여정어록』(대정장48, p.137a1)에 "영평고조(永平高祖 : 道元)가 송에 갔을 때 각진(覺璡)스님이 '인천을 이끄는 스승이자 일대의 종장이 있다면, 장옹인 여정 공이 바로 그런 사람이다'라고 말했다 한다. 永平高祖 入宋之日 僧覺璡者語曰 人天導師 一代宗匠者 長翁淨公 其人也", 『선종결의집』「선림정려문 禪林靜慮門」(대정장48, p. 1012a22)에 "상근으로 중생을 이롭게 하는 그릇이란 한 자리 떠나지 않고도 일승을 다하고, 주야로 성성하여 단정히 화두 가져 바로 본다. 뒤에 오는 누구나가 크게 밝아 큰 법기 되고 인을 거두고 과를 맺게 하니 총림중을 향하여 대종장으로 거듭난다. 上根利器者 不離單位坐究一乘 晝夜惺惺端持正觀 後來各人有大發明成大法器收因結果 向叢林中爲大宗匠", 『조정사원』 권5(卍속장113, p.132b10)에 "무릇 천하의 종장이란 우리의 가는 길 크게 밝히고자 하여 백가의 길 거슬러 익히지 않음 없어야 한다. 진실로 그렇게 못한 이가 법좌에 오르고 조실에 드니 사방에서 구름처럼 늘어서 조정의 뜰에 들고 문 두드린다. 빼어난 기틀로만 나아간즉 장차 무엇 가져 문득 주저앉히리. 자세히 가릴 수 없어 이미 옥석이 섞이고 시비가 문란하니 능히 밀어내지 못한다. 무릇 옳은 듯 바로 그르다면 저 아니라 하는 이들 설복할 수 없으리니, 누른다 한들 장차 나의 도마저 땅에 떨어지리라. 夫爲天下之宗匠者 事欲光大吾道 厥有百家蹊徑 無所不學 苟不然者 凡升堂入室 而四方學者 雲萃戶庭 機鋒並進 則將何以頓挫 旣亡精辨 玉石胡分 紊亂是非 不能排擯 夫是則非 爲異人不服 抑亦將吾道之墜地也"라고 하였다. 〔참고문헌〕『洞山語錄』, 『如淨語錄』, 『禪宗決疑集』, 『祖庭事苑』. ⇨ 종사 宗師, 종사가 宗師家, 사가 師家

종전 從展 ?~928. 당말오대 스님. 속성은 진(陳) 씨. 복주(福州 : 福建省) 출신. 15세에 설봉의존(雪峰義存)에게 사사하고 18세에 장주(漳州 : 福建省) 대중사(大中寺)에서 구족계를 받은 후 설봉의 법을 이었으며 918년(정명4)에 장주자사 왕공(王公)의 귀의를 받고 보복원(保福院)의 개조가 되었다. 이로부터 10년 간 학인들이 운집하여 700명 이상이 머물렀다고 한다. 후당(後唐)대 928년(천성3) 3월 21일에 입적하였다. 〔참고문헌〕『景德傳燈錄』 권22(대정장51, p.382a19), 『五燈會元』 권7(卍속장138, p.252b13).

종전단반 種田摶飯 밭에 씨 뿌리고 밥 뭉친다네. 특별할 것 없는 일상사를 말하지만 그 중에서 깨우치는 뜻이다. 『연등회요』 권26 「나한계침장 羅漢桂琛章」(卍속장136, p.862a1)에 "나한이 밭을 갈던 참에 학인을 보고 물었다. '어디서 왔는가?' '남방에서 왔습니다' '남방의 요즘 불법은 어떠한가?' '들어 헤아림에 떠들썩합니다' '어찌 내가 이곳에서 밭에 씨 뿌리고 주먹밥 먹는 것만 하겠는가?' '삼계를 어찌 하겠습니까?' '그대는 무엇을 불러 삼계라고 하는가?' 이 학인이 깨달은 바가 있었다. 師揷田次 見僧乃問 甚處來 云 南方 師云 南方近日 佛法如何 云 商量浩浩地 師云 爭如我這裏種田摶飯喫 云 爭柰三界何 師云 儞喚甚麽作三界 僧有省", 『가태보등록』 권8 「도량유규장 道場有規章」(卍속장137, p.142a16)에 "도량이 법좌에 올라 말했다. '밭 갈고 주먹밥을 만드는 것 지장의 가풍이고, 손님 오면 차 마시니 조주의 예법이다. 말해 보라! 성인 받드는 문하에는 특별히 무슨 오래 갈 것 있는가?' 잠시 침묵한 뒤 말했다. '평소엔 나오지 않던 산속 샘물 솟아나고, 집 안 깊숙이 맑은 연못 얼음인듯 사람 비추네'. 上堂曰 種田摶飯 地藏家風 客來喫茶 趙州禮度 且道 護聖門下 別有甚麽長處 良久曰 尋常不放山泉出 屋底淸池冷照人"라고 하였다. 〔참고문헌〕『聯燈會要』, 『嘉泰普燈錄』.

종전도과 從展度瓜 보복종전(保福從展)이 태원부(大原孚)상좌에게 오이를 건넨 일을 소재로 한 공안. 『선원몽구』 권상(卍속장148, p.220b2)에 "종전도과〈설봉의 법사이다. 『오등회원』 권7 참조〉 : 보복이 오이를 따고 있던 차에 태원부상좌가 왔다. 이에 보복이 말했다. '제대로 일러보라. 너에게 오이를 먹게 해 주마' '오이만 가져오시지요'. 보복이 오이 하나를 건넸고 부상좌가 받고서 바로 자리를 떴다. 從展度瓜〈雪峯法嗣 會元七〉 保福簽瓜次 大原孚至 師云 道得 與汝瓜喫 孚曰 獨將來 師度與一片 孚接得便出", 『연등회요』 권24(卍속장136, p.845a3)에 "설두가 말했다. '비록 죽은 뱀이라도 가지고 놀 줄만 안다면 되살아난다. 말해 보라! 누가 고수일까? 시험삼아 가려내 보기를 바란다'. 雪竇云 雖是死蛇 解弄也活 且道 誰是好手者 試請辨看"라고 하였다. 〔참고문헌〕『禪苑蒙求』, 『聯燈會要』.

종정 宗淨 명대 임제종 스님. 자는 월강(月江), 속성은 예(倪)씨. 금화(金華 : 浙江省) 난계(蘭溪) 출신. 어려서 고향의 정각원(正覺院) 문역(文譯)에게 출가하고 구족계를 받았다. 『능엄경』을 읽다가 손가락으로 달을 가리킨다는 구절에서 문득 깨달은 바가 있어서 쌍림(雙林)의 정암은(正菴闇)을 찾아갔다. 정암은 황벽이 임제를 때렸던 일을 물었고, 죽은 소에게 풀 먹이는 일이라고 답했다. 이에 정암이 비범하다고 여겨 유나(維那)를 맡게 하였다. 후에 교화를 위해 세상에 나와 여러 곳을 주석하다 항주(杭州) 경산(徑山)에 주석하였다. 입적 후 다비를 했는데 혀가 그대로 남아 있었다고 하며 원조암(圓照菴)에 탑을 세웠다. 〔참고문헌〕『繼燈錄』 권5 「月江宗淨章」(卍속장147, p.779a6).

종조 宗祖 종문(宗門)에서 으뜸으로 여겨 섬기는 선지식. 『기신론소필삭기』 권2(대정장44, p.305a24)에 "진실로 능히 묘한 법문 드러내어 위대한 가르침을 빛나게 해서 수고로운 중생 이롭게 하고 큰 가르침 끊이지 않게 하였으니, 이러하다면 부처님 마음 따라 합하였으므로 높여서 종조라 부른다. 苟能顯發妙門光昭大敎 勞生獲益 不絶大猷 斯則順合佛心 雅稱宗祖", 『금강반야경찬술』 「각금강반야경찬술서 刻金剛般若經贊述序」(대정장33, p.124c6)에 "천태종조 지자대사 『소』 1권, 화엄종조 지상대사 『소』 2권, 삼론종조 길장법사 『소』 4권, 지금 이 책은 바로 법상종조 규기법사가 지은 것이다. 天台宗祖智者大師 有疏一卷 華嚴宗祖至相大師 有疏二卷 三論宗祖吉藏法師 有疏四卷 今此書 卽法相宗祖基法師之所撰", 『삼국유사』 권5(대정장49, p.1011b20 · 한불전6, p.356c15) 신주(神呪)6 명랑신인(明朗神印)에 "문무왕이 듣고 두려워하며 법사에게 비법을 열어 물리치기를 청하였다〈일이 문무왕의 전기에 실려 있음〉. 이로 인하여 신인종조가 되었다. 文武王聞之懼 請師開祕法禳之〈事在文武王傳中〉 因玆爲神印宗祖", 『조론소』 권1 「종본의 宗本義」(대정장45, p.165a7)에 "종이란 으뜸으로 앞선 이이고 본이란 근본의 이름이다. 조법사 본래 실상 등이 없음으로 모든 경론의 으뜸으로 앞선 것이고 근본이라한 것을 말한다. 지금 이 뜻을 밝히니, 그러므로 종이 되고 근본이 되는 뜻이다. 또한 가히 이 적은 글로써 아래 네 가지 논의 종본으로 삼을 것이니 그러므로 종본의 뜻이다. 宗者宗祖 本名根本 肇法師以本無實相等 是諸經論之宗本 今明此義 故云宗本義也 亦可以此少文 爲下四論之宗本 故云宗本義也", 『조정사원』 권2(卍113, p.57b10)에 "구담미 여기에선 지승이라 한다. 말하자면 하늘 밖을 제하면 지상에 있는 류중 가장 뛰어나기에 여래세존의 종조라 할 만한 것이다. 『지도론』에 이르길 일체성인 이미 정위에 드셔서는 일심으로 행하고 즐거워 하며 깊이 열반에 잠기셨다. 瞿曇彌 此云地勝 謂除天外 在地人類中冣勝 如來世尊之宗祖也 智度論云 一切聖人已入正位 一心行樂 深樂涅槃", 『담연원징선사어록』 권8(卍126, p.342a2)에 "소위 공이란 둘로 있지만 마주해 상대할 수 없는 공이 있다 여기니, 이는 유교에서 보인 뜻이다. 있지만 없어 온통 다 근거마저 버린 무가 없다 하니 이것이 석전에 실린 뜻이다. 함께 온통 빈 것이라 하니 텅 비어 너른 사계 두렷하지만 그 무 열갈로 비었고, 팔극으로 꽉 차지만 묘하게 두 가지 모양새로 거둔다. 사와 리의 참된 샘이 되어 현성의 종조를 짓기도 한다. 우리 부처님께서는 이미 증하셨지만 중생은 알 수 없어 하니 제경에 싣게 하고 조사가 전하게 하였다. 참으로 스스로의 마음으로 그윽이 깨우쳐 볼 경이고 부처님 가르침이라 실어 나르는 것이다. 所謂空者有二焉 有有無對待之空者 儒敎所設也 有有無俱泯之空者 釋典所載也 俱泯空者 廓週沙界 圓裹十虛 彌綸八極 妙括二儀 爲事理之眞源 作聖賢之宗祖 我佛證之 衆生迷之 諸經載之 諸祖傳之 予所謂自心妙悟之境 釋敎之所載也", 『속등정통』 권1(卍속장144, p.509b3)에 "전추밀이 청하여 법좌에 올랐다. 스님이 물었다. 만 가지 움직임 쉬어 놓아 버렸으니 천성이 이끌지 못할 때는 어떠한가? 스님께서 말씀하시길 관광하기엔 부족하겠지. 도리어 기특한 일 벌어지지 않겠습니까! 답했다. '크고 우뚝한 봉우리에 외로이 앉는다' '그렇게 하면 주산은 높고 안산은 낮습니다. 스님께서 다시 말씀하셨다. '일체를 앉은 채로 끊어야 하리' 이어 말씀하셨다. 부처님의 마음과 말씀으로 종을 삼으니 모든 것 바로 하나이고, 문 없어야 법의 문 열리려니 하나가 바로 일체라네. … 삼세제불이 이 문으로 범부를 내고 성인을 기르셔서 널리 온갖 중생 이롭게 하시며, 역대조사 이 문으로 마음과 마음으로 꺼우치셔서 널리 통하게 하고 바로 이으신다. 천하종조도 이 문으로 인천의 안목 들어 보이시고 향상하는 저 한 길마저 끌어 가지시네. 傳樞密請陞座 僧問 萬機休罷 千聖不攜時如何 師云 未足觀光 僧云 還有奇特事也無 師云 獨坐大雄峰 僧云 恁麽則主山高案山低也 師云 一切坐斷 乃云 佛語心爲宗 一切卽一 無門爲法門 一卽一切 … 三世諸佛 以此門生凡育聖 廣利羣品 歷代祖師 以此門以心契心 流通正續 天下宗祖 以此門揭示人天眼目 提持向上一路", 『대각국사외집』 권3 「대송사문희변서 大宋沙門希辯書」(한불전7, p.573a13)에 "널리 자비구름 드리우시고 크게 법요마저 베푸시니, 종조혜등의 불꽃 잇고 어리석은 이들 기나긴 어둠에서 열어 깨우치시네. 네 무리들 돌아갈 곳 있게 되니 만령들이 다 찬탄하네. 廣布慈雲 大宣法要 續宗祖慧燈之焰 開愚懞長夜之昏 四衆有歸 萬靈咸贊"라고 하였다. 〔참고문헌〕『金剛般若經贊述』, 『起信論疏筆削記』, 『三國遺事』, 『肇論疏』, 『祖庭事苑』, 『湛然圓澄禪師語錄』, 『續燈正統』, 『大覺國師外集』.

서천제이십팔세중국초조달마대사 지진 국립중앙박물관 조선후기

대한불교조계종조 도의조사진영

종족 宗族 Ⓢ Ⓟ kula. 혈통을 이은 무리. 『중아함경』 권41 「범마경 梵摩經」(대정장1, p.685b5 : *Brahmāyu-sutta, MN.2,* p.133)에 "저 사문구담이라는 석종족의 자손은 석종족을 버리고 수염과 머리칼을 깎고 가사를 입은 채로, 지극한 믿음으로 가정도 버렸으며 집도 없이 도를 배우며 비타제국을 유행하면서 대비구들과 함께 하신다. 彼沙門瞿曇釋種子 捨釋宗族 剃除鬚髮 著袈裟衣 至信捨家 無家學道 遊鞞陀提國 與大比丘衆俱 samaṇo khalu bho gotamo sakyaputto sakya-kulā pabbajito videhesu cārikaṃ carati mahatā bhikkhu-saṃghena saddhiṃ pañcamattehi bhikkhusatehi", 『법온족론』 권1(대정장26, p.456c17)에 "부모와 형제 등을 제한 그밖에 동성의 친족을 종족이라 한다. 除父兄等 餘同姓親 名爲宗族"라고 하였다. [참고문헌] 『中阿含經』, 『法蘊足論』, *MN.* ⇨ 종족 種族 ❶

종족 種族 ❶ Ⓢ gotra, Ⓣ rigs. 모든(一切) 일어나는 것들의 바탕이 되는 뜻으로 계(界)의 뜻이며, 18계(十八界)는 동류인(同類因)으로 각각 자류의 등류과(等流果)를 낳는다. 『구사론』 권1(대정장29, p.5a4 : *Abh-k-bh.*, p.13)에 "법에 있어 종족의 뜻은 바로 계라는 뜻이다. 가령 하나의 산중에 다양한 동・철・금・은 등의 무리가 있는 것을 다계라고 하듯이, 마찬가지로 하나의 몸 또는 하나로 상속하는 것에 열여덟 류의 제법종족이 있는 것을 십팔계라 한다. 여기서 종족이란 일어나는 바탕의 뜻이다. 法種族義是界義 如一山中 有多銅鐵金銀等族 說名多界 如是一身 或一相續 有十八類 諸法種族 名十八界 此中種族 是生本義 gotrārtho dhātvarthaḥ. yathaikasmin parvate bahūnyayastāmrarūpyasu varṇādigotrāni dhātava ucyante evam ekasminn āśraye santāne vā aṣṭādaśa gotrāṇi aṣṭādaśa dhātava ucyante. ākarāstatra gotrāṇyucyante", 『화엄경소초』 권30(대정장36, p.228b29)에 "'종족이란 계의 뜻이다'에 대해 『구사론』에는 두 가지 해석이 있다. 첫째 족이란 종족을 말한다. 이는 일어나는 것들의 바탕의 뜻으로, 십팔계로 동류인을 삼는다. 왜냐하면 각각 자류의 등류과를 낳기 때문이다. 이것이 법이 생하는 바탕이다. 둘째는 족류의 뜻으로서 열여덟 가지 법이니, 종류의 자성이 각각 달라 같지 않다. 言種族者界義 論有兩釋 一 族者 謂種族也 是生本義 謂十八界爲同類因 各生自類等流果故 是法生本 二 族類義 十八種法 種類自性 各別不同也"라고 하였다. [참고문헌] 『俱舍論』, 『華嚴經疏鈔』, *Abh-k-bh.* ⇨ 계 界, 온처계 蘊處界, 일체 一切
❷ Ⓢ kula-vaṃśa. 동성(同姓)이나 혈족(血族)의 뜻이다. 『대보적경』 권108(대정장11, p.607a12)에 "어째서 석종이 무너질 때 여래께서는 '머리가 아프다'고 했겠는가? 선남자여! 행여 어떤 중생은 '세존은 친족의 이익을 도모할 능력이 없으며, 남을 가엾이 여기거나 또는 자신의 안락을 바라는 마음으로 출가한 것이 아니어서, 출가하고 나서는 종족에 대한 마음도 끊어져 구호하려 하지 않은 것이다'라고 말할지 모른다. … 하지만 '나는 저들이 살생하고 마음으로 기뻐하니 지금 머리가 아프다'라고 하셨다. 以何緣故 釋種破時 如來自言 我頭痛耶 善男子 或有衆生 作如是言 世尊不能 利益親族 亦不矜愍 不欲安隱 而出家已 種族意斷 不欲救護 … 吾以眼見他殺生 心隨喜故 今得頭痛"라고 하였다. [참고문헌] 『大寶積經』, *Saṅ-v.6・32.* ⇨ 종성 種姓 ❶, 종족 宗族

종족원만 種族圓滿 태어나는 집안의 바탕이 원만함. 세 가지 원만(色 族 辯) 중 하나다. 『화엄경』 권26(대정장10, p.782a3)에 "보살의 종족원만이란 무엇인가? 뛰어나고 귀한 찰제리종의 바라문가에서 태어남을 말한다. … 제보살이 종종부류중에 있을 때에 마음이 항상 겸손하여 자신을 낮추니 이것이 종종원만의 인이다. … 보살종족이 참되고 바름으로 말미암아 세상이 섬겨 중히 여기므로, 모든 중생이 보살이 말씀하신 가르침을 잘 따라 부지런히 닦고 익혀서 불선업을 빨리 떠나 선업을 닦으니 이것이 종족원만의 과다. 云何菩薩種族圓滿 所謂生於豪貴刹帝利種婆羅門家 … 若諸菩薩處於種種部類之中 心常謙下 是爲種族圓滿之因 … 由菩薩種族眞正故 世所宗重 令諸衆生隨順菩薩所有言敎 精勤修習 速疾捨離 諸不善業 修諸善業 是爲種族圓滿之果", 『대비바사론』 권143(대정장27, p.735c4)에 "세 가지 일에 원만하기에 부처님이라고 한다. 색과 족과 변재를 말한다. 若三事圓滿說名爲佛 謂色族辯"라고 하였다. [참고문헌] 『華嚴經』, 『大毘婆沙論』. ⇨ 색원만 色圓滿

종종계 種種界 Ⓢ nānā-dhātukatā, nānā-dhātukatva, Ⓟ dhātu-nānatta, nānā-dhātu, Ⓣ khams-sna-tshogs-pa. 갖가지 계. 십팔계(十八界 : 內六界 外六界 六識界)를 말한다. 이 18계가 성상(性相)으로 차별하게 드러난 갖가지 계를 말한다. 『잡아함경』 권16(대정장2, p.116a6)에 "그때 세존께서 비구들에게 말씀하셨다. '종종계를 연하여 종종촉이 생기고, 종종촉을 연하여 종종수가 생기며, 종종수를 연하여 종종애가 생긴다. 무엇이 종종계인가? 십팔계다. 안계・색계・안식계 내지 의계・법계・의식계를 온갖 계라 한다'. 爾時 世尊告諸比丘 緣種種界生種種觸 緣種種觸生種種受 緣種種受生種種愛 云何種種界 謂十八界 眼界 色界 眼識界 乃至意界 法界 意識界 是名種種界", 『집이문족론』 권2(대정장26, p.371b15)에 "두 계라면 유위계와 무위계이고, 또한 … 두 계라 하면 계는 유위계와 무위계이니 이러한 것들을 종종계라 한다. 二界 謂有漏界 無漏界 復次 … 二界 謂有爲界 無爲界 於如是種種界", 『순정리론』 권2

(대정장29, p.339a14)에 “『아함경』에서 … ‘갖가지 계를 연하여, … 갖가지 애가 있다’고 하는데, ‘갖가지 계’란 근(內六界)과 경(外六界)과 식(六識界)이 갖가지 성과 상으로 차별한 것을 말한다. 有阿笈摩 … 緣種種界 … 有種種愛 種種界者 謂根境識 種種性相有差別”, 원측(圓測)의 『해심밀경소』 권4(한불전1, p.244c4)에 “십팔계 펴 구르며 상을 달리해 종종계라 하니 십팔계다. 무량유정의 의지처가 다르기에 하나의 계가 아니라 한다. 謂十八界 展轉異相 名種種界 卽十八界 無量有情 所依差別 名非一界”라고 하였다. [참고문헌] 『雜阿含經』, 『集異門足論』, 『順正理論』, 『解深密經疏』, *Bodh-bh.268.*, *Sūtr.10.*, *SN.2.140.* ⇨ 계 界, 십팔계 十八界, 약간계 若干界, 유위계 有爲界, 무위계 無爲界

종종계지 種種界智 갖가지 계에 대한 지혜. 『유가사지론』 권83(대정장30, p.761c1)에 “저 계의 갖가지 품류를 깨우쳐 아는 것을 종종계지라 하는데, 저 계(界)와 취와 지와 보특가라의 품류차별을 통달해 환히 알기 때문이다. 了知彼界種種品類 名種種界智 通達了知 彼界趣地補特伽羅品類差別故”라고 하였다. [참고문헌] 『瑜伽師地論』. ⇨ 종종계지력 種種界智力

종종계지력 種種界智力 Ⓢ nānā-dhātu-jñāna-bala, Ⓣ khams-sna-tshogs-mkhyen-pa'i-stobs. 갖가지 계에 대해 아는 지혜의 힘. 일체유정의 종자는 물론 의지자성(志性)과 법성 등의 차별을 잘 아는 지혜의 힘을 말한다. 여래십력 중 하나다. 성력(性力)·지성지력(知性智力)·지세간종성력(知世間種性力)이라고도 한다. 『현종론』 권36(대정장29, p.955c3)에 “만약 모든 유정류의 무시이래의 과거로부터 거듭 익혀 성취한 의지와 본성과 수면 그리고 모든 법성의 종종차별을 여실히 안다면 이 이름이 종종계지력이다. 여기서 계란 의지와 본성과 수면 그리고 법성과 더불어 차별하게 된 이름임을 알아야 한다. 若如實知 諸有情類 前際無始 數習所成 志性隨眠 及諸法性 種種差別 無罣礙智 名種種界智力 應知此中界 與志性隨眠法性 名之差別”, 『유가사지론』 권50(대정장30, p.573a27 : *Bodh-bh.*, p.276)에 “만약 바로 저 종자차별을 바로 비추어 취해 무량품류라고 분별한다면, 이는 종종계지력으로 말미암는 것임을 알아야 한다. 또한 저 계인즉 마땅히 알아 분별하면 네 가지다. 첫째는 본성주종자이고, 둘째는 선습기종자이며, 셋째는 반열반의 법이 있는 이가 소유하는 가수치종자이고, 넷째는 반열반의 법이 없는 이가 소유하는 종자인 불가수치종자이다. 만약 계종류마다에 행적과 나아가 듦을 바로 안다면 이는 종종계지력으로 말미암음을 알아야 할 것이다. 若正照取卽彼種子差別 分別無量品類 當知此由種種界智力故 又卽彼界當知分別略有四種 一者本性住種子 二者 先習起種子 三者 可修治種子 謂有般涅槃法者所有種子 四者 不可修治種子 謂無般涅槃法者所有種子 若正了知如界種類行跡趣入 當知此由種種界智力故 yatpunastadeva bījaṃ bibhajyānekaprakāraṃ gṛhṇāti. idaṃ nānādhātujñānabalāt. sa punardhātu pravibhāgaḥ samāsataścatuṣprakāro veditavyaḥ. prakṛtisthaṃ bījaṃ pūrvābhyāsasamutthitaṃ bījaṃ viśodhyaṃ bījam. tadyathā parinirvāṇadharmakāṇām. aviśodhyañca bījam. tadyathā parinirvāṇadharmakāṇām. yattāvadyathā dhātvanurūpaṃ pratipadamavatāraṃ prajānāti. idaṃ nānādhātujñānabalāt”라고 하였다. [참고문헌] 『顯宗論』, 『瑜伽師地論』, *Bodh-bh.* ⇨ 여래십력 如來十力, 성력 性力❶, 지세간종성력 知世間種性力, 종종계 種種界

종종도 種種道 Ⓢ vividhāni yānāni Ⓟ nānā-maggāni. ❶ 열반 즉 불도를 성취하기 위한 갖가지 수행도. 『법화경』 권1(대정장9, p.9b15 : *Saddh-p.*, p.53)에 “적멸이 으뜸인 줄 아시지만, 방편력을 쓰시기에 갖가지 도를 보이시더라도 그 진실은 불승이다. 知第一寂滅 以方便力故 雖示種種道 其實爲佛乘 upāyakauśalya prakāśayanti vividhāni yānāny-upadarśayanti, ekam ca yānaṃ paridīpayanti buddhā imām-uttama-śāntabhūmim”, 『대지도론』 권27(대정장25, p.258b24)에 “중생을 인도하기 위해서 보살은 갖가지 방편을 분별해 설하니, 이른바 세간도와 출세간도 등이다. 爲引導衆生故 菩薩分別說是種種道 所謂世間道 出世間道等”라고 하였다. [참고문헌] 『法華經』, 『大智度論』, *Saddh-p.* ❷ 외도가 주장하는 하늘(梵天)에 나기 위한 여러 가지 길. 『장아함경』 권16 「삼명경 三明經」(대정장1, p.105b12)에 “그러자 바실타(婆悉咤 Ⓕ Vāseṭṭha)가 부처님께 사뢰었다. ‘삼명에 통달한 바라문들은 갖가지 도를 말하는데, 자재욕도·자작도·범천도 이 세 도는 다 범천(ⓈⓅ Brahmā)으로 향하는 것이라고 합니다. 구담이시여! 비유하면 촌락에 난 모든 길이 다 성으로 향하는 것처럼, 바라문들이 비록 갖가지 여러 도를 설하지만 이는 모두 범천으로 향합니다’. 時 婆悉咤白佛言 諸有三明婆羅門 說種種道 自在欲道 自作道 梵天道 此三道者 盡向梵天 瞿曇 譬如村營 所有諸道 皆向於城 諸婆羅門 雖說種種諸道 皆向梵天”라고 하였다. [참고문헌] 『長阿含經』, *DN.1.237.* ⇨ 범천 梵天

종종문 種種聞 온갖 것을 들어 알아서 보호해주는 이. 북방을 수호하는 신으로 다문천(多聞天 Ⓢ Vaiśravaṇa)이라고도 하며, 비사문(毘沙門)이라 음사한다. 『법화문구』 권2(대정장34, p.24a26)에 “북방의 비사문은 종종문이라 한역하며 다문이라고도 한다. 수정으로 된

산에 거주하며 두 귀신을 거느리는데, 나찰과 야차이며 이 두 귀신이 사람을 괴롭히지 못하게 하므로 (세간을 보호한다는 뜻에서) 호세라고 부른다. 北毘沙門 此云種種聞 亦云多聞 居水精山 領二鬼 羅刹 夜叉 各領二鬼 不令惱人 故稱護世", 『번범어』 권7(대정장54, p.1028a24)에 "비사라문왕〈비사문이라고도 한다. 비사문이란 말은 종종문이라고 한다〉. 毘舍羅門王〈亦云毘沙門 譯曰毘沙門者 種種聞也〉"라고 하였다. [참고문헌] 『法華文句』, 『翻梵語』. ⇨ 비사문천 毘沙門天

종종승해지력 種種勝解智力 Ⓢ nānādhimukti-jñāna-bala, Ⓣ mos-pa-sna-tshogs-mkhyen-pa'i-stobs. 온갖 유정(有情)들의 갖가지 희락(喜樂)과 의요(意樂)를 뛰어나게 아는 지혜력. 여래십력(如來十力) 중 하나로 지종종욕지력(知種種欲智力)·지중생종종욕지력(知衆生種種欲智力)이라고도 한다. 『현종론』 권36(대정장29, p.955c1)에 "만약 모든 유정류의 희락차별을 걸림없이 여실하게 아는 지혜라면 종종승해지력이라 한다. 若如實知 諸有情類喜樂差別 無罣礙智 名種種勝解智力", 『유가사지론』 권50(대정장30, p.573a15)에 "만약 저 뜻으로 기꺼워하는 의요의 차별을 바로 분별한다면, 이는 종종승해지력 때문임을 알아야 한다. 저들 의요에 대략 여섯 가지가 있음을 알아야 한다. 若正分別 卽彼意樂種種差別 當知此由種種勝解智力故 卽彼意樂 當知分別略有六種", "첫째는 벗어나지 않으려는 의요(不出離意樂 Ⓢ anairyāṇika āśayaḥ)로서 저마다 대자재천(大自在天 Ⓢ Maheśvara)·나라연천(那羅延天 Ⓢ Nārāyaṇa)·범세간(梵世間 Ⓢ Brahma-loka) 등에 대해 신해하는 이들이 가진 의요다. 一者 不出離意樂 謂於各別大自在天那羅延天梵世間等 起信解者所有意樂", "둘째는 벗어나려는 의요(出離意樂 Ⓢ nairyāṇika āśayaḥ)로서 삼승에 신해를 일으킨 이들이 가진 의요다. 二者 出離意樂 謂於三乘起信解者所有意樂", "셋째는 청정함을 멀리하는 의요(遠淸淨意樂 Ⓢ śuddhi-dūra āśayaḥ)로서 하품이나 중품에 성숙해 안주하려는 이들의 의요다. 三者 遠淸淨意樂 謂安住下品中品成熟者所有意樂", "넷째는 청정을 가까이하려는 의요(近淸淨意樂 Ⓢ viśuddhi-samāsanna āśayaḥ)로서 상품의 성숙에 안주하려는 이들의 의요다. 四者 近淸淨意樂 謂安住上品成熟者所有意樂", "다섯째는 현재에서 열반을 얻으려는 의요(於現法得涅槃意樂 Ⓢ dṛṣṭe dharme nirvāṇa-prāpty-āśayaḥ)로서 성문승으로 증득하는 열반을 신해하는 이들의 의요다. 五者 卽於現法得涅槃意樂 謂由聲聞乘所得涅槃起信解者所有意樂", "여섯째는 미래에 열반을 얻으려는 의요(於當來世得涅槃意樂 Ⓢ āyatyāṃ nirvāṇa-prāpty-āśayaḥ)로서 대승에 의지해 얻은 열반을 믿어 아는 이들의 의요다. 六者 於當來世得涅槃意樂 謂由大乘所得涅槃起信解者所有意樂", "만약 승해로 일어나는 상사한 종자를 바로 비춰 안다면 이는 종종승해지력으로 말미암은 것임을 알아야 한다. 若正照取勝解所起相似種子 當知此由種種勝解智力故"라고 하였다. [참고문헌] 『顯宗論』, 『瑜伽師地論』, *Bodh-bh.276*. ⇨ 여래십력 如來十力, 의요 意樂, 욕력 欲力

종종신 種種身 Ⓢ nānāvidha-kāya. 갖가지 몸. 오취(五趣)로 유전하는 갖가지 유정의 몸. 『집이문족론』 권17(대정장26, p.438a2)에 "'갖가지 몸'이란 저 유정이 갖가지로 드러내는 색신과 갖가지 모습과 갖가지 형들이 있어서 하나의 현색도 하나의 모습도 하나의 형태가 아닌 것을 '갖가지 몸'이라 한 것이다. 種種身者 謂彼有情 有種種顯色身 種種相 種種形 非一顯色 非一相 非一形 故名種種身", 『유가사지론』 권14(대정장30, p.354c8)에 "몸을 달리한 류가 갖가지 몸이다. 身異類故 名種種身", 『대승아비달마집론』 권7(대정장31, p.678a26 : *Abh-s.*, p.50)에 "온갖 생사의 뿌리가 되는 행위 중 널리 염착을 일으켜 유정들로 하여금 갖가지 몸을 받고 오취로 흘러 구르게 한다. 於諸生死 根本行中 廣興染著 令諸有情 感種種身 流轉五趣 jātimaraṇamūleṣu saṃskāreṣu saṃyojayanti saṃjanayanti sattvān nānāvidhakāyeṣu pañcagatisaṃsāreṣu abhinirvarttayanti"라고 하였다. [참고문헌] 『集異門足論』, 『瑜伽師地論』, 『大乘阿毘達磨集論』, *Abh-s.* ⇨ 오취 五趣

종종의해 種種意解 갖가지 법(諸法)이 그대로 승의(勝義)이지 따로 진여(眞如)는 없고 뜻으로 아는 것. 원측(圓測)의 『해심밀경소』 권2(한불전1, p.182b17)에 "모든 외도들이 갖가지로 미루어 구하지만 뜻으로는 능히 가지고는 진실한 승의제를 얻지 못하니 그릇된 세 가지 의해를 반드시 버려야 한다. 그 첫째는 종종의해고, 둘째는 각각 다르다는 의해고, 셋째는 변해서 다르게 된다는 의해다. … 종종의해란, 갖가지 제법이 바로 승의제이지 따로 진여는 없다고 하기에 종종의해라 한다. 謂諸外道種種推求 意不能得眞勝義諦 唯除謬執三種意解 謂一 種種意解 二 別異意解 三 變異意解 … 種種意解者 卽用種種諸法 以爲勝義 無別眞如 故名種種意解"라고 하였다. [참고문헌] 『解深密經疏』. ⇨ 변이의해 變異意解, 별이의해 別異意解, 의해 意解 ❶

종종제고 種種諸苦 갖가지 모든 고(苦). 사고팔고(四苦八苦) 등 고통의 양상이 하나가 아닌 뜻이다. 『법화경』 권2(대정장9, p.13a21 : *Saddh-p.*, p.78)에 "만약 천상에 나거나 인간으로 살아간다 해도 빈궁과 고난을 겪고, 사랑하는 이와 헤어져 괴롭고, 원수와 만나서 고통스러우니, 이와 같은 갖가지 모든 괴로움이 있지만 중생은 그 안에 매몰되어 있으면서 즐거워하고 농탕치느라 깨닫거나 알아차리지 못하며, 놀라거나 두려워하지 않고, 싫어하지 않으며, 벗어나고자 하지 않는다. 若生天上 及在人間 貧窮困苦 愛別離苦 怨憎會苦 如是等種種諸苦 衆生沒在其中 歡喜遊戲 不覺不知 不驚不怖 亦不生厭 不求解脫 devamanuṣya-dāridryam-aniṣṭasaṃyogamiṣṭavinābhāvikāni ca duḥkhāni pratyanubhavanti. tatra-eva ca duḥkhaskandhe parivartamānāḥ krīḍanti ramante paricārayanti notrasanti na saṃtrasanti na saṃtrāsamāpadyante na budhyante na cetayanti nodvijanti na niḥsaraṇaṃ paryeṣante", 『법화경구해』 권2(卍속장47, p.926b4)에 "'갖가지 모든 괴로움'란, 괴로움의 양상이 하나가 아니기 때문에 '갖가지'라 한 것이다. 種種諸苦 苦相非一故云種種"라고 하였다. [참고문헌] 『法華經』, 『法華經句解』, *Saddh-p.* ⇨사고팔고 四苦八苦

종종제악취 種種諸惡趣 Ⓢ akṣaṇa-durgatī-bhayā. 갖가지 모든 악취. 지옥과 아귀와 축생의 삼악도(三惡道). 『법화경』 권7(대정장9, p.58a16)에 "갖가지 모든 악취인 지옥과 아귀와 축생이 가진 생로병사의 괴로움이 점차 다 사라지게 된다. 種種諸惡趣 地獄鬼畜生 生老病死苦 以漸悉令滅", 『법화경구해』 권8(卍속장48, p.240a17)에 "'갖가지 모든 악취인 지옥과 아귀와 축생'의 '갖가지 악취'란 삼악도를 말하고, '생로병사의 괴로움이 점차 다 사라지게 된다'라고 한 것은 생로병사의 괴로움은 단번에 제거할 수 없기 때문에 '점차 다 사라지게 된다'라고 한 것이다. 種種諸惡趣 地獄鬼畜生 諸惡趣者卽是三塗 生老病死苦 以漸悉令滅 生老病死 不能頓除故 云以漸悉令除滅"라고 하였다. [참고문헌] 『法華經』, 『法華經句解』, *Saddh-p.451.* ⇨삼악도 三惡道, 악취 惡趣

종종지 種種智 온갖 것들에 대해 아는 여래(如來)의 지혜. 『불본행집경』 권33(대정장3, p.808a22)에 "나는 모든 세간을 항복시켰고 종종지의 구족을 성취하였으니 온갖 법에 대해 염착하지 않으며 일체 갈애의 그물에서 영영 벗어났다. 我已降伏諸世間 成就具足種種智 於諸法中不染著 永脫一切愛網羅", 『대승장엄경론』 권3(대정장31, p.604b21)에 "오직 보살의 행원력에 의지해 모든 부처님께서는 해탈해 종종지를 획득하신 것이지 이승의 해탈로는 종종지를 획득할 수 없다. 由行願力 諸佛解脫 得種種智 二乘解脫 不得種種智"라고 하였다. [참고문헌] 『佛本行集經』, 『大乘莊嚴經論』. ⇨종종승해지력 種種勝解智力

종종행상소연식 種種行相所緣識 갖가지 행상을 연한 식. 제6식을 말한다. 『유가사지론』 권77(대정장30, p.728a26)에 "갖가지 행상을 연한 것으로서의 식이 생한다. 이는 일체색 등 경계를 문득 취하는 분별의식과 안팎의 경계를 일거에 파악해 거둔다(覺受 Ⓢ anubhava). 또는 일념순식간 찰나에 갉은 정에 들어 많은 불국토를 보고 많은 여래를 뵙는 분별의식이다. 種種行相所緣識生 謂頓取一切色等境界 分別意識 及頓取內外境界覺受 或頓於一念瞬息須臾 現入多定 見多佛土 見多如來 分別意識", 『유가론기』 권20(대정장42, p.782c11·한불전14, p.579b11)에 "'갖가지 행상으로 연해서 식이 생한다. 이는 일체색 등 경계를 단번에 파악하는 분별의식이다'라는 말은 제6의식이 그 행상에 따라 한 가지 행해만으로도 단번에 제법을 취하기에 '종종행상'이라 한 것이다. '몰록 색 등을 파악한다거나 안과 밖의 경계를 단번에 알아채다'라 한 것은, 스스로의 식이 안과 밖으로 마주친 경을 단번에 깨우쳐 아는 것이고, '또는 문득 한 찰나에 곧바로 많은 정에 들어 많은 불국토를 보고 많은 여래를 뵙는 분별의식이다'라고 한 것은, 이 일은 대지보살(大地菩薩 : 제10지보살)이 정에 머물면서 후득지로 많은 불국토 등을 봄에 따른 것이지 정증지는 아니기에 분별이라 한 것이다. 種種行相所緣識生 謂頓取一切色等境界分別意識者 卽是第六意識 隨作一種行解 頓取諸法 故言種種行相 頓取色等及頓取內外境界覺受者 自識頓取內外觸境而生覺受 或頓一念現入多定見多佛土見多如來分別意識者 此據大地菩薩 後智在定 見多佛等 非正證智 故名分別"라고 하였다. [참고문헌] 『瑜伽師地論』, 『瑜伽論記』. ⇨제육의식 第六意識

종증약전 宗證略傳 송(宋)대 불일계숭(佛日契嵩) 지음. 『보림전 寶林傳』을 계승하여 서천조통설(西天祖通說)에 고증을 더한 책. 『전법정종기 傳法正宗記』 권9, 대정장51, pp.766b15~768c20에 수록되어 있다. ⇨보림전 寶林傳

종지 宗旨 으뜸의 뜻. 머리가 되는 뜻으로 종문(宗門)에서 으뜸이라 여겨 내세우는 중요한 가르침을 말한다. 『섭대승론』 「서문 序文」(대정장31, p.113a16)에 "이 논은 이에 바로 대승의 으뜸이 되는 뜻이다. 此論乃是大乘之宗旨", 『금강경찬요간정기』 권2(대정장33, p.179b13)에 "저 『대운소 大雲疏』 중에서는 여섯 문으로 열었다. 첫째는 경의 뜻을 밝히고, 둘째는 으뜸의 뜻을 알게 하며, 셋째는 경의 바탕이 되는 것을 밝히고, 넷째는 한역한 때를 가렸고, 다섯째는 제목을 풀고, 여섯째는 경문을 푼다. 若準大雲疏中 卽開六門 一 明經意 二 明宗旨 三 明經體 四 辨譯時 五 解題目 六 釋經文", 『법화현찬』 권1(대정장34, p.657a8)에 "두 번째로 경의 종지를 밝힌다. 이 땅의 선덕들은 경론을 모아 가려서 네 가지 종으로 삼았다. 첫째는 입성종으로 『잡아비담심론』 등이다. 오취법을 세워 체성이 있다고 여긴다. 둘째는 파성종으로 『성실론』이다. 법에 체가 있다는 주장을 깨뜨려서 상만 있다고 한다. 셋째는 파상종으로 『반야경』 등이다. 법상마저 깨트려 공을 성취한다. 넷째는 현실종으로 『열반경』·『화엄경』·『법화경』 등이다. 진실중도의를 드러낸다. 이 경이 바로 네 번째 종이다. 第二 明經宗旨 此方先德 總判經論 有其四宗 一 立性宗 雜心等是 立五聚法 有體性故 二 破性宗 成實論是 破法有體 唯有相故 三 破相宗 般若等是 破法相狀 亦成空故 四 顯實宗 涅槃華嚴 法華等是 顯於眞實中道義故 此經卽是第四宗也", 『앙산어록』(대정장47, p.588a11)에 "스승께서는 중생만나 이롭게 하는 것으로 종문의 표준을 삼으셨다. 다시 동평으로 옮겨 장차 입적하려 하심에 많은 스님들이 선채로 모셨다. 스승이 게송으로 말씀하셨다. '하나 둘 둘 셋 그대들 눈 가로로 뜬 채 다시 우러러 보고, 입은 둘인데 혀는 없으니 바로 이것이 나의 종지다'. 師接機利物爲宗門標準 再遷東平 將順寂 數僧侍立 師以偈示之云 一二二三子 平目復仰視 兩口一無舌 卽是吾宗旨", 『허당어록』 권3(대정장47, p.1006b21)에 "제방에서 흔히 스스로 깨우친 견지를 말하지만 나 무봉은 단지 종지만을 논하리라. 견지 밝은즉 견지에 빼앗기고, 종지에 통한다 한즉 종지에 사로잡힌다. 지금 한 가지 견지가 밝지 못하다고 논하는 듯하지만, 종지 또한 저 끝까지 통하지 못한다면 송진 만들어 바로 불씨 당겨야 하듯 이 또한 어렵지 않겠는가 諸方多說見地 鄮峯只論宗旨 見地明則爲見地所奪 宗旨通則爲宗旨所執 如今要討一箇見地不明 宗旨不通底 出來做松源直下火種 不亦難乎"라고 하였다. [참고문헌] 『攝大乘論』, 『金剛經纂要刊定記』, 『法華玄贊』, 『仰山語錄』, 『虛堂語錄』. ⇨ 종 宗 ❶

종지 從志 오대(五代) 조동종 스님. 조산본적(曹山本寂 840~901)의 법을 잇고 무주(撫州 : 江西省) 금봉산(金峰山)의 주지가 되어 조동종의 종풍을 드날렸다. 후에 금릉(金陵) 보은원(報恩院)에 주석하다가 입적하였다. 사호는 현명대사(玄明大師) 또는 원광선사(圓廣禪師)이다. 『조산어록 曹山語錄』에는 두 종류가 있는데 그중 하나는 이 현명종지가 편찬한 것이다. [참고문헌] 『景德傳燈錄』 권20(대정장51, p.364b3), 『祖堂集』 권12(대장경보편25, p.524a4).

종지 種智 온갖 것들을 다 아는 씨앗이 되는 지혜. 일체종지(一切種智 Ⓢ sarvajñatā)의 줄임말이다. 『무상의경』 권하 「찬탄품 讚歎品」(대정장16, p.477a6)에 "부처님을 생각하면 길상하지 않은 것들을 능히 버릴 수 있고, 부처님을 떠올리면 마음 언제나 기쁘고 즐겁다. 부처님을 뵈온즉 대반야 일어나고, 부처님을 알면 씨앗이 되는 지혜마저 성취할 수 있다네. 惟佛能除不吉祥 憶佛令心恒喜樂 見佛卽生大般若 解佛便得成種智", 『법화현찬』 권4(대정장34, p.727c10)에 "중생은 법을 듣고서 종지를 얻는다. 衆生聞法得種智", 『법화현찬의결』(대정장34, p.868c2)에 "이승의 무학은 종지를 얻지 못한다. 二乘無學 未得種智", 『대승기신론의소』 권하(대정장44, p.200b16)에 "중생의 차별에 따라 갖가지 법을 열었기에 종지라 한다. 隨衆生差別 開種種法 名種智也", 『지관보행전홍결』 권1(대정장46, p.144a10)에 "깨우쳤다 하니 크게 밝은 것이고 … 새벽처럼 환하고 구부러짐 없어 곧은 것이다. 십호를 구족한 것이며 씨앗이 되는 지혜들로 두렷이 밝은 것이다. 覺者 大明也 … 曉也直也 十號具足 種智圓明"라고 하였다. [참고문헌] 『無上依經』, 『法華玄贊』, 『法華玄贊義決』, 『大乘起信論義疏』, 『止觀輔行傳弘決』. ⇨ 일체종지 一切種智, 종각 種覺

종지용출품 從地涌出品 Ⓢ Bodhisattva-pṛthivī-vivara-samudgama-parivarta. 『법화경』 28품 중 제15품 품명. 범본 *Saddharmapuṇḍarīka-sūtra*에서는 27장 중 제14장에 해당한다. 용은 용(踊)으로도 쓴다. 헤아릴 수 없이 많은 보살이 땅속에서 솟아오른다는 인연을 설한 품이다. 『법화의소』 권10(대정장34, p.599a15)에 "「용출품」은 교화하고자 하여 능히 교화하는 일들이 일어난다. 涌出品 以所化顯能化", 『법화현찬』 권9(대정장34, p.826a13)에 "용이란 위로 오른다는 뜻이고, 출이란 드러내 보인다는 뜻이다. 땅에서 위로 올라 드러나므로 「종지용출품」이라 한다. 涌謂上昇 出謂顯現 從地上昇而顯現 名從地涌出品"라고 하였다. [참고문헌] 『法華義疏』, 『法華玄贊』, *Saddh-p.297.*

종체 宗逮 남송(南宋)대 스님. 복주(福州 : 福建省) 출신. 동선사악(東禪思岳)의 법사(法嗣)이고 대혜종고(大慧宗杲 1089~1163)의 법손(法孫)이다. 처음에 동선을 찾아뵙고 종지에 그윽히 계합하였으며, 나중에 다시 대혜를 찾아뵙고 더욱 깊이 종지에 통하였다. 그 후 고산(鼓山)에서 교화를 펼쳤으며 그곳에서 입적하였다. [참고문헌] 『續傳燈錄』 권33(대정장51, p.700b20)·권34(대정장51, p.703b29).

종체 宗體 ❶ 으뜸(宗)이 되는 바탕(體). 으뜸(宗)의 가르침(敎)을 드러내기 위해 말하는 이(能詮)와 듣는 이(所詮)가 서로 의지하는 바탕(體)을 말한다. 으뜸(宗)의 뜻(旨)이란 사제(四諦)와 무상(無相) 그리고 대승의 요의(了義) 등을 말하고, 그 바탕(體)이란 이러한 뜻들이 의지하는 몸이 되는 것들이니 성명구문(聲名句文) 등을 말한다. 말소리(聲)나 사물(事物)들의 이름(名) 등에 의지해 성현들은 말씀(能詮)을 드러내 중생에게 보이고(所詮) 중생은 그 으뜸의 뜻(宗)을 깨우친다. 깨우치신 중생인 여래(如來)와 아직 깨우치지 못한 여래인 중생(衆生)이 으뜸의 뜻(宗)을 주고받기 위해 의지하는 바탕(體)을 아울러서 종체라 부른다. 원측(圓測)의 『반야바라밀다심경찬』(대정장33, p.542c22・한불전1, p.1a3)에 “장차 이 경을 풀려 해서 네 문으로 나눈다. 첫째 교가 일어난 인연을 밝히고, 둘째로 경의 종체를 가리고, 셋째로 경의 제목을 다시 보고, 넷째로 문을 가려가며 풀어 안다. 將釋此經四門分別 一敎起因緣 二辨經宗體 三訓釋題目 四判文解釋”, “종체라 하니, 체란 바로 능히 말하고자 한 가르침의 바탕을 다 들어 밝히는 것이고, 종이란 모든 말씀에서 말로 드러내고자 하신 뜻을 따로 드러내는 것이다. 言宗體者 體卽總明能詮敎體 宗者別顯諸敎所詮”, “설일체유부는 성(聲)으로 체를 삼고, 명(名) 등은 무기여서 소리만이 선이라고 보기 때문이다. 경량부는 상속가의 성만을 체성으로 한다. 성을 떠나서는 따로 명구 등이 없다고 보기 때문이다. 대승종에 의지하면 모든 교설이 같지 않다. 薩婆多宗用聲爲體 名等無記聲是善故 依經部宗相續假聲 離聲無別名句等故 依大乘宗諸敎不同”, “어떤 곳에서는 단지 명만을 체로 하는데, 『성유식론』의 ‘법무애지라는 이름 등을 경으로 한다’고 한 경우가 그렇다. … 말로 드러내는 종이란 것에 크게 셋이 있다. 첫째는 병에 맞게 종지를 달리하는 것이고, 둘째는 부마다 따로 종을 드러내며, 셋째는 때를 잡아 종을 가린다. 有處但用名等爲體 如成唯識法無礙智名等爲境 … 所詮宗者略有三種 一 隨病別宗 二 部別顯宗 三 約時辨宗”, “(첫째) 온처계 등이 말로 드러낸 바의 으뜸이 된다. … (둘째) 저 『법화경』은 일승을 종으로 하며 『무구칭경』은 불이를 종으로 하며 『열반경』은 불성을 종으로 삼는다. 『화엄경』은 현성의 인과를 종으로 한다. … (셋째) 성교에 그 부류가 많지만 때에 나아가 종을 가리면 세 가지에 지나지 않는다. 그 세 가지는 사제・무상・요의대승이다. 蘊處界等爲所詮宗 … 如法華經一乘爲宗 無垢卽以不二爲宗 依涅槃經佛性爲宗 華嚴賢聖因果爲宗 … 雖諸聖敎部類衆多 就時辨宗不過三種 三種卽是四諦無相了義大乘”라고 하였다. 〔참고문헌〕『般若波羅蜜多心經贊』. ⇨종 宗❶, 체 體, 경종 經宗❶, 경체 經體 ❷ 드러내 밝혀서 타인이 알게 하고자 하는 으뜸의 명제. 말한 것은 타인에게 이해되어야지 으뜸의 뜻이 될 수 있다. 인명용어. 종인유(宗因喩)의 삼지작법(三支作法)에서 종(주장명제)은 종의(宗依)와 종체(宗體)로 나뉘는데, 종의는 주어(有法 Ⓢdharmin : 主詞)와 술어(法 Ⓢdharma 또는 能別 Ⓢviśeṣa : 賓詞)를, 종체란 입론자가 논증하려는 주장명제(Ⓢpakṣatva) 바로 그것을 가리킨다. 종의와 구별해 특칭할 경우 종체라고 한다. 가령 입론자가 “말소리는 무상하다”고 주장할 때 ‘말소리’와 ‘무상하다’는 종의이고, 입론자와 대론자가 논쟁할 주장명제는 종체다. 『인명입정리론소』 권상(대정장44, p.100a9)에 “종체를 드러냄에 차별하다는 것은 일체유법과 법 서로간의 차별을 말함이니, 성이란 체다. 이것은 둘 가운데 서로간의 차별한, 서로 떨어질 수 없는 성을 취하여 종체로 삼는다. 마치 ‘색온은 무아다’라고 주장할 때 색온은 유법(主詞)이고 무아는 법(賓詞)이다. 이것 두 가지, 체(유법)와 의(법)는 서로 모양에 있어 차별하다. 이를테면 색온으로 무아를 가려 구별해서 색온이 무아이지 무아를 받아들이는 것이 아니고, 무아로 색온을 가려내는 것이어서 무아인 색온이지 아의 색온은 아닌 것이다. 이 두 가지 서로 차별하지만 합해 한 곳에 처하니 서로 여의지 못하는 성이다. 그래서 종인 것이다. 出宗體差別者 謂以一切有法 及法互相差別 性者體也 此取二中互相差別不相離性 以爲宗體 如言色蘊無我 色蘊者有法也 無我者法也 此之二種 若體若義 互相差別 謂以色蘊簡別無我 色蘊無我 非受無我 及以無我簡別色蘊 無我色蘊 非我色蘊 以此二種互相差別 合之一處 不相離性 方是其宗”, 『인명론소명등초』 권2(대정장68, p.249a1)에 “(玄應은) ‘유법이란 말소리인데 자타가 함께 인정하는 것이고, 무상은 능별로서 남도 나도 또한 인정하는 것이다. 따라서 이 둘은 단지 종의일 뿐이지 종체가 될 수는 없다’고 하였다. 謂有法聲 自他共許 無常能別 他自亦成 故但宗依 非爲宗體”, 『인명입정리론해』(卍속장87, p.89b2)에 “〔문〕 능별과 종체는 어떻게 다른가? 〔답〕 현장법사는 ‘비록 능별을 종이라고는 해도 입론자는 인정하는 바이고 대론자와 아직 다투지 않은 것이니, 오히려 종의라고 해야 하지 종체라고는 할 수 없다. 만약 전진과 후진이 화합해 종이 이루어졌다고 해도 입론자가 인정하는 바였지 대론자는 인정하지 않아서 입론자와 대론자가 함께 다투어야 종체라 이름할 수 있다. 입론자와 대론자가 아직 정론하지 않았다면 오히려 종의라고 한다’라고 하였다. 問 能別與宗體何異 答 奘師云 雖能別爲宗 立者卽許 敵者未諍 猶是宗依 未名宗體 若前陳後陳和合爲宗了 立者卽許 敵者不許 立敵共諍 名爲宗體 若立敵未諍 猶是宗依”라고 하였다. 〔참고문헌〕『因明入正理論疏』, 『因明論疏明燈鈔』, 『因明入正理論解』. ⇨종 宗❷, 종인유 宗因喩, 종의 宗依, 능립 能立, 인명 因明

종초 種草 심어 싹이 될 만하다. 불조의 뜻 이을 만한 인물 등을 말한다. 『열조제강록』 권33 「사미득도수시 沙彌得度垂示」(卍속장112, p.673a6)에 “낙발하면서 : 부모도 나의 피붙이가 아니고, 모든 부처님도 내가 따를 길이 아니며, 단 하나의 법이라도 두지 않아야, 비로소 풀 한 포기 심는 일 견딜 수 있으리라. 落髮 父母非我親 諸佛非我道 一法不留存 方堪爲種草”, 『연등회요』 권23 「현사사비장 玄沙師備章」(卍속장136, p.819a15)에 “현사가 설봉을 모셔 서 있을 때 두 학인이 계단아래로 내려가자 설봉이 말했다. '이 두 사람은 심어 싹 틔울 만하구나' '저는 그렇게 말하지 않겠습니다' '그대라면 어떻게 하겠느냐?' '곧바로 20방을 때려야 마땅하다고 하겠습니다'. 師侍立雪峰 有二僧 從堦下過 峰云 此二人 堪爲種草 師云 某甲不與麽 峯云 子又作麽生 師云 便好與二十棒"라고 하였다. [참고문헌]『列祖提綱錄』, 『聯燈會要』. ⇨ 본분종초 本分種草

종충파각창중키펠바 rDzong chung pa sngag 'chang gzungs kyi dpal ba 1306~1389. 샤캬파(Sa skya pa)의 헤바즈라탄트라의 가르침에서 유래한 람데(lam 'bras, Ⓢ mārgaphala)의 종을 계승한 전통(rdzong lugs)은 전후로 나뉘는데, 그는 앞선 파에 속했으며 중키펠바(gZungs kyi dpal ba) 또는 최제중키펠바(Chos rje gzungs kyi dpal ba)라고도 불린다. 스승으로는 쇠남갈첸(bSod nams rgyal mthan)이, 제자로는 장포갈첸(bZang po rgyal mtshan)이 있었다. [참고문헌] *Chos rje gzung pa'i rnam thar.*

종취 宗趣 Ⓢ siddhānta-naya, Ⓣ grub-pa'i-mtha'. 으뜸이라 여겨 나아갈 길. 종지(宗旨)·종치(宗致) 등과 통한다. 『대승입능가경』 권4(대정장16, p.609a29 : *Laṅk.*, p.149)에 "종취와 언설, 자증과 교법, 만일 능히 잘 알고 본다면 다른 이의 헛된 알음알이 따를 일 없으리. 宗趣與言說 自證及敎法 若能善知見 不隨他妄解 siddhāntaśca nayaścāpi pratyātmaśāsanaṃ ca vai, ye paśyanti vibhāgajñā na te tarkavaśaṃ gatāḥ", 『반야심경약소』(대정장33, p.552b11)에 "종취란, 말로 보인 것을 종이라 하면, 그 종이 돌아갈 곳이 취다. 宗趣者 語之所表 曰宗 宗之所歸 曰趣", 『화엄경탐현기』 권5(대정장35, p.201b12)에 "종취란, 무념정행을 종이라 하고, 성취할 십주위와 속히 성불하는 등은 취다. 宗趣者 以無念正行爲宗 所成十住位 及速成佛等爲趣", 『주대승입능가경』 권1(대정장39, p.438a17)에 "종취를 밝히는 것은, 일체제경은 각기 스스로의 으뜸의 뜻이 있다는 말이다. 그러므로 선덕께서는 말을 이었으면 반드시 으뜸의 뜻도 알아야 한다 하였으니, 이제 따로 이 경의 종취를 밝히겠다. 그러므로 하품에서 '일체법은 생한 일 없어서 마땅히 이 종이란 것 세우지 않는다' 하는데 이는 집착을 보내는 말일 뿐이다. 만일 으뜸이라 할 것도 없는 종이라면, 바로 으뜸의 뜻도 으뜸의 말도 드러낸 것이다. 明宗趣者 謂一切諸經 各自有宗 故先德言 承言須會宗 今別明此經宗趣 然下品又云 一切法不生 不應立是宗者 斯言遣滯耳 若無宗之宗 則宗說兼暢", 『금강경심인소』 권상 「육현시종취 六顯示宗趣」(卍속장40, p.362a14)에 "종취라 말하는 것은 말해 받드는 것을 종이라 하고, 종이 돌아갈 길이 취다. 만약 이 『금강경』에 근거하여 종을 드러내고 취를 보이자면 총도 별도 있다. 총이란 세 가지 반야로 종을 삼고 삼덕비장으로 취를 삼는다. 별은 세 가지다. 첫째, 교의이니 문자반야를 종으로 삼고 실상반야와 관조반야로 취를 삼는다. 둘째, 이지이니 진공묘리를 종으로 삼고 실상반야를 취로 삼는다. 셋째, 인과이니 보리심 일으킴을 종으로 삼고 열반과 증득함을 취로 삼는다. 이러한즉 간략하게 본경의 종취를 보였다. 言宗趣者 語之所尙 曰宗 宗之所歸 曰趣 若據本經 顯宗示趣 則有總有別 總者 以三種般若爲宗 三德秘藏爲趣 別則有三 一 敎義 謂文字般若爲宗 實相觀照爲趣 二 理智 以眞空妙理爲宗 實相般若爲趣 三 因果 以發菩提心爲宗 證涅槃果爲趣 斯則略示本經之宗趣也"라고 하였다. [참고문헌]『大乘入楞伽經』, 『般若心經略疏』, 『華嚴經探玄記』, 『注大乘入楞伽經』, 『金剛經心印疏』, *Laṅk.* ⇨ 종 宗[1], 종지 宗旨, 종치 宗致

종치 宗致 끝내 성취해야 할 으뜸의 뜻을 말한다. 종지(宗旨)·종취(宗趣) 등과 통한다. 『구사석론』 「서 序」(대정장29, p.161a14)에 "자부의 종치를 밝힌 4권을 저술하는 데 그쳤다. 止述自部宗致四卷", 『유가사지론』 권94(대정장30, p.834a18)에 "모든 고락은 다 연을 따라 일어난다는 것이 우리 종이 갈 길이다. 諸苦樂皆從緣生 是我宗致", 『무량의경소』(대정장37, p.116c18)에 "이 경의 종치란 무릇 두 가지 본보기가 있다. 하나는 법장의 닦은 인으로 정토라는 과를 얻은 것이고, 다른 하나는 중생에게 인을 닦기를 권하여 그 국토에 왕생하게 하는 것이다. 此經宗致 凡有二例 一者 法藏修因 感淨土果 二者 勸物修因 往生彼土", 『사분계본소행종기』 권1(卍속장62, p.455b14)에 "종치란, 일곱 가지 연이 다 진실한 근거가 있음을 드러내 보인 것이니, 종이란 글이 나온 근본이고, 치란 세운 까닭을 말한다. 宗致者 顯示七緣 皆有誠據 宗卽文之所出 致謂立之所以"라고 하였다. [참고문헌]『俱舍釋論』, 『瑜伽師地論』, 『無量義經疏』, 『四分戒本疏行宗記』. ⇨ 종지 宗旨, 종취 宗趣

종타 從他 무엇을 따른다 한들. 어떤 것이 되더라도의 뜻으로 방임이나 내려놓음의 뜻이다. 『조당집』 권14 「마조장 馬祖章」(대장경보편25, p.561b7)에 "삼십년이나 아귀노릇하다가, 지금에야 비로소 사람의 몸으로 돌아왔다네. 청산 스스로 뜬 구름 반려 삼을 뿐이니, 동자 다른 이 섞겨 무슨 일 하던간에 그대로 두리. 三十年來作餓鬼 如今始得復人身 青山自有孤雲伴 童子從他事別人", 『원오어록』 권13(대정장47, p.774a1)에 "설령 쪼개어 두 토막을 내더라도 도리어 저 납승의 숨소리는 여전하리. 從他斫作兩段 却有些衲僧氣息", 『오등회원』 권5 「약산유엄장 藥山惟儼章」(卍속장138, p.164a12)에 "고사미가 느닷없이 오자 약산이 물었다. '말라죽은 놈이 좋은가, 번성한 놈이 좋은가?' '말라죽은 놈은 말라죽은 대로, 번성한 놈은 번성한 대로 둔다'. 高沙彌忽至 師曰 枯者是 榮者是 彌曰 枯者從他枯 榮者從他榮", 『설당도행화상어』(속고존숙어요6, 卍속장119, p.131b2)에 "천복의 눈썹이 모두 떨어져 다하니, 저 노주마저 소리내 웃는다. 薦福眉毛都落盡 從他露柱笑呵呵"라고 하였다. [참고문헌] 『祖堂集』, 『圜悟語錄』, 『五燈會元』, 『雪堂道行和尙語』. ⇨ 방교 放教

종타문 從他聞 Ⓢ parataḥ śrutvā, Ⓣ gzhan-las-thos-nas. 다른 이로부터 듣다. 다른 이로부터 배워 깨우치는 성문(聲聞 Ⓢ śrāvaka)을 말한다. 『중아함경』 권58 「대구치라경 大拘絺羅經」(대정장1, p.790c29)에 "'현자 구치라여! 무슨 인과 무슨 연으로 정견이 생겨나는가?' … '두 가지 인과 연으로 정견이 생겨납니다. 그 두 가지가 무엇이냐면 첫째는 다른 이로부터 듣는 것이고, 둘째는 안으로 스스로 사유하는 것입니다'. 賢者拘絺羅 幾因幾緣生正見耶 … 二因二緣而生正見 云何爲二 一者 從他聞 二者 內自思惟", 『대비바사론』 권1(대정장27, p.2b11)에 "계경에서 설하길 '네 가지 법이 있어서 흔히들 지을 수 있으니, 첫째는 선우를 가까이 하는 것이고, 둘째는 다른 이로부터 법을 듣는 것이며, 셋째는 도리에 맞게 뜻을 짓고, 넷째는 법 그대로 따라서 법다이 행하는 것이다'라고 하였다. 契經說 有四法人多有所作 一 親近善友 二 從他聞法 三 如理作意 四 法隨法行", 『변중변론』 권중(대정장31, p.471a10 : *Madhy-vibh.*, p.48)에 "만약 다른 이로부터 열반공덕과 생사과실을 듣고는 이 지혜를 일으키게 되니, 이 지혜 말미암아 출리를 얻는다면 이는 성문승이다. 若從他聞 涅槃功德 生死過失 而起此智 由斯智故 得出離者 是聲聞乘 tatra nirvāṇasaṃsārayor guṇadoṣajñānena parataḥ śrutvā niryāṇārthena śrāvakayānaṃ"라고 하였다. [참고문헌] 『中阿含經』, 『大毘婆沙論』, 『辯中邊論』, *Madhy-vibh.* ⇨ 성문 聲聞, 출리 出離

종타수 從他受 다른 이를 좇아 받다. 반드시 계사가 있어 계를 받는 뜻이다. 별해탈 7중계(七衆戒) 등의 계는 주고(授) 받는(受) 여법한 행의에 의해서 계체(戒體)를 성취한다. 이에 반해 스스로 맹세해서 얻는 것을 자서수(自誓受)라 한다. 『보살계본소』 권하 「호심교수계 好心敎授戒」(대정장40, p.678a15)에 "성문법중에 출가한 다섯 대중은 반드시 다른 이로부터 받아야 하며, 재가의 두 무리는 자서수와 종타수 모두 무방하다. 聲聞法中 出家五衆 必從他受 在家二衆 通自他受", 『대승의장』 권12(대정장44, p.717b5)에 "다른 이라는 말은 네 가지 인연이니, 이 팔계는 반드시 남에게서 받아야 하며 스스로의 서원만으로는 얻지 못한다. 所言他者 是四因緣 明此八戒 要從他受 自誓不得"라고 하였다. [참고문헌] 『菩薩戒本疏』, 『大乘義章』. ⇨ 계 戒, 교수아사리 敎授阿闍梨, 자서수계 自誓受戒

종탈 縱奪 놓기도 하고 빼앗기도 하다. 온갖 경우에 당해 서로 자유로워 어긋남이 없는 뜻이다. 『설두어록』 권1(대정장47, p.671a2)에 "미호선사야말로 풀고 잡는 솜씨 볼 만하구나. 어찌 하겠는가, 죽으면 조문도 할 일 없거늘. 米胡也縱奪可觀 爭奈死而不弔", 『대혜어록』 권6(대정장47, p.833c22)에 "왕사든 민사든 낱낱이 밝혀 마쳐서 하나하나 어긋남 없이 한 연후에야 거두고 펼침에 자재하고 놓거나 빼앗음 때에 맡길 수 있다. 다 나의 마음이 언제나 할 일이어서 다른 방편 빌릴 일 아니다. 王事民事 一一明了 一一無差 然後 卷舒自在 縱奪臨時 皆吾心之常分 非假於他術", 『굉지광록』 권1(대정장48, p.10b5)에 "거두고 폄에 걸림이 없고 풀고 잡음에 자유로우니, 대도를 따라 함이 없이 하니 온갖 경우에 응하지만 어긋남이 없다. 卷舒無礙 縱奪自由 順大道而無爲 應群機而不忒", 『오가종지찬요』 권상(卍속장114, p.516a16)에 "가령 학인이 오는 모습을 보고 종사가 '네가 오는구나!'라고 한 다음 그가 어떻게 응답하는가 살펴서 그때마다 풀기도 빼앗기도 한다. 가령 학인이 오는 모습을 보고 종사가 한 방을 때리고 나서 그가 어떻게 응하는지 살펴서 종사가 다시 따로 헤아려 비추기도 하고 쓰기도 한다. 이처럼 하나의 격에 묶이지 않고 손님과 주인이 자리를 맞바꾸니, 물과 진흙으로 합하고 어울린다. 如遇僧來 師便云 汝來也 看他如何應答 師則隨機縱奪 如遇僧來 師先打一棒 看他如何支遣 師又別作商量 或照或用 不拘一格 賓主互換 合水和泥", 『감산집』 권11(卍속장127, p.360a10)에 "송고란 이전부터 있었지만 옛사람이 짠 책략을 드러내 보이는 일에 지나지 않는다. 문득 문 열어 뜰의 시설 보여서 대기대용으로 빛나게 하지만, 이 또한 자기의 놓고 빼앗으며 죽이고 살리는 솜씨일 뿐이다. 頌古從上有之 不過發揮 古人作略 聊示門庭施設 以彰大機大用 且出自己 縱奪殺活之手"라고 하였다. [참고문헌] 『雪竇語錄』, 『大慧語錄』, 『宏智廣錄』, 『五家宗旨纂要』, 『憨山集』. ⇨ 권서 卷舒❶, 살활 殺活, 방행 放行, 파주 把住

종통설통 宗通說通 Ⓢ siddhānta-naya deśanā-naya. 으뜸의 뜻에도 그것을 말해 보임에도 다 갖추어 통하다. 종설구통(宗說俱通)이라고도 한다. 『능가경』 권3(대정장16, p.499b27 : *Laṅk.*, p.148)에 "부처님께서 대혜에게 이르셨다. '일체성문연각보살에게는 두 가지로 통하는 상이 있으니 종통과 설통이다. 대혜야, 종통이란 스스로 얻은 승진의 상을 연하고 언설문자망상은 멀리 벗어나서 무루계로 나아감이니, 모든 허망각상을 멀리 벗어나 일체외도와 뭇 마구니 항복시키고 스스로 깨달음을 토대로 광명이 번득여 빛남으로 나아가니, 이것이 종통의 상이다. 무엇이 설통상인가? 구부의 갖가지 교법을 설하고, 차이와 차이 없음 그리고 유와 무등의 상을 벗어나 뛰어난 방편으로 중생을 따르며, 여법히 응하여 법을 설하고 도탈케 함을 설통상이라 한다'. 佛告大慧 一切聲聞緣覺菩薩 有二種通相 謂宗通及說通 大慧 宗通者 謂緣自得勝進相 遠離言說文字妄想 趣無漏界自覺地自相 遠離一切虛妄覺想 降伏一切外道衆魔 緣自覺 趣光明暉發 是名宗通相 云何說通相 謂說九部種種教法 離異不異有無等相 以巧方便 隨順衆生 如應說法 令得度脫 是名說通相 bhagavāṃstasyaitadavocat. dvividhaṃ mahāmate siddhāntanayalakṣaṇaṃ sarvaśrāvakapratyekabuddhabodhisattvānāṃ yaduta siddhāntanayaśca deśanānayaśca. tatra siddhāntanayo mahāmate yaduta pratyātmādhigamaviśeṣalakṣaṇaṃ vāgvikalpākṣararahitamanāsravadhātugatiprāpakaṃ pratyātmagatibhūmigatisvalakṣaṇaṃ sarvatarkatīrthyamāravarjitam. vinihatya ca tāṃstīrthyamārān pratyātmagatirvirājate. etan mahāmate siddhāntanayalakṣaṇam. tatra deśanānayaḥ katamaḥ. yaduta navāṅgaśāsanavicitropadeśo 'nyānanyasadasatpakṣavarjitaḥ upāyakuśalavidhipūrvakaḥ sattveṣu darśanāvatāraḥ. yadyenādhimucyate tattasya deśayet. etanmahāmate deśanānayalakṣaṇam", 『능가아발다라보경주해』 권3(대정장39, p.389c13)에 "부처님께서 대혜에게 '자세히 듣고 진실로 듣기를. 그리고 잘 사유하고 기억해야 하리. 나는 그대 위해 설하리라' 하셨고, 대혜는 부처님께 말씀드리길 '오직 그렇게 하기를 바라서 가르침을 받아들이겠습니다' 하였다. … 무릇 종이란 도의 본이고 설이란 교의 자취다. 종으로 나아갈 길 밝혀야 하니, 나아갈 곳 밝히지 못한즉 돌아갈 곳을 잃는다. 교로서는 이치를 말해야 하니, 이치에 미한즉 들어갈 곳을 알 수 없게 된다. 佛告大慧 諦聽諦聽 善思念之 當爲汝說 大慧白佛言 唯然受教 … 蓋宗者道之本 說者教之跡 宗以明趣 趣不明則失其所歸 教以詮理 理或昧則迷其所入", 『화엄경소초』 권14(대정장36, p.108b5)에 "그러므로 경에서 말씀하시길 '종통이란 스스로 닦아 행함이고, 설통은 깨닫지 못한 이에게 보이는 일이다'라고 하였고, 옛 사람은 '종에는 통하고 설에는 통하지 못했다면 마치 해가 구름에 가린 듯 하고, 종에도 통하고 설에도 통했다면 마치 해가 허공에 빛나듯 한다' 하였다. 이미 두 가지로 통하면 종 없는 곳은 없다. 故經云 宗通自修行 說通示未悟 昔人云 宗通說不通 如日被雲曚 宗通說亦通 如日處虛空 既有二通 則非無宗矣", 『종경록』 권29(대정장48, p.584a10)에 "종에 통한다는 것은 바로 정(定)이고 설에 통했다면 이는 혜(慧)다. 종도 설도 겸하여 드러낸다면 정과 혜 쌍으로 빛나서 두 뜻이 서로 성취해서 어느 하나도 놓칠 수 없다. 『법화경』 권1(대정장9, p.8a24)에서 '정혜의 힘으로 장엄하여 이로써 중생을 제도한다'고 한 말씀과 같다. 宗通是定 說通是慧 則宗說兼暢 定慧雙明 二義相成 闕一不可 如法華經云 定慧力莊嚴 以此度衆生", 『돈오입도요문론』 권상(卍속장110, p.847a15)에 "'무엇이 설에는 통해도 종에는 통하지 못하는 것인가?' '말과 행이 서로 어긋나니 이를 설통종불통이라 한다' '종에도 통하고 설에도 통한다는 말은 무슨 뜻인가?' '말과 행에 차이가 없으니 이를 종에도 통하고 설에도 통한다고 한다'. 問 云何是說通宗不通 答 言行相違 卽是說通宗不通 問 云何是宗通說亦通 答 言行無差 卽是說通宗亦通"라고 하였다. 돈황본 『단경』(대정장48, p.341c17)에는 종통 대신 심통(心通)이라 하였다. [참고문헌] 『楞伽經』, 『楞伽阿跋多羅寶經註解』, 『華嚴經疏鈔』, 『宗鏡錄』, 『法華經』, 『頓悟入道要門論』, 『壇經』, *Laṅk.* ⇨ 종 宗 1

종통송 宗統頌 역대종사의 행장과 기연 그리고 게송을 모아놓은 글. 청(淸) 임제종(臨濟宗) 선사 철벽혜기(鐵壁慧機 1603~1668)의 문하에서 생겨난 문학형식으로 남악회양(南嶽懷讓)을 1세로 하여 임제의현(臨濟義玄)을 거쳐 30세 철벽혜기에 이르기까지 행장과 주요한 기연을 들어 보인 다음 말미에 게송을 더한 것이다. 총 세 종류가 전한다. 삼산등래(三山燈來 1614~1685)가 찬한 『삼산래선사어록』 권8에 편재되었고, 마지막에 철벽혜기와 그 동기인 철미혜려(鐵眉慧麗)의 송이 함께 전한다. 또 만봉동진(萬峰童眞)이 찬한 『만봉동진선사어록』 권4에 편재되어 있고, 야운등영(野雲燈映)이 찬한 『야운영선사종통송』에도 실려 있다. 게송과 함께 마지막에 야운등영의 「탑명 塔銘」과 「행장 行狀」이 붙어 있다. [참고문헌] 『三山來禪師語錄』 권8(가흥장29, p.719c3), 『萬峰童眞語錄』 권4(가흥장39, p.300b1), 『野雲映禪師宗統頌』(가흥장40, p.273a1).

종통편년 宗統編年 청대 상우기음(湘雨紀蔭)이 1690년(강희29)에 편찬. 32권. 卍속장147, pp.1a1~511b12에 수록되어 있다. 편자인 기음은 자신의 스승 퇴옹홍저(退翁弘儲)의 유지를 이어서 석가모니불(釋迦牟尼佛)부터 1689년(강희28)까지의 선종의 자료를 편년체(編年體)로 기록하였다. 각종 고승전·전등록을 비롯하여 직접 관련된 내전뿐만 아니라 오경(五經)·제자(諸子) 등 다양한 종류의 외전에서도 자료를 취하였다. 권1과 권2에서는 석가모니불의 사전을, 권3~권7은 서천(西天) 조사들을, 권8은 동토개조(東土開祖) 보리달마(菩提達磨)를, 권9~권30은 동토 제2세 혜가(慧可)부터 그 이하 오종(五宗)의 조사들의 행장과 기연 등을 기록하였고, 임제종(臨濟宗) 제29세 우문전(禹門傳)과 조동종(曹洞宗) 제29세 종경서(宗鏡書)까지 수록하였다. 그 사이에 관련 주요사적도 아울러 기술하면서, 논란이 되는 내용은 협주를 붙여서 해설을 더하였다. 마지막으로 권31과 권32는 「제방약기 諸方略紀」라는 제명을 달고 명대 1615년(만력43)부터 청대 1689년(강희28)까지 28년간 제방선문에서 전하는 견문도 수록하였다.

종파 宗派 으뜸으로 섬기는 가르침(宗)과 그 가르침을 전해 널리 오래 흐르게 하는 것(派)를 말한다. 샘(源)은 하나이지만 강은 여럿(派諸)이듯이 종(宗)은 여럿일 수 없는 뜻이다. 불교는 석가세존의 가르침을 종(宗)으로 하여 널리 오래 흘러 왔기에 수많은 흐름들이 있어 왔지만, 하나의 샘인 뜻에서 종은 세존의 가르침 밖에 따로 세우는 것이 없어야 하기에 종(宗)에 의지한 파(派)들만이 있어야 한다. 그러나 지류인 파(支派)의 지취(旨趣)를 다시 종(宗)으로 삼고, 그 종지를 새롭게 세우거나 선양한 이의 기원을 되새겨 종파라 하는 말이 파생하였고, 종은 석가세존의 가르침 하나인 뜻이 아니라 지류들이 으뜸으로 여기는 뜻에서의 파(派)들의 종(宗)이 되기에 이르렀다. 인도에서는 '무리짓다'의 뜻인 니까야(🅂 🄿 nikāya)에서 기원한 무리들이 있어 이들을 부(部)라 한역하였으며, 선종은 사자상승(師資相承)의 전통에 따른 종지전승이 유달라 오가칠종(五家七宗) 등으로 종파의 뜻을 강하게 유지하였다. 한국불교는 종(宗)의 이름으로 승단의 대중을 무리짓기도 하였으나 대개 나라의 권세와 그 부침에 따른 일이었기에 진정 종문(宗門)의 뜻만이라 할 수는 없었다. 이렇게 파의 종(派之宗)이 아닌 종의 파(宗之派)로서의 뜻을 되새긴 한국불교는, 석가세존의 가르침이라면 어떤 나무라도 부처의 숲으로 거두어 버림이 없이 하였고, 나무들 각자 자성을 뽐내 다르지만 서로 어울려 부처님의 뜻만을 끝내 보이려(扶宗) 하였다. 이렇게 2000년 부처의 숲으로 울창하면서도(樹教) 어지럽지 않고, 뭇중생들이 깃들어 함께 하는 뜻을 중히 여겨 조선조 이후 모든 종문(宗門)의 종사(宗師)들의 행장머리에 부종수교(扶宗樹教)라 이름하고는 그 본래의 뜻을 잃지 않으려 했다. 『구사론』 권29(대정장29, p.154c2 : *Abh-k-bh.*, p.466) "경에서 설하길 아에 집착하게 되면 다섯가지 허물이 있게 된다. 아견과 유정견을 일으키면 악견취에 떨어져서 저 모든 외도들과 같이 길을 넘어 헤매일 것이다. 저 공성 중에 마음으로 깨우쳐 들지도 못하고, 능히 바르게 믿지도 못하며, 편안히 머물지도 못하여 해탈할 수 없다. 성스런 법이라 해도 저들을 청정하게 할 수는 없으니, 저들의 헤아림이 온통 그릇되었기 때문이다. 왜 그런가, 우리 부 중에서 일찍이 외운 일이 없는 것들이기 때문이다. 그대의 종이 이를 헤아림이라 여기고 부처님의 말씀이라고 받아들이고는 부를 위하고 부처님의 말씀을 위함이라 한다면 부처님은 그대의 스승일 수 없고, 그대도 분명히 부처의 아들이 아니다. 만약 부처님의 말씀이라 하면 이는 모든 것이 부처님 말씀이어야 하니 어떻게 양만은 아니겠는가. 저들이 말하길 이 말씀 다 진실로 부처님 말씀 아니라 한다. 왜 그런가. 우리 부에서는 외우지 않기 때문이니 이는 끝내 이치가 아닌 것이다. 經說執我有五種失 謂起我見及有情見 墮惡見趣 同諸外道越路而行 於空性中 心不悟入 不能淨信 不能安住 不得解脫 聖法於彼不能淸淨 此皆非量 所以者何 於我部中曾不誦故 汝宗許是量 爲部爲佛言 若部是量 佛非汝師 汝非釋子 若佛言者 此皆佛言 如何非量 彼謂 此說皆非眞佛言 所以者何 我部不誦故 此極非理 na-asmākam ayaṃ nikāye paṭhacyata iti. kiṃ punas teṣāṃ nikāya eva pramāṇam-āhosvid-buddhavacanam. yadi nikāya eva pramāṇaṃ na tarhi teṣāṃ budhaḥ śāstā … na-asmākaṃ nikāye paṭhacyata iti. ayam-anyāyo vartate.", 『구사석론』 권2(대정장29, p.171a20 : *Abh-k-bh.*, p.31) "비유하자면 저 해가 떠야 낮이 온듯하다 하였으니 경량부의 설이다. 譬如說日作晝 經部說 yathā sūryo divasakara iti. atra sautrāntikā āhuḥ.", 『화엄경소』 권3(대정장35, p.521a2)에 "말로 섬기는 바를 종이라 하고, 종이 들어갈 바를 취라 한다. 먼저 통으로 밝히고 후에 각각을 드러내겠다. 앞에서 일대불교를 통으로 논했는데, 모든 부들이 달리 헤아려 각각 한 종이라 해서 열여덟로 본은 둘로 각각 같지 않지만 뜻으로는 서로 따르기에 다시 거듭 합하기도 한다. 그러나 수조 대연법사는 모두어 네종을 세웠으니, 첫째는 인연종으로 살바다를 말하고, 둘째는 가명종으로 경부를 말하며, 셋째는 부진종으로 반야들을 말하고, 넷째는 진실종으로 법성·진리·불성 등의 가르침을 말한다. 또 이 네 종의 처음을 입성이라 하고 둘째를 파성이라 하며 셋째를 파상이라 하고 넷째를 현실이라 하는데, 처음의 둘은 소승이고 뒤의 둘은 대승이니, 각각 처음은 얕고 뒤는 깊다. 이 설 또한 이치로는 있다 해도 뜻을 거둠에는 다하지 못했으니, 십팔부 중에 둘만을 판석했기 때문이다. 語之所尙曰宗 宗之所歸曰趣 先明其通 後顯於別 前中通論一代佛教 諸部異計 各是一宗 謂十八本二 各不同故 以義相從 更復合之 然隋朝大衍法師 總立四宗 一 因緣宗 謂薩婆多 二 假名宗 謂卽經部 三 不眞宗 謂諸般若 四 眞實宗 謂法性眞理佛性等教 又此四宗 初名立性 二名破性 三名破相 四名顯實 初二小乘 後二大乘 各初淺後深 此亦有理 但收義不盡 以十八部中 但判二故", "이제 일대시교를 모두 거두어 십종으로 삼는다. 첫째는 아법구유종으로 독자부 등을 말한다. … 둘째는 법유아무종으로 살바다 등을 말한다. … 셋째는 법무거래종으로 대중부 등을 말한다. … 넷째는 현통가실종으로 설가부를 말한다. … 다섯째는 속망진실종으로 설출세부 등을 말한다. … 여섯째는 제법단명종으로 일설부 등을 말한다. … 일곱째는 삼성공유종이니 변계는 공이고 의타기와 원성실은 유라고 이르기 때문이다. 여덟째는 진공절상종으로 심과 경이 둘 다 없어서 바로 체를 드러내기 때문이다. 아홉째는 공유무애종으로 서로 어울리고 쌍으로 끊어 둘 다 있음에는 걸리지 않으니 진여수연으로 항사덕을 갖추었기 때문이다. 열째는 원융구덕종으로 사사무애와 주반구족을 끝없이 자재하기 때문이다. 今總收一代時教 以爲十宗 第一 我法俱有宗 謂犢子部等 … 二 法有我無宗 謂薩婆多等 … 三 法無去來宗 謂大衆部等 … 四 現通假實宗 謂說假部 … 五 俗妄眞實宗 卽說出世部等 … 六 諸法但名宗 謂一說部等 … 七 三性空有宗 謂遍計是空 依圓有故 八 眞空絶相宗 謂心境兩亡 直顯體故 九 空有無礙宗 謂互融雙絶 而不礙兩存 眞如隨緣 具恒沙德故 十 圓融具德宗 謂事事無礙 主伴具足 無盡自在故", "그러나 이 십종은 뒤로 갈수록 앞서보다 깊으니 앞의 넷은 소승일 뿐이고, 다섯째와 여섯째는 대소승에 통하며, 뒤의 넷은 대승일 뿐이다. 일곱째는 법상종이고 여덟째는 무상종이며 뒤의 둘은 곧 법성종이다. 또 일곱째는 시교이고 여덟째는 돈교이며 아홉째는 종교이고 열째는 원교이다. 또 일곱째는 이제구유종이라고도 하니 승의 진실이지만 세속이 없지 않고 인과를 잃지 않아서 유인데 저 『해심밀경』·『유가사지론』 등과 같다. 여덟째는 이제쌍절종이라고도 하니 승의가 상을 여의었기에 세속이 있을 리 없다. 연따라 생함이 저 환과 같기에 없지도 않다. … 곧 반야와 삼론 중 일분의 뜻이다. 아홉째는 이제무애종이니 저 『유마경』·『법화경』 등과 같으며 뜻은 저 앞에서 드러낸 것과 같다. 然此十宗 後後深於前前 前四唯小 五六通大小 後四唯大乘 七卽法相宗 八卽無相宗 後二卽法性宗 又七卽始教 八卽頓教 九卽終教 十卽圓教 又第七 亦名二諦俱有宗 謂勝義眞實故不無世俗 因果不失故是有 如深密瑜伽等 第八 亦名二諦雙絶宗 謂勝義離相故 非有世俗 緣生如幻故是無 … 卽般若三論中一分之義 九 二諦無礙宗 如維摩法華等 義如前顯", 『여정어록』「서 序」(대정장48, p.121a21)에 "오가종파 중 조동은 기관을 드러내지 않고 임제는 방할이 분명하니, 진실로 그 연유를 얻어 문호에 쉽게 든다. 五家宗派中 曹洞則機關不露 臨濟則棒喝分明 苟得其由 門戶易入", 『불조통기』 권29(대정장49, p.292b23)에 "〔술〕 육조 후에 두 파가 되었으니, 하나는 청원행사로 행사는 석두 희천에게 전하였고 그 아래가 조동·운문·법안이 되었으며, 다른 하나는 남악회양으로 회양은 마조에게 전하였고 그 아래가 임제와 위앙이 되었다. 이것이 오가종파가 되지만 도라함에는 하나일 따름이다. 述曰 六祖之後 爲二派 一曰 青原思 思傳石頭遷 其下爲曹洞雲門法眼 一曰 南岳讓 讓傳馬祖 其下爲臨濟潙仰 是爲五家宗派 道一而已", 『남명천화상송증도가사실』 권3(한불전6, p.149a10)에 "비록 불법을 전해 지녔더라도 각기 종파로서 같지 않아 서로 서로 공격하니, 이는 모두 법의 문중에서는 마군들의 일이다. 雖傳持佛法 各以宗派不同 互相攻擊者 此皆爲法門魔事", 『범해선사문집』 권2 「불조원류서 佛祖源流序」(한불전10, p.1093a10) "원류라 하니, 원이란 종이고 류란 파이니 불조의 종파를 말한다. 源流者 源 宗也 流 派也 謂佛祖之宗派也", 『증곡집』 권하 「종파서 宗派序」(한불전12, p.799a16)에 "무릇 종파라 하니, 무엇을 부르는 말인가? 종이란 근원이고 파란 흐름이다. 그러므로 퍼져 흐르는 파가 비록 천 갈래라도 샘은 하나다. 그 나온 종이 비록 한 샘이라 해도 나뉘어 천 갈래를 짓는다. 그러나 이 한 종의 천갈래 후손들이 각각 그 명맥을 따라 나뉘어 팔역으로 머물고, 앞선 것이 뒤로 돌아가고 세대에 의지 함이 점점 멀어져 천백의 해가 되다보니 한번도 보지 못한 이들이 하고 많다. 그러기에 앞서 오랜이들이 뒤의 일은 알지 못하고 후생들도 앞선 일은 볼 수 없게 되었다. 선후가 서로 보아도 흙칠한 이 보듯 하니 이야말로 가히 샘을 잊은 물결이고 물길 잃어버린 샘이다. 凡宗派者 何謂以稱也 曰 宗者 源也 派者 流也 故派雖千流 出自一源 宗雖一源 分作千流 然此一宗千派之孫各由所命 分居八域而先歸後 寄世代踈遠 於千百載 無有一見者 多矣 故先長者不知後 後生者不見先 先後相對 如塗人之相視 是可謂失宗之派 無派之宗也"라고 하였다. 〔참고문헌〕『俱舍論』, 『俱舍釋論』, 『華嚴經疏』, 『如淨語錄』, 『佛祖統紀』, 『南明泉和尙頌證道歌事實』, 『梵海禪師文集』, 『曾谷集』, *Abh-k-bh*. ⇨ 종종 1, 종의 宗義, 종지 宗旨, 종사 宗師, 서산대사비 西山大師碑, 자초 自超, 중원 重遠

종파탈파 縱破奪破 좇아 파하고 벗어나 파하다. 『벽암록』 94칙 「평창 評唱」(대정장48, p.217c9)에 "마치 영양이 뿔을 걸고 소리와 메아리로 자취를 좇아 숨소리마저 도무지 끊는 듯하니 그대는 어느 곳 향해 찾아 헤매는가? 경의 뜻이란 처음엔 좇아 파하지만 뒤에는 벗어나 파한다. 如羚羊掛角 聲響蹤跡 氣息都絶 爾向什麽處摸索 經意初縱破 後奪破"라고 하였다. 〔참고문헌〕『碧巖錄』. ⇨ 종탈 縱奪

종판 鐘板 신호용으로 치는 쇠판. 『사미율의요략술의』 권하(卍속장106, p.451a7)에 "종판이라 하니 이것은 백장이 건립하였다. 鐘板 是百丈建立", 『환주암청규』 「정월 正月」(卍속장111, p.973a12)에 "초하루 설날 오경에 종판을 울려 대중이 모이면 대비주로 축원한다. 初一日歲旦 五更鳴鐘板衆集 大悲呪祝", 『열조제강록』 권42 「괘판법어〈괘종판〉 挂板法語〈挂鐘板〉」(卍속장112, p.789b4)에 "석우방선사 보수가 종판을 거는 기념으로 설법하였다. '… 여기에 그윽한 말이 있으니 누가 화답해 보겠는가?' 잠깐 침묵하다가 말했다. '아무도 없으니, 앙노 두 상좌가 가서 칠 것이다'. 마침내 종판을 쳤다. 石雨方禪師寶壽挂鐘板 … 今有密言 有誰唱和 良久曰 無則仰勞二上座去也 遂擊鐘板"라고 하였다. [참고문헌]『沙彌律儀要略述義』, 『幻住庵淸規』, 『列祖提綱錄』.

종품 宗稟 우러러 품 받다. 『불소행찬』 권3(대정장4, p.29a2)에 "뭇 생들 모두 물들어 집착해 있게 되나, 집착하는 모습 없으며, 세간의 마음은 동요하나, 모든 근 홀로 고요하네. 빛나는 얼굴은 보름달 같고, 감로의 나루터 맛본 듯하네. 용모는 대인의 모습이고, 지혜의 힘 자재하신 왕이며, 해야 할 일 이미 마쳤으니, 어떤 스승을 으뜸으로 섬기겠는가? [답] 내게는 스승이 없으며, 으뜸으로 여길 이도 이길 만한 이도 없다네. 스스로 깊고 깊은 법을 깨달아, 사람으로서는 얻지 못한 것 얻었다네. 群生皆染著 而有無著容 世間心動搖 而獨靜諸根 光顏如滿月 似味甘露津 容貌大人相 慧力自在王 所作必已辦 爲宗稟何師 答言 我無師 無宗無所勝 自悟甚深法 得人所不得", 『양고승전』 권1(대정장50, p.327a16)에 "법조(法祖)는 재주와 생각이 뛰어나게 사무쳐 지혜롭고 밝아서 무리에서 빼어났다. 날마다 팔구천 말씀의 경을 외우고, 방등을 궁구하여 그윽하고 미묘한 경지에 들었으며, 세속의 분소(墳素 : 옛 성현의 전적)마저 많이도 꿰뚫었다. 이에 장안에 정사를 지어 강습하는 것으로 업을 삼으니, 세간과 출세간이 우러러 품 받으니 천 명에 달했다. 祖 才思俊徹 敏朗絶倫 誦經日八九千言 硏味方等 妙入幽微 世俗墳素 多所該貫 乃於長安 造築精舍 以講習爲業 白黑宗稟 幾且千人"라고 하였다. [참고문헌]『佛所行讚』, 『梁高僧傳』.

종풍 宗風 으뜸의 바람. 종문(宗門)에서 으뜸이라 여겨 높이 드러내는 나름의 종지(宗旨)나 행의(行儀) 등을 널리 전하고 오래가게 하는 뜻에서 바람에 비유한다. 『임제록』(대정장47, p.496b20)에 "임제에게 물었다. '어느 집안 곡조 부르고, 종풍은 누구로부터 이었습니까?' '나는 황벽의 처소에서 세 차례 물었다가 세 차례 얻어맞았다'. 問師 唱誰家曲 宗風嗣阿誰 師云 我在黃檗處 三度發問 三度被打", 『경덕전등록』 권15 「덕산선감전 德山宣鑑傳」(대정장51, p.318a2)에 "설봉이 덕산에게 물었다. '위로부터의 종풍이라 하니 어떤 법으로 후인들에게 보이는지요?' '우리 종에 어구란 없으니 참으로 사람들에게 전할 한 법마저 없다'. 雪峯問 從上宗風 以何法示人 師曰 我宗無語句 實無一法與人", 같은 책 권21 「중기명진전 重機明眞傳」(대정장51, p.372c10)에 "만일 종풍을 곧바로 들어 오직 본분사만 소리쳐 말한다면 저 아득한 돌과 같을 뿐, 범성이 끊어진 소식 말한다면 대지산하마저 사라지고 시방세계 온통 도무지 외눈이다. 若直擧宗風 獨唱本分事 便同於頑石 若言絶凡聖消息 無大地山河 盡十方世界 都是一隻眼", 『오조법연어록』 권하(대정장47, p.662c26)에 "단일 제일의마저 없다면 무엇을 가져 종풍을 건립하는가? 다만 저 지금의 성제와 같으리니 그에게 제일의가 없다면 무엇으로 천하를 다스리겠는가? 若無第一義 將什麽建立宗風 只如當今聖帝 若無第一義 將什麽統御天下", 『원오어록』 권4(대정장47, p.729a18)에 "한결같이 우뚝 솟은 봉우리에 홀로 머물러 아득한 하늘만 바라본다면 비록 종풍을 묻어 버리지는 않겠지만 너무 높기만 한 것은 아닌가! 한결같이 사방 대로에서 흙먼지를 뒤집어쓴 모습으로 중생을 가르치고 기틀에 응한다 한들 비록 자기마저 묻는 일이어서 너무 수치스럽지는 않겠는가! 一向孤峯獨宿 目視雲霄 雖則不埋沒宗風 無乃太高生 一向十字路口 土面灰頭 利物應機 雖則埋沒自己 無乃太屈辱生", 『굉지광록』 권5(대정장48, p.68b15)에 "학인이 물었다. '법의 뜰 열어 건립하여 각각 일가를 이루니 다섯 갈래 종문의 바람 제가 하나씩 물어도 되겠는지요?' '그대가 한번 물어 보라' '운문의 종풍은 어떤지요? '입 열어 다 보이니, 어지럽게 헤아리지 마라' '임제의 종풍은 어떤지요?' '아픈 시절에 황벽의 몽둥이 몸소 맞았고, 알아차린 때에는 도리어 대우의 주먹이 날아왔다' '조동의 종풍은 어떤지요?' '어둠 속에서는 갈라져 서로 바꾸고, 밝음 속에서는 다시 몸을 뒤친다' '법안의 종풍은 어떤지요?' '한 마디로 시방을 다하니, 한 터럭조차 들어 올릴 일 없다' '위앙의 종풍은 어떤지요?' '잣대 가져 낱낱이 밝히니 부자가 한 가지에 매달린다' '오가의 종파가 스님의 가르침을 입었을 터 격외에서 그윽히 보이는 일들은 어떠한가요?' '물총새 차오르며 뒤치니 연잎에 비 내리고 해오라기 이리저리 나르니 대숲이 자욱하네'. 스승이 이에 말했다. '저 일 참하고 익히는 것으로 말하자면, 곧바로 반드시 은밀한 곳에 이르러 있어야 능히 일체처에서 자재하고 일체처에서 초월하며 분 밖에 저 법 없는 줄 알고, 저 분 밖에 저 마음 없는 줄도 안다'. 僧問 門庭建立 各是一家 五派宗風 還許學人一一請問也無 師云 爾試問看 僧云 如何是雲門宗 師云 開口見膽 莫亂商量 僧云 如何是臨際宗 師云 痛處 親遭黃檗棒 省時 還領大愚拳 僧云 如何是曹洞宗 師云 暗裏分回互 明中却轉身 僧云 如何是法眼宗 師云 一言盡十方 絲毫未擧揚 僧云 如何是潙仰宗 師云 棬攣明一點 父子却同條 僧云 五家宗派蒙師指 格外玄機事若何 師云 翡翠踏翻荷葉雨 鷺鷥衝破竹林煙 師乃云 若論參學底事 直須做到平常穩密處 方能一切處自在 一切處超越 了無分外底法 了無分外底心"라고 하였다. [참고문헌]『臨濟錄』, 『景德傳燈錄』, 『五祖法演語錄』, 『圜悟語錄』, 『宏智廣錄』. ⇨ 종 宗❶, 종지 宗旨, 가풍 家風, 선풍 禪風, 면밀종풍 綿密宗風, 법안종

풍 法眼宗風, 임제종풍 臨濟宗風

종해탈 從解脫 Ⓢ prātimokṣa, Ⓟ pāṭimokkha, pātimokkha. 바라제목차(波羅提木叉)의 한역어. 좇아(prāti) 해탈(mokṣa)하다. 즉 약속한 계(戒)를 지켜 가져서 끝내 해탈하기에 이렇게 부른다. 별해탈(別解脫)·처처해탈(處處解脫)이라고도 한다. 『중아함경』 권10 「미혜경 彌醯經」(대정장1, p.491b28)에 "미혜여! 비구라면 금계를 닦아 익혀서 종해탈을 수호해야 하며, 또 위의와 예절을 잘 거둬서 티끌만큼의 작은 죄를 보아도 항시 두려움을 품고서 학계를 받아 가져야 한다. 彌醯 比丘者 修習禁戒 守護從解脫 又復善攝威儀禮節 見纖芥罪 常懷畏怖 受持學戒", 같은 책 권15 「삼십유경 三十喩經」(대정장1, p.518c12)에 "세존께서는 15일마다 종해탈을 설하실 때 비구중 앞에 자리를 펴고 앉으셨는데, 세존께서는 앉으시고 나서는 바로 선정에 들어 비구들의 마음을 관하셨다. 世尊 於十五日 說從解脫時 在比丘衆前 敷座而坐 世尊坐已 便入定意 觀諸比丘心"라고 하였다. [참고문헌] 『中阿含經』, *Bodh-bh.112., AN.4.357.* ⇨ 계 戒, 계본 戒本[1], 바라제목차 波羅提木叉, 별해탈 別解脫, 칠중계 七衆戒

종행관 從行觀 행(行)을 좇아 관하다. 부법관(附法觀)·탁사관(託事觀)과 함께 천태지의(天台智顗)가 제시한 세 가지 관심법(觀心法) 중 하나다. 『지관의례』 권하(대정장46, p.458a10)에 "무릇 마음을 관한다는 것은 그 뜻에 오직 세 가지다. 첫째 종행이니 만경에 있어서 일심만을 관한다. 만경이 비록 다르지만 묘관의 이치는 한결같으니 저 음 등을 관하는 것과 같으니 이것도 그 뜻이다. 夫觀心者 義唯三種 一者 從行 唯於萬境觀一心 萬境雖殊 妙觀理等 如觀陰等 卽是其意也", 『마하지관의례찬요』 권6(卍속장99, p.765b15)에 "첫째, 종행관을 밝히겠다. '오직 만경에서 일심만을 관한다'라는 이 말은 앞의 구절과 같다. 또한 먼저 만법이 오직 마음일 뿐임을 깨우쳐야 비로소 마음을 관할 수 있다. '만경이 비록 다르지만 묘관의 이치는 한결같다'라는 말은, 관할 만경 비록 다르지만 만약 잘 관하게 되면 일심이 아님이 없고 드러나는 이치도 삼제가 아님이 없다. '저 음 등을 관하는 것과 같으니 이것도 그 뜻이다'라는 말은 만경이 비록 다르지만 묘관의 이치는 한결같음을 증득한다는 뜻이다. 이 관은 바로 이 행을 따라서 세웠으니 법상이나 사상을 인하지 않고 밝힌다. 그러므로 행을 따른다는 의미에서 종행관이라 한다. 그러므로 이것은 『마하지관』에서 가리키는 십경과 십승이다. 初明從行觀 唯於萬境觀一心者 此如前文 又亦先了萬法唯心 方可觀心也 萬境雖殊 妙觀理等者 所觀萬境 雖則有異 若能觀觀 無非一心 所顯之理 無非三諦也 如觀陰等 卽其意也者 證於萬境雖殊 妙觀理等也 此觀 正是從行而立 不因法相事相而明 是故謂之從行觀也 故此正指摩訶止觀 十境十乘", 『태종십류인혁론』 권2(卍속장95, p.913b13)에 "종행관이라 한 까닭은 이는 오직 지와 관을 지키는 뜻이니, 오로지 관행하는 근기를 위하여 십승과 십경을 세울 뿐이다. 所以從行觀者 是固止觀 專爲觀行之機 立以乘境"라고 하였다. [참고문헌] 『止觀義例』, 『摩訶止觀義例纂要』, 『台宗十類因革論』. ⇨ 삼관 三觀[2], 약행관 約行觀

종헌 宗憲 1876~1957. 근현대 스님. 호는 만암(曼庵) 또는 목양도인(牧羊道人), 자호는 일휴산인(一休山人), 속성은 송(宋)씨, 본관은 여산(礪山). 아버지의 이름은 의환(義煥), 어머니는 김씨다. 1876년(고종13) 1월 17일 전라북도 고창군 고창읍 중거리에서 넷째 아들로 태어났다. 4세 때 아버지를 잃고 1886년(고종23) 11세 적에 어머니마저 돌아가시자 인간무상을 깊이 느끼고 발심하여 장성 백양사(白羊寺)로 찾아가 취운도진(翠雲道珍)을 은사로 하여 스님이 되었으니, 태고보우(太古普愚)의 18대, 호암체정(虎巖體淨)의 7대, 연담유일(蓮潭有一)의 6대 법손이 된다. 1891년(고종28)부터 제방강원으로 다니면서 무려 10년간 교학을 연마하였는데, 주로 정호(鼎鎬 : 映湖) 박한영(朴漢永)에게서 수학하였다. 1901년(광무5) 4월 15일 하안거부터 백양사 운문선원에서 10여 년 동안 선리(禪理)를 탐구하였고, 1910년 경술국치(庚戌國恥)를 당한 후부터는 민생을 위로하기 위해 주로 호남지방을 다니면서 쉴 새 없이 포교하였다. 1911년부터 3년간 개당(開堂)하여 후학을 지도했으며, 1914년 대본산인 백양사 주지에 취임하여 26년간 재직하였고, 1940년 중앙불교전문학교 교장에도 3년간 재직하였다. 1946년 광주에 정광중학교(淨光中學校)를 설립하고 7년간 교장직을 겸임하였으며, 그 해 백양사에 고불회총림(古佛會叢林)을 설치하기도 하였다. 스님은 백양사에서 법당에 비구를 정법중(正法衆), 대처를 호법중(護法衆)이라는 표찰을 붙여놓고 비구와 대처를 구분해 한 산중에 있게 하였다. 비구인 자신이 대처승을 현실적으로 인정한 것이 되었고, 당시 용성진종(龍城震鐘)·남전광언(南泉光彦) 등 127명은 한국불교승가에 대처는 인정할 수 없다고 주장하며 백용성을 필두로 하여 사찰 내 대처승거주를 금지하는 건의서를 총독부에 제출하기도 하였다. 1952년 한암중원(漢巖重遠)의 뒤를 이어

종헌

교정(敎正 : 지금의 宗正)에 추대되어 2년간 재임하였다. 그는 당시 총무원장 지암(智庵) 이종욱(李鐘郁)에게 종명을 '조계종'이라 하고 종헌에 수행승(비구)과 교화승(대처)으로 구분하는 제도를 연구토록 지시하기도 하였다. 1951년 통도사(通度寺)에서 열린 중진회의에서 수행승 위주의 사찰운영으로 바꾸든지 아니면 비구측 요구대로 통도사·해인사(海印寺)·송광사(松廣寺) 등을 비구승에게 할애하자고 주장하였으나, 이미 종권을 잡고 있던 대처승측의 반대로 무산되었다. 1953년 태고사(지금의 조계사) 주지회의도 비구측의 뜻이 받아들여지지 않자 그 해 가을 안국동 선학원에서 비구승(수좌) 300여 명이 모여 대처승을 규탄하는 제1차 회의를 가졌다. 이러던 중 1954년 5월 이승만대통령이 불교정화의 뜻을 받아들여 일본불교의 잔재를 말끔히 씻어버리도록 하라는 '대비지문교제4호 大祕指文敎第四號'의 특별유시가 천명되었고, 비구측은 그 해 9월 선학원에서 전국비구승대회를 열고 종정에 만암종헌(曼庵宗憲), 부종정에 동산혜일(東山慧日), 도총섭에 청담순호(靑潭淳浩)를 각각 선출했다. 스님은 당시 종정으로서 정화운동의 방향에 대한 비구대표자들 간의 이견을 조정하려고 노력했으나 실패했다. 그 후 백양사에서 칩거하던 중 1957년 1월 10일 세수 82, 법랍 71세를 일기로 입적하였다. 다비 후 사리 8과가 나와 제주와 백양사에 탑을 세우고 봉안하였다. 제자에는 서옹상순(西翁尙純) 등이 있으며, 1957년 권상로(權相老)가 비문을 지어 세운 비와 1982년 이가원(李家源)이 비문을 지어 세운 비가 백양사에 있다. [참고문헌] 『曼庵文集』「曼庵大宗師舍利塔碑銘」, 智冠『韓國高僧碑文總集 朝鮮朝·近現代』pp.998~999.

종현 宗玄 1906~1989. 근현대 스님. 대한불교관음종(大韓佛敎觀音宗)의 종정(宗正). 호는 철운(鐵雲), 속성은 조(趙)씨. 1906년(광무10) 전라남도 고흥(高興)에서 태어났다. 순천 선암사(仙巖寺)로 찾아가 경운원기(擎雲元奇 1852~1936)의 제자인 보광(普光)을 은사로 스님이 되었다. 1927년 항일독립운동을 위해 조선불교청년동맹운동과 조선불교학인대회총연맹운동 등을 벌였다. 1929년 서울 성북구 안암동 개운사(開運寺)의 박한영(朴漢永) 강주에게서 대교(大敎)를 졸업하고 일본 구택(駒澤)대학으로 유학하여 불교학을 연마했다. 귀국 후 1939년부터 공주 마곡사(麻谷寺)·대구 동화사(桐華寺)·고창 선운사(禪雲寺) 등에 11년간 강주로 있으면서 후학을 지도했다. 1988년 1월 관음종 종정에 추대되어 관음종의 발전에 힘을 기울였다. 1989년 8월 31일 세수 84세로 입적하였다. 저서는 『법화경강설요지 法華經講說要旨』·『선문염송강의 禪門拈頌講義』·시집 『나그네길』 등이 있다.

종현 宗顯 북송대 임제종(臨濟宗) 스님. 호는 정각(正覺), 속성은 왕(王)씨. 동천(潼川 : 四川省 三臺) 출신. 어린 나이에 진사가 되어 세상에 이름을 알렸지만, 시냇물 움켜쥐는 놀이를 하다가 무상(無常)을 깨닫고 속세의 영화를 버리고 소각사(昭覺寺) 순백(純白) 문하로 출가하여 구족계를 받은 다음 대중과 함께 수행하였다. 『대명고승전』 권7 「종현전」(대정장50, p.928c8)에 "어느 날 백공이 '높디높은 봉우리 끝에 서고 깊디깊은 바다 밑에서 행한다. 어떻게 하겠는가?'라는 말을 듣고 홀연히 깨우쳐 '발꿈치에 못 박다니'라고 했다. 一日白公問 高高峰頂立 深深海底行 作麼生會 忽於言下頓悟曰 釘殺脚跟也"라고 하였다. 그 뒤 회제(淮制) 등 여러 총림을 다니며 보임하였다. 만년에 오조법연(五祖法演)문하에서 수행하면서 명성이 멀리까지 퍼졌고 마침내 성도부(成都府 : 四川省 成都市) 신상사(信相寺)를 시작으로 여러 산문에 주석하였다. [참고문헌] 『大明高僧傳』, 『續傳燈錄』 권26(대정장51, p.645c20), 『嘉泰普燈錄』 권10(卍속장137, p.172a5).

종현 從顯 906~983. 북송대 법안종(法眼宗) 스님. 천주(泉州 : 福建省) 보전(莆田) 출신. 어릴 때 천주 석제산(石梯山)으로 출가하여 구족계를 받고 법안문익(法眼文益) 문하에서 수학하다가 그 법을 이었다. 승주(昇州 : 江蘇省) 묘과원(妙果院)에 주석하다가 뒤에 홍주(洪州 : 江西省) 관음원(觀音院)에 주석하였다. 983년(태평흥국8) 9월에 세수 78세로 입적하였다. 시주였던 원장사(袁長史)가 서산(西山)에 탑을 세웠다. [참고문헌] 『景德傳燈錄』 권25(대정장51, p.417b12), 『五燈會元』 권10(卍속장138, p.364b5).

종협 宗協 1906~2003. 근현대 스님. 호는 고송(古松). 1906년(광무10) 경상북도 영천에서 태어났다. 1920년 15세 때 팔공산(八公山) 파계사(把溪寺)로 찾아가 상운(祥雲)을 은사로 하여 스님이 되었다. 1923년 18세 때 합천 해인사(海印寺)에서 용성진종(龍城震鐘)으로부터 비구계를 받았다. 그 후 1925년 20세부터 양산 통도사(通度寺) 선방을 시작으로 오대산 상원사(上院寺), 금강산 마하연(摩訶衍), 유점사(楡岾寺), 신계사(神溪寺 : 新戒寺) 등 선원에서 정진하다가 묘향산 보현사(普賢寺)에 머물렀으니 당대 많은 선지식 스님들을 모시고 격외종지(格外宗旨)를 거양(擧揚)하였다. 상원사에 있을 때 한암중원(漢巖重遠)대종사로부터 '고송'이라는 법호(法號)와 함께 다음과 같은 전법게를 받았다. "경문을 읽지도 좌선을 하지도 않으면서, 말없이 마주앉았으니 이 무슨 종인가? 풍류가 아닌 곳에 풍류가 가득하니, 푸른 봉에 천년이나 된 빼어난 고송이여. 不讀全文不坐禪 無言相對是何宗 非風流處風流足 碧峰千年秀

古松"라고 하였다. 이어 용성이 주관한 도봉산 망월사(望月寺)의 삼십년결사에도 동참했다. 일제강점기에는 불교잡지를 발행하던 만해(卍海) 한용운(韓龍雲)을 돕기도 했다. 대한불교조계종 감찰원장을 역임하였으며, 1942년부터 파계사 주지에 취임하여 가람을 일신 중수하였다. 2003년 9월 22일(음력 8월 26일) 0시 40분 세수 98, 법랍 83세를 일기로 파계사에서 입적하였다. 제자에는 도원(道圓)·성우(性愚) 등 많은 제자가 있다. 〔참고문헌〕『불교신문』(2003.9.30).

종화합생 從和合生 서로 쫓아 화합하여 일어나다. 자성이 없는(無自性) 일체법(一切法)이 서로 연하여 일어나는(緣起) 뜻이다. 『대지도론』 권19(대정장25, p.197c25)에 "삼계세간은 모두 쫓아 화합에서 생한다. 화합으로 생한 것은 자성이 있을 리 없다. 자성이 없기에 이는 바로 공이며 공이기에 가히 취할 수 없고, 상을 취할 수 없기에 그대로 열반이다. 三界世間 皆從和合生 和合生者 無有自性 無自性故 是則爲空 空故不可取 不可取相 是涅槃", 『아비담비바사론』 권13(대정장28, p.93b29)에 "화합이란 이 연기다. 쫓아 화합하여 일어나니 이것이 연생이다. 和合是緣起 從和合生是緣生", 『중론』 권2(대정장30, p.13a21)에 "쫓아 화합에서 생했다면 자성이 없고 자성이 없으므로 공이며 공이라면 일어난 것도 없다. 다만 범부의 기억과 상상의 분별을 따라 짓는 법도 있고 짓는 이도 있다고 설한다. 제일의 뜻 중에는 작업도 작자도 없다. 若從和合生 則無自性 無自性故空 空則無所生 但隨凡夫憶想分別故 說有作業有作者 第一義中無作業無作者", 같은 책 권3(대정장30, p.26b6)에 "만약 여러 인연이 화합하여 어떤 과가 발생한다고 하면 이 과는 화합 속에 이미 있었다는 의미이며 화합에서 발생한다는 이 논리는 타당하지 않다. 왜 그런가? 과는 결정된 체로서 이전부터 있었으니 응당 화합에서 발생하지 않기 때문이다. 若謂衆因緣和合有果生 是果則和合中已有 而從和合生者 是事不然 何以故 果若先有定體 則不應從和合生"라고 하였다. 〔참고문헌〕『大智度論』, 『阿毘曇毘婆沙論』, 『中論』. ⇨ 공 空, 무자성 無自性, 연기 緣起[1], 연생 緣生, 작자 作者[1], 작업 作業

종효 宗曉 1151~1214. 남송대 스님. 자는 달선(達先), 호는 석지(石芝), 속성은 왕(王)씨. 사명(四明 : 浙江省) 출신. 18세에 구족계를 받고 구암강공(具菴强公)과 운암홍공(雲菴洪公)에게 차례로 사사받았으며, 얼마 후 사명 창국(昌國) 취라사(翠蘿寺)의 주지가 되었다. 그 후 물러나 서산(西山)에 은거하면서 매일 『법화경 法華經』 독송하는 것을 일과로 삼았으며, 후에 절서(浙西) 지역의 절들을 3년 간 다녔는데 중간에 대부승(大府丞) 왕(汪)공의 청을 받고 참수사(參秀寺)의 주지를 맡기도 했다. 물러난 후에는 연경사(延慶寺)의 제일좌(第一座)가 되었으며 강연하고 남는 시간에 『법화현응록 法華顯應錄』 2권과 『낙방문류 樂邦文類』 5권을 편찬하였으며 『유석효기 儒釋孝紀』·『명량숭석지 明良崇釋志』 등을 집록하고 주를 달았다. 『법화경 法華經』을 피로 사경하였고, 『화엄경 華嚴經』·『보적경 寶積經』·『반야경 般若經』·『열반경 涅槃經』 등을 사경하였으며, 중림거사(中林居士) 장종의(張宗義)를 위해 진종(眞宗) 황제가 주석한 『사십이장경 四十二章經』을 써 주기도 하였다. 40여 년 간 교관(教觀)을 널리 전하는 데 힘썼으며 만년에는 마음을 닦는 데 더 천착하였다. 1214년(가정7)에 세수 64, 법랍 47세를 일기로 입적하였다. 저서에는 전술한 책들 이외에도 『낙방유고 樂邦遺稿』 2권·『사명존자교행록 四明尊者教行錄』 7권·『삼교출흥송주 三教出興頌注』·『보운진조집 寶雲振祖集』·『금광명경조해 金光明經照解』 2권·『시식통람 施食通覽』·『명교편 明教編』 등이 있다.

종휘 宗暉 굴산사(崛山寺)의 개산조인 범일(梵日)국사의 제8대 법손이며 고려후기 보조지눌(普照知訥 1158~1210)의 은사스님. 「송광사불일보조국사비문 松廣寺佛日普照國師碑文」에 "스님은 날 때부터 병이 많아 백약이 무효하였다. 이에 아버지가 출가를 맹세하며 부처님께 기도하자 병은 바로 나았다. 8세(1165·의종19) 때에 조계운손(曹溪雲孫) 종휘를 은사로 하여 스님이 되고 구족계를 받았다. 生而多病 醫治不效 乃禱佛誓以出家 疾尋愈 年甫八歲 投曹溪雲孫 宗暉禪師 祝髮 受具戒"라고 하였다. 〔참고문헌〕李智冠 『校勘譯註歷代高僧碑文』 高麗篇4, 『朝鮮金石總覽』 권하 p.950, 『朝鮮佛教通史』 권하 p.337. ⇨ 지눌 知訥

종휴 宗休 1468~1549. 일본 전국(戰國)시대 임제종 스님. 법호는 대휴(大休). 어려서 경도(京都)의 동복사(東福寺) 영명암(永明庵)으로 출가하여 수학하였다. 이후 용안사(龍安寺)의 특방선걸(特芳禪傑)에게 참학하여 인가받았다. 서원원(西源院)과 용안사 주지를 거쳐 임제종 본찰인 묘심사(妙心寺) 주지가 되었다. 만년에는 인근의 영운원(靈雲院)을 개창하고 주석하였다. 후내랑천황(後奈良天皇)에게 종지를 강론하고 '원만본광국사(圓滿本光國師)'라는 시호를 받았다. 천문(天文) 18년 8월 24일, 세수 82세로 입적하였다.

종흥 宗興 ?~1914. 청대 스님. 자는 세창(世昌), 속성은 장(張)씨. 사천성(四川省) 숭경(崇慶) 출신. 어릴 때 상광엄사(上光嚴寺)의 심유(心維) 문하로 출가하였고, 스물넷에 사천성 신도(新都 : 成都市) 보광사(寶光寺) 자심(慈心)에게 구족계를 받았다. 그 뒤 상광엄사로 돌아가 새로운 의규(儀規)에 힘을 쏟아 고행을 닦으며 절을 세우고 대장경의 결락된 부분을 보수하는 작업에 몰두하였다. 1903년(광서29) 귀향하여 보광사에 주석하였다. 오래 지나지 않아 태국과 인도 등지를 순례하고 돌아와 스리랑카의 달마파라(達摩波羅)에게 얻은 삼과(三顆)의 사리와 이존(二尊)의 옥불(玉佛)을 보광사에 기증하고자 사리석탑(舍利石塔) 일좌를 건립하여 공양하였다. 1908년(광서34) 정조(靜照)에 청하여 보광사 주지를 계승토록 부탁하고 다른 절에 은거하였다. 1913년(민국2) 병을 얻어 다음 해 3월 입적했다. 보광사 대중이 의발탑(衣鉢塔)을 건립하였고, 영남 장원옥(張元鈺)이 기(記)를 지었다. [참고문헌]『新續高僧傳』 권59(대장경보편27, p.431a19).

좌 左 실담자 𑖓(ca)의 음사어. 실담 오십자문(五十字門) 또는 사십이자문(四十二字門) 중 하나. 𑖓는 자(者)·차(遮)·찰(拶)로도 음사한다. 이 실담자를 첫음절로 하는 짜뜨바리 아리야-사띠야니(Ⓢcatvāri ārya-satyāni : 四聖諦), 찌우띠(Ⓢcyuti : 遷變), 짜리야(Ⓢcaryā : 行)의 머릿자다. 『금강정경석자모품』(대정장18, p.338c11)에 "좌자문에서 일체법은 일체천변을 여읜다. 𑖓 左字門 一切法離一切遷變故", 『문수문자모품』(대정장14, p.509c4)에 "좌(𑖓)자를 부를 때 이는 사성제소리다. 稱左字時 是四聖諦聲"라고 하였다. [참고문헌]『金剛頂經釋字母品』, 『文殊問字母品』. ⇨ 오십자문 五十字門, 사십이자문 四十二字門[1], 실담 悉曇

좌 坐 Ⓢniṣaṇṇa, Ⓟnisajjā, Ⓣzhugs-pa. 앉다. 사위의(四威儀 : 行 住 坐 臥) 중 하나다. 앉는 방식에 따라 결가부좌(結跏趺坐)·반가부좌(半跏趺坐)·거좌(踞坐)·장궤(長跪)·호궤(互跪) 등이 있으며, 밀교에서는 수법(修法)에 따라 살가부좌(薩結跏坐)·연화좌(蓮華坐)·현좌(賢坐)·올구타좌(嗢倶吒坐) 등이 있다. 『유가사지론』 권24(대정장30, p.415a14 : *Śrāv-bh.*, p.118)에 "또 예를 들면 한 부류가 있다. 큰 대상이나 작은 승상이나 풀이나 나뭇잎으로 만든 자리나 방석들이나 니사단에서 결가부좌하고서 몸을 단정히 하고 원을 바르게 하고 배념에 안주한다. 이와 같은 류들을 좌라고

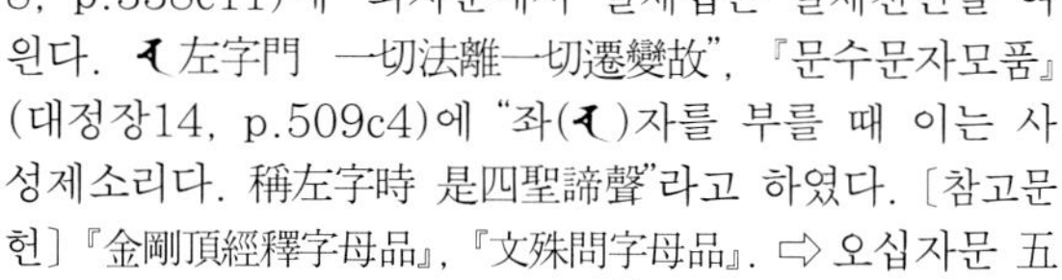

좌『선문조사예참의문』1660년

한다. 復如有一 或於大床 或小繩床 或草葉座 或諸敷具 或尼師壇 結跏趺坐 端身正願 安住背念 如是等類 說名爲坐 yathāpīhaikatyo maṃce, vā, pīṭhe vā, tṛṇasaṃstaraṇe vā, sannivisati vā, sanniṣīdati vā. paryaṅkamābhujya, ṛjuṃ kāyaṃ praṇidhāya, pratimukhīṃ smṛtimupasthāpyedamucyate niṣaṇṇam", 『대승의장』 권15(대정장44, p.765b25)에 "늘 앉는다는 말하니, 사위의 중에서 걷거나 서 있는 것은 너무 힘들고 누워 있는 것은 너무 안락하지만, 앉는 것은 양 극단을 여의어 오래 견딜 수 있다. 그러므로 늘 앉아야 한다. 또 걷거나 서 있으면 마음이 들뜨고 움직여 거둬 가지기가 어렵고, 누워 있으면 혼침하여 수면에 드는 경우가 많지만, 앉는 것은 혼침도 도거도 벗어날 수 있으니 반드시 늘 앉아야 한다. 言常坐者 四威儀中 行立太苦 臥則太樂 坐離二邊 堪能長久 故須常坐 又復行立 心則掉動 難可攝持 臥則昏沈 多入睡眠 坐離沈掉 故須常坐"라고 하였다. [참고문헌]『瑜伽師地論』, 『大乘義章』, *Śrāv-bh.* ⇨ 결가부좌 結跏趺坐, 반가부좌 半跏趺坐, 장궤 長跪

좌 座 Ⓢāsana, Ⓣstan. 앉는 자리. 불보살·제천·비구들이 앉는 자리. 좌구(坐具)를 가리키기도 한다. 『장아함경』 권2 「유행경 遊行經」(대정장1, p.11b23)에 "이때 세존께서는 바로 자리에서 일어나 법강당으로 가신 뒤 자리로 가서 앉으시고는 비구들에게 말씀하셨다. '내가 그대들에게 칠불퇴법을 설할 것이니 잘 들어라. 잘 듣고 잘 사유하고, 기억하라'. 爾時 世尊 卽從座起 詣法講堂 就座而坐 告諸比丘 我當爲汝說七不退法 諦聽 諦聽 善思念之", 『중허마하제경』 권7(대정장3, p.953c13)에 "이때 다섯 사람 중 누구는 부처님께 자리를 펴 드리기도 하고, 누구는 물을 길어 와 발을 씻어 드리기도 하며, 누구는 좋은 옷을 받들어 올리기도 하고, 누구는 손을 잡고 부축해 드리기도 하였다. 이처럼 다섯 사람이 부처님 모시기를 옛과 같이 하였다. 是時五人 或爲佛敷座者 或汲水洗足者 或奉上名衣者 或接手扶侍者 於是五人 承事於佛 同於往昔", 『사분율』 권25(대정장22, p.742c8)에 "자리를 편다 하는 것은, 때론 풀로 만든 자리를 펴거나, 나뭇잎으로 만든 자리를 펴거나, 심지어 누울 때 쓰는 모전을 편다는 뜻이다. 敷座者 或敷草 或敷樹葉 乃至敷臥氈", 『구사론』 권11(대정장29, p.58a1 : *Abh-k-bh.*, p.161)에 "오직 이 남섬부주에만 금강좌가 있는데 위로는 땅끝에 디치고 아래로는 금륜에 결친다. 일체보살은 정각에 오르려 할 때 모두 이 자리에 앉아 금강유정을 일으킨다. 唯此洲中有金剛座 上窮地際 下據金輪 一切菩薩 將登正覺 皆坐此座上 起金剛喩定 tasya ca madhye kāñcanamayyāṃ pṛthivyāṃ vajrāsanamabhinirvṛttaṃ yasminniṣadya sarve bodhisattvā vajropamaṃ samādhimutpādayanti"라고 하였다. [참고문헌]『長阿含經』, 『衆許摩訶帝經』, 『四分律』, 『俱舍論』, *Abh-k-bh.* ⇨ 가루라좌 迦樓羅座, 보리좌 菩提座, 공작좌 孔雀座, 금강좌 金剛座, 연화좌 蓮華座

수미좌 須彌座, 마좌 馬座, 예좌 猊座

좌가 左街 승록사(僧錄司)에 설치하였던 좌우양가(左右兩街) 중 하나. 『석씨계고략』 권4(대정장49, p.861a10)에 "진종 함평 원년(998)에 찬녕(贊寧)을 변경의 우가승록으로 발탁하고 교문의 공사를 주관하게 하였으며, 이듬해에 좌가로 올렸다. 眞宗咸平元年 詔擢寧汴京右街僧錄 主管教門公事 次年進左街"라고 하였다. [참고문헌] 『釋氏稽古略』. ⇨ 좌가승록사 左街僧錄司

좌가대사 左街大師 좌가승록사(左街僧錄司) 소속 스님. '대사'가 스님의 높임말인지 '고려시대 법계(法階)'인지는 알 수 없으니 법계일 경우에는 「운문사원응국사비문 雲門寺圓應國師碑文」(『한국금석전문』 중세상, p.667)에 "입내상수좌가도승록대사혜풍, 입내상수우가도승록대사덕림. 入內上守左街都僧錄大師慧豊 入內上守右街都僧錄大師德林"이라고 한 것으로 미루어 볼 때, 승직(僧職)은 도승록에 이르렀음을 알 수 있다. 『보제존자어록서』(한불전6, p.707a20)에 "스님께서 이전에 금경사에 계실 때, 왕이 좌가대사혜심을 시켜 스님에게 물었다. 師之前在金經寺也 上使左街大師慧深 問師"라고 하였다. [참고문헌] 『韓國金石全文』 中世上, 『普濟尊者語錄序』, 李智冠 『校勘譯註歷代高僧碑文』 高麗篇3 p.268. ⇨ 좌가승록사 左街僧錄司

좌가승록사 左街僧錄司 불교계를 관할하던 승록사에 설치하였던 기구 중 하나. 승록사에는 좌우양가(左右兩街)를 두었으며, 각 가(街)에는 시대에 따라 승총(僧摠)·승유(僧維)·수좌(首座) 등의 승직(僧職)을 두었고 이후 도승록(都僧錄)·승록·부승록(副僧錄)·승정(僧正)·승사(僧史) 등 다섯 위계로 정형화되었다. 승록사 소속 스님들은 사찰을 창건·중건하거나 국사(國師)·왕사(王師) 등의 의전을 담당하였다. 『전법정종기』 권1(대정장51, p.716a11)에 "이 공문을 좌가승록사에 고시하며, 이에 따라 다시 사양하는 것을 허락하지 않는다. 右箚付左街僧錄司告示 不許更辭讓準此", 『석원사림』 권191 「송천태산정광대사비 宋天台山淨光大師碑」(한불전4, p.651c13)에 "이보다 앞서 태평흥국년간(976~983)에 명을 내려 좌가수좌로 임명하고 서경 교문의 일을 맡게 하였다. 先是大平興國中 詔令左街首座掌西京教門事", 「영취산신창대자은현화사비명병서 靈鷲山新創大慈恩玄化寺碑銘幷序」(『한국금석전문』 중세상, p.451)에 "도관사 좌가도승록 대사 광숙, 부사 좌가부승록 언굉·좌가부승록 석진, 판관 우가승정 성보, 승기사 2인, 속기사 5인 … 등에게 각각 차등이 있게 은택을 베풀었다. 道官使左街都僧錄大師光肅 副使左街副僧錄彦宏 左街副僧錄釋眞 判官右街僧正成甫 幷其僧記事二人 俗記事五人 … 等各加恩澤有差用", 「법천사지광국사현묘탑비문 法泉寺智光國師玄妙塔碑文」(같은 책, p.524)에 "임금이 크게 슬퍼하시고, 바로 좌가승록 숭연과 보장정 전삼린 등을 파견하여 장사를 감호하도록 하였다. 上則震悼 尋遣左街僧錄崇演 保章正全參藺等 監護葬事", 『목은문고』 권3 「자비령나한당기 慈悲嶺羅漢堂記」(한국문집총간5, p.25a6)에 "지금 좌가부승록 계명사 주지 중덕 정해가 나한당을 중건하고, 그 문도 성주가 나에게 기문을 요청하였다. 今左街副僧錄啓明寺住持中德定海者 又重新之 因其徒省珠求記於予", 「부석사원융국사비문 浮石寺圓融國師碑文」(『한국금석전문』 중세상, p.482)에 "아울러 함에 가득 채운 보배와 융숭한 선물을 드리고, 내사사인 임종일과 좌가승정 득생에게 명하여 구산(舊山)까지 무사히 돌아가시도록 호송하게 하였다. 齊斗積珍賚 歸而寵賂 命內史舍人任從一 左街僧正得生 衛送至山"라고 하였다. [참고문헌] 『傳法正宗記』, 『釋苑詞林』, 『韓國金石全文』 中世上, 『牧隱文藁』, 李智冠 『校勘譯註歷代高僧碑文』 高麗篇2 p.269·354, 『東文選』 권74. ⇨ 승록사 僧錄司, 승관 僧官

좌간우간 左間右間 좌측과 우측. 예를 들면 법당에서 남면(南面)하면 서쪽인 우측이 우간이고 동쪽인 좌측이 좌간이고 상위(上位)다. 『선림상기전』 권2(불광장, 禪藏, p.143)에 "좌간우간 : 『백장청규』 권2 「수법의」(대정장48, p.1122b12)에 '법을 계승한 스승이 입적한 뒤에는 법당 우간에 영궤를 마련한다'라고 하였다. 도충이 말한다. '우간은 하간과 상응한다. 몸이 남면하고 법당 밖을 바라볼 경우 우측이 하간이 되므로 우간이라 한다〈법당은 서쪽이다〉. 반대로 상간을 좌간이라 함이 옳다'. 左間右間 敕修淸規受法衣云 嗣法師 已遷化 法堂右間設靈几 忠曰 右間卽下間也 身南面鄕堂外時 右邊爲下間 故言右間也〈法堂則西也〉 反之 可上間言左間也已"라고 하였다. [참고문헌] 『禪林象器箋』, 『百丈淸規』.

좌간운기시 坐看雲起時 당대 시인 왕유(王維)의 시 「종남별업 終南別業」에 "가다가 물이 다한 곳에 이른다. 行到水窮處"에 이은 구다. 『원오어록』 권2(대정장47, p.720c6)에 "법좌에 올라 말했다. '눈 깜작이고 눈썹 치켜올리는 순간 이미 어긋나니, 눈 감아야 하리! 다시 말로 형용하려 하면 거듭 끝없이 막히니, 입 닫아야 하리! 대지 온통 한 티끌로 거두지만 부처님 눈으로도 볼 수 없고, 일대장교 한 마디라 해도 바다 토할 입으로도 능히 드러내지 못한다. 여전히 절반도 드러내지 못했다. 문득 허깨비 성을 밟아 부순다 할 때는 어떠한가? 가다가 이른 곳 물 다한 곳이고 앉아 바라보니 구름 일어나는 때라네'. 법좌에서 내려왔다. 上堂云 眨上眉毛早蹉過 塞却眼 更形言語轉周遮 合取口 盡大地都爲一塵 佛眼覷

不見 一大藏都爲一句 海口莫能宣 也未提得一半在 忽然踏破化城時 如何 行到水窮處 坐看雲起時 下座",『굉지광록』 권1(대정장48, p.7c11)에 "굉지정각이 말한다. '여러 선덕들이여, 밝다면 어둠 있고 어둡다면 밝음 있다네. 시끌벅적한 중에 고요함 깃들고, 고요한 중에 밝고도 역력하니, 돌이켜 자세히 알겠는가?' 잠깐 침묵하다가 말했다. '가다가 이른 곳 물 다한 곳이고, 앉아 바라보니 구름 이는 때라네'. 師云 諸禪德 當明有暗 當暗有明 鬧浩浩中靜悄悄 靜悄悄中明歷歷 還委悉麽 良久云 行到水窮處 坐看雲起時"라고 하였다. [참고문헌]『圜悟語錄』,『宏智廣錄』,『虛堂錄』 권8(대정장47, p.1046a6). ⇨ 백척간두 百尺竿頭

좌계 左溪 현랑(玄朗)의 법호. 『수습지관좌선법요』(대정장46, p.474c24)에 "천보년간(742~755)에 좌계가 처음으로 크게 해설하였으나 알아듣는 이는 드물었다. 天寶中 左溪 始弘解說 而知者蓋寡",『천태구조전』(대정장51, p.102a12)에 "8조 좌계존자의 휘는 현랑이다. 八祖 左溪尊者 諱玄朗"라고 하였다. [참고문헌]『修習止觀坐禪法要』,『天台九祖傳』. ⇨ 현랑 玄朗

좌관 坐關 앉은 채 문을 닫아걸다. 좌선 등을 하는 이가 일상의 행의를 끊고 수행하기 위해 문을 닫아거는 뜻이다. 『고금도서집성하』 권202「신이전 神異傳」(대장경보편16, p.740c1)에 "『청계가필』에 전하는 이야기이다. 최근에 한 티베트 스님이 서역에서 건너왔다. 외모로는 마흔 남짓한 나이로 보였지만 능통한 중국어로 스스로 60세라 하였다. 음식을 받지 않고 매일 대추와 밤 몇 알만 먹고 말았다. 겨우 몸만 들일 수 있는 하나의 감에 앉은 채로 정에 들고자 할 경우 사람을 시켜 그 감문을 닫아걸고 종이를 빽빽하게 덧발라서 봉하게 하였다. 한 달쯤 지나기도 하였는데 기침 소리조차 끊어져 사람들이 입적하였으리라 생각하고 몰래 엿들으면 염주 굴리는 소리만 역력하였다. 제천의 양경방이 그 집에 묵은 적이 있었는데, 당시 어떤 사람이 그 비술에 대하여 묻자 '생각을 줄이고 잠을 줄이고 음식을 줄이시오'라고 권할 뿐이었다. 어떤 보시가 되었건 '나는 필요가 없소'라고 하며 받지 않았다. 靑溪暇筆 近日一蕃僧 自西域來 貌若四十餘 通中國語 自言六十歲矣 不御飮食 日啗棗栗數枚而已 所坐一龕 僅容其身 如欲入定 則命人鎖其龕門 加紙密糊封之 或經月餘 謦欬之聲亦絶 人以爲化去 潛聽之 但聞掐念珠歷歷 濟川楊景方 嘗館於其家 有叩其術者 則勸人 少思少睡少食耳 一切布施 皆不受曰 吾無用也",『운서법휘』 권13「방생지 放生池」(가흥장33, p.47c2)에 "좌관하는 스님이 방 안에 머무는 중 빙빙 돌며 경행하여 뜻대로 백천 리라도 끊임없이 배회함에 얻은 것 있다면 어찌 활발하지 못한 곳에 편안히 있다 하겠는가! 坐關僧 住一室中 循環經行 隨意百千里 而不窮徜徉自得 安在其不活潑也",『담연원징어록』 권8(卍속장126, p.345b9)에 "객이 물었다. '스님같이 좌관하며 고요한 중에 한 마음 한 생각도 다르게 연한 일 없다면 고쳐 다른 연 없다 하니 가히 마음 쓴다 하겠습니다. … 요즘 무리들은 비록 출가의 기회를 얻었지만 몸은 속세에 섞여들거나 명리에 끌리는 바 되거나, 절의 소임에 속박되는 이들도 있으며 … 이와 같은 무리들은 일용중에 묻혀 살거늘 무슨 불도로 향하는 마음이 있기나 하겠습니까?' '그대는 동정의 번뇌를 어렵고 쉽다 하면서 본성은 처음부터 동정이 아님은 알지 못한다. 물은 본래 고요하여 바람에 부딪히면 물결이 일지만 물의 성에는 움직임이 없다. 이와 같다면 움직여도 움직인 적이 없다. 바람이 그치면 물결이 멎지만 적시는 성은 그대로다. 이와 같다면 고요하여도 고요한 적이 없다'. 客曰 如師坐關守靜 一心一意 更無異緣 故可用心 … 今時流輩 雖獲出家 身雜異俗 或名利所牽者 或住持所拘者 … 如是等輩 尙雜于日用 何心于道乎 答曰 子難易于動靜之塵 而不知本性 初非動靜也 且水之本靜也 風擊則波興 而水性無動 如是則動而未曾動也 風息則波澄 而濕性依然 如是則靜而未曾靜也",『입취서백어록』 권14「주변산여오거사 住弁山與吳居士」(가흥장26, p.805c8)에 "그대가 좌관을 실행하고 싶다는 소리 들었지만 이는 옳지 않다. 좌관은 도를 기르는 자리다. 그대가 만약 참구하여 저 끝도 저 아래도 사무쳐 고금이 차별함을 알고 알아 의심없다 하면 비로소 문 닫고 그림자 없이 하여야 습기를 길렀다고 할 만하다. 그렇지 않으면 시절도 모르고 앉은 자리도 모른다 하리니 훗날 다른 소리 마라. 聞汝要坐關 此不可也 坐關乃是 養道之位 汝若參得 透頂透底 古今差別 了了無疑 方可杜門息影 調養習氣 不然 可謂不知其時 不知其位 他日莫言"라고 하였다. [참고문헌]『古今圖書集成下』,『雲棲法彙』,『湛然圓澄語錄』,『入就瑞白語錄』. ⇨ 폐관 閉關

좌교정 左敎正 대한제국 말기 승직(僧職). 우교정(右敎正)과 함께 대법산국내수사찰(大法山國內首寺刹)인 원흥사(元興寺)에 설치되어 있던 승직이었다. [참고문헌]「僧團編年」(『韓國近世佛敎百年史』 권1, p.14). ⇨ 원흥사 元興寺, 우교정 右敎正

좌구 坐具 Ⓢ niṣīdana, niṣadana, Ⓟ nisīdana, Ⓣ gding-ba. 비구육물(比丘六物) 중 하나. 앉을 때 땅 위에 펼쳐서 까는 직사각형의 천. 좌와구(坐臥具)·좌의(坐衣)·수좌의(隨坐衣)·부구(敷具)·포구(舖具)·친와의(襯臥衣) 등이라고도 하며, 니사단(尼師壇)·니사단나(尼師但那)라고 음사한다. 몸을 보호하고 삼의나 침구가 오염되거나 훼손되는 것을 막기 위해 제정되었다. 색상은 삼의와 마찬가지로 청색·흑색·목란색의 세 가지이고, 새 옷을 얻어다가 만드는 경우에는 두 겹 내지 세 겹으로 하며, 헌 옷을 얻어다가 만드는 경우에는 네 겹으로 할 수 있다. 크기는 율전에 따라 다르지만 일반적으로는 가로 45cm, 세로 60cm였으며 후에 점점 커져서 가로 80cm, 세로 165cm인 것도 있다. 피혁을 사용하는 것은 허용되지 않지만 지역이나 풍토에 따라 사슴가죽이 허용되는 예외도 있었다. 또 부처님이 성도하셨을 때 깔고 앉았던 길상초의 뜻을 전승하여 만든 초좌(草座)도 있었다. 『사분율』 권8(대정장22, p.616c21)에 "이 때문에 나는 비구들이 새 좌구를 만드는 걸 허락하지만, 오래된 좌구를 가져다가 가로세로를 한 뼘으로 한 다음 새 것 위에 붙여야 하며 괴색으로 해야 한다. 是故 聽諸比丘 作新坐具 取故者 縱廣一搩手 帖著新者上 以壞色故", 『백장청규』 권5(대정장48, p.1139a12)에 "좌구 : 범어로는 니사단이라고 하며 수좌의라고 한역한다. 『근본비나야』에서 '니사단나는 좌구라고 한역한다'라고 하였고, 『오분율』에서 '몸을 보호하고 삼의를 보호하고 승중의 침상과 요를 보호하기 위해서 좌구를 가지는 것이다'라고 하였고, 『마하승기율』에서 '율에서는 정해진 한도에 맞게 만드는데, 세로는 부처님의 장뼘으로 두 뼘이고 가로는 한 뼘 반이다〈부처님의 장뼘으로 한 뼘은 2척 4촌이다. 여기서는 도합 세로 4척 8촌, 가로 3척 6촌이 된다〉'라고 하였다. 坐具 梵云 尼師壇 此云 隨坐衣 根本毘柰耶云 尼師但那 唐言坐具 五分律云 爲護身 護衣 護僧床褥故 蓄坐具 僧祇云 律應量作 長佛二磔手 廣一磔手半〈佛一磔手 長二尺四寸 此合長四尺八寸 廣三尺六寸〉", 『석문귀경의』 권하(대정장45, p.863a20)에 "행사 때 신발을 벗었으면 땅을 밟을 수 있지만 좌구 위에 있어야 한다. 그런데 경장과 율장을 검토해 봐도 좌구를 펼치라는 글은 없고 신발을 벗고 발에 예를 표하라는 말만 있다. 그러나 실제 쓰임에 근거하면 이치상으로도 좌구가 필요하다. 그래서 좌구를 제정한 연에 대해서도 '몸과 삼의와 승중의 와구를 위해서'라고 말하니, 이미 몸과 삼의를 위한다면 앞서의 설정에 대해서도 분명하게 알 수 있다. 또 좌구의 명목은 본래 앉을 때 쓰는 용구이다. 그래서 예배 중에는 좌구를 펼치라는 글이 없다. 이 때문에 여래께서도 앉으려 하실 땐 언제나처럼 직접 좌구를 펼치셨다. 이에 준하여 비구도 스스로 좌구를 펼쳐서 앉아야지 다른 사람이 펼쳐 줘서는 안 된다. 行事之時 旣脫足已 可踐土地 應在坐具 尋討經律 無敷坐具之文 但云 脫屣禮足 今據事用 理須坐具 故制坐具緣云 爲身 爲衣 爲僧臥具 旣爲身衣 明知前設 又坐具之目 本是坐時之具 所以禮拜之中 無文敷者 故如來將坐 如常自敷 準此比丘 自敷而坐 不合餘人爲敷"라고 하였다. 〔참고문헌〕『四分律』, 『百丈淸規』, 『釋門歸敬儀』, *Mvyut.271.*, *Vin.4.123.* ⇨ 니사단 尼師壇, 니사단나 尼師但那, 비구육물 比丘六物, 두타십팔물 頭陀十八物

좌구 상주 남장사 조선후기

좌단 坐斷 ➡시방좌단 十方坐斷, 양두좌단 兩頭坐斷, 좌단천하인설두 坐斷天下人舌頭, 좌단요진불통범성 坐斷要津不通凡聖, 좌단천차 坐斷千差, 좌단천성로두 坐斷千聖路頭, 좌단비로정 坐斷毘盧頂

좌단보화불두 坐斷報化佛頭 보화불 머리 앉아 끊는다. 공부인의 마음자리에는 그 무엇도 자리할 수 없게 하다의 뜻이다. 『임제록』(대정장47, p.497c9)에 "도를 찾는 무리들이여! 산승의 견처 가져서 보화불의 머리 앉아 끊는다. 십지 가득찬 마음 오히려 품팔이꾼과 같고, 등묘 이각도 목칼과 족쇄 찬 죄인 같으며, 아라한과 벽지불은 측간의 똥오줌 같고 보리열반은 나귀 말뚝과 같네. 道流 取山僧見處 坐斷報化佛頭 十地滿心 猶如客作兒 等妙二覺 擔枷鎖漢 羅漢辟支 猶如廁穢 菩提涅槃 如繫驢橛", 『굉지광록』 권1(대정장48, p.16b13)에 "때로는 법공좌에 앉아 보화불 머리 끝 앉아 끊고 머물러도 머무는 상 없어야 비로소 가풍이 자기이고 자기가 가풍임을 보아 얻으니 곧바로 동정이라는 두 가지 모습 본래 난 적 없음을 그대로 깨우친다. 이렇다고 해도 되고, 이렇다고 하지 않아도 되며, 이렇다 해도 이렇지 않다 해도 온통 맞다. 有時 坐法空座 坐斷報化佛頭 住無住相 方見得家風是自己 自己是家風 直得動靜二相 了然不生 恁麼也得 不恁麼也得 恁麼不恁麼總得", 『고림청무어록』 권1(卍속장123, p.416b1)에 "십세고금이 처음부터 끝까지 지금 생각을 벗어날 수 없다. 향상하는 한 길은 천성이라도 전할 수 없으니, 설령 보화불 머리 앉아 끊는다 한들 소리와 빛깔 무더기 속에 떨어져 있지 않을 수는 없다네. 十世古今 始終不離於當念 向上一路 千聖不傳 直饒坐斷報化佛頭 未免墮在聲色堆裏"라고 하였다. 〔참고문헌〕『臨濟錄』, 『宏智廣錄』, 『古林淸茂語錄』. ⇨ 좌단비로정 坐斷毘盧頂

좌단비로정 坐斷毘盧頂 비로자나불(毘盧遮那佛)의 정수리에 앉아 끊는다. 본분(本分)을 염두에 둔 이에게 있어 더없이 높은 그 어떤 것도 자리하지 못하게 하다의 뜻이다. 『분양어록』 권상(대정장47, p.604a6)에 "'무엇이 주인 중의 주인인지요?' '비로자나불의 정수리 앉아 끊고, 석가의 가르침을 품 받지 않는다'. 如何是主中主 師云 坐斷毘盧頂 不稟釋迦文", 『차암수정선사어』(속고존숙어요5, 卍속장119, p.72b9)에 "비로자나불의 정수리 앉아 끊어야 비로소 헤아림을 벗어난 대인이라 할 수 있다. 그러나 헤아림을 벗어난 대인이라면 굳이 비로의 정수리 눌러앉지도 않는다. 坐斷毗盧頂顙 須是沒量大人 若是沒量大人 不坐毗盧頂顙", 『치절도충어록』 권상(卍속장121, p.496a16)에 "법좌를 가리키며 말했다. '비로의 정수리 앉아 끊고 천으로 갈린 길 차서 뒤집는다. 수미등왕불 발마저 들일 여지 없구나'. 이윽고 빠른 걸음으로 법좌에 올라 향을 사르고 축성을 마친 다음 가사를 추스르고 법좌에 다가섰다. 指法座云 坐斷毗盧頂 踏翻千差路 須彌燈王 無挿足處 乃驟步登座 拈香祝聖罷 乃斂衣就坐"라고 하였다. [참고문헌] 『汾陽語錄』, 『此菴守淨禪師語』, 『痴絶道沖語錄』.

좌단설두 坐斷舌頭 혀끝마저 앉아 끊다. 말할 길을 끊다. 『오조법연어록』 권상(대정장47, p.653a14)에 "법좌에 올라 말했다. '눈 뜨면 낮이고 눈 감으면 밤이다. 혀끝마저 끊어 앉으니 누가 반야를 이야기하겠는가! 금색두타(가섭)는 어떤 님이라도 모셔 받드는 곳에는 드는 일 없다'. 上堂云 開眼爲晝 合眼爲夜 坐斷舌頭 誰談般若 金色頭陀 不入保社", 『무준사범어록』 권1(卍속장121, p.867a7)에 "법좌에 올라 말했다. '소리 전의 한 마디 막지도 세우지도 않았는데 혀끝 앉아 끊는다면 어떻게 거침없이 토해내겠는가? 어젯밤 어떤 사람 천태에서 왔다가 경산으로 돌아갔다'. 上堂 聲前一句 不封不樹 坐斷舌頭 如何通吐 昨日有人 從天台來 却往徑山去", 『직주천동송고』 권상(卍속장117, p.790b13)에 "비로의 정수리 뚫고 벗어나 가다〈정수리 뚫고 벗어나다. 그대로 머문즉 찍은 인장마저 무너진다〉 다시 와서 화불의 혀끝마저 주저 앉힌다〈혀끝 앉아 끊고 찍은 인장 떼어 버려야 그 인장 남는다〉. 透出毗盧頂上行〈透出頂上 住卽印破〉 却來化佛舌頭坐〈坐斷舌頭 去卽印住〉"라고 하였다. [참고문헌] 『五祖法演語錄』, 『無準師範語錄』, 『直註天童頌古』.

좌단요진불통범성 坐斷要津不通凡聖 나루터 주저 앉히니 범도 성도 통하지 못하네. 길마저 끊어 없애다. 『원오어록』 권3(대정장47, p.723c12)에 "장차 납승이 코 만져 생사의 빗장 벗어나고 나루터 주저앉혀 범부건 성인이건 통하지 못한다. 천 사람 만 사람이 가두려 해도 붙들 수 없고, 백천 경계로도 뒤쳐 바꿀 수 없어야 비로소 여래가 되어 널리 색신도 나툰다. 일러보라. 참으로 이러한 때 당해 어떻게 하겠는가? 나날이 써서 뒤쳐 바꾸는 일 없으나 일 닥치면 거두고 편다. 將衲僧巴鼻 脫生死關 坐斷要津不通凡聖 千人萬人 羅籠不住 百千境界 轉變不得 始能爲如來 使普現色身 且道 正當恁麽時如何 日用無回互 當機有卷舒", 같은 책 권6(대정장47, p.741b8)에 "저도 없고 이도 없으며 색도 아니고 마음도 아닐 수 있다면, 당장에 나루터 주저앉혀 범부도 성인도 통할 수 없게 한다. 옛 석가도 앞설 수 없고 새로 오실 미륵불도 뒤따르지 못하리. 若能無彼無此 非色非心 直下坐斷要津不通凡聖 則古釋迦不先 新彌勒不後"라고 하였다. [참고문헌] 『圜悟語錄』, 『碧巖錄』 52則 「著語」(대정장48, p.187b17).

좌단의근 坐斷意根 생각의 뿌리마저 주저앉히다. 전념(前念)도 끊고 뒤따를 후념(後念)도 끊으니 과거의 후회도 미래의 염려에서도 자유롭게 모든 것 마주하는 뜻이다. 『석계심월어록』 권상(卍속장123, p.73b4)에 "단번에 알아차리려는가? 의근을 주저앉혀야 하리. 그래야 곁이라도 내주지. 要知端的麽 坐斷意根 方能側耳", 『금강삼매경통종기』 권7(卍속장55, p.528a3)에 "이렇게 심성의 법을 닦아 다스려 중생을 이롭게 하려 하니, 앞서 마땅히 의근을 주저앉혀야 하리. 전념도 따르지 않고 후념도 다시 오지 않게 하니 곧바로 지금 당장의 일념뿐이다. 以此修治心性之法而利生 先應今其坐斷意根 前念不隨之而去 後念不使其復來 直用當前一念"라고 하였다. [참고문헌] 『石溪心月語錄』, 『金剛三昧經通宗記』.

좌단천성로두 坐斷千聖路頭 천성이 낸 길 끝 주저앉히다. 이미 난 길 어떤 길로도 가지 않는다. 『오등회원』 권20 「일암선직장 一庵善直章」(卍속장138, p.799a14)에 "무수한 성인이 가던 길 주저앉히고 대천세계를 홀로 걷는다. 분 밖이 아니어서 만약 제불이 출세하신 곳 향해 알아차리고 조사께서 서쪽에서 오신 뜻 이어받더라도 스스로를 구해 마칠 수도 없으리니 일생 엎드려 살펴야 하리. 坐斷千聖路頭 獨步大千沙界 不爲分外 若向諸佛出世處會得 祖師西來處承當 自救不了 一生受屈", 『가태보등록』 권12 「반암계성장 蹣庵繼成章」(卍속장137, p.191b3)에 "호랑이 사로잡아 그 기세 꺾어 앉히고 천성께서 가신 길도 주저앉힌다. 뭇 마들의 경계마저 쳐부수니 이런 납승 어디에 있는가? 擒虎兕剉於菟 坐斷千聖路頭 打破群魔境界 還有如是衲僧麽", 『자수회심광록』 권1(卍속장126, p.537a4)에 "천성 가신 길 주저앉히고, 조사라는 계급도 떨쳐 버리리. 사람도 없고 부처도 없으니 대천사계 바다중 물방울이고 일체현성 저 번갯불이라네. 坐斷千聖路頭 不落祖師階級 亦無人亦無佛 大千沙界海中漚 一切聖賢如電拂"라고 하였다. [참고문헌] 『五燈會元』, 『嘉泰普燈錄』, 『慈受懷深廣錄』.

좌단천차 坐斷千差 천 갈래 다른 것 앉아서 끊다. 『황룡혜남어록』 「송주선자 送周禪者」(대정장47, p.636b4)에 "붉은 햇빛 중에 구름 일고 안개 덮히니 천 갈래 차별 자취없이 사라지네. 그 중에 그윽한 도망길 있어 대장부라면 죽은 토끼 잡을 일 아니네. 赤日光中 騰雲起霧 坐斷千差 密開要路 大丈夫漢 莫打死兎", 『원오어록』 권3(대정장47, p.723b18)에 "해젯날 법좌에 올라 말했다. '늘 찾는 그 한 맛 순박하고 꾸밈없는 모습 넘어서지 않으니 천 가지 다른 것들 앉아 끊고서 다시 저 높은 곳 바래야 하리'. 解制上堂云 尋常一味 無過朴實頭 坐斷千差 更須高著眼", 『송원숭악어록』 권하(卍속장121, p.612b5)에 "천차를 끊어 버리고 외롭게 위태로워 설 수조차 없다. 만사 닥쳐올 때 온갖 묘로 구르고 남김 없이 크게 쓸 뿐이니 능히 살리고 능히 죽여서 생사에 자유롭다. 坐斷千差 孤危不立 臨機妙轉 大用現前 亦能殺人 亦能活人"라고 하였다. [참고문헌] 『黃龍慧南語錄』, 『圜悟語錄』, 『松源崇嶽語錄』.

좌단천하인설두 坐斷天下人舌頭 천하사람의 혀끝 주저앉히다. 말들의 뿌리 끊어 망상(妄想)의 바다에서 자유로운 뜻이다. 『원오어록』 권3(대정장47, p.723b3)에 "과거는 저절로 과거이고 미래는 그렇게 미래일 뿐이며 지금 또한 보이는 대로여서, 천하사람 혀끝 주저앉히네. 낙숫물 소리 끊을 수 없으니 앞선 열흘 비 내리고 번개 그림자 쉬지 못하니 오늘밤 천둥 치리라. 過去自過去 未來由未來 只今見成 坐斷天下人舌頭 還委悉麼 簷聲不斷前旬雨 電影還連後夜雷", 『서장』 「답증종승장 答曾宗丞狀」(대정장47, p.934b3)에 "다만 화두만을 살핀다. 살펴 가고 살펴 오다 문득 코마저 없는 줄 알게 되리니, 어떤 맛도 없고 머리 끝 어찌지 못할 때 바로 힘써 간절히 다른 것 따르지 않아야 하리. 다만 이 아득한 곳이야말로 문득 부처 되고 조사 짓는 일이고 천하인의 혀끝 주저앉힌 곳이다. 놓치지 말길, 놓쳐서는 안 되리. 但於話頭上看 看來看去 覺得沒巴鼻 沒滋味 心頭悶時 正好著力 切忌隨他去 只這悶處 便是成佛作祖 坐斷天下人舌頭處也 不可忽 不可忽", 『낭야혜각어록』(고존숙어록46, 卍속장118, p.781b10)에 "또한 보통의 노숙들은 '임제는 문에 들면 문득 할하고, 덕산의 문에 들면 방을 휘두른다'라고 말한다. 이 곳에 이른 이 범성의 길도 끊고 실오라기 설 틈이 없어 천하인의 혀끝 무너뜨린다. 그대 움칫만 해도 목숨 잃을 것이니 그럴듯한 견해로는 물 한 방울 적시지 못하리. 又有一般老宿云 臨濟入門便喝 德山入門便棒 到者裏 凡聖路絶 纖毫不立 坐斷天下人舌頭 汝若擬議 喪身失命 似這般見解 滴水也難消"라고 하였다. [참고문헌] 『圜悟語錄』, 『書狀』, 『瑯琊慧覺語錄』.

좌당 坐堂 **1** 좌선당(坐禪堂). 스님이라면 어디든지 누구든지 좌선이 일상이기에 승당(僧堂)이라고도 한다. 『광지광록』 권9(대정장48, p.120b1)에 "광지선사가 좌당에 머물러 그들이 오기를 기다렸다. 師安坐堂上待其來", 『입중일용』(卍속장111, p.946b11)에 "좌당판이 울리길 기다리지 않고 순서대로 좌당에 돌아가 좌선한다. 莫待打坐堂板 次第歸堂坐禪"라고 하였다. [참고문헌] 『宏智廣錄』, 『入衆日用』. ⇨ 승당 僧堂 **2** 선림의 대중이 상당(上堂) 이전에 잠깐 행하는 좌선. 소참(小參)·만참(晩參) 이전의 좌선은 좌참(坐參)이라 한다. 『선림상기전』 권9(불광장, 禪藏, p.621)에 "좌당과 좌참의 규정은 같다. 다만 상당 이전에 잠깐 승당에서 좌선하는 경우는 좌당이라 한다. 소참 이전과 매일의 만참 이전에 잠깐 승당에서 좌선하는 경우는 좌참이라 한다. 坐堂與坐參規同 但上堂已前 少時坐禪於僧堂 此曰坐堂 小參已前 及每日晩參已前 少時坐禪於僧堂 此曰坐參也", 『백장청규』 권1 「성절 聖節」(대정장48, p.1113a20)에 "당사행자는 중료 앞의 판을 세 번 미리 울려 대중을 모으고 좌당하도록 한다. 평소처럼 좌선하고 안을 향해 앉아 있다가 북이 울리면 몸을 돌려 밖을 향해 앉는다. 堂司行者 預鳴衆寮前板三下 集衆坐堂 如尋常坐禪向內坐 鼓鳴則轉身向外坐"라고 하였다. [참고문헌] 『禪林象器箋』, 『百丈淸規』. ⇨ 좌참 坐參

좌도 左道 길(正道)이 아닌 길. 정한 길과 맞지 않는 길. 『석문귀경의통진기』 권하(卍속장105, p.271b9)에 "변방 이민족의 습속으로는 대부분 좌도를 숭상하지만 중국의 유교경전에서는 나쁘게 여긴다. 그러므로 『예기』에서 '좌도에 집착하여 다스림 어지럽힌다' 등이라 하였고, 도 이미 세속과도 어긋나므로 특별히 다르다고 여긴다. 以邊夷時俗 多尙左道 此方儒典 亦且惡之 故禮記執左道以亂政等 道旣反俗 故特異之", 『대방등대집경』 권2(대정장13, p.11a22)에 "어떤 중생들은 항상 좌도를 행하여 보살이 알고 나서 우도를 닦아 모았으니 중생들이 좌도를 버리게 하기 위해서다. 有諸衆生 常行左道 菩薩見已 修集右道 爲令衆生 捨左道故", 『대애경』 권3(대정장13, p.421c20)에 "많은 사람들이 좌도의 업에 붙어 살면서 우로를 떠났기에 몸소 정도를 닦고 또한 많은 사람들을 반듯하게 세워 우로에 머물게 한다. 衆人處於左道之業 離於右路 身修正道 亦立衆人 住于右路", 『승사략』 권하 「대진말니 大秦末尼」(대정장54, p.253c11)에 "처음에 진주의 세속에서는 좌도를 기꺼이 익히고 불교의 교설을 모방하여 스스로 한 종파를 세워서는 상상승이라 불렀다. 初陳州里俗 喜習左道 依浮圖之教 自立一宗 號上上乘"라고 하였다. [참고문헌] 『釋門歸敬儀通眞記』, 『大方等大集經』, 『大哀經』, 『僧史略』. ⇨ 좌로 左路, 좌세 左世, 사도 邪道

좌도밀교 左道密教 인도 밀교 중 요가 수행에 성(性)적 요소를 가진 유파를 일컫는 말. 행부(行部)와 유가부(瑜伽部) 밀교를 우도(右道)라고 부르는 반면 8세기 후반에 독립적 수도체계를 확립한 무상유가(無上瑜伽) 밀교에 나타난 샥티(Ⓢ śakti) 숭배의 경향을 좌도라고 부른다. 샥티란 명비(明妃)로서 여성 배우자를 의미하는데 무상유가부 밀교에서는 샥티 뿐 아니라 5감로와 5육(肉)을 해탈로 가는 지름길이라고 설하였다. 외형적으로는 힌두교와 유사하지만 대승불교를 근간으로 하여 모든 현실적 욕망을 집착없이 긍정하고 절대화하는 특징을 보인다. 번뇌와 애욕 등 일체의 욕망을 긍정하고 이것을 반야의 지혜에 의해 정화하여 즉신성불을 실현하는 것을 지향하는 특징을 갖는다. 힌두 탄트라에서 여성은 우주의 근본원리인 프라크르티이자 우주의 신적 에너지인 샥티의 인격화로 보고, 남성은 청정하고 부동한 정신으로서 시바신과 동일시 되는데 양자의 성적 교섭은 물질과 정신 두 가지 원리의 결합을 상징한다. 불교 탄트라에서도 여성원리인 반야와 남성원리인 방편이 불이(不二)의 관계를 맺고 있는 것은 대립하는 두 가지 원리의 통합을 의미한다. [참고문헌] 松長有慶『밀교경전 성립사론』(불광출판부, 1999). ⇨ 탄트라불교 Tantric Buddhism, 밀교 密教

좌두병풍 座頭屛風 자리 머리 병풍. 문 입구 좌우의 첫 자리에 세우는 작은 병풍. 줄여서 좌두라고도 하고, 격판(隔板)이라고도 한다. 『선림상기전』 권19(불광장, 禪藏, p.1483)에 "좌두병풍 : 도충(道忠)이 말한다. '단위(單位)를 좌두라 부르기도 한다. 높이 세 자 정도의 작은 병풍을 문 입구 좌우의 첫 자리에 세운다'. 태악청화상은 '첫 번째 좌석의 작은 병풍은 격판이라고도 한다'라고 하였다. 座頭屛風 忠曰 或單呼座頭 小屛高可三尺 設戶口左右座首 太岳清和尙曰 座頭小屛 又是名隔板"라고 하였다. [참고문헌] 『禪林象器箋』.

좌득단 坐得斷 눌러 앉아 끊다. 주저앉히다. 또는 일어나 움직일 수 없게 하다의 뜻이다. 행의(行儀)로서의 좌선(坐禪)이 거두는 실행(實行)의 뜻이라 할 수 있다. 『원오어록』 권15 「시천선인 示泉禪人」(대정장47, p.782c4)에 "시비 있으려 하면 느닷없이 마음 잃는다. 곧바로 이 한 마디 수많은 사람을 놀라 움직여 온갖 분별을 짓도록 한다. 만일 알아차려 얻고서는 주저앉혀 버린다면 위음왕불 저편으로 뚫고 나가겠지만, 이 말 따라 구르며 별다른 곳으로 달려나갈 뿐이니, 스스로 빛을 돌려 돌이켜 보아야 비로소 옳다. 才有是非 紛然失心 直這一句 驚動多少人 做計較 若承當得 坐得斷 透出威音王那畔 若隨此語轉 特地紛然 自回光返照 始得", 『굉지광록』 권6(대정장48, p.76b1)에 "반드시 앉은 채로 끊어 다하고 놓아 내릴 줄도 알아서 비출 일도 다해서 사무쳐 얻으리니, 빛도 그림자도 모두 잊고 살갗마저 떨쳐 버린다. 근도 진도 깨끗이 다해 자연스런 안목만이 분명하고 받아 쓰는 것마다 궁리해 구족하여 일체처 막힐 일 없고 일체시에 오히려 서로 어울린다. 須坐得斷 放得下 及得盡照得徹 光影俱忘 皮膚脫落 根塵淨盡 自然眼目分明 受用具足 一切處不管帶 一切時却相應", 『담연원징어록』 권6(卍속장126, p.234b17)에 "큰스님이라는 집안에서는 마음 쉴 줄 모르니, 다만 자심을 궁리해서 갖가지 이견 일으킨다. 만일 이것들 앉은 채 끊어 버린다 하면 부처가 와도 30방이고 마구니가 와도 30방이다. 師僧家不解歇心 只管於自心 起種種異見 若是坐得斷的 佛來也三十棒 魔來也三十棒"라고 하였다. [참고문헌] 『圜悟語錄』, 『宏智廣錄』, 『湛然圓澄語錄』.

좌랍 坐臘 앉아서 견딘 세월. 좌선하여 보낸 세월 또는 좌선이 일상인 스님으로서의 나이의 뜻으로 계랍(戒臘)·하랍(夏臘)·승랍(僧臘)이라고도 한다. 『백장청규』 권7 「절랍장 節臘章」(대정장48, p.1150a21)에 "우안거라는 말은 지역을 인으로 따르고 때를 따라 사유하기 적절하고 편안하게 한 것이다. 좌하라고도 하고 좌랍이라고도 하는데 계랍의 뜻은 여기에서 비롯했다. 所謂雨安居者 因地隨時 惟適之安 或曰坐夏 或曰坐臘 戒臘之義始此"라고 하였다. [참고문헌] 『百丈淸規』. ⇨ 계랍 戒臘, 법랍 法臘, 안거 安居

좌로 左路 Ⓟ vāma-magga. 왼쪽 길. 바르지 않은 길. 사도(邪道)·좌도(左道)라고도 하며, 바른 길은 우로(右路)라 한다. 『잡아함경』 권10(대정장2, p.71b28)에 "부처님께서 저사에게 이르셨다. '비유하자면 다음과 같다. 길을 모르는 사람을 어리석은 범부에 비유한다. 길을 아는 사람이란 비유하자면 여래응등정각과 같다. 앞의 두 길을 중생들은 의심스럽게 여긴다. 왼쪽 길이란 탐·에·해로 아는 세 가지 불선한 법이고, 오른쪽 길이란 세 가지 선한 길인데 출요이욕으로 깨우치고 부진으로 알며 불해로 깨우친다'. 佛告低舍 其譬如是 不知路者 譬愚癡凡夫 其知路者 譬如來應等正覺 前二路者 謂衆生狐疑 左路者 三不善法 貪恚害覺 其右路者 謂三善覺 出要離欲覺 不瞋覺 不害覺", 『대반야경』 권567(대정장7, p.930a2)에 "좌도란 반듯하고 곧은 도가 아님을 비유하고, 우도란 일체지라는 도를 비유한다. 모든 보살중은 깊은 반야바라밀다를 행하기에 생사의 바르고 곧은 길을 잘 안다. 左路 卽喩非正直道 右路 喩於一切智道 諸菩薩衆 行深般若波羅蜜多 善知生死正直之路"라고 하였다. [참고문헌] 『雜阿含經』, 『大般若經』, *SN.3.109.* ⇨ 사도 邪道, 좌도 左道

좌루 矬陋 Ⓢ vaṅkāś, uhoḍima. 작고 보잘 것 없음. 『법화경』 권2(대정장9, p.15c15)에 "이 경을 비방하였기에 이 죄를 얻음이 다음과 같으니, 사람으로 난다면 제근이 암둔하거나 작고 보잘 것 없고 손발이 굽거나 눈귀가 멀거나 꼽추가 된다네. 謗斯經故 獲罪如是 若得爲人 諸根闇鈍 矬陋攣躄 盲聾背傴", 『입능가경』 권1(대정장16, p.519c26)에 "무슨 인으로 코끼리·말·사슴이 있으며, 무슨 인으로 사람들은 잡아 취하며, 무슨 인으로 작고 보잘 것 없게 됩니까? 세존께서는 저에게 설해주십시오. 何因象馬鹿 何因人捕取 何因爲矬陋 世尊爲我說"라고 하였다. 〔참고문헌〕『法華經』, 『入楞伽經』, *Saddh-p.113., Laṅk.27·33.*

좌망 坐亡 앉은 채로 맞이하는 입적. 좌탈(坐脫)·좌화(坐化)라고도 한다. 『경덕전등록』 권4 「조과도림전 鳥窠道林傳」(대정장51, p.230b28)에 "시자에게 '나의 금생 과보는 다하였다'라는 말을 마치고 앉아서 입적하였다. 告侍者曰 吾今報盡 言訖坐亡", 같은 책 권8 「방온전 龐蘊傳」(대정장51, p.263c13)에 "딸 영조가 아버지(방온) 자리에 올라가 합장하고 좌망하는 흉내를 내었다. 靈照 卽登父座 合掌坐亡", 『화엄경결의론』 「결의론후기 決疑論後記」(대정장36, p.1049a7)에 "장자(李通玄)가 이 산에서 좌망을 실행한 세월은 오래되었다. 長者 坐亡於此山 久矣", 『불조통기』 권53(대정장49, p.469b23)에 "상산전진선사가 좌망하였다. 세인들이 무량수불의 화현이라 불렀다. 湘山全眞禪師坐亡 世稱無量壽佛化現"라고 하였다. 〔참고문헌〕『景德傳燈錄』, 『華嚴經決疑論』, 『佛祖統紀』. ⇨ 좌탈 坐脫

좌망 坐忘 앉은 채로 잊는다. 『장자』에 나오는 말을 종문에서 푼 뜻이다. 감산덕청(憨山德淸)의 『장자내편주』 권4(건륭장153, p.445b12)에 "공자가 안회에게 말했다. '무엇을 좌망이라 하느냐?' '지체를 떨쳐버리고〈무너뜨림이다. 모양새들 잊는다는 말이다〉, 총명도 물리치며〈지견을 없앤다는 뜻이다〉, 몸도 떠나고 앎도 버려서 크게 통해 같아진다〈몸과 앎을 함께 없앤다는 말이다. 물아 모두 잊고, 드넓게 텅 비어 안팎이 하나 같으니, 이를 대통이라 한다〉. 이것을 좌망이라 합니다'. 曰 何謂坐忘 顔回曰 隳〈壞也〉支體〈言忘形也〉 黜聰明〈泯知見也〉 離形去知 同於大通〈言身知俱泯 物我兩忘 浩然空洞 內外一如 曰大通〉 此謂坐忘", 『천목중봉광록』 권27 「좌선잠 坐禪箴」(대장경보편25, p.955a15)에 "천칠백칙으로 만발한 갈등이여! 어찌 마음 가져 알려 하랴? 앉은 채로 이르고 앉은 채로 잊어서 선마저 공하니, 무슨 말 토해도 소림종 능멸하누나. 千七百則爛葛藤 何用將心求解會 坐到坐忘禪亦空 吐詞凌滅少林宗", 『허당록』 권9(대정장47, p.1050c22)에 "알아차린들 하늘 가득 뜨거운 불구덩이 중에도 청량한 보궁에 든 듯 하고, 알아차리지 못하면 청량보궁이라도 저 불타는 칼산에 앉은 듯 하리라. 반드시 안자(안회)의 좌망 같아야 비로소 공부할 분이 있다 하리라. 會得 炎天火聚 如入淸涼寶所 不會則 淸涼寶所 如坐火聚刀山 要須如顔子坐忘 始有做工夫分", 『굉지광록』 권9(대정장48, p.116c24)에 "묵묵히 신령한 빛으로 흙산처럼 앉아 모든 것 잊혔다네. 默默靈光 堆堆坐忘", 『인천안목』 권3 「영가흠공훈오위 永嘉欽功勳五位」(대정장48, p.317c5)에 "안회는 누추한 마을에 살았지만 그 근심 이겨냈고, 종일 어리석은 듯 즐거웠으니 스스로 자유로왔다네. 좌망의 덕이라 말하지 마라. 저 중니(공자) 스승에겐 한바탕 시름이었으리. 〈공위(功位)〉 顔生陋巷不堪憂 終日如愚樂自繇 謾說坐忘爲益矣 累他尼父一場愁〈功〉"라고 하였다. 〔참고문헌〕『莊子內篇註』, 『天目中峰廣錄』, 『虛堂錄』, 『宏智廣錄』, 『人天眼目』.

좌명대 坐明臺 전라남도 장흥군 관산읍 농안리 천관산(天冠山)에 있던 대(臺). 천관사(天冠寺)의 89개 산내암자 중 하나였다. 『지제지』 「암실 庵室」에 "가공암 서쪽 아래에 있다. 在架空西下"라고 하였다. 〔참고문헌〕『支提志』, 『韓國寺刹全書』 권하 p.1024a15.

좌물 坐物 좌선할 때 깔고 앉는 것. 보통 여름에는 대자리, 겨울에는 솜 따위로 만든다. 좌포(坐蒲)·포단(蒲團)이라 한다. 욕실 등에서 쓰는 좌물도 있다. 『사분율명의표석』 권23(卍속장70, p.758b14)에 "만일 낮에 머무를 만한 곳이라면 마땅히 좌물을 지니고 그 머무를 곳을 쓸고 닦아 깨끗하게 한다. 若言可向晝日住處者 應持坐物 其所住處 掃灑淸淨", 『백장청규』 권5 「좌선의」(대정장48, p.1143a7)에 "고요한 곳에서 좌물을 두텁게 깔고 결가부좌하거나 반가부좌한다. 於閒靜處 厚敷坐物 結跏趺坐 或半跏趺", 『십송율』 권37(대정장23, p.270b15)에 "그때 욕실에 좌물이 없자 비구들이 앉아서 씻을 수 없었다. 부처님께서 말씀하셨다. '욕실에 좌물을 두도록 허용한다'. 爾時 浴室中 無有坐物 諸比丘 無處可坐洗 佛言 浴室中 聽安坐物"라고 하였다. 〔참고문헌〕『四分律名義標釋』, 『百丈淸規』, 『十誦律』, 『禪苑淸規』 권8 「坐禪儀」(卍속장111, p.920a10).

좌미진리전대법륜 坐微塵裏轉大法輪 미진속에 앉아 대법륜을 굴리다. 『능엄경』 권4(대정장19, p.121a7)에 나오는 구절이다. 『능엄경원통소』 권4(卍속장19, p.567b9)에 "한 터럭 끝에서 보왕찰 나투고 미진중에 앉아 대법륜을 굴린다 하니, 작은 것 중에 큰 것 나툰다는 뜻이다. 터럭 끝에서 국토를 드러냄은 정보(正報) 중에 의보(依報)를 나툼이고, 미진속에서 법륜을 굴림은 의보 중에 정보를 드러내는 뜻이다. 큰 것 중에 작은 것 나투는 일 밝히기 쉽기에 생략한다. 於一毛端 現寶王刹 坐微塵裏轉大法輪者 小中現大也 毛端現刹 卽正中現依 塵裏轉輪 卽依中現正也 大中現小易明 故略之", 『기신론소필삭기』 권20(대정장44, p.409a25)에 "작은 것 중에 큰 것 나투고 큰 것 중에 작은 것 나투며, 도량에서 움직이지 않은 채 능히 시방국토 두루 품어 거두니, 미진중에 앉아 대법륜 굴리는 등이다. 小中現大 大中現小 不動道場 遍能含受十方國土 坐微塵裏轉大法輪等", 『원오어록』 권4(대정장47, p.732a23)에 "미진속에 앉아 대법륜을 굴린다 해도 아직 납승의 본분사는 아니다. 그 중에 만약 얻은 것 있어 칠통밑바닥 떨어져 나가거나 오색실이 끊어져 목전에 법 없고 마음 밖에 움직임마저 없어 곧바로 두렷이 어울린 일체, 함이 없이도 제법을 성취하여 온전한 바탕 드러내 나툰다. 정히 이러한 때에 공훈 한마디에 떨어져서는 안 되니 어떻게 말해야 하나. 석자 용천검 번뜩여 속 깊은 곳 비추고, 만인으로 빽빽한 중에서는 높이 드러난 것 빼앗는다. 坐微塵裏轉大法輪 獨未是衲僧本分事 於中若得 桶底子脫 五色線斷 目前無法 心外無機 則圓融一切 無有所爲 成就諸法 全體顯現 且正當恁麽時 不落功勳一句 作麽生道 三尺龍泉光照膽 萬人叢裏奪高標"라고 하였다. [참고문헌] 『楞嚴經』, 『楞嚴經圓通疏』, 『起信論疏筆削記』, 『圜悟語錄』.

좌배 莝拜 절하는 채 한다. 좌는 속인다는 뜻으로 사배(詐拜)라고도 한다. 양전삼례(兩展三禮) 때 절하려고 하면 주지가 그렇게 할 것까지는 없다고 제지하는 게 관례이기에 절하는 흉내만 내는 것을 말한다. 『석씨요람』 권중(대정장54, p.277b28)에 "추좌구(좌구를 펴지 않은 채로 절하는 예법) : 남방에서는 좌구를 펴지 않은 채로 절하는 것을 예로 삼는데 율장을 검토해 봐도 그런 글은 없다. 『승사략』에 나온 다음의 말로 고증한다. '최근 좌구를 펴는 것을 예로 삼는다 한 것으로 논할 수 있다. 옛날 인도 승려가 이 땅에 왔을 때는 모두 니사단을 펼치고 그 위에서 예를 올렸다. 그런데 후세에 번거로움 피하고자 존자는 니사단을 펼치려 하면 못하게 하고는 바로 문안의 말만을 올렸다. 다시 또 펴려 하면 두 번 절하는 게 되기에 존자는 이 또한 제지하였다. 이로 인해 니사단을 펼치는 시늉만 하는 게 예법이 되었는데, 이것이 소위 좌배〈좌의 음은 좌이며, 절하는 모양새 놓쳤다는 것이니 또한 사라고도 한다〉이다. 이와 같이 공경을 베풂이 없는 듯하여 지나치게 간소하지 않은가! 그러나 방편에 따라 청정이라 여기면 행하지 않을 수는 없다'. 抽坐具 南方以抽坐具爲禮 律檢無文 按僧史略云 近以開坐具便爲禮者 得以論之 昔梵僧到此 皆展尼師壇 就上作禮 後世避煩 尊者方見開尼師壇卽止之 便通敘暄涼 又展之猶再拜也 尊者又止之 由此只將尼師壇 擬展爲禮之數 所謂莝拜也〈莝音挫 拜失容 又云詐也〉 如此設恭 無乃太簡乎 然隨方爲淸淨者 不得不行也"라고 하였다. [참고문헌] 『釋氏要覽』. ⇨ 양전삼배 兩展三拜

좌법 坐法 앉는 법. 결가부좌(結跏趺坐)등을 말한다. 『유마힐경』 권상(대정장14, p.521c9 : *Vikī-n.*, p.78)에 "만일 현자가 이와 같이 앉거나 이와 같이 선다면 이것은 여래의 좌법을 밝히기 위한 것이다. 若賢者如是坐如是立 是爲明曉如來坐法 ye bhadanta śāriputra evaṃ pratisaṃlayanaṃ pratisaṃlīyate teṣāṃ bhagavān pratisaṃlayanam anujānāti", 『살바다비니비바사』 권3(대정장23, p.518b14)에 "96종 외도가 모두 결가부좌를 하지 않는다. 외도와 달리하고자 이 좌법을 행한다. 九十六種外道 皆不結跏趺坐 欲異外道故 爲此坐法", 『유부백일갈마』 권2(대정장24, p.462b2)에 "여인의 좌법은 남자와 같지 않다. 女人坐法 與男不同", 『마하승기율』 권40(대정장22, p.544c15)에 "부처님께서 말씀하셨다. '그대는 어째서 가부좌로 앉는가? 지금 이후로 허락하지 않는다. 좌법은 마땅히 한 다리를 굽히고 다른 한 다리의 발꿈치로 창문을 막는다. 만약 비구니가 가부좌로 앉는다면 비니죄를 범한다'. 佛言 汝云何加趺而坐 從今已後不聽 坐法者 當屈一脚 以一脚跟掩瘡門 若比丘尼加趺坐 越比尼罪", 『십송율』 권56(대정장23, p.417b23)에 "좌법이란, 비구는 낮에 앉거나 경행해서 번뇌 덮힘을 막는다. 낮에 앉거나 경행하거나 번뇌 덮침을 막은 다음 초야에 앉거나 경행하니 번뇌 덮힘 막는 법이다. … 후야에 일찍 일어나 앉거나 경행한다면 이것이 번뇌 덮힘 막는 법이고, 이것을 좌법이라 한다. 坐法者 比丘 晝日若坐 若經行 以遮惱蓋法 晝日若坐 若經行 遮惱蓋已 初夜若坐 若經行 亦以遮惱蓋法 … 後夜早起若坐 若經行 遮惱蓋法 是名坐法"라고 하였다. [참고문헌] 『維摩詰經』, 『薩婆多毘尼毘婆沙』, 『有部百一羯磨』, 『摩訶僧祇律』, 『十誦律』, *Vikī-n.* ⇨ 좌 坐, 결가부좌 結跏趺坐, 반가부좌 半跏趺坐, 거좌 踞坐, 기좌 箕坐

좌변굴 左邊窟 전라북도 고창군 아산면 삼인리 선운산(禪雲山 : 一名 兜率山)에 있는 굴. 대한불교조계종 제24교구 본사 선운사(禪雲寺)의 산내(山內)에 위치하며, 진흥굴(眞興窟)이라고도 한다. 『선운사사적기』 「도솔산 선운사창수승적기 兜率山禪雲寺創修勝蹟記」에 "좌변굴은 신라 진흥왕이 위를 피한 후 처음 머무른 곳이다. 有左邊窟 乃新羅眞興王避位 初宿之處也"라고 하였다. 굴 옆에 천연기념물 제354호 장사송(長沙松)이 자리하고 있다. [참고문헌] 『禪雲寺事蹟記』, 『韓國寺刹全書』 권하 p.1024a12. ⇨ 진흥굴 眞興窟

좌보처 左補處 본존(本尊)을 왼쪽에서 협시하는 보살 또는 제존. 『무용당유고』 권하 「승평부대대광산용문사신회용화회기 昇平府大光山龍門寺新畫龍華會記」(한불전9, p.359b8)에 "아본사 석가불, 좌보처 미륵대사. 我本師釋迦佛 左補處 彌勒大士", 『작법귀감』 권상 「미타청 彌陀請」(한불전10, p.570c4)에 "서방교주 무량수여래, 좌보처 관세음보살, 우보처 대세지보살. 西方敎主無量壽如來 左補處觀世音菩薩 右補處大勢至菩薩", 『산보집』 권하 「수중단작법 垂衆壇作法」(한불전11, p.510c23)에 "나무 일체교주 석가모니불, 나무 좌보처 가섭존자, 나무 우보처 아난존자. 南無一代敎主釋迦牟尼佛 南無左補處迦葉尊者 南無右補處阿難尊者"라고 하였다. [참고문헌] 『無用堂遺稿』, 『作法龜鑑』, 『删補集』. ⇨ 우보처 右補處, 협시 脅侍, 삼존 三尊❶

좌불게 坐佛偈 예수재(豫修齋)나 이운(移運) 등에서 부처님께서 자리하시길 바래서 부르는 게송. 「예수재 豫修齋」(『석문의범』 권상, p.175a12)에서는 염화게(拈華偈)·산화락(散華落) 다음에 "좌불게 : 청하오니 모든 부처님 연화좌에 드시고 천엽의 보련대에는 보살 성문연각대중 내려 앉으시게 하소서. 오직 바라옵건대 대자비 저버리지 않으시길. 坐佛偈 請入諸佛蓮華座 降臨千葉寶蓮臺 菩薩聲聞緣覺衆 惟願不捨大慈悲"를, 「이운편 移運篇」(『석문의범』 권하, p.121a1)에서는 다게(茶偈)·산화락·등상게(登床偈)를 부른 다음 "좌불게 : 세존께서 도량에 앉으시니 청정한 대광명이 마치 천 개의 해가 뜬 듯 대천세계를 밝게 비추네. 坐佛偈 世尊坐道場 淸淨大光明 比於千日出 照耀大千界"라 하였는데, 이는 80권본 『화엄경』 권11 「비로자나품 毘盧遮那品」(대정장10, p.54c26)의 "世尊坐道場 淸淨大光明 譬如千日出 普照虛空界"에서 마지막 구만이 다르게 전승했다. [참고문헌] 『釋門儀範』, 『華嚴經』, 『五種梵音集』(한불전12, p.181c9).

좌상 坐床 Ⓢ Ⓟ pīṭha. 좌선 등으로 앉을 때 쓰는 평상. 승상(繩床)·좌선상(坐禪床) 등이라고도 한다. 『마하승기율』 권14(대정장22, p.342a17)에 "와상과 좌상에는 열네 가지가 있다. 단각와상·단각좌상·와욕상·좌욕상·개등와상·개등좌상·오나타와상·오나타좌상·타미와상·타미좌상이 있다. 臥床坐床者有十四種 團脚臥床 團脚坐床 臥褥床 坐褥床 開藤臥床 開藤坐床 烏那陀臥床 烏那陀坐床 陀彌臥床 陀彌坐床", 같은 책 권31(대정장22, p.485a15)에 "상욕이라 하였으니, 저 위에서 한 사람이 반드시 상 하나에서 잠을 자야 하지만, 좌상이라면 두 사람이 상 세 개를 연결하여 잘 수도 있다. 다만 다리를 폈을 때 무릎을 벗어나서는 안 된다. 床褥者 如上說 一人應一床眠 若坐床者 二人得連三床眠 但申脚時 不得過膝頭", 『사분율행사초비』 권10(卍속장67, p.798b1)에 "혼자 앉는 작은 평상을 좌상이라고 한다. 獨坐小床 名坐床也"라고 하였다. [참고문헌] 『摩訶僧祇律』, 『四分律行事鈔批』, *Vin.3.48*. ⇨ 상 床, 승상 繩床, 좌선상 坐禪床

좌상 坐相 앉은 모습. 『사명존자교행록』 권2(대정장46, p.870a11)에 "좌상이라 하면, 마땅히 방에서 몸은 승상 위에 결가부좌를 한다. 왼 다리를 오른 다른 위에 두는 자세를 반가라 한다. 또한 오른 다리를 왼 다리 위에 두고 몸 쪽으로 끌어당겨 두 넓적다리가 가지런하게 되도록 하는 자세는 전가(결가부좌)라 한다. 이 좌법이 가장 쉽게 선나(선정)를 일으킬 수 있다. 만약 전가를 할 수 없다면 반가 또한 괜찮다. 坐相者 當於別室 身就繩床 結跏趺坐 以左脚置右脚上 名爲半跏 更以右脚 置左脚上 牽來就身 令齊兩髀 名爲全跏 此坐爲最易發禪那 若不能全跏 半跏亦得"라고 하였다. [참고문헌] 『四明尊者教行錄』, 『觀念法門』(대정장47, p.23a17). ⇨ 좌 坐, 좌법 坐法, 결가부좌 結跏趺坐, 반가부좌 半跏趺坐

좌상 坐像 앉아 있는 모습의 불보살이나 존자의 상. 여래좌상의 시원에 관해서는 우다연왕(優陀延王)이 첫 불상을 만든 인연공덕을 설한 『대승조상공덕경』 권1(대정장16, p.790b28)에 "한 지혜로운 신하가 왕 앞에 나아가 말하길, '마땅히 여래좌상으로 해야 합니다. 왜냐하면 일체 모든 부처님께서는 큰 깨달음을 얻어 정법륜을 굴리시고, 큰 신통 마저 드러내서 외도를 항복시키는 등의 대불사를 지으셨으니, 모두 다 앉으신 채로 였습니다'. 有一智臣前白王言 大王當作如來坐像 何以故 一切諸佛得大菩提 轉正法輪 現大神通 降伏外道 作大佛事 皆悉坐故"라고 하여, 좌상이 성도(成道)·전법륜(轉法輪)·신통(神通)·항마(降魔) 등 부처님 생애의 주요 장면에서 드러낸 부처님의 모습임을 알 수 있다. 그러나 불교존상이 다양해짐에 따라 불상뿐 아니라 모든 존상들의 자세도 형식도 다양해졌다. 좌법으로는 결가부좌(結跏趺坐 Ⓢ paryaṅkāsana)·반가부좌(半跏趺坐 Ⓢ ardha-paryaṅkāsana)·반가사유(半跏思惟)·유희좌(遊戲坐 Ⓢ lalitāsana)·윤왕좌(輪王坐)·의좌(倚坐)·교각좌(交脚坐)·준거좌(蹲踞坐 Ⓢ utkuṭuka) 등이 전해오는데, 가장 일반적인 자세는 결가부좌와 반가부좌다. 결가부좌는 양 다리를 교차시켜 발바닥을 위로 보이게 앉는 자세로서 항마좌(降魔座)와 길상좌(吉祥坐)가 있는데, 부처님이 성도할 때의 모습은 길상좌를 하고 항마인(降魔印)을 취한다. 반가부좌는 한쪽 다리를 접어서 다른 쪽 다리의 허벅지 위에 올려놓고 앉는 방법으로, 결가부좌를 여래좌(如來坐)라고 하는데 대하여 보살좌(菩薩坐)라고도 한다. 유희좌·윤왕좌·의좌·교각좌·반가사유상 등은 존상의 자세를 보고 후대에 부여한 이름들이다. 이중 교각좌는 의좌에서 약간 변형된 형식으로 내려뜨린 두 다리를 발목에서 X자형으로 교차한 자세이다. 인도의 실생활 좌법으로 기원이 오래되었으며, 간다라 보살상에서 흔히 볼 수 있다. 중국에서는 주로 남북조시대에 미륵상의 자세로 유행하였고, 우리나라에서는 통일신라 불상인 보물 제655호 칠곡노석리마애불상군(漆谷老石里磨崖佛像群)의 우협시보살상이 이 자세를 취하고 있다. [참고문헌] 『大乘造像功德經』. ⇨ 결가부좌 結跏趺坐, 반가부좌 半跏趺坐, 반가사유상 半跏思惟像,

유희좌 遊戱坐, 윤왕좌 輪王坐, 의상 倚像, 전륜왕좌법 轉輪王坐法, 준거좌 蹲踞坐

좌선 坐禪 Ⓟ nisajjā, paṭisalliyati. 앉아 선하다. 앉은 채로 행하는 선을 말한다. 선은 선나(禪那 Ⓢ dhyāna, Ⓟ jhāna)의 줄임말인데, 행주좌와(行住坐臥) 사위의(四威儀) 중에서 특히 앉는 것부터 선이 시작되기에 선이라는 음사어 앞에 좌라는 한자어를 붙였다. 석가모니부처님께서 성도하실 때에도 보리수 아래에서 자세를 바로잡고 앉아 명상에 드셨으며, 그 후 아유파라수(阿踰波羅樹 Ⓢ ajapāla) 아래에서 7일, 목진린다수(目眞鄰陀樹 Ⓢ mucilinda) 아래에서 7일, 라사야항나수(羅闍耶恒那樹 Ⓢ rājāvatana) 아래에서 7일 간 앉아 선정에 드셨는데, 이 일이 불교에서의 의미 있는 좌선의 시작이다. 인도의 요가행자들은 갖가지 자세로 앉아 수행하지만 불교에서는 보통 결가부좌 내지 반가부좌(半跏趺坐)로 행하며, 대소승을 막론하고 좌선이 수행의 중심이다. 중국에서는 후한대 안세고(安世高)가 한역한 『안반수의경 安般守意經』 권하(대정장15, p.169c9)에 "좌선하며 숨을 고르니 이 때가 정의 마음이다. 坐禪數息 卽時定意"라 하였고, 이후 갖가지 대소승의 선경(禪經)들이 역출되어 좌선에 관해 설하였다. 수대 천태지의(天台智顗)는 『마하지관 摩訶止觀』 권4(대정장46, p.35c20)에서 이십오방편(二十五方便)의 이름으로 체계화하였으며, 후대 선문에서도 각종 청규와 선사들의 저작 등으로 좌선법이 전승되었다. 그중에서도 특히 장로종색(長蘆宗賾)의 『좌선의 坐禪儀』가 유명하다. 한편 보리달마(菩提達磨)를 시조로 좌선을 전면에 내세우며 등장한 선종이지만, 육조혜능(六祖慧能) 이후의 남종선(南宗禪)에서는 '앉는다'는 형식에서 벗어나 행주좌와 사위의로 자유로워지기도 하였으나, 지금까지도 좌선은 불도수행의 근간으로 수행되고 있다. 『안반수의경』 권상(대정장15, p.166a6)에 "좌선의 방법은 하나로 둘을 세지 않고 둘로 하나를 세지 않는다. 1에서 2를 센다는 말은 다음과 같은 뜻이다. 1을 세고서 그 호흡이 끝나지 않았는데 2를 말하면, 1에서 2를 세는 게 된다. 이와 같은 경우는 과하게 정진했기 때문이다. 2에서 1을 센다는 말은 다음과 같은 뜻이다. (1을 세며 했던) 호흡이 끝나고 2를 세며 호흡에 들어갔는데 다시 1을 말하면, 2에서 1을 세는 게 된다. 이와 같은 경우는 정진에 미치지 못했기 때문이다. 3에서 4, 5에서 6, 7에서 8, 9에서 10에 이를 때까지 각자 구분되는 영역이 있으니 각각에 속하는 것들을 분별해야 한다. 1에서는 1을 세고 2에서는 2를 세는 게 법행이고 정진에 따르는 것이다. 坐禪法 一不數二 二不數一 一數二者 謂數一息未竟便言二 是爲一數二 如是爲過精進 二數一者 謂息已入二甫言一 是爲二數一 如是爲不及精進 從三至四 五至六 七至八 九至十 各自有分部 當分別所屬 在一數一 在二數二 是爲法行 便隨精進也", 『오문선경요용법』(대정장15, p.325c11)에 "좌선의 방법은 요약하면 다섯 가지다. 첫째는 안반, 둘째는 부정, 셋째는 자심, 넷째는 관연, 다섯째는 염불이다. 이 중 안반과 부정 두 가지와 관연, 이들 세 가지에는 내외의 경계가 있고, 염불과 자심은 외경계를 연한다. 그래서 이들 다섯 가지는 중생의 병을 따른다. 마음이 많이 산란한 이는 안반으로 가르치고, 탐욕과 애착이 많은 이는 부정으로 교화하며, 분노가 많은 이는 자심을 배우게 하고, 아에 대한 집착이 많은 이는 인연으로 가르치고, 마음에 잘 빠지는 이는 염불하게 한다. 坐禪之法 要有五門 一者 安般 二 不淨 三 慈心 四 觀緣 五 念佛 安般不淨二門 觀緣此三門 有內外境界 念佛慈心 緣外境界 所以五門者 隨衆生病 若亂心多者 教以安般 若貪愛多者 教以不淨 若瞋恚多者 教以慈心 若著我多者 教以因緣 若心沒者 教以念佛", 『수능엄삼매경』 권하(대정장15, p.643b12)에 '좌선하고자 하는 이는 반드시 소란함에서 벗어나야 합니다. 欲坐禪者 應離憒鬧", 『대비구삼천위의』 권상(대정장24, p.914b10)에 "앞서 사문의 위의법이 갖가지로 다른 줄은 알았지만, 출가인이 해야 할 힘쓸 업에 대해서는 논하지 않았다. 힘쓸 업 중 첫째는 좌선이다. … 좌선을 하고자 한다면 다시 다섯 가지 일이 있다. 첫째는 때를 마땅히 따라야 하고, 둘째는 편안한 상을 얻어야 하고, 셋째는 부드러운 자리를 얻어야 하고, 넷째는 고요한 곳이 있어야 하고, 다섯째는 선지식을 만나야 한다. 또 다시 다섯 가지가 있다. 첫째는 좋은 단월을 만나야 하고, 둘째는 좋은 뜻이 있어야 하고, 셋째는 좋은 약이 있어야 하고, 넷째는 약을 먹을 수 있어야 하고, 다섯째는 좋은 도움을 받아야 한다. 그래야 경안(猗)을 얻는다. 때를 따른다 함은 사시를 말한다. 편안한 상이란 승상을 말한다. 부드러운 자리란 털로 된 자리다. 고요한 곳이란 산속의 나무 아래나 사람과 함께 하지 않은 사적인 절을 말한다. 선지식이란 함께 머무는 이를 말한다. 좋은 단월이란 구할 것이 없게 하는 이를 말한다. 좋은 뜻이란 능히 선을 살필 수 있어야 한다. 좋은 약이란 뜻을 다스릴 수 있어야 한다는 것이고, 능히 약을 먹는다 하니 이는 만 가지 물건을 생각하지 않는 것이고, 잘 돕는다 하니 선으로 띠를 삼는 뜻이다. 上雖知沙門儀法種種別異 未論出家人所作業務 業務者 一者坐禪 … 欲坐禪 復有五事 一者 當隨時 二者 當得安床 三者 當得軟坐 四者 當得閑處 五者 當得善知識 復有五事 一者 當得好善檀越 二者 當有善意 三者 當有善藥 四者 當能服藥 五者 當得善助 爾乃得猗 隨時者 謂四時 安床者 謂繩床 軟座者 謂毛坐 閑處者 謂山中樹下 亦謂私寺中不與人共 善知識者 謂同居 善檀越者 謂令人無所求 善意者 謂能觀喜 善藥者 謂能伏意 能服藥者 謂不念萬物 善助者 謂禪帶", 종보본 『육조단경』(대정장48, p.353a2)에 "선지식이여! 도란 모름지기 통하고 흘러야 하는데, 어째서 도리어 막히는가? 마음이 법에 머무르지 않으면 도인즉 통하고 흐르지만, 마음이 법에 머물면 이를 두고 스스로를 얽맨다고 한다. 만약 언제나 앉아서 움직이지 않아야 옳다고 한다면, 이는 바로 사리불이 숲속에서 고요히 앉아만 있다가 유마힐에게 질책을 당한 경우와 같다. 선지식이여! 이뿐만 아니라 어떤 이는 앉기만 해 마음 보고 고요함 관해서 움직이지도 일어나지도 않게 하여도 공부할 뿐이라 하니, 사람 미혹케 하여 알지 못하게 하고 문득 집착하고 전도한다. 이런 무리 이렇게 서로 가르치니 크게 잘못된 줄 알라. 善知識 道須通流 何以却滯 心不住法 道卽通流 心若住法 名爲自縛 若言常坐不動是 只如舍利弗 宴坐林中 却被維摩詰訶 善知識 又有人教坐 看心觀靜 不動不起 從此置功 迷人不會 便執成顚 如此者衆 如是相敎 故知大錯", 같은 책(대정장48, p.353b18)에 "선지식이여! 무엇을 좌선이라 하는가? 이 법문중에는 장애가 없어서 밖으로는 일체선악경계에 대해 마음도 생각도 일어나지 않으니 이를 좌라고 하며, 안으로는 자성을 보아 움직이지 않으니 이 이름이 선이다. 善知識 何名坐禪 此法門中 無障無礙 外於一切善惡境界 心念不起 名爲坐 內見自性不動 名爲禪", 『백장청규』 권5 「좌선의 坐禪儀」(대정장48, p.1143a3)에 "무릇 반야를 배우는 보살은 대비심을 일으키고 큰 서원을 일으켜 … 고요한 곳에서 좌구를 두껍게 펴고 결가부좌 또는 반가부좌를 하며, 왼 손바닥을 오른 손바닥 위에 놓고 양 엄지손가락을 서로 맞대며 몸을 바로 하고서 단정히 앉는다. 귀는 어깨와 나란히 하고 코는 배꼽과 나란히 하며, 혀를 윗 잇몸에 대고 위아래 입술과 이는 서로 붙이며, 눈을 반드시 살짝 떠서 조는 일이 없게 한다. 선정을 얻으면 그 힘 가장 뛰어나다. 예부터 정을 익힌 고승들은 좌선할 때 늘 눈을 떴다. 법운원통선사는 눈을 감고 좌선하는 사람들을 꾸짖으며 흑산귀굴같다 하였으니, 깊은 뜻이 있다. 일체선악 도무지 사량하지 말고, 생각이 일어난즉 깨우쳐서 언제나 깨어있어 어둡지 않고 혼침에 빠지지도 않고 산란하지도 않으면, 만년이 일념이어서 끊어 사라지지도 영원하지도 않게 되니, 이 앉아 선 함이야말로 요술이라네. 夫學般若菩薩 起大悲心 … 於閒靜處 厚敷坐物 結跏趺坐 或半跏趺 以左掌安右掌上 兩大拇指相拄 正身端坐 令耳與肩對 鼻與臍對 舌拄上齶 唇齒相著 目須微開 免致昏睡 若得禪定 其力最勝 古習定高僧 坐常開目 法雲圓通禪師 呵人閉目坐禪 謂黑山鬼窟 有深旨矣 一切善惡 都莫思量 念起卽覺 常覺不昧 不昏不散 萬年一念 非斷非常 此坐禪之要術也", 『경덕전등록』 권5 「남악회양장 南嶽懷讓章」(대정장51, p.240c18)에 "개원(開元) 연간에 도일(道一)〈마조대사를 말한다〉이라는 사문이 전법원에 머물며 날마다 앉은 채로 선 하였다. 남악은 그가 법기임을 알고 가서 물었다. '대덕은 좌선으로 무엇을 도모하는가?' '부처가 되기를 도모합니다'. 이에 남악이 벽돌 하나를 가져다가 그의 암자 앞에 있는 숫돌에 갈았다. 도일이 말했다. '벽돌을 갈아서 어쩌려는 겁니까?' '거울로 만들려고 한다' '벽돌을 간다고 어떻게 거울이 되겠습니까?' '벽돌을 갈아서 거울이 될 수 없는데, 좌선한다고 어떻게 부처가 되겠느냐?' '어떻게 하면 됩니까?' '소가 수레 끌 듯 하니 수레가 가지 않는다면 수레를 때리는 게 옳으냐, 소를 때리는 게 옳으냐?' 도일이 대답 없자 남악이 말했다. '그대는 좌선을 배운다고 하고, 부처를 배운다고 한다. 만약 앉는 선을 배운다고 하면 선은 앉거나 눕는 것이 아니다. 만약 앉는 부처를 익힌다면 부처는 어떤 정한 상이 없어서 주하는 법이 없으니 취하고 버릴 수도 없다. 그대 만약 부처를 앉힌다면 부처를 죽이는 것이며, 앉는 모습에 집착한다면 그 뜻을 모르게 되리라'. 도일이 단번에 듣고 깨우쳤으니 마치 제호를 마신 듯 했다. 開元中 有沙門道一〈卽馬祖大師也〉 住傳法院 常日坐禪 師知是法器 往問曰 大德坐禪圖什麼 一曰 圖作佛 師乃取一塼 於彼庵前石上磨 一曰 磨塼作麼 師曰 磨作鏡 一曰 磨塼豈得成鏡耶 師曰 磨塼旣不成鏡 坐禪豈得成佛耶 一曰 如何卽是 師曰 如牛駕車 車不行 打車卽是 打牛卽是 一無對 師又曰 汝學坐禪 爲學坐佛 若學坐禪 禪非坐臥 若學坐佛 佛非定相 於無住法 不應取捨 汝若坐佛 卽是殺佛 若執坐相 非達其理 一聞示誨 如飮醍醐"라고 하였다. [참고문헌] 『安般守意經』, 『摩訶止觀』, 『五門禪經要用法』, 『首楞嚴三昧經』, 『大比丘三千威儀』, 『六祖壇經』, 『百丈淸規』, 『景德傳燈錄』, *AN.4.168.*, *SN.5.325.* ⇨ 좌 坐, 선 禪

좌선 座禪 ➡좌선 坐禪

좌선경 坐禪經 『좌선삼매경 坐禪三昧經』(대정장15, No.614). 『보살계본종요』(대정장45, p.917a14)에 "『좌선경』에서 '번뇌 깊어 바닥을 알 수 없고, 생사의 바다는 끝이 없구나. 이 고해를 건내는 배를 아직 마련하지 못하였으니, 어떻게 잠들 수 있겠는가!'라고 한 말과 같다. 如坐禪經曰 煩惱深無底 生死海無邊 度苦船未立 云何得睡眠"라고 하였다. [참고문헌] 『菩薩戒本宗要』, 『坐禪三昧經』(대정장15, p.270c6), 『大唐內典錄』 권2(대정장55, p.230a15). ⇨좌선삼매경 坐禪三昧經

좌선두 坐禪豆 콩을 쪄서 발효시킨 다음 소금을 더하여 만든 식품. 옛날 좌선하는 스님들이 해우소(解憂所)에 자주 가는 것을 방지하려고 먹었던 음식물이므로 이렇게 불렀다. 좌선납두(坐禪納豆)・사납두(寺納豆)・납두(納豆) 등이라고도 한다. ⇨납두 納豆

좌선명 坐禪銘 좌선의 수행과 사상의 요지를 적은 명문(銘文). 아호대의(鵝湖大義)·천태대정(天台大靜)·동안상찰(同安常察)·불안청원(佛眼淸遠) 등이 이 제목으로 지었다. 불안과 아호의 것은 『치문경훈』 권27(대정장48, p.1048b4·1048b27)에, 천태와 동안의 것은 『선문제조사게송』(卍속장116, p.944b14·919a18)에 각각 전한다.

좌선사식 坐禪四息 좌선함에 있어 살펴야 할 숨(息)의 네 가지 양상. 『수습지관좌선법요』(대정장46, p.466a1)에 "처음 선에 들어 숨을 고르게 하는 법이라 하니, 숨에는 네 가지 상이 있다. 첫째는 바람(風), 둘째는 헐떡거림(喘), 셋째는 기(氣), 넷째는 식(息)이다. 앞의 셋은 고르지 못한 상이고, 마지막 하나는 고르다. 初入禪調息法者 息有四種相 一風 二喘 三氣 四息 前三爲不調相 後一爲調相", "어떤 것이 바람같다 하는가? 앉아 있을 때 코에서 나고 드는 숨소리 들리니 바람같다 한다. 헐떡거리는 상이란 무엇인가? 좌선할 때 비록 숨소리는 나지 않지만 나고 듦에 막혀 통하지 못해 헐떡거린다고 한다. 기상이란 무엇인가? 좌선할 때 비록 숨소리가 나지 않고 막히지도 않지만 나고 듦에 미세하지 못하니 기상이다. 식상이란 어떠한가? 소리도 나지 않고 막히지도 않으며 거칠지도 않아서 나고 듦에 끊이지 않고 있는 듯 없는 듯 하여 신을 도와 안은케 하고, 정마저 품어 기쁜 듯 하니 이것이 식의 상이다. 云何爲風相 坐時則鼻中息出入覺有聲 是風也 云何喘相 坐時息雖無聲 而出入結滯不通 是喘相也 云何氣相 坐時息雖無聲 亦不結滯 而出入不細 是氣相也 云何息相 不聲不結不麤 出入綿綿 若存若亡 資神安隱 情抱悅豫 此是息相也", "바람처럼 호흡하면 산란해지고, 헐떡거려 호흡하면 막히며, 거친 기운으로 호흡하면 지치고, 원활한 호흡하면 안정된다. 좌선할 때 바람과 같거나 헐떡거리거나 거친 세 가지로 호흡하면 고르지 못하다고 하며, 이렇게 마음을 쓴다면 다시 마음의 근심이 되어 마음 또한 안정하기 어렵다. 만일 고르게 하고자 한다면 세 가지 법에 의지한다. 첫째, 집착을 내려놓아 마음을 편안히 한다. 둘째, 몸을 느슨한 상태로 맡겨둔다. 셋째, 기가 모든 털구멍으로 출입하면서 아무런 장애도 없이 통한다고 관상한다. 만약 그 마음을 세밀히 한다면 숨조차 미미해 자연스럽게 되고, 숨이 고른즉 온갖 근심 일어나지 않아 그 마음이 쉽게 안정을 찾는다. 이것을 가리켜 행자가 처음 정에 들 때 숨을 고르게 하는 방법이라 한다. 핵심을 집어내어 말하자면 마디마디 끊이지도 지나치게 빠르지도 않게 하는 것이 숨을 고르게 하는 것이다. 守風則散 守喘則結 守氣則勞 守息卽定 坐時有風喘氣三相 是名不調 而用心者 復爲心患 心亦難定 若欲調之 當依三法 一者 下著安心 二者 寬放身體 三者 想氣遍毛孔出入 通同無障 若細其心 令息微微然 息調則衆患不生 其心易定 是名行者初入定時 調息方法 擧要言之 不澁不滑 是調息相也"라고 하였다. [참고문헌] 『修習止觀坐禪法要』.

좌선삼매경 坐禪三昧經 Ⓢ Dhyānaniṣthitasamādhi-dharmaparyāya-sūtra. 승가라찰(僧伽羅刹) 지음. 요진(姚秦)대 구마라집(鳩摩羅什) 한역. 2권. 고려장30, pp.128a1~151b7, No.991·대정장15, pp.269c26~286a12, No.614에 수록되어 있다. 402년(홍시4) 장안(長安)에서 역출하였고, 407년(홍시9) 다시 교정하였다. 『좌선삼매법문경 坐禪三昧法門經』·『보살선법경 菩薩禪法經』·『아란야습선법 阿蘭若習禪法』 등이라고도 하며, 줄여서 『선경 禪經』이라고 한다. 구마라집이 관중지방을 중심으로 활동했기에 『관중선경 關中禪經』이라고도 한다. 여러 논사들의 주장을 망라하여 정연하게 조직하였기에 선경 중 으뜸으로 간주한다. 각종의 선요(禪要)를 초록하여 모으고 부정관(不淨觀)·자심관(慈心觀)·인연관(因緣觀)·수식관(數息觀)·염불관(念佛觀) 등 오문선(五門禪)의 법을 천명함과 동시에 대승과 소승을 아우르는 선관(禪觀)도 밝혔다. 승예(僧叡)의 「관중출선경서 關中出禪經序」(『출삼장기집』 권9, 대정장55, p.65a19)에 따르면, 여러 논사들은 구마라라타(鳩摩羅羅陀)·마명보살(馬鳴菩薩)·바수밀(婆須蜜)·승가라찰(僧伽羅叉)·구파굴(漚波崛)·승가사나(僧伽斯那)·늑비구(勒比丘) 등이다. 본경은 각현(覺賢)이 여산(廬山)에서 역출한 『달마다라선경 達摩多羅禪經』과 같으며 대소승을 아우른 선관을 제시한다. 역출하기 이전에 중국불교 초기의 선관은 모두 후한(後漢)대 안세고(安世高)가 한역한 『선경』에 근거하였다. 그 뒤 도안(道安)의 선도로 북방의 전진(前秦)과 후진(後秦)의 선관이 점차로 알려졌고, 실제수행법도 성행하였으나 아직 소승선의 영역에서 벗어나지는 못했다. 구마라집이 본경을 한역한 이후로 대승불교와 소승선 또는 대승선과 소승선의 관계가 분명하게 드러났다. 그러므로 이 경은 천태지관(天台止觀)의 성립이나 선종(禪宗)의 탄생에 촉발한 공이 지대하다고 평가받는다. 상권에서는 첫 머리에 43게송을 싣고 생사윤회를 벗어나기 위해 선 수행함을 드러냈고, 다음으로 다섯 가지로 대치한 법문에서 좌선하려는 이의 근기에 적절하게 관법을 시설한다. 하권에서는 색무색계의 사선팔정(四禪八定)에 의지하여 오신통(五神通)을 터득하는 보살의 선수행법을 밝히고, 마지막으로 마명이 지은 20게송으로 선수행자가 터득한 경지를 드러내 보였다. [참고문헌] 『出三藏記集』 권2(대정장55, p.11a14), 『開元釋敎錄』 권4(대정장55, p.513a20), 『貞元新定釋敎目錄』 권6(대정장55, p.810a11). ⇨ 선경 禪經 ❷

좌선삼매법문경 坐禪三昧法門經 ➡ 좌선삼매경 坐禪三昧經

좌선상 坐禪床 좌선할 때 앉는 평상(座臺). 『십송율』 권11(대정장23, p.79b13)에 "좌선상에도 다섯 종류가 있다. 아산제각·파랑구각·저양각각·첨각·곡각이 그것이다. 坐禪床 亦有五種 阿珊蹄脚 波郎劬脚 羝羊角脚 尖脚 曲脚"라고 하였다. [참고문헌] 『十誦律』. ⇨ 보상 寶床 ■1, 선상 禪床

좌선십종행 坐禪十種行 좌선하는 이가 바른 선정에 들기 위해 행하는 열 가지 조목. 좌선인십종행(坐禪人十種行)이라고도 한다. 『해탈도론』 권4 「행문품 行門品」(대정장32, p.414b20)에 따른다. 첫째 관처를 밝고 깨끗이 하며(令觀處明淨), 둘째 제근(五根 : 信進念定慧)을 두루 일으켜 관한다(徧起觀諸根). 셋째, 마음의 상들을 밝히 안다(曉了於相). 넷째, 마음을 다스려 고르게 한다(制令心調). 다섯째, 게으름을 꺾어 없앤다(折伏懈怠). 여섯째, 마음에 맛들여 집착함이 없게 한다(心無味著). 일곱째, 마음이 기쁘게 한다(心歡喜). 여덟째, 마음 고요하여 놓아버림을 성취한다(心定成捨). 아홉째, 정을 얻은 이를 가까이 하여 익힌다(近學定人). 열째, 기꺼이 편안하고 고요한 곳에 머문다(樂著安定)이다. [참고문헌] 『解脫道論』, 『大明三藏法數』 권32(영락장182, p.726b8).

좌선의 坐禪儀 좌선의 위의(威儀)와 작법 등을 서술한 글. 송대 장려종색(長蘆宗賾)이 『선원청규』에 수록한 「좌선의」(卍속장111, p.920a6), 『가태보등록』에 실린 불심본재(佛心本才)의 「좌선의」(卍속장137, p.431a11) 그리고 송대 난계도융(蘭溪道隆)과 굉지정각(宏智正覺)의 「좌선잠 坐禪箴」 등을 말하며, 일본 조동종(曹洞宗) 영평도원(永平道元)의 「보권좌선의 普勸坐禪儀」 등이 모두 이에 속하는 글이다. ⇨ 좌선잠 坐禪箴

좌선잠 坐禪箴 송대 굉지정각(宏智正覺) 지음. 『굉지광록』 권8, 대정장48, p.98a28에 수록되어 있다. 좌선의 요체를 98자에 담은 단편이다. 그 전문은 "부처님 부처님이 요체가 되는 기틀이요, 조사 조사가 그 기틀의 요체이니, 만사 접하지 않고도 알고, 연 대하는 일 없이도 비춘다. 만사 접하지 않고도 아니 그 앎이 스스로 그윽하고, 연과 마주하지 않고도 비추니 그 비춤 스스로 묘하다. 그 앎이 스스로 그윽하여 일찍이 분별해 사유함이 없고, 그 비춤 본래 묘하여 일찍이 터럭끝 조짐마저 없었다네. 일찍이 무분별의 사유였기에 그 앎도 기댈 것 없이 기특하고, 일찍이 터럭도 움직인 일 없고 비춰 취하지 않기에 안다. 물 맑아 바닥까지 사무쳐 물고기 한가하게 오가고, 저 하늘 광활하여 끝 없는데 새는 날아 아득하네. 佛佛要機 祖祖機要 不觸事而知 不對緣而照 不觸事而知 其知自微 不對緣而照 其照自妙 其知自微 曾無分別之思 其照自妙 曾無毫忽之兆 曾無分別之思 其知無偶而奇 曾無毫忽之兆 其照無取而了 水淸徹底兮 魚行遲遲 空闊莫涯兮 鳥飛杳杳"라고 한다. 묵조선(默照禪) 입장에서의 선법으로 여러 가지 좌선의(坐禪儀)·좌선명 또는 좌선잠 중에 뛰어나다고 평가한다.

좌선판 坐禪板 입선(入禪)과 방선(放禪) 등 좌선 대중의 움직임을 알 수 있게 치는 판. 좌선하는 승당(僧堂) 앞에 걸어둔다. 『백장청규』 권6 「일용궤범 日用軌範」(대정장48, p.1145b16)에 "반드시 미리 요사에서 나와야 하니, 좌선판 칠 때까지 기다려서는 안 된다. 須預先出寮 莫待打坐禪板", 같은 책 권7 「월분수지 月分須知」(대정장48, p.1155a10)에 "6월. 초하루, 심한 더위라면 수좌에게 좌선판 치는 일을 면제해 준다. … 9월 초하루 수좌는 다시 좌선판 울린다. 六月 初一日 隆暑首座免鳴坐禪板 … 九月 初一日 首座復鳴坐禪板"라고 하였다. [참고문헌] 『百丈淸規』. ⇨ 좌선패 坐禪牌

좌선패 坐禪牌 좌선중임을 알리기 위해 걸어놓는 패. 고요함을 방해하는 일이 없도록 한다. 정패(靜牌)라고도 한다. 『백장청규』 권5 「좌선」(대정장48, p.1142c7)에 "매일 아침 죽을 먹은 뒤에 당사행자는 먼저 수좌에게 아뢰고 승당 앞과 중료 앞에 모두 좌선패를 걸어 대중에게 알린다. 每日粥罷 堂司行者 先覆首座 僧堂前衆寮前 俱掛坐禪牌 報衆", 『선림상기전』 권16(불광장, 禪藏, p.1244)에 "좌선패 : 『영평청규』 「판도법」에 '이른 아침 좌선할 때 좌선패를 걸고 나머지 때에 좌선할 경우는 좌선패를 걸지 않는다'고 하였다. 도충(道忠)이 말한다. '나머지 때란 포시·황혼·후야 등이다'. 坐禪牌 永平淸規 辨道法云 早晨坐禪 掛坐禪牌 餘時坐禪 不掛坐禪牌 忠曰 餘時者 晡時 黃昏 後夜 三時也"라고 하였다. [참고문헌] 『百丈淸規』, 『禪林象器箋』. ⇨ 정패 靜牌

좌세 左世 Ⓢ Vāma-lokāyatika. 인도 고대의 쾌락주의. 좌순세(左順世)라고도 한다. 한자와 범어를 섞어서 역로가야타(逆路伽耶陀)라 한다. 세상의 관습을 거스르는 세계관을 지닌 외도이다. 좌는 역(逆)과 같은 의미로서 거꾸로 행하여 바르지 않은 길의 뜻이다. 군신(君臣)·부자(父子)·사제(師弟) 등의 관습적·도덕적 관계를 부정하는 세계관이다. 유물론자 차르바카(Ⓢ Cārvāka)를 시조로 하는 순세파(順世派)에서 파생하여 '좌'의 길을 뚜렷하게 내세웠다. 범어 Vāma-lokāyatika는 *Saddharmapuṇḍarīkasūtra*의 카슈가르(Kashgar) 필사본과 투르판(Turfan)에서 발견된 필사본 단편들,

페트로프스키 컬렉션(Petrovsky Collection : N.F.Petrovsky 1837~1908)의 필사한 단편들에 보이며, 바이디야(Vaidya)의 범어 편집본에는 없는 용어다. 『번역명의집』 권5(대정장54, p.1145c7)에 "역로가야타에 대하여 현응(玄應)은 역로지가라 음사하고 좌세라 한역하였다. 천태지의는 '한역하면 악론이고 (이 파가 제자로서 스승인 차르바카마저 부정하였다고 하여) 제자파사라고도 한다' 하였다. 자은은 악징문이라 한역하였다. 세상을 거역하는 도로써 세인을 미혹하고 그들의 헤아림이 세간을 따르지 않기 때문이다. 유규는 '마치 중국에서 장자와 노자의 현서와 같다. 그러므로 양웅은 『노자』를 비판하여 「인의를 내던지고 예학을 완전히 끊어버려 우리가 취할 것이라곤 전혀 없다」고 하였으며, 『장자』를 비판하여 「생사를 하나로 보고, 부귀를 같다고 여기며, 귀천을 평등하게 생각하니, 그 얼마나 섬짓한가!」라고 했던 것이다'라고 하였다. 그러나 이렇게 불완전한 교설(半乘)과 원만한 교설(滿乘)이 모두 중국에 치우쳐 퍼졌고, 사교와 정교 모두 서역에서도 각기 익혀왔으므로 세존께서도 이를 예감하시고 그 배움을 경계하셨다. 逆路伽耶陀 應師云 逆路底迦 此云左世 天台曰 此惡論 亦名弟子破師 慈恩云 此翻惡徵問 左道惑世 以其所計 不順世間故也 劉虬云 如此土莊老玄書 故楊雄斥老子曰 槌提仁義 絶滅禮學 吾無取焉 斥莊子曰 齊生死 同富貴 等貴賤 其有懼乎 然此半滿兩乘 東夏偏弘 邪正二教 西域各習 世尊預鑑 以誡學焉"라 하였다. [참고문헌] 『翻譯名義集』. ⇨ 좌도 左道, 로가야타 路伽耶陀, 역로가야타 逆路伽耶陀, 순세외도 順世外道, 사파제자 師破弟子

좌세 佐世 고려전기 스님 현오국사(玄悟國師) 종린(宗璘 1127~1179)의 승통호. [참고문헌] 李智冠 『校勘譯註歷代高僧碑文』 高麗篇3 p.473. ⇨ 종린 宗璘

좌쇄 坐殺 앉은 채로 죽이다. 꼼짝없이 그대로 다 놓게 하다 또는 그 어떤 것도 자리해서 분별의 근거가 되지 못하게 하는 뜻이다. 좌단(坐斷)의 뜻보다 강한 어세다. 쫓아가 죽이다의 주쇄(走殺)와 짝으로 쓰기도 한다. 『밀암어록』(대정장47, p.964a17)에 "만일 조주의 말 아래 향해 보아 얻는 천하의 납승들 앉은 채로 죽이는 것이며, 천동의 말에서 간파한다면 천하의 납승들 쫓아가 죽이는 일이다. 若向趙州語下見得 坐殺天下衲僧 若向天童語下見得 走殺天下衲僧", 『굉지광록』 권3(대정장48, p.32b8)에 "비록 그렇다 해도 화살 한 발로 수리 한 쌍을 맞추려 하니, 때로는 쫓아 달려 죽여야 하고 때론 앉은 채로 죽여야 하니 이를 어쩌랴? 그렇다면 어떻게 해야 좋을까? 잡아서 모으든지 놓아 버리든지 도무지 나에게 달렸으니, 잡아들이든지 놓아 버리든지 다시 누구의 일이겠는가? 雖然一箭雙雕 柰有時走殺 有時坐殺 且作麽生得恰好去 捏聚放開都在我 拈來抛去更由誰", 『개석지붕어록』(卍속장121, p.374a9)에 "불전에서 : 앉아 있으면 앉은 채로 죽이고 서 있는 보살은 선 채로 죽인다. 도대체 누가 붉은 수염 오랑캐인지 모르겠네. 몸 뒤치는 한마디 산 채로 퍼득인다. 佛殿 坐底坐殺 立底立殺 不知誰是赤鬚胡 轉身句子活鱍鱍", 『열조제강록』 권30(卍속장112, p.629a17)에 "대장부 사내라면 결코 정결한 터에 짓눌러 앉지 않는다. 대개는 본래 (그 터를) 뚫고 벗어나는 한 길이 있는 법이다. 그런 까닭에 '오고 감에 특정한 형상을 따르지 않고, 움직임에 일정한 마음을 따르지 않는다'라고 한 것이다. 모든 티끌에 두루 들어가고 국토마다 온전히 드러난다. 大丈夫漢 終不向淨潔地上坐殺 蓋其自有 透脫一路 所以道 去來不以象 動靜不以心 塵塵普入 刹刹全彰"라고 하였다. [참고문헌] 『密菴語錄』, 『宏智廣錄』, 『介石智朋語錄』, 『列祖提綱錄』.

좌수 左手 Ⓢ savya, vāma. 왼손. 관습적으로 우수(右手)는 바른 손, 좌수는 그른 손으로 여기지만 상보의 관계로 여긴다. 『방광반야경』 권16(대정장8, p.109b9)에 "반야바라밀이란 나머지 다섯 바라밀을 거두고 취함이 다시 그러하다. 반야바라밀이란 비유하자면 저 사람의 오른손이 하지 못하는 일이 없는 것과 같고, 다섯 바라밀이란 사람의 왼손이 오른손을 보좌하여 돕는 것과 같다. 般若波羅蜜者 攝取五波羅蜜 亦復如是 般若波羅蜜者 譬如人之右手 無事不爲 五波羅蜜者 如人左手 佐助右手", 『불장경』 권상(대정장15, p.783b17)에 "비유하자면 어떤 사람이 일체중생은 왼손에 두고 오른손에는 삼천세계의 산하와 초목을 집어올리듯 하니, 모든 일체중생으로 하여금 한결같은 마음으로 기쁘고 즐거워하며 그 뜻이 다르지 않게 하는 것과 같다. 譬如有人 以一切衆生 置左手中 右手接擧 三千世界 山河草木 皆能令是 一切衆生 同心喜樂 其意不異", 『사분율』 권49(대정장22, p.933a10)에 "오른손으로는 지팡이를 짚고 왼손으로는 발우를 잡는다. 應右手捉杖 左手捉鉢", 『지관보행전홍결』 권2(대정장46, p.194a2)에 "왼발은 색온과 같고 오른발은 수온과 같으며 왼손은 상온과 같고 오른손은 행온과 같다. 머리는 식온에 해당한다. 左足如色 右足如受 左手如想 右手如行 頭如識"라고 하였다. [참고문헌] 『放光般若經』, 『佛藏經』, 『四分律』, 『止觀輔行傳弘決』, 『中論』 권4(대정장30, p.37c18), *Buddh-c.146.*, *Sań-v.82.* ⇨ 우수 右手

좌수 坐睡 Ⓟ pacalāyamānaṃ nisinnam. 앉은 채로 잠들다. 『잡아함경』 권47(대정장2, p.344a18 : *Nāgita-sutta*, *AN.3*, p.343)에 "나는 다시 비구가 텅 빈 곳에 머물며 몸을 흔들면서 앉은 채로 조는 모습을 보았다. 我復見比丘 住空閑處 搖身坐睡 panāhaṃ nāgita b hikkhuṃ passāmi araññakaṃ arañña pacalāyamānaṃ nisinnaṃ", 『불조역대통재』 권18(대정장49, p.659c29)에 "'마음도 거울도 모두 잊는 때는 어떤가?' '눈 뜨고 앉은 채로 조는구나'. 問 心鏡俱亡時 如何 日 開眼坐睡"라고 하였다. [참고문헌] 『雜阿含經』, 『佛祖歷代通載』, *AN.* ⇨ 도로좌수 徒勞坐睡

좌승유 左僧維 좌가승록사(左街僧錄司)의 승직(僧職). 중국에는 없는, 고려만의 승직으로 승총(僧摠) 아래에 있었다. 「봉암사정진대사원오탑비문 鳳巖寺靜眞大師圓悟塔碑文」(『한국금석전문』 중세상, p.387)에 "임금은 부음을 듣고 크게 슬퍼하여 침식을 잊고 호곡하였다. 그리하여 좌승유 대덕 담유와 원윤 수전중감 한윤필 등을 보내 글로써 조문하고, 식량·차·향으로써 부의하였다. 上聞之震悼 哭諸寢焉 乃遣使左僧維大德淡猷 元尹守殿中監韓潤弼等 吊以書賻以穀及茗馞"라고 하였다. [참고문헌] 『韓國金石全文』 中世上, 李智冠 『校勘譯註歷代高僧碑文』 高麗篇1 p.382. ⇨ 좌가승록사 左街僧錄司

좌안반근 左眼半斤 왼쪽 눈은 반근이라는 말. 오른쪽 눈은 여덟량(八兩)이라는 뜻의 우안팔량(右眼八兩)과 댓구다. 반근과 팔량은 같은 무게의 다른 이름일 뿐이다. 『동산수초어록』(고존숙어록38, 卍속장118, p.648a14)에 "'금빛 잉어 이마에 상처 없을 때는 어떤지요?' '왼쪽 눈은 반근이고 오른쪽 눈은 여덟량이다'. 問 金鱗不點額時如何 師云 左眼半斤 右眼八兩", 『장령수탁어록』(卍속장120, p.327a14)에 "운문의 호떡 : 왼쪽 눈은 반근이고 오른쪽 눈은 여덟량이다. 친소를 묻지 않고 공 있는 이에게 상 있다. 雲門餬餅 左眼半斤 右眼八兩 不問親踈 有功者賞", 『벽암록』 56칙 「송 頌」(대정장48, p.190b23)에 "이 눈 취하면 귀 반드시 먹는다〈왼쪽 눈은 반근이다. 한 번의 잘못은 눈 감고 넘어간다. 좌측에서 앞서지 못하고 우측에서 물러나지도 못한다〉. 이 귀를 버리면 눈 한 쌍으로 멀리라〈오른쪽 눈은 여덟량이다. 다만 한 길뿐이니, 앞으로 나가자니 구덩이에 떨어지고 함정에 빠지며, 뒤로 물리자니 사나운 호랑이가 다리를 물 것이다〉. 取箇眼兮耳必聾〈左眼半斤 放過一著 左邊不前 右邊不後〉 捨箇耳兮目雙瞽〈右眼八兩 只得一路 進前則墮坑落塹 退後則猛虎銜脚〉"라고 하였다. [참고문헌] 『洞山守初語錄』, 『長靈守卓語錄』, 『碧巖錄』. ⇨ 우안팔량 右眼八兩

좌와경행 坐臥經行 앉거나 누우며 돌아다니다. 행주좌와(行住坐臥)라고도 한다. 『별역잡아함경』 권2(대정장2, p.381c17)에 "그때 세존께서 초저녁 마지막 시간에 앉거나 눕거나 걸어 수행하셨다. 爾時 世尊 於初夜後分 坐臥經行", 『동산어록』(대정장』(대정장47, p.515c2)에 "저 새 날아 넘는 길과 다르지 않으니, 앉거나 눕거나 거니는 등이 그윽한 길 아님이 없었다. 擧足下足 鳥道無殊 坐臥經行 莫非玄路", 『공곡집』 94칙 「평창 評唱」(卍속장117, p.633a14)에 "앉거나 눕거나 다니는 모든 행위가 깊은 도 아님이 없으니, 만법은 이를 좇아 드러나고 천 갈래 다른 길도 다 이로 말미암아 어울려 함께 한다. 坐臥經行 莫非玄路 萬法從玆顯現 千差由是諧同"라고 하였다. [참고문헌] 『別譯雜阿含經』, 『洞山語錄』, 『空谷集』. ⇨ 사위의 四威儀, 행주좌와 行住坐臥

좌와입행 坐臥立行 앉고 눕고 서고 걷는 행위. 위의로(威儀路 Ⓢ airyāpathika)라고 한다. 『아비담감로미론』 권상(대정장28, p.968a21)에 "무엇을 숨어 사라지지 않으면서도 선도 무기도 아닌 법 즉 불은몰무기법(不隱沒無記法 : 無覆無記法)이라 하는가? 좌와입행·기교(Ⓢ śailpasthānika : 工巧處)·보법(Ⓢ vipāka : 異熟)·변화심(Ⓢ nairmāṇika : 通力)·허공(Ⓢ ākāśa)·비지연진(Ⓢ apratisaṃkhyā-nirodha : 非擇滅)을 불은몰무기법이라 한다. 云何不隱沒無記法 坐臥立行 伎巧 報法 變化心 虛空 非智緣盡 是謂不隱沒無記法"라고 하였다. [참고문헌] 『阿毘曇甘露味論』. ⇨ 위의로무기 威儀路無記, 무부무기 無覆無記, 사무기 四無記 ■

좌요 左繞 왼쪽으로 돌다. 좌요(左遶)로도 쓴다. 만심(慢心)이 있어 거슬러 도는 행위여서 공경의 뜻인 우요(右繞)와 맞선다. 『남해기귀내법전』 권3(대정장54, p.225b23)에 "오른손이 안의 중심을 향한 채 도는 것을 우요라 하고, 왼손이 내원을 향한 채 도는 것을 좌요라 한다. 右手向內圓之 名爲右繞 左手向內圓之 名爲左繞", 『살바다비니비바사』 권5(대정장23, p.534a10)에 "오른쪽으로 도는 것은 불법을 따르는 것이기에 오른쪽으로 돈다고 한다. 만약 왼쪽으로 도는 이가 있다면, 밀적역사(密迹力士 Ⓢ Guhyapāda-vajra)가 금강저로 그를 부수어버릴 것이다. 右遶者 順佛法故 所以右遶 又密迹力士 若有左遶者 卽以金剛杵碎之", 『오분율』 권26(대정장22, p.176c16)에 "어떤 비구들이 귀신의 탑에다 대소변을 보거나 왼쪽으로 돌아 가버려 귀신이 분노했다. 이에 부처님께서 말씀하셨다. '그렇게 해서는 안 되니, 범하게 되면 돌길라다. 만약 길이 탑의 왼쪽으로 나 있다면, 그때는 그 길을 따라가도 된다. 有諸比丘 大小便鬼神塔中 或左繞而去 鬼神瞋 佛言 不應爾 犯者突吉羅 若路從左邊去 聽隨路行", 『사분율』 권50(대정장22, p.940b15)에 "부처님께서 말씀하셨다. '재가자의 탑묘에 예를 올려서는 안 된다'. 이에 저들은 재가자의 탑묘에 예를 올릴 수 없어서 왼쪽으로 돌아갔다. 그러자 탑묘를 수호하는 신이 노하였다. 부처님께서 말씀하셨다. '본래 온 곳을 따라 가야지 일부러 왼쪽으로 돌아가서는 안 된다'. 佛言 不應禮白衣塔廟 彼旣不得禮白衣塔廟 便左遶行

護塔廟神瞋 佛言 隨本所來處行 不應故左遶行", 『비니지지회집』 권4(卍속장61, p.735a7)에 "비구는 백의와 백의의 탑묘에 예를 올려서는 안 되며, 일부러 왼쪽으로 돌아서도 안 된다〈'백의의 탑묘'란 재자가의의 분묘나 사당을 말한다. '일부러 왼쪽으로 돈다'란 일부러 오만한 마음을 내어 왼쪽으로 거슬러 도는 것을 말한다. 서역에서는 일반적으로 예를 올릴 때 모두 오른쪽으로 도는 것을 순리에 맞고 공경을 표하는 것이라 여긴다〉. 比丘 不應禮白衣 及白衣塔廟 不應故左遶行〈白衣塔廟卽在家人之墳墓祠堂也 故左遶者 謂有心故慢而左逆遶之 西域凡作禮時 皆從右遶爲順 以表恭敬也〉"라고 하였다. [참고문헌] 『南海寄歸內法傳』, 『薩婆多毘尼毘婆沙』, 『五分律』, 『四分律』, 『毘尼止持會集』. ⇨ 우요 右繞

좌욕 坐蓐 좌욕(坐褥 Ⓟ koccha)과 같은 말. 『사분율명의표석』 권20(卍속장70, p.699a15)에 "좌욕 : 욕(蓐)의 음은 육(肉)이며 '까는 자리'(薦)를 뜻한다. 꼴이나 부들 등의 풀로 만드는데, 지금은 음을 빌려 욕이라는 글자를 따른 것이다. 특별히 욕(褥)이라고도 쓰는 것은 옳지 않다. 坐蓐 蓐音肉 薦也 以茭蒲等草爲之 今借音爲因蓐字 別作褥非"라고 하였다. [참고문헌] 『四分律名義標釋』, 『四分律比丘戒本』(대정장22, p.1018b26), 『量處輕重儀』(대정장45, p.844c3). ⇨ 좌욕 坐褥

좌욕 坐褥 Ⓟ koccha. 좌선(坐禪)할 때 깔고앉는 자리. 여러 종류의 부구(敷具) 또는 좌구(坐具) 중 하나이며, 욕(褥)은 욕(蓐)으로도 쓴다. 『사분율』 권12(대정장22, p.643c26)에 "만약 비구가 승승상·목상 또는 와구·좌욕을 가져다가 노지에 스스로 펴거나, 다른 이를 시켜 폈다가 떠나면서 스스로 거두지 않거나 다른 이를 시켜 거두지 않으면 바일제다. 若比丘取僧繩床木床若臥具坐褥 露地自敷 若敎人敷 捨去不自擧 不敎人擧 波逸提", 『근본살바다부율섭』 권9(대정장24, p.578b1)에 "부구라는 것은 상·좌·피·욕·침·낭·소욕 등을 말한다. … 소욕은 곧 좌욕이다. 言敷具者 謂床座被褥枕囊小褥等 … 言小褥者 卽坐褥也"라고 하였다. [참고문헌] 『四分律』, 『根本薩婆多部律攝』, 『五分律』 권5(대정장22, p.35c16), 『摩訶僧祇律』 권14(대정장22, p.342a18), *Vin.4.39.* ⇨ 좌욕 坐蓐, 부구 敷具❷, 좌구 坐具

좌우 左右 ❶ Ⓢ vāma-dakṣiṇa. 왼쪽과 오른쪽. 『금강경찬요간정기』 권3(대정장33, p.190b23)에 "몸을 가다듬고 머문다는 말은 굽히지도 젖히지도 않고 좌우 어느 편으로도 기울이지 않는다는 뜻이다. 端身住者 不低不昂 不左右傾側也"라고 하였다. [참고문헌] 『金剛經纂要刊定記』, *Rāṣṭr.157.* ❷ 아주 가까이 하다. 곁 또는 측근. 『장아함경』 권1 「대본경 大本經」(대정장1, p.3a25)에 "이 일곱의 현명한 제자들이 일곱 부처님을 곁에서 모셨다. 此七賢弟子 侍七佛左右", 『대루탄경』 권1(대정장1, p.282a10)에 "전륜왕이 다음날 아침 측근들과 함께 의견을 나누었다. 轉輪王 明旦 與左右共參議", 『조당집』 권4 「약산유엄장 藥山惟儼章」(대장경보편25, p.387b4)에 "우리 두 사람은 백장 문하에 있을 때 위산화상은 전좌 소임을 맡았고 우리들은 시자를 맡으면서 곁을 떠나지 않고 화상을 보좌하였다. 某等兩人 曾在百丈時 潙山和尙 造典座 某甲造侍者 不離左右 佐副和尙"라고 하였다. [참고문헌] 『長阿含經』, 『大樓炭經』, 『祖堂集』. ❸ 편지 글에서 상대를 짐작하여 겸손히 부르는 말. 『서장』 「답장시랑장 答張侍郎狀」(대정장47, p.937b10)에 "그대는 스스로 터득하여 홀연히 벗어난 경지를 끝내 법도로 여기시는군요. 左右 以自所得 瞥脫處爲極則"라고 하였다. [참고문헌] 『書狀』.

좌우봉원 左右逢原 좌로도 우로도 저 깊은 샘 마주하네. 언제 어디서나 무엇과 마주해도 스스로 깊은 샘 솟듯 하니, 지혜롭고 자유로운 행의(行儀)를 그린 뜻이다. 원(原)은 원(源)과 같이 쓴다. 본래 『맹자』 「이루 離婁」에서 "길러 쌓음이 깊으면 주변 어디서 취해도 그 근원과 만난다. 資之深則 取之左右 逢其原"라고 한 말에 기원한다. 『사분율행사초자지기』 권하4 「석사미편 釋沙彌篇」(대정장40, p.419a15)에 "얻으면 조금도 벗어남이 없겠지만, 잃은즉 어찌 천산이 버팀에 당하겠는가! 걱정하며 부드럽게 하여 가서 스스로 얻도록 한 다음에는 가까운 주변 어디서 취해도 그 근원과 마주치고, 하고자 하는 대로 해도 넘치는 일 없으리라. 만일 이를 배움이라 여기면 가히 공부라 말할 수 있는 것이니, 어찌 스스로 나머지 외우고 묻는 것만으로 도를 채울 수 있다고 하겠는가! 得之 不離方寸 失之 何啻千山固當 優而柔之 使自得之 然後 取之左右逢其原 縱心所欲不逾矩 若斯爲學 可謂學矣 自餘記問 何足道乎", 『주화엄법계관문송』 권하(대정장45, p.700b18)에 "〈송〉 한산자는 박수치고 습득은 따라 껄껄대고 웃었노라. 〈주〉 구슨 이유로 두 노장은 껄껄대고 웃었을까? 같은 바람 아니면 모르리라. 이 송은 자유로운 두 성인께서 속세 저편에 머물지 않고, 지금 이곳에 섞여 밟으며 웃고 노래하며 주변 어디서나 본래 자리를 만나는 것이니, 따로 깊은 뜻 있다. 寒山子撫掌 拾得笑呵呵 因何二老呵呵笑 不是同風人不知 此頌斯二散聖 不住那邊 混跡今時 或笑或歌 左右逢源 別有深意", 『원오어록』 권14 「시세상선인 示世祥禪人」(대정장47, p.778c24)에 "만일 깨끗이 벗어나 한 발씩 밟아 나가 날이 오래되고 해가 깊으면 저절로 좌우 어디서나 저 샘과 마주해 단번에 한 조각 얻으리라. 若脫灑履踐得 日久歲深 自然左右逢源 打成一片", 『종용록』 40칙 「송 頌」(대정장48, p.253c5)에 "활 끝과 오늬 어김없이 맞물려〈높거나 낮거나 두루 응한다〉, 그물과 구슬이 잘도 마주하네〈좌우로 근원과 만나네〉. 백 번 쏘아 백 번 맞추니 쏘는 화살마다 헛되지 않도다. 弦筈相啣〈高低普應〉 網珠相對〈左右逢原〉 發百中而 箭箭不虛", 『청주백문』(卍속장119, p.356a2)에 "수미산을 발로 차 무너뜨리고, 대지 밟아 뒤집는다! 주변 어디서나 근원과 만나고, 종횡 어디로도 걸림 없으리. 踢倒須彌 踏翻大地 左右逢源 縱橫無累", 『불조주대록』(고존숙어록48, 卍속장118, p.828a7)에 "태양 아래 보듯 하여 곧바로 돌아갈 곳 알아 이곳 저곳 그 뿌리와 만나네. 일곱 곳으로 통하고 여덟 갈래로 다 알아 만나는 것마다 이 몸 벗어나는 길이고, 보이는 것들 모두 사무쳐 자유로운 경계라네. 當陽目擊 直下知歸 左右逢原 七通八達 著著有出身之路 頭頭具透脫之機"라고 하였다. 〔참고문헌〕『孟子』, 『四分律行事鈔資持記』, 『註華嚴法界觀門頌』, 『圜悟語錄』, 『從容錄』, 『青州百問』, 『佛照奏對錄』.

좌원 座元 승당(僧堂) 안의 좌위(座位) 중 으뜸. 수좌(首座)·제일좌(第一座)라고도 한다. 『백장청규』 권5 「사괘탑 謝掛搭」(대정장48, p.1142a22)에 "이제 공경하는 마음으로 좌원·도총 등 모든 지위 선사들께서 존귀하신 몸에 많은 복 깃들길 바라옵니다. 卽刻恭惟 座元 都總 諸位禪師 尊候多福"라고 하였다. 〔참고문헌〕『百丈清規』. ⇨ 수좌 首座❶, 제일좌 第一座

좌위 坐位 앉는 자리. 특히 승당(僧堂) 안의 정해진 자리. 『불본행경』 권5(대정장4, p.91b17)에 "이와 같이 부처님의 발에 이마를 붙이고 절을 올린 다음 두 손을 모으고 공경하는 마음으로 앉을 자리로 나아가자 부처님께서 일러주셨다. 如是禮佛足 叉手心恭敬 却就其坐位 佛便告之曰", 『선원청규』 권2 「순료 巡寮」(卍속장111, p.888b13)에 "승당에 순료패를 건 다음 요사에서 요주와 수좌는 좌위마다 향과 꽃을 베푼다. 堂上掛巡寮牌 寮中寮主首座 設坐位香華"라고 하였다. 〔참고문헌〕『佛本行經』, 『禪苑清規』.

좌위조패 坐位照牌 앉을 자리 알려주는 패. 좌패(坐牌)라고도 한다. 『선원청규』 권1 「부다탕 赴茶湯」(卍속장111, p.883a8)에 "북이나 판이 울리는 소리를 듣고 시간이 되면 먼저 도착하여 좌위조패를 기억하여 허둥대며 자리 찾느라 어지럽히는 일 없게 한다. 聞鼓版聲 及時先到 明記坐位照牌 免致倉遑錯亂"라고 하였다. 〔참고문헌〕『禪苑清規』. ⇨ 좌패 坐牌

좌의 坐衣 좌구(坐具 Ⓢ niṣīdana)를 달리 이르는 말. 『번범어』 권3(대정장54, p.1006a7)에 "니사단의 구역은 좌구이다. 성론자들은 범어 바른 음사어는 니사단나로 해야 한다고 하며 한역하면 좌의라 한다. 尼師檀 舊譯曰坐具 聲論者 正外國音 應言尼師檀那 翻爲坐衣"라고 하였다. 〔참고문헌〕『翻梵語』. ⇨ 니사단 尼師壇

좌의 坐倚 앉아 기대다. 포단(蒲團)에 앉고 선판(禪板)에 기대어 좌선한다는 말. 『벽암록』 20칙 「송 頌」(대정장48, p.161b26)에 "기대 앉은 채로 조사의 등불을 이을 생각이면 그만두어라〈풀숲에 숨은 놈들이군. 시커먼 산 아래 앉아 있구나. 귀신소굴에 떨어져 있다〉. 坐倚休將繼祖燈〈草裏漢 打入黑山下坐 落在鬼窟裏去也〉"라고 하였다. 〔참고문헌〕『碧巖錄』.

좌의 坐椅 기대어 앉을 수 있는 의자. 『백장청규』 권7 「결제예의 結制禮儀」(대정장48, p.1153c3)에 "주지가 요사를 순시하려 하면 각 요사에서는 좌의와 향궤를 마련하고는 문 밖에서 주지를 기다린다. 住持 次第巡寮 各寮嚴設 坐椅香几 於門外候住持" 『백장청규증의기』 권5 「참당순료 參堂巡寮」(卍속장111, p.678a9)에 "열중(유나)이 좌의를 중간에 마련하고 나면 수중은 존숙께 앉기를 청한다. 悅衆將坐椅 設中間 首衆請尊宿坐"라고 하였다. 〔참고문헌〕『百丈清規』, 『百丈清規證義記』.

좌인 坐印 앉는 모습. 밀교에서의 전가좌(全跏坐)·반가좌(半跏坐) 등 좌법(坐法)으로 불보살과 천중을 구별한다. 결수인(結手印)에 한하지 않는다. 『관자재보살여의륜유가』(대정장20, p.207b16)에 "이 좌인을 짓고 난 다음에는 허공 가득하신 부처님 그 앞에 자기의 몸도 있어 저 성중회에 머문다고 관한다. 作此坐印已 觀遍虛空佛 己身各於前 住彼衆聖會"라고 하였다. 〔참고문헌〕『觀自在菩薩如意輪瑜伽』. ⇨ 결가부좌 結跏趺坐

좌일주칠 坐一走七 앉기를 한 번 하고 달리기는 일곱 번 한다. 한 번 앉는가 하면 일곱 번 내달린다. 이리저리 분주하지만 종횡으로 자유롭다는 뜻이기도 하니, 그 깊은 뜻은 동정(動靜)에서조차 자유로운, 앉게도 하고 달리게도 하는 그 주인공을 염두에 둔 은유다. 『원오어록』 권2(대정장47, p.719a16)에 "만약 대장부 의기 가득해 부처와 조사를 담금질할 집게망치 있다면 당장에 저편 향해 그 진실을 모조리 알아차리고, 다시 이편으로 돌아와 종횡으로 자유로워 한 번은 앉고 일곱 번은 달려서, 으뜸의 수레 짊져 끌면서 조사의 마음도장 들어 가진다. 儻或具大丈夫意氣 有烹佛祖鉗鎚 直下向那邊承當得 却來這裏 橫三竪四 坐一走七 荷負宗乘 提持祖印", 『허당록』 권9(대정장47, p.1049c26)에 "집사를 인사하는 뜻으로 법좌에 올라 지장의 말씀 들었다. '제방에선 선을 말하느라 떠들썩하지만, 어찌 씨뿌려 배불리 먹는 우리 문하만 하겠는가?' 집어내어 말했다. '모두 「지장은 잠깐 좌선하고 하루종일 바쁘다」라고 하지만, 짚신을 거꾸로 신고 왔다 지체 없이 가버린 일 모르고 하는 소리다. 나 경산이 천문과 지리를 다한다 하더라도 도저히 알 수 없는 일이니, 이 일 필경에는 무엇인가?' 주장자 치고 말했다. '한번에 두 가지 얻었다'. 謝執事上堂 擧 地藏道 諸方浩浩說禪 爭如我者裏 種田博飯 師拈云 盡謂地藏坐一走七 殊不知 倒著麻鞋來似去 徑山窮天文究地理 到底不識 者箇畢竟是什麽 卓主丈 一擧兩得", 『개석지붕어록』(卍속장121, p.386a5)에 "양반인사차 법좌에 올라 말했다. '앉아 한 번 달려 일곱 번 이리저리 자유로우니, 힘도 역량도 대단한 이들이 온 몸으로 짊어졌네. 일러보시게, 짊어진 것 무엇이더냐. 보화의 방울이고 양지의 절름발이 나귀라네'. 謝兩班 上堂 坐一走七 橫三竪四 大力量人 全身擔負 且道 擔負箇什麽 普化鈴鐸 楊岐驢子", 『송원숭악어록』 권상(卍속장121, p.574a2)에 "만약 불법으로 공양한다 하면 온갖 사람 엮어 꿰어 쏜살처럼 지옥에 떨어지고, 세법으로 공양하려 하니 장로의 눈썹 수염 떨어질 것이다. 앉았다 일어났다 이리저리 활개치니 두개골 위로 솟고 눈동자 돌출했네. 일러보라, 이 범부인가 성인인가? 若以佛法供養 帶累諸人 入地獄如箭 若以世法供養 長老便乃 眉鬚墮落 坐一走七 橫三豎四 揭却腦蓋 眼睛突出 且道 是凡是聖", 『고림청무어록』 권1(卍속장123, p.411b9)에 "둘도 놓고 셋도 버린다. 한 번 앉고 일곱 번 달린다. 온 집안 환송을 받으며 뱃머리에 올랐으니 9 9는 그대로 81이다. 放兩抛三 坐一走七 渾家送上渡頭船 九九依然八十一", 『할당혜원광록』 권3(卍속장120, p.945b7)에 "백로 깨끗한 모습 분명하지만 오히려 스스로는 모른다. 하물며 수없이 버리고 다시 수없이 만들거나 그쳤다 움직였다 자유자재로 부리는 따위의 수법에 이르러서야 말할 여지 있으랴? 법의 깃발 세우고 불조를 저울질하려면 다시 어딜 향해 더듬어야 하리? 白露淨分明 尙自不會 何況抛三作五 坐一走七 建立法幢 權衡佛祖 更向甚處摸㨯", 『청원우자지어록』 권2(가흥장34, p.825a5)에 "앉아 한 번 달려 일곱 번 아침엔 셋이었다가 저녁엔 넷이니, 필경에 무슨 일 하는 것인가? 坐一走七 朝三暮四 畢竟何爲"라고 하였다. 〔참고문헌〕『圜悟語錄』, 『虛堂錄』, 『介石智朋語錄』, 『松源崇嶽語錄』, 『古林淸茂語錄』, 『瞎堂慧遠廣錄』, 『靑原愚者智語錄』.

좌임 左衽 왼쪽 깃을 위로 덮다. 중국에서는 우임을 받들기에 이를 오랑캐의 풍습이라고 규정한다. 임(衽)은 임(袵)으로도 쓴다. 『일체경음의』 권 86(대정장54, p.860b8)에 "좌임〈임은 임과 침을 반절한 음이다. 『고성』에 '임이란 옷의 앞깃을 말한다' 하였고, 『예기』 정현(鄭玄) 주석에 '임이란 의상의 폭을 좌우로 교차시켜 가린다' 하였으며, 『설문해자』에 '임이란 옷깃이다. 의를 변으로 하고 임을 소리로 한다. 변방인들은 왼쪽 깃을 오른쪽 깃 위에 덮는다' 하였다〉. 左衽〈壬枕反 考聲云 衽謂衣前襟也 鄭注禮記云 衽衣裳幅所反交奄者 說文 衽衣袷也 從衣任聲 夷人左衽也〉", 『변정론』 권6(대정장52, p.526c28)에 "좌임은 융적 오랑캐가 받드는 양식이고, 우명은 중국에서 숭상하는 바다. 左衽者則戎狄所尊 右命者 爲中華所尙"라고 하였다. 〔참고문헌〕『一切經音義』, 『辯正論』.

좌전우전 左轉右轉 좌로도 구르고 우로도 뒤친다. 좌발우전(左撥右轉)이라고도 한다. 『경덕전등록』 권10 「자호이종전 子湖利蹤傳」(대정장51, p.278c25)에 "한 비구니가 와서 참문하였다. '그대 유철마 아닌가?' '그렇습니다' '좌로 구르고 우로 뒤친다' '화상이시여, 뒤집지는 마십시오'. 자호가 한 대 때렸다. 有一尼到參 師曰 汝莫是劉鐵磨否 尼曰 不敢 師曰 左轉右轉 尼云 和尙 莫顚倒 師便打", 『염팔방주옥집』 권중(卍속장119, p.261a16)에 "정각이 말했다. '좌로 구르고 우로 뒤친다. 움직임이 저 인인듯 하겠지. 화상이시여, 뒤집지는 마십시오. 몸이 바르니 그림자도 곧다'. 正覺云 左轉右轉 動是若因 和尙 莫顚倒 身端影直" 『벽암록』 26칙 「송 頌」(대정장48, p.167a26)에 "전광석화라면 기변에 있다〈정면으로 다가와 좌로도 굴렀다 우로도 굴렀다 한다. 백장이 전한 소식 알아챘는가?〉 電光石火存機變〈劈面來也 左轉右轉還見百丈爲人處也無〉", 『무명혜성어록』(卍속장121, p.643a18)에 "큰 길은 이리저리 다 통하고 마주치는 것마다 드러나 떳떳하니, 티끌 속에 앉아서도 대법륜을 굴린다. 살피고 살펴서 대답해 보라. 끝내는 좌로 구르고 우로 구른다. 지난 밤 누군가 오셨는데 호주에서 왔다 하기에 만났더니 회남 소식 전하더군. 大道縱橫 觸目成現 坐微塵裏 轉大法輪 看看 且道 畢竟是左轉右轉 夜來有人 從湖州來 接得淮南信"라고 하였다. 〔참고문헌〕『景德傳燈錄』, 『拈八方珠玉集』, 『碧巖錄』, 『無明慧性語錄』. ⇨ 유철마 劉鐵磨, 전광석화 電光石火, 전법륜 轉法輪

좌정관천 坐井觀天 우물에 앉아 하늘을 보다. 좌정규천(坐井窺天)이라고도 하며 관중규표(管中窺豹)와도 통한다. 주착(住着)의 소견(所見)으로는 실상을 다 볼 수 없는 뜻이다. 『화엄원인론해』 권상(卍속장104, p.224b3)에 "저 눈 먼 이들 코끼리를 더듬듯 하니 어떻게 코끼리의 온전한 몸을 알겠는가! 우물에 앉아 하늘 바라보고 어찌 하늘의 끝 보았다 하겠는가! 猶衆盲摸象 豈識象之全軀 坐井觀天 寧見天之無際", 『허당록』 권8(대정장47, p.1044b18)에 "마음 알고 그 바탕 알려 하니 우물에 앉아 하늘 보듯 함이고, 이 궁구하고 성을 다하려 해도 물속에 비친 달 잡으려 함이라네. 識心達本 坐井觀天 窮理盡性 水中撈月", 『법창의우어록』(卍속장126, p.469a13)에 "말해 보라! 무엇이 주인이란 말인가? 이렇듯 찾아오는 이가 그인가? 묘체 본래 처소 없지 않은가? 한생각 일기 전의 온전한 바탕이 이것인가? 이렇듯 헤아린다 해도 우물 속 앉아 하늘 보듯 하는 것이고, 대롱으로 표범 엿보듯 할 뿐이다. 만일 진실 그 끝 그대로 알고자 하는 이라면 온통 허다한 수고는 하지 말아야 하리. 且道 那箇是主 莫是與麽來者是麽 莫是妙體本來無處所麽 莫是一念未生時全體是麽 與麽卜度 大似坐井觀天 管中窺豹 若是諦當底人 總不用許多辛苦"라고 하였다. 〔참고문헌〕『華嚴原人論解』, 『虛堂錄』, 『法昌倚遇語錄』. ⇨ 좌정규천 坐井窺天

좌정규천 坐井窺天 좌정관천(坐井觀天)을 달리 이르는 말. 『허당록』 권8(대정장47, p.1046c21)에 "법좌에 올라 말했다. '황금은 쟁하고 소리내지만 옥소리는 둔탁하며 풀은 썩어서 빛을 낸다. 우물에 앉은 채 하늘 보지만 물렁한 진흙에는 가시가 숨어 있다. 이것이다 하면 그렇거니 한다. 마치 누군가 사탕수수 먹으면 가운데나 끝이나 온통 달다. 어째서 하늘이 서북으로 기울면 땅은 동남으로 빠질까?' 上堂 鏗金戛玉 腐草化螢 坐井窺天 爛泥有刺 是則是 如人食蔗 中邊皆甛 因甚麽 天傾西北 地陷東南"라고 하였다. 〔참고문헌〕『虛堂錄』.

좌주 座主 **1** 법좌(法座)에 앉을 만한 선지식(善知識). 대중(大衆)이 모여 사는 회중(會衆)에서 지도하여 깨우칠 수 있는 선지식을 말한다. 『석씨요람』 권상 「칭위 稱謂」(대정장54, p.261a26)에 "좌주 : 『척언』에 '유사를 좌주라 한다' 하였지만, 불가에서는 배워 앎에 있어 뛰어난 사람을 좌주라 한다. 한 자리의 주인이 될 만하다는 뜻이다. 옛날의 고승은 강설하는 이를 고좌라 불렀으니, 고좌의 주인이다. 座主 摭言曰 有司謂之座主 今釋氏取學解 優贍穎拔者 名座主 謂一座之主 古高僧 呼講者爲高座 或是高座之主", 『운문광록』 권하(대정장47, p.573a25)에 "운문이 크게 웃으며 나와서 좌주에게 물었다. '어떤 경을 강설하는가?' '『열반경』입니다' '열반에는 네 가지 덕을 갖추고 있다고 하는데 그런가?' '그렇습니다'. 운문이 그릇을 집어 들고 물었다. '이것은 몇 가지 덕을 갖추고 있는가?' 師大笑而出 問座主 講什麽經 主云 涅槃經 師云 涅槃具四德是不 主云 是 師拈起椀子云 這箇具幾德"라고 하였다. 〔참고문헌〕『釋氏要覽』, 『雲門廣錄』. ⇨ 선지식 善知識 **2** 밀교 도상에서 마련된 자리에 모시는 존상. 『다라니집경』 권12(대정장18, p.888b7)에 "그 중심에 큰 연꽃자리가 펼쳐졌다. 그 자리의 주인은 석가여래 정수리의 화불이니, 이 부처님을 불정불이라 한다. 當中心敷大蓮花座 座主卽是 釋迦如來 頂上化佛 號佛頂佛"라고 하였다. 〔참고문헌〕『陀羅尼集經』.

좌주노 座主奴 좌주의 종노릇하다. 자리 만들어 주인 삼고 다시 그것의 종노릇하다. 본분(本分)의 자리(座)를 찾아 앉기는 커녕 남이 만든 자리 따라 동분서주하는 것을 종노릇에 비유했다. 여기서 자리(座)는 주착함이 없어 자유로워 누구에게도 어디에도 의지함이 없는 뜻에서의 자리다. 『운문광록』 권하 「유방유록 遊方遺錄」(대정장47, p.573b26)에 "운문이 행각하던 시절에 한 좌주가 들려준 이야기다. '천태산 국청사에서 공양할 때 설봉이 발우를 잡고 나에게 「제대로 대답하면 그대에게 발우를 전하겠다」고 하여, 내가 「이는 부처가 되어야 알 일이군요」라고 응했더니 「그대 좌주의 노복 노릇도 못 하겠구나」라고 말했습니다. 내가 「모르겠습니다」라고 하자 「그대가 내게 물으면 내가 대답해 주겠다」라고 말하여 내가 절을 올리려는 순간 설봉은 나를 발로 차서 넘어뜨렸습니다. 저는 그 뒤로 일곱 해가 걸려서야 비로소 그 뜻을 알았습니다'. 운문이 말했다. '당신은 일곱 해 더 보태야 비로소 알겠군요?' '그렇습니다' '다시 일곱 해를 더 받아야겠군요'. 師行脚時 見一座主擧 在天台國淸寺齋時 雪峯拈鉢盂問某 道得卽與儞鉢盂 某云 此是化佛邊事 峯云 儞作座主奴 也未得 某云 不會 峯云 儞問我 與儞道 某始禮拜 峯便踢倒 某得七年方見 師云 是儞得七年方見 主云 是 師云 更與七年始得", 『대혜어록』 권3(대정장47, p.821a11)에 "이런 견해로 '나는 납의를 입었다'고 말하지 마라. 저 좌주의 종노릇도 못할 것이다. 恁麽見解 莫道我披衲衣 便是作他座主奴 也未得在", 『벽망구략설』 권6(卍속장114, p.304b17)에 "이런 모양새로 말하여 남에게 똥냄새를 스미게 하다니, 좌주의 종노릇도 하지 못하겠거늘 어떻게 납승문하라 하겠는가! 者様語話 屎臭熏人 座主奴也做不得 何況衲僧門下", 『영각광록』 권5(卍속장125, p.459a3)에 "만일 이렇게 이해한다면 좌주의 종이 될 수 있을 뿐이다. 若恁麽會祇作得箇座主奴去"라고 하였다. 〔참고문헌〕『雲門廣錄』, 『大慧語錄』, 『闢妄救略說』, 『永覺廣錄』.

좌주유악 坐籌帷幄 장막 치고 앉은 채로 헤아리다. 지혜로워 앉은 채 천리를 본다는 뜻에서 일체중생 살펴 쉴 틈 없는 선지식의 대비(大悲)의 노고를 비유하기도 한다. 운주유악(運籌帷幄)이라고도 하고, 유(帷)는 위(幃)로 쓰기도 한다. 『동산어록』(대정장47, p.523a20)에 "동산이 태수좌와 함께 어느 겨울날 과자를 먹던 차에 물었다. '한 물건 있다 하니 위로는 하늘을 떠받치고 아래로는 땅마저 떠받치고 있다. 검기는 마치 옻칠인 듯 언제나 움직여 쓰는 중에 있어 거둘 수도 없다. 말해보라. 과거에는 어디에 있었을까?' 태수좌가 답하였다. '과거에도 움직여 쓰이고 있었습니다'〈동안소현(同安紹顯)이 별어로 말하였다. '알지 못하겠습니다'〉. 동산이 시자를 불러 과자를 놓아둔 탁자를 물렸다. 〈… 남당원정(南堂元靜)이 말하였다. '동산은 앉은 자리에서 앉은 채 장막 치고 산가지 헤아려 천리 밖 전장을 승리로 이끌었고, 태수좌 온몸으로 입을 삼아 아는 것 말하려 해도 펼 수 없었다〉. 師與泰首座 冬節喫菓子次 乃問 有一物 上拄天 下拄地 黑似漆 常在動用中 動用中收不得 且道 過在甚麽處 泰云 過在動用中〈同安顯別云 不知〉 師喚侍者 掇退菓卓〈… 南堂靜云 洞山坐籌帷幄 決勝千里 泰首座通身是口 有理難伸〉", 『무문관』 31칙 「평창 評唱」(대정장48, p.297a14)에 "노파 다만 장막 치고 산가지 헤아릴 줄만 알았지, 진짜 도적 잡는 일은 알지 못하였다. 조주 노인 진영도 요새도 훔치고 뒤집을 줄만 알았지, 대인의 모습은 없었다. 婆子只解坐籌帷幄 要且著賊不知 趙州老人 善用偸營劫塞之機 又且無大人相", 『속전등록』 권33 「나암혜온전 蘿菴慧溫傳」(대정장51, p.696b7)에 "석가노자께서는 49년 동안 군막 치고 앉은 채 헤아렸고, 미륵대사 91겁이나 진흙밭 헤매시네. 釋迦老子 四十九年 坐籌帷幄 彌勒大士 九十一劫 帶水拕泥"라고 하였다. [참고문헌] 『洞山語錄』, 『無門關』, 『續傳燈錄』, 『大慧語錄』 권7(대정장47, p.839a27).

좌지 坐地 땅 위에 앉다. 본분(本分)의 자리를 지켜 흔들림이 없는 뜻이다. 『대반열반경의기』 권7(대정장37, p.798c10)에 "멈춰 그쳐서 나아가지 않음을 바닥에 앉았다고 한다. 停止不進 名卽坐地", 『대반열반경소』 권21(대정장38, p.162a19)에 "땅에 앉는다는 말은 마음을 편안히 하고 경을 비운 뜻이다. 坐地者 安心空境", 『경덕전등록』 권17 「늑담광오전 泐潭匡悟傳」(대정장51, p.342c8)에 "'무엇을 문 닫고 수레를 만든다 합니까?' '살림할 한 물건도 없다' '문 나와서는 바퀴자국과 합한다 하니, 무슨 뜻인지요?' '앉은 채로 장안에 나아간다'. 問 如何是閉門造車 師曰 活計一物無 曰 如何是出門合轍 師曰 坐地進長安"라고 하였다. [참고문헌] 『大般涅槃經義記』, 『大般涅槃經疏』, 『景德傳燈錄』.

좌지우지 左之右之 좌로도 가고 우로도 간다. 한 끝에 머물지 않는 뜻이다. 『벽암록』 36칙 「송 頌」(대정장48, p.174c9)에 "호리호리한 학은 소나무에 외다리로 서 있고〈이리저리 한 마디 덧붙이지만 다시 쓸모없는 일이 허다할 뿐이다.〉 요란한 원숭이는 오래된 누대에서 운다〈결국 새롭게 힘들여 한마디 더한다 해도, 덜한다 해도 별 수 없으리〉. 羸鶴翹寒木〈左之右之添一句 更有許多閑事在〉 狂猿嘯古臺〈却因新著力 添一句也不得 減一句也不得〉", 『개석지붕어록』(卍속장121, p.374b15)에 "깊은 산 절벽의 돌머리 큰 놈은 크고 작은 놈은 작다. 보복산중에 앞에서 우뚝하고 뒤이는 구릉들, 앞으로 흐르고 뒤에서 솟아나는 샘들, 그 사이사이 크고 작은 낱낱의 돌들, 누구나 한번 보아 바로 안다. 말해 보라! 무엇이 이 불법인가? 만약 알아차린다면 문득 보아 좌로도 가고 우로도 가서 치는 박자마다 다 들을 만하겠지만, 알아차리지 못한다면 돌 끝에 박혀 있으리라. 深山巖崖 石頭大底大 小底小 保福山中 前崗後壟 前谿後磵 石頭大小 諸人一見便知 且道如何是佛法 若也會去 便見左之右之 拍拍是令 若也不會且被石頭礙塞", 『설암조흠어록』 권4(卍속장122, p.572b9)에 "옛 그대로 일곱 번 넘어지고 여덟 번 뒤집는다. 역순종횡으로 좌지우지해서 아예 없거나 있지 않게 하여야 비로소 마음이 밝아지고 허망함도 삿됨도 물들이지 못하리. 바르고 곧아 돌아볼 필요도 없다. 依舊七顚八倒 逆順縱橫 左之右之 無在不在 始可謂之 心明矣 見息矣 妄與邪 不能干矣 正與直 不必顧矣", 『무이원래광록』 권4(卍속장125, p.152a15)에 "마땅히 알라! 다리 들어도 내려도 정명(유마)의 도량 아님이 없고, 좌로 가나 우로 가나 모두 광엄동자 계시는 곳이라네. 當知 擧足下足 無非淨名道場 左之右之 盡是光嚴住處"라고 하였다. [참고문헌] 『碧巖錄』, 『介石智朋語錄』, 『雪巖祖欽語錄』, 『無異元來廣錄』.

좌차망승 左搓芒繩 좌로 비벼 엮은 새끼줄. 보통은 우로 엮지만 민간전승에서는 좌로 엮어 귀신 등을 쫓는 데 쓴다. 선문에서는 관습이나 오래된 자취도 버려야 하는 뜻에서 쓴다. 『경덕전등록』 권25 「천태덕소전 天台德韶傳」(대정장51, p.407b16)에 "다음으로 소산에게 물었다. '백 겹 천 겹으로 둘러쳤으니 어떤 사람의 경계인지요?' '왼쪽으로 꼰 새끼줄로 귀신을 묶는다'. 次問疎山曰 百匝千重 是何人境界 疎山曰 左搓芒繩縛鬼子", 『평석여지어록』(卍속장122, p.378a12)에 "법좌에 올라 말했다. '4월 15일 결제하면서 좌로 엮은 새끼줄로 귀신을 묶고, 7월 15일 해제하면서 부러진 젓가락 거꾸로 집어 들고 바다를 휘젓는다. 납승들 뭇 성인 사모하지 않고 자기 신령도 소중히 여기지 않으니, 옛 법도도 떨쳐버리고 지금의 보금자리마저 파괴한다'. 주장자 잡고 말했다. '한 묶음의 향기로운 풀 사를 겨를도 없지만, 육환장 방울소리 먼 하늘까지 울린다'. 上堂 四月十五日結 左搓芒繩縛鬼子 七月十五日解 倒拈折筯攪滄溟 衲僧家 不慕諸聖 不重己靈 脫略上古風規 破壞今時窠臼 拈主丈 一束生蒭拈未暇 六環金錫響遙空"라고 하였다. [참고문헌] 『景德傳燈錄』, 『平石如砥語錄』.

좌참 坐參 앉은 채로 참하다. 또는 참을 기다리며 잠깐 행하는 좌선. 돌아다니지 않고 한 곳에서 참선하는 뜻이기도 하다. 『선림상기전』 권9(불광장, 禪藏, p.623)에 "좌참 : 좌참이란 참 전에 행하는 좌선이다. 주지가 만참 이전에 대중이 승당에 모여 좌선하여 마음을 가라앉히면서 참을 기다리는데 그것을 좌참이라 한다. 만약 주지에게 일이 생겨 참을 그만 두면 행자는 '화상께서 오늘 저녁에는 참을 쉽니다'라고 알린다. … 또한 이곳저곳으로 다니지 않고 참선하여도 좌참이라 한다. 대혜의 『정법안장』 권1(卍속장118, p.3b5)에 '어떤 사람이 「낭야혜각(瑯琊慧覺)은 거공(海會擧)에게 멋대로 꾸며댄다는 소리를 들었다」라고 하자 낭야는 마음에 의혹이 생겨 즉시 창을 내려놓고 갑옷을 벗은 다음 마침내 거공을 가지 못하도록 만류하고 이 일에 남은 의혹을 해결하려 하였는데, 이를 좌참이라 한다. 개 한 마리가 허공에 대고 짖었을 뿐인데 천이나 되는 삽살이들 먹이 다투듯 으르렁거린다'라고 하였다. 도충(道忠)이 말한다. '이것은 자신의 주처를 떠나지 않고 타인을 붙들어 참선하도록 한다는 뜻이다. 대혜는 속설을 들어서 한 말일 뿐 만족할 만한 뜻은 아니다'. 坐參 坐參者 坐禪於參前也 住持晩參已前 大衆集僧堂 坐禪澄心 以待參 謂之坐參 若住持有事息參 則行者報曰 和尙今晩放參 … 又不遊方而參禪 曰坐參 大慧 正法眼藏云 或者道 琅邪被擧公道箇杜撰 心中疑惑 卽時倒戈卸甲 遂挽留擧公 咨決此事 謂之坐參 一犬吠虛 千猱啀實 忠曰 此不離己住處 居參禪於他之義 蓋大慧擧俗說 故其義不足取焉", 『백장청규』 권6 「좌참」(대정장48, p.1143b20)에 "옛날에는 매일 저녁 반드시 주지에게 참문하여 가르침을 구하였다. 이 때문에 대중이 가지런히 모여 앉아 있다가 북이 울리면 가서 참문하였는데, 이를 좌참이라 한다. 蓋古者 每晩必參住持 以求開示 故率衆齊集坐 待鼓鳴而往參之 名曰坐參"라고 하였다. 〔참고문헌〕『禪林象器箋』, 『正法眼藏』, 『百丈淸規』.

좌참패 坐參牌 좌참을 알리기 위하여 승당(僧堂)과 중료(衆寮) 앞에 거는 패. 『백장청규』 권6 「좌참」(대정장48, p.1143b12)에 "공양을 마치고 당사행자가 수좌에게 알리고 나서 승당과 중료 앞에 각각 좌참패를 건다. 齋罷 堂司行者覆首座 僧堂衆寮前 各掛坐參牌"라고 하였다. 〔참고문헌〕『百丈淸規』. ⇨ 좌참 坐參

좌취 左取 설일체유부(說一切有部)의 논사(論師) 이름. 좌수(左受)라고도 한다. 『대비바사론』 권29(대정장27, p.149b23)에 "존자 좌취는 '상속이 끊어지기에 단계라 하고, 연에 얽힘을 여의는 것을 이계라 하며, 집수를 여의는 것은 멸계라 한다'라고 설하였다. 尊者左取作是說言 相續斷故名斷界 於緣離繫名離界 離執受故名滅界", 『구사론소』 권1(卍속장83, p.560b16)에 "이 아라한은 왼손을 사용해 의복과 음식 등을 잡기에 좌수라 하고 또는 자취라 한다. 此羅漢便用左手 受取衣食等 故名左受 或名左取"라고 하였다. 〔참고문헌〕『大毘婆沙論』, 『俱舍論疏』. ⇨ 설일체유부 說一切有部

좌치 坐馳 앉은 채로 달리다. 『지관보행전홍결』 권5(대정장46, p.305c2)에 "앉은 채로 달리는 등이란, 장주(장자)는 앉아 모든 것 잊는 일 귀히 여겼기에 '내달리는 것 이익이 없다'고 하였다. 그의 뜻에 따르면 모든 앎을 잊고 이치를 관함이다. 문에 따라다님을 내달린다 하고, 이를 사유하는 밖의 나머지를 내달린다 한다. 坐馳等者 莊周貴坐亡 故云馳無益 今借彼意 忘聞觀理 隨文曰馳 思理之外 餘皆曰馳"라고 하였다. 〔참고문헌〕『止觀輔行傳弘決』. ⇨ 좌망 坐忘

좌탈 坐脫 앉은 채로 몸을 벗다. 『석씨계고략』 권4(대정장49, p.874c15)에 "겨울 10월 8일 온주법사 계충이 이어 목욕하고 옷을 갈아입고는 앉은 채로 몸을 떠났다. 붉고 고운 빛 허공에 길게 걸리더니 서쪽으로 사라졌다. 계충은 광지상현에 법을 이었다. 冬十月八日 溫州法師繼忠沐浴更衣結印坐脫 紅光亘空而西去 忠得法於廣智尙賢", 『속전등록』 권18 「법해전 法海傳」(대정장51, p.588a13)에 "평강부 서축사 비구니 법해선사는 대혜문인보문유언수거사집안의 여인이고 일찍이 법운수화상을 섬겼으며 뒷날에는 법진의 언하에서 종지를 깨쳤다. 뭇 유생들이 끌어내려 하였으나 굳게 지켜 좇지 않았다. 죽는 날 게를 남겼는데, '서리 가득한 하늘 구름마저 엉겨 맺고 산도 달도 얼음에 잠긴듯 빛나네. 야밤에 고향 소식 접한 줄 새벽에 가는 이는 알지 못하네'라고 하고는 날이 밝자 앉은 채로 떠났다. 平江府西竺寺尼法海禪師 寶文呂嘉之姑也 首參法雲秀和尙 後領旨於法眞言下 諸名儒屢挽應世 堅不從 殂日說偈曰 霜天雲霧結 山月冷涵輝 夜接故鄕信 曉行人不知 屆明坐脫"라고 하였다. 〔참고문헌〕『釋氏稽古略』, 『續傳燈錄』. ⇨ 좌망 坐亡

좌탈입망 坐脫立亡 앉은 채로 몸을 버리거나 선 채로 입멸하다. 선사들이 선택하여 보이는 마지막 죽음의 모습이다. 좌탈입화(坐脫立化)라고도 한다. 특히 석상경저(石霜慶諸 807~888) 문하에 성행했다고 전한다. 『종용록』 96칙 「평창 評唱」(대정장48, p.289c14)에 "석상은 한평생 고목당을 마련하여 고목처럼 대중을 편안히 하였다. 왕왕에 늘상 앉은 채로 눕지 않았고, 좌탈입망하는 이들도 매우 많았다. 유독 구봉도건(九峰道虔 ?~921)만은 수좌의 좌탈을 달갑게 여기지 않았는데, 요즘 좌탈입망을 좋아하는 수행자들은 어째서 구봉이 수긍하지 않은 까닭을 참구하지 않을까? 石霜一生 置枯木堂 安枯木衆 往往常坐不臥 坐脫立亡者極多 獨九峯不肯首座 今時好坐脫立亡底 何不參取 九峯不肯處", 『직주천동송고』 권하(卍속장117, p.808a17)에 "수좌는 말을 마치고 곧바로 좌탈하였다〈설령 좌탈입망했을지라도 죽은 뱀 꼼짝 못하게 잡는 일이다〉. 구봉이 등을 어루만지면서 말했다. '좌탈입망이 없지 않지만 선사(석상)의 뜻은 여전히 알지 못했군요'〈만약 이것만이 가장 큰 공이라 오인한다면, 진실로 천진한 죽음을 모를 수도 있으리〉. 言訖便坐脫〈直饒坐脫立亡 也是把定死蛇〉 峰乃撫背云 坐脫立亡則不無 先師意未會在〈若認大功 誠昧天眞〉", 『백장청규』 권5 「좌선의 坐禪儀」(대정장48, p.1143a27)에 "범부도 넘어서고 성인도 초월하려면 반드시 고요한 연을 빌려야 하고, 좌탈입망하려면 반드시 정의 힘에 의지한다. 超凡越聖 必假靜緣 坐脫立亡 須憑定力", 『청주백문』(卍속장119, p.354a14)에 "〔문〕 좌탈입망했다 하여 오히려 사무쳤다 하진 못한다. 석상의 소식은 무엇을 섬기는 것일까? 〔답〕 아이고, 아이고! 〔송〕 고목에서 꽃이 피고, 식은 재에서 콩이 튀네. 석상의 한 무리, 무엇을 적막이라 하리. 시자(구봉)는 총림에 꼼짝할 수 없었고 수좌는 미처 행각할 수 없었고 봄바람 문득 남방에 고루 흩어지니, 사람들 착각하는지 그렇지 않은지 점검하라. 사방 어디나 복숭아꽃이 한창이구나. 問 坐脫立亡猶未徹 石霜消息事如何 答 蒼天 蒼天 頌 枯木花開 冷灰豆爆 石霜一宗 幾乎寂寞 侍者忒慣叢林 首座未嘗行脚 東風忽爾徧坤維 點檢人間錯不錯 遍地桃花紅灼灼", 『철오어록』 권상(卍속장109, p.755b2)에 "좌탈과 입망으로는 큰 법 밝혔다 할 수 없고 진실로 일 마쳤다 할 수 없다. 夫坐脫立亡 未明大法 固非了事"라고 하였다. 〔참고문헌〕『從容錄』, 『直註天童頌古』, 『百丈淸規』, 『靑州百問』, 『徹悟語錄』. ⇨ 좌탈입화 坐脫立化

좌탈입화 坐脫立化 앉은 채로 이 몸 잊고 선 채로 가다. 좌탈입망(坐脫立亡)과 같은 뜻이다. 『낙방문류』 권2 「관경구품도후서 觀經九品圖後序」(대정장47, p.170c4)에 "설령 정해진 날 약정한 시간에 좌탈이나 입화를 할지라도 세속의 술법으로는 치하할 만하지만 뛰어난 도라고 하기에는 부족하다. 借令定日剋時 坐脫立化 世術可致 未足爲奇", 『백장청규증의기』 권5 「입관 入棺」(卍속장111, p.703a10)에 "만일 진실로 평소에 익힌 선정의 힘이 깊다면 능히 좌탈입화할 수 있고 감에 앉은 채라 해도 장애가 없겠지만, 평생 바깥일 애쓰느라 가부좌를 익히지 못하다가 임종을 맞이하여 억지로 감에 앉힌다면 그 얼마나 기력을 허비하겠는가! 망식 아직 온전히 떠나지 못했다면 그 큰 고통 면하기 어려우리. 若果平日 禪定力深 能坐脫立化 坐龕無礙 如若一生外務 不學趺坐 命終强使坐龕 費幾許氣力 且亡識未全離 難免大苦", 『속등정통』 권36 「영은문태장 靈隱文泰章」(卍속장144, p.910b1)에 "가벼운 질환을 보이더니 유나에게 말했다. '옛 사람이 좌탈입화한 예는 없지 않지만 납승 분상에선 그저 여사스러울 뿐이다. 산승은 그렇게 하지 않으련다'. 말을 마치고 마침내 숨을 거둔 뒤 오른쪽 옆구리를 바닥에 붙이고 길상의 모습으로 서거하였다. 示微疾 謂維那曰 古人坐脫立化 卽不無 於衲僧分上 皆餘事也 山僧則不然 言畢遂掩息 右脇吉祥而逝"라고 하였다. 〔참고문헌〕『樂邦文類』, 『百丈淸規證義記』, 『續燈正統』.

좌탕 座湯 자리를 함께하여 차를 마시는 일. 대중 전체를 불러 모아놓고 석차에 따라 공양하는 것은 대좌탕(大座湯), 방장실과 같이 작은 규모의 공간에서 소수에게 공양하는 것은 소좌탕(小座湯)이라고 한다. 『백장청규』 권7 「방장소좌탕 方丈小座湯」(대정장48, p.1152b2)에 "옛날에는 세 가지로 자리를 만들어 다탕을 공양하였다. 제1좌위는 두 반으로 나누니, 동당과 서당을 특별히 모셔 수좌를 (주지의) 오른쪽 곁자리로 정한다. 제2좌위는 네 반으로 나눈다. 두수가 첫 번째, 지사가 두 번째, 서서근구가 세 번째, 동서근구가 네 번째에 자리하고 서당이 (주지의) 오른쪽 곁에 앉는다. 제3좌위는 대부분 여섯 반(六出)으로 나눈다. 본산의 판사와 제방총림의 판사가 소임의 높고 낮음에 따라 자리를 나누어 앉는다. 소임이 같으면 연달아 안고, 수좌는 (주지의) 오른쪽 곁에 앉는다. 古有三座湯 第一座分二出 特爲東堂西堂 請首座光伴 第二座分四出 頭首一出 知事二出 西序勤舊三出 東序勤舊四出 西堂光伴 第三座位 多分六出 本山辦事 諸方辦事 隨職高下分坐 職同者次之 首座光伴"라고 하였다. 〔참고문헌〕『百丈淸規』, 『禪林象器箋』 권25(대장경보편19, p.680a17·680b13). ⇨ 대좌탕 大座湯, 소좌탕 小座湯

좌파칠개포단 坐破七箇蒲團 앉아서 일곱 개 포단을 갈아 치우다. 설봉의존(雪峰義存)의 제자 장경혜릉(長慶慧稜 854~932)이 20년을 하루 같이 좌선수행에 매진하면서 생긴 일화이다. 좌선수행의 본보기가 되는 인연으로 자주 거론한다. 『치문경훈』 권7 「진제형귀겸답진시랑덕수서 陳提刑貴謙答眞侍郞德秀書」(대정장48, p.1080a26)에 "릉도자(長慶慧稜)는 20년 동안 앉은 채로 일곱 개의 포단을 갈아 치웠다. '나귀의 일을 마치기도 전에 말의 일이 닥쳐왔다'(법더의에 대한 靈雲선사의 응답)만을 참구하다가 주렴을 말아 올리는 순간 크게 깨우쳤다. 그런 까닭에 '팔만사천관문의 빗장은 오로지 자물쇠 하나면 다 풀린다'라고 하였으니, 더찌 숱한 말에 달려 있겠는가! 稜道者 二十年 坐破七箇蒲團 只管看 驢事未去 馬事到來 因捲簾大悟 所謂 八萬四千關捩子 只消一箇鎖匙開 豈在多言也", 『원오어록』 권9(대정장47, p.753c13)에 "교화문을 열기도 하고 가로지르는 길을 보이기도 하면서 본을 궁구하고 종을 밝혀 모든 집착에서 벗어나지 못하는 이가 없었다. 릉도자의 일이니 그는 설봉·영운·현사에게 법을 묻고자 오갔던 15년 동안 좌선하며 일곱 개의 포단만을 망가뜨리면서 이렇게도 저렇게도 하던 차에 훗날 주렴 말아 올리다가 홀연히 크게 깨우쳤다. 開建化門 示徑截路 無不敎人 究本明宗 離諸執著 豈不見 稜道者 參雪峯靈雲玄沙 來往十五年 坐破七箇蒲團 念茲在茲 後因捲簾 忽然大悟", 『절안가상어록』(卍속장121, p.971b16)에 "눈길 닿는 곳마다 없는 때가 없는데 일 있을 때마다 말해야 하는가? 엽전은 과불급이 없는 족백이고, 물건 값은 정해져 있다. 좌선하며 일곱 개의 포단을 갈아 치우다가 주렴을 말아 올리는 순간 비로소 천하를 보았으니 천리 바람 좇는다 해도 준마는 아니니다. 觸目未嘗無 臨機道什麽 錢是足陌 物是定價 坐破七箇蒲團 卷簾方見天下 千里追風非駿馬"라고 하였다. [참고문헌]『緇門警訓』,『圜悟語錄』,『絶岸可湘語錄』.

좌하 坐夏 앉아서 여름을 나다. 우안거(雨安居) 또는 하안거(夏安居)를 말한다. 좌하안거라고도 하며, 좌하(座夏)라고도 쓴다. 『식쟁인연경』(대정장1, p.904c19)에 "그때 존나사문이 좌하를 다 채우고 가사를 모두 지어 마치고는 곧바로 이곳을 떠나 가사를 걸치고 발우를 지니고서 차제로 걸식을 하며 사마가자취락(Ⓢ Syāmagrāma)에 들어갔다. 爾時 尊那沙門 坐夏旣滿 造衣已竟 卽離是處 著衣持鉢 次第而行 往舍摩迦子聚落之中", 『불본행집경』 권39(대정장3, p.835c27)에 "그때 세존께서 다시 저 바라내성 녹야원에서 좌하를 보내셨다. 爾時 世尊 還在於彼波羅㮈城鹿苑 坐夏", 『범망경고적기』 권하본(대정장40, p.713a19·한불전3, p.467b3)에 "하좌안거처란, 『북병주소』에 '전래의 경론에서는 좌하라고도 하고 좌랍 또는 하랍이라고도 하였는데 모두 좋은 방언은 아니다. 대당삼장의 한역에 따르면 우안거라 하는데 우기에 움직이지 않고 머무는 것을 말한다'라고 풀이한다. 夏坐安居處者 北幷洲疏云 昔來經論 或名坐夏 或名坐臘 或名夏臘 皆由不善方言也 今依大唐三藏譯 云雨安居 謂雨時安居故"라고 하였다. [참고문헌]『息諍因緣經』,『佛本行集經』,『梵網經古迹記』. ⇨ 안거 安居, 우안거 雨安居, 하안거 夏安居

좌하구순 坐夏九旬 앉아서 90일 동안 여름을 보내다. 90일 동안의 하안거. 『가태보등록』 권10 「승인함정장 勝因咸靜章」(卍속장137, p.158b13)에 "(입적 직전에) 나는 이제 인사구실(Ⓢ Indraśailaguhā : 因陀羅窟)에 들어가 90일 동안의 하안거를 보내려 한다. 만일 누군가 찾아와서 법을 묻기라도 한다면 그대가 나를 대신하여 '일체법은 일어난 일 없고 일체법 사라질 일도 없다네'라고 말해 주거라. 我今入因沙臼室中 坐夏九旬 忽有人來 問法之時 汝代爲我說 一切法不生 一切法不滅"라고 하였다. [참고문헌]『嘉泰普燈錄』. ⇨ 좌하 坐夏, 구순안거 九旬安居, 안거 安居

좌하문신 座下問訊 법당 안 불보살상을 모신 수미좌(須彌座) 바로 아래에서 인사를 올린다는 말. 『선림상기전』 권10(불광장, 禪藏, p.732)에 "좌하문신 : 도충(道忠)이 말한다. '좌하란 법당의 수미좌 앞 바로 아래를 말한다'. … 도충이 말한다. '양서는 법당 정면에서 인사를 올리고, 시자는 수미좌 바로 아래에서 인사를 올린다. 시자는 주지 좌우에 자리 잡으니 양서와 가깝다고 할 만하다. 이런 이유로 수미좌 바로 아래에서 인사를 올린다. 서당과 동당이 수미좌 아래에서 인사하는 까닭은 저들이 따로 인사하는 자리가 없기 때문이다. 하물며 그들과 시자의 위계는 현격하게 달라 혼잡할 염려도 없으므로 수미좌 아래에서 문신한다'. 座下問訊 忠曰 座下者 法堂須彌座前 直下也 … 忠曰 兩序座前問訊 侍者座下問訊 蓋侍者左右乎住持 可謂親於兩序 所以座下問訊也 其西堂東堂之於座下者 彼無有別問訊位 況其人與侍者 位階懸隔 無混雜之嫌 故亦用座下"라고 하였다. [참고문헌]『禪林象器箋』. ⇨ 문신 問訊

좌하유 坐夏由 하안거 보낸 사연이 적힌 글. 『선림상기전』 권16(불광장, 禪藏, p.1197)에 "좌하유 : 도충(道忠)이 말한다. '행각승 가운데 다른 어떤 절에서 하안거를 보내려는 이는 본사에서 발급한 유문이 있어야 한다. 『백장청규』 권1(대정장48, p.1113c20)에 「어떤 절에서 여름 안거를 보냈다는 사연이다」라고 한다'. 坐夏由 忠曰 行脚僧 在某寺過夏者 本寺給由文 敕修淸規云 有何處坐夏由"라고 하였다. [참고문헌]『禪林象器箋』,『百丈淸規』. ⇨ 급유 給由, 좌하 坐夏

좌협와 左脇臥 왼쪽 옆구리를 바닥에 대고 옆으로 누워 자는 것으로 탐욕인의 잠자는 모습이라고도 한다. 비구는 반드시 오른쪽 옆구리를 바닥에 대고 옆으로 눕는 사자와법(師子臥法)을 따른다. 『마하승기율』 권35(대정장22, p.507a18)에 "지금 이후로는 반드시 다음과 같이 누워야 한다. 어떻게 눕는가? 아귀처럼 눕는 걸 허락하지 않으며, 아수라처럼 눕는 걸 허락하지 않으며, 탐욕이 많은 사람처럼 눕는 걸 허락하지 않는다. 등을 바닥에 대고 똑바로 눕는 것은 아수라와이며, 배를 바닥에 대고 엎드려 눕는 것은 아귀와이며, 왼쪽 옆구리를 땅에 대고 옆으로 눕는 것은 탐욕인이 눕는 방식이다. 從今已後 當如是臥 云何臥 不聽餓鬼臥 不聽阿脩羅臥 不聽貪欲人臥 若仰向者 阿脩羅臥 覆地者 餓鬼臥 左脇臥者 貪欲人臥", 『사미율의요략증주』 권하(卍속장106, p.335b12)에 "누울 땐 반드시 오른 옆구리를 대고 누워야 하니 이를 길상수라고 한다. 등을 바닥에 대고 눕거나 배를 바닥에 대고 엎드려 눕거나 왼쪽 옆구리를 땅에 대고 옆으로 누워서는 안 된다. 臥須右脇 名吉祥睡 不得仰覆臥 及左脇臥"라고 하였다. [참고문헌]『摩訶僧祇律』,『沙彌律儀要略增註』. ⇨ 우협와 右脇臥, 복와 伏臥

죄 罪 Ⓢ pāpa, avadya, āgas, Ⓣ kha-na-ma-tho-ba, Ⓟ pāpa. 죄. 죄악. 선하지 못한 행위 또는 약속했기에 지켜야 할 국법(國法)이나 계법(戒法) 등을 어기는 일. 『대승집보살학론』 권11(대정장32, p.107a22 : *Śikṣ.*, p.161)에 "부처님을 몰랐을 때, 부모를 몰랐

을 때, 선악을 몰랐을 때, 나는 이 죄를 지었다네. 종족을 자부하였고 재물과 보배를 자부하였으며 성년이 되어 방일하였으니 내가 지은 죄라네. 未識佛時 未識父母 未識善惡 我造此罪 自恃種族 及恃財寶 盛年傲逸 我造此罪 mātāpitṝnajānatā buddhānāmaprajānatā, kuśalaṃ cāprajānatā yatta pāpaṃ kṛtaṃ mayā. aiśvaryamadamattena kulabhogamadena ca, tāruṇyamadamattena yatu pāpaṁ kṛtaṃ mayā", 『구사론』 권4(대정장29, p.21a9 : *Abh-k-bh.*, p.59)에 "모든 선한 이들이 꾸짖어 싫어하는 법이 있다면 그것을 이름하여 죄라고 한다. 爲諸善士所訶厭法 說名爲罪 avadyaṃ nāma yad vigarhitaṃ sadbhiḥ", 『구사론소』 권4(대정장41, p.533a14)에 "'모든 선한 이들이 꾸짖어 싫어하는 법이 있다면 그것을 이름하여 죄라고 한다'라는 말로 죄의 본질을 드러냈는데, 바로 불선법인 무괴의 대상이다. 爲諸善士所訶厭法 說名爲罪者 出罪體也 卽不善法無愧境也", 『불소행찬』 권1(대정장4, p.5a1 : *Buddh-c.*, p.17)에 "정을 구하다 죄를 얻었으니 죽어 마땅하지만 인자와 관용을 베풀고, 추악한 말을 가하지 않고 부드러운 말로 가르치고 훈계하였으며, 재물을 베푸는 데 힘썼고 자생의 길마저 이끌어 주었다네. 求情得其罪 應死垂仁恕 不加麤惡言 軟語而教勅 務施以財物 指授資生路" kṛtāgaso 'pi pratipādya vadhyānnājīghanan nāpi ruṣā dadarśa, babandha sāntvena phalena caitāṃstyāgo 'pi teṣāṃ hyanapāyadṛṣṭaḥ"라고 하였다. [참고문헌] 『大乘集菩薩學論』, 『俱舍論』, 『俱舍論疏』, 『佛所行讚』, *Śikṣ.*, *Abh-k-bh.*, *Buddh-c.*

죄과미천 罪過彌天 죄와 허물이 하늘에 가득 차다. 죄범미천(罪犯彌天)・미천죄과(彌天罪過) 등과 같은 뜻이다. 『종문염고휘집』 권39(卍속장115, p.972b16)에 "조수가 한 학인에게 물었다. '어디서 왔는가?' '민중에서 왔습니다' '뛰어나구나' '스님의 가르침에 감사드립니다' '비굴하구나'. 학인이 절을 올리자 조수가 말했다. '내가 이렇게 한 말은 어디에 떨어져 있는가?' 학인이 아무 말 없자 조수가 말했다. '저들 스스로는 상처가 없으니 상처내지 마라'. 棗樹問僧 發足甚處 曰 閩中 樹曰 俊哉 曰 謝師指示 樹曰 屈哉 僧作禮 樹曰 我與麼道 落在什麼處 僧無語 樹曰 彼自無瘡 勿傷之也", "소각극근(昭覺克勤)이 말했다. '종사라면 말을 허투루 내뱉지 않는다. 이 학인이 민중에서 왔다는데 무슨 뛰어난 데가 있을까? 스님의 가르침에 감사드린다고 했는데 무슨 비굴한 데가 있을까? 효와를 간파했는가? 간파했다면 비로소 조수가 이 산승의 불자 끝에서 바람 없이도 파도 일으켰고 아름다운 피부에 쓸데없이 상처를 냈다는 것을 믿게 될 것이다. 그렇지 않다면 노승의 허물이 하늘 가득 차리라'. 昭覺勤云 凡爲宗師 言不虛發 者僧旣是閩中來 有何俊哉 謝師指示 有何屈哉 還見得誵訛麼 若見得方信道 棗樹在山僧拂子頭上 無風起浪 好肉剜瘡 其或未然 老僧罪過彌天"라고 하였다. [참고문헌] 『宗門拈古彙集』. ⇨ 죄범미천 罪犯彌天, 미천죄과 彌天罪過

죄근 罪根 Ⓢ akuśala-mūla, Ⓣ mi-dge-ba'i-rtsa-ba. 죄의 뿌리. 또는 뿌리 깊은 죄. 『장아함경』 권13 「아마주경 阿摩晝經」(대정장1, p.86c22)에 "부처님께서 마납에게 말씀하셨다. '너는 본래 보잘것없어서 진위를 구별하지도 못하면서 석가의 제자들을 비방하고 경시하며 스스로 죄의 뿌리를 심고 지옥의 뿌리를 기르고 있다'. 佛告摩納 汝自卑微 不識眞僞 而便誹謗 輕罵釋子 自種罪根 長地獄本", 『증일아함경』 권39(대정장2, p.764a23)에 "이때 세존께서 다음과 같은 게송을 설하셨다. '사람이 극악한 행위를 했어도 잘못을 뉘우치면 그 업력이 점차 약해져서, 매일 참회하기를 게을리하거나 쉬지 않으면 뿌리 깊은 죄마저 길이 뽑힌다네'. 爾時 世尊便說此偈 人作極惡行 悔過轉微薄 日悔無懈息 罪根永已拔", 『십주비바사론』 권5(대정장26, p.43c1)에 "저 부처님께서 설하신 말씀 모든 죄의 뿌리마저 쿠쉬 없애시고, 아름다운 말씀 이익 또한 많으니 나는 지금 머리 숙여 절합니다. 彼佛所言說 破除諸罪根 美言多所益 我今稽首禮", 『출요경』 권25(대정장4, p.741c2)에 "마음은 행위의 본이라 죄가 뿌리 내리는 일을 불러들인다. 백여덟 가지 무거운 죄의 뿌리는 풀기 어려운 매듭으로서 그 마음을 얽매고, 욕망과 분노와 므지의 치성함과 교만과 인색함과 질투는 온갖 번뇌를 심으니 이러한 병이 있는 이는 마음이 청정하지 않다. 心爲行本 招致罪根 百八重根 難解之結 纏裹其心 欲怒癡盛 憍慢慳嫉 種諸塵垢 有此病者 則心不淨", 『대지도론』 권26(대정장25, p.247c7)에 "부처님께서는 온갖 죄의 뿌리가 되는 인연을 뽑아버렸기에 과실이 있을 리 없다. 죄의 근본이 되는 인연에는 네 가지가 있다. 첫째는 탐욕이라는 인연이고, 둘째는 분노라는 인연이고, 셋째는 공포라는 인연이고, 넷째는 무지라는 인연이다. 이처럼 죄의 뿌리가 되는 인연과 습기를 모두 뽑아버리셨다. 佛拔諸罪根因緣 故無有失 罪根本因緣有四種 一者 貪欲因緣 二者 瞋恚因緣 三者 怖畏因緣 四者 愚癡因緣 是罪根因緣及習皆已拔", 『법원주림』 권60(대정장53, p.735c14)에 "이 주문의 위력은 불가사의해서 아침저녁으로 또 한낮에 각각 일백 번을 외면 사중(四重)과 오역(五逆)의 죄를 사라지게 하고 온갖 죄의 뿌리를 뽑아 서방에 나게 한다. 此呪威力 不可思議 但旦暮午時 各誦一百遍 能滅四重五逆 拔一切罪根 得生西方"라고 하였다. [참고문헌] 『長阿含經』, 『增壹阿含經』, 『十住毘婆沙論』, 『出曜經』, 『大智度論』, 『法苑珠林』, *Saddh-p.38.* ⇨ 죄 罪, 죄근심중 罪根深重

죄근심중 罪根深重 [S] akuśala-mūlena. 죄의 뿌리가 깊고 무겁다. 오천 무리가 법회를 떠난 『법화경』에서의 인연을 설명하는 뜻이다. 『법화경』 권1(대정장9, p.7a5 : *Saddh-p.*, p.38)에 "이때 세존께서 사리불에게 말씀하셨다. '그대가 간곡하게 세 번이나 청했는데 어찌 설하지 않을 수 있겠는가! 그대는 이제 잘 듣고 잘 사유하거라. 내가 그대에게 분별하여 해설해 주겠다'. 이 말씀을 하셨을 때 법회에 있던 오천 명의 비구·비구니·우바새·우바이가 바로 자리에서 일어나 부처님께 예를 올리고 물러갔다. 무슨 까닭인가? 이들 무리 죄의 뿌리가 깊고 무거우며 증상만마저 있어서 아직 얻지 못한 것을 얻었다고 말하고 증하지 못했으면서 증했다고 말한다. 이러한 과실이 있기에 법회에 머물지 못하는 것이다. 그러나 세존께서는 침묵하실 뿐 제지하지 않으셨다. 爾時 世尊告舍利弗 汝已慇懃三請 豈得不說 汝今諦聽 善思念之 吾當爲汝分別解說 說此語時 會中有比丘 比丘尼 優婆塞 優婆夷五千人等 卽從座起 禮佛而退 所以者何 此輩罪根深重及增上慢 未得謂得 未證謂證 有如此失 是以不住 世尊默然 而不制止 atha khalu bhagavāṃs … śāriputram-etad-avocat. yad-idānīṃ tvaṃ śāriputra yāvat-traitīyakam-api tathāgatam-adhyeṣase. evam-adhyeṣamāṇaṃ tvāṃ śāriputru kiṃ vakṣyāmi. tena hi śāriputra śṛṇu sādhu ca suṣṭhu ca manasikuru. bhāṣiṣye 'haṃ te. samanantarabhāṣitā ceyaṃ bhagavatā vāg-atha khalu tataḥ parṣada ābhimānikānāṃ bhikṣūṇāṃ bhikṣuṇīnām-upāsakānām-upāsikānāṃ pañca-mātrāṇi sahasrāṇy-utthāyāsanebhyo bhagavataḥ pādau śirasa-ābhivanditvā tataḥ parṣado 'pakrāmanti sma. yathāpīdam-abhimāna-akuśala-mūlenāprāpte prāpta-saṃjñino 'nadhigate 'dhigata-saṃjñinaḥ. te ātmānaṃ savraṇaṃ jñātvā tataḥ parṣado 'pakrāntāḥ. bhagavāṃś-ca tūṣṇīṃ-bhāvenādhivāsayati sma", 『법화통략』 권상(卍속장43, p.51b9)에 "'죄의 뿌리가 깊고 무겁다'는 말을 푼다. 곧이곧대로 소승에 집착하여 하나뿐인 실의 뜻에 어긋나기에 죄라고 하며, 소승에 대한 집착이 대승에 대한 비방으로 이어지기에 뿌리라고 하며, 오랫동안 익혀 집착한 분별이기에 깊다고 하며, 시방의 부처님들 뽑을 수 없기에 무겁다고 한다. 釋罪根深重 直保執小乘 乖一實之理 故名罪 執小生於謗大 故名根 久習執情爲深 十方佛不能拔爲重", 『법화경입소』 권2(卍속장47, p.106a13)에 "둘째로 법회대중을 가린 까닭은 오탁의 장애가 많으므로 죄가 무겁다고 하며, 소승에 집착하여 대승을 가리므로 뿌리 깊다고 한다. 오탁악세의 장애와 그로 인한 죄는 그 뿌리가 아직 깊다고 할 수는 없지만 여기에 집착과 만심이 더해지면 비로소 깊다고 한다. 삼과를 얻지 못했고 무학을 증득하지 못했으면서도 얻지 못한 것을 얻었다고 말하는 것을 증상만이라고 한다. 이와 같은 과실이 있다는 말은 장애와 집착과 만심이라는 세 가지 과실을 뜻한다. 二 明簡衆所以 五濁障多名罪重 執小翳大名根深 但五濁障罪 其根猶未名深 更加執慢 方名爲深 未得三果 未證無學 未得謂得 名增上慢也 有如此失者 謂障執慢三種之失也", 『법화경구해』 권1(卍속장47, p.887a17)에 "이들 오천무리는 무명과 망념으로 온갖 잘못을 일으키기에 죄의 뿌리와 업이 깊고 장애가 심하다고 한다. 此等五千 無明妄念 能生諸過 名爲罪根業深障重"라고 하였다. [참고문헌] 『法華經』, 『法華統略』, 『法華經入疏』, 『法華經句解』, *Saddh-p.* ⇨죄 罪, 죄근 罪根, 무명 無明

죄려 罪戾 죄를 지어 돌이킬 수 없음. 40권본 『대반열반경』 권20(대정장12, p.482c26)에 "이때 대왕은 바로 사라쌍수에 이르러 부처님이 계신 곳에 도착한 다음 여래의 32상과 80종호를 바라봤는데 마치 미묘한 순금으로 이뤄진 산과 같았다. 이때 세존께서는 여덟 가지 소리를 내시며 말씀하셨다. '대왕이시여!' 이때 아사세왕은 좌우를 둘러보며 말했다. '이 대중 가운데 누가 대왕입니까? 저는 이미 잘못을 저질렀고 복덕 또한 없으니 여래께서는 저를 대왕이라 칭하지 마십시오'. 이때 여래께서 바로 말씀하셨다. '아사세대왕이시여!' 爾時 大王卽到娑羅雙樹間 至於佛所 仰瞻如來三十二相 八十種好 猶如微妙眞金之山 爾時 世尊出八種聲告言 大王 時 阿闍世左右顧視 此大衆中 誰是大王 我旣罪戾 又無福德 如來不應稱爲大王 爾時 如來卽復喚言 阿闍世大王", 『일체경음의』 권26(대정장54, p.476a18)에 "죄려〈(뒷 글자는) 력과 계를 반절한 음이다. 공영달의 『상서』 주석에서 '죄과다'라고 하였고, 익법에서는 '이전의 허물을 뉘우치지 못함을 려라 한다'라고 하였다〉. 罪戾〈力計反 孔註尙書云 罪過也 謚法曰 不悔前過曰戾〉"라고 하였다. [참고문헌] 『大般涅槃經』, 『一切經音義』. ⇨죄 罪

죄멸 罪滅 [S] vigata-pāpa, [P] pāpaṃ kammaṃ byanti. 죄가 사라지다. 『증일아함경』 권24(대정장2, p.675c2)에 "이때 지옥의 옥졸이 다시 죄인을 잡아다가 혀를 뽑은 다음 등 뒤로 던져 버리는데 이때 받는 고통은 이루 헤아릴 수 없으며 죽으려고 해도 죽을 수 없다. 이때 옥졸이 다시 죄인을 잡아다가 칼산 위에 놓는데 다리가 잘리기도 하고 머리가 잘리기도 하며 손이 잘리기도 한다. 반드시 죄가 사라진 다음에야 내보낸다. 是時 獄卒復取罪人 拔其舌 擲著背後 於中受苦 不可稱計 求死不得 是時 獄卒復取罪人 著刀山上 或斷其脚 或斷其頭 或斷其手 要當使罪滅 然後乃出", 상응하는 *Devadūta-sutta*(*MN.3*, p.183)에 "악업이 다하지 않는 한, 그는 죽지도 못한다. na ca tāva kālaṃ karoti yāva na t aṃ pāpaṃ kammaṃ byanti", 『금강경찬요간정기』 권5(대정장33, p.215b4)에 "죄가 사라졌다 하니, 죄로 인한 장애가 이미 다하고 점점 닦아 행하니 인도 과도 가득 차 자연스레 부처가 된다는 뜻이다. 罪滅者 罪障旣盡 漸漸修行 因圓果滿 自然爲佛"라고 하였다. 〔참고문헌〕『增壹阿含經』, 『金剛經纂要刊定記』, *MN.*, *Śikṣ.173.*

죄범미천 罪犯彌天 죄를 지음이 하늘에 가득하다. 죄과미천(罪過彌天)·미천죄과(彌天罪過)라고도 한다. 『고봉원묘어록』 권상(卍속장122, p.668b16)에 "대중에게 작별을 고하는 자리에서 고봉이 말했다. '나(西峰)는 30년이나 반야를 망념되이 말해 왔으니 죄를 지음이 하늘에 가득 찼다. 마지막 한 마디지만 죄 없는 사람들까지 연루시킬 수는 없으니 스스로들 알아차리거라. 대중이여! 알 만한 것 있는가?' 잠시 말 없다가 말했다. '털끝만큼만 어긋나도 하늘과 땅 사이만큼 벌어진다'. 辭衆 西峰三十年妄談般若 罪犯彌天 末後有一句子 不敢累及平人 自領去也 大衆 還有知落處者麼 良久云 毫釐有差 天地懸隔"라고 하였다. 〔참고문헌〕『高峰原妙語錄』. ⇨죄과미천 罪過彌天, 미천죄과 彌天罪過

죄복 罪福 Ⓢ adharma, Ⓟ puñña pāpa. 죄와 복. 악업(惡業)의 보와 선업(善業)의 보를 말한다. 죄와 복 인과는 분명하지만 그 둘 다 그 자성이 공하여 구경에는 다 벗어난다. 『옥야경』(대정장2, p.867a4)에 "부처님께서 옥야에게 말씀하셨다. '지계란 다음과 같다. … 열째, 선한 행위를 하면 복을 얻고 악한 행위를 하면 죄를 얻음을 믿어야 하며, 부처님과 법과 비구 승가를 믿어야 한다. 佛告玉耶 持戒 … 十者 當信作善得福 作惡得罪", 『법구경』 권하(대정장4, p.573a5 : *Dhp.*, p.58)에 "죄와 복 두 가지에 대한 행위가 영원히 사라져 근심도 없고 번뇌도 없으면 이 사람을 범지라고 부른다네. 於罪與福 兩行永除 無憂無塵 是謂梵志 yo′dha puññca pāpañca ubho saṅgaṃ upaccagā, asokaṃ virajaṃ suddhaṃ tamahaṃ brūmi brāhmaṇaṃ", 『법집요송경』 권1(대정장4, p.782c24 : *Udāna-v.*, p.189)에 "죄와 복을 잘 안다는 것은 몸을 깨끗이 하여 범행을 닦아 멀리 지혜로워 순하고 청결하니 이 사람을 장로라고 한다네. 能知罪福者 身淨修梵行 明遠純淸潔 是名爲長老 yas tu puṇyaṃ ca pāpaṃ ca prahāya brahmacaryavān, viśreṇayitvā carati sa vai sthavira ucyate", 『중론』 권4 「관사제품 觀四諦品」(대정장30, p.32c6)에 "〈송〉 공이라는 법으로 인과를 무너뜨리고 죄와 복도 무너뜨리며 일체세속법들을 또한 무너뜨린다네. 〈논〉 공법을 받아들여 죄와 복 그리고 죄와 복에 따른 과보를 무너뜨리며, 세속의 법들도 무너뜨린다. 이와 같은 과실들이 있기에 제법은 공이어서는 안 되는 것 아닌가? 〔답〕〈송〉 그대는 지금 실로 공과 공의 인연을 알지 못하며 공의 뜻에 대해 알지 못해서 스스로 번뇌를 일으키고 있다네. 〈논〉 그대는 무엇을 일러 공의 특징이라고 하는지, 무슨 인연으로 공을 설하는지, 공의 뜻이 무엇인지 이해하지 못하고 있다. 진실에 부합하게 알지 못하기에 이와 같은 의혹과 어려움을 일으킨다. 空法壞因果 亦壞於罪福 亦復悉毁壞 一切世俗法 若受空法者 則破罪福及罪福果報 亦破世俗法 有如是等諸過故 諸法不應空 答曰 汝今實不能 知空空因緣 及知於空義 是故自生惱 汝不解云何是空相 以何因緣說空 亦不解空義 不能如實知故生如是疑難", 『백론소』 권상(대정장42, p.239a1)에 "(「사죄복품 捨罪福品」에서) 죄란 부숴 꺾는다는 뜻이다. 불선의 업을 지으면 그 삼악도를 불러들여 괴로운 보를 얻어 행자를 좌절시키니 이를 가리켜 죄라 한 것이다. 복이란 풍요롭게 하는 뜻이다. 선업을 일으키면 사람과 하늘의 즐거운 보를 부르기에 복이라 한 것이다. … 복보(福報)가 생할 때는 즐겁기에 이에 의지해 죄를 버리고, 복보가 멸할 때는 괴롭기에 공에 의지해 복을 버린다. 罪以摧折爲義 造不善業感彼三塗 得於苦報摧折行人 目之爲罪 福是富饒爲義 起於善業招人天樂果 故稱爲福 … 福報生時樂故依之捨罪 福報滅時苦故依空以捨福也"라고 하였다. 〔참고문헌〕『玉耶經』, 『法句經』, 『法集要頌經』, 『中論』, 『百論疏』, *Dhp.*, *Udāna-v.*, *Pras.213.*, *Sn.155.* ⇨죄 罪, 복 福

죄복무주 罪福無主 죄와 복에는 주인이 없다. 짓는 이 없기에(無作者) 죄와 복의 자성이 공(空)한 뜻이다. 『관보현보살행법경』(대정장9, p.392c24)에 "마음을 관해 보면 마음이 없으니, 전도를 쫓아 일어난다. 이 생각의 마음은 망상으로부터 생겨나는데 마치 허공의 바람이 의지처 없어도 부는 것과 같다. 이와 같이 법의 모습들 생겨나지도 않고 멸하지도 않는 것이니, 무엇이 죄이고 무엇이 복인가? 나의 마음이 본래 공이므로 죄와 복에는 주인이 없다. 일체법도 이와 같아서 머무르지도 않고 무너지지도 않는다. 觀心無心 從顚倒想起 如此想心從妄想起 如空中風 無依止處 如是法相 不生不滅 何者是罪 何者是福 我心自空 罪福無主 一切法如是 無住無壞", 『국청백록』 권1(대정장46, p.798a12)에 "열 번째로 죄의 성이 공이며 죄를 쫓아 마음이 생겨남을 관한다. 마음에 포착할 만한 실체가 있다면 죄도 없을 수 없겠지만, 나의 마음은 본래 공이니 죄가 어찌 실재하겠는가? 죄와 복에는 실체가 될 만한 주체가 없으므로 안과 밖 그리고 중간 어디에도 없다. 영원히 있지도 않고 스스로 있지도 않아서 다만 이름만 있으니, 이름뿐인 마음을 두고 죄와 복이라고 한다. 이름은 공하기에 본원으로 돌아가면 필경에는 청정하니, 이를 두고 죄의 성이 공함을 관한다고 하고, 뒤쳐서는 무명과 전도된 생각과 집착을 부순다. 무명이 사라지기에 온갖 행들이 사라지며 나아가 나고 죽음도 사라져서 십이인연이라는 큰 나무마저 무너져 내리니, 이를 출세인과라고 한다. 사방을 분명하게 본다는 말은 이를 두고 하는 말이다. 十者 觀罪性空 罪從心生 心若可得 罪不可無 我心自空 罪云何有 罪福無主 非內非外 亦無中間 不常自有 但有名字 名字之心 名爲罪福 名字卽空 還源返本 畢竟淸淨 是爲觀罪性空 翻破無明顚倒執著 無明滅故 諸行滅 諸行滅故 生死滅 十二因緣大樹壞 亦名出世因果 分明得見四方 此之謂也"라고 하였다. ［참고문헌］『觀普賢菩薩行法經』, 『國淸百錄』. ⇨죄복 罪福, 십이인연 十二因緣

죄복보응경 罪福報應經 유송(劉宋)대 구나발다라(求那跋陀羅) 한역. 1권. 고려장20, pp.1176a1~1177b18, No.838・대정장17, pp.562b9~563b16, No.747a에 수록되었으며, 갖춘 이름은 『불설죄복보응경 佛說罪福報應經』이다. 『오도윤경 五道輪經』・『오도윤전경 五道輪轉經』・『윤전오도경 輪轉五道經』・『윤전오도죄복보응경 輪轉五道罪福報應經』・『전륜오도경 轉輪五道經』이라고도 한다. 이역본은 『불설윤전오도죄복보응경 佛說輪轉五道罪福報應經』(대정장17, pp.563b19~564c21, No.747b)이다. 『정원신정석교목록』 권30(대정장55, p.1041c6)에 "『죄복보응경』 1권〈『윤전오도죄복보응경』・『윤전오도경』・『오도윤경』이라고도 한다〉. 罪福報應經 一卷〈一名輪轉五道罪福報應經 亦名輪轉五道經 亦云五道輪經〉"라고 하였다. ［참고문헌］『貞元新定釋敎目錄』.

죄부중과 罪不重科 지은 죄 거듭 묻지 않는다. 『벽암록』 22칙 「송 頌」(대정장48, p.163c3)에 "상골암(象骨巖 : 雪峰山)은 높아서 사람이 오를 수 없으니〈수만 번 더듬어 찾아도 결국 찾지 못하니, 그대의 경계가 아니다〉, 이르렀다면 뱀 부리는 솜씨다〈귀신이 귀신을 알아보고 도둑이 도둑을 알아본다. 이 무리 저 무리 지어 뭘 하자는 건가? 그와 한패여야만 한다〉. 혜릉(慧稜 : 長慶慧稜)선사와 사비(師備 : 玄沙師備)선사도 어쩌지 못했으니〈단 한 번 영장으로 허물 다스리니 놓아주기도 한 번이다〉, 목숨을 잃은 이가 대단히 많구나〈죄는 거듭 묻지 않지만 죄 없는 이까지 엮는다〉. 象骨巖高人不到〈千箇萬箇 摸索不著 非公境界〉 到者須是弄蛇手〈是精識精 是賊識賊 成群作隊作什麽 也須是同火 始得〉 稜師備師不柰何〈一狀領過 放過一著〉 喪身失命有多少〈罪不重科 帶累平人〉", 『경덕전등록』 권23 「동산수초전 洞山守初傳」(대정장51, p.389c5)에 "학인이 동산에게 물었다. '때는 아니지만 직접 뵈었으니 스님께 한마디 부탁드립니다' '이르는 곳에서 무슨 생각하느냐?' '보이는 대로 정하여 듭니다' '30방을 맞아야 하지만 용서해 주마' '허물 어디에 있습니까?' '죄는 거듭 묻지 않는다'. 問 非時親覲 請師一句 師曰 到處怎生擧 曰 據現定擧 師曰 放汝三十棒 曰 過在什麽處 師曰 罪不重科"라고 하였다. ［참고문헌］『碧巖錄』, 『景德傳燈錄』.

죄성 罪性 죄의 자성. 죄는 그 자성이 없어(無自性) 공(空)하다. 『금강경』(대정장8, p.779b10)에 "일체탐의 성은 청정하고 분노의 성도 청정하다. 일체탐의 성 청정하기에 일체번뇌의 성도 청정하고 죄의 자성도 청정하다. 一切貪性淸淨 瞋性淸淨 一切貪性淸淨故 一切垢性淸淨 罪性淸淨", 『유마경』 권중(대정장14, p.550c24)에 "사자보살이 말했다. '죄와 복은 둘이지만 죄의 성에 통달하고 보면 복과 더불어 다르지 않다. 금강혜로 이 상을 분명하게 알면 속박이랄 것도 없고 해탈이랄 것도 없는데, 이를 두고 불이법문에 든다고 한다'. 師子菩薩曰 罪福爲二 若達罪性 則與福無異 以金剛慧 決了此相 無縛無解者 是爲入不二法門", 『점찰선악업보경』 권상(대정장17, p.904a1)에 "마땅히 사유해야 한다. '이처럼 죄의 성 단지 허망하고 전도된 마음으로부터 생겨나므로 고정된 실체 있을 리 없으니, 파악할 수 있는 것 아니다. 본래 공하고 고요할 뿐이니 나와 일체중생이 속히 마음의 바탕에 통달하여 죄의 뿌리를 길이 멸하길 원합니다'. 復應思惟 如是罪性 但從虛妄顚倒心起 無有定實而可得者 本唯空寂 願我及一切衆生 速達心本 永滅罪根", 『마하지관』 권4(대정장46, p.40b21)에 "열 번째로 죄의 성이 공임을 관한다는 말은 탐욕하고 분노하고 어리석은 마음이 온통 적정으로 열린 문임을 깨닫는 뜻이다. 十 觀罪性空者 了達貪欲瞋癡之心皆是寂靜門"라고 하였다. ［참고문헌］『金剛經』, 『維摩經』, 『占察善惡業報經』, 『摩訶止觀』. ⇨죄 罪

죄업 罪業 Ⓢ aśubhāni karmāṇi. 죄가 되는 행위. 몸과 말과 뜻(身口意)으로 짓는 선하지 못한(不善) 행위를 말한다. 『중아함경』 권6 「범지다연경 梵志陀然經」(대정장1, p.457b27)에 "이에 범지 다연은 바로 자리에서 일어나 오른쪽 어깨를 드러내도록 옷을 입어 공경을 표한 뒤 차수를 한 채로 존자 사리자에게 말했다. '사리자여! 저에겐 단정이라는 이름의 사랑하는 부인이 있는데, 그녀에게 현혹되어 나태했었으며 죄업을 크게 지었습니다. 사리자여! 저는 오늘부터 부인 단정을 버리고 존자 사리자에게 몸소 귀의하겠습니다'. 於是 梵志陀然 卽從坐起 偏袒著衣 叉手向尊者舍梨子白曰 舍梨子我有愛婦 名曰端正 我惑彼故 而爲放逸 大作罪業 舍梨子我從今日始 捨端正婦 自歸尊者舍梨子", 『금강경』(대정장8, p.750c24)에 "또한 수보리여! 선남자와 선여인이 이 경전을 수지하고 독송하는데 사람들로부터 가벼이 여겨졌다면, 이 사람은 선세죄업으로 악도에 떨어져야 마땅하지만 이번 생에 사람들에게 경시받았기에 선세죄업은 바로 소멸되고 반드시 아누다라삼막삼보리를 얻게 될 것이다. 復次 須菩提 善男子 善女人 受持讀誦此經 若爲人輕賤 是人先世罪業 應墮惡道 以今世人輕賤故 先世罪業 則爲消滅 當得阿耨多羅三藐三菩提", 36권본 『대반열반경』 권18(대정장12, p.726c18)에 "대왕이시여! 일체중생이 짓는 죄업에는 두 가지가 있습니다. 첫째는 가벼운 것이고, 둘째는 무거운 것입니다. 마음과 입으로 짓는 것을 가볍다 하고, 몸과 입과 마음으로 짓는 것을 무겁다 합니다. 대왕이시여! 마음속으로 생각하고 입으로 말하더라도 몸으로는 짓지 않았다면 이에 따라 얻게 될 과보는 가볍습니다. 大王 一切衆生所作罪業 凡有二種 一者 輕 二者 重 若心口作 則名爲輕 身口心作 則名爲重 大王 心念口說 身不作者 所得報輕", 『대지도론』 권22(대정장25, p.226c12)에 "또한 재물은 갖가지 번뇌와 죄업의 인연이지만, 지계와 선정과 지혜라는 갖가지 선법들은 열반의 인연이다. 이 때문에 재물은 오히려 스스로 버려야 마땅한데, 하물며 훌륭한 복전에 보시하지 않는 것은 더 말해서 무엇하겠는가! 復次 財物是種種煩惱罪業因緣 若持戒禪定智慧種種善法 是涅槃因緣 以是故財物尙應自棄 何況好福田中而不布施"라고 하였다. 〔참고문헌〕『中阿含經』, 『金剛經』, 『大般涅槃經』, 『大智度論』, *Vajr-pr.45.* ⇨ 죄 罪, 악업 惡業, 선업 善業

죄업응보교화지옥경 罪業應報敎化地獄經 후한(後漢) 대 안세고(安世高) 한역. 1권. 줄인 이름은 『죄업응보경 罪業應報經』이며 『지옥보응경 地獄報應經』·『교화지옥경 敎化地獄經』이라고도 한다. 고려장19, pp.870b1~872c22, No.781 · 대정장17, pp.450c10~452b26, No.724에 수록되어 있다. 부처님께서 신상보살(信相菩薩)의 청에 응하여 지옥(地獄) · 아귀(餓鬼) · 축생(畜生) · 노비(奴婢) 등으로 갖가지 고통을 받는 중생들의 전생인연을 설한다. 신상보살이 악행의 과보를 받는 중생들의 고통을 스무 가지로 설하고 그 이유를 묻자, 부처님께서는 각각의 인연에 대해 설하셨으며 세간에서 행해야 할 선(善)과 삼보에 대한 귀의와 육바라밀과 사무량 등을 설하신 뒤 중생들이 이들을 수행하면 영원히 고통에서 벗어날 수 있다는 말씀으로 끝맺는다.

죄장 罪障 죄라는 장애. 깨달음을 장애하여 해탈을 방해함을 말한다. 『대승본생심지관경』 권3(대정장3, p.304a26)에 "만약 청정한 믿음을 지닌 한 선남자가 밤낮으로 묘한 이치의 공을 관한다면 일체의 죄장 스스로 사라지리니, 이를 일러 가장 뛰어나게 정계를 지킨다고 한다네. 若有淸信善男子 日夜能觀妙理空 一切罪障自消除 是名最上持淨戒", 『방광대장엄경』 권3(대정장3, p.553b19)에 "이때 일체중생은 탐욕 · 분노 · 어리석음 · 근심 · 슬픔 · 두려움에서 벗어나고 불선한 악들과 죄업이라는 장애에서도 벗어나며, 병으로 고통받는 모든 중생들은 전부 치유되고 기갈에 허덕이는 중생들은 모두 포만을 얻으며, 미치거나 취하거나 정신이 이상한 이들도 모두 각성하게 되고 감각기관에 결함이 있는 이들도 모두 원만을 얻게 된다. 가난한 이들은 재물을 얻고 속박된 이들은 풀려나게 되며, 지옥의 중생들도 모두 휴식을 얻고 축생의 중생들도 서로 해치려는 마음이 없게 되며 아귀의 중생들도 모두 포만을 얻게 된다. 是時 一切衆生遠貪恚癡憂悲驚恐 亦離不善諸惡罪障 所有病苦衆生 皆得痊除 飢渴衆生 皆得飽滿 顚狂醉亂 皆得惺悟 諸根缺減 皆得圓滿 貧者得財 繫者解脫 地獄衆生 皆蒙休息 畜生衆生 無相害心 餓鬼衆生 皆得飽滿"라고 하였다. 〔참고문헌〕『大乘本生心地觀經』, 『方廣大莊嚴經』.

죄쟁 罪諍 Ⓟ āpattādhikaraṇa. 사쟁(四諍 Ⓟ cattāri adhikaraṇāni) 중 하나. 죄를 다퉈 논하다. 대중이 범계(犯戒)인지, 그리고 어디에 해당하는지 논쟁하는 일로 범쟁(犯諍)이라고도 한다. 『마하승기율』 권12(대정장22, p.327b16 : *Sutta-vibhaṅga, Vin.4,* p.238)에 "사쟁은 상언쟁 · 비방쟁 · 죄쟁 · 상소행사쟁을 말한다. 四諍者 相言諍 誹謗諍 罪諍 常所行事諍 adhikaraṇaṃ nāma cattāri adhikaraṇāni vivādādhikaraṇaṃ anuvādādhikaraṇaṃ āpattādhikaraṇaṃ kiccādhikaraṇaṃ"라고 하였다. 〔참고문헌〕『摩訶僧祇律』, *Vin.* ⇨ 범쟁 犯諍, 사쟁 四諍

죄중대과 罪重大果 죄로서 두거운 것(Ⓢ mahāvadyatamaḥ)과 과로서는 가장 뛰어난 것(Ⓢ mahāphalatamaḥ). 악업 가운데 죄가 가장 무거운 것은 승가를 깨뜨리는 거짓말이고, 세간의 선업 가운데 가장 과가 뛰어난 것은 비상비비상처(非想非非想處)를 초래하는 사업(思業)이다. 『구사론』 권18(대정장29, p.94a28)에 "온갖 악행 중에 무간지옥에 떨어지게 만드는 업이 있는데 그 중에서도 죄가 가장 무거운 것은 무엇이며, 온갖 미묘한 행과 세간선업 중에 그 과가 가장 뛰어난 것은 무엇인가? 〔송〕 승가를 깨뜨리는 거짓말이 죄 가운데 가장 무거우며, 제일의 사유인 비상비비상처를 초래함이 세간 선업 중 가장 큰 과라네. 〔논〕 법과 비법을 알면서도 승가를 파괴하기 위하여 거짓말을 하여 뒤집어 말하니, 이것이 무간지옥에 떨어지는 가장 큰 죄다. 이로 인해 부처님의 법신을 훼손하기 때문이며, 세간에서 천계에 나게 하거나 해탈하게 하는 길을 가로막는다. 於諸惡行 無間業中 何罪最重 於諸妙行 世善業中 何最大果 頌曰 破僧虛誑語 於罪中最大 感第一有思 世善中大果 論曰 雖了法非法 爲欲破僧 而起虛誑語 顚倒顯示 此無間中 爲最大罪 由此傷毁佛法身故 障世生天解脫道故" "말하자면 승가가 이미 파괴되고 다시 화합할 수 없다면 일체세간은 성인에 들어 과를 얻고 물듦을 떠나 번뇌가 다하는 것 등 모두 할 수 없게 되며, 선정을 익히거나 경전을 배우고 독송하고 사유하는 업들마저 쉬게 되리니, 대천세계의 법륜도 구르지 못하고 천신과 인간과 용들도 신심이 어지럽게 되어 무간지옥에서 일 겁 동안 머무는 이숙을 부른다. 이러한 이유들 때문에 승가를 깨뜨린 죄가 가장 무거운 것이며, 무간지옥에 떨어지게 만드는 (五逆罪 중) 나머지 죄들은 다섯 번째와 세 번째와 첫 번째 차제로 뒤로 갈수록 점점 죄가 가벼우며, 두 번째가 은혜 등이 적기에 가장 가볍다. 謂僧已破 乃至未合 一切世間 入聖得果 離染漏盡 皆悉被遮 習定溫誦 思等業息 大千世界 法輪不轉 天人龍等 身心擾亂 故招無間一劫異熟 由此破僧罪爲最重 餘無間罪 如其次第 第五三一 後後漸輕 第二最輕 恩等少故", "만약 그렇다면 어찌하여 부처님께서는 세 가지 벌 받는 업 중에서 뜻으로 지어 받는 벌이 가장 죄가 크다고 설하셨으며, 또 죄 가운데 사견이 가장 죄가 크다고 설하셨는가? 무간지옥에 떨어지게 만드는 다섯 가지 죄를 대상으로 했을 땐 승가를 파괴하는 죄가 가장 무겁다고 설하셨지만, 삼벌업을 잡아 말하면 뜻으로 짓는 죄가 제일 크다고 설하셨으며, 다섯 가지 치우친 견해를 대상으로 했을 땐 사견이 가장 무겁다고 설하신다. 또는 크나큰 과가 따른다는 점이나 많은 유정에게 해를 끼친다는 점이나 선근들을 끊는다는 점에 의지하여 차례대로 죄가 무겁다고 설하신 것이다. 若爾何故 三罰業中 佛說意罰爲最大罪 又說罪中邪見最大 據五無間說破僧重 約三罰業 說意罪大 就五僻見 說邪見重 或依大果 害多有情 斷諸善根", "다음으로 비상비비상처라는 이숙과를 초래하는 사업이 세간의 선업 가운데 가장 초래하는 과보가 뛰어난데, 팔만대겁 동안의 지극한 정려이숙을 초래하기 때문이다. 이숙과를 기준으로 하기에 이런 말을 설하였지만, 이계과에 의지하면 금강유정에 상응하는 사업으로 대과를 얻을 수 있다. 온갖 번뇌를 영원히 끊는 것으로 이 과를 삼기 때문이다. (世間과 出世間이라는) 이러한 차이를 구별하기 위해 세간선업이란 말을 하였다. 如次說重 感第一有異熟果思 於世善中 爲最大果 感八萬大劫極靜異熟故 約異熟果 故說此言 據離繫果 則金剛喩定相應思能得大果 諸結永斷 爲此果故 爲簡此故 說世善言", 『구사론기』 권18(대정장41, p.280a10)에 "'온갖 악행 중에 ~ 세간의 선업 중 가장 과보가 뛰어나다네'라는 구절에서는 다섯 번째로 죄가 가장 무거운 것과 과보가 가장 뛰어난 것을 설명하였다. (게송 중) 앞의 두 구절은 죄가 무거운 것을 설명하였고, 뒤의 두 구절은 과보가 뛰어난 것을 설명하였다. 於諸惡行至世善中大果者 此卽第五明罪重大果 上兩句明罪重 下兩句明大果"라고 하였다. [참고문헌] 『俱舍論』, 『俱舍論記』, *Abh-k-bh.264.* ⇨ 파승 破僧, 제일유사 第一有思, 비상비비상처 非想非非想處

죄처소갈마 罪處所羯磨 지은 허물에 맞게 처분을 내리는 대중회의. 칠멸쟁(七滅諍) 중 하나로 죄 지은 비구가 스스로 자백하지 않을 때 대중이 그 잘잘못을 가려 치죄하는 법이다. 멱죄상갈마(覓罪相羯磨 Ⓢ tatsvabhāvaiṣīya-karma)라고도 한다. 『갈마』(대정장22, p.1064c2)에 "죄처소갈마를 허락하는 글〈(선발된 비구가) 먼저 죄상을 드러내면 (당사자가) 그 사실을 기억하고 죄를 인정하고 난 연후에 갈마를 행한다〉: '대덕이신 스님들께서는 들으십시오. 이 비구 아무개는 부끄러움도 없이 온갖 죄들을 많이 범했었는데, 그에 대해 보고 듣고 의심하는 이들이 있었습니다. 처음에는 죄를 저질렀다고 자백했지만 나중에는 저지르지 않았다고 말하여 앞뒤의 말들이 서로 어긋납니다. 대중들은 때가 되었으니 이제 이 비구 아무개에게 죄처소갈마를 청하니 받아 주십시오'. 이와 같이 말한다. '대덕이신 스님들께서는 들으십시오. 이 비구 아무개는 부끄러움도 없이 온갖 죄들을 많이 범했었는데, 그에 대해 보고 듣고 의심하는 이들이 있었습니다. 처음에는 죄를 저질렀다고 자백했지만 나중에는 저지르지 않았다고 말하여 앞뒤의 말들이 서로 어긋납니다. 대중에게 이제 이 비구 아무개에게 죄처소갈마를 청하니, 어느 장로이시든 대중이 이제 이 비구 아무개에게 죄처소갈마를 주는 것에 동의하신다면 침묵해 주시고, 누구든 동의하지 못하시겠거든 말씀해 주십시오'. 이것은 첫 번째 갈마다. 〈이와 같이 세 번 말한다〉 승가에서 이 비구 아무개에게 죄처소갈마를 주는 것에 동의가 끝나면 이렇게 말한다. '승가에서 동의의 뜻으로 침묵하였기에 이 일은 이와 같이 가져 진행하겠습니다'〈갈마를 허용하고 나서 서른다섯 가지 사항으로 그가 받아들이도록 한다. 후에 승가의 규율을 잘 따르며 지난 잘못을 뉘우치고 고치면 승가는 그에게 다시 갈마를 풀어 준다〉. 與罪處所羯磨文〈先作擧 作憶念 與罪已 然後作羯磨〉 大德僧聽 是比丘某甲 無慚無愧 多犯諸罪 有見聞疑 先自言犯 後言不犯 前後言語相違 若僧時到 僧忍聽 僧今與比丘某甲罪處所羯磨 白如是 大德僧聽 是比丘某甲 無慚無愧 多犯諸罪 有見聞疑 先自言犯 後言不犯 前後言語相違 僧今與是比丘某甲罪處所羯磨 誰諸長老忍僧今與比丘某甲罪處所羯磨者 默然 誰不忍者 說是初羯磨 〈如是三說〉 僧已忍與比丘某甲罪處所羯磨竟 僧忍 默然故 是事如是持〈與羯磨已 以三十五事 令其折伏 後若隨順改悔 僧應還與解羯磨〉"라고 하였다. [참고문헌] 『羯磨』. ⇨ 멱죄상갈마 覓罪相羯磨, 칠멸쟁 七滅諍

죄행 罪行 삼행(三行 : 福行 罪行 無動行) 중 하나로 십불선업도 등을 말한다. 『증일아함경』 권24(대정장2, p.675a3)에 "염라왕이 말했다. '나 또한 이것을 알고 있다. 어리석음과 미혹을 풀지 못해 그런 것이다. 나 이제 마땅히 너의 죄를 처분하리니 미래에는 이러한 죄행을 짓지 않아야 한다'. 閻羅王曰 我亦知之 愚惑不解 我

今當處汝罪 使後不犯此之罪行", 『대지도론』 권36(대정장25, p.325b28)에 "부처님께서 십이인연중에 세 가지 행을 말씀하셨으니, 복행과 죄행과 움직임 없는 행이다. 복행이란 욕계에 당해 짓는 선한 업이고, 죄를 행함이란 선하지 못한 업을 말하며, 무동행이란 색과 무색계에서의 업이다. 佛或說十二因緣中三行 福行 罪行 無動行 福行者 欲界繫善業 罪行者 不善業 無動行者 色無色界繫業", 『집대승상론』 권상(대정장32, p.146a6)에 "행에 세 가지가 있으니 복행과 죄행과 부동행이다. 복행은 십선업도이고, 죄행이란 십불선업도이며, 부동행은 무색등지를 말한다. 이렇듯한 행이 바로 무명을 인으로 제행 일어난다. 行有三種 福行罪行不動行 福行謂十善業道 罪行謂十不善業道 不動行謂無色等至 彼如是行以其無明爲因諸行得生"라고 하였다. [참고문헌] 『增壹阿含經』, 『大智度論』, 『集大乘相論』. ⇨ 삼행 三行, 비복행 非福行, 죄 罪, 십불선업 十不善業

주 主 ❶Ⓢ dātṛ, Ⓟ dātar. 시주(施主). 비구는 모든 것을 베푸는 이(施主)에게 의지하므로 이렇게 부른다. 『오분계본』(대정장22, p.201a22)에 "만약 비구가 자신을 위한 시주가 없어서 스스로 구하여 큰 방을 만든다면, 다른 비구들에게 장애나 방해가 되지 않는 장소에 대해 물어야 한다. 다른 비구들에게 묻지 않거나 정해진 규격을 초과하여 방을 만든다면 승가바시사다. 만약 비구가 자신을 위한 시주가 있는데도 큰 방을 만들려고 한다면, 다른 비구들에게 장애가 없는 장소나 방해받지 않을 장소에 대해 물어야 한다. 다른 비구들에게 묻지 않고 방을 만든다면 승가바시사다. 若比丘 無主爲身 自乞作大房 應問諸比丘無難處非妨處 若不問諸比丘 過量作 僧伽婆尸沙 若比丘 有主爲身 欲作大房 應問諸比丘無難處非妨處 若不問作 僧伽婆尸沙"라고 하였다. [참고문헌] 『五分戒本』, *Abh-k-bh.269.*, *AN.5.271.* ❷ 손님을 맞이하는 입장에서의 주인. 법을 묻는 나그네를 객(客)이나 빈(賓)이라 하고 답하여 응하는 이를 주(主)라 부른다. 『운문광록』 권상(대정장47, p.551c7)에 "한 학인이 운문에게 물었다. '어떤 것이 손님 중에서 주인입니까?' '질문 하나에 올라탄다' '어떤 것이 주인 중의 주인입니까?' '공손히 차수한다' '손님과 주인의 거리는 얼마입니까?' '눈과 눈동자 같다' '무슨 이야기를 해야 합니까?' '삼구이십칠!' 問 如何是賓中主 師云 騎一問 進云 如何是主中主 師云 叉手著 進云 賓主相去多少 師云 如眼如目 進云 合談何事 師云 三九二十七", 『앙산어록』(대정장47, p.582b6)에 "앙산이 후에 위산을 찾아가자 그가 물었다. '너는 스승이 있는 사미냐, 없는 사미냐?' '있습니다' '스승은 어디에 있느냐?' 앙산이 서쪽 지나 동쪽에 서자 위산이 '예사롭진 않네'라고 하였다. 後參溈山 溈山問 汝是有主沙彌 無主沙彌 師云 有主 溈山云 主在甚麽處 師從西過東立 溈山異之"라고 하였다. [참고문헌] 『雲門廣錄』, 『仰山語錄』. ⇨ 빈주 賓主, 주중주 主中主 ❸ 주인공(主人公). 어떤 사태에서도 자유자재한 뜻에서 세계의 주인이란 뜻이다. 『임제록』(대정장47, p.498a16)에 "임제가 대중에게 말했다. '도를 배우는 이들이여! 불법에는 특별히 애쓸 만한 일이 없으니, 평소대로 별다른 일 없이 똥 누고 오줌 싸고 옷 입고 밥 먹고 피곤하면 누울 뿐이다. 어리석은 사람은 나를 비웃겠지만 지혜로운 사람이라면 바로 알기에 옛 사람도 「밖을 향해 공력을 쏟고 있다면, 전부 미련한 놈들일 뿐이다」라고 하였다. 그대들이 어쨌든 도처에서 주인공이 된다면 서 있는 그 자리가 모두 진실이어서 외부 경계가 다가와 그대들을 끌고 다닐 수 없게 되며 지금까지 축적된 습기나 무간지옥에 떨어지게 만들 다섯 가지 악업이 있었다 하더라도 자연히 대해와도 같이 깊고 드넓은 해탈의 경계가 펼쳐져 있을 것이다'. 師示衆云 道流 佛法無用功處 秖是平常無事 屙屎送尿 著衣喫飯 困來卽臥 愚人笑我 智乃知焉 古人云 向外作工夫 總是癡頑漢 爾且 隨處作主 立處皆眞 境來回換不得 縱有從來習氣 五無間業 自爲解脫大海"라고 하였다. [참고문헌] 『臨濟錄』. ⇨ 작가 作家, 작자 作者[1] ❹Ⓢ Ⓟ pati. 창조주로서의 주님. 외도의 뜻이다. 『기세경』 권9(대정장1, p.358b6)에 "이 최초 범천의 이름은 사하바제〈사하는 세계의 이름이고, 바제는 주인이란 뜻이다〉인데, 이와 같기 때문에 이런 이름이 생겨난 것이다. 此初梵天 名娑訶波帝〈娑訶者 世界名 波帝者 主也〉 爲如是故 有此名生"라고 하였다. [참고문헌] 『起世經』, *SN.1.137.*, *AN.2.21.*

주 住 ❶Ⓢ sthiti. 유위상(有爲相)인 생주이멸(生住異滅) 중 하나로 한번 난 법이 잠시 머무는 뜻. 『구사론』 권5(대정장29, p.27a12 : *Abh-k-bh.*, p.75)에 "[송] 상이란 모든 유위법의 생주이멸의 자성을 말한다네. [논] 이 네 가지가 유위상이다. 법에 만약 이것이 있으면 유위법이며, 이와 다르면 무위법이다. 이들 중 제법이 일어나게 하는 것을 생이라 하고, 머물게 하는 것을 주라 하고, 능히 힘 없이 되는 것을 이라 하고, 무너지면 멸이라 하니, 성(性)이란 바로 몸이 바탕이 되는 뜻이다. 頌曰 相謂諸有爲 生住異滅性 論曰 由此四種 是有爲相 法若有此 應是有爲 與此相違 是無爲法 此於諸法 能起名生 能安名住 能衰名異 能壞名滅 性是體義 〈kārikā〉 lakṣaṇāni punarjātirjarā sthitiranityatā. 〈bhāṣya〉 etāni hi saṃskṛtasya catvāri lakṣaṇāni. yatraitāni bhavanti sa dharmaḥ saṃskṛto lakṣyate. viparyayādasaṃskṛtaḥ. tatra jātistaṃ dharmaṃ janayati sthitiḥ sthapayati jarā jarayati anityatā vināśayati"라고 하였다. [참고문헌] 『俱舍論』, *Abh-k-bh.*, *Pras.59.* ⇨ 주상 住相[1] ❷Ⓢ sthiti, sthita ṃ, tiṣṭhati, Ⓣ sdod-pa. 임시로 자성을 가진 법에 임시로 머무는 뜻. 『법화경』 권1(대정장9, p.9b8 : *Saddh-p.*, p.53)에 "모든 부처님 지혜로도 자비로도 으뜸이시니, 법 언제나 성이 없어서 부처의 씨앗조차 연하여 좇아 일어남을 아셨네. 그래서 일승을 설하셨으니, 이 법은 법의 자리에 머물며 세간상 또한 머물 수 있음을 도량에서 깨우치신 후에는 중생 이끄시는 스승 되시어 방편으로 설하셨네. 諸佛兩足尊 知法常無性 佛種從緣起 是故說一乘 是法住法位 世間相常住 於道場知已 導師方便說 sthitikā hi eṣā sada dharmanetrī prakṛtiśca dharmāṇa sadā prabhāsate, viditva buddhā dvipadānamuttamā prakāśayiṣyanti mamekayānam. dharmasthitiṃ dharmaniyāmatāṃ ca nityasthitāṃ loki imāmakampyām, buddhāśca bodhiṃ pṛthivīya maṇḍe prakāśayiṣyanti upāyakauśalam", 『유식삼십론송』(대정장31, p.61b14 : *Vijñ-t-bh.*, p.136)에 "〈송〉 저 연한 일 있지만 지혜 도무지 얻을 것 없다면, 이때 유식에 머무니 능취도 소취도, 즉 보는 이도 볼 것도 떠났기 때문이라네. 若時於所緣 智都無所得 爾時住唯識 離二取相故 yadā tv-ālambanaṃ jñānaṃ naivopalabhate tadā, sthitaṃ vijñapti-mātratve grāhyābhāve tadagrahāt"라고 하였다. [참고문헌] 『法華經』, 『唯識三十論頌』, *Saddh-p.*, *Vijñ-t-bh.*, *Pras.37.* **3** Ⓢ pratiṣṭhita. 어떤 법에든 집착하여 머무는 뜻. 『금강경』(대정장8, p.749c20 : *Vajr-pr.*, p.35)에 "수보리여! 이 때문에 보살마하살들은 이와 같이 청정한 마음을 내어야 하니, 색에 머물러 마음을 내어서도 안 되고 소리·냄새·맛·감촉·의식에 집착하여 마음을 내어서도 안 되며, 머무는 바 없이 마음을 낸다. 是故須菩提 諸菩薩摩訶薩應如是生淸淨心 不應住色生心 不應住聲香味觸法生心 應無所住而生其心 tasmāt-tarhi subhūte bodhisattvena mahāsattvena-evam apratiṣṭhitaṃ cittam utpādayitavyaṃ yan-na kvacit-pratiṣṭhitaṃ cittam-utpādayitavyam. na rūpa-pratiṣṭhitaṃ cittam utpādayitavyaṃ na śabda-gandha-rasa-spraṣṭavya-dharma-pratiṣṭhitaṃ cittam utpādayitavyam", 『종문무고』(대정장47, p.950b2)에 "수보리는 공에 대한 이해가 제일 뛰어났는데, 태어날 때 집안이 몰락하여 아무것도 남지 않았었다. 세존이 법좌에 오르자마자 수보리가 바로 대중 가운데서 앞으로 나와 '희유하십니다. 세존이시여!'라고 했는데, 말해 보라! 무슨 도리를 알았기에 이렇게 말했을까? 천친보살은 무수히 많은 게송을 지었지만 '희유'라는 두 글자만을 찬탄하였고, 원오선사는 '이 한마디가 한 개의 쇠말뚝과 같다'고 하였다. 그렇기에 육조는 '머무는 바 없이 마음을 낸다'는 구절 듣고서 문득 깨우쳤다. 須菩提解空第一 生時家室盡空 世尊纔陞座 須菩提便出衆云 希有 世尊 且道 見箇什麽道理 便恁麽道 天親菩薩作無量偈 只贊希有二字 圓悟禪師云 一句是一箇鐵橛 故六祖聞應無所住而生其心 便悟去"라고 하였다. [참고문헌] 『金剛經』, 『宗門武庫』, *Vajr-pr.* **4** 소승의 종성(種姓) 중 하나로 물러나지도 더 나아가지도 않는 위. 주법(住法)이라고도 한다. 『화엄오교장』 권2(대정장45, p.485b27)에 "소승에 의지하면 종성에는 여섯 가지가 있다. 바로 퇴·사·호·주·승진·부동이다. 若依小乘 種性有六種 謂退 思 護 住 昇進 不動", 『화엄오교장복고기』 권2(卍속장103, p.454a6)에 "퇴·사 등의 아래에는 전부 법이라는 한 글자가 추가된다. … 넷째로 안주법이란 늘 스스로 얻은 법에 안주한다는 뜻이다. 이 아라한에게는 승퇴의 연이 없기에 스스로 방어하고 보호하지 않아도 퇴보하지 않고, 또 뛰어난 가행도 없기에 능히 나아가지도 못한다. 謂退思等下 皆有一法字 … 四 安住法者 常自安住所得之法 此羅漢無勝退緣 雖不自防護 亦不退失 又無勝加行 不能精進"라고 하였다. [참고문헌] 『華嚴五教章』, 『華嚴五教章復古記』. ⇨ 주법 住法[3]

주 肘 Ⓢ hasta, Ⓟ hattha, kukku, Ⓣ lag-pa, phyag, khru. 고대인도의 길이를 재는 단위. 가운데 손가락 끝에서 팔꿈치까지의 길이를 말하며, 손가락 24개 정도의 길이로 45.7cm 가량이고 주량(肘量)이라고도 한다. 『현종론』 권17(대정장29, p.855b14)에 "24지(指 Ⓢ aṅgulī)는 1주이고, 4주는 1궁(弓 Ⓢ dhanus)의 양이며, 5백궁은 1구로사(俱盧舍 Ⓢ krośa)이니 이것의 8배가 1유선나(踰繕那 Ⓢ yojana : 由旬)이다. … 24지를 옆으로 펼친 것이 1주이고, 4주를 세워 쌓은 것이 1궁인데, 이는 심(尋 Ⓢ vyāma)을 말하는 것이다. 5백궁을 세워 쌓은 것이 1구로사인데, 비나야에서는 '이것은 마을에서 아련야까지 거리의 중간 정도의 양이다'라고 하였다. 8구로사는 1유선나가 된다. 二十四指肘 四肘爲弓量 五百俱盧舍 此八踰繕那 … 二十四指橫布爲肘 竪積四肘爲弓 謂尋 竪積五百弓爲一俱盧舍 毘奈耶說 此是從村 至阿練若中間道量 八俱盧舍爲踰繕那", 『구사론기』 권12(대정장41, p.193a2)에 "1주에는 1척(尺) 6촌(寸)이 있고, 4주는 1궁이 되며, 1궁에는 6척 4촌이 있고, 5백궁은 1구로사가 된다. 謂一肘有一尺六寸 四肘爲一弓 一弓有六尺四寸 五百弓爲一俱盧舍", 『장아함경』 권20 「세기경 世記經」(대정장1, p.133a10)에 "염부제(Ⓢ Jambudvīpa) 사람들의 신장은 3주 반이고, 옷의 길이는 7주이며, 너비는 3주 반이다. 구야니(Ⓢ Godānīya)와 불우체(Ⓢ Pūrvavideha) 사람들 역시 신장은 3주 반이고, 옷의 길이는 7주이며, 너비는 3주반이다. 울단왈(Ⓢ Uttarakuru) 사람들의 신장은 7주이고, 옷의 길이는 14주이며, 너비는 7주인데 그 옷의 무게는 1냥(兩)이다. 閻浮提人 身長三肘半 衣長七肘

廣三肘半 瞿耶尼弗于逮人 身亦三肘半 衣長七肘 廣三肘半 鬱單曰人 身長七肘 衣長十四肘 廣七肘 衣重一兩"라고 하였다. 〔참고문헌〕『顯宗論』, 『俱舍論記』, *Abh-k-bh.1·6·177.*, *SN.5.445.* ⇨일주 一肘, 지 指❷, 궁 弓❷, 구로사 俱盧舍, 유순 由旬

주 呪 Ⓢmantra, vidyā, dhāraṇī-padāni. 진언(眞言)·다라니(陀羅尼)·신주(神呪)·금주(禁呪)·밀주(密呪)라고도 한다. 『장아함경』 권13 「아마주경 阿摩晝經」(대정장1, p.84b24)에 "나의 법에 들어온 이는 이러한 일이 없다. 마납이여! 다른 사문과 바라문들은 남이 보시한 것을 먹고 이러한 도법을 행하며 삿된 일로 생계를 도모하니 다른 이를 위해 병주를 행하거나 악술을 외우고 더러 선주를 행하거나 의방·침구·약석을 행하고 여러 병을 치료한다. 나의 법에 들어온 이는 이러한 일이 없다. 마납이여! 다른 사문과 바라문은 남이 보시한 것을 먹고 이러한 도법을 행하고 삿된 직업으로 생계를 도모하며 수화주를 행하거나 귀주를 행하고, 또는 찰리주를 외우거나 조주를 외우고 지절주나 안택부주를 외운다. 入我法者 無如是事 摩納 如餘沙門婆羅門食他信施 行遮道法 邪命自活 爲人呪病 或誦惡術 或爲善呪 或爲醫方 鍼灸 藥石 療治衆病 入我法者 無如是事 摩納 如餘沙門 婆羅門食他信施 行遮道法 邪命自活 或呪水火 或爲鬼呪 或誦剎利呪 或誦鳥呪 或支節呪 或是安宅符呪", 『반야바라밀다심경』(대정장8, p.848c17 : *Prajñ-h.*, p.98)에 "삼세의 모든 부처님은 반야바라밀다에 의지하므로 아누다라삼막삼보리를 증득한다. 그러므로 반야바라밀다는 대신주이고, 대명주이며, 무상주이고, 무등등주이며 모든 괴로움을 없애고 진실하고 허망하지 않음을 알기에 반야바라밀다주를 설한다. 주를 설하면 '아제아제 바라아제 바라승아제 보리사바하'이다. 三世諸佛 依般若波羅蜜多故 得阿耨多羅三藐三菩提 故知般若波羅蜜多 是大神呪 是大明呪 是無上呪 是無等等呪 能除一切苦眞實不虛 故說般若波羅蜜多呪 卽說呪曰 揭帝 揭帝 般羅揭帝 般羅僧揭帝 菩提 僧莎訶 try-adhva-vyavasthitāḥ sarvabuddhāḥ prajñāpāramitām-āśritya-anuttarāṃ samyaksambodhim abhisambuddhāḥ. tasmāj jñātavyam prajñāpāramitā mahāvidyā anuttaravidyā samasamavidyā sarvaduḥkha-praśamanaḥ samyaktva-amithyātvāt. prajñāpāramitāyām ukto dhāraṇī tadyathā gate gate pāragate pārasaṃgate bodhi svāhā", 『대지도론』 권3(대정장25, p.79c12)에 "출가한 사람이 갖가지 주술을 배우고 길흉을 점치며 이렇게 다양한 방법으로 부정하게 생계를 유지하는 이는 사유구식이라 한다. 有出家人 學種種呪術 卜筮吉凶 如是等種種不淨活命者 是名四維口食", 같은 책 권58(대정장25, p.469b11)에 "〔문〕 석제환인은 왜 반야를 대명주라고 하였는가? 〔답〕 외도의 성인들은 갖가지 주술을 지니고 사람들을 이롭게 한다. 주를 외워서 뜻대로 원하는 대로 귀신들을 부린다. 선인들은 이 주를 가졌기에 크게 명성을 얻고 사람들이 귀의하여 조아린다. 주술을 귀하게 여기기 때문이다. 이러한 이유로 제석천이 부처님께 '주술 중에 반야바라밀이 대주술입니다'라고 말씀드렸다. 왜 그러한가? 늘 중생에게 도덕과 즐거움을 주기 때문이다. 나머지 주술은 인연을 좋아하고 번뇌와 불선업을 일으키므로 삼악도에 떨어진다. 問曰 釋提桓因 何以故名 般若爲大明呪 答曰 諸外道聖人有種種呪術 利益人民 誦是呪故 能隨意所欲 使諸鬼神 諸仙人有是呪故 大得名聲 人民歸伏 貴呪術故 是以帝釋白佛言 諸呪術中 般若波羅蜜是大呪術 何以故 能常與衆生道德樂故 餘呪術樂因緣 能起煩惱 又不善業故 墮三惡道", 『수능엄의소주경』 권1(대정장39, p.826b9)에 "밀인은 두 가지가 있으니 하나는 교이고 다른 하나는 행이다. 교는 아래에서 심주를 설한 것으로 부처님의 밀어이니, 오직 부처님과 부처님만이 이를 알 수 있고 다른 풀이는 통하지 않는다. 오로지 믿고 받으며 사유하여 지니기만 하면 장애를 없애고 공덕을 이룬다. 密因者 有二 一 敎 二 行 敎者 下說心呪 是佛密語 唯佛與佛 乃能知之 不通他解 但信而受之 思而持之 滅障成德也", 『번역명의집』 권5(대정장54, p.1131b28)에 "다라니는 범어이고 주자인즉 한역어다. 경제는 한어와 범어로 함께 드러냈기에 다라니주라고 하였다. 陀羅尼旣是梵語 呪字卽當華言 經題華梵雙標 故云陀羅尼呪"라고 하였다. 〔참고문헌〕『長阿含經』, 『般若波羅蜜多心經』, 『大智度論』, 『首楞嚴義疏注經』, 『翻譯名義集』, *Prajñ-h.*, *Saddh-p.402·477.* ⇨진언 眞言, 다라니 陀羅尼

주 洲 ❶Ⓟdīpa의 번역어로 섬의 뜻이지만 등불(燈)로 번역하기도 한다. 『잡아함경』 권24(대정장2, p.177a5)에 "아난이여! 마땅히 알아야 할 것이니, 여래는 오래지 않아 떠나고 말 것이다. 그러니 아난이여! 스스로를 섬(自洲 Ⓟattadīpa)으로 삼아 스스로를 의지하고, 법을 섬으로 삼아 법에 의지해야지 다른 것을 섬으로 삼아도 안 되고 다른 것에 의지해서도 안 된다. … 비구라면 몸을 있는 그대로 관하는 염처를 방편을 통해 정진하여 정지와 정념으로 세간의 탐욕과 근심을 조복해야 한다. 이와 같이 외신과 내신을, 그리고 수·심·법을 법 그대로 관하는 염처에 대해서도 마찬가지다. 아난이여! 이것이 바로 스스로를 섬으로 삼아 스스로를 의지하고, 법을 섬으로 삼아 법에 의지하며, 다른 것을 섬으로 삼아도 안 되고 다른 것을 섬으로 삼아 의지해서도 안 된다. 阿難 當知 如來不久亦當過去 是故 阿難 當作自洲而自依 當作法洲而法依 當作不異洲不異依 … 若比丘身身觀念處 精勤方便 正智正念 調伏世間貪憂 如是外身 內外

身受心法 法觀念處 亦如是說 阿難 是名自洲以自依 法洲以法依 不異洲不異洲依"라고 하였다. [참고문헌] 『雜阿含經』, *SN.5.154.* ⇨ 자주법주 自洲法洲, 자등명법등명 自燈明法燈明, 자주이자의법주이법의 自洲以自依法洲以法依 **2** ➡ 사주 四洲

주 籌 **1** Ⓢ śalākā, Ⓟ salākā, Ⓣ tshul-shing. 대나무나 동철 등으로 만든 가늘고 긴 막대. 사라(舍羅) 또는 사라가(舍羅柯)라고 음사한다. 포살(布薩)·갈마(羯磨) 등을 행할 때 참석자의 수를 세거나 투표를 하는 데 쓰인다. 『선림상기전』 권28(대장경보편19, p.786b17)에 "주 : 도충이 말한다. '사람 수를 세는 도구인데, 포살 등에서 쓴다. 종각율사가 「주의 길이는 주척(周尺)으로 1척 8촌〈주척은 지금의 척도를 기준으로 8촌 3분 정도〉이다」라고 하였으며, 굵기는 새끼손가락만 하다'. 籌 忠曰 筭人數器 布薩等用之 宗覺律師曰 籌長周尺而壹尺八寸〈周尺準今尺 可八寸參分許〉 其大如小指", "『사분율행사초』 「설계정의편 說戒正儀篇」에서 '『십송율』에서 말하였다. 「주를 행한 유래는 이렇다. 한 시주(檀越)가 스님에게 (승가의 인원을) 물었는데 그 수를 알지 못했기에 부처님께서는 주를 쓰게 하셨으며, 사미가 얼마나 되는지 알지 못하자 역시 주를 써서 수를 세게 하셨다」' 라고 하였으며, '『오분율』에 따르면 주의 길이의 최소치는 엄지손가락 다섯 개를 나란히 늘어놓았을 때의 폭 정도이고, 최대치는 주먹을 쥔 상태에서 팔꿈치까지의 길이이며, 굵기의 최대치는 새끼손가락 크기를 넘어서는 안 되고, 최소치는 젓가락 굵기보다 얇아서는 안 된다. 손님이 찾아왔는데 그 수를 모르겠으면 주를 나눠준 다음 거두며 수를 센다. 한 사람은 나눠주고 한 사람은 거둬서 헤아려, 수를 알고 나서는 크게 말한다. 「비구 몇 명, 사미 몇 명, 출가자 도합 몇 명」'이라고 한다. 또한 『자지기』에서 '엄지손가락 다섯 개를 나란히 늘어놓았을 때의 폭이란 보통 사람 다섯 명이 서로〈손가락을〉 나란히 늘어놓는다는 뜻으로 5촌에 해당된다. 주먹을 쥔 상태에서 팔꿈치까지의 길이란 1척 8촌〈손을 펴면 팔꿈치까지의 길이가 2척이 되기 때문〉을 말한다. 行事鈔 說戒正儀篇云 十誦云 行籌者 爲檀越問僧 不知數 佛令行籌 不知沙彌數 行籌數之 又云 五分 籌極短並五指 極長拳一肘 極麤不過小指 極細不得減箸 有客來 不知 行籌收取數之 一人行 一人收 乃至收已數之 知數已唱言 比丘若干 沙彌若干 出家人和合若干人 資持記云 並五指者 謂中人五相〈指乎〉相並 當五寸也 拳一肘 謂尺八也〈舒手則二尺故〉", "그러나 어떤 물건을 바탕 삼았는지 밝히지 않았는데, 오늘날에는 대부분 대나무로 만든다' 하였고, 『사분율행사초』에서는 '『사분율』에서 「사라를 사용하는 걸 허락한다」고 하였는데, 주라고 한역한다' 하였으며, 『자지기』에서는 '성론(聲論 : 音韻學)에 의지하여 한역하는데, 소(疏)에서 「사라는 풀 이름이며 이것으로 계산을 한다」 하였다'라고 하였다. 『석씨요람』에서는 '범어 음사어 사라는 주라고 한역한다. 율장에서 한 바라문이 비구에게 서다림에 현재 몇 사람이 머물고 있는지 물었는데, 비구가 이를 알지 못했기 때문에 부처님께서는 이렇게 말씀하셨다. 「주를 사용해도 좋다」'라고 하였다. 然不明物體 今時多以竹木爲之 又行事鈔云 四分云 聽行舍羅 此云籌也 資持記云 準聲論翻之 疏云 舍羅草名 以爲籌計 釋氏要覽云 梵音舍羅 此云籌 律因有婆羅門問比丘 逝多林現住幾人 比丘不知 佛言 應可行籌"라고 하였다. [참고문헌] 『禪林象器箋』, *Mvyut.265.*, *Vin.2.99·176.*, *AN.1.24.* ⇨ 사라 舍羅 **2**, 사라가 舍羅柯, 사라주 舍羅籌, 수주 受籌 **2** 대변을 본 후 항문을 닦는 데 쓰는 대나무 조각. 사용하지 않은 것을 정주(淨籌)라 하고 사용한 것은 촉주(觸籌)다. 『제경요집』 권20(대정장54, p.189c14)에 "변소에 갈 때는 반드시 먼저 주초를 가지고 가야 하며 문 앞에 도착하면 손가락을 세 번 튕겨서 소리를 내어 사람이나 사람이 아닌 동물에게 알린다. 주가 없다고 벽에다 닦아서는 안 되며 변소의 판자나 들보를 받치는 말뚝에다 닦아서는 안 되며, 돌을 써서도 안 되고 푸른 색 풀을 써서도 안 되며, 흙덩이나 부드러운 나무껍질이나 부드러운 나뭇잎이나 진기한 나무들도 모두 써서는 안 된다. 쓸 수 있는 것은 대나무나 갈대로 만든 주인데, 정해진 규격상 길이의 최대치는 한 뼘이고 최소치는 손가락 네 개 굵기이다. 이미 쓴 것을 흔들어 깨끗한 것을 더럽혀서는 안 되며, 아직 쓰지 않은 정주에 갖다 대어서도 안 된다. 이것을 일러 변소에서 주를 사용하는 법이라고 한다. 若上廁去時 應先取籌草 至戶前 三彈指作聲 若人非人 令得覺知 若無籌 不得壁上拭 不得廁板梁杙上拭 不得用石 不得青草 土塊 軟木皮 軟葉奇木 皆不得用 所應用者 木竹葦作籌 度量法 極長者 一搩手 短者 四指 已用者 不得振令汚淨者 不得著淨籌中 是名上廁用籌法"라고 하였다. [참고문헌] 『諸經要集』. ⇨ 정주 淨籌, 촉주 觸籌, 측주 廁籌

주가신 主稼神 곡식을 수호하는 신. 『화엄경소』 권5(대정장35, p.538b7)에 "열 번째는 곡식을 수호하는 신인데, 가란 오곡을 기르는 뜻이다. 만행의 법미로 자타를 도와 이롭게 한다. 서로의 마음에 딱 맞기에 덕 중에서 크나큰 기쁨이 성취된다. 第十主稼神 稼者 樹五穀也 表萬行法味 資益自他 他自益稱心故 德中大喜成就"라고 하였다. [참고문헌] 『華嚴經疏』.

주각 注脚 **1** 덧붙여 다는 글. 주각(註脚)·주해(註解)라고도 쓴다. 『원각경대소석의초』 권12(卍속장15, p.8a8)에 "모든 주각은 무엇이 되었건 뒤에 오는 문 잡아내 간략히 하고는 푼다. 所有注脚者 皆是撮略取後文 以

釋之也", 『종통편년』 권4(卍속장147, p.71b2)에 "육자(陸九淵)는 알아야 만물을 구별할 수 있다 하면서 '육경이 모두 나에 대한 주각이다'라고 한다. 陸子之知致格物而曰 六經皆我註脚", 『자백존자별집』 권1(卍속장127, p.103b10)에 "이치를 드러냄은 마음을 밝히는 데 있고, 마음 이미 밝은즉 삼장과 육경이 모두 나의 주각일 뿐이다. 하물며 나머지 다른 것들이랴. 闡理在乎明心 心旣明則 三藏六經 皆我注脚也 況其他乎"라고 하였다. [참고문헌] 『圓覺經大疏釋義鈔』, 『宗統編年』, 『紫栢尊者別集』. ⇨ 주해 註解 **2** 고칙(古則)이나 공안(公案)에 대해 덧붙여 하는 말. 주(注)는 주(註)로도 쓴다. 『원오어록』 권11(대정장47, p.763b24)에 "여러분 자세히 알지 못하니 산승이 주각할 뿐이다. 신상 앞의 술잔 받침대 있거든 주먹만 한 철탄으로 일격에 때려 부수라. 반 푼의 가치도 없다. 諸人 若未委悉 山僧 下箇注脚 神前酒臺盤 鐵彈大如拳 一擊便擊碎 不直半分錢", 『앙산어록』(대정장47, p.585c18)에 "황룡도진(黃龍道震)이 말했다. '앙산은 벌써 본분마저 잃었으니 운문이 다시 설명 붙였으나 어떻게 해야 급히 구해낼까?' 黃龍震云 仰山已是失却鼻孔 雲門 更下註脚 有什麽救急處", 『굉지광록』 권4(대정장48, p.49b11)에 "그대 위해 주각 붙이리. 단하는 다시 착각을 가져 착각에 나아가니, 원주는 눈썹과 수염이 떨어졌고 귀머거리 같고 맹인 같다. 위대한 늙은이들이 질리도록 그대들 어지럽힐지라도 미워할 일 아니라네. 爲爾諸人 下箇注脚 丹霞 將錯就錯 院主 眉鬚墮落 如聾如盲 大家翁 攪擾殺爾不要惡", 『대혜어록』 권6(대정장47, p.834b12)에 "제방에서 들고 꿰맨 일 매우 많고 주각을 붙이기도 적지 않지만, 분명히 설파한 이는 없었다. 나 묘희가 오늘 여러분에게 분명하게 설파한다. '아침 공양을 다 했으면 발우나 씻어라!'라고 하였다. 대답해 보라! 가리켜 보인 것 있을까? 검은 콩은 본래 장을 담그기 알맞고, 비구니는 확실히 여스님이다. 諸方拈掇甚多 下注脚亦不少 未曾有一人 分明說破 妙喜今日 爲諸人分明說破 喫粥了 便洗鉢盂 且道 還曾指示無 黑豆從來好合醬 比丘尼 定是師姑"라고 하였다. [참고문헌] 『圜悟語錄』, 『仰山語錄』, 『宏智廣錄』, 『大慧語錄』.

주각분 住覺分 Ⓢ bodhipakṣa-bahula-vihārin, Ⓣ byang-chub-kyi-phyogs-dang-mthun-pas-mang-du-gnas. 보살십일주상(菩薩十一住相) 중 하나. 생사(生死)에 머물면서 보리분(菩提分 : 覺分)을 닦는 경지를 말한다. 『대승장엄경론』 권13(대정장31, p.657b13 : *Sūtr.*, p.177)에 "다음으로 보살의 십일주상에 대해 설하겠다. … 십일주는 바로 십일지다. '주'는 '지'의 이름이다. … 주각분이란 네 번째 주의 특징을 나타내는 것으로서 생사에 들어가지만 각분을 버리지 않는다. 次說 菩薩十一住相 … 十一住者卽十一地 住者名地故 … 住覺分者 顯第四住相 能入生死而不捨覺分故 ekādaśa vihārā ekādaśa bhūmayaḥ. teṣāṃ lakṣaṇaṃ … caturthyā bodhipakṣabahulavihāriṇo 'pi bodhipakṣāṇāṃ saṃsāre pariṇāmanā"라고 하였다. [참고문헌] 『大乘莊嚴經論』, *Sūtr.* ⇨ 보살십일주상 菩薩十一住相

주간객 主看客 주인이 나그네 살피다. 임제(臨濟)의 사빈주(四賓主) 중 하나로 주중빈(主中賓)이라고도 한다. 『임제록』(대정장47, p.501a8)에 "때론 이 선지식이 아무것도 집어내지 않고 학인이 무엇을 묻든 곧바로 빼앗기만 한다. 그 학인은 빼앗기는 순간 죽을 힘을 다하여 놓지 않는다. 이것을 주인이 나그네 살피는 것이라 한다. 或是善知識 不拈出物 隨學人問處 卽奪 學人被奪 抵死不放 此是主看客", 『종범』 권하(卍속장114, p.652a7)에 "주인이 손님의 위를 살피는 중에 '농부의 소를 몰아내거나 굶주린 사람의 밥을 빼앗듯이 하니, 살펴 인하는 때엔 학인에겐 콧구멍마저 없다'. 主看賓位中 符云 驅耕奪食 看臨時 學人無鼻孔", 『만법귀심록』 권하(卍속장114, p.829a18)에 "스승의 안목 맑고 밝아 배고픈 이의 밥 빼앗고 병의 뿌리를 뽑아낸다. 이를 주인이 손님을 간파한다고 한다. 師眼淸白 能奪饑食 拔人病根 名主看賓"라고 하였다. [참고문헌] 『臨濟錄』, 『宗範』, 『萬法歸心錄』. ⇨ 사빈주 四賓主, 임제사빈주 臨濟四賓主

주간주 主看主 주인이 주인을 살피다. 임제(臨濟)의 사빈주(四賓主) 중 하나로 주중주(主中三)라고도 한다. 『임제록』(대정장47, p.501a10)에 "때론 학인이 하나의 청정경 선지식 앞에 내놓으면 선지식이 이 경 알아채고 집어서 구덩이에 던져버린다. 학인이 보고는 '대단히 훌륭한 선지식이시군요!'라고 하면 즉시 '딱하구나! 좋은 것과 나쁜 것도 구분하지 못하다니'라고 말한다. 이 소리를 듣고 학인이 곧바로 절을 올린다. 이것을 주인이 주인을 불러냈다고 한다. 或有學人 應一箇淸淨境 出善知識前 善知識 辨得是境 把得抛向坑裏 學人言 大好善知識 卽云 咄哉 不識好惡 學人便禮拜 此喚作主看主", 『종범』 권하(卍속장114, p.652a8)에 "주인이 주인을 간파하는 위에서 말한다. '바둑판에서 맞수를 만난 격이니 양편에게 모두 콧구멍 있다'. 主看主位中云 棋逢敵手 兩家有鼻孔", 『만법귀심록』 권하(卍속장114, p.829a18)에 "사가가 학인을 점검할 때 학인이 경을 집어 보이면 주인은 알아차리고 움직이지 않는다. 이를 주인이 주인을 살핀다고 한다. 師家驗人 學者拈境 主辨不動 名主看主"라고 하였다. [참고문헌] 『臨濟錄』, 『宗範』, 『萬法歸心錄』. ⇨ 사빈주 四賓主, 임제사빈주 臨濟四賓主

주객불상촉 主客不相觸 주인과 나그네 서로 마주할 일 없다네. 동산오위(洞山五位) 중 겸중지(兼中至 : 偏中

至)를 읊은 송(頌)에 대한 조산(曹山)의 착어(著語)다. 『조산어록』 권하(대정장47, p.542c5)에 "겸중지〈유라는 구절로 돌아온다〉 : 양날의 칼이 마주해 그 끝 겨누지만 피하지는 않는다〈주인과 손님 서로 마주하지 않는다. 저들은 서로 상처도 내지 않는다. 쏘는 화살마다 그 끝 이어 달리니 대적할 수조차 없다. 그렇다면 관여하지 않으리라〉. 兼中至〈有句中來〉 兩刃交鋒不須避〈主客不相觸 彼彼不傷也 箭箭相拄 脈脈不斷 不相敵者 又恁麽則却不相管〉"라고 하였다. [참고문헌] 『曹山語錄』, 『曹洞五位顯訣』 권중(卍속장111, p.246b11). ⇨ 겸중지 兼中至, 편중지 偏中至, 동산오위 洞山五位, 유구중래 有句中來

주겁 住劫 Ⓢ vivarta-sthāyi-kalpa, Ⓟ vivaṭṭa-ṭṭhāyi-kappa. 사겁(四劫 : 成住壞空) 중 두 번째의 때. 성겁(成劫) 때 무량했던 인간의 수명이 8만세에서 10세까지 감하고 더하기를 스무 번 거듭하는 동안(二十中劫)의 겁을 말한다. 『증일아함경』 권18(대정장2, p.639c3)에 "목건련이 대답했다. '그렇습니다. 사리불이여! 여래께서는 「만약 사신족을 닦은 비구나 비구니가 수명을 겁이 지나도록 머물고자 하면 그렇게 할 수 있다」라고 말씀하셨습니다. 여래께서 주겁 동안 머무르시고자 한다면야 저도 그렇게 머물 수 있습니다. 하지만 오늘 세존께서는 오래지 않아 반열반에 드실 것인데, 중생들의 수명은 극히 짧고 또 저는 세존께서 완전한 열반에 드시는 것을 차마 볼 수 없습니다'. 目連報言 如是 舍利弗 如來言 若比丘 比丘尼修四神足 欲住壽經劫者 亦可得耳 但如來住劫住者 我亦住耳 但今日世尊不久當取般涅槃 衆生之類壽命極短 又我不忍見世尊取般涅槃", 『현종론』 권17(대정장29, p.856c18)에 "이 주(州)의 사람들 수명은 무량한 시간을 거쳐 오다 주겁에 이르러 비로소 처음 수명이 점차로 감한다. 무량한 수명에서 감해 10세에 이르게 된 것을 첫 번째 주의 중겁이라 한다. 이 이후에 열여덟 번의 중겁에는 모두 더하고 덜함이 있다. … 열여덟 번의 증감이 있은 후에, 10세로부터 증하여 8만세에 이르게 되는 것을 스무 번째 중겁이라 한다. 일체의 주겁에서 수명은 더하여 8만세를 넘는 일이 없으며, 일체주겁에서 수명은 줄어도 오직 10세까지다. … 따라서 20중겁 각각의 시간의 양은 모두 같으며, 이 같은 20중겁을 통틀어 성겁 이후의 주겁이라 한다. 此洲人壽經無量時 至住劫初壽方漸減 從無量減至極十年 卽名爲初一住中劫 此後十八皆有增減 … 於十八後 從十歲增至極八萬歲 名第二十劫 一切劫增無過八萬 一切劫減唯極十年 … 故二十劫時量皆等 此總名爲成已住劫", 『구사론기』 권12(대정장41, p.193b27)에 "이 논의 구절에 비추어 보면 수명이 점차 감하는 때에 이른 것을 주겁이라 하고, 수명이 아직 감하지 않는 때는 성겁으로 거둔다. 准此論文 壽漸減時 方名住劫 壽未減時 是成劫攝", 『법화현찬』 권6(대정장34, p.768a16)에 "섬부주 사람들의 수명은 일정하지 않은데, 그곳 사람들은 30일을 한 달, 12달을 한 살로 친다. 또 어떤 때는 수명이 무량할 때도 있었으니 성겁과 괴겁의 때이다. 또 어떤 때는 수명이 팔만 세일 때도 있었으니 주겁초에 수명이 감하기 시작할 때이다. 또 어떤 때는 수명이 거듭 거듭 점차 감하여 10세에 이르는데 이는 삼재가 일어나는 때다. 贍部洲人壽量不定 彼人以三十日夜爲一月 十二月爲一歲 或時壽無量歲 謂成壞劫 或於一時壽八萬歲 謂住劫初減時 或於一時壽重漸減 乃至十歲 三災起時", 『법화경현찬요집』 권21(卍속장54, p.425a10)에 "여섯 번째 주겁, 사람 나이 육만 살이 되던 때에 구류손불이라는 부처님이 세상에 출현하셨고, … 아홉 번째 주겁, 사람 나이 백 살이 되던 때에 석가모니불께서 세상에 출현하시며, 열 번째 주겁, 사람 나이가 팔만 살이 되던 때에 미륵불께서 출현하신다. 第六住劫 人壽六萬歲時 有一佛出世 名俱留孫佛 … 第九住劫 人壽百歲時 有一佛出 名釋迦牟尼佛 第十住劫 人壽八萬歲時 有一佛出 名曰彌勒佛"라고 하였다. [참고문헌] 『增壹阿含經』, 『顯宗論』, 『俱舍論記』, 『法華玄贊』, 『法華經玄贊要集』, *AN.2.142.* ⇨ 사겁 四劫, 성주괴공 成住壞空

주겁인 住劫人 겁(Ⓢ kalpa)의 세월 동안 수행하여 사문과(沙門果)를 증득한 성자. 『사리불아비담론』 권8(대정장28, p.589b19)에 "무엇을 주겁인이라 하는가? 확고한 믿음과 확고한 교법을 지닌 채로 또한 선행을 하는 어떤 사람이 현세에 아라한과를 증득하였다면 주겁인이라 한다. 무엇을 주겁이라 하는가? 내지 일체세계의 번뇌는 사라지지 않지만, 반드시 사람들로 하여금 네 가지 사문과와 세 가지 직접 증득을 얻는다면, 수다원과든 사다함과든 아나함과든 아라한과든 모두 주겁인이라 한다. 云何住劫人 若堅信堅法 若復有善行 若人現世得阿羅漢 是名住劫人 何謂住劫 乃至一切世界煩惱不壞 必令彼人得四沙門果得三觸證 若須陀洹果 若斯陀含果 若阿那含果 若阿羅漢果 是名住劫人"라고 하였다. [참고문헌] 『舍利弗阿毘曇論』. ⇨ 주겁 住劫

주경 注經 경에 대해 주를 달다. 『승사략』 권상 「주경」(대정장54, p.239a26)에 "오운도에 '강승회는 오대 족오년간(238~250)에 『법경경』을 주하였는데 이것이 경에 대한 주의 시작이다'라고 하였다. 五運圖云 康僧會吳赤烏年中 注法鏡經 此注經之始也", 『법화현론』 권2(대정장34, p.377b12)에 "경에 주를 달아 '공과 유가 함께 사라져야 비로소 공이라 한다'라고 한다. 注經云 空有同盡 乃名爲空", 『벽암록』 48칙 「평창 評唱」(대정장48, p.184a28)에 "혜충(慧忠)국사가 자린공봉에게 물었다. '듣자하니 공봉께서 『사익경』을 풀어 주하셨다는데 맞습니까?' '그렇습니다' '경을 주하려면 반드시 부처님의 뜻을 알아야 합니다' '뜻을 알지 못했다면 어떻게 경을 주한다고 말할 수 있겠습니까?' 국사가 마침내 시자에게 물 한 사발을 떠오라고 시킨 다음에 쌀 일곱 알과 외짝젓가락을 사발에 놓고 공봉에게 보내면서 물었다. '이것 무슨 뜻입니까?' '모르겠습니다' '노사의 뜻도 모르면서 어찌 부처님의 뜻을 말하겠소!' 忠國師問 紫璘供奉 聞說供奉 解註思益經 是否 奉云 是 師云 凡當註經須解佛意始得 奉云 若不會意 爭敢言註經 師遂令侍者 將一椀水 七粒米 一隻筯在椀上 送與供奉 問云 是什麽義 奉云 不會 師云 老師意尚不會 更說甚佛意"라고 하였다. [참고문헌]『僧史略』, 『法華玄論』, 『碧巖錄』.

주경야선 晝經夜禪 낮에는 경을 읽고 밤에는 선을 함. 1929년에 김소하(金素荷)가 쓴 「남유구도예찬 南遊求道禮讚」(『불교』63, p.50)에 "宋曼庵禪師(송만암선사)의 主義(주의)가 晝經夜禪 或(혹)은 晝耕夜禪의 主義라 어떠한 사람을 勿論(물론)하고 晝間(주간)에는 무슨 일을 하든지 간에 白羊山(백양산)에 居住(거주)한 僧侶(승려)로는 朝暮焚修時(조모분수시)에 一時間(일시간) 或은 二時間式(이시간식) 꼭 入定坐禪(입정좌선)케 한다 하며 그대로 꼭 實現(실현)한다. [참고문헌]『佛教』, 「僧團本山」(『韓國近世佛教百年史』 권1, p.28).

주계 酒戒 술을 금하다. 불음주계(不飮酒戒). 『대장엄론경』 권15(대정장4, p.343a4)에 "가진 오계중 주계가 가장 무겁다. 所持五戒中 酒戒最爲重", 『미증유인연경』 권하(대정장17, p.585a20)에 "부처님께서 과거에 나에게 오계를 가지게 하셨다. 이제 다시 버리고 십선법을 받고자 한다. 왜 그런가? 오계법 가운데 주계를 지키기 어려워 죄를 얻을까 두렵기 때문이다. 佛昔令我 受持五戒 今欲還捨 受十善法 所以者何 五戒法中 酒戒難持 畏得罪故"라고 하였다. [참고문헌]『大莊嚴論經』, 『未曾有因緣經』. ⇨ 불음주계 不飮酒戒, 음주계 飮酒戒

주계 珠髻 **1** Ⓢ cūḍā, maṇicūḍa, maṇikaṇṭha. 구슬 상투. 일체를 비춰 아는 실상의 지혜를 비유한다. 상투 속에 들어있는 구슬은 계주(髻珠) 또는 계중주(髻中珠)라고 한다. 『유마경』 권상 「불국품 佛國品」(대정장14, p.537a29 : *Vikī-n.*, p.6)에 "이와 같은 일체공덕을 모두 구족하니 그 이름이 등관보살 … 금계보살·주계보살·미륵보살·문수사리법왕자보살 등 이와 같은 이가 삼만이천인이다. 如是一切功德 皆悉具足 其名曰 等觀菩薩 … 金髻菩薩 珠髻菩薩 彌勒菩薩 文殊師利法王子菩薩 如是等三萬二千人 aparimitakalpakoṭīniyutaśatasahasraguṇaparikīrttanāparyantaguṇoghaiḥ. tadyathā samadarśinā ca nāma bodhisattvena mahāsattvena … suvarṇacūḍena ca, maṇicūḍena ca, maitreyeṇa ca, mañjuśriyā ca kumārabhūtena bodhisattvena mahāsattvena, evaṃ-pramukhair dvātriṃśatā bodhisattvasahasrair", 『주유마힐경』 권1(대정장38, p.331b6)에 "〈경〉 주계보살. 〈주〉 구마라집이 말한다. '여의보주가 그 상투중에 있어서 시방세계와 중생의 행업·과보·인연을 모두 본다'. 珠髻菩薩 什曰 如意寶珠 在其髻中 悉見十方世界 及衆生行業果報因緣也", 『유마경약소』 권1(대정장38, p.580b10)에 "주계란 바로 실상의 지혜이다. 珠髻者 卽實相智慧"라고 하였다. [참고문헌]『維摩經』, 『注維摩詰經』, 『維摩經略疏』, *Vikī-n.* ⇨ 계중주 髻中珠 **2** ➡ 주계대신 珠髻大臣

주계대신 珠髻大臣 Ⓟ Maṇicūḷa. 부처님 재세 시 왕사성을 다스리던 이. 마니주계취락주(摩尼珠髻聚落主 Ⓟ Maṇicūḷaka gāmaṇi)라고도 한다. 『사분율』 권8(대정장22, p.619a22)에 "당시 주계대신은 권세가 있었고 설법도 잘해서 모든 사람이 기쁜 마음으로 믿고 알았다. 時珠髻大臣 有威勢 有能善說 令諸人歡喜信解", 『사분율명의표석』 권9(卍속장70, p.536b7)에 "주계대신 : 보계라고도 하고, 여의정발이라고도 한다. 그 뜻은 하나다. 범어로는 마니(Ⓢ maṇi)이며 여의주라 한역한다. 마니는 보석을 다 거둬 부르는 이름이다. 이 대신은 왕사취락의 주인이다. 珠髻大臣 或云寶髻 或云如意頂髮 其義一也 以梵語摩尼 此云如意珠 又摩尼 卽寶之總名也 此大臣 是王舍城聚落主也"라고 하였다. [참고문헌]『四分律』, 『四分律名義標釋』, *SN.4.325.*

주고 廚庫 절의 후원(後園). 대중의 식재료 등을 저장하기에 고원(庫院)·고리(庫裡)라고도 한다. 선문에서 대중의 일상이 분기하는 곳이어서 법문의 소재로 자주 등장한다. 『운문광록』 권하(그존숙어록18, 卍속장118, p.389a6)에 "운문이 학인이 불전 모퉁이를 돌아 나오는 순간 손뼉 한 번 치고 말했다. '불전과 노주가 주고로 뛰어 들어가는구나'. 학인이 고개 돌려 보자 운문이 말했다. '그대 보지 못한 듯 하니, 다시 불전이 돌아오기를 기다리자꾸나'. 師因見僧 在殿角立次 乃拍手一下 云佛殿露柱 走入廚庫去也 僧迴首看 師云 見你不會 却來祗候佛殿", 『보령인용어록』(卍속장120, p.355b8)에 "법신은 상이 없이 물에 응해 모양내고, 반야는 분별없이 연을 마주하면 바로 비춘다. 위는 하늘이고 아래는 땅이며, 불전은 삼문을 마주보고, 승당은 주고를 마주한다. 法身無相 應物以形 般若無知 對緣而照 上是天 下是地 佛殿對三門 僧堂對廚庫"라고 하였다. [참고문헌]『雲門廣錄』, 『保寧仁勇語錄』. ⇨ 고원 庫院, 고리 庫裡

주고삼문 廚庫三門 후원과 삼문. 언제나 눈앞에 드러나 함께 하는 것을 대표하기에 선문에서는 일용중에 본분(本分)을 깨우치는 비유로 등장한다. 『건중정국속등록』 권15 「법인장 法印章」(卍속장136, p.225a11)에 "승당과 불전이 마주해 색신을 드러내고, 주고와 삼문 함께 본분사 드러내네. 바라오니 주장자 꺾어버리고 목전 향해 참구하여 깨치길. 僧堂佛殿 對現色身 廚庫三門 共揚斯事 但請拗折拄杖 向目前參取", 『운문광록』(고존숙어록17, 卍속장118, p.366b18)에 "운문이 학인에게 '신라국과 대당국은 같은가 다른가?'라고 묻고는 스스로 답했다. '승당과 불전 그리고 주고와 삼문이다'. 問僧 新羅國 與大唐國 是同是別 代云 僧堂佛殿 廚庫三門", 『초종혜방어록』(卍속장120, p.260b11)에 "산하대지, 등롱노주, 주고삼문은 온통 빛으로 가득한데, 무엇이 있어 진실로 여러분이 삼계를 돌려 굴리는 이인가? 눈앞의 법 깨우치지 못한다면 나서 죽음에 이르도록 깨달을 기약은 없다. 재빨리 알아차릴 일이며 턱수염 콧수염 은빛으로 날릴 때까지 기다릴 일 아니라네. 목 말라서야 우물을 판다면 후회해도 미치지 못한다. 山河大地 燈籠露柱 廚庫三門 皆是光境 作麽生是 眞實諸人輪轉三界者 蓋爲不了目前法 從生至死 無有了期 快須薦取 莫待雪鬢銀髭 臨渴堀井 悔將不及", 『황룡혜남어록』(대정장47, p.639a14)에 "말해 보라! 무엇을 법왕의 몸이라 하는가? 사대와 오온, 행주좌와, 잠자리 깔고 발우 펴고, 승당과 불전, 주고와 삼문, 이 모두가 법왕의 몸 아닌 것이 없다. 만약 여기서 알아차리면 하늘과 땅과 대지, 해와 달과 별이 여러분의 눈동자를 뚫고 지나가리라. 且道 何名法王身 四大五蘊 行住坐臥 開單展鉢 僧堂佛殿 廚庫三門 無不是法王身 若能於此薦得 乾坤大地 日月星辰 穿過爾諸人眼睛"라고 하였다. 〔참고문헌〕『建中靖國續燈錄』, 『雲門廣錄』, 『超宗慧方語錄』, 『黃龍慧南語錄』. ⇨ 주고 廚庫, 운문주고삼문 雲門廚庫三門

주공 足恭 떠받듦이 지나침. 『벽암록』 96칙 「평창 評唱」(대정장48, p.219b12)에 "(이조가) 눈 위에 서서 그치지 않았다면 받듦이 지나쳐 아첨하고 속이는 이들이 그를 본받아 짐짓 모양새 따라할 뿐이러니 이렇게 한즉 아첨하여 속이는 무리일 뿐이다. 立雪若未休 足恭諂詐之人皆效之 一時只成雕僞 則是諂詐之徒也", 『기신론속소』 권하(卍속장72, p.139a4)에 "아첨이란 공손이 지나쳐 낯빛을 꾸밈으로써 남에게 어여삐 보이려는 것이다. 諂曲者 足恭令色 以媚人也"라고 하였다. 본래 『논어』 「공야장 公冶長」에 "말을 꾸미고, 낯빛을 바꾸며, 받듦이 지나쳐 좌구명이 부끄럽다 하니 나도 부끄럽다. 巧言 令色 足恭 左丘明恥之 丘亦恥之"라는 대목에서 유래한다. 〔참고문헌〕『碧巖錄』, 『起信論續疏』, 『論語』.

주공노교 周孔老敎 유학(儒學)과 노장(老莊)의 교설. 주공은 유학을 대표하는 인물인 주공(周公)과 공자(孔子)를 말한다. 『법원주림』 권17 「방죄부 謗罪部」(대정장53, p.416b14)에 "(부처님을) 실로 자비로운 어버이라 이르고, 더하여 능인이라 부르니, 유학과 노장의 교설은 누가 더불어 도야하겠는가? 實稱慈父 巧號能仁 周孔老敎 孰與陶均"라고 하였다. 〔참고문헌〕『法苑珠林』.

주공노장 周孔老莊 주공(周公)·공자(孔子)·노자(老子)·장자(莊子). 대표하는 인물을 내세워 유교와 도교를 나타낸다. 『백론소』 권중 「파신품 破神品」(대정장42, p.260c13)에 "주공노장은 일세의 일을 밝힐 뿐이며 신을 논하지 않았다. 周孔老莊 但明一世事 亦不論神", 『속전등록』 권10 「대홍보은전 大洪報恩傳」(대정장51, p.525b3)에 "그러므로 권을 권이라고만 안다면 결코 권을 알 수 없다. 권이 실이라고 알아야 권을 알 수 있다. 이것은 또한 주공노장이 교를 세워 베풀고 말로 한 본래의 뜻이기도 하고, 일대사인연이 시작되고 성취된 바다. 然知權之爲權 未必知權也 知權之爲實 斯知權矣 是亦周孔老莊 設敎立言之本意 一大事因緣之所成始所成終也"라고 하였다. 〔참고문헌〕『百論疏』, 『續傳燈錄』.

주공부 做工夫 공부해 가다. 마음 내어 공부하다. 힘써 공부하지만 주착함이 없이 하고, 십이시중에 주인공 놓을 일 없이 하는 뜻이다. 『대혜서장』 권28 「답증종승」(대정장47, p.934a17)에 "능히 행주좌와에서 이 노승이 보이는 성요처로서 때때로 끌고 당길 뿐이다. 쉬어 일념상응으로 천 가지 깨우치고 만 가지 마땅하리니 문득 이 생에 사무치지 못하더라도 다만 죽음의 그날 닥쳐온 듯 하리니 염가노자 비록 삼천리 밖에서 비로소 얻으리라. 념념이 반야중에 있어서 다른 생각 있을 리 없고 끊어질 일도 없기 때문이다. 다만 저 도가류 망심으로 망상에 머물러 날이 가고 달이 깊은들 어찌 능히 업을 뒤칠 수 있으리오. 지금 사람들 흔히 얻을 마음 있다 여겨 도를 배우니 이야말로 망상 중에서도 망상이다. 다만 놓아버려 자재할지니, 그러한즉 크게 급하지도 크게 느리지도 않게 한다. 다만 이렇게 공부 지어 가서 깨우치길 끝이 없이 하고 마음으로 힘써서 좌우에 일어나는 것마다에 이미 익히고, 익힌 것 있다면 다시 새롭게 한다. 십이시중에 자연히 마음에 잊고 품은 일 정해 머물지 않으니 마음 가져 가늠해 두를 뿐이다. 又能行住坐臥 以老僧所示省要處 時時提撕 休說一念相應千了百當 便是此生打未徹 只恁麽崖到臘月三十日 閻家老子也須倒退三千里始得 何以故 爲念念在般若中無異念無間斷故 只如道家流以妄心存想 日久月深 尙能成功 不爲地水火風所使 況全念住在般若中 臘月三十日 豈不能轉業耶 而今人多是將有所得心學道 此是無妄想中眞妄想也 但放敎自在 然不得太緊 不得太緩 只恁麽做工夫 省無限心力 左右生處已熟 熟

處已生 十二時中自然不著枯心忘懷 將心管帶矣",『조계진각국사어록』「시선안도인」(한불전6, p.35b17)에 "저 남천화상이 말씀하셨다. 마음도 아니요 부처도 아니요 물도 아닌 것이다. 들고 일어나는 곳 향해 기꺼이 마땅하다 하지도 않으며 저 의근 아래에서 헤아릴 일도 없이 한다. 다만 때때로 들어 깨우치고 때때로 끌고 당겨서 마음도 아니고 부처도 아니고 물건도 아닌 이것이 무엇인가 할 뿐이다. 다만 이렇게 지어 공부해 간다면 시절인연이 도래하고 문득 크게 미소지어 버릴 날 있으리라. 如南泉和尙云 不是心不是佛不是物 不得向擧起處承當 不得於意根下卜度 但時時擧覺 時時提撕 不是心不是佛不是物 是甚麽 但伊麽做工夫 時節因緣到來 忽地大笑去矣"라고 하였다. 〔참고문헌〕『大慧書狀』,『曹溪眞覺國師語錄』.

주공신 主空神 Ⓢ gagana-devatā. 허공에 머무는 신. 공(空)하여 머묾(著)이 없는 것을 자성으로 여기는 신들로 법공(法空)으로서 행을 일으켜 일체중생을 거둔다. 80권본『화엄경』권1(대정장10, p.3c3)에 "또한 헤아릴 수 없이 주공신이 있다. 정광보조주공신과 보유심광주공신 … 광변시방주공신, 이와 같은 신들을 우두머리로 삼아 그 수가 헤아릴 수 없으니, 마음이 온통 번뇌를 떠나 광대하고 밝고 깨끗하다. 復有無量主空神 所謂 淨光普照主空神 普遊深廣主空神 … 光遍十方主空神 如是等而爲上首 其數無量 心皆離垢 廣大明潔",『화엄경소』권5(대정장35, p.538c3)에 "따로 아래와 같이 열여섯 주공신을 나타내어 법성이 공함을 나타냈다. 따로 물듦을 버려 물드는 일 없어 두루한 등의 뜻이니, 저 각각의 이름으로 덕을 가리는 중이다. 만약 망상의 먼지가 어지럽게 일어나 본성의 공을 가리다가 지혜의 해가 높이 떠오르면 망상의 구름이 저절로 걷히듯 허공에 해가 있으면 확 트여 끝이 없듯 지혜는 이와 합한즉 아득해 가이 없게 되니 '그럴 따름이다'라고 말한다. 別表如下十六主空神 表法性空 別卽離染周遍等 亦各如名辯德中 若情塵亂起 翳本性空 智日高昇 則情雲自卷 空有日而 廓爾無際 智合理而 杳然無涯 故云爾耳",『신화엄경론』권11(대정장36, p.789c19)에 "일곱 번째 주공신은 머무름이 없는 행을 밝히고, 방편바라밀을 주관하여 대비문을 성취한다. 법공으로써 행을 일으켜 모든 중생을 교화하여 거두므로 방편이라 하고, 그 때문에 집착이 없는 행이라 한다. 그 가운데 여러 신의 존재는 방편바라밀 중에 십바라밀을 밝힌 것이다. 일체법 공함을 체로 삼고 지혜를 신으로 삼기에 붙을 것이 없고, 모든 법이 공이라 비지만을 일으킬 수 있으므로 만행에도 머무는 일이 없다. 第七 主空神 明無著行 主方便波羅蜜 成大悲門 以法空起行 敎化攝取 一切衆生 故名方便 故名無著行 於中衆神 明方便波羅蜜中 十波羅蜜 以一切法空爲體 以智爲神 故無所著 以一切法空 能生悲智故 卽萬行無著"라고 하였다. 〔참고문헌〕『華嚴經』,『華嚴經疏』,『新華嚴經論』, *Gaṇḍ-vy.36.* ⇨ 순야다신 舜若多神

주공한자 住空閑者 다 비워 일 없는 곳에 머무는 이.『순정리론』권3(대정장29, p.346b7)에 '다 비워 일 없는 곳에 머무는 이들은 한결같이 '정 중이 온통 푸르다'고 말하는데, 이는 보이는 색이 있다는 것인데, 이러한 색이 안식이 이전에 경험했던 것과는 다른 류의 색상이라고는 결코 말할 수 없으니, 이 정 중에 분명하게 나타나기 때문이다. 住空閑者 咸作是言 定中青等 是有見色 不可說言 此色定是 眼識曾受 異類色相 於此定中 分明現故"라고 하였다. 〔참고문헌〕『順正理論』,『俱舍論疏』권1(대정장41, p.491c4).

주과 住果 Ⓢ phala-stha, Ⓣ 'bras-bu-la-gnas-pa. 과위(果位)에 머물다. 사향사과(四向四果) 중 각각의 과위에 머물되, 다음 위로 나아가기 위한 승과도(勝果道)는 일으키는 행향(行向 Ⓢ pratipannaka : 勝進) 전위다.『순정리론』권64(대정장41, p.692c12)에 "앞과를 얻었지만 아직 승과도를 얻지 못하였기 때문이다. 과위에 머무는 이가 아직 승과도를 일으키지 못하였을 때까지라면, 비록 이미 수소단으로서의 욕계의 1품 등의 혹을 끊었다 할지라도 과에 머문다라 할 뿐 다음으로 향한다고 할 수 없다. 以得前果時未得勝果道故 住果者 乃至未起勝果道時 雖前已斷彼修所斷惑欲一品等 但名住果不名後向",『유가사지론』권26(대정장30, p.424c8 : *Śrāv-bh.*, p.173)에 "무엇을 주과의 보특가라라 하는가? 네 가지 과위에 머무는 보특가라이니, 첫째는 예류과, 둘째는 일래과, 셋째는 불환과, 넷째는 아라한과이다. 云何住果補特伽羅 謂住四果補特伽羅 何等爲四 一 預流果 二 一來果 三 不還果 四 阿羅漢果 phalastha pudgalaḥ katamaḥ. āha. strota āpannaḥ sakṛdāgāmī anāgāmī arhan"라고 하였다. 〔참고문헌〕『順正理論』,『瑜伽師地論』, *Śrāv-bh.* ⇨ 사향사과 四向四果, 행향 行向, 승과도 勝果道

주과 珠顆 구슬의 알. 수주(數珠) 또는 염주(念珠)의 낱알을 말한다.『소실지갈라공양법』권중(대정장18, p.700c14)에 "그 본부진언을 따라 외우며 수주에 구멍을 뚫고 수주 낱낱의 알마다 일곱 번 지송하여 구멍을 뚫고 꿰고 나서는 다시 진언을 백 번 지송한다. 隨其本部眞言 用穿數珠孔 一一珠顆 持誦七遍 乃至穿繫畢已 又更持誦 眞言百遍",『금강정경유가관자재왕여래수행법』(대정장19, p.77a24)에 "오른손 무명지로 구슬알을 하나씩 돌리면서 한 바퀴 돌면 다시 시작한다. 급하지도 느리지도 않고 소리를 크게 내지도 않는다. 以右手無名指 捻一珠顆 過周而復始 不急不緩亦不高聲"라고 하였다. 〔참고문

헌]『蘇悉地羯羅供養法』,『金剛頂經瑜伽觀自在王如來修行法』. ⇨수주 數珠, 염주 念珠

주과공덕 珠顆功德 염주알의 공덕. 염송의 공덕을 염주알에 맞춰 헤아린 뜻이다. 정각(正覺)의 보리수 열매를 으뜸이라 여긴다.『교량수주공덕경』권1(대정장17, p.727a20)에 "만약 온갖 다라니와 부처님의 명호를 외워 부르는 이와, 자신을 이롭게 하고 남의 수호하기 위해서나 지체 없이 모든 법을 구해 영험을 이루고자 하는 이라면, 그 구슬 헤아리는 법이 있으니 마땅히 받아 가져야 한다. 쇠로 수주를 만들어 염송하면서 한 번 돌리면, 그 복이 다섯 배이다. 적동으로 … 그렇게 하면, 열 배다. 진주나 산호로 … 그렇게 하면, 그 복이 백 배이다. 목환자(木患子 Ⓢariṣṭaka：阿梨瑟迦紫)로 … 그렇게 하면, 천 배이니 모든 부처님의 정토와 천궁에 왕생하고자 하는 이라면 이 수주를 간직해야 할 것이다. 연자(蓮字)로 … 그렇게 하면 만 배다. 인다라가차(因陀囉佉叉 Ⓢindranīlākṣa：帝釋靑子)로 … 그렇게 하면 백만 배이다. 오로다가차(烏嚧陀囉佉叉 Ⓢrudrākṣa：金剛子)로 … 그렇게 하면 천만 배이다. 수정(水精)으로 … 그렇게 하면 만만 배이다. 헤아려 억념하는 용도든 손에 간직하는 용도든 보리자로 수주를 만들어 계속 염송하여 한 번 돌리면, 그 복이 무량하고 셀 수 없으며 비할 데가 없다. … 그 구슬을 헤아림에는 반드시 108알을 채워야 한다. 그것이 어렵다면, 54알이나 27알이나 14알로도 만들어 쓸 수 있다. 若有誦念諸陀羅尼及佛名者 爲欲自利及護他人 速求諸法得成驗者 其數珠法應有如是 須當受持 若用鐵爲數珠者 誦掐一遍得福五倍 若用赤銅 … 十倍 若用眞珠 珊瑚等 … 百倍 若用木槵子 … 千倍 若求往生諸佛淨土及天宮者 應受此珠 若用蓮子 … 萬倍 若用因陀囉佉叉 … 百萬倍 若用烏嚧陀囉佉叉 … 千萬倍 若用水精 … 萬萬倍 若菩提子爲數珠者 或用掐念或但手持 數誦一遍其福無量 不可算數 難可校量 … 其數珠者 要當須滿一百八顆 如其難得 或爲五十四 或二十七 或十四亦皆得用",『금강정유가염주경』권1(대정장17, p.727c13)에 "그때 금강살타보살이 게송으로 설했다. 낱 구슬은 보살의 뛰어난 과를, 그 사이의 단절은 번뇌(漏)의 끊음을, 꿰는 줄은 관세음보살을, 모주(母珠)는 무량수불을 표하니, 부디 월법죄일랑 개의치 말고 모두 염주로 공덕을 쌓으시라. 자거염주는 복이 한 배이고, 목환염주는 복이 두 배이고, 쇠염주는 복이 세 배이고, 숙동과 보배염주는 복이 네 배이고, 수정이나 진주 그리고 여러 보배염주는 복이 백 배이고, 천 배의 공덕은 제석자염주이고, 금강자염주는 복이 구지(俱胝 Ⓢkoṭī) 배이고, 연자염주는 천구지 배이고, 보리자염주의 복은 헤아릴 수 없다. 爾時 金剛薩埵菩薩而說偈言 珠表菩薩之勝果 於中間絶爲斷漏 繩線貫串表觀音 母珠以表無量壽 愼莫驀過越法罪 皆由念珠積功德 硨渠念珠一倍福 木槵念珠兩倍福 以鐵爲珠三倍福 熟銅作珠四倍福 水精眞珠及諸寶 此等念珠百倍福 千倍功德帝釋子 金剛子珠俱胝福 蓮子念珠千俱胝 菩提子珠無數福",『소실지갈라경』권중(대정장18, p.647b26)에 "모든 염송은 수주를 잡고 하는데, 목환자・다라수자(多羅樹子 Ⓢtāla：야자수)・토주・나주・수정・진주・상아주(牙珠)・적주・마니주・의이주(薏苡珠：율무)・여타의 풀열매로 만든 것들이다. 一切念誦 應當執持 或用木槵子 或多羅樹子 或用土珠 或用螺珠 或用水精 或用眞珠 或用牙珠或用赤珠 或諸摩尼珠 或用薏苡珠 或餘草子",『제불경계섭진실경』권하(대정장18, p.281c21)에 "얻게 되는 공덕을 비교하겠다. 향나무로 등으로 만든 염주는 한 배의 복을 얻고, 유석

〈표〉 주과공덕

전거및수	구슬이름	공덕
다라니집경사 陀羅尼集經4	적동赤銅	
	은銀	
	금金	
	수정水精	
수주공덕경십 數珠功德經10	철鐵	오배五倍
	적동赤銅	십배十倍
	진주眞珠·산호珊瑚(Pravāla)	백배百倍
	목환자木槵子(Ariṣṭaka 阿梨瑟迦紫)	천배千倍
	연자蓮子	만배萬倍
	제석청자帝釋靑子(Indranīlākṣa인다라니라가차因陀羅尼囉迦叉)	백만배百萬倍
	수정水精	백억배百億倍
	금강자金剛子(오로다라가차烏嚧多囉迦叉)	천억배千億倍
	보리자菩提子(Tib Bode)	무수배無數倍
섭진실경십 攝眞實經10	향목 香木	일분一分
	유석鍮石·동銅·철鐵	이분二分
	수정水精·진주眞珠	일분一分
	연자蓮子·금강자金剛子	이분二分
	제보諸寶·보리자菩提子	무수분無數分
유가염송경십일 瑜伽念誦經11	차거주硨渠珠(Musāragalva사락갈랍바娑洛揭拉婆)	일배一倍
	목환자木患子	이배二倍
	철鐵	삼배三倍
	숙동熟銅	사배四倍
	수정水精·진주眞珠·제보諸寶	백배百倍
	제석청帝釋靑	천배千倍
	금강자金剛子	구지배俱胝倍
	연자蓮子	천구지배千俱胝倍
	보리자菩提子	무수배無數倍
수호국계경육 守護國界經6	진주眞珠	일구지배一俱胝倍
	금강자金剛子·연자蓮子	백천구지배百千俱胝倍
	화합和合·보리자菩提子	무수배無數倍
소실지경십일 蘇悉地經11	목환자木槵子·다라수자多羅樹子	
	토주土珠·나주螺珠	
	수정水精·진주眞珠	
	아주牙珠·인주咽珠	
	마니보주摩尼寶珠	
	초자草子·적주赤珠(Kiṁśuka 견숙가甄叔迦)	

이나 동철로 만든 염주는 두 배의 복을 얻고, 수정이나 진주로 만든 염주는 1구지 배의 복을 얻고, 연자나 금강자로 만든 염주의 경우는 2구지 배의 복을 얻고, 여러 보배를 섞거나 보리자로 만든 염주의 경우는 무량하고 가 없으며 말할 수 없을 만큼 많은 배의 복을 얻는다. 挍量所獲功德 若以香木等珠 得一分福 若用鍮石銅鐵 得二分福 若用水精眞珠 得一俱胝分福 若以蓮子金剛子珠 得二俱胝分福 若用間錯種種諸寶及菩提子 得無量無邊不可說不可說分福"라고 하였다. [참고문헌]『校量數珠功德經』, 『金剛頂瑜伽念珠經』, 『蘇悉地羯羅經』, 『諸佛境界攝眞實經』. ⇨ 수주 數珠, 염주 念珠

주광 周廣 Ⓢ vicasta, Ⓣ bsdo-yas. 고대 인도의 극대수(極大數). 백이십전(百二十轉) 중 33번째 수다. 80권본『화엄경』권45(대정장10, p.237c7)에 "사찰의 사찰이 1주광이고 주광의 제곱은 1고출이다. 伺察伺察 爲一周廣 周廣周廣 爲一高出"라고 하였다. [참고문헌]『華嚴經』, *Mvyut.246.* ⇨ 백이십전 百二十轉

주광지 朱廣之 남제(南齊) 전당(錢塘 : 浙江省 杭州) 출신. 자는 처심(處深). 고환(顧歡)의 「이하론 夷夏論」에 대항하여 「의이하론자고도사 疑夷夏論諮顧道士」라는 글을 지어 유가(儒家)의 관점에서 불교와 도교 두 교설에도 각기 유용함이 있음을 강조함으로써 삼교화합을 주장했다. 이는 「자이하론병장분구해 諮夷夏論並章分句解」 또는 「자이하론」이라고도 한다. 『불조역대통재』 권8(대정장49, p.543a15)에 "주광지는 「자이하론병장분구해」를 지음으로써 얕은 식견에 가려져 있는 고환의 설을 논파하였다. 朱廣之作諮夷夏論並章分句解 以破顧歡之蔽於淺也"라고 하였다. [참고문헌]『佛祖歷代通載』, 『廣弘明集』 권1(대정장52, p.98a25), 『釋氏通鑑』 권4(卍속장131, p.824a6). ⇨ 이하론 夷夏論

주괴자 住愧者 부끄러워할 줄 아는 이. 『집이문족론』 권16(대정장26, p.436a27)에 "무엇을 괴재라 하는가? [답] 세존께서는 '부끄러워할 줄 아는 이는 부끄러워할 만한 악한 불선법에 온갖 잡염법들이 후유를 초래함이 있고 극히 치성한 고통의 이숙과가 있게 되어 후세의 생노사법을 이끈다는 사실에 대해 깊이 부끄러워하는 마음을 낸다'라고 설하셨으니, 이를 괴재라 한다. 云何愧財 答 如世尊說 有住愧者 於可愧恥惡不善法 有諸雜染 能感後有 有極熾然苦異熟果 能引後世生老死法 深生愧恥 是名愧財"라고 하였다. [참고문헌]『集異門足論』. ⇨ 괴 愧, 참괴 慚愧, 대선지법 大善地法

주굉 袾宏 1532~1612. 명대 스님. 자는 불혜(佛慧), 호는 연지(蓮池), 속성은 심(沈)씨. 항주(杭州 : 浙江省) 출신. 세칭 운서화상(雲棲和尙)·연지대사(蓮池大師)라고도 한다. 자백(紫柏)·감산(憨山)·우익(蕅益)과 함께 명대 사대고승(四大高僧)으로 불린다. 어릴 때 유학을 익히다가 나이 열일곱에 제생(諸生 : 生員)에 올랐는데, 학문과 행이 뛰어나기로 세상에 알려졌다. 이웃 사람의 영향을 받아 정토수행에 마음이 기울어진 뒤로 생사사대(生死事大)라는 네 글자를 책상머리에 써 붙이고 스스로 경책하였다. 중년에 불교에 귀의하여 서산(西山)의 무문성천(無門性天)을 은사로 출가하고 소경(昭慶 : 河北省)의 무진(無塵) 문하로 들어가 구족계를 받았다. 그 다음에 제방으로 다니며 법을 물었다. 1571년(융경5) 항주 운서산(雲棲山)에 들어가 한 폐사(廢寺)에서 머물렀다. 항상 염불삼매를 밀밀히 닦으며 교화에 힘쓰자 납자들이 운집하여 마침내 총림이 이루어졌다. 1584년(만력12)『왕생집 往生集』3권을 지었고, 1602년(만력30)『능엄경모상기 楞嚴經摸象記』 1권을 지었다. 당시 계단(戒壇)은 오랫동안 금하여 시행되지 않았는데 주굉은 계를 구하는 사람에게 삼의(三衣)를 갖추고 부처님 앞에서 계를 줌으로써 증명을 삼았다. 또한 수륙의문(水陸儀文)과 유가염구법(瑜伽焰口法)을 시설하여 유명(幽冥)의 고통도 구제하였다. 성의 안팎에 방생지(放生池)를 조성하고, 「계살방생문 戒殺放生文」을 지어 중생을 해하는 행위를 경계하였다. 『정토성현록』 권5 「주굉」(卍속장135, p.289a11)에 "주굉은 정토를 주장하면서 맹목적인 선을 뼈아프게 배척하였다. 宏主張淨土 痛斥狂禪"라고 하였는데, 정토를 지향하는 염불과 선을 겸하는 선정겸수(禪淨兼修)의 도풍을 진작하였다. 『오등회원속략』 권2 「주굉장」(卍속장138, p.938b18)에 "'참선과 염불을 어울려 통할 수 있는지요?' '만약 두 가지 물건이라면 어떻게 융통할 수 있겠는가!' 問 參禪念佛 可用融通否 師曰 若然是兩物 用得融通著"라고 하였다. 당시 사대부로서 송응창(宋應昌)·육광조(陸光祖)·풍몽정(馮夢禎) 등이 모두 귀의하여 따랐다. 만년에 질병을 만나면서 더욱 정토수행에 기울었다. 「삼십이조불상 三十二條不祥」을 지어 자신과 타인을 경책하였고, 「삼가석 三可惜」·「십가탄 十可歎」을 지어 문도들을 단속하기도 하였다. 1615년(만력40) 세수 81세로 입적하였다. 일설에는 1618년(만력43)이라고도 한다. 저술로 『선관책진 禪關策進』 1권·『범망계소발은 梵網戒疏發隱』·『아미타경소초 阿彌陀經疏鈔』 4권·『화엄경감응약기 華嚴經感應略記』 1권 등 30여 종 300여 권을 남겼다. 후대에 왕우춘(王宇春)이 그 저작을 모아 『운서법휘 雲棲法彙』 34권(가흥장33, No.B277)으로 집성하였다. [참고문헌]『淨土聖賢錄』, 『五燈會元續略』, 『釋鑑稽古略續集』 권3(대정장49, p.952c21), 『補續高僧傳』 권5(卍속장134, p.109b16), 『續燈正統』 권41(卍속장144, p.974b16), 『續燈存稿』 권12(卍속장145, p.2

84a18). ⇨연지대사 蓮池大師, 운서 雲棲[2]

주교로만 珠交露幔 Ⓢ savaijayantāḥ sada śobhamānā. 구슬로 엮어 훤히 보이게 만든 덮개 장식. 탑묘(塔廟)나 수레(露車) 위를 덮지만 안의 것들이 드러나 보이기에 로만이다. 『법화경』 권1(대정장9, p.3b23 : *Saddh-p.*, p.14)에 "하나하나의 탑묘마다, 각각 천 개의 당번이 날리고, 구슬로 엮은 천막이 덮고 있으며, 보배 방울이 조화롭게 울렸다. 一一塔廟 各千幢幡 珠交露幔 寶鈴和鳴 chatra-dhvajās-teṣu sahasrakoṭyaḥ. savaijayantāḥ sada śobhamānā ghaṇṭāsamūhai raṇamāna", 『법화경구해』 권1(卍속장47, p.863b18)에 "주교로만 : 구슬로 엮어 보이게 늘어뜨림으로써 탑이 보이는 막을 짓는다. 珠交露幔 以珠交羅 作露塔幔", 『법화경삼대부보주』 권6(卍속장44, p.133a1)에 "주교로만 : 주교는 구슬로 엮는다는 뜻이고, 로는 덮지 않는다는 뜻이다. 만은 막과 반을 반절한 음으로 막(幕)과 같다. 곁에 설치하는 것은 유라 하고, 위에 설치하는 것은 막이라 한다. 막은 덮는다는 뜻이다. 구슬 보배를 엮어서 그 위에 덮는다. 珠交露幔 珠交 以珠而交之也 露 不覆也 幔 莫半切 幕也 在傍曰帷 在上曰幕 幕 覆也 交結珠珍 覆露其上也"라고 하였다. [참고문헌] 『法華經』, 『法華經句解』, 『法華經三大部補注』, 『方廣大莊嚴經』 권5(대정장3, p.565c25), *Saddh-p.*

주구송설 走口送舌 입을 쫓고 혀를 보내다. 『종용록』 79칙 「본칙 本則」(대정장47, p.277c12)에 "학인이 돌아와서 장사(長沙)에게 들려주었다〈입 쫓고 혀 보내는 놈일세〉. 僧迴擧似沙〈走口送舌漢〉", 『공곡집』 34칙 「본칙」(卍속장117, p.569b7)에 "미호화상이 한 학인을 시켜 앙산에게 물어보도록 하였다〈입 따라 혀 보내는군〉. 米胡和尙 令僧問仰山〈走口送舌〉"라고 하였다. [참고문헌] 『從容錄』, 『空谷集』.

주구팽 走狗烹 사냥개를 삶아 먹는다는 말. 사냥을 마친 개를 죽인다는 말로 이용가치가 사라진 수하의 인물을 가차 없이 내친다는 비유. 월왕(越王) 구천(勾踐)을 도와 오(吳)를 멸망시키고도 밀려난 범려(范蠡)와 대부종(大夫種)의 이야기, 혁혁한 전공을 세운 다음 유방(劉邦)과 여태후(呂太后)에게 살해당한 한신(韓信)의 이야기 등이 대표적으로 거론된다. 전쟁이 끝나고 평정을 찾으면 그 공을 이룬 신하들을 도륙해 버림으로써 공과 권력을 독점하는 권력의 속성을 나타낸다. 토사구팽(兎死狗烹)이라고도 한다. 『사기』 「월왕구천세가 越王勾踐世家」에 "범려가 마침내 월을 떠나 제(齊)에서 대부종에게 '새 사냥을 마치면 좋은 활도 넣어두고, 토끼를 잡으면 사냥개도 삶아 먹는 법입니다. 월왕이라는 인물은 긴 목에 입은 새 주둥이를 닮아서 어려운 시절은 함께할 수 있어도 좋은 시절은 함께 즐기지 못할 것이오. 그대는 왜 떠나지 않소?'라는 편지를 썼다. 대부종이 편지를 읽고 나서 병을 핑계로 조정에 들어가지 않았다. 어떤 이들이 대부종이 난을 꾸민다고 모략하니 월왕은 마침내 칼을 내려주면서 '그대는 과인에게 오를 토벌하는 일곱 가지 술법을 가르쳤는데 과인은 그중 세 가지를 써서 오를 물리쳤다. 나머지 네 가지는 그대에게 있으니 나를 위하여 선왕을 좇아가는 모습을 보여주시게'라고 하였고, 대부종은 마침내 자결하였다. 范蠡遂去 自齊遺大夫種書曰 蜚鳥盡 良弓藏 狡兎死 走狗烹 越王爲人 長頸鳥喙 可與共患難 不可與共樂 子何不去 種見書稱病不朝 人或讒種且作亂 越王乃賜種劍曰 子教寡人 伐吳七術 寡人用其三而敗吳 其四在子 子爲我從先王試之 種遂自殺", 『천여유칙어록』 권1(卍속장122, p.813b7)에 "한신은 '토끼를 잡으면 사냥개 삶아 먹고, 새 사냥 마치면 좋은 활 넣어둔다'라고 하였다. 그는 비록 사람을 죽이고도 눈도 깜작하지 않는 대장군이었지만 오히려 반쯤은 선수행자 노릇을 하였다. 처음에는 (천하를 삼분하라고 충고한) 괴통에게 물었지만 남의 견해로 자신의 견지를 바꾸지 않았던 모습이 적절하였고, 다음으로 고제(유방)를 만나서 몸을 내던지고 크게 한 번 죽었던 것도 좋았다. 만약 더 나아가 목숨이 끊어진 다음에 다시 살아나는 한 수를 둘 수만 있었다면 세상의 그 누구도 그를 건드릴 수 없었을 터인데. 허! 韓信云 狡兎死 走狗烹 高鳥盡 良弓藏 他雖是箇殺人不眨眼底大將軍 却也做得半箇禪和子 初參蒯通 不被人移換好 次參高帝 拚得大死一回亦好 若更得絶後 再甦一著 天下人 不奈他何 噓", 『선종잡독해』 권4 「회음묘(한신의 묘) 淮陰墓」(卍속장114, p.154a17)에 "묘석에 한의 성명 남길 수 있지만, 성난 파도 언덕에 부딪혀 다투는 듯하다. 공은 이루어도 영웅은 드물게 출현한다는 명성 들었을 뿐이니, 남의 사타구니 밑을 기던 시절이 사냥개처럼 삶아지는 신세와 얼마나 달랐을까? 墓石能存漢姓名 驚濤拍岸似猶爭 功成祇說英雄貴 跨下何殊走狗烹"라고 하였다. [참고문헌] 『史記』, 『天如惟則語錄』, 『禪宗雜毒海』.

주금강 周金剛 노파에게 점심(點心)의 문답으로 간파당하기 이전 덕산선감(德山宣鑑)의 별명. 『금강경』을 두루 꿰고 언제나 강설하였기 때문에 붙여진 이름이다. 주금강왕(周金剛王)이라고도 한다. 『원오어록』 권9(대정장47, p.752b5)에 "학인이 '주금강이 노파가 던진 질문 하나에 예리한 언변을 잃고 혀마저 얼어붙었는데 어떻게 생각하는지요?'라고 묻자 '뒤통수에 박힌 화살을 뽑아라!' 進云 周金剛 被婆子一問 直得亡鋒結舌 又作麽生 師云 腦後拔箭", 『요암청욕어록』 권6 「송호장주 送皓藏主」(卍속장123, p.724a5)에 "나는 쉬어 머물 뿐이지 도를 섬기지 않고 덕도 섬기지 않는다. 침묵 그대로 말이고 말 그대로 침묵이라는 것을 섬기지 않고, 주금강을 생포하거나 낮도적을 산 채로 잡는 솜씨를 섬기지도 않으니, 오직 섬기는 일이 없음을 섬길 뿐이다. 我師休居 不師其道 不師其德 不師其當默卽語 當語卽默 不師其生擒周金剛 活捉白拈賊 惟無所師而師之", 『대혜어록』 권23 「시서제형 示徐提刑」(대정장47, p.907c21)에 "뒤에 덕산 주금강왕이 교화하고 있다는 소문을 듣고 마침내 그 방으로 찾아갔다. 後聞德山周金剛王化 遂造其室"라고 하였다. [참고문헌] 『圜悟語錄』, 『了菴淸欲語錄』, 『大慧語錄』. ⇨ 덕산선감 德山宣鑑

주금사 呪禁師 밀교의 수인을 맺고 진언을 염송하며 작법을 수습할 수 있는 법사. 주사(呪師)라고도 한다. 『조선불교통사』 권상 p.35에 "백제는 경전과 논서 · 율사 · 선사 · 비구니 · 주금사 · 불공 · 사장 등을 일본에 보내서 난파대별왕사에 머물게 하였다. 百濟送經論 及律師 禪師 比丘尼 呪禁師 佛工 寺匠等於日本 詔置難波大別王寺"라고 하였다. [참고문헌] 『朝鮮佛教通史』. ⇨ 주사 呪師, 작법 作法, 진언 眞言, 삼밀 三密

주기 注記 ❶ 베껴 남기다. 『공양십이대위덕천보은품』(대정장21, p.384a16)에 "천제석이란, 지상에 머무는 지배자로 중생이 지은 선악을 기록한다. 天帝釋者 地居之主 注記衆生所作善惡", 『대승유식론』 「발문 跋文」(대정장31, p.73c21)에 "삼장법사(眞諦)가 (기존의 양권본 한역이 있지만) 이 논서의 본문을 재차 한역하고 혜개가 주기하여(한역할 때 필사함) 다시 양권을 얻었다. 三藏法師 更譯本文 慧愷注記 又得兩卷", 『자비수참법』 권상(대정장45, p.971a7)에 "죄와 복이 터럭만치도 차이가 없다고 기록한다. 注記罪福 纖毫無差", 『석가보』 권1(대정장50, p.3c17)에 "『십이유경』은 '나는 들었다'라고 하지도 않고, '부처님께서 말씀하셨다'라고도 하지 않는다. 대개 이것은 아라한이 받아 적은 것이기 때문이다. 十二遊經 不稱我聞 復無佛言 蓋是羅漢注記之說也"라고 하였다. [참고문헌] 『供養十二大威德天報恩品』, 『大乘唯識論』, 『慈悲水懺法』, 『釋迦譜』. ⇨ 주기 註記 ❷ 미래의 과를 미리 전하는 말. 수기(授記 Ⓢ vyākaraṇa)라고도 한다. 『법화의소』 권7(대정장34, p.555b17)에 "주기란 현재 행한 인이 미래의 과를 얻는 것이다. 헤아려 밝혀서 법을 설함이니 주기란 수기를 가리킨다. 注記者 現在行因 未來得果也 計算明說法 注記謂授記也"라고 하였다. [참고문헌] 『法華義疏』. ⇨ 수기 授記

주기 珠璣 둥글거나 그렇지 않은 보석들. 아름다운 글, 그림 또는 목소리 등을 비유하기도 한다. 『장아함경』 권20 「세기경 世記經」(대정장1, p.133c6)에 "불우체인은 곡식 · 비단이나 이런저런 보석을 팔아서 생활한다. 弗于逮人 以穀帛珠璣 市易自活", 『아촉불국경』 권상(대정장11, p.756b4)에 "아촉여래의 불국토 여인들이 보석이나 영락을 얻고자 하면 바로 나무에서 따서 걸친다. 阿閦如來佛刹 女人意欲得 珠璣瓔珞者 便於樹上取著之", 『일체경음의』 권16(대정장54, p.406a18)에 "주기〈기는 거와 기를 반절한 음이다. 『상서』 공영달 주에서 '기는 구슬의 류다'라고 하였고, 『자서』에 '작은 구슬이다'라고 하였으며, 『설문해자』에 '둥글지 않은 구슬이다'라고 하였다. 옥인데 소리는 기다〉. 珠璣〈居沂反 孔注尙書 璣珠類也 字書 小珠也 說文 不圓珠也 從玉幾聲也〉"라고 하였다. [참고문헌] 『長阿含經』, 『阿閦佛國經』, 『一切經音義』.

주기 註記 베껴 쓰다. 받아 적다. 받아 적는 행위 또는 그 기록자. 경론에 더하여 푸는 뜻에서는 주기(注記)라고도 한다. 『법화경입소』 권4(卍속장47, p.232a14)에 "주기란 『화엄경』의 전문을 받아 적는 것이다. 註記者 卽是授記 華嚴前文", 『율이십이명료론』(대정장24, p.672c8)에 "이 논서의 본문을 번역하니 1권이었고, 그것을 주기하고 해석하여 5권을 얻었다. 翻論本得一卷 註記解釋得五卷", 『감산집』 권17 「사오서곡상국 謝吳曙谷相國」(卍속장127, p.460a8)에 "이 『능가경』의 문구는 어렵고 뜻은 깊어서 내가 제대로 알지도 못하면서 헛되게 주석을 달았으니 그 만분의 일도 드러내지 못하였다. 但此經文險義幽 山野不揣 妄爲註記 不能發揮萬一"라고 하였다. [참고문헌] 『法華經入疏』, 『律二十二明了論』, 『憨山集』. ⇨ 주기 注記 ❶

주길신사종 住吉神社鐘 고려시대 범종. 일본 하관시(下關市) 주길신사(住吉神社) 소장. 높이 142.2cm. 범종의 정상부에는 천판(天板)에 입을 붙인 용뉴(龍鈕)와 음통(音筒)이 있고, 좌측 천판 위에는 소라껍질 모양의 장식을 더하였다. 종신의 상하대에는 능형(稜形)의 반원문과 당초형 운문(雲紋)이, 연곽대(蓮廓帶)에는 당초문과 연과(蓮果)가 시문되어 있다. 당좌(撞座)는 종신의 전후 면에 두 개이고, 비천상(飛天像)은 연곽 바로 아래에 각 네 구인데, 당좌를 중심으로 서로 마주본다. 천의를 위로 날리며 양 다리를 위로 올린 채 옆으로 나르는 듯한 비행비천(飛行飛天)의 모습이다. 범종의 외형은 신라종의 양식이지만, 과장된 용뉴의 표현 · 상하대 및 당좌의 능형문 · 비행하는 비천상 등의 세부문양에서 고

주길신사종

려종의 요소가 보인다. [참고문헌]『고려범종 : 高原日美子 寄贈』(국립문화재연구소, 2000) pp.65~66.

주나 周那 Ⓟ Cunda의 음사어. 세존의 열반 직전에 마지막 공양을 올린 우바새. 순다(純陀·淳陀). 『장아함경』 권3 「유행경 遊行經」(대정장1, p.18a26)에 "그때 공사의 아들 주나는 … 부처님의 설법을 듣고 믿는 마음에 기뻐하고는 세존께 다음날 집에서 공양 올리기를 청했다. … 주나는 얼마지 않아 음식을 차려 부처님과 스님들께 공양을 올렸는데, 세상 진귀한 전단나무 버섯(栴檀樹耳)은 따로 끓여 오직 세존께만 드렸다. 부처님께서는 주나에게 '이 버섯을 다른 비구에게는 주지 마라'라고 하셨다. … 아난이 부처님께 아뢰었다. '주나가 공양을 베풀었지만, 아무런 복과 이익이 없습니다. 왜 그러하겠습니까? 여래께서 마지막으로 그 집에서 음식을 드시고는 열반에 드실 것이기 때문입니다'. … (아난이) 주나에게 말했다. '나는 부처님께 몸소 들었고 직접 가르침을 받았으니, 주나 그대는 공양을 베풀어 이제 큰 이익과 큰 과보를 얻을 것이다. 왜 그러한가? 부처님께서 처음 득도하셨을 때 공양을 베푼 이와 멸도하려 할 때 공양을 베푼 이, 이 둘의 공덕은 한 치도 다름없이 같기 때문이다'. 주나는 집에서 공양을 올리고 나서야 비로소 이 같은 말을 들었다. '여래께서는 병환이 더욱 깊어졌고 수명마저 장차 다하시려 한다'. 비록 전단나무 버섯을 드시고 병세마저 더 심해지셨지만 병을 품으신 채로 길을 걸어 천천히 구이성으로 향하셨다. 時 有工師子 名曰周那 … 聞佛說法 信心歡喜 卽請世尊 明日舍食 … 周那尋設飮食 供佛及僧 別煮栴檀樹耳 世所奇珍 獨奉世尊 佛告周那 勿以此耳與諸比丘 … 阿難白佛言 周那設供 無有福利 所以者何 如來最後於其舍食便取涅槃 … 告周那曰 我親從佛聞 親從佛受教 周那設食 今獲大利 得大果報 所以然者 佛初得道能飯食者 及臨滅度能飯食者 此二功德 正等無異 周那舍食已 始聞如此言 如來患甚篤 壽行今將訖 雖食栴檀耳 而患猶更增 抱病而涉路 漸向拘夷城", 『법화경삼대부보주』 권3(卍속장44,p.12b2)에 "주나는 순다가 아닐까 하지만, 범음은 같지 않다. 周那恐是純陀 梵音不同耳"라고 하였다. [참고문헌]『長阿含經』, 『法華經三大部補注』, *DN.2.126*. ⇨순다 純陀❶, 순다 淳陀❶, 묘의 妙義❷, 전단이 栴檀耳

주내신 住內身 내적 신체에 대한 염주(念住). 관행자(觀行者)가 선정(禪定)에 들어 내적으로 경안(輕安) 상태의 자신의 신체 등을 반연하는 관법. 일종의 순신관(循身觀 Ⓢ kāyānupaśyanā : 身念處觀)이다. 주외신(住外身)에 대칭한다. 『유가사지론』 권28(대정장30, p.441a18 : *Śrāv-bh.*, p.299)에 "무엇을 내외신에 있어 고르게 머물고 그 몸을 따라 고르게 관하는 것이라 하는가? 안으로 유정수의 신색을 경으로 삼아 순신관에 머무는 것을 내신에 대한 순신관에 머문다 한다. 云何於內外身等住循身等觀 謂若緣內自有情數身色爲境住循身觀 是名於內身住循身觀 kathamadhyātmabahirdhā. yadā adhyātmaṃ pratyātmaṃ sattvasaṃkhyāte kāye kāyānudarśī viharati. evamadhyātmaṃ kāye kāyānudarśī viharati", 『유가론기』 권7(대정장42, p.456b2·한불전13, p.527c7)에 "관행자의 몸은 욕계에 있으면서 정을 얻어 추중을 여의었으니, 이 몸은 경안이 수반되어 작용하는데 이 색을 연하는 것이기에 주내신이라 한다. … (惠景법사는) '아직 죽지 않는 식이 있는 몸을 연하는 경우를 주내신이라 한다. … 현재 죽은 시체로서 식이 없는 몸의 색을 눈앞에 연하여 과거 아직 죽지 않았을 때 의식이 있는 몸의 색을 억념하는 경우를 주내신이라 한다'라고 하였다. 行者 身在欲界 由得定故 離於麤重 此身卽是輕安俱行 由緣此色 名住內身 … 若緣未死有識身 名住內身 … 若緣現在死屍無識身色於前 念過去未死時有識性有識身色 名住內"라고 하였다. [참고문헌]『瑜伽師地論』, 『瑜伽論記』, *Śrāv-bh.* ⇨순신관 循身觀, 주외신 住外身

주니 朱儞 Ⓢ Cūrṇi의 음사어. 문법학자 발전사라(鉢顚社攞 Ⓢ Patañjali)가 지은 『필률지소달라 苾栗底蘇呾羅』 주석서. 『남해기귀내법전』 권4(대정장54, p.229a13)에 "『필률지소달라』의 주석서가 또 있다. 이름은 『주니』인데, 24,000송이다. 학사 발전사라의 작품이다. 復有苾栗底蘇呾羅議釋 名朱儞 有二十四千頌 是學士鉢顚社攞所造"라고 하였다. [참고문헌]『南海寄歸內法傳』. ⇨발전사라 鉢顚社攞, 파탄잘리 Patañjali

주다 周陀 주리반특(周利槃特). 불락(不樂)·소로(小路)·사노(蛇奴)라고도 한다. 한편, 『불본행집경 佛本行集經』을 전거로 하는 『번역명의집』 등에 따르면, 주다(Ⓢ Śūḍa)가 형이고, 반타가(槃陀伽 : 半託迦 Ⓢ Panthaka)가 동생이다. 『법화의소』 권9(대정장34, p.580b4)에 "'주다'는 한역하면 불락이 되고 또 소로라고도 한다. 周陀者 翻爲不樂 又云小路", 『법화현찬』 권8(대정장34, p.804a26)에 "주다는 사노라고도 한다. 周陀 此云蛇奴", 『번역명의집』 권1(대정장54, p.1065a10)에 "주다는 주리라고도 하는데, 이는 '큰 길 가에서 태어난 이'로 한역한다. 『불본행경』에서는 '그의 어머니는 장자의 여식이었는데, 남편을 따라 타국을 오래 다니다가 임신한 뒤에 산기를 느끼고는 돌아가던 중 길에서 아들을 낳았는데, 이와 같이 두 번씩이나 두 아들을 낳았다. 이에 큰 길(大)에서 낳은 이와 작은 길(小)에서 낳은 이를 구별하기 위해 큰 길 쪽을 주다라 하였고, 작은 길 쪽을 사가타(莎伽陀 Ⓢ Svāgata)라 하였다. 사가타는 반타가(S Panthaka)라고도 하는데, 이는 '작은 길 가에 태어난 이'를 나타낸다. 또 한역하여 '계도(繼道)'라 하는데, 그(주다)의 동생이 이어서 길 가에서 태어났기 때문에 계도라 한 것이다. 周陀 或云周利 此云大路邊生 佛本行經云 其母是長者之女 隨夫他國久而有孕 垂產思歸 行至中路 卽誕其子 如是二度 凡生二子 乃以大小 而區別之 大卽周陀 小卽莎伽陀 莎伽陀 或云槃陀伽 此示小路邊生 又翻繼道 以其弟生繼於路邊 故名繼道"라고 하였다. [참고문헌] 『法華義疏』, 『法華玄贊』, 『翻譯名義集』. ⇨ 주리반특 周利槃特, 주리반타가 周利槃陀伽

주다라니 呪陀羅尼 S mantra-dhāraṇī, T gsang-sngags-kyi-gzungs. 사종다라니(四種陀羅尼) 중 하나. 정(定) 즉 삼매를 바탕으로 다라니를 지니는 것. 주총지(呪總持)라고도 한다. 『유가사지론』 권45(대정장30, p.542c26 : *Bodh-bh.*, p.185)에 "무엇이 보살의 주다라니인가? 보살들이 이와 같은 등지의 자재함을 말한다. 이 자재가피로 말미암아 유정재환을 없앤다. 모든 주장구는 다른 장구들을 신험하게 한다. 가장 뛰어난 영험은 해를 입지 않게 해서 온갖 재앙을 없앤다. 이를 보살의 주다라니라 한다. 云何菩薩呪陀羅尼 謂諸菩薩獲得如是等持自在 由此自在加被 能除有情災患 諸呪章句 令彼章句悉皆神驗 第一神驗無所唐捐 能除非一種種災患 是名菩薩呪陀羅尼 tatra mantradhāraṇī katamā. iha bodhisattvastadrūpaṃ samādhivaśitāṃ pratilabhate yathā yāni mantrapadānīti saṃśamanāya sattvānāmadhitiṣṭhanti. tāni siddhāni bhavanti. paramasiddhānyamoghānyenekavidhānāmītīnāṃ saṃśamanāya. iyamucyate bodhisattvasya mantradhāraṇī", 『유가사지론약찬』 권12(대정장43, p.154c26)에 "주다라니는 정을 바탕으로 한다. 정에 의지하여 다라니를 지녀 헛되지 않도록 한 것이니 주로써 경을 삼는다. 呪陀羅尼 以定爲體 依定持呪 令不妄故 以呪爲境也"라고 하였다. [참고문헌] 『瑜伽師地論』, 『瑜伽師地論略纂』, 『法華經玄贊要集』 권9(卍속장53, p.783b5), *Bodh-bh.* ⇨ 주총지 呪總持, 사종다라니 四種陀羅尼

주다반탁가 朱荼半託迦 S Cūḍapanthaka, P Cūḷapanthaka, Cullapanthaka, T lam-phran-bstan. 주리반특(周利槃特). 소로(小路)·우로(愚路)·계도(繼道)라고도 한다. 『유부율』 권31(대정장23, p.795b16)에 "'이 아이는 목숨이 오래가기를 바래서 작은 길가에 두었으니 이 아이의 이름을 소로라고 해야겠다'〈범어로 주다반탁가라 하는데, 주다란 작다는 뜻이고, 반타가는 길이란 의미이다. 구역에서 주리반특가라 한 것은 와전이다〉. 아이가 점차 자라나 가르치고자 하여 그의 스승은 먼저 실담장을 읽게 하였지만, 품성이 우둔해 담(談)을 말하면 실(悉)을 잊어버리고, 실을 말하면 담을 잊어버렸다. … 사람들은 모두 우로라고 불렀다. 此兒欲求長命置小路傍 應與此兒名爲小路〈梵云朱荼半託迦 朱荼是小 半託迦是路 舊云周利槃特迦者 訛也〉 旣漸長大令其受學 其師先教讀悉談章 稟性愚鈍 道談忘悉 道悉忘談 … 人皆悉喚爲愚路", 『사분율명의표석』 권12(卍속장70, p.580a5)에 "반타 : 반타가 또는 주라반이라고도 하며, 갖추어 주리반타가라고도 하는데, 이는 작은 길가에서 태어났다는 말이다. 또 한역하여 계도라 하는데, 그의 형이 길가에서 태어났고 동생이 이어서 길가에서 태어났기에 이어서 길에 난 아이라 한 것이다. 『유부율』에서는 '형(大)은 범어로 마하반타가(S Mahāpanthaka)라 하는데, 이것은 한역하면 대로(大路)이고, 동생(小)은 주다반탁가라 하는데, 이것은 한역하면 소로이다. 구역에서는 동생을 주리반특가라 했는데 이는 와전이다'라고 하였다. 般陀 或云槃陀伽 或云周羅般陀 具云周利槃陀伽 此云小路邊生 又翻繼道 以其兄生路邊 弟生繼於路邊 故名繼道 根本云 大者梵云莫訶半託迦 此云大路 小者名朱荼半託迦 此云小路 舊云小者名周利槃特迦者 謁也"라고 하였다. [참고문헌] 『有部律』, 『四分律名義標釋』, *Mvyut.47.* ⇨ 주리반특 周利槃特, 주리반타가 周利槃陀伽, 반타가 半託迦

주다반탁가 티베트 탕가 시대미상

주다반탁가 注荼半託迦 S Cūḍapanthaka, P Cūḷapanthaka. 십육나한(十六羅漢) 중 열여섯 번째 나한. 주는 주(朱), 탁은 타(吒)·탁(托)이라고도 한다. 『사분율명의표석』 권31(卍속장70, p.871b2)에 "열여섯 번째 존자 명호는 주다반탁가로서 자신의 권속 천육백 아라한과 함께 대부분의 세월을 지축산에서 머문다. 第十六尊者 名注荼半託迦 與自眷屬 千六百阿羅漢 多分住在 持軸山中"라고 하였다. [참고문헌] 『四分律名義標釋』, 『百丈淸規證義記』 권5(卍속장111, p.685b17). ⇨ 십육나한 十六羅漢, 법주기 法住記

주담 酒曇 남송대 스님인 귤주보담(橘州寶曇 1129~1197)의 별명. 술 취한 보담이라는 말로 걸림이 없이 자유롭고 집착이 없는 천성에 술을 좋아하여 붙여졌다. 『총림성사』 권하(卍속장148, p.90b12)에 "그러나 보담의 타고난 성품은 너그럽고 솔직하며 규범을 섬기지 않았다. 죽원에 머물던 날에도 술을 먹고 일을 벌인 탓에 태수 임시랑의 추적을 받다가 나와서 그에게 '술취한 보담은 삼계를 넘어서 하는 일 없이 살지만 하지 못하는 일도 없으니 저 보담은 본래 하는 일 없이 살았기 때문이요'라고 말해주었다. 然曇賦性坦率 不事拘撿 在竹院日 復以酒事 遭太守林侍郎追 至出對與之曰 酒曇過界 住無爲而無所不爲 蓋曇曾住無爲故也"라고 하였다. [참고문헌]『叢林盛事』. ⇨ 보담 寶曇

주대 做大 거드름 피우다. 대인(大人)인 척 꾸민다는 말로 허세를 부린다는 뜻이다. 조대(措大)라고도 한다. 『허당록』 권6(대정장47, p.1032a25)에 "대혜선사 : 앞서 석가도 없고, 뒷날 달마도 없는 듯하구나. 비도 꾸짖고 바람에게도 욕하며, 그저 거드름 피우고 싶을 뿐이라네. 시커먼 옻칠한 죽비로, 아무렇게나 마구 때리니, 부처인가 마구니인가? 정면에서 침을 뱉어주리라. 大慧禪師 前無釋迦 後無達磨 罵雨罵風 祇要做大 黑漆竹篦 胡打亂打 是佛是魔 劈面便唾", 『보각종고어록』 권하 「전참정 錢參政」(卍속장121, p.76a7)에 "뱃속에 한 물건 가진 것 없으면서, 눈앞에서 공연히 허세를 부린다. 천이나 되는 이들 앉은 채로 내려보고 처음부터 모조리 매도하니, 한 때 기꺼이 존귀한 듯 하다가는 악명은 마침내 멀리 퍼진다. 肚裏無一物 眼前空做大 座下千餘人 從頭都罵過 一期快尊懷 惡名遂遠播", 『방산문보어록』(卍속장122, p.457b12)에 "방산이 어느 날 대중에게 입실을 알리는 패를 내건 다음 법어를 내리고 '남전이 고양이를 베어버린 소식은 무엇인가?'라고 물었다. 대중이 응답한 말마다 적합하지 않았는데 때마침 한 하인이 곁에 있다가 '늙은 쥐가 거드름을 피웁니다'라고 답하자 방산이 웃으면서 말했다. '참으로 뒤칠 만한 한마디이지만 분명히 그대 입에서 나오지 않았을 것이다'. 師一日 爲衆挂牌入室 垂語曰 南泉斬却猫兒時 如何 衆下語 不契 適有一僕在旁 曰 老鼠做大 師笑曰 好一轉語 只是不合從汝口裡出"라고 하였다. [참고문헌]『虛堂錄』, 『普覺宗杲語錄』, 『方山文寶語錄』. ⇨ 조대 措大

주대비 住大悲 대비에 머물다. 『불지경론』 권2(대정장26, p.296b17)에 "'불주에 머무시고'란, 세존이 조복하고 교화할 대상을 관하는 수승한 공덕을 나타내 보인 것이니, 대비에 머무시어 주야 여섯 차례 세간을 관하시는 것을 말한다. 住於佛住者 顯示世尊觀所調化殊勝功德 謂住大悲 晝夜六時 觀世間故", 원측(圓測)의 『해심밀경소』 권1(한불전1, p.152b17)에 "이와 같은 여러 논서에 따르면, (불주에 대해서는) 모두 네 가지로 푼다. 첫째는 무주처열반에 머무는 것이고, 둘째는 성천범주에 머무는 것이고, 셋째는 공대비에 머무는 것이고, 넷째는 대비에 머무는 것이다. 如是諸論 總有四釋 一 住無住涅槃 二 住聖天梵住 三 住空大悲 四 住大悲"라고 하였다. [참고문헌]『佛地經論』, 『解深密經疏』. ⇨ 불주 佛住

주대승 住大乘 대승에 머물다. 『불지경』(대정장16, p.720c23)에 "다시 무량한 보살마하살이 있어 모든 불국토로부터 함께 이 모임에 와서 모여 다 같이 대승에 머물며 대승법에서 놀았다. 復有無量菩薩摩訶薩 從諸佛土俱來集會 皆住大乘 遊大乘法", 원측(圓測)의 『해심밀경소』 권1(한불전1, p.164a19)에 "친광(親光)은 '다시 「다 같이 대승에 머문다」란, 초지에 머물면서 두루 가득한 진법계를 증득할 때 처음으로 진실한 대승법을 얻기에 「대승에 머문다」고 한 것이다'라고 하였다. 親光云 復次皆住大乘者 謂住初地 證得遍滿眞法界時 初得眞實大乘法故 名住大乘"라고 하였다. [참고문헌]『佛地經』, 『解深密經疏』, 『佛地經論』 권2(대정장26, p.300c11).

주대승입능가경 注大乘入楞伽經 당대 실차난타(實叉難陀)가 한역한 『대승입가경』 7권(대정장16, No.672)에 대한 주석서. 송대 보신(寶臣) 술(述). 10권. 대정장39, pp.433b25~504c27, No.1791에 실려 있다. 『대승입능가경주 大乘入楞伽經註』·『능가경주』·『입능가경주』 등이라고도 한다. 맨 앞에 보신의 서문과 함께 7권본 『능가경』에 대한 천책금륜성신황제(天冊金輪聖神皇帝 : 則天武后)의 어제서(御製序) 「신역대승입능가경서 新譯大乘入楞伽經序」가 붙어 있다. 보신의 서문에 따르면, 달마(達磨)가 능가종지인 불립문자의 불심종(佛心宗)을 전해온 이야기가 총림에 크게 유행하지만, 오히려 이로써 안목이 어두워짐을 걱정하여 옛 주해를 모아 보고 실차난타의 7권본 신역을 주석하였다고 밝히고 있다. 석경문의(釋經文義)에 앞서 총 18품의 경을 삼분하는데, 제1품 「라바나왕권청품 羅婆那王勸請品」을 서분(序分), 제2품 「문답품 問答品」부터 제18품 「게송품 偈頌品」 일부를 정종분(正宗分), 「게송품」의 마지막 부분인 "제불께서 아시는 바이다. 諸佛之所知"(대정장16, p.639c27)부터 결구인 "마땅히 이 교리에 의지하고 다시 다른 분별 말라. 當依此教理 勿更餘分別"까지를 유통분(流通分)으로 삼았다. 끝에는 판각한 사문 형위(逈瑋)가 거듭 교감하였음(丐緣鏤板 沙門逈瑋 重校勘)을 한 줄의 짤막한 간기가 전하고 있다. ⇨ 능가경 楞伽經

주도 州都 양(梁)과 진(陳)대의 승관. 『삼국유사』 권4(대정장49, p.1005b22·한불전6, p.346b25) 의해(義解)5 자장정률(慈藏定律)에 "또 양대와 진대에 국통·주통·국도·주도·승도·승정·도유내 등의 이름이 있었는데, 모두 소현조에 속해 있었다. 소현조는 승니를 관할하는 관청 이름이다. 又梁陳之間有國統 州統 國都 州都 僧都 僧正 都維乃等名 摠屬昭玄曹 曹卽領僧尼官名"라고 하였다. [참고문헌]『三國遺事』. ⇨ 승관 僧

官, 소현시 昭玄寺

주도 呪盜 주문(呪文)을 외워서 훔치다. 또는 갖고 싶은 물건에 주문을 걸어서 취하는 도둑질을 말한다. 『천태보살계소』 권상(대정장40, p.588b8)에 "주술로 물건을 훔치는 것을 주도라 한다. 呪術取物 名爲呪盜", 『범망경보살계본소』 권2(대정장40, p.620a12)에 "몰래 가질 마음으로 물건에 주문을 걸어 자기에게 속하도록 하는 등의 방법이나 그러한 주술의 인연을 빌어 남의 물건을 취하는 행위를 모두 주도라 한다. 以盜心呪物 令屬己等 又託彼呪緣 枉取他物 俱名呪盜", 『보살계본소』 권상(대정장40, p.665a28)에 "주도란 주문을 외워 물건이 저절로 자기에게 오도록 하는 것이다. 呪盜者 誦呪令物自來也", 『범망경보살계약소』 권3(卍속장60, p.805a9)에 "주도는 외도의 삿된 술수로서 주문을 걸어 남의 물건이 저절로 자기에게 오도록 하여 거두거나 귀신을 주문으로 불러 그 귀신이 몰래 훔치도록 하는 방법을 말한다. 呪盜者 以外道邪術 呪攝彼物自來 或呪召鬼神 使鬼竊取也"라고 하였다. [참고문헌] 『天台菩薩戒疏』, 『梵網經菩薩戒本疏』, 『菩薩戒本疏』, 『梵網經菩薩戒略疏』.

주도과 晝度果 주도수(晝度樹 Ⓟ pāricchattaka)의 열매. 『보요경』 권8(대정장3, p.531b12)에 "가섭이 때마침 떠나자 부처님께서 신족통으로 도리천에 오르시어 주도과를 따셨다. 迦葉適去 佛以神足 上忉利天 取晝度果"라고 하였다. [참고문헌] 『普曜經』. ⇨ 주도수 晝度樹

주도수 晝度樹 Ⓢ pārijāta, Ⓟ pāricchatta, pāricchattaka, Ⓣ yongs-'dus-shing. 도리천(忉利天)에 나는 큰 나무. 파리질다수(波利質多樹)라고 음사하며, 원생수(園生樹) 또는 산호수(珊瑚樹)라고도 한역한다. 『장아함경』 권20 「세기경 世記經」(대정장1, p.129c3)에 "사라와 극묘라는 두 원림 사이에 주도수가 자란다. 아래로 7유순을 두르고 높이는 100유순이며 가지와 잎은 4표 50유순이다. 나무 울타리는 일곱 겹으로서 일곱 겹의 난간과 일곱 겹의 나망과 일곱 겹의 나무가 늘어서 있다. 둘러쳐 장식하고 칠보로 이룬다. 무수한 새들이 어울려 우는 소리까지도 이와 같다. 娑羅極妙 二園中間生晝度樹 下圍七由旬 高百由旬 枝葉四布五十由旬 樹牆七重 七重欄楯 七重羅網 七重行樹 周匝校飾 以七寶成 乃至無數衆鳥 相和而鳴 亦復如是"라고 하였다. [참고문헌] 『長阿含經』, *Saddh-p.15.*, *Vin.1.30.*, *AN.4.117.* ⇨ 원생수 園生樹, 파리질다수 波利質多樹

주독행무명 主獨行無明 주독행불공무명(主獨行不共無明)을 달리 이르는 말. 『성유식론술기』 권5(대정장43, p.411b11)에 "무명에는 두 가지가 있다. 첫째, 주독행무명은 진실한 뜻인 사제에 미하여 일어나며, 오직 분별기로서 오직 견도에서 끊어지고, 분 등 열 가지 수번뇌와는 상응하지 않는다. 無明中有二 一 主獨行 迷諦理起 唯分別起 唯見道斷 不與忿等十種相應"라고 하였다. [참고문헌] 『成唯識論述記』. ⇨ 주독행불공무명 主獨行不共無明, 불공무명 不共無明, 오종무명 五種無明 ■

주독행불공무명 主獨行不共無明 주가 되어 오직 홀로 행해서 함께 하지 않는 무명. 무명이 주(主)가 될 뿐이어서 무명을 제외한 여타의 근본번뇌(根本煩惱)나 소수혹(小隨惑)과는 함께하지 않는 번뇌. 분별로만 일어나며(分別起), 견도에서 끊어진다. 이외의 무명은 비주독행불공무명(非主獨行不共無明)이다. 『법원의경』 권4(대정장71, p.218a16)에 "독행불공무명은 주독행불공무명이라고도 한다. 분(忿) 등과 함께 하지 않으며 오직 견도에서 끊어진다. 獨行不共者 亦名爲主獨行不共 謂不與忿等俱 唯見道斷", 『대승법원의림장사자후초』 권15(대정장71, p.753a17)에 "주독행불공무명은 본혹(本惑)과 함께하지 않기에 독행불공무명이라 한다. 그러나 여덟 가지 대수혹과는 함께하며, 분 등 열 가지 소수혹과는 함께하지 않는다. 오직 무명이 주가 되고, 여덟 가지 대수혹이 수반되어 일어나니, 총 열 가지 근본혹 중 근본이 되는 한 가지 혹(무명)만을 따라 일어나서는 반드시 여덟 가지 대수혹이 따라 일어나기에 주독행불공무명이라 한다. 십주 중 네 번째 주인 생귀주(生貴住)로서 이미 현행의 번뇌(纏)를 조복하여 악취에 나는 일은 없다. 수면번뇌로서 오직 견도에서 끊어진다. 主獨行不共無明 謂與本惑不俱 名獨行不共 但八大隨惑俱 與忿等十不俱 唯無明爲主 八大隨惑爲伴起 總十根本惑中 隨一本惑起 必八大隨惑隨逐起者 故名主獨行不共無明 十住中第四生貴住 已伏纏令離惡趣 隨眠唯見道斷"라고 하였다. [참고문헌] 『法苑義鏡』, 『大乘法苑義林章師子吼鈔』. ⇨ 무명 無明, 독행불공무명 獨行不共無明, 비주독행불공무명 非主獨行不共無明, 본혹 本惑, 수혹 隨惑, 소수혹 小隨惑, 견도 見道

주라 朱羅 Ⓢ Ⓟ cora. 주지 않는 물건을 취하거나 다른 이의 몫을 취하는 행위. 도둑질 또는 투도(偸盜)를 말한다. 『선견율비바사』 권8(대정장24, p.732a16)에 "이런 (주지않은) 물건을 취하는 것을 도라고 하고, 도둑질이 주라다. 取此物者 是名盜也 盜者是朱羅也", 같은 책 권10(대정장24, p.742a6)에 "스스로 자기 절의 오래 머문 비구에게는 '만일 과실이 있고 객비구가 와 있으면 마땅히 나누어 먹어야 죄가 없다'라고 말해놓고 객비구가 가버린 다음에야 오래된 비구끼리 나누어서 먹으면 이도 '주라'라고 한다. 自言己寺舊比丘 若有果 有客比丘來 應共分食無罪 若客比丘去後 舊比丘然後分食 是

名朱羅", 『번범어』 권1(대정장54, p.988c14)에 "주라〈한역하면 '훔치다'라는 뜻이다〉. 朱羅〈譯曰偸也〉"라고 하였다. [참고문헌] 『善見律毘婆沙』, 『翻梵語』, *Vin.1.74·88.* ⇨ 투도 偸盜, 불여취 不與取

주라 周羅 ❶ [S] cūḍā, [P] cūḷā, cūla, [T] gtsug. 정수리의 머리털 또는 묶음. 나머지 부분은 다 깎은 채 정수리에 남긴 머리카락. 득도(得度)시 처음 체발(剃髮)할 때 최후에 친교사(親敎師)가 마지막으로 깎는 머리카락으로 마지막 번뇌를 비유한다. 주라발(周羅髮)·주라계(周羅髻)·정계(頂髻)·정발(頂髮)·소발(小髮)·소계(小髻)라고도 한다. 원래 '작은' 또는 '매우 작은'이라는

주라 괘불탱 곡성 도림사 1683년

의미의 범어 크슈드라([S] kṣudra)가 크슐라([S] kṣulla)로 변하고, 다시 크슐라가 출라([S][P] culla)로 변하였으며, 출라는 추다([S] cūḍa)가 되어 결국 머리를 깎을 때 정수리에 남기는 작은 머리, 또는 상투를 의미하는 말이 되었다. 『기세인본경』 권1(대정장1, p.365c8)의 주(註)에 "주라는 상투라고 한다. 周羅者 隋言髻也", 『대지도론』 권31(대정장25, p.293b4)에 "저 석가의 제자가 금계를 수지하는 것은 그 성에 당하고, 머리카락을 깎고 기운 염의를 입는 것은 모습에 해당한다. 범지가 스스로 그 법을 받는 것은 성에 해당하고, 정수리에 주라를 남겨둔 채 삼기장(三岐杖)을 들고 다니는 것은 모습에 당한다. 如釋子受持禁戒 是其性 剃髮割截染衣 是其相 梵志自受其法 是其性 頂有周羅 執三岐杖 是其相", 『아비담비바사론』 권15(대정장28, p.110c10)에 "만약 정수리가 의지하는 주라를 벨 수 있다면 이를 해탈이라 이름한다. 또한 삼계의 온갖 번뇌의 머리털을 끊을 수 있다면 이를 해탈이다 한다. 復次若能揃有頂所依周羅者 是名解脫 復次若斷三界諸煩惱髮 是名解脫", 『백장청규』 권5(대정장48, p.1137b18)에 "최후로 남은 하나의 번뇌(結)를 주라라 한다. 오직 스승인 한 사람만이 자를 수 있다. '나는 이제 그대를 위해 이를 제거할 것이니 그대 지금 승낙하는가?' 最後一結 謂之周羅 唯師一人 乃能斷之 我今爲汝除去 汝今許否", 『법원주림』 권53(대정장53, p.681c12)에 "그대는 자결함으로써 나에게 사죄를 하려 하지만, 내 뜻에 따라 그대의 주라를 깎고 나의 자제가 되시오. 汝以自刎謝我 當隨我意 剃汝周羅 爲我弟子", 『일체경음의』 권73(대정장54, p.781a8)에 "주라〈소(小)로 한역한다. 소계를 일컫는다〉. 周羅〈此譯云小也 謂小髻也〉", 『번범어』 권1(대정장54, p.987b14)에 "주라〈정계 또는 소로 한역한다〉. 周羅〈譯曰頂髻 亦云小也〉", 『화엄경탐현기』 권18(대정장35, p.442a8)에 "주라는 정계로 한역한다. 周羅 此云頂髻", 『사분율명의표석』 권5(卍속장70, p.468a5)에 "주라는 소발로 한역하는데 소계를 부른다. 周羅 此云小髮 謂小髻也"라고 하였다. [참고문헌] 『起世因本經』, 『大智度論』, 『阿毘曇毘婆沙論』, 『百丈淸規』, 『法苑珠林』, 『一切經音義』, 『翻梵語』, 『華嚴經探玄記』, 『四分律名義標釋』, *Jā.1.64·462.* ⇨ 주라발 周羅髮, 정계 頂髻 ❷ 주라보(周羅寶 [S] Cūḍāmaṇi)를 말한다. 『일체경음의』 권20(대정장54, p.432c24)에 "주라〈범어이다. 이것은 소보(小寶)로 한역한다. 길유라는 지유라보라고 해야 하며, 영락으로 한역한다. 미가라(彌呵羅)는 미가라(彌珂羅)라고 해야 하며, 금포로 한역한다〉. 周羅〈梵語也 此譯云小寶也 吉由羅應云 枳由邏寶 此云瓔珞 彌呵羅應云彌珂羅 此云金布也〉"라고 하였다. [참고문헌] 『一切經音義』. ⇨ 주라보 周羅寶 ❸ 주라선견(周羅善見)이라는 성(城). 『법원주림』 권3(대정장53, p.289a10)에 "사천왕 각각은 자신의 성에 기거하는데 … 서방의 성을 주라라 한다. 四天王各居其城 … 西方城名周羅"라고 하였다. [참고문헌] 『法苑珠林』. ⇨ 주라선견 周羅善見

주라계 周羅髻 주라(周羅 [S] cūḍā). 『입세아비담론』 권6(대정장32, p.200b10)에 "염부제 사람들의 의복과 장식은 갖가지로 같지 않다. 어떤 이는 장발을 나누어 쌍 상투를 만들며, 또 어떤 이는 머리카락과 수염을 모두 깎으며, 또 어떤 이는 정수리에 상투 하나만을 남겨두고 나머지 머리를 다 깎아 없애버리는데 이를 주라계라 한다. 剡浮提人 衣服莊飾 種種不同 或有長髮 分爲兩髻 或有剃落髮鬚 或有頂留一髻 餘髮皆除 名周羅髻"라고 하였다. [참고문헌] 『立世阿毘曇論』. ⇨ 주라 周羅 ❶

주라마니 周羅摩尼 [S] cūḍāmaṇi. 보살의 정수리 구슬. 빛을 놓는데 이 빛을 보는 이는 십지(十地)의 지위에 오르는 등 수많은 공덕을 얻는다. 주라(周羅 [S] cūḍā)는 정(頂) 또는 계(髻)로 한역한다. 60권본 『화엄경』 권32 「불소상광명공덕품 佛小相光明功德品」(대정장9, p.606b26)에 "이와 같은 보살마하살은 백정보망전륜왕처에 안주하여 대광명을 놓으니, 주라마니라고 한다. 만약 어떤 중생이 이 빛을 보면 모두 보살십지를 얻고, 모두 무량지혜광명을 얻고, 십종안청정행업을 얻고, 내지 십종의청정업을 얻어서 정력삼매를 구족히 성취한다. 如是菩薩摩訶薩 安住白淨寶網轉輪王處 放大光明 名周羅摩尼 若有衆生遇斯光者 皆得菩薩十地 悉得無量智慧光明 得十種眼淸淨行業 乃至十種意淸淨業 具足成就淨力三昧", 『화엄일승성불묘의』(대정장45, p.781a10)에 "이 전륜왕 역시 주라마니광을 놓으니, 보는 이들은 모두 보살십지를 얻는다. 此輪王亦放周羅摩尼光 見者皆得菩薩十地"라고 하였다. [참고문헌] 『華嚴經』, 『華嚴一乘成佛

妙義』, 『羅摩伽經』 권중(대정장10, p.861c26), *Gaṇḍ-vy.167.* ⇨ 주라 周羅 ❶❷

주라발 周羅髮 Ⓢ cūḍā, Ⓟ cūḷā. 주라(周羅). 『선견율비바사』 권10(대정장24, p.744c23)에 "사문이란, 저 사문다운 모습을 지으니 작은 주라발만을 남겨둔 채 머리칼을 깎으며, 괴색(壞色)의 옷을 입으니 하나로는 몸을 덮고 나머지 하나로는 어깨 위에 걸치며, 절에 들어와 비구들에 의지하고 남이 준 남은 음식을 받아 살아가는 이를 말한다. 沙門者 作如沙門形 剃頭留少周羅髮 著壞色衣 一以覆身 一以置肩上 入寺依止比丘 拾取殘食以自生活", 『석씨요람』 권상(대정장54, p.267a18)에 "주라발이란, 은사(恩師)인 친교화상이 마지막에 깎는 정수리의 머리칼이다. 범어 주라(Ⓢ cūḍā)는 소결(小結)이라 한역한다. 또 삼계구지의 번뇌로서 견도와 수도에서 끊어지는 81품 중에 제9지의 마지막 품의 번뇌를 소결이라고도 하는데 아주 미세해 버리기 어렵다. 여기서 이 정수리의 머리칼은 그 번뇌를 비유한 것이다. 96종의 외도 중 누구도 다 남김없이 버릴 수 없지만, 오직 불제자만이 끊을 수 있다. 친교사가 마지막에 깎는 행위는 삼계를 벗어나게 하기 위해 남은 번뇌(結)를 없애는 상징이다. 周羅髮 卽今親敎和尙 最後爲剃頂上髮也 梵語周羅 此云小結 且三界九地煩惱 見修所斷 有八十一品 卽第九地末品煩惱 名小結 微細難除 今此頂髮 喩彼煩惱 九十六種外道 皆不能盡除 唯佛弟子能斷故 親敎師最後剃者 表爲除殘結 令出三界故"라고 하였다. [참고문헌] 『善見律毘婆沙』, 『釋氏要覽』, *Jā.5.153.* ⇨ 주라 周羅 ❶

주라보 周羅寶 Ⓢ Cūḍāmaṇi. 올린 머리로 묶은 장식 또는 그 묶음이 품은 구슬. 계주(髻珠)를 말한다. 60권본 『화엄경』 권51(대정장9, p.719b11)에 "그때 대천은 선재 앞에 천상의 금무더기를 쌓아놓았는데 마치 수미산왕과 같았다. 백은・유리 … 주라보・영락보・길유라보 … 몸의 모든 곳을 장엄하는 보배나 여의주보도 모두 쌓아놓았는데 마치 수미산 같았다. 爾時 大天於善財前積天金聚 猶如山王 白銀 瑠璃 … 周羅寶 瓔珞寶 吉由羅寶 … 莊嚴一切諸肢節寶 如意珠寶 皆悉積聚 猶若山王"라고 하였다. [참고문헌] 『華嚴經』, *Gaṇḍ-vy.167・413.* ⇨ 계주 髻珠, 주라 周羅 ❶❷

주라선견 周羅善見 수미산(須彌山) 서쪽에 있는 성(城) 이름. 『장아함경』 권20 「세기경 世記經」(대정장1, p.130b9)에 "수미산 서쪽 천유순쯤에 주라선견이라는 이름의 비루파차천왕의 성이 있었는데, 종횡으로 각기 6천유순이었으며 일곱 겹으로 되어 있는 그 성은 일곱 겹의 보배 난간・일곱 겹의 그물・일곱 겹의 가로수가 칠보로 장식되어 둘러쳐져 있었고 내지 무수한 온갖 새들이 서로 화답하며 지저귀고 있었다. 須彌山西千由旬有毗樓婆叉天王城 名周羅善見 縱廣六千由旬 其城七重七重欄楯 七重羅網 七重行樹 周匝校飾 以七寶成 乃至無數衆鳥相和而鳴"라고 하였다. [참고문헌] 『長阿含經』.

주라파리가라의 朱羅波梨迦羅衣 삼의(三衣) 중 하나인 잡쇄의(雜碎衣 : 僧伽梨)의 음사어. 『번범어』 권10(대정장54, p.1052a7)에 "주라파리가라의〈율에서는 잡쇄의라 한다〉. 朱羅波梨迦羅衣〈律曰雜碎衣也〉"라고 하였다. [참고문헌] 『翻梵語』, 『善見律毘婆沙』 권14(대정장24, p.772b1). ⇨ 가사 袈裟, 잡쇄의 雜碎衣

주량 舟梁 가고자 하는 곳으로 가게 하는 수단. 가르침 또는 교설의 뜻이지만 때로는 끝내는 버려야 할 방편이기도 하다. 『앙굴마라경』 권1(대정장2, p.520b15)에 "모든 두려워하는 이들을 감싸 보호하고, 빠져 떠도는 모든 이들에게 배와 다리가 되어 주네. 爲諸恐怖 而作覆護 爲諸漂溺 而作舟梁", 『삼십칠존출생의』(대정장18, p.298a8)에 "외도는 아집 때문에 멀어지고, 이승은 공을 알려 멈춰 있고, 정에 쏠린 이는 취하고 버릴 뿐이며, 얕은 지혜로는 유무에 미혹당한다. 이들은 모두 스스로 배와 다리 부수면 갈 곳 몰라 하리라. 外道 隔於我執 二乘 滯於空證 近情 失於取捨 淺智 惑於有無 皆是自破舟梁 不可得而詣也"라고 하였다. [참고문헌] 『央掘魔羅經』, 『三十七尊出生義』.

주량 肘量 주(肘 Ⓢ hasta). 양을 헤아리는 단위. 『창소지론』 권상(대정장32, p.226b19)에 "이의 알 일곱 개의 양은 이 한 마리의 양이고, 그 이 일곱 마리의 양은 보리 하나의 양이고, 그 보리 일곱 개의 양은 손가락 마디 하나 길이고, 그 손가락 마디 세 개는 손가락 하나 길이이고, 손가락 하나를 옆으로 펼친 것이 주 하나의 양이다. 七蟣量爲一蝨量 復七蝨量爲一麥量 彼七麥量爲一指節 三節爲一指 二十四指橫布爲一肘量"라고 하였다. [참고문헌] 『彰所知論』. ⇨ 주 肘

주량 籌量 ❶ Ⓟ medhāvī. 헤아려 가늠하다. 『잡아함경』 권34(대정장2, p.248a4 : *Uttiya-sutta, AN.5, p.194*)에 "문을 지키는 사람은 총명하고 기민한 지혜로 잘 헤아려 가늠해야 하니, 밖에서 누구라도 오면 들여야 할 이는 들게 하고 들여서는 안 되는 사람은 허용하지 않는다. 立守門者 聰明黠慧 善能籌量 外有人來 應入者聽入 不應入者不聽 tatr'assa dovāriko paṇḍito vyatto medhāvī aññātānaṃ nivāretā ñātānaṃ pavesetā", 『방광대장엄경』 권9(대정장3, p.591b12)에 "그대들은 마땅히 일심으로 헤아리고 가늠해 어떤 계책으로 저들을 꺾어서 조복시킬지 생각해야 한다. 汝等宜應 一

心籌量 以何方計 能摧伏彼", 『대지도론』 권50(대정장25, p.420c24)에 "일체 모든 불법은 능히 사유로 헤아릴 수 없기에 불가사의라 한다. 一切諸佛法 無有能思惟籌量者 故名不可思議", 『대승본생심지관경천주』 권8(卍속장34, p.490b14)에 "주란 헤아림이고, 량이란 가늠하는 뜻이다. 그러나 부처님의 지혜는 헤아릴 수 있는 것이 아니니 이를 가리켜 '성에 합하는 복은 비교할 수 없다'고 한다. 籌者 算也 量者 度也 然佛智不能籌量者 謂稱性之福 無可較也"라고 하였다. 〔참고문헌〕『雜阿含經』, 『方廣大莊嚴經』, 『大智度論』, 『大乘本生心地觀經淺註』, *AN*. ❷ 제7식의 작용을 말한다. 『아미타경소초연의』 권3(卍속장33, p.648b11)에 "의(意)는 제7식이고, 주량이란 제8식의 견분을 사유하며 헤아려 이것은 아라고 여긴다. 意者 卽第七識 籌量者 思惟籌量 第八見分 是我故也", 『능엄경집주』 권3(卍속장17, p.157a6)에 "『구사론』에 '집기를 심이라 하고, 주량을 의라 하며, 요별(전5식)을 식이라 한다'라고 하였다. 俱舍論云 集起名心 籌量名意 了別名識"라고 하였다. 〔참고문헌〕『阿彌陀經疏鈔演義』, 『楞嚴經集註』. ❸ Ⓢ tulayitvā, tulayati, Ⓣ dpyad-pa, 'jal-ba, 'jal-bar-byed-pa. 숙고하다. 곰곰이 생각하다. 의심을 갖고 파고들다. 『유가사지론』 권36(대정장30, p.486b24 : *Bodh-bh.*, p.25)에 "일체 세간은 본래부터 펴고 구르며 전해 와서 상상하고 스스로 분별하여 함께 성립한 것이지 사유로 말미암아 헤아리고 관찰한 연후에야 취한 것은 아니다. 이것을 가리켜 세간이 끝내 성취한 진실이라 한다. 一切世間 從其本際展轉傳來 想自分別 共所成立 不由思惟 籌量觀察 然後方取 是名世間極成眞實 sarveṣām-eva laukikānāṃ paraṃ-parāgatayā saṃjñayā svavikalpa-prasidvaṃ na cintayitvā tulayitva-upaparīkṣya-udgṛhītam. idam-ucyate loka-prasiddha-tattvam"라고 하였다. 〔참고문헌〕『瑜伽師地論』, *Bodh-bh.*

주려 儔侶 짝. 반려(伴侶). 주필(儔匹). 『출요경』 권20(대정장4, p.717a1)에 "'스스로 그러해서 스승이 없이 보림한다'는 말은 무슨 뜻인가? 홀로 삼천대천국토에서 왕 노릇을 하여 짝할 이 없고 대등한 이조차 없거늘 하물며 두드러지고자 할 일도 없으니 '스스로 그러해서 스승이 없다'고 한다. 自然無師保者 獨王三千大千國土 無有儔侶 等者猶無 況欲出耶 是故說曰 自然無師保", 『경덕전등록』 권13 「분양선소전 汾陽善昭傳」(대정장51, p.305a24)에 "'무엇이 손님 중의 주인인지요?' '마주해 짝할 이 없는 뜻이다'. 曰 如何是賓中主 師曰 對面無儔侶", 『건중정국속등록』 권29 「동경정인정조진복선사 東京淨因淨照臻福師」(卍속장136, p.391a8)에 "손님 중의 주인 : 지팡이 들고 시장에 들지만 짝할 이 없도다. 설령 마주해 얼굴 드러내 보이지만, 어찌하랴 그 집안에서도 능히 알아 보는 이 없거늘. 賓中主 攜笻入市無儔侶 縱然覿面便相呈 爭奈自家不能覯"라고 하였다. 〔참고문헌〕『出曜經』, 『景德傳燈錄』, 『建中靖國續燈錄』.

주력 住力 544~623. 당초 스님. 속성은 저(褚)씨. 양적(陽翟 : 河南省 許昌市) 출신. 나이 여덟에 출가하였는데 수행자로서의 바탕이 빼어났다. 진(陳) 선제(宣帝)가 건업(建業 : 江西省 南京)에 태황사(泰皇寺)를 지을 계획을 할 때 칙명에 따라 공사를 감독한 뒤 절의 주지가 되었다. 수 양제(煬帝) 때 양주(揚州) 장락사(長樂寺)에 주석하면서 자재를 모두 써서 탑을 세우고 절을 지었다. 수말에 전란으로 도속이 떠났지만 신명을 바쳐 전각을 수호하겠다고 서원하고 마침내 난을 면하였다. 당대 623년(무덕6) 보공석(輔公祏)이 난을 일으켜 절과 불상을 훼손하자 스스로 섶을 쌓고 분신하여 입적하였다. 그때가 나이 80세였다. 제자 혜안지색(慧安智賾)이 절 안에 비를 세웠다. 〔참고문헌〕『唐高僧傳』 권29(대정장50, p.695a6).

주력 呪力 진언의 힘. 『금광명최승왕경』 권8(대정장16, p.439c2)에 "이와 같이 불보살께 예경드린 후 진언을 염송하여 나 대길상천녀(Ⓢ Śrīmahādevī)를 소청하면 이 주력으로 원하는 일을 모두 성취한다. 敬禮如是佛菩薩已 次當誦呪 請召我大吉祥天女 由此呪力 所求之事皆得成就"라고 하였다. 〔참고문헌〕『金光明最勝王經』.

주력 珠力 ❶ Ⓢ Balimaṇi. 대야차(大夜叉)의 이름. 역주(力珠)라고도 하며, 바리마니(婆利摩尼)·발치말니(跋雉末儞)로 음사한다. 『공작왕주경』 권하(대정장19, p.452b23)에 "아난, 그대는 비사왕 형제들의 일천 군주의 명호를 가지고서 항시 중생을 수호하고, 세간의 재해와 모든 뇌란을 없애며, 세간을 거두어들이고 세간을 두루 다녀야 할 것이니, 그 명호는 다음과 같다. … 바리마니〈주력으로 한역한다〉 등이다. … 이 대야차들이 모든 군사를 전부 이끄는데, 이들에게는 신통력과 광명이 있다. 阿難汝當取毘沙王諸兄弟千軍主名 常守護衆生 除世間災害一切惱亂 爲攝受世間 周行世間 其名如是 … 婆利摩尼〈梁言珠力〉 … 此大夜叉總領諸軍 有神通力有光明"라고 하였다. 〔참고문헌〕『孔雀王呪經』. ⇨ 발치말니 跋雉末儞 ❷ Ⓢ maṇi-prabhāva. 보주(寶珠)의 힘. 40권본 『대반열반경』 권2(대정장12, p.378a4)에 "그때 보주는 아직 물속에 있었는데, 그 보주의 힘으로 물이 모두 맑아졌다. 그러자 대중들은 예전부터 물속에 있던 보주를 볼 수 있었는데, 마치 허공에 뜬 달의 모습을 보듯 우러러보았다. 是時寶珠 猶在水中 以珠力故 水皆澄淸 於是大衆乃見寶珠故在水下 猶如仰觀虛空月形", 『열반경소사기』 권2(卍속장58, p.58b13)에 "'보주의 힘으로 인해'란, 첫째 안으로는 불성의 힘으로 익히고, 둘째 밖으로는 언교의 힘으로 익히고 관행의 힘으로 익힌 것을 말한다. 以珠力者 一 由內佛性力薰 二 外言教力薰 及觀行力薰"라고 하였다. [참고문헌]『大般涅槃經』, 『涅槃經疏私記』, *Ratna-ut.75.* ⇨ 보주 寶珠

주령 酒令 술자리서 흥을 돋우기 위한 놀이. 영관(令官)이 정한 규칙에 따라 시(詩)를 짓는데, 이루지 못하면 벌주를 마신다. 『동파선희집』 권9 「불인문답어록 佛印問答語錄」(대장경보편26, p.772a1)에 "주령하며 서로 웃다. 동파가 불인요원(佛印了元)과 더불어 함께 술을 마시는데, 불인이 말하였다. '감히 일령을 낼 터이니, 받기 바랍니다. 영은 이렇습니다. 쩨쩨하지도 않고 넉넉하지도 않으며, 넉넉하지도 않고 쩨쩨하지도 않네. 쩨쩨해질수록 점점 넉넉해지며, 점점 넉넉해질수록 점점 쩨쩨해지네. 쩨쩨한즉 넉넉하고, 넉넉한즉 쩨쩨하네'. 동파가 듣고서 슬쩍 빗대어 곧장 답하였다. '독하지도 않고 벗겨지지도 않으며, 벗겨지지도 않고 독하지도 않네. 독해질수록 점점 벗겨지며, 벗겨질수록 점점 독해지네. 독한즉 벗겨지고, 벗겨진즉 독하네'. 酒令相嘲 東坡與佛印同飮 佛印曰 敢出一令望納之 令曰 不慳不富 不富不慳 轉慳轉富 轉富轉慳 慳則富 富則慳 東坡見有譏諷 卽答曰 不毒不禿 不禿不毒 轉毒轉禿 轉禿轉毒 毒則禿 禿則毒" 라고 하였다. [참고문헌]『東坡禪喜集』.

주룡 呪龍 Ⓢ nāga-maṇḍalika, Ⓣ sbrul-tshogs-can. 주문을 외워 용이나 뱀을 부리는 일. 비구가 해서는 안 되는 십이종주불율의(十二種住不律儀 : 十二不律儀類) 중 하나다. 『잡아비담심론』 권3(대정장28, p.890b24)에 "주룡이란, 용뱀의 주술을 익혀 놀이와 음악으로 연명하는 것을 말한다. 呪龍者 習呪龍蛇戲樂自活", 『대승법원의림장』 권3(대정장45, p.309a22)에 "열두째는 단을 세워 용을 부르는 것이다. 十二 立壇呪龍"라고 하였다. [참고문헌]『雜阿毘曇心論』, 『大乘法苑義林章』, *Yogā-bh.191.* ⇨ 십이종주불율의 十二種住不律儀

주룡사 呪龍師 용을 부리는 주술사. 주룡사란 보살을 주술은 방편의 비유다. 『잡비유경』 권1(대정장4, p.527c21)에 "외국에 한 주룡사가 있었는데, 군지(軍遲 Ⓢ kuṇḍikā : 淨甁)에 물을 가득 담아 용이 사는 연못가로 가 이 용을 향해 일심으로 주문을 외웠더니 곧 큰불이 연못 바닥에서부터 일어났고 곧 온 연못이 그렇게 되는 것을 보았다. 용은 큰불을 보고는 놀라 머리를 내밀어 산을 봤더니, 또 큰불이 산의 늪을 태우고 있는 것이 보였고 산 정상을 올려다보았더니 머물 데 없는 허공이었다. 모든 곳이 다 뜨거워 몸을 피할 곳이 없었는데, 오직 군지 안에 물이 담겨 있어 피할만하고 그 불을 끌 수 있으니라 여겨서 몸을 아주 작게 만들어 그 군지 속으로 들어갔다. 그 용이 사는 연못은 욕계의 비유이며, 바라본 산의 늪은 색계의 비유이며, 올려다 본 산 정상은 무색계의 비유이며, 주룡사는 보살의 비유이며, 군지의 물은 열반의 비유이며, 그 주술은 방편의 비유이며, 큰불은 현재의 무상의 비유이며, 용의 큰 몸은 교만의 비유이며, 몸을 작게 만든 것은 겸손의 비유이다. 外國有呪龍師 軍遲盛水 詣龍池邊 一心誦呪此龍 卽時便見大火 從池底起 擧池皆然 龍見火怖 出頭望山 復見大火燒諸山澤 仰視山頂 空無住處 一切皆熱 逃身無地 唯見軍遲中水 可以避難 便滅其火 身作微小形 入軍遲中 彼龍池者 喩欲界也 所望山澤 喩色界也 視山頂者 喩無色界也 呪龍師者 喩菩薩也 軍遲水者 喩涅槃也 彼呪術者 喩方便也 大火然者 喩現無常 龍大身者 喩憍慢也 作小形者 喩謙卑也"라고 하였다. [참고문헌]『雜譬喩經』.

주류 周流 널리 흐르다. 여기저기 빠짐없이 고루 미치다. 『장아함경』 권22 「세기경 世記經」(대정장1, p.145c6)에 "나무 향 가득 퍼져 사방으로 멀리까지 퍼져나갔다. 樹香芬馥 周流四遠", 『잡아함경』 권42(대정장2, p.306a9)에 "타국을 두루 돌아다니다가 다시 돌아온다. 周流他國 而復來還", 『일체경음의』 권21(대정장54, p.436c15)에 "법계를 두루 흘러 고루 미치지 않은 곳이 없다〈골고루 두르며 흘러 퍼지기에 '두루 흐른다'라고 한다〉. 法界周流無不遍〈周迊流布 故曰周流〉"라고 하였다. [참고문헌]『長阿含經』, 『雜阿含經』, 『一切經音義』. ⇨ 주류제국오십여년 周流諸國五十餘年

주류제국오십여년 周流諸國五十餘年 여러 나라를 두루 흘러다닌 세월이 50여 년이라는 말. 고향을 등지고 타국에서 오래 방황한 부호의 아들(窮子)에 관한 『법화경』 「신해품 信解品」의 이야기다. 일승(一乘)의 진실을 모르고 삼승에 미혹하여 육도로 윤회하는 중생을 비유한다. 『법화경』 권2(대정장9, p.17c13)에 "비유하자면 저 동자가 어린 나이에 알지 못하여 아버지를 버리고 달아나 멀리 타국으로 가서 여러 나라를 두루 돌아다닌 세월이 50여 년이듯 하다. 譬如童子 幼稚無識 捨父逃逝 遠到他土 周流諸國五十餘年", 『법화현찬』 권7(대정장34, p.778b12)에 "두루 흘러닌다는 말은 여기저기 다닌다는 뜻이며, 여러 나라는 윤회하는 오취이니 이를 다 들어 타국이라 한다. 周流者 經歷義 諸國者 五趣也 總名他國", 『법화경구해』 권2(卍속장47, p.968b6)에 "오도를 돌고 돎으로 '두루 흐른다'고 한다. 循環五道 故曰周流", 『법화경과주』 권4(卍속장48, p.451a7)에 "이는 바로 성문인을 말한다. 어디서나 떠도는 물결을 만나 오도를 윤회하며 생사를 반복하는 모양이 마치 줄기 벗어난 부평초가 떠돌지 않는 곳이 없는 것과 같다는 말이다. 卽是諸聲聞人 周遭流浪 輪迴五道 出生入死 狀似漂萍斷梗 無所不至之謂", 『법화경대성』 권4(卍속장51, p.246a10)에 "여기서는 궁핍한 아들이 윤회하는 삼계를 '여러 나라'라 하였고, 여섯 갈래의 윤회를 50여 년이라 하였으며, 물러나 크게 근본을 잊은 상황을 타국이라 하였고, 오르내려 멈추지 못함을 '두루 흐른다'고 하였다. 진실을 등진 거리가 멀고 거짓을 좇은 시간이 오래되었음을 다 모아 말했다. 此中明窮子 輪迴三界爲諸國 六道爲五十餘 退大忘本爲他土 昇沉不停曰周流 總言背眞之地遠 而逐妄之時多"라고 하였다. 〔참고문헌〕『法華經』, 『法華玄贊』, 『法華經句解』, 『法華經科註』, 『法華經大成』. ⇨ 궁자 窮子, 법화칠유 法華七喩

주륜천 住輪天 육욕천(六欲天) 중 둘째 천인 삼십삼천(三十三天 : 忉利天)에 속하며 수미산 정상에서 제석천(帝釋天)을 둘러싼 천 중 하나다. 『정법염처경』 권25(대정장17, p.143b17)에 "삼십삼천이 머무는 자리를 관하니 … 스물아홉째는 주륜천이라 한다. 觀三十三天所住之地 … 二十九者 名住輪天"라고 하였다. 〔참고문헌〕『正法念處經』. ⇨ 도리천 忉利天, 삼십삼천 三十三天, 제석천 帝釋天, 천 天, 삼계구지 三界九地

주륵사 朱勒寺 경상북도 구미시 도개면 다곡리 청화산(淸華山)에 있던 절. 『동국여지승람』 권29 경상도 선산도호부 불우에 이름과 위치가 기록되어 있으며, 『경상도속찬지리지』 승사에 "선종에 속한다. 屬禪宗"라고 하였으나, 『일선지』 권1 불우에 "고려 안진이 지은 혜각비명이 있다. 부사 이길배(?~1440)가 남관을 지을 때 재목과 기와를 철훼하여 폐사되었다. 지금은 유지만 남아 있다. 有高麗安震所撰 僧慧覺碑銘 府使李吉培 搆南舘時 撤毁材瓦 因廢 今有遺址"라고 하였다. 절터에는 금당(金堂)터와 8~9세기에 조성한 것으로 추정되는 문화재자료 제295호 폐탑 및 민묘 6기가 있으며, 주변에 토기 및 기와조각들이 산재해 있다. 〔참고문헌〕『東國輿地勝覽』, 『慶尙道續撰地理誌』, 『一善誌』, 『韓國寺刹全書』 권하 p.1024b4, 『한국사지총람』 권하(문화재청·佛教文化財硏究所, 2010) pp.146~147.

주릉사문 朱陵沙門 당대 『보림전 寶林傳』의 저자 지거(智炬)의 별호. ⇨ 지거 智炬 4

주리 朱利 S cauri. 풀 이름. 한역어는 적(賊). 『대지도론』 권12(대정장25, p.147b21)에 "저 하나의 풀이 있으니 이름이 주리〈주리의 한역어는 적이다〉다. 풀이란 훔칠 수도 빼앗을 수도

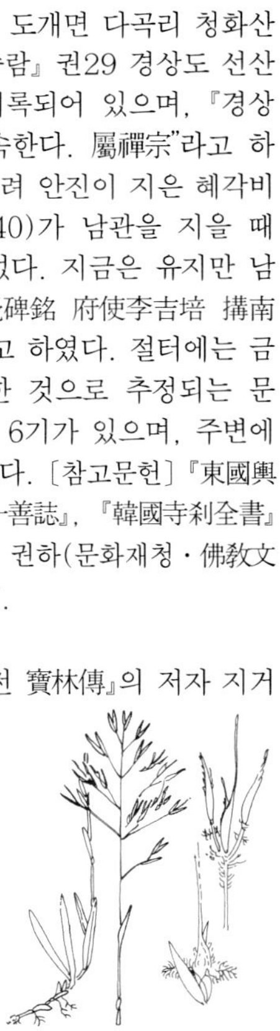

없는 것이다. 참으로 도둑이 아님에도 이름이 도둑이다. 토끼뿔이나 거북이털과 같으니 이름이 있을 뿐 실재로 있는 것은 아니다. 如有一草 名朱利〈朱利 秦言賊也〉 草亦不盜不劫 實非賊而名爲賊 又如兎角龜毛 亦但有名而無實"라고 하였다. 〔참고문헌〕『大智度論』.

주리 周理 1591~1647. 명대 임제종(臨濟宗) 스님. 속성은 두(杜)씨. 호는 철용(徹庸)·일철(一徹). 그 이전의 호는 철융(徹融). 운남성(雲南省) 대리(大理) 출신. 유년기에 출가하여 자질이 둔하여 두드러지지 않았으나 관세음보살 앞에서 예배를 올리다가 활연히 깨달았다. 부도산(浮渡山) 화엄사(華嚴寺)의 낭목본지(朗目本智) 문하로 들어가 그 법을 이었다. 일찍이 공관(空觀)으로 선정(禪定)을 익혀 공부에 진전이 있었다. 그 뒤로 밀장도개(密藏道開)·밀운원오(密雲圓悟)를 친견하고 묘봉산(妙峰山)에 주석하였다. 1647년(영력1) 세수 57세로 입적하였다. 1636년(숭정9)에 입적하였다는 설도 있다. 『죽실집 竹室集』·『조계일적 曹溪一滴』 9권을 편집하였고, 저술에 『곡향집 谷響集』 1권·『운산몽오적요 雲山夢語摘要』 1권 등을 남겼다. 〔참고문헌〕『徑石滴乳集』 권4(卍속장117, p.977b2).

주리반타가 周利槃陀伽 S Cūlapanthaka, Śūlapanthaka, P Cullapanthaka, Cūlapanthaka, Cūḷapanthaka, T lam-phran-bstan. 부처님 재세시 제자로 십육나한(十六羅漢)으로 받든다. 주다반탁가(注茶半託迦)·주리반특(周利槃特)·주리반특가(周利槃特迦)·곤노발타나(崑努鉢陀那)·구리반특(拘利槃特)이라고도 하며, 사노(蛇奴)·소로(小路)·우로(愚路)·노변생(路邊生) 등으로 한역한다. 『아미타경소』(대정장37, p.316a24)에 "주리반타가는 『불화엄입여래지덕부사의경 佛華嚴入如來智德不思議經』에 따르면 계도(繼道)라고 한역한다. 『선견율비바사』에서는 노변생(路邊生)이라 한역하였다. 어느 한 장자에게 딸만 하나 있었는데 노비와 사통하여 결국 다른 나라로 도망치게 되었다. 시간이 흘러 회임을 하였고 출산을 앞두게 되자 고향으로 돌아갈 생각을 하고 귀국하던 도중에 아들을 낳았는데 이로 인해 '길에서 낳다'라는 이름을 얻었다. 이렇게 두 번이나 두 아들을 낳았는데, 큰 아들은 반타가라고 하였고 동생은 주리반타가라고 하였다. 형제가 연이어 길가에서 태어났기에 형을 노변이라고 이름 지었고 동생을 계도라고 이름하였으니 바로 주리반타가이다. 周利槃陀伽者 依佛華嚴入如來智德不思議經云 翻爲繼道 善見律翻爲路邊生 有一長者 止有一女 與奴私通 遂逃他國 久而有孕 垂産思歸 行至中路 卽誕其子 因名路邊生 如是二度 凡生兩子 長名槃陀伽 弟名周利槃陀伽 以兄弟相繼 於路邊生 兄名路邊 弟名繼道 卽周利槃陀伽也", 『아미타경의소』

(대정장37, p.358b21)에 “주리반타가는 사노(蛇奴)라고 한역한다. 혹은 주리를 대로변이라 한역하고 반타가를 소로변이라 한역하기도 하는데, 길가에서 났기에 붙여진 이름이다. 周利槃陀伽 此翻蛇奴 或言周利云大路邊 槃陀伽云小路邊 生於道傍 故以爲名”, 『아미타경요해』(대정장37, p.366a23)에 “주리반타가는 계도라고 한역한다. 근기가 뛰어나지 못했기에 숨을 고르게 하여 깨우쳤다. 근근히 게송 하나만을 외워 정에 들고, 연설함에 있어 변재가 끝이 없었다. 뜻을 가져 기억하는 데 제일 뛰어났다. 周利槃陀伽 此云繼道 因根鈍故 調息悟道 僅持一偈入定 演說辯才無盡 義持第一”라고 하였다. 〔참고문헌〕『阿彌陀經疏』, 『阿彌陀經義疏』, 『阿彌陀經要解』, *Mvyut.47.*, *Nidd. I.506.*, *Ud.61.* ⇨ 주리반특 周利槃特, 주리반특가 周利槃特迦, 반타비구 般陀比丘, 사노 蛇奴❶, 소로 小路❷, 반특 槃特, 봉옹 蓬瓮, 송초추 誦苕箒, 계도 繼道, 십육나한 十六羅漢

주리반토 周利般兎 주리반타가(周利槃陀伽)를 말한다. 『증일아함경』 권3(대정장2, p.558a16)에 “능히 형체를 바꿔서 얼마간의 변화를 짓기도 하는데, 주리반토비구가 이이다. 能化形體 作若干變 所謂周利般兎比丘 是”, 『신집장경음의수함록』 권22(고려장35, p.378a2)에 “반토 : 앞 글자의 음은 반이고 뒷 글자의 음은 도이다. 비구이름이다. 토라고 써야 올바르다. 반토는 형이고, 주리반토는 동생이다. 般兎〈上音盤 下音徒 比丘名也 正作兎 般兎是兄 周利般兎是弟也〉”라고 하였다. 〔참고문헌〕『增壹阿含經』, 『新集藏經音義隨函錄』.

주리반특 朱利槃特 주리반타가(周利槃陀伽)를 말한다. 『증일아함경』 권11(대정장2, p.601a22)에 “이때 존자 반특이 아우인 주리반특에게 말했다. ‘계를 지키지 못한다면 (재가자의 옷인) 흰색 옷을 다시 입어야 한다’. 이때 주리반특은 이 말을 듣고 나서 기원정사로 간 다음 문 밖에 서서 눈물을 흘리고 있었다. 爾時 尊者槃特告弟朱利槃特曰 若不能持戒者 還作白衣 是時 朱利槃特聞此語已 便詣祇洹精舍 門外立而墮淚”라고 하였다. 〔참고문헌〕『增壹阿含經』. ⇨ 주리반타가 周利槃陀伽

주리반특 周利槃特 부처님 재세 시 제자. 16아라한(阿羅漢) 중 한 분. 주리반타가를 말한다. 『일체경음의』 권26(대정장54, p.475c8)에 “주리반특〈주리반타가라고도 한다. 주리는 작다는 뜻의 ‘소’로 한역하고, 반타는 길이라는 뜻의 ‘로’로 한역한다〉. 周利槃特〈亦云 周利槃陀迦 周利此云小 槃陀 此云路也〉”, 『유마경약소』 권7(대정장38, p.656a3)에 “둔근이 가벼움을 막는다 하였으니 저 주리반특이 한 여름 동안 게송 한 수 밖에 외우지 못하였지만 발심하여 능히 아라한이 될 수 있었던 것과 같다. 鈍根遮輕 如周利槃特 一夏止誦一偈 而能發眞成大羅漢”, 『능엄경전』 권5(卍속장89, p.129b1)에 “주리반특가는 『화엄입여래지덕경』에서 ‘계도’라고 한역했다. 『선견율비바사』에서는 길가에서 태어났다는 뜻으로 한역했다. 어떤 장자에게 딸이 있었는데 노비와 사사로이 정을 통하여 다른 나라로 도망갔다. 오래 후에 임신하여 타향을 떠돌아다니다가 길가에서 낳았기에 이것을 이름으로 삼았다. 또는 형의 이름을 노변생이라 하고 동생의 이름을 계도라고 부르기도 한다. 이어 길에서 낳았다는 말이다. 周利槃特迦者 華嚴入如來智德經 飜爲繼道 善現律 飜爲路邊生 有一長者 祇有一女 與奴私通 遂逃佗國 久而有孕 垂生思婦 行至路邊卽生 因名焉 或云 兄名路邊生 弟名繼道 言相繼道路而生也”, 『조정사원』 권3(卍속장113, p.76b2)에 “『증일아함경』에서 존자 주리반특은 성품이 어둡고 둔하였다. 부처님께서 먼지를 쓸어내다는 뜻의 ‘소추’를 외우게 하셨는데 소를 외우면 추를 잊었고, 추를 외우면 소를 까먹었다. 6년 동안 전심을 다해 이 뜻을 외워 마침내 깨우쳤다. 增一阿含云 尊者 周利槃特 性多暗鈍 佛敎使誦掃帚 得掃忘帚 得帚忘掃 六年之中 專心誦此意 遂解悟”라고 하였다. 〔참고문헌〕『一切經音義』, 『維摩經略疏』, 『楞嚴經箋』, 『祖庭事苑』, 『增壹阿含經』 권8(대정장2, p.585c11), *Mvyut.47.*, *AN.1.24.* ⇨ 주리반타가 周利槃陀伽, 주리반특가 周利槃特伽

주리반특가 周利槃特迦 주리반타가(周利槃陀伽)를 말한다. 『유부율』 권31(대정장23, p.795b15)에 “부모는 곧바로 널리 대회를 열고 아들에게 이름을 지어 주려 하였는데, 다들 이렇게 말하였다. ‘이 아이가 오래 살기를 바라서 작은 길가에 놔두었으니 이 아이에게 소로〈범어로 주도반탁가라고 음사한다. 주도는 작다는 뜻이고 반탁가는 길이라는 뜻이다. 구역에 주리반특가라고 음사한 말은 틀렸다〉라는 이름을 지어 줘야겠습니다’. 父母卽便廣設大會 與子立名 皆云 此兒欲求長命 置小路傍 應與此兒 名爲小路〈梵云 朱荼半託迦 朱荼是小 半託迦是路 舊云 周利槃特迦者 訛也〉”, 『능엄경집주』 권5(卍속장17, p.239a12)에 “장수가 말했다. ‘주리반특가는 사노라고 한역한다. 길에서 태어났기에 계도라고도 한역한다’. 자중이 말했다. ‘반특은 과거에 뛰어난 법사였다. 경론을 잘 이해하였으며 500명의 제자도 있었는데 불법을 전하는 데 인색해서 남들에게 가르치려 들지 않았기에 후생에 어리석게 태어났다’. 長水云 周利槃特迦 此翻蛇奴 於路所生 或曰繼道 資中云 槃特過去爲大法師 善解經論 有五百弟子 祕吝佛法 不肯敎人 後生暗鈍”, 『능엄경전』 권5(卍속장89, p.129b1)에 “〔전〕 주리반특가에 대해 『화엄입여래지덕경』에서 계도라고 한역하였고, 『선견율』에서는 노변생이라고 한역하였다. 어느 한 장자에게 딸만 하나 있었는데 노비와 사통하여 다른 나라로 도망가게 되었다. 오랜 뒤

회임하였고 출산을 앞두고 귀국하려는 생각에 돌아오다가 도중에 길가에서 아이를 낳았기에 이와 같은 이름이 붙여졌다. 형을 노변생이라 부르고 동생을 계도라 부르기도 하는데, 연달아 길에서 났다는 뜻이다. '저는 암송하고 기억하는 능력이 부족합니다'라는 말은 자신은 지혜의 능력이 없다는 뜻이다. 글을 등져 외우기만 하여 송이라 하며, 지는 가져 잊지 않는다는 뜻이다. 箋云 周利槃特迦者 華嚴入如來智德經 飜爲繼道 善現律 飜爲路邊生 有一長者 祇有一女 與奴私通 遂逃佗國 久而有孕 垂生思婦 行至路邊卽生 因名焉 或云 兄名路邊生 弟名繼道 言相繼道路而生也 我闕誦持者 言我無智慧之能也 背文曰誦 持謂任持"라고 하였다. [참고문헌] 『有部律』, 『楞嚴經集註』, 『楞嚴經箋』. ⇨ 주리반타가 周利槃陀伽

주리반특송일게 朱利槃特誦一偈 ➡ 반타비구 般陀比丘

주리사 主吏寺 경상남도 함안군 여항면 주서리 여항산(餘航山)에 있던 절. 『동국여지승람』 권32 경상도 함안군 불우에 이름과 위치가 전하나, 『여지도서』 경상도 함안 사찰·『범우고』에는 "지금은 폐사되었다. 今廢"라고 하였다. 원래 이곳에는 통일신라시대의 이형석탑인 사사자삼층석탑(四獅子三層石塔)이 있었으나, 현재는 함성중학교로 이건하였으며 유형문화재 지정되어 있다. 사지(寺址)에서는 대석·기단갑석·석재·석등·와편·초석 등의 유물이 출토되었으나 민가가 들어서면서 훼손되었다. [참고문헌] 『東國輿地勝覽』, 『輿地圖書』, 『梵宇攷』, 『韓國寺刹全書』 권하 p.1024b1, 『한국사지총람』 권하(문화재청·佛敎文化財硏究所, 2010) p.410.

주리사 사사자삼층석탑

주리야국 珠利耶國 남인도에 있던 옛 나라 이름. 주리야는 고대 남인도 속어인 촐야(Culya) 또는 촐야(Choḷya)의 음사어로 추정한다. 제바보살(提婆菩薩)의 지혜깊은 고사가 전하는 절이 있었던 곳이다. 『대당서역기』 권10(대정장51, p.931b5)에 따르면 사방 2,500리 정도 규모이고 도성의 크기는 사방 10여 리이며, 땅은 드넓지만 습지와 황무지가 많아서 인구가 적고 도적떼가 횡행한다고 한다. 기후는 무더우며 풍속이 간사하고 흉악하며 사람들의 성정도 사납고, 외도를 믿어서 가람은 쇠퇴하고 승도도 드물며 천사(天祠)는 수십 곳이 있는데 대부분 나형외도라고 한다. 『자은전』 권4(대정장50, p.241c2)에 "여기서 서남쪽으로 천여 리를 가면 주리야국〈남인도의 경계〉에 이른다. 성 동남쪽에 솔도파가 있는데 무우왕이 세운 것이며, 부처님께서 옛날에 큰 신통을 드러내셔서 외도를 굴복시키고 법을 설하여 인천을 제도하신 곳이다. 성 서쪽에는 오래된 가람이 있다. 제바보살이 이 절의 올달라〈상(上)이라고 한역〉아라한과 논쟁을 하다가 일곱 번째로 주고받은 후에, 아라한은 아무 말도 하지 않고 몰래 신통을 부려 도솔천궁으로 가서 자씨보살에게 답을 물었다. 그러자 자씨보살이 해설을 해주면서 말했다. '저 제바는 오래전부터 공덕을 심었기에 현겁에 치우침 없고 올바른 깨달음을 성취하였으니 그대는 저 사람을 가볍게 봐서는 안 된다'. 아라한은 돌아와서 제바가 앞서 던졌던 질문을 풀었다. 그러자 제바는 '이는 자씨보살의 뜻이지 그대 자신의 지혜로 알 수 있는 내용이 아니다'라고 말하였고, 아라한은 부끄러워하며 심복한 다음 자리를 양보하고 사죄의 예를 표했다. 이 가람은 이러한 고사가 있었던 곳이다. 自此西南行千餘里 至珠利耶國〈南印度境〉 城東南有窣堵波 無憂王所建 是佛昔於此地 現大神通 摧伏外道 說法度人天處 城西有故伽藍 是提婆菩薩與此寺嗢怛囉〈唐言上也〉阿羅漢論議 至第七轉已去 羅漢無言 乃竊運神通 往都史多宮 問慈氏菩薩 菩薩爲釋 因告言 彼提婆者 植功曩久 當於賢劫 成等正覺 汝勿輕也 旣還 復解前難 提婆曰 此慈氏菩薩義 非仁者自智所得也 羅漢慚服 避席禮謝之處"라고 하였다. [참고문헌] 『大唐西域記』, 『慈恩傳』.

주리장 周梨漿 암라 열매의 즙. 망고 열매의 즙. 『십송율』 권26(대정장23, p.193a26)에 "부처님께서 말씀하셨다. '오늘부터는 여덟 가지 즙을 마시는 걸 허락하겠노라. 그 여덟 가지란 무엇인가? 첫째 주리장, 둘째 무리장, 셋째 구루장, 넷째 사루장, 다섯째 설바다장, 여섯째 파류사장, 일곱째 이장, 여덟째 포도장이다. 이들을 물로 깨끗하게 한 뒤 마셔야 한다'. 從今日聽飮八種漿 何等八 一 周梨漿 二 茂梨漿 三 拘樓漿 四 捨樓漿 五 說波多漿 六 頗留沙漿 七 梨漿 八 蒲萄漿 以水作淨應飮"라고 하였다. [참고문헌] 『十誦律』. ⇨ 팔종장 八種漿

주림사 晝林寺 충청북도 청주시 상당구 가덕면 병암리에 있던 절. 『사탑고적고』에 "초석 및 석축 일부가 남아 있으며, 기와 조각이 흩어져 있다. 석불좌상 1위가 있는데, 높이는 약 4척이며 조각이 명료하다. 또 이층방탑 1좌가 있는데, 높이는 약 4척 5촌이며 기단부 지름은 3척이다. 상층은 파손되었다. 礎石及石垣一部殘存 瓦片散在 有坐像石佛一位 高約四尺 雕刻明瞭 又有二層方塔一座 高約四尺五寸 基部徑三尺 上層破損"라고 하였다. 한편 1917년경에 조선총독부에서 간행한 『충청북도고적대장』에는 가덕면 병암리에 '화림사 畫林寺'가 있었다고 하였으며, 불상 및 석탑에 대한 설명은 『사탑고적고』와 같다. 또한 현재 해당 지역에는 '화림사 花林寺'가 있는데, 지금도 석불좌상 및 이층석탑이 남아 있다. 이로 미루어 볼 때, 『사탑고적고』·『한국사찰전서』의 '주림사'는 '화림사'의 오기(誤記)인 듯하다. 〔참고문헌〕『寺塔古蹟考』, 『韓國寺刹全書』 권하 p.1025b18, 『忠淸北道古蹟臺帳』. ⇨ 화림사 花林寺

주림신 主林神 Ⓢ vana-devatā. 숲을 다스리는 신. 『화엄경』에 등장하는 신들 중 한 부류다. 80권본 『화엄경』 권1(대정장10, p.3a10)에 "또한 불가사의수의 주림신이 있으니, 이른바 꽃이 구름처럼 펼쳐진 숲의 주림신 … 꽃과 열매와 빛과 맛난 것들이 가득한 주림신 등이다. 이들을 상수로 하여 불가사의할 만큼 무수한 신들이 있었는데 모두 좋아할 만한 무량한 광명을 지니고 있었다. 復有不可思議數主林神 所謂 布華如雲主林神 … 華果光味主林神 如是等而爲上首 不思議數 皆有無量可愛光明", 『화엄경소』 권5(대정장35, p.538a28)에 "여덟째 주림신은 번뇌 없는 지혜로 온갖 행을 이끈다는 뜻이다. 숲속 나무들이 우뚝 솟아 건립되었기 때문이다. 第八主林神 表以無漏智導於衆行 森聳建立故"라고 하였다. 〔참고문헌〕『華嚴經』, 『華嚴經疏』, *Gaṇḍ-vy.313.*

주마생 做麽生 어떻게 해야 할까? 작마생(作麽生)이라고도 한다. 『설암조흠어록』 권1(卍속장122, p.509a18)에 "설암조흠이 법좌에 올라 말했다. '나아가려 해도 앞이 없고 물러나려 해도 뒤가 없으니, 털끝만큼 어긋나도 곧바로 틀에 박혀 버린다. 8월 25일에 동산(洞山守初)이 사도(査渡)를 떠나왔는데 운문(雲門文偃)은 그에게 「그대가 맞아야 할 30방을 놓아주마」라고 말하였다. 그렇다면 어떻게 해야 할까? 까닭 없고 실마리 없이 던진 말에 다들 너무나도 애를 쓰는구나'. 上堂 進無前退無後 毫髮參差 便成窠臼 八月二十五 洞山離査渡 雲門道放子三十棒 却做麽生 無端無端 生受生受"라고 하였다. 〔참고문헌〕『雪巖祖欽語錄』. ⇨ 작마생 作麽生

주만 珠鬘 구슬로 꾸민 머리장식. 『이취육바라밀다경』 권4(대정장8, p.884a28)에 "만일 보배로 장식된 관이나 장엄구인 영락·팔찌·귀고리·주만 등의 장식들을 보시하면, 일체중생이 80종호로 장엄된 법신 얻기를 서원한다. 若施寶冠 莊嚴之具 瓔珞環釧 耳璫珠鬘 種種校飾 願與一切衆生 獲八十種好莊嚴法身"라고 하였다. 〔참고문헌〕『理趣六波羅蜜多經』.

주맹 主盟 맹서를 주도한 이. 선림(禪林)대중 중에 주요한 사람으로 주지(住持)를 가리킨다. 맹(盟)이란 희생(犧牲)을 죽여서 그 피를 마시거나 입에 바르고(歃血) 서로 약조를 하는 것인데, 이때 그 회맹(會盟)의 우두머리를 맹주(盟主)라고 부르며 이를 주관하는 것을 주맹이라 한다. 선림에서 주지를 일컫는 말로 옮겨 썼다. 『선림상기전』 권6(대장경보편19, p.180b11)에 "주맹 : 도충이 말한다. '선림에서 도를 위해 모인 사람 가운데 주요한 이를 주맹이라고 부른다'. 밀암함걸(密菴咸傑)선사가 영은사(靈隱寺)에 있을 때의 어록 가운데 안무소(安撫疏)에 '경산(徑山)은 천목산(天目山)의 진기한 봉우리인데, 오랫동안 그곳에서 설법하는 자리를 맡아 왔습니다. 영은은 전당중에 뛰어난 곳이니 그곳의 주맹이 되기를 원합니다'라고 하였다. … 도충이 말한다. '선림에서의 주맹의 이름과 뜻은 세전을 따른 것이다'. 主盟 忠曰 禪林主道聚者 呼爲主盟 密菴傑禪師靈隱錄 安撫疏云 徑山 天目之奇峰 久尸法席 靈隱 錢塘之勝槩 願得主盟 … 忠曰 禪林主盟名義 準擬世典"라고 하였다. 〔참고문헌〕『禪林象器箋』.

주명귀 主命鬼 인간의 목숨을 주관하는 귀. 『지장보살본원경』 권하(대정장13, p.785b11)에 "세존께서 이 말씀을 하실 때 법회에 주명이라는 이름의 한 귀왕이 있었는데 부처님께 말하였다. '세존이시여! 저는 과거에 지은 업의 인연으로 염부제에 사는 인간들의 목숨을 주관하게 되었으니, 태어날 때와 죽을 때를 제가 전부 주관합니다. 저는 과거에 중생을 이롭게 하겠다는 서원을 세웠지만, 중생이 본래 저의 뜻을 알지 못하기에 생사를 거듭하게 되었고 전부 안락을 얻지 못하게 되었습니다. … 부처님께서 귀왕 주명에게 말씀하셨다. '그대는 대단히 자비롭기에 이와 같은 큰 서원을 일으켜 생사의 경계에서 중생들을 보호할 수 있느니라. 미래세에 남자들과 여인들이 생사를 거듭하게 될 때 그대는 이 서원을 물리지 말고 모두 해탈하여 영원히 안락을 얻게 하거라'. 說是語時 會中有一鬼王 名曰主命 白佛言 世尊 我本業緣主閻浮人命 生時死時 我皆主之 在我本願 甚欲利益 自是衆生 不會我意 致令生死 俱不得安 … 佛告主命鬼王 汝大慈故 能發如是大願 於生死中 護諸衆生 若未來世中 有男子女人 至生死時 汝莫退是願 總令解脫 永得安樂"라고 하였다. 〔참고문헌〕『地藏菩薩本願經』.

주모타양 做模打樣 이렇게 저렇게 모양을 내다. 작모작양(作模作樣)이라고도 한다. 『금강경주해』 권4(卍속장38, p.948b8)에 "〔송〕 머리 셋 팔 여섯을 드러내지 않고 숟가락 집고 젓가락 내려놓으며, 때론 술에 취해 욕하다가 문득 향 사르며 예를 올리네. 손에는 깨진 사기그릇 들고 몸에는 화려하게 수놓인 비단 걸치고서 모양 짓고 바꾸기를 백천 가지로 하지만, 코를 잡고서 끌어당기면 바로 너로구나. 하! 頌曰 不見三頭六臂 却能拈匙放筯 有時醉酒罵人 忽爾燒香作禮 手把破砂盆 身披羅錦綺 做模打樣百千般 驀鼻牽來秖是你 嗄"라고 하였다.

〔참고문헌〕『金剛經註解』. ⇨ 작모작양 作模作樣

주목경 呪目經 동진(東晋)대 삼장 담무란(曇無蘭) 한역. 1권. 고려장13, p.1152b8~b12, No.438・대정장21, p.491b16~b22, No.1328에 수록되어 있다. 눈병 치료를 위해 외우는 신주(神呪)를 설한 아주 짧은 소경이다. ⇨ 담무란 曇無蘭

주몽안 周夢顔 1656~1739. 청대 거사. 자는 안사(安士), 호는 회서거사(懷西居士). 곤산(崑山) 출신. 이름을 사인(思仁)이라고도 한다. 경장(經藏)에 두루 밝았으며 정토법문을 깊이 믿었다. 중생이 짓는 죄는 대부분 음행과 살생임을 깨닫고는 『만선선자집 萬善先資集』 4권과 『욕해회광 欲海回狂』 3권을 지었으며, 이밖에 저술로 정토교리를 설한 『서귀직지 西歸直指』 4권이 있는데 이들 저서를 모은 『안사전서 安士全書』가 후세에 편찬되었다. 1739년(건륭4)에 세수 84세를 일기로 서거하였다. ⇨ 서귀직지 西歸直指, 안사전서 安士全書

주무량의경 註無量義經 일본 최징(最澄 767~822) 술(述). 3권. 『무량의경주석 無量義經注釋』 또는 『무량의경주초 無量義經註鈔』라고도 한다. 대정장56, pp.203a17~226a2, No.2193에 실려 있다. 이 주석은 천태(天台 538~597)의 『법화현의 法華玄義』나 『법화문구 法華文句』 등이 전해지지 않던 때에 지은 것으로 보이는데, 천태의 분과(分科)가 보이지 않기 때문이다. 나아가 유규(劉虯 438~495)의 『무량의경소 無量義經疏』, 길장(吉藏 549~623)의 『무량의경통략 無量義經統略』, 원측(圓測 613~696)의 『무량의경소 無量義經疏』 중 어떤 것을 초록하여 참고하였는지도 정하기 어렵다. 다만 서두에 『무량의경』(대정장9, No.276)이 법화삼부경(法華三部經)의 본경(本經)인 『법화경』에 대한 개경분(開經分)임을 밝혔다. ⇨ 무량의경 無量義經

주무상 住無上 Ⓢ vihāra-paramatā, Ⓣ gnas-pa-dam-pa. 머묾에 있어 더없이 뛰어남. 칠무상(七無上) 중 하나로 주최승(住最勝)이라고도 한다. 여래가 성주(聖住 Ⓢ āryo vihāra)・천주(天住 Ⓢ divyo vihāra)・범주(梵住 Ⓢ brāhmo vihāra) 중에 머물면서 세간을 관하신다. 『보살지지경』 권3(대정장30, p.901c17)에 "여래께서는 위없고 비할 데 없는 세 가지에 머무시니 성주・천주・범주를 주무상이라고 한다. (三解脫門인) 공・무상・무작과 멸진정을 성주라 하고, 사선・사무색정을 천주라 하며, 사무량심을 범주라 한다. 저 세 가지 중에서 네 가지 위없는 경계에 여래께서 많이 머무시니, 성주 중에서 공삼매와 멸진정에 많이 머무시며, 천주 중에서 제4선에 많이 머무시며, 범주 중에서 대비에 많이 머무신다. 여래께서는 이로써 밤낮없이 언제나 불안으로 세간을 관찰하신다. 누구를 건져야 할지, 아직 선근을 일으키지 않았으면 '내가 반드시 일으키게 해야지' 하시며, 심지어 누가 무상과를 얻어야 하는지를 관찰하시어 '내가 반드시 건립하겠다'고 하시니, 이를 두고 주무상이라고 한다. 如來無上無等三種住 聖住 天住 梵住 是名住無上 空 無相 無作 滅盡正受 是名聖住 四禪 四無色定 是名天住 四無量心 是名梵住 於彼三住中 四無上住 如來多住 聖住中住空三昧及滅盡定 天住中住第四禪 梵住中住大悲 如來以是 晝夜六時 常以佛眼 觀察世間 誰應度者 未起善根 我當令起 乃至誰應得無上果 我當建立 是名住無上"라고 하였다. 〔참고문헌〕『菩薩地持經』, *Bodh-bh.63.* ⇨ 칠무상 七無上

주무심삼매 住無心三昧 Ⓢ sthita-niścitto nāma samādhiḥ, Ⓣ sems-med-par-gnas-pa-zhes-bya-ba'i-ting-nge-'dzin. 백팔삼매(百八三昧) 중 하나로 무심주삼매(無心住三昧)라고도 한다. 『대지도론』 권47(대정장25, p.398a16)에 "무엇을 주무심삼매라 하는가? 이 삼매에 머무는 동안 다른 삼매에 들지 않기에 주무심삼매라고 한다. 云何名住無心三昧 住是三昧 於諸三昧心不入 是名住無心三昧", 『범망경직해사의』(卍속장61, p.211a16)에 "주무심삼매란, 제법실상중에 머물러서 다만 지혜를 따를 뿐 마음마저 따르지 않는다. 住無心三昧 住諸法實相中 但隨智慧 不隨於心故"라고 하였다. 〔참고문헌〕『大智度論』, 『梵網經直解事義』, *Mvyut.21.* ⇨ 무심주삼매 無心住三昧, 백팔삼매 百八三昧

주무위계 住無爲戒 무위계에 머물다. 밀교에서 진언행자가 본래 갖추고 있는 무루(無漏)의 계체(戒體)에 머무는 것을 말한다. 무위계는 본성계(本性戒)・자성계(自性戒)라고도 하며 제정한 제계(制戒)에 상대한다. 『대일경소』 권1(대정장39, p.590c25)에 "정보리심은 그 성이 법다워서 금강과 같다. 이와 같이 극히 견고한 성은 스승을 좇아 얻지 않는다. 무위계에 머무니 더러움과 탁함이 없고 해칠 수도 없다. 계는 범어로 시라(Ⓢ śīla)이니 깨끗하고 차갑다는 뜻이다. 비유컨대 물의 성이 항상 차가워서 비록 땔감과 불의 인연을 만나면 모든 것을 태워버릴 수 있지만 그 성은 끝까지 변하지 않는다. 만약 땔감을 없애고 불을 끄면 저절로 맑고 차가워지니 본래대로다. 진언행자 역시 이와 같으니 제개장삼매를 얻을 때 마음의 본성이 그대로 계이니, 조작한 법도 아니고 다른 곳에서 얻은 것도 아니다. 그러므로 무위계에 머문다고 말한다. 淨菩提心 其性法爾 如金剛故 如是極堅固性 卽是不從師得 住無爲戒 無垢無濁 不可破傷 戒者梵云尸羅 是淸冷義也 譬如水性常冷 雖遇薪火因緣 則能灼爛諸物 然其自性 終不可遷 若除薪息火 自然淸

冷如本 眞言行者亦如是 獲除蓋障三昧時 心之本性 卽是尸羅 非造作法 不由他得 故言住無爲戒也", 같은 책 권5(대정장39, p.629c4)에 "지금 진언행자는 십연생구를 깊이 관하여 삼업이 필경 불생임을 요지하여 법성이 스스로 그러해서 항상 움직임이 없다. 이것을 주무위계라고 한다. 이와 같이 정계는 오히려 여래께서 제정하신 것이 아니거늘, 하물며 이 계에 머물러 온갖 법을 조작할 일도 없다. 今行者深觀十緣生句 了知三業畢竟不生 法性自爾 常無動作 是名住無爲戒也 如是淨戒 尙非如來所作 況住斯戒 而造作諸法耶"라고 하였다. 〔참고문헌〕『大日經疏』. ⇨ 삼매야계 三昧耶戒, 계 戒, 계체 戒體

주무종성 住無種姓 Ⓢ agotra-stha, agotra-sthāna, Ⓣ rigs-med-pa, rigs-la-gnas-pa-ma-yin-pa, rigs-med-par-gnas-pa. 종성 없음에 머물다. 무종성인(無種姓人). 성은 성(性)으로도 쓰며 주종성(住種姓)에 맞선다. 『유가사지론』 권35(대정장30, p.478c1 : *Bodh-bh.*, p.1)에 "무종성에 머무는 보특가라는 종성이 없기에 발심하고 가행하여 의지처로 삼더라도 결코 무상정등보리를 견뎌낼 수 없다. 住無種姓補特伽羅 無種姓故 雖有發心及行加行爲所依止 定不堪任圓滿無上正等菩提 agotrastha pudgalo gotre 'sati cittotpāde 'pi yatnasamāśraye satyabhavyaścānuttarāyāḥ samyaksaṃbodheḥ paripūraye", 같은 책 권37(대정장30, p.496c16 : *Bodh-bh.*, p.55)에 "무종성에 머무는 유정은 선취에 머물며 성숙할 수 있는 보특가라다. 住無種姓 於住善趣 應可成熟 補特伽羅 agotrastho 'pi pudgalaḥ sugatigamanāya paripācayitavyo bhavati", 같은 책 권67(대정장30, p.669b9)에 "「본지분」에서 설한 바에 따르면 무종성에 머무는 보특가라는 끝끝내 온전한 열반을 이룰 수 없다고 했다. 如本地分說 住無種性 補特伽羅 是名畢竟無般涅槃法", 『유가사지론약찬』 권10(대정장43, p.129a29)에 "〔논〕 '무종성에 머문다 … '는 말에 대해서는 세 가지 해석이 있다. (첫째는) 실제로 아직 보리심을 일으키는 뜻이 있지 않은 때이니 방편으로 논하는 것이다. … (둘째는) 대승이 될 수 없는 종성이라고도 하는, 이승으로 결정된 종성은 비록 다시 보리심을 일으키는 연을 만나더라도 견뎌낼 수 없기 때문이다. … (셋째는) 곧 본래부터 종성이 없는 사람이니, 실제로 발심을 하더라도 끝내는 퇴전하여 저 무상보리를 증득할 수 없다. 論曰 住無種姓 … 且有三釋 無種姓人 實未有時能發菩提心義 假設爲論 … 決定二乘種姓 亦名無大乘種姓 雖復値緣發菩提心 亦不堪任故 … 卽法爾無種姓人 實雖發心 究竟畢退 不能得彼無上菩提", 원측(圓測)의 『해심밀경소』 권4(한불전1, p.258b11)에 "'무종성 상태의 보특가라는 끝끝내 온전한 열반을 이룰 수 없다'고 하였는데, … 『대승장엄경론』 권1(대정장31, p.595a24)에 무성에는 두 가지가 있다고 한다. 첫째는 일시적으로 반열반을 이룰 수 없는 유정이고, 둘째는 끝끝내 반열반할 수 없는 유정이다. 일시적으로 반열반할 수 없는 경우에 네 가지가 있다. 첫째는 오로지 악행만을 하는 것이고, 둘째는 선법이 남김없이 끊은 것이고, 셋째는 해탈분의 선근이 없는 것이고, 넷째는 선인이 조금도 없는 것이다. 住無種性人 是名畢竟無般涅槃法 … 莊嚴論第一卷云 無性有二 一 時邊無般涅槃 二 畢竟無般涅槃 時邊無般涅槃法有四 一者 一向行惡行 二者 普斷諸善法 三者 無解脫分善根 四者 善因少不具足"라고 하였다. 〔참고문헌〕『瑜伽師地論』, 『瑜伽師地論略纂』, 『解深密經疏』, 『大乘莊嚴經論』, *Bodh-bh.* ⇨ 오종성 五種性, 종성 種姓[2], 무종성인 無種姓人

주무주처 住無住處 머묾이 없는 곳에 머물다. 『돈오입도요문론』 권상(卍속장110, p.841a5)에 "〔문〕 마음은 어떤 곳에 머물러야 머문다고 하는가? 〔답〕 무주처에 머무는 것을 일러 머문다고 한다. 〔문〕 무엇을 두고 무주처라 하는가? 〔답〕 일체처에 머물지 않는 것이 바로 무주처에 머무는 것이다. 〈문〉 무엇을 두고 일체처에 머물지 않는다고 하는가? 〔답〕 일체처에 머물지 않는다는 뜻은 다음과 같다. 선악·유무·내외·중간의 어디에도 머물지 않으며, 공에도 머물지 않고 불공에도 머물지 않으며, 정에도 머물지 않고 부정에도 머물지 않는 것이 바로 일체처에 머물지 않는다는 뜻이다. 다만 일체처에 머물지 않는 것이 바로 머무를 처이니, 이와 같음을 얻으면 머묾이 없는 마음이라고 하며, 이 무주의 마음이야말로 다름 아닌 부처의 마음이다. 問 心住何處卽住 答 住無住處卽住 問 云何是無住處 答 不住一切處 卽是住無住處 云何是不住一切處 答 不住一切處者 不住善惡有無內外中間 不住空 亦不住不空 不住定 亦不住不定 卽是不住一切處 只箇不住一切處 卽是住處也 得如是者 卽名無住心也 無住心者 是佛心"라고 하였다. 〔참고문헌〕『頓悟入道要門論』. ⇨ 무주심 無住心, 무주처 無住處[2]

주무희론보살 住無戲論菩薩 ➡ 주무희론집금강 住無戲論執金剛

주무희론집금강 住無戲論執金剛 Ⓢ Aprapañcavihāri-vajradhara. 희론 없음에 머무는 집금강. 십구집금강 중 하나로 모든 희론이 적멸하는 지혜에 머무는 보살로서, 불생불멸을 깨달은 대공(大空)의 지혜를 드러낸다. 태장계만다라 금강수원(金剛手院)에 머물며 주무희론금강이라고도 한다. 지금강리보살(持金剛利菩薩 Ⓢ Vajrāgradhara)의 다른 이름이며 이희론보살(離戲論菩薩 Ⓢ Niṣprapañcavihāri-vajradhara)과 동격이다. 『대일경소』 권1(대정장39, p.581c24)에 "십육주무희론집금강은 대공의 지혜에 머무는 것을 말한다. 연기실상에 생멸이 없고 단상이 없으며, 거래가 없고 같거나 다름도 없음을 관하면 그 자리에서 모든 희론이 그치고 법 그대로 열반과 같아짐을 말한다. 이와 같은 지혜의 인을 지니므로 그것을 이름으로 삼았다. 十六住無戲論執金剛者 所謂住大空慧也 謂觀緣起實相 無生無滅不斷不常 亦非去來一異 是處諸戲論息 法如涅槃 持如是智印 故得以爲名也"라고 하였다. 〔참고문헌〕『大日經疏』. ⇨ 십구집금강 十九執金剛, 지금강리보살 持金剛利菩薩, 이희론보살 離戲論菩薩, 희론 戲論

주문 呪文 입으로 소리내어 외우는 글귀. 주(呪)・진언(眞言)・다라니(多羅尼) 등이라고도 한다. 『주대승입능가경』 권9(대정장39, p.498b10)에 "또한 대개 주문은 예로부터 번역하지 않는 데 다섯 가지 뜻이 있다고 하였다. 첫째, 이는 제불의 비밀한 어법이니 오직 부처님만 알 수 있기 때문이다. 둘째, 이는 총지문이니 많은 의미를 품고 있기 때문이다. 셋째, 더러 귀신의 이름이니 이를 불러 시켜서 수행하는 사람을 수호하도록 하기 때문이다. 넷째, 더러 제불의 비밀한 법인이니 마치 왕의 도장 찍힌 문서가 내려지면 받들지 않음이 없는 것과 같다. 다섯째, 부사의력으로 가지하기 때문이다. 수지하여 은밀하게 외우면 죄가 사라지고 복이 일어난다. 或又云凡呪文自古不翻有五意 一 是諸佛祕密語法 唯佛能知 二 是總持門 含多義故 三 或是鬼神名 呼之勅以守護修行人故 四 或是諸佛祕密印 如王印信所往無不遵奉 五 不思議力所加持故 受持密誦 滅罪生福"라고 하였다. 〔참고문헌〕『注大乘入楞伽經』. ⇨ 주 呪, 주다라니 呪陀羅尼, 진언 眞言, 다라니 多羅尼, 주저 呪咀

주미 麈尾 큰 사슴의 꼬리. 주는 사슴 떼의 우두머리를 말한다. 사슴 무리들이 그의 꼬리를 보고 따르는 뜻에서 인도의 의미이며, 이로부터 도사(導師)가 손에 드는 불자(拂子)를 상징하게 되었고, 실제로 불자를 만드는 데 이 꼬리털을 쓰기도 한다. 『경덕전등록』 권11 「대수법진전 大隋法眞傳」(대정장51, p.286a26)에 "학인이 대수법진에게 물었다. '무엇이 제불의 법요입니까?' 대수가 불자를 들어올리며 말했다. '알겠는가?' '모르겠습니다' '큰 사슴 꼬리털 불자니라'. 問 如何是諸佛法要 師擧拂子云 會麽 僧云 不會 師云 麈尾拂子", 『일체경음의』 권80(대정장54, p.822c2)에 "주미〈첫 글자의 음은 주이며, 뒷 글자의 정자체는 미 자다. 『산해경』에 '형산에는 큰 사슴이 많다'고 하였고, 곽박(郭璞)의 주석에서 '사슴과 비슷하지만 더 크며 꼬리가 비처럼 넓게 퍼져 있다. 옛날 절개가 뛰어나던 은사들이 집어다가 먼지떨이로 썼는데 독수리 털로 된 부채와 비슷한 류다'라고 한 말이 바로 이것이다〉. 麈尾〈上音主 下正體 尾字也 山海經云 荊山多麈鹿 郭注云 似鹿而大 尾闊如帚 古之逸士 執以爲拂 猶如鵰扇之類 是也〉", 『공곡집』 54칙 「평창 評唱」(卍속장117, p.590a15)에 "큰 사슴이란 사슴무리중에 우두머리를 말한다. 글자의 구성은 녹(鹿) 자와 주(主) 자다. 사슴 떼가 그를 뒤따르는데 모두 그의 꼬리가 흔들리는 것을 보고 기준으로 삼는다. 그러므로 옛날에도 말할 때도 손에 쥐고 흔들었다 하니, 진실로 이런 까닭이 있었다. 麈鹿者 乃群鹿之長也 制字之法 故從鹿從主 群鹿隨之 皆視麈尾所轉爲准 古之談柄用麈拂揮之 良有以也", 『경석적유집』 권4 「원호묘용장 鴛湖玅用章」(卍속장117, p.976b2)에 "원호가 불자를 집어 들고 말했다. '오래된 불자(麈尾)를 들어 지휘하면 여우들은 대부분 놀라 두려워한다'. 拈拂子云 指揮舊麈尾 野干多驚怕"라고 하였다. 〔참고문헌〕『景德傳燈錄』, 『一切經音義』, 『空谷集』, 『徑石滴乳集』. ⇨ 불자 拂子

주미사 舟尾寺 충청남도 공주시 주미동 주미산에 있던 절. 시도기념물 제38호 사지(寺址)에서 출토된 초석(礎石)과 유물 등을 통해 통일신라시대 창건으로 추정하며, 『동국여지승람』 권17 충청도 공주목 불우에 이름과 위치가 전한다. 신유(申濡)가 공주목사(公州牧使)로 부임한 1647년(인조25) 즈음에 지었을 「공산십영 公山十詠」(『죽당집』 권4 한국문집총간 속집31, p.423a7)에 "주미사〈주미산에 있다〉. 절이 산 이름을 따른 이유를 물으니, '주'라는 명자는 이 땅을 본떴다고들 말하네. 舟尾寺〈在舟尾山〉 寺從山號問何由 人道舟名象此州"라고 하였다. 18세기 『범우고』에는 '今無'라 하여 폐사로 전한다. 사지에서 석등의 바닥돌・석탑부재・통일신라시대 비편 및 와편・조선시대 기와 및 분청자편 등이 출토되었다. 자연석굴도 남아 있는데 그 안에 불상을 봉안한 흔적이 있다. 〔참고문헌〕『竹堂集』, 『東國輿地勝覽』, 『梵宇攷』, 『韓國寺刹全書』 권하 p.1025a12, 『한국사지총람』 권상(문화재청・佛敎文化財硏究所, 2010) p.397.

주박 周朴 ?~878. 만당(晩唐)대 시인. 자는 견소(見素)・태박(太朴). 복주(福州 : 福建省) 장락(長樂) 출신. 오흥(吳興 : 浙江省) 또는 천주(泉州 : 福建省) 출신이라는 설도 있다. 황소(黃巢)의 난 때 겁박하며 회유하는 말에 굴하지 않고 죽음을 택하였다. 위산영우(潙山靈祐 771~853)에게 헌정한 시 때문에 불교문헌에 자주 언급된다. 『불과격절록』 39칙 「평창 評唱」(卍속장117, p.479a10)에 "주박이 대위(大潙 : 潙山)에게 주는 시에 이런 말이 있다. '선은 대위요 시는 주박이니, 대당국 천자와 더불어 세 명 밖에 없도다'. 周朴贈大潙詩云 禪是大潙詩是朴 大唐天子只三人", 『연종보감』 권1 「귀의삼보 歸依三寶」(대정장47, p.307b24)에 "모든 황제와 왕들이 공경으로 서원하며 성스러운 도를 구하고자 하니, 모두 위로는 불과를 이루고 아래로는 고통스러운 윤회에서 벗어난다. 가히 '선은 대위요 시는 주박이니, 대당국 천자와 더불어 세 명 밖에 없도다'라고 할 만하였다. 諸天帝王欽敬 而誓求聖道 皆能上成佛果 下脫苦輪 可謂 禪是大潙詩是朴 大唐天子只三人"라고 하였다. [참고문헌]『佛果擊節錄』, 『蓮宗寶鑑』, 『祖庭事苑』 권2(卍속장113, p.38b16), 『宗統編年』 권16(卍속장147, p.243b5). ⇨ 영우 靈祐

주박 湊泊 저어가서 댈 곳. 물에 떠서 목표물에 가까이 간다는 말로 다가가다의 뜻이다. 『앙산어록』(대정장47, p.585c1)에 "앙산이 고제(古堤)화상을 찾아갔다. 고제가 말했다. '가라. 너에겐 불성이 없다'. 그러자 앙산이 차수를 하고 세 걸음 앞으로 다가가 '네'라고 답했다. 고제가 웃으며 말했다. '그대는 어디서 이런 삼매를 얻었느냐?' '저는 탐원에게서 이름을 얻었고 위산에게서 이와 같은 경지를 얻었습니다' '그렇다면 위산의 적자가 아닌가?' '세간의 진실은 아는 게 없지 않으나, 불법인즉 감히 알지 못합니다'. 이번엔 앙산이 물었다. '화상께서는 어디에서 이러한 삼매를 얻으셨습니까?' '나는 장경에게서 이러한 삼매를 얻었다'. 이에 앙산이 감탄하며 말했다. '생각으로도 말로도 논할 수 없으니, 찾아오는 이들이 다가가기 어렵겠군요'. 師參古堤和尙 古堤云 去汝無佛性 師叉手近前三步應諾 古堤笑云 子 甚麽處得此三昧來 師云 我從耽源處得名 潙山處得地 古堤云 莫是潙山的子麽 師云 世諦卽不無 佛法卽不敢 師却問 和尙從甚處得此三昧 古堤云 我從章敬處得此三昧 師嘆云 不可思議 來者難爲湊泊", 『조당집』 권5 「용담숭신장 龍潭崇信章」(대장경보편25, p.393b8)에 "용담화상은 천황의 법을 이었으며 예주와 낭주에서 활동했다. 선사의 법휘는 숭신이며 속성은 알 수 없다. 속세에 있을 때 대대로 떡을 만들어 파는 일을 생업으로 하였으며, 천황사 길 앞에 살았다. 당시 천황화상은 절 안에 머물고 있었는데, 작은 절에 혼자 머물면서 거의 대부분을 선방을 닫고 조용히 좌선하며 보냈기에 사방의 선자들이 가까이 할 길이 없었다. 떡을 파는 이(龍潭)만이 매번 식사 때가 되면 직접 호떡 10개를 들고 가서 공양으로 바쳤는데, 이 같은 일을 수년 동안 그만두지 않았다. 천황은 매번 식사가 끝나면 떡 하나를 남겼다가 그에게 주면서 '내가 그대에게 주는 것이니 자손을 보살피는 데 쓰거라' 라고 말하였고, 날마다 이렇게 하자 이것이 일상이 되었다. 그러던 어느 날 용담이 문득 이상하게 생각되어 천황에게 물었다. '이 떡은 제가 가지고 온 것인데 어째서 저에게 되돌려주시는 겁니까?' '다름 아닌 그대가 가지고 왔으니 그대에게 되돌려주는 게 무슨 잘못이냐?' 용담이 이 말을 듣고 조금 깨우친 바 있어 바로 물었다. '제자가 덧없이 흔들리며 살았습니다. 마침내 어떻게 해야 합니까?' '재가는 감옥과도 같아 늘 고달플 뿐이지만, 출가하면 자유롭고 탁 트여 넓기만 하다'. 용담이 바로 천황에게 의탁하여 출가하였다. 龍潭和尙嗣天皇 在澧朗州 師諱崇信 未詳姓氏 在俗之時 世業作餠師 住在天皇巷陽 其天皇和尙住寺內 獨居小院 多閉禪房 靜坐而已 四海禪流 無由湊泊 唯有餠師 每至食時 躬持餬餠十枚 以餉齋餐 如是不替數年 天皇每食已 常留一餠與之云 吾惠汝 以蔭子孫 日日如斯 以爲常准 師因於一日忽自訝之 乃問 此餠是某甲持來 何乃返惠某甲 天皇云 是你持來 復汝何咎 師聞此語 似少驚覺 乃問曰 弟子浮生擾擾 畢竟如何 天皇云 在家牢獄逼迮 出家逍遙寬廣 師便投天皇出家"라고 하였다. [참고문헌]『仰山語錄』 『祖堂集』.

주박불향외곡 肘膊不向外曲 팔은 밖으로 굽지 않는다. 비박불향외곡(臂膊不向外曲)이라고도 한다. 『종용록』 64칙 「본칙 本則」(대정장48, p.267a4)에 "자소수좌가 법안에게 물었다. '화상은 개당하였는데 누구의 법을 이었습니까?'〈오늘에 와서 쓸데없는 일이 되고 말 것을 진작 알았더라면 당시에 진심을 쏟지 않았을 텐데〉 '지장이다'〈은혜를 갚아야 할 사람이 있군〉. '돌아가신 스승 장경선사의 은의를 크게 저버리시는군요'〈팔은 밖으로 굽지 않는다〉. '나는 장경으로부터 한바탕 뒤칠 한마디 들은 적 없다'〈모르는 척하는군〉. 子昭首座問法眼 和尙開堂 承嗣何人〈早知今日成閑管 悔不當時用好心〉 眼云 地藏〈恩歸有地〉 昭云 太辜負長慶先師〈肘膊不向外曲〉 眼云 某甲不會長慶一轉語〈佯打不知〉"라고 하였다. [참고문헌]『從容錄』. ⇨ 비박불향외곡 臂膊不向外曲, 비주불향외곡 臂肘不向外曲, 수비종불향외곡 手臂終不向外曲

주반 主伴 주가 되거나 반려가 되다. 법계연기(法界緣起)의 뜻에서 주와 반은 정해진 자리일 수 없어서 부처와 부처끼리 서로 주반을 주고 받으면 과주과반(果主果伴)이라 하고, 보살과 보살끼리 입장을 주고 받으면 인주인반(因主因伴)이라 하며, 여래가 주가 되어 보살이 반이 되면 과주인반(果主因伴)이라 한다. 『화엄경소초』 권1(대정장36, p.5c29)에 "제불보살은 다 주와 반이 있다 하였다. 이를 밝힘에 간략하게 서 구가 있다. 첫째, 과주와 과반이다. 비로자나불이 주이면 시방불은 반이고, 시방불이 주이면 비로자나불이 반이다. 둘째, 인위보살이 주이고 인위의 다른 보살이 반이다. 이곳의 법혜보살이 주이면 시방법혜보살이 반이고, 시방보살이 주이면 이곳의 보살이 반이다. 셋째, 과위의 부처님이 주이고 인위의 보살이 반이다. 여래께서 주이면 보현 등의 보살이 반이다. 이것을 일명 보익이라고도 하고 반이라고도 부른다. 저편의 부처님이 주이면 이곳의 보살이 반이다. 마치 법혜보살이 법을 설하고 시방불이 증할 경우 다만 증법제불이라 할 뿐이지, 인위의 보살이 주이고 과위의 부처님은 반이라고 하지 않는다. 言諸佛菩薩 皆

有主伴者 略有三句 一 果主果伴 謂遮那爲主 十方佛爲伴 十方佛爲主 遮那爲伴 二 因主因伴 謂此方法慧菩薩爲主 十方法慧菩薩爲伴 十方菩薩爲主 此方菩薩爲伴 三 果主因伴 謂如來爲主 普賢等爲伴 此一亦名輔翼 亦得稱伴 彼佛爲主 此方菩薩爲伴 如法慧說法 十方佛證 但名證法諸佛 不名因主果伴", 『화엄경의해백문』「차별현현문 差別顯現門」(대정장45, p.632c20)에 "아홉 번째, 주와 반을 정한다 하니 티끌마다 법계체여서 분제가 없다. 일체에 두루해서 주이고 저들 일체는 각각 다르므로 반이다. 그러나 반은 주와 다르지 않으니 반드시 온전한 주여야 반이 되고, 주는 반과 다르지 않으니 그 또한 온전한 반이면서 주가 된다. 이처럼 주와 반은 서로 돕고 서로 거둔다. 만약 서로 거둔다면 피차는 서로 없게 되니 따로 일체라 설하지 못하며, 서로 돕는다면 피차는 서로 있게 돼서 일체를 동시에 설하지 못한다. 모두 주인 그대로 반이기에 같으면서 다르다. 마땅히 알라. 주 가운데 주도 있고 반도 있으며, 반 가운데 반도 있고 주도 있다. 九 定主伴者 謂塵是法界體無分齊 普遍一切 是爲主也 卽彼一切各各別 故是伴也 然伴不異主 必全主而成伴 主不異伴 亦全伴而成主 主之與伴 互相資相攝 若相攝 彼此互無 不可別說一切 若相資 則彼此互有 不可同說一切 皆由卽主卽伴 是故亦同亦異 當知 主中亦主亦伴 伴中亦伴亦主也", 『법화경문구보정기』 권2(卍속장45, p.59b16)에 "주반이란, 때로는 부처님이 반이 되고 제자가 주가 된다. 가령 수달가의 늙은 여종을 부처님께서는 교화시키지 못하였지만 아난은 교화할 수 있었다는 등이 그것이다. 主伴者 或時佛爲伴 弟子爲主 如須達家老婢 佛化不得 阿難化得等"라고 하였다. [참고문헌] 『華嚴經疏鈔』, 『華嚴經義海百門』, 『法華經文句輔正記』.

주반구족 主伴具足 주와 반을 빠짐없이 갖추다. 십현문(十玄門) 중 열 번째 문인 주반원명구덕문(主伴圓明具德門)의 뜻이기도 하다. 『화엄경소』 권2(대정장35, p.512c5)에 "다섯 번째, 원교란 하나의 위가 고스란히 일체의 위이고, 일체의 위 그대로 하나의 위임을 밝힌다. 그러므로 십신을 채운 마음이 바로 다섯 위를 모두 거두어 정각을 성취하는 것과 같다. 보현법계에 의지하여 제망중중하고 주반을 빠짐없이 갖추기에 원교라 한다. 五 圓教者 明一位卽一切位 一切位卽一位 是故 十信滿心 卽攝五位 成正覺等 依普賢法界 帝網重重 主伴具足 故名圓敎", 같은 책 권3(대정장35, p.521c3)에 "열 번째, 원융구덕종이란 사사가 걸림이 없고 주와 반이 구족해서 끝없이 자재함을 말한다. 十 圓融具德宗 謂事事無礙 主伴具足 無盡自在故"라고 하였다. [참고문헌] 『華嚴經疏』. ⇨ 주반원명구덕문 主伴圓明具德門

주반동회 主伴同會 주와 반이 함께 어울리다. 『원각경대소석의초』 권1하(卍속장14, p.436a9)에 "주반동회란, 경문에서 보살중의 명호를 열거한 다음에 '여러 권속과 함께 모든 보살이 삼매에 들어 여래평등법회에 함께 머문다'(『원각경』 대정장17, p.913b1)라고 한 대목에 해당한다. 主伴同會者 經文 列菩薩衆已 結云 與諸眷屬 皆入三昧 同住如來平等法會", 『원각경근석』 권1(卍속장16, p.149b12)에 "범부와 성인은 그 샘이 하나이기에 주와 반으로 함께 모인다. 그러므로 '여래평등법회에 함께 머물렀다'고 하는 것이다. 以凡聖一源 主伴同會 故曰同住如來平等法會也", 『벽암록』 92칙 「평창 評唱」(대정장48, p.216c11)에 "설두가 '즐비한 성인무리 모인다 해도 작자라야 알 수 있다' 하였는데, 영산회상의 팔만대중이 모두 즐비한 성인이었으며 문수와 보현에서 미륵에 이르기까지 주반이 함께 모였지만 반드시 방편 가운데 가장 뛰어난 방편과 기특함 중에도 기특함이어야 비로소 저들 던져 행한 바 알 수 있다는 뜻이다. 列聖叢中作者知 靈山八萬大衆 皆是列聖 文殊普賢 乃至彌勒 主伴同會 須是巧中之巧 奇中之奇 方知他落處"라고 하였다. [참고문헌] 『圓覺經大疏釋義鈔』, 『圓覺經』, 『圓覺經近釋』, 『碧巖錄』. ⇨ 주반 主伴, 주반구족 主伴具足

주반무진 主伴無盡 주가 되고 반이 됨은 다함이 없다. 주도 반도 다함이 없어 끝이 없는 뜻이다. 『화엄경탐현기』 권1(대정장35, p.116a6)에 "다섯째, 원교중의 설은 오직 다함 없는 법계일 뿐이다. 자성의 바다 두렷이 어울리고 연기함에 걸림없다. 서로 마주하고 서로 들여서 저 인드라망같이 거듭거듭 끝이 없고 미세하여 서로 들이니, 주반이 끝도 없어 열에 열로 법의 문을 연다. 각각을 다 불러 법계라 하네. 五 圓教中所說 唯是無盡法界 性海圓融 緣起無礙 相卽相入 如因陀羅網 重重無際 微細相容 主伴無盡 十十法門 各稱法界"라고 하였다. [참고문헌] 『華嚴經探玄記』. ⇨ 주반 主伴

주반야바라밀다심경 注般若波羅蜜多心經 당대 정각(淨覺) 지음. 1권. 현장(玄奘) 역 『반야심경』을 선사의 관점에서 풀이한 최고(最古)의 주석서이다. 머리에 붙어 있는 이지비(李知非)의 「서 序」에서 본서 성립의 정황을 엿볼 수 있다. 돈황본(敦煌本) S4556과 향달수초본(向達手鈔本)이 있다. 『영암사화상청래법문도구등목록 靈巖寺和尙請來法門道具等目錄』의 기사에 따르면 평안시대(平安時代)에 일본에도 전해졌다. 정각은 북종선(北宗禪) 전등사서(傳燈史書)인 『능가사자기 楞伽師資記』의 편찬자이기도 하다. [참고문헌] 柳田聖山 『初期禪宗史書の研究』(法藏館, 2000). ⇨ 정각 淨覺 ■

주반원명구덕문 主伴圓明具德門 주반이 두렷이 밝고 덕마저 다 갖추는 문. 화엄(華嚴) 십현문(十玄門) 중 하나로 주반원명문 또는 주반원비문(主伴圓備門)이라고도 한다. 고십현(古十玄)에서는 유심회전선성문(唯心廻轉善成門)이라 한다. 『화엄경탐현기』 권1(대정장35, p.123c29)에 "열 번째(주반원명구덕문), 이 원교의 법은 이로는 홀로 일어나지 않고 반드시 권속이 따라 생한다. 아래에서 '이 꽃은 세계해의 티끌처럼 무수한 연꽃을 권속으로 삼는다'고 한 말과 같다. 또한 한 곳이 주가 되면 시방은 반이 되고, 나머지 방도 그러하다. 이 때문에 주와 주들이, 반과 반들이 각각 서로 보지 않고도 주의 반과 반의 주로 두렷이 밝고 덕마저 갖춘다. 마치 하나의 사라는 꽃이 피면 스스로 열 가지 뜻을 띠고 있어, 이렇게 십문을 갖춘즉 백 가지 문이 열리듯 한다. 나머지 교의들도 각각 이에 따르므로 천 갈래로도 문이 열린다. 十 此圓敎法 理無孤起 必眷屬隨生 下云 此華 有世界海塵數蓮華 以爲眷屬 又如一方爲主 十方爲伴 餘方亦爾 是故 主主伴伴 各不相見 主伴伴主 圓明具德 如一事華帶自十義 具此十門 卽爲一百門 餘敎義等 亦各准之 故成千門", 『대화엄경약책』(대정장36, p.707b22)에 "열 번째, 주반원명구덕문은 마치 북극성을 중심으로 뭇 별이 함께 도는 듯 하다. 十 主伴圓明具德門 如北辰所居 衆星同拱", 『금사자장운간유해』(대정장45, p.666b1)에 "경에 '법계성을 관하니 일체가 오로지 마음으로 지을 뿐이네'라고 하였다. 이를 유심회전선성문이라 하는데, 현수법장(賢首法藏)은 이 하나의 문도 주반원명구덕문이라 개명하였다. 經云 應觀法界性 一切唯心造 名唯心迴轉善成門 賢首亦改此一門 爲主伴圓明具德門", 『현수오교의』 권6(卍속장104, p.107b17)에 "열 번째 주반원명구덕문이라 하니, 앞서 사라는 체는 그 하나를 따라 들면 곧바로 문득 주가 되어 그 중심에 자리잡고, 나머지는 반이 되어 주변을 에워싼다. 이들 둘이 부르고 뒤따름에 어지럽지도 걸림도 없으니 '주반'이라 하고, 피차가 숨거나 나타나면서 주와 반이 서로 비추므로 '원명'이라 하며, 일과 다가 거둬 들여 이어 연대해 연기하기에 '구덕'이라 한다. 十 主伴圓明具德門者 前之事體 隨擧其一 卽便爲主 而居其中 餘者爲伴 周市圍繞 由其爲唱爲隨 無雜無礙 故云主伴 彼此隱顯 主伴交輝 故云圓明 一多攝入 連帶緣起 故云具德"라고 하였다. [참고문헌]『華嚴經探玄記』, 『大華嚴經略策』, 『金師子章雲間類解』, 『賢首五敎儀』, 『華嚴經疏鈔』 권11(대정장36, p.81b27). ⇨ 유심회전선성문 唯心廻轉善成門, 십현문 十玄門, 주반 主伴

주반원비문 主伴圓備門 주반원명구덕문(主伴圓明具德門)을 달리 이르는 말. 『화엄경탐현기』 권1(대정장35, p.119c18)에 "열 번째, 주반원비문이란 이 보법의 가르침 홀로 일어나지 않으니, 반드시 주와 반이 따라 일어난다. … 그러므로 낱낱의 주가 되는 경에는 각각 티끌만큼의 권속(반)이 있다. 이를 가리켜 본과 말이 서로 돕고 주와 반이 두렷이 갖춘다고 한다. 第十 主伴圓備門者 謂此普法 敎不孤起 必主伴隨生 … 是故 一一主經 各有塵數眷屬 是謂本末相資 主伴圓備", 『화엄발보리심장』(대정장45, p.654b25)에 "열 번째, 주반원비문을 밝힌다. 보살은 보문의 지로써 이 보문법계를 단번에 비춘다. 그러므로 하나를 들어 주를 삼으면 나머지 일체는 반이 되어 주의 반과 반의 주가 모두 끝이 없어 말로 다 표현할 수 없다. 보살의 바다처럼 넓고 깊은 삼매문을 모두 안립하여도 스스로 있고 걸림없지만 다른 생각도 없다. 第十 主伴圓備門者 菩薩以普門之智 頓照於此普門法界 然擧一爲主 一切爲伴 三伴伴主 皆悉無盡 不可稱說 菩薩三昧海門 皆悉安立 自在無礙 然無異念也"라고 하였다. [참고문헌]『華嚴經探玄記』, 『華嚴發菩提心章』. ⇨ 주반원명구덕문 主伴圓明具德門

주방 住放 머물지만 놓아버리다. 『승만경소의사초』 권6(卍속장30, p.735b13)에 "지혜로 경을 비추고 머물지만 놓아버려 즐겁다 여긴다. 智慧照境 住放爲樂"라고 하였다. [참고문헌]『勝鬘經疏義私鈔』.

주방사 周房寺 경상북도 청송군 부동면 상의리 주왕산(周王山)에 있던 절. 『동국여지승람』 권24 경상도 청송도호부 불우와 『범우고』에 이름과 위치가 전하나, 『여지도서』 경상도 청송조에는 "지금은 폐사되었다. 今廢"라고 하였다. 사지의 남쪽에서 석등 대석과 사리공(舍利孔) 및 석탑재 등이 발견되었으나 경작지여서 더 이상의 발굴은 어렵다. [참고문헌]『東國輿地勝覽』, 『梵宇攷』, 『輿地圖書』, 『韓國寺刹全書』 권하 p.1025b3, 『文化遺蹟總覽』 권중(文化財管理局, 1977) p.186.

주방신 主方神 Ⓢ dig-devatā. 방위를 주관하는 신. 사방(四方)과 사유(四維)를 보호하는 신으로 팔방천신(八方天神)과 동격이다. 『화엄경』에 등장하는 화엄신중이다. 80권본 『화엄경』 권1(대정장10, p.3c9)에 "또한 무량한 주방신이 있다. 변주일체주방신·보현광명주방신 … 주변유람주방신, 이와 같은 신들을 우두머리 삼아 그 수가 헤아릴 수 없이 많으니, 방편으로 광명을 두루 놓아 항상 시방을 비춰 끊이지 않는다. 復有無量主方神 所謂 遍住一切主方神 普現光明主方神 … 周遍遊覽主方神 如是等而爲上首 其數無量 能以方便 普放光明 恒照十方 相續不絶", 『화엄경소』 권5(대정장35, p.538c7)에 "열일곱 번째, 주방신은 동방의 청제 등과 같은 무리다. 삿되거나 바른 방위를 드러내 가는 길 잃지 않도록 한다. 덕중에 몸과 지혜로 광명을 놓아 이끌지 않음이 없으니 이를 '널리 놓는다' 하며, 놓지 않는 때가 없는 까닭에 '항상'이라 하고, 저 해가 하늘을 돌듯이 '이어져 끊이지 않는다'고 한다. 十七 主方神 卽東方青帝等類也 表

顯邪正方隅 使行無迷倒 德中身智 放光無不引攝 名普放也 無時不放 所以稱恒 如日周天故 相續不絶"라고 하였다. [참고문헌] 『華嚴經』, 『華嚴經疏』, *Gaṇḍ-vy.36·99.* ⇨팔방천 八方天, 화엄신중 華嚴神衆

주벌 誅罰 Ⓟ daṇḍaṃ āṇāpeti. 꾸짖어 벌하다. 책벌(責罰)·토벌(討伐)과 같은 뜻이다. 『대루탄경』 권6(대정장1, p.308c7)에 "법 아닌 일을 지은 이 있다면 마땅히 꾸짖어 벌한다. 若有作非法者 當誅罰之"라고 하였다. [참고문헌] 『大樓炭經』, 『那先比丘經』 권상(대정장32, p.696c2), *Mil.29.*

주범망경 注梵網經 후진(後秦) 구마라집(鳩摩羅什)이 한역한 『범망경심지법문품 梵網經心地法門品』에 대한 송(宋) 혜인(惠因)의 주해서(註解書). 3권. 卍속장60, pp.501a1~595b6에 수록되어 있다. 『범망경보살계주 梵網經菩薩戒注』라고도 한다. 1096년(소성3) 보응사(寶應寺) 사문 혜인이 쓴 「주범망경병서 注梵網經幷序」가 있다. 우리나라 유통본으로는 보물 제894-1호(아단문고 소장)와 제894-2호(범어사 소장)가 대표적인데, 모두 1298년(대덕2) 원(元)의 곽천석(郭天錫)이 지은 서문이 있으므로 고려시대에 번각한 것으로 추정한다.

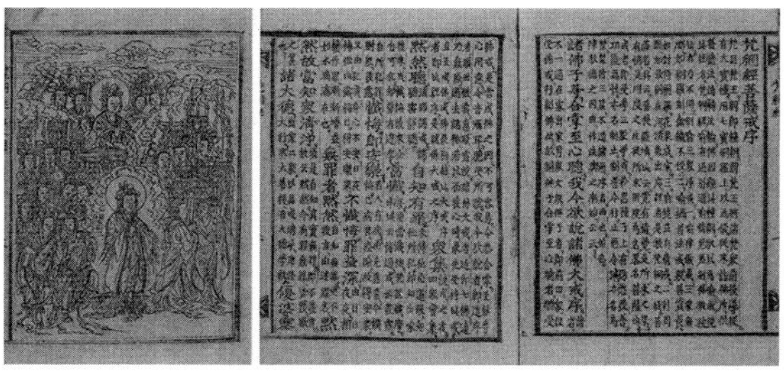

주범망경 안동 봉정사 1769년

또한 이 번각본을 번각하여 1769년(영조45)에 안동 봉정사(鳳停寺)에서 간행한 판본이 고양 원각사(圓覺寺)에 전한다. ⇨범망경심지법문품 梵網經心地法門品

주법 住法 ❶ Ⓢ sthita-bhāva. 유위법의 네 가지 양상(有爲四相 : 生住異滅) 중 머무는 법을 말한다. 『대비바사론』 권38(대정장27, p.198a20)에 "'만약 유위상의 체가 유위라고 하면 그 성이 힘 없고 약하기에 능히 법을 내고 법을 머물게 하고 법을 달라지게 하고 법을 사라지게 할 수 없을 테지만, 유위상의 바탕은 무위여서 그 성이 강성하기에 법을 일으키기도 하고 나아가 법을 사라지게도 한다'고 한다. 若有爲相 體是有爲 性羸劣故 則應不能 生法 住法 異法 滅法 以有爲相 體是無爲 性强盛故 便能生法 乃至滅法", 『중론』 권2(대정장30, p.11b20)에 "만약 주법이 있다면 자상에 머무는가, 타상에 머무는가? 둘 모두 옳지 않다. 자상에 머문다면 상이 되는데, 일체유위법은 뭇 연들로부터 생하기 때문이다. 만약 주법이 스스로 머문다면 유위라고 할 수 없다. … 눈이 자신을 볼 수 없듯이 주 또한 이와 같다. 만약 여타의 상(異相)에 의지해 주한다고 하면 다시 그 주가 존재하는 게 되기에 끝이 없는 일이 된다. 若有住法 爲自相住 爲他相住 二俱不然 若自相住 則爲是常 一切有爲法 從衆緣生 若住法自住 則不名有爲 … 如眼不能自見 住亦如是 若異相住 則住更有住 是則無窮"라고 하였다. [참고문헌] 『大毘婆沙論』, 『中論』, *Pras.68.* ⇨사유위상 四有爲相, 유위사상 有爲四相, 주상 住相❶ ❷ 열반이나 삼매 즉 정(定)을 말한다. 동법(動法)에 대칭한다. 원측(圓測)의 『해심밀경소』 권4(한불전1, p.243b2)에 "'주법'이란 곧바로 열반으로서 상주불변한다. 따라서 '머문다'고 한다. '동법'이란 나고 죽는 법이다. … 또 다른 해석이 있다. '주법'이란 정(定 Ⓢ samādhi)이고 '동법'이란 산란(散亂 Ⓢ vikṣepa)이다. 言住法者 卽是涅槃 常住不滅 故名爲住 言動法者 是生死法 … 又解 住法者是定 動法者是散亂"라고 하였다. [참고문헌] 『解深密經疏』. ⇨동법 動法 ❸ 주법아라한(住法阿羅漢). 『잡아비담심론』 권5(대정장28, p.913c17)에 "아라한에는 여섯 부류가 있으니, 퇴법·사법·호법·주법·필승진법·부동법의 아라한이다. 주법이란, 일시적인 방편(頓方便)이지 항상하는 방편(常方便)은 아닌 것으로서 물러나는 일도 나아가는 일도 없는 아라한을 말한다. 阿羅漢六種者 謂退法 思法 護法 住法 必昇進法 不動法 … 住法者 頓方便不常方便 不退亦不進"라고 하였다. [참고문헌] 『雜阿毘曇心論』. ⇨주법아라한 住法阿羅漢

주법 呪法 Ⓢ sādhana. 다라니 등의 주문을 외우는 행위. 밀교에서 식재·증익(增益)·항복(降伏)·경애(敬愛)·연명(延命) 등을 위해 행하는 작법으로 수용되었다. 의궤(儀軌)에 정해진 규범과 절차에 따라 본존의 상을 안치하고 음식·향·화·등촉 등을 공양하고 진언과 수인을 베풀며 작법한다. 『다라니집경』 권1(대정장18, p.786c10)에 "이 삼매다라니의 힘은 일체 천마 외도의 주법을 모두 없앨 수 있고 일체 원수를 모두 항복시키며, 마혜수라의 제천과 귀신이 설한 주술을 모두 없앨 수 있다. 此三昧陀羅尼力 悉能解除一切天魔外道呪法 皆能降伏一切怨敵 及摩醯首羅諸天鬼神所說呪術 悉能除滅"라고 하였다. [참고문헌] 『陀羅尼集經』. ⇨주 呪

주법아라한 住法阿羅漢 법에 머무는 아라한. 이십칠현성(二十七賢聖)이나 육종아라한(六種阿羅漢) 중 한 부류로 주법종성(住法種性)이라고도 하며 안주법아라한(安住法阿羅漢)과 같다. 『성유식론장중추요』 권상(대정장43, p.619b17)에 "스물일곱 부류의 현성 중 … 스물두 번째는 퇴법아라한이고, 스물세 번째는 사법아라한이며, 스물네 번째는 호법아라한이고, 스물다섯 번째는 주법아라한이며, 스물여섯 번째는 감달법아라한이고, 스물일곱 번째는 주부동법아라한이다. 二十七賢聖者 … 二十二 退法阿羅漢 二十三 思法阿羅漢 二十四 護法阿羅漢 二十五 住法阿羅漢 二十六 堪達法阿羅漢 二十七 住不動法阿羅漢", 『화엄종종성의초』(대정장72, p.48c20)에 "무엇을 주법아라한이라 하는가? 〔답〕 상위로 나아가지도 하위로 물러나지도 않는 이를 주법아라한이라 한다. 따라서 『구사론』 권25(대정장29, p.129b17)에 '안주법이란, 특별한 퇴전의 인연을 여의었기에 비록 스스로 방호하지 않더라도 퇴전하지 않으며, 비록 특별한 노력을 하지도 않아 증진하지도 않는 이를 말한다'라고 하였다. 何名住法阿羅漢耶 答 不進上位不退下位 云住法阿羅漢 故俱舍論云 安住法者 離勝退緣 雖不自防亦能不退 離勝加行亦不增進"라고 하였다. 〔참고문헌〕『成唯識論掌中樞要』, 『華嚴宗種性義抄』, 『俱舍論』. ⇨ 육종아라한 六種阿羅漢, 이십칠현성 二十七賢聖, 안주법아라한 安住法阿羅漢, 주법종성 住法種性

주법종성 住法種性 주법아라한(住法阿羅漢)의 종성. 『화엄종종성의초』(대정장72, p.46b18)에 "소승교에는 여섯 가지 종성을 설정하는데, 첫째는 퇴법종성이고, 둘째는 사법종성이며, 셋째는 호법종성이고, 넷째는 주법종성이며, 다섯째는 감달법종성이고, 여섯째는 부동법종성이다〈이 교의 의미에서는, 다만 수행을 통해 증득한 불성을 말하고 있는 것이지 본성상 획득되어 있는 불성을 말하는 것이 아니다〉. 小乘敎六種性者 一 退法種性 二 思法種性 三 護法種性 四 住法種性 五 堪達法種性 六 不動法種性〈此敎意 但云修得佛性 不云性得佛性〉"라고 하였다. 〔참고문헌〕『華嚴宗種性義抄』. ⇨ 육종성 六種性 ❷

주변계탁 周遍計度 Ⓢparikalpayanti. 널리 빠짐없이 작용하고 분별하여 헤아리기까지 하다. 삼성(三性 : 圓成實性 依他起性 遍計所執性) 중 변계소집성을 푼 뜻이다. 『대승광백론석론』 권10(대정장30, p.248a25)에 "이 변계소집자성에 의지하여 자성이 공이고 생멸이 없음을 설한다. 어리석은 범부들은 스스로의 마음이 변함에 따라 나타난 색 등 제법을 두루 헤아려 참된 실체와 자성차별이 있다고 집착한다. 此依遍計所執自性 說自性空 無生滅等 以諸愚夫 隨自心變 色等諸法 周遍計度 執有眞實自性差別", 『성유식론』 권8(대정장31, p.45c14)에 "두루 헤아리므로 변계라 하고, 품류가 많기에 '저들'이라 한다. 곧 능히 두루 헤아리고 허망하게 분별함을 말한다. 周遍計度 故名遍計 品類衆多 說爲彼彼 謂能遍計 虛妄分別", 『성유식론술기』 권9(대정장43, p.540a17)에 "주의 뜻은 변(遍)으로 풀고, 도의 뜻은 계로 푼다. 오직 제6식만이 능히 두루 헤아릴 수 있고, 제7식 등은 이 무리에 속하므로 이 또한 변계라 한다. 다만 계라 이름하면 두루함이 아니다. 周義釋遍 度義釋計 唯第六識 能周遍計度 第七識等 是此類故 亦名遍計 但可名計 而非遍故", 『성유식론별초』 권5(卍속장77, p.904b17)에 "〔문〕 빠짐없이 두루 헤아림은 제6식과 제7식이라 하는데, 제7식은 어떻게 두루 경을 연하는가? 〔해〕 헤아리지만 두루하지 않는다. 이 때문에 사구로 짓는다. 첫째, 두루하지만 헤아리지는 않는다. 무루식 등에 유루선심이 두루 경을 연하기 때문이다. 둘째, 헤아리지만 두루하지 않는다. 제7식의 유루위를 말한다. 셋째, 두 특징을 다 갖춘다. 제6식이 일으켜 집착하는 위를 말한다. 넷째, 두 특징이 모두 없다. 유루의 전5식과 제8식을 말한다. 問 周遍計度 謂第六七識者 第七如何遍緣境耶 解云 計而非遍 由此應作四句 有遍非計 謂無漏識等有漏善心 遍緣境故 有計而非遍 謂第七識有漏位 俱者 謂第六識起執位 俱非者 謂有漏五識 及第八識聚", 『대승아비달마잡집론』 권12(대정장31, p.751b1 : *Abh-s-bh.*, p.112)에 "변계소집자성이란 어리석은 범부들이 색 등의 상에 대하여 두루 헤아려 일으키는 늘어난 집착을 말한다. 곧 이것은 색이고 내지 이것은 열반이라고 집착하는 뜻이다. 이렇게 집착하는 뜻에는 실도 없고 체도 없으며, 오로지 말로 드러낸 것만 있을 뿐이다. 遍計所執自性者 謂諸愚夫 於色等相 周遍計度 起增益執 謂此是色 乃至此是涅槃 此所執義 無實無體 唯有名言之所施設 tatrāyaṁ parikalpitaḥ svabhāvo yadrūpamiti vā yāvannirvāṇāmiti vā'bhilāpaprajñaptimātrabhabhūto niḥśarīrārtho yadbālā rūpādilakṣaṇaṁ samāropattaḥ parikalpayanti", 『금사자장운간유해』(대정장45, p.664a6)에 "사자는 정만 있다 하니 이를 변계라 한다. 곧 망정으로 아와 일체법을 두루 헤아려 낱낱에 집착하여 실유라고 집착한다. 마치 어리석은 아이가 거울에 비친 사람의 얼굴을 보고 목숨과 물질적 한정과 살과 뼈 등을 지니고 있다고 집착하는 예와 같다. 그러므로 '정으로만 있다'고 한다. 師子情有 名爲遍計 謂妄情於我及一切法 周遍計度 一一執爲實有 如癡孩 鏡中見人面像 執爲有命質礙肉骨等 故云情有也"라고 하였다. 〔참고문헌〕『大乘廣百論釋論』, 『成唯識論』, 『成唯識論述記』, 『成唯識論別抄』, 『大乘阿毘達磨雜集論』, 『金師子章雲間類解』, *Abh-s-bh.* ⇨ 삼성삼무성 三性三無性, 능변계 能遍計, 변계소집성 遍計所執性, 정유이무 情有理無

주변법계 周遍法界 법계에 가득해 미치지 않음이 없는 뜻. 80권본 『화엄경』 권28(대정장10, p.153b11)에 "원하옵건대 모든 중생이 불보리에 머물면서 변화신을 일으켜 법계 어디에나 두루 퍼져서 물러나지 않는 법륜을 굴리도록 하소서. 願一切衆生 住佛菩提 起變化身 周遍法界 轉不退輪", 같은 책 권33(대정장10, p.175a1

8)에 “또한 아승기의 걸림이 없는 보배 광명이 있으니, 낱낱의 광명이 법계에 두루하다. 復有阿僧祇 無礙寶光明 一一光明 周遍法界”, 『금강정경만수실리보살오자심다라니품』(대정장20, p.711b2)에 “허공중에 상호구족하신 무량제불이 크기는 호마같고 숫자는 티끌같이 법계 어디에나 두루 계신다 관하고, 마땅히 한 분 한 분의 부처님을 마주해서 저들 부처님 앞에 오체투지하고 한마음으로 귀의하라. 觀虛空中 無量諸佛 相好具足 大如胡麻 數如微塵 周遍法界 應當一一 於諸佛前 五體投地 一心歸命”, 원효(元曉)의 『금강삼매경론』 권상(대정장34, p.972b8・한불전1, p.622a2)에 “법계에 두루 미치지만 상도 없고 함도 없으며 속박도 없고 벗어남도 없다. 그러므로 걸림 없는 해탈이라 한다. 周遍法界 無相無爲 無縛無脫 故曰無礙解脫”, 『화엄경탐현기』 권2(대정장35, p.131a25)에 “첫째는 (허공이) 두루 가득하다는 뜻이니, 비유하자면 부처님의 두렷한 음성은 법계 어디에나 두루 퍼져 있어서 이르지 못하는 곳이 없는 것과 같다. 마치 목련이 아무리 먼 곳에서 부처님 음성을 찾아도 닿지 않는 곳이 없었던 경우와 같다. 一周遍義 譬佛圓音 周遍法界 無處不至 猶如目連 遠尋佛聲 不得涯畔”, 『능엄경원통소』 권3(卍속장19, p.520b10)에 “법계 어디나 두루하다라 함은, 성이 색인 진공과 성이 공인 진색을 드러내니 진여의 바탕 변하지 않으면서 중생의 마음을 따른다. 周遍法界者 彰性色眞空 性空眞色 眞如之體不變也 隨衆生心”라고 하였다. [참고문헌] 『華嚴經』, 『金剛頂經曼殊室利菩薩五字心陀羅尼品』, 『金剛三昧經論』, 『華嚴經探玄記』, 『楞嚴經圓通疏』.

주변적조 周遍寂照 두루 어디에나 고요히 비추다. 『팔종강요초』 권하(대장경보편32, p.81a1)에 “네 번째는 적광토이다. 오직 부처님의 진실한 몸만이 그 정토에 머무신다. 기도 근도 여의고 끊어져 부처님과 부처님만이 머무신다. 곧 사덕바라밀로 두루 어디나 고요히 비추며, 이와 지 그윽이 합하신 법신의 주처다. 四 寂光土 唯佛實身 住彼淨土 機根離絶 佛佛境界 卽是四德波羅蜜 周遍寂照 理智冥合 法身所住”라고 하였다. [참고문헌] 『八宗綱要鈔』. ⇨ 적광토 寂光土

주변함용관 周遍含容觀 널리 두루해서 품어 거둠을 관함. 화엄(華嚴) 법계삼관(法界三觀) 중 하나다. 법장(法藏)은 이 관을 열 갈래(十門)로 열었다. 『화엄발보리심장』(대정장45, p.653c16)에 “세 번째, 주변함용관이라 한 것은, 사가 이답게 어울려서 두루 거둬 걸림 없고 서로 들여서도 자재하기에 간략히 열 갈래 문을 열어 가린다. 첫째, 이가 사답게 하는 문이다. 사법(事法) 이미 허하고 상마저 다하였고, 이성진실의 바탕 드러나지 않는 뜻이다. … 둘째, 사가 이다운 문이다. 모든 사법은 이와 다르지 않으므로 사는 이를 따라 두루하고, 마침내 한 티끌 법계 널리 가득하게 한다. … 셋째, 사가 이사를 품어 걸림 없는 문이다. 모든 사법 이와 더불어 하나가 아니기에 본래 하나의 일 둔 채로 능히 널리 들이니, 마치 저 한 티끌이 그 모양 크지 않지만 능히 무변법계 받아들이듯 한다. … 넷째, 통국무애문이다. 모든 사법은 이와 더불어 하나도 아니고 다르지도 않기에 이들 사법이 한 곳을 떠나지 않고도 온전히 시방의 모든 티끌 안에 두루하도록 한다. … 다섯째, 광협무애문이다. 모든 사법은 이와 하나도 다르지도 않기에 한 티끌을 무너뜨리지 않으면서 시방찰해를 널리 품는다. 또한 다르지 않은 그대로 하나도 아니기에 시방법계 널리 품지만 미세한 티끌보다 크지 않다. … 여섯째, 두루 품되 걸림 없는 문이다. 이 하나의 티끌로 일체를 바라서 두루 어디나 있는 그대로 넓게 품기에 일체에 두루 있으면서 그때마다 저들 일체법을 다시 거두어들여 본래의 한 티끌 속에 온전히 머물게 한다. 또한 넓게 포용한 그대로 두루 어디에나 있기에, 이 하나의 티끌을 다시 본래 안의 일체차별법에 두루 있도록 한다. … 일곱째, 거두고 듦에 걸림 없는 문이다. 저들 일체로 하나의 법을 바란다. 타로 들어 타를 거두어들이기에 일체가 온전히 하나 중으로 들어가는 순간, 그 하나를 다시 돌아가게 해서 스스로의 일체 안에 있게 함이 동시여서 걸림이 없다. … 여덟째, 서로 섞여 듦에 걸림 없는 문이다. 하나의 법으로 일체를 바라봄에 거둠도 있고 들어감도 있다. 모두 사구가 있다. 일이 일체를 거두고 일이 일체에 든다. 일체가 일을 거두고 일체가 일에 든다. 일이 다른 일법을 거두고 일이 다른 일법에 든다. 일체가 일체를 거두고 일체가 일체에 든다. 동시에 섞이면서 걸림이 없다. 아홉째, 상재무애문이다. 일체로 일을 바라봄에 들어감도 있고 거둠도 있다. 여기에도 사구가 있다. 일을 거두어 일에 들고, 일체를 거두어 일에 들며, 일을 거두어 일체에 들고, 일체를 거두어 일체에 든다. 이들 네 가지가 동시에 섞여서 막힘도 없고 걸림도 없다. 열째, 두루 어울려 걸림이 없는 문이다. 일체와 일이 널리 동시여서 서로를 바꿔 바라고 낱낱에 앞서의 두 겹 사구를 갖춘다. 第三 周遍含容觀者 謂事如理融 遍攝無礙 交參自在 略辨十門 一 理如事門 謂事法旣虛 相無不盡 理性眞實 體無不現 … 二 事如理門 謂諸事法 與理非異 故事隨理而圓遍 遂令一塵 普遍法界 … 三 事含理事無礙門 謂諸事法 與理非一故 存本一事 而能廣容 如一微塵其相不大 而能容攝 無邊法界 … 四 通局無礙門 謂諸事法與理 非一卽非異故 令此事法 不離一處 卽全遍十方 一切塵內 … 五 廣陜無礙門 謂諸事法與理 非一卽非異故 不壞一塵 而能廣容 十方刹海 由非異卽非一故 廣容十方法界 而微塵不大 … 六 遍容無礙門 謂此一塵望於一切 由普遍卽是廣容故 遍在一切中 時卽復還攝 彼一切法 全住自一

中 又由廣容 卽是普遍故 令此一塵 還卽遍在 自內一切差別法中 … 七 攝入無礙門 謂彼一切 望於一法 以入他卽是攝他故 一切全入 一中之時 卽令彼一還復 在自一切之內 同時無礙 … 八 交涉無礙門 謂一法望一切 有攝有入 通有四句 謂一攝一切 一入一切 一切攝一 一切入一 一攝一法 一入一法 一切攝一切 一切入一切 同時交參無礙 九 相在無礙門 謂一切望一 亦有入有攝 亦有四句 謂攝一入一 攝一切入一 攝一入一切 攝一切入一切 同時交參 無障無礙 十 普融無礙門 謂一切及一 普皆同時 更互相望 一一具前兩重四句", 『원각경약소』 권상2(대정장39, p.545c13)에 "세 번째, 주변함용관이란 바로 사사무애다. 곧 한 티끌 따라 들어보인즉 일체법중에 두루 있고, 또한 일체법을 품어 스스로의 티끌중에 있게 한다. 한 티끌 이미 그러하니 다른 모든 법도 다 그와 같다. 그러므로 두루 가득 품어 들인다 한다. 第三 周遍含容觀 卽事事無礙也 謂隨擧一塵 卽遍一切法中 又含一切法 在自塵中 一塵旣爾 一切法皆然 故云周遍含容"라고 하였다. 〔참고문헌〕『華嚴發菩提心章』, 『圓覺經略疏』, 『註華嚴法界觀門』(대정장45, p.689c23). ⇨ 법계관 法界觀, 법계삼관 法界三觀, 삼관 三觀 [4]

주병사 朱塀寺 인천광역시 남동구 간석동 만월산(滿月山)에 있던 주안사(朱鴈寺). 〔참고문헌〕『韓國寺刹全書』 권하 p.1024b6. ⇨ 주안사 朱鴈寺

주병신보 主兵臣寶 Ⓢ pariṇāyaka-ratna, Ⓟ parināyaka-ratana, Ⓣ blon-po-rin-po-che. 전륜왕칠보(轉輪王七寶) 중 하나로 전륜성왕이 출현할 때 함께 출현하는 뛰어난 호위무리를 말한다. 주병보(主兵寶)·대신보(大臣寶)라고도 한다. 『윤왕칠보경』(대정장1, p.821c23)에 "필추들이여! 륜왕이 출현할 때에는 다시 주병신보도 출현한다. 이때 그 신들에게는 지략과 용맹함과 위덕이 있고, 큰 힘의 모습을 모두 갖추고, 병사들을 잘 다루고 왕국의 경계를 보호해 침략 당하는 일이 없도록 한다. 諸苾芻 輪王出時 復有主兵臣寶出現 是時彼臣有大智略勇猛威德 大力色相 一切具足 善御兵衆 護王國界 不令侵擾", 『시설론』 권1(대정장26, p.515b25)에 "어떤 인으로 전륜성왕은 주병신보를 얻게 되는가? 〔답〕 전륜성왕은 옛날 인을 수습할 때 그 일이 광대했으니 부모나 지인, 스승이나 그 밖의 사문·바라문 대중에게 괴로움이나 피해가 생기지 않게 했을 뿐만 아니라 더없이 애락케 하고 괴로움이나 피해가 없도록 어둡고 깜깜한 곳에 등불을 베풀어 빠짐없이 환하게 비추도록 하였다. 何因轉輪聖王得有主兵臣寶 答 轉輪聖王 往昔修因 其事廣大 謂於父母知識及師尊所幷餘沙門婆羅門衆 不生惱害 而復愛樂 不惱害者 於諸昏黑暗冥 作光明照 施以燈具 悉使明亮", 『십주비바사론』 권17(대정장26, p.121b11)에 "귀한 집안에 났고 질병도 없고, 큰 힘을 지니고 몸도 정결하며, 기억해 가짐이 깊고 멀며, 곧은 마음에 유연하고, 계를 굳게 지키고 왕을 깊이 경애하고, 갖가지 경서와 기술을 통달하였으니 이를 주병신보라 한다. 貴家中生 身無疾病 有大勢力 形體淨潔 憶念深遠 直心柔軟 持戒堅固 深敬愛王 能通達種種經書技術 是名主兵臣寶"라고 하였다. 〔참고문헌〕『輪王七寶經』, 『施設論』, 『十住毘婆沙論』, *Abh-k-bh.186.*, *SN.5.99.* ⇨ 전륜성왕 轉輪聖王, 전륜왕칠보 轉輪王七寶

주보 珠寶 Ⓢ maṇi, maṇi-ratna, Ⓟ maṇi-ratana, Ⓣ nor-bu-rin-po-che. ❶ 뜻대로 성취시켜 주는 구슬. 여의주(如意珠)·여의보주(如意寶珠)라고도 한다. 『시설론』 권1(대정장26, p.516b5)에 "'마치 전륜성왕에게 주보가 있는 것과 같다'는 말은 '여래응공정등정각께서 천안이 구족하다'는 말과 같다. 불여래께서 갖추신 천안이란 모든 중생이 기꺼이 하고자 함을 따라 부처님께서 천안으로써 그 모두를 관찰하시기 때문이다. 如轉輪聖王 有珠寶者 應知卽同 如來應供正等正覺 天眼具足 以佛如來 具天眼者 隨諸衆生 有所樂欲 佛以天眼 悉能觀察", 『삼미륵경소』(대정장38, p.321b4·한불전2, p.105a19)에 "주보란 여의주다. 珠寶者 如意珠也"라고 하였다. 〔참고문헌〕『施設論』, 『三彌勒經疏』, 『集異門足論』 권16(대정장26, p.433b12), *Mvyut.182.* ⇨ 여의주 如意珠, 여의보주 如意寶珠 ❷ 구슬이라는 보배. 『장아함경』 권20 「세기경 世記經」(대정장1, p.133c5)에 "구야니 사람들은 소와 양과 주보를 시장에서 바꾸며 생계를 유지한다. 拘耶尼人 以牛羊珠寶 市易生活"라고 하였다. 〔참고문헌〕『長阿含經』.

주보팔공덕 珠寶八功德 전륜성왕(轉輪聖王)의 칠보(七寶) 중 주보의 여덟 가지 공덕. 『정법염처경』 권2(대정장17, p.8c23)에 "남에 대한 분노와 악한 불선업을 버려 떠나면, 그밖에 남은 선업으로 전륜왕의 두 번째 보배를 얻으니 이것이 바로 주보다. 이에 여덟 가지 공덕을 구족한다. 깜깜한 밤에 밝은 빛 지으니 저 구름을 멀리 벗어난 가을 보름달처럼 어두운 밤에 훌륭한 광명을 발하니, 이러한 주보는 어둠 속에서 광명을 두루 비춰 일백유순 가득 채운다. 또 낮 동안 태양열에 시달릴 때 시원한 광명을 발하여 열을 없애 시원하게 한다. 이와 같음이 주보의 첫 공덕이다. 또 주보의 두 번째 공덕은, 물이 없는 광야를 행군하다가 군사들이 목이 마를 때 여덟 가지 덕과 상응하는 청정한 물을 흐르게 하여 모든 갈증을 없애준다. 주보의 두 번째 공덕이다. 또 주보의 세 번째 공덕은, 전륜왕이 물을 떠올리면 이 주보가 왕의 뜻에 따라 물을 흐르게 한다. 주보의 세 번째 공덕이다. 또 주보의 네 번째 공덕은, 이 주보는 팔각인데 그 각각의 면에서 청황적백자파리 등의 갖가지 색을 발한다. 주보의 네 번째 공덕이다. 또 주보의 다섯 번째 공덕은, 이 주보의 힘을 통해 일백유순 안에 있는 사람들의 모든 질병을 없애 줄 수 있고 마음 씀을 바르고 곧게 할 수 있으며, 바라는 바 그대로 과를 받게 한다. 주보의 다섯 번째 공덕이다. 또 주보의 여섯 번째 공덕은, 이 주보의 세력을 통해 그 사악한 용이 폭우를 내리지 못하게 한다. 주보의 여섯 번째 공덕이다. 또 주보의 일곱 번째 공덕은, 물이 없는 곳・험한 산기슭・광야・나무와 풀이 없는 곳에서 많은 수목이 자라나게 하고, 연못에 연꽃이 피게 하며 빽빽한 숲에 푸른 풀이 들어서게 한다. 주보의 일곱 번째 공덕이다. 또 주보의 여덟 번째 공덕은, 이 주보의 힘으로 인해 횡사하여 수명을 다하지 못하는 사람이 없게 하고, 축생들이 서로 죽이거나 미워하지 않는다. 서로 미워하는 것들이란 뱀・쥐・이리를 말한다. 捨離瞋他惡不善業 餘殘善業 得轉輪王第二寶食所謂珠寶 此有八種功德具足 謂夜闇中作善光明 如秋滿月遠離雲翳 如是珠寶能於闇中光明遍照 滿百由旬 復於晝時日熱可患 放冷光明除熱清涼 如是珠寶第一功德 又復珠寶第二功德 若行曠野無水之處 兵衆渴乏 能令多有八分相應淸淨水流 除一切渴 如是珠寶第二功德 又復珠寶第三功德若轉輪王憶念水時 如是珠寶隨王意流 如是珠寶第三功德又復珠寶第四功德 如是珠寶具有八楞 彼一一楞放種種色青黃赤白紫頗梨色 如是珠寶第四功德 又復珠寶第五功德彼珠寶力百由旬內 人皆離病 心行正直 一切所欲 如業相似 非不得果 如是珠寶第五功德 又復珠寶第六功德 以彼珠寶之勢力故 令彼惡龍不降惡雨 如是珠寶第六功德 又復珠寶第七功德 於無水處 嶮岸曠野 無樹草處 是珠能令多有樹木 池水蓮花 叢林青草皆悉具足 如是珠寶第七功德又復珠寶第八功德 珠寶力故 無人橫死不盡壽者 能令畜生不相殺害 不相憎嫉 相憎嫉者 謂蛇 鼠 狼"라고 하였다. 〔참고문헌〕『正法念處經』. ⇨ 성취칠보 成就七寶, 전륜왕칠보 轉輪王七寶, 전륜왕 轉輪王

주봉천 住峯天 도리천(忉利天 Ⓢ Trāyastriṃśāḥ) 중 하나. 삼십삼천(三十三天)의 두 번째다. 봉은 봉(峰)으로도 쓴다. 『정법염처경』 권25(대정장17, p.143b19)에 "어떤 것들이 삼십삼천인가? … 두 번째는 주봉천이라고 한다. 何等三十三 … 二者名住峯天"라고 하였다. 〔참고문헌〕『正法念處經』, 『佛祖統紀』 권31(대정장49, p.308b17). ⇨ 도리천 忉利天, 삼십삼천 三十三天

주분 住分 Ⓢ sthiti-bhāgīya. 분에 머물다. 스스로의 위나 정 등에 머무는 뜻으로 순주분(順住分)이라고도 한다. 『잡아비담심론』 권7(대정장28, p.924b6)에 "정이란 넷으로 나눈다. 퇴분과 주분, 승진분과 결정분이니 모든 공덕에 수순한다. … 주분이란 스스로의 경지에 순하는 것이다. … 주분이란 만약 저에 머물 경우 나아가지도 물러나지도 않는다. … 주분이란 그곳에서는 그 아래 거친 행 등을 염리하고, 스스로의 경지의 적정 등을 향수한다. 淨者有四分 退分及住分 勝進決定分 隨順諸功德 … 住分者 順自地 … 住分者 若住彼 不進亦不退 … 住分者 彼能厭下地麤等行 受自地寂靜等行", 『대승의장』 권13(대정장44, p.724a29)에 "'주분'이라는 말은 두 가지 의미로 푼다. 첫째, 스스로의 지를 견고하게 지킴으로써 낮은 지위의 번뇌에 의해 무너지지 않기에 '머문다'고 한다. … 둘째, 깨끗한 마음을 굳게 지킴으로써 자기 경지가 번뇌에 물들지 않게 하니 '머문다'고 한다. 言住分者 釋有兩義 一 堅守自地 不爲下地煩惱所敗 故名爲住 … 二 堅守淨心 不爲自地煩惱所雜 故名爲住"라고 하였다. 〔참고문헌〕『雜阿毘曇心論』, 『大乘義章』, *Sūtr.122.* ⇨ 순주분 順住分, 사정정 四淨定

주분지 住分智 분에 머무는 지혜. 무기(無記)이고 무루(無漏)는 아니면서 선법(善法)에 머물러 줄지도 늘지도 않는 지를 말한다. 『사리불아비담론』 권10(대정장28, p.596b7)에 "무엇을 주분지라 하는가? 만약 그 지가 무기라면 이를 주분지라 한다. … 무엇을 주분지라 하는가? 만약 지가 생할 때 성이 아닌 선법에 머물면서 물러나지도 증장하지도 않는다면 이를 주분지라 한다. 云何住分智 若智無記 是名住分智 … 云何住分智 若智生於非聖善法住 不退不增長 是名住分智"라고 하였다. 〔참고문헌〕『舍利弗阿毘曇論』. ⇨ 비주분비해분지 非住分非解分智, 비증장분비해분지 非增長分非解分智

주분지비퇴분지 住分智非退分智 주분지이지만 퇴분지는 아닌 지혜. 『사리불아비담론』 권10(대정장28, p.596b17)에 "무엇을 주분지비퇴분지라 하는가? 주분이면서 퇴분은 아닌 지혜라면 주분지비퇴분지라 한다. 云何住分智非退分智 若有住非退 是名住分智非退"라고 하였다. 〔참고문헌〕『舍利弗阿毘曇論』. ⇨ 주분지 住分智, 퇴분지 退分智, 비퇴비주분지 非退非住分智

주분지비해분지 住分智非解分智 주분지이지만 해분지는 아닌 나머지 모든 지혜. 『사리불아비담론』 권10(대정장28, p.596b29)에 "무엇을 주분지비해분지라 하는가? 분이 있지만 해는 아닌 지혜라면 주분지비해분지다. 云何住分智非解分智 若有住分非解 是名住分智非解"라고 하였다. 〔참고문헌〕『舍利弗阿毘曇論』. ⇨ 해분지 解分智, 비주분비해분지 非住分非解分智

주분해분지 住分解分智 주분이면서 해분인 지혜. 『사리불아비담론』 권10(대정장28, p.596c3)에 "주분지이면서 해분이 아니고, 해분지면서 주분이 아니면 주분해분지라 한다. 若住分智非解分 解分智非住分 是名住分解分智"라고 하였다. [참고문헌]『舍利弗阿毘曇論』. ⇨ 주분지 住分智, 해분지 解分智

주불 主佛 ❶ 법당 등에 봉안된 불교의 제존(諸尊) 중 으뜸이 되는 불상. 주존(主尊)·중존(中尊)·본존(本尊)·주세불(主世佛)이라고도 한다. 『오종범음집』(한불전12, p.187c1)에 "불상을 봉안하는 법칙. 법당이 3칸이면 주불의 1좌는 중도를 나타내며 좌우보처에는 모두 보살입상을 봉안한다. 安佛法則 法堂三間則主佛一座 表中道 左右補處 皆菩薩立象"라고 하였다. [참고문헌]『五種梵音集』. ⇨ 본존 本尊 ❷ 염주(念珠)의 중심이 되는 큰 구슬. 위에 꿰는 상주불(上住佛)과 아래에 꿰는 하주불(下住佛)이 있다. ⇨ 염주 念珠, 상주불 上住佛

주불가 住佛家 부처의 집안에 머물다. 공(空)의 도리를 처음 증득한 습종성인(習種性人)을 말한다. 대보리(大菩提)의 종자를 이어가서 두려움이 없는 집안이기도 하다. 주재불가(住在佛家)라고도 한다. 원측(圓測)의 『인왕경소』 권하(대정장33, p.415b10·한불전1, p.104a6)에 "'부처님 집안에 머물러 산다'는 문을 둘로 나눈다. 첫 번째는 불가에 머물러 삶을 밝히는 것이고, 둘째는 육화경을 닦음을 밝힌다. 이는 첫 번째 것이다. 이를테면 공무아는 부처님께서 머무는 곳으로서 불가라 한다. 이는 습종성으로서 처음 공의 도리를 증했기에 '주'라 한 것이다. … '육화경을 닦는다'라고 한 것은 불가에 머물기 때문이다. 住在佛家 文別有二 初 明住在佛家 後修六和敬 此卽初也 謂空無我 佛所住處 名爲佛家 此習種性 初證空理 故名爲住 … 修六和敬 謂住佛家故", 『화엄경소』 권18(대정장35, p.634c29)에 "'삼세의 모든 부처님의 집안에 머문다' 한 것을 따져보면, 이 처소는 두려움 없이 머무는 곳이라 할 수 있다. 이를테면, 보살이 머무는 곳이 바로 부처님께서도 머무는 곳이기에 불가라고 한다. 불가에 나아가 머무니 두려움이 없는 것이다. … 불가에 머문다는 것에서 불가란 바로 대보리심이다. 住三世諸佛家 準論此名不怯弱住處 謂菩薩所住 卽佛所住故名佛家 進住佛家是不怯弱 … 謂住佛家 佛家卽是大菩提心", 『정토십의론』(대정장47, p.79a1)에 "불가에 머물러 삶에 있어서는 계가 근본이다. 住在佛家 以戒爲本"라고 하였다. [참고문헌]『仁王經疏』, 『華嚴經疏』, 『淨土十疑論』. ⇨ 습종성 習種性

주불상 做不上 짓지만 오르지는 못하다. 『박산선경어』 권상 「시초심주공부경어 示初心做工夫警語」(卍속장112, p.948a17)에 "공부를 함에 반드시 치우치지 아니하며, 바르고 굳세고 곧게 하며 인정을 가까이 해서도 안된다. 만일 정에 이끌려 응대하다보면 공부해도 향상하지 못한다. 다만 향상하지 못할 뿐만 아니라, 날이 오래고 달이 깊어갈수록 의심할 나위 없이 시류를 따르는 속된 스승이 될 뿐이다. 做工夫 要中正勁挺 不近人情 苟循情應對 則工夫做不上 不但做不上 日久月深 則隨流俗阿師無疑也", 『천목명본잡록』 권하 「시남서송선인 示南徐松禪人」(卍속장122, p.780b12)에 "오늘도 향상하지 못하고 내일도 향상하지 못하며, 올해도 힘만 허비하고 내년에도 힘만 쓴다. 힘만 허비하기에 또한 향상하지 못하며 점점 물러나 굴복한다. 今日也做不上 明日也做不上 今年也費力 明年也費力 以其費力又做不上 漸漸退屈矣"라고 하였다. [참고문헌]『博山禪警語』, 『天目明本雜錄』, 『天如惟則語錄』 권3 「示信維那」(卍속장122, p.861b13). ⇨ 주공부 做工夫

주빈 主賓 주인과 손님. 빈주(賓主) 또는 주객(主客)이라고도 한다. 『임제록』(대정장47, p.497a15)에 "임제가 법좌에 오르자 학인이 물었다. '무엇이 제1구입니까?' '삼요를 찍자 붉은 얼룩이 촘촘하게 나타나니, 짐짓 헤아리기도 전에 주인과 손님이 나뉜다'. 上堂 僧問 如何是第一句 師云 三要印開朱點窄 未容擬議主賓分", 『풍혈어록』(고존숙어록7, 卍속장118, p.240b18)에 "학인이 풍혈에게 물었다. '칼날이 드러나지 않은 구로는 어떻게 주인과 손님을 가립니까?' '입에 양의 뿔 머금고 부레풀 붙인다'. 問 不露鋒鋩句 如何辯主賓 師曰 口銜羊角鰾膠粘"라고 하였다. [참고문헌]『臨濟錄』, 『風穴語錄』. ⇨ 빈주 賓主, 사빈주 四賓主

주사 主寺 절이나 대중을 책임지고 섬기는 이. 『삼국유사』 권3(대정장49, p.991b24·한불전6, p.322b2) 탑상(塔像)4 사불산(四佛山)에 "마침내 바위 옆에다 절을 짓고 대승사라고 이름 붙였다. 이름을 알 수 없는 비구를 청하여 『법화경』을 외우게 하고 주사를 맡겨 바위를 깨끗이 하고 공양을 하며 향불도 끊이지 않도록 하였다. 그 산을 역덕산 또는 사불산이라고도 하였다. 비구가 죽고 나서 장사를 지냈는데 무덤 위에 연꽃이 피어났다. 遂創寺嵓側 額曰大乘寺 請比丘亡名 誦蓮經者主寺 洒掃供石 香火不廢 號曰亦德山 或曰四佛山 比丘卒旣葬 塚上生蓮", 같은 책 권4(대정장49, p.1006a15·한불전6, p.347c3) 의해(義解)5 원효불기(元曉不羈)에 "옛부터 이런 이야기가 전한다. 옛날에 어떤 주사가 사노비 1인에게 저녁 찬거리로 밤 2매를 급여로 주자 노비가 관청에다 소송을 냈다. 관리가 괴이하게 여겨 밤을 가져다가 검사하였더니 1매가 발우 하나에 가득 찼다. 이에 도리어 급여를 1매로 하라고 판결하였다. 그리하여 율곡이라는 이름이 붙었다. 古傳昔有主寺者 給寺奴一人 一夕饌栗二枚 奴訟于官 官吏怪之 取栗檢之 一枚盈一鉢 乃皈判給一枚 故因名栗谷"라고 하였다. [참고문헌]『三

國遺事』. ⇨ 주지 住持 ❷

주사 主事 산문의 일을 맡아 대중을 섬기는 이. 주사승(主事僧)·주사인(主事人)이라고도 한다. 주사사원(主事四員)인 감사(監寺)·유나(維那)·전좌(典座)·직세(直歲)를 말한다. 『백장청규』 권8 「고청규서 古淸規序」(대정장48, p.1158a13)에 "원내 모든 대중은 아침에는 참문하고 저녁에는 집회를 한다. 장로가 상당하고 승좌하면 주사와 대중은 안립하여 귀를 기울인다. 其闔院大衆 朝參夕聚 長老上堂陞座 主事徒衆雁立側聆"라고 하였다. [참고문헌] 『百丈淸規』, 『禪林象器箋』 권7(대장경보편19, p.244a10). ⇨ 주사사원 主事四員, 주사승 主事僧, 지사 知事, 선림직위 禪林職位

주사 住捨 Ⓢ upekṣā-vihārin, Ⓣ btang-snyoms-la-gnas-pa. 사(捨)에 머물다. 십일선(十一善) 중 하나인 행사(行捨 Ⓢ upekṣā)로서 물듦이 없고 분별도 없으며 움직임도 없어서 평등한 자성을 유지하는 뜻이다. 『집이문족론』 권15(대정장26, p.430b2)에 "눈이 색을 보지만 기쁘지도 근심하지도 않아서 항상 사(捨)에 안주한다. … [문] 여기서 '사'는 무엇을 말하는가? [답] 마음의 평등성·마음의 정직성·마음의 무경각성·임운주성이니, 이것들의 이름이 '사'임을 알아야 할 것이다. 眼見色已 不喜不憂 具念正知恒安住捨 … 問 此中捨者何所謂耶 答 心平等性 心正直性 心無驚覺 任運住性 應知此中 說名爲捨", 『현양성교론』 권2(대정장31, p.487a24)에 "또 저 경에서 '희(喜)를 여의기에 사에 안주하여 염·정지와 락·신·정수를 성취한다. … '사에 머문다'란, 이미 일으킨 희상과 작의에 대해 받아들이지 않기 때문에, 또 염리하기에 물듦이 없이 머무는 마음이고 평등한 마음이고 굴곡이 없는 마음이고 전동이 없이 안주하는 자성을 말한다. 又如經說 由離喜故住捨 念正知及樂身正受 … 住捨者 謂於已生喜想及作意 不忍可故 有厭離故 不染汚住心 平等心 正直心 無轉動而安住性"라고 하였다. [참고문헌] 『集異門足論』, 『顯揚聖敎論』, *Aṣṭ-pr. 184.* ⇨ 사 捨, 행사 行捨

주사 呪師 Ⓢ vaidyaka. 수인과 진언 등 삼밀(三密)의 작법을 행하는 법사. 관정을 받지 못한 사람은 작법과 가지(加持) 행하는 것을 금(禁)하였기에 주금사(呪禁師)라고도 한다. 『금광명최승왕경』 권7(대정장16, p.435b14)에 "주사가 그에게 넓은 서원을 일으키고 온갖 악을 영영 끊으며, 항상 선법을 닦고, 모든 중생에게 대비심을 일으킨다면 이러한 인연으로 무량한 복을 마음대로 얻을 것이라고 가르쳤다. 呪師敎其發弘誓願 永斷衆惡 常修諸善 於諸有情 興大悲心 以是因緣 當獲無量隨心福報", 『불안수행의궤』(대정장19, p.412b18)에 "이 수인을 맺고 진언을 염송함으로써 일체 악귀들이 감히 이 주사에게 접근하지 못한다. 由結此印及誦眞言故 一切惡鬼皆不敢近此呪師"라고 하였다. [참고문헌] 『金光明最勝王經』, 『佛眼修行儀軌』, *Sam-r. 140.* ⇨ 주 呪, 주다라니 呪陀羅尼, 주금사 呪禁師, 작법 作法

주사 呪蛇 Ⓢ ahituṇḍika, āhituṇḍika, Ⓟ ahituṇḍika, ahiguṇṭhika, Ⓣ sbrul-khas-bsdigs-pa. 뱀을 부리는 사람(降蛇者). 또는 뱀을 주술로 제어하는 것. 뱀이 물지 않게 조종하려고 주문을 외우는 것 따위를 말한다. 『오분율』 권26(대정장22, p.171a18)에 "부처님께서 말씀하셨다. '저 비구는 여덟 종류의 뱀 이름을 알지 못하고, 자비심으로 대하지 않고, 주문을 설하지도 않아서 뱀에게 해를 입었다. 여덟 종류의 뱀은 제루뢰타사·달차사·이라만사·사바자사·감마라아습바라하사·비루라아차사·구담사·난다발난다사이다. 뱀에게 주문을 걸려면 「우리의 자비로운 용왕들이여! 천상과 세간에서 우리의 이 자비심으로 모든 분노의 독을 없앨 수 있다네. 우리가 지혜력으로 이 독을 죽이네. 맛 있는 독이든 맛 없는 독이든 무너져 땅속으로 사라지기를」이라 읊는다'. 부처님께서 말씀하셨다. '만약에 저 비구가 이 주문으로 스스로를 보호했더라면 독사에게 물리지도 죽임을 당하지도 않았을 것이다'. 佛言 彼比丘不知八種蛇名 不慈心向 又不說呪 爲蛇所害 八種蛇者 提樓賴吒蛇 怛車蛇 伊羅漫蛇 舍婆子蛇 甘摩羅阿濕波羅呵蛇 毘樓羅阿叉蛇 瞿曇蛇 難陀跋難陀蛇 呪蛇者 我慈諸龍王 天上及世間 以我此慈心 得滅諸恚毒 我以智慧力 用之殺此毒 味毒無味毒 破滅入地去 佛言 若彼比丘以此呪自護者 不爲毒蛇之所傷殺"라고 하였다. [참고문헌] 『五分律』, 『種種雜呪經』(대정장21, p.638c19), *Divy. 188.*, *Mil. 305.*

주사 柱史 주(周) 왕실의 도서를 관리하던 벼슬. 주하사(柱下史)라고도 하며 노자(老子)가 역임한 관직으로 전한다. 『삼론현의』(대정장45, p.2b10)에 "공자는 소왕을 칭하며 유(有)에 대해 설하니 유(儒)라 하고, 노자는 주사로서 무(無)에 대해 말하였기에 도(道)라 하였다. 孔稱素王 說有名儒 老居柱史 談無曰道", 『해동고승전』 권1 「법운전 法雲傳」(대정장50, p.1019c19·한불전6, p.96b14)에 "집에 들어서는 효를 행하고 나라에 나아가서 충성함은 노(魯) 사구(공자)의 종지이고, 무위에 처하여 말 없는 가르침을 행하는 것은 주나라 주사의 주장이며, 모든 악을 짓지 않고 온갖 선은 받들어 행함은 천축국 태자(석가)의 교화다. 入則孝於家 出則忠於國 魯司寇之旨也 處無爲之事 行不言之敎 周柱史之宗也 諸惡莫作 衆善奉行 竺乾太子之化也"라고 하였다. [참고문헌] 『三論玄義』, 『海東高僧傳』. ⇨ 노자 老子 ❸

주사 廚士 주방의 요리사. 주인(廚人)이라고도 한다. 『대지도론』 권16(대정장25, p.176b11)에 "끓는 소금물이 가득한 곳에 나찰귀 옥졸이 죄인을 빠뜨리니 마치 요리사가 고기를 삶듯이 한다. 鹹沸水滿中 羅刹鬼獄卒 以罪人投中 如廚士烹肉", 『잡비유경』 권상(대정장4, p.503c21)에 "옛날에 어떤 국왕이 인육 먹기를 즐겨서 요리사들에게 명하기를 '너희들은 밤에 나가 몰래 사람을 잡아와서 음식으로 바치거라'라고 하였다. 이런 일이 상시로 일어나자 신하들이 그 후에 모두 알게 되었다. 곧장 함께 축출하여 국경 밖에다 내다버리고 선량한 현인을 다시 구하여 국왕으로 모셨다. 昔有國王 喜食人肉 勅廚士曰 汝等夜行 密採人來以供廚 以此爲常 臣下後咸知之 卽共斥逐 捐於界外 更求良賢以爲國王"라고 하였다. 〔참고문헌〕『大智度論』, 『雜譬喩經』. ⇨ 주인 廚人

주사사원 主事四員 산문(山門)의 모든 일을 맡아 대중을 섬겨 화평하게 하는 네 가지 주요 소임. 감사(監寺)·유나(維那)·전좌(典座)·직세(直歲) 등을 말한다. 『석씨요람』 권하(대정장54, p.301c5)에 "일을 주관함에는 넷이 있다. 첫째는 감사다. 『회요』에 따르면 감이란 총령이라 하지만 사원주를 지칭하는 것이 아니다. 대개는 존경받는 장로 중에서 추천한다. 둘째는 유나로 한역하면 열중이다. 『비나야』에 따르면 대중에게 할 일을 주는 사람(授事人)이라고 하였다. 셋째는 전좌다. 『승기율』에 따르면 차제에 따라 자리를 준다고 하였으니, 이는 승중의 아홉 가지 일을 관장하는 것 중 하나다. 넷째는 직세다. 『삼천위의경』에 따르면 열 가지 덕을 갖추어야 직세를 감당한다고 하였다〈문장이 많아서 기록하지 않는다〉. 지금은 원민만을 관장하며 한 해의 농사를 담당한다. 〈이상의 네 사람 모두 본처의 도제만을 기용하지 않고 시방대중을 아울러서 도심을 갖추고 신체 바르며 인과를 아는 이를 뽑는다. 건추를 치고 이렇게 말한다. '대중들께 청합니다. 등용되었던 무상인이 그 몸과 마음이 지침에 대중에게 알리고 승당으로 돌아가려 합니다. 능력 있는 이에게 특별히 청합니다'〉. 主事四員 一 監寺 會要云 監者 總領之稱 所以不稱寺院主者 蓋推尊長老 二 維那 此云悅衆 毘奈耶云 授事人 三 典座 僧祇律云 典次付床座 此掌僧九事之一也 四 直歲 三千威儀經 具十德堪充直歲〈文多不錄〉 今但掌園民直歲調也〈上之四人 皆不用本處徒弟 並於十方海衆內僉選道心身幹知因果者 打鍵椎曰 衆請之 用無常人 其或心力勞倦 告衆歸堂 則別請能者也〉"라고 하였다. 〔참고문헌〕『釋氏要覽』. ⇨ 주사 主事, 선림직위 禪林職位, 감사 監寺, 유나 維那, 전좌 典座, 직세 直歲

주사승 主寺僧 절이나 대중을 책임지고 섬기는 이. 주지(住持)·주승(主僧)이라고도 한다. 『삼국유사』 권3(대정장49, p.993a7·한불전6, p.324c9) 탑상(塔像) 4 백률사(栢栗寺)에 "주사승을 봉성사로 옮겨 주석하게 하였다. 主寺僧移住奉聖", 『경덕전등록』 권14(대정장51, p.310a7)에 "고을 성 왼쪽의 천황사는 이름난 가람이었으나 화재로 인하여 폐사되었다. 주사승 영감이 장차 수선하고 복원하고자 도도하였다. 郡城之左有天皇寺 乃名藍也 因火而廢 主寺僧靈鑒將謀修復"라고 하였다. 〔참고문헌〕『三國遺事』, 『景德傳燈錄』. ⇨ 주지 住持 ❷

주사승 主事僧 사찰에서 일어나는 모든 일들을 챙겨 돌보는 스님. 주사(主事)라고도 한다. 『경덕전등록』 권27 「제방잡거징념대별어 諸方雜擧徵拈代別語」(대정장51, p.436b5)에 "염관제안(鹽官齊安) 회하의 한 주사승이 임종을 앞두고 있었다. 저승사자(鬼使)가 와서 데려가려고 하자 스님이 말하였다. '저는 사무를 관장하느라 수행할 겨를이 없었습니다. 7일만 말미를 주시면 안 되겠습니까?' '왕께 아뢰어서 허락하시면 7일 후에 오겠고, 그렇지 않다면 곧장 다시 오겠소'. 말을 마치고 간 다음 7일이 지난 후에 와서 그 스님을 찾았으나 볼 수 없었다. 그런 일이 있은 후에 어떤 사람이 한 스님에게 물었다. '저승사자가 왔을 때 그에게 어떻게 맞서시렵니까?'〈동산양개(洞山良介)가 대신 말하였다. 그에게 이미 들켰다〉. 鹽官會下 有一主事僧將死 鬼使來取 僧告曰 某甲身爲主事 未暇修行 乞容七日得否 使曰 待爲白王 若許卽七日後來 不然須臾便至 言訖去 至七日後 方來覓其僧不見 後有人擧問一僧 若來時 如何抵擬他〈洞山代云 被他覓得也〉", 같은 책 권14 「운암담성전 雲巖曇晟傳」(대정장51, p.315b14)에 "운암은 당 회창 원년(841) 신유년 10월에 병세를 보였다. 26일 목욕을 마치고서 주사승을 부른 다음 재를 준비하게 하였다. 다음날 어떤 상좌가 세상을 뜰 것이라고 귀띔도 남겼다. 그러나 27일이 되었는데도 아무도 돌아가지 않았다. 급기야 한밤중에 운암이 귀적하였다. 師唐會昌元年辛酉十月示疾 二十六日沐身竟 喚主事僧令備齋 來日有上坐發去 至二十七日並無人去 及夜師歸寂"라고 하였다. 〔참고문헌〕『景德傳燈錄』, 『宋高僧傳』 권12(대정장50, p.780a9), 『祖庭事苑』 권7(卍속장113, p.215a17). ⇨ 주사사원 主事四員

주사암 朱砂庵 경상북도 경주시 서면 천촌리 오봉산(五峯山 : 一名 富山)에 있는 암자. 대한불교조계종 제11교구 본사 불국사(佛國寺)의 말사이다. 신라 문무왕 때 의상(義湘 625~702)이 창건하였으며, 당시 이름은 주암사(朱巖寺)였다. 『동국여지승람』 권21 경상도 경주부 고적에 "산 남쪽 양지바른 곳에 주암사가 있다. … 옛날 스님이 신중삼매를 얻고 자신을 격려하며 말하기를, '진실로 궁인이 아니면 다음을 움직이기에 부족하리라'라고 하였다. 신중이 그 말을 듣고 궁인을 훔치러 허공을 밟고 갔다. 새벽에 데리고 와서 저녁에 돌려보냈는데, 기약을 어김이 없었다. 궁인이 두려워하며 왕에게 말하니, 왕은 궁인에게 잠자는 곳마다 단사(丹砂：朱砂)로 표시를 남겨두라고 명하였으며, 갑사에게는 표시를 찾으라고 명하였다. … 홀연히 이 바위에 이르렀는데, 살펴보니 붉은 흔적이 바위 구멍에 있고 납의를 입은 노승이 그 안에 앉아 있었다. … 스님이 마음을 차분하게 하고 눈을 감은 뒤에 신주를 읊으니, 신병 수만이 산골짜기에 늘어섰는데 세간에서 그린 신중과 같았다. 왕의 군사들이 두려워하며 땅에 엎드려 나아가지 못하고 돌아왔다. 왕이 그 신통하고 비범함을 알고 궁전으로 맞아들여 국사로 삼으니, 괴이한 일이 마침내 끝났다고 전한다. 山之陽有寺曰朱巖寺 … 昔道人得神衆三昧 嘗自勵云 苟非宮人 不足動心 神衆聞之 往竊宮人 騰虛而去 晨往夕還 未嘗愆期 宮人恐懼 白於王 王命宮人 凡所歸宿 以丹砂誌之 仍命甲士 物色求之 … 忽至此巖 見有丹痕留在巖戶 而衲衣老僧 宴坐其內 … 僧冥心閉目 一念神呪 陰兵數萬 連亘山谷 若世所畵神衆者 王卒恐懼伏地不能進而還 王知其異人 迎入大內 拜爲國師 其妖遂絶云"라고 하였는데, 이때부터 절 이름을 주사암이라 하였다고 전한다. 절 옆에는 『동국여지승람』과 『여지도서』 경상도 경주 고적에 '김유신이 바위 위에 쌓아둔 보리로 술을 빚어 군사들을 대접했다'라고 한 지맥석(持麥石)이라는 마당바위가 있다. 현존 당우로는 대웅전·영산전·삼성각·범종각·요사 등이 있으며, 성보문화재로는 1725년(영조1)에 조성된 것으로 추정되는 문화재자료 제522호 석조삼존불좌상이 있다. 〔참고문헌〕『東國輿地勝覽』, 『輿地圖書』, 『韓國寺刹全書』 권하 p.1024b11.

주사행 朱士行　203~282. 삼국 위(魏)대 스님. 중국 최초의 출가승(出家僧)이자 중국인 최초로 서역에 가서 불법을 구했던 구법승(求法僧)이다. 영천(潁川：河南省 許州東北) 출신. 주자행(朱子行)·주사형(朱士衡)이라고도 한다. 불법을 널리 알리는 일을 소임으로 삼아 경전 연구에 매진하였다. 257년(감로2) 낙양(洛陽)에서 『도행반야경 道行般若經』을 강설하였는데 이것이 중국 최초의 경전강설이기도 하다. 경문은 간략하지만 의리가 난해하여 대승종지를 이해시키기 어렵다는 사실을 직감하고, 마침내 260년(감로5) 범본경을 구하고자 국경을 넘어 우전(于闐)으로 가서 나중에 반야정품범서(般若正品梵書) 90장을 초록하고 이것에 『방광반야경 放光般若經』이라는 경명을 붙였고, 서진(西晉) 무제(武帝) 때인 282년(태강3) 제자 불여단(弗如檀 Ⓢ Puṇyadarśa：法饒) 등을 보내기도 하였다. 291년(원강1) 축숙란(竺叔蘭)·무라차(無羅叉：無叉羅) 등이 수남사(水南寺)에서 한역하였으니 이것이 『방광반야경』 20권이다. 303년(태안2) 축법적(竺法寂)과 축법란(竺法蘭)이 수북사(水北寺)에서 함께 『반야경』을 교감하여 판본은 더욱 완성도가 높아졌다. 오(吳) 지겸(支謙)이 『도행반야경』의 이역본인 『대명도무극경 大明度無極經』 6권을 역출하여 본격적인 반야연구의 풍토를 진작케 하였다. 경전을 구하고자 서천으로 가서 더욱 서진 반야학을 흥성하는 데 기여하였을 뿐만 아니라 그 뒤로도 20여 년 동안 구법 활동을 벌이다가 282년(태강3) 우전에서 세수 80세로 입적하였다. 〔참고문헌〕『歷代三寶紀』 권6(대정장49, p.65a22), 『佛祖統紀』 권35(대정장49, p.332b6), 『梁高僧傳』 권4(대정장50, p.346b12), 『集沙門不應拜俗等事』 권3(대정장52, p.456b7), 『釋氏要覽』 권하(대정장54, p.295b21), 『出三藏記集』 권2(대정장55, p.7b8)·권7(대정장55, p.47c11)·권13(대정장55, p.97a18). ⇨ 방광반야경 放光般若經

주사행한록 朱士行漢錄　조위(曹魏)대 주사행이 편집한 동한대(東漢代) 역경목록(譯經目錄)이다. 현존하는 불전 가운데 최초로 본서를 인용한 경우는 수대 비장방(費長房)이 지은 『역대삼보기 歷代三寶紀』 권2(대정장49, p.33a23)지만 같은 책 권15(대정장49, p.127c16)에 앞서 열거한 이십사가록(二十四家錄)이 모두 현존하지 않는다(竝未嘗見)고 하였다. 이로써 보면 인용된 주사행한록은 원본이 아님을 알 수 있다. 『개원석교록』 권10(대정장55, p.572c17)에 "『주사행한록』 1권：이는 조위대 영천 출신 사문 주사행이 낙양에서 행하였던 『도행반야경 道行般若經』 강설을 계기로 이 목록을 지었다. 후에 경전을 구하러 서역으로 갔다가 그곳에서 입적하였다. 朱士行漢錄一卷 右曹魏時 穎川沙門 朱士行於洛陽 講道行經 因著其錄 後往西域求經 於彼而卒"라고 하였다. 〔참고문헌〕『開元釋敎錄』.

주삭 珠索　유리구슬을 꿰어서 만든 끈. 밀교작법에서 진언을 염송할 때 손에 두른다. 『소실지갈라경』 권상(대정장18, p.668a12)에 "여러 작법을 행할 때 항상 오른손에 주삭을 둘러 쥐고 향을 바르고 진언을 염송한다. 진언은 백팔 번 또는 천팔십 번 외운다. … 이 주삭을 지닌 이는 비나야가가 장애를 일으키지 못하고 몸이 청정함을 얻어 원하는 바를 빠르게 성취할 것이다. 作諸事時 常須右手帶持珠索 以香塗之誦眞言 眞言一百八遍或一千八十遍 … 帶持此珠索者 毘那夜迦不能爲障 身得淸淨 當速成就滿所求願"라고 하였다. 〔참고문헌〕『蘇悉地羯羅經』. ⇨ 비삭 臂索

주산 主山　북방에 위치한 산. 궁실(宮室)을 지을 때 북방의 높은 산에서 남방의 낮은 산을 조망할 수 있는 터를 길상(吉相)으로 간주했다. 상대적으로 남방의 산을 안산(案山)이라 부른다. 이에 따라 절을 지을 경우에도 북방인 후미의 산을 주산이라 한다. 선(禪)의 도리를 의탁하는 주요 소재이다. 『운문광록』 권중(대정장47, p.565b17)에 "안산에서 천둥치니 주산에 비 내린다. 案山雷 主山雨", 『통현백문』(卍속장119, p.335b16)에 "주산 앞이요 안산 뒤라 하니, 한낮에는 남쪽 향해 북두를 본다. 세차게 오르는 불꽃더위 닥쳐오고, 간다 한들 끝내 모습 없는 이 늙은이 파고들진 못하리라. 主山前 案山後 日午面南看北斗 騰騰炎暑任遷流 畢竟難侵無相叟", 『허당록』 권1(대정장47, p.990a7)에 "도와 물은 하나인가, 둘인가? 만약 하나라면 어째서 객산은 높은 듯 보이고 주산은 낮은가? 만약 둘이면 어째서 천지는 한 손가락 끝이고 만물은 한 마리 말인가? 道與物 是一是二 若道是一 爲甚麽 客山高主山低 若道是二 爲甚麽 天地一指 萬物一馬", 『석상초원어록』(卍속장120, p.173a3)에 "법좌에 올라 말했다. '일체현성 무위법이면서 차별짓는다. 앞은 안산이고 뒤는 주산인데, 그중 무엇이 무위법일까?' 잠깐 말 없이 있다가 '이어지는 말은 길어서 내일 보자꾸나'라 한 뒤 할을 한 번 크게 소리쳤다. 上堂云 一切賢聖 皆以無爲法 而有差別 前是案山 後是主山 阿那箇是無爲法 良久云 向下文長 付在來日 喝一喝"라고 하였다. [참고문헌] 『雲門廣錄』, 『通玄百問』, 『虛堂錄』, 『石霜楚圓語錄』. ⇨ 주산고안산저 主山高案山低, 주산기안산 主山騎案山, 안산 案山

주산 住山 산에 머물다. 절에 주석(住錫)하며 수행하는 뜻이다. 『원오어록』 권8(대정장47, p.749a13)에 "산에 머무름에 오직 대중과 화합함이 귀중하고, 안팎을 모두 꿰뚫어 밝게 해서 마땅히 고르고 가지런하다네. 다리 부러진 솥이라도 요행히 부끄럽지 않으니, 서로 기대며 손 내밀어 함께 끌고 민다. 住山只貴衆和諧 表裏通明應整齊 折脚鐺兒幸無恙 相憑出手共提攜", 『여산천연어록』 권9 「포대화상찬 布袋和尙讚」(가흥장38, p.173c25)에 "도솔천 떠나지 않고도 사람사이에 있으니 다만 사람을 찾아다녔네. 기꺼이 산에 머무르려 하지 않고 천하를 죄다 둘러보았네. 미소 머금은 채 두꺼운 뱃가죽 두르고, 한마디에 더할 말 없어 사람을 만나면 문득 일러줄 뿐이니 진실한 미륵일세. 未離兜率 已在人間 祇爲尋人 不肯住山 閱盡天下 惟有一笑 寬著肚皮 一文亦要逢人便道 是眞彌勒"라고 하였다. [참고문헌] 『圜悟語錄』, 『廬山天然語錄』, 『祖庭事苑』 권4(卍속장113, p.110a17).

주산고안산저 主山高案山低 주산은 높고 안산은 낮다네. 산중총림에서 늘 끌어 쓰는 법구다. 『종용록』 31칙 「착어 著語」(대정장48, p.248a20)에 "주산은 높고 안산은 낮으며, 주장자는 길고 불자는 짧다네. 主山高案山低 拄杖長 拂子短", 『물초대관어록』(卍속장121, p.173b9)에 "법좌에 올라 말했다. '말과 행동으로 알아차릴 수 없다네. 발우는 크고 밥알은 작은 것도 말과 행동 아니어서 서로 더듬어 알 길 없다네. 주산은 높고 안산은 낮으니 무엇으로 보아야 하나. 바위 위 향부자 걸어서 들어가니 상서러운 기린이 숨어버리고, 바다나무가 날아드니 흰 봉황은 할 일 없네'. 上堂 言語動用 沒交涉 鉢盂飜 饋子細 非言語動用 亦沒交涉 主山高案山低 何以見得 巖莎步入祥麟穩 海樹飛來白鳳閑", 『호구소륭어록』(卍속장120, p.797b8)에 "호구가 '홀로 대웅봉에 앉아 있다'라고 하자 학인이 말했다. '그렇다면 주산은 높고 안산은 낮다는 말씀이로군요'. 師云 獨坐大雄峯 僧云 恁麽則主山高案山低去也", 『황룡혜남어록』(대정장47, p.638c19)에 "법좌에 올라 들었다. 지문사관(智門師寬)이 제자 오조사계(五祖師戒)에게 물었다. '더위 가고 추위 오는 소식 묻지 못한다. 숲속에서 마주한 일은 어떤가?' '오봉루 앞에서는 물시계 소리 듣습니다' '주산은 높고 안산은 낮으니, 어쩌겠느냐?' '수미산 정상에서 쇠종 치시다니'. 황룡이 평한다. '계선사는 걸음마다 높이 오를 줄만 알았지, 허공에서 몸을 던질 줄은 몰랐다'. 上堂 擧 智門寬 問五祖戒 暑往寒來則不問 林下相逢事若何 戒云 五鳳樓前聽玉漏 寬云 爭奈主山高案山低 戒云 須彌頂上擊金鐘 師云 戒禪師 只解步步登高 且不會從空放下", 『운곡어록』 권상(卍속장127, p.155b9)에 "제강 : 문채 드러나기 전부터 소주도 있었고 상주도 있었으며, 한 터럭이라도 드러나자마자 주산은 높고 안산은 낮다 한다. 일체처에 머물지 않아야 일체처를 성취한다. 提綱 文彩未彰 蘇州有常州有 絲毫纔露 主山高案山低 一切處不留 一切處成就"라고 하였다. [참고문헌] 『從容錄』, 『物初大觀語錄』, 『虎丘紹隆語錄』, 『黃龍慧南語錄』, 『雲谷語錄』.

주산기안산 主山騎案山 주산이 안산을 올라타다. 『대등국사어록』 권상(대정장81, p.195b20)에 "혜충국사(慧忠國師)가 말했다. '자기청정법신 그릇 알아선 안 되리' 하였는데, 도대체 무슨 뜻인지요?' '주산이 안산을 타고 달리네'. 國師云 莫認自己淸淨法身 又作麽生 師云 主山騎案山"라고 하였다. [참고문헌] 『大燈國師語錄』.

주산신 主山神 Ⓢparvata-devatā. 산과 산의 온갖 것들을 지켜 보호하는 신. 지혜와 덕이 높고 뛰어남을 나타낸다. 『화엄경』 화엄신중(華嚴神衆) 중 하나다. 80권본 『화엄경』 권1(대정장10, p.3a4)에 "또한 헤아릴 수 없이 많은 주산신이 있다. 보봉개화주산신·화림묘계주산신 … 금강밀안주산신, 이와 같은 신들을 으뜸으로 삼아 그 수가 헤아릴 수 없이 많으니, 모두 온갖 법을 바르게 보는 청정한 눈을 얻는다. 復有無量主山神 所謂 寶峯開華主山神 華林妙髻主山神 … 金剛密眼主山神 如是等而爲上首 其數無量 皆於諸法 得淸淨眼", 『화엄경소』 권5(대정장35, p.538a25)에 "일곱 번째, 주산신은 만덕으로 높고 우뚝함을 다 들어 표한다. 그 성은 모두 고요하고 따로 표하면 지덕이 최고다. 그러므로 그 덕에 대해서는 '청정한 눈을 얻었다' 말하고, 명호 가운데는 광이라는 칭호가 많다. 第七 主山神 通表萬德高勝 性皆閑寂 別表智德最高 故德中云 得清淨眼 名中多有光稱"라고 하였다. [참고문헌]『華嚴經』, 『華嚴經疏』, *Gaṇḍ-vy.36·173.* ⇨ 산신 山神, 화엄신중 華嚴神衆

주살 呪殺 저주로 죽이다. 육종살생(六種殺生) 중 하나. 주문(呪文)을 외우거나 신불(神佛)에게 기도하여 남을 저주하여 죽이는 행위. 특히 기시귀(起屍鬼)라 한역하는 비타라(毘陀羅 Ⓢ Vetāla)라는 주문 또는 그것으로 불려나오는 귀신의 힘으로 죽게 한다. 『천태보살계소』(대정장40, p.588a14)에 "'내지 주살'이라 하니, 죽이는 양상은 칼·몽둥이·구덩이·약·독 등에 따라 다양하지만 주살은 드물기에 그 많은 종류를 넘어서니 '내지'라 한다. 가령 남을 저주하여 그의 목숨을 끊는 등이다. 乃至呪殺者 殺相猶多 刀杖坑穽藥毒等類 呪殺希故 越却多種 而云乃至 如呪咀人 令其命斷等", 『보살계본소』 권상(대정장40, p.664c8)에 "'내지 주살'이란 비타라 등의 주문을 말한다. 이 주를 외움으로써 앞의 사람을 죽게 만든다. 살생의 현상은 다양하지만 나머지는 생략하고 이것을 취하므로 내지라 한다. 乃至呪殺者 謂毘陀羅等呪 由誦此呪 前人被死 殺事多種 略餘取此 故云乃至"라고 하였다. [참고문헌]『天台菩薩戒疏』, 『菩薩戒本疏』. ⇨ 비타라 毘陀羅, 육종살생 六種殺生

주삼수경 呪三首經 당대 지바하라(地婆訶羅) 한역. 1권. 대정장21, p.640a13~b5, No.1338에 수록되어 있다. 주문 셋을 나란히 설한 경이다. 첫째는 대륜금강다라니(大輪金剛陀羅尼)로 21편 외우면 모든 단장(壇場)에서 행하는 법을 다 성취한다. 둘째는 일광보살주(日光菩薩呪)로 모든 장난(障難)·악마(惡魔)·천재(天災) 등을 없앨 수 있다. 셋째는 마리지천주(摩利支天呪)로 몸을 보호할 수 있으며, 당일 세 때에 108편 외운다. [참고문헌]『法輪寶懺』(卍속장129, p.818b13).

주삼야삼 晝三夜三 낮 세 때와 밤 세 때. 하루를 육시(六時)로 나눌 때의 구분이다. 『대당서역기』 권2(대정장51, p.875c19)에 "육시를 합하면 일일일야〈주삼야삼〉가 된다. 六時合成 一日一夜〈晝三夜三〉", 『관미륵상생도솔천경찬』 권하(대정장38, p.294c7)에 "낮 세 때와 밤 세 때를 육시라 한다. 부처님께서 육시에 머무시며 항상 육신통을 일으켜 언제나 육바라밀행을 설하심으로써 여섯 갈래 윤회에 빠진 중생을 구제하고자 육수면을 물리치고 육진을 넘어서셨기 때문이다. 晝三夜三 名爲六時 佛住六時 恒起六神通 恒說六度行 拔六趣生 破六隨眠 超六塵故", 『대방등대집경』 권35(대정장13, p.243c17)에 "이와 같이 밤낮으로 항상 염불하되 몸을 깨끗이 씻고 밤낮 세 때마다 의복을 단정히 하고 오른무릎을 꿇은 자세로 열 손가락과 손바닥을 합한 다음 시방불전에 무진근대수기다라니를 염송한다. 如是晝夜 常念諸佛 當淨洗浴 晝三夜三 整衣服右膝著地 合十指掌 對十方佛前 念無盡根大授記陀羅尼", 『법신경』(대정장17, p.699c13)에 "적절한 시간과 장소에서 낮 세 때와 밤 세 때마다 항상 이와 같은 부처님들의 내재된 공덕법을 항상 잘 관찰하라. 於時方處 晝三夜三 常善觀察 如是諸佛 內功德法", 『선관책진』「천기화상시중 天奇和尙示衆」(대정장48, p.1104c9)에 "그대들 지금부터 결정심을 일으켜 밤낮 세 때마다 화두 들어 흔들림 없이 하니 '이것이 무슨 도리인가' 간한다. 汝等從今 發決定心 晝三夜三 擧定本參 看他是箇甚麼道理"라고 하였다. [참고문헌]『大唐西域記』, 『觀彌勒上生兜率天經贊』, 『大方等大集經』, 『法身經』, 『禪關策進』. ⇨ 육시 六時[1], 일일일야 一日一夜, 삼시 三時[2], 주야육시 晝夜六時

주삼용일 住三用一 삼승(三乘)에 머물지만 일승(一乘)을 쓰다. 불제자가 방편으로 성문·연각 등의 모습을 지어 일승으로 이끄는 것을 말한다. 십묘(十妙) 중에서는 권속묘(眷屬妙)에 해당하고, 열 가지 적문(迹門) 해석 중 하나다. 『법화현의』 권9(대정장33, p.798a16)에 "주삼용일이란 곧 법신에 나아가 묘하게 응하는 권속이다. 앞선 주삼현일은 스승문이고, 여기서의 주삼용일은 제자문이다. 예컨대 부루나 등이 실제로는 법신이지만 성문을 지어 보인 것과 같다. 보이기로는 삼승에 머무르면서 늘 일승을 드러내니, '함께 범행하는 이를 이롭게 하였다'고 한 것이다. 住三用一者 此就法身妙應眷屬 前住三顯一是師門 今住三用一是弟子門 如富樓那等 實是法身 現作聲聞 示住於三而常顯一 饒益同梵行者", 『법화경문구기전난』 권2(卍속장46, p.435a8)에 "주삼용일은 삼승에 머무르면서 일승을 드러내는 것을 보이는 것이니 성문제자의 방편법문이고 권속묘에 해당한다. 住三用一 示住於三而欲顯一是弟子權門 眷屬妙也"라고 하였다. [참고문헌]『法華玄義』, 『法華經文句記箋難』, 『法華經』 권4(대정장9, p.27c1), 『法華經三大部補注』 권6(卍속장44, p.143b16). ⇨ 권속묘 眷屬妙, 삼승 三乘, 일승 一乘[1], 적문십묘 迹門十妙

주삼현일 住三顯一 삼승(三乘)에 머물러서 일승(一乘)을 나투다. 십묘(十妙) 중 감응묘(感應妙)에 해당하고, 적문(迹門) 해석 중 하나다. 『법화현의』 권9(대정장33, p.797c28)에 "주삼현일, 이것은 부처님의 권지에 나아가 방편으로 중생을 교화하는 것이다. '과거불이 행한 방편력을 생각한다'·'나 또한 이제 이와 같다'·'곧장 바라나로 갔다'·'방편의 힘으로써 다섯 비구에게 설하였다'라고 한 구절이다. 과거의 모든 부처님 또한 삼승에 머무르며 일승을 드러내셨다. 지금의 부처님 역시 그러하기에 '또 다른 방편으로 도와 제일의를 드러낸다'·'옛날 보살 앞에서 성문을 나무랐는데 부처님은 실제로는 대승으로써 해탈하게 한 것이다'라고 설하였다. 住三顯一者 此就佛權智 方便化物 尋念過去佛 所行方便力 我今亦如是 卽趣波羅柰 以方便力故 爲五比丘說 過去諸佛 亦住三乘而顯一乘 今佛亦爾 故言更以異方便 助顯第一義 又昔於菩薩前 毁訾聲聞 然佛實以大乘而得度脫", 『법화경문구기전난』 권2(卍속장46, p.435a7)에 "주삼현일은 각각 다른 방편으로 도와 실상 드러낸다. 이것은 감응묘를 씀이다. 住三顯一 以異方便 助顯實相 此用感應妙"라고 하였다. 〔참고문헌〕『法華玄義』, 『法華經文句記箋難』, 『法華經』 권1(대정장9, p.8c10·9c17·10a3·10a5·10a23)·권2(대정장9, p.17c6), 『法華經三大部補注』 권6(卍속장44, p.143b14). ⇨ 감응묘 感應妙, 삼승 三乘, 일승 一乘❶, 적문십묘 迹門十妙

주상 主上 다스려 위에 있는 이. 임금. 『무량수경』 권하(대정장12, p.276a23)에 "주상이 지혜롭지 못하여 신하를 맡겨 쓰면 신하가 멋대로 하여 함부로 하고 거짓됨이 끝도 없다. 主上不明 任用臣下 臣下自在 機僞多端", 같은 책 권하(대정장12, p.277b25)에 "그대들 모든 하늘사람 및 후세인은 불경의 말씀을 듣고서 깊이 생각해야 하며 그 말씀대로 마음을 반듯하게 하고 행위를 바르게 행하며, 임금이 선하게 되어 그 아래 사람들을 이끌어 교화해야 한다. 汝今諸天人民 及後世人 得佛經語 當熟思之 能於其中 端心正行 主上爲善 率化其下"라고 하였다. 〔참고문헌〕『無量壽經』.

주상 主喪 상사(喪事)의 큰 어른이 되어 처음부터 끝까지 모든 것을 판단하고 지도함. 상주(喪主)라고도 한다. 『백장청규』 권3 「입감 入龕」(대정장48, p.1127b30)에 "부고장을 보내어 모든 산중에 알리고 편지를 보내어 주상을 청한다. 반드시 모든 산중의 명덕이거나 인근에서 어른으로 모시는 이, 혹은 법권속 중에 나이든 이거나, 간혹 단지 본사의 수좌여도 된다. 만일 남기신 명이 있거든 준해서 들어 청한다. 發訃狀報諸山 發書請人主喪 須諸山名德隣封老成 或法眷尊長 或只本寺首座 如有遺命 遵行擧請", 같은 책 권3 「청주상 請主喪」(대정장48, p.1127c25)에 "주상이 오면 대종을 울려서 대중을 모으고 문에서 맞이한다. 감 앞에 이르러 향을 올리면 수좌와 대중이 문신한다. … 무릇 주상이란 반드시 나이드시고 이름난 대덕이어야 하니, 가령 원오극근(圓悟克勤)이 개복도령(開福道寧) 화상을 위하여 주상이 되었을 때, 월암선과(月菴善果)를 만나 그 법을 잇게 한 것은 모범이 될 만하다. 主喪人至 鳴大鍾 集衆門迎 至龕前炷香 首座大衆問訊 … 凡主喪者 須老成名德 如圓悟爲開福寧和尚主喪 接月菴果公以嗣其法 可爲標格", 『인천보감』 권1(卍속장148, p.132b14)에 "대혜가 하루는 굉지의 손을 잡고 '우리 두 사람 함께 늙어가는구려. 그대가 부르면 내가 답하고 내가 부르면 그대가 답하였는데 하루아침에 먼저 갑자기 가버리면 남아있는 이가 그 일의 주가 됩시다'라고 하였다. 이듬해 굉지가 입적하자 대혜가 마침내 주상이 되어 맹세를 어기지 않았다. 慧一日執智手曰 吾二人偕老矣 爾唱我和 我唱爾和 一旦有先溘然者 則存者爲主其事 越歲宏智告寂 大慧竟爲主喪 不逾盟也"라고 하였다. 『백장청규』에 따르면, 주상은 공정해야 하고 생포(生布)로 만든 철(綴)을 상복으로 입고 전감불사(轉龕佛事)·대야대령(大夜對靈) 등을 행하며, 창의(唱衣)가 끝나면 초수(鈔數)를 결정하고 단자(單子)에 서명하며, 상사가 끝나면 적임자를 뽑아 제산·법권·단월(檀越)·관원(官員)에게 유서(遺書)를 전달한다. 〔참고문헌〕『百丈淸規』, 『人天寶鑑』.

주상 住相 ❶ Ⓢ sthiti. 사상(四相 : 生住異滅) 중 하나. 불상응행법(不相應行法) 중 하나다. 법체(法體)가 현재에 머무는 뜻이다. 『구사론기』 권5(대정장41, p.103c15)에 "현재에 이르러 마쳐서는 저 용이 잠시 안주하여 각각 스스로의 과를 이끌게 하니 그 이름을 '주'라 한다. 만약 주상이 없다면 모든 법은 잠깐 머물러 스스로의 과를 이끌 수 없을 것이다. … '상속하여 따라 구르게 하는 것을 「주」라 한다'고 하였는데, 이것이 바로 주상이다. 至現在已 住令彼用暫時安住各引自果 故名爲住 若無住相 諸法暫住 應更不能引於自果 … 相續隨轉名住 卽此住相", 『구사론소』 권5(대정장41, p.548a24)에 "주상의 힘으로 인해 모든 행은 생한 뒤에 자신의 과를 취하고 소연을 취할 수 있다. 이상(異相)과 멸상(滅相)의 힘으로 한 찰나 뒤에는 다시 작용이 없는데, 만약 주상이 없다면 모든 행에는 인과의 상속이 없을 것이고, 심과 심소법에 마땅히 소연이 없을 것이다. 따라서 반드시 주상이 있어야 한다. 由有住相力 諸行生已 能取自果 能取所緣 由異滅力 一刹那後 無復作用 若無住相 諸行應無因果相續 心心所法 應無所緣 故必有住", 『순정리론』 권13(대정장29, p.405c13)에 "이 주상은 유위법에 대한 것만이 아니니, 모든 무위법도 스스로 머물기 때문이다. 非此住相 唯表有爲 諸無爲法 亦自住故", 『대비바사론』 권39(대정장27, p.201b18)에 "어떤 이는 저 경에서도 주상을 설하고 있으니, 그 경에서 '다함(盡)도 주이(住異)도 알 수 있다'라고 한 것과 같다. '주'는 바르 주상이다. 〔문〕 어째서 단지 세 가지 유위의 유위상만을 설하신 것인가? 〔답〕 주상과 이상을 합하여 세우기에 세 가지만 설한다. 세존께서는 유위법을 싫어 멀리하고 적멸을 기꺼이 구하게 하려고 저 경에서 주상과 이상을 합해 설하신다. 有說彼經亦說住相 如彼經說 盡及住異亦可了知 住卽住相 問 何故但說有三有爲之有爲相 答 住異合立 故但說三 世尊欲令厭有爲法欣求寂滅故 於彼經住異合說"라고 하였다. 〔참고문헌〕『俱舍論記』, 『俱舍論疏』, 『順正理論』, 『大毘婆沙論』, *Abh-k-bh.76.* ⇨ 사상 四相❶, 사유위상 四有爲相, 유위사상 有爲四相, 불상응행법 不相應行法 ❷ 이십칠현성(二十七賢聖) 중 하나. 『대승의장』 권17(대정장44, p.796c6)에 "넷째는 주상이니, 얻은 삼매에서 물러나지도 나아가지도 않는 현성을 말한다. 四者住相 所得三昧 不退不進"라고 하였다. 〔참고문헌〕『大乘義章』. ⇨ 이십칠현성 二十七賢聖

주상 周祥 일주기(一周忌). 불가(佛家)의 일주기는 유가(儒家)의 소상(小祥)에 당하므로 주상이라고 한다. 『속전등록』 권25(대정장51, p.636a10)에 "오조 주상에 당에 오르다. 지난 해 오늘에는 뜨거운 화로에 눈송이 날리더니, 오늘 지난 해 그 때에는 조아가 밤에 비문을 읽는구나! 五祖周祥上堂 去年今日時 紅爐片雪飛 今日去年時 曹娥讀夜碑"라고 하였다. 〔참고문헌〕『續傳燈錄』.

주상보시 住相布施 상에 머무는 보시. 상에 얽매여서 그 과보로서 어떤 결과를 얻기를 희구하는 보시. 무주상보시(無住相布施)와 대칭한다. 『증도가송사실』 권2(한불전6, p.128c16)에 "언기(彦琪)가 주하다. 상에 머물러 보시하면 반야와 상응하지 못한다. 상에 집착하기에 유위공행만을 성취할 뿐 구경이 아니다. 그러므로 고덕은 '만약 반야를 닦지 않으면 만행을 헛되이 베푼 것이고 닦은 공행도 성에 부합할 수 없다'라고 한다. 琪注 住相布施者 不與般若相應 爲著相故 成有爲功行非究竟 故古德云 若般若不修 萬行虛設 所修功行 不能稱性也", 『금강경주해』 권2(卍속장38, p.877b2)에 "이문회는 '삼천대천세계에 칠보로 덮는다 해도 이는 주상보시다. 복과 이익을 희구하여 얻는 복이 비록 클지라도 마음을 알고 견성함에는 도무지 얻을 것이 없다'라고 한다. 부대사는 송으로 '보배가 삼천계에 가득하여, 그것을 가져다 복전으로 삼더라도, 오직 유루의 업일 뿐이니, 끝내 인천을 벗어나지 못하리라'고 읊었다. 그러므로 알라. 상에 머무는 보시는 복덕성이 아니다. 사람 마음에 능소가 없어야 마음을 알아 성품을 볼 수 있으니 비로소 복덕의 성품이라 한다. 李文會曰 三千大千世界 七寶布施 此是住相布施 希求福利 得福雖多 而於識心見性 了無所得 傅大士頌云 寶滿三千界 齎持作福田 惟成有漏業 終不離人天 故知 住相布施 卽非福德性 若人心無能所 識心見性方名福德性也"라고 하였다. 〔참고문헌〕『證道歌頌事實』, 『金剛經註解』. ⇨ 무주상보시 無住相布施

주상주하 走上走下 위로도 달리고 아래로도 달리네. 『벽암록』 89칙 「본칙 本則」(대정장48, p.213c19)에 "운암이 도오에게 물었다. '대비보살은 그렇게 많은 손과 눈을 써서 무엇 하실까요?'〈마땅히 그때 듣는 순간 본분의 식량을 주어야 했다. 그대 언제나 위로 달리고 아래로 달리며 무엇하려는가? 사리여, 물어서 무엇하려는가?〉 雲巖問道吾 大悲菩薩 用許多手眼 作什麽〈當時好與本分草料 爾尋常走上走下 作什麽 闍黎 問作什麽〉", 『횡천행공어록』 권상(卍속장123, p.370a18)에 "법좌에 올라 '모든 법은 본래부터 언제나 스스로 고요히 사라진 모습이라네, 봄풀은 푸릇푸릇하고, 여름 나무 빽빽하며, 가을바람 쓸쓸하고, 겨울 얼음이 겹겹이라네'라고 한 뒤 주장자 잡고 말했다. '그대들 아침부터 저녁까지 위로 달리고 아래로 달리네'. 上堂 諸法從本來 常自寂滅相 春草靑靑 夏木森森 秋風淅淅 冬冰片片 拈拄杖云 你諸人 從朝至暮 走上走下"라고 하였다. 〔참고문헌〕『碧巖錄』, 『橫川行珙語錄』.

주상지시 鑄像之始 부처님 모습을 만든 그 시작. 『증일아함경』 권28(대정장2, p.706a17)에 "당시 우전왕은 곧바로 우두전단을 가지고 높이 5척의 여래상을 조성하였다. … 당시 파사익왕 역시 순수하게 자마금만을 써서 높이 5척의 여래상을 조성하였으니, 이때 염부제 안에 처음으로 두 구의 여래형상이 있게 되었다. 是時優塡王 卽以牛頭栴檀 作如來形像高五尺 … 是時波斯匿王 純以紫磨金 作如來像高五尺 爾時 閻浮里內 始有此二如來形像"라고 하였다. 〔참고문헌〕『增壹阿含經』. ⇨ 불상 佛像, 우전왕 優塡王

주서 朱序 ?~393. 동진(東晉)의 장군. 자는 차륜(次倫). 의양(義陽) 출신. 전진(前秦)에 사로잡힌 포로 신분으로 비수(肥水) 전투(383년)를 동진의 승리로 이끈 주역이다. 전진은 이 전투의 패배로 부견(符堅)과 함께 몰락하였다. 도안(道安)을 구속하고 있을 때 전진 부견의 포로가 됨에 따라 도안은 부견의 후원에 힘입어 역경 사업을 성취할 수 있었다. 『양고승전』 권5 「석도안전 釋道安傳」(대정장50, p.352c23)에 "당시 부견은 평소에 도안의 이름을 듣고서 매번 이렇게 말하였다. '양양에 석도안이라는 자가 있는데 신령한 그릇이라고 하니 장차 데려다가 짐을 직접 보좌하게 하고 싶다'. 훗날 부비를 보내어 남벌할 때 양양에서 도안과 주서를 함께 사로잡아 부견에게 바쳤다. 부견이 복야권익에게 말하였다. '짐은 십만군사로 양양을 쳐서 오직 한 사람 반밖에 얻지 못하였다' '그게 누구입니까?' '도안이 한 사람이고, 습착치가 반 사람이다'. 장안의 오중사에 머무르게 하니, 출가대중 수 천을 크게 법으로 교화하였다. 時符堅素聞安名 每云 襄陽有釋道安是神器 方欲致之以輔朕躬 後遣符丕南攻 襄陽安與朱序俱獲於堅 堅謂僕射權翼曰 朕以十萬之師取襄陽 唯得一人半 翼曰 誰耶 堅曰 安公一人

習鑿齒牛人也 旣至住長安五重寺 僧衆數千大弘法化", 같은 책 권6 「석혜원전 釋慧遠傳」(대정장50, p.358a16)에 "위진 건원 9년(373) 진나라 장군 부비가 양양을 침범하여 병탄하였는데, 도안 또한 주서에게 잡혀 떠날 수가 없었다. 僞秦建元九年 秦將符丕 寇幷襄陽 道安爲朱序所拘 不能得去"라고 하였다. 〔참고문헌〕『梁高僧傳』, 『釋迦方志』 권하(대정장51, p.971c11). ⇨ 도안 道安 ❶

주서 呪誓 부처님이나 승가의 권위를 끌어들여 자신의 말과 행동이 주문의 힘이 있는 양 맹세하는 일. 계로서 금한다. 이것을 어기면 월법죄(越法罪)다. 『유부필추니비나야』 권17(대정장23, p.1000c24)에 "만약 비구니가 자신의 범행을 걸고 주서한다면 바일지가다. 若復苾芻尼 以自梵行而爲呪誓者 波逸底迦", 『유부율잡사』 권19(대정장24, p.296a7)에 "이때 여섯 대중에 일이 있을 때 불법승 삼보를 끌어들여 주서하거나 오파다야(Ⓢ upādhyāya)·아차리야(Ⓢ ācārya)를 끌어들여 주서하였다. 신심 있는 속인이 주서하는 것을 듣고 이렇게 말했다. '우리들 속인도 부처님과 스승을 들어 맹세하지 않거늘 그대들 출가인들은 어찌하여 부처님과 스승을 인증하여 맹세하는가? 이것은 마땅하지 않다'. 그들은 묵묵히 대답이 없었다. 비구가 부처님께 아뢰자 부처님께서 말씀하셨다. '속인들의 비난이 수치스럽지만 경우에 맞다 그러하니 출가자는 본래 진실한 말을 구할 뿐 맹세해서는 안 된다. 만약 한다면 월법죄를 얻는다'. 是時 六衆有緣事時 卽便引佛法僧寶而爲呪誓 或引鄔波馱耶 阿遮利耶而爲呪誓 有信敬俗人聞呪誓時作如是語 我等俗流 尙不引佛及師爲誓 仁等出家 何故引佛及師 而作盟誓 是所不應 彼默無對 苾芻白佛 佛言 俗生譏恥 時合其宜 然出家者 本求實語不應盟誓 若作者得越法罪", 『마하승기율』 권38(대정장22, p.532a17)에 "스스로 주서한다는 것은 '부처님께 귀명합니다'라고 하는 것이니 이것은 부처님께 맹세하고 아사리에게 맹세하는 것을 가리킨다. '내가 만약 이렇게 한다면 제바달다 같은 죄·망어죄·배은죄·양설죄를 얻는 것이다. 내가 만약 이렇게 한다면 범행을 성취하지 못하고, 가사를 입고 죽지 못하며, 지옥·축생·아귀도에 떨어진다. 만약 그대가 나를 비방한다면 역시 죄를 얻는다'라고 맹세하는 것은 바야제에 해당한다. 만약 비구가 맹세한다면 월비니죄를 얻는다. 自呪誓者 南無佛 指佛誓 指阿闍梨誓 我若爾者 當得如提婆達多罪 得妄語罪 得背恩罪 得兩舌罪 若我爾者 梵行不成就 不在袈裟中死 入泥梨 墮畜生 餓鬼 若汝謗我者 亦當得是罪 作是誓者 波夜提 若比丘作是誓 越比尼罪"라고 하였다. 〔참고문헌〕『有部苾芻尼毘奈耶』, 『有部律雜事』, 『摩訶僧祇律』. ⇨ 월법죄 越法罪

주서이기 周書異記 주(周)대 이문(異聞)을 기록한 책. 불교와 노장(老莊)의 우열과 선후를 다투는 때에 불교의 관점에서 지은 책이다. 특히 부처님 탄생과 입멸을 논한 기사가 유명하다. 『광홍명집』 권11(대정장52, p.163a1)에 "『주서이기』에 전하는 이야기다. '주 소왕이 즉위 이후 24년 갑인세 4월 8일에 강과 하천과 샘과 못이 갑자기 불어났고 우물도 모두 넘쳤다. 궁전과 주택 그리고 산천과 대지가 모두 진동하였고, 그날 밤 오색 빛깔 안개가 태미원을 꿰뚫고 서방에 두루 퍼지더니 모두 청홍색이 되었다. 주 소왕이 태사 소유에게 물었다. 「이 무슨 상서로운 조짐인가?」 「대성인이 서방에서 태어났기에 이러한 상서가 나타난 것입니다」 「천하에는 어떤 영향을 주는가?」 「당장은 별다른 일은 없습니다. 천 년이 지나 그 말씀을 전하는 가르침이 이 땅에 전해질 것입니다」. 소왕이 사람을 시켜 돌에 새겨 기록하도록 하고 남쪽 교외 천사(天祠) 앞에 묻었다'. 바로 이때 부처님께서 왕궁에 탄생하셨다. 案周書異記云 周昭王卽位二十四年 甲寅歲 四月八日 江河泉池 忽然泛漲 井水皆溢出 宮殿人舍 山川大地 咸悉震動 其夜五色光氣 入貫太微 遍於西方 盡作靑紅色 周昭王問 太史蘇由 是何祥也 由對曰 有大聖人 生於西方 故現此瑞 昭王曰 於天下何如 由曰 卽時無他 一千年外 聲敎被及此土 昭王卽遣鐫石記之 埋在南郊天祠前 當此之時 佛初生王宮也", 『역대법보기』(대정장51, p.179a18)에 "『주서이기』에 '서주(西周) 소왕 때인 갑인세에 부처님께서 탄생하시고, 목왕 때인 임신세에 부처님께서 멸도하셨다. 천 년 뒤에 교법이 중국으로 흘러간다'라고 하였는데 지금이 그때다. 周書異記曰 昭王甲寅歲佛生 穆王壬申歲佛滅度 一千年後 敎法流於漢地 今時是也"라고 하였다. 수(隋)에 이르기까지 부처님 탄생의 때를 춘추(春秋) 노(魯)대 장공(莊公) 7년(기원전 687), 동주(東周) 장왕(莊王) 9년 또는 10년으로 받아들였다. 『춘추좌씨전 春秋左氏傳』도 이렇게 기록하고 있는데 『태자서응본기경 太子瑞應本起經』의 설과도 상응하기에 장공 7년을 부처님탄생년도로 간주함이 육조(六朝)대부터 유행하였다. 〔참고문헌〕『廣弘明集』, 『歷代法寶記』, 『佛祖統紀』 권2(대정장49, p.142c7), 『佛祖歷代通載』 권4(대정장49, p.507a13), 『法苑珠林』 권100(대정장53, p.1028b15).

주석 注釋 글을 따라 덧붙여 푸는 일. 주소(注疏)라고도 하고, 주(注)는 주(註)로도 쓴다. 삼장(三藏)의 글들에 자신의 뜻을 덧붙여 풀어 쓰는 일을 말한다. 『출삼장기집』 권9 「십주경함주서 十住經含注序」(대정장55, p.61c29)에 "앞서 들은 것을 기록하여 적으며 간략하게 주석하였으나, 어찌 깊은 골짜기 새벽이슬을 기다리듯 했다 하겠는가! 그저 펴서 제 자신의 다음을 썼을 뿐이다. 다음에 명철한 후학이 인용하며 보해주기를 바랄 뿐이다. 撰記上聞 略爲注釋 豈曰淵壑之待晨露 蓋以伸其日

己之心耳 庶後來明哲 有以引而補焉", 『중관론소』「중론서소 中論序疏」(대정장42, p.4c16)에 "(「中論釋僧叡序」에) '천축의 모든 나라에서 『중론』을 배우지 않는 이가 없다'고 운운한 부분은 다섯 번째에 주하고 논한 사람에 대한 서술이다. 다시 두 갈래로 나뉜다. 앞부분은 이 논이 모든 나라에서 중히 여김을 찬탄하였고, 그 다음 갈래는 주석한 사람(賓伽羅 Ⓢ Piṅgala : 靑目)을 말한다. 云天竺諸國者 第五敍注論之人 又開二別 前嘆此論爲諸國所重 二別敍注釋之人", 『경덕전등록』 권25 「문수도사전 文遂導師傳」(대정장51, p.411c8)에 "나이 열여섯에 여러 곳에서 선과 교를 함께 익혔다. 일찍이 『수능엄경』 10축을 궁구하여 진망연기의 본말정박을 분명하게 가려냈다. 이때 과목을 나누며 주석함에 문구가 짜임새 있었다. 이런 공이 성취되자 정혜선사를 찾아뵙고 아뢰길 자신이 이룬 바가 경의 종지와 깊이 부합한다고 밝혔다. 정혜가 문수에게 물었다. '『능엄경』에 팔환의가 있지 않은가?' '맞습니다' '밝음은 어디로 되돌리는가?' '밝음은 해(日輪)에다 되돌립니다' '해는 어디로 되돌리는가?' 문수가 당황해 답이 없자, 정혜가 훈계하며 그 주석한 글을 태우게 하였다. 年十六觀方禪教俱習 嘗究首楞嚴經十軸 甄分眞妄緣起本末精博 於是節科注釋 文句交絡 厥功旣就 謁于淨慧禪師 述己所業 深符經旨 淨慧問曰 楞嚴豈不是有八還義 師曰 是 曰 明還什麽 師曰 明還日輪 曰 日還什麽 師懵然無對 淨慧誡令焚其所注之文"라고 하였다. 〔참고문헌〕『出三藏記集』, 『中觀論疏』, 『景德傳燈錄』, 『佛頂尊勝陀羅尼』(대정장19, p.385c22), 『百論疏』 권중(대정장42, p.261c2), 『開元釋教錄』 권8(대정장55, p.562a25). ⇨ 주석서 注釋書, 주소 注疏

주석 晝夕 밤낮. 주야(晝夜). 『사십이장경해』(卍속장59, p.95a4)에 "선정 보이길 수미산의 기둥과 같이 하고, 열반 보이길 저 밤낮으로 깨어 있듯 한다. … 생사저 기나긴 밤인 듯 무명에 덮여 밤낮으로 잠든 듯 하지만, 열반은 영원히 비추는 해와 같아서 지혜 열어 밝으니 밤낮으로 온통 깨어 있는 것이다. 視禪定 如須彌柱 視涅槃 如晝夕寤 … 生死如長夜 無明所纏 故晝夕咸寐 涅槃如永日 智慧開朗 故晝夕咸寤也"라고 하였다. 〔참고문헌〕『四十二章經解』.

주석 註釋 주석(注釋). 『유식이십론술기』 권상(대정장43, p.978c20)에 "이 논본은 이치는 풍부한데 글은 촬약하다. 서역의 주석은 그 수가 십여 가에 이르고, 뿌리는 바로 세친의 제자에게 두고 있다. 此論本 理豐文約 西域註釋 數十餘家 根本卽有世親弟子"라고 하였다. 〔참고문헌〕『唯識二十論述記』. ⇨ 주석 注釋

주석 駐錫 석장(錫杖 Ⓢ khakkhara)을 모셔 놓다. 괘탑(掛搭)·괘석(掛錫)이라고도 한다. 뜻이 전하여 한 곳에 머문다는 뜻이다. 비구가 유행할 때 지니는 소리나는 지팡이로 동물이나 미물들이 미리 피하게 하여 서로가 위험에서 벗어나게 하며, 걸식할 때 문 앞에서 소리내 비구임을 알게 한다. 『불조통기』 권41(대정장49, p.378c3)에 "법흠(法欽)은 출가 초기에 소선사 문하에서 수행하였는데 소선사가 '너는 언젠가 떠돌아다니다가 경(徑)을 만나면 머물거라'고 일러주었다. 법흠이 마침내 남쪽으로 가다가 임안에 이르러 동북쪽으로 산 하나를 보았는데 마침 나무꾼을 만나 그 땅에 대하여 묻자 그가 '경산'이라고 하여 이내 그곳에 주석하였다. 師初依素禪師 素戒之曰 汝乘流而行 逢徑而止 師遂南抵臨安 見東北一山 逢樵子問其地 曰徑山也 乃駐錫焉", 『송고승전』 권17 「귀종지상전 歸宗智常傳」(대정장50, p.817b13)에 "원화년간(806~820)에 여산의 귀종정원에 주석하였다. 元和中 駐錫廬山歸宗淨院", 『경덕전등록』 권21 「나한계침전 羅漢桂琛傳」(대정장51, p.371a16)에 "당시 장목왕공이 청하여 민성 서쪽의 석산에 정사를 건립한 뒤 지장이라 하고, 나한에게 주석해 달라고 청하였다. 時 漳牧王公請 於閩城西之石山 建精舍曰地藏 請師駐錫焉"라고 하였다. 〔참고문헌〕『佛祖統紀』, 『宋高僧傳』, 『景德傳燈錄』. ⇨ 괘탑 掛搭, 석장 錫杖, 비석 飛錫 ❶

주석 疇昔 지난 날. 그 언제인지 모를 옛날을 말한다. 낭석(曩昔)과 같다. 또는 지난 일이나 지난 생각을 말한다. 『수능엄의소주경』 권4(대정장39, p.883c20)에 "주석은 지난날이다. … 연을 만난 망상은 시작을 알 수 없는 때로부터 본래 있었기에 '지난 날'이라 한다. 疇昔往日也 … 攀緣妄想 無始本有 故云疇昔", 『일체경음의』 권12(대정장54, p.378a8)에 "주석〈주는 장과 유를 반절한 음이다. 『이아』에 '주석은 낭석과 같다'라고 하였다〉. 疇昔〈長流反 爾雅 疇昔 曩昔也〉", 『불조통기』 권7(대정장49, p.188c11)에 "지난 밤 꿈에 승복을 입고 두 바퀴를 겨드랑이에 끼고 큰 강을 떠돌았다. 疇昔之夜 夢披僧服 掖二輪遊大河中"라고 하였다. 〔참고문헌〕『首楞嚴義疏注經』, 『一切經音義』, 『佛祖統紀』. ⇨ 낭석 曩昔

주석서 注釋書 경율론(經律論)의 뜻을 풀거나 과목하고 요약하는 등의 작업을 거친 책들. 팔리어로 전승된 남전(南傳) 삼장(三藏) 중에는 율장(律藏)에 속한 경분별(經分別 Ⓟ Sutta-vibhaṅga)이 계경(戒經 Ⓟ Pāṭimokkha-sutta : 戒本)에 주석을 단 것이고, 경장(經藏)에 속하는 의석(義釋 Ⓟ Niddesa)은 경집(經集 Ⓟ Sutta-nipāta)을 주석한 것이고 또 본생경(本生經 Ⓟ Jātaka)은 본생게(本生偈)를 주석한 것이다. 북전(北傳) 한역(漢譯)의 경우에는 『사분율 四分律』의 초분(初分) 등이 팔리어 율장의 경분별과 상응한다. 또 『분별공덕론

分別功德論』은 『증일아함경 增壹阿含經』, 『대지도론 大智度論』은 『대품반야경 大品般若經』, 『대비바사론 大毘婆沙論』은 『발지론 發智論』에 대한 각각의 주석이며, 『중론 中論』은 용수(龍樹)가 지은 중론본송(中論本頌)과 그에 대한 청목(靑目)의 주석이 함께 실린 경우다. 나아가 한역 삼장에 대한 동아시아의 주석작업은 삼국시대부터 유행하기 시작하였고, 남북조시대를 거치면서는 다양하게 이루어지고 모아져 집주(集注)를 이루었다. 수당(隋唐)대에 이르러서는 하나의 경율론에 대해 일목요연한 종지를 뽑아 개론하는 현의(玄義) 또는 현론(玄論)이라는 형식이 개발되었다. 한편 주석을 다는 방법으로는 경문(經文) 중 필요한 부분에 자주(子注)로 설명을 덧대어 붙이는 형식이 가장 널리 활용되었다. 이를 주경(注經・註經)이라 하는데, 다시 대략 두 가지로 나뉜다. 먼저 경문의 구절과 구절 사이를 나누고 주석문을 기입하는 방식이 있는데, 동진(東晉)대 도안(道安)이 주석한 『인본욕생경주 人本欲生經註』 1권・오(吳) 진혜(陳慧)가 주석한 『음지입경주 陰持入經註』 2권・당(唐)대 도선(道宣)이 찬술한 『사분율비구함주계본 四分律比丘含注戒本』 3권 등이 있다. 다음으로는 경문 사이에 주석문을 넣되 작은 글자로 세주(細注)하여 2행씩 기입하는 방식이다. 후진(後秦)대 승조(僧肇)가 찬집한 『주유마힐경 注維摩詰經』 10권・당대 지엄(智嚴)이 주석한 『능가경주 楞伽經註』 잔권 등이 있다. 이렇게 주석문을 다는 형식의 차이는 당시 조판 및 인쇄 환경과 긴밀한 연관성을 갖는다. ⇨경전 經典, 삼장 三藏, 경분별 經分別, 의석 義釋[1], 본생경 本生經, 사분율 四分律, 분별공덕론 分別功德論, 대지도론 大智度論, 대비바사론 大毘婆沙論, 중론 中論

주석원 呪錫院 전라북도 모악산(母岳山)에 있던 절. 『삼국유사』 권5(대정장49, p.1011a28・한불전6, p.356b15) 신주(神呪)6 혜통항룡(惠通降龍)에 "이제 혜통화상이 무외삼장의 정수를 전하였고, 속세를 다니며 사람을 구제하고 만물을 교화하였다. 겸하여 숙명의 밝음으로 절을 창건하고 원한을 해소하니, 밀교의 교풍이 이에 크게 진작되었다. 천마산의 총지암과 모악산의 주석원 등은 모두 그 후예이다. 今和尙傳無畏之髓 遍歷塵寰 救人化物 兼以宿命之明 創寺雪怨 密敎之風 於是乎大振 天磨之摠持嵓 母岳之呪錫院等 皆其流裔也"라고 하였다. 〔참고문헌〕『三國遺事』, 『韓國寺刹全書』 권하 p.1025b13. ⇨총지암 摠持嵓

주선 住禪 Ⓢ dhyānair vihṛtya. 선에 머물다. 보살십일주상(菩薩十一住相) 중 세 번째 주상. 『대승장엄경론』 권13(대정장31, p.657b21 : *Sūtr.*, p.177)에 "주선이란 세 번째 주상으로 욕계에 났지만 선에서 물러나지 않는 특징이다. 住禪者 顯第三住相 能生欲界 而不退禪故 tṛtīyāyāṃ sātiśaya-sukhair bodhisattva-dhyānair vihṛtya-aparihīnasya-eva tebhyaḥ kāmadhātāv-upapattiḥ"라고 하였다. 〔참고문헌〕『大乘莊嚴經論』, *Sūtr.* ⇨보살십일주상 菩薩十一住相

주선 走扇 이리저리 바람불게 하다. 소란스럽게 하거나 선동하다의 뜻이다. 『선원청규』 권2 「소참 小參」(卍속장111, p.887a4)에 "본분을 따르지 않고 원문을 주관하고 시비를 선동하여 멋대로 절목을 만들어낸다. 不依本分 主管院門 走扇是非 妄生節目"라고 하였다. 〔참고문헌〕『禪苑淸規』.

주선 周旋 Ⓟ anusañcaranti anuvicaranti. 돌고 돌다. 이리저리 바쁘게 돌아다니는 뜻이다. 『보요경』 권3(대정장3, p.504b17)에 "나 마땅히 생로병사하는 삼계의 결박을 풀고 벗어나겠습니다. 세속의 돌고도는 온갖 어려움 있더라도 끝내 고요함에 이르고 은애마저 없게 하겠습니다. 이것이 첫 번째 원입니다. 吾當濟脫生老病死三界之縛 猗在世俗周旋衆難 使至寂然 令無恩愛 是第一願", 『중아함경』 권12 「천사경 天使經」(대정장1, p.503c13)에 "저 눈 밝은 사람이 있어 높은 누대위에서 저 아래 사람들 오가며 돌아다니고 앉거나 눕고 달리고 뛰는 모습 한 눈에 보듯, 나도 또한 이와 같이 맑은 천안으로 저들보다 뛰어나게 이 중생이 죽을 때와 태어날 때, 좋은 모습 나쁜 형상을 다 본다. 若有目人 住高樓上 觀於下人 往來周旋 坐臥走踊 我亦如是 以淨天眼出過於人 見此衆生 死時生時 好色惡色"라고 하였다. 〔참고문헌〕『普曜經』, 『中阿含經』, *MN.3.178.*

주선 酒仙 술 취한 신선. 음주 일삼아 도속(道俗)에 자유로웠던 명각우현(明覺遇賢)의 별명. 『가태보등록』 권24 「주선우현장」(卍속장137, p.330b16)에 "전당의 용화주선사를 찾아가 참문하다가 심인을 밝히고 명각원으로 돌아온 뒤로는 오직 음주를 일로 삼았다. 취하면 가송을 지어서 도속을 일깨웠기에 그에 따라 주선이라 불렸다. 往參錢塘龍華珠禪師 發明心印 回居明覺院 唯事飮酒 醉則成歌頌 警道俗 因號酒仙"라고 하였다. 〔참고문헌〕『嘉泰普燈錄』. ⇨우현 遇賢

주성 呪成 Ⓢ mantra-ja, Ⓣ gsang-sngags-las-skyes-pa. 주로 성취하다. 여의성경통혜(如意成境通慧) 중 하나로 주(呪)를 외워서 지혜나 신통을 성취함이다. 『구사석론』 권20(대정장29, p.295c13 : *Abh-k-bh.*, p.429)에 "〔게〕 뜻을 성취함에는 주・약・업・생 등 다섯 가지다. 〔석〕 만약 뜻으로 성취하는 다섯 가지라 한다면, 첫째 닦아 얻음이고, 둘째 생득이며, 셋째는 주성이고, 넷째는 약성이며, 다섯째 업성이다. 업성이란 비유하자면 정생왕 등 및 중음의 중생이니, 이들에게는 천이통혜와 천안통혜가 있다. 偈曰 意成由呪藥 業生故五種 釋曰 若略說如意成有五種 一 修果 二 生得 三 呪成 四 藥成 五 業成 業成者 譬如頂生王等及中陰衆生 是所說天耳及天眼 〈kārikā〉 ṛddhirmantrauṣadhābhyāṃ ca karmajā ceti pañcadhā. 〈bhāṣya〉 samāstaḥ pañcavidhāmṛddhhiṃ varṇayanti. bhāvanāphalamupapattilābhikaṃ mantrajāmauṣadhajāṃ karmajāṃ ca. yathā māndhāturantarābhavikānāṃ ca. yadidaṃ divyaśrotramuktaṃ cakṣuśca", 『구사론기』 권27(대정장41, p.416b7)에 "셋째 주로 성취한다 하니 주력으로 성취하는 뜻이다. 三 呪成 由呪力成故"라고 하였다. [참고문헌] 『俱舍釋論』, 『俱舍論記』, *Abh-k-bh.* ⇨ 주 呪, 여의통 如意通

주성신 主城神 Ⓢ nagara-devatā. 성을 보호하고 유지하는 신. 법과 마음을 성처럼 방어해 여래가 계신 곳이게 하는 뜻이다. 80권본 『화엄경』 권1(대정장10, p.2c19)에 "다시 저 부처님 세계에는 티끌 수 만큼 많은 주성신이 있다. 보봉광요주성신 … 묘보광명주성신, 이와 같은 신들을 우두머리로 삼아 부처님 세계의 티끌 수 만큼 많은 주성신은 모두 무량부사의겁 동안 여래께서 거처하시는 궁전을 장엄하고 깨끗하게 한다. 復有佛世界 微塵數 主城神 所謂 寶峯光耀主城神 … 妙寶光明主城神 如是等而爲上首 有佛世界微塵數 皆於無量不思議劫 嚴淨如來所居宮殿", 『화엄경소』 권5(대정장35, p.538a20)에 "다섯 번째, 주성신은 행덕으로 법의 성과 마음의 성을 방어함을 나타낸다. 저 마야부인에 관한 이야기에서 했던 말과 같다. 덕 중 자기의 덕행으로 부처님의 궁전을 장엄했다는 말은 무슨 뜻인가? 첫째, 부처님의 궁전이야말로 지켜야 할 최고이며 빛나게 꾸미는 까닭은 부처님을 존귀하게 여기게 함이다. 둘째 주반의 선근이 서로 어울려 거두게 함이고, 셋째 빛나게 꾸민 스스로의 마음이야말로 부처님께서 편안히 계신 곳이기 때문이다. 第五 主城神 表行德防御 法城心城故 如摩耶處說 德中以己德行 嚴佛宮殿者 一 佛殿爲所守之最 瑩飾爲尊佛故 二 主伴善根互融攝故 三 瑩飾自心 佛安處故"라고 하였다. [참고문헌] 『華嚴經』, 『華嚴經疏』, *Gaṇḍ-vy. 36·278.* ⇨ 화엄신중 華嚴神衆

주성은요 周星隱耀 주나라의 모든 별들이 빛을 감추다. 요(耀)는 요(曜)와 같이 쓰고, 휘(輝)로도 쓴다. 석가세존 탄생의 조짐을 표현한 말이다. 『호국사남초』(장외문헌7, p.92a3)에 "주성은요 : 어떤 길손이 『주서이기』에 근거하여 전하였다. 주 소왕 24년(기원전 1076) 갑인세 4월 초파일에 오색의 신묘한 빛이 태미성을 꿰고 들어가 먼저 서방에 두루 퍼졌다가 점차로 동쪽으로 들어왔다. 태사였던 소유에게 '무슨 상서로운 조짐인가?'라고 묻자 '어떤 대성인이 서역에서 태어났습니다. 천년이 지나면 이 성인이 친설한 가르침이 이 땅까지 퍼질 것입니다'라고 대답했다. 이 사실을 돌에 새겨서 서쪽 교외에 묻어 두었다. 이는 부처님 탄생 때의 일이다. 『보요경』에 '큰 광명을 두루 놓아 삼천계를 비추었다'라고 하였고, 『좌전』에는 '항성이 나타나지 않는데 밤이 밝았다'라 한다. 周星隱耀 客準周書異記云 周昭王二十四年甲寅歲 四月八日 神光五色 貫入太微 先遍西方 漸入東夏 問太史蘇由曰 是何祥也 由曰 有大聖人 生在西域 一千年外 聲敎被此 鐫石理之 在於西郊 佛生時也 普曜經云 普放大光 照三千界 卽左傳說 恒星不現夜明也"라고 하였다. [참고문헌] 『護國司南抄』, 『仁王護國般若波羅蜜多經疏』 권1상(대정장33, p.430b10), 『大唐貞元續開元釋敎錄』 권상(대정장55, p.757a1), 『貞元新定釋敎目錄』 권17(대정장55, p.893a29). ⇨ 주서이기 周書異記

주성취 主成就 반드시 설법하는 주인공이 있어야 하는 뜻. 육성취(六成就 : 信聞時處主衆) 중 하나다. 교주성취(敎主成就)라고도 한다. 『화엄경소』 권4(대정장35, p.529c3)에 "불이라 하면 주성취다. 갖추어 말하면 발타이고 깨우친 이다. 자타를 깨우쳐 가득찬 이이니, 비록 십호를 구족하지만 부처의 뜻으로 안아 품는다. 佛者 主成就也 具云勃陀 此云覺者 謂自他覺滿之者 雖具十號 佛義包含"라고 하였다. [참고문헌] 『華嚴經疏』, 『阿彌陀經義述』(대정장37, p.308a7). ⇨ 오성취 五成就, 육성취 六成就[1], 교주성취 敎主成就

주세영 朱世英 세영은 자이고, 이름은 정린(庭僯). 숭녕년간(1102~1106)에 진사(進士)가 되었고, 건염년간(1127~1130)에 금(金) 침공으로 성을 지키다가 전사하였다. 『서장』 「답진소경장 答陳少卿狀」(대정장47, p.923a21)에 "옛날 주세영이 편지로 운암진정화상에게 묻기를 '불법 지극히 묘한데 일상에서 어떻게 마음을 쓰고 어떻게 끝내 구해야 하는지 자비로 가리켜 보이시길 바랍니다'. 昔朱世英 嘗以書問雲菴眞淨和尙云 佛法至妙 日用如何用心 如何體究 望慈悲指示"라고 하였다. [참고문헌] 『書狀』, 李智冠 『四集私記』 p.46.

주소 注疏 있는 글에 더하여 붙여 말함. 주석(注釋). 또는 주와 소. 구분하면, 주란 경문의 자구에 대한 풀이이고 소란 뜻을 더하여 밝혀서 트이게 하는 것이다. 그러나 주소라고 하면 대략 삼장(三藏)을 푸는 일체작업을 뜻한다. 주(注)는 주(註)로도 쓴다. 『법화현찬』 권7(대정장34, p.778c29)에 "『법화경』에서 '주기권소'라고 한 것은 여러 스님들이 소를 짓거나 글과 기들을 편집하여 펴내는 것들이다. 주(注)는 정(丁)과 주(住)를 반절한 음이고, 주기를 뜻한다. 『절운』에는 '주(注)는 지(之)와 수(戍)를 반절한 음이고, 물을 대는 것이지 주기는 아니다'라고 하였고, 『광아』에서는 '주(注)는 또한 지(之)와 유(喩)를 반절한 음이고, 주소·식(識)·해(解)라 하였다'. 『통속문』에서는 '물을 기록하는 것을 주라고 한다'고 하였는데, 오늘날 또한 주를 짓는다 한다. 注記券疏者 諸師作疏 修撰文記等 注者 丁住反 注記也 切韻 注 之戍反 水注也 非注記 廣雅 注 亦之喩反 注疏也 識也 解也 通俗文 記物曰注 今亦作注", 『대승기신론열망소』 권1(대정장44, p.423a2)에 "이를 보건대 『기신론』과 유식이 모두 『능가경』을 종으로 함이 명백하다. 종의 뿌리가 같은 즉 여러 이름과 뜻이 자연스레 서로 어긋나지 않으니 이에 주소하는 이들은 뜻으로 이름을 정하지는 않는다. 由此觀之 起信唯識 皆宗楞伽明矣 宗本既同 則諸名義 自不相違 乃註疏家 不能以義定名"라고 하였다. [참고문헌] 『法華玄贊』, 『大乘起信論裂網疏』, 『法華經』 권2(대정장9, p.18a5). ⇨ 주석 注釋

주소아경 呪小兒經 동진(東晋)대 담무란(曇無蘭) 한역. 1권. 고려장13, p.1152a15~a21, No.438·대정장21, p.491b26~c3, No.1329에 수록되어 있다. 어린이의 병을 치료하는 신주를 설하는 내용으로 73자의 매우 짧은 경이다. 수(隋)대 비장방(費長房)의 『역대삼보기』와 법경(法鏡) 등이 찬한 『중경목록』에는 실역경으로 분류되어 있으나 당대 『대당내전록』과 『개원석교록』에서는 담무란이 한역한 경전으로 기록되어 있다. 『대당내전록』 권3(대정장55, p.246a28)에 "『주소아경』 … 이상 109부 도합 112권이다. 효무제 때 서역사문 축담무란, 즉 한역 이름 법정이 양도 사진서사에서 대부를 선별하고 간추려서 오직 두 경전으로 내놓았다. 이는 『승우록』에 기재되어 있다. 나머지 잡경은 모두 별록에서 볼 수 있다. 비록 정본이 있지만 다시 별행하였으므로 모두 예시하여 근거가 있음을 보인다. 呪小兒經 … 右一百九部 合一百十二卷 孝武帝世 西域沙門竺曇無蘭 晉言法正 於楊都 謝鎭西寺 簡取世要 略大部出唯二經 是僧祐錄載 自餘雜經 並見別錄 雖並有正本 旣復別行 故悉列之示有所據"라고 하였다. [참고문헌] 『大唐內典錄』.

주소지 朱昭之 남조(南朝) 전당(錢塘 : 浙江省 杭縣) 출신. 고환(顧歡)이 지은 「이하론 夷夏論」을 비판하며 「난고도사이하론 難顧道士夷夏論」을 지었다. 고환은 도교를 불교와 유교 위에 두는 입장이었고 주소지는 이것을 문답으로 비판하며 논난하였다. ⇨ 이하론 夷夏論

주속지 周續之 357~423. 자는 도조(道祖). 안문(雁門 : 山西省 代縣) 출신. 12세에 예장(豫章)태수 범녕(范寧) 문하에서 수업하면서 오경(五經)과 오위(五緯)를 통달하여 사람들이 십경동자(十經童子)라고 불렀다. 자라면서 문 닫고 독서하며 불법을 경건하게 믿어 반야의 묘리에 정통하였다. 후에 여산(廬山)에 들어가 혜원(慧遠)에게 사사하고 정토왕생을 원하여 백련결사(白蓮結社)에 참여했다. 유송(劉宋) 무제(武帝)가 북벌할 때 태자가 일찍이 주속지를 안락사(安樂寺)에 들게 하여 『예기』를 한 달 이상 강독하고, 다시 여산으로 돌아갔다. 세상에서 유유민(劉遺民)·도연명(陶淵明)과 더불어 삼은(三隱)이라고 불렀다. 주속지는 일생토록 결혼하지 않고 가난하게 살았다. 병을 얻어 후에 종산(鍾山)으로 이주했고 경평(景平) 원년에 67세로 죽었다. [참고문헌] 『佛祖統紀』 권26(대정장49, p.268a19), 『廬山記』 권3(대정장51, p.1039c29). ⇨ 동림십팔현 東林十八賢, 백련결사 白蓮結社, 십경동자 十經童子

주송 呪誦 진언을 염송한다는 말. 송주(誦呪)와 같다. 『대성환희쌍신대자재천비나야가왕귀의염송공양법』(대정장21, p.304b24)에 "마음의 진언을 염송하면서 성인이 찾아와 이 자리에 앉아 있다고 관상한다. 呪誦心中呪 卽想聖者來坐此座"라고 하였다. [참고문헌] 『大聖歡喜雙身大自在天毘那夜迦王歸依念誦供養法』. ⇨ 송주 誦呪

주송사 朱松寺 전라남도 나주시 다도면 풍산리 풍산(楓山)에 있던 절. 『동국여지승람』 권36 전라도 남평현 불우에 이름과 위치가 전하며, 『범우고』에는 "지금은 폐사되었다. 今廢"라고 하였다. [참고문헌] 『東國輿地勝覽』, 『梵宇攷』, 『韓國寺刹全書』 권하 p.1024b9.

주송증도가 註頌證道歌 ➡ 남소요주축원난야법혜굉덕선사영성주송 南巢饒州竺源蘭若法慧宏德禪師永盛註頌

주쇄 走殺 달아나게 하다. 쇄란 어세를 강하게 하는 어조사다. 주저앉힌다는 뜻의 좌쇄(坐殺)와 짝이다. 『동산어록』(대정장47, p.514a18)에 "이 사람 앞으로 천하 사람들 달아나게 만들 것이다. 此子向後 走殺天下人在"라고 하였다. [참고문헌] 『洞山語錄』. ⇨ 좌쇄 坐殺

주수 主首 절의 주요한 일을 맡아 보는 소임. 주사(主事)라고도 한다. 육지사(六知事) 중 감사(監寺)를 가리키기도 한다. 『선원청규』 권10 「백장규승송 百丈規繩頌」(卍속장111, p.936b3)에 "주수는 일을 나누고 각각에 맡기는 등 산문의 크고 작은 일을 힘써 한다. 主首分司列局 主執山門大小事務", 『선림상기전』 권7(불광장, 禪藏, p.479)에 "감사 또한 주수라 한다. 監寺亦曰主首", 『오가정종찬』 권3(卍속장135, p.956b4)에 "운거(雲居)가 입적하기 전에 주수가 물었다. '누가 법석을 이어야 하는지요?' 師示寂 主首白師 誰可繼席"라고 하였다. 〔참고문헌〕『禪苑淸規』, 『禪林象器箋』, 『五家正宗贊』. ⇨ 주사 主事, 감사 監寺, 육지사 六知事

주수 呪水 밀교 작법 시 도량을 청정하게 하거나 옷과 몸을 씻는 물로 주를 외우며 행한다. 『다라니집경』 권2 「아미타불멸죄인 阿彌陀佛滅罪印」(대정장18, p.801b28)에 "결계를 하고자 할 때 먼저 주수로 동북쪽 모서리에서 오른쪽으로 돌면서 흩뿌리고, 동북쪽 모서리로 돌아와 멈춘다. 欲結界時 先以呪水 從東北角 右繞散之 還到東北角休", 『청정관세음보현다라니경』(대정장20, p.22a16)에 "주수로 21편으로 시방에 흩뿌리면 결계가 성취된다. 呪水二十一遍 散灑十方 卽成結界", 『십일면신주심경의소』(대정장39, p.1009a15)에 "〔문〕 어떤 이유로 먼저 주수인가? 〔답〕 물은 능히 더러움을 없앤다. 만약 더러움을 없애지 않는다면 법인즉 실현할 수 없으므로 먼저 주수한다. 다음으로 비록 주수로 더러움을 없앴더라도 입은 옷의 더러움을 없애지 못하면 이 또한 법을 실현할 수 없다. 그러므로 주수로 옷을 청정하게 한다. 問 何故先呪水耶 答 水是能除穢 若不除穢 法卽不成 故先呪水也 次雖呪水除穢 而若不除 所著之衣穢者 亦難成 故呪淨於衣也"라고 하였다. 〔참고문헌〕『陀羅尼集經』, 『淸淨觀世音普賢陀羅尼經』, 『十一面神呪心經義疏』.

주수 周秀 당대 율사. 도선(道宣 596~667) 문하에서 16년 동안 사사하였고 율종 제2조로 불린다. 도선의 스승 지수(智首)의 『율소 律疏』를 중시하여 황주(黃州)와 안주(安州) 등지에서 이를 의지해 교화하였다. 70여 세에 안주 십력사(十力寺)에서 입적하였다. 저서에 『행지초기 行持鈔記』가 있다. 〔참고문헌〕『八宗綱要鈔』 권상 「律宗相承」(대장경보편32, p.35a1).

주수 珠數 **1** 구슬을 헤아리다. 염주(念珠) 또는 수주(數珠)라 한다. 『정토승은집』 「염불술회 念佛述懷」(卍속장109, p.1017b2)에 "입으로 부처님 명호를 외우며 구마다 깨끗이 하고, 손에 구슬을 헤아리며 기억해 분명하게 한다. 口誦洪名句句淸 手中珠數記分明"라고 하였다. 〔참고문헌〕『淨土承恩集』. ⇨ 염주 念珠, 수주 數珠 **2** 염주에 꿰인 구슬의 수. 『문수사리근본의궤경』 권11 「수주의칙품 數珠儀則品」(대정장20, p.873c20)에 "구슬의 수는 정한 것은 아니지만, 여기에도 세 품이 있다. 상품은 108, 중품은 54, 하품은 27이다. 특별히 최상품이 있으니 마땅히 1천 80을 헤아릴 수 있게 하는 것이다. 珠數不定 亦有三品 上品一百八 中品五十四 下品二十七 別有最上品 當用一千八十爲數"라고 하였다. 〔참고문헌〕『文殊師利根本儀軌經』.

주수각 做手脚 손발 다 들어 짓다. 온갖 수단 다해 애쓰다. 『완릉록』(대정장48, p.387a18)에 "만 가지 모든 일은 반드시 한가할 때 준비해 두어야 바쁠 때 조금이라도 힘을 덜 수 있다. 목이 마르고 나서야 우물을 파는 허망한 짓을 해서는 안 되니, 손과 발 다 쓴다 해도 안 된다. 萬般事 須是閑時辦得下 忙時得用 多少省力 休待臨渴掘井 做手脚不辦", 『굉지광록』 권1(대정장48, p.13c26)에 "당시에 노조가 '그대의 입은 어디에 두었느냐?'라고 묻고는 곧바로 한 번 내지른 다음 옷소매를 털고 자리를 떴다면 설령 노조의 흠없는 기틀일지언정 왕왕에 손과 발 다 들어 보여도 미칠 수는 없다. 當時 待他問 爾口在甚麽處 便與一喝 拂袖便行 直饒魯祖全機 往往做手脚不及"라고 하였다. 〔참고문헌〕『宛陵錄』, 『宏智廣錄』. ⇨ 주공부 做工夫

주수독 注水瀆 물이 흘러드는 도랑. 『대비바사론』 권21(대정장27, p.106a6)에 "〔문〕 유위법이 나지 않는다 했으니 유위법이 머물기 어렵게 하여 일어나지 못하게 하는 것인가, 무위법 머물기 어렵게 하여 일어나지 못하게 하는 것인가? 〔답〕 유위법 머물기 어렵게 하여 일어나지 못하게 하는 것이지, 무위법을 그렇게 하지는 않는다. 무위법은 그것에게 능작인이 될 뿐 어떤 때도 장애하지 않기 때문이다. 마치 물을 댄 도랑에 물이 만약 흐르지 않는다면 물이 다른 인을 가져서지, 도랑이 장애가 되어서 그런 것은 아니다. 問 有爲法不生者 爲有爲法爲留難故 令彼不起 爲無爲法爲留難故 彼不生耶 答 以有爲法爲留難故 令彼不起 非無爲法 無爲與彼爲能作因 於一切時不障礙故 如注水瀆 水若不流 自爲餘因 非瀆爲障"라고 하였다. 〔참고문헌〕『大毘婆沙論』.

주수보주 住水寶珠 이 구슬 품으면 물에 들어도 빠져 헤매지 않는다. 여의주(如意珠)를 말한다. 60권본 『화엄경』 권59(대정장9, p.777b19)에 "선남자야, 비유하자면 어떤 사람이 주수보주를 얻어서 그 몸에 걸치고 깊은 물에 들어가면 빠지지 않는 것과 같다. 보살마하살도 이와 같아서 보리심이라는 주수보주를 얻어서 생사의 바다에 들어가면 침몰하지 않는다. 善男子 譬如有人 得住水寶珠 瓔珞其身 入深水中 而不沒溺 菩薩摩訶薩 亦復如是 得菩提心 住水寶珠 入生死海 而不沈沒"라고 하였다. 80권본 『화엄경』 권78(대정장10, p.431b17)에는 주수보 또는 주수묘보(住水妙寶)라고 한다. 〔참고문헌〕『華嚴經』. ⇨ 여의주 如意珠

주수신 主水神 Ⓢ ab-devatā. 물을 보호하고 유지하는 신. 80권본 『화엄경』 권1(대정장10, p.3b12)에 "또한 헤아릴 수 없이 많은 주수신이 있다. 보흥운당주수신·해조운음주수신 … 후음변해주수신, 이와 같은 신들을 우두머리로 삼아 그 수가 헤아릴 수 없이 많은데 항상 부지런히 모든 중생을 구제하고 보호하며 이익을 준다. 復有無量主水神 所謂 普興雲幢主水神 海潮雲音主水神 … 吼音遍海主水神 如是等而爲上首 其數無量 常勤救護 一切衆生 而爲利益", 『화엄경소』 권5(대정장35, p.538b22)에 "열세 번째, 주수신은 위로는 강과 바다 등의 물과 비·이슬·서리·눈 등까지 통한다. 법이라는 물 품어 적시는 등 많은 뜻이 있음을 나타낸다. 덕 중에 빠진 이를 구한다 하고, 위험에서 건지니 호라 한다. 곧 이미 사견과 탐애라는 물에 빠진 이를 구하고, 빠지려는 이는 보호한다. 반면에 이익이 되기로는 구름과 비 등으로 적셔 만물을 발생하게 한다. 十三 主水神者 通上河海等水 及雨露霜雪等也 表法水含潤等 多義理故 德中 拯溺爲救 濟危爲護 謂已溺邪見貪愛水者救之 將沈者護之 而爲利益 卽雲雨等潤 發生萬物也"라고 하였다. 〔참고문헌〕『華嚴經』, 『華嚴經疏』, *Gaṇḍ-vy.313.*

주술 呪術 Ⓢ mantra, mantra-vidhi, mantra-vidya, Ⓟ manta, Ⓣ gsang-sngags, gsang-sngags-kyi-cho-ga. 주문을 외워 원하는 바를 이루려는 술법. 대적하는 상대를 엎드리게 하여 자신에게 이익이 되게 하는 등이어서 비구가 이렇게 하면 중죄를 범하는 것이 된다. 삼매를 닦아 행하는 신통과도 다르고, 밀교의 구밀(口密) 작법과도 다른 뜻에서 주술이다. 『약사여래염송의궤』(대정장19, p.30a12)에 "만약 악인을 만나거나 원수진 가문이 있다면 반드시 이 다라니를 생각하고 외운다. 그러면 그 원수진 가문이나 악한 마음을 일으키는 사람이 마땅히 모두 악심을 항복시키고 사라지게 해서 자비심으로 서로 마주하게 된다. 若見惡人 及有怨家 當須念誦此呪 所有怨家 起惡心者 當皆降伏惡心 卽滅慈心相向"라고 하였다. 그러나 대소승을 막론하고 주술을 함부로 씀을 경계하며 특히 비구가 행하거나 생계수단으로 삼으면 중죄로 다스린다. 『기세경』 권10(대정장1, p.364b21)에 "그들 가운데 선정을 성취하지 못하고도 촌락에 붙어 살면서 대부분 주술을 가르치는데 이로 인하여 다시 교화자라고 불린다. 其中或有 禪定不成 倚著村落 多敎呪術 因此復名爲敎化者", 『사분율』 권27(대정장22, p.754b11)에 "만약 비구니가 남에게 주술을 외워서 익히도록 한다면 바일제다. 若比丘尼 敎人誦習呪術者 波逸提", 『오분율』 권2(대정장22, p.8c24)에 "만약 비구가 주술을 부려 무섭게 생긴 귀신을 불러내어 남들을 공포에 떨게 하고 이로 인하여 그가 죽는다면 바라이다. 若比丘作呪術 召惡色鬼神 使恐怖人 因此死者 波羅夷", 『번역명의집』 권6(대정장54, p.1151b5)에 "출가인으로서 갖가지 주술을 배워서 길흉을 점치는 방식으로 이와 같이 생계를 꾸린다면 사유구식이라 한다. 有出家人 學種種呪術 卜算吉凶 如是活命 名四維口食", 『대품경의소』 권9(卍속장38, p 240a9)에 "주술을 부리지 않는다 하니, 짓지도 않아야 하지만 생계를 위해서도 하지 않는다. 不作呪術者 不作邪命事也", 『관무량수경』(대정장12, p.341a18)에 "그때 아사세가 이 말을 듣고 나서 그 모친에게 노하여 '내 어미는 도적이라 도적과 짝이 되더니 사문으로서 악한 인간이 미혹하는 주술로 이 악한 왕(자신의 아버지)을 여러 날 죽지 않도록 하였다'라고 말한 뒤 예리한 검을 잡고서 모친을 살해하려 하였다. 時阿闍世 聞此語已 怒其母曰 我母是賊 與賊爲伴 沙門惡人 幻惑呪術 令此惡王 多日不死 卽執利劍 欲害其母"라고 하였다. 〔참고문헌〕『藥師如來念誦儀軌』, 『起世經』, 『四分律』, 『五分律』, 『翻譯名義集』, 『大品經義疏』, 『觀無量壽經』, *Yogā-bh.145., Bodh-bh.144., AN.3.363.* ⇨ 주 呪, 주술다라니 呪術陀羅尼, 사유구 四維口

주술 注述 경율론에 덧붙여 말하는 것. 『법화경대성』 권수 「제강 提綱」(卍속장51, p.46b4)에 "묘법에는 다주해 짝할 것이 없고 본래 말의 자취가 없지만 지행은 차별하기에 다양하게 주술한다. 夫妙法絶待 本無言象 智行差別 故多注述", 『출삼장기집』 「서 序」(대정장55, p.1a19)에 "위초 강승회(康僧會)가 덧붙여 말한 것이 점차로 빛을 발했다. 魏初康會 注述漸暢"라고 하였다. 〔참고문헌〕『法華經大成』, 『出三藏記集』. ⇨ 주석 注釋

주술다라니 呪術陀羅尼 Ⓢ mantra-dhāraṇī, Ⓣ gsang-sngags-kyi-gzungs. 사종다라니(四種陀羅尼) 중 하나. 선정(禪定) 수행의 결과로 얻는 지혜의 일종이다. 주다라니(呪陀羅尼)라고도 한다. 『보살지지경』 권8(대정장30, p.934a10 : *Bodh-bh.*, p.185)에 "무엇이 주술다라니인가? 보살이 이와 같은 삼매력을 얻어 주술장구로써 중생의 근심을 없애준다면 가장 뛰어나고 신령한 효험이니 갖가지 재난과 근심을 모두 소멸한다. 云何呪術陀羅尼 菩薩得如是三昧力 以呪術章句 爲衆除患 第一神驗 種種災患 悉令消滅 tatra mantra-dhāraṇī katamā. iha bodhisattvas-tad-rūpaṃ samādhi-vaśitāṃ pratilabhate yathā yāni mantra-padāni-iti saṃśamanāya sattvānāmadhitiṣṭhanti. tāni siddhāni bhavanti. parama-siddhāny-amoghānyeneka vidhānāmītīnāṃ saṃśamanāya", 돈황본 『지지의기』 권4(대정장85, p.951c12)에 "주술이란 지혜를 닦아 써야 한다. 선정을 얻고 지혜를 닦아 자재해야 능히 주술을 쓸 수 있다. 그러한 주술은 헛되지 않기에 주술다라니라 한다. 言呪術者 修慧用也 以得禪定 修慧自在 能用呪術 呪術不妄 故名呪術陀羅尼也", 『대승의장』 권11(대정장44, p.685b2)에 "보살이 선에 의지하여 능히 주술을 일으켜 중생에게 근심을 없앤다면 가장 뛰어나고 신령한 효험이 있다. 이를 주술다라니라 한다. 보살

은 선에 의지하여 갖가지 용을 구비하여 일으킨다. 그 용에 따라 따로 논한다면 무량한 다라니문이 있겠지만 주술로써 전해온 이익의 뜻이 많기에 치우쳐 언급한다. 菩薩依禪 能起呪術 爲衆除患 第一神驗 名呪術陀羅尼 菩薩依禪 備起多用 隨用別論 卽有無量陀羅尼門 良以呪術傳益義多 故偏論之"라고 하였다. 〔참고문헌〕『菩薩地持經』, 『地持義記』, 『大乘義章』, *Bodh-bh.* ⇨ 주다라니 呪陀羅尼, 사종다라니 四種陀羅尼

주술사 呪術師 Ⓟ āthabbaṇika. 주술을 부리는 사람. 『대반열반경후분』 권하(대정장12, p.911c3)에 "또한 성문에서 어떤 주술사가 외난을 방지하는 모습을 보았다. 復見城門 有呪術師 防止外難", 『입능가경』 권8(대정장16, p.562b25)에 "세간사견의 모든 주술사들조차도 고기를 먹으면 주술이 제대로 되지 않는다. 世間邪見 諸呪術師 若其食肉 呪術不成", 『경덕전등록』 권2 「바사사다전 婆舍斯多傳」(대정장51, p.215b15)에 "또 어떤 주술사가 조사의 도를 질투하여 음식에 몰래 독약을 탔다. 조사가 알고도 먹었는데 그 주술자가 도리어 화를 당하여 마침내 조사에 투신하여 출가하였다. 又有呪術師 忌祖之道 乃潛置毒藥 于飮食中 祖知而食之 彼返受禍 遂投祖出家"라고 하였다. 〔참고문헌〕『大般涅槃經後分』, 『入楞伽經』, 『景德傳燈錄』, *Nidd.Ⅱ.381.* ⇨ 주술 呪術

주시 住時 ❶ Ⓢ sthiti-kāla, Ⓣ gnas-pa'i-dus. 머무는 때. 『순정리론』 권14(대정장29, p.411b18)에 "극히 짧은 시란 1찰나를 말하니, 만약 1찰나조차 머무는 일이 없다면 제행은 필경에 없는 것이다. 만약 '유위는 온전히 머물 일이 없으니 (諸法이) 체(體)를 얻자마자 틈새없이 바로 사라지기 때문이다'라고 하더라도, 이 체를 얻는 때는 있는 것이 아닌가? 따라서 제행은 극히 잠깐 머무는 때라고 할 수 있다. 極少時者 謂一剎那 若一剎那 亦無有住 是則諸行 應畢竟無 若謂有爲 全無有住 得體無間 卽滅故者 豈不有此得體時 故卽名諸行極少住時", 『구사론』 권29(대정장29, p.152b8)에 "어떤 이는 '증법은 천년 동안 머물 뿐이지만, 교법이 머무는 때는 이를 넘어선다'라고 풀이한다. 有釋證法唯住千年 敎法住時復過於此"라고 하였다. 〔참고문헌〕『順正理論』, 『俱舍論』, *Abh-k-bh.43·74.* ❷ 제2정려(靜慮) 이상에서는 심사(尋伺)가 사라지고 외연도 없게 되어 밖을 향해 움직이지 않기에 주시라 한다. 심사가 있고 밖을 연하는 초정려를 행시(行時)라 하는 것에 맞선다. 『유가사지론』 권12(대정장30, p.340c22)에 "〔문〕 멸진정에 들 때 어떻게 세 가지 행은 차례대로 사라지는가? 〔답〕 여기에는 두 가지가 있으니, 행시와 주시다. 행시에도 또한 언설이 일어나는데, 초정려에 이 작용이 있으니 말로 함이 있기 때문이다. 주시에는 제2정려 이상에서 차제의 선정의 힘에 의지해 이 세 가지 행이 차례대로 사라진다. 정에 나올 때는 반대 차례로 일어난다는 것도 안다. 問 入滅定時 云何次第 滅三種行 答 此有二種 謂行時住時 若於行時 亦起言說 於初靜慮 有此作用 有語行故 若於住時 從第二靜慮已上 次第定力 彼三種行 次第而滅 當知出時 由逆次第次第而起", 『유가론기』 권4(대정장42, p.399a13·한불전13, p.267a18)에 "혜경(慧景)은 '초정려의 마음에는 저 심과 사가 있어 언설을 일으키기에 「행시」라고 한 것이고, 제2정려 이상의 마음은 점차로 미세해져 심사를 여의기에 주시라 한다'라고 하였다. 규기는 '초정려에는 (眼耳身意의) 네 가지 식들이 있어 마음 상에서 밖을 연하는데, 이는 마치 사람이 밖으로 나가는 것과 같기에 행시라고 한 것이고, … 제2정려 이상의 마음이 밖을 연하지 않는데, 이는 마치 집안에 있는 것과 같기에 주시라 한다'라고 하였다. 景云 初定心有彼尋伺 起言說故 名爲行時 二定已上 心漸微細 離尋伺故 名爲住時 基云 初定有四識身 心上外緣 如人出外故言行時 … 二定已上 心不外緣 如在家中 名爲住時"라고 하였다. 〔참고문헌〕『瑜伽師地論』, 『瑜伽論記』. ⇨ 행시 行時, 심사 尋伺, 무심무사 無尋無伺

주시기병경 呪時氣病經 동진(東晋)대 담무란(曇無蘭) 한역. 1권. 『주시기병』이라고도 한다. 고려장13, p.1152a14~b2, No.438·대정장21, p.491a9~a22, No.1326에 수록되어 있다. 전염병을 없애는 신주(神呪)를 설하는 150자 가량의 매우 짧은 경전이다. 〔참고문헌〕『開元釋敎錄』 권14(대정장55, p.634a26).

주시은 朱時恩 1564~?. 호는 심공거사(心空居士). 명대 1610년(만력38) 『불조강목』 41권, 1631년(숭정4) 『거사분등록 居士分燈錄』 2권을 저술하였다. 『불조강목』 「서 序」(卍속장146, p.367a2)에 "만력 정미세에 정확히 44세이다. 歲萬曆丁未 正當四十四歲"라는 말에 따라 생년을 알 수 있지만 몰년은 알 수 없다. 〔참고문헌〕『佛祖綱目』, 『宗統編年』 권31(卍속장147, p.466b8). ⇨ 거사분등록 居士分燈錄, 불조강목 佛祖綱目

주식 呪食 음식의 공덕을 기리는 것. 음식의 공덕 뿐 아니라 시주의 정행(淨行)을 칭찬하고 재장(災障)의 감소와 복덕의 증장을 기원하는 뜻을 갖는다. 『선원청규』 권3(卍속장111, p.893b11)에 "다만 당외에 자리하여 감원과 유나를 마주하여 음식을 먹는다. 먼저 고하되 제2좌가 임시방편으로 대신 주식한다. 只在堂外 封監院維那喫食 仍先白第二座權代呪食"라고 하였다. 〔참고문헌〕『禪院淸規』. ⇨ 시식게 施食偈

주신 主神 여러 신 중에 우두머리 신. 『금광명최승왕경소』 권5(대정장39, p.300a6)에 "주신을 따라 이름을 붙였다. 이 경에 나오는 이름과 다른 까닭은 신이 다양하게 있기도 하고 번역이 다르기도 하기 때문이다. 從其主神 以立名也 與此經名別者 或神有多 或翻譯別", 같은 책 권5(대정장39, p.308a26)에 "어떤 곳에서는 (수왕을) 수신왕이라고 이름을 붙이는 경우가 있는데 사천왕을 사천신왕이라 하는 예와 같다. 주신이기에 신왕이라는 이름을 붙인다. 設有處說 名樹神王者 如四天王 亦名四天神王 以主神故 名爲神王"라고 하였다. [참고문헌]『金光明最勝王經疏』.

주신 呪神 다라니의 본존(本尊). 각각의 다라니마다 모시는 본존을 말한다. 『다라니집경』 권1(대정장18, p.790b21)에 "이때 관세음보살은 아야게리바의 몸〈마두라고 한역한다〉을 나투었다. 신주를 설할 때 주신을 나투니 모습을 감추었다. 일체보살과 천신들이 드러낸 주신이 모두 나타나지 않도록 하였다. 爾時 觀世音菩薩 卽現阿耶揭唎婆身〈唐云馬頭〉 說神呪時 卽現呪神 映蔽於前 一切菩薩 諸天神等 所現呪神 悉令不現"라고 하였다. [참고문헌]『陀羅尼集經』.

주실 籌室 헤아려 지혜롭게 또는 화평하게 하는 방. 조실(祖室) 또는 방장(方丈)을 달리 이르는 말. 방을 가리키기도 하고 그 방의 주인을 드러내는 말이다. 주(籌)는 산가지로서 대나무·구리·쇠 등을 소재로 한다. 교단에는 쟁론을 소멸하거나 포살을 할 때 대중이 빠짐없이 다 모이게 해서 합의하고자 그 수를 헤아릴 목적으로 쓰는 산가지의 전통이 있다. 『경덕전등록』 권1 「우파국다전 優波鞠多傳」(대정장51, p.207b26)에 "우파국다존자는 살아생전에 교화하여 증과로 이끌었던 제자가 가장 많았다. 제자 한 명을 제도할 때마다 산가지 하나를 석실에 던져 놓았는데 세로 18주 가로 12주 너비의 그 석실이 산가지로 빈틈없이 가득 찼다. 尊者在世 化導證果最多 每度一人 以一籌置於石室 其室縱十八肘 廣十二肘 充滿其間"라고 하였는데, 주실은 여기서 유래한다. 『무준어록』(卍속장121, p.970a7)에 "주실에 기대 앉아 기틀 빠르게 하여 통쾌하니 산 부수고 강물 끊듯 하지만, 병에 따라 약을 줌에 이르러서는 아주 자세히 방편을 베풀었다. 踞座籌室 迅機痛快 破山截流 至於隨病與藥 能曲施方便", 『원오어록』 권8(대정장47, p.747b7)에 "우담발화가 주실에 나타나더니 먹구름이 허공 가득 출몰한다. 優曇鉢華現籌室 油雲出沒太虛空", 『허당록』 권4 「영은입승보설 靈隱立僧普說」(대정장47, p.1016c27)에 "고래로 주실의 단련이 엄중하였으나 근세에 스승의 법도는 엄하지도 않다. 古來 以籌室鍛鍊爲重 近世師法不嚴", 『보속고승전』 권11 「치절도충전 癡絶道冲傳」(卍속장134, p.207a5)에 "주실에 앉아 납자들을 더 점검하니 칼날 같은 기틀을 한 번 건드리면 우레 치고 번개 달리듯 바다가 솟구치고 강 뒤집히듯 하였으니 모두들 망연하여 몸 둘 곳을 몰라했다. 及坐籌室 勘驗衲子 機鋒一觸 猶雷奔電掣 海立江翻 皆茫然莫知湊泊"라고 하였다. [참고문헌]『景德傳燈錄』, 『無準語錄』, 『圜悟語錄』, 『虛堂錄』, 『補續高僧傳』, 『釋氏要覽』 권하 「籌室」(대정장54, p.295b8), 『祖庭事苑』 권5 「籌室」(卍속장113, p.133a10). ⇨ 방장 方丈❶, 조실 祖室

주심 住心 ❶ 머무는 마음. 무언가에 머물러 있는 마음으로 머문 즉시 일체 온갖 법이 있게 되는 뜻에서의 주심이다. 『수습지관좌선법요』(대정장46, p.468a13)에 "무엇이 머묾 중에 닦아 그친다는 것인가? 머물 때에 머묾으로 인하여 일체번뇌선악등 법이 있음을 알고, 머무는 마음과 머무는 중의 일체법이 모두 얻을 것이 없음을 분명하게 알면 망념이 그치고 마음마저 쉰다. 이를 지를 닦아 그친다고 한다. 머무는 중에 닦아 관한다는 것은 무엇인가? 이렇게 생각해야 한다. 마음이 몸에 머물기에 머문다고 한다. 이 머묾으로 인하여 일체번뇌선악등 법이 있음을 안다. 이때 당하여 돌이켜 머무는 마음을 관하면 모습을 보는 일이 없으니, 머문다는 것과 머무는 중에 일체법이 필경 공적함을 안다. 이것을 수관이라 한다. 云何住中修止 若於住時卽知 因於住故 則有一切煩惱善惡等法 了知住心及住中一切法 皆不可得 則妄念心息 是名修止 云何住中修觀 應作是念 由心駐身故名爲住 因此住故則有一切煩惱善惡等法 則當反觀住心 不見相貌 當知住者及住中一切法畢竟空寂 是名修觀"라고 하였다. [참고문헌]『修習止觀坐禪法要』. ⇨ 응무소주이생기심 應無所住而生其心 ❷ 증득한 위에 머물러 있는 때. 보살십지(菩薩十地) 각각 위에 머무는 삼심(三心) 중 하나. 『인왕경과소』 권2(卍속장94, p.934b8)에 "화엄에서 십지의 각 위마다에 입주출의 삼심이 있음을 밝혔다. … 둘째 주심이란 정히 지위에 있어서 바로 단증을 관조할 때를 말한다. 초지에서 변행진여를 증하는 등이다. 華嚴明地位 每位皆有入住出之三心 … 二 住心 謂正在地位 觀照斷證時也 如初地證徧行眞如等"라고 하였다. [참고문헌]『仁王經科疏』. ⇨ 삼심 三心❿ ❸ ➡ 십주심 十住心

주심 呪心 다라니의 마음. 주는 다라니라는 뜻이고, 심은 정요(精要)를 말한다. 『능엄경』 권7(대정장19, p.136c17)에 "시방여래는 이 주심으로 무상정변지각을 성취한다. 시방여래는 이 주심을 잡고 마구니를 항복시키고 외도들을 항복시킨다. 시방여래는 이 주심에 올라 보련화에 앉고 수많은 불국토에 나투신다. 시방여래는 이 주심을 머금고 수많은 불국토에서 대법륜을 굴리신다. 시방여래는 이 주심을 가져 시방에서 마정수기 하신다. 十方如來因此呪心 得成無上正遍知覺 十方如來執此呪心

降伏諸魔制諸外道 十方如來乘此呪心 坐寶蓮華應微塵國 十方如來含此呪心 於微塵國轉大法輪 十方如來持此呪心 能於十方摩頂授記”, 『능엄경집주』 권7(卍속장17, p.366a13)에 “연소에서 말한다. ‘여래장심 쫓아 유출된 것이므로 주심이라 한다’. 또한 ‘이것은 시방여래의 심인법문이므로 주심이라고 하고, 또한 비밀장 중의 정요인 법이므로 주심이라 한다. 이것은 주 중에 정요로 주심을 풀었다. 천태지자는 마음에 세 가지가 있다고 설했다. 첫째 여지심, 둘재 초목심, 셋째 적취정요심이다. 지금 비밀장은 적취의 뜻이고 주심인즉 정요심이다. 그러나 주는 저주라고 하고, 또한 주원이라고도 한다. 부처님께서 이 말로 중생이 선을 일으키고 악을 없애서 범부를 고쳐 성인이 되도록 바라신 것이다’라고 하였다. 沇疏云 從如來藏心之所流出 故名呪心 又云或是十方如來心印法門 故名呪心 亦是祕密藏中精要之法 故名呪心 此取呪中精要釋呪心故 智者說心有三種 一慮知心 二草木心 三積聚精要心 今祕密藏是積聚之義 呪心卽精要心 然呪謂呪詛 亦曰呪願 佛以此語詛 願衆生生善滅惡革凡成聖”라고 하였다. 〔참고문헌〕 『楞嚴經』, 『楞嚴經集註』.

주심간정 住心看淨 신회(神會)가 북종을 비판한 네 가지 조목 중 하나로, 마음에 머물러 깨끗함을 살핀다는 말. 주심관정(住心觀靜)이라고도 한다. 그 나머지는 응심입정(凝心入定)·기심외조(起心外照)·섭심내증(攝心內證)이다. ⇨ 주심관정 住心觀靜, 기심외조 起心外照, 섭심내증 攝心內證, 응심입정 凝心入定

주심관정 住心觀靜 마음에 머물러 고요를 관하다. 남종선(南宗禪)에서 좌선에 치중하는 북종선(北宗禪)을 비판한 조목이다. 종보본 『단경』(대정장48, p.358b21)에 “혜능이 지성에게 물었다. ‘너의 스승(神秀)은 어떻게 대중에게 보이는가?’ ‘항상 마음에 머물러 고요를 관하고, 눕지 않고 오랫동안 앉으라고 가르치며 대중을 깨우칩니다’ ‘마음에 머물러 고요를 관한다면 그것은 병이지 선이 아니다. 오랫동안 앉아 몸을 구속함이 이로서 도 무슨 보탬이 되겠는가!’ 師曰 汝師若爲示衆 對曰 常指誨大衆 住心觀靜 長坐不臥 師曰 住心觀靜 是病非禪 長坐拘身 於理何益”라고 하였다. 〔참고문헌〕 『壇經』.

주심부 註心賦 ➡ 심부주 心賦註

주심삼마지 住心三摩地 Ⓢ cittasthito nāma samādhiḥ, Ⓣ sems-gnas-pa-zhes-bya-ba'i-ting-nge-'dzin. 백팔삼매(百八三昧) 중 하나. 심주삼매(心住三昧)라고도 한다. 『대반야경』 권52(대정장5, p.294c7)에 “‘세존이시여, 무엇을 주심삼마지라 하는지요?’ ‘선현아! 이 삼마지에 머물 때면 마음에 동요함이 없고 구르지도 않으며, 비추지도 않고 이즈러지거나 모자람도 없으니 마음이 있다는 생각마저 없다. 이 때문에 주심삼마지라 한다’. 世尊 云何名爲住心三摩地 善現 謂若住此三摩地時 心不動搖 不轉不照 亦不虧損 不念有心 是故名爲 住心三摩地”라고 하였다. 〔참고문헌〕 『大般若經』, *Pañca-pr.143.* ⇨ 백팔삼매 百八三昧, 심주삼매 心住三昧

주심심 住甚深 Ⓢ gāmbhīrya vihāra, Ⓣ bzhugs-pa-zab-pa-nyid. 머묾에도 깊고 깊으시다. 법신(法身)의 열두 가지 심심(甚深) 중 하나로, 여래께서 이 세간에 머무시는 깊고 깊은 뜻을 말한다. 『섭대승론석』 권14(대정장31, p.258c20)에 “법신의 깊고 깊은 뜻에는 열두 가지가 있다. 여기서 게송으로 이 뜻을 설한다. 〔논〕 부처님께서는 무생으로 생을 삼으시고, 무주로 주를 삼으시며, 일을 하시지만 이 공용도 없으셔서 제4식으로 공양을 삼으신다. 〔논〕 부처님께서는 무생으로 생을 삼는다. 〔석〕 이 아래의 한 게송은 제일의 심심을 밝힌다. 이 심심 중에는 다시 네 가지 심심이 있으니 첫째는 생, 둘째는 부주, 셋째는 업, 넷째는 주다. 이 구는 생심심을 밝힌다. … 〔논〕 제4식으로 공양을 삼으신다. 〔석〕 이 구는 주심심을 밝히는데, 역시 열 가지 인으로 증명한다. 法身甚深義 有十二種 今以偈說此義 論曰 佛無生爲生 以無住爲住 作事無功用 第四食爲食 論曰 佛無生爲生 釋曰 此下一偈 明第一甚深 此甚深中 復有四種甚深 一 生 二 不住 三 業 四 住 此句明生甚深 … 論曰 第四食爲食 釋曰 此句明住甚深 亦有十因爲證”라고 한 후 십인을 설한다. 첫째, 제불은 사식에 의지하지 않고도 자신을 드러내시니 식주로 말미암기 때문이다(一 示諸佛不資四食 以顯自身 由食住故). 둘째 중생선근을 늘리기 위함이며(二 爲長衆生善根故), 셋째 모든 사람과 같음을 드러내고(三 爲顯同諸人故), 넷째 제자들이 여법하게 네 가지 명연을 익혀 수용하게 하고(四 欲令弟子 如法學受用 四種命緣故), 다섯째 다른 사람으로 하여금 지족행을 배우도록 하고(五 欲令他學知足行故), 여섯째 다른 사람으로 하여금 정근방편을 일으키게 하고(六 令他起正勤方便故), 일곱째 다른 사람의 선근을 성숙시키고(七 爲成熟他善根故), 여덟째 자신이 물듦이 없다는 것을 드러내고(八 欲顯自身無染著故), 아홉째 정법을 공경하는 마음을 닦고(九 爲治正法恭敬心故), 열째 본원이 생하는 것을 원만하게 하기(十 爲圓滿本願生故) 위한 것이기 때문이라 하였다. 이어 같은 책 권14(대정장31, p.259a24)에 “여래께서 이러한 (십인)의 뜻으로 말미암아 공양하신다면 사식 중 어떤 식인가? 네 번째 식이다. … (사식 중) 네 번째는 능현의지주식이다. 단식 등의 사식은 모두 제불의 공양이다. 왜냐하면 제불은 이 식으로 말미암아 자신을 드러내어 세간에 머무시며, 시주에게 깨끗한 믿음을 생장하게 하고 선근공덕의 인이 되게 하기 때문이다. 若如來由此義故食 於四食中是何食 是第四食 … 四 能顯依止住食 段等四食悉是諸佛食 何以故 諸佛由此食故 顯自身得住於世 爲生長施主淨信 爲因功德善根故"라고 하였다. [참고문헌] 『攝大乘論釋』, 『攝大乘論』 권하(대정장31, p.131b11), *Mah-saṃ. 92.* ⇨ 능현의지주식 能顯依止住食, 사식 四食❶

주심품 住心品 『대일경』의 품명(品名). 진언행자의 심상을 밝힌 품에 해당한다. 온전한 이름은 입진언문주심품(入眞言門住心品)이다. 『대일경소』 권1(대정장39, p.579b16)에 "입진언문주심품의 범본에는 두 가지 제목이 있다. 처음은 수진언행품이고 다음으로 입진언문주심품이다. 생각건대 들어가 머무는 뜻이 수행의 뜻을 겸한다. 그러므로 번잡한 글을 떠나 그 중 하나만 적었다. 진언은 범어로 만트라(Ⓢ mantra)이니 진실하고 여실한 말이며 허망하지 않고 어긋나지 않는다는 뜻이다. 용수석론에서 이것을 비밀스런 이름이라 하였고, 구역에서는 주라고 하였는데 바른 번역이 아니다. 이 품은 경의 대의를 모두 들어 논한다. 이른바 중생 스스로의 마음은 일체지지이다. 여실하고 분명한 앎을 일체지라 한다. 그러므로 이는 보살들에게 진실한 말로 문을 삼기를 가르친다. 스스로의 마음에서 보리심을 일으키니 마음이 바로 만행을 구족한다. 마음을 보는 것이 정등각이고 마음을 증함이 대열반이다. 마음을 일으키는 방편으로 청정한 마음과 불국토를 장엄하고 인위에서 과위에 이르기까지 모두 머무는 바 없이 그 마음에 머문다. 그러므로 입진언문주심품이라 하였다. 入眞言門住心品者 梵本具有二題 初云脩眞言行品 次云入眞言門住心品 竊謂入住之義 以兼修行 故離煩文 但著其一 眞言梵曰漫怛攞 卽是眞語如語 不妄不異之音 龍樹釋論 謂之祕密號 舊譯云呪 非正翻也 此品統論經之大意 所謂衆生自心 卽是一切智智 如實了知 名爲一切智者 是故此教諸菩薩 眞語爲門 自心發菩提 卽心具萬行 見心正等覺 證心大涅槃 發起心方便 嚴淨心佛國 從因至果 皆以無所住而住其心 故曰入眞言門住心品也"라고 하였다. [참고문헌] 『大日經疏』.

주십의론 注十疑論 송대 징욱(澄彧) 지음. 1권. 卍속장107, pp.714a1~730b11에 수록되어 있다. 『십주의론 十注疑論』이라고도 한다. 천태지의(天台智顗)의 『정토십의론 淨土十疑論』(대정장47, No.1961)에 대한 주석서이다. [참고문헌] 『佛祖統紀』 권25(대정장49, p.259b11). ⇨ 정토십의론 淨土十疑論

주악상 奏樂像 악기를 연주하며 불국토를 장엄하거나 부처님을 공양찬탄하는 천인을 그림이나 조각 등으로 형상화한 상. 주악천인상(奏樂天人像)·주악비천상(奏樂飛天像)이라고도 한다. 경중에 불국토를 묘사하는 장면이나 법회에서 부처님의 공덕을 찬탄하는 청중으로 나타나며, 주로 향·꽃·춤공양 등을 올리는 천인들과 함께한다. 『법화경』 권1 「방편품 方便品」(대정장9, p.9a12)에 "만약 사람들에게 악기를 연주하게 하여 … 이와 같은 여러 아름다운 소리를 모두 가져 공양하거나, 혹은 환희심으로 부처님의 덕을 칭송하는 노래를 부르면 아주 작은 소리라 하더라도 모두 이미 불도를 성취한다. 若使人作樂 … 如是衆妙音 盡持以供養 或以歡喜心 歌唄頌佛德 乃至一小音 皆已成佛道", 『대지도론』 권93 「정불국토품 淨佛國土品」(대정장25, p.710c5)에 "[문] 모든 부처님과 성인들은 욕을 여읜 자로서 음악과 가무가 필요하지 않은데 어찌하여 기악공양을 올리는가? [답] … 모든 부처님은 중생을 연민하여 세상에 출현하시기에, 공양자에 따라 그 원에 따라 복을 얻게 하고자 받으신다. 問曰 諸佛賢聖是離欲人 則不須音樂歌舞 何以伎樂供養 答曰 … 諸佛憐愍衆生故出世 應隨供養者 令隨願得福故受"고 하였다. 불교 주악상은 기원전 2세기경에 조성된 북인도 바르후트탑(Bhārhut塔)의 난순조각(欄楯彫刻)과 간다라(Gandhāra)·마투라(Mathurā) 불상의 광배부조상 등에서 이른 시기부터 등장한다. 이후 불교의 동전(東傳)을 따라 서역과 중앙아시아 석굴사원의 벽화 및 중국의 운강(雲崗) 제7굴 남벽(南壁)〈그림1〉·용문(龍門)석굴 등의 벽화나 부조상, 독립상의 광배나 대좌 등에도 표현된 사례가 많으며, 특히 당대에 조성된 돈황(敦煌) 막고굴(莫高窟) 정토변상도(淨土變相圖)〈그림2〉에는 다양한 악기를 연주하는 주악천신상이 빈번하게 등장한다. 우리나라에서 주악상은 고구려 고분벽화에서부터 보이기 시작하는데, 불교적인 의미의 주악상으로 표현된 것은 계유명전씨아미타불비

〈그림1〉주악상 운강제7굴전벽부조 북위

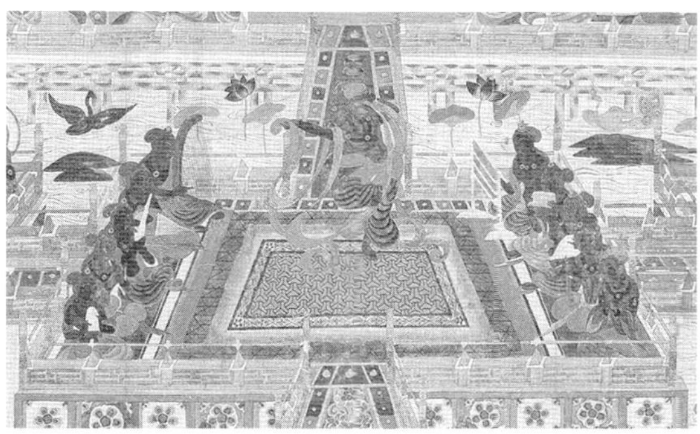

〈그림2〉주악상 정토변상도 돈황막고굴 당

상(癸酉銘全氏阿彌陀佛碑像), 감은사탑(感恩寺塔) 출토 사리기〈그림3〉, 상원사(上院寺) 범종〈그림4〉 주악상 등

에서 볼 수 있는 것처럼 통일신라 이후다. 범종과 부도·석탑·사리구·불상·불화 등 다양한 불교미술에

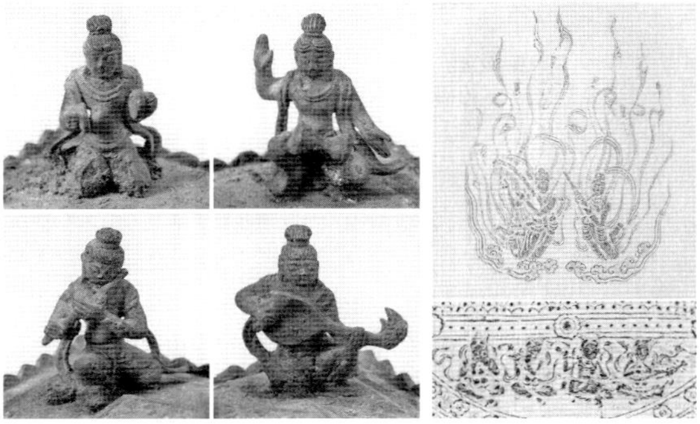

〈그림3〉주악상 감은사지서삼층탑사리장엄구 보물제366호 국립중앙박물관 682년(좌)·〈그림4〉상원사동종 국보제36호 725년(우)

〈그림5〉주악상 관경십육관변상도 일본 지은원 고려 1323년(좌) 괘불부분도 양주 봉선사 경기유형제165호 1735년(우)

장엄과 공양, 찬탄의 상징으로 등장하여 고려·조선까지 그 도상형식이 이어진다〈그림5〉. 〔참고문헌〕『法華經』, 『大智度論』, 長廣敏雄『飛天の藝術』(朝日新聞社, 1949). ⇨ 비천 飛天, 천인 天人, 기악 技樂

주안각미인 住岸却迷人 언덕(彼岸)에 머물러 오히려 사람을 어둡게 하네. 『종용록』 11칙 「송 頌」(대정장48, p.234b9)에 "나루터에 가로누운 배 가을하늘 푸름에 젖어 있다가〈썩은 물에 잠겼구나〉, 노 저어 갈대꽃 사이로 들어가니 눈빛 받아 한껏 빛나네〈언덕에 머물면 도리어 어리석게 된다〉. 船橫野渡涵秋碧〈死水浸却〉 棹入蘆花照雪明〈住岸却迷人〉", 『통현백문』(卍속장119, p.336a6)에 "〔문〕 만물은 밀어 옮겨간다. 옮겨가지 않는 것 있는가? 〔답〕 피안에 머물면 도리어 어리석게 된다. 〔송〕 언덕에 머문즉 도리어 어리석게 되니, 마음이 진실하면 말도 진실하다네. 용루에는 머무는 나그네 없어도 봉각에는 조신들이 있구나. 그윽한 중에 그 뜻 알아차리더니, 발밑의 티끌도 숨김없이 보이네. 몸소 알고자 할진댄 아홉의 날 다하면 다시 봄 맞으리. 問 萬物推遷 還有不推遷底麽 答 住岸却迷人 頌 住岸却迷人 眞語亦眞 龍樓無宿客 鳳閣有朝臣 薦取玄中旨 誇足下塵 欲窮親切處 九盡又逢春" 라고 하였다. 송의 제2구에서 첫 글자 심(心)이 탈락되었다고 본다. 〔참고문헌〕『從容錄』, 『通玄百問』.

주안사 朱鴈寺 인천광역시 남동구 간석동 만월산(萬月山 : 一名 朱雁山)에 있던 절. 『동국여지승람』 권9 경기 인천도호부 불우에 이름과 위치가 전하며, 『범우고』에는 "지금은 폐사되었다. 今廢"라고 하였다. 현재 절터에 약사사(藥師寺)가 있다. 〔참고문헌〕『東國輿地勝覽』, 『梵宇攷』, 『韓國寺刹全書』 권하 p.1024b13.

주안인 住岸人 Ⓟ puggalo thale tiṭṭhati. 언덕(彼岸)에 머무는 이. 해탈한 사람의 비유다. 『중아함경』 권1 「수유경 水喩經」(대정장1, p.424a22)에 "어떤 사람은 물 밖으로 나와 머물고 머물다가 살피고 살피다가 건너고 건너서는 피안에 이르고 피안 이르고 알았으니 이를 '주안인'이라고 한다. 이와 같이 나 마땅히 다시 너를 위해 일곱 가지 물의 비유로 말하리라. … 해탈을 알아서 나는 것 이미 다하고, 범행 이미 섰기에 해야 할 것 벌써 마쳤다. 다시는 유(有)를 받지 않고 진실 그대로 아니, 이를 어떤 사람이 이미 나와서 머물고 머물다가 살피고 살피다가 건너고 건너서는 피안에 이르고 피안에 벌써 도달한 '주안범지(Ⓟ thale tiṭṭhati brāhmaṇa)'라고 한다. 或復有人 出水而住 住已而觀 觀已而渡 渡已至彼岸 至彼岸已 謂住岸人 如是我當 復爲汝說 七水喩人 … 知解脫 生已盡 梵行已立 所作已辦 不更受有 知如眞 是謂有人出已而住 住已而觀 觀已而渡 渡已至彼岸 至彼岸已 謂住岸梵志"라고 하였다. 〔참고문헌〕『中阿含經』, *AN.4.11·12·13.* ⇨ 피안 彼岸

주암 澍庵 청대 스님. 어릴 때부터 거침이 없는 천성이더니, 출가한 다음에도 계율을 지키지 않고 내키는 대로 살았다. 양주(揚州 : 江蘇省) 선사(禪寺)에 거처하던 어느 날 부엌에 들어가 음식을 먹겠다고 남들과 다투었는데, 주지가 그의 무례한 언행을 보고 대중 앞에서 질책하였다. 주암이 분한 마음을 참지 못하고 주지에게 보복할 마음을 품고 있다가 밤이 깊어지면서 문득 후회하는 마음이 일어나 다음날 사죄를 올린 다음 3년 동안 폐관(閉關)수행을 작정하였다. 그 기간 동안 오직 대비신주(大悲神呪)를 외우며 정진하였다. 폐관수행을 마친 뒤에 신통력을 얻음과 동시에 인물이 괄목하게 달라졌다. 불경은 물론이고 내외방책(內外方策)·구류백가(九流百家)·소설잡기(小說雜記)에서 세속의 각종 잡서에 이르기까지 파고들어 연구하지 않아도 그 내용에 통하는 신통력을 얻어 멀리까지 명성이 퍼졌다. 함풍년간(1851~1861) 초기에 천하에 대란이 일어난다고 예언하였는데, 2년이 지나 그 말대로 홍수전(洪秀全)·양(楊秀淸) 등에 의해 태평천국(太平天國)의 난이 일어났다. 만년에는 홀로 지내며 사경(寫經)을 일상사로 삼았다. 〔참고문헌〕『摩訶阿彌陀經衷論』(卍속장32, p.611a10).

주암림 晝闇林 시신을 버리는 숲. 시타림(尸陀林 Ⓢ Śī

ta-vana)을 달리 이르는 말. 으슥하고 깊어서 낮에도 어두침침하기에 붙은 이름이다. 암(闇)은 암(暗)으로도 쓴다. 『살바다비니비바사』 권5(대정장23, p.531c1)에 "안다림(Ⓢ Ⓟ Andhavana)은 주암림이라 한다. 이 숲은 드넓고 매우 우거져 숲 아래 햇볕이 들지 않을 정도이다. 또한 숲의 주인인 장자의 이름이 안다이므로 이를 따라 이름을 붙였다. 安陀林者 名晝闇林 是林廣大繁茂 林下日所不照 又林主長者 名曰安陀 故因此爲名"라고 하였다. 〔참고문헌〕『薩婆多毘尼毘婆沙』. ⇨ 시마사나 尸摩賒那, 시타 尸陀, 시타림 尸陀林

주암사 朱巖寺 경상북도 경주시 서면 천촌리 오봉산(五峯山)에 있는 주사암(朱砂庵). 〔참고문헌〕『韓國寺刹全書』 권하 p.1024b16. ⇨ 주사암 朱砂庵

주암사 酒巖寺 평안남도 대동군 주암산(酒巖山)에 있던 절. 『동국여지승람』 권51 평안도 평양부 불우에 이름과 위치가 전하며, 산천에는 "세간에 전하기를, '바위 틈에서 술이 흘러나왔는데, 흔적이 아직도 남아 있다. 이 때문에 이름을 얻었다'라고 하였다. 諺傳 酒流出巖間 遺痕尙存 因而得名"라고 하였다. 『범우고』에 "지금은 폐사되었다. 今廢", 『사탑고적고』에 '기와 조각이 흩어져 있다'라고 하였다. 〔참고문헌〕『東國輿地勝覽』, 『梵宇攷』, 『寺塔古蹟攷』, 『韓國寺刹全書』 권하 p.1026a3.

주암산 晝闇山 고대 인도의 산. 흑암림(黑闇林 Ⓢ Tamasā-vana) 또는 기사산(耆闍山)이라고도 한다. 수행자들이 많이 은거하던 산이다. 『대장엄론경』 권4(대정장4, p.279c2)에 "내가 일전에 듣기로 어떤 여인 하나가 주암산에 가서 여러 사람들이 그 산에서 반차우슬(般遮于瑟 Ⓢ Pañcavārṣika : 無遮齋)을 거행하는 장면을 보았다고 한다. 我昔曾聞 有一女人 至晝闇山 見衆人等 於彼山中 作般遮于瑟", 『잡보장경』 권4(대정장4, p.467b26)에 "예전에 주암산에는 많은 현성들이 중승과 함께 은거하였다. 여러 나라에서 그 산의 명성을 듣고 공양하러 오는 이들이 많았다. 昔晝闇山中 多諸賢聖 隱居衆僧 諸方國土 聞彼山名 供養者衆"라고 하였다. 〔참고문헌〕『大莊嚴論經』, 『雜寶藏經』.

주야 晝夜 Ⓢ aho-rātra, Ⓟ aho-ratti, Ⓣ nyin-zhag. 낮과 밤. 하루를 말한다. 『구사론』 권12(대정장29, p.62b18 : *Abh-k-bh.*, p.177)에 "30모호율다를 하루 낮과 밤이라고 하는데, 이 낮과 밤은 어떤 때에는 늘어나고 어떤 때는 줄어들기도 하며 어떤 때는 같아지기도 한다. 30번의 낮과 밤을 한 달이라고 하며, 열두 달을 통틀어 1년이라고 한다. 三十牟呼栗多 爲一晝夜 此晝夜有時增 有時減 有時等 三十晝夜爲一月 總十二月爲一年 〈bhāṣya〉 triśan-muhūrttā aho-rātraḥ. kadācit-tu rātriradhikā bhavati kadācid-ūnā kadācit-samā. tridaśāhorātrā māsaḥ. 〈kārikā〉 dvādaśa-māsakaḥ", 『화엄경탐현기』 권15(대정장35, p.390c13)에 "안락세계 등의 경우는 무엇으로 하루를 삼는가? 풀이하면, 연꽃의 개합을 통해 판단하는데 사바세계의 1겁이 해당한다. 如安樂世界等 以何爲晝夜 釋或以蓮花開合辨用 當娑婆一劫"라고 하였다. 〔참고문헌〕『俱舍論』, 『華嚴經探玄記』, *Abh-k-bh.*

주야사시 晝夜四時 밤낮 모든 때. 사시는 후야(後夜)·일중(日中)·황혼(黃昏)·중야(中夜) 또는 아침(朝)·낮(晝)·저녁(夕)·밤(夜)을 말한다. 『금강정유가수습비로자나삼마지법』(대정장18, p.331b7)에 "어떤 중생이 이 교법을 듣고 밤낮 모든 때에 정진하며 닦는다면, 현세에 환희지를 증득하고 후세 16생을 지나 정각을 성취하리라. 若有衆生遇此敎 晝夜四時精進修 現世證得歡喜地 後十六生成正覺", 『대일경의석연밀초』 권3(卍속장37, p.53b13)에 "변역할 수 없다는 말은 밤낮 모든 시각의 흐름에 따라 바뀌는 일이 없다는 뜻이다. 不可變易者 不隨晝夜四時 有遷改故", 『인왕호국반야의궤』(대정장19, p.516a15)에 "만약 삼계의 속박을 벗어나 무상보리를 구하고자 유가를 닦는 사람이라면 주야사시인 후야·일중·황혼·중야에 마음을 다 하여 공양함이 가장 좋은 길이다. 若求出離 無上菩提 修瑜伽者 晝夜四時 後夜日中黃昏中夜 運心供養 最爲上勝"라고 하였다. 〔참고문헌〕『金剛頂瑜伽修習毘盧遮那三摩地法』, 『大日經議釋演密鈔』, 『仁王護國般若儀軌』.

주야신 主夜神 Ⓢ rātri-devatā. 밤을 지켜 중생을 보호하는 신. 무명과 생사의 밤을 주재하며 지혜의 광명으로 이끄는 뜻이다. 80권본 『화엄경』 권1(대정장10, p.3c16)에 "또한 헤아릴 수 없이 많은 주야신이 있다. 보덕정광주야신과 희안관세주야신 … 출생정복주야신, 이와 같은 신들을 으뜸으로 삼아 그 수가 헤아릴 수 없이 많으니, 모두 부지런히 닦고 익히며 법을 즐거움으로 삼는다. 復有無量主夜神 所謂 普德淨光主夜神 喜眼觀世主夜神 … 出生淨福主夜神 如是等而爲上首 其數無量 皆勤修習 以法爲樂", 『화엄경소』 권5(대정장35, p.538c11)에 "열여덟 번째, 주야신은 무명의 어둠과 생사의 기나긴 밤에 지혜의 광명으로 이끌어 바른 길을 알도록 함을 나타낸다. 그 덕에서는 밤중에 잠도 잊으므로 '부지런히'라고 하며, 그 기나긴 미혹을 닦아 뒤치기에 법을 즐거움으로 삼는다. 十八 主夜神 表於無明黑闇生死長夜 導以慧明令知正路 德中 夜分亡寢 是曰勤 修翻彼長迷 故以法爲樂"라고 하였다. 〔참고문헌〕『華嚴經』, 『華嚴經疏』, *Gaṇḍ-vy.36·170.* ⇨ 바산바연지 婆珊婆演底

주야육시 晝夜六時 Ⓢ aho-rātraṃ ṣaṭkṛtvaḥ, Ⓣ nyin-mtshan-du-lan-drug-tu. 낮과 밤을 각각 세 번의 때로 나눈 것. 하루 종일. 일야육시(日夜六時)라고도 한다. 낮은 초일분(初日分)・중일분(中日分)・후일분(後日分)으로, 밤은 초야분(初夜分)・중야분(中夜分)・후야분(後夜分)으로 나뉜다. 또는 주야를 각각 여섯 때로 나누어 열두 때를 가리키기도 한다. 『아미타경요해』(대정장37, p.368a28)에 "초일분・중일분・후일분을 낮의 세 때라 하고, 초야분・중야분・후야분을 밤의 세 때라 하니 낮과 밤의 여섯 때라 하는 것이다. 初日分 後日分名晝三時 初夜分 中夜分 後夜分 名夜三時 故云晝夜六時", 『아미타경통찬소』 권중(대정장37, p.339c27)에 "주야육시란 낮과 밤에 여섯 때가 있으니 합해 열두 때가 된다. 晝夜六時者 晝夜各有六時 共十二時也", 『대방편불보은경』 권5(대정장3, p.154b8)에 "만약 어떤 여인이 안락함과 상서로운 과보를 구하고자 한다면, 항시 2월 8일과 8월 8일에 정결한 옷을 입고는 지극한 마음으로 팔계재(八戒齋)의 법을 수지하고서 낮과 밤 여섯 때에 크게 정진한다. 아난대사가 크나큰 위신력으로 그 소리에 감응해 보호하고 도움을 주니 서원대로 얻게 된다. 若有女人 欲求安隱 吉祥果報 常當於二月八日 八月八日 著淨潔衣 至心受持 八戒齋法 晝夜六時 建大精進 阿難卽以 大威神力 應聲護助 如願卽得", 『칠불소설신주경』 권2(대정장21, p.545a18)에 "다시 주야로 여섯 번 정근의 마음으로 독송하고 흑침수향과 백전단향을 사르며 꽃을 뿌리면서 시방의 제불께 공양한다. 이 여섯 때다마 독송하되 한 번도 빠지지 않고 한다. 일수가 차고나면 번뇌(結使)는 바로 소멸하며, 그 마음은 안정되어 다시는 음욕이 일어나는 일이 없게 된다. 復晝夜六時 勤心讀誦 燒黑沈水香 白旃檀香 散華供養 十方諸佛 六時讀誦 曾不廢忘 日數足已 結使卽滅 其心泰然 無復婬欲", 『석문귀경의』 권하(대정장45, p.868c9)에 "『관보현보살행법경』에 '만약 주야 육시로 시방불에 예경하고 대승경을 외며 으뜸가는 깊디깊은 공법(空法)을 사려하면, 한손가락 튕길 순식간에 백만억나유타의 항하 속 모래알 갯수만큼 윤회하며 지은 죄를 없앨 수 있다'고 하였다. 經云 若有晝夜六時 禮十方佛 誦大乘經 思第一義甚深空法 一彈指頃 除百萬億那由他恒河沙劫 生死之罪"라고 하였다. 〔참고문헌〕『阿彌陀經要解』, 『阿彌陀經通贊疏』, 『大方便佛報恩經』, 『七佛所說神呪經』, 『釋門歸敬儀』, 『觀普賢菩薩行法經』(대정장9, p.393c5), *Sūtr.187.* ⇨ 일야육시 日夜六時, 육시 六時 ❶, 주야 晝夜, 야삼시 夜三時, 주삼야삼 晝三夜三

주약신 主藥神 Ⓢ oṣadhi-devatā, auṣadhi-devatā. 약을 다스려 중생을 이익케 하는 신. 80권본 『화엄경』 권1(대정장10, p.3a17)에 "또한 헤아릴 수 없이 많은 주약신이 있다. 길상주약신과 전단림주약신 … 익기명목주약신, 이와 같은 신들을 으뜸으로 삼아 그 수가 헤아릴 수 없이 많으니, 본성상 모두가 번뇌의 때를 벗어나 인자한 마음으로 중생을 돕는다. 復有無量主藥神 所謂 吉祥主藥神 栴檀林主藥神 … 益氣明目主藥神 如是等而爲上首 其數無量 性皆離垢 仁慈祐物", 『화엄경소』 권5(대정장35, p.538a29)에 "아홉 번째, 주약신은 덕을 행하여 번뇌를 조복하고 법신을 이롭게 함을 나타낸다. 만약 이타를 잡아 보자면 삼업은 공이 아니니 약수왕과 같기 때문이다. 덕을 내리는 뜻에서 그 성이 모두 번뇌의 때를 벗어났다는 말은, 번뇌를 조복하고 병을 없앤다는 뜻이다. 인자한 마음으로 중생을 돕는다는 말은, 선에 나아가 이익을 더한다는 뜻이다. 第九 主藥神 表行德伏惑 資益法身 若約利他 則三業不空 如藥樹王故 下德中性皆離垢 卽伏惑去病也 仁慈祐物 卽進善補益也"라고 하였다. 〔참고문헌〕『華嚴經』, 『華嚴經疏』, *Gaṇḍ-vy.193.*

주양 朱陽 해. 붉게 빛나는 태양. 또는 뜨거운 여름. 『왕생론주』 권상(대정장40, p.834c20)에 "경에서 십념이라 한 말은 업사가 성취되었음을 밝힐 뿐이며 반드시 십이라는 수량이라고 알 필요는 없다. 마치 '쓰르라미는 봄과 가을을 모른다'(『장자』)라는 말과 같으니 이 벌레가 어찌 태양의 계절인들 알겠는가! 經言十念者 明業事成辨耳 不必須知頭數也 如言蟪蛄不識春秋 伊蟲豈知朱陽之節乎"라고 하였다. 〔참고문헌〕『往生論註』.

주어 呪語 ➡ 주 呪

주어무상 住於無想 무상에 머물다. 상(想) 없음에 머무는 뜻이다. 『방광반야경』 권2(대정장8, p.11c15)에 "반야바라밀을 행하는 보살마하살은 유위성 중에 반야바라밀을 현견하지 않으며 보살도 보살이란 글자도 현견하지 않는다. 또한 무위성에 대해서도 그것들을 현견하지 않는다. 왜 그러하겠는가? 수보리여! 보살마하살이 반야바라밀을 행할 때에는 모든 법에 대해 상과 염이 없기 때문이다. 반야바라밀을 행할 때에는 무상법에 머물며 삼십칠조도법을 성취한다. 行般若波羅蜜菩薩摩訶薩 不於有爲性中現般若波羅蜜 亦不見菩薩 亦不見菩薩字 亦復不於無爲性中見 所以者何 須菩提 菩薩摩訶薩行般若波羅蜜 於諸法無想念故 行般若波羅蜜住於無想法 成三十七品", 『대보적경』 권22(대정장11, p.123c2)에 "보살은 묘지를 지닌 이로서 모든 법에 수순하여 관하면서도 일체상을 뛰어넘어 항시 무상에 머무른다. 菩薩妙智者 隨順觀諸法 超過一切想 常住於無想", 『대방등대집경』 권38(대정장13, p.258a15)에 "공처를 여의고 나서 또한 식처도 여의고, 식처를 여의어 마쳐서는 무상처를 닦는다. 이러한 이는 그때 무상을 얻고 나서 단 하나의 법도 반연하지 않으니 곧 무상삼마발제에 머물게 된다. 이를 범부와 공유하는 삼마발제라 한다. … 다음으로 무상을 관하는데, 무상이란 아와 아의 것도 없다는 상이다. 離空處已 亦離識處 離識處已 修無想處 是人爾時 得無想已 不緣一法 卽得住於無想三摩跋提 此則名爲共凡夫人三摩跋提 … 次觀無想 言無想者 卽是無我 無我我所想"라고 하였다. [참고문헌] 『放光般若經』, 『大寶積經』, 『大方等大集經』. ⇨ 무상 無想, 무상처 無想處

주어사 走魚寺 경기도 여주시 산북면 주어리 앵자봉(鶯子峰)에 있던 절. 조선후기 천주학자들의 강학회를 지원하였다는 이유로 폐사되었다. 『여유당전서』 제1집 권 「녹암권〈철신〉묘지명 鹿菴權〈哲身〉墓誌銘」(한국문집총간281, p.335a3)에 "먼저 돌아가신 중형 약전이 공을 스승으로 섬겨 지난 기해년(1779·정조3) 겨울 천진암과 주어사에서 강학할 적에 눈이 내리는 중에도 이벽이 밤에 찾아와서 촛불을 켜고 경을 담론하였다. 先兄若銓 執贄以事公 昔在己亥冬 講學于天眞菴 走魚寺 雪中李檗夜至 張燭談經"라고 하였다. 현재 절터는 계곡 좌우에 위치해 있는데, 왼쪽에서는 축대와 건물지, 오른쪽에서는 축대와 부도전지가 확인되었다. 또 절터에 있던 해운당대사의징지비(海雲堂大師義澄之碑)는 서울 절두산 천주교순교성지로, 부도는 여주박물관으로 이전되었다. [참고문헌] 『與猶堂全書』, 『韓國의 寺址』 경기남부(문화재청·佛教文化財研究所, 2010) pp.419~424.

주어자주주어법주 住於自洲住於法洲 Ⓟ atta-saraṇa. 스스로의 섬에 머물고 법이라는 섬에 머물다. 『잡아함경』 권2(대정장2, p.8a22)에 "이때 세존께서 비구들에게 말씀하셨다. '스스로의 섬에 머물고 스스로 의지해 머물며, 법이라는 섬에 머물고 법을 의지해 머문다. 다른 것을 섬으로 삼거나 다른 것을 의지하지 마라. 비구들이여! 바르게 관찰해야 한다. 스스로를 섬으로 삼고 스스로를 의지해 머물고 법을 섬으로 삼고 법을 의지삼아 머물되 다른 것을 섬으로 삼거나 다른 것을 의지하지 마라'. 爾時 世尊告諸比丘 住於自洲 住於自依 住於法洲 住於法依 不異洲不異依 比丘 當正觀察 住自洲自依 法洲法依 不異洲不異依"라고 하였다. [참고문헌] 『雜阿含經』, *DN.2.100.*, *SN.3.42.* ⇨ 자등명법등명 自燈明法燈明, 자귀의법귀의 自歸依法歸依, 자주이자의법주이법의 自洲以自依法洲以法依

주역선해 周易禪解 명대 지욱(智旭 1599~1655) 지음. 10권. 가흥장20, pp.395a1~466c9, No.B96에 수록되어 있다. 1641년(숭정14) 완성하였고, 1728년(형보13) 간행되었다. 저자는 역이 천지의 지극한 이치이고 만물의 근원으로서 광대하고 정치하며 갖추지 않은 바가 없다고 여긴다. 만약 근거로 본다면 유가(儒家)의 역과 관련되고, 술수(術數)로 따진다면 서가(筮家)의 역과 관련되며, 인연으로 풀면 불교의 역과 관련된다 여겨 유가의 설을 끌어들여 불가의 종취(宗趣)로 되돌리고 정·주(程朱) 등의 학자들이 아직 발휘하지 못했던 이치를 드러냄과 동시에 태극의 전체대용(全體大用)을 천명한다 하였다. ⇨ 지욱 智旭

주오수경 呪五首經 Ⓣ stong-'gyur-shes-bya-ba'i-gzungs. 당대 현장(玄奘) 한역. 1권. 고려장11, p.239a1~b16, No.312·대정장20, p.17a3~b19, No.1034에 수록되어 있고 티베트역본(北京版 No.216)이 전한다. 『주오수 呪五首』 또는 『능멸중죄천전다라니경 能滅衆罪千轉陀羅尼經』이라고도 한다. 다섯 가지 진언을 수록하고 있다. 첫째는 능멸중죄천전다라니주(能滅衆罪千轉陀羅尼呪), 둘째는 문수보살의 육자주(六字呪), 셋째는 칠구지불주(七俱胝佛呪), 넷째는 일체여래수심주(一切如來隨心呪), 다섯째는 관자재보살수심주(觀自在菩薩隨心呪)이다. 각각의 다라니는 독립된 경전으로 전하기도 한다. 『개원석교록』 권12(대정장55, p.599c6)에 "주오수〈능멸제죄천전다라니주. 첫째는 육자다라니주, 둘째는 칠구지불소설신주, 셋째는 수일체여래의신주, 넷째는 관자재보살수심주, 다섯째는 천전주다. 또한 각각의 진언을 따로 베껴서 하나의 경으로 삼기도 했으나 여기에 수록되었기에 따로 역출하지 않았다. 『대주록』에서 나누어 오경이 되었다고 한 것은 옳지 않다〉. 呪五首者〈能滅諸罪千囀陀羅尼呪 一 六字陀羅尼呪 二 七俱胝佛所說神呪 三 隨一切如來意神呪 四 觀自在菩薩隨心呪 五 其千囀呪 亦有別寫以爲一經 旣在此中 故不別出 大周錄中 分爲五經者 非也〉"라고 하였다. [참고문헌] 『開元釋教錄』.

주옹 周顒 남북조 시대 학자. 자는 언륜(彦倫). 여남(汝南 : 河南省) 안성(安城) 출신. 해릉국(海陵國)의 시랑(侍郎)으로 처음 출사하였다. 유송(劉宋)의 명제(明帝 재위 465~472)가 현리(玄理)에 관심이 많았는데, 주옹을 내전(內殿)으로 불러 직접 불교의 인연설을 들었고, 이때 주옹은 명제에게 간언함을 주저하지 않았다고 한다. 남제(南齊) 고제(高帝) 때는 국자박사겸저작(國子博士兼著作)에 올랐다. 관직에 있으면서도 틈틈이 종산(鍾山) 서쪽에 은거하며 채식으로 청빈하게 생활하였다. 『노자』와 『주역』 등의 제자백가를 두루 섭렵하였고, 특히 불교에 조예가 깊어 반야공관(般若空觀)을 종지로 삼았다. 당시 종산 초당사(草堂寺)에 머무르던 승랑(僧郞)에게 삼론(三論)의 진수를 전수받았다. 그 결실로 『삼종론 三宗論』을 저술하였는데, 전하지는 않고 길장(吉藏)의 저술을 통해서만 그 대강의 내용을 확인할 수 있다. 또 한편 당시 명문장가인 장융(張融 444~

497)과 불교와 도교의 관계에 대해서 논쟁하였다. 장융은 불교와 도교가 일치하며, 불교는 수적(垂迹)이고 도교는 본지(本地)가 된다는 주장을 하였고, 이에 대해 주옹은 본말이 전도되었다고 서신으로 반박하였다. [참고문헌] 『中觀論疏』 권2(대정장42, p.29b16), 『佛祖統紀』 권36(대정장49, p.346b8), 『弘明集』 권6 「張融門律」(대정장52, p.38c9), 『出三藏記集』 권11 「抄成實論序」(대정장55, p.78a28), 『佛法金湯編』 권3(卍속장148, p.863a7). ⇨ 삼종론 三宗論, 승랑 僧郎 ²

주왕암 周王庵 경상북도 청송군 부동면 상의리 주왕산(周王山 : 一名 周房山·石屛山)에 있는 암자. 대전사(大典寺)의 산내암자다. 당(唐)에 반기를 들고 후주천왕(後周天王)을 자칭했던 진(晋)의 후에 주도(周鍍)가 이곳 신라땅까지 도망왔다가, 당의 요청을 받은 신라장군에게 피살된 후 아들 대전도군(大典道君)이 아버지의 명복을 위해 창건하였다고 전한다. 나옹(懶翁)·도선(道詵)·무학(無學) 등이 수도하였다. 유도원(柳道源 1721~1791)의 『노애집』 권1 「동유기행 東遊紀行」(한국문집총간238, p.146a20)에 "(일행을) 이끌고 주왕암에 들어갔는데, 암자는 가히 신을 기쁘게 할 만하였다. 예전에는 대궐터라 불렀는데, 지금은 나한전이 되었다. 引入周王庵 庵舍可怡神 古稱大闕基 今爲羅漢殿", 이양오(李養吾 1737~1811)의 『반계집』 권5 「유주왕산록 遊周王山錄」에 "다시 북쪽으로 1리 정도 간 곳에 주왕암이 있었다. … 서쪽에는 법당이 있는데, 나한 10여 구에 재를 올리고 있었다. … 앞에 있는 누각의 이름은 '가학'이다. 又北行里所 有周王庵 … 西有法堂 奠羅漢十餘軀 … 前爲樓額之曰駕鶴"라고 하였다. 현존 당우로는 나한전·가학루·칠성각·산신각·요사 등이 있으며, 성보문화재로는 1800년(정조24)에 조성된 문화재자료 제470호 나한전후불탱화가 있다. [참고문헌] 『蘆厓集』, 『磻溪集』, 『韓國寺刹全書』 권하 p.1025b5, 『青松郡誌』(郡誌編纂委員會, 1990) p.642.

주외신 住外身 밖의 몸에 머물다. 이미 주검이 되버린 시신 등을 관하는 순신관(循身觀 Ⓢ kāyānupaśyanā : 身念處觀)을 말한다. 주내신(住內身)에 대칭한다. 『유가사지론』 권28(대정장30, p.441a17 : *Śrāv-bh.*, p.299)에 "무엇을 외신 등에 머물러 그 몸 등을 따라 관하는가? … 밖의 유정이 아닌 색을 경으로 삼아 연하고는 머물러 몸을 따라 관하는 것을 외신에 주해 몸을 돌아가며 관한다고 한다. 云何於外身等住循身等觀 … 若緣外非有情數色爲境住循身觀 是名於外身住循身觀 katham bahirdhā … yadā bahirdhā asattvasaṃkhyātaṃ rūpamālambanīkarotyevaṃ bahirdhākāye kāyānudarśī viharati", 『유가론기』 권7(대정장42, p.456a25·한불전13, p.527b23)에 "자신의 색이 아닌 것을 '외'라 한다. … 근이 아닌 잡아들일 수 없는 색을 반연하는 것을 연외신이라 한다. … 추중이 수반되어 작용하는 타인의 색을 반연하는 것을 '주외'라 한다. … 혜경(惠景) 법사는 … 이미 죽어 식이 없는 몸으로서 그 유정의 검푸른 등의 몸을 연하는 것을 「주외신」이라 한다' 고 하였다. 非自身色名外 … 若緣外非根無執受色 名緣外身 … 緣他麤重俱行色 名住外 … 景師解云 … 若緣色已死無識身有情數青瘀等位 名住外身"라고 하였다. [참고문헌] 『瑜伽師地論』, 『瑜伽論記』, *Śrāv-bh.* ⇨ 주내신 住內身, 순신관 循身觀, 신념처 身念處, 부정관 不淨觀

주운사 住雲寺 경상북도 의성군에 있던 절. 신유한(申維翰 1681~1752)의 『청천집』 권5 「고운사사적비문 孤雲寺事蹟碑文」(한국문집총간200, p.335b9)에 "당시 문소현(의성의 옛 이름)의 서쪽에 운람사, 북쪽에 고운사, 서북쪽에 주운사, 남쪽에 운곡사가 있었는데, '사운'의 명성이 영남에서 으뜸이었다. 當時韶縣中 西則雲嵐寺 北則孤雲寺 西北住雲寺 南則雲谷寺 四雲之名甲嶺南"라고 하였다. [참고문헌] 『青泉集』, 『韓國寺刹全書』 권하 p.1025a14.

주운암 住雲庵 충청북도 보은군 속리산면 사내리 속리산(俗離山)에 있던 암자. 법주사(法住寺)의 산내암자였다. 임제(林悌 1549~1587)가 이곳에서 독서하였으며, 그가 쓴 시 「도주운암 到住雲庵」이 『임백호집』 권1(한국문집총간58, p.257a18)에 전한다. 『한국사찰전서』 권하(p.1025a15)에는 "지금은 폐사되었다. 今廢"라고 하였다. [참고문헌] 『林白湖集』, 『法住寺事蹟』, 『韓國寺刹全書』. ⇨ 법주사 法住寺 ²

주원 呪願 Ⓢ kautūhala. 법회를 마치고 공양하기 전에 단월인 시주(施主)를 위해 축원하는 것을 말한다. 『우란분경』(대정장16, p.779b24)에 "이때 부처님께서 시방중승은 모두 먼저 시주가의 칠세부모를 위해 주원하고 선정의 마음을 행한 후 공양받으라 칙하셨다. 처음 발우 받으면 먼저 불탑 앞에 놓고 중승의 주원이 끝나면 각자 공양받았다. 時佛勅十方衆僧 皆先爲施主家 呪願七世父母 行禪定意 然後受食 初受鉢時 先安在佛塔前 衆僧呪願竟 便自受食", 『전단수경』(대정장17, p.750b14)에 "어떤 가라월(Ⓢ kulapati)이 부처님을 받들고 법을 밝혔는데 부처님께 공양을 청했다. 부처님께서 주원을 마치시니 가라월이 부처님 앞에서 숙연해져서 법의 뜻을 듣기를 원했다. 有迦羅越 奉佛明法 請佛供養 佛呪願畢 迦羅越於佛前肅然 願聞法義", 『우란분경신소』(卍속장35, p.303a10)에 "처음 공양을 받을 때 먼저 부처님 앞에 드리고 승중이 주원을 마치면 각자 공양을 받는다고 하였다. 주원은 바로 이 법이다. 初受食時 先安佛前 僧呪願竟 便自受食 呪願卽是法"라고 하였다. 〔참고문헌〕『盂蘭盆經』, 『梅檀樹經』, 『盂蘭盆經新疏』, *Divy.3.*

주원문 呪願文 시주의 복록을 비는 취지를 적은 축원문(祝願文). 『승사략』 권중(대정장54, p.242a27)에 "양(梁) 승우는 재주를 찬탄하는 연기와 여러 가지 주원문을 지었다. 梁僧祐 著齋主讚歎緣記 及諸色呪願文"라고 하였다. 〔참고문헌〕『僧史略』.

주원사 呪願師 대법회구승(大法會九僧) 중 한 명. 재나 법회에서 주원문(呪願文)을 읽는 스님. 『자행초』 권하(대정장62, p.794a28)에 "설법한 후 모두 공양하고 다음으로 선악인과 등의 법을 설하되 그 행한 일을 논하려 하지 않았고 당시 주원사를 세웠으니 바로 정토왕생의 의례다. 여기에서는 주원이 본이고 설법은 곁가지이다. 說法總食 次說善惡因果等法 不必論其所爲事 當時呪願師立之 彼西天儀也 就中此門呪願爲本 說法爲傍"라고 하였다. 〔참고문헌〕『資行鈔』. ⇨ 대법회구승 大法會九僧

주원육덕 呪願六德 주원(呪願)의 여섯 가지 공덕. 『증일아함경』 권29(대정장2, p.711c26)에 "이때 세존께서 비구들에게 말씀하셨다. '나는 이제 주원에 여섯 가지 공덕이 있음을 설하겠다. 그대들은 잘 듣고 헤아려라. … 여섯 가지 공덕이란 무엇인가? 여기에 시주단월이 성취하는 세 가지 법이 있다. 시주단월이 성취하는 세 가지 법이란 무엇인가? 여기에 시주단월의 신근이 성취되고, 계덕이 성취되며, 들음이 성취된다. 시주단월이 이러한 세 가지 법을 성취한다는 것이다. 시주의 공양물에 세 가지 법이 성취된다. 세 가지는 무엇인가? 공양물의 색의 성취·맛의 성취·향의 성취다. 이러한 세 가지 법을 가진 것을 말한다. 비구여 이러한 여섯 가지 일로 큰 공덕을 얻는다. 爾時 世尊告諸比丘 我今當說 呪願有六德 汝等諦聽 善思念之 … 彼云何名爲六德 於是 施主檀越成就三法 云何檀越施主成就三法 於是 檀越施主 信根成就 戒德成就 聞成就 是謂檀越施主成就此三法 施物之法復成三法 云何爲三 然彼物色成就 味成就 香成就 有此三法 是謂 比丘 有此六事獲大功德"라고 하였다. 〔참고문헌〕『增壹阿含經』, 『法輪寶懺』 권2(卍속장129, p.860b13). ⇨ 주원 呪願

주월사 住月寺 경상북도 의성군 사곡면 양지리 주월산(住月山 : 一名 佛出山)에 있는 절. 대한불교조계종 제16교구 본사 고운사(孤雲寺)의 말사이며, 주월암(住月庵)이라고도 한다. 515년(법흥왕2) 창건설과 통일신라 의상(義湘 625~702) 창건설이 전한다. 『여지도서』 경상도 의성 사찰·『범우고』에 "현 동쪽 30리에 있다. 在縣東三十里"라고 하였다. 1996년 대웅전을 중수할 때 발견된 「영좌의성현불출산주월암대웅전중건상량문 嶺左義城縣佛出山住月庵大雄殿重建上樑文」을 통해 1688년(숙종14)에 대웅전이 소실되었다가 1692년(숙종18)에 중건되었고, 1819년(순조19)에 웅파(雄波)의 제자인 동명천오(東溟天悟)가 중건하였음을 알 수 있다. 1821년(순조21)에는 용화전을 중수하였으며, 1938년에 주지 동허(東虛)가 삼성각(현 산성전)을 새로 지었다. 1980년에 요사, 1985년에 심검당과 석탑 및 석등, 1996년에 대웅전, 1997년에 삼성각과 용화전을 보수하였다. 현존 당우로는 대웅전·용화전·삼성전·요사 등이 있다. 〔참고문헌〕『輿地圖書』, 『梵宇攷』, 『伽藍考』, 『韓國寺刹全書』 권하 p.1025a16·18, 『文化遺蹟分布地圖-義城郡』(義城郡·大邱大博物館, 2005) p.329.

주위 主位 주지(住持)가 앉는 자리. 보통 어간을 중심으로 우측을 주위로 하고 좌측을 빈위(賓位)로 한다. 방장실(方丈室)이 남쪽을 바라보는 경우라면 동쪽이 주위이고 서쪽이 빈위이다. 승당(僧堂)이 등쪽을 바라보는 경우라면 북쪽이 주위이고 남쪽이 빈위다. 고원(庫院)이 서쪽을 바라보는 경우라면 남쪽이 주위이고 북쪽이 빈위이다. 『선원청규』 권1 「괘탑 掛搭」(卍속장111, p.880a6)에 "어떤 곳에서는 주지인·지사·두수가 괘탑 당일에 요사로 가서 돌아가며 예를 올린다. 새로 괘탑한 수행자는 인사만 하고 물러나 다시 자리로 가서 앉지 않는다. 지사와 두수는 어떤 요사에서 만나거나 함께 객위에 자리잡는다. 오직 주지인만이 주위에 자리잡을 수 있다. 새로 괘탑한 수행자는 모두 문을 나와 맞이하거나 보낸다. 有處 住持人 知事 頭首 當日就寮迴禮 新到 但問訊而退 更不就座 知事頭首 於諸寮相看 並居客位 唯住持人 可居主位 新到並出門迎送", 『백장청규』 권3 「청주상 請主喪」(대정장48, p.1127c26)에 "대중이 흩어지면 양서와 근구는 객위로 보내어 향을 사르고 엎드려 절을 올린다. 주상인은 주위에 자리잡는다. 衆散 兩序勤舊 送客位 揷香展禮 主喪人 居主位"라고 하였다. 〔참고문헌〕『禪苑淸規』, 『百丈淸規』. ⇨ 빈위 賓位

주위 住位 보살의 수행위인 52위 가운데 십주위(十住位). 신위(信位) 다음을 주위라 한다. 『사교의』 권9(대정장46, p.754b17)에 "이 10위를 모두 주라 이름한 것은 이를 깨우쳐 아는 마음이기에 주라 한다. 此十通名住者 會理之心 名之爲住", 『사교의주휘보보굉기』 권8(卍속장102, p.696a5)에 "이 절에서는 주라 이름한 까닭을 풀어 밝혔다. … 『인왕경』에 '이치의 반야에 듦을 주라 한다'라고 하였으며, 『화엄경소』에 '지혜로 이에 머물기에 주라 한다'라고 하였다. 이는 머물 곳이고 혜는 능히 머무는 것이므로 능소를 합해 풀었다. 此節釋明 住

名之所以也 … 仁王經云 入理般若 名住 華嚴疏云 慧住 於理 名住 理爲所住 慧爲能住 是能所合釋也", 『석마하연론기』 권1(卍속장73, p.9b8)에 "주위에 대하여 두 가지 뜻으로 푼다. 첫째, 마명의 위가 팔지에 머물기에 주위라 한다. 둘째, 십지 각각에 모두 삼심을 갖춘다. 입심(入心)·주심(住心)·출심(出心)을 말한다. 이 마명이 바로 제팔지 내의 주심이기에 주위라 한다. 住位者 有二義釋 一謂馬鳴位居八地 故云住位 二謂十地各具三心 謂入住出 今此馬鳴 正當第八地內住心 故云住位"라고 하였다. 〔참고문헌〕『四教義』, 『四教義註彙補輔宏記』, 『釋摩訶衍論記』, 『仁王經』 권상(대정장8, p.827b25), 『華嚴經疏』 권17(대정장35, p.632c24). ⇨ 십주위 十住位

주위 周圍 Ⓢ samantāt parikṣipta. 바깥 둘레. 어떤 사람이나 장소 또는 사물을 중심으로 둘러싸고 있는 경계. 『기세경』 권1(대정장1, p.312a25)에 "대해 북쪽에 염부수라는 가장 큰 나무가 있다. 몸통 주위의 너비가 7유순이다. 於大海北 有大樹王 名曰閻浮樹 身周圍有七由旬", 『구사석론』 권8(대정장29, p.217a14 : *Abh-k-bh.*, p.167)에 "수미산 정상 중앙 하나하나의 변은 각각 2만유순이고, 주위 8만유순이 가장 빼어난 곳이다. 於須彌婁頂中央 一一邊各二萬由旬 周圍八萬由旬 爲最勝處 sa viṃśatisahasradik. catvāri pārśvanyasya catasro diśaḥ. ekaikaṃ pārśvaṃ viṃśatiryojanasahasrāṇi samantāt parikṣepeṇāśītiriti"라고 하였다. 〔참고문헌〕『起世經』, 『俱舍釋論』, *Abh-k-bh.*

주위성불 住位成佛 보살이 십주위(十住位)에서 성불하다. 초주성불(初住成佛)이라고도 한다. 삼종성불(三種成佛) 중에서는 위성불(位成佛) 또는 위불(位佛)에 해당한다. 『화엄일승성불묘의』(대정장45, p.777c26)에 "〔문〕 십신위에서 신을 채워 물러나지 않아 바야흐로 위에 들기 때문이다. 가득 채운 마음에 대해 설하려면 응당 주위성불이라고 해야 하는데, 어찌하여 '신만'이라고 하는가? 〔답〕 믿음을 성취함으로부터는 부처를 행하는 것이지 위불이 아니기 때문이다. 問 信滿不退 方入位故 說滿心者應住位成佛 何名信滿 答 由信成故是行佛 非位佛也"라고 하였다. 〔참고문헌〕『華嚴一乘成佛妙義』, 『華嚴五教章』 권2(대정장45, p.490b4). ⇨ 위불 位佛, 삼종성불 三種成佛❷, 초발심시변성정각 初發心時便成正覺

주유마힐경 注維摩詰經 후진(後秦)대 승조(僧肇) 지음. 10권. 대정장38, pp.327a11~420a15, No.1775에 수록되어 있다. 원제목은 『유마힐소설경주 維摩詰所說經注』이다. 『주유마 注維摩·註維摩』·『주유마경 注維摩經』·『정명집해 淨名集解』 등이라고도 한다. 이전부터 승조의 찬으로 전해지지만 후세에 엮었다는 견해가 지배적이다. 스승 구마라집(鳩摩羅什)이 『유마경』을 한역한 이후 승조가 스승의 설과 도생(道生)·도융(道融)의 풀이에 의지하여 자신의 견해를 더하여 『유마경』의 뜻을 드러낸 성과물이다. 따라서 본서는 승조뿐만 아니라 도생과 도융의 설을 함께 엮어서 성립되었다. 본서가 중국불교사상의 형성에 미친 영향력은 매우 크다. 책머리에 붙은 승조의 「서문」에서 본(本)과 적(迹)의 관점을 서술함으로써 이 경에 담긴 의의를 보였고 동시에 『법화경』 등의 교리와도 상통함을 파악할 수 있도록 길을 터주었다. 경문에 따라 해석을 가하는 형식이다. 본서가 『유마경』 주석의 시초가 되면서 그 뒤로 지의(智顗)의 『유마경현소 維摩經玄疏』 6권(대정장38, No.1777)과 『유마경문소 維摩經文疏』 28권, 수대 혜원(慧遠)의 『유마경의기 維摩經義記』 8권(대정장38, No.1776), 길장(吉藏)의 『유마경의소 維摩經義疏』 6권(대정장38, No.1781)과 『유마경약소 維摩經略疏』 5권 등이 이어졌다. 이들은 모두 『유마경』에 의지하여 지은 연구서인데 한결같이 본서를 본으로 삼았다. 규기(窺基)의 『설무구칭경소 說無垢稱經疏』 12권은 현장(玄奘)이 한역한 『유마경』 곧 『설무구칭경』 6권에 대한 주석서이지만, 많은 곳에서 구마라집 한역본과 본서의 견해를 참조하고 있다. 세친(世親 Ⓢ Vasubandhu)이 일찍이 『유마경론 維摩經論』을 지었다고 전하지만 현존하지 않는다. 구마라집이 이 인도 본토의 해석을 채용하였다면, 노장(老莊)을 변용하여 해석의 틀로 삼은 승조와 불신론(佛身論) 등을 깊이 탐구하였던 도생의 관점 등의 영향을 받은 점에서 이 『유마경』 주석은 사상사에서 깊은 의미를 남겼다. 승조는 스승 구마라집이 새롭게 한역한 경을 토대로 참신한 해석의 지평을 열었고, 따라서 본서는 중국의 대승불교사상 형성 뿐만 아니라 중국사상계 전반에 큰 영향을 미쳤다는 평가를 받는다. 〔참고문헌〕『佛祖統紀』 권26(대정장49, p.266b8), 『大唐內典錄』 권10(대정장55, p.330b11), 『淨土聖賢錄』 권2(卍속장135, p.215b10). ⇨ 유마경 維摩經

주육 酒肉 술과 고기. 부정(不淨)한 음식을 대표한다. 『주대승입능가경』 권9(대정장39, p.498a7)에 "〈경〉 만약 술과 고기 등 일체음식을 먹지 않는다면, 반드시 현성 중에 태어나 풍족한 재산을 누리고 지혜를 갖추리라. 〈주〉 이 게송 한 수는 부정한 음식을 먹지 않아서 얻는 과보를 밝혔다. 곧 반드시 현성으로 태어나 부처님의 회중에서 풍족한 법재를 누리고 불종지를 갖춘다는 뜻이다. 若於酒肉等 一切皆不食 必生賢聖中 豐財具智慧 此一偈明 不食果報 謂必生賢聖 諸佛會中 豐足法財 具佛種智", 『능엄경직해』 권8(卍속장89, p.793b9)에 "술과 고기를 먹지 않는다 하였다. 술은 성을 어지럽혀 탐욕의 성향을 부추키기 때문이고, 고기는 자비심을 해쳐 살생하는 마음을 일으키기 때문이다. 不餐酒肉者 酒能亂性 助欲性故 肉能傷慈 起殺心故", 『사분율행사초비』 권13(卍속장67, p.1002b17)에 "술과 고기를 끊는 것이야말로 대승을 행함이다. 요즘 사람들은 대부분 번뇌에 따라 일부러 먹고서는 '탐욕은 없다'고 억지를 부린다. 이렇게 하면 마음과 말이 어긋나 스스로 화를 불러들이게 된다. 斷酒肉者 是大乘行 今人多是 順煩惱故喫 强云無貪 此乃心口相違 自招來禍"라고 하였다. [참고문헌] 『注大乘入楞伽經』, 『楞嚴經直解』, 『四分律行事鈔批』, 『大乘入楞伽經』 권6(대정장16, p.624c17). ⇨ 주육오신 酒肉五辛, 단육 斷肉, 불음주계 不飮酒戒, 불식육법 不食肉法

주육오신 酒肉五辛 술과 고기와 오신채(五辛菜). 『대방등대집경』 권58(대정장13, p.392c1)에 "또한 갖가지 고운 꽃과 향과 백미의 음식을 용지 중에 뿌렸지만 오직 술과 고기와 오신채 등 부정한 음식만은 제하였다. 復以種種 好華名香 百味飮食 散龍池中 唯除酒肉五辛 不淨之食", 『아미타고음성왕다라니경』(대정장12, p.353a11)에 "술과 고기 그리고 오신채를 먹지 않고 항상 범행을 닦았다. 不噉酒肉 及以五辛 常修梵行"라고 하였다. [참고문헌] 『大方等大集經』, 『阿彌陀鼓音聲王陀羅尼經』. ⇨ 주육 酒肉, 오신채 五辛菜, 오신계 五辛戒

주윤 洲胤 제바연나(提波延那 Ⓢ Ⓟ Dīpāyana)선인. 『대비바사론』 권61(대정장27, p.315a21)에 "석가불께서 세상에 출현하시기 전에 주윤이라는 선인이 있었다. 천제가 자주 찾아가 법의 뜻을 묻고 들었다. 釋迦佛 未出世時 有一仙人 名爲洲胤 天帝數往 諮受法義"라고 하였다. [참고문헌] 『大毘婆沙論』, 『阿毘曇毘婆沙論』 권32(대정장28, p.237c22). ⇨ 제바연나 提波延那

주율의 住律儀 Ⓢ saṃvara-sthāyin, Ⓣ sdom-pa-la-gnas-pa. 율의에 머물다. 약속한 율을 가져 어기지 않음을 말한다. 『잡아함경』 권11(대정장2, p.76b2)에 "어떻게 육근을 잘 조복하고 잘 걸어 막고 잘 수호하며 잘 잡아 지니고 잘 수습하여 미래세에 꼭 즐거운 보를 받는가? 많이 들은 성스러운 제자는 눈으로 색을 보고서 색상을 취하지 않고 수형호를 취하지 않으며 그 안근이 나아감에 맡겨 늘 율의에 머문다. 세간의 탐욕과 애착과 좋지 않은 악법에 마음이 새지 않게 하고 율의를 일으켜서 안근을 잘 보호한다. 이비설신의근에 대해서도 또한 이와 같이 한다. 이와 같이 육근을 잘 조복하고 잘 걸어 막고 잘 수호하며 잘 잡아 지니고 잘 수습하면 미래세에 꼭 즐거운 과보를 받는다. 云何六根善調伏 善關閉 善守護 善執持 善修習 於未來世 必受樂報 多聞聖弟子眼見色 不取色相 不取隨形好 任其眼根之所趣向 常住律儀 世間貪愛 惡不善法 不漏其心 能生律儀 善護眼根 耳鼻舌身意根 亦復如是 如是六根善調伏 善關閉 善守護 善執持 善修習 於未來世 必受樂報", 『대법고경』 권상(대정장9, p.292a5)에 "나의 법문소리를 들은 모든 비구·비구니·우바새·우바이가 계와 같이 따라 배워서 바라제목차를 성취하고 율의에 잘 머무른다면 여래께서도 인간과 천신의 안락과 함께 하신다. 我諸聲聞比丘 比丘尼 優婆塞 優婆夷 如戒隨學 波羅提木叉成就 善住律儀 如來則與人天安樂"라고 하였다. [참고문헌] 『雜阿含經』, 『大法鼓經』, *Śrāv-bh.53.* ⇨ 율의 律儀 ❶

주의 朱衣 Ⓢ rakta nivasanāṃ. 붉은 옷. 신복주의(身服朱衣 Ⓢ rakta-varāmbara-nivasa)라고도 한다. 80권본 『화엄경』 권68 「입법계품 入法界品」(대정장10, p.369a28 : *Gaṇḍ-vy.*, p.171)에 "(婆珊婆演底主夜神은) 온갖 보배와 영락으로 장엄하고 붉은 옷을 입었으며 머리에 범관을 썼으니 일체별들이 몸에서 빛났다. 衆寶瓔珞 以爲嚴飾 身服朱衣 首戴梵冠 一切星宿 炳然在體 sarvābharaṇa-alaṃkāra-vibhūṣita-śarīrāṃ rakta-varāmbara-nivasanāṃ candra-maṇḍala-alaṃkṛta-brahmajaṭāmakuṭa-dhāriṇīṃ sarvatārāgrahana-kṣatra-jyotir-gaṇa-pratibhāsa-saṃdarśana-śarīrām", 『화엄경탐현기』 권19(대정장35, p.473b28)에 "붉은 옷을 입었다 하니 증득한 지혜의 광명을 나타낸다. 服朱衣者 表證智光明也"라고 하였다. [참고문헌] 『華嚴經』, 『華嚴經探玄記』 *Gaṇḍ-vy.*

주의 周顗 269~322. 동진(東晉)대 관료. 자는 백인(伯仁). 친구를 구하고도 그 친구 때문에 죽게 된 비극적인 인물이다. 원제(元帝 : 司馬睿) 재위 시 왕돈(王敦)이 무창(武昌)에서 난을 일으키자 왕돈의 종제(從弟)인 왕도(王導)의 목숨이 위태로웠다. 이에 주의가 원제에게 주청하여 왕도의 목숨을 살렸지만 왕도는 이 사실을 알지 못하였다. 병란에 성공한 왕돈이 주의를 죽이려고 가부를 물었을 때 왕도는 침묵함으로써 죽게 만들었다. 『종용록』 52칙 「평창 評唱」(대정장48, p.260a17)에 "반야는 지(知)가 없으나 알지 못하는 것이 없다. 그러므로 '맑음에 잠겨서도 남음이 있다'라고 한 것이다. 진 원제 영창 원년에 왕돈은 무창에 주둔하고 있었다. … 왕돈의 군대가 수도에 이르러 왕도에게 주의를 살려도 되는가 물었는데 왕도는 답하지 않았다. 왕돈이 주의를 죽였다. 왕도가 훗날 조서를 살피다가 주의가 자신을 구제했던 표문을 보고 눈물을 흘리며 탄식하였다. '유명 속에 이 좋은 친구를 저버렸구나'. 般若無知 靡所不知 故淨涵有餘也 晉元帝永昌元年 王敦鎭武昌 … 敦兵旣至 乃問導 周顗可得生否 導不應 敦乃殺顗 導後料中書 見顗救已表 流涕曰 幽冥之中 負此良友"라고 하였다. [참고문헌] 『從容錄』, 『歷代三寶紀』 권10(대정장49, p.88c1

5), 『梁高僧傳』 권1(대정장50, p.327c29), 『一切經音義』 권80(대정장54, p.823a2).

주의 柱衣 기둥에 입힌 옷. 전각의 기둥머리를 장식하기 위해 단청으로 그려 넣은 문양. 주의초는 기둥을 장식했던 비단을 단청으로 대신한 뜻이다. 『세종실록』 권122 30년(1448) 12월 5일에 "불당이 완성되니 경찬회를 베풀고 5일 만에 파하였다. 불당의 제작이 매우 크고 화려하여 금 구슬이 눈을 아찔하게 하고 단청은 햇살에 반짝인다. 붉은 비단을 재봉하여 기둥에 입히고 주의라 이름 하니, 더럽혀지거나 훼손되는 것을 방지하기 위해서이다. 佛堂成 設慶讚會 凡五日而罷 佛堂制作 窮極侈麗 金珠眩目 丹靑耀日 以絳綃裁縫被楹 謂之柱衣 以防汚毁"라고 하였다. 〔참고문헌〕『世宗實錄』.

주이 住異 Ⓢ sthity-anyathātva, Ⓣ gnas-pa-gzhan-du-'gyur-ba. 머물러 달라지다. 유위법(有爲法)의 네 가지 양상(有爲四相 : 生住異滅) 중 주상(住相)과 이상(異相). 『구사론기』 권30(대정장41, p.448c23)에 "'주이'란 머물면서 달라지는 것을 말한다. 주를 잡아 달라짐을 밝힌 것이니 달라져 다르게 되는 것의 이름이다. 言住異者 謂住之異 約住明異 卽異別名", 『성유식론술기』 권2(대정장43, p.283c16)에 "이 경에서 주이라고 한 것은 주상과 이상의 이름을 합해서 설했다. 此經中住異合說名住異相"라고 하였다. 〔참고문헌〕『俱舍論記』, 『成唯識論述記』, *Vikī-n.36.*, *Abh-k-bh.75.* ⇨ 유위사상 有爲四相, 사상 四相❶, 주상 住相❶, 이상 異相❶

주이복시 周而復始 돌아 다시 처음이 되다. 돌고 돌아 다시 시작하다. 처음도 없고 끝도 없는 무시무종(無始無終)과 통한다. 『출요경』 권14(대정장4, p.685a23)에 "이와 같이 점점 다시 본원으로 돌아오고 밤낮이 흘러 돌아 다시 처음이 되니 바닷물 넘치지 않고 흐름 또한 멈출 줄 모른다. 如是漸漸 還至本源 晝夜流逝 周而復始 海亦不滿 流亦不停", 『보살영락경』 권1(대정장16, p.8c27)에 "모든 불세존께서는 항상 행하는 법으로 밤낮 사시 언제나 중생을 관찰하시며 손가락 튕기는 순간에 시방 어디나 두루 거치시고 항상 모래알처럼 수많은 국토를 두루 돌아 처음으로 돌아오지만 삼계 어디에도 집착하지 않으신다. 諸佛世尊 恒所行法 日夜四時 觀察衆生 彈指之頃 周遍十方 恒沙刹土 周而復始 不著三界", 『인왕반야염송법』(대정장19, p.521c5)에 "안에서 밖으로 순서대로 모든 글자를 관하면서 두루 돌아서 처음으로 돌아온다. 從內向外 漸觀諸字 周而復始", 『귀원직지집』 권하(卍속장108, p.338b15)에 "천지순환은 두루 돌아 다시 시작하니 하루 선한 일을 하면 복이 이르지 않을지라도 화는 저절로 멀어지고, 하루 악한 일을 하면 화 아직 이르지 않을지라도 복은 저절로 멀어진다. 天地循環 周而復始 故一日行善 福雖未至 禍自遠矣 一日行惡 禍雖未至 福自遠矣"라고 하였다. 〔참고문헌〕『出曜經』, 『菩薩瓔珞經』, 『仁王般若念誦法』, 『歸元直指集』. ⇨ 무시무종 無始無終, 순환 循環

주인 主因 주된 인. 내재적 인을 말한다. 객인(客因)에 대칭한다. 『순정리론』 권33(대정장29, p.534b13)에 "따라서 제법의 사라짐은 객인을 기다리지 않는다. 단지 주인으로 말미암아 제법이 사라지게 될 뿐이다. 故諸法滅 不待客因 但由主因 令諸法滅", 『구사론기』 권13(대정장41, p.201c24)에 "제법의 생상(生相)과 멸상(滅相)에는 두 가지 인이 있는데, 첫째는 주인이다. 생멸상은 법과 더불어 언제나 함께 하는 인이어서 그 용이 강력하고 뛰어나 주인이라 한다. 諸法生滅 有二種因 一 是主因 謂生滅相與法恒俱因 用强勝故名主因"라고 하였다. 〔참고문헌〕『順正理論』, 『俱舍論記』.

주인 住忍 견디는 위에 머물다. 십견심(十堅心 : 十廻向)에 머무는 것을 말한다. 원측(圓測)의 『인왕경소』 권하(한불전1, p.106a6)에 "십견심에 머무는 것을 '견인에 머문다'라고 한 것이다. 이 위에서는 일체법이 모두 무생이고 생(生) 이미 성취된 적 없기에 다시 머물 것도 사라질 것도 없다고 관하는데, 이는 공을 관하는 뜻이다. 住十堅心名住忍 謂此位中 觀一切法 皆是無生 生旣不成 便無住滅 是觀空義"라고 하였다. 〔참고문헌〕『仁王經疏』. ⇨ 인 忍, 견인 堅忍❷, 십견심 十堅心

주인 呪印 진언(眞言)과 수인(手印). 『다라니집경』 권1(대정장18, p.786c9)에 "삼업의 깨끗함으로 인해 이 삼매다라니불정의 진언과 수인을 수지할 수 있고, 이 삼매다라니의 힘으로 일체의 천마와 외도주법을 없애고 일체원수를 항복시킬 수 있다. 由三業淨 乃能受持此三昧陀羅尼佛頂呪印 此三昧陀羅尼力 悉能解除一切天魔外道呪法 皆能降伏一切怨敵", 『염송결호법보통제부』(대정장18, p.901a4)에 "이 법을 행하면 진언행자의 마음대로 진언과 수인이 미치는 곳에서 갖가지 중생과 조복하기 어려운 망량의 권속들로 하여금 주변에 큰 불덩어리가 있는 것처럼 치연하고 타오르는 금강존의 분노를 보도록 한다. 作是法 隨行者心念 呪印所及之處 能令種種異類 及難調魍魎之屬 皆見熾然金剛威怒 如大火聚周遍其處", 『수능엄의소주경』 권8(대정장39, p.934b25)에 "그러므로 중생이 마음으로 금계를 지니면 온 몸이 가볍고 맑아지며, 마음으로 진언과 수인을 지니면 씩씩하게 좌우를 둘러본다. 마음으로 천계에 태어나고 싶으면 꿈에서 날아오르고 마음으로 불국토를 간직하면 성인의 경계가 아득하게 나타난다. 是故衆生 心持禁戒 擧身輕

淸 心持呪印 顧眄雄毅 心欲生天 夢想飛擧 心存佛國 聖境冥現"라고 하였다. [참고문헌] 『陀羅尼集經』, 『念誦結護法普通諸部』, 『首楞嚴義疏注經』.

주인 廚人 주방을 책임지는 이. 주사(廚士)라고도 한다. 『대지도론』 권23(대정장25, p.231b18)에 "부엌 사람이 오염되어 갖가지로 부정하다면, (그가 만든 음식을) 입에 넣으면 뇌에서 흐물흐물한 점액이 두 길을 타고 흘러 내려와 침과 화합한 다음에 맛을 내는데, 그 모양이 마치 토한 것과 같다. 廚人汚垢 種種不淨 若著口中 腦有爛涎 二道流下 與唾和合 然後成味 其狀如吐"라고 하였다. [참고문헌] 『大智度論』, 『大毘婆沙論』 권20(대정장27, p.100a25). ⇨ 주사 廚士

주인공 主人公 본래면목(本來面目) 드러내 보일 줄 알지만 그 자리마저도 벗어나 다시 자리할 것도 없는 이. 또다시 본래면목 드러내는 이가 있고 본분사(本分事) 마주한 이가 있다고 한다면, 이는 모두 주인공들의 대기대용(大機大用)일 뿐이다. 자유롭고 격을 벗어나 있어 그 무엇으로도 대신할 수 없어서 붙여진 이름이라 할 수 있다. 『동산어록』(대정장47, p.509c13)에 "법좌에 올라 동산이 '주인공 앉은 채 끊는다. 두 번째 견에는 떨어지지 않는다'라고 하자 북원이 대중중에서 나와 말했다. '함께 하지 않는 한 사람이 있음도 알아야 합니다'. 동산이 '그 또한 두 번째 견이다'라고 함에 북원이 선상을 뒤집어엎었다. '노형, 무엇하는가?' '저의 혀끝 문드러지면 화상께 말씀드리지요'. 上堂曰 坐斷主人公 不落第二見 北院出衆云 須知有一人不合伴 師曰 猶是第二見 院便掀倒禪床 師曰 老兄 作麼生 院云 待某甲舌頭爛 卽向和尙道", 『위산어록』(대정장47, p.581b16)에 "위산이 학인에게 물었다. '어디서 오는가?' '서경에서 옵니다' '서경의 주인공이 보낸 편지를 가져 왔는가?' '제가 함부로 소식을 전할 수는 없습니다' '지을 줄 아는 스님 천연스럽게 남아 있었군' '무른 국과 쉰밥을 누가 먹겠는지요?' '그대만이 먹지 않는구나'. 학인이 토해내는 시늉을 함에 위산이 '이 병든 학인을 부축해서 끌어 내거라!'라고 하자 학인이 곧바로 나갔다. 師問僧 甚處來 僧云 西京來 師云 還得西京主人公書來麽 僧云 不敢妄通消息 師云 作家師僧 天然猶在 僧云 殘羹餿飯 誰人喫之 師云 獨有闍黎不喫 僧作嘔吐勢 師云 扶出這病僧著 僧便出去", 『대혜어록』 권5(대정장47, p.830c25)에 "새해 아침에 법좌에 올라 말했다. '1년 360일이 오늘 아침에 다시 시작되지만 사람사람마다에 하나의 주인공이 있습니다. 물소는 쥐꼬리를 물었으며, 재액을 물리치는 심사대장신(深沙大將神)도 기뻐하고 나타태자도 좋아합니다. 불전이 삼문 밖으로 뛰어나가고, 승당은 부엌으로 치고 들어갑니다. 대중에게 묻겠소. 옮겨 가지 않는 뜻이 있습니까?' 스스로 답했다. '있습니다. 무엇을 가리켜 옮길 일 없는 뜻인지요. 동군이 엄정한 법령을 행하니, 남쪽으로 뻗은 나뭇가지에 꽃이 피었습니다'. 歲旦 上堂 一年三百六十日 今朝又是從頭起 人人有箇主人公 水牛銜却老鼠尾 深沙歡那吒喜 佛殿走出三門去 僧堂撞入廚庫裏 敢問大衆 還有不遷義也無 自云 有 作麽生是不遷義 東君行正令 華發樹南枝", 『벽암록』 21칙 「송 頌」(대정장48, p.162b9)에 "강북과 강남으로 돌며 뛰어난 종사들에게 물어라〈주인공은 어디에 있느냐? 뛰어난 종사들에게 물어서 무엇 하겠는가? 그대 신발만 너덜거릴 뿐이겠지〉. 江北江南問王老〈主人公 在什麽處 問王老師 作什麽 爾自踏破草鞋〉", 『경덕전등록』 권28 「조주종심화상어 趙州從諗和尙語」(대정장51, p.446c1)에 "세간이 있기 전에도 일찍이 이 성은 있었고, 세계가 무너질 때도 이 성은 무너지지 않는다. 노승을 한 번 만난 다음부터는 더 이상 다른 사람이 아니고 다름아닌 한낱 주인공일 뿐이라네. 이것을 다시 밖을 향해 잃어버린 물건 찾듯이 해서 어쩌겠느냐? 바로 이럴 때 머리 굴려 헤아리지 마라. 만일 머리 굴려 헤아린 즉시 잃어버리고 말 것이다. 그때 학인이 물었다. '스님의 말씀을 듣자하니 「세계가 무너져도 이 성품은 무너지지 않는다」라고 하셨는데 도대체 이 성이란 무엇인지요?' '사대와 오음이다' '이들 오히려 이 무너지는 것입니다. 이 성품은 무엇인지요?' '사대와 오음이다'. 〈법안이 말했다. '하나인가 둘인가? 무너지는가 무너지지 않는가? 어떻게 이해하는가? 한번 판단해 보라'〉. 未有世間時 早有此性 世界壞時 此性不壞 從一見老僧後 更不是別人 只是一箇主人公 遮箇更用向外覓物 作什麽 正恁麽時 莫轉頭換腦 若轉頭換腦 卽失却去也 時有僧問 承師有言 世界壞時 此性不壞 如何是此性 師曰 四大五陰 僧曰 此猶是壞底 如何是此性 師曰 四大五陰 〈法眼云 是一箇兩箇 是壞不壞 且作麽生會 試斷看〉", 『봉암집』(고존숙어록9, 卍속장118, p.264b9)에 "학인이 모셔 곁에 서 있을 때 석문이 물었다. '어디에 앉을까?' '뒷면 선반에 앉으시죠' '그대는 어디다 대고 말하느냐?' '주인공에게 이야기합니다' '주인공의 성은 무엇인가?' '성을 붙이지 못합니다' '이름은 무엇이더냐?' '이름도 붙이지 못합니다' '그렇다면 주인공을 모르는구나'. 학인이 할을 하였고 석문은 대꾸하지 않았다. 僧侍立次 師問 什麽處坐 云 後架裏坐 師云 你向什麽處擧話 云 與主人公擧話 師云 主人公姓什麽 云 不得姓 師云 名什麽 云 不得名 師云 與麽則不識主人公也 僧便喝 師不對"라고 하였다. [참고문헌] 『洞山語錄』, 『潙山語錄』, 『大慧語錄』, 『碧巖錄』, 『景德傳燈錄』, 『鳳巖集』. ⇨ 서암주인공 瑞巖主人公, 주중주 主中主, 주인옹 主人翁

주인공화 主人公話 주인공 들먹이다. 서암사언(瑞巖師彦)이 들었다. 『조계진각국사어록』 「보유 補遺」(한불전

6, p.49c7)에 "주인공화〈서암화상은 늘 부르길 '주인공!'이라 한다. 스스로 '네! 성성히 드러난다!'라고 말하였다. 이에 대해 현사사비(玄沙師備)가 '이 또한 늘 그렇듯 귀신에게 놀아날 뿐이지. 그래도 몹시 기괴하도다'라고 하였으며, 한 학인에게 묻기를 '지금도 부르면 응답하는가?'라고 묻자 학인은 답이 없었다〉에 대해 진각국사가 읊었다. '우리네 사람들 산 아래서 삼독을 만나고, 거꾸로 바로 가는 중엔 팔풍을 만난다네. 미혹도 고통도 쉴 새 없이 일어나 멈출 수 없다네. 그저 절박하게 주인공 불러 내리'. 主人公話〈瑞嵓和尙 長喚主人公 自云 喏惺惺着 他后莫受謾 云云 玄沙云 是一等弄精魂 也甚奇怪 謂僧云 今喚應麽 無對〉 我人山下逢三毒 逆順途中遇八風 惑苦紛然難制止 也宜頻喚主人公"라고 하였다. [참고문헌]『曹溪眞覺國師語錄』,『大慧語錄』권20「示空慧道人」(대정장47, p.896a10),『雪巖祖欽語錄』권2(卍속장122, p.515a4). ⇨서암주인공 瑞巖主人公

주인식 主人食 베푸는 이가 있는 음식. 하루 중 맨 처음 보시하기로 한 시주의 공양식이다. 순서에 맞추어 공양을 받아야 하는데, 이를 지키지 않자 부처님께서 여러 군데서 공양을 받는 처처식(處處食 Ⓢparaṃpara-bhojanam : 展轉食·數數食)을 금하셨다.『마하승기율』권16(대정장22, p.352c12)에 "만약 다른 곳으로 가고자 한다면 먼저 주인식을 먹고 난 다음에 다른 곳으로 가야 했다. 너희들은 순서에 따라 다니지 않았다. 어떤 사람의 공양청을 먼저 수락하고서는 다른 곳에서 공양을 했다. 지금 이후로는 처처식을 허용하지 않는다. 若欲餘行 先當食主人食已 然後餘行 汝等不隨順行 先受人請而於餘處食 從今以後 不聽處處食"라고 하였다. [참고문헌]『摩訶僧祇律』. ⇨처처식 處處食

주인옹 主人翁 주인공(主人公)을 높여 부르는 말.『오가정종찬』권3「동산양개장 洞山良价章」(卍속장135, p.953b18)에 "동산이 법좌에 올라 말했다. '주인옹을 눌러 앉혀야 제2견에 떨어지지 않는다'. 북원통(北院通)이 대중 무리에서 나와 '한 사람 있어 그 누구도 짝할 수 없음을 알아야만 합니다'라고 말하자, 동산이 '역시 제2견일 뿐이다'라고 답하였다. 북원통이 곧장 선상을 흔들어 넘어뜨렸다. 師上堂云 坐斷主人翁 不落第二見 通出衆云 須知有一人不合伴 師云 猶是第二見 通便掀倒禪床",『진심직설』「진심이명 眞心異名」(대정장48, p.999c27)에 "때로는 불러 '자기'인줄 안다. 중생의 본래 성품이기 때문이요, 때로는 '정안'이라고도 부르니 모든 상 있는 것들은 다 비추기 때문이요, 때로는 '묘심'이라고도 부르니 텅 빈듯 신령스럽고 고요한 듯 비추기 때문이요, 때로는 '주인옹'이라고도 부르니 여태껏 짊어지고 있기 때문이다. 有時呼爲自己 衆生本性故 有時名爲正眼 鑑諸有相故 有時號曰妙心 虛靈寂照故 有時名曰主人翁 從來荷負故"라고 하였다. [참고문헌]『五家正宗贊』,『眞心直說』,『雪竇語錄』권3(대정장47, p.690c4).

주인왕호국반야경 注仁王護國般若經 북송 때 화엄종 스님 정원(淨源 1011~1088)이 찬집한『인왕호국반야바라밀다경 仁王護國般若波羅蜜多經』(대정장8, No.246) 주석서. 본문 4권, 과(科) 1권.『인왕경소 仁王經疏』·『주인왕반야경』등이라고도 한다. 卍속장41, pp.284a1~409b11에 수록되어 있다.『신편제종교장총록』권1(대정장55, p.1170c4·한불전4, p.686a19)에 "『인왕경주』4권과『인왕경과』1권은 정원이 지었다. 注四卷 科一卷 淨源述"라고 하였다.『대각국사문집』권10「상정원법사서 上淨源法師書」(한불전4, p.544a19)에 "돌아가신 나의 형님이신 국왕을 위하여『전주인왕호국반야경』을 인쇄하여 유포하고 싶습니다. 爲我先兄國王 箋注仁王護國般若經 將欲摹印流布"라고 한 것으로 보아 의천 당시에 이미 고려에 유입되었음을 알 수 있다. 보물 제890호『주인왕호국반야경』이 비록 간기(刊記)는 없지만, 일본에 전하는『정원신역화엄경소 貞元新譯華嚴經疏』등 의천이 조성한 교장(敎藏)과 판형 및 글자 새김이 비슷하므로 의천이 11세기 초에 만든 교장 중 일부일 것으로 추정한다. [참고문헌]『新編諸宗敎藏總錄』,『大覺國師文集』,『中華大藏經總目錄』권4(대장경보편35, p.503a6). ⇨정원 淨源❶, 인왕경소 仁王經疏❶

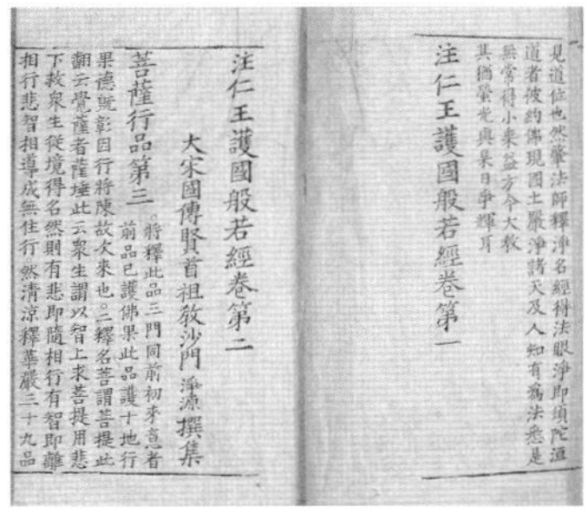

주인왕호국반야경 보물 제890호

주일분 晝日分 Ⓢdivā, Ⓣnyin-mo. 일출 때부터 일몰 때까지. 해가 떠 있는 동안을 말한다.『유가사지론』권24(대정장30, p.411c23 : *Śrāv-bh.*, p.99)에 "여기서 무엇을 '해가 떠 있는 동안 경행과 연좌로 법을 가리는 것을 따라 그 마음 깨끗이 닦는다' 하는가? '해가 떠 있는 동안'이란 일출 때부터 일몰까지를 말한다. 此中云何於晝日分經行宴坐 從順障法淨修其心 言晝日者 謂從日出時至日沒時 tatra kathaṃ caṃkramaniṣadyā bhyāmāvaraṇīyebhyo dharmebhyaścittaṃ pariśodhayati. divā ucyate. sūryasyābhyudgamanasamayamupādāya yāvadastagamanasamayāc"라고 하였다. [참고문헌]『瑜伽師地論』, *Śrāv-bh.*

주일용삼 住一用三 일승(一乘)에 머물러 삼승(三乘)을 쓰다. 십묘(十妙) 중에서는 이익묘(利益妙)에 당하고,

적문(迹門)의 열 가지 풀이 중 하나다. 『법화현의』 권9(대정장33, p.798a19)에 "주일용삼, 이것은 본서에 나아감이다. 저 화광이 부처를 짓고 원으로 삼승법을 설하였으니 악세가 아니었다. 지금의 부처님 또한 보장불의 처소에서 서원하기를 '악세에서 이 삼승의 법을 설하기를 바라옵니다'라고 하는 등이다. 住一用三者 此就本誓如華光作佛 願說三乘 而非惡世 今佛亦於寶藏佛所 願於惡世說此三乘〈云云〉", 『법화경문구기전난』 권2(卍속장46, p.435a10)에 "주일용삼은 이미 중도실상을 증득하고 원하여 삼승을 설하여 이익묘를 쓴다. 住一用三 旣證中實 願說三乘 用利益妙也"라고 하였다. [참고문헌] 『法華玄義』, 『法華經文句記箋難』, 『法華經三大部補注』 권6(卍속장44, p.143b17). ⇨ 이익묘 利益妙, 삼승 三乘, 일승 一乘❶, 적문십묘 迹門十妙

주일체법평등집금강 住一切法平等執金剛 십구집금강(十九執金剛) 중 법신여래의 구경지를 갖추고 일체불평등성에 머무는 보살. 『대일경소』 권1(대정장39, p.581b14)에 "일체법평등집금강이란 일체불평등성에 머문다는 뜻이고, 인과·자타·유위·무위 등 일체제법이 이러한 여실지에 들면 구경에는 평등하고 한결같이 실제임을 말한다. 住一切法平等執金剛者 謂住一切佛平等性也 謂因果自他 有爲無爲等 一切諸法 入此如實智中 究竟平等 同一實際"라고 하였다. [참고문헌] 『大日經疏』. ⇨ 십구집금강 十九執金剛

주일현일 住一顯一 하나에 머물러 하나를 나투네. 적문(迹門)의 열 가지 묘용(妙用) 중 일실(一實)의 자증(自證)에 머물러 일미(一味)의 법우(法雨)를 내리시는 본의(本意)를 가리키는 말. 『법화현의』 권9(대정장33, p.797c21)에 "주일현일 이것은 부처님의 본의에 나아가는 것이다. … 부처님께서는 스스로 대승에 머무시며 이와 같이 얻으신 법과 정혜력으로 장엄하시고 그것으로 중생을 제도하신다. 만약 소승으로 교화한다면 아인즉 간탐에 떨어지니 이 일은 있을 수 없다. 그러므로 득도하신 밤부터 항상 중도를 설하고, 항상 대승을 설하셨으나 중생의 죄 때문에 여래께서 우유에 독을 섞고 누더기옷을 입는 방편으로써 사람을 인도하여 대승으로 향하게 하셨음을 알 수 있다. 그러므로 언설로는 비록 갖가지 도를 설하셨지만 그 진실은 일승을 위할 뿐이었다. 住一顯一者 此就佛本意 … 佛自住大乘 如其所得法 定慧力莊嚴 以此度衆生 若以小乘化 我則墮慳貪 是事爲不可 故知從得道夜 常說中道 常說大乘 而衆生罪故 故使如來以毒塗乳著弊垢衣方便 婆和引令向大 故言雖說種種道 其實爲一乘"라고 하였다. [참고문헌] 『法華玄義』.

주자 廚子 불상이나 경전·사리 등을 안치하는 불감(佛龕). 두자(豆子)라고도 한다. 목재 등으로 만들어 칠(漆)이나 금박(金箔) 등으로 장식하기도 한다. 전각형(殿閣形)과 상자형(箱子形)이 있다. 주자는 원래 주방이나 창고 등에서 물건을 정리해 놓는 궤(櫃) 등으로 부르던 상자 모양의 가구였으나, 뜻이 전하여 불감을 부르는 것으로도 쓰였다. 불감으로 주자를 사용한 사례는 『광홍명집』 권16 「여승정교 與僧正教」(대정장52, p.210b8) 양간문제(梁簡文帝 559~566) 때의 기록에, "혹 십존과 오성은 하나의 주자에 함께 모셔두거나, 혹 대사와 여래상을 모두 하나의 궤에 함께 모신다. 或十尊五聖 共處一廚 或大士如來 俱藏一櫃", 『선림상기전』 권28(대장경보편19, p.766b12)에 "불상을 봉안하는 궤가 곧 주자다. 安像之櫃 卽廚子也"라고 하였다. 고대 중국에서 시작된 불상장엄구(佛像莊嚴具)

성신회팔엽시회주자
일본금강봉사 겸창

주자 금동삼존불감 국보제73호 간송미술관 고려

로서의 주자는 우리나라에도 전래되었을 것으로 추정되나, 현재 전하는 것은 없고, 일본에서는 옥충주자(玉蟲廚子)·귤부인주자(橘夫人廚子) 등이 전한다. 그러나 정창원(正倉院) 보물장부(寶物帳簿)인 『국가진보장 國家珍寶帳』에는 "붉게 옻칠한 느티나무 재질의 주자 1구. 백제 의자왕(641~660)이 내대신에게 준 것. 赤漆欟木廚子一口 右百濟國王義慈進於內大臣納物"이라고 하여 백제의 주자 조성을 기록하고 있다. 고려시대 작품인 간송미술관 소장 국보 제73호 금동삼존불감이 옥충주자와 유사한 형식으로 불전 안에 불상을 봉안한 경우다. [참고문헌] 『廣弘明集』, 『禪林象器箋』, 上原和 『玉蟲廚子』(吉川弘文館, 1991). ⇨ 불감 佛龕, 옥충주자 玉蟲廚子

주자상 主自相 주가 되는 자상. 예를 들어 사대(四大 : 地水火風) 중 화대(火大)에게는 따뜻함(煖)이 주자상인 것과 같다. 객자상(客自相)에 대칭한다. 『대비바사론』 권39(대정장27, p.200b23)에 "낱낱의 법에는 각각 생생·주상·이상·멸상이 따로 있기에 자상이라 할 수 있다. 또한 자상에는 두 가지가 있으니, 첫째는 주자상이고, 둘째는 객자상이다. 이 유위상들은 유위법의 객자상이지 주자상이 아니기에 하나의 법에 네 가지 상이 있다 해서 허물이 되지는 않는다. 一一法 各各別有

生住異滅 故名自相 復次自相有二種 一者 主自相 二者 客自相 此有爲相 是有爲法客自相 非主自相 故一法有四相 亦無有失"라고 하였다. 〔참고문헌〕『大毘婆沙論』.

주자양 朱紫陽 주희(朱熹). 자양(紫陽)은 호이다. 『어선어록』 권13 「어선운서연지굉대사어록 御選雲棲蓮池宏大師語錄」(卍속장119, p.484b6)에 "강광유거사에게 답하다 : 거사가 지난번에 서신에서 '주자양은 끝내 법을 헐뜯었으니 어떤 과보가 있을까요?'라 물으니 제가 답합니다. '각기 보가 있을 뿐입니다. 그는 유가의 현인이 되는 자이니 자연스레 인천의 복이 있긴 하겠으나, 이미 부처님을 배척하였으니 법을 듣는 데는 어려움을 겪게 될 것입니다'. 答江廣宥居士 承居士來諭 朱紫陽終是謗法 當有何報 余謂各有其報 其爲儒家賢者 自有人天之福 然旣排佛 則聞法爲難"라고 하였다. 〔참고문헌〕『御選語錄』, 『雲棲法彙』 권21(가흥장33, p.146b22). ⇨ 주희 朱熹

주작 走作 달리며 짓다. 『허당록』 권4 「입승납패보설 立僧納牌普說」(대정장47, p.1017b3)에 "일찍이 쉬어 멈춘 적이 없으니 하루 열두 시 중에 어느 한 시라도 달리며 짓지 않은 적 있는가? 죽 먹거나 밥 먹을 때만이라도 달려 짓지 않음 있는가? 단을 열고 발우를 펼칠 때라도 달려 짓지 않음 있던가? 나아가고 물러나며 공손히 사양함에도 달려 지음 없던가? 말하고 대화할 때 달려 짓지 않는가? 未嘗休息 一日十二箇時辰 阿那箇一時 無走作來 一粥一飯 無走作麼 開單展鉢 無走作麼 進退揖讓 無走作麼 語言談論 無走作麼", 『원오어록』 권15(대정장47, p.784a28)에 "다만 일체시에 오래 그 자리에 있어서 달려 짓지마라. 고요히 가라앉고 맑디 맑게 모든 형상 깨끗이 삼켜 녹여 버린다. 사대와 육근은 모두 살림살이일 뿐이거늘 하물며 지견과 언어와 알음알이인들 말해서 무엇하랴! 但於一切時令長在 勿使走作 湛湛澄澄 呑爍群象 四大六根 皆家具爾 況知見語言解會耶"라고 하였다. 〔참고문헌〕『虛堂錄』, 『圜悟語錄』.

주작문 朱雀門 천자를 중심으로 남방(南方)에 세운 문. 천태(天台)에서 소승을 이끌어 대승의 불지(佛智)에 들어가도록 인도하는 방편을 비유한다. 『사교의주휘보보굉기』 권7(卍속장102, p.680a9)에 "〔주〕 천자의 남문을 주작이라 한다. 점차로 이끌어 진실에 들도록 하여 부처님의 뜻을 밝힌 것이다. 〔기〕 이것은 부처님의 뜻으로 점차로 이끌어 진실에 들게 하는 것을 푼 것이다. 예컨대 먼저 갈고리로 끌고 나중에 부처님의 지혜에 들도록 한다는 뜻이다. 지관에서 '주작문은 천자가 세운 것이니 왕에게 바로 통하는 것이나 뭇 소인들의 출입을 꺼리지는 않는다. 비록 소인이 출입하더라도 종국에는 천자의 문이다'라고 한 것과 같다. 여기서의 마하연 역시 이와 같다. 바로 보살의 체법에서 공에 들어가니 비록 소승이 있으나 종국에는 대승이라고 한다. 註 天子南門 謂之朱雀 漸引入實 明佛意也 記 此以佛意釋明漸引入實 如云先以欲鉤牽 後令入佛智之意 如止觀云 如朱雀門 天子所立 正通王事 不妨羣小出入 雖是小人 終是天子門也 今摩訶衍 亦復如是 正爲菩薩體法入空 雖有小乘 終名爲大也"라고 하였다. 〔참고문헌〕『四敎儀註彙補輔宏記』.

주작법 住作法 머묾에 관한 작법. 승중이 일정한 경계에 머물게 하여 제계, 갈마, 포살 등이 여법히 수행될 수 있도록 하는 법이다. 결계법(結界法)을 뜻하고, 안주작법(安住作法)이라고도 한다. 『사분율행사초비』 권4(卍속장67, p.412b12)에 "서역 음에서 사마(Ⓢ sīmā)라고 하니, 한역하면 별주이다. 곧 이 주작법은 다른 곳에서는 통하지 않는 것이다. 西音名四摩 此翻別住 謂此住作法 不通餘處", 『사분율행사초간정기』 권5(卍속장68, p.287b11)에 "포살의 때에 주작법이란 결계의 대소에 따라 일체 때에 임해 스스로 드러나게 한다. 처음 승중이 모일 때는 사방 600보 안에 있는 어떤 비구든 반드시 모이게 해야 한다. 若至布薩時 住作法者 結界大小 一切臨時自著 若初集僧之時 縱廣六百步 內有人須集"라고 하였다. 〔참고문헌〕『四分律行事鈔批』, 『四分律行事鈔簡正記』. ⇨ 결계 結界, 작법 作法

주장 呪藏 다라니를 모아 놓다. 삼장(三藏)에 더하여 사장(四藏) 또는 오장(五藏)으로 편재하게 되면 달리 주장이 자리한다. 부처님께서 설하신 비밀한 진언과 다라니를 모은 경전들을 다시 모은 것. 금주장(禁呪藏)·다라니장(陀羅尼藏) 등이라고도 한다. 『대승이십이문본』(대정장85, p.1191a10)에 "우기가 되기 전 3개월 동안 솔달라·비나야·아비달마 삼장을 집성하였다. … 그 굴밖 한가로운 숲 속에 앉아서 우안거에 오장을 집성하였다. 앞의 세 가지에 주장과 잡장을 다시 추가하였다. 雨前三月集成三藏 一 素怛羅 二 毘奈耶 三 阿毘達摩 … 於其窟外 空閑林中 坐雨安居 集成五藏 前三更加呪藏 雜藏"라고 하였다. 〔참고문헌〕『大乘二十二問本』, 『大唐西域記』 권9(대정장51, p.923a8). ⇨ 사장 四藏 ❷, 오장 五藏 ❶, 금주장 禁呪藏, 명주장 明呪藏

주장 拄杖 Ⓢ Ⓟ daṇḍa, Ⓣ dbyig-pa. 수행처를 나와 사방으로 행각(行脚)하거나 만행(萬行)으로 구법(求法)할 때 비구가 지니는 지팡이. 줄여서 장(杖)이라 하고, 주장자(拄杖子)라고도 한다. 주는 주(柱)와 같이 쓴다. 의지해 짚고 다니면 지팡이지만 윗 고리에 소리나는 방울을 달아 미물의 살생과 맹수의 위험에서 자신도 보호하는 등으로 쓰기에 육환장(六環杖)이라고도 한다. 『장아함경』 권1 「대본경 大本經」(대정장1, p.6b7)에 "노인의 수명이 다하려 함에 지팡이에 의지하여 겨우 걷는 모습을 보고, 보살은 스스로 '나도 이 어려움은 면할 수 없지'라고 사유하였다. 見老命將盡 拄杖而羸步 菩薩自思惟 吾未免此難", 『십송율』 권56(대정장23, p.417a18)에 "지팡이와 관련된 법은 다음과 같다. 부처님께서는 지팡이 끝을 쇠나 구리를 붙여서 쓰도록 허용하셨다. 그것이 닳지 않고 단단하게 유지해주기 때문이다. 상부에는 고리를 포개어 단다. 또 지팡이와 관련된 법은 다음과 같다. 부처님께서 한림원에 머무실 때 여러 종류의 기어다니는 독충이 비구들을 물었다. 부처님께서 '소리가 나는 지팡이를 만들어 독충을 쫓도록 하라'고 하셨다. 이것이 지팡이 법이다. 杖法者 佛聽杖䂓 若鐵若銅 爲堅牢故 上作樓環 又杖法者 佛在寒園林中住 多諸腹行毒蟲 嚙諸比丘 佛言 應作有聲杖 驅遣毒蟲 是名杖法", 『운문광록』 권중(대정장47, p.556a17)에 "경을 들어 말하길 '경서와 주술의 일체 문자와 언어는 무엇이 되었건 실상과 어긋나지 않는다'라고 한 뒤 주장을 잡고 말했다. '이것은 무엇인가? 만일 주장이라 한다면 지옥에 들 것이고 주장이 아니라 하면 도대체 무엇인가?' 擧經云 經書呪術 一切文字語言 皆與實相 不相違背 師拈拄杖云 者箇是什麽 若道是拄杖入地獄 不是拄杖是什麽", 『분양어록』 권3 「죽장 竹杖」(대정장47, p.627b3)에 "물을 건널 경우 좋은 지혜가 되고, 산을 오를 경우 견뎌 의지하는, 짚는 지팡이가 된다. 渡水作良明 登山堪倚仗", 『종용록』 22칙 「시중 示衆」(대정장48, p.241b14)에 "사람의 깊이는 말로 헤아리고, 물의 깊이는 지팡이로 잰다. 人將語探 水將杖探", 『종용록』 34칙 「본칙 本則」(대정장48, p.250a14)에 "설두가 주장을 잡고 말했다〈세웠는가, 세우지 않는가?〉 '함께 죽고 함께 살 납승 있는가?'〈없다고 하지 못하겠지만 다만 드물 뿐이다〉. 雪竇 拈拄杖云〈是立不立〉 還有同死同生底納僧麽〈不道無只是少〉", 『백장청규』 권2 「숙중 肅衆」(대정장48, p.1121c6)에 "만일 그곳에 계를 범한 사람이 있다면 주장자로 때려 벌한다. 或彼有所犯 卽以拄杖杖之", 『경덕전등록』 권10 「조주종심전 趙州從諗傳」(대정장51, p.277a1)에 "또한 협산에 이르러 주장을 들고 법당에 들어가자 협산이 말했다. '무엇 하시오?' '물을 살핍니다' '한 방울도 없거늘 무엇을 잰단 말이요?' 조주가 주장을 짚으며 나갔다. 又到夾山 將拄杖 入法堂 夾山曰 作什麽 曰 探水 夾山曰 一滴也無 探什麽 師倚杖而出", 『석씨요람』 권중(대정장54, p.280a15)에 "주장 : 『십송율』에 '부처님께서 지팡이 소지를 허용하셨다. 땅을 짚는 지팡이 끝은 쇠를 붙여야 하니 단단하게 유지하기 위해서다'라고 하였는데 이는 대체로 다닐 때 짚는 용도〈몸을 잘 부축한다〉로 보인다〈지팡이 끝은 쇠를 붙여서 쓴다고 하였으니 작은 지팡이이며, 오늘날 가사와 발우를 매달아 짊어지는 정도의 크기는 아니었다〉. 『비나야』에는 '부처님께서 몸을 의지하는 지팡이 소지를 두 가지 조건에 한하여 허용하셨다. 첫째는 늙어서 기력이 없을 경우이고, 둘째는 병고에 시달리는 약한 몸일 경우이다'라고 하였다. 拄杖 十誦律云 佛聽蓄杖 其䂓用鐵 爲堅牢故 斯蓋行李之〈善助〉也〈言䂓用鐵 卽小拄杖子 非今擔衣鉢大者〉 毘奈耶云 佛聽蓄拄杖 有二因緣 一 爲老瘦無力 二 爲病苦嬰身故", 『조정사원』 권8 「주장」(卍속장113, p.241a5)에 "부처님께서 취봉산에 계실 때 어떤 늙은 비구가 산을 오르내리면서 발을 헛디뎌 넘어졌다. 부처님께서 말씀하셨다. '몸을 의지하는 지팡이를 소지하도록 하라'. 부처님께서 허락하셨다는 소문을 듣고 나서 육군비구들이 금은과 비단 등의 소재를 덧붙여 지팡이를 화려하게 꾸몄다. 속인들이 보고 천박하다며 싫어하였다. 비구들이 부처님께 사정을 아뢰자 부처님께서 명하셨다. '비구는 두 가지 조건에 한해서만 지팡이 소지를 허용한다. 첫째는 늙어서 기력이 없을 경우이고, 둘째는 병고에 시달리는 약한 몸일 경우이다'. 또한 크고 작은 거친 사례가 생기면 자세히 하였다. 바로 지금 선가에서와 같이 산천을 돌아다닐 때 소지하는 주장자는 험한 산을 오르거나 물을 건널 때 힘을 받쳐준다. 지팡이 끝을 가늘게 하여 쇠를 끼워 닳지 않게 한다. 행각하는 큰 스님들이 보통 크고 단단한 나무 지팡이를 끌며 스스로를 자랑하듯이 '이것으로 도적도 막고 몸도 방어하기 충분하다'고 말하기도 한다. 왕왕 어리석은 속인들이 틀림없이 선가무리들은 진실로 다 그렇다고 여기니 그 어찌 우리 부처님께서 전한 유훈을 분명히 하지 못함이 아니겠는가! 佛在鷲峯山 有老苾芻 登山上下 脚跌倒地 佛言 應畜拄杖 聞佛許已 六衆卽便以金銀雜綵等物 雕飾其杖 俗旅嫌賤 苾芻白佛 佛言 苾芻有二種緣 應畜拄杖 一 爲老瘦無力 二 爲病苦嬰身 又制大小 不得過麤指 正如今禪家 游山拄杖 或乘危涉險 爲扶力故 以杖尾細怯 遂存小枝許 串鐵永者 是也 行脚高士 多携麤重堅木 持以自衒 且曰 此足以禦寇防身 往往愚俗 必謂禪家流 固當若是 豈不薄吾佛之遺訓乎", 『낭야혜각어록』(고존숙어록46, 卍속장118, p.786b10)에 "법좌에 올라 대중에게 말했다. '주장을 잡아 세우면 그 더 없이 높고 높을 테지만 주장을 내려놓으면 무슨 모양일까? 촉루봉 뒤의 일은 여러분에게 묻지 않겠다. 마등(발디딤판) 속에 몸을 숨기는 한 마디 어떻게 말해야 할까? 만일 답하지 못한다면 주장자가 말하게 될 것이다'. 높이 세웠다가 내리치고서 방장으로 돌아갔다. 上堂 示衆云 拈起拄杖 更無上上 放下拄杖 是何模樣 髑髏峰後 卽不問汝諸人 馬鐙裏藏身一句 作麽生道 若道不得 拄杖子道去也 卓一下 便歸方丈"라고 하였다. [참고문헌] 『長阿含經』, 『十誦律』, 『雲門廣錄』, 『汾陽語錄』, 『從容錄』, 『百丈淸規』, 『景德傳燈錄』, 『釋氏要覽』, 『祖庭事苑』, 『瑯琊慧覺語錄』, 『有部律雜事』 권6(대정장24, p.229c11), 『百丈淸規證義記』 권7 「道具」(卍속장111, p.792b17), 『禪林

象器箋』 권19(불광장, 禪藏, p.1502), *DN.2.22.* ⇨ 석장 錫杖, 육환장 六環杖, 주장자 拄杖子, 장법 杖法

주장경 拄杖經 주장자라는 경. 『정법안장』 「자증삼매 自證三昧」(대정장82, p.252b27)에 "주장자라는 경이 있다. 가로질러 설하고 끊고 늘여 설하기도 하니 공을 무너뜨리기도 하고 유를 무너뜨리기도 한다. 拄杖經アリ 橫說縱說 オノレツカラ空ヲ破シ 有ヲ破ス"라고 하였다. 〔참고문헌〕『正法眼藏』.

주장보 主藏寶 Ⓢ gṛhapati-ratna, Ⓟ gahapati-ratana, Ⓣ khyim-bdag-rin-po-che. 전륜성왕(轉輪聖王)의 칠보(七寶) 중 하나. 전륜성왕의 창고를 지켜 보호하는 신하. 거사보(居士寶)·주장신보(主藏臣寶·主藏神寶) 등이라고도 한다. 『기세인본경』 권2 「전륜왕품 轉輪王品」(대정장1, p.374a10)에 "저 전륜왕은 주장보를 만들어 대단히 부유하며 재산이 넉넉하여 많은 공과를 얻었다. 彼轉輪王 生主藏寶 大富饒財 多有功果", 『증일아함경』 권48(대정장2, p.806c28)에 "과거 현겁 초 그 중간쯤에 전륜성왕이 천하를 다스리니 이름은 대천이었다. 장수하도록 병이 없었고 단정하며 용맹하였고, 정법으로 다스려 인민을 억울하게 하지 않았다. 자연칠보가 있었으니, 어떤 것들이 그 일곱 가지인가? … 여섯 번째는 주장보이다. 過去賢劫初 於此中間 有轉輪聖王 主四天下 名曰大天 長壽無病 端正勇猛 治以正法 不枉人民 有自然七寶 何等爲七 … 六者 主藏寶", 『불본행집경』 권17(대정장3, p.734b22)에 "미래세가 되면 주장보를 얻으리니, 저 주장신은 천안을 얻기에 땅에서 금장·은장 등의 모든 보배를 꺼내 성자에게 줄 것이다. 若當來世 得主藏寶 彼主藏臣 得天眼故 能從地出金銀藏 等一切諸寶 將與聖子"라고 하였다. 〔참고문헌〕『起世因本經』, 『增壹阿含經』, 『佛本行集經』, *Divy.60.* ⇨ 거사보 居士寶, 칠보 七寶, 전륜성왕 轉輪聖王

주장승 主掌僧 대중의 뜻을 모으고 결의된 사안을 그대로 수행하는 이. 사원의 모든 일 즉 이사(理事)를 두루 살펴 대중 모두가 두렷이 어울리게 하는 뜻에서 원융살림으로 대중을 섬기는 이다. 『조선불교통사』 권하 「이판사판사찰내정 理判事判寺刹內情」(대장경보편31, p.785b11)에 "옛날 약휴화상이 사판승으로서 선암사를 잘 수호하였고, 우은화상 역시 사판승으로서 유점사를 중창하는 데 능력을 발휘하였다. 이 두 화상이라면 가히 '사리원융'이라 할 만하다. 또한 옛날을 생각해보건대, 조선의 승규는 대체로 사찰의 재산처분과 법회운영과 기타 일체사무에 있어 주장승이 사찰대중을 모아서 발언하고 의견을 수렴한〈속칭 '사중공사'라고 하는 것이 바로 이것이다〉 다음에라야 집행을 하였다. 이것이 이른바 '원융산림'〈본래 명칭은 산림(山林)이었으나 최근 산림(產林)으로 바뀌었다〉인데, 원융산림은 (이판과 사판이) 어울려 함께 하는 것이었다. 昔若休和尙 以事判僧 而善守護仙巖寺 愚隱和尙 以事判僧 而能重創楡岾寺 若此兩和尙者 可謂理事雙融也 又按前日 朝鮮僧規 凡係處分寺中財產 及營辦法會 其他一切事務 有主掌僧 集會寺衆 發言收議〈俗謂寺中公事者 卽是也〉 然後執行 此卽所謂圓融產林〈本稱山林 今易以產林〉 圓融產林者 共通也"라고 하였다. 〔참고문헌〕『朝鮮佛教通史』. ⇨ 주사 主事, 감사 監寺, 유나 維那, 주지 住持❷, 이판사판 理判事判

주장신보 主藏臣寶 Ⓢ gṛhapati-ratna, Ⓟ gahapati-ratana, Ⓣ khyim-bdag-rin-po-che. 전륜성왕(轉輪聖王)의 칠보(七寶) 중 하나. 범어를 직역하면 거사보(居士寶) 또는 장자보(長者寶)이지만, 거사나 장자의 뜻에 더하여 '창고를 주재하는 이' 또는 '보물을 출생시키는 이'를 의미하기에 '주장신' 또는 전장신(典藏臣)이라고도 한역한다. 전륜성왕은 과거세에 쌓은 선행보로 인민을 위해 아무리 써도 보배가 늘어나는 주장신보를 얻는다. 『기세경』 권2(대정장1, p.318c17)에 "비구들이여, 무엇을 가리켜 전륜성왕 주장신보의 위력이 구족하다고 하는가? 비구들이여, 전륜왕이 세상에 출현함과 동시에 주장신보를 낳아 큰 부와 풍요한 재물이 풍부하고 과거세에 쌓은 많은 공덕에 따라 그 과보로 천안을 얻은 결과 땅 속의 주인이 있거나 없거나 그 일체의 숨은 물건을 뚫어보고 모두 그 천안으로 가치를 알아낼 수 있었다. 물이나 뭍이나 멀거나 가깝거나 그 안의 모든 진기한 보물을 이 주장신이 모두 보호하여 법에 맞게 지켜보며 훼손되거나 잃지 않도록 하고 주인이 없는 물건은 때에 맞게 거두어 전륜왕이 생각만 해도 마음껏 쓸 수 있게 한다. 諸比丘 何等名爲轉輪聖王 主藏臣寶 威力具足 諸比丘 轉輪王出世 生主藏臣寶 大富饒財 多有功德 報得天眼 洞見地中 有主無主 一切伏藏 皆爲其眼之所鑒識 若水若陸 若遠若近 於中所有 珍奇寶物 此主藏臣 皆爲作護 如法守視 不令毀失 無主之物 應時收取 擬爲輪王 資須受用", 『시설론』 권1(대정장26, p.515b5)에 "다시 묻는다. '어떻게 주장신보로 인하여 큰 부를 획득하고 많은 보배를 저장한 넓은 창고에서 마음대로 쓰고도 더욱 쌓이는가?' 답한다. '주장신보는 과거세에 인을 닦음에 그 일이 광대하다. 곧 모든 사문·바라문 대중과 빈궁한 사람들과 오가는 사람들과 구걸하는 사람들에게 보시하여 음식·의복·화만·향·평상·의자·집·등불 등의 물건을 주었다. 이와 같이 쌓은 공덕이 인이 되어 주장신보로 큰 부를 획득하고 많은 보배가 쌓인 넓은 창고에서 마음대로 쓰고도 더욱 쌓인다'. 又問 何因主藏臣寶 獲得大富 廣多庫藏 受用增積 答 主藏臣寶 往昔修因 其事廣大 謂能布施 一切沙門 婆羅門衆 諸貧窮者 諸

往來者 諸乞丐者 授以飮食衣服 花鬘塗香 床座舍宇 燈明等物 以如是因故 主藏臣寶 獲得大富 廣多庫藏 受用增積",『화엄경탐현기』 권8(대정장35, p.257c9)에 "다섯째는 주장신보이다.『구사론』에 따르면, 주장신보로 안근의 능력을 얻어 모든 땅 속에 숨은 모든 물건을 볼 수 있고, 손으로 바다의 보물을 잡으면 다섯 손가락마다 그 모습이 나타난다. 또한『보살본행경』에는 '전장신이 있다. 전륜성왕이 마음으로 금·은·칠보와 옷·이불·음식이 필요하여 쓰고자 두 손을 펼치면 칠보재산과 필요한 일체가 뜻대로 손에서 나와서 다하는 일이 없다'라고 한다. 五 主藏臣寶 依俱舍 主藏臣寶 得眼根力 能見一切地中伏藏 以手攪海寶 隨五指現 又菩薩本行經 典藏臣 王意欲須 金銀七寶 衣被飮食 披其兩手 七寶財產 一切所須 隨意所欲 從手中出 而無有盡"라고 하였다. [참고문헌]『起世經』,『施設論』,『華嚴經探玄記』,『菩薩本行經』 권중(대정장3, p.118a22),『集異門足論』 권16(대정장26, p.433b12), *Saṅ-v.49.*, *SN.5.99.* ⇨ 전륜왕칠보 轉輪王七寶, 전륜성왕 轉輪聖王

주장엄 主莊嚴 불국정토를 성취하신 주인공인 주불(主佛)의 공덕장엄. 이에 반해 산하초목 등으로 국토를 장엄하는 것을 반장엄(伴莊嚴)이라고 한다. 국토장엄에는 의보(依報)와 정보(正報)가 있고, 정보 중에 주장엄이다.『무량수경우파제사』(대정장26, p.232a15)에 "무엇을 부처의 공덕장엄성취를 관한다고 하는가? 부처의 공덕장엄성취를 관하는 것은 여덟 가지가 있음을 알아야 한다. 무엇이 여덟 가지인가? 첫째 (부처가 앉은) 자리장엄, 둘째 몸의 장엄, 셋째 입의 장엄, 넷째 마음의 장엄, 다섯째 대중장엄, 여섯째 상수장엄, 일곱째 주장엄, 여덟째 헛되이 짓지 않고 주지하는 장엄이다. … 주장엄이란 무엇인가? 게송에 '천인장부중이 공경하며 둘러싸고 우러러본다'고 말한 것이다. 云何觀佛功德莊嚴成就 觀佛功德莊嚴成就者 有八種應知 何等八種 一者 座莊嚴 二者 身莊嚴 三者 口莊嚴 四者 心莊嚴 五者 衆莊嚴 六者 上首莊嚴 七者 主莊嚴 八者 不虛作住持莊嚴 … 何者主莊嚴 偈言 天人丈夫衆 恭敬繞瞻仰故",『관무량수불경소』 권1(대정장37, p.246c21)에 "두 번째 정보 가운데도 두 종류가 있다. 첫째 주장엄이니 아미타불이다. 둘째 성중장엄이니 현재의 아미타불회상의 대중과 시방법계에 함께 나는 중생이다. 二 就正報中亦有其二 一者主莊嚴 卽阿彌陀佛是 二者 聖衆莊嚴 卽現在彼衆及十方法界同生者是"라고 하였다. [참고문헌]『無量壽經優波提舍』,『觀無量壽佛經疏』. ⇨ 반장엄 伴莊嚴, 장엄 莊嚴

주장인 拄杖人 Ⓟ daṇḍa-pāṇi. 곤장을 지닌 사람. 형벌을 가하며 남을 괴롭히는 사람을 가리킨다.『미사새오분계본』(대정장22, p.199b29)에 "곤장을 지닌 사람에게 법을 설하지 마라. 병이 든 경우는 제외한다. 마땅히 배워야 한다. 不爲拄杖人說法 除病 應當學"라고 하였다. [참고문헌]『彌沙塞五分戒本』, *Vin.4.200.*

주장자 主丈子 주장자(拄杖子).『허당록』 권9(대정장47, p.1055a3)에 "허당이 법좌에 올라 말하였다. '파초화상은 대중에게 「그대에게 주장자가 있으면 나는 그대에게 주장자를 줄 것이고, 그대에게 주장자가 없으면 나는 그대에게 주장자를 빼앗을 것이다」라고 하였고, 진정화상은 「그대에게 주장자가 있으면 나는 그대에게 주장자를 빼앗을 것이고, 그대에게 주장자가 없으면 나는 그대에게 주장자를 줄 것이다」라고 하였다'. 허당이 들어 말했다. '각자 이 주장자를 내려놓기를 바랍니다. 말해들 보시오. 삼전어에도 우열이 있습니까?' 불자를 내리쳤다. 上堂 擧 芭蕉和尙 示衆云 爾有主丈子 我與爾主丈子 爾無主丈子 我奪爾主丈子 眞淨和尙云 爾有主丈子 我奪爾主丈子 爾無主丈子 我與爾主丈子 師拈云 請各放下者主丈子 且道 三轉語 還有優劣也無 擊拂子"라고 하였다. [참고문헌]『虛堂錄』,『密菴語錄』(대정장47, p.967b23),『天如惟則語錄』 권9(卍속장122, p.965a4).

주장자 拄杖子 유행할 때는 지팡이였으나 상당법문시 종사의 행의(行儀)방편으로 거듭났다. 주장·산등(山藤)·오주장(烏拄杖)·오등(烏藤) 등이라고도 한다. 특히 종사들이 이것을 휘둘러 때에 맞게 선기(禪機)를 보이는데 이를 방(棒)이라 한다. 불자(拂子) 등과 함께 스승이 제자에게 법을 전하는 인가의 신물(信物)이기도 하다. 주장자를 꺾어버린다거나 걸어둔다는 말은 돌아다니지 않고 머문다는 뜻이다. 석장(錫杖)과 그 용도를 함께 쓰기도 하지만 석장은 행려(行旅)에 적합한 말이다.『선원청규』 권1「장포 裝包」(卍속장111, p.878a8)에 "주장에 관한 법이다. 가지가 있는 편은 촉두라 하고, 가지가 없는 편은 정두라 한다. 돌아다닐 때는 정두를 앞으로 향하게 하여 오른손으로 든다. 가령 삿갓을 벗고 있을 때는 왼손에 넣고, 길에서 아는 사람을 만나 가볍게 인사할 경우는 왼손을 올려 주장자를 잡고 오른손을 올려 삿갓을 벗은 뒤 주장자와 삿갓을 거두어 가슴에 붙인다. 拄杖之法 有枝者爲觸頭 無枝者爲淨頭 行時

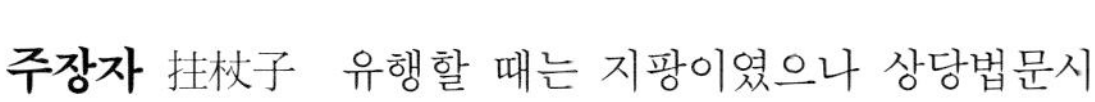

주장자 월정사성보박물관 현대

淨頭在前 右手攜之 如下笠時 在左手內 路上逢人 如略問訊 仰左手把拄杖 仰右手下笠 斂杖笠當胸",『임제록』(대정장47, p.504a24)에 "마곡이 몸을 돌려 승상에 앉으려 하자 임제가 주장을 잡고 때렸다. 마곡이 막아서자 서로 붙들고 방장으로 들어갔다. 麻谷轉身 擬坐繩床 師拈拄杖打 麻谷接却 相捉入方丈",『오가종지찬요』 권상「제종삼결 濟宗三訣」(卍속장114, p.520a11)에 "두 번

째 비결 : 밝은 거울을 높이 매달고 우열을 가린다. 주장자 가로로 잡고는 칼처럼 빼어들고 옳고 그름을 점검한다. 그 쓰임을 밝혔다. 第二訣 高懸明鏡分優劣 橫拈拄杖驗正邪 明用", 『오가정종찬』 권3 「진헐료선사 眞歇了禪師」(卍속장135, p.965b1)에 "주장자를 흔들고 말했다 '보고 또 보라! 삼천대천세계의 모든 것이 동요한다. 운문대사라면 괜찮지만 설봉문하에서는 그렇지 않다'라고 한 뒤 주장자를 세워 치고는 말했다. '삼천대천세계는 어디로 가는가? 알겠는가? 거듭 장마비일 필요는 없는데'. 撼拄杖云 看看 三千大千世界 一切搖動 雲門大師卽得 雪峯門下卽不然 卓拄杖云 三千大千世界 向什麽處去 還會麽 不得重梅雨", 『운문광록』 권중(대정장47, p.564a3)에 "언젠가 '옛 사람(司空本淨)은 「성향미촉에서 항상 삼매에 든다」고 하였으니 내가 그대들에게 그 뜻을 풀어주겠다'라고 한 다음 주장자를 잡고 말했다. '이 주장자야말로 바로 삼매다. 그대들이 만일 주장자의 진실을 안다면 천하 노숙들의 말귀도 알아들을 것이다'. 다시 '그대들이 만일 주장자의 진실을 알더라도 천하 노숙의 발 밑에 있는 터럭 한 줄기는 꿈에도 못 볼 것이다' 라고 한 다음 스스로 대신 답하였다. '화상께서는 다른 사람을 시키지 않는다'. 或云 古人道 聲香味觸常三昧 我與爾葛藤 乃拈拄杖云 這箇拄杖子是三昧 爾若識得拄杖子卽識得天下老宿 又云 爾若識得拄杖子 未夢見天下老宿脚跟下一莖毛 代云 和尙不使別人", 『벽암록』 18칙 「평창 評唱」(대정장48, p.158c16)에 "설두는 '꺾은 나무 그대로 쓰는 주장자'라 일렀다. 옛 사람이 이르길 '주장자를 알면 일생을 참학해야 할 일 마친다'라고 했던 말과 통한다. 雪竇道 山形拄杖子 古人道 識得拄杖子 一生參學事畢", 『정원략집보유』 「부옥박 剖玉璞」(卍속장145, p.498a17)에 "법좌에 올라앉아 주장자 가로로 잡고 말했다. '영산에서 달에 대하여 말씀하셨으니 옮겨 말한데다가 다시 옮겨 전하였으니, 조계의 혜능이 달을 가리킨 것이야말로 착각에 더해 착각으로 나아간 것이다'. 上堂 橫按拄杖曰 靈山話月 以訛傳訛 曹溪指月 將錯就錯" 라고 하였다. 〔참고문헌〕『禪苑淸規』, 『臨濟錄』, 『五家宗旨纂要』, 『五家正宗贊』, 『雲門廣錄』, 『碧巖錄』, 『正源略集補遺』. ⇨ 주장 拄杖, 방하주장 放下拄杖, 분양주장 汾陽拄杖, 파초주장 芭蕉拄杖, 산형주장자 山形拄杖子, 삼십주장 三十拄杖, 오주장 烏拄杖, 석장 錫杖, 장법 杖法

주장중 主掌○ ➡ 주장승 主掌僧

주장촉두정두 拄杖觸頭淨頭 ➡ 주장자 拄杖子

주재 主宰 **1** 만물의 주인이 되어 다스리다의 뜻이다. 대개 아(我)를 주재자인 듯 여기고, 상일주재(常一主宰)하는 것을 설정하는 뜻에서 주재는 연기중도(緣起中道)의 범주를 벗어난다. 제법(諸法)이 무아(無我)이고 공(空)인 연생법(緣生法)에 있어서 주재의 뜻은 있을 수 없다(無有主宰). 작자도 없고(無作者) 수자도 없다(無受者)는 말과 함께 쓴다. 광대(廣大)해서 공적(空寂)하고 광대해서 무량(無量)한 대열반(大涅槃)의 뜻에서는 주재함이란 있을 수 없어야 성취될 수 있다. 한편 오온(五蘊)의 총상(總相)이나 유신견(有身見)을 집취하여 주재자로 여김을 경계하였다. 『대승본생심지관경』 권6(대정장3, p.322a1)에 "오직 모든 고통 받으니, 일체처에 참된 낙이라곤 없다. 고에 의지함이 되고 일체 온갖 고에 의지한 몸으로 머문다. 저 빈 취락과 같아서 이 몸 중에 주인되어 다스리는 것이란 없다. 唯受諸苦 於一切處無眞樂故 爲苦所依 一切衆苦依身住故 如空聚落 於是身中無主宰故", 『삼법장경』 권9(대정장8, p.619c1)에 "짓는 일 없는 바라밀다야말로 이 반야바라밀다이니, 작자를 찾을 수 없다. 지자 없는 바라밀다야말로 바로 반야바라밀다이니, 제법은 주인되어 다스리는 것이란 없다. 無作波羅蜜多是般若波羅蜜多 作者不可得故 無知者波羅蜜多是般若波羅蜜多 諸法無主宰故", 『대보적경』 권22(대정장11, p.121b24)에 "광대하여 공적한 것의 이름을 허공이라 한다. 열반의 궁전 또한 다시 이와 같아서 대공적이라 한다. 주인되어 다스림 없고, 아라는 것이 하는 바도 있을 리 없어서 일체중생이 그 중에 베풀고 들어가지만 능히 한 터럭 끝만큼도 능히 거둘 것이 없다. 광대하고 공적하며 광대하여 무량한 것을 이름하여 대열반이라 하고 큰 궁전이라 한다네. 廣大空寂名曰虛空 涅槃宮殿亦復如是 爲大空寂 無有主宰亦無我所 一切衆生設入其中 無能攝取一毛端量 廣大空寂廣大無量名大涅槃 名大宮殿", 『여래비밀대승경』 권5(대정장11, p.715a1)에 "부처님께서 말씀하셨다. 선남자여, 마땅히 알아야 하리. 제법은 연을 좇아 날 뿐이어서 주재함도 짓는 이도 없다네. 안으로도 공하고 밖으로는 행한 바 없어서, 제법은 온통 공해서 헛되이 임시일 뿐이니 실이란 없다네. 이렇게 보아 마땅히 다 청정할 뿐이어서 마치 저 허공 같아 취하는 것 없다네. 佛言 善男子 當知諸法從緣所生 中無主宰亦無作者 知內是空外無所行 諸法皆空虛假無實 於見於作應悉淸淨 猶如虛空而無所取", 같은 책 권16(대정장11, p.740a19)에 "이들 제법 때론 생하고 때론 사라진다. 저 승의제중에 어떤 법도 가히 얻을 것 있지 않으니, 왜 그런가? 일체법 연으로 생하기에 주인되어 다스리는 이도 없고, 몸소 짓는 이도 없으며 받는 이도 없다네. 인연으로 구를 뿐이라네. 此等諸法若生若滅 於勝義諦中無有少法可得 何以故 一切法緣生故 無主宰 無作者 無受者 因緣故轉", 『유가사지론』 권56(대정장30, p.611b15)에 "다시 무엇을 연생법이라 이름하는가. 주재함도 없고 작자도 없고 수자도 없음을 말한다. 스스로 작용함이 없어서 자재할 수 없으니 인을 쫓아 나서는 뭇 연에 의탁해 구른다. 본래 없다가 있게 되지만 있다가는 흩어져 사라진다. 오직 법으로 나투고 오직 법으로 능히 적시며, 오직 법으로 적셔서는 상속에 떨어져 있으니, 이와 같은 등 모습을 연생법이라 한다. 復次云何名緣生法 謂無主宰無有作者無有受者 無自作用不得自在 從因而生託衆緣轉 本無而有有已散滅 唯法所顯唯法能潤 唯法所潤墮在相續 如是等相名緣生法", 『성유식론』 권1(대정장31, p.1a23)에 "세간과 부처님 교설(聖敎)에서 아와 법이 있다고 설한 것은 다만 임시로 세운 것이어서, 실로 자성이 있는 것은 아니다. 아를 주재라 할 뿐이다. 世間聖教 說有我法 但由假立 非實有性 我謂主宰", 『성유식론술기』 권1(대정장43, p.239c1)에 "아가 주재와 같다는 말은, 나라의 주와 같아서 자재함 있다 하거나, 또 재상이 능히 베고 자를 수 있어 자재력과 할단력이 있다는 것과 그 뜻에서 같다. 또는 주란 아의 체이고 재란 아에 속한 능력이다. 또는 주는 아의 체와 같고 재는 아의 용과 같다. 我如主宰者 如國之主有自在故 及如輔宰能割斷故 有自在力 及割斷力 義同我故 或主是我體 宰是我所 或主如我體 宰如我用", 같은 책 권2(대정장43, p.295a3)에 "아를 주재라 하니 의타중에선 무아이고, 법에도 주재는 없다. 我謂主宰 依他之中無我法無主宰故", 『금강경찬요간정기』 권1(대정장33, p.175a27)에 "아집이란 바로 오온의 총상을 헤아려 주재가 있다 하니 이 이름이 아집이다. 만약 낱낱을 쫓아 구하여도 색등의 성 중에서 아체를 볼 수는 없으니 이것을 아공이라 한다. 我執者 卽於五蘊總相計有主宰 名爲我執 若一一推求 色等性中不見我體 名爲我空", 『관심각몽초』 권상(대정장71, p.71a18)에 "이러한 등의 법들이 화합하여 함께 성립하면, 저 낱낱의 용이 서로서로 도와 하나의 체인 듯한 것과 극히 상사해서, 뭇 연을 기다리지 않고 긴 시간 상주해서 스스로의 힘으로 독존하고, 죽이고 끊음에도 자재하여 위력 또한 강승하게 된다. 이 분에 미혹하여 집착하여 사람이나 축생 등의 물들이 실로 있는 것이라 여기니, 이것의 이름이 인아견이다. 이 분이란 것을 바로 상일주재라 여기면 한층 뛰어난 아가 되는 것이다. 此等法 和合共成 彼一一用 互相資助 極相似有一體之者 不待衆緣 長時常住 自力獨存 割斷自在 威力强勝 迷於此分 執爲實有 人畜等物 名人我見 此分卽是常一主宰 增勝我也", 『아미타경약해원중초』 권2(卍속장91, p.839a13)에 "신견이라 하니 오음 중에 망령되이 유신을 헤아려 굳이 주재를 세우고, 항상 아견을 일으켜서 아와 아소에 집착하니 이것이 신견이다. 身見者 謂於五陰中妄計有身 强立主宰 恒起我見 執我我所 是名身見", 한암보환(閑庵普幻)의 『수능엄경환해산보기』 권하(한불전6, p.451c12)에 "무시이래로 안으로 오음을 집착하여 실아법으로 삼고 이름을 주인이라 하니, 또한 오음주재라고도 한다. 無始時來 內執五陰 爲實我法 故名主人亦名五陰主宰", 기화(己和)의 『선종영가집과주설의』 권하(한불전7, p.198a10)에 "설의하니, 음이 다스린다 해서 음 중에 주재를 이 아라 한다. 說誼 陰宰 陰中主宰是我也", 백암성총(栢庵性聰)의 『대승기신론소필삭기회편』 권4(한불전8, p.758c1)에 "〔기 : 자선〕 총상 등이라 하니, 능히 오온차별을 분별하지 않는다. 다만 총상으로 집취하여 주재를 삼을 뿐이다. 그러나 이 아상에 네 가지 있으니 첫째 중생상이다. 이는 과거의 뭇 연의 화합으로 소생한 것들이다. 둘째 수자상이니, 이는 현재 일기에 목숨이 끊이지 않는 연으로 머문다. 셋째 인상이니, 이는 미래에 나머지 취에 생을 받을 것이기 때문이다. 넷째는 아상이니, 이는 삼세로 모두 주가 되기에 여기서 아로써 총상주재를 삼는다 하였다. 記 總相等者 不能分別五蘊差別 但總相執取爲主宰也 然其我相 有於四種一衆生相 是過去衆緣和合之所生故 二壽者相 是現在一期住壽不斷緣故 三人相 是未來數於餘趣而受生故 四我相是三世之總主故 故今云我爲總相主宰也"라고 하였다. 〔참고문헌〕『大乘本生心地觀經』, 『三法藏經』, 『大寶積經』, 『如來祕密大乘經』, 『瑜伽師地論』, 『成唯識論』, 『成唯識論述記』, 『金剛經纂要刊定記』, 『觀心覺夢鈔』, 『阿彌陀經略解圓中鈔』, 『首楞嚴經環解刪補記』, 『禪宗永嘉集科註說誼』, 『大乘起信論疏筆削記會編』. ⇨아 我, 무아 無我, 작자 作者 **2** 대중이 위임한 일을 맡아 수행하는 이. 『백의금당이바라문연기경』 권하(대정장1, p.220c11)에 "그러자 여러 사람들은 논의를 통해 결정해 색상이 구족하고 더 위덕과 대지혜가 있는 이를 함께 선택해 지주로 세우고는 주재하도록 하였으니 대중들은 모두 이를 따랐다. 부처님께서 말씀하셨다. '백의여! 그때 지주는 대중이 추대한 것이기에 대중이 인정한 전주(衆許田主)라 할 수 있다. … 또 땅의 경계를 잘 수호하여 주재하는 이가 되기에 찰제리라고도 할 수 있다'. 衆許田主 時 諸人衆參議成已 卽共選擇 色相具足 有大威德 大智慧者 立爲田主而作主宰 衆皆承稟 佛言 白衣 爾時田主 衆許立故 由是名爲衆許田主 … 又於地界 善作守護 爲主宰故 名刹帝利"라고 하였다. 〔참고문헌〕『白衣金幢二婆羅門緣起經』.

주재 廚宰 주방을 맡은 이. 또는 주방이나 훌륭한 음식을 말하기도 한다. 『중아함경』 권18 「팔념경 八念經」(대정장1, p.541a20)에 "아나율다여! 만약 그대가 대인의 팔념을 성취하고 다시 이 네 가지 증상심을 얻는다면, 현재에서 안락하게 머무는데 이는 어렵지 않게 얻는다 한다. 마치 왕과 왕의 신하에게 좋은 주방이 있어 언제든 갖가지 정결하고 아름답고 맛있는 음식을 가져다 먹을 수 있는 것과 같다. 阿那律陀 若汝成就 大人八念而復得此 四增上心 現法樂居 易不難得者 如王王臣 有好廚宰 種種淨妙 甘美餚饍", 『정법염처경』 권50(대정장17, p.295a2)에 "비구들은 어떤 이를 가까이해서는 단

되는가? 비구는 악인을 가까이해서는 안 되고, … 일체의 주방장도 가까이해서는 안 된다. 比丘不近何者 所謂 比丘不近惡人 … 不近一切廚宰之人"라고 하였다. [참고문헌] 『中阿含經』, 『正法念處經』.

주재전 主財田 [S] dātṛ-vastu-kṣetra. 시주(主)와 시물(財)과 복전(田). 삼륜(三輪 : 施者 施物 受者)이라고도 한다. 『현종론』 권24(대정장29, p.889c23)에 "시주와 시물과 복전은 다르기에 베풂의 과가 차별하다. [논] 베풂에 차별이 있는 것은 세 가지 때문이다. 시주와 시물과 복전이 차별하기 때문인데, 보시에 차별이 있기에 과에도 차별이 있다. 시주와 시물과 복전에 차별이 있다는 말은 이같은 류의 보시에 있어 시주와 시물과 복전이 여타의 다른 보시의 시주와 시물과 복전보다 뛰어나거나 더 못한 차이를 말하는 것이다. 由主財田異 故施果差別 論曰 施有差別 由三種因 謂主財田有差別故 施差別故 果有差別 言主財田 有差別者 謂如是類施主財田 勝劣與餘主財田異"라고 하였다. [참고문헌] 『顯宗論』, *Abh-k-bh.269.* ⇨ 삼륜 三輪[3], 삼륜청정 三輪淸淨[1]

주저 呪咀 [S] mantrā-bala-vidya, [T] sngags-dang-stobs-dang-rig-sngags. 다른 이를 해치기 위해 주문을 외우는 것. 저주(咀呪)라고도 한다. 『찬집백연경』 권5(대정장4, p.226c15)에 "그러므로 저주를 하였다. '만약 내가 진실로 너의 태에 떨어진다면, 나는 몸을 버리고 아귀계 가운데 태어나 매일 오백 명의 자식을 낳고 태어나면 곧 먹어버려도 끝내 포만을 느끼지 않을 것이다'. 이와 같이 서원하고 나서 갑자기 사라졌다. 而作呪詛 若我眞實墮汝胎者 令我捨身生餓鬼中 一日一夜生五百子 生已隨噉終不飽足 作是誓已 尋卽放去", 『법화경』 권7(대정장9, p.58a2 : *Saddh-p.*, p.450)에 "저주를 하거나 온갖 독약으로 몸을 해치려고 해도 저 관음보살의 힘을 생각하면 도리어 (해치려고 한) 본인에게 돌아간다. 呪詛諸毒藥 所欲害身者 念彼觀音力 還著於本人 mantrā-bala-vidya-oṣadhī bhūta-vetāla śarīranāśanāḥ, smarato avalokiteśvaraṃ tena gacchanti yataḥ pravartitāḥ", 『약사여래본원경』(대정장14, p.406a27)에 "중생들을 죽여서 그 피와 살을 먹고 야차 나찰사 등에게 제사지내며, 원수의 이름을 쓰고 그 형상을 만들어 나쁜 주술로 저주하고 염미귀의 주술로 기시귀를 불러서 그의 목숨을 끊고 몸을 해칠 때 중생들이 만약 약사유리광여래의 명호를 듣는다면 어떠한 나쁜 주술로도 전혀 해치지 못한다. 殺諸衆生 取其血肉 祭祀藥叉羅刹娑等 書怨人名 作其形像 以惡呪術而呪咀之 厭媚蠱道 呪起屍鬼 令斷彼命 及壞其身 是諸有情 若得聞此藥師琉璃光如來名號 彼諸惡事 悉不能害", 『훔가타야의궤』 권중(대정장21, p.242c16)에 "어떤 중생의 가족이 염매의 저주를 받을 경우 이 근심에서 떠나고자 한다면 항상 호마법을 활용하고 이 법으로 온갖 나쁜 일을 조복시킨다. 若有衆生 家人厭魅呪咀 欲離此患 當持用護摩法 以此法調伏諸惡事", 『금강정유가청경대비왕관자재염송위궤』 권1(대정장20, p.497a9)에 "다라니라고도 하고, 진언이라고도 하며, 명왕이라고도 하여 많은 호칭이 있다. 곧바로 주라고도 하는데 주저와 어떤 차이가 있는가? 이것은 번역의 잘못이다. 曰陀羅尼 或云眞言 或云明王 有衆多號 直呼爲呪 卽與呪咀有何等異 是則翻之誤"라고 하였다. [참고문헌] 『撰集百緣經』, 『法華經』, 『藥師如來本願經』, 『吽迦陀野儀軌』, 『金剛頂瑜伽靑頸大悲王觀自在念誦儀軌』, *Saddh-p.*

주저 洲渚 [S] dvīpa, [P] dīpa, [T] gling. 섬. 파도가 밀려와 닿는 곳. 의지처(依止處)를 뜻함으로써 생사윤회의 바다를 건너게 해주는 선법을 비유한다. 『유부율잡사』 권18(대정장24, p.290a22)에 "내가 지금 존재하든 다시 세간을 떠나든 응당 이와 같이 알아야 하니, 스스로를 섬으로 삼고 스스로를 구호처로 삼으라. 법을 섬으로 삼고 법을 구호처로 삼으라. 이외에 별도의 섬도 없고, 이외에 별도의 귀의처도 없다. 若我現在 或復去世 如是應知 自爲洲渚 自爲救護 法爲洲渚 法爲救護 無別洲渚 無別歸依", 『잡아함경』 권31(대정장2, p.224b7)에 "저 무위 같아서 이와 같이 난견·부동·불굴·불사·무루·부음·주저·제도·의지·옹호·불유전·치솟는 불길 여의기·태움으로부터 떠나기·유통·청량·미묘·안은·무병·무소유·열반일 뿐이니 또한 이와 같다고 설하셨다. 如無爲 如是難見不動 不屈不死 無漏覆蔭 洲渚濟渡 依止擁護 不流轉 離熾焰離燒然 流通淸涼 微妙安隱 無病無所有 涅槃亦如是說", 『라마가경』 권상(대정장10, p.860b25)에 "모든 중생을 위해 큰 교량을 만들어주고 큰 섬 만들어주며, 모든 중생을 위해 큰 횃불 들어주고 큰 도사 되어주신다. 爲諸衆生 作大橋梁 作大洲渚 爲諸衆生 作大炬燭 作大導師"라고 하였다. [참고문헌] 『有部律雜事』, 『雜阿含經』, 『羅摩伽經』, *Laṅk.14.*, *DN.2.100.* ⇨ 주 洲[1], 자주이자의법주이법의 自洲以自依法洲以法依, 주어자주주어법주 住於自洲住於法洲

주저 躊躇 망설이다. 머뭇거리다. 진퇴를 정하지 못하고 머물러 있는 상태로 유예(猶豫)와 같은 뜻이다. 활발한 기틀을 상실한 선사를 묘사하기도 한다. 『점비일체지덕경』 권1(대정장10, p.459c6)에 "삼독에 빠져 멋대로 사는 이들은 광야에 놀면서 불문을 향하지 않으니, 설령 불법을 들었더라도 주저해서 나아가지 못한다. 三流之逸 遊在曠野 未向佛門 設聞此法 躊躇不進", 『입아비달마론』 권상(대정장28, p.983b2)에 "사성제를 듣고도 마음을 유예하니, 마치 갈림길에 서서 풀을 엮는 사람을 보고 머뭇거려 정하지 못한다. 於四聖諦 令心猶豫 如臨岐路 見結草人 躊躇不決", 『순정리론』 권49(대정장29, p.619b12)에 "주저함이 있어 능히 결정하지 못하니 이것이 의심의 특징이다. 有所躊躇 未能決了 是名疑相", 『원오어록』 권3(대정장47, p.723b24)에 "불쑥 느닷없이 나오면 가려내기 어려워 오래 참구한 수행자도 주저하지 않을 수 없는데, 손 가는 대로 집어내면 공부한 세월이 짧은 후학이 어떻게 그 분명한 진실을 알겠는가? 突出難辨 久參 未免躊躇 信手拈來 後學 那知端的"라고 하였다. [참고문헌] 『漸備一切智功德經』, 『入阿毘達磨論』, 『順正理論』, 『圜悟語錄』. ⇨ 유예 猶豫

주적용본 住迹用本 적문(迹門)에 머물면서 본문(本門)을 쓰다. 부처님께서 보리수(菩提樹 : 道樹)에서 깨닫기 전까지 보살로서 변역생사(變易生死)하신 것을 말한다. 본문을 여는 열 가지 뜻(本門十重) 중 하나다. 『법화현의』 권9(대정장33, p.799a16)에 "주적용본이라 하니, 앞서 언급한 주적현본이란 적문중에 근기에 따른 방편으로 본지의 뜻을 드러낸 것이다. 여기서 언급하는 주적용본이란 중간의 적문으로 도수에서 깨닫기까지 거듭거듭 나고 죽으며 다른 이의 몸으로 다른 일을 드러내 보인 것이다. 모두 본지의 진실한 인과 진실한 과의 갖가지 본법을 써서 모든 중생을 위해 불사를 지었기에 '적문에 머물면서 본문을 썼다'고 한다. 住迹用本者 上來住迹顯本者 直是迹中隨機方便 顯本地理 今言住迹用本者 卽是中間迹 至道樹 數數生滅 他身他事者 皆用本地實因實果 種種本法 爲諸衆生 而作佛事 故言住迹用本", 『법화경현첨증석』 권9(卍속장44, p.918b5)에 "주적용본에 대해 어떤 사람이 '거듭거듭 나고 죽는 것'이라고 하였으나, 이 또한 과지로서는 나지도 않고 사라지지도 않기에 '모두 본법을 쓴 것이다'라고 말하였다. 住迹用本 有人云 數數生滅 卽是果地不生不滅 故言皆用本法"라고 하였다. [참고문헌] 『法華玄義』, 『法華經玄籤證釋』. ⇨ 본문적문 本門迹門, 본적이문 本迹二門, 변역생사 變易生死

주전 主典 맡아서 주관하다. 『증일아함경』 권49(대정장2, p.819a9)에 "그때 이라발용왕·반주용왕·빈가라용왕·상거용왕 네 용왕이 보배 창고를 맡아서 주관하였다. 爾時 伊羅鉢龍王 般稠龍王 賓伽羅龍王 蠰佉龍王 是時四龍王 主典寶藏", 『현겁경』 권1(대정장14, p.9a1)에 "혹은 태자가 되어 훗날 나라를 세우고 사천하를 맡아 다스릴 것이다. 或爲太子 後立國主典四天下"라고 하였다. [참고문헌] 『增壹阿含經』, 『賢劫經』.

주전 住前 보살위 중 주위(住位) 이전. 초발심주(初發心住) 이전의 십신(十信)위이고, 이 위에 머무는 보살은 주전신상보살(住前信想菩薩)이다. 『영락본업경』 권상 「현성명자품 賢聖名字品」(대정장24, p.1011c2)에 "부처님께서 경수보살에게 말씀하셨다. '불자여! 나는 이제 명문(名門) 중에서 하나의 현명문에 대해서 간략히 설하겠다. 초발심주라는 것이 그것이다. 아직 주전에 오르지 못하였을 때 열 가지 명자의 순서가 있다. 보살은 늘 이 십심을 행하니 신심·염심·정진심·혜심·정심·불퇴심·회향심·호심·계심·원심을 말한다. 불자여! 이 마음을 수행하는 데 있어 1겁 또는 2겁 또는 3겁을 지내고서야 초주위에 들어갈 수 있다. 이 위에 머무르며 백법명문으로 확대하여 수행하니, 이른바 십신심이라고 하는 것이 이것이다. 佛告敬首菩薩 佛子 吾今略說名門中 一賢名門 所謂初發心住 未上住前 有十順名字 菩薩常行十心 所謂信心 念心 精進心 慧心 定心 不退心 迴向心 護心 戒心 願心 佛子 修行是心 若經一劫二劫三劫 乃得入初住位中 住是位中 增修百法明門 所謂十信心", 원효(元曉)의 『영락본업경소』 권하(한불전1, p.504a6)에 "주전이란 초주 이전이다. 이 때를 신상보살이라고 하니 십신심을 능히 수행했기 때문이다. 言住前者 初住已前 是時名爲信想菩薩 以能修行十信心故"라고 하였다. [참고문헌] 『瓔珞本業經』, 『瓔珞本業經疏』, 『仁王經疏』 권중(대정장33, p.387b5·한불전1, p.59a15), 『華嚴五教章』 권2(대정장45, p.489a23). ⇨ 십신 十信, 주전신상보살 住前信想菩薩, 보살계위 菩薩階位

주전신상보살 住前信想菩薩 주위(住位) 이전의 십신위(十信位)에 머무는 보살. 상(想)은 상(相)으로도 쓰고 주전신중보살(住前信中菩薩)·십신보살(十信菩薩)·명자보살(名字菩薩)·가명보살(假名菩薩) 등이라고도 한다. 『영락본업경』 권하 「대중수학품 大衆受學品」(대정장24, p.1021b23)에 "나는 이제 이 나무 아래서 14억의 사람에게 주전신상보살의 첫 수계법에 대해 설하노라. 불자여! 이 신상보살은 십천겁 동안 십계법을 행하였으니 틀림없이 십주심에 들어갈 것이다. 我今在此樹下 爲十四億人說 住前信想菩薩 初受戒法 佛子 是信想菩薩 於十千劫 行十戒法 當入十住心", 『화엄오교장』 권2(대정장45, p.489a24)에 "범부지로부터 불보살의 바른 교법을 만나 한 찰나의 신심으로 보리심을 일으키니, 이 사람의 이러한 때의 이름을 주전신상보살이라고 하며 가명보살·명자보살이라고도 한다. 始從凡夫地 値佛菩薩正教法中 起一念信發菩提心 是人爾時 名爲住前信相菩薩 亦名假名菩薩 名字菩薩"라고 하였다. [참고문헌] 『瓔珞本業經』, 『華嚴五教章』. ⇨ 십신보살 十信菩薩, 명자보살 名字菩薩, 가명보살 假名菩薩

주전신중보살 住前信中菩薩 주전신상보살(住前信想菩薩)을 달리 이르는 말. 『화엄경탐현기』 권18(대정장35, p.460c26)에 "주전신중보살은 어찌하여 보살이라고 말하지 않는 것인가? 주는 성취되지 않았고 다만 신행만 있을 뿐이기 때문이다. 住前信中菩薩 何以不言菩薩者 以不成位 但是行故"라고 하였다. 〔참고문헌〕『華嚴經探玄記』. ⇨ 주전신상보살 住前信想菩薩

주점 籌霑 안약을 끝에 적셔 눈에 넣을 수 있도록 고안된 나뭇가지나 동(銅)으로 만든 작은 막대기. 동주(銅籌)라고도 한다. 『대비바사론』 권9(대정장27, p.43c22)에 "〔문〕 어떤 연이기에 함께한 법들은 알 수 없는가? 〔답〕 극히 서로 가깝기 때문이다. 예를 들어 주점으로 안선나약을 찍어 눈에다 넣으면 너무 서로 가깝기에 눈이 이 약을 볼 수 없듯이, 이 경우도 이와 같다. 問 何緣不知俱有諸法 答 極相近故 如籌霑取安繕那藥 置於眼中 極相近故 眼不能見 此亦如是", 『잡아함경』 권9(대정장2, p.58a8)에 "그때 세존께서 비구들에게 말씀하셨다. '어리석고 들은 게 없는 범부 비구들이여! 불로 달군 동주로 그 눈을 지져 불태울지언정, 안식으로 색상을 취하지도 모습 좋다고 취해 따르지도 마라'. 爾時 世尊告諸比丘 愚癡無聞凡夫 比丘 寧以火燒熱銅籌 以燒其目 令其熾然 不以眼識 取於色相 取隨形好"라고 하였다. 〔참고문헌〕『大毘婆沙論』, 『雜阿含經』, 『阿毘曇毘婆沙論』 권5(대정장28, p.32c2). ⇨ 안선나약 安繕那藥

주정 住定 ❶ 정(定)에 머물다. 입정(入定)하여 출정(出定)하기 이전까지의 상태. 『출요경』 권19(대정장4, p.711b29)에 "'이 정에 머무를 때부터'라고 한 말은 무슨 뜻인가? 정을 익히는 저들 수행자는 모든 근을 거두어 생각이 산란하지 않도록 붙들고 마음에 다른 상념이 없을 뿐만 아니라 마음으로 상념하는 법들도 달아나지 않도록 한다. 그러므로 '이 정에 머무를 때부터'라고 한다. 從是住定者 彼習定人 收攝諸根 執意不亂 心無他念 心所念法 亦不流馳 是故說 從是住定也", 『이취육바라밀다경』 권9(대정장8, p.905a4)에 "무엇이 대비인가? 산란한 유정이 정에 머물도록 하기 때문이다. 云何大悲 散亂有情 令住定故", 『법화경』 권3(대정장9, p.25b4)에 "부처님(大通智勝佛)께서 이 경을 설하신 이래로 팔천겁 동안 그치신 적 없었고, 이 경을 설하시고 나서는 고요한 방에 들어가 팔만사천겁 동안 선정에 머무셨다. 佛說是經 於八千劫 未曾休廢 說此經已 卽入靜室 住於禪定 八萬四千劫", 『법화경대성』 권5(卍속장51, p.285a1)에 "고요한 방이란 정에 든 장소고, 팔만사천겁은 정에 머문 시절이다. 대통지승불께서 정에 들어갔던 것은 인연을 맺은 가장 가까운 연유이고, 선정에 들어간 뒤 나오지 않았기에 의혹에 빠져 있던 천만억 대중이 자문할 스승이 없었다. 이런 연유로 (왕자에서 사미가 된) 16사미가 (자신들이 들었던 설 그대로) 『법화경』을 거듭하여 그들에게 강설하였다. 靜室 入定之處所 八萬等住定之時節 智佛入定 是結緣之近由 由入定不出 千萬億疑惑之衆 無所咨問 故十六沙彌 爲其覆講法華也", 『법화경수수』 권5(卍속장51, p.754b16)에 "고요한 방에 들어갔다는 말은 용을 거두어 체로 돌아감을 나타낸다. 이때 중생과 부처님이 하나로 같아 고요함과 비춤이 둘이 아니므로 '선정에 머문다'고 한다. 16왕자가 아법 두 가지 집착으로 쉽게 어울려 교화되지 않기에, 부처님께서 팔만사천겁 동안 정에 머무시며 팔식체중에 생주이멸이라는 사상의 무명이 점차로 무너져버리는 순간까지 기다리셨던 것이다. 入靜室者 表攝用歸體也 此時生佛一如 寂照不二 故曰 住於禪定 爲十六王子 我法二執 未易融化 故佛住定 八萬四千劫 以待其八識體中 生住異滅 四相無明 漸次破除也"라고 하였다. 〔참고문헌〕『出曜經』, 『理趣六波羅蜜多經』, 『法華經』, 『法華經大成』, 『法華經授手』. ⇨ 선 禪, 입정 入定❶, 출정 出定 ❷ Ⓢ niyati-patita, Ⓣ nges-par-rtogs-pa. 결정(決定)에 머물다. 보살이 수행하여 32상을 성취하면서 붙는 명칭이다. 그렇게 쌓은 선업으로 결정된 미래에 머문다는 뜻이다. 『구사론』 권18(대정장29, p.94c13 : *Abh-k-bh.*, p.265)에 "미묘한 32가지 대장부상이라는 이숙과를 얻게 되는 업을 닦음으로부터 보살에게 비로소 주정이라는 명칭이 붙는다. 이때부터 성불할 때까지 항상 좋은 윤회의 길이나 귀한 가문 등에 태어나기 때문이다. 從修能感 妙三十二 大丈夫相 異熟果業 菩薩方得立住定名 以從此時 乃至成佛 常生善趣 及貴家等 yataḥ prabhṛti lakṣaṇavipākāni karmāṇyārabhate kartuṃ sa hi tadānīṃ niyatipatito bhavati. kathaṃ kṛtvā. sa hi tasmāt kālāt prabhṛti nityaṃ bhavati", 『석정토군의론탐요기』 권6(臺灣國圖善本44, p.264b1)에 "무릇 주정이란 무엇인가? 삼아승기겁의 수행으로 백겁종의 상호(相好)를 채우고, 그로 인하여 여섯 가지 결정을 갖추므로 주정이라는 이름을 얻는다. 자비와 지혜를 구족하여 성불의 때가 가까워졌다는 뜻이다. 夫住定者 三祇修行 滿百劫種相 㠯具六種決定 故得住定名 悲智具足 成佛期近"라고 하였다. 〔참고문헌〕『俱舍論』, 『釋淨土群疑論探要記』, *Abh-k-bh.* ⇨ 주정보살 住定菩薩

주정견불원 住定見佛願 아미타불이 인위에서 발한 사십팔원(四十八願) 중 마흔다섯 번째 서원(誓願). 선정에 머물며 부처님을 볼 수 있기를 바라는 서원. 정토(淨土)를 제외한 모든 곳에서 보살들이 보등삼매(普等三昧 Ⓢ samantānugata nāma samādhi)에 들어 모든 여래를 볼 수 있기를 바라는 서원을 말한다. 문명견불원(聞名見佛願)·보등삼매원(普等三昧願)·상견제불익원(常見諸佛益願)이라고도 한다. 『무량수경』 권상(대정장12, p.269a25 : *Sukh-vy. I*, p.24)에 "만일 제가 부처가 될 때는 타방의 국토에 있는 모든 보살대중들이 저의 이름을 들으면 모두 지체 없이 보등삼매를 얻고, 이 삼매에 머물면서 성불할 때까지 항시 무량하고 불가사의한 모든 여래를 볼 수 있을 것입니다. 만약 그렇게 되지 않는다면 저는 정각을 얻지 않을 것입니다. 設我得佛他方國土 諸菩薩衆 聞我名字 皆悉逮得 普等三昧 住是三昧 至于成佛 常見無量不可思議一切如來 若不爾者 不取正覺 sacen me bhagavan bodhiprāptasya, sahanāmadheyaśravaṇāt tadanyeṣu lokadhātuṣu bodhisattvā na samantānugataṃ nāma samādhiṃ pratilabheran yatra sthitvā bodhisattvā ekakṣaṇavyatihāreṇāprameyāsaṃkhyeyācintyātulyāparimāṇān buddhān bhagavataḥ satkurvanti sa caiṣāṃ samādhir antarā vipraṇaśyed yāvad bodhimaṇḍaparyantaṃ mā tāvad aham anuttarāṃ samyaksaṃbodhim abhisaṃbudhyeyam", 『무량수경기』 권상(卍속장32, p.398b12)에 "'보등삼매'란, 이 삼매의 힘으로 모든 부처님의 세계를 두루 볼 수 있기에 '보'라 하는 것이고, 고루 현전해 볼 수 있어 보지 못함이 없기에 '등'이라 한다. 言普等三昧者 由此三昧力 普見諸佛世界 故言爲普 平等現見無所不見 故言爲等"라고 하였다. 〔참고문헌〕『無量壽經』, 『無量壽經記』, *Sukh-vy. I*. ⇨ 미타인행사십팔원 彌陀因行四十八願, 사십팔원 四十八願, 문명견불원 聞名見佛願, 보등삼매 普等三昧

주정공불원 住定供佛願 아미타불이 인위에서 발한 48원(願) 중 마흔두 번째 서원. 선정에 머물며 부처님을 공양할 수 있기를 바라는 서원. 득삼매익원(得三昧益願)·문명득정원(聞名得定願)이라고도 한다. 정토(淨土)를 제외한 모든 곳에서 보살들이 청정해탈삼매(淸淨解脫三昧 Ⓢ suvibhaktavatī nāma samādhi)에 들어 모든 여래를 공양할 수 있기를 바라는 서원이다. 『무량수경』 권상(대정장12, p.269a15 : *Sukh-vy. I*, p.23)에 "만일 제가 부처가 될 때는 타방의 국토에 있는 모든 보살대중들이 저의 이름을 들으면 모두 지체 없이 청정해탈삼매를 얻고, 이 삼매에 머물면서 한 생각 일어날 때 무량하고 불가사의한 모든 불세존을 공양하되 그 삼매(定意)를 잃지 않을 것입니다. 만약 그렇게 되지 않는다면 저는 정각을 얻지 않을 것입니다. 設我得佛 他方國土諸菩薩衆聞我名字 皆悉逮得淸淨解脫三昧 住是三昧一發意頃 供養無量不可思議諸佛世尊而不失定意 若不爾者不取正覺 sacen me bhagavan bodhiprāptasya tadanyabuddhakṣetrasthā bodhisattvā mama nāmadheyaṃ śrutvā sahaśravaṇān na suvibhaktavatīṃ nāma samādhiṃ pratilabheran yatra samādhau sthitvā bodhisattvā ekakṣaṇavyatihāreṇāprameyāsaṃkhyeyācintyātulyāparimāṇān buddhān bhagavataḥ paśyanti sa caiṣāṃ samādhir antarā vipraṇaśyen mā tāvad aham anuttarāṃ samyaksaṃbodhim abhisaṃbudhyeyam"라고 하였다. 〔참고문헌〕『無量壽經』, *Sukh-vy. I*. ⇨ 미타인행사십팔원 彌陀因行四十八願, 문명득정원 聞名得定願

주정보살 住定菩薩 Ⓢ niyati-patitaṃ bodhisattva, Ⓣ nges-par-rtogs-pa'i-byang-chub-sems-dpa'. 선취(善趣)·고귀한 가문(貴家)·구족한 신체(具根)·남성(男)·숙명에 대한 기억(憶念宿命)·선행의 견고함(堅)의 여섯 가지를 성불 때까지 정해 나는 보살. 『현종론』 권24(대정장29, p.888a22)에 "앞서 말한 주정보살은 어떤 위를 좇아 '주정'이라는 이름을 얻었으며, 또 무엇으로 '정(定)'이라고 하는 것인가? 〔송〕 묘상업을 닦으면서부터 보살은 '정'이라는 이름을 얻었으니, 선취인 고귀한 가문에 남자로 나서 생각마저 굳기 때문이다. 〔논〕 묘한 서른두 가지 대사부상이라는 이숙과업을 닦으면서부터 보살은 바야흐로 주정이라는 이름을 얻게 되는데, 이때부터 성불에 이르기까지 늘 선취와 고귀한 가문 등에 태어난다. 言住定菩薩 爲從何位 得住定名 彼復於何 說名爲定 頌曰 從修妙相業 菩薩得定名 生善趣貴家 具男念堅故 論曰 從修能感妙三十二大士夫相異熟果業 菩薩方得立住定名 以從此時 乃至成佛 常生善趣 及貴家等"라고 하였다. 〔참고문헌〕『顯宗論』, *Abh-k-bh.265*.

주정시라 住淨尸羅 청정한 시라(尸羅 Ⓢ śīla)에 머물다. 구족계를 받아 머무는 뜻이다. 안주정시라(安住淨尸羅)라고도 한다. 『대비바사론』 권44(대정장27, p.229b18)에 "마치 묘고산(Ⓢ Sumeru : 須彌山) 금륜위에 머물러 있어 팔방의 맹렬한 바람으로도 조금도 흔들 수 없는 것처럼, 모든 부처님도 또한 이와 같이 정시라에 머물러 세간의 여덟 가지 법으로도 능히 기울어 흔들리지 않으신다. 如妙高山 住金輪上 八方猛風 不能傾動 諸佛亦爾 住淨尸羅 世間八法 不能傾動", 『유가사지론』 권16(대정장30, p.367a25)에 "'마땅히 여섯 가지를 원만히 해야 한다'란, 수승한 계학에 의지해 방편을 수학해야 한다는 것이다. 무엇이 그 여섯 가지인가? 첫째는 청정한 시라에 안주하는 것이다. … '청정한 시라에 안주한다'란, 이것이 의지해야 할 근본이다. 應圓滿六支者 應依增上戒學 方便修學 何等六支 一安住淨尸羅 … 安住淨尸羅者 是所依根本", 『유가론기』 권14(대정장42, p.619a4·한불전14, p.73c7)에 "구족계를 받는 것이 바로 청정한 시라에 안주하는 것이다. 受具足者 則是住淨尸羅"라고 하였다. 〔참고문헌〕『大毘婆沙論』, 『瑜伽師地論』, 『瑜伽論記』. ⇨ 시라청정 尸羅淸淨, 계 戒

주정정취원 住正定聚願 아미타불이 인위에서 발한 48원(願) 중 열한 번째 서원. 왕상증과원(往相證果願)·

필지멸도원(必至滅度願)이라고도 한다. 『무량수경』 권상(대정장12, p.268a11 : *Sukh-vy. I*, p.16)에 "만일 제가 부처가 될 때 그 국토의 천신과 사람들이 정정취에 안주하지 못하여 반드시 멸도에 이르지 못하는 이가 있다면, 저는 정각을 얻지 않을 것입니다. 設我得佛國中人天不住定聚必至滅度者 不取正覺 sacen me bhagavaṃs tasmin buddhakṣetre ye sattvāḥ pratyājāyeraṃs te sarve na niyatāḥ syur yad idaṃ samyaktve yāvan mahāparinirvāṇād mā tāvad anuttarāṃ samyaksaṃbodhim abhisaṃbudhyeyam"라고 하였다. [참고문헌] 『無量壽經』, *Sukh-vy. I*. ⇨ 미타인행사십팔원 彌陀因行四十八願, 사십팔원 四十八願, 왕상증과원 往相證果願, 정정취 正定聚

주정처 住靜處 고요한 곳에 머물다. 정처는 아란야(阿蘭若 Ⓢ araṇya)를 뜻한다. 『중아함경』 권40 「아란나경 阿蘭那經」(대정장1, p.682c26)에 "범지 아란나는 홀로 고요한 곳에 머물며 편안히 앉아 사유하였다. 梵志阿蘭那 獨住靜處 燕坐思惟", 『대승기신론』(대정장32, p.582a16)에 "닦아 그치려면 고요한 곳에 머물며 단정히 앉아 뜻을 바르게 한다. 호흡에도 의지하지 않고 형색에도 의지하지 않으며, 공에도 의지하지 않고 지수화풍 사대에도 의지하지 않으며, 보고 듣고 느끼고 아는 것에도 의지하지 않는다. 若修止者 住於靜處 端坐正意 不依氣息 不依形色 不依於空 不依地水火風 乃至 不依見聞覺知", 원효(元曉)의 『기신론소』 권하(대정장44, p.222c6 · 한불전1, p.728a13)에 "고요한 곳에 머문다고 하였으니, 이는 연이 구족함을 밝힌 것이다. 갖춘다 하면 반드시 다섯 가지 연을 갖춘다. 첫 번째는 한가로이 고요한 곳에서 머문다. 산림에 머무는 것을 말하니, 취락에 머물면 반드시 소란스럽기 때문이다. 두 번째는 계를 가져 청정하다. 업장을 여의는 것을 말하니, 부정하게 되면 반드시 참회해야 하기 때문이다. 세 번째는 옷과 음식을 구족히 한다. 네 번째는 선지식을 만난다. 다섯 번째는 모든 사무의 연을 쉬는 것이다. 言住靜處者 是明緣具 具而言之 必具五緣 一者 閑居靜處 謂住山林 若住聚落 必有喧動故 二者 持戒淸淨 謂離業障 若不淨者 必須懺悔故 三者 衣食具足 四者 得善知識 五者 息諸緣務"라고 하였다. [참고문헌] 『中阿含經』, 『大乘起信論』, 『起信論疏』. ⇨ 아란야 阿蘭若

주제 主諦 주가 되는 실체(實體 Ⓢ dravya). 외도가 주장하는 신아(神我)를 말한다. 육제의(六諦義 : 六句義) 중 하나로 소의제(所依諦)라고도 하고 다라표(陀羅驃)라고 음사한다. 『백론소』 권중 「파신품 破神品」(대정장42, p.260b5)에 "승거(Ⓢ Sāṃkhya : 數論)와 위세사(Ⓢ Vaiśeṣika : 勝論)는 모두 외도종으로서 천축에서 성행하고 있다. 승거경전 십만게는 이십오제를 종으로 삼고 신(神)을 주제라고 여긴다. 위세사의 경전 또한 십만게인데, 육제를 종으로 삼고 또한 신을 주제라고 여긴다. 이제 그 주제가 무너지면 나머지 법도 자연히 무너지게 되어 있다. 僧佉衛世 蓋是外道之宗 盛行天竺 僧佉經十萬偈 二十五諦爲宗 以神爲主諦 衛世師經亦十萬偈 用六諦爲宗 亦以神爲主諦 今破其主諦 則餘法自崩", 『지관보행전홍결』 권10(대정장46, p.434c19)에 "이 24제란 바로 아소다. 모두 신아에 의지하니 주제라고 부른다. 능과 소를 합하여 논하면 스물다섯 가지다. 此二十四諦 卽是我所 皆依神我 名爲主諦 能所合論 卽二十五"라고 하였다. [참고문헌] 『百論疏』, 『止觀輔行傳弘決』, 『大般涅槃經義記』 권6(대정장37, p.784a8). ⇨ 신아 神我, 실체 實體, 소의제 所依諦, 다라표 陀羅驃, 육구의 六句義, 상키야학파 Sāṃkhya學派

주종법사 住宗法師 신라말 고려초 스님. 870년(경문왕10)경 무량수사(無量壽寺)에서 여엄(麗嚴 863~930)에게 『화엄경』을 가르쳤다. 「보리사대경대사현기탑비문 菩提寺大鏡大師玄機塔碑文」에 "9세가 되었을 때 … 문득 출가하여 무량수사로 가서 주종법사에게 처음으로 『화엄경』을 배웠다. 年登九歲 … 便令削染 往無量壽寺 投住宗法師 初讀雜華"라고 하였다. [참고문헌] 『朝鮮金石總覽』 권상 p.131, 李智冠 『校勘譯註歷代高僧碑文』 高麗篇1 p.87. ⇨ 여엄 麗嚴

주주 住住 Ⓢ sthiti-sthiti, Ⓣ gnas-pa'i-gnas-pas. 사수상(四隨相) 중 하나로 본상(本相)인 유위사상(有爲四相)의 주(主)를 머물게 하는 법. 주주상(住住相)이라고도 한다. 『대비바사론』 권39(대정장27, p.200c25)에 "제행이 일어날 때에는 아홉 가지 법이 함께 일어난다. 첫째는 법, 둘째는 생, 셋째는 생생, 넷째는 주, 다섯째는 주주, 여섯째는 이, 일곱째는 이이, 여덟째는 멸, 아홉째는 멸멸이다. 이 중에서 생은 여덟 가지 법을 능히 나게 하니, 세 가지 상(相)과 네 가지 수상이다. 생생은 오직 한 법 만을 내는데, 바로 생이다. 이러한 도리로 인해 무궁의 허물은 없게 된다. 諸行生時九法俱起 一者法 二者生 三者生生 四者住 五者住住 六者異 七者異異 八者滅 九者滅滅 此中生能生八法 謂法及三相四隨相 生生唯生一法 謂生由此道理無無窮失", 『구사론』 권5(대정장29, p.27b20 : *Abh-k-bh.*, p.76)에 "본상중의 주 또한 자성을 제한 나머지 여덟 가지 법에 머물며, 수상인 주주는 아홉 가지 법 중에서 오직 본상인 주에만 머문다. 本相中住 亦除自性 住餘八法 隨相住住 於九法中 唯住本住 tadvat sthitirapyātmānaṃ varjayitvā 'nyānaṣṭau dharmān sthāpayati sthitisthitis tu tāmeva sthitim", 『현종론』 권7(대정장29, p.809

c2)에 "상을 따르는 주주가 능히 친연이 되니 구법중에 오직 주본주를 일러 친연이라 하였다. 법으로 하여금 잠시 머물게 해서 스스로의 과를 능히 이끌게 하니, 이것이 주의 공능이다. 隨相住住 能爲親緣 於九法中 唯住本住 謂爲親緣 令法暫住 能引自果 是住功能"라고 하였다. ［참고문헌］『大毘婆沙論』, 『俱舍論』, 『顯宗論』, *Abh-k-bh*. ⇨ 주 住❶, 주상 住相❶, 사수상 四隨相, 사유위상 四有爲相, 유위사상 有爲四相

주주병과 主主並過 주인(主)과 주인이 함께하는 허물. 주주불상견(主主不相見)의 뜻과 통한다. 반과 반이 함께하는 오류는 반반병과(伴伴並過)라 한다. 일법(一法)에 주인이 둘일 수 없는 뜻으로, 십문(十門) 중 일문(一門)의 주(主)가 되면 나머지 아홉 법문에서는 반(伴)의 위치로 자리를 바꾸어 주반이 어울려야 중중무진(重重無盡)의 법계가 성취될 수 있다. 『석화엄교분기원통초』 권9(한불전4, p.469b17)에 "실제로는 아홉 문을 갖추었으나 아홉 문이 동시라면 모두 있게 되어서 주주가 같이하는 허물이 된다. 각기 하나의 문을 들어 병존할 수 없음을 논한 것이다. 實則九是所具 若言九門同時 皆有則主主並過故 各擧一門 而論不得並也", 『화엄경지귀』(대정장45, p.590b3)에 "서로 주반을 삼아야 통하여 4구가 있게 된다. 곧 주와 주는 서로 보지 못하고 반과 반 또한 그러하니, 각기 따로 법계에 두루 다한다. 피차 서로 없으면 서로 볼 수도 없다. 주와 더불어 반은 기필코 서로 보고 반과 주 또한 그러하니, 공히 법계에 두루하여 피차 서로 있게 되니 서로 보지 못함이 없다. 互爲主伴 通有四句 謂主主不相見 伴伴亦爾 各遍法界 彼此互無 故無相見 主之與伴 其必相見 伴主亦爾 共遍法界 此彼互有 故無不相見"라고 하였다. ［참고문헌］『釋華嚴教分記圓通鈔』, 『華嚴經旨歸』. ⇨ 주반 主伴, 십현문 十玄門, 반반병과 伴伴並過, 주빈 主賓

주주신 主晝神 Ⓢ divasa-devatā. 화엄성중(華嚴聖衆) 중 낮을 주관하는 신. 80권본 『화엄경』 권1 「세주묘엄품 世主妙嚴品」(대정장10, p.3c22)에 "다시 무량한 주주신이 있다. 시현궁전주주신·발기혜향주주신·악승장엄주주신·향화묘광주주신·보집묘약주주신·낙작희목주주신·보현제방주주신·대비광명주주신·선근광조주주신·묘화영락주주신 … 등을 일컬으니, 이들이 상수가 되며 그 수는 무량하다. 모두 묘법에 대해 신해를 일으키며 항상 함께 세밀하고 부지런하게 궁전을 엄식한다. 復有無量主晝神 所謂示現宮殿主晝神 發起慧香主晝神 樂勝莊嚴主晝神 香華妙光主晝神 普集妙藥主晝神 樂作喜目主晝神 普現諸方主晝神 大悲光明主晝神 善根光照主晝神 妙華瓔珞主晝神 … 如是等而爲上首 其數無量 皆於妙法能生信解 恒共精勤嚴飾宮殿", 같은 책 권65 「입법계품 入法界品」(대정장10, p.349c23 : *Gaṇḍ-vy.*, p.100)에 "늘 깨어있는 주주신은 제방을 두루 비추는 마니당을 쥐고 허공에 머무르며 대광명을 놓는다. 常覺主晝神 執普照諸方摩尼幢 住在虛空 放大光明 sadāvibodhanamaṇḍalā divasadevatā digrocanamaṇiratnadhvajagṛhītā gaganatale tiṣṭhanti ālokasaṁjananārthāya", 『화엄경소』 권5(대정장35, p.538c14)에 "주주신은 낮에 거두어 교화하고 덕을 행함에 늘 밝음을 드러낸다. 主晝神 於晝攝化 顯行德恒明也"라고 하였다. ［참고문헌］『華嚴經』, 『華嚴經疏』, *Gaṇḍ-vy.36.*

주중빈 主中賓 주인 중의 손님. 주인이 나그네 되다. 임제종(臨濟宗)과 조동종(曹洞宗)에서 시설한 사빈주(四賓主) 중 하나. 조동오위(曹洞五位)에서는 정중편(正中偏)에 해당한다. 『오가종지찬요』 권상 「제종사빈주 濟宗四賓主」(卍속장114, p.515a2)에 "주인 중의 손님 : 반산이 말한다. '닥친 바람 알지도 못하면서 조사심인을 들먹이니, 기에 임하거나 중생에 응하거나 처음부터 어긋난다'. 이것이야말로 스승에겐 콧구멍 없다고 한다. 주인 중의 손님이란 무엇인가? 삼산등래(三山燈來)가 말한다. '어두운 방엔 밝은 등불이 없다'. 송으로 읊는다. '주인 중의 손님이여. 집 밖에서 떠돌기를 좋아하는 사람일세. 동서의 길을 가리지도 못하면서 남북은 어떻게 알겠는가!' 主中賓 磐山云 不解當風提祖印 臨機應物自乖張 此是師家無鼻孔也 如何是主中賓 三山來云 暗室沒明燈 頌曰 主中賓 甘作外遊人 東西路不辨 南北豈能分", 같은 책 권중 「동종사빈주 洞宗四賓主」(卍속장114, p.538a13)에 "주인 중의 손님 : 체 중의 용이다. 무엇이 주인 중의 손님인가? 삼산등래가 말한다. '내가 없으면 너도 없다'. 송으로 읊는다. '주인 중의 손님이여, 장강에 맑은 물결 인다. 바람결에 주름질 일 없으면 어떻게 문양을 얻으리!' 主中賓 體中用也 如何是主中賓 三山來云 我無你不成 頌曰 主中賓 長江玉浪生 不因風皺面 如何得成紋"라고 하였다. ［참고문헌］『五家宗旨纂要』. ⇨ 사빈주 四賓主, 정중편 正中偏, 주중주 主中主

주중주 主中主 주인 중의 주인. 사빈주(四賓主) 중 하나다. 끝내 주인으로서만 행세하다. ❶ 임제종 사빈주 중 주인 중의 주인. 『오가종지찬요』 권상 「제종사빈주 濟宗四賓主」(卍속장114, p.515a7)에 "주인 중의 주인 : 극부가 말했다. '막야검을 가로로 차고 정령을 온전히 한다. 태평한 천자땅에서 어리석은 이들 목을 벤다' '태평한 천자영토라고 해놓고 어째서 도리어 어리석은 이들을 베는가?' '야간통행을 허용하지 않지만 애써 횃불 들고 반드시 눈앞의 길 사람에게 보도록 한다'. 풍혈이 말했다. '삼척의 검을 갈아두었다가 공평치 못한 사람을 맞아 베어버린다'. 이것을 가리켜 스승에게 본분용 있다고 한다. 주인 중의 주인이란 무엇인가? 삼산등래(三山燈來)가 말한다. '처마에 걸린 독바른 북이다'. 송으로 읊는다. '주인 중의 주인이여, 붉은 태양이 오시에 당도했네. 보검 높이 빼어드는 순간 부처와 조사를 스치기만 해도 죽이리라'. 主中主 克符云 橫按鏌鎁全正令 太平寰宇斬癡頑 問 旣是太平寰宇 爲甚却斬癡頑 符云 不許夜行剛把火 直須當道與人看 風穴云 磨礱三尺劍 待斬不平人 此是師家有鼻孔也 如何是主中主 三山來云 當軒塗毒鼓 頌曰 主中主 紅日正當午 寶劍高提時 觸殺佛與祖"라고 하였다. [참고문헌]『五家宗旨纂要』. ⇨사빈주 四賓主, 임제사빈주 臨濟四賓主, 주중빈 主中賓 ❷ 조동종의 사빈주 중 주인 중의 주인. 주는 정체이(正體理), 빈은 편용사(偏用事)다. 조동오위(曹洞五位)에서는 정중래(正中來)에 당한다. 『동산어록』(대정장47, p.508c26)에 "동산이 용산에게 물었다. '무엇이 주중의 주입니까?' '몇 해나 문밖을 나오지 않는다'. 師曰 如何是主中主 山曰 長年不出戶", 같은 책(대정장47, p.511c22)에 "동산이 학인에게 물었다. '이름이 무엇인가?' '아무개입니다' '어떤 것이 그대의 주인공인가?' '보십시오, 마주하고 있는 중입니다' '안타깝다, 안타까워! 요즘 사람들은 대부분 모두 이와 같으니, 나귀 앞이나 말 뒤일 뿐이네. 불법 가라앉았다 하니 이것이 바로 그것이다. 손님 중의 주인조차 분간하지 못하면서 어떻게 주중의 주를 가려내겠는가?' '무엇이 주중의 주인지요?' '그대 스스로 답해 보라' '제가 답하면 손님 중의 주인이 됩니다'〈운거가 대신 대답했다. '제가 대답하더라도 손님 중의 주인은 아닙니다'〉. 주중의 주란 무엇인지요?' '이러한 답 쉽지만 이어가기란 참으로 어렵다'. 동산이 마침내 송 한 수를 보였다. '아, 오늘날 도를 배우는 무리들을 보건대, 천이면 천 만이면 만 모두 문 앞에 이른 것으로 방 안에 든 듯하구나. 임금을 배알하러 서울로 향하면서, 동관에 머물러 짐짓 쉬어 버리다니'. 師問僧 名什麽 僧云 某甲 師曰 阿那箇是 闍黎主人公 僧云 見秖對次 師曰 苦哉 苦哉 今時人 例皆如此 只是認得 驢前馬後底 將爲自己 佛法平沈 此之是也 賓中主尙未分 如何辨得主中主 僧便問 如何是主中主 師曰 闍黎自道取 云 某甲道得 卽是賓中主〈雲居代曰 某甲道得 不是賓中主〉 如何是主中主 師曰 恁麽道卽易 相續大難 師遂示頌曰 嗟見今時學道流 千千萬萬認門頭 恰似入京朝聖主 祇到潼關便休", 『속전등록』 권3 「낭야혜각전 瑯琊慧覺傳」(대정장51, p.484b29)에 "'무엇이 주중의 주입니까?' '홀로 천자영토에 앉는다'. 曰 如何是主中主 師曰 獨坐鎭寰宇", 『오가종지찬요』 권중 「동종사빈주 洞宗四賓主」(卍속장114, p.538b18)에 "주중의 주 : 물과 아를 쌍으로 다 잊고, 사람과 경계를 함께 없애니, 정위와 편위 밟을 일 없다. 무엇이 주중의 주인가? 삼산등래가 말한다. '온통 뒤섞여 더해 붙일 것 없다'. 송으로 읊는다. '주중의 주여, 듣지도 않고 보지도 않는구나. 후손의 향후를 살필지니, 그대들의 종조는 누구인가?' 主中主 物我雙忘 人境俱泯 不涉正偏位也 如何是主中主 三山來云 渾淪不須補 頌曰 主中主 不聞亦不覩 兒孫向後看 誰是爾宗祖"라고 하였다. [참고문헌]『洞山語錄』, 『續傳燈錄』, 『五家宗旨纂要』. ⇨사빈주 四賓主, 주인공 主人公, 주중빈 主中賓, 정중래 正中來

주중주 麈中麈 사슴 중에 사슴. 『벽암록』 81칙 「본칙 本則」(대정장48, p.207b11)에 "스님이 약산스님에게 물었다. '드넓은 초원에 큰 사슴과 사슴이 무리지었습니다. 어떻게 하면 사슴 중의 사슴 쏘아 맞출 수 있겠습니까?' 약산이 말했다. '화살을 보아라'. … 이 공안은 동산 문하에서 차사문 또는 판주문이라 하는데, 씀을 밝혀기에 당함이다. 보통 사슴과 큰 사슴을 구별하여 쏘기는 쉽지만, 큰 사슴 가운데 왕사슴은 사슴 중에서도 왕이므로 가장 쏘기 어렵다. … '큰 사슴 중의 왕사슴을 그대는 보아라'라는 말은 납승가라면 반드시 큰 사슴 가운데 왕사슴의 눈을 갖추어야 하며, 또한 큰 사슴 중의 왕사슴의 뿔도 있어야 한다. 僧問藥山 平田淺草麈鹿成群 如何射得麈中麈 山云 看箭 … 這公案 洞下謂之借事問 亦謂之辨主問 用明當機 鹿與麈尋常易射 唯有麈中麈 是鹿中之王 最是難射 … 麈中麈君看取 衲僧家須是具麈中麈底眼 有麈中麈底頭角"라고 하였다. [참고문헌]『碧巖錄』, 『虛堂錄』 권6(대정장47, p.1029b26).

주즙 舟檝 배를 젓는 노. 즙은 즙(楫)으로 쓰기도 한다. 생사고해를 건너기 위해 애써 가져야 하는 지혜 등을 비유한다. 『방광대장엄경』 권6(대정장3, p.575b16)에 "육도를 수선하는 것으로 배를 삼고 지혜를 배의 노로 삼는다. 繕修六度 以爲船筏 智爲舟檝", 『자은전』 권1(대정장50, p.225c8)에 "법사가 왕이 보낸 사미와 국서와 비단 등을 보고 넉넉한 전별품이 너무 외람되어 왕에게 감사의 말을 올렸다. '제가 들은 바로는 강과 바다가 멀고 깊음에 건너려면 반드시 배와 노에 의지하여야 하고, 군생이 미혹에 막혀 있음에 이끌려면 진실로 성인의 말씀을 빌려야 합니다'. 法師見王送沙彌 及國書綾絹等 至慚其優餞之厚 上啓謝曰 奘聞 江海遐深 濟之者必憑舟檝 群生滯惑 導之者 寔假聖言", 『원오어록』 권6(대정장47, p.740c2)에 "반야는 저 무진장과 같고, 반야는 바다를 떠도는 배의 노와도 같다. 般若如無盡藏 般若如泛海舟檝"라고 하였다. [참고문헌]『方廣大莊嚴經』, 『慈恩傳』, 『圜悟語錄』.

주지 住持 ❶ Ⓢ pratiṣṭhā, pratiṣṭhāna, tiṣṭhati. 머물러 유지되다. 제법이 여래장에 의지해 머물고 유지되다. 또는 불법이 머물러 사라지는 일이 없게 하다. 또는 지혜나 선정에 머물러 오래가게 하거나 계를 가져 무너지지 않게 하다의 뜻이 있다. 『대보적경』 권49(대정장11, p.290b19)에 "이와 같이 따라 기억하고 아무렇게나 흔들리지 않으니, 묘한 사마타가 잘 머물러 유지한다. 如是隨念 無有躁擾 妙奢摩他 善住持故", 『반야이취분술찬』 권1(대정장33, p.30c20)에 "주지라는 말은, 법왕위에 이르러 능히 삼계의 뛰어난 주가 되고, 세간의 뛰어난 법을 모두 이 지혜로 주지한다는 뜻이다. 무너지지 않도록 하므로 주라 하고, 그것들의 생장을 도우므로 지라 한다. 言住持者 至法王位 能爲一切三界勝主 世間所有勝法 皆是此智之所住持 令其不壞名住 助其生長名持", 『백법론현유초』 권1말(卍속장87, p.281a6)에 "주지라는 말은 불법을 맡아서 지킨다는 뜻이다. 곧 정법중 머물러 지키는 사람을 말한다. 또한 주지는 무너뜨려 해치는 일이 없다는 뜻에서 주지라고도 한다. 言住持者 卽任持佛法也 卽是正法中 住持之人 又住持者 無有毁犯也 故云住持也", 『원각경』(대정장17, p.913a27)에 "어느 때 바가바께서 신통대광명장 삼매의 정수에 드시자 일체여래께서 빛으로 장엄하며 머물러 있게 했다. 一時 婆伽婆 入於神通大光明藏 三昧正受 一切如來 光嚴住持", 『원각경대소』 권상3(卍속장14, p.248b14)에 "빛으로 장엄한다는 말은 겹겹으로 오가는 빛으로 비춰 밝아서 한없이 빛났다는 뜻이다. 주란 안주하여 영원히 반연을 끊음이고, 지란 맡아 지녀 잃지도 않고 망가뜨리지도 않는다는 뜻이다. 光嚴者 重重交光 照曜炳著 住謂安住 永絶攀緣 持謂任持 不失不壞", 『왕생론주』 권상(대정장40, p.826b9)에 "부처님의 힘이 머물러 유지되니 대승의 정정취로 든다. 佛力住持 卽入大乘 正定之聚", 『대지도론』 권19(대정장25, p.204b7)에 "신근을 으뜸으로 삼아 계에 머물러 가지고, 계에 머물러 가져 마치면 신심이 흔들리지도 않고 바뀌지도 않는다. 以信根爲首 善住持戒 住持戒已 信心不動不轉", 『보성론』 권4(대정장31, p.839a25 : *Ratna-ut.*, p.73)에 "'(여래장은) 모든 법의 의지가 된다'고 하였다. 성자인 승만의 경의 말씀과 같다. '세존이시여, 이 때문에 여래장은 의지하고 지탱하며 주지하고 건립합니다. 세존이시여, 떠나지 않고 떠나지 않는 지혜로 끊지도 않고 벗어나지도 않으며 달라지지도 않는 무위의 부사의한 불법입니다. 세존이시여, 끊음도 벗어남도 달라짐도 떠남도 있는 지로서의 유위법이 의지하기도 하고 지탱하기도 하며 주지하기도 하고 건립하기도 하니, 여래장에 따르기 때문입니다'. 作諸法依止者 如聖者勝鬘經言 世尊 是故 如來藏 是依是持 是住持是建立 世尊 不離不離智 不斷不脫不異 無爲不思議佛法 世尊 亦有斷脫異外離智有爲法 亦依亦持 亦住持亦建立 依如來藏故 sarvadharmasamāśraya iti. yad āha. tasmād bhagavaṃs tathāgatagarbho niśraya ādhāraḥ pratiṣṭhā saṃba ddhānām avinirbhāgānām amuktajñānānām asaṃskṛtānāṃ dharmāṇām. asaṃbaddhānām api bhagavan vinirbhāgad harmāṇāṃ muktajñānānāṃ saṃskṛtānāṃ dharmāṇāṃ niśraya ādhāraḥ pratiṣṭhā tathāgatagarbha iti"라고 하였다. [참고문헌] 『大寶積經』, 『般若理趣分述讃』, 『百法論顯幽鈔』, 『圓覺經』, 『圓覺經大疏』, 『往生論註』, 『大智度論』, 『寶性論』, 『勝鬘經』(대정장12, p.222b11), *Ratna-ut.*, *Gaṇḍ-vy.324.* ❷ 한 절의 승가대중을 앞서 서 섬겨 이끄는 소임. 총림에서 지금의 조실(祖室)이나 방장(方丈)의 뜻으로 존경하여 모시는 어른을 뜻하기도 하였다. 『백장청규』 권2 「주지장 住持章」(대정장48, p.1119a22)에 "불교가 중국에 들어오고 400년이 지나 달마가 왔고, 다시 대대로 여덟 번 전하여 백장에 이르는 동안 오로지 도로써 주고받았을 뿐이다. 바위 틈이나 동굴에 거처하기도 하고, 율사에서 더부살이를 하기도 하였으나 주지라는 이름은 없었다. 백장이 선종을 점차로 일으키면서 위로 임금·재상·왕공부터 아래로 유가·도가 및 온갖 종파에 이르기까지 모두 흠모하며 도를 물으러 찾아왔다. 그러한 무리들이 참으로 많았지만 그 위를 숭상하지는 않았으니, 스승으로 정해진 법도가 엄하지 않았던 탓이다. 처음으로 스승을 받들어 주지로 삼고 존경하는 마음으로 장로라 불렀다. 천축에서 사리불이나 수보리를 장로라 존칭했던 경우와 같았으니, 나이도 들고 덕도 두터워 모두 존경할 만했기 때문이다. 佛敎入中國 四百年 而達磨至 又八傳而至百丈 唯以道相授受 或岩居穴處 或寄律寺 未有住持之名 百丈以禪宗寖盛 上而君相王公 下而儒老百氏 皆嚮風問道 有徒實蕃 非崇其位 則師法不嚴 始奉其師爲住持 而尊之曰長老 如天竺之稱 舍利弗 須菩提 以齒德俱尊也", 『선원청규』 권7 「존숙주지 尊宿住持」(卍속장111, p.916a2)에 "부처님을 대신하여 교화를 널리 펼치니 지사와 다름을 표하고자 전법이라 하고, 각각 한 곳에 머물면서 부처님 혜명을 잇는다는 뜻에서는 주지라 한다. 처음으로 법의 수레바퀴를 굴리려 목숨 받았기에 출세라 한다. 대대로 스승의 전승에 근거가 있으므로 전등이라 부른다. 代佛揚化 表異知事 故云傳法 各處一方 續佛慧命 斯曰住持 初轉法輪 命爲出世 師承有據 乃号傳燈", 『선림보훈』 권4(대정장48, p.1037c15)에 "밀암이 말했다. '주지에게 해서는 안 되는 세 가지 일이 있다. 일이 번거롭다고 여겨 두려워해서는 안 된다. 일이 없다고 해서 찾아다니지 않는다. 시비 가리려 하지 않는다. 주지인이 이들 세 가지 일에 통달하면 밖의 일에 미혹당하지 않을 것이다'. 密菴曰 住持有三莫 事繁莫懼 無事莫尋 是非莫辨 住持人達此三事 則不被外物所惑矣", 『선림상기전』 권6(불광장, 禪藏, p.404)에 "청졸징선사의 『성인록』에 다음과 같이 전한다. '고덕의 주지에 세 종류가 있다. 첫째는 법을 설하고, 둘째는 대중을 편안하게 하며, 셋째는 전각을 수리하고 짓는다. 이 일을 벗어나서는 주지라 할 수 없다'.

淸拙澄禪師 聖因錄云 古德住持有三種 一說法 二安衆 三修造 舍此之外 不爲住持"라고 하였다. [참고문헌] 『百丈淸規』, 『禪苑淸規』, 『禪林寶訓』, 『禪林象器箋』. ⇨ 방장 方丈 1, 조실 祖室, 주사 主寺

주지력 住持力 여래의 본원력에 머물러 잘 간직하는 힘. 정토종에서는 대원업력(大願業力)이 인(因)으로서의 일인데 대하여, 주지력은 아미타불의 과(果)로서의 힘을 말한다. 『승천왕반야경』 권6 「다라니품 陀羅尼品」(대정장8, p.720a18)에 "이 보살마하살은 부처님의 주지력을 얻었기에 마음에 집착함이 없고, 아에 집착하지 않으며, 중생에 집착하지 않고 법에 집착하지 않는다. 곧 청정법계·청정여래·청정실제를 얻는다. 법의 다함이 없고 글자에 다함이 없으며 설함에 다함 없음을 얻는다. 곧 기뻐하여 반야를 얻고 지혜를 얻어 의심이 없어진다. 此菩薩摩訶薩得佛住持力故 心無所著 不著我 不著衆生 不著法 卽得淸淨法界 淸淨如來 淸淨實際 得法無盡 字無盡 說無盡 卽生歡喜 得般若故 得闍那故 無疑網故", 『신력입인법문경』 권4(대정장10, p.949b13)에 "(여래의) 불공법상응이란 본원력에 의지하기 때문이며, 모든 중생을 위하는 주지력 때문이다. 不共法相應者 依本願力故 爲諸衆生住持力故"라고 하였다. [참고문헌] 『勝天王般若經』, 『信力入印法門經』, 『入楞伽經』 권3(대정장16, p.533c1). ⇨ 불후약 不朽藥

주지사 住智寺 전라북도 남원시 이백면 양가리 지리산(智異山)에 있는 절. 주지사(住持寺)라고도 한다. 1695년(숙종21)에 남원부사 김세평(金世平)과 군민들이 영험한 기도단에 암자를 세웠다. 1912년에 주지 이혜능(李惠能)이 충남 무량사(無量寺)의 불상을 모셔와 중수하였으나 화재로 거의 소실되었고, 1978년에 주지 김양선(金良璇)이 중건하였다. 현존 당우로는 대웅전·산신각·요사 등이 있으며, 대웅전 오른쪽의 기도소인 석굴 내부에 석불 3존이 봉안되어 있다. [참고문헌] 『韓國寺刹全書』 권하 p.1025b2, 『南原誌』(南原誌編纂委員會, 1992) p.2065, 『南原文化遺蹟分布地圖』(南原市·全北大博物館, 2004) p.316.

주지삼보 住持三寶 세간에 머물러 유지되는 삼보. 삼종삼보(三種三寶) 또는 사종삼보 중 하나로 법성진여와 함께 하는 이(理)로서의 주지가 있는가 하면, 상(相)으로서의 주지는 불보로서의 불상(佛像)·불화(佛畫), 법보로서의 삼장이나 경권(經卷), 승보로서의 출가비구(出家比丘)의 삼보를 말한다. 『대승본생심지관경』 권7(대정장3, p.325b16)에 "일체보살은 다시 네 가지 원으로 유정을 성숙하게 하고 삼보를 주지하게 하여 대겁해 지나도록 끝내 물러나지 않게 한다. 무엇이 네 가지인가? 첫째 일체중생 제도하기를 서원한다. 둘째 일체번뇌 끊기를 서원한다. 셋째 일체법문 배우기를 서원한다. 넷째 일체불과 증득하기를 서원한다. 一切菩薩 復有四願 成熟有情 住持三寶 經大劫海 終不退轉 云何爲四 一者 誓度一切衆生 二者 誓斷一切煩惱 三者 誓學一切法門 四者 誓證一切佛果", 『화엄경소초』 권2(대정장36, p.15c13)에 "삼보는 세 가지 모습이 있다. 첫째 동상, 둘째 별상, 셋째 주지상이다. … 셋째 주지삼보라 하였으니, 십신 가운데 유력지신이 곧 주지불이고, 수다라인즉 주지법이며, 주지하는 승가는 보살도 품는다. 그러므로 세 가지 삼보는 여러 승에 통하여 승렬이 있지만, 뜻으로 가려 나누면 승에 돌아갈 뿐이어서 열하지 않다. 하나의 뜻으로 거둬 들이니 세 삼보는 다름이 없다. 그러므로 아울러 모두 귀경한다. 三寶有三相 一 同相 二 別相 三 住持相 … 三 住持三寶者 十身之中 有力持身 卽住持佛 其修多羅 卽住持法 住持之僧 含菩薩中 然三三寶 通於諸乘 有其勝劣 以義料揀 歸勝非劣 一理統之 三三無異 故並皆歸敬", 『화엄공목장』 권2(대정장45, p.553b2)에 "세 번째 주지삼보에 두 가지가 있다. 첫째 상주지이다. 부처를 그리거나 조각하는 등은 주지불이고, 종이에 말이나 들은 것을 쓰는 등은 주지법이며, 유루무루의 삭발하고 가사를 입은 등은 주지승이다. 둘째 이주지이다. 법성진여이니 범성과 더불어 의지가 된다. 첫째는 생의고 둘째는 경계의이니, 바탕이 되어 의지하고 건립하니 이름이 이주지다. 三住持三寶有二種 一 相住持 所謂素畫彫檀等佛 二 謂紙素言聲等法 三 謂有漏無漏剃頭袈裟等僧 二 理住持 謂法性眞如 與凡聖爲依 一 生依 二 境界依 資持建立 名理住持"라고 하였다. [참고문헌] 『大乘本生心地觀經』, 『華嚴經疏鈔』, 『華嚴孔目章』. ⇨ 삼종삼보 三種三寶, 사종삼보 四種三寶

주지전위 住持轉位 주지가 자리를 옮긴다는 말. 때에 따라 주지가 중간 자리인 도사위(導師位)를 벗어나 다른 자리로 옮기는 일. 그 경우에 반드시 동서(東序)의 상수(上首) 자리가 아니면 안 된다. 『선림상기전』 권2(불광장, 禪藏, p.132)에 "주지전위〈동서의 상수〉: 옛설에 따르면 '도사가 양반의 자리에 설 경우 반드시 후당에서 마주보는 자리라야 한다. 만약 전당에서 마주보는 자리라면 주지가 자리를 옮긴다'. 『백장청규』 권6 「망승·대야염송」(대정장48, p.1148b1)에 '망자의 감 앞에서 대중이 염송하는 동안 지사가 먼저 향을 사르고 차와 탕을 올린다. 주지가 다가서 향을 사른 뒤에 동서의 상수에 자리잡고 선다. 유나가 나와 향을 사르고 쇄감불사를 청하면 청을 받은 사람들이 양반의 행렬에서 나온다'라고 하였다. 도충(道忠)이 말한다. 주지는 쇄감하는 사람들을 피해 중간에 선다. 이 때문에 돌아서 동서의 상수자리에 자리잡는 것이다. 그러므로 주지가 만약 중위에서 벗어나 양반의 자리에 선다면 반드시 동서의 우측에 자리잡아야 한다. 住持轉位〈東序上首〉 舊說曰 都寺立班 宜在後堂對面位 若其前堂對面位 乃是住持轉位也 敕修淸規 亡僧 大夜念誦云 龕前念誦 知事先燒香 上茶湯 住持至燒香 居東序上首立 維那出燒香 請鎖龕佛事受請人出班 忠曰 住持避鎖龕人中立 故轉居東序上首也 故知 住持若離中位立班 則必居東序右邊也"라고 하였다. 〔참고문헌〕『禪林象器箋』, 『百丈淸規』.

주지지체 住持之體 대중을 섬기는 주지로서의 바탕. 『선림보훈순주』 권4(卍속장113, p.563b3)에 "주지의 바탕이라 할 수 있는 것에 네 가지가 있다. 첫째는 일용에 마땅히 해야 할 일을 하고 향상한 함양의 덕이다. 둘째는 후진을 개발하는 말을 하고 몸소 실천해 행한다. 셋째는 자애롭고 측은히 여기는 인(仁)과 더불어 끊고 맺는 합당한 뜻도 겸한다. 넷째는 절랍 때 법회를 살피는 예와 건추와 령을 때에 맞게 하는 법이다. 앞의 두 가지, 도덕과 언행은 가르침의 근본이요, 뒤의 두 가지, 인의와 예법은 가르침은 지엽이다. 근본이 없으면 무엇에 기대어 나무가 설 것이며, 지엽이 없으면 완전히 이룰 수가 없다. 住持之體有四焉 一是日用所當行之道 并尋常所涵養之德 二是開發後進之言 并躬身履踐之行 三是慈愛惻隱之仁 與裁制合宜之義 四是節臘省會之禮 與揵搥號令之法 前二種道德並言行 乃是敎之根本也 後二種仁義並禮法 乃敎之枝葉也 若無根本 憑何樹立 若無枝葉 不能完成"라고 하였다. 〔참고문헌〕『禪林寶訓順硃』, 『百丈淸規』 권4(대정장48, p.1131c17)·권7(대정장48, p.1150a13), 『列祖提綱錄』 권36(卍속장112, p.700a14). ⇨ 사대절 四大節❶, 사절랍 四節臘

주처 住處 Ⓟ senāsana. 머무는 곳. 비구나 보살이 머무는 곳. 비구는 정해진 한정처 등이지만, 보살은 어디라도 사무량심(四無量心 : 慈悲喜捨)으로 머물러야 주처라 한다. 『장아함경』 권12 「청정경 淸淨經」(대정장1, p.74b28)에 "비구들이여! 내가 제정한 주처는 나무 아래·노지·방안·누각 위·굴속 등 여러 곳의 주처이다. 이 주처는 추위와 더위·바람과 비·모기와 등에 등을 막기에 충분하며 한적하거나 편안하게 쉴 곳으로 부족함이 없다. 諸比丘 我所制住處 若在樹下 若在露地 若在房內 若樓閣上 若在窟內 若在種種住處 此處自足 爲障寒暑 風雨 蚊虻 下至閑靜解息之處", 상응하는 *Pāsādika-sutta*(*DN.3*, p.130)에 "내가 너희에게 머물 곳을 허락했으니, 오직 추위를 물리치고 … 홀로 있음을 편안히 하기 위해서다. yaṃ vo mayā senāsanaṃ anuññātaṃ alaṃ vo taṃ yāvad eva sītassa paṭighātāya … paṭisallānārāmatthaṃ", 『집일체복덕삼매경』 권하(대정장12, p.1003a26)에 "보살은 어떻게 이 주처를 얻어야 출가라고 할 수 있는가? … 보살에게 네 가지 법이 있으면 이 주처를 얻었다 한다. 자에 머물고 비에 더물며 기쁨에 머물고 평정에 머무는 것이다. … 보살이 촌읍이나 마을에 머물던 빈 곳에 머물던 이 네 가지 범행(梵行 : 四無量心)을 하며 머문다면 이를 바른 주처라 한다. 만약 이 네 가지 청정한 행의 주처를 여읜다면 바른 전당이나 누각에 머물더라도 주처라 할 수 없다. 菩薩云何得是住處得名出家 … 菩薩有四法得是住處 謂住慈住悲 住喜 住捨 … 菩薩 若住村邑聚落 若住空處 若住是四梵行住處 名正住處 若離是四梵行住處 雖正殿堂樓閣中住 不名住處"라고 하였다. 〔참고문헌〕『長阿含經』, 『集一切福德三昧經』, *DN*. ⇨ 바스투 vastu

주처 做處 지어 머무는 것. 즉 뜻을 가져 행위하다의 뜻에서 작위(作爲) 또는 작처(作處)라고도 한다. 『허당록』 권4 「시봉래선장로 示蓬萊宣長老」(대정장47, p.1011c6)에 "본색의 납승은 관문을 꿰뚫는 안목을 갖추니, 바람에 놀라는 풀잎의 움직임처럼 닥치는 기틀을 모조리 가린다. 대체로 저들이 보이는 행위는 은밀하여 소리 내기 이전이나 말한 뒤라도 걸림이 없다. 本色衲僧 具透關眼 風驚草動 悉辨來機 蓋他做處穩密 不落聲前句後", 『종용록』 21칙 「평창 評唱」(대정장48, p.241b7)에 "천동은 상대가 하는 그대로 놔둘 수 없었으니 '상골암 앞에서 독사를 만지작거리던 솜씨여! 어린 시절 지은 일이 늙어서야 부끄러운 줄 알겠구나'라고 읊었다. 所以天童放伊不過道 象骨巖前弄蛇手 兒時做處老知羞", 『희수소담광록』 권6(卍속장122, p.304b4)에 "발우 : 하는 일마다 잘못이라곤 전혀 없으니, 쓸 때마다 하늘 향해 입 벌린다네. 세상 사람 누구나 물리도록 먹고도, 은혜를 모르는 사람이 되려 할 뿐이구나. 鉢盂 做處全無滲漏 用時開口向天 盡大地人飫飽 只圖个不知恩"라고 하였다. 〔참고문헌〕『虛堂錄』, 『從容錄』, 『希叟紹曇廣錄』. ⇨ 작처 作處❷, 발우 鉢盂

주처간 住處慳 Ⓢ āvāsa-mātsarya. 오간(五慳) 중 하나. 주처에 대한 간탐(住貪妬). 자신이 머무는 곳을 아껴서 타인에게 인색하게 함이다. 『집이문족론』 권11(대정장26, p.415b11)에 "무엇을 주처간이라 하는가? 주처를 돌아보아 애착하는 마음으로서, 마치 어떤 사람이 '이 주처는 나의 것이어야지 다른 이의 것이 아니었으면 좋겠다. 나만이 이곳에서 경행하고 자리를 장만하고 지내는 것을 누려야지, 타인은 그래서는 안 된다'고 생각하는 것이다. 그는 이 주처에 대한 애착으로 다른 유정을 가로막아서 함께 누리거나 베풀지 못하고 따라 누리지도 않는 것 등을 … 주처간이라 한다. 云何住處慳 答 若於住處顧戀繫心 謂如有一作如是念 願此住處屬我非餘 我於此處經行敷設居止受用 勿餘復得 彼於住處顧戀繫

心 於他有情障礙遮止 不施不惠不隨施惠 … 是名住處慳" 하고 하였다. [참고문헌] 『集異門足論』, *Dharm-s.334.* ⇨ 오간 五慳❶, 주처 住處

주처부정 住處不淨 태중(胎中)이 부정하다고 관하는 것. 오종부정(五種不淨) 또는 칠종부정(七種不淨) 중 하나다. 『금강경찬요간정기』 권2(대정장33, p.185b19)에 "주처가 부정하다고 하는 것은 모태 중에 있을 때 위(生藏) 아래와 창자(熟藏) 위에 머물면서 항시 더러운 것들을 훈했기 때문이다. 따라서 『대지도론』에서는 '이 몸 저 냄새나는 물건과 같으니, 연꽃 사이에서 나지도 치자꽃 좇아 나지도 보배산에서 나온 것도 아니기 때문이다'라고 하였다. 住處不淨 於母胎中居 生藏之下 熟藏之上 常受熏穢 故智論云 是身如臭物 不因華間生 不從薝蔔有 亦不出寶山"라고 하였다. [참고문헌] 『金剛經纂要刊定記』. ⇨ 오종부정 五種不淨❶, 칠종부정 七種不淨

주처정 住處淨 Ⓟ āvāsakappa. 십사비법(十事非法) 중 하나. 결계(結界)하지 않은 곳에서 따로 모여 포살(布薩 Ⓟ uposatha)을 해도 된다는 것을 말한다. 주처인용(住處認容)이라고도 한다. 『선견율비바사』 권1(대정장24, p.677c14)에 "세존께서 열반에 드신 지 일백년이 될 무렵 비사리(毘舍離 Ⓟ Vesālī)의 발사자(跋闍子 Ⓟ Vajjiputta)비구는 비사리에서 열 가지 법 아닌 것을 제기했다. … 넷째는 주처정이다. 世尊涅槃已一百歲時 毘舍離跋闍子比丘 毘舍離中十非法起 … 四者 住處淨"라고 하였다. [참고문헌] 『善見律毘婆沙』, *Vin.2.294.* ⇨ 십사비법 十事非法

주천 朱天 구천(九天) 중 하나. 남서쪽 하늘. 『조정사원』 권5(卍속장113, p.143a5)에 "구천이란 중앙의 균천·동쪽의 창천·동북쪽의 현천·서북쪽의 유천·서쪽의 호천·서남쪽의 주천·남쪽의 염천·동남쪽의 양천을 말한다. 九天者 中央鈞天 東方蒼天 東北方玄天 西北幽天 西方浩天 西南朱天 南方炎天 東南陽天"라고 하였다. [참고문헌] 『祖庭事苑』.

주총지 呪總持 주를 모두 가지다. 『삼미륵경소』(대정장38, p.311c25·한불전2, p.90b22)에 "주총지란 해탈의 이름이다. 장애와 결박에서 벗어나 재앙과 근심이 없기 때문이다. 이와 같이 네 가지 총지는 깊고도 묘해 이승이나 신학보살(新學菩薩)은 알 수도 얻을 수도 없다. 呪總持名解脫 解脫障縛無災患故 如是四種總持深妙 二乘及新學菩薩 非所知 非所得故"라고 하였다. [참고문헌] 『三彌勒經疏』. ⇨ 주다라니 呪陀羅尼

주최후유 住最後有 최후의 유(最後有 Ⓢ carama-bhavika)로 머물다. 윤회에서의 마지막 생존. 『구사론』 권18(대정장29, p.96c13 : *Abh-k-bh.*, p.271)에 "최후의 유로 머무는 것을 최후생이라 한다. 住最後有 名最後生 tatrāntyajanmā bodhisattvaścaramabhavikaḥ", 『순정리론』 권12(대정장29, p.397a26)에 "모든 이생들도 최후유에 머물며 정히 무루를 낳으니 성자라 해야 할 것이고, 모든 아라한도 최후심에 머물며 다시 무루를 결정적으로 낳을 수 없다면 아라한이 아니라고 해야 할 것이다. 謂諸異生 住最後有 定生無漏 應是聖者 諸阿羅漢 住最後心 決定不能復生無漏 應非阿羅漢", 『현양성교론』 권8(대정장31, p.521a14)에 "이미 성숙한 중에 다시 두 부류가 있다. … 둘째는 최후유에 머무는 이로서, 해당 생에 있으면서 무상정등보리를 증득하는 것이다. 已成熟中 復有二種 … 二 住最後有 謂卽在此生 證得無上正等菩提", 『유가론기』 권11(대정장42, p.561c7·한불전13, p.901a10)에 "'최후유에 머무는 이'에 대해 규기는 말했다. '보리종류에 세 가지가 있다. 첫째는 단 한 생에만 얽혀 있는 이(一生所繫)로서 저 미륵보살 등과 같고, … 둘째는 최후의 윤회하는 몸을 가진 이이고, 셋째는 도량에 앉아 있는 이다. … 팔지이후를 최후신이라 하니 다시는 나지 않기 때문이다. 연화좌에 있는 이를 도량에 앉아 있는 이라 한다. … 관음의 몸을 최후의 몸이라 한다. 칠보좌에 있는 이도 도량에 앉아 있는 이라 하지만, 법신은 남이 없기에 다시 이러한 뜻은 없다'. 住最後有者 基云 菩薩種類有三 一 一生所繫 如彌勒等 … 二 最後身 三 坐道場 … 八地已後 名最後身 更無生故 處蓮華座 名坐道場 … 觀音之身 名最後身 處七寶座 名坐道場 法身無生 便無此義"라고 하였다. [참고문헌] 『俱舍論』, 『順正理論』, 『顯敭聖教論』, 『瑜伽論記』, *Abh-k-bh.* ⇨ 최후유 最後有, 최후신 最後身

주축 朱軸 경을 엮은 붉은 색의 축. 불경(佛經)을 이르는 말. 적축(赤軸)이라고도 한다. 온전히는 황권적축(黃卷赤軸)으로 쓴다. 『관경소전통기』 권1(대정장57, p.500c18)에 "진흙이나 나무로 된 소상(素像)은 불보(佛寶)이고, 황색의 종이와 붉은 색의 축은 법보(法寶)이며, 체발과 염의는 승보이다. 泥木素像佛寶 黃卷朱軸 法寶 剃髮染衣僧寶也"라고 하였다. [참고문헌] 『觀經疏傳通記』. ⇨ 황권적축 黃卷赤軸

주측 周側 넓게도 두루하고 낱낱의 깊이로도 빠짐이 없게 하는 뜻. 『화엄경지귀』(대정장45, p.589c17)에 "대체로 원만교를 일으킴에는 반드시 진으로도 방으로도 두루하면서도 낱낱이 가득차야 한다. 그럼으로써 법계를 다하는 말씀이 되었으니, 어찌 그 처의 다름을 분별할 수 있겠는가. 夫圓滿教起 必周側於塵方 旣爲盡法界之談 詎可分其處別", 『석화엄지귀장원통초』 권상(한불전4, p.87c14)에 "'진방'이라는 말에서 진은 미진이고 방은 시방이다. 곧 미진과 시방에 대해 주측한다는 뜻이니, 주란 횡으로 법계를 다하는 것이고 측이란 깊이로 법계를 망라하는 것이다. 塵方者 塵則微塵 方則十方 謂周側於微塵十方也 周者 橫盡法界 側者 竪盡法界也"라고 하였다. 〔참고문헌〕『華嚴經旨歸』, 『釋華嚴旨歸章圓通鈔』. ⇨ 원교 圓敎, 법계 法界

주치경 呪齒經 동진(東晉)대 축담무란(竺曇無蘭) 한역. 고려장13, p.1152a22~b7, No.438 · 대정장21, p.491b3~b13, No1327에 수록되어 있다. 충치를 치유하기 위해 읊는 아주 짧은 소경으로 이(齒)에 들어 있는 충왕(虫王)을 겁박하여 내쫓는 것이 주된 내용이다. 〔참고문헌〕『大唐內典錄』 권3(대정장55, p.246a29), 『古今譯經圖紀』 권2(대정장55, p.356c1).

주치반타가 周稚般他迦 Ⓢ Cūḍapanthaka. 주리반특(周利槃特 Ⓟ Cullapanthaka, Cūḷapanthaka). 『불화엄입여래덕지경』 권상(대정장10, p.917c9)에 육십이백천의 비구가 함께 하였으니, 그들 중 … (열네 번째는) 주치반타가〈계도(髻道)로 한역하고, 구역에서는 주리반타(周利槃陀)라 하였다〉였다. 共六十二百千比丘 彼謂 … 周稚般他迦〈隋云髻道 舊名周利槃陀者〉"라고 하였다. 〔참고문헌〕『佛華嚴入如來德智經』. ⇨ 주리반타가 周利槃陀伽

주탑시자 主塔侍者 탑을 모시는 시자. 탑주(塔主). 종보본 『단경』 「부촉 付囑」(대정장48, p.362b16)에 "달마가 전한 신의〈서역의 굴순포이다〉와 중종이 하사한 마납가사와 보발 및 방변이 빚은 스님의 진상과 아울러 여러 도구 등은 주탑시자가 맡아서 영원토록 보림도량에 떨치게 한다. 達磨所傳信衣〈西域屈眴布也〉 中宗賜磨衲寶鉢 及方辯塑師眞相 并道具等 主塔侍者尸之 永鎭寶林道場"라고 하였다. 〔참고문헌〕『壇經』, 『景德傳燈錄』 권5(대정장51, p.236c14), 『禪林象器箋』 권7(대장경보유19, p.237a3). ⇨ 탑주 塔主, 탑 塔

주통 州統 한 주(州)의 불교교단을 이끌던 승관(僧官). 중국제도를 본받아 신라대에도 9명의 주통을 두었다. 『삼국유사』 권4(대정장49, p.1005b22 · 한불전6, p.346b25) 의해(義解)5 자장정률(慈藏定律)에 "또 양 · 진대에는 국통 · 주통 · 국도 · 주도 · 승도 · 승정 · 도유내 등의 명칭이 있었는데, 모두 소현조에 속하였다. 소현조는 승니를 다스리는 관의 이름이다. … 이듬해 신미년(551 · 진흥왕12)에 고구려 혜량법사를 국통으로 삼았는데, 또한 사주라고도 하였다. 보량법사를 대도유나로 삼았는데 1인을 두었다. 주통은 9인을 두었고, 군통은 18인을 두었다. 又梁陳之間 有國統 州統 國都 州都 僧都 僧正 都維乃等名 摠屬昭玄曹 曹卽領僧尼官名 … 明年辛未 以高麗惠亮法師爲國統 亦云寺主 寶良法師爲大都維那一人 及州統九人 郡統十八人等"라고 하였다. 〔참고문헌〕『三國遺事』, 『三國史記』 권40 雜志9 職官下 武官. ⇨ 승관 僧官

주포사 周浦寺 충청남도 부여군 홍산면 상천리 천보산(天寶山)에 있던 절. 『여지도서』 충청도 홍산 사찰 · 『가람고』 · 『범우고』에 절의 이름과 위치가 전한다. 〔참고문헌〕『輿地圖書』, 『伽藍考』, 『梵宇攷』, 『韓國寺刹全書』 권하 p.1025b12.

주풍신 主風神 Ⓢ vāyu-devatā. 바람을 다스리는 신. 머무름이 없고 정해진 처소가 없는 뜻을 나타낸다. 『화엄경』에 등장하는 화엄신중(華嚴神衆) 중 하나다. 80권본 『화엄경』 권1(대정장10, p.3b26)에 "또한 헤아릴 수 없이 많은 주풍신이 있다. 무애광명주풍신 · 보현용업주풍신 … 대광보조주풍신, 이와 같은 신들을 으뜸으로 삼아 그 수가 헤아릴 수 없이 많으니, 이들 모두가 부지런히 아만에 물든 마음을 날려 소멸시킨다. 復有無量主風神 所謂 無礙光明主風神 普現勇業主風神 … 大光普照主風神 如是等而爲上首 其數無量 皆勤散滅我慢之心", 『화엄경소』 권5(대정장35, p.538c2)에 "열다섯 번째, 주풍신은 다 거둬 표하니 방편에 머무름이 없고 꺾지 못할 것도 없음을 나타내고, 따로 저 아래와 같음을 나타낸다. 十五 主風神 通表方便無住 無所不摧 別表如下", 『신화엄경론』 권11(대정장36, p.789b23)에 "여섯 번째, 주풍신은 잘 현행함을 밝힌다. 반야바라밀을 체로 삼는 열 명의 풍신은 지혜바라밀 중 십바라밀을 밝혔다. 第六 主風神 明善現行 以般若波羅蜜爲體 十箇風神 明智慧波羅蜜中 十波羅蜜也"라고 하였다. 〔참고문헌〕『華嚴經』, 『華嚴經疏』, 『新華嚴經論』, *Gaṇḍ-vy.36 · 100.* ⇨ 화엄신중 華嚴神衆

주필 儔匹 짝. 같이 겨룰 만한 이. 필(匹)은 필(疋)로도 쓴다. 『대법고경』 권하(대정장9, p.300a24)에 "그는 비록 어렸지만 마음이 진실되고 청정하며 대승을 믿고 좋아하였는데, 오직 독보적인 일인으로 짝할 만한 이가 있지 않았다. 彼雖幼少 眞心淸淨 信樂大乘 唯獨一人 無有儔匹", 『유부율잡사』 권28(대정장24, p.342b7)에 "나는 짝이 없으니 당신이 아내가 되어주시오. 我無儔匹 願汝爲妻"라고 하였다. 〔참고문헌〕『大法鼓經』, 『有部律雜事』, 『一切經音義』 권12(대정장54, p.377a20).

주하신 主河神 Ⓢ nodī-devatā. 흐르는 물을 다스려 유정을 이익되게 하는 신. 법이라는 물이 흐르게 하여 모든 중생을 윤택하게 한다. 『화엄경』의 화엄신중(華嚴

神衆)이다. 80권본『화엄경』권1(대정장10, p.3a29)에 "또한 헤아릴 수 없이 많은 주하신이 있다. 보발신류주하신・보결천간주하신 … 해덕광명주하신, 이와 같은 신들을 으뜸으로 삼아 그 수가 헤아릴 수 없이 많으니, 이들 모두가 쉼 없이 뜻을 지어 중생을 이익케 한다. 復有無量主河神 所謂 普發迅流主河神 普潔泉澗主河神 … 海德光明主河神 如是等而爲上首 有無量數 皆勤作意利益衆生", 『화엄경소』권5(대정장35, p.538b9)에 "열한 번째, 주하신은 하백신의 무리이다. 법이라는 하천이 흘러 온갖 품류의 중생을 윤택하게 하는 이익을 주는 도리를 나타낸다. 또한 생사라는 폭류에서 떠도는 이들을 구제하기도 한다. 十一 主河神 卽河伯之流也 表法河流注潤益群品 又於生死瀑流 拯彼漂溺"라고 하였다. 〔참고문헌〕『華嚴經』, 『華嚴經疏』, *Gaṇḍ-vy.313.* ⇨화엄신중 華嚴神衆, 하백 河伯

주해 註解 글에 덧붙여 풀다. 주(註)는 주(注)로도 쓴다. 『서장』「답여낭중장 答呂郎中狀」(대정장47, p.930b21)에 "이러한 즈음에는 일개 화두만을 간합니다. 학인이 운문에게 '무엇이 부처입니까?'라고 묻자 운문이 '마른 똥 막대기'라고 한 이 말만을 들다, 홀연히 기량이 다하는 그때 문득 깨우칠 뿐입니다. 절대 문자 찾아 끌어다 증명하려 해서는 아니 됩니다. 터무니없이 이러저런 생각을 뭉뚱그려 덧붙여 푸는데, 설령 주해로 분명하게 설해서 맞아떨어지더라도 죄다 귀신의 활계일 뿐입니다. 只就這裏 看箇話頭 僧問雲門 如何是佛 門云 乾屎橛 但擧此話 忽然伎倆盡時便悟也 切忌尋文字引證 胡亂搏量註解 縱然註解 得分明說 得有下落 盡是鬼家活計", 『허당록』권4「금강경서 金剛經序」(대정장47, p.1013b7)에 "설령 나누고 나눈 글자마다 설하여 갈등 다한다 하여도 결국 주해를 벗어나지 못한다. 直饒分分字字 說盡葛藤 終是註解不出", 『금강경석주』(卍속장40, p.159b2)에 "이 경에 대한 고금의 주해는 끝도 없이 많다. 此經 古今註解極多"라고 하였다. 〔참고문헌〕『書狀』, 『虛堂錄』, 『金剛經石注』, 『慈恩傳』권8(대정장50, p.262b13), 『一切經音義』권83(대정장54, p.847c21).

주해신 主海神 Ⓢ sāgara-devatā. 화엄성중(華嚴聖衆) 중 바다를 주관하는 신. 온갖 공덕을 갖추고 있는 넓고도 깊은 여래공덕을 바다로 표상한다. 80권『화엄경』권1「세주묘엄품 世主妙嚴品」(대정장10, p.3b6)에 "다시 무량한 주해신이 있다. 출현보광주해신・성금강당주해신・원진리구주해신・보수궁전주해신・길상보월주해신・묘화용계주해신・보지광미주해신・보염화광주해신・금강묘계주해신・해조뇌성주해신 … 등을 일컬으니, 이들이 상수가 되며 그 수는 무량하다. 모두 여래공덕의 대해로 그 몸을 가득 채운다. 復有無量主海神 所謂出現寶光主海神 成金剛幢主海神 遠塵離垢主海神 普水宮殿主海神 吉祥寶月主海神 妙華龍髻主海神 普持光味主海神 寶焰華光主海神 金剛妙髻主海神 海潮雷聲主海神 … 如是等而爲上首 其數無量 悉以如來功德大海 充滿其身", 『화엄경소』권5(대정장35, p.538b17)에 "주해신은 바다와 같은 무리로 온갖 덕을 다 갖추어 머금고 있으며 그 덕 낱낱이 다시 깊고 넓음을 나타낸다. 主海神 卽海若之輩 表具含萬德一一深廣也"라고 하였다. 〔참고문헌〕『華嚴經』, 『華嚴經疏』, *Gaṇḍ-vy.36.*

주행 住行 ❶ ➡ 십주행 十住行 ❷ 머무는 행. 행위의 흔적이 남는 유루행을 뜻한다. 부주행(不住行) 또는 무주행(無住行)과 맞선다. 『상두정사경』(대정장14, p.488b21)에 "다시 두 가지 행이 보살마하살로 하여금 보리를 빠르게 얻게 한다. 어떤 것들이 두 가지인가? 첫째는 유루행이고, 둘째는 무루행이다. 유루행은 다섯 바라밀이고, 무루행은 반야바라밀이다. 다시 두 가지 행이 보살마하살로 하여금 보리를 빠르게 얻게 한다. 어떤 것들이 두 가지인가? 첫째는 머무는 행이고, 둘째는 머물지 않는 행이다. 머무는 행은 다섯 바라밀이고, 머무르지 않는 행은 반야바라밀이다. 復有二行 能令菩薩摩訶薩 疾得菩提 何等爲二 一者有漏行 二者無漏行 有漏行者 五波羅蜜 無漏行者 般若波羅蜜 復有二行 能令菩薩摩訶薩 疾得菩提 何等爲二 一者住行 二者不住行 住行者 五波羅蜜 不住行者 般若波羅蜜"라고 하였다. 〔참고문헌〕『象頭精舍經』, 『註華嚴法界觀門』(대정장45, p.687b17).

주행칠보 周行七步 Ⓢ sapta pada kramitva. 두루 일곱 걸음을 걸으시다. 석가세존이 태자의 몸으로 태어나자마자 두루 일곱 걸음 걸으셨으니, 동서남북 사면으로 특정하여 사방칠보(四方七步)라고도 한다. 『방광대장엄경』권3「탄생품 誕生品」(대정장3, p.554c17 : *Lal-v.*, p.67)에 "두루 일곱 걸음 걸으실 때 묘범음성이 퍼졌다. 周行七步時 演妙梵音聲 sapta pada kramitva brahmasvaro muñci ghoṣottamaṃ", 『대승보요의론』권10(대정장32, p.74b28)에 "두루 일곱 걸음을 걸으시며 시방을 살펴본 다음 사자후를 하셨다. 周行七步 觀察十方 作師子吼", 『법안어록』(대정장47, p.592b16)에 "법안이 들기를, '세존께서 처음 태어나자마자 한 손으로는 하늘을 가리키고 한 손으로는 땅을 가리키며 두루 일곱 걸음을 걸으시고는 사방을 돌아보시며 말씀하기를 「천상천하에 오직 나 홀로 존귀하다」라고 하였습니다. 이에 대해 운문이 「내가 당시에 보았더라면 한 방에 때려죽이고 개가 먹어치우도록 주어서 천하태평을 도모하였을 것이다」라고 하였습니다'. 법안이 이에 대해 말하였다. '운문의 기세가 아주 크기는 합니다. 그러나 요인즉슨 불법에 도리라는 것 없다는 것입니다'. 擧世尊

纔生下 一手指天 一手指地 周行七步 目顧四方云 天上天下 唯我獨尊 雲門云 我當時若見 一棒打殺 與狗子喫 貴圖天下太平 師云 雲門氣勢甚大 要且 無佛法道理"라고 하였다. [참고문헌] 『方廣大莊嚴經』, 『大乘寶要義論』, 『法眼語錄』, 『雲門廣錄』 권중(대정장47, p.560b16), *Lal-v*. ⇨ 사방칠보 四方七步

주향 呪香 주문을 외우며 향을 사르다. 『선원청규』 권9 「사미수계문 沙彌受戒文」(卍속장111, p.923b4)에 "작범사리〈우바리범을 짓는다. 만약 가능하지 않다면 바로 운하범을 짓는다〉는 이렇게 범패를 짓는다. (이하는 운하범) '어찌하면 이 경(『대반열반경』)으로 말미암아서 구경의 피안에 당도하게 되나이까? 원컨대 부처님께서는 비밀장을 열으시어〈주향한다〉, 널리 중생에게 설하여 주옵소서. 삭발하는 수계자에게 설하여 주옵소서'. 作梵闍梨〈作優波離梵 如不能卽作云何梵〉 云何於此經 究竟到彼岸 願佛開微密〈呪香〉 廣爲衆生說 爲剃頭受戒者說"라고 하였다. [참고문헌] 『禪苑淸規』. ⇨ 주문 呪文, 범패 梵唄

주향 炷香 향을 피워 오르게 함. 특히 분향(焚香)·소향(燒香)·염향(拈香)이라고도 한다. 『백장청규』 권3 「입원 入院」(대정장48, p.1125b13)에 "옛 사람은 허리에는 바랑을 두르고 머리에는 삿갓을 썼는데, 산문 앞에 이르면 쓰고 있던 삿갓을 벗는다. 산문에 들어서면 향을 올려 법어를 한다. … 다음으로는 토지당·조당에도 각각 향을 올리고 법어를 한다. 방장 거실에 들어가 법어를 한다. 그 다음 순서로 개당법회에서 축성을 한다. 古人腰包頂笠 到山門首下笠 入門炷香 有法語 … 次土地堂祖堂 炷香各有法語 入方丈據室 有法語 次第開堂祝聖"라고 하였다. [참고문헌] 『百丈淸規』, 『五祖法演語錄』 권하(대정장47, p.662c4), 『大慧語錄』 권8(대정장47, p.844c8). ⇨ 분향 焚香, 소향 燒香, 염향 拈香

주형광배 舟形光背 배 모양의 광배. 불보살상의 몸 전체를 감싸는 거신광(擧身光)의 한 형태로, 중앙의 끝부분을 위로 솟게 하여 마치 배(舟)와 같은 모양이다. 타오르는 화염 모양으로 주형광이라고도 한다. 고대 불상에서 본격적으로 제작되기 시작하여 동아시아 각국에서 다양하게 전개되었다. 중국불상에서는 북위 태안삼년명(太安三年銘 457) 석불좌상·태화원년명(太和元年銘 477) 금동불좌상 등 주로 남북조시대에 많이 조성되었다. 태화원년명

〈그림1〉 태화원년명금동불좌상 대만국립고궁박물원

상〈그림1〉의 주형광배에는 과거칠불(過去七佛)을 상징하는 화불(化佛)과 화염문이 장엄되어 있다. 우리나라에서는 최초의 기년명(紀年銘) 불상인 고구려 연가칠년명(延嘉七年銘 539) 금동여래입상과 719년(성덕왕18)에 조성된 감산사(甘山寺) 석조아미타불입상·석조미륵보살입상에서 전형적인 모습을 볼 수 있다. 연가칠년명여래입상은 두광(頭光)·신광(身光) 구분 없이 화염문만을 선각(線刻)한 주형 거신광이고, 감산사아미타불입상·미륵보살입상〈그림2〉은 세 줄의 융기된 선으로 두광과 신광을 표현하고 가장자리에 화염문을 둘렀다. 아미타불입상에는 신광 사이에도 다양한 화문(花紋)과 운문(雲紋)을 조각하였다. [참고문헌] 진홍섭 『한국의 불상』(一志社, 1976) pp.83~87, 逸見梅榮 『仏像の形式』(東出版, 1970) pp.301~326. ⇨ 광배 光背, 거신광 擧身光, 신광 身光, 연가칠년명금동여래입상 延嘉七年銘金銅如來立像

〈그림2〉 감산사 석조아미타불입상(좌)·석조미륵보살입상 국립중앙박물관 719년

주화 柱畵 기둥에 그린 그림. 당탑(堂塔)의 장엄을 위해 기둥에 불보살 및 제존(諸尊) 등의 형상을 그린 그림. 석굴사원의 내부벽화나 회랑 열주(列柱)의 주두(柱頭)·주기(柱基) 부분에 그린다. 아잔타(Ⓢ Ajantā) 2굴 주화 등 인도석굴사원에서 주로 볼 수 있다.

주화 아잔타제2굴

주화신 主火神 Ⓢ tejaḥ-devatā. 화엄성중(華嚴聖衆) 중 불을 주관하는 신. 번뇌를 태워버리는 지혜의 불을 표상한다. 80권본 『화엄경』 권1 「세주묘엄품 世主妙嚴品」(대정장10, p.3b18)에 "다시 무수한 주화신이 있다. 보광염장주화신·보집광당주화신·대광보조주화신·중묘궁전주화신·무진광계주화신·종종염안주화신·시방궁전여수미산주화신·위광자재주화신·광명파암주화신·뇌음전광주화신을 일컬으니, 이들이 상수가 되며 그 수를 가늠할 수가 없다. 모두 갖가지 광명을 시현하여 모든 중생의 열뇌를 소멸시킨다. 復有無數主火神 所謂 普光焰藏主火神 普集光幢主火神 大光普照主火

神 衆妙宮殿主火神 無盡光髻主火神 種種焰眼主火神 十方宮殿如須彌山主火神 威光自在主火神 光明破暗主火神 雷音電光主火神 如是等而爲上首 不可稱數 皆能示現種種光明 令諸衆生熱惱除滅",『화엄경소』 권5(대정장35, p.538b27)에 "주화신은 송무기류이다. 지혜의 불을 피워 번뇌라는 땔감을 태우니 선품은 성숙시키고 무명의 어둠은 깨뜨린다. 主火神 卽宋無忌之流也 以顯智慧火 燒煩惱薪 成熟善品 破無明闇耳"라고 하였다. [참고문헌]『華嚴經』,『華嚴經疏』, *Gaṇḍ-vy.193.*

주화엄법계관문 註華嚴法界觀門 화엄종의 초조 두순(杜順 557~640)이 지은『수대방광불화엄법계관문 修大方廣佛華嚴法界觀門』(약칭『법계관문』)에 대한 규봉종밀(圭峰宗密 780~841)의 주석서. 1권. 주(註)는 주(注)로 쓰기도 하고,『주법계관문 注法界觀門』이라고도 한다. 대정장45, pp.683b2~692b8, No.1884에 수록되어 있다.『법계관문』의 법상들과 개념에 해당하는 구문에 빠짐없이 주석을 달고 있다. 배휴(裴休 791~864)의 서문이 붙어 있다. [참고문헌]『註華嚴法界觀門』(대정장45, p.684b15),『註華嚴法界觀科文』(卍속장103, p.641a1),『新編諸宗教藏總錄』 권1(한불전4, p.680c1). ⇨ 법계관문 法界觀門, 종밀 宗密

주후부 肘後符 팔꿈치 아래 감춘 호신부(護身符). 몸에 가지면 몸을 보호한다고 여긴다. 주후인(肘後印)·주후현부(肘後懸符)라고도 한다. 삿된 것 모조리 떨쳐버리는 불조의 심인(心印)에 비유한다. 주후란 팔꿈치 뒤 옆구리 아래를 뜻한다.『사기』 권43「조세가 趙世家」등에 나오는 조간자(趙簡子)의 보부(寶符) 고사에서 유래하는데,『종용록』 52칙「평창 評唱」(대정장48, p.260a26)에 수록되어 있다. 곧 "총림에는 또 주후부가 있다.『춘추후어』에 따르면 다음과 같다. 조간자가 모든 아들에게 '내가 팔꿈치 뒤의 보부를 상산에 숨겨두었으니 먼저 찾는 사람에게 상을 주겠다'라고 말하자 모든 아들이 산위로 달려가 찾았지만 아무도 얻지 못했다. 오직 양자 무휼만이 돌아와 '제가 보부를 얻었지만 남에게는 조금도 나누어줄 수 없습니다'라고 말했다. 간자가 상주하라고 하자 무휼이 말했다. '상산에서 아래를 내려다보니 대(代)를 취할 수 있었습니다' '무휼이 어지니 태자로 세우겠다'. 叢林又有肘後符 春秋後語 趙簡子告諸子曰 吾藏肘後寶符於常山上 先得者賞 諸子馳山上 求無所得 唯襄子毋邺還曰 邺已得之符矣 他人皆不可分 簡子請奏之 毋邺曰 從常山上下臨代可取也 簡子曰 毋邺賢矣 立爲太子"라고 하였다.『오가종지찬요』 권상「우칠사자 又七事者」(卍속장114, p.517a14)에 "주후부 : 산하를 떨쳐 쓸어버리고, 도깨비들도 쓸어없앤다. 肘後符 鎭埽山河 埽除魍魎"라고 하였다. [참고문헌]『史記』,『從容錄』,『五家宗旨纂要』. ⇨ 주후유부 肘後有符, 주후인 肘後印, 주후현부 肘後懸符

주후유부 肘後有符 팔꿈치 뒤에 호신부를 붙이다. 뜻밖의 안목이나 격외의 기틀 숨긴 뜻이다.『불과격절록』 56칙「평창 評唱」(卍속장117, p.485b9)에 "반드시 정수리에 눈을 달고 팔꿈치 뒤에 호신부 있어야 마침내 귀착점을 알 수 있다. 須是頂門具眼 肘後有符 方知落處",『원오극근선사어』(속고존숙어요3, 卍속장118, p.984b13)에 "종을 떠받치고 교를 세우려면 반드시 정수리에 눈 달고 팔꿈치 뒤에 호신부 있어야 한다. 저들 두 노숙을 살펴보면 종횡으로 죽이고 살리며 출몰하며 거두고 펴니 참으로 기특하다. 자세히 점검해 보면 오히려 이들 절 밖에 난 가지일 뿐. 大凡扶宗立教 須是頂門具眼 肘後有符 看它二老宿 縱橫殺活 出沒卷舒 甚生奇特 子細檢點將來 猶是節外生枝",『응암담화어록』 권6(卍속장120, p.855a13)에 "저 일대장교는 어디에서 오는가? 정수리에 눈을 달고 팔꿈치 뒤에 호신부를 붙이고 있지 않으면 어떻게 이 한 수를 환히 밝힐 수 있겠는가! 祇如一大藏教 從甚處得來 非頂門具眼 肘後有符 又安能洞明 這一著子"라고 하였다. [참고문헌]『佛果擊節錄』,『圓悟克勤禪師語』,『應庵曇華語錄』. ⇨ 주후현부 肘後懸符

주후인 肘後印 팔꿈치 뒤에 새긴 도장(印章). 주후부(肘後符)와 통한다.『굉지광록』 권1(대정장48, p.12a19)에 "베틀 앞에서 북이 오고 가는 길은 돌여자가 능히 알고, 팔꿈치 뒤에 붙은 인장은 목인이 써먹는구나. 한번 도장 찍어 허공에 가득하니 법계는 더 이상 남겨진 것이 없다. 여러분 도리어 몸을 다해 얻었는가? 모든 문으로 환히 통하는 뜻이니 대지는 티끌마저도 끊겼다. 機前梭路 石女能分 肘後印章 木人得用 直得一印印遍虛空 法界更無遺餘 諸人 還體悉得麽 六門通曉意 大地絕纖塵",『치문경훈』 권8「답투자통화상서 答投子通和尙書」(대정장48, p.1086a16)에 "저 선조로부터 비밀히 전한 종지가 있다. 이로써 정사를 가리고 사람도 점검한다. 팔꿈치 뒤에 인장 찍어 감추고 삼세의 모든 부처님과 육대의 조사들, 만상으로 빽빽이 늘어선 세계, 유정무정을 해인삼매로 단번에 찍어 새겨서 정했으니 하늘도 땅도 실오라기 하나 새어나갈 일 없다. 從上先祖 各有密傳宗旨 以辨正邪 爲之驗人 關肘後印 三世諸佛 六代祖師 萬象森羅 有情無情 以海印三昧 一印印定 普天匝地 更無絲毫滲漏",『직주천동송고』 권하(卍속장117, p.796b17)에 "팔꿈치 뒤에 새긴 저 인장을 누가 알아차릴까?〈도는 본래 도일 뿐이니 어찌 함께 지닐 일이 있으랴? 인이란 스스로 얻었거늘 그 누가 능히 나누랴?〉 肘後誰分印〈道本自道 何有相共 印乃自得 何人能分〉"라고 하였다. [참고문헌]『宏智廣錄』,『緇門警訓』,『直註天童頌古』. ⇨ 주후부

肘後符, 주후현부 肘後懸符

주후현부 肘後懸符 팔꿈치 뒤에는 호신부가 달려 있다네. 그 무엇으로도 해칠 수 없는 것의 뜻이다. 『영각광록』 권1(卍속장125, p.409b14)에 "미간에 칼 걸어 살활이 동시이고 허리춤에 부적 달아 펴고 거둠에 자재하다. 眉間挂劍 殺活同時 肘後懸符 舒卷自在", 『경석적유집』 권4(卍속장117, p.963a8)에 "용흥재가 말한다. '한 사람은 허리춤에 호신부를 달고, 한 사람은 정수리에 마혜수라의 눈을 치켜뜨고 있다. 둘 모두 작가로서 고금을 밝혔지만 임제의 후손이 되기에는 여전히 부족하다. 왜 그런가? 대적하여 이기는 수단은 그 안에서 나오지만 모름지기 사자에 의지했기 때문이다'. 龍興在曰 一人 肘後懸符 一人 頂竪摩醯 二俱作家 烜赫古今 若作臨濟兒孫 猶欠在 何故 敵勝從中出 須覓師子兒", 『개암진어록』 권7 「명심계암주청 明心戒庵主請」(가흥장29, p.351b10)에 "안타깝다, 이 늙은이여! 허리춤에 호신부를 달고 미간에는 칼마저 걸었으니, 이 성인인가 범부인가? 한 칼에 두 토막내 나의 곁으로 돌아온다면 대비심 보여 류를 따라 모습 바꾸리. 은혜를 아는 사람 있는가? 咄哉 這老漢 肘後懸符 眉間掛劍 是聖是凡 一刀兩段 卻來鴛水之旁 示大悲心 隨類化現 還有知恩者麽"라고 하였다. [참고문헌] 『永覺廣錄』, 『徑石滴乳集』, 『介菴進語錄』. ⇨ 주후부 肘後符, 주후유부 肘後有符

주희 朱熹 1130~1200. 남송(南宋)대 성리학자. 자는 원회(元晦)·중회(仲晦), 호는 회암(晦菴)·회옹(晦翁)·자양(紫陽) 등. 정주학(程朱學)의 집대성자로 훗날 주자(朱子)로 존숭되기에 이르며, 그의 저작이 관학(官學)의 교재가 되면서부터는 동아시아 사대부(士大夫)의 이념적 지표가 되었다. 부친의 임지인 복건(福建) 우계(尤溪)에서 출생하기는 했으나, 조상들의 세거지는 안휘(安徽) 신안(新安)이다. 1148년(소흥18) 채 약관이 되지 않은 나이에 대과(大科)에 급제하고, 이후 복건 동안(同安)의 주부(主簿)로 출사하였다. 출사 무렵 연평(延平) 이동(李侗)과 교류하며 이정(二程 : 程明道·程伊川)의 학문을 적극적으로 수용하기 시작하였다. 1158년 퇴직하고 한동안 관직에 나가지 않고 강학에만 전념하였다. 이정의 학문과 아울러 주돈이(周敦頤)의 태극설(太極說)과 장횡거(張橫渠)의 기론(氣論)을 받아들이면서, 불교와 도교의 세계관에 필적할 만한 이기심성론(理氣心性論)을 중심으로 하는 새로운 형이상학을 구축하였다. 또한 『대학 大學』을 통해서는 격물치지설(格物致知說), 『중용 中庸』을 통해서는 미발이발설(未發已發說), 『맹자 孟子』를 통해서는 사단설(四端說)을 끌어내며 당시 수행론의 중심이었던 선종(禪宗)의 그것과 구별되는, 유교경전에 근간한 새로운 수양론을 주창하였다. 이동에게 본격적으로 사사하기 전까지는 유병산(劉屛山) 등의 스승을 통해 선(禪)을 접하며 『대혜서 大慧書』를 탐독하거나 개선도겸(開善道謙)에게 법을 묻는 등 불교의 영향도 적지 않게 받았다. 그러나 훗날 불교에 대해 엄격하게 비판한 점도 많은데, 이러한 불교배척의 논점은 한유(韓愈) 배불론(排佛論)의 계보를 잇는 것으로 유학의 정통계보를 세워 '도통(道統)'이라 내세우며 불교나 도교는 이단(異端)으로 규정하였다. 역사와 정치에 있어서도 엄격한 기준을 내세워 당대 정치를 비판하였기에, 말년에는 상소와 같은 정치활동이 금지되었고 죽을 때까지 복권되지 못하였다. 그러나 사후 한 세대가 지난 1241년에 공자의 사당에 배향되면서 현자의 반열에 올랐다. 대표적인 저술로 『사서집주 四書集註』·『근사록 近思錄』(呂祖謙과 共著)·『자치통감강목 資治通鑑綱目』·『주역본의 周易本義』 등 수많은 편저와 함께 그의 말을 기록한 『주자어류 朱子語類』가 전한다. 이와 같은 저술은 남송대 이후 중국·한국·일본·베트남 등 동아시아의 주류 학문계에 지속적인 영향 미쳤다. [참고문헌] 『佛祖統紀』 권45(대정장49, p.413c9), 『三教平心論』 권상(대정장52, p.787a20), 『佛祖綱目』 권38(卍속장146, p.782b15), 『居士分燈錄』 권하(卍속장147, p.926a3), 三浦國雄 김영식·이승연譯 『인간 주자』(창작과비평사, 1997) pp.81~94, 小島毅 신현승譯 『송학의 형성과 전개』(논형, 2004) pp.104~112. ⇨ 사대부 士大夫

죽 粥 Ⓢpeya, peyā, pāyasa, Ⓟyāgu. 물이나 유(乳)에 곡물을 조금 넣고 끓여서 마시듯 먹는 승가의 다침식사. 소식(小食)이라고도 한다. 재료로 쓰는 것은 지역과 시대에 따라 다양하다. 대표적으로 쓰는 곡물은 쌀이고, 깨·콩·팥 등을 쓰기도 하는데 자잘하게 썬 채소를 곁들이기도 한다. 인도나 서역 지방 중 낙농업이 발전한 지역에서는 물 대신에 우유나 양유를 넣어 유미(乳糜)를 끓이기도 한다. 『중아함경』 권9 「욱가장자경 郁伽長者經」(대정장1, p.481b15)에 "부처님이 열반하신 후 오래지 않아 여러 덕 높은 장로비구들이 비사리성을 유행하며 미후 강변 높은 누각의 전망대에 머무르고 있었다. 그때 욱가장자는 이와 같은 큰 보시를 베풀었으니, 멀리서 온 손님을 먹이고, 지나는 사람·병든 사람·간병 소임자를 먹이되 늘 죽을 베풀어 먹이고 늘 밥을 베풀어 먹였다. 佛般涅槃後不久 衆多上尊長老比丘遊鞞舍離 在獼猴水邊 高樓臺觀 爾時 郁伽長者 施設如是大施 謂與遠來客食 與行人病人 瞻病者食 常設粥食 常設飯食", 『마하승기율』 권29(대정장22, p.462c5)에 "죽과 관련된 법은 다음과 같다. 부처님께서 사위성에 머무실 때 성내에서 난다의 어머니와 우파사다라의 어머니는 반 개월에 세 번 포살을 받았다. … 포살일에 음식을 만들었는데 먼저 비구에게 밥을 공양한 다음 자신들이 먹었다. 다음날 다시 포살 음식을 만들려고 솥에 밥을 짓는데, 끓어오른 국물을 마셔보니 곧바로 몸속 한기(風)가 가시고 식체기(宿食)가 해소되어 배고플 때 반드시 먹을 것이라 여겼다. 粥法者 佛住舍衛城 時城內 難陀母憂婆斯荼羅母 半月中三受布薩 … 布薩日作食 先飯比丘後自食 至明日復作布薩食 作釜飯 逼上飯汁自飲 卽覺身中內風除 宿食消 覺飢須食", "그리고 이렇게 생각하였다. '아사리는 하루 한 번 먹으니 응당 죽이 필요할 것이다'. 물을 많이 넣고 쌀은 적게 넣어 함께 끓여 두 경계가 사라지자 호초(胡椒)와 필발(蓽茇)을 곁들였다. 죽이 다 익자 옹기에 가득 담아 가지고 기원정사로 갔다. 당도하자 부처님의 발에 머리 조아려 절을 올리고 한쪽 편에 앉아 부처님께 아뢰었다. '오직 세존께서 여러 비구들이 죽을 공양 받도록 허락해주시기 바랍니다'. 부처님께서 말씀하셨다. '오늘 이후로 죽 먹는 것을 허락한다'. 作是念 阿闍梨是一食人 應當須粥 取多水著少米合煎 去兩分 然後內胡椒蓽茇 粥熟已 盛滿甕持 詣祇洹精舍 至已 稽首佛足 却住一面白佛言 唯願世尊 聽諸比丘食粥 佛言 從今日後 聽食粥", "어느 날 어떤 단월이 정사에 머무는 스님들에게 밥(飯)을 공양하자 여러 비구들의 마음에 의심이 생겨 이렇게 생각했다. '세존께서 계를 제정하시어 처처식을 하지 못하게 하였는데, 우리들이 어찌 정업을 지으려 하면서 (또다시) 먹어도 되겠는가?' 부처님께서 말씀하셨다. '만약 죽을 처음 솥에서 꺼낼 때 죽을 (국자로) 그어서 문양이 나타나지 않으면 처처식이 아니요 별중식이 아니요 만족식이 아니다. 만약 죽을 처음 솥에서 꺼낼 때 그어서 문양이 나타나면 처처식이요 또한 별중식이요 만족식이다'. 其日有檀越 精舍中飯僧 諸比丘心生疑 世尊制戒 不得處處食 我等云何作淨得食 佛言 若粥初出釜 畫不成字者 是非處處食 非別衆食非滿足食 若粥初出釜 畫成字者 名處處食 亦名別衆食 滿足食", 『십송율』 권56(대정장23, p.415c26)에 "죽법은 다음과 같다. 부처님은 팔종죽 먹는 것을 허락하였다. 소죽·유죽·호마죽·유죽·소두죽·마사두죽·마자죽·청죽이 그 여덟 가지이다. 죽을 마실 때는 소리를 내지 않아야 한다. 이를 죽법이라고 한다. 粥法者 佛聽食八種粥 酥粥油粥 胡麻粥乳粥 小豆粥摩沙豆粥 麻子粥清粥 啜時不作聲 是名粥法", 『운문광록』 권상(대정장47, p.545c19)에 "학인이 운문에게 물었다. '스님께서 들어서는 길 있다면 분명하게 가리켜주십시오' '죽 먹고 밥 먹는다'. 問 乞師指箇入路 師云 喫粥喫飯", 『당범양어쌍대집』(대정장54, p.1242a21)에 "죽〈비이〉. 粥〈臂儞〉"라고 하였다. 〔참고문헌〕『中阿含經』, 『摩訶僧祇律』, 『十誦律』, 『雲門廣錄』, 『唐梵兩語雙對集』, 『四分律』 권13(대정장22, p.655c19), 『釋氏要覽』 권상(대정장54, p.274c1), *Vin.1.46·2.223.*, *Saṅ-v.109.* ⇨ 소식 小食, 유미 乳糜[1], 재죽 齋粥, 죽십리 粥十利

죽가방 粥街坊 죽 공양과 관련된 가방화주(街坊化主). 죽두(粥頭)라는 이름도 같은 소임으로 보인다. 『선원청규』 권4 「가방수두탄두화엄두 街坊水頭炭頭華嚴頭」(卍속장111, p.896b14)에 "죽가방·미맥가방·채가방 … 아울러 밖으로는 단월에게 권하여 복전을 증장시키고 안으로는 선림을 도우며 도과를 유지하는 데 밑천이 되게 한다. 粥街坊 米麥街坊 菜街坊 … 竝是外勸檀越 增長福田 內助禪林 資持道果"라고 하였다. 〔참고문헌〕『禪苑清規』, 『禪林象器箋』 권7(대장경보편19, p.274b14). ⇨ 죽두 粥頭, 가방화주 街坊化主

죽간 竹磵 나옹혜근(懶翁惠勤)의 제자인 굉연(宏演)의 호. 〔참고문헌〕『慵齋叢話』 권8. ⇨ 굉연 宏演

죽간집 竹磵集 고려후기 굉연(宏演)의 문집. 1권. 김휴(金烋 1597~1638)의 『해동문헌총록』에 "석굉연 지었는데 굉연의 자는 무설이고 호는 죽간이다. 원(元)에 가서 구양현·위소와 교유하였으며, 시가 아주 웅건하다. 구양현 「서」에 '연공의 고체시는 글의 기운이 깊고 그윽하면서도 정미롭게 다듬어 거칠지 않다. 칠언율시는 맑고 부드러우며 자연스럽다'고 하였다. … 위소 「서」에 '연사의 사람됨이 빈하고 좁지 않아 그 이름에 가깝다. 홀로 참선하는 여가에 문사를 좋아하여 당시 어진 이들이 자주 연사와 교유하였다'라고 하였다. 釋宏演所著 宏演 字無說 號竹磵 入元與歐陽玄危素交遊 詩最健 歐陽玄序曰 演公古體詩 辭氣深穩而精采不衒 七言律詩清潤馴雅 … 危素序曰 演師爲人 不貧鄙而近名 獨於禪悅之暇 好爲文詞 於是 當世賢豪 往往與演師遊"라고 하였다. 『죽간집』은 일실되어 전하지 않고 『동문선』에 시 9수(首)가 전할 뿐이다. 〔참고문헌〕『海東文獻總錄』, 『東文選』, 『慵齋叢話』 권8. ⇨ 굉연 宏演

죽고 粥鼓 죽공양 때(粥時)를 알리는 북소리. 재시(齋時)를 알리는 북소리는 재고(齋鼓)라고 한다. 『선원청규』 권6 「경중 警衆」(卍속장111, p.910a11)에 "재고와 죽고의 법〈모두 3회를 치는데 승당법과 같다. 다만 회를 더하면서는 점점 빠르게 친다〉. 齋鼓粥鼓之法〈並擊三會 如陞堂之法 但節會稍促而已〉", 『조당집』 권4 「석두희천장 石頭希遷章」(대장경보편25, p.373a13)에 "이튿날 죽고가 울려 끝나자 서협에 앉아서 손을 뻗어 죽을 받았다. 第二日 粥鼓鳴了 在西俠裏坐 伸手取粥"라고 하였다. 〔참고문헌〕『禪苑清規』, 『祖堂集』. ⇨ 재고 齋鼓

죽과 粥鍋 죽 끓이는 솥. 『벽암록』 35칙 「평창 評唱」(대정장48, p.174a26)에 "훗날 무착이 오대산에서 전좌로 있을 때 문수가 늘 죽과 위에 나타나서는 무착이 휘젓는 죽 주걱에 얻어맞곤 하였다. 비록 이처럼 하였다고 해도 결국은 도적이 지나간 다음에 활시위를 당기는 격이다. 後來無著 在五臺山作典座 文殊每於粥鍋上現 被無著拈攪粥篦便打 雖然如是 也是賊過後張弓", 『대혜어록』 권10 「송고 頌古」(대정장47, p.852b19)에 "남전이 (甘贊行者가 쓰던) 죽과를 때려 부순 인연에 대하여 대혜가 게송으로 읊었다. '남전이 못쓰게 된 살림살이를 깨부수었는데, 넓디넓은 제방에서는 이야기 짓고서는 되돌아본다네. 오늘 그대에게 거듭 허물을 들었으니, 밝고 밝아 그대로이니 얼렁뚱땅할 일 아니다. 南泉打破粥鍋 頌云 南泉打破閑家具 浩浩諸方作話看 今日爲君重擧過 明明歷歷不顢頇"라고 하였다. [참고문헌] 『碧巖錄』, 『大慧語錄』, 『五家正宗贊』 권1(卍속장135, p.911b6).

죽근편 竹筋鞭 대나무 뿌리로 만든 채찍. 『경덕전등록』 권13 「풍혈연소전 風穴延沼傳」(대정장51, p.303c19)에 "누군가 '부처란 무엇입니까?'라고 묻자 풍혈은 '장림산 아래 죽근편이다'라고 답했다〈『대당서역기』 권9(대정장51, p.920a8)에 이렇게 전한다. 옛날 마가다국에 살던 한 바라문이 석가불의 키가 한길육척이라는 소문을 듣고 항상 의혹을 품고 믿지 못하였다. 그가 마침내 한길육척 길이의 대나무 지팡이로 부처님 키를 재려 하였지만 항상 지팡이 끝에서 한길육척을 벗어났다. 이와 같이 더욱 높아져 실제 키를 가늠하지 못하게 되자 결국 지팡이를 던지고 떠났다. 그 지팡이 뿌리가 박히면서 지금의 대나무 숲이 무성하게 자라 산을 덮고 계곡을 가득 채운 것이다〉. 問 如何是佛 師曰 杖林山下竹筋鞭〈西域記云 昔摩竭陀國 有婆羅門 聞釋迦佛 身長丈六 常懷疑惑 未之信也 乃以丈六竹杖 欲量佛身 恒於杖端 出過丈六 如是增高 莫能窮實 遂投杖而去 因植根焉 今竹林脩茂 被山滿谷〉", 『태암보장어록』 권5(卍속장123, p.994a13)에 "장림산 아래 죽근편, 이 한마디 어떻게 다 들어 보일 수 있을까? 무쇠로 주조한 쇠 탄알은 부상사람들이 섬서성의 밭에 심었다네. 杖林山下竹筋鞭 一句如何擧得全 生鐵鑄成金彈子 扶桑人種陝西田", 『벽암록』 12칙 「평창 評唱」(대정장48, p.152c21)에 "이 공안을 많은 사람들이 잘못 알고 있다. 참으로 씹을 수도 없고 누구도 입을 댈 여지가 없다. 왜 그런가? 담담하여 아무 맛도 없기 때문이다. 옛 사람에게는 부처가 무엇이냐는 물음에 답한 화두가 매우 많다. '불전 안에 있는 그것이다'라고도 하며, '32상이다'라고도 하고, '장림산 아래 죽근편이다'라고도 하였는데, 동산에 이르러 '마삼근'이라 하였으니 옛 사람의 혀끝 잘라버리지 않을 수 없었던 것이다. 這箇公案 多少人錯會 直是難咬嚼 無爾下口處 何故 淡而無味 古人有多少答佛話 或云 殿裏底 或云 三十二相 或云 杖林山下竹筋鞭 及至洞山 却道麻三斤 不妨截斷古人舌頭"라고 하였다. [참고문헌] 『景德傳燈錄』, 『大唐西域記』, 『杲菴普莊語錄』, 『碧巖錄』.

죽기사 竹基寺 함경북도 경원군에 있던 절. 『범우고』에 "부 남쪽 95리에 위치한다. 在府南九十五里"라고 하였다. [참고문헌] 『梵宇攷』, 『伽藍考』, 『韓國寺刹全書』 권하 p.1026a8.

죽달 竹笪 대나무로 짜 만든 거적. 행당(筕篖)이라고도 한다. 『입세아비담론』 권8(대정장32, p.209b24)에 "옛 사람들 중에서는 대나무거적으로 싸 사람을 엎어놓고 코끼리를 끌고 와 밟아 죽이거나, 전쟁할 때 압차(壓車)를 만들어 사람들을 압살하거나 … 손톱과 이빨로 벼룩과 이를 눌러 죽이거나 하는 이가 있었는데, 이같은 업으로 인해 이 과보를 받아 거기(聚磕地獄)에 태어난다. 昔在人中以竹笪覆人牽象踐蹋 或鬪戰時作諸壓車以磕於人 … 或以爪齒掐嚙蚤虱 如是等業受此果報 於中受生", 『일체경음의』 권73(대정장54, p.781b6)에 "죽단〈(笪은) '도'와 '달'의 반절음이다. 『설문해자』에서는 '단약(笪箬)이다. 약(箬)의 음은 약으로 대나무껍질의 이름이다'라고 하였다. 곽박의 주(注) 『방언』에서는 '강동에서는 거저(籧篨)라 하는데, 곧은 문양에 거친 것은 단이고 비스듬한 문양의 것은 폐(簃)다"라고 하였다. 행당이라고도 한다〉. 竹笪〈都達反 說文笪箬也 箬音若 竹皮名也 郭璞注方言云 江東謂籧篨 直文而麤者爲笪 斜文者爲簃 一名筕篖〉"라고 하였다. [참고문헌] 『立世阿毘曇論』, 『一切經音義』. ⇨ 취개지옥 聚磕地獄

죽도 鬻度 나라에서 돈을 받고 도첩(度牒) 판매를 하는 것. 죽도첩(鬻度牒)이라고도 한다. '죽(鬻)'은 '육'으로도 읽는다. 돈으로 도첩을 사는 매도(買度)와 상대하며, 경전 시험 통과자에게 도첩을 발행하는 시경득도(試經得度)와 대치된다. 『불조통기』 권51(대정장49, p.453a23)에 "당 숙종 지덕년간 초에 재상 배면이 도첩판매를 청하고 향수전이라 일컬었다. 唐肅宗至德初宰相裴冕 請鬻度牒 謂之香水錢", 『승사략』 권하(대정장54, p.252b19)에 "그때 재상 배면이 (숙종을) 수행하다 부풍에 이르러 아뢰어 명을 내려 관직과 도첩을 판매하게 하였다. 時宰臣裴冕 隨駕至扶風 奏下令賣官鬻度"라고 하였다. [참고문헌] 『佛祖統紀』, 『僧史略』. ⇨ 공명도첩 空名度牒, 매도 買度, 도첩 度牒, 도첩제 度牒制, 시경도승 試經度僧, 향수전 香水錢

죽두 粥頭 죽을 끓이는 소임. 죽가방(粥街坊)이라고도 한다. 『선원청규』 권3 「감원 監院」(卍속장111, p.891a9)에 "만일 소임을 청탁하는 경우, 가방화주·장주·탄두·장두·죽두 … 마두·등두와 같은 부류의 소임은 계통에 맞게 선원의 상주를 도우니, 해당 두수는 반드시 때에 이르러 주지의 허락을 받아야 한다. "如請 街坊化

主 莊主炭頭 醬頭粥頭 … 磨頭燈頭之類 應係助益常住頭首須當及時 稟住持人請之",『선림상기전』 권7(대장경 보편19, p.262b6)에 "죽두 :『선원청규』에 죽두라는 이름이 있다. 粥頭 禪苑淸規 有粥頭名"라고 하였다. [참고문헌]『禪苑淸規』,『禪林象器箋』. ⇨ 죽가방 粥街坊

죽림 竹林 Ⓟ veḷuvana. ❶ 가란다죽원(迦蘭陀竹園 Ⓟ Veḷuvana-Kalandakanivāpa). 죽림정사(竹林精舍)를 가리킨다.『장아함경』 권14「범동경 梵動經」(대정장1, p.88b13)에 "한때 부처님께서 마갈국을 유행하실 때, 대비구 무리 일천이백오십인과 함께 사람들이 있는 곳을 유행하시다가 죽림으로 나아가 왕의 당상 위에서 머무르며 밤을 보내셨다. 이때 선념이라는 범지와 선념의 제자 범마달이 있었다. 이들 스승과 제자는 항상 함께 부처님 뒤를 따라 다녔다. 一時 佛遊摩竭國 與大比丘衆千二百五十人俱 遊行人間 詣竹林 止宿在王堂上 時 有梵志名曰善念 善念弟子名梵摩達 師徒常共隨佛後行"라고 하였다. [참고문헌]『長阿含經』, *SN.1.65*. ⇨ 가란다죽원 迦蘭陀竹園, 비뉴바나 鞞紐婆那, 죽림정사 竹林精舍 ❶ ❷ 대나무 숲.『대승본생심지관경』 권3「유행경 遊行經」(대정장3, p.301b21)에 "설사 시방의 범부와 성인의 지혜를 한 사람에게 주어 그 주어진 만큼의 지혜로운 사람이 있고, 이와 같은 지혜로운 사람이 대나무 숲과 같이 많다고 해도 그것을 조금도 측량할 수 없다. 假使十方凡聖智 授與一人爲智者 如是智者如竹林 不能測量其少分"라고 하였다. [참고문헌]『大乘本生心地觀經』.

죽림가란다원 竹林迦蘭哆園 Ⓟ Veḷuvana kalandakanivāpa. 가란다죽원(迦蘭陀竹園). 죽림정사(竹林精舍).『중아함경』 권3「나운경 羅云經」(대정장1, p.436a13)에 "한때 부처님께서 왕사성에 유행하실 때 죽림가란다원에 계셨다. 그때 존자 라운도 왕사성 온천림 가운데에서 유행하고 있었다. 이에 세존께서 밤이 지나 아침이 오자 의발을 갖추시고 왕사성으로 들어가서 걸식하시고, 걸식이 끝나고 나자 라운이 머무는 온천림에 이르셨다. 一時 佛遊王舍城 在竹林迦蘭哆園 爾時 尊者羅云亦遊王舍城溫泉林中 於是 世尊過夜平旦 著衣持鉢入王舍城而行乞食 乞食已竟 至溫泉林羅云住處"라고 하였다. [참고문헌]『中阿含經』, *MN.1.414*. ⇨ 가란다죽원 迦蘭陀竹園, 죽림정사 竹林精舍 ❶

죽림도량 竹林道場 죽림정사(竹林精舍).『대비바사론』 권29(대정장27, p.148b19)에 "존자 아난이 듣고 나서 합장하고 따라 기뻐하며 찬탄하고 물러갔다. 다시 죽림도량으로 가서 이 일을 오백 명의 필추에게 질문하였다. 尊者阿難聞已合掌隨喜讚歎辭退 復詣竹林道場以此事問五百苾芻"라고 하였다. [참고문헌]『大毘婆沙論』. ⇨ 가란다죽원 迦蘭陀竹園, 죽림정사 竹林精舍 ❶

죽림사 竹林寺 ❶ 경상남도 밀양시 단장면 구천리 재약산(載藥山)에 있는 표충사(表忠寺). [참고문헌]『韓國寺刹全書』 권하 p.1026a18 欄外. ⇨ 표충사 表忠寺 ❷ 경상남도 창녕군 창녕읍 옥천리 영추산(靈鷲山 : 또는 영취산)에 있던 절.『동국여지승람』 권27 경상도 영산현 불우에 이름과 위치가 전하나,『여지도서』 경상도 영산 사찰·『범우고』에 "지금은 폐사되었다. 今廢"고 하였다. [참고문헌]『東國輿地勝覽』,『輿地圖書』,『梵宇攷』,『韓國寺刹全書』 권하 p.1026a17. ❸ 경상북도 구미시 선산읍 교리 비봉산(飛鳳山)에 있던 절.『동국여지승람』 권29 경상도 선산도호부 불우에 이름과 위치가 전하나,『여지도서』 경상도 선산 사찰에 "지금은 없다. 今無"고 하였다. [참고문헌]『東國輿地勝覽』,『輿地圖書』,『梵宇攷』,『韓國寺刹全書』 권하 p.1026b3. ❹ 경상북도 안동시 서후면 성곡리에 있던 절.『사탑고적고』에 "삼층석탑이 있는데, 높이는 약 1장이며 거의 완전하다. 有三層石塔 高約一丈 稍完全"라고 하였다. [참고문헌]『寺塔古蹟攷』,『韓國寺刹全書』 권하 p.1026b4. ❺ 경상북도 영천시 금호읍 봉죽리 유봉산(遊鳳山)에 있는 절. 대한불교조계종 제10교구 본사 은해사(銀海寺)의 말사이다. 809년(헌덕왕1)에 창건되었으며, 임진왜란 때 전소되었다가 중건되었다. 1802년(순조2)에는 거의 폐사상태였으나 1815년에 임취봉(林就鳳)·이상공(李尙恭)·이한억(李漢億) 등이 중건하였고, 1830년에도 한차례 더 중수하였다. 1950년 한국전쟁으로 다시 폐사되었다. 성수가 1990년에 대웅전, 1995년에 삼성각을 건립하였고, 2000년부터 대대적인 불사를 시작하여 사역을 일신하였다. 현존 당우로는 극락보전·오천관음불전·나한전·산신각·보화루 등이 있으며, 성보문화재로는 통일신라 석굴암 불상양식을 계승하여 고려전기에 조성된 극락보전 불상인 유형문화재 제425호 철조여래좌상이 있다. [참고문헌]『韓國寺刹全書』 권하 p.1026a19,『文化遺蹟分布地圖－永川市』(永川市·大邱大博物館, 2001) p.207. ❻ 경상북도 청도군 화양읍 신봉리 화악산(華岳山 : 一名 南山)에 있는 절. 대한불교조계종 제9교구 본사 동화사(桐華寺)의 말사이다. 610년(진평왕32)에 법정(法定)대사가 창건하였으며 당시 이름은 화남사(華南寺)였다. 이후 선덕여왕(善德女王)의 명을 받아 화친사(和親使)로 일본에 건너가 큰 성과를 거두고 돌아오자, 왕이 절 옆의 토지 9백결(結)을 하사하고 대나무를 심게 하였다. 대나무가 자라 숲속에 절이 위치하게 되자 이름을 죽림사로 바꾸었다. 고려후기에 보조지눌(普照知訥)이 중창, 조선전기에 무학자초(無學自超)가 중건하였다. 임진왜란 이후 보광전만 남아 있어 인덕당(因德堂)을 새로 건립하였다. 1862년(철종13)에 재월(載

月)화상, 1934년에 벽운(碧雲)화상이 중창하였다. 1992년에 산령각과 요사인 견을당, 1993년에 대웅전을 건립하였다. 현존 당우로는 대웅전·삼성각·산령각·요사 등이 있다. [참고문헌]『韓國寺刹全書』 권하 p.1026b1, 『文化遺蹟分布地圖 - 淸道郡』(淸道郡·慶尙北道文化財硏究院, 2003) p.197. ❼ 경상북도 포항시 북구 용흥동 봉비산(鳳飛山)에 있는 절. 대한불교조계종 제11교구 본사 불국사(佛國寺)의 말사이다. 1809년(순조9)에 박중식(朴重植)이 지은 「포항죽림사상량문」에 "지금 이 포항 죽림산은 신라시대 봉비산이다. 그 아래에 빈 옛터가 있는데, 이 또한 신라시대 죽림사 터다. 원앙부인이 수도하던 곳이며, 그 아들인 안락국이 진리를 깨달은 곳이다. … 지금 새로 지은 절의 이름은 '죽림'이며, 전각의 이름은 '자광'이다. 今此浦項竹林山 羅時鳳飛山 而其下區遺墟 是亦其時竹林寺基址也 鴛鴦夫人修道之處 其子安樂國之悟眞之地 … 今新寺名曰竹林 殿名慈光"라고 하였다. 1929년에 작성된 「죽림사실기문」을 통해 1927년에 주지 및 신도들이 불교기성회를 조직하여 중수하였음을 알 수 있다. 1980년에 중창불사위원회를 조직하여 대웅전·유치원을 새로 건립하였으며, 1996년에 삼성각을 건립하였다. [참고문헌] 「浦項竹林寺上樑文」, 「竹林寺實記文」. ❽ 전라남도 강진군 수인산(修因山)에 있던 절. 이하곤(李夏坤 1677~1724)의 『두타초』 책17 「남유록 南遊錄」(한국문집총간191, p.539a8)에 "(1722년 11월 10일에) 여러 사람이 두부를 차려 죽림사로 맞이하였다. … 절은 수인산 서쪽에 있으며 병영에서 4리 쯤 떨어진 곳으로 좁고 누추해서 지내기 어렵겠다. 諸人設軟泡 邀會于竹林寺 … 寺在修因山西 去兵營四里所 卑陋不堪居矣"라고 하였다. [참고문헌]『頭陀草』. ❾ 전라남도 나주시 남평읍 풍림리 중봉산(中峯山)에 있는 절. 대한불교조계종 제18교구 본사 백양사(白羊寺)의 말사이다. 440년(비유왕14·눌지왕24)에 아도화상(阿度和尙)이 창건하였다고 전하며, 1748년(영조24)에 진찰(晋札)이 지은 「중봉산죽림사사적 中峯山竹林寺事蹟」(『조선사찰사료』 권상, p.199)에 "죽림사는 신라 눌지왕 때 아도화상이 창건하였다. … 이때의 처음 이름은 종죽암으로 암자 북쪽의 푸른 대숲으로 인해 그렇게 부른 것이고, 죽림은 후인들이 일컬은 이름이다. 竹林寺者 新羅訥祗王時 和尙阿度所建也 … 是時初名種竹庵 庵之北綠竹林 林故因以爲號 竹林後人攸稱"라고 하였다. 『동국여지승람』 권36 전라도 남평현 불우·『여지도서』 전라도 남평 사찰·『가람고』·『범우고』에 이름과 위치가 전한다. 현존 당우로는 극락보전·영산전·삼성전·염화실·수각·청향각·청광선원·회심당 등이 있다. 성보문화재로는 보물 제1279호 세존괘불탱, 유형문화재로는 고려후기 단아한 불상양식을 계승하여 조선전기에 조성된 극락보전 불상인 제298호 건칠아미타여래좌상, 수화승 필영(弼英)과 이한(怡漢)·적조(寂照) 등이 18세기 전반에 조성한 제301호 극락전영산회상도, 문화재자료 제92호 극락보전 등이 있다. [참고문헌]『朝鮮寺刹史料』, 『東國輿地勝覽』, 『輿地圖書』, 『伽藍考』, 『梵宇攷』, 『韓國寺刹全書』 권하 p.1026a9. ❿ 전라남도 보성군에 있던 절. 『무의자시집』 권하 「숙패주죽림사유설 宿貝州竹林寺有雪」(한불전6, p.56c6)에 "작은 숲에 눈이 조금 내리니, 맑고 자유로워 더욱더 기이하고 뛰어나다. 밉살스러운 늙은이가 바람을 부니, 뒤집혀 옥가루가 떨어지네. 蕞林得微雪 淸恣更奇絶 生憎老呼風 掀飜下玉屑"라고 하였다. [참고문헌]『無衣子詩集』. ⓫ 전라남도 여수시 소라면 죽림리에 있던 절. 절터에서 통일신라 말기에 조성된 것으로 추정되는 석조비로자나불좌상이 수습되었으며, 현재는 인근 안심사(安心寺)에 모셔져 있다. 절터에서 불상 외에도 와편(瓦片)·자기편(磁器片) 등이 발견되었다. [참고문헌]『韓國의 寺址』 전라남도Ⅰ(문화재청·佛敎文化財硏究所, 2011) p.731. ⓬ 전라남도 장성군 죽림산(竹林山)에 있던 절. 『동국여지승람』 권36 전라도 진원현 불우에 이름과 위치가 전하며, 1927년에 간행된 『장성읍지』 권1 사찰에 "지금은 없다. 今無"고 하였다. [참고문헌]『東國輿地勝覽』, 『長城邑誌』, 『韓國寺刹全書』 권하 p.1026a13. ⓭ 전라남도 진도군 임회면 여귀산(女貴山)에 있던 절. 『동국여지승람』 권37 전라도 진도군 불우에 이름과 위치가 전하며, 『범우고』에 "지금은 폐사되었다. 今廢"고 하였다. [참고문헌]『東國輿地勝覽』, 『梵宇攷』, 『韓國寺刹全書』 권하 p.1026a11. ⓮ 전라남도 함평군 해보면 해보리 모악산(母岳山)에 있던 절. 『동국여지승람』 권36 전라도 함평현 불우에 이름과 위치가 전하며, 『여지도서』 전라도 함평 사찰·『범우고』에 "지금은 폐사되었다. 今廢"고 하였다. 1982년에 절터에 있던 유형문화재 제171호 해보리석조여래입상을 함평읍 함평리 군민회관으로 이전하였다. [참고문헌]『東國輿地勝覽』, 『輿地圖書』, 『梵宇攷』, 『韓國寺刹全書』 권하 p.1026a15. ⓯ 충청남도 서산시 해미면 간잠(艮岑)에 있던 절. 이진백(李震白 1622~1707) 『서암유고』 권하 「간잠동록서암형승록 艮岑東麓西巖形勝錄」(한국문집총간 속집36, p.70b10)에 "서암의 서쪽 언덕은 평탄한 지형으로서 가운데에 있는 우물은 물이 매우 맑고 시원하다. 우물 주변에 암자를 새로 지었는데 옆에 대나무 숲이 있으므로 죽림사라 이름하였다. 스님 십여 분이 주석한다. 巖之西畔 地形平坦 中有一井 水甚淸洌 井邊新搆一庵 傍有竹林 名以竹林寺 緇徒十餘人居之", 「암송창수록서 巖松唱酬錄序」(같은 책, p.71b17)에 "병술년(1706·숙종32) 가을 7월 초 길일에 85세 서암노인이 간잠의 죽림사에서 쓰다. 時丙戌秋七月初吉 八十五歲西巖老人 書于艮岑竹林寺"라고 하였다. [참고문헌]『西巖遺稿』. ⓰ 중국 산서성(山西省) 오대산(五臺

山)에 있는 절. 오회법사(五會法師) 법조(法照)는 남악(南嶽) 운봉사(雲峯寺)에서 머무르고 있었는데, 죽 공양을 받는 발우 안에 어떤 사찰의 영상이 떠오르며 그 편액에 '대성죽림사 大聖竹林寺'라고 쓰여 있는 것을 보았다. 법조는 이듬해 당(唐) 대종(代宗)이 재위하던 770년(대력5)에 오대산으로 들어가 문수보살의 감응(感應)을 받아 사찰을 건립하고 '죽림사'라 칭하였다. 법조가 입적한 후 20년쯤 지나 840년 5월 일본 평안시대(平安時代)의 원인(圓仁)이 오대산을 순례하며 이 죽림사에 대한 기록을 남겼는데 다음과 같다. 『입당구법순례행기』 권2(대장경보편18, p.64b17)에 "죽림사에 이르러 가던 길을 멈추고 공양을 마친 후 절의 건물을 순례하였다. 반주도량이 있었는데 일찍이 법조화상이 이 당우에서 염불을 하였다. 行到竹林寺斷中 齋後巡禮寺舍 有般舟道場 曾有法照和尙於此堂念佛", 같은 책 권2(대장경보편18, p.65a11)에 "죽림사에는 여섯 개의 원, 율원·고원·화엄원·법화원·각원·불전원이 있는데 절에는 모두 40인이 스님이 와 있었고, 이 사원들은 오대산에 소속되어 있지 않았다. 竹林寺有六院 律院庫院 花嚴院法花院 閣院佛殿院 一寺都有四十來僧 此寺不屬五臺"라고 하였으며, 이외에도 죽림사의 예불의식 등을 소상하게 기록으로 남기었다. 현재 남아있는 유물로는 명(明) 홍치년간(1488~1505)에 건립한 전탑과 함께 1942년 일본 천태종의 태산(泰山)화상이 원인스님을 기념하기 위해 백옥으로 건립한 석비가 있다. [참고문헌] 『入唐求法巡禮行記』, 『宋高僧傳』 권21(대정장50, p.844a8). ⇨ 대성죽림사 大聖竹林寺, 법조 法照 [17] 중국 호북성(湖北省) 형주(荊州) 강릉(江陵)에 있던 절. 동진(東晉)대 남만교위(南蠻校尉) 유준(劉遵)이 건립하였고, 여산혜원(廬山慧遠 334~416)의 사제 담순(曇順 ?~425)을 첫 번째 주인으로 맞이하였다. 담순이 문도를 모아 강학을 시작하자, 이어 동문인 담옹(曇邕)이 혜원 입적 후에 찾아와 말년을 이곳에서 보냈다. 담순의 문도 승혜(僧慧)가 이곳에서 수학하여 남제(南齊) 초에 형주의 승주(僧主)가 되었고, 승혜 이후에는 혜창(慧敞)이 그 지위를 이어 받았다. 훗날 도형(道馨)과 승연(僧淵)에게 수학한 혜구(慧球 431~504)가 형주의 승주가 되어 이곳 죽림사에서 강학하였는데, 이때의 사세가 가장 융성하였다. [참고문헌] 『梁高僧傳』 권6(대정장50, p.363a24)·권8(대정장50, p.378b19)·권8(대정장50, p.381a9). ⇨ 담순 曇順, 담옹 曇邕, 혜구 慧球

죽림사기 竹林寺記 1748년(영조24) 5월에 태곡산인(苔谷散人)이 지은 죽림사의 사적기문. 『중봉산죽림사사적』의 후면에 필사되어 있으며, 『조선사찰사료』 권상 pp.200~202에도 수록되어 있다. [참고문헌] 『中峯山竹林寺事蹟』, 『朝鮮寺刹史料』. ⇨ 죽림사 竹林寺 [9]

죽림사사적 竹林寺事蹟 1748년(영조24)에 중악문인(中嶽門人) 보찰(普札)과 태곡산인(苔谷散人) 지음. 종이 필사 절첩본(折帖本). 갖춘 이름은 「중봉산죽림사사적 中峯山竹林寺事蹟」이며, 전라남도 나주 죽림사 회심당에 소장되어 있다. 앞면에는 「중봉산죽림사사적」이, 뒷면에는 「죽림사기」가 필사되어 있으며, 각각 『조선사찰사료』 권상 pp.198~200·pp.200~202에 수록되어 있다. 절첩본 후면에는 '죽림사기'라는 표제어는 없지만, 내용 중에 "눌지왕 경신년(440)에 아도화상이 서석의 서쪽에 주석하면서 중봉산(中峯山 : 나주)에 죽림사와 냉산(冷山 : 구미)에 도리사를 창건하였다. 訥祗王庚辰也 阿度住錫于瑞石之西 中峯山刱一伽藍實竹林 與冷山之桃李"라고 하였다. 말미의 불우록(佛宇錄)에는 대웅전 이하 6개의 전각, 중료록(衆寮錄)에는 선당 이하 18개의 당우와 암자를 열거하고 있다. [참고문헌] 『朝鮮寺刹史料』. ⇨ 죽림사 竹林寺 [9]

죽림사세존괘불탱 竹林寺世尊掛佛幀 조선후기 괘불탱. 보물 제1279호. 세로 5.09m·가로 2.63m. 비단과 삼베에 채색. 석가모니불만 그린 독존불화로 지금까지 남아있는 괘불탱 중에서 크기가 작은 편이다. 바탕천은 비단 두 폭을 중심으로 좌우에 삼베를 두 폭씩 이어 붙여 총 6폭을 연결하여 만들었다. 1622년(광해군14)에 화승 수인(首印)·신헌(信軒)이 제작했다. 화기(畵記)에 원래 봉안 장소는 먹으로 지우고 그 옆에 '죽림사(전라남도 나주) 竹林寺'라 썼으며, 이어서 '정중괘불세존탱 庭中卦佛世尊幀'이라 하여 야외법회 때 모신 괘불임을 명시하였다. 중앙에 부처님께서 큰 연꽃 위에 결가부좌하고 계시다. 육계는 높고 중앙에 반원형의 계주(髻珠)가 있다. 왼손은 무릎에 두어 엄지와 중지를 맞대고, 오른손은 무릎 아래로 내린 항마촉지인을 하였다. 무릎까지 늘어뜨린 오른팔이 가늘고 손과 발도 고르지 않고 투박한데, 1652년(효종3)에 제작된 국보 제297호 안심사영산회괘불탱(安心寺靈山會掛佛幀)과 1683년(숙종9) 제작된 도림사괘불탱(道林寺掛佛幀)과 유사하다. 보상화문(寶相華紋)이 가득 수놓인 붉은 법의를 통견(通肩)으로 걸치고 있으며, 법의 끝단을 다양한 명도의 녹색과 청색을 이용해 화려하게 장식했다. 붉은 화염문이 둘러진 키 모양의 녹색 광배(光背)에는 금니

죽림사세존괘불탱

(金泥)로 연당초문을 채웠다. 현재까지 알려진 괘불탱 가운데 가장 연대가 올라가는 작품으로, 17세기 전반기 괘불의 양식을 알 수 있는 중요한 성보다. [참고문헌]『죽림사세존괘불탱』(문화재청·성보문화재연구원, 2017) pp.8~14. ⇨ 죽림사 竹林寺 ⑨

죽림석가사 竹林釋迦寺 석가족이 있는 가유라위(迦維羅衛 Ⓟ Kapilavatthu)에 있던 대나무 숲속의 사원. 『중아함경』 권28 「밀환유경 蜜丸喩經」(대정장1, p.603 b11)에 "한때 부처님께서 석기수(釋羇瘦 Ⓟ Sakkesu)를 유행하실 때 가유라위에 계셨다. 그때 세존께서 밤을 지나 아침이 되자 의발을 갖추시고 걸식하기 위하여 가유라위로 들어가셨다. 공양을 마치고 나서 정오가 지나자 의발을 거두시고 손발을 씻고 니사단을 어깨에 걸치고 죽림석가사가 있는 곳으로 가셨다. 저 큰 숲에 들어가서 한 나무 아래에 이르러 니사단을 깔고 결가부좌하셨다. 一時 佛遊釋羇瘦 在迦維羅衛 爾時 世尊過夜平旦 著衣持鉢 爲乞食故 入迦維羅衛 食訖 中後收擧衣鉢 澡洗手足 以尼師壇著於肩上 往詣竹林釋迦寺中 入彼大林 至一樹下敷尼師壇 結加趺坐"라고 하였다. 그러나 상응하는 *Madhupiṇḍika-sutta*(*MN.1*, p.108)에는 니그로다승원(Ⓟ Nigrodha-ārāma)에 계셨다고 하였다. [참고문헌]『中阿含經』, *MN.*

죽림선파 竹林禪派 베트남(越南)불교 초기에 형성된 선종의 한 종파. 죽림안자(竹林安子)라고도 한다. 월남의 여러 왕통(王統) 가운데 진조(陳朝)의 여러 제왕들이 가장 가까이 섬긴 불교이다. 진조의 태종(太宗)이 재위할 때 국내 각 역정(驛亭)에는 모두 불상을 봉안하고 아울러 중국 임제종(臨濟宗)의 천봉(天封)·덕성(德誠) 두 선사에게 가르침을 받았다. 세 번 전하여 인종(仁宗 (?~1308)에 이르자 1293년(중흥9) 인종은 태자 영종(英宗)에게 양위하고 불도에 들어가 안자산(安子山) 와운암(臥雲庵)에 거처하였다. 무언통파(無言通派) 초조(初祖) 무언통의 제자인 혜충(慧忠) 문하에서 수학한 뒤에 그 법을 잇고 죽림대사(竹林大士) 또는 죽림조어성조(竹林調御聖祖)라 불리며 죽림선파를 창종하였다. 그 교법은 중국 임제종과 월남의 무언통파·초당파(草堂派) 등의 사상과 어울려 월남화한 임제선이 되었으며, 참화선(參話禪)을 행하고 공안선(公案禪)을 부정하였다. 아울러 불법은 노자(老子)의 도(道)나 공자(孔子)의 중용(中庸)과 같으며, 세간법과도 멀지 않다고 주장하였다. 대사는 거처 서쪽에 보명사(普明寺)를 건립하여 참선 외에도 무량법회(無量法會)를 개최하여 빈약한 이들에게 두루 보시하였다. 1308년(융흥16) 입적하였는데 『선림철자어록 禪林鐵觜語錄』을 남겼다. 문인으로는 법고(法鼓)·밀장(密藏)·향산(香山)·법라(法螺)·향당(香幢)·법당(法幢) 등이 있다. 이조(二祖) 법라(法螺), 삼조(三祖) 현광(玄光), 사조(四祖) 진명종(陳明宗)을 거쳐 15세기 초에 이르러 기울기 시작하였다. 이조 법라의 원래 법명은 보혜(普慧)였다. 그는 혜충문하의 성각(性覺)을 은사로 출가하여 대장경을 궁구하다가 1년 뒤에 죽림대사에게 구족계와 보살계를 받고 마침내 법라로 개명하였다. 1312년(융흥20) 궁정에서 『대혜어록 大慧語錄』을 강설하였고, 다음 해에는 『선림철자어록』과 『혜충대사어록 慧忠大士語錄』 등을 강설하였다. 입적하기 전에 죽림대사가 전한 가사(傳衣)와 사심게(寫心偈)를 현광에게 부여하면서 삼조로 삼았고, 법기(法器)·불자(拂子)·죽비(竹篦)·전적(典籍)·금령(金鈴)·금저(金杵) 등을 나누어서 경과(景顆)·경미(景微)·혜관(慧觀)·혜연(慧然)·해인(海印)·혜촉(慧燭) 등에게 전하였다. 법라는 절에 800좌(座)를 조성하였고 문인은 천여 인에 달하였다. 저서에는 『열반대경과주 涅槃大經科註』·『법화경과소 法華經科疏』·『사권능가과소 四卷楞伽科疏』·『반야심경과소 般若心經科疏』·『금강장다라니경과소 金剛場陀羅尼經科疏』·『법화과문 法華科文』·『불문공문조성 佛門攻文助成』 등이 있다. 법라문하로 출가했던 삼조현광은 시문에 능하였고, 경에 대한 주석이 매우 많았지만 그 서명은 알 수 없다. 스승 법라의 저작 중 일부분은 현광이 지었을 것으로 추정하기도 한다. [참고문헌]『越國安子山竹林諸祖聖燈語錄』, 『三祖實錄』.

죽림암 竹林庵 전라북도 임실군 임실읍 성가리 운수산(雲水山)에 있는 암자. 대한불교조계종 제24교구 본사 선운사(禪雲寺)의 말사이다. 사찰에서 전하기로는 신라 진감(眞鑑)국사 혜소(慧昭)가 창건했다고 한다. 1504년(연산군10) 벽송지엄(碧松知嚴)이 중창했으나, 1592년(선조25) 임진왜란 때 소실되어 1604년(선조37) 진묵일옥(震默一玉)이 중창했고, 1868년(고종5)에 허주덕진(虛舟德眞)이 다시 중창했다. 1935년부터 1936년까지 후불탱·지장탱·신중탱·독성탱·산신탱 등을 조성하였다. 후불탱 화기(畵記) 중에 '증명·회주·송주·지전 비구는 동운이며, 금어는 비구 성공과 법상이다. 證明比丘 會主比丘 誦呪比丘 持殿比丘 東云 金魚 比丘 性空 法尙"라고 하였다. 근래에 들어와서는 1981년에 성암길남(惺庵吉男)이 법당·칠성각·산신각 등을 중수했고, 1984년부터 재정(在淨)이 칠성각·산신각·요사 등을 중건하였다. 현존 당우로는 문화재자료 제25호인 법당을 비롯하여 칠성각·산신각·종각·요사채 등이 있다. [참고문헌]『韓國寺刹全書』 권하 p.1026b6.

죽림원 竹林園 죽림정사(竹林精舍). 죽원림(竹園林)이라고도 한다. 『불본행집경』 권44(대정장3, p.860b28)

에 “이때 빈두왕이 이런 생각을 하고 나서 부처님께 아뢰었다. ‘대성 세존이시여! 이 죽원림은 왕사성에서 멀지도 않고 가깝지도 않으며 선인의 수도를 감당할 만한 곳입니다. 세존께서 저에게 어떤 법을 가르치시던 이 죽림을 보시하오니 세존께서 앉는 자리로 삼아주시기를 오로지 원하옵니다. … 훌륭하십니다! 세존이시여! 이 죽림원은 성과 가깝고 선인의 수도를 감당할 만합니다. 저는 제불세존 초제승 등에게 아낌없이 보시하도록 하겠습니다. 보시한 후에는 세존께서 저를 가엾게 여기셔서 받아서 수용해주시길 오로지 원하옵니다’. 時 頻頭王作是念已 而白佛言 大聖世尊 此竹園林 去王舍城 不近不遠 乃至堪爲善人修道 唯願世尊 教我何法 以此竹林布施世尊以爲坐處 … 善哉 世尊 此竹林園 去城側近 乃至堪爲善人修道 我今捨施諸佛世尊招提僧等 布施以後 唯願世尊 納取受用 哀愍我故”라고 하였다. 〔참고문헌〕『佛本行集經』, 『大般若經』 권593(대정장7, p.1065c26). ⇨ 가란다죽원 迦蘭陀竹園, 죽림정사 竹林精舍 ❶

죽림정사 竹林精舍 ❶ Ⓢ Veṇuvana kalandakanivāpa, Ⓟ Veḷuvana kalandakanivāpa, Ⓣ ʼod-maʼi-tshal. 천축 오정사(五精舍)의 하나다. 가란다죽원(迦蘭陀竹園)·죽림(竹林)·죽원(竹園)·죽림원(竹園林) 등이라고도 한다. 중인도 마가다국 왕사성(王舍城) 가란다죽림의 정사이다. 왕사성 옆에 있으면서 가란다장자가 부처님께 귀의한 뒤에 죽원을 부처님께 바치고, 마가다국 빈비사라왕(頻毘娑羅王)이 정사를 세웠다고 전해진다. 부처님께서 성도하신 초년에 죽림에 세워졌고, 이것이 인도승원의 효시가 되었다. 사위성(舍衛城)의 기원정사(祇園精舍)와 더불어 가장 이른 시기에 건립된 대표적 사원(寺院)이다. 부처님 재세 시 가장 많이 설법하신 도량으로 교단의 토대가 된 곳이다. 『니구다범지경』 권상(대정장1, p.222a23)에 “한때 세존께서 왕사성 가란다 죽림정사에 계셨다. 그때 저 성 가운데 화합이라고 하는 한 장자가 있었다. 하루는 밥을 먹고 나서 왕사성을 나가 가란다 죽림정사 부처님이 계신 곳으로 가서 우러러 예를 올리고 가까이 있었다. 一時 世尊在王舍城迦蘭陀竹林精舍 時彼城中有一長者 名曰和合 於一日中 飯食事訖 出王舍城 詣迦蘭陀竹林精舍佛世尊所 瞻禮親近”, 『대방등대집경』 권20(대정장13, p.141a17)에 “이 게송 소리가 두루 퍼지고 들렸다. 가란다 죽림정사에 있는 모든 보살·아라한들이 왕사대성으로 다 가서 모이고, 시방무량세계의 정토와 예토의 모든 부처님 계신 곳이나 부처님이 없는 곳까지 (이 소리가) 이르러 모든 중생이 다 와서 모였다. 是偈音聲周遍而聞 迦蘭陀竹林精舍有諸菩薩阿羅漢等 悉往集會王舍大城中 乃至十方無量世界淨土穢土有佛之處及無佛處 一切衆生悉來聚集”, 『대당서역기』 권9(대정장51, p.923a10)에 “죽림정사 북쪽으로 이백여 보를 가면 가란다 연못에 이른다. 여래께서 옛날 이 (연못에 대해서) 물이 맑고 여덟 가지 공덕을 갖추었다고 설법을 많이 하셨다. 부처님이 열반하신 후에 완전히 말라버렸다. 竹林精舍北行二百餘步 至迦蘭陀池 如來在昔多此說法 水旣淸澄 具八功德 佛涅槃後 枯涸無餘”라고 하였다. 〔참고문헌〕『尼拘陀梵志經』, 『大方等大集經』, 『大唐西域記』, *Saṅ-v.165.*, *SN.1.231·2.242.* ⇨ 가란다죽원 迦蘭陀竹園, 가릉죽원 迦陵竹園, 기원정사 祇園精舍, 사 寺 ❶ ❷ 전라남도 구례군 용방면 죽정리에 있는 절. 대한불교조계종 제19교구 본사 화엄사(華嚴寺)의 말사이다. 현존 당우로는 대웅전·삼성각·요사 등이 있다. 〔참고문헌〕「전통사찰현황」(문화체육관광부, 2018.07.30). ❸ 전라북도 장수군 번암면 죽림리에 있는 절. 불교계 항일독립운동가 용성진종(龍城震鐘 1864~1940)조사의 생가터에 2007년에 창건되었다. 현존 당우로는 대웅보전·용성교육관·유물전시관·용성스님 생가·요사 등이 있다. ⇨ 진종 震鐘

죽림총 竹林叢 대나무가 숲을 이룬 곳. 『장아함경』 권2 「유행경 遊行經」(대정장1, p.14c10)에 “이때 세존께서 비사리에서 머물 만큼 머무시고 나서 아난에게 말씀하셨다. ‘그대들은 (의발을) 엄수하라, 나는 죽림총으로 가려고 한다’. 대답했다. ‘예. 알겠습니다’. 곧 의발을 엄수하고 대중들이 세존을 따르면서 발기국을 경유하여 저 대나무 숲에 이르렀다. 爾時 世尊於毘舍離 隨宜住已 告阿難言 汝等皆嚴 吾欲詣竹林叢 對曰 唯然 卽嚴衣鉢 與大衆侍從世尊 路由跋祇 至彼竹林”라고 하였다. 〔참고문헌〕『長阿含經』.

죽림칠현 竹林七賢 위진(魏晉) 교체기 때 혼탁한 세간을 버리고 산림에 은둔한 일곱 명의 문사. 완적(阮籍)·혜강(嵇康)·산도(山濤)·상수(向秀)·유령(劉伶 : 劉靈)·완함(阮咸)·왕융(王戎) 등으로 은둔하여 고준담론을 펼치며 노장(老莊)에 심취하였다. 한(漢) 이후 무너진 유교사상과 남북조시대 이후에 보편화되는 불교사상 사이의 공백기 사상을 대표한다. 『양고승전』 권1 「축담마라찰전 竺曇摩羅刹傳」(대정장50, p.326c27)에 “훗날 손작이 「도현론」을 지으면서 천축의 일곱 스님을 죽림칠현에 견주었는데, 법호(法護 : 曇摩羅刹)는 산거원(山濤)과 짝을 맺었다. 後孫綽製道賢論 以天竺七僧方竹林七賢 以護匹山巨源”, 『조론소』 권중(대정장45, p.184c4)에 “진대 혜강·완적·완함·산도·왕융·상수·유령 등 일곱 사람은 산양죽림에 함께 숨어 왕후를 섬기지 않고 그 뜻을 고상하게 여겼다. 晉朝嵇康 阮籍阮咸 山濤王戎 向秀劉靈等七人 在於山陽竹林俱隱 不事王侯 高尙其志”라고 하였다. 〔참고문헌〕『梁高僧傳』, 『釋氏稽古略』 권1(대정장49, p.773c3). ⇨ 산거원 山巨源, 산

도 山濤, 완적 阮籍, 완함 阮咸[1], 혜강 嵇康

죽립사 竹笠寺 경상북도 경주시 강동면 왕신리에 있던 절. '삿갓절터·삿갓암자터'라고도 불리는 절터가 남아 있다. 〔참고문헌〕『韓國의 寺址』 대구광역시·경상북도Ⅰ(문화재청·佛敎文化財硏究所, 2012) p.173.

죽마 竹馬 대나무로 만든 장대말. 발판을 덧댄 대나무 장대. 옛날 어린이들의 장난감이다. 발판에 발을 올리고서 타고 다니므로 말(馬)이라고 했을 뿐 말 모양과는 크게 관련이 없다. 『고금역경도기』 권4(대정장55, p.366c12)에 "사문 현장은 하남 낙양 출신으로 속성은 진씨이며, 영천 진중궁의 후예이다. 구차를 가지고 놀 나이에 머리카락을 자르고 출가하였고, 죽마를 가지고 놀 나이에는 이미 현묘한 이치를 깨달았다. 沙門玄奘 河南洛陽人 俗姓陳氏 潁川陳仲弓之後 鳩車之齡落綵 竹馬之齒通玄", 『출삼장기집』 권13 「지겸전 支謙傳」(대정장55, p.97b16)에 "월(지겸의 名)이 나이 일곱에 죽마를 타고 이웃집에서 놀다가 개에게 물려 정강이뼈가 부러졌다. 이웃이 개를 죽이고 간을 꺼내서 환부에 붙이려 하였다. 이에 월이 말하기를 '하늘이 이 동물을 낳을 때 사람을 지킬 수 있게 짖도록 만들었습니다. … 축생은 무지할 뿐이니 어찌 이치를 따져 책임을 묻겠습니까?'라고 하였다. 越年七歲 騎竹馬戲於隣家 爲狗所嚙 脛骨傷碎 隣人欲殺狗 取肝傅瘡 越曰 天生此物 爲人守吠 … 且畜生無知 豈可理責", 『삼국유사』 권3(대정장49, p.996b29·한불전6, p.330c4) 탑상4 분황사천수대비맹아득안(芬皇寺千手大悲 盲兒得眼)에 "죽마와 파피리로 두렁 먼지 날리더니, 하루아침에 푸른눈동자 다 잃은 아이여. 대사의 자비로운 눈길 아니었다면 헛되이 보냈으리, 버들꽃 날리는 봄을. 竹馬葱笙戲陌塵 一朝雙碧失瞳人 不因大士廻慈眼 虛度楊花幾社春"라고 하였다. 〔참고문헌〕『古今譯經圖紀』, 『出三藏記集』, 『三國遺事』.

죽멸 竹篾 대나무 마디 사이의 얇은 막(膜). 극히 가까운 것을 비유한다. 또는 대나무 껍질. 『대비바사론』 권71(대정장27, p.368a2)에 "대나무 껍질 등 마디져 나란히 배열되어 있는 것을 일산이나 부채 등이라 하고, 뼈와 살 등의 조각들이 순서에 맞게 자리잡고 있으면 남자나 여자 등이라 한다. 次第安布竹篾等段 名蓋扇等 次第安布骨肉等段 名男女等", 『관무량수불경소』 권2(대정장37, p.260b27)에 "중생은 업장에 젖은 눈이니 타고난 맹인같아서 손바닥도 멀다 하고, 타방이 대나무 껍질만큼 막혔어도 천 리나 멀다고 한다. 衆生業障觸目生盲 指掌謂遠 他方隔竹篾卽踰之千里"라고 하였다. 〔참고문헌〕『大毘婆沙論』, 『觀無量壽佛經疏』.

죽미기 竹迷記 중관해안(中觀海眼 1567~?) 지음. 하남 대둔사(大芚寺) 사적을 적은 글. 권말에 '죽미일(음력 5월 13일 또는 8월 8일)에 삼가 쓰다. 竹迷日 謹書'라 하여 『죽미기』라 불린다. 1722년(경종2)에 선산후인(善山後人) 김우정(金禹鼎)이 지은 「후발문 後跋文」에 따르면 정유재란과 병자호란으로 사중의 전적이 모두 불타서 사적을 헤아릴 만한 기록이 없으므로, 중관이 예부터 들어온 것들(舊聞)을 수집하여 1636년(인조14·숭정기원후 9년) 죽미일에 완성하고, 1722년에 목판을 제작하였다. 『범해선사문집』 권2 「진불암지서 眞佛庵志序」(한불전10, p.1091c13)에 "큰절(대둔사)에 두 가지 사적이 있는데, 하나는 중관자가 손으로 쓴 1권 『죽미기』로서 이미 판각에 들어갔다. 둘째는 열수 정약용이 윤필한 『대둔지』이다. 大寺有二事蹟 一曰竹迷記 中觀子手記 一卷 已入刻 二曰大芚志 丁洌水閏筆"라고 하였다. 현재 필사본만 전한다. 1928년에 대둔사 소장본을 촬영한 유리건판사진자료에는 '中觀竹迷記' 표지와 1796년(정조20) 중관의 8세손 극념(亟念)의 발문이 있는 필사본 정보가 전하며, 『대둔사지』에는 김우정의 「후발문」이 있는 필사본이 부록으로 붙어 있다. 〔참고문헌〕『梵海禪師文集』, 『大芚寺志』(亞細亞文化社, 1980) p.321~342. ⇨ 대둔사지 大芚寺志

죽미사 竹薇寺 경상북도 봉화군 소천면 죽미산(竹薇山)에 있던 절. 『영가지』 권6 불우에 "소천부곡 동쪽 죽미산에 있다. 在小川部曲東竹薇山"라고 하였다. 〔참고문헌〕『永嘉誌』.

죽반 粥飯 이른 아침에 먹는 죽과 정오 전에 먹는 밥. 특별한 뜻 없이 반복하는 일상을 비유한다. 재죽(齋粥)이라고도 한다. 『담주도오진선사어요』(고존숙어록19, 卍속장118, p.405b1)에 "도오가 법좌에 올라 말하였다. '저울대가 부러지면 무엇을 가지고 근수를 메길 것입니까? 발우와 시저를 뽑아내버리면 무엇을 가지고 죽반을 먹겠습니까? 삼가촌에서 이리저리 궁리하는 것이 나으니, 문득 딱 맞아떨어져서 비공마저 떨어져버렸습니다'. 上堂云 拗折秤衡 將什麽定斤兩 拈却鉢盂匙筯 將什麽喫粥飯 不如向三家村裏 東卜西卜 忽然卜著 脫却鼻孔", 『선원청규』 권3 「전좌 典座」(卍속장111, p.892b15)에 "전좌는 공양간에 매여서 죽반을 먹는데, 먹는 것을 대중과 달리해서는 안 된다. 두 때에 음식이 마련되면 먼저 승당을 바라보고 향을 올리고 절을 올린다. 마친 다음에야 발식한다. 典座係廚中喫粥飯 所食不得異衆 二時食辦 先望僧堂焚香禮拜訖 然後發食"라고 하였다. 〔참고문헌〕『潭州道吾眞禪師語要』, 『禪苑淸規』, 『五祖法演語錄』 권상(대정장47, p.654b25), 『宗門武庫』(대정장47, p.948c8). ⇨ 부죽반법 赴粥飯法[1], 재죽 齋粥

죽반기 粥飯氣 죽 먹고 밥 먹은 기운. 죽반기력(粥飯氣力)이라고도 한다. 『운문광록』 권상(대정장47, p.545c17)에 "학인이 운문에게 물었다. '무엇이 정법안입니까?' '죽과 밥의 기다'. 問 如何是正法眼 師云 粥飯氣", 『대혜어록』 권10 「송고 頌古」(대정장47, p.851a25)에 "〈본칙〉 임제는 대개 학인이 방장실로 들어오는 것을 보자마자 할을 내질렀다. 〔송〕 문을 들어서자마자 할 내지르니, 잡을 수단 그 어디에도 없네. 후손들을 끌어들여서, 죽 먹고 밥 먹은 기운 멋대로 쓰네. 臨濟凡見僧入門便喝 頌云 入門便喝 全無巴鼻 引得兒孫 弄粥飯氣", 『백운화상초록불조직지심체요절』 권하 「혜구선사시중 慧球禪師示衆」(한불전6, p.626b21)에 "내가 요사이 죽 먹고 밥 먹은 기력으로 법형제들에게 들고 소리 낸 것들 끝내 상법은 아니라네. 我此間粥飯氣力 爲兄弟擧唱 終是不常"라고 하였다. 〔참고문헌〕 『雲門廣錄』, 『大慧語錄』, 『白雲和尙抄錄佛祖直指心體要節』. ⇨ 죽반 粥飯

죽반두 粥飯頭 죽반을 축내는 소임이라는 뜻. 죽반승(粥飯僧)이라고도 한다. 공부에 진척 없이 공양식만 축내는 스님을 경계하는 말이다. 『양기어록』(대정장47, p.645b4)에 "양기가 어느 날 몸이 편치 않자 학인이 안부를 물으러 와서 말했다. '화상께서는 요즘 존위가 어떠십니까?' '죽반두가 일을 제대로 마치지 못하였다'. 학인은 답이 없었다. 師一日不安 僧問訊次乃云 和尙近日 尊位如何 師云 粥飯頭不了事 僧無語", 『원오어록』 권14 「시민선인 示民禪人」(대정장47, p.778c3)에 "급기야 도가 옛날에 미치지 못하여 법륜이 구르기 전에 식륜이 먼저 돈다는 말이 있게 되었습니다. 이로 말미암아 총림에서는 장로를 죽반두라고 부릅니다. 及至 道不及古 便有法輪未轉 食輪先轉之義 由是叢林呼長老 爲粥飯頭"라고 하였다. 〔참고문헌〕 『楊岐語錄』, 『圜悟語錄』.

죽반승 粥飯僧 아침 죽 점심(齋) 밥이나 찾아 먹는 승. 공부하지 않는 아양승(啞羊僧)을 말하지만, 겸손하여 스스로를 낮추는 뜻이기도 하다. 죽반두(粥飯頭)라고도 하고, 별도로 '고상을 떤다'는 뜻의 장행(長行)을 붙여 '장행죽반승'이라고도 한다. 『조당집』 권13 「보자광운장 報慈光雲章」(대장경보유25, p.547b14)에 "학인이 (보자에게) 물었다. '기연이 이르지 못한 것은 허물이 있기 때문입니다. 화상께서는 어떠하신지 모르겠습니다' '나에 대해 물을 것 같으면, 나는 죽반승이다' '갑자기 어떤 사람이 물을 경우에는 그에게 무어라 말씀하시겠습니까?' '추위를 만나면 춥다하고 더위를 만나면 덥다하리라'. 問 機緣不到處 由是成瑕翳 未委和尙如何 師云 若問我 我則粥飯僧 學云 忽遇人問 作麼生向伊道 師云 遇寒則說寒 遇熱則說熱", 『굉지광록』 권5(대정장48, p.65a26)에 "굉지가 학인에게 물었다. '승당에서 죽 먹고 밥 먹는 이는 어떤 사람인가?' '하루 종일 배불리 먹고 쿨쿨 잠자는 이입니다' '과연 일개 죽반승이로군'. 師云 僧堂中 捺粥捺飯 是甚麽人 僧云 二六時中 直得飽齁齁地 師云 果然是箇粥飯僧"라고 하였다. 〔참고문헌〕 『祖堂集』, 『宏智廣錄』. ⇨ 아양승 啞羊僧, 장행죽반승 長行粥飯僧

죽반이시 粥飯二時 이른 아침 죽 먹는 때와 정오 이전에 밥 먹는 때를 함께 일컫는 말. 이시죽반(二時粥飯)이라는 표현도 있다. 『벽암록』 80칙 「평창 評唱」(대정장48, p.206c21)에 "남전은 '나는 18계상에서 살림살이를 마련할 줄 안다' 하였고, 조주는 '나는 18계 위에서 가산을 파산시킬 줄 안다'고 하였으며, 또 '내가 남방에 있던 20년 동안은 죽 먹고 밥 먹는 두 때를 제하고는 모두 어지러이 마음 썼다'고 하였다. 南泉云 我十八上 解作活計 趙州道 我十八上 解破家散宅 又道 我在南方二十年 除粥飯二時 是雜用心處", 『백장청규』 권5 「호계 護戒」(대정장48, p.1138c25)에 "예컨대 죽반이시가 아닌 때는 모두 비시식이다. 如非粥飯二時 皆非時食"라고 하였다. 〔참고문헌〕 『碧巖錄』, 『百丈淸規』. ⇨ 이시죽반 二時粥飯, 죽 粥, 시식 時食❷, 비시 非時❷

죽반주인 粥飯主人 죽 먹고 밥 먹는 주인. 죽반두(粥飯頭)·죽반승(粥飯僧)과 같은 뜻이다. 『백장청규』 권6 「귀경문 龜鏡文」(대정장47, p.1147a27)에 "법문의 흥폐는 승도에게 달려 있습니다. 승이란 복전이며 응당 받들어 무겁게 여겨야 합니다. 승도가 소중해지면 법도 소중해지고, 승도가 가벼워지면 법도 가벼워집니다. 내호가 이미 엄중하면 외호는 반드시 삼갑니다. 설령 죽반주인이 어떤 기회에 왕성한 기운을 맞아 총림에서 집사가 되어 우연히 방편을 갖게 되면, 늘 동포를 공경으로 대우해야 하며 망령되이 스스로를 높여서는 안 됩니다. 法門興廢 繫在僧徒 僧是福田 所應奉重 僧重則法重 僧輕則法輕 內護旣嚴 外護必謹 設使粥飯主人 一期旺化 叢林執事 偶爾當權 常宜敬待同袍 不得妄自尊大"라고 하였다. 〔참고문헌〕 『百丈淸規』, 『續傳燈錄』 권13 「白雲守端傳」(대정장51, p.548b15), 『禪苑淸規』 권8(卍속장111, p.919b9). ⇨ 죽반두 粥飯頭, 죽반승 粥飯僧

죽방사 竹防寺 경상북도 영천시 금호읍 죽방산(竹防山)에 있던 절. 『동국여지승람』 권22 영천군 불우·『범우고』에 이름과 위치가 전한다. 〔참고문헌〕 『東國輿地勝覽』, 『梵宇攷』, 『韓國寺刹全書』 권하 p.1026b8.

죽방사 竹房寺 경상북도 성주군 월항면에 있던 절. 1677년(숙종3)에 편찬된 성주군 읍지인 『경산지』 권2 불우에 "비호석에 있는 작은 절이다. 在非乎石小刹也"라고 하였으며, 일제강점기에 편찬된 『조선환여승람』 경상북도 성주군 사찰에도 이름과 위치가 전한다. 〔참고문헌〕『京山志』, 『朝鮮寰輿勝覽』.

죽방암 竹坊庵 강원도 삼척시 원덕읍 이천리에 있던 암자. 마천(麻川) 상류 연안에 있었다. 〔참고문헌〕『三陟郡誌』(三陟郡, 1988) p.305.

죽비 竹篦 선원(禪院)에서 좌선대중을 깨우고 입선과 방선 그리고 경행선 등의 때를 알리며, 좌선중에 졸음을 쫓도록 소리를 내는 등에 쓰는 법구. 죽비자(竹篦子)라고도 한다. 길이는 대략 40~50cm이며 3분의 2정도는 가운데를 쪼개어 두 쪽으로 갈라지게 하고 나머지는 그대로 두어 자루로 삼는데, 오른손으로 자루를 잡고서 치는 이의 왼손이나 상대방의 어깨 등을 치면 갈라진 부분이 서로 부딪치며 소리가 난다. 사가나 수좌(首座)가 죽비를 손에 들고 학인과 나누는 문답을 특별히 죽비상량(竹篦商量)이라 하고, 더 큰 것은 장군죽비라 한다. 『선림상기전』 권19(불광장, 禪藏, p.1487)에 "죽비 : 『백장청규』 권3 「존숙출상 尊宿出喪」(대정장48, p.1128c15)에 '죽비·주장·불자·향합·법의 등의 물품을 처리한다'고 하였다. 이하에서는 사연을 대략적으로 기록하겠다. 『천성광등록』 권16 「광교귀성장 廣教歸省章」(卍속장135, p.744b17)에 '여주의 성념선사를 찾아갔는데, 귀성이 보러 오자 성념은 죽비를 세워 들고 말했다. 「죽비라고 불러서는 안 된다. 죽비라고 불러도 물들고, 죽비라고 부르지 않아도 등진다. 그렇다면 뭐라고 부를까?」 귀성이 가까이 가서 주장자를 낚아챈 다음 섬돌 아래 던지고 말했다. 「어디에 있습니까?」 이에 성념이 말했다. 「눈먼 놈아!」 귀성이 이 말을 듣고 크게 깨달았다'라고 하였다. 竹篦 敕修清規 尊宿出喪云 提調竹篦 拄杖拂子 香合法衣等物 已下畧錄事緣 廣燈錄 葉縣省禪師章云 參見汝州省念禪師 師見來 豎起竹篦子云 不得喚作竹篦子 喚作竹篦子卽觸 不喚作竹篦子卽背 喚作什麽 師近前掣得 擲向階下云 在什麽處 念云 瞎 師言下大悟", 『대혜어록』 권9(대정장47, p.850b23)에 "대혜가 시자에게 물었다. '많은 사람들이 입실하는데 몇 사람이 제대로 말하고 몇 사람이 제대로 말하지 못하느냐?' '저는 보기만 할 뿐입니다'. 대혜가 손을 펴며 말했다. '내 손은 부처의 손 닮았는가?' 이에 시자가 '날씨가 추우니 화상의 긴 소매를 주시기 바랍니다' 하며 바로 가려고 하자 대혜가 뒤에서 곧바로 죽비로 한 대 때리며 말했다. '말해 봐라! 이 상인가, 벌인가?' 問侍者云 許多人入室 幾人道得著 幾人道不著 侍者云 某甲只管看 師展手云 我手何似佛手 侍者云 天寒且請和尙通袖 便行 師隨後打一竹篦云 且道 是賞爾 是罰爾", 『무문관』 43칙 「수산죽비 首山竹篦」(대정장48, p.298b14)에 "어느 날 법상에서 죽비를 들어 대중에 보이면서 이르되 '대중스님들이여! 만약 이것을 죽비라고 부르면 저촉이 되고, 반면 죽비라고 부르지 않으면 또한 사실과 위배될 터이니, 대중스님들은 일러 보시오. 다시 무어라 부를까?'라고 하였다. 首山和尙 拈竹篦 示衆云 汝諸人 若喚作竹篦則觸 不喚作竹篦則背 汝等諸人 且道喚作甚麽"라고 하였다. 〔참고문헌〕『禪林象器箋』, 『百丈清規』, 『天聖廣燈錄』, 『大慧語錄』, 『無門關』. ⇨ 장군죽비 將軍竹篦, 수산죽비 首山竹篦, 목비 木篦

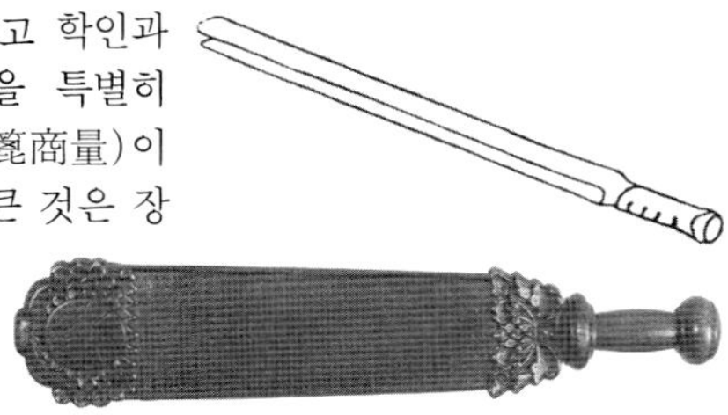

죽비 직지성보박물관 조선후기

죽비자 竹篦子 죽비. 『대혜어록』 권하 「진통판 陳通判」(卍속장121, p.78a10)에 "대중들 알아차리지 못하여 머뭇머뭇 헤아리는 이 있으니, 한 자루 검은 죽비에 지나지 않는다. 衆人莫得 而擬議者 不過一條 黑竹篦子", 『함허당득통어록』(한불전7, p.229c20)에 "'다만 이 한 자루 죽비를 끝내 무어라 불러야 될까? 가령 사성과 육범과 법계 그 어디에 붙이면 적절할까?' 죽비 쳐서 한 번 밀어내고 말했다. '부처도 없고 법도 없으니 모래알처럼 끝도 없는 삼천대천세계 해중에 물거품같고, 일체 현성은 저 번개치듯 할 뿐이니, 꿈속에서 분명하게 여섯 갈래 윤회가 있다가도 깨고나면 대천세계 텅 비고 비었다. 그런 까닭에 「이 법계 좇아 흐르지 않은 것 없고, 이 법계로 돌아가지 않음도 없다네」라고 한다'. 只這一條竹篦子 畢竟喚作甚麽則得 只如四聖六凡法界 向甚麽處安着 以竹篦子 打托一下云 亦無佛亦無法 大千沙界海中漚 一切聖賢如電拂 夢裏明明有六趣 覺後空空無大千 所以道 無不從此法界流 無不還歸此法界"라고 하였다. 〔참고문헌〕『大慧語錄』, 『涵虛堂得通語錄』. ⇨ 죽비 竹篦

죽비자화 竹篦子話 죽비자 화두. 수산성념(首山省念)이 들었다. 『영각광록』 권1(卍속장125, p.413b7)에 "옛날에 진국부인 계씨라는 여인이 개선겸선사에게 법을 묻자 겸이 '우리 경산화상(宗杲)께서는 학인들에게 다만 「개에게 불성이 있는가?」라는 화두와 죽비자 화두를 간(看)하라고만 하셨습니다. 말 붙일 필요도 없고 헤아릴 필요도 없으며, 화두를 들어 일어나는 곳을 알려해서도 안 되고, 말하는 대로 받아 알려고 해도 안 되며, 다만 「개에게 불성이 있는가?」라는 물음에 「없다」라고 한 답만을 참구하십시오'라고 일러주었다. 부인이 이에 의지해 참구하여 화두를 밝혔다. 昔有箇秦國夫人計氏 問法于開善謙 謙曰 我徑山和尙 祇教人看 箇狗子有佛性也無 及竹篦子話 不要下語 不要思量 不得向擧起處會 不得向開口處承當 但參云 狗子有佛性也無 無 夫人依

之而參 便得發明"라고 하였다. [참고문헌]『永覺廣錄』. ⇨ 수산죽비 首山竹篦

죽사 竹寺 **1** 전라남도 나주시에 있던 절.『여지도서』 전라도 나주 사찰에 "주 북쪽 7리에 있다. 在州北七里" 라고 하였다. [참고문헌]『輿地圖書』,『伽藍考』,『韓國寺刹全書』 권하 p.1026b13. **2** 전라남도 무안군에 있던 절.『여지도서』 전라도 무안 사찰에 "현 남쪽 40리에 있다. 在縣南四十里"라고 하였다. [참고문헌]『輿地圖書』,『伽藍考』,『韓國寺刹全書』 권하 p.1026b12. **3** 전라남도 장흥군 사자산(獅子山)에 있던 금강사(金剛寺). [참고문헌]『韓國寺刹全書』 권하 p.1026b11 欄外. ⇨ 금강사 金剛寺 [6] **4** 충청남도 서산시 인지면 성리 비룡산(飛龍山)에 있는 절. 대한불교조계종 제7교구 본사 수덕사(修德寺)의 말사이며, 비구니사찰이다. 백제 의자왕(義慈王 재위 641~660) 때 도감이 창건하였다고 전하며, 일제강점기에는 마곡사(麻谷寺)의 말사로 법등을 이었다. 현존 당우로는 극락전·원음각·요사 등이 있다. [참고문헌]『韓國寺刹全書』 권하 p.1026b10,『朝鮮寰輿勝覽』 忠淸南道 瑞山郡 寺刹.

죽사 竹師 Ⓟ veṇa, veṇī. 죽세공인(竹細工人). 대나무를 소재로 물건을 만드는 장인.『십송율』 권9(대정장 23, p.65b29)에 "또 어떤 비구가 죽사 출신의 비구에게 '너희들은 죽사의 종성인 주제에 어떻게 출가하여 계를 받았느냐? 너희들은 대나무를 쪼개어 창을 만들거나 화살·일산·광주리 따위를 만들어야 하니, 이와 같은 갖가지 죽사의 일을 너희들은 해야 한다'라고 말한다면 여기에는 업신여기는 마음이 들어 있기에 그 하나하나의 말이 모두 바야제에 해당한다. 又比丘往語 竹師子比丘言 汝竹師種 用出家受戒爲 汝應破竹葦 作矟 作箭 扇蓋 箱簞 如是種種竹師事 汝應作 輕毁心故 一一語 波夜提"라고 하였다. [참고문헌]『十誦律』,『長阿含經』 권17「沙門果經」(대정장1, p.108a18), *Vin.4.6.*, *SN.1.93.*

죽세사 竹世士 신라 제26대 진평왕(재위 579~632) 때 관리. 경주 사탁부(沙啄部) 출신. 벼슬은 신라 17관등(官等) 중 11번째인 나마(奈麻)였다. 이 당시에 신라·고구려·백제 등 삼국은 일본에 선진문물을 전파하고 스님들을 보내어 전법하였다.『일본서기』 권22 추고(推古) 18년(610) 7월에 "신라 사신 사탁부 나마 죽세사가 임나 사신 탁부 대사 수지매와 함께 축자에 도착하였다. 新羅使人沙啄部奈末竹世士 與任那使人啄部大舍首智買 到于筑紫", 같은 책 추고 24년(616) 7월에 "신라에서 나마 죽세사를 보내고 불상도 전해 주었다. 新羅遣奈末竹世士 貢佛像"라고 하였다. [참고문헌]『日本書紀』.

죽송암 竹松庵 위치 미상. 이식(李植 1584~1647)의『택당집』 권1「과죽송암 過竹松庵」(한국문집총간88, p.10b16)에 "난야는 예전에 놀던 곳, 대나무와 소나무 늘어선 작은 길을 걸어가네. 십년 만에 다시 오니, 덧없는 세상일 많이도 어긋났네. 蘭若舊遊處 竹松行逕微 十年身再到 浮世事多違"라고 하였다. [참고문헌]『澤堂集』.

죽시 粥時 이른 아침에 죽 공양을 받는 때.『백장청규』 권6「부재죽 赴齋粥」(대정장48, p.1144a12)에 "고청규에 따르면 매일 주지가 승당으로 나아가면 아침 죽 공양을 받을 때는 먼저 당 밖에 앉아 있다가, 승당 앞의 종이 울리는 것을 기다렸다가 승당으로 들어갔다. 古規每日住持赴堂 早粥時 先於堂外坐 待堂前鳴鍾 卽入堂"라고 하였다. [참고문헌]『百丈淸規』,『四分律行事鈔』 권상(대정장40, p.38b12). ⇨ 죽 粥, 죽반이시 粥飯二時

죽시주원문 粥時呪願文 죽 공양 때 읊는 주원문. 선림에서 상용하는 주원문이다.『선원청규』 권1「부죽반 赴粥飯」(卍속장111, p.881b2)에 "부처님 명호를 열 번 소리 내어 외운 다음, 잠시 쉬었다가 건추를 한 번 치면 수좌가 시식을 한다〈죽시에는 다음과 같이 읊는다. '죽은 열 가지 이로움 있으니, 수행인을 넉넉히 이롭게 하네. 과보로 하늘에 나게 하며, 구경에는 상락 얻으리'. 또 읊는다. '죽은 참으로 좋은 약이니, 배고픔과 목마름을 없애네. 베풀든 받든 청량함을 얻어, 함께 무상도를 이루네'〉. 十聲佛罷 良久打槌一下 首座施食〈粥云 粥有十利 饒益行人 果報生天 究竟常樂 又云 粥是大良藥 能除消飢渴 施受獲淸凉 共成無上道〉"라고 하였다. 그런데 이 주원은『마하승기율』 권29(대정장22, p.462c19)에 "그때 세존께서 게송으로 주원을 설하셨다. '계를 지키는 청정한 사람이 올리는 것이니, 공경으로 때에 따라 죽을 베푸네. 열 가지 이익으로 수행자를 이롭게 하니, 몸에 힘나게 하고 목숨 늘려 즐겁고 말솜씨 깨끗해지네. 식체기와 한기와 배고픔과 갈증을 해소하니, 이 이름「약」이라 붙여 부처님 설하신 것이네. 인간과 천계에 태어나 낙보를 받고자 하면, 반드시 승가 대중에게 죽을 베풀어야 하리'. 爾時世尊 說偈呪願 持戒淸淨人所奉 恭敬隨時以粥施 十利饒益於行者 色力壽樂辭淸辯 宿食風除飢渴消 是名爲藥佛所說 欲生人天常受樂 應當以粥施衆僧"라고 한 것에 근거를 두고 있는 것으로 보인다. [참고문헌]『禪苑淸規』,『摩訶僧祇律』,『禪林象器箋』 권17(대장경보편19, p.527a15). ⇨ 시죽게 施粥偈, 죽시 粥時, 죽전패 粥前唄

죽십리 粥十利 죽을 먹어서 얻는 열 가지 이익.『석씨요람』 권상(대정장54, p.274c1)에 "죽십리 :『마하승기율』 권29(대정장22, p.462c21)에서 난다의 어머니가 중승에게 죽을 보시한 인연을 보고 부처님께서 게송을 설하셨다. '지계가 청정하니 사람들이 받들어 모시고, 공경하는 마음으로 때에 맞게 죽으로 보시한다네. 죽은 열 가지 이익으로 행자를 풍요롭게 해주니, 색·력·수·락·사청·변, 그리고 숙식·풍제·기소(飢消)·갈소(渴消)가 그것이라. 이것이 훌륭한 약이라고 부처님께서 말씀하셨네. 인천의 몸으로 태어나 영원한 즐거움 누리고자 한다면, 마땅히 죽을 중승에게 보시해야 하리' 〈열 가지 이익을 분석하겠다. 첫째, 신체를 유지하는 이익이다. 둘째, 허약한 기력을 보하는 이익이다. 셋째, 수명을 늘이는 이익이다. 넷째, 심신을 안락하게 하는 이익이다. 다섯째, 말을 청정하게 하는 이익이다. 『구사론』 권27(대정장29, p.142b14)에 '말은 언사에 대한 풀이이다'라고 한다. 여섯째, 변설을 잘 하도록 하는 이익이다. 『구사론』 권27(대정장29, p.142b15)에 '변설은 막힘없이 말을 잘 전개하는 솜씨이다'라고 한다. 일곱째, 전에 먹은 음식의 소화를 돕는 이익이다. 여덟째, 풍병(風病)을 제거하는 이익이다. 아홉째, 굶주림을 해소하는 이익이다. 열째, 목마름을 해소하는 이익이다〉. 粥十利 僧祇律 因難陀母 施衆僧粥 佛說偈云 持戒淸淨人所奉 恭敬隨時以粥施 十利饒益於行者 色力壽樂辭淸辯 宿食風除 飢渴消 是名良藥佛所說 欲得人天長受樂 應當以粥施衆僧 〈今析十利者 一 色 二 力 三 壽 四 樂 五 詞淸 俱舍云 詞謂訓釋言詞也 六 辨 俱舍云 辨謂展轉言無滯礙也 七 宿食消 八 風除 九 消飢 十 消渴〉"라고 하였다. 〔참고문헌〕『釋氏要覽』, 『摩訶僧祇律』, 『俱舍論』. ⇨ 죽유십리 粥有十利, 십리정찬 十利精饌, 죽반 粥飯

죽암 竹庵 ❶ 조선후기 스님 선찰(善刹)의 호. 〔참고문헌〕『팔공산 동화사』(동화사·국립대구박물관, 2009) p.183. ⇨ 선찰 善刹 ❷ 현대 스님 정락(正樂 1939~2011)의 호. 〔참고문헌〕『불교신문』(2011.2.23). ⇨ 정락 正樂 ❸ ➡ 가관 可觀❶

죽암유공 竹庵猷公 고려후기 스님. 『천지명양수륙재의찬요 天地冥陽水陸齋儀纂要』 1권을 지었다. 〔참고문헌〕『韓國佛敎儀禮資料叢書』 권2 p.250. ⇨ 천지명양수륙재의찬요 天地冥陽水陸齋儀纂要

죽어 粥魚 아침 죽을 먹을 때 치는 목어(木魚). 어고(魚鼓)라고도 한다. 물고기 모양의 나무 북이며 방(梆)이라고도 한다. 『증수교원청규』 권하(卍속장101, p.745a18)에 "점심을 알리는 재고와 아침에 울리는 죽어에는 법을 기꺼워하는 신령도 기뻐하는 맛이 있다네. 齋鼓粥魚 有法喜神悅之味"라고 하였다. 〔참고문헌〕『增修敎苑淸規』, 『續佛祖統紀』 권1(卍속장131, p.718a11). ⇨ 목어 木魚, 방 梆, 어고 魚鼓

죽오익 粥五益 죽 공양의 다섯 가지 유익한 점. 『사분율』 권13(대정장22, p.655c25)에 "죽을 먹으면 다섯 가지 일이 있다. 배고픔을 제대로 없애고, 갈증을 없애며, 식체기가 해소되고, 대소변이 순조로워지고, 풍환을 없앤다. 죽을 먹으면 이런 다섯 가지 좋은 일이 있다. 食粥有五事 善除飢 除渴 消宿食 大小便調適 除風患 食粥者 有此五善事", 『십송율』 권14(대정장23, p.100a28)에 "부처님이 말씀하였다. '금일부터 여덟 가지 죽 먹는 것을 허용하니, 죽은 몸에 이로운 점 다섯 가지를 가지고 있다. 첫째 배고픔을 없애고, 둘째 갈증을 없애고, 셋째 기를 내리고, 넷째 배꼽 아래가 냉랭한 것을 없애며, 다섯째 식체기를 해소한다'. 佛言 從今日 聽食八種粥 粥有五事益身 一者除飢 二者除渴 三者下氣 四者除臍下冷 五者消宿食"라고 하였다. 〔참고문헌〕『四分律』, 『十誦律』. ⇨ 죽십리 粥十利

죽원 竹園 ❶ 가란다죽원(迦蘭陀竹園 Ⓟ Veḷuvana kalandakanivāpa), 죽림정사(竹林精舍)를 가리킨다. 『장아함경』 권2 「유행경 遊行經」(대정장1, p.12a18)에 "곧 의발을 엄수하고 여러 대중들이 함께 세존을 모시고 따르며 마갈국을 경유하여 다음으로 죽원에 도착했다. 당위로 올라가 앉으시고 여러 비구들에게 계정혜를, 계를 닦고 정을 얻음을, 대과보를 얻음을 설하셨다. 卽嚴衣鉢 與諸大衆侍從世尊 路由摩竭 次到竹園 往堂上坐 與諸比丘說戒定慧 修戒獲定 得大果報", 『보요경』 권8(대정장3, p.533b27)에 "이때 마갈국에 한 장자가 있었는데, 가릉이라고 하였다. 부처님을 뵈려고 나라에 들어갔는데 천인이 받들었지만 정사는 없었다. '나에게 좋은 대나무 정원이 있으니 부처님께 바쳐서 쓰시게 해야겠다'. 時摩竭國有一長者 名迦陵 見佛入國 天人所奉而無精舍 我有好竹園欲用上佛"라고 하였다. 〔참고문헌〕『長阿含經』, 『普曜經』. ⇨ 가란다죽원 迦蘭陀竹園, 가릉죽원 迦陵竹園, 죽림정사 竹林精舍❶ ❷ 대나무 정원. 『증일아함경』 권36(대정장2, p.749c20)에 "나에게 옛날에 목건련이라는 신족제일의 제자가 있었다. 한때 함께 비라야 죽원촌에서 함께 거닐고 있었다. 그때 나라는 지독한 흉년이어서 사람들이 서로 잡아먹어서 백골이 길에 가득했다. 吾昔有弟子名目揵連 神足之中最爲第一 爾時共遊在毘羅若竹園村中 爾時 國土至儉 人民相食 白骨盈路"라고 하였다. 〔참고문헌〕『增壹阿含經』.

죽위 竹葦 대나무와 갈대. 속이 빈 대나무와 갈대의 모습 또는 빼곡히 들어선 모습. 속이 비고 성글어 견실(堅實)하지 못한 것이나, 그 수량이 많음에 대한 비유다. 『불본행집경』 권56(대정장3, p.912a16)에 "비유하면, 그 중에 아라한이 가득 차 있었는데, 마치 수레상자 안의 감자·대나무와 갈대·마와 벼가 빼곡히 들어찬 듯했다. 猶如車箱 滿中羅漢 稠若甘蔗竹葦麻稻", 40권본 『

대반열반경』 권5(대정장12, p.393c9)에 "해탈은 견고한 열매라 하니, 마치 거다라(佉陀羅 Ⓢ Khadira)나무와 전단이나 침향의 성이 견실한 것과 같다. … 또 해탈은 공허하지 않음이니, 마치 대나무와 갈대는 그 속이 비어 성글지만, 해탈은 그렇지 않다. 解脫者名曰堅實 如佉陀羅栴檀沈水 其性堅實 … 又解脫者名曰不虛 譬如竹葦其體空疎 解脫不爾"라고 하였다. [참고문헌] 『佛本行集經』, 『大般涅槃經』. ⇨ 도마죽위 稻麻竹葦

죽유십리 粥有十利 죽십리(粥十利)를 달리 이르는 말. 『선원청규』 권1 「부죽반 赴粥飯」(卍속장111, p.881b3)에 "죽에는 열 가지 이익이 있어서 수행자를 풍요롭게 해주고, 그 과보로 천계에 태어나 구경의 영원한 즐거움을 누린다. 粥有十利 饒益行人 果報生天 究竟常樂"라고 하였다. [참고문헌] 『禪苑淸規』. ⇨ 죽십리 粥十利, 십리정찬 十利精饌

죽음사 竹陰寺 전라남도 해남군에 있던 절. 『범우고』에 "현 남쪽에 있다. 在縣南", 1925년에 해남군향교 발행 『해남군지』 권1 사찰에 "군 남쪽, 진상하던 대나무밭에 있다. 在郡南 進上竹田處"라고 하였다. [참고문헌] 『梵宇攷』, 『海南郡誌』, 『韓國寺刹全書』 권하 p.1026b14.

죽의 竹椅 대나무로 만든 의자. 『선림상기전』 권19(불광장, 禪藏, p.1538)에 "죽의 : 도충이 말한다. '대나무로 만든 의자이다'. 『서장 書狀』 「답증시랑장 答曾侍郎狀」(대정장47, p.917b9)에 '공께서 이미 대나무로 된 의자와 포단과 짝이 되었다면, 선재동자가 최적정바라문을 만난 것과 다르지 않습니다'라고 하였다. 竹椅 忠曰 以竹所造椅子也 大慧杲禪師書 答曾侍郎云 公旣與竹椅蒲團爲侶 不異善財見最寂靜婆羅門", 『정원략집』 권5 「정목홍철장 頂目弘徹章」(卍속장145, p.346b9)에 "금릉백씨의 아들이다. 삼봉장화상을 찾아갔다가 대나무의자가 땅에 엎어지면서 내는 소리를 듣고 크게 깨달았다. 金陵栢氏子 參三峰藏和尙 因竹椅倒地作聲 大悟"라고 하였다. [참고문헌] 『禪林象器箋』, 『書狀』, 『正源略集』.

죽의포단 竹椅蒲團 좌선할 때 기대는 의자와 방석. 좌선함을 나타낸다. 『지월록』 권31 「대혜어요상 大慧語要上」(卍속장143, p.683a7)에 "정히 시끄러운 중에도 좌선하며 대결하는 본분사를 잊어서는 안 된다. 평소에 지극히 고요한 곳에 마음을 두고 수행하는 뜻은 다름 아닌 시끄러운 일상중에도 쓸 수 있어야 한다. 만약 시끄러운 중에 힘을 부리지 못한다면 도리어 고요한 경계에서 공부한 적이 없는 이와 전혀 다르지 않다. 正在鬧中不得忘却 竹椅蒲團上事 平昔留心靜勝處 正要鬧中用 若鬧中不得力 却似不曾在靜中 做工夫一般"라고 하였다. [참고문헌] 『指月錄』. ⇨ 죽의 竹椅, 포단 蒲團

죽장사 竹杖寺 ❶ 경기도 양평군 용문산(龍門山 : 一名彌智山)에 있던 절. 죽장암(竹杖庵)이라고도 한다. 황경원(黃景源 1709~1787)의 「주중석망용문산 舟中夕望龍門山」(『강한집』 권1 · 한국문집총간224, p.18a3)에 "용문은 노을 밖에서 빛나는데 상원사와 죽장사 두 선원이 그 가운데 자리 잡았네. 龍門霞外光 上元與竹杖禪院據中央"라고 하였다. [참고문헌] 『江漢集』, 『茶山詩文集』 권7 「楊根道中作」. ⇨ 죽장암 竹杖庵❶ ❷ 경상북도 구미시 선산읍 죽장리 비봉산(飛鳳山)에 있는 절. 대한불교조계종 제8교구 본사 직지사(直指寺)의 말사이며, 죽장사(竹長寺) · 죽지사(竹枝寺)라고도 한다. 『동국여지승람』 권29 경상도 선산도호부 고적에는 "제성단은 부 서쪽 5리 죽장사 옆에 있다. 고려시대에는 여기서 남극노인성이 보였기에 해마다 춘분 · 추분에 향을 내려 제사지냈다. 본조에 와서 제를 폐지하였다. 祭星壇在府西五里竹杖寺側 高麗時 南極老人星現于此 每歲春秋中氣日 降香祀之 至本朝廢其祭"라고 하였다. 『여지도서』 경상도 선산 사찰에는 "지금은 없다. 今無"라고 하였다. 사찰에 전하기로는 1894년(고종31)에 선산동학농민군들이 일본군과 대전 중에 죽장사로 피신하였고, 1940년대에는 독립운동가 한중석(韓仲錫)이 이곳에서 요양은거하였기에 경내에 이를 기리는 기념비가 있다. 한국전쟁 이후 강대봉(姜大峰)이 옛터에 법당을 새로 짓고 법륜사(法輪寺)라 칭하면서 법등을 다시 이었고, 1991~1994년에 명효(明曉)가 크게 중창하였다. 잠시 서황사(瑞凰寺)로 개명하였으나 현재는 다시 죽장사로 부르고 있다. 성보문화재로는 국보 제130호 오층석탑이 있고, 이외 조선후기 석종형(石鐘形) 부도와 사찰 앞에 파손된 당간지주가 있다. 중정에는 대형 초석이 남아 있고, 사찰 주변 경작지 일대에서도 수많은 와편(瓦片)과 장대석 등이 발견되고 있다. [참고문헌] 『東國輿地勝覽』, 『輿地圖書』, 『梵宇攷』, 『韓國寺刹全書』 권하 p.1027a1, 『한국사지총람』 권하(문화재청 · 불교문화재연구원, 2010) p.147. ⇨ 법륜사 法輪寺❹ ❸ 충청북도 충주시에 있던 절. 『고려사』 권19 세가(世家)19 의종 24년(1170) 4월 4일에 "충주목 부사 최광균이 아뢰기를 '지난 달 28일에 죽장사에서 노인성에 제사지냈더니, 그날 저녁에 수성이 나타났다가 술잔을 세 번 올린 뒤에야 사라졌습니다'라고 하였다. 왕이 크게 기뻐하고 백관은 칭하하였다. 忠州牧副使崔光鈞奏 前月二十八日 祭老人星于竹杖寺 其夕 壽星見 至三獻乃沒 王大喜 百官稱賀", 같은 책 4월 25일에 "수성이 다시 나타나니 … 좌승선 김돈중은 충주 죽장사에서 초제(醮祭)를 지내게 하였다. 以壽星再見 … 左承宣金敦中 祭于忠州竹杖寺"라고 하였다. [참고문헌] 『高麗史』, 『韓國寺刹全書』 권하 p.1026b16.

죽장사 竹長寺 죽장사(竹杖寺)의 옛 이름. 정이오(鄭以吾 1347~1434)의 「죽장사 竹長寺」(『동문선』22)에 "공무 파해 한가하여 성 서쪽에 나섰더니 스님 없는 옛 절에는 산길이 높고 낮네. 제성단 가에는 이른 봄바람 불어와 살구꽃 반쯤 피고 산새들 우짖누나〈절에 노인성단이 있다〉. 衙罷乘閑出郭西 僧殘寺古路高低 祭星壇畔春風早 紅杏半開山鳥啼〈寺有老人星壇〉"라고 하였다. 〔참고문헌〕『東文選』. ⇨ 죽장사 竹杖寺 ❷

죽장사 竹藏寺 강원도 삼척시 성내동에 있던 절. 죽장고사(竹藏古寺)라고도 한다. 신라말 범일국사(梵日國師 810~889)가 창건하였고, 고려시대에는 관음사(觀音寺)라고도 하였다. 고려후기 문인들이 죽서팔경(竹西八景 : 一名 三陟八景)을 읊은 구절 중에 사명(寺名)이 보인다. 안축(安軸 1282~1348)의 『근재집』 권1 「삼척서루팔영 三陟西樓八詠」(한국문집총간2, p.452a4)에 "죽장고사. 긴 대나무 세월이 오래되어 사방을 다 에워싸고 손수 심은 그 스님은 지금은 없네. 선탑과 다헌은 무성하여 보이지 않고 대숲 뚫고 가는 물총새만 돌아갈 곳 아는구나. 竹藏古寺 脩篁歲久盡成圍 手種居僧今已非 禪榻茶軒深不見 穿林翠羽獨知歸"라고 하였고, 이에 차운한 시가 『동국여지승람』 권44 강원도 삼척도호부 제영에 전한다. 신광한(申光漢 1484~1555)의 「죽서루팔영운 竹西樓八詠韻」(『기재집』 권2・한국문집총간22, p.411b18)에는 석탑만 남아있다 하였으니 조선전기에는 폐사되었다. 허훈(許薰 1836~1907)의 「동유록 東遊錄」(『방산집』 권14・한국문집총간328, p.42d16)에 "죽서루에 올랐다. 옛날에는 죽장사가 있었는데, 누가 그 서쪽에 있었기에 이름하였다. 登竹西樓 古有竹藏寺 樓在其西故名"라고 하였다. 1925년에 영우(營宇)가 현재의 자리에 절을 중창하고 법등을 다시 이으면서 삼장사(三藏寺)로 개칭하였다. 〔참고문헌〕『謹齋集』, 『東國輿地勝覽』, 『企齋集』, 『舫山集』, 『韓國寺刹全書』 권하 p.1026b15, 『三陟郡誌』(삼척군지편찬위원회, 1985) p.304. ⇨ 삼장사 三藏寺 ❶

죽장사기축명동종 竹丈寺己丑銘銅鐘 고려시대 범종. 호암미술관 소장. 높이 33.5cm. 구미 선산 죽장사에 봉안되었던 범종이다. 종의 정상부에는 S형으로 굽은 용뉴(龍鈕)와 삼단으로 이루어진 음통(音筒)이 있고, 천판(天板) 위에는 삼각형의 입상화문대(立狀花文帶)가 있다. 상하대와 연곽대에는 당초문을 시문하였고, 종신에는 연곽 사이에 있는 4개의 당좌(撞座) 외에 다른 부조상은 보이지 않는다. 명문에 "기축년 5월 일. 죽장사의 주지 중대사 순□・동량승 인엄・선주 호삼 등이 함께 발원하여 두게 6근을 들여 주성하여 걸었다. 己丑五月日 竹丈寺住持重大師純□ 棟梁僧仁嚴 善州嵩三□ 同愿鑄成入重六斤懸排"라고 하였다. 기축년은 범종의 양식으로 미루어 1229년(고종16) 혹은 1289년(충렬왕15)으로 추정된다. 〔참고문헌〕『韓國의 梵鍾』(국립문화재연구소, 1996) p.282, 『韓國金石全文』 中世下 p.1261. ⇨ 죽장사 竹杖寺 ❷

죽장사기축명동종

죽장암 竹杖庵 ❶ 경기도 양평군 용문산(龍門山 : 一名 彌智山)에 있던 암자. 죽지암(竹枝庵)이라고도 한다. 1379년(우왕5)에 이색(李穡)이 쓴 「지평현미지산죽장암중영기 砥平縣彌智山竹杖庵重營記」(『목은문고』 권2・한국문집총간5, p.17b11)에 "예전부터 암자가 있었는데, 이름을 개현이라 하였다. 그 암자에 머물면서 도를 깨우친 사람이 있는데, 이름은 전하지 않으나 군왕으로부터 죽장을 하사받았으므로 편액을 죽장이라 하였다. … 마침 유대언의 부인 원씨가 산중에 왔으므로 바로 알리니, 부인이 기뻐하며 스스로 공덕주가 되어 주었다. 정사년(1377년) 봄 3월에 공사를 시작하여 가을 7월에 마쳤으며, 9월에 단청하고 10월에 낙성식을 거행하였다. 舊有菴曰開現 居其菴而悟道者 失其名 得君王竹杖之賜 因額曰竹杖 … 適柳代言室元氏至山中 照則告之 夫人欣然自爲功德主 用丁巳春三月始工 訖於秋七月 丹雘於九月 落成於十月"라고 하였다. 『동국여지승람』 권8 경기 지평현 불우・『기언』 권28 「미지산기 彌智山記」(한국문집총간98, p.141a6)・『여지도서』 경기도 지평 사찰 등에 이름과 위치가 기록되어 있으므로 조선후기까지 법등을 이었음을 알 수 있다. 폐사시기 및 정확한 위치는 전하지 않으나, 용문면 연수리사지(延壽里寺址)를 죽장암터로 추정하기도 한다. 해당 암자터에는 대나무가 많이 자라며 2단 석축이 남아 있다. 〔참고문헌〕『牧隱文藁』, 『東國輿地勝覽』, 『記言』, 『輿地圖書』, 『韓國의 寺址』 경기남부(문화재청・佛敎文化財硏究所, 2010) p.330. ❷ 경상북도 구미시 선산읍 죽장리 비봉산에 있는 죽장사(竹杖寺). 김종직(金宗直 1431~1492)의 『점필재집』 권13 「윤료작선산지리도제십절기상 允了作善山地理圖題十絶其上」(한국문집총간12, p.310b1)에 "죽장암 가에는 고목이 빽빽한데 석반은 아직도 수성단을 누르고 있네. 竹杖菴邊古樹攢 石槃猶鎭壽星壇"라고 하였다. 〔참고문헌〕『佔畢齋集』. ⇨ 죽장사 竹杖寺 ❷

죽전 粥前 죽을 먹기 전. 조식(朝食) 전을 말한다. 『백장청규』 권6 「일용궤범 日用軌範」(대정장48, p.1145c8)에 "점심 공양 전에 옷을 세탁해서는 안 되며, 아침 공양 전이나 점심 공양 전이나 방참(放參) 후에는 한궤

(函櫃)를 열어서는 안 된다. 만약 급한 사정이 있을 때에는 지사(知事)에게 말하며, 중료(衆寮) 안에서는 요주(寮主)에게 말하고 승당 안에서는 성승시자(聖僧侍者)에게 말한다. 齋前 不得洗衣 粥前 齋前 放參後 不得開函櫃 如有急切 白主事人 寮中 白寮主 僧堂 白聖僧侍者", 『선원청규』 권2 「결하 結夏」(卍속장111, p.887b9)에 "15일에 죽을 먹기 전에 지사·두수·소사와 동문제자들은 먼저 방장 안으로 와서 인사를 드린다. 十五日粥前 知事頭首 小師法眷 先來方丈內 人事"라고 하였다. 〔참고문헌〕『百丈淸規』, 『禪苑淸規』.

죽전문신 粥前問訊 아침 공양 전에 서로 인사하다. 『선원청규』 권4 「당두시자 堂頭侍者」(卍속장111, p.900a9)에 "예를 들면, 야간의 인사나 아침 공양 전의 인사 때 '내일 또는 오늘 전점이나 다탕이나 처리해야 할 일이 있습니까?'라고 반드시 여쭤야 한다. 如夜間珍重粥前問訊 即當稟問 來日或今日 有煎點茶湯及處置之事"라고 하였다. 〔참고문헌〕『禪苑淸規』. ⇨ 문신 問訊

죽전사 竹田寺 경상남도 밀양시 단장면 구천리 재약산(載藥山)에 있는 표충사(表忠寺). 〔참고문헌〕『韓國寺刹全書』 권하 p.1027b5. ⇨ 표충사 表忠寺

죽전패 粥前唄 아침 죽을 먹기 전에 읊는 패. 죽시주원문(粥時呪願文)이라고도 한다. 행발(行鉢)하면서 십불(十佛)의 명호를 순서대로 부른다. 『창수림청규』 권상 「승당행발식 僧堂行鉢式」에 "죽전패 : 죽에는 열 가지 이득 있으니, 수행자를 풍요롭게 해주고, 그 과보는 끝이 없으니, 구경의 영원한 즐거움을 누리리라. 粥前唄 粥有十利 饒益行人 果報無邊 究竟常樂"라고 하였다. 〔참고문헌〕『椙樹林淸規』. ⇨ 죽시주원문 粥時呪願文

죽정사 竹亭寺 충청북도 충주시 직동 금봉산(錦鳳山)에 있던 절. 죽정사(竹精寺)라고도 하였다. 신라말 고려초 창건으로 전하며 고려양식의 오층석탑이 남아 있다. 절터에서 출토된 '순치 9년(1652·효종3) 順治九年' 명문와 등을 통해 볼 때 조선후기까지도 법등을 잇고 있던 것으로 보인다. 19세기 초 충주목사 조병로(趙秉老)가 충주진영청사인 청녕헌(淸寧軒, 유형 제66호)을 지을 때 폐사된 사찰건물을 재목으로 썼다고 한다. 1985년에 혜국(慧國)이 중창하면서 절 이름을 석종사(釋宗寺)로 하였다. 〔참고문헌〕『寺誌』(충청북도, 1982) p.111, 『韓國의 寺址』 대전광역시·충청북도(문화재청·佛敎文化財硏究所, 2014) pp.604~607. ⇨ 석종사 釋宗寺

죽정사 竹箐寺 중국 사천성(四川省) 감자자치주(甘孜自治州) 덕격현(德格縣)에 위치한 절. 대원만사(大圓滿寺)라고 의역한다. 청대 1685년(강희24) 티베트불교 닝마파(Ⓣ rNying-ma-pa)의 백마인증(白瑪仁增)이 덕격현의 토사(土司) 아왕찰희(阿旺扎喜)의 찬조를 받고 세워 그 토사의 오대 가묘(家廟) 중 하나가 되었다. 절 안에는 청 과친왕(果親王)이 기증한 도금 불상 100여 존이 안치되어 있다. 이 절과 부탄(Bhutan) 닝마파 사원은 밀접하게 왕래하여 부탄의 승중이 이곳을 찾아와 수행하였고, 이들 유학승의 비용으로 기금을 마련하기도 하였다.

죽정사 竹精寺 충청북도 충주시 직동 금봉산(錦鳳山)에 있던 죽정사(竹亭寺). 〔참고문헌〕『寺誌』(충청북도, 1982) p.111. ⇨ 죽정사 竹亭寺

죽조암 竹祖庵 ❶ 전라남도 구례군에 있던 암자. 화엄사의 산내암자였으나 지금은 폐사되었다. 「호남도구례현지리산대화엄사사적 湖南道求禮縣智異山大華嚴寺事蹟」(『화엄사지』, p.106)에 "죽조암〈3칸〉. 竹祖庵〈三間〉"라고 하였다. 〔참고문헌〕『華嚴寺誌』(亞細亞文化社, 1997). ❷ 전라북도 김제시 금산면 금산리 모악산(母岳山)에 있던 암자. 금산사(金山寺)의 산내암자였다. 〔참고문헌〕『韓國寺刹全書』 권하 p.1027b7.

죽족반족 粥足飯足 죽도 족하고 밥도 족하다. 『운문광록』 권중(대정장47, p.554a24)에 "운문이 다음의 공안을 제기했다. '소산화상이 한 학인에게 물었다. 「어디서 왔는가?」 「영중(嶺中)에서 왔습니다」 「설봉에 간 적이 있는가?」 「있습니다」 「내가 예전에 갔을 땐 모든 것이 부족했는데, 지금은 어떤가?」 「지금은 족합니다」 「죽도 족하고 밥도 족하겠구나」. 이 학인이 아무 말도 없었다'. 이어서 운문이 말했다. '죽도 족하고 밥도 족하구나'. 擧 疎山和尙問僧 什麽處來 僧云 嶺中來 山云 曾到雪峯麽 僧云 曾到 山云 我已前到時 是事不足 如今作麽生 僧云 如今足也 山云 粥足飯足 僧無語 師云 粥足飯足", 『원오어록』 권8(대정장47, p.748b14)에 "원오가 법좌에 올라앉아 말했다. '죽도 족하고 밥도 족하며 땔나무도 족하고 물도 족하다. 여릉의 쌀값은 비싸고 산 앞의 보리는 빨리 익는구나. 온 천지가 전부 자기이니 눈썹과 속눈썹 사이에 모았다가 빛을 놓아 땅을 흔든다. 여래선도 아니고 제일의도 아니니 다시 무슨 납승의 소식을 설하겠으며 어찌 낭떠러지에서 잡고 있던 손 놓듯 약 먹을 때 피해야 하는 음식을 없애듯 하겠는가? 어쨌든 나나리리 하고 부르리라. 참!' 上堂云 粥足飯足 飽柴飽水 廬陵米價高 山前麥熟走 盡乾坤剎海 都盧是箇自己 撮向眉毛眼睫間 直得放光動地 不是如來禪 亦非第一義 更說甚衲僧巴鼻 爭如撒手懸崖 去却藥忌 且唱箇囉囉哩哩 參"라고 하였다. 〔참고문헌〕『雲門廣錄』, 『圜悟語錄』.

죽존자 竹尊者 「죽존자전 竹尊者傳」의 주인공. 휘는 쇄연(洒然), 자는 차군(此君), 속성은 소(簫)씨. 옥천(玉泉)의 아우이며, 옥판장로(玉板長老)의 아버지이고 장사(長沙)의 할아버지이다. 당 소열(簫悅)·송 노황(老皇)과 문여가(文與可)·고려 정공(丁公)과 진실한 벗이었다. 『무의자시집』 권하 「죽존자전」(한불전6, p.63c18)에 "존자의 덕을 이루 다 기록할 수 없지만 대략 헤아려보면 열 가지다. 첫째 태어나자마자 곧 빼어남, 둘째 늙을수록 더 굳셈, 셋째 결이 고르고 굳음, 넷째 성품이 맑고 깨끗함, 다섯째 사랑할만한 소리, 여섯째 볼만한 용모, 일곱째 마음을 비우고 사물에 응함, 여덟째 절개를 지키고 추위를 견딤, 아홉째 맛난 맛으로 사람을 기름, 열째 많은 재목으로 세상을 이롭게 함이다. … 비록 온세상에 몸을 나누지만 항상 숭승사에 주석하므로 당시 사람들이 존자의 호를 바쳤다. … 무의자 또한 기축년(1229·고종16) 겨울에 시로 찬하기를 '내가 죽존자를 아끼는 것은 추위와 더위도 용납하지 않으시고 세월이 길수록 마디 더욱 굳고 날이 오랠수록 마음은 한층 비우시네. 달 아래 맑은 그림자 춤추게 하고 바람 앞에서 청정한 소리를 보내오네. 하얗게 센 머리 위에 흰 눈을 이면 눈에 띄는 경치로 총림에 생기네'라고 하였다. 尊者之德 不可勝記也 略計有十種 一纔生便秀 二漸老更剛 三其理調直 四其性淸凉 五其聲可愛 六其客可觀 七虛心應物 八守節忍寒 九滋味養人 十多材利世 … 雖遍界分身 而常住崇勝寺 時人獻尊者之號 … 無衣子 亦於己丑年冬 有詩贊曰 我愛竹尊者 不容寒暑侵 年多彌勵節 日久益虛心 月下弄淸影 風前送梵音 皓然頭戴雪 標致生叢林"라고 하였다. 〔참고문헌〕『無衣子詩集』.

죽존자전 竹尊者傳 무의자(無衣子) 혜심(慧諶 1178~1234) 지음. 『무의자시집』 권하(한불전6, p.63c10)에 수록되어 있다. 대나무와 연관된 인물·고사(古事) 등을 소재로 한 가전체(假傳體) 소설이다. 죽존자의 성명과 가계, 성품과 교우관계, 열 가지 덕성과 아홉 가지 문답, 홍각(洪覺)이 지어준 시와 1229년(고종16)에 무의자의 찬시(讚詩), 아들인 옥판장로(玉板長老)에 대한 언급 등 전기문의 형식을 모두 갖추었다. 같은 책 권하(한불전6, p.64a10)에 "〔문〕 일찍이 향엄노사를 위해 어떤 비밀의 긴요한 법문을 열어주셨습니까? 〈답〉 내 이제 말하지 않음으로 말하니 너는 듣지 못함으로 들을 수 있을 것이다. … 〔문〕 바닷가 언덕의 높고 가파른 곳 보타락가산에서 어떤 불사를 드날리고자 푸른 바위 사이에 모시고 서 있으신가? 〈답〉 나날이 감로수로 적시고 때때로 범음을 내어서 티끌 떨진 보해악에 애오라지 대비심을 돕는다네. 問曾爲香嚴老 開何秘要門 曰我今無說說 汝可不聞聞 … 問海岸孤絶處 補陀洛迦山 助揚何佛事 侍立碧巖間 曰日日霑甘露 時時作梵音 涓塵補海岳 聊助大悲心"라고 하였다. 〔참고문헌〕『無衣子詩集』.

죽지사 竹枝寺 경상북도 구미시 선산읍 죽장리 비봉산(飛鳳山)에 있던 죽장사(竹杖寺). 〔참고문헌〕『韓國寺刹全書』 권하 p.1027a1. ⇨ 죽장사 竹杖寺 ❷

죽지암 竹枝庵 경기도 양평군 용문면 용문산(龍門山)에 있던 죽장암(竹杖庵). 〔참고문헌〕『韓國寺刹全書』 권하 p.1027a2. ⇨ 죽장암 竹杖庵 ❶

죽창수필 竹窗隨筆 명대 운서주굉(雲棲袾宏) 지음. 3권. 가흥장33, pp.24a1~39c5, No B277(『운서법휘 雲棲法彙』 권12)에 수록되어 있다. 1615년(만력43) 완성하고, 1697년(강희36) 간행하였다. 필자의 『운서법휘』 권14 「죽창삼필서 竹窗三筆序」(가흥장33, p.56a2)에 따르면, 남송(南宋)의 홍매(洪邁)의 『용재수필 容齋隨筆』의 형식을 본떠서 기술한 수필이다. 만년 10여 년 동안 절감했던 생각을 주제를 나누어 조목별로 기술하였다. 천태(天台)·선(禪)·정등종(淨等宗)에 관한 사항이 많이 수록되어 있으며, 모두 약 400여 조목에 이른다. 그중에는 「승무위 僧無爲」·「인명호흡간 人命呼吸間」·「고금저술 古今著述」·「유석화합 儒釋和合」·「능엄 楞嚴」을 비롯하여 「선여공체변위 禪餘空諦辯僞」·「종종법문 種種法門」 등이 포함되어 있다.

죽천사 竹泉寺 경상북도 구미시 선산읍 교리 비봉산(飛鳳山)에 있던 절. 〔참고문헌〕『韓國寺刹全書』 권하 p.1027b9.

죽파 粥罷 아침 죽공양을 마치다. 『선림상기전』 권3(불광장, 禪藏, p.193)에 "죽파 : 죽을 먹고 난 후를 말한다. 『백장청규』 「성절 聖節」(대정장48, p.1113a13)에 '5경이 되면 주지는 승당 안을 돌고 향을 사른 다음 돌아온다. 그러면 다시 알리며, 죽을 다 먹고 난 후에는 법당에 오른다'라고 하였다. 粥罷 喫粥之後也 敕修淸規聖節云 至五更 住持行香回 再覆 粥罷上堂"라고 하였다. 〔참고문헌〕『禪林象器箋』, 『百丈淸規』.

죽파보청 粥罷普請 아침 죽공양을 마치고는 대중울력이나 대중이 다 모이는 특별한 일을 한다는 말. 『백장청규』 권6 「송망 送亡」(대정장48, p.1148b21)에 "다음날 새벽 죽을 돌려 모두 먹고 건추를 친 다음에 다시 건추를 한 번 울리고 말한다〈대중에게 알립니다. 죽을 먹고 나서 대중이 모두 송망의식을 치르겠습니다. 요사를 지키는 직당 외에는 모두 나아가야 합니다. 삼가 알립니다〉. 次早行粥遍食 椎後再鳴椎一下云〈白大衆 粥罷普請送亡 除守寮直堂外並當齊赴 謹白〉"라고 하였다. 〔참고문헌〕『百丈淸規』.

죽파종 粥罷鐘 아침 죽공양을 마침을 알리는 종. 『선림상기전』 권18(불광장, 禪藏, p.1376)에 "죽파종 : 구설에 '아침 죽을 먹고 난 후에 종을 세 번 치는 것을 죽파종이라고 한다'라고 하였는데, 혹은 '이것은 단(單)을 펴는 종이지 죽공양 파했다고 치는 종은 아니다'라고도 하였다. 도충이 말한다. '이때 치는 세 번의 종은 하당종이다'. 粥罷鐘 舊說曰 粥了後 打鐘三下 此名粥罷鐘 或曰 此是展單鐘也 非爲粥罷 忠曰 此三下 但是下堂鐘也"라고 하였다. 〔참고문헌〕 『禪林象器箋』.

죽향장자 鬻香長者 Ⓢ gāndhika-śreṣṭhin. 선재동자(善財童子)가 친견한 53선지식 중 21번째 선지식. 온갖 향을 합하여 더없는 향을 내는 조화향법(調和香法)을 터득한 선지식이다. 80권본 『화엄경』 권67 「입법계품 入法界品」(대정장10, p.360c4 : *Gaṇḍ-vy.*, p.139)에 "선남자야! 여기서 남방에 광대라는 국토가 하나 있다. 그곳에 죽향장자가 사는데 그 이름은 우발라화이다. 너는 그에게 가서 '보살은 어떻게 보살행을 배우고 보살도를 닦는지 물어보거라'. 善男子 於此南方 有一國土 名爲廣大 有鬻香長者 名優鉢羅華 汝詣彼問 菩薩云何學菩薩行 修菩薩道 gaccha kulaputra iha-eva dakṣiṇāpathe pṛthurāṣṭraṃ nāma janapadaḥ. tatra-utpalabhūtir-nāma gāndhika-śreṣṭhī prativasati. tam-upasaṃkramya paripṛccha kathaṃ bodhisatvānāṃ bodhisattva-caryāyāṃ śikṣitavyam kathaṃ pratipattavyam", 『신화엄경론』 권20(대정장36, p.856c21)에 "진을 돌이켜 속으로 들어가 중생을 이롭게 하므로 회향이라 한다. 이 때문에 지위는 법위의 선지식을 나타낸다. 곧 죽향장자로써 명호는 청련화로 표하였다. 이 십회향법문이 여러 향기를 화합한 향과 같은 법임을 밝혔다. 갖가지 뭇 향을 합하여 하나의 환으로 만들고 서로 서로 도와 향기를 더하니, 어디에나 널리 가득 퍼진다. … 청련화라는 장자의 이름은 이 위에서의 행이 생사에도 열반에도 물들지 않음을 표한다. 迴眞入俗利生 故名迴向 是故此位 表法善知識 卽以鬻香長者 名號靑蓮華表之 明此十迴向法門 如合和香法 以將諸衆香合爲一丸 互相資益 以成遍熏 … 長者名靑蓮華者 表此位行不染垢淨生死涅槃也"라고 하였다. 〔참고문헌〕 『華嚴經』, 『新華嚴經論』, 『華嚴經願行觀門骨目』 권하(대정장36, p.1063b15), *Gaṇḍ-vy.* ⇨ 오십삼선지식 五十三善知識

죽향장자우발라화찬 鬻香長者優鉢羅華讚 북송(北宋)대 관리이자 거사인 양걸(楊傑) 지음. 『화엄경』 「입법계품 入法界品」에 등장하는 인물들을 찬송하는 게송 중 하나다. 『원종문류』 권22 「大方廣佛華嚴經入法界品讚 대방광불화엄경입법계품찬」(한불전4, p.629c14)에 "모든 향을 조화롭게 선별하여, 청정안은처 성취하였다네. 천상과 인간의 향과 같지 않으니, 뉘라서 평등하게 느끼며 아무 집착도 없을까? 調和善別一切香 成就淸淨安隱樂 天上人間香不同 誰能平等無諸著"라고 하였다. 〔참고문헌〕 『圓宗文類』. ⇨ 죽향장자 鬻香長者

죽허 竹虛 고려후기 스님. 보각국존(普覺國尊) 일연(一然)의 제자이다. 1295년(충렬왕21)에 다른 제자 청분(淸玢 : 一說에 淸珍이나 잘못임)이 인각사(麟角寺)에 일연선사의 비를 세울 때, 왕명에 의해서 왕희지(王羲之)의 글씨를 집자(集字)하였다. 〔참고문헌〕 『朝鮮金石總覽』 권상 p.473, 李智冠 『校勘譯註歷代高僧碑文』 高麗篇4 p.196. ⇨ 일연 一然

죽헌 竹軒 조선전기 스님. 1458년(세조4)에 왕명으로 대장경을 인출하여 전국 명산대찰에 나누어 봉안할 때 해인사 주지로서 불사를 주관하였다. 『매계집』 권4 「해인사중창기 海印寺重創記」(한국문집총간16, p.334b15)에 "천순 무인년(1458・세조4)에 승 죽헌 등에게 명하여 본사에서 대장경 50건을 인출토록 하였다. 天順戊寅 命僧竹軒等 就本寺 印大藏經五十件", 『사숙재집』 권1(한국문집총간12, p.6b7)에 "경진년(1460・세조6) 봄에 일암과 함께 남쪽으로 유람하며 가야산 해인사에 도착하여 하룻밤 묵었다. 사중의 수승한 자취를 탐방하며 돌아오는 날에 주지 죽헌이 절문 밖으로 수십 걸음 전송해주셨다. 歲庚辰春 與一菴南遊 到伽倻山海印寺留一日 探訪寺中勝迹 發還之日 住持竹軒 送我于沙門外數十步"라고 하였다. 〔참고문헌〕 『梅溪集』, 『私淑齋集』, 李智冠 『伽倻山海印寺誌』 pp.289~290.

죽희후좌 粥稀後坐 죽이 묽으면 뒷자리에 앉는다는 말. 뒷자리로 옮겨 가 물이 적고 건더기가 많은 것을 먹는다는 뜻으로 궁리하여 임기응변함을 말한다. 『종용록』 45칙 「송 頌」(대정장48, p.256a17)에 "시끄러운 곳에서는 머리 먼저 들이밀고〈평상이 비좁으면 먼저 눕는다〉, 조용한 곳에서는 발 먼저 들이네〈죽이 묽으면 뒷자리에 앉는다〉. 鬧處刺頭〈床窄先臥〉 穩處下脚〈粥稀後坐〉"라고 하였다. 〔참고문헌〕 『從容錄』.

준 准 ❶ 준하다. 본보기나 기준으로 따르다. 『구사론』 권20(대정장29, p.108b5)에 "이 경전의 뜻에 따르면, 경계 안에서 번뇌가 끊어지지 않은 것을 누라 한다. 准此經意 於境界中 煩惱不絶 說名爲漏"라고 하였다. 〔참고문헌〕 『俱舍論』. ❷ 과녁. 『나선비구경』 권상(대정장32, p.695a13)에 "비유하자면 어떤 사람이 화살 한 발을 들고 두 개의 과녁에 쏘아 맞추는 일과 같다. 譬若人持一箭 射中兩准"라고 하였다. 〔참고문헌〕 『那先比丘經』.

준 準 준하다. 기준으로 삼다. 『화엄오교장』 권1(대정장45, p.482b11)에 "숙교에는 하나나 셋이고, 돈교에는 하나이기도 하고 둘이기도 하며, 원교에서는 오직 하나일 뿐이다. 이 모든 진실은 앞의 서술에 준하여 알 수 있다. 熟敎中 或一或三 頓敎中 或一或二 圓敎中 唯一 皆準上知之"라고 하였다. 〔참고문헌〕『華嚴五敎章』.

준각 雋覺 조선후기 스님. 호는 조봉(祖峰). 백암성총(栢庵性聰 1631~1700)의 제자로, 주요 경소 등을 개간할 때 모연·대교 등의 일을 했다. 1686년(숙종12) 낙안 징광사(澄光寺)에서 개간한 『사경지험기 四經持驗紀』 권3(한불전8, p.544b20)에 "대교준각 校對雋覺", 같은해 같은 절에서 개간한 『금강경소론찬요간정기회편 金剛經疏論纂要刊定記會編』 권2·권8 끝에 "준각대교 雋覺校對", 1689년(숙종15) 순천 송광사(松廣寺)에서 새겨 징광사에 목판을 보관한 『화엄경소초 華嚴經疏鈔』 권7 끝에 "校對雋覺"이라 하였다. 1690년(숙종16) 개간한 『대명삼장법수 大明三藏法數』 권6 끝에 "조계산인 준각이 모연하여 이 『대명법수』를 판각하고 제6권에서 제10권까지 모간을 징광사에 옮겨 보관함. 曹溪山人 雋覺募緣 刻此大明法數 自第六至第十卷移留澄光寺", 같은 책 권10 끝에 "강희 29년(1690) 경오 늦봄 어느 날 정혜사 개간하여 송광사에 판을 보관함. 화사 준각. 康熙二十九年庚午季春日 定慧寺開刊 于松廣寺傳留 化士雋覺"라고 하였다. 〔참고문헌〕『西域中華海東佛祖源流』(한불전12, p.124a17). ⇨ 성총 性聰❷

준개산 準開山 개산의 공적에 버금갈 만한 사람을 추존하여 하는 말. 중흥조(中興祖)·중흥개산(中興開山)이라고도 한다. 『선림상기전』 권3(불광장, 禪藏, p.219)에 "준개산 : 『동점약청규』에 '도행이 받들 만하고 산문에 공을 끼친 이를 일컬어 준개산이라 하며, 중흥조라고도 부른다'라고 하였다. 準開山 東漸略淸規云 道行崇重 功被山門者 謂之準開山 或號中興祖"라고 하였다. 〔참고문헌〕『禪林象器箋』. ⇨ 개산 開山

준거좌 蹲踞坐 Ⓢutkuṭa. 무릎을 구부리거나 세우고 앉되, 엉덩이가 땅에 닿게 하지 않는 좌법(坐法). 거(踞)는 거(居)로도 쓴다. 올구타좌(嗢俱吒坐)라고도 한다. 이 좌법은 불보살상에서 흔히 볼 수 있는 자세가 아니라 밀교의 아사리(阿闍梨) 행법(行法)중 항복법과 관련 있는 좌법이다. 아사리가 행하는 사종 호마작법(護摩作法 : 息災 增益 敬愛 降伏)에는 각각 그에 상응하는 좌법이 정해져 있는데, 준거좌는 항복법(降伏法 Ⓢabhicāraka)을 행하는 아사리의 자세다. 『칠구지준제다라니염송의궤』 권1(卍속장3, p.771a1)에 "항복호마를 행할 때 … 이 작법을 행할 때는 몸에 검은 옷이나 푸른 옷을 입고 남쪽을 향하며, 왼쪽 다리를 오른쪽 다리 위에 올려놓는 준거좌를 한다. 作降伏法 … 作此法時 身著黑衣或靑衣 面向南 左脚押右脚蹲踞", 『금강정유가호마의궤』 권1(대정장18, p.917c17)에는 "항복 호마에는 모두 검은색을 사용하며, 준거좌로 앉는다. 降伏皆用黑蹲踞坐"라고 하였으며, 그 외 『현밀원통성불심요집』 권1(대정장46, p.997c7)이나 『비로자나오자진언수습의궤』 권1(대정장18, p.188a24) 등의 밀교 경전에서도 모두 항복법을 행할 때의 자세로 언급하고 있다. 그러나 이 좌법의 구체적인 형상에 대해서는 여러 가지 이설(異說)이 있다. 우리나라에서는 왼쪽 무릎을 세우고 오른쪽 무릎을 꿇고 공양 자세로 앉아 있는 개태사(開泰寺) 석탑공양보살상·신복사지(神福寺址) 석조보살좌상·월정사(月精寺) 석조보살좌상을 준거좌로 보는 견해가 있다. 〔참고문헌〕『七俱胝准提陀羅尼念誦儀軌』, 『金剛頂瑜伽護摩儀軌』, 『顯密圓通成佛心要集』, 『毘盧遮那五字眞言修習儀軌』, 逸見梅榮 『仏像の形式』(東出版, 1970) pp.144~146, 허일범 『密敎의 護摩와 灌頂』(대한불교진각종, 2004). ⇨ 올구타좌 嗢俱吒坐

준거좌 월정사석조보살좌상 국보 고려전기(좌)·
신복사지석조보살좌상 보물 고려 10세기(우)

준골소운 俊鶻巢雲 뛰어난 매 구름 속에 둥지 틀다. 흔적 없이 머무는 행자의 행의를 형용한다. 『허당록』 권3(대정장47, p.1006b25)에 "하안거를 마치고 소참 때 허당이 말했다. '120일이라는 오랜 날을 쉼 없이 참구했구려. 뛰어난 매 구름 속에 둥지 틀고 2천년을 보낸다 하니, 옛말 새롭다 하리. 검은 소는 물속에 눕는다'. 解夏小參 百二十日長期 孜孜矻矻 俊鶻巢雲二千年 舊話從新 黑牛臥水"라고 하였다. 〔참고문헌〕『虛堂錄』.

준공 俊恭 신라 제49대 헌강왕(재위 875~886) 때 스님. 헌강왕의 명을 받아 봉암사의 경계를 표시하고 정하였다. 최치원이 지은 「봉암사지증대사적조탑비문 鳳巖寺智證大師寂照塔碑文」이 "(심충의 소유인 희양산을 시주받아 절을 창건하였는데) 중화 신축년(881·헌강왕7)에 교지를 내려 전안륜사 승통 준공과 숙정사 배율문을 보내서 강역을 표시하여 정하고, 이에 사액을 내리기를 봉암이라 하였다. 中和辛丑年 敎遣前安輪寺僧統俊恭 肅正史裵聿文 標定疆域 艿賜牓爲鳳巖焉"라고 하였다. 『조선금석총람』에는 '후공 後恭'이라 하였으나, 『해동금석원』·『조선불교통사』·『한국금석전문』에는 모두 '준공 俊恭'으로 전하고 있으니, 뜻으로 보아도 『총람』의 '後'자는 '俊'자의 오식인 듯하다. 〔참고문헌〕『朝鮮金石總覽』 권상 p.94, 『海東金石苑』 권상(亞細亞文化社, 1976) p.164, 『朝鮮佛教通史』 권상 p.130, 『韓國金石全文』 古代 p.252, 李智冠 『校勘譯註歷代高僧碑文』 新羅篇 p.288.

준기 俊機 조선후기 스님. 호는 보당(寶幢). 『서역중화해동불조원류』(한불전10, p.107b24) 청허휴정(清虛休靜)의 제2세 풍담의심(楓潭義諶 1592~1665) 법사(法嗣)에 '寶幢俊機'라 하였고, 월저도안(月渚道安 1638~1708)이 보낸 시 「기준기대사 寄俊機大師」(『월저당대사집』 권상, 한불전9, p.97b10)가 전한다. 『동사열전』 권3 「풍담종사전 楓潭宗師傳」(한불전10, p.1020c6)에도 "문인 준기와 도안 등이 … 대둔사에 비와 부도를 세웠다. 門人俊機道安等 … 立碑浮屠 於大芚寺", 「두륜산풍담대사비명 頭輪山楓潭大師碑銘」에 "준기와 도안 등은 또한 그 스승을 거울 보듯 잘 말하여 세계를 비춰 길이 남아있게 한 이들이다. 機安等 亦善言其師之鏡照世界而長存者"라고 하였다. 〔참고문헌〕『西域中華海東佛祖源流』, 『月渚堂大師集』, 『東師列傳』, 智冠 『韓國高僧碑文總集 朝鮮朝·近現代』 p.231. ⇨ 의심 義諶 ❶

준기영탈 峻機穎脫 빼어난 기틀 불쑥 밖으로 드러나다. 영탈이란 뾰족한 끝이 옷을 뚫고 나온다는 말이다. 『몽창어록』 권상(대정장80, p.458c2)에 "두수에 감사하는 뜻으로 천황이 베푼 연회에서 불자를 잡고 법좌에 올라 말했다. '한 번 소리 질러 손님과 주인 나누고, 한 마디로 교선을 가려내니, 빼어난 기틀 불쑥 드러나고, 혀로는 샘 솟듯 쏟아낸다. 말해 보라! 손님과 주인, 교와 선 한 번 그어 없앨 때는 또 어떨까?' 불자를 내던지고 말했다. '거북털 불자 뒤쳐 곤두박질 치고 봉황도 난새도 놀라 푸른 하늘 날아오르네'. 謝頭首對御 秉拂上堂 一喝分賓主 一句辨教禪 峻機穎脫 舌有瀑泉 且道 賓主教禪 一筆勾下時 又如何 擲下拂子云 龜毛拂子翻筋斗 驚起鳳鸞翔碧天"라고 하였다. 〔참고문헌〕『夢窓語錄』.

준다 准陀 ❶ Ⓢ Ⓟ Cunda. 대장장이(工巧) 아들 순다(純陁). 주나(周那)·치소(稚小)라고도 한다. 『대비바사론』 권131(대정장27, p.680a13)에 "준다는 부처님께서 장차 열반에 드시려 할 때 부처님의 약해진 듯한 모습을 보고, 또 머지않아 반드시 열반에 드시리라는 말을 듣고는 연모하는 마음 주체할 수 없어 괴로웠다. … 부처님께서는 아난에게 말씀하셨다. '만약 저 대장장이의 아들 준다가 … 공양을 올리는 것에 대해 주저하거나 후회했다면 이루기 어려운 일은 성사되지 않았을 것이다. 이루기 어려운 일이란 모든 부처님께서 열반에 들려 할 때 최후로 공양을 올리는 일이다'. 准陀於佛將涅槃時見佛身形少如衰變 又聞不久必入涅槃 戀慕不堪其心擾亂 … 佛告阿難 若彼准陀工巧之子 … 於施食中而生變悔 於難得事便爲不得 難得事者 所謂諸佛將涅槃時最後供養", 『유부율잡사』 권26(대정장24, p.330a24)에 "성문제자 중 제일인 사리자(舍利子)에게 준다라는 사미(求寂)가 있었는데, 그는 분소의를 가지고서 세탁을 하러 무열지(無熱池 Ⓢ Anavatapta)로 갔다. 聲聞弟子最爲第一名舍利子 彼有求寂 名曰准陀 持糞掃衣就無熱池而爲洗濯", 같은 책 권37(대정장24, p.390b26)에 "세존께서도 게송으로 준다에게 답하셨다. '네 부류의 사문이 있을 뿐 다섯 번째 사문은 없으니, 나는 지금 그대에게 순서대로 설하겠다. 승도사문, 시도사문, 정도활명사문, 오도사문이 그들임을 알아야 할 것이다'. 世尊亦以伽他答准陀曰 有四沙門無第五 我今爲汝說次第 應知勝道及示道 淨道活命并汚道", 『대당서역기』 권6(대정장51, p.903b10)에 "성 안 동북쪽 모퉁이에는 솔도파가 있는데, 무왕이 건립하였으니, 준다〈구역에서는 순다라 하는데 와전이다〉의 옛집이다. 城內東北隅 有窣堵波 無憂王所建 准陀〈舊曰純陀 訛也〉之故宅也", 『구사론기』 권15(대정장41, p.236c21)에 "준다는 치소라 한역하는데, 구역에서 순다라 한 것은 와전이다. 准陀此云稚小 舊云純陀訛也"라고 하였다. 〔참고문헌〕『大毘婆沙論』, 『有部律雜事』, 『大唐西域記』, 『俱舍論記』, *DN.2.126.* ⇨ 순다 純陀 ❶, 주나 周那 ❷ 부처님 재세 시 비구니 이름. 『유부율』 권30(대정장23, p.792a17)에 "그때 부처님께서는 실라벌성(室羅伐城 Ⓢ Śrāvastī)의 서다림급고독원(逝多林給孤獨園 Ⓢ Jetavana Anāthapiṇḍadasya-ārāma : 祇園精舍)에 계셨다. 부처님께서는 이곳에서 하안거를 하시면서 오천 명의 필추와 함께하셨다. 기숙(耆宿 Ⓢ vṛddhatara : 長老) 비구니들 또한 이곳의 왕원사(王園寺)에 머물며 안거를 했는데, 그들은 준다비구니 등이었다. 爾時佛在室羅伐城 逝多林給孤獨園 佛於此處爲夏安居 與五千苾芻俱 有耆宿苾芻尼亦在此王園寺而作安居 所謂准陀苾芻尼"라고 하였다. 〔참고문헌〕『有部律』.

준답 噂嚃 수군거리다. 분분하다. 여럿이 모여 이러쿵 저러쿵 말하다. 『일체경음의』 권87(대정장54, p.865a16)에 "준답〈첫 글자는 준과 손을 반절한 음, 둘째 글자는 담과 합을 반절한 음이다. 『모시전』에 '「수군수군한다」는 마주 보고 말한다는 뜻이다'라고 하였고, 『설문』에 '모여서 말하다'라고 하였다〉. 噂嚃〈上尊損反 下談合反 毛詩傳文云 噂嚃 噂嚃相對言也 說文 聚語也〉", 『당고승전』 권24 「도회전 道會傳」(대정장50, p.642c3)에 "도회가 사태를 환히 꿰뚫어 보고 비로소 병사를 이끌고 성을 빠져나가 사방에서 북을 울리고 한꺼번에 몰아냈다. 도교무리들 원통함을 호소하며 거리에서 수군거리자 도회는 '아직 천하의 도관을 모두 절로 바꾸라고는 하지 않았으니, 이곳만은 결코 빼앗길 수 없다'라고 말하고 마침내 뒤이어 그곳에 절을 세운 이래 지금껏 훼손되지 않았다. 會以事達 乃引兵過城 四面鳴鼓 一時驅出 擧宗怨訴 噂喈街衢 會曰 未能令天下 改觀爲寺 此之一所 終不可奪 遂依立寺 至今不毀"라고 하였다. 〔참고문헌〕『一切經音義』, 『唐高僧傳』.

준대언 遵大言 호언장담(大言)하는 가준(可遵). 보본유란(報本有蘭)의 법을 이은 중제가준(中際可遵)을 일컫는다. 젊었을 때부터 윗사람에게 거침없이 말했기에 붙여진 말이다. 『운와기담』 권하(卍속장148, p.39b5)에 "중제가준선사. 호는 야헌(野軒)이다. 일찍이 강호에서 시를 지어 윗사람에게 거침없이 했기에 총림에서는 그를 가리켜 준대언이라고 불렀다. 中際可遵禪師 號野軒 早於江湖 以詩頌暴所長 故叢林目之 爲遵大言"라고 하였다. 〔참고문헌〕『雲臥紀譚』. ⇨ 가준 可遵

준동 蠢動 Ⓢ prāṇibhūta, Ⓣ srog-chags-'byung-po. 기는 것들. 벌레 등 꿈틀대는 모든 유정들. 『증일아함경』 권47(대정장2, p.805b7)에 "저 석가문불께서는 … 모든 나는 벌레나 기는 벌레에 대해서도 가엾이 여기시니, 마치 어미가 자식을 사랑하는 것 같아 그 마음에 차별이 없다. 彼釋迦文佛 … 愍念一切蜎飛蠢動 如母愛子 心無差別", 『유가사지론』 권44(대정장30, p.534b25 : *Bodh-bh.*, p.162)에 "모든 보살은 … 널리 일체의 기는 유정에까지 자비희사와 함께하는 마음을 수습한다. 若諸菩薩 … 普於一切蠢動有情 修習慈悲喜捨俱心 tatra yadbodhisattvaḥ … sarvasattva prāṇibhūteṣu maitracittaṃ bhāvayati. karuṇāsahagataṃ muditāsahagatamupekṣāsahagataṃ cittaṃ bhāvayati", 『법원주림』 권64(대정장53, p.774b8)에 "대개 중생이 품은 기에는 모두 영지가 있어 기는 중생이든 날아다니는 중생이든 한결같이 죽음에 대한 두려움을 알고 있으니, 그렇기에 보살이 보살행을 일으킬 때는 구제를 최우선으로 하고, 제불이 세상에 출현할 때도 대비를 근본으로 한다. 夫含生稟氣 皆有靈智 蠢動翾翔 咸知畏死 致使菩薩興行 救濟爲先 諸佛出世 大悲爲本", 『속일체경음의』 권4(대정장54, p.951a14)에 "준동〈앞 글자는 '척' 자와 '윤' 자를 반절한 음으로서 이 또한 움직인다는 의미이다. 『이아』에서는 '준은 진동(震動)이다'라고 하였다. 곽박(郭璞)의 주(注)에서는 '(준 자 등은) 모두 흔들어 움직이는 모습이다'라고 하였다. … 『설문해자』에서는 '움직이는 뜻이다. 뜻은 곤(蚰) 자에서 비롯했고, 음가는 춘(春) 자에서 비롯한 회의자이다'라고 하였다〉. 蠢動〈上尺允反 亦動也 爾雅曰 蠢震動也 郭注云 皆搖動貌 … 說文云 動也 從蚰春聲會意字〉"라고 하였다. 〔참고문헌〕『增壹阿含經』, 『瑜伽師地論』, 『法苑珠林』, 『續一切經音義』, *Bodh-bh.* ⇨ 준류 蠢類

준동함령 蠢動含靈 꿈틀대며 영이 있는 것들. 모든 살아 움직이는 것들을 다 모아 부르는 말. 『연종보감』 「서敍」(대정장47, p.303c26)에 "보이는 티끌들 정토이고 이 땅도 저 세계도 극락국토다. 생각 생각이 아미타불이고 준동함령이 온통 법신불이다. 塵塵淨土 他方此界 皆爲極樂之邦 念念彌陀 蠢動含靈 盡是法身之佛", 『오조법연어록』 권중(대정장47, p.661c5)에 "초목이 우거진 숲이 바로 부처이고, 준동함령 그대로 부처다. 이미 이렇다면 무엇을 두고 중생이라 할까? 알겠는가? 草木叢林是佛 蠢動含靈是佛 既恁麼 又喚什麼作衆生 還會也未", 『전심법요』(대정장48, p.380b14)에 "이 마음이 본래 자리 청정한 부처여서 사람이라면 누구나 지니고 있으니, 준동함령과 불보살들은 한 몸이며 다르지 않다. 此心是本源淸淨佛 人皆有之 蠢動含靈 與諸佛菩薩 一體不異", 『완릉록』(대정장48, p.386b2)에 "황벽이 법좌에 올라 말했다. '마음이야말로 부처다. 위로는 제불에 이르고 아래로는 준동함령에 이르기까지 모두 불성이 있어서 마음바탕 하나로 같다. 그래서 달마는 서천에서 와 오직 일심이라는 법을 전하여 일체중생이 본래 부처라는 것을 곧바로 가리켰으니, 닦아 행함 빌릴 일 없으니, 다만 지금같이 스스로의 마음 알아 취해서 스스로의 본성 볼 일이지 다시 따로 구하지 마라'. 上堂云 卽心是佛 上至諸佛 下至蠢動含靈 皆有佛性 同一心體 所以達磨 從西天來 唯傳一心法 直指一切衆生 本來是佛 不假修行 但如今識取自心 見自本性 更莫別求", 『경덕전등록』 권14 「초제혜랑전 招提慧朗傳」(대정장51, p.311b5)에 "혜랑이 석두에게 물었다. '무엇이 부처입니까?' '그대에겐 불성이 없다' '준동함령은 어떻습니까?' '준동함령은 불성이 있다' '저는 어째서 없습니까?' '그대 기꺼이 받아들이지 않기 때문이다'. 혜랑이 이 말을 듣자마자 분명하게 깨달았다. 問 如何是佛 石頭曰 汝無佛性 曰 蠢動含靈 又作麽生 石頭曰 蠢動含靈 却有佛性 曰 慧朗爲什麽却無 石頭曰 爲汝不肯承當 師於言下信入"라고 하였다. 〔참고문헌〕『蓮宗寶鑑』, 『五祖法演語錄』, 『傳心法要』, 『宛陵錄』, 『景德傳燈錄』. ⇨ 법계함령 法界含靈

준류 蠢類 꿈틀대는 미물들. 중생 중에서 아주 작은 류들. 『관미륵상생도솔천경찬』 권상(대정장38, p.272c9)에 "미륵은 범어로서 자씨라 하는데, 어머니의 마음으로 준류를 가여이 여겨 품고, 자식의 마음으로 목숨 품은 이들을 보살피니 과거의 서원과 지금의 정성을 아울러 표명하는 칭호이다. 彌勒梵音 此云慈氏 母志悲纏蠢類 子性恤及懷生 宿願今誠俱以標號", 『미륵상생경서응초』 권상(卍속장35, p.877a5)에 "〔소〕 '어머니의 마음으로 준류를 가여이 여겨 품는다' 등에 대해 풀이한다. … '품는다'란 감싼다는 것이고, 떨어지지 않는다는 뜻이다. '준류'란 하열한 벌레를 말하니, 본보기를 들어 나머지 것들까지 아우른 것이다. 항시 슬픈 마음으로 미물들마저 떨어지지 않으니 나머지 것들에 대해서는 말할 것도 없기에 지극히 자비롭다. 疏 母志悲纒蠢類等者 … 纒者 繞也 不離之義 蠢類卽是下劣之虫 以例於餘 尙以悲心不離於此 何況於餘 故是至慈", 『출삼장기집』 권13(대정장55, p.95a7)에 "(安世高는) 어려서부터 효순한 마음을 품고 있어 정성을 다해 부모님을 공경하고 봉양하였으며, 측은히 여기는 어진 마음이 미물에게까지 미쳤다. 幼懷淳孝敬養竭誠 惻隱之仁爰及蠢類"라고 하였다. 〔참고문헌〕『觀彌勒上生兜率天經贊』, 『彌勒上生經瑞應鈔』, 『出三藏記集』. ⇨ 준동 蠢動

준매 俊邁 뛰어나고 멀리 보는 지혜까지 있음. 『법원주림』 권57(대정장53, p.720b21)에 "이 두 현인 모두 뛰어나고 빼어난 기세였지만, 자신의 몸을 돌보는 일에 어두웠다. 마음을 세간의 일 밖에 두어 세상을 가벼이 여겨 화를 불렀다. 二賢並以俊邁之氣 昧其圖身之慮 栖心事外 輕世招患", 『법화전기』 권2(대정장51, p.53c3)에 "외국법사 구마라집은 출중하고 빼어났으며, 기특한 깨우침은 하늘에서 내린 듯 하였고, 그 헤아림은 바다 깊은 듯 했다. 有外國法師鳩摩羅什 超爽俊邁 奇悟天拔 量與海深"라고 하였다. 〔참고문헌〕『法苑珠林』, 『法華傳記』. ⇨ 구마라집 鳩摩羅什

준박 遵璞 남송(南宋)대 스님. 복주(福州 : 福建省) 출신. 대혜종고(大慧宗杲 1089~1163)의 제자. 어릴 때 옥천사(同玉寺) 담의(曇懿)와 함께 원오극근(圜悟克勤)에게 공부하러 찾아갔다가 몇 년 뒤에 집으로 돌아왔다. 상운사(祥雲寺)에서 담의 문하에 머무르기도 하였지만, 얼마 뒤에 양서암(洋嶼庵)에 거처하고 있던 대혜를 친견하러 갔다. 당시 장면에 대하여 『오등회원』 권20(卍속장138, p.798a10)에 "준박이 가서 인사를 올리고 입실하려는데 대혜가 물었다. '삼성과 흥화가 「속마음을 내놓든 내놓지 않든 사람을 위하든 위하지 않든」이라 하였다. 그대가 대답해 보라. 이 두 노한에게 벗어날 곳 있느냐?' 준박이 대혜의 무릎 위를 주먹으로 한 번 쥐어박자 대혜가 말했다. '바로 그대의 이 한 주먹이 삼성의 숨통을 터주는가? 홍화의 숨통을 터주는가? 빨리 말해라, 빨리 말해!' 준박이 머뭇거림에 대혜가 곧바로 때리고 다시 말했다. '너는 무엇보다 이 한 방을 잊어서는 안 된다'. 師往訊之 入室次 慧問 三聖興化出不出 爲人不爲人話 你道 這兩箇老漢 還有出身處也無 師於慧膝上打一拳 慧曰 祇你這一拳 爲三聖出氣 爲興化出氣 速道 速道 師擬議 慧便打 復謂曰 你第一不得忘了這一棒"라고 하였고, 그 뒤에 대혜의 인가를 받았다. 〔참고문헌〕『五燈會元』, 『大慧語錄』 권11(대정장47, p.858a7), 『續傳燈錄』 권27 「大慧宗杲傳」(대정장51, p.652c15).

준범 遵範 신라 스님. 통일신라 선승인 신행(神行 704~779)의 제자이자 혜은(慧隱)의 스승이다. 「봉암사지증대사적조탑비문 鳳巖寺智證大師寂照塔碑文」에 "당 4조가 5세 부모가 되니 동으로 해동에 내려온 것을 소급해서 세어본다면, 쌍봉의 제자는 법랑이고 손자는 신행이며, 증손은 준범이고 현손은 혜은이며, 내손이 지증대사다. 唐四祖爲五世父 東漸于海 遡游數之 雙峰子法朗 孫愼行 曾孫遵範 玄孫慧隱 來孫大師也"라고 하였다. 〔참고문헌〕『朝鮮金石總覽』 권상 p.90, 李智冠『校勘譯註歷代高僧碑文』 新羅篇 p.284・307. ⇨ 법랑 法朗[4], 신행 神行[1], 혜은 慧隱

준법화 俊法華 조선전기 정련법준(淨蓮法俊)의 별호. 『대각등계집』 권2 「임성대사행장후서 任性大師行狀後序」(한불전8, p.323b17)에 "법준은 『법화경』의 깊은 뜻에 정통하였으므로 사람들이 준법화라 불렀다. 法俊精通法華奧旨 人號俊法華"라고 하였다. 〔참고문헌〕『大覺登階集』. ⇨ 법준 法俊

준식 遵式 964~1032. 북송(北宋)대 천태종 스님. 자(字)는 지백(知白), 속성은 섭(葉). 영해(寧海 : 浙江省寧波市) 출신. 모친이 관음보살에게 기도하여 얻었다고 전한다. 동산(東山)으로 가서 의전(依全)에게 출가했다. 스무 살에 선림에 가서 구족계를 받았고 다음 해에 수초(守初)에게 율학을 배웠으며 국청사(國淸寺)에 들어가 연지(燃指)공양하고 천태(天台)의 도를 전할 것을 서원했다. 984년(옹희1) 보운(寶運)을 만나 그 법을 이어 사종삼매에 힘썼다. 보운이 입적한 후 천태로 돌아갔는데 큰 병을 앓을 때 49일 동안 소복주법(消伏呪法)을 행하여 관음보살을 현몽하고 치병의 체험을 하였다. 990년(순화1)에 대중의 청으로 보운에 머물면서 『법화경』・『유마경』・『열반경』・『금광명경』을 강경했다. 1017년(천희1) 시랑(侍郎) 마량(馬亮)이 정토업에 대해 물은 것을 계기로 『정토행원법문』과 『정토약전』을 편찬하였고, 직방낭중(職方郎中) 최육재(崔育才)가 시식법에 대해 묻자 『관상』 1편을 저술했다. 1019년(건흥1) 승상 왕흠약(王欽若)과 신료들의 방문을 받았을 때 『법화경』 강의를 청하고 심불중생(心佛衆生) 세 가지의 뜻에 관한 물음에 답하자 법을 들은 대중이 모두 감복했다. 이 일을 계기로 승상은 천축사(天竺寺)라는 옛 이름을 회복하도록 상소를 올렸고 직접 편액을 썼으며 시주하여 대전을 건립하도록 했다. 천태지의(天台智顗)의 유풍을 계승하여 서호(西湖)를 방생지(放生池)로 삼아 주상을 축수(祝壽)할 것을 주청하였고, 『십법계관심도주 十法界觀心圖注』와 『남악심요게 南岳心要偈』를 저술하여 진종(眞宗)으로부터 자운(慈雲)이라는 법호를 받았다. 1022년(건흥1) 장의태후(章懿太后)의 명으로 나라를 위해 참법(懺法)을 행하였고 또한『금광명호국도량의 師爲著金光明護國道場儀』를 저술하여 대장경에 입장(入藏)되도록 하였다. 1032년(명도1) 병세를 보이기 시작하자 약을 써도 듣지 않았다. 아미타불상 앞에서 향을 올리고 축원하고 그날 밤 세수 69, 법랍 50세로 좌탈했다. 법을 품부 받은 이는 문창(文昌) 등 25명이고, 문하의 학인은 천여 명에 달했으며 득도(得度)제자는 백여 명이었다. 시집(詩集)과『채유집 采遺集』·『영원집 靈苑集』 등의 잡저(雜著), 그리고『금원집 金園集』·『천축별집 天竺別集』 등이 세간에 유통되었다. 1104년(숭녕3) 법보대사(法寶大師)로 사호(賜號)되었고, 1143년(소흥13)에 참주선혜법사(懺主禪慧法師)로 시호(謚號)되었으며 탑호를 서광(瑞光)이라 하였다. [참고문헌]『佛祖統紀』 권10(대정장49, p.207a15).

준요진불급 俊鷂趁不及 빠르게 나는 매조차도 따라잡을 수 없다는 말.『원오어록』 권7(대정장47, p.745a1)에 "원오가 법좌에 올라 말했다. '보름 전에는 천 마리 소 끌고 가서 돌아오지 않았고, 보름 후에는 빠르게 나는 매조차 따라잡지 못했다. 바로 보름이 되어서는 하늘도 평하고 땅도 평하여 한결같이 밝고 한결같이 어두워 대천사계가 바로 이 자리 벗어나지 못하니 시방허공을 머금고 토한다. 한 걸음 나아가 불가설불가설향수해를 초월하고 한 걸음 물러나 천리만리 흰 구름 앉은 채로 끊으니 나아갈 수도 물러날 수도 없다. 그대들도 노승도 입을 열 곳 없다고는 말하지 마라'. 마침내 불자를 집어 들며 말했다. '바로 이럴 땐 어떠한가? 때론 잡아 천이나 되는 산봉우리 위에 있어 하늘 구름 가로질러 끊고는 높은 줄도 모른다'. 上堂云 十五日已前 千牛拽不迴 十五日已後 俊鷂趁不及 正當十五日 天平地平 同明同暗 大千沙界 不出當處 可以含吐十虛 進一步 超越不可說不可說香水海 退一步 坐斷千里萬里白雲 不進不退 莫道闍黎老僧 也無開口處 遂擧拂云 正當恁麽時如何 有時拈在千峯頂 劃斷天雲不放高",『경덕전등록』 권23「명초덕겸전 明招德謙傳」(대정장51, p.392c1)에 "한 학인이 명초에게 물었다. '사자가 본래 굴에서 나올 때는 어떻습니까?' '빠르게 나는 매조차도 따라잡을 수 없다' '굴에서 나온 후에는 어떻습니까?' '만 리에 걸쳐 번거롭고 바쁘다'. 僧問 師子本出窟時如何 師曰 俊鷂趁不及 曰 出窟後如何 師曰 萬里正紛紛"라고 하였다. [참고문헌]『圜悟語錄』,『景德傳燈錄』.

준제관음 准提觀音 Ⓢ Cundī. 준제불모(准提佛母 Ⓢ Cundi-bhagavatī)를 달리 이르는 말. 태장만다라(胎藏曼茶羅) 변지원(遍知院)에 위치한 칠구지불모(七俱胝佛母 Ⓢ Saptakoṭi-buddhamātṛkā)와 동일하다. 태장만다라 관음원(觀音院)에 준제관음이라는 이름이 없고 경궤(經軌)에서도 관음이라고 하지 않았으나 일본 진언밀교 중 제호사(醍醐寺) 전승의 소야류(小野流)에서는 관음으로 인정되고 육관음 중 하나로 존숭되었다. 소야류의 개조 성보(聖寶)는 준제관음을 본존으로 하는 구아법(求兒法)을 수습하여 일본 왕실을 계승할 태자를 얻었다고 전한다. 형상은 황백색의 몸으로 연꽃 위에 결가부좌하고 앉은 모습으로 천의(天衣)를 입고 영락(瓔珞)을 걸쳤으며 머리에 관(冠)을 쓰고 세 개의 눈에 열여덟 개의 팔을 가졌다.『칠구지불모소설준제다라니경』(대정장20, p.184c14)에 "그 상의 얼굴에는 눈이 셋이고 팔은 열여덟이다. 위의 두 손은 설법하는 형상이다. 오른쪽 둘째 손은 시무외인을 지었고, 셋째 손은 칼을 들었으며, 넷째 손은 보만을 들고, 다섯째 손은 구연과를 쥐었으며, 여섯째 손은 도끼를 들었고, 일곱째 손은 갈고리를 들었으며, 여덟째 손은 금강저를 쥐었고, 아홉째 손은 염주를 들고 있다. 왼쪽 둘째 손은 여의보당을 쥐었고, 셋째 손은 만개한 붉은 연꽃을 들었으며, 넷째 손은 군지를 들었고, 다섯째 손은 올두를 들었으며, 여섯째 손은 차크라를 들었고, 일곱째 손은 소라를 들었으며, 여덟째 손은 현병을 들었고, 아홉째 손은 반야범협을 들었다. 其像面有三目 十八臂 上二手作說法相 右第二手作施無畏 第三手執劍 第四手持寶鬘 第五手掌俱緣菓 第六手持鉞斧 第七手執鉤 第八手執金剛杵 第九手持念珠 左第二手執如意寶幢 第三手持開敷紅蓮花 第四手軍持 第五手羂索 第六手持輪 第七手商佉 第八手賢甁 第九手掌般若梵夾",『승군부동명왕사십팔사자비밀성취의궤』 권1(대정장21, p.36b1)에 "제18 추종가라대왕은 준제관음이 몸을 바꾼 것이다〈오른손에 삼고저를 들었고 왼손은 허리를 누른 붉은 색의 형상이다. 어떤 이가 악인을 항복시키

감지금니준제관음도 명 15세기

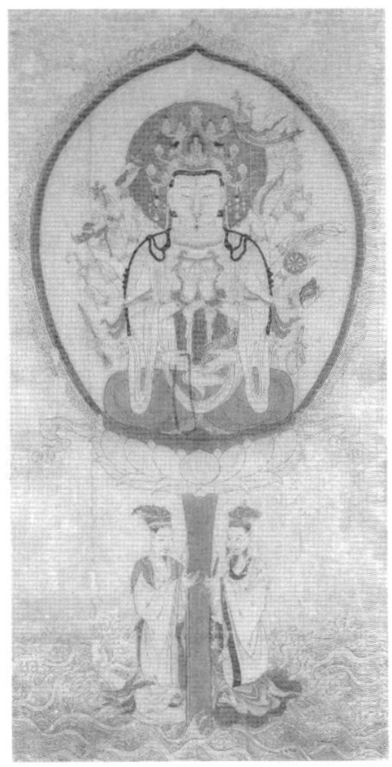

준제관음보살탱 해남 대흥사 19세기

고 싶다면 이 사자를 부른다〉. 第十八 摠鐘迦羅大王 是准提觀音所變身〈右手持三古左押腰 赤色形 若人欲得惡人降伏者 此呼使者〉"라고 하였다. [참고문헌] 『七俱胝佛母所說准提陀羅尼經』, 『勝軍不動明王四十八使者祕密成就儀軌』. ⇨ 칠구지불모 七俱胝佛母, 육관음 六觀音

준제구원관상법 准提求願觀想法 준제보살을 관상하여 법을 구하는 관상법. 『칠구지불모준제대명다라니경』(대정장20, p.177c2)에 "준제구원관상법을 설한다. 무분별을 구하는 이는 무분별무기념을 관상해야 한다. 무상무색을 구하는 이는 문자무문자념을 관상해야 한다. 불이법문을 구하는 이는 양비준제보살을 관상해야 한다. 사무량을 구하는 이는 사비를 관상해야 한다. 육신통을 구하는 이는 육비를 관상해야 한다. 팔성도를 구하는 이는 팔비를 관상해야 한다. 십바라밀의 원만한 십지를 구하는 이는 십비를 관상해야 한다. 여래보변광지를 구하는 이는 십이비를 관상해야 한다. 십팔불공법을 구하는 이는 십팔비를 관상해야 하니 곧 존상을 그리는 법대로 관한다. 삼십이상을 구하는 이는 삼십이비를 관상해야 한다. 팔만사천법문을 구하는 이는 팔십사비를 관상해야 한다. 이상에서와 같이 관상하여 일체여래삼마지문 심심방광부사의지에 들어가면 이것이 정념의 자리이고 바른 진여이며 바른 해탈이다. 說准提求願觀想法 若求無分別者 當觀無分別無記念 若求無相無色 當觀文字無文字念 若求不二法門者 應觀兩臂 若求四無量 當觀四臂 若求六通 當觀六臂 若求八聖道 當觀八臂 若求十波羅蜜圓滿十地者 應觀十臂 若求如來普遍廣地者 應觀十二臂 若求十八不共法者 應觀十八臂 卽如畫像法觀也 若求三十二相 當觀三十二臂 若求八萬四千法門者 應觀八十四臂 如上觀念當入一切如來三摩地門甚深方廣不思議地 是正念處 是正眞如 是正解脫"라고 하였다. [참고문헌] 『七俱胝佛母准提大明陀羅尼經』. ⇨ 준제관음 准提觀音

준제구자천원지도 准提九字天圓之圖 준제보살의 진언 아홉 자로 천원(天圓)의 형상을 그린 그림. 준제구자도(准提九字圖)·준제구자구건천천원지도(准提九字九乾天天圓之圖)라고도 한다. 준제진언인 "옴 자례 주례 줌데(준제) 스바하 oṃ cale cule cuṃde svāhā"를 실담자 아홉 자로 나누어 중앙에 옴 자를 두고 나머지 여덟 글자로 팔방에서 둘러싼 형상이다. 아홉 자는 각각 옴(oṃ)·자(ca)·레(le)·주(cu)·레(le)·줌(cuṃ)·데(de)·스바(svā)·하(hā)이다. 천원(天圓)이 지방(地方)을 품을 뿐 아니라 지방이 천원으로 들어가는 이치를 나타낸 도상이다. [참고문헌] 『造像經』(『韓國佛教儀禮資料叢書』 권3 p.353a).

준제구자천원지도 『조상경』 금강산유점사판 1824년

준제궤 准提軌 당대 금강지(金剛智)삼장이 한역한 『칠구지불모준제대명다라니경 七俱胝佛母准提大明陀羅尼經』(대정장20, No.1075)의 다른 이름. ⇨ 칠구지불모준제대명다라니경 七俱胝佛母准提大明陀羅尼經

준제다라니경 准提陀羅尼經 ➡ 칠구지불모준제대명다라니경 七俱胝佛母准提大明陀羅尼經

준제다라니포자법 准提陀羅尼布字法 『칠구지불모준제대명다라니경』의 준제진언 아홉 자를 포치하는 작법. 『현밀원통성불심요집』 권상(대정장46, p.996b16)에 "혹은 준제구성범자를 관상한다. 갖가지 광명을 가진 하나하나의 글자를 자신의 신체 일부에 포치한다. 옴(oṃ) 자를 머리 위에 포치한다고 관상한다. 자(ca) 자를 두 눈에 포치한다. 레(le) 자를 목에 포치한다. 주(cu) 자를 가슴에 포치한다. 레(le) 자를 양 어깨에 포치한다. 준(cuṃ) 자를 배꼽에 포치한다. 제(de) 자를 양쪽 허벅지에 포치한다. 사바(svā)〈두 글자가 합해 한 음절〉를 종아리에 포치한다. 하(hā) 자를 양발에 포치한다. 포치한다고 관상한 후에 다라니를 염송한다〈『지명장의궤경』에서 다음과 같이 설하였다. 준제보살법에서 성취를 구하는 이라면 먼저 준제보살의 근본미묘의 자륜을 관상하고 자신의 신체 부분에 분명하게 포치하면, 이 사람은 전생의 몸으로 지은 일체 죄업이 모두 소멸되고 구하는 것이 반드시 성취된다. 아홉 글자를 포치하는 법은 경전의 여러 곳에서 설하였다〉. 범자를 관상함으로써 갖는 공덕은 여러 다라니경에서 설한 것처럼 광대하다〈이 위의 범자관문은 만약 사위의 중 항상 생각하면 더욱 오묘해진다. 여러 경전에서 설한 진언자를 관상하는 것은 모두 범자이고 중

〈표〉 준제다라니포자법

	옴자 唵字	상안두상 想安頭想	기색백여월 其色白如月	방어무량광 放於無量光	제멸일체장 除滅一切障
	절자 折字	상안양목 想安兩目	기색여일월 其色如日月	위조제우암 爲照諸愚闇	능발심혜명 能發深慧明
	예자 隸字	상안경상 想安頸上	색여감유리 色如紺瑠璃	능현저색상 能顯諸色相	점구여래지 漸具如來智
	주자 主字	상안심상 想安心上	기색여교소 其色如皎素	기심청정고 其心淸淨故	속달보리로 速達菩提路
	예자 隸字	상안양견 想安兩肩	색황여금색 色黃如金色	상관시색상 尙觀是色相	능피정진갑 能被精進甲
	준자 准字	상안제중 想安臍中	기색묘황백 其色妙黃白	속등묘도량 速登妙道場	불퇴보리고 不退菩提故
	제자 提字	상안양비 想安兩髀	기색여천황 其色如淺黃	속증보리도 速證菩提道	득좌금강좌 得坐金剛坐
	사바 莎嚩	상안양경 想安兩脛	기상작적색 其狀作赤色	상능상시자 常能想是字	속득전법륜 速得轉法輪
	하자 訶字	상안양족 想安兩足	기색유만월 其色猶滿月	행자작시상 行者作是想	속득달원적 速得達圓寂

국의 문자가 아니다. 그러므로 일자정륜왕의궤에서 여러 문자를 관한다고 한 것은 오직 범자를 보아야 하고 지역에 따른 문자가 아니어야 큰 신통력을 얻는다〉. 或想准提九聖梵字 每一一字有種種光明 安自身分之中 所謂想(oṃ)唵字安頭上 (ca)折字安兩目 (le)隸字安項頸 (cu)主字安於心 (le)隸字安兩肩 (cuṃ)准字安臍中 (de)提字安兩髀 (svā)娑婆〈二合〉安兩脛 (hā)訶字安兩足 想安布已然後持誦〈持明藏儀軌經說 若於准提菩薩法中求成就者 先觀准提菩薩根本微妙字輪 安自身分一一分明 是人先身所造一切罪業悉得除滅 凡有所求決定成就 安布九字藏 經數處說也〉 觀想梵字所有功德 廣如諸陀羅尼經中說之〈此上梵字觀門 若四威儀中常思之更妙 凡諸經中說想眞言字者 皆是梵字 非是此方文字 故一字頂輪王儀軌云 所言觀諸字 唯瞻於梵字 非是隨方文 有大神用力〉”, 『준제정업』 권1(卍속장104, p.736a16)에 “옴 자는 흐름이 생멸하지 않는다는 뜻이며 또한 일체법에서 가장 수승한 뜻이다. 절 자는 일체법에 행이 없다는 뜻이다. 례 자는 일체법에 상이 없다는 뜻이다. 주 자는 일체법에 일어남과 머묾이 없다는 뜻이다. 례 자는 일체법에 더러움이 없다는 뜻이다. 준 자는 일체법에 등각이 없다는 뜻이다. 제 자는 일체법에 취사가 없다는 뜻이다. 사바는 일체법이 평등하고 언설이 없다는 뜻이다. 하 자는 일체법이 적정에 연유함이 없고 열반에 머묾이 없다는 뜻이다. 또한 이러한 문자의 뜻을 관상하되 단절이 없이 되풀이 하여 반복한다. 흐름에 생멸이 없다는 가장 수승한 뜻에 말미암아 행이 없고, 행이 없다는 뜻으로 인하여 상이 없다. … 이와 같은 수승한 뜻은 비록 문자를 건립하였으나 또한 얻을 수 있는 문자의 상 역시 없다. 唵者 流注不生滅義 復於一切法 爲最勝義 折者 一切法無行義 隸者 一切法無相義 主者 一切法無起住義 隸者 一切法無垢義 准者 一切法無等覺義 提者 一切法無取舍義 娑婆者 一切法平等無言說義 訶者 一切法無因寂靜無住涅槃義 又觀此字義 無斷無絶 周而復始 由流注不生滅最勝義 是故無行 由無行義 是故無相 … 如是妙義 雖立文字 亦無文字相可得”라고 하였다. 〔참고문헌〕『顯密圓通成佛心要集』, 『準提淨業』.

준제삼매행법 准提三昧行法 명대 수등(受登) 지음. 1권. 卍속장129, pp.64a1~77b13에 수록되어 있다. 선종에서 수습하는 준제관음(准提觀音)의 염송법을 설명하는 내용이다. 화엄과 진언을 회통하는 현밀일치(顯密一致)의 관점을 제시하였다. 「술권수 述勸修」·「명수계발심 明受戒發心」·「정행인급일기시수 定行人及日期時數」·「출정수법 出正修法」·「분지명험상 分持明驗相」 등의 다섯 단락으로 구성되어 있으며 출정수법 이하에서 엄치도량(嚴治道場)·청정삼업(淸淨三業)·삼업공양(三業供養)·청삼보제천(請三寶諸天)·찬탄신성(讚歎申誠)·작례(作禮)·지주(持呪)·수행오회(修行五悔)·행도선요(行道旋繞)·입삼마지(入三摩地) 등의 열가지 수행법을 설명하고 있다. ⇨준지관음 准提觀音

준제염송관행등법 准提念誦觀行等法 당대 금강지(金剛智)삼장이 한역한 『칠구지불모준제대명다라니경 七俱胝佛母准提大明陀羅尼經』(대정장20, No.1075)의 다른 이름. ⇨칠구지불모준제대명다라니경 七俱胝佛母准提大明陀羅尼經

준제정업 准提淨業 명대 사우교(謝于教) 편집. 3권. 卍속장104, pp.221c5~387a14에 수록되어 있다. 권두에 1623년(천계3) 사우교가 쓴 「중각준제정업서 重刻准提淨業序」와 「준제정업인 准提淨業引」이 있다. 권1에 지바하라(地婆訶羅)역 『불설칠구지불모심대준제다라니경 佛說七俱胝佛母心大准提陀羅尼經』과 금강지(金剛智)역 『불설칠구지불모준제대명다라니경 佛說七俱胝佛母准提大明陀羅尼經』과 「다라니포자법 陀羅尼布字法」·「지송편람 持誦便覽」·「지송의궤 持誦儀軌」가 수록되어 있다. 권2에는 「관행의궤 觀行儀軌」, 권3에는 「현밀쌍수관행설 顯密雙修觀行說」·「정업원수설 淨業圓修說」과 부록으로 「공불이생의 供佛利生儀」가 수록되어 있다. 『준제분수실지참회현문』 권1(卍속장129, p.80b12)에 “명 만력년간(1573~1620)에 청정한 대사가 『현밀요언』 1권을 찬집하였다. 천계년간(1621~1627)에 고건의 청련거사 사우교가 『준제정업』 3권을 편집하고 그 서문에서 ‘편집한 것은 바로 현밀원통의 요지이며 처음부터 포자법까지 먼저 지송하고 나중에 관행하는 것이다’라고 말하였다. 明萬曆間 有淨居潔大師 輯顯密要言一卷 天啓間 古虔青蓮居士謝于教 編輯准提淨業三卷 序謂所編 卽顯密圓通之旨 而首及布字法 先持誦 而後觀行”라고 하였다. 우리나라에서는 1681년(숙종7) 임자도 표류선박에서 가흥대장경(嘉興大藏經)의 일부로 수습되어 1724년(경종4)에 구례 화엄사(華嚴寺)의 용곡일심(龍谷一諶)이 개간한 판본이 화엄사를 비롯하여 고양 원각사(圓覺寺)·구미 자비사(慈悲寺)·순천 송광사(松廣寺) 및 국립중앙도서관·동국대도서관 등에 전한다. 화엄사소장본에는 벽오초형(碧悟初炯)의 「준제경서」가 있으며 송광사와 원각사소장본에는 기원불설준제(祇園佛說准提)

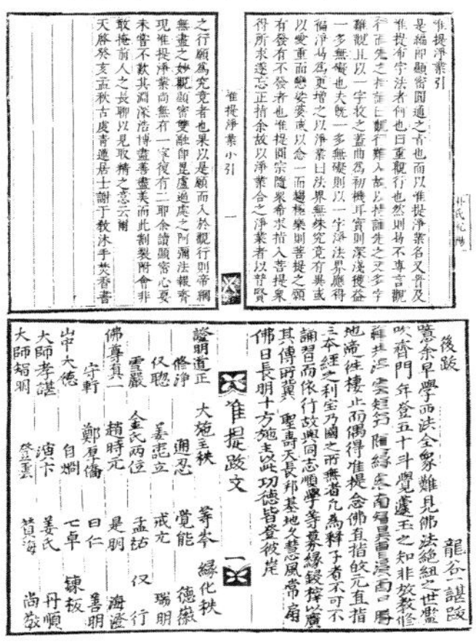
준제정업 인·발문 구례 화엄사

와 불모준제상변상도가 있다. 그 외 1728년(영조4) 진주 삼장사(三藏寺) 대원암(大源庵) 개판본도 고양 원각사에 전한다. 〔참고문헌〕『准提焚修悉地懺悔玄文』, 『한국의 사찰문화재』 2015전국사찰목판일제조사7 중요목판인출(문화재청, 2016) pp.708~753, 『원각사의 불교문헌』(동국대불교학술원, 2017) pp.183~185.

준제진언 准提眞言 나무칠구지불모대준제보살진언(南無七俱胝佛母大准提菩薩眞言)의 줄임말. 『승가일용식시묵언작법』「준제지송편람 准提持誦便覽」(『한국불교의례자료총서』 권3, p.532a8)에 "준제진언은 공덕의 무더기니 고요한 신심으로 항상 외우면 어떠한 재난도 감히 이 사람에게 침범하지 못할 뿐만 아니라, 천상이나 인간세계에서 복을 받음이 부처님과 다름이 없을 것이다. 따라서 이 여의주와 같은 진언을 항상 외우면 결정코 위없음을 얻을 것이다. … 준제진언은 다음과 같다. '나모 사다남 삼먁 삼못다 구디남 다냐타 옴 자례주례 준제 사바하 부림〈백팔 번, 혹은 오백 번 내지 천 번을 외운 다음 회향한다〉'. '제가 이제 대준제진언을 외우면서 곧바로 광대한 보리심을 발하되 저의 정혜가 속히 원명하기를 원하옵니다. 저의 뜻하는 공덕이 모두 성취되기를 원하옵니다. 저의 수승한 복으로 두루 장엄하기를 원하옵니다. 모든 중생들과 함께 성불하기를 원하옵니다'. 准提功德聚 寂靜心常誦 一切諸大難 無能侵是人 天上及人間 受福如佛等 遇此如意珠 定獲無等等 … 准提眞言 〈一百八遍 或五百遍 以至千遍畢 至心回向云〉 我今持誦大准提 卽發菩提廣大願 願我定慧速圓明 願我功德皆成就 願我勝福徧莊嚴 願共衆生成佛道"라고 하였다. 〔참고문헌〕『僧伽日用食時默言作法』, 『韓國佛敎儀禮資料叢書』, 海印寺板 『日用作法』 21張 左面 8行, 『釋門儀範』 권상 pp.82a10~83a6. ⇨ 칠구지불모대준제보살진언 七俱胝佛母大准提菩薩眞言

준제진언지송편람 准提眞言持誦便覽 칠구지불모준제보살(七俱胝佛母准提菩薩)의 진언을 지송하는 법식. 『준제정업』(卍속장104, p.736b12)에 "준제진언지송편람 : 〈찬한다〉 준제보살의 큰 공덕이여. 적정한 마음으로 항상 염송하니 일체의 큰 액난이 이 사람을 침범하지 못하네. 천상과 인간이 부처님과 같은 복을 받고 이 여의주를 만나니 결정코 무상의 깨달음을 얻을 것이네. 나무칠구지불모대준제보살〈세 번 칭념한다〉 옴 람〈음 람〉〈이 정법계진언은 스물한 번 또는 백팔 번 염송한다〉 옴 교〈이 획신진언은 스물한 번 또는 백팔 번 외운다〉 옴 마니발눌명 훔〈이 육자대명진은은 백팔 번 채워서 외워야 한다〉 나무 삽다남 삼막삼보타구지남 달니야타 암 절례 주례 준제 사바하 부림〈이 준제진언은 대륜일자주와 함께 염송하여 백팔 번 또는 오백 번 내지 천 번을 채운다. 진언의 염송을 마치면 지심회향하여 말한다〉 저는 지금 대준제진언을 염송하고 보리심의 광대한 서원을 일으켰습니다. 원컨대 저의 정혜가 속히 원만하게 밝아지기를 바라며 저의 공덕이 모두 성취되기를 바랍니다. 저의 수승한 복이 두루 장엄되고 중생과 더불어 불도를 이루기를 바랍니다. 제가 과거에 지은 모든 악업은 무시 이래의 탐진치에서 비롯하였고 신어의에서 일어난 것이니 일체를 저는 지금 모두 참회합니다. 바라건대 제가 임종할 때에 모든 장애가 사라지고 아미타부처님을 뵙고 극락국토에 왕생하기를 원합니다〈만약 세간의 법과 선한 일을 성취하고자 한다면 뜻에 따라 칭한다〉. 准提眞言持誦便覽 〈讚云〉 准提功德聚 寂靜心常誦 一切諸大難 無能侵是人 天上及人間 受福如佛等 遇此如意珠 定獲無等等 南無七俱胝佛母大准提菩薩〈三稱〉 唵 嚂〈音 覽〉〈此淨法界眞言 誦二十一遍 或百八遍〉 唵嚙臨〈此獲身眞言 誦二十一遍 或百八遍〉 唵麽尼鉢訥銘 吽〈此六字大明眞言 要誦滿一百八遍〉 南無颯哆喃三藐三菩馱俱胝喃怛你也他 唵折隸主隸准提娑婆訶 部林〈此准提眞言 與大輪一字呪同誦 要滿一百八遍 或五百遍 以至千遍 持呪畢 至心迴向云〉 我今持誦大准提 卽發菩提廣大願 願我定慧速圓明 願我功德皆成就 願我勝福徧莊嚴 願共衆生成佛道 我昔所造諸惡業 皆由無始貪嗔癡 從身語意之所生 一切我今皆懺悔 願我臨欲命終時 盡除一切諸障礙 面見彼佛阿彌陀 卽得往生安樂剎〈如欲成就世法及諸善事 隨意稱之〉"라고 하였다. 〔참고문헌〕『準提淨業』. ⇨ 준제진언 准提眞言

준준 蠢蠢 꿈틀거리며 움직이는 모습. 많은 벌레들이 우글거리며 모여 있는 모습으로, 어리석은 중생들의 모습을 비유한다. 『찬집백연경』 권10(대정장4, p.255b16)에 "(사리불은) '저들 꿈틀대는 중생들은 백 년 후면 다 없어져 무로 돌아가리라'하고 생각하고는 높은 누각에서 내려와 외도의 법 가운데 출가하여 도를 구했다. 斯等蠢蠢 百年之後 廓然歸無 作是念已 卽下高樓 外道法中 出家求道", 『대장엄론경』 권4(대정장4, p.278b19)에 "비유하면 마치 도축장 시렁에 매달린 오장같이 꿈틀대며 움직였고, 온갖 더러운 냄새 측간 가득한 듯 했다. 譬如屠架 所懸五藏 蠢蠢蠕動 猶如狗肉 諸藏臭穢 劇於廁溷", 『법원주림』 권65(대정장53, p.780b9)에 "그저 그렇듯 온갖 잡류 또한 삶을 탐하지 않음이 없고, 꿈틀대는 몽매한 무리마저도 다 죽음을 두려워할 줄 안다. 元元雜類 莫不貪生 蠢蠢迷徒 咸知畏死"라고 하였다. 〔참고문헌〕『撰集百緣經』, 『大莊嚴論經』, 『法苑珠林』. ⇨ 준동蠢動, 준준함령 蠢蠢含靈

준준함령 蠢蠢含靈 꿈틀대면서 살아있는 것들. 『불모대공작명왕경』「서 序」(대정장19, p.415a16)에 "꿈틀대는 중생들은 성교(聖敎)로부터 너무 멀리 움직여 상계의 때에 나지만 수많은 난관에 봉착하고 온갖 마군으로 생겨나니, 수행자는 욕망에 미혹 당하고, 재가자는 뭇 삿됨에 곤란을 겪는다. 蠢蠢含靈 去聖遠遙 運生像季 多逢留難 異種魔生 修行者被惑情迷 居家者衆邪爲患", 『법화의소』 권7(대정장34, p.558a16)에 "정란(丁蘭)이 목각으로 어머니의 상을 만든 지극한 효심에 비견할 만하니, 꿈틀대는 함령들 여여한 묘리와 함께 하기를 바랄 뿐이다. 以擬丁蘭木母之至孝 乃至蠢蠢含靈 同會如如妙理而已"라고 하였다. 〔참고문헌〕『佛母大孔雀明王經』, 『法華義疏』. ⇨ 준준 蠢蠢, 준동 蠢動

준지관음 准胝觀音 Ⓢ Cundī, Saptakoṭi-buddhamātṛkā. 태장현도만다라(胎藏現圖曼茶羅) 변지원(遍知院)에 안치된 존격. 육관음(六觀音) 또는 칠관음(七觀音) 중 한 분. 관음부(觀音部) 또는 연화부(蓮華部)에 안치하는 경우도 있다. 준제(准提·準提)·준나(准那)·준니(准泥)·준지보살(准胝菩薩)·불모준제(佛母準提)·불모준지(佛母准胝)·칠구지불모(七俱胝佛母)라고도 한다. 무량한 제불(諸佛)의 어머니를 뜻하며 중생을 무상보리로 인도하는 청정한 지혜를 나타낸다. 준지는 청정(清淨)이라는 뜻이다. 칠구지(七俱胝)로 한역하는 범어 삽따꼬띠(Saptakoṭi)는 칠천만(七千萬), 붓다마뜨리까(Ⓢ buddhamātṛkā)는 불모(佛母)라는 뜻이다. 과거의 무량한 제불의 어머니인 청정다라니를 주관하는 존격을 의미한다. 『칠구지불모준제대명다라니경』(대정장20, p.178b19)에 의하면 존상은 몸은 황백색(黃白色)이고 허리 이하는 백의(白衣)를 입었으며 몸에는 천의(天衣)를 걸쳤고 허리에는 수대(綬帶)를 묶고 팔에는 백라(白螺)의 팔찌를 둘렀다. 십팔비(十八臂)에 얼굴에 눈이 셋이고 가부좌하여 연꽃 위에 앉아 있다. 위쪽 두 손은 설법하는 상이며, 오른쪽 둘째 손은 시무외인, 셋째 손에는 검, 넷째 손에는 염주, 다섯째 손에는 만과(滿果), 여섯째 손에는 월부(鉞斧), 일곱째 손에는 갈고리, 여덟째 손에는 금강저, 아홉째 손에는 보만(寶鬘)을 들고 있다. 왼손의 둘째 손에는 여의보당(如意寶幢), 셋째 손에는 연꽃, 넷째 손에는 조관(澡罐), 다섯째 손에는 올무, 여섯째 손에는 차크라, 일곱째 손에는 소라, 여덟째 손에는 현병(賢瓶), 아홉째 손에는 반야바라밀다경협(般若波羅蜜多經夾)을 들고 있다. 『각선초 覺禪鈔』에 그려진 팔비의 존형은 오른쪽 첫째 손에는 시무외, 둘째 손에는 금강저, 셋째 손에는 수여원(手與願), 넷째 손에는 수구(手鉤)를 들고 있고 왼쪽 첫째 손에는 연꽃, 둘째 손에는 수륜(手輪), 셋째 손에는 조병(澡瓶), 넷째 손에는 사색(蛇索)을 쥐고 있다. 삼매야형은 설법인 또는 왼쪽 여덟째 손이 쥐고 있는 현병이다. 현병은 화병에 채백(綵帛)을 두른 모양인데 병에 연꽃과 물이 가득한 것은 일체중생에게 감로와 같은 지혜의 물을 베풀어 본래 간직한 깨달음의 꽃을 피운다는 의미를 나타낸다. 갑위(甲冑)·오고저·연꽃·상거(商佉) 등을 삼매야형으로 삼는 이설도 있다. 갑위는 이 존격이 금강호보살(金剛護菩薩)의 변신으로서 불법을 지키고, 깊은 대비의 마음으로 중생을 지킨다는 뜻이 있다. 또한 단명하는 중생의 수명을 지켜 연명(延命)하게 한다는 뜻도 있다. 오고저는 제불의 총덕을 나타내므로 불모(佛母)를 의미한다. 종자는 (bu)이니 불모를 뜻하는 범어 첫 자에서 유래한다. 깨달음이라는 뜻이고 중성을 제도하여 깨닫게 한다는 의미이다. 밀호는 최승금강(最勝金剛)이다. 근본인은 삼고인(三股印)인데 양손의 소지와 무명지를 안으로 교차하고, 양손의 중지는 곧게 세워서 끝을 붙이며, 양손의 검지는 중지 끝 마디에 붙이고, 양 엄지를 양 검지 측면에 붙인다. 삼고저는 얼굴의 세 눈이며 불부·연화부·금강부 삼부(三部)를 표시한다. 제2근본인은 양손은 내박하고 양손의 검지와 엄지를 곧게 세워 만드는 갑위인(甲冑印)을 쓴다. 근본진언은 『칠구지불모소설준제다라니경』(대정장20, p.178c22)에 의하면 "나무 삽다남 삼막삼몰타 구지남 달이야타 옴 자례 주례 준니 사바하 娜莫颯多南 三藐三沒馱俱胝南 怛儞也他 唵 者禮 主禮 准泥 娑嚩賀 namaḥ saptānāṃ saṃyak-sambuddha-koṭīnāṃ tad-yathā oṃ cale cule cundi svāhā 칠구지정등각께 귀의하여 사뢰오니, 옴 짤레 쭐레 쭌디 스바하"이다. 경궤(經軌)에 의하면 준제다라니를 염송하면 박복하여 선근이 없는 이가 보리심을 성취할 수 있게 된다. 총명·경애·연명·치병·멸죄·강우 등을 기원하면 효험을 얻고 악귀와 악적의 난에서 벗어날 수 있다고 한다. 진언와 작법을 전하는 의궤(儀軌)로 금강지(金剛智) 한역 『칠구지불모준제대명다라니경 七俱胝佛母准提大明陀羅尼經』(대정장20, No.1075)·불공삼장(不空三藏) 한역 『칠구지불모소설준제다라니경 七俱胝佛母所說准提陀羅尼經』(대정장20, No.1076)·지바가라(地婆訶羅) 한역 『칠구지불모심대준제다라니경 七俱胝佛母心大准提陀羅尼經』(대정장20, No.1077)·선무외

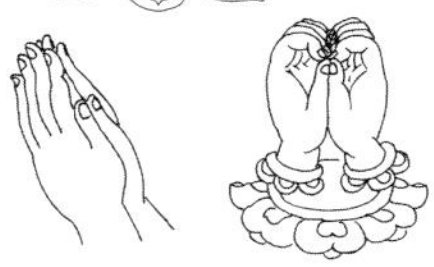

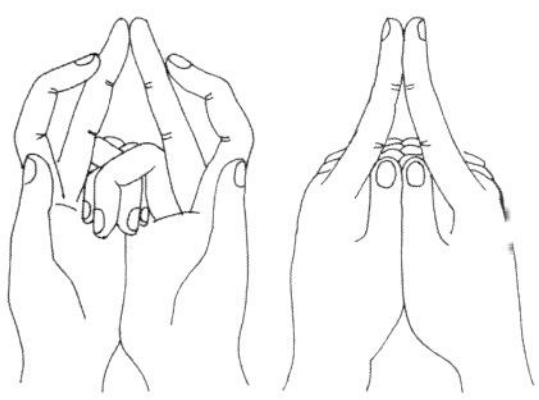

준지제일근본인·준지제이근본인

(善無畏) 한역『칠불구지불모심대준제다라니법 七佛俱胝佛母心大准提陀羅尼法』(대정장20, No.1078)과『칠구지독부법 七俱胝獨部法』이 있다.『칠구지불모준제대명다라니경』(대정장20, p.178b17)에 "자르지 않은 백모로 청정한 것을 준비하고 사람의 터럭을 골라 없앤다. 화사는 팔재계를 받고 아교를 쓰지 않은 물감과 새 용기를 사용하여 물감을 채우고 그릴 때 사용한다. 그 상은 황백색이고 다양하게 그 몸을 장엄한다. 허리 아래에는 백의를 입었고 옷에는 꽃무늬가 있다. 몸에 경라도수천의를 입었고, 허리에는 수대를 둘렀다. 아침 노을 빛깔의 망사를 입은 몸이다. 팔뚝에 백라로 된 팔찌를 하였고, 팔에 두른 팔찌는 칠보로 장엄했다. 각각의 손에는 반지를 착용하였으며 모두 열여덟 개의 팔에 세 개의 눈을 가졌다. … 준제보살 아래에 연못을 그리고, 연못 가운데 연꽃을 안치한다. 난다와 발난다라는 두 용왕이 함께 연화의 줄기를 받치고 있다. 연화 위에 준제보살을 안치한다. 그 보살상 둘레에 밝은 광염을 안치한다. 그 상은 연민의 눈빛으로 아래에 앉은 행자를 바라보고 있는 모습으로 그린다. 그 행자는 손에 향로를 들고 얼굴을 들어 보살을 보고 있고 보살 위에는 두 정거천을 그린다. 取不截白氎淸淨者 擇去人髮 畫師受八戒齋 不用膠和色 用新椀盛綵色而用畫之 其像作黃白色 種種莊嚴其身 腰下著白衣 衣上有花文 身著輕羅綽袖天衣 以綬帶繫腰 朝霞絡身 其手腕以白螺爲釧 其臂上釧七寶莊嚴 一一手上著指環 都十八臂面有三目 … 菩薩下作水池 池中安蓮花 難陀拔難陀二龍王 共扶蓮花莖 於蓮花上 安准提菩薩 其像周圓 安明光焰 其像作憐愍眼看行者在下坐 手執香鑪 面向上看菩薩 於菩薩上畫二淨居天",『칠구지불모소설준제다라니경』(대정장20, p.180c24)에 "자씨보살이 선재동자에게 보리심의 공덕을 설하고 보리심계를 자서한 후에 결가부좌하고 뜻대로 앉아 몸을 단정하게 하여 눈을 감고 정인을 맺고 공중에 준제불모와 칠구지의 수많은 제불이 주위를 둘러싸 허공을 가득 채우고 있다고 관상하고, 삼매 중에서 일체제불과 준제불모께 예배한다. 慈氏菩薩爲善財童子 說菩提心功德 自誓菩提心戒已 全跏半跏隨意而坐 端身閉目卽結定印 想空中准提佛母與七俱胝佛圍繞 遍滿虛空 定中禮一切諸佛及准提佛母"라고 하였다. 〔참고문헌〕『七俱胝佛母准提大明陀羅尼經』,『七俱胝佛母所說准提陀羅尼經』,『曼荼羅図典』(大法輪閣, 2002). ⇨ 준제관음 准提觀音, 육관음 六觀音

준지법 准胝法 준지관음을 본존(本尊)으로 모시고 행하는 관상법.『칠구지불모준제대명다라니경』(대정장20, 175a26)에 "만약 비구나 비구니라면 먼저 계행을 지키고 처음 도량에 들어가서 다시 참회하고 발원 수계를 자서한다. 재가보살이라면 처음 들어가자마자 마찬가지로 공력에 따라 발원을 자서하고 삼귀의와 오계를 받거나 또는 항상 팔계를 지킨다. 만약 항상 삼시에 염송하는 경우 도량의 서남쪽에서 동쪽을 향하여 지극한 마음으로 합장하고 오체를 땅에 붙여 시방의 불보살께 예경하고 경건하게 운심하여 허공계를 관상하며 오른쪽 무릎을 땅에 대고 합장하여 지극한 마음으로 무시 이래로 지은 신구의의 죄를 참회한다. … 결가부좌 하거나 또는 반가부좌하고 마음을 안정시키고 정좌하여 일체 망상을 없애고 육도의 중생이 무시 이래로 생사의 바다에서 육취에 윤회하고 있음을 관상한다. 모든 중생이 보리심을 일으켜 보살행을 행하여 빠르게 생사를 벗어나도록 서원한다. 도향을 손에 문지르고 수인을 맺는다. 수인을 맺을 때 옷으로 손을 덮어 다른 이가 보지 못하도록 한다. 먼저 삼부삼마야계를 맺고 다음으로 다른 수인들을 맺는다. 若苾芻苾芻尼 先持戒行 初入道場 復須懺悔 更自誓發願受戒 若在家菩薩 初入亦須自誓隨力發願受三歸五戒 或常持八戒 若常三時念誦 卽於道場西南向東 至心合掌五體著地 敬禮十方諸佛菩薩 虔誠運想遍虛空界 便右膝著地合掌 至心懺悔 自無始已來 身口意罪 … 卽結跏 或半跏 安心定坐 除一切妄想 觀六道衆生無始以來 生死海中輪迴六趣 願皆發菩提心行菩薩行 速得出離 卽以塗香摩手而結手契 結契時以衣覆手 勿令人見 先結三部三麽耶契 次結諸契"라고 하였다. 〔참고문헌〕『七俱胝佛母准提大明陀羅尼經』. ⇨ 준지관음 准胝觀音

준화상 濬和尙 조선전기 스님. 강석덕(姜碩德)이 1448년(세종30)에 오관산(五冠山) 흥성사(興聖寺)의 준화상에게 올린 편지인「기준화상서 寄濬和尙書」가『동문선』권63에 수록되어 있다.「기준화상서」에 "편지에 '고요히 조사선을 들고 한가로이 제불의 가르침을 보면서 남은 힘으로 미타를 염하여 정토에 나기를 구하라'고 하였습니다. 書云 靜擧祖師禪 閑看諸佛教 餘力念彌陁 求生於淨土"라고 하였다. 〔참고문헌〕『東文選』.

준훤 俊暄 조선후기 스님. 호는 묵화(默和). 은봉두운(隱峰斗云)의 전법제자(傳法弟子)이고 범해각안(梵海覺岸 1820~1896)의 수계사(授戒師)이다.『동사열전』권4「은봉대사전 隱峰大師傳」(한불전10, p.1035b2)에 "전법제자는 묵화준훤이다. 有傳法弟子曰 默和俊暄", 같은 책 권4「자서전 自序傳」(한불전10, p.1047b20)에 "묵화〈준훤〉선사가 수계사이다. 默和〈俊暄〉禪師 爲授戒師"라고 하였다. 〔참고문헌〕『東師列傳』.

줄지변절 啐地便折 껍질 쪼다 문득 깨지다. 줄지탁(啐地拆)과 같은 말이다.『서장』「답진소경장 答陳少卿狀」(대정장47, p.922c11)에 "영리한 근기란, 도리어 이근의 장애라 하니 병아리 껍질 쪼다 느닷없이 깨지거나 땅에 떨어져 문득 깨지듯 하지 못한다. 설령 총명한 지혜로 배워 얻더라도 자기 본분사 위에서는 뒤쳐 얻기 어렵다. 利根者 返被利根所障 不能得啐地便折 曝地便破 假饒於聰明知解上學得 於自己本分事上 轉不得力"라고 하였다. [참고문헌] 『書狀』. ⇨ 줄지탁 啐地折

줄지탁 啐地折 병아리 껍질 쪼아 깨지다. 한 순간에 무너져 깨우치는 모양새를 말한다. 『조정겸추록』 권하(卍속장114, p.759a16)에 "굳이 기량을 보일 필요 없이 반드시 병아리 껍질 쪼아 깨진 다음 푸석푸석하게 부서져야 비로소 생사를 대적할 수 있다. 만약 기량을 보이기만 한다면 무슨 깨달을 기약이 있겠는가! 不須呈伎倆 直須啐地折 曝地斷 方敵得生死 若祇呈伎倆 有甚了期"라고 하였다. [참고문헌] 『祖庭鉗鎚錄』.

줄탁 啐啄 안팎에서 서로 쫗다. 새끼가 알 밖으로 나오려고 주둥이로 쪼는 것이 줄이고, 어미 닭이 밖에서 쪼는 것이 탁이다. 종사와 학인이 서로 도와 깨우치는 행위를 비유해 말한다. 『선림보훈음의』(卍속장113, p.304a17)에 "줄탁 : 닭이 알을 품고 새끼는 나오려고 주둥이로 쪼는 소리를 줄이라 하고, 어미 닭이 나오려 하는 줄 알아 주둥이로 쪼는 소리를 탁이라 한다. 작가의 기연이 서로 맞아 기 보고 바로 아는 것 또한 이와 같다. 啐啄 如雞抱卵 小雞欲出 以嘴吮聲曰 啐 母雞憶出 以嘴嚙之曰 啄 作家機緣相投 見機而解 亦猶是矣", 『벽암록』 16칙 「본칙 本則」(대정장48, p.156a21)에 "한 학인이 경청에게 물었다. '제가 쫗을 테니 스님께서도 두드려 주시기 바랍니다'〈바람 한 점 없는데 파도를 일으키다니, 뭘 하는 건가? 그대 허다한 견해로 뭘 하겠는가?〉 '도리어 살아날 수 있겠는가?'〈제대로 찔렀군. 모자를 살 때에는 머리 치수를 잘 본다. 그르친데다 또 그르치네. 온통 이래서는 안 된다〉. '살아나지 못하면 남들에게 비웃음을 당합니다'〈다 같이 연루시켰군. 하늘과 땅을 떠받치는구나. 하나만 알고 둘은 모르는 놈아!〉 '이 촌뜨기야!'〈예상했던 대로군. 스스로 형장으로 가라. 놔줘서는 안 된다〉. 擧 僧問鏡淸 學人啐 請師啄〈無風起浪作什麽 爾用許多見解作什麽〉 淸云 還得活也無〈劄 買帽相頭 將錯就錯 不可總恁麽〉 僧云 若不活 遭人怪笑〈相帶累 撑天拄地 檐板漢〉 淸云 也是草裏漢〈果然 自領出去 放過卽不可〉", 『속전등록』 권29 「문수심도전 文殊心道傳」(대정장51, p.665a18)에 "문수는 불감선사가 야참 때 든 조주의 잣나무 화를 듣다가 각철취(覺鐵嘴 : 慧覺)가 말하길 '돌아가신 제 스승께서는 이런 말을 한 적이 없습니다. 제 스승을 비방하지 마시기 바랍니다'라는 말에서 큰 의심이 들어 오랫동안 이를 궁구했다. 그러다 어느 날 저녁에 막혀 있던 마음이 활짝 트여 곧바로 방장실로 달려가 깨달은 바를 말하려 했지만, 불감이 그가 오는 걸 보자마자 문을 닫아 버렸다. 이에 문수가 말했다. '화상께서는 저를 무시하지 마십시오' '시방 어디에도 벽 친 일 없는데 어째서 문으로 들어오려 하느냐?' 문수가 주먹으로 창호지를 찢자 불감이 바로 문을 열고 붙잡으며 말했다. '말해라! 어서 말해!' 그러자 문수가 양손으로 불감의 머리를 잡고 입으로 쪼는 듯 한 뒤 나가버렸다. 聞佛鑑禪師夜參擧趙州柏樹子話 至覺鐵嘴云 先師無此語 莫謗先師好 因大疑提撕旣久 一夕豁然 卽趨丈室 擬敘所悟 鑑見來 便閉門 師曰 和尙莫謾某甲 鑑云 十方無壁落 何不入門來 師以拳搊破窓紙 鑑卽開門 搊住云 道 道 師以兩手捧鑑頭 作口啐而出"라고 하였다. [참고문헌] 『禪林寶訓音義』, 『碧巖錄』, 『續傳燈錄』.

줄탁동시 啐啄同時 안팎에서 쫗고 두드림을 같이 하다. 『설두어록』 권1(대정장47, p.676b1)에 "학인이 설두에게 물었다. '망상도 없애지 않고 진실도 구하지 않는 이 어떤 사람입니까?' '일숙각(一宿覺 : 永嘉玄覺)이다' '이렇다면 천상천하 오직 나만이 홀로 존귀하군요' '한 번 드러내 문득 뒤친다'. 이어서 설두가 말했다. '무릇 남들보다 뛰어나려면 절차를 본분으로 해야 한다. 선객이 줄탁동시의 안목을 갖추지 못했다면, 끝내 더듬어 찾으려 해도 찾지 못한다'. 問 不除妄想 不求眞底 是什麽人 師云 一宿覺 進云 與麽 則天上天下 唯我獨尊 師云 一撥便轉 師乃云 大凡出衆 切磋也 須是本分 禪客 若未具啐啄同時眼 卒摸搽不著", 같은 책 권2(대정장47, p.676c27)에 "설두가 들기를 '임제가 덕산을 모시고 서 있었다. 덕산이 임제에게 말했다. 「오늘은 피곤하구나」「이 노인이 잠꼬대 같은 말로 뭘 하는 건가?」 그러자 덕산이 때렸다. 이에 임제가 승상을 뒤집어엎자 덕산이 그만두었다'. 설두가 말했다. '두 작자 줄탁동시의 눈은 그쯤도 갖췄다. 하지만 나는 사나운 호랑이의 입에서 사슴 빼앗고 굶주린 매 발톱에서 토끼를 빼앗으려 하니, 임제와 덕산은 둘 다 눈 먼 놈들이라 감히 말하겠다. 단일 누군가 이를 간파할 수 있다면 천하를 가로질러 가리라'. 擧 臨濟侍立德山 山云 今日困 濟云 者老漢 寐語作什麽 山便打 濟掀倒繩床 山便休 師云 二員作者 具啐啄同時眼 有啐啄同時用 雪竇 擬向猛虎口中奪鹿 饑鷹爪下分兔 敢謂 臨濟德山 二俱瞎漢 有人辯得 天下橫行", 『벽암록』 7칙 「평창 評唱」(대정장48, p.147a28)에 "법안선사는 줄탁동시 할 줄 알았기에 이렇게 답할 수 있었다. 흔히 말하듯 성색을 넘어 대자재를 얻었고 좇고 빼앗음에 따라 죽이고 살리는 일이 나에게 있어 기특함에도 낯설지 않았다. 그러나 이 공안 제방에서 상량함이 많지만 정으로 헤아리는 이들 적지 않다. 고인이 드리운 한마디 전광석화와 같아서 곧바로 한 갈래 바른 길만을 열어젖혔음을 알지 못한다. 法眼禪師 有啐啄同時底機 具啐啄同時底用 方能如此答話 所謂 超聲越色 得大自在 縱奪臨時 殺活在我 不妨奇特 然而此箇公案 諸方商量者多 作情解會者不少 不知古人凡垂示一言半句 如擊石火

似閃電光 直下撥開一條正路", 같은 책 16칙「평창 評唱」(대정장48, p.156a27)에 "경청이 대중에게 말했다. '행각하는 이들 줄탁동시안목 쓸 줄도 알아야 비로소 납승이라 할 수 있다. 마치 어미가 밖에서 쪼려고 하면 새끼는 안에서 빨지 않을 수 없고 새끼가 안에서 나오려 하면 어미가 밖에서 쪼지 않을 수 없는 것과 같다'. 이때 한 학인이 나와 물었다. '어미가 쪼고 새끼가 빤다면, 화상분상에서는 무슨 일이 성취됩니까?' '좋은 소식이 온다' '새끼가 빨고 어미가 쫀다면, 학인분상에서는 무슨 일이 성취됩니까?' '본래면목 드러난다'. 示衆云 大凡行脚人 須具啐啄同時眼 有啐啄同時用 方稱衲僧 如母欲啄而子不得不啐 子欲啐而母不得不啄 有僧便出問 母啄子啐 於和尙分上 成得箇什麽邊事 淸云 好箇消息 僧云 子啐母啄 於學人分上 成得箇什麽邊事 淸云 露箇面目",『경덕전등록』 권12「여주보응전 汝州寶應傳」(대정장51, p.298c8)에 "여주보응이 법좌에 올라 말했다. '제방에서는 단지 줄탁동시안목만 갖췄지 쓰지는 못한다'. 이때 한 학인이 물었다. '줄탁동시란 무엇입니까?' '작가가 서로 보아 쪼고 두드리지 않아서 줄탁동시하는 것마저 잃어버렸다' '이것은 제가 묻고자 하는 바가 아닙니다' '그대가 묻고자 하는 게 무엇이냐?' '잃었습니다'. 여주보응이 바로 때렸지만, 이 학인 수긍하지 않았다. 師上堂云 諸方只具啐啄同時眼 不具啐啄同時用 時 有僧便問 如何是啐啄同時用 師云 作家相見不啐啄 啐啄同時失 僧云 此猶未是某甲問處 師云 汝問處 又作麽生 僧云 失 師乃打之 其僧不肯"라고 하였다. [참고문헌]『雪竇語錄』,『碧巖錄』,『景德傳燈錄』.

줄탁지기 啐啄之機 안팎으로 쪼고 두드릴 줄 아는 기. 사자(師資) 간에 서로 응하는 기틀. 특별히 경청도부(鏡淸道怤 864~937)의 선풍(禪風)을 형용하는 말로도 쓰인다.『벽암록』16칙「평창 評唱」(대정장48, p.156a25)에 "경청은 설봉(雪峯)의 법을 이었으며 본인(本仁)·현사(玄沙)·소산(疎山)·태원부(太原孚)와 동시대인이다. 처음에 설봉을 만나 종지를 얻은 후로는 늘 줄탁동시의 기틀을 후학에게 열어보였으니, 상황에 맞게 법을 잘 설했다. … 그래서 경청문하에는 줄탁의 기틀이 있었다. 이 학인 역시 다른 문하의 선객으로 그 집안의 일을 알고 있었기에 '청컨대 스님께서 두드려 주시기 바랍니다'라고 하였다. 이 질문을 동산(洞山)의 문하에서는 구체적인 일을 빌어 기를 밝힌다 하는데, 어디에 이와 같은 일 있겠는가? 자식은 쪼고 어미는 두드리니 자연히 동시에 딱 맞게 응한다. 鏡淸承嗣雪峯 與本仁玄沙疎山太原孚輩同時 初見雪峯 得旨 後常以啐啄之機開示後學 善能應機說法 … 所以鏡淸門下 有啐啄之機 這僧亦是他門下客 會他家裏事 所以如此問 學人啐 請師啄 此問洞下謂之借事明機 那裏如此 子啐而母啄 自然恰好同時",『송고연주통집』 권33(卍속장115, p.420a8)에 "학인이 운문에게 물었다. '무엇이 줄탁동시의 기인가?' 운문이 말했다. '울린다!' 雲門因僧問 如何是啐啄之機 師曰 響", "학인이 줄탁동시를 묻자 운문은 울린다고 답했도다. 어제 천둥과 벼락이 쳤는데 밤이 오자 산에 흐르는 물이 불어났다네. 〈진정극문(眞淨克文)의 송〉 有問啐啄機 雲門答云響 昨日雷震天 夜來山水長〈眞淨文〉", "줄탁동시에 대해 울린다는 말로 답했으니, 허공 가르는 천둥과 번개에 문득 연못의 물 뒤집힌다. 밤이 되자 한바탕 퍼부어 하늘을 뒤덮으니, 어느 곳에선 파도쳐 낚싯배 뒤집는다네. 〈원통가선(圓通可僊)의 송〉 啐啄之機響字酬 過空雷電忽傾湫 夜來雱霈漫天雨 幾處波濤打釣舟〈圓通僊〉", "한 번 쪼고 한 번 두드리니 그 자리에서 울려 합하는구나. 어미는 둥지 떠난 일 없이 새끼 이미 알 밖에 나왔다네. 〈절상감(絶象鑒)의 송〉 一啐一啄 當頭響合 母不離窠 子已出殼〈絶象鑒〉"라고 하였다. [참고문헌]『碧巖錄』,『頌古聯珠通集』. ⇨줄탁 啐啄, 경청줄탁기 鏡淸啐啄機, 남원줄탁 南院啐啄

중 中 ❶Ⓢmadhya, Ⓣ'bring. 여러 것들 그 중에.『구사론』 권2(대정장29, p.7a7)에 "앞에서 설한 십팔계 중에서 몇 가지가 볼 수 있는 것(有見 Ⓢsanidarśana)이고 몇 가지가 볼 수 없는 것(無見 Ⓢanidarśana)인가? 於前所說十八界中 幾有見幾無見"라고 하였다. [참고문헌]『俱舍論』, *Abh-k-bh.18·63.* ⇨십팔계 十八界 ❷Ⓢmadhya, madhyama, antara. 처음과 끝의 그 중간.『중론』 권2(대정장30, p.16a18)에 "가운데와 끝을 인해서 처음이 있다. 처음과 가운데로 인해 뒤가 있다. 처음도 없고 끝도 없는데 어떻게 가운데가 있겠는가? 생사중에는 처음도 가운데도 마지막도 없다. 따라서 이전과 이후를 모두 얻을 수 없다고 설한 것이다. 因中後故有初 因初中故有後 若無初無後 云何有中 生死中無初中後 是故說先後共不可得",『반야등론석』 권15(대정장30, p.135c5)에 "모든 부처님께서 말씀하신 바는 처음도 중간도 끝도 다 진실이다. 諸佛所說 初中後皆眞實"라고 하였다. [참고문헌]『中論』,『般若燈論釋』, *Pras.96.* ⇨초선중선후선 初善中善後善 ❸Ⓢmadhya. 과거와 미래의 중간인 현재.『구사론』 권14(대정장29, p.73c25 : *Abh-k-bh.*, p.210)에 "초찰나에는 다만 중간을 성취하고, 후찰나에는 두 세(世)를 성취한다. … 초찰나에는 단지 현재만을 성취한다. 하지만 현재세는 과거세와 미래세의 중간에 처하기에 '중간을 성취한다'라고 하여 현재를 성취한다고 설한 것이다. 初成中後二 … 彼初刹那但成現在 然現在世處過未中故 以成中說成現在 〈kārikā〉 madhyasthasyāsti cedādau madhyayā … 〈bhāṣya〉 vartamānā hyavijñaptiratītānāgatayormadhyād"라고 하였다. [참고문헌]『俱舍論』, *Abh*

-k-bh. ⇨삼세 三世 **4** 중도(中道). 『전법륜경』(대정장 2, p.503b16)에 "여래 최정각은 안을 얻고 지혜를 얻어 양 극단을 넘어 스스로 열반(泥洹 Ⓢ nirvāṇa)에 이른다. 무엇을 중을 받아들인다 하는가? 여덟 가지 바른 도를 받아들이는 것이다. 如來最正覺得眼得慧 從兩邊度自致泥洹 何謂受中 謂受八直之道"라고 하였다. [참고문헌] 『轉法輪經』. ⇨중도 中道 **5** 실이며 바른 뜻. 『삼론현의』(대정장45, p.14a22)에 "중은 실(實)이 그 뜻이고, 중은 정(正)이 그 뜻이다. 中以實爲義 中以正爲義"라고 하였다. [참고문헌] 『三論玄義』. **6** Ⓢ madhyāḥ, Ⓣ bar-ma. 뛰어나지도 열하지도 않은 뜻. 『유가사지론』 권2(대정장30, p.288c26 : *Yogā-bh.*, p.48)에 "무엇이 예순두 가지 유정류인가? … 열셋째는 열하고, 열넷째는 중이며, 열다섯째는 묘다. 云何六十二種有情之類 … 十三 劣 十四 中 十五 妙 catuḥṣaṣṭhiḥ sattva nikāyāḥ. katame … hīnā madhyāḥ praṇītā"라고 하였다. [참고문헌] 『瑜伽師地論』, *Yogā-bh.* ⇨육십이종유정 六十二種有情

중 重 **1** Ⓢ gurutā, Ⓣ lci-ba-nyid. 무겁게 받아들여 소중히 여기다. 『구사론』 권4(대정장29, p.21a5 : *Abh-k-bh.*, p.59)에 "무참과 무괴는 무겁게 여기지 않는 것이고 죄를 두려워하지 않는 것이다. 無慚愧不重 於罪不見怖 ahrīr agurutā"라고 하였다. [참고문헌] 『俱舍論』, *Abh-k-bh.* **2** Ⓢ gurutva. 무거움. 양을 헤아릴 수 있는 뜻이다. 『구사론』 권1(대정장29, p.2c25 : *Abh-k-bh.*, p.7)에 "무게를 잴 수 있음을 무거움이라 하고, 무게를 잴 수 없음을 가벼움이라 한다. 可稱名重 翻此爲輕 gurutvaṃ yena bhāvās tulyante laghutvaṃ viparyayāt"라고 하였다. [참고문헌] 『俱舍論』, *Abk-k-bh.* **3** Ⓢ gurvī, Ⓣ lci-ba. 중대한. 중죄(重罪)인 바라이(波羅夷)를 가리킨다. 『유가사지론』 권42(대정장30, p.522a6 : *Bodh-bh.*, p.126)에 "언제나 정념에 머물고 방일하지 않으며, 내지 목숨이 다할 때까지 계에 대해 허물이 없게 하여야 하니 오히려 가벼운 계도 범하지 않아야 하진데, 하물며 중계를 범하는 일이 있겠는가. 恒住正念 常無放逸 乃至命終 於所受戒 無有誤失 尙不犯輕 何況犯重 upasthitasmṛtirapramatto bhavati. yathā yāvajjīvena api pratanukāmapyāpatiṃ nāpadyate na śīle ca skhalati kutaḥ punargurvīm"라고 하였다. [참고문헌] 『瑜伽師地論』, *Bodh-bh.* ⇨중죄 重罪, 사중 四重, 바라이 波羅夷 **4** 거듭. 재차. 『대승아비달마잡집론』 권6(대정장31, p.721a18)에 "세간에서 다 아는 바이니, 다시 거듭 가리지 않겠다. 世間共了 更不重辯", 『섭대승론석』 권2(대정장31, p.392a5)에 "비바사사의 번뇌와 득 등은 경량부 논사들에 의해 모두 논파되었기에 거듭 파하지 않겠다. 毘婆沙師煩惱得等 經部諸師皆已破訖 故不重破"라고 하였다. [참고문헌] 『大乘阿毘達磨雜集論』, 『攝大乘論釋』.

중 衆 **1** Ⓢ saṃgha, Ⓟ saṅgha. 승가(僧伽 Ⓢ saṃgha)의 번역어다. 4인 이상으로 무량한 수로 모이지만 화합해야 하기에 화합승(和合僧), 또는 무리지어 이사(理事)로 화합하기에 중화합(衆和合)이라고도 한다. 석가여래의 가르침인 삼장(三藏)에 의지한 성문제자(聲問弟子)들의 무리이며, 설법·포살(布薩)·설계·자자(自恣) 등을 함께 하며 화합한다. 구성으로는 비구·비구니·식차마나·사미·사미니의 5중(五衆)에 우바새·우바이를 더해 7중(七衆)을 말한다. 화합하는 뜻이 없으면 승가라 할 수 없으니, 뜻으로 화합해서 어기지 않고(理和), 일마다에서 화합해서 다투지 않는다(事和). 나아가 모두 여섯 가지로 화합하고(六和合) 공경한다. 외도의 무리와 달라야 하고 정법(正法)을 따르기에 여래의 성문제자를 승보(僧寶)라 부르고 정법이 오래가길(久住) 바래서 복전(福田)으로 여겨 받든다. 『사분율』 권22(대정장22, p. 717a6)에 "대중이란 4인이거나 4인을 넘어야 한다. 大衆者 或四人或過四人", 같은 책 권29(대정장22, p. 767b27)에 "중이란 4인이거나 4인을 넘는다. 衆者 若四人若過四人", 『살바다비니비바사』 권7(대정장23, p.551a21)에 "대중이 모일 때란, 때론 법다이 해야 할 일이 있거나, 때론 다른 일로도 대중이 모이는데, 아무리 적어도 비구 4인과 결계 밖 객비구 4인이어야 대중이라 할 수 있다. 大衆集時者 或以法事 或以餘緣衆僧集會 極少舊比丘四人 客比丘四人 名爲大衆", 『유부율』 권15(대정장23, p.704b6)에 "승가란 바로 여래의 말씀을 듣는 성문의 무리다. 僧伽者 謂是如來聲聞之衆", 같은 책 권24(대정장23, p.758c20)에 "승가란 부처님의 말씀을 듣는 이들이다. 僧伽者 謂佛聲聞", 『유부필추니비나야』 권6(대정장23, p.940a7)에 "화합이란 이 한 맛이어야 한다는 것이니, 승가란 바로 여래의 말씀을 듣는 무리들을 말한다. 言和合者 謂是一味 僧伽者 謂是如來聲聞之衆", 『근본살바다부율섭』 권1(대정장24, p.528c26)에 "승가라 말함에는 다섯 가지다. 4인·5인·10인·20인 또는 그보다 많은 무리이니, 이 중 4인승가에선 수의·출죄·근원을 제한 나머지 모든 갈마를 할 수 있다. 5인승가에선 중방근원과 출죄를 제한 나머지를 할 수 있으며, 10인승가에선 출죄만을 제하고 나머지 모든 것을 할 수 있으며, 20인승가와 많은 수의 승가에서는 모든 법을 행할 수 있다. 言僧伽者 有其五種 謂四人 五人 十人 二十人 多人 此中四人僧伽者 謂除隨意 出罪 近圓 自餘羯磨咸悉應作 五人僧伽者 謂除中方近圓及以出罪 餘並應作 十人僧伽者 但除出罪 餘並應作 二十人僧伽及多人僧伽者 諸法皆作", 『선견율비바사』 권14 「사리불품 舍利弗品」(대정장24, p.773c23)

에 "승이란 일체무리의 스님들을 말하며, 중 즉 무리란 때론 율을 익히는 무리고, 때론 아비담을 익히는 무리고, 때론 수다라를 익히는 무리다. 僧者 一切衆僧 衆者 或學律衆 或學阿毘曇衆 或學修多羅衆", 『법화현찬』 권1말(대정장34, p.667b15)에 "중이란 승이다. 뜻으로도 일로도 둘 다로 화합하여야 중이라는 이름이 붙고, 3인 이상이면 승이라는 이름만 얻을 수 있다. 衆者 僧也 理事二和 得衆名也 三人已上 得僧名故", 『사분율명의표석』 권1(卍속장70, 413b1)에 "승이란 갖추어 말하면 승가이고 번역하면 중이다. 화합하는 무리를 말한다. 僧者 具云僧伽 此翻爲衆 謂和合之衆", 원측(圓測)의 『해심밀경소』 권1(한불전1, p.158b18)에 "중이라는 말은 범어 음사어로는 승가이고 화합중이라 한역한다. 곧 뜻으로도 일로도 둘 다 화합하므로 중이라 한다. 所言衆者 梵音僧伽 此云和合衆 謂理事二和 故名衆也", 승장(勝莊)의 『범망경술기』 권하말(한불전2, p.172b19)에 "중에는 일곱이 있다. 첫째는 비구, 둘째는 비구니, 셋째는 정학, 넷째는 근책, 다섯째는 근책니, 여섯째는 근사, 일곱째는 근사녀이다. 衆有七種 一者 比丘 二者 比丘尼 三者 正學 四者 勤策 五 勤策尼 六者 近事 七者 近事女"라고 하였다. [참고문헌] 『四分律』, 『薩婆多毘尼毘婆沙』, 『有部律』, 『有部苾芻尼毘奈耶』, 『根本薩婆多部律攝』, 『善見律毘婆娑』, 『法華玄贊』, 『解深密經疏』, 『梵網經述記』, *Ud.55.* ⇨ 승 僧, 승가 僧伽❶, 화합중 和合衆, 화합승 和合僧, 현전승 現前僧, 결계 結界, 포살 布薩, 자자 自恣, 육화경 六和敬 ❷ Ⓢ parṣad, pariṣad, pāriṣadya, Ⓟ parisā, pārisajja, Ⓣ 'khor. 무리들. 법회에 모인 군중들을 말한다. 『장아함경』 권3 「유행경 遊行經」(대정장1, p.16b18)에 "부처님께서 아난에게 이르셨다. '세상에는 여덟 무리가 있다. 무엇이 그 여덟인가? 첫째는 찰리중, 둘째는 바라문중, 셋째는 거사중, 넷째는 사문중, 다섯째는 사천왕중, 여섯째는 도리천중, 일곱째는 마중, 여덟째는 범천중이다'. 佛告阿難 世有八衆 何謂八 一曰 刹利衆 二曰 婆羅門衆 三曰 居士衆 四曰 沙門衆 五曰 四天王衆 六曰 忉利天衆 七曰 魔衆 八曰 梵天衆"라고 하였다. [참고문헌] 『長阿含經』, *Bodh-bh.43.*, *DN.1.136・2.109.* ❸ Ⓢ nikāya, nairyāṇika, Ⓣ sde-pa, sde-tshan. 한 무리. 『오분계본』(대정장22, p.200c14)에 "만약 비구가 이와 같은 한 무리중에 청정법을 구하고자 한다면 돌이켜 죄가 있다면 마땅히 드러내야 한다. 드러낸즉 마음이 안은해 지고 드러내지 않으면 죄는 더욱 깊어진다. 若比丘如是衆中 欲求淸淨法 憶有罪應發露 發露則安隱 不發露罪益深"라고 하였다. [참고문헌] 『五分戒本』, *Śrāv-bh.37・184.*

중가 中假 중(中)이어서 그대로 임시로 있게 된 것. 중가사(中假師)는 비유비무(非有非無)는 중이고 유무(有無)는 가(假)라고 말하는 반면, 길장(吉藏)은 비유비무를 중가(中假)라 이름하였다. 『중관론소』 권2(대정장42, p.28a21)에 "있지 않으면서 있는 것이 비유이고 없지 않으면서 없는 것이 비무이니, 비유비무를 임시로 유무라고 설한다. 이것이 중인 가의 뜻이다. 不有有則非有 不無無卽非無 非有非無假說有無 此是中假義也"라고 하였다. [참고문헌] 『中觀論疏』, 『百論疏』 권상(대정장42, p.240b19), 『三論玄義』(대정장45, p.14c8). ⇨ 삼론종 三論宗, 중가사 中假師

중가 衆家 ❶ 무리진 집안. 승가(僧伽)를 말한다. 『선견율비바사』 권9(대정장24, p.737a3)에 "만약 한 승가내에서 하나의 못을 공유하여 물을 나누어 논에 댄다면, 그중 어떤 비구가 훔칠 마음으로 다른 비구의 물길을 끊어 자기 논으로 터서 댄다고 할 경우, 벼가 죽지 않았다면 투란차를 범하고 벼가 죽었다면 죽은 수에 따라서 죄를 결정한다. 若衆家共有一池 分水注田 比丘以盜心 斷取他水 令注已田 若禾未死 偸蘭遮 若禾死 隨直多少結罪"라고 하였다. [참고문헌] 『善見律毘婆沙』. ❷ 견해를 달리하는 무리들. 『중관론소』 권6(대정장42, p.92b22)에 "여러 논사를 두루 파하려 '어떤 사람이 말했다'라고 칭한다. 今欲遍破衆家 故秤有人言也", 『백론소』 권하(대정장42, p.290c6)에 "여러 학파의 헤아림이 같지 않고 또한 법체가 차별하기에 다르다고 간주한다. 衆家所計不同 亦法體差別爲異"라고 하였다. [참고문헌] 『中觀論疏』, 『百論疏』.

중가사 中假師 비유비무(非有非無)를 중(中)으로, 유무(有無)를 중가(中假)로 단정적으로 주장하는 이. 법랑(法朗)・길장(吉藏) 등이 비판한 삼론종(三論宗)의 일파다. 삼론종에서 중가를 세운 뜻은 중도를 밝힌다고 해서 치우침을 버린다거나 중도에 집착하는 것이 아니고, 자성의 견해를 물리쳐 가명에 머물지 않기 위한 것이라 하였고, 이에 길장은 유무를 떠나서 비유비무를 중도라고 하는 것은 맞지 않다고 비판하였다. 『중관론소』 권2(대정장42, p.27b25)에 "옛 산중학사 혜정법사는 이르길 '혹이 사라지면 논주도 사라진다'라고 하였는데, 이 사라짐은 사라질 것이 없는 뜻이다. 이렇게 마침내 편을 버리고 중에 집착하며, 성을 버리고 가를 세운다. 이 안심으로는 끝내 부처를 보지 못한다. 왜냐하면 불심은 의지하는 바가 없어야 하는데 그대의 마음은 의지하는 것이 있어 부처와는 격이 있으니, 어떻게 부처를 볼 수 있겠는가. 이러한 뜻 때문에 그것을 논파해야만 한다. 昔山中學士名慧靜法師云 惑去論主去 此去無所去 而遂捨偏著中 除性立假 以此安心卽畢竟不見佛 所以然者 佛心無所依 汝心有所寄 乃與佛隔 何由見佛 爲此義故須破之", 같은 책 권2(대정장42, p.28a22)에 "[문] 초장과 중가는 어떤 물의 뜻을 밝히는 것인가? 〔답〕 초장은 복(伏), 중가는 단(斷)이다. 초장은 가의 유무를 밝히니, 성의 유무를 조복하는 것이다. 다음으로 가의 유무를 밝혀서 비유비무에 들어간즉 성의 유무를 영원히 끊는다. 그러므로 초장·중가는 성이라는 병을 파하기 위한 것이다. 성의 병이 사라지면 이 말 또한 머물지 못한다. 만약 초장과 중가를 지키려 한다면 이것은 중가사일 따름이다. 問 初章中假明何物義耶 答 初章是伏 中假是斷 初明假有無 是伏性有無 次明假有無 入非有非無 卽性有無永斷也 故初章中假爲破性病 性病若去此語亦不留 若守初章中假者是中假師耳", 『삼론현의』(대정장45, p.14c27)에 "중가사는 '비유비무는 중이고, 유무는 가이다'라고 말한다. 中假師云 非有非無爲中 而有而無爲假也"라고 하였다. 〔참고문헌〕『中觀論疏』, 『三論玄義』. ⇨ 삼론종 三論宗, 삼론학 三論學, 중도 中道

중가타암 中伽陀庵 경상북도 영주시 소백산에 있던 절. 『퇴계집』 권41 「유소백산록 遊小白山錄」(한국문집총간30, p.426b19)에 "중가타암 위에서 동쪽으로 들어가면 보제암 등이 있다. … 세 개의 가타암 등은 서쪽 꼴짜기에 있다. 其自中伽陁之上 東入有普濟等庵 … 三伽陁等庵 在其西洞", 1849년(헌종15)에 편찬된 순흥읍지인 『재향지』 불우에 "상가타암은 석름봉 아래에 있다 … 중가타암은 상가타암 아래에 있었으나 지금은 폐사되었다. 上伽陀菴 在石廩峯下 … 中伽陀 在上伽之下 今廢"라고 하였다. 〔참고문헌〕『退溪集』, 『梓鄕誌』, 『韓國寺刹全書』 권하 p.1027b11. ⇨ 상가타암 上伽陀庵

중각강당 重閣講堂 Ⓢ Ⓟ Kūṭāgāraśālā. 중인도(中印度) 비사리국(毘舍離國 Ⓢ Vaiśāli)) 미후지(獼猴池) 곁의 큰 숲(大林)에 있었던 부처님 설법처. 대림정사(大林精舍 Ⓢ Mahāvana-vihāra)·중각정사라고도 하며, 줄여서 중각당이라 한다. 『화엄경』 「입법계품」에서 설법의 장소이며 이때는 사위국(舍衛國) 기수급고독원(祇樹給孤獨園)에 있다고 하였고, 80권본 『화엄경』에서는 서다림(逝多林)에 있는 중각(重閣)이라 하였다. 화엄의 칠처구회(七處九會) 중 제9회의 설법장소에 해당한다. 『대반열반경』 권상(대정장1, p.191b5)에 "어느 때 부처님께서 비야리(비사리)의 큰 숲에 있는 중각강당에서 대비구 대중 천이백오십인과 함께 계셨다. 一時 佛 在毘耶離大林中 重閣講堂 與大比丘衆 千二百五十人俱", 『잡아함경』 권3(대정장2, p.20b28 : *Mahāli-sutta*, *SN. 1*, p.230)에 "어느 때 부처님께서 비야리 미후지 곁의 중각강당에 머무셨다. 一時 佛 住毘耶離 獼猴池側 重閣講堂 ekaṃ samayaṃ bhagavā vesāliyaṃ viharati mahāvane kūṭāgārasālāyaṃ", 『화엄경』 권44 「입법계품」(대정장9, p.676a6)에 "이때 부처님께서 사위성 기수급고독원 대장엄 중각강당에서 보현보살과 문수보살을 상수로 하는 오백의 보살마하살과 함께 계셨다. 爾時 佛在舍衛城 祇樹給孤獨園 大莊嚴重閣講堂 與五百菩薩摩訶薩俱 普賢菩薩 文殊師利菩薩而爲上首", 『신역화엄경칠처구회송석장』(대정장39, p.712b3)에 "제9회는 사위국 기수급고독원 중각강당에서 드러난 법계법문의 당체를 나타냈다. 희유하고 기특한 공용으로 만물을 제도하되 공용이 당체에 의지하여 일어남이 마치 중각의 성립과 같으므로 법회가 이 자리에 의탁한 것이다. 第九會 在舍衛國 祇樹給孤獨園 重閣講堂 爲表所顯法界法門當體 希奇功用濟物 用依體起 似閣重成 仍託斯處也"라고 하였다. 〔참고문헌〕『大般涅槃經』, 『雜阿含經』, 『華嚴經』, 『新譯華嚴經七處九會頌釋章』, 『五分律』 권1(대정장22, p.2b14), 『有部律雜事』 권36(대정장24, p.387c6), 李智冠 『四集私記』p.155, *SN.* ⇨ 대림정사 大林精舍

중각당 重閣堂 Ⓢ Kūṭāgāra-śālā, Ⓟ Kūṭāgāra-sālā. 중인도 바이샬리(Ⓢ Vaiśāli : 毘舍離) 북쪽의 큰 숲에 있는 정사(精舍). 대림정사(大林精舍)·고각강당(高閣講堂)·중각강당(重閣講堂) 등이라고도 한다. 구타가라사라(鳩咤伽羅沙羅)라고 음사한다. 커다란 홀을 중심으로 누각이 층층으로 중첩된 전각이어서 이렇게 부른다. 『유부율잡사』 권36(대정장24, p.387c4)에 "그때, 세존께서 구수 아난다에게 이렇게 말씀하셨다. '내가 이제 광엄성으로 가려고 한다'. 이에 아난다는 부처님의 말씀을 듣고서, 곧 부처님의 뒤를 따라 광엄성에 이르러 중각당에 머물렀다. 爾時 世尊告具壽阿難陀曰 我今欲往廣嚴城 時阿難陀 聞佛敎已 卽隨佛後 至廣嚴城 住重閣堂"라고 하였다. 〔참고문헌〕『有部律雜事』, *Divy.136.*, *DN.1.150.* ⇨ 대림정사 大林精舍, 고각강당 高覺講堂

중간겁 中間劫 감겁(減劫)·증겁(增劫)·증감겁(增減劫)을 거치는 동안의 겁(Ⓢ kalpa). 『대비바사론』 권135(대정장27, p.700c11)에 "겁에는 세 가지가 있다. 첫째는 중간겁, 둘째는 성괴겁, 셋째는 대겁이다. 중간겁에는 다시 세 가지가 있으니, 첫째는 감겁이고, 둘째는 증겁이며, 셋째는 증감겁이다. 감겁이란 인간수명이 무량세에서 줄어들어 10세에 이르는 동안이다. 증겁이란 인간수명이 10세에서 늘어나 8만세에 이르는 동안이다. 증감겁이란 인간수명이 10세에서 늘어나 8만세에 이르고, 다시 8만세에서 줄어들어 10세에 이르는 동안이다. 劫有三種 一 中間劫 二 成壞劫 三 大劫 中間劫復有三種 一 減劫 二 增劫 三 增減劫 減者 從人壽無量歲減至十歲 增者 從人壽十歲 增至八萬歲 增減者 從人壽十歲 增至八萬歲 復從八萬歲 減至十歲"라고 하였다. 〔참고문헌〕『大毘婆沙論』. ⇨ 감겁 減劫, 증겁 增劫, 증감겁 增減劫, 겁 劫, 성괴겁 成壞劫, 대겁 大劫

중간선 中間禪 심(尋 : 覺)은 없고 사(伺 : 觀)는 있는(無尋唯伺) 선으로 중간정려(中間靜慮 Ⓢ dhyāna-antara)라 한다. 『광석보리심론』 권3(대정장32, p.567c9)에 "만약 욕애를 여읨으로써 생겨나는 희락을 얻는다면, 내심이 청정해 바른 상응에 머물게 되고, 심(Ⓢ vitarka)과 사(Ⓢ vicāra)가 있으면, 초선정이라 한다. 또 여기에서 심은 없고 사만 있다면 중간선이라 한다. 謂若得離欲愛所有喜樂 內心淸淨住正相應 有尋有伺是初禪定 又復此中無尋唯伺 名中間禪", 『아비담심론경』 권1(대정장28, p.836a8)에 "욕계와 초선은 각(覺 : 尋)과 관(觀 : 伺)이 모두 있고, 중간선에는 각은 없고 관은 있으며, 제2선 이상에서 유정(有頂)까지는 각관도 없다. 欲界初禪有覺有觀 中禪間無覺有觀 第二禪上乃至有頂無覺無觀", 『대승의장』 권10(대정장44, p.658a2)에 "각은 없고 관은 있으면 중간선이라 하니, 초선이상 제2선 이하에서 각은 없애고 관은 있기에 '중간'이라 한 것이다. 無覺有觀 謂中間禪 於初禪上 二禪定下 除覺觀在 名爲中間"라고 하였다. [참고문헌] 『廣釋菩提心論』, 『阿毘曇心論經』, 『大乘義章』. ⇨ 중간정려 中間靜慮, 심사 尋伺, 각관 覺觀, 무심유사 無尋唯伺

중간식 中間息 중간의 입식(入息)과 중간의 출식(出息). 들숨 이후 날숨 이전의 그 사이와 날숨 이후 들숨 이전의 그 사이에 일어나는 미세한 숨. 『유가론기』 권7(대정장42, p.447c6 · 한불전13, p.494c8)에 "규기는 '중간입식과 중간출식이란, 들숨과 날숨 이 둘 사이에는 비록 숨이 아직 들거나 나지 않지만, 그 사이에도 미세한 숨이 도는 것을 말하니, 이를 중간식이라 한다'라고 하였다. 基師云 中間入出息者 謂入出二息中間 雖息未入出 其間亦有微細息轉 名中間息"라고 하였다. [참고문헌] 『瑜伽論記』. ⇨ 중간입식 中間入息, 아나파나념 阿那波那念, 입식출식념 入息出息念

중간유 中間有 사유(四有) 중 하나인 중유(中有). 중음(中陰 Ⓢ antarā-bhava)이라고도 한다. 『삼미지부론』 권상(대정장32, p.462a16)에 "업의 보로 인해 네 곳에서 생을 받는다. 이 욕계에서 죽어서, 욕계의 생유처에서 중간유처로 가 중간유를 받는다. … 이와 같이 욕계의 중간유에서 욕계의 중간유를 받기도 하고, 욕계의 중간유에서 색계의 중간유를 받기도 한다. 이와 같이 이 욕계에서 죽어 중간유의 생을 받는다. 由報業受生四處 此欲界死 欲界生有處 往中間有處受中間有 … 如是從欲界中間有 受欲界中間有 從欲界中間有 受色界中間有 如是此欲界死受生中間有", 같은 책 권하(대정장32, p.471b28)에 "만약 중간유가 없다면 천안으로 알 수 없었을 것이고, 선업이나 악업을 지은 이 사람이 선도나 악도에 태어나는 것도 알 수 없었을 것이다. 부처님께서는 이미 '나는 천안으로 중생이 나는 것을 본다'라고 말씀하셨다. 모든 것이 이와 같다. 그렇기에 나는 사람이 좇아 떨어진 처가 있어 의지해서 생을 받음을 본다. 그래서 나는 중간유가 반드시 있음을 본다. 若無中間有 天眼不應知 此人造善惡業生善惡道 不應知 佛前已說 我以天眼見衆生落生 如是一切 是故 我見從人落有處 可依受生 是故 我見定有中間有"라고 하였다. [참고문헌] 『三彌底部論』. ⇨ 중유 中有, 중음 中陰, 중간유처 中間有處

중간유처 中間有處 중간유의 처소. 사유(死有) 이후 중간유(Ⓢ antarā-bhava : 中有)가 생유(生有) 이전까지 머무는 곳. 『삼미지부론』 권하(대정장32, p.470c23)에 "가령, 아난이 '저는 이와 같이 들었습니다. 세존께서 보살이었을 때 도솔천에서 지명(智明 : 宿命通)을 억념하면서 모태로 강림하셨습니다. 이때 모든 세계를 광명으로 두루 비추셨는데, 보살은 이때 중간유처에 계시면서 광명으로 널리 비추신 것입니다. 그런 뒤 입태하셨습니다'라고 말한 것과 같다. 우리 등은 광명세간을 보기 때문이다. 따라서 중간유는 있는 것이다. 如阿難所說 我聞世尊爲菩薩時 從兜率天上 憶念智明 下降母胎 是時 一切世界 光明普照 菩薩是時 在中間有處 光耀遍照 然後入胎 我等見光明世間故 是故有中間有"라고 하였다. [참고문헌] 『三彌底部論』. ⇨ 중간유 中間有

중간입식 中間入息 Ⓢ antara-āśvāsa, Ⓣ bar-du-dbugs-rngub-pa. 중간의 입식. 들숨 이후 날숨 이전에 일어나는 미세한 숨을 말한다. 『유가사지론』 권27(대정장30, p.430c10 : *Śrāv-bh.*, p.220)에 "중간입식이란 입식이 끝나고 난 뒤 출식이 시작하기 전까지로, 그 사이에 숨이 멈추는 때가 있어 잠시 미세한 바람 일어나는 듯하니 이를 중간입식이라 한다. … 만약 중간의 입식과 중간의 출식을 경계로 반연할 때는 곧 다음처럼 상기한다. '나는 지금 능히 짧게 숨을 들이쉬고 짧게 숨을 내쉬고 있다고 기억해 익히고 있다'. 가령, 입식과 출식이 길게 일어나 구르거나 중간의 입식과 중간의 출식이 짧게 일어나 계속될 때에도 곧 이와 같이 분명히 안다. 中間入息者 謂入息滅已乃至出息未生 於其中間在停息處 暫時相似微細風起 是名中間入息 … 若緣中間入息中間出息境時 便作念言 我今能學念短入息念短出息 如入息出息長轉及中間入息中間出息短轉 卽如是了知 tatrāntarāśvāso ya uparatesminnāśvāse na tāvatpraśvāsa utpadyate. yadantarālaviśrāmasthānasahagata itvarakālīnastadanusadṛśo vāyurutpadyate. ayamucyate 'ntarāśvāsaḥ. … yadā antarāśvāsamantaḥ praśvāsaṃ vālambanīkaroti. tadā hraśvasimi praśvasimīti śikṣate. tathā hi āśvāsapraśvāsā dīrghāḥ pravarttante. antarāśvāsā antaḥ praśvāsāśca hṛs vāste tathaiva pravarttante. tathaivopalakṣayati. jānāti"라고 하였다. [참고문헌]『瑜伽師地論』, *Śrāv-bh.* ⇨ 중간식 中間食, 입식출식념 入息出息念

중간자서 中間字書 Ⓢ madhyākṣara-lipi, madhyākṣara-vistara-lipi. 육십사서(六十四書) 중 하나. 22번째로 『보요경』 권3(대정장3, p.498b8)에 나오는 한역에 따른다. *Lalitavistara* 범문에서는 24번째로 거론되어, 그 순서가 한역(漢譯)과 같지 않다. [참고문헌]『普曜經』, *Lal-v.88.* ⇨ 육십사서 六十四書

중간장시 中間長時 중간의 기나긴 때(Ⓢ prakṛṣṭaṃ kālam). 무상천(無想天 : 無想有情天)에 나서 죽기 전까지 그 사이의 오랜 시간. 오백대겁(五百大劫) 동안을 말한다. 『구사론』 권5(대정장29, p.24b20 : *Abh-k-bh.*, p.68)에 "그곳은 항시 무상인가, 아니면 유상인가? 생사위 중에서는 많은 시간 동안 유상이지만, 무상이라 한 것은 그곳의 유정은 중간의 오랜 시간 동안 상 일으키지 않기 때문이다. 계경에서 '그곳의 유정들은 상을 일으키기에 그곳에서 침몰한다'라고 설한 바와 같다. 그래서 그곳의 유정들에게는 오랫동안 잠들었다가 깨어나는 것과 같이 다시 상이 일어난다. 그곳에서 침몰하고 난 뒤에는 반드시 욕계에 나지 다른 곳에 나지 않는다. 앞서 닦은 정행세력이 다했기 때문이고, 그곳에서는 다시 정행을 닦을 수 없기 때문이다. 마치 허공을 나는 화살이 그 힘을 다하면 다시 떨어지는 것과 같다. 彼爲恒無想 爲亦有想耶 生死位中 多時有想 言無想者 由彼有情中間長時 想不起故 如契經說 彼諸有情 由想起故 從彼處沒 然彼有情 如久睡覺 還起於想 從彼沒已 必生欲界 非餘處所 先修定行勢力盡故 於彼不能更修定故 如箭射空力盡便墮 kiṃ punastenaiva kadāciat saṃśino bhavanti. bhavantyupapattikāle cyutikāle ca. prakṛṣṭamapi kālaṃ sthitvā saha saṃjñotpādātteṣāṃ sattvānāṃ tatsthānāt cyutirbhavatīti sūtre pāthaḥ. te ca tato dīrghasvapnavyutthitā iva cyutvā kāmadhātāvupapadyante nānyatra. pūrvasamāpattisaṃskāraparikṣayāt apūrvānupacayācca kṣiptā iva kṣīṇavegā iṣavaḥ pṛthivīṃ patanti", 『구사론기』 권5(대정장41, p.95c25)에 "'생사위 중에서는 ~ 이르러 다시 상이 일어난다'라고 한 것은 답이다. 중생은 저 생사위 중에서 많은 세월 동안 유상이지만, 무상이라 말한 것은 저곳의 유정은 (무상천에) 난 이후 죽기 직전 사이의 오백대겁이라는 오랜 시간 동안 상을 일으키지 않기 때문이다. 많은 분을 좇아 무상이라 한 것이다. 生死位中至還起於想者答 衆生於彼生死位中多時有想 然言無想者 由彼有情 生後死前中間 五百大劫長時 想不起故 從多分說 故名無想"라고 하였다. [참고문헌]『俱舍論』, 『俱舍論記』, *Abh-k-bh.* ⇨ 구상유정천 無想有情天

중간정 中間定 Ⓢ dhyāna-antara. 무심유사(無尋唯伺)의 중간정려(中間靜慮)를 달리 이르는 말. 『대반야경』 권53(대정장5, p.301a9)에 "선현이여! 초정려와 제2정려 사이의 중간정의 경우는 무심유사의 삼마지이다. 善現 若初靜慮 第二靜慮中間定 是爲無尋唯伺三摩地", 『구사석론』 권1(대정장29, p.168a17)에 "욕계와 초정(初定 : 初靜慮)에는 각(覺 Ⓢ vitarka : 尋)과 관(觀 Ⓢ vicāra : 伺)이 있고, 중간정은 각은 없고 오직 관만 있으며, 제2정(第二定 : 第二靜慮) 이상에서 유정(有頂 Ⓢ bhava-agra : 色界究竟天)까지는 각과 관이 없다. 於欲界及初定有覺有觀 於中間定無覺唯有觀 從第二定以上 乃至有頂無覺無觀", 『유가론기』 권17(대정장42, p.700a9 · 한불전14, p.307c2)에 "중간정에는 네 가지가 있다. 첫째는 관이고, 둘째는 희이고, 셋째는 락이고, 넷째는 일심이다. 中間定有四 一 觀 二 喜 三 樂 四 一心"라고 하였다. [참고문헌]『大般若經』, 『俱舍釋論』, 『瑜伽論記』, *Abh-k-bh.22.* ⇨ 중간정려 中間靜慮

중간정려 中間靜慮 Ⓢ dhyāna-antara, dhyāna-antarikā, Ⓣ bsam-gtan-khyad-par-can. 초정려(初靜慮)와 제2정려 사이의 무심유사의 삼마지. 심(尋 Ⓢ vitarka)과 사(伺 Ⓢ vicāra) 모두 있는 초정려와 심도 없고 사도 없는(無尋無伺) 제2정려 사이에 심은 없지만 사는 있는(無尋唯伺) 위를 따로 설정한 것이다. 초정려보다 뛰어나지만 제2정려에는 미치지 못하고 사정려(四靜慮) 중 오직 이 두 정려 사이에만 있다. 중간선(中間禪) · 중간정(中間定) · 중간지(中間地) · 중정려(中靜慮) · 정려중간(靜慮中間) · 선간(禪間) 등이라고도 한다. 『구사론』 권28(대정장29, p.149b22 : *Abh-k-bh.*, p.448)에 "중간정려와 근분정(近分定)들은 다른 뜻이 없는가, 아니면 다름이 있는가? 그 뜻 또한 다르다. 근분정들은 하지의 염오를 여의는 것으로서 (근본정에) 들어가는 첫 번째 인이지만, 중간정려는 그렇지 못하다. [송] 중간정려에는 심(尋)이 없다. … [논] 첫 번째 근본정과 근분정은 심사와 상응하며, 일곱 가지 선정에는 모두 심사가 없고, 오직 중간정려에는 사는 있되 심은 없다. 따라서 이것은 초정려보다 수승하되 제2정려에는 미치지 못한다. 이러한 의미에 의지해 중간이라는 명칭을 설정한 것이다. 이 때문에 상지에는 중간정려가 없다. 한 경지로 상승하거나 하강하는 일이 없기 때문이다. 中間靜慮 與諸近分 爲無別義 爲亦有殊 義亦有殊 謂諸近分 爲離下染是入初因 中定不然 復有別義頌曰 中靜慮無尋 … 論曰 初本近分 尋伺相應 上七定中 皆無尋伺 唯中靜慮 有伺無尋 故彼勝初 未及第二 依此義故 立中間名 由此上無 中間靜慮 一地升降 無如此故

〈bhāṣya〉 kimidamekārthamāhosvinnānārtham. sāmantakaṃ hi vairāgyamārgaḥ. 〈kārikā〉 atarka dhyānamantaram. 〈bhāṣya〉 dhyānameva hi vitarkāsaṃprayuktaṃ dhyānāntaraṃ dhyānaviśeṣatvāt. ata eva dvitīyādiṣu dhyāneṣu na vyayasthāpyate viśeṣābhāvāditi", 같은 책 권28(대정장29, p.149b25)에 "〈송〉 중간정려에는 심이 없으며 세 가지 등지(等至)를 갖추고 있는 것으로, 사수(捨受)일 뿐이다. 〔논〕 첫 번째 근본정(根本定 Ⓢ maula-dhyāna)과 근분정(近分定 Ⓢ sāmantaka-dhyāna)은 심사와 상응하며, 그 이상의 일곱가지 정 중에는 모두 심사가 없지만, 오직 중간정려만은 사는 있고 심은 없다. 따라서 이것은 초정려보다는 뛰어나지만 제2정려에는 미치지 못하니, 이러한 뜻에 의지해 '중간'이라는 이름을 세웠다. 이 때문에 상지에는 중간정려가 없으니, 이처럼 한 지를 오르내리는 일이 없기 때문이다. 이 정은 미등지(味等至 Ⓢ āsvādanā-samāpatti) 등의 세 가지 등지를 갖추고 있으니, 수승한 공덕에 대해 애미(愛味)하는 일이 있기 때문이다. 모든 근분정의 경우처럼 사수와 상응할 뿐 희수와는 상응하지 않으니, 공용으로 구르기 때문이다. 이로 인해 '고통행(苦通行 Ⓢ duḥkhā-pratipad)에서 거둔다'라고 설한 것이다. 이 정은 대범처과를 능히 부르니, 많이 수습한 이는 대범천이 되기 때문이다. … 무심유사삼마지란, 오직 사와 상응하는 등지여서 이는 곧 정려중간지로 거둔다. 中靜慮無尋 具三唯捨受 論曰 初本近分尋伺相應 上七定中皆無尋伺 唯中靜慮有伺無尋 故彼勝初未及第二 依此義故立中間名 由此上無中間靜慮 一地升降無如此故 此定具有味等三種 以有勝德可愛味故 同諸近分唯捨相應 非喜相應 功用轉故 由此說是苦通行攝 此定能招大梵處果 多修習者爲大梵故 … 無尋唯伺三摩地者 謂唯與伺相應等持 此卽靜慮中間地攝", 『순정리론』 권11(대정장29, p.394b1)에 "대선존께서는 관행하는 이가 비로소 중간정려에 들어가려고 하는데 법이 있어 장애가 되는 것을 보고는 이 장애를 미루어 살펴보니 '심'이 그 체인 줄 알았다. 또 관행자가 비로소 제2정려에 들어가려고 하는데 법이 있어 장애가 되는 것을 보고는 이 장애를 살펴 '사'가 그 바탕인 줄을 알았다. 이미 장애가 되었기에 따로 있는 것들임을 알 수 있다. 謂大仙尊 見有觀行者 方欲趣入中間靜慮時 有法爲障 推求此障 知尋爲體 復有觀行者 方欲趣入第二靜慮時 有法爲障 推求此障 知伺爲體 旣能爲障 故知別有"라고 하였다. 〔참고문헌〕 『俱舍論』, 『順正理論』, *Abh-k-bh.* ⇨ 사선 四禪[1], 중간정 中間定, 선간 禪間, 무심유사 無尋唯伺, 무심유사삼마지 無尋唯伺三摩地, 고통행 苦通行, 미등지 味等至, 정려 靜慮

중간지 中間地 중간정려(中間靜慮)를 달리 이르는 말. 『대지도론』 권17(대정장25, p.185b19)에 "미도지와 중간지에는 지(智)는 많고 정(定)은 적다. 未到地 中間地 智多而定少"라고 하였다. 〔참고문헌〕 『大智度論』. ⇨ 중간정려 中間靜慮, 중간정 中間靜, 정려 靜慮

중간포살 中間布薩 승가 대중이 모두 화합하지 못하여 정해진 14일 또는 15일에 포살(正布薩)을 행하지 못하고 그 밖의 다른 날에 행하는 포살. 『삼부율초』 「포살품 布薩品」(대정장85, p.673a15)에 "중간포살이라 한다. 비구들이 다투어서 중간에 화합하지 못하면 마땅히 단백갈마를 지어서 정해진 때가 아닌 날 계를 설하는데 이전 갈마하는 날은 이미 지나갔고 다음 갈마할 날은 아직 이르지 않았기에 중간포살이라 한다. 中間布薩者 比丘鬪諍 中間未和合 應作單白羯磨 非時說戒 前過後未至 故名中間布薩", 『마하승기율』 권34(대정장22, p.499b8)에 "14일이나 15일의 포살, 중간포살, 낮에 하거나 밤에 하거나 마땅히 그 처소가 온실인지 강당인지, 아니면 숲속인지 알아야 하며, 마땅히 광율인 다섯 계를 자세히 읊어서 아래로 사사와 게까지 이르러야 한다. 今十四日若十五日布薩 中間布薩 若晝若夜 當知處所 若溫室講堂若林中 應廣誦五篇戒 下至四事及偈"라고 하였다. 〔참고문헌〕 『三部律抄』, 『摩訶僧祇律』. ⇨ 단백갈마 單白羯磨, 빈일포살 頻日布薩, 포살 布薩

중거원 衆車苑 Ⓢ Caitraratham-udyānam, Ⓣ skyed-mos-tshal can. 제석천(帝釋天 Ⓢ Śakra)의 선견성(善見城) 밖에 있는 네 개의 동산(四園) 중 하나. 중거원(衆車園)으로도 쓰고, 잡색거원(雜色車苑)이라고도 한다. 『구사석론』 권8(대정장29, p.217b1 : *Abh-k-bh.*, p.168)에 "성 바깥 네 면에는 너무나도 애호할 만한 네 곳의 동산이 있는데, 여기는 온갖 천신들이 노니는 곳으로서 첫 번째는 중거원이다. 城外四面 最勝可愛處 有四種園 是諸天所遊戲處 一 衆車園 tasya hi nagarasya bahiścaturṣu pārśveṣu catvāryudyānādīni devānāṃ kriḍābhūmayaḥ. caitrarathamudyānam", 『입세아비담론』 권3(대정장32, p.186a24)에 "선견대성 동문 밖 20유순 거리의 모든 도리천(忉利天 Ⓢ Trāyas-triṃśa)에는 동산이 있는데 이름은 중거이다. 동산 안에는 질다라라는 큰 연못이 있다. … 이 동산에 들어가거나 머물거나 나가려고 할 때에는 질다라나무의 갖가지 아름다운 꽃을 꺾어 마차를 장엄한다. … 이 질다라나무의 꽃과 천자의 몸에 달린 영락 그리고 온갖 보배 마차가 뿜어내는 광명은 서로를 비추는데, 이러한 인연으로 이 아름다운 동산에는 갖가지 광명이 모여 그 내부를 비춘다. 이러한 뜻에서 중거원이라 하였으니 자연히 중거원이라 부르게 되었다. 善見大城東門閫外 去二十由旬 諸忉利天有園 名曰衆車 園中大池 名質多羅 …

入此園林 在其園內 及欲出時 取質多羅樹 種種妙花 莊嚴車乘 … 此質多羅樹花 及天身瓔珞 諸寶車乘 所出光明 互相映發 以是因緣 此妙園中 種種光明 聚集其內 由此義故 名衆車園 復有自然 名衆車園", 『교적의기』 권상(대정장39, p.1022c6)에 "삼십삼천들이 성의 남쪽 중거원에서 유희했다는 것은 중거원에서 유희했다는 것이다. 그곳에는 칠보로 장엄된 일천의 마차가 있고, 향수·의수·영락수가 있으며, 칠보지가 있고, 앞의 것들보다 세 배나 뛰어나게 장엄한 세 곳의 금대(金臺)가 있다. 三十三天遊喜城南衆車苑者 於中衆車遊戲 馬車一千 亦以七寶莊嚴 亦有香樹衣樹瓔珞樹 亦有七寶池 亦有三金臺 以爲莊嚴倍勝於前"라고 하였다. [참고문헌] 『俱舍釋論』, 『立世阿毘曇論』, 『教跡義記』, *Abh-k-bh.* ⇨ 사원 四苑, 제석사원 帝釋四苑, 잡색거원 雜色車苑, 선견성 善見城

중건국청사상량문 重建國淸寺上樑文 조선후기에 신숙(申橚) 지음. 남한산성(南漢山城)에 있는 국청사의 중건 상량문으로 『조선사찰사료』 권하 pp.271~272에 수록되어 있다. 상량문의 앞부분에는 누(樓)·당(堂)·무(廡)·소상(塑像) 등을 일신한 내력이 있고, 중간에는 아랑위포량(兒郎偉抛樑)으로 시작되는 동서남북상하의 사(詞)도 6장이나 있다. 맨 마지막의 축원에서는 "엎드려 원하옵건대 상량한 후에는 보탑이 오래도록 굳건하고 추림이 증휘하여 마요들이 일으키는 팔십일난을 조복하며, 부처님의 가르침 드리워 백천만겁으로 신령스럽게 통하게 하니 빠짐없이 다 우리나라 도우소서. 伏願上樑之後 寶塔永固 椎林增輝 伏魔妖於八十一難者 彰西教垂靈通於百千萬劫 咸佑東方"라고 하였다. [참고문헌] 『朝鮮寺刹史料』. ⇨ 국청사 國淸寺 3

중겁 中劫 S antara-kalpa, P antara-kappa, T bar-gyi-bskal-pa. 사람의 수명이 10세에서 증가해 8만4천세에 도달하고 다시 감소하여 10세에 이르기까지의 시간. 20소겁(小劫). 『법원주림』 권3(대정장53, p.287a15)에 "『아함경』의 경우, 사람의 수명이 8만4천세에서 백년마다 1세씩 줄어들어 10세에 도달하고, 다시 10세에서 다시 증가하여 8만4천세에 도달하는 동안인데, 이처럼 수명이 한 번은 올라가고 한 번은 내려가는 그 동안의 시간을 1중겁이라 한다. 如阿含經說 謂從人壽八萬四千歲 百年減一 乃至十歲 還從十歲復增 至八萬四千歲 一上一下 爾許時分名一中劫量", 『기세인본경』 권9(대정장1, p.408b25)에 "세간에는 대개 세 가지 중겁이 있다. 어떤 것이 그 세 가지인가? 첫째는 도장중겁이라 하는 것이고, 둘째는 기근중겁이라 하는 것이며, 셋째는 질역중겁이라 하는 것이다. 世間凡有三種中劫 何等爲三 一者 所謂刀杖中劫 二者 所謂飢饉中劫 三者 所謂疾疫中劫", 『영락본업경』 권하(대정장24, p.1019a20)에 "팔십 리 크기의 바위가 있는데 사방 넓이도 그와 같다. 무게가 삼수(三銖)인 범천의 옷을 가지고 범천의 백보광명주를 1년 단위(日月歲數)로 삼아 3년에 한 번 스쳐 이 바위가 닳아 없어지는 기간을 중겁이라 한다. 八十里石 方廣亦然 以梵天衣重三銖 卽梵天中 百寶光明珠 爲日月歲數 三年一拂 此石乃盡 名爲中劫"라고 하였다. [참고문헌] 『法苑珠林』, 『起世因本經』, 『瓔珞本業經』, *Yogā-bh.31.*, *Bodh-bh.173.* ⇨ 도장중겁 刀杖中劫, 기근중겁 飢饉中劫, 질역중겁 疾疫中劫, 겁 劫, 반중겁 半中劫, 별겁 別劫, 겁 劫

중견성암 中見性庵 경기도 양평군 용문면 용문산(龍門山: 一名 彌智山)에 있던 절. 용문사(龍門寺)의 서북쪽 언덕에 위치했다고 전한다. [참고문헌] 『韓國寺刹全書』 권하 p.1027b13.

중견암 中見庵 전라남도 영암군 군서면 도갑리 월출산(月出山)에 있던 암자. 도갑사(道岬寺)의 부속암자였으며, 중견성암(中見性庵)이라고도 한다. 절터에는 축대 및 기와·자기 등이 남아 있다. [참고문헌] 『한국사지총람』 권하(문화재청·佛教文化財研究所, 2010) p.594.

중결 衆結 S saṃyojana. 온갖 얽힘. 온갖 번뇌를 말한다. 『장아함경』 권1 「대본경 大本經」(대정장1, p.8b1)에 "마치 새가 바람이 가는 곳을 따라 동서로 허공을 유영하듯, 보살은 온갖 번뇌를 끊어버려 마치 바람에 나부끼는 가벼운 옷처럼 자유롭다. 如鳥遊虛空 東西隨風逝 菩薩斷衆結 如風靡輕衣", 『정법염처경』 권61(대정장17, p.365a3)에 "마음이 항시 정념이어서 도를 수습하기에 온갖 결을 끊고 모든 번뇌를 멸한다. 어떤 결을 끊는가? 이른바 애결·성냄의 결·무명의 결·교만의 결·질투의 결·인색함의 결이다. 心常正念 修習道故 斷除衆結 滅於諸使 斷何等結 所謂愛結 恚結 無明結 慢結 妬結 慳結"라고 하였다. [참고문헌] 『長阿含經』, 『正法念處經』, *Vikī-n.26.* ⇨ 결 結, 결사 結使 1

중경목록 衆經目錄 뭇 경들에 대한 목록. ⇨ 경록 經錄 2 **1** 동진(東晉)대 도안(道安)이 정리한 『종리중경목록 綜理衆經目錄』. 1권. 이 목록은 오래전에 산실되었고, 다만 승우(僧祐)의 『출삼장기집 出三藏記集』에 옮겨져 전승된다. [참고문헌] 『歷代三寶紀』 권8(대정장49, p.76b13), 『開元釋教錄』 권10(대정장55, p.572c29). ⇨ 종리중경목록 綜理衆經目錄 **2** 양무제(梁武帝) 때 안락사(安樂寺)의 승소(僧紹)가 515년(천감14)에 정리한 『화림불전중경목록 華林佛殿衆經目錄』. 4권. 보창(寶唱)이 정리한 목록의 모체가 된다. [참고문헌] 『歷代三寶紀』 권11(대정장49, p.94b18), 『開元釋教錄』 권10(대정장

55, p.573b1). ⇨화림불전중경목록 華林佛殿衆經目錄 ❸ 양무제 때 보창(寶唱)이 518년(천감17)에 정리한 『양세중경목록 梁世衆經目錄』. 4권. 세칭 『보창록 寶唱錄』·『보창경목 寶唱經目』이라고도 한다. 승소가 정리한 『화림불전중경목록』의 미흡한 점을 보완한 목록으로 17과(科) 143부(部) 3,741권에 대한 목록이다. 후한(後漢) 안세고(安世高)의 한역에서부터 양대 혜령(慧令)의 역출까지로 경전(經典)·이역경(異譯經)·선경(禪經)·계경(戒經)·수론(數論)·주소(注疏) 등에 대한 정리이다. 한역자의 유무, 진경과 위경의 증명과 구별 등 상세함을 갖추었다. [참고문헌] 『歷代三寶紀』 권11(대정장49, p.94b19)·권15(대정장49, p.126b5). ❹ 북제(北齊)대 법상(法上)이 정리한 『제세중경목록 齊世衆經目錄』. 1권. 『중경록 衆經錄』·『중경록목 衆經錄目』·『법상록 法上錄』·『달마울다라록 達摩鬱多羅錄』 등이라고도 한다. 정리 시기는 무평년간(570~576)이고, 산실되어 전하지 않는다. 787부 2,334권의 문헌에 대한 목록과 진위 여부 등이 기록되었던 것으로 전한다. [참고문헌] 『歷代三寶紀』 권12(대정장49, p.104c8)·권15(대정장49, p.126a22)·『大唐內典錄』 권5(대정장55, p.277a26). ❺ 북위(北魏)대 이곽(李廓)이 정리한 『위세중경록목 魏世衆經錄目』. 1권. 『이곽록 李廓錄』이라고도 한다. 산실되어 전하지 않는다. 후한 안세고의 한역부터 후위(後魏) 보리유지(菩提流支)의 한역에까지 이른다. 경본의 유무 여부, 진위 여부, 미역본 경론 정보 등이 담겼던 것으로 보인다. 찬집된 시기는 영평년간(508~511)이라는 설도 있고, 영희년간(532~534)이라는 설도 있다. [참고문헌] 『歷代三寶紀』 권15(대정장49, p.126a9). ❻ 수(隋)대 법경(法經) 등이 정리한 한역 경전 목록집. 7권. 『법경록 法經錄』·『대수중경목록 大隋衆經目錄』·『수칠권록 隋七卷錄』 등이라고도 한다. 고려장31, pp.434c1~476a11, No.1054·대정장55, pp.115a4~150a14, No.2146에 수록되어 있다. ⇨법경록 法經錄 ❼ 수(隋)대 역경사문과 학사 등이 공동으로 정리한 한역 경전 목록집. 5권. 문제(文帝) 인수 2년(602)에 집성이 되고 제1찬자가 대흥선사의 언종(彦琮)이기 때문에 『언종록 彦琮錄』·『인수록 仁壽錄』 등이라고도 한다. 대정장55, pp.150a18~180b21, No.2147에 수록되어 있다. 송판·원판·명판 대장경에는 입장되어 있으나, 고려대장경에는 입장되지 않았다. 후한부터 수대까지 역경된 총합 2,109부 5,058권의 문헌에 대한 목록으로 크게 단본(單本)·중역(重翻)·현성집전(賢聖集傳)·별생(別生)·의위(疑僞)의 다섯 부문으로 분류하였다. 단본은 다시 대승경단본(大乘經單本)·대승율단본(大乘律單本)·대승론단본(大乘論單本)·소승경단본(小乘經單本)·소승율단본(小乘律單本)·소승론단본(小乘論單本)의 6과(科)로 나뉘고, 중역은 대승경중번(大乘經重翻)·대승율중번(大乘律重翻)·대승론중번(大乘論重翻)·소승경중번(小乘經重翻)의 4과로 나뉜다. 별생은 대승별생(大乘別生)·대승별생초(大乘別生抄)·소승출별생(小乘出別生)·소승별생초(小乘別生抄)·별집초(別集抄)의 5과이고, 현성집전과 의위는 하위분류가 없다. 마지막 권5는 궐본(闕本) 목록으로 옛 목록에서 제목만 확인될 뿐 경본(經本)은 없는 것들이다. [참고문헌] 『衆經目錄』「序文」(대정장55, p.150a18). ❽ 당(唐)대 정태(靜泰) 등이 정리한 한역 경전 목록집. 5권. 『대당동경대경애사일체경론목 大唐東京大敬愛寺一切經論目』·『정태록 靜泰錄』이라고도 한다. 고려장31, pp.612a1~657b8, No.1056·대정장55, pp.180c3~218a13, No.2148에 수록되어 있다. 한편 송판·원판·명판 대장경에는 입장되어 있지 않다. 수대 언종 등이 정리한 『중경목록』을 증보한 것이며, 대부분 언종의 것과 같으나 현장(玄奘) 전후의 신역 경전 75부 1,335권과 함께 궐본(闕本) 20부 21권이 추가되었다. 총합 2,444부 6,580권의 문헌에 대한 목록이다. [참고문헌] 『衆經目錄』「序文」(대정장55, p.180c3). ⇨대당동경대경애사일체경론목 大唐東京大敬愛寺一切經論目 ❾ 당대 명전(明佺) 등이 정리한 『대주간정중경목록 大周刊定衆經目錄』. 15권. 『대주록 大周錄』·『무주간정중경목록 武周刊定衆經目錄』 등이라고도 한다. 고려장31, pp.794a1~920a12, No.1058·대정장55, pp.372c13~476a7, No.2153에 수록되어 있다. ⇨대주간정중경목록 大周刊定衆經目錄

중경운피 衆經雲披 뭇 경들을 구름 피듯 보다. 많은 경전들을 무수히 열람하였다는 뜻이다. 『광홍명집』 권23 「용광사축도생법사뢰 龍光寺竺道生法師誄」(대정장52, p.265c29)에 "그때 뭇 경을 구름 피듯 하였으니 온갖 의심이 얼음 녹듯 하였으니 석가의 종지를 담박하게 찾을 수 있었고, 진괴한 언사들도 모두 통달하는 의론이 되었다. 於是 衆經雲披 群疑氷釋 釋迦之旨 淡然可尋 珍怪之辭 皆成通論"라고 하였다. [참고문헌] 『廣弘明集』.

중경전 衆經錢 중승(衆僧)의 독경(讀經)에 대한 사례금. 『백장청규』 권7 「판장식 板帳式」(대정장48, p.1149c16)에 "444관 500문을 지출한다〈중경전을 나눠 준다. 관음대사·성승·방장은 두 사람 몫을 주고 승중의 약 400명에게는 각각 1관문을 준다〉. 支鈔四伯四十四貫伍伯文〈係俵衆經錢 觀音大士 聖僧 方丈 雙分 僧衆約四百員 各一貫文〉"라고 하였다. [참고문헌] 『百丈清規』.

중경찬잡비유 衆經撰雜譬喩 요진(姚秦)대 도략(道略)이 편집하고 구마라집(鳩摩羅什) 한역. 2권. 대정장4, pp.531b6~542c28, No.208에 수록되어 있다. 갖가지 비유를 들어 불도(佛道)를 닦아야 함을 설하는 내용으로, 실화가화(失火家話)부터 왕녀신불화(王女信佛話)까지 모두 마흔네 가지 이야기로 구성되어 있다. 본경의 이역본이라 하는 도략이 편집한 『잡비유경 雜譬喩經』 1권(대정장4, No.207)에는 모두 서른아홉 가지 비유담이 실려 있으나, 내용상 다른 부분도 많아 별본으로 보기도 한다. ⇨ 잡비유경 雜譬喩經 1

중계 中界 Ⓟ majjhimā-dhātu. 가운데 계. 상계도 하계도 아니고, 법(法)이 성선(聖善)이 아니고 무기(無記)인 계를 말한다. 『사품법문경』(대정장17, p.713a4)에 "또한 삼계가 있으니, 이른바 하계·중계·상계로서 이러한 삼계를 저 지혜로운 이는 여실하게 안다. 復有三界 所謂下界 中界 上界 如是三界 彼智慧者 如實了達", 『법온족론』 권11(대정장26, p.504c20)에 "무엇을 중계라 하는가? 유루의 선 및 무부무기인 법을 중계라 한다. 云何中界 謂有漏善及無覆無記法 是名中界", 『사리불아비담론』 권7(대정장28, p.577a14)에 "무엇을 중계라 하는가? 만약 어떤 법이 무기라면 중계라 한다. … 무엇을 중계라 하는가? 만약 어떤 법이 무루(聖)가 아닌 선이라면 중계라 한다. 云何中界 若法無記 是名中界 … 云何中界 若法非聖善 是名中界"라고 하였다. 〔참고문헌〕『四品法門經』, 『法蘊足論』, 『舍利弗阿毘曇論』, *DN.3.215.* ⇨ 비계 卑界, 승계 勝界

중계 中啓 부채의 한 종류. 부채 양끝의 굵은 살이 밖으로 굽어 있고, 내부의 부채 살은 중간부터 펼쳐져 있어서 전체 모습이 Y형인 부채이다. 형상을 따라 말광(末廣)·편복(蝙蝠)·봉선(鳳扇)이라고도 한다. 원래 궁중 고관(高官)들이 여름철에 사용하던 부채였으나, 불교 의식구(儀式具)로 수용되었다. 부채 면에 그림을 그리거나 금은으로 장식하기도 한다. 『선림상기전』 권28(대장경보편19, p.804b17)에 "두말홍선 : 도충이 말한다. '일본 선종사원에서 형제가 가지고 있는 금면중계선자이다. 윗부분에 짙은 붉은 색으로 구름모양을 그리기 때문에 두말홍선자라고도 한다'. 頭末紅扇 忠曰 日本禪林兄弟者 所執金面中啓扇子 上頭繪深紅雲容 名言頭末紅扇子", 『화한삼재도회』 「복완 服玩」 선(扇)에는 "(부채의) 한 종류로 중계선이 있는데, 마치 반쯤 핀 꽃 같다. 스님과 의사가 사용하는 것이다. 지위가 없는 사람들은 사용할 수 없다. 一種有中啓扇 如半開花樣 僧及醫亦所用也 無位之輩 不用之"라고 하였다. 〔참고문헌〕『禪林象器箋』, 『和漢三才圖會』. ⇨ 선 扇

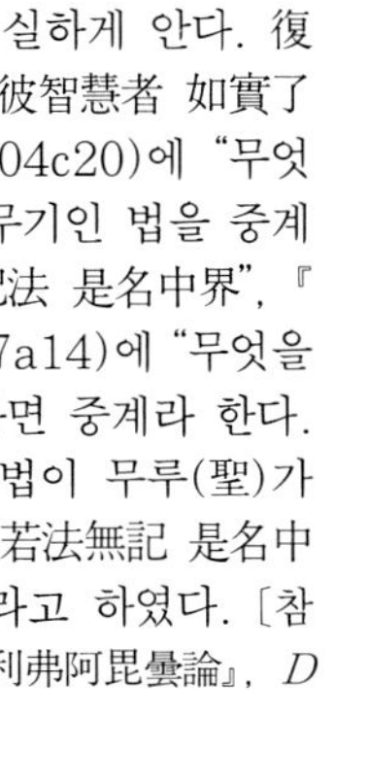

중계 重戒 엄중히 지켜야 하는 계. 결코 범해서는 안되는 계로서 살생 등을 금하는 바라이(波羅夷)를 말한다. 비구의 사바라이(四波羅夷), 대승범망계의 십중대계(十重大戒) 등을 말한다. 『대방편불보은경』 권6(대정장3, p.158b18)에 "무릇 계법을 무너뜨린다 하니, 만약 중계를 무너뜨리면 다시는 뛰어나게 나아갈 수 없고, 설사 계를 버리고 후에 다시 받고자 해도 다시는 계를 얻을 수 없다. 만약 8재중 중계를 무너뜨렸다면 후에 다시 받는다 하지만, 만약 5계, 10계, 구족계와 선계, 무루계 등 모든 계는 얻을 수 없다. 만약 5계중 중계를 중계를 파했다면 8계, 10계, 구족계와 선계, 무루계 등 일체를 받을 수는 없다. 夫破戒法 若破重戒 更無勝進 設還捨戒 後更受者 更不得戒 如破八齋中重戒 後更受八戒 若受五戒 若受十戒 若受具戒 兼禪戒 無漏戒 一切不得 若破五戒中重戒已 若受八戒 十戒 具戒幷禪戒 無漏戒 一切不得", 36권본 『대반열반경』 권11(대정장12, p.674b3)에 "다시 선남자야, 두 가지 계가 있다. 성중계와 식세기혐계다. 성중계란 네 가지 금계다. 復次 善男子 有二種戒 一者 性重戒 二者 息世譏嫌戒 性重戒者 謂四禁也", 『정법염처경』 권59(대정장17, p.349a25)에 "계에 여러 가지가 있지만 간략히 두 가지로 설하면 첫째 자성을 어기는 무거운 계인 성중계고, 둘째는 악을 떠나게 하는 계다. 가섭 등 여래제자일 수 없다. 戒有多種 略說二種 一者 性重戒 二者 離惡戒 若破性重戒 則非迦葉如來弟子", 『사분율』 권58(대정장22, p.997b15)에 "중계일 경우는 마땅히 견고하게 지켜야 한다. 계에 잘 머물고 늘 가까이 두고 항하여야 하니, 계를 무너뜨리는 행을 하지 말고, 물든 행을 하지 말며, 항상 이와 같이 닦고 익혀야 한다. 若是重戒 便應堅持 善住於戒 應親近行 不毁闕行 不染汚行 常如是修習", 『사분율행사초비』 권2본(卍속장67, p.290a11)에 "모든 중계를 따른다는 말은 무슨 뜻인가? 초편에 나오는 네 조목의 계율을 중계라 하고, 2편 이하는 그 중계를 막았으니 이미 중계를 쫓아 나기에 '따른다'고 한다. 네 조목의 중계는 이미 첫 번째 문구에 있고, 그 이하의 계는 이 네 조목의 중계를 따른다. 今言隨諸重戒者 謂初篇四戒 名爲重戒 二篇已下 防其重戒 旣從重戒而生 故曰隨也 四重旣有開文 下戒隨此四重", 『인왕경소』 권3(卍속장41, p.360b18)에 "네 가지 중계란 음·살·도·망이다. 四重卽婬殺盜妄", 『범망경보살계약소』 권3(卍속장60, p.815a17)에 "이 십중계는 다 성계이고 소승계로서 음주 등은 차계라 하지만, 보살은 중생을 이익케 하는 것을 바탕으로 하기에 다른 이의 마음바탕을 미혹케 하는 뜻에서 음주도 성죄에 속한다. 此十重戒 悉是性罪 小乘以酒爲遮戒 大士利益衆生爲本 令他迷惑心地 故酒亦屬性罪", 『식차마나니계본』 권1(卍속장64, p.194b7)에 "네 가지 중계중 그 하나만 범해도 바로 멸빈이어서 비구니계도 식차마

나도 사미니도 우바이도 다시 받을 수 없다. 만약 다른 스승을 쫒아 굳이 받는다 해도 계는 얻을 수 없다. 이미 중죄를 받았는데 단월의 보시를 받으면 모두 도둑질한 것이 된다. 此四重戒 隨犯其一 卽應滅擯 後不得受比丘尼戒 亦不得還爲式叉摩那 沙彌尼 優婆夷也 若更從師强受 亦不得戒 仍獲重罪 受他信施 悉名犯盜", 『율종신학명구』 권3(卍속장105, p.657b18)에 "범망십중계 : 살·도·음·망어·고주·설타인과·자찬훼타·간인재법·진매불해·방훼삼보다. 梵網十重戒 一殺戒 二盜戒 三婬戒 四妄語 五酤酒 六說他人過 七自讚毁他 八慳悋財法 九嗔罵不解 十謗毁三寶", 『전계정범』 권4(卍속장107, p.101a7)에 "살도음망 네 가지 중계중 하나만 범하더라도 부처님바다 밖으로 버려져 떠나게 되기에 그 이름이 저 변죄다. 於婬殺盜妄四重戒中 隨犯一戒 卽漂棄佛海邊外 故名邊罪", 같은 책(卍속장107, p.122a4)에 "먼저 육중계상이다. 제1 살생하지 않음이다. 이 우바새보살계이니 만약 범한 적이 있고 보살행하지 않았으면 능히 가지지 못하는가? 〔답〕 능히 가진다. 제2 훔치지 않는다. (전과 같다) 제3 거짓말하지 않는다. (전과 같다) 제4 삿된 행을 하지 않는다. (전과 같다) 제5 사부대중의 허물을 말하지 않는다. (전과 같다) 제6 술을 만들지도 팔지도 않는다. (전과 같다) 第一不殺生 是優婆塞菩薩戒 若有犯非菩薩行 不殺生戒能持否 (答)能持 第二不偸盜(如前) 第三虛說(如前) 第四邪婬(如前) 第五宣說四衆過罪(如前) 第六酤酒(如前)", 『치선병비요법』 권상(대정장15, p.337b24)에 "만일 중계를 범한다면 대지옥에 떨어질 것이며, 지옥에서 나와서도 축생의 몸을 받는다. 若犯重戒 墮大地獄 從地獄出 受畜生身"라고 하였다. 〔참고문헌〕『大方便佛報恩經』, 『大般涅槃經』, 『正法念處經』, 『四分律』, 『四分律行事鈔批』, 『仁王經疏』, 『梵網經菩薩戒略疏』, 『式叉摩那尼戒本』, 『律宗新學名句』, 『傳戒正範』, 『治禪病祕要經』. ⇨ 바라이 波羅夷, 사바라이 四波羅夷, 십중대계 十重大戒, 육중계 六重戒, 계 戒

중고 衆苦 Ⓢ duḥkha, sarva-duḥkha, Ⓣ sdug-bsngal-thams-cad. 온갖 괴로움. 삼고(三苦)·사고(四苦)·오고(五苦)·팔고(八苦) 등을 말한다. 『대지도론』 권11(대정장25, p.142b23)에 "사람의 목숨 빠르게 지나가니 저 번개 치듯 하고, 사람의 몸은 무상하여 온갖 괴로움의 늪이다. 人命逝速 疾於電滅 人身無常 衆苦之藪", 『구사론』 권13(대정장29, p.71a22 : *Abh-k-bh.*, p.202)에 "가장 뛰어난 선이란 참된 해탈이다. 열반 중에서 최고로 안은하며, 길이 고요하여 마치 병 없는 듯하다. 勝義善者 謂眞解脫 以涅槃中 最極安隱 衆苦永寂 猶如無病 nirvāṇaṃ hi sarvaduḥkhavyupaśamaḥ. tataḥ paramakṣematvāt paramārthena kuśalamārogyavat", 『유가사지론』 권47(대정장30, p.553a10 : *Bodh-bh.*, p.217)에 "지혜가 없기에 온갖 괴로움이 유전하고, 지혜가 있기에 온갖 괴로움이 그쳐 쉰다. 由無智故 衆苦流轉 由有智故 衆苦止息 ajñānād yathā pravṛttirduḥkhasya jñānācca punarapravṛttirduḥkhasya bhavati", 같은 책 권92(대정장30, p.824c29)에 "첫째는 번뇌에서 생겨나는 온갖 괴로움이고, 둘째는 무상하기에 생겨나는 온갖 괴로움이다. 一者 煩惱所生衆苦 二者 無常所生衆苦", 『대반열반경의기』 권1(대정장37, p.635c26)에 "'중고'라 하였으니 이것은 거듭되는 고통이다. 안으로는 생로병사 등의 괴로움이 있고, 밖으로는 갖가지로 핍박하는 등의 괴로움이 있다. 이를 중고라 한다. 言衆苦者 是其重苦 內有生老病死等苦 外有種種逼迫等苦 名爲衆苦", 『화엄원인론해』 권중(卍속장104, p.254b16)에 "'온갖 괴로움'이란 삼고·사고·오고·팔고 등이다. '삼고'란 고수의 고고·락수의 괴고·사수의 행고를 말한다. '사고'란 생로병사를 말한다. '오고'란 앞의 사고에 오음성고를 더한 것을 말한다. '팔고'는 앞의 오고에 애별리고·원증회고·구부득고의 셋을 더해 팔고다. 言衆苦者 卽三苦四苦五苦八苦等 言三苦者 謂苦受苦苦 樂受壞苦 捨受行苦 言四苦者 謂生老病死 五苦者 前四苦上 加五陰盛苦 言八苦者 前五之上 加愛別離 怨憎會 求不得 三爲八苦也"라고 하였다. 〔참고문헌〕『大智度論』, 『俱舍論』, 『瑜伽師地論』, 『大般涅槃經義記』, 『華嚴原人論解』, *Abh-k-bh.*, *Bodh-bh.* ⇨ 고 苦, 삼고 三苦❶, 사고 四苦, 오고 五苦, 팔고 八苦

중고암 中庫庵 충청북도 보은군 속리산면 사내리 속리산(俗離山)에 있던 암자. 법주사(法住寺)의 옛 산내암자로, 상고암·하고암이 같이 있었으나 현재는 상고암만 남아 있다. 〔참고문헌〕『韓國寺刹全書』 권하 p.1028a1. ⇨ 상고암 上庫庵, 하고암 下庫庵

중고충만 衆苦充滿 Ⓢ duḥkhaśata-abhikīrṇa, Ⓣ sdug-bsngal brgya-yis-dkrugs. 온갖 괴로움으로 가득 차다. 『법화경』 권2(대정장9, p.14c22)에 "삼계 편안치 않으니 저 불타는 집처럼 온갖 괴로움으로 가득 차 있으니 몹시 두렵게 여겨야 할 것이다. 三界無安 猶如火宅 衆苦充滿甚可怖畏", 『법화경지장소』 권2(卍속장93, p.601a3)에 "'온갖 괴로움으로 가득 차 있다'란 사생이 육도로 가득하다는 말이다. 衆苦充滿者 徧於四生彌於六道"라고 하였다. 〔참고문헌〕『法華經』, 『法華經指掌疏』, *Saddh-p.89.* ⇨ 화택유 火宅喩, 사생 四生, 육도 六道

중공 重空 공(空)도 다시 공하다. 공공(空空)이라고도 한다. 『중관론소』 권7(대정장42, p.108b11)에 "부처님께서는 온갖 견해를 여의게 하기 위해 단공과 중공을 설하셨다. 온갖 견해를 여의게 하기 위해 단공을 설하시고, 있다는 생각도 버리게 하기 위해 중공을 설해 공하다는 생각마저도 깨뜨리셨다. 佛說單空 及與重空 爲離諸見 說單空 爲離有見 說於重空 爲破空見也", 『백론소』 권상(대정장42, p.259c13)에 "〔문〕 단공과 중공은 어떻게 다른가? 〔답〕 몇몇 논사들은 단공은 인과에 통하고 이둔에 통한다고 하고, 중공은 단지 과에 통하고 이근인에만 통한다고 하며, 단공은 유루와 무루에 통하고 중공은 단지 유루에만 통한다고 한다. 問 單空重空云何異耶 答 數人單空通因果通利鈍 重空但果但利根人 單空通漏無漏 重空但有漏"라고 하였다. 〔참고문헌〕『中觀論疏』, 『百論疏』. ⇨ 공공 空空, 단공 單空, 중공관 重空觀

중공관 重空觀 거듭 공(空)을 관하다. 『청관음경소천의초』 권2(대정장39, p.985a23)에 "중공관이란 중도로써 바르게 관하는 것이다. 생사가 있다는 것도 공하고, 열반이 없다는 것도 공하다고 관하는 것이 중공관이다. 重空觀者 以中道正觀 空生死之有 空涅槃之無 名重空觀也"라고 하였다. 〔참고문헌〕『請觀音經疏闡義鈔』. ⇨ 중공 重空, 공공 空空, 중도관 中道觀

중공등지 重空等持 거듭 공함을 고르게 가짐. 중공삼매(重空三昧)를 말한다. 『현종론』 권39(대정장29, p.971b26)에 "저 시신을 태울 때 막대로 이리저리 뒤집다가 다 태우고 나서는 막대 또한 태워야 하듯이, 마찬가지로 공으로서 번뇌를 태우고 나서는 다시 공에 대한 정을 일으켜 바로 앞의 공마저 싫어 버려야 한다. 중공등지는 공의 행상 후에 일으키는 것이어서 다시 공행상과 상응하는 등지다. 오직 이것만이 능히 따라 싫어하여 버릴 수 있기 때문이다. 如燒死屍 以杖迴轉 屍旣盡已 杖亦應燒 如是由空 燒煩惱已 復起空定 厭捨前空 重空等持空行相後起 卽復還與空行相相應 唯此最能順厭捨故"라고 하였다. 〔참고문헌〕『顯宗論』. ⇨ 중공삼매 重空三昧

중공삼매 重空三昧 공공삼매(空空三昧)·무상무상삼매(無相無相三昧)·무작무작삼매(無作無作三昧 : 無作無作三昧)를 말한다. 삼중등지(三重等持)·중삼삼매(重三三昧)·중등지(重等持)·삼삼매(三三昧)라고도 한다. 『법화현의석첨』 권10(대정장33, p.885b10)에 "중공삼매란 공공삼매·무상무상삼매·무작무작삼매를 이르는 것이다. 공은 바로 성법이면서 다시 공을 닦아 앞선 성법마저도 격파하는 것이기에 '거듭'이라 한다. 重空三昧者 謂空空三昧 無相無相三昧 無作無作三昧 空是聖法 復修於空 擊前聖法 故名爲重", 『화엄공목장』 권3(대정장45, p.568b14)에 "중공삼매란 공공삼매·무상무상삼매·무원무원삼매를 말하는 것이다. 유루공행으로 무루공행을 관하기에 '공공'이라 하고, 유루무상행으로 무루무상행을 관하기에 '무상무상'이라 하며, 유루무원행으로 무루무원행을 관하기에 '무원무원'이라 한다. 이 뜻은 소승에 속한다. 重空三昧者 謂空空三昧 無相無相三昧 無願無願三昧 以有漏空行 觀無漏空行名爲空空 以有漏無相行 觀無漏無相行 名無相無相 以有漏無願行 觀無漏無願行 名無願無願 此義屬小乘", 『대승의장』 권2(대정장44, p.491a14)에 "저 비담에 따르면 중공삼매는 일향에 유루일 뿐인데, 그 관의 대상이 사제의 뜻이 아니기 때문이다. 성실에서는 무루라 하고 … 대승에서도 무루라 한다. … 비담의 법에서 중공삼매는 오직 이근아라한이 얻는 법이지 그 밖의 사람은 아니다. … 성실법에서는 일체아라한과 모든 학인이라면 다 이를 얻는다고 한다. … 대승인중에서는 종성 이상이라면 다 얻을 수 있다고 한다. … 비담에 따르면 중공삼매는 오직 욕계에서만 일어나지 상이계에서는 일어나지 않는다. … 대승법중에서는 보살은 삼계중에 자재하기에 몸이 따르는 어느 곳이든 다 닦아 일으킬 수 있다고 한다. 依如毘曇 重空三昧 一向有漏 以其所觀 非諦理故 成實無漏 … 大乘無漏 … 毘曇法中 重空三昧 唯是利根阿羅漢得 非是餘人 … 成實法中 一切羅漢 及諸學人 皆悉得之 … 大乘人中 種性已上 一切皆得 … 依如毘曇 重空三昧 唯欲界起 非上二界 … 大乘法中 菩薩自在 於三界中 隨身何處 皆得修起"라고 하였다. 〔참고문헌〕『法華玄義釋籤』, 『華嚴孔目章』, 『大乘義章』. ⇨ 삼삼매 三三昧[1], 중삼삼매 重三三昧, 공공삼매 空空三昧, 무상무상삼매 無相無相三昧, 무원무원삼매 無願無願三昧, 삼매 三昧

중과 重過 중대한 허물. 『대루탄경』 권2(대정장1, p.278a22)에 "입으로 악한 말을 하면 무거운 허물이고, 입의 허물이 무거우면 마음이 안은치 못하다. 口說惡猶重過 口過重不安隱", 『방등삼매행법』(대정장46, p.943c10)에 "엄중한 죄과를 범한 사람에게 이 실법을 수행하도록 해서는 안 된다. 不可令犯重過者 修行此實法也", 『능엄경증소광해』 권6(卍속장22, p.165a9)에 "부처님께서 음행·살생·도둑질·거짓말 낱낱에 그 엄중한 허물을 설하셨다. 佛以婬殺盜妄 一一宣其重過"라고 하였다. 〔참고문헌〕『大樓炭經』, 『方等三昧行法』, 『楞嚴經證疏廣解』. ⇨ 중계 重戒, 바라이 波羅夷

중과 衆過 온갖 허물. 갖가지 번뇌를 말한다. 『대장엄론경』 권1(대정장4, p.257c20)에 "석씨 궁전을 벗어나시어, 일체지를 빠짐없이 갖추시고, 온갖 허물 모두 버리셨으니, 갖가지 선도 다 널리 갖추셨다네. 出於釋氏宮 具足一切智 衆過悉耘除 諸善皆普備", 『유마경약소』 권5(대정장38, p.631b15)에 "온갖 허물에서 벗어난다 하니 만일 중도를 관하여 계내외의 번뇌라는 허물이 없다면 신구의 셋에 있어서 삼무실과 삼불호를 얻으니, 삼업은 지혜에 따라 행하고 삼륜의 부사의한 교화로 계내외의 일체중생을 교화하여 버리는 일도 없고, 근연의 허물도 없게 하여서 중생들이 계내외의 잘못에서 벗어나게 한다. 離衆過者 若觀中道 無界內外煩惱之過 得三無失 三不護 三業隨智慧行 三輪不思議化 化界內外 一切衆生無有損他 根緣之過 能令衆生 離界內外之過失也"라고 하였다. 〔참고문헌〕『大莊嚴論經』, 『維摩經略疏』.

중관 中觀 ❶ 천태(天台)에서 설정한 삼관(三觀) 중 하나로 공관(空觀)도 가관(假觀)도 아닌 관이다. 『사명존자교행록』 권3(대정장46, p.883c24)에 "중관이라는 말은, 모든 법이 다 함께 중이기에 공과 가 모두 중이 아님이 없다. 이 중으로서 대가 끊어진 법을 묘관한다. 所言中觀者 一切法俱中 無空無假而不中 此中爲妙觀絶待之法也", 『수습지관좌선법요』 「시종심요 始終心要」(대정장46, p.473b25)에 "중관이란 무명미혹을 깨뜨리고 일체종지를 증하여 법신덕을 성취한다. 中觀者 破無明惑 證一切種智 成法身德", 『마하지관』 권5상(대정장46, p.55b17)에 "하나가 중이면 일체가 중이니, 공과 가로서 중이 아님이 없게 해서 다 중관이다. 一中一切中 無空假而不中 總中觀也", 『기신론소필삭기』 권20(대정장44, p.406c5)에 "행자 편에서 보자면 반드시 세 가지 지혜를 일심중에 얻지만, 종횡으로 섞지 않고 따로 행해야 비로소 원만한 닦음이다. 천태의 공관은 여기서 그치는 문이고, 가관인즉 관문이며, 중관은 지관을 함께 부린다. 若在行人 卽須三智 一心中得 不縱橫並別 方是圓修也 天台空觀 卽此止門 假觀卽觀門 中觀卽俱運也"라고 하였다. 〔참고문헌〕『四明尊者教行錄』, 『修習止觀坐禪法要』, 『摩訶止觀』, 『起信論疏筆削記』. ⇨ 일심삼관 一心三觀, 가관 假觀❶, 공관 空觀❶, 삼관 三觀❶ ❷ 삼론(三論)에서 세운 팔불중도(八不中道)의 뜻으로, 팔불과 중도는 같은 뜻의 다른 말이다. 『정명현론』 권1(대정장38, p.855c14)에 "〔문〕 모든 두 갈래들을 없게 해서 처음 문에 속하게 한다 하니, 『중론』에서 팔불을 밝혀 여덟 가지 법을 없게 해서 단지 초문에 속하게 한다. 곧 불이의 문은 깊지만 중관의 뜻은 얕다. 〔답〕 불이의 문은 중이 실한 뜻이다. 하나의 도로 청정하므로 불이라 하고, 이변을 멀리 벗어나는 것을 가리켜 중이라 한다. 중은 치우침과 마주하게 해서 얻은 명칭이고, 불이는 둘을 마주해서 얻은 이름이다. 뜻으로 보면 동일하지 않지만 본바탕은 차이가 없다. 問 若歷泯諸二 屬初門者 中論明八不 泯於八法 但屬初門 則不二之門深 中觀之旨淺 答 不二之門 則中實之理 以一道淸淨 故云不二 遠離二邊 目之爲中 中對偏以受稱 不二待二以得名 約義不同 體無有異", 『대승현론』 권5(대정장45, p.74b25)에 "만약 생멸과 단상을 행한다면 중관이 아니다. 생멸과 단상을 행하지 않으므로 중관이고, 중관을 입으로 드러내면 논이다. 그러므로 중관 또는 중관을 논한다고 한다. 若行生滅斷常 則非中觀 今不行生滅斷常 故是中觀 中觀宣之於口 是故名之爲論 故是中觀 亦是論中觀也"라고 하였다. 〔참고문헌〕『淨名玄論』, 『大乘玄論』. ❸ 조선후기 스님 해안(海眼 1567~?)의 법호. 〔참고문헌〕『西域中華海東佛祖源流』(한불전10, p.105a12). ⇨ 해안 海眼

중관 重關 거듭 쳐진 빗장. 사무쳐 풀고 나면 다시 백척간두(百尺竿頭)로 은산철벽(銀山鐵壁)으로 가로막아 거듭되는 관문을 말한다. 『선관책진』 「서 序」(대정장48, p.1097c28)에 "그러나 관문 밖에 또 거듭된 관문이 있다. 닭 울음소리를 빌어서 잠시 호랑이 입에서 벗어나니, 작은 것 얻어 족하면 이를 증상만인이라 한다. 雖然關之外有重關焉 託僞於雞聲 暫離於虎口 得少爲足 是爲增上慢人", 『오조법연어록』 권하 「차운기팽운사리부 次韻寄彭運使吏部」(대정장47, p.668a21)에 "설령 천안으로 보더라도 어찌 손으로 한 번 만지기만 하겠는가? 이 거듭된 빗장 뚫어야 비로소 평생의 방편이 되리라. 縱使千回眼見 爭如手親一遍 透得此箇重關 乃是平生方便", 『원오어록』 권8(대정장47, p.749b13)에 "그때 학인이 물었다. '무심이 바로 도라고 여기지 말 일이니, 무심마저도 여전히 한 겹의 빗장이다. 한 겹의 빗장이란 무엇인지요?' '열 겹이나 있다'. 時有僧問 勿謂無心便是道 無心猶隔一重關 如何是一重關 師云 十重也有", 『철오어록』 권상(卍속장109, p.758a15)에 "만약 종문에 따르면 반드시 거듭 쳐진 빗장 뚫어야 수도를 말할 수 있다. 若依宗門 必直透重關 然後得論修道"라고 하였다. 〔참고문헌〕『禪關策進』, 『五祖法演語錄』, 『圜悟語錄』, 『徹悟語錄』. ⇨ 만중관 萬重關, 백장중관 百丈重關, 양중관 兩重關, 은산철벽 銀山鐵壁, 백척간두 百尺竿頭

중관대사유고 中觀大師遺稿 조선후기 중관해안(中觀海眼 1567~?)의 시문집. 1권 1책. 한불전8, pp.200c1~221a3에 수록되어 있다. 한불전 수록본 권말(卷末)의 병술중춘(丙戌仲春 : 1646 · 인조24) 임마거사(恁麽居士)가 쓴 글에는 제자 청간(淸侃)이 의초(義初)와 함께 입적 전에 시봉하였던 마음 그대로 유고를 힘써 수습하였다고 하였다. 오언고시(五言古詩) 2편 · 칠언고시 2편 · 오언율시(五言律詩) 13편 · 칠언율시 14편 · 오언절구(五言絶句) 6편 · 칠언절구 101편 · 잡체(雜體) 3편 · 문(文) 21편 등을 수록하였는데, 특히 문에는 묵계대선사(默契大禪師) 청매인오(青梅印悟 1548~1623)를 위해 거행한 제사와 천도재의 제문 3편과

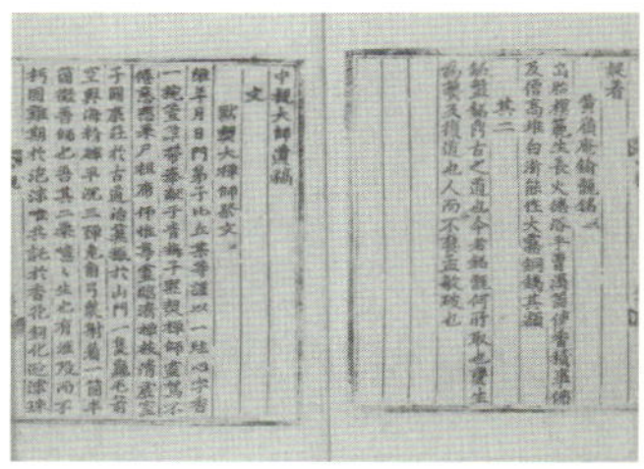

중관대사유고 고양 원각사 1646년

천소(薦疏) 1편, 성수산(聖壽山) 중대사(中臺寺) 법당 낙성재(落成齋)와 지리산 금선대(金仙臺) 낙성재 소문(疏文), 1612년(광해군4)에 쓴 「신삭계첩 新削戒牒」, 금성산(錦城山) 보광사(葆光寺) 취미루(翠微樓)와 지리산 삼신동(三神洞) 내원암(內院庵) 삼로영당(三老影堂 : 碧松·芙蓉·淸虛 세 스님의 영당) 상량문, 1614년에 지은 「무가암기 無可菴記」, 1630년(인조8)에 쓴 「속리산대법주사대웅대광명전불상기 俗離山大法住寺大雄大光明殿佛相記」와 「관음다라니후발 觀音陀羅尼後跋」, 1602년(선조35) 겨울 안거 때 청허(淸虛 1520~1604)대로(大老)께 올린 편지, 1625년(인조3)에 총융사(摠戎使)에게 승군역(僧軍役) 차출의 부당함을 진정한 편지, 1635년(인조13)에 지은 「대은암설 大隱庵說」 등이 있다. 판본으로는 1646년에 간행한 동국대학교 소장본과 맨 뒤에 "학소거사 명치45년(1912) 신해 정월에 간행하다. 鶴巢居士 明治四十五年辛亥孟春刊"라고 기록한 규장각한국학연구원 소장본이 있다. 「중관대사유고서 中觀大師遺稿序」(한불전8 p.201a4)에는 "그 후에 화엄사 스님 진응이 … 귀정사의 중관유고 각판을 가벼이 말하였는데, 지금은 있는지 없는지 나는 알지 못한다. … 신해(1911) 겨울 12월에 … 군리가 스님과 함께 법당에 나아가 장판처를 가리키기에 살펴보니 과연(목판이) 있었다. … 힘이 있는 자에게 싣고 오게 하여 약간 권을 인출하였다. … 중관대사유고 일권의 서문을 썼다. 其後從華嚴寺僧震應 … 以歸政寺之中觀之遺稿刻板 輕輕說出 至今猶存否 非吾所知 … 辛亥冬十二月 … 郡吏伴僧侶 就法堂中 指其藏板處 閱看 果有之 … 使有力者 負而來付工搭 印成若干卷 … 序之中觀大師遺稿一卷"고 하였다. ⇨ 해안 海眼

중관론삼십육문세 中觀論三十六門勢 당(唐)대 원강(元康) 지음. 1권. 『중론』(대정장30, No.1564)에 대한 주석서로 추정되나, 전하지 않는다. 『중관론삼십육문세소』·『중론삼십육문세소』라고도 한다. 『입당신구성교목록』(대정장55, p.1083b26)에 "『중관론삼십육문세』 1권〈사문 원강 지음〉. 中觀論三十六門勢一卷〈沙門元康撰〉"라고 하였다. [참고문헌] 『入唐新求聖教目錄』, 『常曉和尙請來目錄』 권1(대정장55, p.1069a19).

중관론삼십육문세초 中觀論三十六門勢鈔 저술연대 미상. 전등(傳燈) 지음. 1권. 『중관론삼십육문세』에 대한 요약서로 추정되나, 현재 전하지 않아 자세한 내용은 알 수 없다. 『신편제종교장총록』 권3(한불전4, p.694c14)에 "『중관론』에 대해서는 … 전등이 지은 『삼십육문세초』 1권이 있다. 中觀論 … 三十六門勢鈔一卷 傳燈述" 등에 책 이름이 보인다. [참고문헌] 『新編諸宗教藏總錄』. ⇨ 중관론삼십육문세 中觀論三十六門勢

중관론소 中觀論疏 수(隋)대 길장(吉藏) 지음. 10권(또는 20권). 구마라집(鳩摩羅什)이 한역한 청목(靑目 Ⓢ Piṅgala) 주석의 『중론 中論』(대정장30, No.1564)에 대한 주석서. 『중론소 中論疏』라고도 한다. 저술연대는 명확하지 않지만 608년(대업4) 경에 완성된 것으로 추정된다. 대정장42, pp.1a3~169b13, No.1824에 수록되어 있다. 『십이문론소 十二門論疏』(대정장42, No.1825)·『백론소 百論疏』(대정장42, No.1827)·『삼론현의 三論玄義』(대정장45, No.1852) 등과 함께 삼론종(三論宗)의 주요 논저다. 승예(僧叡)의 「중론서 中論序」를 푼 다음, 본문 27품(品)을 이름을 풀어 열고 합하였다(釋名開合). 석명은 품의 이름을 통별(通別)·정명(正名)·석명·파신(破申)·동이(同異)의 다섯 가지로 나누고는 그 품의 본문에 따라 주석함을 말한다. 이러한 주석방식은 이후 『중론』 해석의 모범이 되었다. 27품 중 앞의 25품은 대승관행을 밝힌 부분이고, 뒤의 2품은 소승관행에 대해 설명한 부분이다. 특히 중도(中道)란 불보살의 실천도(實踐道)로서 세제(世諦)·진제(眞諦)·비속비진(非俗非眞)의 삼제가 중도임을 주장하고 있는데, 기존의 진속이제중도설(眞俗二諦中道說)과는 다른 입장이다. 또한 『열반경 涅槃經』에 의지해 공(空)을 풀 듯 여타의 경론과 당시의 학설을 인용하여 『중론』의 본문을 풀이하였다. ⇨ 중론 中論

중관론의경 中觀論義鏡 저술연대 미상. 현제(玄濟) 지음. 2권. 『중론』(대정장30, No.1564)에 대한 주석서로 추정되나, 현재 전하지 않아 자세한 내용은 알 수 없다. 『신편제종교장총록』 권3(한불전4, p.694c14)에 "『중관론』에 대해서는 … 현제가 지은 『의경』 2권이 있다. 中觀論 … 義鏡二卷 玄濟述"라고 하였다. [참고문헌] 『新編諸宗教藏總錄』.

중관론의소 中觀論義疏 저술연대 및 작자 미상. 11권. 『중론』(대정장30, No.1564)에 대한 주석서로 추정되나, 현재 전하지 않는다. 『신편제종교장총록』 권3(한불전4, p.694c14)에 "『중관론』에 대해서는 작자 미상의 『의소』 11권이 있다. 中觀論 … 義疏十一卷 亡名"라고 하였다. [참고문헌] 『新編諸宗教藏總錄』.

중관심론주사택염 中觀心論註思擇焰 Ⓢ Madhyamaka-hṛdaya-vṛtti tarkajvālā, Ⓣ dbu-ma'i snying-po'i 'grel-pa rtog-ge 'bar-ba. 청변(淸辨 Ⓢ Bhavya)이 자신이 지은 *Madhyamaka-hṛdaya-kārikā*(中觀心論頌)를 풀이한 주석서. 줄인 이름은 타르카즈발라(Ⓢ Tarkajvālā)다. 온전한 내용이 티베트역(北京版 No.5256)으로 남아 있으며, 단편적 내용은 범어와 한자로도 전한다. 모두 11장으로 구성되어 있으며, 전체적

으로 대승의 공을 선양하는 내용이다. 특히 6~9장까지는 상키야([S] Sāṃkhya : 數論) · 바이셰쉬카([S] Vaiśeṣika : 勝論) · 베단타([S] Vedānta) · 미망사([S] Mīmāṃsā) 등의 학설을 드러내 비판하고 있다.

중관음암 中觀音庵 ❶ 강원도 고성군 외금강면 창대리 금강산(金剛山)에 있던 암자. 신계사(神溪寺)의 산내암자였다. 『범우고』에는 관음암(觀音庵)으로 기록되어 있다. 『유점사본말사지』에는 폐사되어 유지(遺址)와 고기(古記)만 전한다고 하였고, 「중관음기 中觀音記」에 "중관음암은 신계사에서 서쪽으로 1우후지(俱盧舍 : 약 1km) 떨어져 있다. 옛날에는 관음봉 아래에 있었기에 (이렇게) 명명하였고, 지금은 화재로 인해 골짜기로 옮겨 개창하였으나 그대로 부른다. 中觀音者 去神溪西一牛吼地 舊在觀音峰下 命名 今仍火 移刱于谷 而猶號焉"라고 하였다. [참고문헌] 『梵宇攷』, 『楡岾寺本末寺誌』(亞細亞文化社, 1977) p.210 · 249. ❷ 강원도 회양군 장양면 장연리 금강산(金剛山)에 있던 암자. 장안사(長安寺)의 산내암자로서, 장안사에서 약 400m 거리에 있었다. 『유점사본말사지』에 의하면 신라시대에 창건되었고, 1881년(고종18)에 석담선사(石潭禪師)가 중건, 1914년에는 비구니 홍윤(洪允)이 중수했다. 1942년에는 요사 · 산신각 · 독성각이 있었다. [참고문헌] 『楡岾寺本末寺誌』(亞細亞文化社, 1977) pp.304~382, 『韓國寺刹全書』 권하 p.1028a7. ⇨ 장안사 長安寺[2] ❸ 충청북도 보은군 속리산면 사내리 속리산(俗離山)에 있던 암자. 법주사(法住寺)의 산내암자였다. 『법주사사적』에는 폐사되었다고 하였다. 문장대 방면의 등산로에 있는 사지(寺址)에는 길이 7m · 높이 1.8m의 석축이 남아있으며, 맷돌 1기, 석종형 부도 및 석재 1기, 와편 등이 산재해 있다. [참고문헌] 『法住寺事蹟』, 『韓國寺刹全書』 권하 p.1028a3, 『한국사지총람』 권상(문화재청 · 佛教文化財研究所, 2010) p.305. ❹ 충청북도 영동군 황간면 백화산(白華山)에 있던 암자. 법주사(法住寺)의 말사인 반야사(般若寺)의 산내암자였으나, 『반야사사적』에는 폐사되었다고 하였다. [참고문헌] 『般若寺事蹟』, 『韓國寺刹全書』 권하 p.1028a5. ⇨ 반야사 般若寺[6]

중관장엄론 中觀莊嚴論 [S] Madhyamakālaṃkāra, [T] dbu-ma'i rgyan-gyi tshig le'ur byas-pa. 적호(寂護 [S] Śāntarakṣita) 지음. 97송(頌)으로 일체법의 무자성(無自性) · 공(空)을 입증하고자 중관을 중심으로 유식의 뜻도 가져와 풀었다. 제1송에서 일체법의 무자성을 주장하고, 제2송부터 제62송까지는 무자성을 논증하며, 제63송부터 제90송까지에서는 경에 의지하여 무자성을 논의하고, 제91송 이하에서는 무아 · 무자성의 뜻이 성립함을 천명한다. 적호의 송([S] kārikā) · 주([S] vṛtti)와 제자 연화계(蓮華戒 [S] Kamalaśīla)의 소([S] pañjikā)가 티베트역으로 전하여 북경판티베트대장경 No.5284~5286에 입장(入藏)되어 있다. 한역문헌은 전하지 않고, 범본(梵本) 역시 단편만 전할 뿐이다. ⇨ 샨타라크시타 Śāntaraksita

중관파 中觀派 ➡ 중관학파 中觀學派

중관학파 中觀學派 [S] Mādhyamaka, Mādhyamika. 인도 대승불교의 양대 학파 중 하나로 용수(龍樹 [S] Nāgārjuna)에 의해 창도되었으며, 그의 『중론 中論』에 나타난 공(空)사상을 중심으로 성립된 학파이다. 중관파(中觀派) · 중도파(中道派)라고도 한다. [전개] 중관파는 불교의 근본교설인 연기설을 중도 · 공의 관점에서 해석한 용수와 그의 직제자인 제바(提婆 [S] Āryadeva : 聖天 170~270경)를 비롯하여 라후라발다라(羅睺羅跋陀羅 [S] Rāhulabhadra 3세기 경) → 청목(青目 [S] Piṅgala 3세기 경) → 불호(佛護 [S] Buddhapālita 5~6세기 경) → 청변(清辨 [S] Bhavya, Bhāvaviveka 490~570경) → 월칭(月稱 [S] Candrakīrti 600~650경) → 지장(智藏 [S] Jñānagarbha 8세기 경) → 적호(寂護 [S] Śāntarakṣita 728~788경) → 연화계(蓮華戒 [S] Kamalaśīla 8세기 경) 등으로 이어져 대승불교의 큰 흐름을 형성하였다. 중관파의 시조 용수와 그의 제자 아리야데바에 의해 성립된 초기중관파, 용수의 『중론』에 대해 주석가들이 활동하며 공을 설명한 중기중관파, 유식학파와 결합한 후기중관파로 나뉜다. 초기중관파는 중관파의 기초를 놓았다는 점에서 중요한 의미를 갖는다. 중기중관파는 공을 설명하기 위한 논증방법이 불호를 선구로 하여 월칭과 적천(寂天 [S] Śāntideva 650~760)에 의해 계승된 귀류논증파(歸謬論證派 [S] Prāsaṅgika : 具緣派 · 必過性空派)와 청변을 선구로 하여 적호와 연화계에 의해 계승된 자립논증파(自立論證派 [S] Svātantrika : 依自起派 · 自在論證派)로 나뉘어 발전했다. 귀류논증파는 어떤 주장의 모순을 가려내 바른 뜻으로 밝히는 간접적 논증법을 썼고, 자립논증파는 정언적 추리를 구사한다는 점에서 대립적이었다. 한편 중국에서는 중관사상이 구마라집(鳩摩羅什) → 승숭(僧嵩) → 법도(法度) → 승랑(僧朗) → 승전(僧詮) → 법랑(法朗) → 길장(吉藏)의 칠대상승(七代相承)으로 이어져 삼론종(三論宗)을 성립시켰으며, 청목에 의해 『중론』을 구마라집 한역 이후 대소승으로 구분하여 이해하는 방식이 널리 통용되었다. 승랑은 고구려 스님으로 중국에 가서 삼론학을 배워서 이제합명중도설(二諦合明中道說)을 주장함으로써 신삼론(新三論)을 펼쳤는데, 이와 같은 승랑의 이제설(二諦說)은 그의 법을 이은 길장의 팔불중도설(八不中道說)과 함께 중관학파의 중요사상으로 자리매김하기도 하였다. 후기중관파는 7세기 이후에 적천·적호·연화계·하리바드라(Ⓢ Haribhadra), 프라즈냐카라마티(Ⓢ Prajñākaramati), 그리고 라트나카라샨티(Ⓢ Ratnākaraśānti) 등이 이제설과 무자성(無自性)·공에 대한 논의를 전개한 시기에 해당한다. 중국과 달리 티베트에서는 중관파의 주요 논서에 대한 역경은 7~9세기에, 본격적인 논의는 10세기 이후에 이루어졌다. [사상] 중관학파는 무자성(無自性)이고 공(空)인 제법(諸法)이 연기하는 뜻을 중도로 표방한다. 이런 주장은 『중론』 권4(대정장30, p.33b11 : *Pras.*, p.219)의 "뭇 인연으로 생한 법, 나는 바로 이 무(無)라고 하네. 이 임시로 이름할 뿐이어서 중도의 뜻이라고도 한다네. 단 한 법도 인연따라 나지 않는 것 없으니, 그래서 일체법 공이 아닌 것은 없다네. 衆因緣生法 我說卽是無 亦爲是假名 亦是中道義 未曾有一法 不從因緣生 是故一切法 無不是空者 yaḥ pratītyasamutpādaḥ śūnyatāṃ tāṃ pracakṣmahe, sā prajñaptir upādāya pratipat saiva madhyamā. apratītya-samutpanno dharmaḥ kaścin na vidyate, yasmāt tasmād aśūnyo hi dharmaḥ kaścin na vidyate"라고 한 게송에 잘 나타나 있으며, 이런 주장은 다시 속제(俗諦 Ⓢ saṃvṛti-satya)와 진제(眞諦 Ⓢ paramārtha-satya)의 이제로 바탕하고, 자세하게는 팔불중도(八不中道)로 푼다. 같은 책 권1(대정장30, p.1b14 : *Pras.*, p.4)에 "생기지도 않고 사라지지도 않으며, 언제나 있지도 않고 아주 사라지지도 않으며, 하나도 아니고 다르지도 않으며, 오지도 않고 가지도 않는다. 이런 인연법을 말씀하시어 모든 희론을 잘 사라지게 하셨으니, 내가 머리 조아려 부처님께 예배드리네. 모든 말씀들 중에 제일이시네. 不生亦不滅 不常亦不斷 不一亦不異 不來亦不出 能說是因緣 善滅諸戲論 我稽首禮佛 諸說中第一 anirodham anutpādam anucchedam aśāśvatam, anekārtham anānārtham anāgamam anirgamam. yaḥ pratītyasamutpādaṃ prapañcopaśamam śivam, deśayāmāsa saṃbuddhastaṃ vande vadatāṃ varam". 이와 같은 중관학파의 이제와 팔불중도사상은 이후 천태와 화엄 등 대승교학에 지대한 영향을 끼쳤다. [참고문헌] 『中論』, *Pras.*, 安井廣濟 『中觀思想の硏究』(法藏館, 1961), 張曼濤 『中觀思想論集』(大乘文化出版社, 1978), Richard H.Robinson 著 郭忠生 譯 『印度與中國的早期中觀學派』(正觀出版社, 1986), 一指 『중관불교와 유식불교』(세계사, 1992), 나카무라하지메 지음 남수영 옮김 『용수의 중관사상』(여래, 2012), 남수영 『중관사상의 이해』(행복한세상, 2015). ⇨ 용수 龍樹, 공 空, 귀류논증파 歸謬論證派, 자립논증파 自立論證派, 삼론종 三論宗, 이제 二諦, 팔불중도 八不中道, 중론 中論

중광사 重光寺 ❶ 세종특별자치시 금남면 발산리에 있는 절. 고려시대에 창건되었으며 조선조 억불정책으로 폐사되었다가 1938년에 강래길(姜來吉)이 중창하였다. [참고문헌] 『한국사지총람』 권상(문화재청·佛敎文化財硏究所, 2010) p.493. ❷ 황해북도 개성시에 있던 절. 고려 현종이 창건한 진전사원(眞殿寺院)으로서 혜일중광사(慧日重光寺)라고도 하였다. 창건에 대하여 『고려사』 권4 세가(世家)4 현종 3년(1012) 12월에 "중광사를 창건하였다. 創重光寺", 같은 책 권5 세가5 현종 18년(1027) 9월 1일에 "혜일중광사 창건을 명하고 인부와 공장을 징발하였다. 命創慧日重光寺 徵發人夫工匠"라고 하였다. 1012년은 1010년(현종1) 거란의 제2차 침입을 막아낸 직후였고, 1014년 역모사건과 1018년 거란의 제3차침입 등으로 혼란스런 정국이 이어졌으므로 사찰의 면모를 제대로 갖출 여력이 없었을 것이다. 1027년에 가서야 조성도감(造成都監)을 설치하고 국가적인 창건불사를 시작하였는데, 시기적으로 개경(開京)의 나성(羅城) 축조와 맞물려 있어서 역부(役夫)의 동원이 여의치 않았으므로 1029년 6월에 중광사 노역에 유처승(有妻僧)까지 동원하였던 것으로 보인다. 같은 해 8월에 나성이 완공되자 11월에 나성과 중광사 조성도감 관리들을 한 직급씩 올려주었다. 같은 책 현종 21년(1030) 6월 9일에 "나성을 축조하고 중광사를 조영한 관리·스님·속인·공장에게 모든 관계와 관직을 더하고, 부역자에게는 금년분 조와 포를 줄여주었다. 築羅城 營重光寺員吏僧俗工匠 並加階職 赴役者 減今年調布"라고 하였다. 숙종의 넷째 아들인 원명국사 징엄(澄儼)이 1120년(숙종7)에 주지로 임명되었다. 1174년(명종4)에 절의 스님들이 홍호사(弘護寺)·귀법사(歸法寺)·홍화사(弘化寺) 등의 스님들과 함께 무신정변(武臣政變)의 주역인 이의방(李義方)에 항거하였다가 절이 불태워졌다. [참고문헌] 『高麗史』, 『高麗史節要』, 『韓國寺刹全書』 권하 p.1031a15·p.1167a12, 「興王寺圓明國師墓誌銘」(李智冠 『校勘譯註歷代高僧碑文』 高麗篇3, p.231). ⇨ 혜일중광사 慧日重光寺

중국 中國 ❶ Ⓢ Madhya-janapada, Ⓟ Majjhima-janapada. 부처님법(佛法) 즉 중도(中道)의 법이 실현되던 땅 또는 실현되는 나라. 석가세존이 출생해서 교화가 미쳤던 인도에서도 갠지스강 유역의 마가다(Ⓢ Magadha)를 중심으로 한 중천축(中天竺), 또는 나아가 천하(天下)를 기준으로 해서는 오천축(五天竺)을 다 중국이라 한다. 불자들은 정법(正法)을 만날 수 있는 인연 있는 나라를 중국이라 하고, 그 나머지 땅은 변지(邊地)라 부르며 중국에 나기를 소원한다. 또한 왕이 정법으로 다스리고 인민이 정법을 믿고 실천해서 투쟁하지 않으며, 재물이 풍부하고 태평한 나라를 중국이라 한다. 이렇듯 삼장(三藏)으로 전하고 말하는 중국이란 정법이 실현되어 세상에 중심이 될 만한 나라의 뜻이다. 『유가론기』 권6(대정장42, p.426a24・한불전13, p.388b9)에 "또 '중국에 살고 변지 등에 나지 않는다'라고 한 말에 대하여 신태(神泰)법사는 풀었다. '오직 중천축만 중국이라 하고, 나머지 사천축은 비록 사부대중이 유행하며 왕래하더라도 모두 변지라 한다'. … 혜경(惠景)과 규기(窺基) 두 법사는 똑같이 이렇게 풀었다. '서방의 세속에서 하는 말에 따르면 오인도만을 중국이라 하고, 그 나머지 지역은 모두 변지라 하거나, 불법을 전한 지역은 중인도 뿐이므로 이곳을 중국이라 하고 그 나머지는 변지라 한다'. 又處中國 不生邊地等者 泰法師云 唯中天竺 名爲中國 餘四天竺 雖有四衆 遊行往來 竝名邊地 … 景基同釋 依西方俗間所說 唯五印度 名爲中國 餘皆邊地 佛法所傳 唯中印度 名爲中國 餘名邊地", 『법화문구』 권1상(대정장34, p.5c28)에 "중이라 하는 것은, 부처님은 중도를 좋아하셨으니 중천에 오르시고 한낮에 중국으로 강림하셨으며 한밤에 입멸하셨다. 이 모두가 중도를 보인 것이며 지금은 산중에 계시면서 중도를 설하신다. 中者 佛好中道 升中天 中日 降中國 中夜滅 皆表中道 今處山中 說中道也", 『장아함경』 권9 「십상경 十上經」(대정장1, p.55c13 : *Dasuttara-sutta*, *DN.3*, p.287)에 "어떤 중생은 중국에 나지만 사견을 지니고 전도된 마음을 품어 악행을 성취하니, 반드시 지옥에 떨어진다. … 어떤 중생은 중국에 나지만 귀머거리・소경・벙어리라서 법을 듣지 못한다. 或有衆生 生於中國 而有邪見 懷顚倒心 惡行成就 必入地獄 … 或有衆生 生於中國 聾盲瘖瘂 不得聞法 ayañca puggalo majjhimesu janapadesu paccājāto hoti, soca hoti micchādiṭṭhiko viparītadassano … so ca hoti duppañño jaḷo eḷa mugo na paṭibalo subhāsitadubbhāsitānaṃ attha maññātuṃ", 『수가장자설업보차별경』(대정장1, p.891b21)에 "어떤 업은 중생에게 변지의 보를 받게 하고, 어떤 업은 중생에게 중국에 나는 보를 받게 한다. 或有業能令衆生 得邊地報 或有業能令衆生 得中國報", 『증일아함경』 권44(대정장2, p.786a18)에 "만약 어떤 중생이 사견을 행한다면 삼악도의 씨를 심는 것이며, 사람으로 나더라도 변지에 살며 중국에 나지 못한다. 若有衆生 行邪見者 種三惡道 若生人中 乃在邊地 不生中國", 『중허마하제경』 권2(대정장3, p.938b9)에 "만약 그 나라가 가장 수승하고 뛰어나 가장 맛있는 감자와 향기롭고 좋은 쌀과 살찌고 힘센 소가 있고, 가난한 사람이나 싸울 일이 없다면 이와 같은 국토를 중국이라 한다. 若其國土 最上殊勝 有上味甘蔗 香美稻米 肥力大牛 無諸貧乞 及鬪諍事 如是國土 名爲中國", 『현우경』 권7(대정장4, p.398a27)에 "왕이 다시 상인에게 물었다. '그 중국이라 하니, 이름은 무엇인가?' '나열기(Ⓢ Rājagṛha)라 하고 또 사위라고도 하는데, 그 수가 매우 많아 다 말할 수 없습니다'. 왕이 다시 물었다. '중국의 왕들은 어떤 이유로 나에게 찾아와 공물을 바치지 않는가?' '각자 누리는 땅이 있고 위세도 명성도 서로 가지런하기 때문에, 와서 받들고 우러를 일이 없을 따름입니다. 이러한 이유로 찾아와 받들지 않습니다'. 王復問言 其中國者 名字云何 商客啓曰 名羅悅祇 又名舍衛 其數衆多 不能具說 王復問言 中國諸王 以何等故 不來獻我 商客啓曰 各自霸土 威名相齊 以是之故 不來承奉耳", 『대지도론』 권4(대정장25, p.89c17)에 "모든 부처님은 항상 중국에 나시니, 그곳은 많은 금은보물이 있고 음식은 풍부하고 맛있으며 그 국토는 청정하다. 諸佛常在中國生 多金銀寶物 飮食豐美 其土淸淨", 『설무구칭경소』 권1본(대정장38, p.1002a17)에 "다만 집공(鳩摩羅什)은 구자국(Ⓢ Kucha, Kucīna) 출신이라 중국의 범어를 알지 못하였을 뿐이다. 但是什公 出自龜玆 不解中國梵語", 『주사십이장경』(대정장39, p.522a21)에 "〈경〉 육정을 다 갖추었더라도 중국에 나기는 어렵다. 〈주〉 변두리 비루한 땅에는 온갖 장애가 많아 중국에 나기는 참으로 어렵다는 뜻이다. 〈경〉 중국에 살더라도 불도를 만나 섬기기는 어렵다. 〈주〉 무릇 사람으로서 중국 땅에 났어도 불도를 받들며 부지런히 닦는 이는 드물다. 六情已具 生中國難 邊鄙之地 多諸障難 生在中國 實爲難也 旣處中國 値奉佛道難 夫人得生中土 而能奉道 勤修者鮮矣", 『종통편년』 권1(卍속장147, p.26a12)에 "세존이신 석가모니불께서 중천축의 정반왕 궁전에 강림하여 탄생하셨다〈천축은 신독이라 하니 마땅히 인도다. … 중천축은 오천축의 중앙에 위치한다. … 하나의 사천하에서도 중앙에 위치한다. 부처님은 중도를 좇아 중천축에 강림하여 탄생하셨다〉. 世尊 釋迦牟尼佛 降生中天竺 淨飯王宮〈天竺 又作身篤 宜云印度 … 中天竺 居五竺之中 … 居一四天下之中 佛從中道 故降生中天竺〉", 『불아비담경출가상품』 권하(대정장24, p.969a3)에 "만약 이 중국이라면 열 사람이 모여야 하지만, 변지일 경우는 율사 다섯이면 구족계를 주는 계화상이 될 수 있다. 若是中國 十人聚集 若是邊地 律師五人 得受具足戒和上"라고 하였다. [참고문헌] 『瑜伽論記』, 『法華文句』, 『長阿含經』, 『首迦長者說業報差別經』, 『增壹阿含經』, 『衆許摩訶帝經』, 『賢愚經』, 『大智度論』, 『說無垢稱經疏』, 『註四十二章經』, 『宗統編年』, 『佛阿毘曇經出家相品』, 『釋迦方志』 권상 「中邊篇」(대정장51, p.948c27), *DN.*, *AN.1.35.* ⇨ 천축 天竺, 오천축 五天竺, 변국 邊國, 변지 邊地❶ ❷ 중국(中國). 『우란분경소』 권하(대정장39, p.507c3)에 "불교가 동쪽으로 흘러 처음으로 중국에 이르렀다. 以佛教東流 初至中國", 『원각경약소』 「배휴서 裴休序」(대정장39, p.523c26)에 "경율론삼장문에서 중국에 전해진 것은 오천여권이다. 그 말씀들이란 계정혜일 뿐이니, 계정혜를 마쳐서는 구하려 하는 것 무엇인가? 두렷이 깨우치는 일이다. 今夫經律論三藏之文 傳于中國者 五千餘卷 其所詮者 何也 戒定慧而已 修戒定慧 而求者何也 圓覺而已"라고 하였다. [참고문헌]『盂蘭盆經疏』, 『圓覺經略疏』. ⇨ 중화 中華, 중하 中夏[1], 지나 支那

중국변방 中國邊方 중국과 그 변방. 중심이 되는 나라와 그 주변의 여러 나라(邊地). 『살바다비니비바사』 권3(대정장23, p.517b6)에 "나라 가운데 왕사성과 우전왕국이 열여섯 대국 가운데 어느 나라보다 제일이었고, 염부제 안에서는 중국과 그 변방의 모든 나라를 다 거느림에 우전왕국이 왕사성국법을 썼다. 國中以王舍城 優填王國 於十六大國 最爲第一 於閻浮提內 中國邊方 一切統攝 而優填王國 用王舍國法", 『사분율행사초비』 권4(卍속장67, p.415b11)에 "중변의 산천이 같지 않고 행리 또한 고르지 않다 하니, 중이란 중국을 말하고 변은 변방이다. 中邊山川不同 致行李不等者 中謂中國 邊謂邊方"라고 하였다. [참고문헌]『薩婆多毘尼毘婆沙』, 『四分律行事鈔批』. ⇨ 중국 中國[1]

중국불교 中國佛教 중국인에 의해 사유되고 문화로 수용되어 전개된 불교. [전파경로] 육로와 해로가 있었고 해로는 스리랑카·미얀마·베트남을 거쳐 중국 남부의 광주(廣州)나 복주(福州), 장강 하류의 양주(揚州)나 영파(寧波)에 이르는 경로다. 구나발다라(求那跋陀羅 : 功德賢)·불타발다라(佛馱跋陀羅 : 覺賢)·진제(眞諦)가 이 길로 중국에 왔으며, 법현(法顯)도 인도에서 중국으로 돌아올 때 이 길을 택했다. 육로는 인도·서역·신장(新疆) 위구르자치구를 거쳐 중국의 관문인 돈황(燉煌)으로 들어와 장안(長安 : 陝西省 西安)과 낙양(洛陽 : 河南省)으로 향하는 길이며, 한무제(漢武帝)가 서역을 지배하고 동서교류가 빈번해진 때에 성행하였다. 육로에도 북로와 남로가 있었고 서역북로(천산남로)는 타클라마칸(Taklamakan) 사막의 북쪽과 천산산맥 남쪽 사이에 위치한 소륵(疏勒 : Kashgar)·구자(龜玆 : Kucha)·언기(焉耆 : Karashahr)·고창(高昌 : Turfan)의 이오(伊吾 : Hami)를 거쳐 중국으로 들어오는 길이다. 서역남로는 타클라마칸 사막 남쪽과 곤륜산맥 북쪽 사이에 있는 우전(于闐 : Khotan)·사거(莎車 : Yarkand)·선선(鄯善 : Lobnor)을 지나 중국으로 들어온다. 이 밖에 천산산맥 북쪽을 거치는 천산북로도 있으며, 법현처럼 북로인 언기 부근에서 타클라마칸 사막을 남하하여 우전국 쪽으로 길을 택하거나, 현장(玄奘)처럼 남로에서 천산산맥을 넘어 천산북로의 경로로 오고 가기도 했다. 남북 두 육로로 중국에 온 역경승으로는 후한(後漢)의 안세고(安世高)와 지루가참(支婁迦讖), 삼국시대의 담마가라(曇摩迦羅)·강승개(康僧鎧)·담제(曇諦) 등이 있다. [전래설과 전래시기] 중국으로의 불교전래에는 서주(西周) 목왕(穆王) 때 전래설·공자(孔子)가 불교를 알고 있었다는 설·아육왕(阿育王)의 불탑건립설·석리방(釋利防) 전래설·한무제의 금인(金人)예배설·전한(前漢) 장건(張騫)이 불교의 존재를 알았다는 설·전한 동방삭(東方朔)의 겁소설(刧燒說)·유향(劉向)이 불전을 보았다는 설 등이 전한다. 그러나 이 모든 설들은 불교가 매우 오래 전에 전래되었음을 강조하기 위한 이야기들로, 그 중 이존(伊存)의 불교구수설(佛敎口授說)과 특히 후한 명제(明帝)의 감몽구법설(感夢求法說)을 의미있게 수용한다. 이존의 불교구수설은 월지국(月支國) 사신으로 중국에 온 이존이 불교의 존재를 알렸다는 설이다. 후한 명제의 감몽구법설은 서기 67년(영평10)에 명제가 금인이 나타난 꿈을 꾸고는 불교를 받아들였다는 설이다. 이 설은 「후한기」·「모자이혹론 牟子理惑論」·「노자화호경」·「명불론」·「사십이장경서 四十二章經序」·「고승전」·「낙양가람기」·「위서」「석로지 釋老志」 등 여러 문헌으로 전승되면서 영향을 미쳤다. 『출삼장기집』 권6 「사십이장경서」(대정장55, p.42c19)에 "옛날 후한의 효명황제가 어느 날 밤 꿈에서 신인을 만났다. 그 신인은 온몸이 금빛이고 목덜미에는 광채가 가득했는데 궁전 앞에서 날아 오르기까지 했다. 명제는 이를 보고 마음속으로 기뻐하고 흠모하였다. 다음날 여러 신하들에게 '이 무슨 신인가?'라고 물으니, 학식이 뛰어난 누의가 '신이 듣기에 천축국에 도를 깨친 이가 있어 그를 불타라고 부르는데 … 아마도 그 신이 아닌가 합니다'라고 답하였다. 昔漢孝明皇帝 夜夢見神人 身體有金色 項有日光 飛在殿前 意中欣然甚悅之 明日問群下 此爲何神也 有通人傅毅曰 臣聞天竺有得道者 號曰佛 … 殆將其神也", 『홍명집』 권1 「모자이혹론」(대정장52, p.2a8)에 "부처는 도덕으로는 으뜸의 조상이고 신령스럽게 밝은 것으로도 으뜸의 시작이다. 부처란 깨우쳤다는 뜻이니, 황홀할 변화로 몸을 나누고 그 바탕마저 흩어버리니 때론 보이고 때론 없기도 하다 … 걷기도 하고 날기도 하니 앉아 있은즉 빛으로 가득하니 그 이름 부처라 한다. 佛乃道德之元祖 神明之宗緖 佛之諺覺也 恍惚變化 分身散體 或存或亡 … 欲行則飛 坐則揚光 故號爲佛也", 『후한서』 권72 「초왕영전 楚王英傳」에 "초왕은 금빛 어른의 그윽한 말을 외우고 부도의 어진 일들을 섬겨서 3개월 동안 깨끗이 재계할 것을 신에게 맹세했다. … 그가 속죄의 표시로 바친 비단들은 돌이켜 이포새(우바새)와 상문(사문)들에게 풍부한 공양에 쓰도록 했다. 楚王誦黃老之微言 尙浮屠之仁祠 潔齋三月 與神爲誓 … 還其贖 以助伊蒲塞 桑門之盛饌" 등의 후한 때 기록과 전한 무제 때 서역지배에 따른 동서구역로가 형성되었던 사실 등에 근거하여 기원전 2세기 전한 애제(哀帝) 때 불교가 전래되었을 것으로 추정한다. [시대구분] 불교가 중국에 자리잡아 개화하는 과정은 크게 네 시기로 나눈다. 불교가 전래되고 번역되기 시작한 수용기(초기번역과 전역시대 : 후한~동진16국 때의 도안 이전), 동진(東晉)의 도안(道安)부터 불교가 제대로 이해되기 시작하고 구마라집(鳩摩羅什)의 역경과 그에 따른 연구로 학파가 형성되는 때인 정착과 성장기(육성·연구시대 : 동진의 도안 이후~남북조), 중국화한 이론과 수행론으로 체계화하고 종파(宗派) 형태로 중국사회에 토착한 정점의 때인 성취와 성행기(독자적 진흥·제종성립과 건설시대 : 수~당), 각 시대마다의 주력사상이나 종교와 융합하고 현실종교로서의 실천불교가 강세를 띠며 중국화된 전통불교를 보존하려고 노력한 시기인 융화와 보존기(보수·동화·동화융합·계승쇠퇴 : 오대십국~중화민국)로 구분한다. 이 밖에도 역경에 따른 고구신말(古舊新末)의 구분이 있는데 고역(古譯)은 축법호(竺法護)까지, 구역(舊譯)은 구마라집 이후, 신역(新譯)은 현장 이후, 말기는 주로 밀교경전이 한역된 송대(宋代)를 말한다. [후한대後漢代] 후한은 중국불교사 시작의 때다. 『후한서』·『후한기』 등에 명제의 감몽구법설·초왕영과 환제(桓帝)의 불교신앙 같은 불교전래 기록이 보이고, 환제 때 지루가참(支婁迦讖)과 안세고에 의해 대소승경의 역경이 시작되며, 최초의 불교논서인 「모자이혹론」이 저술되었다. 또한 노자화호설(老子化胡說)이 형성되었으며, 착융(笮融)의 신앙과 포교활동으로 부도사(浮屠寺) 창건과 불상조성 및 관불회나 시식(施食)등이 시작되던 시대다. 삼국(三國)시대에는 북방의 위(魏)에서는 역경승인 담가가라(曇柯迦羅 : 法時)가 최초로 율장을 번역하여 수계의식도 행하였으며, 한인 최초의 서역구법승인 주사행(朱士行)과 범패(梵唄)를 창시한 조식(曹植)도 있다. 남쪽인 오(吳)에는 지겸(支謙)과 강승회(康僧會)가 있었는데, 지겸은 역경과 포교에 힘쓰며 강남불교를 개척하였고 그의 번역풍은 삼국~서진(西晉)시대에 영향을 끼쳤다. 『유마힐경』·『대아미타경』·『대명도무극경』·『대반니원경』·『서응본기경』·『법구경』 등을 역출하였고, 「찬보살연구범패삼계 讚菩薩連句梵唄三契」도 제작하였다. 강승회는 서민불교 를 진작시켰고 왕인 손권(孫權)과 손호(孫浩)를 선악응보설로 감화시켜 건초사(建初寺)를 창건하였으며, 석가의 전생담을 설한 『육도집경』 등을 한역하고 『안반수의경』·『법경경』·『도수경』의 주석과 서문을 지었다. 촉(蜀)의 불교는 알 수 없다. 서진은 불교교의를 본격적으로 논의하기 시작한 시대로 격의불교(格義佛教)의 시작점이다. 죽림칠현(竹林七賢)과 청담·현학이라는 사상계변화에 따라 지식층의 반야경류의 공사상에 대한 관심에서 비롯된 격의적 담론은 후진(後秦)의 구마라집이전까지 활발하였다. 또한 축법호는 『출삼장기집』 권13 「축법호전」(대정장55, p.98a3)에서 "경법이 중화에 널리 유전된 것은 축법호의 힘이다. 經法所以廣流中華者 護之力也"라고 말할 만큼 후대의 중국불교계에 끼친 영향이 크다. 그는 『광찬반야경』·『정법화경』·『유마힐경』 등 교의로나 신행으로 중요한 150부가 넘는 경을 한역하였다. [동진남북조대東晉南北朝代] 이때는 중국문명의 중심이 황하유역에서 장강유역으로 이동하고 그 문명이 다시 중국전역으로 확대되는 일대전환기였는데, 이러한 변화는 불교의 지형에도 큰 영향을 주었다. 특히 북방에서 국가적 지지를 받으며 교세가 급속도로 확장되었고, 다양하고도 많은 한역 경론들이 쏟아져 나왔다. 역출된 경전들에 의지해 불교교의를 이해하려는 바램과 함께 출가자도 많아지면서 이후의 남북조시대를 이끌어갈 많은 인재들이 배출되기 시작하였다. 이들을 중심으로 불교는 전환기를 맞이하는데 교단·교학·수행·신행 등 다방면에서 중국불교의 토대도 마련하였다. 이에 대표적인 인물로는 북방의 16국 중에서 후조(後趙)의 불도징(佛圖澄), 전진(前秦)의 도안, 후진의 구마라집과 그 문하인 승조(僧肇)·승예(僧叡)·도생(道生), 북량(北涼)의 담무참(曇無讖)이 있었으며, 남방에는 동진의 혜원(慧遠)과 불타발다라 그리고 구법승인 법현·지엄(智嚴) 등이다. 남조와 북조가 다른 양상을 보이기도 하였는데, 한역경전에 의한 본격적인 연구, 불교사원의 건축이나 미술 등 불교문화의 발전과 동시에 폐불(廢佛)사건도 일어났던 때이다. 남조의 불교는 동진을 계승하며 크게 발전하였는데, 제(齊)의 소자량(蕭子良)·양무제(梁武帝) 등의 경우다. 이민족 지배하에 있던 북조에서는 북위(北魏)에 이르러 관립사원 건립, 관인승인 도인통(道人通)의 임명 등으로 국가가 적극개입하기 시작하였는데, 국가권력의 절대적지지를 받아 불교교단의 정치사회적 위상이 커지면서 불교가 크게 성장했던 반면, 강력한 탄압도 받아 북위 태무제(太武帝)와 북주(北周) 무제 때에는 두 번의 폐불을 당해 교단이 일대위기를 겪기도 했다. 이러한 때는 언제나 그렇듯이 교단 내의 성찰이 따르고 내재적 정비의 기회도 있었다. 황실 주도에서 비롯한 운강(雲岡)과 용문(龍門)석굴이 조성되었는데 불교예술로는 손꼽히는 업적이다. 역경가로는 남조에는 유송(劉宋)의 구나발다라와 진(陳)의 진제가 있었으며, 북조에는 보리유지(菩提流支)·륵나마제(勒那摩提)·불타선다(佛陀扇多) 등이 있었다. 불교연구도 활발하여 학파들이 형성되었는데, 열반학파(涅槃學派)·성실학파(成實學派)·지론학파(地論學派)·섭론학파(攝論學派) 등이 흥기했다. [수당대隋唐代] 오랜 분열과 혼란을 종식시키고 통일을 성취한 수(隋)는 건국 초부터 국가적 차원에서 대대적으로 불교진흥을 위한 여러정책을 펼쳤는데, 수당대 불교가 전성기를 맞이하는 기틀이 되었다. 북조말의 폐불로 인해 훼손된 사찰과 불상의 보수, 중앙과 지방의 사원관리를 위한 관립사원건립, 사리탑건립, 보살승(菩薩僧)과 출가승단의 공인, 고승등용과 승관제도정비, 대법회개최, 오중(五衆)과 이십오중(二十五衆) 등의 연구 및 교육기관 설치, 보태경장(寶台經藏)과 같은 삼장의 결집과 보존에 이어, 『법경록 法經錄』·『인수록 仁壽錄』·『역대삼보기』의 경록(經錄) 편찬 등에도 힘썼다. 역경승으로는 나연제야사(那連提耶舍)·사나굴다(闍那崛多)·달마급다(達磨笈多) 등이 있었으며, 남북조말엽에서 수대에 활약한 스님으로는 영유(靈裕)·혜원(慧遠)·담천(曇遷)·담연(曇延) 등이 있다. 수당시대 이전에 성취된 경론들의 한역과 이에 의지한 연구들이 결실을 맺으면서 각기 그 종론(宗論)을 드러내 논쟁하는 때였기에 종파불교의 시대라고도 불린다. 수대에는 천태종(天台宗)·삼론종(三論宗)·삼계교(三階敎)가 성립되었고, 당대(唐代)에는 중국불교가 모든 면에서 최고조에 달했던 시기로 당의 국위가 융성해지면서 그 영향력은 한국·일본·베트남등 동아시아 불교권으로 널리 퍼졌다. 한편 국가종교화와 신행을 목적으로 한 사원이 건립되고 내도량(內道場)이 설치되는 등 국가권력에 의지한 불교교단의 진흥은 늘 그렇듯이 그늘도 감당할 수 밖에 없게 되었다. 통일국가로서 국가의식과 중화의식이 고양되었던 당대는 불법도 왕법에 종속되었으니, 승니의 규범과 치죄마저도 국법에 의해 다스렸고 승단관리를 일반 행정기관에서 행했으며 책임자를 승관(僧官)이 아닌 속관(俗官)으로 임명하여 출가의례와 도첩제강화·승가고시실시 등을 관장하였다. 이렇듯 불교교단 내에서 반드시 행해야 했던 율에 의한 자치, 즉 화합승가(和合僧伽)의 본래 뜻을 망실한 사태로 유지되었다. 또한 당 무종(武宗) 때인 회창(會昌)년간(841~847)에 단행한 폐불은 불교교단에 큰 타격을 입히기에 이르렀다. 이러한 사태는 불교교단으로 하여금 또다시 권세의 허망함을 돌이키고 다시 민생을 위한 실천불교를 생각하는 계기로 삼게 하였다. 반면, 현장·의정(義淨)·실차난다(實叉難陀) 등의 스님들에 의해 많은 경론들이 한역되는 한편, 남북조대부터 이어진 차토찬술(此土撰述)이라 부르는 위경(僞經)들도 성행하였다. 730년(개원18)에 편찬된 목록집인 『개원석교록』 권10(대정장55, p.581b18)의 "위망난진록 제7〈392부 1,055권〉. 僞妄亂眞錄第七〈三百九十二部 一千五十五卷〉"에서 짐작되듯이, 『개원석교록』에 입장된 총 1,076부 5,048권 중에서 부수로는 1/3, 권수로는 1/5을 차지하는 많은 양이다. 이중에는 『부모은중경』·『대불정수능엄경』·『원각경』·『석마하연론』 등 영향을 끼친 것들도 많다. 이외에도 영험록 등으로 「영험전 靈驗傳」·「감응전 感應傳」·『집신주삼보감통록 集神州三寶感通錄』·『법원주림 法苑珠林』·『명보기 冥報記』·『법화경전기 法華經傳記』·『화엄경전기 華嚴經傳記』·『금강반야집험기 金剛般若集驗記』 등이 다수 찬술되었다. 당대에 성립된 종파로는 법상종(法相宗)·율종(律宗)·화엄종(華嚴宗)·선종(禪宗)·정토교(淨土教)·밀교(密敎) 등이 있다. 불교의례도 성행하였는데, 이는 국가적 색채가 강한 기복 위주의 역할로 인해 정법의례의 본분을 잃고 불교가 추락하던 때와도 마주한다. 법회는 항례(恒例)법회와 아닌 것으로 나뉘는데, 항례로는 불생일·성도회·열반회·우란분회·황제의 탄절(誕節)·국기(國忌) 등이 있었고, 아닌 것에는 불아공양법회·재회(齋會)·팔관재회·강경(講經)법회 등이 있었다. 이 때 의례로는 행향(行香)·독경(讀經)·범패 등을 행했다. 신앙결사체로는 의읍(義邑)과 법사(法社)가 존속되었고, 민중교화로는 속강(俗講)·변문(變文)과 불교의 속곡(俗曲)들도 있었다. 사원의 사회사업으로는 비전양병방(悲田養病坊)과 숙방(宿坊), 경제면에는 연애(碾磑)·사전(寺田)인 사령(寺領)·무진장(無盡藏) 등을 살펴볼 수 있다. [오대십국五代十國] 이때는 군사정권이 지배하던 시기로 귀족이 붕괴되고 문화종교의 중심이 사대부와 민중으로 옮겨가던 변혁기였다. 따라서 중국불교사에 또 한 번 일대전환을 이루었던 송대의 불교정책과 기반도 이때 다져졌다. 불교계는 후주(後周) 세종(世宗) 때 마지막 폐불을 겪었는데, 폐불조칙에서 도첩제를 강화하는 등 출가제도를 엄격히 하였다. 그의 불교교단에 대한 정비정책은 유교이념의 지배체제하에서 불교교단을 국가권력에 완전히 복속시키는 선구가 되었다. 이 때의 스님으로는 천태덕유(天台德韶)·영명연수(永明延壽)·운문문언(雲門文偃) 등이 있었다. 불교의 새로운 연구보다는 『경론회요 經論會要』·『대장경음소 大藏經音疏』·『석씨육첩 釋氏六帖』·『조당집 祖堂集』 등의 음의(音義) 등의 사휘집과 전기류 등을 모아 정리하는 회고적 찬술이 주를 이뤘다. [송대宋代] 송대는 불교교단이 수당대 이상으로 발전하였으나, 새로운 것 없이 수당대의 불교를 유지계승하며 교의의 통합이 형성되었으며, 불교가 중국인의 종교로서 사회생활에 깊숙히 융화되는 민중불교의 출발점도 되었다. 송대불교의 큰 특징으로는 대장경간행과 거사불교의 형성을 들 수 있다. 대장경간행은 세계문화사에서도 큰 업적으로 평가받는데, 송대에 대장경은 5회 간행되었다. 첫 번째 촉판대장경(蜀版大藏經)은 971년(개보4)에 시작되어 12년에 걸쳐 완성되었다. 입장 삼장은 『개원석교록』에 기초하였으며, 고려대장경을 저본으로 하였다. 그 후 차례로 동선사등각원판(東禪寺等覺院版)·개원사판(開元寺版)·원각사판(圓覺寺版)·적사판(磧沙版)대장경을 간행하였다. 거사불교는 일반지식층이 불교와 교류함에서 비롯되었으며, 왕안석(王安石)·사마광(司馬光)·양억(楊億)·소식(蘇軾)·양걸(楊傑)·문언박(文彦博) 등이 유명하다. 역경사업은 보유차원의 편찬이었으며 대부분 밀교관련서적이다. 한편 『자치통감』에 자극받아 불교사

편찬의 풍조가 고조되면서『송고승전』·『대송승사략』·『오가종파도』·『석씨통감』·『석문정통』·『불조통기』·『경덕전등록』 등의 불교사서들이 저술되었고 불교사학도 발전하게 되었다. 송대의 종파는 특히 선종이 오가(五家)로 나뉘어 크게 발전하였으며, 천태종이 산가(山家)와 산외(山外)의 두 파로 나뉘어 논쟁하면서 더욱 성행하였다. 율종은 명맥만을 유지하였고, 정토교는 사회상하층으로 널리 보급되었다. 출가제도는 그 과정이 더욱 엄격해져 출가(童僧)와 득도(沙彌)로 나누어 이중으로 규제하였고, 도승(度僧)에도 시경도승(試經度僧)·특은도승(特恩度僧)·진납도승(進納度僧)의 셋으로 나눴다. 시경도승은 후주의 시험제도를 답습한 것이며, 체발득도식은 반드시 도첩을 받은 후 행하도록 했다. 불교교단의 관리는 송초에는 공덕사(功德使), 북송말까지는 홍려시(鴻臚寺)의 관할, 남송대는 사부(祠部)에 소속되어 여전히 국가기관에서 통제하였다. [원대元代] 이 때는 라마교를 국교로 하였지만 모든 종교가 공존하였고, 불교는 선·천태·화엄·법상·정토교로 이어졌다. 이중에서 선종인 임제종(臨濟宗)은 남방에서 조동종(曹洞宗)은 북방에서 번영하였으며, 정토신앙에 기반한 종교결사인 백련교(白蓮敎)와 백련종(白蓮宗)도 성행하였다. 선종의 해운인간(海雲印簡)·설엄조흠(雪巖祖欽)·고봉원묘(高峰原妙)·중봉명본(中峰明本), 천태종의 옥강몽윤(玉岡蒙潤), 화엄종의 진각국사 문재(文才), 법상종의 경복사(景福寺) 영변(英弁), 백련교의 자조자원(慈照子元) 등이 대표적 인물이다. 대장경 간행과『석씨계고략』·『불조역대통재』같은 불교사서편찬도 송대를 이어 계속되었다. 그리고 티베트대장경이 전래되면서 티베트경전과 한역경전을 비교한『지원법보감동총록 至元法寶勘同總錄』이 칙명으로 출판되었고, 선종에 기반한 총림(叢林)전통에 의한 청규(淸規)의 편집이 성행하였다. 청규집으로는『칙수백장청규 勅修百丈淸規』·『진원사규 津苑事規』·『증수교원청규 增修敎苑淸規』 등이 있다. [명청대明淸代] 원대에 선(禪)·강(講)·율(律)로 나누었던 불교사원을 선·강·교(敎)의 삼사(三寺)로 분류하였다. 이중에서 교사라 함은 유가교사(瑜伽敎寺)로 유가염구(瑜伽燄口) 의식을 행하는 유가교승이 속했다. 사원의 관리는 명초에 금릉 천계사(天界寺)의 선세원(善世院)에서 하다가 승록사(僧錄司)에서 관장하였다. 이 때의 돋보이는 고승으로는 명말의 4대선승인 운서주굉(雲棲袾宏)·자백진가(紫柏眞可)·감산덕청(憨山德淸)·우익지욱(藕益智旭)이 있다. 대장경도 4회나 간행되었는데 남장(南藏)·북장(北藏)·무림장(武林藏)·가흥장(嘉興藏)이다. 청대의 불교정책에서 승관제도의 경우 형식적으로는 명대를 따랐으나 실질적으로 권세는 전혀 없었으며, 출가·사원 건립·승복 등도 엄히 제한했다. 청대 불교는 선종과 정토교의 활약이 보이나 교학의 발전은 없었다. 옹정제(雍正帝)가 주장한 유불도삼교일치·불교 내의 제종일치·선가의 오가일치와 염불제창 등이 영향을 끼쳤다. 특히 이후의 중국불교는 종파와 관계없이 염불을 기본으로 주창하는 흐름이 주를 이뤘다. 이때 고승으로는 목진도민(木陳道忞)·감박성총(憨璞性聰)·옥림통수(玉林通琇)·위림도패(爲霖道霈)·백정속법(柏亭續法) 등이 있다. 송대 형성되었던 거사들의 불교활동은 청대의 불교보존의 중심역할을 담당하였다. 주안사(周安士)·팽제청(彭際淸)·팽소승(彭紹升)·공자진(龔自珍)·위원(魏源)·정학천(鄭學川)·양문회(楊文會) 등이 있으며, 특히 팽소승과 양문회가 큰 활약을 하였다. 대장경편찬도 이어져 명속장경(明續藏經)·용장(龍藏)·만주어역 대장경이 간행되었다. 또한『대청중간삼장교목록 大淸重刊三藏敎目錄』과『여래대장경총목록 如來大藏經總目錄』(『蕃藏目錄』)을 간행하고,『한만몽장사체합벽대장전주 漢滿蒙藏四體合璧大藏全呪』를 편집하였다. 명청시대는 현세이익 중심의 불교신앙이 도교나 민간신앙과 습합하여 민중생활과 밀착되었고, 이것이 중국불교의 대세가 되었다. 이 과정에서 일반민중에 보급된「선서 善書」와「보권 寶卷」이 성립되었으며, 권선서(勸善書)로서 운서주굉의『자지록 自知錄』과 원료범(袁了凡)의『음척록 陰隲錄』이 널리 유포되어 공과격(功過格) 사상이 민중생활에 침투하였다. 이처럼 근세불교는 수당 때와 같은 교학의 발전은 없었지만, 민중불교 면에서 관음신앙·염불회·방생회·수계회·채식실천 등이 중국민중 속에서 생활화 되었다. [중화민국과 현대] 중화민국(中華民國)의 때도 태평천국의 난과 청말민초 묘산흥학(廟産興學)운동이 일어나면서 사묘(寺廟)가 붕괴되고 불교사원의 재산마저 몰수당하며 존폐의 위기에 놓게 되자, 이에 불교계는 중화불교총회(中華佛敎總會)를 창설하고 사찰의 재산보호와 불교진흥에 노력하였다. 이때의 스님으로는 경안(敬安)과 태허(太虛)를 꼽을 수 있다. 불교계의 활동으로는 교육·연구·수양·교화·사회사업 등 다방면에서의 불교단체설립,『불학총보 佛學叢報』나『해조음 海潮音』과 같은 불교잡지나 불교연구서발간과 대장경의 간행도 들 수 있다. 불교학자로는 강유위(康有爲)·담사동(覃嗣同)·장병린(章炳麟)·양계초(梁啓超)·호적(胡適)·웅십력(熊十力)·탕용동(湯用彤)·체한(諦閑)·인광(印光)·매광의(梅光義)·장유교(蔣維喬)·황참화(黃懺華) 등이 있다. 1945년 중화인민공화국이 건국된 후 유명 사원은 국가의 중점문물로서 복구되었다가, 문화대혁명으로 사원·불상·나한상 등이 모두 파괴되기도 하였지만, 1983년 이후 당과 정부의 협력방침하에 불교사원과 문물을 수리복원하는 등 적극적으로 불교문화복원에 매진하고 있다. 또한 1978년부터 헌법에 종교신앙자유를 명시하여 현재 중국은 개인의 신교(新教)에 대한 자유를 인정하지만, 사원 이외에서의 선전활동은 인정하지 않는 등의 제약이 있고 종교활동도 국무원종교사무국(國務院宗教事務局)의 지도하에서 행해지므로 국가와의 관계는 여전히 무시할 수 없다. 국가와 불교계의 매개자 역할을 담당하는 기관으로는 1953년 결성된 중국불교협회(中國佛教協會)가 있다. 청년승의 양성을 위한 불학원(佛學院)이 개설되었고, 불교의 교리·역사·문화·음악 등을 연구하는 기관도 설립되었으며, 불교관계 잡지도 간행되고 있다. 그리고 현재 성행하는 중국불교성지로 모든 이들이 순례하는 4대도량으로는 오대산(五台山 : 山西省)·아미산(峨眉山 : 四川省)·보타산(普陀山 : 浙江省)·구화산(九華山 : 安徽省)을 꼽는다. 〔참고문헌〕『出三藏記集』, 『弘明集』, 『後漢書』, 『開元釋教錄』, 塚本善隆『中國佛教通史』1(春秋社, 1979), 鎌田茂雄 『中國佛教史』1(法藏館, 1981), 任繼愈『定本 中國佛教史』Ⅰ·Ⅱ(柏書房, 1994), 鎌田茂雄『(新)中國佛教史』(大東出版社, 2001), 沖本克己·菅野博史 『新アジア佛教史』6·7·8(佼成出版社, 2010), 桂紹隆·下田正弘·末木文美士·齋藤明 『大乘佛教とは何か』(春秋社, 2011).

중국불교사대명산 中國佛教四大名山 중국불교 이천년사에 있어 사찰이 산과 도회지에 수 없이 펼쳐져 있는데, 그 가운데 가장 기도와 수행에 적합하고 산고수려한 경치마저 자랑하는 네 곳의 명산. 산서성(山西省)의 오대산(五臺山 : 文殊道場), 사천성(四川省)의 아미산(峨嵋山 : 普賢道場), 절강성(浙江省)의 보타락가산(普陀洛迦山 : 觀音道場), 안휘성(安徽省)의 구화산(九華山 : 地藏道場)이다. 〔참고문헌〕張軾·楊王華 『九華山史話』(安徽省政協文史委員會編). ⇨ 구화산 九華山, 보타산 普陀山, 아미산 峨嵋山, 오대산 五臺山

중국십찰 中國十刹 남송(南宋) 때 제정한 선종 오산십찰(五山十刹) 체계 중 십찰. 최고의 사격(寺格)은 오산이고, 십찰은 제2위 사격에 해당한다. 십찰은 절강성(浙江省) 항주시(杭州市) 서호구(西湖區)에 있는 중천축산(中天竺山) 천녕만수영조사(天寧萬壽永祚寺), 절강성 호주시(湖州市) 오흥구(吳興區)에 있는 도량산(道場山) 호성만수사(護聖萬壽寺), 강소성(江蘇省) 남경시(南京市) 현무구(玄武區)에 있는 장산(蔣山) 태평흥국사(太平興國寺), 강소성 소주시(蘇州市) 평강구(平江區)에 있는 만수산(萬壽山) 보은광효사(報恩光孝寺), 절강성 영파시(寧波市) 봉화(奉化)에 있는 설두산(雪竇山) 자성사(資聖寺), 절강성 온주시(溫州市) 영가현(永嘉縣)에 있는 강심산(江心山) 용상사(龍翔寺), 복건성(福建省) 복주시(福州市) 민후현(閩侯縣)에 있는 설봉산(雪峯山) 숭성사(崇聖寺), 절강성 금화시(金華市) 의오(義烏)에 있는 운황산(雲黃山) 보림사(寶林寺), 절강성 소주시 금창구(金閶區)에 있는 호구산(虎丘山) 운암사(雲巖寺), 절강성 태주시(台州市) 천태현(天台縣)에 있는 천태산(天台山) 국청교충사(國淸教忠寺)이다. 〔참고문헌〕『禪林象器箋』 권1 「十刹」(대장경보편19, p.5b12). ⇨ 오산십찰 五山十刹, 십찰 十刹 ❹

중국어 中國語 말을 쓰는 이의 입장에서 그 말의 기원이 되는 곳의 말. 불교가 오천축(五天竺) 중 중천축(中天竺)에서 일어나 쓰였기에 그 외의 곳에서의 말은 변지어(邊地語)라 부른다. 따라서 고대 인도기원의 불교어들을 중국어라 한다. 『십송율』 권53(대정장23, p.392b11)에 "만약 중국어로 변지인에게 말한다면 변지인은 알 수 없고, 변지어로 중국인에게 말한다면 중국인은 이 말을 알지 못한다. 若以中國語 向邊地人說 邊地人不解 以邊地語 向中國人 中國人 不解是語", 『대승의장』 권11(대정장44, p.685a25)에 "다라니란 바로 중국어이니, 이를 번역하면 지닌다는 의미의 지(持)다. 법을 기억해 잃지 않는다는 뜻에서 지라 한다. 陀羅尼者 是中國語 此翻名持 念法不失 故名爲持", 돈황본 『금강반야의기』 권1상(대정장85, p.138b8)에 "반야란 이 중국어 음이니, 한역하여 지혜라 한다. 般若者 是中國語音 此方云智慧"라고 하였다. 〔참고문헌〕『十誦律』, 『大乘義章』, 『金剛般若義記』, 『摩訶僧祇律』 권13(대정장22, p.337b6).

중국정토교삼전 中國淨土教三傳 중국 정토교를 세 유파로 구분한 것. 일본 정토종(淨土宗)의 종조(宗祖)인 원공법연(源空法然)이 『선택본원염불집』(대정장83, p.2c5)에서 "성도가의 혈맥과 같이 정토종에도 혈맥이 있다. 다만 정토종 한 종은 제가와 다르다. 말하자면 여산혜원법사·자민삼장·도작과 선도 등이 이것이다. 如聖道家血脈 淨土宗亦有血脈 但於淨土一宗 諸家不同 所謂廬山慧遠法師 慈愍三藏 道綽善導等是也"라고 정토종의 사자상승(師資相承)의 혈맥을 논한 것에서 비롯한다. 삼전은 중국 정토교의 흐름을 동진(東晋)의 여산혜원(廬山慧遠)·당(唐)의 선도(善導)·자민혜일(慈愍慧日)의 세 계통으로 분류한 것을 말한다. 여산혜원은 염불결사(念佛結社)를 최초로 행하여 정토교 홍기의 선구자로 불린다. 당송(唐宋) 이후 백련사풍(白蓮寺風)의 도량을 세워 정업(淨業)을 닦는 풍이 성행하여 그를 시조로 삼았다. 혜원의 여산류는 『관무량수경』·『반주삼매경』에 의지해, 관상염불(觀想念佛)·정중견불(定中見佛)을 중시하였다. 선도는 『안락집』에서 성정이문(聖淨二門)의 교판론을 세우고 정토교의 독립을 이끈 도작(道綽)을 계승하여, 『관무량수경소』에 의지해 정행(正行)과 잡행(雜行)을 설하며 정토교를 완성하였으며 이때 구칭염불(口稱念佛)을 중심으로 하였기에 본원염불

(本願念佛)을 정립시켰다. 아미타불을 보신(報身)으로 하고 극락정토를 보토(報土)로 하며, 범부신(凡夫身)의 왕생을 본의로 삼았다. 왕생의 기준을 칭명횟수가 아닌 신심(信心)으로 본 것이 특징이다. 선도류 특색의 중심인 칭명염불(稱名念佛)의 활성화는 중국 정토교를 완전하게 성숙시키고 유행시키면서 민중불교로서 입지를 굳히게 했다. 후세에 오해(悟解)를 중시하는 수행자의 염불삼매는 이들의 칭명염불을 전제로 한 관상염불이고 실상염불이었다. 담란(曇鸞)·도작(道綽)·선도로 이어지는 법맥은 중국정토교의 조사가 되며, 회감(懷感)·소강(小康) 등에게 계승되었다. 회감은 『석정토군의론』에서 유심정토설(唯心淨土說)을 주장하여 원대까지 영향을 미쳤다. 선도류는 중국정토종사에서 실질적으로 중국 정토교를 집대성한 중심이라고 할 수 있다. 칭명중심의 종파성립과 발전은 법연에 의해 이어지고 일본 정토교의 각 종파는 거의 이 유파에 속한다. 자민혜일류는 선(禪)·교(敎)·계(戒)·정(淨)의 네 가지를 함께 수행할 것을 강조하였는데, 자민혜일은 『약제경론염불법문왕생정토집』 권상(대정장85, p.1242a7)에서 다음과 같이 말하였다. "만약 능히 회향하여 정토에 태어나길 원하는 사람은 몸을 단정히 하고 바르게 서방정토를 향하며 마음은 아미타불에 전력한다. 염념상속하며 저 명호를 부르고 행주좌와에 항상 칭명한다. 아울러 관세음보살을 염하고 『관무량수불경』과 『아미타경』을 독송하기를 매일 한 번씩 하고, 술·고기·오신채를 죽을 때까지 끊고 먹지 말 것이니, 약으로도 쓰지 말아야 한다. 재계를 호지하고 삼업을 청정히 하여 염불송경하고 회향하여 상품상생을 원하면 이 몸이 다한 후에 반드시 정토왕생할 것이며, 정토에 가서는 유랑하는 것을 단번에 버리고 삼계를 영원히 떠나 선정과 신통을 얻을 것이다. 若能迴向願生淨土者 端身正向 西方淨土 繫心於彼阿彌陀佛 念念相續 稱彼名號 行住坐臥 常須稱念 兼念觀世音菩薩 誦觀無量壽佛經及阿彌陀經 每日一遍 酒肉熏辛 以死爲期 斷而不食 藥分不通 奉持齋戒 淸淨三業 念佛誦經 迴向願求 上品上生 盡此一形 必定往生 超昇淨刹 頓捨流浪 三界長辭 禪定神通". 자민은 『정토자비집 淨土慈悲集』·『반주삼매찬 般舟三昧讚』 등을 저술하였고, 아미타불신앙을 고취하고 염불로 교화하였다. 자민이 전한 정토교를 자민류라고 하지만 그의 계승이 분명하지 않다. [참고문헌] 『選擇本願念佛集』, 『略諸經論念佛法門往生淨土集』, 陳揚炯 著 大河內康憲 譯 『中國淨土宗通史』(東方書店, 2006), 藤吉慈海 『淨土教思想の硏究』(平樂寺書店, 1988), 坪井俊映 著 韓普光 譯 『淨土敎槪論』(如來藏, 2004), 鎌田茂雄 『(新)中國佛教史』(大東出版社, 2001), 현송 『정토불교의 역사와 사상』(운주사, 2014). ⇨ 여산류 廬山流, 선도류 善導流, 자민류 慈愍流, 정토종 淨土宗

중궁암 中穹庵 경상북도 상주시 남장동 노악산(露嶽山)에 있는 암자. 남장사(南長寺)의 산내암자로서 노악산 능선 정상부에 있다. 『남장사사적』에는 초창은 미상이나, 1881년(고종18)에 보산(寶山)·응월(應月) 두 스님이 중건하였다고 하였으며, 『상산지』 권1 사찰에 "본사 동북쪽 험준한 정상에 있다. 在本寺東北 險頂上" 라고 하였다. 조선후기에는 충허지책(冲虛旨冊 1721~1809)이 이곳에서 주석하였다. 현존 당우로는 응진전·삼성각 등이 있다. [참고문헌] 『南長寺事蹟』, 『商山誌』, 『冲虛大師遺集』 「冲虛堂記實」(한불전10, p.356b20), 『韓國寺刹全書』 권하 p.1027b15. ⇨ 남장사 南長寺

중근 中根 Ⓢ madhya-indriya, Ⓟ majjhima-indriya, Ⓣ dbang-po-'bring. 지혜롭지도 어리석지도 않은(非利非鈍) 근기의 사람. 『대지도론』 권31(대정장25, p.295b8)에 "출세간을 구하는 이에게는 상중하의 세 부류가 있다. … '중'이란 중근으로서 벽지불의 도를 구하는 이이다. 求出世間 有上中下 … 中者中根 求辟支佛道", 같은 책 권54(대정장25, p.444a10)에 중근이란 (無常·苦·空·無我의) 네 가지를 설해도 염리심을 일으키지 않지만, 저 병 종기 등의 여덟 가지와 같다 설하면 염리심을 일으킨다. 中根者 說四 則不能生厭心 說如病 如癰等八事 則生厭心", 『화엄경탐현기』 권1(대정장35, p.112a3)에 "부처님께서는 처음에 녹야원에서 소근들에게 소승법을 설하시어 마음과 경이 함께 있다고 밝히셨고, 제2시에는 저 중근들 위해서 법상대승을 설하시어 경은 공하지만 마음은 있다는 유식도리 밝히셨지만, 이 근들 아직 미열해 평등한 진공에는 들어갈 수 없었다. 謂佛初鹿園 爲諸小根 說小乘法 明心境俱有 第二時中 爲彼中根 說法相大乘 明境空心有唯識道理 以根猶劣 未能令入平等眞空"라고 하였다. [참고문헌] 『大智度論』, 『華嚴經探玄記』, *Śrāv-bh.20.*, *Bodh-bh.200.* ⇨ 근기 根器, 기 機, 상근 上根, 하근 下根

중금 重禁 무겁게 금하다. 살생·도둑질·거짓말 등 사중금(四重禁) 또는 십중금계(十重禁戒)를 말한다. 『앙굴마라경』 권4(대정장2, p.543b21)에 "때론 무거운 죄를 범해 오무간지옥에 떨어지고 네 갈래에 닫힌다. 或犯重禁 五無間罪 亦閉四趣", 『일체지광명선인자심인연불식육경』(대정장3, p.459a9)에 "고기를 먹는 이는 중금을 범하여 죽고 나는 곳마다 항상 뜨겁게 녹인 구리를 마신다. 其食肉者 犯於重禁 後身生處 常飮熱銅"라고 하였다. [참고문헌] 『央掘魔羅經』, 『一切智光明仙人慈心因緣不食肉經』. ⇨ 사중금 四重禁, 십중대계 十重大戒

중금죄 重禁罪 ➡ 중계 重戒, 중금 重禁, 중죄 重罪

중긍 中亘 고려말 조선초 스님. 시호는 홍혜국사(弘慧國師). 이색(李穡)의 『목은문고』 권1 「승련사기 勝蓮寺記」(한국문집총간5, p.7a12)에 "홍혜국사 중긍이 나이 들어 내원당에서 물러나와 이 절에 주석하였는데, 비좁고 누추하여 넓히려 하였지만 이루지 못했다. 입적한 후에 대선사졸암연온이 조계종의 장로가 되자, 홍혜의 문도들이 받들어 모시고 합사하여 권계를 세워서는 졸암이 주관케 하였다. 弘慧國師諱中亘者 自內願堂退老居之 屋宇卑陋 嘗欲增廣而不能也 旣沒 大禪師拙菴諱衍昷者 爲曺溪之老 弘慧之徒所推讓 合辭立卷契 俾拙菴主之"라고 하였다. [참고문헌] 『牧隱文藁』, 『東國輿地勝覽』 권39 全羅道 南原都護府 佛宇. ⇨ 승련사 勝蓮寺

중기사 中基寺 전라북도 임실군 신평면 용암리에 있는 절. 신라시대에 창건된 큰 사찰이 있었으나, 임진왜란 때 소실되었다고 전한다. 오랫동안 빈 터로 전하던 것을 1924년에 주지 박봉주(朴奉柱)가 인법당(人法堂) 형태의 작은 암자를 짓고 중기사라고 하였다. 법당 안에는 1900년경 절터 서쪽에서 발견된 유형문화재 제82호 임실용암리사지석조비로자나불상과 철불좌상이 안치되어 있다. 1992~2001년까지 이루어진 절터 발굴시 '진구사 珍丘寺'명 와편(瓦片)과 다양한 유구·유물 등이 발견되면서 진구사지로 불리게 되었다. [참고문헌] 『三國遺事』, 『文化遺蹟總覽』 권하(文化財管理局, 1997) p.54, 『韓國의 寺址』 강원도·전라북도(문화재청·佛教文化財研究所, 2013) pp.748~753. ⇨ 진구사 珍丘寺

중남암 中南庵 전라북도 고창군 아산면 삼인리 도솔산(兜率山 : 一名 禪雲山)에 있던 암자. 선운사(禪雲寺)의 산내암자였다. 1707년(숙종33)에 작성된 「도솔산선운사창수승적기」에 "강희 16년(1677·숙종3) 정사에 화주 처인이 창건하였다. 康熙十六年丁巳始刱 化主 處忍"라고 하였다. [참고문헌] 「兜率山禪雲寺刱修勝蹟記」, 『韓國寺刹全書』 권하 p.1028a15.

중내원암 中內院庵 강원도 고성군 서면 백천교리에 있던 암자. 유점사(楡岾寺)의 산내암자로서 미륵봉 아래에 위치하였다. 홍경모(洪敬謨 1774~1851)의 『관암전서』 책21 「불우기 佛宇記」(한국문집총간 속집113, p.626a17)에 "중내원암은 유점사 동쪽 30리에 있다. 中內院庵 在楡岾東三十里"라고 하였다. 『유점사본말사지』에 수록된 「금강산중내원만수각기 金剛山中內院萬壽閣記」·「중내원헌답서 中內院獻畓序」에 의하면 1213년(강종2)에 창건, 1545년(인종1)에 중수하였다. 1847년(헌종13)에는 화주 남월(南月)·구봉(九峯) 등이 단월을 모집하여 토지를 헌납하였고, 1879년(고종16)에는 우은화상(愚隱和尙)이 중내원만수각을 중건하였다. [참고문헌] 『冠巖全書』, 『楡岾寺本末寺誌』(亞細亞文化社, 1977) pp.1~104, 『梵宇攷』, 『楓嶽錄』(한국문집총간95, p.503b11), 『韓國寺刹全書』 권하 p.1028a10. ⇨ 유점사 楡岾寺, 상내원암 上內院庵 **1**

중단권공 中壇勸供 중단에서 행하는 권공. 불보살(佛菩薩)을 모시는 상단권공에 이어 호법제천신선중(護法諸天神仙衆)을 청하여 자리에 모시고 올리는 공양. [소청대상] 중단에 불려 모셔지는 존격은 재에 따라 다르다. 영산재(靈山齋)에서는 지장보살을 비롯하여 시왕(十王)과 염부권속(閻浮眷屬)을, 수륙재(水陸齋)에서는 삼계제천주(三界諸天主)를 비롯한 천도(天道)의 무리, 사왕팔부(四王八部) 호법신중의 신도(神道)의 무리, 염마천자(琰魔天子)를 비롯한 명도(冥道)의 무리를 대상으로 한다. 다만, 수륙재의 경우 의궤서에 따라 소청대상이 달라진다. 『천지명양수륙재의찬요』(『찬요』)와 『법계성범수륙승회수재의궤』(『의궤』)의 소청대상은 〈표〉와 같다. [의례절차] 본재에 따라 다르다. 『산보집』 권상

〈표〉 중단권공

구분	전거	소 청 대 상
천도 天道	『찬요』	삼계천주(三界天主)와 천인권속, 일월천자(日月天子)와 북극진군(北極眞君)과 크고 작은 별, 법계에 십류대선(十類大仙)으로 고행을 하며 밝음을 지닌 진선(眞仙) 등의 무리
	『의궤』	대성천장보살마하살(大聖天藏菩薩摩訶薩)·사공사천(四空四天)·오거오천(五居五天)·사선사천(四禪四天)·삼선삼천(三禪三天)·이선삼천(二禪三天)·초선삼천(初禪三天)·욕계육천(欲界六天)의 일체성군(一切星君)과 일체진선(一切眞仙)
신도 神道	『찬요』	금강밀적(金剛密迹)과 사왕팔부(四王八部), 호법신중과 사가라(娑竭羅)를 비롯한 용왕, 아소라왕(阿素洛王)과 멀고 가까운 이승과 저승의 신령, 영총(靈聰)을 주재하는 관료의 무리
	『의궤』	대성지지보살마하살(大聖持地菩薩摩訶薩)·제선신왕(諸善神王)·제대귀왕귀수(諸大鬼王鬼帥)·제다산왕(諸大山王)·일체용군(一切龍君)·주집제신(主執諸神)·유현신중(幽現神衆)·유현신기(幽現神祇)
명도 冥道	『찬요』	염마천자(琰魔天子)를 비롯한 명군(冥君)과 18지옥을 다스리는 왕과 6조(曹)의 관리와 삼대팔벽(三臺八辟) 사상구경(四相九卿), 여러 귀왕과 오도장군(五道將軍), 여러 병졸 서리(胥吏)·아방(阿旁)
	『의궤』	대성지장왕보살마하살(大聖地藏王菩薩摩訶薩)을 비롯하여 제대명왕(諸大冥王)·제대판관(諸大判官)·제대옥왕(諸大獄王)·제대귀왕(諸大鬼王)·명부관료(冥府官僚)·명계권속(冥界眷屬)

(한불전11, p.473c21)에 "중단권공〈판수가 여러 사미를 거느리고 나아가 중단에 공양한다. 범음은 성인들의 가피를 청한다〉. 나무시방불 법 승〈사다라니를 각 27편 하다〉. 앞에서 가지를 마치고는 두루 세제장엄하여 묘법공양을 성취했으니 자비가 쌓이고 정혜가 스민 이 향기로운 음식을 특별히 펼쳐 절하며 올립니다〈다음으로 오공양을 펼치고 요잡을 마친 후 아래의 게송을 창한다〉. 이처럼 가지한 묘공구로 천주와 제천중께 공양올립니다. 이처럼 가지한 묘공구로 선주와 제선중께 공양올립니다. 이처럼 가지한 묘공구로 신주와 제신중께 공양올립니다〈공양진언

다음에 회향진헌 후『반야심경』을 외우고 나서 삼장보살을 부르고 바라를 울린다〉. 천장보살마하살. 지지보살마하살. 지장보살마하살. 中壇勸供〈板首領諸沙彌 進供於中壇 梵音唱祈聖加持〉 南無十方佛法僧〈四陁羅尼各二七遍〉 上來加持旣訖 變化已周 卽世諦之莊嚴 成妙法之供養 慈悲所積 定慧所熏 以此香羞 特伸拜獻〈次伸五供養繞匝畢後 唱下偈〉以此加持妙供具 供養天主諸天衆 以此加持妙供具 供養仙主諸仙衆 以此加持妙供具 供養神主諸神衆〈供養眞言 次回向眞言後 般若心經云 次三藏動鈸〉 天藏菩薩摩訶薩 持地菩薩摩訶薩 地藏菩薩麽訶薩"라고 하였다. 〔참고문헌〕『删補集』, 『天地冥陽水陸齋儀纂要』, 『法界聖凡水陸勝會修齋儀軌』, 법현『영산재연구』(운주사, 1997).

중단축원 中壇祝願 중단권공에 응하신 제천신선중(諸天神仙衆)을 모시고 행하는 축원. 대체로 화엄회상신중을 모셔 행한다. 「축원편 祝願篇」(『석문의범』 권상, p.75a17)에 "우러러 화엄회상 제대현성께 고하노니 연민의 지극하신 정 드리우시고 각기 신통의 묘력 놓으시길 바라옵니다. 엎드려 바라옵나니 모든 큰 성중들이 가호의 묘력으로 펴 드러낸 원이 있은즉 나날이 천 가지 상서로운 기쁨이 넘치고 때때로 백가지 해로운 재난 없이 해서 마음 중에 구한 것들 뜻대로 형통하기를 크게 원합니다. 仰告華嚴會上 諸大賢聖 僉垂憐愍之至情 各放神通之妙力 伏願今此云云 仰蒙諸大聖衆 加護之妙力 所伸情願則 日日有千祥之慶 時時無百害之災 心中所求 如意亨通之大願", "또 육근이 청정하고 사대마저 강건하여 몸에는 일체병고액난이 없고 마음에는 일체 탐하고 갈망하는 미혹이 없게 하시길 각각의 마음 중에 운운하고는 又六根清淨 四大强健 身無一切病苦厄難 心無一切貪戀迷惑 各其心中 云云", "또 참선자 의단이 오롯이 드러나고, 염불자 삼매가 현전하며, 간경자 혜안 사무쳐 통하고, 병고자 곧바로 쾌차하며, 일 맡은 자 분에 따라 성취하길 원합니다. 又參禪者 疑團獨露 念佛者 三昧現前 看經者 慧眼通透 病苦者 卽得快差 職務者 隨分成就之願", "또 원하옵나니 동서사방 출입왕환에 항상 길하고 기쁜 일 만나되 재해 만날 일 없이 하고, 관재구설·삼재팔난·사백사병이 일시에 소멸되기를 운운한다. 又抑願東西四方 出入往還 常逢吉慶 不逢災害 官口舌 三八難 四百四病 一時消滅云云", "또 원하옵나니 오늘 공양을 올린 사람들과 함께 모인 대중에게 세 가지 장애 단박에 없어지고 오복은 산처럼 늘어나며, 모든 유정중생은 삼업이 한결같이 청정하여 부처님의 모든 가르침을 받들어 지니고자 하옵니다. 대성존님들께 귀의합니다. 길상 가득 보호하는 이시여! 크고도 지혜로운 저 언덕으로 인도하는 이들이여! 又抑願今日齋者 與時會大衆等 三障頓除 五福增崇 願諸有情等 三業皆清淨 奉持諸佛敎 和南大聖尊 俱護吉祥 摩訶般若波羅密"라고 하였다. 〔참고문헌〕『釋門儀範』. ⇨ 화엄신중 華嚴神衆

중단탱화 中壇幀畵 불전(佛殿)의 중단 벽면에 모시는 탱화. 화엄신중(華嚴神衆) 등 제천신선중(諸天神仙衆)을 모신다. 신중탱(神衆幀)이라고도 한다. 불전에서 상단(上壇)의 향우측에 위치한다. 신중탱화는 불교의 호법선신들을 도상화한 것으로 『화엄경』·『법화경』·『인왕호국반야경』·『대반야경』 등의 경에 의지한 신중들이 있지만 화엄신중이 주류를 이룬다. 화엄신중은 모두 39위인데, 고려와 조선전기에는 제석천을 돋보이게 묘사한 마리지천도(摩利支天圖)가, 조선후기에는 범천도(梵天圖)·제석도(帝釋圖)·천룡도(天龍圖)·제석범천천룡도·29위신중도·39위신중도·금강도(金剛圖)·104위신중도 등으로 다양한 변화를 보이는데, 화면을 삼단으로 나누고 상단에는 천계의 신중, 중단과 하단에는 사천왕 또는 제선중을 배치하기도 하였다. 한편 천장(天藏)·지장(地藏)·지지(持地) 세 보살을 그린 삼장탱화가 중단에 모셔지기도 하였다. 〔참고문헌〕洪潤植『韓國佛畵의 硏究』(圓光大學校出版部, 1980). ⇨ 화엄신중 華嚴神衆, 신중탱화 神衆幀畵, 삼장탱화 三藏幀畵

중단신중탱 국립중앙박물관 1855년

중단삼장탱 원주 구룡사 1727년

중담 重擔 Ⓢ Ⓟ bhāra, bhāraka, Ⓣ khur-ha-cang-lci-ba, khur-shin-tu-lci-ba. 짊어져 무거운 짐. 생사하는 한 벗어던질 수 없는 오온(五蘊)으로, 번뇌(煩惱)·고(苦)·중생(衆生) 등을 비유한다. 『잡아함경』 권4(대정장2, p.26b7)에 "다만 정계 가져서 무겁게 짊어진 번뇌를 여의며 순일하게 범행을 닦아 번뇌 다한 아라한이요 세간의 선서이니 저에게 보시하면 큰 과를 얻는다네. 但使持淨戒 離重擔煩惱 純一修梵行 漏盡阿羅漢 於世間善逝 施彼得大果", 『대승보살장정법경』 권23(대정장11, p.839a10)에 "무거운 짐이란 색수상행식의 오온을 말하니, 이 오온을 크고 무거운 짐이라 하니 능히 버려버릴 수 없다. 重擔者 所謂五蘊 色受想行識 而此五蘊 名大重擔 不能棄捨", 『순정리론』 권10(대정장29, p.388a20)에 "무거운 짐과 짐을 진 이의 비유를 세운 것은 저 뜻을 논증하는 데 감당할 것은 무엇도 없다. 왜냐하면 미래의 오취온성을 무거운 짐이라고 하였지 짐을 진 이는 아니니, 현재취온을 짐을 진 이라 말하였기 때문이다. 所立重擔荷擔者喩 於證彼義 無所堪能 以有未來五取蘊性 名爲重擔 非荷擔者 現在取蘊 名荷者故", 『무량수경의소』 권상(대정장37, p.99a25)에 "성문은 중생을 버리기에 장차 중생이 무거운 짐이 되지 않지만, 보살은 그 짐을 지기에 중생이 무거운 짐으로 여긴다. 聲聞捨物 不將衆生以爲重擔 菩薩荷負 故用衆生而爲重擔", 『지관보행전홍결』 권5(대정장46, p.280c18)에 "'무거운 짐'이라 하였으니, 오음이 그 짐이다. 생사는 거듭되 아득하기에 '무겁다'고 한 것이다. 범부는 이승을 버리지도 짐 지지도 않지만, 보살인은 버리기도 짐 지기도 하니, 능히 버리기에 영구히 생사를 버리고 능히 짐 지기에 돌이켜 생사에 든다. 그렇기에 보살은 짐 지기도 하고 버리기도 한다고 한다. 言重擔者 五陰是擔 生死重沓 故名爲重 凡夫不捨二乘不荷 菩薩之人能捨能荷 以能捨故 永棄生死 以能荷故 却入生死 是故菩薩捨擔能擔"라고 하였다. [참고문헌] 『雜阿含經』, 『大乘菩薩藏正法經』, 『順正理論』, 『無量壽經義疏』, 『止觀輔行傳弘決』, *Sūtr.19., AN.1.162.* ⇨ 사어중담 捨於重擔, 하담 荷擔

중당 中堂 사찰의 중심 전당(殿堂). 『비니모경』 권1(대정장24, p.803a10)에 "부처님께서 사위국 비사거녹모원 중당 위에 계셨다. 佛在舍衛國比舍佉鹿母園中堂上", 『사미율의요략술의』 권2(卍속장106, p.463a1)에 "마땅히 먼저 중당에 들어가 부처님께 예배해야 한다는 것은 백의(재가자)의 신심을 말한다. 중당에는 공양받을 불보살상이 많기 때문이다. 當先入中堂禮佛者 謂白衣信心 中堂多有供養佛菩薩像故"라고 하였다. [참고문헌] 『毘尼母經』, 『沙彌律儀要略述義』.

중대 中台 태장만다라(胎藏曼荼羅)의 중앙으로서 대일여래(大日如來)를 모시는 자리. 중대팔엽원을 말한다. 『소실지갈라경』 권중(대정장18, p.653a28)에 "중대 안에는 팔엽연화를 여법히 그린다. 於中台內 如法畫作八葉蓮華", 『대일경소』 권23(대정장39, p.787c12)에 "이제 대비장만다라에 대하여 설한다. 중대를 보리심으로, 다음의 팔엽을 대비로, 바깥 삼원을 방편으로 삼는다. 今就大悲藏漫茶羅說之 爲以中台爲菩提心 次八葉爲大悲 外三院爲方便也"라고 하였다. [참고문헌] 『蘇悉地羯羅經』, 『大日經疏』. ⇨ 중대팔엽원 中臺八葉院, 대일여래 大日如來, 태장만다라 胎藏曼荼羅

중대 中臺 ❶ 상중하대로 구성된 연화대좌(蓮華臺座)의 가운데 부분을 일컫는 말. 상하대에 비해 폭이 좁고, 내부에는 다양한 문양이 시문되기도 한다. ⇨ 대좌 臺座 ❷ 강원도 평창군 오대산(五臺山)의 적멸보궁(寂滅寶宮)이 있는 봉우리. ⇨ 사자암 獅子庵❹, 오대산문수신앙 五臺山文殊信仰❶, 중대암 中臺庵❶

중대사 中岱寺 함경남도 홍원군 학천면 풍계리에 있던 절. 『사탑고적고』에 "(사지에는) 기와 조각이 흩어져 있고, 부근에는 비석과 부도가 각 1기씩 있다. 瓦片散布 其附近基碑及浮屠 各一基"라고 하였다. [참고문헌] 『寺塔古蹟攷』, 『韓國寺刹全書』 권하 p.1028a16.

중대사 中臺寺 ❶ 강원도 삼척군 두타산(頭陀山)에 있던 절. 이곡(李穀 1298~1351)의 『가정집』 권14(한국문집총간2, p.125a7)에 「유별진주중대사고장로 留別眞州中臺寺古長老」가 수록되어 있는데, 진주는 삼척의 옛이름이다. 『동국여지승람』 권44 강원도 삼척도호부 불우·『가람고』에 이름과 위치가 전한다. 『여지도서』 강원도 삼척 사찰에 "부 서쪽 40리 두타산 아래에 있으며, 51칸이다. 在府西四十里 頭陀山下 五十一間"라고 하였고, 『범우고』에는 폐사되었다고 하였다. 허목(許穆 1595~1682)의 『기언』 권37 「척주기사 陟州記事」(한국문집총간98, p.215a10)에 "마당바위를 지나 서북쪽으로 올라가면 중대사가 있다. 지난해에 산불로 다 타버리자 산승이 이화사(삼화사)로 옮겨지었다. 삼화사는 제일 아래에 있고, 중대사는 산 중턱 냇물과 바위의 갈림길에 있어서 가장 아름다운 절이다. 그 앞의 계곡을 '무릉계'라고 한다. 過石場 西北上中臺 前年山火燒盡 山僧移作二花寺 三花最下 中臺在山中川石之衢 最佳寺 其前溪曰武陵溪"라고 하였다. [참고문헌] 『稼亭集』, 『東國輿地勝覽』, 『伽藍考』, 『輿地圖書』, 『梵宇攷』, 『記言』, 『韓國寺刹全書』 권하 p.1028b4. ⇨ 삼화사 三和寺 ❷ 강원도 이천군 학봉산(鶴峰山)에 있던 절. 이의현(李宜顯 1629~1689)의 『도곡집』 권25 「이천제승유람기 伊川諸勝遊覽記」(한국문집총간181, p.394c3)에 "중대사는 학봉산에 있다. 이천부와의 거리가 20리인데 여기에도 볼만한 뛰어난 경치가 있었다. 3월 초하루에 배를 타고 부단진을 건너서 중대사로 들어갔다. 中臺寺在鶴峰山 距本府二十里 亦有勝致可賞 三月初一日 舟渡釜端津 遂入寺"라고 하였다. [참고문헌] 『陶谷集』. ❸ 경상북도 봉화군 봉화읍 삼계리 문수산(文殊山)에 있는 절. 대한불교조계종 제16교구 본사 고운사(孤雲寺)의 말사이다. 원래 봉성면 우곡리에 있었으나, 1947년에 현재의 위치로 이전·중건하였다. 『여지도서』 경상도 순흥 사찰에서 "부 동쪽 70리 문수산사의 북쪽 산꼭대기에 금정암·도암과 함께 있다. 在府東七十里文殊山寺北山頂 有金鼎庵道庵"라고 하였다. 685년(신문왕5)에 의상대사(義湘大師)가 창건하였고, 팔만대장경을 보관했던 사찰이라고 전한다. 1851년(철종2)에 승회가 중건하였으며 1938년에 화재로 소실되었으나, 1947년에 중건하였다. 성보문화재로는 목조보살좌상및복장유물이 있다. [참고문헌]『輿地圖書』, 『伽藍考』, 『梵宇攷』, 『韓國寺刹全書』 권하 p.1028b2, 『한국사지총람』 권하(문화재청·불교문화재연구원, 2010) p.182. **4** 경상북도 안동시 풍산읍 안교리에 있는 절. 대한불교조계종 제16교구 고운사의 말사이다. 원래 서미리 학가산(鶴駕山 : 一名 赤山)에 있었으나, 6·25한국전쟁시 폐허가 되고 이후 완전히 소실된 것을 1958년 현재의 위치에 재건하였다. 『여지도서』 경상도 안동 사찰에 "풍산현 북쪽 15리 적산의 남쪽에 있다. 在豐山縣北十五里 赤山南", 『재향지』 불우에 "금정암 아래 1리쯤에 있다. 在琴鄭下一里許"라고 하였다. 1899년(광무3)에 편찬된 『영가지』 권6 불우에는 "옛날에는 상중하 삼대사가 있었는데, 지금은 단지 중대사만 남아있다. 古有上中下三臺 今只有中臺寺"라고 하였다. 18세기 중엽에 편찬된 『신증안동부여지지』에는 유성룡(柳成龍 1542~1607)과 김상헌(金尙憲 1570~1652)의 관련 시문이 수록되어 있고, 김수항(金壽恒 1629~1689)의 『문곡집』 권6(한국문집총간 2, p.125a7)에도 돌아가신 할아버지의 시에 삼가 차운하여 감회를 담아 중대사 도문(道文) 스님에게 써 드린 시가 있다. 사지에 있던 삼층석탑은 안동 하회마을 충효당(忠孝堂) 안으로 이건(移建)하였다. 현존 당우는 대웅전과 요사가 있다. [참고문헌]『輿地圖書』, 『梓鄕誌』, 『永嘉誌』, 『新增安東府輿地志』, 『文谷集』, 『伽藍考』, 『梵宇攷』, 『韓國寺刹全書』 권하 p.1028a19, 『安東의 寺刹』(安東民俗博物館, 1999) pp.277~281, 『한국사지총람』 권하(문화재청·佛敎文化財硏究所, 2010) p.236. **5** 전라북도 진안군 성수면 용포리 성수산(聖壽山)에 있던 절. 『삼국유사』 권3(대정장49, p.989a8·한불전6, p.318b1) 흥법(興法)3 보장봉로보덕이암(寶藏奉老普德移庵)에 "열한 분의 뛰어난 제자가 있었는데 … 사대와 계육 등은 중대사를 창건하였다. 師有高弟十一人 … 四大與契育等 創中臺寺", 중관해안(中觀海眼 1567~?)의 『중관대사유고』 「성수산중대사법당낙성재소 聖壽山中臺寺法堂落成齋疏」(한불전8, p.214c10)에 "성수산 중대사 법당은 바로 불법이 전해진 삼한(삼국)시대의 명찰이다. 惟玆聖壽山中臺寺之法堂 乃是法流水三韓代之名刹"라고 하였다. 『동국여지승람』 권39 전라도 진안현 불우에 이름과 위치가 기록되어 있다. 1483년(성종14)에 『수륙무차평등재의촬요 水陸無遮平等齋儀撮要』를 간행하였으며, 1543년(중종38)에 『몽산화상법어약록 蒙山和尙法語略錄』을 복간하였고, 1660년(현종1)에 지선(智禪)이 『오종범음집 五種梵音集』을 짓고 개판하여 판목을 이 절에 보관시켰다. [참고문헌]『三國遺事』, 『中觀大師遺稿』, 『東國輿地勝覽』, 『輿地圖書』, 『梵宇攷』, 『韓國寺刹全書』 권하 p.1028a17. **6** 황해남도 해주시 우이산(牛耳山)에 있던 절. 『동국여지승람』 권43 황해도 해주목 불우에 이름과 위치가 전하나, 『범우고』에는 폐사되었다고 하였다. 1899년(광무3)에 편찬된 『해주지』에 "사지는 고읍의 북쪽에 있다. 址在古邑北"라고 하였다. [참고문헌]『東國輿地勝覽』, 『梵宇攷』, 『海州誌』, 『韓國寺刹全書』 권하 p.1028b8.

중대암 中臺庵 **1** 강원도 평창군 진부면 오대산(五臺山)에 있는 암자. 대한불교조계종 제4교구 본사 월정사(月精寺)의 산내암자이다. 적멸보궁(寂滅寶宮)의 수호 암자로서 사자암(獅子庵)·중대 사자암이라고도 한다. 중대 적멸보궁은 자장율사가 문수보살을 친견하기 위해 오대산을 찾아온 데서 유래하며, 8세기 초 보천(寶川)과 효명(孝明)이 진여원(眞如院)을 창건하여 오대산신앙이 시작되면서부터는 비로자나불과 일만문수보살이 상주하는 곳으로 여겨졌다. 권근(權近 1352~1409)의 『양촌집』 권13 「오대산사자암중창기」(한국문집총간7, p.147a17)에 의하면 중대에 있던 비보사찰(裨補寺刹)이 폐사되어 빈터로 전하던 것을 1401년(태종1)에 왕명으로 중창하였다. 1788년(정조12)에 단원 김홍도가 그린 『금강사군첩』 중에 「오대산중대」가 있고, 관련 시문으로 김시습(金時習 1435~1493)의 『매월당집』 권10 「유관동록 遊關東錄」(한국문집총간13, p.248b8)과 허훈(許薰 1836~1907)의 『방산집』 권5 「중대」(한국문집총간327, p.533b86) 등이 있다. 『범우고』에는 "중대암·서대암·북대암은 모두 오대산에 있었으나 지금은 폐사되었다. 中臺庵 西臺庵 北臺庵 俱在五臺山 今廢"라고 하였다. 1878년(고종15)에는 향각(香閣)을 재건하였고, 1894년(고종31)에는 긍법(肯法)·축연(竺衍) 등 여섯 명의 승장(僧匠)이 조성한 비로자나불상을 향각에 봉안하였는데, 이 불상은 유형문화재 제157호로 지정되어 현재는 월정사성보박물관에서 소장하고 있다. 현존 당우는 2006년 이후에 신축한 것으로 오대를 상징하는 오층비로전(五層毘盧殿)과 삼성각·요사 등이 있다. [참고문헌]『陽村集』, 『金剛四郡帖』, 『梅月堂集』, 『舫山集』, 『梵宇攷』, 『韓國寺刹全書』 권하 p.1028b15. ⇨ 사자암 獅子庵**4**, 적멸보궁 寂滅寶宮, 오대산문수신앙 五臺山文殊信仰**1**, 월정사 月精寺 **2** 경기도 동두천시 상봉암동 소요산(逍遙山)에 있던 암자. 『동국여지승람』 권11 경기 양주목 불우에는 소요사(逍遙寺)·백운암(白雲庵)·소운암(小雲庵)과 함께 소요산에 있는 사찰로 기록되어 있으나, 『범우고』에는 "지금은 폐사되었다. 今廢"라고 하였다. [참고문헌]『東國輿地勝覽』, 『梵宇攷』, 『韓國寺刹全書』 권하 p.1028b8. **3** 경상남도 합천군 적중면 미타산(彌陀山)에 있던 암자. [참고문헌]『梵宇攷』, 『韓國寺刹全書』 권하 p.1028b12. **4** 경상북도 안동시 도산면 동부리 청량산(淸凉山)에 있던 암자. 권호문(權好文 1532~1587)의 『송암집』 권5 「유청량산록 遊淸

凉山綠」(한국문집총간41, p.168b17)에 “선성의 북쪽, 봉성의 남쪽에 산이 있으니 청량산이다. … 암자가 열아홉 개 있는데 … 중대암 등이다. 宣城之北 鳳城之南 有山曰淸涼 … 庵有十九 … 曰中臺”, 『영가지』 권6 불우에 “(청량산) 별실암 동쪽에 있다. 在別室東”, 김영조(金榮祖 1577~1648)의 『망와집』 권5 「유청량산록」(한국문집총간 속집19, p.148b13)에 “중대암에만 계당이라는 한 노스님이 계셨다. 中臺 只有一老僧名戒幢者”라고 하였다. [참고문헌] 『松巖集』, 『永嘉誌』, 『忘窩集』, 『韓國寺刹全書』 권하 p.1028b13. **5** 전라남도 담양군 용구산(龍龜山)에 있던 암자. 신경준(申景濬 1712~1781)의 『여암유고』 권4 「중대암기 中臺庵記」(한국문집총간231, p.67b11)에 “나라 남쪽 700리에 창평현이 있고, 현 북쪽 40리에 용구산이 있다. 산에 암자가 있으니 중대라고 하는데, 명릉 정축년(1697·숙종23)에 일옥대사가 미타암을 옮겨 지은 것이다. 69년이 지난 을유년(1765·영조41)에 정심이 크게 확장하였다. 國南七百里 有昌平縣 縣北四十里 有龍龜山 山有菴曰中臺 明陵丁丑 一玉大師移彌陀庵而建之者也 越六十九年乙酉 定心師拓而大之”라고 하였다. [참고문헌] 『旅庵遺稿』. **6** 전라남도 장흥군 용산면 운주리 불용산(佛聳山)에 있던 암자. 1779년(정조3)에 편찬된 『지제지』 부록에 “중대암·석수암·장은암·석대암은 모두 불용산에 있었으나, 순치 「전장기」에 ‘지금은 암자 하나만 남아 있다’라고 하였다. 中臺菴 石水菴 藏隱菴 石臺菴 俱在佛聳山 有順治傳掌記 今只有一菴”라고 하였다. [참고문헌] 『支提誌』, 『韓國寺刹全書』 권하 p.1028b11 欄外. **7** 충청남도 보령시 미산면 도화담리 아미산(峨嵋山)에 있는 암자. 대한불교조계종 제6교구 본사 마곡사(麻谷寺)의 말사이다. 878년(헌강왕4)에 도선국사(道詵國師)가 상대암(上臺庵)·하대암(下臺庵)과 함께 창건하면서 산의 이름을 아미산이라 지었다고 전한다. 1097년(숙종2)에 중수했으나 임진왜란으로 소실되었고, 1600년대에 다시 중건되었다. 현존 당우로는 대적광전과 요사 등이 있으며, 부도전에는 안곡당탑(安谷堂塔)·대암당대화상지탑(大庵堂大和尙之塔)·일명(逸名) 부도가 있다. [참고문헌] 『韓國寺刹全書』 권하 p.1028b10.

중대오존 中臺五尊 태장만다라(胎藏曼荼羅) 중대팔엽원(中臺八葉院)에 속한 다섯 존격(尊格). 중앙의 대일여래(大日如來)를 중심으로 보당여래(寶幢如來)·개부화여래(開敷華如來)·무량수여래(無量壽如來)·천고뇌음여래(天鼓雷音如來)의 다섯 존격을 말한다. ⇨ 중대팔엽원 中臺八葉院, 오여래 五如來

중대외부 中臺外部 태장만다라(胎藏曼荼羅) 십삼원(十三院)에서 중대팔엽원(中臺八葉院)을 제한 열두 개 원(院). 열두 개의 원들이 모두 만다라 중앙에 위치한 중대팔엽원 바깥에 있으므로 붙여진 이름이다. 또는 금강계만다라(金剛界曼荼羅) 외금강부원을 가리키는 경우도 있다. ⇨ 태장만다라 胎藏曼荼羅, 금강계만다라 金剛界曼荼羅, 중대팔엽원 中臺八葉院, 외금강부 外金剛部

중대원 中臺院 태장만다라(胎藏曼荼羅) 중앙에 위치한 중대팔엽원(中臺八葉院)의 줄임감. 『태장계대법대수기』 권2(대정장75, p.64b13)에 “첫째 라(ɽ) 자는 백색이고 대일여래를 나타낸다. ‘중대원에 들어가 가장 처음으로 백색을 펼친다는 것’은 그 백색의 광명이 오른쪽으로 세 번 돌며 그것을 펼친다는 뜻이다. 관상이 끝나면 오고인을 맺고 라 자 진언을 염송한다. 第一ɽ(ra)字白色 表大日如來也 入中台院最初布白色也 謂其白色光右迴轉三匝布之 觀了 結五股印誦囉字眞言’라고 하였다. [참고문헌] 『胎藏界大法對受記』. ⇨ 중대팔엽원 中臺八葉院

중대자나 中臺遮那 태장만다라(胎藏曼荼羅) 중대팔엽원(中臺八葉院)의 주존(主尊). 중대는 중대팔엽원이고, 차나는 비로자나(毘盧遮那)의 줄임말로서 대일여래(大日如來)를 뜻한다. 『비종교상초』 권4(대정장77, p.588a26)에 “이 몸으로써 중생을 교화할 수 있다. 그러므로 모든 선지식을 유출한다고 한 것이다. 삼중으로써 타수용을 삼아 그 뜻을 드러낸 것이다. 또한 중대자나에 대한 것은 바로 팔엽의 제존이니 역시 선지식을 말한다. 以此身能化衆生 故云 流出諸善知識 以三重爲他受用其義顯然也 又對中臺遮那卽八葉諸尊 亦是善知識也”라고 하였다. [참고문헌] 『祕宗教相鈔』. ⇨ 대일여래 大日如來, 중대팔엽원 中臺八葉院

중대존 中臺尊 ➡ 중존 中尊

중대팔엽원 中臺八葉院 태장만다라(胎藏曼荼羅) 13원(院) 중앙에 자리한 원(院). 범부의 육단심(肉團心)을 상징하는 여덟 잎 연꽃의 형상이므로 팔엽이라 한다. 사방의 꽃잎은 여래의 사지(四智), 사우(四隅)의 꽃잎은 여래의 사행(四行)를 나타낸다. 연꽃의 잎은 대비방편을 나타내고, 연꽃 대(臺)는 실상자연의 지혜를 나타낸다. 연꽃 중앙의 대일여래를 중심으로 사여래(四如來)와 사보살(四菩薩)이 둘러싸고 있다. 사방에는 북쪽부터 시계방향으로 보당여래(寶幢如來)·개부화왕여래(開敷華王如來)·무량수여래(無量壽如來)·천고뇌음여래(天鼓雷音如來)가 위치하고, 사우에는 북동쪽부터 시계방향으로 보현보살(普賢菩薩)·문수보살(文殊菩薩)·관세음보살(觀世音菩薩)·미륵보살(彌勒菩薩)이 자리하여 모두 아홉 존격(尊格)이 이 원에 속한다. 『대일경소』 권5(대정장39, p.631b4)에 “목구멍 위로부터 정수리의 후광까지는 제일중의 자리가 된다. 그 중태장은 비로자나 자심의 팔엽화이다. … 내심의 묘한 백련, 이것은 중생의 본심이니 묘법분다리화의 비밀한 표치이다. 화대와 팔엽은 원만하고 균등하니 마치 완전하게 피어난 형상과 같다. 이 연꽃의 대는 실상자연의 지혜이다. 연꽃의 잎은 대비방편이다. 바로 이 비장으로써 대비태장만다라의 바탕을 말한 것이다. 이외의 삼중은 이 자증공덕에서 흘러나왔으니 모든 선지식이 법계에 들어가는 문이다. 정방의 네 잎은 여래의 사지이고 모서리의 네 잎은 여래의 사행이다. 이것을 따라서 여덟 가지 선지식이 나타나는데 각각 금강혜인을 맺고 있다. 그러므로 변출제엽간이라 하였다. 이와 같이 십육법 각각이 모두 법계와 같고 나아가 평등하지 않은 곳이 조금도 존재하지 않는다. 그러므로 그 표상 역시 그윽하게 부합한다. 여래의 만덕을 간략하게 거두면 십육지가 되나 펼쳐서 늘이면 무량무변하다. 그러므로 이 만다라는 극소의 크기로는 십육지만하지만 커지면 한계가 없다. 꽃술은 일체 삼매문·다라니문이니 육바라밀·십팔공 등 『대반야경』에서 설한 바가 이러한 하나하나의 꽃술에서부터 가지신력으로 삼중의 만다라 중 일종의 장엄권속으로 출현한다. 이것이 여래비전의 법이니 글로 형용할 수 없다. 그러므로 도상에 의지하여 사람에게 드러낸 것이다. 만약 깊은 뜻을 얻은 이라면 말없이 이것을 알게 될 뿐이다. 이 실상화대에서 대일여래의 가지의 상을 나타낸 것이다. 自咽以上乃至於頂相之光 爲第一重位 其中胎藏 卽是毘盧遮那自心八葉花也 … 內心妙白蓮者 此是衆生本心 妙法芬陀利花祕密幖幟 花臺八葉 圓滿均等如正開敷之形 此蓮花臺是實相自然智慧 蓮花葉是大悲方便也 正以此藏 言大悲胎藏漫茶羅之體 其餘三重 是從此自證功德流出 諸善知識入法界門耳 正方四葉是如來四智 隅角四葉是如來四行 約此現爲八種善知識 各持金剛慧印 故云遍出諸葉間也 如是十六法 一一皆等法界 乃至無有少分不平等處 故其摽相亦與冥符 略攝如來萬德以爲十六指 申而長之則無量無邊 故此漫茶羅 極小之量劑十六指 大則無限也 鬚蘂 是一切三昧門陀羅尼門 六度十八空等 如大般若之所說 從此一一鬚蘂 以加持神力故 現出三重漫茶羅中一種莊嚴眷屬也 此是如來祕傳之法 不可形於翰墨 故寄在圖像以示行人 若得深意者 自當默而識之耳 從此實相花臺中 則表於大日如來加持之相", 같은 책 권8(대정장39, p.665b16)에 "단에 팔엽의 대연화왕을 만들고 꽃술을 갖추어 사엽에 네 반려보살을 안치한다. 제석방에는 총지자재보살, 염마방에는 염지보살, 나가방에는 이익심보살, 야차방에는 비자보살을 안치한다. 그 사우의 잎에는 사봉교자를 안치한다. 화방은 착잡색의, 열리지방은 만원, 풍방은 무애, 이사나방은 해탈이라 한다. 壇中作八葉大蓮花王 鬚蘂具足 於四葉中置四件侶菩薩 帝釋方曰總持自在菩薩 焰摩方曰念持菩薩 那伽方曰利益心菩薩 夜叉方曰悲者菩薩 其四隅之葉置四奉教者 火方名著雜色衣 涅哩底方名滿願 風方名無礙 伊舍尼方名解脫"라고 하였다. [참고문헌] 『大日經疏』. ⇨ 태장만다라 胎藏曼荼羅, 십육법 十六法, 대일여래 大日如來

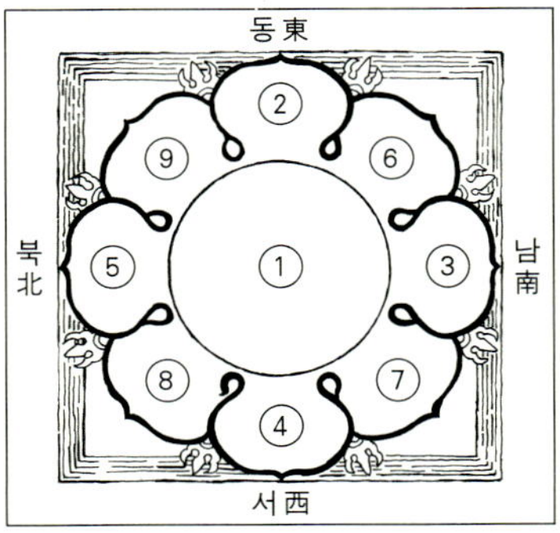

①대일여래大日如來 ②보당여래寶幢如來 ③개부화왕여래開敷華王如來 ④무량수여래無量壽如來 ⑤천고뇌음여래天鼓雷音如來 ⑥보현보살普賢菩薩 ⑦문수사리보살文殊師利菩薩 ⑧관자재보살觀自在菩薩 ⑨미륵보살彌勒菩薩

중대팔엽원도 교토 東寺 9세기

중도 中途 **1** 중도(中道)를 달리 이르는 말. 『중론』「승예서 僧叡序」(대정장30, p.1a13)에 "비추어도 다 밝히지 못한다면 유와 무를 고르게 하거나 도와 속을 하나로 하기에 부족하며, 알아도 다하지 못하면 중도를 건너지도 이제를 없애지도 못한다. 도와 속을 고르지 못하고, 이제마저 버리지 못함이 보살의 근심이다. 照之不曠 則不足以夷有無一道俗 知之不盡 則未可以涉中途泯二際 道俗之不夷 二際之不泯 菩薩之憂也"라고 하였다. [참고문헌] 『中論』. ⇨ 중도 中道 **2** 시작과 끝의 중간. 길을 가는 도중(途中)에의 뜻이다. 『법화경의기』 권1(대정장33, p.580a11)에 "무릇 대도의 마음을 갖춘 사람이라 부름에는 반드시 두 뜻이 있다. 하나는 긴 것이고 또 하나는 넓은 것이다. 멀리 불과를 구해 중도에 취증함이 없는 이 마음을 길다고 한다. 뜻을 내어 겸하여 건지기도 하니 이 마음을 넓다고 한다. 夫稱大道心人 必有二義 一長 二廣 遠求佛果 不中途取證 此心曰長 發意兼濟 此心稱廣", 『법화문구』 권5상(대정장34, p.65b7)에 "'내가 과거에 그대에게 불도를 구하고 싶다는 생각을 품게 하였으나 그대는 지금 그 생각을 모두 잊었다'라 하였으니, 본래부터 중도에 대승을 버리고 소승을 익힌 사실을 가리켜 '중도에 모두 잊었다'고 한다. 從我昔敎汝志願佛道 汝今悉忘 自有中途 廢大習小 名中途悉忘", 『승만보굴』 권하(대정장37, p.60a13)에 "일승종자 있었지만 다만 도중에 대승으로부터 물러나 소승을 취했으니 현재는 일승경을 듣고 이어 보리심을 일으켰다. 有一乘種子

但中途退大乘取小 現在聞一乘經 續發菩提心"라고 하였다. [참고문헌]『法華經義記』, 『法華文句』, 『勝鬘寶窟』.

중도 中道 Ⓢ madhyama-pratipad, Ⓟ majjhimā paṭipadā, Ⓣ dbu-ma'i-lam. 두 끝(二邊)에 머물지 않는 뜻에서의 중도(中道). 『아함 阿含』 등에서는 고락(苦樂)·단상(斷常) 등의 두 끝을 벗어나 팔정도(八正道)를 행함을 중도라 하고, 『중론 中論』에서는 생멸(生滅)·거래(去來)·단상(斷常)·일이(一異) 등 여덟 갈래 끝에 머물지 않는 뜻에서 중도를 밝혔으며, 『반야 般若』 등에서는 어느 것에도 머무는 일 없이 행하는 반야바라밀로 중도를 행한다 하였다. 『삼론 三論』에서도 공가중(空假中) 삼제(三諦)를 세워 중도를 드러냈으며, 『유식 唯識』에서도 삼성삼무성(三性三無性)의 뜻을 드러내 중도를 표방하였고, 『화엄 華嚴』에서도 환유(幻有)와 진공(眞空)이 둘이 아닌 뜻 등으로 중도를 드러낸다. 선문(禪門)에서는 두 끝(二邊)에 있지 않고 중도에도 머물지 않는다(不居中道 不在二邊) 하고, 두 끝 애당초 세운 일 없기에 중도 어디에도 둘 곳이 없다(二邊純莫立 中道不須安)라 하여, 어디라도 머물지 않는(無住) 뜻으로 향상하였다. 원효는 십이처(十二處)를 여읜 중생의 불성(佛性)을 중도라 하고는 적조행(寂照行)과 물화행(物化行)으로 들고남(入出)을 자유롭게 한다 하였고, 기화(己和)도 진실에 밝아 세간을 잘 깨우치는(明眞了俗) 것을 중도라 하여, 진속에 자재함으로 중도의 뜻을 한층 더 넓게 열기도 했다. 이렇듯 교설의 다양한 변주에도 불구하고 뭇 인연으로만 일어나고 한 가지 정한 법으로는 일어날 수 없는 무자성공(無自性空)인 연기(緣起)의 뜻에서 중도(中道)의 경계를 벗어나지는 않는다. 『중아함경』 권43 「구루수무쟁경 拘樓瘦無諍經」(대정장1, p.701b28 : *Araṇavibhaṅga-sutta, MN.3*, p.230)에 "부처님께서 말씀하셨다. '욕락을 구하지 말 일이니 지극히 하천한 업으로서 범부행이기 때문이다. 또한 자신을 괴롭히는 고행의 길도 구하지 말지니 지극한 괴로움은 성스런 행이 아니기 때문이다. 뜻으로도 상응하지 않으니 이 이변을 모두 벗어나면 중도가 있다'. 佛言 莫求欲樂 極下賤業 爲凡夫行 亦莫求自身苦行 至苦非聖行 無義相應 離此二邊 則有中道 na kāmasukham anuyuñjeyya hīnaṃ gammaṃ pothujjanikaṃ anariyaṃ anatthasaṃhitaṃ, na ca attakilamathānuyogaṃ anuyuñjeyya dukkhaṃ anariyaṃ anatthasaṃhitaṃ. ete te ubho ante anupagamma majjhimā paṭipadā tathāgatena abhisambuddhā", 『잡아함경』 권10(대정장2, p.67a4 : *Channa-sutta, SN.3*, p.135)에 "여래께서는 두 끝을 벗어나 중도를 설하시니 '이것이 있기에 저것이 있고, 이것이 나기에 저것이 난다'라고 말씀하셨다. 如來 離於二邊 說於中道 所謂 此有故彼有 此生故彼生 ubho ante anupagamma majjhena tathāgato dhammaṃ deseti. avijjāpaccayā saṅkhārā … sambhavanti", 『중아함경』 권56 「라마경 羅摩經」(대정장1, p.777c29)에 "이 이변을 버리면 중도를 취할 수 있으니 밝음을 성취하고 지혜도 성취하며 선정도 성취하여 자재를 얻는다. 지혜에 나아가고 깨달음에 나아가며 열반에 나아간다. 이것이 팔정도이니 정견부터 정정이라 하는 여덟 가지다. 捨此二邊 有取中道 成明成智 成就於定 而得自在 趣智趣覺 趣於涅槃 謂八正道 正見乃至正定 是謂爲八", 『불퇴전법륜경』 권2(대정장9, p.232c5)에 "팔정도를 닦지만 이르는 곳이 없으니 모든 끝을 멀리 벗어나 중도에 머문다. 修八正道 而無到處 遠離諸邊 住於中道", 『대비바사론』 권49(대정장27, p.255c14)에 "부처님께서는 두 론에 대하여 각각 일변을 허용하시면서 단도 떠나고 상도 떠나 중도를 설하셨다. 佛於二論 各許一邊 離斷離常 而說中道", 『성실론』 권11(대정장32, p.327b17)에 "또한 세제로서 중도를 성취할 수 있다. 왜 그런가? 오음이 이어져서 생하므로 끊이지 않고, 념념이 사라지므로 상일 수 없다. 이 단상을 모두 떠나므로 중도라 한다. 又以世諦故 得成中道 所以者何 五陰相續生故不斷 念念滅故不常 離此斷常 名爲中道", 『근본중송 Mūla-mādhyamaka-kārikā』 제24장 「관사제품 觀四諦品」의 제18송(대정장30, p.33b11)에 "뭇 인연으로 일어난 법들 나는 바로 이것들 없는 것이라 설하나 이것들 임시의 이름으로 있을 뿐이니 이것 또한 중도의 뜻이라네. yaḥ pratītya-samutpādaḥ śūnyatāṃ tāṃ pracakṣmahe sā prajñaptir upādāya pratipat sāeva madhyamā. 衆因緣生法 我說卽是無 亦爲是假名 亦是中道義"라 하였으니, 『중관론소』 권1(대정장42, p.5b29)에 "이 바른 인연을 관하여 불생불멸 내지는 불래불거라 하기 때문이니, 이 인연이 중도이고 중도로 인하여 정관을 일으킨다. 以觀此正因緣 不生不滅 乃至不來不去故 此因緣卽是中道 因於中道 發生正觀", 같은 책 권2(대정장42, p.33b1)에 "제법은 본래 일찍이 생한 적이 없으므로 어린아이와 같은 일천제를 물리친다. 제법은 지금 또한 멸함이 없으니 사견으로 멸에 집착하는 일천제를 물리친다. 다음으로 불상부단은 성문인을 파하기 위함이다. 성문인에게도 두 가지 집착이 있어서 두 사람이라 한다. 그 사람이 이미 생사를 두려워하여 급하게 끊고자 하니 이를 단견이라 하고, 무위의 고요한 열반에 머물고자 하므로 상견이라 한다. 이 두 가지 집착을 무너뜨리기 위해 불상부단이라 한다. 以諸法本來未曾生故不生 破嬰兒闡提 諸法今亦無滅 故破邪見執滅闡提 次不常不斷 爲破聲聞人 聲聞人 亦有二執 卽名二人 其人旣怖長生死 急欲斷之 名爲斷見 欲住無爲 寂靜涅槃 故是常見 爲破此二執 故云不常不斷", 『대지도론』 권 43(대정장25, p.370a25)에 "상도 한 끝이고 단도 한 끝이다. 이 이변을 벗어나 중도를 행하면 그것이 반아바라밀이다. 또한 상과 무상, 고와 락, 공과 실, 아와 무아 등도 이와 같다. 색법도 한 끝이고 무색법도 한 끝이며, 가견법과 불가견법, 유대와 무대, 유위와 무위, 유루와 무루, 세간과 출세간 등 모든 두 갈래 법도 이와 같다. 常是一邊 斷滅是一邊 離是二邊 行中道 是爲般若波羅蜜 又復 常無常 苦樂 空實 我無我等 亦如是 色法是一邊 無色法是一邊 可見法 不可見法 有對無對 有爲無爲 有漏無漏 世間出世間 等諸二法 亦如是", 『중변분별론』 권하(대정장31, p.462c5 : *Madhy-vibh.*, p.70)에 "색 등이 상주한다는 것은 외도의 치우친 견해이고, 무상하다는 것은 성문의 치우친 견해이다. 이 두 가지 치우친 견해를 여의기 위해 부처님께서 중도를 설하셨으니, 색 등의 모든 법이 항상하다거나 무상하다고 보지 않는 것을 중도라고 한다. 色等常住是外道邊 無常是聲聞邊 爲離此二邊 故佛說中道 色等諸法 不觀常及無常故 是名中道 nityaṃ rūpam iti tīrthikāntaḥ, anityam iti śrāvakāntaḥ. tat-parivarjanārthaṃ madhyamā pratipad yā rūpādīnāṃ na nitya-pratyavekṣā na-anitya-pratyavekṣā", 『교관강종』(대정장46, p.937a2)에 "별교와 원교라는 두 교관을 운용하면 중제의 대반열반에 이른다. 別圓二種教觀運 至中諦大般涅槃", 『성유식론소초』 권1(卍속장80, p.202a4)에 "비유비공이란 바로 불교다. 그러므로 대소승의 교설은 모두 비유비공이다. 여기서는 오로지 중도인 대승교설만 취하여 비유비공이라 하니, 변계소집성을 비유라 하고, 의타기성과 원성실성은 비공이라 한다. 非有非空者 卽佛教 然大小乘教 皆名非有非空 今者唯取中道 大乘之教 非有非空 遍計名非有 依圓名非空", 『성유식론관심법요』 권7(卍속장82, p.592b18)에 "의타기 가운데 원성실이 있음을 밝히니 저것에 이것도 있다는 구이다. 원성실은 의타기를 떠나지 않음을 밝히니 대체로 진제와 속제가 둘이 아니어서 바로 중도제일의제의 체를 드러낸다. 그러므로 일체법은 공도 아니고 불공도 아니라고 설하니, 일체법은 중도가 아닌 것 없음은 분명하다. 明依他中 有圓成實 於彼亦有此句 明圓成實 不離依他 蓋是眞俗不二 卽顯中道第一義諦體也 故說一切法 非空非不空 則一切法無非中道明矣", 『성유식론술기』 권7(대정장43, p.488a12)에 "마음을 제하고도 밖에 법이 있다고 모든 소승이 집착하지만, 오직 식이 있을 뿐이라는 뜻이 성취되면 중도와 상응하니 치우쳐 집착함이 없기 때문이다. 중도란 바른 지다. 이치가 정지를 순하면 중도에 상응한다고 한다. 除心外有法 諸小乘執 唯識義成 契會中道 無偏執故 言中道者 正智也 理順正智 名契會中道"라 하였는데, 이렇게 유식에서는 삼성삼무성에 의지해 원성실성은 진공(眞空)이어서 비유(非有)고 묘유(妙有)여서 비공(非空)이고, 의타기성은 여환(如幻)이어서 유가 아니고 가유(假有)여서 공이 아니듯 삼성(三性 : 遍計所執性 依他起性 圓成實性) 각각을 중도(三性各具中道)로 보는 일성중도(一性中道)와 삼성을 서로 마주해 중도(三性對望中道)로 보는 일법중도(一法中道)를 〈표〉와 같이 자세히

〈표〉 중도

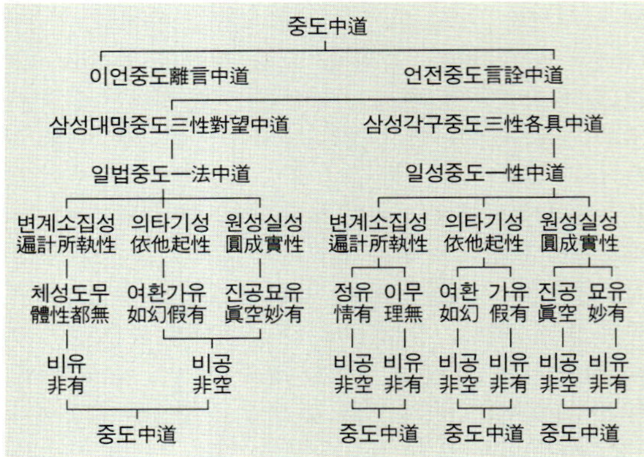

시설하기도 하였다. 『화엄경소』 권14(대정장35, p.604c14)에 "환유와 진공으로 둘이 없음을 일미법계라 하니 이것이 중도의 뜻이다. 幻有與眞空無二 爲一味法界 卽中道義", 『분양어록』 권1(대정장47, p.598b16)에 "묻는다. '옛을 이어 말하자면 중도에 머물지 않고 두 끝에도 있지 않는다 하니 납승의 분상에선 어디에 깃들고 기대야 합니까?' '그대 언제나 어느 곳엔가 깃들고 머물 곳 찾느냐? 오늘 온통 이 물음뿐이군'. 問 承古有言 不居中道 不在二邊 衲僧分上 如何湊泊 師云 汝尋常在什麼處湊泊 今日全因此問", 『원오어록』 권9(대정장47, p.754a12)에 "스승께서 이에 말씀하시길 '안으로 마음 없고 밖으로 모습 없으며, 위로 부처도 조사도 우러를 일 없고, 아래로 중생 가히 가엾이 할 일도 없다. 간탐질투 모두 없애고 자비희사 아울러 버리고는 어느 끝이든 앉아 끊고서 중도에도 구애받지 않는다'. 師乃云 於內無心 於外無相 於上無佛祖可仰 於下無衆生可悲 慳貪嫉妬俱除 慈悲喜捨併却 兩頭坐斷 中道不拘", 『허당어록』 권9(대정장47, p.1058b22)에 "당에 올라 말한다. '고요함 그 끝이 움직여 빈 것인 줄 모르고, 움직임 그 끝이 고요함 시작인 줄 모른다. 동정이 한 가락이어서 묘하기에 중도라 부른다. 납승의 무리들 이 삼매 얻어 큰 강물 휘저어 소락을 삼고 큰 대지 변하여 황금을 짓는다. 아직이라면 분 밖이다. 그렇지 않은가!' 주장자 치고는 '벼무더기인 듯하더니 삼킨 것 비취빛 감람이었네' 하였다. 上堂 靜之極 不知動則虛 動之極 不知靜則應 動靜一律 妙乎中道 衲僧家 得此三昧 攪長河爲酥酪 變大地作黃金 未爲分外 不然 卓主丈 匹栗斯 喫箇靑橄欖", 『굉지광록』 권5(대정장48, p.65a24)에 "소참승이 물었다. '두 끝 애당초 세운 일 없어서 중도 어디에 둘 곳이 없게 한다. 그 뜻 바로 무엇인가?' '그중에 아무것도 없으니 그대 발밑을 보

게나". 小參僧問 二邊純莫立 中道不須安 意旨如何 師云 者裏無爾下脚處", 『소실육문』 권1(대정장48, p.366b5)에 "이변 온전히 세우지 말고 중도 마음으로 닦는다 하지 말라. 성을 보아 생사 다해서 보리 또한 구할 일 없네. 몸 밖에서 참된 부처 찾지도 마라. 뒤집혀 일생을 놓아버리리. 고요히 앉은 채로 안락하니 무위의 그 열매 스스로 가득하리. 二邊純莫立 中道勿心修 見性生死盡 菩提無所求 身外覓眞佛 顚倒一生休 靜坐身安樂 無爲果自周", 원측(圓測)의 『해심밀경소』 권1(한불전1, p.156a18)에 "저 유위에 집착하여 정히 있다 하면 이 상변이고, 집착하여 정히 없다 하면 이 단변이다. 유도 아니고 무도 아니면 이 중도이니 중도의 뜻은 변을 상대하기에 설 수 있다. 변성 스스로 떠나면 중 또한 어찌 중이겠는가! 그러므로 부처는 평등을 깨우쳐 중도 변도 다 버린다. 유위 이미 이러한데 무위인들 또한 어찌하랴! 如於有爲 執爲定有 是常邊 執爲定無 是斷邊 非有非無是中道 中道之義 待邊故立 邊性自離 中何所中 故佛證平等 中邊俱離 有爲旣爾 無爲亦然", 원효(元曉)의 『열반종요』(한불전1, p.544a6)에 "중생의 불성이란 내육입도 아니고 외육입도 아니며 내외의 합도 아닌 것의 이름을 중도라 한다네. 衆生佛性 非內六入 非外六入 內外合故 名爲中道", 같은 곳(한불전1, p.544c17)에 "십이인연을 이름하여 불성으로 삼고, 불성이란 것을 제일의공이라 이름 붙이며, 제일의공은 중도라 부르고, 중도란 그 이름 불성이니 불성은 다시 열반으로 이름 삼는다. 十二因緣 名爲佛性 佛性者 名第一義空 第一義空 名爲中道 中道者 名爲佛性 佛性者 名爲涅槃", 원효(元曉)의 『금강삼매경론』 권중(한불전1, p.640a1)에 "제삼의 공이라 하니, 진도 아니고 속도 아니며 둘도 아니고 하나도 아니다. 또 이 삼공이란 처음은 공으로 속제중도를 나투고, 다음은 공으로 진제중도를 나투며, 세 번째는 공으로 진도 속도 아닌 끝도 없고 중도 없는 것으로서의 중도의 뜻이다. 第三空者 非眞非俗 非二非一 又此三空 初空顯俗諦中道 次空顯眞諦中道 第三空顯非眞非俗無邊無中之中道義", 같은 곳(한불전1, p.646c10)에 "안으로 행하는 자 관에 들어 고요히 비춰 행하고, 밖으로 행하는 자 관을 나와 물들과 만나 행한다. 그렇게 들어서 그렇게 나오고 중도를 잃지 않으니 둘이 아님이라 한다네. 內行者 入觀寂照行 外行者 出觀化物行 若出若入 不失中道 故言不二", 경흥(璟興)의 『무량수경연의술문찬』 권중(한불전2, p.52c17)에 "지을 것도 없고 일어남도 없으니 있을 리 없고, 법을 관해 저 변화로 있어서 없지도 않다. 없는 것도 아니고 있는 것도 아니어서 바로 중도의 뜻이니, 이를 깨우쳐 알았다 말한다. 無作無起 故非有 觀法如化 故非無 非無非有 卽中道之理 所謂證會也", 불가사의(不可思議)의 『대비로자나경공양차제법소』 권상(한불전3, p.385c14)에 "삼의라 한 것은 오조와 칠조와 대의가사를 말한다. 뛰어난 행의 무리들 오직 이 세 가사 받아 다른 것 없이 한다. 왜 그런가? 백의들 즐겁기 위해 가지가지 옷들 쌓아두고, 외도들 고행하여 옷을 벗고 부끄러움마저 없지만, 부처님 중도에 계셔서 두 극단 여의라 하셨기에 삼의만을 입는다네. 言三衣者 五條七條大衣 上行之流 唯受此三 不畜餘衣 何者 白衣求樂 畜種種衣 外道苦行 裸形無恥 佛住中道 捨離二邊 故畜三衣", 태현(太賢)의 『범망경고적기』 권2(한불전3, p.435c21)에 "이미 비록 상 없다고 하지만 이미 가져버린 이름들 무너뜨릴 수 없다. 그러기에 인연중도라 말한다. 이미 정해진 자성 없어서 그 이름이 중도다. 旣雖無相 不壞假名 故言因緣中道也 旣無定性 名中道故", 균여(均如)의 『석화엄삼보장원통기』 권상(한불전4, p.194b9)에 "저 멀리 다 끊어 의탁할 것 없고 이변도 이미 사라지고 중도도 없이 한다. 마음도 풍경도 다 없어 다 잊고 끊어 온통 없어야 반야가 빛나리라 迥絶無寄 二邊旣離 中道不存 心境兩亡 亡絶無寄 般若現矣", 『법계도기총수록』 권하2(한불전6, p.839b15)에 "바로 이 공이란 것이 연기관이고, 바로 가명이라 한 것이 인연관이다. 중도의 뜻이라 함은 성기관이라 해야겠다. 卽是空者 緣起觀 是假名者 因緣觀 中道義者 性起觀也", 기화(己和)의 『금강경오가해설의』 권상(한불전7, p.12b10)에 "설의라. 모든 곳에 통하는 바른 눈 있어 진실에도 밝고 세간도 다 안다네. 이렇게 하는 이 중도라 부르니 통하지 않는 곳 없는 아름다운 눈이라네. 說誼 通方正眼者 明眞了俗 達乎中道 無所不通之正眼也", 석실명안(石室明眼)의 『반야심경약소연주기회편』 권2(한불전9, p.188a11)에 "또 자성 없는 것들이 연이 되어 일어나기에 있게 되고, 언제나 볼 수 있는 것 아닌 것을 보게 되니 유위이고 환으로 있는 것이다. 성 없는 것들이 연으로 일어나기에 공이고 끊어짐 아닌 것을 보아 볼 수 없는 공을 진공이라 한다. 환으로 있기에 있는 것 아니라고 할 수 없고 참으로 공하기에 공하지 않은 공이라 한다. 공도 아니고 유도 아니니 이 바로 중도의 뜻이다. 又以無性緣生故有 則非常見有見之有爲幻有 無性緣生故空 則非斷見無見之空爲眞空 幻有卽是不有有 眞空卽是不空空 非空非有 是中道義"라고 하였다. [참고문헌] 『中阿含經』, 『雜阿含經』, 『不退轉法輪經』, 『大毘婆沙論』, 『成實論』, 『中論』, 『中觀論疏』, 『大智度論』, 『敎觀綱宗』, 『成唯識論疏抄』, 『成唯識論觀心法要』, 『成唯識論述記』, 『華嚴經疏』, 『汾陽語錄』, 『圜悟語錄』, 『虛堂語錄』, 『宏智廣錄』, 『少室六門』, 『解深密經疏』, 『涅槃宗要』, 『金剛三昧經論』, 『無量壽經連義述文贊』, 『大毘盧遮那經供養次第法疏』, 『梵網經古迹記』, 『釋華嚴三寶章圓通記』, 『法界圖記叢髓錄』, 『金剛經五家解說誼』 『般若心經略疏蓮珠記會編』, *MN.*, *SN.*, *Bodh-bh.27·146.* ⇨ 고락중도 苦樂中道, 팔불중도 八不中道, 무소득중도 無所得中道, 삼제원융 三諦圓融, 사종중도 四種中道, 삼종중도 三種中道, 실상중도 實相中道, 삼성대망중도 三性對望中道, 유식중도 唯識中道, 이중중도 二重中道, 일법중도 一法中道, 일색일향무비중도 一色一香無非中道, 단중 但中, 부단중 不但中, 중도응본 中道應本, 공가중 空假中, 비유비공 非有非空, 삼성삼무성 三性三無性 [2]

중도공 中道空 중도로서의 공. 유무(有無)도 내외(內外)도 백비(百非)도 어떤 끝(邊)도 모두 떠난 공. 『지관보행전홍결』 권1(대정장46, p.169c19)에 "중 그대로 공이라 하였다. 중의 이치에는 끝이 없으니 바로 필경공이어서 이것이 중도공이다. 또한 '하나가 공이면 일체도 공이다'라고도 한다. 中卽空者 中理無邊 卽畢竟空 此中道空也 亦得名爲一空一切空", 『법화현의』 권3하(대정장33, p.713c28)에 "만약 분별한다면 무루공은 일체지로 삼고, 유루공은 도종지로 삼으며, 중도공은 일체종지로 삼는다. 今若分別 以無漏空 爲一切智 有漏空 爲道種智 中道空 爲一切種智", 『금광명경문구』 권4(대정장39, p.66c1)에 "유도 아니고 무도 아니라는 견과 유도 아니고 무도 아니라는 증과 유도 아니고 무도 아니라는 교문으로 마땅히 중도공을 닦아야 한다. 非有非無見 非有非無證 非有非無敎門 應修中道空也", 『대반열반경소』 권8(대정장38, p.84a16)에 "제불께서 공을 얻고는 몸을 능히 나투신다는 말은 바로 중도공이다. 중도가 바로 법의 몸이고 영원한 몸이고 금강처럼 부서지지 않는 몸이다. 이것을 별교의 부처님 몸이라 하니 백비를 벗어남이다. 諸佛得空 能現身者 是中道空 中道卽是法身 常身 金剛之身 是名別敎佛身 離百非也", 『유마경약소수유기』 권10(대정장38, p.842b1)에 "안팎이 모두 공이라는 말은 체로서의 공이며 중도공이기도 하다. 言內外皆空者 卽體空也 卽是中道空也", 『대지도론』 권94(대정장25, p.721b5)에 "〔문〕 십팔공 가운데 부처님은 어째서 자상공만 설하시는가? 〔답〕 중도공과 내외공 등은 소공이며, 필경공과 무소득공 등은 심심공이다. 問曰 十八空中 佛何以但說自相空 答曰 是中道空 內外空等 是小空 畢竟空 無所得空等 是甚深空"라고 하였다. 〔참고문헌〕 『止觀輔行傳弘決』, 『法華玄義』, 『金光明經文句』, 『大般涅槃經疏』, 『維摩經略疏垂裕記』, 『大智度論』. ⇨ 중도 中道, 공 空, 부단공 不但空

중도관 中道觀 중도로 보다. 원측(圓測)의 『인왕경소』 권하(대정장33, p.420b22・한불전1, p.111c17)에 "무상관에 들어 유무와 상단 등을 떠난다 하고, 때론 십이연생관에 의지해 단상을 여읜다 하니 이름하여 중도관이다. 謂入無相觀 離於有無及常斷等 或依十二緣生觀 離斷常故 名中道觀也", 『법화의소』 권7(대정장34, p.556c20)에 "대승인은 가명을 허물지 않으면서 실상을 설하기에 있다고는 하지만 언제나 공하고, 부동의 진제로 제법을 건립하기에 공하지만 언제나 있게 한다. 따라서 단상에 떨어지지 않으니 중도관이라 부른다. 大乘人 不壞假名 而說實相 故卽有而常空 不動眞際 建立諸法 卽空而常有 故不墮斷常 名中道觀", 『유마경현소』 권2(대정장38, p.525c4)에 "'중'이란 불이로서 그 뜻을 삼고, '도'란 능히 통하게 함으로서 얻은 이름이니, 한 가닥 실제만을 비추어 막힘없이 통하여 걸림 없으니 이를 중도관이라 부른다. 中以不二爲義 道是能通爲名 照一實諦虛通無滯 名中道觀也", 『천태사교의』(대정장46, p.778b27)에 "이렇게 좇아 중도관을 써서 일분의 무명을 깨트리고, 일분의 삼덕을 드러낸다. 從此用中道觀 破一分無明 顯一分三德"라고 하였다. 〔참고문헌〕 『仁王經疏』, 『法華義疏』, 『維摩經玄疏』, 『天台四敎儀』. ⇨ 삼관 三觀 [1]

중도관문 中道觀門 중도에 들어 보는 문. 『십이문론소』 권하(대정장42, p.208a13)에 "그 깊고 얕음이 있는 것은 공문으로는 유를 깨뜨리고 무상문으로는 공을 깨뜨린다. 이 두 문은 유도 아니고 공도 아니어서 중도경에서의 중도관이다. 有淺深者 空門破有 無相門破空 此二門非有非空 卽中道境中道觀", 『대승법원의림장사자후초』 권7(대정장71, p.598c23)에 "하나의 법은 삼성이니 유도 아니고 공도 아닌 중도로 관하는 문이다. 一法三性 非有非空 中道觀門", 『대소백조제삼중』 권8(대정장79, p.723b15)에 "유와 무를 쌍으로 가린다는 것은 비유와 사유의 뜻이다. 삼성이 모두 중도관문일 뿐이라는 것이니, 변계이고 정으로만 있어서 드러난 것이고, 원성실성은 참으로서 있기에 본이다. 雙辨有無者 非有似有之義也 三性皆雖中道觀門也 遍計情有爲表 圓成眞有爲本故"라고 하였다. 〔참고문헌〕 『十二門論疏』, 『大乘法苑義林章師子吼鈔』, 『大疏百條第三重』. ⇨ 중도관 中道觀, 삼성삼무성 三性三無性, 삼성대망중도 三性對望中道

중도교 中道教 비유비공(非有非空)의 중도를 내세우는 제3시교(第三時教). 삼성삼무성(三性三無性)을 드러낸다. 불공불유교(不空不有教)라고도 한다. 『팔종강요초』 권하(대장경보편32, p.53a2)에 "중도교는 세 번째 교설 중에서 비공비유의 뜻 설하여 유에 치우치고 공에 치우친 집착을 무너뜨렸다. 그렇기에 첫 번째 교설에서 오직 의타를 잡아서 유라고 설했고, 두 번째 교설에서 오직 아집에 의지해 공이라고 설한 것이니 아직 삼성삼무성을 분명히 드러내지 못했다. 따라서 앞의 두 때의 교설의 이름이 미료이니, 쟁론이 자리잡고 있다. 세 번째 교설 중에서는 삼성삼무성을 갖춰 설하여 변계소집이기에 비유이고 의타기성이기에 비무라고 한 것이니, 이는 비공비유중도의 묘한 이치로 두 극단을 완전히 버리고 바른 길에 곧바로 들어가는 것이어서 이야말로 진실의 요의이고 쟁론이 자리할 수 없다. 바로 일대시교 중에서 가장 깊고 깊어, 팔만사천 중에 특히 묘한『화엄경』·『해심밀경』·『금강명경』·『법화경』·『열반경』 등 깊은 대승을 이 중에 거둔다. 中道教 第三時中 說非空非有之旨 以破前偏有偏空之執 然則初時唯約依他說有 第二時唯約我執說空 未是三性三無性顯了之說 故前二時名爲未了諍論安足處所 第三時中 具說三性三無性 遍計所執故非有依他起性故非無 是則非空非有中道妙理 元離二邊直入正路 是眞了義 非諸諍論安足處所 一代之中 尤甚深八萬之間特微妙 華嚴 深密 金光明 法華 涅槃等諸深大乘 皆此中攝",『대승법원의림장』 권1(대정장45, p.249a12)에 "은밀한 말로써 제법무자성을 다 거둬 설하였기에 화엄교·심밀교·유식교 등은 제3시교다. 명백하게 드러나는 말로써 삼무성의 비공비유의 중도교를 설하였기 때문이다. … 여기서 말한 '비공비유의 중도교'란 제3시교를 말한다. 以隱密言總說諸法無自性故 花嚴 深密 唯識教等第三時也 以顯了言說三無性非空非有中道教故 … 今言非空非有中道教者 第三時也"라고 하였다. [참고문헌]『八宗綱要鈔』,『大乘法苑義林章』. ⇨ 중도 中道, 삼시교 三時教[1], 불공불유교 不空不有教, 삼성 三性[1], 삼무성 三無性, 삼성삼무성 三性三無性, 비유비공 非有非空

중도부소 衆途扶疎 뭇 길을 열어 성글게 하다.『십이문론소』 권상(대정장42, p.172a8)에 "하나의 뿌리로는 끝내 할 수 없어 여러 길로 성글게 한다. '중'이란 다수를 말하고 '도'는 곧 길이니, 근원을 다 궁구할 수 없기에 삼승이라는 다른 길과 오백부를 두는 것이다. '부소'란 열어 넓히고 늘려 성하게 하는 뜻이다. 一原之不窮 則衆途扶疎者 衆謂多也 途卽道 以不窮原故 有三乘異道 乃至五百部也 扶疎謂開廣增盛之義耳"라고 하였다. [참고문헌]『十二門論疏』.

중도불성 中道佛性 중도가 바로 불성이라는 말. 불성중도(佛性中道)라고도 한다.『승만보굴』 권하(대정장37, p.73b24)에 "부처님께서는 감춰진 법들 필경에는 공이라고 비춰보시고는 공·여래장·지혜라고 하며, 부처님께서는 감춰진 중도불성이 일체덕을 갖추었음을 아시기에 불공이라고 한다. 佛照能藏之法畢竟空故 名空如來藏智 佛知所藏中道佛性 具一切德 故名不空",『유마경약소』 권1(대정장38, p.569b6)에 "원교라면 중도불성이 곧 아의 뜻이다.『중론』에서 '부처님께서는 때로 아를 말씀하시고 때로는 무아 말씀하시니, 부처님의 정법 중에는 아도 없고 비아도 없다'고 하며, 이『유마경』에서는 '아와 무아에 대하여 둘이 아닌 것이 참된 무아의 뜻'이라고 한다.『대반열반경』에서는 말한다. '무아법 중에 진아가 있으며, 또 아와 무아는 그 성이 다르지 않으니, 다르지 않은 성이 바로 실성이며, 실성이란 이십오유의 진아이고, 앞의 세 가지는 권아이며, 원교야말로 실아다'. 圓教者 中道佛性 卽我義也 中論云 佛或時說我或時說無我 於佛正法中 無我無非我 此經云 於我無我而不二是眞無我義 大經云 無我法中有眞我 又云 我與無我其性不二 不二之性 卽是實性 實性者 是二十五有 眞我也前三是權我 圓教是實我",『중관론소』 권1(대정장42, p.9c15)에 "팔불이 곧 중도불성이다. 八不卽是中道佛性也"라고 하였다. [참고문헌]『勝鬘寶窟』,『維摩經略疏』,『中觀論疏』, 40권본『大般涅槃經』 권8(대정장12, p.411a3)·권38(대정장12, p.590a20),『維摩經』 권상(대정장14, p.541a20),『中論』 권3(대정장30, p.24a1). ⇨ 불성중도 佛性中道, 팔불중도 八不中道, 불성 佛性

중도삼매 中道三昧 천태에서 시설한 삼삼매(三三昧：三諦三昧) 중 하나. 무명혹(無明惑)을 끊고 성취하는 삼매. 공(空)과 가(假)를 여의고 중도의 이치를 달관하여 증입하는 선정이며, 중도왕삼매(中道王三昧)라고도 한다.『법화현의』 권4(대정장33, p.722b12)에 "무명을 부수기 때문에 바른 생각을 얻어 물러나지 않고 중도삼매를 성취한다. 無明破故 得念不退 中道三昧成".『마하지관』 권3(대정장46, p.25c26)에 "두 극단을 쉬어 멈추면 생사와 열반, 공과 유가 함께 고요하고, 이 멈춤으로 인하여 중도정을 발하면 불안이 활짝 열리어 비춤에 두루하지 않음이 없어 중도삼매를 성취한다. 그러므로 그쳐서 능히 불안을 얻고, 불안으로는 체를 얻게 되니, 중도의 체를 얻는 것이다. 若息二邊止 則生死涅槃空有雙寂 因於此止 發中道定 佛眼豁開 照無不遍 中道三昧成 故止能得眼 眼能得體 得中道體也"라고 하였다. [참고문헌]『法華玄義』,『摩訶止觀』. ⇨ 삼삼매 三三昧[4], 삼제삼매 三諦三昧, 속제삼매 俗諦三昧, 진제삼매 眞諦三昧

중도솔암 中兜率庵 경상남도 남해군 상주면 금산(錦山)에 있던 암자.『동국여지승람』 권31 경상도 남해현 불우에 "상도솔암과 중도솔암은 모두 금산에 있으며, 남해를 굽어보고 있다. 上兜率庵 中兜率庵 俱在錦山 俯壓南溟"라고 하였으나,『범우고』에는 "지금은 폐사되었다. 今廢"라고 하였다. [참고문헌]『東國輿地勝覽』,『梵宇攷』,『輿地圖書』,『伽藍考』,『韓國寺刹全書』 권하 p.1022b16. ⇨ 상도솔암 上兜率庵[1]

중도실상 中道實相 중도라는 실상. 중도이기에 실상이며 실상이어서 중도인 뜻.『대지도론』 권15(대정장25, p.171c10)에 "만약 이 유견이나 무견에 떨어지지 않는다면 중도실상을 얻는다. 若不墮此有無見 得中道實相",『대종지현문본론』 권4(대정장32 p.675c24)에 "더하지도 덜하지도 않고, 크지도 작지도 않아서 한 맛으로 평등한 중도실상이기에 일체중제에 부동위를 건립한다. 不增不減 不大不小 一味平等 中道實相故 建立一切中際

不動位",『인왕호국반야경소』권1(대정장33, p.254c25)에 "실상이란 곧 법성이다. 이 법성인에 의지해 법성과를 얻으므로 이 경에서 실상을 체로 삼았다. 만약 따로 논하자면, 반야에 두 가지가 있어 하나는 이승인이 말하는 것이고 둘째는 함께 하지 못하는 것이다. 이 실상에 준하여서도 또 두 가지인데 하나는 함께 하는 것이고 두 번째는 함께 할 수 없는 실상이다. 함께 하는 것은 공은 보지만 불공은 보지 못한다. 무명을 끊지 못해 다만 보고 생각하는 것만을 버린다. 이는 치우친 진실상이다. 함께 할 수 없는 불공이란 이름이 중도실상이다. 實相卽法性 依此法性因得法性果 故知此經以實相爲體 若別論之 般若二種 一共二乘人說 二者不共 準此實相亦有二種 一共 二不共 共者但見於空不見不空 不斷無明但除見思 此偏眞實相 不共者名中道實相",『유마경현소』권3(대정장38, p.533a10)에 "이 교는 부사의인연으로서의 중도실상의 뜻을 밝히니 사이를 구족하여 치우칠 일도 달라질 일도 없다. 다만 최상의 이근보살을 교화할 뿐이므로 원교라 부른다. 此敎 明不思議因緣 中道實相之理 事理具足 不偏不別 但化最上利根大士 故名圓敎也",『백론소』권상(대정장42, p.242c1)에 "중도실상으로 바른 관을 일으켜서 세간을 밝게 비추기에 조세라 한다. 中道實相 能生正觀 明照世間 故云照世",『관심론소』권3(대정장46, p.607c13)에 "일심이란 것은 오로지 중도실상인 반야의 마음을 두기에 다시는 두 극단이 없는 마음을 일심이라 한다. 一心者 唯存中道實相 般若之心 更無二邊之心 是名一心也",『정명경관중석초』권1(대정장85, p.511a7)에 "승조께서 말씀하시길 미묘하고 아득하며 그윽히 깊은 것이란 중도실상을 밝힌 것이니, 안으로는 번뇌가 그대로 보리인 줄 깨우침이어서 부사의라 하고 밖으로도 쓰지만 걸림없기에 해탈이라 한다. 肇曰 微遠幽深者 明中道實相 內證煩惱 卽菩提名不思議也 外用無礙爲解脫也",『금강경부지』권1(卍속장40, p.19b15)에 "〔경〕 수보리야, 여래란 이 진어자이시며, 실어자이시고, 여어자이시며, 불광어자이시며, 불이어자이시다. …〔소〕 진어 여어 이에 진제를 불러내 바로 공임을 설한 것이고, 실어라 함은 중도실상을 불러내 설한 것이다. 須菩提 如來是眞語者 實語者 如語者 不誑語者 不異語者 … 眞語如語乃稱眞諦卽空而說也 實語稱中道實相而說也",『열반경소삼덕지귀』권9(卍속장58, p.677a18)에 "부처님은 바로 열매 맺으신 분이고, 스님들이란 씨를 심는 사람들이고, 인과를 증함은 중도를 넘지 못하니 중도실상이라야 바로 법보라 하겠다. 佛是果人 僧是因人 因果所證 不逾中道 中道實相 卽法寶也"라고 하였다. 〔참고문헌〕『大智度論』,『大宗地玄文本論』,『仁王護國般若經疏』,『維摩經玄疏』,『百論疏』,『觀心論疏』,『淨名經關中釋抄』,『金剛經部旨』,『涅槃經疏三德指歸』. ⇨ 중도 中道, 실상 實相

중도응본 中道應本 중도가 응화의 바탕이다. 천태(天台)의 별원(別圓) 이교의 교의로 유무이변을 떠나 중도를 증득한 이는 십계(十界)에 응하여 몸을 드러낼 수 있기에 중도응본이라 하고, 장통(藏通) 이교는 단증(斷證)의 극치로서 회멸열반(灰滅涅槃)에 속하므로 이러한 이치와 무관하다고 한다.『사교의집해』권하(卍속장102, p.101b8)에 "별교에서는 중도를 응화의 본으로 삼는다. 그런 까닭에 공을 무너뜨리고 가로 들어간다. 이 가인 즉 건립으로서의 가이니 이 가관을 평등관이라고도 한다. 차별법을 헛되지 않다고 살펴 속제를 본다고 이름한다. 以別敎有中道應本 所以破空而入假也 此假卽是建立之假 此觀亦名平等觀也 於差別法 審而非虛 名見俗諦",『능엄경관심정해』권6(卍속장23, p.880b12)에 "관세음에서의 관은 바로 대보살이 본래 지닌 대광명장으로 중생의 근기를 살피는 의밀(意密)이고, 세란 32응으로 두루 어디나 나타나는 신밀(身密)이며, 음이란 사무애변으로 법을 걸림 없이 설하는 구밀(口密)이다. 이 모두가 이 보살이 증득한 중도응본으로 말미암기에 삼륜의 부사의로써 베풀어 교화함이 끝이 없다. 觀世音 觀是大士本有 大光明藏 意密鑒機 世是三十二應 身密普現 音是四無礙辯 口密說法 皆由大士證得 中道應本 故能三輪不思議 設化無窮也"라고 하였다. 〔참고문헌〕『四敎義集解』,『楞嚴經觀心定解』. ⇨ 중도 中道

중도의 中道義 Ⓢ madhyamā pratipad. 중도의 뜻.『중론』권4(대정장30, p.33b11 : *Pras.*, p.214)에 "뭇 인연으로 생한 법을 나는 설하길 바로 '무'라고 한다. 또한 가명이라고도 하고 중도의 뜻이라고도 한다. 衆因緣生法 我說卽是無 亦爲是假名 亦是中道義 yaḥ pratītyasamutpādaḥ śūnyatāṃ tāṃ pracakṣmahe, sā prajñaptir upādāya pratipat saiva madhyamā",『중변분별론』권상(대정장31, p.451a25 : *Madhy-vibh.*, p.18)에 "〈송〉 따라서 일체법은 공도 아니고 불공도 아니며, 유무이기도 하고 또 유이기도 하기에 이를 중도의 뜻이라 한다. 〈논〉 … '이를 중도의 뜻이라 한다'라는 말은 일체법은 일향에 공도 아니고, 또 일향에 불공도 아님을 말한다. 이와 같은 등의 글은 반야바라밀에 어긋나지 않으니, 경에서 '일체법은 공도 아니고 불공도 아니다'고 설하신 것과 같다. 故說一切法 非空非不空 有無及有故 是名中道義 … 是名中道義者 謂一切法非一向空 亦非一向不空 如是等文不違般若波羅蜜等 如經說一切法非空非不空 〈kārikā〉 na śūnyaṃ nāpi cāśūnyaṃ tasmāt sarvaṃ vidhīyate, satvād asatvāt satvāc ca madhyamā pratipac ca sā. … 〈bhāṣya〉 madhyamā pratipat. yat sarvaṃ. naikāntena śūnyaṃ naikāntenāśūnyaṃ. evam ayaṃ pāṭhaḥ prajñāpāramitādiṣv anulomito bhavati sarvam idaṃ na śūnya ṃ nāpi caśūnyam iti",『대반열반경집해』 권56(대정장37, p.554c24)에 "한편으로 정해 있는 것이라고도 할 수 없고, 또 일향에 결정코 없다고도 할 수 없기에 중도의 뜻이라고 한다. 不可一向定有 亦不可一向定無 故爲中道義也",『변중변론술기』 권상(대정장55, p.3a20)에 "(斷常의) 과실이 없기에 중도라고 한다. 구역본에서 중도의라 한 것은 잘못된 것이다. 離於過失 故言中道 舊云是名中道義者 非也"라고 하였다. [참고문헌]『中論』,『中邊分別論』,『大般涅槃經集解』,『辯中邊論述記』, *Pras.*, *Madhy-vibh.* ⇨ 중도 中道

중도제일의 中道第一義 중도가 제일의 뜻이다.『대승현론』 권1(대정장45, p.22b18)에 "어떤 때는 삼제를 세운다. 유제와 무제 그리고 비유비무의 중도제일의제다. 有時有三諦 有諦 無諦 非有非無 中道第一義諦"라고 하였다. [참고문헌]『大乘玄論』. ⇨ 삼관 三觀[1]

중도제일의관 中道第一義觀 삼관(三觀) 중 중도를 제일의로 관하다.『마하지관』 권3상(대정장46, p.24c21)에 "중도제일의관이라 한 것은, 앞서 가의 공을 관했으니 이는 생사의 공이다. 뒤에서는 공의 공을 관하니 이는 열반도 공이다. 이변을 한 쌍으로 막아서는 이를 이공관이라 하고 방편도로 삼아 중도를 얻는다. 그러므로 '마음마음 고요히 다하여 일체지의 바다로 흘러든다'고 한다. 또한 처음의 관은 공으로 하고, 나중의 관은 가를 쓰니 이를 가리켜 방편을 한 쌍으로 둔다고 한다. 중도에 들어갈 때는 이제를 쌍으로 비춘다. 그러므로 경에 '마음이 만약 정에 들었으면 능히 세간생멸하는 법상을 알 수 있다'(『불수반열반약설교계경』, 대정장12, p.1111c26)라고 한 것이다. 앞의 두 관법을 두 가지 방편이라 한 뜻이 여기에 있다. 中道第一義觀者 前觀假空是空生死 後觀空空 是空涅槃 雙遮二邊 是名二空觀 爲方便道 得會中道 故言 心心寂滅 流入薩婆若海 又初觀用空 後觀用假 是爲雙存方便 入中道時 能雙照二諦 故經言 心若在定 能知世間生滅法相 前之兩觀 爲二種方便 意在此也",『법화현의』 권1하(대정장33, p.688a12)에 "만약 중도제일의관을 닦는다면 사실단을 잘 써서 일체종지를 취해야 한다. 불안도 이와 같다. 만약 한 마음을 셋으로 관한다면 잘 씀도 또한 이와 같다고 해야 한다. 若修中道第一義觀 巧用四悉檀 取一切種智 佛眼亦如是 若一心三觀 巧用亦如是"라고 하였다. [참고문헌]『摩訶止觀』,『佛垂般涅槃略說教誡經』,『法華玄義』. ⇨ 중도제일의제 中道第一義諦, 삼관 三觀[1], 중관 中觀[1], 중도 中道

중도제일의제 中道第一義諦 중도제일의의 진실.『인왕호국반야경소』 권4(대정장33, p.274b23)에 "세제는 법 가히 연할 것이 없고, 진제라 하면 법 가히 상이라 할 만한 것이 없으니, 연할 것도 없고 상이라 할 것도 없는 것이야말로 중도제일의제이다. 世諦 無法可緣 眞諦 無法可相 無緣無相 卽是中道第一義諦",『법화의소』 권12(대정장34, p.624c11)에 "인연으로 난 법 그대로 적멸이어서 이를 진제라 부르고 한편 가명이라고도 하며 중도의라고도 하니 이것이 속제도 아니고 진제도 아닌 중도제일의제다. 그러므로 이 한 음성에 삼제를 다 갖추고 보살은 이 삼제를 관하니 이것이 삼종관이다. 因緣所生法 卽是寂滅性 稱爲眞諦 亦爲是假名 亦是中道義 卽是非俗非眞 中道第一義諦 故此一音聲 具足三諦 菩薩觀此三諦 卽三種觀也"라고 하였다. [참고문헌]『仁王護國般若經疏』,『法華義疏』. ⇨ 중도제일의관 中道第一義觀, 중관 中觀[1], 삼관 三觀[1], 삼제 三諦, 상사제일의제관 相似第一義諦觀

중도제일의제관 中道第一義諦觀 중도제일의관(中道第一義觀)을 달리 이르는 말.『반야심경약소연주기』 권하(대정장33, p.565a3)에 "문 중에서 처음의 관은 색을 모아 공으로 돌아가고, 다음의 관은 공 그대로 색임을 밝히며, 마지막은 공과 색이 걸림이 없어 남김없이 끊어 의지할 것 없이 하니 중도제일의관이다. 청량징관(清涼澄觀)은 '공과 여는 둘이 아니니 진공 무너지지 않는다 하며, 가명인즉 가관이라 하며, 이상의 공과 가를 합한 분상을 중도로 삼는다'라고 하였다. 그러므로 소에서 '공과 가가 평등하니 무너뜨림 없이도 고르게 쓴다'고 한다. 文中初觀 會色歸空 次觀明空卽色 後卽空色無礙 泯絶無寄 中道第一義諦觀也 清涼曰 空如不二 爲眞空不壞假名卽爲假觀 合上空假爲中道 故疏云 空假平等 非破用均也"라고 하였다. [참고문헌]『般若心經略疏連珠記』. ⇨ 중도제일의관 中道第一義觀, 공가일심관 空假一心觀, 삼관 三觀[1], 중관 中觀[1]

중도종 中道宗 용수(龍首)의『중론』 등에 의지한 종파. 중국 남북조말에서 당초에 걸쳐 발전하였고, 삼국시대 말에 우리나라에 전해져 백제와 고구려를 거쳐 조선 초까지 있었다.『태종실록』 권11 6년(1406) 3월 27일에 "중도종과 신인종은 합하여 30곳의 절만 남긴다. 中道 神印宗 合留三十寺"라고 하였다. 1406년 3월에서 1407년 12월 사이에 신인종과 통합되어 중신종(中神宗)이 되었으며, 1424년(세종6) 4월 5일에 기존의 종파들을 교종과 선종으로 통폐합할 때에 화엄종, 자은종, 시흥종 등과 함께 교종으로 통합되었다. [참고문헌]『太宗實錄』,『世宗實錄』 권24.

중도즉법계 中道卽法界 중도 그대로 법계라는 말.『지관보행전홍결』 권1(대정장46, p.151c20)에 "하나의 색도 하나의 향도 중도가 아님이 없다라 하였으니, 중도가 그대로 법계이고, 법계 곧 지관이며, 지관이 둘이 아니고, 지혜와 무명도 하나일 뿐이다. 一色一香 無非中道者 中道卽法界 法界卽止觀 止觀不二 境智冥一",『사교의주휘보보광기』 권8하(卍속장102, p.711a10)에 "앞에서 '하나로 합하는 상'이라 한 말은 이로서 총을 삼은 것이고, 여기서 일체법중도라 한 말은 사로서 총을 삼은 것이다. 일체법이란 십법계이니 의보(依報)와 정보(正報), 가법과 실법, 색법과 심법을 가리킨다. 이 모든 사법은 온전한 뜻으로 성취되고, 일체를 구비하고 일체를 지으니, 중도에 즉해서 상이 없으니, 중도 그대로 법계이다. 십향보살은 두렷이 중관을 닦아 원융의 뜻 그럴듯하게 나툰다. 그러므로 일체법이 중도무상법계임을 깨우치니, 이를 법계에 듦이 헤아릴 수 없다고 함이다. 前曰一合相 以理爲總 今謂一切法中道 以事爲總 一切法者 卽十法界 依正假實 色心法也 此諸事法 全理而成 具一切 造一切 卽中道無相 中道卽法界 十向菩薩 修圓中觀 圓融之理 相似而顯 故覺一切法 皆中道無相法界 名入法界無量也"라고 하였다. [참고문헌]『止觀輔行傳弘決』,『四敎儀註彙補輔宏記』. ⇨ 중도 中道, 법계 法界

중동분 衆同分 Ⓢnikāya-sabhāga, Ⓣris-mthun-pa. 무리짐이 같아서 나뉜 것. 몸(身)을 가진 유정(有情)들을 구분한 뜻이다. 아비달마(阿毘達磨)의 오위칠십오법(五位七十五法) 또는 유식학의 오위백법(五位百法) 중 심불상응행법(心不相應行法) 중 하나다. 무리짐이 같아서 나눈 것의 뜻으로 동분(同分 Ⓢsabhāga)이라고도 한다. 중(衆 Ⓢnikāya)은 무리지은 류(類)의 뜻이고, 구역어는 몸이 같은 신종류(身種類)이다. 설일체유부(說一切有部)에서는 실법(實法)으로, 경량부(經量部)와 유식(唯識)에서는 가법(假法)으로 간주한다. 한편, 설일체유부는 유정(有情)과 색 등 법(法)의 구별에 따라 유정동분(有情同分)과 법동분(法同分)으로 세분화하는데, 유정동분은 다시 무차별동분(無差別同分)과 유차별동분(有差別同分)으로 나누었다.『대비바사론』 권27(대정장27, p.138a9)에 "무엇이 중동분인가? 유정동분은 마치 명근처럼 체가 바로 한 물에 두루해서 일체신분이 의지하는 것이다. 이것은 불상응행온에 속하고 무부무기성일 뿐이며 유루여서 삼계에 통한다. 云何衆同分 謂有情同分猶如命根 體是一物遍 與一切身分爲依 是不相應行蘊所攝 唯無覆無記性 唯有漏通三界",『구사론』 권5(대정장29, p.24a9 : *Abh-k-bh.*, p.67)에 "[논] 따로 실물이 있어서 이름하여 동분이라고 한다. 온갖 유정이 펴고 구르면서도 류가 같으니, 본론에서는 이를 중동분이라고 이름했다. 論曰 有別實物名爲同分 謂諸有情展轉類等 本論說此名衆同分 sabhāgatā nāma dravyam. sattvānāṃ sākṛśyaṃ nikāyasabhāga ityasyāḥ śāstre saṃjñā",『순정리론』 권12(대정장29, p.400a18)에 "한 취에서 같게 난 모든 유정류가 소유한 몸의 형태와 모든 근의 업용·먹는 것 등이 서로 간에 유사한 인이 있어 아울러 펴고 구르며 서로 즐기고자 하는 인을 중동분이라 한다. 一趣等生 諸有情類 所有身形 諸根業用 及飮食等 互相似因 幷其展轉相樂欲因 名衆同分",『구사론기』 권5(대정장41, p.93a2)에 "여러 몸의 류가 같은 것을 '중동'이라 한다. '분'인즉 변별의 뜻이다. 또 해석하면, 다수(衆多)의 법이 상사한 인을 중동분이라 한다. 또 풀면, 다수의 유정이 구르고 폄에 있어 인이 같으면 중동분이라 한다. 多體類等名爲衆同 分是則別義 又解衆多法相似因 名衆同分 又解衆多有情展轉同因 名衆同分",『대승백법명문론해』 권2(대정장44, p.51b4)에 "중동분이라 한 것은 류로서 상사하기 때문에 인법의 다름이 있게 되는데, 인동분은 천동분과 같이 인으로서 동분이고, 법동분이란 심동분과 같이 색동분이 같은 것이다. 삼승이다 오성이다 하는 것도 이 인법류에 의지해 이러한 이름을 가립한 것이다. 衆同分者 類相似故 有人法之別 人同分者 如天同分 人同分 法同分者 如心同分 色同分等 三乘五性 依人法類 假立此名",『관심각몽초』 권1(대정장71, p.68b24)에 "심불상응행법의 셋째는 중동분이다. 상사하다는 뜻으로, 유정류들을 신심으로 나눈 위라 할 수 있다. 心不相應行法 … 三衆同分 謂相似義 諸有情類身心分位"라고 하였다. [참고문헌]『大毘婆沙論』,『俱舍論』,『順正理論』,『俱舍論記』,『大乘百法明門論解』,『觀心覺夢鈔』, *Abh-k-bh.*, *Yogā-bh.69.* ⇨ 오위칠십오법 五位七十五法, 오위백법 五位百法, 심불상응행법 心不相應行法, 유정동분 有情同分, 법동분 法同分, 무차별동분 無差別同分, 유차별동분 有差別同分

중려 重慮 거듭 생각하다. 깊이 헤아리다.『대승의장』 권17(대정장44, p.789c22)에 "사성제를 깊이 헤아려 나아감을 수도라 한다. 於四聖諦 重慮增進 說爲修道",『지관보행전홍결』 권5(대정장46, p.322a25)에 "거듭 생각한다는 말에서 려란 사려를 말한다. 도를 보고 진실을 관하여 이미 무루를 일으켰지만 지금 다시 거듭 관하므로 중려라 한다. 言重慮者 慮謂思慮 見道觀眞 已發無漏 今復重觀 故云重慮",『석선바라밀차제법문』 권8(대정장46, p.531a29)에 "나중에 마음으로 거듭 생각하여 관찰함을 사유대사유라 한다. 後心重慮觀察 名思惟大思惟",『관심론소』 권4(대정장46, p.613c1)에 "끊을 것을 거듭 생각하기에 사라 한다. 重慮所斷 故名爲思"라고 하였다. [참고문헌]『大乘義章』,『止觀輔行傳弘決』,『釋禪波羅蜜次第法門』,『觀心論疏』.

중령대 中靈臺 강원도 금강산(金剛山)에 있던 암자. 이경석(李景奭 1595~1671)의『백헌집』 권10「풍악록 楓嶽錄」(한국문집총간95, p.503b17)에 "적목정에서 서쪽을 향해 10여 리를 올라가면 상령대·중령대·하령대가 있다. 모두 작은 암자인데 상령대는 폐사되었다. 自赤木亭 行可十里餘 向西而登 則有上靈臺中靈臺下靈臺 皆小庵而上靈廢", 이명준(李命俊 1572~1630)의 『잠와유고』 권3 「유산록」(한국문집총간 속집17, p.397a13)에 "또 중령대를 지났는데 도화스님이 암자를 지키고 있었다. 又歷中靈臺 僧道和守菴"라고 하였다. 신익성(申翊聖 1588~1644)의 『낙전당집』 권7 「유금강내외산제기 遊金剛內外山諸記」(한국문집총간93, p.268b11)에서는 상령대·중령대·하령대 모두 폐사로 전한다. 〔참고문헌〕『白軒集』, 『潛窩遺稿』, 『樂全堂集』, 『韓國寺刹全書』 권하 p.1028b20.

중론 中論 Ⓢ Prajñā-nāma-mūlamadhyamaka-kārikā, Ⓣ dbu-ma-tsa-ba'i-tshig-le'ur-byas-pa-shes-rab-ces-bya-ba. 용수(龍樹 Ⓢ Nāgārjuna) 지음. 4권. 『정관론 正觀論』·『중관론 中觀論』이라고도 한다. 고려장16, pp.350a1~400c6, No.577·대정장30, pp.1a3~39c1, No.1564에 수록되어 있고 티베트역본(北京版 No.5224)도 전한다. 삼론(三論) 중 하나로, 『십이문론 十二門論』(대정장30, No.1568)·제바(提婆 Ⓢ Āryadeva)의 『백론 百論』(대정장30, No.1569)과 함께 삼론종의 기반이 되는 논서이다. 부처님의 근본 가르침인 연기(緣起)를 무자성(無自性)·공(空)으로 해석하고, 외도와 소승과 대승의 편견과 오류를 바로잡기 위해 용수의 「근본중송 根本中頌」을 의지해 지은 논이다. 모두 27품이다. 품명은 다음과 같다. 첫째 「관인연품 觀因緣品」(Ⓢ pratyayaparīkṣā prakaraṇam) 16게 둘째 「관거래품 觀去來品」(Ⓢ gatāgataparīkṣā prakaraṇam) 25게, 셋째 「관육정품 觀六情品」(Ⓢ cakṣurādīndriyaparīkṣā prakaraṇam) 8게, 넷째 「관오음품 觀五陰品」(Ⓢ skandhaparīkṣā prakaraṇam) 9게, 다섯째 「관육종품 觀六種品」(Ⓢ dhātuparīkṣā prakaraṇam) 8게, 여섯째 「관염염자품 觀染染者品」(Ⓢ rāgaraktaparīkṣā prakaraṇam) 10게, 일곱째 「관삼상품 觀三相品」(Ⓢ saṃskṛtaparīkṣā prakaraṇam) 35게, 여덟째 「관작작자품 觀作作者品」(Ⓢ karmakārakaparīkṣā prakaraṇam) 12게, 아홉째 「관본주품 觀本住品」(Ⓢ pūrvaparīkṣā prakaraṇam) 12게, 열째 「관연가연품 觀燃可燃品」(Ⓢ agnīndhanaparīkṣā prakaraṇam) 16게, 열한째 「관본제품 觀本際品」(Ⓢ pūrvāparakoṭiparīkṣā prakaraṇam) 8게, 열두째 「관고품 觀苦品」(Ⓢ duḥkhaparīkṣā prakaraṇam) 10게, 열셋째 「관행품 觀行品」(Ⓢ saṃskāraparīkṣā prakaraṇam) 9게, 열넷째 「관합품 觀合品」(Ⓢ saṃsargaparīkṣā prakaraṇam) 8게, 열다섯째 「관유무품 觀有無品」(Ⓢ svabhāvaparīkṣā prakaraṇam) 11게, 열여섯째 「관박해품 觀縛解品」(Ⓢ bandhanamokṣaparīkṣā prakaraṇam) 10게, 열일곱째 「관업품 觀業品」(Ⓢ karmaphalaparīkṣā prakaraṇam) 33게, 열여덟째 「관법품 觀法品」(Ⓢ ātmaparīkṣā prakaraṇam) 12게, 열아홉째 「관시품 觀時品」(Ⓢ kālaparīkṣā prakaraṇam) 6게, 스무째 「관인과품 觀因果品」(Ⓢ sāmagrīparīkṣā prakaraṇam) 24게, 스물한째 「관성괴품 觀成壞品」(Ⓢ saṃbhavavibhavaparīkṣā prakaraṇam) 20게, 스물두째 「관여래품 觀如來品」(Ⓢ tathāgataparīkṣā prakaraṇam) 10게, 스물셋째 「관전도품 觀顚倒品」(Ⓢ viparyāsaparīkṣā prakaraṇam) 24게, 스물넷째 「관사제품 觀四諦品」(Ⓢ āryasatyaparīkṣā prakaraṇam) 40게, 스물다섯째 「관열반품 觀涅槃品」(Ⓢ nirvāṇaparīkṣā prakaraṇam) 24게, 스물여섯째 「관십이인연품 觀十二因緣品」(Ⓢ dvādaśāṅgaparīkṣā prakaraṇam) 9게, 스물일곱째 「관사견품 觀邪見品」(Ⓢ dṛṣṭiparīkṣā prakaraṇam) 30게다. 현존하는 구마라집(鳩摩羅什)의 한역본 『중론』은 청목(靑目 Ⓢ Piṅgala)이 주석한 것이며, 이외에 무외(無畏)의 *Mūlamadhyamaka-vṛtti-akutobhayā*(根本中疏無畏論)·불호(佛護 Ⓢ Buddhapālita)의 *Mūlamadhyamaka-vṛtti*(根本中論註)·청변(靑辨 Ⓢ Bhāviveka)의 *Prajñā-pradīpa-mūlamadhyamaka-vṛtti*(般若燈論釋)·안혜(安慧 Ⓢ Sthiramati)의 *Mūlamadhyamaka-saṃdhi-nirmocana-vyākhyā*(大乘中觀釋論)·월칭(月稱 Ⓢ Candrakīrti)의 *Prasannapadā Madhyamaka-vṛtti*(中論註) 등의 주석서가 있는데, 특히 월칭의 주석서는 현존 유일의 산스크리트본이다. 한역본 『중론』에 대해서는 수(隋) 길장(吉藏)의 『중관론소』(대정장42, No.1824)와 담영(曇影)의 『중론의소 中論義疏』가 있다. ⇨ 근본중송 根本中頌, 삼론 三論 ❶

중료 衆寮 총림내에 대중이 머무는 승당(僧堂). 큰방이라고도 한다. 좌선(坐禪) 등을 전념하는 곳은 선방(禪房) 또는 선원(禪院), 간경(看經)·수학 등을 하는 중료는 강당(講堂)이지만 대중이 모여 공양(供養)·자자(自恣)·포살(布薩) 등을 겸할 수 있는 대중공간을 '큰방'이라 한다. 『선림상기전』 권2(불광장, 禪藏, p.93)에 "중료 : 도충이 말한다. '중료는 남향으로 짓는다'. 『백장청규』 권5 「대괘탑귀당 大掛搭歸堂」(대정장48, p.1141a17)에 '새로 총림에 들어와 안거하는 사람(掛搭人)은 동쪽으로 돌면서 요주는 서쪽으로 돌며 촉례일배한다. 요주는 이들 괘탑인을 인솔하여 줄지어서 관음보살을 알현하고 인사를 올린다〈여기에서 멈춘다〉'라고 하였으니, 이를 통해 남향으로 짓는다는 사실을 증명할 수 있다. 또 같은 책 권4 「열직잡무 列職雜務」(대정장48, p.1132c26)에 '요원은 중료의 경문과 일용품들을 돌본다'라고 하였다. 衆寮 忠曰 衆寮之制 南向也 敕修清規 大掛搭歸堂云 新掛搭人轉東邊 寮主轉西邊 又觸禮一拜 寮主引掛搭人 排列朝觀音問訊〈止此〉 是可證南面之制也 敕修清規 列職雜務云 寮元 掌衆寮之經文什物之類"라고 하였다. 〔참고문헌〕『禪林象器箋』, 『百丈清規』. ⇨ 승당 僧堂, 순안 巡案, 총림 叢林

중료내판 衆寮內板 중료중소판(衆寮中小板)을 달리 이르는 말. 『선림상기전』 권18(불광장, 禪藏, p.1396)에 "중료내판 : 중료중소판을 내판이라 칭한다〈자세한 내용은 중료외판 참조〉. 『백장청규』 권5 「대괘탑귀당 大掛搭歸堂」(대정장48, p.1141a13)에 '행자가 중료로 안내하면 내판을 세 번 치고 요주가 맞이하여 문 안으로 들인다'라고 하였다. 衆寮內板 衆寮中小板 稱內板〈詳衆寮外板處〉 敕修清規 大掛搭歸堂云 行者引至衆寮 鳴內板三下 寮主相接入門"라고 하였다. 〔참고문헌〕『禪林象器箋』, 『百丈清規』. ⇨ 중료중소판 衆寮中小板

중료전판 衆寮前板 중료 앞에 걸려 있는 판. 대중이 함께하는 위의를 알릴 때 친다. 중료외판(衆寮外板)이라고도 한다. 중료내판(衆寮內板)보다 크기가 크다. 『선림상기전』 권18(불광장, 禪藏, p.1395)에 "중료전판 : 『백장청규』 권1 「성절 聖節」(대정장48, p.1113a20)에 '당사행자가 미리 중료전판을 세 번 쳐서 대중이 좌당(坐堂 : 僧堂)으로 모이게 한다'라고 하였다. 衆寮前板 敕修清規 聖節云 堂司行者 預鳴衆寮前板三下 集衆坐堂"라고 하였다. 〔참고문헌〕『禪林象器箋』, 『百丈清規』.

중료중소판 衆寮中小板 중료 내부에 거는 소형 목판. 중료 밖에 걸려 있는 판(衆寮外板)보다 크기가 작기에 이렇게 불리며, 중료내판(衆寮內板)이라고도 한다. 『선림상기전』 권18(불광장, 禪藏, p.1395)에 "중료중소판 : 『백장청규』 권4 「입료출료다 入寮出寮茶」(대정장48, p.1136a28)에 '점심 공양이 끝나면 중료중소판을 치고, 다탕을 공양하는 사람은 문밖 오른쪽에 서서 대중에게 읍한 뒤 들어온다'라고 하였다. 衆寮中小板 敕修清規 入寮出寮茶云 齋退 鳴寮中小板 點茶人 門外右立 揖衆入"라고 하였다. 〔참고문헌〕『禪林象器箋』, 『百丈清規』.

중료행자 衆寮行者 중료에서 요원(寮元) 등을 돕는 소임. 줄여서 요행(寮行)이라고 한다. 『선림상기전』 권8(불광장, 禪藏, p.577)에 "중료행자 : 『대감청규』 「전단림수지 栴檀林須知」에 '요행은 늘 중료에 있으면서 매사에 요원(寮元) · 요주(寮主) · 부료(副寮)의 부름과 할 일을 듣는다. 만약 새로 온 부료가 사정을 잘 모른다면, 행자가 상세하게 알려 준다. 매일 다탕을 공양할 때 쓰는 탕을 행자가 관리하며, 요주가 이를 자세히 점검한다'라고 하였다. 衆寮行者 大鑑清規 栴檀林須知云 寮行者 常常在寮 凡事 聽寮元主副號令 如新來副寮 未知 行者 詳細白知 每日點茶之湯 行者管 寮主 提點之"라고 하였다. 〔참고문헌〕『禪林象器箋』.

중료향로 衆寮香爐 행례(行禮) 때 중료에 배치하는 향로. 물을 끓여 차를 넣고 공양하는 전점(煎點)과 같이 중료에서 행하는 행례에는 7개의 향로를 정해진 위치에 두고, 행례를 관장하는 이가 향을 피운다. 『선림상기전』 권19(불광장, 禪藏, p.1465)에 "중료향로 : 도충이 말한다. '중료에서 행례 때 7개의 향로를 안치한다〈「도패류 圖牌類」의 다탕문신도(茶湯問訊圖) 참조〉'. 『백장청규』 권7 「신괘탑인점입료다 新掛搭人點入寮茶」(대정장48, p.1150b29)에 '중앙의 향로와 상간 및 하간의 향로 앞으로 가서 향을 피운다'라고 하였다. 衆寮香爐 忠曰 衆寮行禮 安七箇香爐〈見圖牌門 茶湯問訊圖處〉 敕修清規 新掛搭人點入寮茶云 進中爐 上下間爐前 燒香"라고 하였다. 〔참고문헌〕『禪林象器箋』, 『百丈清規』.

중류 中流 **1** 생사와 열반 그 사이를 흐르는 것. 번뇌를 말한다. 『주유마힐경』 권9(대정장38, p.410c25)에 "차안이란 생사이고, 피안이란 열반이며, 중류란 번뇌(結使)다. 此岸者 生死也 彼岸者 涅槃也 中流者 結使也", 『유마경소기초』 권5(卍속장92, p.16b14)에 "번뇌를 중류라 한 것은 생사는 번뇌가 있기 때문이고, 번뇌를 깨뜨리면 열반이 있기 때문이다. 煩惱爲中流者 由生死有煩惱 破煩惱有涅槃故", 『대승법계무차별론』(대정장31, p.895c2)에 "이 법계에서 항하의 모래보다 많은 가없는 번뇌의 껍질에 둘러싸여 무시이래로 항시 생사의 파랑에 표류하면서 오고 가고 나고 죽으면서 언제나 중류에 처하는 것을 중생이라 한다. 此法界過於恒沙 無邊煩惱轂所纏裹 無始世來常爲生死波浪漂流 往來生滅恒處中流 說名衆生"라고 하였다. 〔참고문헌〕『注維摩詰經』, 『維摩經疏記鈔』, 『大乘法界無差別論』. ⇨ 결사 結使 **2** 중간 근기의 사람. 『백장청규』 권7(대정장48, p.1146c13)에 "상상근기는 한 번 생애 취해 가리고, 중류의 사람은 성태를 기른다. 上上之機 一生取辦 中流之士 長養聖胎"라고 하였다. 〔참고문헌〕『百丈清規』. ⇨ 중근 中根 **3** 강이나 내의 중간. 『장아함경』 권18 「세기경 世記經」(대정장1, p.118b19)에 "그 강에는 뭇 보배 실은 배가 있는데 그곳의 인민들은 그 강에 들어가 목욕하거나 놀고 싶을 때는 기슭에 옷을 벗어 놓고 배를 타고 강 가운데로 들어간다. 其河中有衆寶船 彼方人民欲入中洗浴遊戲時 脫衣岸上 乘船中流", 『대당서역기』 권2(대정장51, p.878a4)에 "이들을 위해 친지와 벗들이 음악을 연주하며 전별회를 하면, 배를 띄우고 노를 저어 갠지스강을 건너가다 강 중간쯤에 이르러서는 스스로 물에 빠지는데, 하늘에 나기 위해서라고 한다. 於是親故知友 奏樂餞會 泛舟鼓棹 濟殑伽河 中流自溺 謂得生天"라고 하였다. [참고문헌] 『長阿含經』, 『大唐西域記』.

중리 重離 역(易)의 리괘(離卦 ☲)가 중첩된 모양. 곧 ䷝라는 괘를 말한다. 조동오위(曺洞五位)에서는 겸중도(兼中到)라 하여 쓴다. 『조산어록』(대정장47, p.533b23)에 "겸중도란 중리다. 정위라고 하여 반드시 허가 아니고, 편위라고 하여 반드시 실이 아니니 등짐도 향함도 없다. 兼中到者 重離也 正不必虛 偏不必實 無背無向"라고 하였다. [참고문헌] 『曹山語錄』. ⇨ 중리육효 重離六爻, 변진성오 變盡成五, 삼첩오변 三疊五變

중리육효 重離六爻 조동종(曹洞宗) 정편오위(正偏五位)의 설을 풀이하는 수단으로 활용하는 역의 중리괘(䷝) 육효. 『보경삼매본의』(卍속장111, p.271b15)에 "중리육효는 비록 오위로 나뉘지만 삼법과 어긋나지 않는다. 그러므로 오위 중 처음 두 위를 합하여 한 법으로 삼는다. 이와 사가 마주하고, 지와 행이 짝하니 마치 새의 두 날개와 같고 수레의 두 바퀴와 같다. 날개는 나란히 하고 바퀴는 아우르려 하니, 하나가 없으면 허공을 날아 먼 곳에 이르지 못한다. 그러므로 효의 자리에는 차제가 있지만 법상에는 전후가 없다. 두 자리가 아울러 어울려야 진실한 반야이니 이것을 법 중에 머리넓은 면모라 한다. 다음으로 네 번째와 다섯 번째 위를 합하여 한 법으로 삼는다. 체용이 짝하고, 권실이 마주하니 마치 달에 그림자가 있고 등에 빛이 있는 것과 같다. 드러나면 한 쌍으로 드러나고 사라지면 일제히 사라지니 두 가지를 떠나서는 어리석은 견해와 희론이 된다. 그러므로 효의 자리에는 차제가 있지만 법상에는 전후가 없다. 두 자리가 동시여야 진실한 해탈이니 이것을 법 중에 꼬리넓은 면모라 한다. … 중리육효는 옛 성인이 우연히 의탁한 비유일 뿐인데 어찌 세밀하게 연구하고 깊이 파뒤질 필요가 있겠는가? 참으로 그렇게 하려면 『화엄경』을 뭇 경의 왕으로 삼으라. 重離六爻 雖分五位 不違三法 故以初二兩位 合爲一法 蓋理與事對 智與行對 如鳥二翼 如車兩輪 翼欲其比 輪欲其竝 缺一則難翔空致遠 是故 爻位雖有次第 法相則無前後 二位竝融 是眞般若 是爲法中頭濶 次以四五兩位 合爲一法 蓋體與用對 權與實對 如月有影 如燈有光 彰則雙彰 泯則齊泯 離二則成狂見戲論 是故 爻位雖有次第 法相亦無前後 二位同時 是眞解脫 是爲法中尾濶 … 夫重離六爻 先聖偶然托喩耳 胡必精研 而深索之 果爾則華嚴爲群經之王", 『비은어록』「기년록 紀年錄」(가흥장26, p.190a1)에 "비은선사가 61세에 여러 선문에서 '중리육효에 편위와 정위가 번갈아 드니, 중첩하여 삼이 되고 변화가 다하면 다섯이 된다'라는 『보경삼매가』의 설을 널리 알리고 있었지만 그들 대부분이 명암을 온전하게 구분하지 못하는 현실을 보고 마침내 괘효와 흑백의 둥근 표시(○●◓◒)를 그림으로써 편정오위를 드러내었다. 그 서술이 간요하여 쉽게 볼 수 있도록 어록에 모두 실었다. 師六十一歲 因諸方闡揚 寶鏡三昧 重離六爻 偏正回互 疊(而爲)三 變盡成五 多顯晦不全 遂畫卦爻 及黑白圈 以彰偏正五位 所述簡要 令人易覽 具載全錄", 『조종어록』 권7(가흥장34, p.261c6)에 "'『보경삼매가』에 「중리 육효에 편위와 정위가 번갈아 든다」라고 하였는데, 효가 움직이기 전에는 어디에서 번갈아 드는지요?' '8 곱하기 8은 64'. 問 寶鏡云 重離六爻 偏正回互 爻未動時 向甚麼處回互 答云 八八六十四"라고 하였다. [참고문헌] 『寶鏡三昧本義』, 『費隱語錄』, 『朝宗語錄』. ⇨ 변진성오 變盡成五, 삼첩오변 三疊五變

중림사반자 重林寺飯子 고려시대 청동 반자. 최대 지름 36.2cm・두께 7.4cm・통형(通型) 지름 30cm. 중림사는 경상북도 경산시 진량읍 상림리에 있던 절로 추정되며, 반자는 경산시 압량면에서 출토되어 국립경주박물관에 소장되어 있다. 앞면 중앙 당좌(撞座)에 연꽃을 도드라지게 표현하였다. 둘레에 새겨진 명문에 "건통 9년(1109・예종4) 기축 11월 어느 날 중림사 주지 현의대사 충조가 조성하였다. 이 반자에 들어간 무게는 13근이다. 乾統九年己丑十一月日 重林寺住持 顯儀大師忠祚造成 右飯子入重十參斤□"라고 하였다. [참고문헌] 『韓國金石全文』 中世上 p.539. ⇨ 금고 金鼓, 반자 飯子

중림사반자

중립 中立 ?~1115. 북송(北宋)대 스님. 속성은 진(陳)씨. 사호(賜號)는 명지(明智). 명주(明州 : 浙江省) 은현(鄞縣) 출신. 나이 아홉에 서심사(棲心寺)에서 출가하고 치평년간(1064~1067)에 구족계를 받았다. 그 다음에 천태교학(天台敎觀)을 공부하다가 다시 연경사(延慶寺) 감문(鑒文) 문하에서 수행하다가 그 자리를 계승하였다. 개연(介然)을 시켜 십육관당(十六觀堂)을 짓도록 하고 부지런히 정토(淨土)를 닦았다. 그 뒤 보운사(寶雲寺)로 옮겨 절을 다시 정비하고 얼마 지나지 않아 백운암(白雲庵)으로 물러나 매일 『마하지관 摩訶止觀』을 강설하고, 『부사의변정 不思議辨正』・『지관열망지귀석의 止觀裂網指歸釋疑』 등을 저술하였다. 그 뒤 다시 연경사에 강설하다가 1115년(정화5) 입적하였다. [참고문헌] 『佛祖統紀』 권14(대정장49, p.220b2), 『補續高僧傳』 권3 「中立傳」(卍속장134, p.71a5).

중맹모상 衆盲模象 뭇 눈먼이들이 코끼리를 더듬다. 4

0권본 『대반열반경』 권32(대정장12, p.556a8)에 "선남자여! 비유하자면, 왕이 한 대신에게 '그대는 코끼리 한 마리를 데려와 눈먼이에게 보여라'라고 했다. 대신이 왕명을 받들어 여러 눈먼이들 오게 해서 코끼리를 보여주었다. 그때 저들 눈먼이들은 각기 손으로 만져보았고, 대신은 돌아가 왕에게 아뢰었다. '신이 보여 주었습니다'. 그러자 대왕은 여러 눈먼이들을 불러 각각에게 물었다. '너는 코끼리를 보았느냐?' 여러 눈먼이들은 각기 말했다. '저는 보았습니다'. 왕이 말했다. '코끼리는 어떤 것이더냐?' 상아를 만진 이는 코끼리 모습이 무 같다고 했고, 귀를 만진 이는 코끼리 모습이 키 같다고 했으며, 머리를 만진 이는 코끼리의 모습이 돌 같다고 했고, 코를 만진 이는 코끼리의 모습이 절구공이 같다고 했으며, 다리를 만진 이는 코끼리의 모습이 나무절구 같다고 말했다. … 선남자여! 저들 눈먼이들은 코끼리의 몸 전체를 말한 것은 아니지만 그렇다고 말하지 않은 것도 아니다. 가령 그 여러 모습이 코끼리를 남김없이 보여주는 것은 아니지만, 이를 떠나서 따로 코끼리 상이 있는 것도 아니다. 선남자여! 왕이란 여래정변지를 비유한 것이며, 대신은 방등의 『대반열반경』을 비유한 것이며, 코끼리는 불성의 비유며, 눈먼이들은 모든 무명중생을 비유한 것이다. 善男子 譬如有王告一大臣 汝牽一象以示盲者 爾時 大臣受王勅已 多集衆盲 以象示之 時彼衆盲各以手觸 大臣卽還而白王言 臣已示竟 爾時 大王卽喚衆盲 各各問言 汝見象耶 衆盲各言 我已得見 王言 象爲何類 其觸牙者 卽言象形如蘆菔根 其觸耳者 言象如箕 其觸頭者 言象如石 其觸鼻者 言象如杵 其觸脚者 言象如木臼 … 善男子 如彼衆盲 不說象體 亦非不說 若是衆相 悉非象者 離是之外 更無別象 善男子 王喩如來正遍知也 臣喩方等大涅槃經 象喩佛性 盲喩一切無明衆生", 『대반열반경소』 권27(대정장38, p.196a20)에 "만약 여섯 법을 취해 불성이라 한다면 이는 여러 눈먼이들이 말하는 불성이고, 만약 여섯 법을 떠나서 불성이라면 이는 허공을 가리켜 불성이라 하는 것과 같아 바라문이 비방하고 선예가 해칠 바이고, 그것도 아니고 그것 아닌 것도 아닌 중도를 취해 불성이라 한다면 이는 대왕과 대신의 지혜로 본 불성이다. 若取六法爲佛性者 乃是衆盲之佛性 若離六法爲佛性者 如指虛空爲佛性 如諸婆羅門所謗 爲仙豫所害 取不卽不離中道爲佛性者 如大王臣智所見佛性"라고 하였다. 〔참고문헌〕『大般涅槃經』, 『大般涅槃經疏』.

중멸 衆滅　모여 사라지다. 중생(衆生)이라는 말과 뜻이 있다 해서 중멸(衆滅)이라는 말과 뜻이 성취될 수는 없다는 뜻에서 설정된 말이다. 원측(圓測)의 『해심밀경소』 권2(한불전1, p.175c12)에 "능히 집착하는 이에게는 세 가지 이름이 있다. 첫째는 중생이고, 둘째는 우부이며, 셋째는 이생이다. 중생이라는 말에는 대략 두 가지 뜻이 있다. 첫째는 많은 법으로 났기에 중생이라 하는 것이다. … 둘째는 많은 생을 받기에 중생이라 하는 것이다. 따라서 『반야등론석』 권10(대정장30, p.102c11)에서는 '유정은 거듭거듭 생을 받기에 중생이라 한다'라고 하였다. 또 진제의 『금강반야소』에서는 '전생후생으로 나서 끊이지 않기에 중생이라 한다'라고 하였다. 만약 그렇다면 전후멸의 뜻에서는 중멸이라고도 해야 할 것이다. 〔답〕 예로 볼 수 없다. 생은 중생을 성취하지만, 멸은 성취되는 것이 아니기 때문이다. 能執人 有其三名 一名 衆生 二名 愚夫 三名 異生 言衆生者 略有二義 一者 衆多法生 故名衆生 … 二者 受多生故 名曰衆生 故般若灯論云 謂有情者數數受生 故名衆生 又眞諦波若疏云 以前生後生 生不絶故名衆生 若爾亦有前後滅義 應名衆滅 答 非一例 生成衆生 滅非成故"라고 하였다. 〔참고문헌〕『解深密經疏』, 『般若燈論釋』.

중명 仲銘　원대 임제종(臨濟宗) 대혜파(大慧派) 스님. 호는 설려(雪廬), 속성은 여(余)씨. 파양(鄱陽 : 江西省) 노리(盧里) 출신. 소은대흔(笑隱大訢 1284~1344)의 제자로 오랫동안 대룡상(大龍翔 : 天界寺)에서 소은대흔을 시봉하면서 내기(內記)의 직무를 관장하였으며, 원 지정년간(1341~1368)에 가화(嘉禾 : 浙江省嘉興) 자성사(資聖寺)에 주석하였다. 이때 요암청욕(了庵淸欲)이 남당(南堂)에 거처하고 있었는데 서로 뜻이 잘 맞았으며, 요암청욕이 입적하자 제문을 지어 제사를 지내주었다. 불교 이외의 전적에도 두루 통달하였으며 널리 명산대천을 돌아다녔다. 양렴부(楊廉夫)·고중영(顧仲瑛)·정중용(丁仲容)·정문(程文)·장저(張翥) 등 당시 저명한 인사들과 교류하였으며, 스스로 강좌외사(江左外史)라고 칭하였다. 저서에는 『설려고 雪廬藁』 1권이 있다. 〔참고문헌〕『五燈全書』 권56(卍속장141, p.216a8), 『續燈正統』 권15(卍속장144, p.674b2), 『續燈存稿』 권12(卍속장145, p.281b7), 『宗統編年』 권28(卍속장147, p.420b17). ⇨ 설려고 雪廬藁

중명 衆名　Ⓢ paryāya, Ⓣ rnam-grangs. 뭇 이름들. 뜻에 있어 달리 변하지 않는 여러 이름들을 말한다. 명문(名門)·이문(異門)·이명(異名)이라고도 한다. 『중변분별론』 권상(대정장31, p.452b23)에 "무엇을 뭇 이름이라 하는가? 〔게〕 여여(Ⓢ tathatā)와 실제(Ⓢ bhūtakoṭi), 무상(Ⓢ animitta)과 진실(Ⓢ paramārthatā), 법계(Ⓢ dharma-dhātu)와 법신 등이, 간략히 말해 공(Ⓢ śūnyatā)의 뭇 이름들임을 알아야 한다. 무엇이 그 뭇 이름의 뜻(Ⓢ paryāya-artha)인가? 〔게〕 변하여 달라지지 않음(Ⓢ ananyathā), 뒤집히지 않음(Ⓢ aviparyāsa), 상이 사라짐(Ⓢ nimitta-nirodha), 성스런 경계(Ⓢ ārya-gocara), 성법(Ⓢ ārya-dharm a)의 인(Ⓢ hetu)과 의지처(依) 등이 순서대로 그 뭇 이름의 뜻임을 알아야 한다. 달라지지 않음을 뜻으로 삼아 여여라 한다. 항상 그러함을 버리지 않기 때문이다. 전도되지 않음이라는 뜻 때문에 실제라 한다. 전도의 종류와 경계가 아니기 때문이다. 상의 멸이라는 뜻 때문에 무상이라 한다. 모든 상을 여의었기 때문이다. 무분별로서 성지의 경계이기에, 제일의 지혜(Ⓢ parama-jñāna)라는 뜻 때문에 진실이라 한다. 성법의 인이라는 뜻 때문에 법계라 한다. 성법은 이 경계에 의지해 생기기 때문이다. 여기서 인의 뜻은 바로 계의 뜻이다. 법을 거둬 가지는 뜻 때문에 법신이라 한다. 이와 같이 공의 뭇 이름의 뜻을 드러내 마쳤다. 云何衆名 應知偈言 如如及實際 無相與眞實 法界法身等 略說空衆名 云何衆名義 應知偈言 非變異不倒 相滅聖境界 聖法因及依 是衆名義次 無異爲義故 是故名如如 恒如是不捨故 無顚倒爲義故 說實際 非顚倒種類及境界故 相滅爲義故 說無相 離一切相故 無分別 聖智境界故 第一義智爲體故 說眞實 聖法因爲義故 是故說法界 聖法依此境生 此中因義是界義 攝持法爲義故說法身 如是空衆名義已顯"라고 하였다. [참고문헌]『中邊分別論』, *Madhy-vibh.23.* ⇨ 명문 名門, 이문 異門❷, 이명 異名, 명색 名色

중명리 重名利 Ⓢ lābhe gurutā. 명예와 이익을 중히 여기다. 『변중변론』 권상(대정장31, p.467a1 : *Madhy-vibh.*, p.30)에 "법을 가벼이 여기고 명예와 이익을 중시하니, 유정에게 자비심이라곤 없다. 들은 교법을 훼손하고 거의 듣지도 않으며, 미묘한 정을 닦거나 다스리지도 않는다. 輕法重名利 於有情無悲 匱聞及少聞 不修治妙定 saddharme 'gauravaṃ lābhe gurutā kṛpatā tathā, śrutavyasanam alpatvaṃ samādhyaparikarmitā", 『방거사어록』 권하(卍속장120, p.74a12)에 "세속인은 명예와 이익을 중시하지만, 내 마음은 전혀 그렇지 않다네. 섶을 묶어 한 되 쌀과 바꾸어, 맑은 물 함께 쇠솥에서 끓인다네. 世人重名利 余心總不然 束薪貨升米 淸水鐵鐺煎"라고 하였다. [참고문헌]『辯中邊論』, 『龐居士語錄』, *Madhy-vibh.* ⇨ 명리 名利

중무 衆務 하고 많은 세간의 일. 애써 짊져야 하는 일. 『별역잡아함경』 권4(대정장2, p.398c12)에 "파사익왕(波斯匿王)이 부처님께 아뢰었다. '세존이시여! 나라 일은 광대하여 하고 많은 일이 넘치도록 많은 탓에 사리판단을 거칠게 마치고 부처님 계신 곳에 찾아왔습니다. 이러한 까닭에 몸은 먼지투성이입니다'. 王白佛言 世尊 國事廣大 衆務猥多 斷理麤訖 來詣佛所 以是之故 身體坌塵", 『대보적경』 권92(대정장11, p.523c7)에 "잡다한 일과 온갖 희론을 버리고 출세도를 닦아 중생을 자비로 품어라. 捨於衆務 及諸戱論 修出世道 慈念衆生"라고 하였다. [참고문헌]『別譯雜阿含經』, 『大寶積經』.

중문 中門 사찰 맨 앞의 정문(正門 : 南大門·總門)에서 법당(法堂) 사이에 있는 중간 문. 사역(寺域)의 중심 공간인 금당·탑·강당 등을 둘러싼 회랑(回廊)이 있는 경우에는 회랑 남면(南面)에 설치한다. 삼중문(三重門)이 설치된 우리나라 사찰에서는 일주문이 정문에 해당하고 사천왕문(四天王門)이나 금강문(金剛門)·해탈문(解脫門)·불이문(不二門)이 중문에 해당한다. 『중천축사위국기원사도경』 권1 「기수급원도 祇樹給園圖」(대정장45, p.884c11)에 "네 개의 중문 위에는 모두 누각이 있다. 네 개의 누각 안에는 각각 보인이 있는데, 때가 되면 나와서 북을 한 번 친다. 四中門上 亦皆有樓 其四樓內各有寶人 時至卽出打擿打一鼓", 『사탑기』 권1(대정장51, p.1023a16)에는 "경공사는 수 개황 3년(583)에 세워졌다. … 남중삼문 안 동벽 위에는 오도현(680~759)이 지옥변상도 벽화를 그렸고 … 서중삼문 내문 남쪽에는 오도현이 용을 그렸다. 景公寺隋開皇三年置 … 南中三門裏東壁上 吳道玄白畫地獄變 … 西中三門裡門南 吳生畫龍", 『식우집』 권2 「정인사중창기 正因寺重創記」(한국문집총간9, p.95b19)에는 "가로로 놓인 외랑 18칸의 가운데에 중문을 세우고 '묘각문'이라고 하였다. 橫立外廊十八間 中爲中門 名曰妙覺門"라고 하였다. [참고문헌]『中天竺舍衛國祇洹寺圖經』, 『寺塔記』, 『拭疣集』. ⇨ 가람 伽藍❶, 산문 山門❶, 금강문 金剛門, 사천왕문 四天王門, 불이문 不二門❷ 해탈문 解脫門

중문대장경 中文大藏經 ➡ 대장경 大藏經

중물 重物 ❶ 무겁게 여겨야 할 물건. 중생에게 베풀기에 또는 시주가 베푸는 뜻에서 가벼이 할 수 없는 물건. 함부로 할 수 없는 물건의 뜻이다. 『보살본연경』 권상(대정장3, p.57c7)에 "보살마하살은 모든 중생을 위하므로 일체의 소중한 물건을 베풀지 않는 일이 없구나. 菩薩摩訶薩 爲諸衆生故 一切所重物 無不以惠施", 『마하승기율』 권3(대정장22, p.245a19)에 "평상과 와구 그리고 갖가지 다른 물품을 중물이라 한다. 만일 비구가 훔칠 마음으로 이들 중물을 건드리면 월비니죄를 얻는다. 床臥具 及種種餘物 是名重物 若比丘盜心 觸此重物等 得越比尼罪", 『선견율비바사』 권12(대정장24, p.755b10)에 "부처님께서 비구들에게 이르셨다. '남에게 주어서는 안 되는 다섯 가지 중물이 있다. 승(僧)도 주어서는 안 되고, 중(衆)도 주어서는 안 되며, 한 속인일지라도 주어서는 안 된다. 만약 준다면 투란차죄를 얻는다. 무엇이 그 다섯 가지인가? 첫째는 원림, 둘째는 원림의 땅, 셋째는 철제물, 넷째는 목재물, 다섯째는 토제물이다. 이들 중물은 남에게 함부로 주어서는 안 된다'.

부처님께서 비구들에게 이르셨다. '다섯 가지는 나누어서는 안 되니, 승·중·속인 등 누가 되었건 원림을 첫 번째로 하여 나누어주면 투란차죄를 얻는다. 佛告諸比丘 有五種重物 不應與人 僧亦 不得與 衆亦 不得與 一人亦 不得與 若與者 得偸蘭遮罪 何謂爲五 一者 園 二者 園地 三者 鐵物 四者 木物 五者 土物 以此諸重物 不得妄與人 佛告諸比丘 五種不得分 僧衆一人 園爲初 若分得偸蘭遮罪"라고 하였다. 〔참고문헌〕『菩薩本緣經』, 『摩訶僧祇律』, 『善見律毘婆沙』. ❷ Ⓢ guru-dravya. 무거운 물건. 『대가섭문대보적정법경』 권2(대정장12, p.205c6)에 "비유하자면 큰 코끼리에게는 대단한 힘이 있어 모든 종류의 무거운 물건을 등에 싣고도 피로를 느끼지 않는다. 譬如龍象有大勢力 擔負一切重物 而無疲苦", 『대지도론』 권65(대정장25, p.518a18)에 "또한 마치 무거운 물건을 쪼개어 가볍게 만드는 작업과 같이 갖가지 인연과 비유로 본말을 풀어 쉽게 알게 한다. 又如重物 披析令輕 種種因緣譬喩 解釋本末令易解"라고 하였다. 〔참고문헌〕『大迦葉問大寶積正法經』, 『大智度論』, *Abh-k-bh.40.*

중미륵암 中彌勒庵 충청북도 보은군 속리산면 사내리 속리산(俗離山)에 있던 암자. 법주사(法住寺)의 산내암자였다. 〔참고문헌〕『韓國寺刹全書』 권하 p.1029a1.

중반열반 中般涅槃 Ⓢ antarā-parinirvāyin, Ⓟ antarā-parinibbāyin, Ⓣ bar-ma-dor-yongs-su-mya-ngan-las-'da'-ba. 오종불환(五種不還) 중 하나로 오하분결(五下分結)을 끊은 불환과(不還果)의 성자가 색계(色界)의 중유(中有)로 있으면서 생유(生有)를 성취하기 전에 나머지 오상분결(五上分結)을 끊고 반열반(Ⓢ parinirvāṇa)에 드는 뜻이다. 중유에 있어서도 빠르게 인 속(速), 바로가 아닌 비속(非速), 조금 있다가 인 경구(經久) 등 세 갈래로 나눈다. 『중아함경』 권2 「선인왕경 善人往經」(대정장1, p.427a22)에 "비구들도 또한 다음과 같음을 알아야 할 것이니, 만(慢) 아직 다하지 못했고, 오하분결(貪 瞋 有身見 戒禁取見 疑)은 이미 끊어 중반열반을 얻었으니, 이를 첫 번째 선인이 가서 이르는 곳이라 하며, 세간진실답게 존재하는 것이다. 當知比丘亦復如是 少慢未盡 五下分結已斷 得中般涅槃 是謂第一善人所往至處 世間諦如有", 『구사론』 권24(대정장29, p.124b12 : *Abh-k-bh.*, p.358)에 "이 사람(불환과의 성자)이 중간에서 반열반하기에 이를 중반열반이라 한다. … '중반'이라는 말은 색계로 가서 중유위에 머물면서 바로 반열반하는 것을 말한다. … 또 중반열반은 세 가지로 나뉜다. 신속하게 반열반하는 경우, 신속하지 않은 경우, 오랜 시간이 지나 반열반을 얻는 경우가 그것이니, 세 가지 불꽃비유로 나타낸 바다. 此於中間般涅槃故 說此名曰 中般涅槃 … 言中般者 謂往色界 住中有位 便般涅槃 … 且中般涅槃 分爲三種 速非速 經久得般涅槃 由三火星喩所顯故 antarā parinirvṛtirasyetyantarāparinirvṛtiḥ. … antarāparinirvāyī yo 'ntarābhave parinirvāti. … antarāparinirvāyiṇastāvadāśvanāśuciraparinirvāṇāt dṛṣṭāntatrayeṇa", 『구사론기』 권24(대정장41, p.360c5)에 "'중반'이라 한 것은 욕계에서 죽어서 색계로 가서 중유위에 머물면서 마땅히 날 곳이라 여겨 성도를 현전시켜서는 나머지 번뇌를 끊고 아라한이 되어 바로 반무여열반에 이르는 것이니, 이 때문에 중반열반이라 한다. 따라서 『대비바사론』 권174(대정장27, p.874b26)에서는 '그로부터 목숨이 끝나고 색계중유를 일으켜서는 그 중유위에 머물면서 이와 같은 종류의 무루도를 얻고, 이 도의 힘으로 비로소 나머지 번뇌를 끊는 데로 나아가 무여의열반계에서 반열반하는 것을 중반열반이라 한다'고 하였다. 言中般者 謂欲界沒 往於色界 住中有位 起應生地 聖道現前 斷餘煩惱 成阿羅漢 卽便般無餘涅槃 故名中般 故婆沙百七十四云 從彼命終 起色界中有 卽住彼中有 得如是種類無漏道 由此道方進斷餘結 於無餘依涅槃界而般涅槃 是名中般涅槃"라고 하였다. 〔참고문헌〕『中阿含經』, 『俱舍論』, 『俱舍論記』, 『大毘婆沙論』, *Abh-k-bh.*, *AN.4.70.* ⇨ 오하분결 五下分結, 불환과 不還果, 중유 中有, 색계 色界, 오종불환 五種不還, 삼화성유 三火星喩

중반열반보특가라 中般涅槃補特伽羅 Ⓢ antarā-parinirvāyī pudgalaḥ, Ⓣ gang-zag-bar-ma-dor-yongs-su-mya-ngan-las-'da'-ba. 중반열반하는 보특가라. 이미 오하분결(五下分結)의 번뇌는 끊고 불환과(不還果)의 성자가 색계(色界) 중유(中有)에서 남은 번뇌를 끊고 반열반에 드는 뜻이다. 이를 세 가지로 나누기도 하는데 생유(生有)의 입장에서 아직 발취하기 전(未發), 겨우 일어나려 할 때(纔發), 이미 일으켜 멀어진 위(已遠去位)다. 『집이문족론』 권14(대정장26, p.426a2)에 "무엇을 중반열반보특가라라 하는가? 〔답〕 모든 보특가라가 현재에서 이미 오순하분결은 끊었지만 오순상분결은 아직 끊지 못해서 조작하고 증장하여 이숙업을 일으키지만 이숙업을 낳지는 않으니 몸이 무너지고 목숨이 끝날 때 그는 색계천의 중유를 일으키고는 곧 이와 같은 무루도의 힘을 얻어서 나머지 번뇌를 끊는 데로 나아가 반열반하니 이것을 중반열반보특가라라 한다. 〔문〕 어째서 중반열반보특가라라 하는가? 〔답〕 이 보특가라는 근은 극히 맹렬하고 예리하지만 번뇌는 극히 미약하고 엷어서, 이미 욕계를 뛰어넘었지만 아직 색계에 이르지는 못해 그 중간에서 곧 이와 같은 무루도의 힘을 얻고는 나머지 번뇌를 끊는 데로 나아가 반열반하기에 중반열반보특가라라 한다. 云何中般涅槃補特伽羅 答 諸有補特伽羅 卽於現法已斷五順下分結 未斷五順上分結 造

作增長起異熟業 非生異熟業 身壞命終 彼色界天中有起已 便得如是無漏道力 進斷餘結而般涅槃 是名中般涅槃補特伽羅 問 何故名中般涅槃補特伽羅 答 由此補特伽羅 根極猛利 結極微薄 已超欲界未至色界 於其中間 便得如是無漏道力 進斷餘結而般涅槃故 名中般涅槃補特伽羅", 『대승아비달마잡집론』 권13(대정장31, p.755b6)에 "'중반열반보특가라'는 생유의 번뇌는 이미 끊었지만 중유를 일으키는 번뇌는 아직 끊지 못한 상태를 말한다. 또는 중유가 일어나는 바로 그때에 즉시 성도를 현전시켜 모든 고를 다하기도 하고, 또는 중유가 일어나고 난 뒤에는 생유로 나가기 위해 사유를 일으키는 바로 그때 즉시 성도를 현전시켜 모든 고를 멸하기도 하며, 또는 사유를 일으키고 난 뒤 생유로 나아는 가지만 생유에 아직 이르기 전에 즉시 성도를 현전시켜 모든 고를 멸하기도 한다. 〈석〉 여기서 세 가지 중반열반보특가라는 번뇌의 힘으로 인해 날 곳을 향해 나아가 생유를 상속케 해서 이 번뇌를 이미 다한다. 오직 잠재적 번뇌의 힘으로 인해 목숨이 끝난 뒤에도 모든 온의 상속이 일어나니 이는 잠재적 번뇌가 아직 다하지 못하기 때문이다. 또는 중유가 일어난 바로 그때에 거듭 수습한 힘으로 성도를 현전시켜 나머지 번뇌를 끊게 되니 이렇게 반열반에 든다. 또는 중유가 일어난 뒤에는 생유로 나아가기 위해 사유를 일으키는 바로 그때 성도를 현전시켜 나머지 번뇌를 끊고는 반열반에 든다. 또는 사유를 이미 일으킨 뒤 생유의 처소로 나아는 가지만 생유에 이르기 전에 성도를 현전시켜 나머지 번뇌를 끊고는 반열반에 든다. 이와 같이 세 가지 생유처를 바라서 아직 일어나기 전이나 겨우 일어나려 할 때와 이미 일어난 때로 차별하게 건립한 것은 『칠선장부취경 七善丈夫趣經』에 따랐다. 中般涅槃補特伽羅者 謂生結已斷 起結未斷 或中有纔起 卽便聖道現前 得盡苦際 或中有起已 爲趣生有 纔起思惟 卽便聖道現前 得盡苦際 或思惟已 發趣生有 未到生有 卽便聖道現前 得盡苦際 此中顯示三種中般 由煩惱力 往趣生處 令生有相續 此煩惱已盡 唯由隨眠力 令命終後 諸蘊續起 此隨眠餘猶未盡 或中有纔起 由串習力 聖道現前 斷餘隨眠 卽於此位 入般涅槃 或中有起已 爲往生有 纔發思惟 聖道現前 斷餘隨眠 入般涅槃 或思惟已 往生有處 未得生有 聖道現前 斷餘隨眠 入般涅槃 如是三種望生有處 未發纔發 已遠去位 差別建立 隨順七善丈夫趣經"라고 하였다. 〔참고문헌〕『集異門足論』, 『大乘阿毘達磨雜集論』, *Abh-s.90.*, *Abh-s-bh.120.*, *Śrāv-bh.178.* ⇨ 중반열반 中般涅槃, 사향사과 四向四果, 불환과 不還果, 중유 中有, 결 結, 번뇌 煩惱, 수면 隨眠, 오하분결 五下分結

중반열반인 中般涅槃人 중반열반(中般涅槃)하는 이. 불환과(不還果)의 성자를 말한다. 『사리불아비담론』 권8(대정장28, p.587b14)에 "무엇을 중반열반인이라 하는가? 만약 사람이 오하분번뇌를 끊을 때, 유신(有身 : 有身見)·의(疑)·계도(戒盜 : 戒禁取見)·욕애(欲愛 : 貪欲)·진에(瞋恚)를 성도(聖道 : 四諦)로 일시에 모두 끊는데, 그 성자는 신근·진근·념근·정근·혜근이라는 오근을 지혜롭게 씀이 가장 뛰어나다. 만약 이 도를 즐거워해서 속히 이해한다면, 그 도를 닦고 나서 아라한과를 얻지만, 그에게 지체되는 난관이 있다면 현재의 몸으로는 아라한과를 얻지 못한다. 또는 온갖 연으로 친속을 자민한 과거의 업으로 반드시 한번은 하늘 몸을 받아난다. 거기에 부적의가 있고 부적의를 낳고 부적의에 머무르고 부적의를 행하여 그 천신으로 있으면서 중반열반한다. 어째서 중반열반이라 하는가? 욕계에서 목숨이 끝나 색계천상에 나서 그 천수를 누리다가 그곳에서 법을 끊고 중반열반하기에 이를 중반열반이라 한다. 云何中般涅槃人 若人五下分煩惱斷 身見疑戒盜欲愛瞋恚 以聖道一時俱斷 彼聖五根利用最勝 信根進根念根定根慧根 若此道樂速解 若修彼道已 得阿羅漢果 彼有留難 現身不得阿羅漢果 或多諸緣 行慈愍親屬 宿業必當生受一天身 於彼有不適意 生不適意 住不適意 行不適意 於彼天身中般涅槃 何謂中般涅槃 於欲界命終 若生色界天上 於彼天壽中 於彼斷法中般涅槃 是名中般涅槃'라고 하였다. 〔참고문헌〕『舍利弗阿毘曇論』. ⇨ 오하분결 五下分結

중발 中鉢 Ⓟ majjhima patta. 발우를 그 크기에 따라 셋으로 나눈 것 중 중간 크기의 발우. 나머지 두 가지는 대발(大鉢 : 上鉢)과 소발(小鉢 : 下鉢)이다. 『십송율』 권13(대정장23, p.91a10)에 '비구가 상발로 음식을 취할 경우에는 한 개의 발우만큼만 취해야 한다. (상발) 두 개의 발우의 분량을 취하면 바일제다. 중발로 취할 경우에는 최대의 경우라도 (중발) 두 개의 발우만큼만 취하고 세 개의 분량을 취해서는 안된다. 만약 세 개의 분량만큼 취하면 바일제다. 하발로 취할 때에도 극히 많게 해도 세 개의 발우만큼만 취하고 네 개의 분량을 취해서는 안 된다. 네 개의 분량을 취하면 바일제다. 若比丘 以上鉢取者 應取一鉢 不應取二鉢 取二鉢 波逸提 若以中鉢取者 極多取二鉢 不應取三 若取三者 波逸提 若以下鉢取者 極多取三鉢 不應取四 若取四者 波逸提"라고 하였다. 〔참고문헌〕『十誦律』, 『薩婆多毘尼毘婆沙』 권7(대정장23, p.549a7), 『有部律』 권35(대정장23, p.821a11), *Vin.4.243.* ⇨ 발우 鉢盂, 상발 上鉢, 소발 小鉢

중배관 中輩觀 『관무량수경 觀無量壽經』에서 설하는 십육관(十六觀) 중 열다섯 번째 관. 중배생상(中輩生想)·중품생관(中品生觀) 등이라고도 한다. 출가하여 사문(沙門)이 되지는 못하였지만, 재가자로서 계를 지니고 정토에 태어나기를 서원하면서 불탑·불상을 건립하거나 승중을 공양하는 등의 공덕을 쌓거나 부모를 봉양하는 등의 선업을 쌓은 무리가 왕생하는 것을 보는 관법. 이 무리에도 회향하는 공덕이나 쌓은 선업에 따라 다시 상품·중품·하품의 구분이 있다. 『사종요문』 권상(대장경보편32, p.436c15)에 "(십육관 중) 열네 번째는 상배관, 열다섯 번째는 중배관, 열여섯 번째는 하배관이다. 이 열여섯 중 앞의 열셋은 정선이고, 그 다음 셋은 산선이다. 『관무량수경』의 구품왕생은 상중하 삼배에 각기 세 가지 품이 있는 것을 합산하여 구품이라고 하는 것이다. … 중품상생〈5계·8계·250계·500계 등을 지닌 이의 왕생이다〉, 중품중생〈하루 낮밤을 팔재계·사미계·구족계를 지닌 이의 왕생이다〉, 중품하생〈부모를 효성스럽게 봉양하거나 선 등을 베푸는 이의 왕생이다. 이상으로 중배의 왕생을 마친다〉. 十四 上輩觀 十五 中輩觀 十六 下輩觀 此十六 前十三定善 後三輩散善也 觀經九品往生 上中下三輩 各三品合爲九品也 … 中品上生〈五戒八戒 二百五十戒 五百戒等也〉 中品中生〈一日一夜戒 八齋戒 沙彌戒 具足戒也〉 中品下生〈孝養父母 施善等也 已上中輩終〉"라고 하였다. 〔참고문헌〕『四宗要文』, 『觀無量壽經』(대정장12, p.345b8). ⇨ 십육관 十六觀, 삼배왕생 三輩往生

중백문 中百門 『중론 中論』·『백론 百論』·『십이문론 十二門論』 즉 삼론(三論)을 아울러 부르는 말. 중백문등론(中百門等論)·중백문관(中百門觀)이라고도 한다. 『원각경대소석의초』 권2(卍속장14, p.512b17)에 "『금강경』에서는 '만약 모든 상이 상이 아님을 본다면, 이는 여래를 보는 것이다'·'일체상을 여읜다면 바로 제불이라 이름한다'·'높고 낮음이 없다면 이를 위없는 보리라 한다'는 등의 글은 모든 반야부 경과 『중론』·『백론』·『십이문론』의 처음이나 끝에서 다 이렇게 설한다. 金剛云 若見諸相非相 卽見如來 離一切相 卽名諸佛 無有高下 是名阿耨菩提等 如是等文 諸部般若 及中百門論 首末皆是"라고 하였다. 〔참고문헌〕『圓覺經大疏釋義鈔』. ⇨ 중론 中論, 백론 百論, 십이문론 十二門論, 삼론 三論 ❶

중백문관 中百門觀 삼론(中論 百論 十二門論)으로 관하다. 『오등회원』 권3 「남전보원장 南泉普願章」(卍속장138, p.91a10)에 "(보원선사는) 정주 신정 출신으로 속성은 왕씨이다. 어릴 때부터 공종(空宗)을 흠모해 당 지덕2년(757)에 대외산의 대혜선사에게 의지해 배웠고, 숭악으로 가 구족계를 받았다. 처음에는 법상부의 구역논서(舊章)를 익히고 계율(毗尼)의 오편칠취를 모두 궁구하였으며, 다음에는 여러 강석을 다니면서 『능가경』과 『화엄경』을 두루 청강하다가 『중론』·『백론·『십이문론』에 들어서는 그 그윽한 뜻을 정련하였고, 마지막에는 대적(大寂 : 馬祖)의 방문을 두드리고는 홀연히 통발마저 잊은듯 유희삼매를 얻었다. 鄭州新鄭人也 姓王氏 幼慕空宗 唐至德二年依大隗山大慧禪師受業 詣嵩嶽受具足戒 初習相部舊章 究毗尼篇聚 次遊諸講肆 歷聽楞伽華嚴 入中百門觀 精練玄義 後扣大寂之室 頓然忘筌得遊戲三昧"라고 하였다. 〔참고문헌〕『五燈會元』.

중백문등론 中百門等論 『중론 中論』·『백론 百論』·『십이문론 十二門論』의 삼론(三論). 『금강경찬요간정기』 권7(대정장33, p.227b17)에 "석존인 부처님의 일대 교문은 대승에 나아가서는 그 으뜸의 길에 세 가지다. 첫째는 법상종이니, 『해심밀경』 등과 『유가사지론』·『성유식론』 등이다. 둘째는 파상종이니, 『반야경』 등과 『중론』·『백론』·『십이문론』 등이다. 셋째는 법성종이니, 『법화경』·『열반경』 등과 『기신론』·『보성론』 등이다. 佛一代敎門 就大乘中 宗塗有三 一 法相宗 謂解深密等經 瑜珈唯識等論 二 破相宗 謂般若等經 中百門等論 三 法性宗 謂法華涅槃等經 起信寶性等論"라고 하였다. 〔참고문헌〕『金剛經纂要刊定記』. ⇨ 중론 中論, 백론 百論, 십이문론 十二門論, 삼론 三論 ❶

중번 重翻 거듭 번역하다. 하나의 범본(梵本)을 거듭해 번역하는 일로, 중역(重譯)이라고도 하며, 한 번뿐인 경우는 단번(單翻 : 單譯)이다. 『개원석교록』 권10(대정장55, p.576c14)에 "중번〈본래 동일한 경을 두 차례 한역한 경우도 있고, 여섯 차례 한역한 경우까지 있다. 도합 277부 583권〉. 重翻〈本是一經 或有二重翻者 乃至六重翻者 合二百七十七部 五百八十三卷〉", 『금강경과의회요주해』 권2(卍속장92, p.282b2)에 "묘수를 드리웠다는 말은, 팔백가가 모두 한문과 범문에 능통하였다고 찬미한 말이다. 한 차례 한역과 거듭된 번역에서 말을 정하고, 문을 다듬으며, 경에 의지해 가리고, 문의 뜻을 정미하게 밝히는 이 모든 작업이 부처님 뜻과 합한다. 그러므로 북돋아 '묘수'라 하였다. 所言呈妙手者 美八百家 善通華梵 單譯重翻 度語潤文 依經繩墨 文義精明 皆合佛意 故褒云妙手也"라고 하였다. 〔참고문헌〕『開元釋敎錄』, 『金剛經科儀會要註解』. ⇨ 단역 單譯

중법 重法 Ⓟ garu-dhamma. 비구니가 무겁게 여겨야 하는 여덟 가지 법. 팔중법(八重法 Ⓟ aṭṭha garu-dhammā)을 말한다. 『잡아비담심론』 권3(대정장28, p.890c24)에 "『선견율비바사』에서는 열 가지 구족계받음을 설하고 있다. … (여섯째는) 중법을 받는 것이니 마하파사파제(Ⓢ Mahāprajāpatī : 大愛道)의 경우이다. 律毘婆沙說十種受具足 … 受重法 謂摩訶波闍波提", 『선견율비바사』 권7(대정장24, p.718b24)에 "중법을 받아 구족계를 얻는 경우는 마하파사파제비구니가 이 팔중법을 받아 구족계를 얻은 것이다. 受重法得具足戒者 摩訶波闍波提比丘尼 是受八重法 卽得具足戒"라고 하였다. 〔참고문헌〕『雜阿毘曇心論』, 『善見律毘婆沙』, *Vin.*

4.51. ⇨ 팔중법 八重法, 십종구족 十種具足

중법 衆法 ❶ Ⓢ dharma-saṃgha. 온갖 법. 일체법(一切法). 제법(諸法)과 통하며, 온처계(五蘊 十二處 十八界) 법을 말한다. 『유마경』 권중(대정장14, p.545a3 : *Vikī-n.*, p.196)에 "다만 온갖 법이 합하여 이 몸을 구성한다. 일어나면 오직 법이 일어나고 멸하면 오직 법이 멸할 뿐이다. 但以衆法 合成此身 起唯法起 滅唯法滅 dharmasaṃghāto 'yaṃ kāyaḥ. dharmā evotpadyamānā utpadyante. dharmā eva nirudhyamānā nirudhyante", 『주유마힐경』 권5(대정장38, p.376b15)에 "도생이 말했다. '온갖 법이란 오온·십팔계·십이입이다. 합하여 몸을 구성한다는 말은 그 인이 됨을 밝힌 말이다. 다만이라는 말은 인 중에는 아가 없다는 뜻이다'. 生曰 衆法者 陰界入也 合成身者 明其爲因也 言但者 因中無我也", 『법화경수수』 권8(卍속장51, p.886a8)에 "모든 법이란 오음과 육근이니 이들이 색과 심 두 가지를 결합하여 이루기 때문이다. 衆法者 卽五陰六根 結成色心二種故"라고 하였다. [참고문헌] 『維摩經』, 『注維摩詰經』, 『法華經授手』, *Vikī-n.* ⇨ 일체 一切, 일체법 一切法, 제법 諸法, 온처계 蘊處界, 음계입 陰界入, 법 法 ❷ 대중이 모여야 행할 수 있는 법. 삼종갈마법(三種羯磨法) 중 하나다. 승병(僧秉)·중승법(衆僧法)이라고도 한다. 『사분율행사초』 권상(대정장40, p.11c8)에 "중법이란 네 사람 이상이 갈마를 행한다는 뜻이다. 이는 승중이 아울러 행하는 법도이므로 중법이라 한다. 言衆法者 四人已上 秉於羯磨 此是僧之所秉 故云衆法"라고 하였다. [참고문헌] 『四分律行事鈔』. ⇨ 승병 僧秉, 삼종갈마법 三種羯磨法

중변 中邊 ❶ 중(中)인 뜻과 치우침(邊)의 뜻. 중과 변은 정(正)과 사(邪)로 가르는 뜻이 아님을 밝히는 뜻에서 쓴다. 『변중변론술기』 권상(대정장44, p.1a10)에 "『변중변론』에서 '변(辯)'이란 말은 분명히 마친 것의 다른 이름이고, '중(中)'이란 말은 바르게 잘 치우침을 떠났음을 지목한 것이며, '변(邊)'이란 말은 그릇되고 악하여 과실이 있음을 부르는 것이니, 이는 옳음과 그릇됨을 밝혀 드러내는 논이다. … 여기서 '중변'이라는 말로써 중도에 처해서 두 끝의 집착을 여읨을 밝혔다. 바른 뜻에 마땅히 상응하게 하니 이 이름을 표제로 하였다. 치우쳐 유만을 설하거나 치우쳐 공만을 설하는 가르침을 가려냈으니, 저들 비록 바르고 좋다 하나 바로 중은 아니기에 중변이라 말했지 '사정(邪正)'이라 하지는 않았다. '중변'이란, 밝히고자 하는 뜻의 이름일 뿐이다. 辯中邊論 辯者顯了分別異名 中者正善離邊之目 邊者邪惡有失之號 卽是明顯正邪論也 若爾何故 … 今言中邊 顯處中道 離二邊執 契當正理 故標此名 簡偏說有偏說空敎 彼雖正善 而非是中 故言中邊 不云邪正 言中邊者 所明理名"라고 하였다. [참고문헌] 『辯中邊論述記』. ⇨ 중도 中道 ❷ 중심인 것과 끝인 것. 『법원주림』 권87(대정장53, p.926b12)에 "중앙의 나라와 변방의 나라는 말과 소리가 달라 서로 이해하지 못하면 성취될 수 없으니, 일이 있을 때 가리켜 알게 해야 성취할 수 있다. … 스승이 직접 칼을 쥐고 축생을 죽이는 시늉을 하면서 '너는 이제부터 다시는 이러한 살생을 하서는 안 된다. 너는 지킬 수 있겠느냐?'라고 할 때 그 오랑캐가 머리를 끄덕이거나 '좋습니다'고 대답하면, 그 계(殺生戒)를 받는 것이 또한 성립한다. 中邊二國 言音不同 不相領解者不成 若指事敎解者得成 … 師手執其刀 用擬畜生 汝自今已去 更不得如此殺 汝能持不 胡夷頷頭 答言好 亦得成受戒", 『불지경론』 권2(대정장26, p.297a10)에 "'중도 끝도 없는 부지평등을 증득한다'란, 세존께서 증득한 진여상의 수승공덕을 드러낸 것이다. 진여상에는 중과 끝이 있지 않으며, 유위무위의 중과 끝의 상을 멀리 여의었으며, 방위와 장소의 가운데와 가장자리의 상도 멀리 여의었기 때문이다. 證無中邊佛地平等者 顯示世尊證眞如相殊勝功德 謂眞如相無有中邊 遠離一切有爲無爲中邊相故 遠離方處中邊相故"라고 하였다. [참고문헌] 『法苑珠林』, 『佛地經論』. ⇨ 중국 中國❶

중변론 中邊論 ➡ 변중변론 辯中邊論, 중변분별론 中邊分別論

중변론고적기 中邊論古迹記 신라 태현(太賢) 지음. 1권. 『신편제종교장총록』 권3(대정장55, p.1176c11·한불전4, p.694c6)에 책 이름이 보인다. [참고문헌] 『新編諸宗敎藏總錄』.

중변론요간 中邊論料簡 신라 현일(玄一) 지음. 1권. 『신편제종교장총록』 권3(대정장55, p.1176c10·한불전4, p.694c5)에 이름이 보인다. [참고문헌] 『新編諸宗敎藏總錄』.

중변분별론 中邊分別論 Ⓢ Madhyāntavibhāga-bhāṣya, Ⓣ dbus-dang-mtha'-rnam-par-'byed-pa'i-'grel-pa. 천친(天親 Ⓢ Vasubandhu : 世親) 지음. 진제(眞諦 Ⓢ Paramārtha) 한역. 2권. 고려장17, pp.306a1~324b20, No.597·대정장31, pp.451a3~464a22, No.1599에 수록되어 있다. 남조(南朝) 무제(武帝) 때인 558년(영정2)에 역출되었다. 티베트역본(北京版 No.5528)도 전한다. 게송(偈頌)은 미륵(彌勒 : 4세기 후반)에게 귀속되고, 이에 대한 해설격인 장행(長行 : 산문)은 세친(5세기 경)의 저술이다. 「상품 相品」·「장품 障品」·「진실품 眞實品」·「대치수주품 對治修

住品」·「수주품 修住品」·「득과품 得果品」·「무상승품 無上乘品」의 7장으로 구성되어 있지만, 범본(梵本)과 티베트본(藏本)은 제4·5·6품이 하나의 품으로 되어 있어 총 5품으로 이루어져 있다. 현장(玄奘)이 한역한 『변중변론 辯中邊論』 3권(대정장31, No.1600)은 동본이역(同本異譯)이다. 본서는 유식학파의 오부대론(五部大論) 중 하나이다. 한역 주석서로는 원효(元曉)의 『중변분별론소 中邊分別論疏』와 현장 역본에 대한 규기(窺基)의 『변중변론소 辯中邊論疏』가 있다. 『중변분별론』 권하(대정장31, p.463c18)에 "이 논의 이름 중 '중변분별'이라 하는 것은 중도를 깨우치기 위함이고, 또 중도를 가려 알기 위함이며, 이 중도와 두 끝이 드러나기 때문이고, 처음과 끝을 여윈 이 중은 두 곳에 집착하지 않아서 이치에 맞게 분별해서 드러나게 된다. 따라서 『중변분별론』이라 한다. … (진제曰) '공과 열반이라는 하나의 길에 부처님이라는 해가 떠올라 말씀의 빛으로 비추니 성중은 행하여 순숙할 수 있지만 눈먼이는 능히 보지 못한다. 부처님의 바른 가르침을 배워 이미 알았다면, 숨끝에 있더라도 번뇌의 힘 치성할 때는 도를 구해 방일하지 않아야 하리'. … (세친曰) '내가 이 논을 짓는 것은 세간에 복과 지혜 행해서 널리 일체중생으로 하여금 원대로 보리를 얻게 하려 함이라네'. 此論名中邊分別 了中道故 復有分別中道 及二邊故 是中兩邊能現故 離初後此中 兩處不著 如理分別顯現故 故名中邊分別論 … 空涅槃一路 佛日言光照 聖衆行純熟 盲者不能見 已知佛正教 壽命在喉邊 諸惑力盛時 求道莫放逸 … 我今造此論 爲世福慧行 普令一切衆 如願得菩提", 『개원석교록』 권7(대정장55, p.545c2)에 "『중변분별론』 2권〈바수반두 지음. 또는 3권. 임천군(臨川郡)에서 역출. 이 첫 번째 역출본과 당대 역출한 『변중변론』은 동본이다〉. 中邊分別論二卷〈婆藪盤豆造 或三卷 於臨川郡出 第一譯與唐譯辯中邊論同本〉"라고 하였다. 〔참고문헌〕『中邊分別論』, 『開元釋教錄』. ⇨ 변중변론 辯中邊論, 진제 眞諦

중변분별론소 中邊分別論疏 신라대 원효(元曉 617~686) 지음. 4권. 卍속장75, pp.1a3~30a7·한불전1, pp.817b1~837c8에 수록되어 있다. 558년(영정2)에 역출된 진제(眞諦) 구역본 『중변분별론』(대정장31, No.1599)의 주석서이다. 현장(玄奘)의 신역본 『변중변론 辯中邊論』(대정장31, No.1600)은 661년(용삭1)에야 역출되었다. 총 4권으로 저술되었으나, 현재는 권3만 전한다. 7품(品)으로 구성된 『중변분별론』의 제4·5·6품에 해당하는 「대치수주품 對治修住品」·「수주품 修住品」·「득과품 得果品」에 대한 주석이다. 『중변분별론소』 권3(한불전1, p.817b4)에 "대치품이란, 삼십칠조도품을 연마하고 익히는 것이다. … 먼저 보리분의 뜻에는 대략 여섯 문이 있으니, 첫째는 이름을 벌린 것이고, 둘째는 뜻을 풀고, 셋째는 체성을 드러내고, 넷째는 위를 밝히고, 다섯째는 차제를 설하고, 여섯째는 여러 문을 가렸다. … 수주품이라 하였다. 수란 앞에서 설한 도품의 행이며, 주란 행에 의해 건립된 위를 말하는데, 행인이 머물기에 주라 한다. 이중에 수에 의지해 주를 세움을 바로 드러내기에 수주품이라 한 것이다. … 득과품이란 앞의 수주에 의지해서, 그 얻은 과상을 드러내기에 득과품이라 했다. … 다 모아 구경을 맺었으니 '이 논(處)에 네 가지 품이 있다'란 총상으로서 대치수주품·수주품·득과품 세 품을 합하여 하나의 처로 말한 것이니, 행에 의지해 위를 건립하고 위를 취해 얻은 과를 건립한 것인데, 글의 세가 서로를 북돋아 떨어져 끊임이 없기에 석론주인 세친이 이 세 품을 합하여 한 처에 모은 뜻이다. 對治品者 研習三十七品之道 … 初菩提分義 略有六門 一者 列名 二者 釋義 三 出體性 四 顯明位地 五 說次第 六 辨諸門 … 脩住品者 脩是前說 道品之行 住是依行建立之位 行人所住 故名目住 此中正顯依脩立住 是故名爲脩住品也 … 得果品者 依前脩住 顯得果相 是故名爲得果品也 … 總結究竟 言此處有四者 總相而言 對治脩住得果三品 合爲一處 以依行立位 就位立果 文勢相乘 無隔絶故 故釋論主合此三品 一處集義"라고 하였다. 〔참고문헌〕『中邊分別論疏』, 『法相宗章疏』(대정장55, p.1139b14). ⇨ 중변분별론 中邊分別論

중변상섭 重跰相躡 발자욱 거듭하여 서로 겹치다. 『출삼장기집』 권11 「초성실론서 抄成實論序」(대정장55, p.78b13)에 "이 책은 말이 정밀하고 뜻이 우러를 만하여 생각의 맛에 쉽게 빠진다. 기울여 나아가 따르기를 다투니, 발자국이 거듭해서 서로 겹쳤다. 其書 言精理贍 思味易耽 頃逐赴蹈爭流 重跰相躡"라고 하였다. 〔참고문헌〕『出三藏記集』.

중병 重病 Ⓢ bāḍha-glāna, mahā-vyādhi, Ⓣ nad-tshabs-che-ba, nad-chen-po. 위중한 병. 병이 깊거나 다스리기 어려운 번뇌망상 등을 비유한다. 『대승본생심지관경』 권5(대정장3, p.314c28)에 "(출가자가 얻는 이익 중) 아홉 번째, 영원히 삼계의 일체번뇌를 끊어 중생의 몸과 마음의 무거운 병도 능히 치료할 수 있다. 九者 永斷三界 一切煩惱 能療衆生 身心重病", 『유가사지론』 권41(대정장30, p.516b6)에 "어기고 범하는 일이 없다고 하니, 중병에 들렸거나 마음이 광탄하거나 … 유정의 마음을 보호할 목적으로 답하지 않는 따위는 모두 어기고 범하는 일이 없음이다. 無違犯者 謂遭重病 或心狂亂 … 或爲將護多有情心 而不酬對 皆無違犯", 돈황본 『열반경의기』(대정장85, p.292c25)에 "이 사람은 장차 천제가 되리라는 사실을 밝히고자 하였기에 위중한 병이라 하였다. 欲明此人 將成闡提 名重病也", 『삼보감응요략록』 권중「당장사부독송약사경감응 唐張謝敷讀誦藥師經感應」(대정장51, p.841c21)에 "당대 장사부는 갑자기 중병에 걸려 그 처첩들이 중승에게 청하여 7일 밤낮으로『약사경』을 독송하였는데 마지막 날 밤 중승이 경권으로 몸 위에 덮어주는 꿈을 꾸었다. 깨어난 다음에 이전과 같이 회복하였으므로 스스로 경공력으로 여겼다. 唐謝敷姓張氏 頓得重病 其妻妾請衆僧 七日七夜 讀誦藥師經 滿夜敷夢 有衆僧以經卷覆身上 覺後平復如故 自謂經功力矣",『마하지관』권7하(대정장46, p.101c20)에 "번뇌라는 중병은 무엇에 의지하여 없애는가? 煩惱重病 何由可除"라고 하였다.〔참고문헌〕『大乘本生心地觀經』,『瑜伽師地論』,『涅槃經義記』,『三寶感應要略錄』,『摩訶止觀』, *Śrāv-bh.80·352.*

중병각 重病閣 병이 위중한 스님을 위한 전각. 연수당(延壽堂)과는 다르게 병세가 위중한 스님들을 수용하는 곳이다. 중병려(重病閭)라고도 한다.『선원청규』권4(卍속장111, p.898a11)에 "병이 난 스님의 병세가 위급해지거나 점점 심해지면 당사(堂司 : 維那)에게 알려 살피게 하고는 중병각으로 옮긴다. 病僧 如稍困重 報堂司抄箚 遷重病閣"라고 하였다.〔참고문헌〕『禪苑淸規』.

중병려 重病閭 병이 깊은 스님을 모시는 곳.『선림상기전』권2(불광장, 禪藏, p.123)에 "중병려 : 보통 연수당이라고도 한다. 대혜의『종문무고』(대정장47, p.946a16)에 '원오가 오조의 조실에 갔는데, 평생 동안 공부하여 터득한 한마디 중에서 한마디도 써먹지 못하자 불손한 말을 내뱉으며 화를 내고 갔다. 이에 오조가「그대가 절강성을 돌아다니다가 한번 열병이 나면 그때 비로소 내가 생각나게 될 것이다」라고 말했다. 원오가 금산에 이르렀는데 갑자기 상한에 걸려 몹시 위급해지자 중병각에 들어가 평생 참학한 선을 시험해 봤지만 힘을 얻을 수 있는 한마디 얻을 수 없었다. 그러다 오조의 말이 떠올라 곱씹다가 스스로「내 병이 조금 나으면 재빨리 오조에게 돌아가리라」라고 맹세했다'라고 하였다. 重病閭 蓋亦是延壽堂也 大慧武庫云 圓悟到五祖室中 平生所得 一句用不著 出不遜語 忿然而去 祖云 汝去遊浙中 著一頓熱病打時 方思量我在 圓悟到金山 忽染傷寒 困極移入重病閭 遂以平生參得底禪 試之 無一句得力 追繹五祖之語 乃自誓曰 我病稍間 卽徑歸五祖"라고 하였다.〔참고문헌〕『禪林象器箋』,『宗門武庫』. ⇨ 무상원 無常院, 성행당 省行堂, 연수당 延壽堂

중병실제 衆病悉除 뭇 병이 죄다 없어지다. 약사십이대원(藥師十二大願) 중에 하나이기도 하다. 중환실제(衆患悉除)라고도 한다. 60권본『화엄경』권10「명법품 明法品」(대정장9, p.461c23)에 "비유하자면 저 아가타약을 중생이 보면 뭇 병이 모두 없어지듯이 보살이 성취한 이와 같은 무량법장을 중생이 보면 번뇌라는 뭇 병이 죄다 없어져 낫게 되니 백정법으로 마음이 자재를 얻는다. 譬如阿伽陀藥 衆生見者 衆病悉除 菩薩成就如是無量法藏 衆生見者 煩惱諸病 皆悉除愈 於白淨法 心得自在", 36권본『대반열반경』권13(대정장12, p.691a9)에 "부처님께서 칭찬한 바와 같이『대열반경』은 제호와 같아서 가장 높고 가장 미묘하니 만약 복용할 수만 있다면 뭇 병이 모두 없어지니 일체의 모든 약이 죄다 그중 들어 있다. 如佛所讚 大涅槃經 猶如醍醐 最上最妙 若有能服 衆病悉除 一切諸藥 悉入其中",『본원약사경고적』권상(대정장38, p.258a29)에 '내 명호가 귀에 한 번 스치기만 해도 뭇 병이 다 사라지니 몸과 마음이 편안해지리라. 我之名號 一經其耳 衆病悉除 身心安樂"라고 하였다.〔참고문헌〕『華嚴經』,『大般涅槃經』,『本願藥師經古跡』,『藥師如來本願經』(대정장14, p.401c23). ⇨ 약사십이대원 藥師十二大願

중보관음 衆寶觀音 삼십삼관음(三十三觀音) 중 한 분. 장자(長者)의 몸으로 응현(應現)하여 중생을 제도하는 관음보살의 형상. 왼쪽 무릎을 세워 그 위에 왼손을 올리고 오른손을 땅에 대고 평좌(平坐)하고 있는 모습이다.『법화경』권7「관세음보살보문품 觀世音菩薩普門品」(대정장9, p.57b6)에 "관세음보살은 장자의 몸으로

중보관음 · 법화경관세음보살보문품사경 중국 명 1432년

제도할 수 있는 이에게 장자의 몸으로 응현하여 설법한다. 應以長者身得度者 卽現長者身而爲說法"라고 설한 내용에 근거하여 형상화한 관음이다.〔참고문헌〕『法華經』. ⇨ 삼십삼관음 三十三觀音

중보현암 中普賢庵 충청북도 보은군 속리산면 상판리 속리산(俗離山)에 있던 암자. 법주사(法住寺)의 산내 암자였으나 폐사되었다.〔참고문헌〕『法住寺事蹟』,『韓國寺刹全書』권하 p.1029a3.

중복문 衆福門 뭇 복이 드는 문. 사종행원(四種行願) 중 하나다.『왕생정토결의행원이문』(대정장47, p.147c2)에 "네 번째로 중복문을 밝힌다.『관보현보살행법경』

(대정장9, p.394a19)에 전한다. '국왕이나 대신이 중죄를 참회하려는 이는 마땅히 다섯 가지 일을 닦아 행한다. 첫째, 다만 마음을 바로잡고 삼보를 비방하지 않으며 출가를 방해하지 않고 청정하게 수행하는 사람들에게 악을 저지르거나 장애를 남기지 않는다. … 둘째, 효심으로 부모를 봉양하고, 사장을 받들어 모신다. 셋째, 정법으로 나라를 다스리고, 인민을 삿되게 이끌지 않는다. 넷째, 육재일에 국경 안의 힘이 미치는 모든 곳에 명하여 살생을 행하지 말도록 한다. … 다섯째, 인과를 깊이 믿고 하나의 진실한 불도를 믿어 부처님께서 불멸하신다고 알아야 한다'. 第四 明衆福門者 普賢觀經云 若國王大臣欲懺悔重罪者 當修行五事 一者 但當正心 不謗三寶 不障出家 不爲梵行人 作惡留難 … 二者 孝養父母 奉事師長 三者 正法治國 不邪枉人民 四者 於六齋日 勅諸境內 力所及處 令行不殺 … 五者 當深信因果 信一實道 知佛不滅"라고 하였다. [참고문헌] 『往生淨土決疑行願二門』, 『觀普賢菩薩行法經』. ⇨ 사종행원 四種行願

중복의 重複衣 가사(袈裟). 조각난 천을 거듭 붙여 만들기에 붙여진 이름이다. 『유부백일갈마』 권10(대정장24, p.497a27)에 "승가지는 한역하여 '중복의'라고 한다. 僧伽胝者 譯爲重複衣", 『번역명의집』 권7(대정장54, p.1171a8)에 "승가리 : 『서역기』에 '승가지라고 하였는데 구역에서 승가리라고 한 것은 와전된 것이다'라고 하였다. 또 '중이라는 것은 자르고 합해서 만들었다는 뜻이다'라고 하였다. 의정삼장은 '승가지는 한역하여 중복의다'라고 하였다. 僧伽梨 西域記云 僧迦胝 舊訛云 僧伽梨 此云合 又云重 謂割之合成 義淨云 僧迦胝 唐言 重複衣"라고 하였다. [참고문헌] 『有部百一羯磨』, 『翻譯名義集』. ⇨ 가사 袈裟, 승가리 僧伽梨

중본기경 中本起經 후한(後漢)대 담과(曇果)와 강맹상(康孟詳) 공역. 2권. 『태자중본기경 太子中本起經』·『태자본기경』이라고도 한다. 고려장19, pp.474a1~496c8, No.663·대정장4, pp.147c2~163c7, No.196에 수록되어 있다. 석가세존 성도(成道) 이후 전법륜(轉法輪) 이후의 행적을 자세히 전하고 있어서 강신(降身)부터 출가(出家)까지, 성도 이전의 행적을 다루고 있는 『수행본기경 修行本起經』(대정장3, No.184)과 연결되는 경으로 알려졌다. 『반니원경 般泥洹經』(대정장1, No.6)까지 아우르면, 아함부에 전하는 탄생에서 열반까지의 온전한 불타전을 만날 수 있다. 품은 총 15품으로 이루어져 있으며, 각 품은 교화하신 연대기상의 중요한 인연들로 엮여 있다. 15품 전체 품명은 「전법륜품 轉法輪品」·「현변품 現變品」·「화가섭품 化迦葉品」·「도병사왕품 度甁沙王品」·「사리불대목건련래학품 舍利弗大目犍連來學品」·「환지부국품 還至父國品」·「수달품 須達品」·「본기해용품 本起該容品」·「구담미래작비구니품 瞿曇彌來作比丘尼品」·「도파사익왕품 度波斯匿王品」·「자애품 自愛品」·「대가섭시래품 大迦葉始來品」·「도내녀품 度奈女品」·「니건문의품 尼揵問疑品」·「불식마맥품 佛食馬麥品」이다. 사부중(四部衆)의 불교 교단이 형성되는 과정을 낱낱이 알 수 있다. ⇨ 수행본기경 修行本起經, 담과 曇果, 강맹상 康孟詳

중봉 中峰 원대 임제종 스님 명본(明本 1263~1323)의 호. ⇨ 명본 明本

중봉 重峰 나말여초(羅末麗初) 선사. 징관(澄觀)이라고도 한다. 장경혜릉(長慶慧稜 854~832)의 법을 받고 고려로 돌아와 광종(光宗)에게 설법을 하였다. 『선문보장록』에서 『해동칠대록 海東七代錄』의 법문을 인용한 것이 유일한 기사이고 다른 사항은 상세하지 않다. 『해동칠대록』도 전하지 않는다. 『선문보장록』 권상(한불전6, p.474a19)에 "중봉조사 징관선사는 당나라에 들어가 장경혜릉의 법을 이어 받았다. 귀국 후에 광종대왕이 선법의 샘에 대해 물으니 답하길 '이 일은 석가 이전을 좇았기에 선과 교의 문은 멀리 다름이니, 달마대사가 당나라 땅으로 와서 몸소 혜가에게 전하면서 승나선사를 관하니, 조종의 법을 얻지 못하여 어리석고 미혹한 정으로 조종의 정법을 장차 깨뜨릴까 염려하여 방편을 임시로 베풀어 『금강경』과 『능가경』이 나의 심요라고 일컫고, 혜가에게 부촉할 때 겸하여 전하였습니다. 이로 인해 미처 선지를 구하지 못한 채로 범범하게 참구하며 근거 없이 주장하니, 선교의 스님들이 간혹 가벼이 어긋나는 마음을 일으킵니다'〈『해동칠대록』〉. 重峰祖師 澄觀禪師 入唐嗣長慶稜和尙 還國後 答光宗大王 宣問禪法之源曰 此事從釋迦已前 禪教門逈別矣 而達磨大師來唐土 親傳惠可 而觀之僧那禪師 不得祖宗法 以愚惑情 將欲破滅祖宗正法 故假設方便 謂金剛楞伽 是我心要 付惠可 兼傳之 因此未究禪旨 泛參浮議 禪教僧或生輕違心〈海東七代錄〉"라고 하였다. [참고문헌] 『禪門寶藏錄』. ⇨ 혜릉 慧稜

중봉사 中峰寺 **1** 경상남도 김해시 불모산(佛母山 : 一名 伏母山)에 있던 절. 『가람고』·『범우고』·『여지도서』 경상도 김해 사찰에 이름과 위치가 전한다. 정시한(丁時翰 1625~1707)의 『산중일기』 권하 무진년(1688·숙종14) 8월 15일에 "김해 중봉사 스님 법일이 금강산 영원암에서 겨울을 지내고 김해로 향하다가 지나면서 보고 갔다. 金海中峰寺僧法一 過冬於金剛山靈源菴 還向金海 歷見去"라고 하였다. 『사탑고적고』에는 "(사지는) 장유면 삼문리에 있으며, 초석과 돌담이 잔존한다. 長遊面 三文里 礎石及石垣殘存"라고 하였는데, 현재는 장유터널공사로 훼손되었다. [참고문헌] 『伽藍考』, 『梵宇攷』,

『輿地圖書』, 『山中日記』, 『寺塔古蹟攷』, 『韓國寺刹全書』 권하 p.1029a5, 『한국사지총람』 권하(문화재청·佛教文化財硏究所, 2010) pp.352~353. **2** 경상남도 창원시 장복산(長福山)에 있던 절. 『대동지지』 권10 경상도 창원 산수에 "장복산은 남쪽으로 20리 웅천 경계에 위치하며, 중봉사가 있다. 長福山 南二十里熊川界 中峰寺"라고 하였다. 〔참고문헌〕『大東地志』.

중봉상암 中峯上庵 전라북도 김제시 금산면 금산리 모악산(母岳山)에 있던 암자. 금산사(金山寺)의 산내암자였다. 〔참고문헌〕『韓國寺刹全書』 권하 p.1029a8.

중봉암 中峰庵 **1** 강원도 삼척시 하장면 두타산(頭陀山)에 있던 암자. 『여지도서』 강원도 삼척 사찰에 "삼척부 서쪽 70리 두타산 서쪽 기슭 아래에 있다. 25칸이다. 在府西七十里頭陀山西麓下 二十五間"라고 하였다. 〔참고문헌〕『輿地圖書』, 『伽藍考』, 『韓國寺刹全書』 권하 p.1029a11. **2** 경상남도 합천군 가야면 치인리에 있던 암자. 1778년(정조2)에 해봉유기(海峰有璣 1707~1785)가 쓴 『호은집』 권4 「가야산중봉암기 伽倻山中峰庵記」(한불전9, p.726a23)에 "해인사 호사 밖 시내 건너 5리, 동북을 등진 남서향에 중봉암 옛터가 있다. 그곳의 형세는 탁 트였으면서도 깊고 고요하다. … 허물어진 것이 언제인지는 자세하지 않지만 … 지난 영조 신묘년(1771·영조47)에 본사 스님 찬혜가 서원을 세우고 사람들에게 권선하여 점차 많은 재물을 얻어 이 터에 다시 선암을 세웠다. … 임진년(1772)에 또 오십삼불초상·미타불목상을 조성하고, 이어서 명부탱·도리탱·신중탱도 함께 조성하였다. 海印寺虎砂外越磵五里 有丑坐未向 中峰菴舊基 其局勢也 開豁幽靜 … 其破也 未詳何時 … 往於英廟辛卯 本山衲子贊慧 發誓勸人 得物漸夥 乃依本址 復立禪菴 … 壬辰又造五十三佛綃像 彌陀佛木像 至於冥府幢忉利幀神衆幀 亦造焉"라고 하였다. 이후 파암(破庵)되었다가 1958년에 정천선화자(正天禪和子)가 다시 암자를 짓고 정진하였다. 해인사 상수도 수원지 바로 위쪽에 위치하고 있어 1965년에 철거하였다. 〔참고문헌〕『好隱集』, 李智冠 『伽倻山海印寺誌』 pp.893~894. **3** 함경남도 안변군 황룡산(黃龍山)에 있던 암자. 『학성지』(『한국사찰전서』 권하, p.1029a13)에 "안변부 남쪽 보현사에서 동쪽으로 30리에 있는 황룡산에 있다. 在府南普賢寺 東三十里 黃龍山"라고 하였다. 영허선영(映虛善影 1792~1880)의 「제황룡산중봉암 題黃龍山中峰庵」이 『역산집』(한불전10, p.945b13)에 전한다. 〔참고문헌〕『鶴城誌』, 『韓國寺刹全書』, 『櫟山集』.

중봉하암 中峯下庵 전라북도 김제시 금산면 금산리 모악산(母岳山)에 있던 암자. 금산사(金山寺)의 산내암자였다. 〔참고문헌〕『韓國寺刹全書』 권하 p.1029a10.

중봉화상광록 中峰和尙廣錄 중봉명본(中峰明本)의 어록. 30권. 원대 문인인 자적(慈寂) 엮음. 갖춘 이름은 『천목중봉화상광록 天目中峰和尙廣錄』이다. 시중(示衆)·소참(小參)·산방야화(山房夜話)·신심명벽의해(信心銘闢義解)·능엄징심변견혹문(楞嚴徵心辯見或問)·별전각심(別傳覺心)·금강반야약의(金剛般若略義)·환주가훈(幻住家訓)·의한산시(擬寒山詩)·동어서화(東語西話)·잡저(雜著)·게송(偈頌) 등이 수록되어 있다. 『화엄경』·『법화경』·『원각경』·『유마경』·『능가경』 등의 여러 경전들과 달마·혜능·백장·임제·황벽·위산·동산 등 여러 조사들의 화두를 광범위하게 인용하면서 여러 설들을 회통하고 선정습합(禪淨習合)·선교일치(禪教一致)를 주장하고 있다. 본서와는 별도로 일본에서 간행된 『천목명본선사잡록 天目明本禪師雜錄』 3권이 있는데, 『중봉화상잡록 中峰和尙雜錄』이라고도 하며 卍속장122, pp.724a1~802b3에 수록되어 있다. 이 책에는 본서에 수록되지 않은 시중·법어(法語)·게송·두타고행가(頭陀苦行歌)·탁발가(托鉢歌) 등이 실려 있지만 편찬자가 분명하게 기재되어 있지 않으며, 권말에 부록으로 첨부된 일본 스님 차산현연(此山玄淵)의 제발(題跋)을 통해 1769년(명화6)에 만들어진 것으로 추정한다.

중봉화상삼시계념의범문 中峰和尙三時繫念儀範文 원대 중봉명본(中峰明本 1263~1323) 지음. 4권 1책. 1706년(숙종32)에 월저도안(月渚道安 1638~1715)이 서사해서 모금하여 판각한 것으로 『한국불교의례자료총서』 권2 pp.549~567에 수록되어 있다. 〔참고문헌〕『韓國佛教儀禮資料叢書』. ⇨ 삼시계념 三時繫念, 삼시계념의범 三時繫念儀範

중부 中孚 **1** 『주역 周易』 육십사괘(六十四卦) 중 제61괘인 중부괘(䷼). 동산오위(洞山五位) 중 편중지(偏中至)를 표상하기 위해 차용되었다. 『조산어록』 「오위지결 五位旨訣」(대정장47, p.533b20)에 "편중지란 중부다. 물을 따르지만 걸림이 없다. 나무배의 가운데가 텅 비어 있듯이, 비고 통하여 자재다. 偏中至者 中孚也 隨物不礙 木舟中虛 虛通自在"라고 하였다. 〔참고문헌〕『曹山語錄』. ⇨ 동산오위 洞山五位, 편중지 偏中至 **2** 초의 의순(草衣意恂)의 자. 〔참고문헌〕『東師列傳』 권4 「草衣禪伯傳」(한불전10, p.1039a16). ⇨ 의순 意恂

중부사 重副師 법문이나 강설시 제일의 강주(講主), 그 다음의 강사(副師), 다시 부사를 도와 설하는 이는 중부(重副)라 한다. 부(副)란 어떤 무리에서 위계상 제

5)에 "대비로 들은 바 없는 모든 중생을 애민히 여기니, 마치 저 달 겹겹의 산에 숨은 듯 부채 들어 깨우쳐주고, 바람도 그친 큰 허공이라면 나무를 흔들어서 깨우친다. 大悲憐愍 一切無聞 如月隱重山 擧扇類之 風息太虛 動樹訓之", 『지관보행전홍결』 권1(대정장46, p.157b9)에 "참되고 변함없는 성품으로서의 달이 번뇌산에 숨는다는 말이다. 번뇌는 하나가 아니기에 '켜켜이 쌓인'이라 한 것이다. 원음교의 바람 식혀 고요함에 돌아가니, 적멸의 도리 걸림없어 태허와 같다. 사의로 가르침을 펴 마치 나무 흔들고 부채 들 듯 한다. 眞常性月 隱煩惱山 煩惱非一 故名爲重 圓音教風 息化歸寂 寂理無礙 猶如太虛 四依弘教 如動樹擧扇"라고 하였다. [참고문헌] 『摩訶止觀』, 『止觀輔行傳弘決』. ⇨ 중병 重病

중산사 中山寺 **1** 경상남도 함안군 함안면 강명리 여항산(餘航山)에 있던 절. 함안에서 나고 자란 조임도(趙任道 1585~1664)의 『간송집』 권3 「관규쇄설 管窺瑣說」(한국문집총간89, p.80b2)에 "을사년(1605·선조38) 정월 초하룻날 부친을 모시고 중산사에 갔다. 성지라는 스님이 해학과 웅변으로 천지를 놀라게 하니, 대중들 조용히 들으며 감히 말리지 않았다. 乙巳元日 陪先君子于中山寺 僧性智者 談諧雄辯 動地驚天 衆釋聳聽莫敢難", 『사탑고적고』에 "탑의 대석이 있다. 有塔臺石"라고 하였다. 현재 절터에는 석축 일부가 남아있고 기와조각이 산재한다. [참고문헌] 『澗松集』, 『寺塔古蹟攷』, 『韓國寺剎全書』 권하 p.1029b12. **2** 함경북도 경성군 중봉산(中峯山)에 있던 절. 『동국여지승람』 권50 함경도 경성도호부 불우에 이름과 위치가 전하며, 『범우고』에는 "지금은 폐사다. 今廢"라고 하였다. [참고문헌] 『東國輿地勝覽』, 『梵宇攷』, 『韓國寺剎全書』 권하 p.1029b14.

중삼삼매 重三三昧 무루지(無漏智)로 성취한 삼삼매(三三昧)를 다시 거듭 유루지(有漏智)로 관하여 성취라는 허상을 깨뜨린 삼매. 삼중삼매(三重三昧)·삼중등지(三重等持)·중공삼매(重空三昧)라고도 한다. 공공삼매(空空三昧)·무상무상삼매(無相無相三昧)·무원무원삼매(無願無願三昧)를 일컫고, 이를 다시 중공삼매(重空三昧)·중무상삼매(重無相三昧)·중무원삼매(重無願三昧)라고도 한다. 이 중에서 중공삼매는 공공삼매를 달리 하는 이름이자, 전체 셋을 섭수하는 술어이기도 하다. 『대승의장』 권2(대정장44, p.490b28)에 "첫 번째 문에 대해 먼저 그 이름을 열거한다. 이 이름이 무엇인가? 곧 공공삼매·무상무상삼매·무원무원삼매이다. 첫 번째에 근거하여 이름을 드러내어 중공삼매라고 하고 또한 중무상중무원이라고도 할 수 있다. 就初門中 先列其名 名字是何 謂空空三昧 無相無相 無願無願 就初彰名 名重空三昧 亦得名爲重無相重無願矣"라고 하였다. [참고문헌] 『大乘義章』. ⇨ 삼중삼매 三重三昧, 중공삼매 重空三昧, 대공삼매 大空三昧**1**, 삼삼매 三三昧**1**

중삼품 中三品 구품(九品) 중 중품에 해당하는 중상품(中上品)·중중품(中中品)·중하품(中下品)의 세 가지 품. 원효(元曉)의 『무량수경종요』(대정장37, p.130a22·한불전1, p.560b9)에 "저 정토에 왕생하는 이에 따르자면 정성의 이승은 왕생하지 못하고, 부정성인 중삼품의 근기 중에서 대승심을 일으키는 이는 모두 저곳에 태어날 수 있다. 若就得生彼淨土者 定性二乘 卽不往生 不定性中三品之人 發大乘心者 皆得生彼", 『율종신학명구』 권중(卍속장105, p.654a6)에 "(구품대의 중) 중삼품〈중상품은 19조이고, 중중품 17조이며, 중하품은 15조이다〉. 中三品〈中上品十九條 中中品十七條 中下品十五條〉"라고 하였다. [참고문헌] 『無量壽經宗要』, 『律宗新學名句』.

중생 衆生 Ⓢ sattva, bahu-jana. Ⓟ satta, Ⓣ sems-can. 살다바(薩多婆)·살화살(薩和薩)·살바살타(薩婆薩埵)·복호선나(僕呼繕那)·살타(薩埵)·사가(社伽)·선도(禪兜)·선두(禪頭) 등이라 음사하고, 유정(有情)·함식(含識)·함생(含生)·함정(含情)·함령(含靈)·군생(群生)·군맹(群萌)·군류(群類)·용맹(勇猛)·대심(大心) 등으로 번역한다. 『장아함경』 권22 「세기경 世記經」(대정장1, p.145a27)에 "그때 남녀와 존비와 상하가 없었고 다른 이름도 없었는데, 무리가 함께 세상에 났으므로 중생이라 한다. 爾時 無有男女 尊卑上下 亦無異名 衆共生世 故名衆生", 『잡아함경』 권6(대정장2, p.40a6 : *Satta-sutta, SN.3,* p.190)에 "부처님께서 라다에게 이르셨다. '색에 물들어 묶이면 중생이라 하고, 수상행식에 물들어 묶여도 중생이라 한다'. 佛告羅陀 於色染著纏綿 名曰衆生 於受想行識 染著纏綿 名曰衆生 rūpe kho rādha yo chando … viññāṇe yo chando yo rāgo yā nandi yā taṇhā tatra satto tatra visatto tasmā satto ti vuccati", 같은 책 권45(대정장2, p.327b9 : *Vajirā-sutta, SN.1,* p.135)에 "마치 여러 재료를 화합하여 세간에서 수레라는 이름을 붙이는 것과 같으니, 모든 음이 인연으로 화합하니 임시로 이름하길 중생이라 하였다. 如和合衆材 世名之爲車 諸陰因緣合 假名爲衆生 yathā hi aṅgasambhārā, hoti saddo ratho iti. evaṃ khandhesu santesu, hoti satto ti sammuti", 『대품반야경』 권8(대정장8, p.279b12)에 "수보리 말하길, 어떤 등의 법을 중생이라 이름하는가? 석제환인이 말했다. 법에 중생이란 이름은 있을 리 없습니다. 임시로 이름붙여 중생이라 합니다. 이 이름과 글자라는 것 본래 있을 리 없는 법이어서, 갈 곳도 없지만 굳이 이름지을 뿐입니다. 須菩提言 於意云何 何等法名衆生 釋提桓因言 無有法名衆生 假名故爲衆

生 是名字本無有法亦無所趣 强爲作名", 『대살차니건자소설경』 권3(대정장9, p.329c3)에 "이때 엄치왕이 대살차니건자를 보고 질문을 청하여 허락받고는 마음에 기꺼워 물어 말했다. 어떤 등의 법이 나고, 어떤 등의 법이 머물고, 어떤 법상에 이 이름이 있게 되었는가? 살차니건자가 말했다. 대왕이시여, 마땅히 아셔야 합니다. 나는 것이란 모든 중생을 말함이고, 머물러 지탱하는 것이란 기세간입니다. 중생이라 하는 것은 오취음이 모인 것을 중생으로 이름합니다. 어떤 법들이 오취음인가? 말하자면 색취음취·수취음취·상취음취·행취음취·식취음취입니다. 대왕이시여, 알아야 할 것이 있습니다. 이 다섯 가지 법에 의지해서도 중생이라 말하고 기세간이라 설합니다. 중생을 말하자면 네 가지로 나는 것들인데 난생·태생·습생·화생이며, 기세간을 말하자면 허공과 지수화풍으로 거두는 것들입니다. 爾時嚴熾王見大薩遮尼乾子聽許問已 心生歡喜而發問言 大師 何等生法 何等住持 於何法上而有此名 薩遮尼乾子言 大王當知 所言生者 謂諸衆生 言住持者 謂器世間 言衆生者 謂五取陰聚 名爲衆生 以何等法名五取陰 謂色取陰聚 受取陰聚 想取陰聚 行取陰聚 識取陰聚 大王當知 依此五法說名衆生 說器世間 說衆生者 謂攝四生 卵生 胎生 濕生 化生 說器世間者 謂攝虛空地水火風", 36권본『대반열반경』 권35(대정장12, p.844a2)에 "안팎의 육입(眼耳鼻舌身意·色聲香味觸法)이 바로 중생이고, 아이고, 인이고, 사부다. 이 내외입을 여의고는 중생이란 없다. 內外六入是名衆生 我 人 士夫 離內外入無別衆生 我 人 士夫", 『증계대승경』 권1(대정장16, p.654c28)에 "부처님께서 비비산에게 말씀하셨다. '그대 묻는 바대로 도울테니 너의 마음이 너를 위해 해설하는 것같이 하라'. 비비산주 부처님께 청하여 허락받고는 부처님께 사루었다. '세존이시여, 중생〈범음으로 살타 Ⓢsattva. 옛 역어는 중생 또는 유정〉, 중생이란 무슨 뜻입니까?' '중생이란 이 자성이 있는 뭇 상들의 화합일 뿐이다. 지수화풍공식과 명색과 십팔계와 육입과 연기와 인업과로 모여 마주해서 생길 뿐이다. 마치 저 갈대 묶듯 한 것을 때론 집착하여 아라 여기고 중생이라 하고 생하는 이, 양육자, 장부라 하고 때론 부가라, 마나바라 부르며 때론 지자, 부르고 보는 자, 짓는 이, 받는 이라 여긴다. 능가주여, 마땅히 아셔야 하리. 이 모든 것 바로 중생상입니다'. 비비산이 다시 부처님께 사루었다. '저 모든 중생들 무엇으로 뿌리를 삼고 무엇으로 멈춰 머물고 어떻게 흘러 움직입니까?' 부처님께서 말씀하셨다. '일체중생 무명으로 뿌리를 삼고 갈망에 그쳐 머물며 업을 따라 흘러 다닌다'. 佛告毘毘産 恣汝所問 當如汝心爲汝解說 毘毘産主蒙佛聽許 卽白佛言 世尊 衆生〈梵音薩埵 舊譯爲衆生 或爲有情〉 衆生者是何義 佛告楞迦主言 衆生者是有性想衆和合故 所謂地水火風空識名色界入緣起及因業果 會對而生 猶如蘆束 或執爲我 或曰衆生生者養育者丈夫者 或稱富伽羅 或稱摩那婆 或稱知者 或稱視者 或稱作者受者想者 楞迦主當知 此皆是衆生想 毘毘産復白佛言 世尊 彼諸衆生以何爲根 何所止住 復何流運 佛言 一切衆生無明爲根 止住於愛 隨業流運", 『부증불감경』(대정장16, p.467b6)에 "이 법신이 항하사 모래알보다 많은 끝없는 번뇌에 속박되어, 시작을 알 수 없는 대로부터 세간을 그대로 따르고 물결에 떠돌며 생사를 오갔으니, 이를 중생이라 한다. 卽此法身 過於恒沙無邊煩惱所纏 從無始世來 隨順世間 波浪漂流 往來生死 名爲衆生", 『대지도론』 권5(대정장25, p.94a19)에 "어째서 마하살타라 이름하는가? 답이다. 마하란 크다는 것이고, 살타란 중생이고 또 용심이다. 이 사람 능히 큰 일을 감당하여 물러나지도 돌이키지도 않는다. 크게 용맹스러워 마하살타다. 마하살타라 하면 많은 중생중에 최고여서 뛰어난 우두머리이기에 마하살타라 한다. 또 다시 많은 중생중에 대자대비를 일으켜 대승이 있게 하고, 능히 대도를 행하며 가장 위대한 곳을 얻으니 마하살타이고, 대인의 모습을 성취하기에 마하살타다. 問曰 云何名 摩訶薩埵 答曰 摩訶者大 薩埵名衆生 或名勇心 此人心能爲大事 不退不還 大勇心故 名爲摩訶薩埵 復次 摩訶薩埵者 於多衆生中最爲上首故 名爲摩訶薩埵 復次 多衆生中起大慈大悲 成立大乘 能行大道 得最大處故 名摩訶薩埵 復次 大人相成就故 名摩訶薩埵", 같은 책 권44(대정장25, p.380c3)에 "살타. 때론 중생이라 하고 때론 이 큰 마음이다. 薩埵 或名衆生 或是大心", 『반야등론석』 권10(대정장30, p.102c11)에 "무엇을 이름하여 중생이라 하는가? 유정들이 거듭거듭 나기 때문이다. 何故名衆生 謂有情者數數生故", 『대승법계무차별론』 권1(대정장31, p.895c3)에 "시작 없는 세상으로부터 언제나 생사의 파랑으로 표류하고, 오고 가며 나고 죽어 언제나 저 생사의 흐름중에 있으니 중생이라 한다. 無始世來常爲生死波浪漂流 往來生滅恒處中流 說名衆生", 『구사론소』 권1(대정장41, p.464a20)에 "중생이라는 말은 유정의 다른 이름이다. … 즉 유정과 더불어 바탕은 하나이지만 이름이 다를 뿐이다. 어떤 이는 '중생이라 하면 비정을 겸하기에 다만 유정이라고만 한다'고 하지만 잘못이다. 그러므로 『대승동성경』 권상(대정장16, p.642a29)에 '능가주(능가왕)가 부처님께 여쭈었다. 「세존이시여, 중생이란 무슨 뜻입니까?」 부처님께서 능가주에게 이르셨다. 「중생이란 뭇 물들의 화합이니 지수화풍공식이다. 마치 갈대묶음과 같아서 거듭 서로 의지한다. 그러므로 중생이라 한다.」' 하였다. 이 경문설에 준하면 유정을 중생이라 함에는 따로 한 물이 있어서 유정의 체로 삼는 것을 깨뜨리기 위함이다. 또한 이 경문에 준하면 유정과 중생은 이름은 다르지만 바탕은 같다. 중생은 육계가 어울려 이룬 것이고 유정도 그러하니, 다로 한 법을 가리켜 유정의

바탕이라 할 수 없다. 유식논사는 하나의 실물인 아뢰야식을 가리켜 유정의 바탕이라 여긴다. 이는 육계가 합하여 이룬 것이 아니니, 유정은 가이고 실이 아님을 나타낼 수 없다. 言衆生者 卽有情異名 … 卽與有情 體一名異 有人云 若名衆生 卽兼非情 所以但言有情 誤也 故大乘同性經 楞伽主 白佛言 世尊 衆生何義 佛告楞伽主 衆生者 衆物和合 地水火風空識 由如蘆束 更轉相依 故言衆生 准此經文說 其有情名衆生者 爲破別有一物 爲有情體 又准此文 有情衆生 名異體同 衆生六界共成 有情亦爾 不可別指一法 爲有情體 唯識論師 指一實物 阿賴耶識 爲有情體 卽非六界合成 不顯有情是假非實", 『구사론기』 권1 「분별계품 分別界品」(대정장41, p.3a3)에 "하고많이도 생사를 받기에 중생이고, 반드시 나서 끝내 죽기에 나면 반드시 죽는다고 하니 중생이라 한다. 죽어 반드시 나지 않을 수도 있으니, 저 열반에 드는 것이다. 이래서 다 죽는 것이라 말하지 않는다. 受衆多生死故名衆生 夫生必死 言生可以攝死 故言衆生 死不必生如入涅槃 是故不言衆死", 『대승의장』 권6(대정장44, p.595c5)에 "중생이란, 아와 인이 있다고 헤아려 오음에 의지해 화합하여 생하기에 중생이라 한다. 言衆生者 計有我人 依於五陰 和合而生 故名衆生", 『마하지관』 권5상(대정장46, p.52c23)에 "오음을 잡아서 그저 중생이라 하지만 중생은 같지 않다. 삼도음을 잡아서 죄고중생이라 하고, 인천음을 잡아서 수락중생이라 하며, 무루음을 잡아서 진성중생이라 하고, 자비음을 잡아서 대사중생이라 하며, 상주음을 잡아서 존극중생이라 한다. 攬五陰通稱衆生 衆生不同 攬三途陰 罪苦衆生 攬人天陰 受樂衆生 攬無漏陰 眞聖衆生 攬慈悲陰 大士衆生 攬常住陰 尊極衆生", 같은 책 권6하(대정장46, p.85a7)에 "중생이란 무엇인가? 탐진치심으로 온통 모든 것이 나와 나의 것이 있다고 헤아린즉 중생이다. 나라는 것이 마음을 좇아 일어나면 마음에서 삼독이 일어나니, 이를 중생이라 한다. 이러한 마음이 일어날 때마다 곧 공이요 바로 가이며 그대로 중이라고 마음 따라 염을 일으키면 지관이 모두 갖추어진다. 言衆生者 貪恚癡心 皆計有我我 卽衆生 我逐心起 心起三毒 卽名衆生 此心起時 卽空卽假卽中 隨心起念 止觀具足", 『대혜어록』 권19(대정장47, p.893c8)에 "부처란 이 중생계 중에서 일을 마친 대단한 사람이다. 중생이란 부처의 세계 중에 일 마치지 못한 이다. 한결같아야 한다면 다만 부처도 중생도 일시에 놓아야 하리. 마칠 일도, 마치지 못할 일도 없어야 한다. 옛 어른이 말씀하셨다. 다만 모든 일 위에서 일 없듯 한다. 보고 듣지만 눈먼 듯 귀먹은 듯 하다. 佛是衆生界中了事漢 衆生是佛界中不了事漢 欲得一如 但佛與衆生 一時放下 則無了無不了 故古德云 但於事上通無事 見色聞聲不用聾", 종보본 『단경』 권1(대정장48, p.351a9)에 "선지식들이여! 깨우치지 못하면 부처가 바로 중생이고, 일념으로 깨우칠 때 중생이 바로 부처라네. 그러니 아시길, 만법이 온통 스스로의 마음에 있다는 것을. 善知識 不悟卽佛是衆生 一念悟時衆生是佛 故知萬法盡在自心", 『종경록』 권29(대정장48, p.589b10)에 "부처와 중생 한 바탕으로 같으니, 중생은 이 부처의 임시 이름이다. 佛共衆生同一體 衆生是佛之假名", 『석씨요람』 권중(대정장54, p.292b21)에 "중생 : 범어로 복호선나이고 한역하면 중생이다. 뭇 연으로 일어난 것을 말한다. 승우(僧祐)법사는 '무리지어 함께 세상에 났으므로 중생이라 한다' 하였다. 당 삼장법사는 유정이라 한역하여 이름하였는데, 일체무정물도 다 뭇 연을 빌려서 나지만 여기서는 무정을 가려냈기에 유정이라 한다. 衆生 梵云僕呼善那 此云衆生 謂衆緣所生故 祐法師云 衆共生世 故名衆生 唐三藏 譯名有情 謂一切無情物 皆假衆緣生 今簡去無情 故云有情", 『능엄경서지미소』(卍속장90, p.481a7)에 "중생이란, 십계에서 오직 부처만을 제하니, 제하여 가히 중생이 아니라 할 수 있으니, 나머지 구계는 모두 중생이다. 세간의 육범과 출세간의 삼성은 무명이 다하지 못해서 모두 나서 있게 되니, 나서는 반드시 오온화합으로 이루어지기에 중생이라 부른다. 言衆生者 十界中唯除佛可稱非衆生 其餘九界 皆是也 世間六凡 出世三聖 無明未盡 皆有生在 生必五衆和合而成 名衆生也"라고 하였다. [참고문헌] 『長阿含經』, 『雜阿含經』, 『大品般若經』, 『大薩遮尼乾子所說經』, 『大般涅槃經』, 『證契大乘經』, 『不增不減經』, 『大智度論』, 『般若燈論釋』, 『大乘法界無差別論』, 『俱舍論疏』, 『大乘同性經』, 『俱舍論記』, 『大乘義章』, 『摩訶止觀』, 『大慧語錄』, 『壇經』, 『宗鏡錄』, 『釋氏要覽』, 『楞嚴經序指味疏』, *SN.*, *Bodh-bh.46.*, *Sūtr.9.* ⇨ 유정 有情, 중생세간 衆生世間, 중생심 衆生心, 사대 四大, 육대 六大 ❶, 오음 五陰, 명색 名色, 십이입 十二入, 육내입처 六內入處, 육외입처 六外入處, 인과 因果, 업 業, 장부 丈夫 ❶, 작자 作者 ❶

중생견 衆生見 Ⓢ sattva-dṛṣṭi. 중생(衆生)이 실로 있다고 여겨 집착하는 견. 『방광반야경』 권3(대정장8, p.19c4)에 "무엇을 제견망견이라 하는가? 오아견·유인견 및 중생견·유단견과 유상견·유견·무견이 그것이다. 何謂諸見妄見 吾我見 有人見及衆生見 有斷見 有常見 有見無見", 원측(圓測)의 『인왕경소』 권하(대정장33, p.426a22·한불전1, p.120b13)에 "상견·단견·유견·무견·중생견을 견탁이라 한다. 常見 斷見 有見 無見 我見 衆生見 是名見濁也"라고 하였다. [참고문헌] 『放光般若經』, 『仁王經疏』, *Vajr-pr.44.* ⇨ 중생상 衆生相, 아견 我見

중생견소계 衆生見所繫 중생이 실제 있다고 보아 얽혀 번뇌함. 유정론상응(有情論相應)이라고도 한다. 『잡아함경』 권12(대정장2, p.84c3)에 "어떤 사문과 바라문이 범속한 견에 얽매인다면 아견에 얽혔다 하고, 중생견에 얽혔다고 하며, 수명견에 얽혔다 하고, 기휘길경견에 얽혔다고 말한다. 이때 (多聞聖弟子는) 그것을 다 끊고 다 알아 뿌리까지 잘라버리기를 마치 다라나무 밑동을 자르듯이 하므로 미래세에 불생법을 성취한다. 若沙門婆羅門 起凡俗見所繫 謂說我見所繫 說衆生見所繫 說壽命見所繫 忌諱吉慶見所繫 爾時悉斷悉知 斷其根本 如截多羅樹頭 於未來世 成不生法"라고 하였다. [참고문헌]『雜阿含經』. ⇨ 유정론상응 有情論相應, 중생견 衆生見, 중생상 衆生相

중생경계지 衆生境界智 중생이 사무량심(四無量心) 행하고 사유해서 일으키는 지혜. 『사리불아비담론』 권9(대정장28, p.593c5)에 "무엇이 중생경계지인가? 중생을 경계로 하는 지혜는 없다. 또한 중생이 자비희사(慈悲喜捨 : 四無量心)로 행하고 사유해서 지혜를 일으킨다면, 이는 중생경계지라 할 수 있다. 云何衆生境界智 無衆生境界智 復次衆生慈行悲喜捨行思惟智生 是名衆生境界智"라고 하였다. [참고문헌]『舍利弗阿毘曇論』. ⇨ 사무량심 四無量心

중생계 衆生界 Ⓢ sattva-dhātu, Ⓟ satta-dhātu. ❶ 중생이 사는 세계. 십계(十界) 중 불계(佛界)를 제한 그 나머지 구계(九界)이니, 지옥계(地獄界)·아귀계(餓鬼界)·축생계(畜生界)·아수라계(阿修羅界)·인계(人界)·천계(天界)·성문계(聲聞界)·연각계(緣覺界)·보살계(菩薩界)다. 또한 불계·법계(法界)와 함께 삼법계(三法界) 중 하나이기도 하며 중생세간(衆生世間)이라고도 한다. ⇨ 중생세간 衆生世間, 중생 衆生, 십계 十界❷, 삼법계 三法界❸, 삼계구지 三界九地 ❷ 중생계 그대로 여래장(如來藏)의 뜻이고, 불계(佛界)이고 법계(法界)의 뜻이다. 『대보적경』 권87(대정장11, p.499b8)에 "또 묻기를, 중생계란 무슨 뜻인가? 답하다. 중생계란 바로 이 법계다. 又問 衆生界者爲何義耶 答曰 衆生界者卽是法界", 같은 책 권115(대정장11, p.651a6)에 "문수사리가 부처님께 아뢰었다. '중생계상은 제불계와 같습니까?' '중생계라 하면 이는 한량이 있습니까?' '중생계량은 불계량과 같습니까?'. 文殊師利言 衆生界相 如諸佛界 又問 衆生界者 是有量耶 答曰 衆生界量 如佛界量", 『대방등대집경』 권25(대정장13, p.178a18)에 "다시 선남자야, 보살마하살이 법을 보아 법을 기억한다. 법계를 분별하지 않아 법계 그대로이고, 중생계 또한 이와 같다. 두 계 이름이 허공계로 일체제법 다 법계에 든다. 무릇 법계란 바로 중생계이고, 중생계란 그대로 무분별이다. 이 이름이 일체법 관찰하여 한결같이 일체계가 곧 법계임을 본다 하니, 비록 명료히 보지만 마음에 집착이 없고 집착이 없기에 분별할 일 없다. 復次善男子 菩薩摩訶薩觀法法念 不分別法界 如法界 衆生界亦如是 如是二界名虛空界 一切諸法悉入法界 夫法界者卽衆生界 衆生界者卽無分別 是名觀察一切法 等見一切界卽是法界 雖明了見而心不著 以不著故則無分別", 『대방광보협경』 권중(대정장14, p.474c13)에 "중생계와 법계와 허공계는 평등하여 둘이 없고 따로 다르지도 않다. 衆生界 法界 虛空界 等無有二 無有別異", 『역장엄삼매경』 권3(대정장15, p.720a25)에 "지륜동자가 다시 부처님께 사뢰었다. '세존이시여! 무엇을 부처라 하고 무엇을 법이라 합니까?' 부처님께서 지륜에게 이르셨다. '그대 이제 마땅히 알아야 하리. 일체중생 그 이름이 불법이다'. 지륜이 다시 여쭈었다. '중생이란 무엇이고 무엇을 이 부처라 부릅니까?' 부처님께서 말씀하셨다. '중생계란 마땅히 알라, 이 뜻 바로 부처님 경계다'. 智輪童子復白佛言 世尊 云何名佛 何者是法 佛告智輪 汝今當知 一切衆生名爲佛法 智輪復問 衆生何者 云何是名佛 佛告智輪 衆生界者 當知此義是佛境界", 『보성론』 권1 「교화품 敎化品」(대정장31, p.821a24)에 "사리불이여, 중생계라 하는 것은 바로 제일의제다. 사리불이여, 제일의제라 해도 바로 이 중생계다. 사리불이여, 중생계라 함은 바로 이 여래장이다. 여래장이라 하면 바로 이 법신이다. 보리의 뜻에 의지하기 때문이다. 舍利弗 言衆生者卽是第一義諦 舍利弗 言第一義諦者 卽是衆生界 舍利弗 言衆生界者 卽是如來藏 舍利弗 言如來藏者 卽是法身故依菩提義故", 『대일경소』 권17(대정장39, p.622a7)에 "이 중에 모든 법계라 한 것은 불계와 법계와 중생계를 관하는 것이고, 이 세 법계를 관하기에 이름을 제법계라 하였다. 법계를 관한다는 것은 그대로 일체여래경계이고, 중생계라 하면 그대로 일체중생 따라 건지는 인연이니, 이 모두 다 이 법계다. 此中云諸法界者 謂觀佛界法界衆生界 觀此三法界故 名諸法界也 觀法界 卽是一切如來境界 衆生界者 卽是一切衆生應度因緣 皆是法界也", 둔륜(遁倫)의 『유가론기』 권5(한불전2, p.534b3)에 "또 무상의경에 의지해 설하면 중생계 바로 여래장이니, 중생 함께 있을 수 있는 것은 이 무위 때문이다. 이와 같은 뜻에 의지해 중생계 불생불멸이니, 저 경의 뜻은 진을 일으켜 헛되이 중생계 세운 것이다. 그러므로 진여를 설하여 중생계라 이름한 것이다. 又依無上依經說 衆生界是如來藏 衆生共有是無爲故 據如此義說衆生界不增不減 彼經意眞起妄立衆生界 故說眞如名衆生界", 같은 책(대정장42, p.402c14·한불전13, p.280a14)에 "곳곳의 경론에서 모두 말하길 중생계는 더하지도 않고 덜하지도 않는다 한다. 중성은 시작없는 오래 전부터 있었고, 새롭게 생긴 세계가 아니기에 더할 일 없어서 한량이 없다. 處處經論 皆言衆生界 不增不減 以衆生無始舊有 非新有故 無增而有無量", 『유가사지론약찬』 권6

(대정장43, p.87a14)에 “중생계란 여래장성을 말한다. 중생이 비록 무여의열반에 든다 해도 저 여래장은 더하지도 덜하지도 않다. 衆生界者 謂如來藏性 衆生雖有入無餘依 彼如來藏 無增無減”, 『대승법계무차별론소』 권1(대정장44, p.68a2)에 “이 무차별심성이 잡다하게 물든 중생위에 있으니 그 이름이 때문은 진여고, 또한 자성이 불성에 머물면서도 중생과 더불어 의지해 인을 지으니 이름이 중생계다. 此無差別心性 在於雜染衆生位中 名有垢眞如 亦是自性住佛性 與衆生作依因 故名衆生界”, 같은 책(대정장44, p.74b28)에 “중생계라 함이 바로 여래장이다. 言衆生界者 是如來藏也”라고 하였다. [참고문헌] 『大寶積經』, 『大方等大集經』, 『大方廣寶篋經』, 『力莊嚴三昧經』, 『寶性論』, 『大日經疏』, 『瑜伽論記』, 『瑜伽師地論略纂』, 『大乘法界無差別論疏』, *Ratna-ut.2·41.*, *SN.2.165.* ⇨ 법계 法界, 불계 佛界❶, 여래장 如來藏

중생공 衆生空 중생은 공하다. 오온(五蘊)으로 모인 것일 뿐인 중생이기에 공하여 어떤 실(實)도 없는 뜻이다. 인무아(人無我)·인공(人空)이라고도 한다. 제법(諸法)이 공(空)한 뜻은 법무아(法無我)·법공(法空)이라 한다. 『대지도론』 권26(대정장25, p.253c28)에 “부처님 법에는 두 가지 공이 있으니 첫째는 중생공이고, 둘째는 법공이다. 무아를 설하시어 중생이 공함을 보이셨고, 법이 실로 있는 것 아님을 설하시어 법공을 보이셨다. 佛法有二種空 一者 衆生空 二者 法空 說無我 示衆生空 說無有法 示法空”, 같은 책 권31(대정장25, p.287b14)에 “소승제자들은 근기가 둔하기에 중생공을 설하셨으니, 아와 아로 된 것들은 없는 것이기에 나머지 법에도 집착하지 않았다. 대승제자는 근기가 예리하기에 법공을 설하셨으니, 바로 그때 세간도 저 열반처럼 항시 공한 줄 알았다. 小乘弟子鈍根故 爲說衆生空 我我所無故 則不著餘法 大乘弟子利根故 爲說法空 卽時知世間常空如涅槃”, 『대보적경』 권77(대정장11, p.442b10)에 “보살은 아와 아로 된 것들을 떠났기에 몸이 공함을 알고, 몸이 공하기에 중생이 공함을 안다. … 중생이 공하기에 색음이 공하고, 색음이 공하기에 수상행식음이 공함을 안다. 菩薩離我我所故知身空 身空故衆生空 … 衆生空故知色陰空 色陰空故受想行識陰空”, 『법문명의집』(대정장54, p.200b5)에 “두 무아가 있으니 첫째는 인무아고, 둘째는 법무아다. 인무아는 중생공 또는 인공이라고도 한다. 二無我 一者 人無我 二者 法無我 人無我 亦名衆生空 亦名人空”, 『대승의장』 권1(대정장44, p.485b28)에 “중생공이란 무아를 말한다. 衆生空者 名爲無我”라고 하였다. [참고문헌] 『大智度論』, 『大寶積經』, 『法門名義集』, 『大乘義章』. ⇨ 중생 衆生, 인무아 人無我, 인공 人空, 법무아 法無我, 법공 法空❶, 무아 無我

중생근희성 衆生根喜聲 Ⓢ sarva-sattva-indriya-saṃtoṣaṇī-vāc, Ⓣ dbang-po-thams-cad-tshim-par-byed-pa. 육십종성(六十種聲) 중 하나. 『대승장엄경론』 권6(대정장31, p.619b25 : *Sūtr.*, p.79)에 “여래께는 예순 가지의 불가사의한 음성이 있으니, 『불비밀경』에서 설한 것과 같다. … (쉰다섯 번째) 중생희근성이란, 한 마디 말로도 무량한 뜻을 드러내는 음성이다. 如來有六十種不可思議音聲 如佛祕密經中說 … 衆生根喜聲者 一語無量義顯現故 ṣaṣṭyaṅgī sācintyā yā guhyakādhipatinirdeśe buddhasya ṣaṣṭyākārā vāg nirdiṣṭā … sarvasatvendriyasaṃtoṣaṇī ekānekārthavijñaptipratyupasthānatvāt”라고 하였다. [참고문헌] 『大乘莊嚴經論』, *Sūtr.* ⇨ 육십종성 六十種聲

중생무변 衆生無邊 중생은 그 끝이 없다. 『대보적경』 권41(대정장11, p.235b19)에 “공이 가없기에 중생도 가없고, 중생이 가없기에 자비 또한 가없다. 空無邊故 衆生無邊 衆生無邊故 慈亦無邊”, 『대지도론』 권28(대정장25, p.266a14)에 “중생이 가없기에 부처님의 지혜도 가없으니, 이것으로 진실을 삼는다. 衆生無邊 佛智慧無邊 是爲實”, 같은 책 55(대정장25, p.456c6)에 “‘중생은 끝이 없다’ 한 것은 중생이 많기 때문이다. 무량아승기삼세시방중생을 그 누구도 헤아릴 수 없기에 ‘끝이 없다’고 한 것이다. 衆生無邊者 以衆生多故 無量阿僧祇三世十方衆生 無人能知數 故言無邊”, 『대승기신론』(대정장32, p.581b17)에 “허공 끝 없기에 세계 끝이 없고, 세계 끝 없기에 중생도 끝이 없으며, 중생 끝 없기에 다양한 마음의 행로 차별하여 또한 끝이 없다. 虛空無邊故 世界無邊 世界無邊故 衆生無邊 衆生無邊故 心行差別 亦復無邊”, 『종경록』 권91(대정장48, p.913a7)에 “[문] 중생 끝이 없고 고통의 업도 끝이 없을진대 어떻게 보살이 능히 대신 받을 수 있는가? [답] 보살이 중생을 대신하여 고통받을 수 있는 것은 대비라는 방편의 힘 때문이다. 다만 중생은 허망한 집착으로 업체가 허망에서 생겨난다는 것을 알지 못해 고통에서 벗어날 연고가 없지만, 보살은 지관의 두 문을 닦아 행해서 한 시도 끊지 않으니, 그 인도 잊고 과도 사라져 괴로움이 생겨날 연고가 없게 된다. 다만 삼도에 드는 일 없이도 중생을 대신해 고통을 받는다고 한다. 問曰 衆生無邊 苦業亦無邊 云何菩薩而能代受 答曰 菩薩代衆生受苦者 由大悲方便力故 但以衆生妄執 不了業體從妄而生 無由出苦 菩薩教令修行止觀兩門 心無暫替 因亡果喪苦無由生 但令不入三塗 名爲代衆生受苦也”라고 하였다. [참고문헌] 『大寶積經』, 『大智度論』, 『大乘起信論』, 『宗鏡錄』.

중생무변서원도 衆生無邊誓願度 사홍서원(四弘誓願) 중 첫 번째로, 중생이 끝이 없지만 맹세코 제도하기를 서원합니다. 『관음현의』 권상(대정장34, p.879a17)에 “비심으로 가엾이 아파하기에 세간의 고집인과에서 빼내기 위해 두 가지 서원을 일으키니, 이른바 중생무변서원도와 번뇌무량서원단이다. 이 두 서원은 대비심에서 일어난다. 悲心愍傷 拔於世間苦集因果 興兩誓願 所謂衆生無邊誓願度 煩惱無量誓願斷 此兩誓願從大悲心起”, 『화엄경소초』 권35(대정장36, p.269a19)에 “다만 영원히 중생의 괴로움 사라지게 함이니, 이는 중생무변서원도다. 但爲永滅衆生苦 卽衆生無邊誓願度”, 『대승기신론열망소』 권6(대정장44, p.462b6)에 “무량방편으로 온갖 괴로움의 바다에서 중생을 건져내는 것이니, 이것이 중생무변서원도다. 以無量方便 拔濟一切苦海衆生 此卽衆生無邊誓願度也”, 『석선바라밀차제법문』 권1(대정장46, p.476b14)에 “사홍서원 중 첫째는 아직 건너지 못한 이를 건너게 하는 것으로, 중생무변서원도라고도 한다. 四弘誓願者 一 未度者令度 亦云衆生無邊誓願度”라고 하였다. 〔참고문헌〕『觀音玄義』, 『華嚴經疏鈔』, 『大乘起信論裂網疏』, 『釋禪波羅蜜次第法門』. ⇨ 사홍서원 四弘誓願, 미도자도 未度者度

중생무시무종 衆生無始無終 중생은 시작도 없고 끝도 없다. 중생세계는 존우(尊佑) 즉 창조주나 유진(唯塵：四大) 즉 물질 등으로 만들어진 것들이 아니어서 시작이 없다 하며, 공(空)으로 연기(緣起)할 뿐이니 그 끝도 알 수 없다. 『방광반야경』 권9(대정장8, p.66b10)에 “모든 중생은 누구나 공적하다. 이 때문에 중생은 시작도 없고 끝도 없으니 허공과 같기 때문이다. 一切衆生皆空寂故 是故 衆生無始無終 與空等故”, 『운서법휘』 권20(가흥장33, p.129b5)에 “중생은 시작도 없고 끝도 없으며 다함도 없다. 세계중생이 성불하는 일은 저 빗방울 내리듯 하지만, 중생은 끝내 사라지는 일 없고 제불 끝내 더하는 일도 없다. 이것은 실다운 말씀으로 시작도 없고 끝도 없어서 다함이 없다 함이니, 헤아린다는 글자는 극히 묘하여 이는 불가사의경계다. 이치로 말하면 중생 바로 부처이고 부처 그대로 중생이다. 衆生無始無終亦無盡 卽世界衆生成佛 如雨點 而衆生終不見減 諸佛終不見增 此是實說 無始無終無盡 數字極妙 此是不可思議境界 稱理 則衆生卽佛 佛卽衆生”라고 하였다. 〔참고문헌〕『放光般若經』, 『雲棲法彙』.

중생법 衆生法 중생이라는 법. 심법(心法)과 불법(佛法)과 구별하여 셋으로 나누지만 일심(一心)으로 서로 거둘 뿐이다. 『대승기신론열망소』 권1(대정장44, p.427a26)에 “무릇 불법을 들면 일체심법과 중생법까지 거두고, 중생법을 들게 되도 일체불법과 심법까지 거둔다. 夫擧佛法 則攝一切心法 及衆生法 擧衆生法 則攝一切佛法 及以心法”, 『법화경대성』 권1(卍속장51, p.59a17)에 “법은 십계와 십여이고, 권실법 또한 세 가지를 벗어나지 않는다. 첫째는 중생법이고, 둘째는 불법이며, 셋째는 심법이다. 이와 같은 세 법은 원래 그대로 일심이라서 본래 중생은 없다. 제불에 있어서도 미혹과 깨달음 사이에 차이가 있음으로 인해 중생과 부처가 다르다고 할 뿐이다. 法卽十界十如 權實之法 不出三種 一 衆生法 二 佛法 三 心法 如是三法 元是一心 本無衆生 及於諸佛 只因迷悟有差 所以 生佛有異”라고 하였다. 〔참고문헌〕『大乘起信論裂網疏』, 『法華經大成』. ⇨ 심불중생 心佛衆生, 삼무차별 三無差別, 일체법 一切法

중생본성 衆生本性 중생 본래의 품성. 물들지 않은 청정(淸淨)이고, 반야의 지혜로서의 여래(如來)를 말한다. 80권본 『화엄경』 권58 「이세간품 離世間品」(대정장10, p.305c1)에 “일체불미묘법신을 보고 일체중생의 본성이 청정함을 보고, 일체법이 모두 적멸함을 보며 일체찰이 허공의 청정혜와 같음을 보니 일체상이 모두 걸림없음을 알기 때문이고, 일체의 총지·변재·방편바라밀의 청정혜로 일체최승지를 얻게 하기 때문이며, 일념에 금강지와 상응하여 일체법평등청정혜를 깨우쳐 일체법최승지를 얻기 때문이다. 見一切佛微妙法身 見一切衆生本性淸淨 見一切法皆悉寂滅 見一切刹同於虛空淸淨慧 知一切相皆無礙故 一切總持辯才方便波羅蜜淸淨慧 令得一切最勝智故 一念相應金剛智了一切法平等淸淨慧 得一切法最尊智故”, 『대보적경』 권120(대정장11, p.681b1)에 “중생본성이 여기에서 죽어 저기에 나지만 이는 부처님의 경계일 뿐 오통선인도 알 수 있는 바 아니며, 또한 천인·마구니·범천·색구경천 등과 아울러 여타의 성문들도 분명히 깨우쳐 알지 못한다. 衆生本性 沒此生彼 是佛境界 非五通仙之所能知 亦非天人魔梵色究竟等幷餘聲聞之所覺了”, 『법화의소』 권6(대정장34, p.539a28)에 “〔문〕 중생이 어떻게 부처의 자식인가? 〔답〕 … 중생과 부처는 샘이 같다. 곧 중생본성은 청정하고 부처님 또한 그러하다. 問 衆生云何是佛子耶 答 … 衆生與佛同源 謂衆生本性淸淨 佛亦爾也”, 『대반열반경소』 권11(대정장38, p.102a3)에 “중생본성을 또한 여래라 이름한다. 衆生本性 亦名如來”, 종보본 『단경』 「반야 般若」(대정장48, p.350c20)에 “백천의 뭇 흐름들이 대해로 들어가면 합해져 하나의 몸이 되는데, 중생본성과 반야지혜 또한 이와 같다. 百川衆流 却入大海 合爲一體 衆生本性 般若之智 亦復如是”, 『진심직설』 「진심이명 眞心異名」(대정장48, p.999c25)에 “혹자가 물었다. ‘부처님의 가르침은 이제 알겠습니다. 조사의 가르침은 어떠합니까?’ 답한다. ‘조사의 문하에서는 명언을 막고 끊는다. 이름 세울 일 없거늘 어찌 다시 많은 이름이겠는가. 하지만 감응함에 근기를 따라서 그 이름이 또한 여러 가지다. 어떤 때는 자기라고 부르니 중생의 본성 때문이요,

어떤 때는 정안이라고 하니 존재하는 모든 있는 상들을 비추기 때문이다'. 或曰 佛教已知 祖教何如 曰 祖師門下 杜絶名言 名不立何更多名 應感隨機 其名亦衆 有時呼爲自己 衆生本性故 有時名爲正眼 鑑諸有相故"라고 하였다. 〔참고문헌〕『華嚴經』, 『大寶積經』, 『法華義疏』, 『大般涅槃經疏』, 『壇經』, 『眞心直說』, 『圓覺經略疏』 권상(대정장39, p.545a13). ⇨ 중생 衆生, 본성 本性 **1**

중생불능사유칭량성 衆生不能思惟稱量聲 여래의 육십사범음(六十四梵音) 중 하나. 『대명삼장법수』 권37(영락장183, p.76b9)에 "예순네 번째, 중생불능사유칭량성 : 여래음성 묘하게 굴러서 갖가지 음성을 내어 법을 설하실 때, 설령 삼천대천세계를 두루 채운 일체중생이 어도 다 배움의 지에 연하여 머물게 하니, 능히 사유해 헤아릴 수 없다. 六十四 衆生不能思惟稱量聲 謂如來音聲妙輪 出種種聲 宣說法時 假使徧滿 三千大千世界 一切衆生 皆居緣學之地 亦不能思惟稱量也"라고 하였다. 〔참고문헌〕『大明三藏法數』. ⇨ 육십사범음 六十四梵音

중생비밀 衆生祕密 중생도 알지 못하는 비밀. 깨우치면(明) 부처이고 빛을 잃어(無明) 덮여 있을 때 중생일 뿐이라는 진실을 말한다. 『개심초』 권중 「망부진각문 妄覆眞覺門」(대정장77, p.759a10)에 "〔문〕『이교론』에서 중생비밀을 풀어 말한다. '무명망상으로 본성의 참된 깨달음 덮어서 감추기에'라고 운운하였다. 그렇다면 덮는 무명과 덮인 본각은 그 체가 각별하다는 말인가? 〔답〕『석마하연론』 권5(대정장32, p.637b14)에 '무명장중에 본각불성이 물들어 가려 있으며, 법계 밖의 본각불성은 물들어 덮임을 벗어난다. 이들 모두 연을 따라 염려해 아는 마음의 현량경계일 뿐이어서, 자성중에 실다운 뜻으로서의 마음은 아니다' 운운하였다. 여기서 무명이 본각을 덮었다고 한 것은, 번뇌가 일어날 때 통째로 번뇌가 되어 보리는 숨고 번뇌만 나타난다. 반면에 보리가 일어날 때 통째로 보리가 되어 번뇌는 숨고 보리만 나타난다. 마땅히 알라! 덮어 감추는 것이라 하지만 어떤 물건 있거나 스스로의 몸이 있어 덮는 것도 아니니, 스스로가 스스로 덮을 뿐이기에 '덮어 가린다' 한다. 問 二教論 釋衆生祕密云 以無明妄想 覆藏本性眞覺故 云云 爾者 能覆無明 與所覆本覺 其體各別可云耶 答 釋論第五云 無明藏中 本覺佛性 爲染覆障 法界之外 本覺佛性 離染覆者 此俱攀緣慮知之心 現量境界 非是自性中實理心 云云 而今 以無明覆本覺者 煩惱起時 菩提擧體成煩惱 菩提隱煩惱顯 菩提起時 煩惱擧體成菩提 煩惱隱菩提顯 當知 覆藏者 非如以他物覆自體 自自覆自是 云覆藏也"라고 하였다. 〔참고문헌〕『開心抄』, 『釋摩訶衍論』.

중생사 衆生寺 경상북도 경주시에 있던 절. 백률사(栢栗寺)·민장사(敏藏寺)와 함께 신라의 대표적인 대비관음(大悲觀音)도량이었다. 중생사 관음보살상의 조성인연(造成因緣)과 영험담·최승로(崔承老 927~989) 관련 일화도 『삼국유사』에 전한다. 『삼국유사』 권3(대정장49, p.992a12·한불전6, p.323a22) 탑상(塔像)9 삼소관음중생사(三所觀音衆生寺)에 "드디어 함께 신라국에 이르러 이 중생사의 대비상을 조성하였는데, 나라 사람들이 우러르며 기도하여 복을 얻으니, 이루 다 기록할 수 없다. 遂相與到新羅國 因成此寺大悲像 國人瞻仰禳禱獲福 不可勝記"라고 하였다. 〔참고문헌〕『三國遺事』, 『韓國寺刹全書』 권하 p.1032b11.

중생상 衆生相 Ⓢ sattva-saṃjñā. 중생이라는 상. 사상(四相 : 我 人 衆生 壽者) 또는 아인사상(我人四相) 중 하나. 중생상(衆生想)·중생견(衆生見)과 의미상 같다. 『금강경』(대정장8, p.749a10 : *Vajr-pr.*, p.29)에 "만약 보살에게 아상·인상·중생상·수자상이 있으면, 그는 보살이 아니다. 若菩薩有我相 人相 衆生相 壽者相 卽非菩薩 na sa … bodhisattvo vaktavyo yasya ātmasaṃjñā pravarteta, sattvasaṃjñā vā jīvasaṃjñā vā pudgalasaṃjñā va pravarteta", 『대지도론』 권22(대정장25, p.227b13)에 "중생상에 집착하는 이에게는 단지 오중(五衆 : 五蘊)이 있을 뿐이지 이것에 아는 없다고 설하고, 중생상이 없다고 주장하는 이에게는 오중이 상속해서 있을 뿐이라고 설해서 끊어져 사라진다는 생각에 떨어지지 않게 한다. 若著衆生相者 爲說但有五衆 此中無我 若言無衆生相者 卽爲說五衆相續有不令墮斷滅故", 『금강반야바라밀경론』 권상(대정장25, p.783c3)에 "중생상이란 몸이 상속해서 끊어지지 않는다고 보는 것으로, 이를 중생상이라 한다. 衆生相者 見身相續不斷 是名衆生相", 『금강선론』 권3(대정장25, p.813b25)에 "중생상이라는 것은 없는 것이라 하였다. 외도는 중생이 단절되는 일 없이 상속해서 세간에 머물기에 신아(神我)라는 것이 있어 중생이 있다고 그릇되게 계탁한다. 이 계탁을 상대해 다스리기 위해 중생상이라는 것은 없다고 말한다. 오직 임시로 생겨난 오음의 상속이 생멸할 뿐이지, 신아라는 것이 단멸하지 않기 때문은 아니다. 그래서 중생상이라는 것은 존재하지 않는다고 한 것이다. 無衆生相者 有外道橫計 衆生所以不斷不絶相續住世者 以有神我衆生故也 爲對治此計 故言無衆生相 明唯有虛假生陰相續生滅 不由有神我不斷不滅 故言無衆生相也", 『금강반야경찬술』 권상(대정장33, p.131b4)에 "따라서 세친은 '아라는 것은 삼세에 걸친 오온의 차별을 통틀어 보아 집착하는 것이어서, 과거아가 상속해 현재에 이르기까지 끊이지 않은 것을 이름하여 중생상이라 한다'고 하였다. 故世親云 我者總觀三世五蘊差別執 見過去我相續至現在不斷 名衆生相"라고 하였다. 〔참고문헌〕『金剛經』, 『大智度論』, 『金剛般若波羅蜜經論』, 『金剛仙論』, 『金剛般若經贊述』, *Vajr-pr.* ⇨ 사상 四相❸, 아인사상 我人四相, 중생상 衆生想, 유신견 有身見, 오온 五蘊, 오온무아 五蘊無我, 상속 相續, 신아 神我

중생상 衆生想 Ⓢ sattva-saṃjñā. 중생이라는 상. 중생상(衆生相)이라고도 한다. 『증일아함경』 권16(대정장2, p.630a10)에 "무엇을 몸에 대한 삿됨이라 하는가? 몸에는 아라는 것이 있다고 헤아려 나의 아라는 생각과 중생이라는 상을 일으키는 것이다. 云何名爲身邪 所謂計身有我 生吾我之想 有衆生想", 『금강경』(대정장8, p.762b7 : *Vajr-pr.*, p.29)에 "수보리여! 만약 보살에게 중생상이 있다면 보살이라 부를 수 없다. 왜 그렇겠는가? 수보리여! 보살들에게는 아상·중생상·수자상·수자상이 없기 때문이다. 須菩提 若菩薩有衆生想 卽不應說名爲菩薩 何以故 須菩提 一切菩薩 無我想 衆生想 壽者想 受者想 sacet subhūte bodhisattvasya sattvasaṃjñā pravarteta, na sa bodhisattva iti vaktavyaḥ. tat kasya hetoḥ. na sa subhūte bodhisattvo vaktavyo yasya-ātmasaṃjñā pravarteta, sattvasaṃjñā vā, jīvasaṃjñā vā pudgalasaṃjñā va pravarteta", 『대지도론』 권27(대정장25, p.257b20)에 "제불의 세력은 불가사의하다. 성문과 벽지불은 중생상을 여의지 못한 채 자비를 일으키지만, 제불은 중생상을 버리고도 자비를 일으킨다. 諸佛力勢 不可思議 諸聲聞 辟支佛 不能離衆生想而生慈悲 諸佛能離衆生想而生慈悲", 『성실론』 권12(대정장32, p.337c6)에 "〔문〕 아라한은 중생상을 끊었는데, 어떻게 무량심을 행하는가? 〔답〕 아라한은 자심에 들어가기는 해도 자심으로 업을 짓지는 않으니, 생을 받지 않기 때문이다. 問曰 阿羅漢斷衆生想 云何行無量心 答曰 阿羅漢雖入慈心 不能集成慈業 以不受生故"라고 하였다. 〔참고문헌〕『增壹阿含經』, 『金剛經』, 『大智度論』, 『成實論』, *Vajr-pr.*

중생상속 衆生相續 중생이 서로 이어가다. 삼상속(三相續) 중 하나. 중생이 태난습화(胎卵濕化)로 끊이지 않고 이어가는 뜻이다. 『능엄경』 권4(대정장19, p.120a27)에 "동업끼리 서로 얽혀 화하거나 여의면서 이루어지거나 변화하기도 한다. … 생각이 같으면 애가 성립되고 애가 흘러 종자가 되며 생각을 거둬 태를 삼는다. 교접 행위가 일어날 때 같은 업을 빨아들이고, 따라서 인연이 있게 되어 갈라람과 알포담 같은 것이 생겨난다. 태난습화로 따르는데, 난생은 오직 생각만으로 생하고, 태생은 정을 인해 있게 되며, 습생은 합함으로써 감하고, 화생은 떨어진 채로 응한다. 욕·상·합·리로 다시 서로 변이하면서 받은 모든 업은 날기도 묻히기도 하는데, 이러한 인연으로 중생은 서로 이어간다. 同業相纏合離成化 … 同想成愛 流愛爲種 納想爲胎 交遘發生 吸引同業 故有因緣 生羯囉藍 遏蒱曇等 胎卵濕化 隨其所應 卵唯想生 胎因情有 濕以合感 化以離應 情想合離 更相變易 所有受業 逐其飛沈 以是因緣 衆生相續"라고 하였다. 〔참고문헌〕『楞嚴經』. ⇨ 상속 相續, 삼상속 三相續

중생색심 衆生色心 중생이라는 것의 몸과 마음. 『인왕경』 권상(대정장8, p.828c3)에 "최초의 일념에서 금강의 마지막 일념에 이르기까지 그 중에 불가설불가설식이 일어나 중생의 몸과 마음을 이룬다. 初一念金剛終一念 於中生不可說不可說識 成衆生色心", 원측(圓測)의 『인왕경소』 권중(대정장33, p.400c25 · 한불전1, p.81a9)에 "종자로 인해 처음 일념을 쫓아 금강에 이르기까지 그 중에는 형언할 수 없는 이숙식이 생겨나는데 이것이 근본이 되어 중생의 몸과 마음이 성취된다. 〔문〕 중생을 이루려면 색·심·불상응행이라는 세 취(聚)를 갖추어야 하는데 어째서 불상응행법은 설하지 않은 것인가? 〔해〕 색법과 심법에 의지한 분상에서 모든 불상응행법이 임시로 있게 될 뿐이어서 실은 아니기 때문이다. 謂由種子 從初一念 至於金剛 於中生不可說異熟識爲本 成衆生色心 問 成衆生具三聚 謂色心及不相應 如何不說不相應法 解云 依色心上 假立諸不相應 是假非實"라고 하였다. 〔참고문헌〕『仁王經』, 『仁王經疏』. ⇨ 색법 色法, 심법 心法, 심불상응행법 心不相應行法

중생생사지증명 衆生生死智證明 삼명(三明) 중 하나. 중생의 생사를 남김없이 아는 지혜. 생사지증명(生死智證明)·사생지증명(死生智證明)과 같다. 『장아함경』 권13 「아마주경 阿摩晝經」(대정장1, p.86b27)에 "천안 깨끗하여 중생이 지은 선악에 따라 받는 생을 남김없이 알고 오고가는 오도를 모두 다 아니, 이는 비구가 두 번째 지혜를 얻은 것이다. 무명을 끊어 없애고 지혜 밝아서 깜깜한 어둠을 버려 여의고 지혜 밝아서, 이는 중생의 생사를 보는 지혜의 밝음이다. 以天眼淨 盡見衆生 所爲善惡 隨業受生 往來五道 皆悉知之 此是比丘得第二明 斷除無明 生於慧明 捨離闇冥 出智慧光 此是見衆生生死智證明也", 『사리불아비담론』 권9(대정장28, p.593a1)에 "무엇을 중생생사지증명이라 하는가? 만약 지혜로 생겨난 천안으로, 인간의 눈을 넘어서 중생의 생사·호색·악색·악도·선도·비승을 보고 중생이 지은 업에 따라 … 몸이 무너지고 목숨이 끊어져 악도인 지옥·축생·아귀에 나는지 … 몸이 무너지고 목숨이 끊어져 선도인 천상·인간에 나는지 아는 것이다. 云何衆生生死智證明 若智生天眼淸淨過於人眼 見衆生生死好色惡色惡道善道卑勝 知衆生如所造業 … 身壞命終 生惡道地獄畜生餓鬼 … 身壞命終 生善道天上人中"라고 하였다. 〔참고문헌〕『長阿含經』, 『舍利弗阿毘曇論』. ⇨ 생사지증명 生死

智證明, 사생지증명 死生智證明, 삼명 三明❶

중생설 衆生說 오류설법(五類說法) 중 하나. 그 나머지는 불설(佛說)·보살설(菩薩說)·성문설(聲聞說)·기계설(器界說)이다. 『화엄경』의 교법을 전하는 다섯 주체다. 『화엄경소』 권1(대정장35, p.506b23)에 "모든 선우 등은 대부분 보살설이지만 중생설이라고도 한다. 諸善友等 多菩薩說 亦名衆生說", 『화엄경행원품소』 권1(卍속장7, p.479b3)에 "중생설이란 지해가 많은 바라문과 같은 이들이 하는 설이다. 衆生說者 如多知解婆羅門等"라고 하였다. [참고문헌] 『華嚴經疏』, 『華嚴經行願品疏』. ⇨ 오류설법 五類說法, 설법 說法

중생성 衆生性 Ⓢ sattva-guṇa, Ⓣ sems-can-yon-tan. 중생의 성. 불성(佛性)을 함의한다. 『인왕경』 권상(대정장8, p.829b15)에 "대왕이여! 여여한 문자로 제불지모를 닦는데, 일체중생성으로서의 근본이 되는 지모가 바로 살바야(Ⓢ sarvajña : 一切智)의 몸이다. 大王 如如文字 修諸佛智母 一切衆生性 根本智母 卽爲薩婆若體", 원측(圓測)의 『인왕경소』 권중(대정장33, p.405c1·한불전1, p.88a16)에 "닦은 바가 바로 불모이고 그대로 살바야로서 곧 일체지를 말한다. 여기에는 세 가지 뜻이 있다. 첫째는 중생성이니, 비유하면 여의주와 같이 필요한 바를 다 성취한다. … '성'이란 바뀌지 않는 뜻이니, 구하는 바는 끝내 얻어서 바뀌지 않는다는 것이다. 所修正是佛母 卽薩婆若 卽一切智 有三義 一 衆生性 譬如意珠 所須皆能成就 … 性是不改義 所求竟得 是不改也", 『능현중변혜일론』 권4(대정장45, p.440b19)에 "중생의 불성에도 두 가지 인이 있다. 정인이란 모든 중생을 말한다. 여기서 말한 중생은 중생성을 가리켜 중생이라 이름한 것이지, 오온을 중생이라 한 것이 아니다. 衆生佛性 亦二種因 正因者 謂諸衆生 此言衆生 衆生性故 名爲衆生 非說五陰 名爲衆生"라고 하였다. [참고문헌] 『仁王經』, 『仁王經疏』, 『能顯中邊慧日論』, *Ratna-ut.62.*

중생세 衆生世 Ⓢ sattva-loka, Ⓣ sems-can-gyi-'jig-rten. 삼계(三界)에 사생(四生)으로 나서 오취(五趣)로 윤회하는 세계. 『출요경』 권20(대정장4, p.717a26)에 "'나는 세간의 존귀한 이'라고 하였는데, 세간에는 세 종류가 있다. 첫째는 음세간이고, 둘째는 기세간이며, 셋째는 중생세간이다. 我爲世尊者 世者有三 一者 陰世 二者 器世 三者 衆生世", 같은 책 권24(대정장4, p.737a19)에 "중생세란, 삼계(欲界 色界 無色界)의 중생으로서 사생(卵胎濕化)과 오취(地獄 餓鬼 畜生 人間 天上)이다. 衆生世者 三界衆生 四生五趣是"라고 하였다. [참고문헌] 『出曜經』, *Abh-k-bh.192.* ⇨ 삼계 三界, 사생 四生, 오취 五趣, 육취 六趣

중생세간 衆生世間 Ⓢ sattva-loka, Ⓟ satta loka. 뭇 법중에 나서 세상에 있게 되다. 오온·십이처·십팔계 법중에 나서 세간에 있게 된 유정들의 세계여서 정보(正報)라 한다. 중생계(衆生界)·유정세간(有情世間)·가명세간(假名世間)이라고도 한다. 기세간(器世間)에 대하여 오온(五蘊)의 화합으로 성립한 유정의 세계를 말한다. 『법화현론』 권10(대정장34, p.448c7)에 "중생세간이란, 오음·십이입·십팔계라는 온갖 법중에 나기에 중생이라 한다. 衆生世間者 謂之五陰 十二入 十八界 衆法中生 故云衆生", 『능엄경의소석요초』 권5(卍속장16, p.952a5)에 "중생세간이란 무엇인가? 온갖 법이 화합하는 중에 나기에 중생이라 하고, 임시로 이름하길 세간이라 한다. 衆生世間者 衆法和合中生 故曰衆生 卽假名世間", 『마하지관』 권5상(대정장46, p.53c28)에 "중생세간은 이미 이 임시의 이름으로 그 체가 없으니 분별하여 실법이라 가려내고 임시로 시설할 뿐이다. 衆生世間 旣是假名無體 分別攬實法 假施設耳", 『선견율비바사』 권4(대정장24, p.696c1)에 "무엇을 중생세간이라 하는가? 상세간과 무상세간을 중생세간이라 한다. 何謂衆生世間 答曰 常世間 無常世間 是爲衆生世間", 돈황본 『약사경소』(대정장85, p.307b8)에 "중생세간이란 정보이고, 기세간이란 의보다. 衆生世間者 正報也 器世間者 依報也"라고 하였다. [참고문헌] 『法華玄論』, 『楞嚴經義疏釋要鈔』, 『摩訶止觀』, 『善見律毘婆沙』, 『藥師經疏』, *Abh-k-bh.157.*, *AN.1.260.* ⇨ 중생 衆生, 중생계 衆生界, 유정세간 有情世間, 가명세간 假名世間, 삼세간 三世間, 의보 依報, 정보 正報

중생수류각득해 衆生隨類各得解 중생은 류에 따라 각각 달리 이해한다는 말. 부처님께서는 한 음(一音)으로 법을 설하시지만 중생은 각자의 근기에 따라 다르게 받아들인다는 뜻이다. 『유마경』 권상(대정장14, p.538a2 : *Vikī-n.*, p.24)에 "부처님께서 한 음으로 법을 연설하시나, 중생은 류에 따라 각각 달리 이해한다. 佛以一音演說法 衆生隨類各得解 ekāṃ ca vācaṃ bhagavān pramuñcase nānārutaṃ ca parṣad vijānati", 돈황본 『유마경소』(대정장85, p.361b6)에 "부처님께서는 한 음으로 법을 설하신다는 말은 하신 말씀이 다르지 않다는 뜻이고, 중생은 류에 따라서 각각 안다는 말은 깨우쳐 앎이 같지 않다는 뜻이다. 무릇 앎에는 두 가지가 있다. 첫째는 진실을 잡아서 하나를 설한다. 여래의 진실하고 변함없는 법의 고동에서 나오는 소리의 모습으로 한 음이라 한다. 중생은 그 속에서 갖가지로 달리 이해한다. 마치 하나의 진신이 갖가지로 달리 나타나는 예와 같다. 佛以一音演說法者 發言不異 衆生隨類各得解者 悟解不同 汎解有二 一約眞說一 如來眞實常法螺聲相 名爲一音 衆生於中 種種異解 如一眞身 種種異現", 80권본

『화엄경』 권2(대정장10, p.7b27)에 "모든 부처님의 두렷한 음성은 세간에 고르게 퍼지지만, 중생은 류에 따라서 각자 달리 이해한다네. 諸佛圓音等世間 衆生隨類各得解"라고 하였다. 〔참고문헌〕『維摩經』, 『維摩經疏』, 『華嚴經』, *Vikī-n.* ⇨ 불이일음연설법 佛以一音演說法, 일음 一音, 원음 圓音

중생식 衆生食 중생에게 나누어주는 음식. 공양하기 전에 약간의 음식을 덜어내는 의식이다. 생반(生飯)이라고도 한다. 『석씨요람』 권상(대정장54, p.275a16)에 "출생 : 율에서 중생식은 귀자모를 위한 것이라 한다. 『비나야』에 따르면, 아리제모는 사랑하는 아이를 구하려 할 때 부처님께서 그를 위해 삼귀의와 오계를 주자 부처님께 '지금부터 무엇을 먹습니까?'라고 여쭈었다. 부처님께서 말씀하셨다. '걱정하지 마라. 염부주에 사는 나의 제자들이 식사할 때마다 중생식을 내어 보시함으로써 모두 배불리 먹도록 할 것이다'. 出生 律云 衆生食 卽爲鬼子母也 毘奈耶云 訶利帝母 爲求愛兒 佛爲受三歸五戒已 白佛言 從今何食 佛言 勿憂 於剡部洲 有我弟子 每食次 出衆生食施汝 皆令飽滿"라고 하였다. 〔참고문헌〕『釋氏要覽』. ⇨ 생반 生飯

중생식 衆生識 원측(圓測)의 『인왕경소』 권중(대정장33, p.400b25 · 한불전1, p.80b19)에 "'중생식'이란 말은 모든 식을 다 들어 표한 것이다. 여기에는 두 가지 해석이 있다. 첫째, 진제삼장은 모두 아홉 개의 식을 세웠다. … 둘째, 자은삼장은 단지 여덟 개의 식을 세울 뿐 제9식은 없다고 하며, 아마라식은 제8식중 정분일 뿐이어서 제8에 해당한다고 주장한다. 言衆生識者 總標諸識 自有兩釋 一 眞諦三藏 總立九識 … 二 慈恩三藏 但立八識 無第九識 而言阿摩羅者 第八識中淨分第八", 『법화현찬』 권1(대정장34, p.663c9)에 "부처님의 자비와 본원이라는 연의 힘으로 중생식상에서 글과 뜻이 서로 난다. 이 글과 뜻의 상은 비록 중생 스스로의 선근력에 의지해 직접 일어난다 해도 굳이 연에 나아간다 한 것은 부처님의 설을 말한 것이다. 이근의 힘과 스스로의 뜻이 변한 것이기에 '제가 들었습니다'라고 한다. 由佛慈悲本願緣力 衆生識上 文義相生 此文義相 雖親依自善根力起 而就强緣 名爲佛說 由耳根力 及自意變 故名我聞"라고 하였다. 〔참고문헌〕『仁王經疏』, 『法華玄贊』.

중생심 衆生心 Ⓢ cittāḥ sattvāḥ, jagac-citta, Ⓣ sems-can-rnams-kyi-sems. 중생의 마음. 대승의 뜻에서 중생심은 일체(一切) 세간법과 출세간법을 다 거두기에 법(法)이라 하고, 다시 이 일체법에 자재한 일체제불도 중생심중에 부처일 뿐이다. 그래서 『화엄경』에서 심불급중생시삼무차별(心佛及衆生是三無差別)이라 하였고, 『유마경』에서도 마음 밖에 아(我)도 법(法)도 없으니 해탈도 중생심의 몫이라 하였으며, 선문(禪門)에서도 제불의 마음 알고자 하면 중생심을 깨우친다 하였다. 60권본 『화엄경』 권10(대정장9, p.465c28)에 "저 마음처럼 부처님 또한 그러하고, 저 부처님처럼 중생이 그러하네. 마음과 부처님과 중생, 이 셋에 차별이 없네. 如心佛亦爾 如佛衆生然 心佛及衆生 是三無差別", 『유마경』 권중 「문수사리문질품 文殊師利問疾品」(대정장14, p.544c6)에 "다시 물었다. '제불해탈은 마땅히 무엇으로부터 구해야 합니까?' 답하였다. '마땅히 일체의 중생 마음 행로 중에서 구해야 합니다'. 又問 諸佛解脫 當於何求 答曰 當於一切衆生心行中求", 『대승기신론』(대정장32, p.575c20)에 "마하연이라 하니 모두 두 가지가 있다고 한다. 무엇이 그 두 가지인가? 하나는 법이고 또 하나는 뜻이다. 법이란 중생심을 말한다. 이 마음인즉 일체세간법과 출세간법을 거두니 이 마음에 의지하여 마하연의 뜻을 드러내 보인다. 왜 그런가? 이 마음의 진여상은 마하연의 체를 드러내기 때문이고, 이 마음의 생멸인연상은 능히 마하연 체와 상과 용을 드러내기 때문이다. 摩訶衍者 總說有二種 云何爲二 一者 法 二者 義 所言法者 謂衆生心 是心則攝 一切世間法 出世間法 依於此心 顯示摩訶衍義 何以故 是心眞如相 卽示摩訶衍體故 是心生滅因緣相 能示摩訶衍自體相用故", 『대승기신론열망소』 권4(대정장44, p.446a18)에 "중생을 잡아 말하면 모든 부처님은 중생심 안의 부처님이다. 중생심은 종횡으로 끝없어 다시 밖이 없기 때문이다. 지금 현재 나의 이 마음을 잡아 말하자면 모든 부처님과 모든 중생은 모두 내 마음 안의 부처님과 중생이다. 잠깐이라도 일어난 마음일지라도 종횡으로 끝없어 다시 그 밖은 없기 때문이다. 이것을 가리켜 '마음과 부처와 중생, 이 세 가지는 차별이 없다'고 한다. 約衆生言 則一切諸佛 並是衆生心內之佛 以衆生心 竪窮橫遍 更無外故 約我只今現在介爾心言 則一切佛 一切衆生 並是我心內之佛生 以現前介爾之心 竪窮橫遍 更無外故 是謂心佛衆生 三無差別也", 『사교의주휘보보링기』 권수 「시교도 時敎圖」(卍속장102, p.253a7)에 "이(理)란 무엇인가? 그것은 중생심이다. 중생의 지금 눈앞에서 어떤 마음일지라도 일념에 삼천이니 바로 공가중의 불가사의다. 체에 당해 마주한 것 끊어서 말로 드러낼 수도 없으니, 굳이 일원상을 지어 표현할 뿐이다. 理者何 卽衆生心 夫衆生現前介爾之心 一念三千 卽空假中 不可思議 當體絶待 無可詮顯 姑作一圓相表顯之", 『가태보등록』 권18 「만암도안장 卍庵道顔章」(卍속장137, p.268a9)에 "법좌에 올라앉아 말했다. '부처님 마음을 알고자 한다면 중생심의 움직임 속에서 알아차리고, 상주하고 시들지 않는 성을 알고자 한다면 만물이 변천하는 그곳에서 이해하라. 알았는가? 무간업을 초래하지 않으려면 여래께서 전한 정법의 수레바퀴를 비방하지 마라'. 上堂 欲識諸佛心 但向衆生心行中識取 欲識常住不凋性 但向萬物遷變處會取 還識得麽 欲得不招無間業 莫謗如來正法輪"라고 하였다. 〔참고문헌〕『華嚴經』, 『維摩經』, 『大乘起信論』, 『大乘起信論裂網疏』, 『四教儀註彙補輔宏記』, 『嘉泰普燈錄』, *Bodh-bh. 21.*, *Ratna-ut.101.* ⇨ 중생 衆生, 심 心

중생연대비 衆生緣大悲 중생을 반연하여 일어나는 대비. 법연(法緣)대비・무연(無緣)대비와 함께 세 가지 대비라 한다. 원측(圓測)의 『인왕경소』 권중(대정장33, p.390c9・한불전1, p.64c7)에 "대비에는 세 가지가 있다. 첫째는 중생을 연하고, 둘째는 법을 연하며, 셋째는 연을 가리지 않는다. 처음 것은 외도에도 통하고, 다음 것은 이승에도 통하며, 마지막 것은 오직 부처님과 보살에게만 해당한다. 자세한 설명은 『대지도론』 권23과 『불지경론』 권5 등과 같다. 금세의 불세존께서는 대비의 힘으로 일체중생을 교화하고, 일체지를 타고서 삼계에 오셔서 제도하시는 것이다. 大悲有三 一 衆生緣 二 法緣 三 無緣 初通外道 次通二乘 後唯佛及菩薩 若廣分別 如智度論二十三 及佛地論第五等 今佛世尊 以大悲力化一切衆生 乘一切智 來化三界"라고 하였다. 〔참고문헌〕『仁王經疏』. ⇨ 대비 大悲[1]

중생연자 衆生緣慈 삼자(三慈) 또는 삼종연자(三種緣慈 : 衆生緣 法緣 無緣) 중 하나. 중생을 연하여 일으키는 자애로움이니 모든 자애는 일체중생이 원하는 바를 따라 일어난다. 『대보적경』 권41(대정장11, p.236a19)에 "중생을 연한 자비란 처음으로 대심을 일으킨 보살이 얻는 것이다. 衆生緣慈 初發大心菩薩所得", 『보살지지경』 권7(대정장30, p.927b2)에 "보살은 모든 삼취중생을 편안하게 하니, 괴로운 중생이든 즐거운 중생이든 괴롭지도 않고 즐겁지도 않은 중생이든 안락하게 하고자 하기 때문이다. 즐겁고 풍요한 이익을 주려는 생각을 지으며 자심을 닦고 시방에 가득한 일체중생의 마음의 뜻을 알아 생각하여 머무니 이를 보살의 중생연자라 한다. 菩薩安處一切三聚衆生已 若苦若樂 不苦不樂衆生 欲安樂故 作樂饒益想 而修慈心 周滿十方 一切衆生意解想住 是名菩薩衆生緣慈", 『관무량수불경의소』 권하(대정장37, p.297a25)에 "『대지도론』에 '자비에 세 가지가 있다'고 하였다. 그중 첫째, 중생연자란 무심으로 일체중생을 반연하니 중생에게 자연스레 이롭게 한다. 智論云 慈有三種 一 衆生緣慈 無心攀緣 一切衆生 而於衆生 自然現益", 『대승의장』 권14(대정장44, p.743b15)에 "첫째, 중생연자는 제중생을 연하여 욕구와 그들의 즐거움을 주고자 한다. 一 衆生緣慈 緣諸衆生 欲與其樂", 『관심론소』 권4(대정장46, p.611a7)에 "사취의 고통을 보고 비심으로 그 뿌리를 뽑아내고 자심으로 인천의 즐거움을 주니 이를 중생연자라 한다. 見四趣苦 悲拔慈與 人天之樂 名衆生緣慈"라고 하였다. 〔참고문헌〕『大寶積經』, 『菩薩地持經』, 『觀無量壽佛經義疏』, 『大乘義章』, 『觀心論疏』, 『四念處』 권3(대정장46, p.570b15). ⇨ 삼자 三慈, 삼종연자 三種緣慈

중생오사시호 衆生五事恃怙 어리석은 중생들이 의지하는 다섯 가지. 『출요경』 권1(대정장4, p.611c23)에 "일체중생은 스스로 다섯 가지에 기댄다. 무엇이 그 다섯 가지인가? 첫째는 젊음에 의지하고, 둘째는 단정한 모습에 의지하며, 셋째는 세력에 의지하고, 넷째는 재주에 의지하며, 다섯째는 귀한 가문에 의지한다. 一切衆生自憑五事 何謂爲五 一者 恃怙年少 二者 恃怙端正 三者 恃怙力勢 四者 恃怙才器 五者 恃怙貴族"라고 하였다. 〔참고문헌〕『出曜經』. ⇨ 오사 五事[4], 시호 恃怙

중생육폐 衆生六蔽 중생을 여섯 가지로 가리다. 육바라밀(六波羅蜜 Ⓢ ṣaṭ-pāramitā)행을 가로막는 여섯 장애. 『대승장엄경론』 권12(대정장31, p.652a9 : *Sūtr.*, p.165)에 "다음으로 보살이 중생을 위해 여섯 가지 가림을 없앰을 설하겠다. 〔게〕 저 육바라밀행에서 저 여섯 가림막을 없애주니, 보살이 중생을 교화함에 지지마다에서 모두 이와 같이 한다. 〔석〕 중생에게는 여섯 가지 폐장이 있어 저 육바라밀을 장애한다. 이른바 간탐・파계・진에・해태・난심・우치이다. 보살은 차례에 맞게 그 필요한 바를 주고 보시를 행하게 하며, 내지 반야를 행하게 해 저 중생들이 여섯 가지 폐장을 없앨 수 있게 한다. 次說菩薩爲衆生除六蔽 偈曰 與彼六度行 除彼六蔽障 菩薩化衆生 地地皆如是 釋曰 衆生有六蔽 能障彼六波羅蜜 所謂慳貪 破戒 嗔恚 懈怠 亂心 愚癡 菩薩如其次第 給其所須 令行布施 乃至令行般若 使彼衆生 得除六障 〈bhāṣya〉 vinaya-vibhāge ślokaḥ. 〈śloka〉 te dānādy-upaṃsahāraiḥ sattvānāṃ vinayanti hi, ṣaṭ-prakāraṃ vipakṣaṃ hi dhīmantaḥ sarvabhūmiṣu. 〈bhāṣya〉 ṣaḍ-prakāro vipakṣaḥ. ṣaṇṇāṃ pāramitānāṃ mātsarya-dauḥśīlya-krodha-kausīdya-vikṣepa-dauṣprajñyāni yathākramāḥ"라고 하였다. 〔참고문헌〕『大乘莊嚴經論』, *Sūtr.* ⇨ 육바라밀 六波羅蜜

중생은 衆生恩 네 가지 은혜(四恩) 중 하나인 중생의 은혜. 일체중생은 윤회를 거듭하며 서로서로에게 부모와 자식이든 그밖의 은혜로 빚지고 있기에 서로에게 은인이다. 『대승본생심지관경』 권2(대정장3, p.297c8)에 "중생 서로에게 은혜가 있다는 것은 무시이래로 일체중생은 오도를 돌고 돌며 백천겁을 지나 다생에 서로 부모가 되었기 때문이다. 서로 서로의 부모가 되었기에 모든 남자는 자애로운 아버지였던 것이고, 모든 여인은 자비로운 어머니였던 것이니, 옛날 태어날 때마다 큰 은혜가 있었기 때문이니, 이는 마치 현재 부모의 은혜와 같아서 차이가 없다. 이러한 과거의 은혜도 아직 다 갚지 못할진대 때로는 그릇된 업으로 인해 잘못된 일을 하니 집착 때문에 도리어 원수가 된다. 왜 그렇겠는가? 무명이 옛일을 밝히 아는 지혜를 가려 전생에 일찍이 나의 부모로서 그 은혜 갚아 서로 이롭게 해야 함을 알아채지 못하게 한다. … 이러한 일을 두고 중생은이라 한다. 衆生恩者 卽無始來 一切衆生 輪轉五道 經百千劫 於多生中 互爲父母 以互爲父母故 一切男子 卽是慈父 一切女人 卽是悲母 昔生生中 有大恩故 猶如現在父母之恩 等無差別 如是昔恩 猶未能報 或因妄業 生諸違順 以執著故 反爲其怨 何以故 無明覆障宿住智明 不了前生曾爲父母 所可報恩互爲饒益 … 如是之事 名衆生恩"라고 하였다. 〔참고문헌〕『大乘本生心地觀經』. ⇨사은 四恩[2]

중생의요의취 衆生意樂意趣 Ⓢpudgala-āśaya-abhiprāya, Ⓣgang-zag-gi-bsam-pa-la-dgongs-pa. 사의취(四意趣) 중 하나. 중생이 기꺼이 하고자 하는 뜻에 나아가다. 보특가라의요의취(補特伽羅意樂意趣)라고도 한다. 『대승아비달마잡집론』 권12(대정장31, p.752b3 : *Abh-s-bh.*, p.115)에 "중생의요의취란, 한 선근에 대해 어떤 때는 칭찬하니 기쁨에 차서 용맹하게 수행하게 하기 위한 것이고, 또 어떤 때는 꾸짖어 작은 선법을 얻었다고 기뻐 만족하는 일이 없도록 한다. 탐욕이 많은 수행자에게는 불국토의 부락장엄 찬탄하며, 오만한 수행자에게는 모든 부처님과 그분들에게 더없이 뛰어남이 있음을 찬탄하며, 항시 후회라는 번뇌 때문에 선법을 닦는 데 장애가 있는 수행자에게는 이렇게 말해야 하니, '불보살에 대해 가벼이하고 비방했더라도 천계에 날 수 있다'고 말해주며, 부정종성인에게는 성문의 하열한 의요를 버리면 대성문으로서 장차 부처가 되리라는 수기를 주며, 또 일승만이 있을 뿐 다른 승은 없다고도 설한다. 衆生意樂意趣者 謂於一善根 或時稱讚 爲令歡喜勇猛修故 或時毁呰 爲遮得少善生喜足故 爲貪行者 稱讚佛土富樂莊嚴 爲慢行者 稱讚諸佛或有增勝 爲恒悔惱障修善者 說如是言 於佛菩薩雖行輕毁 然彼衆生亦生天趣 爲不定種性者 捨離聲聞下劣意樂故 記大聲聞當得作佛 又說一乘更無第二 pudgalāśayābhiprāyo yat tad eva kuśalamūlaṃ kasyacit praśaṃsanti kasyacid vigarhate 'lpamātrasaṃtuṣṭasya tathā rāgacaritasya buddhakṣetravibhūtiṃ darśayati mānacaritasya keṣāṃcid eva buddhānām adhikāṃ saṃpattiṃ varṇayanti kaukṛtyenāvṛtasya ye buddhabodhisattveṣv-apakāram api kariṣyanti te sarve svargopagā bhaviṣyantītyāha aniyatagotrasya mahāśrāvakān buddhatve vyākaroti ekaṃ ca yānaṃ na dvitīyam astīti deśayati śrāvakatvāśayatyājanārtham"라고 하였다. 〔참고문헌〕『大乘阿毘達磨雜集論』, *Abh-s-bh.* ⇨사의취 四意趣, 보특가라의요의취 補特伽羅意樂意趣

중생인 衆生忍 중생들을 견뎌냄. 이인(二忍 : 衆生忍 法忍) 중 하나로 중생들의 온갖 해악에도 자비심으로 참아내는 것이어서 법인(法忍)으로 들어가는 첫 관문이다. 중생인욕(衆生忍辱)·생인(生忍)이라고도 한다. 『오문선경요용법』(대정장15, p.332b16)에 "선정복덕의 인연으로 뛰어난 사무량심을 얻고 나면, 일체중생에 대해 인욕할 수 있어 화 내지 않게 되니 이를 중생인이라 한다. 중생인을 얻고 나면 법인은 쉬이 얻는다. 禪定福德因緣得上四無量心已 於一切衆生忍辱不瞋 是名衆生忍 得衆生忍已易得法忍", 『대지도론』 권30(대정장25, p.281a16)에 "인을 행하는 이는 면전에서 성내고 욕하는 사람을 보더라도 마치 부모가 젖먹이를 보듯이 그 성내고 욕함을 보고도 더욱더 자비롭게 마음먹고 깊이 자애한다. 또 스스로 생각하길 '저 사람이 나에게 악하게 함은 바로 전세에 내가 지은 업의 인연 때문이니 이제 당연히 감수해야 한다. 만약 성내면서 되갚으면 다시 뒷날의 괴로움을 만드는 것이니 그 언제 풀겠는가! 만약 지금 참는다면, 영영 괴로움에서 벗어날 테니 성을 내서는 안 되겠다'. 이와 같이 갖가지 인연으로 꾸짖고 성 내더라도 자비를 내어 중생을 참는 일에 든다. 行忍之人 視前罵辱者 如父母視嬰孩 見其瞋罵 益加慈念 愛之踰深 又復自念 彼人加惡於我 是業因緣 前世自造 今當受之 若以瞋報 更造後苦 何時解已 若今忍之 永得離苦 是故不應起瞋 如是種種因緣 訶瞋恚 生慈悲 入衆生忍中", 같은 책 72(대정장25, p.569c25)에 "유연하고 청정하며 좋은 마음을 중생인이라 하는데, 이는 법인의 첫 관문이다. 得是柔軟淸淨好心 名衆生忍 是法忍初門"라고 하였다. 〔참고문헌〕『五門禪經要用法』, 『大智度論』. ⇨인 忍, 이인 二忍[1], 생인 生忍, 법인 法忍[1]

중생장수원 衆生長壽願 아미타불이 인위에서 발한 48원(願) 중 15번째. 중생수명이 끝이 없기를 바라는 원이다. 『정토감주』 권1(卍속장110, p.400a13)에 "열다섯째, 중생장수원이다. 만약 내가 성불할 때에 국토의 유정중생 중 수명이 무한하지 않은 이가 있다면 정각을 취하지 않을 것이며 사라질 때까지 원력으로 생을 받겠나이다. 十五衆生長壽願 若我成佛 國土有情 不壽量無限齊者 不取正覺 除願力受生"라고 하였다. 〔참고문헌〕『淨土紺珠』, 『禮念彌陀道場懺法』 권5(卍속장128, p.193b16). ⇨미타인행사십팔원 彌陀因行四十八願

중생전도 衆生顚倒 중생이 뒤집혀 거꾸로 구르다. 밝고 두렷한 자성 등지고 망견으로 뒤집혀 전전히 업으로 함께하는 뜻이다. 『대방등대집경』 권20(대정장13, p.142a15)에 “나는 육입이 진실로 공하여 조작하는 이도 받는 이도 없다고 설하지만, 중생은 전도하여 상은 있으며 법성은 진실로 있을 리 없다고 말한다. 我說六入眞實空 無有造作無受者 衆生顚倒謂有相 法性眞實無所有”, 『능엄경』 권7(대정장19, p.138b12)에 “아난아! 무엇을 중생전도라 이름하는가? 아난아! 성이 밝은 마음은 성이 밝고 두렷하기에 밝음을 인하여 성을 발한다. 성에서 망견이 생하니 필경무를 좇아 구경유를 성취한다. 이 유(有 : 能有)와 소유(所有)는 인(因 : 能因)도 소인(所因)도 아니며, 주(住 : 能住)와 소주(所住)의 상도 결코 근본이 없고 본래 이 무주(無住)여서 세계와 중생들을 건립한다. 본래의 두렷하고 밝음에 미하여 허망을 낳지만 망성에는 체가 없어서 소의할 것도 있을 수 없다. 장차 진으로 돌아가고자 할진댄 진으로 돌아가고자 한다 해도 이미 진이 아닌 진여성이며, 진 아님으로 돌아가기를 구하면 완연히 상 아닌 것을 성취한다. 생도 아니고 머무름도 아니며, 마음도 아니고 법 아닌 것이 펴고 구르며 일어나 생긴 힘으로 발명한다. 훈함으로써 업을 이루고 동업으로 서로 감한다. 업을 감함이 있음으로 해서 서로 멸하고 서로 생하니, 이로 말미암기에 중생전도가 있다. 阿難 云何名爲衆生顚倒 阿難 由性明心 性明圓故 因明發性 性妄見生 從畢竟無 成究竟有 此有所有 非因所因 住所住相 了無根本 本此無住 建立世界及諸衆生 迷本圓明 是生虛妄 妄性無體 非有所依 將欲復眞 欲眞已非眞眞如性 非眞求復宛成非相 非生非住非心非法 展轉發生 生力發明 熏以成業 同業相感 因有感業相滅相生 由是故有衆生顚倒”, 『금강반야바라밀경륜관』(한불전7, p.121c20)에 “중생들 전도하여 이렇게 말하고 집착하니, 들어도 얻을 것 없고 마음으로 나아가 증할 것 없다 하고 들어도 설할 것 없으니, 무심으로 가르침 받는다 하기에 수승함 드러내 권하여 가지게 하는 문이 있게 되었다. 만약 이 들을 일이 없다면 제불이 도를 얻음은 온통 다 헛소리고, 무릇 가르침의 글 또한 온통 헛된 말씀이어서 끝내 법 넓히고 중생 이롭게 할 기약이 없으리라. 衆生顚倒 如言起執 因聞無得無心趣證 因聞無說 無心奉教故有現勝勸持門也 若無此聞 諸佛得道 摠是虛聲凡有教文盡成虛說 終無弘法利生之期矣”라고 하였다. [참고문헌] 『大方等大集經』, 『楞嚴經』, 『金剛般若波羅蜜經綸貫』.

중생제명 衆生濟命 중생이 목숨을 이어가게 하다. 보살이 중생을 위해 갖가지로 가리켜 스스로 생명을 이어 생활할 수 있게 하다의 뜻이다. 『보운경』 권2(대정장16, p.217c15)에 “무엇을 보살이 중생의 목숨 건지는 일을 잘 안다고 하는가? 보살마하살은 중생이 감당해 견뎌내지 못하고 정법도 모르며 오로지 탐욕과 음식과 의복만 알고 더는 다른 것 구할 줄도 모르는 것을 본다. 보살은 그때 그들에게 산수와 의방과 갖가지 기술을 보여주고, 다 하여금 배워 익히게 하여 그들이 다 의복과 음식에 부족함이 없게 하였다. 이를 가리켜 보살은 잘 알아 중생이 목숨 이어가게 한다고 한다. 云何名菩薩善知 衆生濟命 菩薩摩訶薩 見衆生無所堪任 不識正法 惟知貪欲 飮食 衣服 更無餘求 菩薩爾時 爲示算數 醫方 種種伎術 如是善者 皆令學習 悉令不乏衣服 飮食 是名菩薩善知 衆生濟命”라고 하였다. [참고문헌] 『寶雲經』.

중생조복 衆生調伏 중생을 그 자성에 따라 조복케 하는 육종조복(六種調伏) 중 하나다. 『보살선계경』 권3(대정장30, p.974a19)에 “중생을 조복함에는 네 가지가 있다. 첫째, 성문성에게는 성문도를 얻게 한다. 둘째, 연각성에게는 연각도를 얻게 한다. 셋째, 불성에게는 부처의 도를 얻게 한다. 넷째, 인천성에게는 인천의 즐거움을 얻게 한다. 이것이 네 가지이고, 이상을 중생조복이라 한다. 衆生調伏者 有四種 一者 有聲聞性 得聲聞道 二者 有緣覺性 得緣覺道 三者 有佛性 得佛道 四者 有人天性 得人天樂 是名爲四 是名衆生調伏”라고 하였다. [참고문헌] 『菩薩善戒經』. ⇨ 육종조복 六種調伏

중생종류 衆生種類 중생의 종에 따른 무리짐. 무리져 함께 하는 분이 있는 것들의 뜻이다. 중동분(衆同分 Ⓢ nikāya-sabhāga)의 구역이다. 수신처(受身處)라고도 한다. 『아비담심론』 권4(대정장28, p.831a1)에 “중생종류란, 생처 이미 정해 났다면, 이 처의 중생은 그 의지하는 몸과 마음이 서로 비슷하다. 衆生種類者 生處已生 於此處衆生 依及心相似”, 『아비담심론경』 권6(대정장28, p.866a13)에 “중생종류란 한 취에 난 중생이다. 신의 장단과 살아가는 모습, 먹는 음식을 함께 나눈다. 衆生種類 名一趣生衆生 身根長短來去住飮食自共分”, 『대승의장』 권2(대정장44, p.495b24)에 “어떤 중생들로 하여금 그 각각의 부류가 유사하게 만드는 것이기 때문에 중생종류라 한다. 能使衆生類類相似 是故名爲衆生種類”, 『구사론소』 권5(卍속장83, p.645b2)에 “이러한 중동분을 『잡아비담심론』에서는 중생종류라 했다. 此衆同分 雜心 名衆生種類”라고 하였다. [참고문헌] 『阿毘曇心論』, 『阿毘曇心論經』, 『大乘義章』, 『俱舍論疏』, 『衆事分阿毘曇論』 권1(대정장26, p.628c20). ⇨ 중동분 衆同分

중생주 衆生主 Ⓢ prajāpati, īśāna. 중생의 주님이라 여기는 것. 신아(神我)를 말한다. 외도들이 만물의 인(因)이라고 주장하는 9물(九物) 중에 하나다. 『능가경』 권4(대정장16, p.507a20 : *Laṅk.*, p.197)에 “세존이시여! 외도도 ‘인에서 온갖 세간이 생긴다’고 설하고, 세존께서도 ‘무명 · 애 · 업 · 망상을 연(緣)으로 삼아 온갖 세간이 생긴다’고 설하십니다. 저들은 인이라 하고 우리는 연이라 하니 이름만이 차이일 뿐 밖의 물의 인연인 점에서도 같습니다. 이와 같이 세존이시여! 외도의 논과도 차이가 없습니다. '미진·승묘·자재·중생주 등 이와 같은 아홉 가지 물들이 불생불멸이다'고 합니다. 세존께서도 '일체성은 불생불멸이며 있다고도 없다고도 할 수 없다'고 설하십니다. 世尊 外道說因生諸世間 世尊亦說 無明愛業妄想爲緣 生諸世間 彼因此緣 名差別耳 外物因緣亦如是 如是 世尊 與外道論 無有差別 微塵勝妙自在衆生主等 如是九物不生不滅 世尊亦說 一切性不生不滅有無不可得 tīrthakarā api bhagavan kāraṇapratyayahetukīṃ jagata utpattiṃ varṇayanti. bhagavānapi ajñānatṛṣṇākarmavikalpapratyayebhyo jagata utpattiṃ varṇayati. tasyaiva kāraṇasya saṃjñāntaraviśeṣamutpādya pratyayā iti. evaṃ bāhyaiḥ pratyayairbāhyānām. te ca tvaṃ ca bhāvānāmutpattaye. ato nirviśiṣṭo 'yaṃ bhagavan vādas tīrthakaravādena bhavati. aṇupradhāneśvaraprajāpatiprabhṛtayo navadravyasahitā aniruddhā anutpannāḥ. tavāpi bhagavan sarvabhāvā anutpannāniruddhāḥ sadasato 'nupalabdheḥ", 『능가경주해』 권4(대정장39, p.407c10)에 "둘째는 저 외도들의 생인을 부처님께서 설한 십이연생과 더불어 힐난한 것이고, 셋째는 미진 등의 생과 부처님께서 설하신 일체성 불생멸을 가지고 힐난한 것이다. 아홉 가지 물이란 시·방·허공·미진·사대종·대범천·승묘천·대자재천·중생주로서 신아를 말한다. 二 以彼生因與佛所說十二緣生爲難 三 以微塵等生與佛所說一切性不生滅爲難 九物者 一 時 二 方 三 虛空 四 微塵 五 四大種 六 大梵天 七 勝妙天 八 大自在天 九 衆生主 卽神我也"라고 하였다. 〔참고문헌〕『楞伽經』, 『楞伽經註解』, *Laṅk*. ⇨ 이사나천 伊舍那天, 신아 神我, 주재 主宰❶, 작자 作者❷

중생차별 衆生差別 ❶ 중생이 모습과 음성 등으로 차별한 뜻. 『아비담심론경』 권6(대정장28, p.864a23)에 "남녀이근은 중생차별과 분별(分別異)에서 증상하는 주다. 男女二根 衆生差別分別增上主", 『구사석론』 권2(대정장29, p.173a19)에 "여근과 남근은 중생차별과 상모부동(相貌不同 : 分別異)에서 한층 더한다. 차별이란 분별을 말하고, 남녀의 상모가 같지 않다 하니 젖 등의 형상과 음성과 위의가 각각 다름을 말한다. 女根 男根 於衆生差別及相貌不同增上 差別 謂分別 男女相貌不同 謂乳等形狀 音聲威儀各異"라고 하였다. 〔참고문헌〕『阿毘曇心論經』, 『俱舍釋論』. ❷ 중생 근기의 차별. 교법을 받아들임에 있어서의 차별로서 방편이 필요한 뜻이다. 『십지경론』 권7(대정장26, p.164a3)에 "교화할 중생에게 방편차별이란, 교화받을 중생이 차별하니 방편차별을 마땅히 알아야 한다. 교화받을 중생에 일곱 가지가 있다. 소승으로 교화할 여섯 가지니, 첫째 근이 성숙치 못한 중생을 위해 세간의 진실방편을 알아야 하고, 둘째 근이 성숙한 중생을 위해서는 제일의 제방편을 알아야 하며, 셋째 의혹이 깊은 중생을 위해서는 상의 진실방편을 알아야 하고, 넷째 오해와 미혹이 깊은 중생을 위해서는 차별한 진실방편을 알아야 하며, 다섯째 정념을 떠난 중생을 위해서는 성취의 진실방편을 알아야 하고, 여섯째 정견중생 뜻을 위해서는 일들의 진실방편을 알고, 일으키는 진실방편을 알고, 다하여 일어남이 없는 지혜 진실방편을 알고, 입도지제에 드는 방편을 알고, 일들의 진실 등 사제고제 등으로 거둬야 함을 알아야 한다. 일곱째, 대승으로 교화할 중생을 위해서는 일체보살지의 차제성취라는 진실방편과 여래지제방편 모으는 것을 잘 알아야 한다. 化衆生方便差別者 所化衆生差別故 方便差別應知 所化衆生有七種 小乘可化有六種 一 爲根未熟衆生故 知世諦方便 二 爲根熟衆生故 知第一義諦方便 三 爲疑惑深法衆生故 知相諦方便 四 爲謬解迷惑深法衆生故 知差別諦方便 五 爲離正念衆生故 知說成諦方便 六 爲正見衆生義故 知事諦方便 知生諦方便 知盡無生智諦方便 知令入道智諦方便 事諦等匹諦 苦諦等所攝 七 爲大乘可化衆生故 善知一切菩薩地次第成就諦方便 及善知集如來智諦方便"라고 하였다. 〔참고문헌〕『十地經論』.

중생탁 衆生濁 Ⓢ sattva-kaṣāya, Ⓣ sems-can-gyi-snyigs-ma. 중생이 물들어 깨끗지 못함. 오탁(五濁) 중 하나로 세간의 법도 출세간의 법도 지키지 않고 나아가 주재자(主宰者)를 세우는 등 중생의 색심(色心)이 악견과 번뇌로 물들어 깨끗하지 못함을 말하다. 『보살지지경』 권7(대정장30, p.928c24)에 "만약 모든 중생들이 부모를 알지 못하고 사문과 바라문, 종족과 존장을 알지 못하며, 의리를 닦지 않으며, 해야 할 일을 하지 않으며, 금세의 악업과 후세의 과토를 두려워하지 않으며, 혜시를 닦지 않으며, 공덕을 짓지 않으며, 재법도 닦지 않으며, 금계도 지키지 않으니, 이를 중생탁이라 한다. 若諸衆生不識父母 不識沙門婆羅門及宗族尊長 不修義理 不作所作 不畏今世後世惡業果報 不修慧施 不作功德 不修齋法 不持禁戒 是名衆生濁", 『종경록』 권42(대정장48, p.665b21)에 "중생탁이란, 색과 심일 뿐인 것을 잡아 하나뿐인 재주라 세우니, 비유하면 끈끈이풀처럼 모든 물에 갖다 붙인다. 육도를 유랑하며 이곳저곳에 태어나 보잘 것 없고 부스러기 같은데도 좋다고 하고 고귀하다고들 하니, 이것이 중생탁의 모습이다. 衆生濁者 攬於色心 立一宰主 譬如黐膠 無物不著 流浪六道 處處受生 如貧如痤 名長名富 是爲衆生濁相", 『법화의소』 권3(대정장34, p.497a25)에 "번뇌와 견이 바로 탁의 체이니, 이 둘이 중생을 이루고 있기에 중생탁이라 한다. 따라서 경에서 '마음이 물들기에 중생도 물든다'라고 한 것이다. 煩惱與見 正是濁體 此二成衆生 故名衆生濁 故經云 心垢故衆生垢也", 『법화현찬』 권4(대정장34, p.718c8)에 "내악과를 명탁이라 하고, 외악과를 겁탁이라 한다. 이 악의 인과는 무엇으로 있게 된 것인가? 악한 중생이 그것이니, 따라서 중생탁이라 한다. 內惡果名爲命濁 外惡果者名爲劫濁 此惡因果由誰而有 謂惡衆生 故名衆生濁", 『아미타경요해』(대정장37, p.374b3)에 "중생탁이라 하니, 악견과 번뇌로 감한 거칠고 해진 오온화합을 임의로 중생이라 하고, 그 색과 심이 모두 비루하고 보잘것없어 '탁'이라 한다. 衆生濁者 見煩惱所感麤弊五陰和合假名衆生 色心竝皆陋劣故名濁", 『유마경의소』 권3(대정장38, p.948c13)에 "중생탁이란, 인의예지 등이 없는 모든 악한 중생이니, 이를 중생탁이라 한다. 衆生濁者 無仁義禮智等 諸惡衆生 名衆生濁"라고 하였다. ［참고문헌］『菩薩地持經』, 『宗鏡錄』, 『法華義疏』, 『法華玄贊』, 『阿彌陀經要解』, 『維摩經義疏』, *Bodh-bh.173.* ⇨ 오탁 五濁, 오탁악세 五濁惡世

중생화 重生華 Ⓢ pāṭala. 거듭 피어나는 꽃. 능소화과(凌宵花科)의 낙엽수. 학명은 *Bignonia suaveolens.* 파라라(波羅羅)·파타라(波吒羅)·발달라(鉢怛羅) 등으로 음사한다. 『번역명의집』 권3(대정장54, p.1103c5)에 "파라라 : 중생화라 한역한다. 波羅羅 此云重生華"라고 하였다. ［참고문헌］『翻譯名義集』, *Saddh-p.418.* ⇨ 파라라 波羅羅, 발달라 鉢怛羅

중생회향 衆生迴向 선근이나 공덕을 중생에게 되돌리다. 삼종회향(三種迴向 : 菩提 衆生 實際) 중 하나다. 『화엄경수현기』 권2(대정장35, p.43a26)에 "회향에는 셋이 있으니, 소위 실제와 보리 그리고 회향이다. 迴向有三 所謂實際菩提及衆生迴向", 『유마의기』 권1본(대정장38, p.437a2)에 "둘째, 중생회향은 자신이 쌓은 선근을 중생에게 돌려서 베푼다는 뜻이다. 二 衆生迴向 用己善根 迴施衆生", 『대승의장』 권9(대정장44, p.636c26)에 "회향이라 하니, 자기의 선법을 돌이켜 나아가 향할 곳이 있는 것을 회향이라 한다. 회향이 같지 않으니 첫 번째 문으로 셋을 설한다. 첫째 보리회향, 둘째 중생회향, 셋째 실제회향이다. 言迴向者 迴己善法有所趣向 故名迴向 迴向不同 一門說三 一 菩提迴向 二 衆生迴向 三 實際迴向", "중생회향이라 한 것은, 이것이야말로 깊이 중생의 마음 헤아리고, 중생을 생각해서 자기가 닦은 일체선법을 돌이켜 다른 이에게 주고자 함이니, 이것을 중생회향이라 한다. 衆生迴向者 是其深念衆生之心 念衆生故迴己所修一切善法願以與他 名衆生迴向", "묻기를, 불법 스스로 짓고 타인이 보를 받는 일은 있을 수 없고, 타인이 짓고 자기가 받는 일도 없거늘, 보살 어찌 자기 선법을 돌이켜 타인에게 준다 합니까? 설령 타인에게 준다 한들 무슨 선한 이익이 있습니까? 問曰 佛法無有自作他人受報 亦無他作自己受果 菩薩何須迴己善法施與他人 設令與之他人云何得此善利", "풀어 말한다. 불법 비록 스스로 지은 업 타인이 과 받을 일 없고, 다른 이가 지은 업 자기가 받을 보도 없지만, 피차 서로 연을 돕지 않음이 없고 서로 돕기에 자기의 선을 돌이켜 저에게 줄 수 있다. 회향할 수 있어야 미래에도 언제나 능히 버리는 일이 없어서 중생을 이익케 하고자 돕고, 하여금 선을 닦게 한다. 그러므로 반드시 회향한다. 釋言 佛法雖無自業他人受果 亦無他業自己受報 非無彼此互相助緣以相助故得以己善迴施於彼 以迴向故於未來世常能不捨利益衆生助令修善 故須迴向", "또 다시 회향한다는 것은 자기가 능화의 인이 되는 것이고, 회향의 힘 때문에 미래세중에 중생들 볼 때마다 공경하여 따르고 법을 받게 되니, 이는 바로 자기가 능화의 과인 것이다. 진실로 불법으로 스스로 짓고 스스로 받는다. 又復迴向卽是己家能化之因 迴向力故未來世中衆生見者敬順受法 卽是己家能化之果 良以佛法自作自受故", "반드시 회향하여 자기가 능화의 인 성취해야 미래세에는 자기가 능화의 과를 성취하고는 능히 중생을 이롭게 하고 만다. 須迴向以成己家能化之因 使未來世成就己家能化之果 堪能益物"라고 하였다. ［참고문헌］『華嚴經搜玄記』, 『維摩義記』, 『大乘義章』. ⇨ 삼종회향 三種迴向

중서 重誓 거듭 맹세하다. 법장보살(法藏菩薩)이 인위(因位)에서 사십팔원(四十八願)을 세우고 나서 삼서(三誓)를 거듭 세웠기에 이렇게 부른다. 또는 사십팔원 가운데 제17원의 명호와 삼서 중 중서의 명성이 시방을 넘어서므로 중서라 한다. 『정신염불게사견문』 권1(臺灣國圖善本47, p.36a4)에 "부처님의 명성이 시방에 들리도록 거듭 서원하옵니다. 『육요초』에 '명성이 들리도록 거듭 서원한다는 한 구는 삼서게 중 세 번째 행의 뜻이니 「제가 ~ 성불하지 않겠나이다」라는 한 행이며, 제17원을 성하는 뜻이기도 하다'라고 하였다. 重誓名聲聞十方 六要鈔云 重誓名聲之一句者 三誓偈中 第三行意 卽云我至成佛等一行 卽是第十七願成就意也"라고 하였다. ［참고문헌］『正信念佛偈私見聞』. ⇨ 삼서게 三誓偈

중서 衆庶 뭇 백성(百姓)들. 평범한 숱한 사람들의 뜻이지만 중생(衆生)·유정(有情) 등의 뜻으로도 쓴다. 『장아함경』 권20 「세기경 世記經」(대정장1, p.137a20)에 "세간 뭇 백성들 법이 아니면 제멋대로여서 부정행을 한다. 간탐하고 질투하며 견해마다 전도되므로 하늘도 비 내리지 못하게 하였다. 世間衆庶 非法放逸 行不淨行 慳貪嫉妬 所見顚倒 故使天不降雨", 『지심범천소문경』 권4(대정장15, p.28c3)에 "보살도 이와 같이 헤아릴 수 없이 많은 사람들과 숱한 무리들이 모두 법회에 몰려

들어 의지한다. 菩薩如是 無央數人 衆庶之類 悉來集會 而依倚之", 『조론』「열반무명론 涅槃無名論」(대정장45, p.160c12)에 "마음이 있다 한즉 뭇 중생들도 그렇고, 마음이 없다 한즉 저 큰 허공이 그렇다. 뭇 유정들도 망상에 그치고, 태허 또한 밝게 비춤을 끊었다. 어찌 망상에 그치고 밝게 비춤을 끊은 것을 신의 길이라 하고 성스런 마음이라 부른단 말인가! 有心 則衆庶是也 無心 則太虛是也 衆庶止於妄想 太虛絶於靈照 豈可止於妄想 絶於靈照 標其神道 而語聖心者乎", 『조론소』 권하(대정장45, p.193c16)에 "중서란 중생이다. 衆庶衆生也", 『조론신소』 권하(대정장45, p.240a22)에 "중서는 범부를 말한다. 衆庶謂凡夫"라고 하였다. 〔참고문헌〕『長阿含經』, 『持心梵天所問經』, 『肇論』, 『肇論疏』, 『肇論新疏』.

중서대사 中西臺寺 충청남도 금산군 추부면 서대산(西臺山)에 있던 절. 『동국여지승람』 권33 전라도 진산군 불우에 "옛날에는 상중하 삼서대가 있었으나, 중서대사는 지금은 폐사다. 古有上中下三西臺 中西臺寺 今廢"라고 하였다. 〔참고문헌〕『東國輿地勝覽』, 『梵宇攷』, 『伽藍考』, 『韓國寺刹全書』 권하 p.1030a1. ⇨ 서대사 西臺寺

중선봉행 衆善奉行 Ⓢ kuśalasyopasaṃpadaḥ. 모든 선을 받들어 행하다. 칠불통계게(七佛通戒偈) 중 두 번째 구. 제선봉행(諸善奉行)이라고도 한다. 『비니작지속석』 권8(卍속장65, p.194a14)에 "모든 악 짓지 않고, 모든 선 받들어 행하며, 스스로 이 마음을 깨끗이 하네. 이것이 모든 부처님의 가르침이라네. 諸惡莫作 衆善奉行 自淨其意 是諸佛教", 『법화경의기』 권4(대정장33, p.616b5)에 "여래께서 세간에 계셨을 때 비록 그 말씀은 삼천세계를 가득 채우고 모습은 육도에 두루 했지만, 크게 말하면 깨우쳐 권하는 두 길을 벗어나지 않는다. 그래서 세간에 나오신 처음부터 '어떠한 악도 짓지 말고, 온갖 선을 받들어 행하라'고 말씀하셨는데 '온갖 선을 받들어 행하라'는 말씀은 큰 사랑으로 선을 권고하신 것이고, '어떠한 악도 짓지 마라'는 말씀은 대비심으로 악을 경계하신 것이기에 자심으로 즐거움을 주고자 선을 행하도록 하셨고 비심으로 괴로움을 없애 악을 끊도록 하신 것이다. 따라서 먼저 고집의 두 이치를 설하신 것은 대비로 악을 경계하신 것이고, 다음에 멸도의 두 도리를 밝히신 것은 대자로 선을 권하신 것이다. 如來在世 雖復言滿三千 形遍六道 大而爲論 不出誡勸兩途 是故出世之始 仍言諸惡莫 作衆善奉行 衆善奉行 卽是大慈勸善 諸惡莫作 卽是大悲誡惡 是故 慈欲與樂勸令行善 悲能拔苦 誡令斷惡 故如昔說苦集兩諦 卽是大悲誡惡 次明滅道二理 卽是大慈勸善", 『보살계의소』 권1(대정장40, p.567a6)에 "'제악막작'은 경계하는 문이고, '중선봉행'은 권하는 문이다. 諸惡莫作 卽是誡門 衆善奉行 卽是勸門", 『기신론속소』 권하(卍속장72, p.131b15)에 "아직 생겨나지 않은 선은 생겨나게 하고, 이미 생겨난 선은 자라나게 하는 것이니, 이를 중선봉행이라 한다. 未生善令生 已生善令長 所謂衆善奉行也"라고 하였다. 〔참고문헌〕『毘尼作持續釋』, 『法華經義記』, 『菩薩戒義疏』, 『起信論續疏』, *Udāna-v.353.* ⇨ 제선봉행 諸善奉行, 칠불통계게 七佛通戒偈, 제악막작 諸惡莫作

중선암 中仙庵 함경남도 영흥군 단속산(斷俗山)에 있던 암자. 신기선(申箕善 1851~1909)의 『양원유집』 권10 「벽서정기 碧棲亭記」(한국문집총간348, p.220b5)에 "군 서북쪽 80리에 산이 있으니 단속산이라 부른다. … 그 가장 높은 곳에 삼층의 작고 평평한 대가 있는데, 승도들이 각기 작은 암자를 짓고 사니 상선암·중선암·하선암이라고 하며, 그로 인해 삼암령이라 칭한다. 郡西北八十里之地 有山曰斷俗 … 其最高處有三層稍平之臺 僧徒各搆小菴 名曰上仙菴中仙菴下仙菴 故亦稱三菴嶺"라고 하였다. 〔참고문헌〕『陽園遺集』.

중성 重姓 Ⓢ Bākula, Ⓟ Vakkula, Bakkula. 석존 재세 시 박구라(薄拘羅)비구의 한역 이름. 선용(禪容)이라고도 한다. 『현우경』 권5(대정장4, p.385c14)에 "그 아이는 부모님께 하직인사를 하고 부처님의 처소로 와서는 머리를 조아려 발에 예를 올리고 도에 들어가는 법을 찾자 부처님께서는 '잘 왔다. 비구여!'라며 칭찬하셨다. 수염과 머리카락이 저절로 떨어졌고 곧 사문이 되었으니 이름은 중성이라 하였는데 부처님의 설법을 듣자 모든 괴로움이 다하여 바로 그 자리에서 아라한이 되었다. … 먼 옛적 비바시라는 명호의 불세존께서 계셨는데, 대중을 모아 놓고 그들에게 묘한 법을 설하신 적이 있었다. 그때 한 장자가 그 모임에 와 여래께서 보시의 복과 지계의 복이라는 큰 법을 자세히 말씀하시는 것을 듣고는 … 그 부처님께 삼귀의를 하고 불살생계를 받았고, 다시 그 부처님께 일전을 보시하였다. 이러한 일로 인해 세세생생 복을 받았으니 재보를 마음대로 써도 모자라는 일이 없었다. … 그때의 장자가 지금의 중성비구이다. 其兒卽辭 往至佛所 稽首佛足 求索入道 佛卽聽之 讚言 善來比丘 鬚髮自落 卽成沙門 字曰重姓 佛爲說法 得盡諸苦 卽於座上 成阿羅漢 … 過去久遠 有佛世尊 號毘婆尸 集諸大衆 爲說妙法 時有長者 來至會中 聞其如來廣說大法 布施之福 持戒之福 … 卽從彼佛受三自歸 受不殺戒 復以一錢布施彼佛 由是之故 世世受福 財寶自恣 無有乏短 … 今重姓比丘是也", 『번역명의집』(대정장54, p.1064b12)에 "박구라 : … 『현우경』에 따르면 중성이라 한역된다. 薄拘羅 … 準賢愚經 應翻重姓"라고 하였다. 〔참고문헌〕『賢愚經』, 『翻譯名義集』, *AN.1.25.*, *MN.3.125.* ⇨ 박구라 薄拘羅[1], 선용 善容[1]

중성 重性 Ⓢ gurutva, Ⓟ gurutta, gārava, Ⓣ lci-ba-nyid, gus-nyid. ❶ 무거운 성질. 무게를 잴 수 있거나 낙하의 인(因)이 되는 것을 말한다. 『구사론』 권1(대정장29, p.2c23 : *Abh-k-bh.*, p.7)에 "촉처(觸處)에는 열한 가지가 있다. 사대종과 … 중성 등이다. … 칭량할 수 있는 것을 중성이라 한다. 觸有十一 謂四大種 … 重性 … 可稱名重 spraṣṭavyamekādaśadravyasvabhāvam. catvāri mahābhūtāni … gurutvaṃ … gurutvaṃ yena bhāvāstulyante", 같은 책 권4(대정장29, p.18c17 : *Abh-k-bh.*, p.53)에 "모든 극미가 모여서는 반드시 형과 색이 있게 되고, 다수의 극미가 함께 모였기에 무거운 성이나 가벼운 성 등으로 정해져 따라 하나가 있게 되고, 매끄러운 성이나 거친 성으로 따라 하나가 된다. 由諸微聚 必有形色 有多極微共積集故 重性輕性定隨有一 滑性澁性隨一亦然 avaśyaṃ hi taddravyasaṃsthānenāpi bhavitavyam. tasyāpi paramāṇusaṃcitatvāt. gurutvalaghutvayoścānyatareṇa ślakṣṇatvakarkaśatvayośca", 『유가사지론』 권54(대정장30, p.597a12)에 "대종의 굳고 실한 성을 임시로 중성으로 세운다. 於大種堅實性 假立重性", 『성유식론술기』 권1(대정장43, p.256b22)에 "떨어지는 인이 되는 것을 중성이라 한다. 墜墮之因 名爲重性"라고 하였다. 〔참고문헌〕『俱舍論』, 『瑜伽師地論』, 『成唯識論述記』, *Abh-k-bh.*, *Yogā-bh.8.* ❷ 몸과 마음이 무거운 혼침(惛沈). 『집이문족론』 권12(대정장26, p.416b12)에 "무엇이 혼침인가? 〔답〕 모든 몸의 무거운 성과 마음의 무거운 성, 몸의 유연하지 못한 성과 마음의 유연하지 못한 성, 몸의 혼침과 마음의 혼침, 몽매하고 혼잡한 것을 혼침이라 한다. 云何惛沈 答 所有身重性 心重性 身不調柔性 心不調柔性 身惛沈 心惛沈 瞢瞢憒悶 是名惛沈"라고 하였다. 〔참고문헌〕『集異門足論』.

중성 重城 겹겹의 성. 벗어나기 어려운 경계나 겹겹으로 둘러친 관문, 또는 궁성(宮城) 등을 뜻한다. 『사교의주휘보보굉기』 권5하(卍속장102, p.507b16)에 "여러 겹의 성이란 둘러쳐 꼼짝 못하는 뜻으로 취한 말이다. 名重城者 取困厄義", 『대혜어록』 권10(대정장47, p.854a11)에 "삼요와 삼현을 모두 헐어 없앤 뒤에, 당당하게 손 털고 여러 겹의 성을 나온다. 三要三玄俱喪盡 堂堂擺手出重城", 『벽암록』 24칙 「송 頌」(대정장48, p.165b10)에 "일찍이 철마를 타고 여러 겹의 성으로 들어갔노라〈전투에 익숙한 작가요, 변방을 지키는 장군일세. 일곱 가지 일이 몸을 따른다〉. 曾騎鐵馬入重城〈慣戰作家 塞外將軍 七事隨身〉", 『언계광문어록』 권하 「불조찬 佛祖讚」(卍속장121, p.302a6)에 "출산상 : 겹겹의 성을 넘어 무슨 일 위하셨는가? 샛별 보고 깨달았다고 하나 스스로 속이셨네. 출산의 의미 물어보겠으니 입산과 무엇이 다른가? 함원전 안에 앉아 마치 장안 찾듯 한다네. 出山相 逾重城爲何事 悟明星自欺謾 試問出山 何似入山 含元殿裏 猶覓長安"라고 하였다. 〔참고문헌〕『四教儀註彙補輔宏記』, 『大慧語錄』, 『碧巖錄』, 『偃溪廣聞語錄』.

중성 衆聖 Ⓢ āryāṇām. 뭇 성자들. 소승에서 성자는 초과(初果) 이상, 대승에서는 초지(初地) 이상의 위를 말한다. 『구사론』 권22(대정장29, p.117a14 : *Abh-k-bh.*, p.336)에 "희족소욕은 체가 바로 무탐이어서 다스리는 바 두 가지다. 욕탐을 성으로 하여 능히 뭇 성자들을 낳을 수 있기에 성종이라 한다. 네 가지 성종의 바탕도 무탐이다. 喜足少欲 體是無貪 所治二種 欲貪爲性 能生衆聖 故名聖種 四聖種體 亦是無貪 〈bhāṣya〉 kaḥ punaranayoralpecchatāsaṃtuṣṭacyoḥ svabhāva ityāha. 〈kārikā〉 alobhaḥ 〈bhāṣya〉 alobhasvabhāve hyete. 〈kārikā〉 āryavaṃśāśca 〈bhāṣya〉 alobha iti vartate. āryāṇāmebhyaḥ prasavādāryavaṃśāścatvāraḥ. te 'pyalobhasvabhāvāḥ", 『현종론』 권31(대정장29, p.925b11)에 "수혹을 갖추고 1품에서 5품을 끊은 이는 초과로 향하는 이이며, 다음의 3품을 끊은 이는 두 번째 과로 향하는 이이며, 8지를 여읜 이는 세 번째 과로 향하는 이이다. 〔논〕 견도위의 성자에 두 부류가 있으니, 첫째는 수신행이고 둘째는 수법행이니 근기의 이둔에 따라 두 가지 이름을 세웠다. 둔근들을 수신행자라 하니 먼저 믿음과 공경의 힘에 의지해 닦고 모아 가행하기 때문이고, 이근들을 수법행자라 하니 먼저 즐거이 관찰함에 닦아 익혀 가행하기 때문이다. 具修惑斷一 至五向初果 斷次三向二 離八地向三 論曰 見道位中聖者有二 一 隨信行 二 隨法行 由根鈍利 別立二名 諸鈍根 名隨信行者 由先信敬力 修集加行故 諸利根 名隨法行者 由先樂觀察 修習加行故", 『성유식론장중추요』 권상(대정장43, p.608a22)에 "만상이 한 자에 담겨 있고 천 가지 가르침이 한 마디에 갖추어져 있다. 도는 온갖 글을 뛰어넘고 명예는 여러 성자를 빛낸다. 萬象含於一字 千訓備於一言 道超群典 譽光衆聖"라고 하였다. 〔참고문헌〕『俱舍論』, 『顯宗論』, 『成唯識論掌中樞要』, *Abh-k-bh.* ⇨ 성자 聖者, 제성 諸聖

중성점기 衆聖點記 뭇 성인들 해마다 점을 찍어 기억하다. 율(律)을 전승하여 지녔던 역대의 성인들이 매년 율장(律藏)에 점을 찍어 표시함으로써 석가세존 입멸 후를 기억하여 잊지 않았다. 불제자 우파리(優婆離)가 부처님께서 입멸하신 다음 율장을 결집하였는데 그 해 7월 15일 자자(自恣)를 마치고 향과 꽃을 율장에 공양한 다음 율장 앞에 점 하나를 찍어 기록으로 남겼다. 이것을 시작으로 삼아 이후 모든 성인이 해마다 점을 찍는 전통을 이어내려가며 부처님 열반을 헤아려 잊지 않으려 한 것이다. 불멸연대의 기원으로 여긴다. 수대 비장방(費長房)이 지은 『역대삼보기』 권11(대정장49, p.95b18)에 "『선견율비바사』 18권은 … 무제(재위 560~578) 때 승가발다라가 번역하였다. 사자상승전에 이르되 부처님께서 열반에 드신 직후 우파리가 율장결집을 마치고 그해 7월 15일 자자가 끝난 후 향화로써 율장에 공양하고 율장을 모신 앞에서 최초로 한 점 찍었다. 그로부터 년년이 해제를 할 때마다 계속하였다. 우파리가 열반에 들고자 할 때 제자인 다사구에게 전계하였고, 다사구는 입적할 때 수구에게 전계하였으며, 수구는 열반직전 실가바에게 전계하였고, 실가바는 마지막 입적하려 할 때 목건련자제수에게 전계하였으며, 목건련자제수는 전다발사에게 전계한 이후 대대로 상승되어 마지막으로 사바율사에게 전계되기까지 24대로 이어지고 있다. 이와같이 사사가 서로 맡겨 지금의 삼장법사에 이르렀다. 이때 삼장법사는 『선견율』 범본을 모시고 중국의 광주를 통해 상륙하였다. 광주까지 동행하였던 삼장법사는 율장을 제자인 승가발다라에게 맡기고 인도로 돌아갔다. 승가발타라는 488년(영명6) 승의와 함께 광주 죽림사에서 『선견율비바사』 18권을 번역하고 함께 거기서 안거하였다. 영명 7년 무오세 7월 15일 야반에 자자를 마치고 앞선 스님들의 법과 같이 율장에 향화로써 공양하고 일점을 찍었는데, 그 해까지 총975점이었으니 1점이 1년인 셈이다. 535년(대동원년)에 조백휴가 여산에서 고행율사인 홍도스님을 만나 이 중성점기에 영명 7년(489)까지만 점이 찍혀 있고 그 후로 지금까지 계속 찍지 아니한 까닭을 물었는데 홍도스님이 대답하길 '489년 이전에는 모든 스님들이 득도한 성인이었으므로 점을 찍었지만, 나는 범부인 탓으로 다만 봉지정대할 뿐인지리 감히 점을 찍을 수 없었기 때문이다'. 이 말을 들은 백휴가 "미루어 이른 것이 양 대동 9년 계해세로 합하여 1028년이라 하였고, 곁들어 백휴가 미루어 꽂은 대동 9년에서 지금 개황 17년 정사해까지 합하면 1082년이 된다. 만약 이르한즉 이 여래멸도로 시작하여 천년이어서 성인 가신 지 너무 멀고 아득하지만 경탄할 일이 아니겠는가. 원컨대 모두 탁마하고 정성 다하여 다함께 남기신 법 널리 펴야 하리. 善見毘婆娑律十八卷 … 武帝世 外國沙門僧伽跋陀羅 齊言僧賢 師資相傳云 佛涅槃後 優波離既結集律藏訖 卽於其年七月十五日受自恣竟以香華供養律藏 便下一點置律藏前 年年如是 優波離欲涅槃 持付弟子陀寫俱 陀寫俱欲涅槃 付弟子須俱須俱欲涅槃 付弟子悉伽婆 悉伽婆欲涅槃 付弟子目揵連子帝須 目揵連子帝須欲涅槃 付弟子旃陀跋闍 如是師師相付至今三藏法師 三藏法師將律藏至廣州 臨上船反還去 以律藏付弟子僧伽跋陀羅羅 以永明六年 共沙門僧猗 於廣州竹林寺 譯出此善見毘婆沙 因共安居 以永明七年庚午歲七月半夜 受自恣竟 如前師法 以香華供養律藏 訖卽下一點 當其年計得九百七十五點 點是一年 趙伯休 梁大同元年 於廬山 值苦行律師弘度 得此佛涅槃後衆聖點記年月 訖齊永明七年 伯休語弘度云 自永明七年以後 云何不復見點 弘度答云自此已前 皆是得道聖人手自下點 貧道凡夫止可奉持頂戴而已不敢輒點 伯休因此舊點下 推至梁大同九年癸亥歲 合得一千二十八年 房依伯休所推從大同九年至今開皇十七年丁巳歲 合得一千八十二年 若然則是如來滅度始出千年 去聖尙邇深可慶歡 願共勵誠同宣遺法", 『개원석교록』 권6(대정장55, p.535c13)에 "부처님께서 열반에 드신 이후 우파리가 율장을 결집하고 나서 … 佛涅槃後 優波離 既結集律藏訖 …'라 하였고, 이를 헤아려 본 다음 "만약 그렇다면 여래의 멸도연대는 멀고 가까운 차이가 있어 자료로 취할 수 없다. 若然則是如來滅度 遠近參差 未堪取行"라고 하였고, 근대 학자들의 연구로 불멸연대의 새로운 연대기가 밝혀지기도 하였지만 율장을 봉대하고 석존의 입멸을 잊지 않으려는 중성점기의 행의만은 기억해야 할 일이다. [참고문헌] 『歷代三寶紀』, 『開元釋敎錄』, 『佛祖統紀』 권2(대정장49, p.142c25), 『僧史略』 권상(대정장54, p.235c20). ⇨ 불멸연대 佛滅年代

중성취 衆成就 부처님께서 설하시면(說主) 반드시 듣는 대중(聽衆)이 성취된다. 오성취(五成就) 또는 육성취(六成就 : 信 聞 時 處 主 衆) 중에 듣는 무리가 있어야 하는 뜻이다. 돈황본 『대승사법경론광석개결기』(대정장85, p.560c12)에 "여섯 번째, 중성취란 무엇인가? 경에 '대비구중천이백오십인과 무앙수보살마하살이 함께 하였다'라고 한 대목을 가리킨다. 함께 들은 대중을 들어 이 경이 틀림없이 근기에 마땅하여 대중을 잃은 일이 없었기에 중성취다. 만약 대중이 아니라면 이 경을 누구와 함께 들었는지 알 수 없어 모두가 의심을 일으키니 믿음을 일으키기 위하여 함께 들은 대중을 거론한다. 이는 두 가지로 나뉘는데, 하나는 성문중성취이고 또 하나는 보살중성취다. 六 言衆成就者 經曰 與大苾芻衆 千二百五十人 及無央數菩薩摩訶薩俱 擧同聞衆 顯說此經必稱根宜 無非衆失 衆成就也 若不衆不知此經 與誰同聞一切生疑 爲生信故 擧同聞衆 此分爲二 一 聲聞衆成就二 菩薩衆成就"라고 하였다. [참고문헌] 『大乘四法經論廣釋開決記』. ⇨ 오성취 五成就, 육성취 六成就 ①

중세 衆世 Ⓢ Saṃghavasu. 설일체유부(說一切有部) 논사. 음사어는 승가바수(僧伽婆修)·승가벌소(僧伽筏蘇)다. 『대비바사론』 권55(대정장27, p.283c16)에 "어떤 이는 '무명만이 행의 연이 되고, 내지 생만 노사의 연이 되는 일 있으니 이것이 연을 따라 일어나는 법이다'라고 주장한다. 그의 어리석음을 깨닫게 하기 위해 유위법이라면 모두 연을 따라 일어나는 것임을 드러내니, 중세가 언급한 바를 여기서 설할 것이다. 有執 唯有

無明緣行 乃至生緣老死 是緣起法 爲令彼迷得開解故 顯有爲法皆是緣起 衆世所言 此中應說", 같은 책 권180(대정장27, p.905a26)에 "〔문〕 이 무애해가 일어나는 곳은 어디인가? 〔답〕 욕계에서만 일어날 수 있는데, 욕계 중에서도 인취 세 주(州)의 여성의 몸과 남성의 몸 모두에서 일어날 수 있다. 존자 중세는 '오직 섬부주 중에서도 남성에게서만 일어날 수 있다'라고 하였다. 問 何處能起此無礙解 答 唯欲界能起 欲界中唯人趣三洲 女身男身俱能起 尊者衆世說曰 唯贍部洲 唯男子能起"라고 하였다. 〔참고문헌〕『大毘婆沙論』. ⇨ 승가벌소 僧伽筏蘇

중소지식 衆所知識 Ⓢ abhijñāta-abhijñāta, abhijñāna-abhijñāta, Ⓣ mngon-par-shes-pa. 대중에게 잘 알려진 이들. 안으로는 덕이 있음을 대중이 알고(知) 밖으로 그 모습을 구별(識)하는 뜻에서 지식이다. 『법화경』 권1(대정장9, p.1c22 : *Saddh-p.*, p.1)에 "그 이름은 아야교진여 · 마하가섭 … 아난 · 라후라이니, 이와 같이 대중에게 알려진 대아라한들이었다. 其名曰 阿若憍陳如 摩訶迦葉 … 阿難 羅睺羅 如是衆所知識 大阿羅漢等 abhijñātābhijñātairmahāśrāvakaiḥ. tadyathā āyuṣmatā ca ājñātakauṇḍinyena … ca mahākāśyapena … ca mahānandena … ca rāhulena", 『대보적경』 권17(대정장11, p.91c6)에 "언젠가 부처님께서 왕사성 기사굴산에 머무시면서 대비구중 만이천 인과 함께 하셨는데 그들 모두 대성문으로 대중에게 잘 알려져 있었다. 그 이름은 존자 아야교진여 … 라후라 · 아난다 등이 상수였다. 一時 佛 住王舍城 耆闍崛山中 與大比丘衆 萬二千人俱 皆是諸大聲聞 衆所知識 其名曰 尊者阿若憍陳如 … 羅睺羅 阿難陀等 而爲上首", 『아미타경통찬소』 권상(대정장37, p.334a1)에 "대중에게 잘 알려졌다는 말은 명성이 자자하고 덕이 중후하여 대중에게 알려진 의미이다. 衆所知識者 名高德重 衆所知識故", 『묘법연화경우파제사』 권상(대정장26, p.1c17)에 "대중에게 잘 알려졌다는 말은 왕들 · 왕자 · 대신 · 인민 · 제석 · 천왕 · 범천왕 등이니 모두 잘 알려진 이들이기 때문이다. 衆所知識者 諸王 王子 大臣 人民 帝釋 天王 梵天王等 皆識知故", 『법화의소』 권1(대정장34, p.460c9)에 "대중이 알아본다는 것은, 『법화론』에 두 무리를 밝혔다. 첫째, 인왕과 천왕으로 대중이 인정하는 인물이다. 둘째, 성문과 보살과 부처님으로 성중에게 인정받는 이들이다. 안에 쌓은 덕도 알고 외형도 알아볼 수 있다는 뜻이다. 衆所知識者 法華論 明二種衆 一者 人王天王大衆所知識 二者 聲聞菩薩佛 聖衆所知識 知其內德 識其外形"라고 하였다. 〔참고문헌〕『法華經』, 『大寶積經』, 『阿彌陀經通贊疏』, 『妙法蓮華經優波提舍』, 『法華義疏』, *Saddh-p.*, *Sukh-vy. II.83.* ⇨ 선지식 善知識

중속환이 ○俗還○ 스님이었다가 세간으로 돌아간 이. 「몽중몽 夢中夢」(『불교』26, 1926)에 "俗尙이 僧侶를 賤待하든 餘習으로 俗還이의게는 加一層 下視한다. 그럼으로 俗還의 蹤跡을 掩蔽하랴면 不可不 담배를 잘 먹어야 한다. 그러나 寺刹에 잇슬 동안 絶對로 禁止하엿든 것을 私習아니하고는 아니된다. 또 이것이 成性되야 下俗한 後이라도 普通人이 烟管의 長을 二尺 줌하면 俗還이는 五尺의 長을 準備하고 普通人이 하로 다섯 대를 먹으면 俗還이는 十餘대를 먹게 되니 '鬚髯싹근者가 青操'란 細音으로 썰고닛는者가 俗還이라 할만치 되엿든 것이다"라고 하였다. 〔참고문헌〕『佛教』. ⇨ 속환이 俗還○

중손하단 重巽下斷 중손괘는 중리괘(重離卦)의 가장 아래 효(爻)를 끊어서 위로 붙인 모양이다. 동산오위(洞山五位)를 중리괘의 효변화로 설명한다. 『천계각랑성어록』 권9 「동종표정 洞宗標正」(가흥장25, p.728b14)에 "이 ䷸ 중리괘는 정위와 편위가 섞여서 어울림이다. 중리괘 초효의 기를 위에 포개면 ䷸와 같은 중손괘가 되는데 이는 중리괘의 가장 아래 효를 끊어서 위에 붙인 모양으로 정중편과 같다. 此䷝重離之偏正混融也 以重離初爻之奇 疊上爲 ䷸ 重巽下斷 如正中偏也"라고 하였다. 〔참고문헌〕『天界覺浪盛語錄』.

중송 重頌 Ⓢ geya, Ⓟ geyya, Ⓣ dbyangs-kyis-bsnyad-pa'i-sde. 거듭 게로 설하다. 구부(九部) 또는 십이부경(十二部經 : 十二分教) 중 하나로 산문(長行) 내용을 다시 운문(偈頌)으로 거듭 읊은 글이다. 중송게(重頌偈) · 응송(應頌)이라고도 하며, 음사어는 기야(祇夜)이다. 『불퇴전법륜경』 권1(대정장9, p.231a7)에 "그때 세존께서는 중생들의 믿음의 힘이 견고한 것을 보시고는 다시 중송으로 말씀하셨다. 爾時世尊見諸衆生信力堅固 復重頌曰", 『법화현의』 권6(대정장33, p.752c28)에 "기야는 중송으로 한역하는데, 게로 수다라를 읊은 것을 말한다. 祇夜 此云重頌 以偈頌脩多羅也", 『번역명의집』 권4(대정장54, p.1111b19)에 "기야는 중송으로 한역한다. 『법화현의』에서는 '중송은 위에서 바로 설하신 수다라를 거듭 게송으로 읊은 것이다'라고 하였다. 또한 응송이라 하는데, 장행을 게송으로 읊은 것이다. 祇夜 此云重頌 妙玄云 重頌上直說修多羅也 亦曰應頌 頌長行也", 『대승아비달마잡집론』 권11(대정장31, p.743c4 : *Abh-s.*, p.78)에 "응송이란 모든 경중에 중간이나 또는 마지막에 게송으로 거듭 읊은 것이다. 또 불요의경은 마땅히 다시 게송으로 풀기에 응송이라 하는 것이다. 應頌者 卽諸經中 或中或後 以頌重頌 又不了義經 應更頌釋 故名應頌 geyaṃ katamat. sūtrāṇāṃ madhye vā ante vā gāthayā yad gīyate. sūtreṣu anirūpito'rtho vā yad vyākhyāyate. ato geyam-ity-ucyate"라고 하였다. [참고문헌]『不退轉法輪經』, 『法華玄義』, 『翻譯名義集』, 『大乘阿毘達磨雜集論』, *Abh-s.* ⇨ 응송 應頌, 기야 祇夜, 구분교 九分敎, 십이분교 十二分敎

중송게 重頌偈 거듭 읊은 게. 중송(重頌)으로, 기야경(祇夜經)이라고도 한다. 『대반열반경집해』 권36(대정장37, p.494b11)에 "기야경은 … 중송게로 한역한다. 장행에서 이미 밝힌 것을 다시 거듭 게송으로 읊어 그 뜻을 드러내고 파악하도록 하는 것이다. 祇夜經 … 此言重頌偈也 長行已明 更重頌令顯取此義"라고 하였다. [참고문헌]『大般涅槃經集解』, 『一切經音義』 권26(대정장54, p.474a13). ⇨ 중송 重頌

중수 重樹 다라수(多羅樹 Ⓢ Ⓟ tāla)의 한역어 중 하나. 『일체경음의』 권25(대정장54, p.469b20)에 "다라수〈중이라 한역한다〉. 多羅樹〈此云重〉"라고 하였다. [참고문헌]『一切經音義』. ⇨ 다라수 多羅樹

중수 衆首 ❶ Ⓢ gaṇa-pramukha, Ⓣ tshogs-kyi-gtso-bo. 무리중에 앞선 이들. 무리중에 으뜸인 자리를 말한다. 『유부율』 권28(대정장23, p.782b17)에 "(급고독장자가 말하였다) '세존이시여, 불세존께서 대중의 앞자리에 앉아계실 때 대중이 곧 위의가 있고 엄숙하였습니다. 앉아계시지 않으시면 무리의 위덕은 없습니다. 만약 불세존께서 허락하신다면 세간의 섬부영상을 만들어 무리 앞자리에 두고 싶습니다'. 세존께서 말씀하셨다. '뜻대로 만들되 무리의 앞자리에 두어라'. 世尊 若佛世尊在衆首坐時 衆便威肅 若不坐時 衆無威德 若佛世尊見聽許者 欲造贍部影像 置於衆首 世尊告曰 隨意當作 置於衆首", 『여래사자후경』(대정장17, p.889c8)에 "십지에 있는 보살을 무리중의 머리로 삼았다. 住十地菩薩以爲衆首", 『입세아비담론』 권3(대정장32, p.189c29)에 "모든 도리천이 제석을 공경하여 머리중의 머리로 삼았다. 諸忉利天恭敬帝釋 以爲衆首", 『법원주림』 권12(대정장53, p.376a28)에 "율장 중에서 오백·칠백이라 한 것은 모두 대가섭을 높인 것이니 최고이기에 무리중에 으뜸으로 삼았다. 如律中五百七百 皆尊大迦葉 最爲衆首"라고 하였다. [참고문헌]『有部律』, 『如來師子吼經』, 『立世阿毘曇論』, 『法苑珠林』, *Mvyut.245.* ❷ 재(齋)나 작법 등에서 당좌(堂佐)의 집전을 돕고 대중을 통할하는 소임. 「재시용상방 齋時龍象榜」(『석문의범』 권하, p.165a8)에 '중수'의 소임이 보인다. 『오종범음집』 권상(한불전12, p.157a24)에 "작법하는 곳의 법당 안에는 설주의 왼쪽에 중수를 두고 오른쪽에 증명, 다음으로 병법을 두어야 한다. 왜 그런가? 일어나 요잡을 할 때에 안으로 돌기 때문이다. 作法處 法堂內 則說主左邊 安衆首 右證明 次秉法可也 何者 起立繞匝時 內回故"라고 하였다. [참고문헌]『釋門儀範』, 『五種梵音集』.

중수 衆數 ❶ Ⓢ saṃgha-pratisarana. 무리로 여겨 헤아리다. 일정한 계(界)를 정한 후 그 안에 있는 무리의 가장 큰 수를 말한다. 『유마경』 권상(대정장14, p.540c10 : *Vikī-n.*, p.98)에 "모든 중생에게 원망하는 마음을 품고 부처님을 비방하며 법을 헐뜯는다면 무리에 들지 못하여 끝내 멸도할 수 없다. 於一切衆生 而有怨心 謗諸佛 毀於法 不入衆數 終不得滅度 sarvasattveṣu te vadhakacittaṃ pratyupasthitam sarvabuddhāś ca te 'bhyākhyātāḥ sarvabuddhadharmāṃś ca pratikrośasi na cāsi saṃghapratisaraṇo na ca jāto na parinirvāsyasi", 『주유마힐경』 권3(대정장38, p.352a20)에 "(道生이 말한다.) 이 사람은 사부중의 무리에 들 수 없다는 뜻이다. … 승조(僧肇)가 말한다. '중죄를 범한 사람은 현성 무리에 들지 못하여 끝내 멸도할 수도 없다'. 斯人則爲不入四衆數矣 … 肇曰 犯重罪者 不得入賢聖衆數 終不得滅度", 『유마경약소』 권4(대정장38, p.622c27)에 "중수에 들지 못한다는 말은 이러한 장애가 있으면 원교현성의 무리에 들 수 없다는 뜻이다. 不入衆數者 若有此障 卽不入圓教 賢聖之數"라고 하였다. [참고문헌]『維摩經』, 『注維摩詰經』, 『維摩經略疏』, *Vikī-n.* ⇨ 중 衆 ❷ 외도십육지견(外道十六知見) 중 하나. 신아(神我)에 대한 열여섯 망상분별이다. ⇨ 십육신아 十六神我, 십육지견 十六知見, 신아 神我❶

중수개국율사기 重修開國律寺記 1326년(충숙왕13) 익재(益齋) 이제현(李齊賢) 지음. 『익재난고』 권6(한국문집총간2, p.552a15)·『동문선』 권69에 수록되어 있다. 개국율사중수기라고도 한다. 남산종사(南山宗師) 목헌구공(木軒丘公)이 개국율사를 중수한 사적을 기록한 글로서, "지리 계해년(1323·충숙왕10)부터 태정 을축년(1325·충숙왕12)까지 3년간의 공사가 끝났다. 경찬법회를 거행하여 낙성하였는데, 보고 들은 사람들 중에 감탄하고 칭찬하지 않는 사람이 없었다. 이에 그 문도들 중 어른들이 잊히지 않도록 하기 위하여 나의 집에 찾아와 기문을 지어주기를 간절히 청하였다. 自至理癸亥 迄泰定乙丑 三秋而畢功 作慶會以落厥成 見聞者 莫不嘆賞焉 於是 其徒之老 圖所以不朽 踵余門求記甚勤"라고 하였다. [참고문헌]『益齋亂藁』, 『東文選』. ⇨ 개국사 開國寺, 개국율사중수기 開國律寺重修記

중수건동선사기 重修乾洞禪寺記 1327년(충숙왕14) 이제현(李齊賢) 지음. 『익재난고』 권6(한국문집총간2, p.553a19)·『동문선』 권69에 전한다. 하원서(河元瑞)의 건동선사 중수를 기록한 글로서 "일찍이 사냥하다가 이곳에 이르렀는데, 무너진 담과 깨진 주춧돌이 우거진 숲 속에 파묻혀 있었다. 보고 한탄하며 무너진 것을 다시 일으키겠다고 스스로 다짐하였으니, 때는 대덕 갑진년(1304·충렬왕30)이었다. 지금에 이르러 20여 년의 세월이 쌓였다. … 올해 10월에 서역의 지공선사가 화산으로 가다가 이곳을 지나치며 둘러본 후에 드문 일이라며 크게 칭찬하였다. 嘗遊獵抵此 頹垣破礎 蕪沒灌莽 見之慨然以起廢自矢 時大德甲辰歲也 迨今積二十餘年之久 … 今年十月 西域指空禪師 將如華山 過而閱之 大稱嘆以爲稀有"라고 하였다. 〔참고문헌〕『益齋亂藁』, 『東文選』. ⇨ 건동사 乾洞寺 ❶, 지공 指空

중수번뇌 中隨煩惱 이십수번뇌(二十隨煩惱) 중 무참(無慚 Ⓢ ahrī)과 무괴(無愧 Ⓢ anapatrapā). 불선심(不善心)에 항상 수반되는 두 가지 번뇌다. 중수혹(中隨惑)이라고도 하며, 『구사론』에서는 대불선지법(大不善地法)이다. 『성유식론』 권6(대정장31, p.33b5)에 "〔논〕 오직 이는 번뇌의 분위에 따른 차별일 뿐이고, 등류성이기에 수번뇌라 한다. 이 스무 가지를 구분하면 세 부류가 있다. … 무참 등은 둘은 불선에 두루하기에 중수번뇌라 한다. 論曰 唯是煩惱分位差別 等流性故 名隨煩惱 此二十種類別有三 … 無慚等二遍不善故 名中隨煩惱", 『대승백법명문론개종의기』 권1(대정장85, p.1058a23)에 "중수번뇌는 『구사론』에서는 대불선지법이라고 하였다. 中隨煩惱 俱舍名爲大不善地法"라고 하였다. 〔참고문헌〕『成唯識論』, 『大乘百法明門論開宗義記』. ⇨ 무참 無慚, 무괴 無愧, 참괴 慚愧, 이십종수번뇌 二十種隨煩惱, 수번뇌 隨煩惱, 대불선지법 大不善地法

중수보타산지 重修普陀山志 명대 주응빈(周應賓) 지음. 6권. 『중국불사사지휘간 中國佛寺史志彙刊』 제1집에 수록되어 있다. 보타산의 원명은 소백화(小白華)이고 절강성(浙江省) 정해(定海) 동남쪽 바다에 위치하고 있다. 고산(孤山)으로 물을 끼고 풍경이 빼어나며 중국 불교의 성지 중 하나다. 아미산(峨眉山)·오대산(五臺山)·구화산(九華山)과 함께 사대명산(四大名山)이라 불리고, 주변의 아름다운 경관으로 인하여 해천불국(海天佛國)이라고도 하며 관세음보살(觀世音菩薩)이 현신하는 도량이다. 이곳에 절을 짓기 시작한 때는 멀리 오대(五代) 초로 거슬러 올라간다. 당시 일본 출신 혜악(慧鍔)이 건립한 이래로 역대 고승들의 손을 거쳐 청정한 도량이 숲처럼 들어서 울창한 불국(佛國)을 이루었다. 보타산에 대한 기록은 원대 1361년(지정21) 성희명(盛熙明)이 지은 『보타락가산전 補陀洛迦山傳』 1권(대정장51, No.2101)이 전한다. 명대 후계고(侯繼高)가 산지를 지었지만 전하지 않는다. 만력년간(1573~1619) 주응빈이 후계고의 산지가 산만을 중시하고 절은 간략히 하였음을 보완하여 중수한 결과 6권 14문으로 완성하였다. 신한(宸翰)·도고(圖考)·산수(山水)·전우(殿宇)·규제(規制)·건제(建制)·영이(靈異)·반사(頒賜)·명사(命使)·석자(釋子)·물산(物產)·예문(藝文)·사략(事略)·시(詩)가 그 14문이다. 체제가 단엄하고 풍부한 자료를 수록하여 후대의 산지로 비견할 만한 상대가 없다. 간행한 뒤로 유통한 범위는 넓지 못했다. ⇨ 보타산 普陀山, 관음신앙 觀音信仰

중수암 衆秀庵 전라남도 장흥군 관산읍 농안리 천관산(天冠山 : 一名 支提山)에 있던 암자. 1779년(정조3)에 편찬된 『지제지』에 "중수봉 서남쪽에 있는데, 신령스럽고 그윽하다. 在衆秀峯西南 亦靈邃"고 하였으나, 『한국사찰전서』에는 "지금은 없다. 今無"라고 하였다. 〔참고문헌〕『支提誌』, 『韓國寺刹全書』 권하 p.1032b13.

중수혹 中隨惑 중수번뇌(中隨煩惱). 혹(惑)은 번뇌의 다른 이름이다. 『관심각몽초』 권상(대정장71, p.67c12)에 "열한째는 무참이다. 자신과 교법을 돌아보지 않고 현인을 가벼이 여기며, 선법을 거부하는 것을 성으로 하고 자신에 대해 부끄러워할 줄 아는 마음(慚)을 장애해서 악행을 생장시키는 것을 업으로 삼아 별도의 종자에서 생한다. 오직 불선성(不善性)이고 오직 욕계(欲界)에 얽힌다. 삼량(三量)에 통하고 6식에 통하며 제7·8식은 제한다. 그 의지처는 한 취인 심왕이다. 열두째는 무괴다. 세간에서 존중받는 이들을 돌아보지 않는 포악함을 성으로 하며, 남에 대해 부끄러워할 줄 아는 마음을 장애해서 악행을 낳고 증장시키는 것을 업으로 삼는다. 나머지는 위의 법과 같다〈이상의 두 법은 불선심에 편재하기에 중수혹이라 한다〉. 十一 無慚 不顧自法輕拒賢善爲性 能障礙慚生長惡行爲業 別種所生 唯不善性 唯欲界繫 通於三量 通於六識 除七八識 所依等同一聚心王 十二 無愧 不顧世間崇重暴惡爲性 能障礙愧生長惡行爲業 餘如上法〈已上二法 遍不善故 名中隨惑〉"라고 하였다. 〔참고문헌〕『觀心覺夢鈔』. ⇨ 중수번뇌 中隨煩惱, 참괴 慚愧

중숙의 中宿衣 Ⓢ antarvāsa, Ⓟ antaravāsaka, Ⓣ mthang-gos. 삼의(三衣) 중 하나인 안타회(安陀會)의 한역 이름. 중착의(中著衣) 등으로도 한역한다. 『사분율명의표석』 권9(卍속장70, p.526b15)에 "안타라회 : 안타회 또는 안달라바사라고도 음사한다. 중숙의라 한역하는데, 몸 바로 위에 착용하는 옷을 말하며 속옷이라고도 한다. 의정법사는 '안달바사는 하의 또는 내의라 한역한다'고 하였다. 安陀羅會 亦云安陀會 或云安怛羅婆沙 此云中宿衣 謂近身住也 或云裏衣 義淨法師云 安呾婆娑 譯爲下衣 亦云內衣"라고 하였다. 〔참고문헌〕『四分律名義標釋』, *Vin.1.290.* ⇨ 안타회 安陀會

중습 中習 조선후기 옥파(玉坡 1681~1762)의 은사스님. 「보월사옥파당대사비문 寶月寺玉坡堂大師碑文」(『조선사찰사료』 권하, p.270)에 "옥파가 15세 때 중습을 은사로 하여 스님이 되었다. 年甫十五歲 出家 祝髮於中習先師"라고 하였다. 〔참고문헌〕『朝鮮寺刹史料』, 智冠『韓國高僧碑文總集 朝鮮朝·近現代』 p.418. ⇨ 옥파 玉坡

중승 中乘 연각승(緣覺乘)을 달리 이르는 말. 삼승(三乘) 가운데 중위(中位)에 해당한다는 뜻이다. 『대방편불보은경』 권6(대정장3, p.155a24)에 "성문이 터득한 경계는 삼승이 동등하게 알고, 중승이 얻은 바는 이승이 같이 알며, 부처님께서 얻으신 바는 이승이 알 수 없고 부처님 홀로 스스로 아실 뿐이다. 聲聞所得 三乘同知 中乘所得 二乘共知 唯佛所得 二乘不知 獨佛自知", 『대반야경』 권568(대정장7, p.935a21)에 "소승을 닦는 사람은 성문도를 보이고, 중승을 배우는 사람은 독각도(연각도)를 보이며, 대승을 행하는 사람은 무상도를 보인다. 修小乘者 示聲聞道 學中乘者 示獨覺道 行大乘者 示無上道", 『대방등대집경』 권23(대정장13, p.162c18)에 "중승을 지향하는 사람은 연각과를 얻는다. 爲中乘者得緣覺果", 『반야심경소』(卍속장41, p.421a9)에 "중승은 벽지불승이다. 벽지는 연각이라 한다. 불이라는 말은 각이라 한역한다. 오온이 연을 따라 일어나므로 낱낱의 온 중에 체성을 구해도 얻을 수 없음을 깨우쳐서 인공을 증한다. 번뇌를 분별해서 끊어 다하고, 연을 관하여 깨달으니 이를 연각이라 한다. 부처님이 계시지 않는 세계에 나 스승 없이 스스로 깨닫기에 독각이라고도 한다. 中乘者 辟支佛乘 辟支名緣覺 佛之言覺 覺五蘊從緣生 一一蘊中 推求體性不可得 而證人空 分別煩惱 並皆以斷盡 觀緣卽覺 名爲緣覺 生於無佛世界 無師自覺 亦名獨覺"라고 하였다. 〔참고문헌〕『大方便佛報恩經』, 『大般若經』, 『大方等大集經』, 『般若心經疏』. ⇨ 독각 獨覺 [1], 벽지불 辟支佛, 연각승 緣覺乘, 삼승 三乘 [1]

중승 中繩 그은 줄에 적중해 어김이 없다. 법도에 들어맞다. 『번역명의집』 권5(대정장54, p.1141b24)에 "법도에 들어맞으면 군자라 하고, 법도에 들어맞지 않으면 소인이라 한다. 中繩之謂君子 不中繩之謂小人焉", 『금강경영설』(卍속장39, p.604a4)에 "눈을 감고 움직이지 않는 그대로 새벽이 되어 일어나 보니, 동서는 모두 묵선에 부합하였지만 남북은 여전히 조금 기울어져 있었다. 閉目不動 迨天明起視 則東西皆中繩矣 惟南北尙稍倚", 『법화경문구보정기』 권1(卍속장45, p.44b13)에 "의승이라 하니, 군의(裙衣)는 반드시 표준에 부합해야 한다는 뜻이다. 衣繩者 裙要中繩也"라고 하였다. 〔참고문헌〕『翻譯名義集』, 『金剛經郢說』, 『法華經文句輔正記』.

중승 衆僧 무리지은 스님들. 범어 saṃgha를 의역한 중(衆)과 음역한 승(僧)을 함께 쓴 말. 화합승(和合僧)의 뜻이다. 대중(大衆)이라고도 한다. 『장아함경』 권7 「폐숙경 弊宿經」(대정장1, p.47a7)에 "이때 범지는 교지를 받들어 왕이 먹는 음식과 왕이 입는 옷을 중승에게 공양하였다. 時 梵志 卽承敎旨 以王所食 王所著衣 供養衆僧", 『불반니원경』 권하(대정장1, p.172c4)에 "부처님께서 세간에 계신 때를 만나기는 어렵고, 경의 가르침을 듣기도 어려우며, 중승을 만나기는 어렵지만 부처님을 직접 뵙기가 가장 어렵다. 佛世難値 經法難聞 衆僧難値 唯佛難見也", 『십송율』 권30(대정장23, p.219c19)에 "부처님께서 비구들에게 말씀하셨다. '청정하고 같이 보는 네 비구를 중승이라 한다. 다섯 비구가 청정하고 같이 보면 중승이라 한다. 열 비구가 청정하고 같이 보면 중승이라 한다. 스무 비구가 청정하고 같이 보면 중승이라 한다'. 佛語諸比丘 淸淨同見四比丘 是名衆僧 若五比丘淸淨同見 是名衆僧 若十比丘淸淨同見 是名衆僧 若二十比丘淸淨同見 是名衆僧", 『임제록』(대정장47, p.504a10)에 "대각이 찾아오자 임제는 불자를 세워 들었고 대각은 좌구를 폈다. 임제가 불자를 내던지자 대각은 좌구를 수습하여 승당으로 들어갔다. 이에 중승이 웅성댔다. '저 학인은 화상의 친지가 아닐까? 절을 올리지도 않고 주장자로 맞지도 않았군'. 임제가 이 말을 듣고 대각을 불러서 오게 했다. 대각이 나오자 임제가 말했다. '대중은 그대가 장로에게 인사도 올리지 않는다고 말하는구나'. 그러자 대각은 '안녕하십니까?'라고 말한 뒤 스스로 대중 속으로 돌아갔다. 大覺到參 師擧起拂子 大覺敷坐具 師擲下拂子 大覺收坐具 入僧堂 衆僧云 這僧 莫是和尙親故 不禮拜 又不喫棒 師聞 令喚覺 覺出 師云 大衆道 汝未參長老 覺云 不審 便自歸衆", 『법안어록』(대정장47, p.589c28)에 "법안이 학인에게 물었다. '어디서 왔는가?' '보은에서 왔습니다' '스님들 모두 편안하신가?' '평안합니다' '차나 마시고 가라'. 問僧 甚處來 云 報恩來 師云 衆僧還安否 云 安 師云 喫茶去"라고 하였다. 〔참고문헌〕『長阿含經』, 『佛般泥洹經』, 『十誦律』, 『臨濟錄』, 『法眼語錄』. ⇨ 중 衆 [1], 대중 大衆

중승법 衆僧法 스님들을 무리지어 화합승이 되게 하는 법. 결계(結界)·포살(布薩)·갈마(羯磨) 등이 여법하게 성취되려면 반드시 대중이 여법히 먼저 성취되어야 한다는 뜻에서 중승법이다. 승병(僧竝)이라고도 한다. 단백(單白 Ⓟ ñatti-kamma)·백이(白二 Ⓟ ñattidutiya-kamma)·백사(白四 Ⓟ ñatticatuttha-kamma)의 삼종갈마가 있다. 『담무덕율부잡갈마』(대정장22, p.1045b4)에 "오늘 포살일 모시에 중승이 승당에 모여 계를 설한다〈만약 네 사람이거나 그 이상이라면 마땅히 먼저 백한 다음에 계를 설한다. 만약 세 사람이나 두 사람일 경우는 각각 서로를 향해서 설한다〉. 今日布薩日 某時 衆僧集堂說戒〈若四人 若過四人 應先白已 然後說戒 若有三人二人 各各相向說言〉", 『사분율행사초간정기』 권6(卍속장68, p.337b14)에 "'다만 중법을 이끌 수 있다'는 말은 무슨 뜻인가? 다만이라는 글자는 한 국면에 치우친 뜻이다. 어한다는 말은 잡아 이끈다는 뜻이다. 중승법을 가리킨다. 但得御衆法者 但字偏局義也 御者秉御也 衆僧法也"라고 하였다. [참고문헌] 『曇無德律部雜羯磨』, 『四分律行事鈔簡正記』, 『四分律行事鈔』 권상(대정장40, p.11c1). ⇨ 갈마 羯磨❷, 병법 秉法❶, 승병 僧秉, 삼종갈마법 三種羯磨法, 심념법 心念法

중시 中時 ❶ 죽음과 탄생의 그 사이. 중유(中有 Ⓢ antarā-bhava)·중음(中陰) 등과 같다. 『도지경』(대정장15, p.233b26)에 "바로 그때 몸의 정식이 멸하는 중에 다시 음이 있게 되는데, 비유하면 저울 한쪽이 올라가면 다른 한쪽이 내려가는 것과 같다. 이처럼 목숨 버려서 죽고 다시 생의 종자를 받는데, 비유하면 벼를 심으면 그 뿌리가 쌍으로 나는 것과 같다. 이와 같이 중간의 때에 식이 멸하는 즉시 그중에 오음이 생겨나니, 구족하여 부족함이 없다. 卽時 身精識滅中便有陰 譬如稱一上一下 如是捨死受生種 譬如種禾根生雙 如是中時 滅識卽時中生五陰 具足不少"라고 하였다. [참고문헌] 『道地經』. ⇨ 중유 中有, 중음 中陰 ❷ Ⓢ madhyāhna-kāla-samaya. 하루 중 정오나 자정. 하루 중 한 번만 정식으로 밥을 먹는 일식경(一食頃)을 말한다. 『다라니집경』 권4(대정장18, p.824c6)에 "초하루부터 7일까지 삼시로 각각 근본대주를 백팔 번씩 외고, 헌식하지 않지만 8일 중시부터 13일까지는 날마다 한 번씩 갖가지 음식과 나머지 다른 과일을 바친다. 從初一日乃至七日 三時各誦根本大呪一百八遍 未須獻食 從八日中時至十三日 日別一獻種種飮食及餘果子", 『미증유인연경』 권상(대정장17, p.581a6)에 "한 식경이 지나는 때를 중시라 한다. 經一食頃名爲中時"라고 하였다. [참고문헌] 『陀羅尼集經』, 『未曾有因緣經』, *Aṣṭ-pr.253*. ⇨ 삼시 三時❷

중식 中食 해가 하늘 중앙에 있을 때(日中) 먹는 음식. 비구의 정식인 재식(齋食)을 말한다. 『석씨요람』 권상 「중식」(대정장54, p.274a9)에 "『마하승기율』 권3(대정장22, p.244c2)에 이르길 '때에 맞게 먹어야 한다. 정해진 때에 음식을 먹고 때 아닌 때에 먹어서는 안 된다'. 요즘 중식이라는 말은 하늘 중앙에 해가 뜨는 오시에 먹는다는 뜻이니, 해가 하늘 중앙에 오는 때이므로 중식이라 한다. 僧祇律云 時食 謂時得食 非時不得食 今言中食 以天中日 午時得食 當日中故 言中食"라고 하였다. [참고문헌] 『釋氏要覽』, 『摩訶僧祇律』. ⇨ 재식 齋食

중실 中實 중(中)이어서 실(實)인 뜻. 두 극단(二邊)을 벗어나 어디에도 머물지 않아야 실의 뜻이 성취된다. 『중관론소』 권2(대정장42, p.32a21)에 "먼저 중실을 밝힌다. 세계 안의 모든 대승과 소승 그리고 내교와 외교로 얻은 바가 있는 사람이라면, 마음으로 행한 바가 모두 생멸단상 그리고 일이래출일 뿐이어서 중도정관을 가로막는다. 그러므로 초심자에게 명하여 반드시 그 장애를 씻어내고 생멸을 구해 얻지 못하도록 해야 한다. 그러므로 '생도 없고 멸도 없다' 하며, 내지 오고 나옴도 그러한 까닭에 중실이라고 이름을 붙였다. 初明中實者 域一切大小內外 有所得人 心之所行 皆是生滅斷常 一異來出 障中道正觀 故當命初 宜須洗之 以求其生滅不得 故云 不生不滅 乃至來出亦然 所以名之 爲中實者", 같은 책 권10(대정장42, p.149b2)에 "이 대소승인을 모두 구제하고 저들 두 갈래 미혹을 파하고자 이와 같은 공과 유가 없음을 밝힌다. 그러므로 '공도 아니고 유도 아니어서 바로 중실이다'라고 한다. 중실이란 진실로 이와 같은 유무는 없다는 뜻이다. 곧 부처님께서 펴보이신 인연의 유무라야 비로소 가명이며, 가명이므로 중도가 있다. 그 아래에서 '가명이기도 하고 중도이기도 하다'라고 한 말과 같다. 또한 이 대소승을 모두 파하고자 이와 같은 대소가 없는 그것이 중실이라는 뜻을 밝혀야 비로소 인연으로서 잠정적으로 대승과 소승이라는 이름을 붙일 수 있다. 이것이 가명이니, 이러한 대소로 인하여 불도에는 일찍이 대소가 없음을 알도록 한 것이다. 救濟此大小乘人 故破彼兩迷 明無如此空有 故云 非空非有 卽是中實 中實者 實無如此有無也 卽申佛因緣有無 方是假名 假名故有中道 如下云 亦是假名 亦是中道 又破此大小 明無如此大小 是中實 方是因緣 假名大小 卽是假名 因此大小 令識道未曾大小也", 『기신론소필삭기』 권6(대정장44, p.330a22)에 "또한 이변이 아님을 표해서 중이라 하고, 모든 차별하고 헛된 상을 떠나기에 실이라 한다. 이 상 두 구는 중실을 잡아서 마음을 풀이한 것이다. 又表非二邊 故名中 離諸差別虛相 故名實 此上二句 是約中實以解心也", 『아미타경약해원중초』 권하(卍속장91, p.832b6)에 "'공유로는 능히 중실을 가질 수 없다'는 말은 하위가 상위를 다스릴 수 없다는 뜻이다. '중실은 능히 이변을 유지할 수 있다'는 말은 뛰어남이 열함을 이끌 수 있다는 뜻이다. 중도를 잃지 않아야 이변도 잃지 않는다. 空有不能持中實者 下不能御上也 中實而能持二邊者 勝能統劣也 旣不失中道 亦不失二邊", 『삼론현의』(대정장45, p.8a15)에 "그러므로 능도 아니고 소도 아니며, 경도 아니고 논도 아니며, 불도 아니고 보살도 아니니, 무엇이라 지목할지 알 수 없다. 그러므로 정법을 가리켜 억지로 중실이라 이름한다. 故非能非所 非經非論 非佛非菩薩 不知何以目之 故稱正法 强名中實也", 『삼론유의의』(대정장45, p.117c25)에 "단과 상을 한 쌍으로 삼아 버리므로 양사라 한다. 또한 굳이 이름 붙여 중실이라 하는 까닭에 중이라 하는 것이다. 중도 아니고 양사도 아니라는 말에는 두 가지 뜻이 있다. 첫째, 단과 상을 고집하는 견해는 모두 전도이므로 중도 아니고 양사도 아니다. 둘째, 모든 법의 본성은 청정하므로 중도 아니고 양사도 아니다. 雙捨斷常 故名兩捨也 亦强名中實 所以名中也 非中非兩捨者 此有二意 一者 斷常顚倒 故非中非兩捨 二者 諸法本性淸淨 故非中非兩捨也", 『지관보행전홍결』 권1(대정장46, p.169c27)에 "법성이 실인 그 때를 중실이라 이름한다. 法性實際 名爲中實"라고 하였다. [참고문헌] 『中觀論疏』, 『起信論疏筆削記』, 『阿彌陀經略解圓中鈔』, 『三論玄義』, 『三論遊意義』, 『止觀輔行傳弘決』. ⇨ 중도실상 中道實相, 중도 中道, 실상 實相

중심 中心 ❶ 깊은 마음. 진심이 머무는 자리. 『주유마힐경』 권9(대정장38, p.406b24)에 "승조(僧肇)가 말한다. '마음을 일으키고 잊지 않는다면 이것이야말로 뭇 행의 중심이라 할 만하다'. 肇曰 發心不忘 是衆行之中心者也", 『유부율잡사』 권25(대정장24, p.326a21)에 "마음중에 품은 원을 감히 말로 할 수 없습니다. 中心有願 未敢在言", 『반야심경개론』(卍속장41, p.868a15)에 "진심이 머무는 곳을 바로 이름하길 마음이라 하므로 '마음은 자리(地)다'라고 한다. 공자는 '속마음에서 인을 편안히 한다'고 하였으니, 마음 또한 자리라 말한 것이다. 그가 '속마음'이라 한 말은 중앙이라는 말과 같으니 자리다. 眞心之所在處 卽名之爲心 故曰 心是地也 孔子曰 中心安仁 而心亦以地言之 其曰中心者 猶言所謂中央者 地也"라고 하였다. [참고문헌] 『注維摩詰經』, 『有部律雜事』, 『般若心經槪論』. ❷ 선도 악도 아닌 무기(無記)의 마음. 『사리불아비담론』 권27(대정장28, p.699a9)에 "중심이란 무엇인가? 무기의 마음을 중심이라 한다. 云何中心 若心無記 是名中心"라고 하였다. [참고문헌] 『舍利弗阿毘曇論』. ⇨ 무기심 無記心, 무기 無記❶ ❸ 인천(人天)과 대열반(大涅槃) 사이에 이승(二乘)의 마음. 『금강반야소』 권2(대정장33, p.101c29)에 "만약 중생과 더불어 인천의 즐거움을 두루 함께 하면 하심이라 하고, 중생과 더불어 이승의 즐거움을 두루 함께 나누면 중심이라 하며, 중생과 대열반락을 함께하면 제일심이라 한다. 若遍與衆生 人天之樂 名爲下心 若遍與衆生 二乘之樂 名曰中心 今遍與衆生大涅槃樂 名第一心"라고 하였다. [참고문헌] 『金剛般若疏』. ❹ 모든 것의 중심. 『방광대장엄경』 권8(대정장3, p.585c27)에 "보살이 앉으셔서 보리를 성취하신 자리가 삼천대천세계의 중심이다. 菩薩所坐 成菩提處 則三千大千世界之中心也"라고 하였다. [참고문헌] 『方廣大莊嚴經』.

중심 衆心 중생들의 마음. 대중의 마음. 『장아함경』 권3 「유행경 遊行經」(대정장1, p.19c22)에 "유연하고 온화한 음성으로 하시는 말씀마다 모든 이들의 마음을 기쁘게 하였다. 柔軟和雅音 所言悅衆心", 『중아함경』 권9 「지동경 地動經」(대정장1, p.478b15)에 "그때 세존께서 매달 보름마다 바라제목차인 종해탈(Ⓟ pātimokkha)을 설하실 때면 비구대중 앞에 자리를 깔고 앉으셨다. 세존께서 자리를 잡고 나서 곧바르 정에 드시어 타심지로써 대중의 마음을 관찰하시고, 대중의 마음을 관하신 뒤에는 초야가 끝나는 시간까지 묵묵히 앉아 계셨다. 爾時 世尊 月十五日 說從解脫時 於比丘衆前 敷座而坐 世尊坐已 卽便入定 以他心智 觀察衆心 觀衆心已 至初夜竟 默然而坐"라고 하였다. [참고문헌] 『長阿含經』, 『中阿含經』. ⇨ 중생심 衆生心

중심경 中心經 동진(東晋) 대 담무란(曇無蘭) 한역 『충심경 忠心經』(대정장17, No.743). ⇨ 충심경 忠心經

중심사 中心寺 충청남도 공주시 계룡산(鷄龍山)에 있던 절. 『동국여지승람』 권17 충청도 공주목 불우에 이름과 위치가 전하나, 『범우고』에는 "지금은 폐사되었다. 今廢"라고 하였다. [참고문헌] 『東國輿地勝覽』, 『梵宇攷』, 『韓國寺刹全書』 권하 p.1030a3.

중십변오 中十邊五 대중이 많은 중심에서는 열분이어야 하지만, 변방에서는 다섯으로도 계가 성취된다는 뜻이다. 삼사칠증(三師七證)의 열분의 스님이 있어야 구족계가 성취되지만 대중이 적은 변지승가에서는 다섯분의 증사만으로도 계를 받을 수 있다. 『지관보행전홍결』 권4(대정장46, p.254a2)에 "삼귀계란 무엇인가? 부처님께서 다섯 사람을 제도하신 다음 삼보를 다 갖추시고, 부처님께서는 삼귀계를 지키시며, 또한 비구들이 곳곳에서 널리 교화를 베풀어 부처님의 처소로 인도하도록 하셨다. (그러나) 후에 믿음을 잃은 것 때문에 부처님께서는 비구들이 장소에 따라 각기 (삼귀계를) 지키도록 하셨다. 육 년이 지난 후에 부처님께서는 삼귀계를 그치시고, 갈마수를 일으키셨다. 그러므로 중심변오로 같지 않고 견신논의 등의 차별이 있게 되었다. 三歸者 佛度五人已 三寶具足 佛秉三歸 亦令比丘處處宣化 引至佛所 後因失信 佛令比丘隨處各秉 過六年已 佛止三歸 興羯磨受 故有中十邊五不同 遣信論議等別"라고 하였다. [참고문헌] 『止觀輔行傳弘決』. ⇨ 삼사칠증 三師七證, 삼사이증 三師二證, 만십승 滿十乘, 변오득 邊五得

중아함 中阿含 Ⓢ Madhyamāgama, Ⓣ lung-bar-ma. 『중아함경 中阿含經』(대정장1, No.26)의 줄임말. 『증일아함경』 「서 序」(대정장2, p.549a5)에 "사아함의 뜻은 같다. 『중아함』 머리 부분에 그 취지를 밝혔으니 다시 거듭하여 서문에 달지 않겠다. 四阿含義同 中阿含首 以明其旨 不復重序也", 『시법비법경』(대정장1, p.837c21)에 "불설시법비법경〈출전은 『중아함』〉. 佛說是法非法經〈出中阿含〉", 『사분율』 권54(대정장22, p.968b20)에 "일체중경은 『중아함』을 가리킨다. 一切中經 爲中阿含", 『살바다비니비바사』 권1(대정장23, p.503c28)에 "이는 교화를 권하는 사람이 익힐 내용이니, 이근의 중생에게 여러 가지 깊은 뜻 설하므로 『중아함』이라 이름했다. 是勸化人所習 爲利根衆生 說諸深義 名中阿含"라고 하였다. [참고문헌] 『增壹阿含經』, 『是法非法經』, 『四分律』, 『薩婆多毘尼毘婆沙』, *Mvyut.65.*

중아함경 中阿含經 Ⓢ Madhyam-āgama, Ⓟ Majjhima-nikāya, Ⓣ lung-bar-ma. 동진(東晋)대 397년(융안1) 승가제바(僧伽提婆 Ⓢ Saṃghadeva : 僧伽提和) 한역. 60권. 사아함(四阿含) 중 하나. 고려장17, p.1025a1~고려장18, p.312c7, No.648 · 대정장1, pp.421a13~809a24, No.26에 수록되어 있다. 전진(前秦)대 385년(건원21)에 담마난제(曇無難提 Ⓢ Dharmanandi)가 한역하고 축불념(竺佛念)이 필수(筆受)한 동본이역(同本異譯)의 59권본은 전하지 않는다. 총 18품(品) 222개의 소경(小經)으로 구성되어 있는데, 승조(僧肇)는 크게 다섯 장(章), 즉 초송(初誦)에 4품반 · 64경 · 12권, 소토성송(小土城誦)에 4품반 · 52경 · 16권, 염송(念誦)에 1품 반 · 35경 · 9권, 분별송(分別誦)에 2품 반 · 35경 · 11권, 후송(後誦)에 3품 반 · 36경 · 12경을 배대하였다. 팔리어본 맛지마니카야(*Majjhima-nikāya* : 中部經)에 상응한다. 한역본과 팔리어본은 98경이 그 내용에서 서로 상응한다. 현대의 학자들은 설일체유부(說一切有部 Ⓢ Sarvāstivādin) 계통의 전승으로 간주한다. 『분별공덕론』 권1(대정장25, p.32a25)에 "첫째는 『증일아함경』이고, 다음은 『중아함경』이고, 셋째는 『장아함경』이고, 넷째는 『잡아함경』이다. … 『중아함경』이라 하였는데, 크지도 작지도 길지도 짧지도 않고 쓰인 이야기가 중으로 적절하기에 『중아함경』이라 한 것이다. 第一增一 次名曰中 第三名長 第四名曰雜 … 中者 不大不小 不長不短 事處中適 故曰中也", 『살바다비니비바사』 권1(대정장23, p.503c23)에 "부처님께서는 중생에 따라 적시에 일체법을 설하셨는데, 입적하신 뒤 결집된 법장을 제자들이 나누어 엮었다. … 근기가 예리한 중생들에게 온갖 깊은 뜻을 설하셨으니, 이를 『중아함경』이라 한다. 佛隨物適時說一切法 後諸集法藏 弟子以類撰之 … 爲利根衆生說諸深義 名中阿含", 『중아함경』 권1(대정장1, p.421a5)에 "동진 효무제(孝武帝)와 안제(安帝) 때 융안 원년(397) 11월에서 2년 6월까지 동정사에서 계빈국(罽賓國 Ⓢ Kāśmīra : 迦濕彌羅國) 삼장 구담승가제바가 한역했다. 東晉孝武及安帝世 隆安元年十一月至二年六月了 於東亭寺罽賓三藏 瞿曇僧伽提婆譯", 같은 책 권60 「후출중아함경기 後出中阿含經記」(대정장1, p.809b1)에 "때마침 그 나라의 수도(京師)를 유행하던 승가제화는 교화가 퍼져나가던 시운을 만나 법을 강좌(江左 : 양자강 이남지역)에서 펼쳤다. 그때 진(晉)의 대장자인 상서령 위장군과 우바새인 동정후 왕원림(王元琳)이 항상 정법을 수호하는 일을 자신의 소임으로 여겨 이내 단월이 되었다. 이들은 경을 역출하기 위해 정사를 짓고 도력을 갖춘 석혜지(釋慧持) 등의 교학을 연구하는 사문 40여 명을 초청해 편안한 장소를 제공하고 필요한 물품 네 가지를 모자람 없게 하였으며, 또 경사(經師)인 승가라차(僧伽羅叉)를 초청해 수 년간 오랫동안 공양하였고, 그런 후에 진 융안 원년인 정유(397) 11월 10일에 양주(揚州) 단양군(丹陽郡) 건강현(建康縣) 소재의 그 정사에서 다시 이 『중아함경』 역출을 시작하였는데, 계빈국 사문 승가라차는 호본(胡本 : 梵本)을 독송하고 승가제화는 호본을 중국어로 번역하며 예주(豫州)의 사문 도자(道慈)는 필수하도록 청하였고, 오(吳)의 이보(李寶)와 강화(康化)는 함께 기록하였으니, 융안 2년(398)인 무술년 6월 25일에 이르러 초고(草本)를 비로소 끝냈다. 이 『중아함경』은 모두 다섯 분(五誦)으로 외워 전하게 했는데, 도합 18품(品)이고 222개의 개별 경이 있고 총 51만4천8백25자이고 60권으로 나뉜다. 당시 나라에 큰 난리가 나서 정서(正書)하지 못했다가 융안 5년(401)인 신축년에야 정사(正寫)하고 교정해 유통시켰다. 이들의 전역본을 이전의 역출본과 비교하면 같지 않은 점이 많은데, 이 222경이 답습만 해버린다면 고귀한 취지를 잃어버릴까 두렵고, 본래의 것대로 새로 만들어내자니 명류들이 구역과 크게 달라져 이전에 배웠던 바와 큰 차이가 생기게 되고, 여러 대중의 생각과 어울리지 않게 되니 이 때문에 이들은 자신들의 뜻대로만 할 수 없어 때론 본래 것을 고쳐서 구역의 명사를 따랐다. 하지만 오부(五部)의 같고 다름에 대해 그 누가 옳은지 알 수 있겠는가? 그래서 나 도자가 좁은 소견으로나마 본래의 것과 어긋나는 부분에 대해 불만족스럽기에 다시 바꾼 명사 부분을 다 뽑아서 아래에 주를 달고 신역 명과 구역 명을 짝지어 별도로 한 권을 만들고 목록 다음에 수록하였는데, 이는 후세에 보여 장래에 현인들이 그 차이를 알아보고 찾아볼 수 있도록 하기 위해서이니, 행여 중국어와 범어 방언을 잘 아는 고명한 이가 있으면 그 득실을 따져 묻고 바로잡아주기 바란다. 會僧伽提和進遊京師 應運流化 法施江左 于時晉國大長者 尙書令衛將軍 東亭侯優婆塞王元琳 常護持正法以爲己任 卽檀越也 爲出經故 造立精舍 延請有道釋慧持等義學沙門四十餘人 施諸所安 四事無乏 又豫請經師僧伽羅叉 長供數年 然後乃以晉隆安元年丁酉之歲十一月十日 於揚州丹陽郡建康縣界 在

其精舍 更出此中阿含 請罽賓沙門僧伽羅叉令誦胡本 請僧伽提和轉胡爲晉 豫州沙門道慈筆受 吳國李寶 康化共書 至來二年 戊戌之歲六月二十五日草本始訖 此中阿含凡有五誦 都十八品 有二百二十二經 合五十一萬四千八百二十五字 分爲六十卷 時 遇國大難 未卽正書 乃至五年辛丑之歲 方得正寫 校定流傳 其人傳譯 准之先出 大有不同 於此二百二十二經中 若委靡順從 則懼失聖旨 若從本制 名類多異舊 則逆忤先習 不怗衆情 是以其人不得自專 時有改本 從舊名耳 然五部異同 孰知其正 而道慈愚意 怏怏於違本 故諸改名者 皆抄出注下 新舊兩存 別爲一卷 與目錄相連 以示於後 將來諸賢令知同異 得更採訪 脫遇高明外國善晉胡方言者 訪其得失 刊之從正",『역대삼보기』 권8(대정장49, p.75c16)에 "『중아함경』 59권〈건원 21년(385)에 첫 번째 역본을 역출했는데 축불념이 필수했다〉. 中阿含經五十九卷〈建元二十一年出 出第一譯 竺佛念筆受〉"라고 하였다. 『법화현찬』 권1(대정장34, p.657a14)에 "구역 네 『아함경』과 『마하승기율』은 대중부의 뜻이다. 舊四阿含及僧祇律 大衆部義", 『구사론계고』 권상(대정장64, p.440c13)에 "『중아함경』과 『잡아함경』 둘은 살바다부가 전한 본이고, 『증일아함경』은 대중부가 전한 본이며, 『장아함경』은 화지부가 전한 본이다. 中雜二阿含薩婆多部所誦本也 增一阿含大衆部所誦本也 長阿含化地部所誦本也"라고 하였다. [참고문헌] 『分別功德論』, 『薩婆多毘尼毘婆沙』, 『中阿含經』, 『歷代三寶紀』, 『法華玄贊』, 『俱舍論稽古』. ⇨ 사아함 四阿含, 아함 阿含, 맛지마니카야 Majjhima-Nikāya

중악단 中嶽壇 충청남도 공주시 계룡면 양화리 신원사(新元寺)에 있는 전각. 우리나라 오악(五嶽) 중 중악(中嶽) 계룡산(鷄龍山)의 산신단(山神壇)으로서 연종환원(年終還願 : 국가산천의식)이 행해지다가 1651년(효종2) 이후에 폐해졌고 1879년(고종16) 명성황후의 명으로 중건되었다. 현재 중악단 현판에 "신묘 직지어사 이중하 씀. 辛卯 直指御史 李重夏 書"이라 하였는데, 이중하(1846~1917)가 1891년에 충청도 암행어사로 부임하여 쓴 것으로 보인다. 1903년의 「현판등문 懸板騰文」에 "오직 계룡산이 우리나라의 중악이다. 게다가 단을 두어 기원한지 이미 오백여 년이네. 維鷄龍山 卽東國之中嶽也 況且設壇爲祀 已爲五百餘載"라고 하였다. [참고문헌] 『朝鮮寺刹史料』 권상(文現, 2010) p.224. ⇨ 계룡산중악단 鷄龍山中嶽壇, 신원사중악단 新元寺中嶽壇, 연종환원 年終還願, 산신 山神, 산악신앙 山嶽信仰

중암 中庵 ■1 대전광역시 중구 천비산(天庇山)에 있는 중암사(中庵寺). [참고문헌] 『韓國寺刹全書』 권하 p.1030a9. ⇨ 중암사 中庵寺[1] ■2 경기도 안성시 칠현산(七賢山)에 있던 암자. 『가람고』에 "칠현산에 있으며, 부 남쪽 10리에 위치한다. 在七賢山 府南一里"라고 하였다. [참고문헌] 『伽藍考』, 『輿地圖書』, 『韓國寺刹全書』 권하 p.1030a5. ■3 경상북도 경산시 용상면 금학산(金鶴山)에 있던 암자. 대흥사의 산내암자였다. 『범우고』에 "대흥사의 북쪽에 있다. 在大興寺北"라고 하였다. [참고문헌] 『梵宇攷』, 『韓國寺刹全書』 권하 p.1030a15. ⇨ 대흥사 大興寺[4] ■4 경상북도 구미시 무을면 상송리 연악산(淵岳山 : 一名 岐陽山)에 있던 암자. 일제강점기에는 대본사 해인사(海印寺)의 말사인 수다사(水多寺)의 산내암자였다. 『범우고』에 이름과 위치가 전한다. 1877년(고종14)에 편찬된 『일선지』 권1 불우에 "대둔사 위에 있다. 在大芚寺上"라고 하였다. [참고문헌] 『梵宇攷』, 『一善誌』, 『韓國寺刹全書』 권하 p.1030a19. ■5 경상북도 문경시 산북면 운달산(雲達山)에 있는 화장암(華藏庵)의 옛 이름. 1617년(광해군9)에 편찬된 상주읍지(尙州邑誌)인 『상산지』 권1 사찰에 "운수·양진 두 암자 사이에 있다. 在雲水養眞兩庵間"라고 하였다. [참고문헌] 『商山誌』, 『韓國寺刹全書』 권하 p.1030b1. ⇨ 화장암 華藏庵 ■6 경상북도 상주시 은척면 칠봉산(七峯山)에 있던 암자. 1871년(고종8)에 간행된 『영남읍지』의 「함창현읍지 咸昌縣邑誌」에 "황령사에서 서쪽으로 5리에 있다. 在黃嶺西五里"라고 하였다. [참고문헌] 『嶺南邑誌』, 『韓國寺刹全書』 권하 p.1030a18欄外, 『咸昌郡邑誌』. ■7 경상북도 성주군 월항면 인촌리 서진산(棲鎭山)에 있는 암자. 선석사(禪石寺)의 산내암자이다. [참고문헌] 『韓國寺刹全書』 권하 p.1030a17. ■8 경상북도 영천시 공산(公山)에 있던 암자. [참고문헌] 『韓國寺刹全書』 권하 p.1030a16欄外. ■9 전라북도 고창군 부안면 선운리 소요산(逍遙山)에 있던 암자. 『범우고』에 "삼석암·중암·상암·제월암은 모두 소요산에 있었으나, 지금은 폐사되었다. 三石菴中菴上菴霽月菴 具在逍遙山 今廢"라고 하였다. [참고문헌] 『梵宇攷』, 『韓國寺刹全書』 권하 p.1030a14. ■10 전라북도 완주군 상관면 마치리 만덕산(萬德山 : 一名 獅子山)에 있는 정수사(淨水寺). 『범우고』에 "정수사는 사자산에 있다. 예전에는 '중암'이라고 불렀는데, 산수가 청정하여 지금의 이름으로 바꾸었다. 淨水寺在獅子山 舊稱中菴 以其山水清淨 故改今名"라고 하였다. [참고문헌] 『梵宇攷』, 『韓國寺刹全書』 권하 p.1030a13. ⇨ 정수사 淨水寺[10] ■11 충청남도 아산시 온양동 화산(華山)에 있던 암자. 『동국여지승람』 권19 충청도 온양군 불우에 이름과 위치가 전한다. 1853년(철종4) 이후에 작성된 『온양군읍지』에 "군 남쪽 10리에 있었으나, 지금은 폐사되었다. 在郡南十里 今廢"라고 하였다. [참고문헌] 『東國輿地勝覽』, 『溫陽郡邑誌』, 『梵宇攷』, 『韓國寺刹全書』 권하 p.1030a11. ■12 충청남도 청양군 장평면 화산리 칠갑산(七甲山)에 있는 암자. 대한불교조계종 제6교구 본사 마곡사(麻谷寺)의 말사인 정혜사(定慧寺)

의 산내암자로서, 혜림암(惠林庵)이라고 한다. 현존 당우는 인법당(人法堂)・산신각・요사 등이 있다. [참고문헌]『韓國寺刹全書』권하 p.1030a7. ⓭ 충청북도 괴산군 공정산(公正山)에 있던 암자. 『여지도서』 충청도 연풍 사찰에 "현 동쪽 20리 공정산에 있었으나, 지금은 폐사되었다. 在公正山 縣東距二十里 今廢"라고 하였다. [참고문헌]『輿地圖書』, 『梵宇攷』, 『韓國寺刹全書』 권하 p.1030a6. ⓮ 평안북도 벽동군 청석산(青石山)에 있던 암자. 『동국여지승람』 권55 평안도 벽동군 불우에 이름과 위치가 전한다. 『범우고』에는 "지금은 폐사되었다. 今廢"라고 하였다. [참고문헌]『東國輿地勝覽』, 『梵宇攷』, 『韓國寺刹全書』 권하 p.1030b3.

중암 重闇 ❶ 겹겹으로 덮인 어둠. 중생의 무명(無明)을 비유한다. 80권본 『화엄경』 권35(대정장10, p.186a24)에 "일체중생은 어리석음으로 겹겹이 어둡고 망견의 두터운 막에 덮였기에 그늘져 가린 빽빽한 숲에 갇혔으니, 지혜광명 잃고 광야의 험한 길 모든 악견 일으킨다. 一切衆生爲愚癡重闇 妄見厚膜之所覆故 入陰翳稠林 失智慧光明 行曠野險道 起諸惡見", 『화엄경소』 권35(대정장35, p.776c28)에 "어리석음은 무명의 바탕이고, 겹겹의 어둠은 무명의 모양새이니 무명의 허물이다. … 겹겹의 어둠이란 미혹하여 현재 괴로움을 당해도 괴로움인 줄 알지 못하는 것을 말한다. 愚癡是癡體 重闇是癡相 亦是癡過 … 重闇者 迷現在苦不知是苦", 원효(元曉)의 『미륵상생경종요』 권1(대정장38, p.299b12・한불전1, p.547a20)에 "두 가지 장애라는 겹겹의 어둠을 버리고, 네 가지 지혜라는 밝은 거울로 비춘다. 却二障之重闇 照四智之明鏡"라고 하였다. [참고문헌]『華嚴經』, 『華嚴經疏』, 『彌勒上生經宗要』. ⇨ 무명 無明, 치 癡 ❷ Ⓢ tāmisra. 상키야(Ⓢ Sāṃkhya : 數論)가 설하는 다섯 가지 의도(疑倒 Ⓢ viparyaya) 중 하나. 『금칠십론』 권2(대정장54, p.1256c24)에 "'중암은 열여덟 가지다'라는 말을 푼다. 여덟 가지 자재와 열 가지 진(塵 : 五唯五大)에서 이미 물러날 때 가난한 이가 말하길 '나는 지금 빈궁하니, 자재와 모든 진을 다 잃어버렸기 때문이다'라고 헤아려 말하고는, 이렇게 분별하고는 열여덟 가지 괴로움을 일으키니 이 괴로움을 중암이라 한다. 重闇有十八者 八種自在及十種塵 已退生時 是時貧人作是計言 我今貧窮 自在諸塵並皆失盡 分別此事 起十八苦 此苦名重闇"라고 하였다. [참고문헌]『金七十論』, *Sāṃkhy-k.47*. ⇨ 의도 疑倒, 오종의도 五種疑倒

중암사 中庵寺 ❶ 대전광역시 중구 정생동 천비산(天庇山)에 있는 절. 대한불교조계종 제6교구 본사 마곡사(麻谷寺)의 말사다. 원래의 이름은 묘각사(妙覺寺)였으나 중암대사(中庵大師)가 주석한 이후 중암사로 개칭하였다. 임진왜란 때는 영규(靈圭 ?~1592)가 금산전투(錦山戰鬪)에서 부상 후 이 절로 피신했다가 갑옷과 무기를 남겨두고 공주 청련암(青蓮庵)으로 들어가 입적하였다고 한다. 휴정(休靜 1520~1604)・유정(惟政 1544~1610)・영규 삼대사의 영정을 모신 삼충사(三忠祠)가 있었으나, 조선말에 공주 계룡산 갑사(甲寺)의 표충원(表忠院)으로 이전하였다. 근세고승 경허(鏡虛 1846~1912)가 중암사에 주석할 때의 법문 중에 "그러나 제법이라 하는 것도 또한 일찍이 이 하나라고도 할 수 없다. 하나든 둘이든 그 누가 능히 이름할 것이며, 그 이름하는 자 과연 누구인가? 이것은 도리어 천비산 중암 아래다. 然其諸法也 亦未嘗是一 一二也 其孰能名之 其名之者 果誰乎 此却是天庇山中庵下也"라고 하였다. 일제강점기까지 영규의 유물과 갑옷, 『화엄경』・『법화경』・『공신록』 등이 보존되어 있었으나 광복 이후 모두 분실되었으며, 1932년 화재로 사찰이 전소될 때 불교강원마저도 소실되었다고 전한다. 현존당우로는 대웅전・산신각・요사 등이 있다. 성보문화재는 문화재자료 제11호인 한월당탑(漢月堂塔)・추월당탑(秋月堂塔)・천봉당대사태윤탑(天峰堂大師泰允塔)・홍파당탑(泓波堂塔)・수월당탑(水月堂塔)과 1784년(정조8)에 세운 월영당대찰지탑(月影堂大察之塔)과 비가 있다. [참고문헌]『鏡虛法語』(人物研究所, 1981) p.100, 『韓國寺刹全書』 권상 p.366a3. ⇨ 묘각사 妙覺寺❶ ❷ 전라남도 완도군 완도읍 장좌리에 있던 절. 신라말 장보고(張保皐 ?~846)가 창건한 법화사(法華寺) 절터에서 상황봉으로 오르는 길목에 있다. 절터에서는 석축과 기단 및 기와・자기 등이 확인된다. 향토유적 제6호로 지정된 고려양식의 부도는 현재 보길면 정자리 김양제고택으로 이건되었다. [참고문헌]『莞島郡의 文化遺蹟』(木浦大博物館・莞島郡, 1995) pp.98~99, 『韓國의 寺址』 전라남도 I(문화재청・佛敎文化財研究所, 2010) p.857. ❸ 충청남도 공주시 신기동 계룡산(鷄龍山)에 있던 절. 1859년(철종10)에 편찬된 『공산지』에 "부 동쪽에 있다. 在府東"라고 하였고, 1923년에 중간된 『공산지』에는 "지금은 없다. 今無"라고 하였다. 1957년에 간행된 『공주군지』에서는 '지금 신기동에 있는 능암사(陵岩寺)에서 1952년 창건 당시 불상이 세 구 발굴된 것으로 보아, 예전의 중암사와 다름없는 절이다'라고 하였다. [참고문헌]『公山誌』, 『公州郡誌』, 『韓國寺刹全書』 권하 p.1030b13. ❹ 함경남도 홍원군 두무산(豆無山・頭無山)에 있던 절. 『동국여지승람』 권49 함경도 홍원현 불우에 이름과 위치가 전하고, 『범우고』에는 "지금은 폐사되었다. 今廢"라고 하였다. [참고문헌]『東國輿地勝覽』, 『梵宇攷』, 『韓國寺刹全書』 권하 p.1030b5. ❺ 함경북도 명천군 칠보산(七寶山)에 있던 절. 『동국여지승람』 권50 함경도 명천현 불우에 이름과 위치가 전하고, 『범우고』에는 "지금은 폐사되었다. 今廢"라고 하였다. [참고문헌] 『東國輿地勝覽』, 『梵宇攷』, 『韓國寺刹全書』 권하 p.1030b7.

중암사 重巖寺 ❶평안북도 의주군 화암산(禾岩山·華巖山)에 있던 절. 『여지도서』 평안도 의주 사찰·『범우고』에 이름과 위치가 전하며, 『가람고』에 "주 동쪽 65리 화암산에 있다. 在華巖山 州東六十五里"라고 하였다. [참고문헌] 『輿地圖書』, 『梵宇攷』, 『伽藍考』, 『韓國寺刹全書』 권하 p.1031b1. ❷황해남도 장연군 전석산(磚石山)에 있던 절. 『가람고』에 "부 북쪽 50리 전석산에 있다. 在磚石山 府北五十里"라고 하였다. [참고문헌] 『伽藍考』, 『韓國寺刹全書』 권하 p.1031b13.

중암암 中巖庵 경상북도 영천시 청통면 치일리 팔공산(八公山)에 있는 암자. 대한불교조계종 제10교구 본사 은해사(銀海寺)의 산내암자다. 834년(흥덕왕9)에 심지왕사(心地王師)의 창건으로 전한다. 1823년(순조23)에 태여(太如)가 중수, 1834년(순조34)에 우일(宇一)과 유엽(有曄)이 중수했다. 권뢰(1800~1873)는 1846년(헌종12) 7월에 의령과 달성 등을 유람하면서 동화사(桐華寺)를 거쳐 중암암을 방문하였는데, 『용이와집』 권8 「동정일기 東征日記」(한국문집총간 속집123, p.134a4)에 "바위 두 개가 위로 붙어있고 아래로 구멍이 있어서 사람이 겨우 몸을 한쪽으로 하여 출입하는데, 안쪽으로 3칸의 암자가 있어 중암이라 부른다. 앞으로는 좌우 모두 수백 길 절벽이고 뒤로는 바위를 깎아 세운 듯하다. … 암자에는 단지 노스님 한 분과 사리 한 분뿐이다. 雙石上合而下有竅 人僅偏身出入 內有一庵三間 號中巖 前左右皆絶壁幾百丈 後則巖石削立 … 庵中祗有一老釋一闍梨"라고 하였다. 현존 당우로 법당·산신각·요사 등이 있다. 성보문화재로는 고려전기 조성으로 추정되는 유형문화재 제332호 삼층석탑이 있다. [참고문헌] 『龍耳窩集』, 『韓國寺刹全書』 권하 p.1030b9.

중앙승가대학교 中央僧伽大學校 경기도 김포시 풍무동에 있는 종립대학교. [설립이념] 대한불교조계종이 설립한 현대적 승려교육기관으로서 부처님의 가르침과 조계종의 종지(宗旨)를 받들어 불교를 중흥하고 종풍(宗風)을 선양하여 인류사회에 공헌할 인재를 육성함을 설립이념으로 한다. [교육목적] 학교의 설립이념에 따라 불교학 및 관련 학문의 원리와 실천방법을 교수·연구하고 신심(信心)과 원력(願力)으로 정혜(定慧)를 쌍수(雙修)하게 하여, 지혜와 자비의 실천행으로 불교를 연포(演布)하고 중생을 교화해서 인류의 안락을 증진하는 선지식(善知識)을 양성하는데 있다. [실천강령] 부처님의 가르침을 자기화한다. 우리는 부처님의 가르침을 생활화한다. 우리는 부처님의 가르침을 대중화한다. [연혁] 1979년 2월 24일에 경기도 의정부시 쌍룡사(雙龍寺)에서 성우·성문·범산·평산·화정 등이 중앙승가학원 설립을 발원하였다. 3월 18일에 서울 성북구 돈암동 보현사(普賢寺)를 학사로 하여 개강하였으며, 연수부 30명·교양부 30명을 모집하였다. 1980년 1월 10일에 중앙승가대학으로 개칭하였으며, 12월 6일에 서울 광진구 구의동 영화사(永華寺)로 이전하였다. 1981년 3월 2일에 성북구 안암동 개운사(開運寺) 개운회관(자비관)을 강의실 및 기숙사로 수리하여 이전하였다. 12월 30일에 2년제에서 4년제로 개편하면서 사회복지학과를 증설하였다. 1982년 2월 20일에 한국비구니대학을 합병하였다. 1984년 1월 15일에 개운사와 보타사(普陀寺)를 본교 부속사찰로 지정하였다. 6월 14일에 개운학사 건립추진위원회를 결성하여 10월 3일에 시공식, 1985년 11월 3일에 준공식을 거행하였다. 1988년 6월 1일에 봉은사(奉恩寺)를 재정지원 사찰로 지정하였다. 1989년 7월 11일에 학교법인 승가학원 설립을 인가받았다. 1990년 2월 27일에 문교부로부터 (4년제 대학에 준하는) 각종학교로 인가받고 입학정원은 120명(불교학과 60명·사회복지학과 60명)으로 하였다. 9월 28일에 「승가대신문」을 창간하였으며, 10월 31일에 안암학사 정진관 기공식을 거행하였다. 1991년 3월 30일에 교육부로부터 4년제 대학에 준하는 학력을 인정받았으며, 11월 25일에 부속도서관을 개관하였다. 1992년 3월 16일에 전산원을 개원하였고, 20일에 정진관 준공식을 거행하였다. 7월 1일에 일연스님추모제를 개최하였으며, 11월 25일에 불교사학연구소를 개소(開所)하였다. 1993년 1월 9일에 종령(宗令)의 '중앙승가대학 설치령'을 개정하여 봉은사를 부속사찰로 지정하였으며, 4월 7일에 비구수행관(기숙사) 별관을 매입하였다. 19일에 불교사회복지연구소를 개소, 5월 10일에 불전국역연구원을 개원하였다. 6월 1일에 원효성사추모제를 개최, 9월 6일에 불전국역연구원 연수생 강좌(3년 과정, 71명)를 개강하였다. 10월 7일에 일본 경도불교대학과 자매결연하였으며, 12월 28일에 안암학사 비구니수행관(기숙사) 기공식을 거행하였다. 1994

학교법인 승가학원 및 중앙승가대학 현판식 1990년 · 신축캠퍼스 기공식 1995년

년 11월 30일에 교육부로부터 학교 이전 계획을 승인받았다. 1995년 3월 6일에 불교사회과학연구소를 개소하였으며, 22일에 안암학사 비구니수행관 준공식을 거행하였다. 4월 7일에 중앙승가대학 발전위원회가 출범하였으며, 9월 15일에 김포시 학사 이전부지 기공식을 거행하였다. 1996년 4월 22일에 정규대학 승격 실무추진위원회를 구성하였다. 9월 14일에 교육부에 4년제 정규대학 신설(개편) 승인을 신청하였으며, 10월 28일에 정규대학 신설(개편)에 따른 정관변경을, 12월 11일에 정규대학 개편을 교육부로부터 승인받았다. 12월 27일에 정규대학 개편승인 기념법회를 거행하였다. 1997년 3월 21일에 착공식을 거행하였으며, 4월 9일에 대한불교조계종 교육원 위탁교육기관 어산작법학교(어산과 30명·습의과 30명)를 개교하였다. 4월 14일에 김포학사 신축불사 후원대법회를, 5월 1일에 초의선사 추모제를 개최하였다. 11월 15일에 역경학과·포교사회학과를 신설하고 학과당 정원을 30명으로 조정하였다. 1998년 2월 21일에 중앙승가대학 출판부를 등록하였다. 1999년 6월 30일에 김포학사를 완공하였다. 2001년 1월 12일에 개운학사에서 김포학사로 이전하였으며, 3월 14일에 김포학사 준공식 및 발전기원대법회를 봉행하였다. 2002년 7월 11일에 교육원에서 주최하는 대한불교조계종 본말사 주지 연수를 실시하였다. 10월 30일에 대학원을 설립하고, 불교학과의 입학정원은 20명으로 하였다. 2003년 3월 6일에 대학원 개원법회 및 현판식을 거행하였으며, 7월 3일~25일에 대한불교조계종 본말사 주지 연수를 실시하였다. 10월 31일에 대학원에 사회복지학과를 개설하였으며, 입학정원은 20명으로 하였다. 11월 5일에 종교대화 10주년 기념 심포지움을 개최하였는데, 불교·기독교·천주교·원불교의 성직자와 학자 등이 참석하였다. 2004년 5월 1일~2일에 한국불교학결집대회를, 6월 27일~7월 2일에 제8차 세계여성불자대회를 개최하였으며, 7월 5일~25일에 대한불교조계종 본말사 주지 연수를 실시하였다. 12월 6일에 대학원 박사과정을 개설하면서 정원을 조정하였는데, 석사과정 30명·박사과정 10명으로 하였다. 2005년 5월 27일에 스리랑카 비구대학 총장 일행이, 6월 23일에 일본 경도불교대학 총장 일행이 방문하였으며, 6월 28일~7월 22일에 대한불교조계종 본말사 주지 연수를 실시하였다. 2006년 2월 27일에 박사과정 제1기생 10명이 입학하였으며, 4월 26일에 승가학연구원을 개원하였다. 2008년 9월 8일에 불교학연구원을 개원, 2011년 9월 6일에 불교중앙도서관을 개관하였다. 2012년 12월 4일에 학부제를 시행하면서 불교학부에 불교학전공·불전번역학전공·문화재학전공을, 불교사회학부에 포교사회학전공·사회복지학전공·불교상담심리학전공을 신설하였다. 2014년 12월 7일에 대만 불광산사 남천대학(호주 소재), 8일에 남화대학, 9일에 불광대학·서래대학(미국 소재), 23일에 광명대학(필리핀 소재)과 학술교류를 체결하였다. 2015년 11월 2일에 선운사 초기불교 불학승가대학원과 학술교류 협약을 체결하였다. 2017년에 승가실천융합연구소를 개소하였다. 현재 대학 불교학부에 불교학역경학전공·문화재학전공, 불교사회학부에 사회복지학전공·포교사회학상담학전공이 있으며, 대학원에는 불교학과·사회복지학과의 석사·박사과정이 개설되어 있다. 부속·부설기관으로는 도서관·승가학연구원·신문사·전산원·불교학연구원(불교사학연구소·불교사회복지연구소·불교사회과학연구소·불전국역연구원·한국비구니연구소)·승가실천융합연구소 등이 있다. 1981년부터 1998년까지 제1회~제16회 졸업식을 통해 졸업생 833명, 1999년부터 2016년까지 제17회~제34회 전후기 학위수여식을 통해 문학사 1,219명·석사 117명·박사 14명·명예박사 11명을 배출하였다. [참고문헌] 『한국근현대불교사연표』(대한불교조계종교육원, 2000) pp.270~272, 『曹溪宗史』 근현대편(대한불교조계종교육원, 2001) p.236.

〈표1〉 역대 이사장

취임년도	법명
1989	1대 의현(義玄)
1994	2대 탄성(呑星)
1995	3대 월주(月珠)
1999	4대 고산(杲山)
1999	5대 정대(正大)
2003	6대 법장(法長)
2006	7대 지관(智冠)
2010	8대 자승(慈承)
2014	9대 자승(慈承)

〈표2〉 역대 학장·총장

취임년도	법명
1980	1대 석주(昔珠)
1984	2대 석주(昔珠)
1988	3대 혜성(慧惺)
1994	4대 송산(松山)
1996	5대 지하(智霞)
1996	1대 지하(智霞)
1999	2대 현성(玄惺)
2000	3대 종범(宗梵)
2004	4대 종범(宗梵)
2009	5대 태원(太元)
2014	6대 원행(圓行)
2018	7대 성문(性門)

*1996년이전 학장 이후 총장

중앙학림 中央學林 대한불교조계종 종립 동국대학교의 전신 명진학교(明進學校) 이전의 불교계 전문교육기관. 갖춘 이름은 불교중앙학림(佛教中央學林)이다. 1915년에 불교고등강숙(佛教高等講塾)에서 불교중앙학림으로 전환하였는데 재학생 대부분이 1919년 3·1운동에 참여한 후 조직적으로 불교항일운동을 전개하였으므로 1922년 일제에 의해 강제 폐교되었다. 3·1운동 당시 중앙학림생도 정병헌(鄭秉憲)·오택언(吳澤彦)·김대용(金大鎔)·김법린(金法麟)·김봉신(金奉信)·신상완(申尙玩)·김규현(金奎鉉)·백성욱(白性郁) 등 9인이 한용운(韓龍雲)의 지시로 독립선언서를 경성부와 지방에 배포하였다. 3·1운동 직후 백초월(白初月)을 중심으로 중앙학림 출신 김법린·신상완 등이 항일비밀결사대인 한국민단본부(韓國民團本部)를 결성하여 상해임시정부에 독립자금을 전달하고 『혁신공보 革新公報』를 발행하여 임시정부의 활동과 독립운동의 정황 등을 알렸다. [참고문헌] 『曹溪宗史』 근현대편(대한불교조계종교육

원, 2001) p.70. ⇨불교중앙학림 佛教中央學林, 동국대학교 東國大學校

중애 重愛 두텁게 사랑하다. 중히 여겨 아끼다. 『태자모백경』(대정장3, p.408b13)에 "왕에게는 오직 이 아들 하나일 뿐이니, 온 나라의 인민이 모두 두텁게 사랑하며 장차 후사를 이어 왕위를 계승하리라 생각하였다. 王唯有此一子耳 擧國人民 皆重愛之 當繼後嗣 襲續王位", 『욱가라월문보살행경』(대정장12, p.26b4)에 "또한 장자여! 가정에 머무는 보살은 이렇게 생각할 것이다. 그 처를 보면 탐애를 품어서는 안 되고, 자식에게 만약 아껴 사랑하는 마음이 있으면 다른 이를 중히 여길 수 없다. 復次 長者 居家菩薩 所念當作是想 觀其妻婦 不當貪愛 於子若有重愛之心 不重餘人", 『법화의소』 권9(대정장34, p.586b14)에 "부모는 자식 생각에 손으로 그 머리를 쓰다듬듯 하니, 경을 지니고 있는 사람은 이미 부처의 자식이니, 뜻으로는 마땅히 부처님의 두터운 사랑을 받는다. 父母念子 故手摩其頭 持經之人 旣是佛子 理應重愛"라고 하였다. [참고문헌] 『太子慕魄經』, 『郁迦羅越問菩薩行經』, 『法華義疏』.

중애사 重愛寺 전라북도 고창군 아산면 삼인리 도솔산(兜率山 : 一名 禪雲山)에 있던 절. 『동국여지승람』 권36 전라도 무장현 불우·『범우고』에 이름과 위치가 기록되어 있다. 1707년(숙종33)에 지은 「선운사사적서 禪雲寺事蹟序」에 "이 절은 신라 진흥왕 때 창건되었다. 왕이 왕위를 피해 이 산에 머물 때 꿈에 미륵삼존이 바위를 깨고 나오는 것을 보고, 이 꿈에 감응하여 중애사를 창건하였다. 중애는 곧 이 절이 처음 시작된 곳이다. 是寺也 創於新羅眞興王之時 王避位住於此山 夢見彌勒三尊裂石而出目 感是夢始創重愛寺 重愛乃此寺權輿之地也"라고 하였다. [참고문헌] 『東國輿地勝覽』, 『梵宇攷』, 「全羅北道 寺刹史料集」(『佛教學報』3·4, 1966) pp.24~31. ⇨선운사 禪雲寺

중야 中也 적중하다. 명중하다. 화살이 표적에 적중하듯 그대로 맞춰 빗나가지 않는 뜻이다. 『설두어록』 권2(대정장47, p.680c7)에 "설두가 말했다. '마대사(馬祖)가 화살 한 발로 한 무리를 맞힌다고 했는데, 그저 눈이 나오는 대로 (별생각 없이) 쏘는 것이니 무슨 용처라도 있겠는가? 저 석공이 화살 한 발로 하나를 맞히는 것만 못하니, 그가 오히려 고수다. 내가 오늘 고인 하신 대로 본받아 화살 한 발 쏘려 한다'. 이어 큰소리 내지르며 말했다. '화살을 보라!' 또 말했다. '적중했다!' 그러고는 법좌에서 내려왔다. 師云 馬大師一箭射一群 信彩射得有甚用處 不如他石鞏一箭射一箇 却是好手 雪竇今日効古人之作 擬放一箭 高聲喝云 看箭 復云 中也 便下座", 『벽암록』 1칙 「송 頌」(대정장48, p.141a2)에 "성스러운 진실 막힘없이 활짝 트였으니〈화살은 신라로 날아가 버렸다. 이(咦)!〉, 언젠가는 가려 맞추리라!〈지나갔다. 무슨 가리기 어려울 일 있겠는가?〉 짐을 마주한 이 누구인가?〈다시 반복해도 어림 반 푼어치도 없다. 또 이런 식이군〉 여전히 모른다고 말하네〈셋이든 넷이든, 명중했군. 돌(咄)!〉 聖諦廓然〈箭過新羅 咦〉 何當辨的〈過也 有什麽難辨〉 對朕者誰〈再來不直半文錢 又恁麽去也〉 還云不識〈三个四个中也 咄〉", 같은 책 37칙 「본칙 本則」(대정장48, p.175a13)에 "반산이 말했다. '삼계에 법 없으니〈화살 이미 활시위를 떠난 이상 되돌아올 일 없다. 달빛 환한 한밤중에 가던 이 명중했군. 법을 알면 두렵다. 말이 다 끝나기 전에 바로 때려야 하리〉, 어디에서 마음을 구하는가?'〈사람을 속이지 않는 게 좋다. 거듭 들을 일 없으니, 스스로 점검해 보라. 문득 때리며 말한다. '이 무엇인가?'〉 盤山垂語云 三界無法〈箭旣離弦 無返回勢 月明照見夜行人 中也 識法者懼 好和聲便打〉 何處求心〈莫瞞人好 不勞重擧 自點檢看 便打云 是什麽〉", 『경덕전등록』 권10 「조주종심전 趙州從諗傳」(대정장51, p.276c29)에 "조주가 염관을 찾아가 말했다. '화살을 보십시오' '지나갔구나' '명중했습니다'. 又到鹽官云 看箭 鹽官云 過也 師云 中也"라고 하였다. [참고문헌] 『雪竇語錄』, 『碧巖錄』, 『景德傳燈錄』.

중야분 中夜分 Ⓢ madhyame yāme. 한밤중. 밤을 초중후로 나눌 경우 중. 십이시(十二時)상으로는 자시(子時)와 축시(丑時) 두 시각에 해당한다. 『방광대장엄경』 권1(대정장3, p.539b2)에 "그때 여래께서 중야분에 불장엄삼매에 드셨다. 爾時 如來 於中夜分 入佛莊嚴三昧", 『대지도론』 권28(대정장25, p.265a13)에 "부처님께서 초야분에는 하나의 통과 하나의 명을 터득하셨으니 여의통과 숙명통이 그것이고, 중야분에는 천이통과 천안명을 터득하셨으며, 후야분에는 지타심지통과 누진명을 터득하셨다. 佛初夜分 得一通一明 所謂如意通宿命明 中夜分 得天耳通 天眼明 後夜分 得知他心智通漏盡明", 『정토론』 권상(대정장47, p.85b13)에 "아미타불의 정법이 멸한 뒤 중야분을 지나 새벽 빛이 출현하는 때에는 관세음보살이 보리수아래에서 등정각을 성취한다. 阿彌陀佛 正法滅後 過中夜分 明相出時 觀世音菩薩 於菩提樹下 成等正覺"라고 하였다. [참고문헌] 『方廣大莊嚴經』, 『大智度論』, 『淨土論』, *Lel-v.2·250.*

중양 重陽 중양절. 양(陽)을 상징하는 숫자 9가 겹치는 음력 9월 9일로 완연한 가을에 해당한다. 『분양어록』 권상(대정장47, p.597b7)에 "삼현과 삼요의 일은 분별하기 어려우니, 마음을 터득하고 말을 잊은 길이라야 쉽게 다가갈 수 있다네. 한 구절로 분명히 만상을 갖추니, 중양절인 9월 9일에는 국화가 싱그럽다. 三玄三要

事難分 得意忘言道易親 一句分明該萬象 重陽九日菊花新"라고 하였다. 〔참고문헌〕『汾陽語錄』, 『楊岐語錄』(대정장47, p.641b19).

중언부당흘 重言不當吃 거듭 말하는 것은 더듬는 것만 못하다. 『원오어록』 권9(대정장47, p.752a2)에 "원오가 학인에게 말했다. '그대는 어디에서 남전과 귀종을 보느냐?' '바로 눈앞에 있습니다' '같은 말을 거듭하는 건 더듬는 것만 못하다'. 師云 爾向什麽處 見南泉歸宗 進云 只在目前 師云 重言不當吃", 『벽암록』 22칙 「송頌」(대정장48, p.163c13)에 "설두가 소리 높여 할을 한 뒤 말했다. '발밑을 보라!〈도둑이 달아난 뒤에 활을 당기는군. 궁극에서 두 번째 세 번째로군. 말을 거듭하는 건 더듬는 탓이 아니다〉' 師高聲喝云 看脚下〈賊過後張弓 第二頭第三頭 重言不當吃〉", 『조정사원』 권2(卍속장113, p.44b14)에 "한 학인이 동산수초에게 물었다. '선사께서는 어느 집안의 노래 부르며, 누구의 종풍입니까?' '거듭 말하는 건 더듬는 것만 못한 법이다' '부처란 무엇입니까?' '삼실 세 근' '무엇이 고불의 마음인가?' '둥지에 바람이 불 것 알고, 굴속에 비 내릴 것도 미리 안다'. 問 師唱誰家曲 宗風嗣阿誰 師云 重言不當吃 如何是佛 師云 麻三斤 如何是古佛心 師云 巢知風 穴知雨"라고 하였다. 〔참고문헌〕『圜悟語錄』, 『碧巖錄』, 『祖庭事苑』.

중업 中業 성(聖)은 아니지만 선(善)하고, 무기(無記)인 등의 업. 『정법염처경』 권70(대정장17, p.416c13)에 "만약 어떤 중생이 중품(中品)의 계를 가져서 국왕법을 가까이 하기에 중생을 죽이지는 않아도 청정심은 아니다. 이 인연으로 몸이 무너지고 목숨이 다한 뒤에는 천상에 나지만, 하늘에서 목숨이 끝나면 불바제(Ⓢ Pūrvavideha)에 나니 이를 중업으로 난다 한다. 若有衆生持中品戒 若近國王法故 不殺衆生 非淸淨心 以此因緣 身壞命終 生於天上 從天命終 生弗婆提 名中業生", 『사리불아비담론』 권7(대정장28, p.581c11)에 "무엇이 중업인가? 만약 업이 무기라면 이를 중업이라 한다. … 만약 업이 성(聖 : 무루)은 아니지만 선이라면 이는 중업이다. 云何中業 若業無記 是名中業 … 若業非聖善 是名中業", 『대비바사론』 권20(대정장27, p.99c20)에 "하·중·상 세 품류의 선업 가운데 … 중업으로 인해서는 천상에 태어나 천왕이 될 수 있다. 下中上三品善業 … 由中業故 生於天上 復作天王"라고 하였다. 〔참고문헌〕『正法念處經』, 『舍利弗阿毘曇論』, 『大毘婆沙論』. ⇨ 비업 卑業, 승업 勝業, 무기 無記, 업 業

중업 重業 무거운 업. 오역죄(五逆罪) 또는 현세에 바로 그 과를 받는 업을 말한다. 『대방등대집경』 권58(대정장13, p.393b5)에 "어떤 중생이 현재세에서 의복이나 음식 때문에 내지는 오역중업을 짓게 되면, 그 악업으로 인해 무량한 겁 동안 사람의 몸을 얻지 못한다. 有衆生 於現在世爲衣食故 乃至造作五逆重業 以惡業故 於無量劫 不得人身", 『유가사지론』 권90(대정장30, p.807b23)에 "두 종류의 업이 있다. 첫째는 중업이고, 둘째는 경업이다. 有二種業 一者 重業 二者 輕業", 『구사론기』 권30(대정장41, p.451b19)에 "중업이란 금세에 먼저 과를 받는 업이니, 비유하면 부채가 많은 사람이 먼저 끌려가는 것과 같다. 重業者 今先受果 譬如負債强者先牽", 『법원주림』 권60(대정장53, p.737b25)에 "가령 숙세에 지은 죄와 현세에 지은 극히 무거운 업이 있더라도, 꿈속에서 관세음보살을 보게 되면 사납게 몰아치는 강풍이 두터운 구름 흩날려버리듯이 죄업을 여의고 모든 부처님 계신 곳에 나게 된다. 若有宿罪及現造惡極重業者 夢中得見觀世音菩薩 如大猛風吹於重雲 得離罪業生諸佛前"라고 하였다. 〔참고문헌〕『大方等大集經』, 『瑜伽師地論』, 『俱舍論記』, 『法苑珠林』.

중여 衆餘 Ⓢ saṃghāvaśeṣa, Ⓟ saṅghādisesa. 무리 중에 남아 있을 수 있는 죄. 바라이(波羅夷 Ⓢ pārājika) 다음가는 죄를 범했지만 일정한 별주(別住) 참회를 거쳐 승단(僧團)에 남을 수 있는 죄로, 승잔(僧殘)·중여죄취(衆餘罪聚)라고도 하며 음사어는 승가바시사(僧伽婆尸沙)다. 『집이문족론』 권1(대정장26, p.370a22)에 "죄는 오부오온의 죄를 말한다. 어떤 것들이 다섯인가? 첫째는 타승(Ⓢ pārājika : 波羅夷), 둘째는 중여(Ⓢ saṃghāvaśeṣa), 셋째는 타자(Ⓢ pāyattika : 波逸提), 넷째는 대수(Ⓢ pratideśanīya : 波羅提提舍尼), 다섯째는 악작(Ⓢ duṣkṛta : 突吉羅)이다. 罪謂五部五蘊罪 何等爲五 一者 他勝 二者 衆餘 三者 墮煮 四者 對首 五者 惡作", 『유가론기』 권18(대정장42, p.728a10·한불전14, p.404b17)에 "승가바시사는 중여라 한역한다. 비록 이 계를 범하더라도 중승으로서의 분은 남아 있으니, 중죄를 범해 중승으로서의 분이 전혀 없는 것과는 같지 않다. 僧迦婆尸沙 此云衆餘 雖犯此戒 猶有衆僧餘分 不同犯重罪 全無衆分"라고 하였다. 〔참고문헌〕『集異門足論』, 『瑜伽論記』. ⇨ 승잔 僧殘, 십삼승가바시사 十三僧迦婆尸沙, 승가바시사 僧伽婆尸沙

중여죄취 衆餘罪聚 대중에 남아 있을 수 있는 죄들. 열세 가지 승잔죄를 말한다. 『유가사지론』 권99(대정장30, p.869a9)에 "크게 다섯 가지 죄의 모임이 있어 모든 죄를 거두는지를 알아야 할 것이다. 첫째는 타승죄취이며, 둘째는 중여죄취이며, 셋째는 운추죄취이며, 넷째는 별회죄취이며, 다섯째는 악작죄취이다. … 타승죄취는 상품죄이고, 중여죄취는 중품죄이며, 나머지 죄의 부류는 하품죄다. … 타승죄취와 중승죄취는 중품죄이고,

운추죄취와 별회죄취는 중품죄이며, 악작죄취는 경품죄다. … 알지 못한 탓에, 또 방일한 탓에 범한 여러 죄는 하품죄이고, 번뇌가 일어난 탓에 범한 죄는 중품죄이며, 교만한 마음 탓에 범한 죄는 상품죄다. 應知略有五種罪聚 攝一切罪 何等爲五 一者 他勝罪聚 二者 衆餘罪聚 三者 隕墜罪聚 四者 別悔罪聚 五者 惡作罪聚 … 謂他勝罪聚是上品罪 衆餘罪聚是中品罪 所餘罪聚是下品罪 … 謂他勝衆餘 是重品罪 隕墜別悔是中品罪 惡作罪聚是輕品罪 … 謂無知故 及放逸故 所犯衆罪是下品罪 煩惱盛故 所犯衆罪是中品罪 由輕慢故 所犯衆罪是上品罪", 『유가론기』 권24(대정장42, p.864b14 · 한불전14, p.936c10)에 "둘째 중여죄취란, 열세 가지 승잔을 말한다. 달사는 '이 계를 범하면 승중 밖에서 따로 머물며 참회하도록 하기에 중여라 한다'고 하였다. 二者 衆餘罪聚者 卽十三僧殘 達師云 若犯此戒 遣令在衆外者懺悔 故云衆餘"라고 하였다. [참고문헌] 『瑜伽師地論』, 『瑜伽論記』. ⇨ 중여 衆餘

중역 重逆 중죄(重罪) 즉 바라이와 오역죄(五逆罪). 제바달다(提婆達多)가 지은 죄의 경우를 말한다. 『대반열반경집해』 권42(대정장37, p.510b11)에 "안으로 십악이 가득하여 미래를 보지 못하고, 밖으로 흉악한 사람들과 한 무리가 되어 마침내 중역을 일으킨다. 內具十惡 不見未來 外黨凶人 遂興重逆", 『자비도량참법』 권6(대정장45, p.948b4)에 "입으로 악한 말을 내뱉고 몸으로 중역을 저지르면 육도에서 극악한 보를 초래한다. 口發惡言 身行重逆 於六道中 能招劇報", 『비니관요』 권3(卍속장63, p.662a15)에 "어머니를 죽이려 하거나 아버지를 죽이려다 실패하는 경우는 모두 투란차에 해당하며, (실제로 죽이지는 않았기에) 중역죄는 아니다. 欲殺母 誤殺父 皆偸蘭遮 不得重逆", 『사분율수기갈마소정원기』 권8(卍속장64, p.432b11)에 "중역은 사중금과 오역죄를 말한다. 重逆 卽四重五逆也"라고 하였다. [참고문헌] 『大般涅槃經集解』, 『慈悲道場懺法』, 『毘尼關要』, 『四分律隨機羯磨疏正源記』. ⇨ 중죄 重罪, 사중금 四重禁, 오역 五逆, 제바달다 提婆達多

중연소생 衆緣所生 Ⓢ pratītya-samutpannā. 뭇 연들로 생겨남. 『십이문론』(대정장30, p.159c26)에 "뭇 연들로 생겨난 법이기에 바로 자성이 없다. 무자성인데 어떻게 이러한 법들을 있는 것이라고 하는가? 衆緣所生法 是卽無自性 若無自性者 云何有是法", 『유가사지론』 권25(대정장30, p.419b23 : *Śrāv-bh.*, p.142)에 "일체온은 모두 무상하고, 뭇 연으로 생겨난 것들이어서 고이고 공이며 무아다. 謂一切蘊皆是無常 衆緣所生苦空無我 anityāḥ skandhā iti, pratītya-samutpannā duḥkhāḥ śūnyā anātmāna iti", 같은 책 권73(대정장30, p.702b21)에 "일체행은 뭇 연들에서 생겨나는 연들의 힘으로 있게 될 뿐, 본래 있는 것들은 아니다. 謂一切行衆緣所生緣力故有 非自然有", 『성유식론』 권8(대정장31, p.46b5)에 "뭇 연들에서 생겨나는 심과 심소의 체와 상분견분은 유루든 무루든 모두 의타기이니, 다른 뭇 연들에 의지해 일어나는 것들이다. 衆緣所生心心所體 及相見分 有漏無漏 皆依他起 依他衆緣 而得起故"라고 하였다. [참고문헌] 『十二門論』, 『瑜伽師地論』, 『成唯識論』, *Śrāv-bh.* ⇨ 일연소생 一緣所生, 의타기성 依他起性, 무자성 無自性

중연화합 衆緣和合 Ⓢ hetoś-ca pratyayānāṃ sāmagryām. 뭇 연들의 화합. 법(法)이 있게 되는 뜻이그, 있게 된 법이 무자성(無自性) · 공(空)인 뜻이기도 하다. 『대장엄론경』 권1(대정장4, p.260b2)에 "비유하자면 저 곡식들은 뭇 연이 화합하기에 싹이 튼다. 그러나 이 종자 열매에서 싹을 내지 않고, 종자가 사라지면 싹이 다시 자라남과 같다. 종자가 사라지기에 상이라 할 수 없고, 싹이 다시 나기에 끊어져 없다 하지 못한다. 부처님께서 말씀하신 몸을 받아 남도 이와 같다. 비록 아는 없지만 업보는 사라지지 않는다. 譬如穀子 衆緣和合 故得生芽 然此種子 實不生芽 種子滅故 芽便增長 子滅故不常 芽生故不斷 佛說受身 亦復如是 雖復無我 業報不失", 『대반야경』 권384(대정장6, p.984a6)에 "이름이란 분별망상에서 일어난 것이고 또한 여러 연이 화합하여 임시로 세운 것이다. 그대들은 마땅히 그것에 집착해서는 안 되니, 이름은 실로 일어난 것 아니고 그 자성은 모두 공하다. 지혜가 없는 사람은 이렇게 공인 법에 집착한다. 名是分別妄想所起 亦是衆緣和合假立 汝等不應 於中執著 名無實事 自性皆空 非有智者 執著空法", 『대품반야경』 권27(대정장8, p.422a17)에 "비유하자면 공후의 소리와 같아서 나올 때 온 곳이 없고, 사라질 때 간 곳 없지만 뭇 연들 화합하기에 소리나니, 통과 목이 있고 가죽과 줄이 있으며 기둥과 기러기발이 있는 공후를 누군가 손으로 퉁긴다. 여러 연이 화합하여 이러한 소리가 있지만 이 소리는 통을 좇아 나온 것도, 목에서 나온 것도 아니고 가죽에서 나오지도, 줄에서 나오지도 않았으며 기러기발에서 나오지도 않았고 사람의 손에서 나온 것도 아니다. 譬如箜篌聲 出時無來處 滅時無去處 衆緣和合故生 有槽有頸 有皮有弦 有柱有棍 有人以手鼓之 衆緣和合而有是聲 是聲亦不從槽出 不從頸出 不從皮出 不從弦出 不從棍出 亦不從人手出", 『대지도론』 권31(대정장25, p.292b2)에 "모든 법은 뭇 연이 화합하므로 있다. 마치 물이 불을 만나 끓는 것과 같다. 뭇 연이 만약 적거나 없으면 법도 있을 리 없으니, 저 불이 사라지면 끓던 탕이 식는 것과 같다. 諸法衆緣和合故有 如水得火成熱 衆緣若少若無 則無有法 如火滅湯冷", 『중론』 권1(대정장30, p.2b20)에 "모든 법의 자성은 뭇 연중에 있는 것 아니고, 다만 여러 연이 화합하기에 이름을 얻을 뿐이다. 자성이란 바로 스스로의 바탕이라 할 수 있으니, 여러 연중에는 자성이 없다. 자성이 없으므로 스스로 나지 못하니, 자성이 없기에 타성이다. 諸法自性不在衆緣中 但衆緣和合 故得名字 自性卽是自體 衆緣中無自性 自性無故不自生 自性無故他性", 같은 책 권3 「관인과품 觀因果品」(대정장30, p.26b16 : *Pras.*, p.169)에 "만약 중연화합 이 중 과가 있다면 화합중에 마땅히 있어야 하건만, 실로 얻지는 못한다. 若衆緣和合 是中有果者 和合中應有 而實不可得 hetoś-ca pratyayānāṃ ca sāmagryām-asti cet-phalam, gṛhyeta nanu sāmagryāṃ sāmagryāṃ ca na gṛhyate"라고 하였다. [참고문헌] 『大莊嚴論經』, 『大般若經』, 『大品般若經』, 『大智度論』, 『中論』, *Pras.* ⇨ 연 緣

중영 仲英 나옹혜근(懶翁惠勤 1320~1376)의 제자인 각웅(覺雄)의 호. 이색(李穡)이 지은 「중영설 仲英說」이 『목은문고』 권10(한국문집총간5, p.86b1)·『동문선』 권97에 전한다. [참고문헌] 『牧隱文藁』, 『東文選』. ⇨ 각웅 覺雄 ❷

중예 重霓 겹겹의 무지개. 『출삼장기집』 권6 「요본생사경서 了本生死經序」(대정장55, p.45b9)에 "법의 깃발은 겹겹의 무지개처럼 빛나고, 도의 북은 천둥치듯 울린다. 法旆曜於重霓 道鼓振於雷吼"라고 하였다. [참고문헌] 『出三藏記集』.

중온 中蘊 중유(中有) 또는 중음(中陰)을 달리 이르는 말. 『육도집』 권2(卍속장149, p.676b12)에 "중음이라 말하는 것은 중온이라고도 하고 중유라고도 한다. 음은 본래 밝은 진성을 덮어서 가린 뜻이고, 온이란 쌓아서 모은 뜻이다. 곧 무량한 진로번뇌를 쌓아 모아 생사윤회의 고통을 당한다는 뜻이다. 유란 생도 있고 사도 있다는 뜻이다. 지금 이 현재의 몸을 전음이라 한다. 만약 사람이 목숨을 다하여 따뜻한 기운이 사라지는 때를 이름하여 전음을 버렸다고 하니, 그때 중음의 몸이 나타난다. 言中陰者 亦名中蘊 又名中有 陰以陰覆本明眞性爲義 蘊以積聚爲義 謂積聚無量 塵勞煩惱 而受生死輪廻之苦 有謂有生有死故也 今此現在之身 名爲前陰 若人命終煖氣盡時 名捨前陰 卽有中陰身現"라고 하였다. [참고문헌] 『六道集』. ⇨ 중유 中有, 중음 中陰

중온유정 中蘊有情 중온(中蘊 : 中陰)에 머무는 유정. 식향현전(食香現前)이라고도 하니, 건달바(乾闥婆 Ⓢgandharva)라고 부르는 향을 먹고 살기에 이렇게 부른다. 『대보적경』 권56(대정장11, p.328a18)에 "중온유정은 두 손과 두 발이 달린 경우도 있고, 네 발이나 여러 발이기도 하며, 발이 없기도 하다. 앞선 업에 따라 의탁하여 날 곳에 응하니, 감하는 중유인즉 저 형과 같다. 中蘊有情 或有二手二足 或四足多足 或復無足 隨其先業 應託生處 所感中有 卽如彼形", 『유부율』 권18(대정장23, p.722a7)에 "유정업력의 일은 알 수 없다. 때가 되면 중온유정은 최후생으로 와서 의탁한다. 有情業力 事不思議 時有中蘊有情 是最後生 而來依託"라고 하였다. [참고문헌] 『大寶積經』, 『有部律』. ⇨ 중온 中蘊, 식향현전 食香現前, 간다르바 Gandharva ❷

중요 中夭 Ⓢantarā-mṛtyu, Ⓣbar-ma-dor-'chi-ba, bar-'chi. 도중에 죽음을 맞이함. 정해진 수명을 누리지 못하고 일찍 죽는 것을 말한다. 요명(夭命)·요절(夭折)·횡사(橫死)라고도 한다. 40권본 『대반열반경』 권26(대정장12, p.518c29)에 "수명이 다하지 않더라도 아홉 가지 인연이 있으면 그 수명이 끊어진다. 무엇이 아홉 가지인가? 첫째는 먹어서 편안하지 않을 줄 알면서도 도리어 먹는 것, 둘째는 많이 먹는 것, 셋째는 이전에 먹은 것이 소화되기도 전에 다시 먹는 것, 넷째는 대변과 소변이 때에 맞지 않는 것, 다섯째는 병이 있는데도 의원의 지시를 따르지 않는 것, 여섯째는 간병하는 이가 시키는 대로 하지 않는 것, 일곱째는 억지로 참고 토하지 않는 것, 여덟째는 밤에 다니는 것이니, 밤에 다니기 때문에 악귀에게 맞는다. 아홉째는 방실이 지나친 것이다. … 이러한 아홉 가지 인연으로 도중에 죽는다. 命雖不盡 有九因緣 能夭其壽 何等爲九 一者 知食不安 而反食之 二者 多食 三者 宿食不消 而復更食 四者 大小便利 不隨時節 五者 病時不隨醫敎 六者 不隨瞻病敎勅 七者 强耐不吐 八者 夜行 以夜行故 惡鬼打之 九者 房室過度 … 以九因緣 命則中夭", 『순정리론』 권31(대정장29, p.521b1)에 "모든 처에 다 중요가 있지만 오직 북구로주의 정해진 수명이 천세다. 이는 처를 잡아 설한 것이지 따로 유정에 의한 것은 아니다. 따로 유정이 있어 요절하지 않기도 하기 때문이다. 諸處壽量 皆有中夭 唯北俱盧 定壽千歲 此約處說 非別有情 有別有情 不中夭故", 『현양성교론』 권19(대정장31, p.574a24)에 "중요는 여섯 가지 인 때문이다. 첫째는 순조롭지 못함을 피하지 않았기 때문이고, 둘째는 염을 망실했기 때문이고, 셋째는 마음의 극심한 분노 때문이고, 넷째는 수명이 다했기 때문이고, 다섯째는 업이 다했기 때문이고, 여섯째는 복이 다했기 때문이다. 中夭由六種因 一 不避不平等故 二 念忘失故 三 意瞋忿故 四 壽盡故 五 業盡故 六 福盡故"라고 하였다. [참고문헌] 『大般涅槃經』, 『順正理論』, 『顯揚聖敎論』, *Abh-k-bh.175·176.*

중욕 中欲 삼욕(三欲) 중 하나. 욕망이 충족되었을 때 그것의 덧없음을 알고 후회하는 경계다. 『보운경』 권2

(대정장16, p.215c8)에 "무엇을 중욕이라고 하는가? 욕(欲)을 받아들이고 나서 마음에 염리심이나 혹은 후회의 마음 일으키니 이를 중욕이라고 한다. 云何名爲中欲 若受欲已 心生厭離 或起悔心 是名中欲", 『대승보운경』 권2 「십바라밀품 十波羅蜜品」(대정장16, p.248c7)에 "무엇이 중욕인가? 어떤 이가 자주 되풀이하며 음욕을 친근하게 여기되 아직 관계 맺기 전에는 온갖 방편으로 찾아서 구하다가, 그 일을 이루고 나면 곧바로 염리심이 일어나 부끄러움이 일고 욕이 좋지 않은 것임을 느끼며 스스로 가책하고 후회하니, 이를 중욕이라고 한다. … 대체로 음욕이라고 일컫는 것은 몸을 꾸미거나 수명이나 온갖 물품을 아끼는 경우이니, 다만 탐심을 능히 일으킨다면 모두 음욕이라 할 수 있다. 何者中欲 若人習行親近婬欲 未交會前 方便求覓 設遂其事 便生厭離 而有慚心 知欲不善 呵責自悔 是名中欲 … 夫名婬欲 若莊嚴身 若愛壽命 及諸資生 但能生貪 悉名婬欲"라고 하였다. 〔참고문헌〕『寶雲經』, 『大乘寶雲經』, 『正法念處經』 권34(대정장17, p.201b28). ⇨ 삼욕 三欲

중용 中庸 Ⓢmadhyastha, Ⓟmajjhatta, majjhattatā, Ⓣtha-mal-pa. 유무(有無)나 고락(苦樂), 정사(正邪), 침고(沈掉) 등이 모두 없는 중간의 심소(心所). 사(捨) 또는 중도(中道)의 뜻으로 유가의 중용에서 변용하여 쓴다. 『대비바사론』 권2(대정장27, p.9b15)에 "만약 마주한 경을 기꺼워한다면 즐거운 느낌을 일으키고, 마주한 경을 싫어한다면 괴로운 느낌을 일으키며, 그 경에 치우침이 없다면 괴롭지도 않고 즐겁지도 않다. 若欣前境起樂受 若厭前境起苦受 若於境中庸 起不苦不樂受", 『유가론기』 권23(대정장42, p.836c17・한불전14, p.794b16)에 "이 중용의 사람은 전에는 삿되도 바르도 아니다가, 나중에 정법을 듣고 바른 견을 일으킨다. 此中庸人 先非邪正 後聞正法 發生正見", 『대승백법명문론소』 권상(대정장44, p.56a13)에 "가라앉음도 들뜸도 벗어나 중용에 처하여 그 마음이 평등함을 사라 한다. 離沈離掉 處於中庸 其心平等 名之爲捨", 『법계차제초문』 권상(대정장46, p.672a10)에 "사지(四支) 중 첫 번째 불고불락지 : 중용의 마음은 괴롭지도 않고 즐겁지도 않다. 수행자가 삼선을 떠나고자 할 때 갖가지 인연으로 즐거움을 가책하여 즐거움이 사라지면 동요하지 않는 선정이 사와 함께 일어난다. 이 때문에 내심이 고요하여 괴롭지도 않고 즐겁지도 않다. 一 不苦不樂支 中庸之心 不苦不樂 行者欲離三禪時 種種因緣 訶責於樂 樂旣謝滅 則不動之定 與捨俱發 故內心湛然 不苦不樂也"라고 하였다. 〔참고문헌〕『大毘婆沙論』, 『瑜伽論記』, 『大乘百法明門論疏』, 『法界次第初門』, *Bodh-bh.200.*

중용변몰 中涌邊沒 Ⓢmadhya unnamati ante 'vanamati. 가운데는 솟아오르고 주변은 무너져 내림. 육종진동(六種震動) 중에 나타나는 18가지 상 중 하나다. 『법화경현찬요집』 권11(卍속장53, p.878b6)에 "가운데 솟아오르고 주변은 가라앉는다는 말은, 중심이 높고 사방이 낮은 지형에서 일어나는 진동이다. 이를 가운데 솟고 가장자리 가라앉는다고 한다. … 가운데 솟고 가장자리 가라앉는다는 말은 무슨 뜻인가? 시방분신이 본국에서 왔다는 것은 '가장자리 가라앉는다'고 하며, 이곳에 이르렀으니 '가운데 솟았다'고 한다. 이곳의 일을 마치고 떠나는 것을 '가운데 가라앉았다'고 하며, 저곳에 이르면 '가장자리 가라앉았다'고 한다. 中涌邊沒者 中心高四方下 名中涌邊沒 … 中涌邊沒者 十方分身 從本國來 名邊沒 到此間 名中涌 此間事了却去 名中沒 到彼處 名邊沒也"라고 하였다. 〔참고문헌〕『法華經玄贊要集』, *Lal-v.39.* ⇨ 육종진동 六種震動

중우 衆祐 Ⓢbhagavat, bhagavant. 여래십호(如來十號) 중 세존(世尊)의 옛 번역어. 온갖 덕을 갖추어 스스로를 돕고 일체유정도 돕는 뜻이다. 음사어는 바가바(婆伽婆)・박가범(薄伽梵)이다. 『일체경음의』 권20(대정장54, p.431b11)에 "중우〈'우' 자와 '구' 자를 반절한 음이다. 구경에서는 대부분 중우라고 하였으니 복우(福祐)다. 지금은 대부분 세존이라 하는데 세간에서 높이는 이를 말한다. 이는 뜻을 따라 이름을 세운 것이다〉. 衆祐〈于救反 舊經多言衆祐者 福祐也 今多言世尊者 爲世所尊也 此蓋隨義立名耳〉", 같은 책 권33(대정장54, p.526c7)에 "중우〈'간' 자와 '구' 자를 반절한 음이다. 세존을 부르는 것이다. 온갖 덕을 갖추어 스스로를 돕는 이를 말한다. '우'는 조(助)와 같다. 범어로 바가바는 올바로 말하면 박가범이다〉. 衆祐〈干救反 世尊號也 言有衆德自祐也 祐 猶助也 梵言婆伽婆正言薄伽梵也〉", 『출삼장기집』 권1(대정장55, p.4c17)에 "구경에서는 중우라 부르지만, 신경에서는 세존이라 한다. 舊經稱衆祐 新經云世尊", 『승사략』 권상(대정장54, p.237b28)에 "한말위초에는 전역이 점차 성행하였는데, 불을 중우로 한역하기도 했다. 漢末魏初 傳譯漸盛 或翻佛爲衆祐", 『사분율명의표석』 권19(卍속장70, p.681a15)에 "범음 로가나타(路迦那他 Ⓢlokanātha)는 세존이라 하는데 불십호 중 마지막 하나의 명호다.… 구역에서는 중우라 칭했으니, 온갖 덕을 갖추어 스스로를 돕고 다시 모든 유정을 도울 수 있기에 중우라 부른다. 梵音路迦那他 此云世尊 是佛十號後之一號也 … 舊稱衆祐 謂有衆德自祐 復能祐諸有情 故稱衆祐"라고 하였다. 〔참고문헌〕『一切經音義』, 『出三藏記集』, 『僧史略』, 『四分律名義標釋』. ⇨ 세존 世尊, 박가범 薄伽梵, 바가바 婆伽婆, 여래십호 如來十號, 불십호 佛十號

중원 中元 음력 7월 15일 중원절(中元節). 불교전래

후 우란분(盂蘭盆) 즉 백중(百中)일로 재를 올린다. 음력 정월 15일을 상원(上元)이라 하고, 10월 15일은 하원(下元)이라 한다. 『백장청규증의기』 권4 「설곡보천 設斛普薦」(卍속장111, p.654b15)에 "널리 천도하는 뜻은, 부모사장 등이 모두 삼계를 벗어날 수 없다면 도와 건져내야 한다. 청명과 중원을 맞아 습속에 따라 행하니, 죽은 사람의 신식을 열고자 해서 산 사람의 효성을 다하려는 뜻이다. 普薦之義 以父母師長等 不能盡出三界 故有資於薦拔 於清明中元 順俗而行 所以開死者之神識 而盡生人之孝義也", 『견정론』 권8(대정장52, p.567b13)에 "7월 15일은 중원절이다. 七月十五日 爲中元", 『임야기어록』 권1(가흥장26, p.627b27)에 "중원에 법좌에 올라 말했다. '오늘 중원절을 맞아 백성들이 모두 조상의 은덕에 보답하려 하는구나. 그러니 우리 임하도인들도 마땅히 종을 울리고 북을 쳐야 마땅하다. 그렇기는 하지만 깊은 감정에 젖을 필요는 없다. 다만 능히 정으로 의탁함 없어야 문득 조상들이 천계로 오르는 상서를 볼 것이다. 그렇다면 옮겨 빼내는 한마디 어떻게 할까? 이끌어주시는 자비로운 존자 숨은 적 없었으니, 대천세계 어디나 고스란히 드러내지 않으심이 없으시다네'. 中元 上堂 此日 中元節 令士庶咸欲報祖 爾我林下道人 當合鳴鐘擊鼓 然雖如是 不用感傷 但能情無倚托 便見祖父乘祥 且薦拔一句作麼生道 接引慈尊曾弗隱 大千無不體全彰"라고 하였다. [참고문헌] 『百丈清規證義記』, 『甄正論』, 『林野奇語錄』, 『禪林疏語考證』 권1(卍속장112, p.800b15), 『高峰龍泉院因師集賢語錄』 권1(卍속장114, p.9b9). ⇨ 우란분 盂蘭盆, 백중 百中, 시아귀회 施餓鬼會

중원 重元 ?~1063. 북송대 운문종 스님. 청주(青州 : 山東省) 출신. 속성은 손(孫) 씨. 17세에 출가하여 20세에 구족계를 받았다. 처음에는 교학을 배웠지만 어느 날 밤 영감을 받고 천의의회(天衣義懷)를 찾아가 대중과 함께 공부했으며 얼마 뒤 깨달음을 얻어 의회로부터 인가를 받고 법을 이었다. 후에 북경(北京) 천발사(天鉢寺)에 주석하였고 운문종의 종풍을 드날려 승속의 귀의를 받았다. 1063년(가우8)에 입적하였으며, 문혜선사(文慧禪師)라는 사호를 받았다.

중원 重遠 1876~1951. 근세 선지식으로 오대산 상원사(上院寺)에서 27년간 동구불출(洞口不出)하면서 수행하고 후학을 지도하다가 조계종 종정(宗正)을 역임한 스님. 호는 한암(漢巖), 속성은 방(方)씨, 본관은 온양(溫陽). 아버지의 휘는 기순(箕淳), 어머니는 선산(善山) 길(吉)씨 부인이다. 1876년(고종13) 3월 27일 강원도 화천(華川) 금화(錦華)에서 삼형제 중 맏아들로 태어났다. 천성이 총민하여 어려서부터 인생에 회의를 가졌으며, 어떤 일이건 뚜렷한 해답을 얻지 않고는 견디지 못하는 철저한 성품을 가졌다. 1884년 9세 때 사략(史略)을 배우며 '천지가 개벽한 후 천황(天皇)씨가 최초로 군림하여 세상을 다스렸다'는 대목을 읽다가, 선생에게 "천황씨 이전에는 누가 있어 세상을 다스렸습니까?"라고 물으니, "반고(盤古)씨가 있었다"라고 답하였다. 다시 "반고씨 이전에는 누가 있었습니까?"라고 물었으나, 선생이 이에 대하여는 답하지 못했다. 그 후 10여년 동안 경사자집(經史子集)을 두루 섭렵하였지만, 유학에서는 그에 대한 답이 없음을 알고 답답하여 방황하기 시작했다. 1897년(광무1) 22세 때 금강산의 여러 절을 참배하다가 스님들을 만나보고 발심하여 집으로 돌아가지 않고, 회양군 내금강면에 있는 장안사(長安寺)로 찾아가 행름금월(行凜金月)을 은사로 하여 스님이 되었다. 이어서 서원을 세우되 "내 이제 출가하였으니 부지런히 정진하여 일대사(一大事)를 해결하고, 불법을 중흥하여 부처님의 은혜를 갚고, 부모의 망극한 은혜를 갚되 정토에 왕생토록 하리라"고 했다. 외금강면에 있는 신계사(神溪寺)의 보운(普雲)강백으로부터 보조국사의 『수심결 修心訣』을 배우다가 벽두에 "슬프다, 요즈음 사람들은 자성을 미혹한 지 이미 오래인지라. 자신의 마음이 곧 참다운 부처인 줄 알지 못하며 또한 자신의 성품이 바로 참다운 법임을 알지 못하나니, 불법을 배우되 부처님 같은 위대한 분이라야 감히 깨달을 수 있다 하고, 진불을 구하되 자기의 마음이 곧 부처인 것을 관하지 않는다. 嘆夫 今之人 迷來久矣 不識自心是眞佛 不識自性是眞法 欲求法而遠推諸聖 欲求佛而不觀己心"는 구절에서 크게 깨달았다. 이때부터 참선수행의 길로 들어서고, 도반인 함해선객(含海禪客)과 함께 운수의 길에 올랐다. 1899년 24세 때 금릉 불령산(佛靈山) 청암사의 부속암자인 수도암(修道庵)으로 가니 마침 경허(鏡虛)께서 『금강경』을 설하고 있었는데, 「여리실견분 제5 如理實見分第五」의 "무릇 있다고 하는 상은 모두 허망하다. 만약 모든 상이 상 아닌 줄 안다면 곧 여래를 보리라. 凡所有相 皆是虛妄 若見諸相非相 卽見如來"라는 대목을 듣고 활연히 지혜의 눈이 열려 '삼라만상의 두두물물(森羅萬像頭頭物物)이 모두 자기 자신 아닌 것이 없음을 깨닫고 나니, 천지가 동근(天地同根)이요 만물이 일체(萬物一體)어니 반고인들 어찌 나의 법신(法身) 밖에 있겠는가!'라고 하여 반고 이전의 의심마저 눈 녹듯 풀어졌으니, 다음과 같은 오도송(悟道頌)을 읊었다. "발밑에 푸른 하늘 있고 머리 위로 산들 이어지네. 본래로 안팎이 없고 중간도 없네! 앉

중원 월정사

은뱅이 능히 걷고 소경은 눈을 뜨네. 북산은 말없이 남산을 마주하네! 脚下青天頭上巒 本無內外亦中間 跛者能行盲者見 北山無語對南山". 이를 본 경허께서 중원은 장차 우리 불교에 동량(棟樑)이 되리라고 예언했다. 1903년(광무7)에 『경덕전등록 景德傳燈錄』을 보다가 「약산유엄전 藥山惟儼傳」(대정장51, p.311b20)의 "하루는 석두가 약산이 좌선하고 있는 것을 보고 '여기서 무엇을 하는가?'라고 하니 '아무것도 하지 않습니다'라고 하였다. 석두가 이르되 '그렇다면 부질없이 앉아 있는가?'라고 하니 약산이 답하되 '만약 부질없이 앉아 있는 것도 하는 것입니다'라고 하였다. 석두가 묻되 '그대 하지 않음을 일러 보라. 또 하지 않음이란 무엇인가?'라고 하니 '천성인들 알겠습니까?' 一日師坐次 石頭覩之問曰 汝在遮裏作麼 曰 一切不爲 石頭曰 恁麼卽閑坐也 曰 若閑坐卽爲也 石頭曰 汝道不爲 且不爲箇什麼 曰 千聖亦不識"라는 구절에 이르러 마음 길마저 몰록 끊어짐을 얻었다. 1904년(광무8) 봄 양산 통도사(通度寺) 내원암(內院庵) 조실로 추대되어 1910년까지 6년간 납자를 지도하였다. 그 후 평안남도 맹산군 도리산(都里山) 우두암(牛頭庵)으로 가서 겨울안거를 지낼 때, 주지는 외출하고 혼자서 부엌에 불을 때다가 한 소식을 얻고서 다음과 같은 게송을 읊었다. "부엌에서 불을 지피다가 홀연히 밝았네. 이 옛길 좇고 연따라 걸림없네! 누가 나에게 서래밀지를 묻는다면, 돌 아래 샘에서 소리내지만 그 소리 적실 수는 없다네! 着火廚中眼忽明 從玆古路隨緣淸 若人問我西來意 巖下泉鳴不濕聲"라 했다. 1914년 범어사에서 만하승림(萬下勝林)율사로부터 비구계를 받고, 경허성우(鏡虛惺牛)의 법을 이어 받았으므로 만공(滿空)·혜월(慧月)·침운(枕雲) 등과 함께 경허의 수법제자가 되었다. 1911년부터 1925년까지는 간성 건봉사(乾鳳寺)·서울 봉은사 등 선원의 조실로 있으면서 납자를 지도하는 한편, 거화방편(擧話方便)·선원규례(禪院規例)·선문답21조(禪問答二十一條)·참선곡 등을 남겼다. 1925년 7월 전무후무한 대홍수로 한강이 범람하여 뚝섬 봉은사 부근의 주민과 주택이 싹쓸어 떠내려가자, 봉은사 주지 나청호(羅晴湖) 학밀(學密)이 사중의 곡식과 재산을 모두 나누어 주면서 뱃사공과 인부를 동원하여 떠내려가는 사람 708명을 구제하였는데, 당시 함께 하였다. 다음 해인 1926년 서울을 떠나 오대산 월정사 상원암으로 들어가 선원조실로서 1951년 입적할 때까지 27년간 후학지도와 정진에 몰두했다. 이때 짚고 왔던 단풍나무 지팡이를 중대(中臺) 뜰 앞에 꽂아둔 것이 무성한 단풍나무가 되었는데 현재는 고사하여 흔적만 남아 있다. 1929년 조선불교승가대회에서 원로기관인 칠인교정(七人敎正)에 추대되었다. 1930년 『불교잡지』 제70호에 종조론으로서 해동초조(海東初祖)에 대해 발표하였고, 1932년 56세 때 『불교잡지』 제95호(5월호)에 경허스님 행장 등 많은 논문을 발표했다. 1936년 60세부터는 『범망경』·『화엄경』·『경덕전등록』 등을 강설하여 후학을 지도했다. 1941년 조선불교조계종 초대종정에 추대되어 1945년까지 한국불교 중흥의 정신적 지주 역할을 하였다. 1950년 6·25한국전쟁 때 대중과 시자들이 남쪽에 있는 양산 통도사 내원암으로 피난을 가시자고 극구청언(極口請言)하였으나, 스님께서는 '내 어찌 수십 년을 수행했다'면서 삼보와 사찰을 버리고 피난을 갈 수 있겠는가! 나는 결단코 앉아서 죽음을 맞이하리라(坐當生死)'하고 조금도 움직이지 않았다. 퇴각하던 국군이 무장공비의 소굴이 된다 하여 상원사를 소각하려 할 때, 스님이 법당이 들어가 정좌(正坐)하고서는 불을 지르라고 하였다. 이에 감복한 장교가 법당 문짝만을 뜯어내 불지르고 떠났으니 상원사는 병화(兵火)를 면할 수 있었다. 이후 얼마 지나지 않아 7일간 단식하고 앉아 정진하다가, 가사와 장삼을 입고 1951년 2월 14일 사시(巳時)에 세수 76, 법랍 54세를 일기로 입적하였다. "하나는 하늘도 덮고 땅도 덮는다(蓋天蓋地), 둘은 밝은 달과 맑은 바람(明月淸風), 셋은 높은 산 흐르는 물(高山流水)"이라는 삼단법문(三段法門)을 설하고 단정히 앉아 좌탈입망(坐脫立亡)하였는데, 이때의 모습을 김도영(金道英) 중령이 찍어 남겼다. 저서는 『한암일발록』·「경허성우의 행장 鏡虛惺牛의 行狀」·경봉정석(鏡峰靖錫)과의 왕래편지(往來片紙) 23편 등이 있다. 제자에는 보문현로(普門玄路)·탄허택성(呑虛宅成)·난암(煖庵)·현칙(玄則)·보산(寶山)·수암천기(叟庵天機)·모운척순(慕雲惕詢)·해련영철(海蓮英喆) 등이 있다. 탄허택성이 비문을 짓고 써서 1959년에 세운 비와 동곡일타(東谷日陀)가 짓고 운포(雲浦) 정병철(丁炳哲)이 써서 1998년에 세운 '전불심등브종수교고제조령개인안목조계종정한암당대종사비 傳佛心燈扶宗樹敎高提祖令開人眼目曹溪宗正漢巖堂大宗師碑' 두 기가 모두 오대산 상원사 동쪽에 있다. [참고문헌] 『漢巖一鉢錄』 年譜(民族社, 1996) pp.511~529, 「平昌月精寺漢巖堂重遠大宗師碑文」(智冠 『韓國高僧碑文總集 朝鮮朝·近現代』, pp.1006~1016). ⇨ 월정사 月精寺 ■

중원 衆怨 Ⓢ arisaṃgha-pāpaka, Ⓣ dgra-rnams. 하고 많은 맺힌 것들. 서로 원수가 되어 갚을 한이 많은 뜻으로 번뇌의 비유다. 『증일아함경』 권9(대정장2, p.590a12)에 "이때 제바달다는 아사세왕이 있는 곳으로 가서 말하길 '대왕이여! 아셔야 합니다. 지금 저 코끼리는 포악하여 능히 뭇 원수들을 항복시킬 수 있으니, 독주를 먹여 취하게 합시다. 내일 아침 사문구담이 반드시 성에 들어와 걸식을 할 것이니, 저 취한 코끼리를 풀어 밟아 죽이도록 해야 합니다. 爾時 提婆達兜便往至王阿闍世所 到已 而作是說 大王當知 今此象惡 能降伏衆怨

可以醇酒 飮彼象醉 淸旦 沙門瞿曇必來入城乞食 當放此醉象 蹋蹈殺之", 『대장엄론경』 권4(대정장4, p.276b17)에 "세계의 결사(結使 Ⓢ saṃyojana : 煩惱)업은 능히 깨끗한 보시로 과보 얻음을 막으니, 이른바 인색하고 탐욕스러워 뭇 원수들 중에서도 가장 큰 것이다. 世界結使業 能遮淨施報 所謂是慳貪 衆怨中最大", 『법화경』 권7 「관세음보살보문품 觀世音菩薩普門品」(대정장9, p.58a24 : *Saddh-p.*, p.452)에 "쟁송으로 관아에 잡혀가 두려운 군진 중에 있더라도, 저 관음의 힘을 염하면 뭇 원한들 남김없이 물러나 흩어지리. 諍訟經官處 怖畏軍陣中 念彼觀音力 衆怨悉退散 kalahe ca vivāda-vigrahe nara-saṃgrāma-gate mahābhaye, smarato avalokiteśvaraṃ praśameyā ari-saṃgha-pāpakā", 『십선업도경』(대정장15, p.158a7)에 "만약 살생을 하지 않는다면 열 가지 번뇌를 여의는 법을 성취할 것이다. 무엇이 그 열 가지인가? … 여덟째, 원결을 없애 뭇 원한들 저절로 풀어진다. 若離殺生 卽得成就十離惱法 何等爲十 … 八 滅除怨結 衆怨自解"라고 하였다. 〔참고문헌〕 『增壹阿含經』, 『大莊嚴論經』, 『法華經』, 『十善業道經』, *Saddh-p.* ⇨ 원결 怨結

중원 衆園 Ⓢ saṃghārāma. 승중(僧衆)들의 정원(庭園). 승원(僧園)·가람(伽藍)·사원(寺院) 등과 같은 뜻이다. 사부대중이 머무는 정사(精舍)와 그 도량을 말한다. 음사어는 승가람(僧伽藍)·승가라마(僧伽羅磨)이다. 『승사략』 권상(대정장54, p.236c22)에 "승가람은 중원으로 한역하는데 여러 사람이 기거하는 곳으로 경계진 도량에 있으면서 낳고 기르는 곳이니, 부처님 제자들이 이곳에서 도의 싹을 틔우고 성인의 열매를 기른다. 따라서 경에서 등장하는 가란다죽원과 기수급고독원은 모두 서역의 사원이다. 僧伽藍者 譯爲衆園 謂衆人所居 在乎園圃 生殖之所 佛弟子則生殖道芽聖果也 故經中有迦蘭陀竹園 祇樹給孤獨園 皆是西域之寺舍也"라고 하였다. 〔참고문헌〕 『僧史略』. ⇨ 승원 僧園, 승가라마 僧伽羅磨, 가람 伽藍 ❶, 사원 寺院, 정사 精舍

중원 重願 거듭 원하다. 무겁고 깊이 새긴 원. 『대운무상경』 권9(대정장12, p.1109a22)에 "거듭 원하옵건대 여래께서 우리들에게 사자후의 더 이상 오를 수 없는 지혜를 설하시어 무생인의 무한한 신족법문다라니를 회복해 주시옵소서. 重願如來 爲我等故 說師子吼 無上梯智 回復無生忍 無邊神足法門陀羅尼", 『지장보살본원경』 권상(대정장13, p.781b27)에 "자비로운 마음으로 이 세계에서 죄로 괴로워하는 중생을 불쌍히 여기고, 다시 미래의 무량겁에서도 인의 덩쿨 잘라내지 못함을 보고는 거듭 원을 발한다. 이와 같이 보살은 사바세계의 염부제에서 백천만억의 방편으로 교화를 베푼다. 慈愍此世罪苦衆生 復觀未來無量劫中 因蔓不斷 以是之故 又發重願 如是菩薩 於娑婆世界 閻浮提中 百千萬億方便 而爲敎化", 『무량수경의소』(대정장37, p.123a26)에 "원력이라 하니 안으로 일체중생을 제도하겠다는 심중한 원을 품는 것이다. 願力者 內有重願 度一切也", 『연종보감』 권4 「금대법조대사 金臺法照大師」(대정장47, p.324a9)에 "심중한 원을 천 가지 횃불로 나누고, 횃불마다 또 그와 같이 나누어 행마다 들어맞고 빛마다 서로 건네준다. 重願分爲千炬 炬亦如之 行行相當 光光相涉"라고 하였다. 〔참고문헌〕 『大雲無想經』, 『地藏菩薩本願經』, 『無量壽經義疏』, 『蓮宗寶鑑』. ⇨ 중서 重誓

중원사 中元寺 전라북도 무주군 적상면 적상산(赤裳山)에 있던 절. 『여지도서』 전라도 무주 사찰·『가람고』에 "모두 적상산성 안에 있는데, 부 남쪽 30리에 위치한다. 俱在赤裳山城 府南三十里"라 하였다. 〔참고문헌〕 『輿地圖書』, 『伽藍考』, 『韓國寺刹全書』 권하 p.1030b11.

중원회 中元會 우란분재(盂蘭盆齋)를 달리 이르는 말. 중원절인 음력 7월 15일에 치르는 행사이기에 우란분재를 이렇게 칭하기도 한다. 『불원강어록』 권2(가흥장37, p.21c17)에 "중원회를 건립하고 진벽이 청하여 법좌에 올라 물었다. '지관이 죄를 사면해주는 날이면서 돌이켜 사람마다 은혜에 보답하는 때인데 지금 그렇게 하는지요?' '붉은 해 하늘 한복판에 자리 잡았구나' '그렇다면 대지가 고르게 은혜 입혀 지나가리라' '빼어난 납승이 일일이 문득 돌고 도누나. 建中元會 眞碧請上堂 問 地官赦罪之日 人人報本之時 未審卽今還報本也無 師云 紅日天心正 進云 與麽則大地 均沾恩力去也 師云 俊俏衲僧 一一便轉", 『신정일규어록』 권5(가흥장37, p.467a14)에 "복숭사에서 중원회를 마치는 날 구유이 거사가 청하여 법좌에 오르자 거사가 물었다. '대단하기도 하고, 참으로 기특합니다. 공왕께서도 모든 중생 얻도록 하시려 하다니요. 이미 공왕이신데 대체 무엇을 얻습니까?' '이리저리 두드려 보아도 알 길은 없다' '그 광명이 일만팔천의 토를 비추어 국토마다 모두 황금색이 되거늘, 복숭사는 어째서 더욱 진흙투성이인지요?' '눈 안에 근력 없으면 한 평생 가난하다'. 福嵩 中元會圓滿 九有易居士 請陞座 居士問 大矣哉 甚奇特 空王欲使群生得 旣是空王 得箇甚麽 師云 料掉沒交涉 進云 光輝一萬八千土 土土皆作黃金色 福嵩爲甚 又是土泥 師云 眼裏無筋 一世貧"라고 하였다. 〔참고문헌〕 『佛冤綱語錄』, 『神鼎一揆語錄』. ⇨ 우란분재 盂蘭盆齋, 중원 中元

중위 重幃 겹겹의 휘장. 거듭 가려 알 수 없는 곳. 『인천안목』 권3(대정장48, p.316c6)에 "내생왕자(五位王子중 다섯째)란 무엇인가? 석상(石霜)이 말한다. '겹겹의 휘장에 가려 알아볼 길이 없으나, 금빛궁전에 누운 고결한 바람이여'. 如何是內生王子 霜云 重幃休勝負 金殿臥淸風", 『종감법림』 권67(卍속장116, p.840b13)에 "은밀한 궁전에 거듭 쳐진 휘장 안은 날이 밝아도 고요하고, 붉은 섬돌에 이끼 적신 채로 아직 줄지어 늘어서지 않았구나. 祕殿重幃曉尙寒 丹墀苔潤未排班"라고 하였다. 〔참고문헌〕『人天眼目』, 『宗鑑法林』.

중유 中有 Ⓢ Ⓟ antarā-bhava, Ⓣ bar-ma-do'i-srid-pa. 사유(四有) 또는 칠유(七有) 중 하나. 사람이 죽어서 다음 생을 받을 때까지의 중간 식신(識身)을 말하며, 중음(中陰)·중온(中蘊)·중음유(中陰有)·의성신(意成身 Ⓢ manomayakāya)·식향(食香 Ⓢ gandharva : 健達縛)·심향(尋香)·구생(求生 Ⓢ saṃbhavaiṣin)·기(起 Ⓢ abhinirvṛtti)라고도 한다. 이 중에서 의성·구생·식향·기 등을 중유와 함께 중유오명(中有五名)이라고 한다. 중유의 몸은 오직 욕계와 색계의 중생에게만 있고, 무색계의 중생에게는 없다. 또한 지옥 등 오취중생(五趣衆生)의 중음신은 그 형상이 각각 다르며, 아주 미세한 물질로 구성되어 있고, 모두 신통력을 갖추고 공중을 날아다닐 뿐만 아니라 아주 멀리까지 볼 수 있다. 또한 중유의 업력(業力)은 매우 강하기에 일단 탁태가 결정되면 오력(五力 : 定力 通力 借識力 大願力 威德力)으로도 바꿀 수 없는데, 이것을 오력불가도(五力不可到)라고 한다. 중유의 기간에 대해서 법구(法救 Ⓢ Dharmatrāta)는 정해진 기한이 없다고 하며, 세우(世友 Ⓢ Vasumitra)는 다칠일(多七日)을 말하고, 설마달다(設摩達多 Ⓢ Śarmadatta)는 칠칠일(七七日)을 주장하며, 비바사사(毘婆沙師)는 속생(速生)을 말한다. 중유기간을 보통 '칠칠일'이라 하여 이 기간동안 명복을 비는 풍습이 있다. 중유의 유무에 대해서도 여러 가지 주장이 있는데, 응리론자(應理論者)들은 설일체유부(說一切有部)의 주장에 따라 중유가 있다고 주장하며, 대중부(大衆部)·설출세부(說出世部)·화지부(化地部) 등의 분별론자(分別論者)는 없다고 주장한다. 정토에 왕생하는 경우의 중유에 대해서도 그 유무에 대한 상반된 주장이 있다. 『대보적경』 권56(대정장11, p.328a14)에 "이 중온의 형에는 두 가지가 있으니, 첫째는 형색이 단정한 것, 둘째는 용모가 누추한 것이다. 지옥중유는 용모가 누추하니, 마치 불에 탄 그루터기와 같고, 축생중유는 그 형색이 마치 연기와 같으며, 아귀중유는 그 모습이 마치 물과 같고, 사람과 하늘의 중유는 형상이 마치 금빛이며, 색계중유는 형색이 선명하고, 무색계천은 원래 중유가 없으니 무색이기 때문이다. 중온유정은 두 손에 두 발이기도 하고, 혹 네 발이거나 여러 개의 발이기도 하며, 발이 없기도 하니, 그의 선업에 따라 의탁하여 태어날 곳에 감응하는 중유이므로 저런 형색이다. 하늘중유이면 머리가 위로 향하고, 사람·축생·아귀 등의 중유이면 머리를 옆으로 하여 가며, 지옥중유면 머리가 아래로 향한다. 모든 중유는 다 신통을 갖추어 허공을 날아다니며 천안을 갖춘 것처럼 멀리서도 날 곳을 본다. 此中蘊形 有其二種 一者 形色端正 二者 容貌醜陋 地獄中有 容貌醜陋 如燒杌木 傍生中有 其色如烟 餓鬼中有 其色如水 人天中有 形如金色 色界中有 形色鮮白 無色界天 元無中有 以無色故 中蘊有情 或有二手二足 或四足多足 或復無足 隨其先業 應託生處 所感中有 卽如彼形 若天中有 頭便向上 人傍生鬼 橫行而去 地獄中有 頭直向下 凡諸中有 皆具神通 乘空而去 猶如天眼 遠觀生處", 『구사론』 권8(대정장29, p.44b9 : *Abh-k-bh.*, p.120)에 "〔논〕 사유후에 생유전에 있어서 바로 그 중간에 자체가 있어 일어나는데, 날 곳이 이르기 위하여 이 몸을 일으킨다. 이취 중간이기에 '중유'라고 한다. 이 몸이 이미 일어난 것이라면 어찌하여 '생'이라고 하지 않는가? '생'이란 미래에 마땅히 이른 곳에서야 '이른다'는 뜻에 의해 '생'이란 이름을 건립하는 것이다. (그러나) 이 '중유'의 몸은 비록 그 자체는 일어났을지라도 아직 저곳에 이르지 못했기에 '생'이라고 하지 않는다. 論曰 於死有後 在生有前 卽彼中間 有自體起 爲至生處 故起此身 二趣中間 故名中有 此身已起 何不名生 生謂當來 所應至處 依所至義 建立生名 此中有身 其體雖起 而未至彼 故不名生 〈bhāṣya〉 maraṇabhavasyopapattibhavasya cāntarā ya ātmabhāvo 'bhinirvarttate deśāntaropapattisamprāptaye so 'ntarābhava ityucyate. gatyantarālatvāt. kathamayaṃ jātaśca nāma nacopapanno bhavati. 〈kārikā〉 gamyadeśānupetatvānnopapanno 'ntarābhavaḥ. 〈bhāṣya〉 upapattigato hyupapanna ityucyate. padergatyarthatvāt. nacāyaṃ gamyadeśamupagato'ntarābhavastasmānnopapannaḥ", 같은 책 권9(대정장29, p.45c13)에 "〔논〕 어떤 업이 능히 미래에 가게 될 취를 이끈다면, 저 업은 곧 가게 될 중유를 부른다. 그러므로 이 중유는 저 '취'로 나아가는 경우 곧 가게 될 본유의 형이다. 그렇다면 한 마리 개 등의 뱃속에 오취의 중유가 갑자기 일어나게 될 것인데, 이미 지옥의 중유가 나타난 경우라면 어찌하여 어미개의 뱃속을 태워버리지 않는가? (지옥에서) '본유'로 있을지라도 항상 불에 타는 것이 아니니, 예를 들면 잠시 동산에서 노니는 것과 같으니 하물며 중유에서는 굳이 말할 필요가 없다. … 그리고 욕계중유의 수량은 비록 오륙 세 된 어린아이와 같지만 근은 밝고 날카롭다. 보살중유는 성년일 때와 같아 형량이 매우 원만하고, 모든 상호를 갖추었기에 중유로 머물면서 모태에 들어가려고 할 때에 백구지(Ⓢ koṭi)의 사대주 등을 비춘다. 그렇다면 무슨 까닭에 보살의 어머니는 꿈속에서 흰 코끼리가 자신의 오른쪽 옆구리로 들어오는 것을 보았는가? 이는 상서로운 조짐일 뿐 중유와 관계없으니, 보살은 오랫동안 방생취를 버렸기 때문이다. 論曰 若業能引 當所往趣 彼業卽招 能往中有 故此中有 若往彼趣 卽如所趣 當本有形 若爾 於一狗等腹中容有五趣中有頓起 旣有地獄中有現前 如何不能焚燒母腹 彼居本有 亦不恒燒 如暫遊園 況在中有 … 欲中有量 雖如小兒 年五六歲 而根明利 菩薩中有 如盛年時 形量周圓 具諸相好 故住中有 將入胎時 照百俱胝 四大洲等 若爾 何故菩薩母 夢中 見白象子 來入己右脇 此吉瑞相 非關中有 菩薩久捨 傍生趣故"라고 하였다. [참고문헌]『大寶積經』, 『俱舍論』, 『大乘義章』 권8(대정장44, p.618c16), 『法苑珠林』 권72(대정장53, p.831c5), *Abh-k-bh.*, *Kv. 361.* ⇨ 중음 中陰, 사유 四有, 칠유 七有, 간다르바 Gandharva [2], 중유오명 中有五名

중유상 中有相 중유(Ⓢ antarā-bhava)의 상. 중음상(中陰相)이라고 한다. 『대비바사론』 권69(대정장27, p.358b1)에 "[문] 일체중유는 취(趣 Ⓢ gati : 六途)로 거두는가, 취로 거두지 않는가? … 모든 취상은 거칠고 중유상은 미세하다. 미세하면 거칠지 않기에 중유상은 취에 속하지 않는다. 가령, 미세하여 거칠지 않기에 직접 볼 수도 보이지도 않고, 명료하지도 명료할 수도 없다. 問 一切中有爲是趣攝 非趣攝耶 … 諸趣相麤 中有相細 細不卽麤 故非趣攝 如細非麤 不現見非現見 不明了非明了"라고 하였다. [참고문헌]『大毘婆沙論』.

중유생보 中有生報 중유(Ⓢ antarā-bhava)와 생보(Ⓢ abhinirvṛtti). 또는 중유의 생보. 중유를 거쳐 생을 받는 뜻이거나, 중유가 있고 생을 받음이 있다고 한다. 『유가사지론』 권1(대정장30, p.281c23 : *Yogā-bh.*, p.16)에 "중생들에게는 목숨이 끊어지려 할 때부터 혼미한 상위에 이르기 전까지 오랫동안 익힌 아애가 현행한다. 이 힘으로 '아는 응당 없다'고 말하기는 해도 문득 자신을 애착하는데 이로 인해 중유생보가 건립된다. 諸衆生將命終時 乃至未到惛昧想位 長時所習我愛現行 由此力故 謂我當無 便愛自身 由此建立 中有生報 sarvasya ca mriyamāṇasya vispaṣṭasaṃjñāvasthāmaprāptasya dīrghakālābhyasta ātmasnehaḥ samudācarati. tatastadvaśādahaṃ na bhavāmītyātmabhāvābhinandanā bhavati. sāsya pratiṣṭhā bhavatyantarābhavābhinirvṛttau", 『유가론기』 권1(대정장42, p.322a5 · 한불전13, p.31a12)에 "'이로 인해 중유생보가 건립된다'에 대해서는 두 가지 풀이가 있다. 하나는 중유생보이니 지업석으로 풀고, 다른 하나는 중유와 생보이니 서로 어긋나게 푼다. 由此建立 中有生報者 有兩解 一云 中有報生 卽持業釋 一云 中有及生報 是相違釋"라고 하였다. [참고문헌]『瑜伽師地論』, 『瑜伽論記』, *Yogā-bh.* ⇨ 중유 中有, 생보 生報, 윤생 潤生 [1]

중유순 中由旬 중간 정도의 유순. 『주유마힐경』 권6(대정장38, p.382a4)에 "승조(僧肇)가 말한다. '유순은 천축의 거리를 헤아리는 수의 이름이다. 상유순은 60리, 중유순은 50리, 하유순은 40리이다'. 肇曰 由旬 天竺里數名也 上由旬 六十里 中由旬 五十里 下由旬 四十里也", 『아미타경직해정행』(卍속장33, p.737b12)에 "중유순은 60리, 대유순은 80리이다. 中由旬者 六十里 大由旬 八十里"라고 하였다. [참고문헌]『注維摩詰經』, 『阿彌陀經直解正行』. ⇨ 유순 由旬

중유식 中有識 중유로 있는 동안의 식. 사유(死有)와 생유(生有) 그 중간식. 중음식(中陰識)이라고도 한다. 『대비바사론』 권23(대정장27, p.120a6)에 협(脇 Ⓢ Pārśva)존자는 '행을 연해 일어난 식을 중유식이라 하고, 명색을 연해 일어난 식을 생유식이라 하며, 이 둘을 연으로 일어난 식을 본유식이라 한다'고 하였다. 脇尊者言 行緣識 說中有識 名色緣識 說生有識 二緣生識 說本有識, 『현종론』 권13(대정장29, p.839c5)에 "저 이숙세력이 다함에 이를 때 죽어서 식과 소의신 모두 사라지게 되면, 중유식 등을 낳는 연이 될 수 있다. 중유의 모든 온은 앞선 혹업으로 인해 마치 환사가 상속하듯이 생처로 가 모태에 도달하게 되며, 중유가 사라질 때 다시 연이 되어 생유의 온을 낳는데, 비유하면 등불이 찰나 소멸하더라도 전후로 인과가 되어 틈새없이 펴고 구르며 상속하듯 해서 다른 곳에 이른다. 彼異熟勢 至窮盡時 死識與依俱至滅位 能爲中有識等生緣 中有諸蘊 由先惑業如幻相續 往所生處 至母腹內 中有滅時 復能爲緣 生生有蘊 譬如燈焰 雖刹那滅 而能前後因果 無間展轉相續 得至餘方"라고 하였다. [참고문헌]『大毘婆沙論』, 『顯宗論』. ⇨ 중음 中陰, 중음식 中陰識, 중유 中有

중유신 中有身 Ⓢ antara-bhava. 중유(中有)의 몸. 사람이 죽은 후 다시 다음 생을 받을 때까지의 식신(識身). 중음신(中陰身)이라고도 한다. 『불지경론』 권6(대정장26, p.317a18)에 "오취의 인이란 중유신을 말하니, 그것이 오취를 방편으로 삼기 때문이다. 취란 나아갈 곳이고, 중유는 능히 나아가는 것이므로 취로 거두지 않는다. 五趣因者 謂中有身 以與五趣爲方便故 趣是所趣 中有能趣 故非趣攝", 『대승아비달마집론』 권3(대정장31, p.676a7 : *Abh-s.*, p.31)에 "이 중유신이 탐욕과 함께 다 사라지면, 갈라람신이 식과 함께 생한다. 이것은 이숙일 뿐이고, 이후로는 근이 점차 생장한다. 마치 연기 중에 설한 것처럼 사생류 중 난생을 받거나 태생을 받거나 습생을 받거나 화생을 받는다. 此中有身 與貪俱滅 羯邏藍身 與識俱生 此唯是異熟 自此已後 根漸生長

如緣起中說 於四生類 或受卵生 或受胎生 或受濕生 或受化生 saha-rāgeṇa-antarābhavo nirudhyate kalalañ-ca savijñānakam-utpadyate. sa ca vipākaḥ. tata ūrdhvam-indriyābhinirvṛttiḥ yathā pratītya-samutpāde catasṛṣu yoniṣu aṇḍajāyāṃ jarāyujāyāṃ saṃsvedajāyāṃ upapādukāyāñ-ca"라고 하였다. 〔참고문헌〕『佛地經論』, 『大乘阿毘達磨集論』, *Abh-s.* ⇨ 중유 中有, 중음신 中陰身

중유오명 中有五名　중유의 다섯 가지 이름. 의성(意成 Ⓢmanomaya)·구생(求生 Ⓢsaṃbhavaiṣin)·식향신(食香身 Ⓢgandharva-kāya)·중유(Ⓢantarā-bhava)·기(起 Ⓢabhinirvṛtti)를 말한다. 『구사론』 권10(대정장29, p.55b2 : *Abh-k-bh.*, p.153)에 "'생을 구하는 것'이라 설한 것은 무엇을 지목하는 말인가? 이 말은 중유를 지목한 것이다. 불세존께서는 다섯 가지 이름으로 중유를 설하셨기 때문이다. 무엇이 그 다섯 가지인가? 첫째는 의성으로서 뜻을 좇아 나기 때문이니 정혈 등 외연이 화합해 이루어지는 것이 아니기 때문이다. 둘째는 구생으로서 항시 기꺼이 당래에 날 곳을 찾아 살피기 때문이다. 셋째는 식향신으로서 향식의 도움으로 날 곳으로 나아가는 것이기 때문이다. 넷째는 중유라 하니 두 취 중간에 있는 온이기 때문이다. 다섯째는 기로서 당래의 생에 대하여 잠시 일어나는 것이기 때문인데, 계경에서 '무너진 자체가 일어나고 무너진 세간이 생겨난다'고 설한 것과 같다. '일어난다' 함은 중유를 말한다. 求生爲何所目 此目中有 由佛世尊 以五種名 說中有故 何等爲五 一者 意成 從意生故 非精血等所有外緣合所成故 二者 求生 常喜尋察當生處故 三者 食香身 資香食往生處故 四者 中有 二趣中間所有蘊故 五者 名起 對向當生暫時起故 如契經說 有壞自體起 有壞世間生 起謂中有 〈bhāṣya〉 atha saṃbhavaiṣiṇaḥ katame. 〈kārikā〉 manomayaḥ saṃbhavaiṣī gandharvaścāntarābhavaḥ nirvṛttiśca. 〈bhāṣya〉 antarābhavo hyebhirabhidhānairukto bhagavatā. sa eva manonirjātatvāt manomaya uktaḥ. śukraśoṇitādikaṃ kiñcidbāhyamanupādāya bhāvāt. saṃbhavaiṣaṇaśīlatvāt saṃbhavaiṣī. gandharvaṇāt gandharvaḥ. upapattyadbhimukhatvādabhinirvṛttiḥ. avyābādhamātmabhāvamabhinirvartya savyābādhe loke upapadyata iti sūtrapadāt"라고 하였다. 〔참고문헌〕『俱舍論』, *Abh-k-bh.* ⇨ 중유 中有, 중음신 中陰身

중은사 中隱寺　경기도 양평군 양서면 목왕리에 있던 절. 이식(李植 1584~1647)의 『택당집』 권1 「차운제차계상월첩 次韻題叉溪賞月帖」(한국문집총간88, p.24a5)에 "차계동은 곧 중은사와 한음〈이덕형의 호〉 상공의 묘산이 있는 곳이다. 叉溪洞 卽中隱寺 漢陰〈李公德馨號〉相公墓山也"라고 하였다. 이덕형이 쓴 「제중은사승성묵 題中隱寺僧性默」 등 시 4수가 『한음문고』 권1·2에 수록되어 있다. 〔참고문헌〕『澤堂集』, 『漢陰文稿』.

중은암기 中隱庵記　1480년(성종11) 김수온(金守溫 1410~1481) 지음. 경기도 양평에 있던 중은암의 기문으로 『식우집』 권2(한국문집총간9, p.89b5)에 전한다. 평산(平山) 신씨(申氏) 제정공파(齊靖公派)의 파조인 신효창(申孝昌 ?~1440)이 양근(陽根 : 양평) 북쪽 길지에 선고선비(先考先妣)를 모시고는 산명은 청제산(靑帝山)이라 하고 가까운 곳에 절을 짓고 중은(中隱)이라 이름 하였다. 기문에 "칠팔년 후 공의 맏아들 증우의정 자수가 아우 중추공 자근과 모의하여 … 종인(宗人) 중 선조고에게 추효하려는 자를 모아 … 제정공 묘소에서 몇 리 되는 거리에 불우 몇 칸을 창건하니 매우 밝고 정갈하였다. 이름을 중은이라 하였다. … 해마다 춘추양일에는 반드시 무차회를 설행하고, 선대 기일에는 저장해 놓은 병과를 써서 혹시라도 빠트리지 아니하였으니, 이같이 한지 30여 년에 자손이 더욱 공경하고 삼갔다. 後七八年 公之冢子贈右議政自守 與弟中樞公自謹謀 … 募族人亦有追孝先祖考者 … 距齊靖公之原幾里 創佛宇幾間 極其明淨 名曰中隱 … 每歲春秋良日 必設無遮會 値先世忌日 則又用以藏其餠果 毋敢或墮 如是三十餘年 子孫益敬益謹"라고 하였다. 신공의 장손 신윤보(申允保)가 기문을 청하였다. 〔참고문헌〕『拭疣集』.

중음 中陰　Ⓢantarā-bhava, āntarā-bhavika, antarāla, Ⓣsrid-pa-bar-ma, bar-ma-do. 사유(死有)와 생유(生有) 그 사이의 음(陰). 중유(中有)라고도 한다. 40권본 『대반열반경』 권29(대정장12, p.535c15)에 "현재의 오음으로 인해 중음의 음이 생겨나는 것이니, 마치 밀랍 도장을 인주에 찍으면 인주가 없어지면서 글자가 나타나는 일과 같다. 이름 비록 음이라 부르기에 차이가 없지만 시절은 각기 달리한다. 따라서 나는 중음의 오음은 육안으로는 볼 수 없고 천안이라야 본다고 설한다. 중음에게는 세 가지 밥(食)이 있는데, 첫째는 사식이고 둘째는 촉식이며 셋째는 의식이다. 중음에는 두 가지가 있다. 첫째는 선업과고, 둘째는 악업과다. 因現陰故 生中陰陰 如印印泥 印壞文成 名雖無差 而時節各異 是故我說中陰五陰 非肉眼見 天眼所見 是中陰中有三種食 一者 思食 二者 觸食 三者 意食 中陰二種 一 善業果 二 惡業果", 『잡아비담심론』 권11(대정장28, p.962c29)에 "〔문〕 이러한 중음은 무엇인가? 〔답〕 비유하면 마을 사이에 난 길로 한 마을에서 다른 마을로 가는 것처럼, 사음과 생음도 이와 같아서 사음에서 생음으로 가는 것 또한 이와 마찬가지다. 問 此云何 答 譬如村間道 如從一

村至一村 如是死陰生陰 從死陰趣生陰亦如是", 같은 책 권10(대정장28, p.958b26)에 "'중음은 다섯 가지다'고 한 것은 중음도 오음성이기에 가고 옴이 있기 때문이다. 색이 없이는 가고 오지 못한다. 따라서 욕계와 색계에는 중음이 있다. 무색계에는 없으니 색분이 아니기 때문이다. '장애가 없다'고 한 것은 극미이기에 어떤 형태의 장애물도 장애할 수 없다. 업의 힘으로 인해 모태에 머무르는데 만약 이와 다르다면 모태에 머물 수 없을 것이다. … 향을 밥으로 하기에 향식(香食)이라 하고, … 생유를 구하기에 구유라 하며, 의식을 따라 생하기에 승의행이라 한다. … 두 유 사이에 생겨나 취(趣 : 六途)에는 속하지 않기에 중음이라 한다. 〔문〕 중음은 얼마 동안 존속하는가? 〔답〕 7일 또는 49일이다. … '7일이다'고 했는데, 어떤 이는 '중음은 7일 동안 존속하는데 그 중음신이 쇠약하기 때문이다'고 하였다. … 〔문〕 중음은 옷을 입고 있는가, 벗고 있는가? 〔답〕 벌거벗기도 하지만, 색계의 중음은 옷을 입고 있다. 색계에는 참괴의 마음이 강하기 때문이다. … 욕계보살과 백정비구니중음은 옷을 입고 있다. … 〔문〕 중음은 무엇을 먹는가? 〔답〕 향을 먹는다. … 〔문〕 모든 근을 온전히 갖추고 있는가? 〔답〕 모든 근을 다 온전히 갖추고 있다. … 이 중생은 생유를 구하기에 육입문으로 항시 생유를 찾는다. … 〔문〕 그 모습은 어떠한가? … 지옥의 중음은 지옥의 모습과 같고, 내지 사람과 천의 중음은 사람과 천의 모습이다. 〔문〕 중음은 어떻게 움직이며, 몸의 크기는 어떻게 되는가? 〔답〕 … 중음의 움직임과 몸의 크기는 일정하지 않다. 지옥중음은 발은 위로 머리는 아래로 뒤집힌 채 움직이고, 천신중음은 허공을 날으는 화살처럼 위로 오르고, 나머지 중음은 그림 속의 날아가는 사람처럼 옆으로 몸을 눕힌 채 옆으로 걸어가는 모습으로 움직인다. 그 크기에 있어 색계중음은 몸의 크기가 본래 살아 있을 때와 같고, 욕계보살의 중음도 그렇다. … 욕계의 나머지 중생의 몸의 크기는 어린아이의 형상과 같다. … 〔문〕 중음과 중음은 서로 볼 수 있는가? 〔답〕 볼 수 있기도 하고 없기도 하다. … 〔문〕 어느 곳을 따라서 태에 들어가는가? 〔답〕 저 생문을 따라서 들어간다. 따라서 쌍둥이라면 뒤에 태어나는 이가 장이다. 〔문〕 어떤 생각을 하면서 입태하는가? 〔답〕 더러는 전도된 생각을 내는 경우도 있지만 … 불지에 근접한 보살은 예외다. … 가령 남자중음이라면, 어미에 대해 염오된 생각을 하고 아비에 대해 분노하는 생각을 한다. … 이들의 정을 보게 되면 자기가 존재하게 되었다며 기뻐하며, 기뻐하기에 온이 점차 두터워지고 온이 점점 두터워지면 어미의 오른쪽 옆구리에 의탁해 어미의 등을 향한 채 웅크려 앉게 된다. 여자중음의 경우는 반대로 설명한다. 中陰五者 中陰五陰性 有去來故 非離色有去來 是故欲色界有中陰 非無色界 色非分故 無礙者 極微故 一切形障所不能礙 業力故住母胎 若異者不應住胎 … 以香爲食 故說香食 … 求於生有 故說求有 從意生故 說乘意行 … 二有中間起離趣故 是故說中陰 問 中陰幾時住 答 七日或七七 … 七日者 有說 中陰七日住 身羸劣故 … 問 中陰有衣無衣 答 或裸形 色界中陰有衣 色界慚愧增故 … 欲界菩薩 及白淨比丘尼中陰有衣 … 問 中陰何食 答 香食 … 問 具諸根不答 諸根悉具足 … 彼衆生求有故 於六入門常求有 … 問 形爲云何 … 地獄中陰 如地獄形 乃至人天如人天形 問 中陰云何行 身量云何 答 … 中陰行及身量不定 地獄中陰足上頭下而行 天中陰 上昇如箭射空 餘中陰 側身傍去 如畫人飛 量者 色界中陰 量如本有 欲界菩薩中陰 亦如本有 … 欲界餘衆生中陰身量 如有知小兒形 … 問 中陰中陰爲相見不 答 或有見不見 … 問 從何處入胎 答 入則從生門 彼從生門入 是故雙生者 後生爲長 問 以何想入胎 答 或生顚倒想 … 除近佛地菩薩 … 若男中陰者 於母染想 於父恚想 … 見彼精時 而謂己有 卽生歡喜 生歡喜故 陰則漸厚 陰漸厚已 依母右脇 向背蹲坐 女則相違說"라고 하였다. 〔참고문헌〕『大般涅槃經』, 『雜阿毘曇心論』, *Abh-k-bh.114・120・131.* ⇨ 중유 中有, 중음신 中陰身

중음경 中陰經 Ⓢ Antarābhava-sūtra. 요진(姚秦)대 축불념(竺佛念) 역. 2권. 고려장13, pp.556b1~570a5, No.414・대정장12, pp.1058c3~107b12, No.385에 수록되어 있다. 부처님께서 열반에 드신 뒤 중음에 들어 큰 광명을 놓으신 뒤 일체의 중음중생을 모아서 대승의 법을 설하신 내용이다. 「여래오홍서입중음교화품 如來五弘誓入中陰敎化品」・「묘각여래장제보살입중음교화품 妙覺如來將諸菩薩入中陰敎化品」・「묘각여래입중음분신품 妙覺如來入中陰分身品」・「현수보살문사품 賢護菩薩問事品」・「도수품 道樹品」・「신족품 神足品」(이상 권상)・「파애망품 破愛網品」・「삼세평등품 三世平等品」・「무생멸품 無生滅品」・「공무형교화품 空無形敎化品」・「유색무색품 有色無色品」・「환희품 歡喜品」의 12품으로 구성되어 있으며, 이 중 첫 번째 품은 부처님이 미륵보살(彌勒菩薩)과 함께 중음의 법을 설하신 내용이다. 『중음경』 권상(대정장12, p.1059b1)에 "중음중생은 형질이 극히 세하다. … 중음중생은 바람을 마시며, … 중음중생은 수명이 7일이며, … 중음중생의 얼굴 생김은 타화자재천과 같다. 中陰衆生 形質極細 … 中陰衆生 飮吸於風 … 中陰衆生 壽命七日 … 中陰衆生 面狀如化自在天"라고 하였다. 〔참고문헌〕『中陰經』, 『衆經目錄』 권1(대정장55, p.115b18). ⇨ 축불념 竺佛念

중음식 中陰識 중음의 식. 중유식(中有識)이라고도 한다. 『대지도론』 권70(대정장25, p.546c14)에 "선을 얻은 이는 숙명지의 힘으로 팔만겁동안의 일을 보지만 그것을 넘어서는 일은 알 수 없다. 다만 몸이 시작이 되는 중음식을 보면서 '이 식은 인과 연이 없을 수 없고, 반드시 인과 연이 있어야 하지만 숙명지로는 알 수 없는 일이다'라고 생각한다. 다만 기억에 기대어 분별해 보면, 세성이라는 법이 있는데 다섯 가지 감각으로는 알 수 있는 게 아니니 아주 미세하기 때문이다. 그 세성 가운데서는 각이 가장 먼저 생겨나는데 그 각이 바로 중음식이다. 得禪者宿命智力 乃見八萬劫事 過是已往 不復能知 但見身始中陰識 而自思惟 此識不應無因無緣 必應有因緣 宿命智所不能知 但憶想分別 有法名世性 非五情所知 極微細故 於世性中初生覺 覺卽是中陰識", 『아비담비바사론』 권13(대정장28, p.94c11)에 "존자 파사(Ⓢ Pārśva : 脇)는 '행을 연하여 일어난 식이 중음식이고, 명색을 연으로 일어난 식이 생음식이며, 이 둘을 연으로 일어난 식이 근본유식이다'고 설한다. 尊者波奢說曰 行緣識 是中陰識 名色緣識 是生陰識 緣二生識 是根本有識" 라고 하였다. 〔참고문헌〕『大智度論』, 『阿毘曇毘婆沙論』. ⇨ 중유식 中有識, 중음 中陰, 중유 中有

중음신 中陰神 ➡ 중음신 中陰身

중음신 中陰身 전음(前陰)이 죽고 후음(後陰) 즉 생음(生陰) 그 사이의 몸. 『증계대승경』 권상(대정장16, p.655a17)에 "비비산이 말하길 '세존이시여! 중생이 죽고 나서 중음신을 받으면 새 몸을 아직 받지 않았는데 어떻게 머뭅니까?' 하자 부처님께서 말씀하시길 '능가주여! 뜻에 어떠한가? 마치 저 씨앗에서 싹이 트는 것과 같아서 먼저 씨앗이 사라져야 후에 싹이 트는가, 싹이 먼저 난 후에 씨앗이 멸하는가, 씨앗이 멸하고 오래 지나 싹이 이에 나는가?' 하였다. 비비산이 말하길 '세존이시여! 씨앗이 사라지고 나서야 싹이 나는 것도 아니고, 싹이 나고 나서야 씨앗이 사라지는 것도 아니며, 생멸이 동시여서 앞도 뒤도 없습니다' 하자 부처님께서 말씀하시길 '그렇다. 능가주여! 옛 몸의 후식이 멸하고 나서 새 몸의 초식이 생함도 아니며, 새 몸의 초식이 생하고 나서 옛 몸의 후식이 멸함도 아니니, 생멸이 동시여서 앞도 뒤도 없느니라. 능가주여! 마치 저 길미충이 다님에 머리가 이르는 바 있으면 몸이 다 거둬 그를 따르므로 한번 붙으면 걸음 옮기지 않아도 쉽게 이에 감과 같다. 이와 같이 먼저 식이 몸에 기대면 식이 다 거둬 그를 따르니 한번 기대면 여의지 않고 죽어야 비로서 옮겨 버린다' 하였다. 毘毘產言 世尊 衆生死已 受中陰身 新身未受 云何而住 佛言 楞迦主 於意云何 如種生芽 爲先種滅而後牙生 爲先牙生而後種滅 爲種滅經久而牙乃生 毘毘產言 世尊 非種滅已而後牙生 非牙生已而後種滅 生滅同時 無先無後 佛言 如是 楞迦主 非舊身後識滅已 而新身初識生 亦非新身初識生已 而舊身後識滅 生滅同時 無先無後 楞迦主 如吉彌虫行 頭有所至 身總隨之 一著不移步易乃去 如是 先識託身 識總隨之 一託不離 死方遷捨", 『정법염처경』 권29(대정장17, p.171a24)에 "또한 천자여! 무엇이 '이 일이 있기에 이 일이 있음'인가? 이른바 부모의 정혈이 있어서 업이 있고 장이 있으며 중음신이 있으니 마치 저 향기가 있기에 몸의 생김이 있음과 같다. 이와 같이 천자여! 이것이 '이 일이 있기에 이 일이 있음'이다. 무엇이 '이 일이 없기에 이 일이 없음'인가? 만약 부모가 없다면 정혈도 없고 결정업도 없으며 장도 없고, 중음이 없다면 몸의 생함도 없다. 이와 같이 천자여! 이것이 '이 일이 없기에 이 일이 없음'이다. 復次 天子 云何是事有故是事有 所謂有父母精血 有業 有藏 有中陰身 猶如香氣故有身生 如是 天子 是爲是事有故是事有 云何是事無故是事無 若無父母 則無精血 無決定業 無藏 無中陰 則無身生 如是 天子 是爲是事無故是事無", 『대지도론』 권12(대정장25, p.149b23)에 "마치 저 사람이 죽을 때 이 생음을 버리고 중음중에 들어감과 같으니, 이때 금세의 몸이 멸하고 중음신을 받음에 이에 앞뒤가 없으니 멸한 때 곧 생하기 때문이다. 비유컨대 저 밀랍도장을 진흙에 찍어 진흙중에 도장을 받아들이면서 도장이 즉시 무너짐과 같으니 이룸과 무너짐 일시여서 역시 앞뒤 없다. 이때 중음중의 유를 받다가 이 중음을 버리면 생음의 유를 받는데 그대가 말한 세신이란 곧 이 중음이지만 중음신에는 출입이 없다. 비유컨대 저 타고 있는 등이 생멸이 상속하여 상도 단도 아님과 같다. 如人死時 捨此生陰 入中陰中 是時 今世身滅 受中陰身 此無前後 滅時卽生 譬如蠟印印泥 泥中受印 印卽時壞 成壞一時 亦無前後 是時 受中陰中有 捨此中陰 受生陰有 汝言細身 卽此中陰 中陰身無出無入 譬如然燈 生滅相續 不常不斷", 『아비담비바사론』 권20(대정장28, p.152a10)에 "불경에 설하길 '너희등 비구는 곧 출현하고 곧 생하며 곧 몰하고 곧 멸하느니라' 하였다. 〔문〕 출현과 생에는 어떤 차별이 있으며, 몰과 사에는 어떤 차별이 있는가? 〔답〕 혹 설하는 이 있으니 차별이 없다. 소이는 무엇인가? 출현이 곧 생이고 몰이 곧 사여서 똑같이 찰나성이기 때문이다. 존자 파사는 설하길 '중음신을 받으면 이를 출현이라 이름하고, 생음신을 받으면 이를 생이라 이름하며, 중음신이 무너지면 이를 몰이라 이름하고, 생음신이 무너지면 이를 사라 이름한다'라고 하였다. 佛經說 汝等比丘 卽出現 卽生 卽沒 卽滅 問曰 出現與生 有何差別 沒與死 有何差別耶 答曰 或有說者 無有差別 所以者何 出現卽生 沒卽死 同是刹那性故 尊者波奢說曰 受中陰身 是名出現 受生陰身 是名生 壞中陰身 是名沒 壞生陰身 是名死"라고 하였다. 〔참고문헌〕『證契大乘經』, 『正法念處經』, 『大智度論』, 『阿毘曇毘婆沙論』. ⇨ 중음 中陰, 중유 中有, 중유식 中有識

중음중생 中陰衆生 중음 상태의 중생. 중음과 같다. 『

달마다라선경』 권하(대정장15, p.323a7)에 “중음중생은 무명으로 인해 어둡고 어지러우며 우치로 인해 눈이 멀어 업을 짓는다. 중음중생은 남녀가 화합하는 것을 보고는 무명이 불어나 전도된 생각을 일으킨다. 中陰衆生 無明昏亂 愚癡所盲 造作有業 中陰衆生 見男女和合 無明增故 生顚倒想”라고 하였다. 〔참고문헌〕『達摩多羅禪經』.

중읍명사 中邑鳴啷 중읍이 입술을 떨어서 소리를 내다. 마조도일(馬祖道一)의 법사(法嗣)인 중읍홍은(中邑洪恩)은 투레질과 같이 입술을 떨어서 내는 아무 의미 없는 소리로 학인을 지도했다고 한다. 『선원몽구요림』 권하(卍속장148, p.272a2)에 “중읍명사 : 중읍은 학인을 볼 때마다 박수를 치고 입술을 떨며 투레질하는 소리를 냈다. 中邑鳴啷 中邑每見僧 拍手皷唇曰 啷嗚啷嗚”라고 하였다. 〔참고문헌〕『禪苑蒙求瑤林』.

중읍미후 中邑獼猴 중읍의 원숭이. 중읍홍은과 앙산혜적(仰山慧寂)이 나눈 문답. 여섯 개의 창이 난 방에 원숭이 있게 한 육창일원(六窓一猿)의 비유를 빌렸다. 『종용록』 72칙 ‘중읍미후 中邑獼猴’ 「본칙 本則」(대정장48, p.272b21)에 “앙산이 중읍에게 물었다. ‘무엇이 불성의 뜻입니까?’〈이 좌주 함께 논의할 만하구나〉. ‘내가 그대에게 비유를 설해 주겠다〈마땅한 가와 마땅치 않은 진이다〉. 방에 여섯 개의 창이 있는데 원숭이 한 마리를 두었다〈납득하여 평온한가?〉. 그리고 밖에서 사람이 「원숭아! 원숭아!」 하고 부르면 원숭이가 바로 응답을 한다〈다시 반복한다 해도 반 푼의 가치도 없다〉. 이렇게 여섯 개의 창에서 함께 불러도 모두 응답한다’〈그이가 내 목소리를 알아차려 주기만을 바랄 뿐이다(애초에 원숭이에게 용건은 없다)〉’ ‘그렇다면 원숭이가 잘 때는 어떻습니까?〈잠꼬대하지 마라〉 그러자 중읍이 바로 선상에서 내려와 앙산을 꽉 붙들고서 말했다〈깨어났는가?〉. ‘원숭아! 원숭아! 내가 너랑 마주 보누나’〈어째서 진작에 이렇게 말하지 않았는가?〉. 擧 仰山問中邑 如何是佛性義〈這箇座主 却堪持論〉 邑云 我與爾說箇譬喩〈宜假不宜眞〉 如室有六窓 中安一獼猴〈還肯寧息麽〉 外有人喚云 狌 狌 獼猴卽應〈再來不直半文〉 如是六窓 俱喚俱應〈只要檀郎認得聲〉 仰云 只如獼猴睡時又作麽生〈莫寐語〉 邑乃下禪床把住云〈覺來也未〉 狌 狌 我與爾相見〈何不早恁麽道〉”라고 하였다. 〔참고문헌〕『從容錄』. ⇨ 육창일원 六窓一猿

중의 重衣 ❶ 추위를 막고자 입는 두터운 옷. 여름옷은 경의(輕衣)라 한다. 『사분율』 권24(대정장22, p.734a5)에 “중의는 추위를 막는 옷이다. 重衣者 障寒衣也”, 같은 책 권16 「구십단제법 九十單提法」(대정장22, p.676c20)에 “중의는 정축의 털로 만든다. 若重衣作淨畜”라고 하였다. 〔참고문헌〕『四分律』. ⇨ 경의 輕衣 ❷ 승가리(僧伽梨 Ⓢ Ⓟ saṃghāṭī)의 한역어 중 하나. 조(條)를 겹치게 하여 짓기에 붙여진 이름이다. 『범망경보살계약소』 권6(卍속장60, p.878a3)에 “구조를 승가리라 하며, 중의라 한역한다. 여기에는 구품이 있는데 9조부터 25조까지를 말한다. 九條 名僧伽梨 此云重衣 斯有九品 自九條 至二十五條”라고 하였다. 〔참고문헌〕『梵網經菩薩戒略疏』, 『佛祖統紀』 권4(대정장49, p.168a18). ⇨ 가사 袈裟, 승가리 僧伽梨

중의 重意 정중한 마음. 『선원청규』 권6(卍속장111, p.906b15)에 “주지가 말한다〈‘정중한 마음을 담아 차를 우려 주어 감격을 누를 길이 없소’. 답례의 절을 하고 안하고는 각자 지위에 따른다〉. 住持人云〈重意烹茶 不勝感激 答拜不答拜 各逐尊卑也〉”라고 하였다. 〔참고문헌〕『禪苑淸規』.

중인 中仁 ?~1179. 송대 스님. 자는 몽당(蒙堂). 낙양(洛陽 : 河南城) 출신. 동경(東京 : 洛陽) 봉선원(奉先院)으로 출가하였다. 선화년간(1119~1125) 초에 도첩을 받고 경기전(慶基殿)에서 삭발하고 구족계를 받은 다음 항상 삼장(三藏)을 역경(譯經)하는 곳으로 돌아다니며 경론을 자세히 연구하였지만 선종의 분위기에 대해서는 항상 의구심을 가지고 있었다. 당시 원오극근(圜悟克勤)이 천녕사(天寧寺)에 거처하면서 명성이 알려지자 중인은 직접 찾아갔다. 친견하고 보자마자 공경하는 마음이 일어나 마침내 시봉하며 떠나지 않고 끊임없이 문답을 하며 예봉을 닦았다. 후에 대각사(大覺寺)에서 법을 열고 다시 중축사(中竺寺)로 옮겼다가 또 다시 거처를 영봉사(靈峰寺)로 바꾸었다. 1174년(순희1) 궁전에 들어갔는데, 당시 황제가 ‘만법과 짝이 되지 않는다’라는 공안을 제기하고 묻자 다음과 같은 게송을 제시하였다 곧 『속전등록』 권28(대정장51, p.657b20)에 “저울추를 눌러 기름을 짜내는 꼴이니, 쓸데없는 말과 불필요한 말은 그쳐라. 허리에 십만 꿰미 두르고, 학타고 양주로 올라가라. 秤鎚搦出油 閑言長語休 腰纏十萬貫 騎鶴上揚州”라고 하였다. 1179년(순희6) 입적하였다. 〔참고문헌〕『續傳燈錄』, 『嘉泰普燈錄』 권15(卍속장137, p.234a14), 『五燈會元』 권19(卍속장138, p.765a9), 『五燈嚴統』 권19(卍속장139, p.859a9).

중인 仲仁 송대 스님. 회계(會稽 : 浙江省 紹興縣) 출신. 형주(衡州 : 湖南省 衡陽市) 화광산(華光山)에 머물러 살면서 화광노인(華光老人)이라는 호로 불렸다. 그림에 능하여 매화(梅花)를 특히 좋아하였다. 매번 향을 사르고 선정(禪定)에 들고 나서 매화를 그렸다. 저서에 『화광매보 華光梅譜』가 있다. 〔참고문헌〕『佛敎繪畫史料』 권5(대장경보편18, p.201a3).

중인 衆印 대중 즉 사중(寺衆)의 물건임을 알리기 위해 찍는 도장. 『선림상기전』 권28 「인 印」(대장경보편19, p.793b11)에 "『비나야잡사』에 이르길 대중의 물건과 때에 도적이 있어 개인물을 훔쳐 가져왔는데, 아무 기록과 증거가 없었다. 비구가 어느 때 잃어버렸는지도 알지 못했다. 부처님께서 비구들도 도장을 가져도 된다 하시고는 다섯 가지 재료로 만든 도장을 쓰게 하셨는데 유석 적동 백동 상아 뿔이다. 부처님께서 이르시길, 무릇 도장에는 두 가지가 있으니 대중의 것과 개인의 것이다. 만약 대중인이라면 전법륜상을 새기고 양 끝에 사슴이 엎드려 있게 한다. 그 아래 마땅히 만든 절과 시주의 이름이 있어야 한다. 毘柰耶雜事云 時有賊 來盜僧庫藏 幷及私物 爲無記驗 苾芻不知何時失物 佛言 苾芻 可畜其印 應用五種物爲印 所謂鍮石 赤銅 白銅 牙 角 佛言 凡印有二種 一是大衆 二是私物 若大衆印 可刻轉法輪像 兩邊安鹿 伏跪而住 其下應書元本造寺施主名字"라고 하였다. [참고문헌] 『禪林象器箋』. ⇨ 중 衆 [1]

중인도 中印度 오인도(五印度) 곧 오천축국(五天竺國) 중 하나. 중천축(中天竺) 또는 중축이라고도 한다. 세계의 중심이라는 의미인 중국(中國)으로 쓰기도 한다. 『대당서역기』 권4(대정장51, p.890a20)에 따르면, 파리야달라국(波理夜呾羅國)에서 마혜습벌라보라국(摩醯濕伐羅補羅國)까지 30여 나라가 있었다. 『아미타경요해편몽초』 권상(卍속장91, p.914b3)에 "중인도는 중천축이다. 『번역명의집』 권3(대정장54, p.1096c8)에 '(천축은) 구역에 신독이라 하고 현두라고도 한다. 바른 음사에 따르면 인도라 해야 옳다'라고 한다. 한역하면 월방이다. 곧 현성이 만물을 다스림에 마치 달이 비춰 임하듯 하기에 인쳐 건지다의 뜻으로 인도라 한다. 中印度者 卽中天竺 名義集云 舊云身篤 或云賢豆 今從正音宜云印度 此云月邦 謂聖賢御物 如月照臨 故謂印度", 『사분율명의표석』 권10(卍속장70, p.547b10)에 "중인도란 큰 천지 중앙이라는 뜻이다. 그러므로 제불세존이라면 모두 이곳에 강탄하시어 삼천세계를 거두어 교화하셨고, 전륜성왕도 모두 이곳에 자취를 드리우고 사주를 통어하였다. 이 때문에 현성이 왕왕에 후대까지 이어지며 끊어지지 않아 다함이 없다. 其中印度者 據大千地之中央也 故諸佛世尊 皆此降誕 攝化三千 轉輪聖王 並斯垂跡 統御四洲 是故 賢聖往往胤嗣 而無盡矣"라고 하였다. [참고문헌] 『大唐西域記』, 『阿彌陀經要解便蒙鈔』, 『翻譯名義集』, 『四分律名義標釋』. ⇨ 인도 印度, 오인도 五印度, 중천축 中天竺, 오천축국 五天竺國, 중국 中國 [1]

중인발심 中因發心 동인발심(東因發心)의 상대어. 밀교에서 중대(中臺)의 대일여래(大日如來)의 위를 보리심을 일으키는 인위(因位)로 삼아 중앙동남서북의 순서대로 오불(五佛)에 배대하여 행의 방향과 위를 나타낸다. 인위에서 과위(果位)에 이르는 간계를 중앙의 대일여래를 발심으로 설정하고 북방의 불공성취여래(不空成就如來)를 방편구경으로 삼는다. 중인발심은 본각하전(本覺下轉)의 순서다. 진언행자가 발심(發心)·수행(修行)·보리(菩提)·열반(涅槃)·구경방편(究竟方便)에 이르기까지를 중앙의 대일여래·동쪽의 아촉불(阿閦佛)·남쪽의 보생여래(寶生如來)·서쪽의 무량수여래(無量壽如來)·북쪽의 불공성취여래에 배대하였다. 이것은 또한 아자(阿字)의 오전(五轉)에 배대되는데 각각 아(a)·아(ā)·암(aṃ)·아(aḥ)·(āḥ)의 순서이다. [참고문헌] 『眞言名目』(대정장77, p.733b21). ⇨ 동인발심 東因發心, 아자오전 阿字五轉

중인위 中忍位 [S] madhya-kṣānti, [T] bzod-(pa-)'bring. 사선근위(四善根位) 중 중품(中品). 『구사론』 권23(대정장29, p.119c3 : *∠bh-k-bh.*, p.344)에 "인법(忍法)에는 하중상의 품류가 있으며, 하중의 두 품류는 정법(頂法)과 같다. 이를테면 모두 사성제경을 관찰하고, 또 모두 십육행상을 수습한다. … 유가사는 색계와 무색계의 대치도 등 낱낱의 성제행상과 소연을 점차로 감소시키고 점차로 생략하여 마침내는 단 두 찰나의 작의만으로 욕계의 고성제경을 사유하는 일이 있는데, 앞서의 일과 가지런히 하기에 중인위라 한다. 此忍法有下中上 下中二品與頂法同 謂具觀察四聖諦境 及能具修十六行相 上品有異 … 謂瑜伽師 於色無色對治道等 一一聖諦行相所緣 漸減漸略 乃至但有二念作意 思惟欲界苦聖諦境 齊此以前 名中忍位 ⟨bhāṣya⟩ sā 'pi triprakārā mṛdvī madhyā 'dhimātrā ca. ⟨kārikā⟩ dvidhā tadvat. ⟨bhāṣya⟩ yathā mūrdhāna uktāḥ evaṃ mṛdumadhye kṣāntī tathaivākaraṇāt … yadā kila rūpārupyapratipakṣādyekaikasatyālambanāpahlāsena yāvat kāvāvacarameva duḥkhaṃ dvābhyāṃ kṣaṇābhyāṃ manasi karotyeṣā sarvaiva madhyā kṣāntiryadaikameva kṣaṇaṃ tadadhimātreti", 『구사론기』 권23(대정장41, p.345a24)에 "낱낱 제의 능연과 행상32종 그리고 소연경상하팔제에 대해 각 경우에 따라 점차로 감하고 점차로 생략하여 마침내는 오직 두 찰나의 마음으로 고성제를 사유하는데, 앞서의 일과 가지런히 하는 것을 중인위라 한다. 於一一諦能緣行相三十二種 及所緣境上下八諦 隨其所應漸減漸略 唯二念心思惟欲苦 齊此已前 名中忍位", 원측(圓測)의 『인왕경소』 권상(대정장33, p.373c6·한불전1, p.31a3)에 "중인위에서 상하팔제의 이치를 관찰하는 것에 본래 두 가지 문이 있다. 첫째는 칠주감연문이고, 둘째는 삼주감행문이다. 謂中忍位 觀察上下八諦理中 自有兩門 一者 七周減緣門 二者 三周減行門"라고 하였다. [참고문헌] 『俱舍論』, 『俱

舍論記』, 『仁王經疏』, *Abh-k-bh.*, *Śrāv-bh.499.* ⇨ 감연감행 減緣減行, 칠주감연 七周減緣, 사선근위 四善根位[1], 정법 頂法, 십육행상 十六行相

중인진지기부지 衆人盡知己不知 모든 이들이 다 알고 자기만이 모른다. 팔종수기(八種授記) 중 하나다. 『법화문구』 권7상(대정장34, p.97b2)에 “『영락경』 권9의 팔종수기에 따르면, 자기는 알고 남은 모르는 수기도 있고, 모든 사람이 알고 있지만 자신만 모르는 수기도 있다. … 모든 사람이 알고 있지만 자신만 모르는 경우는 발심이 광대하여 두려움이 없는 뛰어난 방편을 얻었기 때문이다. 瓔珞第九 八種授記 己知他不知 衆人盡知己不知 … 衆人盡知己不知者 發心廣大 得無畏善權故”, 『법화경문구기전난』 권3(卍속장46, p.502a11)에 “모든 사람이 다 알지만 자신은 모른다 : 경에서 ‘발심하여 알리고 중생에게 널리 미쳐서 사무소외를 얻고, 발심이 광대하여 뛰어난 방편으로 중생을 교화한다’(『보살영락경』 권9, 대정장16, p.81c23)라고 하였다. 이에 성인위에 든 사람이다. 衆人盡知己不知 經云 發心弘普 廣及衆生 得四無所畏 發心曠大 有善權方便 敎化衆生 此乃入聖位人也”라고 하였다. 〔참고문헌〕『法華文句』, 『法華經文句記箋難』, 『菩薩瓔珞經』. ⇨ 팔종수기 八種授記

중장 重藏 거듭 쌓아 담은 것. 글로 뜻을 거둔 것이 장이지만 여러 부와 당과 류를 다 거둬 거듭 쌓아 모은 뜻에서의 장이기도 하다. 『섭대승론석』 권10(대정장31, p.229a15)에 “만약 일체대승을 모두 바라밀장이라 이름하는데, 이 법문은 어디에서 비롯되는 것인가? 이 법문은 십지바라밀장에서 거둔 바다. 문으로 뜻을 거두기에 장이라고 이름한다. 또한 부와 당과 류를 서로 거두는 것을 장이라 하기에 거듭된 장이 있다고 한다. 따라서 거듭 모은 장이라는 이름도 있다. 若一切大乘 皆名波羅蜜藏 此法門爲從何出 此法門是十地波羅蜜藏所攝 以文攝義故 名藏 部黨類相攝 又名藏 故有重藏名”라고 하였다. 〔참고문헌〕『攝大乘論釋』. ⇨ 장 藏

중재 衆財 대중의 재물. 결계내 대중이 함께 가늠해 쓰는 것들로 함부로 전용하지 않으며 고르게 나눠 쓰고 아낀다. 『선림상기전』 권20(불광장, 禪藏, p.1605)에 “중재 : 『인천보감』(卍속장148, p.107a3)에 ‘영원유청(靈源惟淸)선사가 문에 방을 붙였는데, 대략적인 내용은 다음과 같다. 「나를 주지라고 하지만 실은 손님과 똑같이 얹혀살고 있으며, 다만 문도들을 이끌고 법을 널리 펴 교풍을 우러러 돕는 것을 소임으로 섬길 뿐이다. 그러므로 상주해서 가늠하는 재물은 자기의 것이 아니므로 이치상 전용해서는 안 되며 지사에게 일임한다. 대중은 권한을 나눠 이를 관리하며, 명확하게 공사에 의지해 밝게 하고 용도에 맞게 쪼갠다. 나는 단지 대중과 같이 재를 모시고 정병과 발우를 직접 휴대하며 인연에 따라 가고 머무를 뿐이다. 삼가 생각하건대 사방에서 군자들이 찾아와 필요로 하는 물품이 있으면 잠자리와 음식을 배려하여 대접할 뿐, 별다른 것으로 공양함을 어려워한다. 무릇 저 가늠할 것들은 세간법에서는 관물이라 하지만, 불교에서는 중재라고 한다. 중재를 훔치거나 관물을 훔치는 일은 물품을 사서 남들을 기쁘게 하려는 마음을 취해다가 자기 소유로 두는 격이니, 실로 깨끗한 뜻을 지닌 이가 감히 할 일은 아니다. 이에 미리 갖춰 사루는 글을 썼으니, 너그럽게 받아들여 잘 살펴 주기를 바란다」〈이 글이 새겨진 돌이 천장에 있다〉’라고 하였다. 衆財 人天寶鑑云 靈源淸禪師 門牓 其略曰 惟淸名曰住持 實同客寄 但以領徒弘法 仰助敎風 爲職事爾 若其常住所管財物 旣非己有 理不得專 一委知事 僧徒分局主執 明依公私 合用支破 惟淸止同衆僧齋襯 隨身缾鉢 任緣去住而已 伏想四方君子 來有所須 顧寢食 祇接之 餘別難供應 蓋以彼所管者 世法則屬官物 佛敎則爲衆財 偸衆財 盜官物 以買悅人情 而取安己有 實非素志之所敢當 預具白聞 冀垂恕察〈石刻在天章〉”라고 하였다. 〔참고문헌〕『禪林象器箋』, 『人天寶鑑』. ⇨ 중 衆[1]

중적 中的 과녁을 맞히다. 들어맞게 하다. 득(得)도 실(失)도 없게 하는 중도(中道)의 뜻이다. 『대반야경』 권586(대정장7, p.1034a3)에 “마치 활쏘기에 능한 달인으로서 화살이 과녁을 맞히지 못한다면 그런 무리는 활쏘기에 능한 달인이 아니라고 알아야 하는 것과 같다. 보살도 그러하다. 만약 일체지지와 상응하는 마음을 일으키지 못한다면, 비록 부지런히 보시·정계·안인·정진·정려·반야바라밀다를 닦더라도 일체지지에 회향하지 못할 것이니 저는 계를 갖춘 보살이 아니라고 알아야 한다. 如善射師 箭不中的 應知彼類 非善射師 菩薩亦爾 若不能發 一切智智 相應之心 雖復勤修 布施 淨戒 安忍 精進 靜慮 般若波羅蜜多 而不迴向 一切智智 當知 彼非具戒菩薩”, 『유가론기』 권19(대정장42, p.735a17·한불전14, p.433a22)에 “과녁을 맞힘은 지혜를 비유하고, 과녁은 연하는 것들을 비유한다. 정에 의하여 혜를 일으키고 경이 다가오면 사태를 아는 것이 마치 과녁 맞히듯 한다. 中的喩慧 的喩所緣 依定發慧 稱境而知事 若中的也”, 『오조법연어록』 권중(대정장47, p.657c25)에 “조사문하에서는 화살로 과녁을 맞히듯 한다. 손으로도 가려내고 눈으로도 빈틈없이 가늠해야 하니 득도 실도 없이 한다. 祖師門下 如箭中的 手辦眼親 無得無失”, 『허당록』 권2(대정장47, p.993b29)에 “대체로 활을 잘 쏘는 사람은 쏘았다 하면 반드시 과녁을 맞힌다. 만약 과녁을 맞히지 못한다면 부질없이 깃털 사이에라도 깊숙이 박힐 것이다. 大凡善射者 發必中的 若不中的 徒

勞沒羽"라고 하였다. [참고문헌]『大般若經』, 『瑜伽論記』, 『五祖法演語錄』, 『虛堂錄』. ⇨ 중도 中道

중정 中正 Ⓟ sama-cariya. 중이어서 바른 것. 치우치거나 삿된 견을 떠나면 그대로 중정이다. 『나선비구경』 권상(대정장32, p.695b26)에 "왕이 야화라에게 물었다. '장로(卿)께서는 어떤 이유로 집을 버리고 처자를 떠나 머리칼과 수염을 깎고서 가사를 입고 사문이 되었습니까? 장로께서 구하려 하는 바는 어떤 도입니까?' 야화라가 말했다. '저희들은 불도를 배워 중정을 행합니다. 금세에도 복을 받고 후세에도 그 복을 받습니다'. … '만약 집에 살며 처자가 있는 백의도 중정을 행한다면, 금세에 그 복을 받을 수 있고 후세에도 그 복을 받을 수 있습니까?' … '금세에도 그 복을 받을 수 있고 후세에도 그 복을 받을 수 있습니다'. 王問野恕羅 卿用何等故棄家捐妻子 剃頭鬚披袈裟作沙門 卿所求何等道 野恕羅言 我曹學佛道行中正 於今世得其福 於後世亦得其福 … 若有白衣居家 有妻子行中正 於今世得其福 於後世亦得其福不 … 於今世得其福 於後世亦得其福", 『보녀소문경』 권3(대정장13, p.465c24)에 "일체의 온갖 삿되고 다른 견을 버리고 중정에 처해 들어 인연법을 관한다. 棄捐一切衆邪異見 處入中正觀因緣法", 『화엄경소초』 권29(대정장36, p.218a16)에 "'극단적인 것이나 삿된 것이 다 중정이다'라고 한 것은 극단적인 견해를 여읜 밖에 따로 중도가 있는 것 아니어서, 삿됨을 여읜 밖에 따로 정도가 있지 않다는 말이다. 邊邪皆中正者 非離邊外別有中道 非離邪外別有正道"라고 하였다. [참고문헌]『那先比丘經』, 『寶女所問經』, 『華嚴經疏鈔』, *Mil.19*. ⇨ 중도 中道, 정도 正道, 팔정도 八正道

중정 中定 Ⓢ dhyāna-antara. 중간정려(中間靜慮). 초정려와 제2정려 사이. 무심유사(無尋有伺)인 삼매. 『구사론』 권4(대정장29, p.20c17 : *Abh-k-bh.*, p.59)에 "〈송〉 초정려에서는 불선과 악작, 수면이 제외되며, 중정에서는 심(尋)도 제외되며, 이 이상에는 이에 더해 사(伺) 등이 제외된다. … 〈논〉 중간정려에서는 앞에서 제외된 것이 제외되며, 이에 더해 심을 제외한 이외의 나머지 것들은 다 갖춰져 있다. 初定除不善 及惡作睡眠 中定又除尋 上兼除伺等 … 中間靜慮 除前所除 又更除尋 餘皆具有 〈kārikā〉 kaukṛtyamiddhākuśalānyādye dhyāne na santyataḥ … dhyānāntare vitarkaśca. 〈bhāṣya〉 nāsti. śeṣaṃ tathaiva"라고 하였다. [참고문헌]『俱舍論』, *Abh-k-bh.* ⇨ 중간정려 中間靜慮, 중간정 中間定, 무심유사 無尋唯伺

중정 衆情 뭇 무리들의 생각. 『현우경』 권2(대정장4, p.361a24)에 "그때 여래께서 널리 회중의 대중에게 유연한 음성으로 법성을 드러내 펼치시고 의리를 분별하여 대중의 생각에 응하여 맞추셨다. 於是如來 廣爲衆會 出柔軟音 暢演法性 分別義理 應適衆情" 『선림보훈합주』 권3(卍속장113, p.383b16)에 "당대의 빼어난 현인으로 생각은 무리들에서 빼어나고 지혜는 뭇 사람의 생각을 넘어서며, 도를 넓히고 중생을 이롭게 하므로 대사라 한다. 當代英賢 思拔羣類 智出衆情 弘道利生 故曰大士也"라고 하였다. [참고문헌]『賢愚經』, 『禪林寶訓合註』.

중정상좌 中正上座 고려후기 스님. 진각국사(眞覺國師) 혜심(慧諶)의 『진각국사어록』「시중정상좌 示中正上座」(한불전6, p.30b12)에 "의리로 통하는 선은 배우지 말아야 하니 뜻으로 통함은 도안이 아니다. 오히려 물가의 모자처럼 먹이 구하는 새우는 빌린다. 한 주먹으로 머리를 맞아야만 비로소 참학안을 갖추리라. 莫學義通禪 義通非道眼 猶如水母兒 求食借蝦眼 透得个拳頭 始具叅學眼"라고 하였다. [참고문헌]『眞覺國師語錄』.

중정수보살계법 重定授菩薩戒法 명대 지욱(智旭) 지음. 1권. 『율요후집 律要後集』, 卍속장106, pp.907a11~909b12에 수록되어 있다. 보살계법에 대하여 자세히 설했다. 그 첫머리에 "만일 모든 보살이 보살의 삼취정계를 배우고자 한다면 속인이거나 출가자이거나 먼저 무상보리를 성취하겠다고 넓은 소원을 일으킨 뒤에 공덕을 갖추고 지혜와 법력이 있는 보살법사를 찾아서 먼저 그 발에 이마를 대고 절하고 나서 오른쪽 어깨에 가사를 걸치고 무릎을 바닥에 받친 자세로 합장하고 공경하는 마음으로 이와 같이 청하라. 대덕께서 저 아무개를 생각해 주시어 대덕의 처소에서 일체보살정계를 받기 바라옵니다'. 若諸菩薩 欲學菩薩三聚淨戒 或是在家 或是出家 先於無上菩提 發弘願已 審求功德具足 有智有力菩薩法師 先禮雙足 偏袒右肩 膝輪據地 合掌恭敬 作如是請 大德憶念 我某甲 於大德所 乞受一切菩薩淨戒"라고 한 뒤에 자세히 수계법을 시설하였다. ⇨ 보살계 菩薩戒

중제 中際 Ⓢ madhya, madhyānta, Ⓣ dbus-kyi-mtha'. 그 가운데의 때. 삼제(三際) 중 전제(前際)와 후제(後際) 사이를 말한다. 12연기 중에는 애취유(愛取有)를 말한다. 『대비바사론』 권178(대정장27, p.895c14)에 "제는 세 가지다. 첫째 전제이고, 둘째 중제이며, 셋째 후제이다. 이 셋은 과거와 현재와 미래다. 際有三 一 前際 二 中際 三 後際 此三卽過去現在未來", 『유가사지론』 권9(대정장30, p.322a16 : *Yogā-bh.*, p.198)에 "전제로부터 중제가 생기고, 중제로부터 후제가 생긴다. 謂從前際中際生 從中際後際生 又於中際 yathā pūrvāntānmadhyānte sambhavati yathā ca madhyāntādaparānte sambhavati yathā ca madhyānte s ambhūto", 『유가론기』 권12(대정장42, p.574c22 · 한불전13, p.945a21)에 "(무명 · 행에 의해) 이끌린 식 · 명색 · 육처촉 · 수와 (노사 등을) 능히 낳는 애 · 취 · 유는 중제다. 所引識名色六處觸受 及能生愛取有爲中際", 『유가사지론약찬』 권4(대정장43, p.54c27)에 "과거를 전제라 하고, 현재를 중제라 하며, 미래를 후제라 한다. 過去名前際 現在名中際 未來名後際"라고 하였다. 〔참고문헌〕『大毘婆沙論』, 『瑜伽師地論』, 『瑜伽論記』, 『瑜伽師地論略纂』. *Yogā-bh.* ⇨ 삼제 三際

중제 中諦 ❶ 중이라는 진실. 천태(天台)에서 설정한 삼제(三諦 : 空 假 中) 중 중제로, 중도제일의제(中道第一義諦)라고도 한다. 공가를 비롯한 모든 류의 이변(二邊)을 떠나지도 않고(不離) 그대로이지도 않는(不卽) 뜻에서의 중제다. 『천태전불심인기』(대정장46, p.935a2)에 "비단 삼천이 그대로 삼제가 아니고, 삼제 그대로 삼천이기에 '중제는 일체법을 거느린다' 한다. '진제는 일체법을 없애며, 속제는 일체법을 세운다'라고 한다. 삼천 바로 중이니 중으로 주를 삼으면 일을 떠나지 않고 삼이다. 이것을 본래 있는 그대로 보이는 묘경이라 한다. 非但三千卽三諦 亦乃三諦卽三千 故云 中諦者 統一切法 眞諦者 泯一切法 俗諦者 立一切法 三千卽中 以中爲主 卽一而三 名爲本有所觀妙境", 『열반현의발원기요』 권1(대정장38, p.17c18)에 "후에 중제를 밝혀 진도 멸하고 속도 멸하기에 '생멸마저 사라졌다'라고 한다. 생이 즉 바로 속이고 멸인즉 바로 진이니, 이변이 함께 사라졌기에 '사라져버렸다'고 한다. 이 때문에 중제를 고요한 멸의 즐거움이라 한다. 後明中諦 滅眞滅俗故 云生滅滅已 生卽是俗 滅卽是眞 二邊俱滅 故云滅已 是則中諦名寂滅樂", 『법화현의』 권3상(대정장33, p.706c12)에 "생사도 아니고 열반도 아니어서 이미 이변이 아니라면 또한 중도도 없다. 그러므로 다섯가지 중제는 무제(공제)와 같다. 非生死 非涅槃 旣非二邊 亦無中道 卽五種中諦 與無諦同也", 『관음의소기』 권4(대정장34, p.958a4)에 "관세음보살 등이 깨달은 후 마음에 연하지 않는 자비로 중도의 자재로운 업을 적셨기에 '중제로 거둔다'고 한다. 今觀世音等覺後 心無緣慈悲 潤於中道自在之業 故云中諦攝也", 『관무량수불경소묘종초』 권4(대정장37, p.221a3)에 "지금 보이는 것에 나아가면 뜻은 삼제에 당한다. 정변지는 반야로서 진제이고, 응공은 해탈로서 속제이며, 여래는 법신으로 중제다. 삼덕을 삼제로 삼아 삼과 일이 두렷이 어울리니 하나도 아니고 다르지도 않다. 今就所觀 義當三諦 正遍知卽般若 眞諦也 應供卽解脫 俗諦也 如來卽法身 中諦也 以三德爲三諦 三一圓融 不一不異", 『금광명경현의』 권하(대정장39, p.8c28)에 "공 그대로의 관으로 수승을 타고 부려서 진제에 이르고, 가 그대로의 관으로 득승을 타고 부려서 속제에 이르며, 중 그대로의 관으로 이승을 타고 부려서 중제에 이르니, 삼승 그대로 일승이다. 卽空之觀 乘於隨乘 運到眞諦 卽假之觀 乘於得乘 運到俗諦 卽中之觀 乘於理乘 運到中諦 三乘卽一乘", 『관음현의기』 권4(대정장34, p.916b1)에 "십계를 두렷이 관하면 이승이 바로 진이고 보살은 속이며 부처님은 중이다. 이미 일념에 들어 있어 차제는 없다. 하물며 다시 서로 어울려 백계를 이루지 않는가. 圓觀十界 二乘卽眞 菩薩是俗 佛是中諦 旣在一念 卽非次第 況復互融而成百界"라고 하였다. 〔참고문헌〕『天台傳佛心印記』, 『涅槃玄義發源機要』, 『法華玄義』, 『觀音義疏記』, 『觀無量壽佛經疏妙宗鈔』, 『金光明經玄義』, 『觀音玄義記』. ⇨ 삼제 三諦, 공가중 空假中, 중도제일의제 中道第一義諦 ❷ 1342~1406. 일본 임제종 스님. 자는 관중(觀中). 속성은 일봉(日奉)씨. 아파(阿波 : 德島縣) 출신. 나이 아홉에 천룡사(天龍寺) 몽창소석(夢窓疏石)의 시동(侍童)이 되어 삭발하고 계를 받았다. 처음에는 강원에서 공부하였고 상모(相模 : 神奈川縣)로 가서 노숙(老宿)들에게 법을 물었다. 그 뒤 원(元)으로 들어가 태주(台州 : 浙江省)에서 복주(福州 : 福建省)에 이르렀지만 때마침 홍건(紅巾)의 난을 만나 길이 막혀 어쩔 수 없이 일본으로 돌아와 천동사(天童寺) 춘옥(春屋) 문하에서 기실(記室 : 書記) 소임을 맡았다. 그때부터 본원을 궁구하며 몽창의 제자가 되었다. 천동사에서 나와서는 아파의 보타사(補陀寺)에 주석하였고, 그 다음에는 등지사(等持寺)로 옮겼으며, 또 상국사(相國寺)의 주지가 되었다. 족리의만(足利義滿)은 건덕암(乾德庵)을 세우고 스님의 은퇴를 준비하였고, 세천뇌원(細川賴元)은 영태원(永泰院)을 세워 스님을 초빙하였다. 1406년(응영13) 4월 3일 세수 65세로 입적하였다. 시호는 성진원지선사(性眞圓智禪師)이다. 삼회(三會)의 어록과 『청장집 靑嶂集』을 남겼다고 전한다. 〔참고문헌〕『延寶傳燈錄』 권24, 『本朝高僧傳』 권37, 『扶桑禪林僧寶傳』 권7, 『扶桑五山記』 권4.

중존 中尊 만다라(曼茶羅)에서 제존(諸尊)의 중앙에 자리한 주존(主尊). 본존(本尊)과 같다. 중대존(中臺尊)이라고도 한다. 만다라의 중존은 주변의 제존에 상대하는 일존(一尊)이 아니라 만다라 전체의 제존을 거두는 법신(法身)을 나타내는 경우가 많다. 태장만다라(胎藏曼茶羅)의 중대팔엽원(中臺八葉院)에서는 태장 대일여래(大日如來)에 해당하고, 금강여래(金剛如來)의 중존은 금강계 대일여래가 된다. 오대명왕(五大明王)의 중존은 부동명왕(不動明王)이다. 협시(挾侍)를 동반한 삼존불(三尊佛) 중 가운데 모셔진 존격을 가리키는 경우도 있다. 『비초문답』 권2(대정장79, p.335a18)에 "대단에 불공삼장의 의궤만다라〈대일여래를 중존으로 하여 팔대보살을 그린다〉를 걸고 탑에 소장된 불사리와 보주를 안치한다. 但大壇懸不空儀軌曼茶羅〈大日爲中尊 畫八大菩薩〉塔所持佛舍利 幷寶珠安之"라고 하였다. [참고문헌] 『祕鈔問答』. ⇨ 본존 本尊, 만다라 曼茶羅

중종 中宗 중도의 종지(宗旨). 또는 중도를 주장하는 호법종(護法宗 : 法相宗)을 가리킨다. 『성유식론장중추요』 권상(대정장43, p.608a7)에 "중종의 다섯 논서가 온 세상에 성행하였다. 中宗五分 盛行於四主", 『대승법원의림장사자후초』 권3(대정장71, p.531a18)에 "호법종에서 말하기로, 진제(眞諦 Ⓢ paramārtha-satya)의 끝에서는 비유비공인 중도이고 속제(俗諦 Ⓢ saṃvṛti-satya)의 뜻도 공불공을 설하는 것이니, 이것이 중도의 뜻이다. 진속을 갖춘 중의 가르침은 중도가 으뜸임을 드러내는 것이기에 여기서 중종이라 한 것이다. [문] 진속이제는 모두 비유비공인데 진속은 어떻게 나누는가? [답] 진제는 비유비공이란 말을 덮고 뜻만을 보여서 뜻이 바로 중도의 종지이고, … 또 속제는 비유비공을 말에 의지해 나툰 뜻이라는 것이 중도의 종지다. 護法宗所言 於眞諦邊 非有非空中道 於俗諦義 亦說空不空 此中道義 眞俗俱中之敎 以彰中道宗故 今云中宗 問 眞俗二諦俱非有非空 以何分眞俗耶 答 眞諦非有非空 廢談顯旨 旨是中道宗 … 又俗諦非有非空 依詮顯旨 旨者是中道宗"라고 하였다. [참고문헌] 『成唯識論掌中樞要』, 『大乘法苑義林章師子吼鈔』. ⇨ 법상종 法相宗, 호법종 護法宗

중좌법 中座法 중좌비구가 지켜야 할 법. 승중에서 법납 등으로 가운데에 자리하는 비구가 상좌비구를 잘 섬기고 하좌비구를 잘 보살펴야 하는 등의 법이다. 『십송율』 권57(대정장23, p.421c24)에 "중좌법이다. 중좌비구와 하좌비구가 재가자의 집에 들어가려 할 때에는 상좌를 앞쪽에 모시면서 상좌를 공경해야 한다. 만약 상좌가 용변을 볼 때에 중좌와 하좌는 기다려야 하고 멀리 가서는 안 된다. 만약 단월이 와서 '장로님들 들어오십시오'라고 말하면 '잠깐 기다리겠습니다. 상좌께서 오실 때 까지요'라고 답해야 한다. 만약 단월이 급히 불러 들어갔다면, 상좌께서 앉을 자리를 마련한 후 앉아야 한다. 단월이 '물 드시지요'라고 말하면 '잠깐 기다리겠습니다. 상좌께서 들어오실 때까지요'라고 답해야 한다. 이것이 중좌법이다. 中座法者 中座下座比丘 欲入白衣舍 當推上座在前 應恭敬上座 若上座便利 中座下座應待 不應遠去 若白衣來語 諸長老入 當答言 小待 須上座至 若檀越急喚入 當留上座所坐處然後坐 檀越言 受水 當言 小待 須上座入 是名中座法", 『비니모경』 권6(대정장24, p.834c18)에 "중좌비구 대중중에 앉을 때 상좌와 하좌의 자리는 여법한지, 의복은 잘 입고 있는지를 살펴야 한다. 만약 여법하지 않을 시에는 손가락으로 가리켜 알도록 해야 한다. 그래도 알아차리지 못한다면 그 사실을 다른 사람을 시켜 가게 해서 말해야 한다. 상좌가 알아차렸을 때는 하좌에게 '장로께서 이제 아셨다네'라고 갈하고는 상좌 쪽을 향해 공양하고 공경하고 존중하고 찬탄해야 한다. 이를 중좌법이라 한다. 中座比丘衆中坐時 應觀上座下座坐如法不 衣服自覆形體不 若不如法者 應彈指令知 若猶不覺 應語知法人使往語 上座自知時 語下座言 長老自知時 於上座邊 應供養恭敬 尊重讚歎 是名中座法", 『사분율행사초』 권3(대정장40, p.133b9)에 "열 번의 하안거에서 열아홉 번의 하안거를 보내면 중좌라 한다. 十夏至十九夏名中座", 『살바다비니』 권6(대정장23, p.603c12)에 "무엇이 중좌인가? 중좌비구가 상좌를 따라 취락에 들어갔을 때, 상좌가 용변을 마치지 않았다면 멀지 않은 곳에서 기다려야 한다. 단약 나오지 않았는데도 멀리 가버렸으면, 오기를 기다려야 한다. 云何中座 中座比丘 隨上座入聚落 若上座大小行未竟 小遠當待 若不出而遠去者 待來"라고 하였다. [참고문헌] 『十誦律』, 『毘尼母經』, 『四分律行事鈔』, 『薩婆多毘尼』.

중죄 重罪 Ⓢ gurutarāpatti, Ⓟ garukā āpatti, Ⓣ ltung-ba-lci-ba. 중대한 죄. 사중죄(四重罪 : 四波羅夷)나 오역죄(五逆罪)·십중죄(十重罪 : 十重大戒) 등을 말한다. 이 죄로 승중에서 물러나고 무간지옥(無間地獄)에 떨어지기도 하는 죄다. 『업보차별경』(대정장1, p.893c12)에 "어떤 사람이 중죄를 짓고, 짓고 나서 깊이 자책하고, 참회한 뒤 더는 저지르지 않는다면 근본업을 뽑아낼 수 있다. 若人造重罪 作已深自責 懺悔更不造 能拔根本業", 60권본 『화엄경』 권2(대정장9, p.403b21)에 "중생이 중죄를 지어 쌓은 악업의 장애를 부처님께서는 방편으로 없애 사라지게 하신다. 衆生重罪惡業障 佛以方便悉除滅", 『성실론』 권7(대정장32, p.291a20)에 "만약 그 업으로 아비지옥에 떨어지는 보를 얻는다면 이를 중죄라 한다. 若業能得 阿鼻地獄報 是名重罪", 같은 책 권8(대정장32, p.300a29)에 "정법을 가로막기에 중죄라 한다. 障礙正法 故名重罪", 『대지도론』 권37(대정장25, p.333a12)에 "모든 중죄란 선세에 지은 중죄이니 이로써 지옥에 떨어짐이 마땅하나 반야바라밀을 수행하기에 현세에 가볍게 벌을 받는다. 비유하자면 중죄를 범한 죄수는 응당 사형에 처해야 하지만 권세가 있는 사람의 비호를 받으면 곤장을 맞는 벌로 그치는 경우와 같다. 또한 마치 왕자가 비록 중죄를 지었어도 가벼운 벌로 처분되는 것과 같으니 왕종으로 태어났다는 이유 때문이다. 보살도 이와 같다. 이 반야바라밀을 행하여 진실한 지혜를 얻기에 불종에 들어가 나니, 불종중에 나기에 비록 중죄를 지었더라도 무겁게 받지 않는다. 所有重罪者 先世重罪 應入地獄 以行般若波羅蜜故 現世輕受 譬如重囚應死 有勢力者護 則受鞭杖而已 又如王子 雖作重罪 以輕罰除之 以是王種中生故 菩薩亦如

是 能行是般若波羅蜜 得實智慧故 卽入佛種中生 佛種中生故 雖有重罪 云何重受"라고 하였다. [참고문헌]『業報差別經』, 『華嚴經』, 『成實論』, 『大智度論』, *Śikṣ.125.*, *Vin.1.354.* ⇨ 중계 重戒, 바라이 波羅夷, 사바라이 四波羅夷, 오역 五逆, 십중대계 十重大戒

중죄여상로 衆罪如霜露 온갖 죄들 마치 서리나 이슬과 같다는 말. 서리나 이슬이 햇볕을 받고 문득 사라지듯이 죄의 장애도 실상을 관조하는 지혜의 광명으로 가볍게 소멸할 수 있다는 뜻. 『관보현보살행법경』(대정장9, p.393b10)에 "일체업장의 바다 모두 망상을 좇아 일어난다. 만약 참회하고자 하는 이라면 단정히 앉아 실상을 염한다면 온갖 죄들 마치 서리나 이슬같아 지혜의 태양으로 능히 사라져버린다. 一切業障海 皆從妄想生 若欲懺悔者 端坐念實相 衆罪如霜露 慧日能消除"라고 하였다. [참고문헌]『觀普賢菩薩行法經』, 『維摩經略疏』 권5(대정장38, p.628c8). ⇨ 참회 懺悔, 이참사참 理懺事懺, 양참 兩懺②, 오회 五悔①

중주 衆主 Ⓢ vaiyāvṛtyakara, Ⓣ zhal-ta-byed-pa. 대중을 이끄는 우두머리. 대중주(大衆主)·도중주(徒衆主)라고도 한다. 『유가사지론』 권41 「보살지 菩薩地」(대정장30, p.517b28 : *Bodh-bh.*, p.114)에 "또 중주 혹은 원림주가 승가물건이나 솔도파물건을 취하고 자기 것이라 말하며 분별없이 수용하는 것을 보살이 본다면, 그 나쁜 점을 생각하여 가려내고 가엾이 여기는 마음을 일으켜서 이 삿되게 수용하는 업을 인하지 못하게 해야 한다. 마땅히 오래도록 그랬다면 뜻도 없고 이익도 없으니 힘따라 그 주인되는 자리를 없애야 한다. 보살이 이와 같이 하면 주지 않는 것을 취하는 계를 범함이 없게 되어 많은 공덕이 생겨난다. 又見衆主 或園林主 取僧伽物 窣堵波物 言是己有 縱情受用 菩薩見已 思擇彼惡 起憐愍心 勿令因此邪受用業 當受長夜 無義無利 隨力所能 廢其所主 菩薩如是 雖不與取 而無違犯 生多功德 ye ca vaiyāvṛtyakarā vā ārāmikā vā sāṃdhikaṃ staupikañca prabhūtaṃ dravyaṃ vipratipādayantyanayena. svayaṃ ca paudgalikaṃ paribhuñjate. tān bodhisattvaḥ pratisaṃkhyāya mā haiva tatkarma. sa ca mithyāparibhogasteṣāṃ bhaviṣyati dīrgharātramanartāyāhitāyaiti. tasmādādhipatyāccyāvayati. tadanena paryāyeṇa bodhisattvaḥ adattamādadāno 'pyanāpattiko bhavati. bahu ca puṇyaṃ prasūyate"라고 하였다. [참고문헌]『瑜伽師地論』·권70(대정장30, p.689a23), 『梵網經菩薩戒本疏』 권2(대정장40, p.619a7), *Bodh-bh.*

중주지 中住智 오래가지 못하는 지혜. 소주지(少住智)와 무량주지(無量住智)의 중간 정도의 시간 동안 머무는 지혜를 말한다. 『사리불아비담론』 권9(대정장28, p.594a23)에 "무엇을 중주지라 하는가? 중간정도 시간만큼 머무는 지혜로서, 그 길이가 소젖을 짜는 동안 또는 7일이나 그보다 길지 않다면, 중주지라 한다. 云何中住智 若智中間住 穀牛頃或多 非七日或多 是名中住智"라고 하였다. [참고문헌]『舍利弗阿毘曇論』. ⇨ 소주지 少住智, 무량주지 無量住智

중중납패궐 重重納敗闕 거듭거듭 패하고 무너질 뿐이라네. 무엇을 해도 온통 패궐이니 끝내 얻을 것이 없는 뜻이다. 『벽암록』 51칙 「본칙 本則」(대정장48, p.186a6)에 "암두가 물었다. '무슨 말이 있었느냐?'〈바로 이랬다〉 학인이 앞서 있었던 일화를 말해 주었다〈바로 이랬다. 거듭거듭 망신이로군〉. 암두가 말했다. '그는 뭐라고 하던가?'〈입을 열자마자 때리기에 딱 좋군. 콧구멍을 잃어버렸다〉 '아무 말 없이 고개를 떨구고 암자로 돌아갔습니다'〈또 망신이로군. 그대가 말해 보라! '그는 어떤 이인가?'〉 頭云 有何言句〈便恁麽去也〉 僧擧前話〈便恁麽去也 重重納敗闕〉 頭云 他道什麽〈好劈口便打 失却鼻孔了也〉 僧云 他無語低頭歸庵〈又納敗闕 爾且道 他是什麽〉", 『정원략집』 권9 「독초방장 獨超方章」(卍속장145, p.396a14)에 "점심공양을 하고 다시 법좌에 올라 말했다. '거듭거듭 패하고 무너지니 멀쩡한 피부 상처낼 뿐이네. 대중이여! 법가히 설할 것 없으니 이를 일러 법을 설한다고 하고, 도 또한 깨우칠 일 없음을 일러 도를 깨닫는다고 하며, 선가히 참할 것 없음을 일러 참선한다고 하고, 부처 성취할 것 없음을 일러 성불한다고 한다. 어째서인가? 참구한다는 것이 선이라면 이를 일러 선에 의한 장애라고 하고, 설한다는 것이 법이라면 이를 일러 법에 의한 장애라고 하며, 깨닫는다는 것이 도라면 이를 일러 도에 의한 장애라고 하고, 성취한다는 것이 부처라면 이를 일러 부처에 의한 장애라고 한다. 진정한 선, 진정한 도, 진정한 부처, 진정한 법을 알고 싶은가? 세 번은 나던가 60겁은 지나야 하리'. 中齋又上堂 重重納敗闕 好肉更剜瘡 大衆 無法可說 是名說法 無道可悟 是名悟道 無禪可參 是名參禪 無佛可成 是名成佛 何故 若參底是禪 是名禪障 說底是法 是名法障 悟底是道 是名道障 成底是佛 是名佛障 要會眞禪眞道眞佛眞法 三生六十劫"라고 하였다. [참고문헌]『碧巖錄』, 『正源略集』. ⇨ 납패결 納敗缺

중중무진 重重無盡 거듭하고 거듭하여 다함이 없다는 뜻. 화엄 법계연기(法界緣起)를 푼 뜻이다. 제법(諸法)의 법들 각각이 진여(眞如)의 성(性)을 품어 일체(一切)에 두루 들고 다시 그 낱낱의 법들이 이렇게 거듭해서 끝이 없는 뜻이다. 비유하길 저 제석하늘을 덮은 하늘망 구슬들이 빛으로 서로서로 사무쳐 끝없는 듯하다

하였다. 『신화엄경론』 권20(대정장36, p.853c12)에 "일체경계 서로서로 품고 들여서 마치 백천의 밝은 거울에 비춘 모습들 서로서로 품고 들여 겹으로 겹으로 품어 들여 다함이 없다. 一切境界 互相含入 猶如百千明鏡影像 互相容入 重重無盡", 『화엄망진환원관소초보해』(卍속장103, p.169b5)에 "중중무진이다. 『대소』에 '하나가 일체에 들어 성이 두루하듯 하고, 일체가 하나에 들어 성으로 안는 듯하다'라고 한다. 마치 진나라거울이 서로 비추듯 하고, 제망의 구슬들이 빛을 주고받듯 하니 중중무진이라 한다. 重重無盡者 大疏云 一入一切 如性之徧 一切入一 如性之包 若秦鏡之互照 猶帝網之交光 故云重重無盡", 『기신론소필삭기』 권2(대정장44, p.307c7)에 "법 각각 이를 온전히 거두고 이에 즉한 사도 서로 장애하지 않으므로 낱낱의 사법이 서로 마주하고 서로 들인다. 일 그대로 일체이고 일체 그대로 일이니, 일이 일체로 들어가고 일체가 일로 들어서 번갈아 주인과 손님이 된다. 이처럼 겹겹으로 거듭하여 끝이 없음이 마치 하늘망의 구슬들이 그 빛 그림자 져 서로 들이듯 하여 걸림도 없고 다함도 없다네. 法各全攝理 卽理之事 互不相礙 故得一一事法 相卽相入 一卽一切 一切卽一 一入一切 一切入一 互爲主伴 重重無盡 如天網珠 光影互入 無礙無盡也", 『화엄경소초』 권80(대정장36, p.627c23)에 "이상의 모든 문이 모두 장애가 없어서 인과로 서로 사무치고 순잡으로 서로 어울려 사사가 서로 섞여 겹겹으로 다함이 없다. 令上諸門 皆無障礙 因果交徹 純雜相融 事事相參 重重無盡", 『종경록』 권28(대정장48, p.575a9)에 "중중무진이란, 이 낱낱의 법이 모두 진여심을 품어 그 성의 끝이 없는 이치다. 그런 까닭에 서로 가득히 번지며 거듭거듭 한다. 重重無盡者 卽是一一法 皆含眞如心 性無盡之理 所以 互遍重重", 『화엄경탐현기』 권3(대정장35, p.154b29)에 "전후로 각각 무량겁을 거두고 낱낱의 념중에 다시 저들 전후제의 겁을 마치 제석궁의 구슬처럼 거두니 구세로 십세로 구른다. 仍攝前後各無量劫 念念無間 一一念中 亦各攝彼 前後際劫 亦如帝網 重重無盡 九世十世之所轉也"라고 하였다. [참고문헌] 『新華嚴經論』, 『華嚴妄盡還源觀疏鈔補解』, 『起信論疏筆削記』, 『華嚴經疏鈔』, 『宗鏡錄』, 『華嚴經探玄記』. ⇨ 무진중중 無盡重重, 십십무진 十十無盡, 상즉상입 相卽相入, 법계연기 法界緣起, 인다라망 因陀羅網 ❶

중중법계 重重法界 겹겹의 법계. 두렷이 어울리고 거듭거듭 어울려 끝이 없는 화엄의 법계를 말한다. 『화엄경소』 권5(대정장35, p.535c24)에 "비로자나란 말은, 비는 곧 가득함이고 로자나는 빛이 밝게 비추는 뜻이다. 돌이켜 방언에 나아가면 응당 광명변조라 일러야 하지만 두 뜻이 있으니, 첫째 몸의 빛이 두루 온 허공 내지 진도(塵道 : 穢土)를 비춤이고, 둘째 지의 빛이 두루 진속의 중중법계를 비춤인데 곡과 지, 능과 소가 합하여 한 몸이 된다. 두렷하고 밝아 홀로 빛나니 덕 갖춤에 끝이 없기에 이 호를 세웠다. 言毘盧遮那者 毘卽遍也 盧遮那 光明照義 迴就方言 應云光明遍照 然有二義 一 身光遍照盡空乃至塵道 二 智光遍照眞俗重重法界 身智能所合爲一身 圓明獨耀 具德無邊 故立斯號", 『주화엄법계관문』 「서 序」(대정장45, p.684a25)에 "또한 이 문중에 거듭거듭 법계는 사와 이로도 끝이 없다. 비록 백장의 종이 위에 적더라도 그 뜻을 능히 다할 수 없으니, 부질없이 번잡한 문구로 널리 설명한다 해도 진실한 법을 묻어 사라지게 해서 후인들을 미혹할 뿐이다. 又此門中 重重法界 事理無邊 雖百紙不能盡其義 徒以繁文廣說 蕪沒眞法 而惑後人爾", 『아미타경소초』 권4(卍속장33, p.458a16)에 "화엄의 중중법계는 일심을 벗어나지 않고 능엄의 시방허공은 모두 그대의 마음 안이니, 이에 극락의 생은 자심에서 생겨남을 아는데, 마음에 한계가 없다면 서도 없고 동도 없을진데 가서 이를 곳 어디란 말인가! 華嚴重重法界 不出一心 楞嚴十方虛空 皆汝心內 是知極樂之生 生乎自心 心無界限 則無西無東 去至何所", 『아미타경소초연의』 권4(卍속장33, p.685b5)에 "[초] 화엄의 중중법계는 일심을 벗어나지 않는다란, 중중법계란 사법계를 벗어나지 않으며 사법계 또한 일진법계를 벗어나지 않는데 일진법계란 곧 사람에 당해서는 자성이다. 華嚴重重法界 不出一心者 重重法界 不出四法界 四法界 不出一眞法界 一眞法界 卽當人自性也", 같은 책 권1(卍속장33, p.567b6)에 "교를 가린다 하니 동으로 흘러들어 온 일대시교를 판단해 푸는 것을 말한다. 또한 자못 같지 않음이 있으니 마치 저 유규의 이교나 남중(江南)의 삼교나 천태의 사교 등이다. 그러나 이제 저들에 의지하지 않으니 이에 현수가 판석한 오교에 의지한다. 다만 치우쳐 공만을 설한 을 소라 하고, 처음으로 대승의 법문(衍門) 보임을 시라 하며, 끝내 일실로 돌아감을 종이라 하고, 일념도 생하지 않고 전체가 드러나기에 돈이라 하며, 중중법계로 다 거둬 두렷이 어울리기에 원이라 이른다. 判敎 謂判釋東流 一代時敎 亦頗有不同 如劉虯二敎 南中三敎 天台四敎等 今不依彼 乃依賢首所判五敎也 但說偏空曰小 初示衍門爲始 終歸一實爲終 一念不生全體現 故謂之頓 重重法界總圓融 故謂之圓", 『현수오교의개몽』 권1(卍속장104, p.121a6)에 "우리 부처님께서 처음 성도하신 때로부터 제이칠일 내지 여래께서 반열반에 드셨던 밤까지 이 일대시에 있어서 교화하시는 중에 중중법계로 널리 가득한 곳에서 늘 종종의 다함 없는 경법을 설하셨다. 從我佛初成道時 第二七日 乃至如來般涅槃夜 於此一代時化之中 普遍重重法界之處 常說種種無盡經法", 『정법안장』 권3(卍속장118, p.129b2)에 "사사무애이니 뜻대로 자재하다. 터럭 하나 집어 들고 중중법계 일념에 두루 드니 끝없는 찰해 다만 목전에서 혹 드러나기도 하고 혹 감추기도 하네. 事事無礙如意自在 拈起一毛 重重法界 一念徧入 無邊刹海 只在目前 或顯或晦"라고 하였다. 〔참고문헌〕『華嚴經疏』, 『註華嚴法界觀門』, 『阿彌陀經疏鈔』, 『阿彌陀經疏鈔演義』, 『賢首五敎儀開蒙』, 『正法眼藏』. ⇨ 중중무진 重重無盡, 사사무애법계 事事無礙法界, 법계 法界, 법계연기 法界緣起

중중존 衆中尊 무리중에 으뜸이신 분들. 삼보(三寶) 중 하나인 승보(僧寶) 곧 승가(僧伽)를 가리킨다. 대체로 승가와 중중존을 합친 승중중존(僧衆中尊) 또는 승제중중존(僧諸衆中尊)으로 쓰기도 한다. 『장조범지청문경』(대정장14, p.968c9)에 "이 몸이 다할 때까지 모든 무리중에 으뜸이신 분들인 승가에 귀의합니다. 乃至盡形 歸依僧伽 諸衆中尊"라고 하였다. 〔참고문헌〕『長爪梵志請問經』. ⇨ 귀의승중중존 歸依僧衆中尊, 승가 僧伽 ■

중지 中智 중품의 지혜. 무루의 성지(聖智)는 아니며 성문의 견도 아니어서 무기(無記)이며 선(善)인 벽지불의 지혜를 말한다. 『사리불아비담론』 권9(대정장28, p. 592c7)에 "무엇이 중지인가? 만약 지가 무기라면 중지다. … 만약 지가 성(聖 : 무루)은 아니지만 선이라면 중지라 한다. … 무엇이 중지인가? 만약 지혜중에 머무는 것이고 중간에 머문다면 중지라 한다. … 만약 지혜가 중에 머무는 것이고 중으로 유연하며 중의 경계라면 중지라 한다. 云何中智 若智無記 是名中智 … 若智非聖善 是名中智 … 云何中智 若智中中住中間住 是名中智 … 若智中住中軟中境界 是名中智", 『아비담비바사론』 권30(대정장28, p.218c27)에 "만약 상지로 연하는 상을 관하면 부처님의 보리라 하고, 중지로 관하면 벽지불보리라 하며, 하지로 관하는 것이라면 성문보리라 한다. 若以上智 觀於緣相 名佛菩提 若以中智 名辟支佛菩提 若以下智 名聲聞菩提"라고 하였다. 〔참고문헌〕『舍利弗阿毘曇論』, 『阿毘曇毘婆沙論』. ⇨ 비지 卑智, 승지 勝智 ■

중지무량경계 中智無量境界 중지로 아는 무량경계. 『사리불아비담론』 권9(대정장28, p.594a13)에 "무엇이 중지무량경계인가? 만약 중에 머물고 중으로 유연해서, 만약 무량중생에게 법이 비로소 생한 듯 하니, 여래열반이야말로 중지무량경계라 한다. 云何中智無量境界 若中住中軟 若無量衆生 法始生 如來涅槃 是名中智無量境界"라고 하였다. 〔참고문헌〕『舍利弗阿毘曇論』. ⇨ 소지무량경계 少智無量境界, 무량지무량경계 無量智無量境界

중지무량주 中智無量住 중지로 끝없이 머물다. 『사리불아비담론』 권9(대정장28, p.594b7)에 "무엇이 중지무량주인가? 지혜가 만약 중경계에 중으로 유연하며, 만약 끝없이 하여 틈없이 머물러 7일이나 그보다 길면 중지무량주라 한다. 云何中智無量住 智若中境界中軟 若無量間住 七日或多 是名中智無量住"라고 하였다. 〔참고문헌〕『舍利弗阿毘曇論』. ⇨ 중지소주 中智少住

중지소경계 中智少境界 중지로 아는 적은 경계. 『사리불아비담론』 권9(대정장28, p.594a9)에 "무엇이 중지소경계인가? 지혜가 만약 중이어서 중에 머물러 유연하다. 한 중생, 한 법(法)과 한 행(行)에 대해 처음 생겨난 것으로서 여래열반이 아닌 것을 중지소경계라 한다. 云何中智少境界 智若智中住中軟 若一衆生 若一法一行始生 非如來涅槃 是名中智少境界"라고 하였다. 〔참고문헌〕『舍利弗阿毘曇論』.

중지소주 中智少住 중지로 잠깐 머물다. 『사리불아비담론』 권9(대정장28, p.594b3)에 "무엇이 중지소주인가? 지혜가 만약 중경계이고 중으로 유연하며, 만약 짧은 시간 동안만 머물러 손가락을 튕기는 시간 정도지만, 소젖을 짜는 시간 정도나 그 보다는 길지 않다면 중지소주라 한다. 云何中智少住 智若中境界中軟 若少間住 彈指頃 或非轂牛頃或多 是名中智少住"라고 하였다. 〔참고문헌〕『舍利弗阿毘曇論』. ⇨ 중지무량주 中智無量住

중지장암 中地藏庵 충청북도 보은군 속리산면 사내리 속리산(俗離山)에 있던 암자. 법주사(法住寺)의 산내 암자였다. 1873년(고종10)에 작성된 『속리산대법주사사적기』에 "그 큰 건물의 이름과 크기는 다음과 같다. …〈이 이하는 재차 없어졌다〉… 상지장암·중지장암·하지장암이다. 其廣張額數曰 …〈此以下再毁〉… 上地藏 中地藏 下地藏"라고 하였다. 〔참고문헌〕『俗離山大法住寺事蹟記』, 『韓國寺刹全書』 권하 p.1030b12.

중직찬 中直讚 영산작법(靈山作法) 상단권공(上壇勸供)의 삼직찬(三直讚) 중 하나. 법보(法寶)에 대한 찬탄이다. 범패에서 중직찬은 홋소리, 지심은 짓소리로 한다. 「영산작법」(『석문의범』 권상, p.114a10)에 "중직찬 : 방광요의와 원각법문은 만억항하모래알처럼 많은 제불이 정토에 계시면서 삼세여래가 수호하신 제경안목과 원돈교문을 함께 설하신 것이다. 지심신례 달마야 이욕존. 中直讚 方廣了義 圓覺法門 萬億恒沙諸佛 在淨土中 同說三世如來之所守護 諸經眼目 圓頓敎文 志心信禮 達摩耶 離欲尊"이라고 하였다. 〔참고문헌〕『釋門儀範』. ⇨ 대직찬 大直讚, 소직찬 小直讚, 영산작법 靈山作法

중집경 衆集經 Ⓟ Saṅgīti-sutta. 『장아함경』 권8에 수록된 아홉 번째 소경(小經). 고려장17, pp.880c16~885b12·대정장1, pp.49b26~52c12에 수록되어 있다. 상응하는 팔리경전은 디가니카야 제33경 *Saṅgīti*

-*sutta*(*DN.3*, pp.207~271)이다. 이역본으로 송(宋)대 시호(施護)가 한역한 『대집법문경 大集法門經』 2권(대정장1, No.12)이 있다. 부처님께서 등의 통증으로 괴로워하시자 사리불(舍利弗)이 대신해 설법한다. 법수(法數)에 따라 1부터 10까지 더해가며 설한다.

중천사 中天寺 함경남도 신흥군 천불산(千佛山)에 있던 절. 『동국여지승람』 권48 함경도 함흥부 불우에 이름과 위치가 기록되어 있으나, 『범우고』에는 "지금은 폐사되었다. 今廢"라고 하였다. [참고문헌] 『東國輿地勝覽』, 『梵宇攷』, 『韓國寺刹全書』 권하 p.1030b14.

중천세계 中千世界 Ⓢ madhyamasāhasro lokadhātu, Ⓣ stong-gnyis-pa-bar-ma'i-'jig-rten-gyi-khams. 천의 소천세계(小天世界). 하나의 수미산(須彌山)·해와 달·사대주(四大洲)·육욕천(六欲天)·범천(梵天)을 거두는 하나의 세계이며, 이 하나의 세계가 천개이면 소천세계이고, 나아가 천의 중천세계가 있게 되면 대천세계(大千世界)다. 이 대천세계가 삼천이어야 한 부처님께서 머무시는 일불찰(一佛刹)이라 한다. 『장아함경』 권18 「세기경 世記經」(대정장1, p.114b25)에 "부처님께서 비구들에게 말씀하셨다. '저 하나의 해와 달이 사천하를 두루 돌면서 광명을 비추니, 이러한 천의 세계가 있는데, 천의 세계에는 천의 해와 달·천의 수미산왕·사천의 대천하·사천의 해수·사천대해·사천대룡·사천의 금시조·사천의 대금시조·사천악도·사천대악도·사천왕·사천대왕·칠천대수·팔천대니리(大泥犁 : 大地獄)·일만대산(大山)·천염라왕·천사천왕·천도리천·천염마천·천도솔천·천화자재천·천타화자재천·천범천이 있으니 이를 소천세계라 한다. 이런 하나의 소천세계가 천이면 이는 중천세계가 된다. 이런 하나의 중천세계가 이렇게 천이면 이는 삼천대천세계가 된다. 이와 같은 세계가 둘러싸고 생겼다 무너졌다 하며, 중생을 머물게 하니 한 부처님의 세계(一佛刹)라 한다. 佛告諸比丘 如一日月周行四天下 光明所照 如是千世界 千世界中 有千日月 千須彌山王 四千天下 四千大天下 四千海水 四千大海 四千龍 四千大龍 四千金翅鳥 四千大金翅鳥 四千惡道 四千大惡道 四千王 四千大王 七千大樹 八千大泥犁 十千大山 千閻羅王 千四天王 千忉利天 千焰摩天 千兜率天 千化自在天 千他化自在天 千梵天 是爲小千世界 如一小千世界 爾所小千千世界 是爲中千世界 如一中千世界 爾所中千千世界 是爲三千大千世界 如是世界周匝成敗 衆生所居 名一佛刹", 『대승아비달마잡집론』 권6(대정장31, p.719b16)에 "하나의 해와 달이 주변에 빛을 흘려보내 비춰지는 방처를 한 세계라 한다. 이와 같은 천 개의 세계에는 천의 해와 천의 달이 있고 천 소미로산왕·천사대주·천사대왕중천·천삼십삼천·천야마천·천도사다천·천낙변화천·천타화자재천·천범세천이 있으니 이를 다 들어 소천세계라 한다. 천의 소천세계를 다 들어 두 번째인 중천세계라 하고, 천의 중천세계를 다 들어 세 번째인 대천세계라 한다. 이와 같은 삼천대천세계는 모두 대륜위산(大輪圍山 : 鐵輪圍山)에 둘러싸여 있다. 一日一月 周遍流光 所照方處名一世界 如是千世界中 有千日千月 千蘇迷盧山王 千四大洲 千四大王衆天 千三十三天 千夜摩天 千覩史多天 千樂變化天 千他化自在天 千梵世天 如是總名小千世界 千小千界總名第二中千世界 千中千世界總名第三大千世界 如此三千大千世界 總有大輪圍山周匝圍繞"라고 하였다. [참고문헌] 『長阿含經』, 『大乘阿毘達磨雜集論』, *Abh-s-bh.37*. ⇨ 소천세계 小天世界, 대천세계 大千世界, 삼천대천세계 三千大天世界, 세계 世界

중천축 中天竺 Ⓢ Madhyadeśa. 오천축(五天竺) 가운데 중앙에 위치한 지역. 또는 정법(正法)이 출생하고 행해진 땅의 뜻에서 세계의 중심이 되는 땅의 뜻도 함께 전한다. 중천이라고도 한다. 오천축은 중고대에 인도전역을 다섯 구역으로 구분한 것인데 그 중앙에 자리한 지역을 중천축이라 하고 여러 나라가 이곳에서 명멸했다. 인도전역을 가리키기도 한다. 지금의 지명으로 보면, 라지푸타나(Rajputana) 동쪽 절반과 중앙의 여러 주(州)·중앙 인도주(印度州)·연합주(聯合州) 그리고 벵갈(Bengal)의 대부분 지역을 포함한다. 오인도 가운데 중천축의 면적이 가장 넓기도 하다. 불교성지 등이 대부분 중인도에 남아 있기에 인도를 일명 중토(中土 Ⓢ Madhyadeśa)라 하였고, 당대 현책(玄策)의 『중천축행기 中天竺行記』에 자세히 전한다. 현장(玄奘)의 『대당서역기 大唐西域記』 권4 이하에 중인도 30국이 열거되어 있는데 특히 권8·9에 걸쳐 마게다국(摩揭陀國) 한 나라만을 상세히 설명하고 있다. 『대일경의석연밀초』 권1(卍속장37, p.18b15)에 "중천축이란 서역의 이름으로 인도라고도 한다. 인도는 다섯으로 구분되는데 이곳은 중앙에 해당한다. 中天竺者 西域之名 或云印度 印度有五 此當中也", 『석가방지』 권상(대정장51, p.949a12)에 "모두 서역을 중국이라 여기고 또한 중천축국이라 불렀다. 咸謂西域 以爲中國 又亦名爲中天竺國", 『범망경보살계약소』 권2(卍속장60, p.789a16)에 "중천축에는 모두 112국이 있다. 中天竺 共有一十二國", 『일체경음의』 권2(대정장54, p.321b21)에 "마게다〈범어 음사어로 중천축 나라이름이다. 마갈제라는 음사어는 모두 음소리가 구른 차이이다. 이 나라에 금강좌보리수가 있었는데 지금도 남아 있다〉. 摩揭陀〈梵語 中天竺國名也 或云 摩竭提 皆聲轉也 此國中有金剛座菩提樹 今猶見在也〉", 『대장엄론경』 권5(대정장4, p.280c28)에 "내가 예전에 들은 적이 있다. 어떤 바가리 출신 사람이 중천축에 왔다. 그 당시 천축국의 왕이 그 사람을 등용하여 취락주로 삼았다. 我昔曾聞有婆迦利人 至中天竺 時天竺國王 卽用彼人 爲聚落主"라고 하였다. 〔참고문헌〕『大日經義釋演密鈔』, 『釋迦方志』, 『梵網經菩薩戒略疏』, 『一切經音義』, 『大莊嚴論經』, *Saṅ-v. 36·40.* ⇨중인도 中印度, 중국 中國 ❶, 오천축국 五天竺國, 천축 天竺, 인도 印度

중천축사 中天竺寺 중국 절강성(浙江省) 항주시(杭州市) 비래봉(飛來峰)에 있는 세 절 중 하나. 법정사(法淨寺)라고도 한다. ⇨법정사 法淨寺

중체 中體 중(中)이라는 것의 바탕. 굳이 이름하지만 잡을 수 없는 자리의 뜻으로 무작(無作)이나 부사의체라 부르기도 한다. 『지관보행전홍결』 권8(대정장46, p.396b24)에 "만약 중을 세운다 해도 중의 체라는 것은 없다 하였으니, 통교의 팔지와 삼장불에 모두 통한다. 오로지 공가에 통하지 않은 채로 중을 비춘다면 중을 비추는 것은 다만 별교와 원교에서 사처(四敎) 가까이할 뿐이기 때문이다. 若立中 名無中體者 亦通通教八地 及三藏佛 唯不通於空假照中 照中但在別圓 及接四處故也", 『반약등론석』 권7(대정장30, p.87b28)에 "〈게〉 이것에는 이미 전후가 없으니, 저 중인들 어떻게 얻을 수 있으랴? 〔석〕 저 중의 체란 얻을 수 없다는 뜻이다. 말과 뜻이 이와 같을 진데는 마치 마술사가 마술로 만들어낸 장부와 같아 저 상속에서 중체를 구하려 한다면 이런 뜻은 없게 된다. 왜 그런가? 전후가 성립하지 않고 중에는 체가 없기 때문이다. 此旣無前後 彼中何可得 釋曰 如彼中體 不可得故 語義如是 譬如幻師 幻作丈夫 於彼相續求中體者 無如此義 何以故 以前後不成 中無體故", 『금강경회해』 권상(卍속장38, p.770b11)에 "다음으로 법이나 비법이나 모두 상이기에 성과 상이 공하고, 한 쌍으로 매듭지어 드러냈으니 '그러므로 법 등을 취해서는 안 되니 이미 모두 취하지 않은즉 보내 다하지 않음이 없다면 중도 필경에는 공이라는 이치는 분명해진다'라고 하였다. 그렇다면 중도를 두는 것은 어떤가? '중체는 본래 벗어나 있으므로 보내거나 세우는 등이 타당하지 않으니 그래도 보낸다고 한다면 그 집착하는 정을 보내야 하는 것이다'. 次以法非法俱相 卽性相空 故雙結顯曰 是故不應取法等 旣皆不取 則遣無不盡 卽中道畢竟空 明矣 然則 猶存中道 何邪 曰 中體本離 故不當遣立 然亦遣者 遣其著情爾", 『법화경입소』 권9(卍속장47, p.361b7)에 "여기서 거듭 풀어서 이변을 비춤으로써 모든 문을 써 맺었다. 중관의 부사의한 체와 중체는 짓는 것 아니다. 이변도 연을 따름일 뿐이니 무작으로 관하고 연을 비춰 미혹을 풀어야 한다. 今此重釋 照於二邊 用結諸文 以顯中觀 不思議體 中體無作 二邊從緣 以無作觀 照緣解惑", 『열반경소삼덕지귀』 권6(卍속장58, p.540a4)에 "진중체는 둘이기도 하고 둘이 아니기도 하다. 중체 아주 없어 굳이 세우고 진이라 이름한다. 그러므로 문중에서 중과 진이라는 두 이름으로 그 체를 하나로 꿰는 것이다. 眞中之體 二無二也 中體亡泯 强立眞名 眞空不動 强立中稱 故使文中 中眞二名 其體一貫", 『산정지관』 권상(卍속장99, p.139b1)에 "만약 이변을 쌍으로 막아 중에 들어가는 방편으로 삼는다면 능히 무명을 부수고 일체종지를 이룬다. 지 능히 체를 얻으니 중체를 얻는 것이다. 若雙遮二邊 爲入中方便 能破無明 成一切種智 智能得體得中體也"라고 하였다. 〔참고문헌〕『止觀輔行傳弘決』, 『般若燈論釋』, 『金剛經會解』, 『法華經入疏』, 『涅槃經疏三德指歸』, 『刪定止觀』. ⇨중도 中道, 공가중 空假中

중초 中草 삼초이목(三草二木) 중 성문(聲聞)과 연각(緣覺)의 비유. 『법화경』 권3 「약초유품 藥草喩品」 중의 중생근기에 대한 비유다. 『법화경의기』 권6(대정장33, p.651a14)에 "'무루법을 안다'라는 구절 아래 두 행은 성문연각이라는 이승이 중초임을 밝힌다. 知無漏法下兩行 明聲聞緣覺 二乘爲中草", 『법화현의석첨』 권12(대정장33, p.904b16)에 "장통이교에서는 이승을 합하여 설하니 이를 중초라 한다. 藏通二教 二乘合說 名爲中草", 『법화현론』 권7(대정장34, p.419a1)에 "인천은 세간을 위하므로 소초에 비유하고, 이승은 출세를 위하므로 중초에 비유한다. 人天爲世間 故譬之小草 二乘爲出世 故譬之中草", 『법화경현찬섭석』 권3(卍속장53, p.188b7)에 "소에서 '이승에 준하면 또한 중초라고 한다'라고 하였다. 보살에 준하면 비록 지전위지만 소목과 대초의 중간 자리로 거둔다 하니 이승유학이 어찌 중초가 아니겠는가! 疏 准二乘 至亦名中草者 准於菩薩 雖在地前 得名小木大草中收 二乘有學 何非中草"라고 하였다. 〔참고문헌〕『法華經義記』, 『法華玄義釋籤』, 『法華玄論』, 『法華經玄贊攝釋』, 『法華玄贊』 권7(대정장34, p.786a28). ⇨삼초이목 三草二木, 성문 聲聞, 연각 緣覺

중초사 中初寺 경기도 안양시 만안구 석수동에 있던 절. 사지(寺址)에는 보물 제4호 당간지주와 지주 동북쪽 약 80m 떨어진 곳에 쓰러져 있던 고려 석탑을 1960년에 이건(移建)한 유형문화재 제164호 삼층석탑이 남아 있다. 〔참고문헌〕『韓國寺刹全書』 권하 p.1030b16. ⇨중초사지당간지주 中初寺址幢竿支柱, 중초사지삼층석탑 中初寺址三層石塔

중초사지당간지주 中初寺址幢竿支柱 통일신라시대 당간지주. 보물 제4호. 높이 364cm. 85cm의 간격을 두고 양 지주가 동서로 마주 서 있는데, 마주보는 내면이나 외면에 아무런 장식도 없다. 위에서 외면으로 호선(弧線)을 그리며 부드럽게 깎여 내려온다. 당간을 고정시키는 간공(竿孔)은 양쪽 지주 상중하 세 곳에 두었다. 상부간공은 지주 맨 위부터 긴 네모모양으로 만들었고, 중하부 간공은 둥근 구멍으로 지주를 관통한 형태로 만들었다. 서쪽 지주 외면에 자경(字徑) 6cm의 해서체(楷書體)로 6행 123자의 명문이 새겨져 있는데, 당간지주의 명문으로서 드문 예에 속하며 명문의 내용은 9세기 전반의 승관제(僧官制) 연구에 중요한 자료이다. 그 명문(『조선금석총람』 권상, pp.52~53)에 "보력 2년(826) 병오 8월 초엿새 신축일에 중초사 동쪽의 승악에서 돌 하나가 갈라져 둘이 되었다. 같은 달 28일에 두 무리가 일을 시작하였고, 9월 1일에 이에 이르렀으며, 정미년(827·홍덕왕2) 2월 30일에 모두 마쳤다. 절주통은 황룡사의 항창화상, 상화상은 진행법사, 정좌는 의열법사, 상좌는 연숭법사이다. 사사 두 명은 묘범법사와 칙영법사, 전도유내 두 명은 창악법사와 법지법사, 도상 두 명은 지생법사와 진방법사이다. 작상은 수남법사이다. 寶曆二年歲次丙午八月朔六辛丑日 中初寺東方僧岳 一石分二得 同月廿八日二徒作初奄 九月一日此處 至丁未年二月卅日了成之 節州統皇龍寺恒昌和上 上和上眞行法師 貞坐義說法師 上坐年嵩法師 史師二 妙凡法師則永法師 典都唯乃二 昌樂法師法智法師 徒上二 智生法師眞方法師 作上秀南法師"라고 하였다. [참고문헌]『朝鮮金石總覽』, 『文化財大觀』 寶物篇 石造Ⅱ(文化財廳, 2005) pp.36~39. ⇨ 중초사 中初寺

중초사지당간지주·탁본

중초사지삼층석탑 中初寺址三層石塔 고려시대 석탑. 유형문화재 제164호. 높이 2.22m. 경기도 안양시 석수동 중초사지에 당간지주(幢竿支柱, 보물 제4호)와 함께 서 있는 석탑으로, 1960년에 근처에서 이건(移建)하였다. 여러 개의 장대석으로 이루어진 지대석 위에 단층 기단과 3층 탑신부를 올렸다. 기단 면석과 1층 탑신에는 우주(隅柱)가 있고, 2·3층 탑신은 소실되었다. 옥개받침은 1·2층은 4단, 3층은 3단이다. 탑신에 비해 기단부의 비율이 크고 옥개석이 두꺼우며, 낙수면의 경사가 급하다. 3층 옥개석 위에는 원형 찰주공(擦柱孔)이 남아 있으나, 상륜부(相輪部)는 모두 소실되었다. [참고문헌]『한국의 寺址』 경기남부(문화재청, 2010) pp.305~306. ⇨ 중초사 中初寺

중초사지삼층석탑

중축 中竺 중천축(中天竺 Ⓢ Madhyadeśa)의 줄임말. 『불조통기』 권43(대정장49, p.400b12)에 "유학하는 사람은 대부분 불교에 대한 앎이 부족하니 중축 출신의 스님 법우에게 본국을 위하여 부처님께서 앉아 참선하셨던 (보리수 아래) 금강좌에 추념비를 세워달라고 부탁하였다. 儒人多薄佛 向中竺僧法遇乞 爲本國佛金剛座立碑", 『유교경론기』 권1(卍속장86, p.557a12)에 "그때 협존자는 북축에서 중축에 찾아와 머물렀다. 時脇尊者 從北竺 來遊中竺"라고 하였다. [참고문헌]『佛祖統紀』, 『遺教經論記』. ⇨ 중천축 中天竺

중취상수 衆聚相隨 Ⓟ saṃghā saṃghī gaṇī-bhūtā. 무리지어 서로를 따르다. 대대상수(隊隊相隨)와 같은 뜻이다. 『장아함경』 권15 「구라단두경 究羅檀頭經」(대정장1, p.97a11)에 "시자가 답했다. '석가 종족의 아들인 사문구담은 출가해 도를 이루어 구살라국(俱薩羅國 Ⓟ Kosala)에서 인간세계를 유행하다가 살라바제(娑羅婆提 Ⓟ Sālavatikā)촌 북쪽에 있는 시사파숲(尸舍婆 Ⓟ Siṃsapā) 숲으로 가서는 그곳에 머물고 있는데, 그 높은 이름이 천하에 두루 퍼졌습니다. … 그는 스스로 증득하고는 남을 위해 법을 설하는데 그 말씀이 처음도 중간도 마지막도 모두 바르고 진실하며, 의미 또한 구족하고 범행도 청정하십니다. 이 마을의 모든 바라문과 장자와 거사 여러 무리지어 서로 따르면서 사문 구담을 뵈러 가는 것입니다'. 究羅檀頭婆羅門 … 顧問侍者 彼諸人等 以何因緣隊隊相隨 欲何所至 侍者白言 我聞沙門瞿曇釋種子出家成道 於俱薩羅國遊行人間 詣伕娑羅婆提村北尸舍婆林中止 有大名稱 流聞天下 … 自身作證 爲他說法 上中下言 皆悉眞正 義味具足 梵行淸淨 此村諸婆羅門長者居士 衆聚相隨 欲往問訊沙門瞿曇耳"라고 하였다. [참고문헌]『長阿含經』, *DN.1.128*. ⇨ 대대상수 隊隊相隨

중친 衆䞋 중승(衆僧)에게 공양하기 위한 공양물. 『백장청규』 권2(대정장48, p.1123b12)에 "물을 끓여 차를 넣고 공양하는 사람은 일어나 향을 사르고 보시할 물품을 불조 앞에 둔 다음 주지에게 인사한다. 그리고 중승에게 공양을 행한다. 煎點人 起燒香下䞋 問訊住持 及行衆䞋"라고 하였다. [참고문헌]『百丈淸規』. ⇨ 단시 檀施, 단나 檀那, 달친 達䞋

중태 重兌 『주역 周易』 육십사괘(六十四卦) 중 제58괘인 태괘(兌卦 : ䷹). 8괘 중 태(☱ : 澤)가 중첩되어 있는 것을 묘사한 것. 이 태괘는 동산오위(洞山五位) 중 편중정(偏中正)을 표상한다. 『각랑도성어록』 권9 「동종표정 洞宗標正」(가흥장25, p.728b16)에 "중태는 상효가 (陰爻여서) 결락되어 있으니, 편중정과 같다. 重兌上缺 如偏中正也"라고 하였다. 한편 『조산어록』 「오위지결 五位旨訣」(대정장47, p.533b22)에 "편중정은 태괘에 대응한다. 물에 비친 달과 거울에 비친 영상처럼 본래 생멸이 없는데 어찌 종적인들 있으랴. 偏中正者 兌也 水月鏡像 本無生滅 豈有蹤跡"라고 하였다. 〔참고문헌〕 『覺浪道盛語錄』, 『曹山語錄』, 『周易』. ⇨ 편중정 偏中正

중태장 中胎藏 태장만다라(胎藏曼荼羅) 중대팔엽원(中臺八葉院)의 줄임말. 중태(中胎)라고도 한다. 이것은 대일여래(大日如來)의 본체(本體)에 해당하며 여기에서 사중(四重)만다라가 생겨나므로 태장(胎藏)이라 한다. 태장계(胎藏界)라는 이름은 이에서 유래하였다. 『대일경소』 권3(대정장39, p.610b4)에 "여래의 가지력으로써 부처님의 보리자증의 덕을 따라 팔엽 중태장의 몸을 나타낸다. 금강밀인에서 제일중 금강수 등의 내권속들이 나타나고, 대비만행을 따라 제이중의 마하살타 대권속들이 나타나며, 보문방편을 따라 제삼중의 일체중생 희견수류의 몸이 나타난다. 然以如來加持故 從佛菩提自證之德 現八葉中胎藏身 從金剛密印現第一重金剛手等諸內眷屬 從大悲萬行 現第二重摩訶薩埵諸大眷屬 從普門方便 現第三重一切衆生喜見隨類之身", 같은 책 권8(대정장39, p.666b18)에 "이것으로부터 다섯 자가 출생하니 소위 아 · 밤 · 람 · 함 · 캄을 말한다. 이 다섯 자를 외운다. 다음으로 암 자가 그 정수리 위에서 전성하여 중태장이 된다고 설한다. 從此出生五字 所謂阿鑁囕餠欠 持其五輪 次說暗字在其頂上 轉成中胎藏"라고 하였다. 〔참고문헌〕 『大日經疏』. ⇨ 중대팔엽원 中臺八葉院

중편염송사원 重編拈頌事苑 고려후기 혼구(混丘 1251~1322) 지음. 30권. 일연(一然)의 『선문염송사원 禪門拈頌事苑』을 다시 편차한 것으로 전하지는 않는다. 『해동문헌총록』에 "『중편염송사원』〈마땅히 보각 아래에 둠〉 석혼구 지음. 重編拈頌事苑〈當在普覺下〉 釋混丘所撰"이라 하였다. 〔참고문헌〕 『海東文獻總錄』. ⇨ 혼구 混丘

중편조동오위 重編曹洞五位 고려후기 일연(一然) 지음. 3권. 1256년(고종43) 두륜산 길상암(吉祥庵)에서 간행. 중국 조동종(曹洞宗)의 오위설(五位說)에 대해 주석을 보완하여 엮은 책. 한불전6, pp.216b1~244b22에 수록되어 있다. 당대 조산본적(曹山本寂)의 법사(法嗣)였던 혜하(慧霞)가 편집하고 광휘(廣輝)가 주석했던 『중집동산편정오위조산간어 重集洞山偏正五位曹山揀語』(一名 『조동오위현결 曹洞五位顯訣』이라고도 함)가 유통되어 오다가 고려에 전해지자, 보법선사(普法禪師) 노겸(老謙)이 조동(曹洞)의 유문(遺文)과 소산(疎山) · 말산(末山) 2가(家)의 말을 함께 엮어 간행한 적이 있었는데, 다시 살펴야 할 것이 많아 일연이 1256년 여름에 길상암에서 옛 간본과 삼가(三家)의 어구를 참고하여 교정하고 주석을 보완하여 간행하였다. 본서는 서명만 전해 올 뿐 실전된 것으로 알려져 있었는데, 민영규(閔泳珪)가 경도대학(京都大學)에 소장되어 있던 1680년 간본의 『중편조동오위』가 일연의 저작임을 밝혀냄으로 인해 세상에 알려지게 되었다. 〔참고문헌〕 『重編曹洞五位』 「序文」(한불전6, p.216b3). ⇨ 조동오위현결 曹洞五位顯訣, 동산오위 洞山五位

중품계 中品戒 천리내에 먼저 보살계를 받은 이를 교수사로 청하여 성취하는 계. 대승계(大乘戒)를 품수하는 삼종수계(三種受戒) 중 하나다. 『영락본업경』 권하(대정장24, p.1020c4)에 "불자야! 계를 받는 방법에는 세 가지가 있다. … 둘째, 모든 불보살이 멸도한 다음에 천 리 안에서 먼저 계를 받은 보살 중 아무나 법사로 청하여 당사자인 나에게 계를 내려 달라고 부탁한 다음 내가 먼저 그 다리에 이마를 대고 절하고 나서 이렇게 말해야 한다. '대존자를 스승으로 청하오니 저에게 계를 내려주십시오'. 이것이 그 제자로서 정법계를 받은 형식이니 이것이 중품계이다. 佛子 受戒有三種受 … 二者 諸佛菩薩滅度後 千里內有先受戒菩薩者 請爲法師 敎授我戒 我先禮足 應如是語 請大尊者爲師 授與我戒 其弟子 得正法戒 是中品戒"라고 하였다. 〔참고문헌〕 『瓔珞本業經』. ⇨ 삼종수 三種受 ❷

중품상생 中品上生 구품왕생(九品往生) 중 네 번째 위로 왕생한다. 오계(五戒)와 팔계(八戒)를 수지하고 오역죄를 범하지 않은 중생류다. 『관무량수경』(대정장12, p.345b8)에 "부처님께서 아난과 위제희에게 이르셨다. '중품상생자를 밝히겠다. 만약 어떤 중생이 오계를 수지하고 팔계재를 지키는 등 모든 계를 수행하며 오역죄를 저지르지 않음은 물론이고 온갖 자잘한 죄악조차도 없다. 이러한 선근을 회향하여 서방극락세계에 왕생하기를 기원하라. 행자가 임종을 맞이하는 순간 아미타불께서 비구들과 권속에 둘러싸여 금색광명을 번득이면서 그 사람이 있는 곳에 이르신 뒤에 고공무상무아를 설

중품상생 『관무량수경』
동국대 조선 1853년

하시고 출가하여 모든 괴로움에서 벗어나는 경계를 찬탄하신다. 행자는 이 광경을 보고 나서 마음에 벅찬 환희를 느낀다. 스스로 자신의 몸이 연화대에 앉아 한쪽 무릎을 꿇고 합장한 자세로 부처님께 절을 올리고 있는 모습을 본다. 머리를 들기도 전에 곧바로 극락세계에 왕생하면 연꽃이 활짝 핀다. 꽃이 피는 그 순간에 여러 음성으로 사제를 찬탄하는 소리를 듣는데 바로 그때 아라한도와 삼명·육신통을 얻고 팔해탈을 빠짐없이 갖춘다. 이상을 중품상생자라 한다'. 佛告阿難 及韋提希 中品上生者 若有衆生 受持五戒 持八戒齋 修行諸戒 不造五逆 無衆過惡 以此善根 迴向願求 生於西方極樂世界 行者臨命終時 阿彌陀佛 與諸比丘 眷屬圍繞 放金色光 至其人所 演說苦空 無常無我 讚歎出家 得離衆苦 行者見已 心大歡喜 自見己身 坐蓮花臺 長跪合掌 爲佛作禮 未擧頭頃 卽得往生極樂世界 蓮花尋開 當華敷時 聞衆音聲 讚歎四諦 應時卽得阿羅漢道 三明六通 具八解脫 是名中品上生者", 『관무량수불경소묘종초』 권6(대정장37, p.231a25)에 "중품상생은 왕생의 인을 밝히는 중에 여러 계를 언급하였다. 이는 삼학의 처음인 계를 간략하게 든 것이다. 만약 정토에 왕생하여 사제에 대하여 찬탄하는 소리를 듣고 곧바로 아라한과와 삼명과 팔해탈을 이룬다 한 것은 과로써 인을 증명한 것이다. 오로지 계만 갖는 것이 아니고 마땅히 소승의 이관과 사선을 닦는다. 다만 과를 얻지 못해도 오히려 현위에 있어서, 임종하는 순간에 방등경을 찬양하는 소리를 듣고 마음을 대승으로 돌려 정토에 왕생하기를 원한다. 그러나 회향하는 마음은 반드시 별교의 칠신이상과 원교의 관행 사품과 오품이어야 비로소 중품상생인이라 한다. 中品上生 明生因中但言衆戒 斯乃略擧三學之初也 若據生彼 聞讚四諦 便成羅漢三明八解 以果驗因 不專持戒 合修小乘 理觀事禪 但未證果 猶在賢位 於臨終時 聞讚方等 迴心向大 願生淨土然迴向心 須至別教七信已上 圓教觀行四五二品 方是中品上生人也", 『구품왕생아미타삼마지집다라니경』(대정장19, p.79c7)에 "중품상생은 선각지다. 中品上生 善覺地"라고 하였다. 〔참고문헌〕『觀無量壽經』, 『觀無量壽佛經疏妙宗鈔』, 『九品往生阿彌陀三摩地集陀羅尼經』. ⇨ 구품왕생 九品往生, 오계 五戒, 팔계 八戒, 오역죄 五逆罪

중품성취 中品成就 **1** 중품을 성취하다. 중품은 사선근(四善根 : 煖 頂 忍 世第一法) 중 인위(忍位)를 가리킨다. 『석화엄교분기원통초』 권4(한불전4, p.340a4)에 "〔문〕 중품을 성취하면 악취의 길로 가지 않는다 하고, 『구사론』 권23(대정장29, p.120b24)에는 '인위에 이르면 악취에 떨어지지 않는다'라고 하였다. 그렇다면 중품을 성취하면 인위법에 당한다는 말인데 어떤 이유로 중품을 정위에 당한다고 하는가? 〔답〕 그 정위에서 시작한 마음은 물러남이 있지만 가득 차면 물러나지 않는다. 인위의 법에서는 처음이든 끝이든 모두 물러나지 않는다. 여기서 중품성취한다는 말은 정위가 찼다는 뜻이므로 '악취의 길로는 가지 않는다'라고 했던 것이다. 問 中品成就云 不往惡趣 俱舍論云 忍不墮惡趣 則中品成就 當於忍法 何故中品 當於頂耶 答 其頂位中 始心有退滿則不退 忍法始終 俱不退也 今中品成就 是頂位滿 故云不往惡趣也"라고 하였다. 〔참고문헌〕『釋華嚴教分記圓通鈔』, 『俱舍論』. ⇨ 인위 忍位, 상품성취 上品成就, 하품성취 下品成就 **2** 경에서 시설한 중품의 의궤나 행법. 『문수사리근본의궤경』 권9(대정장20, p.868a12)에 "그때 세존이신 석가모니불께서 정광천중에 모인 대중의 근기가 성숙하여 순선과 상응함을 관찰하시고 묘길상동자에게 이르셨다. '내가 너희들에게 중품정상을 꾸미는 법을 말해주고자 한다. 중품사업으로 중품을 성취하는 법이 있다. 훌륭한 그대들이여, 자세히 듣고 잘 생각하라'. 爾時 世尊釋迦牟尼佛 觀察淨光天中 大會之衆 根機成熟 純善相應 告妙吉祥童子言 我爲汝等 欲說中品幢像儀則之事 有中品事業 中品成就法 善哉汝等 諦聽善思念之", 같은 책 권20(대정장20, p.902c11)에 "불멸후 상법시대에는 진언행을 닦아 중품을 성취할 수 있다. 於佛滅後 像法之時 修眞言行 得中品成就"라고 하였다. 〔참고문헌〕『文殊師利根本儀軌經』.

중품의식 中品意識 삼품의식(三品意識) 중 하나. 세품의식(細品意識)인 아리야식(阿梨耶識)과 추품의식(麤品意識)인 상소명의식(常所明意識) 사이에 있는 아다나식(阿陀那識 Ⓢ ādāna-vijñāna)을 말한다. 『현식론』(대정장31, p.879b5)에 "둘째, 다나식은 중품의식으로 범부신의 과보만 받는다. 二 陀那識 是中品意識 但受凡夫身果報"라고 하였다. 〔참고문헌〕『顯識論』. ⇨ 아다나식 阿陀那識, 삼품의식 三品意識

중품중생 中品中生 정토에 왕생하는 9품위 중 하나. 중품중에서도 중품생. 하루 동안 팔계(八戒)·사미계(沙彌戒)·비구계(比丘戒)를 수지하여 위의를 지킨 중생이 정토에 왕생하는 뜻이다. 『관무량수경』(대정장12, p.345b18)에 "중품중생이란 어떤 것인가? 어떤 중생이 하루 낮과 밤 동안 팔계재를 지키거나, 하루 낮과 밤 동안 사미계를 지키거나, 하루 낮과 밤 동안 비구계를 지켜서 위의에 부족함이 없을 때 그 공덕을 극락정토 왕생에 회향하고 계율의 향으로 훈습하여 닦아나간다면 임

중품중생 『관무량수경』
동국대 조선 1853년

종할 때 아미타불과 여러 권속이 금색 광채를 방광하며 칠보 연화를 들고 그 앞에 나타나는 광경을 보게 될 것이다. 中品中生者 若有衆生 若一日一夜 持八戒齋 若一日一夜 持沙彌戒 若一日一夜持具足戒 威儀無缺 以此功德 迴向願求生極樂國 戒香薰修 如此行者 命欲終時 見阿彌陀佛 與諸眷屬 放金色光 持七寶蓮花 至行者前"라고 하였다. 〔참고문헌〕『觀無量壽經』. ⇨ 구품왕생 九品往生

중품하생 中品下生 정토에 왕생하는 9품위 중 하나. 중품중에서도 하품으로 정토에 왕생한다. 효행(孝行)과 인의(仁義)를 행하여 왕생하는 중생류. 『관무량수경』(대정장12, p.345c1)에 "중품하생이란 어떤 것인가? 어떤 선남자 혹은 선여인이 부모를 효행으로 모시고 세간에서 인의를 행한다면 임종 시에 선지식이 나타나 그에게 아미타불 국토인 극락에 대해서 자세하게 설하여 주고 또한 법장(法藏)비구의 48대서원을 설하여 주는 말을 듣고서 오래지 않아 임종을 맞게 되니, 비유컨대 장사가 팔을 한 번 굽혔다 펴는 듯이 짧은 순간에 서방극락세계에 왕생한다. 왕생한 지 7일이 지나 관세음보살과 대세지보살을 만나 법을 듣고 환희를 일으켜 초과인 수다원과를 증득하고 한 소겁을 지나 아라한과를 이룬다. 이러한 이를 중품하생하는 사람이라고 한다. 中品下生者 若有善男子 善女人 孝養父母 行世仁義 此人命欲終時 遇善知識 爲其廣說 阿彌陀佛國土樂事 亦說法藏比丘四十八大願 聞此事已 尋卽命終 譬如壯士屈伸臂頃 卽生西方極樂世界 生經七日 遇觀世音 及大勢至 聞法歡喜 得須陀洹 過一小劫 成阿羅漢 是名中品下生者"라고 하였다. 〔참고문헌〕『觀無量壽經』. ⇨ 구품왕생 九品往生

중품중생 『관무량수경』 동국대 조선 1853년

중하 中夏 **1** 중국인이 자기 나라를 이르는 말. 중은 천하의 중심 또는 중앙의 뜻이고, 하는 크다(大)는 뜻이다. 중화(中華)・화하(華夏)라고도 한다. 『화엄경소초』 권5(대정장36, p.35a8)에 "범어 음사어 초하를 한역하면 중화라 하고 화하라고도 하며, 중하라고도 한다. 梵音楚夏者 秦洛謂之中華 亦名華夏 亦云中夏", 『사분율행사초자지기』 권중1(대정장40, p.266b26)에 "중하라는 말에서 하는 대국을 가리키니, 이 지역(중국)에 국한하는 말이다. 하지만 중이라는 말은 사실상 서범인도가 염부제의 중심이라는 뜻이다. 中夏者 大國曰夏 且局此方言中其實 西梵印度 乃閻浮之中心耳", 『법화경삼대부보주』 권5(卍속장44, p.119b2)에 "중하라는 말에서 중은 중국을 가리키고, 하는 화하를 말한다. … 『논어』에 '오랑캐들에게 임금이 있더라도 제하에 없느니만 못하다'라고 하였다. … 하는 크다는 뜻도 있으며, 화는 무성하다는 뜻이다. 言中夏者 中謂中國 夏謂華夏 … 論語云 夷狄之有君 不如諸夏之亡也 … 夏亦大也 華盛也", 『공작왕주경』 권상(대정장19, p.451b6)에 "지나 땅에 머물렀다〈지나는 중하의 땅을 말한다〉. 住止那地〈止那 卽中夏地也〉", 『무량의경』 「서 序」(대정장9, p.383c4)에 "이 『무량의경』은 비록 『법화경』 머리 부분에 제목이 실려 있지만 중하에서는 그 설을 볼 수 없었다. 其無量義經 雖法華首戴其目 而中夏未覩其說"라고 하였다. 〔참고문헌〕『華嚴經疏鈔』, 『四分律行事鈔資持記』, 『法華經三大部補注』, 『孔雀王呪經』, 『無量義經』. ⇨ 중화 中華 **2** 한여름. 하계(夏季) 중 두 번째 달. 『열조제강록』 권37(卍속장112, p.715a3)에 "고봉원묘(高峰原妙)선사가 중하에 법좌에 올라 말했다. '이전 45일은 어디로 갔을까? 꼬리 태운 호랑이가 시끄러운 저자로 들어온다. 이후 45일은 어디서 올까? 세 발 당나귀가 높은 누대로 올라간다. 빼어난 매와 날쌘 익더귀가 함께 허공을 찌르고 오르는 그때 절름발이 자라와 눈먼 거북은 부질없이 이리 뛰고 저리 뛴다'. 高峰妙禪師 中夏 上堂 前四十五日何處去 焦尾大蟲入鬧市 後四十五日何處來 三脚驢子上高臺 俊鷹快鷂 便合乘時 跛鼈盲龜 徒勞踍跳"라고 하였다. 〔참고문헌〕『列祖提綱錄』.

중학 衆學 ➡ 중학법 衆學法

중학법 衆學法 Ⓢ saṃbahulāḥ śaikṣā-dharmāḥ, Ⓟ sekhiyā dhammā, Ⓣ bslab-pa'i-chos-mang-po. 대중이라면 마땅히 익혀야 할 법. 일상의 위의와 관련된 여러 가지 세세한 계법으로 범해도 참회하고 다시 거듭 배워서 지키면 된다. 이런 뜻에서 '중학법'이라고 하는 것이다. 음사하여 식차가라니(式叉迦羅尼 Ⓢ śikṣā karaṇīyā, Ⓟ sikkhā karaṇīyā)라고도 하고, 응당학(應當學)이라고도 한다. 내용은 부파(部派)마다 유사하나, 지켜야 할 조목 수는 전승에 따라 출입이 있다. 『사분율』에 백 개의 조목이 있기에 이를 대표로 삼아 흔히 백중학법(百衆學法)이라고도 일컫는다. 오편(五篇) 중에서는 돌길라(突吉羅 Ⓢ duṣkṛta)가 이 중학법에 해당한다. 『미사새오분계본』(대정장22, p.198c22)에 "여러 대덕들이여! 이 중학법은 반월반월마다 계경 중에서 설해야 합니다. 내의를 높여서 입으면 안 되니, 응당 배워야 합니다. 내의를 내려서 입으면 안 되니, 응당 배워야 합니다. … 활과 화살을 잡고 있는 이에게 법을 설해서는 안 됩니다. 병 때문이면 제외하니 응당 배워야 합니다. 나무를 사람 키 이상으로 올라가서는 안 됩니다. 중대한 사유(짐승이 쫓아오는 등의 사유)가 있는 경우는 제외하니 응당 배워야 합니다. 여러 대덕들이여! 중학법 설하는 것을 이로써 마칩니다. 諸大德 是衆學法 半月半月 戒經中說 不高著內衣 應當學 不下著內衣 應當學 … 不爲捉弓箭人說法 除病 應當學 樹過人不得上 除大因緣 應當學 諸大德 已說衆學法"라고 하였다. 〔참고문헌〕『彌沙塞五分戒本』, 『摩訶僧祇律大比丘戒本』(대정장22, p.554b10), 『四分僧戒本』(대정장22, p.1029c19), *Prāt-m.48.*, *Vin.4.185.* ⇨ 식차가라니 式叉迦羅尼, 응당학 應當學, 백중학법 百衆學法, 돌길라 突吉羅, 비구계 比丘戒, 비구니계 比丘尼戒

중합대지옥 衆合大地獄 팔열지옥(八熱地獄) 중 세 번째. 중합지옥(衆合地獄 Ⓢ Saṃghāta-naraka) 또는 중합이라고도 한다. 『기세경』 권3(대정장1, p.325c19)에 "또한 비구들아! 저 중합대지옥에 떨어진 중생 가운데 살아 있거나 머무는 죄인들을 그곳의 옥졸들이 그 지옥의 다른 중생들과 함께 끌어와서 치열하게 타는 크고 뜨거운 쇳덩이 위에 쳐서 집어넣는다. 그 불꽃은 맹렬하고 극성하며 붉게 타오르는 빛이 매우 두려움을 준다. 復次 諸比丘 又彼衆合大地獄中 所有衆生 生者住者 其守獄卒 取彼地獄 諸衆生等 撲置熾燃大熱鐵上 其焰猛盛 暉赫可畏", 『잡아비담심론』 권2(대정장28, p.887b30)에 "(염마천 수명의 2천 세는 인간세의 14억 4백만 년에 해당하고) 이것은 중합대지옥의 하루 밤낮에 해당한다. 이와 같은 일과 월과 해로 수를 헤아리면 중합대지옥의 수명은 2천 세이다. 是衆合大地獄 一日一夜 如是日月歲數 衆合大地獄壽二千歲"라고 하였다. 〔참고문헌〕『起世經』, 『雜阿毘曇心論』, 『理趣六波羅蜜多經』 권3(대정장8, p.878b21), *Abh-k-bh.163.* ⇨ 팔열지옥 八熱地獄, 중합지옥 衆合地獄

중합지옥 衆合地獄 Ⓢ Saṃghāta-naraka, Ⓟ Saṅghāta-naraka, Ⓣ bsdus-'joms. 팔대지옥(八大地獄 : 八熱地獄) 중 하나. 살생·도둑질·사음(邪婬) 등의 불선업(不善業)을 지은 이가 떨어지는 지옥이며, 고통을 주는 온갖 도구로 오래도록 몸을 핍박하고 해를 끼치므로 이렇게 부른다. 여기에는 열여섯 곳의 작은 지옥이 있으며, 음사어는 승간(僧乾)이며 취개(聚磕)·퇴압(堆壓)·합회(合會)·합(合)이라고도 한다. 『삼법도론』 권하(대정장25, p.27c18)에 "〔문〕 어떤 것을 소주치지옥이라 하는가? 〔답〕 소주치란 중합·대곡(大哭)·철감(鐵鑑)이니, 중합·대곡·철감 이 세 가지가 소주치지옥이다. 중합지옥이란 무엇인가? 죄지은 중생이 지옥의 옥졸들이 한량없는 백천인 것을 두려워하여 산속으로 달려 들어가는데, 들어간 다음에는 앞과 뒤에 저절로 발화한 불길이 그를 가로 막는다. 불길로 앞과 뒤가 막힌 다음에는 둘씩 서로 마주하고 있는 큰 돌산이 저절로 합쳐져 (맷돌이) 가는 것과 같으니, 이 때문에 피가 강처럼 흐르고 뼈와 살이 다 문드러지니, 그가 이 세간에서 중생을 괴롭히는 것을 가장 즐거워하였기 때문이다. 또 불에 타고 큰 쇠 절구에서 절구공이로 백 년 동안 찧어도 그는 죄의 인연 때문에 목숨이 다하지 않으니, 그가 이 세간에서 절구로 벼룩과 이를 찧어 죽이고, 깨물어 죽였기 때문이다. 問 云何少主治地獄 答 少主治者 衆合 大哭 鐵鑑 衆合 大哭 鐵鑑 此三是少主治地獄 衆合地獄者 罪衆生畏 地獄卒無量百千 走入山間 入已 前後自然生火遮彼 爲火前後遮已 兩兩山自合如磨 由此故血流如河 骨肉爛盡 彼於此間 喜磨衆生爲首 復次火燒大鐵臼 以杵擣百年 彼以罪緣故命不盡 彼於此間 以臼擣殺蚤虱 及齧殺故", 『순정리론』 권31(대정장29, p.516b23)에 "수많은 고구(苦具)로 한꺼번에 몸을 핍박하고, 무리지어 서로서로 해치기 때문에 중합이라고 한다. 衆多苦具 俱來逼身 合黨相殘 故名衆合"다고 하였다. 〔참고문헌〕『三法度論』, 『順正理論』, 『長阿含經』 권19 「세기경 世記經」(대정장1, p.123c6), *Abh-k-bh.111.*, *Jā.4.25.* ⇨ 퇴압지옥 堆壓地獄, 팔열지옥 八熱地獄

중해 衆海 넓고 깊은 바다 무수한 바다. 한없이 넓고 깊은 불법이나 그 지혜와 자비의 덕 등을 비유한다. 『화엄경소』 권6(대정장35, p.541a18)에 "수가 광대하고 덕은 깊기에 중해라 한다. 數廣德深 故名衆海", 『석화엄지귀장원통초』 권상(한불전4, p.109a20)에 "첫 부분에서 중해라 한 말은 불법의 수가 다양하고 광대함을 나타낼 뿐만 아니라 그 하나하나가 모두 지혜로서 심오하고 광대하여 바다와 같다는 뜻이기도 하다. 初中衆海者 非唯數之繁廣 一一皆悉智慧 深奧廣大 如海故也", 같은 책 권상(한불전4, p.108c19)에 "중해는 한없이 다양하고 광대한데 어떻게 티끌을 세듯이 그 수를 능히 알 수 있으리오! 夫衆海繁廣 豈塵算能知", 『인왕호국경』 권상(대정장8, p.837b12)에 "불법이라는 넓고 깊은 바다에 삼보를 갖추었으니, 무량공덕을 그곳에 모두 거두노라. 佛法衆海三寶藏 無量功德於中攝", 『대방광총지보광명경』 권3(대정장10, p.895c23)에 "나는 이 법이 마치 넓고 깊은 바다와 같다고 설한다. 我說此法 由如衆海", 『육도집경』 권1(대정장3, p.4c25)에 "보시가 말했다. '과거세에 나는 정광불 앞에서 서원을 일으켜 도력을 얻은 뒤에 넓고 깊은 바다를 뒤집어 엎고 손가락으로 수미산을 뽑아버리며 천지를 진동시키고 모든 찰토를 옮기도록 해달라고 하였다. 부처님께서 나의 뜻을 따라 나의 서원을 허용해주시어 내가 금생에 그 도력을 얻었다. 普施曰 昔吾錠光佛前 願得道力 反覆衆海 指擢須彌 震動天地 又移諸刹 佛從吾志與吾願 吾今得之", 『화엄경소초』 권10(대정장36, p.77b18)에 "예를 들면 「묘엄품」의 설과 같이 불법이라는 모든 넓고 깊은 바다는 각각 오직 하나의 해탈문만 얻을 수 있으니 이는 순(純)에 해당하고, 보현보살이 부사의해탈문을 얻은 경우는 잡(雜)에 해당한다. 如妙嚴品說 諸衆海各各 唯得一解脫門 純也 普賢菩薩 得不思議解脫門 雜也"라고 하였다. 〔참고문헌〕『華嚴經疏』, 『釋華嚴旨歸章圓通鈔』, 『仁王護國經』, 『大方廣總持寶光明經』, 『六度集經』, 『華嚴經疏鈔』.

중행 重行 ❶ Ⓢ ādarehaṇa, Ⓣ gus-par-byed-pa. 깊고 무겁게(慇重) 뜻을 지어(作意) 행하다. 맹렬한 의지를 갖고 행하는 뜻이어서 무표(無表)를 얻는다. 『순정리론』 권39(대정장29, p.564a9)에 "나머지 무표(無表)는 전(田 Ⓢ kṣetra : 福田)·수(受 Ⓢ ādāna : 執持)·중행에 의해 얻게 된다. … 세 가지 종류의 인에 의해 나머지 무표를 얻는다. '나머지 무표'란, 율의도 아니고 비율의도 아닌 것을 말하니, 처중(處中)에 속하는 것이기 때문이다. … 셋째는 중행에 의해서이니, 그와 같은 깊고 그윽한 작의를 일으켜 선을 행하거나 악을 행하는 것을 말한다. 이를테면, 순정한 믿음이나 맹렬한 번뇌(纏)로 선이나 악을 지을 때 발생한 무표는 오랫동안 상속하는데 믿음이나 번뇌의 세력이 다할 때까지 이어진다. 得所餘無表 由田受重行 … 由三種因 得餘無表 餘無表者 謂非律儀 非不律儀 處中攝故 … 三 由重行 謂起如是殷重作意 行善行惡 謂淳淨信 或猛利纏 造善惡時 能發無表 長時相續 乃至信纏勢力終盡", 『구사론기』 권15(대정장41, p.235a16)에 "'셋째는 중행에 의해서이니, 그와 같은 은근하고 무겁게 작의를 일으켜'라고 하였는데, 선을 행할 때란 순정한 믿음으로 예불하는 것 등을 말하고, 악을 행할 때란 맹렬한 번뇌로 누군가를 때리는 것 등을 말한다. 마음의 무겁게 함으로 인해 무표가 이어 생하는 것이다. 三 由重行 謂起如是殷重作意 若行善時 謂淳淨信如禮佛等 若行惡時 謂猛利纏如捶打等 由心重故 無表續生"라고 하였다. 〔참고문헌〕『順正理論』, 『俱舍論記』, *Abh-k-bh.222.* ❷ Ⓢ dauṣṭhulya, Ⓣ gnas-ngan-len. 추중(麤重)의 현행(現行). 작용하고 있는 번뇌(煩惱)를 말한다. 추행(麤行)으로도 한역한다. 『중변분별론』 권하(대정장31, p.459a12 : *Madhy-vibh.*, p.54)에 "장애도 없고 물듦도 없는 인이란 의(猗 : 輕安)이니, 혹장(惑障 : 煩惱障)이 중행작인(作因 : 生因)이기 때문이고, 이 의가 추중인과 더불어 대치하기 때문이다. 無障無染因者猗 惑障爲重行作因故 此猗與麤重因對治故 asaṃkleśasya nidānaṃ prasrabdhir dauṣṭhulyahetutvāt saṃkleśasya. tasyāś ca tat-pratipakṣatvād", 원효(元曉)의 『중변분별론소』 권3(한불전1, p.831a11)에 "'혹장을 중행의 작인으로 삼는다'라고 하였는데, 대치되어야 할 인으로서 종자추중을 두고 혹장이라 이름함을 드러낸 것이다. 따라서 '혹장이 중행의 작인이다'라고 말한 것이다. 즉 이 추중은 현행의 혹이 되고 그 작인의 연이 되기에 '혹장이 중행의 작인이다'라고 말한 것이다. 때문에 '중행의 작인이라 발생'의 인연이다. … '이 의가 추중의 인을 대치하기 때문이다'라고 하였는데, 의는 경안으로서 추중을 뒤집어 대치하는 것이기에 혹장의 인을 멸할 수 있다. 言惑鄣爲重行作因者 顯所對因 種子麤重 名爲惑鄣 故言惑鄣重 卽此麤重爲現行惑 而作因緣 故言爲行作因 … 言此猗與麤重因對治故者 猗是輕安 反對麤重 是故能爲滅惑因也", 『현양성교론』 권1(대정장31, p.485b27)에 "괴로움에는 또한 여러 가지가 있으니, 모태(胎藏)에서 핍박받는 괴로움, 늙고 병들고 죽는 괴로움, 미워하는 이와 만나는 괴로움, 사랑하는 이와 헤어지는 괴로움, 구하는 것을 얻지 못하는 괴로움, 추중행과 함께 생장하는 괴로움, 끊임없이 생사를 거듭하는 괴로움이 그것들이다. 苦復多種 謂胎藏所迫苦 老病死苦 怨憎會苦 愛別離苦 求不得苦 與麤重行俱生長苦 數死生苦"라고 하였다. 〔참고문헌〕『中邊分別論』, 『中邊分別論疏』, 『顯揚聖教論』, *Madhy-vibh.* ⇨ 추중 麤重, 추행 麤行, 혹장 惑障

중향계 衆香界 Ⓢ sarva-gandha-sugandha lokadhātu. 온갖 향으로 가득한 세계. 향적여래(香積如來 Ⓢ gandhottamakūṭas tathāgataḥ)의 세계를 가리킨다. 중향세계 또는 중향국(衆香國)이라고도 한다. 『유마힐경』 권하(대정장14, p.532a26 : *Vikī-n.*, p.362)에 "보살로 화현한 유마거사가 중회 앞에 있다가 상방으로 올라갔다가 문득 보이지 않자 모든 대중이 그가 떠났음을 알아차렸다. 보살로 화현한 유마거사가 중향계에 도달하여 그 세계의 부처님 발에 이마를 붙이고 절을 올린 뒤에 말씀을 올렸다. … 그때 향적여래께서 발우가득 담긴 향기로운 밥에 모든 향을 갖추고는 화현한 보살과 함께 하였다. 卽化菩薩 居衆會前 上昇上方 忽然不現 擧衆皆見其去 而化菩薩 到衆香界 禮彼佛足言 … 於是 香積如來 以滿鉢香飯 一切香具 與化菩薩 atha sa nirmito bodhisattvo vimalakīrttir licchaveḥ sādhv-iti pratiśrutya teṣāṃ bodhisattvānāṃ purataḥ ūrddhamukhaḥ saṃdṛśyate na cainan te bodhisattvāḥ paśyanti gacchantaṃ atha sa nirmito bodhisattvas taṃ sarva-gandha-sugandhaṃ lokadhātum anuprāptaḥ … atha sa bhagavān gandhottamakūṭas tathāgataḥ sarva-gandha-samīhite bhājane taṃ sarva-gandha-parivāsitaṃ bhojan tasmai bodhisattvāyaṃ prādāt", 돈황본 『유마경소』 권6(대정장85, p.400c3)에 "세 번째 유마거사가 국토에 나타남에는 두 가지 일이 있다. 첫째는 신통력으로 중향계에 나타난 것이다. 第三 維摩現土之中有二 初以神力 現衆香界"라고 하였다. 〔참고문헌〕『維摩詰經』, 『維摩經疏』, *Vikī-n.* ⇨ 중향국 衆香國, 중향세계 衆香世界, 향적불 香積佛, 향적세계 香積世界

중향국 衆香國 Ⓢsarva-gandha-sugandhaṃ nāma lokadhātu. 향적여래가 계시는 향적국(香積國). 음식을 비롯한 모든 것이 향으로 가득한 세계. 중향세계(衆香世界)·중향계라고도 한다. 『유마경』 권하 「향적불품 香積佛品」(대정장14, p.552a9 : *Vikī-n.*, p.356)에 “그때 유마힐이 삼매에 들어가 상방세계에서 42항하사 불토를 지나면 중향이라는 나라가 있고 그 부처님 명호는 향적인데 지금 그 나라의 향기가 시방의 모든 불세계나 인천의 향기와 비교하여 가장 뛰어남을 그 자리의 모든 대중에게 신통력으로 보여주었다. 時維摩詰 卽入三昧 以神通力 示諸大衆 上方界分 過四十二恒河沙佛土 有國名衆香 佛號香積 今現在 其國香氣 比於十方諸佛世界 人天之香 最爲第一 atha vimalakīrtir licchavis tasyāṃ velāyān tathārūpaṃ samādhisamāpannaḥ tādṛśaṃ ca ṛdhyabhisaṃskāram abhisaṃskṛtavān ayam ūrddhve digbhāge ite buddhakṣetrād dvācatvāriṃśad gaṅgānadīvālikāsamāni buddhakṣetrāṇy atikramya sarvagandhasugandhāṃ nāma lokadhātuṃ teṣāṃ bodhisattvānāṃ teṣāñ ca mahāśrāvakāṇām upadarśayati tatra gandhottamakūṭo nāma tathāgata etarhi tiṣṭhati dhriyate yāpayati. tatra ca lokadhātau yādṛśā daśasu dikṣu sarvabuddhakṣetreṣu divyā mānuṣyakāś ca gandhā vānti. te tatra lokadhātau vṛkṣebhyo viśiṣṭattamā gandhā vānti”, 같은 책 권하 「향적불품」(대정장14, p.552c19)에 “또한 모든 모공 어디서나 미묘한 향이 나왔으니 저 중향국토의 온갖 나무에서 나는 향과도 같았다. 又諸毛孔 皆出妙香 亦如衆香國土 諸樹之香”, 『주유마힐경』 권9(대정장38, p.404a25)에 “〈경〉 음식으로 불사를 짓기도 하고, 원림과 누대로써 불사를 짓기도 한다. 〈주〉 승조(僧肇)가 말했다. ‘중향국이 그 불사가 일어나는 곳이다. 한 가지 뜻이니, 음식은 설근으로써 통한 도이고, 원림과 누대는 안근으로써 통한 길이다’. 有以飯食 而作佛事 有以園林臺觀 而作佛事 肇曰 衆香國卽其事也 一義 飮食以舌根通道 園觀以眼根通道也”, 『아미타경소초사의』 권1(卍속장33, p.495b14)에 “향기로운 밥으로 불사를 짓는다. 『정명경』에는 ‘중향국에서 향적여래께서 향기로운 밥으로써 불사를 지으신다’라고 하였다. 香飯作佛事 淨名經云 衆香國中 香積如來 以香飯而作佛事”라고 하였다. 〔참고문헌〕『維摩經』, 『注維摩詰經』, 『阿彌陀經疏鈔事義』, *Vikī-n.* ⇨ 향적국 香積國, 중향계 衆香界, 중향세계 衆香世界

중향산 衆香山 금강산(金剛山)의 다른 이름. 중향성(衆香城)이라고도 한다. 금강산에 있는 담무갈보살(曇無竭菩薩 Ⓢ Dharmogata-bodhisattva)의 주처가 중향성인데서 유래하였다. 『마하반야바라밀경』 권27 「상제품 常啼品」88(대정장8, p.417b1)에 “선남자야, 이 중향성 가운데 넓고 높은 터가 있는데, 그곳에 담무갈보살마하살의 궁전이 있다. 이 궁전은 높이와 넓이가 일유순이나 되고 모두 칠보로 꾸몄으며, 온갖 빛깔로 장엄하여 매우 훌륭하니라. 善男子 是衆香城中有大高臺 曇無竭菩薩摩訶薩宮舍在上 其宮縱廣一由旬 皆以七寶校成 雜色莊嚴 甚可憙樂”라고 하였다. 남효온(南孝溫 1454~1492)의 『추강집』 권5 「유금강산기 遊金剛山記」(한국문집총간16, p.91a3)에 “그 산 가운데 큰 것으로는 … 경치가 가장 빼어나고도 기이하기는 금강산이 으뜸인데 산 이름이 여섯이나 된다. … 지달·금강이라 하는 것은 『화엄경』에서 나왔고, 중향성이라고 하는 것은 『마하반야경』에서 나왔는데, 신라 법흥왕(法興王 514~540) 이후의 이름이다. 其山之大者 … 而泉石之最秀且奇者 金剛爲冠 山名有六 … 一曰枳怛 一曰金剛者 出華嚴經 一曰衆香城者 出摩訶般若經 新羅法興王以後所稱也”, 성해응(成海應 1760~1839)의 『연경재전집』 권51 「기관동산수 記關東山水」(한국문집총간275, p.70b20)에서도 “금강산은 동해에 있는데 그 이름은 여섯이다. … 열반·지달·금강·중향은 선가용어이다. … 金剛山在東海上 其名有六 … 涅槃枳怛金剛衆香者 皆禪家語也”라고 하였다. 〔참고문헌〕『摩訶般若波羅蜜經』, 『秋江集』, 『研經齋全集』, 80권본 『華嚴經』 권45(대정장10, p.241b23). ⇨ 담무갈보살 曇無竭菩薩, 중향성 衆香城

중향성 衆香城 Ⓢ Gandhavatī. 뭇 향으로 가득한 성. 담무갈(曇無竭 Ⓢ Dharmodgata) 곧 달마울가타(達磨鬱伽陀)보살이 교화하는 불국토다. 『대품반야경』 권27(대정장8, p.417b1)에 “이 중향성에는 크고 높은 누대가 있다. 담무갈보살마하살의 궁사가 그 위에 있다. 그 궁은 종횡 일유순 크기로 모두 칠보로 꾸며졌고 온갖 색으로 장엄하여 가히 기껍고 볼 만하다. … 중향성에 사는 남녀와 노소 모두 그 성중 사람이 많이 모이는 장소에 큰 법좌를 마련한다. 그 법좌는 네 다리가 달리고 황금이나 백은이나 유리나 파리로 장식하며 그물로 펼쳐서 잡색의 깔개를 놓고 여러 가지 휘장을 드리우며 고운 흰 모포를 그 위에 덮고 갖가지 아름다운 꽃과 향을 흩뿌린다. 是衆香城中 有大高臺 曇無竭菩薩摩訶薩 宮舍在上 其宮縱廣一由旬 皆以七寶校成 雜色莊嚴 甚可憙樂 … 衆香城中 男女大小 於其城中 多聚人處 敷大法座 其座四足 或以黃金 或以白銀 或以琉璃 或以頗梨 敷以綩綖 雜色茵褥 垂諸幃帶 以妙白氎 而覆其上 散以種種 雜妙華香”, 『해심밀경소』 권2(卍속장34, p.665b11)에 “〔문〕 담부갈보살의 인연은 어떠한가? 〔답〕 달마울가타라는 명호의 울가타는 성(盛)이라 한역하고 달마는 법이라 한역한다. 곧 이 보살은 중향성에 계시면서 그때마다 뜻따라 법을 설하여 중생들이 널리 선근을 심도록 하므로 그 이름도 법을 울창하게 한다는 법성이다. 問 曇無竭菩薩 因緣云何 答 欝伽陀秦言盛 達磨秦言法 謂此菩薩 在衆香城 隨意說法 令諸衆生 廣種善根 故名法盛"라고 하였다. [참고문헌]『大品般若經』, 『解深密經疏』, *Aṣṭ-pr.241·242.* ⇨ 담무갈보살 曇無竭菩薩

중향세계 衆香世界 Ⓢ sarva-gandha-sugandha lokadhātu. 정토 중 하나. 중향계(衆香界) 또는 중향국(衆香國)이라고도 한다. 『유마경』 권하(대정장14, p.554a28 : *Vikī-n.*, p.412)에 "그때 중향세계의 보살들이 찾아와서 합장하고 부처님께 아뢰었다. '세존이시여! 저희들이 처음으로 이 국토를 보았을 때 열하다는 생각을 일으켰으나 지금은 스스로 잘못을 뉘우치고 이러한 마음을 버렸습니다. 왜냐하면 모든 부처님의 방편은 불가사의하기 때문입니다. 중생을 제도하실 목적으로 그들이 응하는 바에 따라 불국을 다르게 나타내셨습니다'. 爾時 衆香世界菩薩來者 合掌白佛言 世尊 我等初見此土 生下劣想 今自悔責 捨離是心 所以者何 諸佛方便 不可思議 爲度衆生故 隨其所應 現佛國異 atha ye te bodhisattvāḥ bhagavato gandhottamakūṭasya tathāgatasya buddhakṣetrāt sarvagandhasugandhāl lokadhātor āgatās, te sarve prāñjalībhūtvā tathāgatasya manasyantaḥ. evaṃ ca vācam abhāṣanta. pratiniḥsṛjāmo vayaṃ bhagavaṃs tān manasikārān yair asmābhir iha buddhakṣetre hīnasaṃjñotpāditā. tat kasmād dhetoḥ acintyo hi bhagavan buddhānāṃ bhagavatāṃ buddhaviṣayaḥ. upāyakauśalyena sattvaparipākāya yathā yathecchanti. tathā tathā kṣetravyūhān ādarśayanti", 『석정토군의론』 권5(대정장47, p.62c22)에 "[문] 중향세계와 극락세계는 모두 대승의 청정불토인데 어떤 이유로 중향세계에는 성문과 벽지불의 이름이 없고 오직 청정한 대보살중만 있으며 극락세계는 한도 없고 끝도 없이 많은 성문제자가 있는지요? 이 성문중이 어찌 소승이 아니겠는지요? [석] 이 두 불토는 비록 모두 저 대승의 세계이지만 부처님을 따르는 대중으로는 서로 통하기도 하고 막히기도 한다. 중향세계는 오직 대승을 성취한 사람만이 산다. 問曰 衆香世界 與極樂世界 俱是大乘淸淨佛土 何因衆香世界 無有聲聞 辟支佛名 唯有淸淨 大菩薩衆 而極樂世界 乃有無量無邊 聲聞弟子 此聲聞衆 豈非小乘耶 釋曰 此二佛土 雖俱是彼大乘之界 然其聖衆 有通有局 衆香世界 唯是趣大乘之人"라고 하였다. [참고문헌]『維摩經』, 『釋淨土群疑論』, *Vikī-n.* ⇨ 중향계 衆香界

중향시 衆香市 온갖 향을 사고 파는 시장. 제석천(帝釋天)이 머무는 도리천(忉利天)의 일곱 시장 중 하나로 거래는 있어도 아소심(我所心)이 없다. 『입세아비담론』 권2 「천주처품 天住處品」 제8(대정장32, p.183a12)에 "이 하늘성으로 난 길은 그 수가 오백이고 네 갈래로 뻗은 대로는 서로 통한다. 행렬이 분명히 나누어져 모두가 바둑판의 줄처럼 반듯하고 네 방위의 문이 통하여 동서의 사람들이 만날 수 있다. 거리마다 늘어진 점포에는 보화가 가득하다. 첫째는 곡물시장, 둘째는 의복시장, 셋째는 향시장, 넷째는 음식시장, 다섯째는 화만시장, 여섯째는 기술자시장, 일곱째는 음녀시장이다. 처처에 모두 시장관리가 있다. 이 모든 시장에 도리천의 남녀가 오가면서 물건을 사고 파느라 값을 흥정하며 더 받고 팔거나 깎아서 사려고 하지만 칭량과 계산 모두 시전법을 갖추고 있다. 비록 이러한 일을 하지만 즐거운 놀이로 여겨서 취하지도 주지도 않으니 아소심이 없기 때문이다. 是天城路 數有五百 四陌相通 行列分明 皆如棊道 四門通達 東西相見 巷巷市廛 寶貨盈滿 第一穀米市 二衣服市 三衆香市 四飮食市 五花鬘市 六工巧市 七婬女市 處處並有市官 是諸市中 天子天女 往來貿易 商量貴賤 求索增減 稱量料數 具市廛法 雖作是事 以爲戲樂 無取無與 無我所心"라고 하였다. [참고문헌]『立世阿毘曇論』.

중허마하제경 衆許摩訶帝經 Ⓢ Mahāsammatarāja-sūtra. 송대 법현(法賢 Ⓢ Dharmabhadra) 한역. 13권. 고려장34, pp.97a1~164b14, No.1172·대정장3, pp.932a25~975c16, No.191에 수록되어 있다. 『중허마하제석경 衆許摩訶帝釋經』이라고도 한다. 부처님의 전기(傳記)로서 석가종족의 유래와 부처님의 일생 그리고 오파리(烏波梨)가 부처님께 귀의한 사적(事蹟) 등을 서술한다. 중허라는 말은 겁초(劫初)의 왕 삼마달다(三摩達多 Ⓢ Sammata)의 한역어이고, 마하제(Ⓢ mahārāja)는 대왕(大王)이라는 뜻이다. 당대 의정(義淨)이 한역한 『유부율파승사 有部律破僧事』 권1~권9(대정장24, No.1450)와 동본이다. 한역불전 가운데 유일하게 서장계(西藏系)에 속하지만 지명·인명 등의 고유명사는 모두 범어음사어를 쓰고 있다는 점이 특징이다. 그 외 석가모니불가계는 언급하지만 과거칠불(過去七佛) 내지 천불(千佛)의 법계(法系)와 석가모니불의 본생담(本生譚)이 없다는 점도 특이하다. [참고문헌]『閱藏知津』 권29(가흥장32, p.120c15), 『大中祥符法寶錄』 권7(금장111, p.747b2).

중현 重顯 980~1052. 북송대 운문종 스님. 자는 은지(隱之). 속성은 이(李)씨. 수녕(遂寧 : 四川省 蓬溪縣) 출신. 대대로 부유한 유학자 집안에서 태어나 어려서부터 가학을 계승하고 출세를 뜻에 두었지만, 청년이 되자 세속을 떠나 불도에 귀의하고 익주(益州) 보안원(普安院)의 인선(仁詵 : 仁銑) 밑으로 출가하였다. 처음에는 경전과 율장을 배웠고 구족계를 받은 후에는 선정을 닦는 데 전념하였으며, 대자사(大慈寺)의 원영(元瑩)과 석문(石門)의 온총(蘊聰)에게 차례로 수학하였고 수주(隨州 : 湖北省) 북탑(北塔)의 지문광조(智門光祚)를 찾아뵙고 깨달음을 얻어 그의 법을 이었다. 후에 전당(錢塘) 영은사(靈隱寺)에 3년 간 은거하였다가 소주(蘇州) 취봉사(翠峰寺)에 주석하였으며, 이듬해에 명주(明州) 설두산(雪竇山) 자성사(資聖寺)로 옮겨 갔는데 대중이 구름처럼 몰려들었고 종풍을 크게 선양했기 때문에 운문종의 중흥조로 칭송되었다. 또한 설두산에 30여 년 간 주석하였기 때문에 후세에 설두선사라고 불리게 되었다. 1052년(황우4) 6월 10일에 세수 73, 법랍 50세를 일기로 입적하였다. 명각선사(明覺禪師)라는 시호가 하사되었다. 시문에 뛰어났으며, 『조영집 祖英集』·『폭천집 瀑泉集』 등의 저술이 있는데 『명각선사어록 明覺禪師語錄』(6권)에 수록되어 있으며, 『경덕전등록』을 중심으로 역대 조사들의 공안 중 100칙을 선별하여 게송을 붙인 『설두송고 雪竇頌古』는 후대 원오극근이 지은 『벽암록 碧巖錄』의 기초가 되었다. ⇨설두 雪竇, 명각선사어록 明覺禪師語錄, 설두송고 雪竇頌古

중현 衆賢 Ⓢ Saṃghabhadra, Ⓣ 'dus-bzang. 5세기경 북인도 가습미라국(迦濕彌羅國 Ⓢ Kaśmīra) 출신의 논사. 음사어는 승가발다라이며 승현(僧賢)이라고도 한역한다. 『대비바사론 大毘婆沙論』을 깊이 연구하였으며, 세친(世親 Ⓢ Vasubandhu)의 『구사론 俱舍論』을 12년 동안 연구한 다음 『구사박론 俱舍雹論』을 지어 논박하고 세친과 논쟁하고자 하였으나, 뜻을 이루지 못하고 병으로 입적하였다. 세친은 중현의 『구사박론』을 보고 『순정리론 順正理論』(『隨實論』이라고도 함)이라고 개명하였다. 『현종론 顯宗論』(『光三摩耶論』이라고도 함)도 저술하였다. 『자은전』 권2(대정장50, p.232c21)에 "덕광논사의 가람 남쪽 3~4리 쯤에 가람이 있었는데, 스님 2백여 명이 모두 소승을 배우고 있었으며, 중현논사가 목숨을 마친 곳이다. 중현논사는 본래 가습미라국 출신이며, 박학하고 재주가 뛰어났고, 설일체유부의 비바사에 밝았다. 당시에 세친보살 역시 예지롭고 견문이 넓었다. 먼저 『아비달마구사론』을 지어서 비바사논사의 주장을 논파하였는데, 이치가 그윽하고 문장이 화려하여 서역학도들이 찬탄하여 우러르지 않음이 없었으니 귀신에 이르기까지 모두가 배워 익혔다. 중현논사가 이것을 보고는 분발심을 내어 다시 12년간을 깊이 생각하여 『구사박론』 2만 5천 송 80만 언을 지었다. … '깊이 나의 뜻을 순했기에 의당 『순정리론』이라고 이름한다'. 그 뒤부터는 그렇게 부르게 되었으며, 중현이 죽은 뒤에 암몰라숲 속에 탑을 세웠는데 지금도 남아 있다. 德光伽藍南三四里有伽藍 僧二百餘人 並小乘學 是衆賢論師壽終處 論師本迦濕彌羅國人 博學高才 明一切有部毘婆沙 時世親菩薩 亦以叡智多聞 先作阿毘達磨俱舍論 破毘婆沙師所執 理奥文華 西域學徒 莫不讃仰 爰至鬼神 亦皆講習 衆賢覽而心憤 又十二年 覃思 作俱舍雹論 二萬五千頌 八十萬言 … 甚順我義 宜名順正理論 遂依行焉 衆賢死後 於菴沒羅林中 起窣堵波 今猶見在"라고 하였다. 〔참고문헌〕『慈恩傳』, 『大唐西域記』 권4(대정장51, p.891c18). ⇨아비달마순정리론 阿毘達磨順正理論

중현무진문 重現無盡門 거듭 나투어 끝이 없는 문. 한 티끌(一塵) 중에 제법(諸法)을 문득 나투고, 한 곳에 처에 일체처를 보는 등 제법이 끝없이 연기하여 걸림없는 법계연기의 뜻을 인다라망(因陀羅網)인 천제망(天帝網)의 비유로 푼다. 『화엄경소초』 권11(대정장36, p.80a16)에 "소에서 '저 천제망과 같다'라고 한 이하의 대목에서는 비유로써 이름을 푼다. 십문은 오직 이렇게 비유따와 붙여진 이름이다. 만약 법에 나아가 이름을 붙인다면 마땅히 중현무진문이다. 구슬하나마다 단번에 만상을 나투니 마치 티끌 하나에 모든 법이 단번에 나타나는 듯한다. 한 겹일 뿐이다. 구슬 하나에 많은 구슬이 나타나야 비로소 겹겹의 뜻이 성립한다. 구슬이 모두 밝아서 티끌이 성과 합하는 듯한다. 구슬 하나가 나머지 많은 구슬에 비춤이 마치 티끌 하나가 수많은 찰진에 나투듯 한다. 나툰 구슬 그림자가 다시 다른 구슬 그림자를 비추니 마치 티끌 안의 찰진이 다시 다른 찰진을 비추는 듯한다. 거듭거듭 그림자져 밝고 거듭거듭 서로 나투니 끝없음에 이른다. 疏如天帝下 以喩釋名 十門唯此 從喩受名 若就法立 應名重現無盡門 一珠之內 頓現萬象 如一塵內 頓現諸法 但是一重 一珠現於多珠 方成重重之義 珠皆明淨 如塵稱性 一珠現於多珠 猶如一塵現多刹塵 所現珠影 復能現影 如塵內刹塵 復現刹 重重影明 重重互現 故至無盡", 『화엄경행원품소』 권9(卍속장7, p.739a4)에 "네 번째, '선재동자가 한 곳에서'라고 한 글은 본 것을 모두 맺는다. 한 곳에서 모든 곳의 사태를 보니 일과 다가 마주하고 거듭 나투어 끝없는 문으로 든다. 四 善財童子 於一處中下 總結所見 一處見於一切處事 卽一多卽 入重現無盡門", 『정토자량전집』 권5(卍속장108, p.583b16)에 "『종경록』에 '제망은 비유를 좇아 얻은 이름이다. 만약 법에 나아가 이름을 붙인다면 중현무진문이다'. 〔석〕 겹겹으로 끝이 없다 함은 이 한 법이 모두 진여를 머금었기에 마음의 성이 끝이 다함 없는 뜻이다. 그래서 서로 두루해서 거듭거듭한다. 宗鏡錄曰 帝網從喩得名 若就法立 應名重現無盡門 釋曰 重重無盡者 卽是一法 皆含眞如 心性無盡之理 所以互徧重重", 『심부주』 권3(卍속장111, p.106b10)에 "법상을 잡은즉 서로 비추기에 중현무진문이다. 마치 두 거울이 마주보고 비추면 전하여 빛나고 쉬지 않고 서로 비춰 다함이 없는 듯하다. 約法相卽互照 重現無盡門 如兩鏡互照 傳輝相寫

遞出無窮"라고 하였다. [참고문헌]『華嚴經疏鈔』, 『華嚴經行願品疏』, 『淨土資糧全集』, 『心賦注』, 『宗鏡錄』(대정장48, p.575a3). ⇨ 중중무진 重重無盡, 인다라망 因陀羅網 1, 제석망 帝釋網, 천제망 天帝網

중현문 重玄門 거듭 그윽함으로 드는 문. 공하고도 가시 공한 문(空空門)에 들어 적멸(寂滅) 즉 무상(無相)에 드는 뜻의 문으로 무공용(無功用)의 팔지(八地)를 지나 십지(十地)를 채우고 불지(佛地)에 가까워진 뜻이다. 『대일경의석연밀초』 권6(卍속장37, p.131b1)에 "중현문이란 적멸삼매를 말함이다. 바로 무상삼매다. 팔지 중에 이미 현문에 들지만 이제 십지를 채우고 불지에 가까워 적멸삼매문에서 다시 나아가 증한다. 이 때문에 '중현문에 든다'고 한다. 言重玄門者 謂寂滅三昧 卽無相三昧也 於八地中 已入玄門 今十地滿 隣於佛地 寂滅三昧門 再得趣證 故曰 入重玄門也", 『능엄경소해몽초』 권8(卍속장21, p.552b7)에 "중현문이란 『영락경』 등에서는 41지라 하고, 법계에 드는 마음이라 하였다. 거듭 그윽함에 드는 문이다. 言重玄門者 瓔珞等名 四十一地名入法界心 入重玄門故", 원효(元曉)의 『본업경소』 권하(한불전1, p.499c17)에 "여섯째, 중현문에 든다 한 것은 공마저 공한 문이어서 중현이라 한다. 이 공하고도 공한 문은 오직 부처님만이 다 하실 뿐이니 지금은 조금 얻었기에 '든다'고 한다. 六 入重玄門者 謂空空門名爲重玄 此空空門 唯佛所窮 今得少分 故名爲入"라고 하였다. [참고문헌]『大日經義釋演密鈔』, 『楞嚴經疏解蒙鈔』, 『本業經疏』. ⇨ 입중현문 入重玄門, 십지 十地

중현사 重玄寺 중국 강소성(江蘇省) 오현(吳縣)에 위치한 절. 당 문종(文宗) 때 태화년간(366~371) 석벽경(石壁經)을 새겨 그 이름이 널리 퍼졌고 시인 백거이(白居易)가 비문도 지어 남겼다. 석벽경은 『법화경』·『유마경』·『금강반야바라밀경 金剛般若波羅密經』·『불정존승다라니경 佛頂尊勝陀羅尼經』·『아미타경 阿彌陀經』·『관보현보살행법경 觀普賢菩薩行法經』·『실상법밀경 實相法蜜經』·『반야심경』 등 모두 여덟 경을 새겼으며, 전문은 모두 11만 6천 857언이다. [참고문헌]『釋氏稽古略』 권3(대정장49, p.836b8). ⇨ 석벽경 石壁經

중호 衆護 ➡ 승가라찰 僧伽羅刹

중화 中華 중심이 되어 피어난 곳. 중국(中國)·중하(中夏)라고도 한다. 고대 화하족(華夏族) 대부분이 황화(黃河)의 남북에 도읍을 정하여 사방의 중앙을 차지한 데서 유래한 말이다. 그 뒤에 각 조(朝)의 강토(疆土)가 점차 넓어지면서 모든 지역을 통할하는 중심이 되는 나라의 뜻으로 쓴다. 『반야심경주해』(대정장33, p.569b28)에 전하여 "중화에 이르기까지 무릇 다섯차례 한역되었지만, 이 주석에서는 현장역본을 토대로 한 것은 이 본이 중국에서 성행하기 때문이다. 傳至中華凡五譯 今從玄奘所譯者 以中國盛行故也", 『도서』 권상1(대정장48, p.399a18)에 "선은 천축의 말이고 중화의 한자로 뒤치면 사유수다. 禪是天竺之語 具云禪那 中華翻爲思惟修", 『화엄경행원품소초』 권2(卍속장7, p.865a4)에 "중화라 말하는 것은, 풀이 무성한 것을 화라 한다. 이 중국은 일어나는 일마다 번성하기에 중화라 한다. 言中華者 草盛曰華 謂此中國 觸事榮盛 故曰中華"라고 하였다. [참고문헌]『般若心經註解』, 『都序』, 『華嚴經行願品疏鈔』. ⇨ 중하 中夏 1

중화 衆禍 온갖 화. 재앙이나 죄악으로 인한 고통. 『육도집경』 권4(대정장3, p.21c5)에 "악은 화를 부르니 그림자가 몸을 따르듯 하고, 삿됨을 끊고 진실을 우러르면 온갖 화 스스로 사라지리. 夫爲惡禍追 猶影尋身 絶邪崇眞 衆禍自滅矣", 『중본기경』 권상(대정장4, p.148b8)에 "일체 뭇 화들은 모두 색욕에서 비롯하니, 온갖 좋은 것들 무상하고 사람도 영원히 머물지 않는다. 비유하자면 마술사가 생각을 짜내어 헛것을 보여주면 어리석은 이들은 애타게 좋아서 가지고 싶은 마음에 싫어할 줄 모르지만, 마술을 부리는 이 헛것을 보지만 물들지도 않고 착하지도 않는다. 왜 그런가? 지어낸 거짓이라 참된 것이 없기 때문이다. 一切衆禍 皆由色欲 衆好無常 人亦無住 譬如幻師 出意爲化 愚者愛戀 貪而無厭 幻主觀化 無染無著 所以者何 僞非眞故", 『대천보제어록』(卍속장121, p.314a6)에 "법좌에 올라 말했다. '안다는 것 한 자는 갖가지 재앙이 드나드는 문이다. 사람을 죽이고 불을 지르거나 산 채로 사로잡는 일은 지금에만 중요한 것이 아니고 옛부터 전한 법도도 아니다. 도적 타고 넘는 사다리 놓았지만 담장 벽 허물 그 사람 누구인가. 上堂 知之一字 衆禍之門 殺人放火 活捉生擒 不是今日樞要 亦非上古典刑 與賊過梯了也 攻牆割壁 何人"라고 하였다. [참고문헌]『六度集經』, 『中本起經』, 『大川普濟語錄』.

중화사 重華寺 충청북도 영동군 영동읍 화신리 천마산(天摩山)에 있는 절. 대한불교조계종 제5교구 본사 법주사(法住寺)의 말사이다. 통일신라시대에 의상(義湘 625~702)이 남각산(南角山)에 절을 짓고 용화사(龍化寺)라고 하였으며, 1530년(중종25)에 용화사가 폐사되자 휴정(休靜 1520~1604)이 명종(재위 1545~1567) 때에 현재의 위치로 이전·중창하고 이름을 중화사로 바꾸었다고 전한다. 『동국여지승람』 권16 충청도 영동현 불우에는 '남각산 용화사', 『가람고』·『범우고』·『여지도서』 충청도 영동 사찰에서는 '천마산 중화사'라고 하였다. 1797년(정조21)에 작성된 「영동군중화사대웅전중수기」(『조선사찰사료』 권상, pp.150~151)에 "중화사의 창건은 지금으로부터 대략 300년 전의 일이다. 옛 법당과 대웅전이 기울고 무너져서 거의 비바람조차 막을 수 없었다. 가경 2년(1797) 봄에 비구 정치가 개탄하며 중수하려는 마음을 내어 무리 10여 명과 함께 단월에게 재물을 모아서 예전 모습대로 수리하였다. 重華之創建 盖三百年于此矣 其古法堂 大雄殿 盡爲傾頹 幾不能庇弊風雨矣 嘉慶二年春 比丘淨寘慨然 有重修之意 與其徒十餘人壇越鳩財 仍舊貫而葺之"라고도 하였고, 1857년(철종8)에 작성된 「영동군천마산중화사대웅전중수기」(같은 책 권상, pp.151~152)에는 "중화의 뜻은 상고할 수 없지만 창건자는 신라 의상이고, 중수자는 고려 보각국사 일연(一然 1206~1289)이다. 重華之意 盖無稽焉 然而創之者 新羅國師義湘是也 修之者 高麗國尊譜覺是也"라고 하였다. 중화사의 스님들은 임진왜란 때 영규(靈圭 ?~1592)의 의승군(義僧軍)으로 나가 전사하였고, 절은 정유재란 때 전소하였다. 1677년(숙종3)에 중건되었고, 1797년(정조21)에 정진(淨寘) 등이 대웅전·노전·종각·청법루(請法樓) 등을 중수하였다. 1857년(철종8)에 백여(伯汝)가 대웅전을 중수하였고, 1908년에 대규모로 중창하였으며, 1934년에 보진(步震)이 중수하였다. 1951년 4월에 청법루가 소실되었고, 2013년 7월에 대웅전이 전소되면서 1686년(숙종12)에 조성한 유형문화재 제288호 목조여래좌상및보살좌상 및 탱화 등도 함께 소실되었다. 현존 당우로는 극락전·나한전·삼성각·종각·요사 등이 있다. 〔참고문헌〕『朝鮮寺刹史料』, 『東國輿地勝覽』, 『伽藍考』, 『梵宇攷』, 『輿地圖書』, 『韓國寺刹全書』 권하 p.1032b8, 『寺誌』(忠淸北道, 1982) pp.327~337.

중화삼년명금동사리기 仲和三年銘金銅舍利器 통일신라시대 사리기. 국립경주박물관 소장. 사리기 길이 17cm·지름 4.2cm. 황룡사(皇龍寺) 목탑사리구와 함께 입수되었다. 사리기 겉면에 행서(行書)로 쓰인 기문 중에 "옛날에 유신각간이 세상에 태어나 큰 공적을 이루어 나라의 보배가 되었기에 삼가 이 대석탑을 조성하였다. 중화 3년(883·헌강왕 9) 다시 중수하면서 … 보문사의 현여대덕이 『무구정광경』에 의거하여 소탑 77구를 만들고, 진언 77본을 써서 대탑에 봉안하였다. 昔有裕神角干 成出生之業 爲□國之寶 敬造此大石塔 仲和三年 更復□□□ 將有普門寺玄余大德 依无垢淨光經造小塔七十七軀 寫眞言七十七本 安處大塔"라고 하였다. 〔참고문헌〕『韓國金石全文』 古代 pp.197~198, 『발원發願, 간절한 바람을 담다 : 불교미술의 후원자들』(국립중앙박물관, 2015) p.279.

중화삼년명 금동사리기

중화자 中華子 조선후기 스님 태헌(太憲)의 호. 〔참고문헌〕 海印寺刊『六祖壇經』 跋文. ⇨ 태헌 太憲

중화합 衆和合 Ⓢ saṃgha. '무리들이 화합하다'의 뜻으로 승가(僧伽)의 번역어다. 승중(僧衆) 또는 화합중(和合衆)이라고도 한다. 『금강경찬요간정기』 권2(대정장33, p.188c11)에 "범어로 승가는 여기에선 무리져 화합하는 뜻의 중화합이다. 뜻으로 화합하여 어김이 없고 일마다 어울려서 다툼이 없어야 한다. 梵語僧伽, 此云衆和合 謂 理和無違 事和無諍也" 『관무량수불경소』(대정장37, p.189c1)에 "중은 4인 이상에서 백천 무량의 사람에까지 이른다. 한 곳에서 갈마로 법을 짓고 포살을 행하며 사와 이 둘이 화합하여 다툼이 없으니 이를 화합중이라 한다. 衆者 四人已上 乃至百千無量 一處羯磨作法 行籌布薩 事理二和 無有違諍 名和合衆也", 『우란분경소』 권하(대정장39, p.510b11)에 "범어 승가란 중화합이라 한역한다. 만약 대중이 화합하지 않으면 마치 상인들이나 관리들이나 병사 무리들과 같으니 승보라 부를 수 없다. 만약 화합해도 무리짓지 않으면 마치 두 사람이지만 한 마음인 것일 뿐이어서 이 또한 승보는 아니다. 무리지어 화합하여 복을 짓는 씨앗이 되어야 비로소 승보라 한다. 梵語僧伽 此云衆和合 謂若衆而不和 如群商群吏及軍衆等 不名僧寶 若和而不衆 如二人同心之類 亦非僧寶 衆而和合 爲福之因 方名僧寶", 『아미타경구해』(卍속장33, p.288b7)에 "승의 온전한 음사어는 승가이고, 한역하면 중화합이다. 僧者 具云僧伽 此翻衆和合也", 『금강경소기과회』 권2(卍속장39, p.782a1)에 "범어로 승가는 여기서는 중화합이라 한다. 뜻으로 고르게 해서 어김이 없고 일마다 어울려 다툼이 없다. 梵語僧伽 此云衆和合 謂理和無違 事和無諍也", 『아미타경적요역해』 권1(卍속장91, p.1013b17)에 "승은 범어며 또한 승가라고도 한다. '가'를 말하지 않음은 문(文)을 생략함이다. 이쪽에서는 중화합이라 한다. 僧者梵語 亦云僧伽 不言伽者省文也 此云衆和合", 『자비도장수참법수문록』 권3(卍속장129, 339a1)에 "범어 승가란 여기서는 무리져 화합한다 하니 무리지어 불화한다면 저 장사꾼이나 병졸들과 다름 없을 것이고 화합하지만 무리짓지 못하면 저 두 사람만이 한 마음 되듯 하여 승보라 할 수 없다. 무리지고 또 화합해야 이 복의 씨앗이 될 수 있고 그래야 승보라 이름할 수 있다. 梵語僧伽 此云衆和合 若衆而不和 如羣商羣吏軍衆等 若和而不衆 如二人同心等 不名僧寶 衆而和合 是福之因 方名僧寶", 설두유형(雪竇有炯)의 『유형약초』 「산사약초 山史畧抄」(한불전10, p.679b4)에 "또 대중을 다 도아 승이라 한다. 승이란 갖추어 승가라 하고 여기에선 중화합이라 한다.

여섯 가지로 화합하니 몸으로 함께 머물고, 입으로 고르게 하여 다투지 않으며, 뜻으로 어울려서 어긋남이 없으며, 보는 바 고르게 하여 같이 이해하며, 지킬 것을 함께 따른다. 又大衆總名爲僧 僧者具云僧伽 此云衆和合 有六和合 謂身和同住 口和無諍 意和無違 見和同解 戒和同遵 利和同均 後來出家者 不達爲僧之意 共住一處 以鬪諍爲事 可不惜哉"라고 하였다. [참고문헌]『金剛經纂要刊定記』, 『觀無量壽佛經疏』, 『盂蘭盆經疏』, 『阿彌陀經句解』, 『金剛經疏記科會』, 『阿彌陀經摘要易解』, 『慈悲道場水懺法隨聞錄』, 『有炯略抄』. ⇨ 중 衆 ❶, 중승 衆僧, 승 僧, 승가 僧伽. 화합승 和合僧, 육화합 六和合 ❶

중환암 中歡庵 충청북도 보은군 속리산면 사내리 속리산(俗離山)에 있던 암자. 법주사(法住寺)의 산내암자로서, 중환사(中歡寺)라고도 하였다. 1873년(고종10)에 작성된 『속리산대법주사사적기』에 "그 큰 건물의 이름과 크기는 다음과 같다. … 〈이 이하는 재차 없어졌다〉 … 상환희〈상환암은 지금도 있다〉·중환희이다. 其廣張額數曰 … 〈此以下再毁〉 … 上歡喜〈上歡庵 今有〉 中歡喜"라고 하였다. [참고문헌]『俗離山大法住寺事蹟記』, 『韓國寺刹全書』 권하 p.1031a13. ⇨ 법주사 法住寺 ❷

중회보광당회 重會普光幢會 보광당에서 거듭 모인 법회. 『화엄경』 칠처팔회(七處八會)의 법회 가운데 제2회와 제7회를 보광당에서 가졌기에 제7회를 중회라 한다. 「예경편 禮敬篇」(『석문의범』 권상, p.8)에 "지극한 마음으로 목숨 다해 귀의합니다. 대방광불화엄경 화장장엄세계해의 제7처 중회보광당회의 모든 부처님들과 보살들님께. 至心歸命禮 大方廣佛華嚴經 華藏莊嚴世界海第七處 重會普光幢會 諸佛諸菩薩"라고 하였다. [참고문헌]『釋門儀範』. ⇨ 보광당회 普光堂會

중후불식 中後不食 Ⓢ paścād-bhaktika. 정오가 지나면 먹지 않는다. 과중불식(過中不食)·불과중식(不過中食)·이과중식(離過中食) 등이라고도 한다. 『처처경』(대정장17, p.527c15)에 "부처님께서 말씀하셨다. '정오가 지나서 먹지 않으면 다섯 가지 복이 있으니, 첫째 음욕이 줄고, 둘째 잠이 줄고, 셋째 마음이 하나로 모아지고, 넷째 방귀가 없어지고, 다섯째 안온하여 병에 걸리지 않는다. 그렇기에 사문과 도사는 그 복을 알아 정오가 지나서는 먹지 않는다'. 佛言 日中後不食有五福 一者 少婬 二者 少臥 三者 得一心 四者 無有下風 五者 身安隱亦不作病 是故 沙門道士 知福不食", 『오분율』 권22(대정장22, p.151b19)에 "부처님과 대중들은 자리에서 일어나 점차로 북쪽으로 가면서 편발을 한 외도계나가 머물고 있는 곳으로 향했다. 계나는 석가종족인 부처님께서 출가해 여래응공정등각이 되었고 해질녘에는 이곳에 당도하리라는 것을 듣고는 다음처럼 생각했다. '과거 여러 선인들이 범행을 닦을 때는 정오가 지나서는 식사를 하지 않았고 때가 아닐 때는 미음마저도 마시지 않았다'. 佛與大衆從坐起去 漸漸北行 向罽那編髮外道住處 罽那聞佛釋種出家 成如來 應供 等正覺 今暮當至 作是念 過去諸仙修梵行者 中後不食 而飮非時諸漿"라고 하였다. [참고문헌]『處處經』, 『五分律』, *Śikṣ.135.* ⇨ 과중불식 過中不食, 비시식계 非時食戒

중휘 重暉 ❶ 밤낮으로 빛나는 해와 달의 빛. 『무량수경』 권상(대정장12, p.269b22)에 "해와 달도 거듭 빛나던 빛을 거두니, 하늘 빛이 숨어 드러나지 않았다. 日月戢重暉 天光隱不現", 『무량수경의소』(대정장37, p.121b14)에 "해와 달이 거듭 빛남을 거둔다는 말에서 거두다는 모으다와 같다. 밝은 해와 달의 빛이 이리저리 빛나지만 모두 여래의 덕 안으로 들어옴을 밝혔다. 日月戢重暉者 戢之言集 明日月光雜耀 皆入如來德之內", 『지관보행수요기』 권1(卍속장99, p.242a6)에 "거듭 비춤을 거두었다는 말에서 집(戢)은 거둔다는 뜻의 렴(斂)이나 그친다는 뜻의 지(止)다. 해와 달을 거듭 빛나는 것이라 한다. 부처님이 빛은 놓기 시작하면 해와 달마저도 빛나지 못한다. 戢重暉者 戢 斂也 止也 日月爲重暉 佛若放光 日月不現"라고 하였다. [참고문헌]『無量壽經』, 『無量壽經義疏』, 『止觀輔行搜要記』. ❷ 거듭 빛나다. 『불조역대통재』 권21(대정장49, p.711a19)에 "1281년(지원18) 10월 20일, 선대 황제의 성지를 흠모하는 마음으로 받들어 칙령으로 천하의 위경을 한꺼번에 모두 태워 없애도록 하였다. 이로 말미암아 부처님의 해는 높이 떠 거듭 빛났고, 법의 구름은 염부제에 드넓게 퍼졌다. 至元十八年 十月二十日 復欽奉先皇帝聖旨 勅令天下僞經 一時焚盡 由是 佛日重暉於碧漢 法雲廣布於閻浮", 『당호법사문법림별전』 권상(대정장50, p.202b19)에 "자비와 정으로 돌아간 잠깐 사이에 이미 마군을 산산이 물리쳤고, 지혜의 칼을 휘두르자마자 어리석은 도적을 항복시켰다. 부처님의 해는 그때 거듭 빛났고, 법의 구름은 이로부터 드넓게 덮였다. 暫歸慈定 已破魔軍 聊奮慧刀 卽降愚賊 佛日於是重暉 法雲由斯廣被"라고 하였다. [참고문헌]『佛祖歷代通載』, 『唐護法沙門法琳別傳』.

중휘첩조 重徽疊照 겹겹의 아름다움 대를 이어 거듭 비추다. 불멸하는 유산의 뜻이다. 『요암청욕어록』 권9(卍속장123, p.786a14)에 "삼세 그 사이에서 겹겹으로 아름다운 유산 거듭 이어 비춘다. 三世之間 重徽疊照"라고 하였다. [참고문헌]『了菴淸欲語錄』.

중흥 仲興 당대 스님. 처음에 도오원지(道吾圓智 769~835)를 찾아가 시자가 되었으며 후에 그의 법을 이었다. 담주(潭州 : 湖南省) 점원산(漸源山)에 주석하며 선풍을 드날렸다. 〔참고문헌〕『景德傳燈錄』 권15(대정장 51, p.321b1). ⇨ 도오 道吾❶

중흥사 中興寺 ❶ 경기도 고양시 덕양구 북한동 북한산성 내에 있는 중흥사(重興寺). 『성호전집』 권53 「유북한기 遊北漢記」(한국문집총간199, p.467a20)에 “내가 중흥사에 이르러 기숙하였다. 余至中興寺寄宿”라고 하였다. 〔참고문헌〕『星湖全集』. ⇨ 중흥사 重興寺❶ ❷ 경상남도 함안군 칠원읍 운곡리 청룡산(靑龍山)에 있던 절. 『가람고』에 “현 동쪽 7리에 있는 청룡산에 있다. 在靑龍山 縣東七里”라고 하였다. 〔참고문헌〕『伽藍考』, 『輿地圖書』 慶尙道 漆原 寺刹, 『韓國寺刹全書』 권하 p.1031a8. ❸ 전라남도 고흥군 포두면 상포리 팔영산(八影山 : 一名 雲嵐山 · 八顚山)에 있던 절. 『여지도서』 전라도 홍양 사찰에 “현 동쪽 7리 운람산에 있다. 在雲嵐山縣東七里”라고 하였으나, 『범우고』에는 “팔전산에 있었으나, 지금은 폐사되었다. 在八顚山 今廢”라고 하였다. 현재 사지(寺址)는 대부분 경작되고 있어서, 축대 외에 유구 확인은 어렵다. 〔참고문헌〕『輿地圖書』, 『梵宇攷』, 『伽藍考』, 『韓國寺刹全書』 권하, p.1031a3, 『한국사지총람』 권하(문화재청 · 불교문화재연구원, 2010) p.535. ❹ 전라남도 광양시 옥룡면 운평리 중흥산(中興山)에 있는 절. 신라 경문왕(재위 861~875) 때 도선국사(道詵國師 827~898)가 창건하였고 임진왜란 때 전소되었다고 전하지만, 당시 명칭은 알 수 없다. 이후 작은 비구니 암자가 건립되어 명맥을 유지하다가 다시 폐사되었다. 1963년에 하태호(河太鎬)의 시주로 공돌(公突)이 중건하였으며, 이후 중흥산성 내에 있는 절이므로 이름을 중흥사라 하였다. 1980년대에 대규모로 중창하였다. 현존 당우로는 대웅전 · 명부전 · 천불전 · 요사 등이 있다. 국보 제103호 쌍사자석등은 현재 국립광주박물관에서 보관 · 전시 중이며, 사찰에는 보물 제112호 삼층석탑과 고려말 조선초 조성으로 추정되는 장삼(長衫) 입은 두건(頭巾) 지장인 유형문화재 제142호 석조지장보살반가상이 있다. 〔참고문헌〕『文化遺蹟分布地圖』(順天大博物館 · 光陽市, 2000) pp.167~170. ❺ 전라남도 담양군 수북면 궁산리에 있던 절. 『사탑고적고』에 ‘사지는 대방리 동북쪽 약 800칸 떨어진 중흥곡에 있다. 석축이 남아 있고 와편이 흩어져 있다. 남쪽 암벽에는 뚜렷하게 새긴 화상이 있는데, 주민들에게 전해오는 말로는 명 태조인 주천자(재위 1368~1398)의 화상이라고 한다.’라고 하였다. 현재 사지(寺址)에서는 여러 건물지가 확인되고 와편(瓦片)이 산재하며, 두 존의 마애불(磨崖佛)이 있다. 이 중 커다란 암벽에 새겨진 마애불이 주천자상으로 불리는 불상이고, 여기서 10m 떨어진 암벽에도 여래좌상이 음각되어 있다. 〔참고문헌〕『寺塔古蹟考』, 『韓國寺刹全書』 권하 p.1031a5, 『한국사지총람』 권하(문화재청 · 佛教文化財硏究所, 2010) pp.557~558. ❻ 평안남도 평양시 인흥리에 있던 중흥사(重興寺). 『고려사』 권4 세가(世家)4 현종 1년(1010) 12월 9일에 “거란군이 서경에 이르러 중흥사탑을 불태웠다. 丹兵至西京焚中興寺塔”라고 하였다. 〔참고문헌〕『高麗史』. ⇨ 중흥사 重興寺❸ ❼ 평안북도 벽동군 청암산(靑巖山)에 있던 절. 『범우고』에 이름과 위치가 기록되어 있고, 1899년(광무3)에 편찬된 『벽동읍지』에도 “군 남쪽으로 15리 떨어진 청암산 아래에 있다. 在靑巖山下 南距十五里”라고 하였다. 〔참고문헌〕『梵宇攷』, 『碧潼邑誌』, 『韓國寺刹全書』 권하 p.1031a10. ❽ 황해북도 봉산군 자비령(慈悲嶺)에 있던 절. 『동국여지승람』 권41 황해도 봉산군 불우에 이름과 위치가 기록되어 있다. 『여지도서』 황해도 봉산 불우에 “지금은 없다. 今無”라고 하였다. 〔참고문헌〕『東國輿地勝覽』, 『輿地圖書』, 『梵宇攷』, 『韓國寺刹全書』 권하 p.1031a11. ❾ 중국 강소성(江蘇省) 건강(建康 : 江寧)에 위치한 절. 진(晉)대 비구 축법의(竺法義)가 입적하고 나서 그 제자가 묘소에 집을 짓고 살았는데 시간이 지나면서 절이 되었다. 유송(劉宋)대 효건년간(454~456)에 효무제(孝武帝)가 중흥사라는 이름을 내렸다. 『불조통기』 권52 「국조전고 國朝典故」(대정장49, p.456c13)에 “유송의 효무제는 칙령으로 문제의 기일에 중흥사에서 팔관재를 시행하였다. 시종하는 신하 원민손이 생선과 고기를 올리자 효무제가 진노하여 그를 면직시켰다. 宋孝武 勅文帝忌日 於中興寺 建八關齋 從臣袁敏孫 更進魚肉 帝怒免官”라고 하였다. 그 뒤 칙령으로 정림사(定林寺) 혜람선사(慧覽禪師)가 주석하자 곳곳의 학인들이 찾아들었다. 오흥침연(吳興沈演) · 평창맹의(平昌孟顗) 등이 절에 와서 혜람선사를 위하여 별도의 선방(禪房)을 지었다. 구나발다라(求那跋陀羅 Ⓢ Guṇabhadra)도 이곳에 묵은 적이 있다. 당시 건강(建康)의 수찰(首刹)이었다. 〔참고문헌〕『佛祖統紀』, 『梁高僧傳』 권11 「慧覽傳」(대정장50, p.399a19), 『南朝寺考』(대장경보편14, p.641a10).

중흥사 重興寺 ❶ 경기도 고양시 덕양구 북한동 북한산성(北漢山城) 내에 있는 절. 대한불교조계종 직할교구 사찰로, 『동국여지지』 권1 경도(京都) 한성부(漢城府) 산천에 “중흥동〈삼각산 서남쪽에 있다. 위에 중흥사가 있기에 이름 붙였다〉. 重興洞〈在三角山西南 上有重興寺 匡爲名〉”고 하였는데, 이색(李穡 1328~1396)이 쓴 「태고사원증국사탑비문 太古寺圓證國師塔碑文」(이지관 『교감역주역대고승비문』 고려편4)에 “한양 삼각산 중흥사. 漢陽三角山重興寺”라고 하였고, 『중종실록』 권39 15년(1520) 4월 계유(16일)에는 “삼각산 중흥사. 三角山中興寺”라고 달리 불렀다. 창건에 대해서는 ‘고려 태조 왕건이 국태민안을 위해서 창건하였다'는 전승만 전할 뿐 명확한 기록은 전하지 않다. 다만 이덕무(李德懋 1741~1793)의 『청장관전서』 권3 영처문고(嬰處文稿)1 「기유북한 記遊北漢」(한국문집총간257, p.73a14)에 "중흥사 … 고려 때 건립되었다고 한다. 重興寺 … 麗時建也"고 하였고, 호암미술관에 소장되어 있는 '건통3년 중흥사명금고(乾統三年重興寺銘金鼓)'에는 "삼각산 중흥사 반자는 무게가 십오근으로, 동량승 승예가 건통3년(1103·숙종8) 2월 일에 조성하였는데, 대장 노윤이 삼가 기록한다. 三角山重興寺鈑子入重十五斤棟梁僧承銳乾統三年癸未二月 日造大匠盧玧謹記"고 하였으며, 보물로 지정되어 불교중앙박물관에 소장된 '봉은사 청동은입사향완(奉恩寺青銅銀入絲香垸)'에는 "지정4년(1344·충목왕즉위) 5월 일에 삼가 청동루은향로 한 좌를 삼각산 중흥사 대전의 부처님께 받들어 올립니다. 至正四年五月 日 敬造青銅鏤銀香爐一座奉獻于三角山重興寺大殿佛前"고 하여, 고려 중기 이후에 이미 향화를 유지하였다. 특히 「태고사원증국사탑비문」에 "신사년(1341·충혜왕2) 봄에 한양 삼각산 중흥사에 주석하게 되었는데, 동봉에 자그마한 암자를 짓고는 편액을 태고암이라 하고, 그곳에서 영가스님의 「증도가 證道歌」를 본받아 「태고암가 太古庵歌」 한 편을 지었다. 辛巳春 住漢陽三角山重興寺 卓庵於東峯 扁曰太古 倣永嘉體 作歌一篇"라고 하여, 고려 말에는 산내암자를 둘 정도로 법등을 이었다. 조선시대에도 사세를 이었는데, 『태종실록』 권21 11년(1411) 5월 기묘(19일)에 "무당 70여 명을 백악의 산당에 모으고, 스님들을 중흥사에 모셔 비를 빌었다. 聚巫七十餘人于白岳山堂 又聚僧徒于重興寺 禱雨"고 하였고, 『세종실록』 권7 2년(1420) 1월 을축(26일)에 "김점이 '자은·천태 양종은 성안에 절이 없으므로, 마땅히 장의·중흥 두 절을 양종에 분속하고, 다른 예에 따라 노비를 분정하여 합니다'라고 아뢰었다. 金漸啓曰 慈恩天台兩宗 於城內無寺 宜以藏義中興二寺 分屬兩宗 依他例 分定奴婢"고 하였으며, 같은 책 권148 지리지 경기 양주도호부(楊州都護府)에도 "중흥사〈삼각산 아래에 있다. 교종에 속하게 하고, 밭 200결을 지급하였다〉. 重興寺〈在三角山下 屬教宗 給田二百結〉"고 하였다. 특히 1498년(연산군4)에 홍유손(洪裕孫 1452~1529)이 쓴 『소총유고』 상 문(文)의 「중흥사중창기 中興寺重創記」(한국문집총간12, p.522b18)에는 "산 중에 큰 것으로 경기의 북쪽에 자리한 것은 복정이다. 서쪽에는 골짜기가 있어 고요하면서도 깊고, 그 위에는 나라의 비보인 고찰이 있는데, 바로 이 절이다. 일찍이 삼장선의 스님 중에서 가려 뽑아 주지를 삼았는데, 대개 (이 절이) 중하기 때문이었다. 이로써 가까운 경기의 명산 중에 삼각이 가장 크고 중흥이 여러 사찰 중에서도 더욱 크다. 신해(1491·성종22)에 〈결〉 노스님이 잘못하여 불을 내어 승당·관음실·종각 등이 모두 바람 끝의 차가운 재가 되었고, 오로지 불당·선당만이 남아서, 중흥의 큰 모습은 다시 볼 수 없었다. 때에 지정이 주지로 있었는데 능히 불에서 구하지 못한 것을 애석해하였다. … 단월의 재화를 모아서 임자(1492)에 중건을 시작하여 무오(1498)에 완공하였다. … 황명 명치 무오 6월 22일에 점역잠부가 쓰다. 山之大也而鎭於赤縣之北者 覆鼎是也 西有洞窈窕而邃 其上游邦之裨補 古刹在焉 卽是寺也 嘗以中三藏選者浮圖 簡而住持之 蓋其重也 是故近並三輔名山 三角爲大 而中興尤大於諸刹也 辛亥 〈缺〉釋之老者失其火 其僧堂 若觀音室 若鍾閣 盡爲風邊冷灰 獨有佛堂禪堂存焉而已 無復見重興之大矣 時桑門地井 住持于此 惜其不能捄火 … 乞檀越之財 重營於壬子 而斷工於戊午 … 皇明弘治戊午夏季念二 點易潛夫記"고 하였고, 『중종실록』 권90 34년(1539) 5월 정해(20일)에 "중흥사에 모였는데, 승가사에서 재를 베푼다는 말을 듣고 와서 머물렀다. 接于重興寺 聞僧伽寺設齋來宿"고 하여, 조선 전기에는 재건불사가 이루어지기 하였다. 그러나 『서애집』 권6 서장(書狀) 「논군량민식장〈삼월〉 論軍糧民食狀〈三月〉」(한국문집총간52, p.119b20)에는 "적병이 (1593·선조26) 본월(3월) … 24일에 또 나타나 삼각산 중흥(사) 등을 불태웠다. 賊兵 本月 … 二十四日 又出焚蕩於三角山中興等處"고 하였다. 그 뒤 『숙종실록』 권52 38년(1712) 11월 기축(10일)에 "병조판서 조태채는 '북한산성 행궁 자리는 중흥사 옛터만 못하다'고 하였다. 兵曹判書趙泰采曰 北漢行宮基址 不如重興寺舊址"고 하여, 이전에 이미 폐사하였지만, 팔도도총섭(八道都摠攝) 계파성능(桂坡聖能)이 1711년에 북한산성을 쌓을 때 기록한 것을 1745년(영조21)에 엮은 『북한지』 사찰(寺刹)에는 "중흥사〈등안봉 아래에 있다. 옛 절은 단지 삼십여 칸이었는데, 산성을 쌓은 뒤에 늘려 지어 백삼십육칸이 되었다〉. 重興寺〈在登岸峯下 古寺只有三十餘間 及築城後增建爲一百三十六間〉"고 하였다. 다만 같은 책 사찰 태고사에 "축성 후에 총섭승 성능이 보우의 옛 터에 10여 년동안 백삼십일칸의 절을 지어 태고라고 불렀다. 절을 지어 백삼시築城後 摠攝僧聖能 卽普愚遺址 經紀刱寺 凡一百三十一間 仍名以太古"고 하여, 재건의 규모가 비슷한 탓에 중흥사와 태고사가 동일 사찰로 회자되기도 하였다. 『만기요람』 군정편(軍政編)3 총융청(摠戎廳) 북한산성(北漢山城)에는 "승병을 두고 치영이라 하였다〈중흥사에 있다〉. … 중흥사는 등안봉 아래에 있다〈백사십구칸으로 치영이 있다〉. 置僧兵號曰緇營〈在重興寺〉 … 重興寺 在登岸峯下〈一百四十九間 緇營所在〉"고 하였는데, 이덕무의 『청장관전서』 권3 영처문고1 「기유북한」(한국문집총간257, p.73a14)에 "중흥사. 용암사를 떠나 길을 따라 내려가자 땅이 조금 평평해졌는데, 중흥이라는 절이 있다. 고려 때 건립되었다고 하는데, 열한 곳 절 중에 가장 오래되고 가장 크며, (절의) 금불좌상은 한 길이 넘었다. 승장이 영(營)을 두고 자리하면서 팔도의 승병을 이끌었는데, 이름은 궤능이며, 직명은 총섭이었다. (절의) 옆에는 암석에다가 조각한 마석이 있다. 重興寺 捨龍巖遵去路以下 地稍平 有寺焉 曰重興 麗時建也 十一寺最爲古且大 金佛坐者過丈 僧將開府以處 領八路僧兵 名曰軌能 識曰摠攝 旁有磨石 仍巖石以刻"고 할 정도였다. 특히 영조와 정조는 특별히 관심을 가져, 『영조실록』 권80 29년(1753) 9월 을묘(3일)에 "중흥사에 『능엄경』을 두라고 명하였다. '지난번에 옛 강서원 서책에 기록한 것을 보니 『능엄경』이 있었다. 내 후손을 가르치는 도리가 아니므로, 북한(산) 중흥사로 옮겨 보관하도록 하라'고 하였다. 命置楞嚴經于中興寺 敎曰 頃見故講書院書冊置簿 有楞嚴經 此非所以敎吾孫之道 其令送置于北漢中興寺"고 하였고, 『정조실록』 권20 9년(1785) 6월 갑오(17일)에는 "작년 봄에 중흥사에 남아 있는 장 10독과 세 유영에 남아 있는 장 53석영은 개색하여 스님과 백성들에게 주고서 아직 새로 담그지는 않았다. 昨年春重興寺遺在醬十甕 三留營遺在醬五十三石零 改色出給僧民而尙未新沈"고 하였으며, 정조 자신도 중흥사를 찾아 『홍재전서』 권2 춘저록(春邸錄)2에 「과중흥사차농암운 過重興寺次農巖韻」이라는 시를 남기기도 하였다. 이긍익(李肯翊 1736~1806)이 1776년(영조52)에 완성한 것으로 추정하는 『연려실기술』 별집(別集) 권16 지리전고(地理典故) 산천형승(山川形勝)에 "(한양도성 안에는) 서쪽으로 가면 진관사·중흥사·서산사가 있다. 如西有津寬中興西山寺"라고 하였듯이, 한양의 진산인 북한산에 자리하였기에 문인이나 관인들이 꾸준히 참례하거나 방문하였다. 윤춘년(尹春年 1514~1567)이 쓴 「매월당선생전 梅月堂先生傳」 『매월당집』(한국문집총간13, p.57a16)에는 김시습(金時習 1435~1493)이 "나이 이십일세인 경태 을해(1455·단종3)에 삼각산 중흥사에서 독서하였는데, 사람이 경성(한양)에서 오자 (집으로) 돌아왔다. 선생은 곧바로 문을 닫고 삼일동안 밖에 나가지 않았는데, 어느 날 저녁에 홀연히 통곡하고는 책을 모두 불태운 뒤 거짓으로 미친 척하면서 변소에 빠져 도망하였다. 삭발하고서 출가하여 설잠이라고 이름하고는 양주 수락사에 머물렀다. 年二十一 景泰乙亥讀書于三角山重興寺 人有自京城而還者 先生卽閉戶不出者三日 一夕 忽痛哭 盡焚其書 佯狂陷於溷厠而逃之 於是削髮爲僧 名曰雪岑 或居于楊州之水落寺"고 하였고, 홍인우(洪仁祐 1515~1554)의 『치재선생유고』 권2 「일록초 日錄鈔」(한국문집총간36, p.47b6) 갑진(1544)에도 "(9월) 25일에 국선·원경·혼중 등과 삼각산을 유람하였는데, 석가현을 거쳐 중흥사에 묵었다. 二十五日 與國善元卿渾仲 約遊三角山 踰釋迦峴 宿中興寺"고 하였다. 이정귀(李廷龜 1564~1635)의 『월사집』 권38 기하(記下) 「유삼각산기 遊三角山記」(한국문집총간70, p.128a15)에는 "홀로 서실에 앉아 있는데, 문밖에서 갑자기 인기척이 들렸다. 물어보았더니 바로 중흥사 노스님 성민의 사미 천민이었다. … 때는 계묘년(1603, 선조36) 9월 15일이었다. 孤坐書室中 門外忽有剝啄聲 問之 乃重興老釋性敏沙彌天敏也 … 時癸卯九月十五日也"고 하면서, 같은 책 연보(年譜) 권1 「월사선생연보 月沙先生年譜」에는 "(만력)12년 갑신(1584·선조17) 〈선생 21세〉 가을 삼각산 중흥사에서 글을 읽었다. 十二年甲申〈先生二十一歲〉 秋 讀書三角山重興寺"고 하였다. 김창협(金昌協, 1651~1708)은 『농암집』 권35 부록(附錄) 연보(年譜)(한국문집총간162, p.401b10)에서도 "무오년(1678·경종4)〈선생 28세〉 2월에 삼각산 중흥사에서 독서하였는데, 아우 삼연과 프음이 함께 하였다. 戊午〈先生二十八歲〉 二月 讀書三角山重興寺 弟三淵圃陰俱"고 하였고, 송상기(宋相琦 1657~1723)의 『옥오재집』 권13 기 「유북한기 遊北漢記」(한국문집총간171, p.473a20)에는 "용암사는 새로 지었는데 백운대 아래에 있다. (주변이) 맑고 청정하여 가히 좌정에 들게 할 만 하였다. 계곡을 따라 내려가 중흥사에 이르렀는데 이미 날이 저물었다. 龍巖寺新創 在白雲臺下 鮮淨可坐 循洞而下 到中興寺 日已夕矣"고 하였으며, 이익(李瀷 1681~1763)은 『성호전집』 권53 기 「유북한기 遊北漢記」(한국문집총간199, p.46a20)에서는 '(1712·숙종38 이후에) 나는 중흥사에 머물고서 다음날 아침에 두 세 명의 동반자와 함께 노적봉을 거쳐 북성에 올랐다. 余至中興寺寄宿 詰朝與二三同伴 由露積登北城"고 하였다. 또한 허침(許琛, 1444~1505)이 지은 「자부아절정하중흥사동 차운사수 自負兒絶頂下中興寺洞次韻四首」라는 시는 『속동문선』 권8 칠언율시(七言律詩)에 실렸고, 송익필(宋翼弼 1534~1599)의 『구봉집』 권2 칠언율시에는 「우중심삼각산중흥사 雨中尋三角山中興寺」(한국문집총간42, p.398b6), 유몽인(柳夢寅, 1559~1623)의 『어우집』 후집(後集) 권2 시(詩) 습유록(拾遺錄)에는 「중유중흥사 重遊中興寺」(한국문집총간63, p.496b20), 이정귀(李廷龜 1564~1635)의 『월사집』 권17 권응록중(倦應錄中)에도 「숙중흥사우차전운증순사〈이수〉 宿重興寺又次前韻贈淳師〈二首〉」와 「중흥사승경보여여동경희증 中興寺僧敬寶與余同庚戲贈」(한국문집총간69, p.389b3·390a13), 정백창(鄭百昌 1588~1635)의 『현곡집』 권5 오언고시(五言古詩)에 「숙중흥사 宿中興寺」(한국문집총간93, p.464a11), 이시성(李時省 1598~1668)의 『기봉집』 권2 칠언율시 상에 「증중흥사성민대선 贈中興寺性敏大禪」(속한국문집총간27, p.547b12), 박장원(朴長遠 1612~1671)의 『구당집』 권1 시에 「유삼각산중흥사권사구〈항〉김자공〈득신〉김건중동유 遊三角山中興寺權士逑〈伉〉金子公〈得臣〉金建中同遊」

(한국문집총간121, p.15a6)가 각각 실렸다. 김수항(金壽恒, 1629~1689)은 『문곡집』 권3(한국문집총간133, p.65a4)에 1656년(효종7)에 삼각산 중흥사에서 두류산 총상인(聰上人)을 만났다는 시를 실었고, 김창협은 『농암집』 권1 시에 「방중흥사 訪重興寺」(한국문집총간161, p.316a14)를 수록하였으며, 오원(吳瑗 1700~1740)의 『월곡집』 권4 시 「태고사 太古寺」(한국문집총간218, p.370b2)에는 "온조의 웅혼한 계책이 남긴 성첩은 모두 없어졌고 고려조의 옛 각자에는 묵은 이끼만 끼었네. 溫祚雄圖遺堞盡 麗朝舊刻老苔生"라고 하였다. 이처럼 조선 전시

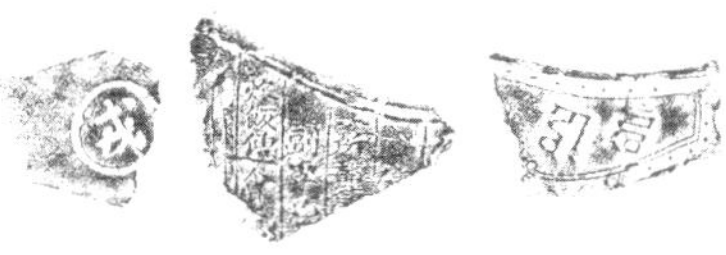

명문기와 탁본

중흥사 『조선고적도보』12 1902년

기 동안 한양의 주요 사찰로서 명성을 꾸준히 유지하였다. 조선후기에 이르러서는, 『한국사찰전서』 권하 중흥사에 1894년(고종31)에 화재가 났고, 1915년에는 홍수로 피해를 입어 석축은 파괴된 채 터에는 주춧돌만 남았다고 하였고, 1932년에 조선총독부(朝鮮總督府)가 간행한 『조선고적도보』12 중흥사에는 1902년 당시 '한북중흥사대웅전(漢北重興寺大雄殿)' 편액을 건 대웅전과 극락보전 등 가람 배치를 촬영한 사진과 함께 1909년에 화재가 났다고 하였으며, 『한국사지총람』 상 경기도 고양시 중흥사지에는 1828년(순조28)에 대웅전과 만세루를 중건하였으나 1905년(광무9)에 동학농민운동으로 일부 소실되었다가 1915년에 화재로 한 채만 남아 헌병출장소로 이용되었다고 하였다. 1968년에는 인근의 태고사를 지으면서 절터의 장대석 등 석재를 옮겨 사역이 더욱 훼손되었는데, 1996년~1997년에 발굴조사를 진행하여 대웅전터·누각터·동서건물터 등 건물터 여섯 곳과 함께 건물터 주변에서 '융(戎)'·'취반승회(炊飯僧會)'·'소도(所都)'의 명문을 새긴 기와 조각은 물론 청자·분청사기·백자 등의 자기 조각, 철물과 벽루 조각 등을 발견하였다. 2005년에 벽암지홍이 복원불사를 발원한 뒤 2012년에 대웅전, 2017년에 만세루와 전륜전(轉輪殿), 2018년에 도총섭 등을 완공하여 옛 모습을 되찾았다. 화악지탁(華嶽知濯 1750~1839)이 지은 「한북중흥사단월설재상별문 漢北重興寺檀越設齋上別文」이 『삼봉집』 문(文)2(한불전10 475c14)에 전하고, 1721년(경종1)에는 발문에 팔도도총섭겸승대장(八道都摠攝兼僧大將) 귀옥(歸玉)과 계파성능이 "강희60년 신축 9월 일에 경기 양주 땅 삼각산 중흥사에서 개판하였다. 康熙六十年辛丑九月日 京畿陽州地三角山重興寺開板"라고 하였듯이, 『천지명양수륙재의범음산보집 天地冥陽水陸齋儀梵音刪補集』을 인출하기도 하였다. 〔참고문헌〕 『東國輿地志』, 『太宗實錄』, 『世宗實錄』, 『中宗實錄』, 『肅宗實錄』, 『英祖實錄』, 『正祖實錄』, 『弘齋全書』, 『北漢誌』, 『續東文選』, 『篠叢遺稿』, 『三峯集』, 『梅月堂集』, 『恥齋先生遺稿』, 『龜峯集』, 『西厓集』, 『於于集』, 『月沙集』, 『月沙集年譜』, 『玄谷集』, 『騏峯集』, 『久堂集』, 『文谷集』, 『農巖集』, 『玉吾齋集』, 『星湖全集』, 『月谷集』, 『燃藜室記述』, 『靑莊館全書』, 『萬機要覽』, 『大東野乘』, 『韓國寺刹全書』 권하 pp.1031b15~1032a6, 李智冠 『校勘譯註歷代高僧碑文』 高麗篇4(1997) p.451·460, 『朝鮮古蹟圖譜』 12(朝鮮總督府, 1932) p.1686~1689, 『北漢山 重興寺址 發掘調査 報告書』(明知大附設 韓國建築文化硏究所, 1997) p.59, 『韓國寺址總覽』 상(문화재청·佛敎文化財硏究所, 2010) p.68. ⇨ 팔도도총섭 八道道摠攝, 북한지 北漢誌 **2** 경상남도 밀양시 무안면 중산리에 있는 대법사(大法寺). 원래 이곳에는 백하암(白霞庵)이 있었는데, 나라에서 표충사(表忠祠)를 세우고 사명대사(泗溟大師)의 제사를 모시게 하였다. 1738년(영조14)에 표충사의 여러 전각을 신축·중건하고 사명(寺名)을 중흥사로 바꾸었다. 1839년(헌종5)에 다시 표충사를 밀양시 단장면 구천리 영정사(靈井寺)로 이전·중창하였고, 이후 중흥사는 폐사되었다. 1970년 무렵 지혜(智慧)가 중창하고 대법사(大法寺)라 하였다. 현존 당우로는 대웅보전·삼성각·용왕각·천왕문 등이 있다. ⇨ 표충사 表忠寺 **3** 평안남도 평양시 인흥리에 있던 절. 고려 태조가 국가의 안위를 기원하며 구층탑을 세우고 창건한 사찰로, 중흥사(中興寺)라고도 한다. 『고려사』 권92 열전(列傳)5 최응(崔凝)에 "태조가 최응에게 말하기를, '옛날 신라가 9층탑을 조성하여 마침내 통일의 위업을 이루었으니, 지금 개경에 7층탑을 세우고 서경에는 9층탑을 세워서, 현묘한 공능을 빌려 악한 무리들을 없애고 삼한을 화합하여 한 집안으로 만들고자 한다'라고 하였다. 太祖謂凝曰 昔新羅造九層塔 遂成一統之業 今欲開京建七層塔 西京建九層塔 冀借玄功 除群醜 合三韓爲一家"라고 하였다. 그러나 1010년(현종1) 12월 거란군의 침입으로 구층탑이 화재를 입었고, 1051년(문종5)에 중수를 시작하였으나, 3월에 중단되었다. 이후 역대 왕들이 중흥사를 찾은 기록은 『고려사』와 『고려사절요』에 여러 차례 보이는데, 1053년(문종7) 10월 19일·1087년(선종4) 10월 5일·1102년(숙종7) 8월 23일에 행차하였다. 1

110년(예종5) 5월 27일 · 1120년(예종15) 8월 22일 · 1129년(인종7) 9월 3일에는 탑에 벼락이 떨어지고, 1130년(인종8) 9월 25일에 다시 화재가 났다. 1154년(의종8) 9월에는 중흥사를 중창하고, 1383년(우왕9)에는 진병법석(鎭兵法席)을 여는 등 창건 이래 왕실의 비호 아래 사찰이 유지된 것으로 보인다. 1195년(명종25) 8월 27일에는 다시 탑에 화재가 나고, 1208년(희종4) 5월 8일에는 중흥사의 기둥에 벼락이 떨어졌다. 『동국여지승람』 권51 평안도 평양부 고적에 "병현에 있으며, 김부식이 묘청을 토벌할 때 우군이 중흥사에 주둔하였다. 在竝峴 金富軾之討妙淸也 右軍屯重興寺"라고 하였으나, 1590년(선조23)에 편찬된 『평양지』 권3 사우에는 "지금은 폐사되었다. 석주가 두 개 남아있다. 今廢 有石柱二箇"라고 하였다. 관련 기문으로는 이규보(李奎報 1168~1241)의 『동국이상국집』 권39에 「동경중흥사설금경문 同京重興寺說金經文」(한국문집총간2, p.102b9 · p.105b13) · 「동경중흥사불상점안문 同京重興寺佛像點眼文」(한국문집총간2, p.103a7)이 전한다. 사지(寺址)에 있던 국보유적 제147호 당간지주는 현재 대성산(大城山) 광법사(廣法寺) 해탈문 동쪽으로 이건하였다. [참고문헌] 『高麗史』, 『高麗史節要』, 『東國輿地勝覽』, 『平壤誌』, 『東國李相國集』, 『韓國寺刹全書』 권하 p.1032a20. **4** 평안북도 벽동군 벽동면에 있던 절. 대본사 보현사(普賢寺)의 말사였다. [참고문헌] 『韓國寺刹全書』 권하 p.1032a14. **5** 평안북도 삭주군 양산면 장하동에 있던 절. 대본사 보현사(普賢寺)의 말사였다. 『사탑고적고』에 "사찰은 대정 4년(1915) 3월에 폐사되었고, 그 옆에 작은 미륵당을 건립하여 목제 불상을 안치하였다. 寺宇大正四年三月日廢止 其側小彌勒堂建立木製佛像安置"라고 하였다. [참고문헌] 『寺塔古蹟考』, 『韓國寺刹全書』 권하 p.1032a16. **6** 함경남도 삼수군 호인면 성거산(聖居山)에 있는 절. 일제강점기에는 대본사 귀주사(歸州寺)의 말사였다. 창건연대에 대해서는 1570년(선조3), 극락전 후불탱의 조성시기인 1713년(숙종39) 이전, 1758년(영조34)으로 보는 세 가지 견해가 있다. 전언(傳言)에 의하면, 현재의 위치에서 서남쪽으로 약 500m 떨어진 곳에 있던 청룡사(靑龍寺)를 옮겨 지으면서 중흥사로 고쳐 불렀다고 한다. 현재는 극락전만 남아 있고, 보존유적 제501호로 지정되어 있다. [참고문헌] 『韓國寺刹全書』 권하 p.1032a12, 『北韓寺刹硏究』(사찰문화연구원, 1993) p.87, 『북한의 문화재와 문화유적』 조선시대Ⅱ 사찰편(서울대출판부, 2002) p.262.

중흥사금고 重興寺金鼓 고려시대 금고. 삼성미술관 리움 소장. 지름 36.7cm · 측면 너비 7.7cm. 북한산 중흥사에 봉안되었던 금고이다. 금고의 뒷면은 공명구(共鳴口)가 넓게 뚫려 있어 구연이 좁으며, 고면(鼓面)은 당좌(撞座) · 중구(中區) · 외구(外區)로 구획되어 있다. 측면에는 두 곳에 여의두형(如意頭形) 고리가 있다. 음각 명문에 "삼각산 중흥사 반자이다. 들어간 중량은 15근이다. 동량승 승윤이 건통 3년(1103 · 숙종8) 계미 2월 일에 만들었다. 대장 노진이 삼가 기록한다. 三角山重興寺鈑子 入重十五斤 棟梁僧承銃 乾統三年癸未二月日造 大匠盧珎謹記"라고 하였다. [참고문헌] 『韓國金石全文』 中世上 p.534. ⇨ 중흥사 重興寺 **1**, 금고 金鼓

중흥사금고

중흥사당간지주 重興寺幢竿支柱 고구려 당간지주. 북한 국보유적 제147호. 높이 약 4m · 밑넓이 59~63cm · 두께 46~53cm. 원래는 평양시 모란봉구역 인흥동 중흥사지에 있었으나, 고구려 사찰인 대성산(大城山) 광법사(廣法寺)를 복원한 후 이곳 해탈문 동쪽으로 이건(移建)하였다. 당간은 없고, 지주만 두 개 남아 있다. 지주는 밑이 굵고 위가 가는 네모난 돌기둥으로 바깥 면은 둥글게 치석하였다. 간공(杆孔)은 없고, 맨 위에 V형의 간구(杆溝)를 만들어 당간을 고정하도록 하였다. 중흥사는 고려 태조가 창건한 사찰로 알려져 있으나, 최근 중흥사지에서 고구려 와편(瓦片)이 대량 출토되었다. [참고문헌] 『북한의 전통사찰1 평양 · 평안남도』(대한불교조계종 민족공동체추진본부, 2011), 『사진으로 보는 북한 국보유적』(국립문화재연구소, 2006). ⇨ 중흥사 重興寺 **3**

중흥사당간지주

중흥사지 重興寺址 경기도 고양시 덕양구 북한동 중흥사 옛터. 중흥사 창건 관련 기록은 전하지 않으나 고려 때에는 삼경(三京)의 하나인 남경(南京), 조선 때에는 수도 한양(漢陽)의 주요 사찰이었다. 특히 1341년(충혜왕2)에 태고보우(太古普愚 ?~1382)가 머물며 중흥사 동쪽에 태고암(太古庵)을 건립하고 영가(永嘉)의 「증도가 證道歌」를 본받아 「태고암가 太古庵歌」를 지었는데, 그 뒤에 조선 승가의 본산으로 손꼽혔다. 절터는 북한산성(北漢山城) 대서문(大西門)과 중성문(中城門)을 지나 백운동계곡을 거쳐 동쪽으로 기룡봉(起龍峰)을 보고 산영루(山映樓)를 지나면 장군봉 동쪽 계곡 위쪽으로 네 단의 석축을 쌓아 만든 대지에 정남향으로 자리하고 있다. 큰 자연석으로 쌓은 제일단의 석축 위에는 동서 60m・남북 23m의 대지가 분포하지만, 제이단과 제삼단의 석축은 흔적만 보일 뿐이다. 5m 높이의 화강석으로 정교하게 쌓은 제사단의 석축 위에 다시 동서84m・남북 34m의 비교적 넓은 대지를 마련하고서 여러 전각을 배치하였다. 1915년에 홍수로 인하여 폐사되었음을 고려하면 절터는 일부 변형은 있지만 대체로 온전한 상태로 남아 있는 편이다. 1996년~1997년에 발굴을 진행하였는데, 제사단 대지에 대웅전터를 중심으로 누각터, 누각터 좌우의 건물터, 대웅전 서쪽의 건물터 세 곳, 그 북쪽의 건물터 한 곳 등을 확인하였다. 이로써 태고사와 가까운 동쪽이 아닌 장군봉 아래 서쪽으로 다수의 건물을 꾸준히 건립하였음을 알 수 있다. 대웅전터와 누각터 주변에서는 주로 청기와 조각이 다수 발견되어, 당시 북한산성수호도총섭이 머물던 승영(僧營)의 위상을 가늠할 수 있다. '융(戎)'・'취반승회(炊飯僧會)'・'소도(所都)'의 명문을 새긴 기와・범어가 찍힌 암막새 등도 확인하였고, 청자・분청사기・백자 등의 자기 조각과 철물과 벼루 조각 등도 발굴하였다. 2005년에 벽암지홍이 복원불사를 봉행하여 현재까지 대웅전・만세루・도총섭・전륜전(轉輪殿)・요사 등을 복원하였다. 〔참고문헌〕『朝鮮古蹟圖譜』12(朝鮮總督府, 1932) p.1686~1689, 『北漢山 重興寺址 發掘調査 報告書』(明知大附設 韓國建築文化硏究所, 1997). ⇨ 중흥사 重興寺 1

중흥산성삼층석탑 中興山城三層石塔 통일신라시대 석탑. 보물 제112호. 높이 3.8m. 전라남도 광양시 옥룡면 운평리 중흥산성 안 절터에 국보 제103호 중흥산성쌍사자석등과 함께 있었으나, 석등은 현재 국립광주박물관에 있고 석탑만 남아 있다. 넓은 지대석 위에 기단을 올렸는데, 하층 기단은 한 개의 돌에 하대석(下臺石)과 면석을 새긴 돌 일곱 장으로 이루어졌다. 면석에는 우주(隅柱)와 세 개의 탱주(撑柱)가 조각되었다. 갑석 위에는 둥글고 각진 2단의 굄이 있다. 상층기단에 우주와 탱주를 새겼으며, 탱주로 한 면을 둘로 나누고 면마다 인왕상(仁王像)・사천왕상(四天王像)・보살상(菩薩像)을 새겼다. 상층기단을 덮은 갑석은 두 개의 판석으로 되어 있고, 높은 2단의 탑신 굄으로 탑신부를 받치고 있다. 갑석 옆면과 모서리에 각각 두 개와 세 개의 구멍이 있는데, 장식물을 달았던 것으로 보인다. 탑신부(塔身部)는 탑신석과 옥개석이 각각 하나의 돌로 구성되어 있다. 각층 탑신에는 우주를 조각하였고, 1층 탑신 동남서면은 연화좌(蓮花座) 위에 결가

중흥산성삼층석탑

부좌한 여래상(如來像)을 조각하였고, 북면은 입상으로 법의는 우견편단이며 수인은 선정인을 결했다. 옥개받침은 3단이며, 처마 밑은 수평이고 각 모서리의 반전이 크다. 상륜부는 노반(露盤)과 보주(寶珠)만 남아있다. 석탑 앞에는 안상(眼象)을 새긴 배례석(拜禮石)이 있다. 사방불・인왕상・사천왕상 등의 배치도 특이하고, 사실적으로 잘 표현되어 우수한 작품으로 평가받고 있다. 〔참고문헌〕『文化財大觀』寶物篇 石造Ⅰ(文化財廳, 2004) pp.176~179. ⇨ 중흥사 中興寺 4, 석탑 石塔

중흥산성쌍사자석등 中興山城雙獅子石燈 통일신라시대 석등. 국보 제103호. 높이 2.5m. 국립광주박물관 소장. 전라남도 광양시 옥룡면 운평리 중흥산성 안 절터에 있었으나 일제강점기 일본으로 반출하려 다가 미수에 그쳤다. 그 후 경복궁・경무대・덕수궁・국립중앙박물관으로 수차례 옮겨지다 1990년부터 국립광주박물관으로 옮겨져 있다. 큰 연꽃을 새긴 하대석 위로 간주석(竿柱石) 부분을 쌍사자로 조각한 것이 특징이다. 한 장으로 된 정사각형 지대석(地臺石) 위에 팔각하대석은 하나의 돌로 이루어졌는데, 각 면에는 주머니 모양의 안상(眼象)을 조각하였는데 양감이 도드라진 여덟 장의 복련(覆蓮)도 조각하였다. 둥근 연화석(蓮華石) 위에 사자 두 마리가 서로 가슴을 맞대고 마주 서서 뒷발로 버티고 앞발과 입으로 상대석(上臺石)을 받치고 있다. 열여섯 잎의 앙련(仰蓮)이 조각된 상대석과 쌍사자는 하나의 돌이다. 사자는 이목구비와 갈기 등이 매우 사실적이다. 화사석(火舍石)은 팔각으로 네 면에 화창(火窓)을 두었고 화창 주변에 열 개의 못구멍이 남아 있어 문을 달아 열고 닫았음을 알 수 있다. 옥개석도 팔각으로 모서리 부분의 반전이 경쾌하다. 정상에는 앙련을 올리고 그 위에 보주(寶珠)를 얹었다. 간결하면서도 사실적인 조각기법이 돋보이는 작품으로 법주사쌍사자석등 및 영암사지쌍사자석등과 함께 통일신라시대의 대표적인 이형(異型) 석등으로 꼽히는 성보다. 〔참고문헌〕『文化財大觀』國寶篇 建造物(文化財廳, 2001) pp.364~367. ⇨ 중흥사 中興寺 4

중흥산성쌍사자석등

중희서 衆喜瑞 대중들이 한없이 기뻐하는 상서로움. 『법화경』 회상의 여섯 가지 상서(法華六瑞) 중 하나다. 대중심희서(大衆心喜瑞)・심희서(心喜瑞) 등이라고도 한다. 『법화문구』 권2하(대정장34, p.27b7)에 "중희서는 권속묘와 이익묘를 알리고자 나타내었다. 衆喜瑞 表

報眷屬妙 利益妙", 『법화문구기』 권3중(대정장34, p.203c25)에 "제삼구의 대답은 중희서이다. 지금이 과거와 같다고 헤아려 대중이 상서를 보고 기뻐하니 반드시 행할 것을 그윽이 드러내고, 행은 이에 의지한 가르침이므로 기쁜마음 안에서 요동친다. 第三句答 衆喜瑞者 忖今同昔 衆見瑞喜 冥表必行 行依理教 故喜心內動"라고 하였다. [참고문헌] 『法華文句』, 『法華文句記』. ⇨ 법화육서 法華六瑞, 심희서 心喜瑞

즉 卽 ❶ 그대로 또는 바로의 말로 푼다. 제법(諸法)은 각자의 자성(自性)을 임시로 가져 합(合)할 수 없고, 그 각 자성의 제법을 또한 서로 연하여 떨어질 수 없기에(不離) 마주해 함께 하지만 각각의 자성 버리지 않는 뜻에서 즉이라 한다. 다르지만 떨어질 수 없는 뜻이다. 『사명존자교행록』 권3(대정장46, p.885a6)에 "번뇌 그대로 보리이면 도제라 하고, 생사 그대로 열반이라 하면 멸제라 한다. 마땅히 알라. '즉'이라는 한 글자는 온갖 묘함이 드나드는 문이다. 번뇌생사는 중생의 병이다. 이제 하나의 진실한 뜻으로서 체를 관하여 이끄니 병 그대로 약이고 약 바로 병이어서 약과 병이 하나로 같아 다시는 지을 것 없다. 그러므로 무작이라 하니 하나의 진실 밖에 없다. 煩惱卽菩提 名道諦 生死卽涅槃 名滅諦 當知 卽之一字 衆妙之門 煩惱生死 乃衆生之病 今以一實理觀體而導之 病卽藥 藥卽病 藥病一如 更無所作 故云無作一實外無餘", 『법화현의』 권9상(대정장33, p.790b14)에 "생사 그대로 열반이라 관하므로 해탈을 증득하고, 번뇌 그대로 보리라 관하므로 반야를 증득한다. 이 두 가지 둘이 아니기에 법신을 증득한다. 觀生死卽涅槃 故證得解脫 煩惱卽菩提 故證得般若 此二不二 證得法身", 『화엄경소초』 권37(대정장36, p.284a11)에 "생사가 바로 열반이고 열반이 바로 생사다. 이 둘 서로 마주해 있으면서 문득 서로 빼앗는다(相奪). 생사 그대로 열반이니 생사가 없고, 열반 그대로 생사이니 열반이 없다. 그러므로 열반은 고요하지 않고 생사도 시끄럽지 않다. 그러므로 양자 모두 고요하다. 生死卽涅槃 涅槃卽生死 二由相卽故 便互相奪 生死卽涅槃 卽無生死 涅槃卽生死 則無涅槃 故涅槃非寂靜 生死亦非喧 故皆寂也", 『법화문구기』 권10상(대정장34, p.339a1)에 "무릇 즉이라는 말은 떨어져 있음을 드러낸다. 마치 얼음이 물과 떨어진 일 없지만 뜻으로는 반드시 얼음이 녹아야한다. 뜻으로는 떨어진 것 같아야 비로소 즉을 드러낼 수 있다. 또한 떨어짐이라는 말은 즉의 뜻을 성립하기 위하여 있다. 만약 떨어지지 않는다면 중생이 그대로 부처이니 어찌 도를 닦을 필요가 있겠는가? 떨어진 줄 모르기에 곧바로 그대로라고 말할 뿐이다. 그러므로 반드시 멸을 강조하여 말해야 한다. 凡云卽者 以顯於離 如氷不離水 理須融氷 義同於離 方乃顯卽 又言離者 爲成於卽 若不離者 衆生卽佛 何須修道 爲不識離 直云卽者 故須唱滅", 『지관보행전홍결』 권1(대정장46, p.149c13)에 "즉을 『광아』에서는 '합'이라고 풀었다. 이 풀이에 따르면 두 물이 합한 듯하지만 그 이치는 오히려 멀다. 이제 뜻으로 구해보면 체는 둘이 아니기에 이름을 즉이라 하고 셋에 즉한 하나이기에 합이라는 뜻과는 다르다. 卽者 廣雅云合也 若依此釋 仍似二物相合名卽 其理猶疎 今以義求 體不二故 故名爲卽 卽三而一 與合義殊", 『십불이문지요초』 권상(대정장46, p.707a28)에 "마땅히 알라. 천태가에서 밝히는 즉의 의미는 다른 모든 법사의 견해와 현격하게 다르다. 두 물이 서로 합하는 것도 아니고 등져 서로 뒤치지도 않는다. 곧바로 반드시 체에 당하여 온전히 이것이라 여겨야 비로소 그 이름이 즉이 된다. 應知 今家明卽 永異諸師 以非二物相合 及非背面相翻 直須當體全是 方名爲卽", 『사명존자교행록』 권3(대정장46, p.884c7)에 "무릇 즉이라는 말은 '이것이다'라는 뜻이다. 체 고스란히 용이고 용 온전히 체다'. 체와 용은 둘이 아니어야 이에 원교의 말씀이다. 夫言卽者 是也 全體是用 全用是體 體用不二 乃圓教所談也", 『화엄경소초』 권41(대정장36, p.318b8)에 "이미 즉이라 말했으니, 즉이란 두 일이 다른 것이라고는 할 수 없다는 뜻이다. 旣言卽者 則不得云二事別也", 『금강경찬요간정기』 권2(대정장33, p.182c5)에 "또한 모두 즉이라 한 것은 둘이 아닌 뜻을 성취했음을 푼 말이다. 비추지만 항상 고요하기에 이가 지혜 밖이 아니고 고요하면서 항상 비추기에 지혜 밖에 이가 아니다. 又皆言卽者 釋成不二之相 以照而常寂故 理非智外 寂而常照故 智非理外", 『이제의』 권하(대정장45, p.105a1)에 "다만 세제가 바로 제일의라고 밝혔을 뿐이며, 제일의가 그대로 세제라고 말할 수는 없다. 但明世諦卽第一義 不得言 第一義卽世諦也"라고 하였다. 이 밖에 밀교의 즉신성불(卽身成佛)의 즉에 대해서는 일본의 각종(覺鑁)이 당체즉(當體卽)·무애즉(無礙卽)·상주즉(常住卽)·상응즉(相應卽)·윤원즉(輪圓卽)·불리즉(不離卽)·속질즉(速疾卽) 등으로 풀기도 하였다. [참고문헌] 『四明尊者教行錄』, 『法華玄義』, 『華嚴經疏鈔』, 『法華文句記』, 『止觀輔行傳弘決』, 『十不二門指要鈔』, 『金剛經纂要刊定記』, 『二諦義』. ⇨ 상즉상입 相卽相入, 육즉불 六卽佛, 동체상입 同體相入, 동체상즉 同體相卽, 즉신성불 卽身成佛, 이체상즉 異體相卽 ❷ ~하면 바로 ~하다. 『임제록』(대정장47, p.501c20)에 "다른 이가 불법에 기대어 묻기만 해도 입을 닫고 아무 말이 없었다. 被他問著佛法 便卽杜口無詞", 『돈오입도요문론』 권상(卍속장110, p.850a1)에 "공이 아니라고 말하면 상이 있다는 잘못이 되고, 공이라고 말하면 단멸의 잘못이 된다. 若言不空 卽是有相 若言空者 卽是斷滅"라고 하였다. [참고문헌] 『臨濟錄』, 『頓悟入道要門論』. ❸ 다름 아닌 바로 그것. 『완릉록』(대정장48, p.384b27)에 "마음과 성이 다르지 않으니 그대로 성이고 그대로 마음이다. 마음이 성과 다르지 않으면 그 이름이 조사다. 心性不異 卽性卽心 心不異性 名之爲祖"라고 하였다. 〔참고문헌〕『宛陵錄』. **4** 바로 또는 직접. 『임제록』(대정장47, p.501b11)에 "바로 지금 이렇듯 함께 달려 구하는 그것, 그대 도리어 그를 아는가? 卽今與麽馳求底 爾還識渠麽"라고 하였다. 〔참고문헌〕『臨濟錄』.

즉가 卽假 ➡ 즉공즉가즉중 卽空卽假卽中

즉견여래 卽見如來 그대로 여래를 보다. 『입제불경계지광명장엄경』 권4(대정장12, p.261c6)에 "만약 법을 본다면 바로 여래를 본다. 若能見法 卽見如來", 『금강반야경소』(대정장33, p.75a17)에 "『금강경』에 '만약 모든 상이 상이 아닌 줄 본다면 그대로 여래를 본다'라 하였으니, 이 경의 정체다. 若見諸相非相 卽見如來 是經之正體也", 『금강경찬요간정기』 권3(대정장33, p.192b13)에 "만약 모든 상이 상이 아님을 본다면 여래를 본다. 〔문〕 색신은 이 상일진대 어떻게 상을 떠나서 구하는가? 〔답〕 색신의 상은 그림자일 뿐 법신의 무상으로 바탕한다. 상 있는 색신을 얻고자 한다면 반드시 상 없는 법의 체를 보아야 한다. 법체를 보기 이전에는 상을 드러낼 수 없다. 이 때문에 먼저 상과 무상을 보게 해서 색상의 몸을 얻게 할 따름이다. 若見諸相非相 卽見如來 問 色身是相 何以離相求之 答 色身之相是影 法身無相是體 欲得有相色身 須見無相法體 未見法體 不能現相 是故先令見相無相 方得色相之身耳"라고 하였다. 〔참고문헌〕『入諸佛境界智光明莊嚴經』, 『金剛般若經疏』, 『金剛經纂要刊定記』, 『金剛經』(대정장8, p.749a24).

즉공즉가즉중 卽空卽假卽中 바로 공이고 그대로 가이며 어김없이 중이다. 천태(天台)의 삼제(三諦)를 삼관(三觀)하는 말이다. 치우쳐 공이라 하지 않아 원공(圓空)이어서 모든 상을 파하고(破相之用), 치우친 가가 아니어서 묘가(妙假)이기에 모든 법을 세우며(立法之功), 치우쳐 중이 아닌 뜻으로 모든 대립하는 것들을 끊어(絶待) 삼제가 원융하게 하는 뜻이다. 『법화현의』 권1상(대정장33, p.682c6)에 "『중론』에 이르길 '인연으로 생하는 법 바로 공이고 그대로 가이며 바로 중이다' 라고 하였다. '인연으로 생하는 법은 공이다'라 한 것은 끊어져 없지 않음이고, '가이다'라 한 것은 둘일 수 없다는 것이고, '중이다'라 한 것은 다른 것이 아니다라는 뜻이다. 中論云 因緣所生法 卽空 卽假 卽中 因緣所生法卽空者 此非斷無也 卽假者 不二也 卽中者 不異也", 『법화문구』 권1상(대정장34, p.4a28)에 "바로 공이란 아가 무아라는 것이고, 그대로 가란 분별하는 아라는 것이고, 그대로 중이라는 말은 참되고 묘한 아를 말한다. 卽空者 我無我也 卽假者 分別我也 卽中者 眞妙我也", 『금광명경현의』 권하(대정장39, p.9b2)에 "말하길 그대로 중이라 하면 바로 이대로 법신이고, 즉공이란 보신이며, 즉가는 응신이다. 이것을 '마음이 삼신의 금빛 밝음임을 관한다'고 한다. 言卽中者 卽是法身 卽空者 卽是報身 卽假者 卽是應身 是名觀心三身金光明", 『아미타경요해편몽초』 권중(卍속장91, p.938b7)에 "인연으로 생하지 않는 것이 없다는 말은 사토가 오로지 하나로 함께 하는 동거토라는 뜻이다. 즉공 아님이 없다는 말은 사토가 오로지 하나의 방편토라는 뜻이고, 즉가 아님이 없다는 말은 사토가 오로지 하나의 실보토라는 뜻이며, 즉중 아님이 없다는 말은 사토가 오로지 하나의 적광토라는 뜻이다. 無非因緣所生者 四土唯一同居土也 無不卽空者 四土唯一方便土也 無不卽假者 四土唯一實報土也 無不卽中者 四土唯一寂光土也", 『열반경현의문구』 권상(卍속장56, p.316b9)에 "인연으로 생한 법이란 육도법이다. 즉공이란 육도에 있는 이승법이고, 즉가란 육도의 보살법이며, 즉중은 육도 중 불법이다. 그러므로 '어째서 육도가 열반이라고 하지 못하겠는가?'라고 말한다. 因緣所生法者 六道法也 卽空者 六道有二乘法也 卽假者 六道有菩薩法也 卽中者 六道有佛法也 故云 何意不得 六道爲涅槃邪", 『사교의주휘보보궁기』 권9(卍속장102, p.737a15)에 "이 마음은 즉공즉가즉중이다. 『금광명경현의습유기』 권5(대정장39, p.39a3)에 다음과 같이 전한다. '삼관의 첫 머리를 모두 즉이라 한 까닭은 일념의 마음이 그대로 세 가지 진실임을 가리킨다. 치우쳐 공이 아니어서 이에 일념을 관하면 바로 두렷한 공이다. 이 공은 삼제상 부수므로 「하나가 공이면 일체가 공이다」라고 한다〈삼관 모두 파상으로서의 용임을 드러낸다〉. 즉가란 치우친 가가 아니어서 이에 일념이 바로 묘한 가임을 관하니 이 가로 삼제법을 세울 수 있으므로 「하나가 가이면 일체가 가이다」라고 한다〈삼관은 모두 법을 세우는 공을 드러낸다〉. 즉중이란 (別敎의) 다만 중인 뜻은 아니어서 일념에 온갖 덕을 갖춘 중이다. 이 중으로 삼제법을 묘하게 하므로 「하나가 중이면 일체가 중이다」라고 한다〈삼관은 모두 대를 끊는 바탕이다〉'. 此心卽空假中 拾遺記下〈八〉云 三觀之首 皆言卽者 指一念心 卽三諦故 言卽空者 非卽偏空 乃觀一念 卽圓空也 此空能破三諦相著 故云 一空一切空〈三觀 悉彰破相之用也〉 言卽假者 非卽偏假 乃觀一念卽妙假也 此假能立三諦之法 故云 一假一切假〈三觀 悉彰立法之功也〉 言卽中者 非卽但中 蓋指一念卽具德中 此中能妙三諦之法 故云 一中一切中〈三觀 悉是絶待之體也〉", 『마하지관』 권1하(대정장46, p.9a2)에 "비유하자면 밝은 거울과 같다. 밝음은 즉공을 비유하고, 상은 즉가에 비유하며, 거울은 즉중의 비유다. 합하지도 않고 흩어지지도 않지만 합하고 흩어져 완연하니, 하나나 둘 또는 셋은 아니지만 둘 셋이라 해도 무방하다. 이 일념의 마음은 종으로도 횡으로도 찾을 수 없어 생각이나 말로 미치지 못한다. 譬如明鏡 明喩卽空 像喩卽假 鏡喩卽中 不合不散 合散宛然 不一二三 二三無妨 此一念心 不縱不橫 不可思議"라고 하였다. [참고문헌] 『法華玄義』, 『法華文句』, 『金光明經玄義』, 『阿彌陀經要解便蒙鈔』, 『涅槃經玄義文句』, 『四敎儀註彙補輔宏記』, 『金光明經玄義拾遺記』, 『摩訶止觀』, 『中論』 권4(대정장30, p.33b15). ⇨ 삼관 三觀 1, 삼제 三諦, 공가중 空假中

즉금사 卽今事 바로 지금의 일. 당장 눈앞의 일을 들어 진실을 마주하게 하는 뜻이어서 종사가 학인을 마주하였을 때 들어 보이는 말이다. 『속전등록』 권2 「설두중현전 雪竇重顯傳」(대정장51, p.475b16)에 "'바로 지금의 일은 어떠한가?' '하나로도 이루지 못하고 둘이라 해도 옳지 않다'. 曰 卽今事 作麽生 師曰 一不成 二不是", 『경덕전등록』 권4 「숭혜전 崇慧傳」(대정장51, p.229c15)에 "학인이 물었다. '달마가 이 땅에 오기 이전에도 불법이 있었는지요?' '오기 이전은 그만두고 지금의 일은 어떠한가?' '모르겠습니다. 스님께서 보여주시길 바랍니다' '옛부터 아득한 하늘에 하루아침 바람과 달이로구나. 잠깐 말없이 있다가 다시 '사리여! 알겠는가? 자기분상은 어찌하고 저 달마가 오느니 오지 않았느니 남의 집안일 상관하는가? 점쟁이들 하는 짓 크게 닮았다. 그대 알지 못함 보이니, 그대 위해 글자 걸어 짚어 부술 뿐이니 겨우 길흉 드러나더라도 다 그대 분상에 있을 뿐이다' '점을 잘 치는 사람은 어떤지요?' '그대 문 밖으로 나가자마자 문득 맞지 않을 것이다'. 問 達磨未來此土時 還有佛法也無 師曰 未來時且置 卽今事 作麽生 曰 某甲不會 乞師指示 師曰 萬古長空 一朝風月 良久又曰 闍黎 會麽 自己分上 作麽生 干他達磨來 與未來 作麽 他家來 大似賣卜漢相似 見汝不會 爲汝錐破卦文 纔生吉凶 在汝分上 一切自看 僧問 如何是解卜底人 師曰 汝纔出門時 便不中也", 『위산어록』(대정장47, p.578c28)에 "위산이 앉아 있는 중에 앙산이 방장 앞으로 지나갔다. 위산이 말했다. '만약 백장 선사가 보았다면 틀림없이 심하게 맞았다' '눈앞에서 일어난 일 말입니까?' '두 입술 닫아라!' '은혜 갚기 참으로 어렵습니다'. … 위산이 앙산에게 물었다. '눈앞에서 일어난 일일랑 그만 두고 옛부터 이어 온 일은 어떤가?' 앙산이 두 손을 모으고 앞으로 다가서자 위산이 말했다. '여전히 눈앞의 일이로군. 전부터 있어 왔던 일은 무엇이냐 말이다'. 앙산이 물러나 서자 위산이 말했다. '너는 나에게 굴욕이었고, 나도 너에게 굴욕이었다'. 앙산이 절을 올렸다. 〈장산근(圜悟克勤)이 평한다. '앙산이 비록 앞으로 나오거니 뒤로 물러나거니 잘 하면서 고금의 일을 분명히 드러내었지만 어찌하겠나 위산이 떡에서 즙을 마시고 모래를 눌러서 기름을 짜던 일을! 비록 그렇기는 하지만 말해 보라! 앙산 두 손을 모은 뜻 무엇일까? 만일 안다면 행각하는 일 끝이 나겠지만 그렇지 못하더라도 노승은 일찍이 여러분 힘겹게 등진 적이 없었지만 여러분 힘겹게 노승을 짊어지시다니'〉. 師坐次 仰山從方丈前過 師云 若是百丈先師見 子須喫痛棒始得 仰山云 卽今事作麽生 師云 合取兩片皮 仰山云 此恩難報 … 師問仰山 卽今事且置 古來事 作麽生 仰山叉手近前 師云 猶是卽今事 古來事作麽生 仰山退後立 師云 汝屈我 我屈汝 仰山便禮拜 〈蔣山懃云 仰山雖善進前退後 發明古今 其奈潙山 向胡餠裏呷汁 壓沙覓油 雖然如是 且道 仰山叉手意 作麽生 若也知得 行脚事辦 其或未然 老僧不曾孤負諸人 自是諸人孤負老僧〉", 『석전법훈어록』 권2(卍속장122, p.35a10)에 "이 일 들어본다. '스승과 제자, 물과 우유 고르게 함께 하니 저 위산과 앙산 같은 이가 없다. 그러나 가져와 살펴보면 앞에 마을 없고 뒤에 점방 없어서 언제나 덕산과 마주친다면 곧바로 한 방 맞지 않겠는가'. 拈云 父子水乳和同 無如潙仰 點撿將來 前不搆村 後不搆店 若遇臨際德山 更下一槌定當"라고 하였다. [참고문헌] 『續傳燈錄』, 『景德傳燈錄』, 『潙山語錄』, 『石田法薰語錄』. ⇨ 본분사 本分事

즉법사문 卽法沙門 설일체유부(說一切有部 Ⓢ Sarvāstivādin) 내에서 오로지 동류(同類)의 법(法) 사이에서만 등무간연(等無間緣)이 성립될 수 있다는 이설(異說)을 주장하는 부류. 상사상속사문(相似相續沙門)이라고도 한다. 『중관론소』 권3(대정장42, p.36b2)에 "즉법을 주장하는 사문부는 법체 밖에 따로 존재하는 생상은 없다고 주장한다. 卽法沙門部 明法體外 無別有生相", 『십이문론소』 권중(대정장42, p.197b16)에 "즉법사문의 뜻이다. 그들은 말하길 '색법의 생주멸은 바로 색의 체일 뿐이고, 내지 식의 경우도 이와 같다'고 말한다. 卽法沙門義 其人云 色法生住滅 則是色體 乃至識亦如是", 『백론소』 권하(대정장42, p.292a17)에 "살바다의 즉법사문은 '체는 동시이고 용만이 전후여서, 전후를 쓰기에 차제 또한 있다'고 한다. 薩婆多卽法沙門 體同時用前後 以用前後 故有次第"라고 하였다. [참고문헌] 『中觀論疏』, 『十二門論疏』, 『百論疏』. ⇨ 상사상속사문 相似相續沙門

즉법사문부 卽法沙門部 삼론(三論)에서 들어 비판하는 소승의 한 부파로 길장(吉藏)의 논서에 몇 차례 인용되는데, 마하승기부(摩訶僧祇部 : 大衆部)와 함께 법체(法體) 밖에 따로 생상(生相)이 없다고 주장하여 무생견(無生見)으로 비판을 받는다. 주로 설일체유부(說一切有部 : 薩婆多部)와도 맞서던 학파였을 것으로 추정한다. 『중관론소』 권3(대정장42, p.36a23)에 "『중론』에 대한 청목(靑目)의 주석부분에서 '혹은 생이 있다고 하고 생이 없다고 말한다'라고 한 것을 푼다. … 마치 저 살바다부와 비바사바제는 법체 밖에 따로 생상이 있다고 계탁하니, 그러므로 이들의 주장을 생이 있다고 하는 것이다. 무생이란 마하승기부와 즉법사문부가 법체 밖에 따로 생상은 있을 리 없다고 밝혔기에 무생이라고 한다. 或謂有生無生者 … 如薩婆多及毘婆闍婆提 計法體外別有生相 故言有生 無生者 僧祇及卽法沙門部 明法體外無別有生相 故言無生也", 같은 책 권5(대정장42, p.81c6)에 "두 번째 이 사람들은 다시 대와 소가 서로 생겨나게 한다는 것을 세우지 않는다. 다만 법체가 생상으로 말미암아 생상을 나게 할 뿐이고, 다시 다른 것으로 말미암아 있게 되는 일은 없음을 밝힌다. 이것은 바로 즉법사문부와 마하승기부와 성실론사들의 뜻이다. 二者此人不復立大小相生 但明法體 由生相而生生相 不更從他而有 此是卽法沙門 僧祇 成論義", 『아비담비바사론』 권6(대정장28, p.38a2)에 "설상사법사문부에서 주장하는 것과 같다. 곧 마음과 마음이 차례로 짓고 수와 수가 차례로 짓는다고 한다. 이렇게 말하는 것에 허물이 있다. 그 이유는 무엇인가. 탐욕심이 다시 탐욕심과 함께 차례를 짓고 분노심이 다시 분노심과 함께, 어리석음이 다시 어리석음과 함께, 선이 다시 선과 함께, 선하지 않은 것이 다시 선하지 않은 것과 함께, 선도 악도 아닌 무기가 다시 무기와 함께 차례를 짓는다는 것이니, 이와 같이 설하는 것은 해탈도 열반도 없게 된다. 如說相似法沙門所說 心與心作次第 受與受作次第 如是說者則有過 所以者何 貪欲心還與貪欲心作次第 瞋恚還與瞋恚 愚癡還與愚癡 善還與善 不善還與不善 無記還與無記 如是說者則無解脫涅槃"라고 하였다. [참고문헌] 『中觀論疏』, 『阿毘曇毘婆沙論』, 『十二門論疏』 권중(대정장42, p.197b16)·권하(대정장42, p.202c7), 『百論疏』 권하(대정장42, p.292a17). ⇨ 삼론종 三論宗

즉비 卽非 '그래서 ~이 아니다', '그렇기에 ~이 아니다'라는 말로 앞선 뜻을 바로 부정하는 뜻으로 쓴다. 이어 '시명 是名' 즉 '이것의 이름이 ~이다'라는 결구(結句)가 다시 이어져 세운 바 이름을 다시 긍정한다. 이는 일체법(一切法) 공(空)하여 무상(無相)임을 먼저 밝히고 뒤이어 그럼에도 상(相)을 임시로 세움(假立)을 드러내는 방편의 문구다. 『금강경』(대정장8, p.755b25)에 "일체법은 일체법이 아니므로 일체법이라 한다. 一切法者 卽非一切法 是故名一切法", 『금강반야경소론찬요』 권하(대정장33, p.165a25)에 "그러므로 여래께서는 '일체법이 모두 불법'이라 하셨고, 수보리가 말하는 일체법이란 일체법이 아니다. 그러므로 일체법이다. 논에서 '일체법이란 모두 진여체이므로 모두 불법이다'라고 하였다. 그렇기에 아니다라는 말은 색등법이 그대로 진여이므로 색등법이 아니라는 뜻이니, 진여는 항상 색등의 모든 상이 없기 때문이다. '이 이름은'이란 바로 이 진여법의 자성이다. 是故 如來說 一切法 皆是佛法 須菩提所言 一切法者 卽非一切法 是故名一切法 論云 一切法者 皆眞如體 故皆佛法 卽非者 由色等法 卽眞如故 卽非色等法 眞如常無色等諸相故 是名者 卽是眞如法自性矣", 돈황본 『어주금강반야바라밀경선연』 권하(대정장85, p.39b11)에 "'그래서 바로 ~이 아니다'라는 말은 집착으로 분별해서 본 것이기에 실로 있는 것은 아니다라는 것이니 진실한 이치 중에 의지하면 색상은 없기 때문이다. 言卽非者 非稱執情 而是實有 據眞理中 無色相故", 돈황본 『금강반야경지찬』 권하(대정장85, p.92b1)에 "'그대로 ~이 아니다'라는 말은 상을 취하는 마음을 부수는 것이어서 삼세 부처님들의 한결같은 말씀이다. 言卽非者 破取相心 三諸佛同說故", 『금강경주정와』(卍속장39, p.664a14)에 "이 경에서 '그래서 ~이 아니다'라고 한 모든 표현은 다름이 없으니 상을 부수고 이치를 드러내는 것이다. 무릇 '이 이름이다'란 다 허망한 소리일 뿐이니 이에 사에 나아가 이를 드러낼 뿐이다. 凡言卽非者 皆爲無異 乃破相顯理 凡言是名者 皆爲虛聲 乃就事顯理", 같은 책(卍속장39, p.668a15)에 "'그래서 ~이 아니다'라는 말은 자취로서의 말을 없애는 말이고, '이 이름이'라는 것이 본래 갖춘 뜻이다. 卽非者 掃迹之談 是名者 本具之義", 『금강경심인소』 권하(卍속장40, p.418a3)에 "'그래서 ~이 아니다'라는 말은 다름아닌 '일체법이 모두 진여이자 불법'이라고 집착하지 말아야 한다는 뜻이다. 만약 어떤 법이거나 모두 불법이라면 우리 눈앞의 낱낱 법 중에 분명히 가릴 수 있어야 하니, 무엇이 부처이고 어떤 것이 진여란 말인가? 일체법은 그 체성이 공적하여 본래 세계와 중생도 없으므로 '일체법이 아니다'라고 한다. 이 부처는 진제의 근거하여 설한 것이다. '그러므로 ~라 한다'라는 말은 일체법이 모두 불법임을 그대로 밝힌 것이다. 곧 염정, 성범, 정과 무정, 세간과 출세간 따위의 갖가지 일체법 가운데 불법 아닌 것은 없다는 말이다. 이것은 바로 푸릇푸릇 비취빛 대나무와 울긋불긋 국화 그리고 높디높은 산과 흐르는 시냇물을 가리키니 그중 어느 한 법이라도 진여와 불법 아닌 것이 없다. 이상은 속 그대로 진인 중도제일의제로 설한다. 진실로 알아야 하리. 일체는 일체가 아니라서 그대로 실이 없다. 일체는 그대로 일체일 뿐이니 헛됨이 없음 분명하다. 卽非者 正是不可執 一切法皆是 眞如佛法也 若謂法皆佛法 卽爾目前 一一指陳 法法之中 何者爲佛 那是眞如 以一切諸法 體性空寂 本來無有 世界衆生 故云卽非一切法 此佛依眞諦而說也 是故等 正明一切法皆是佛法 所謂染淨聖凡 情與無情 世出世間 一切諸法 無非佛法 正是靑靑翠竹 鬱鬱黃花 高高之山 溶溶之水 無一法而非眞如佛法也 此依卽俗卽眞 中道第一義諦而說也 固知 一切非一切 則無實矣 一切卽一切 則無虛也 明矣"라고 하였다. [참고문헌] 『金剛經』, 『金剛般若經疏論纂要』, 『御注金剛般若波羅蜜經宣演』, 『金剛般若經旨贊』, 『金剛經註正訛』, 『金剛經心印疏』, 『金剛經疏記科會』 권5(卍속장39, p.8

43b8), 『金剛經彙纂』 권하(卍속장40, p.328a6). ⇨ 일체 一切, 일체법 一切法

즉비선사여어 卽非禪師如語 즉비여일(卽非如一 1616~1671) 지음. 성영(性偀) 편집. 1권. 1662년(강희 1) 간행. 1662년 여름에 운수(雲叟)가 편지를 보내 한 질문에 답한 글을 엮은 책. 갖춘 이름은 『설봉즉비선사여어 雪峰卽非禪師如語』이다. ⇨ 여일 如一 ❶

즉사석 卽士釋 Ⓢ tatpuruṣa. 육합석(六合釋) 중 하나. 의주석(依主釋) 또는 의사석(依士釋)이라고도 한다. 『일체경음의』 권50(대정장54, p.641b17)에 "즉사석〈의사석이라고도 한다. 사는 주체(能)라는 뜻의 주와 같다. 이름을 붙일 때 주체를 따르므로 의사라 한다. 예를 들면 '안(能)의 식(所)'이라 한 말과 같다〉. 卽士釋〈亦言依士 士謂主也 立名從主 故言依士 如言眼識等也〉"라고 하였다. [참고문헌] 『一切經音義』. ⇨ 의주석 依主釋, 육리합석 六離合釋

즉사이진 卽事而眞 일마다에서 진실이게 하다. 고요함(寂)과 움직임(動)이, 열반(涅槃)과 생사(生死)가, 이(理)와 사(事)가, 색(色)과 공(空)이, 고집(苦集)과 멸도(滅道)가 둘이 아닌 뜻에 사무치면 일마다에 진실을 알아 행할 수 있다는 뜻이다. 『대화엄경약책』(대정장36, p.707a29)에 "성문은 고요함을 일삼아 만사를 벗어나서 진실을 구하니 움직였다 하면 고요함은 아니다. 보살은 이를 체득하여 일마다에 그대로 진실하게 하니 아무리 움직여도 움직인 자취가 없어 항상 고요함에도 걸림이 없다. 그러므로 멸정에서 일어남이 없고 모든 위의를 나툰다. 聲聞事寂 事外求眞 動而非寂 菩薩體理 卽事而眞 動而無動 不礙常寂 故不起滅定 而現威儀", 『열반현의발원기요』 권3(대정장38, p.33a2)에 "일마다에 바로 진실하다는 말은 대소사에 통달해 실상의 뜻이게 한다. 卽事而眞者 達大小事 卽實相理", 『금광명경문구』 권1(대정장39, p.49a28)에 "따로 한 법도 있지 않아서 이를 '깊고 깊다'고 한다. 일마다에 그대로 진실하여 실상 아님이 없으니 색 하나와 향 하나마다 중도 아님이 없다. 이렇게 모두가 중도이므로 깊고 깊다. 非別有一法 名爲甚深 卽事而眞 無非實相 一色一香 莫非中道 皆中道故 卽是甚深", 『법화현의』 권2하(대정장33, p.701a23)에 "집도 도도 일어나지 않고 고제와 멸제도 없으니, 만사 그대로 진실할 뿐 멸후에 진실이 아니다. 集道不生則無苦滅 卽事而眞 非滅後眞", 같은 책 권6하(대정장33, p.760c24)에 "만약 분별하여 말하면 방편토는 삼계 밖에 있다고 하지만, 일마다에 그대로 진실이라면 결코 먼 곳에 있지 않다. 그 아래 문구에서 '만약 진실한 마음으로 믿고 이해한다면 부처님께서는 항상 기사굴산에서 대보살과 성문과 함께 중승에 둘러싸여 설법하고 계시는 모습을 볼 것이다'라고 하였으니 바로 방편토의 뜻이다. 若分別而言 謂方便土 在三界外 若卽事而眞 不必在遠 下文云 若能深心信解 則爲見佛常在耆闍崛山 共大菩薩聲聞 衆僧圍遶說法 卽方便土意也", 『대일경소』 권1(대정장39, p.579b10)에 "여래금강의 꿈도 이와 같다. 연이 사라지면 멸하고, 기다가 일어나면 생한다. 만사 그대로 진실이어서 마저 다함이 있을 리 없으니 신력가지경이라 한다. 如來金剛之幻 亦復如是 緣謝則滅 機興則生 卽事而眞 無有終盡 故曰 神力加持經", 『인왕호국반야경소』 권1(대정장33, p.256a13)에 "부처님께서는 색 그대로 공이고 공 그대로 색이라고 밝히셨으니, 색이 공이고 공이 색이라 둘도 없고 다를 것도 없다. 공과 색이 다르지 않아서 여(如)라 하고, 만사 그대로 진실이어서 시(是)라 한다. 이것이 통교의 경 처음의 '여시'의 뜻이다. 佛明 卽色是空 空卽是色 色空空色 無二無別 空色不異爲如 卽事而眞爲是 此通教經初如是也", 『주조론소』 권4(卍속장96, p.307a8)에 "일마다에 바로 그대로 진실이다. 이래서 이 밖에 일 취할 수 없고 사 밖에 이 가히 구할 길 없다. 이렇게 하고자 함마저 그친다. 생사 그대로 진실이어서 다시는 생사할 일 없다. 卽事而眞 故理外無事可取 事外無理可求 卽欲止也 生死卽眞 故無復生死", 『마하지관』 권9하(대정장46, p.131a25)에 "또한 무명 그대로 법성이고 번뇌 그대로 보리이니, 중생에게 만사 그대로 진실이게 하면 법신이 나타난다. 이러하기에 자비를 일으켜 구경락을 준다. 又無明卽法性 煩惱卽菩提 欲令衆生 卽事而眞 法身顯現 是故 起慈與究竟樂", 『치성광대위덕소재길상다라니경』 「서 序」(대정장19, p.337b29)에 "가까운 곳에서도 이에 먼 곳에 도달하고, 일마다에서 그대로 진실을 드러낸다. 卽近而達遠 卽事而顯眞"라고 하였다. [참고문헌] 『大華嚴經略策』, 『涅槃玄義發源機要』, 『金光明經文句』, 『法華玄義』, 『大日經疏』, 『仁王護國般若經疏』, 『注肇論疏』, 『摩訶止觀』, 『熾盛光大威德消災吉祥陀羅尼經』. ⇨ 당상즉도 當相卽道, 사리불이 事理不二, 촉사이진 觸事而眞

즉산이적 卽散而寂 어지러운 그대로 고요하다. 어지러움 가려 버리려 하거나 즐겨 찾을 일 없이 하여야 기멸(起滅) 없는 묘(妙)에 든다는 뜻이다. 『마하지관』 권5상(대정장46, p.49a3)에 "마땅히 관으로써 어둠을 바라보면 어둠 그대로 밝고, 그쳐서 어지러움 그치면 어지러운 그대로 고요하다. 當以觀觀昏 卽昏而朗 以止止散 卽散而寂", 『마하지관의례수석』 권4(卍속장99, p.913a8)에 "다만 삼천묘로 그쳐 그 기멸을 그치면 산은 그대로 고요하다. 그러므로 '기를 떠나 성으로 돌아가도록 한다'라고 말한다. '기를 떠나'라는 표현은 기멸을 떠난다는 말인데 문구를 간략하게 줄인 것일 뿐이다. '성으로 돌아간다'는 말은, 일어남도 아니고 멸도 아닌 삼천의 고요하게 비추는 성으로 돌아가기에 '성으로 돌아간다'고 한다. 只以三千妙止 止其起滅 卽散而寂 故云 令離起歸性 離起之言 卽離起滅 文從略耳 歸性者 歸於非起非滅 三千寂照之性 故云歸性", 『단교묘륜어록』 권하 「과상인구어과태백 果上人求語過太白」(卍속장122, p.436b9)에 "산 그대로 고요해지니 지라 하고, 어둠 그대로 밝아지니 관이라 합니다. 이것은 천태지자대사의 깊은 뜻입니다. … 그치는 자 누구이고, 관하는 것 무슨 물건일까요? 진실로 이것을 두고 눈동자 그치고 움직여 보지만 다만 그 가르침의 뜻 밝히 얻겠지만 다시 조사의 뜻 어찌 볼 수 있겠습니까. 학인이 '교학의 뜻과 조사의 뜻이 같습니까, 다릅니까?'라고 묻자 파릉은 '닭은 추우면 나무에 오르고, 오리는 추우면 물로 내려간다'라고 답했습니다. 화! 이 노인네! 주장자 30방 맞기 딱 알맞군요. 상인께서는 이렇게만 드시길. 卽散而寂 曰止 卽昏而朗 曰觀 此是天台智者大師玄旨也 … 止者是誰 觀者甚物 苟能於此 眼目定動 只明得教意 更有祖意在 豈不見 僧問巴陵 教意與祖意 是同是別 巴陵云 雞寒上樹 鴨寒下水 囫 者老漢 好與三十主丈 上人但與麼擧"라고 하였다. [참고문헌] 『摩訶止觀』, 『摩訶止觀義例隨釋』, 『斷橋妙倫語錄』. ⇨ 지 止, 관 觀, 지관 止觀

즉상무상 卽相無相 모습 그대로 모습 없는 뜻. 모습 드러내지만 모습 본래 없는 뜻으로서만이 모습 드러낼 수 있는 뜻이어서, 정해져 움직일 수 없는 모습 있다면 상으로 드러날 수도 없게 된다. 이런 뜻에서 무상이다. 원측(圓測)의 『인왕경소』 권중(대정장33, p.398b25 · 한불전1, p.77b19)에 "'이 중에서 생하고, 이 중에서 사라지며, 이 중에서 교화한다'라는 말은 법신에 모습이 없지만 중생을 위해 모습 보이니, 왕궁에서 현생하고 쌍림에 멸도를 가탁하며 따라 감응해서 교화하신 까닭이다. … 이제 경문을 풀이한다. 이 중에 두 부분이 있으니, 처음은 화신에 나아가 상이지만 상이 없다 하여 '부사의'를 밝혔다. 是中生 是中滅 是中化者 法身無像 爲物故形 以王宮現生 雙林託滅 隨感應故 所以化也 … 今釋此文 於中有二 初就化身 卽相無相 明不思議", 『화엄경탐현기』 권20(대정장35, p.483b29)에 "마야 등의 권속들에 대해, 소승이라면 실이지 화신이 아니라 할 것이고, 대승시교라면 화신이지 실이 아니라 할 것이고, 종교라면 실이기도 하고 화신이기도 한데 실이라고 한 것은 대보살이 화신을 시현한 것이기 때문이라 할 것이고, 돈교라면 실도 아니고 화신도 아닌데 상을 보였지만 상은 없다라고 할 것이다. 摩耶等諸眷屬 若小乘中 是實非化 若始教大乘中 是化非實 若終教中 亦實亦化 謂實是大菩薩示現爲化故 若頓教中 非實非化 以卽相無相故"라고 하였다. [참고문헌] 『仁王經疏』, 『華嚴經探玄記』. ⇨ 무상 無相, 사교 四教

즉상즉심 卽相卽心 모습 그대로 마음이다. 성도문(聖道門)의 뜻으로 즉사즉리(卽事卽理)와 대칭한다. 『서방합론』 권5(대정장47, p.401c20)에 "첫째, 즉상즉심문을 밝힌다. 『정토경관요문』(대정장47, p.290a18)에 말한다. '『경』에서 「마음은 태허를 품어 그 양이 사계에 두루하다」라고 하였으며, 또한 「마음 저 화가와 같아서 갖가지 오음을 지어내니 모든 세간 중에 마음으로 짓지 않은 것은 없다」라고도 하였다. 그러므로 극락국토의 보배 나무 · 보배 땅 · 보배 연못과 미타바다의 무리들이 받은 정보의 몸과 삼십이상 등은 모두 내 마음에 본래 갖춘 것들이어서 모두 내 마음이 지어낸 것이니, 남에게서 얻지 않고 밖에서 오지도 않는다. 이것을 깨달은 사람이라야 비로소 자기 마음에서 부처를 관한다고 할 만하다. 그러므로 『관경』에 「제불여래 이 법계의 몸이지만 일체중생심의 생각 속에 들어간다」라고 했던 것이다'. 一 卽相卽心門者 淨土境觀要門曰 經云 心包太虛 量周沙界 又云 心如工畫師 造種種五陰 一切世間中 莫不從心造 是故極樂國土寶樹 寶地 寶池 彌陀海衆正報之身 三十二相等 皆是我心本具 皆是我心造作 不從他得 不向外來 能了此者 方可論于 卽心觀佛 故觀經云 諸佛如來 是法界身 入一切衆生心想中"라고 하였다. [참고문헌] 『西方合論』, 『淨土境觀要門』, 60권본 『華嚴經』 권10(대정장9, p.465c26), 『觀無量壽經』(대정장12, p.343a19).

즉색공 卽色空 그대로 색이 공인 뜻. 진속이제(眞俗二諦) 중 진제 입장에서의 색. 속제이면 분별색(分別色)이다. 『관심론소』 권3(대정장46, p.606b17)에 "즉색공이란 바로 색의 진실을 보는 것이다. 卽色空者 是見色眞", 『능가경참정소』 권2(卍속장27, p.28b13)에 "장단과 유무 등이 펴고 구르며 서로 마주해 나는 것이니, 무이기에 유가 성하고, 유 때문에 무가 있게 된다. … 〈장단은 곧 모양 처함에 차별이고, 유무는 바로 색공이니 소와 토끼의 뿔이다. 전전 이하는 색이 있어서 공이 드러나고, 무를 인으로 유를 밝힌다. 그러므로 무로 유를 이루고, 유로 무를 이룬다고 한다〉. 長短有無等 展轉互相生 以無故成有 以有故成無 …〈長短 卽形處差別也 有無 卽色空 牛兎之角也 展轉下 謂由色顯空 因無明有 故云無成有 有成無也〉"라고 하였다. [참고문헌] 『觀心論疏』, 『楞伽經參訂疏』. ⇨ 분별색 分別色[2], 색 色, 공 空

즉색유현론 卽色遊玄論 동진(東晉)대 지도림(支道林 : 支遁 314~366) 지음. 1권. 즉색종(卽色宗)을 주장하는 대표적인 저작. 줄여서 『즉색론』이라고도 한다. 왕흡(王洽 323~358 : 字는 敬和)이 지도림의 다른 저작인 『도행지귀 道行指歸』를 보고 의문난 점을 묻고 지도림이 그것에 대답한 형식이다. 일찍이 산실되어 현재 전하지 않고, 다만 『세설신어 世說新語』에 단편이 보이며, 길장(吉藏)의 『중관론소』 권2(대정장42, p.29a23) 등에 주장의 요지가 보인다. 『출삼장기집』 권12(대정장55, p.83a5)에 "『즉색유현론』〈지도림 지음. 왕경화가 묻고 지도림이 답함〉. 卽色遊玄論〈支道林王敬和問支答〉", 『역대삼보기』 권7(대정장49, p.73a21)에 "『즉색유현론』 1권. 卽色遊玄論一卷", 『세설신어』 「문학 文學」에 "지도림이 『즉색론』을 지었다〈『지도림집묘관장』에서 말하였다. '색의 성(性)은 이렇다. 자체로 어떤 색을 갖지 않으니, 색은 자체로 어떤 존재일 수 없다. 비록 색이기는 하지만 공인 것이다. 그러므로 「색이 바로 공이 되나 색은 또한 공과는 다르다」고 말하는 것이다'〉. 支道林造卽色論〈支道林集妙觀章云 夫色之性也 不自有色 色不自有 雖色而空 故曰 色卽爲空 色復異空〉"라고 하였다. 〔참고문헌〕『中觀論疏』, 『出三藏記集』, 『歷代三寶紀』, 『世說新語』. ⇨ 즉색종 卽色宗

즉색종 卽色宗 육가칠종(六家七宗) 중 하나. 색이 본래 공(空)이라는 주장. 즉색의(卽色義)라고도 하는데, 지도림(支道林 : 支遁 314~366)이 이 주장을 하였다. 길장(吉藏 549~623)은 이 논을 다시 둘로 나누고, 하나는 관내(關內 : 關中)에 유행하던 주장으로 색 그대로 공임을 말하면서 색에 자성이 없음을 밝힌 것이고, 다른 하나는 지도림이 『즉색유현론 卽色遊玄論』에서 주장한 것으로 색의 본성이 공임을 밝힌 것이다. 승조(僧肇 384~414)가 「부진공론 不眞空論」에서 비판한 것은 전자의 주장이다. 『조론』 「부진공론」(대정장45, p.152a17)에 "'즉색'이라고 한 것은, 색이 그 스스로 색일 수 없음을 밝혔다. 그러므로 비록 색이면서도 색이 아니라는 것이다. 대체로 색이라고 언급하는 것은 당면한 색 그대로가 색이지 어떻게 다른 어떤 색을 기다려서 색인 다음에 색이 되겠는가? 이는 곧이곧대로 색이 스스로 색이 될 수 없음을 말하였지 색이 색 아님은 여전히 받아들이지 못한 것이다. 卽色者 明色不自色 故雖色而非色也 夫言色者 但當色卽色 豈待色色而後爲色哉 此直語色不自色 未領色之非色也", 『조론소』 권상(대정장45, p.163a16)에 "유송(劉宋)대 장엄사의 석담제는 『육가칠종론』을 지었는데, 그 논에는 육가가 나뉘어 칠가가 되었다고 하였다. … (그 중) 셋째는 즉색종이다. 宋莊嚴寺釋曇濟作六家七宗論 論有六家 分成七宗 … 第三 卽色宗", 길장(吉藏)의 『중관론소』 권2(대정장42, p.29a18)에 "두 번째는 즉색의이다. 즉색을 주장하는 이는 두 부류다. 첫 번째는 관내의 즉색의이니, 색 그대로 공임을 밝힌 것이다. 이는 색에는 자성이 없기에 '색 그대로 공'이라고 말하지, '색의 본성이 공'이라고 말하지 않는다. 이런 뜻은 승조(僧肇)에게 비판을 받았으니, 승조가 말하기를 '이는 곧 색이 스스로 색이 될 수 없음은 깨달았지만, 색은 색이 아님을 여전히 받아들이지 못했다'라고 하였다. 다음 두 번째는 지도림이 지은 『즉색유현론』이다. 색 그대로 바로 공임을 밝힌 까닭에 '색에서 그윽이 노니는 담론'이라고 말하니, 이는 오히려 가명을 무너뜨리지 않고 실상을 설하니 도안(道安)법사의 '본성이 공'이라는 주장과 다름이 없다. 第二卽色義 但卽色有二家 一者 關內卽色義 明卽色是空者 此明色無自性 故言卽色是空 不言卽色是本性空也 此義爲肇公所呵 肇公云 此乃悟色而不自色 未領色非色也 次支道林著卽色遊玄論 明卽色是空 故言卽色遊玄論 此猶是不壞假名 而說實相 與安師本性空 故無異也"라고 하였다. 〔참고문헌〕『肇論』, 『肇論疏』, 『中觀論疏』. ⇨ 육가칠종 六家七宗❶, 즉색유현론 卽色遊玄論, 지도림 支道林

즉시 卽時 Ⓟ ṭhānaso. 바로 그때. 전후로 기다릴 틈도 없이의 뜻이다. 『장아함경』 권13 「아마주경 阿摩晝經」(대정장1, p.87b18)에 '마납은 바로 그때 눈을 들어 여래의 몸을 보았다. 摩納卽時 擧目觀如來身", 『대반열반경』 권중(대정장1, p.200b9)에 "그때 세존께서 다른 비구들에게 물으셨다. '아난은 지금 어디에 있느냐?' 爾時 世尊問餘比丘 阿難卽時 爲在何處", 『주유마힐경』 권4(대정장38, p.361b17)에 "저 부처님께서 설하신 것과 같다. '비구여! 그대들 지금 이 순간 나고 늙고 또 사라진다'. … 도생(道生)이 푼다. '부처님 말씀 가져와 머물지 않음을 증명하고 있다. 바로 지금이란 바뀜을 기다리지 않는다는 말이다'. 如佛所說 比丘 汝今卽時 亦生亦老亦滅 … 生曰 引佛語證不住也 卽時者 不待變也", 『법화경연의』 권2(卍속장52, p.221b5)에 "즉시라 한 것은 세속에서 가장 뛰어난 법이라는 뜻이니 한 찰나에 십육심에 들기 때문이다. 견도위의 대에는 오직 한 찰나 경뿐이므로 즉시라고 말한다. 卽時者 卽世第一 一刹那入於十六心 見道位之時 以唯一刹那須故 言卽時", 같은 책 권7(卍속장52, p.530a17)에 "즉시란 (관세음보살의) 이름을 부르는 일이 앞서 있지도 않고 능히 응답함도 뒤에 있지도 않아서 부르는 즉시 바로 응하시니 앞도 뒤도 없다. 그래서 즉시라 한다. 卽時者 稱名不在前 能應不在後 卽稱卽應 不前不後 故言卽時也"라고 하였다. 〔참고문헌〕『長阿含經』, 『大般涅槃經』, 『注維摩詰經』, 『法華經演義』, *SN*.5.50.

즉신돈증 卽身頓證 지금의 몸 그대로 문득 깨우치다. 『대일경소지심초』 권1(대정장59, p.584a15)에 "십지는 십바라밀을 닦는 행이므로 지바라밀이라고 한다. 그러므로 『비장기』에서 '십바라밀이란 십지 중 모든 지가 다에서 닦고 지지마다 원만하다'고 하였다. 지금은 한 생의 바로 이 몸으로 문득 십지공덕을 돈증한다고 가르친다. 그러므로 이 생에 다 채운다. 이는 현교에서 삼아승기겁 동안 십바라밀행을 닦는 것과 같지 않다. 그러므로 겁의 세월을 거듭 거치지 않는다고 한 것이다. 十地

修十波羅蜜行 故云地波羅蜜也 故秘藏記云 十波羅密者 於十地中 地地修 地地圓滿也 今教一生卽身頓證十地功德 故云此生滿足也 不同顯敎三僧祇間修十度行 故云不復經歷刦數等矣", 『대소담의』 권6(대정장79, p.790b23)에 "단박에 깨달아 성불하는 것이 즉신돈증의 뜻이다. 곧바로 닦고 채운다는 이야기이므로 어떠한 집안과도 더불어 말하고 의론할 수 없다. 그러므로 『보리심론』에서 '오직 진언법 중에 즉신성불이 있다'고 하였다. 凡頓覺成佛者 卽身頓證之義 直修直滿之談故 可一家不共談義勿論候 是以菩提心論述 唯眞言法中卽身成佛"라고 하였다. 〔참고문헌〕『大日經疏指心鈔』, 『大疏談義』.

즉신성불 卽身成佛 현재의 몸 그대로 바로 성불하다. 밀교의 종지로 현신성불(現身成佛)·현생성불(現生成佛)이라고도 한다. 범부가 부처와 다르지 않은 바탕에 당해서는(凡夫當體) 그 몸 그대로 부처가 된다(卽身成佛)는 뜻으로 즉신에서 즉(卽)은 시간적으로 간극이 없는 뜻이고 공간적으로도 틈이 없는 뜻에서 시간으로 즉신은 '바로 지금의 몸'이고, 공간으로는 '부처와 간극이 없다'는 뜻이다. 이는 오랜 세월 동안 온갖 수행을 닦아 불과에 이르는 것이 아니라 이생에 중생몸으로 성불한다는 의미다. 여기에는 크게 두 가지 뜻이 있는데 범부의 체 그대로 부처라는 뜻과 역겁의 수행을 거치지 않고 곧바로불과를 이루는 뜻이다. 중생과 부처는 법계체성으로 같고 육대(六大)·네 가지 만다라(四曼)·삼밀(三密)로 상응하여 체상용(體相用)을 성취한다. 일본의 공해(空海)는 즉신성불을 이구(理具)·가지(加持)·현득(顯得)의 세 가지로 구분하였고, 또한 천태밀교에서는

〈표〉 즉신성불

이송二頌	팔구八句	삼종성불三種成佛	
즉신卽身	육대무애당유가六大無礙當瑜伽	가지성불加持成佛	수생修生
	사종만다각불리四種曼荼各不離		
	삼밀가지속질현三密加持速疾顯		
	중중제망명즉신重重帝網名卽身		
성불成佛	법연구족살반야法然具足薩般若	이구성불理具成佛	본유本有
	심수심왕과찰진心數心王過刹塵		
	각구오지무제지各具五智無際智		
	원경역고실각지圓鏡力故實覺智	현득성불顯得成佛	수생修生

당체·수지(受持)·수득(修得)으로 풀었다. 『발보리심론』(대정장32, p.572c11)에 "모든 불보살께서 옛날에 인위에 계실 때 보리심을 일으킨 후 승의·행원·삼마지를 계로 삼아 성불에 이르기까지 잠시도 잊은 적이 없었다. 오직 진언법에서 즉신성불한다. 그러므로 삼마지를 설하였지만 현교에서는 빠뜨리고 말하지 않았다. 諸佛菩薩 昔在因地 發是心已 勝義 行願 三摩地爲戒 乃至成佛 無時暫忘 唯眞言法中 卽身成佛故 是故說三摩地 於諸教中 闕而不言", 『금륜주왕경』(대정장19, p.333c16)에 "불자들이 즉신성불 하려면 이 관법을 닦아야 하니 범부로서 부모가 낳아주신 몸 그대로 성불한 몸이 된다. 若諸佛子 欲得卽身成佛 當修此觀 能使凡夫父母所生身卽成佛身", 『승군부동명왕사십팔사자비밀성취의궤』(대정장21, p.33c10)에 "이 진언은 능히 모두 장애를 없애고 몸마저 허물없이 청정하게 한다. 즉신성불의 설법에 의지함이 심밀 중 가장 비밀한 가르침이다. 此眞言皆能摧滅辟除 令身無垢淸淨 依說卽身成佛 是深祕之中極密教也", 『대일경소지심초』 권4(대정장59, p.625c10)에 "그러므로 『즉신성불의』에서 '위로 법신에 이르고 아래로 육도에 이르기까지 비록 거칠고 미세함의 차이는 있지만 모두 육대를 벗어나지 않으므로 부처님께서 육대가 법계체성이라고 설하셨다'라고 하였다. 그러므로 본존행자의 삼업의 삼밀이 비록 거칠고 미세한 차이가 있으나 육대로 한 바탕이므로 나에게 들어오고 내가 들어가니 이것이 즉신성불의 뜻이다. 故卽身義云 上達法身下及六道 雖麤細有隔 然由不出六大 故佛說六大爲法界體性 故本尊行者 三業三密 雖麤細別 六大是一體 故成入我我入 卽身成佛義也", 『보리심론견문』 권2(대정장70, p.58c28)에 "〔문〕 진언종의 교의에서 즉신성불이란 대각위에 빠르게 든다는 뜻인가? 범부의 당체가 부처의 몸이라는 뜻인가? 〔답〕 두 가지 뜻을 모두 가질 수 있지만 체에 당해서 즉신성불이라는 것으로 종지를 삼는다. 경에서 '범부는 번뇌에 속박된 몸을 갖추고 불과위에 빠르게 상응한다'고 하였다. 이 교의 규모는 모든 종과는 함께 말할 수 없는 것이다. 이에 의하면 『대일경』에서 '십지를 현생에 만족한다'고 한 것이다. 〈문〉 논에서는 대각위를 빠르게 증득한다고 하는데, 술에서는 범부의 당체를 즉신성불의 일로 한다는 문은 전혀 보이지 않는다. 비록 당체에 성불의 뜻을 둔다 하더라도 어찌 빠르게 성불한다는 뜻을 없앨 수 있겠는가?〈이상은 오대원의 의문이다〉 〔답〕 천략문의 뜻은 한 번의 생으로 대각위에 상응하는 것으로 해석한다고 할 수 있다. 심비의 뜻은 범부가 체에 당하면 그 몸 그대로 부처가 된다는 것이다. 問 眞言教意 卽身成佛者 爲速疾入大覺位 爲凡夫當體佛身耶 答 二義俱可存之 但以當體 卽身成佛 爲宗旨也 經云 以凡夫具縛之身 速疾叶佛果位事 此教規模諸宗不共所談也 依之 大日經云 十地此生滿足 今論 速證大覺位述 以凡夫當體 名卽身成佛事一文 全所不見也 抑雖存當體成佛旨 何又可亡速疾成佛義耶〈已上五大院疑意也〉 答 淺略門意一生叶大覺位可云也 深祕意 凡夫當體卽身成佛也", 『즉신성불의』(대정장77, p.399c4)에 "〔문〕 진언종은 즉신성불을 세우는가? 〔답〕 그렇다. 〔문〕 세운 방편은 무엇인가? 〔답〕 즉신성불에 세 가지다. 〔문〕 그 세 가지는 무엇인가? 〔답〕 세 가지를 말한다. 첫째 이구즉신성불, 둘째 가지즉신성불, 셋째 현득즉신성불이니 이것이 세 가지 즉신성불이다. 〔문〕 이 세 가지 각각의 뜻은 무엇인가? 〔답〕 일체중생 자심중에 금강태장의

만다라가 인과를 떠나 법 그대로 갖추어져 있음을 이구즉신성불이라 한다. 삼밀로 자신을 가지함으로써 본유의 삼부제존이 빠르게 드러나므로 가지즉신성불이라 한다. 삼밀을 수행해 마쳐서 성취했으므로 있는 그대로 마음 그대로 만행을 구족하니 마음 그대로 정등각임을 보고, 마음 그대로 대열반임을 증득하며, 마음의 방편을 일으켜 마음의 불국토를 장엄한다. 인위에서 과위에 이르기까지 머무는 바 없이 하여 마음에 머물고 여실히 깨우쳐 아는 것을 현득즉신성불이라 한다. 問 眞言宗立卽身成佛耶 答 立之 問 其立方何 答 卽身成佛 有三種 問 其三種者 何等耶 答 言三種 一者 理具卽身成佛 二者 加持卽身成佛 三者 顯得卽身成佛 是其三種卽身成佛也 問 其三種一一意何 答 一切衆生自心中金剛胎藏曼荼羅 遠離因果法然具 云理具卽身成佛也 由三密加持自身 本有三部諸尊 速疾顯發 故云加持卽身成佛也 三密修行已成就故 卽心具萬行 見心正等覺 證心大涅槃 發起心方便 嚴淨心佛國 從因至果 以無所住住於其心 如實覺知 名顯得卽身成佛也", 『비초문답』 권1(대정장79, p.302a16)에 "이 세 몸은 이미 한 바탕이니 그윽이 만나 마쳐서는 나에게 들고 내가 드는 때에 이 세 몸은 한 바탕이 된다. 이는 본존과 나의 몸이 다시 그윽이 만난다는 뜻이다. 이구즉신성불은 현교에서 모두 말하는 것이다. 공덕을 가지하는 즉신성불은 단지 밀교에서만 말한다. 가지란 범부와 성인이 비록 한결같이 각성을 갖추었지만 미혹과 깨달음에 의지하였기에 잠시 삼밀가지의 힘으로 공덕에 본유하는 부처의 바탕을 드러내는 것이니 마치 구름 낀 장애를 털어내면 둥근 달이 드러나는 것과 같다. 그러므로 가지현덕성불이라 한다. 이는 현교에서 설한 것이 아니니 공해대사가 설한 즉신성불의 뜻을 헤아려 볼 수 있다. 此三身旣一體 令冥會畢 入我我入之時 此三身一體本尊與我身 又令冥會也 凡理具卽身成佛 顯敎皆所談也 加持德之成佛 但密宗談之歟 加持者 凡聖同雖具覺性 依迷悟 暫以三密加持力 顯德本有佛體 如拂雲翳 有月輪顯現 故云加持顯德成佛也 是則顯敎所不說也 大師卽身成佛義可思之", 『천태종미결』 권6(卍속장100, p.857a3)에 "즉신성불이란 최상근성으로 원리를 돈오하고 부지런히 수행하는 이가 이르는 경지이다. 만약 부지런하지 않은 하근기로서 점차 깨닫는 이라면 여러 생을 두고 겁의 시간을 지나야 비로소 소기의 불과를 이룰 수 있게 되지만 잠깐의 시간만 지났음을 비로소 알고는 백년 동안 꿈을 꾸다가 한 순간에 깨어나는 것과 같다. 경에서 용녀의 몸을 남자로 바꾸었다는 것은 용녀의 몸을 바꾸었다는 뜻일 뿐 목숨을 버리고 다른 생을 받았다는 뜻이 아니다. 卽身成佛者 寂上根性 頓悟圓理 勤修者 所致也 若不勤下歟根性 漸悟者 不免隔生經劫 方至所期成果 方知所經之俄爾 如夢百年覺唯一念 經云 轉龍女身變成男子者 只換龍女之根形 不是捨命 別受生也"라고 하였다. 〔참고문헌〕『發菩提心論』, 『金輪咒王經』, 『勝軍不動明王四十八使者祕密成就儀軌』, 『大日經疏指心鈔』, 『菩提心論見聞』, 『卽身成佛義』, 『祕鈔問答』, 『天台宗未決』. ⇨ 당체즉성 當體卽成, 삼밀구불구 三密具不具, 삼밀문 三密門, 삼종즉신성불 三種卽身成佛, 성불 成佛, 현신성불 現身成佛

즉심성불 卽心成佛 지금 마음 그대로 부처를 이룬다. 밀교에 즉신성불(卽身成佛)의 뜻이 있고, 선문에서는 마음 그대로 바로 부처라는 즉심시불(卽心是佛)의 뜻이 있어 즉심성불을 말한다. 『대일경소』 권3(대정장39, p.609c8)에 "세간 사람들이 아이를 사랑으로 양육하여 정은 듬뿍 주어도 아까운 것이 없지만 간장과 막야라는 검은 주지 않는 것과 같으니 운용방편을 모르면 반드시 몸을 다치기 때문이다. 지금의 이 법문 역시 그러하다. 즉심성불의 지취는 알기 어려우니 미래중생이 법을 가벼이 여기고 자만하게 되어 선지식에게 법을 묻지 못하게 될 것을 염려한 것이다. 如世人慈育稚子 雖復情無所悋 而不授與干將莫耶 以不知運用方便故 必傷其體 今此法門亦復如是 卽心成佛旨趣難知 恐未來衆生輕慢法故 不能諮訪善知識", 『보리심론견문』 권2(대정장70, p.59b17)에 "어떤 이는 '즉신성불이 수승하고, 즉심성불은 열하다'고 하는데 이 뜻은 고상하지 못하다. 또한 '즉신과 즉심 그대로 부처다'라고 하는데 이 일은 구전으로만 전한다. 有人云 卽身成佛爲勝 卽心成佛爲劣 此義未高 又云 卽身卽心是佛也 此事在口傳", 『종경록』 권16(대정장48, p.499a16)에 "즉심성불이라 한다면 바로 진심이란 뜻인가? 망심이란 말인가? 〔답〕 오직 바로 진심일 뿐이다. 마음의 진실을 깨달았기에 대각을 이룬다는 뜻이다. 그러므로 부처라고 부른다. 夫卽心成佛者 爲卽眞心 爲卽妄心 答 唯卽眞心 悟心眞故 成大覺義 故稱爲佛", 같은 책 권23(대정장48, p.540a10)에 "〔문〕 즉심성불의 종지는 조계의 바른 뜻이고, 견성달도의 종지는 영추산(靈鷲山 : 또는 영취산)의 본래 품은 뜻이다. 지금 믿지 못하는 이는 고금의 깨달은 이들을 현증하지 못했다고 생각합니다. 가르침을 내려주시기를 청합니다. 〔답〕 만약 직접 보았다면 한 사람도 부처 아닌 이가 없고, 만약 믿지 못한다면 한 분의 부처도 사람 아닌 분이 없다. 미혹하면 항상 부처가 되려는 중생이고, 깨달으면 중생으로 현증하는 부처이다. 중생과 부처가 다르지 않지만 망견이 차이를 이루고, 미혹과 깨달음이 비록 다르지만 본성은 언제나 하나다. 問 卽心成佛之宗 曹谿正意 見性達道之旨 靈鷲本懷 如今信不及人 謂不現證 古今悟者 請垂指南 答 若親見 無一人而非佛 若不信 無一佛而非人 迷則常作佛之衆生 悟則現證衆生之佛 人佛不異 妄見成差 迷悟雖殊 本性恒一"라고 하였다. 〔참고문헌〕『大日經疏』, 『菩提心論見聞』, 『宗鏡錄』. ⇨ 즉신성불 卽身成佛, 즉심시불 卽心是佛, 즉심즉불 卽心卽佛, 성불 成佛

즉심시불 卽心是佛 이 마음이 그대로 부처라는 말. 즉심즉불(卽心卽佛)·시심시불(是心是佛)·심즉시불(心卽是佛)이라고도 한다. 선종에서는 마조도일(馬祖道一 709~788)이 처음으로 이 말로 학인들을 제접했다고 하지만, 60권본『화엄경』권10「야마천궁보살설게품 夜摩天宮菩薩說偈品」(대정장9, p.465c29)의 “마음과 부처와 중생, 이 셋에는 차별이 없다네. 心佛及衆生 是三無差別”라고 하였고, 양(梁)대 보지(寶誌 418~514) 화상의『대승찬 大乘讚』에 “바로 이 마음이 그대로 부처임을 알지 못한다면, 흡사 당나귀에 타고서 당나귀를 찾는 것이라네. 不解卽心卽佛 眞似騎驢覓驢”(『경덕전등록』권29, 대정장51, p.449b29)라는 구절과 부대사(傅大士 497~569)의『심왕명 心王銘』에 “본을 깨달으면 마음을 알게 되고 마음을 알면 부처를 보게 되니, 이 마음이야말로 부처이고 부처야말로 이 마음이라네. 념념이 부처의 마음이어서 부처의 마음으로 부처를 생각한다네. … 스스로 자신의 마음을 관하면 부처는 안에 있음을 알게 되어 밖에서 찾지 않으리니, 이 마음 그대로 부처이고 부처야말로 바로 마음이라네. 了本識心 識心見佛 是心是佛 是佛是心 念念佛心 佛心念佛 … 自觀自心 知佛在內 不向外尋 卽心是佛 卽佛卽心”(『선혜대사어록』권3, 卍속장120, p.23b4)라고 한 앞선 말씀들도 있었다. 선문의 모든 말씀들이 그렇듯이 한편 선문에서 출생한 이 말에 치우칠까 염려하여 선문의 조사들은 다시 끊임없이 이 말과 새로운 말들을 들어가며 새삼 깨우친다.『경덕전등록』권6「강서도일전 江西道一傳」(대정장51, p.246a21)에서 “한 학인이 마조에게 물었다. ‘화상께서는 어째서 지금 이 마음이 그대로 부처라고 설하십니까?’ ‘어린아이의 울음을 그치기 위함이다’ ‘울음이 그쳤을 땐 어떻게 합니까?’ ‘마음도 아니고 부처도 아니다’ ‘이 두 가지 사람 아닌 이가 오면 어떻게 가리키시려 합니까?’ ‘그에게는「이것 물도 아니다」라고 말해 준다’. 僧問 和尙爲什麽說卽心卽佛 師云 爲止小兒啼 僧云 啼止時如何 師云 非心非佛 僧云 除此二種人來 如何指示 師云 向伊道不是物”,『마조어록』(卍속장119, p.814a13)에 “대매산 법상선사가 처음에 마조를 찾아가 물었다. ‘부처란 무엇입니까?’ ‘이 마음이 그대로 부처다’. 법상이 바로 크게 깨달았다. 후에 대매산에 머물렀는데, 마조는 법상이 산에 머문다는 말을 듣고 한 학인에게 가서 물어보게 하였다. ‘화상께서는 마조대사를 뵙고 무엇을 얻었기에 이 산에 머무십니까?’ 법상이 말했다. ‘마조대사는 나에게「이 마음이 그대로 부처다」라고 말했기에 나는 여기에 머문다’ ‘마대사의 요즘 불법은 또 다릅니다’ ‘어떻게 다른가?’ ‘요즘에는 또「마음도 아니고 부처도 아니다」라고 하십니다’ ‘이 노인 사람들 어지럽게 하길 그칠 날이 없구나. 그대에겐 마음도 아니고 부처도 아니라 하고, 나에겐 다만 마음이 그대로 부처일 뿐임을 맡기는 구나’. 이 학인이 돌아가 있었던 대화를 들려주자 마조가 말했다. ‘매실이 잘도 익는구나’. 大梅山法常禪師 初參祖問 如何是佛 祖云 卽心是佛 常卽大悟 後居大梅山 祖聞師住山 乃令一僧到問云 和尙見馬師 得箇什麽 便住此山 常云 馬師向我道 卽心是佛 我便向這裏住 僧云 馬師近日佛法又別 常云 作麽生別 僧云 近日又道 非心非佛 常云 這老漢惑亂人 未有了日 任汝非心非佛 我只管卽心卽佛 其僧回擧似祖 祖云 梅子熟也”, 같은 책(卍속장119, p.814b2)에 “분주무업선사가 마조를 찾아갔는데, 마조가 보니 용모가 훤칠하고 기골이 장대했으며 목소리는 종 울리듯 했다. 이에 마조가 무업에게 말했다. ‘우뚝한 불당이긴 한데, 그 안에 부처는 안 계시네’. 그러자 무업이 예의를 갖춰 무릎을 꿇고서 물었다. ‘삼승 글공부 거칠게나마 그 뜻을 다했습니다만, 늘 선문의「이 마음이 그대로 부처다」라는 말을 들어 왔는데 정말로 무슨 뜻인지 모르겠습니다’ ‘다만 알지 못하는 마음이 바로 그것이니 다시 별다른 물건이란 없다’ ‘달마대사가 서쪽에서 와서 은밀하게 전한 심인이란 무엇입니까?’ ‘대덕은 정말로 시끄럽구나. 잠시 갔다가 다른 때 오너라’. 이에 무업이 막 나가는데 마조가 그를 불렀다. ‘대덕!’ 무업이 고개를 돌리자 마조가 말했다. ‘이것은 무엇인가?’ 무업이 바로 깨닫고서 절을 올리자 마조가 말했다. ‘이 둔한 놈아! 절해서 어쩌자는 것이냐?’ 汾州無業禪師參祖 祖覩其狀貌瓌偉 語音如鐘 乃曰 巍巍佛堂 其中無佛 業禮跪而問曰 三乘文學 粗窮其旨 常聞禪門卽心是佛 實未能了 祖曰 只未了底心卽是 更無別物 業又問 如何是祖師西來密傳心印 祖曰 大德正鬧在 且去別時來 業纔出 祖召曰 大德 業迴首 祖云 是什麽 業便領悟禮拜 祖云 這鈍漢 禮拜作麽”,『설두어록』권3(대정장47, p.686b12)에 “설두가 무업을 들춰냈다. ‘학인이 무업에게 물었다.「무엇이 부처입니까?」「망상하지 마라」’. 설두가 말했다. ‘콧구멍을 막아 버렸군’. 또 마조를 들었다. ‘한 학인이 마조에게 물었다.「부처란 무엇입니까?」「이 마음이 그대로 부처다」’. 설두가 말했다. ‘혀끝을 입 천장에 붙게 하였군’. 擧 無業 馬祖 僧問 如何是佛 云 莫妄想 師云 塞却鼻孔 又問 如何是佛 云 卽心是佛 師云 拄却舌頭”,『대혜어록』권2(대정장47, p.819b15)에 “대혜가 법좌에 올라앉아 말했다. ‘이 마음이 그대로 부처이니 부처는 사람을 멀리하지 않는다. 마음 없음이 도이니 도는 물 밖에 있지 않다. 삼세의 부처들 이 마음으로 설법을 할 뿐이고 이 도로 중생을 제도할 뿐이니, 이 도로 중생을 제도하기에 중생이 가히 제도할 것 없으며 이 마음으로 설법하기에 설할 만한 법 또한 없다. 설할 만한 법이 없는 것이 진정한 설법이고 제도할 만한 중생이 없는 것이 진정한 중생제도이니, 삼세의 부처들 또한 이와 같고 눈앞의 대중들 또한 이와 같음을 알아야 한다’. 그러고는 바로 불자를 들어 말했다. ‘알겠는가?’ 선상을 내리치고 말했다. '이렇다. 이렇다'. 上堂 卽心是佛 佛不遠人 無心是道 道非物外 三世諸佛 只以此心說法 只以此道度生 以此道度生 無生可度 以此心說法 無法可說 無法可說 是眞說法 無生可度 是眞度生 當知 三世諸佛 亦如是 現前大衆 亦如是 乃擧拂子云 還委悉麼 復擊禪床云 如是 如是", 같은 책 권5(대정장47, p.830b3)에 "대혜가 법좌에 올라앉았는데 한 학인이 물었다. '대매는 「마음이 그대로 부처다」라 했고 마조는 「마음도 아니고 부처도 아니다」라고 했는데, 어느 쪽이 맞습니까?' '양쪽 다 맞고, 양쪽 다 틀리다' '금으로 금을 사고팔 수 없고, 물로 물을 씻을 수 없군요' '그대는 어떻게 아느냐?' '천고에 향기 드리운들 누군들 알겠으며, 맑은 바람이 도처에 불지만 어느 곳이 그 끝이겠습니까?' '바람이 불면 곡조 다르지 않던가'. 上堂 僧問 大梅卽心是佛 馬祖非心非佛 阿那箇是 師云 兩箇俱是 兩箇俱不是 進云 金不博金 水不洗水 師云 爾作麽生會 進云 千古垂芳孰共知 淸風匝地有何極 師云 又被風吹別調中", 『무문관』 30칙(대정장48, p.296c29)에 "무문이 평한다. '그 자리에서 바로 알아차릴 수 있다면 부처의 옷을 입고 부처의 밥을 먹으며 부처의 말을 하고 부처의 행을 할 것이니 그대로 부처이다. 비록 그렇지만 대매도 많은 사람들이 저울눈금을 잘못 보게 하였으니, 「부처라는 말을 하면 3일 동안 입을 헹군다」라는 말을 어찌 알았겠는가? 만약 이런 이라면 「이 마음 그대로 부처다」라는 말을 듣자마자 귀를 막고 도망칠 것이다'. 송으로 말한다. '푸른 하늘 밝은 날에 찾아 헤매지는 말지니, 다시 어떠냐고 묻는다면 훔친 물건 끌어안고 억울하다 부르짖으리'. 無門曰 若能直下領略得去 著佛衣 喫佛飯 說佛話 行佛行 卽是佛也 然雖如是 大梅引多少人 錯認定盤星 爭知道 說箇佛字 三日漱口 若是箇漢 見說卽心是佛 掩耳便走 頌曰 靑天白日 切忌尋覓 更問如何 抱贓叫屈", 『완릉록』(대정장48, p.384b1)에 "배휴가 황벽에게 물었다. '무엇이 부처입니까?' '이 마음이 그대로 부처고 마음마저 없어야 도이니, 마음을 내거나 생각을 일으켜서 유무·장단·피아·능소 등의 마음만 없이 한다면 마음이 본래 부처이고 부처가 본래 마음이다. 마음은 허공과 같기에 「부처의 진정한 법신은 허공과 같다」라고 하니 따로 구할 것이 없다. 구함이 있은즉 온통 고통이니, 설사 항하사 모래알만큼의 세월 동안 육도와 만행을 닦아 부처의 깨달음을 얻는다 해도 구경은 아니다. 어째서 그런가? 인연지어 만드는 일에 속하기에 인연이 다하면 무상으로 돌아간다. 그래서 「보신과 화신은 진정한 부처가 아니며 법을 설하는 이도 아니다」라고 말하는 것이니, 자기 마음을 알아차리면 나도 없고 남도 없어서 본래 부처다'. 問 如何是佛 師云 卽心是佛 無心是道 但無生心動念有無長短彼我能所等心 心本是佛 佛本是心 心如虛空 所以云 佛眞法身猶若虛空 不用別求 有求皆苦 設使恒沙劫 行六度萬行 得佛菩提 亦非究竟 何以故 爲屬因緣造作故 因緣若盡 還歸無常 所以云 報化非眞佛 亦非說法者 但識自心 無我無人本來是佛"라고 하였다. [참고문헌] 『華嚴經』, 『景德傳燈錄』, 『善慧大士語錄』, 『馬祖語錄』, 『雪竇語錄』, 『大慧語錄』, 『無門關』, 『宛陵錄』. ⇨ 시심시불 是心是佛, 즉심즉불 卽心卽佛, 비심비불 非心非佛, 무심시불 無心是佛

즉심염불 卽心念佛 마음이 부처라고 염하는 수행법. 약심관불(約心觀佛)·이지염불(理持念佛)이라고도 한다. 사명지례(四明知禮)는 『관무량수경』(대정장12, p.343a21)의 "이 마음이 부처가 되고 이 마음 그대로 부처이다. 是心作佛 是心是佛"라는 경구에 의지해 일심삼관(一心三觀)에 따라 마음으로 부처를 관하는 즉심염불을 세웠다. 이는 사명지례가 정각인악(淨覺仁岳)의 섭불귀심(攝佛歸心)의 설과 광지상현(廣智尙賢)의 섭심귀불(攝心歸佛)을 비판하면서 즉심염불이라야 아미타불의 의정을 누구나 본래 갖추고 있다고 관할 수 있고, 그렇게 해야 정토문에 들 수 있다고 주장했다. 『무량수경소묘종초』 권4(대정장37, p.220c16)에 "마음과 부처는 동체이므로 '마음이 부처'라 하고, 중생이 미래에 성취할 과를 관하여 '마음이 부처가 된다'고 한다. 마음이 부처라고 관하며 염불하는 수행에 뜻을 두고, 과를 바라며 인을 닦도록 하므로 이러한 풀이가 있는 것이다. … 마땅히 아미타불과 모든 부처님은 많지도 않고 적지도 않다는 사실을 알라. 모든 부처님은 일(一)과 일체가 되는 다(多)이고, 아미타불은 다와 일체가 되는 일이다. 한 마음으로 생각을 묶어두고 저들 부처님을 진실로 관하는 방법이 일심삼관이다. 以心佛同體 名心是佛 觀生彼果 名心作佛 意在卽心念佛 及令慕果修因 故有此釋 … 應知 彌陀與一切佛 不多不少 諸佛 乃卽一之多 彌陀 乃卽多之一 一心繫念 諦觀彼佛者 卽一心三觀也", 『정토수학』 권상(卍속장109, p.941b1)에 "즉심염불송 : 유계대사(傳燈)는 『아미타경약해원중초 阿彌陀經略解圓中鈔』를 지어, 극락의 의보와 정보를 묘유로 삼고, 한 마음으로 명호 가짐을 진공으로 삼는다네. 진공에 어두워서는 극락의 묘유를 증득할 수 없고, 묘유에 어두워서는 이 마음의 진공을 드러낼 수 없노라. 두 가지 뜻을 합하여 송을 지었으니, 즉심염불이라 한다네. 卽心念佛頌 幽溪大師圓中鈔 以極樂依正爲妙有 一心持名爲眞空 微眞空而莫能證於極樂之妙有 微妙有而莫能顯於此心之眞空 合二義作頌曰 卽心念佛", 같은 책 권하 「중각관경의소묘종초권독서 重刻觀經義疏妙宗鈔勸讀序」(卍속장109, p.961b4)에 "유정과 함께 즉심염불을 하고자 원해서 이 『관경의소묘종초』를 지었다. 願共有情 卽心念佛 乃此鈔所以作也"라고 하였다. [참고문헌] 『觀無量壽經』, 『無量壽經疏妙宗鈔』, 『淨土隨學』. ⇨ 관심염불 觀心念佛, 약심관불 約心觀佛, 염불 念佛

즉심즉불 卽心卽佛 곧바로 이 마음이 곧바로 이 부처다. 또는 마음 그대로 바로 부처라는 말. 다른 것 아닌 마음을 곧바로 가르쳐 부처라 한 말이다. 『조산어록』(대정장47, p.528c5)에 "한 학인이 조산에게 물었다. '이 마음이 그대로 부처다는 말에 대해서는 묻지 않겠습니다. 무엇을 이 마음도 아니고 부처도 아니라고 합니까?' '토끼 뿔은 쓸 일 없어 없지만, 소뿔은 쓸 일 없어도 있다'. 僧問 卽心卽佛卽不問 如何是非心非佛 師曰 兎角不用無 牛角不用有", 『운문광록』 권중(대정장47, p.554a10)에 "운문이 언젠가 말했다. '만일 이 마음이 그대로 부처다라고 말한다면 어쩌다 노비를 주인으로 착각함이니, 생사열반이라 한다면 목 베이고 살 길 찾는 듯하리라. 또한 부처를 말하고 조사를 말하면서 부처의 뜻이 조사의 뜻이라 한다면 목환자 염주알을 그대 눈동자 대신하듯 하여 크게 다르지 않으리라'. 師有時云 若言卽心卽佛 權且認奴作郎 生死涅槃 恰似斬頭覓活 若說佛說祖 佛意祖意 大似將木槵子 換却爾眼睛相似", 『법연어록』 권상(대정장47, p.651a21)에 "법연이 법좌에 올라 들기를 '약산이 석두에게 물었다. 「3승 12분교를 제가 대강 알고 있습니다만, 듣자하니 남방에서는 사람의 마음을 곧바로 가리켜서 견성하고 부처가 된다고 하던데 저는 정말로 모르겠습니다. 스님의 가르침을 부탁드립니다」「그렇다 해도 안 되고 그렇지 않다고 해도 안 되고 그렇다 그렇지 않다 해도 어쩔 수 없다」'. 이어서 법연이 말했다. '산승이 대중과 함께 있던 어느 날 형제들이 문답을 주고받으며 「이 마음이 곧바로 부처라 해도 안 되고 이 마음이 부처가 아니라 해도 안 된다」라고 하는 말을 들었는데, 이렇게 말한다면 감히 선객이라고 칭할 수 있을까? 어째서 그럴까? 비록 알 수는 없지만 석두노인이 문무를 겸비하고 육도삼략에 모두 정통하였다 해도 사방에서 보이는 곳이라면 반드시 모든 이들 함께 알겠지만 보이는 것이 솟구치는 파도만이라면 바닷속 용궁은 보지 못한다'. 上堂 擧 藥山問石頭 三乘十二分教 某甲粗知 承聞南方 直指人心 見性成佛 某實未明 乞師指示 石頭云 恁麽也不得 不恁麽也不得 恁麽不恁麽總不得 山僧在衆日 聞兄弟商量道 卽心卽佛亦不得 不卽心卽佛亦不得 若恁麽說話 敢稱禪客 何故 殊不知 石頭老人 文武兼備 韜略雙全 若是四面見處 也要諸人共知 只見波濤涌 不見海龍宮", 『원오어록』 권3(대정장47, p.726a18)에 "곧바로 이 마음이 곧바로 이 부처다고 말한다면 그야말로 머리 위에 머리 얹는 것과 같고, 다시 부처도 아니고 마음도 아니라고 말한다면 흡사 물거품을 일으키며 불 찾는 격이다. 두 견을 훤출히 벗어나 중간에도 떨어지지 않는다. 깨끗이 다 벗어 남길 것 없이 하고 때 한 점 없이 깨끗하게 온전히 드러낸다. 이 때문에 옛사람은 '모든 신령한 저 근원 어둡지 않아 만고에 아름다운 길이어서, 이 문으로 들어오려 하면 알음알이 두어서는 안 되리'라고 하였다. 若謂卽心卽佛 正如頭上安頭 更言非佛非心 大似撥漚覓火 超出二見 不墮中間 淨裸裸無遺 赤灑灑全露 是故 古人道 靈源不昧 萬古徽猷 入此門來 莫存知解"라고 하였다. 〔참고문헌〕『曹山語錄』, 『雲門廣錄』, 『法演語錄』, 『圜悟語錄』. ⇨ 시심시불 是心是佛, 즉심시불 卽心是佛, 비심비불 非心非佛

즉왕남방 卽往南方 Ⓢ dakṣiṇāṃ diśaṃ prakrāntaḥ. 곧바로 남방으로 갔다네. 용녀(龍女)의 성불을 그리는 말로서, 밝고 바른 남쪽을 비유하여 어둠을 거둬내고 등정각 이룬 뜻을 보인 말이다. 『법화경』 권4(대정장9, p.35c16 : *Saddh-p.*, p.265)에 "당시 회중의 대중이 모두 보았다. 용녀 문득 한 순간에 남자의 몸으로 변하여 보살행을 갖추고는 곧바로 남방무구세계로 가서 보련화에 앉았고 등정각을 이룬 다음 삼십이상과 팔십종호를 갖추고 널리 시방일체중생에게 묘법을 연설하였다. 當時衆會 皆見龍女 忽然之間 變成男子 具菩薩行 卽往南方 無垢世界 坐寶蓮華 成等正覺 三十二相 八十種好 普爲十方 一切衆生 演說妙法 atha tasyāṃ velāyāṃ sāgaranāgarājaduhitā … strīndriyamantarhitaṃ puruṣendriyaṃ ca prādurbhūtaṃ bodhisattvabhūtaṃ cātmānaṃ saṃdarśayati. tasyāṃ velāyāṃ dakṣiṇāṃ diśaṃ prakrāntaḥ. atha dakṣiṇasyāṃ diśi vimalā nāma lokadhātus-tatra saptaratnamaye bodhivṛkṣamūle niṣaṇṇamabhisaṃbuddhamātmānaṃ saṃdarśayati sma dvātriṃśallakṣaṇadharaṃ sarvānuvyañjanarūpaṃ prabhayā ca daśadiśaṃ sphuritvā dharmadeśanāṃ kurvāṇam", 『법화경지음』 권4(卍속장49, p.607b9)에 "보살행을 갖추었다는 말은 인행이 가득 찼다는 뜻이고, 곧바로 남방으로 갔다는 등의 말은 과덕이 두렷함이다. 具菩薩行者 因行滿也 卽往南方等者 果德圓也", 『신화엄경론』 권8(대정장36, p.768c5)에 "남방이란 밝고도 바름을 나타낸다. 리(离 ☲)의 괘여서 리는 밝음이고 태양이고 또한 텅 비어 없는 것이어서 곧바로 번뇌없음을 가리킨다. 南方者 爲明爲正 以主离故 离爲明 爲日 爲虛無 卽無垢也", 『법화경통의』 권4(卍속장49, p.883b10)에 "곧바로 남방으로 갔다는 말은, 밝고 바른 것을 남으로 삼는 것이니 무명의 어둠을 벗어나면 숨은 불성(如來藏性)이 단번에 나타남을 표한다. 불체가 눈앞에 실현되니 곧바로 남방무구세계로 가서 보련화에 앉아 등정각을 이룬 것이다. 卽往南方 言明正爲南 表離無明暗 則藏性頓顯 佛體現前 卽往南方 無垢世界 坐寶蓮華 成等正覺也"라고 하였다. 〔참고문헌〕『法華經』, 『法華經知音』, 『新華嚴經論』, 『法華經通義』, *Saddh-p.* ⇨ 남방무구세계 南方無垢世界, 용녀성불 龍女成佛

즉원 卽圓 1738~1794. 조선후기 스님. 자는 이우(離隅), 호는 정암(晶巖), 속성은 김씨. 1738년(영조14) 전라도 영암의 송지방(松旨坊 : 지금의 해남군 松旨面)에서 태어났다. 3세 때 어머니가 돌아가신 후 가세가 어려워 9세 때 미황사(美黃寺) 재심(再心)에 의해서 길러졌으며, 16세 때인 1753년(영조29)에 재심을 은사로 하여 스님이 되었다. 20세 때부터 공부를 시작하여 송파각훤(松坡覺暄)에게서 사집(四集)과 사교(四敎)를 배웠고, 연담유일(蓮潭有一)로부터 대교(大敎)인 『화엄경』을 배웠으며, 설봉회정(雪峰懷淨)에게서 참선을 지도받았고, 1757년(영조33) 송파의 법을 이어받았다. 선교를 겸비한 선지식으로서 학인이 구름처럼 모여들었으니, 후학지도는 물론이었지만 자비와 아낌없이 나누는 사시마저 근본업으로 삼았다. 한편 항상 찌그러진 모자와 누더기를 입어 가슴은 움켜쥐고 팔뚝은 드러나 마치 거지처럼 보였다. 친척이나 제자들이 장삼과 솜옷 등을 드리면 기꺼이 받았다가 며칠 후 외출하고 돌아올 때 없는 헌 옷 입은 채 돌아오니, 헐벗어 떠는 이들에게 벗어주었다고 하였다. 어느 날 옷 속에 이(虱) 가득한 거지가 찾아와 하룻밤을 재워주기를 청하자 대중들 모두 피하고 내쫓았으나 스님은 자기 방으로 데리고 가서 이불을 덮어 자게 한 후, 먹을 것도 모조리 퍼 주었다. 절 밑 송지마을 거지들이 깊은 감명을 받아 누구를 막론하고 스님 계신 곳에 가서 곡식을 얻어오면 추방하기로 결의까지 했다고 한다. 1794년(정조18) 5월 13일(一說에는 12일) 궁복도(弓福島 : 弓島라고도 하는데, 순천 사안포 동쪽에 있다)의 중암(中庵)에서 세수 57, 법랍 41세로 입적했다. 입적한지 5년 후인 1799년에 아암혜장(兒庵惠藏)이 스님의 영정을 그려 모셔놓고는 염향(拈香)하고 법을 이었다. 저명한 제자에는 노은타오(露隱妥悟)·송담재찰(松潭再察)·청암부한(靑巖富閑)·청담석홍(淸潭釋泓)·해인연심(海印演心)·사암호순(獅菴好淳)·죽암취윤(竹庵取允)·금파설윤(錦波說允)·망해하일(望海賀鎰)·여담혜안(黎潭慧眼)·해송정헌(海松定軒)·은담계민(隱潭戒敏) 등이 있다. 『대둔사지』와 『만덕사지』에 대동소이한 내용이 전한다. 『대둔사지』 비문에 "동방 제7조 청허휴정의 문파에서 다시 7대가 지나 정암이 되었다. … 정암이 비록 대중을 통령하고 경을 강설하였으나 그 마음은 오로지 자비에 힘쓰고 아낌없이 베푸는 것에 힘썼다. … 정암은 또한 편지글을 잘 썼는데, 글자와 구절 반만 써도 사람의 마음을 감동시키기에 충분하였으며 필체의 구부러짐이 기이하여 속류가 미칠 수 없다. … 매년 5월 13일 기일에 재수를 베풀고 모여서는 뜻을 내어 정암의 비를 세우니 이로써 남겨진 이들이 천리를 가게 되었다. 東方第七祖 淸虛休靜之宗 又七傳而爲晶巖也 … 晶巖雖領衆說經 乃其心專以慈悲爲務 舍施爲業 … 晶巖又善尺牘 隻字半句 有足以感動人心 筆體紆回奇怪 非俗流可及 … 每五月十三日 以忌設需而會 義立晶巖之碑 是以遺人千里"라고 하였다. 〔참고문헌〕『東師列傳』 권4 「晶巖禪師傳」(한불전10, p.1030c14), 『萬德寺誌』(亞細亞文化社, 1977) pp.135~139, 『大芚寺誌』(亞細亞文化社, 1980) pp.296~299, 智冠 『韓國高僧碑文總集 朝鮮朝·近現代』 pp.614~615. ⇨ 정암당즉원대사비 晶巖堂卽圓大師碑

즉위관정 卽位灌頂 천자 또는 황제의 즉위식 때 행하는 관정의 의식. 중국에서는 당대 불공삼장(不空三藏)이 숙종(肅宗)에게 전륜왕위칠보관정이라는 관정을 행한 예가 있다. 『계람습엽집』 권40(대정장76, p.633c1)에 "천자의 즉위관정 때에는 천법을 불러내 국왕을 받들어 주는 일이다. 天子卽位灌頂時 以吒天法 奉授國王事", 『송고승전』 권1(대정장50, p.713a1)에 "건원년간에 숙종이 불공삼장을 궁으로 초청하여 도량을 건립하고 호마법을 행하여 황제가 전륜왕위칠보관정을 받을 수 있도록 하였다. 乾元中 帝請入內 建道場護摩法 爲帝受轉輪王位七寶灌頂"라고 하였다. 일본에서는 천태밀교의 진호국가법(鎭護國家法) 중 하나로 최징(最澄)이 사아천왕(嵯峨天皇 786~842)의 즉위 때 처음 시행하였다. 이를 계기로 이후 역대 천황들의 즉위관정은 천태밀교의 아사리가 집전하게 되었다. 의식에는 사해령장인(四海領掌印)과 제왕인명(帝王印明) 등으로 작법한다. 〔참고문헌〕『溪嵐拾葉集』, 『宋高僧傳』. ⇨ 관정 灌頂 ❶

즉유 卽幽 그윽함 마주하다. 열반에 드심을 말한다. 『출삼장기집』 권10 「십법구의경서 十法句義經序」(대정장55, p.70a18)에 "부처님께서 열반에 드시자 아난이 전한 바는 나뉘어 삼장이 되었는데 이전의 실마리를 모아 불러내서 모든 경을 부에 따라 구별하였다. 自佛卽幽 阿難所傳 分爲三藏 纂乎前緖 部別諸經"라고 하였다. 〔참고문헌〕『出三藏記集』.

즉탈영락 卽脫瓔珞 Ⓢapanayitvā mālya-ābharaṇani. 곧바로 영락을 벗다. 법화칠유(法華七喩) 중 궁자유(窮者喩)에 나오는 말로 장자가 궁자에게 가까이 가기 위해 영락 걸친 좋은 옷을 벗고 낡은 옷으로 갈아입은 인연을 말한다. 『법화경』 권2 「신허품 信解品」(대정장9, p.17a14 : *Saddh-p.*, p.106)에 "다시 다른 날 창으로 멀리서 아들을 보니 몸은 마르고 수척했으며 거름과 먼지로 더럽혀져 있었다. 곧바로 영락도 부드럽고 좋은 옷도 장신구도 벗어 던지고, 거칠고 헤진 때묻은 옷으로 갈아 입었다. 又以他日 於窓牖中 遙見子身羸瘦憔悴 糞土塵坌 汚穢不淨 卽脫瓔珞 細軟上服 嚴飾之具 更著麤弊垢膩之衣 atha khalu sa gṛhapatiḥ svakānni veśanādavatīrya-apanayitvā mālyābharaṇany-ap

다시 언제 때린단 말이냐?' 그러고 나서 이어 거듭 때렸다. 노파는 조주가 이렇게 말했다는 소리를 듣고는 말했다. '조주는 내 손 안에 들린 주장자 맛을 봐야 한다'. 후에 학인이 노파의 이 말을 조주에게 말해 주자 조주는 울며 말했다. '비통하구나'. 조주의 이 말을 노파가 전해 듣고는 합장하며 말했다. '조주의 눈에서 빛 놓아 밝으니 사천하 비추어 어둠을 부수는구나'. 후에 조주는 학인을 보내서 노파에게 묻게 했다. '무슨 일을 조주의 눈이라 하는가?' 노파는 주먹을 세워 보였다. 有澄一禪者見婆問 怎生是南泉猶少機關在 婆乃哭曰 可悲可痛 一罔措 婆云 會麽 一合掌而立 婆云 伎死禪和 如麻似粟 後澄一擧似趙州 州云 我若見這臭老婆 問敎口啞在 一云 未審和上怎生問他 州以棒打云 似這伎死禪和 不打更待何時 連打數棒 婆聞趙州恁麽道乃曰 趙州自合喫婆手裏棒在 後有僧擧似趙州 州哭云 可悲可痛 婆聞趙州此語乃合掌曰 趙州眼放光明 照破四天下 後趙州令僧去問 怎生是趙州眼 婆乃竪起拳頭"라고 하였다. [참고문헌]『佛祖歷代通載』.

증 證 ❶ Ⓢ adhi-√gam, adhigama, sākṣāt-√kṛ, sākṣāt-kriyā, Ⓟ adhigama, Ⓣ rtogs-pa, 'thob-pa, mngon-sum-du-byed-pa. 말에 의지해 오르다. 깨우쳐 알고 사무쳐 행하는 뜻이다. 가르침(敎)이 있으면 반드시 깨우쳐 받아들여 행함이 있게 되는 뜻이어서 정법(正法)을 여실하게 알아 깨우쳐 듦을 말한다. 『구사론』 권29(대정장29, p.152b3 : *Abh-k-bh.*, p.459)에 "세존의 바른 법 그 바탕에는 두 가지가 있으니, 첫째는 교이고, 둘째는 증이다. 교란 계경(經)·조복(律)·대법(論)이고, 증이란 삼승의 보리분법을 말한다. 世尊正法 體有二種 一 敎 二 證 敎 謂契經 調伏 對法 證 謂三乘 菩提分法 tatrāgamaḥ sūtravinayābhidharmā adhigamo bodhipakṣyā ityeṣa dvividhaḥ saddharmaḥ", 『화엄경탐현기』 권9(대정장35, p.282c10)에 "이 논의 위아래 글의 내용에 의하면, '아함'과 '증'에 모두 아홉 겹이 있다. 첫째, 행과 교가 서로 마주함이니 음성으로 하신 말씀의 가르침을 아함이라 하고, 일체공덕을 증이라 한다. … 둘째, 위지상대를 잡았으니 해행 이전의 교에 의지해 수행하는 것을 아함이라 하고, 초지 이상을 증이라 한다. … 셋째, 수성상대이니 일체지중에서 문(聞)·사(思)·수(修)·보생식지(報生識智) 등 이와 같은 네 가지 마음의 연조해(緣照解 : 緣智解)는 아함이라 하며, 진지에서 나온 말은 증이라 한다. … 넷째, 진위상대이니 일체지중에서 참과 거짓을 합하여 닦는 것을 아함이라 하고, 거짓을 버리고 참에 합하는 것을 증이라 한다. … 다섯째, 상실상대이니 세간수중에 저 증상을 얻음을 아함이라 하고, 본래의 실상에 상응하는 것을 증이라 한다. … 여섯째, 체덕상대이니 현상을 여윔에 의하여 성취한 행중에 시작 없는 법성이 본래 숨어 있다가 이제 나타난 것을 증이라 하며, 본에 의지해서 성취한 방편의 행덕이 교에 의지해 닦아 생기는 것을 아함이라 한다. … 일곱째, 체용상대이니 앞의 체(體)와 덕(德)이 서로 좇아서 증이 되고, 이것에 의해서 일어나 세간에 수순하는 가르침의 지혜의 용을 아함이라 한다. … 여덟째, 자분승진상대이니 스스로 성취한 체덕용(體德用) 등을 모두 증이라 하고, 부처님의 가르침을 받는 것을 아함이라 한다. … 아홉째, 약전취실상대이니 진지의 체를 증이라 하며, 이 증체를 말을 기준으로 열 가지로 나눈 것을 아함이라 한다. 依此論上下文內 阿含及證 總有九重 一 行敎相對 音聲言敎 名爲阿含 一切功德 說以爲證 … 二 約位地相對 解行已前 依敎修行 名爲阿含 初地已上 說之爲證 … 三 修成相對 一切地中 聞思修報生識智 此等四心 緣照之解 名曰阿含 眞智出言 以之爲證 … 四 眞僞相對 一切地中 眞僞合修 名曰阿含 捨僞契眞 名之爲證 … 五 相實相對 世間修中 得彼證相 名曰阿含 契本實相 名之爲證 … 六 體德相對 就彼離相 所成行中 無始法性 本隱今顯 名之爲證 依本所成 方便行德 依敎修生 名爲阿含 … 七 體用相對 前體及德 相從爲證 依此所起 隨順世間 敎智之用 名爲阿含 … 八 自分勝進相對 自分所成 體德及用 皆名爲證 能受佛敎 稱曰阿含 … 九 約詮就實相對 眞智之體 說以爲證 卽此證體 約言分十 名爲阿含"라고 하였다. [참고문헌]『俱舍論』, 『華嚴經探玄記』, *Abh-k-bh*·*4*. ⇨ 과증 果證, 득증 得證, 명증 明證❷, 분증 分證, 증득 證得 ❷ 누구나가 분명히 알게 하는 일. 『방편심론』(대정장32, p.24a8)에 "만일 다시 비유로 신(神)이 있다는 것을 밝힌다면 그렇듯한 법이 있은 후에야 비유할 수 있다. 신이라는 류를 어떤 것으로 비유하겠는가? 경서에 따라 신이 있다는 것을 증명한다면 이 일은 가능하지 않다. 경서의 뜻도 알기 어려우니, 어떤 때는 있다고 하고, 어떤 때는 없다고 하니 어찌 믿을 수 있겠는가? 若復以喩 明神有者 有相似法 然後得喩 神類何等 而爲喩乎 若隨經書 證有神者 是事不可 經書意亦難解 或時言有 或時言無 云何取信"라고 하였다. [참고문헌]『方便心論』. ⇨ 인증 引證

증가구 增加句 덧붙이는 구. 진언의 앞뒤에 덧붙여서 의미를 분명하게 만드는 구절. 『대일경』 권7(대정장18, p.46b23)에 "여기에서 증가구로 '보리심은 일체물을 떠난다'라고 한 것은 오온·십팔계·십이처의 능집과 소집을 버렸음을 말한다. 법에 아가 없고 스스로의 마음이 평등하니 본래 생겨남 없는 것이 저 큰 하늘의 자성 같다. 마치 저 부처님과 보살이 보리심을 일으켜서 보리도량에 이르신 듯 나 역시 이와 같이 보리심을 일으킨다 〈이 증가구 또한 진언처럼 범본을 염송해야 한다〉. 是中增加句言 菩提心離一切物 謂蘊界處能執所執捨故 法無有我 自心平等 本來不生如大空自性 如佛世尊 及諸菩薩 發菩

提心 乃至菩提道場 我亦如是發菩提心〈此增加句亦同眞言當誦梵本〉",『대일경공양차제법소』 권하(대정장39, p.803b10)에 "(여기에서) 증가구는 '능'의 의미를 드러낸 것이다 增加句者 顯能義也"라고 하였다. 〔참고문헌〕『大日經』,『大日經供養次第法疏』.

증가녀 曾嫁女 일찍이 결혼한 여인. 이가녀(已嫁女)라고도 한다. 『유부필추니비나야』 권18(대정장23, p.1004c8)에 "만약 증가녀의 나이가 만 12세 또는 18세가 되면 응당 2년 동안 정학법(正學法)을 주고 그런 다음에 근원계(近圓戒)를 주어야 한다. 若曾嫁女年滿十二或十八歲者 應與二年正學法 方授近圓"라고 하였다. 〔참고문헌〕『有部苾芻尼毘奈耶』, 『四分律』 권28(대정장22, p.759a19). ⇨ 이가녀 已嫁女

증가자 增加字 근본자(根本字)의 앞뒤에 덧붙여서 뜻과 소리를 성취하는 글자. 『대일경』 권5(대정장18, p.38b1)에 "양족존이신 부처님께서 설하시기를 아(𑖀) 자를 종자라고 하였으므로 일체가 이와 같아서 모든 지분에 안주한다. 상응하여 펴 마치고 법에 의지하여 두루 전수하니 저 본래의 처음 자로 말미암아 널리 더하고 덧붙이는 자들이 있어 뭇 글자들로 소리를 성취하네. 佛兩足尊說 阿字名種子 故一切如是 安住諸支分 如相應布已 依法皆遍授 由彼本初字 遍在增加字 衆字以成音",『대일경소』 권17(대정장39, p.754c27)에 "자라 하면 범어로 두 가지 음이 있다. 첫째는 아찰라이니 근본자이다. 둘째는 리비비이니 증가자를 말한다. 근본이란 바로 본자이니 아(𑖀) 자와 같이 최초의 두 음이 근본이다. 다음으로 이(𑖂) 자를 좇아 오오(𑖌)에 이르기까지 열두 자가 바로 좇아 나는 증가자이니 모두 여성이다. 근본자는 남성이다. 남성은 지혜를 뜻하고 여성은 정을 뜻한다. 이 근본자는 일체처에 있고, 모든 증가자가 역시 일체처에 있다. 근본과 증가는 서로 다르지 않다. 字者 梵有二音 一名 阿剎羅也 是根本字也 二者 哩比鞞 是增加字也 根本者 卽是本字 如阿字最初二音 卽是根本也 次從伊 伊乃至烏奧凡十二字 是從生增加之字 悉皆是女聲 其根本字是男聲也 男聲是慧義女聲是定義也 其根本字遍一切處 次諸增加字 亦有遍一切處 根本增加 不相異也"라고 하였다. 〔참고문헌〕『大日經』,『大日經疏』. ⇨ 아찰라 阿剎羅, 이종자 二種字, 종자 種子 ❷

증각 證覺 ❶ Ⓢ abhisaṃbuddha. 증하고 깨닫다. 『현양성교론』 권7(대정장31, p.516b27)에 "증각이라 한다. 성문보리는 스승을 따라 증각하고, 독각보리는 맹세코 스스로를 이롭게 하여 스승 없는 증각이며, 무상정등보리도 자리이타여서 스승 없는 증각이다. 證覺者 聲聞菩提 由師證覺 獨覺菩提 唯誓自利 無師證覺 無上正等菩提 自利利他 無師證覺",『대반야경』 권436(대정장7, p.196b22)에 "선현이 말씀드렸다. '세존이시여! 일체법성은 증각할 수 없습니다'. 부처님께서 말씀하셨다. '이와 같이 일체법본성은 유일하니, 증하는 이도 증할 것도 얻을 수 없기 때문이다'. 世尊 一切法性 不可證覺 佛言 如是以一切法本性唯一 能證所證 不可得故",『유가사지론』 권94(대정장30, p.838a9)에 "또한 과거제불이 보살이었던 시절에 이치 그대로 연기법을 사유하신 다음에 무상정등보리를 증각하셨고, 현세의 박가범도 연기에 대하여 바르게 사유하신 다음에 무상정등보리를 증각하셨다. 復次 過去諸佛 爲菩薩時 如理思惟 緣起法已 證覺無上正等菩提 今薄伽梵 亦於緣起 正思惟已 證覺無上正等菩提"라고 하였다. 〔참고문헌〕『顯揚聖教論』,『大般若經』,『瑜伽師地論』, *Vajr-pr.32·48.* ⇨ 증 證 ❶, 각 覺 ❷ 통일신라시대에 실상산문(實相山門)을 개창(開創)한 홍척(洪陟)의 시호. 〔참고문헌〕『祖堂集』 권17(대장경보편25, p.616a8). ⇨ 홍척 洪陟

증각사 證覺寺 황해북도 장풍군 보봉산(寶鳳山)에 있던 절. 『동국여지승람』 권12 경기 장단도호부 불우에 "화장사 위에 있다. 在華藏寺上"라고 하였으나, 『범우고』에는 "지금은 폐사되었다. 今廢"라고 하였다. 『목은시고』 권30에 시 「증각사서루 證覺寺西樓」(한국문집총간4, p.425b19)와 「숙증각사 宿證覺寺」(같은 책, p.434b16), 권31에 「증각도중 證覺途中」(같은 책, p.449a6)이 수록되어 있다. 〔참고문헌〕『東國輿地勝覽』,『梵宇攷』,『牧隱詩藁』,『韓國寺刹全書』 권하 p.1033a13.

증각암 證覺庵 광주광역시 동구 지산동 무등산(無等山)에 있던 암자. 『가람고』·『범우고』에 이름과 위치가 전하고, 『여지도서』 전라도 광주 사찰에 "주 동쪽 20리에 있다. 在州東二十里"라고 하였고, 1798년(정조22)경 편찬된 『광주목지』 권1 사찰에는 '지금은 폐사되었다. 今廢'라고 하였다. 권섭(權燮 1671~1759)의 『옥소고』 권3 「유행록」·고경명(高敬命 1533~1592)의 『유서석록』 등에도 등장한다. 1690년(숙종16)에 세운 「능가사사적비 楞伽寺事蹟碑」(『조선금석총람』 권하, p.998)의 음기 중에는 "증각암 화주 총연 證覺庵 化主 聰衍"이 있다. 사지(寺址)에는 석축의 흔적과 와편(瓦片) 등이 발견되었다. 〔참고문헌〕『伽藍考』,『梵宇攷』,『輿地圖書』,『光州牧誌』,『玉所稿』,『遊瑞石錄』,『朝鮮金石總覽』,『韓國寺刹全書』 권하 p.1033a13, 『한국사지총람』 권하(문화재청·佛教文化財硏究所, 2010) p.50.

증감겁 增減劫 세 가지 중간겁(中間劫) 중 하나. 인간의 수명이 10세에서 8만세까지 늘어났다가 다시 10세까지 줄어드는 시간 동안의 겁(Ⓢ kalpa). 『대비바사론

』 권135(대정장27, p.700c11)에 “중간겁에는 다시 세 가지가 있다. … 셋째는 증감겁이다. … 증감겁이란 인간의 수명이 10세에서 늘어나 8만세에 이르렀다가 다시 8만세에서 줄어들어 10세가 될 때까지다. 中間劫 復有三種 … 三 增減劫 … 增減者 從人壽十歲增 至八萬歲復從八萬歲減至十歲”, 『십력경』(대정장17, p.718b2)에 “여래·응공·정등각께서는 온갖 유정의 과거 모든 전생의 일에 대해, 가령 일생 내지 십생 또는 이십생 내지 백생·천생 또는 무량생이나 일증감겁 내지 백천의 무량한 증감겁 동안의 일을 다 여실히 안다. 如來 應 正等覺 於諸有情 過去無量諸宿住事 假使一生 乃至十生 或二十生 乃至百生千生 或無量生 或一增減劫 乃至百千無量諸增減劫 皆如實知”라고 하였다. 〔참고문헌〕『大毘婆沙論』, 『十力經』. ⇨ 주겁 住劫, 감겁 減劫, 증겁 增劫

증개 繒蓋 비단으로 만든 큰 산개(傘蓋). 천증개(天繒蓋)의 줄임말로 천개라고도 한다. 불보살의 위엄과 덕성을 나타내는 장엄구(莊嚴具)로 불보살상의 머리 위를 장엄하거나, 법상(法床) 위 혹은 법당의 천장을 장식하기도 한다. 『장아함경』 권3 「유행경 遊行經」(대정장1, p.20b22)에 “부처님이 아난에게 말씀하셨다. ‘천하에는 마땅히 탑을 세워 향기로운 꽃과 비단일산과 음악으로 공양해야 할 네 부류의 사람이 있다. 첫째는 여래로 마땅히 탑을 세워야 한다. 둘째는 벽지불, 셋째는 성문들, 넷째는 전륜성왕이다’. 佛告阿難 天下有四種人 應得起塔 香花繒蓋 伎樂供養 何等爲四 一者如來應得起塔 二者辟支佛 三者聲聞人 四者轉輪王”, 『서하집』 권5 「소림사중수기 少林寺重修記」(한국문집총간1, p.253b8)에 “대정 14년(1174·명종 4) 6월에서 17년 7월까지 공사를 마쳤다. 또 새로 회주를 구성하여 금제 관음보살상 한 구를 조성하고 진귀한 불감·비단일산·화과·당번을 마련하였다. 自大定十四年六月 訖十七年七月 又新構成會主滿金觀音菩薩像一軀 或營珍龕繒蓋花菓幢幡”라고 하였다. 〔참고문헌〕『長阿含經』, 『西河集』. ⇨ 산개 傘蓋, 천개 天蓋, 보개 寶蓋, 닫집 ○○

증개 밀양표충사 1857년경

증갱락 增更樂 증어촉(增語觸 Ⓢ adhivacana-saṃsparśa)의 구역어다. 갱락은 촉의 구역어다. 제6식과 상응하는 촉(觸)이다. 의언촉(依言觸)·증상어촉(增上語觸)이라고도 한다. 『아비담심론』 권4(대정장28, p.832c8)에 “〔문〕 몇 가지 갱락이 있는가? 〔답〕 다섯 가지다. 〈게〉 증(增)과 유대(有對)와 무명(無明)과 처중(處中)과 명(明)의 갱락이다. 성도에도 두 가지가 있어 능히 흥기하여 과를 이룬다. 〈논〉 의식과 상응하는 갱락은 증갱락이라 하고, 전5식과 상응하는 갱락은 유대갱락이라 한다. 問 幾種更樂 答 五種 增有對無明 處中明更樂 聖道俱有二 能興起成果 意識相應更樂 是說增更樂 五識相應更樂 是謂有對更樂”라고 하였다. 〔참고문헌〕『阿毘曇心論』. ⇨ 증어촉 增語觸, 갱락 更樂

증겁 增劫 세 가지 중간겁(中間劫) 중 하나. 인간의 수명이 10세에서 8만세까지 늘어나는 시간 동안의 겁(Ⓢ kalpa). 감겁(減劫)에 대칭한다. 『구사론기』 권12(대정장41, p.193b9)에 “중간겁에는 다시 세 가지가 있다. … 둘째는 증겁이다. … 증겁이란 인간의 수명이 10세에서 늘어나 8만세에 이르는 동안이다. 中間劫 復有三種 … 二 增劫 … 增者 從人壽十歲增 至八萬歲”, 『중허마하제경』 권2(대정장3, p.938b13)에 “만약 어떤 증겁에 인간의 수명이 8만세가 될 때에는 유정의 근기는 둔근이 되고, 지혜는 우매해 열해지며, 법을 담을 그릇이 되지 못하기에 (석가보살께서) 나지 않으신다. 若有增劫八萬歲時 有情根鈍 智慧愚劣 非爲法器 是故不生”, 『화엄경소초』 권27(대정장36, p.206c8)에 “부처님은 감겁에 나시고 전륜왕은 증겁에 난다. 佛出減劫 輪王出增劫”라고 하였다. 〔참고문헌〕『俱舍論記』, 『衆許摩訶帝經』, 『華嚴經疏鈔』. ⇨ 겁 劫, 주겁 住劫, 증감겁 增減劫

증견 證見 보아 아는 것으로 현량(現量 Ⓢ pratyakṣa)이며 제법의 별상(別相)을 바로 보는 것이다. 총상(總相)을 헤아려 아는 것이 비견(比見 : 比量 Ⓢ anumāna)이다. 『십팔공론』(대정장31, p.865b22)에 “만약 수(受 Ⓢ vedanā)와 상(想 Ⓢ saṃjñā)의 차이나 상과 행(行 Ⓢ saṃskāra)의 차이를 분별하지 못하고 상과 수는 단지 한 가지 물일 뿐이라고 한다면, 그 체성을 잃게 되어 서로 뒤섞이는 무명이라 하고, 이 서로 뒤섞이는 무명으로 인해 정견을 잃게 되며, 정견을 잃으면 해탈도 얻지 못한다. 따라서 부처님께서는 오음 각각의 체 같지 않음을 설하시고 수와 상 등의 다름을 분별하시며 통상과 별상을 안립하셨다. 별상은 증견은 일으키는 것이고, 통상은 비견을 일으키는 것이다. 若不能分別受異想 想異行等 謂想受只一物 則失其體性故 名相雜無明 相雜無明故 失正見 失正見 則不能得解脫 故佛爲說五陰體不同 分別受想等異 爲立通別二相 別相生證見 通相生比見也”라고 하였다. 〔참고문헌〕『十八空論』. ⇨ 현량 現量

증계 證界 그대로 보아 아는 계. 증견(證見 : 現量)으로 보는 계를 말한다. 『사리불아비담론』 권7(대정장28, p.576c13)에 “무엇을 증계라 하는가? 일체법을 증함에 있어 일 그대로 알고 본다면, 증계라 한다. 云何證界 一

切法證 如事知見 是名證界"라고 하였다. [참고문헌]『舍利弗阿毘曇論』. ⇨증견 證見

증계사 證戒師 수계(受戒)를 증명하는 스님. 증명사(證明師)·존증사(尊證師)라고도 한다. 『청허집』 권7 「상완산노부윤서 上完山盧府尹書」(한불전7, p.720c9)에 "나는 일선대사를 수계사로, 석희법사와 육공장로 및 각원상좌를 증계사로, 영관대사를 전법사로, 숭인장로를 양육사로 삼았다. 以一禪大師爲授戒師 以釋熈法師六空長老覺圓上座爲證戒師 以靈觀大師爲傳法師 以崇仁長老爲養育師也", 『대승본생심지관경』 권3(대정장3, p.304b12)에 "현재 시방의 양족존께서 마땅히 청정한 증계사가 되시며, 시방의 일체보살들께서는 계를 닦고 배우는 반려가 되신다. 現在十方兩足尊 當爲淸淨證戒師 十方一切諸菩薩 當爲修學戒伴侶", 『권발보리심집』 권하(대정장45, p.396b5)에 "제자 아무개 등은 시방의 모든 부처님·여래응공·정등각을 받들어 청하오니, 보살계를 받는 증계사가 되어주시옵소서. 저는 증계사에 의지하여 보살계를 받고자 하오니 자비를 베푸소서. 弟子某甲等 奉請十方諸佛 如來 應正等覺 爲受菩薩戒證戒師 我依證戒師故 得受菩薩戒 慈愍故"라고 하였다. [참고문헌]『淸虛集』, 『大乘本生心地觀經』, 『勸發菩提心集』. ⇨증명 證明[2], 존증사 尊證師, 삼사칠증 三師七證

증계학 增戒學 삼학(三學 : 戒 定 慧) 중 계학인 증상계학(增上戒學)을 말한다. 『사분율행사초자지기』 권상1(대정장40, p.168b4)에 "증계학이란 세간을 벗어나는 바른 길이고 더하여 오르게 하는 뛰어난 법이니, 점차 다스리는 것이 아니어서 증이라 말하는 것이 아니다. 增戒學者 出世正道 增上勝法 非謂漸制 而言增也", 『사분율개종기』 권10(卍속장67, p.199b12)에 "외범에서 시작하여 오롯이 더욱 보호하고 가지며 중생이 공함을 깨우쳐 도와 든든해 흔들림 없어서 이전을 훌쩍 넘어서기에 증계학이라 한다. 始於外凡 專加護持 悟達生空 資成牢固 踰勝於前 故曰增戒學"라고 하였다. [참고문헌]『四分律行事鈔資持記』, 『四分律開宗記』. ⇨증상계학 增上戒學

증곡 曾谷 근세 스님 해담치익(海曇致益 1862~1942)의 자호(自號). 『증곡집』 「증곡자서 曾谷自敍」(한불전12, p.784a1)에 "감히 증곡으로 호를 삼음은 무슨 뜻을 헤아리고자 해서였을까? 내 일생에 지음이 승에도 가깝지 않고 속에도 당치 않아서이다. 승속 두 글자에서 인변(人邊)을 떼면 승도 아니고 속도 아니게 되니 이 뜻이 나의 분상에 가까우므로 이것을 나의 호로 삼았다. 敢以曾谷爲號 欲擬其何意哉 余一生所作 於僧不近 於俗不當故 僧俗脫人 則非僧非俗 此意於余可近當 以是號之"라고 하였다. [참고문헌]『曾谷集』. ⇨치익 致益

증곡집 曾谷集 증곡치익(曾谷致益 1862~1942)의 문집. 2권. 한불전12, pp.784a1~806a23에 전한다. 「증곡자서 曾谷自敍」를 비롯하여 소범거사(小帆居士) 김한은(金翰殷)이 갑자년(1924)에 지은 「서」, 1933년에 청량산인 만경영안(萬鏡映晏)이 쓴 「증곡집서」, 내정거사(來亭居士) 허용(許墉)이 쓴 「증곡상인시집서 曾谷上人詩集序」 등의 서문이 있고, 덕하홍존(德河弘尊)의 발문이 있다. 권상에 오언절구(五言絶句) 18편·오언시(五言詩) 8편·칠언절구 25편·칠언시 36편·서찰(書札) 21편, 권하에 천화법어류(薦化法語類) 9편·기서문류(記序文類) 29편 등이 있다. 회당고경(晦堂古鏡)·덕하홍존 등이 수집하여 치익의 생존시인 1934년에 부산 대원사(大願寺)에서 간행하였다. ⇨치익 致益

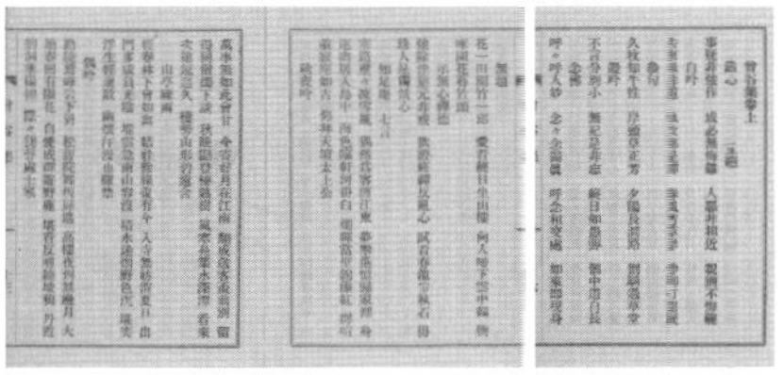

증곡집 1934년

증과 證果 과를 사무쳐 얻다. 지혜를 성취하고 번뇌는 끊어서 과위(果位)에 증입(證入)하는 뜻이다. 『능엄경서지미소』(卍속장90, p.501a7)에 "증과라 한다. 증이란 지와 끊음을 끝내 마친 뜻이고 과란 묘각이 길이 두렷해 저 구궐궁중에 거하니 뭇 백성들이 존귀한 분이라 부르는 것과 같으니 이를 증과라 한다. 證果者 證 謂智斷究竟 果 謂妙覺道圓 如高居九闕 兆庶稱尊 名爲證果", 『화엄경요해』(卍속장12, p.746b2)에 "크게 자비로운 해는 어두운 세상 널리 비추고, 크게 슬퍼하는 달은 한없이 넓은 유의 바다를 청량하게 한다. 뭇 행과 만덕을 갖추지 않음이 없기에 증과라 한다. 이것은 화엄의 다함없는 도이자 모든 부처님만 하실 수 있는 일이다. 만약 오직 해탈인 한 길 해탈만으로 세간 벗어나길 구한다면 이승의 하찮은 도일 뿐이어서 일체종지를 두렷이 성취할 수 없다. 그러므로 53명의 선지식은 모든 법문을 다 마련해 놓았고 선재동자는 그 가르침을 받은 자취를 남기며 두루 돌아다녔던 것이다. 大慈之日 普照羣幽 大悲之月 淸凉有海 衆行萬德 靡所不具 名爲證果 此華嚴之盡道 諸佛之能事也 若直求一解脫 出世之昊 卽二乘小道 無以圓成 一切種智 是故 五十三知識 備設一切法門 而善財示迹徧歷", 『금강경주정와』(卍속장39, p.661a4)에 "증과란 현재 증한 것으로 당장 과를 얻는다는 뜻이다. 과라는 글자에는 또한 두 가지 뜻이 있다. 하나는 과결의 과이고, 다른 하나는 과보의 과이다. 여기서는 마땅히 과결로써 푼다. 대체로 사과에 오른 보살은 모두 용맹정진의 길을 좇아서 견고하게 수행한 끝에 얻은 이들이다. 입류(수다원)와 일왕래(사다함) 등 여러 이름이 붙지만 이들 모두 증과처다. 證果者 以今之所證 而得當下之果 果字又有二義 一是果決之果 一是果報之果 此處應以果決解 蓋四果菩薩 俱從勇猛精進 而堅修以得之者 入流一往來諸名 正是證果處",『반야등론석』 권11(대정장30, p.108a11)에 "수행자는 과를 증할 때 일체법에 진실을 얻고도 분별이 없어야 하기에 실도 부실도 보지 않는다. 이 때문에 실도 아니고 부실도 아니라고 한다. 修行者證果時 於一切法 得眞實 無分別故 不見實與不實 是故說非實非不實"라고 하였다. 〔참고문헌〕『大方廣寶篋經』,『維摩經略疏』,『圓覺經直解』,『楞嚴經序指味疏』,『華嚴經要解』,『金剛經註正訛』,『般若燈論釋』. ⇨ 과증 果證

증과해위 證果海位 과의 바다를 깨우쳐 드는 위. 삼생성불(三生成佛) 중 하나로 증입위(證入位)·증입생(證入生)·증입성불(證入成佛)이라고도 한다.『화엄오교장』 권2(대정장45, p.489c11)에 "셋째, 과의 바다를 증하는 위다. 가령 미륵이 선재에게 '내가 장차 정각을 성취하는 그때 너는 반드시 나를 만나리라'라고 했던 말처럼 이와 같다. 마땅히 알아야 한다. 이는 인과의 전후를 잡아 두 위를 나누기 때문이다. 그러므로 앞의 위는 인일 뿐이고, 원과는 뒤의 위에 있기에 마땅히 '나를 만나리라'라고 하였다. 三 證果海位 謂如彌勒告善財言 我當來 成正覺時 汝當見我 如是等 當知 此約因果前後 分二位故 是故 前位但是因 圓果在後位 故說當見我也",『화엄오교장의원소』 권5(卍속장103, p.256a13)에 "셋째, 과의 바다를 인정하는 지위 ~ 반드시 나를 만나리라. 〔석〕 증입생이다. '여하' 이하는 사람을 잡아서 그 모습을 보였다. 곧 선재로 덕을 거두어 인을 성취한 벗들(善知識)이 그들이다. 이미 이전의 차별한 덕을 거두었기에 하나의 인을 성취하고는 문득 과를 나타내고 그 뒤의 위에 거처하므로 '내가 장차 정각을 성취하는 그때'라고 한다. '마땅히 알아야 한다' 이하는 뜻에 준해 풀었으니 전에 준하여 알 수 있다. 비록 뒤의 위는 그 과해에 속하지만 인위를 상대해서 밝히기에 아울러 모두 보위로도 거둔다. 三 證果海位 至說當見我也 釋曰 證入生也 謂如下 約人示相 則是善財 攝德成因之友 旣攝前差則之德 以成一因便表果 居後位故云 我當來成正覺耳 當知下 約義以釋 準前可知 雖後位屬其果海 爲對因位以明故 竝皆報位攝也"라고 하였다. 〔참고문헌〕『華嚴五教章』,『華嚴五教章義苑疏』. ⇨ 과해 果海, 삼생성불 三生成佛

증교수 證教授 Ⓢ adhigamāvavāda, Ⓣ rtogs-pa'i-gdams-ngag. 깨우쳐 안 것을 가르쳐 주다. 사종교수(四種教授) 또는 오종교수(五種教授) 중 하나로 자신이 증한 법을 타인도 증하도록 방편으로 가르치는 일이다.『유가사지론』 권27(대정장30, p.435c6 : *Śrāv-bh.*, p.260)에 "무엇을 증교수라 하는가? 자기가 공한처에 홀로 있으면서 얻고 마주하고 깨우친 모든 법을 다른 이도 얻고 만나고 깨우치도록 하기 위해 방편으로 가르쳐 주는 것을 증교수라 한다. 云何證教授 謂如自己獨處空閑 所得所觸所證諸法 爲欲令他得觸證故 方便教授 名證教授 tatrādhigamāvavādaḥ. yathānena tedharmā adhigatā bhavanti. spṛṣṭāḥ sākṣātkṛtā, ekākinā vyavakṛṣṭavihāriṇā. tañcaiva pareṣāṃ prāptaye. sparśanāyai sākṣātkriyāyai. avavadate. ayamucyate adhigamāvavādaḥ",『유가사지론약찬』 권6(대정장43, p.88c13)에 "(오종교수 중) 둘째는 증교수이니 이법을 가르쳐 주는 것이다. 二 證教授 授與理法"라고 하였다. 〔참고문헌〕『瑜伽師地論』,『瑜伽師地論略纂』, *Śrāv-bh.* ⇨ 사종교수 四種教授, 오종교수 五種教授

증대보리 證大菩提 Ⓢ abhisaṃbodha, abhisaṃbuddha, Ⓣ mngon-par-rdzogs-par-sangs-rgyas. 큰 깨달음을 증함. 불과(佛果)의 증득을 말한다.『대반야경』 권465(대정장7, p.354b7)에 "어떻게 여래·응공·정등각께서는 일체법에 자성이 없는 중 사정려를 일으키시고 오신통을 발하시며 대보리를 증하시고 온갖 공덕을 갖추셔서 삼취의 유정을 안립하고 이롭고 즐겁게 하십니까? 云何如來應正等覺 於一切法無性性中 起四靜慮 發五神通 證大菩提 具諸功德 安立利樂三聚有情",『대보적경』 권92(대정장11, p.528a8)에 "이와 같이 희론하는 이는 대보리 증하기 어렵네. 그러므로 지혜로운 이는 이 또한 가까이 하지 말아야 하네. 如是戲論者 難證大菩提 是故有智人 亦應不親近",『법집경』 권5(대정장17, p.642b12)에 "보살이라면 먼저 일체중생에게 대보리를 주고자 하고 자신을 위해 대보리를 증하려 하지 않는다. 若菩薩欲先與一切衆生大菩提 不爲自身證大菩提",『섭대승론본』 권하(대정장31, p.149a23)에 "변화신 역시 법신에 의지하여 도사다천궁에 출몰하고, 생도 받고 욕도 받으며, 성을 넘어 출가하고, 외도에게 가서 온갖 고행을 닦으며, 큰 깨달음을 증하고, 큰 법륜을 굴렸으며, 대열반에 드셨다. 變化身者 亦依法身 從覩史多天宮現沒 受生 受欲 踰城出家 往外道所修諸苦行 證大菩提 轉大法輪 入大涅槃故",『법화문구』 권3(대정장34, p.38b25)에 "실체심심·내증심심·의지심심·무상심심을 큰 깨달음 증했다 한다. 實體甚深 內證甚深 依止甚深 無上甚深 無上甚深 謂證大菩提也"라고 하였다. 〔참고문헌〕『大般若經』,『大寶積經』,『法集經』,『攝大乘論本』,『法華文句』, *Laṅk.142.*, *Ratna-ut.9.* ⇨ 대보리 大菩提

증도 曾道 Ⓢ pūrva-mārga. 일찍이 열린 길. 이미 얻은 도. 남아 있는 도는 미증도(未曾道)다.『구사론』 권24「분별현성품 分別賢聖品」(대정장29, p.128a28)에 "단도위에서 오인을 구족한다 하였으니, 부처님께서는 경에 건립하여 과로 삼으셨다. 오인이라는 것은 첫째 앞서 깨우친 도를 버리는 것이니, 앞서 얻었던 과위(果位)와 향위(向位)의 도를 버리는 것이다. 若斷道位 具足五因 佛於經中 建立爲果 言五因者 一 捨曾道 謂捨先得果向道故"라고 하였다. [참고문헌]『俱舍論』, 『大毘婆沙論』 권182(대정장27, p.913a23), 『金剛般若疏』 권3(대정장33, p.110a26), *Abh-k-bh.370.* ⇨ 미증도 未曾道

증도 證道 ❶ Ⓢ mārga-abhisamaya, Ⓣ lam-mngon-par-rtogs-pa. 도를 증하다. 법을 설한 길에 깨우쳐 들다. 『보성론』 권2(대정장31, p.826a24 : *Ratna-ut.*, p.18)에 "〈게〉 가사와 허망, 무물과 두려움. 두 가지 법과 승은 구경의 귀의처가 아니라네. 〈석〉 이 게송은 무슨 뜻을 밝히는가? 법에 두 가지가 있다. 무엇을 둘이라 하는가? 하나는 설하는 법이고, 다른 하나는 증하는 법이다. 설하는 법이란 여래께서 설하시는 수다라 등의 명자와 장구신으로 거두신 것을 말한다. 저 설하는 법은 도를 증할 때 뗏목을 버리는 것처럼 사라진다. 可捨及虛妄 無物及怖畏 二種法及僧 非究竟歸依 此偈明何義 法有二種 何等爲二 一 所說法 二 所證法 所說法者 謂如來說修多羅等名字章句身所攝故 彼所說法證道時滅如捨船筏 〈śloka〉 tyājyatvān moṣadharmatvādabhāvāt sabhayatvataḥ, dharmo dvidhāryasaṃghaśca nātyantaṃ śaraṇaṃ param. 〈bhāṣya〉 dvividho dharmaḥ. deśanādharmo 'dhigamadharmaśca. tatra deśanādharmaḥ sūtrādideśanāyā nāmapadavyañjanakāyasaṃgṛhītaḥ. sa ca mārgābhisamayaparyavasānatvāt kolopama ityuktaḥ", 『전심법요』(대정장48, p.380c12)에 "그러므로 도를 배우는 이가 스스로의 본심을 잃고서 부처임을 알지 못하고 밖을 좇아 구하며 공용행을 일으키고 차제에 의지하여 증득하려 한다면, 역겁을 구해도 영원히 도를 이루지 못할 것이니 당장 무심한 것만 못하다. 일체법이 본래 있지 않고, 얻을 것도 없으며, 의지할 것도 머물 것도 능도 소도 없음을 결정코 알아 망념을 일으키지 않으면 바로 깨달음을 증한다. 도를 증할 때 다만 본심의 부처를 증할 뿐이니 역겁의 공용이란 헛된 수행일 뿐이다. 故學道人 迷自本心 不認爲佛 遂向外求覓 起功用行 依次第證 歷劫勤求 永不成道 不如當下無心 決定知一切法 本無所有 亦無所得 無依無住 無能無所 不動妄念 便證菩提 及證道時 秖證本心佛 歷劫功用 並是虛修"라고 하였다. [참고문헌]『寶性論』, 『傳心法要』, *Ratna-ut.* ❷ 교증이도(敎證二道) 중 하나. 부처님께서 깨달은 내용을 진실하게 설하거나 실천하는 것으로 교도(敎道)에 상대한다. 『대승의장』 권9(대정장44, p.652b27)에 "저 성종성이 해행에 이르면 청정향이라 한다. 그가 방편과 청정향을 얻고 초지에 이르면 뒤쳐 이도라 한다. 그가 방편을 얻으면 뒤쳐 교도라고 부르고, 그가 청정향을 얻는 것을 증도라고 바꾸어 부른다. … 증도에서 불과에 이르면 법불성정보리성정열반이라고 뒤쳐 부른다. 彼性種性 至解行中 名淸淨向 彼得方便及淸淨向 至初地上 轉名二道 彼得方便 轉名敎道 彼淸淨向 轉名證道 … 證道至集 轉名法佛性淨菩提性淨涅槃"라고 하였다. [참고문헌]『大乘義章』. ⇨ 교증이도 敎證二道, 교도 敎道

증도가 證道歌 도를 깨우치고 부른 노래. 영가현각(永嘉玄覺 675~713) 지음. 1권. 『영가증도가 永嘉證道歌』·『영가진각대사증도가 永嘉眞覺大師證道歌』 등이라고도 한다. 대정장48, pp.395c6~397a25, No.2014에 수록되어 있다. 『신심명 信心銘』과 함께 중국 초기 선종의 저작에 속한다. 육조혜능(六祖慧能)을 찾아뵙고 깨달은 경계를 절학무위(絕學無爲)의 한가로운 도인의 입장에서 4자 247구 1814자의 시에 담아냈다. 본서의 저자에 대해서는 의문도 있지만 8세기 말 이후로는 현각의 작품으로 여겨져 왔으며, 돈황 출토 사본 중에 『선문비요결 禪門祕要決』(P2104)이라는 이름의 이본도 있다. 『경덕전등록』 권30(대정장51, p.460a14)·『선문제조사게송』 권상(卍속장116, p.931a10) 등에도 수록되어 있으며, 범천언기(梵天彦琪)·묘공지눌(妙空知訥)·영성(永盛)·남명법천(南明法泉) 등이 지은 주석서가 있다. [참고문헌]『景德傳燈錄』, 『禪門諸祖師偈頌』. ⇨ 영가장가 永嘉長歌, 영가진각대사증도가 永嘉眞覺大師證道歌, 증도가주 證道歌註, 현각 玄覺

증도가송 證道歌頌 남명법천(南明法泉) 지음. 1권. 운문종 스님인 불혜선사(佛慧禪師) 남명법천이 영가현각(永嘉玄覺)의 『증도가』에 320편의 시를 지어 종지를 서술한 책. 1077년(희녕10) 서문과 함께 간행. 卍속장114, p.871a1~889b11에 수록되어 있으며, 언해본으로 『남명천선사계송언해 南明泉禪師繼頌諺解』가 있다. ⇨ 남명천선사계송언해 南明泉禪師繼頌諺解, 남명천화상송증도가 南明泉和尙頌證道歌

증도가언기주 證道歌彦琪註 송대 범천언기(梵天彦琪) 지음. 혜광(慧光) 편집. 1권. 영가현각(永嘉玄覺)의 『증도가』에 대한 주석서. 1504년(홍치17) 서문과 함께 간행. 『서주범천기화상주증도가 舒州梵天琪和尙註證道歌』라고도 한다. 卍속장111, pp.357a1~398b14에 수록되어 있다. ⇨ 기주 琪註

증도가주 證道歌註 영가현각(永嘉玄覺 675~713)의 『증도가』에 대한 주석서. ❶ 송대 묘공지눌(妙空知訥) 지음. 덕최(德最) 편집. 1권. 『소주영암묘공불해화상주증도가 蘇州靈巖妙空佛海和尙註證道歌』라고도 한다. 卍

속장114, pp.890a1~903b15에 수록되어 있다. ❷ 원대 영성(永盛) 지음. 덕홍(德弘) 편집. 1권. 1438년(정통3) 간행. 『남소요주축원난야법혜굉덕선사영성주송 南巢饒州竺源蘭若法慧宏德禪師永盛註頌』·『주송증도가 註頌證道歌』라고도 한다. 卍속장114, pp.904a1~927b9에 수록되어 있다.

증도방편 證道方便 분별을 버리고 깨달음을 증득하는 수단. 『대승의장』 권15(대정장44, p.766a20)에 "증도방편으로 분별을 버리고 깨달아 진실한 경지에 들어갈 수 있다. 그러므로 이것은 『십지경』 제8지품에서는 깨달음을 증득하는 것이 지혜의 방편을 잘 쌓는 것이라고 적절하게 설하였다. 證道方便 能捨情相 證入實際 故彼地經第八地中 宜說證道以爲善集慧方便矣"라고 하였다. [참고문헌] 『大乘義章』.

증도손생 增道損生 도를 더하여 생을 덜어간다는 말. 천태(天台)에서 원교(圓敎)의 초주위(初住位)에서 묘각위(妙覺位)에 이르는 과정에 중도의 지혜가 점점 늘어감에 따라 변역생사함은 점차 감소하는 것을 말한다. 『법화현의』 권2(대정장33, p.695a27)에 "『대지도론』에서 '한 사람이 능히 밭갈고 한 사람이 능히 씨를 뿌린다'라고 하였으니 만행이 저절로 이루어짐은 파종과 같고, 지혜가 미혹을 부숨은 경작과 같다. 증도손생의 뜻은 여기에 있다. 41지에 모두 십법이 있다. 묘각에 대해 말하자면 구라고도 하고 십이라고도 한다. 왜 그러한가? 중도의 지혜는 변역생사를 덜어간다. 생이 아직 다하지 않았으므로 모든 지에서 생멸의 같지 않음이 있다. 묘각에서 변역생사를 더는 뜻이 충분하니 최후에는 어찌 보를 논하겠는가? 大論云 一人能耘 一人能種 萬行資成如種 智慧破惑如耘 增道損生 意在於此 四十一地 皆有十法也 若就妙覺亦九亦十 何者 中道智慧 乃是損生 生既未盡 故有諸地 生滅不同 妙覺損生義足 最後那得論報", 같은 책 권5(대정장33, p.741a7)에 "초주에서 등각위에 이르고 다시 나와서 증도손생한다는 것은 증으로 승을 삼은 것이다. 인연삼계를 좇아 후유 없는 삼계에 이르렀다가 나와서 묘각 중에 이르고 묘각을 지나면 말로 표현할 수 없다. 그러므로 살바야에 머문다고 한다. 앞의 모든 승 오히려 상위법으로 있으니 묘각의 무상법에 머문다고 말할 수 없다. 그러므로 머문다고 한 것이다. 머묾이 없는 자리에 머무름이 바로 묘각위의 끝이다. 初住乃至等覺 更增道損生者 此以證爲乘 從因緣三界 乃至無後三界中出 到妙覺中 過荼無字可說 故言到薩婆若中住 前來諸乘 猶有上法 不得稱住 荼無上法 是故言住 住無住處 即妙位之終", 같은 책 권7(대정장33, p.773a15)에 "꽃이 피고 연이 드러난다는 말은 적문을 열어 본문을 드러냄을 비유하니 뜻은 적문에 있다. 보살로 하여금 부처님의 방편을 알게 하고 적문을 알았으면 다시 본문에서 돌이켜 알도록 하는 것이니 증도손생이다. 華開蓮現 譬開迹顯本 意在於迹 能令菩薩識佛方便 既識迹已 還識於本 增道損生", 『인왕호국반야바라밀경소신보기』 권2(대정장33, p.295a21)에 "회향으로 좋은 이익을 삼다 하니 여기에서 간략하게 두 가지다. 자기를 돌려서 남에게 향하도록 하는 것과 인을 돌려서 과를 향하도록 하는 것을 말한다. 과 반드시 지극함에 이르면 사를 돌이켜 이를 향한다는 뜻으로 꾸린다. 청신녀 역시 십지공덕을 갖추고 있음을 찬탄하고, 여기에서 십지의 삼생의 설을 비로소 연다. 처음·중간·끝을 벗어나지 않고 십지를 지나면서 공히 삼십생을 이루니 이른바 증도손생이 이것이다. 迴向爲善利者 今略出其二 謂迴自向他 迴因向果 果必至極 則迴事向理義該之矣 歎淸信女亦具十地功德 於此始開十地三生之說 不出始中終 歷於十地 共成三十生 所謂增道損生是也"라고 하였다. [참고문헌] 『法華玄義』, 『仁王護國般若波羅蜜經疏神寶記』. ⇨ 변역생사 變易生死

증도송 證道頌 ❶ 당대 화엄종 스님 청량징관(淸涼澄觀)이 도를 깨우치고 읊은 노래. 『원종문류』 권22(한불전4, p.634a8)에 "진여성을 알고자 하는가? 모름지기 망집정 보내야 하리. 마음 있으면 생사의 길이고 생각 없으면 열반의 성이라네. 번뇌 그는 누가 주인인가? 보리도 오히려 헛된 이름이거늘 분별해 보는 일 없이 하니, 부처의 길 자연스레 열린다네. 欲了眞如性 須遣忘執情 有心生死路 無念涅槃城 煩惱誰爲主 菩提尙假名 不存分別見 佛道自然成"라고 하였다. [참고문헌] 『圓宗文類』. ❷ 송대 임제종 스님 분양선소(汾陽善昭)가 남긴 칠언절구 형식의 20수의 게송. 『분양어록』 권하(대정장47, p.624a29~c10)에 수록되어 있다. 그 중 첫 수는 같은 책 권하(대정장47, p.624a29)에 "성에 들고 범을 넘어 친애함을 베어냈네. 어리석어 교만하여 탐진을 따라서는 안 되리. 육근에서 삿된 생각 번뇌 영원히 사라지면 문득 빛나는 해탈한 몸 얻었다네. 入聖超凡割愛親 勿同愚慢縱貪嗔 六根永滅邪思漏 便得光明解脫身"라고 하였다. [참고문헌] 『汾陽語錄』.

증득 證得 Ⓢ abhisaṃbuddha, prāpti-sākṣāt-karaṇa, prāpti-sākṣāt-kṛti, Ⓣ thob-par-mngon-sum-du-bya-ba. 증하여 얻음. 현증(現證)이라고도 한다. ❶ 평등성지(平等性智)를 원만히 성취하는 뜻이다. 『불지경론』 권5(대정장26, p.313c19)에 "변계로 집착한 제법은 없는 것이기에 저 일체에 변계소집한 희애마저도 없어서 평등이라고 한다. 이와 같이 말한 모든 상에서 한층 더한 희애의 평등법성을 끝내 아는 것을 증득이라고 한다. 초지보살이 처음으로 증득하고서 그 다음 다음 지에서 점차 방편으로 닦아 증장해서 최후불지를 원만히 성취한다. 이로부터 이후에는 또 다시 증장할 일이 없으니 이 증득을 원만성취함으로 평등성지도 원만성취한다. 遍計所執 諸法無故 於彼一切 遍計所執 喜愛亦無 說名平等 達解如是所說諸相 增上喜愛 平等法性 故名證得 初地菩薩 最初證得 後後地中 漸漸方便 修令增長 最後佛地 圓滿成就 從此已後 更無增長 由此證得 圓滿成故 平等性智 圓滿成就"라고 하였다. [참고문헌]『佛地經論』. **2** 유정과 성문과 독각과 대승이 각각 증해 얻음이 다르다. 『유가사지론』 권64(대정장30, p.654a7)에 "어떤 것을 증득이라고 하는가? 간략하게 말하면 네 가지 증득이 있으니, 첫째 유정업과증득(有情業果證得), 둘째 성문승증득(聲聞乘證得), 셋째 독각승증득(獨覺乘證得), 넷째 대승증득(大乘證得) 등이다. 유정업과증득이란, 지은 바 깨끗하거나 깨끗하지 않은 업은 스스로가 지은 업을 의인(依因)으로 삼기에 모든 유정들 오취등의 생사해중에 이숙과를 감하고 받는다. 성문승증득이란, 먼저 계 받아 귀의하고 사문으로 장엄하기까지로 의인을 삼기에 다섯 가지 증득이 있으니, 첫째 지증득(地證得), 둘째 지증득(智證得), 셋째 정증득(淨證得), 넷째 과증득(果證得), 다섯째 공덕증득(功德證得)이다. 지(地)증득에는 세 지가 있으니, 견지·수지·구경지다. 지(智)증득은 아홉 가지 지혜를 말하니, 법지·종류지·고지·집지·멸지·도지·후소득세속지·진지·무생지다. 정증득은 사증정(四證淨)을 말하며, 과증득은 사사문과(四沙門果)를 일컫고, 공덕증득은 무량·해탈·승처·변처·무쟁·원지·무애해·신통 등을 말한다. 이와 같은 모든 것은 앞에서 이미 자세하게 분별한 것과 같으니 알라. 또, 성문승증득의 인이라 한 것은 세간의 이욕도와 순해탈분과 순결택분에 있는 선근을 얻는 것을 말한다. 독각승증득이란, 간략하게 말하면 세 가지다. 첫째 먼저 이미 순결택분의 선근을 얻어서 증득한 것이고, 둘째 먼저 이미 증득을 얻은 증득이며, 셋째 먼저 아직 증득하지 못하였다가 증득한 것이다. 앞의 두 증득을 독승(獨勝)이라 하며, 맨 뒤의 증득을 인각유(麟角喩)라고 한다. 대승증득이란, 발심증득, 대비증득, 바라밀다증득, 섭사증득, 지증득, 다섯 가지 무량에서 따라 이르는 진여증득, 불가사의한 위덕을 믿고 이해하는 증득, 불공불법증득을 말한다. 이와 같은 모든 것은 앞의 보살지 중에서 이미 자세하게 분별한 것과 같은 줄 알아야 한다. 云何證得 謂若略說 有四證得 一 諸有情業果證得 二 聲聞乘證得 三 獨覺乘證得 四 大乘證得 有情業果證得者 謂由所作淨不淨業 自所作業爲依因故 諸有情類 於五趣等 生死海中 感異熟果 受異熟果 聲聞乘證得者 謂先受歸依 乃至 沙門莊嚴 爲依因故 有五種證得 一 地證得 二 智證得 三 淨證得 四 果證得 五 功德證得 地證得者 謂有三地 一 見地 二 修地 三 究竟地 智證得者 謂九智 一 法智 二 種類智 三 苦智 四 集智 五 滅智 六 道智 七 此後所得世俗智 八 盡智 九 無生智 淨證得者 謂四證淨 果證得者 謂四沙門果 功德證得者 謂無量解脫 勝處遍處 無諍願智 無礙解神通等 如是一切 應知如前已廣分別 又聲聞乘證得因者 謂得世間離欲之道 順解脫分 順決擇分 所有善根 獨覺乘證得者 謂略有三種 一 先已得順決擇分善根證得 二 先已得證得證得 三 先未得證得證得 前二證得 名爲獨勝 最後證得 名麟角喩 大乘證得者 謂發心證得 大悲證得 波羅蜜多證得 攝事證得 地證得 於五無量隨至眞如證得 不可思議威德信解證得 不共佛法證得等 如是一切 應知如前菩薩地中已廣分別"라고 하였다. [참고문헌]『瑜伽師地論』. **3** 전의(轉依)로 증득의 뜻을 푼다. 『성유식론』 권9(대정장31, p.51a20)에 "무엇이 두 가지 전의를 증득함인가. 십지 중 십승행을 닦아 열 가지 장애를 끊고 열 가지 진여를 얻는데, 두 가지 전의는 이로 말미암아 증득한다. 云何證得二種轉依 謂十地中 修十勝行 斷十重障 證十眞如 二種轉依 由斯證得"라고 하였다. [참고문헌]『成唯識論』. **4** 변지(遍知)와 영단(永斷)과 함께 도제(道諦)의 뜻이어서 원성실(圓性實)에서 이 셋이 함께 한다. 『변중변론』 권중「변진실품 辯眞實品」(대정장31, p.469b13 : *Madhy-vibh.*, p.40)에 "〈송〉 두루 아는 것과 길이 끊음과 증하여 얻음, 이 셋이 도제다. … 〈논〉 도제를 셋이라 하였으니 변지도와 영단도, 그리고 증득도이다. 마땅히 알지니, 이 중 변계소집에는 변지만 있고 의타기에는 변지와 영단이 있으며, 원성실에는 변지와 증득이 있다. 이 셋에 기대어 도제를 세운다. 遍知及永斷 證得三道諦 … 道諦三者 一 遍知道 二 永斷道 三 證得道 應知 此中於遍計所執 唯有遍知 於依他起 有遍知及永斷 於圓成實 有遍知及證得 故依此三建立道諦 〈kārikā〉 parijñāyāṃ prahāṇe ca prāptisākṣātkṛtāv ayaṃ mārga-satyaṃ samākhyātaṃ. 〈bhāṣya〉 parikalpitasya parijñāne paratantrasya parijñāne prahāṇe ca. parinispannasya parijñāne prāptisākṣātkaraṇe ca evam atra parijñā-prahāṇa-sākṣātkriyāyāṃ mārga-satya-vyavasthānam iti veditavyaṃ"라고 하였다. [참고문헌]『辯中邊論』, *Madhy-vibh.* ⇨증 證**1**

증득도 證得道 Ⓢ prāpti-sākṣātkaraṇa mārga. 도제(道諦)를 깨우치는 삼도제(三道諦) 중 하나다. 두루 알고 다 끊은 후에 마땅히 드러나는 정행여여를 말한다. 『변중변론』 권중(대정장31, p.469b19 : *Madhy-vibh.*, p.41)에 "삼도제란 무엇인가? 첫째 변지도, 둘째 영단도, 셋째 증득도이다. … 원성실성에는 변지도와 증득도가 있다고 알아야 한다. 道諦三者 一 遍知道 二 永斷道 三 證得道 … 於圓成實 有遍知及證得 parinispannasya parijñāne prāptisākṣātkaraṇe ca evam atra parijñā-prahāṇa-sākṣātkriyāyāṃ mārgasatya-v yavasthānam iti veditavyaṃ",『삼무성론』권상(대정장31, p.872c22)에 "(도제의 세 뜻 중) 셋째는 증득도이니, 진실성에서는 이 성은 바로 두 가지 공이다. 그러므로 없애서 사라지기에 마땅히 얻게 됨을 알아야 한다. 그래서 이름이 정행여여다. 三 證得道 約眞實性 此性是二空 故 應知除滅故應得 故名正行如如也"라고 하였다.〔참고문헌〕『辯中邊論』,『三無性論』, *Madhy-vibh.* ⇨ 삼도제 三道諦, 변지도 邊知道, 영단도 永斷道

증득법성 證得法性 법의 자성을 깨우쳐 얻다.『대반야경』권592(대정장7, p.1064a6)에 "성문인은 이 정려에 머물러 법성을 증득하고 성문과를 이룬다. 보살들은 이 정려에 머물러 법성을 증득하고 모든 집착을 떠나 여래응정등각을 이룬다. 諸聲聞人 住此靜慮 證得法性 成聲聞果 卽諸菩薩住此靜慮 證得法性 離諸執著 得成如來應正等覺",『제개장보살소문경』권17(대정장14, p.745c12)에 "나는 정진을 일으키고 게으름을 버려 모든 선행을 닦고 법성을 증득할 수 있다. 이것이 세 번째 생사를 벗어남이 된다. 我能發起精進捨離懈怠 修諸善行 證得法性 斯爲第三出離生死",『화엄경소초』권40(대정장36, p.309b15)에 "증득법성은 들어감에 걸림이 없음이다. 證得法性 卽所入無礙",『대승아비달마잡집론』권10(대정장31, p.742c10)에 "마음이 의지하던 바를 뒤친다 했으니 이미 무학도를 얻고 법성을 증득하여 마음의 자성이 청정하며 모든 객진수번뇌를 영원히 떠났기에 의지를 뒤쳤다 한다. 心轉依者 謂已得無學道 證得法性 心自性淸淨 永離一切客塵隨煩惱故 名爲轉依"라고 하였다.〔참고문헌〕『大般若經』,『除蓋障菩薩所問經』,『華嚴經疏鈔』,『大乘阿毘達磨雜集論』. ⇨ 법성 法性

증득법신 證得法身 ❶ 지혜롭거나 복된 모습을 성취하는 일.『금강반야바라밀경론』권상(대정장25, p.770c10)에 "증득법신에 다시 두 가지가 있다. 하나는 지상법신이고, 다른 하나는 복상법신이다. 지상지득법신의 주처를 얻고자 하기 때문이다. 證得法身 復有二種 一 智相法身 二 福相法身 爲欲得智相至得法身住處故"라고 하였다.〔참고문헌〕『金剛般若波羅密經論』. ❷ 무상(無相)을 깨우치는 뜻.『금강반야경찬술』권상(대정장33, p.133c23)에 "법신을 증득했다 함은 말해진 뜻이다. 이 뜻은 위로는 수행하여 색신증득을 구하는 것임을 말한다. 부처님께서는 모든 상은 허망하고 법신만이 실하다고 하셨다. 이것으로 인하여 법신무상을 구한다. 證得法身者 謂所詮理 此意云上爲修行求證色身 佛言 有相虛妄 法身是實 因此便求 法身無相"라고 하였다.〔참고문헌〕『金剛般若經贊述』. ❸ 번뇌장을 끊는 뜻.『대승법원의림장』권7(대정장45, p.365c22)에 "법신의 인이 번뇌에 덮여 있으면 이를 여래장이라 한다. 이것이 얽힌 자리를 떠나면 법신이라 한다. 그러므로 덮혔던 번뇌장박을 능히 끊는 것이 증득법신이고 자성해탈이다. 法身之因 煩惱所覆 名如來藏 此離纏位 名爲法身 故斷能覆煩惱障縛 證得法身自性解脫"라고 하였다.〔참고문헌〕『大乘法苑義林章』. ⇨ 법신 法身, 언설법신 言說法身 ❹ 반야를 깨우쳐 둘이 없는 뜻을 깨우침.『종경록』권23(대정장48, p.547a21)에 "생사가 열반이라고 관하므로 해탈을 증득하고, 번뇌가 보리이므로 반야를 증득한다. 이 두 가지가 둘이 아님으로 법신을 증득한다. 하나의 몸이 무량한 몸이고 위없는 보배 무더기이니 마치 여의주에 온갖 법이 구족된 것과 같다. 觀生死卽涅槃故 證得解脫 煩惱卽菩提故 證得般若 此二不二 證得法身 一身無量身 無上寶聚如意圓珠 衆法具足"라고 하였다.〔참고문헌〕『宗鏡錄』.

증득세속 證得世俗 세속을 깨우쳐 안다. 예류과 등이 사제(四諦)를 깨우쳐 얻는 뜻이다.『유가사지론』권64(대정장30, p.654a1)에 "증득세속이란, 이른바 예류과 등 저들의 의지처를 안립한 것이다. 證得世俗者 所謂安立預流果等彼所依處",『유가론기』권18(대정장42, p.707a9・한불전14, p.326b15)에 "신태(神泰)는 '「증득세속이란, 이른바 예류과 등의 의지처를 안립한다」에 대해 풀이한다. 사과란 바로 사람에 의해 증한 것이고, 사제란 바로 증득한 세속이다'라고 하였다. 泰云 言證得世俗者 所謂安立預流果等彼所依處者 四果是人所證 四諦是證得世俗也",『대승법원의림장』권2(대정장45, p.288a10)에 "증득세속이란, 염정의 인과차별을 시설해 그들로 하여금 향해 들어가게 하기에 증득이라 하고, 상이 있어 알 수 있기에 세속이라 한다. 證得世俗者 施設染淨因果差別 令其趣入 名爲證得 有相可知 名爲世俗",『법화경현찬요집』권5(卍속장53, p.551a9)에 "증득세속 또한 방편안립제라고도 하는데, 증한 사제의 뜻 등이다. 證得世俗 亦云方便安立諦 謂證四諦理等"라고 하였다.〔참고문헌〕『瑜伽師地論』,『瑜伽論記』,『大乘法苑義林章』,『法華經玄贊要集』. ⇨ 사세속제 四世俗諦

증득세속제 證得世俗諦 세속의 진실인 사제(四諦)를 깨우쳐 알게 함. 사세속제(四世俗諦) 중 하나로 사제에 모양(相)을 갖춰 시설해서 세간을 알게 하기에 방편안립제(方便安立諦)라고도 한다.『인왕경소법형초』권5(卍속장41, p.221a3)에 "셋째 증득세속제는 방편안립제라고도 하는데 이는 고집멸도로 시설한 염정인과차별을 말한다. 과에 나아가게 하기에 증득이라고 하고, 상이 있어 가히 알 수 있기에 세속이라고 한다. 三 證得世俗諦 亦名方便安立諦 謂苦集滅道施設 染淨因果差別 令其趣果 名爲證得 有相可知 名爲世俗",『법화경현찬요집』권29(卍속장54, p.702b2)에 "바르게 상을 가린다 하였으니,『간요』에서 말한다. '이러한 사제의 십육행상은 네 진제 중에 두 번째 도리승의제로 거두고, 네 가지 세속제 중 세 번째 증득세속제로도 거둔다. 사성과와 사제의 이치를 밝힌 것이다'. 若正辨相者 簡要云 今此四諦十六行相 於四眞諦中 第二道理勝義諦收 若於四俗諦之中第三證得世俗諦收 正明四聖果四諦理也"라고 하였다. [참고문헌]『仁王經疏法衡鈔』, 『法華經玄贊要集』, 『大乘法苑義林章』 권2(대정장45, p.287c2). ⇨ 방편안립제 方便安立諦, 사세속제 四世俗諦

증득승의 證得勝義 증득승의제(證得勝義諦). 『성유식론』 권9(대정장31, p.48a20)에 "승의를 증득함이란 두 가지로 공(我空 法空)한 진여를 말한다. 證得勝義 謂二空眞如", 『유가론기』 권15(대정장42, p.647a23)에 "서방의 승의제도 넷이다. 첫째 도리승의제이니 온 등의 도리로서 진여가 아닌 것들이다. 둘째 증득승의니 사사문과를 말한다. 셋째 승의승의니 일미진여를 진실로 관해 드는 것이다. 넷째 세속승의는 일체가 고통스런 행상이라고 관하는 것이다. 西方勝義諦亦四 一道理勝義諦 謂蘊等道理非眞如也 二證得勝義 謂四沙門果 三勝義勝義 謂入眞觀一味眞如 四世俗勝義 謂觀一切爲苦行相", 『대승법원의림장』 권2(대정장45, p.288a19)에 "증득승의란, 성스런 지혜라도 말하는 것에 의지해 공문의 뜻을 나타내기에 증득이라 하고, 범부가 헤아릴 수 없고 앞의 세 가지 세속제를 넘는 것이기에 승의라 한다. 證得勝義者 聖智依詮空門顯理 名爲證得 凡愚不測 過前三俗名爲勝義", 『법화경현찬요집』 권5(卍속장53, p.551a16)에 "증득승의란 또한 의문현실제라고도 하는데, 아공과 법공의 문에서 드러나는 진리이다. 證得勝義 亦名依門顯實諦 謂二空門所顯眞理"라고 하였다. [참고문헌]『成唯識論』, 『瑜伽論記』, 『大乘法苑義林章』, 『法華經玄贊要集』.

증득승의제 證得勝義諦 뛰어난 뜻의 진실을 깨우쳐 얻다. 승의의 진실인 이공진여(二空眞如)를 안립해 깨우쳐 얻는 뜻이다. 사중이제(四重二諦 : 八諦) 중 사종승의제(四種勝義諦)의 하나로 의문현실제(依門顯實諦)라고도 한다. 『대승법원의림장』 권2(대정장45, p.287c8)에 "승의제에 네 가지 이름이 있다. … 셋째 증득승의제는 의문현실제라고도 한다. … 셋째 증득승의제란 생공(生空 : 아공)진여를 안립한다. … 셋째 증득승의제는 두 가지로 공한 여이니 두 공문에 의지해 깨우쳐 알기 때문이다. 勝義諦四名者 … 三 證得勝義諦 亦名依門顯實諦 … 第三證得勝義諦者 謂所安立生空眞如 … 第三證得勝義諦者 謂二空如 依二空門而證得故", 『종경록』 권59(대정장48, p.754b1)에 "만약 셋째 증득승의제에 의지한다 하면 바로 말로 드러낸 것에 의지한다는 것이다. 만약 말에 의지한다 하면 의타기성이니 아닌 것(非卽)이라 설하고, 만약 말해진 것에 의지한다면 두 무아의 도리이니 '바로 그것(卽)'이라고 설한다. 심왕과 심소가 여의지 않는 뜻이다. 若依第三證得勝義諦 卽依詮顯者 若依能詮 依他起性 說非卽 若依所詮 二無我理 說卽 王所非離"라고 하였다. [참고문헌]『大乘法苑義林章』, 『宗鏡錄』. ⇨ 사승의제 四勝義諦, 사중이제 四重二諦

증랑 曾郞 당대 설봉의존(雪峯義存 822~908)의 별칭. 속성이 증(曾)이므로 이렇게 불렀다. [참고문헌]『景德傳燈錄』 권16(대정장51, p.327a11). ⇨ 의존 義存

증량 證量 Ⓢ pratyakṣa, Ⓣ mngon-sum, mngon-sum-du-byas-pa. 직접 보아 아는 현량(現量). 제법(諸法)의 자상(自相)을 소연으로 하여 헤아려 아는 것. 드러난 그대로 보는 현량에 대한 진제(眞諦)의 번역어다. 현증량(現證量)·증견(證見)이라고도 한다. 『종경록』 권55(대정장48, p.736b29)에 "증량이란, 곧바로 경이 현전해 앞에 있을 때 분명히 알아 다하기에 증량이라 한다. 證量者 卽境現在前 分明證了名證量", 『유가론기』 권7(대정장42, p.449a2·한불전13, p.499a3)에 "신태(神泰)는 '마치 안이 청을 연하는 것을 증량이라 한다. … 청을 체로 여기기에 증량의 경이다. 모든 청에 통할 수 없기에 자상이라 한다'라고 하였다. 泰云 如眼識緣青 是名證量 … 青爲體故 是證量境 不通諸青 故是自相", 『구사석론』 권22(대정장29, p.304a29 : *Abh-k-bh.*, p.461)에 "나머지 법이 실유하거나 장애가 없다면, 반드시 증량으로 알 수 있다. 餘法若實有若無障礙必定由證量得知 ye hi dharmāḥ santi teṣāṃ pratyakṣamupalabdhirbhavatyasatyantarāye", 『성유식론소의연』 권2(卍속장79, p.112a2)에 "증량이란 현량이다. 證量者現量也", 『대승유식론』(대정장31, p.72c22)에 "'이것은 있다' 또는 '이것은 없다'는 모든 헤아림에 의지해 그 옳고 그름을 결정할 수 있는데, 모든 헤아림 중에서는 증량이 가장 뛰어나다. 是有是無 由依諸量可決是非 一切量中 證量最勝", 『금칠십론』 권상(대정장54, p.1246a1)에 "증량이란, 이 지혜는 육근진을 좇아 나는 것이어서 가히 나툴 수도 없고, 정하지 못할 것도 없으며, 둘이 없기에 증량이라 한다. 證量者 是智從根塵生 不可顯現 非不定 無二 是名證量"라고 하였다. [참고문헌]『宗鏡錄』, 『瑜伽論記』, 『俱舍釋論』, 『成唯識論疏義演』, 『大乘唯識論』, 『金七十論』, *Abh-k-bh.* ⇨ 현량 現量, 삼량 三量 ❹, 비량 比量, 성언량 聖言量

증만성불 證滿成佛 지(智)도 공덕(功德)도 더없이 차올라 부처가 되다. 사만성불(四滿成佛) 중 하나로 보살이 무분별적정법지와 부사의승묘공덕을 얻는 뜻이다. 『범망경직해사의』 권상(卍속장61, p.208b11)에 "증만성불이라 함은, 정심지에 의지하여 무분별적정법지와 부사의승묘공덕 얻음을 증만성불이라 한다. 경문중에 불과 문득 성취되니 일제중도의 뜻을 관한다 하였다. 사만중 오직 해혜만이 원의 체성이라고 한 것은 이 종성위에서 신심이 발심을 성취하여 수행을 일으키므로 해혜야말로 원의 바탕이고 일체행의 본원이 된다고 하였다. 證滿成佛 謂依淨心地 得無分別寂靜法智 及不思議勝妙功德 是爲證滿成佛 卽文中佛果便成 觀一諦中道之義 於四滿中 單擧解慧是願體性者 此種性位 是信成就發心 起行修行 故云解慧爲願體性 爲一切行本源也"라고 하였다. ［참고문헌］『梵網經直解事義』. ⇨ 사만성불 四滿成佛

증멸 證滅 모든 것이 사라져 없게 될 것임을 깨우쳐 아는 것. 택멸(擇滅 Ⓢ pratisaṃkhyā-nirodha)을 말한다. 『제법무행경』 권상(대정장15, p.754a7)에 "만약 일체법 끝내는 사라지고 말 것이라고 능히 볼 수 있다면 이를 증멸이라 한다. 若能見一切法 畢竟滅相 是名證滅", 『중론』 권4(대정장30, p.32b15 : *Pras.*, p.210)에 "사제라는 것이 없기에 고를 봄도 집을 끊음도 멸을 증함도 도를 닦음도 이와 같은 일 모두 없는 것이다. 以無四諦故 見苦與斷集 證滅及修道 如是事皆無 parijñā ca prahāṇaṃ ca bhāvanā sākṣikarma ca, caturṇāmā ryasatyānāmabhāvānnopapadyate", 『구사론기』 권23(대정장41, p.352a1)에 "고를 볼 때 택멸을 얻기에 증멸이라 한다. '증'에는 두 가지가 있으니, 첫째는 보아 깨우치고 둘째는 깨우쳐 얻는다. 見苦之時 得擇滅故 卽名證滅 證有二種 一 見證 二 得證 此是得證", 『보성론』 권4(대정장31, p.842b26 : *Ratna-ut.*, p.85)에 "멸을 증했기에 적정하고 일체를 깨우쳤기에 두루하며, 머물지 않기에 분별이 없으며, 번뇌를 여의었기에 집착하지 않는다. 證滅故寂靜 一切覺故遍 不住無分別 離煩惱不著 śāntaṃ nirodhasatyatvādvyāpi sarvāvabodhataḥ, akalpamapratiṣṭhānādasaktaṃ kleśahānitaḥ."라고 하였다. ［참고문헌］『諸法無行經』, 『中論』, 『俱舍論記』, 『寶性論』, *Pras*, *Ratna-ut*. ⇨ 택멸 擇滅

증명 證明 ❶ 밝히 알아 어김이 없게 하는 뜻. 진실임을 보여 어긋남이 없도록 약속하는 뜻도 있다. 『대승본생심지관경』 권3(대정장3, p.303c24)에 "한 번 참회해서 다시는 어떤 죄도 짓지 않으니, 삼세여래께서 마땅히 증명해 밝히시리라. 一懺不復造諸罪 三世如來當證明", 『수능엄경』 권3(대정장19, p.119b16)에 "엎드려 청하오니 세존께서는 증명하여 주소서. 오탁악세에 맹세코 먼저 들어가리니, 만일 한 중생이라도 성불하지 못했다면 끝내 여기에서 니원에 들지 않으리라. 伏請世尊爲證明 五濁惡世誓先入 如一衆生未成佛 終不於此取泥洹", 『운문광록』 권상(대정장47, p.547a25)에 "이 일이야말로 그대를 대신할 곳 없다. 각각 당한 사람의 분상 아님이 없으니, 노화상이 세상에 나온 까닭은 다만 이것을 깨우쳐 밝게 하고자 함이다. 此箇事 無爾替代處 莫非各在當人分上 老和尙出世 秖爲爾作箇證明", 『원오어록』 권6(대정장47, p.738b5)에 "이 자리에서 증명하고 당장 해탈한 사람 있는가? 한번 나와서 그 소식을 알려 보라. 還有當處證明 直下解脫底麽 試出來通箇消息看", 『광홍명집』 권28(대정장52, p.333b9)에 "원컨대 다보여래는 땅으로부터 솟으시고 보현보살은 코끼리를 타고 하늘에서 내려오십시오. 모두 도량에 드시어 공덕을 증명하소서. 願多寶如來 從地涌出 普賢菩薩 乘象空來 並入道場 證明功德"라고 하였다. ［참고문헌］『大乘本生心地觀經』, 『首楞嚴經』, 『雲門廣錄』, 『圜悟語錄』, 『廣弘明集』. ❷ 작법 등을 여법하게 하는 법사(法師). 『작법귀감』 권상(한불전10, p.561b3)에 "제가 이제 청정수를 감로다로 변화시켜 증명 전에 받들어 올리오니 가엾이 여겨 받아주시기를 원하옵니다. 我今淸淨水 變爲甘露茶 奉獻證明前 願垂哀納受", 『산보집』 권중 「상당축원 上堂祝願」(한불전11, p.502a17)에 "증명 : 산하대지 한입에 능히 삼키고 눈일랑 저 아득한 하늘가 칠보화각에 걸렸네. 한가로이 앉아 마음 없는 출격도인이신 증명대사 아무개 비구. 證明 山河大地一口能呑 眼掛長空七寶花閣 閑坐無心出格道人 證明大師 某人比丘"라 하였다. ［참고문헌］『作法龜鑑』, 『刪補集』. ⇨ 증사 證師 ❷

증문 證文 역경장(譯經場) 구직 중 하나. 역주(譯主) 오른쪽에 앉아 역주가 큰소리로 낭독한 범문의 문자적 착오를 검토하는 역할. 『불조통기』 권43(대정장49, p.398b9)에 "세 번째 증문은 그 오른쪽에 앉아 역주가 큰 소리로 낭독한 범문을 듣고 차이가 없는지를 잘 살핀다. 第三證文坐其右 聽譯主高讀梵文 以驗差"라고 하였다. ［참고문헌］『佛祖統紀』. ⇨ 역경장구직 譯經場九職, 번역관직 翻譯官職, 역경 譯經

증물 拯物 중생을 건져 나오게 하다. 『반야바라밀다심경약소』(대정장33, p.552a23)에 "반야심경이란 실로 어두운 거리를 높이 밝히는 횃불이고, 고해에서 건지는 빠른 배라네. 중생을 건져 미혹에서 이끄는 것으로 이것만큼 최고인 교설은 없다. 般若心經者 實謂曜昏衢之高炬 濟苦海之迅航 拯物導迷 莫斯爲最"라고 하였다. ［참고문헌］『般若波羅蜜多心經略疏』.

증발심 證發心 삼종발심(三種發心) 중 하나로 초지부터 십지까지의 발심. 진여법신을 증득하여 진심(眞心)·방편심(方便心)·업식심(業識心)을 일으킴으로써 중생에게 이익을 준다. 『대승기신론』(대정장32, p.581a26)에 "증발심이란 무엇인가? 정심지부터 보살의 구경지에 이르기까지이니, 어떤 경계를 증하는가? 곧 진여가 전식에 의함을 경계라고 설하지만 이러한 증이란 경계가 있을 리 없어 오로지 진여지일 뿐이기에 그 이름이 법신이다. 이 보살은 일념경에 시방무량세계에 이르러서는 제불을 공양하고 법륜을 굴려주시길 청하니, 오직 열고 이끌어 중생을 이롭게 한다. 證發心者 從淨心地 乃至菩薩究竟地 證何境界 所謂眞如 以依轉識 說爲境界 而此證者 無有境界 唯眞如智 名爲法身 是菩薩 於一念頃 能至十方 無量世界 供養諸佛 請轉法輪 唯爲開導 利益衆生", 『대승기신론의기』 권하(대정장44, p.278a17)에 "증발심이란 그 위가 초지 이상에서 십지에 이른다. 초지와 제2지는 상사발심이고, 최후의 하나만이 진실한 발심이다. 證發心者 位在初地已上 乃至十地 前二是相似發心 後一是眞實發心"라고 하였다. [참고문헌] 『大乘起信論』, 『大乘起信論義記』. ⇨ 삼종발심 三種發心 ❶

증번 繒幡 Ⓢ dūṣya. 비단 깃발. 엷은 명주로 만든 깃발. 번은 번(旛)으로도 쓴다. 『무량수경』 권하(대정장12, p.278b12)에 "비유하건대 전륜성왕의 별궁실은 칠보로 장식하고 평상과 휘장이 가득 드리워져 있으며 갖가지 비단 깃발이 펄럭인다. 譬如轉輪聖王 別有宮室 七寶莊飾 張設床帳 懸諸繒幡", 『속일체경음의』 권5(대정장54, p.954c7)에 "증번〈증은 질과 릉을 반절한 음이다. 『설문』에 '면(비단)이다. 또 수놓은 비단이다'라고 하였다. 번은 부와 원을 반절한 음이다. 『설문』에 '번은 깃발을 뜻하는 치이다'라고 하였고, 『석명』에 '번은 뒤집는다는 뜻이고 펄럭이는 모양이다'라고 하였다〉. 繒幡〈上疾陵反 說文 帛也 又繒綵也 下孚袁反 說文 幡幟也 釋名云 幡翻也 飜飛然也〉", 『대반야경』 권578(대정장7, p.986b13)에 "비단 덮개·비단 깃발·꽃 깃대·비단 불자·보배 구슬·영락·반만월 등 갖가지로 잡다하게 장식하여 장엄함으로써 현성과 천선이 이를 아끼며 즐거워하였다. 綺蓋 繒幡 花幢 綵拂 寶珠 瓔珞 半滿月等 種種雜飾 而用莊嚴 賢聖天仙之所愛樂"라고 하였다. [참고문헌] 『無量壽經』, 『續一切經音義』, 『大般若經』, *Sukh-vy. I.43.*

증법 證法 Ⓢ abhisamaya-prāpti, Ⓟ sakkhi dhamma. 스스로 깨우쳐 얻은 법. 부처님 정법(正法)인 두 가지 법(二法 : 證法 Ⓢ adhigama·敎法 Ⓢ āgama)중 하나다. 『의족경』 권하 「도륵범지경 兜勒梵志經」(대정장4, p.184c21)에 "스스로 지혜에 이르고 법을 잃지 않으니 깨우친 법 헤아릴 수 없이 이미 보았네. 自致慧不亡法 證法無數已見", 상응하는 *Tuvaṭaka-sutta*(*Sn.*, p.182)에 "실로 그는 이기거나 이기지 못할 일 없네. 전해들은 말이 아니라 나 스스로 깨우친 법이라네. abhibhū hi so anabhibhūto sakkhi dhammaṃ anītiham adassī", 『대승입능가경』 권5(대정장16, p.621c16 : *Laṅk.*, p.236)에 "만약 법을 깨우쳐 얻는 일이 찰나라도 있다 하면 그 성인은 마땅히 성인이 아니어야 하나, 저 성인은 일찍이 성인 아닌 적 없었다. 若得證法有刹那者 聖應非聖 而彼聖人未曾非聖 yadi punar-mahāmate abhisamaya-prāptiḥ kṣaṇikā syāt, anāryatvam-āryāṇāṃ syāt. na ca anāryatvam-āryāṇāṃ bhavati", 『구사론』 권29(대정장29, p.152b1 : *Abh-k-bh.*, p.459)에 "부처님 정법에 둘이 있으니 교와 증으로 바탕을 삼는다. 佛正法有二 謂敎證爲體 saddharmo dvividhaḥ śāstur-āgama-adhigama-ātmakaḥ", 『구사론기』 권29(대정장41, p.438a8)에 "세존 정법의 체에 두 가지가 있으니 교법과 증법이다. 교법이란 삼장법이다. … 증법이란 성문·독각·여래의 삼승보리분법을 말한다. 世尊正法體 有二種 一者 敎法 二者 證法 敎法者 謂三藏法 … 證法者 謂聲聞 獨覺 如來三乘菩提分法", 『대비바사론』 권183(대정장27, p.917c23)에 "행법에 또한 두 가지가 있다. 첫째는 교법을 가지는 것이고, 둘째는 증법을 가지는 것이다. … '증법을 가진 자'란 능히 무루성도를 닦아 증함을 말한다. … 만약 증법을 수지한 이가 상속하여 끊이지 않는다면 승의정법이 오래도록 머무를 것이고, 저들이 만약 사라진다면 정법 또한 바로 사라진다. 行法者亦有二種 一 持敎法 二 持證法 … 持證法者 謂能修證無漏聖道 … 若持證者 相續不滅 能令勝義正法久住 彼若滅時 正法則滅", 『현종론』 권40(대정장29, p.977a26)에 "세존정법의 바탕은 두 가지이니 첫째는 교이고 둘째는 증이다. 교법은 계경(契經 : 經藏)·조복(調伏 : 律藏)·승법(勝法 : 阿毘達磨藏)을 가리키고, 증법은 삼승의 모든 무루도를 말한다. 만약 증정법이 세간에 머무르고 이로써 널리 가지면 교법 또한 세간에 머무르리니, 이치 반드시 마땅하다. 현재 동방을 보면 증법이 쇠하고 약해져 교법 또한 숨고 사라지지만 북방의 증법은 오히려 더욱 성하니, 세존의 바른 교법을 유포함이 오히려 많다. 世尊正法 體有二種 一敎二證 敎謂契經 調伏勝法 證謂三乘 諸無漏道 若證正法 住在世間 此所弘持 敎法亦住 理必應爾 現見東方 證法衰微 敎多隱沒 北方證法 猶增盛故 世尊正敎 流布尙多", 같은 책(대정장29, 977b3)에 "이 두 가지 정법은 수지하는 이에 의지한다. … 증정법의 머묾은 오직 행하는 이에 의지한다. 하지만 행하는 이가 증법의 의지처만 되는 것은 아니니, 교법 또한 마땅히 행하는 이에 의지한다. 전도됨 없이 법을 수행하는 이들이 있어 증법이 세간에 오래 머물 수 있게 되며, 증법이 머물 때에만 교법 또한 머물 수 있기에 교법주라 한다. 此二正法 依持者 … 證正法住 唯依行者 然非行者 唯證法依 敎法亦應依行者故 謂有無倒修行法者 能令證法 久住世間 證法住時 敎法亦住 故敎法住"라고 하였다. [참고문헌] 『義足經』, 『大乘入楞伽經』, 『俱舍論』, 『俱舍論記』, 『大毘婆沙論』, 『顯宗論』, *Sn.*, *Laṅk.*, *Abh-k-bh.* ⇨ 정법 正法 ❶, 교

법 教法, 교증 教證❶, 보리분법 菩提分法

증법성발심 證法性發心 이종발심(二種發心 : 證法性發心 世俗發心) 중 하나. 법성을 증득하는 발심. 대보리(大菩提)의 서원에서 퇴전하지 않는 발심. 『현양성교론』 권2(대정장31, p.490c23)에 "이 발심을 받는 것에 다시 두 가지다. 첫째는 세속발심이고, 둘째는 증법성발심이다. 此受發心 復有二種 一 世俗發心 二 證法性發心", 같은 책 권2(대정장31, p.491a7)에 "이미 유전에 머물지 않는 적멸한 보리도에 이르렀기에 광대한 뜻을 얻는다. 이와 같으므로 대보리에서 물러서지 않겠노라고 서원하니, 이를 법성을 증한 발심이라 한다. 已至不住流轉 寂滅菩薩道故 得廣大意 由如是故 於大菩提 願不退轉 是謂證法性發心", 원측(圓測)의 『인왕경소』 권중(대정장33, p.394a9・한불전1, p.70a17)에 "둘째는 법성을 증한 발심이다. 어떤 이가 이미 제일겁아승기야를 지나서 보살의 첫 번째 극희지를 이미 증하고, 보살의 정무생위에 들며, 무상보리방편을 여실히 알아, 이미 자신이 장차 대보리과에 가까이 아주 가까워질 것임을 깨닫고는 자타 또한 다 이렇게 같이 할 수 있다고 알아 대승의 뜻마저 얻는다. 유전에도 적멸에도 머물지 않는 보살도에 이르러 마쳐서는 광대함의 뜻을 얻는다. 이와 같은 연유로 대보리원에서 물러나 구를 일 없으니 이를 증발심이라 한다. 二 證法性發心 謂如有一已過第一劫阿僧祇耶 已證菩薩初極喜地 已入菩薩定無生位 已如實知無上菩提方便 已悟自身將近等近大菩提果 解自他悉平等故 得大乘意 已至不住流轉寂滅 菩薩道故 得廣大意 由如是故 於大菩提願不退轉 是證發心"라고 하였다. 〔참고문헌〕『顯揚聖教論』, 『仁王經疏』. ⇨ 세속발심 世俗發心

증별 贈別 이별의 뜻을 드러내 보이다. 영원히 헤어지는 송장(送葬)의 뜻으로 쓴다. 『설두어록』 권5(대정장47, p.700a11)에 "청연선자를 보내며 : 내 나이 이미 늙고, 심력 또한 쇠미하여, 보내드릴 말씀마저 하지 못하네. 고요와 한 몸 되어 떨쳐 날으시길. 送清演禪者 我年老大 心力衰微 贈別無語 冥同振飛", 『응암담화어록』 권10(卍속장120, p.891b7)에 "속형을 보내드리다 : 이렇게 떠나는 길에 편안한 맘으로 작고도 빠른 배 띄우지만, 공무로 자유롭지 못한 신세를 어찌하랴! 애통하게 바라노니 노년에 정토의 업을 닦아야 하니, 용이하게 세월 보낼 생각은 하지 마시게. 贈別俗兄 此行安忍泛輕舟 無柰官差不自由 痛望老人修淨業 莫教容易度春秋"라고 하였다. 〔참고문헌〕『雪竇語錄』, 『應菴曇華語錄』, 『禪宗雜毒海』 권2 「贈別」(卍속장114, p.126b11).

증별경 贈別經 다비 때 이별의 뜻으로 독송하는 경. 무상경(無常經)이라 하지만 지금은 무상계(無常戒)를 외운다. 망승(亡僧)을 다비하기 전날 밤을 증별야(贈別夜)라 하고, 이 밤에 증별의 뜻을 담아 경을 외운다. 『선림상기전』 권14(불광장, 禪藏, p.1078)에 "증별경 : 『대감청규』 「말후사의」에 '오늘 밤은 다비하기 전날 밤이니 오후에 지난 일을 되새기며 소사들은 경을 외운다. 이것을 증별경이라 하니, 이것으로 생사도의 의미를 표하는 것이다'라고 하였다. 「절시류」 중 「증별야」 조목을 참조하라. 『비나야잡사』에 '입적한 비구를 보내는 상례를 치를 경우 잘 하는 이를 시켜 『무상경』을 세 차례 독송하도록 하고, 아울러 송(Ⓢ gāthā)으로 그 주원을 삼아 외운다'라고 하였다. 「송망」에서 상세하게 인용하였다. 도충이 말한다. '이것은 부처님께서 제정한 법도로서 망승을 보내며 경전을 독송하는 불사이다'. 贈別經 大鑑清規 末後事儀云 今晚大夜 則午後道舊辦事 小師諷經 此名贈別經 以表生死道義也 又見 節時類 贈別夜處 毘奈耶雜事云 送喪苾芻 可令能者 誦三啓無常經 并說伽陀 爲其呪願 前送亡處詳引 忠曰 此卽佛制 有送亡諷經事"라고 하였다. 〔참고문헌〕『禪林象器箋』. ⇨ 증별 贈別

증별야 贈別夜 망승을 보내드리는 다비하기 전날 밤. 체야(逮夜)・숙야(宿夜)・태야(迨夜)・대야(大夜)・반야(伴夜) 등이라고도 한다. 『선림상기전』 권3(불광장, 禪藏, p.202)에 "증별야 : 아득한 밤이다. 이전 「대야」라 한 곳을 참조하라. 贈別夜 大夜也 見前大夜處"라고 하였다. 〔참고문헌〕『禪林象器箋』. ⇨ 대야 大夜, 체야 逮夜, 숙야 宿夜, 증별경 贈別經

증부양양 證父攘羊 아버지가 양을 훔친 일을 드러내 알게 하다. 『논어』 「자로 子路」의 "섭공이 공자에게 말했다. '우리 마을에 몸소 곧음을 행하는 이가 있습니다. 부친이 양 몰래 품은 일을 자식으로서 나서서 알게 하였습니다'. 공자가 말했다. '우리 마을의 곧은 이는 이와 다릅니다. 아버지는 아들을 숨겨 주고 아들이 아버지를 덮어드리니 곧음이란 이 중에 있는 것입니다'. 葉公語孔子曰 吾黨有直躬者 其父攘羊 而子證之 孔子曰 吾黨之直者 異於是 父爲子隱 子爲父隱 直在其中矣"라는 이야기에서 유래했다. 『종용록』 24칙 「평창 評唱」(대정장48, p.243b1)에 "현사는 설봉의 법을 이어받았지만 늘상 사부인 설봉이 양 몰래 품은 일을 드러내면서 마땅히 참아야 할 일에 양보함이 없었다. 玄沙承嗣雪峯 尋常證父攘羊 當仁不讓", 『사미율의비니일용합참』 권상(卍속장106, p.521b4)에 "옛날 한 사냥꾼이 토끼를 쫓고 있었다. 토끼는 달아다나가 부처님이 앉아 계신 자리 밑으로 피했다. 잠시 후 사냥꾼이 부처님 계신 곳으로 와서 물었다. '토끼를 보셨습니까?' '못 봤다'. 이에 사냥꾼은 다른 곳으로 가 버렸다. 후에 제자가 부처님께 여쭸다. '토끼가 부처님이 앉아 계신 자리 밑에 있었는데, 어째서 보시고도 못 봤다고 말씀하십니까?' '토끼를 구하려고 했기 때문이다'. 세존의 말씀은 굽은 듯한 중에 곧은 뜻 있다. 그러므로 말이 비록 곧을 수 없지만 중생을 구제하는 공이 있다. 『논어』에 다음과 같은 이야기가 있다. 아버지가 양을 숨기자 아들이 이 일을 드러내 알게 하였는데, 공자는 '아버지는 아들을 숨겨 주고 아들은 아버지를 숨겨 주니 곧다 함은 그중에 있다'라고 하였으니, 아들이 양 훔은 아버지 일 알리니 그 말은 비록 곧은 듯하지만 무례하여 불효의 죄를 지었던 것이다. 昔有獵者逐兎 兎走避佛座下 少頃獵至佛所問 見兎否 佛曰 不見 獵乃去 後弟子問 兎見在佛座下 云何見言不見 佛曰 爲救兎故 世尊之言 曲中有直 故其言雖不直 而有濟物之功 論語 其父攘羊 而子證之 孔子曰 父爲子隱 子爲父隱 直在其中矣 其子證父攘羊 其言雖直 直而無禮 故得不孝之罪", 『종문염고휘집』 권9(卍속장115, p.617a2)에 "남전이 법좌에 올랐다. '문수와 보현이 지난 밤 삼경에 부처다 법이다 하기에 각각 20방씩 때려 절 밖으로 쫓아냈다'. 조주가 나와 말했다. '화상께서는 누구한테 맞으시겠습니까?' '이 왕노사 허물은 어디에 있느냐?' 조주가 바로 절을 올리고 나갔다. 南泉上堂 文殊普賢 昨夜三更 起佛見法見 各與二十棒 趂出院去也 時 趙州出衆曰 和尙棒敎誰喫 泉曰 王老師過在什麽處 州便禮拜而出", "숭선기가 말했다. '남전은 대중 위해 있는 힘 다 했다 해도 재앙은 사사로움에서 비롯되는 법이다. 조주는 실로 도둑이어서 도둑을 알아봤지만 아버지 양 숨긴 일을 드러내지 않을 수 없었다. 비록 천하가 태평하다 해도 아무 일 없다고는 말하지 마라'. 崇先奇云 南泉爲衆竭力 禍出私門 趙州固然是賊識賊 未免證父攘羊 雖然天下太平 莫道無事好"라고 하였다. [참고문헌] 『論語』, 『從容錄』, 『沙彌律儀毘尼日用合參』, 『宗門拈古彙集』.

증분 證分 깨우쳐 가져서 잃을 일 없는 뜻. 불법을 둘로 나눠 설분(說分 : 敎分)이라 한다. 언어도인 설분에 의지해 몸소 깨우쳐 심행처마저 사라진 증분(證分)을 얻고서는 다시 그 힘으로 설분을 여실히 보일 수 있게 된다. 이렇게 설분이 증분을 낳고 증분으로 설분을 여실히 하여 정법이 상속한다. 『법계도기총수록』 권상1(대정장45, p.717c14・한불전6, p.770b4)에 "이 증분이란 언어의 길을 끊기에 이름마저 끊고, 마음의 행로마저 사라졌기에 상을 떠난다. 此證分者 言語道斷 故絶名也 心行處滅 故離相也", 『화엄경교분기원통초』 권4(한불전4, p.336c10)에 "증분십지에 의지하여 교분십지를 일으킨다. 依證分十地 起敎分十地", 『승만보굴』 권중본(대정장37, p.42b2)에 "불법은 둘로 나뉜다. 하나는 증분, 또 하나는 설분이다. 상을 버리고 평등하여 스스로 깨우쳐 서로 응하니 이것이 증분이다. 말에 의지하여 덕을 드러내니 이것이 설분이다. 증분은 말을 끊지만 설분으로 드러내므로 이제 설분을 들어 권하여 선양한다. 佛法二分 一者 證分 二者 說分 離相平等 自覺相應 是其證分 寄言顯德 是其說分 證分絶言 說分可顯 故今擧說分 勸其宣揚", 『법화경대성』 권6(卍속장51, p.318b15)에 '모든 부처님께서는 일념중에 무량세계에 언설로는 할 수 없는 갖가지 불신을 나타내 보이신다. 이것이 증분의 몸이다. 諸佛 於一念中 示現無量世界 不可言說 種種佛身 此證分身也"라고 하였다. [참고문헌] 『法界圖記叢髓錄』, 『華嚴經敎分記圓通鈔』, 『勝鬘寶窟』, 『法華經大成』. ⇨ 자증분 自證分, 증자증분 證自證分

증비 增悲 Ⓢ kṛpā-vivṛddhi, Ⓣ snying-rje-rnam-par-'phel. 넘치는 비심. 『법화경소의찬』 권4(卍속장45, p.518b9)에 "보살은 넘치는 비심 때문에 스스로 깨우친 것 취하지 않고, 스스로 깨우쳐 안다 하지 않으면서 능히 중생을 교화한다. 하지만 다른 이들 다 보고 안다. 菩薩 以增悲故 自未取證 名自不覺知 能化生故 他人盡見", 『조정사원』 권4(卍속장113, p.120b11)에 '넘치는 비심 : 비심이 더없이 넘치는 뜻이다. 보살이라는 사람은 열반을 취하지 않고 중생을 이롭게 할 뿐이니 비증이라 한다. 增悲 猶悲增也 菩薩人 不取涅槃而利生 曰悲增也", 『석씨계고략』 권3(대정장49, p.843b19)에 "그때 절강 동쪽에 기근과 역병이 퍼졌다. 명주 보현참원의 유장선사는 태군・온근・명군에서 아사한 유골 수천 구를 수습하여 묻었다. 당시 사람들이 이 선사를 더없이 자비로운 보살이라 불렀다. 于時 浙東饑疫 明州普賢懺院 幼璋禪師 收瘞台溫明三郡 餓殍遺骸數千 時人呼師曰 增悲菩薩"라고 하였다. [참고문헌] 『法華經疏義纘』, 『祖庭事苑』, 『釋氏稽古略』, *Sūtr. 21*. ⇨ 이증보살 二證菩薩, 비증보살 悲增菩薩, 비증 悲增

증사 證師 ❶ 수계를 증명하는 스승. 『관중창립계단도경』 권1(대정장45, p.815c4)에 "무릇 증사의 증계공용은 삼사와 같다. 原夫證師證戒功用 則三師一同"라고 하였다. [참고문헌] 『關中創立戒壇圖經』. ⇨ 삼사칠증 三師七證 ❷ 불상점안 등 작법을 증명하는 스님. 1824년(순조24) 금강산 유점사(楡岾寺)에서 중간(重刊)한 『조상경』에 "증사가 점필할 때에 먼저 입정하고 상을 관하고 인계를 맺는다. 이렇게 한 후에 붓을 잡아 눈을 그려야 법답다. 證師點筆時 先入定 觀想結印 如儀軌 然後集筆入眼如法"라고 하였다. [참고문헌] 『造像經』. ❸ 신라의 유식학승(唯識學僧) 도증(道證). 태현(太賢)이 『성유식론학기』에서 '증사 證師'라 하여 자주 인증한다. 같은 책 권상(한불전3, p.500a5)에 "증사가 논파하였다 법체 있어서 없지 않으니, 유이기에 유성이 있다. 법체 없다면 유가 아니니, 무이기에 무성마저 없어야 한다. 證師破云 有法體非無 有故有有性 無法體非有 無故無無性"라

고 하였다. 〔참고문헌〕『成唯識論學記』. ⇨ 도증 道證

증사원관의궤 證師圓觀儀軌 허응보우(虛應普雨 1515~1565) 지음. 1권. 『수월도량공화불사여환빈주몽중문답 水月道場空花佛事如幻賓主夢中問答』·『작관설 作觀說』이라고도 한다. 1721년(경종1)에 상월새봉(霜月璽封 1687~1767)이 지은 서문의 제목인 「전각증사원관의궤서 鐫刻證師圓觀儀軌序」에 '증사원관의궤'라 하여 붙여진 이름이다. 「전각증사원관의궤서」에 의하면, '지금 이후로는 불사를 지휘하는 이가 다시 곧 남은 의심이 없게 하였으니, 총림의 지남이라 할 만하고 증사의 의궤라고 할 수 있다 令後之指揮佛事者 更無餘疑 可謂叢林之指南 證師之儀軌矣'라고 하였다. 〔참고문헌〕『水月道場空花佛事如幻賓主夢中問答』. ⇨ 수월도량공화불사여환빈주몽중문답 水月道場空花佛事如幻賓主夢中問答

증사작반 蒸沙作飯 모래를 쪄서 밥을 짓는다는 말. 사무쳐 끝내 깨우치지 못하면 모든 것이 헛될 수도 있다는 뜻에서 매양 수행하는 당처를 살피게 하는 말이다. 『능엄경』 권6(대정장19, p.131c24)에 "그러므로 아난이여! 음욕을 끊지 않고 선정을 닦는다면, 이는 모래나 돌을 쪄서 밥을 짓고자 함이어서 백천겁 지난다 해도 저 뜨거운 모래일 뿐이다. 어째서인가? 이것은 밥의 바탕이 아니며 모래와 돌이기 때문이다. 是故 阿難 若不斷婬修禪定者 如蒸沙石 欲其成飯 經百千劫 秖名熱沙 何以故 此非飯本 沙石成故"라고 하였고, 이에 대해 『능엄경요해』 권12(卍속장17, p.807b14)에서는 "본질이 아름답지 않은데도 바라고 헛되이 힘쓰는 뜻이다. 本質不美 求冀謾勞"라고 하였다. 『원각경협송집해강의』 권9(卍속장87, p.923a9)에 "설령 부지런히 고행하며 겁의 세월 동안 갖가지 행문을 거치더라도 거듭 무명만 늘릴 뿐이다. 이를 가리켜 얼음을 비비며 불을 찾고, 흙을 움켜쥐고 하늘을 찾으며, 나무에 올라 물고기를 구하고, 모래를 쪄서 밥을 짓는다 한다. 아무렇게나 하는 공부로는 닦아도 성취할 수 없다. 縱令勤苦 經劫種種行門 但轉助得無明 所謂鑽氷覓火 握地尋天 緣木求魚 蒸沙作飯 枉用功夫 修不能成", 『능엄경정맥소현시』(卍속장18, p.273b16)에 "식이 비록 마음 감추고 있지만 생사의 근본이어서, 부수어 없애지 않으면 그릇되고 어지러운 것 수습할 뿐이어서 모래를 쪄 밥을 짓는 것이기에, 부수어 없앰으로써 원만한 방편에 들려 함이다. 識雖藏心 而爲生死根本 不破除則 錯亂修習 蒸沙作飯故 破除所以 爲入圓方便", 『능엄경관섭』 권1(卍속장23, p.98a11)에 "생멸로서 본수행의 인을 삼으면 모래를 찌어 밥을 짓는 것과 같으니 끝내 상주보리를 성취하지 못한다. 그러므로 깨우치는 뜻일 수 없다. 以生滅爲本修因 如蒸沙作飯 畢竟不成常住菩提 故非了義", 『요암청욕어록』 권1(卍속장123, p.590a2)에 "법좌에 올라 '조주는 차 마시라 하였고, 목주는 죽은 이 널판 짊어진다고 하였다. 물에 소리 질러 얼리려 하거나 모래를 쪄서 밥을 만들려 한다. 만상을 헤치고 온몸을 오롯이 드러내고, 미진을 부수어 대경권을 뽑아낸다'라고 한 다음 주장자를 잡고 '권실과 공유, 편원과 반만 등 백 가지로 만들고 짓는 일 사람으로 말미암으니 저 끝 밑바닥까지 허물이 없어 밀가루와 같다'라고 말한 뒤 주장자를 세우고 한 소리 크게 내질렀다. 上堂 趙州喫茶 睦州擔板 喝水成氷 蒸沙作飯 披萬象獨露全身 破微塵出大經卷 拈拄杖云 權實空有 偏圓半滿 百般製造由人 到底無過是麵 卓拄杖 喝一喝"라고 하였다. 〔참고문헌〕『楞嚴經』, 『楞嚴經要解』, 『圓覺經夾頌集解講義』, 『楞嚴經正脈疏懸示』, 『楞嚴經貫攝』, 『了菴清欲語錄』.

증산사 甑山寺 황해북도 개성시 궁성(宮城)의 서쪽에 있던 절. 『고려사』 권18 세가(世家)18 의종 19년(1165) 1월 26일에 "왕이 증산사로 거둥하였다. 出御甑山寺", 같은 책 권62 지(志)16 적전(籍田)에 "공민왕 8년(1359) 6월 신묘(30일)에 어사대에서 상언하기를, '무릇 초제를 지내는 일은 스님들과 저촉하지 않아야만 더욱 향응을 입을 수 있습니다. 지금 적전의 향관이 제단에 사우가 없기에 증산사에서 유숙하다가 초제를 지낼 때야 나와서 제향하니, 신명이 이르지 않을까 두렵습니다'라고 하였다. 恭愍王八年 六月 辛卯 御史臺上言 凡祭醮者 不犯僧尼 蒙益享應 今籍田享官 因祭壇無宇 宿于甑山寺 當祭之時 出而行之 恐神明之不格", 이집(李集 1327~1387)의 『둔촌잡영』 「방중암어증산사불우 訪中菴於甑山寺不遇」(한국문집총간3, p.347b8)에 "이곳은 나의 아이가 독서하던 곳이다. 此是吾兒讀書處"라고 하였다. 〔참고문헌〕『高麗史』, 『遁村雜詠』.

증삼종 增三種 인(因)과 유(喩)와 말(言)을 더하여 내세운 뜻(宗)을 한층 더 잘 알게 하는 뜻. 『방편심론』 권1 「명조론품 明造論品」(대정장32, p.24c22)에 "〔문〕 무엇을 한층 더한다 하는가? 〔답〕 더하는 것에 세 가지가 있다. 첫째 인(因)을 더하고, 둘째 비유를 더하고, 셋째 말을 더한다. 만약 소리(聲)라는 법이 무상하지만 화합해서 성취하는 뜻은 있다. 마치 병을 만들 수는 있지만 영원하지 않은 일인 줄 아는 것과 같다. 또 말소리라는 것이 허공의 덕이어서 허공은 마주해서 장애될 것이 없는 것이고, 소리는 이 색법인데 어떻게 서로 의지하는가? 이것을 인(因)을 더한다 한다. 만약 오근이 무상하지만 소리쳐 부르면 메아리지어 돌아오니 소리 또한 이와 같다. 무엇으로서 알 수 있는가? 입술과 입 등에서 나오는 것이라 하니 이것이 비유를 더한다 한다. 마치 미진으로 아주 적은 것이 허공에 가득하다 말하는 것과 같아서 이렇게 이 미진과 대라는 법의 이름이 상이고 소리는 그렇지 못해서 무상이라 한다 하면 이것은 비유를 더함이다. 또 설하길 소리는 무상하니 뭇 연으로 이루어졌기 때문이라 하고는 상이라 말한다면 이런 일은 있을 수 없다. 왜 그런가? 두 가지 인이 있어서이니 하나는 모양을 쫓아 나왔기에 둘 다 근인 줄 알 수 있다. 어떻게 상이라 말하는가? 동법 마음도 이법 비유도 다 무상하기에 말을 더했다 한다. 問曰 何名言增 答曰 增亦三種 一因增 二喩增 三言增 若言聲法無常和合成故如甁造作則爲無常 又言聲是空之求那 空非對礙聲是色法云何相依 是名因增 若言五根無常如呼聲響造作法故聲亦如是 何以知之 爲脣口等之所出故 是名喩增 如言微塵細小虛空遍大 如此二法則名爲常 聲不如是故曰無常 是名喩增 又說聲是無常衆緣成故 若言常者是事不然 所以者何有二種因 一從形出 二爲根了 云何言常 又同異法皆無常故 是名言增"라고 하였다. [참고문헌]『方便心論』.

증상 增上 ❶ Ⓢ atiriktatara, adhi, adhika, adhipati, ādhipatya, adhimātra, adhimātratā, aupacayika, utkarṣa-viśeṣa, Ⓣ lhag-pa, shas-cher, che-ba, bdag-po. 한층 더 두드러짐. 어떤 법이 현재의 자성보다 한층 더 두드러진 힘을 갖게 되는 뜻으로 유위법들 사이에서는 균형이 깨지고 서로 어긋나게 된다. 물의 힘이 커져 불을 끄거나, 한 가지 나무들만이 크게 자라면 둘레는 음지가 되어 다른 풀들이 자랄 수 없게 되고, 사람도 누군가 힘이 커지면 누군가 약해지는 경우다. 나아가 유정(有情)도 마음을 내면 오근(五根)등에 증상력이 있게 되어 보고 듣고 먹고 만질 수 있다. 이런 뜻에서 한층 더 오른다고 한다. 『대지도론』 권68(대정장25, p.533c1)에 "일체유위법에는 각기 증상이 있다. 증상이란 서로서로 어긋나게 하니, 서로 어긋나면 원수나 도둑이다. 예를 들면 물이 증상력을 얻으면 불을 끄고, 불이 증상력을 얻으면 물이 마르며, 나아가 초목이 각각 서로를 해치기까지 하니, 하물며 중생은 어떻겠는가? 보살마하살에게는 대비심이 있어서 비록 중생과 더불어 원한을 짓지 않지만 중생들은 보살과도 원한을 짓기도 하는데, 보살의 몸은 유위법이기에 능히 어려움에 처한다. 一切有爲法 各有增上 增上者 共相違 相違卽是怨賊 如水得增上力滅火 火得增上力則消水 乃至草木各有相害 何況衆生 菩薩摩訶薩 有大悲心 雖不與衆生作怨 而衆生與菩薩作怨 菩薩身 有爲法故 能作留難", 『대승아비달마잡집론』 권16(대정장31, p.770a2)에 "취증상이란 안등이 근이 바라는 대로 능히 경계를 취하는 것이니, 증상력이 있기 때문이다. 생증상이란 남근과 여근이 낳기를 바라 잉하는 것이니, 증상력이 있기 때문이다. 주증상이란 명근이 몸이 그대로 머물길 바라니, 증상력이 있기 때문이다. 수용잡염증상이란 오수근이 수용하기를 바라니, 증상력이 있기 때문이다. 取增上者 謂眼等根望能取境界 有增上力故 生增上者 謂男女根望生胎孕 有增上力故 住增上者 謂命根望身等住 有增上力故 受用雜染增上者 謂五受根望所受用 有增上力故"라고 하였다. [참고문헌]『大智度論』, 『大乘阿毘達磨雜集論』, *Abh-k-bh.39.*, *Sūtr.40.* ❷ ➡ 증상생도 增上生道

증상 增相 ❶ 연을 만날 대마다 지혜를 더하는 뜻에서 일체종지(一切種智)를 더하가는 뜻이다. 『대승기신론의소』 권하(대정장44, p.190b22)에 "증상이 번뇌를 없앨 수 있다는 말은 무슨 뜻인가? 번뇌는 바로 어둡고 미혹함을 근심으로 한다. 처음부터 닦고 익혀 밝게 알면 만나는 지혜마다 점점 더하리니 깜깜한 미혹 점점 버려서 알아 행할 때마다 밝은 앎은 한층 더 오르리니 번뇌의 장애를 남김없이 없애는 것을 끊음이라고 한다. 云何增相能除煩惱 煩惱正以闇惑爲患 從初已來 修習明解 緣智轉增 闇惑漸捨 至解行時 明解增上 惑障窮盡 說之爲斷"라고 하였다. [참고문헌]『大乘起信論義疏』. ⇨ 일체종지 一切種智 ❷ 더할 것이 있다는 생각. 『대지도론』 권67(대정장25, p.527b11)에 "만약 보살이 반야바라밀을 행할 때 색이 더함도 보지 않고 색 덜함도 보지 않으며 수상행식에서 더하는 모습을 보지 않고 덜한다는 것도 보지 않으며, 내지 일체종지에서 더할 것도 덜할 것도 보지 않는다. 보살은 바로 이때 반야바라밀을 갖춘다. 若菩薩摩訶薩 行般若波羅蜜時 不見色增相 亦不見色減相 不見受想行識增相 亦不見減相 乃至一切種智 不見增相 亦不見減相 菩薩摩訶薩 是時 具足般若波羅蜜"라고 하였다. [참고문헌]『大智度論』. ⇨ 부증불감 不增不減

증상 證相 ❶ 뜻을 깨우쳐 알거나 닦아 몸소 체득하는 것으로 내증(內證)의 뜻. 『유가사지론』 권65(대정장30, p.662c23)에 "열반의 뜻이란 일체백법(白法 : 善法) 드러나 움직이는 것이고, 열반상이란, 적멸상이어서 희론상이 없는 것이니 이 상은 오직 안으로 증한 상임을 알아야 할 것이다. 涅槃義者 謂一切白法所顯發故 涅槃相者 謂寂滅相無戲論相 當知唯是內所證相", 『유가론기』 권18(대정장42, p.715a20 · 한불전14, p.355a1)에 "'열반의 상이란~안으로 증한 상'이라 하니, 이는 안으로 증한 적멸이고 희론 없는 상이라는 뜻에서 열반상이다. 涅槃相者至內所證相者 內證寂滅 無戲論相 是涅槃相", 『섭대승론석』 권3(대정장31, p.395a18)에 '여기서 증상이란 법신이라 하며, 세간에 의지해서 생겨나는 것을 세간이라 한다. 此中證相 說名法身 依世間生 名是世間"라고 하였다. [참고문헌]『瑜伽師地論』, 『瑜伽論記』, 『攝大乘論釋』. ⇨ 증득 證得, 자내증 自內證 ❷ Ⓢ adhigama rūpatva. 현량과 비량으로 성취한 과인 지혜. 인명(因明) 용어. 『인명입정리론』(대정장32, p.12b29)에 "비량이란, 여러 상을 빌어서 뜻을 관하는 것이다. 이 상에는 세 가지가 있으니 이미 앞에서 설한 대로다. 그 세 가지로 인을 삼아 견주는 뜻으로 정지가 생겨나게 되니 '불이 났다' 또는 '무상하다' 등을 알 수 있으니, 이것을 비량이라 한다. 이 두 량 중에 지란 바로 과라 할 수 있으니 증상이기 때문이다. 言比量者 謂藉衆相而觀於義 相有三種 如前已說 由彼爲因 於所比義 有正智生 了知有火或無常等 是名比量 於二量中 卽智名果 是證相故", 『인명입정리론해』(卍속장87, p.102a12)에 "'지란 바로 과다'란, 현량지와 비량지를 가리켜 과라 할 뿐 별다른 과는 없기 때문이다. 왜 그러한가? 지과 그대로 증상이기에 지가 과인 것이다. '증상'이란 현량지로 무차별경을 능히 알고, 진비량지로 능히 연기차별의 경을 알 수 있으니 이는 바로 내증이다. 卽智名果 卽指現量智及比量智爲果 無別果也 何者 以智是證相故 智卽果也 言證相者 現量智能證知無差別境 眞比量智能證知緣起差別之境 此卽內證也"라고 하였다. 〔참고문헌〕『因明入正理論』, 『因明入正理論解』, *Nyāy-pr.7.* ⇨ 인 因 [2]

증상계주 增上戒住 Ⓢ adhiśīla-vihāra, Ⓣ lhag-pa'i-tshul-khrims-la-gnas-pa. 더없이 뛰어나게 계를 가져 머물다. 보살 십이주(十二住) 중 하나다. 『유가사지론』 권79(대정장30, p.737a13)에 "무엇을 증상계주라 하는가? 보살들이 곧 이와 같은 극환희주에 의지해 이 이상으로 안주하고자 해서 자성계(自性尸羅 Ⓢ prakṛti-śīla)를 구족히 하고는 일체 인색함도 범계도 멀리 여의니 이와 같이 두렷이 원만한 계로 다 버려 무상정등보리로 회향하는 것이다. … 이 두 번째 주에 의지해서 끝내는 장차 묘보리좌에 앉게 되고 미래세에 자신의 재보와 선품이 거듭해서 늘어난다. 云何增上戒住 謂諸菩薩 卽依如是極歡喜住 從此已上隨所安住 具性尸羅 遠離一切慳悋犯戒 卽以如是圓滿戒捨 迴向無上正等菩提 … 依第二住 乃至當坐妙菩提座 當來自身財寶善品運運增長", 『유가론기』 권21(대정장42, p.791b5 · 한불전14, p.607a11)에 "신태(神泰)가 말하기로, '두 번째 주 중에서, 일체범계를 여의어 자성시라를 구족하기에 「원만」이라고 했고, 모든 인색함을 여의기에 「버려 원만히 한다.」'라고 한다. 또 풀이하기를 '계로서 능히 인색함과 범계를 여읠 수 있기에 「계사」라 한다'라고 한다. 泰云 第二住中 離一切犯戒具性尸羅 故名圓滿 離一切慳悋 故名捨圓滿 又解 則戒能離慳悋犯戒 故名戒捨"라고 하였다. 〔참고문헌〕『瑜伽師地論』, 『瑜伽論記』, *Bodh-bh.219.* ⇨ 십이주 十二住, 자성계 自性戒 [1]

증상계학 增上戒學 Ⓢ adhiśīlaṃ śikṣā, Ⓟ adhisīla sikkhā, Ⓣ lhag-pa'i-tshul-khrims-kyi-bslab-pa. 보살이 구족히 계를 가져 적은 계라도 버리지 않아 어떤 불선법(不善法)도 행하지 않는 뜻이다. 별해탈율의(別解脫律儀 : 具足戒)는 물론 삼취정계(三聚淨戒)마저 잊지 않고 익혀 버리지 않는다. 증상삼학(增上三學 : 戒定慧) 중 하나다. 진제(眞諦)는 의계학(依戒學)으로 한역했다. 『잡아함경』 권29(대정장2, p.210b21)에 "무엇이 증상계학인가? 비구가 계를 중하게 여겨 … 이러저러하게 나누어진 미세한 계에 대해서도 범하는 즉시 참회한다. 왜 그러한가? 나는 그가 능히 감당할 수 없다고 설하지 않는다. 만약 그가 계에 따라 청정행에 수순하고, 요익하게 하고, 오래도록 머물 수 있다면, 이와 같은 비구의 계가 견고하고, 계사가 언제나 머물고, 계가 항상 수순해서 생겨나 수지하여 배울 수 있기 때문이다. 이와 같이 알고, 이와 같이 보고는 세 가지 번뇌인 신견(身見 : 有身見) · 계취(戒取 : 戒禁取見) · 의(疑 : 疑惑)를 끊는다. 이 세 가지 매듭을 끊으면, 수다원을 얻어 악취법에 떨어지지 않고, 반드시 삼보리로 향하며 일곱 번 천상과 인간을 오다가 구경에는 괴로움의 끝에다 마치니, 이를 증상계를 익힌다 한다. 何等爲增上戒學 謂比丘重於戒 … 於彼彼分細微戒 犯則隨悔 所以者何 我不說彼不堪能 若彼戒隨順梵行 饒益梵行 久住梵行 如是比丘戒堅固 戒師常住 戒常隨順生 受持而學 如是知 如是見 斷三結 謂身見戒取疑 斷此三結 得須陀洹 不墮惡趣法 決定趣三菩提 七有天人往生 究竟苦邊 是名學增上戒", 『집이문족론』 권5(대정장26, p.388b25)에 "증상계학이란 무엇인가? 〔답〕 계를 구족히 하여 안주하고, 별해탈율의를 수호하고, 정한즉 행하여 모두 구족하고, 아주 작은 죄에 대해서도 크게 두려워하면서 이 학처를 수학하는 것을 증상계학이라 한다. 增上戒學云何 答 安住具戒 守護別解脫律儀 軌則所行 悉皆具足 於微小罪 見大怖畏 受學學處 是名增上戒學", 『바수밀소집론』 권8(대정장28, p.779b19)에 "몸으로 하는 위의와 말로 하는 위의 등 뭇 행이 청정한 것을 증상계라 한다. … 계가 사유에 의지하면 이를 증상계를 익힌다고 한다. … 계를 지니지 않음을 보면 더러움이라 여겨 그것을 버리는 이가 뜻으로 금계를 품으면서 그 낱낱을 익히면 이를 증상계를 수학한다고 한다. … 현성의 팔정도를 따르고 가까이하면서 위의를 분별하는 것을 증상계라 한다. 身威儀口威儀衆行淸淨 是謂增上戒 … 戒依思惟 是謂學增上戒 … 見不持戒志爲穢 能去離彼者 志在禁戒 彼一一學 是謂學增上戒 … 順近賢聖八道 分別威儀 是謂增上戒", 『섭대승론석』 권1(대정장31, p.381b18)에 "증상계학은 계에 의지해서 바르게 부지런히 닦아 익히는 것이다. 따라서 증상계학이라 한다. 모든 지 중의 보살율의이니, 모든 악을 멀리 여의고 유정을 요익하게 하며, 온갖 선을 거두는 세 가지 정계인 삼취정계를 말한다. 받은 계로 과거에 이미 생겨나 머무는 등 신업 등의 제업을 방호하고, 조어자와 같이 지극히 선하고 고르게 거두므로 율의라 한다. 이와 같이 증상시라에 의지하여 수학하고 바르게 행하기에 '학'이라 한다. 增上戒學 謂依止戒正勤修學 是故說名增上戒學 卽諸地中菩薩律儀 遠離諸惡 饒益有情 攝一切善 三種淨戒 所受尸羅 防護過去已生住等身等諸業 如調御者極善調攝 故名律儀 如是卽依增上尸羅 修學正行 故名爲學"라고 하였다. 〔참고문헌〕『雜阿含經』, 『集異門足論』, 『婆須蜜所集論』, 『攝大乘論釋』, *Śrāv-bh.261.*, *AN.1.231.* ⇨ 계 戒, 계학 戒學, 삼학 三學[1], 증상심학 增上心學, 증상혜학 增上慧學, 구족계 具足戒, 별해탈율의 別解脫律儀, 삼취정계 三聚淨戒

증상과 增上果 Ⓢ adhipati-phala, Ⓣ bdag-po'i-'bras-bu, dbang-gi-'bras-bu. 한층 뛰어난 과. 물건을 만든 이(能作人)에게 단순히 사용과(士用果)인 것이 쓰는 이(受用人)에게는 증상과이고, 귀로 들은 것을 보고자 해서 이근(耳根)을 넘어 안식(眼識)의 과를 낳게 하는 등 거듭 펴고 구르며(展轉) 뛰어난 과를 내는 것을 말한다. 오과(五果) 중 하나다. 공과(共果)라고도 한다. 『대비바사론』 권21(대정장27, p.106c19)에 "〔문〕 사용과와 증상과에는 어떤 차별이 있는가? 〔답〕 공력을 들여 얻는 것은 사용과이고, 장애함이 없어서 얻는 것은 증상과다. 또 재물은 만든 이에게는 사용과이고, 쓰는 이에게는 증상과다. 예를 들어 모든 과실은 심어서 키운 이에게는 사용과이고 증상과이기도 하지만 먹는 이에게는 오직 증상과일 뿐인 것과 같으며, 모든 재물이 경영하여 구하는 이에게는 사용과이고 증상과이기도 하지만 받아 쓰는 이에게는 오직 증상과일 뿐인 것과 같다. 問 士用果 與增上果 有何差別 答 作功力得者 是士用果 不障礙得者 是增上果 復次 財物於作者 是士用果 於用者 是增上果 如諸果實 於種殖者 是士用果 亦增上果 於食用者 唯增上果 如諸財物 於營求者 是士用果 亦增上果 於受用者 唯增上果", 같은 책 권21(대정장27, p.107a29)에 "〔문〕 능작인과 증상과는 어떤 것이 많은가? 〔답〕 능작인이 많고, 증상과는 적다. 능작인은 일체유위를 거둬서 무위법을 삼지만 증상과는 오직 유위법만을 거두기 때문이다. 問 能作因 與增上果 何者爲多 答 能作因多 增上果少 以能作因 攝一切有爲無爲法 增上果 唯攝有爲法故", 『구사론』 권6(대정장29, p.35a19 : *Abh-k-bh.*, p.94)에 "전인(前因)이란 능작인을 말하니, 육인 중 최초로 말하기 때문이다. 뒤의 증상과는 이 인으로 얻는 증상의 과여서 증상과라고 한다. 오직 장애 없이 머물 뿐이거늘 어떤 증상이 있는가? 즉 장애 없음으로 '증상'이라 이름할 뿐이다. 능작인도 뛰어난 힘이 있으니, 마치 십처계가 오식신에 대해, 모든 유정업이 기세간에 대해서와 같다. 이등에 상대해서 안식 등이 일어날 수 있는 것도 역시 펴고 구르는 증상생력이 있기 때문이니, 들은 다음에는 문득 기뻐하고 보고 싶어하니 이런 등이 증상이니 경우에 맞게 생각해야 한다. 言前因者 謂能作因 於六因中 最初說故 後增上果 此因所得 增上之果 名增上果 唯無障住 有何增上 卽由無障 得增上名 或能作因 亦有勝力 如十處界 於五識身 諸有情業 於器世界 耳等對於眼識生等 亦有展轉增上生力 聞已便生欣見欲故 此等增上 如應當思 kāraṇahetuḥ pūrvamuktatvāt pūrvaḥ. tasyādhipajaṃ phalam. anāvaraṇabhāvamātreṇāvasthitasya kimādhipatyam. etadeva aṅgībhāvo 'pi cāsti kāraṇahetostadyathā, pañcasu vijñānakāyeṣudaśānāmāyatanānāṃ bhājanaloke ca karmaṇām. śrotrādīnāmapyasti cakṣurvijñānotpattau pāraṃparyeṇādhipatyam. śrutvā draṣṭukāmatotpatterityevamādi yojyam"라고 하였다. 〔참고문헌〕『大毘婆沙論』, 『俱舍論』, *Abh-k-bh.*, *Yogā-bh.184.*, *Bodh-bh.72.* ⇨ 오과 五果[1], 사용과 士用果, 능작인 能作因, 육인 六因[1], 육인사연 六因四緣

증상대승 證相大乘 내증(內證)해서 얻은 대승. 이렇게 되기 위해 의지하는 가르침으로서의 대승은 교상대승(敎相大乘)이다. 『섭대승론석』 권5(대정장31, p.408c7)에 "'따로 뜻이 있어 의지로 나아간다' 하는 것은, 증상대승법의 뜻과 교상대승법의 뜻에는 심대한 차별이 있다는 말이다. 이러한 의취에 따라서 다음과 같이 말한다. '만약 긍가하의 모래알만큼의 부처님을 만나 모셔야 대승법에 대해 비로소 능히 그 뜻을 이해할 수 있다'. 그러나 이는 너무도 요원한 일이기에 대승법에 대해 성자가 스스로 내증한 바는 가려 취하고, 말에 따라 이해한 요의는 가려 버리는 것이다. 別義意趣者 謂證相大乘法義 與敎相大乘法義 甚有差別 由此意趣 作如是言 若已逢事 爾所殑伽河沙等佛 於大乘法 方能解義 極懸遠故 於大乘法 簡取聖者自內所證 簡去隨言所解了義", 『화엄경탐현기』 권3(대정장35, p.147c29)에 "다음과 같이 「만약 긍가하모래만큼 아주 많은 부처님을 만나 모시고서야 대승법의 뜻을 비로소 이해할 수 있다」고 말한 것에 대해 무성의 뜻을 풀었는데, 증상대승을 잡아 한 말이지 교상대승에 나아간 것은 아니기에 이렇게 말한 것이다. 『장엄론』에서는 '부처님께서 「일체법은 자성이 있을 리 없기에 무생이다」한 것과 같이' 이것도 무생을 잡아서 설하신 것이다. 謂如說言 若已逢事 爾所殑伽沙等佛 於大乘法 方能解義 無性釋意 約證相大乘 不就敎相大乘 故作是說 莊嚴論云 如佛說一切無有自性故 無生故 解云 此約證無生說", 『법화경현찬섭석』 권4(卍속장53, p.193a1)에 "대승의 뜻을 깨우치는 것에 두 가지가 있다. 첫째로, 이치를 깨우쳤을 때를 의미를 이해한 것이라 하는데, 이는 증상대승이다. 초지이상보살이 증한 다. 解義有二 一 證理之時 名爲解義 卽證相大乘 在初地已上菩薩所證"라고 하였다. 〔참고문헌〕『攝大乘論釋』, 『華嚴經探玄記』, 『法華經玄贊攝釋』. ⇨ 자내증 自內證

증상력 增上力 ❶ Ⓢ adhipatī-kṛtvā, adhipatiṃ kṛtvā. 어떤 법의 자성을 한층 더하게 하는 힘. 『유가사지론』 권1(대정장30, p.281c7 : *Yogā-bh.*, p.17)에 "그는 이때 두 가지 인증상력으로 문득 목숨을 마치는데, 그들은 희론의 인증상력과 청정하거나 청정하지 않은 업인증상력을 말한다. 彼於爾時 由二種因增上力故 而便命終 謂樂著戲論因增上力 及淨不淨業因增上力 sa tasminsamaye hetudvayamadhipatīkṛtvā yaduta prapañcābhiratihetuṃ ca śubhāśubhakarmahetuṃ", 『유가론기』 권1(대정장42, p.322b8 · 한불전13, p.32a15)에 "'두 가지 인의 증상력으로 인해'란 죽음에 임박해 일어난 자기애와 청정하거나 청정하지 않은 업을 가리킨다. 由二種因增上力故者 牒前我愛及淨不淨業 名增上力", 『섭대승론석』 권7(대정장31, p.426a15)에 "대원력을 증상력이라 한다. … 대원력이 있기에 언제나 선지식을 만난다. 若大願力 名增上力 … 有大願力故 常値善知識", 『삼미륵경소』(대정장38, p.305b2 · 한불전2, p.80b22)에 "여래자비와 본원이라는 증상력으로 듣는 이의 식상에 글과 뜻이 모습을 드러낸다. 이 글과 뜻이 비록 듣는 자신의 선근력에 직접 의지해 일어나는 것이기는 해도 강력한 연에 나아가서 '부처의 말씀'이라고 한다. 如來慈悲本願增上力 聞者識上 現文義相 此文義 雖親依自善根力起 而就强緣 名爲佛說"라고 하였다. 〔참고문헌〕『瑜伽師地論』, 『瑜伽論記』, 『攝大乘論釋』, 『三彌勒經疏』, *Yogā-bh.*, *Bodh-bh.10.* ❷ Ⓢ ādhipatya, Ⓣ bdag-po, dbang-byed-pa. 어떤 법을 드러나게 하는 한층 두드러진 힘. 『유가사지론』 권7(대정장30, p.309a15 : *Yogā-bh.*, p.143)에 "또 모든 괴로움들은 오직 숙세의 행위만을 그 인(因)으로 삼으니, 가령 어떤 사람이 자기의 업의 증상력으로 여러 악취나 가난한 집에 나는 경우다. 或有諸苦 唯用宿作爲因 猶如有一自業增上力故 生諸惡趣 或貧窮家 api tvastyekāntena pūrvakṛtahetukaṃ duḥkhaṃ. yathāpīhaikatyaḥ svakarmādhipatyenāpāyeṣu votpadyate nīceṣu vā kṛcchreṣu vā kuleṣu", 같은 책 권35(대정장30, p.481a13)에 "정법을 들었던 일과 깊은 신심의 증상력으로 인해 여래지혜에 깊이 신해를 일으킨다. 由聞正法 及與深信增上力故 於如來智 深生信解", 『구사론』 권18(대정장29, p.95a16 : *Abh-k-bh.*, p.266)에 "어떤 이는 '세계가 장차 성립되려 할 때 일체유정으로서 삼천대천세계(大千土)를 감하는 업의 증상력이 일복의 양이다'고 설한다. 有說 世界將欲成時 一切有情 感大千土 業增上力 爲一福量 yāvat sarvasattvānāṃ karmādhipatyena trisāhasramahāsāhasrako loko 'bhinivartata ityapare", 『구사론기』 권30(대정장41, p.448a7)에 "기억하는 인의 증상력을 말미암아 기억한 과가 생겨난다. 由念因增上力 令念果得生"라고 하였다. 〔참고문헌〕『瑜伽師地論』, 『俱舍論』, 『俱舍論記』, *Yogā-bh.*, *Abh-k-bh.*, *Bodh-bh.183.* ⇨ 증상 增上❶

증상만 增上慢 Ⓢ adhimāna, abhimāna, Ⓟ atimāna, adhimāna, Ⓣ mngon-pa'i-nga-rgyal. 깨우치지 못함에도 깨우쳤다 여겨 자신을 섬기고 남을 업신여겨 악취에 떨어진다. 사만(四慢) 또는 칠만(七慢) 중 하나다. 『중아함경』 권55 「포리다경 晡利多經」(대정장1, p.774a6 : *Potaliya-sutta*, *MN.1*, p.363)에 "많은 것을 들은 부처님 제자들은 이렇게 사유한다. '증상만이란 반드시 현세와 후세에 나쁜 보를 받는데, 만약 내가 증상만이라면 바로 자신을 해치고 남을 속이고 비방할 것이다. … 몸이 무너지고 목숨을 마쳐서 반드시 나쁜 곳으로 갈 것이니 지옥에 태어난다'. 多聞聖弟子 作是思惟 增上慢者 必受惡報 現世及後世 若我增上慢者 便當自害 亦誣謗他 … 身壞命終 必至惡處 生地獄中 ariyasāvako iti paṭisañcikkhati. yesaṃ kho ahaṃ saṃyojanānaṃ hetu atimānī assaṃ tesāhaṃ saṃyojanānaṃ pahānāya samucchedāya paṭipanno. ahañ c'eva kho pana atimānī assaṃ, attā pi maṃ upavadeyya atimāna-paccayā, anuvicca viññū garaheyyuṃ atimāna-paccayā, kāyassa bhedā param-maraṇā duggati pāṭikaṅkhā atimāna-paccayā", 『품류족론』 권1(대정장26, p.693b8)에 "증상만이란, 그 이상의 뛰어난 증득해야 할 법에 대해 '나는 이미 얻었다'고 하며, 아직 이르지 못한 그 이상의 뛰어난 증할 법에 대해 '나는 이미 이르렀다'고 하며, 아직 만나지도 못한 그 이상의 뛰어난 증해야 할 법에 대해 '나는 이미 닿았다'고 하며, 아직 증하지 못한 그 이상의 뛰어난 증해야 할 법에 대해 '나는 이미 증했다'고 하는 것인데, 이러한 현재의 만과 과거의 만과 미래의 만으로 인해 마음이 거만하고 마음으로 자신을 섬기고 남을 업신여기는 것이다. 增上慢者 於所未得上勝證法 謂我已得 於所未至上勝證法 謂我已至 於所未觸上勝證法 謂我已觸 於所未證上勝證法 謂我已證 由此正慢已慢當慢 心高擧 心恃篾", 『순정리론』 권47(대정장29, p.609c24)에 "아직 증득하지 못한 지(地) · 도(道) · 단(斷) 등의 획득해야 할 바에 대해 '이미 증득하였다'고 하는 것을 증상만이라 한다. … 증득한 것은 적은데 '이미 많이 증득하였다'고 하면서 마음을 높이 드는 것을 증상만이라 한다. 於未證得地道斷等殊勝得中 謂已證得 名增上慢 … 於證少德 謂已證多 心生高擧 名增上慢", 『대승광오온론』(대정장31, p.852c6)에 "증상만은 … 마음의 추켜듦을 본성으로 한다. '그 이상의 뛰어난 증득해야할 법'이란 모든 성과(聖果 Ⓢ ārya-phala)와 삼마지(Ⓢ samādhi)와 삼마발지(Ⓢ samāpatti) 등이다. 增上慢 … 心高擧爲性 增上殊勝所證法者 謂諸聖果 及三摩地 三摩鉢底等"

라고 하였다. [참고문헌] 『中阿含經』, 『品類足論』, 『順正理論』, 『大乘廣五蘊論』, *MN.*, *Yogā-bh.50.*, *Bodh-bh.49.* ⇨ 칠만 七慢, 만 慢

증상만견 增上慢見 Ⓢ abhimāna-dṛṣṭi. 증상만이 수반된 사견(邪見). 『대승아비달마잡집론』 권12(대정장31, p.751c20 : *Abh-s-bh.*, p.114)에 "(스물여덟 가지 不正見 중에서) 위에서 언급한 스물일곱 가지 견해를 모두 증상만견이라 한다. 모두 허망하고 실이 없는 증상만을 일으키기 때문이다. 卽上所說二十七見 皆名增上慢見 並能發起虛妄無實增上慢故 sarvā etāḥ saptaviṃśatidṛṣṭayo'bhimānadṛṣṭiḥ, abhūtābhimānasamutthitatvāt"라고 하였다. [참고문헌] 『大乘阿毘達磨雜集論』, *Abh-s-bh.* ⇨ 증상만 增上慢

증상만경 增上慢境 증상만의 경계. 십승십경(十乘十境) 중 하나로 반드시 밝혀 빠지지 않게 해야 한다. 지차위(知次位)에 해당한다. 『관심론소』 권4(대정장46, p.608b4)에 "다음으로 '증상만경을 관한다'라는 말은, 지금 음계입경을 관할 때, 때론 조금 진일보가 일어난 것에 대해 스스로 성인이라고 일컫고 얻지 못하고도 깨우쳤다 하면서 증상만에 떨어지는데, 이를 밝히지 않는다면 그러한 마음이 일어나도 알지 못하고 빠져들기에 여덟 번째로 증상만을 밝힌다. 次觀增上慢境者 今觀陰界入境 或隨發少許 卽自謂之是聖 未得謂證 墮增上慢 若不明之 發時不識爲之沈溺故 第八明增上慢境也"라고 하였다. [참고문헌] 『觀心論疏』. ⇨ 십경 十境, 십승십경 十乘十境, 지차위 知次位

증상만비구 增上慢比丘 Ⓢ abhimāna-prāptāś bhikṣavaḥ, Ⓣ dge-slong-lhag-pa'i-nga-rgyal-can-du-gyur-pa-rnams. 증상만을 품은 비구. 『법화경』 권1(대정장9, p.6c16 : *Saddh-p.*, p.36)에 "부처님께서는 거듭 사리불을 그치게 하였다. '만약 이 일을 말한다면, 세간의 모든 천신과 인간과 아수라가 놀라면서 의심할 것이며, 증상만비구는 지옥에 떨어지게 될 것이다'. 佛復止舍利弗 若說是事 一切世間天人阿修羅 皆當驚疑 增上慢比丘 將墜於大坑 atha khalu bhagavān dvaitīyakamapy-āyuṣmantaṃ śāriputram-etad-avocat. alaṃ śāriputra-anenārthena prakāśitena-uttrasiṣyati śāriputra-ayaṃ sadevako loko 'sminn-arthe vyākriyamāṇe 'bhimāna-prāptāś-ca bhikṣavo mahāprapātaṃ prapatiṣyanti", 『대승아비달마잡집론』 권6(대정장31, p.722a27 : *Abh-s-bh.*, p.54)에 "제4정려를 얻은 것을 두고 아라한이 되었다는 마음을 일으키는 증상만비구는 저 지중에서 중유로 날 때 해탈을 비방하는 사견으로 생을 뒤쳐 지옥중유로 난다. 如得第四靜慮起阿羅漢增上慢比丘 彼地中有生時 由謗解脫邪見故 轉生地獄中有 caturthadhyānalābhino'rhattvābhimānino bhikṣostadbhūmikāntarābhavābhinirvṛttau mokṣāpavādi kamithyādṛṣṭipratilambhānnārakāntarābhavābhi nirvṛttivat"라고 하였다. [참고문헌] 『法華經』, 『大乘阿毘達磨雜集論』, *Saddh-p.*, *Abh-s-bh.*

증상만성문 增上慢聲聞 성문과를 얻지 못하고도 얻었다고 여기거나 또는 대승과를 얻지 못하고도 깨우쳤다 여기는 성문. 사종성문(四種聲聞) 또는 오종성문(五種聲聞) 중 하나로 소승 성과(聖果)에 안주하는 성문이다. 『유가사지론』 권80(대정장30, p.744a23)에 "증상만성문이란 단지 보특가라의 무아지와 사견집착의 무아지를 헤아려 청정으로 여긴다. 增上慢聲聞者 謂但由補特伽羅無我智 及執著邪法無我智 計爲淸淨", 『유가론기』 권21(대정장42, p.797b2 · 한불전14 p.627a14)에 "'증상만성문이란 ~ 헤아려 청정을 삼는 이들이다'에 대해 풀이한다. 만약 소승법에 의지하면 성문이 구경이지만, 지금 대승법에 의지하면 성문은 구경이 아니다. 성문위에서는 인무아지로 만족하여 우러러 법무아를 배워서 성취하지 못한다. 따라서 '사견에 대한 집착인 법무아의 지혜'라고 한 것이다. 그래서 실로 청정이 아닌데도 청정하다고 헤아린다. 따라서 얻지 못했지만 얻었다고 하는 증상만이다. 云增上慢聲聞者至計爲淸淨者 若依小教 聲聞是究竟 今依大教 聲聞亦非究竟 於聲聞乘位 得人無我智滿足 仰學法無我未成 故名執著邪見法無我智 然實未淸淨 計有淸淨 則是未得謂得增上慢也", 『중관론소』 권1(대정장42, p.16b12)에 "증상성문이란 아직 소승과를 얻지 못했는데 소승과를 얻었다고 하는 것이다. 增上慢聲聞 未得小果謂得小果"라고 하였다. [참고문헌] 『瑜伽師地論』, 『瑜伽論記』, 『中觀論疏』. ⇨ 사종성문 四種聲聞, 오종성문 五種聲聞, 증상만 增上慢

증상삼학 增上三學 정계(淨戒)를 가지고 정심(定心)과 지견(智見)을 닦아 물러남 없이 나아가는 일. 『유가사지론』 권16(대정장30, p.367b13)에 "'처음에 근본에 잘 머물고, 다음에 마음의 적정을 즐기며, 마지막에 성견과 상응하고 악견과 상응하지 않는다'라는 이 송은 증상삼학이 차제로 일어나는 것임을 보여준다. '근본'이란 증상계를 말하는데, 뒤 두 가지는 이 처음의 학에서 나오는 류다. 이미 시라(Ⓢ śīla : 戒)를 갖추었다면, 후회 등이 없이 차제로 수습하여 능히 두 번째 마음의 고요한 선정을 즐길 수 있게 되며, 그 마음으로 정을 얻은 이는 여실히 보기에 능히 세 번째인 성견을 성취하고 악견을 멀리 여읠 수 있게 된다. 初善住根本 次樂心寂靜 後聖見惡見 相應不相應者 此頌顯示 增上三學 次第生起 根本者謂增上戒 由後二種 是此初學 所流類故 旣具尸羅 由無悔

等 次第修習 能得第二 心樂靜定 心得定者 見如實故 能得第三 成就聖見 遠離惡見", 같은 책 권28(대정장30, p.436a24 : *Śrāv-bh.*, p.264)에 "〔문〕 무슨 까닭에 삼학을 증상계·증상심·증상혜라 하는가? 〔답〕 나아가는 뜻 때문이고 가장 뛰어난 뜻 때문에 증상이라고 한다. 어떤 것을 소취의라고 하는가? 즉 증상심에 나아가기 위하여 정계(淨戒)를 닦으니 증상계학이라고 하며, 증상혜에 나아가기 위하여 정심(定心)을 닦는 것을 증상심학이라 하고, 번뇌를 끊는 데에 나아가기 위하여 지견(智見)을 닦는 것을 증상혜학이라고 한다. 이와 같은 것을 소취의 때문이라고 하며, 증상이라 한다. 어떤 것을 최승의라고 하는가? 즉 증상계학이나 증상심학이나 증상혜학은 오직 부처님의 가르침에만 오직 이 셋이 있을 뿐이고, 외도와는 함께하지 않는다. 이와 같아서 최승의라 하고, 증상이라 한다. 問 何緣三學名爲增上戒心慧耶 答 所趣義故 最勝義故 名爲增上 云何所趣義 謂爲趣增上心而修淨戒 名增上戒學 爲趣增上慧而修定心 名增上心學 爲趣煩惱斷而修智見 名增上慧學 如是名爲所趣義故 名爲增上 云何最勝義 謂若增上戒學 若增上心學 若增上慧學 唯於聖敎 獨有此三 不共外道 如是名爲最勝義故 名爲增上 tatra kena kāraṇenādhiśīlaṃ śikṣā adhiśīlamityucyate. evamadhicittamadhiprajñamadhikārārthena ca. tatra kathamadhikārārthenā adhicittamadhikṛtya yacchīlaṃ sā adhiśīlaṃ śikṣā. adhiprajñamadhikṛtya yaścittasamādhiḥ. sā adhicittaṃ śikṣā. kleśaprahāṇamadhikṛtya yajjñānaṃ darśanaṃ. sā adhiprajñaṃ śikṣā. yā cādhicittaṃ. yā cādhiprajñaṃ śikṣā. etāḥ śikṣāḥ asminneva śāsane asādhāraṇā ito bāhyairevamadhikārthena", 『섭대승론석』 권1(대정장31, p.322c14)에 "증상계란 무엇인가? 십지중에 계에 의지하여 배우기에 증상계라고 하니, 즉 모든 보살이 가지는 율의로 모든 불선에 대해서 다시는 짓는 마음이 없다. 증상심이란 무엇인가? 안으로 마음에 두거나 의지해서 배우기에 증상심이라 하니, 즉 모든 삼마지이다. 증상혜란 무엇인가? 깨달음으로 나아가는 지혜이기에 증상혜라고 하거나 혹은 지혜에 의지하여 배우기에 증상혜하고 하니, 즉 무분별지이다. 增上戒者 謂十地中 依戒而學故 名增上戒 卽諸菩薩 所有律儀 於諸不善 無復作心 增上心者 謂在內心 或卽依心而學故 名增上心 卽諸三摩地 增上慧者 謂趣證慧故 名增上慧 或依慧而學故 名增上慧 卽是無分別智"라고 하였다. 〔참고문헌〕『瑜伽師地論』, 『攝大乘論釋』, *Śrāv-bh.261.*, *Mah-saṃ.80.* ⇨ 증상계학 增上戒學, 증상심학 增上心學, 증상혜학 增上慧學

증상생도 增上生道 ❶ Ⓢ abhyudaya-mārga, Ⓣ mngon-par-mthong-ba'i-lam. 보살이 생사해 중에 보시(布施)·지계(持戒)·인욕(忍辱)의 바라밀다를 행해서 선취 중에 나는 일. 이 도의 과로 큰 재물과 큰 자성을 얻어 선취에 나고 큰 권속과 함께한다. 결정승도(決定勝道)와 대칭한다. 『대승아비달마잡집론』 권11(대정장31, p.746c24 : *Abh-s-bh.*, p.102)에 "모든 보살도에는 간략히 두 가지가 있다. 첫째는 증상생도이다. … 증상생도에 다시 세 가지가 있으니, 첫째는 큰 재물이고, 둘째는 큰 자체이며, 셋째는 큰 권속이다. 시바라밀다는 대자재과를 부른다. 계바라밀다는 큰 자체과를 불러오는데 정계를 지킴으로써 선취중에 나서 존귀한 몸을 얻는다. 인바라밀은 큰 권속과를 불러오는데 능히 인을 행하는 이에게는 일체중생이 다 돌아와 함께하기 때문이다. 一切菩薩道 略有二種 一 增上生道 … 增上生道 有三種 一 大資財 二 大自體 三 大眷屬 施波羅蜜多 感大資財果 戒波羅蜜多 感大自體果 由持淨戒 生善趣中 得尊貴身故 忍波羅蜜多 感大眷屬果 能行忍者 一切衆生 咸所歸附故 sarvākārayor-bodhisattva-abhyudaya(-mārga) … trividho'bhyudayo mahābhogatā mahātmatā mahāpakṣatā ca. tatra dānapāra mitāyā mahābhogatā phalam. śīlapāramitāyā mahātmatā phalam, śīlena sugatā tmabhāvasaṁpattipratilambhāt. kṣāntipāramitāyā mahāpakṣatā phalam, kṣāntyā sarvajanābhigamanoyatāpratilambhāditi", 『성유식론연비』 권7(대정장43, p.969b8)에 "증상생이란 불러오는 과의 바탕이니, 도(道)란 이 인(因)이다. 큰 재등의 과는 인을 좇아 일어나니 증상생이라 한다. 增上生者 所招果體 道者是因 大財等果從因等起 名增上生", 『화엄경소초』 권22(대정장36, p.171c14)에 "취(趣 : 六途) 중에서 한층 더하기에 증상생도라 한다. 趣中增上 名增上生道", 『유가사지론약찬』 권3(대정장43, p.41c18)에 "증상생도란 인과 천으로 나는 뛰어난 인이다. 增上生道者 人天勝因"라고 하였다. 〔참고문헌〕『大乘阿毘達磨雜集論』, 『成唯識論演祕』, 『華嚴經疏鈔』, 『瑜伽師地論略纂』, *Abh-s-bh.* ⇨ 견증상도 見增上道, 삼증상 三增上, 결정승도 決定勝道 ❷ 지나친 고행 등으로 천상에 날 수 있다고 주장하는 외도법. 『순정리론』 권47(대정장29, p.606a17)에 "인이나 도가 아닌 것에 대해 인이나 도라고 주장하는 견해 일체를 묶어 계금취라 하는데 … 그들이 주장하는 도에는 두 가지가 있다. 첫째는 증상생도이니 … 물이나 불 등에 뛰어드는 등의 갖가지 삿된 행위는 하늘에 태어나는 인이 아님에도 인이 된다고 그릇되게 주장하는 것이 그 첫 번째 도이다. 於非因道 謂因道見 一切總說 名戒禁取 … 道有二種 一 增上生道 … 投水火等 種種邪行 非生天因 妄執爲因 名第一道"라고 하였다. 〔참고문헌〕『順正理論』.

증상심섭 增上心攝 Ⓢ ādhipatya-parigrahaḥ, Ⓣ bd

ag-pos-yongs-su-'dzin-pa. 한층 더하는 마음으로 중생을 거두다. 보살의 사종섭중생(四種攝衆生) 중 하나다. 『대승장엄경론』 권13(대정장31, p.657a28 : *Sūtr.*, p.176)에 "네 가지 섭중생이란 … 셋째는 증상심으로 거두니, 주인의 위에 머물면서 자재한 힘으로 거두기 때문이다. 四種攝衆生者 … 三 增上心攝 由居主位 以自在力攝故 caturvidhaḥ satvaparigraho … ādhipatyaparigrahaḥ svāmibhūtasya yeṣām asau svāmī" 라고 하였다. [참고문헌] 『大乘莊嚴經論』, *Sūtr.* ⇨ 보살사종섭중생 菩薩四種攝衆生, 섭중생 攝衆生

증상심이숙계 增上心異熟戒 구종상계(九種相戒) 중 상이계(色無色界)의 일체. 과를 불러들이는 계로 일체종계(一切種戒) 중 하나다. 『유가론기』 권10(대정장42, p.540c6・한불전13, p.817c3)에 "혜경(惠景)은 … '다섯 번째인 증상심이숙계란 앞의 삼취정계로 색계와 무색계과에 얻는다'라고 하였다. … 원측(圓測)은 '증상심이숙계란 정공계로 색계와 무색계의 이숙과를 초감하는 것을 말한다'라고 하였다. 景云 … 第五 增上心異熟戒 卽前三聚得上二界果 … 測云 增上心異熟戒者 謂定共戒能感色無色界異熟果"라고 하였다. [참고문헌] 『瑜伽論記』. ⇨ 일체종계 一切種戒, 구종상계 九種相戒

증상심학 增上心學 Ⓢ adhicittaṃ śikṣā, Ⓟ adhicitta sikkhā, Ⓣ lhag-pa'i-sems-kyi-bslab-pa. 한층 더한 마음공부. 마음을 관(觀)하고 삼매(三昧)에 드는 등 삼학(三學) 중 정학(定學)을 말한다. 『섭대승론석론』 권1(대정장31, p.272a16)에 "증상심학이란 안으로 마음을 관하는 것이다. 이 마음이야말로 한층 오르는 배움이니 삼마지라고 한다. 增上心學者 內觀心 此心卽是增上學 謂三摩提故"라고 하였다. [참고문헌] 『攝大乘論釋論』, *Śrāv-bh.262.*, *AN.1.229.* ⇨ 증상삼학 增上三學, 증상계학 增上戒學, 증상혜학 增上慧學, 선정 禪定

증상연 增上緣 **1** Ⓢ adhipati-pratyaya, Ⓣ bdag-po'i-rkyen. 북돋아 자라게 하는 연. 만물이 자라게 하거나, 세간의 솜씨로 무엇을 만들거나, 도를 닦아 성취함에 있어 도와 장애되지 않게 하는 것들을 증상연이라 한다. 사대(四大) 등이 힘을 주는(與力) 증상연이라면 허공(虛空)은 가로막지 않는 뜻(不障)에서 증상연이다. 사연(四緣) 중 하나다. 『대비바사론』 권17(대정장27, p.87c28)에 "증상연의 힘에는 먼 것이 있고 가까운 것이 있으며, 이 몸에 있는 것이 있고 다른 몸에 있는 것이 있다. 가까우면서도 이 몸에 있는 것이면 인이라 하고, 멀면서도 다른 몸에 있는 것이면 증상이라고 한다. 增上緣力有近有遠 有在此身有在餘身 若近在此身者 說名爲因 若遠在餘身者 說名增上", 『유가사지론』 권52(대정장30, p.584c5)에 "무엇이 증상연인가? 안(眼) 등의 처(處)는 안식 등과 함께 일어나는 증상연이 된다. 만약 뜻을 지으려 함에 소연경에 식들을 이끌어 일으켜 증상연이 되고, 모든 심과 심소의 경우 전전해서 함께 일어나 증상연이 되고, 정업과 브정업의 경우 나중의 좋아할 만한 과보와 좋아하지 않을 만한 과보 그리고 이숙과에 대해 앞서 지은 업의 증상연이 되고, 밭과 거름과 물 등의 경우 싹과 곡식을 자라나게 하는 증상연이 되고, 여러 가지 공교지의 경우 여러 가지 세간의 공교업처가 공업의 증상연이 된다. 云何增上緣 謂眼等處爲眼識等俱生增上緣 若作意於所緣境 爲諸識引發增上緣 若諸心心所展轉互爲俱生增上緣 若淨不淨業 與後愛非愛果及異熟果爲先所作增上緣 若田糞水等 與諸苗稼爲成辦增上緣 若彼彼工巧智 與彼彼世間工巧業處爲工業增上緣", 『성유식론술기』 권8(대정장43, p.512a2)에 "[술] 종자가 현행을 능히 돕고 힘도 더하는 것을 말한다. 마치 근의 종자가 식의 종자에 대해, 작의의 종자가 식 등에 대해 그렇듯. 둘째로, 또 돕는 힘이 없더라도 장애가 되지 않는다. 다른 식의 종자가 다른 현행 등을 바라는 등 이 모두가 증상연이다. 述曰 謂有種子於現行法 能助與力 如根種於識種 作意種於識等 二 又雖無助力但不爲障 如異識種子望異現行等 皆是增上緣", 『대승의장』 권3(대정장44, p.516c3)에 "증상연은 법을 발생시키는 공이 강하기에 증상이라 하고, 이 증상이 법연이 되기에 증상연이라 한다. 增上緣者 起法功强 故曰增上 以此增上爲法緣故名增上緣", 『중관론소』 권3(대정장42, p.51b21)에 "증상연을 푸는 데 두 입장이 있다. 첫 번째 것은 곡식의 싹이 틀 때 만법이 장애하지 않는 것이니, 때문에 곡식의 싹이 생장을 한층 더할 수 있다. 따라서 만법은 증상된 과를 위한 연이 되기에 증상이라 한다. 이는 과를 따른 이름이다. 다음 해석은 곡식의 싹이 틀 때 만법은 이 싹에 대해 각각 증상승력이 있다고 말한다. 땅에는 뛰어나게 지탱하고 허공은 품어 거둠이 있는 것과 같다. 만법에는 각각 증상의 힘이 있기에 (단법의) 체마다에 증상이라 부를 수 있다. 增上緣者解有二家 一云 穀牙生時萬法不障 是以穀牙得生長增上 故萬法爲增上果作緣 故云增上 此從果受名 次解云 穀牙生時萬法於牙 各有增上勝力 如地有勝持空有容受 以萬法各有增上之力 故當體受增上名也", 『대일경소초』 권8(대정장60, p.46a29)에 "대승에서는 다만 사연을 세울 뿐이다. 육인 중의 능작인과 사연중의 증상연은 그 뜻이 같다. … 증상연에는 또한 여력과 부장의 두 뜻이 있다. 여력의 증상연은 지수화풍의 사대이고, 부장의 증상연은 허공이다. 大乘但立四緣也 付之六因中能作因 四緣中增上緣 其義同也 … 增上緣又有與力不障二義 與力增上緣 地水火風四大 不障增上緣虛空也"라고 하였다. [참고문헌] 『大毘婆沙論』, 『瑜伽師地論』, 『成唯識論述記』, 『大乘義章』, 『中觀論疏』, 『

광(道光) 대선사(大禪師)가 중창하였다. 일제강점기에는 임제종 운동의 본부였으나, 한국전쟁 때 대부분의 건물이 소실되었다. 1970년 이후부터 시작된 중창불사로 지금의 모습을 갖추었다. 현존 당우로는 대웅전·비로전·지장전·오백전·산신각·요사 등이 있고, 성보문화재에는 보물 제131호 철조비로자나불좌상과 유형문화재로는 통일신라후기에 증심사의 창건과 함께 조성된 것으로 추정되는 제1호 삼층석탑, 1609년(광해군1)에 석경(釋經)·수장(修裝)·도광(道光)이 사창(四創)한 정면 3칸·측면 3칸의 맞배지붕 건물인 제13호 오백전, 원통형 보관(寶冠)을 쓴 고려시대 석불인 제14호 석조보살입상이 있다. 증심사 일원은 문화재자료 제1호이다. 이외에도 1933년 해체수리시 통일신라 및 고려시대 불보살상이 발견되었던 오층석탑과 칠층석탑이 있고, 일주문 근처 부도전(浮屠殿)에는 조선후기부터 일제강점기까지의 기념비 및 공덕비 수십 기가 세워져 있다. 〔참고문헌〕『東國輿地勝覽』, 『輿地圖書』, 『伽藍考』, 『光州牧誌』, 『梵宇攷』, 『韓國寺刹全書』 권하 p.1033a15.

증심사철조비로자나불좌상 證心寺鐵造毘盧舍那佛坐像 통일신라시대 철불좌상. 보물 제131호. 상높이 90.5cm·무릎폭 69cm. 비로전 봉안. 원래의 봉안처에 관해서는 전라남도 광주군 서방면 동계리 절터에 있던 것을 1934년에 옮겨 왔다는 설과 전남도청 뒤편에 있던 대황사(大皇寺)에서 1930년대 초에 옮겨왔다는 증언이 있다. 현재 광배와 대좌는 남아있지 않지만, 상호표현이 사실적이고 불신(佛身)의 비례도 안정감이 있다. 수인(手印)은 왼손이 오른손을 감싸고 있어 일반적인 지권인(智拳印)과는 좌우가 바뀌어 있는데, 이런 표현은 불국사(佛國寺) 금동비로자나불좌상에서도 볼 수 있다. 국보 제63호 철원도피안사철조비로자나불좌상·국보 제117호 장흥보림사철조비로자나불좌상 등과 함께 9세기경 조성한 것으로 추정된다. 〔참고문헌〕 최성은 『철불』(대원사, 1995) pp.53~55. ⇨ 증심사 證心寺

증심사철조비로자나불좌상

증심심 證甚深 부처님의 깨우침 깊고 깊다는 뜻. 이종심심(二種甚深) 중 하나로, 깨우쳐 보이신 교문(教門)이 깊고 깊은 것을 아함심심(阿含甚深)이라 한다. 『묘법연화경론우파제사』(대정장26, p.14b24)에 "증심심이란 제불지혜가 깊고 깊어 무량함을 말한다. … 증심심에는 다섯 가지가 있다. 첫째, 의심심이니 의지하는 뜻의 깊고 깊음, 둘째 실체심심, 셋째 내증심심, 넷째 의지심심, 다섯째 무상심심이다. 심심이란 대보리를 말한다. 크게 깨달음이란 여래께서 증득하신 아누다라삼막삼보리다. 또한 심심이란 일체성문벽지불이 능히 알 수 없다. 지혜란 일체종일체지의 지라는 뜻이다. 저 경에서 제불지혜심심무량이라고 한 것과 같다. 그 지혜문은 보기 어렵고 깨닫기 어려우며, 알기 어렵고 풀기 어려우며 들기 어려우니, 일체성문이나 벽지불이 능히 알 수 없다. 證甚深 謂諸佛智慧 甚深無量故 … 證甚深者 有五種 一者 義甚深 依何等義甚深故 二者 實體甚深 三者 內證甚深 四者 依止甚深 五者 無上甚深 甚深者 謂大菩提故 大菩提者 如來所證阿耨多羅三藐三菩提故 又甚深者 一切聲聞辟支佛 所不能知故 智慧者 謂一切種一切智智義故 如經諸佛智慧甚深無量 其智慧門 難見難覺 難知難解難入 一切聲聞辟支佛 所不能知故", 『법화의소』 권3(대정장34, p.486c5)에 "『법화론』에서 심심에 다섯 가지가 있음을 밝혔다. 첫째는 의심심이니 부처님의 과덕에 헤아릴 수 없이 많은 뜻이 있음을 말한다. 둘째는 체심심이니 평등법신에 차별이 없음을 말한다. 셋째는 내증심심이니 부처님께서 법신을 증하시고 그 법신이 상응함을 내증이라 한다. 넷째는 의지심심이니 시방의 부처님들께서 한결같이 법신에 의지하기 때문이다. 다섯째, 무상심심이니 무상보리로서 부처님께서 깨달으신 지혜다. 과덕은 이러한 다섯 가지를 갖추어야 한다. 또 심심이란 사구로 그 바닥을 얻을 수 없으므로 심심이라 하였고, 백비로 그 끝을 헤아릴 수 없으므로 무량이라 하였다. 法華論明甚深有五種 一 義甚深 謂佛果德有無量義 二 體甚深 謂平等法身無有差別 三 內證甚深 謂佛證於法身與法身相應名內證也 四 依止甚深 十方佛同依止法身故 五 無上甚深 無上菩提是佛所證 果德要具此五也 又甚深者 四句莫得其底 故曰甚深 百非不測其邊 故曰無量", 『화엄경소초』 권55(대정장36, p.432b10)에 "셋째, 증성승의는 방편품 처음에 '이때 세존께서 삼매에서 일어나서 사리불에게 말씀하시길 「제불의 지혜는 깊고 깊어 헤아릴 수 없다. 그 지혜문은 이해하기 어렵고 들기 어렵다」 고 하셨다'라고 하였다. 논에서 해석하여 '제불지혜란 바로 깨우친 바 깊고 깊음이고, 그 지혜문인즉 아함심심이다'라고 하였다. 이 두 구인즉 부처님의 가르침과 증득이라는 두 가지 도를 말한 것이다. 第三 證成勝義 卽方便品初云 爾時 世尊 從三昧安詳而起告舍利弗 諸佛智慧甚深無量 其智慧門 難解難入 論釋云 諸佛智慧 卽證甚深 其智慧門 則阿含甚深故 此二句卽佛教證二道"라고 하였다. 〔참고문헌〕『妙法蓮華經論憂婆提舍』, 『法華義疏』, 『華嚴經疏鈔』. ⇨ 증전 證轉, 심심 甚深, 아함심심 阿含甚深

증암사 甑巖寺 함경북도 경원군에 있던 절. 『여지도서』 함경북도 경원부 사찰에 "부 서쪽 30리에 있으며 스님은 12명이다. 在府西三十里 僧十二名"라고 하였다.

〔참고문헌〕『輿地圖書』, 『伽藍考』, 『梵宇攷』, 『慶源府邑誌』, 『韓國寺刹全書』 권하 p.1033a7.

증애 憎愛 Ⓢ anurodha-virodhau, priya-apriya, Ⓣ chags-dang-khro. 미워하고 사랑함. 『제석소문경』(대정장1, p.248b12)에 "부처님께서 말씀하셨다. '하늘의 주인이여! 이 증애라는 번뇌는 원과 애로 인을 삼는다. 원과 애가 모여서 원친을 따라 일어나고 존속(生)하며 원친을 연으로 할 뿐이니, 원친으로서만이 증번뇌가 있으며 원친이 없다면 증애는 없다'. 佛言 天主 此憎愛煩惱 怨親爲因 怨親而集 從怨親生 怨親爲緣 由怨親故 有憎愛煩惱 若無怨親 憎愛卽無", 『아비담비바사론』 권22(대정장28, p.167c7)에 "저 경에서 '비구들이여 마땅히 알라. 나의 귀한 제자들은 마음에 증애가 없어야 한다. 어떻게 해야 증애가 없는가? 증애란 갈망과 분노다. 고귀한 제자들은 이 애와 진을 항복하기에, 애와 진에 조복당하지 않기에 증애가 없다고 한다'라고 하신 것과 같다. 如經說比丘當知 我聖弟子 心無憎愛 云何無憎愛 愛名愛恚 聖弟子 降伏愛恚 不爲愛恚所伏故 名無憎愛", 『종경록』 권29(대정장48, p.588b18)에 "일체중생은 진성에 미하고 본심을 달하지 못해 갖가지 망상으로 정념을 얻지 못한다. 그렇기에 싫어하고 좋아하니, 싫어하고 좋아하기에 마음의 그릇이 깨져 생사를 받는다. 一切衆生 迷於眞性 不達本心 種種妄想 不得正念 故卽憎愛 以憎愛故 心器破壞 卽受生死"라고 하였다. 〔참고문헌〕『帝釋所問經』, 『阿毘曇毘婆沙論』, 『宗鏡錄』, *Śata-śa.47.*, *Śikṣ.194·195.* ⇨ 애 愛

증어 增語 **1** Ⓢ adhivacana, Ⓣ tshig-bla-dags. 한층 더한 말. 명(名 Ⓢ nāma)을 말한다. 제6의(第六意)와 만나서 말의 뜻(義)을 드러내(詮表) 누구든 알게 하는 것을 말한다. 『중사분아비담론』 권1(대정장26, p.628c23)에 "무엇을 명신(Ⓢ nāma-kāya)이라 하는가? 증어를 말한다. 云何名身 謂增語", 『구사론』 권10(대정장29, p.52c6 : *Abh-k-bh.*, p.144)에 "제6의의 촉은 증어라 한다. 왜 그러한가? 증어란 명을 말하는 것인데, 명은 의촉의 소연으로 오래가는 경이기 때문이다. 치우쳐 명만을 별도로 증어촉이라 한다. 마치 '안식은 단지 「푸르다」만을 알 뿐 「이것이 푸른 것이다」는 알지 못하지만, 의식은 「푸르다」는 것도 알고 「이것은 푸르다」도 안다'고 하는 것과 같다. 따라서 '장경'이라 한 것이다. 第六意觸 說名增語 所以然者 增語謂名 名是意觸所緣長境故 偏就此名增語觸 如說眼識但能了靑不了是靑 意識了靑亦了是靑 故名爲長 manaḥ saṃsparśaḥ ṣaṣṭhaḥ so 'dhivacanasparśa ityucyate. kiṃ kāraṇaṃ adhivacanamucyate nāma. tatkilāsyādhikamālambana mato 'dhivacanasaṃsparśa iti. yathoktaṃ, cakṣurvijñānena nīlaṃ vijānāti no tu nīlaṃ manovijñānena nīlaṃ vijānāti nīlamiti ca vijānātīti", 『구사론기』 권10(대정장41, p.175c20)에 "이름(名 Ⓢ nāma)으로 증어를 삼는다 함은, 말(語)은 음성이기에 의미를 드러내는 작용(詮表)이 없지만, 명에는 의미를 드러냄이 있고 말을 한층 뛰어나게 하기에 증어라 한다. 또 풀면 이 명은 말을 한층 더한 방편으로 삼아 그 의미를 드러내기에 증어라 한다. 또 풀면 '증'이란 증장으로 명에 의지해 한 말이 증장하기 때문이다. 또 풀면 명의 힘으로 인해 말이 한층 뛰어나게 되기에 증어라 한다. 所以稱名爲增語者 語是音聲 而爲無詮表 名有詮表 增勝於語 故名增語 又解 此名 以語爲增上方 能詮表故 名增語 又解 增謂增長 由緣名故 增長語言 又解 謂由名力 令語增勝 故名增語"라고 하였다. 〔참고문헌〕『衆事分阿毘曇論』, 『俱舍論』, 『俱舍論記』, *Abh-k-bh.* ⇨ 증어촉 增語觸, 명 名, 성명구문 聲名句文, 명구문신 名句文身 **2** 덧붙인 말. 『변중변론술기』 권상(대정장44, p.7a14)에 "'법계 등'이란 말은 구역 『중변분별론』에는 '법신 등'으로 되어 있다. 하지만 본래 '법신'이라는 말은 없으니 번역자가 덧붙인 말이다. 法界等者 舊論云法身等 然本無法身言 譯家增語"라고 하였다. 〔참고문헌〕『辯中邊論述記』.

증어촉 增語觸 Ⓢ adhivacana-saṃsparśa, Ⓣ tshig-bla-dags-kyi-reg-pa, tshig-bla-dags-'dus-te-reg-pa. 오촉(五觸) 또는 십육촉(十六觸) 중 하나로, 이름인 명(名 Ⓢ nāma : 增語)을 연하는 촉(觸). 의언촉(依言觸)이라 하고 제6식인 의(意)와 만나 성취한다. 전오식(前五識)은 유대촉(有對觸)이다. 『구사론송소론본』 권10(대정장41, p.874c10)에 "제6식의 의촉을 증어촉이라 한다. 왜 그러한가? 증어란 명을 말하는데, 명은 능히 의미를 드러내며 말을 뛰어나게 하기에 증어라 하는 것이다. 명은 의촉의 소연으로 뛰어난 경이기 때문이다. 이 명만을 치우쳐 증어촉이라 한다. 〔문〕 어째서 명이 의식의 뛰어난 경인가? 〔답〕 가령 안식은 단지 푸르다만을 알 뿐 '이것이 푸른 것'은 알 수 없지만, 의식은 푸름도 알고 푸른 것의 이름도 알기에 푸른 것 위에 더해 '장'이라 한 것이고, '장'이란 '여운이 길다'는 뜻이다. 증어란 그대로 경이고 촉은 능연이니, 증어를 연하는 것이기에 증어촉이라 한다. 증어의 촉이니 의주석이다. 따라서 『구사론』에서 말하기를, '증어촉이란 명은 소연에 나아가 세운 것이다. 또 어떤 이는 「의식을 증어라 한다」고 하였다'. 이 의식은 말로 한층 더하게 되어 비로소 경을 움직이게 되지만 전5식은 그렇지 않다. 따라서 의식에 대해서만 증어라 하는 것이다. 촉과 증어는 의식과 상응하니 증어촉이라 하는 것이다. 따라서 『구사론』에서 '증어촉이라는 이름은 상응에 나아가 세운 것이다'라고 하였다. 第六意觸 名增語觸 所以然者

增語是名 名能詮表 增勝於語 故名增語 名是意觸所緣長境故 偏就此名名增語觸 問 何故名是意識長境 答 謂如眼識但能了靑 不了靑名 意識了靑 亦了靑名 故靑上名稱之爲長 長者餘長也 增語是境 觸是能緣 緣增語故 名增語觸 增語之觸 依主釋也 故論云 增語觸名就所緣立 有說意識名爲增語 以此意識 語爲增上 方於境轉 五識不然 是故意識 獨名增語 觸與增語 意識相應 名增語觸 故論云 增語觸名 就相應立"라고 하였다. [참고문헌]『俱舍論頌疏論本』,『俱舍論』권10(대정장29, p.52c10), *Abh-k-bh.144.* ⇨의 意[1], 제육의식 第六意識, 증어 增語[1], 오촉 五觸, 이촉 二觸[1], 십육종촉 十六種觸, 유대촉 有對觸

증업 證業 증견(證見 : 現量)으로서의 업.『사리불아비담론』권7(대정장28, p.581a14)에 "무엇을 증업이라 하는가? 일체업 일어난 그대로 깨우쳐 알고 보는 것을 증업이라 한다. 云何證業 一切業證如事知見 是名證業"라고 하였다. [참고문헌]『舍利弗阿毘曇論』.

증오 證悟 사무쳐 알아 남김없이 깨우침. 견문각지(見聞覺知)를 떠나 여실히 아는 뜻이며, 십지(十地)에 이르러야 증오라 하기도 한다. 일념(一念)에도 활연돈오(豁然頓悟)한다고도 하고, 행이 차오르고 덕이 두렷해야(行滿德圓) 증오할 수 있다고도 한다. 깨우쳐 마주함이 전광석화(電光石火)인 듯하여 머물 자리마저 없어야 하고(無住), 정해진 법이어서는 더욱 안 되기에(無有定法) 이름 붙여 말하는 길에서도 마음으로 행하는 길에서도 다 드러낼 수 없는(言語道斷心行處滅) 곳에 이르러서야 증오라 한다. 다만 헛되지 않은 뜻에서 증(證)이고 오(悟)다. 이에 반해 알음알이로 아는 것을 해오(解悟)라 한다.『승만보굴』권중(대정장37, p.39c29)에 "보살행을 닦는 것은 악을 그치는 것을 본으로 한다. 그러므로 자서수계를 마치면 다음으로 발원하고, 원행이 이루어졌다면 정법을 증오한다. 修菩薩行 以止惡爲本 故自誓受戒 既竟 次須發願 願行既成 便得證悟正法",『정명현론』권5(대정장38, p.884a22)에 "처음 이 법을 믿으면 십신이고, 이 법을 알면 십해가 되며, 이 법을 증오하면 십지가 되고, 구경에는 요달하여 불과에 이른다. 初信此法爲十信 解此法爲十解 乃至證悟此法爲十地 究竟了達爲佛果",『대혜어록』권17(대정장47, p.884c13)에 "이미 견문각지를 떠났다면 무엇을 법이라고 불러야 할까? 이곳에 이르면 물을 마셔 차가운지 뜨거운지 스스로 아는 것과 같다. 오직 직접 증하고 몸소 깨달아야 비로소 알 수 있다. 만약 이미 실로 증오를 마친 이라면 터럭 하나 집어들어도 대지 온통 일시에 분명해진다. 既離見聞覺知外 却喚甚麽作法 到這裏如人飮水冷煖自知 除非親證親悟 方可見得 若實曾證悟底人 拈起一絲毫頭 盡大地一時明得",『완릉록』(대정장48, p.386c23)에 "그러므로 경에서 '제불국토 역시 모두 공이다'라고 하였다. 만약 불도가 닦고 배워서 얻는 것이라고 말한다면 이러한 견해는 어떻게 해도 알 수 없게 된다. 또는 한 번의 마음씀과 한 번의 경계로 눈썹 날리고 눈동자 움직여 다만 마주할 뿐으로, 문득 '계합했다'고 말하거나 '선리를 증오했다'고 말하다가 갑자기 누구라도 만나면 어떻게 말할 줄 모르고 도무지 그를 마주할 줄도 모른다. 만약 도리를 증득했다면 마음 중 문득 환희한다. 만약 다른 이에게 절복된 것이라면 그렇지 않아 마음인즉 조급하고 초조하다. 이런 마음과 뜻으로 선을 익힌들 무슨 소식 있겠는가? 설령 그대가 약간의 도리를 알았다 하더라도 일개 심소법을 얻었을 뿐이지 선도와는 전혀 오고 간 일 없다. 故經云 諸佛國土 亦復皆空 若言佛道是修學而得 如此見解 全無交涉 或作一機一境 揚眉動目 秖對相當 便道契會也 得證悟禪理也 忽逢一人 不解便道 都無所知對他 若得道理 心中便歡喜 若被他折伏不如他 便卽心懷惆悵 如此心意學禪 有何交涉 任汝會得少許道理 卽得個心所法 禪道總沒交涉",『도서』권하(대정장48, p.407c13)에 "어떤 이는 말한다. 먼저 점수공덕을 인으로 활연돈오한다고 한다. 어떤 이는 점수로 인하여 점오한다고 하는데, 이들은 모두 이것이 증오라고 말한다. 어떤 이는 먼저 돈오해야 비로소 점수할 수 있다고 한다. 이것은 해오를 잡아 한 말이다. … 어떤 이는 돈오돈수를 말한다. 이것은 상상지의 근성으로서 낙욕이 모두 수승하고, 한 번 들어 천 가지를 깨닫고 대총지를 얻으며, 한 찰나의 마음도 일어나지 않고 전후 차별이 끊어져 이 사람의 삼업은 오직 오롯이 스스로 밝아 알 뿐이라고 한다. 나머지 사람들은 볼 수도 없다. 사적에 나아가 말하면 우두법융대사류와 같다. 이 문에는 두 가지 뜻이 있다. 만약 깨달음으로 인하여 닦았다면 해오고, 닦음으로 인하여 깨달았다면 증오다. 有云 先因漸修功成而豁然頓悟 有云 因漸修而漸悟 等者 皆說證悟也 有云 先須頓悟方可漸修者 此約解悟也 … 有云 頓悟頓修者 此說上上智根性 樂欲俱勝 一聞千悟 得大總持 一念不生 前後際斷 此人三業 唯獨自明了 餘人所不見 且就事跡而言之 如牛頭融大師之類也 此門有二意 若因悟而修 卽是解悟 若因修而悟 卽是證悟",『원각경대소초』권3(卍속장14, p.559b8)에 "깨우침도 닦음도 모두 돈점에 통한다. 또한 깨우침에도 해오와 증오가 있다. 닦음에는 상을 따름과 상을 떠남이 있으니, 처음에는 해오를 인하고 깨달음에 의지하여 수행하여 행이 차오르고 공이 두렷해지면 바로 증오를 얻는다. 이것이 진정한 것이다. 然悟與修 皆通頓漸 又悟有解悟證悟 修有隨相離相 謂初因解悟依悟修行 行滿功圓 卽得證悟 此爲眞正"라고 하였다. [참고문헌]『勝鬘寶窟』,『淨名玄論』,『大慧語錄』,『宛陵錄』,『都序』,『圓覺經大疏鈔』. ⇨해오 解悟

증위 證位 깨우쳐 얻는 자리. 『교관강종』(대정장46, p.938a20)에 "점교의 상은 역겁으로 수행해야 번뇌를 끊고 깨우치는 위차제가 있다고 말한다. 漸敎相 謂歷劫修行 斷惑證位次第", 『마하지관』 권3(대정장46, p.29c11)에 "부처가 세간에 계시든 계시지 않든 이성은 상주한다. 이에 미하므로 생사번뇌가 일어난다. 이를 따르고 관하므로 지혜를 논한다. 이해하므로 행을 세우고, 행을 말미암기에 위를 증하고, 위가 차올라야 다른 이를 교화한다. 有佛無佛 理性常住 由迷理故 起生死惑 順理而觀 是故論智 解故立行 由行故證位 位滿故敎他"라고 하였다. 〔참고문헌〕『敎觀綱宗』, 『摩訶止觀』.

증위쌍관 證位雙觀 증위에서 이제(二諦)의 평등한 도리를 동시에 관조하는 것. 원측(圓測)의 『인왕경소』 권중(대정장33, p.395a13 · 한불전1, p.71c15)에 "〔경〕 이제의 평등한 도리를 동시에 비춘다. 〔석〕 제2현지별행. 진제의 해석에 의하면 쌍관에는 두 가지 뜻이 있다. 하나는 입관하여 진실을 보는 것이고, 다른 하나는 출관하여 속제를 보는 것이다. 출입을 함께 설하므로 쌍관이라 한다. 자은삼장은 일시에 쌍을 연하므로 쌍관이라 한다고 하였다. … 둘째 증위쌍관이란 『인왕경』의 설과 같다. … 지금 여기에서는 증위쌍관에 해당한다. 經 雙照二諦平等道 釋曰 第二顯地別行 依眞諦釋 雙觀二義 一入觀見眞 二 出觀見俗 出入合說 故云雙觀 慈恩三藏 一時雙緣 故名雙觀 … 二 證位雙觀 如卽此經 … 今於此中證位雙觀"라고 하였다. 〔참고문헌〕『仁王經疏』, 『仁王經』 권상(대정장8, p.827b23). ⇨ 쌍관 雙關

증유경 證喩經 Ⓢ avadāna, Ⓟ apadāna. 갖가지 비유를 들어보여 법의 뜻을 깨우치게 하는 경. 십이부경(十二部經) 중 하나로 비유(譬喩)라고 하며, 음사어는 아바다나(阿波陀那)다. 『장아함경』 권3 「유행경 遊行經」(대정장1, p.16c14)에 "비구들이여! 마땅히 알라. 나는 이러한 법들을 몸소 증득하여 다음과 같이 널리 드러내었으니, 이른바 관경 · 기야경 · 수기경 · 게경 · 법구경 · 상응경 · 본연경 · 천본경 · 광경 · 미증유경 · 증유경 · 대교경이 그것들이다. 그대들은 마땅히 잘 수지하고 곰곰이 생각해보며 일에 따라 닦아 행해야 할 것이다. 왜 그러한가? 여래는 머지않아 석 달 뒤에는 반열반에 들 것이다. 比丘 當知 我於此法自身作證 布現於彼 謂貫經 祇夜經 受記經 偈經 法句經 相應經 本緣經 天本經 廣經 未曾有經 證喩經 大敎經 汝等當善受持 稱量分別 隨事修行 所以者何 如來不久 是後三月 當般泥洹"라고 하였다. 〔참고문헌〕『雜阿含經』, *DN.2.358.* ⇨ 비유 譬喩, 아바다나 avadāna, 십이부경 十二部經

증의 證義 ❶ 역경(譯經)할 때 한역한 글이 뜻에 맞는지 안 맞는지를 판별하는 것이나 그런 역할을 하는 사람. 역경장(譯經場) 구직(九職) 중 하나다. 『불조통기』 권43(대정장49, p.398b9)에 "두 번째는 증의이니, 그(역주)의 왼쪽에 앉는다. 역주와 함께 범문을 살피고 헤아린다. 第二證義坐其左 與譯主評量梵文", 『송고승전』 권3(대정장50, p.721b3)에 "절도사 양습고(楊襲古)와 용흥사의 스님들이 계법(戒法)을 청하여 역주로 삼아 『십지경』을 한역하였는데 법궁(法躬)은 범문과 한역어를 독송하였으며, 사문 대진(大震)은 필수, 법초(法超)는 윤문, 선신(善信)은 증의, 오공(悟空)은 증범문을 맡았다. 節度使 楊襲古 與龍興寺僧 請法爲譯主 翻十地經 法躬讀梵文幷譯語 沙門大震筆受 法超潤文 善信證義 悟空證梵文"라고 하였다. 〔참고문헌〕『佛祖統紀』, 『宋高僧傳』. ⇨ 역경 譯經, 번역 翻譯, 번역관직 飜譯官職, 역경장구직 譯經場九職 ❷ 말해진 것이 옳은지 그른지를 판결하는 것이나 그런 역할을 하는 사람. 『대비바사론』 권142(대정장27, p.729b29)에 "부처님께서 경희를 증의하는 이로 삼으셨기에, 저 외도들은 경희를 믿고 존중하였다. 저 존자는 형모가 단정하고 엄숙하며 인다라성명론을 잘 알았기에 부처님께서는 저들이 믿는 사람에게 묻도록 하여 스스로 스승의 주장이 바른 도리에 맞는가, 맞지 않는가를 증험하게 하신 것인데, 마침 경희가 설하였으므로 부처님께서는 제지하지 않으셨다. 佛以慶喜爲證義人故 彼外道衆 信重慶喜 以彼尊者 形貌端嚴 善知因陀羅聲明論故 佛意令彼問所信人 自驗師宗應正理不 慶喜時說 故佛不止"라고 하였다. 〔참고문헌〕『大毘婆沙論』. ❸ Ⓢ sākṣitva. 드러난 뜻의 유일한 증인으로서 상키야(Ⓢ Sāṃkhya : 數論)의 신아(神我 Ⓢ Puruṣa)를 말한다. 『금칠십론』 권상(대정장54, p.1250a6)에 "삼덕은 능작이다. (神我는) 이 삼덕과 다르기에 작자가 아니다. 외도는 이렇게 말한다. '(神我가) 작자가 아니라면 이것으로 무엇을 하는가? 〔답〕 증의를 세우기 위한 것이다. 즉 신아의 증의가 성립하니, 신아는 지자이기 때문이다. 그 이외의 법은 이렇지 않다. 三德是能作 異此三德故 是故非作者 外曰 若非作者 用此何爲 答曰 爲立證義故 我證義成立 我是知者故 餘法不如是"라고 하였다. 〔참고문헌〕『金七十論』, *Sāṃkhy-k.23.* ⇨ 신아 神我 ❷

증의자 證義者 법회에서 논쟁할 때 양측의 논의를 비판적으로 검증하는 직책을 맡은 사람. 증성사(證誠師)라고도 한다. 『지관보행전홍결』 권10(대정장46, p.435a1)에 "왕은 앞서의 스님을 존중하였고 또한 국민들에게 세친이 지은 논서를 널리 유행시켰으며 외도의 시신과 증의자를 일으켜서 그 뼈를 채찍질 했다. 王重前僧 復令國人廣行世親所造之論 發外道屍 及證義者 以鞭其骨", 『사분율소식종의기』 권7(卍속장66, p.448b9)에 "후에 세친보살이 세상에 나왔을 때 『승의칠십론』을 지어 수론학파의 종지를 자세하게 논파하고 앞의 스님의 뜻을 구했다. 이때 국왕은 세친의 논서를 중시하고 또한 국민들에게 그 논을 널리 유행시켰다. 이에 세친은 수론사의 시신과 증의자를 일으켜서 뼈를 채찍질 했다. 後有世親菩薩 出世之時 造勝義七十論 廣破彼宗 救前僧義 爾時 國王重世親論 復命國人廣行其論 於是世親 發數論屍及證義者 以鞭其骨"라고 하였다. [참고문헌] 『止觀輔行傳弘決』, 『四分律疏飾宗義記』.

증익 增益 Ⓢ adhyāropa, samāropa, Ⓣ sgro-btags-pa, sgro-'dogs-pa. 뭇 연으로 생겨난 법(緣生法)들을 실로 있는 것이라 여기는 것. 허망함에 한층 더하는 뜻으로 증익이다. 반대로 전혀 없다고 여기는 것은 손감(損減 Ⓢ apavāda)이다. 『섭대승론석』 권1(대정장31, p.382b19)에 "다음으로 연으로 일어난 모든 법에 대해 그 상을 분명히 알아서 증익과 손감의 끝을 떠나야 한다. 무란 인이 없을 뿐인데 굳이 세워 있다고 하므로 증익이라 한다. 있는 것에 대해 인이 없을 뿐인데 전혀 없다 하므로 손감이라 한다. 이와 같은 증익과 손감은 모두 치우치다고 설하니, 이는 떨어진다는 뜻이다. 次後於緣所生諸法 應了其相 遠離增益損減邊故 於無無因强立爲有 故名增益 於有無因强撥爲無 故名損減 如是增益及與損減 俱說爲邊 是墜墮義", 원측(圓測)의 『해심밀경소』 권9(한불전1, p.419a9)에 "변계소집에서는 오직 증익만 있고 손감은 없다. 도무지 있는 것이란 없기 때문이다. 있는 것이라야 비로소 손감이 생긴다. 의타기에서는 증익이 있을 리 없다. 바탕이 있기 때문이다. 있지 않은 것이라야 비로소 증익이 생긴다. 또한 의타기에서는 손감도 없으니 오직 허망하게 있기 때문이다. 원성실에서는 증익이 없으니 실만이 있기 때문이다. 오직 손감만이 있을 뿐이다. 於遍計所執 唯有增益 而無損減 都無有故 以要於有 方起損減 於依他起 無有增益 以有體故 要於非有 方有增益 亦無損減 唯妄有故 於圓成實 無有增益 是實有故 唯有損減"라고 하였다. [참고문헌] 『攝大乘論釋』, 『解深密經疏』, *Bodh-bh.30·33.*, *Sūtr.76.* ⇨ 부증불감 不增不滅, 삼성삼무성 三性三無性

증익법 增益法 Ⓢ puṣṭika, pauṣṭika, Ⓣ rgyas-pa. 밀교의 5종 호마법(護摩法) 중 하나로 수명의 연장과 복덕·번영을 기원하는 작법이다. 증장법(增長法)·증영법(增榮法)라고도 하고, 보슬치(補瑟置)·포슬치가(布瑟置迦)라고 음사한다. 오부(五部) 중 보부(寶部)에 배대되며 염송법과 호마법으로 수습한다. 이 수법을 닦는 진언행자는 동쪽을 향해 가부좌하고 의복과 공양하는 화과(花果)는 모두 황색(黃色)을 쓰고, 호마단과 화로는 모두 방형(方形)을 쓴다. 『일자불정륜왕경』 권2(대정장19, p.237a8)에 "포슬치가법에서 다라니를 외우고 공양물을 태울 때 동쪽을 향해 일심으로 가부좌하고 다라니를 염송한 다음 매번 솔바하 세 자를 외운다. … 소원이 원만하게 되고 구하는 것이 뜻대로 되므로 포슬치가라 한다. 若布瑟置迦法作誦呪時 燒火食時 面東一心跏趺端坐 呪後每加窣囀訶三字 … 願得圓滿 求者如意故 名布瑟置迦", 『칠구지불모준제대명다라니경』(대정장20, p.178a20)에 "이익을 증장하고자 하는 경우에 오통전륜·종종보장·포사륜검·현병·여의보·안선나·우리가·거울·도끼·올가미·삼차 등 일체보배와 약초를 구하고, 법을 성취하려는 자는 몸에 황색 옷을 입고 동쪽을 향해 결가부좌 하며 공양하는 향·꽃·음식·과자·등촉 등을 모두 황색으로 쓰고 팔일부터 보름까지 하루 세 번 염송하고 호마법 등을 행한다. 若欲求增長五通轉輪 種種寶藏 布奢輪劍 賢甁 如意寶 安善那 虞里迦 鏡及 越斧羂索三叉等 一切財寶藥草等 求成就法者 身著黃衣面向東結加趺坐 所供養香花飮食果子燈燭地等 並用黃色 從月八日至十五日 日三時念誦護摩等事", 『대일경소』 권3(대정장39, p.613c16)에 "또한 식재법 안에서 이러한 방편으로 증익과 항복을 성취할 수 있고, 또는 증익법 안에서 이러한 방편으로 항복과 식재를 성취할 수 있으며 항복법 안에서 이러한 방편으로 식재와 증익을 성취할 수 있다. 又於息災法中 卽能以此方便增益降伏 或增益法中 卽能以此方便降伏息災 於降伏法中 卽能以此方便息災增益", 같은 책 권11(대정장39, p.702a22)에 "만약 증익법을 행하고자 한다면 다라니를 염송하는 이는 이 금강단 안에서 부처님께서 삼매에 머무시되 신체가 진금색이라고 관상한다. 광염은 위광이 있다는 뜻이니 위광이 있다는 것은 본존의 뜻을 겸하여 밝힌 것이다. … 대금강의 견고함은 부처님의 지혜라는 뜻이니 없애기 힘든 모든 것을 능히 부술 수 있다. 이 부처님께서 방형의 금강단 안에서 뜻대로 일체의 성취물을 지으신다고 관상한다. 若欲作此增益法時 持誦之人 於此金剛壇中 想佛住於三昧身眞金色也 光焰有威光義 有威光者 卽是兼明本尊義也 … 大金剛之堅 卽是佛智之義 能破一切無能除者 想此佛在方金剛壇中 隨意作一切成就物也", 『현밀원통성불심요집』 권상(대정장46, p.997b10)에 "증익법〈관직의 영화를 더하고 수명을 늘이며, 복덕·총명·권속·세력·금전의 풍성·곡식의 성숙·복장·보주·선약·오통 등을 구하기 위한 것이다〉을 행하는 자는 동쪽을 향하고 가부좌하며, 본존의 상은 서쪽을 향한다. 준제상 앞에 경단〈다시 관상하되 황색 방형 단이 하나 있고 방형단 속에 아(𑖁) 자 또는 암(𑖀𑖽) 자가 두루 있다고 관상한다. 존상의 공양구와 행자 자신이 모두 방형단 속에 있다고 관상한다. 또는 준제상 앞에 방형을 그려도 된다〉을 안치한다. 준제상이 황색이고 헌공한 꽃·과일·음식 및 자신의 의복 등이 모두 황색이라고 관상한다. 도향은 백당에 울금을 약간 더하고 백단향을 태우며 지마유등을 태운다. 희열심으로 상응하되 구일 해가 떠오를 때부터 시작하여 보름까지 채운다. 매일 앞서와 같이 세 번 목욕하고 옷을 갈아입는다. 若作增益法者〈爲求遷加官榮 增長壽命 及求福德聰明 眷屬勢力 錢財豊盛 穀麥成熟 及求伏藏寶珠 仙藥五通等〉 行者面向東 跏趺而坐 像面向西 於准提像前 安置鏡壇〈更想一黃色方壇 於方壇中遍想寋(a) 阿字 或啣(aṃ) 暗字 尊像供具 幷行者自身 俱想在方壇之中 或於像前 只塗拭一方亦得〉 觀準提作黃色 所獻華果飮食 幷自身衣服等 皆作黃色 塗香用白檀加少鬱金 燒白檀香 然芝麻油燈 以喜悅心相應 從月九日日初出時起首 至十五日滿 每日準前三時澡浴換衣", 『칠구지준제다라니염송의궤』(卍속장3, p.770a16)에 "포슬치가법은 수명을 연장하고 관록의 영화를 구하며 복장의 부유와 총명한 기억력과 약법의 성취와 금강저 등의 성취를 구한다. 또는 사자·코끼리·말 등을 성취한다. 진언으로 가지하면 세 가지 상이 얻기를 구하는 자의 과보의 상중하에 따라 나타나니 『소실지경』에서 자세하게 설한 것과 같다. 명선을 구하거나 아소라굴이나 팔부귀신굴에 들어가고자 하는 이는 모두 들어갈 수 있고 증득한 지위의 신통과 구하는 이종자량이 원만하게 되어 무상보리를 빠르게 성취한다. 이것을 증익법이라 한다. 布瑟置迦法者 求延命官榮 伏藏富饒 聰慧聞持不忘 藥法成就 金剛杵等成就 或作師子象馬類 以眞言加持 三相現隨上中下所求獲果 如蘇悉地廣說 欲求明仙入阿蘇羅窟 及諸八部鬼神窟 求入者皆得 及證地位神通求二種資粮圓滿 速成無上菩提 是名增益法"라고 하였다. ［참고문헌］『一字佛頂輪王經』, 『七俱胝佛母准提大明陀羅尼經』, 『大日經疏』, 『顯密圓通成佛心要集』, 『七俱胝准提陀羅尼念誦儀軌』, *Guhy-s.48.*, *Mvyut.198.* ⇨ 보슬치 補瑟置, 오종호마 五種護摩, 호마 護摩

증익법변 增益法邊 Ⓢ dharma-samāropa-anta, Ⓣ chos-la-sgro-'dogs-pa'i-mtha'. 허망함으로 있는 법에 더해 실로 있다고 여기는 극단적 태도. 『중변분별론』 권하(대정장31, p.462c10 : *Madhy-vibh.*, p.70)에 "마음이 실유한다고 하면 이는 법을 한층 실체시하는 태도다. 마음이 실유하지 않는다고 하면 이는 법을 무화하는 극단적 태도다. 이 두 극단을 여의게 하기 위해 부처님께서 중도를 설하셨으니, 이 자리는 의(意 : 제7식)도 마음(제8식)도 식(識 : 전6식)도 작의도 없다. 心實有是增益法邊 不實有損減法邊 爲離此二邊故 佛說中道 此處 無意無心 無識無作意 bhūtaṃ cittam iti dharmasamāropāntaḥ abhūtam ity apavādāntaḥ. tatparivarjanārthaṃ madhyamā pratipad yatra na cittaṃ na cetanā na mano na vijñānaṃ"라고 하였다. ［참고문헌］『中邊分別論』, *Madhy-vibh.* ⇨ 증익손감 增益損減, 증익유정변 增益有情邊

증익분별 增益分別 Ⓢ adhyāropa-vikalpa, Ⓣ sgro-'dogs-pa'i-rnam-par-rtog-pa. 더해 늘려가는 분별. 십종분별(十種分別) 중 하나다. 색(色) 등에 이름(名)까지 붙여 변계소집하는 자성이다. 『대승장엄경론』 권5(대정장31, p.618b1 : *Sūtr.*, p.76)에 "열 가지 분별이 있는데, … 셋째는 증익분별이다. … 증익분별을 마주해 다스리기 위해 경에서 '사리불이여! 색의 자성은 공이다'라고 하였다. 有十種分別 … 三者 增益分別 … 爲對治增益分別故 經言舍利弗 色自性空 daśavidhavikalpo bodhisatvena parivarjanīyaḥ … adhyāropavikalpo yasya pratipakṣeṇāha rūpaṃ śāriputra svabhāvena śūnyam iti", 『대승아비달마잡집론』 권14(대정장31, p.764c7 : *Abh-s-bh.*, p.138)에 "증익분별을 대치하기 위해 다음처럼 '왜 그러한가? 이름이란 것의 자성은 공하다'고 설하시어 실이 아닌 변계소집자성을 버리기 때문이다. 爲對治增益分別故 說如是言 所以者何 名自性空 由遣不實遍計所執自性故 samāropavikalpapratipakṣeṇāha tathāhi nāma svabhāvena śūnyam iti abhūtaparikalpasya svabhāvapratisedhāt"라고 하였다. ［참고문헌］『大乘莊嚴經論』, 『大乘阿毘達磨雜集論』, *Sūtr.*, *Abh-s-bh.* ⇨ 증익손감 增益損減, 십종분별 十種分別 ❷

증익손감 增益損減 Ⓢ samāropa-apavāda, Ⓣ 'phel-ba-dang-'bri-ba'i-don. 허망함으로 있는 것에 더해 실로 있는 것으로 여기거나, 진실마저 아예 없다고 여기는 두 극단. 변계소집으로 있는 것이나 속제(俗諦) 등을 실로 있다고 여기고, 원성실로 드러나는 지혜나 진제(眞諦) 등이 아예 없다고 여겨 유(有)나 무(無)의 끝(邊)에 집착할 때 생겨나는 상이다. 이 끝을 떠나야 부증불감(不增不減)의 중도(中道)를 행한다. 『유가사지론』 권78(대정장30, p.732b5)에 "만약 보살들이 증익과 손감의 두 끝을 멀리 여읜다면 중도를 행하는 것이니, 이를 지혜라 한다. 이 혜로 말미암아 해탈문의 뜻을 여실히 안다. 若諸菩薩 遠離增益損減二邊 行於中道 是名爲慧 由此慧故 如實了知 解脫門義", 『섭대승론석』 권1(대정장31, p.382b19)에 "연으로 일어난 모든 법에 대해 그 상을 마땅히 알아야 하니, 증익과 손감의 끝을 멀리 여의기 위해서다. 무에 인이 없는 것을 굳이 세워 있다고 하기에 증익이라 하고, 유에 인이 없는 것을 굳이 버려서 무라고 하기에 손감이라 한다. 이와 같이 더하고 빼는 것을 모두 끝에 머무는 변이라고 한다. 이것이 벗어나 떨어지는 뜻이다. 이 두 가지로 움직일 때 중도 잃고 무너진다. 진실관을 잘 거듭 익히는 것이야말로 두 끝을 여의는 좋은 방편이다. 변계소집에는 오직 증익만 있고 손감은 없으니, 있을 것이란 도무지 없기 때문이다. 있다고 여겨야 손감을 일으킨다. 의타기에는 증익이 있을 리 없다. 체가 있다고 여기기 때문이니, 있는 것 아니어야 증익이 있거나 손감이 없을 수 있다. 오직 망으로는 있기 때문이다. 원성실에는 증익이 있을 리 없으니, 오직 실유이기에 오직 손감만 있다. 於緣所生諸法應了其相 遠離增益損減邊故 於無無因 强立爲有 故名增益 於有無因 强撥爲無 故名損減 如是增益 及與損減 俱說爲邊 是墜墮義 此二轉時 失壞中道 由善數習眞實觀故 於此二邊 遠離善巧 於遍計所執 唯有增益 而無損減 都無有故 以要於有 方起損減 於依他起 無有增益 以有體故 要於非有 方有增益 亦無損減 唯妄有故 於圓成實 無有增益 是實有故 唯有損減", 『금강반야론회석』 권상(대정장40,p.723b25)에 "변계소집이 있다고 하는 것을 증익이라 하고, 의타기와 원성실이 없다고 하는 것을 손감이라 하는데, 이는 무착의 뜻이다. 용수의 뜻에 따르면 세제가 있다고 집착하는 것을 증이라 하고, 진제가 없다고 부정하는 것을 손감이라 한다. 또 진제삼장은 무도 아니고 유도 아니라고 하기 때문에 유라고 집착하는 것을 증이라 하고, 무라고 집착하는 것을 손이라 한다. 有遍計所執名增益 無依他圓成名損減 此是無著義 依龍樹義 執有俗諦名增益 撥無眞諦名損減 又眞諦中非無非有故 執有爲增 執無爲損", 『유가론기』 권18(대정장42, p.707c18·한불전14, p.329a23)에 "'증익과 손감'이란, 변계소집에 대해서는 실체시하고 의타기와 원성실에 대해서는 무화하는 것을 말한다. 言增益損減者 增益遍計所執損減依他圓成也"라고 하였다. [참고문헌] 『瑜伽師地論』, 『攝大乘論釋』, 『金剛般若論會釋』, 『瑜伽論記』, *Bodh-bh. 33.* ⇨ 증익 增益, 손감 損減, 삼성삼무성 三性三無性, 중도 中道, 부증불감 不增不減

증익유정변 增益有情邊 Ⓢ pudgala-samāropa-anta. 유정을 증익하는 변. 유정을 잘못 알아 실체시하는 극단적인 태도를 말한다. 『변중변론』 권하(대정장31, p.476a25 : *Madhy-vibh.*, p.70)에 "만약 색 등이 상주한다고 집착한다면 이는 외도의 극단이고, 무상하다고 집착한다면 이는 성문의 극단이다. 이 두 집착을 여의기 위해 중도행을 설하셨으니, 이는 색 등은 상주하는 것도 무상한 것도 아니라고 관하는 것이다. 결정코 아가 있다고 집착한다면 이는 유정을 증익하는 극단이고, 결정코 아가 없다고 집착한다면 이는 유정을 손감하는 극단이니, 이 또한 임시로 있는 유정마저도 부정하는 것이기 때문이다. 이 두 집착을 여의기 위해 중도행을 설하셨으니, 이는 아와 무아라는 두 극단에 대한 중도의 지혜다. 결정코 마음이 실로 있는 것이라고 집착한다면 이는 증익법의 극단이고, 결정코 마음이 실로 없다고 집착한다면 이는 손감법의 극단이다. 이 두 집착을 여의게 하기 위해 중도행을 설하셨으니, 이 자리에서는 마음도 사도 의도 식도 없다. 若於色等 執爲常住 是外道邊 執無常者 是聲聞邊 爲離此執 說中道行 謂觀色等 非常無常 定執有我 是增益有情邊 定執無我 是損減有情邊 彼亦撥無假有情故 爲離此執 說中道行 謂我無我 二邊中智 定執心有實 是增益法邊 定執心無實 是損減法邊 爲離此執 說中道行 謂於是處 無心無思 無意無識 nityaṃ rūpam iti tīrthikāntaḥ. anityam iti śrāvakāntaḥ. tatparivarjanārthaṃ madhyamā pratipad yā rūpādīnāṃ na nityapratyavekṣā nānityapratyavekṣā. ātmeti pudgalasamāropāntaḥ nairātmyam ity apavādāntaḥ prajñaptisato 'py apavādāt. tatparivarjanārthaṃ madhyamā pratipad yad ātmanairātmyayor madhyaṃ nirvikalpaṃ jñānaṃ. bhūtaṃ cittam iti dharmasamāropāntaḥ abhūtam ity apavādāntaḥ. tatparivarjanārthaṃ madhyamā pratipad yatra na cittaṃ na cetanā na mano na vijñānaṃ"라고 하였다. [참고문헌] 『辯中邊論』, *Madhy-vibh.*

증익천 增益天 이십팔수(二十八宿) 중 하나. 귀수(鬼宿 Ⓢ Puṣya)라고도 한다. 태장만다라 최외원(最外院) 남쪽에 위치하고, 태장현도만다라에서는 최외원 동쪽에 있다. 『수요경』에 의하면 이 별자리에 해당하는 날에 태어난 이는 외모가 단정하고 삿된 괴벽이 없으며 마음의 힘이 충분하고 재물이 풍족하다고 한다. 종자는 [illegible](pu), 삼매야형은 연꽃 위의 별(蓮上星). 존형(尊形)은 살색 몸에 왼손을 세워 연꽃을 들었는데 그 위에 별이 있는 모습이다. 인상은 이십팔수총인(二十八宿總印)이고, 진언은 '나마 사만타붓다남 푸샤낙샤트라 스바하 [illegible] namaḥ samantabuddhānāṃ puṣyanakṣatra svāhā 두루하신 제불께 귀의합니다. 귀수(鬼宿)여! 스바하'이다. 『청룡사의궤』 권하(대정장18, p.162c28)에 "다음으로 목자·작자·오두·미습·증익·불염 등과 양·우·밀·부부·혜성·유성·벽력은 일천자의 권속이다. 次木者作者 烏頭幷米濕 增益不染等 羊牛密夫婦 彗流星霹靂 日天子眷屬"라고 하였다. [참고문헌] 『靑龍寺儀軌』. ⇨ 귀수 鬼宿

증인 增因 ❶ 더하는 인. 전찰나의 인은 유사한 후찰나의 법에 증인이 된다. 『잡아비담심론』 권9(대정장28, p.944a27)에 "'전찰나의 인은 상사한 법의 증인이다'란, 전찰나의 법은 후찰나의 상사한 법의 인이면서 증인이 된다는 것이다. 약한 인은 아니어서 법을 수습할 때(전찰나의 인은) 머물거나 더할 뿐 감하지는 않는다. 前因相似增者 前法爲後相似法因及增因 非軟因 謂修法時若住若增非減"라고 하였다. [참고문헌] 『雜阿毘曇心論』. ❷ 만물의 인으로 여기는 외도들의 불변자(常住法). 『삼무성론』 권하(대정장31, p.877a24)에 "증인이란, 상주법에 집착하여 행(Ⓢ saṃskāra) 등의 인이나 내지 일체불평등인이라 여기는 것이다. 이를테면 미진(Ⓢ paramāṇu : 極微)·자성(Ⓢ prakṛti : 世性)·자재천(Ⓢ Īśvara) 등이 능히 행 내지 노사를 낳는다는 것이니 이것들의 이름이 증인이다. '불평등'이란, 저들은 '인은 상이지만 과는 무상하고, 인은 다른 것을 좇아 나지 않고 단지 능히 과를 낳을 뿐이다'라고 주장하니, 인과 과가 서로 상사하지 않기에 불평등이라고 한 것이다. 增因者 謂執常住法爲行等因 乃至一切不平等因 謂微塵自性自在天等 能生於行乃至老死 是名增因 言不平等者 彼執因常果無常 因不從他生但能生果 因果不相似 故不平等也"라고 하였다. [참고문헌]『三無性論』. ⇨ 상주법 常住法, 수론 數論, 상키야학파 Sāṃkhya學派

증인 增忍 813~871. 당대 스님. 속성은 사(史)씨. 패국(沛國) 진류(陳留 : 河南省) 출신. 회창년간(841~846) 초년에 영무(靈武)의 하란산(賀蘭山)을 돌아다니다가 청정한 터를 잡아 백초곡(白草谷)이라 이름을 붙이고는 허름한 집을 짓고 수행하였다. 당시 강족(羌族)의 사람들이 다투어 소락(酥酪)을 공양하였다. 그 뒤 절도사 이언(李彦)이 귀의하여 용흥사(龍興寺)에 백초원(白草院)을 건립하였다. 일찍이 손가락에 피를 내어 280여 권의 경전을 서사하였다. 또한『삼교훼상론 三敎毁傷論』을 지어 교법을 지키려는 뜻을 분명히 하였다. 855년(대중9)『대비경 大悲經』을 읽다가 마침내 허공에서 정인(正印)의 쌍권(雙拳)이 출현하자 화공에게 이 팔을 그리도록 하는 순간 화공의 번득이는 붓과 구릿빛 팔뚝에 보성화(寶性華) 한 송이가 어른거렸으니, 보고 경탄하지 않는 사람이 없었다. 871년(함통12) 세수 59세를 일기로 입적하였다. 저서에『대비론 大悲論』6권이 있다. [참고문헌]『宋高僧傳』권26(대정장50, p.877a24). ⇨ 무철 無轍

증일경 增一經 『장아함경』권9의 제11경. 고려장17, pp.892b20~895a17·대정장1, pp.57b25~59b8에 수록되어 있다. 니카야에는 결락되었다. 대체로「중집경 衆集經」에서「십상경 十上經」까지의 원전에 근거한 동본(同本)을 초역(抄譯)한 것으로 추정한다. [참고문헌]『五分律』권30(대정장22, p.191a19),『釋氏要覽』권상(대정장54, p.261b5). ⇨ 장아함경 長阿含經

증일아함경 增壹阿含經 Ⓢ Ekottarika-āgama, Ⓟ Aṅguttara-nikāya, Ⓣ gcig-las-'phros-pa'i-lung. 동진(東晋)대 승가제바(僧伽提婆 Ⓢ Saṃghadeva : 僧伽提和) 한역. 51권. 사아함경(四阿含) 중 하나. 고려장18, pp.313a1~706c25, No.649·대정장2, pp.549b9~830b24, No.125에 수록되어 있다. 석도안(釋道安)의「서 序」에 따르면, 전진(前秦)대 384년(건원20) 여름 시작하여 다음해 봄에 마쳤는데, 조문업(趙文業)의 시주로 담마난제(曇摩難提 Ⓢ Dharmanandi)가 독송(讀誦)하고, 축불념(竺佛念)이 번역(傳譯)하며, 담숭(曇嵩)이 필수(筆受)하여 상하 41권본으로 초역을 했다. 이후 석도안 등이 소실된 부분을 보충하고 교정하는 등 41일 간 현전하는 본으로 완성했다. 총 52품(品) 472개의 소경(小經)으로 구성되어 있다. 팔리어본 앙굿타라니카야(*Aṅguttara-nikāya* : 增支部)와 136경의 내용이 상응한다. 본경의「서」(대정장2, p.549a6)에 "증일아함이란 법을 견주고 가려내 다시 꾸려서 법수(法數)의 차례에 맞게 더했다. 그 숫자는 10에서 끝나는데, 1씩 더했기에 증일이라 한다. 또 거듭해서 모두 더했는데 증으로 뜻을 삼았다. 그것은 교법으로서 대부분 금률(禁律)을 적고 있는데, 그 기준(繩墨)은 아주 엄격해 세간의 감찰(檢括)을 뛰어넘는다. 외국의 석굴 수행자나 강과 바다로 간 이들도 사아함 중에서 대부분 이 경을 외우고 익힌다. 외국 사문 담마난제(曇摩難提)는 두거륵국(兜佉勒國 Ⓢ Tukhāra) 출신으로 어린 나이에 출가하여 그 학식에 있어 짝할 이가 없었는데, 두『아함경』을 독송하면서 옛것을 익히고 나날이 새로워졌고, 안 가본 지역이 없을 정도로 여러 나라를 두루 다녔다. 진(秦) 건원 20년(384)에 장안(長安)에 왔는데 외국사람들과 이 지역 사람들이 모두 훌륭하다고 칭찬하니 무위태수(武威太守) 조문업(趙文業)이 청하여 역출하도록 하였다. 축불념(竺佛念)이 전역(傳譯)하고 담숭(曇嵩)이 필수(筆受)했는데 갑신년 여름에 시작하여 다음해(385) 봄에 마쳤고 41권으로 만들었으며 상부(上部)와 하부(下部)로 나뉜다. 상부 26권은 모두 사라져버렸고 하부 15권은 그 기록해 놓은 게(偈)를 잃어버렸다. 나(釋道安)는 법화(法和)와 함께 이를 검토하여 바로잡고, 승략(僧䂮)과 승무(僧茂)의 도움을 받아 누실을 교정하여 41일 만에 마쳤다. 이 해에 아성(阿城)에 있는 군사들의 북치는 소리가 가까이서 들렸지만(慕容冲의 兵亂), 이 오로지 이 일에만 몰두했다.『중아함경』과『증일아함경』두 아함 100권·『비바사』·『바화수밀』·『승가라찰』을 온전히 갖추어 이 다섯 가지 대경(大經)을 전하였다. 불법이 동방에 흘러와 역출된 경전들 중에서도 뛰어난 것이다. 네 가지 아함은 사십 명의 응진(應眞 : 阿羅漢)이 모은 것인데 열 명이 한 부씩 찬집했다. …(『증일아함경』은) 상부와 하부를 합하여 472경이 된다. 增壹阿含者 比法條貫以數相次也 數終十 令加其一 故曰增一也 且數數皆增 以增爲義也 其爲法也 多錄禁律 繩墨切厲 乃度世檢括也 外國巖岫之士 江海之人 於四阿含多誦味玆焉 有外國沙門曇摩難提者 兜佉勒國人也 齠齔出家 孰與廣聞 誦二阿含 溫故日新 周行諸國 無土不涉 以秦建元二十年來詣長安 外國鄉人咸皆善之 武威太守趙文業求令出焉 佛念譯傳 曇嵩筆受 歲在甲申夏出 至來年

春乃訖 爲四十一卷 分爲上下部 上部二十六卷全無遺忘 下部十五卷失其錄偈也 余與法和共考正之 僧碧 僧茂助校漏失 四十日乃了 此年有阿城之役 伐鼓近郊 而正專在斯業之中 全具二阿含一百卷 鞞婆沙 婆和須蜜 僧伽羅刹 傳此五大經 自法東流 出經之優者也 四阿含四十應眞之所集也 十人撰一部 … 合上下部 四百七十二經", 『역대삼보기』 권8(대정장49, p.75c18)에 "『증일아함경』 50권〈건원 20년 4월 1일에 진 무위태수 조문업이 역출했으니 이것은 첫 번째 역출본으로서 사문 혜숭(慧嵩 : 담숭)과 축불념 등이 필수했다. 승예(僧叡)의 『이진중경록 二秦衆經錄』과 승우(僧祐)·보창(寶唱)의 『일체경목록 一切經目錄』 모두에 기재되어 있다〉. 增一阿含經五十卷〈建元二十年四月一日 爲秦武威太守趙文業出 是第一譯 沙門慧嵩竺佛念等筆受 見僧叡二秦錄 僧祐及寶唱錄並載〉", 『중경목록』 권1(대정장55, p.154a5)에 "『증일아함경』 51권. 전진(前秦) 건원년간에 담마난제 한역. 增壹阿含經五十一卷 前秦建元年曇摩難提譯", 같은 책 권3(대정장55, p.127c29)에 "『증일아함경』 50권〈전진 건원년간에 사문 담마난제 한역〉. 增一阿含經五十卷〈前秦建元年 沙門曇摩難提譯〉", 『개원석교록』 권3(대정장55, p.511b14)에 "『증일아함경』 50권〈첫 번째 역출은 건원 20년인 갑신년 여름에 시작하여 이듬해 봄에 마쳤다. 41권본으로 축불념 전역·담숭 필수로 되어있는 것은 안공(安公 : 석도안)의 본경 서문(「증일아함경서」)에 보인다〉. 增壹阿含經五十卷〈第一譯 建元二十年甲申夏出至來春訖 爲四十一卷佛念傳譯曇嵩筆受見安公經序〉", 같은 책 권20(대정장55, p.715a10)에 "『중아함경』 60권과 … 『증일아함경』 51권의 … 두 경은 동진 승가제바 한역. 中阿含經六十卷 … 增一阿含經五十一卷 … 二經東晉僧伽提婆譯", 『정원신정석교목록』 권23(대정장55, p.944a19)에 "『증일아함경』 51권〈또는 50권·40권·32권의 5질〉. 동진 계빈국 삼장 구담승가제바의 한역으로 두 번째 역출이다〈두 역본 모두 일정 부분 결락이 있다〉. 위의 이 두 부의 경은 모두 50품으로 되어 있고 472개의 개별 경으로 나뉜다. 增壹阿含經五十一卷〈或五十卷 或四十卷 或三十二卷五帙〉 東晉罽賓三藏瞿曇僧伽提婆譯 第二譯〈兩譯一闕〉 右此部經 凡有五十品 總四百七十二經別"라고 하였다. 〔참고문헌〕 『增壹阿含經』, 『歷代三寶紀』, 『衆經目錄』, 『開元釋教錄』, 『貞元新定釋教目錄』. ⇨사아함 四阿含, 아함 阿含, 앙굿타라니카야 Aṅguttara-Nikāya

증입 證入 Ⓢ avakrānta, samāpadana, samāpadyate, praviṣṭa, Ⓣ zhugs-pa, snyoms-par-'jug-pa. 깨우쳐 들다. 대개 자내증(自內證)의 경계이기에 무분별(無分別)·진여(眞如)·원만(圓滿)·법계(法界)·진제(眞際)·무생무멸(無生無滅)·삼세평등(三世平等)의 이름으로 그 경계를 드러낼 뿐이다. 『대보적경』 권60(대정장11, p.346c24)에 "사자용맹이 문수사리에게 물었다. '무엇을 평등히 증입한다 하는가요?' '제법중에 얽힘도 집착도 없는 것을 평등증이라 한다. 증입이란 저들 미세한 지혜 생멸하지 않아 진여와 다르지 않고 분별할 여지도 없으니 이를 증입이라 한다. 만일 정견으로 수행하는 사람이라면 평등중에서 한 법이라도 얻을 것이 없고, 갖가지 성을 떠나고 단 하나에도 집착하지 않으니 이를 증입이라 한다. 만약 제법무상을 몸소 증득함으로써 저들 상이란 것이 무상임을 밝히 깨우쳐 몸과 마음 그 어디에도 집착하지 않는다면 이 이름을 원만증입이라 한다'. 師子勇猛問言 云何名爲平等證入 答言 於諸法中 無繫著者 名平等證 言證入者 彼微細智 亦不生滅 與眞如無異 無可分別 是名證入 若正見修行者 於平等中 無一法可得 離種種性 亦不著一 是名證入 若以身證 諸法無相 明了彼相 所謂無相 而於身心 亦不執著 是則名爲圓滿證入", 『대반야경』 권529(대정장7, p.715c13)에 "도상지로써 모든 삼매를 거두어들이고 나서 점차로 닦아 청정한 지관의 단계를 넘어서고, 더욱 수행하여 독각지마저 넘어선 다음에 보살의 정성이생을 증입한다. 이렇게 보살의 정성이생을 깨닫고 모든 단계의 행을 닦아 불지를 원만히 한다. 以道相智 攝受一切三摩地已 漸次修超 淨止觀地 乃至修超 獨覺地已 證入菩薩 正性離生 旣入菩薩正性離生 修諸地行 圓滿佛地", 80권본 『화엄경』 권76(대정장10, p.415c9 : *Gaṇḍ-vy.*, p.344)에 "즉시에 무량무수삼매문을 증득하고는 분별하고 관찰해서 닦아 행하고 깨우쳐 든다. 卽時證得 無量無數諸三昧門 分別觀察 修行證入 tasya praṇipatamānasya anantamadhyāni samādhimukhāni avakrāntāni", 『법계도기총수록』 권상2(대정장45, p.739a16·한불전6, p.803c22)에 "증입이란 스스로 얻은 바 법으로 중생을 교화할 때 스스로 행함인즉 가득찬 뜻이다. 證入者 以自所得之法 化衆生時 自行卽滿故也", 『화엄강요』 권10(卍속장12, p.919a11)에 "이제 먼저 들어가니 대심중생(보살)에게 권하여 믿는 마음과 즐거운 마음을 일으켜 닦아서 증하게 한다. 이 때문에 뒤를 이어 삼현과 십성 등이 수행할 문에서 깨달아 모두 법계성에 부합하고 수행한 끝에 이것을 증득하고자 한다. 그 뒤 입법계품에서 사람에 의지하여 증입하니, 거기서 증득한 바 또한 이 무진법계를 증득하여야 비로소 지극한 증일 수 있다. 今先擧之 以勸大心衆生 生信樂心 修而取證 故後三賢十聖等 覺所修行門 皆稱法界性 修欲證此也 其後入法界品 依人證入 其所證者 亦證此無盡法界 方爲極證", 『속전등록』 권22 「불조고전 佛照杲傳」(대정장51, p.617b1)에 "증입한 이라 하니, 문자와 언어에 따라 움직이거나 소리와 색 그리고 시비로 어지러운 일 없다. 其證入者 不被文字語言所轉 聲色是非所迷", 『간화결의론』(한불전4, p.736b7)에 "요즘 범부의 관행문에는 들어 알거나 말의 길이나 뜻의 길로만 있기에 무분별지를 터득하지 못한다.

반드시 보고 듣고 알고 행한 다음이라야 증입할 수 있다. 증입에 당해서는 마치 선문과 같아서 무념으로 상응한다. 그러므로 『논』에서 '먼저 듣고 알아 믿어 들어간 다음에야 사유 없이 상응해 같게 한다'라고 한 것이다. 선문에서는 경로를 끊고 얻어 든다고 하니, 애초에 법 없는 뜻을 들어 알아 분별하지만, 곧바로 어떤 길들인 맛도 없는 화두로 다만 끌어 들어서는 깨우칠 뿐, 말의 길도 뜻의 길도 심식으로 사유할 곳도 없게 한다. 今時凡夫觀行門 以有聞解語路義路故 未得無分別智 須經見聞解行生 然後證入矣 當於證入 亦如禪門 無念相應 故論云 先以聞解信入 後以無思契同 禪門徑截得入者 初無法義聞解當情 直以無滋味話頭 但提撕擧覺而已 故無語路義路心識思惟之處", 원효(元曉)의 『본업경소』 권하(한불전 1, p.507c4)에 "(中道第一義諦를 깨닫는 방법 가운데) 여섯 번째, 증입이다. 스스로의 경에 통달하니, 마치 『경』에서 '진제와 같이하여 법성과 평등하다'라고 한 듯하니, 같게 된다는 말은 능소라는 두 분별 벗어났다는 뜻이고, 등하다는 말은 그것이 삼세로 평등한 성이라는 뜻이다. 『인왕경』 권상(대정장8, p.832b12)에서 '지혜가 비록 일어나기도 사라지기도 하지만, 생도 없고 멸도 없다'라고 한 말과 같다. 六者 證入 通達自境 如經同眞際 等法性故 同者 以離能所二分別故 等者 其三世平等性故 如仁王經言 智慧雖起滅 以能無生無滅故"라고 하였다. [참고문헌] 『大寶積經』, 『大般若經』, 『華嚴經』, 『法界圖記叢髓錄』, 『華嚴綱要』, 『續傳燈錄』, 『看話決疑論』, 『本業經疏』, 『仁王經』·권상 대정장8, p.825c23, 『新華嚴經論』 권17(대정장36, p.834b22), *Gaṇḍ-vy.*, *Bodh-bh.145·223.*, *Śrāv-bh.35.* ⇨ 증 證❶, 자내증 自內證, 입入❶, 득입 得入, 오입 悟入❶, 증오 證悟

증자증분 證自證分 사분(四分 : 見分 相分 自證分 證自證分) 중 네 번째 분. 제3분인 자증분(自證分)의 양과(量果)를 증지하는 분이다. 유식(唯識)에서 식(識)의 소연행상(所緣行相)을 밝힘에 있어 호법(護法)의 사분설(四分說)에 의지한 설명이다. 오직 현량(現量)이다. 『성유식론』 권2(대정장31, p.10b17)에 "심과 심소를 상세하게 분별하면 사분이 있어야 한다. 삼분은 앞서 말한 바와 같고, 다시 네 번째 증자증분이 있다. 만약 이것이 없다면 무엇이 세 번째를 증할 수 있는가? 마음을 나눈 것으로는 이미 같아서 마땅히 다 증명할 수 있어야 하기 때문이다. 또 (증자증분이 없다면) 자증분에 과가 없게 되기 때문이다. 모든 능히 헤아리는 것(能量)에는 반드시 과가 있기 때문이다. 견분이 제3자증분의 과일 수는 없다. 견분은 어떨 때 그릇된 과도 거둔다. 따라서 견분으로 자증분을 증할 수는 없다. 자체분(自體分)을 증하는 작용은 반드시 현량이기 때문이다. 이 사분 중에서 앞의 둘은 외적인 것이고 나머지 둘은 내적인 것이다. 첫 번째 것(상분)은 오직 소연일 뿐이고, 나머지 셋은 능연과 소연에 통한다. 제2분(견분)은 제1분(상분)만을 반연한다. 올바른 인식(量)일 때도 있고 그릇된 인식(非量)일 때도 있으며, 현량일 떠도 있고 비량일 때도 있다. 제3분(자증분)은 제2분과 제4분(증자증분)을 반연할 수 있다. 증자증분은 오직 제3분만을 반연하지 제2분에 대해서는 그렇지 않다. 무용하기 때문이다. 제3분과 제4분은 모두 현량으로 거둔다. 心心所 若細分別 應有四分 三分如前 復有第四 證自證分 此若無者 誰證第三 心分旣同 應皆證故 又自證分 應無有果 諸能量者 必有果故 不應見分 是第三果 見分或時 非量攝故 由此見分不證第三 證自體者 必現量故 此四分中 前二是外 後二是內 初唯所緣 後三通二 謂第二分 但緣第一 或量非量 或現或比 第三能緣 第二第四 證自證分 唯緣第三 非第二者 以無用故 第三第四 皆現量攝", 『성유식론술기』 권9(대정장43, p.549c13)에 "자증분과 증자증분은 바로 이 의타기성의 심과 심소법이다. 自證分 證自證分 此是依他起性 心心所法", 『종경록』 권60(대정장48, p.759c5)에 "증자증분은 제3분인 자증분이 반연한 견분을 착오 없음으로 직접 증한다. 증한 바를 좇아 이름을 얻은 것이다. 이 사분의 뜻이고, 다 들어 말하면 거울의 비유다. 거울은 자증분과 같고, 거울의 밝음은 저 견분이고, 거울에 비친 상은 상분과 같고, 거울 뒤편 손잡이는 증자증분과 같다. 證自證分 謂能親證 第三自證分 緣見分不謬故 從所證處得名 此四分義 總以鏡喩 鏡 如自證分 鏡明 如見分 鏡像 如相分 鏡後弝 如證自證分", 『성유식론소초』 권12(卍속장80, p.692a9)에 "자증분은 증자증분을 반연하고, 증자증분은 자증분을 연하며, 무분별지는 진여를 반연하는 등은 모두 아주 가깝게 반연하는 연들이다. 自證分緣證自證分 證自證分緣自證分 無分別智緣眞如等 皆是親所緣緣"라고 하였다. [참고문헌] 『成唯識論』, 『成唯識論述記』, 『宗鏡錄』, 『成唯識論疏抄』. ⇨ 사분 四分❶, 안난진호일이삼사 安難陳護一二三四, 자증분 自證分, 양과 量果, 친소연연 親所緣緣, 현량 現量

증장 增長 ❶ Ⓢ poṣadha. 포살(布薩). 포사다(布沙他)·포쇄다(布灑他)의 한역(漢譯). 『일체경음의』 권65(대정장54, p.741c9)에 "포사다〈또는 포사다로 씀. 한역하면 증장이니, 보름마다 갈마하여 계근을 한층 더 기른다. 차마는 참아냄이니 내 죄를 용서함이다. 옛말인 참은 달리 줄인 말이다〉. 布沙他〈或 作甫沙他 此云 增長 謂半月叉磨 增長戒根 叉磨 此云 忍 謂容恕我罪 舊名懺者 訛略也〉"라고 하였다. [참고문헌] 『一切經音義』. ⇨ 포살 布薩, 포사다 布沙他, 포사다 甫沙他, 포쇄다 布灑他 ❷ Ⓢ vṛddhi, niṣicyate, niṣikta, upacitam, vivardhana, abhinirhāra, Ⓟ vuḍḍhi, vuddhi, vaḍḍhati. 자라고 커지다. 번영하다. 자라나다. 우세해지는 뜻. 어떤 법이 그 자성

을 한층 더해 늘리는 뜻. 선법(善法)이 넓고 깊어지는 뜻도 있지만, 불선법(不善法)도 과(果)를 낼 만큼 커지기도 하는 뜻이다. 『잡아함경』 권12(대정장2, p.82b17)에 "만약 사문이나 바라문들이 세간에서 바람직하다고 여기는 색에 대해 영원한 것이라 여기고 … 아로 생각할 수 있는 것이라 본다면, 곧 이 색에 대해 갈애가 증장한다. 애가 증장하면 취착(億波提 Ⓟ upadhi)이 증장하고, 취착하면 괴로움이 증장한다. 若諸沙門 婆羅門 於世間所念諦正之色 作常想 … 我所想而見 則於此色愛增長 愛增長已 億波提增長 億波提增長已 苦增長", 『유부율잡사』 권35(대정장24, p.382c19)에 "바라문이여! 저 나라 사람들이 일곱 가지 불퇴법을 수호하면서 지킬 때, 나라의 인민들은 날로 번영하고 선법도 줄어드는 일이 없을 것이다. 婆羅門 彼國諸人 護持七種不退法時 國界人民日見增長 善法無損", 『구사론』 권18(대정장29, p.97a6 : *Abh-k-bh.*, p.271)에 "〈송〉 짝하는 것과 이숙이 있기에, 이 업을 증장이라 한다. … 〈논〉 아직 (악행으로 인해 악취에 떨어질 만큼) 원만하지 않을 때는 단지 조작이라고 하지 증장이라고는 하지 않는다. 만약 이러한 업이 이미 원만해지면 또한 증장이라는 이름을 얻는다. 有伴異熟故 此業名增長 … 未圓滿時 但名造作 不名增長 若此已圓滿 亦得增長名 parivārādvipākāc ca karmopacitam ucyate … tasminn asamāpte kṛtaṃ tatkarma nopacitam samāpte tūpacitam", 『중론』 권4(대정장30, p.36b22 : *Pras.*, p.238)에 "제행을 인연으로 해서 식은 육도의 몸을 받는다. 식으로 착하는 일이 있을 때 명색도 증장한다. 以諸行因緣 識受六道身 以有識著故 增長於名色 vijñānaṃ saṃniviśate saṃskārapratyayaṃ gatau saṃniviṣṭe 'tha vijñāne nāmarūpaṃ niṣicyate", 『대승장엄경론』 권7 「도섭품 度攝品」(대정장31, p.627c29 : *Sūtr.*, p.100)에 "'도'란 무슨 뜻인가. 방편이 있는 것이 도이다. 이 중 … 비리야바라밀은 모든 선을 닦음에 한층 늘어나게 함을 도로 삼으니, 정진으로써 일으켜 한층 더하게 함이다. 問 道者何義 答 有方便者爲道 此中 … 毘梨耶波羅蜜於修諸善增長爲道 由精進發起令增上故 vīryaṃ kuśala-vivardhana ārabdha-vīryasya tad-vṛddhi-gamanāt", 같은 책 권9(대정장31, p.639c2 : *Sūtr.*, p.131)에 "(慳·惡·瞋·放逸·緣著·邪著의) 이 여섯 가지 덮힘에 머무는 이를 대비로 연민하여 과실을 말해주고 육바라밀을 증장하게 한다. 如是住六蔽者 大悲憐愍爲說過失 令六波羅蜜而得增長 eṣu pāramitāvipakṣadharma-avasthiteṣu yā karuṇā sā kṛpaṇādi-karuṇā sā ca tad-vipakṣa-vidūṣaṇāt pāramitā-abhinirhārāya saṃpadyate", 『승만보굴』 권상(대정장37, p.17a22)에 "『승만경』에서 '부처님께서는 저희를 가호하시고 법신의 종자가 증장하게 하여 주시옵소서'라고 하였다. '증장'이라 하였는데, 가로로 넓어지는 것을 증이라 하고 세로로 불어나는 것을 장이라 한다. … 종자에는 두 가지 뜻이 있다. 첫째는 광대해지는 것이고, 둘째는 깊어지는 것이다. 종자가 광대해지게 하는 것을 증이라 하고, 종자가 깊어지게 하는 것을 장이라 한다. 법신에도 두 가지 뜻이 있다. 광대해져 점차 드러나는 것을 증이라 하고, 깊어져 점차 두드러지게 하는 것을 장이라 한다. 願佛覆護 令得增長 增長者 横闊爲增 豎進爲長也 … 種子二義 一 廣大 二 甚深 令種子廣大爲增 令種子甚深爲長 法身亦二義 令廣大漸顯爲增 甚深漸顯爲長", 『금칠십론』 권상(대정장54, p.1248b2)에 "어둠의 속성이 우세하게 되면 신체의 모든 부분은 함께 무거워지고 모든 근들이 덮여지기에 모든 진들을 파악할 수 없게 되니, 이때 어둠의 속성이 한층 커짐을 알 수 있다. 闇德若增長 一切身併重 諸根被覆故 不能執諸塵 是時應知闇德增長"라고 하였다. 〔참고문헌〕『雜阿含經』, 『有部律雜事』, 『俱舍論』, 『中論』, 『大乘莊嚴經論』, 『勝鬘寶窟』, 『金七十論』, 『勝鬘經』(대정장12, p.217b5), *Pras.*, *Abk-k-bh.*, *Sūtr.*, *Mp-s.110.*, *DN.2.73.*, *SN.2.109.*, *Sāṃkhy-k.17.* ⇨ 증장업 增長業

증장분지 增長分智 증장분으로서의 지혜. 무루법(無漏法)은 아니더라도 선법을 증장시키는 뜻이 있는 지혜를 말한다. 『사리불아비담론』 권10(대정장28, p.596b8)에 "무엇이 증장분지인가? 만약 지가 무루(聖)가 아닌 선이라면, 이를 증장분지라 한다. … 무엇이 증장분지인가? 만약 지혜가 생겨나서 무루가 아닌 선법을 증장시키고 감퇴시키거나 정체시키지 않는다면, 이를 증장분지라 한다. 云何增長分智 若智非聖善 是名增長分智 … 云何增長分智 若智生增長非聖善法不退不住 是名增長分智"라고 하였다. 〔참고문헌〕『舍利弗阿毘曇論』.

증장업 增長業 Ⓢ upacitaṃ karma, Ⓣ bsags-pa'i-las. 과(果)를 받을 만큼 차오른 업. 선업이든 악업이든 깊이 생각하고(審思), 인연이 가득 차오르고(圓滿), 짓거나(作) 다스려 닦음(對治)이 있거나 없으며, 짝할 것(伴)과 이숙(異熟)이 있으면 과를 부를 때가 되었기에 증장업이라 한다. 부증장업(不增長業)·조작업(造作業 Ⓢ kṛtaṃ karma)에 대칭한다. 『구사론』 권18(대정장29, p.97a2 : *Abh-k-bh.*, p.271)에 "저 계경에서 설하길 '두 가지 업이 있는데 첫째는 조작업이고 둘째는 증장업이다'라고 하였으니, 어떤 인으로 업을 증장이라 부르는가? 다섯 가지 이유에서다. 무엇이 그 다섯 가지인가? 〔송〕 심사원만 때문에, 악작과 대치가 없기에, 짝하는 것 및 이숙이 있기에 이 업을 증장업이라 한다. 〔논〕 '심사 때문에'란, 그가 지은 업은 이전에 온전히 의도(思) 없이 지은 것도 아니고 느닷없이 지은 것도 아니라는 말이다. '원만 때문에'란, 유정들 가운데 어떤 경우에는 한 가지 악행으로 인해 악취에 바로 떨어지는 이도 있고, 내지 세 가지 악행으로 그렇게 되는 이도 있으며, 또 어떤 경우에는 한 가지 업도로 인해 바로 악취에 떨어지는 이도 있고, 내지 열 가지 업도로 인해 그렇게 되는 이도 있으니 각각 경우에 그 함량에 맞는 업이 있게 되면 악취에 떨어지게 됨을 말한다. 그 조건이 충족되지 않을 때는 조작업이라 하지 증장업이라 하지 않는다. 만약 이미 가득 차올랐을 때만 증장이라 부를 수 있다. '악작과 대치가 없기에'란, 후회도 없고 대치할 업도 없는 경우를 말한다. '짝하는 것이 있기에'란 불선업을 지으면서 그 불선을 짝하는 것을 말한다. '이숙이 있기에'란, 반드시 이숙과 함께 하는 것을 말한다. 선업의 경우는 이와 반대이니 그렇게 알아야 할 것이다. 如契經說有二種業 一 造作業 二 增長業 何因說業名增長耶 由五種因 何等爲五 頌曰 由審思圓滿 無惡作對治 有伴異熟故 此業名增長 論曰 由審思故者 謂彼所作業 非先全不思 非率爾思作 由圓滿故者 謂諸有情中 或由一惡行 便墮惡趣 或乃至三 或由一業道 便墮惡趣 或乃至十 此中若有齊此量業 應墮惡趣 未圓滿時 但名造作 不名增長 若此已圓滿 亦得增長名 由無惡作對治故者 謂無追悔無對治業 由有伴故者 謂作不善業 不善爲助伴 由異熟故者 謂定與異熟 善翻此應知 〈bhāṣya〉 kṛtaṃ copacitaṃ ca karmocyate. kathaṃ karmopacitaṃ bhavati. pañcabhiḥ karaṇaiḥ. 〈kārikā〉 saṃcetanasamāptibhyāṃ niṣkaukṛtya vipakṣataḥ, parivārādvipākācca karmopacitamucyate. 〈bhāṣya〉 kathaṃ saṃcenataḥ. saṃcintya kṛtaṃ bhavati nābuddhipūrvaṃ na sahasā kṛtam. kathaṃ samāpattitaḥ. kaścidekena duścaritenāpāyānyātikaścidyāvattribhiḥ. kaścidekena karmapathena kaścidyāvaddaśabhiḥ. tatra yo yāvatā gacchati tasminnasamāpte kṛtaṃ tatkarma nopacitam samāpte tūpacitam. kathaṃ niṣkaukṛtyavipakṣataḥ. nirvipratisāraṃ ca tat karma bhavati niṣpratipakṣaṃ ca. kathaṃ parivārataḥ. akuśalaṃ cākuśalaparivāraṃ ca bhavati. kathaṃ vipākataḥ. vipākadāna niyataṃ bhavati. evaṃ kuśalamapi yojyam", 『유가사지론』 권9(대정장30, p.319b15 : *Yogā-bh.*, p.190)에 "증장업이란, 열 가지 업을 제한다. 무엇이 그 열인가? 첫째는 꿈속에서 지은 업이고, 둘째는 알지 못해서 지은 업이고, 셋째는 고의 없이 지은 업이고, 넷째는 강렬하지도 반복적이지도 않게 지은 업이고, 다섯째는 미친 채로 지은 업이고, 여섯째는 정신을 잃은 채로 지은 업이고, 일곱째는 욕락 없이 지은 업이고, 여덟째는 자성이 무기인 업이고, 아홉째는 후회로 사그러든 업이고, 열째는 대치로 줄어드는 업이다. 이 열 가지를 제한 나머지 업들을 증장업이라 한다. 增長業者 謂除十種業 何等爲十 一 夢所作業 二 無知所作業 三 無故思所作業 四 不利不數所作業 五 狂亂所作業 六 失念所作業 七 非樂欲所作業 八 自性無記業 九 悔所損業 十 對治所損業 除此十種 所餘諸業 名爲增長 upacitaṃ karma katamat. daśavidhaṃ karma sthāpayitvā. tadyathā svapnakṛtamajñānakṛtam asañcityakṛtamatīvrānabhīkṣṇakṛtaṃ bhrāntikṛtaṃ smṛtisampramoṣakṛtamanicchākṛtaṃ prakṛtyavyākṛtaṃ vipratisāropahataṃ pratipakṣopahataṃ ca. ityetaddaśavidhaṃ karma sthāpayitvā yadanyatkarma", 『유가사지론약찬』 권4(대정장43, p.51b9)에 "만약 후회도 하지 않고, 마주해 다스려 닦지 않으면 장차 과를 받게 되니, 증장업이라 한다. 若無追悔 不修對治 可當受果 名增長業"라고 하였다. [참고문헌] 『俱舍論』, 『瑜伽師地論』, 『瑜伽師地論略纂』, *Abh-k-bh.*, *Yogā-bh.* ⇨ 부증장업 不增長業, 조작업 造作業

증장주 增長主 Ⓢ Virūḍhaka. 사천왕(四天王) 중 남방을 주재하는 천왕. 선근을 증장시키기에 증장천(增長天)이라고도 한다. 『인왕반야경소』 권상(대정장33, p.320b2)에 "남방 비류륵차는 증장주라 한다. 南方毘留勒叉 此云增長主", 『법화의소』(대정장34, p.464b19)에 "남방 천왕은 비류리라 한다. 증장주라고 한역한다. 구반다(Ⓢ Kumbhāṇḍa)와 벽려다(Ⓢ Preta)를 이끌고 염부제의 사람들이 피해를 입지 않도록 지킨다. 南方天王 名毘留離 此名增長主 領鳩槃茶及薜荔多 護閻浮提人不令侵害也", 『화엄경소』 권5(대정장35, p.539c5)에 "먼저 남방을 주재하는 천왕은 비루륵차이다. 증장주라고 한역하는데 자신과 다른 이의 선근을 증장시킬 수 있음을 말한다. 이 천왕은 벽려다라는 한 무리를 이끈다. 벽려다는 염매귀라고 한역한다. 初一是南方天王 卽毘樓勒叉 此云增長主 謂能令自他善根增長故 此王更領一部 謂薜荔多 薜荔多者 此云魘魅鬼"라고 하였다. [참고문헌] 『仁王般若經疏』, 『法華義疏』, 『華嚴經疏』. ⇨ 증장천 增長天, 사천왕 四天王

증장천 增長天 Ⓢ Virūḍhaka, Ⓟ Virūḷhaka, Ⓣ 'phags-skyes-po. 사천왕천(四天王天) 중 남방을 주재하는 천. 호세십이천(護世十二天) 또는 16선신(善神) 중 한 분. 비류다천(毘留多天)·비류리천(毘流離天)·비로다가(毘嚧陀迦)·비루륵천(毘樓勒天)·비루륵가천(毘樓勒迦天) 등으로 음사한다. 수미산 남쪽 선견성(善見城)에 머물며 사방 중 남방을 주재하므로 남방천왕(南方天王)이라고도 한다. 남방의 천주로서 남섬부주를 지키고 자신과 타인의 선근(善根)을 증장시키며 구반다(Ⓢ Kumbhāṇḍa) 등의 귀신들을 통솔한다. 밀교에서는 태장만다라 최외원(最外院) 남쪽에 위치한다. 존형(尊

形)은 몸이 붉고 분노형이며 갑옷 위에 천의(天衣)를 겹쳐서 둘렀다. 오른 손에는 검 또는 창을 들었고 왼손은 주먹을 쥔 채 허리에 둔다. 삼매야형은 검(劍) 또는 창(戟), 종자는 (vi)다. 수인은 증장천인(增長天印)이고 인상(印相)은 양손을 교차하여 양손의 손등을 붙이고 양손의 중지를 고리처럼 건다. 양손의 엄지·검지·소지는 앞으로 구부리고 양손의 약지는 곧게 세운다. 진언은 '나마 사만타붓다남 비루다카 약샤디파타예 스바하 namaḥ samantabuddhānāṃ virūḍhaka yakṣādhipataye svāhā 두루하신 제불께 귀의합니다. 증장천이여! 야차의 우두머리여! 스바하'이다. 『다라니집경』에서는 천의(天衣)를 입고 정묘한 장식을 한 모습으로 왼손은 칼을 쥔 채 팔을 아래로 늘어트렸고, 오른손에는 삼고저를 땅에 세워서 든 형상으로 묘사된다. 『약사염송의궤공양법』에서는 청색의 몸에 손에는 보검을 들고 팔불(八佛)의 문을 수호하는 모습으로 묘사되고 있어 같지 않다. 현도만다라에서는 증장천 곁에 증장천사자(增長天使者 Ⓢ virūḍhakadūta)를 그리는데 검은색 몸에 곤두선 머리카락을 한 분노존의 형상이며 무릎을 꿇은 채 양손으로 검을 쥔 모습을 하고 있다. 『불공견삭다라니자재왕주경』 권하(대정장20, p.427c16)에 "왕단 동쪽 바깥에 두 천왕이 그 문을 수호하는 것을 그린다. 왼쪽에는 지국천왕을 그리고 오른쪽에는 증장천왕을 그려야 한다. 모두 갑옷과 무기를 갖춘 엄정한 모습이며 분노한 얼굴로 눈빛은 붉은색이다. 지국천왕은 손에 검을 들었고, 증장천왕은 손에 몽둥이를 들었다. 壇東門外畫二天王 守護其門 左邊應作 持國天王 右邊應作 增長天王 俱被衣甲 器仗嚴淨 作瞋怒面 眼光赤色 持國天王 以手執劍 增長天王 以手執棓", 『불조통기』 권31(대정장49, p.307a17)에 "남방 증장천왕은 구반다를 통솔한다. 南方 增長天王 領鳩槃茶", 『묘법연화경마명보살품제삼십』(대정장85, p.1428a20)에 "수미산 남쪽 천왕은 비루박차라고 하고 증장이라 한역 한다. 모든 독룡과 부단나귀를 주재한다. 증장천왕의 수명은 오백 년이니 현재 인간 세계의 구백만 년에 해당한다. 인간 세계의 오십 년이 사천왕궁에서는 하루 밤낮이다. 삼십일이 한 달이고, 열두 달이 일 년이 된다. 옷과 음식은 저절로 생기고 남녀의 구분이 있다. 몸의 길이는 20리이다. 오계와 십선을 행하면 이곳에 태어난다. 須彌山 南方天王 名毘樓博叉 漢言增長 主一切毒龍 及富單那鬼 增長天王 壽五百歲 當今人間九百萬歲 人間五十歲 爲四天王宮一日一夜 三十日爲一月 十二月爲一歲 衣食自然 其中亦有男女 身長二十里 行五戒十善 得生其中"라고 하였다. [참고문헌] 『不空羂索陀羅尼自在王呪經』, 『佛祖統紀』, 『妙法蓮華經馬明菩薩品第三十』, 『曼荼羅図典』(大法輪閣, 2002), *Saṅ-v.179.*, *Mmayu.16·17.*, *Mvyut.164.* ⇨ 사천왕 四天王, 십육선신 十六善神

중흥사약사후불탱
국립중앙박물관 1828년

증장행연 增長行緣 증장행의 연이 되시다. 원효(元曉)의 『기신론소』 권하(대정장44, p.218a16·한불전1, p.721b11)에 "증장행연이란 능히 보시·지계 등 온갖 행을 일으키는 뜻이다. 增長行緣者 能起施戒等諸行故", 『기신론소필삭기』 권14(대정장44, p.372a2)에 "논에서 증장행연이라 한 말은 모든 부처님이 연이 되시어 능히 삼승행자들로 하여금 각자 스스로의 행을 증장하게 해서 정관에 들게 하였기 때문이다. 論增長行緣者 諸佛爲緣 爲令三乘行人 各增自行 以入正觀故"라고 하였다. [참고문헌] 『起信論疏』, 『大乘起信論筆削記』.

증재수 增財宿 이십팔수(二十八宿) 중 정수(井宿 Ⓢ punarvasu)를 말한다. 『사두간태자이십팔수경』(대정장21, p.415b15)에 "증재수는 세 개의 요성을 가졌다. 그 형상은 마주해 서 있는 모습이고 사십오수유를 운행하며 곁에서 따른다. 제호를 음식으로 삼고 과거천을 주재하니 이름이 재출이다. 增財宿者 有三要星 其形對立 行四十五須臾 而侍從矣 醍醐爲食 主過去天 名爲材出", 같은 책(대정장21, p.418c17)에 "증재수는 금보배의 집안을 주재한다. 增財宿者 主金寶家"라고 하였다. [참고문헌] 『舍頭諫太子二十八宿經』. ⇨ 정수 井宿 ❷

증전 證轉 석가세존께서 자내증(自內證)하신 진실을 중생에게도 구르게 하다. 깨우치신 사제(四諦)의 법을 세간에 널리 오래 구르게 하신 뜻으로 삼전법륜(三轉法輪 : 自轉 他轉 證轉) 중 하나다. 증전법륜(證轉法輪)·증상전(證相轉)이라고도 한다. 『금강경찬요간정기』 권1(대정장33, p.175a14)에 "삼전이라 하였다. … 셋째는 증전을 지으셨다. 증을 성취한 것이란 이미 지은 바를 끌어와 그들이 믿도록 하는 것이니, '이것 바로 고이니 나는 이미 알았고, 이것 바로 집이니 나는 이미 끊었다'고 말한 것 등이다. 그 뜻으로 말하면, '나는 이미 알았고, 이미 끊었으며, 이미 닦았고, 이미 증했다. 그대들도 나를 배워 응당 알고 끊고 닦고 증득해야 할 것이다'라고 하는 것이다. 이와 같이 설하고 나면, 낮은 근기의 한 무리는 말씀한 바대로 개오하여 생사고를 싫어하고 열반을 기꺼이 구하기 위해 발심하여 오정심관 등의 일곱 가지 방편을 부지런히 닦아 삼계의 사제하의 추중번뇌를 끊고 초과를 증득하고 내지 삼계의 선천적인 미세번뇌도 점차 끊고자 해서 부지런히 닦아 나머지 세 과를 증득해 아라한이 되니, 세간의 인이 사라지고 과마저 없게 하니 출세간 인이 생겨나고 과를 증득하게 된다. 三轉者 … 三 作證轉 作證謂引已所作令其信受 云此是苦我已知 此是集我已斷等 意言我已知 已斷 已修 已證 汝等學我 當知 當斷 當修 當證 如是說已 一類小根之人 如言啓悟 厭生死苦樂求涅槃 發心進修作五停心等七種方便 斷三界四諦下分別麤惑 得初果證 乃至進修漸斷三界俱生細惑 證餘三果得阿羅漢 則令世間因亡果喪 出世間因生果證",『화엄경탐현기』 권3(대정장35, p.154a29)에 "소승의 삼전에는 두 가지가 있다. 첫째는 부처님 스스로 굴리신 것이고 … 둘째는 타인을 위해 굴리신 것이다. … 마지막은 증전 이끄신 것(引證轉)인데 이는 '고를 나는 이미 알았고 내지 도를 나는 이미 닦았다'고 하는 것이니, 중생으로 하여금 무학도에 들게 하기 위한 것이다. 小乘三轉有二 一 爲自轉 … 二爲他轉 … 後名引證轉 謂苦我已知 乃至道我已修 令彼入無學道"라고 하였다. 〔참고문헌〕『金剛經纂要刊定記』, 『華嚴經探玄記』. ⇨ 삼전법륜 三轉法輪[1], 삼전법륜십이행 三轉法輪十二行, 증심심 證甚深, 자내증 自內證

증전법륜 證轉法輪 증전(證轉)을 말한다. 『마하지관의례수석』 권1(卍속장99, p.821b14)에 "〔문〕 장교에서는 부처님의 자증을 설하고 있는데 그 모습 무엇인가? 〈답〉 삼전법륜 중에서 증전법륜이 그것이다. 어떤 것인가? 가령, '이것이 고(苦)이니 나는 이미 알았고 더는 알아야 할 것이 없다. 그대들도 내가 아는 바를 따라야 할 것이다. 내지는 이것은 멸(滅)이니 나는 이미 증득했다. 더는 다시 깨우칠 것은 없다'라고 한 말씀이다. 이것이야말로 바로 자신이 깨우친 바를 이끌어 타인에게 설한 부처님의 자내증(自內證)이다. 問 藏教之中說佛自證其相如何 曰 三轉法輪之中證轉法輪是其相也 何者 如云此是苦我已知 不復更知 汝應隨我知 乃至云此是滅我已證 不復更證 汝應隨我證 此乃正是引己證他說佛自證也"라고 하였다. 〔참고문헌〕『摩訶止觀義例隨釋』. ⇨ 증전 證轉

증정 證淨 Ⓢ avetya-prasāda, Ⓟ avecca-pasāda, Ⓣ shes-nas-dad-pa. 청정함을 깨우쳐 얻다. 사성제(四聖諦)의 이치를 여실히 깨우쳐 알고 불법승(佛法僧) 삼보(三寶)와 계(戒)도 바르게 믿어 얻은 과. 『대비바사론』 권103(대정장27, p.534c14)에 "〔문〕 무엇 때문에 증정이라 하며, 증정이란 무슨 뜻인가? 〔답〕 '깨끗함(淨)'이란 믿고 지켜 더러움을 여의기에, 사성제에 대해 따로따로 관찰하고 사유하며 깨달아 이 깨끗함을 증득하였기에 증정이라 한다. 問 何故名證淨 證淨是何義 答 淨謂信戒離垢穢故 於四聖諦別別觀察 別別籌量 別別覺證 而得此淨 故名證淨", 『구사론』 권25(대정장29, p.133b27)에 "어떤 뜻에 의지하기에 증정이라는 이름을 세우는가? 사성제의 이치를 여실하게 깨우쳐 알기에 '증득(證)'이라고 한 것이며, 삼보와 훌륭한 시라(Ⓢ śīla : 戒)를 바르게 믿는 것을 아울러 '깨끗함'이라 한 것이니 불신의 때도 파계의 때도 여의었기 때문이다. 깨끗함을 증득하였기에 증정이라는 이름을 세웠다. 爲依何義 立證淨名 如實覺知 四聖諦理 故名爲證 正信三寶 及妙尸羅 皆名爲淨 離不信垢破戒垢故 由證得淨 立證淨名", 『현종론』 권34(대정장29, p.944a12)에 "경에서는 증정에 모두 네 가지가 있다고 설하였다. 첫째는 부처님의 증정이며, 둘째는 법에 대한 증정이며, 셋째는 승가에 대한 증정이며, 넷째는 성계에 대한 증정이다. 經說 證淨總有四種 一 於佛證淨 二 於法證淨 三 於僧證淨 四 聖戒證淨", 『십지경론』 권1(대정장26, p.129b16)에 "증정에는 네 가지가 있다. 첫째로 득정(得淨)이니, 지금의 지혜로 잘 결정하기 때문이니, 경에서 '무명(癡)·의심(疑)·후회(悔)를 여읜다'라고 한 것과 같다. 둘째로 불행정(不行淨)이니, 수도 중에 일체번뇌가 행하지 않기 때문이니, 저 경에서 '염오가 없다' 한 것이다. 셋째로 무염족정(無厭足淨)이니, 소승을 즐기지 않고 수승한 대승을 희망하는 마음을 품기 때문이니, 저 경에서 '깊은 마음의 믿음에 잘 머문다' 한 것이다. 깊은 마음이란, 바라 마지않는 것이다. 믿음이란 결정하는 것이며, 다시 그 공덕을 기억해 간직하는 것이다. 넷째로 불수타교정이니, 멸제와 도제 중에 나아가 스스로 정행을 하기 때문이니, 저 경에서 '불법 중에 있으면서 다른 가르침을 따르지 않는다' 한 것이다. 證淨者有四種 一者 得淨 現智善決定故 如經離癡疑悔故 二者 不行淨 修道中一切煩惱不行故 如經無有染汚故 三者 無厭足淨 不樂小乘 得上勝悕望心 如經善住深心信故 深心者 悕欲故 信者 決定故 復念持彼功德故 四者 不隨他教淨 趣盡道中自正行故 如經於佛法中不隨他教故"라고 하였다. 〔참고문헌〕『大毘婆沙論』, 『俱舍論』, 『顯宗論』, 『十地經論』, *Abh-k-bh.386·387., AN.1.222.* ⇨ 사증정 四證淨

증종승 曾宗丞 이름은 염(恬), 자는 천은(天隱). 증량

(曾亮)의 증손자. 유안세(劉安世)와 교분이 깊었으며, 존심양성(存心養性)을 즐겼다. 소흥년간(1131~1162)에 대종정승(大宗正丞)을 역임하여 증종승이라 불린다. 대혜종고(大慧宗杲)가 58세때인 1146년(소흥16) 형주(衡州)에서 화두 참구의 요령을 적어 보낸 편지가 『서장』「답증종승장 答曾宗丞狀」(대정장47, p.934a15)에 전한다. 〔참고문헌〕『書狀』, 李智冠『四集私記』 p.94.

증준 證俊 1842~1914. 조선후기 스님. 호는 금담(錦潭), 속성은 김(金)씨, 본관은 안동. 아버지는 여근(麗根), 어머니는 회덕(懷德) 송(宋)씨. 1842년(헌종8) 9월 27일 안동 북면 송천리에서 출생하였다. 1860년(철종11) 팔공산(八公山) 동화사(桐華寺)에 들어가 송암(松庵)장로를 은사로 스님이 되었고, 다음 해에 금강산(金剛山) 유점사(楡岾寺)로 옮겨 나은강백(懶隱講伯) 밑에서 공부하였다. 1872년(고종9) 동암(桐庵)의 법을 이어받았다. 1882년(고종19) 8월 16일 밤 유점사에 화재가 발생하자 단신으로 화염 속에 뛰어 들어 오십삼존불상(五十三尊佛像)과 대·중종(大中鍾) 등을 구하였다. 1892년 도내도총섭(道內都摠攝)에 임명되어 30여 년간 활동하였다. 「인도고승금부불골 印度高僧今付佛骨」(『조선불교통사』 권하, p.1016)에 "대정 2년(1913) 8월 20일에 남인도 석란도 고승 달마바라가 경성에 도착하였다. … 달마화상이 자리에 나아가 여래사리 1과를 받들고, 조선불교대표자에게 전하고자 하였다. 이때 조선불교를 대표하는 사람은 바로 금강산 유점사 사문 김금담화상이었다〈때마침 김금담화상이 삼십본산회의소 원장이 되어 경성 각황사에 주석하고 있었다〉. 維大正二年八月二十日 南印度錫蘭島高僧達磨婆羅來到京城 … 達磨和尙卽於席上 奉將如來舍利一顆 傳附朝鮮佛敎代表者 爾時代表朝鮮佛教者 迺金剛山楡岾寺沙門金錦潭和尙是也〈時金錦潭和尙爲三十本山會議所院長 來住京城覺皇寺〉"라고 하였다. 1914년 4월 19일 밤 1시에 세수 73, 법랍 55세로 입적하였다. 〔참고문헌〕『朝鮮佛教通史』.

증증진진 烝烝進進 더없이 뜨겁게 정진하다. 『출삼장기집』 권6 「안반수의경서 安般守意經序」(대정장55, p.43b27)에 "이들 세 성현은 도를 믿는 마음이 돈독하여 빈틈이 없었고, 덕을 가짐은 넓고 반듯하였으며 더없이 뜨겁게 나아갔으니, 도를 향한 의지도 그칠 줄 몰랐다. 此三賢者 信道篤密 執德弘正 烝烝進進 志道不倦"라고 하였다. 〔참고문헌〕『出三藏記集』.

증지 證地 깨우쳐 얻은 지. 십지전(十地前)에서 불지(佛地)까지의 모든 지마다에서 깨우쳐 얻는 뜻이기도 하지만 초지(初地) 이후만을 모두 증지라 하기도 한다. 『소품반야경』 권6(대정장8, p.565b29)에 "스스로 증지에 머무니 능히 파괴할 수 없다. 왜 그런가? 파괴할 수 없는 지혜를 성취했기 때문이니 그는 물러나지 않는 성에 안주하고 있다. 自住證地 無能破壞 何以故 成就不可壞智慧故 安住阿惟越致性", 『대승의장』 권14(대정장44, p.750b23)에 "초지 이상을 한결같이 증지라 하고, 때론 둘로 나누어 견지(見地)와 수지(修地)라 한다. 초지를 견지라 하고, 이지 이상을 다 같이 수지라 한다. 또한 공용과 무공용으로 둘로 나누기도 한다. 칠지 이하를 공용지라 하고, 팔지 이상을 무공용지라 한다. 셋으로 나누기도 하는데, 견지·수지 그리고 무공용지다. 初地已上 同名證地 或分爲二 謂見與修 初地名見 二地已上 同名爲修 又復功用 及無功用 亦得分二 七地已還 名爲功用 八地已上 名無功用 或分爲三 所謂見修 及無功用", 『준제다라니경회석』 권상(卍속장37, p.432b1)에 "증지라 말하니, 다라니를 풀어 말한다. '유가중에 범부를 쫓아 성인에 이르기까지 모아서 네 지를 삼는다. 첫째, 승해행지는 초지 이전을 통틀어 가리킨다. 둘째, 보현행원지는 십지를 다 들어 가리킨다. 셋째, 대보현지는 등각지다. 넷째, 보조요지는 정각을 성취한 지로서 비로자나 삼신보광을 성취한 지라고도 한다'. 言證地者 釋陀羅尼云 瑜伽中 從凡至聖 總爲四地 一 勝解行地 通目地前 二 普賢行願地 通目十地 三 大普賢地 卽等覺地 四 普照曜地 卽成正覺地 亦云成毗盧遮那三身普光地", 『금광명최승왕경소』 권4(대정장39, p.259c19)에 "앞서 발심함으로부터 오랜 기간 승행을 닦아 증지에 이르렀기에 그 중에 다섯으로 나눈다. 첫째는 얻은 지의 모습을 밝히고, 둘째는 지의 이름을 풀며, 셋째는 지의 장애를 밝히고, 넷째는 지에서 수행할 바를 보이며, 다섯째는 지에서 닦고 익힘을 밝힌다. 由前發心 久修勝行 得至證地故 於中分五 一 得地相 二 釋地名 三 明地障礙 四 地所修行 五 明地修習"라고 하였다. 〔참고문헌〕『小品般若經』, 『大乘義章』, 『準提陀羅尼經會釋』, 『金光明最勝王經疏』.

증지 證知 현량(現量 : 證見)으로 알다. 무분별(無分別)의 제6식으로 아는 것을 말한다. 분별로 아는 것은 비지(比知 : 比量)다. 『불지경론』 권4(대정장26, p.309b28)에 "여래에게는 비록 소취능취와 일이의 분별이 없지만, 자신의 마음에 나타난 자상공상의 제법영상을 능히 현증한다. 이 증지로 인해 전도없이 일체법의 자상과 공상을 설하실 수 있다. 이 영상을 말미암아 여래는 망실이 없는 법을 성취하니, 일체 아는 경계영상은 일체시에 대원경지등상에 분명히 현현하여 망실이 없기 때문이다. 如來雖無 所取能取 一異分別 而能現證 自心所現 自相共相 諸法影像 由證知故 能無顚倒 說一切法 自相共相 由此影像 如來成就 無忘失法 一切所知 境界影像 於一切時 鏡智等上 分明顯現 無忘失故", 『섭대승론석』 권4(대정장31, p.176a10)에 "상을 아는 것에는 두 가지다. 첫째는 분별이 없음이고, 둘째는 분별함이다. 분별이 없음은 바로 오식이다. 의식은 분별하기도 하고 분별이 없기도 하다. 만약 분별이 없는 제6식이라면 증지와 같다. 만약 분별이 있는 방식이라면 이는 바로 비량인 비지다. 解相有二種 一 無分別 二 有分別 無分別卽是五識 意識或有分別或無分別 若無分別六識 同是證知 若有分別 則是比知", 『순정리론』 권62(대정장29, p.686a5)에 "따라서 유가사(Ⓢ Yogācāra)들이 참된 현량에 의지해 깨우쳐 설한 것을 펴고 구르며 전해오길 저 대왕의 길처럼 하였으나, 진실을 현관하는 뜻이 나뉘고 쪼갬을 당해 다양한 부파의 차이를 만들었다. 그러나 마땅히 방편으로 문득 거짓을 가리고 진실에 의지해 그대로 수용할 수 없다 하며 다시 종취를 세운다 했으나 마치 이미 불타버린 집에 다시 건초들 던져 맹렬한 불꽃 일으키듯 하였다. 故瑜伽師 依眞現量 證智所說 展轉傳來 如大王路 諦現觀理 雖被分析 成多部異 然應方便簡僞依眞 無容率己更立宗趣 如人舍宅已被焚燒 更持乾草用資猛焰"라고 하였다. [참고문헌] 『佛地經論』, 『攝大乘論釋』, 『順正理論』. ⇨ 비지 比知, 현량 現量, 비량 比量

증지 證智 ❶ Ⓢ pratyātma-jñāna. 깨우쳐 얻은 지. 자내증(自內證)의 지혜로 무분별지(無分別智) 또는 근본지(根本智)라고도 한다. 『입능가경』 권4(대정장16, p.539c25 : *Laṅk.*, p.133)에 "보살마하살이 아함의 명자법과 모든 논사들이 설한 분별법상을 여의고, 적정처에서 홀로 앉아 사유해서 스스로 안의 지혜로 제법을 관찰하되 다른 가르침을 따르지 않으며, 갖가지 견해로 허망한 상을 떠나 마땅히 부지런히 수행하여 여래지상상증지에 들어간다. 대혜여! 이를 자신이 내증한 성지의 수행상이라 한다. 菩薩摩訶薩離 阿含名字法 諸論師所說分別法相 在寂靜處 獨坐思惟 自內智慧 觀察諸法 不隨他教 離種種見虛妄之相 當勤修行 入如來地上上證智大慧 是名自身內證聖智修行之相 pramāṇāptopadeśa-vikalpābhāvān-mahāmate bodhisattvo mahāsattva ekākī rahogataḥ svapratyātmabuddhyā vicārayatyaparapraṇeyo dṛṣṭivikalpavivarjita uttarottara-tathāgatabhūmipraveśanatayā vyāyamate. etan-mahāmate svapratyātmāryajñāna-gatilakṣaṇam", 『섭대승론석』 권8(대정장31, p.366c15)에 "제법무분별이에 진실의 증지가 일어난다면, 제법무분별성을 현견해서 바로 해탈을 얻는다. 이것이 아직 일어나지 않았기에 아직 해탈을 얻지 못한다. 진실의 증지란 무분별지임을 마땅히 알아야 하리. 若於諸法無分別理 眞證智生 現見諸法無分別性 卽得解脫 此未生故 未得解脫 眞證智者 應知卽是無分別智", 『성유식론술기』 권2(대정장43, p.288a21)에 "법자체는 오직 증지로 알 수 있지, 언설로는 이 자상에 미칠 수 없다. 法自體唯證智知 言說不及是自相", 『대승의장』 권18(대정장44, p.822b29)에 "반야에는 두 가지다. 첫째는 성조반야이니 또한 증지라고도 한다. 이 뜻은 무엇인가? 진식의 마음은 본성상 청정하지만 망염에 은폐되어 있어 부정과 상사하다. 망염이 사라진 후에야 그 마음이 비로소 현현하는데, 진심이 그 본성대로 현현하기 시작하여 안으로 법계를 밝히니 이를 설하여 성조반야라 하며, 본성과 칭합하기에 증지라 한다. 般若亦二 一 性照般若 亦名證智 是義云何 眞識之心 本性淸淨 而爲妄染之所覆蔽 相似不淨 後息妄染 彼心始顯 始顯眞心如其本性 內明法界 說之以爲性照般若 由稱本性 故名證智"라고 하였다. [참고문헌] 『入楞伽經』, 『攝大乘論釋』, 『成唯識論述記』, 『大乘義章』, *Laṅk.* ⇨ 자내증 自內證, 무분별지 無分別智, 근본지 根本智 ❷ 고려시대 관오(觀奧)의 법호. [참고문헌] 「證智首座觀奧墓誌銘」(『韓國金石全文』 中世上, p.758). ⇨ 관오 觀奧

증지수좌관오묘지명 證智首座觀奧墓誌銘 증지관오(1096~1158)의 행적을 기록한 묘지명. 1158년(의종12)에 지었으며, 찬자는 미상이다. 명문에 "스님의 천성은 밖으로는 엄숙하고 안으로는 온화하여 덕을 온전히 갖춘 법기이시니 바라보면 그 모습 엄연하였으며, 경율론 이외에도 겸하여 유서도 널리 열람하고 날마다 「보현행원품」을 독송하였다. 師天性 外肅內溫 全德法器 望之儼然 於經律論外 兼博覽儒書 日日常讀普賢行願品"라고 하였다. 묘지명을 새긴 지석(誌石)의 크기는 세로 45cm · 가로 62.5cm이고 자경은 1cm이며, 현재 국립중앙박물관에 소장되어 있다. [참고문헌] 『韓國金石文追補』 pp.147~148, 『韓國金石全文』 中世上 pp.758~760, 金龍善 『高麗墓誌銘集成』 pp.165~167, 李智冠 『校勘譯註歷代高僧碑文』 高麗篇3 pp.336~345. ⇨ 관오 觀奧

증지정 證知淨 십사비법(一事非法) 중 하나로 별중(別衆)이 갈마(羯磨)를 행하고 나서 사후에 승낙 받아도 된다는 주장. 수의정(隨意淨) · 구청정(求聽淨) · 수희정(隨喜淨) 등이라고도 한다. 『십송율』 권60(대정장23, p.451c21)에 "삼보가가 물었다. '대덕 리바다(Ⓢ Revata)시여! 증지정이라 하니 진실로 계율에 맞습니까?' 리바다가 되물었다. '무엇을 증지정이라 하는지요?' '비야리의 비구들이 각각 주처에서 법에 맞지 않는 갈마를 짓고 나서 승중에 들어가 「우리들은 각각 주처에서 갈마를 지었으니 스님들께서 증지해 주십시오」라고 한다면 이러한 일을 증지정이라 합니다. 제가 장로께 묻겠습니다. 이것이 진실로 계율에 맞는지요?' '맞지 않습니다' '맞지 않다면 어떤 죄를 받는지요?' '돌길라죄를 받습니다'. 三菩伽言 大德 梨婆多 證知淨 實淨不 梨婆多還問 云何名證知淨 答 毘耶離諸比丘 各各住處 作不如法羯磨竟 入僧中白 我等處處作羯磨 諸僧證知 言是事證知淨 今

我問長老 實淨不 答 不淨 不淨得何罪 答 得突吉羅罪"라고 하였다. 〔참고문헌〕『十誦律』. ⇨ 구청정 求聽淨, 십사비법 十事非法

증진 証眞 백장회해(百丈懷海)의 제자 대안(大安)의 탑명(塔名). ⇨ 대안 大安 3

증진근 增進根 Ⓢ indriya-saṃcāra, Ⓣ dbang-po'i-'pho-ba. 한층 나아가 성취하는 근. 연근(練根 Ⓢ indriya-vivṛddhi)·전근(轉根)과 같은 뜻이다. 『구사론』 권25(대정장29, p.129c14)에 "응과(應果 : 阿羅漢果)의 퇴법에는 세 가지가 있으니, 첫째 근만을 증진하고, 둘째 물러나 머물러 배우며, 셋째 자신의 위에 머물러 반열반하는 것이다. 應果退法有三 一 增進根 二 退住學 三 住自位而般涅槃", 『순정리론』 권56(대정장29, p.652a25)에 "연근이란 증진근을 말한다. 이런 여섯 가지 때로 인해 일찍이 얻지 못한 도를 얻어서 일찍이 얻은 도를 버리고 속박을 여읠 수 있다. 言練根者 謂增進根 由此六時 得未曾道 有捨曾道 得離繫故"라고 하였다. 〔참고문헌〕『俱舍論』, 『順正理論』, *Abh-k-bh.322.* ⇨ 연근 練根, 전근 轉根 1, 증도 曾道, 미증도 未曾道

증진대사 證眞大師 신라말 고려초 스님 찬유(璨幽 869~958)의 호. 〔참고문헌〕李智冠 『校勘譯註歷代高僧碑文』高麗篇2 p.21. ⇨ 찬유 璨幽

증진불도락 增進佛道樂 저절로 불도를 향해 한층 나아가는 즐거움. 정토십락 중 하나다. 『왕생요집』 권상(대정장84, p.45c22)에 "열번째, 증진불도락이다. 이곳 사바세계에서는 도를 닦아 과를 얻기가 매우 어렵다. 왜 그런가? 괴로움을 당하는 이 항상 근심하고, 즐거움을 누리는 이 언제나 집착하니, 괴로움도 즐거움도 해탈과는 멀고 오르기도 빠지기도 하니 윤회 아님이 없다. 비록 발심하여 수행한다 해도 성취하기 어려우니 번뇌로 안에서 꺾이고 악연으로 밖에 끌려다닌다. 이승의 마음을 일으키거나 삼악도로 나가거나 마치 물에 어린 달이 물결 따라 쉽게 흔들리듯 한다. … 오직 석가여래만이 무량겁 동안 행하기 어려운 고행을 하며 공덕을 쌓아 보리도를 구하며 그쳐 쉰 적이 없으셨다. 第十 增進佛道樂者 今此娑婆世界 修道得果甚難 何者 受苦者常憂 受樂者常著 苦云樂云 遠離解脫 若昇若沈 無非輪迴 適雖有發心修行者 亦難成就 煩惱內催 惡緣外牽 或發二乘心 或還三惡道 譬猶水中之月 隨波易動 … 唯釋迦如來 於無量劫 難行苦行 積功累德 求菩薩道 未曾止息"라고 하였다. 〔참고문헌〕『往生要集』. ⇨ 정토십락 淨土十樂 1

증질 憎嫉 Ⓢ īrṣyā, Ⓟ issā. 질투. 미워하고 시샘하다. 질(嫉)은 질(疾)로도 쓴다. 『이취육바라밀다경』 권8(대정장8, p.901a8)에 "탐욕 때문에 더욱 서로 미워하고 시기한다. 爲貪欲故 更相憎嫉", 『별역잡아함경』 권4(대정장2, p.395c27)에 "그는 나의 것에 대하여 언제나 질투를 품는다. 彼於我所 恒懷憎嫉", 『원각경대소석의초』 권12(卍속장15, p.35b3)에 "서로 미워하고 시기하며 권력을 다투고 이익을 다투기도 한다. 互相憎嫉 爭權爭利等", 『원각경석의소』 권3(卍속장94, p.141a9)에 "념념이 생멸한다 하니, 아와 아소가 모두 찰나마다 생멸하여 허망하고 알차지 못하다. 이 진실을 모르기에 자신의 바램을 등지면 고의로 미움과 시기심을 일으키고, 자신의 정을 따른즉 애써 물든 애착을 일으킨다. 미워하고 시샘함은 보아 욕망한즉 녹아버리고, 물든 애착은 탐욕을 만나면 더욱 심해지므로 탐착이라 한다. 念念生滅者 謂我及我所 俱屬念念生滅 虛妄不實 由不知故 背情則故起憎嫉 順情則故起愛染 憎嫉者 見欲則銷 愛染者 逢欲益甚 故云耽著", 『방광반야경』 권11(대정장8, p.75c17)에 "비유하자면 염부제의 대장자 집안에 많은 금·은·진주·유리와 같은 가장 아름답고 진귀한 보배가 있어서 미워하며 시샘하는 이들이 많은 것과 같다. 이처럼 선남자와 선여인 가운데 반야바라밀을 수지하고 풍송하는 이들에게도 미워하고 시샘하여 해치려는 이들이 많다. 譬如閻浮提大長者家 多有金銀 眞珠琉璃 上妙珍寶 多有憎嫉者 善男子 善女人 受持諷誦 般若波羅蜜者 多有憎嫉 而欲壞者", 『대지도론』 권16(대정장25, p.175a24)에 "삿된 탐욕과 증질이라는 업의 인연을 쌓기에 고양이·살쾡이·토호 따위의 짐승의 몸을 받는다. 邪貪憎嫉 業因緣故 受猫狸土虎 諸獸之身"라고 하였다. 〔참고문헌〕『理趣六波羅蜜多經』, 『別譯雜阿含經』, 『圓覺經大疏釋義鈔』, 『圓覺經析義疏』, 『放光般若經』, 『大智度論』, *Kāśy.16.* ⇨ 오증질 五憎嫉, 탐질 貪嫉

증집속전등록 增集續傳燈錄 명대 남석문수(南石文琇 1345~1418) 지음. 6권. 청대 1671년(강희10)에 가흥부(嘉興府 : 浙江省) 능엄사(楞嚴寺)에서 간행. 1417년(영락15)에 지은 저자 자신의 서문이 있으며, 卍속장 142, pp.725a1~919a18에 수록되어 있다. 저자가 『오등회원 五燈會元』을 보다가 묘봉지선(妙峰之善)·북간거간(北磵居簡)·송원숭악(松源崇岳)·파암조선(破庵祖先) 등의 조사들이 기재되어 있지 않다는 것을 알고 등사(燈史)를 찬술하겠다는 뜻을 세운 뒤 30여 년간 각지를 돌아다니며 남겨진 전적들을 찾고 편집하여 완성한 책이다. 『속전등록 續傳燈錄』이 『오등회원』의 뒤를 이어 대감(大鑑) 18세부터 20세까지 수록하고 있는데, 그것을 보충하고 바로잡아 새롭게 증입·편집하였기에 이와 같은 명칭이 붙게 되었다. 각 권마다 법계에 따라 오류를 바로잡은 것은 목록명 아래에 증정(增

正)이라는 주를 달았으며, 『속전등록』에 빠져 있던 것을 보충해 넣은 것은 목록명 아래에 증비(增備)라는 주를 달았다. 전 6권에 걸쳐 대략 500여 인의 행실·기연 등을 정리하여 편집하였는데, 권1에는 대감 18세, 권2에는 19세, 권3에는 20세, 권4에는 21세, 권5에는 22세, 권6에는 23세가 수록되어 있다. ⇨ 문수 文琇

증찬 證讚 진실을 보여 찬양하다. 『관무량수불경소』 권4(대정장37, p.271b4)에 "저 부처님의 의보와 정보를 드러내 찬양함으로써 모두들 흠모하도록 한다. 證讚彼佛 依正二報 使人欣慕", 『정토법사찬』 권하(대정장47, p.434b24)에 "석가불께서 오탁에서 벗어나심을 드러내 찬양하니, 능히 하시기 어려운 일을 행하시고 모든 중생을 교화하시네. 證讚釋迦出五濁 能爲難事化群萠"라고 하였다. [참고문헌] 『觀無量壽佛經疏』, 『淨土法事讚』.

증통국사 證通國師 고려 스님. 태조와 신명왕태후(神明王太后) 사이에서 다섯째로 태어나 출가하여 스님이 되었다. 『고려사』 권90 열전(列傳)3 태조왕자(太祖王子)에 "증통국사는 역사에서 그 이름이 사라졌다. 證通國師 史逸其名"라고 하였다. [참고문헌] 『高麗史』.

증평등법신 證平等法身 평등법신을 깨우치다. 팔지(八地)에 오른 보살의 경지다. 『왕생론주』 권하(대정장40, p.840a17)에 "〈논〉 저 부처님(아미타불)을 친견하였으나 정심은 얻지 못한 보살일지라도 끝내는 평등법신을 증득하여 정심보살 및 상지의 모든 보살과 함께 필경에는 적멸평등을 한결같이 증득한다. 〈주〉 평등법신이란 팔지이상의 법성생신보살이다. 적멸평등이란 이 법신보살이 증득한 적멸하고 평등한 법이다. 이 적멸평등한 법을 증득하였기에 평등법신이라 한다. 卽見彼佛 未證淨心菩薩 畢竟得證平等法身 與淨心菩薩 與上地諸菩薩 畢竟同得 寂滅平等故 平等法身者 八地已上 法性生身菩薩也 寂滅平等者 卽此法身菩薩所證 寂滅平等法也 以得此寂滅平等法故 名爲平等法身", 『능엄경강록』 권5(卍속장90, p.54b14)에 "염상을 떠나 버리면 허공계와 같아져서 두루 미치지 못할 곳이 없다. 이렇게 법계가 한결같아지면 곧바로 평등법신을 증한다. 離念相已 等虛空界 無所不徧 法界一如 卽證平等法身", 『기신론속소』 권상(卍속장72, p.95b17)에 "선덕이 말씀하셨다. '한 티끌 눈에 끼면 천 가지 꽃들 허공에서 어지럽고, 망념 하나가 마음에 생기면 항하의 모래인 듯 생멸한다'라고 말하였다. 거꾸로 드러낸다. '각심이 한 번 일으킨즉 움직일 일 없고, 움직이지 않으니 곧바로 평등법신 깨우쳤네'라는 도리를 드러낸다. 先德云 一翳在目 千花亂空 一妄在心 河沙生滅 反顯 覺心一發則不動 不動則證平等法身"라고 하였다. [참고문헌] 『往生論註』, 『楞嚴經講錄』, 『起信論續疏』. ⇨ 평등법신 平等法身

증행전 證行轉 법(法)의 자상(自相)만을 내증(內證)해서 행(行)하고 구르다. 전오식(前五識)이 경(境)과 만나거나, 전오식과 동시에 움직이는 제6식과 제8식 그리고 정(定)에 들어서도, 이 모든 경우 달의 분별(分別)이 전혀 개입하지 않아 오직 무분별로 직접 마주해 행하고 움직이는 것을 말하는 것으로 모두 현량(現量)의 경우다. 『인명정리문론본』(대정장32, p.3b19)에 "오직 내증이어서 말을 떠나니 이 색근경계다. 의지 또한 있어서 제분별 떠나 오직 증행만으로 움직인다. 또 탐 등에 모든 것이 자증분이듯 모든 정을 닦는 것에도 교의 분별을 떠난다. 모두 이 현량이다. 唯內證離言 是色根境界 意地亦有 離諸分別 唯證行轉 又於貪等 諸自證分 諸修定者 離教分別 皆是現量", 『인명입정리론소전기』 권3(卍속장86, p.974a3)에 "다음으로 '의지에도~오직 증행만으로 움직인다'란 어떤 의미인가? 이는 우선 산위의 의지 소연이 현량임을 잡아서 제6식과 전5식이 동시인 것과 제8식 이 둘도 모든 분별을 떠나 오직 자상을 내증하는 행해만이 움직이기에 현량이라 한 것이다. 次言 意地至唯證行轉者 如何者 是且約散位意地所緣現量 第六識與五識同時 及第八識 二種離諸分別 唯證自相 行解而轉 故名現量", 『인명론소명등초』 권6말(대정장68, 421a20)에 "'의지에도~모든 분별이 없는 증행만이 구른다'를 풀이한다. [석] 이 부분은 전5식과 동시인 의식이 전5식과 동일한 경계를 반연할 때 언설 없이 내증하는 것은 또한 현량이다. 次言 意地亦有 離諸分別 唯證行轉者 釋云 此明五識同時意識 與五識同境 內證離言 亦是現量"라고 하였다. [참고문헌] 『因明正理門論本』, 『因明入正理論疏前記』, 『因明論疏明燈鈔』. ⇨ 증지 證知, 현량 現量, 내증 內證, 행해 行解, 오동연의식 五同緣意識

증험 證驗 몸소 마주해 겪다. 깨우침이 실현되다. 『석선바라밀차제법문』 권5(대정장46, p.508a21)에 "이상에서 이미 안팎의 방편을 널리 밝혔다. 행자가 만약 마음을 기울여 이 방편을 닦고 익히며 생각을 선문에 묶어둔다면 반드시 증험이 있을 것이다. 上已廣明 內外方便 行者若能專心修習 繫念禪門 必有證驗", 『복력태자인연경』 권2(대정장3, p.431b23)에 "나는 이제 여러 형제들과 몰래 다른 나라에 가서 그때마다 머무는 곳에서 그 일을 증험하고자 한다. 我今欲與諸兄 潛適他國 隨所住處 證驗其事", 『유가사지론』 권25(대정장30, p.419b25)에 "이들 삼량으로 도리를 증험한다 由此三量 證驗道理", 『성실론』 권9 「진에품 瞋恚品」(대정장32, p.312b26)에 "만약 남에게 욕을 먹더라도 곧바로 증험하여 분명하게 알고 점차로 싫다는 마음으로 벗어나 악을 버리고 선을 행한다. 若得毁罵 則證驗明了 轉增厭離 捨惡行

善",『원오어록』 권5(대정장47, p.735b22)에 "만약 크게 해탈한 사람이 아니라면 어찌 능히 증험을 드러내겠는가? 若非大解脫人 安能當陽證驗"라고 하였다. [참고문헌]『釋禪波羅蜜次第法門』,『福力太子因緣經』,『瑜伽師地論』,『成實論』,『圜悟語錄』.

증혜다라니경 增慧陀羅尼經 조송(趙宋)대 시호(施護) 한역. 1권. 고려장34, p.227a1~b4, No.1198·대정장21, p.889b19~c13, No.1372에 수록되어 있다.『증혜경』이라고도 한다. 대혜(大慧)보살이 수미산정(須彌山頂)에 머물 때 동자상(童子相)보살의 간청에 따라 설한 다라니이다. 둔하고 열한 중생의 지혜를 늘려 점차로 밝고 예리해지도록 이끄는 다라니다. [참고문헌]『閱藏知津』 권1(가흥장31, p.781b10). ⇨시호 施護

증희랑화상 贈希朗和尙 신라 최치원(崔致遠 857~?) 지음. 신라말 화엄사찰의 본산인 해인사(海印寺)의 희랑에게 보낸 칠언절구 6수(首)로,『고운선생문집』 권1(한국문집총간1, p.152b16~153a8)에 실려 있다. 다만 1874년(고종11)에 해인사에서 인출한「가야산해인사고적 伽倻山海印寺古籍」에는 "희랑대덕이 여름날 가야산 해(인)사에서 여름에『화엄경』을 강하였는데, 나는 잡은 포로를 옮기느라 능히 들으러 나아갈 수 없었다. 한번 읊고 한번 노래하되 오측오평으로 하여, 십절로 장을 이루어서 그 일을 칭송하고자 한다. 방로대감 천령군태수 알찬 최치원. 希朗大德君 夏日於伽倻山海寺講華嚴經 僕以捍虜所拘 莫能就聽 一吟一咏 五側五平 十絶成章 歌頌其事 防虜大監 天嶺郡守 遏粲 崔致遠"이라고 하여, 원래 십절로 구성하였으나 지금은 여섯 수만 전한다. 문수보살이 신라에 나툰 이래 하늘의 뜻은 천재에게 맡겨져 가야산에 임하였는데, 그 천재가 바로 해인사 희랑으로, 신라화엄의 중심이다 하고는, "경의 미진한 해석은 말이라는 것이 치우쳐 이상할 뿐이다. 經來未盡語偏奇"고 하여, 희랑을 칭송하였다. [참고문헌]『孤雲先生文集』, 李智冠編著『伽倻山海印寺誌』(伽山文庫, 1992) pp.577~579. ⇨희랑 希朗

지 支 Ⓢⓟ aṅga, Ⓣ yan-lag. 떨어질 수 없는 어떤 법의 무리를 낱낱이 다르게 부를 때 붙이는 끝말. 지분(支分)이라고도 한다.『구사론기』 권14(대정장41, p.224c28)에 "무릇 '지'라고 할 때는 지분이라는 의미이다. 夫言支者 是支分義",『잡아비담심론』 권7(대정장28, p.924b20)에 "'오지'란 다섯 지분으로 이루어지는 것이다. 나누는 뜻이 '지'의 의미이다. 가령 수레에 여러 부분이 있듯이, 여럿이 모여진(衆具) 의미가 '지'의 의미이다. 마치 왕에게 여러 장사가 있는 것과 같다. 지란 조금은 다르지만 조금은 떨어질 수 없다. 다른 경우란, 가령 비다(毘陀)에 여섯 가지 지분이 있는 것이고, … 즉이란, 저 십육지가 흩어져 팔지성도(八支聖道 : 八正道)가 되는 것이다. 五支者五支所成 分義是支義 如車有衆分 衆具義是支義 如王有將士 支者若異若卽 若異者 如毘陀六支 … 若卽者 如十六支散八支聖道",『구사론소』 권25(대정장41, p.762a10)에 "[문] 어째서 이 일곱을 '각지'라 하였는가? [답] '각'이란 구경의 깨달음을 말하니 진지와 무생지이고, 또는 참된 깨달음을 말하니 무루혜다. 일곱이 저것의 분이기에 '지'라 한 것이다. [문] 어째서 이 여덟 가지를 '도지'라 하였는가? [답] 밟아가며 통달해야 하는 것이기에 여덟 가지 도라 한 것이다. 이 여덟이 저것에서 나뉜 것이기에 '지'라 한 것이다. 問何故此七名覺支耶 答 覺謂究竟覺 卽盡無生智 或如實覺卽無漏慧 七爲彼分故 故名爲支 問 何故此八名道支 答 所履通達故 名爲八道 是彼分故 故名爲支"라고 하였다. [참고문헌]『俱舍論記』,『雜阿毘曇心論』,『俱捨論疏』, *Abh-k-bh.24.* ⇨비지 非支

지 止 Ⓢ śamatha, Ⓟ samatha, Ⓣ zhi-gnas. 그치다. 사마타(奢摩他·舍摩陀)의 번역어로 지적(止寂)·등관(等觀) 등으로 한역한다. 관(觀)과 짝을 이룬다.『아함』에서의 지(止)의 뜻이 언뜻 외경(外境)을 끊는 것이라 하지만 일체(一切)는 근진(六根六塵)이 내외(內六處外六處)로 서로 의지해야 생길 수 있다는 뜻에서 이 뜻은 망상인 변계(遍計)를 멈추는 뜻으로 나아가고,『대승장엄경론』에서는 정정(正定)에 의지하는 것을 멈춤의 상이라 하였다.『기신론』에서는 일체경계상(一切境界相)을 깨우쳐 분별이 없는 뜻으로 지(止)를 풀었고,『마하지관』에서는 쉬고(息) 멈추고(停), 더 나아가 그칠 것 아닌 것(法性)을 불러내 그친다 하는 뜻(對不止止義)을 드러내기도 하였다.『유가사지론』에서는 승의세속지의 행과(行果)와 일체희론상중에서 공용없이 구르며 일체법평등하고 일미이고 진실인 자성을 향해 꿋꿋이 나아가는 역동적 보살행을 지(止)의 뜻과 행상으로 삼기도 한다. 원효(元曉)는『대승기신론소기회본』에서 진상(塵相)을 그쳐 분별없는(無所分別) 뜻이어서 정(定)의 이름이라 하지만 실(實)에 나아가서는 정혜(定慧)에 다 통한다고도 하였다.『잡아함경』 권21(대정장2, p.150c5 : *Kāmabhū-sutta, SN.4,* p.295)에 "비구 중 멸정수(멸진정)에 들어가려는 이는 두 가지 법을 짓는데, 그치고 관한다. 比丘入滅正受者 作於二法 止以觀 aññāvedayita-nirodha-samāpattiyā kho gahapati dve dhammā bahūpakārā samatho ca vipassanā cā ti",『분별공덕론』 권1(대정장25, p.32b23)에 "지란 비우고, 관은 채운다. 지란 삼매정으로 멈춘 듯이 상을 멸하고 까마득하게 품은 것이 없으므로 허라 한다. 止者虛也 觀者實也 止者三昧定 泊然滅想 冥爾亡懷 故曰

虛也", 『불모반야바라밀다원집요의석론』 권3(대정장25, p.908a24)에 "지는 그치고 보냄이다. 곧 저들 모든 변계를 그친다. 저 변계로 있게 된 것들이어서 이런 것들 그치고 보내야 한다고 알아야 한다. 止謂止遣 謂卽止彼所有遍計 此如是等 當知皆是止遣", 『번역명의집』 권4(대정장54, p.1118c25)에 "사마타를 한역하여 지라 한다. 지는 정의 다른 이름이고 고요하다는 뜻이다. 염정 등 경을 마음이 헛되이 반연하지 않기 때문이다. 翻奢摩他爲止者 定之異名 寂靜義也 謂於染淨等境 心不妄緣故", 『대승장엄경론』 권11(대정장31, p.644c26 : *Sūtr.*, p.146)에 "'바른 정에 마음을 편히 하니, 이것을 이름해서 지라 한다'란, 마음이 바른 정에 의지하면서 마음을 보는 일이 없으니, 바른 정에 들어 있지 않은 때가 없어 그친 채로 여서 이를 지의 상이라 한다. 安心於正定 此卽名爲止者 謂心依正定 而不見心 非無正定 而立止故 是名止相 〈śloka〉 cittasya citte sthānāc ca dharmapravicayād api, samyak sthitim upāśritya śamatho 'tha vipaśyanā. 〈bhāṣya〉 samyaksamādhiṃ niśritya citte cittasyāvasthānāt. dharmāṇāṃ ca pravicayād yathākramaṃ śamatho vipaśyanā ca veditavyā. na tu vinā samyaksamādhinetyetacchamathavipaśyanālakṣaṇaṃ", 『대승기신론의기』 권하말(대정장44, p.282c15)에 "'일체경계상을 그친다'라는 말은, 앞서 분별로 말미암아 모든 밖의 경들을 짓는다. 이제는 각혜로서 오직 식일 뿐이라는 도리로 밖의 경계상을 부수니, 진상들 이미 그쳐서 분별할 것 없게 된 것을 그쳤다고 한다. 이것이 방편이다. 言止一切境界相者 先由分別 作諸外塵 今以覺慧 唯識道理 破外塵相 塵相旣止 無所分別 故云止 此是方便也", 『능엄경비록』 권1(卍속장20, p.98a13)에 "지는 흩어짐을 그치고, 관은 어둠을 밝힌다. 止者止其散 觀者炤其昏", 『마하지관』 권3상(대정장46, p.21b18)에 "지와 관 각각에 세 가지 뜻이 있다. 쉼의 뜻, 멈춤의 뜻, 그치지 못함을 마주해서 그치는 뜻이다. 止觀各三義 息義 停義 對不止止義", "쉼의 뜻은 모든 악한 각관과 망념에 얽힌 생각을 고요히 쉬게 하는 것이다. 정명은 말하길 '무엇을 반연이라 하는가? 삼계 연하는 것을 말한다. 무엇을 가리켜 반연을 쉰다고 하는가? 소득 없는 마음을 말한다'(『설무구칭경』 권3, 대정장14, p.568c20)라고 하였다. 이것은 부술 것에 나아가 얻은 이름이며 그치고 쉰다는 뜻이다. 息義者 諸惡覺觀 妄念思想 寂然休息 淨名曰 何謂攀緣 謂緣三界 何謂息攀緣 謂心無所得 此就所破得名 是止息義", "멈춤의 뜻은 진실의 뜻에 마음을 묶어두고 생각을 붙들어 멈추고 움직이지 않는 것이다. 『인왕경』(대정장8, p.827b25)에 '반야에 들음을 머문다고 한다'라고 하였고, 『대품반야경』(대정장8, p.218c21)에 '머물지 않는 법으로 반야바라밀중에 머문다'라고 하였다. 이것은 능히 멈추는 것에 나아가 붙인 이름이며 정지의 뜻이다. 停義者 緣心諦理 繫念現前 停住不動 仁王云 入理般若名爲住 大品云 以不住法 住般若波羅蜜中 此就能止得名 卽是停止義", "그치지 못함을 마주해 그친다 한 것은, 말은 전과 통하지만 뜻은 아주 다르다. 왜 그런가? 전의 두 지 가운데 하나는 생사하며 유동하는 것을 상대해서 그치게 하는 것으로 열반을 잡아 그쳐 쉼을 논하고, 마음의 행로가 이 밖이어서 반야를 잡아 멈춰 그침을 논하였다. 이는 지혜로 끊음을 잡다 통으로 서로 마주함을 논한 것이다. 對不止以明止者 語雖通上 意則永殊 何者 上兩止對生死之流動 約涅槃論止息 心行理外 約般若論停止 此約智斷 通論相待", "이제 따로 진실의 뜻을 잡아 서로 마주함을 논한다. 무명이 바로 법성이고 법성 그대로 무명이니, 무명 또한 그칠 것도 그치지 못할 것도 아니다. 이렇듯 무명을 불러내 그치지 못할 것으로 여기고, 법성 또한 그침도 그치지 못할 것도 아닌데 법성이라 불러놓고는 그친 것으로 여긴다. 이는 무명을 마주해 그치지 못함을 삼고서 법성을 불러 그침을 삼은 것이다. 저 경에서 법성을 생도 아니고 멸도 아니라 한 것을 법성적멸이라 말하고, 법성이 때묻은 것도 깨끗한 것도 아니라 하니 이를 법성청정이라 말한다. 이것이 그칠 것 없는 것을 마주해 그침을 밝힌 것이다. 今別約諦理論相待 無明卽法性 法性卽無明 無明亦非止非不止 而喚無明爲不止 法性亦非止非不止 而喚法性爲止 此待無明之不止 喚法性而爲止 如經 法性非生非滅 而言法性寂滅 法性非垢非淨 而言法性淸淨 是爲對不止而明止也", 『유가사지론』 권45(대정장30, p.539c26 : *Bodh-bh.*, p.177)에 "이 가운데에 보살에게 간략히 네 가지 행이 있어서 이름하여 지(止)라고 하는 줄 알아야 한다. 첫째 승의세속지의 그 앞의 행과, 둘째 승의세속지과와, 셋째 널리 일체희론상중에 무공용의 굴림과, 넷째 바로 이와 같이 하여서 말을 떠난 오직 일뿐이어서 상이 있을 리 없고 분별하는 바가 없어서 그 마음은 적정하여 일체법의 평등성과 한 맛의 실성을 향해 나아간다. 이 네 가지 행으로 말미암아 이 모든 보살의 지의 도를 움직여 구르니, 점차로 무상정등보리까지 증득하여 지견이 원만하게 된다. 此中菩薩 略有四行 當知名止 一 勝義世俗智前行 二 勝義世俗智果 三 普於一切戱論想中 無功用轉 四 卽於如是 離言唯事 由無有相 無所分別 其心寂靜 趣向一切法 平等性 一味實性 由此四行 是諸菩薩止道運轉 漸次乃至 能證無上正等菩提 智見圓滿 tatra bodhisattvasya samāsataścaturākāraḥ śamatho veditavyaḥ. pāramārthikasāṅketikajñānapūrvaṅgamaḥ pāramārthikasāṃketikajñānaphalaṃ sarvaprapañcasaṃjñāsu anābhogavāhanaḥ tasmiṃśca nirabhilāpye vastumātrai nirnimittatayā ca nirvikalpacittāśāntyā sarvadharmasamataikarasagāmī. ebhiścaturb hirākāraibodhisattvānāṃ śamathamārgaḥ pravartate yāvadanuttarasamyaksaṃbodhijñānadarśanaparinişpattaye samudāgamāya", 원효(元曉)의 『대승기신론소기회본』 권6(한불전1, p.781b1)에 "먼저 분별을 말미암아 모든 밖의 티끌 지었는데 지금은 각혜로 밖의 티끌 모습 깨뜨리니, 티끌 모습 이미 그쳐 분별할 바 없기에 이름하여 지라 한다. … 이 중에 간략히 지관의 뜻을 밝히니, 상을 따라 논하면 정을 지라 이름하고 혜를 관이라 이름하지만, 실에 나아가 말하면 정은 지관에 통하고 혜 또한 이와 같다. 先由分別 作諸外塵 今以覺慧 破外塵相 塵相既止 無所分別 故名爲止也 … 此中略明止觀之義 隨相而論 定名爲止 慧名爲觀 就實而言 定通止觀 慧亦如是"라고 하였다. [참고문헌] 『雜阿含經』, 『分別功德論』, 『佛母般若波羅蜜多圓集要義釋論』, 『翻譯名義集』, 『大乘莊嚴經論』, 『大乘起信論義記』, 『楞嚴經祕錄』, 『摩訶止觀』, 『說無垢稱經』, 『仁王經』, 『大品般若經』, 『瑜伽師地論』, 『大乘起信論疏記會本』, *SN.*, *Sūtr.*, *Bodh-bh.* ⇨지관 止觀, 관 觀❶, 방편수연지 方便隨緣止, 식이변분별지 息二邊分別止, 사마타 奢摩他

지 地 ❶Ⓢpṛthivī, Ⓟpaṭhavī, Ⓣsa. 사대(四大 : 地 水 火 風) 또는 육대(六大 : 地 水 火 風 空 識) 중 하나다. 『유마경』 권상(대정장14, p.539b20)에 "이 몸은 번개 같아 념념으로 머물지 않고, 이 몸에는 주인 없어 저 땅과 같고, 이 몸에는 아도 없으니 저 불과 같다. 是身如電 念念不住 是身無主 爲如地 是身無我 爲如火", 『대비바사론』 권127(대정장27, p.663b8)에 "견고함은 지의 특징이고, 버팀은 지의 업이다. 堅是地相 持是地業", 『나선비구경』 권하(대정장32, p.699b15)에 "하늘 아래 땅은 모두 물(水Ⓟudaka)상에 있고, 물은 바람(風 Ⓟvāta)상에 있으며, 바람은 허공(空 Ⓟākāsa)상에 있다. 天下地皆在水上 水在風上 風在空上"라고 하였다. [참고문헌] 『維摩經』, 『大毘婆沙論』, 『那先比丘經』, *Vikī-n.66.*, *Abh-k-bh.8.*, *Mil.68.* ⇨사대 四大❶, 육대 六大❶, 지계 地界, 지대 地大❶ ❷눈으로 볼 수 있는 대지(大地 Ⓟmahā-paṭhavī). 『장아함경』 권2 「유행경 遊行經」(대정장1, p.15c20)에 "바로 이때 대지가 크게 진동해 온 나라 사람들 놀라고 두려워하지 않음이 없었으니 옷자락과 털이 곤두섰다. 부처님께서 대광명을 놓으시자 사무쳐 비춰서 끝이 없었으니 저 깜깜한 곳까지 그 밝음 입지 못하는 곳이 없었다. 當此之時 地大震動 擧國人民莫不驚怖 衣毛爲竪 佛放大光 徹照無窮 幽冥之處 莫不蒙明"라고 하였다. [참고문헌] 『長阿含經』. ❸Ⓢbhūmi, Ⓣsa. 심소(心所)의 행처. 『구사론』 권4(대정장29, p.19a10 : *Abh-k-bh.*, p.54)에 "다섯째는 소번뇌지법이다. '지'란 행처를 말하니, 이것이 바로 가야할 곳이라 여겨 바로 저 법의 땅으로 삼는다 한다. 五 小煩惱地法 地謂行處 若此是彼所行處 卽說此爲彼法地 parīttakleśamahābhūmikāśca. bhūmirnāma gativiśayaḥ. yo hi yasya gativiśayaḥ sa tasya bhūmirityucyate", 『구사론기』 권4(대정장41, p.73c13)에 "'지'란 행처를 말하니 바로 심왕이다. 만약 저 심왕이 저 심소의 행처가 된다면, 곧 저 심왕을 저 심소법의 '지'로 삼는다고 말한다. 地謂行處 卽是心王 若此心王 是彼心所所行處 卽說此心王 爲彼心所法地"라고 하였다. [참고문헌] 『俱舍論』, 『俱舍論記』, *Abh-k-bh.* ⇨행처 行處 ❹Ⓢbhūmi. 보살의 수행계위. 단계. 『화엄경소초』 권23(대정장36, p.176b10)에 "생성주지공능이 있어서 '지'라 한다. … 능히 만덕을 낳고 … 만덕 임시로 지닌다. 有生成住持功能故名爲地 … 能生萬德 … 任持萬德", 『유가론기』 권1(대정장42, p.312c16 · 한불전13, p.8b10)에 "범어 보미(bhūmi)는 '지'라 하는데, 낳고 이루고 머물러 가지는 뜻이다. 梵云步彌 此云地者 生成住持義也", 『사교의』 권5(대정장46, p.738a13)에 "선법을 머물게 하고 능히 낳기도 하니 이름을 '지'라 한다. 住持能生善法 名之爲地"라고 하였다. [참고문헌] 『華嚴經疏鈔』, 『瑜伽論記』, 『四教義』, *Daś-bh.1.* ❺Ⓢpṛthivī. 바이세쉬카(ⓈVaiśeṣika : 勝論)의 실체(實句義 Ⓢdravya) 중 하나. 『십구의론』(대정장54, p.1262c21)에 "'지'란 무엇인가? 색미향촉이 있는 것을 지라 한다. 地云何 謂有色味香觸是爲地"라고 하였다. [참고문헌] 『十句義論』. ⇨구실 九實, 실구의 實句義 ❻정려(靜慮 Ⓢdhyāna)의 뜻에 숨은 지(地 Ⓢ√dhī)의 속성. 『현종론』 권38(대정장29, p.964a16)에 "어떤 뜻에 의지해 정려라는 이름을 세우는가? 이것은 적정에 의지함으로서만이 비로소 심려(審慮 Ⓢupanidhyāna)할 수 있기 때문이다. 심려란 곧바로 실로 깨우쳐 아는 뜻이니, '마음이 정에 들어 능히 여실히 요지한다'고 설한 것과 같다. 심려의 뜻 중에 지계를 둔다. 依何義故立靜慮名 由依此寂靜方能審慮故 審慮卽是實了知義 如說心在定 能如實了知 審慮義中置地界故"라고 하였다. [참고문헌] 『顯宗論』. ❼무엇인가 일어나 보이는 사태. 『벽암록』 5칙 「평창 評唱」(대정장48, p.145a19)에 "요즘 사람은 오로지 '옛사람이 특별히 힘써 지어서 후인을 가르쳐 규구로 의지하게 하였다'라고만 한다. 如今人只管道 古人特地做作 教後人依規矩", 『나옹어록』 「조상서청대령소참 趙尙書請對靈小叅」(한불전6, p.720c3)에 "갑작스럽게 한소리 지르고 한번 던지니 대원각해에서 마음대로 노닌다. 驀地一聲翻一擲 大圓覺海任優游", 『원오심요』 권하 「시유선인 示有禪人」(卍속장120, p.766b5)에 "서 있다 한들 밝힐 수 없고 앉는다 해도 밝히 알 수 없다. 立地也不可明得 坐地也不可明得"라고 하였다. [참고문헌] 『碧巖錄』, 『懶翁語錄』, 『圜悟心要』.

지 至 ❶ Ⓢ gamana, saṃkramaṇa, Ⓣ kun-tu-'pho-ba. 이르다. 도달하다. 『장아함십보법경』 권상(대정장1, p.233b27)에 "현자 사리불이 말했다. '모든 비구들께서 법을 설하여 듣기를 청한다면, '처음도 좋고 중간도 좋고 마지막도 좋으며, 혜도 있고 방편이 있고, 정제마저 가장 잘 갖추어 구경에 이르는 설법을 행하리라. 그것은 하나에서 시작해 십법에 이르는 법이니, 잘 듣고 뜻을 기울여 마음에 새기고, 설한 말 그대로 들으시오'. 그러자 여러 비구들이 사리불을 따라 '듣기를 원합니다'라고 하였다. 賢者舍利曰 請諸比丘聽說法 上亦好 中亦好 竟亦好 有慧有巧 最具淨除至竟說行 聽從一增至十法 聽向意著意 聽說如言 諸比丘從賢者舍利曰 請願欲聞", 『함수유경』(대정장1, p.811b29)에 "이미 피안에 이른 이란 어떤 사람인가? 물에서 나온 이가 있는데, 그 사람은 선법에 대해 믿음이 있고 부끄러움과 용맹스런 뜻이 있으며, 모든 선법에 비추어 참괴를 품고는 그는 문득 오하분결을 끊고 아나함이 되어 저 반열반에 들어, 다시는 인간세계로 돌아오지 않는다. 이 사람이 여섯 번째로, 물에서 나와 이미 피안에 이른 이를 비유한다. 云何彼人已至彼岸 或有一人便出水 有信於善法 有慙愧 有勇猛意 於諸善法 皆懷慙愧 彼便盡五下分結 成阿那含 於彼般涅槃 不復來至此間 是謂六人喩彼出水已至彼岸", 『대승입능가경』 권1(대정장16, p.590c28 : *Laṅk.*, p.24)에 "해탈은 어디에 이르는 것이고, 누가 속박하고 누가 능히 풀어줍니까? 선경계란 무엇이며, 무슨 까닭에 삼승이 있습니까? 解脫至何所 誰縛誰能解 云何禪境界 何故有三乘 muktasya gamanaṃ kutra baddhaḥ kaḥ kena mucyate, dhyāyināṃ viṣayaḥ ko 'sau kathaṃ yānatrayaṃ bhavet", 『십이문론』(대정장30, p.159c14)에 "마하연은 이승보다 위에 있기에 대승이라 한다. 제불은 가장 크셔서 이 탈것으로 도달하기에 대라고 한다. 큰 사람인 부처님들께서 이 수레를 타므로 대라고 한다. 또 중생의 큰 괴로움을 없애 큰 이익을 주기에 대라 한다. 摩訶衍者 於二乘爲上 故名大乘 諸佛最大 是乘能至 故名爲大 諸佛大人乘是乘故 故名爲大 又能滅除衆生大苦 與大利益事 故名爲大"라고 하였다. [참고문헌] 『長阿含十報法經』, 『鹹水喩經』, 『大乘入楞伽經』, 『十二門論』, *Laṅk.* ❷ 더없이 · 지극히 · 매우. 『인본욕생경주』(대정장33, p.1b13)에 "부처님께서 말씀하셨다. "아난아, 너무나 분명해서 알아보기 쉽다고 말하지 마라. 깊고도 미묘하니, 아난아, 근본생사가 바로 그것이다. 아난아, 근본인연을 좇아 생사하는 것을 만일 어떤 이가 알지도 못하고, 보지도 못하고, 이해하지도 못하고, 받아들이지도 못하면, 마치 세간의 베틀이 밟거나 당기는 대로 북이 오가는 것과 같다〈어리석음을 좇는 이에게 이 생사가 있다는 것이 지극히 깊고, 지극히 묘하거늘 어찌 알기 쉽다고 하는가. 어리석음(癡)이 생긴 이래, 겁을 지내고 몸을 바꾸면서 유유히 지낸 비구는 그 도리를 전혀 알지 못한다. 되돌아보건대 손에 잡은 듯이 아는 이는 만에 하나도 없거늘 어찌 분명하다 하는가〉. 佛告阿難 勿說是分明 易知易見 深微妙 阿難 從有本 生死是 阿難 從本因緣生死 如有不知 不見 不解 不受 令是世間如織機躡撰往來〈言從癡者 有是生死 至深至妙 何得言易見乎自有癡來 經劫累身悠悠者 比丘有不了諦 反視如有者者萬無一人 曷云分明耶〉", 『일체경음의』 권23(대정장54, p.454c21)에 "애념의 정이 지극하다〈지는 극과 같다〉. 愛念情至〈至猶極也〉"라고 하였다. [참고문헌] 『人本欲生經註』, 『一切經音義』. ⇨ 지의 至義 ❸ Ⓢ prāpti, Ⓣ thob-pa. 이르러서 얻음. 득(得). 오위칠십오법(五位七十五法)의 심불상응행법(心不相應行法) 중 하나인 득(得)으로 얻음 · 성취의 뜻이며, 능히 법을 얻고 잃어버리지 않게 하여 유지시키는 심소(心所)다. 진제(眞諦)의 한역어로, 현장(玄奘)은 득(得)으로 한역하였다. 『구사석론』 권3(대정장29, p.180c18 : *Abh-k-bh.*, p.62)에 "[게] 이 중에 지(至) · 득(得) · 동수(同隨)가 있다. [석] 득에는 두 종류가 있는데 아직 얻지 못한 것을 얻는 것과 이미 상실했던 것을 얻는 것이다. 정득과 동수한다. 이것과 반대되는 것을 비지(非至)라 하므로, 여기서 지의 뜻은 절로 성립한다. 偈曰 於中至得及同隨 釋曰 得有二種 謂未至得 已失得 與正得同隨 翻此名非至 義至自成 〈kārikā〉 prāptir-lābhaḥ samanvayaḥ 〈bhāṣya〉 dvividhā hi prāptir-aprāpta-vihīnasya ca lābhaḥ pratilabdhena ca samanvāgamaḥ. viparyayād-aprāptir-iti siddham"라고 하였다. [참고문헌] 『俱舍釋論』, 『俱舍論』 권4(대정장29, p.22a10), *Abh-k-bh.* ⇨ 득 得[9], 심불상응행법 心不相應行法, 칠십오법 七十五法 ❹ Ⓢ prāpti, Ⓣ phrad-pa. 이르다 · 다가오다. 촉(觸)과 통한다. 『구사론』 권1(대정장29, p.3a12 : *Abh-k-bh.*, p.7)에 "신과 설의 두 근이 양 경계(촉경 · 미경)에 동시에 이를 때 어떤 식이 먼저 일어나는가? 경계의 강하고 왕성함에 따라 강하고 왕성한 식이 먼저 일어난다. 하지만 경계의 강하고 왕성함이 균등하다면 설식이 먼저 일어나니, 먹고 마심이 몸을 끌어당겨 상속하게 하기 때문이다. 身舌二根兩境俱至 何識先起 隨境强盛彼識先生 境若均平舌識先起 食飮引身令相續故 kāya-jihvendriyayor-yugapad-viṣaya-prāptau satyāṃ katarad vijñānaṃ pūrvam-utpadyate. yasya viṣayaḥ paṭīyān. samaprāpte tu viṣaye jihvāvijñānaṃ pūrvam-utpadyate. bhoktukāmatāvarjitatvātsantateḥ"라고 하였다. [참고문헌] 『俱舍論』, *Abh-k-bh.* ⇨ 지의 至義 ❺ 이해하다 · 파악하다. 『반야심경약소연주기』 권상(대정장33, p.556a6)에 "현유(玄猷)라는 말에서 유(猷)는 길이자 인이니, 이 묘각은 참된 근원으로 들어가는 바른 길이고, 묘과를 성취하는 깊은 인이다. 그러므로 아래의 법장의 소에서

'이 묘혜에 의지하여 생사의 과실을 뒤집어 참된 공의 경계를 남김없이 이해한다'라고 했다. 玄猷者 猷者道也 因也 言此妙覺入眞源之正道 克妙果之深因故 下疏云 由斯妙慧翻生死過 盡至眞空之際奧"라고 하였다. [참고문헌]『般若心經略疏連珠記』.

지 志 **1** Ⓟ saṁkappa. 굳게 뜻을 일으킴. 『대지도론』 권4(대정장25, p.88b20)에 "하늘과 인간·아수라 그 모두는 와서 나를 보라! 광대한 마음과 위없는 의지로 불도를 구해 성취해야 한다. 불도를 구하는 이가 있다면, 마땅히 이 크나큰 고통을 견뎌내야 할 것이다. 그 마음 능히 견고하지 못하다면, 마땅히 그 결의를 그쳐야 할 것이다. 天人阿修羅 一切來觀我 大心無上志 以求成佛道 若有求佛道 當忍此大苦 不能堅固心 則當息其意"라고 하였다. [참고문헌]『大智度論』, *MN.3.73.* ⇨정지正志 **2** Ⓟ citta. 뜻을 내는 마음. 『나선비구경』 권하(대정장32, p.716c1)에 "왕이 다시 나선(那先 Ⓟ Nāgasena)에게 물었다. '사람에게는 지은 바가 있는데 아주 오랜 일들도 기억합니까?' 나선이 말했다. '사람들은 근심이 있을 때는 모두 오래된 일을 상기하곤 합니다'. 왕이 물었다. '무엇 등을 써서 그것을 생각합니까? 뜻을 움직여 상기하는 것입니까? 기억에 의해 상기하는 것입니까?' 나선이 물었다. '왕이시여, 어찌 전에 배우고 안 것을 이후에 기억하시는지요?' 왕이 대답했다. '그렇지만 저는 전에 배우고 안 것을 후에 다시 다 잊어버리기도 합니다'. 나선이 왕에게 말했다. '왕이시여, 그때는 뜻이 없으셨습니까? 그래서 잊은 것입니까?' 왕이 답했다. '저는 그때 헛되이 생각하고 있었을 뿐입니다'. 王復問那先 人家有所作 念久遠之事不 那先言 人愁憂時 皆念久遠之事 王言 用何等念之 用志念耶 用念念耶 那先問王言 寧曾有所學知 以後念之不 王言 然我曾有所學知 以後復忽忘之 那先言王 是時無志耶 而忘之乎 王言 我時妄念"라고 하였다. [참고문헌]『那先比丘經』, *Mil.77.* **3** 뜻을 내어 기억하기 위해 남기는 일. 지(誌)와 같다. 『불조통기』 권1(대정장49, p.131b4)에 "'지'란 어떤 일을 기억하는 것이다. 산가의 교전이든, 제종에서 세운 교리든, 정토왕생한 일이든, 세계성망이든 … 모두 뜻이 있는 것들을 돌아보아 말한다. 志者 所以記其事也 若山家教典 若諸宗立教 若淨土往生 若世界成毁 … 皆於志有考云"라고 하였다. [참고문헌]『佛祖統紀』.

지 知 제법(諸法)을 분별하여 알거나(分別知), 널리 알거나(遍知), 사제(四諦)나 일체법(一切法) 등을 깨우쳐 아는(如實知) 등의 뜻에서 지(知)를 말한다. 『증일아함경』 권14(대정장2, p.619b3)에 "오비구는 마땅히 알라. 이 사제란 세 번 굴러 십이행인데 여실하게 알지 못한다면 위없고 바르며 참된 등정각을 이룰 수 없지만, 내가 이 사제의 삼전십이행을 분별하여 여실하게 알기에 무상의 지극히 참된 등정각을 이루느니라. 五比丘 當知 此四諦者 三轉十二行 如實不知者 則不成無上正眞等正覺 以我分別此四諦三轉十二行 如實知之 是故成無上至眞等正覺", 80권본 『화엄경』 권51(대정장10, p.272b17)에 "여래께서는 지혜로 삼세의 일체중생과 일체국토와 일체겁수와 일체제법을 분별하여 알지 못하는 것이 없으시니, 만약 알지 못한다 말한다면 이런 곳은 없다. 어째서인가? 지혜는 평등하니 모두 밝히 알기 때문이다. 불자여! 이것이 여래심의 여덟 번째 상이니, 모든 보살마하살은 응당 이와 같이 알아야 한다. 如來智慧分別 三世一切衆生 一切國土 一切劫數 一切諸法 無不知者 若言不知 無有是處 何以故 智慧平等 悉明達故 佛子 是爲如來心第八相 諸菩薩摩訶薩 應如是知", 『미사새오분계본』(대정장22, p.197b5 : *Vin.4,* p.49)에 "만약 비구가 물에 벌레가 있는 줄 알면서도 그 물을 가져다 진흙을 이기거나 마시거나 여러 용도로 쓴다면, 이는 바일제다. 若比丘 知水有蟲 若取澆泥 若飮食諸用 波逸提 yo pana bhikkhu jānaṃ sappāṇakaṃ udakaṃ tiṇaṃ vā mattikaṃ vā siñceyya vā siñcāpeyya vā pācittiyan ti", 『유부율파승사』 권6(대정장24, p.127c14)에 "이 고성제법에 대해 나는 일찍이 알지 못했으나 이제 마땅히 알 수 있게 되었다. 此苦聖諦法 我未曾知 今當應知", 『아비담비바사론』 권1(대정장28, p.2c10)에 "이와 같이 안다란, 아비담의 혜로 선·불선·무기의 법을 분별함이다. 如是知者 以阿毘曇慧 分別善不善無記法", 『비바사론』 권6(대정장28, p.457b21)에 "혹 말한다. '세존께서 교화하심에 혹은 처음 듣고는 바로 알고 혹은 분별하여 아는데, 처음 들어 아는 이에겐 12입을 설하고 분별하여 아는 이에겐 18계를 설한다'. 或曰 世尊教化 或始聞則知 或分別知 始聞知者 爲說入 分別知者 爲說界", 『중론』 권4(대정장30, p.31a15)에 "경에서 설하길 '정부정의 전도로 인해 억상(憶想 Ⓢ saṃjñā)과 분별(分別 Ⓢ vikalpa)로 탐욕과 분노와 어리석음이 생겨난다'고 하였다. 그러므로 마땅히 안다. 탐에치가 있게 된 것을. 經說因淨不淨顚倒 憶想分別生貪恚癡 是故當知有貪恚癡", 『유가사지론』 권16(대정장30, p.362c28)에 "이와 같은 등 상을 차별상이라 함을 알아야 한다. 如是等相 應知名差別相", 『금강침론』(대정장32, p.169b13 : *Vajr-s.,* p.1)에 "저 바라문은 어떤 종성이고, 어떻게 목숨을 유지하며, 다시 무엇을 알고, 행과 업은 어떠한가? 彼婆羅門 何姓何命 復云何知 行業云何 ko'yaṃ brāhmaṇo nāma kiṃ jīvaḥ … kiṃ jñānaṃ kim-ācāraḥ kiṃ karma", 『대승아비달마잡집론』 권5(대정장31, p.715c2)에 "두루 앎이란, 여실하게 상의 차별과 안립된 소연경계를 앎을 말한다. 遍知者 謂如實知相差別安立所緣境界", 『나선비구경』 권중(대정장32,

p.711b27)에 "고를 알고 낙을 알기에 고락을 쫒아 은애가 생겨나고, 은애로부터 탐욕이 생겨난다. 知苦知樂從苦樂生恩愛 從恩愛生貪欲", 『금칠십론』 권상(대정장54, p.1249b2)에 "아(我 Ⓢ puruṣa)란 미세하여 저 자성(自性 Ⓢ prakṛti) 같다 하는데, 어떻게 아가 있음을 알 수 있는가? 我者微細如自性 云何知有我"라고 하였다. [참고문헌] 『增壹阿含經』, 『華嚴經』, 『彌沙塞五分戒本』, 『有部律破僧事』, 『阿毘曇毘婆沙論』, 『鞞婆沙論』, 『中論』, 『瑜伽師地論』, 『金剛針論』, 『大乘阿毘達磨雜集論』, 『那先比丘經』, 『金七十論』, *Vajr-s.*, *Vin.*, *Bodh-bh.2.*

지 持 ❶ Ⓢ dhāra. 좋은 물건이나 좋은 법 그리고 경 등을 지녀 잃지 않도록 하는 뜻. 『현우경』 권10(대정장4, p.421a28)에 "이때 세존께서 여러 사부대중들과 함께 … 점차 사위성 근처로 다가오시자 일체대중들이 온갖 공양구들을 지니고서 세존을 맞이하고 대접하였다. 爾時 世尊與諸四衆 … 漸漸來近舍衛城邊 一切大衆 持諸供具 迎待世尊", 『법화경』 권6(대정장9, p.52b6 : *Saddh-p.*, p.392)에 "부처님께서 열반에 드신 뒤 이 경을 지녔기에, 모든 부처님께서 다 기뻐하시며 한량없는 신력을 나타내시네. 이 경을 부촉하시고자, 경전을 받아 지니는 이를 찬미하시기를, 무량겁중으로도 오히려 다할 수 없다네. 以佛滅度後 能持是經故 諸佛皆歡喜 現無量神力 囑累是經故 讚美受持者 於無量劫中 猶故不能盡 etāni ca-anyāni ca prātihārya-guṇān-nidarśenti hitānukampakāḥ, kathaṃ nu te harṣita tasmi kāle dhāreyu sūtraṃ sugatasya nirvṛte. bahū pi kalpāna sahasrakoṭyo vadeya varṇaṃ sugatātmajānām. ye dhārayiṣyantima sūtram-agraṃ parinirvṛte lokavināyakasmin", 60권본 『화엄경』 권34(대정장9, p.615b16)에 "여래도 또한 그와 같아 처음으로 등정각을 이루어 시방일체세계에 법운으로 큰 비를 내리시어 승법계에 충만하지만, 능히 가져 지닐 자 없었다네. 如來亦如是 初成等正覺 十方一切界 法雲降大雨 充滿勝法界 無有能持者"라고 하였다. [참고문헌] 『賢愚經』, 『法華經』, 『華嚴經』, *Saddh-p.* ❷ 가져 끊지 않고 떠나지 않고 달리하지 않는 뜻. 『승만경』(대정장12, p.222b11)에 "여래장이란, 유위상을 여의었기에 여래장은 상주불변합니다. 그러므로 여래장은 의이며 지이고 건립입니다. 세존이시여, 여윌 수 없고 떠날 수 없으며 끊어서도 안 되고 벗어나서도 안 되며 달라져서도 안 되는 것이 부사의불법입니다. 세존이시여! 끊어야 하고 벗어나야 하고 달리해야 할 것은 외도의 유위법에 의지함입니다. 지녀 건립해야 할 것은 바로 여래장일 뿐입니다. 如來藏者 離有爲相 如來藏 常住不變 是故 如來藏 是依是持 是建立 世尊 不離 不斷 不脫 不異 不思議佛法 世尊 斷脫異外 有爲法依 持建立者 是如來藏"라고 하였다. [참고문헌] 『勝鬘經』. ❸ 법(法)이 자성을 가지는 뜻. 『근본살바다부율섭』 권2(대정장24, p.533b8)에 "법이란 말은 곧 이 자성을 지니는 뜻이다. 言法者 卽是持自性義", 『법온족론』 「법온족론후서 法蘊足論後序」(대정장26, p.514a5)에 "능히 자성을 가져 본보기를 갖추게 됨을 법이라 칭한다. 能持自性 軌範稱法", 『대비바사론』 권71(대정장27, p.368a16)에 "임시로 가지기에 계라 이름한다란, 이 모든 계들은 자성을 임시로 가짐을 말한다. 任持故名界者 謂此諸界 任持自性", 『아비담비바사론』 권38(대정장28, p.279c29)에 "가져 기르는 뜻이 계의 뜻이다란, 능히 자성을 가지기에 이 때문에 성의 뜻이며 내지 가져 기르는 뜻이면 바로 계의 뜻이다. 持養義是界義者 能持自性故 是故性義 乃至持養義是界義", 『잡아비담심론』 권1(대정장28, p.870c5)에 "법이란 가짐이다. 자성을 가지기에 법이라 이름한다. 法者 持也 持自性故名法", 『대승광오온론』(대정장31, p.850c22)에 "계라 하는 것은, 능히 자성으로서의 소조색을 가지기 때문이다. 界者 能持自性所造色故"라고 하였다. [참고문헌] 『根本薩婆多部律攝』, 『法蘊足論』, 『大毘婆沙論』, 『阿毘曇毘婆沙論』, 『雜阿毘曇心論』 『大乘廣五蘊論』. ⇨ 법 法, 일체법 一切法, 임지자성궤생물해 任持自性軌生物解 ❹ Ⓢ ādhāra, Ⓣ rten, gzhi. 어떤 법(別法)이 뭇 연(衆緣)으로 함께 하는 뜻. 『구사론』 권5(대정장29, p.26b1 : *Abh-k-bh.*, p.73)에 "어떤 별법이 있어서 능히 체온과 식을 유지하고 상속하여 머물게 하는 인을 목숨이라고 한다. 그렇다면 이 목숨은 어떤 법이 능히 유지하는가? 즉 체온과 식이 도리어 이러한 목숨을 유지한다. 그렇다면 이 세 가지 법은 서로서로 유지하고 상속하여 구르기에 어떤 법이 먼저 멸하면 이것의 멸로 말미암아 그 나머지 두 가지 법도 그에 따라 멸한다. 그런 즉 이 세 가지 법은 언제나 서로 버림이 없다. 이미 이렇게 하는 이 목숨은 마땅히 그 업을 능히 가질 수 있게 되어, 업에 따라 인도되어 상속하며 구른다. 有別法能持煖識 相續住因 說名爲壽 若爾此壽 何法能持 卽煖及識 還持此壽 若爾三法 更互相持 相續轉故 何法先滅 由此滅故 餘二隨滅 是則此三 應常無謝 旣爾此壽 應業能持 隨業所引 相續轉故 tad ya ūṣmaṇo vijñānasya cādhārabhūto dharmaḥ sthitihetustadāyuḥ. tasyedānīmāyuṣaḥ ka ādhārabhūtaḥ. evaṃ tarhi parasparāpekṣyavṛttitvādeṣāṃ kaḥ pūrvaṃ nivartiṣyate. yadvaśādibhavau vivarttiṣyete iti nityānivṛttiprasaṅgaḥ. āyuṣastarhi karmādhārabhūtaṃ yāvadākṣiptaṃ karmaṇā tāvadanuvarttanāt"라고 하였다. [참고문헌] 『俱舍論』, *Abh-k-bh* ❺ 마음이나 몸가짐을 특별히 하는 뜻. 2권본 『나선비구경』 권상(대정장32, p.694b28)에 "나선은 외삼촌 계신 곳에 이르러 말씀드렸다. '저는 불도를 좋아합니다. 사문이 되어 외삼촌의 제자가 되고자 합니다. 제가 어떻게 하면 사문으로 만들어주시겠습니까?' 那先 至舅父所 自說言 我喜佛道 欲作沙門 爲舅父作弟子 寧可持我作沙門"라고 하였다. 〔참고문헌〕『那先比丘經』.

지 指 ❶ⓈaṅgulĪ, Ⓣsor-mo. 손가락. 『일체비밀최상명의대교왕의궤』 권하(대정장18, p.540b14)에 "다섯 손가락 평등하여 상응하면 다섯만나라의 장엄을 나타내고 다섯부처의 정등각을 현성한다. 五指平等若相應 表莊嚴五曼拏羅 五佛現成正等覺"라고 하였다. 〔참고문헌〕『一切祕密最上名義大教王儀軌』, *Abh-k-bh.176.* ❷ 지척(指尺). 『무이평등최상유가대교왕경』 권6(대정장18, p.534b29)에 "팔엽의 대우발라화는 가로세로 서른두 지척 크기다. 八葉大優鉢羅華 縱廣三十二指量"라고 하였다. 〔참고문헌〕『無二平等最上瑜伽大教王經』. ❸ Ⓢaṅgulyagra. 법의 뜻(義)을 가리키는 말(語)의 비유. 가르침(教)을 손가락에, 법(法)을 달(月)에 비유하였다. 『대지도론』 권9(대정장25, p.125b1)에 "예컨대 어떤 사람이 손가락으로 달을 가리켜서 미혹된 사람에게 보이지만 미혹된 이는 손가락만 보고 달은 보지 않으니 사람들은 이를 일러 이렇게 말한다. '내가 손가락으로 달을 가리켜서 그대가 이것을 알도록 하였는데, 그대는 어찌하여 손가락만 보고 달을 보지 않는가?' 이것 역시 그러하니 말은 뜻을 가리키는 손가락일 뿐이지 말이 뜻은 아니다. 如人以指指月 以示惑者 惑者視指 而不視月 人語之言 我以指指月 令汝知之 汝何看指 而不視月 此亦如是 語爲義指 語非義也", 『능가경』 권4(대정장16, p.510c15 : *Laṅk.*, p.223)에 "저 거울의 영상과 같이 마음을 드러내니, 무시로 익혀 덮인 바 되었다 하나 여실하게 관찰한다면 모든 일에 온통 일어난 바 없다. 마치 어리석은 이가 달 가리키는 것을 보지만 손가락만 볼 뿐 달은 보지 못하는 것과 같으니, 이름과 글자에 헤아려 집착하는 이는 나의 진실을 보지 못한다. 如鏡像現心 無始習所薰 如實觀察者 諸事悉無事 如愚見指月 觀指不觀月 計著名字者 不見我眞實 bimbavaddṛśyate cittam anādimatibhāvitam, arthākāro na cārtho 'sti yathābhūtaṃ vipaśyataḥ. aṅgulyagraṃ yathā bālo na gṛhṇāti niśākaram, tathā hyakṣarasaṃsaktāstattvaṃ na vetti māmakam", 『능엄경』 권2(대정장19, p.111a8)에 "부처님께서 아난에게 말씀하셨다. '그대들은 오히려 반연심으로 법을 듣는다. 이 법 역시 반연일 뿐이며 법성을 얻은 것이 아니다. 마치 어떤 이가 손으로 달을 가리켜 보이거든 그 사람은 손가락으로 인하여 응당 달을 보아야 한다. 만약 손가락을 보고서 달의 몸이라고 여긴다면 이 사람이 어찌 단지 둥근 달만을 잃은 것이겠는가? 그 손가락 또한 잃은 것이다. 왜 그러한가? 가리키고자 했던 손가락을 밝은 달로 여겼기 때문이다. 어찌 손가락만 잃었겠는가? 또한 더하여 밝음도 어둠도 알지 못한 것이다. 佛告阿難 汝等尚以緣心聽法 此法亦緣非得法性 如人以手指月示人 彼人因指當應看月 若復觀指以爲月體 此人豈唯亡失月輪 亦亡其指 何以故 以所標指爲明月故 豈唯亡指 亦復不識明之與暗"라고 하였다. 〔참고문헌〕『大智度論』, 『楞伽經』, 『楞嚴經』, *Laṅk.* ⇨지월 指月

지 祇 단지. 다만. 바로. 모든 것 차치하고의 뜻이다. 『동산어록』(대정장47, p.520b27)에 "동산이 각지의 선지식을 찾아다니다 노조에게 갔다. 절을 하고 일어나 잠시 옆에 시립해 있다가 나간 후에 다시 들어 왔다. 그러자 노조가 말했다. '바로 이렇다! 바로 이렇다! 그래서 이런 것이다' '수긍하지 않는 사람들이 있습니다' '어찌 그대의 말재주를 빼앗을 수 있겠는가?' 동산이 바로 절을 하고 수개월 동안 시봉하였다. 師參方 到魯祖 禮拜起侍立 少頃而出 却再入來 魯祖云 祇恁麽 祇恁麽 所以如此 師云 大有人不肯 魯祖云 作麽取汝口辯 師便禮拜 乃侍奉數月", 『위산어록』(대정장47, p.578a29)에 "앙산이 위산에게 물었다. '조사가 서쪽에서 온 뜻은 무엇입니까?' 위산이 등롱을 가리키며 말했다. '대단히 좋은 등롱이구나' '다만 이것일 뿐 아닙니까?' '이것이 무엇이냐?' '대단히 좋은 등롱입니다' '예상했던 대로 진실을 보지 못하는구나'. 仰山問 如何是祖師西來意 師指燈籠云 大好燈籠 仰山云 莫祇這便是麽 師云 這箇是甚麽 仰山云 大好燈籠 師云 果然不見", 『앙산어록』(대정장47, p.583a4)에 "앙산이 위산 앞 언덕에서 소를 치고 있던 참이었다. 한 학인이 위산에 올라갔다가 오래지 않아 바로 내려오는 걸 보고 물었다. '상좌는 어째서 산중에 머물지 않는가?' '단지 인연이 계합하지 않았기 때문입니다'. 師在溈山前坡牧牛次 見一僧上山不久便下來 師乃問 上座何不且留山中 僧云 祇爲因緣不契"라고 하였다. 〔참고문헌〕『洞山語錄』, 『溈山語錄』, 『仰山語錄』.

지 智 Ⓢjñāna, Ⓟñāṇa, pariññā. 아함에서는 탐욕(貪欲)을 조복해야 지를 얻고, 아비담에서도 일체번뇌다함(一切結盡)으로 지를 성취한다. 『대비바사론』에서는 오식(五識) 및 의식(意識)과 상응하는 무루인(無漏忍)이 아닌 뜻에서 지(智)라 하고, 능히 아는(能知) 뜻에서 분별해 아는(能了) 뜻의 식(識)과 구별하였으며, 『아비담팔건도론』에서도 의식신(意識身) 내지 오식신(五識身)과 상응하는 것을 지라 하였다. 『대지도론』에서는 보리(菩提)의 이름이 지라 하였고, 선법을 익혀 잃지 않기까지는 념(念)이지만 결정지이면 지라 하였다. 『대승의장』에서는 결단의 뜻(決斷義)이어야 지라 부를 수 있다 하였다. 『불지경론』에서는 모든 지의 권속인 심과 심소는 모두 지이며, 『유가사지론』에서는 육바라밀

중에 반야바라밀을 오직 지라 여겨 정진과 정려를 거두지만 『화엄경』에서는 육바라밀이 모두 지가 아님이 없다 하였다. 『화엄공목장』에서는 지자(智者)가 비춰 살피는 것은 모두 지이고 비춰 통달하면 혜(慧)라 하여 구별하기도 한다. 『대보적경』에서는 사대(四大)와 오온(五蘊) 중에 머물지 않고 적정(寂靜)하여 단 한 법도 분별하지 않아 불생불멸의 무위법(無爲法)을 깨우쳐 머묾이 없는(無有所住) 뜻이어야 지라 부를 수 있으며, 『해심밀경』에서는 총법(總法)을 지관으로 닦아 얻은 묘혜를 지라 하고, 별법(別法)에 대한 혜는 견(見)이라 달리 이름하였다. 『임제록』에서는 일체처에 의심 없어서 한 법이라도 얻을 것 없어야 지라 여기고, 대혜(大慧)는 계정혜 삼학과 삼세를 마주하게 하고는 과거를 취하지 않아야 지라 하기도 하였다. 원측(圓測)도 지(知)와 견(見)을 마주하게 하고는 자세히 풀고 자상(自相)을 경으로 하면 지라 부르고 공상(共相)을 연하여 얻은 혜는 견(見)으로 달리 불렀다. 태현(太賢)은 세간출세간의 염정 모든 법을 뛰어나게 능히 분별하면 지라 이름 붙여도 된다고 하였다. 『잡아함경』 권3(대정장2, p.19a8 : *Pariñña-sutta, SN.3,* p.26)에 "무엇을 지라 하는가? 탐욕을 조복하고 끊으며 넘어서는 것을 지라고 한다. 무엇이 지자인가? 아라한이다. 云何爲智 調伏貪欲 斷貪欲 越貪欲 是名爲智 云何智者 阿羅漢是 katamā ca bhikkhave pariññā. yo bhikkhave rāgakkhayo dosakkhayo mohakkhayo. ayaṃ vuccati bhikkhave pariññāti", 『아비담비바사론』 권18(대정장28, p.134a2)에 "무엇을 지라고 하는가? 〔답〕 일체 맺힌 번뇌가 다하는 것이다. 云何爲智 答曰 一切結盡", 『대비바사론』 권95(대정장27, p.490a20)에 "무엇이 지인가? 〔답〕 오식과 상응하는 혜이고, 무루인을 제한 나머지 의식으로 상응한 혜다. 云何爲智 答 五識相應慧 除無漏忍餘意識相應慧", 같은 책 권9(대정장27, p.44c2) "능히 알기에 지라 하고, 능히 분명히 가려 알기에 식이라 한다'. 能知故名智 能了故名識", 같은 책 권141(대정장27, p.727a29)에 "〔문〕 무엇 때문에 지라고 하는가? 〔답〕 소연법에 대해 자세히 관하고 결정하기에 지라고 한다. 問 何故名智 答 於所緣法審觀決定 故名爲智", 『아비담팔건도론』 권9(대정장26, p.813c2)에 "무엇이 지인가? 〔답〕 수행한 바 인을 버리고 모든 나머지 의식신과 상응하는 지 그리고 오식신과 상응하는 지·진지·무생지이다. 云何爲智 答曰 除所修行忍 諸餘意識身相應智 及五識身相應智 盡智 無生智也", 『대지도론』 권23(대정장25, p.229a9)에 "〔문〕 이 일체행법은 어째서 어떤 때에는 지라 이름하고 어떤 때에는 념이라 이름하며 어떤 때에는 상이라 이름하는가? 〔답〕 처음 선법을 익혀 잃지 않기에 단지 념이라 이름하고, 능히 상을 굴리고 마음을 굴리기에 상이라 이름하며, 결정코 알아 의심하는 바 없기에 이름하여 지라 한다. 問曰 是一切行法 何以故 或時名爲智 或時名爲念 或時名爲想 答曰 初習善法 爲不失故 但名念 能轉相轉心故 名爲想 決定知 無所疑故 名爲智", 같은 책 권85(대정장25, p.656b4)에 "보리의 이름이 지이며, 부처의 이름 또한 지자라고 한다. 이 지를 얻었기에 지혜로운 이라고 한다. 菩提名智 佛名智者 得是智故 名爲智者", 『대승의장』 권4(대정장44, p.555c21)에 "지란 바로 결단의 뜻이고, 인(忍)이란 결단하지 않기 때문에 지라고 하지 않는다. 智者是其決斷之義 忍不決斷故不名智", 『불지경론』 권3(대정장26, p.302b27)에 "저 지의 권속인 모든 심과 심법을 또한 지라 이름한다. 若智眷屬諸心心法 亦名爲智", 『유가사지론』 권36(대정장30, p.485b17)에 "무엇이 복이고 무엇이 지인가? 복은 곧 3종 바라밀다라고 약설하니, 첫째 시바라밀다, 둘째 계바라밀다, 셋째 인바라밀다이다. 지는 오직 1종의 바라밀다이니, 혜바라밀다이다. 정진과 정려바라밀다는 응당 2분에 통함을 알아야 하니, 첫째는 복분이요 둘째는 지분이다. 云何爲福 云何爲智 謂略說福卽是三種波羅蜜多 一 施波羅蜜多 二 戒波羅蜜多 三 忍波羅蜜多 智唯一種波羅蜜多 謂慧波羅蜜多 精進靜慮波羅蜜多 應知通二分 一者 福分 二者 智分", 40권본 『화엄경』 권26(대정장10, p.782c16)에 "반야바라밀을 이름하여 지라 하고, 정진과 선정은 복이라고 하지만 이 또한 이름을 지라고도 한다. 정진을 인하여 보시·지계·인욕·자무량 등을 닦은즉 복이라 이름하지만, 정진을 인하여 문사수 일으키기에 이 또한 지라 부른다. 또한 정진을 인하여 온선교·처선교·계선교·연기선교·처비처선교를 닦아 능히 사제와 선불선법과 번뇌의 승열과 흑백의 모든 업들을 알아 미세하게 관찰하기에 이 모두를 지라 이름한다. 만약 선정을 인하여 사무량을 닦으면 이를 복이라 이름하지만, 선정을 인하여 반야와 모든 선교들을 수행하기에 이 또한 지라 이름한다. 般若波羅蜜名之爲智 精進禪定 亦名爲福 亦名爲智 謂 因精進 修施戒忍慈無量等 則名爲福 若因精進 起聞思修 則名爲智 又因精進 修蘊善巧 處善巧 界善巧 緣起善巧 處非處善巧 能知四諦善不善法 煩惱勝劣 黑白諸業 微細觀察 皆名爲智 若因禪定 修四無量 是名爲福 若因禪定 修行般若 及諸善巧 則名爲智", 『화엄공목장』 권4(대정장45, p.581c16)에 "지자에는 세 부류가 있으니, 소승·삼승·일승이다. 지자가 비추어 살피는 것을 지라고 하며, 잘 알게 된 것은 혜라고 한다. 智者有三 一 小乘 二 三乘 三 一乘 智者照察名智 審達名慧", 『대보적경』 권37(대정장11, p.211a14)에 '다시 무엇을 지라 이름하는가? 오수온중에 머물지 않으면서 식온에 요달함을 지라 이름한다. … 지란 말은, 만약 사대계중에 머묾이 없으면서도 능히 잘 식의 법계에 통달하여 서로 여의지 않는다면 이를 지라 이름한다. … 지란 말은, 안으로 적정하여 밖으로 행하지 않으며 오직 지에 의지하여 단 한 법에도 분별과 종종분별을 일으키지 않으면 이를 지라 한다. … 취함도 집함도 없고 연하는 바도 요별하는 바도 없으며 분별도 없으면 이를 지라 이름한다. … 만약 무위의 법에 능히 요달하면 이를 지라 이름한다. … 생하지도 멸하지도 않아 머무는 바 없으면 이 이름이 바로 지다. 復以何等名之爲智 所謂不住五受蘊中 了達識蘊是名爲智 … 所言智者 若有不住四大界中 能善通達識之法界不相離者 是名爲智 … 所言智者 於內寂靜 不行於外唯依於智 不於一法 而生分別及種種分別 是名爲智 … 無取無執 無有所緣 無所了別 無有分別 是名爲智 … 若能了達無爲之法 是名爲智 … 不生不滅 無有所住 是名爲智", 『해심밀경』 권3(대정장16, p.700c11)에 "자씨보살이 또 부처님께 아뢰었다. '세존이시여! 사마타와 비발사나를 닦는 모든 보살중은 법을 알고 뜻을 압니다. 무엇이 지이고 무엇이 견입니까?' 부처님께서 자씨보살에게 이르셨다. '선남자여! 나는 무량문으로 지와 견의 두 가지 차별을 베푼다. 이제 마땅히 그대를 위해 간략하게 그 상을 설하겠노라. 만약 모든 법을 연하여 사마타와 비발사나를 닦아 있게 된 묘혜를 지라 이름하며, 별법을 연하여 사마타와 비발사나를 닦아 생긴 묘혜는 견이라 이름한다'. 慈氏菩薩 復白佛言 世尊 修奢摩他毘鉢舍那 諸菩薩衆 知法知義 云何爲智 云何爲見 佛告慈氏菩薩曰 善男子 我無量門 宣說智見 二種差別 今當爲汝略說其相 若緣總法 修奢摩他毘鉢舍那 所有妙慧 是名爲智 若緣別法 修奢摩他毘鉢舍那 所有妙慧 是名爲見", 『임제록』(대정장47, p.502b2)에 "지의 뛰어남이란, 일체처에 의심하지 않고 한 법마저 얻는 일 없으면 이름하여 지의 뛰어남이라 한다. 智勝者 於一切處 不疑 不得一法名爲智勝", 『대혜어록』 권2(대정장47, p.819a12)에 "현재에 머물지 않음을 정이라 이름하고, 미래를 기대하지 않음을 혜라 이름하며, 과거도 취하지 않음을 지라 이름하는데, 또한 여래선이라고도 하고 조사선이라고도 한다. 不住現在 此名爲定 不著未來 此名爲慧 不取過去此名爲智 亦謂之如來禪 亦謂之祖師禪", 원측(圓測)의 『해심밀경소』 권7(한불전1, p.340c18)에 "〔경〕 경중에 '지자와 견자는 누진을 얻는다'라고 설했는데, 어떤 차별이 있는가? 〔답〕 만약 지라 하면 처음에는 가명 깨뜨림을 지라 이름하고 법위에 들어 마치면 견이라 이름하며, 처음 관함을 지라 이름하고 이르러 마침을 견이라 이름한다. 이와 같이 깊고 얕은 차별이 있는데 널리 설함은 저와 같다. … 이 중에 천안으로 모든 색경에 대하여 능히 비추고 능히 관함을 견이라 설하여 이름하고, 능히 제천의 이런저런 이름과 글자 등의 이런저런 종류를 아는 것은 지라 이름한다. … 만약 과거와 미래를 비추되 현재 보이는 경은 아니면 이 혜를 지라 이름하지만, 현재의 경을 비추면 이 혜는 이름이 견이다. 또한 소취가 연이 되면 이 혜를 지라 이름하고 능취가 연이 되면 이 혜는 이름이 견이다. 또한 문혜와 사혜로 이뤄지는 바는 지라 이름하고 수혜로 이뤄지는 혜는 견이라 이름한다. 또한 능히 번뇌 끊는다면 이 혜는 견이라 이름하고, 번뇌가 끊어지고 나서 능히 해탈을 증하면 이 혜는 지라 이름한다. 또한 자상의 경을 연하면 이 혜를 지라 이름하고, 공상의 경을 연하면 이 혜를 견이라 이름한다. 經曰 經中說 知者見者 則得漏盡 有何差別 答曰 若智初破假名 名爲智 入法位已 則名爲見 始觀名智 達了名見 有如是深淺差別 廣說如彼 … 此中天眼 於諸色境 能照能觀說名爲見 能知諸天如是名字如是種類 是名爲智 … 若照過去及以未來 非現見境 此慧名智 照現在境 此慧名見 又所取爲緣 此慧名智 能取爲緣 此慧名見 又聞思所成名智修所成者此慧名見 又能斷煩惱 此慧名見 煩惱斷已 能證解脫 此慧名智 又緣自相境 此慧名智 緣共相境 此慧名見", 태현(太賢)의 『대승기신론내의략탐기』(한불전3, p.756c15)에 "뛰어나게 능히 세간과 출세간의 모든 염법과 정법을 분별할 수 있기에 그 이름이 지가 된다. 以勝能分別世出世染淨諸法 故名爲智"라고 하였다. 〔참고문헌〕『雜阿含經』, 『阿毘曇毘婆沙論』, 『大毘婆沙論』, 『阿毗曇八犍度論』, 『大智度論』, 『大乘義章』, 『佛地經論』, 『瑜伽師地論』, 『華嚴經』, 『華嚴孔目章』, 『大寶積經』, 『解深密經』, 『臨濟錄』, 『大慧語錄』, 『解深密經疏』, 『大乘起信論內義略探記』, *SN.*, *Saṅ-v.111.* ⇨ 지혜 智慧, 혜 慧, 반야 般若 1, 사지 四智, 팔지 八智, 유루지 有漏智, 무루지 無漏智, 법지 法智, 유지 類智, 십지 十智, 이지 二智, 권지 權智, 실지 實智, 오지 五智, 육지 六智, 사십사지 四十四智, 칠십칠지 七十七智, 대원경지 大圓鏡智, 평등성지 平等性智, 성소작지 成所作智, 묘관찰지 妙觀察智, 불지 佛智, 오상 五常, 육상 六相, 비지 非智 1

지 遲 Ⓢ dhandha, Ⓟ dandha. 늦다. 더디다. 장애하는 뜻으로 난(難)과 통한다. 『법온족론』 권3(대정장26, p.465a25)에 "무엇을 괴롭고 더디게 통하는 행(苦遲通行 Ⓢ duḥkhayā-dhandhābhijñayā)이라 하는가? 세존께서 '어떤 비구들은 오취온으로 인해 능욕과 상해를 당한다. … 이와 같이 오취온에 대해 싫어하고 천대하고 가책하고 거역함이 생겨나는 것을 이중의 괴로움이라 한다. 이로 인해 몽매하고 둔하고 약하고 열한 신근 등의 오근이 일어난다. 이와 같은 오근은 몽매하고 둔하고 약하고 열하기에 위없는 누진 증득을 능히 더디게 한다'고 말씀하셨다. 여기서 더디다는 말은 급하지도 빠르지도, 달리지도 쉽지도 않아서, 지체 없이 증득하지도 못한다는 것이다. 云何名爲苦遲通行 如世尊說 諸有苾芻 由五取蘊 陵辱傷毁 … 卽於如是五取蘊中 所生厭賤呵毁拒逆 此中名苦 由此便起 昧鈍羸劣 信等五根 如是五根 昧故鈍故羸故劣故 能遲證得無上漏盡 此言遲者 非急

非疾 非駛非易 非速證得”, 『현종론』 권33(대정장29, p.940b15)에 “고와 락의 두 통행 중에서 둔근을 느리다고 하고, 이근을 빠르다고 한다. 이 두 가지 행으로 경계를 통달함에 느린 것을 지통(遲通)이라 하고, 이와 반대를 속통(速通)이라 한다. 또는 느리고 둔한 이가 일으킨 통행을 지통행이라 하며, 속통행은 이와 반대다. 또는 열반을 향해 감에도 느림이 있고 빠름이 있다. 苦樂二通行中 鈍根名遲 利根名速 二行於境 通達稽遲 說名遲通 翻此名速 或遲鈍者 所起通行 名遲通行 速此相違 或趣涅槃 有遲有速”라고 하였다. [참고문헌] 『法蘊足論』, 『顯宗論』, *Abh-k-bh.378.*, *Mil.1.105.*

지가 地珂 Ⓢ Dīrgha. 이십팔대야차(二十八大藥叉) 중 하나. 『번역명의집』 권2(대정장54, p.1086c12)에 “지가는 장(長)으로 한역한다. 의정의 역본에는 지율가라고 하였는데 장대(長大)라고 한역한다. 地珂 梁云長 義淨譯本云地㗚伽 此云長大”라고 하였다. [참고문헌] 『翻譯名義集』, *Mmayu.27.* ⇨ 이십팔대야차 二十八大藥叉

지각선사 智覺禪師 ❶ 송(宋)대 영명연수(永明延壽)의 시호(諡號). ⇨ 연수 延壽 ❷ 남송(南宋)대 중봉명본(中峰明本)의 시호. ⇨ 명본 明本

지간망만상 指間網縵相 Ⓢ jāla-avanaddha-aṅguli-pāṇi-pāda. 삼십이상(三十二相) 중 하나. 수족망만지(手足網縵指)・수족지만망상(手足指縵網相 Ⓢ jālāvanaddha-hasta-pādaḥ)이라고도 한다. 손가락과 발가락 사이마다 엷은 막으로 연결되어 있는 상호를 말한다. 『능엄경지장소』 권1(卍속장24, p.234b14)에 “손이 그물망 모습으로 빛났다는 말은 여래의 두 손가락 사이마다 모두 엷은 막으로 서로 연결되어 있는 모습에다가 광명마저 있다는 뜻이다. 곧 삼십이상 가운데 지간만망상이다. 手稱網相光者 以如來兩手指間 皆有縵網相連之相 兼有光明 卽三十二相中 指間縵網相也”, 『관념법문』(대정장47, p.23a5)에 “다음으로 두 손바닥이 평평하면서 천폭륜상이 가득하고 열 손가락은 가늘고 길며 손가락 사이마다 엷은 막으로 연결되어 있는 상호를 관상하라. 次想二手掌 平滿千輻輪相 十指纖長 指間網縵相”라고 하였다. [참고문헌] 『楞嚴經指掌疏』, 『觀念法門』, *Buddh-c.6.*, *Mvyut.17.* ⇨ 삼십이상 三十二相, 망만상 網縵相, 수족지만망상 手足指縵網相

지간침추 指竿針鎚 손가락・찰간(刹竿)・바늘・백추(白鎚). 선사들이 법문에 끌어들인 온갖 수단들을 말한다. 대표적으로 구지(俱胝)의 일지두선(一指頭禪), 아난에게 찰간을 쓰러뜨리게 한 가섭, 발우물에 바늘 던진 제바존자(提婆尊者), 백추를 울려 문수를 쫓아내려 한 가섭 등과 관련된 온갖 물건들이다. 『보권좌선의』(대정장82, p.2a15)에 “언젠가 살펴보니 범부를 벗어나고 성인까지 뛰어넘으려면 반드시 고요한 연을 빌리고, 좌탈과 입망마저도 능히 정의 힘에 맡겨야 한다. 하물며 손가락・찰간・바늘・백추를 집어 움직이는 기틀과 불자・주먹・방・할을 들어 어김없이 깨닫는 일이야 말할 나위도 없다. 이들은 사량분별로 능히 알 수 없다. 嘗觀超凡越聖 必假靜緣 坐脫立亡 能任定力 況復拈指竿針鎚之轉機 擧拂拳棒喝之證契 未是思量分別之所能解也”라고 하였다. [참고문헌] 『普勸坐禪儀』.

지갈마 止羯磨 제자를 더는 받지 못하도록 하는 갈마. 『십송률』 권45(대정장23, p.326a12)에 “부처님께서 사위국에 계셨다. 이때 투란난타비구니가 대중을 두고 가르치지도 않고 설법하지도 않았다. 제자가 말했다. ‘화상이시여! 어찌하여 저를 교화하지도 않고 저에게 법을 설하지도 않으십니까?’ ‘나는 너를 교화하지 않고 너에게 법을 설하지도 않겠다’. 제자는 이 일을 비구니들에게 말했다. 비구니들은 이 일을 부처님께 자세하게 말씀드렸다. 부처님께서 이 일로 이부대중을 모으시고 아시고도 일부러 투란난타비구니에게 물으셨다. ‘너는 정말 이러한 일을 했는가?’ ‘정말 그렇게 하였습니다. 세존이시여’. 부처님께서는 갖가지 이유를 들어 꾸짖어 말씀하셨다. ‘어찌 비구니라 부르겠는가? 대중을 두고 교화하지 않고 법을 설하지도 않으니’. 갖가지 이유로 꾸짖으신 후에 비구니들에게 말씀하셨다. ‘그대들은 투란난타에게 지갈마를 행하라. 다시 이러한 이가 있으면 역시 지갈마를 해야 한다’. … 만약 비구니승이 지갈마를 행하였는데 제자들을 받을 경우 바일제를 범한 것에 해당한다. 佛在舍衛國 爾時 偸蘭難陀比丘尼 畜衆不敎誡 不爲說法 弟子白言 和上 何以不敎化我 不爲我說法 答言 我不敎化汝 不爲汝說法 弟子以是事 向諸比丘尼說 諸比丘尼以是事 向佛廣說 佛以是事集二部僧 知而故問偸蘭難陀比丘尼 汝實作是事不 答言 實作 世尊 佛以種種因緣呵責言 云何名比丘尼 畜衆不敎化 不爲說法 種種因緣呵已 語諸比丘尼 汝等爲偸蘭難陀作止羯磨 更有如是者 亦應與作止羯磨 … 若比丘尼僧與作止羯磨 畜衆者 波逸提”라고 하였다. [참고문헌] 『十誦律』. ⇨ 갈마 羯磨

지감 智鑑 1105~1192. 송대 조동종(曹洞宗) 스님. 속성은 오(吳)씨. 안휘성(安徽省) 저주(滁州) 출신. 일반적으로 설두지감선사(雪竇智鑑禪師)라 불렸다. 처음에는 장로산(長蘆山) 진헐청료(眞歇淸了)에게 참문하러 갔다가 칭찬을 받았고, 그 뒤에 상산(象山)에 숨어들어 고행하다가 깊은 밤에 소식을 얻었다. 그 다음에 천동종각(天童宗珏) 문하에서 공부하여 그 법을 이었다. 1154년(소흥24) 서진사(棲眞寺)에 주석한 이래 정수원(定

水院)・향산(香山)・보은사(報恩寺) 등에 두루 머물렀다. 1184년(순희11) 설두산(雪竇山)에 주석하고 있을 때 사방에서 학인이 찾아들어 종풍이 크게 알려졌다. 『오등회원』 권14(卍속장138, p.551b4)에 "세존께서 남기신 은밀한 말씀을 가섭은 덮어서 가리지 않았다. 어느 밤에 꽃 떨어뜨리는 비가 오더니, 흐르는 물에 성 가득 향기가 넘치더라. 世尊有密語 迦葉不覆藏 一夜落花雨 滿城流水香"라는 등의 법어가 전한다. 나중에는 절에 딸린 동암(東庵)에 은퇴하여 머물렀다. 1192년(소희3)에 세수 88세로 입적하였다. 제자에 천동여정(天童如淨)이 있다. 〔참고문헌〕『五燈會元』, 『續傳燈錄』 권30(대정장51, p.676c27), 『五燈嚴統』 권14(卍속장139, p.624b1).

지감국사 智鑑國師 고려 공양왕(恭讓王 재위 1389~1392)이 목암찬영(木庵粲英 1328~1390)에게 추증한 시호. 이어 4년 뒤에 조선 태조(太祖)가 '대지국사 大智國師'라는 시호를 추증하였고, 탑호(塔號)는 지감원명(智鑑圓明)이다. 〔참고문헌〕 智冠 『韓國高僧碑文總集 朝鮮朝・近現代』 p.39. ⇨ 찬영 粲英

지강 至剛 **1** 지극히 굳세다. 끝내 부서지는 것의 비유다. 『원각경소초수문요해』 권1(卍속장15, p.498b4)에 "'고요함은 시끄러움의 주인이다'라는 구에 대해 주하길 : 『노자』에 '무거움은 가벼움의 뿌리요, 고요함은 시끄러움의 주인이다'라고 하였다. 무거움으로 가벼움을 다스릴 수 있고, 고요함으로 시끄러움을 지킬 수 있다. 그러므로 무거움은 가벼움의 뿌리요, 고요함은 시끄러움의 주인이다. 유약함이 강함을 낳으니 물은 지극히 유하고 쇠와 돌은 지극히 강하지만, 때리고 때려서 오래되면 쇠와 돌도 반드시 이지러진다. 그러므로 알라! 유약한 것이야말로 오래 가고, 굳세고 강하다 해도 영원할 수 없다. 注靜爲躁君 老子云 重爲輕根 靜爲躁君 以重能制輕 靜能持躁 故重爲輕之根 靜爲躁之君 柔弱能生剛强 水之至柔 金石之至剛 擊之旣久 金石必虧 故知 柔弱者久長 剛强者弗永", 『능엄경관심정해』 권8(卍속장24, p.54a12)에 "지극히 굳세다 해도 변하여 지극히 유하게 된다. 윤회의 일일랑 어찌 가히 헤아릴 수 있으랴! 至剛者變爲至柔 輪迴之事 豈可測乎"라고 하였다. 〔참고문헌〕『圓覺疏鈔隨文要解』, 『楞嚴經觀心定解』. **2** 지극히 굳세어 무너지지 않는 금강(金剛). 불성의 비유다. 『정토결』「서방오청 西方五請」(卍속장108, p.378b3)에 "서방은 금의 방위이다. 금은 지극히 강하여 만물을 밀어 무너뜨리지만 만물 중 그 무엇도 그것을 무너뜨리지 못한다. 불성이 견강하여 무너질 수 없음도 이와 같기에 비유로 삼아 금강으로 경의 이름을 붙였다. 西方金方也 金至剛 能摧壞萬物 而物不能壞之 佛性堅剛不壞 亦如是故 以爲喩也 故以金剛名經"라고 하였다. 〔참고문헌〕『淨土決』.

지강량접 支彊梁接 Ⓢ Kālaṣivi. 중국 삼국시대에 활동한 인도 출신 스님. 한역 이름은 정무외(正無畏)이고, 자세한 행적은 알 수 없다. 『역대삼보기』 권5(대정장49, p.56c20)에 "『법화삼매경』 6권은 고귀향공 시대인 256년(감로1) 7월 외국 사문 지량양접, 한역 이름 정무외가 교주에서 한역했다. 사문 도성이 필수를 맡았다. 승우는 실역이라고 하였다. 右一部六卷 高貴鄕公世 甘露元年七月 外國沙門支疆梁接 魏言正無畏 於交州譯 沙門道聲筆受 祐云失譯"라고 하였다. 〔참고문헌〕『歷代三寶紀』. ⇨ 법화삼매경 法華三昧經 **2**

지강상좌 至剛上座 고려 스님. 진각국사(眞覺國師) 혜심(慧諶 1178~12134)의 『조계진각국사어록』「시지강상좌 示至剛上座」(한불전6, p.36c17)에 "또한 만일 네가 날마다 혹은 동서로 다니면서 네가 오히려 헤아리지 않는다면 도를 터득했는지 아닌지 다른 사람이 알 수 없으리라. 네가 아예 헤아리지 않아 이렇지 않을 때에 누군들 옳다 그르다 말하겠는가! 다시는 헤아리지 말아야 되리. 且如你日日 或東行西行 你尙不商量 道去得不得 別人不可知得 你惣不商量 是不伊麽時 誰道是不是 更不要商量"라고 하였다. 〔참고문헌〕『曹溪眞覺國師語錄』.

지개 智凱 **1** ?~646. 당대 스님. 속성은 풍(馮)씨. 단양(丹陽 : 江蘇省) 출신. 어린 시절 삼론종(三論宗) 가상대사(嘉祥大師) 길장(吉藏 549~623) 문하로 출가하였는데 피부 빛깔이 까마귀와 같은 흑색이라 오개(烏凱)라 불렸다. 정림사(靜林寺)・가상사(嘉祥寺)에 주석하며 『대품반야경 大品般若經』과 『중론 中論』・『백론 百論』・『십이문론 十二門論』 곧 삼론(三論)을 강설하였다. 645년(정관19) 제도독(齊都督)의 청에 응하여 가상사에서 삼론을 강설하자 사방에서 배우러 찾아오는 이들이 800여 인 되었다. 646년(정관20)에 강좌(講座)에서 입적하였다. 〔참고문헌〕『唐高僧傳』 권14(대정장50, p.538a11). ⇨ 길장 吉藏 **2** 당대 스님. 속성은 안(安)씨. 양도(楊都) 출신. 길장에게서 삼론(三論)을 배웠다. 세속학문을 익히고 주석(注釋)하기도 하며 널리 독송하고 다재다능하여 패(唄)를 짓기도 하였고 만인의 존중을 받으며 강석(講席)을 맡았다. 내전(內殿)에서 불교와 도교의 우열과 차이점을 쟁론하였을 때 도사 장정(張鼎)도 그의 말솜씨에 굴복하였다. 강하(江夏)의 왕도종(王道宗)에게 귀의를 받고 그 뒤에 왕도종이 영주(靈州)에 관리로 임용되고 나서 연산(燕山)에서 죄를 문책받았지만 사제관계는 무너지지 않았다. 연산에서 입적하였다. 〔참고문헌〕『唐高僧傳』 권30(대정장50, p.705a18). ⇨ 길장 吉藏

지개 智愷 ➡ 혜개 慧愷

지개 智鍇 533~610. 수대 스님. 속성은 하후(夏侯)씨. 예장(豫章 : 江西省) 출신. 어릴 때 출가하여 양도(楊都) 흥황사(興皇寺)의 법랑(法朗) 문하에서 삼론(三論)을 공부하였고, 아울러 천태종(天台宗) 지의(智顗)의 지도를 받고 선법(禪法)을 익혔다. 만년에 여산(廬山)에 대림정사(大林精舍)를 짓고, 서림사(西林寺)를 수리하였으며, 『법화경 法華經』·『열반경 涅槃經』·『십송율 十誦律』 등을 강설하였다. 20여 년이 지나도록 절 밖으로 한 발도 나가지 않았으며 문제(文帝)의 칙령과 예장(豫章)의 예청(禮請)까지 따르지 않았다. 610년(대업6) 세수 78세로 국청사(國淸寺)에서 입적하였다. ［참고문헌］『唐高僧傳』 권17(대정장50, p.570b15).

지객 地客 사원(寺院)에 속한 농지(農地)를 경작하는 소작농. 장주(莊主)에게 속하여 농지를 경작하는 사람을 가리킨다. 장전(莊佃)·장객(莊客)이라고도 한다. 『선림상기전』 권7(불광장, 禪藏, p.515)에 "지객 : 도충이 말한다. '지객은 장전이다'. 『선림보훈』에서 말하기를 '묘희가 말한다. 「불성화상이 대위산에 머물 때 행자와 지객이 싸웠다. 불성화상이 행자를 다스리고자 하였는데, 문조초연〈불일문조는 천의의회를 이었다〉은 지객이 행자를 욕보인다면 다만 상하의 명분을 잃을 뿐이고 소인들이 기회를 틈타 우습게 여겨 일이 되지 않을까 걱정이라고 말했다. 그러나 불성이 듣지 않았다. 얼마 후에 결국 장객이 지사를 죽였다」'라고 하였다. 地客 忠曰 卽莊佃也 禪林寶訓云 妙喜曰 佛性住大潙 行者與地客相毆 佛性欲治行者 祖超然〈佛日文祖嗣天衣懷〉 因言 若縱地客摧辱行者 非惟有失上下名分 切恐小人乘時 侮慢事不行矣 佛性不聽 未幾 果有莊客弑知事者"라고 하였다. ［참고문헌］『禪林象器箋』, 『禪林寶訓』 권3(대정장48, p.1031b25). ⇨ 장객 莊客, 장주 莊主

지객 知客 선림에서 손님을 맞이하고 보내는 일을 관장하는 소임. '지'는 주관하여 맡는다는 뜻이다. 전객(典客)·전빈(典賓) 등이라고도 한다. 서서(西序) 육두수(六頭首)에 속한다. 지객을 돕는 소임은 지객행자(知客行者)다. 『백장청규』 권4(대정장48, p.1131b9)에 "지객 : 손님에 관한 일을 맡는 소임이다. 관원·단월·존숙이나 제방의 명망 있는 인사들이 찾아오면 향과 차로 영접하여 모시고, 행자를 시켜 방장에게 알린 이후에 인도하여 방장실로 올라가 상견토록 한다. 이어서 묵고갈 곳이 편안한지 마음 쓰며 살핀다. 보통의 손님인 경우는 객사에서 맞이하고, 방장·고사나 요사를 방문하고자 하면 행자를 시켜 인도하여 가도록 한다. 단과료의 상장·집물·등유·시탄은 항상 가지런히 정비되도록 한다. 새로 괘탑한 학인에게는 온정을 베풀어야 한다. 유나가 휴가로 부재중일 경우는 그가 맡은 소임을 거두어 대신한다. 승당 앞에서 객승의 음식을 점검하여 모자라면 덧붙여 준다. 스님이 입적하면 시자와 함께 장무(帳務)를 정리한다. 짧은 기간 머무는 스님이 입적할 경우 그 장례를 주관한다. 知客 職典賓客 凡官員檀越尊宿 諸方名德之士相過者 香茶迎待隨 令行者通報方丈 然後引上相見 仍照管安下去處 如以次人客 只就客司相款 或欲詣方丈庫司諸寮相訪 令行者引往 其旦過寮 床帳什物燈油柴炭 常令齊整 新到須加溫存 維那在假 則攝其行事 僧堂前檢點行益 客僧粥飯 遇亡僧 同侍者抄帳 暫到死 主其喪", 『선원청규』 권8 「귀경문 龜鏡文」(卍속장111, p.918a3)에 "중승을 대신하여 단월을 영접할 목적으로 지객의 소임을 둔다. 爲衆僧迎待檀越 故有知客", 『운문광록』 권하(대정장47, p.569b6)에 "어떤 학인에게 운문이 물었다. '그대는 무얼 하는 사람인가?' '지객입니다' '손님이 오면 무엇으로 접대하는가?' '집안 살림의 사정에 따릅니다' '이것은 질그릇과 대나무 젓가락이다. 손님이 오면 무엇으로 대접하겠는가?' '화상의 자비에 감사드립니다' '새우가 아무리 뛰어오르려 해도 용기 밖으로 벗어나지 못한다'. 지객이 아무 대꾸도 없자 운문이 말했다. '그대가 내게 물어라'. 학인이 '무엇으로 대접하겠습니까?'라고 묻자 운문이 곧바로 때렸고, 첫 질문을 대신하여 때리며 '한 소반에 차린 밥과 두 잔의 차일 뿐입니다'라고 답했고, 다시 '하늘에 뜬 달을 보느라 정신이 팔렸다'라고 답했다. 問僧 爾是甚人 僧云 知客 師云 客來將何秖待 僧云 隨家豐儉 師云 這箇是瓦椀竹箸 客來將何秖待 僧云 謝和尚慈悲 師云 鰕跳不出斗 無對 師云 爾問我 僧便問 將何秖待 師便打 代初問處 便打 又云 一盤飯兩椀茶 又云 貪觀天上月", 『설두어록』 권2(대정장47, p.677c13)에 "설두가 대룡문하에서 지객이었던 때 이전원이 찾아와 차 마시던 중에 물었다. '지객은 저와 동향 사람 아닌지요?' '그렇습니다' '이곳에서는 허둥지둥 하지 않을 수 없겠습니다' '본래 행각을 위한 것 아닙니까' '그 행각은 어떤 일을 위한 것인지요?' '허둥지둥 사는 모습을 보십시오'. 그러자 그가 웃었다. 師在大龍爲知客 李殿院到山 茶話次問師 知客是長老鄕人 師云 不敢 院云 且在者裏 不得亂走 師云 本爲行脚 院云 行脚爲甚事 師云 看亂走底 院微笑"라고 하였다. ［참고문헌］『百丈淸規』, 『禪苑淸規』, 『雲門廣錄』, 『雪竇語錄』. ⇨ 삼보 三寶[2], 외지객 外知客, 선림직위 禪林職位

지객료 知客寮 지객이 거처하는 요사. 객사(客司)라고도 한다. 『오가정종찬』 권2(卍속장135, p.945b5)에 "불안청원(佛眼淸遠)이 부끄러워 급히 지객료로 돌아왔다. 밤이 되도록 앉아서 신음하는 사이에 추위를 느껴 화롯불을 휘젓다가 확연히 깨닫고 두 노사의 용처를 단번에 알아차렸다. 師慚 急歸知客寮 夜坐沈吟間 覺寒 撥火大悟 頓見二老用處"라고 하였다. ［참고문헌］『五家正

宗贊』. ⇨객사 客司, 지객 知客

지객상 知客床 지객판두(知客板頭). 『선림상기전』 권1(불광장, 禪藏, p.75)에 "지객상은 지객판두와 같다. 知客床 卽知客板頭也"라고 하였다. [참고문헌] 『禪林象器箋』. ⇨지객판두 知客板頭

지객판두 知客板頭 지객의 자리. 승당 밖 후문 남쪽에 자리한다. 지객상(知客床)이라고도 한다. 『선림상기전』 권1(불광장, 禪藏, p.75)에 "지객판두 : 도충이 말한다. '당 바깥 후문 남쪽에 있다'. 『백장청규』 「수사법인전점」에서 '주지는 손을 들어 읍하고 전점인이 앉는다. 자리는 지객판두에 머문다'고 하였다. 또한 「전사특위수청인전점」에서 '안에서는 주지와 얼굴을 마주하여 새로 임명하는 자리를 베푼다. 당 바깥에서는 지객판두에 전사의 자리를 베푼다'라고 하였다. 知客板頭 忠曰 在外堂後門內南邊 敕修淸規受嗣法人煎點曰 住持引手揖煎點人坐 位居知客板頭 又專使特爲受請人煎點云 住持對面 設新命位 堂外知客板頭 設專使位"라고 하였다. [참고문헌] 『禪林象器箋』, 『百丈淸規』 권2(대정장48, p.1123b10)·권3(대정장48, p.1125a18). ⇨지객 知客

지거 智炬 ❶ Ⓢ jñāna-āloka. 지혜의 횃불. 무명(無明)의 어둠을 밝히는 지혜를 비유한다. 범어 즈냐나로카(jñānāloka)는 지광(智光)·지혜광(智慧光)·지광명(智光明) 등으로도 한역한다. 『관무량수불경소』 권1(대정장37, p.246a23)에 "지혜의 횃불을 비추면 기나긴 밤의 짙은 어둠을 밝히리라. 輝智炬則 朗重昏於永夜", 『금광명경소』(대정장39, p.169b4)에 "지혜의 횃불이라는 말은 방편의 지혜로 연에 따라 횃불의 빛처럼 비추는 것이다. 言智炬者 明方便智隨緣照 如炬明也"라고 하였다. [참고문헌] 『觀無量壽佛經疏』, 『金光明經疏』, *Gaṇḍ-vy.63·68.* ❷ 남조(南朝) 유송(劉宋)대 스님. 속성은 유(劉)씨. 어린 시절 출가하여 담무최(曇無最) 문하에서 『화엄경』을 배웠다. 어느 날 밤에 흰 코끼리를 타고 광명을 발하는 보현보살(普賢菩薩)의 꿈을 꾸고 깨달았다. 강설을 50여 차례 유창하게 행하였고 만족할 만한 성취가 있었다. 『화엄경주소 華嚴經注疏』 10권을 저술하였다. 세수 70세로 북대(北臺)에서 입적하였다. [참고문헌] 『華嚴經傳記』 권2(대정장51, p.158c27). ❸ 535~606. 수대 스님. 속성은 오(吳)씨. 오군(吳郡) 출신. 『육학승전』 권22(卍속장133, p.821a9)와 고려본(高麗本) 등에는 지거(智矩)로 되어 있다. 흥황사(興皇寺) 법랑(法朗) 문하에서 수학하였다. 사론(四論)과 『대품반야경 大品般若經』의 연구에 힘을 쏟았고, 건강(建康)의 건초사(建初寺)에서 삼론(三論)을 강설하였다. 장주(蔣州) 자사(刺史)와 무산공곽연(武山公郭演) 등의 귀의를 받았다. 599년(개황19) 장안(長安) 일엄사(日嚴寺)에 주석하였다. 수 양제(煬帝)의 부름을 받고 혜일도량(慧日道場)에 주석하기도 하였다. 저서에 『중론소 中論疏』가 있다. 606년(대업2) 세수 72세로 입적하였다. [참고문헌] 『六學僧傳』, 『唐高僧傳』 권11(대정장50, p.509b19). ❹ 당대 스님. 혜거(慧炬·惠炬)라고도 한다. 『보림전 寶林傳』의 저자로 주릉사문지거집(朱陵沙門智炬集)이라고 되어 있을 뿐, 그 외에 다른 행적은 알 수 없다. ⇨보림전 寶林傳

지거다라니경 智炬陀羅尼經 Ⓢ Āryajñānolka-nāma-dhāraṇī-sarvagati-pariśodhanī, Ⓣ 'phags-pa ye-shes ta-la-la shes-bya-ba'i gzungs 'gro-ba thams-cad yongs-su sbyong-ba. 당대 제운반야(提雲般若) 등 한역. 1권. 고려장13, pp.255a1~256a17, No.476·대정장21, pp.913c4~914b27, No.1397에 수록되어 있고 티베트역본(北京版 No.217)도 전한다. 줄여서 『지거주 智炬呪』라고도 한다. 『지광멸일체업장다라니경 智光滅一切業障陀羅尼經』(대정장21, No.1398)의 동본이역(同本異譯)이다. [참고문헌] 『大周刊定衆經目錄』 권1(대정장55, p.379c22), 『開元釋敎錄』 권9(대정장55, p.565b13).

지거명비 地居明妃 Ⓢ Bhūcarī. 명비 중 하나. 하방인 지계에 머무는 명비로서 접촉하는 모든 대상을 청정하게 한다. 지행명비(地行明妃)라고도 한다. 『대비공지경』 권2(대정장18, p.592c22)에 "상방과 하방에 각각 공행명비(Ⓢ Khecarī)와 지거명비를 안치한다. 대비공지륜에 머무는 명비들은 모두 삼유에서 자신의 관상으로 변화하여 나타난 모습을 따른다. 於上下方安 空行明妃 及地居明妃 住大悲空智輪者 悉於三有 從自觀想之所變現", 같은 책 권2(대정장18, p.593c8)에 "하방의 지행명비는 접촉하는 경계마다 청정하게 한다. 下方地行明妃 卽觸境淸淨"라고 하였다. [참고문헌] 『大悲空智經』, *Ht.10·26.* ⇨십대명비 十大明妃

지거사 智居寺 경상남도 산청군 시천면 지리산(智異山)에 있던 절. 고려말 정몽주(鄭夢周)가 이 절 주지인 각경상인에게 올린 「송지리산지거사주지각경상인 送智異山智居寺住持覺冏上人」이 『포은집』 권2(한국문집총간5, p.591b2)에 전한다. 『동국여지승람』 권30 경상도 진주목 불우·『범우고』에 이름과 위치가 전하나, 『여지도서』 경상도 진주 사찰에 "지금은 폐사되었다. 今廢"라고 하였다. [참고문헌] 『圃隱集』, 『東國輿地勝覽』, 『梵宇攷』, 『輿地圖書』, 『韓國寺刹全書』 권하 p.1043a4.

지거천 地居天 Ⓢ bhūminivāsin, Ⓣ sa-la-gnas-pa.

지상에 머무는 천신. 오류천(五類天) 중 하나이고 욕계(欲界)의 육욕천(六欲天) 중 사천왕천(四天王天 Ⓢ Cātur mahā-rāja-kāyikāḥ)과 도리천(忉利天 Ⓢ Trāyāstriṃśāḥ : 三十三天)에 머무는 신이다. 하늘에 머무는 신은 공거천(空居天 Ⓢ Āntarīkṣavāsinaḥ)이라 한다. 『순정리론』 권31(대정장29, p.518b20)에 "이러한 천신들은 오직 해(日)의 궁전에만 머무는 것인가? 공거천이라면 이 같은 곳에 머물겠지만, 지거천이라면 묘고산(Ⓢ Sumeru : 須彌山)의 여러 층급(層級) 등에 머물고 있다. 是諸天衆 唯住此耶 若空居天 唯住如是 日等宮殿 若地居天 住妙高山諸層級等", 『대일경소연오초』 권20(대정장59, p.214c26)에 "지거와 지저 두 가지 천을 지거천이라 설한다. … 지거천에서는 제석이 주다. 地居地底二種 爲地居天說 … 地居天中 帝釋爲主", 『신집장경음의수함록』 권5(고려장34, p.775c13)에 "포마〈앞글자는 보와 포를 반절한 음이다. 범어로는 포마제바(暴磨提婆)라 하며, 지거천이라 한역한다〉. 暴磨〈上步布反 梵言 暴磨提婆 唐言 地居天也〉라고 하였다. 〔참고문헌〕『順正理論』, 『大日經疏演奧鈔』, 『新集藏經音義隨函錄』, *Abh-k-bh.166.* ⇨ 오류천 五類天, 육욕천 六欲天, 사천왕천 四天王天, 도리천 忉利天, 공거천 空居天, 묘고산 妙高山

지건 至乾 북송(北宋)대 활동한 임제종(臨濟宗) 황룡파(黃龍派) 스님. 보봉극문(寶峰克文 1025~1102)의 법을 이었다. 『가태보등록』 권7 「지건장」(卍속장137, p.124a1)에 "담주 유양 출신. 일찍이 귀종사에서 진정극문선사를 뵙고 '구자무불성화두'를 간수하라는 가르침을 받았다. 어느 날 저녁에 위좌하다가 종소리를 듣고 또렷하게 깨달은 후 동산에 머물렀다. 법좌에 올라 말했다. '동산은 선을 이야기할 줄 모르고 도를 설할 줄 모른다. 다만 배고프면 밥을 먹고 피곤하면 잠을 자면 그만이다. 그대들은 반드시 다른 장점이 있어야 한다. 나와서 힘껏 일구(一句)를 말해보라. 그렇게 할 수 있는 사람이 있는가? 있는가?' 잠시 침묵하다가 말했다. '목주가 말한 것이다'. 潭之瀏陽人 嘗謁眞淨於歸宗 令看狗子無佛性話 一夕 危坐聞鐘鳴 了然悟達 後住洞山 上堂曰 洞山不會談禪 不會說道 只是饑來喫飯 困來打眠 你諸人必然別有長處 試出來盡力道一句看 有麼 有麼 良久 曰 睦州道底"라고 하였다. 〔참고문헌〕『嘉泰普燈錄』.

지건 智騫 수대 스님. 강표(江表) 출신. 자원(字源)에 정통하였다. 혜일도량(慧日道場)에 주석하였다. 저서에 『중경음 衆經音』·『창아자원 蒼雅字苑』 등이 있다. 『당고승전』 권30 「지과전 智果傳」(대정장50, p.704b23)에 "당시 혜일도량의 사문 지건은 강표 출신으로 자원에 두루 밝았고 법도와 세속사에 모두 정통하였다. 時慧日沙門智騫者 江表人也 偏洞字源 精閑通俗"라고 하였다. 〔참고문헌〕『唐高僧傳』.

지검 智劍 지혜의 칼. 칼날처럼 날카로운 지혜로 번뇌를 끊어내기에 칼에 비유한 말이다. 금강검(金剛劍)이라고도 한다. 『대보적경』 권105(대정장11, p.591a10)에 "불세존께서는 지혜의 검에 의지하므로 매우 깊은 법을 설하고 헤아릴 수 없이 많은 중생의 법안을 청정하게 하며, 마음을 해탈하게 하고, 깊은 법인을 증득하게 하며, 보리에 머물도록 하신다. 彼佛世尊 因智劍故 說甚深法 復令無量無邊阿僧祇衆生法眼清淨 心得解脫 證深法忍 安住菩提", 『금광명최승왕경』 권2(대정장16, p.413b14)에 "일체중생은 삼계의 바다에서 생사라는 그물과 견고한 감옥에 속박되어 있으니 원하건대 지혜의 칼로 끊어 없애고 괴로움을 떠나 속히 보리의 자리를 증득하기를 바라네. 一切衆生於有海 生死羂網堅牢縛 願以智劍爲斷除 離苦速證菩提處", 『보살영락경』 권13(대정장16, p.113a10)에 "어떤 중생은 불혜지에 머물러 능히 지혜의 칼로 번뇌를 끊는다. 或有衆生住佛慧地 能以智劍割斷塵垢"라고 하였다. 〔참고문헌〕『大寶積經』, 『金光明最勝王經』, 『菩薩瓔珞經』. ⇨ 금강검 金剛劍, 혜도 慧刀

지검명선 持劍明仙 작법으로 만든 검(劍)을 가지하고 변신하여 허공에 날아오르는 선인. 『성가니분노의궤경』 권상(대정장21, p.120a1)에 "또한 사리탑 앞에서 진언을 육십만 번 염송하는 법을 행하면 앞에서 말한 행이 성취된다. 그리고 보사철로 검을 만드는데 6지 또는 8지·16지·32지 길이로 만들고 다섯 번 깨끗하게 씻어낸다. 오른손으로 검을 들고 도량에서 염송하면 검에서 불꽃이 일고 몸이 변하여 지명선이 되어서 허공에 날아오르니 이를 지검명선이라 한다. 又法對舍利塔前 誦眞言六十萬遍 卽先行成就 然以補沙鐵作劍 長六指 或八指 十六指 三十二指量 以五淨洗之 右手把劍 於道場中念誦 乃至劍現光焰 得變身爲持明仙 飛騰虛空 名持劍明仙"라고 하였다. 〔참고문헌〕『聖迦柅忿怒儀軌經』.

지견 池堅 Ⓢ Puṣkarasārin. Ⓟ Pukkusāti. 구수(具壽 Ⓢ ayuṣmāt : 長老) 이름. 음사어는 불가라사라(沸伽羅娑羅)·불가라사리(弗迦羅娑梨)다. 『집이문족론』 권7(대정장26, p.394a27)에 "박가범께서 『변육계기별경』에서 구수 지견에게 '필추여! 최승의 진실은 부동해탈이다. 제란 여실법이고 거짓이란 허광한 법임을 알아야 할 것이다. 그러니 필추는 부동해탈을 성취해야 할 것이다. 만약 부동해탈을 성취한다면 이를 최승제처를 성취했다고 한다'고 설하신 것과 같다. 如薄伽梵 於辯六界記別經中 爲具壽池堅說 苾芻當知 最勝諦處謂不動解脫 諦者謂如實法 誑者謂虛妄法 是故苾芻應成就不動解脫 若成就不動解脫 說名成就最勝諦處", 『대비바사론』 권79

(대정장27, p.410b15)에 "부처님께서 마게다국(摩揭陀國 Ⓢ Māgadhaka)에 계실 때 지견을 제도하기 위해 12유선나를 보행하시어 칠만중생 모두가 진실을 볼 수 있었다. 이들은 모두 부처님의 신변하지 않은 모습과 말씀에 의지해 교화되었지, 만약 모습 바꿔 설법했다면 저 중생들 진실을 볼 수 없었을 것이다. 佛在摩揭陀國 爲度池堅 步行十二踰繕那故 七萬衆生 皆得見諦 彼皆依佛 不變形言 而得受化 若變形言 爲說法者 彼諸衆生 應不見諦"라고 하였다. 〔참고문헌〕『集異門足論』, 『大毘婆沙論』, *M N.3.238.* ⇨ 불가라사라바라문 沸伽羅娑羅婆羅門

지견 知見 Ⓢ jñāna-darśana, Ⓣ ye-shes-mthong-ba. 알고 보다. 『아함』에서는 알고 보아 사제(四諦) 등을 깨우치는 뜻이고, 『대지도론』에서는 들어 아는 것과 보아 깨우친 뜻이 합하였다 하였으며, 『현종론』에서는 정(定)에 의지해 비춰보고 아는 뜻에서 지견이라 했고, 『법화현찬』에서는 근본지를 지(知)라 하고 후득지를 견(見)이라 했다. 『해심밀경소』에서는 현량(現量)의 성지(聖智)를 지견이라 했고, 선문(禪門)에서는 견문각지(見聞覺知) 분별의 뜻으로 쓰기도 하지만 '지견이 난다'는 뜻에서 공부에 득처(得處)가 있는 뜻으로도 쓴다. 『중아함경』 권10 「진지경 盡智經」(대정장1, p.490a3)에 "어떻게 지견으로 문득 번뇌 다함을 얻는가? 고 그대로의 진실을 지견하면 바로 번뇌 다함을 얻는다. 고의 사라짐과 그 사라지는 길마저 진실 그대로 알고 볼 수 있으면 바로 번뇌 다함을 얻는다. 云何知見便得漏盡 謂知見苦如眞 便得漏盡 知見苦集 知見苦滅 知見苦滅道如眞 便得漏盡", 『현종론』 권39(대정장29, p.972c1)에 "만약 모든 정들에 의지해 천안통을 닦는다면 문득 수승한 지견을 획득할 수 있다. 이 의지란 어떤 뜻에서 지견이라는 이름을 세웠는가? 네 가지 근본정려 중에는 변조지가 있는데 가득 비추기에 '봄(見)'이라는 이름을 세웠으며, 이 '견'의 체는 '앎(知)'이기에 '지견'이라 한 것이다. 안근을 봄이라 하는 것은 세간의 상식이기에 이와 다름을 가리는 뜻에서 지로서 견을 드러낸 것이다. 또는 이러한 '견'은 소연을 맺어 끊는 것으로 그 이름을 지라 하고 견이라 하였다. 이를테면 근본정려는 기꺼이 가는 길이고 … 그 체가 견뢰해서 그 용이 결정적이며, 그 용으로 결정적이기에 '지'로서 이름한다. … 알기 위해 보기 위해 이러한 등지를 닦는 것이니, 이는 결정적인 비추는 뜻도 구하기 위해서다. 若依諸定修天眼通 便能獲得殊勝知見 此依何義立知見名 本靜慮中有遍照智 此遍照故 立以見名 見體卽知 故名知見 眼根名見 世所極成 爲簡異彼 以知標見 或卽此見決斷所緣 故名爲知 卽亦名見 謂本靜慮是樂行道 … 由體堅牢故用決定 用決定故立以知名 … 爲知爲見 修此等持 卽是爲求決定照義", 『대지도론』 권26(대정장25, p.250c24)에 "해탈지견이라 하는데, 단지 '지'라고 하지 어째서 다시 '견' 자를 더하였는가? 〔답〕 '안다'고 하고 다시 '본다'고 하면 일은 굳게 진실을 얻는다. 비유하면 마치 저 끈이 두 줄을 합쳐 하나가 된즉 견고해지는 것과 같다. 또한 '안다'라고만 한즉 일체혜를 거두지 못한다. … 만약 '앎'이라고 하면 '봄'을 거두지 못하고, 만약 '봄'이라고 하면 '앎'을 거둘 수 없기에 '알기도 하고 보기도 한다'고 해야 구족하게 된다. 또한 어떤 사람이 자신이 외운 것만을 좇아서 분별주량한 것을 이름해서 지라 하고, 스스로의 몸으로 얻어 깨우친 것을 견이라 이름한다. 비유컨대 그 일을 귀로만 들고는 오히려 의심이 남아서 이를 지라 하고, 몸소 스스로 보아 분명하게 분별해서 의심없이 하면 이것은 견이다. 解脫知見者 但言知 何以復言見 答曰 言知言見 事得牢固 譬如繩 二合爲一則牢固 復次 若但說知 則不攝一切慧 … 若說知則不攝見 若說見則不攝知 是故說知見則具足 復次 如從人誦讀 分別籌量是名知 自身得證是名見 譬如耳聞其事 猶尙有疑 是名知 親自目覩 了了無疑 是名見", 『법화현찬』 권3(대정장34, p.699c14)에 "지견이란 진속이라는 두 가지 지의 바탕이니, 근본지는 '지'라 하고 후득지는 '견'이라 한다. 知見者 眞俗二智體 根本智名知 後得智名見", 원측(圓測)의 『해심밀경소』 권2(한불전1, p.172a23)에 "현량의 성지를 지견이라 한다. 만약 '지'라고만 한다면 비지로만 아는 것이고, 만약 다만 본다고 하면 이 육안 등으로 보는 것이 되어서, 지를 안견에서 가려내고 견을 비지에서 가려내고는 지견을 합해 설한 것이다. 現量聖智 名爲知見 若唯說知 謂以比智知 若但言見 謂是肉眼等見 知簡眼見 見簡比知 故知見合說也", 『법안어록』(대정장47, p.589a13)에 "물었다. '부처의 지견을 구하는데 어떤 길이 가장 빠릅니까?' 법안이 말했다. '이곳 넘어서는 일은 없다'. 問 求佛知見何路最徑 師云 無過此", 『대혜어록』 권6(대정장47, p.834b26)에 "상당하여 말했다. '지견을 바로 설할 때 지견 그대로가 바로 마음이며 당한 마음 그대로 지견이니 지견은 바로 지금이다. 지금같이 함은 차치하고 고불과 노주가 서로 사귀고 점파와 신라가 서로 다투며, 만리에 두렷한 빛 정수리 뒤를 비추고 운문은 북두에 몸을 숨긴다. 목주는 판을 지고 조주는 차를 마시니 또 어떻게 상량할까?' 마침내 한 번 할하고 말하길 '만약 할하지 않았다면 육십갑자 그 얼마나 뒤집었겠는가'. 법좌에서 내려왔다. 上堂 正說知見時 知見卽是心 當心卽知見 知見卽如今 如今卽且置 古佛與露柱相交 占波共新羅鬪額 萬里圓光頂後相 雲門北斗裏藏身 睦州擔板 趙州喫茶 又作麼生商量 遂喝一喝云 若不喝住 幾乎亂却六十甲子 下座"라고 하였다. 〔참고문헌〕『中阿含經』, 『顯宗論』, 『大智度論』, 『法華玄贊』, 『解深密經疏』, 『法眼語錄』, 『大慧語錄』, *Saddh-p.29.* ⇨ 지견 智見, 불지견 佛知見, 각지견 覺知見, 지견해회 知見解會, 지 知, 견 見

지견 智見 Ⓢjñāna-darśana, Ⓟñāṇa-dassana, Ⓣye-shes-mthong-ba, ye-shes-dang-mthong-ba. 지(Ⓢjñāna)와 견(Ⓢdarśana)을 함께 이르는 말. 『유가사지론』에서는 자량이 쌓이고 여리작의(如理作意)하여 얻은 정견을 말하며, 나아가 지(智)는 과거와 미래를 비춰보고 소취를 연으로 하며 문사(聞思)로 성취하는 것 등을 지(智)라 여기고, 현재를 비추고 능취를 연으로 하고 번뇌를 끊으며 공상(共相)을 연하는 것 등은 견(見)이라 하였다. 『유가론기』에서는 이(理)로 총법(總法)을 반연하는 묘혜이면 지(智)고, 사(事)인 별법(別法)을 잘 알면 견(見)이라 하였다. 원측은 『해심밀경소』에서 견단의 뜻인 지(智)로 미루어 구한 견(見)으로 모든 것을 현관(現觀)한다 하였으며, 선문에서는 분별(分別)의 지견(知見)이 아닌 무분별의 뜻으로 구분한다. 『근본살바다부율섭』 권3(대정장24, p.539b18)에 "지견이라 하였는데 … 지란 고와 무상 등을 요지함이고, 견이란 천룡 등을 보는 것이다. 言智見者 … 智謂了知苦無常等 見謂見天龍等", 『유가사지론』 권9(대정장30, p.321c19 : *Yogā-bh.*, p.201)에 "앞서 모은 자량이 있고 … 이치에 맞게 뜻을 지으니, 이 여리작의로 말미암아 연이 되어 정견이 생겨나고, 이로부터 차례대로 유학과 무학의 청정지견을 얻는다. 이 지견으로 무명과 애를 끊어 남음이 없다. 有先集資糧 … 如理作意 由此如理作意爲緣 正見得生 從此次第得學無學淸淨智見 由此智見 無明及愛 永斷無餘 pūrvasaṃskāraṃ … yoniśo manaskārānvayācca samyagdṛṣṭimutpādayati. viśuddhaṃ ca satyeṣu krameṇa śaikṣāśaikṣaṃ jñānadarśanaṃ pratilabhate. sa tena jñānadarśanenāśeṣāṃ tāṃ cāvidyāṃ prajahāti tāṃ ca tṛṣṇāṃ. tasyāśca prahāṇād", 같은 책 권86(대정장30, p.780c28)에 "〔문〕 지(智)와 견(見)은 어떻게 다른가? 〔답〕 과거와 미래에 아직 보지 못한 경을 비추는 이러한 혜를 지라 하고, 현재의 경을 비추는 이 혜는 견이라 한다. 또 소취를 연으로 하는 이 혜를 지라 하고, 능취를 연으로 하는 이 혜는 견이라 한다. 또 듣거나 사유로 성취한 혜는 지라 하고, 닦아 이룬 혜는 견이라 한다. 또 번뇌를 끊을 수 있는 혜를 견이라 하고, 번뇌를 끊고 나서 해탈을 증득할 수 있는 혜를 지라 한다. 또 자상경을 연하는 이 혜는 지라 하고, 공상경을 연하는 이 혜는 견이라 한다. 問 智見何差別 答 若照過去及以未來非現見境 此慧名智 照現在境 此慧名見 又所取爲緣 此慧名智 能取爲緣 此慧名見 又聞思所成 此慧名智 修所成者 此慧名見 又能斷煩惱 此慧名見 煩惱斷已能證解脫 此慧名智 又緣自相境 此慧名智 緣共相境 此慧名見", 둔륜의 『유가론기』 권6(대정장42, p.430a12 · 한불전13, p.405c14)에 "법을 보아 명백하면 지견이라 한다. 見法明白 名爲智見", 같은 책 권20(대정장42, p.780a25 · 한불전14, p.572a10)에 "만약 이(理)로서의 총법(總法)을 연하는 묘혜라면 지라 하고, 만약 사(事)인 별법(別法)을 연한 묘혜라면 견이라 하니, 사를 따라 미루어 구해서 얻은 것이 견이라는 이름이다. 若緣理總法妙慧名智 若緣事別法妙慧名見 以隨事推求故得見名", 원측(圓測)의 『해심밀경소』 권2(한불전1, p.172a16)에 "'지견'이라 하였는데, 지란 결단의 뜻이고 견은 미루어 구하는 뜻이어서 지견으로 현관한다 한다. 言智見者 智是決斷義 見是推求義 智見現觀", 『분양어록』 권중(대정장47, p.616b24)에 "분양이 물었다. '지견의 무리들이여! 제불지견이란 얻을 바 없는 것이다. 이 법은 미묘하며 깨우쳐 들어서 미칠 것 아니고, 모양도 없고 함도 없어서 어찌 알고 보겠는가!' 대신 말했다. '서로 위하느라 도리어 애쓸 뿐이다'. 問 知見衆 諸佛智見 無所得故 此法微妙 覺聞不及 無相無爲 何知見邪 代云 却勞相爲"라고 하였다. 〔참고문헌〕『根本薩婆多部律攝』, 『瑜伽師地論』, 『瑜伽論記』, 『解深密經疏』, 『汾陽語錄』, *Yogā-bh.* ⇨지견 知見

지견 智堅 당대 선승. 마조도일의 법을 이었다. 지주(池州 : 安徽省) 삼산(杉山)의 주(主)가 되었다하나 자세한 행적은 전하지 않는다. 『경덕전등록』 권6(대정장51, p.248a12)에 "지주 삼산의 지견선사는 처음 귀종과 남전과 함께 행각할 때 길에서 호랑이를 만났다. 각각 호랑이가 있는 쪽을 지나간 후에 남전이 귀종에게 물었다. '방금 본 호랑이는 무엇을 닮았는가?' 귀종이 말했다. '고양이를 닮았군'. 귀종이 지견에게 묻자 지견선사가 말했다. '개를 닮았군'. 귀종이 남전에게 묻자 남전이 말했다. '내가 본 것은 호랑이였네'. 池州杉山智堅禪師 初與歸宗南泉行脚時 路逢一虎 各從虎邊過了 南泉問歸宗云 適來見虎似箇什麽 宗云 似箇猫兒 宗却問師 師云似箇狗子 宗又問南泉 泉云 我見是箇大蟲"라고 하였다. 〔참고문헌〕『景德傳燈錄』.

지견각조 知見覺照 지견으로 깨우쳐 비추다. 『종경록』 권34(대정장48, p.616b12)에 "지견각조 · 영감광명 · 낭랑소소 · 당당적적 등이라 하는 같은 모두 드러내 말함이다. 若云 知見覺照 靈鑒光明 朗朗昭昭 堂堂寂寂等 皆是表詮"라고 하였다. 〔참고문헌〕『宗鏡錄』.

지견물 揞肩物 어깨에 고이는 물건. 물건을 짊어질 때 어깨에 고이는 용도로 각종 풀이나 헝겊 따위로 만든다. 『사분율』 권19(대정장22, p.693c5)에 "범하지 않으려면 구라야초 · 문야초 · 사바초라든가 솜털 · 겁패 · 낡은 헝겊으로 어깨에 고이는 물건을 만들거나 베개를 만들어 쓰면 계를 범하지 않는다. 不犯者 若鳩羅耶草 文若草娑婆草 若以毳劫貝 碎弊物 若用作揞肩物 作輿上枕 無犯"라고 하였다. 〔참고문헌〕『四分律』.

지견바라밀 知見波羅蜜 Ⓢjñānadarśana-pāramitā. 반야바라밀(般若波羅蜜 Ⓢprajñā-pāramitā)을 권실로 풀어 부른 뜻. 『법화경문구찬요』 권2(卍속장46, p.712b13)에 "지견바라밀이란 권과 실의 지견을 쌍으로 거론한 것이다. 일체종지는 실지이고 불안은 실견이며, 도종지는 권지이고 법안은 권견이다. 知見波羅蜜者 卽是雙擧權實知見也 一切種智名實知 佛眼名實見 道種智名權知 法眼名權見"라고 하였다. [참고문헌] 『法華經文句纂要』, *Saddh-p.29*. ⇨ 반야바라밀 般若波羅蜜, 방편지견바라밀 方便知見波羅蜜, 일체종지 一切種智

지견인 知見忍 십인(十忍) 중 하나로 식온(識蘊)을 관하여 얻는 인(忍). 『인왕경』 권상(대정장8, p.826c6)에 "색식상수행을 관해서는 계인·지견인·정인·혜인·해탈인을 증득한다. 所謂觀色識想受行 得戒忍 知見忍 定忍 慧忍 解脫忍", 원측(圓測)의 『인왕경소』 권중(대정장33, p.388a25·한불전1, p.60b24)에 "다 거둬 뜻으로 풀면, 유정이 유전함은 오온을 바탕으로 삼아 삼계처로 흐르는데, 그 근본을 따져보면 이제를 벗어나지 않기에 십인이 된다는 것이다. '인'이란 견뎌 아는 것이다. 그러므로 혜(慧)에 해당한다. 앞의 문에서 다섯 가지 인은 과에 따라 이름을 세운 것이다. 오온을 관하여 오분법신을 얻었기 때문이다. … 식온을 관하여 지견인을 얻으니, 요별식과 지와 견과 혜는 뜻으로 서로 따른다. 總釋意云 有情流轉 五蘊爲體 流三界處 尋其根本 不離二諦 故成十忍 忍謂忍解 然卽是慧 前文五忍 從果立名 由觀五蘊 得五分法身故 … 觀識蘊得知見忍 以了別識與知見慧義相順故"라고 하였다. [참고문헌] 『仁王經』, 『仁王經疏』. ⇨ 십인 十忍❷, 오온 五蘊, 인 忍

지견추두리 只見錐頭利 오직 송곳 끝의 뾰족함만을 본다는 뜻. 끌 끝의 모남을 놓쳤다는 뜻의 실각착두방(失却鑿頭方) 또는 끌 끝의 모남을 알아채지 못했다는 뜻의 불견착두방(不見鑿頭方)과 같이 쓴다. 『분양어록』 권중 「송고대별 頌古代別」(대정장47, p.618a8)에 "광시자가 현사에게 말했다. '사숙께서 선을 배우시겠다면, 저는 쇠를 두드려 배를 만들어 바다 밑으로 가겠습니다'. 현사가 훗날 주지를 지냈는데, 사람을 시켜 시자에게 이렇게 물었다. '쳐서 철배는 만들었는가?' 이 문답에 대해 분양이 대신 말하였다. '송곳 끝의 뾰족함만을 보았을 뿐 끌 끝의 모남을 놓쳤다'. 光侍者向玄沙道 師叔學得禪 某甲打鐵船下海去 玄沙後住 敎人持語 問侍者打得鐵船也未 代云 只見錐頭利 失却鑿頭方", 『대혜어록』 권24 「시막선교 示莫宣敎」(대정장47, p.913b1)에 "요즘 세간의 학자들 대부분 본은 버리고 말을 따르며 바른 것 등지고 삿됨에 몰두한다. 다만 배움을 위한 것이요, 도를 위한 것이요, 명예를 위한다면서 오로지 부귀를 취하여 문호를 넓히는 일에만 결정적인 의미를 둘 뿐이니 마음씀이 바르지 못하면 물에 끌려 구르게 된다. 속담에 이른바 '송곳 끝 뾰족함만을 볼 뿐 끌 끝의 모남을 보지 못한다'라는 말이 그 뜻이다. 近世學者 多棄本逐末 背正投邪 只以爲學 爲道爲名 專以取富貴 張大門戶 爲決定義 故心術不正 爲物所轉 俗諺所謂 只見錐頭利 不見鑿頭方"라고 하였다. [참고문헌] 『汾陽語錄』, 『大慧語錄』, 『圜悟語錄』 권4(대정장47, p.730a17). ⇨ 막견추두리실각착두방 莫見錐頭利失却鑿頭方

지견해회 知見解會 알고 보아 헤아려 어우러진 것들. 온갖 알음알이 즉 분별을 다 들어 말한다. 『원오어록』 권13(대정장47, p.773a18)에 "일체만상 한꺼번에 놓아버리고, 알고 보아 헤아려 모으는 일도 거침없이 버린다. 저 목석이나 기와조각 같이 하여 크게 안은한 쉬어버린 곳에 이른 연후에야 한 물결 겨우 움직이면 만 갈래 물결 따르더라도 처음부터 동정등상 없으리라. 一切萬緣 一齊放下 棄却知見解會 令敎如木石瓦礫相似 及到大安穩休歇之地 然後一波纔動萬波隨 而初無動靜等相", 『대혜어록』 권13(대정장47, p.863c12)에 "이것(화두)을 어떻게 지견해회와 계교득실과 현묘시비의 마음을 가져 배울 수 있겠는가? 그대가 진실로 참하고자 한다면 다만 일체를 내려놓아 마치 크게 죽은 사람 같아서 아무것도 모르고 아무것도 알지 못해야 한다. 느닷없이 알지도 만날 수도 없는 곳 향하여 한 생각 무너짐 얻으리니, 부처라도 어찌하지 못하리라. 這箇 如何將知見解會 計較得失 玄妙是非底心 去學得 爾要眞箇參 但一切放下 如大死人相似 百不知百不會 驀地向不知不會處 得這一念子破 佛也不奈爾何", 『법집별행록절요』(한불전4, p.765b21)에 "다만 망상전도심과 사량분별심과 살아 좋고 죽어 싫은 마음과 알고 보아 헤아려 알아차리는 마음과 고요함 바라고 시끄러움 꺼리는 마음을 일시에 눌러 내려놓고 그렇게 눌러 내린 자리에서 화두만을 참구하라. 但將妄想顚倒底心 思量分別底心 好生惡死底心 知見解會底心 欣靜厭鬧底心 一時按下 只就按下處 看介話頭", 『설암조흠어록』 권4(卍속장122, p.571a14)에 "일천칠백공안은 폐가의 낡은 가구다. 무슨 밑 빠진 주발과 같은 것들뿐이니, 어디 다시 실오라기 끝에 머물러 지견해회하랴! 힘이 있으면 움직이고 곤하면 앉아 쉬며 밥 먹고 옷 입으니 다만 언제나 일 없는 한 사람일 뿐이다. 一千七百則 閑家潑具 當甚盌脫丘 何處更留一絲頭 知見解會 健行困坐 喫飯著衣 只是一箇平常無事人耳"라고 하였다. [참고문헌] 『圜悟語錄』, 『大慧語錄』, 『法集別行錄節要』, 『雪巖祖欽語錄』. ⇨ 지해 知解, 지견 知見

지결 地結 십팔도행법(十八道行法) 중 하나로 지계진언사(地界眞言師)가 작법할 곳을 수인(手印)과 진언으로 청정하게 가지(加持)하여 결계(結界)하는 것. 『십팔계인』(대정장18, p.783c3)에 "결계법에 두 가지가 있다. 하나는 지결이고, 다른 하나는 금강장이다. 結界法二種 一 地結 二 金剛牆", 『대비밀왕만나라경』 권1(대정장18, p.543c9)에 "금강아사리와 수행자와 동행자 그리고 제자에 이르기까지 역시 이와 같이 이해해야 하고, 그러한 연후에 가지하여 작법할 장소를 결계하여 금강지를 만든다. 金剛阿闍梨及修行同行 乃至弟子 亦須如是解了 然後加持地結界作金剛地", 『다라니집경』 권1(대정장18, p.788a12)에 "(돌과 겨자씨를 뿌린 후에) 돌이 닿은 곳을 외계로 삼고 겨자씨가 닿은 곳은 내계로 삼는다. 다시 도량에 들어와서 파마인을 짓고 수인으로 땅을 포치하고 진언을 일곱 번 염송하면 이것을 지결계라고 한다. 石所到處 卽爲外界 芥子到處 卽爲內界 還入道場作破魔印 印地誦呪七遍 卽名地結界"라고 하였다. [참고문헌] 『十八契印』, 『大祕密王曼拏羅經』, 『陀羅尼集經』. ⇨ 십팔계인 十八契印❶, 금강장 金剛牆, 결계 結界

지결 旨訣 ❶ 끝내 맺은 뜻. 종지(宗旨)와 같은 뜻이다. 『금강삼매경통종기』 권5(卍속장55, p.507a1)에 "비구는 마음에 다른 연 없게 해서 뜻을 선에 두고 그친다. 그 처음은 일심으로 오롯이 고요한 상만을 사유하는 것으로 뜻이 머물 곳으로 삼고, 뜻에 따라 자재하여 잘 들고 나고 머무는 것을 중요한 끝이라 여긴다. 然比丘心無異緣 意在禪息 其始以一心專思寂想爲旨訣 而能隨意自在 善入出住爲要終也", 『초석범기어록』 권18(卍속장124, p.264b9)에 "범부의 인과를 세심하게 분별하고 모든 성현들의 맺은 뜻을 널리 드러낸다. 細辨凡夫因果 廣標諸聖旨訣", 『능엄경소해몽초』 권10(卍속장21, p.759a14)에 "(늑담선사는) 만년에 노선산의 도제암으로 물러나서 문도들과 더불어 『능엄경』의 맺은 뜻을 논하였다. 晚年 引退於盧仙山之道濟庵 與其徒論楞嚴旨訣"라고 하였다. [참고문헌] 『金剛三昧經通宗記』, 『楚石梵琦語錄』, 『楞嚴經疏解蒙抄』. ⇨ 종지 宗旨 ❷ 교법의 핵심을 외우기 쉽게 구결(口訣)로 만든 것. 대표적인 것으로 조동종의 『오위지결 五位旨訣』이 있다. [참고문헌] 『曹山語錄』(대정장47, p.533b18). ⇨ 오위지결 五位旨訣

지겸 支謙 중국 삼국시대(三國時代) 때 역경가(譯經家). 자는 공명(恭明). 대월지(大月氏) 출신. 후한 영제(靈帝) 때 조부 법도(法度)와 함께 귀화했다. 여러 언어에 능통하였고 지루가참(支婁迦讖)의 제자 지량(支亮)에게 사사했다. 후한 헌제(獻帝) 때 난을 피하여 오(吳)나라에 들어가 손권(孫權)에게 박사(博士) 예우를 받았다. 223~253년까지 『유마힐경』·『대반니원경』·『법구경』·『아미타경』 등을 한역했다. 최대 129부의 경론을 한역했다는 기록이 남아있으나 현재 『보살업본경』·『대아미타경』·『유마힐경』 등 53부만 전한다. 축법란(竺法蘭)에게 오계(五戒)를 받았으며 은둔하다가 세수 60에 입적했다. 『양고승전』 권1(대정장50, p.325a17)에 "이때 손권이 강 좌를 장악했으나 불교가 아직 성행하지 않았다. 이에 앞서 우바새 지겸이 있었으니, 자는 공명이고 다른 이름은 월(越)이었다. 본래 월지 출신인데 한나라 국경에 들어왔다. 처음에 한 환제와 영제의 시대에 지참이 여러 경전을 한역했다. 지량은 자가 기명인데 지루가참에게 공부했다. 지겸 또한 지량에게 수업을 받았다. 경전과 문헌을 널리 읽었으며 정밀하게 궁구하지 않음이 없었다. 세간의 기예를 많이 익혔고 외도의 서적을 두루 배웠으며 여섯 나라의 언어에 능통했다. 몸은 호리호리하고 검고 말랐으며 눈은 희고 눈동자는 노란 색이었다. 사람들이 그를 일러 '지겸의 눈이 노랗고 몸은 비록 가늘지만 이것이 지혜의 주머니이다'라고 하였다. 時孫權已制江左 而佛教未行 先有優婆塞支謙 字恭明 一名越 本月支人 來遊漢境 初漢桓靈之世有支讖 譯出衆經 有支亮字紀明 資學於讖 謙又受業於亮 博覽經籍莫不精究 世間伎藝多所綜習 遍學異書通六國語 其爲人細長黑瘦 眼多白而睛黃 時人爲之語曰 支郎眼中黃 形軀雖細是智囊"라고 하였다. [참고문헌] 『梁高僧傳』.

지겸 志謙 1145~1229. 고려중기 스님. 지겸(至謙)이라고도 쓴다. 자는 양지(讓之), 초명은 학돈(學敦), 속성은 전(田)씨, 본관은 영광(靈光). 전씨의 시조는 전종회(田宗會)이며, 스님은 추밀원사(樞密院使) 공지(拱之)의 6대손이다. 아버지는 검교태자첨사(檢校太子詹事)를 역임한 의(毅)이며, 어머니는 남궁(南宮)씨이다. 어머니 꿈에 스님이 대문 앞에서 하룻밤을 머무르게 해달라고 청한 후 1145년(인종23)에 태어났다. 9세 때 간절히 스님이 되고자 하였고, 마침내 11세 때인 1155년(의종9) 사충(嗣忠)을 은사로 하여 스님이 되었으며, 다음 해인 1156년 개성 금산사(金山寺)에서 비구계를 받았다. 총명이 뛰어나 외전(外典)을 시작으로 경론(經論)에 정통하였다. 1170년(명종즉위년) 선과(禪科)고시에 합격하였으며, 이 해에 삼각산 도봉사(道峰寺)에서 이름을 '지겸'으로 고쳤다. 1189년(명종19)에 처음으로 평안남도 강서군 두학산(舞鶴山) 등고사(登高寺) 주지가 되었으며, 1193년(명종23)에 삼중대사(三重大師)에 오르고, 1196년(명종26)에 선사(禪師)의 법계를 받았으며, 1204년(신종7)에 대선사(大禪師)의 법계에 오름으로써 명망이 사방으로 널리 퍼져 선회(禪會)가 있을 때마다 법주(法主)나 맹주(盟主)로 청해 모셨다. 1199년(신종2)에 욱금사(郁錦寺)로 옮겼으며, 그해 진례군(進禮郡 : 錦山郡)에서 선회를 개설하고 증명을 청하니 신종이 스님에게 참여해 주도록 권했다. 스님은 모든 중생을 자비로 대할 뿐만 아니라 효심도 지극하여 좋은 음식이 생기면 홀로된 어머님께 보낸 후 먹었다. 1211년(희종7) 66세 때 개풍(開豊) 국청사(國淸寺)로 옮겼다. 강종즉위 직후인 1212년 12월, 전국 오교양종(五敎兩宗)의 스님 가운데서 왕사(王師)를 물색하던 중 스님이 천거되어 여러 차례 사양하다가 부득이 받아들여 개성(開城) 보제사(普濟寺)에서 책봉식을 행하고, 왕궁 가까운 만월동(滿月洞)에 있었던 광명사(廣明寺)에 주석하였다. 또 거돈사(居頓寺)를 본사로 정하고 나라에서 모든 향화(香火)에 따른 경비를 부담하였다. 최충헌(崔忠獻 1149~1219)의 아들을 비롯하여 사대부자제들이 스님문하에 들어와 스님이 되어 문하의 왕성함이 일찍이 비할 데가 없었다. 1217년(고종4) 73세 때 왕사직을 사퇴하였다. 그 후 10여 년간 화장사(華藏寺)에서 주석하는 동안 왕은 봉공(奉供)과 문후를 게을리하지 않았다. 1229년(고종16) 7월 2일 가벼운 병을 보이니 임금・상국(相國) 진양공(晋陽公)・순천송광사(松廣社) 법주 등에 보내는 편지 세 통을 써서 제자인 현원(玄源)으로 하여금 전하게 하였다. 같은 달 8일 "정의 빛 적적하고 혜의 태양 밝고 밝네. 법계 티끌로 둥근 세상 두렷이 개이고 한껏 빛나네! 定光寂寂 慧日明明 法界塵寰 霽輪頓現"라는 임종게를 설한 다음, 단정히 앉아 조용히 입적하였으니 세수 85, 법랍 75세였다. 시호는 '정각국사 靜覺國師'이다. 화장사 서쪽 기슭에서 다비하고 등선산(登禪山) 기슭에 사리탑비를 세웠다. 비문은 이규보(李奎報 1168~1241)가 짓고 화장사에 세웠다. 저서는 『종문원상집 宗門圓相集』 1권이 전한다. 〔참고문헌〕『東國李相國集』 권35 「故華藏寺住持王師定印大禪師追封靜覺國師碑銘」(한국문집총간2, pp.62a3~64a13), 『傳燈寺本末寺誌』(亞細亞文化社, 1978) pp.177~180. ⇨ 종문원상집 宗門圓相集

지경 至竟 이르러 마치다. 끝내. 필경(畢竟 Ⓢ atyanta)과 같은 뜻이다. 『중아함경』 권28 「우다라경 優陀羅經」(대정장1, p.603a21)에 "무엇을 비구가 종기(癰)의 뿌리를 알지 못하다가 이후에 종기의 뿌리를 온전히 안다고 하는가? 비구가 유에 대한 애착을 알고 사라지게 하여 그 근본을 뽑아내면 끝내 다시 생겨나지 않으니, 이를 비구가 종기의 뿌리를 알지 못하다가 이후에 종기의 뿌리를 온전히 알았다 한다. 云何比丘 不知癰本 然後具知癰本 比丘者 知有愛滅 拔其根本 至竟不復生 是謂比丘 不知癰本 然後具知癰本", 『잡아비담심론』 권11(대정장28, p.960c29)에 "번뇌를 태워버렸다면 다시 생겨나지 않아야 하니, 마치 나무를 불로 태워 재가 되면 끝내 그 재가 다시 나무가 되지 않는 것과 같다. 이와 같이 아라한이 지혜의 불로 번뇌라는 땔감을 태워버렸다면, 다시는 번뇌가 일어나지 않아야 한다. 燒諸煩惱 不應還生 如火燒木爲灰 至竟爲灰 不復爲木 如是阿羅漢以智火燒煩惱薪 不應復爲煩惱", 『무량수경』 권하(대정장12, p.275a23)에 "어느덧 문득 헤매다 끝에 이르고, 수명도 마쳐 다하면 도를 얻을 수 없으리니 어찌할 수 없다. 便旋至竟 年壽終盡 不能得道 無可奈何", 『무량수경연의술문찬』 권하(대정장37, p.166c23・한불전2, p.71a8)에 "이르러 마친다 하니 죽음이다. 至竟者死也"라고 하였다. 〔참고문헌〕『中阿含經』, 『雜阿毘曇心論』, 『無量壽經』, 『無量壽經連義述文贊』. ⇨ 필경 畢竟

지경 至境 Ⓢ prāpta-viṣaya, Ⓣ yul-dang-phrad-pa. 경에 이르다. 비설신(鼻舌身) 세 근(根)이 향미촉(香味觸) 세 경(境)과 닿아서야 맛 등도 알게 되는 것을 말한다. 이에 반해 안이의(眼耳意)에 있어서 색성법(色聲法)은 부지경(不至境)・비지경(非至境)이라 한다. 『대비바사론』 권13(대정장27, p.63b13)에 "〔문〕 안근 등의 육근에서 몇 가지가 지경을 취하고, 몇 가지가 부지경을 취하는가? 〔답〕 지(至)에는 두 가지가 있다. 첫째는 위경지이고, 둘째는 무간지이다. 만약 위경지에 의지해 말한다면 육근 모두가 지경을 취하는 것이고, 무간지에 의지해 말한다면 비・설・신의 세 가지만 지경을 취하고 안・이・의는 부지경을 취한다. 問 眼等六根 幾能取至境 幾能取不至境耶 答 至有二種 一 爲境至 二 無間至 若依爲境至說 則六根皆取至境 若依無間至說 則三取至境 謂鼻舌身 三取不至境 謂眼耳意", 『구사론』 권2(대정장29, p.11c2 : *Abh-k-bh.*, p.32)에 "그 밖의 비 등의 세 가지 유색근은 앞의 것과 달라서 오직 지경만을 취한다. 어떻게 비가 와서 닿는 냄새만을 취함을 아는가? 숨을 멈추면 냄새를 맡지 못하기 때문이다. '이른다' 한 것은 무간이 생겨나는 것을 말한다. … 어떻게 세 가지 근은 무간이 생겨나 지경을 취한다고 하는가? 틈이 없어야 지경을 취할 수 있으니, 중간에 끼어든 물건이 전혀 없음을 말한다. 또 (극미가 아닌) 화합색은 분이 있음이 인정되기에 서로 접촉한다고 해도 과실이 없다. 所餘鼻等 三有色根 與上相違 唯取至境 如何知鼻唯取至香 由斷息時 不嗅香故 云何名至 謂無間生 … 云何三根 由無間生 名取至境 卽由無間 名取至境 謂於中間都無片物 又和合色 許有分故 相觸無失 〈bhāṣya〉 śeṣaṃ tu ghrāṇajihvākāyākhyam. 〈kārikā〉 trayamanyathā. 〈bhāṣya〉 prāptaviṣayamityarthaḥ. ghrāṇaṃ katham prāptaviṣayam. nirucchvāsasya gandhāgrahaṇāt. keyaṃ prāptirnāma. nirantarotpattiḥ. … kathamidānīṃ nirantara prāptyā prāptaviṣayaṃ trayamucyate. tadevaiṣāṃ niruttaratvaṃ yan madhye nāsti kiñcit. apikhalu saṃghātāḥ sāvayavatvāt spṛśantītyadoṣaḥ", 『구사론기』 권2(대정장41, p.51a19)에 "유부종(有部宗)에서는 안이의의 세 근은 비지경을 취하고, 비설신의 세 근은 오직 지경만을

취한다고 한다. 만약 승론(勝論 Ⓢ Vaiśeṣika)외도에 따르면 육근 모두 지경을 취한다. 此宗眼耳意三 取非至境 鼻舌身三 唯取至境 若依勝論外道 六根皆取至境"라고 하였다. [참고문헌] 『大毘婆沙論』, 『俱舍論』, 『俱舍論記』, *Abh-k-bh.* ⇨ 위경지 爲境至, 부지경 不至境

지경 枝莖 가지와 줄기. 지엽(枝葉)과 통한다. 『기세경』 권3 「지옥품 地獄品」(대정장1, p.323b11)에 "그 숲은 아주 넓었고 가지와 줄기마저 빽빽하다. 其林甚闊 枝莖稠密", 『섭대승론석론』 권1(대정장31, p.275b13)에 "근본식은 나무가 뿌리에 의지하듯 한다는 말은, 저 근본식이 일체식의 인이자 체라는 뜻이다. 비유하자면 나무뿌리는 가지와 줄기 등 모든 부분의 인인 경우와 같다. 만약 뿌리가 없다면 가지와 줄기 등은 있을 수 없기 때문이다. 만약 아리야식이 있다 하면 다른 모든 식의 근본일 수밖에 없다는 것 또한 그렇다. 根本識 如樹依根者 彼根本識 爲一切識因體故 譬如樹根 爲枝莖等衆物因 若無根 枝莖等不可得故 若有阿梨耶識 爲諸識根本亦爾"라고 하였다. [참고문헌] 『起世經』, 『攝大乘論釋論』.

지경 持經 Ⓢ dhārayet sūtram. 경을 지녀 놓지 않고 외워 마음에 새기는 일. 『법화경』 권6(대정장9, p.48c25 : *Saddh-p.*, p.362)에 "모든 하늘들 걷거나 앉거나 노닐거나 신통변화하지만 이 『법화경』을 수지하는 이도 맡는 향 모두 다 알 수 있으니, 모든 나무의 꽃들과 열매 그리고 소유 등의 향기 등이라네. 경을 품는 자 이렇게 머물고 있는 곳도 다 안다네. 諸天若行坐 遊戲及神變 持是法華者 聞香悉能知 諸樹華菓實 及酥油香氣 持經者住此 悉知其所在 sthitāṃ niṣaṇṇāṃ śayitāṃ tathaiva krīḍāratiṃ ṛddhi-balaṃ ca sarvam, so jānatī ghrāṇa-balena dhīro yo dhārayet-sūtram-idaṃ variṣṭham. sugandhatailāna tathaiva gandhān-nānāvidhān-puṣpaphalāna gandhān", 『무량의경』(대정장9, p.387c14)에 "힘이 센 장사가 모든 무거운 것들을 능히 견디고 능히 지닐 수 있는 것처럼, 경을 품는 이들도 또한 이와 같이 무상보리라는 중요한 보배를 짊어지고 중생을 견더내 생사의 길을 벗어난다. 如壯力士 能擔能持 諸有重者 是持經人 亦復如是 能荷無上菩提重寶 擔負衆生 出生死道", 『금강경찬요간정기』 권3(대정장33, p.194a10)에 "경을 품어 지니는 공덕은 끝이 없으니, 미래가 다하도록 써도 마르지 않네. 持經功德 無量無邊 盡未來際 用之不竭", 『금강반야바라밀경주해』(대정장33, p.230c16)에 "경을 가지는 복이 뛰어나다는 것은 제불의 몸과 증한 법이 모두 반야를 좇아 나오지 않음이 없으니, 반야를 불모라고 부르는 까닭이 진실로 여기에 있다. 持經福勝者 蓋諸佛之身 及所證之法 無不從是般若而生 般若稱爲佛母者 良有以也", 『법화문구』 권1(대정장34, p.7b29)에 "부처님을 비방하거나 찬양하는 죄와 복은 가볍지만, 경을 지니는 이를 비방하거나 찬양하는 죄와 복은 무겁다. 왜 그런가? 부처님에게는 식상이 없고 여덟 가지 바람을 떠난 지 오래되어 손익될 일 없지만, 경을 지니는 이에게 베풀면 육신이 온전하고 목숨을 이으며 법신을 일으키고 혜명을 증장시키므로 이익이 있을 수밖에 없다. 毁讚佛罪福輕 毁讚持經者罪福重 何者 佛無食想 久離八風不爲損益 施持經者 全肉身續報命 生法身 增慧命 故有益"라고 하였다. [참고문헌] 『法華經』, 『無量義經』, 『金剛經纂要刊定記』, 『金剛般若波羅密經註解』, 『法華文句』, *Saddh-p.* ⇨ 지경자 持經者, 지송 持誦, 수지독송 受持讀誦

지경관음 持經觀音 삼십삼관음(三十三觀音) 중 성문신(聲聞身). 성문의 몸으로 경을 들고 있는 관음보살의 형상. 바위 위에 앉아 오른손으로 경권을 들고 왼손을 무릎 위에 올려 둔 모습이다. 『법화경』 권7 「관세음보살보문품 觀世音菩薩普門品」(대정장9, p.57a25)에 "관세음보살은 성문의 몸으로 응현하여 제도할 수 있는 이에게 성문의 몸을 나타내어 설법한다. 應以聲聞身得度者 卽現聲聞身而爲說法"라고 하였다. 관세음보살의 서른세 가지 응화신 중 성문신(聲聞身)에 해당한다. [참고문헌] 『法華經』. ⇨ 삼십삼관음 三十三觀音

지경자 持經者 Ⓢ sūtra-dhara, sūtrānta-dharāṇa, Ⓟ sutta-dhara, Ⓣ mdo-sde-'dzin-pa. 육십이종유정(六十二種有情) 중 하나로 경전을 수지(受持)하고 독송(讀誦)하는 이. 『법화경』 권4(대정장9, p.31b8)에 "부처님을 찬탄하면 무량한 공덕을 얻지만, 지경자를 찬미하면 그 복은 이를 뛰어넘으니, 80억겁 동안 가장 아름다운 색성향미촉으로 지경자를 공양해야 할 것이다. 由是讚佛故 得無量功德 歎美持經者 其福復過彼 於八十億劫 以最妙色聲 及與香味觸 供養持經者", 『금광명최승왕경』 권9(대정장16, p.446a27)에 "대력에다 신통을 지닌 이와 같은 모든 신중은 항상 지경자를 수호하면서 밤이고 낮이고 떠나지 않는다. … 지경자를 보게 되면 수명과 육신의 힘이 늘어나는데, 그는 위덕의 광명과 복덕으로 묘한 상호를 장엄하고 있다. 如是諸神衆 大力有神通 常護持經者 晝夜恒不離 … 見有持經者 增壽命色力 威光及福德 妙相以莊嚴", 『유가사지론』 권2(대정장30, p.288c26)에 "무엇이 육십이종유정의 부류인가? … 쉰한 번째는 지경자다. 云何六十二種有情之類 … 五十一持經者"라고 하였다. [참고문헌] 『法華經』, 『金光明最勝王經』, 『瑜伽師地論』, *Saddh-p.229.*, *Yogā-bh.49.* ⇨ 지경 持經, 육십이종유정 六十二種有情, 지율자 持律者

지계 地界 Ⓢ pṛthivī-dhātu, Ⓟ paṭhavī-dhātu, Ⓣ s

a′i-khams. 지(地)라는 계. 계(界)는 dhātu의 번역어로, 임시로 자성을 가진 것 중에 가장 바탕이 되는 것의 뜻이다. 견고한 자성(堅性)을 임시로 가져 만물을 유지시킨다. 사대(四大) 또는 육계(六界) 중 하나다. 『법온족론』 권10(대정장26, p.502c24)에 "무엇을 지계라 하는가? 지계에는 두 가지가 있다. 첫째는 내이고, 둘째는 외다. 무엇이 내지계인가? 이 몸 안에 있는 각각 다른 견성(堅性)과 견류(堅類)로서 집도 있고 수도 있는 것이다. 이는 다시 무엇을 말하는가? 머리카락·털·손발톱·이빨 내지 분예다. … 무엇을 외지계라 하는가? 이 몸 밖에 있는 온갖 외적인 견성의 견류로서 집수가 없는 것이다. 이는 다시 무엇을 말하는가? 대지·산·돌·기와·조개·달팽이·구리·쇠·주석·납 … 가지·잎·꽃·과일이다. … 앞서의 안인 것과 밖에 것을 통틀어 지계라 한다. 云何地界 謂地界有二種 一 內 二 外 云何內地界 謂此身內 所有各別 堅性堅類 有執有受 此復云何 謂髮毛爪齒 乃至糞穢 … 云何外地界 謂此身外 諸外所攝 堅性堅類 無執無受 此復云何 謂大地山諸石瓦礫 蚌蛤蝸牛 銅鐵錫鑞 … 枝葉花果 … 前內此外總名地界", 『구사론』 권1(대정장29, p.3b4 : *Abh-k-bh.*, p.8)에 "사대종은 능히 어떤 업을 이루는가? … 지계는 능히 가져 유지한다. … 자성은 무엇인가? … 지계는 견성이다. … 땅 등과 지계 등은 어떻게 다른가? … 땅이란 모양새를 드러내 색처를 바탕으로 해서 세간의 모습을 따라 임시로 세운 이름이다. 모든 세간에 따라 모습으로 보여지는 땅은 형색을 드러내야 그 모습을 보이기 때문이다. 四大種能成何業 … 地界能持 … 自性云何 … 地界堅性 … 云何地等地等界別 … 地謂顯形 色處爲體 隨世間想 假立此名 由諸世間 相示地者 以顯形色而相示故 te punahete dhātavaḥ kasmin karmaṇi saṃsidhāḥ kiṃsvabhāvāścetyāha … dhṛti … pṛthivy … dhātavaḥ … svabhāvastu … kharaḥ pṛthivī dhātuḥ. … kaḥ punaḥ pṛthivyādināṃ pṛthivīdhātvādīnāṃ ca viśeṣaḥ … tathā hi pṛthivīṃ darśayanto varṇaṃ saṃsthānaṃ ca darśayanti. yathā pṛthivī evaṃ"라고 하였다. [참고문헌] 『法蘊足論』, 『俱舍論』, *Abh-k-bh.* ⇨ 지대 地大[1], 사대 四大[1], 육계 六界[1], 종종계 種種界, 내지계 內地界

지계 知界 지(知)라는 계. 일어난 일들을 보아 아는 세계. 『사리불아비담론』 권7(대정장28, p.576b23)에 "무엇을 지계라 하는가? 일체법지로서 일마다에서 그대로 알고 보는 것을 지계라 한다. 云何知界 一切法知如事知見 是名知界"라고 하였다. [참고문헌] 『舍利弗阿毘曇論』. ⇨ 비지계 非知界

지계 持戒 Ⓢ śīla, śīla-samādāna, śīlavat, śīlavrata, Ⓟ sīlavata, Ⓣ tshul-khrims-dang-ldan-pa. 받은 계(受戒)를 지녀 지켜서 물러남이 없는 뜻. 칠중(七衆)의 별해탈계(別解脫戒)가 있고 대승의 보살계(菩薩戒)와 삼취정계(三聚淨戒)가 있으니, 이를 약속하고 지녀 버리지 않는 뜻이다. 『중아함경』 권23 「흑비구경 黑比丘經」(대정장1, p.576b1)에 "어떤 이가 계를 범하거나 계를 벗어나거나, 계를 놓치거나, 계를 구멍내거나, 계를 더럽혔다면 계를 지녔다고 하지 못한다. 或有一人 犯戒 越戒 缺戒 穿戒 汚戒 不稱持戒", 『대반야경』 권584(대정장7, p.1021c17)에 "만약 보살들이 따라 보호한 계를 무상보리에 일체 회향한다면 모든 중생에게 큰 이익을 짓게 하는 것이니, 미래세가 다하도록 틈도 없고 끊이지도 않을 것이다. 마땅히 알아야 하리, 이것만이 보살이 계를 가짐이다. 若諸菩薩隨所護戒 一切迴向無上菩提 與諸有情作大饒益 窮未來際無間無斷 應知是爲菩薩持戒", 『방광반야경』 권17(대정장8, p.120c1)에 "수보리야! 보살이 처음 발심한 이래로 스스로 계를 가지고 다른 이도 계를 가지게 하니, 지계한 사람을 보고서 그 대신 기뻐하면 지계공덕으로 천상에 나거나 사람 중에서 귀하게 태어난다. 須菩提 菩薩從初發意以來 自持戒 勸人持戒 見人持戒 代其歡喜 以持戒得天上 人中之豪", 『대지도론』 권14(대정장25, p.162b14)에 "보살지계는 능히 육바라밀을 일으키니 이를 시라바라밀이라 한다. 지계는 반드시 계를 생하게 한다는 말은 무슨 뜻인가? 오계로 인하여 사미계를 얻고, 사미계로 인하여 계율의를 얻으며, 계율의로 인하여 선정계를 얻고, 선정계로 인하여 무루계를 얻는다. 이것이 계가 계를 낳는다는 말의 뜻이다. 菩薩持戒 能生六波羅蜜 是則名爲尸羅波羅蜜 云何持戒能生戒 因五戒得沙彌戒 因沙彌戒得戒律儀 因戒律儀得禪定戒 因禪定戒得無漏戒 是爲戒生戒"라고 하였다. [참고문헌] 『中阿含經』, 『大般若經』, 『放光般若經』, 『大智度論』, *Udāna-v.149·287., Bodh-bh.85., Sn.155.* ⇨ 계 戒, 율의 律儀[1], 별해탈계 別解脫戒, 삼취정계 三聚淨戒, 보살계 菩薩戒

지계 持界 지녀 잃지 않는 계. 념(念)의 세계를 말한다. 『사리불아비담론』 권7(대정장28, p.577b3)에 "가져 이어지는 계는 념이다. 무엇 등을 념이라 하는가. 저 듣고 익힌 법과 같아서 저 법을 지니게 되니, 바로 지녀 머물게 해서 잊지 않고 떠올리고 떠올려 이어지니 이 이름이 지니는 계다. 持界 謂念 何等念 如所聞所習法 持彼法 正持令住 不忘想念念續 是名持界"라고 하였다. [참고문헌] 『舍利弗阿毘曇論』. ⇨ 억념 憶念

지계 智界 지(智)라는 계. 금강계만다라는 지를 나타내므로 지계라 하고, 태장만다라는 이를 드러내므로 이계라 한다. 『사십첩결』 권5(대정장75, p.865c17)에

"금강계는 오지금강이니 바로 지계다. 오방과 오불의 지혜를 말한 것이다. 金剛界者 即五智金剛也 即是智界也 詮五方五佛智也", 같은 책 권5(대정장75, p.868a16)에 "태장의 적문은 그대로 이계다. 금강계의 본문은 지계다. 이계와 지계는 『법화경』에 의지하면 본적이문이다. 胎藏迹門 即理界也 金剛本門 即智界也 理界智界 名依法花 本迹二門也"라고 하였다. 〔참고문헌〕『四十帖決』. ⇨ 금강계만다라 金剛界曼荼羅

지계견성 持戒見性 계를 가져 성을 보다. 『대반열반경의기』 권3(대정장37, p.689a24)에 "구부경 이하의 대목에서는 의문을 풀어 법을 드러낸다. 의문의 상은 무엇인가? 옛 교법중에서는 성이 있다고 말하지 않았는데 어째서 계를 가져 성을 본다고 하는가? 이를 풀어 말한다. '구부경중에는 방등의 교법이 없으므로 성이 있다고 설하지 않았다. 저들 경에서는 비록 설하지 않았지만, 이로는 실로 있기에 계를 지키면 볼 수 있다고 한 것이다'. 九部經下 釋疑顯法 疑相云何 昔教之中 不言有性 云何說言 持戒見性 故今釋云 九部經中 無方等故 不說有性 經雖不說 理實有之 故持得見", 『석원사림』 권194 「율대덕주공탑갈명병서 律大德湊公塔碣銘幷序」(한불전4, p.667b6)에 "여래 멸후 후오백세에도 계를 가져 성을 보았던 이가 있었으니, 그가 흥과율사다. 如來滅後 後五百歲 有持戒見性者 曰興果律師"라고 하였다. 〔참고문헌〕『大般涅槃經義記』, 『釋苑詞林』, 40권본 『大般涅槃經』 권3(대정장12, p.383c8). ⇨ 구부경 九部經

지계바라밀 持戒波羅蜜 Ⓢ śīla-pāramitā, Ⓟ sīla-pāramitā, Ⓣ tshul-khrims-kyi-pha-rol-tu-phyin-pa. 계를 가져 쉼 없이 행함. 육바라밀(六波羅蜜) 또는 십바라밀(十波羅蜜) 중 하나로 계바라밀·계도무극(戒度無極)·시라바라밀(尸羅波羅蜜)·계도피안(戒到彼岸)이라고도 한다. 『대승본생심지관경』 권7(대정장3, p.322c15)에 "출가한 보살은 아란야에 거주하므로 십이두타행을 닦는다. 만약 걸어다닐 때에도 두 팔꿈치 바닥을 살핌으로써 중생을 손상시키지 않아야 지계바라밀이라 불린다. 금계를 굳게 지켜서 자기 목숨조차 아끼지 않는다면 바라밀에 가까워졌다고 한다. 세간에서 구하고자 설법교화하고, 무상보리 마음을 일으키게 한다면 진실바라밀이라 불린다. 선남자야! 이렇게 해야 출가보살이 지계바라밀다를 성취했다고 한다. 出家菩薩 住阿蘭若 故修十二頭陀之行 若行步時 看二肘地 不損衆生 即得名爲持戒波羅蜜 堅持禁戒 不惜軀命 即得名爲親近波羅蜜 爲求出世 說法教化 令發無上菩提之心 即得名爲眞實波羅蜜 善男子 是名出家菩薩成就 持戒波羅蜜多", 『불모보덕장반야바라밀경』 권하(대정장8, p.684a17)에 "계 지켜 불보리로 회향하며, 애써 스스로를 이롭게 할 생각은 하지 않는다. 다만 저들 모든 중생을 이롭게 할 생각뿐이니, 이것이 지계바라밀이라네. 持戒迴向佛菩提 而不作念求自益 但念利他諸衆生 是則持戒波羅蜜", 『개각자성반야바라밀다경』 권3(대정장8, p.861a23)에 "보살마하살은 응당 색법 중에서 다섯 가지 상을 분명하게 알아 지계바라밀다를 수행한다. 무엇이 그 다섯 가지인가? 첫째는 요익유정계, 둘째는 정법계, 셋째는 무루법계, 넷째는 계, 다섯째는 대계이다. 菩薩摩訶薩 於色法中 應當了知 有五種相 修行持戒波羅蜜多 何等爲五 一饒益有情戒 二 定法戒 三 無漏法戒 四 戒 五 大戒", 『아미타경직해정행』(卍속장33, p.759a1)에 "한 마음으로 염불하여 온갖 악이 저절로 그치면 지계바라밀이다. 一心念佛 諸惡自止 即持戒波羅蜜", 『금강경주강』 권상(卍속장92, p.759a8)에 "아상·인상 등 사상이 없으면 육근은 저절로 사라져 육진 물들 일 없다. 이것이 지계바라밀이다. 無我人四相 則六根自無 而六塵汚染不著 即是持戒波羅蜜"라고 하였다. 〔참고문헌〕『大乘本生心地觀經』, 『佛母寶德藏般若波羅蜜經』, 『開覺自性般若波羅蜜多經』, 『阿彌陀經直解正行』, 『金剛經註講』, 『大乘菩薩藏正法經』 권18 「持戒波羅蜜多品」(대정장11, p.824c12), *Pañca-pr.18.*, *Bv.17.* ⇨ 계 戒, 바라밀 波羅蜜, 계바라밀 戒波羅蜜, 시바라밀 尸波羅蜜, 시라바라밀 尸羅波羅蜜, 육바라밀 六波羅蜜, 십바라밀 十波羅蜜

지계십리 持戒十利 Ⓢ daśa anuśaṃsāḥ pariśuddha-śīlasya. 보살이 정계를 가져 얻는 열 가지 이익. 『월등삼매경』 권6(대정장15, p.584a18 : *Sam-r.*, p.160)에 "보살정계에 열 가지 이익이 있으니, 무엇이 열 가지인가? 첫째 일체지를 만족하고, 둘째 부처님께서 익히신 대로 배우며, 셋째 지혜로운 이들이 비난하지 않으며, 넷째 서원한 바에서 물러나지 않고, 다섯째 바른 행에 안주하며, 여섯째 생사를 벗어나며, 일곱째 열반을 섬겨 즐기며, 여덟째 얽힌 마음 없으며, 아홉째 뛰어난 삼매를 얻고, 열째 신심이라는 법재에 부족함이 없는 것이다. 동자야, 이를 열 가지 청정한 계율의 이익이라 한다. 菩薩淨戒 有十種利益 何等爲十 一者 滿足一切智 二者 如佛所學而學 三者 智者不毀 四者 不退誓願 五者 安住於行 六者 棄捨生死 七者 慕樂涅槃 八者 得無纏心 九者 得勝三昧 十者 不乏信財 童子 是爲十種 淨戒利益 daśeme kumāra anuśaṃsāḥ pariśuddhaśīlasya bodhisattvasya mahāsattvasya. katame daśa. yadut a jñānaṃ ca pariśodhayati paripūrayati. buddhānāṃ bhagavatāmanuśikṣate. agarhito bhavati paṇḍitānām. pratijñāto na calati. pratipattau tiṣṭhati. saṃsārāt palāyate. nirvāṇamarpayati. niṣparyutthāno viharati. samādhiṃ pratilabhate. adaridraśca bhavati. ime kumāra daśānuśaṃsāḥ pa riśuddhaśīlasya bodhisattvasya mahāsattvasya" 라고 하였다. [참고문헌]『月燈三昧經』, *Sam-r.*

지계진언인 地界眞言印 지계(地界)를 청정히 하는 인. 십팔계인(十八契印) 중 하나로 수법(修法)을 가지(加持)하여 지계를 청정하고 견고하게 하여 일체장애를 여의는 주(呪)와 인(印)을 말한다. 금강궐인(金剛橛印)이라고도 한다.『십팔계인』(대정장18, p.782b24)에 "다음으로 지계진언인을 맺는다. 오른손의 무명지를 왼손의 무명지와 소지 사이에 넣고 오른 손의 중지를 왼손의 중지와 검지 사이에 넣는다. 왼손 역시 그렇게 한다. 나머지 손가락은 모두 끝을 붙이고 화염이 타오르는 금강저의 모습이라고 관상한다. 엄지를 땅에 붙이고 누르면서 한 번 누를 때 마다 한 번 염송하고 세 번 하고서 멈춘다. 次結地界眞言印 右無名指入左無名指小指內 右中指入左中指頭指內 左亦如之 餘指並頭相拄 即想印成火焰金剛杵形 以大指著地掣之 一掣一誦 至三便止"라고 하였다. [참고문헌]『十八契印』. ⇨ 십팔계인 十八契印 ❶

지고 知庫 창고와 금전출납을 관장하는 소임. 고두(庫頭)·궤두(櫃頭)·부사(副寺)라고도 한다.『선림상기전』권7(불광장, 禪藏, p.484)에 "지고 : 고두를 지고라고 부른다.〈고두 항목을 보라〉『허당록』「질지고쇄감」에서 '바로 잡을 거짓이 없고 아주 소박하고 정직했네. 세로는 백이고 가로는 천이라. 이윤을 남기고 많은 이익을 거두었네. 질 지고여! 날이 저물면 창고 자물쇠를 거두었네'라고 하였다. 知庫 庫頭 又名知庫〈見庫頭處〉 虛堂愚和尙錄質知庫鎖龕語云 無矯僞多質直 豎百橫千 對本收息 質知庫 日暮也收取鑰匙"라고 하였다. [참고문헌]『禪林象器箋』,『虛堂錄』권6(대정장47, p.1034a16). ⇨ 고두 庫頭, 부사 副寺, 선림직위 禪林職位

지고단집증멸수도 知苦斷集證滅修道 고를 알아 집을 끊고 멸을 증하려 도를 닦는다. 사제(四諦)를 닦는 행상이다.『대장엄론경』권14(대정장4, p.333b26)에 "우리들은 이미 고를 알았고 집의 계박을 끊었으며, 팔정도를 닦아 멸제를 증득했기에 해야 할 일을 이미 다해 마쳤으니, 그대들 근심하거나 괴로워하지 마라. 我等已知苦 斷集之繫縛 以修八正道 得證於滅諦 所作事已辦 汝等莫憂苦",『이취육바라밀다경』권3(대정장8, p.880a19)에 "그 중 한 사람이 사제문을 보았는데, 고를 알고 집을 끊었으며, 멸을 증득하고 도를 닦아 아라한을 얻어 스스로 열반을 증하였다. 中有一人 見四諦門 知苦斷集證滅修道 獲阿羅漢 自證涅槃,『법화의소』권6(대정장34, p.531a28)에 "수행에는 두 가지 뜻이 있다. 첫째는 삼계를 벗어나고자 하는 것이니 고를 알고 집을 끊는 것이고, 둘째는 스스로 열반을 구하는 것이니 멸을 증하기 위해 도를 닦는 것이다. 修行有二意 一者 欲出三界 謂知苦斷集 二 自求涅槃 謂證滅修道也"라고 하였다. [참고문헌]『大莊嚴論經』,『理趣六波羅蜜多經』,『法華義疏』.

지고원 志高遠 Ⓢ utkṛṣṭa, Ⓣ mchog. 뜻이 높고 멀다.『불소행찬』권1(대정장4, p.4b26)에 "태자는 뜻이 높고 멀었으며, 덕은 무성하고 모습 맑고 밝았다. 太子志高遠 德盛貌淸明",『변중변론』권하(대정장31, p.473c28 : *Madhy-vibh.*, p.61)에 "이 중 광대최승이란 모든 세간의 부유자재를 끝내 기꺼이 바라지 않으니, 뜻이 높고 갈 길이 멀었기 때문이다. 此中廣大最勝者 終不欣樂 一切世間 富樂自在 志高遠故 tatraudāryaparamatā sarvalaukikasaṃpattyanarthitvenotkṛṣṭatayā ca veditavyā"라고 하였다. [참고문헌]『佛所行讚』,『辯中邊論』, *Madhy-vibh.*

지곡 智谷 고려전기 스님 석초(釋超 912~964)의 법호. [참고문헌] 李智冠 『校勘譯註歷代高僧碑文』 高麗篇2 p.125. ⇨ 석초 釋超

지곡사 智谷寺 ❶ 경상남도 산청군 산청읍 내리 지리산(智異山)에 있는 절. 지곡사(知谷寺)·국태사(國泰寺)라고도 하였다. 대한불교조계종 제12교구 본사 해인사(海印寺)의 말사이다. 절의 창건에 대해서는 추파홍유(秋波泓宥 1718~1774)의『추파집』권3「유산음지곡사기 遊山陰智谷寺記」(한불전10, p.75b2)에 "두 봉우리 아래 지은 절이 국태사이다. 또 지곡사라고도 하는 것은 주민들이 그 골짜기 이름을 따라 그렇게 부른 것이다. 이 절의 창건은 신라 응진에서 비롯되었고, 중간에는 고려 혜월, 마지막은 진관(912~964)에 이르러서 또 일신하였는데 진관 역시 고려 사람이다. 이 삼대사는 모두 덕이 중하여 당대 왕사가 되어 국가를 도우셨다. 兩峯之下 建寺曰國泰寺 又稱以智谷者 土人以其谷名名之也 盖此寺之剏 始於新羅應眞 中於高麗慧月 終至眞觀而又新之 觀亦麗時人也 此三大士 皆德重 當世爲王者師 以佑國家"라고 하였다. 고려전기에는 선종 5대 산문의 하나였으며,「지곡사진관선사오공탑비문 智谷寺眞觀禪師悟空塔碑文」에는 "임금(光宗 재위 949~975)이 특조로 진관선사로 하여금 지곡사로 가서 대중을 도광(導匡)하도록 하였다. 特詔於智谷寺匡衆"라고 하였다. 조선전기에는 자복사(資福寺)로 지정되었고, 1469년(예종1)에 편찬된『경상도속찬지리지』산음 승사에는 "현의 유산 지곡사는 선종에 속한다. 縣楡山智谷寺 屬禪宗"라고 하였다.『동국여지승람』권31 경상도 산음현 불우·『범우고』에도 이름과 위치가 기록되어 있다.『가람고』에 "현 서쪽 30리 지리산에 있다. 고려 예부상서 손몽주가 찬한 혜월·진관 두 스님의 비가 있다. 在智異山 縣西三十

里 有高麗禮部尙書孫夢周所撰 僧慧月及眞觀二碑"라고 하였다. 이외 「지곡사청련당기 智谷寺青蓮堂記」(한불전10, p.75c12)와 「지곡사용화당기 智谷寺龍華堂記」(한불전10, p.76b1)에 따르면 대웅전 · 극락전 · 약사전 · 천왕문 · 금강문 · 요사 등의 전각이 있었으며, 영남의 으뜸가는 사찰이었다고 한다. 18세기에는 추파홍유와 한암성안이 절의 중흥을 도모하였는데, 두 스님의 부도와 비는 각각 1836년(헌종2), 1845년(헌종11)에 세워져서 현재 심적사(深寂寺) 경내에 있다. 『사탑고적고』에는 사지(寺址)에 당간지주가 남아있다고 하였다. 현재 사지는 시도기념물 제225호로 지정되어 있으며, 귀부(龜趺) 2기와 부도 7기가 전한다. 2003년의 발굴조사에서는 '智谷寺'명 막새와 통일신라~조선의 와편이 다수 출토되고, 축대 및 금당지 등 5개의 건물지 일부가 확인되었는데, 금당지에서는 불상 대좌 및 소조불상편 등이 발굴되었다. 현재의 지곡사는 1958년에 강덕이(姜德伊)가 옛터에서 약간 떨어진 곳에 중창하였으며, 이후 몇 차례의 중건을 거쳤다. 현존 당우로는 대웅전 · 삼성각 · 종각 · 요사 등이 있다. [참고문헌] 『秋波集』, 『慶尙道續撰地理誌』, 『東國輿地勝覽』, 『梵宇攷』, 『伽藍考』, 『寺塔古蹟攷』, 李智冠 『校勘譯註歷代高僧碑文』 高麗篇2 p.127, 『韓國寺刹全書』 권하 p.1043a6, 『산청지곡사지 - 시굴조사보고서』(국립가야문화재연구소, 2003), 『한국사지총람』 권하(문화재청 · 佛教文化財研究所, 2010) p.372. ⇨ 국태사 國泰寺 **2** 경상남도 합천군 봉산면 압곡리에 있던 절. 『범우고』 · 『가람고』 · 『여지도서』 경상도 합천 사찰에 이름과 위치가 전한다. 1785년(정조9)에 편찬된 『합천군읍지』 사찰에 "군 서쪽 40리 독토면 오도산에 있다. 在郡西四十里 禿土面 吾道山"라고 하였고, 1899년(광무3)의 『읍지』 불우에는 무민당(無悶堂) 박인(朴絪 1583~1640)의 관련 시문이 전한다. 사지(寺址)에 장대석과 초석 등이 남아 있다. [참고문헌] 『梵宇攷』, 『伽藍考』, 『輿地圖書』, 『陜川郡邑誌』, 『韓國寺刹全書』 권하 p.1043a10, 『한국사지총람』 권하(문화재청 · 佛教文化財研究所, 2010) p.433.

지곡사승혜월비문 智谷寺僧慧月碑文 고려 현종(顯宗 재위 1009~1031) 때 스님 혜월의 행적 비문. 옛 탁본에 의지한 비문 잔편(殘片)이 『조선금석총람』 권상 p.556에 전하고, "성 남쪽 광통보제선사로 이주하였다. … 세수 55, 법랍 38세이다. 移仕城南廣通普濟禪寺 … 年五十有五夏臘三十有八"라고 하였다. [참고문헌] 『朝鮮金石總覽』. ⇨ 혜월 慧月

지곡사진관선사비명 智谷寺眞觀禪師碑銘 진관선사 석초(釋超 912~964)의 사리탑비명. 왕융(王融)이 지은 비문이 『석원사림』 권191(한불전4, p.648a10)에 전하는데 "보좌에 단정히 앉아 크게 진풍을 떨쳐 육수의 향을 사르니 그 향기구름 사라질 날 없었다. 옷은 백 번이나 꿰맸고 산수 다 품고도 언제나 그요하셨으며, 명성 또한 크게 날아 배우는 무리들 모여와 엎드렸다. 端居寶座 大闡眞風 香爇六銖 炷煙雲之不泯 衣披百衲 包山水之長閑 聲價雄飛 學徒雌伏"라고 하였다. 981년(경종6)에 산청 지곡사에 비를 세웠으나 남아 있지 않고 탁본만 서울대학교에 소장되어 있다. [참고문헌] 『釋苑詞林』, 『韓國金石全文』 中世上 pp.422~430, 『金石淸玩』 권2, 『韓國金石文大系』 권4 pp.285~288, 李智冠 『校勘譯註歷代高僧碑文』 高麗篇2 pp.124~157. ⇨ 석초 釋超

지공 支公 오(吳)대 지겸(支謙). 『중관론소』 권2말(대정장42, p.29c8)에 "석도안은 본래 없다 하고, 지공은 색 그대로 공이라 한다. 釋道安本無 支公卽色"라고 하였다. [참고문헌] 『中觀論疏』. ⇨ 지겸 支謙

지공 志公 보지(寶誌)의 호칭 중 하나. 지공(誌公)이라고도 한다. 『금강경찬요간정기』 권4(대정장33, p.200a16)에 "자상과 타상이 없다면 자타는 평등하다. 지공은 읊었다. '나의 몸이 공하고 모든 법도 공하니, 천품만류가 모두 한가지다'. 既無自他之相 卽自他平等 志公云 以我身空諸法空 千品萬類悉皆同", 『진심직설』 「진심정신 眞心正信」(한불전4, p.716a6)에 "열반묘체는 낱낱으로 두렷하니 다른 것을 빌려서 구하지 않는다. 본래부터 스스로 갖추었기 때문이다. … 지공이 말한다. '상 있는 몸 중에 상 없는 몸이 있고, 무명의 길 위에 무생의 길이 있다'. 涅槃妙體 箇箇圓成 不假他求 從來自備 … 志公云 有相身中無相身 無明路上無生路"라고 하였다. [참고문헌] 『金剛經纂要刊定記』, 『眞心直說』, 『景德傳燈錄』 권29 「보지화상십이시송 寶誌和尙十二時頌」(대정장51, p.450b5), 『碧巖錄』 1칙 「本則」(대정장48, p.140a21), 『釋迦如來行蹟頌』 권상(卍속장130, p.280a14). ⇨ 보지 寶誌

지공 指空 Ⓢ Dhyānabhadra. ?~1363. 인도 스님. 음사 이름은 제납박다(提納薄陀 · 提納薄陁), 한역 이름은 선현(禪賢). 1363년(공민왕12)에 각련(覺璉)이 엮은 『나옹화상어록』 「입탑 入塔」(한불전6, p.727a5)에 "서천 일백팔대조 지공대화상 西天一百八代祖指空大和尙"이라고 하였는데, 생애 전반은 왕명을 받아 지은 이색(李穡 1328~1396)의 비명과 제자 백운경한(白雲景閑 1299~1374)이 엮은 어록에 주로 전한다. 『동문선』 권119 비명(碑銘)에 실린 이색의 「서천제납박타존자부도명병서 西天提納薄陁尊者浮圖銘幷序」에는 "『가섭백팔전』에 '제납박타존자 선현의 호는 지공이다'고 하였다. 태정 연간(1324~1327 · 충숙왕11~14)에 난수이서

천자를 만나 불법을 논하였다. … 스님은 '내가 이것을 위한 것은 아니다'고 하고는 (천자를) 떠나서 동쪽으로 고구려를 유력하여 (1326·충숙왕13에) 금강산 법기도량에 참례하였는데, 황제가 연경으로 돌아오기를 재촉하였다. … 스님은 스스로 말하기를 '내 증조의 이름은 사자협이고 내 할아버지의 이름은 곡반으로, 모두 가비라국의 왕이다. 내 아버지의 이름은 만이며, 마갈제국의 왕이다. 내 어머니는 향지국의 공주이고, 두 형은 실리가라파와 실리마니다. 부모님은 동방의 대위덕신에게 기도하여 나를 낳았다'고 하였다. … 다섯 살 때 스승을 뵙고 나라의 글과 외국의 학문을 배웠다. … 아버지의 병에는 의학조차 효험이 없었다. 점치는 이가 '적자가 출가하면 왕의 병은 나을 것이다'고 하였다. 아버지는 세 아들에게 물었는데, 내가 바로 순응하자 크게 기뻐하였다. … 아버지는 금방 나았다. 여덟 살 때 삼의를 갖추고서 나란타사 강사 율현에게 보내져 삭발하고서 오계를 받았다. 『대반야경』을 배우다가 얻은 바 있어서 제불과 중생의 허공 두 경계를 물으니 스승은 '유도 아니고 무도 아닌 것이 참 반야다. 남인도 능가국 길상산 보명의 주석처에게 가면 깊은 뜻 다할 수 있을 것이다'고 하였다. 때에 내 나이는 열아홉이었다. … 이마를 만져 수기하길 '산 아래 한 발 내딛으니 사자새끼로다. 내 자리아래에서 득법한 이가 이백사십삼인이지만, 중생에게는 모두 인연이 없었다. 그대 내 법을 넓혀라. 가서 힘쓰라고 하고는 소나적사야(Ⓢ sunyatā)라는 호를 지어주었다'고 하였는데, 중국말로는 지공이다. … 양주태자가 배에 태워 왕도에 이르도록 하였다. 대순승상 아내 위씨는 고려 사람인데, 숭인사에서 시계하도록 청하였지만, 이미 내가 난경에 이르렀다. 태정 연간의 지우 운운은 이때였다. … 스님은 또 '천수사는 나의 그림자 머물 곳이다'고 하였는데, 이해(1363·공민왕12) 12월 20일에 귀화방장에서 입적하였다. … 임자(1372) 9월 16일에 왕명으로 회암사에 부도를 세울 때, 장차 탑에 모시고자 뼈를 수습하다 사리 몇 립을 찾았다. 스님은 인도에서 문수사리의 『무생계경』 두 권을 가지고 왔다. … 스님 제자인 정업원 주지 묘장비구니와 함께 연석을 구입하여 회암사 언덕에 세우고자 하니, 천륜으로는 효자순손이라고 하지 않겠는가. 迦葉百八傳 提納薄陁尊者禪賢號指空 泰定間見天子于難水之上 論佛法 … 師曰 吾不爲是也 去而東遊高句麗 禮金剛山法起道場 有旨趣還燕 … 師自言吾曾祖諱師子脇 吾祖諱斛飯 皆王伽毗羅國 吾父諱滿 王摩竭提國 吾母香志國公主 吾二兄悉利迦羅婆悉利摩尼 吾父母禱于東方大威德神而生吾 … 五齡就師 受國書及外邦之學 … 父病醫莫效 筮者曰 嫡子出家 王病可痊 父詢三子 吾卽應 父大喜 … 父病立愈 八歲備三衣 送那蘭陁寺講師律賢所 剃染五戒 學大般若若有得 問諸佛衆生虛空二境界 師云 非有非無 是眞般若 可往南印度楞伽國吉祥山普明所 硏窮奧旨 時年十九 … 摩頂記曰 下山一步 便是師子兒 我座下得法出身二百四十三人 於衆生皆少因緣 汝其廣吾化 其往懋哉 號之曰蘇那的沙野 華言指空 … 楊州太子以舟送吾至都 大順丞相之室韋氏 高麗人也 請於崇仁寺施戒 旣而至灤京 泰定之遇是已 … 師又曰 天壽寺吾影堂也 是歲十一月二十日 示寂于貴化方丈 … 壬子九月十六日 以王命樹浮圖於檜岩寺 將入塔灌骨 得舍利若干粒 師自西天携文殊師利無生戒經二卷而來 … 與師之弟子淨業院住持妙藏比丘尼 買燕石將樹之檜巖之崖 揆諸天屬 不曰孝子順孫歟"라고 하였고, 『백운화상어록』 권하 「신묘년상지공화상송 辛卯年上指空和尙頌」(한불전6, p.659a19)에는 "지공화상은 중천(축)에서 태어나 석가족의 왕궁에서 여덟 살에 출가하였네. … 용맹정진으로 수행하더니 바로 남쪽으로 가서 길상산에서 우선 보명을 배알하고는 한 마디 말로 현지를 돈오하여 불과의 덕에 계합하였네. … 좌갈라파제삼과법문을 얻고서 … 돈오돈수하여 행해가 상응하므로, 저 위에서 바닥까지 사무치고 지금도 옛도 멀리보냈다. … 중국의 인연 있는 중생에게 대승근성이 있음을 보고는 십만팔천여리를 걷고 위험을 돌아보지 않고서 특별하게도 서쪽에서 왔네. … 처음에는 운남에, 다음에는 대원에, 마지막에는 고려에 이르렀네. 두루 명산을 유력하고서 … 다시 대원으로 돌아가 묘총통과 함께 근 십년 동안 투쟁하여 수고를 아끼지 않았네. … 나는 본래 무심하지만 구하고자 하는 바가 있다면, 법주와 법보의 무상법을 곡진히 설해 받고자 함이니 … 간절한 마음 이기지 못하여 향을 사르며 백배를 올리네. 바라건대 제자로 곁에서 모시고자 할 뿐이네. 指空和尙 出自中天 釋種王宮 八歲出家 … 勇猛操修 直往南方 吉祥山中 首謁普明 一言之下 頓悟玄旨 契佛果德 … 得左羯羅波帝三科法門 … 頓悟頓修 行解相應 透頂透底 超今邁古 … 觀此震旦 有緣衆生 大乘根性 發足十萬八千餘里 不顧危亡 特特西來

서천백팔대조사지공대화상진영
국립중앙박물관 19세기

서천국백팔대조사지공대화상지진영
양주 회암사 19세기

… 初到雲南 次到大元 終到高麗 遍歷名山 … 還歸大元 與妙總統 僅一十年 鬪諍勞苦 … 我本無心 有所希求 法主法寶 無上法伊 曲說授我 … 不勝珍感 焚香百拜 願爲弟子 執侍巾甁 惟願慈悲 天眼遙觀 下應虔誠"라고 하였다. 『고려사』 권35 세가35 충숙왕15년(1328) 가을7월 경인(30일)에 "호승 지공이 연복정에서 계를 설하였는데, 사녀들이 다투어 달려와 들었다. 계림부 사록 이광순 또한 무생계를 받고서 임지에 가서 주의 백성이 성황에게 제사를 지낼 때 고기를 쓰지 못하게 하고, 백성들이 돼지를 기르지 못하도록 엄금하였는데, 주의 사람들이 하루 동안에 돼지를 모조리 죽였다. 胡僧指空 說戒於延福亭 士女奔走以聽 鷄林府司錄李光順亦受無生戒 之任 令州民 祭城隍 不得用肉 禁民畜豚甚嚴 州人一日盡殺其豚"고 하였고, 나옹혜근(懶翁惠勤 1320~1376)의 제자인 각굉(覺宏)이 쓴 「고려국왕사대조계종사선교도총섭근수본지중흥조풍복국우세보제존자익선각나옹화상행장 高麗國王師大曹溪宗師禪敎都摠攝勤脩本智重興祖風福國祐世普濟尊者諡禪覺懶翁和尙行狀」 『나옹화상어록』(한불전6, p.703b8)에 "정해(1347·충목왕3) 3월에 북쪽을 향해 출발하여 무자(1348) 3월 13일에 대도 법원사에 이르러 처음으로 서천지공화상을 배알하였다. … 홍무 경술(1370·공민왕19) 가을에 원의 사도 달예가 지공의 영골사리를 받들고 회암에 이르렀다. … 임자(1372) 가을에 스님이 지공의 삼산양수지기를 생각하고는 회암사로 이석할 것을 청하였다. … 9월 26일에 장차 지공의 영골사리를 절의 북쪽 봉우리에 탑을 세워 모시고자 하였다. 丁亥十一月 發足向北 戊子三月十三日 行到大都法源寺 初叅西天指空和尙 … 洪武庚戌秋 元朝司徒達睿奉指空靈骨舍利到檜巖 … 壬子秋 師偶念指空三山兩水之記 請移錫檜巖 … 九月二十六日 將指空靈骨舍利 安塔于寺之北峯"고 하였는데, 『고려사』 권42 세가42 19년(1370) 1월 갑인(24일)에 "왕륜사에 행차하여 부처님의 치아 및 호승 지공의 두골을 친견하고는 친히 머리에 이고 궁궐로 맞았다. 幸王輪寺 觀佛齒及胡僧指空頭骨 親自頂戴 遂迎入禁中"고도 하였다. 1378년(우왕4)에 나옹혜근의 문도가 회암사에 지공사리탑비를 건립하였고, 1384년(우왕10)에는 영변 묘향산 안심사에 이색이 비문을 짓고 권주(權鑄 ?~1394)가 쓴 「영변안심사지공나옹사리석종비 寧邊安心寺指空懶翁舍利石鐘碑」를 건립하였는데, 『조선금석총람』 권상과 이지관 『교감역주역대고승비문』

지공 회암사지공사리탑
양주 회암사 1372년

고려편4에 수록되어 있다. 혜근 외에도 옥전선사(玉田禪師)·정지국사(正智國師) 지천(智泉 1324~1395)·무학자초(無學自初 1327~1405)도 지공의 법을 받았다. 이색의 『목은문고』 권4 기(記)에 실린 「송월헌기 松月軒記」에는 "전 임관사 주지 옥전선사가 나의 좌주인 구양 선생이 쓴 '송월헌' 세 글자로 나에게 기문을 써달라고 하였는데, '태정 연간에 서천지공사가 동국에 이르렀을 때 내가 숙연으로 보고는 기뻐서 마침내 따르기로 하고는 머리를 깎고 계를 받았다'고 하였다. 前林觀寺住持玉田禪師 以吾座主歐陽先生所書松月軒三字 求記於予曰 泰定間 西天指空師至東國 予以夙因見而悅之 遂從之 薙髮受戒"고 하였고, 권근(權近 1352~1409)의 『양촌집』 권38 비명류(碑銘類) 「추증정지국사비명병서 追贈正智國師碑銘竝序」에는 '지정 계사(1353·공민왕2)에 지금의 왕사 무학과 함께 연경에 들어가 법천사에서 지공을 배알하였다. 至正癸巳 與今王師無學俱入燕京 謁指空于法泉寺"고 하였으며, 변계량(卞季良 1369~1430)이 쓴 「조선국왕사묘엄존자탑명〈경인〉 朝鮮國王師妙嚴尊者塔銘〈庚寅〉」 『춘정선생속집』 권1 명(銘)에도 "계사(1353·공민왕2) 가을에 자진해서 연도로 달려가 서천지공을 참례하고는 절하고 일어나면서 '삼천팔백리(를 와서) 친히 화상의 면목을 뵈었습니다'고 하자, 지공은 '고려 사람을 모두 죽이겠구나'라고 하였다. 대개 허락한다는 것이었으므로, 무리들이 크게 놀랐다. 癸巳秋 挺身走燕都 參西天指空 禮拜起云 三千八百里 親見和尙面目 空云高麗人都殺了 蓋許之也 衆乃大驚"고 하였다. 지공의 사적은 대체로 양주 회암사에 전한다. 그러나 『동국여지승람』 권27 경상도 영산현(靈山縣) 불우에 "영취산〈현의 동북쪽 칠리에 있는 진산으로, 서역스님 지공이 이곳에 이르러 '이 산은 천축의 영취산과 모양이 같다'고 하여 부르게 되었다〉. 靈鷲山〈在縣東北七里 鎭山 西域僧指空到此云 山與天竺靈鷲同其形 故名〉"고 하거나 이색이 쓴 「윤필암기 潤筆菴記」 『목은문고』 권3 기에는 "사불산을 공덕산이라고도 부르는데, 서천지공스님이 이름지었다. 四佛山一名功德山 西天指空師所名也"고 하였고, 남효온(南孝溫 1454~1492)의 『추강집』 권5 기 「유금강산기 遊金剛山記」에 "(1485·성종16 4월 27일) 냇물 북쪽 석봉은 다섯이고 남쪽 석봉은 둘인데, 그 중 하나는 백석을 포갠 것이 마치 서책을 쌓은 듯하였다. 호승 지공이 이를 두고 '이 바위 안에 대장경이 있다'라고 하였다. 이로써 '대장동'이라는 불렀다. 川之北石峯五 南石

지공정혜영조지탑 장단 화장사 1370년경

峯二 其一則白石疊成 如積書冊然 胡僧指空指此曰 此石內有大藏經 洞因此得名"고 하였으며, 신익성(申翊聖 1588~1644)의 『낙전당집』 권8 서후(書後) 「서지공화상축 書指空畫像軸」에는 "신미(1631·인조9) 가을에 금강(산)에 들어가 이름난 가람을 두루 참례하였는데, … 최후에 마하연에 이르러 먼지 속에서 낡은 진영 하나를 보았는데, 스님의 화상이었다. … 여러 노스님에게 물으니 지공화상의 진영이지만 확실하지는 않다고 하였다. 비록 지공의 진영이 아니더라도 범상하지 않은 스님의 진영임이 분명하였다. 余以辛未秋入金剛 遍觀名藍寶坊 … 最後到摩訶衍 得一敝幀於塵埃中 頭佗像也 … 訪諸老僧 云是指空和尙眞 不可詳也 雖非指眞空 決知其非凡僧留影"라고 하여, 지명이나 후대 사적과 관련된 전승이 여러 곳에 전한다. 또한 김육(金堉 1580~1658)의 『잠곡유고』 권14 녹(錄) 「천성일록 天聖日錄」에는 "(1607·선조40 4월 6일) 상민스님과 함께 광암령을 넘어 화장사로 들어갔다. … 공민왕의 영정과 서역스님 지공의 등신불, 패엽경, 전단향 등이 있는데, 모두 기이한 것이었다. 절의 동쪽에는 부도가 있는데, 지공의 사리를 모신 곳이다. 與僧上閔 踰廣巖嶺 入華藏寺 … 有恭愍王影子 西域僧指空等身具葉經旃檀香 皆奇異之物也 寺東有浮圖 乃藏指空舍利處也"고 하였고, 허목(許穆 1595~1682)의 『기언』 권27하 산천(山川)상 「성거천마고사 聖居天摩古事」에는 "오관산 동쪽은 봉악으로, 그 아래에 화장이 있다. 화장(사)에는 공민왕 도상이 있다. … 스님이 전하여 지켜온 서축 범문으로 된 패엽경이 있는데, 혹 지공이 쓴 것이라고 하며, 또한 지공의 등신(불)도 있다. 五冠東爲鳳嶽 其下華藏 華藏有恭愍王圖像 … 浮屠傳守貝葉經西竺梵文 或傳指空書云 又有指空等身"고 하였으며, 김창협(金昌協 1651~1708) 『농암집』 권23 기 「유송경기 游松京記」에도 "화장사는 이전에 서역스님 지공이 창건한 곳으로, 매우 장엄하고 화려하다. … 불전 왼쪽의 작은 곳에는 고려 공민왕의 영정을 모셨고 … 불전 오른쪽은 적묵당으로 지공의 소상이 있다. 得華藏寺 故西域僧指空所創 甚壯麗 … 殿左小室 奉高麗恭愍王影幀 … 殿右 爲寂默堂 有指空塑像"고 하였다. 이제현(李齊賢 1287~1367)이 쓴 『익재난고』 권6 기 「중수건동선사기 重修乾洞禪寺記」에 "금년 10월에 서역 지공선사가 화산으로 가는 길에 지나가다가 (절을) 둘러 보고는 크게 칭찬하면서 '드물게 본다'고 하였고, 돌아올 때는 문도 천 수백 명과 함께 와서 머물렀다. 今年十月 西域指空禪師 將如華山 過而閱之 大稱嘆以爲稀有 及還 與其徒千數百 指因留焉"고 하였고, 동계경일(東溪敬一 1636~1695)의 『동계집』 권3 기 「대곡사창건전후사적기 大谷寺創建前後事蹟記」(한불전12, p.207b18)에도 "절은 고려말 공민왕의 왕사인 지공대사가 창건하였다. … 비봉산 대국사 또한 지공이 친히 지명한 곳이다. 寺盖麗季恭愍王師指空大師之所創者也 … 飛鳳山大國寺者 槩亦指空之親所指命者也"라고 한 것처럼, 여러 사찰과 관련한 전승도 제법 전하고 있다. 1386년(우왕12) 간행본으로 통도사에 소장되어 있는 보물 『문수사리보살최상승무생계경 文殊師利菩薩最上乘無生戒經』은 지공이 충숙왕의 요청으로 금강산 법기도량에서 무생계를 설할 때의 구송(口誦)을 한문으로 옮긴 것이라고 전하는데, 지공은 이에 의지해 사부중에게 최상승무생계(最上乘無生戒)를 수계(授戒)하였고, 그 계첩(戒牒)도 전한다. 한국불교의 율풍을 진작하신 자운대율사(慈雲大律師)께서는 이 무생계첩에 의지해 「연화대장금강계가야산해인사천화계단보살계호계첩」을 상재하고는 수많은 사부대중이 널리 이 계를 받아 지니도록 하였다. ［참고문헌］『東國輿地勝覽』, 『高麗史』, 『東文選』, 『白雲和尙語錄』, 『懶翁和尙語錄』, 『東溪集』, 『益齋亂稿』(한국문집총간2, p.553b19), 『牧隱文藁』(한국문집총간5, p.24b2·32a18), 『陽村集』(한국문집총간7, p.335a2), 『春亭先生續集』(한국문집총간8, p.176a4), 『秋江集』(한국문집총간16, p.94b13), 『潛谷遺稿』(한국문집총간86, p.261b5), 『樂全堂集』(한국문집총간93, p.285a9), 『記言』(한국문집총간98, p.136a15), 『農巖集』(한국문집총간162, p.165b12), 『朝鮮金石總覽』 권상 pp.519~524, 李智冠『校勘譯註歷代高僧碑文』 高麗篇4(伽山文庫, 1992) pp.404~438. ⇨ 혜근 惠勤, 안심사지공나옹사리석종비 安心寺指空懶翁舍利石鐘碑, 지공무생계 指空無生戒, 문수사리보살최상승무생계경 文殊師利菩薩最上乘無生戒經, 연화대장금강계가야산해인사천화계단보살계호계첩 蓮華臺藏金剛界伽倻山海印寺千華戒壇菩薩戒護戒牒

지공 智空 ❶ 고려전기 스님. 「징효대사보인탑비문 澄曉大師寶印塔碑文」에 "(징효절중의) 전법제자는 여종·홍가·이정·지공 등 일천여 명이다. 傳法弟子 如宗 弘可 理靖 智空等 一千來人"라고 하였다. ［참고문헌］李智冠『校勘譯註歷代高僧碑文』 高麗篇1 p.282. ⇨ 절중 折中
❷ 고려후기 스님. 무의자(無衣子) 혜심(慧諶 1178~1234)이 지공상인이 보낸 귤에 화답한 시 「화지공상인송귤시 和智空上人送橘詩」가 『무의자시집』 권하(한불전6, p.56a7)에 전한다. ［참고문헌］『無衣子詩集』.

지공난막 誌公難邈 지공 참으로 아득해 알 수 없다네. 종잡을 수 없는 보지선사(寶誌禪師)의 언행을 드러낸 말로, 양무제(梁武帝)의 명으로 그림 그리는 재주가 뛰어났던 장승요(張僧繇)가 얼굴을 그리려 할 때 선사가 얼굴을 찡그려 십일면관음(十一面觀音)의 모습을 나타내자 결국 그리지 못했다는 일화다. 『선원몽구』 권상(卍속장148, p.215a5)에 "지공난막〈출전은 『오등회원』 권2〉 보지선사는 본래 금릉 동양출신의 주씨부인이 조상기일에 매둥지에서 아기 울음 소리를 듣고 나무 위에 올라가 얻은 자식이다. 일곱 살에 종산 대사문 승검에 의지해 출가하여 오로지 선관을 닦았다. 유송(劉宋)대인 태시 2년(466)에 머리를 기르고 맨발로 비단도포를 두르고 완산검수 아래를 오가면서 불자와 주장자를 부러뜨리고 글을 짓고 돌아다녔다. 천감 2년(503)에 양무제가 초대하여 물었다. '제가 번뇌가 사라지지 않으니 어떻게 다스려야 합니까?' '열둘이오' '무슨 뜻입니까?' '글 쓰는 시절은 저 물시계중에 있습니다'. 이에 양무제가 더욱 깨닫지 못했다. 양무제가 일찍이 화공 장승요를 불러 선사의 모습을 그리도록 하였는데, 승요가 붓질하려 하면 번번이 안정을 잃자 결국 선사가 얼굴을 찡그려 십일면관음의 모습 되어 버렸다. 아름답고 수려하며 때론 자비롭고 때론 엄하시었으나, 승요는 끝내 그리지 못하였다. 誌公難邈〈會元二〉 寶誌禪師 初金陵東陽民朱氏之婦 上巳日聞兒啼鷹巢中 梯樹得之 擧以爲子 七歲依鍾山大沙門僧檢出家 專修禪觀 宋太始二年髮而徒跣 著錦袍往來皖山劒水之下 以剪尺拂子柱杖頭負文而行 天鑑二年梁武帝詔問 弟子煩惑未除 何以治之 答曰十二 帝問其旨如何 答曰 在書字時節刻漏中 益不曉 帝嘗詔畫工張僧繇寫師像 僧繇下筆 輒不自定 師遂以指剺面門 分披出十一面觀音 妙相殊麗 或慈或威 僧繇竟不能寫"라고 하였다. 〔참고문헌〕『禪苑蒙求』, 『五燈會元』 권2(卍속장138, p.78a3). ⇨ 보지 寶誌, 장승요 張僧繇

지공대사묘지명 誌公大師墓誌銘 육수(陸倕) 지음. 지공대사 보지(寶誌)의 묘지명. 『석원사림』 권194, 한불전4, p.669a16~b13에 수록되어 있다. 「지법사묘지명 誌法師墓誌銘」·「보지법사묘지명 保誌法師墓誌銘」이라고도 한다. ⇨ 보지 寶誌

지공명 支恭明 지겸(支謙)의 별명. 『출삼장기집』 권6 「요본생사경서 了本生死經序」(대정장55, p.45b21)에 "위초에 하남의 지공명이라는 고명한 인사가 이 경에 대한 주해를 짓기 위하여 그 깊은 이치를 탐구하여 막힌 부분마다 통하게 풀었으니 진실로 학문의 경지가 깊은 이라 할 만하였다. 魏代之初 有高士 河南支恭明 爲作注解 探玄暢滯 眞可謂入室者矣"라고 하였다. 〔참고문헌〕『出三藏記集』. ⇨ 지겸 支謙

지공무생계 指空無生戒 인도 스님 지공(指空 1330~1363)이 고려에서 활동하면서 널리 전파한 계법(戒法). 지공은 1326년(충숙왕13)에서 1328년(충숙왕15)까지 고려에 머물면서 사부대중에게 수계를 하는 등 많은 활동을 하여 고려사회에 큰 영향을 끼쳤다. 특히 그가 한역하였다는 『문수사리보살최상승무생계경 文殊師利菩薩最上乘無生戒經』에 토대를 둔 무생계법은 고려 불교계에 많은 영향을 미쳤는데, 『고려사』 권35 세가(世家)35 충숙왕 15년 7월 30일에 "호승 지공이 연복정에서 계를 설하니, 남녀가 달려와서 들었다. 계림부 사록 이광순 또한 무생계를 받고 임지에 가서는, 주민들이 성황에 제사지낼 때 고기를 쓰지 못하게 하고 백성들이 돼지를 기르는 일을 엄금하니, 백성들이 하루만에 돼지를 모두 죽이기까지 하였다. 胡僧指空 說戒於延福亭 士女奔走以聽 鷄林府司錄李光順亦受無生戒 之任 令州民 祭城隍 不得用肉 禁民畜豚甚嚴 州人一日盡殺其豚"라고 하였다.

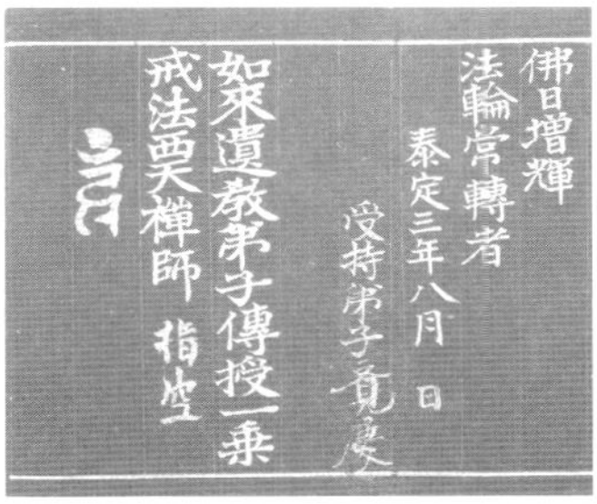

지공무생계 문수사리보살최상승무생계경 지공 수결 합천 해인사 1326년

지공이 실제 수계하고 수결(手訣)해 남긴 『문수사리보살최상승무생계경 文殊師利菩薩最上乘無生戒經』 「서문 序文」에 "대저 무생계법이란 일천성인을 건립하는 지반이며, 모든 선을 출생시키는 터다. 만약 터를 다지지 않으면 성인이 가르치신 선행이 어찌 설 수 있겠는가? 마치 모래를 쪄서 밥을 지으려는 것과 같거니 어찌 밥이 이루어질 때가 있을 것이며, 또한 똥막대기를 깎아 향기를 구하고자 하는 것과 같아서 마침내 이는 얻을 수 없는 일이다. 생사고해를 건너가려면 반드시 자비의 배를 의지하여야 하고, 악도의 어두운 거리를 피하려면 반드시 지혜의 횃불을 밝혀야 한다. 그러므로 만약 모든 중생이 이 무생계법을 받지 아니한 이가 성불코자 한다면 이는 있을 수 없는 일이다. 이 무생계법은 일체유형무형 등 일체중생이 모두 마땅히 받아 지녀야 하리. 이러한 까닭으로 비로자나부처님께서 친히 선설하셨고, 문수보살이 전수하셨느니라. 모든 부처님께서는 이 무생계법으로 말미암아 도를 성취하셨고, 보살들도 이 계인이 두렷하자 번뇌 사라져 청량하고 이 계내에서 법신을 장엄하길 영락처럼 하였네. 이 계내에서는 유정무정을 나누지 않으니 모두 무루법신을 성취할 수 있다. 만약 선남자와 선여인이 무생계법을 받고자 할진댄 반드시 몸에 애착도 버림도, 유심무심도 없어야 한다. 만약 이 몸에 집착하면 곧바로 사마에 떨어지고, 만약 몸을 버리려 한즉 외도라 부르리라. 만약 유심으로 받는다면 생사윤회를 면치 못할 것이고, 또한 무심으로 받는다면 단멸공에 떨어질 것이며, 만약 성상을 함께해서 받더라도 이 또한 능히 이 계법을 성취하지 못하리라. 본래 하나도 없고 범도 없고 성도 없으며 또한 선도 없고 악도 없다. 만약 비구 비구니 우바새 우바이 등 사부대중이 이에 의지하여 행하는 이는 모두 받아 지닐 수 있으리. 夫無生戒者 建千聖之地 生萬善之基 基地不營 聖善何立 如蒸沙之作飯 豈有成時 似刻糞而

求香 終無得理 欲渡苦海 必假慈航 擬破昏衢 須然慧炬 所以 一切衆生 不受此戒法者 欲成佛道 無有是處 此戒法中 一切有形無形 皆應受持 是故 毘盧遮那親宣 文殊菩薩傳授 諸佛由玆成道 菩薩賴此因圓 除煩惱之淸涼 嚴法身之瓔珞 於此戒內 不分有情無情 皆能成就無漏法身 若有善男信女 欲受戒者 不得愛身捨身 有心無心 若愛身者 卽墮邪魔 若捨身者 卽名外道 若以有心受者 卽續生死 若以無心受者 卽入斷滅 若以性相俱受 不能成就此戒法者 本來無一 無凡無聖 亦無善無惡 若有比丘 比丘尼 優婆塞 優婆夷 依此行者 皆得受持"라고 하였다. 뒤이어 첫째 수정신사귀의(受淨信四歸依), 둘째 참제삼업죄(懺除三業罪), 셋째 발홍서육대원(發弘誓六大願), 넷째 최상승무생계(最上乘無生戒)로 구성되어 있다. 법신사상에 토대를 두고 있고 출가자와 재가신도 구별없이 위없는 계체를 갖게 하는 뛰어난 계였기에 원간섭기 고려불교계에도 불구하고 널리 보급되었고, 지공의 감화를 받은 고려인들이 술과 고기를 즐기던 사람들은 이를 끊었고, 무당을 따르던 이들은 이를 멀리했다고 할 정도로 무상계법이 풍미하였다. 또한 당시에 유행했던 『무생계경』에 바탕을 둔 계첩(戒牒)이 오늘날까지 전하고 있는데, 나옹(懶翁)과 묘덕(妙德)에게 준 계첩 및 해인사 금동보살상의 복장에 들어있던 각경(覺慶)에게 준 계첩 등이 전한다. [참고문헌] 『高麗史』. ⇨ 지공 指空, 문수사리보살최상승무생계경 文殊師利菩薩最上乘無生戒經, 연화대장금강계가야산해인사천화계단보살계호계첩 蓮華臺藏金剛界伽倻山海印寺千華戒壇菩薩戒護戒牒, 최상승무생계법 最上乘無生戒法

지공직지 指空直指 지공(指空)의 설법을 실은 책. 1책 목판본이다. 간기에 의하면 원(元)의 법원사(法源寺) 판각본을 저본으로 1475년(성종6) 전라도 광양(光陽) 백운사(白雲寺)에서 중각(重刻)하였다. 내용은 크게 두 부분으로 나뉘는데, 전반부는 석가모니와 초조(初祖) 마하가섭존자(摩訶迦葉尊者)를 시작으로 존자(尊者)들의 게송(偈頌)과 지공 자신의 게송을 실었고, 이어 「송선방 頌禪榜」과 「달마대사사행론 達磨大師四行論」도 붙

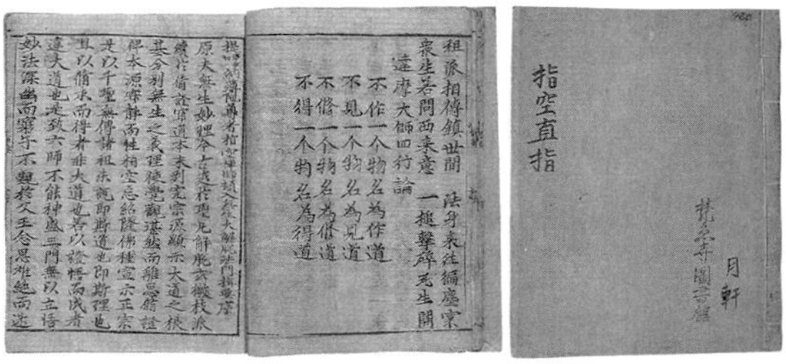

지공직지

여두었다. 후반부에는 각안(覺岸)의 「제납박타존자지공선사돈입무생대해탈법문지요서 提納薄陀尊者指空禪師頓入無生大解脫法門指要序」와 함께 지공선사의 게송을 첨부한 문답형식으로 되어 있다. 부산 범어사성보박물관에 전하는 목판본이 부산유형문화재 제34호로 지정되었다. [참고문헌] 『梵魚寺聖寶博物館名品圖錄』 p.152.

지공찬 誌公贊 교연(皎然) 지음. 지공선사를 찬송하는 시문. 교연은 남산율종(南山律宗)의 법통과 천태학(天台學)을 아울러 이은 형주(荊州 : 湖北省) 옥천사(玉泉寺)의 홍경사세(弘景四世)의 법손(法孫)이다. "대지가 흔들려도 나는 그 중에 안주한다. 大地之動 我安其中"라고 시작하는 짧은 찬송이다. 동일한 제목으로 이백(李白)이 지은 것도 있다. [참고문헌] 『全唐文』 권917.

지공화상십사과송 誌公和尙十四科頌 지공화상 보지(寶誌) 지음. 1권. 『경덕전등록』 권29, 대정장51, pp. 450c3~451c24에 수록되어 있다. 보리번뇌불이(菩提煩惱不二)·지범불이(持犯不二)·불여중생불이(佛與衆生不二)·사리불이(事理不二)·정란불이(靜亂不二)·선악불이(善惡不二)·색공불이(色空不二)·생사불이(生死不二)·단제불이(斷除不二)·진속불이(眞俗不二)·해박불이(解縛不二)·경조불이(境照不二)·운용무애(運用無礙)·미오불이(迷悟不二) 등 열네 가지 주제를 나누어 그 각각의 도리를 읊은 송이다.

지과 智果 **1** 지혜의 열매. 보리(菩提)를 말한다. 열반은 단과(斷果)다. 『유가사지론』 권85(대정장30, p.775b28)에 "이와 같이 일체 삿된 집착을 길이 끊으면 마땅히 알라, 이것이 지과다. 如是一切邪執永斷 當知是名智果", 『보살선계경』 권1(대정장30, p.967b28)에 "만일 부지런히 정진하고 일심을 수습하며, 보살의 비밀장경을 듣고 외우며 서사하고 독송하며 해설하기를 좋아한다. 이렇게 많이 들은 인연력으로 대지혜를 얻고 능히 법계를 분별한다. 법계를 분별하니 이것의 이름이 지과다. 若懃精進 修集一心 樂聞受持 書寫讀誦 解說菩薩祕藏經典 以是多聞因緣力故 得大智慧而能分別法界 分別法界 是名智果", 『수능엄의소주경』 권4(대정장39, p.889b7)에 "보리는 알고 깨우친다 하니, 바로 지의 열매다. 열반은 적멸이라 하니, 끊어서 얻은 열매다. 거짓과 허망을 떠났고 옮겨감이 없으므로 진여라 한다. 菩提云知覺 卽智果 涅槃云寂滅 卽斷果 離僞妄無遷改 故曰眞如"라고 하였다. [참고문헌] 『瑜伽師地論』, 『菩薩善戒經』, 『首楞嚴義疏注經』. ⇨ 단과 斷果, 지덕 智德[1], 단덕 斷德 **2** 수(隋)대 스님. 회계(會稽 : 浙江省) 출신. 평소 『법화경』을 독송하고 문필을 애호했다. 서법(書法)에 능했는데 지영(智永)으로부터 전수 받았다. 진왕(晉王)이 불러서 곁에서 서사(書寫)하도록 명했으나 거절하자 강도(江都)에 유배되어 보대경장(寶臺經藏)을 지켰다. 수

대업년간(大業年間 605~616)에 칙명으로 동도(東都) 내도량(內道場)에서 제경목록(諸經目錄)을 편찬했으나 현재 일실되어 전하지 않는다. 수대『서경적지 書經籍志』권30에는 제경목록이 도합 1950부 6198권에 달했다고 기록하고 있다. 〔참고문헌〕『續高僧傳』 권30(대정장50, p.704b12).

지과단과지 智果斷果智 지혜의 과로 번뇌를 끊고 그 과(果)로 성자가 되는 지혜. 『사리불아비담론』 권9(대정장28, p.596a5)에 "무엇이 지과단과지인가? 만약 지혜가 생겨난 뒤 그 지혜를 일으켜 번뇌를 끊는다면, 이를 지과단과지라 한다. … 또한 지과가 생겨나 수다원과·사다함과·아나함과·아라한과를 얻는다면, 이를 지과단과지라 한다. 云何智果斷果智 若智生已智生斷煩惱 是名智果斷果智 … 復次智果斷果智 若智生得 須陀洹果 斯陀含果 阿那含果 阿羅漢果 是名智果斷果智"라고 하였다. 〔참고문헌〕『舍利弗阿毘曇論』. ⇨비지과비단과지 非智果非斷果智, 사과 四果

지과지비단과지 智果智非斷果智 지혜의 과를 얻어도 번뇌는 끊지 못한 지. 『사리불아비담론』 권9(대정장28, p.596a2)에 "무엇을 지과지비단과지라 하는가? 만약 지혜가 생겨난 뒤 그 지혜를 일으키더라도 번뇌를 끊을 수는 없다면, 이를 지과지비단과지라 한다. 云何智果智非斷果智 若智生已生智非斷煩惱 是名智果智非斷果智"라고 하였다. 〔참고문헌〕『舍利弗阿毘曇論』. ⇨비지과비단과지 非智果非斷果智

지관 止觀 Ⓢśamatha-vipaśyanā. 그치고 보다. 지는 사마타(奢摩他), 관은 비발사나(毘婆舍那)라고 음사한다. 『아함』에서는 사제(四諦)를 깨우치고 정각(正覺)을 얻음도 해탈(解脫)을 이룸도 모두 지관을 수습함에서 비롯된다 하였으며, 『집이문족론』에서는 심일경성(心一境性)과 간택(揀擇)으로 지관의 뜻을 가렸고, 『대비바사론』에서는 수신(修信)과 수법(修法)으로 나눠 풀었다. 『현종론』에서는 혼면(惛眠)과 도개(掉蓋)를 대치하여 그 쓰임을 달리하기도 한다. 『분별공덕론』에서도 지는 비우기에 허(虛)라 하고 관은 채우기에 실(實)이라 하였으며, 『성실론』에서는 도법(道法)을 가려내 능히 막고 끊는(遮斷) 뜻을 드러내기도 하였고, 『구사론』에서는 지관(止觀)도 차제정에 따라 부등(不等)할 수도 있다 하였다. 『해심밀경』에서는 의법(依法)과 부의법(不依法)으로 지관을 닦기도 한다. 『보살지지경』에서는 지와 관에 차제(次第)를 두었고, 『유가사지론』에서는 한 가닥 고르게 가지는 일취등지(一趣等持)와 깨우쳐 밝고 지혜로운 행(覺明慧行)의 뜻으로 지와 관을 풀었으며, 『대승장엄경론』에서는 정정(正定)에 의지해 그치고 관한다 하였다. 『대승기신론』에서는 일체경계상(一切境界相)을 그치고 인연생멸상(一切生滅相)을 관하는 뜻을 각각 지와 관이라 하였고, 원효는 이를 새의 양날개와 같고 수레의 두 바퀴 같이 한다 하였다. 『천태』에서는 지와 관을 점차(漸次)·부정(不定)·원돈(圓頓) 세 가지로 나누고, 불지견(佛知見)을 얻고 열반(涅槃)에 들며, 자타가 이롭게 함에 지관을 벗어날 수 없다 하였다. 『반야경』과 『논』에서는 반야바라밀을 관해 그쳐 쉬는 마음과 소견 없는 마음(無所見心)을 지관성취한다 하고, 지관으로 알고(知) 보아(見)야 승해(勝解)를 성취한다고 하였고, 『불지경』과 그 『논』 등에서는 크게 그치고 그윽히 관한다 하여 대지묘관(大止妙觀)이라 부르고는 여래장엄의 행을 위해 지관이 올라타야할 것이라 하였고, 『화엄경』에서는 지와 관으로 생사대해의 돛을 흩어 불법 중에 두고 일체망상희론도 끊어 자성청정의 언덕에 오르게 한다고 하였다. 선문(禪門)에서는 능소(能所) 둘이 없게 해서 적연(寂然)하면 지이고 비춰(照) 밝으면 관이라 하였다. 〔아함에서의 지관〕『장아함경』 권1「대본경 大本經」(대정장1, p.10a29)에 "여래대지는 미묘하여 오롯이 뛰어나네. 지관을 구족하시고 최정각을 이루셨네. 如來大智 微妙獨尊 止觀具足 成最正覺", 『중아함경』 권15「삼십유경 三十喩經」(대정장1, p.519c21)에 "비구·비구니는 지관으로 수레로 삼는다. … 만일 비구·비구니가 지관을 성취하여 수레로 삼으면, 능히 악을 버리고 선을 수습한다. 比丘比丘尼 以止觀爲車 … 若比丘比丘尼 成就止觀 以爲車者 便能捨惡修習於善", 『잡아함경』 권17(대정장2, p.118b23)에 "지(止)를 수습하면 끝내 관을 이루고, 관을 수습해 마치면 또한 지를 이룬다. 곧 성제자는 지관을 함께 닦아 모든 해탈계를 얻는다. 修習於止 終成於觀 修習觀已 亦成於止 謂聖弟子 止觀俱修 得諸解脫界", 같은 책 권44(대정장2, p.319c17)에 "모든 근이 청정하고 그 마음이 적정하면 제일의 지관을 구족성취한다. 諸根清淨 其心寂定 具足成就第一止觀", 『증일아함경』 권11(대정장2, p.600b1)에 "아련야의 비구는 마땅히 두 법을 닦으니, 무엇이 그 두 법인가? 이른바 지관이다. 만약 아련야의 비구가 쉬어 그침을 바로 얻으면, 바로 계율을 성취하여 위의를 잃지 않고 금행을 범하지 않아 모든 공덕을 짓는다. 만약 다시 아련야의 비구가 관을 얻고나면 문득 이 고를 관해서 여실히 안다. 고의 모임을 관하고 고가 다함을 관하며 고를 벗어남도 관하여 여실히 안다. 阿練比丘 當修行二法 云何二法 所謂止與觀也 若阿練比丘得休息止 則戒律成就 不失威儀 不犯禁行 作諸功德 若復阿練比丘得觀已 便觀此苦 如實知之 觀苦集 觀苦盡 觀苦出要 如實知之"라고 하였다. 〔논서들에서의 지관〕『집이문족론』 권3「이법품 二法品」(대정장26, p.375b18)에 "다시 두 법이 있으니, 사마타와 비발사나다. 사마타란 무엇인가? 답한다. 심일경성에 뛰어남이 사마타이다. 비발사나는 무엇인가? 답한다. 사마타와 상응하여 법을 가려 택하고, 지극히 간택하며, 가장 끝까지 간택한다. 이해하여 알고 고르게 알며 자세히 알고 두루 알기에 지혜롭게 통달하고 세심하게 살피고 총명하게 알아 깨우쳐 밝은 지혜로 비발사나를 행하니, 이것이 비발사나다. 復有二法 謂奢摩他 毘鉢舍那者 奢摩他云何 答 善心一境性 是謂奢摩他 毘鉢舍那云何 答 奢摩他相應 於法揀擇 極揀擇 最極揀擇 解了等了 近了遍了 機黠通達 審察聰叡 覺明慧行毘鉢舍那 是謂毘鉢舍那", 『대비바사론』 권54(대정장27, p.279c8)에 "다시 그쳐 행함으로 성도에 들고, 관행으로 성도에 든다. 지행으로 성도에 들면 수신행이라 하고, 관행으로 성도에 들면 수법행이라고 한다. 다시 혹 사마타를 좋아하거나 혹 비발사나를 좋아하는데, 사마타를 좋아하면 수신행이요 비발사나를 좋아하면 수법행이다. 復次 或由止行 而入聖道 或由觀行 而入聖道 若由止行 入聖道者 名隨信行 若由觀行 入聖道者 名隨法行 復次或樂奢摩他 或樂毘鉢舍那 樂奢摩他者 名隨信行 樂毘鉢舍那 名隨法行", 『현종론』 권28(대정장29, p.909c2)에 "계경에서 '부처님은 정리에 의지해 혼면개는 비발사나로 능히 다스리고 지는 할 수 없으며, 도회개는 오직 사마타만으로 다스려야 하니 관은 할 수 없다'고 하였다. 이는 조복시켜 끊는 것에 따라 지관문이 혼면과 도회 두 개 따로 다스린다는 것이다. 만약 영원히 끊으려 이 지관문으로 일체를 마주해 다스림에 그 씀에 차별이 없다. 契經中 佛依正理 說惛眠蓋 毘鉢舍那能治 非止 說掉悔蓋 唯奢摩他能治 非觀 此依伏斷 觀止門 別治惛眠掉悔二蓋 若依永斷 此觀止門 對治一切用無差別", 『분별공덕론』 권1(대정장25, p.32b23)에 "지란 비우는 것이고, 관이란 채우는 것이다. 지는 삼매정이니 담박하게 상을 멸하여 어둑하게 품은 마음을 없애는 까닭에 '허'라고 한다. 관을 '실'이라 한 소이는 그 분별로써 행이 있어 시비와 호오를 가리고 식별하여 명료하게 하여 뜻이 혹란하지 않기에 '실'이라 한다. 止者虛也 觀者實也 止者三昧定 泊然滅想 冥爾亡懷 故曰虛也 觀所以言實 以其分別有行 是非好惡 識別明了 意不惑亂 故曰實也"라고 하였다. 〔성실론의 지관〕 『성실론』 권15 「지관품 止觀品」(대정장32, p.358a14)에 "〔문〕 부처님은 곳곳에서 모든 비구들에게 말씀하시길 '아련야든 나무아래든 빈 집에서든 마땅히 두 법을 염해야 한다. 이른바 지와 관이다'라고 하셨다. 일체선정 등이라면 모두 응당 염해야 하는데, 왜 다만 지관만을 설하셨는가? 問曰 佛處處經中 告諸比丘 若在阿練若處 若在樹下 若在空舍 應念二法 所謂止觀 若一切禪定等法 皆悉應念 何故但說止觀", "〔답〕 지(止)는 정(定)이고, 관(觀)은 혜(慧)다. 일체선법이 닦음으로부터 생겨남에 이 두 가지로 모두 거두며, 흐트러진 마음에서도 듣고 생각하는 등의 혜 또한 이중에서 거둔다. 이 두 일로써 도법을 가릴 수 있다. 왜그런가? 지는 능히 번뇌를 막고, 관은 능히 끊는다. 지는 잡초를 붙잡는 것과 같고, 관은 낫으로 베는 것과 같다. 答曰 止名定 觀名慧 一切善法 從修生者 此二皆攝 及在散心 聞思等慧 亦此中攝 以此二事能辦道法 所以者何 止能遮結 觀能斷滅 止如捉草 觀如鎌刈"라고 하였다. 〔구사론의 지관〕 『구사론』 권25 「분별현성품 分別賢聖品」(대정장29, p.132a20)에 "도가 근본사정려에 의지해 생하면 '낙통행'이라고 하니 지분을 섭수하고 지관이 평등하여 저절로 움직이기 때문이다. 도가 무색정·미지정·중간정에 의하면 '고통행'이라고 하니, 지분은 거두지 못하고 지관이 평등하지 못하여 간신히 움직이기 때문이다. 곧 무색정에서는 관은 줄고 지는 늘며 미지정과 중간정에서는 관이 늘고 지가 준다. 道依根本四靜慮生 名樂通行 以攝受支 止觀平等 任運轉故 道依無色未至中間 名苦通行 以不攝支 止觀不等 艱辛轉故 謂無色定 觀減止增 未至中間 觀增止減", 같은 책 권28 「분별정품 分別定品」(대정장29, p.145b16)에 "정려를 어찌하여 홀로 '뛰어나다' 하는가? 모든 등지 내에 오직 이것만 지분을 거둔다. 지관이 가지런히 행하니 가장 잘 심려한다. 靜慮如何獨名爲勝 諸等持內 唯此攝支 止觀均行 最能審慮"라고 하였다. 〔유식의 지관〕 『해심밀경』 권1 「승의제상품 勝義諦相品」(대정장16, p.691b8)에 "중생은 상에 묶이고 저 추중에 묶이네. 반드시 지관을 부지런히 닦아야 해탈을 얻네. 衆生爲相縛 及彼麤重縛 要勤修止觀 爾乃得解脫", 같은 책 권3 「분별유가품 分別瑜伽品」(대정장16, p.698c14)에 "여러 보살이 먼저 받고 사유한 법상에 따라서 그 뜻에 대해 사마타와 비발사나를 얻으면 '법에 의지한 사마타와 비발사나'라고 한다. 만약 여러 보살이 받고 사유하는 법상을 기다리지 않고 다른 가르침을 교수 받아 그 뜻에 대해 사마타와 비발사나를 얻되, 청어와 농란 등을 관해서는 '일체행은 모두 무상'이라거나 '제행은 고'라거나 '일체법은 무아'라거나 '열반의 필경 적정'이라 하면, 이와 같은 사마타와 비발사나는 '법에 의지하지 않은 사마타와 비발사나'라고 한다. 若諸菩薩 隨先所受 所思法相 而於其義 得奢摩他毘鉢舍那 名依法奢摩他毘鉢舍那 若諸菩薩 不待所受 所思法相 但依於他教誡教授 而於其義 得奢摩他毘鉢舍那 謂觀青瘀及膿爛等 或一切行皆是無常 或諸行苦 或一切法皆無有我 或復涅槃 畢竟寂靜 如是等類奢摩他毘鉢舍那名不依法奢摩他毘鉢舍那", 『보살지지경』 권3(대정장30, p.905a28)에 "법의 차제대로 법을 향해 닦는다 함에 간략히 네 가지로 설하니, 첫째 지, 둘째 관, 셋째 지관을 수습함, 넷째 지관을 즐김이다. 지란, 보살이 여덟 가지 정사로 바르고 진실되게 잘해서 언설법을 여의고, 사든 뜻이든 마음을 연중에 두어 일체허위와 경조와 억상들을 멀리 여의고 연중에 해탈하며, 마음을 묶어 안으로 삼매상에 안립하며, 널리 설하여 일심에 이르니 지라 한다. 관이란, 저 지로 훈습하여 닦은 바 억념과 사유로 바르게 법상을 생각하고 억념하고 선택하며 내지 밝은 혜에 이르니 관이라 한다. 지관을 수습함이란, 저 지관을 행함과 같이 늘 방편을 닦음인데 몰록 방편 닦음을 지관을 수습함이라 이름한다. 지관을 즐김이란, 저러저러한 지관상에 마음이 머물러 움직이지 않으며 방편에 힘쓰지 않아도 능히 스스로 관찰하며 섭수하는 바에 처해도 마음이 산란하지 않음을 지관을 즐김이라 한다. 法次法向修者 略說四種 一者 止 二者 觀 三者 修習止觀 四者 樂止觀 止者 謂菩薩八種正思 善正眞實 離言說法 若事若義 係心緣中 遠離一切虛僞輕躁及諸憶想 緣中解脫 係心安立內三昧相 廣說乃至一心 是名爲止 觀者 彼止所熏修 憶念思惟 如正思法相 憶念選擇 乃至明慧 是名爲觀 修習止觀者 若行止觀 常修方便 頓修方便 是名修習止觀 樂止觀者 彼彼止觀相 心住不動 不勤方便 能自觀察 處所攝受 心不散亂 是名樂止觀", 『유가사지론』 권38 「보살지 菩薩地」(대정장30, p.504a7)에 "무엇이 사마타인가? 모든 보살은 팔종사로 잘 의지하기에 언설을 떠나 오직 사(事)와 오직 뜻(義)의 소연경에 마음을 매어 머무르게 한다. 모든 희론을 떠나고 마음의 요란함도 떠나서 작의하기에 모든 소연에 대해 승해를 일으키고, 모든 정상(定相)에 대해 마음속으로 머물게 하여 안주하고 등주한다. 널리 설하자면 곧 한 가닥 고르게 가짐에 이르니, 이를 '사마타'라고 한다. 云何奢摩他 謂諸菩薩 由八種思 善依持故 於離言說 唯事唯義 所緣境中 繫心令住 離諸戲論 離心擾亂 想作意故 於諸所緣 而作勝解 於諸定相 令心內住 安住等住 廣說乃至 一趣等持 是名奢摩他", "무엇이 비발사나인가? 모든 보살이 사마타로 말미암아 익혀 닦아 뜻을 짓고는 앞서 사유했던 법 그대로 그 상을 사유함에 이에 맞게 간택하고, 지극한 간택법을 가장 지극히 간택한다. 널리 설하자면 곧 깨우쳐 밝고 지혜로운 행에 이르니, 이를 '비발사나'라고 한다. 云何毘鉢舍那 謂諸菩薩 由奢摩他 熏修作意 卽於如先 所思惟法 思惟其相 如理簡擇 最極簡擇 極簡擇法 廣說乃至 覺明慧行 是名毘鉢舍那", "무엇이 낙수습사마타비발사나인가? 모든 보살이 이와 같은 지관의 상에서 그 마음에 흔들림 없고, 무공용에서 모든 가행마저 떠나 마음 가는 대로 움직이는 곳에서 섭수함에 산람함이 없으니, 이를 '낙수습사마타비발사나'라고 한다. … 云何樂修習奢摩他毘鉢舍那 謂諸菩薩 卽於如是 止觀相中 其心無動 於無功用 離諸加行 任運轉處 攝受無亂 是名樂修習奢摩他毘鉢舍那", 『대승장엄경론』 권11(대정장31, p.644c22)에 "다음으로 보살이 지관 수습함을 설한다. 〔게〕 마음을 정정에 둚 이것을 곧 지라 이름하며, 바르게 법에 머물러 분별함 이것을 관상이라 이름한다네. 〔석〕 '마음을 정정에 둚 이것을 곧 지라 이름한다'란, 마음이 정정에 의지하여 보이지 않으니, 마음은 정정 없이는 지를 세우지 못하기에 이를 지상이라 이름한다. '바르게 법에 머물러 분별함 이것을 관상이라 이름한다'란, 바르게 더뭃에 의지하여 법체를 분별함을 관상이라 이름한다는 말이다. 次說菩薩修習止觀 偈言 安心於正定 此卽名爲止 正住法分別 是名爲觀相 釋曰 安心於正定 此卽名爲止者 謂心依正定而不見 心非無正定而立止故 是名止相 正住法分別 是名爲觀相者 謂依正住 分別法體 是名觀相", 『불지경론』 권1(대정장26, p.295c10)에 "'대지와 묘관으로 탈 것을 삼는다'는 뜻은 이렇다. 지는 삼마지이고, 관은 반라야다. 대의는 앞과 같다. 이 둘은 맞물려 움직이기에 '탈 것'이라고 하였다. 이 지관에 올라타 그 응하는 바에 따라서 펼쳐진 도로를 다닌다. 길은 총위이고, 위중에 지관은 탈 것의 다른 이름이다. 大止妙觀以爲所乘 止謂三摩地 觀謂般羅若 大義如前 比二等運 故名所乘 乘此止觀 隨其所應 行前道路 路是總位 位中止觀 別名所乘", 현장(玄奘) 역본 『섭대승론석』 권10(대정장31, p.446b10)에 "'대지와 묘관이 탈 것이 된다'는 뜻은 이렇다. 사마타와 비발사나에 올라타 삼혜로를 노니며 다다르려는 동산으로 간다는 것이다. 여러 성문·독각·보살이 올라탄 지관보다 뛰어나서 '대'를 붙인 것이다. 大止妙觀以爲所乘者 乘奢摩他毘鉢舍那 遊三慧路 往所趣園 勝諸聲聞 獨覺菩薩 所乘止觀 故名爲大"라고 하였다. 〔대승기신론의 지관〕 『대승기신론』(대정장32, p.582a12)에 "무엇이 수행지관문인가? 지(止)라 함은 일체경계상을 그침이니, 사마타관을 수순하는 뜻이다. 관(觀)이라 함은 인연생멸상을 분별함이니, 비발사나관을 수순하는 뜻이다. 무엇이 수순인가? 이런 두 뜻으로 점점 수습하여 서로 떨어지지 않고 쌍으로 현전함이다. 云何修行止觀門 所言止者 謂止一切境界相 隨順奢摩他觀義故 所言觀者 謂分別因緣生滅相 隨順毘鉢舍那觀義故 云何隨順 以此二義 漸漸修習 不相捨離 雙現前故", 같은 책(대정장32, p.583a7)에 "그침을 닦으면 범부가 세간에 주착함을 대치하고, 능히 이승의 겁약한 견도 버릴 수 있다. 관을 닦으면 이승이 대비를 일으키지 않는 좁은 마음의 허물을 대치하고, 범부가 선근을 닦지 않음도 멀리 여읜다. 이런 뜻 때문에 이 지관 두 문은 함께 도와 성취하고 서로 떨어지지 않는다. 지관이 온전치 않으면 보리도에 들어갈 수가 없다. 若修止者 對治凡夫住著世間 能捨二乘怯弱之見 若修觀者 對治二乘不起大悲狹劣心過 遠離凡夫不修善根 以此義故 是止觀二門 共相助成 不相捨離 若止觀不具 則無能入菩提之道", 원효(元曉)의 『기신론소』 권하(대정장44, p.225b29)에 "지와 관 두 행이 반드시 서로 이루어짐은 새의 양 날개와 같고, 수레의 두 바퀴와 같다. 두 바퀴를 갖추지 않으면 움직여 실어 나를 수 없고, 한쪽 날개 없으면 어찌 허공을 나는 힘을 얻겠는가. 그러므로 '지관이 온전치 않으면 보리도에 들어갈 수 없다'라고 한 것이다. 止觀二行 旣必相成 如鳥兩翼 似車二輪 二輪不具 卽無運載之能 一翼若闕 何有翔空之勢 故言止觀不具 則無能入菩提之道也"라고 하였다. ［천태의 지관］ 남악혜사(南嶽慧思)의 『제법무쟁삼매법문』(대정장46, p.627c26)에 "정은 사마타요, 지혜는 비발사나이다. 定名奢摩他 智慧名毘婆舍那", 『마하지관』 권1(대정장46, p.1c1)에 "천태는 남악의 삼종지관을 전하였으니, 첫째는 점차지관, 둘째는 부정지관, 셋째는 원돈지관이다. 모두 대승이고, 함께 실상에 연하니 한 가지로 '지관'이라 이름한다. 점차지관은 처음에는 얕고 후에는 깊어지니, 저 사다리나 계단과 같다. 부정지관은 전후를 서로 부르니, 저 금강보 햇빛중에 둔 듯하다. 원돈지관은 처음과 뒤가 둘이 없어, 신통한 이가 허공에 오른 듯하다. 天台傳南岳三種止觀 一 漸次 二 不定 三 圓頓 皆是大乘 俱緣實相 同名止觀 漸則初淺後深 如彼梯隥 不定前後更互 如金剛寶 置之日中 圓頓初後不二 如通者騰空", 같은 책 권6(대정장46, p.85a9)에 "마음 따라 염을 일으키니 지관이 구족하다. 관은 부처님의 지(知)이고, 지는 부처님의 견(見)이다. 념념중에 지관이 현전하니, 그대로 중생이 불지견을 여는 것이다. 隨心起念 止觀具足 觀名佛知 止名佛見 於念念中 止觀現前 卽是衆生開佛知見", 『수습지관좌선법요』(대정장46, p.462b7)에 "무릇 열반의 법이라면 들어감에 많은 길이 있지만 급요를 논하자면 지관 두 법을 벗어나지 않는다. 이유는 이렇다. 지는 이에 번뇌를 조복하는 첫 번째 문이고, 관은 미혹을 끊는 최고의 정요다. 지는 심식을 아껴 기르는 좋은 밑천이고, 관은 신묘한 이해를 일으키는 묘술이다. 지는 선정의 뛰어난 인이고, 관은 지혜가 나오는 바탕이다. 누구라도 정혜라는 두 법을 성취한다면 비로소 자신도 이롭게 하고 남도 이롭게 해서 법 온통 구족할 것이다. 若夫泥洹之法 入乃多途 論其急要 不出止觀二法 所以然者 止乃伏結之初門 觀是斷惑之正要 止則愛養心識之善資 觀則策發神解之妙術 止是禪定之勝因 觀是智慧之由藉 若人成就定慧二法 斯乃自利利人 法皆具足"라고 하였다. ［대승경의 지관］ 『대반야경』 권416(대정장7, p.87b19)에 "보살마하살이 일체지와 일체상지를 닦으면, 이를 '보살마하살이 응하여 지관의 자리를 두렷이 채운다'라고 한다. 若菩薩摩訶薩修一切智 一切相智 是爲菩薩摩訶薩應圓滿止觀地", 『이취육바라밀다경』 권8(대정장8, p.902c18)에 "무엇을 일컬어 '보살마하살이 정려바라밀다를 수행하여 숙주수념지증통을 일으키는 것'이라고 하는가? 이른바 부동지에 머물러 법평등을 얻고, 제법실성을 뚜렷하게 잘 아는 것이다. 청정한 지혜로 사마타와 비발사나인 지관이 상응함에 머물러서 일체사에 대해 마음에 망실이 없고, 지로 앞서 이끌게 하니 삼업이 청정하다. (이렇게) 복덕과 지혜 두 가지로 장엄하여 자연히 깨달아 스승의 가르침을 말미암지 않고도 열반에 도달하여 피안에서 늘 즐겁다. 云何名爲菩薩摩訶薩 修行靜慮波羅蜜多 起宿住隨念智證通 所謂住不動地得法平等 善能了知諸法實性 淸淨智慧 住奢摩他 毘鉢舍那 止觀相應 於一切事 心無忘失 智爲先導 三業淸淨 福德智慧 二種莊嚴 自然覺悟 不由師敎 到於涅槃 常樂彼岸", 『승천왕반야바라밀경』 권3(대정장8, p.702b13)에 "평등지심으로 모든 삼매를 닦고 분별하지 않는 마음으로 반야바라밀을 관하며, 그쳐 쉬는 마음으로 사마타를 닦고 소견 없는 마음으로 비파사나를 닦는다. 平等智心 修諸三昧 不分別心 觀般若波羅蜜 以止息心 修奢摩他 無所見心 修毘婆舍那", 『금강반야바라밀경론』 권하(대정장25, p.780b22)에 "『금강경』(대정장8, p.752b21)에서 '응당 이처럼 알고, 응당 이처럼 보며, 응당 이처럼 승해하라'고 한 것은 증상심과 증상지를 현시한 것이다. 무분별중에 지・견・승해하니, 이 중에 만약 지(智)가 사마타에 의지한다면 지(知)이고, 비발사나에 의지한다면 견(見)이다. 이 두 가지는 삼마제에 의지하기에 승해다. 삼마제에 자재하기에 마음에 반연하는 영상을 확실히 알기에, 그 이름이 승해다. 經言 應如是知 應如是見 應如是勝解者 此顯示增上心 增上智故 於無分別中 知見勝解 於中若智 依止奢摩他故知 依止毘鉢舍那故見 此二依止三摩提故勝解 以三摩提自在故 解內攀緣影像 彼名勝解", 『불지경』(대정장16, p.720c3)에 "여래장엄이 의지하는 곳으로서 대념과 혜행으로 노니는 길이 되고, 크게 그치고 더없는 관으로 탈 것을 삼는다. 如來莊嚴之所依處 大念慧行以爲遊路 大止妙觀以爲所乘", 80권본 『화엄경』 권52 「여래출현품 如來出現品」(대정장10, p.274c6)에 "여래는 용맹한 십력을 떨치어 지관의 양날개로 생사대애수해를 흩날려 두 개로 갈무리하여 잡아 취해서는 불법 중에 둔다. 그로써 일체망상희론을 끊고 여래무분별무애행에 안주케 한다. 如來奮勇猛十力 以止觀兩翅鼓 揚生死大愛水海 使其兩闢 而撮取之 置佛法中 令斷一切妄想戲論 安住如來無分別無礙行", 『신화엄경론』 권11(대정장36, p.791b1)에 "지관의 양날개로 잡아채어 자성청정한 열반언덕에 안치하는데, 이 지관은 법성을 지의 체로 삼고 자성무성지를 관의 체로 삼으니 능관과 소관이란 두 가지 일로 있는 것이 아니다. 以止觀兩翼而搏取之 安置自性淸淨涅槃之岸 此止觀 以法性爲止體 以自性無性智爲觀體 非能觀所觀而有二事", 40권본 『화엄경』 권33(대정장10, p.808c18)에 "모든 중생의 마음이 산란하니, 적정한 온갖 사마타와 비발사나를 설해주어야지 갖가지 산란한 도법을 설해주지 않는다. 若諸衆生其心散亂 爲說寂靜諸奢摩他毘鉢舍那 不說種種散亂道法", 『십주단결경』 권3 「동진품 童眞品」(대정장10, p.984c4)에 "보살은 무상도를 구하여 마음에 영예로 물듦이 없어서 마음으로 늘 모든 신통혜를 정진하고 지관을 행하여 애착심을 덜어낸다. 菩薩

求無上道 心無榮冀有所染汚 心常精勤諸神通慧 行於止觀除愛著心"라고 하였다. [선문의 지관] 『종경록』 권82(대정장48, p.866b21)에 "무릇 어떻게 일심으로 지관을 이룬다 하는가? 답한다. 법성이 적연함을 '지'라 하고, 고요히 늘 비춤을 '관'이라고 한다. 능소의 관이 아니어서 하나의 법일 뿐이다. 夫云何一心 而成止觀 答 法性寂然名止 寂而常照名觀 非能所觀 但是一法", 『선림보훈』 권1(대정장48, p.1019c18)에 "백운수단(白雲守端)이 오조법연(五祖法演)에게 말하였다. '선한 이의 지로는 이미 그러한 것은 자주 볼 수 있지만, 아직 그러하지 않음을 보지는 못한다. 지관과 정혜로는 아직 그러하지 못함을 막고, 작지와 임멸로는 이미 그러한 후를 알아차린다. 그러므로 작지와 임멸은 쓰인 바를 보기 쉽지만, 지관과 정혜는 하는 바를 알기 어렵다'. 白雲謂演祖曰 禪者智能 多見於已然 不能見於未然 止觀定慧 防於未然之前 作止任滅 覺於已然之後 故作止任滅 所用易見 止觀定慧 所爲難知", 『경덕전등록』 권28 「대주혜해전 大珠慧海傳」(대정장51, p.442a15)에 "좌주 말하였다. '일심삼관의 뜻은 또 어떻습니까?' 대주 말하였다. '과거심은 이미 가버렸고 미래심은 아직 오지 않았으며 현재심 또한 머물지 못하니, 그 중간에 다시 무슨 마음을 써서 관을 일으키겠는가!' '선사는 지관을 알지 못하는군요' '좌주는 아는가?' '압니다' '저 지자대사와 같이 지를 설하면 지를 깨뜨리고 관을 설하면 관을 깨뜨리니, 지에 머물면 생사에 빠지고 관에 머물면 심신이 어지러워지리라. 마땅히 마음을 가지고 마음을 그쳐야 하고 또한 마음을 일으켜 관을 관해야 하리. 만약 유심으로 관한다면 이는 상견법이요 무심으로 관한다면 이는 단견법이니, 유이기도 하고 무이기도 하면 두 가지로 보는 법을 성취하리라. 청컨대 좌주는 자세히 설해 보시게'. 曰 一心三觀義 又如何 師曰 過去心已過去 未來心未至 現在心無住 於其中間 更用何心起觀 曰 禪師不解止觀 師曰 座主解否 曰 解 師曰 如智者大師 說止破止 說觀破觀 住止沒生死 住觀心神亂 且爲當將心止心 爲復起心觀觀 若有心觀 是常見法 若無心觀是斷見法 亦有亦無 成二見法 請座主子細說看", 계숭(契嵩)의 『심진문집』 권3 「단경찬 壇經贊」(대정장52, p.663c1)에 "정신을 고르게 해서 도에 듦에는 하나의 상으로 그쳐 봄만한 것이 없고, 선을 따라 덕을 이룸은 일행삼매에 이름만 못하다. 일체계를 도움에 무상보다 지극함이 없고, 일체정으로 바르게 함도 무념보다 지극함이 없으며, 일체지를 통함도 무주보다 지극함이 없다. 調神入道 莫至乎一相止觀 軌善成德 莫至乎一行三昧 資一切戒 莫至乎無相 正一切定 莫至乎無念 通一切智 莫至乎無住"라고 하였다. [참고문헌] 『長阿含經』, 『中阿含經』, 『雜阿含經』, 『增壹阿含經』, 『集異門足論』, 『大毘婆沙論』, 『顯宗論』, 『分別功德論』, 『成實論』, 『俱舍論』, 『解深密經』, 『菩薩地持經』, 『瑜伽師地論』, 『大乘莊嚴經論』, 『佛地經論』, 『攝大乘論釋』 『大乘起信論』, 『起信論疏』, 『諸法無諍三昧法門』, 『摩訶止觀』, 『修習止觀坐禪法要』, 『大般若經』, 『理趣六波羅蜜多經』, 『勝天王般若波羅蜜經』, 『金剛般若波羅蜜經論』, 『佛地經』, 『華嚴經』, 『新華嚴經論』, 『十住斷結經』, 『宗鏡錄』, 『禪林寶訓』, 『景德傳燈錄』, 『鐔津文集』. ⇨ 지 止, 관 觀

지관 只管 다만 한결같이 그렇게 할 뿐 다른 것 돌아보지 않는다는 뜻이다. 지관거(只管去)·지관(祇管)이라고도 한다. 『수산어록』(고존숙어록8, 卍속장118, p.248b16)에 "물었다. '덕산의 방과 임제의 할은 도대체 무슨 일의 끝을 밝힌 것입니까?' '그대가 말해보라'. 학인이 문득 소리 지르자 선사가 '눈이 멀었다'라고 하였다. 학인이 다시 크게 소리 지르자 선사가 말했다. '이 눈먼 사람아! 다만 그렇게 마구 소리만 질러댄들 무엇 하겠는가?' 問 德山棒 臨濟喝 未審明得什麽邊事 師云 你試道看 僧便喝 師云 瞎 僧又喝 師云 這瞎漢 只管亂喝作什麽", 『원오어록』 권12(대정장47, p.767b12)에 "그는 다만 한 맛으로 좌선하며 단지 무생의 도리만을 헤아릴 뿐이니 귀신굴 속에서 활계 짓는다. 他只一味坐禪 只管尋思箇無生底道理 鬼窟裏作活計", 『대혜어록』 권16(대정장47, p.880b28)에 "그대 일념연기도 일어나지 않게 해서 다만 일향에 심의식 끝에서 활계 지을 뿐이니, 겨우 종사 움직이는 입만 보고는 문득 종사 입 속 향해 현과 묘를 토한다면 도리어 종사에 의해 뒤집히고 고꾸라지리라. 蓋爾不能一念緣起無生 只管一向在心意識邊作活計 纔見宗師動口 便向宗師口裏討玄討妙 却被宗師倒翻筋斗", 『서장』 「답영시랑장 答榮侍郎狀」(대정장47, p.939b22)에 "요즘에 총림중에 한 가지 사설을 떠들어 종사라고 하는 한 부류의 이들이 있는데 학인들에게 '다만 다른 것 없이 고요함을 지킬 것'을 말한다. 지키는 것이 무슨 물건인지 고요한 것이 누구인 줄도 모르면서 고요함이 단지 기본이라고 말하고, 깨달음이 있음도 믿지 않고 깨달음이 지엽이라고 여긴다. 近年以來 叢林中有一種唱邪說爲宗師者 謂學者曰 但只管守靜 不知守者是何物 靜者是何人 却言靜底是基本 却不信有悟底 謂悟底是枝葉"라고 하였다. [참고문헌] 『首山語錄』, 『圜悟語錄』, 『大慧語錄』, 『書狀』. ⇨ 지관 祇管

지관 地觀 오륜관(五輪觀) 중 하나. 방형(方形)의 지륜(地輪)에서 अ(a 阿) 자를 관상하는 관법. 금강좌관이라고도 한다. 『삼종실지진언의궤』(대정장18, p.912c17)에 "아(अ) 금강지부 일〈아(अ) 자는 지관·금강좌관을 짓는다. 형태는 사각형이고 색은 황색이다. 대원경지 또는 금강지라고도 한다〉. 阿金剛地部 一〈阿字作地觀金剛座觀 形四角色黃 大圓鏡智又名金剛智〉"라고 하였다. [참고문헌] 『三種悉地眞言儀軌』. ⇨ 오륜관 五輪觀

지관 池觀 십육관(十六觀) 중 하나. 극락정토의 팔공덕수(八功德水)를 관상(觀想)하는 것. 보지관(寶池觀)·팔공덕수상(八功德水想)이라고도 한다. 『관무량수경의소』(대정장37, p.178c4)에 "관법의 구별에는 열여섯 가지가 있으니 … 다섯째는 지관이다. 觀別十六 … 五 是池觀", 『관무량수불경소』(대정장37, p.192a11)에 "다섯째, 지관 중에는 다섯 가지가 있으니, 첫째는 지체(池體)를 밝히고, 둘째는 지상(池相)을 밝히며, 셋째는 마음에 따라 그 뜻에 맞음을 밝히고, 넷째는 이익을 밝히며, 다섯째는 관상을 끝맺는다. 第五 池觀中有五 一 明池體 二 明池相 三 明隨心適意 四 明利益 第五 結觀"라고 하였다. [참고문헌] 『觀無量壽經義疏』, 『觀無量壽佛經疏』. ⇨ 보지관 寶池觀, 십육관 十六觀

지관 志寬 566~643. 당대 스님. 속성은 요(姚)씨. 포주(蒲州 : 山西省) 하동(河東) 출신. 갖가지 경론을 넓게 읽었으나 『열반경 涅槃經』·『십지경론 十地經論』을 심요(心要)로 삼고, 항상 『유마경 維摩經』·『사분계본 四分戒本』을 외웠다. 살던 마을에 호랑이의 피해가 많아 도독(都督) 장손(張遜)이 명하여 기도를 올렸는데 그 뒤로는 다시 없었다. 정관년간(627~649) 포진(蒲晉)에 가뭄이 들었는데, 스님이 이틀 동안 온몸을 태양에 쪼이자 큰 비가 내려 온 곳을 적셨다. 643년(정관17) 세수 78세로 입적하였다. [참고문헌] 『唐高僧傳』 권15(대정장50, p.543b2), 『神僧傳』 권6(대정장50, p.985a7), 『緇門崇行錄』(卍속장148, p.817a8).

지관 祇管 다만 이렇게 할 뿐 다른 생각하지 못하다. 지관(只管)과 같이 쓴다. 『열조제강록』 권10(卍속장112, p.318a14)에 "머리 맞대고 배워서 저 옛사람 말씀의 길 얻었다 하면서 알음알이 자성 기억해 가져서는 망상만으로 헤아리고는 '나는 불법을 깨우쳐 마쳤다' 한다. 다만 예외없이 갈등 부추겨 성을 취해서 헛된 시간 보내고 뜻에 맞지 않으면 꺼릴 뿐이다. 聚頭學得箇古人話路 識性記持妄想卜度 道我會佛法了也 祇管說葛藤取性過時更嫌不稱意", 『종감법림』 권14(卍속장116, p.206b10)에 "설두중현이 말했다. '종사의 안목은 반드시 이렇게 익혀가야 하니 마치 금시조가 바다를 쳐서 용을 삼키듯 한다. 어떤 이들의 안목 동서도 가리지 못하고 주장자 뒤집힌 줄도 모르고서 그저 다만 조용동시와 인경구탈만을 말할 뿐이다'. 雪竇顯云 宗師眼目須至瀏麼 如金翅擘海直取龍呑 有般漢眼目未辨東西 拄杖不知顚倒 祇管說照用同時 人境俱奪", 『불안어록』(고존숙어록31, 卍속장118, p.563b3)에 "언젠가 스님들에게 물어보니 모두 '알 것도 없고 알아야 할 일도 없다'고 하면서 그저 다른 것 없으니 '배고프면 먹고 졸리면 잔다'고 말할 뿐이다. 이 말과 같이 한들 무슨 구제의 방도가 있겠는가? 有時問著師僧 總言不知不會 祇管道飢來喫飯困來眠 似此說話 有什麽救處"라고 하였다. [참고문헌] 『列祖提綱錄』, 『宗鑑法林』, 『佛眼語錄』. ⇨ 지관 只管

지관가 止觀家 천태가들의 별명. 『마하아미타경충론』(卍속장32, p.613a12)에 "지관가는 오로지 선정을 닦아 업혹을 버려서 산란 없게 하여야 한다고 말하고, 참구가는 오로지 화두만을 가져서 따로 잡념만 없이 하니 이에 일심일 뿐이라고 설한다. 止觀家 專修禪定 祛除業惑 乃不亂之說 參究家專持話頭 別無雜念 乃一心之說"라고 하였다. [참고문헌] 『摩訶阿彌陀經衷論』, 『止觀記中異義』(卍속장99, p.219b7).

지관경계 止觀境界 ➡ 대승지관법문 大乘止觀法門

지관단득 止觀斷得 ➡ 대승지관법문 大乘止觀法門

지관대의 止觀大意 당대 형계담연(荊溪湛然 711~782) 지음. 1권. 대정장46, pp.459a11~462a2, No.1914에 수록되어 있다. 천태의 관점에서 지관의 전통을 기술하고 교관(敎觀)을 십문(十門)으로 나누어 십대의(十大意)를 밝혔다. 다음 대의장(大意章)에서 발대심(發大心)·수대행(修大行)·감대과(感大果)·기팔교(起八敎)·귀삼덕(歸三德)을 밝힌 후 석명(釋名)·변체(辨體)·명체섭법(明體攝法)·판법편원(判法偏圓)을 서술하였다. 이어서 이십오방편(二十五方便)을 설명한 후에 천태지관의 십승관법(十乘觀法)을 자세하게 서술하고 마지막으로 통달한 선지식의 지도에 따라 실행할 것을 권하는 내용으로 끝맺는다. 본래 담연이 거사 이화(李華)를 위해 지은 것인데 후대에 천태지관에 입문하는 학인들을 위한 필독서가 되었다. 주석서로 영공(靈空)의 『지관대의강록 止觀大意講錄』 1권·실관(實觀)의 『지관대의광설 止觀大意廣說』 2권·치공(癡空)의 『지관대의강요 止觀大意綱要』 1권 등이 일본에 전한다. ⇨ 마하지관 摩訶止觀, 담연 湛然

지관론 止觀論 ➡ 마하지관 摩訶止觀, 마하지관론 摩訶止觀論

지관문론송 止觀門論頌 세친(世親 Ⓢ Vasubandhu) 지음. 당대 의정(義淨) 한역. 1권. 고려장17, pp.789a1~790b17, No.638·대정장32, pp.491b7~493a20, No.1655에 수록되어 있다. 77송으로 구성된 단편이다. 사정려(四靜慮)에 의지해 풀고, 마지막으로 부정관(不淨觀)을 상세하게 설명한다. 『개원석교록』 권9(대정장55, p.567c13)에 "『지관문론송』 1권〈세친보살 지음. 경운2년(711), 대천복사 번경원에서 한역. 사문 현산 등이 필수를 맡았다〉. 止觀門論頌一卷〈世親菩薩造 景雲二年 於大薦福寺翻經院譯 沙門玄傘等筆受〉"라고 하였다. [참고문헌]『開元釋敎錄』.

지관보행 止觀輔行 『마하지관보행전홍결 摩訶止觀輔行傳弘決』(대정장46, No.1912)의 줄인 이름. 『불조통기』 권25(대정장49, p.259a25)에 "『지관보행』〈본래 10권이지만, 여기서 20권으로 연다〉. 止觀輔行〈十卷 今開二十卷〉"라고 하였다. [참고문헌]『佛祖統紀』. ⇨ 마하지관보행전홍결 摩訶止觀輔行傳弘決

지관보행전홍결 止觀輔行傳弘決 ➡ 지관보행 止觀輔行, 마하지관보행전홍결 摩訶止觀輔行傳弘決

지관불이 止觀不二 지관이 둘 아님. 『지관보행전홍결』 권1(대정장46, p.151c20)에 "'하나의 색과 하나의 향에 중도 아님 없다'는 말에서 중도는 법계이고 법계는 지관이다. 지관이 불이하며, 경지가 명일하다. 一色一香無非中道者 中道卽法界 法界卽止觀 止觀不二 境智冥一", 『지관과절』(卍속장99, p.210a11)에 "일념이 적연함에 원극법계가 지(止)가 되고, 일념이 낭연함에 원만법계가 관(觀)이 된다. 지는 반야이고 관은 해탈이다. 지와 관이 둘이 아님이 법신이니, 마음에 있으면 삼관이라 하고, 경계에 있으면 삼제라 한다. 一念寂然 圓極法界爲止 一念朗然 圓照法界爲觀 止卽般若 觀卽解脫 止觀不二卽法身 在心謂之三觀 在境謂之三諦", 『수능엄의소주경』 권4(대정장39, p.884a21)에 "관 그대로 지를 밝히고, 지 그대로 관을 밝힌다. 지관이 둘 아님에 '정수'라 하니, 바로 삼매가 이루어진다. 卽觀明止 卽止明觀 止觀不二 名爲正修 卽成三昧也", 『기신론소필삭기』 권20(대정장44, p.405c5)에 "법성이 적연함을 '지'라 하고, 고요히 늘 비춤을 '관'이라고 하니, 이 중에 지관이 둘이 아닐 뿐만 아니라 심경 또한 일여하다. 法性寂然名止 寂而常照名觀 此中不唯止觀不二 抑亦心境一如"라고 하였다. [참고문헌]『止觀輔行傳弘決』, 『止觀科節』, 『首楞嚴義疏注經』, 『起信論疏筆削記』. ⇨ 지관 止觀

지관사 止觀捨 지관으로 얻은 사. 사(Ⓢ upekṣā)는 평등(平等)·부쟁(不諍)·불행(不行) 등의 뜻이다. 『대승의장』 권10 「지관사의팔문분별 止觀捨義八門分別」(대정장44, p.665c1)에 "지관사는 경에서 '정혜와 사'라고도 하였으니, 이것은 닦는 중의 차별이다. 닦음의 뜻이 같지 않으니, 하나의 문으로 셋을 설한다. 지(止)는 범어 '사마타'를 한역하여 '지'라 한 것이다. 마음을 지켜 연(緣)에 머무르며 어지러운 움직임을 여의므로 '지'라 한다. 마음을 그쳐 어지럽지 않으므로 다시 정(定)이라 한다. 止觀捨者 經中亦名 定慧及捨 此乃修中之差別也 修義不同 一門說三 止者 外國名奢摩他 此翻名止 守心住緣 離於散動 故名爲止 止心不亂 故復名定", "관(觀)은 범어 '비파사나'를 한역하여 관이라 한 것이다. 법을 헤아려 간택함을 '관'이라 한다. 관하여 통달함을 혜(慧)라 한다. 사(捨)는 범어 우필차를 한역하여 '사'라 한 것이다. 행하는 마음이 평등하여 치우쳐 익힘을 버리고 떠나므로 '사'라 한다. 觀者 外國名毘婆舍那 此翻名觀 於法推求 簡擇名觀 觀達稱慧 捨者 外國名憂畢叉 此翻名捨 行心平等 捨離偏習 故名爲捨", "지관사는 법을 얻는 처음 대치하는 바에 셋이 있다. 첫째 애견에 대하여 밝히고 닦아서 다스린다. … 둘째 치애에 대하여 밝히고 닦아서 다스린다. … 셋째 치망에 대하여 가리고 닦아서 다스린다. … 止觀捨者 得法之始 所治有三 一 對愛見以明修治 … 二 對癡愛以明修治 … 三 對癡妄以辨修治", 『마하지관』 권3상(대정장46, p.22c12)에 "지(止)는 끊음이고, 끊음은 해탈과 통한다. 관(觀)은 지(智)이고, 지(智)는 반야와 통한다. 지관이 고르게 되면 '사상'이라 하고, 사상은 법신과 통한다. 止卽是斷 斷通解脫 觀卽是智 智通般若 止觀等者 名爲捨相 捨相卽是 通於法身"라고 하였다. [참고문헌]『大乘義章』, 『摩訶止觀』.

지관십문 止觀十門 **1** 천태(天台)의 지관을 풀이하는 열 가지 문. 『종경록』 『보현관 普賢觀』을 이끌어 푼 지관의 열 가지 뜻이다. 『종경록』 권35(대정장48, p.623b6)에 "지관십문을 밝힌다. 첫째, 마음으로 행함이 이에 부합하여 산란을 거둠을 지라 한다. 둘째, 지는 고요에 멈추지 않으니 관하는 일을 가로막지 않는다. 셋째, 이와 사가 뒤섞여 서로 사무쳐 반드시 함께하니, 마침내 지와 관이 걸림 없이 쌍으로 움직인다. 넷째, 이와 사 모양을 벗어나 함께 사라지므로 지와 관도 없어져 의탁할 근거마저 끊는다. 다섯째, 이와 사의 걸림 없는 경계마저 끊고, 아울러 지와 관의 걸림 없는 마음도 없이 한다. 여섯째, 이 그대로인 사로 일체법을 거두기에 지 그대로인 관으로도 일체를 본다. 일곱째, 이 일이 바로 저 일이기도 하여 지관으로 하여금 이 마음이 저 마음임을 보도록 한다. 여덟째, 앞의 여섯 가지로 말미암아 일과 다가 서로에게 들어가지만 하나가 아니고, 일곱째는 일과 다가 서로 일치하니 다른 점이 없음을 드러낸다. 이들 두 가지도 둘이 아닌 등일법계로서, 지관 둘이 아닌 지혜로 단번에 곧바로 두 문 동일법계에 들어가도 산란의 움직임이 없다. 아홉째, 모든 사인즉 중중무진하고 지관 또한 너른 눈으로 가지런히 비춘다. 열째, 이 보문의 지가 주인 되어 문득 보문의 법계를 단번에 비추는 그때 반드시 일체를 거둬 반려가 되게 하니 끝도 없고 다함도 없다. 止觀十門者 一 心行稱理 攝散名止 二 止不滯寂 不礙觀事 三 由理事交徹而必俱 遂使止觀無礙而雙運 四 理事形奪而俱盡 故止觀兩亡而絶寄 五 絶理事無礙

之境 與泯止觀無礙之心 二而不二 故不礙心境而一味 不二而二故 不壞一味而心境 六 由卽理之事 收一切法故 卽止之觀 亦見一切 七 由此事卽是彼事故 令止觀見 此心卽是彼心 八 由前中六則 一多相入而非一 七則一多相是而非異 此二不二 同一法界 止觀無二之智 頓見卽入二門 同一法界 而無散動 九 由事則重重無盡 止觀亦普眼齊照 十 卽此普門之智爲主故 頓照普門法界時 必攝一切爲伴 無盡無盡"라고 하였다. [참고문헌]『宗鏡錄』. ⇨ 지관 止觀 **2** 지와 관에 대한 열 갈래 문. 청량징관(淸涼澄觀)의 지관에 대한 열 가지 해석으로 80권본『화엄경』권14「정행품 淨行品」(대정장10, p.69c2)에 나오는 십력(十力) 중 제8·제9인 사마타력(奢摩他力)과 비발사나력(毘鉢舍那力)에 관한 풀이다.『화엄경소』권15(대정장35, p.614b10)에 "여덟째는 사마타로 한역하여 지(止)라 하고, 아홉째는 비발사나로 한역하여 관(觀)이라 한다.『유가사지론』·『대승기신론』등의 논서와『해심밀경』·『열반경』등의 경에서 널리 그 상을 가려서 저와 같이 별도의 장으로 갖추었다. 여기서는 간략하게 그 상을 드러냄에 십문으로 삼는다. 八 奢摩他 此云 止也 九 毘鉢舍那 此云 觀也 瑜伽起信等論 深密涅槃等經 廣辨其相 具如別章 今略顯其相 以爲十門", "첫째 심행이 이에 맞아 어지러움 거두어 지(止)라 한다. 둘째 지(止)가 고요함에 빠지지 않아 사(事) 관함을 막지 않는다. 셋째 이사(理事)가 서로 사무쳐 반드시 함께하니 마침내 지관이 걸림 없이 쌍으로 움직인다. 넷째 이사가 서로 모습을 뺏어 다하기에 지관 모두 사라져 기댐도 끊는다. 다섯째 이사가 무애한 경계마저 끊고 아울러 지관이 무애한 마음도 사라져 둘이면서 둘이 아닌 까닭에 마음과 경계가 걸림 없이 한 맛이고, 둘이 아니면서 둘인 까닭에 한 맛의 마음과 경계를 무너뜨리지 않는다. 여섯째 이와 마주한 사가 일체법을 거두기에 지인 채로 관하여 일체를 본다. 일곱째 이 일과 저 일이 마주해서 지관으로 하여금 이 마음이 바로 저 마음임을 보게 한다. 여덟째 앞의 여섯은 일과 다가 서로 들이지만 하나가 아니고, 일곱 번째인즉 일과 다의 상이 다르지 않아 이 둘은 둘이 아닌 하나의 법계여서, 지관도 둘이 아닌 지로 문득 보아 바로 두 문에 들어 동일법계이니 산동이 없다. 아홉째 사인즉 중중무진함으로 지관 또한 보안으로 가지런히 비춘다. 열째 이 보문의 지(智)를 주로 삼은 까닭이다. 단박에 보문법계를 비추는 바로 그때 기필코 일체를 거둬 짝으로 삼아 끝도 없고 다함도 없다. 이것이 바로 화엄이 구하는 지관이다. 一 心行稱理 攝散名止 二 止不滯寂 不礙觀事 三 由理事交徹而必俱 遂使止觀 無礙而雙運 四 理事形奪 而俱盡故 止觀兩亡而絶寄 五 絶理事無礙之境 與泯止觀無礙之心 二而不二 故不礙心境而一味 不二而二故 不壞一味而心境 六 由卽理之事 收一切法故 卽止之觀 亦見一切 七 由此事卽是彼事故 令止觀見此心卽是彼心 八 由前中六 則一多相入而非一 七則一多相是而非異 此二不二 同一法界 止觀無二之智 頓見卽入二門 同一法界 而無散動 九 由事則重重無盡 止觀亦普眼齊照 十 卽此普門之智爲主故 頓照普門法界時 必攝一切爲伴 無盡無盡 是此華嚴所求止觀"라고 하였다. 한편,『종경록』권35(대정장48, p.623b6)에서 이 지관십문을 인용하면서『보현관 普賢觀』이라고 하였으나『보현관』을『관보현보살행법경 觀普賢菩薩行法經』(대정장9, No.277)의 줄인 이름으로 보면 이는 편집자의 오식으로 본다. [참고문헌]『華嚴經疏』,『宗鏡錄』.

지관십승 止觀十乘 천태의 십승관법(十乘觀法)을 일컫는 말.『관음현의기』권3(대정장34, p.912c25)에 "지관십승은 별상을 관함이고, 삼천의 공가중은 총체를 관함이다. 止觀十乘 是觀別相 三千空假中 是觀總體",『십불이문지요초』권상(대정장46, p.706a6)에 "지관십승은 별도로 행상을 논하지만 낱낱의 승(乘)이 삼천을 여의지 않으며 곧바로 공가중이기에 '관법의 대체'라고 말한다. 止觀十乘 是別論行相 而一一乘 不離三千 卽空假中 故云 觀法大體"라고 하였다. [참고문헌]『觀音玄義記』,『十不二門指要鈔』. ⇨ 십승관법 十乘觀法

지관업 止觀業 일본 천태밀교의 학습체계인 양업(兩業) 중 하나.『마하지관』에 의한 수행을 하고,『법화경』·『인왕경』등 대승의 호국계 경전을 학습하는 것을 말한다. 자나업(遮那業)에 대칭한다.『전술일심계문』권 (대정장74, p.651b1)에 "지관업이란 무엇인가? 해마다 매일『법화경』·『금광명경』·『인왕경』·『수호경』등 여러 대승의 호국경을 돌려가며 읽고 강의하는 것이다. 凡止觀業者 年年每日 長轉長講 法華 金光 仁王 守護 諸大乘等 護國衆經"라고 하였다. [참고문헌]『傳述一心戒文』. ⇨ 양업 兩業, 자나업 遮那業

지관의례 止觀義例 천태지관의 교의를 다 모아 그 뜻을 벌려 보인 책. 당대 형계담연(荊溪湛然) 지음. 2권. 대정장46, pp.447a2~459a8, No.1913에 수록되어 있다. 천태지의의 마하지관(摩訶止觀)의 핵심을 칠과(七科)로 나누어 밝힌 내용이다. 첫째, 남악혜사(南嶽慧思)로부터 전승된 점차(漸次)·부정(不定)·원돈(圓頓)의 세 지관 중 원돈을 천태교관의 근본으로 삼고 나머지를 지말로 설명한다. 둘째로 천태지관이 소의(所依)로 삼는 정교(正教)가『법화경』의 개적현본(開迹顯本)과『열반경』의 부율담상(扶律談常)에 있음을 밝혔다. 셋째, 지관에 관한 문의해석(文義解釋)을 예시하였다. 넷째, 지관의 십대장(十大章), 정관(正觀)의 십경(十境), 십승관법(十乘觀法)을 총괄적으로 해석하였다. 다섯째, 능관(能觀)의 심(心)과 소관(所觀)의 경(境)에 대한 스무 가지 문제를 자문자답(自問自答)하여 지관의 이론과 실천에 대한 전범을 제시하였다. 여섯째, 십경십승(十境十勝)의 묘행(妙行)과 본구(本具)의 법신(法身)을 밝혔다. 일곱째, 마흔여덟 가지 문답을 통해 천태의 바른 뜻을 현창하고 다른 종파의 잘못을 드러냈다. 담연의 다른 저술인 『금강비 金剛錍』(대정장46, No.1932)와 『오백문론 五百問論』 등과 함께 천태교관을 드러내 화엄 등의 다른 종파의 견해를 논박해 천태의 뜻을 드러내려는 취지로 기획된 중요한 저술이다. 주석서로 처원(處元)의 『지관의례수석 止觀義例隨釋』 6권과 종의(從義)의 『지관의례찬요 止觀義例纂要』 6권이 있다. ⇨ 마하지관 摩訶止觀

지관종 止觀宗 천태종(天台宗)의 다른 이름. 『본조제종요집』 권5(대장경보편32, p.494a3)에 "이 종은 수대 천태대사의 홍법을 근본으로 하기에 대사의 이름을 따라서 천태종이라 한다. 또는 법화종·지관종·원종이라고 한다. 此宗 隋代天台大師弘法宗故 從大師名 天台宗云也 或法華宗 或止觀宗 或圓宗"라고 하였다. [참고문헌] 『本朝諸宗要集』. ⇨ 천태종 天台宗, 법화종 法華宗 ❷

지관타좌 只管打坐 다만 다른 일 없이 앉아 있을 뿐. 『보암인숙어록』 권1(卍속장120, p.564a4)에 "아직 족하지 못한 이라면 이 달이 가기 전에 반드시 족해야 한다. 바람이 급하고 눈이 펄펄 내리며 땅이 돌고 하늘이 뒤집혀도 도무지 그대의 일 간섭할 일 없으리. 오로지 좌선할 뿐이고 경을 볼 뿐이니 설령 사천문왕이 오셔서 들어올린다 해도 그대 그렇게 하지는 못하리라. 如未足者 不出此月定要足 風急雪霏 地轉天翻 都不干汝事 只管打坐看經 任是四天門王來 亦動汝不得", 『정법안장』 권30(대정장82, p.143b4)에 "참선이란 몸과 마음이 떨쳐버리는 것이다. 향 올리고 예배하고 염불하고 예참하고 간경할 일 없이 다만 다 쳐내 버리고 앉을 뿐이다. 參禪者 身心脫落也 不用燒香 禮拜 念佛 修懺 看經 祇管打坐始得"라고 하였다. [참고문헌] 『正法眼藏』, 『普菴印肅語錄』. ⇨ 좌 坐, 좌선 坐禪

지관화상 止觀和尙 당대 천태종(天台宗) 스님 도수(道邃)의 법호. 『십불이문지요초상해』(卍속장100, p.381b3)에 "여기서 말하는 지관화상은 수사(도수)를 가리킨다. 今云止觀和尙 卽邃師也"라고 하였다. [참고문헌] 『十不二門指要鈔詳解』. ⇨ 도수 道邃 ❶

지광 智光 ❶ Ⓢ jñānaraśmi, Ⓣ ye-shes-'od-zer. 지혜의 빛 비춰 무명(無明)의 어둠을 부수기에 빛에 비유한다. 『대방등대집경』 권13(대정장13, p.87a29)에 "대덕이여, 저 불빛 내는 그릇이 금이면 금빛이고, 동이면 붉은빛이니, 그 색은 비록 다를지라도 등에는 차별이 없는 것처럼, 법계도 그러하다. 모든 부처님께서 불을 켜시면 지혜의 빛이 가이없고, 성문이 불을 켜면 지혜의 빛 그 끝이 있으나 법계성에는 실로 차별이 없다. 大德如然燈器 金則黃光 銅則赤光 其色雖異 燈無差別 法界亦爾 諸佛然之 智光無邊 聲聞然之 智光有邊 而法界性 實無差別", 『잡아비담심론』 권6(대정장28, p.922c12)에 "[문] 힘과 무외에는 어떤 차별이 있는가? [답] 어떤 사람은 차별이 없다고 한다. 또 어떤 사람은 이렇게 말한다. '지는 힘이고, 지의 빛이 널리 비추면 무외다. 편안하게 머무는 것이 힘이고, 용맹한 것이 무외다. 지에 다함이 없는 것이 힘이고, 변재 다함이 없는 것이 무외다'. 問 力無畏 何差別 答 有說 無差別 又說 智是力 智光普照是無畏 安住是力 勇猛是無畏 智無盡是力 辯無盡是無畏"라고 하였다. [참고문헌] 『大方等大集經』, 『雜阿毘曇心論』, *Ratna-ut.81.* ❷ 고려전기 스님 해린(海麟 984~1067)의 시호(諡號). [참고문헌] 李智冠 『校勘譯註歷代高僧碑文』 高麗篇2 p.354. ⇨ 해린 海麟 ❸ 당대 스님. 현수법장(賢首法藏 643~712)의 상수제자 여섯 중 한 스님으로 동도(東都 : 중국 洛陽) 화엄사(華嚴寺)에 주석하였다. [참고문헌] 『法藏和尙傳』(한불전3, p.775b23). ⇨ 석문초 釋文超 ❹ Ⓢ Jñānaprabha. 중인도(中印度) 마가다국 출신의 스님. 현장(玄奘)이 인도에 갔을 무렵 나란다사(那爛陀寺 Ⓢ Nālandā)에 머물던 학승(學僧)이다. 계현(戒賢 Ⓢ Śīlabhadra 529~645)의 제자로 대승과 소승은 물론이고 4베다 등의 외전에도 정통하였다고 한다. 그는 용수(龍樹)·청변(淸辯) 등의 공종(空宗)에 따라 심경구유(心境俱有)·경공심유(境空心有)·심경구공(心境俱空) 등의 삼시교판(三時敎判)을 주장하여 무상대승(無相大乘)을 진료의(眞了義)라고 하며, 유공중(有空中) 등의 삼시교판을 주장하여 법상대승(法相大乘)을 '진료의'라고 한 계현과 대립하기도 하였다. 삼시교를 주장한 지광과 나란다사에 머물던 지광을 동명이인으로 여긴다. 『화엄경탐현기』 권1(대정장35, p.111c12)에 '천축의 나란다사에는 동시에 계현과 지광이 있었다. 이 두 논사의 뛰어난 지혜 견줄 바 없었다. 그 높은 명성이 오인도에 널리 퍼졌다. 두 논사가 이어받은 종지는 서로 달랐으니, 계현은 멀리로는 미륵과 무착을 이어받았고, 가깝게는 호법과 난다를 이어 『해심밀경』 등의 경전과 『유가론』 등의 논에 의지하여 삼종교를 세웠다. … 다음의 지광은 멀리는 문수와 용수를 이었으며, 가깝게는 제바와 청변을 이어받았고, 『반야경』 등의 경전과 『중론』 등의 논에 의지하여 삼교를 세웠다(天竺那爛陀寺 同時 有二大德論師 一 名戒賢 二 稱智光 並神解超倫 聲高五印 群邪稽顙 異部歸誠 大乘學人 仰之如日月 獨步天竺 各一人而已 以所承宗別 立敎不同 謂戒賢卽遠承彌勒無著 近踵護法難陀 依深密等經 瑜伽等論 立

三種教 … 第二 智光論師 遠承文殊龍樹 近稟提婆淸辯 依般若等經 中觀等論 亦立三教)', 『자은전』 권7(대정장50, p.261a27)에 "중인도국 마하보리사의 대덕인 지광과 혜천 등이 법사에게 편지를 보내왔다. 지광은 대소승과 외서인 4베다와 5명론 등에 통달하지 않은 것이 없었다. 곧 계현 법사의 문인 가운데 상수였으니, 5인도의 학자들이 모두 으뜸으로 여겼다. 中印度國 摩訶菩提寺 大德智光 慧天等 致書於法師 智光 於大小乘 及彼外書 四韋陀 五明論等 莫不洞達 卽戒賢法師門人之上首 五印度學者 咸共宗焉"라고 하였다. [참고문헌] 『華嚴經探玄記』, 『慈恩傳』, 『大乘起信論義記』 권상(대정장44, p.242b20). ⇨ 계현 戒賢, 삼시교 三時教 **2** **5** 증장복국(增長福國)에 살던 장자(長者). 부처님께서 말씀하신 대승보은법(大乘報恩法)의 가르침을 듣고서 불효하는 아들과 함께 인욕삼매(忍辱三昧)를 얻어 불퇴전위(不退轉位)를 얻었다. 「대승본생심지관경』 권3(대정장3, p.301a8)에 "왕사성의 동북쪽으로 팔십 유순(由旬)에 하나의 작은 나라가 있었는데, 증장복이라고 한다. 그 나라에는 한 명의 장자가 있었으니, 이름이 '지광'이다. 그 나이가 들도록 오직 한 아들만 있었는데, 그 아들의 성품이 악하여 부모에게 순종하지 않았으며, 모든 가르침을 따르지 않았다. 석가모니여래께서 왕사성의 기사굴산에서 오탁악세의 한량없는 중생들에게 '대승보은법'을 말씀하신다는 소문을 멀리서 듣고 부모와 아들과 권속들과 그 법을 듣기 위하여 공양구를 가지고 부처님의 처소에 왔다. 王舍大城東北八十由旬 有一小國 名增長福 於彼國中 有一長者 名曰智光 其年衰邁 唯有一子 其子惡性 不順父母 所有敎誨 皆不能從 遙聞釋迦牟尼如來 在王舍城 耆闍崛山 爲濁惡世 無量衆生 宣說大乘報恩之法 父母及子 幷諸眷屬 爲聽法故 齎持供具 來詣佛所"라고 하였다. [참고문헌] 『大乘本生心地觀經』.

지광 智廣 **1** ?~806. 당대 스님. 오대산에 주석하면서 남천축(南天竺) 출신 반야보리(般若菩提 Ⓢ Prajñā-bodhi)가 전한 실담자(悉曇字)의 용법을 기술한 『실담자기 悉曇字記』 1권(대정장54, No.2132)을 반야보리의 지도 아래 지었다. 『양인산거사유서』 권22(대장경보편28, p.682a1)에 "당나라 스님 지광이 『실담자기』를 지었다. 그 범자는 니파라(Ⓢ Nepāla)문자이다. 발음법을 주석으로 달았다. 唐僧智廣著悉曇記 其梵字卽 尼波羅文字也 而注發音之法"라고 하였다. [참고문헌] 『楊仁山居士遺書』. ⇨ 실담자기 悉曇字記 **2** 당대 아주 개원사 스님. 소박하고 꾸밈이 없었으나 신이한 행적으로 중생을 구하고 불사를 일으켰다. 『송고승전』 권27 「唐雅州開元寺智廣傳」(대정장50, p.882a20)에 "석지광의 속성은 최(崔) 씨로 어디 사람인지 알지 못한다. 덕을 담은 병 그 모습 소박하기 그지없었고, 도의 뿌리 오직 군기만 하였다. 행함도 넓고 아름다웠는데 특히 기이한 자취를 드러냈다. 백 가지 병이라도 대조각 지팡이로 병의 끝을 가리켜 혹 한번 두드린 즉 낫지 않음이 없었다. 야윈 자는 일어나고 절름발이 바로 달리니, 나머지 작은 병이야 어찌 말로 족할 수 있겠는가! 건녕(乾寧)년간 초에 왕씨가 비로소 성도를 평정하자 아(雅 : 雅州) 군수(郡守) 나(羅)〈亡名〉가 사임하고 지광스님을 데리고서 촉주(蜀主)를 뵈러 오자 왕씨는 평소 스님의 기이한 술수를 알던 터라 성사(聖師)라고 불렀다. 이보다 앞서 함통(咸通)년간에는 남만왕(南蠻王)과 탄작(坦綽 : 官名)이 와서 성도부(成都府)를 에워싸고 거의 함락시킬 뻔했는데 이때 천왕(天王)이 높이 5장쯤 되는 사문의 모습으로 나타나 눈에서 빛이 넘쳐 흘러 남만의 병사들이 바로 물러났기에 촉 사람들이 성 북쪽 보력사(寶曆寺)에 5장 높이의 스님상을 세웠지만, 후에 우상서(牛尙書)가 관여하여 허물었다. 후에 병화(兵火)가 이어지자 오직 비사문(毘沙門)이 무너질까 두려워할 뿐이어서 왕씨가 이에 지광스님에게 '스님의 이술과 도덕이 사람들을 감동시키고 있으니, 이에 힘입어 천왕을 고칠 수 있지 않겠습니까?'하였다. … 지광스님이 천왕각 아래로 가 한쪽 모퉁이 소탑에 기대어 있기만 하였는데 다음 날부터 병자들이 그 문으로 몰려들어 날마다 20만전에서 30만전이나 되는 보시를 거뒀고, 사람들에게 목재를 내도록 권하니 열흘이 되자 가져온 것이 많이 쌓이니 삼강(三剛)에게 관장하게 하였다. 처음에 지광스님은 아군(雅郡)의 본사(本寺 : 開元寺) 갈제신당 내 반만을 차지하고 거적자리를 깔고 앉아 여인이 문에 이르는 걸 허하지 않았으며, 오직 대나무로 된 바구니 하나만이 있어 때마다 12문만을 받아 반드시 바구니 안에 던져 넣고 차면 불전에 두고는 종을 쳐 대중을 불러 모아 자타가 평등하게 나누었다. 늘 날마다 속가에서 재를 청하였는데 지광스님의 뜻을 알아 20문과 정반(淨飯)과 나물과 된장국만을 보시하여 다른 어떤 것도 허하지 않았고 많은 보시도 취하지 않았으며 공양이 끝나면 인사도 없이 가버리곤 했다. 후에 신험이 더하여 혹 병자를 만나면 한번 치고 한번 꾸짖음에 모두 일어났으며, … 혹 심한 고통으로 괴로워하는 이를 만나면 종이를 찢어 물에 적셔 붙이기만 해도 또한 나았다. 광화(光化)원년에 천왕각(天王閣)을 고쳤고 끝나자 이에 강·도랑·연못을 돌아다니며 기도하고 물고기들에게 먹이를 주었는데 밤이 지나자 그 물고기들 2척 이상으로 커졌고 만억 마리쯤이 모두 물에 떠 올라 죽어 있었다. 잠시 후 물 빠르게 흐르게 하여 살려 냈으며 십천 마리의 물고기들 다같이 도리천에 나게 되었다. 釋智廣 姓崔氏 不知何許人也 德甁素完 道根惟固 化行洪雅 特顯奇蹤 凡百病者 造之 則以片竹爲杖 指其痛端 或一撲之 無不立愈 至有癰者 則起跛者 則奔 其他小疾 何足言哉 乾寧初 王氏始定成都 雅

郡守羅〈亡名〉罷任 携廣來謁蜀主 王氏素知奇術 唯呼爲聖師焉 先是咸通中 南蠻王及坦綽 來圍成都府幾陷 時天王現沙門形高五丈許 眼射流光 蠻兵卽退 故蜀人於城北寶曆寺 立五丈僧相 後爲牛尙書預毁 次兵火相仍 唯懼毘沙門之頹圮耳 王氏乃語廣曰 師之異術 道德動人 乘此可料理天王否 … 廣唯其命徙就天王閣下 居一隅小榻而已 翌日病者塡噎其門 日收所施二十萬至三十萬錢 又發言勸人出材木 浹旬皆運至堆積 令三綱掌管焉 初廣在雅郡本寺羯帝神堂內居其半室 低門苫蓐不許女人到門 唯有一竹篓子 每齋受嚫二十文必投篓內滿 則置之佛殿 聲鐘集衆自他平等分之 常日俗家請齋亦體廣意 止施二十文 淨飯菜豉汁此外不許一物 嚫多不取 食畢而去 亦無辭告 其後益加神驗 或遇病者一攌一叱皆起 或令燒紙緡掇散飮食 或遇甚痛惱者捩紙蘸水貼之亦差 光化元年修天王閣 向畢乃循江瀆池呪食飼魚 經夜其魚二尺已上 萬億許皆浮水面而殞 聊躡流水救十千魚生忉利同也"라고 하였다. [참고문헌]『宋高僧傳』. ⇨ 당아주개원사지광전 唐雅州開元寺智廣傳

지광국사현묘탑비 智光國師玄妙塔碑 ➡ 법천사지광국사현묘탑비 法泉寺智光國師玄妙塔碑

지괘탑 止掛塔 대중에 이름 올리는 일을 멈춘다는 뜻이다. 괘탑일이란 요즘은 안거 한 철 동안 함께 할 대중을 받는 일로서 대중으로서 큰 방에 이름 올린다는 뜻으로 방부(房付)라고 한다. 『선림상기전』 권9(불광장, 禪藏, p.669)에 "지괘탑 : 『백장청규』 「하전출초단」에서 '총림에서 삼월 초하루에 처음 정리된 대중명부를 내고 방장은 괘탑을 받는 일을 멈춘다. 止掛塔 敕修淸規夏前出草單云 叢林以三月初一日 出草單 方丈止掛搭"라고 하였다. [참고문헌]『禪林象器箋』, 『百丈淸規』 권7(대정장48, p.1150b6). ⇨ 괘탑 掛塔

지괴수매류수 指槐樹罵柳樹 홰나무를 가리켜 버드나무를 욕하다. 『벽암록』 12칙 「본칙 本則」(대정장48, p.152c19)에 "학인이 동산에게 물었다. '무엇이 부처입니까?'〈쇠로 된 남가새다. 천하의 납승도 벗어나지 못한다〉 '마삼근'〈분명히 해진 짚신이다. 홰나무를 가리켜 버드나무 욕한다. 저울질일 뿐〉. 擧僧問洞山 如何是佛〈鐵蒺藜 天下衲僧跳不出〉 山云 麻三斤〈灼然 破草鞋 指槐樹罵柳樹 爲秤鎚〉"라고 하였다. [참고문헌]『碧巖錄』.

지굉 智肱 장수자선(長水子璿 965~1038)의 법손. 『사분율주산보승계본과 四分律注刪補僧戒本科』 1권·『사분율주산보승계본천종기 四分律注刪補僧戒本闡宗記』 3권·『화엄청량국사예찬문 華嚴淸涼國師禮讚文』 1권(卍속장95, pp.1049a1~1054b16)등을 지었다.

지교 至敎 Ⓢ āgama, āptāgama, Ⓣ yid-ches-pa'i-lung. 지극한 가르침. 끝내 이르러 멈추는 가르침의 뜻으로 불법(佛法)을 말한다. 일체지자(一切智者)의 말씀으로 성교(聖敎)라 하던 Ⓢ ārya의 성(聖)의 뜻이 아닌 Ⓢ āptā인 지(至)의 뜻을 드러낸다. 『유가사지론』 권36(대정장30, p.489b29 : *Bodh-bh.*, p.34)에 "이와 같은 류의 무량한 성언을 지교라 하니, 이 여래의 가장 뛰어난 지교에 의지해 마땅히 제법을 아니 말자성을 떠난다. 如是等類 無量聖言 名爲至敎 由此如來 最勝至敎 應知諸法 離言自性 tasmādāgamato 'pi tathāgatāt pa ramāptāgamādveditavyaṃ nirabhilāpyasvabhāvāḥ sarvadharmā iti", 『현양성교론』 권11(대정장31, p.533b17)에 "지교는 일체지자가 시설한 언교 또는 그들로부터 법을 듣고 그 법에 따라 행하는 것을 말한다. 여기에는 세 가지가 있다. 첫째는 성언으로 거두고, 둘째는 염오를 마주해 다스려야 하며, 셋째는 법상을 거스르지 않는다. 至敎者 謂一切智人所說言敎 或從彼聞法隨法行 此復三種 一 聖言所攝 二 對治雜染 三 不違法相", 『구사론기』 권5(대정장41, p.104c10)에 "지극한 가르침이기에 지교라 하며, 또한 성교량이라고도 한다. 至極之敎 故名至敎 亦名聖敎量", 『유가사지론약찬』 권8(대정장43, p.112b26)에 "이전에는 성스런 말씀이라 했고, 지금은 지교라 하는데, 이는 지극한 가르침의 뜻으로 도리가 극에 달했기에 안팎으로 더 물을 것 없어서 모두 지교라 한다. 先云聖言 今言至敎者 卽至極之敎 以理至極 無問內外 皆名至敎", 『성유식론술기』 권1(대정장43, p.248c16)에 "지교란 실에 이른 가르침을 말한다. 言至敎者 至實敎也", 『유가론기』 권9(대정장42, p.510a20·한불전13, p.706c3)에 "본래 발음이 아리야(阿梨耶 Ⓢ ārya)인 것을 '성(聖)'으로 한역하고, 아급마야(阿笈摩耶 Ⓢ āgama)인 것을 '교(敎)'로 한역하며, 아급발다(阿笈鉢多 Ⓢ āptā)인 것을 '지(至)'로 한역한다. 지교란, 가르침이 뜻에 부합한다는 것이다. 여기서는 아리야라고 하지 않았기에 '성교'라고 한역해서는 안된다. 本音云阿梨耶 此云聖 阿笈摩耶 此云敎 阿笈鉢多此云至言 至敎者 敎稱於義故 此不云阿梨耶故 不應言聖敎"라고 하였다. [참고문헌]『瑜伽師地論』, 『顯敭聖敎論』, 『俱舍論記』, 『瑜伽師地論略纂』, 『成唯識論述記』, 『瑜伽論記』, *Bodh-bh.* ⇨ 성교 聖敎, 지교량 至敎量

지교량 至敎量 Ⓢ āptāgama, āptāgama pramāna, Ⓣ yid-ches-pa'i-lung. 지극한 가르침에 의한 판단. 더 나아갈 수 없어 여기서 검추는 가르침에 의지한 헤아림을 말한다. 인명(因明) 용어. 성법팔종(成法八種) 중 하나이고, 삼량(三量)·사량(四量)의 범주에서 다투는 뜻이다. 정교량(正敎量)·성교량(聖敎量)·성량(聲量)이라고도 하지만 외도일반의 성언량(聖言量)과 구별하는 뜻이기도 하다. 『성유식론』 권5(대정장31, p.24c18)에 "모든 대승경이 그대로 지교량이다. 諸大乘經 是至敎量", 『순정리론』 권13(대정장29, p.406b16)에 "저 경의 주는 다른 것을 연해 설한다. '무슨 연으로 이와 같이 허공을 분석하는 것인가? 일어나는 등의 상인 실유하는 법체가 아니다. 왜 그러하겠는가? 정해진 판단이 없기 때문이다. 이러한 모든 상은 저 색 등처럼 확정적인 현량이나 비량이나 또는 지교량에 의해 실로 있다고 증명할 수 있는 것이 아니다'. 彼經主 緣他故說 何緣如是 分析虛空 非生等相 有實法體 如所分別 所以者何 無定量故 謂此諸相 非如色等 有定現比 或至敎量 證實有者", 『인명입정리론소』 권상(대정장44, p.95b13)에 "성교량은 정교량 또는 지교량이라고도 하고, 성량이라고도 한다. 聖敎量 亦名正敎及至敎量 或名聲量"라고 하였다. 〔참고문헌〕『成唯識論』, 『順正理論』, 『因明入正理論疏』, *Abh-k-bh.76.*, *Śrāv-bh.442.* ⇨ 아불다아급마 阿弗多阿笈摩, 지교 至敎, 정교량 正敎量, 성교량 聖敎量

지구 至扣 간절히 두드리다. 편지글의 마지막에 쓰는 말로서 돈수(頓首)·지도(至禱)라고도 쓴다. 『서장』「답증시랑장 答曾侍郎狀」(대정장47, p.916c4)에 "이와 같은 이야기는 잘못 역시 적지 않습니다. 다만 비로소 진실한 마음을 다해야 자기의 곤란이 사라지니 정말 근심할 만합니다. 간절하게 바랍니다. 如此說話 敗闕亦不少 但方投誠 自難隱逃 良可愍故 至扣"라고 하였다. 〔참고문헌〕『書狀』. ⇨ 지도 至禱

지구 智矩 535~606. 수대 스님. 속성은 오(吳)씨. 오군(吳郡) 출신. 홍황사(興皇寺) 법랑(法朗)의 설법을 들었고, 사론(四論)과 『대품반야경 大品般若經』을 강설하였다. 건강(建康 : 江蘇省 南京)의 건초사(建初寺)에서 삼론(三論)을 강설할 때는 항상 청중 100인이 모였다. 장주자사(蔣州刺史) 무산공(武山公) 곽연(郭演)의 귀의를 받았다. 수 양제(煬帝)를 위하여 혜일도량(慧日道場)에 초빙되었으며, 599년(개황19) 장안(長安) 일엄사(日嚴寺)에 주석하였다. 『중론 中論』 가운데 청목석(靑目釋)에 해당하는 부분을 삭제하고 게송의 글귀만 취하여 지은 『중론소 中論疏』는 동문인 길장(吉藏)의 소를 넘어섰다는 평가를 받기도 하였다. 606년(대업2) 정월에 세수 72세로 입적하였다. 〔참고문헌〕『唐高僧傳』 권11(대정장50, p.509b19).

지구신주경 持句神呪經 Ⓢ Ārya-agrapradīpadhāraṇī-vidyārājā, Ⓣ 'phags-pa rig-sngags-kyi rgyal-mo sgron-ma mchog-gi gzungs. 오(吳)대 지겸(支謙) 한역. 1권. 『다라니구경 陀羅尼句經』이라고도 한다. 동본이역으로 『다린니발경 陀隣尼鉢經』(대정장21, No.1352)이 있다. 고려장12, p.59a1~c15, No.347·대정장21, pp.864c9~865b2, No.1351에 수록되어 있고 티베트역본(北京版 No.195)도 전한다. 석가모니부처님께서 기수급고독원에 계실 때 무량광(無量光)보살과 대광명(大光明)보살이 무량화세계의 십존왕여래께 전해받은 지구신주를 석존(釋尊) 앞에서 설명하는 내용이다. 귀신에 의해 일어난 재난을 없애는 세 가지 신주가 설해지는데 그것을 지송하는 이는 무수한 전생의 숙명을 알게 되어 귀신의 장애와 독사와 독약의 액난을 피할 수 있음을 설하고 있다. 『개원석교록』 권2(대정장55, p.488a19)에 "『지구신주경』 1권〈비장방의 『역대삼보기』에 처음 보인다. 『다린니발경』과 동본이고 『다라니구』라고도 한다〉. 持句神呪經一卷〈初出見長房錄 與陀隣尼鉢經等同本 亦云陀羅尼句〉"라고 하였다. 〔참고문헌〕『開元釋敎錄』. ⇨ 다린니발경 陀隣尼鉢經

지구주 持句呪 다라니(陀羅尼 Ⓢ dhāraṇī)와 같은 말. 『지구신주경』(대정장21, p.864c27)에 "부처님께서 아난에게 말씀하셨다. '이 지구주를 받아서 수지독송하라. 부처님께서 계신 세간은 만나기 어렵고, 지주구 역시 만나기 어렵다. 선남자, 선여인아! 이 지구주를 받아서 외우면 7세의 숙명을 알 수 있다'. 佛告阿難 受是持句呪 執持誦說 佛世難値 持句呪亦爲難遇 善男子善女人 受是持句呪諷誦 讀識七世宿命"라고 하였다. 〔참고문헌〕『持句神呪經』. ⇨ 다라니 陀羅尼

지구치라보살 智拘絺羅菩薩 태장계만다라 석가원 남쪽에 위치한 보살. 밀호는 정인금강(正因金剛)·숙혜금강(宿惠金剛). 삼매야형은 피지 않은 연꽃. 존형은 살색 몸으로 합장하여 연화좌에 앉았는데 손바닥 위에는 피지 않은 연꽃이 있는 형상이다. 수인(手印)은 범협인(梵篋印)이고 진언은 구치라보살(拘絺羅菩薩) 진언과 같다. 석가모니부처님께서 갖추신 정진의 덕을 관장한다. 피지 않은 연꽃을 쥔 자세는 보리심의 종자를 기르는 것을 나타낸다. 『태장금강교법명호』(대정장18, p.205a21)에 "여덟째 지구치라〈정인금강, 또는 숙혜금강이라고도 한다〉. 第八智拘絺羅〈正因金剛 亦名宿惠金剛〉"라고 하였다. 〔참고문헌〕『胎藏金剛敎法名號』, 『曼荼羅図典』(大法輪閣, 2002).

지국천 持國天 Ⓢ Dhṛtarāṣṭra, Ⓟ Dhataraṭṭha, Ⓣ yul-'khor-bsrungs. 16선신(善神) 중 한 분. 사천왕(四天王) 중 동방을 수호하는 천. 제두뢰타(提頭賴吒)·지리다아라다(持梨哆阿囉哆)·제다라타(提多羅吒) 등으로 음사하고, 치국천(治國天)·안민천(安民天)·순원천(順怨天) 등으로 한역한다. 수미산 동쪽 유건다산(由乾陀山)에 머물며 국토를 보호하고 중생을 편안하게 하는 선신이다. 건달바와 비사세천의 무리를 권속으로 한다. 밀교에서는 태장만다라(胎藏曼荼羅) 외금강원(外金剛院)에 위치한 존격이다. 삼매야형은 칼이고, 종자는 (bhṛ). 형상은 붉은색에 분노형이다. 왼손으로는 칼을 세워 들고 오른 손은 허벅지에 올린 채 가부좌한 모습이다. 왼손에 보주(寶珠)를 든 형상도 있다. 수인(手印)은 지국천왕인(持國天王印)이다. 양손을 주먹 쥐고 양손의 검지를 펴서 살짝 구부린 다음 양팔의 손목을 교차시키되 오른손이 위로 오게 한다. 진언은 '나마 사만타붓다남 옴 드리타라슈트라 라 라 프라마다나 스바하 na maḥ samantabuddhā nāṃ oṃ dhṛtarāṣṭra r a ra pramadana svā hā. 두루하신 제불께 귀의합니다. 옴 지국천이여! 라 라 도도한 이여! 스바하'이다. 『법화경대성』 권9(卍속장51, p.433b6)에 "범어 제두뢰타는 한역하면 지국이다. 국토를 호지하기 때문이다. 『금광명경소』에서 위로 오르는 시작이고 하계의 첫번째 천이라고 하였다. 수미산 동쪽 황금 언덕에 머물고 건달바와 비사사의 두 무리를 주재한다. 梵語提頭賴吒 此云持國 以能護持國土故 光明疏云 上升之元首 下界之初天 居半須彌東 黃金埵 主乾闥婆毗闍舍二部", 『비사문천왕경』(대정장21, p.217a29)에 "동방세계에 머무는 건달바의 주재자를 지국이라 한다. 대위덕의 신체에서 방출하는 광명을 갖추었다. 비유컨대 해가 떠올라 세간을 널리 비추는 것처럼 권속을 영도하고 건달바의 무리에게 공경을 받으며 둘러싸여 노래하고 춤추며 즐거움을 누린다. 아흔한 명의 아들이 있는데 모두 이름이 제석이고 큰 세력을 갖추어 용맹하고 포악하다. 불세존을 뵙고 귀의하여 머리를 조아리며 존중하고 공경하였는데 살펴보니 사람은 아니지만 공경과 예를 행할 줄 알았다. 이 지국천왕이 동방을 수호하는데 마치 부처님께서 다니시는 것처럼 세간을 수호한다. 東方世界 有乾闥婆主 名曰持國 具大威德身放光明 譬如日出普照世間 統領眷屬 乾闥婆衆 恭敬圍繞 歌舞作唱 而受快樂 有九十一子 同名帝釋 有大勢力 勇猛暴惡 見佛世尊 歸依頂禮 尊重恭敬 觀此非人 而能禮敬 彼持國天王 守護東方 如佛行行 如是護世"라고 하였다. [참고문헌] 『法華經大成』, 『毘沙門天王經』, 『曼荼羅図典』(大法輪閣, 2002), *Mmayu.5* , *Mvyut.164.*, *DN.2.207.* ⇨ 사천왕 四天王, 십육선신 十六善神

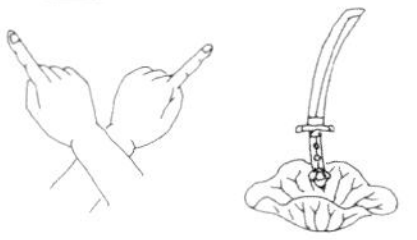

중흥사약사후불탱
국립중앙박물관 1828년

지국천왕 持國天王 Ⓢ Dhṛtarāṣṭra, Ⓟ Dhataraṭṭha, Ⓣ yul-'khor-srung. 지국천(持國天). 『비사문천왕경』(대정장21, p.217a29)에 "동방세계에 건달바의 주재자가 있으니 지국이라 한다. 대위덕을 갖추고 몸에서 광명을 방출한다. 비유컨대 태양이 떠올라 세간을 널리 비추는 것과 같다. 그가 권속을 통솔하면 건달바신의 무리가 공경하여 둘러싸고 춤추고 노래하여 즐거움을 누린다. 아흔한 명의 아들이 있는데 모두 제석이라고 부른다. 큰 세력을 가졌고 용맹하고 포악하지만 불세존을 뵈면 귀의하여 머리 숙여 예배하고 존중하며 공경한다. 이것을 보면 비인이라도 예경할 줄 안다. 지국천왕은 동방을 수호하는데 부처님께서 다니시는 것처럼 그렇게 세간을 지킨다. 東方世界 有乾闥婆 王名曰持國 具大威德 身放光明 譬如日出 普照世間 統領眷屬 乾闥婆衆 恭敬圍繞 歌舞作唱 而受快樂 有九十一子 同名帝釋 有大勢力 勇猛暴惡 見佛世尊 歸依頂禮 尊重恭敬 觀此 非人而能禮敬 彼持國天王 守護東方 如佛行行 如是護世"라고 하였다. [참고문헌] 『毘沙門天王經』, *Saṅ-v.179.*, *DN.2.207.* ⇨ 다타랏타 Dhṛtarāṣṭra ❹, 제두뢰타 提頭賴吒

지국천왕
루브르박물관
당 9세기

지군 智頵 777~853. 당대 스님. 중산(中山 : 河北省完縣) 출신. 어릴 때 부모님을 떠나 오대산(五臺山) 현림(賢林)을 은사로 하여 출가한 뒤 경전을 읽고 합격하여 예를 갖추고 삭발하였다. 재주가 뛰어났고 기상도 높았으나 욕심을 부리지 않고 만족할 줄 알았으며 고행하고 베풀기를 좋아하였다. 여러 강사(講肆)를 두루 들아

다니며『법화경 法華經』·『유마경 維摩經』의 종지를 전하였다. 원화년간(806~820) 대중이 천거하여 오대산 도검교수승장(都檢校守僧長)이라는 직책에 올랐다. 그 뒤에 기근을 만나 화엄사도공양주(華嚴寺都供養主)가 되어 나날이 천 명의 스님에게 공양하기를 10여 년이 지나도록 음식에 모자람이 없어 모두들 "무진장(無盡藏)의 양식이 있다"고 말하였다. 853년(대중7) 세수 77세로 입적하였다. [참고문헌]『宋高僧傳』권27(대정장50, p.881a21),『廣淸涼傳』권중(대정장51, p.1117c6).

지궁술 指窮術 어떤 법이 다하는 그 끝을 가리켜 깨우치는 방편. 불꽃은 땔감이 다해도 다른 땔감으로 이어져 계속되듯이, 연기(緣起)하는 제법(諸法)은 상(常)도 단(斷)도 아니지만 인과 연으로 상속(相續)하는 뜻을 보여 단멸의 견을 깨우친다.『삼론현의』(대정장45, p.1c12)에 "『경』에 참새가 병에 날아들어 듬성한 헝겊으로 그 주둥이를 막아 두었는데 헝겊을 뚫고 참새가 날아가듯, 몸이 무너지면 그에 깃든 정신도 달아난다. 광산혜원은 풀어 말한다. '불꽃이 나무에 옮겨 감이 정신이 몸으로 옮김과 같고, 불꽃이 다른 나무에 옮겨 감이 정신이 다른 몸으로 옮겨가 깃듬과 같다. 앞의 나무는 뒤의 나무가 아닌 즉 끝을 가리키는 묘한 방편임을 알며, 앞의 몸은 뒤의 몸이 아니니 중생이 거듭 감함이 깊음을 깨우친다. 한 번의 생에서 몸이 무너져 죽음을 보고는 식신도 함께 사라졌다고 여기거나 어떤 한 나무에서 불이 다 타버리는 모습을 보고 불의 정해진 수명을 모두 마쳤다고 생각해서는 안 된다'. 經云 如雀在甁中 羅縠覆其口 縠穿雀飛去 形壞而神走 匡山慧遠釋曰 火之傳於薪 猶神之傳於形 火之傳異薪 猶神之傳異形 前薪非後薪 則知指窮之術妙 前形非後形 則悟情數之感深 不得見形朽於一生 便謂識神俱喪 火窮於一木 乃曰終期都盡矣"라고 하였다. 지궁이라는 말은 본래『장자』「양생주 養生主」에 "다하는 것을 가리켜 나무라 하지만 불은 이어져서 그 기세 다할 줄 모른다. 指窮於爲薪 火傳也 不知其盡也"라는 구절에 따른다. [참고문헌]『三論玄義』,『莊子』,『七女觀經』(대정장85, p.1459b29).

지권인 智拳印 Ⓢjñānamuṣṭi-mudrā. 금강계(金剛界) 대일여래(大日如來)와 일자금륜불정(一字金輪佛頂)의 인상(印相). 대일법계인(大日法界印)·대일권인(大日拳印)·대묘지인(大妙智印)·각승인(覺勝印)이라고도 한다. 이 수인을 맺으면 무명과 망상을 없애고 불지(佛智)에 들어간다는 뜻에서 붙여진 이름이다. 양손을 주먹 쥔 후 왼손의 검지를 곧게 세우고 그 첫 마디를 오른손으로 감싸 쥐는 형태다. 왼손은 태장계 본유(本有)의 오지(五智)를, 오른손은 금강계 수생(修生)의 오지를 나타내는데 이 수인은 이지불이(理智不二)·생불불이(生佛不二)·오미일여(悟迷一如)를 상징한다.『금강정경일자정륜왕유가일체시처염송성불의궤』(대정장19, p.322a28)에 "지권인은 다음과 같다. 중지와 무명지, 약지로 엄지를 잡고 검지로 엄지 뒤를 떠받쳐 금강권을 이루고, 오른손으로 왼쪽 검지 한마디를 쥔 채 가슴 위에 대는 데, 이것을 지권인이라고 한다. 智拳印所謂 中小名握梅 頭指柱大背 金剛拳乃成 右握左頭指 一節面當心 是名智拳印",『법계성범수륙대재법륜보참』권9(卍속장130, p.58b18)에 "손은 대지권인을 만든다. 양 손을 주먹 쥐고 왼손의 검지 첫 마디를 오른손 주먹 안에 넣어서 쥔 채 세우면 이 인이 된다. 手作大智拳印 以二手作拳 左手頭指初分 平入右拳內 握之起立成印",『대일경소연오초』권49(대정장59, p.493c7)에 "지금 금강계 대일여래는 지권인을 맺고 태장대일은 정인을 맺었다. 비록 모두 이지가 계합하여진 것이니 어찌 잘못이 있겠는가? 오른손은 지이고 왼손은 이이니 인상의 이름은 비록 다르지만 이와 지는 다르지 않다. 今金剛界大日結智拳印 胎藏大日結定印 雖然皆理智冥合何失 右手是智 左手是理 印名雖別理智不別"라고 하였다. [참고문헌]『金剛頂經一字頂輪王瑜伽一切時處念誦成佛儀軌』,『法界聖凡水陸大齋法輪寶懺』,『大日經疏演奧鈔』.

지권인 합천 해인사 대적광전·대일여래상 일본 고야산 금강봉사 9세기

지궐사 支闕寺 황해북도 개풍군 진봉면 봉동리에 있던 절.『사탑고적고』(『한국사찰전서』권하, p.1033b7)에 "동서 약 250칸·남북 약 130칸이며, 초석이 곳곳에 남아 있다. 東西約二百五十間 南北約一百三十間 礎石處處殘存"라고 하였다. [참고문헌]『寺塔古蹟攷』.

지귀 旨歸 경(經)의 가르쳐 보이고자 함(敎)이 마침내 돌아갈 곳을 가리키는 뜻이다. 종(宗)의 뜻이다.『마하지관』권2하(대정장46, p.20b17)에 "지귀란 문의 뜻이 돌아갈 곳이다. 마치 강물이 흘러 바다에 이르고 불꽃이 허공 향하듯 한다. 은밀함을 알고 깊은 곳에 달하여 아무런 막힘도 없으니, 마치 영특한 신하가 왕이 은밀히 건네는 말을 이해하듯이, 부처님 말씀을 듣고 모두 분명히 알아 일체지지에 이른다. 이 뜻을 얻은 이는 곧 바로 지귀를 이해한다. 旨歸者 文旨所趣也 如水流趣海 火炎向空 識密達遠 無所稽滯 譬如智臣 解王密語 聞有所說 皆悉了知 到一切智地 得此意者 卽解旨歸", 『지관보행전홍결』 권2(대정장46, p.215c1)에 "교설의 뜻이 나아갈 바를 지귀라 한다. 教意所趣 名爲旨歸", 『사분율소식종의기』 권2본(卍속장66, p.5b13)에 "제이문에서는 교의 종지를 가려낸다. 앞에서 열거한 이름에 이르길 '교의 지귀를 안다' 하였으니, 지란 뜻이며 이른다는 것이고, 귀는 나아가 향한다는 것이다. 곧 경론을 짓고 푸는 이란 교의 의취를 알아야 하니, 뜻이 나아간다 함은 바로 종의 다른 이름이다. 그래서 '교의 지귀를 안다'고 한다〈만약 지귀라는 글자로 지었다면 이 뜻이 아니다〉. 이 장에서 '교의 종을 가려낸다'고 한 말은 표현이 비록 이전과 다르지만 의미에는 차이가 없다. 第二門 辨教宗者 前列名云 知教旨歸 旨者 意也 至也 歸者 趣也 向也 謂造釋者 知教意趣 意趣卽是宗之異名 故云 知教旨歸也〈若作指歸字 非此義意也〉 此中章云辨教宗者 語雖異前 而義無別", 『대반야경』 권578 「반야이취분서 般若理趣分序」(대정장7, p.986a5)에 "반야이취분이라 한 것은 대체로 모든 회의 지귀를 아우르고 편으로 쌓인 으뜸의 실마리를 펜다. 般若理趣分者 蓋乃嚴諸會之旨歸 綰積篇之宗緖", 『법화경의기』 권1(대정장33, p.574b18)에 "무릇 경의 뜻이 돌아갈 바는 오직 반드시 그 경제목을 자세히 생각해야 한다. 夫欲識經旨歸 唯應諦思經題", 『대반열반경집해』 권4(대정장37, p.391b9)에 "사라져 가는 것에 의지하여 사라지지 않는 것을 밝히니, 경의 지귀는 이렇게 드러난다. 寄滅以明不滅 經之旨歸 顯於此也"라고 하였다. [참고문헌] 『摩訶止觀』, 『止觀輔行傳弘決』, 『四分律疏飾宗義記』, 『大般若經』, 『法華經義記』, 『法華文句記』, 『大般涅槃經集解』. ⇨ 지귀 指歸, 종 宗[1]

지귀 知歸 **1** 돌아갈 바를 알다. 스스로 사유하거나 참구해 깨우칠 바를 말한다. 『오조법연어록』 권상(대정장47, p.654b1)에 "오래 참구한 상사들은 말이 떨어지자마자 돌아갈 곳 알지만, 늦게 배운 초학자들은 자세히 살필 수밖에 없다. 久參上士 言下知歸 晩學初機 當須子細", 『원오어록』 권1(대정장47, p.715c5)에 "마땅히 들쳐내 환하게 보였으니, 다만 돌아갈 곳을 귀하게 여길 뿐이니 생각하려 한즉 흰 구름 아득하리라. 當陽曉示 只貴知歸 纔涉思量 白雲萬里", 『허당록』 권1(대정장47, p.989b20)에 "곧바로 말 밖에 돌아갈 곳 알아챘더라도 저울추 식초에 담금일 뿐이다. 直饒言外知歸 也是秤椎蘸醋", 『원결형어록』 권3(가홍장39, p.568c20)에 "'산승은 이제 제이의문에서 따로 방편 보여 인인이 곧바로 수용하여 문득 돌아갈 곳 알게 한다'. 주장자를 세우고 말했다. '위음왕불 전에는 한갖되이 이름 글자 빌릴 일 없었다네. 그저 어울려 빛나는 저 어지러운 속진에 맡길 뿐이라네'. 山僧今向第二義門 別示方便 令人人直下受用 瞥爾知歸 卓拄杖曰 威音不假閒名字 一任和光混俗塵"라고 하였다. [참고문헌] 『五祖法演語錄』, 『圜悟語錄』, 『虛堂錄』, 『元潔瑩語錄』. **2** 귀의하다. 『속개원석교록』 권상(대정장55, p.756a29)에 "하늘과 인간이 거두어 우러르고 네 무리들이 돌아갈 곳임을 안다네. 天人攸仰 四衆知歸"라고 하였다. [참고문헌] 『續開元釋教錄』.

지귀 指歸 가리켜 돌아가게 하다. 돌아가 머물 곳. 『열반경소사기』 권3(卍속장57, p.790a18)에 "무엇으로 지귀를 삼는가? 『열반경』은 삼덕을 지귀로 삼는다. 將何指歸者 涅槃 以三德爲指歸", 『대아미타경』 「서 序」(대정장12, p.326c29)에 "이런 류라면 모두 부처님 말씀을 바로잡아 본래의 뜻을 분명히 드러내려 함이니, 네 가지 다름에 미혹됨이 없게 해서 가리켜 돌아갈 곳을 알게 한다. 若此之類 皆欲訂正聖言 發明本旨 使不惑於四種之異 而知其指歸也"라고 하였다. [참고문헌] 『涅槃經疏私記』, 『大阿彌陀經』. ⇨ 지귀 旨歸

지극 至極 끝내 다한 곳. 더 이상 갈 곳이 없는 곳에 이르다. 『금강선론』 권1(대정장25, p.799b9)에 "중생이 십지행을 채워서 마침내 불과라는 더할 수 없는 낙을 얻도록 하기에 이름이 법이다. 能令衆生 十地行滿 終得佛果 至極之樂 故名爲法也", 『식신족론』 권3(대정장26, p.547a14)에 "순이란 더 이상 갈 곳 없이 다해 마쳐서 이즈러짐 없고 가득찬 뜻이다. 純謂至極 究竟圓滿", 『대비바사론』 권51(대정장27, p.264c10)에 "비상비비상처는 위가 없어 붙들 것 없고 능히 떠날 일도 없어서, 마치 자벌레 초목에 의지해 위로 오르고 버려서 내려오듯 저 끝에 이르러서는 더이상 오를 곳이 없게 된즉 문득 내려오니, 사람이 나무에 오름드 이와 같다. 非想非非想處 無上可攀 故不能離 猶如蚇蠖 緣草木時 攀上捨下 若至極處 無上可攀 卽便退下 如人上樹 應知亦然", 『사분율행사초』 권하4(대정장40, p.151a12)에 "열 번째는 파색공외도다. 이 외도는 석으로 욕의 유를 부수고 공으로 색의 유를 없게 해서 이를 공의 극치로 생각한다. 十者 破色空外道 以外道用色破欲有 以空破色有 謂空至極", 『종경록』 권57(대정장48, p.743c21)에 "이르러 끝이라 하니 이제로는 가릴 수 없다. 至極者 不可以二諦辯", 『성유식론집해』 권9(卍속장81, p.617b13)에 "이장의 종자가 찰나에 바로 끊어져 여래지로 들어야 비로소 지극이라 이름한다. 二障種子 刹那頓斷 入如來地 方名至極", 『조론소』 권상(卍속장96, p.852b11)에 "이제라는 이름은 끝내 이를 바탕은 아니다. 다만 법상을 가릴 뿐이니, 유도 아니고 무도 아니므로 먼저 (유와 무에 대한) 집착을 물리친 다음에 중도를 드러낸다. 二諦之名

非至極之體 但弁法相 非有非無 故先破執 然後顯示中道" 라고 하였다. [참고문헌]『佛本行集經』,『金剛仙論』,『識身足論』,『大毘婆沙論』,『四分律行事鈔』,『百論疏』,『宗鏡錄』,『成唯識論集解』,『肇論疏』.

지극구경 至極究竟 이르러 끝이어서 구함을 마치다.『집이문족론』 권5(대정장26, p.388c25)에 "계정혜를 잘 닦아 끝에 이르고 구함을 마친 이는 이미 모든 유를 영구히 다하여 물듦도 근심도 없다. 善修戒定慧 至極究竟者 已永盡諸有 無垢亦無憂",『유가사지론』 권34(대정장30, p.477a23)에 "또 그때 끝내 마쳐서는 마침내 번뇌 없고 필경에 범행의 모든 끝도 증득하였으니, 모든 빗장마저 떠난다. 又於爾時 至極究竟 畢竟無垢 畢竟證得梵行邊際 離諸關鍵",『유가론기』 권8(대정장42, p.481c22·한불전13, p.632c15)에 "'또 그때 극에 이르러 다해 마쳤다' 하는 아라한의 수승한 덕을 거듭 밝히는 것이다. … (승에는) 서른두 가지 법이 있다. '더 갈 곳 없는 끝에 이르러 구함을 마쳤다'는 것은 무학과에 이른 것이니, 이는 첫 번째 승이다. '끝내 마쳐 번뇌가 없다'란 두 번째로서, 아라한이 삼계의 번뇌를 다한 것이다. '끝내 범행의 모든 끝을 증득한다'란 세 번째로서, 유학으로서 행하는 범행을 뛰어넘는 것이니 극에 도달하지 못하기 때문이다. 이제 무학으로 극에 도달한 것이다. '모든 빗장을 푼다'란, 삼계번뇌는 유정을 주저앉혀 벗어나지 못하게 하니, 비유하면 마치 빗장과 같다. 무학은 이를 여의니 곧 네 번째다. 又於爾時至極究竟已下重明羅漢勝德 … 有三十二法 至極究竟者 以到無學果故 此卽第一勝 畢竟無垢者 是第二 羅漢斷三界惑盡也 畢竟證得梵行邊際者 是第三 謂超有學行梵行者 由未到極 今無學到邊也 離諸關鍵者 三界煩惱 留住有情 不令出離 猶如關鍵 無學離之 卽第四也"라고 하였다. [참고문헌]『集異門足論』,『瑜伽師地論』,『瑜伽論記』. ⇨ 구경 究竟

지극성취 至極成就 인명(因明) 용어. 끝에 이르러 성취하다. 자타(自他)가 의심없이 받아들여 더 나아갈 것이 없게 되다의 뜻으로, 종(宗)을 내세운 이(立論者)와 대론자(對論者)가 함께 받아들여서 세우고 다투던 뜻이 성취되는 곳에 이르렀다는 말이다.『인명입정리론소』 권상(대정장44, p.98a15)에 "극이란 이르름이고, 이룸이란 나아감이다. 그 끝에 이르러 성취한다는 뜻에서 극성이라 한다. 법이 있어 능히 구별하는 것은 다만 이 종이 의지하는 것이지 바로 종은 아니다. 이 종의는 반드시 (입론자와 대론자) 양자가 지극이라 여겨 함께 받아들여야 종의가 설 수 있어서 종체도 비로소 성립한다. 소의(유법과 능별)가 만약 없다면 능의(宗)가 어떻게 성립하겠는가? 이렇기에 종의는 (입론자와 대론자가) 함께 인정해야 한다. 함께 받아들임의 이름이 지극성취다. 뜻이 있음에 도달함이 있기 때문이다. 極者 至也 成者 就也 至極成就 故名極成 有法能別 但是宗依 而非是宗 此依必須兩宗至極 共許成就 爲依義立 宗體方成 所依若無 能依何立 由此宗依 必須共許 共許名爲至極成就 至理有故"라고 하였다. [참고문헌]『因明入正理論疏』. ⇨ 극성 極成, 공허법 共許法, 종의 宗依, 종체 宗體❷

지극지담 至極之談 더할 나위 없는 이야기.『금사자장운간류해』(대정장45, p.664c8)에 "대승종교라 한다: 연하여 일어나니 자성이 없고, 일체 모두 여다. 이것이 대승의 끝내 이르는 이야기이므로 '종'이라 한다. 名大乘終敎 緣起無性 一切皆如 方是大乘至極之談 故名爲終",『능엄경관섭』 권4(卍속장23, p.238a5)에 "성이 정해진 성문과 성이 없는 천제는 성불할 수 없다. 마치 파초의 싹이 씨앗을 내지 못함과 같다. 이제는 모두가 일승의 구경열반에 돌아가 언젠가는 누구나 부처가 된다고 하니, 이래야 대승의 지극한 말씀을 다하는 것이다. 蓋定性聲聞 無性闡提 不得成佛 如蕉芽敗種 今則咸歸一乘 究竟涅槃 悉當作佛 方盡大乘至極之談矣",『경덕전등록』 권23「영안랑전 永安朗傳」(대정장51, p.390b21)에 "'무엇이 더할 나위 없는 이야기인가?' '아끼는 것과 떨어지고 헤어지는 고통이다'. 問 如何是至極之譚 師曰 愛別離苦",『화엄원인론발미록』 권3(卍속장104, p.208a5)에 "지극한 교란 불교의 극치를 드러내는 말로서 화엄을 가리킨다. 至教者 佛教至極之談 卽指華嚴也"라고 하였다. [참고문헌]『金師子章雲間類解』,『楞嚴經貫攝』,『景德傳燈錄』,『華嚴原人論發微錄』. ⇨ 지교 至教

지극처 至極處 불환과(不還果)의 별명. 욕계로 돌아오지 않는 마지막 처의 뜻이다.『유가론기』 권8상(대정장42, p.483b20·한불전13, p.638a1)에 "(聲聞四果 중) 세 번째 무리에 속한 사람은 처음의 세 가지 과로 부처님의 출세를 맞아 독각으로 바뀌어 더 이상 범부가 아니다. 그러므로 불환과를 지극처라 한다. 其第三人 初之三果 值佛出世 轉成獨覺 非是異生 故不還果 名至極處"라고 하였다. [참고문헌]『瑜伽論記』. ⇨ 불환과 不還果

지근 志勤 ❶ 당대 스님. 복건성(福建省) 장계(長溪) 출신. 복주(福州) 영운산(靈雲山)에 주석하였다. 장경대안(長慶大安 793~883)의 법을 잇고 위산영우(潙山靈祐 771~853) 문하에서 복숭아꽃을 보고 도를 깨달은 일화로 유명하다. 이를 선문에서는 견도명심(見桃明心)이라 하여 절기의 풍경 따라 깨우친(見色明心) 대표적인 예로 거론한다. 이것은 시절인연을 마주해 전향하는 조사선 특유의 선법을 정착시키는 데 지대한 영향을 주었다.『경덕전등록』 권11「영운지근전」(대정장51, p.285a27)에 따르면, 위산은 영운이 복숭아꽃을 보고 깨우친 경계를 읊은 도화게(桃華偈)를 감정하고 부계(符契)를 건네면서 "연을 좇아 깨우쳐 자유로우니 영원히 물러나 헤메일 일 없을 것이니 잘 지켜 가질 뿐이다. 從緣悟達 永無退失 善自護持"라고 인가해 주었다. [참고문헌] 『景德傳燈錄』, 『祖堂集』 권19(고려장45, p.353a4), 『五燈會元』 권4(卍속장138, p.153b7), 『五燈嚴統』 권4(卍속장139, p.233a16). ⇨ 견색문성 見色聞聲, 도화게 桃華偈, 영운도화 靈雲桃花 **2** 조선후기 스님. 호는 원응(圓應). 임성충언(任性冲彦 1567~1638)의 제자이다. 『서역중화해동불조원류』(한불전10, p.122a5)에 "원응지근〈성은 국씨. 고산 출신. 처음부터 마음이 하는 대로 선교를 섭렵하고 후에 진묵대사를 따라서 의심나고 어려운 것을 물어 해결하였다. 만년에 홀연히 선적에 들었더니 하루는 시자에게 명하여 목욕하고 앉은 채로 입적하였다. 다비하는 날 문인들이 영골을 거두어서 북진사에 탑을 세웠다〉. 圓應志勤〈姓鞠氏 高山人 初從任性 涉獵禪敎 後隨震默大師 問疑決難 晩年兀入禪寂 一日命侍者 浴身坐化 茶毗之日 門人等 收得靈骨 立塔于北辰寺〉"라고 하였다. 제자로는 추계유문(秋溪有文 1614~1689)이 있다. [참고문헌] 『西域中華海東佛祖源流』. ⇨ 충언 冲彦

지근 知根 Ⓢ buddhi-indriya, buddhi-indriyāṇi. 상키야(Ⓢ Sāṃkhya : 數論)에서 상정한 이십오제(二十五諦) 중 오지근(五知根). 『금칠십론』 권중(대정장54, p.1251c13)에 "귀·몸·눈·혀·코 이 다섯을 지근이라고 했는데, 어떤 이유에서 근이라 하는가? 이 다섯 가지는 소리색 등을 취할 수 있기에 지근이라 이름한다. … 지근은 능히 경을 비춘다. 耳皮眼舌鼻 此五名知根者 云何說名根 此五能取聲色等故 說名知根 … 知根能照境"라고 하였다. [참고문헌] 『金七十論』, *Sāmkhy-k.30.* ⇨ 이십오제 二十五諦, 오지근 五知根, 근 根**1**

지금강 持金剛 Ⓢ Vajradhara. 밀교 금강부(金剛部)의 보살. 파괴할 수 없는 금강처럼 견고한 지혜를 가진 보살을 말한다. 『대일경』 권1(대정장18, p.7b14)에 "다시 서쪽으로 와서 헤아릴 수 없이 많은 지금강을 그린다. 갖가지 금강인은 형태와 색깔이 각각 다르고, 원만한 광명을 널리 비추는데 모든 중생을 위함이다. 次往西方畫 無量持金剛 種種金剛印 形色各差別 普放圓滿光 爲諸衆生故", 『대일경소』 권1(대정장39, p.580b9)에 "범어로 벌절라다라(Vajradhara)라고 한다. 벌절라는 금강저이고, 다라는 집지한다는 뜻이다. 그러므로 구역에서는 집금강이라고 하였고 지금은 지금강이라고 한다. 깊고 얕은 두 가지 해석을 겸하는데 뜻에서 수승함의 차이가 있다. 그러므로 글의 편의에 따라 교대로 사용한다. 만약 세제의 일반적인 표현에 의하면 생신의 부처에게 항상 오백집금강신이 곁에서 따르며 호위한다. 그러나 밀교의 비밀한 뜻에 의하면 벌절라는 여래금강지인이다. 이와 같은 지인은 그 수가 무량하고 이것을 지닐 수 있는 이 역시 끝없이 많다. 왜 그러한가? 심왕이 머무는 자리에는 반드시 모래알처럼 무수하게 많은 심수가 있어서 권속으로 삼기 때문이다. 지금 심왕인 비로자나가 저절로 깨달을 때 일체의 심수가 금강계에 들어가 여래 내증의 공덕과 같은 차별지인을 이룬다. 이와 같은 지인은 오직 부처님만이 능히 지닐 수 있다. 보리의 뜻에 의하면 무량하고 무변한 금강지인이

지금강벽화 키질석굴 6세기

있고, 불타의 뜻에 의하면 무량하고 무변한 지금강자가 있다. 梵云伐折羅陀羅 此伐折羅 卽是金剛杵 陀羅是執持義 故舊譯云執金剛 今謂持金剛 兼得深淺二釋 於義爲勝 故隨文便互爲其辭 若世諦常途所表 則云生身佛 常有五百執金剛神 翌從侍衛 然此宗密意 伐折羅是如來金剛智印 如是智印 其數無量 能持此者 亦復無邊 所以然者 心王所住之處 必有塵沙心數 以爲眷屬 今者心王毘盧遮那 成自然覺 爾時一切心數 無不卽入金剛界中 成如來內證功德差別智印 如是智印 唯佛與佛 乃能持之 約菩提義 卽有無量無邊金剛印 約佛陀義 卽有無量無邊持金剛者", 같은 책 권12(대정장39, p.704b29)에 "금강은 여래의 비밀한 지혜를 비유한다. 금강에게는 그것을 파괴할만한 것이 없지만 그것은 능히 만물을 파괴할 수 있다. 이 지혜 역시 그러하다. 어떠한 것에 의해서도 파괴되지 않지만 모든 것을 꺾어버릴 수 있다. 부수기 어려운 것을 부술 수 있다는 것은 삼독의 근본을 말한 것이다. 그리고 이 보살의 신체는 금강의 몸이니 시방세계의 일체제불이 함께 여래금강지인을 그의 손에 주었다. 그러므로 지금강이라 한다. 金剛喩如來祕密慧也 金剛無有法能破壞之者 而能破壞萬物 此智慧亦爾 不爲一切之所破壞 而能摧壞一切能壞難壞者 所謂三毒根本也 復次此菩薩身 卽是金剛之體 而十方一切佛 同以如來金剛智印 授其手中 故名持金剛也"라고 하였다. [참고문헌] 『大日經』, 『大日經疏』, *Guhy-s.7·13.* ⇨ 금강살타 金剛薩埵, 대길상금강 大吉祥金剛, 벌절라다라 伐折羅陀羅

지금강리보살 持金剛利菩薩 Ⓢ Vajrāgradhara. 태장계만다라 금강수원(金剛手院)에 위치하는 보살. 밀호는 무이어금강(無異語金剛) 또는 반야금강(般若金剛), 삼매야형은 독고저(獨股杵)이고 종자는 훔(ཧཱུྃ hūṃ)이다. 몸은 붉은 색으로 천의를 입었으며 왼손으로 독고저를

들고 오른쪽 무릎을 세운 채 연화좌에 앉은 모습이다. 진언은 일체지금강진언(一切持金剛眞言)이다. 주무희론보살(住無戲論菩薩 Ⓢ Aprapañcavihāri)이라고도 한다. 『대일경』「비밀만다라품」의 신리보살(迅利菩薩)에 해당한다. 『태장금강교법명호』(대정장18, p.204b15)에 “남쪽 세 번째 겹에서 서쪽으로 첫 번째에 지금강리보살이 있다〈밀호는 반야금강〉. 南面第三重 從西第一 持金剛利菩薩〈般若金剛〉”라고 하였다. ［참고문헌］『胎藏金剛教法名號』, 『曼荼羅図典』(大法輪閣, 2002). ⇨ 주무희론집금강 住無戲論執金剛

지금강보살 持金剛菩薩 Ⓢ Vajradhara. 태장만다라(胎藏曼荼羅) 금강부원(金剛部院)에 속하는 제존(諸尊). 구역어는 집금강(執金剛)이다. 금강은 여래의 지인(智印)이며, 여래의 지(智)를 집지(執持)할 수 있으므로 지금강보살이라고 칭한다. 특히 금강살타(金剛薩埵)·금강수(金剛手)·금강권(金剛拳) 등을 지금강보살이라 부른다. ⇨ 지금강 持金剛, 집금강 執金剛

지금강봉보살 持金剛鋒菩薩 Ⓢ Vajrāgradhāri. 밀교 태장만다라(胎藏曼荼羅) 금강수원(金剛手院)에 위치한 보살. 밀호는 신리금강(迅利金剛), 삼매야형은 일고극(一鈷戟), 종자는 hūṃ(hūṃ), 수인은 지지인(持地印), 진언은 『대일경』 권2(대정장18, p.14c4)에 따르면 “남마 사만다벌절라난 살바달마니리베달니 벌절라소지 바라니 사바하

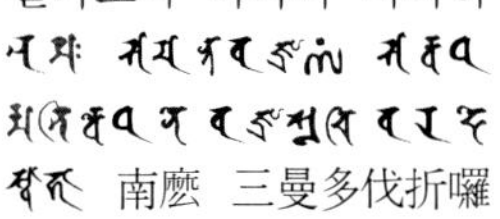

南麽 三曼多伐折囉赧 薩婆達麽儞唎吠達儞 伐折囉素旨 嚩囉泥 莎訶 namaḥ samantavajrāṇāṃ sarvadharmanirvedhane vajrasūci varade svāhā 두루하신 제금강께 귀의합니다. 일체법을 꿰뚫는 이여! 금강침이여! 서원을 성취하는 이여! 스바하”이다. 형상은 붉은색 몸으로 왼손은 주먹을 쥐고 바닥을 위로 향한 채 배꼽 근처에 두고 오른손은 창을 세워서 든 모습이다. 금강봉은 예리한 창을 말하는데 지혜로 번뇌를 관통하는 공덕을 나타낸다. 『태장금강교법명호』(대정장18, p.204b2)에 “지금강봉보살〈밀호는 신리금강〉. 持金剛鋒菩薩〈迅利金剛〉”라고 하였다. ［참고문헌］『大日經』, 『胎藏金剛教法名號』, 『曼荼羅図典』(大法輪閣, 2002).

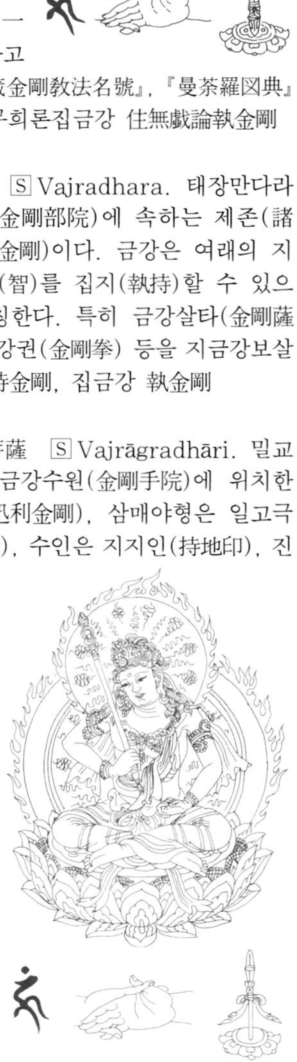

지금강자 持金剛者 Ⓢ Vajradhara. 금강과 같은 지혜를 지닌 보살. 금강살타(金剛薩埵)·지금강(持金剛)·집금강(執金剛)을 말한다. 『대일경』 권1(대정장18, p.1a9)에 “이와 같이 나는 들었다. ‘한 때 박가범께서 여래께서 가지력하신 광대금강법계궁에 머무실 때, 금강과 같은 지혜를 가진 일체보살들이 모두 모였다’. 如是我聞 一時薄伽梵 住如來加持廣大金剛法界宮 一切持金剛者 皆悉集會”, 같은 책 권3(대정장18, p.22b16)에 “이때 비로자나세존께서 제불이 본래 생멸이 없으심을 알아차리고 자신과 더불어 금강과 같은 지혜를 가진 보살을 가지하시며 금강수 등 상수인 집금강에게 말씀 하셨다. ‘선남자야! 잘 들어라. 「전자륜만다라행품」의 진언문을 수행하는 제보살들은 불사를 행하며 자신의 몸을 널리 나툴 수 있다’. 時 毘盧遮那世尊 尋念諸佛 本初不生 加持自身及與持金剛者 告金剛手等上首執金剛言 善男子諦聽 轉字輪漫荼羅行品 眞言門修行諸菩薩 能作佛事 普現其身”, 『아사리대만다라관정의궤』(대정장18, p.192a7)에 “이와 같이 닦는 이라면 일체여래께서 그대들 능히 부처님의 은혜에 보답할 수 있음을 아신다. 그러므로 그대들 언제 어디서나 금강과 같은 지혜를 가진 일체보살의 호위를 받아 안락하게 하신다. 若能如是修者 一切如來皆悉知汝能報佛恩 是故於一切時處 一切持金剛者之所衛護令汝安樂”라고 하였다. ［참고문헌］『大日經』, 『阿闍梨大曼荼羅灌頂儀軌』, *Guhy-s.7·13.*, *Śikṣ.140.* ⇨ 지금강 持金剛, 금강살타 金剛薩埵

지금강중 持金剛衆 금강법구(金剛法具)를 지닌 무리. 밀교의 작법에서 대아사리 곁에서 금강저(金剛杵)·금강령(金剛鈴)·금강륜보(金剛輪寶)·삼고저(三鈷杵)·독고저(獨股杵) 등을 들고 시위하는 무리를 말한다. 『대일경』 권1(대정장18, p.1a20)에 “이와 같은 보살들을 시작으로 하여 시방 불국토의 수많은 금강법구를 지닌 대중 및 보현보살·자씨보살·묘길상보살·제일체개장보살 등 여러 대보살이 앞뒤에서 둘러싸고 법을 연설한다. 如是上首 十佛刹微塵數等持金剛衆俱 及普賢菩薩 慈氏菩薩 妙吉祥菩薩 除一切蓋障菩薩等諸大菩薩 前後圍繞而演說法”, 『대비로자나공양차제법소』(대정장39, p.796a23)에 “제삼삼매야로써 이 살아있는 몸이 모두 금강이 되어 수많은 금강법구를 지닌 수많은 대중과 함께

둘러싸게 한다. 以第三三昧耶故 令此生身 皆作金剛 與無量持金剛衆而自圍"라고 하였다. [참고문헌]『大日經』, 『大毘盧遮那供養次第法疏』.

지금강혜자 持金剛慧者 금강과 같은 지혜를 가진 이들. 금강살타(金剛薩埵)·지금강자(持金剛者)·집금강(執金剛)들을 말한다. 『대일경』 권1(대정장18, p.7a23)에 "다음으로 화대 바깥쪽 대일여래 오른편에 일체원을 만족시키는 지금강혜자가 있다. 발잉우화(Ⓟ Priyaṅgu)의 색 또는 녹색 보배와 같고 머리에는 갖가지 보배가 달린 관을 쓰고 영락으로 몸을 장엄하였다. 사이사이에 교차하는 장식이 헤아릴 수 없이 많으며 왼손에는 금강저를 들었고 주위에는 둥글게 불꽃이 타오른다. 復次華臺表 大日之右方 能滿一切願 持金剛慧者 鉢孕遇華色 或復如綠寶 首戴衆寶冠 瓔珞莊嚴身 間錯互嚴飾 廣多數無量 左執跋折羅 周環起光焰", 『대일경의석연밀초』 권8(卍속장37, p.188b3)에 "이 진언행자는 이미 청정육근을 얻어 마쳤다. 그러므로 유가경계중에서 헤아릴 수 없이 많은 지금강혜자를 본다. 금강혜란 금강부에 속한 무량한 집금강보살들이다. 彼眞言行者 已得淸淨六根故 於瑜伽境界中 見無量持金剛慧者 金剛慧者 卽是金剛部中 無量執金剛衆"라고 하였다. [참고문헌]『大日經』, 『大日經義釋演密鈔』. ⇨ 지금강자 持金剛者

지급 智及 1311~1378. 원대 임제종 선사. 자는 이중(以中), 호는 우암(愚菴) 또는 서록(西麓), 속성은 고(顧)씨. 강소성(江蘇省) 오현(吳縣) 출신. 해운원(海雲院)에 동진출가 하여 내외의 전적을 열람하였고 구족계를 받은 이후에 화엄을 익혔다. 금릉(金陵) 대용상집경사(大龍翔集慶寺) 소은대흔(笑隱大訢)선사 문하에 있다가 경산(徑山) 적조행단(寂照行端)선사를 뵙고 아울러 그 법을 이었다. 이후 절강(浙江)에 융교선사(隆敎禪寺)를 개당(開堂)하고 법을 펼쳤다. 보자선사(普慈禪寺)·정자보은선사(淨慈報恩禪寺) 등에 머물렀다. 1373년(홍무7)에 경사(京師)에 불러들인 열 명의 사문 중 상수(上首)가 되었다. 1387년(홍무11)에 세수 68세로 입적하였고 명변정종광혜선사(明辨正宗廣慧禪師)로 시호되었다. 『우암지급선사어록 愚菴智及禪師語錄』 10권이 전한다. 송렴(宋濂)이 찬한 「탑명 塔銘」이 어록 말미에 부가되어 있다. [참고문헌]『五燈會元續略』 권2(卍속장138, p.915b6), 『五燈全書』 권55(卍속장141, p.185a8). ⇨ 우암화상어록 愚菴和尙語錄

지기 地祇 땅에 의지한 신. 땅을 적셔 비옥하게 한다. 『육도집경』 권2(대정장3, p.9c5)에 "태자 빛과 향기로 가득하였으니, 팔방에서 모두 감탄하며 아름답다 하였고, 높고 높아 멀리까지 비추었다. 저 태산 같았으니, 천신이나 지신인들 그 누가 매우 기뻐하지 않았으랴! 太子光馨 八方歎懿 巍巍遠照 有如太山 天神地祇 孰不甚喜", 『금광명경현의』 권상(대정장39, p.1a24)에 "하늘들이 덮기에 하늘이 위엄있고, 지신이 적시기에 땅이 살찐다. 諸天 覆之以天威 地祇 潤之以地肥", 『어제간마변이록』 권7(卍속장114, p.476b10)에 "몸을 감추고 변화함이 천신과 지신 같아, 신통하다 하지만 섬길 일은 아니다. 隱身變化 同於天神地祇 是神通也 非宗也"라고 하였다. [참고문헌]『六度集經』, 『金光明經玄義』, 『御製揀魔辨異錄』, 『禪林疏語考證』 권2(卍속장112, p.833b14).

지기 志氣 의지와 기개. 마음을 굳게 하여 움직이는 뜻이다. 『신모희수경』 권하(대정장17, p.599c19)에 "의지와 기가 장성하여 마음이나 몸이나 모두 온전하다. 志氣壯盛 心力具全", 『화엄경소』 권33(대정장35, p.758b21)에 "가령 왕세자가 비록 의보와 정보에 뛰어났더라도, 의지와 기가 서지 못하면 하는 일마다 성취하지 못한다. 이제라도 뜻과 기 선다면 반드시 왕위를 계승할 수 있으니, 상사법을 성취한다고 한다. 如世王子 雖依正精勝 志氣不立 所作不成 今志氣成立 決定紹位 名成就相似法", 『대반열반경집해』 권36(대정장37, p.495c17)에 "애욕에 물들어 움직이는 사람은 지기가 들뜨고 약하니 틀림없이 둔근이다. 若愛行之人 志氣浮弱 必是鈍根", 『벽암록』 1칙 「송 頌」(대정장48, p.141a5)에 "나라의 모든 사람이 쫓아가더라도 다시는 돌아오지 않으리라 〈쓸데없이 또 한마디 붙이는군. 쫓은들 무엇하랴? 어디에 있는가? 대장부의 기개는 어디에 있단 말인가!〉 闔國人追不再來〈兩重公案 用追作麽 在什麽處 大丈夫志氣何在〉", 『담연원징어록』 권8 「산거잡영 山居雜咏」(卍속장126, p.304a7)에 "장부의 기개는 허공을 가득 채울 정도지만, 약간의 운신만 있더라도 가만있느니만 못하다네. 丈夫志氣欲冲虛 纔有施爲便不如"라고 하였다. [참고문헌]『身毛喜豎經』, 『華嚴經疏』, 『大般涅槃經集解』, 『碧巖錄』, 『湛然圓澄語錄』, 『俱舍論記』 권3(대정장41, p.56c29).

지기 知己 **1** Ⓟ attānaṃ jānāti. 자기와 자기가 알고 행하는 것에 대해 스스로 아는 것 『중아함경』 권1 「선법경 善法經」(대정장1, p.421b17)에 "무엇이 비구가 자기를 아는 것인가? 비구가 스스로 '나에게는 이러한 믿음·계·들음·보시·지혜·변재·아함과 얻은 것 등이 있다'라고 아는 것이다. 이것을 비구가 자기를 아는 것이라고 한다. 만약 비구가 자기에 대해 알지 못하면, 곧 스스로 '나에게는 이러한 믿음·계·들음·보시·지혜·변재·아함과 얻은 것 등이 있다'라는 것을 모르니, 이와 같은 비구가 자기에 대해 모르는 것이다. 云何比丘爲知己耶 謂比丘自知 我有爾所信 戒聞施慧辯 阿含及所得 是謂比丘 爲知己也 若有比丘 不知己者 謂不自知 我

有爾所信 戒聞施慧辯 阿含及所得 如是比丘 爲不知己", 『구사론』 권3 「분별근품 分別根品」(대정장29, p.15a7)에 "무학도에서는 자기와 자기가 이미 알고 있음을 알기에 지(知)라고 하는 것이다. 이러한 지가 있어 지를 갖추었다고 한다. 혹은 이러한 지를 수습하여 이미 자성으로 성취했기에 구지라고 한다. 在無學道 知己已知 故名爲知 有此知者 名爲具知 或習此知 已成性者 名爲具知"라고 하였다. 〔참고문헌〕『中阿含經』, 『俱舍論』, *AN.4.114.* **2** 자기를 알아주는 이. 지음(知音)과 같은 뜻이다. 『황룡혜남어록』(대정장47, p.632a25)에 "황룡이 법좌에 올라 들기를 '엄양존자가 조주에게 묻기를 「한 물건도 가져오지 못할 때는 어떻습니까?」 「내려놓으십시오」 「이미 한 물건 가져온 일 없는데 무엇을 내려놓겠습니까?」 「짊어지고 가십시오」. 존자가 그 한마디에 깨달은 것이 있었다'. 황룡이 게송을 읊었다. '한 물건 가져오지 못했으니 어깨에 짊어지고는 일어서지 못했네. 한마디에 문득 잘못되었음 알았으니, 마음속 한량없이 흐뭇하네. 독도 악도 이미 품은 줄 잊었으니 뱀도 호랑이도 나를 알아 준다네. 빛과 그늘 몇 백년이라 한들, 맑은 바람 그칠 줄 모르지 않던가'. 주장자로 선상을 내리쳤다. 上堂 擧嚴陽尊者問趙州 一物不將來時如何 州云 放下著 尊者云 旣是一物不將來 放下箇什麽 州云 擔取去 尊者言下有省 師頌云 一物不將來 肩頭擔不起 言下忽知非 心中無限喜 毒惡旣忘懷 蛇虎爲知己 光陰幾百年 淸風猶未已 以拄杖卓禪床 下座"라고 하였다. 〔참고문헌〕『黃龍慧南語錄』, 『五祖法演語錄』 권상(대정장47, p.655a19), 『大慧語錄』 권10(대정장47, p.854b5). ⇨ 지음 知音

지기론 止記論 Ⓢ sthāpanīya, avyākṛta-vastu, Ⓣ gzhag-pa, lung-du-ma-bstan-pa'i-dngos-po. 정해 말하고 논란함을 그치다. 답할 수 없는 물음에 바로 그쳐 더이상 논쟁하지 않는 것이다. 사기답(四記答) 중 하나로 사치기(捨置記)·묵치기(默置記)·치답(置答)이라고도 한다. 『잡아비담심론』 권1(대정장28, p.874c22)에 "지기론이란, 어떤 이가 묻기를 '오음과 중생은 다른가 같은가?' 하면 마땅히 바로 그친다. 왜 그런가? 타당하지 않기 때문이다. 비유하면 어떤 이가 묻기를 '석녀의 아이는 공경을 잘 하는가?'라고 묻는 것과 같다. 석녀에게는 아이가 있을 수 없는데, 어떻게 공경을 잘하는지 않은지 답할 수 있겠는가? 이와 같이 음은 있지만 중생이라는 것은 없는데, 어떻게 같고 다름이 있을 수 있겠는가? 합당하지 않기에 답하지 않는 것이다. … 지기론이란, 가령 어떤 이가 '세상은 끝이 있는가 끝이 없는가?'라고 묻는다면, 이와 같은 것은 허공에 있는 꽃다발과 같아서 향내나는지 아닌지 정해 말할 수 없는 것과 같다. 이를 지기론이라 한다. 止記論者 若有問 陰與衆生爲異爲同耶 應當止 何以故 以不應故 譬如有問 石女兒善恭敬不 石女無兒 何得答言恭敬不恭敬 如是有陰而無衆生 何得有同異耶 以不應故不答 … 止記論者 若有問言 世有邊耶 世無邊耶 如是等如虛空花鬘 不可記言 香與不香 是名止記論", 『비바사론』 권7(대정장28, p.468b7)에 "지기론이란, 가령 '구담이시여! 어떻게 생각하십니까? 세상은 영원합니까 영원하지 않습니까?'라고 물었을 때, 세존께서 '범지여! 이것에 대해서는 대답할 수 없다'라고 말씀하셨던 것이고, … 또 '세상에 끝이 있습니까 끝이 없습니까? 영혼(命)과 육체(身)은 동일한 것입니까 별개의 것입니까?'라고 물었을 때, 세존께서는 '범지여! 이러한 것들에 대해서는 답할 수 없다'라고 말씀하셨던 것이니, 이를 지기론이라 한다. 어째서 논의를 중단하셨는가? 〔답〕 이러한 논의는 바른 뜻을 향해가는 것도, 법을 향해가는 것도, 지혜를 향해가는 것도, 등각을 향해가는 것도, 열반을 향해가는 것도 아니기에, 이러한 이유로 논의를 중단하신 것이다. 止記論者 若作是問 云何瞿曇 世是常耶 世無常耶 世尊告曰 梵志 此是無記 … 世有邊耶 世無邊耶 是命是身耶 命異身異耶 世尊告曰 梵志 此是無記 是謂止記論 何以故止記論 答曰 此論不趣義不趣法 不趣智 不趣等覺 不趣涅槃 是故止記論"라고 하였다. 〔참고문헌〕『雜阿毘曇心論』, 『鞞婆沙論』, *Laṅk.114.*, *Sūtr.156.* ⇨ 사기답 四記答, 십사무기 十四無記, 사치기 捨置記, 묵치기 默置記, 치답 置答

지길상 智吉祥 Ⓢ Jñānaśrī. 북송대 활동한 인도 출신 역경승(譯經僧). 1053년(황우5) 범본 경전을 가지고 입국하여 자색(紫色) 가사를 하사 받았다. 서하(西夏)에서 온 금총지(金總持)와 함께 『대승지인경 大乘智印經』 5권·『거력장자소문대승경 巨力長者所問大乘經』 3권 등을 한역했다. 칙명으로 법보대사(法寶大師)의 칭호를 받았다. 이후의 자세한 행장은 알려지지 않았다. 〔참고문헌〕『佛祖統紀』 권45(대정장49, p.412c5).

지길상인 智吉祥印 Ⓢ jñānaśrī-mudrā. 석가모니부처님을 공양하는 작법에서의 근본인. 석가설법인(釋迦說法印)·길상인(吉祥印)·지수길상인(智手吉祥印)·지수결길상인(智手結吉祥印)·근본비로자나화신인(根本毘盧遮那化身印)이라고도 한다. 지(智)를 뜻하는 오른손의 엄지와 무명지를 붙이고 나머지 세 손가락을 펼친다. 또는 양손의 중지와 엄지를 붙이고 왼손은 아래에서 위를 향하게 하며 오른손은 위에서 아래를 향하되 서로 붙지 않게 하기도 한다. 진언은 '옴 사르바 시케 비슛다라데 스바하 Oṃ sarva sike viśudharade svāhā'다. 『대일경』 권5(대정장18, p.32c17)에 "엄지와 무명지를 붙이면 이것을 길

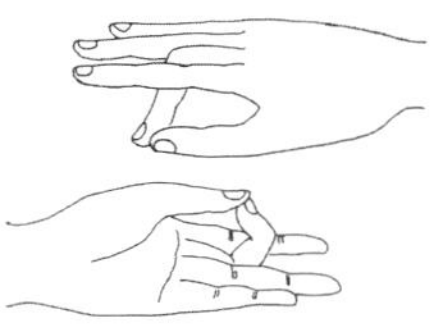

상인이라 한다. 空水輪相持 是謂吉祥印", 『석가문니불금강일승수행의궤법품』(대정장19, p.87a25)에 "먼저 만다라를 그린다. 중앙에 석가모니상을 그리는데 금색 신체에 삼십이상을 갖추었으며 가사를 입고 응신의 모습으로 설법하는 모습이다. 오른손은 길상인이고 왼손은 위를 향해 배꼽 앞에 둔다. 先作曼荼羅 其中央畫釋迦牟曩像 金色之身具四八相 被服袈裟應身說法相 智手吉祥印理手向上置齊前", 『대일경소연오초』 권14(대정장59, p.157c2)에 "석가설법인은 지길상인이라고도 한다. 釋迦說法印 亦名智吉祥印", 『비초』 권1(대정장78, p.487c2)에서는 석가법(釋迦法)을 설명하면서 그 지길상인을 다르게 설명한다 "근본인〈지길상인이라 한다〉. 양 손의 다섯 손가락을 펼치고 중지를 구부리고 엄지로 중지 끝을 누른다. 양손으로 이 수인을 만들고 위에는 오른손으로 덮고 아래는 왼손으로 위를 향하되 양손의 인계가 서로 닿지 않아야 한다. 根本印〈名之智吉祥印〉 二手舒五指 屈中指以大指押中指甲 二羽作此印 上石而覆之 下左而仰之 兩印勿相著"라고 하였다. [참고문헌] 『大日經』, 『釋迦文尼佛金剛一乘修行儀軌法品』, 『大日經疏演奧鈔』, 『祕鈔』.

지길상현 智吉祥賢 Ⓢ Jñānaśrībhadra, Ⓣ ye-shes-dpal-bzang-po. 티베트대장경에 수록되어 있는 *Ārya-laṅkāvatāra-vṛtti*(入楞伽經註)의 저자. 법칭(法稱)의 게송에 의지한 주석이기에 법칭이후의 인물이다. 또한 *Sūtrālaṃkāra-piṇḍārtha*(莊嚴經論總義)를 지은 지길상(智吉祥)으로 추정하기도 한다. 『입능가경주』는 다양한 자료와 학설을 이끌어 남기고 있어 인도사상사와 불교교리사에 중요한 문헌으로 평가되며, 특히 의정(義淨)의 『남해기귀내법전 南海寄歸內法傳』과 비교하여 의정이 인도에 갔을 때의 부파(部派)정황을 파악하는 데서도 귀중한 자료로 인정된다. [참고문헌] 山口益 『山口益仏教學文集』 권1(春秋社, 1972) pp.215~232.

지나 支那 Ⓢ Cīna의 음사어. 중국인 차이나(China)라고 이르는 아시아 대륙의 동부 지역. 황하강(黃河江)·양자강(揚子江)·주강(珠江) 유역을 통할하는 광대한 지역명이지, 나라 이름은 아니다. 어원에 대해서는 갖가지 이설이 있지만 진(秦)의 이름이 그 주변 부족 사이에 알려지면서 지나(Ⓢ Cīna)·신(Ⓢ Sin)·씬(Ⓢ Thin) 등으로 서쪽에 전해졌다는 견해가 가장 유력하다. 다만 진은 짧은 기간에 멸망하였기에 그 존립 시기에 나라 이름이 널리 주변국에 전파되지는 않았겠지만, 그 영향은 한대(漢代)에 이르기까지도 지속되어 주변 이민족은 중국을 진이라 불렀고 그 나라 사람은 진인이라 하였기에 진한 양대에 걸쳐 진이라는 이름이 널리 전파되었으리라고 추정한다. 따라서 이것은 중국 안에서 일어난 이름이 아니라, 주로 중국 밖에서 쓰는 말로 알려져 있다. 한역삼장에서 지나는 지나(脂那·至那)·사나(斯那) 등으로도 음사되고, 그 밖에 진단(眞丹·振旦·震旦)·진나(眞那)·지난(指難·脂難)·전단(栴丹) 등이라고도 한다. 이들이 비록 음사어이기는 하지만 음사한 한자에 의미를 부여한 경우도 있다. 『불조통기』 권43(대정장49, p.398c9)에 "듣자하니 지나국〈서축에서 대당을 가리켜 지나라 한다. 여기서는 옛날 표현 그대로 따라서 그렇게 부른다〉에 대천자가 있다고 합니다. 伏聞支那國〈西竺指大唐爲支那 今因舊以爲稱也〉 有大天子", 『번역명의집』 권3(대정장54, p.1098b18)에 '지나에 대하여 파사에 두 가지 음사가 있다. 하나는 지나로 문물국이라 한역한다. 곧 이 지방이 의관과 문물이 뛰어난 지역이라는 찬미이다. 다른 하나는 지난으로 변비라 한역한다. 이 지방이 중심에 자리 잡는 나라가 아니라는 뜻으로 깎아내리는 말이다. 脂那 婆沙二音 一云 支那 此云文物國 卽讚美此方 是衣冠文物之地也 二云 指難 此云邊鄙 卽貶挫此方 非中國也", 『일체경음의』 권72(대정장54, p.777a12)에 "구역에 한국이라 하였고, 경에서는 지나라고도 하지만, 오늘날은 지나라 한다. 이 말에 대한 바른 한역은 없으며, 다만 '신주를 다 아울러 부르는 이름이다'라고 한다. 舊譯云漢國 經中亦作脂那 今作支那 比無正翻 直云神州之摠名", 『대당서역기』 권5(대정장51, p.894c25)에 "계일왕(戒日王)이 '대당국은 어느 곳에 있소? 빠른 길로 닿으면 이곳에서 거리가 얼마나 됩니까?'라고 묻자 현장이 대답했다. '이곳에서 동북쪽으로 수만여 리 떨어져 있습니다. 인도에서 말하는 마하지나국이 그 나라입니다'. 王曰 大唐國在何方 徑途所亘 去斯遠近 對曰 當此東北 數萬餘里 印度所謂 摩訶至那國 是也"라고 하였다. [참고문헌] 『佛祖統紀』, 『翻譯名義集』, 『一切經音義』, 『大唐西域記』. ⇨ 사유국 思惟國

지나 耆那 ❶ Ⓢ Jina의 음사어, Ⓣ rgyal-ba. 승자(勝者)의 뜻으로 부처님에 대한 존칭이다. 『불본행집경』 권1(대정장3, p.655a10)에 "그때 여래께서는 부처행에 머무시어 다시는 번뇌가 일어나는 일이 없었기에 지나로 불리셨다. 일체지를 증득했고 일체지를 행했으며 일체지를 알았고, 하늘행에 머물고 범행에 머물며 성행에 머무셨기에 마음에 자재를 얻으셨다. 爾時 如來住於佛行 無復煩惱 故名耆那 得一切智 行一切智 知一切智 住於天行 住於梵行 住於聖行 心得自在", 『일체경음의』 권56(대정장54, p.678b5)에 "지나〈시나(視那) 또는 지나(嗜那)라고도 한다. 한역하면 승(勝)이니 가장 뛰어난 이를 말하는 것이다〉. 耆那〈或言視那 或作嗜那 此譯云勝 言最勝也〉"라고 하였다. [참고문헌] 『佛本行集經』, 『一切經音義』, *Mvyut.1.* ❷ ➡ 자이나교 Jainism

지나니 至那你 Ⓢ cīnānī의 음사어. 중국에서 가져온

지동획서 指東劃西 동쪽을 가리키면서 서쪽에다 그린다는 말. 이렇게 말하고 저렇게 가리킨다 한들 딱 들어맞는 낙처(落處)일 수는 없다는 뜻이다. 지동작서(指東作西)라고도 한다. 『임제어록』(고존숙어록4, 卍속장118, p.201b4)에 "대덕이여! 평하여 떳떳하고자 하는가? 짓지도 따라하지도 마라. 좋고 나쁨도 알지 못하는 한 무리의 대머리들, 문득 귀를 보고 신을 보고는 동을 가리켜 서에다 그리고 맑은 날도 좋다 하고 비 오는 날도 좋다 한다. 이와 같은 무리는 모조리 빚을 받아내야 하니, 염라대왕 앞에서 불에 달군 쇠구슬을 목구멍으로 삼키는 날이 있을 것이다. 大德 且要平常 莫作模樣 有一般不識好惡禿奴 便卽見神見鬼 指東劃西 好晴好雨 如是之流 盡須抵債 向閻老前呑熱鐵丸有日", 『벽암록』 4칙 「수시 垂示」(대정장48, p.143b1)에 "맑은 하늘 밝은 날에 동을 가리켜 서에 그려서는 안 된다. 시절인연 또한 병에 맞게 약을 주는 것이다. 靑天白日 不可更指東劃西 時節因緣 亦須應病與藥", 『오조법연어록』 권하(대정장47, p.665a16)에 "법연선사가 말했다. '그대는 어디를 오가는가?' 학인이 동반을 가리키며 말했다. '이 직세는 이렇게 깜깜합니다'. 다시 서반을 가리키며 말했다. '이 지객은 이렇게 뚱뚱합니다' '동을 가리키면서 서쪽에 긋지 말라'. 학인이 좌구로 한 획 그으며 말했다. '이것을 동이나 서라고 불러서야 되겠습니까'. 師云 爾向甚麽處去來 僧指東畔云 這箇直歲得恁麽黑 又指西畔云 這箇知客得恁麽肥 師云 不得指東劃西 僧以坐具一劃云 者箇不可喚作東西也"라고 하였다. [참고문헌] 『臨濟語錄』, 『碧巖錄』, 『五祖法演語錄』.

지두유안 指頭有眼 손가락에 눈이 달렸다는 말. 『벽암록』 42칙 「본칙 本則」(대정장48, p.179b15)에 "방거사가 약산에게 작별인사를 했다〈이 노인네가 이상한 짓을 한다〉. 약산이 열 명의 선객을 문 앞에까지 보내어 전송하게 했다〈그래도 그를 가볍게 대하지 않았다. 이것은 무슨 경계인가? 반드시 실마리를 알아볼 수 있는 납승이라야 한다〉. 거사가 허공의 눈을 가리키며 말했다. '좋은 눈 송이송이 다른 곳에 떨어지지 않습니다'〈바람이 없는데 물결을 일으킨 격이다. 손가락에 눈이 달렸다. 이 노인네의 말에 메아리가 있다〉. 擧 龐居士辭藥山〈這老漢作怪也〉 山命十人禪客 相送至門首〈也不輕他 是什麽境界 也須是識端倪底衲僧始得〉 居士指空中雪云 好雪片片不落別處〈無風起浪 指頭有眼 這老漢言中有響〉"라고 하였다. [참고문헌] 『碧巖錄』.

지둔 支遁 314~366. 동진(東晉)대 스님. 자는 도림(道林), 속성은 관(關)씨. 진류(陳留 : 河南省 開封) 출신. 하동(河東) 임려(林慮 : 河南省 安陽) 출신이라고도 전한다. 대대로 불교를 존숭하는 집안에서 태어났다. 일찍 고향을 떠나 강소성(江蘇省) 오현(吳縣) 서북쪽 여항산(余杭山)에 은거하며 『도행반야경 道行般若經』과 『해인삼매경 海印三昧經』을 읽고 그 뜻을 깊이 궁구했다. 스물다섯 살에 출가한 후 강경(講經)으로 이름을 떨쳤으며 왕흡(王洽)·유회(劉惔)·은호(殷浩)·허순(許詢) 등 당시의 명사들과 교유하였다. 백마사(白馬寺)에서 머물 때 유계지(劉系之) 등과 『장자 莊子』「소요유편 逍遙遊篇」을 담론하고 그 주(注)를 지어 유학자들을 탄복시켰다. 건강(建康)의 여러 사찰에서 『도행반야경』과 『유마경』을 강설했으며 후에 오(吳) 지역으로 돌아가서 지산사(支山寺)를 세웠다. 섬(剡) 땅에 들어가려할 때 회계(會稽)에서 왕희지(王羲之)를 만나 「소요유편」의 이치를 말해주었는데 그가 이에 탄복하여 영가사(靈嘉寺)에 머물기를 청하였다. 이후 섬(剡)에 들어가 앙산(仰山) 근처 옥주소령(沃州小嶺)에 절을 짓고 도를 행하였는데 승중(僧衆) 백여 명이 항상 곁을 따르며 배웠다. 후에 석성산(石城山)으로 옮겨 서광사(棲光寺)를 세우고 선관(禪觀)을 닦았다. 이곳에서 수식관(數息觀)과 사선(四禪)에 관한 경전을 주석하고 『즉색유현론 卽色遊玄論』·『성불변지론 聖不辨知論』·『도행지귀 道行旨歸』·『학도계 學道誡』 등을 저술했다. 만년에 산음(山陰)에 나가 『유마경』을 강의했고 진(晉) 애제(哀帝)의 청으로 건강으로 다시 가서 동안사(東安寺)와 와관사(瓦官寺)에 3년간 머물며 경전을 강의했다. 이후 석성산으로 돌아와 366년(태화1) 4월 4일에 세수 53세로 입적했다. 일찍이 『문한집 文翰集』 10권이 있었다고 전하지만 일실되었다. 『소요론 逍遙論』·『묘관장 妙觀章』의 일부와 『대소품대비요초서 大小品對比要鈔序』·『석가문불상찬 釋迦文佛像讚』·『아미타불상찬 阿彌陀佛像讚』·『좌우명 座右銘』 등이 남아있다. [참고문헌] 『梁高僧傳』 권4(대정장50, p.348b8).

지득과불성 至得果佛性 이르러 얻은 과로서의 불성. 삼불성(三佛性 : 三位佛性) 중 하나로 지득불성(至得佛性)·지구경과(至究竟果)라고 한다. 『반야바라밀다심경약소』(대정장33, p.553c12)에 "또한 『불성론』에서 세 가지 불성을 세웠다. … 셋째는 도를 얻은 후의 이름이 지득과불성이니, 불성은 하나일 뿐이지만 위에 나아가 셋으로 나눈다. 又佛性論中 立三種佛性 … 三 道後名至得果佛性 佛性唯一 就位分三", 『대승법계무차별론소』(대정장44, p.68a9)에 "셋째로 가장 청정한 위를 여래라고 한다는 말은, 습기 길이 다하고 복덕과 지혜가 원만하기에 최극정이라 하며, 이 심성 장애로부터 나와서 불과위에 이르렀기에 여래라고 한다. 이는 번뇌 없는 진여이며 또한 이르고 얻은 과로서의 불성이다. 三 最淸淨位 名如來者 習氣永盡 福智圓滿 故云 最極淨也 以此心性 從障出來 至佛果位 名爲如來 此是無垢眞如 亦是至得果佛性", 『대승법원의림장』 권7(대정장45, p.366b14)

에 "저 논서(『불성론』)에서는 또 불성에 셋이 있다고 설한다. … 셋째는 지득과불성으로서 무학위를 말한다. 彼論又說 佛性有三 … 三 至得果佛性 謂無學位", 『화엄공목장』 권2(대정장45, p.549b26)에 "간단하게 설하면 불성에 세 가지가 있으니, … 셋째는 과위를 증득하게 되어 발현되는 불성이다. … 과위를 증득하게 되어 발현되는 불성이라고 했는데, 닦은 인이 만족하여 이르러 얻은 과를 말한다. … 이르러 얻은 과로서의 성이니, 본래의 성이 열매를 맺었으니 지득과라 이름한다. 略說佛性有三種 … 三 至得果佛性 … 至得果性 修因滿足 名至得果 … 至得果性 本性至果 名至得果", 『사교의주휘보보굉기』 권1(卍속장102, p.273b12)에 "삼불성은 다음과 같다. … 셋째 과위를 증득하게 되어 발현되는 불성이란 과위를 증득하여 발현되었다는 뜻이다. 三佛性 … 三 至得果佛性 謂證得果位顯發"라고 하였다. 〔참고문헌〕『般若波羅蜜多心經略疏』, 『大乘法界無差別論疏』, 『大乘法苑義林章』, 『華嚴孔目章』, 『四敎儀註彙補輔宏記』. ⇨ 삼불성 三佛性②, 삼위불성 三位佛性, 자성주불성 自性住佛性, 인출불성 引出佛性, 불성 佛性

지득성 至得性 이르러 얻은 성. 삼종불성(三種佛性) 중 하나로 구경에 얻은 불성. 본유(本有)하는 불성이 수행을 통해 열매를 맺는 뜻으로 성자(聖者) 또는 무구진여(無垢眞如)의 불성을 말한다. 『불성론』 권2(대정장31, p.794a21)에 "삼종불성이란 무엇인가? 응득인에는 세 가지 성이 갖춰져 있으니, 첫째는 주자성성이고 둘째는 인출성이며 셋째는 지득성이다. … 지득성이란 무학성자위다. 三種佛性者 應得因中 具有三性 一 住自性性 二 引出性 三 至得性 … 至得性者 無學聖位", 『현식론』(대정장31, p.882a4)에 "셋째는 자리와 이타의 공덕이다. 오분법신을 갖추고 또 닦는 것이니, 오분법신이 생겨났다는 것은 지득성을 드러내는 것이기 때문이다. 왜냐하면 오분법신이 생겨나는 것은 이 지득성을 바탕으로 하기 때문이다. 三 自利利他德 備修五分身 五分身生則顯至得性故 故五分法身生以此爲性義", 『반약심경약소연주기』 권하(대정장33, p.565c14)에 "자성주불성(自性住佛性 : 응득인)은 잡염이 있는 중생위에서 때묻은 진여를 말하는 것이고, 인출성은 보살위의 염정진여를 말하며, 지득성은 물들지 않은 진여를 말하는 것이다. 自性住佛性者 雜染衆生位中 有垢眞如 引出性 菩薩位 垢淨眞如 至得性 卽無垢眞如", 『현수오교의』 권3(卍속장104, p.47b10)에 "앞서의 인이 두렷해 마치면 여덟 번째 과인 묘각에 이른 것으로서, 두 가지 집착을 일거에 끊고 현행과 종자의 훈습도 다해서 여래구경각을 증하니 지득성이다. 上因圓竟八妙覺 頓斷二執 現種習盡 證如來究竟覺 至得性也"라고 하였다. 〔참고문헌〕『佛性論』, 『顯識論』, 『般若心經略疏連珠記』, 『賢首五敎儀』. ⇨ 삼불성 三佛性②, 응득인 應得因, 인출불성 引出佛性

지득일궐 只得一橛 단지 하나만을 얻었다는 말. 또는 단지 얻었다 해도 하나의 갈뜻일 뿐이라는 말. 『벽암록』 14칙 「평창 評唱」(대정장48, p.155a12)에 "운문이 말한 '대일설'은 무엇과 같은가? 흑룡의 뿔 하나를 부러뜨린 것과 같다. 이곳에 이르러 만약 이러한 일이 없었다면 어찌 이렇게 말할 수 있겠는가? 설두가 한 번에 송으로 말하고 마지막에 '별나고 별나다. 운문이 뿔 하나를 얻었다'라고 하였는데, 어찌하여 온전히 얻었다고 하지 않았을까? 왜 단지 하나만을 얻은 것인가? 말해보라! 다른 하나는 어디에 있는가? 雲門道 對一說似箇什麽 如拗折驪龍一角相似 到這裏若無恁麽事 焉能恁麽說話 雪竇一時頌了 末後却道 別別 韶陽老人得一橛 何不道全得 如何只得一橛 且道 那一橛 在什麽處", 『오등전서』 권76 「학림약무능장 鶴林若無能章」(卍속장141, p.589a1)에 "석가노자도 하나만을 얻었고 동토의 여섯 조사도 하나만을 얻었으며, 천동스님과 나의 스승 역시 이 하나만을 얻었을 뿐이다. 釋迦老子 也只得一橛 東土六祖 也只得一橛 天童師翁 及我本師 也只得一橛"라고 하였다. 〔참고문헌〕『碧巖錄』, 『五燈全書』. ⇨ 대일설 對一說

지라소 枳羅蘇 Ⓢ Kilāsa의 음사. 산 이름. 지라바(枳羅婆)라고도 하며, 백(白)이라 한역한다. 『마하승기율』 권34(대정장22, p.501b10)에 "북방에 지라소라는 이름의 산이 있는데 귀신들이 늘 머물며, 일체귀신들은 그대들 이익을 얻으리니 빨리 돌아오라 한다. 北方有山 名枳羅蘇 鬼神常居中 一切諸鬼神 當護汝等 得利早還", 『번범어』 권9(대정장54, p.1043b13)에 "지라소〈지라바라고 음사하며, 백이라고 한역한다〉. 출전은 『마하승기율』 권34. 枳羅蘇〈應云 枳羅婆 譯曰 白也〉 第三十四卷"라고 하였다. 〔참고문헌〕『摩訶僧祇律』, 『翻梵語』.

지라책가사 低羅磔迦寺 Ⓢ Tiladhāka, Tiladaka Tilaśākya. 고대 인도 마가다국(Ⓢ Magadha)에 있었던 절. 파타리자성(波吒釐子城 Ⓢ Pāṭaliputra : 華氏城) 서남쪽 방향 6~7유순 거리에 위치하였다고 전한다. 『자은전』 권4(대정장50, p.244a4)에서 언급한 지라택가사(低羅擇迦寺)라는 사찰은 이름만 유사한 다른 사찰이며, 『대당서역기』 권8(대정장51, p.913b21)의 제라석가가람(鞮羅釋迦伽藍)이 이 지라책가사와 동일한 절로 보인다. 『자은전』 권3(대정장50, p.236b1)에 "고성(華氏城)의 동남쪽에 굴타아람마(Ⓢ Kurkutārāna)〈한역하여 계원〉승가람의 옛 터가 있는데 무우왕이 조성한 것으로 천이나 되는 스님들 모시고 가사·음식·와구·탕약 네 가지로 공양하던 곳이다. 이와 같은 성스러운 사적을 약 7일간 머무르며 예배하고 둘러보았다. 다시 서남쪽으로 6~7유순을 가서 지라책가사에 당도하였다. 절의 삼장 수십 명이 법사가 당도한다는 말을 듣고 모두 나와서 맞이하여 인도하였다. 故城東南 有屈吒阿濫摩〈唐言鷄園〉僧伽藍故基 無憂王所造 是召千僧 四事供養處 是等聖跡 凡停七日 禮拜方遍 又西南行六七由旬 至低羅磔迦寺 寺有三藏數十人 聞法師至 皆出迎引"라고 하였다. 〔참고문헌〕『慈恩傳』, 『大唐西域記』. ⇨ 제라석가가람 鞮羅釋迦伽藍, 저라다사 羝羅荼寺

지라택가사 低羅擇迦寺 Ⓢ Tiladhāka, Tiladaka,ka, Tilaśākya. 고대 인도 마가다국(Ⓢ Magadha)에 있었던 절. 나란다사(那爛陀寺 Ⓢ Nālandā)에서 서쪽으로 3유선나 거리에 위치하였던 것으로 전한다. 『남해기귀내법전』 권4(대정장54, p.229c13)의 저라다사(羝羅荼寺)와 같은 사찰로 여긴다. 『자은전』 권3(대정장50, p.236b4)의 지라책가사(低羅磔迦寺)는 다른 사찰로 보인다. 『자은전』 권4(대정장50, p.244a2)에 "여기(鉢伐多國)에서 다시 동남쪽으로 향하여 마게다국의 시무염사(施無厭寺 : 那爛陀寺)로 돌아가 정법장에게 참례하였다. 시무염사에서 서쪽으로 3유선나 거리에 지라택가사가 있다는 얘기를 들었다. 그곳의 '반야발다라'라는 출가대덕은 박라발지국 출신으로 살바다부로 출가하였는데, 살바다부의 삼장에 뛰어날 뿐만 아니라 성명론과 인명론 등에도 밝았다. 현장법사는 2개월 동안 머무르며 의심나는 점을 묻고서 해결하였다. 從此復東南 還摩揭陀施無厭寺 參禮正法藏訖 聞寺西三踰繕那 有低羅擇迦寺 有出家大德 名般若跋陀羅 本縛羅鉢底國人 於薩婆多部出家 善自宗三藏 及聲明因明等 法師就停兩月 諮決所疑"라고 하였다. 〔참고문헌〕『南海寄歸內法傳』, 『慈恩傳』. ⇨ 저라다사 羝羅荼寺, 지라책가사 低羅磔迦寺, 제라석가가람 鞮羅釋迦伽藍

지라파이 低羅波夷 Ⓢ tailapāyika의 음사어. 작은 새의 일종. 또는 박쥐. 연작(燕雀) 또는 안작(鷃雀)으로 한역한다. 기름을 먹는다 하여 식유충(食油虫)이라고도 하며 지라파이(坻羅婆夷)로도 쓴다. 이름(名) 붙이는 것들에는 정해진 인(因)도, 피할 수 없는 연(緣)도 있을 리 없다는 뜻에서 그 예(例)로 드는 말이다. 36권본 『대반열반경』 권21(대정장12, p.747b16)에 "마치 지라파이를 식유라고 부름에 실제로는 식유가 아닌데 굳이 이름 붙여서 식유라고 한 것이니, 이 이름은 인 없이 억지로 붙여진 이름이다. 선남자여! 대열반 또한 이와 같으니, 인연 있을 리 없지만 억지로 세운 이름일 뿐이다. 如坻羅婆夷 名爲食油 實不食油 强爲立名 名爲食油 是名無因 强立名字 善男子 是大涅槃 亦復如是 無有因緣 强爲立名", 『대반열반경소』 권21(대정장38, p.163c2)에 "지라파이는 제비와 참새로서 동음이의어다. 坻羅婆夷是燕雀 亦一音二名", 『열반경유의』(대정장38, p.235a19)에 "'인연이 없다' 한 것은, 마치 지라파이가 실제로는 식유가 아니지만 억지로 식유라고 부르는 것과 같다. 열반 또한 그러하니, 인연이 있을 리 없는데도 억지로 열반이라 부른다. 無因緣者 如坻羅婆夷 實不食油 强名食油 涅槃亦爾 無有因緣 强名涅槃也", 『십이문론소』 권상(대정장42, p.180c7)에 "지라파이가 실제로 기름을 먹지는 않지만 억지로 기름을 먹는 새(食油)라고 하듯이, 열반도 마찬가지로 이름 붙일 상이 없지만 억지로 이름 붙여 상을 설한다. 低羅波夷 實不食油 强名食油 涅槃亦爾無名相 强名相說", 『대반열반경소』 권21(대정장38, p.163c2)에 "지라파이는 연작이다. 坻羅婆夷是燕雀", 『열반현의발원기요』 권2(대정장38, p.24c12)에 "지라파이에 대해 『대반열반경소』에서는 안작이라고 하였다. 坻羅婆夷 疏云 是鷃雀"라고 하였다. 〔참고문헌〕『大般涅槃經』, 『大般涅槃經疏』, 『涅槃經遊意』, 『十二門論疏』, 『大般涅槃經疏』, 『涅槃玄義發源機要』.

지락 志樂 Ⓢ abhirata, abhiyukta, Ⓣ mngon-par-dga'-ba. 뜻을 일으켜 기꺼워하는 것. 『법화경』 권3(대정장9, p.25c24 : *Saddh-p.*, p.187)에 "여래께서는 방편으로 중생의 성품에 깊이 들어가 소승법을 좋아하며 오욕에 심히 집착함을 아시고는 이들을 위해 열반을 설하신다. 如來方便 深入衆生之性 知其志樂小法 深著五欲 爲是等故 說於涅槃 upāyakauśalyaṃ khalv-idaṃ bhikṣavas-tathāgatānām-arhatām dūrapranaṣṭaṃ sattvadhātuṃ viditvā hīna-abhiratān-kāmapaṅkamagnāṃs-tata eṣāṃ bhikṣavas-tathāgatas-tan-nirvāṇaṃ bhāṣate", 『순정리론』 권9(대정장29, p.378b6)에 "여성 중에는 여근의 증상력이 있고, 남성 중에는 남근의 증상력이 있다. 여성과 남성은 여근과 여근의 증상력으로 인해 두 몸 형태·음성·행동·바라고 좋아하는 바가 각기 다르다. 謂女性中 女根增上 於男性中 男根增上 女男性者 謂女及男 二身形類音聲作業志樂各異", 『신화엄경론』 권17(대정장36, p.837c15)에 "만약 뜻을 내어 기꺼워함이 여래가 닦은 법신의 비지 및 원행과 털끝 하나만큼이라도 다르다면, 초발심보살이라 할 수 없다. 若志樂毫氂 不似如來所修法身悲智願行者 不名初發心菩薩故"라고 하였다. 〔참고문헌〕『法華經』, 『順正理論』, 『新華嚴經論』, *Saddh-p.309.* ⇨ 삼십종지락 三十種志樂

지랍비 地臘脾 Ⓢ dravya의 음사어. 바이셰쉬카(Ⓢ Vaiśeṣika : 勝論)에서 상정한 육구의(六句義 Ⓢ ṣaṭ padārthāḥ) 중 첫 번째 구의인 구실(九實). 다랍비(陀臘脾)·답랍비(踏臘脾)라고도 음사한다. 구역은 물(物)이고, 신역은 실(實)이다. 『백론소』 권상(대정장42, p.2

47a6)에 "『구사석론』에서는 지랍비라고 하였는데, '물'이라 한역한다. 단, 이 물은 아홉 가지니, 첫째는 지(地 Ⓢ pṛthivī), 둘째는 수(水 Ⓢ āpas), 셋째는 화(火 Ⓢ tejas), 넷째는 풍(風 Ⓢ vāyu), 다섯째는 공(空 Ⓢ ākāśa), 여섯째는 방(方 Ⓢ diś), 일곱째는 시(時 Ⓢ kāla), 여덟째는 아(我 Ⓢ ātman), 아홉째는 심(心 Ⓢ manas : 意)이다. 이 아홉 가지 물은 편재하는 것도 편재하지 않는 것도 있다. 지수화풍심 이 다섯 가지 물은 편재하지 않고, 공시방아 이 네 가지는 모든 곳에 편재한다. 俱舍論云 地臘脾 此云物也 但物有九種 一 地 二 水 三 火 四 風 五 空 六 方 七 時 八 我 九 心 此九物有遍不遍 地水火風心 此五物不遍 空時方我 此四則遍一切處"라고 하였다. [참고문헌] 『百論疏』. ⇨ 육구의 六句義, 다라표 陀羅驃, 구실 九實

지량 支亮 중국 삼국시대 스님. 자는 기명(紀明). 지루가참(支婁迦讖 Ⓢ Lokaṣema)의 제자이고 지겸(支謙)의 스승이다. 자세한 행적은 알 수 없다. 『불조통기』 권35(대정장49, p.331b26)에 "위문제 5년에 월씨국 우바새 지겸이 낙양에 왔다. 지겸은 지량에게서 배웠고 지량은 지참(支婁迦讖)에게서 배웠는데, 세간에서는 천하의 박학다식한 이들 중 세 명의 지 씨(三支)보다 뛰어난 사람은 없다고 칭하였다. 五年 月氏國優婆塞支謙來雒陽 謙受業於支亮 亮受業於支讖 世稱天下博知無出三支"라고 하였다. [참고문헌] 『佛祖統紀』. ⇨ 삼지 三支 ❷

지량 知量 Ⓢ mātra-jña, mātra-jñatā, Ⓟ mattaññutā, Ⓣ tshod-rig-pa, drod-rig-pa. 취할 분을 잘 아는 일. 넘치거나 인색하지 않게 하는 뜻으로 칠묘법(七妙法) 중 하나다. 부지량(不知量)과 마주한다. 『집이문족론』 권17(대정장26, p.437b26)에 "지량이란, 갖가지 분량, 즉 마시고 먹고 맛보고 삼키는 것, 또는 가고 서고 머물고 앉고 눕는 것, 또는 자고 깨고 말하고 침묵하는 것, 또는 피로와 근심을 푸는 것 등의 모든 있어야 할 분량을 바르게 잘 아는 것을 말한다. 知量者 謂正了知種種分量 謂所飮所食所嘗所噉 若行若住若坐若臥 若睡若覺若語若默 若解勞悶等 所有分量", 『유가사지론』 권25(대정장30, p.422c20 : *Śrāv-bh.*, p.162)에 "무엇이 분량을 아는 것인가? 청정한 믿음을 가진 여러 바라문·장자·거사가 정성껏 보시하는 의복·음식·와구·병에 따른 치료약 등 여러 물건에 대해 필요에 맞게 그 양을 헤아려 취하는 것을 지량이라 한다. 云何知量 謂於淨信諸婆羅門長者居士 極恣衣服 飮食敷具 病緣醫藥 諸什物中 知量而取 是名知量 kathaṃ mātrajño bhavati. iha śrāddhā brāhmaṇagṛhapatayo vyarthaṃ pracārayati. yaduta cīvara piṇḍapāta śayanāsanaglānapratyayabhaiṣajyapariṣkāraistatra pratigraheṇa mātrāṃ jānāti. evaṃ mātrajño bhavati"라고 하였다. [참고문헌] 『集異門足論』, 『瑜伽師地論』, *Śrāv-bh., Vin.5.120.* ⇨ 칠묘법 七妙法, 부지량 不知量

지력 智力 ❶ Ⓢ jñāna-bala, prajñā-bala, Ⓣ mkhyen-pa'i-stobs, shes-pa'i-stobs, shes-rab-kyi-stobs. 지혜의 힘. 또는 보살십력(菩薩十力) 중 하나로 혜력(慧力)이라고도 한다. 『법화경』 권5(대정장9, p.43c18 : *Saddh-p.*, p.325)에 "때로는 이러한 중생에게는 부처님의 수명은 무량하다 설하고, 또 오랫동안 부처님을 뵌 이들에게는 부처님은 만나 뵙기 어렵다고 설한다. 나의 지력은 이와 같아서, 혜의 빛 비추길 헤아릴 수 없이 한다. 수명이 무수겁이라면 이는 오래도록 업을 닦아 얻은 것이다. 或時爲此衆 說佛壽無量 久乃見佛者 爲說佛難值 我智力如是 慧光照無量 壽命無數劫 久修業所得 na cāhu bhāṣāmi kadāci teṣāṃ imāṃ kriyāmīdṛśikīmantām, teno ahaṃ dṛṣṭa cirasya bhomi tato 'pi bhāṣāmi sudurlabhā jināḥ. etādṛśaṃ jñānabalaṃ mamedaṃ prabhāsvaraṃ yasya na kaścidantaḥ, āyuś-ca me dīrgham-anantakalpaṃ samupārjitaṃ pūrva caritva caryām", 80권본 『화엄경』 권56(대정장10, p.295b29)에 "보살에게는 열 가지의 힘이 있다. 그 열 가지란 어떤 것인가? … 지력이니, 온갖 마음의 작용을 잘 알기 때문이다. … 모든 보살이 이 법에 편안히 머물면 모든 부처님의 위없는 일체지의 열 가지 힘을 얻는다. 佛子 菩薩摩訶薩 有十種力 何等爲十 … 智力 了知一切心行故 … 若諸菩薩 安住此法 則得諸佛無上一切智十力"라고 하였다. [참고문헌] 『法華經』, 『華嚴經』, *Saddh-p., Mvyut.26.* ⇨ 보살십력 菩薩十力 ❷ 사유하고 깨우쳐 얻은 지의 힘. 『인명정리문론본』(대정장32, p.1b12)에 "지금 이 경우는 오직 증명해 알게 하는 인이어서, 단지 지력으로 설한 뜻이지 저 생인(Ⓢ kāraka hetu)이 따로 있어 능히 일으켜 쓰는 것 아니다. 今此唯依證了因故 但由智力了所說義 非如生因由能起用"라고 하였다. [참고문헌] 『因明正理門論本』. ❸ 지혜(正智)와 신통력(神通力). 『무량수경』 권상(대정장12, p.266a9)에 "애민히 여기시어 보시한 길상초를 받아 부처님께서는 보리수 아래에 펴고 가부좌를 하고는 대광명을 떨쳐 마왕이 이를 알게 하셨다. 마왕은 권속들을 이끌고 와서는 핍박하여 시험하였으나 지력으로 다스려 모두 항복하게 하였고 미묘한 법을 얻어 최상의 정각을 이루셨다. 哀受施草 敷佛樹下 加趺而坐 奮大光明 使魔知之 魔率官屬 而來逼試 制以智力 皆令降伏 得微妙法 成最正覺"라고 하였다. [참고문헌] 『無量壽經』.

지력사 智力寺 전라남도 진도군 지산면 와우리 지력산에 있던 절. 1555년(명종10)에 노수신(盧守愼)이 왜구를 피해 지력사에서 지은 시 「도지력사 到智力寺」(『소재집』 권4・한국문집총간35, p.139b10)에 "(5월) 16일. 흐리고 저녁에 비가 옴. 밤에 지력사에 들어가 투숙하였다. 十六日 陰 暮雨 夜投智力寺", 이순인(李純仁 1533~1592)의 「방지력사 訪智力寺」(『고담일고』 권2・한국문집총간53, p.47a15)에 "듣자하니 스님이 아직 계시는데, 인도 서쪽에서 왔다고 하네. 聞說僧猶在 來自竺國西", 김창흡(金昌翕)이 1717년(숙종43)에 전라도 광주 일대를 유람할 때 쓴 「남유일기 南遊日記」(『삼연집습유』 권28・한국문집총간167, p.227a7)에 "(3월) 6일 맑음. 주인이 서쪽 봉우리를 가리키며 지력사가 그 안에 있다고 하였다. … 험준한 곳에 이르러 말을 두고 3・4리쯤 가서 절에 이르니 병승이 있다 하여 들어가지 못하였다. 初六日晴 主人指示西峰 云有智力寺在其中 … 至險處捨馬行三四里至寺 有病僧不可入"라고 하였다. 〔참고문헌〕『穌齋集』, 『孤潭逸稿』, 『三淵集拾遺』.

지례 知禮 960~1028. 북송대 스님. 천태종(天台宗) 제14대 조사. 호는 사명(四明), 사호(賜號)는 법지(法智), 자는 약언(約言), 속성은 김(金)씨. 사명(四明 : 浙江省 寧波) 출신. 일곱 살에 모친을 여의고 출가에 뜻을 두고 태평흥국사(太平興國寺) 홍선(洪選) 문하로 출가했다. 열다섯 살에 구족계를 받고 율학을 공부했다. 979년(태평흥국4) 보운의통(寶雲義通)에게 천태의 교관(敎觀)을 수업 받았으며 988년(단공1) 의통이 입적할 때까지 곁에서 배웠다. 991년(순화2) 서른두 살의 나이로 건부사(乾符寺)의 주지가 되어 4년간 주석하였는데 많은 문도들이 따르며 배웠다. 점차 숙소가 협소하게 되자 동남쪽의 보은원(報恩院)으로 옮겨서 연구와 수참(修懺)을 계속했다. 1004년(경덕1)에 『십불이문지요초 十不二門指要鈔』를 찬술하고 별리(別理)의 진여(眞如)에 수연(隨緣)의 뜻이 있음을 논했다. 이 무렵 천태종은 의통에서 지례로 이어지는 산가파(山家派)와 의적(義寂)의 동문인 지인(志因) → 오은(晤恩) → 원청(源淸) → 홍민(洪敏)으로 이어지는 산외파(山外派)의 양대 문파로 나뉘어 천태교관의 진의에 대해 견해를 달리하고 수년간 논쟁했다. 산외파는 『십불이문지요초』의 별리수연설(別理隨緣說)에 대해 비판적이었다. 범천경소(梵天慶昭)의 제자 영가계제(永嘉繼濟)는 『수연지남 隨緣指濫』에서 불변진여와 수연진여는 원교(圓敎)의 도리이므로 별교의 도리에 수연의 뜻이 있을 수 없다고 비판했다. 지례는 『별리수연이십문 別理隨緣二十門』을 저술하여 이를 다시 비판했다. 원영(元穎)은 계제의 뒤를 이어 『수연징힐 隨緣徵詰』을 저술하여 재논박했다. 가화(嘉禾)의 자현(子玄)은 『수연박 隨緣撲』을 지어 산외파의 주장을 이어갔다. 지례 문하의 정각인악(淨覺仁岳)은 『십문절난 十門折難』을 지어 지례의 설을 지지하고 산외파 세 논사의 주장을 비판했다. 지례는 『석난부종기 釋難扶宗記』를 지어 오은의 『발휘기 發揮記』를 논파하고 홍민의 설과 원청의 『난가십이조 難訶十二條』도 비판했다. 산외파 고산지원(孤山智圓)과 범천경소는 지례의 주장을 반박하고 오은이 『변와 弁訛』에서 주장한 논변을 지지했다. 이에 대해 지례가 다시 비판하여 7년간 다섯 차례의 논박이 오고 갔다. 1006년(경덕3) 지례는 『사명십의서 四明十義書』를 출간하고 이듬해에 다시 『관심이백문 觀心二百問』을 지어 산외파에 대한 비판을 이어갔다. 1014년(대중상부7) 『관경융심해 觀經融心解』를 저술하고 열 명의 스님들과 함께 3년기한으로 법화참법을 닦아 마치면 분신(焚身)하여 『법화경』에 공양드리고 그 공덕으로 정토왕생하리라고 서원하였으나 동문 준식(遵式)이 간청하고, 한림학사(翰林學士) 양억(楊億)과 부마(駙馬) 이준욱(李遵勗)의 만류로 뜻을 이루지 못했다. 분신공양의 공덕을 높이 기려 1020년(천희4) 진종(眞宗)으로부터 법지대사(法智大師)로 시호되었고 이듬해 『관경소묘종초 觀經疏妙宗鈔』를 찬술했다. 1023년(천성5) 『광명현속유기 光明玄續遺記』를 지었고 1027년 『광명문구기 光明文句記』 6권을 저술했다. 1028년 1월 5일 단좌하여 대중을 모아 설법하고는 아미타불을 칭념하면서 세수 69세로 입적했다. 제자는 정각인악・광지상현(廣智尙賢)・신조본여(神照本如)・남병범진(南屛梵臻) 등이 있었다. 〔참고문헌〕『四明尊者敎行錄』 권7(대정장46, p.917b10), 『佛祖統紀』 권8(대정장49, p.191c29). ⇨ 산가산외 山家山外, 십불이문지요초 十不二門指要鈔, 별리수연이십문 別理隨緣二十門, 사명십의서 四明十義書, 관심이백문 觀心二百問, 관무량수불경소묘종초 觀無量壽佛經疏妙宗鈔, 사명존자교행록 四明尊者敎行錄

지록위마 指鹿爲馬 사슴을 가리켜 말이라 한다는 고사. 의도적으로 전도시켜 시비를 마구 뒤섞음으로써 자신의 권세를 유지하고 강화하려는 교활한 수법을 대표하는 비유이다. 진(秦)대 조고(趙高)가 자신의 권세를 타고 황제 호해(胡亥)를 농락하고 정적들을 가려내어 처단한 이야기에서 유래한다. 주로 선문헌에서 언구에 대한 특별한 이해방식을 나타낸다. 한편에서는 점검과 시험을 위하여 설정한 언어이고, 반대편에서는 그 함정을 감파해야 한다. 『조정사원』 권2(卍속장113, p.36a6)에 "지록 : 진 조고는 난을 일으키고자 했지만 군신들이 따르지 않을까 염려하여 마침내 먼저 그들을 점검할 요량으로 왕골을 고기 포라 하고 사슴을 말이라 하며 이세 호해에게 바쳤다. 군신들 가운데 사실대로 왕골이라 하거나 사슴이라 한 사람을 가려내어 모두 몰래 죽여버렸다. 指鹿 秦趙高欲爲亂 群臣不聽 乃先設驗 以蒲爲脯 以鹿爲馬 獻於二世 群臣言蒲言鹿者 皆陰誅之矣"라고 하였는데, 『사기』 「진시황본기 秦始皇本紀」에 나오는 이야기에 따른다. 『운암진정게송』 권하 「송엄선자길주개 送儼禪者吉州丐」(고존숙어록45, 卍속장118, p.758a18)에 “불자의 마음은 아낌없이 기뻐하고 남김없이 버리니 거북을 자라라 부르고 사슴을 가리켜 말이라 한다. 바닥에 깔려 흐르는 시냇물 소리(玄沙師備의 화두)와 여릉의 쌀값(靑原行思의 화두)이라고 하니 그 하나하나의 법문에서 죽은 뱀을 살아 있는 듯이 잡는 방식이다. 佛子之心 大喜大捨 喚龜作鼈 指鹿爲馬 偃溪水聲 廬陵米價 一一法門 死蛇活把”, 『종용록』 16칙 「시중 示衆」(대정장48, p.236c11)에 “사슴을 가리켜 말이라 하고, 흙을 쥐고서 금이라 한다. 혀 끝에서 천둥소리를 일으키고, 눈썹 사이에 피 묻은 칼을 감춘다. 앉아서 성공과 실패를 관조하고, 서서 삶과 죽음을 시험한다. 말해 보라! 이는 어떤 삼매인가? 指鹿爲馬 握土成金 舌上起風雷 眉間藏血刃 坐觀成敗 立驗死生 且道 是何三昧”, 『벽암록』 27칙 「평창 評唱」(대정장48, p.167b27)에 “만약 이 문제를 알아차리면 비로소 운문이 상대에게 전한 소식을 알겠지만 그렇지 못하다면 이전 그대로 사슴을 가리켜 말이라 한 지시에 갇힐 뿐이다. 若向箇裏薦得 始見雲門爲人處 其或未然 依舊只是指鹿爲馬”, 『속전등록』 권16 「보령원기전 保寧圓璣傳」(대정장51, p.574a21)에 “도의 근원은 멀지 않고 성품의 바다는 아득히 깊지 않으니, 자기에게서만 구하고 남에게서 찾지 마라. 옛사람이 이렇게 했던 말은 마치 종을 주인으로 잘못 알거나 사슴을 가리켜 말이라 하는 수법을 매우 닮았다. 만약 나 취암이라면 그렇게 하지 않았을 것이다. 자기에게서도 구하지 않고 남에게서도 찾지 않는다. 왜 그런가? 한 쌍의 눈썹은 본래 가로로 나 있고, 코는 본래 세로로 뻗어 있기 때문이다. 上堂 道源不遠 性海非遙 但向己求 莫從他覓 古人恁麽說話 大似認奴作郎 指鹿爲馬 若是翠岩卽不然也 不向己求 亦不從他覓 何故 雙眉本來自橫 鼻孔本來自直”라고 하였다. [참고문헌] 『祖庭事苑』, 『雲巖眞淨偈頌』, 『從容錄』, 『碧巖錄』, 『續傳燈錄』.

지론사 地論師 지론종(地論宗)의 논사(論師). 십지론사(十地論師)·십지사(十地師)·지론인(地論人) 등이라고도 한다. 북지사(北地師)·북토인(北土人)의 설로 지론종 학설이 인용되기도 하나 이는 지도론사(智度論師)를 가리킨다고 보아야 할 것이다. 지론사라는 술어는 주로 다른 종파에서 지론종을 가리킬 때 쓰이나, 돈황본 S4303의 “십지론사들은 모두 ‘초지보살이 진여를 현견한다’고 말한다. 十地論師皆言 初地菩薩現見眞如”의 사례처럼 지론종 관련 돈황문헌에서는 자신들을 ‘십지론사’라 부르기도 하였다. 『유마경현소』 권3(대정장38, p.539b8)에 “최초 초지부터 10지까지 전부 무명을 끊는데, 계위에 준하여 세 단계로 나눈다. 초지는 견도에 해당하고, 2지부터 6지까지는 수도에 해당하며, 7지 이후는 무학도에 해당한다. 반면 지론종 논사들은 ‘2지부터 7지까지는 수도에 해당하고, 8지 이후는 무학도에 해당한다’고 한다. 始從初地乃至十地 皆斷無明 但以位約分爲三道 初地 名見道 二地至六地 名修道 從七地已去 名無學道 地論師言 二地至七地 名修道 八地已去 名無學道也”, 『중관론소』 권7(대정장42, p.104c7)에 “예전 지론종 논사들은 제7식은 허망하고 제8식이 진실하다 보았지만, 섭론종 논사들은 제8식은 허망하고 제9식이 진실하다고 보았다. 舊地論師 以七識爲虛妄 八識爲眞實 攝大乘師 以八識爲妄 九識爲眞實”, 『대승현론』 권5(대정장45, p.63c13)에 “지론종 논사들은 이렇게 말한다. ‘삼종과 사종이 있다. 삼종이란 첫째 입상교, 둘째 사상교, 셋째 현진실교이다. 이승(二乘) 수행인에게 (임시로 법상을 설정한) 유상(有相)의 가르침을 설하며, 『대품반야경』 등에서 자세하게 무상(無相)을 설하므로 (임시로 설정했던 법상을 버린다는 뜻에서) 사상이라고 하며, 『화엄경』 등의 가르침을 (진실을 드러낸 가르침이라는 뜻에서) 현진실교문이라고 한다. 사종이란 다음과 같다. 아비달마의 가르침을 인연종, 『성실론』의 가르침을 가명종, 삼론의 가르침을 부진종, 『십지경론』의 가르침을 진종이라 한다. 地論師云 有三宗四宗 三宗者 一 立相教 二 捨相教 三 顯眞實敎 爲二乘人 說有相教 大品等經 廣明無相 故云捨相 華嚴等經 名顯眞實教門 四宗者 毘曇是因緣宗 成實謂假名宗 三論名不眞宗 十地論爲眞宗”라고 하였다. [참고문헌] 『維摩經玄疏』, 『中觀論疏』, 『大乘玄論』. ⇨ 지론종 地論宗

지론종 地論宗 『십지경론 十地經論』을 소의논서(所依論書)로 하여 성립한 학파. 북위(北魏) 때인 511년(선무제4)에 륵나마제(勒那摩提 Ⓢ Ratnamati), 보리유지(菩提流支 Ⓢ Bodhiruci)와 불타선다(佛陀扇多 Ⓢ Buddhaśānta)에 의해 『십지경론』이 한역된 후 당시 북조(北朝)의 승통(僧統) 혜광(慧光)과 그 주변 인물들이 이 논서를 연구하였고, 이후에도 북조의 스님들이 『십지경론』을 강의하고 주석서를 지으면서 하나의 집단으로 인식되었다. 지론종이라는 술어는 일본 스님 응연(凝然 1240~1321)의 『삼국불법전통연기 三國佛法傳通緣起』에 최초로 보이며 당대(唐代)의 문헌에서는 주로 지론사(地論師)·지론인(地論人) 등으로 불렸다. 전승에 따르면 남도파(南道派)와 북도파(北道派) 두 계파도 있었다. 남도파는 륵나마제에게 사사받은 혜광의 계보로, 그의 문하에 법상(法上)·승범(僧範)·도빙(道憑)·혜순(惠順)·영순(靈詢)·승달(僧達)·도신(道愼)·안름(安廩)·담연(曇衍)·담준(曇遵)·담은(曇隱) 등이 있었다. 이 중 법상이 가장 뛰어나 북제(北齊) 천보년간(550~559)에 국통(國統)으로 임명되었으며,

고구려 스님 의연(義淵)의 스승이기도 하다. 법상의 제자로는 법존(法尊)·융지(融智)·정영사(淨影寺) 혜원(慧遠) 등이 있었고, 이 중 혜원은 지론종의 대표적 학승으로『대승의장 大乘義章』을 포함한 몇 권의 주석서가 후대까지 널리 알려졌다. 북도파는 보리유지를 사사했다고 전해지는 도총(道寵)의 계보로 그의 제자 승휴(僧休)·법계(法繼)·탄례(誕禮)·뢰의(牢宜)가 있었으나 이들의 전적은 전하지 않는다. 다만 최근 연구에서 남도파에 속한 이들의 문헌에도 보리유지의 영향력이 큰 것으로 밝혀져 륵나마제와 보리유지를 기준으로 남북을 나누는 전승의 신뢰도는 낮아졌다. 사상적으로는 십지(十地)를 위시한 보살계위설 뿐만 아니라 남조(南朝)의 성실열반학(成實涅槃學)을 토대로 인도 유가행파(瑜伽行派) 교학을 본격적으로 받아들여 독자적 학풍을 구축하였다. 그중에서도 인도 유가행파의 알라야식(Ⓢ ālayavijñāna)을 전육식(前六識)과 결합한 칠식설(七識說), 그리고 여래장에 의지해 생사(生死)가 일어난다는 여래장연기(如來藏緣起)설로 잘 알려져 있으며, 근대 이전부터『대승기신론 大乘起信論』이 지론종 저술일 가능성도 제기되었다. 이 외에도 돈교(頓敎)·점교(漸敎)·원교(圓敎)의 삼교 교판이나 인연종(因緣宗 : 立性宗)·가명종(假名宗 : 破性宗)·부진종(不眞宗 : 破相宗)·진종(眞宗 : 顯實宗)으로 나누는 사종설, 경전을 성문(聲聞)과 보살(菩薩) 이장(二藏)으로 대별하는 것도 지론종에서 시작되었다. 화엄종(華嚴宗)의 대표적 개념으로 여겨지는 법계연기(法界緣起) 또한 지론종 문헌에 처음 보인다. 돈황(敦煌)에서 발견된 지론종 관련 사본(寫本)에서는 유위연집(有爲緣集)·무위연집(無爲緣集)·자체연집(自體緣集)의 삼연집설(三緣集說) 및 법계연집(法界緣集)을 더한 사연집설(四緣集說), 별교(別敎)·통교(通敎)·통종교(通宗敎)로 나누는 교판설 등 잘 알려지지 않았던 학설이 보이며,『십지경론』외에『대집경 大集經』을 중시한 일파 등 다양한 학풍이 있던 것으로 보인다. 당(唐) 초기까지 지론종 논사들의 계보가 전하지만, 그 후 섭론종(攝論宗)과 화엄종에 흡수되어 그 자취가 사라졌다. 〔참고문헌〕『十地經論』「序文」(대정장26, p.123a5),『法華玄義』권9(대정장33, p.792a13)·권10(대정장33, p.801b12),『大乘義章』권1(대정장44, p.483a11),『唐高僧傳』권1(대정장50, p.428a22)·권7(대정장50, p.480b3·482b17)·권8(대정장50, p.483b20·487b3·489c26)·권16(대정장50, p.552c25)·권21(대정장50, p.607b18),『華嚴經傳記』권1(대정장51, p.156c2),『三論玄疏文義要』권1(대정장70, p.228c19),『十地論義疏』권1(대정장85, p.763c23),『三國佛法傳通緣起』권상(대장경보편32, p.650a16), 敦煌本 S613·S4303·(北)羽726R.

지료 知寮 선원에서 여러 요사(寮舍)를 돌보는 요원(寮元)을 보좌하는 소임. 요주(寮主)·직료(直寮)라고도 한다.『선림상기전』권6(불광장, 禪藏, p.452)에 "지료 : 지료는 요주와 같다.『선문제조사게송』「자수선사시중잠규」에서 '방참과 개롱은 반드시 지료에게 알려야 한다'고 하였다.『일용궤범』에서 '죽 시간 전이나 공양 시간 전 그리고 방참 후에 함궤를 열어서는 안 된다. 급한 경우 주관하는 사람에게 알린다. 요사에서는 요주에게 말하고, 승당에서는 성승시자에게 알린다'고 하였다.〔해〕요주는 자수화상이 지료라고 부른 이를 말한다. 知寮 知寮者 卽寮主也 諸祖偈頌慈受禪師示衆箴規云 放參開籠 須白知寮 日用軌範云 粥前齋前 放參後 不得開函櫃 如有急切白主事人 寮中白寮主 僧堂白聖僧侍者 解曰 此寮主者 慈受所謂知寮也"라고 하였다.〔참고문헌〕『禪林象器箋』,『百丈淸規』권6(대정장48, p.1145c8),『禪門諸祖師偈頌』권2(卍속장116, p.972a2). ⇨ 요주 寮主, 요원 寮元, 선림직위 禪林職位

지료인 智了因 인명(因明)에서 종(宗)의 뜻을 깨우치는 대론자(對論者)의 지혜로 이류육인(二類六因) 중에 요인(了因)의 하나다.『인명입정리론소』권상(대정장44, p.101c14)에 "지료인이란 반론자가 능히 세운 말이니, 내세운 종(宗)을 알 수 있는 지혜로 비추어서 말한 바를 깨우쳤기에 요인(了因)이라 이름한다. 이런 뜻을 이문에서 말하면 다만 지혜의 힘으로 설한 뜻을 알게 하기에 요인이라 한다. 智了因者 謂證敵者解能立言 了宗之智照解所說 名爲了因 故理門云 但由智力了所說義 言了因者"라고 하였다.〔참고문헌〕『因明入正理論疏』.

지료팔각 遲了八刻 8각이나 늦어 버렸다는 말. 지팔각(遲八刻)이라고도 한다. 눈앞의 진실을 놓치고 말았다는 뜻이거나, 알았다 해도 이미 지나가버린 진실일 수 있다는 뜻이다.『소석금강경과의회요주해』권5(卍속장92, p.356a14)에 "바로 그 자리에서 부처가 된다 해도 이미 8각이나 늦어 버렸는데, 다시 내세를 기다린다는 건 헛된 일이다. 若乃直下成佛 早是遲了八刻 更待來世轉沒交涉",『영각원현광록』권3(卍속장125, p.427a10)에 "옛날에 한 학인이 흥성국사에게 '석문(石門)을 넘지 않는 일이란 무엇입니까?'라고 묻자 흥성은 불자로 그 학인의 입을 때렸다. 그대들이 저 불자 끝에서 알아차렸다 해도 이미 8각이나 늦어 버렸다. 알아차리지 못했다면 노승이 눈썹을 아까워하지 않고 그대들에게 거듭 깨우쳐주리라. 昔有僧問興聖 不跨底事作麽生 興聖以拂子驀口打 諸人若於拂子下會得 已是遲了八刻 如或未會老僧不惜眉毛 爲諸人註破"라고 하였다.〔참고문헌〕『銷釋金剛經科儀會要註解』,『永覺元賢廣錄』.

지루가참 支婁迦讖 Ⓢ Lokakṣema. 월지국(月支國 Ⓢ Kuṣāṇa) 출신 역경승. 루는 루(樓)로도 쓴다. 지참(支讖)이라고도 한다. 후한 환제(桓帝 146~167) 때 낙양에 입성하여 영제(靈帝 168~189) 때까지 활동했다. 147년(건화1)부터 186년(중평3)까지 『도행반야경 道行般若經』 10권·『수능엄경 首楞嚴經』 2권·『반주삼매경 般舟三昧經』 2권·『아사세왕경 阿闍世王經』 2권·『잡비유경 雜譬喩經』 1권·『아촉불국경 阿閦佛國經』 1권 등 대승경전을 처음으로 한역했다. 특히 『도행반야경』은 중국에 소개된 최초의 반야계 경전으로 위진현학의 청담사조에 영향을 미쳤고, 『반주삼매경』은 정토결사의 소의경전이 되어 불교의 대중화에 영향을 미쳤다. 그의 한역한 경론의 부수는 경전목록마다 다르게 기록되어 있다. 승우(僧祐)의 『출삼장기집』에는 14부 27권, 수대 비장방(費長房)의 『역대삼보기』와 당대 도선(道宣)의 『대당내전록』에는 21부 63권, 지승(智昇)의 『개원석교록』과 원조(圓照)의 『정원신정석교목록』에는 23부 67권으로 싣고 있다. 〔참고문헌〕『歷代三寶紀』 권4(대정장49, p.53a18), 『出三藏記集』 권1(대정장55, p.6b25), 『大唐內典錄』 권1(대정장55, p.224a4) 『開元釋敎錄』 권1(대정장55, p.479a9), 『貞元新定釋敎目錄』 권2(대정장55, p.776a14).

지륜 地輪 ❶ Ⓢ pṛthivī-maṇḍala. 기세간(器世間)을 구성하는 삼륜(三輪) 중 하나. 금륜(金輪)이라고도 한다. 『섭대승론석』 권15(대정장31, p.264a4)에 “세간의 세계에서 지륜은 수륜에 의지하고, 수륜은 풍륜에 의지한다. 世間世界 地輪依水輪 水輪依風輪”, 『대승아비달마집론』 권3(대정장31, p.674a17 : *Abh-s.*, p.36)에 “무엇이든 생겨나는 것이 의지하는 장소가 기세간이다. 수륜은 풍륜에 의지하고 지륜은 수륜에 의지하며 이 지륜에 의지하여 소미로산과 칠금산·사대주·팔소주·내해·외해·소미로산 사외층급의 사대천왕 … 내지 태양과 달이 주위에서 돌며 비추는 자리를 하나의 세계라고 한다. 何等生所依處 卽器世間 謂水輪依風輪 地輪依水輪 依此地輪 有蘇迷盧山 七金山 四大洲 八小洲 內海外海 蘇迷盧山四外層級四大王衆天 … 乃至一日一月 周遍流光 所照方處 名一世界 janmādhiṣṭhānaṃ katamat. bhājanalokaḥ. vāyumaṇḍale apmaṇḍalam pratiṣṭhitam. apmaṇḍale pṛthivīmaṇḍalam. pṛthivīmaṇḍale sumeruḥ saptakāñcana-parvatāḥ catvāro dvīpāḥ aṣṭāv-antaradvīpāḥ abhyantaraḥ samudro bāhya-samudraś catasraḥ sumeru-pariṣaṇḍāḥ caturmahārājakāyikānāṃ … yāvad-ādityāḥ paricaranto diśo'vabhāsayante”라고 하였다. 〔참고문헌〕『攝大乘論釋』, 『大乘阿毘達磨集論』, *Abh-s.* ⇨ 금륜 金輪❶, 삼륜 三輪❷ ❷ 밀교에서 오륜탑(五輪塔) 중 가장 낮은 층. 『대일경소』 권14(대정장39, p.727c13)에 “지륜은 정사각형이고, 수륜은 원형이며, 화륜은 삼각형이고, 풍륜은 반월형이며, 최상의 허공에는 하나의 점을 만든다. 地輪正方 水輪圓 火輪三角 風輪半月形 最上虛空作一點”라고 하였다. 〔참고문헌〕『大日經疏』. ⇨ 오륜탑 五輪塔

지륜단 地輪壇 ➡ 지단 地壇❶

지리산대화엄사염송회발기문 智異山大華嚴寺拈頌會發起文 상현(尙玄) 이능화(李能和) 지음. 1917년 음력 2월 15일 지리산 화엄사에 개설된 염송회의 발기문이다. 『조선불교총보』 제2호 pp.42~44에 전문이 전한다. “화엄가람을 택하여 염송법회를 열어 진응화상을 함께 추대하여 강연의 종사로 삼았다. … 팔방의 납자들이 간절히 바라며 걸망을 메고 와서 그 집에 모인 선중이 가히 상을 무너뜨릴 정도였다. 조선의 불운을 만회하고 임제의 선종을 떨쳐 일으켰다 할 만하다. 이에 선을 닦는 큰 모임에 의지하고자 하오니 삼가 적은 정성이나마 품어 펴고자 합니다. 擇華嚴迦藍 開拈頌法會 共推震應和尙 爲講演之宗師 … 八方衲子切望負笈而來 一堂禪衆可成折床之會 挽回朝鮮之佛運 扶起臨濟之禪宗 玆憑修禪之大會 恭伸祝釐之微誠”라고 하였다. 〔참고문헌〕『朝鮮佛敎叢報』. ⇨ 염송회 拈頌會

지리산일과 智異山日課 조선전기 남효온(南孝溫 1454~1492) 지음. 1487년(성종18) 9월 27일부터 10월 13일까지 16일 동안 지리산을 답사한 후 적은 유산록(遊山錄)으로, 『추강집』 권5(한국문집총간16, p.122b11)에 수록되어 있다. 일정은 진주 여사등촌(餘沙等村)을 출발하여 단속사(斷俗寺)·덕산사(德山寺)·보암(普庵)·향적암(香積庵)을 거쳐 천왕봉(天王峰)에 올랐다가 하산하면서 빈발암(貧鉢庵)·의신암(義神庵)·칠불사(七佛寺)·금륜암(金輪庵)·봉천사(奉天寺)·황둔사(黃芚寺 : 華嚴寺)·쌍계사(雙溪寺)·불일암(佛日庵)·보주암(普珠庵)·사자암(獅子庵)·오대사(五臺寺)를 답사하고 여사등촌으로 되돌아왔다. 단속사·쌍계사·오대사에 있던 신라와 고려에 걸친 고승비와 사적비, 최치원 관련 유적지, 칠불사와 화엄사의 창건연기설화 등 조선전기까지 지리산에 전하던 설화나 유적을 전하는 중요한 사료다. 기문 중에 “식사 후에 내려와 황둔사를 보았다. 절의 옛 이름은 화엄사이고, 명승 연기가 창건하였다. 절 양 옆은 모두 대숲이다. 절 위에 금당이 있고, 금당 위에는 탑전이 있는데 아주 밝고 씻은 듯이 깨끗하다. 차꽃과 왕대 그리고 석류와 감나무가 주위를 둘러싸고 있다. 飯後下觀黃芚寺 寺古名花嚴 名僧緣起所創 寺兩傍皆竹林 寺後有金堂 堂後有塔殿 殿最明溉 茶花鉅竹石榴柿木 環繞其傍”라고 하였다. 〔참고문헌〕『秋江集』.

지리삼매야부동존성자염송비밀법 底哩三昧耶不動尊聖者念誦秘密法 3권. 당대 불공삼장(不空三藏) 한역. 3권본 지리삼매야경이라고도 한다. 『지리삼매야부동존위노왕사자염송법 底哩三昧耶不動尊威怒王使者念誦法』에 『대일경소』「식장품 息障品」 전문과 진언 및 표치 등이 권1에 추가된 형태로서 『대일경』 성립의 소재가 되는 경전이다. ⇨지리삼매야부동존위노왕사자염송법 底哩三昧耶不動尊威怒王使者念誦法

지리삼매야부동존위노왕사자염송법 底哩三昧耶不動尊威怒王使者念誦法 Ⓢ Trisamayarāja. 1권. 당대 불공삼장(不空三藏) 한역. 대정장21, p.13a12~16b1, No.1200에 수록되어 있다. 지리삼매야경(底哩三昧耶經)・지리삼매야부동존위노왕사자염송품(底哩三昧耶不動尊威怒王使者念誦品)이라고도 한다. 잡밀 계통의 부동명왕 의궤를 설한 내용이다. 부동법의 본궤와 도량에 들어가기 전에 닦는 호신법(護身法)・결계법(結界法)・공양법(供養法)・인명(印明)을 설하고 도량에 들어간 이후의 인명・공덕・주법(呪法)・화상법(畫像法)을 설한다. 여기에 『대일경소』의 일부를 붙여서 불공(不空) 역 『지리삼매야부동존성자염송비밀법』 3권이 성립되었다. ⇨지리삼매야부동존성자염송비밀법 底哩三昧耶不動尊聖者念誦秘密法

지리지리진언 枳利枳利眞言 Ⓢ kīli kīli dhāraṇī. 분노존(忿怒尊)의 진언. 『소실지갈라공양법』 권2(대정장18, p.713a12)에 따르면 그 진언은 "옴 지리지리 바일라〈두 음이 합해 한 음절〉 훔 반탁 唵 枳里枳里 嚩日囉〈二合〉 餅 泮吒 oṃ kīli kīli vajra hūṃ phaṭ 옴 킬리 킬리 금강이여! 훔 팟"이다. 『유희야경』 권상(대정장18, p.761b19)에 "만약 급한 일로 만다라를 만들고 빙의된 귀신을 벽제할 때 자신이 관정 만다라를 행하는 이는 땅을 자세하게 간택하지 말고 뜻대로 만들되 모두 지리지리분노존진언을 지송하고 향수로 그 땅을 깨끗하게 한다. 若作急速之事 作曼茶羅 及作辟除鬼魅所著 幷與自身灌頂曼茶羅者 勿須細揀其地隨宜而作 都以枳利枳利忿怒眞言持誦 香水洗灑其地"라고 하였다. [참고문헌] 『蘇悉地羯羅供養法』, 『蕤呬耶經』.

지림 智琳 ❶ 409~487. 남조 유송(劉宋)대 스님. 고창(高昌 : 吐蕃) 출신. 출가 후 수도의 북다보사(北多寶寺) 도량(道亮)의 제자가 되어 여러 전적들을 두루 익혔는데 특히 『잡아비담심론 雜阿毘曇心論』에 천착하였다. 453년에 스승인 도량이 배척을 당해 제자 12인과 함께 광주(廣州)로 갔을 때 동행하며 6년 간 따랐다. 명제 재위 시 칙명에 의해 건강(建康)의 영기사(靈基寺)에 주석하며 불법을 강설하였는데 특히 이제(二諦)의 뜻을 밝혀서 삼종(三宗)의 차이를 설했다고 한다. 후에 고창으로 돌아가 남제(南齊) 영명 5년(487)에 세수 79세를 일기로 입적하였다. 저서에 『이제론 二諦論』・『비담잡심기 毘曇雜心記』와 『십이문론 十二門論』・『중론 中論』의 주석서가 있다. ❷ 544~613. 수대 스님. 속성은 여구(閭丘)씨. 고평(高平) 방여(防輿) 출신. 천성이 총명하였으며 어려서 명사(名士) 변전(卞詮)으로부터 예학・역학・노장 등을 배웠고, 후에 동안사(東安寺) 대승정(大僧正)이었던 환법사(峘法師)에게 『성실론 成實論』과 율장을 배웠다. 578년(태건10)에 고향인 남서(南徐)로 돌아와 교화를 크게 펼쳤으며, 이듬해에 곡아(曲阿)의 승정(僧正)에 임명되었다. 584년(지덕2)에 서주(徐州)의 승도(僧都)로 임명되었으며, 계단(戒壇)을 설치하고 천 여 명에 달하는 스님들에게 계를 전수하였다. 613년(대업9)에 인효사(仁孝寺)에서 세수 70세를 일기로 입적하였다.

지림사 智林寺 경상북도 봉화군 물야면 북지리 호거산(虎踞山 : 一名 文殊山)에 있는 절. 『동국여지승람』 권25 경상도 봉화현 불우에 이름과 위치가 기록되어 있으나, 『범우고』에는 "지금은 폐사되었다. 今廢"라고 하였다. 1949년에 보훈(普勳)이 작은 법당을 세우고 수월암(水月庵)이라 하였으며, 2009년에 현재 이름으로 변경하였다. 현존 당우로는 대웅전・원통전・요사 등이 있으며, 극락전 뒤편에 마애탑과 불상이 양각되어 있다. 절의 남동쪽에는 보호각 안에 봉안된 국보 제201호 봉화북지리마애여래좌상이 있다. [참고문헌] 『東國輿地勝覽』, 『梵宇攷』, 『輿地圖書』 慶尙道 奉化 寺刹, 『韓國寺刹全書』 권하 p.1043a12, 『한국사지총람』 권하(문화재청・佛教文化財硏究所, 2010) pp.182~183. ⇨봉화북지리마애여래좌상 奉化北枝里磨崖如來坐像

지만 指鬘 앙굴마라(央掘摩羅 Ⓢ Ⓟ Aṅgulimāla)의 한역 이름. 『대당서역기』 권6(대정장51, p.899a21)에 "선시(善施)장자의 집 옆에 큰 솔도파가 있으니 바로 앙굴리마라〈지만으로 한역한다. 구역에서는 앙굴마라라고 하였는데, 와전이다〉가 사견을 버린 곳인데, 앙구리마라는 실라벌실지(Ⓢ Śrāvastī : 舍衛城)의 흉포한 사람이었다. 사람들을 해하여 나라에 해악을 끼쳤는데, 사람을 죽이고는 손가락을 취하여 장식으로 만들어 머리에 썼다. 어머니를 살해하여 손가락 갯수를 다 채우고자 하였다. 세존께서는 가엽이 여겨 교화하려 하셨다. 善施長者宅側有大窣堵波 是鴦窶利摩羅〈唐言指鬘 舊曰央掘摩羅 訛也〉捨邪之處 鴦窶利摩羅者 室羅伐悉底之凶人也 作害生靈 爲暴城國 殺人取指 冠首爲鬘 將欲害母 以充指數 世尊悲愍方行導化", 『일체경음의』 권71(대정장54, p.768a23)에 "지만〈'만' 자는 '막'과 '광'을 반절한 음이다. 앙굴마라를 말한다. '앙굴'은 손가락으로 한역하고, '마라'는 머리장식 또는 묶음으로 한역한다. 사람의 손가락을 잘라서 묶어 한데 모아 머리장식을 만들어서는 머리 위에 얹었기 때문에 이러한 이름을 가지게 되었다〉. 指鬘〈莫班反 卽央掘魔羅也 央掘此云指 魔羅此云鬘 或云結 斷人指結 相箸爲鬘安頭上 故有此名也〉"라고 하였다. 〔참고문헌〕『大唐西域記』, 『一切經音義』, *MN.2.99.* ⇨앙굴마라 央掘摩羅

지만경 指鬘經 Ⓢ Aṅgulimālīya-sūtra, Ⓣ sor-mo'i-phreng-ba-la-phan-pa. 『앙굴마경 鴦掘魔經』(대정장2, No.118)의 한역 이름. 『개원석교록약출』 권3(대정장55, p.738b27)에 "『앙굴마경』 1권〈'마(魔)' 자로 쓰는 경우도 있다. 『지만경』이라고도 한다〉. 서진대 삼장 축법호 한역. 鴦崛摩經一卷〈或有作魔字 一名指鬘經〉 西晉三藏竺法護譯", 『역대삼보기』 권7(대정장49, p.71c16)에 "『지만경』 1권〈『지계경』이라고도 한다〉. 指鬘經一卷〈或作指髻經〉"라고 하였다. 〔참고문헌〕『開元釋敎錄略出』, 『歷代三寶紀』·권6(대정장49, p.63b4), *Mvyut.65.* ⇨앙굴마경 鴦掘摩經

지만다라 智曼茶羅 ➡금강계만다라 金剛界曼茶羅

지만천 持鬘天 Ⓢ Mālā-dhāra, Māla-dhārī, Ⓣ phreng-thogs. 수미산(須彌山)의 사층천(四層天) 중 하나의 천. 화만(華鬘)을 지닌 천중(天衆). 사천왕천(四天王天)에 속한 세 개의 지거천(地居天) 중 둘째에 해당하는 천. 밀교 태장만다라(胎藏曼茶羅) 외금강원(外金剛院)에 위치한 존격. 삼매야형은 청련화(青蓮華), 종자는 ꜱ(ro). 형상은 흰색 몸에 보관(寶冠)을 썼으며 오른손은 주먹을 쥐어 바닥을 바깥으로 향하게 하고 왼손으로는 연꽃을 들었다. 삼매야형은 청련화(青蓮華), 수인은 금강합장, 진언은 보세천명비(普世天明妃)진언이다. 좌우에서 지만천녀(持鬘天女)가 보필한다. 지만천녀의 삼매야형과 종자 및 수인은 지만천과 같다. 오른쪽의 천녀는 오른손은 손바닥을 위로 향한 채 배꼽 앞에 두고 왼손에는 연꽃을 쥐고 있고, 왼쪽의 천녀는 양손으로 연꽃을 쥔 채 앉아 있는 모습이다. 『정생왕인연경』 권2(대정장3, p.398a1)에 "또한 수미산에 네 가지 층이 있다. … 둘째 층까지는 높이가 일만유순이다. 둘째 층은 옆으로 팔천유순이

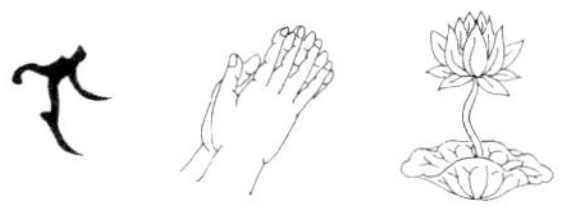

나와서 네 가지 보배로 이루어져 있는데 지만천이 그 안에 머문다. 又須彌山有四層級 … 去第二層高一萬由旬 其第二層 傍出八千由旬 四寶所成 有持鬘天 居止其中", 『월등삼매경』 권2(대정장15, p.560c18)에 "항상 취해 있는 지만천은 갖가지 화만을 지니며 권속들과 함께 마음으로 기뻐하며 부처님께 공양한다. 恒醉持鬘天 執種種花鬘 并眷屬心喜 供養勝丈夫", 『법화현의석첨』 권10(대정장33, p.883c29)에 "지만천에 대해서 『구사론』은 '견수천과 지만천 그리고 항교천과 사천왕천이 차례대로 네 층에 머물고 다른 일곱 개의 산에도 머무네'라고 하였다. 持鬘天者 俱舍云 堅守及持鬘 恒憍大王衆 如次居四級 亦住餘七山", 『일체경음의』 권70(대정장54, p.762c3)에 "견수천과 지만천〈마와 반을 반절한 음이다. 견수천·지만천·항교천 등은 모두 수미산의 층에 머무는 곳이며 땅에 있는 천이다. 사천왕의 부속국이고 제석천의 병사들이 머문다〉. 堅手及持鬘〈馬班反 堅手天 持鬘天 恒驕天 並住須彌山層級 悉是地居天 四天王之附庸國也 釋天主之兵將也〉"라고 하였다. 〔참고문헌〕『頂生王因緣經』, 『月燈三昧經』, 『法華玄義釋籤』, 『一切經音義』, 『曼茶羅図典』(大法輪閣, 2002), *Abh-k-bh.167.*, *Sam-r.62.*, *Mvyut.164.* ⇨수미사층급 須彌四層級, 수미산 須彌山

지말무명 枝末無明 근본무명(根本無明)에 의지해 일어난 일체염법(一切染法)을 말하며, 삼세(三細：業相 轉相 現相)와 육추(六麤：智相 相續 執取 計名 造業 受報)로 차제로 일으켜 법계(法界)를 미혹하게 하는 뒤에서 불각(不覺)의 상(相)이다. 『기신론소필삭기』 권3(대정장44, p.309b10)에 "무명중에 근본과 지말의 차이가 있다. 지말에는 다시 삼세와 육추가 있다. 於中有根本枝末之異 枝末復有 三細六麤", 같은 책 권12(대정장44, p.362b27)에 "소에서 추라 한 말은 지말무명이다. 이는 초지로부터 점차 벗어나다가 칠지에 이르러야 비로소 다한다. 疏麤者 枝末無明 從初地漸離 至七地方盡", 같은 책 권13(대정장44, p.365a8)에 "망념습기 등이란 바로 지말무명이니, 이는 미혹되어 진실인 듯한 것이라는 말은, 이 무명이 최초에는 진여와 합해 있었기에 이를 근본이라 한다. 나아가 식이 된 이후에는 식중에 있어서 의지해 뒤치니 이를 지말이라 한다. 그러므로 이 이름이 망념습기다. 妄念習氣等者 卽枝末無明 是迷似爲實之者 此無明就最初 與眞和合 則名根本 就至成識之後 依在識中轉 名枝末也 故此名爲妄念習氣", 태현(太賢)의 『대승기신론내의약탐기』(대정장44, p.413a13·한불전3, p.749a3)에 "지말무명은 무명에서 일어난 모든 염법이다. 곧 무명을 인으로 삼아 삼세가 일어나니 이것이 본식이고, 경계를 거두어 연으로 삼아 육추가 일어나니 이것은 의식이다. 『섭론』에 '일체염법은 모두 불각상이다'라고 하였다. 이 속의 대의는 '본각이 불각이 되고,

불각이 시각이 되며, 시각은 본각이 같아지고, 본각과 같으므로 불각은 없게 된다. 불각이 없으므로 시각도 없고, 시각이 없으므로 본각도 없으며, 본각이 없으므로 평등평등하다'라는 뜻을 밝히려는 것이다. 枝末無明者 無明所起一切染法 卽無明爲因三細生 此本識 攝境界爲緣六麤生 此意識 攝論云 一切染法 皆是不覺相 此中大意 欲明本覺成不覺 不覺成始覺 始覺同本覺 同本覺故 卽無不覺 無不覺故 卽無始覺 無始覺故 卽無本覺 無本覺故 平等平等", 『대승기신론의기별기』(대정장44, p.289b26)에 "지말무명은 경계에 미하여 본식을 훈하고 사(事)를 분별하는 식을 일으킨다. 枝末無明 迷境界 熏本識 起事識", 『원각경소초수문요해』 권2(卍속장15, p.505b2)에 "지말무명이란 바로 갖가지 번뇌장을 일으킨다. 무명이 진을 미한다는 말은, 이 진심을 미한 까닭이 모두 무명으로 말미암기 때문이다. 『화엄경』에 '모두 시원 없이 문득 일어나는 무명으로 말미암아 전적으로 법계를 잃어버린다'고 하니, 이것이 바로 무명이 진을 미한 뜻이다. 비유를 잡아 보면 맑은 물이 바람을 맞아 흔들려 물결 이는 듯 하니, 물은 인이고 바람은 연이다. 그러므로 『기신론소』에는 두 가지 뜻이 있다. 첫째, 본각을 인으로 삼고 불각을 연으로 삼아 삼세가 일어나고, 둘째 진은 망을 일으킬 수 없으니 그저 망이 진에 의탁하여 생할 뿐이다. 무명이 진여의 마음을 잃고서 삼세와 육추의 망념을 일으키는 것이다. 곧 무명을 인으로 삼고 진여의 마음을 연으로 삼는다. 마치 아래 「문수장」에서 '오로지 무명을 생사의 근본으로 삼을 뿐이다' 함과 같다. 枝末無明 卽起種種煩惱障也 無明迷眞者 迷此眞心 皆由無明故 華嚴經云 皆由無始 忽起無明 全迷法界 卽是無明迷眞之義 約喩者 如澄淨之水 爲風皷動 成其波浪 卽水爲因 風爲緣也 然起信疏有二義 一 以本覺爲因 不覺爲緣 生於三細 二 眞不起妄 卽妄託眞生 以無明迷於眞心 而起三細六麤之妄 則以無明爲因 眞心爲緣 如下文殊章中 唯以無明 爲生死根本", 『기신론속소』 권하(卍속장72, p.110a6)에 "첫째, 근본무명이 진여를 훈습하면 업식을 이룬다. 둘째, 지말무명이 진여를 훈습하면 의식을 이룬다. 一 根本無明熏眞如 成業識 二 枝末無明熏眞如 成意識", 『성유식론관심법요』 권6(卍속장82, p.556a4)에 "중도를 벗어나 헤매면 근본무명이라 하고, 공의 뜻을 잃고 미혹하거나 사에 헤매이면 모두 지말무명이라 한다. 중의 이치를 이해하면 중관이라 하고, 공의 이치를 이해하면 공관이라 하며, 모든 사를 이해하면 가관이라 한다. 그러므로 이사라는 두 이름을 삼제를 남김없이 거두고, 해와 미라는 두 가지 심소는 삼혹과 삼관을 남김없이 거둔다. 迷于中理 名根本無明 迷於空理 及迷事者 皆名枝末無明 解中理者 名爲中觀 解空理者 名爲空觀 解諸事者 名爲假觀 是故理事二名 攝盡三諦 解迷二種心所 攝盡三惑三觀"라고 하였다. [참고문헌] 『起信論疏筆削記』, 『大乘起信論內義略探記』, 『大乘起信論義記別記』, 『圓覺疏鈔隨文要解』, 『起信論續疏』, 『成唯識論觀心法要』. ⇨ 무명 無明, 근본무명 根本無明, 근본지말이무명 根本枝末二無明, 지말불각 枝末不覺, 삼세육추 三細六麤

지말번뇌 枝末煩惱 근본번뇌(根本煩惱)로부터 등류(等流)하는 염오의 심소(心所)를 말한다. 권속무명주지(眷屬無明住地)·수번뇌(隨煩惱 Ⓢ upakleśa)·수혹(隨惑)이라고도 한다. 구사(俱舍)에서는 방일·해태·불신·혼침·도거·무참·무괴·분·부·간·질·뇌·해·한·첨·광·교·수면·악작(放逸 懈怠 不信 昏沈 掉擧 無慚 無愧 忿 覆 慳 嫉 惱 害 恨 諂 誑 僑 睡眠 惡作)의 19종을, 유식(唯識)에서는 이 중 회(悔)와 면(眠)을 빼고 실념(失念), 산란(散亂), 부정지(不正知)를 더해서 20법을 수번뇌라 하지만 근본번뇌를 기준하는 입장에 따라 지말의 법들이 다르게 설정되기도 한다. 『법화경통의』 권3(卍속장49, p.855a2)에 "모든 근본번뇌와 지말번뇌는 가지런히 모두 뒤쳐서 진여묘용을 삼는다. 그러므로 전륜왕이 거느린 신하와 백성 팔만억인이 모두 출가했던 것이다. 모든 식을 다 뒤쳐서 지혜로 쓰면 비로소 성불의 진실한 인이 되는 까닭에 대법을 설해 달라고 청한다. 一切根本枝末煩惱 一齊都轉 爲眞如妙用 故轉輪王 所將臣民 八萬億人 俱出家也 以諸識俱轉爲智用 乃成佛之眞因 所以請說大法也", 『법화경지장소』 권5(卍속장93, p.779b2)에 "약 처방을 익힘을 밝힌다는 말은 방술을 밝혀 약성을 가려낸다는 뜻이다. 이것은 여래께서 일승실상에 통달하여 차별법문을 잘 아신다는 비유다. 차별법문은 지말번뇌를 능히 버리고, 일승실상은 능히 근본무명을 다한다. 그러므로 온갖 병을 잘 다스린다고 비유한다. 明練方藥者 明曉方術 諳練藥性 喩如來能達 一乘實相 能識差別法門 差別法門 能除枝末煩惱 一乘實相 能盡根本無明 故以善治衆病喩之", 『조론약주』 권6(卍속장96, p.644a1)에 "만 가지 얽힘은 지말번뇌를 가리키고, 망상은 근본번뇌를 가리킨다. 일단 근본이 끊어졌다면 지말은 생하지 않으므로 '다 쉬었다'고 한다. 이승의 진지 등이다. 萬累 指枝末煩惱 妄想指根本煩惱 根本旣斷 則枝末不生 故云都息 二乘盡智等", 『대반열반경소』 권13(대정장38, p.119b29)에 "탐은 지말번뇌 어머니와 같다. 貪是枝末煩惱 如母"라고 하였다. [참고문헌] 『法華經通義』, 『法華經指掌疏』, 『肇論略注』, 『大般涅槃經疏』. ⇨ 번뇌 煩惱, 근본번뇌 根本煩惱, 권속무명주지 眷屬無明住地, 근본지말이무명 根本枝末二無明, 무명 無明❶, 수번뇌 隨煩惱, 수혹 隨惑

지말불각 枝末不覺 근본불각이 아닌 지말무명(枝末無明)을 이르는 말. 근본무명인 불각(不覺)이 일으킨 일체염법을 말한다. 원효(元曉)의 『대승기신론별기』(대정장44, p.230a22・한불전1, p.683b13)에 "지말불각이란 무엇인가? 아뢰야식 내의 근본무명을 불각이라 한다. 아래 문구에서 '아뢰야식에 의지하여 각이 유무로 일어난다'고 한 말과 같다. 지말불각이란, 무명으로 일어난 일체염법을 모두 불각이라 한다. 아래 문에서 '일체염법은 모두 불각상이기 때문이다'라고 한 말과 같다. 만약 식상차별에 의지하여 본과 말이 다른 뜻을 가리는 문이라면 아뢰야식중에 오로지 본각과 본불각만 있을 뿐이다. 만약 식체가 둘이 아님에 나아가서는 말을 거두어 본으로 돌아가는 뜻의 문이라면 저 시각과 말의 불각도 아뢰야식 안의 뜻이다. 枝末不覺者 謂梨耶識內 根本無明 名爲不覺 如下文云 依阿梨耶識 說有 無覺而起故言枝末不覺者 謂無明所起 一切染法 皆名不覺 如下文云 一切染法 皆是不覺相故 若依識相差別 簡本異末義門 則梨耶識中 唯有本覺 及本不覺 若就識體無二 攝末歸本義門 則彼始覺 及末不覺 亦是梨耶識內之義", 같은 책(대정장44, p.233c16・한불전1, p.688b2)에 "이하에서는 두 번째로 지말불각을 밝힌다. 이 안에서 앞의 삼상(무명업상・능견상・경계상)은 미세해서 여전히 아뢰야식 위에 있지만, 뒤의 육추상은 그 나머지 칠식에 해당한다. 다만 저 근본무명을 바라서 모두 일어난 끝이기에 다 들어 지말불각이라 한다. 已下第二 明支末不覺 此中先三相 是微細 猶在阿梨耶識位 後六麤相 是餘七識 但望彼根本無明 皆是所起之末 通名枝末不覺也", 태현(太賢)의 『대승기신론내의약탐기』(대정장44, p.412c29・한불전3, p.748c9)에 "또한 무명 중에 망을 이루는 뜻과 진 중 망심을 드러내는 뜻에 따라 지말불각이 있게 된다. 이 문 중에 진망 각각 네 문을 여니, 모두 펼치면 여덟 문이다. 만약 진망이 합하여 연기를 성취한다고 보아 네 문이 있다. 곧 두 가지 각과 두 가지 불각이 그것이다. 본말이 서로 떨어질 수 없다면 오로지 두 문이 있을 뿐이다. 곧 각과 불각이 그것이다. 모두 녹여 어울리게 해서 다 거두어 오직 하나의 문이 있을 뿐이다. 곧 일심의 생멸문을 말한다. 또한 식에서 상을 나누는 문에 따르면 본각과 본불각이 본식중이고, 그 나머지는 생기하는 식중이다. 본말이 둘이 아닌 문에 따르면 모두 본각식중에 있게 된다. 그러므로 '이 식에 두 가지 뜻이 있다'고 한다. 又由無明中成妄義 及眞中現妄義 得有枝末不覺 此門中眞妄 各開四 廣卽八門 若約兩和合成緣起 卽有四門 謂二覺二不覺 若本末不相離 唯有二門 謂覺與不覺 若鎔融總攝 唯有一門 謂一心生滅門 又若約識分相門本覺本不覺在本識中 餘在生起識中 若約本末不二門 並在一本覺識中 故云此識有二義也"라고 하였다. [참고문헌] 『大乘起信論別記』, 『大乘起信論內義略探記』, 『大乘起信論』(대정장32, p.577b4・577a21). ⇨ 권속무명주지 眷屬無明住地, 근본불각 根本不覺, 불각 不覺, 지말무명 枝末無明, 근본지말이무명 根本枝末二無明, 무명 無明 **1**

지맹 持盟 가져 버리지 않는 뜻으로 다라니(陀羅尼 Ⓢ dhāraṇī)의 한역어다. 『일체경음의』 권39(대정장54, p.560b6)에 "범어로 다라니라 하고 한역하면 지맹이라 하거나 총지라 한다. 가져 굳게 하는 뜻으로 보면 바로 진실한 말이라는 뜻이다. 구역에서 주라 하였으니, 불이의 진실한 말을 베풀어 굳게 맹서한다는 뜻이다. 梵語云陀羅尼 唐云 持盟 或云總持 案持盟者 則眞實言也 古譯云呪 卽是設盟立誓 不二眞實之言"라고 하였다. [참고문헌] 『一切經音義』. ⇨ 다라니 陀羅尼

지맹 智猛 **1** 후진(後秦)대 구법승(求法僧). 옹주(雍州) 경조(京兆 : 湖北省) 신풍(新豊) 출신. 어릴 때 출가하여 수행에 전념했다. 인도 불교유적과 경전을 항상 마음에 두었다. 404년 담찬(曇纂) 등 도반 열다섯 명과 함께 장안을 출발하여 선선(鄯善)・구자(龜玆)・우전(于闐) 등을 거쳐 히말라야를 넘고 인더스 강을 건너서 인도에 들어갔다. 계빈(罽賓)에서 불발(佛鉢)에 공양드리고 기사(奇沙)・가유라위국(迦惟羅衛國)에 도착하여 불발(佛鉢)・불아(佛牙)・육계골(肉髻骨)을 친견하였고 석가모니부처님께서 열반하신 사라쌍수와 성도하신 붓다가야를 순례하였다. 『대반니원경 大般泥洹經』과 『마하승기율 摩訶僧祇律』 등의 범본을 구하여 424년 귀로에 올랐다. 양주(涼州)에서 『니원경 泥洹經』 20권을 역출했다. 437년 촉(蜀)에 들어왔고 439년 종산(鍾山) 정림사(定林寺)에서 가져온 범본을 사전(寫傳)하고 불교유적을 다녀온 전기(傳記)를 저술했다. 원가년간(元嘉年間) 말기에 성도(成都)에서 입적했다. 그가 한역한 『니원경』은 현재 일실되어 전하지 않는다. [참고문헌] 『梁高僧傳』 권3(대정장50, p.343b1), 『開元釋敎錄』 권4(대정장55, p.521b24). ⇨ 담찬 曇纂 **2** 수(隋)대 스님. 상주(相州) 출신. 정영사(淨影寺) 혜원(慧遠) 문하에서 공부했다. 『유마경』과 『법화경』 등에 능통하였고 강경(講經)에 뛰어나 사방에 이름을 떨쳤다. [참고문헌] 『唐高僧傳』 권8(대정장50, p.492a28).

지명 志明 금(金)대 스님. 자는 백혼(伯昏), 호는 착암(錯庵)・낙진자(樂眞子), 속성은 학(郝)씨. 안주(安州 : 河北省) 출신. 종파는 알 수 없다. 일찍이 『관화표월집 貫花標月集』을 지었다. 결(潔)수좌에게 격려를 받아 출가하였고, 향림정(香林淨)을 득도사로 계를 구족했다. 승정보(勝靜普)를 찾아 뵌 후에 깨닫고 그의 법을 이었다. 숭산(嵩山) 소림사(少林寺)에 머물며 『선원몽구 禪苑蒙求』를 편찬했다. [참고문헌] 『禪苑蒙求』 권상(卍속장148, p.193a9). ⇨ 선원몽구 禪苑蒙求

지명 知命 백제 제27대 위덕왕(재위 554~598) 때 스님. 용화산(龍華山) 사자사(師子寺)에 주석하면서 신통력으로 서동(薯童)이 왕위에 오르는 것을 도왔고, 또 한 미륵사 창건도 도왔다. 『삼국유사』 권2(대정장49, p.979c13·한불전6, p.301b21) 기이(紀異)2 무왕(武王)에 “지명법사에게 가서 못을 메울 일을 물으니 신묘한 힘으로 하룻밤 사이에 산을 무너뜨려 못을 메우고 평지를 만들었다. 이에 미륵삼회를 법상으로 하여 전·탑·낭무를 각각 세 곳에 세우고 이름을 미륵사라 하였다. 詣知命所問塡池事 以神力一夜頹山塡池爲平地 乃法像彌勒三會 殿塔廊廡 各三所創之 額曰彌勒寺”라고 하였다. [참고문헌] 『三國遺事』. ⇨ 미륵사지 彌勒寺址

지명 持明 ❶ Ⓢ dhāraṇī, Ⓣ gzungs-sngags. 가져 지혜롭게 되는 다라니(陀羅尼). 지(持)는 다라니의 한역이고 명(明)은 진언의 다른 이름이다. 『대일경소』 권3(대정장39, p.609c5)에 “마하연에서도 역시 지명을 비장으로 삼는다. 아직 만다라에 들어가지 못한 이는 독송하거나 수지하지 못하게 하고, 몰래 함께 하고 듣는 포살도 도리어 중죄를 부른다. 摩訶衍中 亦以持明爲祕藏 未入漫茶羅者 不令讀誦受持 還同盜聽布薩 反招重罪”, 같은 책 권9(대정장39, p.674c28)에 “지명은 범어로 다라니라 한다. 명은 일체 진언의 문과 진언의 행을 총지하여 이 삼매야의 서원이 다하도록 끝까지 잃지 않음을 말한다. 持明者 梵云陀羅尼 明謂總持一切明門明行 乃至盡此三昧耶誓願以來 終不漏失”, 『현밀원통성불심요집』 권하(대정장46, p.1001a11)에 “삼승교 밖에 별도로 지명이 있으니 바로 이것이다. 三乘敎外 別有持明 是也”라고 하였다. [참고문헌] 『大日經疏』, 『顯密圓通成佛心要集』, *Mvyut.198.* ⇨ 다라니 陀羅尼, 진언 眞言 ❷ Ⓢ vidyādhara. 다라니를 수지하다. 지(持 Ⓢ dhara)는 수지(受持)의 뜻이고, 명(明 Ⓢ vidyā)은 진언의 한역이다. 『송고승전』 권24(대정장50, p.864b17) “원교 스님은 영무 출신이다. 지조가 있어서 대중들과 무리를 짓지 않았으며, 진언을 수지하는 것을 자신의 임무로 삼았다. 釋元皎 靈武人也 有志操與衆不群 以持明爲己務”라고 하였다. [참고문헌] 『宋高僧傳』.

지명 智命 ?~618. 수대 스님. 휘는 정(頲), 속성은 정(鄭)씨. 영양(滎陽 : 河南省) 출신. 이른 나이에 재주가 뛰어나 명성이 자자하였고, 벼슬은 오품(五品)에 이르렀다. 양제(煬帝)가 세상을 떠난 뒤에 더 이상 벼슬을 살지 않아 오로지 가상대사(嘉祥大師) 길장(吉藏)의 지도에 따라 『법화경』과 삼론(三論) 등을 수학하였다. 왕세충(王世充)이 수를 찬탈한 시기를 맞아 마침내 처와 함께 출가하자 왕세충이 분노하여 죽였다. 그 처는 출가한 뒤에 낙주사(洛州寺)에 머물렀다. [참고문헌] 『唐高僧傳』 권27(대정장50, p.682c12).

지명 智明 신라대 스님. 위의(威儀)와 계행(戒行)이 청정하여 승단(僧團)의 사표가 되었다. 『삼국사기』 권4 신라본기(新羅本紀)4 진평왕 7년(585) 7월에 “고승 지명이 진나라에 들어가 불법을 구하였다. 高僧智明 入陳求法”, 같은 책 24년(602) 9월에 “고승 지명이 입조사 상군을 따라 돌아왔다. 왕이 스님의 계행을 존경하여 대덕으로 모셨다. 高僧智明 隨入朝使上軍還 王尊敬明公戒行爲大德”, 『해동고승전』 권2 「석지명전」(대정장50, p.1020b9·한불전6, p.97b24)에 “승속의 무리들이 이를 법으로 삼고 가르침으로 삼았다. 후에 대대덕을 더하였다. … 스님(담육)과 지명은 함께 높은 덕으로써 당대에 이름을 드러내었다. 緇素之徒 是彝是訓 後加大大德 … 師與智明 竝以高德 顯名當代”라고 하였다. 『사분율갈마기 四分律羯磨記』 1권을 지었으나 전하지 않는다. [참고문헌] 『三國史記』, 『海東高僧傳』, 『韓國佛敎撰述文獻總錄』(동국대출판부, 1976) p.7. ⇨ 담육 曇育

지명관정 持明灌頂 Ⓢ vidyādhara-abhiśekha. 오종삼매야(五種三昧耶) 중 제3삼매야. 아사리관정을 받지 못한 이가 스스로 본존의 진언과 수인을 행하는 것. 수명관정(受明灌頂)·학법관정(學法灌頂)이라고도 한다. 『대일경』 권7(대정장18, p.52c27)에 “만약 이 여래행에 의지하는 이라면 마땅히 대비태장에서 만다라왕을 낳고 아사리관정을 받으며 수행을 구족할 것이니 지명관정을 얻은 이만 할 수 있는 일은 아니다. 若依此如來行者 當於大悲胎藏生漫茶羅王 得阿闍梨灌頂 乃應具足修行 非但得持明灌頂者之所堪也”, 『약사유리광여래소재제난염송의궤』(대정장19, p.20b19)에 “이와 같은 법을 닦고자 한다면 지혜로운 이는 먼저 스승을 따라 삼매야계를 받고 대보리심을 일으켜 지명관정을 받고 아사리의 인가를 얻은 후에 진언행을 닦을 수 있다. 欲修如是法 智者先從師 受三昧耶戒 發大菩提心 得持明灌頂 阿闍梨印可 然後乃修持”, 『대일경공양차제법소』 권하(대정장39, p.805c11)에 “지명관정이란 율에서 구족계를 받지 못한 경우와 같으니 다만 스스로 본존의 진언과 수인을 염송할 뿐 널리 배움을 행하지는 못한다. 만약 널리 배우고자 하는 이라면 부처님의 가피를 받을 때까지 지성으로 염송하고, 가피를 받은 후에 전법아사리에게 청하여 변학아사리관정을 받아서 널리 행할 수 있다. 持明灌頂者 如律中未受具戒者 但自作本尊眞言印念誦 不得廣行學也 若欲得遍學者 至蒙佛加被至誠念誦 得加被已後 請傳法阿闍梨得蒙遍學阿闍梨灌頂 乃能廣行”라고 하였다. [참고문헌] 『大日經』, 『藥師琉璃光如來消災除難念誦儀軌』, 『大日經供養次第法疏』. ⇨ 수명관정 受明灌頂, 오종삼매야 五種三昧耶, 관정 灌頂❶

지명선 持明仙 Ⓢ Siddhavidyādhara. 밀교 태장만다

라(胎藏曼荼羅) 외금강원(外金剛院)의 일존(一尊). 진언을 외우거나 약의 힘에 의하여 신통력을 성취한 선인(仙人). 실지지명선(悉地持明仙)·성취지명선(成就持明仙)이라고도 한다. 선무외(善無畏 637~735)삼장의 아사리소전만다라(阿闍梨所傳曼荼羅)에서는 제3중의 동쪽에 지명선, 북방에 실지지명선이 위치한다. 태장만다라 외금강원의 성취지명선의 존형은 살색으로 오른손은 가슴 높이로 들어 올려 중지와 무명지를 구부리고, 왼손은 권형으로 허리 높이에서 미개부연화(未開敷蓮華)를 쥐고 가부좌하여 앉은 모습이다. 종자는 (si). 삼매야형은 미개부연화이고 진언은 '나마 사만타붓다남 싯다비디야다라남 스바하 namaḥ samanta buddhānāṃ siddha-vidyādharāṇāṃ svāhā 두루하신 제불께 귀의합니다. 성취지명선이여! 스바하'이다. 『대일경소』 권3(대정장39, p.608a6)에 "여기에서 말한 실지궁에는 상중하의 구분이 있다. 상은 밀엄국토이다. 삼계를 벗어났으니 이승이 보고 들을 수 있는 경계가 아니다. 중은 시방의 정엄이다. 하는 천들과 수라의 궁 등을 말한다. 진언행자가 삼품의 지명선을 성취할 때 이와 같은 실지의 궁 안에 안주한다. 此中言悉地宮 有上中下 上謂密嚴佛國 出過三界非二乘所得見聞 中謂十方淨嚴 下謂諸天脩羅宮等 若行者成三品持明仙時 安住如是悉地宮中", 같은 책 권6(대정장39, p.642b11)에 "(아사리소전만다라의) 도상에서 지명선은 여러 약의 힘으로 성취한 것이다. 실지지명선이란 오로지 주술에 의지하여 실지를 얻은 사람이다. 圖云持明仙者 是餘藥力等所成 悉地持明仙者 皆是專依呪術得悉地人", 같은 책 권11(대정장39, p.698c19)에 "안약 등의 성취란 시방불국토를 보고 날아올라 시방의 불국토를 노니는 것이니 다른 것도 알 수 있다. 또는 새나 짐승 등의 갖가지 형태를 그린 그림에서 하나를 취하여 작법을 성취하면 시방불국토를 자유롭게 갈 수 있다. 또는 작법으로 동남과 동녀를 가지하고 그를 성취하게 하여 공시로 삼아서 시방불국토를 노닌다. 서방에서 한 사람이 성취하면 오백 명이 허공에 날아올라 가되 가는 곳을 알지 못한다. 이 법이 성취되면 이것이 지명선이다. 眼藥等成就者 卽見十方佛刹 卽能騰遊十方佛刹 餘可解也 又有畫作鳥獸種種形 隨取其一作法成 卽堪御往十方刹自在也 或以法加童男女 亦令彼成就以爲供侍 卽遊十方刹也 西方有一人成 引五百人昇空而去 不知所去也 此法成卽是持明仙也"라고 하였다.

〔참고문헌〕『大日經疏』, 『曼荼羅図典』(大法輪閣, 2002).

지명원 持明院 태장만다라(胎藏曼荼羅) 13대원 중 하나. 중대팔엽원(中臺八葉院) 서쪽 하방의 제1중에 해당한다. 이 원은 대일여래(大日如來)의 번뇌 끊는 덕을 나타내는데, 치성한 번뇌를 상징하는 마구니를 교화하기 위해 교령륜신(敎令輪身)을 드러내고 여래진언을 겸송하므로 지명원이라 한다. 교령신은 분노존(忿怒尊)이므로 분노원(忿怒院)이라고도 한다. 또한 중앙의 반야보살(般若菩薩)을 중심으로 부동명왕(不動明王)·항삼세명왕(降三世明王)·대위덕명왕(大威德明王)·승삼세명왕(勝三世明王)이 사방에 안치되어 있으므로 오대원(五大院)이라고도 한다. 태장현도만다라에서 오존은 불부 교령륜(敎令輪)의 단덕(斷德)의 시종(始終)을 나타내는 부동명왕·승삼세명왕과 연화부 및 금강부의 교령륜인 대위덕명왕과 항삼세명왕을 포함한다. 이 원의 중앙에 반야보살이 자리하는 것에 대해 몇 가지 이설이 있다. 지명원은 중대(中臺) 대일여래의 단덕(斷德)을 나타내므로 단덕이란 반야를 근본으로 하기에 반야보살을 중앙에 안치한다는 것이다. 다른 해석으로는 반야보살은 대일여래의 정법륜신(正法輪身)으로서 태장의 부모(部母)이므로 태장법을 닦는 행자가 이 자리에 앉아 이 부의 태(胎)에 의지한다는 뜻이다. 망집이 사라진 대일여래의 경계에 들어가는 것은 반야바라밀에 의지해야 하므로 행자는 반야보살의 자리에 머문다는 뜻이다. 또는 인도에서 토단(土壇)에서 작법을 행할 때 행자가 지명원 중앙에 앉아 작법을 마치고 물러나면 그 자리에 반야경을 안치하였으므로 만다라에서 그 자리에 반야보살을 그렸다고 설명하기도 한다. 아사리소전만다라(阿闍梨所傳曼荼羅)에서는 지명원에 항삼세·금강탁(金剛鐸)·금강견삭(金剛羂索)·금강도(金剛刀)·불가월호문자(不可越護門者)·여래사자(如來使者)·금강권(金剛拳)·무희론금강(無戱論金剛)·금강부(金剛斧)·금강륜(金剛輪)·금강봉(金剛棒)·성부동존(聖不動尊) 등 13존을 안치하고 있다. ⇨ 오대원 五大院, 태장만다라 胎藏曼荼羅

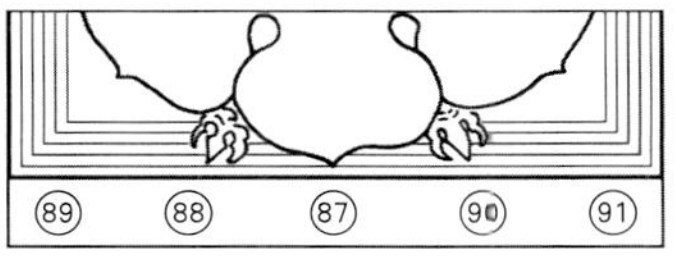

⑰반야보살般若菩薩 ⑱대위덕명왕大威德明王 ⑲승삼세명왕勝三世明王 ⑳항삼세명왕降三世明王 ㉑부동명왕不動明王

지명장 持明藏 Ⓢ vidyādhara-piṭaka. 지명(持明)의 법장(法藏). 진언(眞言)과 다라니(陀羅尼)를 설하는 모든 경전. 지명주장(持明呪藏)이라고도 한다. 『대일경의석연밀초』 권1(卍속장37, p.11a9)에 "지명장은 비장을 총칭한다. 이 경의 대본은 십만송을 온전히 바르게 설하는 일체총지명주를 따로 하나의 법장으로 삼는다.

그러므로 지명장이라 한다. … 장이란 갖가지 보배를 거두어 쌓아놓고 내보내고 들여서 베풀어 구제함을 끝없이 할 수 있다. 지명장 역시 그러하니 제불의 비밀법의를 거두고 쌓아두어 이롭고 기껍게 함이 무궁하므로 명장이라 한다. 持明藏者 秘藏之都稱也 謂此經大本有十萬頌正詮一切總持明呪 別爲一藏 故曰持明藏也 … 藏卽能蘊攝種種雜寶 出內取與 賑濟無窮 持明藏 亦爾蘊攝諸佛秘密法義 利樂無盡 故以爲明藏", 『소바호동자청문경』 권하(대정장18, p.731b27)에 "다음으로 소바호동자여. 세존께서 미래일체중생을 이롭게 하시기 위해 삼구지오락차의 진언과 주문을 설하셨으니 이를 지명장이라 한다. 復次 蘇婆呼童子 世尊爲利益未來一切衆生故 說三俱胝五落叉眞言及明 名曰持明藏"라고 하였다. 〔참고문헌〕『大日經義釋演密鈔』, 『蘇婆呼童子請問經』, *Śikṣ.142.* ⇨ 비제다라필득가 毘睇陀羅必栲家, 지명 持明 ❶

지명장팔대총지왕경 持明藏八大總持王經 송(宋)대 북인도(北印度) 출신 삼장 시호(施護) 한역. 1권. 고려장34, pp.85b1~87c21, No.1167 · 대정장21, pp.886b20~888a25, No.1370에 수록되어 있다. 줄여서 『팔대총지왕경』이라고도 한다. 부처님께서 지명장(持明藏) 중에서 가려낸 뛰어난 공덕의 여덟 다라니와 그에 관한 풀이다. 여덟 다라니는 식재(息災) · 증익(增益) · 개악위선(改惡爲善) · 복원(伏寃) 등을 성취시키는 공능이 있다 하였다. 이들 다라니의 이름은 따로 이름하지 않고, 선설(宣說)한 이를 따라 과거무량정등정각이족세존(過去無量正等正覺二足世尊) · 행륜회의성동자(行輪迴義成童子) · 연각(緣覺) · 구지나한(俱胝羅漢) · 예류(預流) · 무능승보살(無能勝菩薩) · 아나함(阿那含) · 묘의지명천(妙意持明天)이라 부른다. 다라니를 지송해야 할 때와, 작법과 그에 따른 횟수는 각기 다르게 밝힌다. 또한 다라니 지송 외에 복약(服藥)과 주술(呪術)에 관한 작법도 상세히 소개하고 있다. 〔참고문헌〕『法界聖凡水陸大齋法輪寶懺』 권1(卍속장129, p.804b18), 『古今圖書集成選輯』 권99(대장경보유15, p.451a10).

지명주장 持明呪藏 Ⓢ vidyādharapiṭaka. 진언과 다라니를 설하는 법장(法藏). 삼장(三藏) 이외에 밀교 문헌을 집록한 경전과 의궤를 말한다. 『대당서역구법고승전』 권하(대정장51, p.6c22)에 "명주란 범어로 비제다라필득가이다. 비제(Ⓢ vidyā)는 한역하면 명주이고, 다라(Ⓢ dhara)는 지이며, 필득가(Ⓢ piṭaka)는 장이니 지명주장이라고 한역해야 한다. 그런데 전승에 의하면 이 지명주장은 범본 십만송이고 한역본은 삼백 권이라 하지만 지금 구해 보니 대부분은 소실되었고 일부만 온전하다. 夫明呪者 梵云毘睇陀羅必栲家 毘睇譯爲明呪 陀羅是持 必栲家是藏 應云持明呪藏 然相承云 此呪藏 梵本有十萬頌 唐譯可成三百卷 現今求覓 多失少全"라고 하였다. 〔참고문헌〕『大唐西域求法高僧傳』. ⇨ 비제다라필득가 毘睇陀羅必栲家

지모 智母 ❶ Ⓢ mātṛkā, Ⓟ mātikā. 지혜를 낳는 어머니. 논장(論藏)을 비유하는 말이다. 본모(本母)라고도 하며, 음사어는 마득륵가(摩得勒伽)이다. 『번역명의집』 권4(대정장54, p.1113c29)에 "마득륵가 : 지모라 한역한다. 지혜를 낳기 때문이다. 摩得勒伽 此云智母 以生智故", 『점찰선악업보경의소』 권1(卍속장35, p.155b2)에 "마덕륵가는 지모라 한역하니, 보살논장을 말한다. 摩德勒伽 此云智母 卽是菩薩論藏", 『석정토군의론탐요기』 권1(臺灣國圖善本44, p.2a4)에 "마저리가(摩咀理迦)는 번역하여 본모논장이라 한다. 또 『보살지지경 菩薩地持經』에서는 '보살이 마득륵가에 들어가 전도되지 않은 논을 짓는다'라고 하였으니, 마득륵가는 지모라고도 할 수 있다. 摩咀理迦 此翻本母論藏名也 又地持論云 菩薩入摩得勒伽 造不顚倒論 摩得勒伽 此云智母"라고 하였다. 〔참고문헌〕『翻譯名義集』, 『占察善惡業報經義疏』, 『釋淨土群疑論探要記』, *Bodh-bh.233.*, *Vin.1.119.* ⇨ 논장 論藏, 본모 本母, 마득륵가 摩得勒伽 ❷ 지(智)가 생겨나게 하는 것. 이염(爾焰 · 爾炎) · 소지(所知 Ⓢ jñeya) · 경계(境界) · 지경(智境) · 지도(智度)와 같다. 『인왕호국반야경소』 권5(대정장33, p.283c2)에 "'이염'은 지모라 한역한다. 言爾焰者 此云智母", 『승만보굴』 권상(대정장37, p.16b19)에 "이염은 지모라 하니, 능히 지를 낳기 때문이다. 또한 지경이라 하니 … 지로 비추었기에 지경이라 한다. 爾炎謂智母 以能生智故 又亦名爲智境 … 爲智所照 名智境也"라고 하였다. 〔참고문헌〕『仁王護國般若經疏』, 『勝鬘寶窟』. ⇨ 이염 爾焰 ❶, 소지 所知 ❸ 일체지(一切智 Ⓢ sarvajña)를 낳거나 또는 여여문자(如如文字)로 실상(實相)을 깨우쳐 드러내는 문자. 『인왕호국경』 권상(대정장8, p.839b14)에 "실상을 닦는다 하면 진여로서의 문자를 닦는 것이다. 실상은 곧 제불의 지모이고 일체유정의 근본으로서의 지모이니, 이를 곧 일체지의 몸이라 하겠다. 修實相者 如文字修 實相卽是諸佛智母 一切有情根本智母 此卽名爲一切智體", 『인왕경』 권상(대정장8, p.829b15)에 "여여문자로 제불의 지모를 닦는데, 이는 일체중생성의 근본으로서의 지모이고 바로 일체지의 바탕이다. 如如文字修諸佛智母 一切衆生性根本智母 卽爲薩婆若體", 원측(圓測)의 『인왕경소』 권중(대정장33, p.405b29 · 한불전1, p.88a15)에 "능히 닦는 지혜로 여여한 불모를 닦아 능히 부처를 낳기에 지모라 한다. … 부처를 얻지 못했을 때에는 마땅히 부처님을 지모로 삼지만, 만약 부처가 되었을 때인즉 그대로 살바야여서 바로 일체지다. … 살바야는 깨우쳐 본성이 드러난 것이니 닦는 것이 바로 교화다.

교화로써 능히 본래 부처를 드러내니 그 이름이 지혜의 어머니다. 能修之智 修如如佛母 能生佛故名智母 … 未得佛時 以當佛爲智母 若得佛時 卽薩婆若 是一切智 … 卽薩婆若 覺顯本性 名修者爲化 爲化能顯本佛 故名智母"라고 하였다. [참고문헌] 『仁王護國經』, 『仁王經』, 『仁王經疏』. ⇨ 불모 佛母 ❷, 일체지 一切智

지모암 智母庵 경상남도 합천군 가야면 치인리 가야산(伽倻山)에 있던 암자. 대한불교조계종 제12교구 본사 해인사(海印寺)의 산내암자였다. 원당암(願堂庵) 남쪽에 있었으며, 비구니 성주(性主)가 창건하였다. [참고문헌] 李智冠 『伽倻山海印寺誌』 p.898.

지몽 志蒙 ?~1006. 북송대 조동종(曹洞宗) 스님. 속성은 서(徐)씨. 저두화상(猪頭和尙)이라는 별명으로 더 알려져 있다. 돼지 머릿고기를 즐겨 먹고 비단옷을 입고 다니는 등 예사 사문의 법을 따르지 않았다. 미래를 보는 신통이 있었고, 1006년(경덕3) 삼구(三衢) 길상사(吉祥寺)에서 입적할 때는 스스로를 정광불(定光佛)의 화신이라 하였다. 진신(眞身)을 모셨는데 당시 세간에서 소원을 빌며 숭배하였다. 법계는 동산양개(洞山良价) → 현자화상(蜆子和尙) → 저두화상으로 이어지며, 유족화상(維足和尙)과는 법형제간이다. [참고문헌] 『佛祖統紀』 권44(대정장49, p.403a5), 『釋門正統』 권4(卍속장130, p.820b13). ⇨ 저두화상 猪頭和尙

지묘금강보살 持妙金剛菩薩 Ⓢ Suvajradhara. 밀교 태장만다라(胎藏曼荼羅) 금강수원(金剛手院)에 위치한 보살. 『대일경』 권1 「입진언문주심품 入眞言門住心品」(대정장18, p.1a17)의 십구집금강(十九執金剛) 중 제10 묘집금강(妙執金剛)이며, 묘금강(妙金剛)・등묘금강(等妙金剛)이라고도 한다. 밀호는 미세금강(微細金剛)・묘행금강(妙行金剛), 삼매야형은 갈마진단(羯磨鎭壇), 종자는 훔(ᄒ hūṃ). 살색은 희고 왼손은 항삼세회의 삼고저(三鈷杵) 모양의 갈마진단을 쥔 채 허리춤에 두고 오른손은 독고저(獨鈷杵)를 세워 들고 적련화에 앉은 모습이다. 수인은 지지인(持地印)이고 진언은 일체지금강진언(一切持金剛眞言)이다. 묘금강의 묘는 견줄 수 있는 것이 없다는 뜻이다. 밀호에서 미세란 미미하게(微) 들어와서 가늘게(細) 이어진다는 뜻으로 어떠한 공덕도 이것과 비교할 수 있는 것이 없다는 뜻이다. 『태장금강교법명호』(대정장18, p.204b17)에 "지묘금강보살〈밀호는 미세금강〉. 持妙金剛菩薩〈微細金剛〉"라고 하였다. [참고문헌] 『大日經』, 『胎藏金剛敎法名號』, 『靑龍寺儀軌』 권중(대정장18, p.157b10), 『大日經疏』 권1(대정장39, p.581c4), 『曼荼羅図典』(大法輪閣, 2002). ⇨ 묘집금강 妙執金剛, 십구집금강 十九執金剛, 금강수원 金剛手院

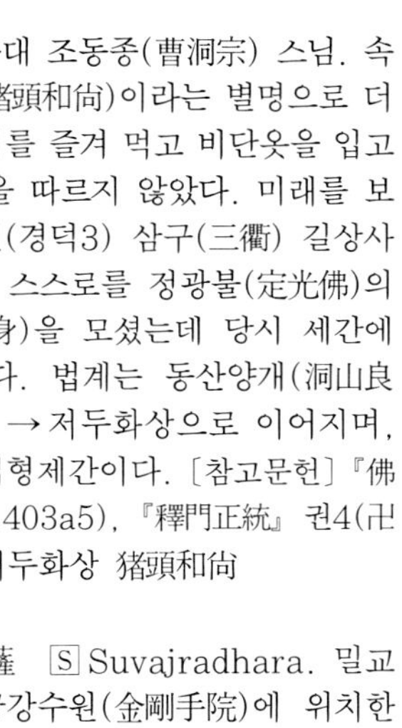

지묘사 智妙寺 대구광역시 지묘동에 있던 절. 『고려사』 권92 열전(列傳)5 신숭겸(申崇謙)에 "태조가 깊이 슬퍼하며 시호를 장절이라 하고 … 지묘사를 창건하여 명복을 빌게 하였다. 太祖甚哀之 謚壯節 … 創智妙寺 以資冥福", 『기언』 권16 「도산사기 道山祠記」(한국문집총간98, p.89a6)에 "고려 풍속에 장절공의 죽음을 추모하여 매년 봄가을 좋은 날에 지묘불사에서 등불을 달고 제사를 지낸다고 한다. 麗俗爲壯節公死 以每歲春秋良日燃燈齊祀於智妙佛寺"라고 하였다. [참고문헌] 『高麗史』, 『記言』, 『韓國寺刹全書』 권하 p.1043a14.

지묘음 支妙音 중국 남북조시기 진(晉)에서 활동하던 비구니. 묘음(妙音)이라고도 불렀다. 『비구니전』 권1 「간정사지묘음니전 簡靜寺支妙音尼傳」에 의하면, 내외교(內外敎) 뿐만 아니라 문장을 잘 지어서 진 효무제(孝武帝) 등에게 존경받으면서 함께 담론하고 글을 지었다고 한다. 효무제의 동생인 회계왕(會稽王) 사마도자(司馬道子)가 간정사(簡靜寺)를 세우고 지묘음을 사주(寺主)로 삼았는데 제자가 백여 명이나 되었다. [참고문헌] 『比丘尼傳』.

지무암 知無庵 경상남도 합천군 가야면 치인리 가야산(伽倻山)에 있던 암자. 해인사(海印寺)의 산내암자였다. [참고문헌] 『韓國寺刹全書』 권하 p.1042a8.

지무암 智無庵 강원도 속초시 설악동 설악산(雪嶽山)에 있던 암자. 신흥사(神興寺)의 산내암자였다. [참고문헌] 『韓國寺刹全書』 권하 p.1043a15.

지묵 紙墨 종이와 먹. 문자를 상징하기도 한다. 『우바새계경』 권5(대정장24, p.1059b18)에 "종이와 먹으로 남을 시켜 여래께서 전하신 경전을 서사하도록 하거나 스스로 서사한 다음에 보시하여 독송토록 한다면 이를 법시라 한다. 若以紙墨 令人書寫 若自書寫 如來正典 然後施人 令得讀誦 是名法施", 『경덕전등록』 권6 「대주혜해전 大珠慧海傳」(대정장51, p.247a26)에 "경론은 종이와 먹에 쓰여진 문자이고 종이와 먹에 쓰여진 문자는 모두 공이니, 설령 소리 위에 이름과 구 등의 법을 건립할지라도 공 아님이 없거늘, 좌주는 교체인 성명구문에 집착해 막혀 있으니 어떻게 공에 떨어지지 않겠는가! 經論是紙墨文字 紙墨文字者俱空 設於聲上 建立名句等法 無非是空 坐主執滯教體 豈不落空", 『석전법훈어록』 권3 「시수감사 示秀監寺」(卍속장122, p.58a1)에 "만일 저 하나 드러낼 수 있다면 문자로 거둘 수 없으니, 수감사가 이 말에 곧바로 고개를 끄덕이더라도 내 수중에 통렬한 매 맛 피하지는 못하리라. 若是那一著 紙墨收攝不得 秀於語下 直下点頭 亦免山僧手中 痛棒不得", 『감산집』 권37(卍속장127, p.755a3)에 "종이 먹으로 그린 글과 말은 모두 진실이 아니니, 진실한 경이란 전적으로 저 미진 부순중에 있으니 다만 능히 자자마다 빛으로 가득하게 할 뿐이어서 문수만이 굳이 지혜로운 이라 하지 마라. 紙墨文言總不眞 眞經全在剖微塵 但能字字光明現 莫道文殊是智人"라고 하였다. 〔참고문헌〕『優婆塞戒經』, 『景德傳燈錄』, 『石田法薰語錄』, 『憨山集』.

지문 止門 그치는 문. 멸제(滅諦)를 깨우치는 문으로 망상습기를 다 그쳐 진여를 성취한다. 육묘문(六妙門) 중 하나다. 『육묘법문』(대정장46, p.555b9)에 "한 찰나의 마음에서 백천삼매와 모든 삼매에 들어 허망과 습기를 모두 그치므로 지문이라 한다. 能一念心中 入百千三昧 及一切三昧 虛妄及習俱止息 故名爲止門", 『마하지관』 권3하(대정장46, p.30c12)에 "사제(四諦) 중 멸제는 무위행으로서 지문에 속한다. 滅諦 是無爲行 屬止門", 『대승지관법문』 권3(대정장46, p.658a3)에 "청정한 마음의 체는 항상 분별이 없다. 이렇게 이해하면 진여에 그대로 따른다고 하고 지문이라고도 한다. 오래 충분히 닦고 익히면 무명과 망상의 습기가 다 사라지므로 망념도 저절로 그친다. 이를 가리켜 진여를 증득하였다고 한다. 淨心之體 常無分別 作此解者 名爲隨順眞如 亦得名爲止門 久久修習 無明妄想 習氣盡故 念卽自息 名證眞如"라고 하였다. 〔참고문헌〕『六妙法門』, 『摩訶止觀』, 『大乘止觀法門』. ⇨ 육묘문 六妙門❶

지문 智文 ❶ 509~599. 진(陳)대 스님. 속성은 도(陶)씨. 단양(丹陽 : 江蘇省) 출신. 어머니는 북제(北齊) 때 중서랑(中書郎)을 지낸 완도(完韜)의 딸이다. 15세에 보전사(寶田寺) 지성(智成)을 사부로 삼았다. 처음에는 봉성사(奉誠寺) 승변(僧辯)에게 배우다가, 나중에는 대명사(大明寺) 단공(彖公)의 문하에 귀의하여 『십송률』에 정통하게 되었다. 541년(대동7)에 칙명으로 광업사(光業寺)에서 율장을 강론하고 청중이 200여 명이나 되었다. 진 선제(宣帝)와 상서령(尙書令) 강총(江總), 수(隋) 무산공(武山公) 곽연(郭衍)이 귀의하였다. 599년(개황19)에 세수 91세로 봉성사에서 입적하였다. 저서로는 『율의소』 12권・『갈마소』 4권・『보살계소』 2권이 있다. 계를 받은 비구・비구니가 3,000여 명이며, 분강(分講)한 학사(學士)로는 보정(寶定)・혜치(慧峙)・혜헌(慧巘)・지승(智昇)・혜각(慧覺) 등이 있다. 도지(道志)와 법성(法成)이 특히 뛰어났다. 〔참고문헌〕『唐高僧傳』 권21(대정장50, p.609b7). ❷ 1681~1749. 조선후기 스님. 법호는 천연(天然), 속성은 김(金)씨. 9세 때 묘향산(妙香山)에 들어가 13세 때 스님이 되었다. 『불조록찬송』 「천연대사 天然大師」(한불전12, p.341b2)에 "성은 김씨. 법명은 지문. 영조 25년(1749)에 입적하였으며 세수는 69세다. 찬하기를, 본래 그대로 도사여서 지도 문도 겸하시고, 십리 밖 묘향산문 나선 일 없으셨네. 월저도안(月渚道安 1638~1715)과 설암추붕(雪巖秋鵬 1651~1706)에게 지혜를 연마하시더니 끝내는 허정법종(虛靜法宗 1670~1733)을 따라 깨우치고 새롭게 익히셨네. 姓金 名智文 英宗二十五年己巳寂 壽六十九 贊曰 天然道士智兼文 不出妙香十里門 月渚雪嵓磨慧釼 竟從虛靜證新熏"라고 하였다. 〔참고문헌〕『佛祖錄讚頌』, 『朝鮮佛教略史』 권하 pp.222~223.

지문 智門 ❶ Ⓢ jñāna-mukha. 지혜로 부처가 되는 문. 비문(悲門)과 짝하는 문의 뜻이다. 『법화경현찬요집』 권5(卍속장53, p.530a18)에 "부처가 되지 않는다 하니, 대비의 문(悲門)에서 하는 말이다. 부처가 된다 하니, 이는 지혜의 문(智門)에서 하는 말이다. 이렇다면 부처가 되고 되지 못함은 서로 어긋나거나 등지는 뜻이 아니다. … 오로지 근본지와 후득지만을 취하여 스스로를 이롭게 닦고 행해서 보리심을 구한다면 이를 자리라 한다. 큰 지혜를 으뜸으로 삼는다면 이 또한 지로 열린 문이라네. 不成佛 約悲門說 言成佛者 約智門說 是故 成與不成 亦無乖返 … 今唯取根本智 及後得智 自利修行 求菩提心 名爲自利 大智爲首 亦智門也"라고 하였다. 〔참고문헌〕『法華經玄贊要集』, *Daś-bh.2・36.*, *Gaṇḍ-vy.97.* ⇨ 비문 悲門 ❷ 사지(四智)에 의지해 으뜸으로 열리는 지혜의 문 또는 일체지의 인(因)으로 불지(佛地)에 이르는 문. 『대승본생심지관경』 권2(대정장3, p.298c10)에 "이 참된 보신은 법락을 수용하니, 첫째 대원경지 … 둘째 평등성지 … 셋째 묘관찰지 … 넷째 성소작지다. 이와 같은 사지가 상수가 되어 팔만사천지문을 구족하니, 이와 같은 일체 모든 공덕법들을 이름하여 여래의 자수용신이라 한다. 是眞報身 受用法樂 一 大圓鏡智 … 二 平等性智 … 三 妙觀察智 … 四 成所作智 … 如是四智 而爲上首 具足八萬四千智門 如是一切諸功德法 名爲如來自受用身", 『화엄경탐현기』 권18(대정장35, p.442c24)에 "일체지인을 이름하여 지문이라 하니, 능히 통하여 불지에 이르기에 문이라 이른다. 一切智因 名爲智門 以能通至佛智 故云門也"라고 하였다. 〔참고문헌〕『大乘本生心地觀經』, 『華嚴經探玄記』.

지물 持物 제존(諸尊)이 손에 들고 있는 물건들. 지물과 지물을 들고 있는 손 모양을 합쳐서 계인(契印)·삼매야형(三昧耶形)이라고도 한다. 수인(手印)과 함께 제불보살과 그 권속들의 자성이나 원(願)·덕(德)을 상징하여 지닌 물건을 말한다. 여래상은 수인으로 공덕을 표현하기 때문에 약사여래의 약합(藥盒)이나 석가여래의 염화(拈華)나 발우(鉢盂)를 제외하면 지물을 든 경우가 거의 없고, 보살 이하의 제존이 각각의 본원(本願)과 위력(威力)에 상응하는 상징물을 지물로 든다. 경에 보이는 지물은 법구류(法具類)·무구류(武具類)·악기류(樂器類)·동식물(動植物)·기타 자연물 등 매우 다양하다. 법구류에는 금강령(金剛鈴)·금강저(金剛杵)·향로(香爐)·염주(念珠)·당번(幢幡)·산개(傘蓋) 등이 있고, 무구류에는 금강삭(金剛索·羂索)·윤보(輪寶)·궁전(弓箭)·보봉(寶棒)·검(劍)·모(矛) 등이 있다.

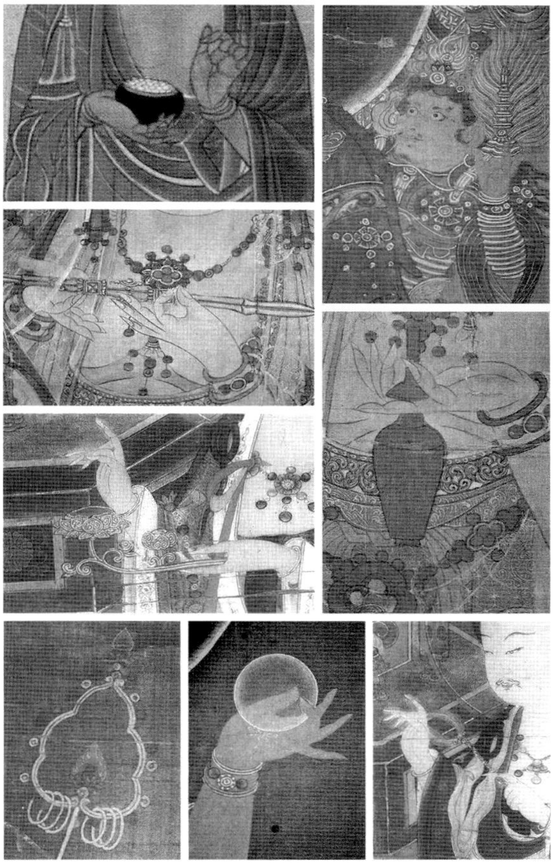

지물 발우를 지닌 석가여래입상 돈황 7-10세기 · 보탑 미륵하생경변상도 일본 교토 지은원 · 정병 아미타팔대보상도 일본 정교사 · 불자 아미타삼존도 일본 요네자와 상삼신사 · 보주 지장보살도 미국메트로폴리탄뮤지엄 · 석장 지장보살도 일본 덕천미술관 · 향로 아미타삼존도 일본 요네자와 상삼신사 · 금강저 아미타팔대보살도 일본 쯔루가 정교사 고려(시계방향)

악기류에는 비파(琵琶)·금(琴)·고(鼓)·공후(箜篌)·적(笛)·슬(瑟)·쟁(箏) 등이 있고, 이외 보탑(寶塔)·보궁(寶宮) 같은 건조물(建造物)이나 사자·용·뱀 등의 동물, 연꽃·버드나무·포도 등의 식물, 일월성신(日月星辰)도 지물로 표현되었다. 우리나라의 보살상에서는 관음보살의 정병과 연화(蓮花), 문수보살의 검과 경전, 지장보살의 석장(錫杖)과 보주(寶珠)를 많이 볼 수 있다. 정병은 원래는 비구십팔물(比丘十八物) 중 하나였으나, 점차 불전에 올리는 공양구(供養具)로도 사용되었고, 정병에 든 감로수(甘露水)가 중생의 고통과 목마름을 덜어주는 관음보살의 자비(慈悲)를 상징하면서 관음보살의 지물이 되었다. 지장보살의 석장 역시 비구십팔물의 하나로서 원래는 힝로의 미물들을 흩어 죽지 않게 하거나, 독사와 해충 등을 멀리하기 위해 소리를 내는 법구(法具)였다. 삼계(三界)를 편안하게 하고 모든 중생을 해탈로 인도한다는 석장의 위신력(威神力)이 지옥 중생을 한 사람도 남김없이 구제한다는 지장보살의 서원과 상응한다. 신중상의 지물은 범천의 불자(拂子 Ⓢbuddha-putra)·제석천의 금강저(金剛杵 Ⓢvajra)가 대표적이다. 불자도 원래 먼지나 벌레 등을 쫓는데 사용했던 생활용구였으나, 점차 마음의 번뇌를 털고 깨우치는 뜻에서 선문(禪門)의 종사(宗師)들이 늘 설법에 활용했고, 금강저도 고대 인도의 무기였으나 그 단단함과 날카로움으로 중생의 무명번뇌를 부수는 지혜에 비유되었다. 이외 밀교계(密敎系) 존상인 명왕(明王)과 사천왕(四天王)·팔부중(八部衆) 등의 신장들도 그 성격에 걸맞은 다양한 지물을 지니고 위덕(威德)을 드러낸다. [참고문헌] 逸見梅榮『仏像の形式』(東出版, 1970) pp.219~277. ⇨ 삼매야형 三昧耶形, 기장인 器仗印, 발우 鉢盂, 석장 錫杖, 금강령 金剛鈴, 금강저 金剛杵■, 윤보 輪寶, 불자 拂子, 정병 淨甁, 연화 蓮花, 염주 念珠, 향로 香爐, 금강삭 金剛索■

지미 地味 Ⓢpṛthivī-rasa, bhūmi-rasa, Ⓟrasa-paṭhavī, Ⓣsa'i-bcud. 땅에서 나는 맛난 음식. 겁초(劫初)의 중생들이 최초로 먹은 단식(段食)이다. 『장아함경』 권22 「세기경 世記經」(대정장1, p.145a28 : *Aggañña-sutta*, *DN.3*, p.85)에 '이때 이 땅에는 지미가 저절로 생겨나 응어리져 있었는데 마치 제호처럼 지미가 나왔을 때도 그와 같았고, 마치 생소처럼 꿀처럼 달았다. 是時 此地有自然地味出 凝停於地 猶如醍醐 地味出時 亦復如是 猶如生酥 味甛如蜜 rasa-paṭhavī udakasmiṃ samatāni. seyyathā pi nāma payaso tattassa nibbāyamānassa upari santānakaṃ hoti … nāma sampannaṃ vā sappi, sampannaṃ vā navanītaṃ, evaṃ vaṇṇā ahosi, seyyathā pi nāma khudda-madhu anelakaṃ evam assādā ahosi", 『입세아비담론』 권10(대정장32, p.225c15)에 "이때 중생들은 이 지미를 먹고 이 지미에 의지해 오랜 세월을

살았다. 그 중에서 지미를 많이 먹은 중생들은 모습과 안색이 누추해졌고 위덕과 신통력은 줄어들었다. 그 중에서 지미를 조금 먹은 중생들은 낯빛과 모습이 아름다워지고 몸에는 위덕이 생겨나며 신통력이 자유자재하게 되었다. 이러한 이유로 모든 중생의 생긴 모습에 우열에 있게 되었다. 是時衆生 食此地味 依地味住 久久時節 其中衆生食味多者 形容醜陋 少威德力 少神通力 其中衆生食味少者 色形可愛 身有威德 神力自在 以此因緣 一切衆生 色形優劣", 『구사론』 권12(대정장29, p.65b21 : *Abh-k-bh.*, p.186)에 "이와 같은 류의 사람들에게 점차 지미가 생겨나게 되었는데, 그 맛은 감미로웠고 그 향기는 아주 짙었다. 그때 맛을 탐하는 성품의 사람 하나가 그 향을 맡고는 애착을 일으켜 취해서 맛보고는 바로 음식으로 먹게 되었다. 다른 사람들도 이를 배워 다투어 먹게 되었으니, 비로소 이때를 처음 단식으로 먹기 시작한 때라 할 수 있다. 단식을 자량으로 삼았기에 몸이 점차 굳고 무거워졌으며, 광명도 숨고 짙은 어둠이 곧 생겨났다. 해와 달, 온갖 별들로 이때부터 출현하였다. 有如是類 地味漸生 其味甘美 其香鬱馥 時有一人 稟性耽味 嗅香起愛 取嘗便食 餘人隨學 競取食之 爾時方名 初受段食 資段食故 身漸堅重 光明隱沒 黑闇便生 日月衆星 從玆出現 teṣāṃ tathābhūtānāṃ bhūmirasaḥ prādurbhūto madhusvādurasaḥ. tasyānyatamo lolupajātīyaḥ sattvo gandhaṃ ghrātvā rasaṃ svāditavān bhakṣitavāṃśca. tathā′nye′pi sattvāstathaivākārṣuḥ. sa ārambhaḥ kavaḍīkārāhārasya. teṣāṃ tadāhārābhyāsāt kharatvaṃ gurutvaṃ ca kāye′vakrāntaṃ prabhāvā antarhitāḥ. tato′ndhakāra utpanne sūryācandramasau prādurbhūtau" 『구사론기』 권10(대정장41, p.181a5)에 "겁초음식이란 겁초 때의 사람들은 지미와 지피병과 임등을 먹어 대변을 누는 더러움이 없었지만, 벼를 먹은 이래로 더러움이 있게 되었다. 劫初食者 謂劫初時 人食地味 地皮餠 林藤無便穢故 食香稻以去 方有便穢"라고 하였다. [참고문헌] 『長阿含經』, 『立世阿毘曇論』, 『俱舍論』, 『俱舍論記』, *DN.*, *Abh-k-bh.*, *Saṅ-v.7.* ⇨ 임등 林藤

지미래세무애 知未來世無礙 ➡ 지혜지미래세무애 智慧知未來世無礙

지미어 坻彌魚 Ⓢ timiṅgila, Ⓟ timiṅgala. 자신보다 작은 물고기를 잡아먹는 대형 어류로 항하칠중생(恒河七衆生) 중 하나다. 지미의라(低迷宜羅·坻彌宜羅)·제미기라(帝彌祇羅)·지미려어(低彌黎魚)·지의라(坻宜羅)·제미어(提迷魚)·칩민가라(蟄民伽羅)·미어(麋魚)·탄어(呑魚)·대신어(大身魚)라고도 한다. 40권본 『대반열반경』 권36(대정장12, p.574c11)에 "선남자여! 가령 항하에는 일곱 중생이 있다. … 셋째는 수면 위로 나왔다가는 그렇게 안주해버리는 류다. … 나왔다가 바로 머무는 류는 지미어를 말하는데, 얕은 물에서 지내다가 광명을 보는 것을 좋아해 수면 위로 나와 머문다. 善男子 如恒河中 有七衆生 … 三者 出已則住 … 出已住者 謂坻彌魚 身處淺水 樂見光明 故出已住", 『일체경음의』 권26(대정장54, p.480a8)에 "지미어〈앞 글자의 음은 지미라이다. 큰 물고기로서 네 가지가 있는데 이것은 가장 작은 류다〉. 坻彌魚〈上音低迷羅 謂大身魚 其類有四 此最小者〉", 『금강비론석문』 권상(卍속장100, p.621a6)에 "작은 선근이 있는 이는 나왔다가 안주해버리니, 지미어에 비유한다. 有小善根者 出已則住 如坻彌魚喩"라고 하였다. [참고문헌] 『大般涅槃經』, 『一切經音義』, 『金剛錍論釋文』, *Divy.230.*, *Ud.54.*

지민도 支敏度 서진(西晉)·동진(東晉)대 스님. 지민도(支愍度)라고도 한다. 성제(成帝 326~342) 때 강승연(康僧淵)·강법창(康法暢)과 함께 강남으로 건너와 활동했다. 주로 반야계 경전을 한역했고 격의(格義)불교 시대 육가칠종(六家七宗) 중 하나인 심무종(心無宗)을 대표한다. 지겸(支謙)·축법호(竺法護)·축숙란(竺叔蘭)이 한역한 세 종류의 『유마경』을 『합유마힐경 合維摩詰經』 5권으로 합했다. 또한 지루가참(支婁迦讖)·지겸·축법호·축숙란이 각각 한역한 『수능엄경』 4부를 합하여 『합수능엄경 合首楞嚴經』 8권으로 편찬했으나 현재 전하지 않고 지민도가 지은 서문만 『출삼장기집』 권8에 전한다. [참고문헌] 『梁高僧傳』 권4(대정장50, p.347a1), 『出三藏記集』 권8(대정장55, p.58b21), 『世說新語』 「假譎篇」. ⇨ 심무종 心無宗, 육가칠종 六家七宗 ■

지밀 智密 조선후기 스님. 백암성총(栢庵性聰 1631~1700)과 같은 때 스님이다. 『백암집』 권상 「증구수상인지밀 贈九峀上人智密」(한불전8, p.444a4)에 "구수암 주인이 산에서 이별한 후 다시 찾아왔네. 가을 바람에 석장 하나 날리더니 작은 강남을 방문하러 오셨군요. 九峀庵中主 辭山爲再叅 秋風一杖錫 來訪小江南"라고 하였다. [참고문헌] 『栢庵集』.

지바가라 地婆訶羅 Ⓢ Divākara. 당대 중인도(中印度) 출신 역경승 일조(日照)의 범어 이름. 대원삼장(大原三藏)이라고도 한다. 『화엄경탐현기』 권1(대정장35, p.111c8)에 "또 나 법장은 문명 원년(684)에 다행히도 장안의 서태원사(西太原寺)에서 경론을 한역하고 있던, 한역 이름이 일조인 중천축 삼장법사 지바가라를 만난 적이 있다. 나는 그때 부처님 일대사의 가르침(一代聖教)을 방편과 진실로 분류하는 것이 서역 논사들에게 일반적인 일인지 직접 물어보았다. 又法藏於文明元年中

幸遇中天竺三藏法師地婆訶羅 唐言日照 於京西太原寺翻譯經論 余親于時乃問 西域諸德 於一代聖教 頗有分判權實以不"라고 하였다. [참고문헌]『華嚴經探玄記』, 『造塔功德經』(대정장16, p.801a3). ⇨일조 日照 ❸

지바구마라약사암라원 耆婆拘摩羅藥師菴羅園 Ⓢ Jīvaka kumārabhṛta-āmravana, Ⓟ Jīvakassa komāra bhaccassa ambavana. 부처님 재세시 명의(名醫)인 지바(Jīvaka)라는 구마라(kumārabhṛta : 童子) 소유의 암라원(Ⓢ āmravana : 망고동산). 『잡아함경』 권8(대정장2, p.52a10)에 "한때 부처님께서는 비사리(Ⓟ Vesālī)의 지바구마라약사암라원에 머물고 계셨다. 그때 세존께서는 비구들에게 말씀하셨다. '능히 단 하나의 법을 끊는 비구가 있다면, 그는 곧 정지를 얻을 것이고, 스스로 「나의 생은 다 하였고 범행 이미 섰으며, 지을 바 이미 다해 다음 생을 받지 않음을 나는 안다」라고 분명히 말할 수 있다'. … '그 단 하나의 법이란 바로 무명이니, 욕을 여의어 명이 생겨나면 정지를 얻는다' … '눈은 무상하다고 바르게 관하고, 색도 안식도 안촉도 안촉을 인연으로 생겨난 느낌도 저 괴롭거나 즐겁거나 괴롭지도 즐겁지도 않은 등 또한 무상하다고 바르게 관한다. 귀・코・혀・몸・마음의 경우도 이와 같이 해야 할 것이다. 一時 佛住毘舍離耆婆拘摩羅藥師菴羅園 爾時 世尊告諸比丘 若有比丘能斷一法者 則得正智 能自記說 我生已盡 梵行已立 所作已作 自知不受後有 … 所謂無明 離欲明生 得正智 能自記說 … 當正觀察眼無常 若色 眼識 眼觸 眼觸因緣生受 若苦 若樂 不苦不樂 彼亦正觀無常 耳 鼻 舌 身 意 亦復如是"라고 하였다. [참고문헌]『雜阿含經』, *MN.1.368.*, *SN.4.143・144.* ⇨기바 耆婆❶, 암라원 菴羅園

지바라 支婆羅 Ⓢ cīvara의 음사어. 삼의(三衣)를 가리키는 말. 지박라(至縛羅)로도 음사하고, 의(衣)로 한역한다. 『대보적경』 권23(대정장11, p.130a4)에 "또한 헤아릴 수 없이 많은 지바라를 여래와 성문승가에 드렸다. 復以無量支婆羅 奉獻如來 及聲聞衆"라고 하였다. [참고문헌]『大寶積經』. ⇨삼의 三衣

지바라밀 智波羅蜜 Ⓢ jñāna-pāramitā, Ⓣ ye-shes-kyi-pha-rol-tu-phyin-pa. 십바라밀(十波羅蜜) 중 하나로 야나바라밀(若那波羅蜜)이라고도 한다. 굳이 가리자면 반야바라밀(般若波羅蜜)은 제일의제(第一義諦)를 아는 지혜고, 지바라밀은 모든 법의 차별된 상을 차별 그대로 아는 지혜다. 60권본 『화엄경』 권37 「이세간품 離世間品」(대정장9, p.635b28)에 열거되고, 80권본 『화엄경』 권37(대정장10, p.196c6)에 "여실히 일체법을 분명하게 아니, 이를 지바라밀이라 한다. 如實了知一切法 是名智波羅蜜", 『십지경론』 권9(대정장26, p.175c5)에 "지바라밀이란 일체법상을 여실히 꿰뚫어 보고 안다. 이 지이기에 보시 등 일체의 종차별을 알아 중생을 교화한다. 智波羅蜜者 如實觀知 一切法相 以是智故 布施等一切種差別知 爲化衆生故", 『보살지지경』 권10(대정장30, p.954b27 : *Bodh-bh.*, p.256)에 "모든 법의 부분을 아는 지를 지바라밀이라 한다. 제일의제를 알기에 반야바라밀이라 하고, 세제를 알기에 지바라밀이라 한다. 一切法部分知 是名智波羅蜜 知第一義諦故 名般若波羅蜜 知世諦故 名智波羅蜜 sarvadharmeṣu yathāvad vyavasthāna-jñānaṃ jñāna-pāramitā. tatra paramārtha-grahaṇa-pravṛttā prajñā prajñā-pāramitā. saṃvṛti-grahaṇa-pravṛttā punar-jñāna-pāramitā", 『합부금광명경』 권3(대정장16, p.373a18)에 "열 번째 마음은 일체경계마다에 모두 통달하므로 일체법에 자재하고 관정위에 이른다. 이를 지바라밀의 인이라 한다. 第十心 於一切境界 皆悉通達故 於一切法自在 至灌頂位故 是名智波羅蜜因", 『섭대승론본』 권하(대정장31, p.146a19 : *Mah-saṃ.*, p.67)에 "네 번째, 지바라밀다는 이전의 육바라밀다를 말미암아 성립하는 묘지를 말하니, 법락을 마음껏 누리면서 유정을 성숙시킨다. 四 智波羅蜜多 謂由前六波羅蜜多 成立妙智 受用法樂 成熟有情故 ye shes kyi pha rol tu phyin pa ni. pha rol tu phyin pa drug po dag rnam par 'jog pa ste. ye shes kyis chos la longs spyod pa myong ba dang. sems can yongs su smin par byed pa'i phyir ro"라고 하였다. [참고문헌]『華嚴經』, 『十地經論』, 『菩薩地持經』, 『合部金光明經』, 『攝大乘論本』, 『辯中邊論』 권하(대정장31, p.474b4), *Bodh-bh.*, *Mah-saṃ.* ⇨지도 智度, 십바라밀 十波羅蜜, 사나바라밀 闍那波羅蜜, 야나바라밀 若那波羅蜜, 반야바라밀 般若波羅蜜, 바라밀 波羅蜜

지바라밀보살 智波羅蜜菩薩 Ⓢ Jñānapāramitā. 십바라밀보살 중 한 분. 밀교 태장만다라(胎藏曼荼羅) 허공장원(虛空藏院)의 보살. 밀호는 원정금강(圓淨金剛), 종자는 jña(jña), 삼매야형은 범협(梵夾). 형상은 살색 몸에 오른손으로 범협을 들었으며 갈마의(羯磨衣)를 입고 하의는 백첩의(白帖衣)를 입은 채 백련화에 앉은 모습이다. 수인은 지바라밀인이다. 양손으로 외박권을 만들고 양손의 소지를 세워서 끝을 살짝 교차시키고, 양손의 중지와 검지를 세우되 끝을 살짝 붙인다. 진언은 옴 마마 지양낭가리 훔 사바하 [illegible] 唵 麽麽 枳孃曩迦哩 吽 娑嚩賀 oṃ mama jñānakari hūṃ svāhā 옴, 나의 즈냐나카리여! 훔 스바하'이다. 십바라밀 중 열 번째로 지혜의 공덕을 나타낸다. 검으로 상징되는 반야바라밀이 번뇌를 끊고 피안으로 건너가는 실상지(實相智)를 나타낸다면 범협으로 표현되는 지바라밀은 중생을 정견(正見)으로 교화하는 세간 의 차별지(差別智)를 나타낸다. 『태장금강교법명호』(대정장18, p.203c4)에 “왼쪽에 지바라밀보살〈밀호는 원정금강〉. 左邊智波羅蜜菩薩〈圓淨金剛〉”, 『성하야흘리박대위노왕립성대신험공양염송의궤법품』권하(대정장20, p.164a4)에 “이 (지바라밀)인을 맺고 진언을 세 번 염송하면 무량겁 동안 일어난 아집의 종자와 법집의 종자를 없애고 수용지와 법락지의 두 가지 지혜를 얻을 수 있다. 중생의 지혜를 성취시키고 번뇌장과 소지장의 두 가지 장애를 끊으며, 일체법이 허깨비·아지랑이·꿈·영상·메아리·그림자·물에 비친 달·변화·인드라망·허공과 같음을 깨우쳐 얻고 오래지 않아 십지를 채워 법운지에 머무르고 대법사가 된다. 由結此印誦眞言三遍 卽滅無量劫俱生我執種俱生法執種 獲得二種受用智 所謂受用法樂智 成就有情智 斷二種障 所謂煩惱障所知障 證得一切法如幻如陽焰如夢如影像如谷響如 光影如水月如變化如因陀羅網如虛空 不久滿足十地住法雲地 爲大法師”라고 하였다. 〔참고문헌〕『胎藏金剛敎法名號』, 『聖賀野紇哩縛大威怒王立成大神驗供養念誦儀軌法品』, 『曼荼羅図典』(大法輪閣, 2002). ⇨십바라밀보살 十波羅密菩薩, 지바라밀 智波羅蜜

지바하라 地婆訶羅 ➡지바가라 地婆訶羅

지반 志磐 남송(南宋)대 천태종 스님. 호는 대석(大石). 천태종 산가파(山家派). 사명(四明 : 浙江省 余姚縣) 복천사(福泉寺)에 머물렀다. 1258년(보우6)부터 1269년(함순5)까지 동호(東湖) 월파산(月波山)에 머물며 『불조통기』 54권을 편찬했다. 산외파의 이설을 논파하기 위해 『종문존조의 宗門尊祖儀』 1편을 지었고 『법계성범수륙승회수재의궤 法界聖凡水陸勝會修齋儀軌』 6권을 집필하였다. 이후의 자세한 행적은 전하지 않는다. 〔참고문헌〕『佛祖統紀』「序」(대정장49, p.129b20). ⇨불조통기 佛祖統紀, 법계성범수륙승회수재의궤 法界聖凡水陸勝會修齋儀軌

지발 持鉢 Ⓢ pātra-dhāraṇa, Ⓣ lhung-bzed-'chang-ba. 발우(鉢盂)를 몸에 지닌다는 말. 발우를 들고 걸식함을 말하니, 탁발(托鉢)이라고도 한다. 『중아함경』권3 「나운경 羅云經」(대정장1, p.436a15)에 “이때 세존께서 밤을 보내고 아침이 되자 가사를 수하고 발우를 드시고는 왕사성에 들어가 다니시며 걸식하셨다. 於是世尊過夜平旦 著衣持鉢入王舍城而行乞食”, 『유가사지론』 권24 「성문지 聲聞地」(대정장30, p.414b24 : *Śrāv-bh.*, p.115)에 “무엇이 발우를 지닌다 함인가. … 받아 지닐만한 것이라면 쇠든 옹기든 걸식에 알맞은 그릇을 ‘발’이라 하며, 충분히 채우고 받아 쓸 수 있고 능히 바로 가져 보호할 수 있는 것을 ‘지’라 한다. 云何持鉢 … 若堪受持或鐵或瓦乞食應器 說名爲鉢 現充受用 能正將護 說名爲持. katamat pātradhāraṇaṃ … yat-punar-asya-adhiṣṭhānāni karmāyasam-vā, mṛnmayam-vā bhaikṣa-bhojanam-idam-ucyate pātraṃ tasya paribhogaḥ. samyag-eva pariharaṇaṃ dhāraṇam-ity-ucyate”, 『선림상기전』 권12(불광장, 禪藏, p.920)에 “지발 : 도충이 말한다. 저자거리에서 걸식을 하는 것을 지발이라 한다. 『속등록』「염고문」에서 말하길 ‘임제가 발우를 지니고 걸식을 하다가 한 노파의 문 앞에 이르러 말하길 「집에 남는 음식이라도 주시오」. 노파가 문을 열고 말하길 「아주 염치도 없음이로다」. 「밥을 얻지 못하였는데 어찌 꾸짖어 염치없다하시오?」 노파가 문을 끝내 닫아버렸다’라고 하였다. 『전등록』「풍혈연소선사장」에서 ‘선사가 처음 남원을 만나 뵙고 예배도 올리지 않고 문득 물으니, 남원이 「들어온즉 반드시 주인을 알아야 하네」라고 하자 풍혈이 「스님께서 분명하게 보여 주십시오」라고 하였다. 〈생략〉 「삼십 년 동안 주지를 했지만 오늘 누런 얼굴의 절강 촌놈에게 당하는구나」 「스님께서는 발우 들고 얻은 적 없는 듯한데, 굶주렸다고는 못하시는 군요」’라고 하였다. … 『금강반야경』에서 ‘이때 세존께서 공양 때가 되자 가사 걸치고 발우 드시고는 사위성에 들어 걸식하셨다. 그 성에서 차제로 걸식을 마치신 후 본래 자리로 돌아오셨다’라고 하였고, 『수능엄경』에서 ‘아난아! 너는 항상 두 때에 대중중에 발우를 들고 걸식한다. 그러는 동안 더러 수승한 음식이라 불리는 소·낙·제호를 만나기도 한다. 어떻게 생각하느냐? 이 맛은 공중에서 나느냐? 혀 속에서 생기느냐? 음식에서 생기느냐?’라고 하였다. 持鉢 忠曰 乞食於城市曰持鉢 續燈錄拈古門云 臨濟持鉢 到一婆子門前 云家常婆子開門云 太無厭生 濟云 飯猶未曾得 何責人無厭 婆子閉却門 傳錄燈風穴沼禪師章云 師初見南院 不禮拜 便問曰 入門須辨主 端的請師分 〈乃至〉 南院曰 三十年住持 今日被黃面浙子 上門羅織 師曰 和尙大似持鉢不得 詐道不饑 … 金剛般若經云 爾時世尊 食時著衣持鉢 入舍衛大城乞食 於其城中 次第乞已 還至本處 首楞嚴經云 阿難 汝常二時 衆中持鉢 其間或遇酥酪醍醐 名爲上味 於意云何 此味爲復生於空中 生於舌中 爲生食中”라고 하였다. 〔참고문헌〕『中阿含經』, 『瑜伽師地論』, 『禪林象器箋』, 『金剛

經』(대정장8, p.748c21), 『楞嚴經』 권3(대정장19, p.1161a7), *Śrāv-bh.* ⇨ 탁발 托鉢, 발우 鉢盂

지발 智拔 573~640. 당대 스님. 속성은 장(張)씨. 양양(襄陽 : 湖北省) 출신. 나이 여섯에 윤법사(閏法師)를 따라 출가한 다음 매일 『법화경 法華經』 5지(紙)를 외웠다. 그 뒤 철법사(哲法師) 문하에서 공부하였다. 이어서 삼론종(三論宗) 가상대사(嘉祥大師) 길장(吉藏)의 지도를 받았다. 일찍이 기사사(耆闍寺)에 주석한 다음 상제사(常濟寺)에 머물면서 매년 『법화경』 전편을 다섯 차례 강설하였다. 640년(정관14) 거사 장영(張英)의 청에 따라 『법화경』을 강설하던 중 법좌에서 세수 68세로 입적하였다. 〔참고문헌〕『佛祖統紀』 권10(대정장49, p.202a19), 『唐高僧傳』 권14(대정장50, p.537b4).

지방사 池方寺 경상북도 풍기군 천부산(天浮山)에 있던 절. 퇴계(退溪) 이황(李滉 1501~1570)이 지은 「지방사폭포 池方寺瀑布」 2수가 『퇴계집』 권1(한국문집총간29, p.71b10)에 전한다. 조극선(趙克善 1595~1658)의 『인재일록』 광해군 9년(1616) 10월 5일에 "두부를 베풀었다〈이는 아마도 역 북쪽 지방사에서 차린 것 같고, 그리고 나서 소백산에서 큰 바람이 일어나는 것을 구경하였다〉. 設軟泡〈是意於驛北池方寺設 而因遊小白山大風起〉", 퇴계의 9세손 이야순(李野淳 1755~1831)의 『광뢰집』 권2(한국문집총간 속집102, p.487a18)에 "전에 앞선 이의 시 「지방사폭포」 2수를 보았는데, 나는 처음에 '희'가 변하여 '지'가 되었다고 생각했다. 지금 군지를 보니 지방사는 군 남쪽 천부산 아래에 있다 하니 선생의 시 2수를 보아도 '희'가 변하여 '지'가 된 것이 아님이 분명하다. 사람들이 또 절이 지금 없으니 시에서도 사라지리라 하지 않았느냐 말한다. 嘗看先詩 有池方寺瀑布二絶 余初以爲喜變爲池 今聞郡誌 有池方寺在郡南天浮山下 係之以先生二絶詩 非喜變爲池也明矣 人又謂寺今廢而詩且沒矣. 1899년(광무3)에 간행된 『풍기군지』에 "지금은 폐사되었다. 今廢"라고 하였다. 〔참고문헌〕『退溪集』, 『忍齋日錄』, 『廣瀨集』, 『豊基郡誌』, 『基川誌』.

지배 地排 도량(道場)을 깨끗하게 하는 소임. 「재시용상방 齋時龍象榜」(『석문의범』 권하 p.165)에 "제7 재시용상방 : … 지배·지빈·별좌·도감·서기·유나. 第七 齋時龍象榜 … 地排 知賓 別座 都監 書記 維那"라고 하였다. 〔참고문헌〕『釋門儀範』.

지백 知白 조선후기 스님. 『백암집』 권하 「신영당기 新影堂記」(한불전8, p.461a5)에 "(능허대사가 입적한 이듬해) 또 그 이듬해에 제자 덕휘가 귀정사(歸正寺)의 정전 서쪽에 영당을 건립하니 식영과 서로 인접하므로 마침내 신구로 구별하였다. … 길일을 가려 구당에 걸었던 부용·청허·뇌묵·중관·지백 다섯 대사 진영의 소목(昭穆 : 차례)을 정하여 신당 가운데에 걸었다. 又明年弟子德輝 建影堂于寺正殿之西 與息影相接 遂以新舊別之 … 涓吉而移其舊堂所垂芙蓉淸虛雷默中觀知白五大士之眞 定昭穆 垂其中"라고 하였다. 『중관대사유고』 「지백령준구어 知白令遵求語」(한불전8, p.209c17)는 지백이 준이라는 스님을 시켜서 중관에게 법어를 구한 것으로 보인다. 〔참고문헌〕『栢庵集』, 『中觀大師遺稿』.

지벌라 支伐羅 Ⓢ cīvara. 비구의 삼의(三衣)를 말한다. 승가리(僧伽梨)·울다라승(鬱多羅僧)·안타회(安陀會)를 한데 묶어 이르는 말로 지박라(至縛羅)로도 음사하며, 의(衣)로 한역한다. 『남해기귀내법전』 권2(대정장54, p.212b19)에 "첫째는 승가지(僧伽胝)〈한역하면 복의(複衣)이다〉, 둘째는 온달라승가(嗢呾囉僧伽)〈한역하면 상의(上衣)이다〉, 셋째는 안달바사(安呾婆娑)〈한역하면 내의(內衣)이다. 이러한 삼의는 한데 묶어 지벌라라 한다. 북방의 여러 나라에서는 대부분 법의(法衣)를 가사(袈裟 Ⓢ kāṣāya)라 부르니, 이는 적색이란 의미에 해당하지만, 율전문헌에 나오는 말은 아니다〉이다. 一 僧伽胝〈譯爲複衣也〉 二 嗢呾囉僧伽〈譯爲上衣也〉 三 安呾婆娑〈譯爲內衣也 此之三衣皆名支伐羅 北方諸國多名法衣爲袈裟 乃是赤色之義 非律文典語〉", 같은 책 권1(대정장54, p.211a3)에 "가사는 범어로서 건타색(乾陀色)에 해당하는 말이다. 원래 중국어에는 상응하는 말이 없는데, 굳이 제일 낮춰 '옷'이라고 할 필요가 있겠는가? 율전문헌에 의하면, 삼의는 한데 묶어 지벌라라 해야 한다. 袈裟乃是梵言 卽是乾陀之色 元來不干東語 何勞下底置衣 若依律文典語 三衣並名支伐羅也", 『법화경현찬요집』 권13(卍속장54, p.16a4)에 "범어 지벌라는 법의라 한역하는데, 통상적으로 모든 출가자의 삼의를 가리키는 것이다. 경전에서는 법복이라 하였는데, '복(服)'은 '의(衣)'를 말한다. 梵云支伐羅 此云法衣 通目一切出家三衣 經云法服 服卽衣也"라고 하였다. 〔참고문헌〕『南海寄歸內法傳』, 『法華經玄贊要集』. ⇨ 삼의 三衣❶, 가사 袈裟, 법의 法衣

지범 止犯 그쳐서 범하다. 이범(二犯) 중 하나로 받은 바 계 지키는 일을 그쳐서 매사에 어긋나기에 범하는 뜻이 된다. 『유마의기』 권4(대정장38, p.502a25)에 "계율을 범하는 것이 지범이다. 是犯戒者 是止犯也", 『사분율행사초』 권중(대정장40, p.91a28)에 "지범이란 무엇인가? 진실로 어리석은 마음과 태만으로 행함에 본래 받은 모든 승업 어기나 닦아 익히기를 싫어하니 지(止)라고 하며, (善業을) 그침으로서 어긋남이 있게 되니 저 받은 계를 뒤치게 됨으로 범(犯)이라고 한다. 이것은 선법을 닦지 않는 것의 근본이다. 言止犯者 良以癡心怠慢

行違本受 於諸勝業 厭不修學 故名爲止 止而有違 反彼受領 故名爲犯 此對不修善法爲宗"라고 하였다. [참고문헌] 『維摩義記』, 『四分律行事鈔』. ⇨이범 二犯

지범 持犯 지(持 : 持戒)와 범(犯 : 犯戒). 계를 지키는 것과 범하는 것을 말한다. 각각 이지(二持)와 이범(二犯)이 있다. 이지란 악법(惡法)을 멈추고 계율을 지키는 지지(止持)와 선법(善法)을 지어 계법을 지키는 작지(作持)를 말하고, 이범이란 악행을 행하여 계율을 어기는 작범(作犯)과 선행을 멈춰서 계율을 어기는 지범(止犯)이다. 『사분율행사초자지기』 권중(대정장40, p.331b10)에 "지범이란 말의 뜻은 아래 명자문의 풀이와 같으니, 지(持)는 잡아 가지는 것이고 범(犯)인즉 거슬러 범하는 것을 일컫는다. 모두 본래 수계한 것으로부터 이름을 세운다. 持犯名義 如下名字門自釋 持謂執持 犯卽侵犯 竝從本受而建斯名", 『사분율함주계본소행종기』 권4(卍속장62, p.986b2)에 "'지범'이란 무엇인가? 심학에 의하면 모두 두 가지로 가지고 두 가지로 범한다. 마음을 일으켜 수행하는 것을 '지어 가진다'고 하며, 제정해 약속한 것을 어지지 않은 것을 '그쳐 가진다'라 하고, 가르침을 어기고 그릇됨을 이루는 것을 '작범'이라고 하며, 부처님의 가르침을 더이상 따르지 않으면 그쳐 범한다고 한다. 持犯者 若就心學 悉具二持二犯 起心修行名作持 不違制約名止持 違敎成非名作犯 不從佛敎名止犯"라고 하였다. [참고문헌] 『四分律行事鈔資持記』, 『四分律含注戒本疏行宗記』. ⇨이지 二持, 이범 二犯

지범개차 持犯開遮 가지고 범함에는 열고 닫음이 있다는 말. 개차지범(開遮持犯)이라고도 한다. 『계초심학인문』(대정장48, p.1004b6)에 "처음 마음을 낸 사람은 악한 벗을 멀리하고, 선한 사람을 가까이 하며, 오계나 십계 등을 받아서 계를 가지고 범함에 열고 닫음을 잘 알아야 한다. 夫初心之人 須遠離惡友 親近賢善 受五戒十戒等 善知持犯開遮"라고 하였다. [참고문헌] 『誡初心學人文』. ⇨지범 持犯, 개차 開遮, 개차지범 開遮持犯

지범계 持犯戒 Ⓢ śīlasya dauḥśīlyam. 계를 가져 지키거나(持戒) 범하다(犯戒). 여기서는 계를 가지고 범하는 한계에 대해서 논한 일을 말한다. 청신사녀(淸信士女)들이 수지하는 오계(五戒)는 지킬 수 있는 계목만을 선택해 가질 수 있기에 일분(一分)만을 받기도 하고 다 받기도 하는 분만계(分滿戒)라 할 수 있지만, 비구비구니계인 구족계(具足戒)는 말 그대로 다 갖추어야 가질 수 있는 계이기에 근본죄인 바라이(波羅夷)를 범하면 모든 계를 단번에 잃고 비구의 자격도 상실한다. 아래의 예문은 지범의 한계를 잘못 이해하고 있음을 들어 보인 경우다. 『구사론』 권14(대정장29, p.76a29)에 "계를 가지고 범하는 것을 설함에 있어 '일분 등을 배운다' 한다면, 오히려 마땅한 물음이 되지 못하니 어떻게 답하겠는가? 근사율의(Ⓢ upāsaka-saṃvara)는 반드시 다섯 가지를 갖춘다는 것을 이미 알고 있는데 배워야 할 학처에 대해 한 가지만 수지하고 나머지를 수지하지 않는 것이나 모두를 수지하는 것을 '일분 등'이라고 한다는 것을 알지 못하는 이가 누구이겠는가? 그는 근사율의를 받는 양의 많고 적음을 아직 알지 못하였기에 '무릇 몇 가지가 있어 오파색가(Ⓢ upāsaka)가 학처를 배웁니까?'라고 여쭈었고, 이에 부처님께서는 답하시길 '네 가지 오파색가가 있다'라고 하셨다. 約持犯戒說 學一分等 尙不應問 況應爲答 誰有已解 近事律儀 必具五支 而不能解 於所學處 持一非餘 乃至具持 名一分等 由彼未解 近事律儀 受量少多 故應請問 凡有幾種 鄔波索迦 能學學處 答言 有四鄔波索迦", 같은 책 권15(대정장29, p.79b8)에 "가습미라국(Ⓢ Kāśmīra)의 비바사사는 말한다. '근본죄를 범했더라도 출가계를 버리지 않는다. 왜 그런가? 하나의 극단을 범하였다고 일체율의를 모두 버려야 하는 것은 아니기 때문이다. 죄를 범하였다고 계인 시라(Ⓢ śīla)가 끊어지는 것은 아니다. 그러므로 두 가지 이름이 있으니, 즉 지계(Ⓢ śīlam)와 범계(Ⓢ dauḥśīlyam)다. 예를 들면 재물이 있는 이가 다른 이에게 빚을 지는 경우에 부자이며 부채자라고 하는 것과 같다. 만약 범한 바를 드러내어 참회하여 없게 하면 시라를 갖추게 되니, 계를 범했다 하지 않으니, 마치 부채를 갚고 나면 단지 부자일 뿐인 것과 같다'. 迦濕彌羅國 毘婆沙師言 犯根本罪時 不捨出家戒 所以然者 非犯一邊 一切律儀 應遍捨故 非犯餘罪 有斷尸羅 然有二名 謂持犯戒 如有財者 負他債時 名爲富人 及負債者 若於所犯 發露悔除 名具尸羅 不名犯戒 如還債已 但名富人"라고 하였다. [참고문헌] 「俱舍論」, 『順正理論』 권55(대정장29, p.651b24), *Abh-k-bh.216·223·321*. ⇨지계 持戒, 범계 犯戒, 지범 持犯, 계 戒, 시라 尸羅, 우바새 優婆塞, 근사율의 近事律儀, 오계 五戒, 일분계 一分戒, 만분계 滿分戒, 근본중죄 根本重罪

지법 知法 ❶ Ⓢ dharmajñā, Ⓟ dhammaññū. 법을 안다. 칠지(七知) 또는 칠묘법(七妙法) 중 하나. 알아야 할 법. 여래의 교법(敎法) 즉 십이부경(十二部經)을 바르고 분명하게 아는 것을 말한다. 40권본 『대반열반경』 권15(대정장12, p.451b17)에 "무엇을 보살마하살의 지법이라 하는가? 선남자여! 이 보살마하살이 십이부경, 즉 수다라(修多羅 Ⓢ sūtra : 契經)·기야(祇夜 Ⓢ geya : 應頌)·수기(授記 Ⓢ vyākaraṇa)·가타(伽陀 Ⓢ gāthā : 諷頌)·우다나(優陀那 Ⓢ udāna : 自說)·니다나(尼陀那 Ⓢ nidāna : 因緣)·아파다나(阿波陀那 Ⓢ avadāna : 譬喩)·이제왈다가(伊帝曰多伽 Ⓢ itivṛttak a : 本事)〈다른 본에서는 이제목다가라 했다〉·자타가(闍陀伽 Ⓢ jātaka : 本生)·비불략(毘佛略 Ⓢ vaipulya : 方廣)·아부타달마(阿浮陀達摩 Ⓢ adbhutadharma : 未曾有)·우파제사(優波提舍 Ⓢ upadeśa : 論議)를 아는 것이다. 云何菩薩摩訶薩知法 善男子 是菩薩摩訶薩知十二部經 謂修多羅 祇夜 授記 伽陀 優陀那 尼陀那 阿波陀那 伊帝曰〈他本云目〉多伽 闍陀伽 毘佛略 阿浮陀達摩 優波提舍", 『집이문족론』 권17(대정장26, p.437b20)에 "지법이란 여래의 교법, 즉 계경·응송·기설·가타·자설·인연·비유·본사·본생·방광·희법·논의를 바르게 분명히 아는 것이니 이것을 법을 아는 것이라 한다. 知法者 謂正了知如來敎法 謂契經 應誦 記說 伽他 自說 因緣 譬喩 本事 本生 方廣 希法 論議 是名知法", 『아비담심론』 권4(대정장28, p.832b21)에 "〔문〕 지법이란 무엇인가? 지(知)와 온갖 무구의 유루와 무루로서 이것이 일체법을 아는 것이니, 일체지의 경계이기 때문이다. 問 知法云何 答 知及諸無垢有漏及無漏 是一切知法 一切智境界故"라고 하였다. 〔참고문헌〕 『大般涅槃經』, 『集異門足論』, 『阿毘曇心論』, *Mp-s.2.*, *AN.4.113.* ⇨ 칠지 七知, 칠묘법 七妙法, 십이부경 十二部經 ❷ Ⓢ śāstra-jñatā, Ⓣ bstan-bcos-shes-pa-nyid. 오명(五明 Ⓢ pañca-vidyā)을 아는 것. 『대승장엄경론』 권10(대정장31, p.641c7)에 "법을 안다는 것은 오명처를 아는 것을 말하니, 첫째는 내명(內明 Ⓢ adhyātma-vidyā), 둘째는 인명(因明 Ⓢ hetu-vidyā), 셋째는 성명(聲明 Ⓢ śabda-vidyā), 넷째는 의명(醫明 Ⓢ cikitsā-vidyā), 다섯째는 교명(巧明 Ⓢ śilpakarmasthāna-vidyā)이다. 이 다섯 가지 논의를 아는 것을 법을 안다고 한다. 知法者 謂知五明處 一 內明 二 因明 三 聲明 四 醫明 五 巧明 知此五論是謂知法"라고 하였다. 〔참고문헌〕 『大乘莊嚴經論』, *Sūtr.136.* ⇨ 오명론 五明論

지법 智法 고구려 스님 보덕(普德)의 자호. 『삼국유사』 권3(대정장49, p.990a16·한불전6, p.320a7) 흥법(興法)3 고려영탑사(高麗靈塔寺)에 "스님 보덕의 자는 지법이다. 釋普德字智法"라고 하였다. 〔참고문헌〕 『三國遺事』. ⇨ 보덕 普德

지법령 支法領 동진(東晉)대 서역 구법승. 여산혜원(廬山慧遠) 문하에 있다가 효무제(孝武帝) 때 392년(태원17) 사문 법정(法淨) 등과 함께 우전국(于闐國)에 가서 60권본 『화엄경』의 범본 삼만육천 게송과 『사분율』의 범본을 구하여 408년(의희4)에 귀국했다. 불타야사(佛陀耶舍)삼장이 장안에 들어와 『사분율』을 역출할 때 제자 혜변(慧辯)과 함께 역장에 참여했다. 그가 가져온 『화엄경』은 418년 건강(建康)에서 불타발다라(佛陀跋多羅)가 한역했다. 이후의 행적은 전하지 않는다. 〔참고문헌〕 60권본 『華嚴經』 권60(대정장9, p.788b3), 『梁高僧傳』 권2(대정장50, p.335c3), 『華嚴經傳記』 권1(대정장51, p.153c5), 『法苑珠林』 권89(대정장53, p.944c18). ⇨ 영공 領公

지법륜 持法輪 법(法)을 가져 굴리다. 삼법륜(三法輪) 중 하나로 전법륜(轉法輪)과 조법륜(照法輪)을 임지(任持)하는 법륜. 부처님의 일대사 중 제3시에 해당하는 가르침을 말하며, 공(空)과 유(有)의 두 가지 뜻을 함께 가져 버리지 않고 삼성삼무성(三性三無性)으로 진여불공(眞如不空)의 뜻을 드러낸 중도교(中道敎)를 말한다. 『인왕호국반야경소』 권2(대정장33, p.263b9)에 "진제는 '여래께서는 45년 동안 세간에 계시며 세 가지 법륜을 설하셨으니, 전법륜·조법륜·지법륜이다. 하지만 이 삼법륜에는 현교(顯敎)와 밀교(密敎)가 있다. … 밀교는 성도하신 날 밤에서부터 열반하신 날 밤까지이다. … 현교는 처음 성도하신 이래 7년 동안은 단지 전법륜을 굴리셨고, 7년 뒤 31년 동안은 조법륜을 굴리셨으며, 38년 후 7년 동안은 지법륜을 굴리셨다'라고 말했다. 眞諦云 如來在世四十五年 說三法輪 謂轉照持 然此三輪有顯有密 密則從得道夜至涅槃夜 … 顯則初成道七年但轉轉法輪 七年後三十一年中轉照法輪 三十八年後七年中轉持法輪", 『설무구칭경소』 권1(대정장38, p.993c21)에 "『금광명경』에서는 … 제3시에는 변계소집의 공을 보내고 공과 유 두 성이 있음을 설하셨으니, 삼승인이라면 모두 닦아 가지게 하였기에 지법륜이라 한다'라고 하였다. 金光明經中 … 第三時 說遣所執空 存二性有 三乘之人 皆可修持 名持法輪", 『화엄오교장』 권1(대정장45, p.481a18)에 "셋째는 지법륜이라 하니, 조법륜 뒤에 대승중에 드러내 분명히 하신 뜻으로 삼성과 진여의 공하지 않다는 뜻을 설하신 것을 말한다. 三名持法輪 謂於後時 於大乘中顯了意 說三性及眞如不空理等", 『화엄오교장복고기』 권2(卍속장103, p.460b2)에 "중도를 드러내어 공과 유를 쌍으로 가지기에 지법륜이라 한다. 以顯中道 雙持空有 名持法輪", 돈황본 『금강영권상』(대정장85, p.60b24)에 "중도에 머물러 가지면서 자상을 잃지 않기에 지법륜이라 한다. 住持中道 不失自相 名持法輪也", 돈황본 『정명경관중석초』 권상(대정장85, p.507a10)에 "지법륜이란 『해심밀경』 등이다. 持法輪 解深密等是"라고 하였다. 〔참고문헌〕 『仁王護國般若經疏』, 『說無垢稱經疏』, 『華嚴五敎章』, 『華嚴五敎章復古記』, 『金剛映卷上』, 『淨名經關中釋抄』. ⇨ 삼법륜 三法輪, 전법륜 轉法輪, 조법륜 照法輪, 중도교 中道敎

지법신 智法身 이법신(二法身) 또는 삼법신(三法身) 중 하나로 지가 나타난 결과로서의 법신. 『화엄경소』 권10(대정장35, p.572c17)에 "삼십이상 등은 모두 법신에 속하지만 세 가지 뜻이 있다. 첫째, 상이 그대로 여이기에 이법신으로 돌아간다. 둘째, 지로 나툰 것이기에 지법신에 속한다. 셋째, 상에 당하여 아우르는 것이 공덕이기에 법신이라 한다. 三十二相等 皆法身攝 然有三義 一 相卽如故 歸理法身 二 智所現故 屬智法身 三 當相並是功德法 故名爲法身",『대명삼장법수』권1(영락장181, p.431b7)에 "둘째, 지법신이라 한 것은, 지는 바로 덕을 닦음이다. 곧 구경시각의 지가 청정본각의 이와 계합하여 이지가 서로 어울리고 색과 심이 둘이 아니게 된다. 지로 드러난 것이기에 지법신이라 한다. 二 智法身 智卽修德也 謂究竟始覺之智 契合清淨本覺之理 理智互融 色心不二 智所現故 是名智法身",『파지옥비밀다라니법』(대정장18, p.909c23)에 "신통자재의 법을 지법신이라 하고 보신이라고도 하니, 이는 연화부의 만다라이다. 神通自在之法 名智法身 亦名報身 是卽蓮花部曼茶羅也"라고 하였다. 〔참고문헌〕『華嚴經疏』,『大明三藏法數』,『破地獄祕密陀羅尼法』. ⇨이종법신 二種法身❶, 이법신 理法身, 법신 法身, 사면비로자나 四面毘盧遮那

지법자 持法者 ❶Ⓢdharma-dhāraka, Ⓣchos-'dzin-pa. 교법(敎法)을 보지(保持)하는 이.『법화경』권4(대정장9, p.29c18 : *Saddh-p.*, p.217)에 "나는 이제 대중에게 설하니, 지법자인 아난은 모든 부처님께 공양을 올리고 난 뒤에 정각을 이룰 것이다. 我今僧中說 阿難持法者 當供養諸佛 然後成正覺 ārocayāmi ahu bhikṣu-saṃghe ānanda-bhadro mama dharma-dhārakaḥ, anāgate 'dhvāni jino bhaviṣyati pūjitva ṣaṣṭiṃ sugatāna koṭyaḥ",『법화경구해』권4(卍속장48, p.69b11)에 "게송의 '나는 이제 대중에게 설하니, 지법자인 아난'이라는 말은 부처님께서 대중에게 아난이 법장(法藏)을 보지하는 이임을 말씀하신 것이다. '모든 부처님께 공양을 올리고 난 뒤에 정각을 이룰 것이다'라는 말은 무수한 만억의 모든 부처님께 공양을 올리고 난 이후에야 무상정각(無上正覺)을 성취할 수 있으리라는 것이다. 偈言 我今僧中說 阿難持法者 佛於衆中說是 阿難持法藏者 當供養諸佛 然後成正覺 當供無數萬億諸佛 然後得成無上正覺",『달마다라선경』권상(대정장15, p.301c6)에 "법을 수호해 간직하는 모든 이들이 이 지혜의 등불을 차례로 전수하여 내가 지금 그 들은 바대로 이 의미를 설할 수 있는 것이다. 諸持法者 以此慧燈 次第傳授 我今如其所聞而說是義"라고 하였다. 〔참고문헌〕『法華經』,『法華經句解』,『達摩多羅禪經』, *Saddh-p.* ❷Ⓢdharmagrāhin, dharmadhara, Ⓣchos-'dzin-pa. 법을 훈습하여 거두고 가지는(攝持) 것. 제8아뢰야식(阿賴耶識)이다.『섭대승론본』권상(대정장31, p.134c2 : *Mah-saṃ.*, p.9)에 "무엇을 훈습이라 하는가? 훈습이란 드러난 말이다. 무엇을 의미하는가? 저 법에 의지해 함께 일어나 같이 사라지니 이것 중에 능히 저것이 생하는 인의 성품이 있는 것을 말하니, 이것이 훈습이라는 말의 의미이다. … 또는 많이 듣는 이에게 다문의 훈습이 있는 것과 같다. 들음에 의지해 뜻을 지음에 함께 생하고 함께 멸하니 이 마음이 저 마음에 머물러 기억되는 인으로 생한다. 이 훈습을 섭지할 수 있기에 지법자라고도 이름한다. 아뢰야식의 훈습의 도리도 이러함을 알아야 한다. 何等名爲薰習 薰習能詮 何爲所詮 謂依彼法俱生俱滅 此中有能生彼因性 是謂所詮 … 或多聞者 多聞薰習 依聞作意俱生俱滅 此心帶彼記因而生 由此薰習能攝持故 名持法者 阿賴耶識薰習道理 當知亦爾 bag chags zhes bya ba 'di ci zhig. bag chags zhes brjod pa 'di'i brjod par bya ba ni ci zhe na. chos de dang lhan cig 'byung ba dang. 'gag pa la brten nas de 'byung ba'i rgyu mtshan nyid gang yin pa de ni brjod par bya ba ste … mang du thos pa rnams kyi mang du thos pa'i bag chags kyang thos pa de yid la byed pa dang lhan cig tu 'byung zhing 'gags kyang sems ni de brjod pa'i rgyu mtshan nyid du 'byung ste. bag chags des yongs su zin pas chos 'dzin pa zhes bya ba ltar kun gzhi rnam par shes pa la yang tshul de bzhin du blta bar bya'o"라고 하였다. 〔참고문헌〕『攝大乘論本』, *Mah-saṃ.* ⇨아뢰야식 阿賴耶識, 섭지 攝持

지법지의 知法知義 법을 알고 뜻을 알다. 칠선법(七善法)으로 거둔다.『해심밀경』권3(대정장16, p.699b28)에 "'세존이시여! 사마타와 비발사나를 수행하는 모든 보살대중은 법을 알고 뜻을 안다고 하셨습니다. 무엇이 법을 아는 것이고, 무엇이 뜻을 아는 것입니까?' … '다섯 가지 상으로 법을 아는 것을 법을 깨우쳐 안다고 한다. 첫째는 이름(名 Ⓢnāma)을 아는 것이고, 둘째는 구(句 Ⓢpada)를 아는 것이며, 셋째는 문(文 Ⓢvyañjana)을 아는 것이고, 넷째는 다름(別 Ⓢpṛthak)을 아는 것이며, 다섯째는 모든 뜻(總 Ⓢsāmānya)을 아는 것이다. 무엇을 이름이라 하는가? 일체염정법중에 세운 자성상의 임의적 시설을 말한다. 무엇을 구라 하는가? 저 이름들 모인 중에 각각에 따라 모든 염정법의 뜻을 선설하는 의지처를 건립한 것을 말한다. 무엇을 문이라 하는가? 저 둘이 의지하는 자(字)다. 어떻게 저들에 대해 각별하게 아는가? 각각 따로 연하는 것에 대해 뜻을 짓기 때문이다. 어떻게 저들에 대해 총합적으로 아는가? 총합소연에 대해서도 뜻을 짓기 때문이다. … 이를 보살이 법을 아는 것이라 한다. … 열 가지 상에 의지해 의미를 안다. 첫째는 진소유성(盡所有性 Ⓢyāvad-bhāvikatā)을 아는 것이고, 둘째는 여소유성(如所有性 Ⓢyathāvad-bhāvikatā)을 아는 것이며, 셋째는 능취(能

取 Ⓢ grāhaka)의 뜻을 아는 것이고, 넷째는 소취(所取 Ⓢ grāhya)의 뜻을 아는 것이며, 다섯째는 건립(建立 Ⓢ pratiṣṭhā)의 뜻을 아는 것이고, 여섯째는 수용(受用 Ⓢ upabhoga)의 뜻을 아는 것이며, 일곱째는 전도(顚倒 Ⓢ viparyāsa)의 뜻을 아는 것이고, 여덟째는 무전도(無顚倒 Ⓢ aviparīta)의 뜻을 아는 것이며, 아홉째는 잡염(雜染 Ⓢ saṃkleśa)의 뜻을 아는 것이고, 열째는 청정(淸淨 Ⓢ pariśuddhi)의 뜻을 아는 것이다'. 世尊 修奢摩他毘鉢舍那 諸菩薩衆 知法知義 云何知法 云何知義 … 由五種相了知於法 一者 知名 二者 知句 三者 知文 四者 知別 五者 知總 云何爲名 謂於一切染淨法中 所立自性想假施設 云何爲句 謂卽於彼名聚集中 能隨宣說諸染淨義 依持建立 云何爲文 謂卽彼二所依止字 云何於彼各別了知 謂由各別所緣作意 云何於彼總合了知 謂由總合所緣作意 … 如是名爲菩薩知法 … 由十種相了知於義 一者 知盡所有性 二者 知如所有性 三者 知能取義 四者 知所取義 五者 知建立義 六者 知受用義 七者 知顚倒義 八者 知無倒義 九者 知雜染義 十者 知淸淨義", 『현종론』 권8(대정장29, p.811b25)에 "계경에서는 '법을 알고 의미를 알라'라고 하였는데, 법은 이름 등을 말하고, 뜻은 그것을 통해 드러나는 것을 말한다. 契經言 知法知義 法謂名等 義謂所詮"라고 하였다. 〔참고문헌〕『解深密經』, 『顯宗論』. ⇨ 칠선법 七善法, 명구문 名句文, 진소유성 盡所有性, 능전소전 能詮所詮, 소전 所詮

지변지 智遍知 Ⓢ jñāna-parijñā, Ⓣ ye-shes-kyi-yongs-su-shes-pa. 혜(慧)를 바탕으로 두루 알다. 제법(諸法)의 진실인 사성제(四聖諦) 등을 아는 무루지(無漏智)로서 현관(現觀) 등의 뜻과 같다. 단변지(斷遍知 Ⓢ prahāṇa-parijñā)에 대칭한다. 『대비바사론』 권34(대정장27, p.175a15)에 "무엇을 지변지라 하는가? 〔답〕 모든 지(智)·견(見)·명(明)·각(覺)·현관(現觀)이니, 이를 지변지라 한다. 여기에 있는 여러 이름들은 한결같이 한 가지 뜻을 나타낸다. … 무지를 마주해 다스리면 지, 악견을 대치하면 견, 무명을 대치하면 명, 삿된 알음알이를 마주해 다스리면 각, 사사롭게 드러내 보는 것을 대치하면 현관이라 한다. 〔문〕 여기서는 어떤 지 등을 지변지라 하는가? 어떤 이는 말하길 '오직 무루만을 설하고 현관만을 가리킨다고 한다. 왜 그러한가? 세속지는 현관이라 할 수 있는 것이 아니기 때문이다'라고 말한다. 또 어떤 이는 '유루지와 무루지 등을 통틀어 지변지라 한다. 왜 그러한가? 제법을 두루 안다는 것은 계경에는 대부분 세속지를 설하기 때문이다. … 세속지 중에도 능히 명료하게 법을 관찰할 수 있어야 하기에 또한 현관이라 할 수 있으며, 오직 무루지만을 현관이라 할 수 있는 것은 아니기 때문이다'라고 말한다. 云何智遍知 答 諸智見明覺現觀 是謂智遍知 此中諸名同顯一義 … 謂對治無知故 名智 對治惡見故 名見 對治無明故 名明 對治邪覺故 名覺 對治邪現觀故 名現觀 問 此中爲說何等智等 名智遍知 有作是說 唯說無漏說現觀故 所以者何 非世俗智可名現觀 復有說者 通說有漏無漏智等 名智遍知 所以者何 遍知諸法 契經多說世俗智故 … 世俗智中有能明了觀察法者 亦名現觀 非唯無漏得現觀名", 『현종론』 권28(대정장29, p.912a6)에 "지변지란 그 바탕이 바로 혜로서 오직 무루이다. 智遍知者 體卽是慧 唯是無漏", 『구사론소』 권21(대정장41, p.719a7)에 "지변지는 무루지로서 고제 등 사성제에 대해 남김없이 아는 것이다. 智遍知 謂無漏智 能遍知苦等 四聖諦故"라고 하였다. 〔참고문헌〕『大毘婆沙論』, 『顯宗論』, 『俱舍論疏』, *Abh-k-bh.322.* ⇨ 변지 遍知, 단변지 斷遍知, 무루지 無漏智, 소변지법 所遍知法

지변처정 地遍處定 Ⓢ pṛthivī-kṛtsnāyatana samādhi, Ⓟ pathavī-kasiṇāyatana samādhi. 대지로 가득해 다른 것 없는 고요. 흩어져 움직여 내달리는 마음(散動馳流)을 묶어 하나의 상(一相)에 머무르게 하는 열 가지 방편인 십변처정(十遍處定) 중 하나다. 『집이문족론』 권19(대정장26, p.447b12)에 "〔문〕 지변처정에서의 가행은 어떻게 하는가? 관행을 닦는 이는 어떤 방편으로 지변처정에 증입하는가? 〔답〕 처음 그 업을 닦는 이가 관을 닦기 시작할 때는 이 대지의 이러저러한 곳, 즉 높은 곳이나 낮은 곳이나 가시나무나 그루터기나 소금밭이나 초목이 무성한 곳이나 험난한 곳이나 더러운 곳 같은 것들은 모두 사유하지 않는다. 이 대지의 이러저러한 곳, 즉 마치 손바닥처럼 평탄하고 환히 드러난 장소나 가히 좋아할 만한 잘 가꿔진 동산에 대해 한 상만을 취하고는, 승해력으로 생각을 묶어 사유하고 가상으로 관찰하여 이것은 이러한 상이라고 안립해 믿고 안다. … 어지럽게 움직이며 치닫는 마음을 거둬들이기 위해 단일한 대지의 상에 마음을 묶어 사유하는데, '이것은 그러한 대지이지 물 등이 아니다'라고 사유하는 것이다. … 이렇게 마음이 오랫동안 끊임없이 이어지도록 해야 하니 이러한 가행으로 능히 지정에 든다. … 다시 '이 대지가 점차로 증대해 동서남북이 모두 이러한 대지로 편만하다'라고 상상한다. '이 대지가 점차로 증대해 동서남북이 모두 이러한 대지로 편만하다'라는 그러한 상상으로 인해 마음이 곧 산동하며 여러 형상으로 치달아 한 곳으로 향하여 마음을 한데 묶어둘 수 없게 되면, (다시) '이 경들은 모두 대지로 편만하다'라고 사유한다. … 산동하며 치닫는 마음을 거두기 위해 대지로 가득한 상에 대해 마음을 묶어 '이렇게 가득한 것은 대지이지 가득찬 물 등이 아니다'라고 사유한다. … 이러한 가행으로 점차로 지변처정에 들어갈 수 있다. 問 地遍處定加行云何 修觀行者 由何方便 而能證入地遍處定 答 初修業

者 創修觀時 於此大地 彼彼方所 若高若下 若刺若杌 若鹹若榛 若險若穢 如是等處 皆不思惟 於此大地 彼彼方所 平坦顯了 猶如掌中 具淨園林 可愛樂處 隨取一相 以勝解力 繫念思惟 假想觀察 安立信解 是某地相 … 爲攝散動 馳流心故 於一地相 繫念思惟 謂此是地 非爲水等 … 令心相續久住 由斯加行 能入地定 … 復想此地 漸次增廣 東南西北 遍皆是地 彼想此地 漸次增廣 東南西北 遍是地故 心便散動 馳流諸相 不能一趣 繫念一境 思惟此境 遍皆是地 … 爲攝散動馳流心故 於遍地相 繫念思惟 此遍是地 非遍水等 … 由斯加行 乃漸能入 地遍處定",『대비바사론』 권85(대정장27, p.441c11)에 "지변처정을 얻으려면 다음과 같이 억념해야 한다. '대지가 곧 나이고 내가 곧 대지다. 대지와 나는 둘도 아니고 다르지도 않다'. 得地遍處定者 作如是念 地卽是我 我卽是地 地之與我 無二無別"라고 하였다. 〔참고문헌〕『集異門足論』, 『大毘婆沙論』, *Gaṇḍ-vy.16.* ⇨ 십변처정 十遍處定, 십일체처 十一切處, 팔해탈 八解脫

지병 地餠 Ⓢ pṛthivī-parpaṭaka, bhūmi-parpaṭaka, Ⓟ bhūmi-pappaṭaka, Ⓣ sa'i-sa-zhag. 땅에서 저절로 나는 표면의 떡. 지박병(地薄餠)·지피병(地皮餠)·지피(地皮) 등이라고도 한다. 겁초(劫初)에 저절로 생겼던 떡을 말한다. 당시에 사람들은 이것을 먹고 살았다. 『중허마하제경』 권1(대정장3, p.932c23)에 "이때 대지에서 오래지 않아 지병이 생겼다. 그 맛은 특별하고 향기는 감미로웠으니 마치 가리니가라꽃과 같았다. 중생들은 이 지병을 먹고 신체를 튼실하게 하고 장수하며 안락을 누렸으니, 몸은 단정하고 기력은 점차 늘어났다. 중생들 중에 탐하여 많이 먹는 이는 몸이 축났고 적게 먹는 이는 몸이 여전하여 축나는 이가 없었다. 이로 인하여 흑과 백의 두 가지 상으로 구분되었고 서로 비행을 저지르며 불선업을 지으니 이 지병이 점차 사라져서 보이지 않게 되었다. 爾時 大地之中 不久之間 卽生地餠 其味殊妙 馨香甘美 如迦梨尼迦囉花 而諸衆生 食此地餠 充益身體 長壽安樂 身相端嚴 氣力增盛 若諸衆生 貪食多者 色相損減 貪食少者 色相如故 無其損減 由此分別二相黑白 而互相非行不善業 令彼地餠 隱沒不見",『구사론』 권12(대정장29, p.65b24 : *Abh-k-bh.*, p.187)에 "광명이 사라지자 어둠이 생겼다. 해와 달과 뭇 별들은 이때부터 출현했다. 점차 지미를 탐닉하자 지미가 사라졌다. 이로부터 다시 지피병이 생겼다. 다투어 즐겨 먹으니 지병이 다시 사라졌다. 이때 다시 나무 넝쿨이 출현했다. 光明隱沒 黑闇便生 日月衆星 從玆出現 由漸耽味 地味便隱 從斯復有 地皮餠生 競耽食之 地餠復隱 爾時復有 林藤出現 prabhāvā antarhitāḥ. tato'ndhakāra utpanne sūryācandramasau prādurbhūtau. so'pyeṣāṃ bhūmirasa āsvādagṛddhānāṃ krameṇāntarhito bhūmiparpaṭakaṃ prādurbhūtam. tatrāpi gṛddhāstadapyantarhitam. vanalatā prādurbhūtā",『유가사지론약찬』 권1(대정장43, p.17a11)에 "지병이란 땅에서 솟아난 떡이다. 地餠者 地中涌出餠"라고 하였다. 〔참고문헌〕『衆許摩訶帝經』, 『俱舍論』, 『瑜伽師地論略纂』, *Abh-k-bh.*, *Saṅ-v.9.*, *DN.3.87.*

지보 志普 고려후기 스님. 나옹혜근(懶翁惠勤 1320~1376)이 상좌(上座)라 칭하고 다비의 하화문(下火文)을 내렸다. 『나옹집』「위지보상좌하화 爲志普上座下火」(한불전6, p.727b19)에 "근본을 돌이켜 처음으로 돌아가신 지금이 바른 때이니 길 한가운데서 의심하며 주저할 것 없습니다. 별 하나 반짝이는 곳으로 몸을 돌리시면 구품연대이러니 임운자재하시어 돌아가소서. 返本還源今正時 莫於中路滯狐疑 一星揮處翻身轉 九品蓮臺任自歸"라고 하였다. 〔참고문헌〕『懶翁和尙語錄』.

지보사 只寶寺 지보사(持寶寺). 『난중잡록』 권2 「임진하 壬辰下」에 "(『경상순영록』에서) 엎드려 바라건대 노인과 일반 백성들로 가까운 곳에 피란해 있는 자들은 이달 8일에 의성 지보사에 모두 모이게 해서 처할 곳을 서로 의논해야겠다. 伏願父老士庶之 漂寓近地者 月初八日僉會 于義城只寶寺 商議處置"라고 하였다. 〔참고문헌〕『亂中雜錄』, 『韓國寺刹全書』 권하 p.1033b16.

지보사 持寶寺 경상북도 군위군 군위읍 상곡리 선방산(船放山)에 있는 절. 대한불교조계종 제10교구 본사 은해사(銀海寺)의 말사이며, 지보사(只寶寺)·지보암(持寶庵)이라고도 하였다. 673년(문무왕13)에 의상대사(義湘大師)가 창건하였고, 당시 청동향로·가마솥·맷돌 등 세 가지 보물을 지녔다고 하여 '지보사'라 칭했다고 전한다. 1826년(순조26)에 작성된 「선방산지보사불사사적기 船放山持寶寺佛事事蹟記」(『조선사찰사료』 권상, pp.488~491)에 "지보사는 오랜 가람이다. 전각 불단에는 관음상 세 구와 비단 감의 여러 부처님을 앞뒤로 나란히 모시고 봉안하였는데, 몇 년이나 지났는지는 알지 못한다. 지난 갑술년(1814·순조14)의 큰 흉작으로 스님들이 흩어지고 절도 쇠락해져서 금속과 단청에 때가 묻고 광채가 사라졌다. … 대사 동명당 천오와 비구 계한이 신심을 내서 모연하여 재물을 모으고 스님들을 모셔 머물게 하였다. 작년(1825) 여름에는 큰 불사를 하여 개금을 하고 비단에 채색을 더하여 세 불상과 네 폭 불화의 여러 부처님들께서 환연히 새롭게 되었다. 持寶古伽藍也 殿卓安觀音三軀 繡龕諸佛 列侍前後 不知閱幾年 劫甲戌歲歲荒 僧散梵宇虛蕩 金粟丹青 塵染無光 … 大士東溟堂天悟比丘戒閒 極出信心 募緣鳩財 聚緇徒以居之 前年夏大供佛事 改塗以金 加繪于綃 三大佛像 四

幅諸佛 煥然一新"라고 하였으며, 이외에도 1655년(효종6)의 「헌답기 獻畓記」와 1826년의 「지보사등촉계창설기 持寶寺燈燭稧刱設記」가 전한다. 1910년경의 큰 화재로 전해오던 보물도 소실되었다고 전하다. 1936년 이후 동허(東虛 1871~1966)가 주석하면서 대웅전 삼존불개금 등 많은 불사를 하였다. 1972년에 만오(晩悟)가 중수하였고, 1981년에 지금의 보화루인 강화당(講華堂)을 중건하였다. 현존 당우로는 대웅전·삼성전·산령각·오도선원·보화루·요사 등이 있다. 성보문화재로는 삼층석탑과 1686년(숙종12)에 조성된 석조아미타삼존불좌상이 있고, 이외에도 경내에는 1700

지보사 석조아미타여래삼존불좌상 경북유형문화재 제526호

년(숙종26)에 조성된 무염당수계명수언비(無染堂受戒名守彦碑)와 무염당탑(無染堂塔), 1946년에 세운 중창사적비와 동허대선사지비(東虛大禪師之碑) 등이 있다. ［참고문헌］『輿地圖書』, 『伽藍考』, 『梵宇攷』, 『朝鮮寺刹史料』, 『韓國寺刹全書』 권하 p.1042b12, 『文化遺蹟總覽』 권중(文化財管理局, 1977) p.128.

지보특가라유승유열 知補特伽羅有勝有劣 여래께서 성취한 칠묘법(七妙法)중 하나로 보특가라(Ⓢ pudgala : 有情)의 뛰어남과 못함을 바르게 아는 것. 지보특가라승렬(知補特伽羅勝劣)이라고도 한다. 『집이문족론』 권17(대정장26, p.437b18)에 "칠묘법이 있으니, … 일곱번째는 지보특가라유승유열이다. … 지보특가라유승유열이란, 보특가라의 덕행의 승렬, 즉 이러저러한 보특가라는 이러저러한 덕행이 낫다거나 못하다고 바르게 하는 것이니, 이를 지보특가라유승유열이라 한다. 有七妙法者 … 七 知補特伽羅有勝有劣 … 知補特伽羅有勝有劣者 謂正了知補特伽羅德行勝劣 謂如是如是補特伽羅有如是如是德行或勝或劣 是名知補特伽羅有勝有劣"라고 하였다. ［참고문헌］『集異門足論』. ⇨ 칠묘법 七妙法, 부지보특가라유승유열 不知補特伽羅有勝有劣

지복 志福 요(遼) 학승. 호는 자행대사(慈行大師). 세속의 내력은 알 수 없다. 의무여산(毉巫閭山)에 머문 적이 있다. 천우황제(天佑皇帝) 야율대석(耶律大石 재위 1124~1143)이 『석마하연론』을 즐겨 읽었는데, 그 칙령에 따라 『석마하연론통현초 釋摩訶衍論通玄鈔』 4권(卍속장73, pp.161a1~269a9)을 지었고, 또한 통법대사(通法大師) 법오(法悟)에게 명하여 『석마하연론찬현소 釋摩訶衍論贊玄疏』 5권(卍속장72, pp.829a1~1025b18)을 짓도록 하였다. 두 스님이 모두 화엄종(華嚴宗)의 관점에서 『석마하연론』을 풀이함으로써 대의를 드러내려 하였다. ［참고문헌］『釋摩訶衍論通玄鈔』 「天佑皇帝引文」(卍속장73, p.161a14), 『新編諸宗教藏總錄』 권3(한불전4, p.692c20), 『遼史』 권22 「道宗紀」 269.

지본삼매 持本三昧 가져 바탕이 되는 삼매. 여래심지에 머물러 일체선근종자를 머물고 나고 자라게 하는 삼매로 지신삼매(地神三昧)·보재삼매(普載三昧)라고도 한다. 만물이 땅에 의지해서 나고 자라듯이 여래심지에 의지하여 일체중생의 선근종자가 성숙하는 삼매를 말한다. 『대일경소』 권10(대정장39, p.683c22)에 "다음으로 지신진언이란 땅이 능히 만물을 지탱하고 일체만물이 이것에 의지하여 나고 자란다. 마땅히 바로 이렇게 함이 불심임을 알아야 한다. 여래심은 능히 만물을 가져 지본삼매에 깊이 들어가 진언을 설한다. 또한 이것은 석가모니부처님께서 방편으로 나투신 화신일 따름이다. 次地神眞言 地能持萬物 一切萬物依之生長 當知即是佛心 猶如來心能持萬物 深入持本三昧而說眞言也 亦是釋迦方便化身耳", 『대일경의석』 권7(卍속장36, p.736b10)에 "또한 지신진언이란 땅은 만물이 의지해 머무는 곳이고 모든 것이 이것에 의지하여 나고 자란다. 여래심지 역시 이와 같아서 일체중생의 의지처이고 선근종자도 이것을 말미암아야 적셔 기름을 얻는다. 그러므로 지본삼매라 하고 보재삼매라고 부른다. 又地神眞言 地爲萬物所依住處 皆悉依之而得生長 如來心地亦如是 爲一切衆生所依處 善種由之而得滋長 故名持本三昧 亦名普載三昧也"라고 하였다. ［참고문헌］『大日經疏』, 『大日經義釋』.

지봉 志逢 909~985. 오대십국(五代十國) 및 송초 법안종(法眼宗) 스님. 법호는 오운(五雲). 항주(杭州 : 浙江省) 여항(餘杭) 출신. 유년에 출가하여 삼학(三學)을 통달하고 법성(法性)과 법상(法相)을 명철하게 이해하였다. 천태산의 운거도량(雲居道場)을 찾아가 덕소국사에게 참학하며 인연이 계합하여 깨달음을 얻었다. 오월국왕(吳越國王)이 귀의하여 자가사(紫袈裟)를 내리고 보각대사(普覺大師)라고 사호하며, 임안(臨安)의 공신원(功臣院)에 머무르게 했다. 971년(개보4) 노환을 핑계로 공신원에서 물러나 대장군 능초(凌超)가 보시한 오운산(五雲山) 화엄도량(華嚴道場)에서 머물렀다. 985년(옹희2) 향수에 발을 씻고 말없이 앉은 채로 입적하였다. 세수 77, 법랍 58세였고, 탑명은 보봉상조(寶峰常照)였다. 『경덕전등록』 권26(대정장51, p.422b28) 등에 상당법어와 학인과 문답한 법문이 전한다. ［참고문헌]『景德傳燈錄』, 『宗鑑法林』 권54(卍속장116, p.693a7), 『圓宗文類』 권22(한불전4, p.642c18). ⇨ 덕소 德韶

지봉 智峯 조선후기 스님 우기(祐祈)의 법호. [참고문헌]『東師列傳』 권4 「智峯講伯傳」(한불전10, p.1043b17). ⇨ 우기 祐祈

지봉 智峰 ❶ 조선후기 월하계오(月荷戒悟 1773~1849)의 법사. 『가산고』 권4 「월하대화상행장 月荷大和尙行狀」(한불전10, p.794b14)에 "(월하화상은 11세에) 팔공산 월암수좌에게 출가하고, 지봉화상에게 법을 받으니, 화상은 바로 회암화상(定慧 1685~1741)의 3세 적손이다. 祝剃于八公山月庵首座 傳法于智峰和尙 和尙乃晦庵和尙之 三世的傳"라고 하였다. [참고문헌]『伽山藁』. ❷ 조선후기 스님. 『동사열전』 권5 「우담강백전 優曇講伯傳」(한불전10, p.1058c5)에 "(우담은) 옛 수선사(松廣寺)로 가서 지봉선사의 문하에 의지하면서, 침명한성(枕溟翰醒 1801~1876)의 강석에서 교학을 배우고, 인파율사의 계단에서 선을 배웠다. 依止於古之修禪社 智峰禪師室中 受敎於枕溟和尙講筵 受禪於仁坡律師戒壇"라고 하였다. 『다송문고』 권1 「조계산송광사우담대선사행장초 曹溪山松廣寺優曇大禪師行狀草」(한불전12, p.710c9)에도 전한다. [참고문헌]『東師列傳』, 『茶松文稿』. ⇨ 영환 永奐 ❸ 조선후기 유홍(有洪)의 법호. [참고문헌]『東師列傳』 권5 「仁谷講伯傳」(한불전10, p.1051c13). ⇨ 유홍 有洪, 영환 永奐 ❹ 조선후기 지안(之安)의 법호. 『다송문고』 권2 「금명대종사비음기 錦溟大宗師碑陰記」(한불전12, p.783b2)에 "계보는 '부휴 칠세풍암→응암낭윤→영암등찬→성월서유→지봉지안→벽련인성→금련경원→금명보정'이다. 系譜 浮休七世楓巖 應庵朗允 影庵等讚 聖月瑞蕎 智峰之安 碧蓮仁性 金蓮敬圓 錦溟寶鼎"라고 하였다. [참고문헌]『茶松文稿』, 『東師列傳』 권6 「碧蓮禪師傳」(한불전10, p.1069b2). ⇨ 지안 之安, 인성 仁性❷

지봉 智鳳 통일신라대 스님. 『본조고승전』 「화주원홍사사문지봉전 和州元興寺沙門智鳳傳」에 "지봉스님은 신라사람이며 그 성씨는 자세하지 않다. 정신과 풍채가 높고 깊어 일찍이 도에 뜻을 두었는데, 어느 해인가 바다를 건너와 공부한 지 오래되었다. 대보 3년(703)〈신라 성덕왕 원년 계묘〉에 유학을 다녀오라는 칙명을 받들어 사문 지란·지웅과 함께 입당하여 복양의 지주대사를 친견하고 법상종의 교리를 배우고 돌아오니, 이것이 법상종의 세 번째 입당득법이었다. 원흥사에 주석하면서 유식을 홍포하므로 당대에 이름을 크게 떨쳤다. 경운 3년(706·성덕왕5) 10월 16일 우복야 등담해공이 대직관의 원기를 맞아 유마회를 베풀고 남경의 영숙을 청하여 강설할 때 지봉을 강사로 삼았다. 그의 말과 뜻이 맑고 웅장하여 가르침을 바라는 사람들로 항상 강석이 붐볐다. 釋智鳳 新羅國人 不詳其姓氏 神彩高遠 早志于道 某年 航海來朝 留學年久 大寶三年〈新羅聖德王元年癸卯〉 奉遠遊之敕 與沙門智鸞 智雄入唐 謁濮陽智周大師 稟法相而歸 是相宗入唐得法之第三番也 住元興寺 大弘唯識 名振當代 慶雲三年十月十六日 右僕射藤淡海公 膺大織冠之遠忌 修維摩會 請南京英宿論說 鳳爲講師 詞義淸壯 請益之賓 常盈講席"라고 하였다. [참고문헌]『本朝高僧傳』, 『朝鮮佛敎通史』 권상 p.207.

지봉사 智奉寺 위치 미상. 「정도사오층석탑조성형지기 淨兜寺五層石塔造成形止記」의 시주 명단(『조선불교통사』 권하, p.592)에 "지봉사 사주 대사 민광 포15척. 智奉寺主大師旻光 布十五尺"이라고 하였다. [참고문헌]『朝鮮佛敎通史』, 『韓國寺刹全書』 권하 p.1043a17.

지부 地府 지옥의 관부(官府). 저승. 『낙방문류』 권1(대정장47, p.161a24)에 "염불하고 계를 지키지만 정진하는 마음이 없는 사람은 목숨을 마친 뒤에 선한 상도 없고 악한 상도 없어 지부에서도 거두지 못하고 정토에도 왕생하지 못한다. 마치 잠들 듯 할 뿐이니 이 사람은 의심이 끊어지지 않아 의심의 성에 나서 오백세 동안 락을 즐기다가 다시 닦아 믿고 원해야 비로소 정토로 돌아간다. 若人念佛持戒 無精進心 命終 亦無善相 亦無惡相 地府不收 安養不攝 如睡眠去 此人疑情未斷 生於疑城 五百歲受樂 再修信願 方歸淨土", 『지장본원경과주』 권3(卍속장35, p.560a17)에 "악취 등에 떨어지거나 때론 지옥의 관부에 침몰하기도 한다. 在於惡趣等 或沉地府", 『범망보살계경의소발은』 권4(卍속장59, p.745b16)에 "사문 혜달은 지부에서 관세음보살을 친견하였다. 沙門慧達 於地府見觀世音菩薩"라고 하였다. [참고문헌]『樂邦文類』, 『地藏本願經科註』, 『梵網菩薩戒經義疏發隱』. ⇨ 사부 四府❶, 지옥 地獄

지부법 知浮法 물에 뜰 줄 아는 법. 헤엄치는 법. 물에 들어가 헤엄치며 즐기면 돌길라(突吉羅)를 범하지만 물건을 찾고자 들어가거나 생명을 살리는 수단으로 물에 뜨는 법을 배운다면 계를 범하는 것이 아니다. 『사분율』 권16(대정장22, p.672c27)에 "물건을 떨어뜨려 물 밑에 가라앉았다면 이곳저곳을 들어갔다가 나오기를 거듭하고, 또는 헤엄치는 법을 배우고자 팔을 띄우고 젓다가 물을 가르기도 하고 물을 튀기기도 한다면, 그 모든 행위로 계를 범할 일은 없다. 若失物沈入水底 此沒彼出 或欲學知浮法 而浮掉臂 畫水濆水 一切無犯"라고 하였다. [참고문헌]『四分律』, 『四分律行事鈔』 권중(대정장40, p.85c1). ⇨ 돌길라 突吉羅

지분 智分 지의 분. 즉 지가 관여한 영역이라는 뜻이다. 육바라밀(六波羅蜜)로 말하면 반야바라밀(般若波羅蜜)이 지분에 속한다. 복분(福分)으로 나눠 설정한 뜻이다. 원측(圓測)의 『해심밀경소』 권8(한불전1, p.401b7)에 "이 경의 뜻을 풀이하면 저 『유가사지론』 권36(대정장30, p.485b17)에서 다음과 같이 말한다. '무엇을 복이라 하는가? 보시·지계·인욕이라는 처음 세 바라밀을 말한다. 무엇을 지라 하는가? 여섯번째 반야바라밀을 말한다. 정진과 정려바라밀은 복과 지 두 분에 모두 통한다. 만약 정진에 의지해 보시·지계·인욕과 사무량심을 닦는다면 이것은 복분이다. 만약 정진에 의하여 문사수로 이루어지는 삼혜와 오온 등의 선교방편을 익힌다면 이것을 지분이라 한다. 또한 정려에 의하여 자무량심 등의 사무량심을 수습한다면 이것을 복분이라 하고, 정려에 의하여 온선교·계선교 등 갖가지 선교방편을 닦는다면 이것을 지분이라 한다'. 釋此經意 如瑜伽論第三十六 彼云 云何爲福 謂施戒忍三 云何爲智 謂第六般若 精進靜慮 通於二分 若依精進 修施戒忍 及四無量名爲福分 若依精進 習聞思修 所成三慧 及蘊等善巧 名爲智分 若依靜慮 修習慈等 四種無量 名爲福分 若依靜慮修蘊界等 種種善巧 名爲智分", 『화엄경교분기원통초』 권4(한불전4, p.359a6)에 "소승에서는 치우쳐 지분을 닦고 복분을 닦지 않는다. 이 때문에 성불하려 함에 다시 백겁이나 따로 그 업을 닦아야 한다. 以小乘中 偏修智分 不修福分 是故 臨成佛時 更於百劫 別修彼業"라고 하였다. [참고문헌] 『解深密經疏』, 『瑜伽師地論』, 『華嚴經敎分記圓通鈔』, 『菩薩地持經』 권1(대정장30, p.892b8), 『大乘義章』 권9(대정장44, p.649c25). ⇨ 복분 福分

지분생만다라 支分生曼荼羅 진언행자의 신체를 구분하여 각각의 지분에서 제존(諸尊)이 출현한다고 관상하는 만다라. 지분이란 사지(四肢)나 오체(五體) 등 신체의 각 부분을 말한다. 본존이나 아사리 또는 진언행자의 신체를 자세히 관상하여 만다라를 건립하고 제존을 안립하는 것을 말한다. 『대일경소』 권3(대정장39, p.611a22)에 "경전에서 '세존의 일체 지분은 모두 여래의 신체를 출현한 것이다'라고 한 뜻은 다음과 같다. 앞에서 장엄장이 출현했을 때 보문의 모든 몸이 시방에 두루 있어 인연을 따르고 중생에 응하였다. 지금은 만다라의 원위를 설하고자 하니 부처님의 신체 상중하에 따라 부류를 나눈다. 배꼽 이하는 현생신인 석가이니, 인법·이승·육취의 갖가지 유형에 따라 색상·위의·음성·단좌가 각각 다르고 그 권속의 펼침도 같지 않으니 널리 팔방에 만다라 본위의 순서대로 머문다. 배꼽부터 목구멍까지는 무량한 십주의 보살이 출현하되 각각 삼밀의 신체를 지니고 무량한 권속과 더불어 널리 팔방에서 만다라의 본위와 같이 순서대로 머문다. 그러나 여기에 두 겹이 있다. 가슴 이하는 대비만행을 지닌 십불찰의 미진수와 같은 대권속들이고, 가슴 이상은 금강밀혜를 지닌 십불찰의 미진수와 같은 내권속들이니 통괄하여 대심중이라 부른다. 목구멍에서 위로 여래정상에 이르기까지 네 가지 지혜와 네 가지 삼매의 과덕불신을 출현시킨다. 이러한 여덟 가지 몸은 일체세계의 온갖 무리와 국토에서 명호·신업·수용사가 모두 같지 않으니 또한 팔방에서 만다라 본위의 순서대로 머문다. 經云 世尊一切支分 皆悉出現如來之身者 前現莊嚴藏時 普門一一身各遍十方 隨緣應物 今欲說漫荼羅圓位故 還約佛身上中下體 以部類分之 自臍以下 現生身釋迦 示同人法 及二乘六趣 種種類形 色像威儀 言音壇座 各各殊異 及其眷屬展轉不同 普於八方 如漫荼羅本位次第而住 自臍以上至咽 出現無量十住諸菩薩 各持三密之身 與無量眷屬 普於八方 如漫荼羅本位次第而住 然此中自有二重 從心以下 是持大悲萬行十佛刹微塵 諸大眷屬 從心以上 是持金剛密慧 十佛刹微塵 諸內眷屬 通名大心衆也 從咽以上至如來頂相 出現四智四三昧果德佛身 卽此八身 於一切世界中 徒衆刹土 名號身業 諸受用事 皆悉不同 亦於八方 如漫荼羅本位次第而住"라고 하였다. [참고문헌] 『大日經疏』.

지분선 止分禪 그치는 것(止)을 자성으로 하는 선. 흩어진 마음을 그치게 하는 작용을 본령으로 삼는 선을 말한다. 『삼장법수』 권26(대장경보편22, p.487a16)에 "세 번째, 지분선이란 마음을 거두어 흩어지지 않도록 하니 정(定)과 더불어 상응한다. 三者 止分禪 謂攝心不散 與定相應也"라고 하였다. [참고문헌] 『三藏法數』, 『大明三藏法數』 권26(영락장182, p.477a7).

지불시도 智不是道 지혜는 도가 아니라는 말. 마음은 부처가 아니라는(心不是佛) 구와 함께한다. 즉심시불(卽心是佛)에 집착함을 다스리려 뒤쳐 드러낸 말이다. 『경덕전등록』 권7 「동사여회전 東寺如會傳」(대정장51, p.255b17)에 "마조선사가 입적하신 후에 동사선사는 문도들이 항상 즉심즉불이라 말하는 것을 걱정하셨다. 또 이런 말도 하였다. '부처가 어느 곳에 머물겠는가? 바로 즉심이다. 마음은 화사와 같다. 이를 즉불이라 한다'. 마침내 대중에게 보이길 '마음 바로 부처가 아니고 지 그대로 도가 아니다. 칼이 물에 빠진 지 오래되었는데 그대 이제야 뱃전에 새기네'. 自大寂去世 師常患門徒以卽心卽佛之譚 誦憶不已 且謂佛於何住而曰卽心 心如畫師而云卽佛 遂示衆曰 心不是佛 智不是道 劍去遠矣 爾方刻舟", 『남전어요』(고존숙어록12, 卍속장118, p.291b9)에 "'형제들이여! 요즘 사람들은 부처를 어깨에 메고 다니고 내가 「마음은 부처가 아니고 지혜는 도가 아니다」라고 한 말 머리 마주하고는 분별하고 헤아린다. 나에게는 그대들이 헤아리는 자리란 없다. 그대들이 허공 묶어낼 수 있다면 몽둥이를 만들어서 나를 때리고 마음대로 헤아려보라'. 이때 학인이 물었다. '선대의 조사에서 마조대사에 이르기까지 모두 「마음이 부처이고 평상심이 도다」라고 하셨는데, 지금 화상께서는 「마음 바로 부처가 아니고 지 또한 그대로 도가 아니다」라고 하시니 학인들이 모두 의혹을 일으킵니다. 청컨대 화상께서 자비로 보여주십시오'. 남전선사가 큰 소리로 답했다. '그대가 만약 부처라면 다 놓아 버렸을텐데 다시 의심하여 도리어 나에게 물으니 어느 곳에서 이렇게 부처를 비방하고 의심해왔었나? 나 또한 부처가 아니고 조사를 본 적도 없다. 그대가 이렇게 말하니 스스로 조사를 찾아 가라' '화상께서 이렇게 말씀하시니 학인들이 무엇을 붙들고 가져 얻을 수 있겠습니까?' '그대는 당장 손으로 허공을 쳐보라' '허공에는 움직이는 모습이 없는데 어떻게 칩니까?' '그대의 말에 움직일 수 없는데 이미 움직이고 있다. 허공이 어떻게 「나는 움직일 수 없다」고 말할 줄 알았겠는가? 이 모든 것이 그대의 분별이다'. 兄弟 今時人擔佛著肩上行 聞老僧言心不是佛 智不是道 便聚頭擬推 老僧無你推處 你若東得虛空 作棒打得老僧著一任推 時有僧問 從上祖師至江西大師皆云 卽心是佛 平常心是道 今和尙云 心不是佛 智不是道 學人悉生疑惑 請和尙慈悲指示 師乃抗聲答曰 你若是佛 休更涉疑 却問老僧 何處有恁麽傍家疑佛來 老僧且不是佛 亦不曾見祖師 你恁麽道 自覓祖師去 曰 和尙恁麽道 教學人如何扶持得 師曰 你急手托虛空著 曰 虛空無動相 云何托 師云 你言無動相 早是動也 虛空何曾解道我無動相 此皆是你情見"라고 하였다. 〔참고문헌〕『景德傳燈錄』, 『南泉語要』. ⇨ 심불시불 心不是佛, 즉심시불 卽心是佛

지불암 知佛庵 강원도 회양군 금강산(金剛山)에 있던 암자. 『동국여지승람』 권47 강원도 회양도호부 불우에 이름과 위치가 전하며, 『범우고』에는 "지금은 폐사되었다. 今廢"라고 하였다. 홍인우(洪仁祐 1515~1554)는 1553년(명종8) 4월에 금강산을 유람하였는데 『치재유고』 권3 「관동록 關東錄」(한국문집총간36, p.62b2)에 "또 2리를 가니 지불암이다. 암자에서 4~50보 거리에 샘이 있는데 구멍에서 물이 솟는다. 성정(性淨)이 감로의 물이라고 하였다. 又二里 有知佛菴 距菴南四五十步 有泉自穴中涌出 淨曰 甘露水也"라고 하였다. 〔참고문헌〕『東國輿地勝覽』, 『梵宇攷』, 『恥齋遺稿』, 『韓國寺刹全書』 권하 p.1042a10.

지붕 智朋 ❶ 송대 조동종(曹洞宗) 스님. 속성은 황(黃)씨. 사명(四明 : 浙江省) 출신. 출가한 다음 보봉유조(寶峰惟照)에게 법을 물으러 갔다가 기연(機緣)이 들어맞았다. 언젠가는 고목법성(枯木法成)의 가르침을 받기도 하였지만 보봉의 법을 이었다. 소흥년간(1131~1162) 초에 화약사(華藥寺)에 주석한 다음 무주(婺州 : 浙江省)의 천녕사(天寧寺)와 건강(建康 : 江蘇省)의 청량사(淸涼寺) 등지로 옮겼다가 명주(明州 : 浙江省) 서암사(瑞巖寺)로 들어갔다. 〔참고문헌〕『續傳燈錄』 권17(대정장51, p.581c25), 『嘉泰普燈錄』 권9(卍속장137, p.157a9), 『五燈會元』 권14(卍속장138, p.544b6), 『五燈嚴統』 권14(卍속장139, p.617b6), 『五燈全書』 권30(卍속장140, p.714a14), 『羅湖野錄』 권하(卍속장142, p.993a14). ❷ ➡ 복건자 福建子

지비 智悲 Ⓢ jñāna-karuṇā. 지혜와 자비. 여래의 삼덕(三德) 중 대지(大智)와 대비(大悲). 『대승광백론석론』 권10(대정장30, p.250a25)에 "삼장법사(三藏法師 : 玄奘)가 취령(鷲嶺 : 靈鷲山)의 북쪽에서 이 논을 듣고는 들은 바대로 한역하였고, 그 이룩한 공을 자축하여 말했다. 〔송〕 성천(聖天 Ⓢ Āryadeva)과 호법(護法 Ⓢ Dharmapāla)이 지와 비에 의지해 사견의 무리를 꺾기 위해 지은 이 논은 사구와 백비 모조리 없애니, 이는 마치 겁화로 가는 털을 태우는 듯했다. 三藏法師 於鷲嶺北得聞此論 隨聽隨翻 自慶成功 而說頌曰 聖天護法依智悲 爲挫群邪制斯論 四句百非皆殄滅 其猶劫火燎纖毫", 『순정리론』 권32(대정장29, p.524c17)에 "만약 부처님의 지와 비가 두루해 걸림도 없고 빠짐 없다면 곧바로 마땅히 법을 설해 널리 능히 일체유정을 제도할 수 있다고 말해야 할 것이다. 무변계중에 여래께서 가지신 부사의힘으로 능히 두루 교화할 수 있기 때문이다. 若佛智悲 遍於一切 無礙無闕 則應說法 普能濟度一切有情 無邊界中 如來皆有 不思議力 能普化故", 원측(圓測)의 『반야심경찬』(대정장33, p.548c4 · 한불전1, p.10a7)에 "위로는 보리를 구하고 아래로는 유정을 교화하기 위해 이 지와 비를 일으키기에 보살이라 한다. 上求菩提 下化有情 發此智悲 故名菩薩", 『법화현찬』 권1(대정장34, p.663c8)에 "부처님에게는 오직 세 가지 법만이 있을 뿐이니, 대정 · 대지 · 대비라 말할 수 있다. 佛唯有三法 謂大定智悲"라고 하였다. 〔참고문헌〕『大乘廣百論釋論』, 『順正理論』, 『般若心經贊』, 『法華玄贊』, *Ratna-ut.7.* ⇨ 지 智, 삼덕 三德 ❺

지빈 知賓 나그네를 모시는 소임인 지객(知客)을 말한다. 『백장청규』 권5 「유방참청 遊方參請」(대정장48, p.1140a20)에 "이 날 바라건대 지빈이신 존장선사께서도 존귀하신 몸 움직이시는 일마다 많은 복이 깃드시옵소서. 卽日恭惟 知賓尊長禪師 尊候起居多福", 『감산집』 권52 「조계보림선당시방상주청규 曹溪寶林禪堂十方常住淸規」(卍속장127, p.943b15)에 "시방에서 먼 길을 밟아 찾아온 납자들은 모두 외당의 단과료에서 편안히 쉬었다가 반드시 승당에 들어가 인사를 올리게 하며 판수는 마땅히 대중을 이끌고 답례로 인사하며, 지빈은 차를 대접한다. 凡十方遠到衲子 俱在外堂旦過寮安歇 必須入堂問訊 板首卽當領衆 回禮敘謝 知賓款茶"라고 하였다. 〔참고문헌〕『百丈淸規』, 『憨山集』. ⇨ 지객 知客

지사 底沙 Ⓢ Tiṣya의 음사어. 지사(底砂)·저사(低舍)라고도 쓴다. 빛나다의 뜻으로 원만(圓滿)·광(光)·명(明)으로 번역하고, 이십팔수 중 하나인 귀수(鬼宿)를 뜻하기도 한다. 인물이나 빛나는 사물의 이름으로 빌려 쓴다. 과거불 중에도 지사불(底沙佛)이라는 부처가 계셨다. ❶ ➡ 지사불 底沙佛 ❷ 비구의 이름. 『유가론기』 권22(대정장42, p.814c3·한불전14, p.691b5)에 "지사는 별 이름이다. 어떤 비구는 별에서 이름을 따서 저사라고 하였다. 底沙者 是星名 有比丘 從星立名 名底沙", 『일체경음의』 권48(대정장54, p.632a10)에 "지사〈비구의 이름이다. 이 비구를 위해 경을 설하니 이름이 『지사경』이다. 이 역시 별 이름이다. 별을 따라서 이름을 짓는 것은 서역에서는 흔한데, 이 경우도 그렇다〉. 底沙〈比丘名 丘爲之說經 名底沙經 此亦星名也 因星立名 西國多 此也〉"라고 하였다. 〔참고문헌〕『瑜伽論記』, 『一切經音義』. ❸ 정반왕(淨飯王)의 누이인 감로미(甘露味)의 아들. 『불본행집경』 권11(대정장3, p.701c29)에 "정반왕 누이 이름은 아미다질다라〈한역하여 감로미라고 한다〉였는데, 아들 한 명을 낳고서 지사라고 하였다. 淨飯王妹 名阿彌多質多囉〈隋言甘露味〉 生於一子 名爲底沙"라고 하였다. 〔참고문헌〕『佛本行集經』. ❹ 사리불(舍利佛)의 속가 아버지 이름. 『보성다라니경』 권1(대정장13, p.538c9)에 "선남자여! 그대 두 사람의 이름은 무엇인가? 우바지사가 아뢰었다. '아버지는 지사, 어머니는 사리이니 저는 이제 어머니 이름을 따 이름을 사리불이라 하겠습니다'. 善男子 汝二人名字何等 優波底沙言 底沙是父 舍利是母 我今從母故 名舍利弗"라고 하였다. 〔참고문헌〕『寶星陀羅尼經』. ⇨ 사리불 舍利佛

지사 知事 총림에서 주지를 보좌하여 행정과 재무를 담당하는 소임. 북송대에는 감원(監院)·유나(維那)·전좌(典座)·직세(直歲)의 4지사가 있었고, 남송과 원대에는 감원의 업무를 도사(都寺)·감사(監寺)·부사(副寺)로 나누고 기존의 유나·전좌·직세와 더불어 6지사로 운영되었다. 감원은 재무와 행정을총괄하는 소임으로서 승당의 수좌(首座)와 더불어 선원의 요직이고 동서의 4지사 중 가장 높은 직급이다. 당나라 때에는 원주(院主)·원재(院宰)·사주(寺主)라고 하였다. 남송대 총림의 도사는 북송의 감원과 같다. 감사는 도사의 업무를 집행하는 실무를 담당하고, 부사는 고두(庫頭)·궤두(櫃頭)라고도 하는데 수입과 지출 등의 재무를 담당한다. 유나는 열중(悅衆)이라고도 하여 대중을 통솔하기에 바라이죄를 범하거나 청규를 위반하고도 참회하지 않는 이를 대중갈마를 열어 추방 등을 집행한다. 전좌는 대중의 공양을 담당하는 소임이다. 전좌는 그 아래에 공두(供頭)·채두(菜頭)·갱두(羹頭)·미두(米頭) 등의 소직(小職)을 두고 관장한다. 직세는 당우와 산림의 관리와 보수를 담당하는 소임이다. 1년 마다 돌아가며 담당했기 때문에 직세라는 명칭이 붙었다. 직세는 대중을 울력에 동원할 수 있는 권한도 갖는다. 『백장청규』 권4(대정장48, p.1132a27)에 "『승사』에서 다음과 같이 말했다. '지사의 삼강은 망고의 큰 먹줄과 같으니 이것을 들면 백 가지 안목이 바르게 된다. 범어로 마마제인데 이는 사주라고 한역한다. 지금의 감사와 같다'. 僧史曰 知事三綱者 若網罟之巨綱 提之則百目正矣 梵語摩摩帝 此云寺主 卽今之監寺也"라고 하였다. 〔참고문헌〕『百丈淸規』, 윤창화 『당송시대 선종사원의 생활과 철학』(민족사, 2017). ⇨ 선림직위 禪林職位, 육지사 六知事, 감원 監院, 유나 維那, 전좌 典座, 도사 都寺, 감사 監寺, 부사 副寺

지사불 底沙佛 Ⓢ Tiṣya, Ⓟ Tissa. 석존(釋尊)께서 과거 100겁 동안 상호(相好)의 업을 닦던 인위(因位)에 계실 때 섬겼던 과거부처님. 지사(底沙·底砂)·보사(補砂) 또는 지사여래(底沙如來)·불사불(弗沙佛)이라고도 한다. 석존께서는 이 부처님의 선정에 든 모습을 7일간 찬탄한 공덕으로 9겁을 초월하였다. 『불지경론』 권7(대정장26, p.327a11)에 "여래께서는 지사불때 일찍이 자씨와 함께 제자가 되었다. 지사불께서는 석가가 교화할 유정의 선근이 먼저 익고, 자씨가 교화할 선근이 뒤에 익는 것을 관하시고, 또 자씨의 인행이 먼저 원만해지고, 석가는 뒤에 원만해지는 것을 관하셨다. 따라서 한 곳을 쫓아 화광정에 드시어 석가가 칠일 밤낮 동안 한 걸음도 걷지 않고 게송 한 수로 찬탄하도록 하시어 자씨보다 앞서 먼저 성불하게 하셨다. 如來 底沙佛時 曾與慈氏 同爲弟子 佛觀釋迦 所化有情 善根先熟 慈氏所化善根後熟 又觀慈氏因行先滿 釋迦後滿 遂於一處 入火光定 令釋迦見 七日七夜 不下一足 一頌讚歎 令超慈氏 在前成佛", 『대비바사론』 권177(대정장27, p.890b5)에 "〔문〕 이러한 상호의 이숙은 얼마의 시간이 지나야 원만히 수습되는가? 〔답〕 대체로 100대겁이 지나야 한다. 오직 석가보살만은 예외인데, 석가보살은 극히 정진하였기에 9대겁을 뛰어넘어 단지 91대겁만 지나 원만히 수습하고는 곧 무상정등보리를 증득했다. 그 고사는 무엇인가? … 과거에 지사 또는 보사라는 명호의 부처님이 계셨는데, 저 부처님께는 두 명의 보살제자가 있어 부지런히 범행을 닦았다. 한 명은 석가모니이고, 다른 한 명은 매달려약이었다. … 지사불께서는 곧 석가모니에게 '나는 산을 유행하고자 하니 너도 따르거라'라고 갈했다. 그때 저 부처님께서는 니사단(Ⓢ niṣīdana)을 가지고 먼저 길을 나서 산 위에 도착해서는 폐유리로 된 감실에 들어가 니사단을 펴고는 결가부좌한 채로 화계정에 들어서 7일 밤낮이 지나도록 묘희락을 누리면서 위광을 치성하게 발하셨다. 석가모니도 곧이어 산으로 올라가 마치 송아지가 어미소를 찾듯이 곳곳을 다니며 지사불을 찾았다. 그렇게 다니다가 마침 그 감실 앞에 도착하여 홀연 부처님의 위의가 단엄하고 광명이 빛나는 모습을 보고는 오로지 진실한 마음이 일어나고 기쁨을 주체할 수 없어 걷다가 바로 한 발을 내리는 것도 잊은 채 잠시도 눈을 떼지 않고 7일 밤낮이 지나도록 존귀한 모습을 우러러보면서 다음과 같이 게송 하나로 저 부처님을 찬탄했다. '천상에도 지하에도 이 삼천대천세계에도 다문실(多聞室 : 毘沙門宮)에도 서궁(逝宮 : 大梵天王宮)에도 다른 천들의 처소에도 시방세계에도 대장부 우왕인 대사문 같은 이 없으니, 땅과 산과 숲을 두루 찾아봐도 그에 비할 이 없도다'. 이와 같이 찬탄하고 나자 곧 9겁을 뛰어넘어 자씨에 앞서 무상정등각을 증득하였다. 問 此相異熟業 經於幾時 修習圓滿 答 多分經百大劫 唯除釋迦菩薩 以釋迦菩薩 極精進故 超九大劫 但經九十一劫 修習圓滿 便得無上正等菩提 其事云何 … 過去有佛 號曰底砂 或曰補砂 彼佛有二菩薩弟子 勤修梵行 一名 釋迦牟尼 二名 梅怛儷藥 … 便告釋迦 吾欲遊山 汝可隨去 爾時彼佛 取尼師檀 隨路先往 旣至山上 入吠琉璃龕 敷尼師檀 結跏趺坐 入火界定 經七晝夜 受妙喜樂 威光熾然 釋迦須臾 亦往山上 處處尋佛 如犢求母 展轉遇至 彼龕室前 欻然見佛 威儀端肅 光明照曜 專誠懇發 喜歎不堪 於行無間 忘下一足 瞻仰尊顔 目不暫捨 經七晝夜 以一伽他 讚彼佛曰 天地此界多聞室 逝宮天處十方無 丈夫牛王大沙門 尋地山林遍無等 如是讚已 便超九劫 於慈氏前 得無上覺", 『순정리론』 권44(대정장29, p.591c5)에 "옛날에 지사라는 명호의 부처님이 계셨는데, 그 부처님께는 두 명의 보살 제자가 있어 한 분은 석가모니라 했고, 한 분은 매달려약(Ⓢ Maitreya : 彌勒)이라 하였다. 부처님께서는 자신이 교화해야 할 밭을 관찰하였기에 이 두 제자 중 능적(能寂 : 석가모니)은 교화되면 먼저 성숙할 것이지만 스스로는 그렇게 하지 못하고, 자씨(慈氏 : 매달려약)는 스스로 먼저 성숙할 것이지만 교화로서는 그렇게 하지 못한다는 것을 분명히 비추어 아셨다. 알고 난 뒤에는 다음처럼 생각하셨다. '속히 한 사람을 먼저 성숙시키는 그 일이 조금 더 쉽겠다'. 謂昔有佛號曰底沙 彼佛有二菩薩弟子 一名 釋迦牟尼 一名 梅怛儷藥 佛因觀察自所化田 分明照知此二弟子 能寂所化先熟非自身 慈氏自身先熟非所化 知已復作如是思惟 速熟一身其事少易", 『일체경음의』 권47(대정장54, p.617b7)에 "지사불〈범어이다. 구역 경전 중의 '불사불'과 같다〉. 底沙佛〈梵語 舊經中作弗沙佛 同一也〉", 『경덕전등록』 권13(대정장51, p.302c6)에 "아주 오래 전 과거에 지사라는 명호의 부처님이 계셨는데, … 이 부처님께서 석가보살은 마음이 아직 미성숙했지만 다른 제자들은 마음이 모두 완전히 성숙했음을 관견하셨다. … 곧 설산에 올라 보굴에 들어가서는 대선정에 들었는데, 이때 석가보살은 외도의 선인으로 설산에 올라 약초를 캐고 있다가 지사불을 보았다. 過去久遠有佛 名曰底沙 … 是佛觀見釋迦心未成熟 而諸弟子心皆純熟 … 卽上雪山 入寶窟中 入大禪定 時釋迦菩薩 作外道仙人 上山採藥 見底沙佛"라고 하였다. 〔참고문헌〕『佛地經論』, 『大毘婆沙論』, 『順正理論』, 『一切經音義』, 『景德傳燈錄』, *Lal-v.4.*, *Abh-k-bh.267.* ⇨ 구사지사불 俱舍底沙佛, 불사불 弗沙佛

지산 智山 ❶ 지혜의 산. 지혜가 산처럼 높고 견고하다는 뜻. 80권본 『화엄경』 권22(대정장10, p.119b7)에 "지혜의 산과 법의 싹이 모두 이미 청정하게 되어 보살의 몸으로 나타나기도 하고 부처님 몸으로 나타나기도 하면서 모든 중생이 번뇌 없는 경지에 이르도록 이끈다. 智山法芽 悉已清淨 或現菩薩 或現佛身 令諸衆生 至無患地", 『화엄경소』 권25(대정장35, p.688b24)에 "지혜의 산이 청정하다는 말은 평등성지를 가리킨다. 평등하고 높이 뛰어난 까닭에 산이라 하고, 네 가지 미혹이 이미 사라졌으므로 청정이라 한다. 미혹은 심으면 반드시 때를 기다려 나지만 이제는 능히 남에 자재하기에 씨는 싹이라 부른다. '보살의 몸' 이하는 평등성으로 나툰 그림자와 더불어 십신을 나타내니 다만 이 두 몸만이 아니다. 智山清淨 卽平等性智 平等高出 所以名山 四惑已亡 故云清淨 因惑爲種 生必待時 今能生自在 故種受芽稱 或現已下 卽平等性 所現之影 兼顯十身 不唯此二故"라고 하였다. 〔참고문헌〕『華嚴經』, 『華嚴經疏』. ❷ 서역(西域)의 전계승(傳戒僧). 가습미라(迦濕彌羅 Ⓢ Kāśmīra) 곧 계빈(罽賓) 출신으로 312년(영가6) 중국에 들어와 법을 전했다. 중국에서 최초의 비구니였던 정검(淨撿) 등에게 계를 전수했다고 알려져 있다. 317년(건무1)에 귀국하였지만 그 뒤의 행적은 알 수 없다. 〔참고문헌〕『比丘尼傳』 권1 「淨撿尼傳」(대정장50, p.934c17).

지상 止相 Ⓢ śamatha-nimitta, Ⓣ zhi-gnas-kyi-mtshan-ma. 그침(止)을 수습하는 모습. 들뜬 마음인 도거(掉擧)가 일어나거나 일어나려 할 때 뜻을 내어(作意) 그 마음을 수습하는 것을 말한다. 지식상(止息相)이라고도 한다. 『해심밀경』 권3(대정장16, p.699b22)에 "만약 마음이 도거하려 할 때 도거가 일어나지 않을까 하는 때 이를 싫어하는 법인 모든 작의와 그 무간심작의를 지상이라 한다. 若心掉擧 或恐掉擧時 諸可厭法作意及彼無間心作意 是名止相", 『유가사지론』 권31(대정장30, p.456a16 : *Śrāv-bh.*, p.391)에 "무엇이 지상인가? 두 가지가 있으니 첫째는 소연상이고, 둘째는 인연상이다. 소연상이란 사마타품으로 알 수 있는 사(事)와 동분의 영상을 소연상이라 하는데, 이 소연상으로 마음이 적정해진다. 인연상이란 무엇인가? 사마타로 훈습한 마음에 의지해 그 다음의 사마타정이 모두 청정해지기에 유가비발사나의 모든 가행을 수습할 수 있으니 이를 인연상이라 한다. 그칠 때는 언제인가? 마음에 도거가 일어날 때 또는 도거가 일어나지 않을까 할 때가지를 닦을 때이다. 또 비발사나로 훈습한 마음에 의지해 심사로 시달리거나 사업들 때문에 시달릴 바로 이때가지를 닦을 때다. 云何止相 謂有二種 一 所緣相 二 因緣相 所緣相者 謂奢摩他品所知事同分影像 是名所緣相 由此所緣 令心寂靜 因緣相者 謂依奢摩他所熏習心 爲令後時奢摩他定皆淸淨故 修習瑜伽毘鉢舍那所有加行 是名因緣相 云何止時 謂心掉擧時 或恐掉擧時 是修止時 又依毘鉢舍那所熏習心 爲諸尋思之所擾惱及諸事業所擾惱時 是修止時 tatra śamathanimittaṃ dvividhamālambananimittaṃ, nidānanimittañca. jñeyavastusabhāgaṃ pratibimbamālambananimittaṃ. yenālambanena taccittaṃ śamayati, śamathaparibhāvite cetasi uttaratra śamathasya pāriśuddhaye. yo vipaśyanā prayoga idaṃ nidānaṃ nimittaṃ. śamathakālaḥ katamaḥ. āha. uddhate citte ūrdhvamvābhiśaṃkini śamathasya kālo bhāvanāyai. tathā vipaśyanāparibhāvite citte iti karaṇīyavyākṣepopahate śamathakālo bhāvanāyai"라고 하였다. [참고문헌]『解深密經』, 『瑜伽師地論』, *Śrāv-bh.* ⇨지식상 止息相, 지 止, 지관 止觀, 사마타 奢摩他, 거상 擧相, 사상 捨相, 도거 掉擧

지상 持相 가져야 할 계상(戒相). 계 낱낱의 뜻을 새겨 가지는 것으로 범상(犯相)을 대치한다. 『사분율수현록』 권1(卍속장95, p.320a13)에 "가져 지킬 것을 알고 범하는 것이 무엇인지 알고서 지니면 지상이요 범하면 범상이다. 知持識犯 持則持相 犯則犯相", 『마하지관』 권4(대정장46, p.38a28)에 "'네가 나를 죽일지라도 부낭을 얻을 수는 없을 것이다'(36권본 『대반열반경』 권11, 대정장12, p.673c22)라고 한 것은 '지상'이고, 애착하는 마음으로 거듭 마촉의 쾌락의 뜻을 일으키고서 만약 따라 애촉하면 이는 부낭의 절반을 버리는 것이니 '범상'이다. 汝寧殺我 浮囊叵得 是名持相 愛心復起摩觸快意 若隨愛觸 是棄半浮囊 是名犯相", 『석선바라밀차제법문』 권2(대정장46, p.484c3)에 "먼저 지니는 것과 범하는 것 두 가지를 모아 밝히겠다. 첫 번째는 지상이고, 두 번째는 범상이다. 첫 번째 지상이라 하여 지는 보호하며 가지는 것이다. 앞서 설한 바와 같이 일곱 류의 사람이 부처님의 금계(別解脫戒)를 받아서 열 가지 이익을 이룬다. 보호해 가져서 범하지 않는 열 가지 이익이다. 就初總明持犯有二 一者 持相 二者 犯相 一 持相者 持者護持 如上所說 七種之人 受佛禁戒 爲十利故 護持無犯一利者"라고 하였다. [참고문헌]『四分律搜玄錄』, 『摩訶止觀』, 『大般涅槃經』, 『釋禪波羅蜜次第法門』. ⇨범상 犯相, 칠중 七衆, 별해탈계 別解脫戒, 십리 十利 ❶

지상 智相 ❶ Ⓢjñāna-lakṣaṇa. 지혜의 상. 유무와 유인무인 등의 차별을 떠난 모습이며, 나아가 사무애지(四無礙智) 등을 말한다. 『입능가경』 권5(대정장16, p.544a22 : *Laṅk.*, p.157)에 "지상이란 무엇인가? 유상과 무상 그리고 유무의 인상마저 멀리 떠나면 지상이라 한다. 智相者 遠離有相無相 有無因相 名爲智相 nimitta-animittavyatikrānta-lakṣaṇaṃ jñānam", 『금강선론』 권9(대정장25, p.863c14)에 "지상이란 법신여래의 진여해탈상이다. 智相者 是法身如來 眞如解脫相", 『십지경론』 권11(대정장26, p.191a7)에 "무엇이 지혜의 상인가? 경에서 말씀하시길, 또한 법무애지나 법지로써 제법차별을 알지만 방편을 무너뜨리지 않으며, 의무애지로 즉 비지로서 여실히 제법의 차별을 알지만 사무애지와 세간지를 쓰고 정견으로 법을 설한다. 즐겨 설하는 무애지와 제일의지로 방편따라 설한다 하였다. 논에서 말하기를 이러한 중에 지상의 네 가지 뜻이 있다고 하니, 첫째는 드러난대로 보는 지혜, 둘째는 견주어 아는 지혜, 셋째는 방편을 얻어 아는 지혜, 넷째는 몸소 체득하는 지혜이다. 云何智相 經曰 復次 以法無礙智 以法智 知諸法差別 不壞方便 以義無礙智 以比智 如實知諸法差別 以辭無礙智 以世智 正見故說法 以樂說無礙智 以第一義智 方便故說法 論曰 是中智相者 有四種 一 現見智 二 比智 三 欲得方便智 四 得智"라고 하였다. [참고문헌]『入楞伽經』, 『金剛仙論』, 『十地經論』, *Laṅk.* ❷ 지혜라는 분별. 지(智)라는 분별의 경계가 있다면 이 도한 지혜일 수 없다는 뜻에서 지상이다. 『불퇴전법륜경』 권2(대정장9, p.235a1)에 "이와 같이 청정지는 일체번뇌에서 아득히 벗어나지만, 이 지라는 상마저 얻으려 하지 않아야 도를 구한다 여긴다. 如是淸淨智 遠離一切垢 不得是智相 是名爲求道", 같은 책 권3(대정장9, p.240c11)에 "가장 뛰어난 지혜를 얻었다하여도 그 지혜의 모습은 취할 수 없다. 得最勝智 亦不取智相"라고 하였다. [참고문헌]『不退轉法輪經』. ❸ 제법을 분별하는 모양. 이미 무명으로 헛되게 드러난 삼세(三細 : 業相 轉相 現相)의 마지막 현상(現相)에 다시 염정(染淨) 등의 분별을 일으키는 분위다. 심생멸의 법 중에 지말불각(支末不覺)의 뜻으로 거둔 육추(六麤 : 智相 相續 執取 計名 起業 受執) 중 첫 번째 상이다. 『대승기신론』(대정장32, p.577a13)에 "첫째, 지상은 경계에 의지하여 마음에 분별을 일으키니 갈망하고 갈망하지 않기도 한다. 一

者 智相 依於境界 心起分別 愛與不愛故",『대승기신론의소』 권상(대정장44, p.186a19)에 "지상이란 앞서 언급한 경분별로 염정과 위순의 차별이어서 밝게 아는 지혜는 아니다. 言智相者 前所說境分別 染淨違順差別 非明解智也",『대승기신론의기』 권중말(대정장44, p.263b3)에 "처음에 지상이라 하였으니, 앞선 현식으로 드러난 상이 자심이 나툰지도 모르는 채 움직일 수 없는 갖은 분별 자주 일으켜서 염정을 분별하고 자성이 있다고 집착한다. 그러기에 경계에 있어서 내지는 갈망하지 않는다라고 하였다. 初言智相者 謂於前現識 所現相上 不了自心現故 始起慧數 分別染淨 執有定性 故云依於境界乃至不愛故也",『대승기신론의기별기』(대정장44, p.291c16)에 "마음바탕이 밖으로 향하면 능견상이라 하고, 변하여 밖의 경계인 듯하면 능현상이라 하며, 염정을 분별하면 지상이다. 心體向外 名能見相 變似外境 名能現相 分別染淨 名爲智相",『대승기신론내의약탐기』(대정장44, p.413c23·한불전3, p.750a11)에 "셋째 지상은 무명으로 말미암아 앞서 자심이 일으킨 경에 미해서 헛되이 염정상을 분별하여 일으키는 것이다. 三 智相 謂由無明 迷前自心 所現之境 妄起分別 染淨之相"라고 하였다. 〔참고문헌〕『大乘起信論』,『大乘起信論義疏』,『大乘起信論義記』,『大乘起信論義記別記』,『大乘起信論內義略探記』. ⇨ 육추 六麤, 삼세육추 三細六麤

지상 智常 당(唐)대 선사. 법호는 귀종(歸宗). 출신과 출가는 상세하지 않다. 제방의 선지식을 찾아 참학하며 남전보원(南泉普願 748~835)을 만나 그림자처럼 따랐고, 함께 마조도일(馬祖道一 709~788)의 문하로 들어가 견도(見道)하였다. 원화년간(806~820)에 여산(廬山)의 귀종정원(歸宗淨院 : 歸宗寺)에 주석하였다. 중당(中唐)대 유명 문인 백낙천(白樂天)·이발(李渤) 등과 교유하였다. 용모가 특이하였는데, 제왕의 상호인 중동(重瞳)을 지니고 있어 세간에서 적안귀종(赤眼歸宗)이라는 별명으로도 불렀다. 입적한 후에 지진선사(至眞禪師)라는 시호를 하사 받았다. 여러 전등사서에 문답이 전하는데 전기대용(全機大用)한 마조가풍으로 알려졌다. 법을 이은 제자로는 부용영훈(芙蓉靈訓)·신라대모(新羅大茅)·고안대우(高安大愚) 등이 있다. 〔참고문헌〕『佛祖統紀』 권41(대정장49, p.381a13),『宋高僧傳』 권17(대정장50, p.817b10),『景德傳燈錄』 권7(대정장51, p.255c24)·권29「歸宗至眞禪師智常頌」(대정장51, p.451c25),『五燈會元』 권3(卍속장138, p.96a15).

지상경 地上境 이경(二境 : 地上境 地前境) 중 하나로 상락아정(常樂我淨)을 말한다. 원측(圓測)의『인왕경소』 권상(대정장33, p.381b13·한불전1, p.49c22)에 "저『본기』(眞諦의『仁王經疏』 권6)에 의지하면 경에는 두 가지가 있다. 첫째는 오온이니 바로 지전의 경이고, 둘째는 상락아정이니 지상경이다. 이 지상경 지금 풀지는 않겠다. 오온은 이 의지할 경이고 상락은 이 능히 의지하는 이의 경이니, 이와 같은 두 가지 경은 지전지상에 통한다. 若依本記 境有二種 一者 五蘊 是地前境 二者 常樂我淨 是地上境 今解不爾 五蘊是所依境 常樂是能依境 如此二種境 通地前地上"라고 하였다. 〔참고문헌〕『仁王經疏』. ⇨ 상락아정 常樂我淨, 지전경 地前境

지상관 地想觀 Ⓢ pṛthivī-saṃjñā, Ⓟ paṭhavī-saññā, Ⓣ sar-'du-shes-pa. 십육관(十六觀) 중 세 번째로 극락의 땅을 상상해 보는 일. 줄여서 지상(地想)이라 한다. 두 번째 수상관(水想觀)을 더욱 명료하게 만들어 정토의 유리지(琉璃地)를 관하는 것.『관무량수경』(대정장12, p.342a19)에 "'이 수상(水想)을 성취할 때는 낱낱이 관해서 극히 명료하게 한다. 눈을 감거나 뜨거나 산실되지 않도록 하되 밥 먹는 때 외에는 항시 이 일을 억념한다. 이렇게 관해야 정관이라 부를 수 있지 만약 다르게 관한다면 삿된 관이다'. 부처님께서 아난과 위제희에게 이르셨다. '이 수상관을 성취하고 나서는 거칠게 극락국토를 보았다고 할 수 있다. 만약 삼매를 얻으면, 저 나라의 땅을 낱낱이 분명히 본다. 이것을 지상이라 하니 제3관이라 한다'. 부처님께서 아난에게 말씀하셨다. '그대는 내 말을 간직해서 미래세에 고통에서 벗어나고자 하는 일체대중을 위해서 이 땅을 관하는 법을 설해 주어라. 만약 이 땅에 대해 관한다면, 80억겁생사의 죄마저 사라지리니, 몸을 버려 다른 세상에 날 때는 반드시 정국에 나고 마음에 어떤 의심도 없게 될 것이다'. 此想成時 一一觀之 極令了了 閉目開目 不令散失 唯除食時 恒憶此事 作此觀者 名爲正觀 若他觀者 名爲邪觀 佛告阿難及韋提希 水想成已 名爲粗見極樂國地 若得三昧 見彼國地 了了分明 不可具說 是爲地想 名第三觀 佛告阿難 汝持佛語 爲未來世一切大衆欲脫苦者 說是觀地法 若觀是地者 除八十億劫生死之罪 捨身他世 必生淨國 心得無疑",『관무량수불경의소』 권중(대정장37, p.292b28)에 "'만약 삼매를 얻으면, 저 나라의 땅을 낱낱이 보게 되고 가히 말로 다 할 수 없는 것으로 지상을 삼게 되리니, 제3관이라 한다'. 삼매의 바른 음은 삼마지이고, 정정 또는 등지라 한역한다. 상이 성취되어 그 땅을 볼 때는 작의를 기다리지 않고 저절로 계합하여 경을 봄이 분명하게 된다. 마치 사람이 궁술을 배움에 처음에는 낯설지만, 뒤에는 익숙해져 쏘았다 하면 맞추지 않음이 없듯이 하니, 말과 생각으로 미칠 수

지상관 관경십육관변상도
일본 쯔루가 서복사 고려

없어 깨우쳐야 비로소 알 수 있을 뿐이다. 그래서 다 갖춰 말할 수 없다. 若得三昧 見彼國地 了了分明 不可具說 是爲地想 名第三觀 三昧正音三摩地 此翻正定或云等持 想成見地 不待作意 任運契合 見境分明 如人學射 初生後熟 發無不中 言思叵及唯證方知故云 不可具說"라고 하였다. 〔참고문헌〕『觀無量壽佛經』, 『觀無量壽佛經義疏』, *Bodh-bh.34.* ⇨ 십육관 十六觀, 수상관 水想觀, 유리지 琉璃地, 관무량수불경 觀無量壽佛經

지상법신 智相法身 증득법신(證得法身)을 둘로 분류한 것 중 하나로 불위(佛位)의 법신을 말한다. 다른 하나는 복상(福相)법신이다. 『금강경찬요간정기』 권3(대정장33, p.195c14)에 "지상법신은 선법행에 짝한다. 진여무위로 참된 선법을 삼기 때문이다. 智相法身 配善法行 以眞如無爲 是眞善法故", 『금강반야론회석』 권상(대정장40, p.739c1)에 "만약 불위에 이른다면, 이를 지상법신이라 한다. 若至佛位 名智相法身"라고 하였다. 〔참고문헌〕『金剛經纂要刊定記』, 『金剛般若論會釋』. ⇨ 증득법신 證得法身 **1**, 복상법신 福相法身

지상보살 地上菩薩 보살의 52계위 중 초지(初地) 이상 위의 보살. 초지 이전의 보살은 지전보살(地前菩薩)이라 한다. 『금강선론』 권7(대정장25, p.851b23)에 "거듭하여 '보살이여, 보살이여' 부르는 까닭은 보살에는 두 무리가 있기 때문이다. 하나는 지전보살로 두 가지 무아를 듣고 믿는다. 다른 하나는 지상보살로 두 가지 무아를 드러내 보인다. 所以重言 菩薩菩薩者 明菩薩有二種 一者 地前菩薩 聞信二種無我 二者 地上菩薩 現見二種無我", 『금강경찬요간정기』 권6(대정장33, p.219a10)에 "지상보살이라 해도 모두 분증일 뿐이다. 地上菩薩 亦皆分證", 『화엄경탐현기』 권14(대정장35, p.373c14)에 "『보성론』에 따르면 지상보살은 두 가지로 닦고 행한다. 첫째는 근본지를 잡아 말하니 여실수행이라 하니 마땅히 그대로 잘 닦는 일이다. 둘째는 후득지에 따르니 남김없이 닦기에 변수행이라 하고 이는 무량지에 해당한다. 寶性論中 地上菩薩 起二修行 一 約根本智 名如實修行 當此善修也 二 約後得智 名遍修行 當此無量智也", 『무량수경연의술문찬』 권중(대정장37, p.148b4 · 한불전2, p.43b23)에 "지상보살은 념념이 언제나 수행하여 모든 중생을 가르치고 불국토를 청정하게 한다. 다섯 겁 동안 오로지 정토를 받는 행만을 하는 것이 아니기 때문이다. 地上菩薩 念念常修 利諸衆生 淨佛國土 不應五劫 專修受淨土行故", 『천태보살계소』 권상(대정장40, p.584c8)에 "둘째, 타수용보로 지상보살을 삼아 실보토에서 몸을 나타내어 법을 설함으로써 저들이 알게 한다. 二 他受用報 爲地上菩薩 於實報土 現身說法 令彼見之", 『성유식론』 권3(대정장31, p.13b27)에 "지상보살이 일으킨 번뇌는 모두 바른 지에 근거하므로 과실이 되지 않는다. 예류 등에서는 이런 일이 있을 수 없거늘 어찌 그것을 이 보살과 비교할 수 있는가? 지상보살의 제6식 중에 일어나는 번뇌는 비록 정지에 근거하므로 과실이 없다 하지만, 제7식이 유루심위에서 멋대로 현행하며 이 식을 가져 둔다. 地上菩薩 所起煩惱 皆由正知 不爲過失 非預流等 得有斯事 寧可以彼例此菩薩 彼六識中 所起煩惱 雖由正知不爲過失 而第七識 有漏心位 任運現行 執藏此識", 『성유식론연비』 권7(대정장43, p.978b11)에 "(三身의 四句 중) 세 번째는 수용하기도 하고 변화하기도 한다. 지상보살이 나투는 갖가지 화신은 모든 보살이 수용하는 법락이기 때문이고, 때에 따라 고쳐 구르기에 결정적이지 않기 때문이다. 三 亦受用亦變化 謂爲地上菩薩 所現種種化身 令諸菩薩 受法樂故 隨時改轉 不決定故", 『대승기신론의기』 권중본(대정장44, p.257a18)에 "아래 문구에서 밝혔듯이 지상보살의 업식에 물든 마음이 미세하게 일어났다 사라지기를 반복한다. 그중에 다르게 되고 사라지는 등을 어찌 범부나 소승이 알겠는가? 또한 사식 중에 거칠게 드러나는 상이 일어나는 것과 머무름을 지상보살인들 어찌 모르겠는가? 如下文中明 地上菩薩 業識之心 微細起滅 於中異滅相等 豈凡小能知 又如事識之中 麤相生住 地上菩薩 豈不能知", 『기신론소필삭기』 권4(대정장44, p.318c15)에 "행을 일으킨다는 말은 지상보살이 무루지를 일으켜 진여의 이치를 증하는 것이어서, 낱낱이 다 진실이어서 실답지 않음이 없기에 실이고 실인즉 실상이다. 행마저 실과 같아서 그 이름이 여실이다. 起行者 謂地上菩薩 發無漏智 證眞如理 所起之行 一一契眞 無不如實 實卽實相也 行如於實 名如實", 『대승의장』 권12(대정장44, p.704a28)에 "지상보살은 유루의 남은 습기가 다하지 않아 소생처 따라 더불어 상응하기에 이렇게 받은 몸이 육도로 윤회하지만 변역신은 아니다. 地上菩薩 有漏殘氣未盡 隨所生處 與之相應故 是所受亦是六道身 故非是變易", 『종경록』 권80(대정장48, p.861c9)에 "깨우쳐 알고 본다고 하니, 지상보살이 근본정지로 참된 이치인 불변상의 연을 몸소 증한 것을 이름하여 요요견이라 하니, 바로 친증의 뜻이다. 了了見者 謂地上菩薩 根本正智 親證眞理 不變相緣 名了了見 卽是親證", 『범망경직해』 권상2(卍속장61, p.74a11)에 "십주(十住) · 십행(十行) · 십회향(十迴向)의 삼십심을 현(賢)이라 하고, 지상보살을 성(聖)이라 한다. 住行向之三十心 名賢 地上菩薩 名聖"라고 하였다. 〔참고문헌〕『金剛仙論』, 『金剛經纂要刊正記』, 『華嚴經探玄記』, 『無量壽經連義述文贊』, 『天台菩薩戒疏』, 『成唯識論』, 『成唯識論演祕』, 『大乘起信論義記』, 『起信論疏筆削記』, 『大乘義章』, 『宗鏡錄』, 『梵網經直解』. ⇨ 지전보살 地前菩薩, 십지 十地

지상사 池上寺 강원도 동해시 지가동에 있는 절. 대한불교조계종 제4교구 본사 월정사(月精寺)의 말사이며, 지향사(池香寺)라고도 한다. 「두타산삼화사고금사적 頭陀山三和寺古今事蹟」(『한국사찰전서』 권하, p.606b16)에 "약사 삼형제 불상은 본래 서역에서부터 동해를 거쳐 돌로 만든 배를 타고 와서 우리나라에 정박하였다. 첫째 약사불은 흑련 한줄기를, 둘째 약사불은 청련 한줄기를, 셋째 약사불은 금련 한줄기를 쥐고, 한분은 흑련대〈지금의 삼화사〉, 한분은 청련대〈지금의 지상사〉, 한분은 금련대〈영은사이다〉에 있었다. 藥師伯仲季三佛 本自西域游歷東海乘一扁石舟來泊本國 伯則手持黑蓮一朶 仲則手持青蓮一朶 季則手持金蓮一朶 一在黑蓮臺〈今三和寺〉 一在青蓮臺〈今池上寺〉 一在金蓮臺〈靈隱寺也〉"라고 하였는데, 삼화사와 영은사를 신라말 창건이라 하면 지상사 역시 신라말 창건으로 볼 수 있다. 1908년에 최대유(崔大有)가 원래 절터에 있던 철불을 모시기 위해 남쪽으로 500미터 정도 떨어진 곳에 법당을 짓고 지향사라 하였다. 1993년부터 2008년까지 석주(昔珠)의 원력으로 상좌인 동암오철(東巖悟徹)이 대웅전·범종각·요사 등을 짓고 중창하였다. 원래 절터에 있던 고려시대 철불좌상은 2003년에 강원도 홍천 쌍계사(雙溪寺)로 이안하였는데, 약합을 든 약사여래로 후보(後補)하였다. [참고문헌] 『韓國寺刹全書』, 『東海市의 歷史와 文化遺蹟』(關東大博物館·東海市, 1996) pp.254~256.

지상사 至相寺 섬서성(陝西省) 장안(長安 : 西安) 종남산(終南山)에 있는 절. 수대 정연(彭淵)이 창건했다. 정연의 제자 법림(法琳)과 지정(智正)이 그 뒤를 이어 주석했다. 화엄종 제2조가 된 지엄(智儼)이 그곳에서 그들에게 화엄을 배웠고 후에 지상대사(至相大師)라고 불렸다. 611년(대업7)에 정연이 입적한 후 그의 유골을 뿌린 자리에 법림이 사리탑을 세웠다. 지상사 북암(北巖)에는 삼계교(三階敎)의 개조(開祖) 신행(信行)과 그의 제자 거사 하동(河東) 배현증(裴玄證)의 탑비(塔碑)가 있다. 『삼국유사』 권4(대정장49, p.1006c8·한불전6, p.348c3) 의해(義解)5 의상전교(義湘傳教)에 "(의상이) 종남산 지상사에 가서 지엄대사를 뵈었다. 지엄은 지난 저녁 꿈을 꾸었는데 큰 나무가 해동에서 자라나서 가지와 잎사귀가 널리 퍼져 그 그늘이 신주에까지 덮었으며 위에 봉황의 둥지가 있어서 올라가 보니 마니보주가 있었다. 尋往終南山至相寺謁智儼 儼前夕夢 一大樹生海東 枝葉溥布 來蔭神州 上有鳳巢 登視之 有一摩尼寶珠", 『속고금역경도기』(대정장55, p.372a9)에 "경룡원년 11월 5일 황제의 생일에 집을 떠나 머리를 깎고 출가하여 종남산 지상사 난야에 머물며 수도했다. 以景龍元年十一月五日 和帝生日 捨家剃落 仍住南山至相寺蘭若修道", 『백장청규증의기』 권6(卍속장111, p.722a8)에 "『운서숭행록』에서 말했다. '당대 종남사 지정선사는 산에 이십팔 년 동안 머물며 세속의 도리를 따르지 않았다. 제자 지현은 교법을 엎드려 받았다. 지정은 저술을 남겼는데 단좌하며 선을 닦았다. 지현은 지필을 들고 곁에서 모셨으니 따라 나가고 따라서 적으며 하루 종일 앉지 않았다. 雲棲崇行錄云 唐 終南山 至相寺 智正禪師 住山二十八年 不涉世諦 弟子智現 伏承法教 正 凡有著述 瑞坐思惟 現 執紙立侍 隨出隨書 常鎭日不坐"라고 하였다. [참고문헌] 『三國遺事』, 『續古今譯經圖紀』, 『百丈清規證義記』, 『唐高僧傳』 권11(대정장50, p.511c15). ⇨ 정연 彭淵, 지엄 智儼, 삼계교 三階教

지상연선 止相緣禪 Ⓢ śamatha-nimittālambanaṃ dhyānam, Ⓣ zhi-gnas-kyi-mtshan-ma-la-dmigs-pa'i-bsam-gtan. 구종대선(九種大禪) 중에는 여섯 번째 일체행선(一切行禪 : 一切種靜慮)이 있고 그에 속하는 13가지 선 중 하나로 지상연정려(止相緣靜慮)라고도 한다. 『유가사지론』 권43(대정장30, p.528a15)과 『보살지지경』 권6(대정장30, p.922a10) 등에 이름만 있다. 『대명삼장법수』 권26(영락장182, p.477b5)에 "(일체행선 중) 열 번째는 지상연선이다. 인연의 상을 적정히 하여 남김없이 밝게 하여 사무쳐 보아 영원히 모든 산란을 벗어나는 선이다. 十者 止相緣禪 謂於寂靜因緣之相 圓明洞徹 永離一切散亂也"라고 풀었다. [참고문헌] 『瑜伽師地論』, 『菩薩地持經』, 『大明三藏法數』, *Bodh-bh.144.* ⇨ 구종대선 九種大禪, 일체행선 一切行禪

지생삼매 智生三昧 여래방편의 지혜를 출생하는 삼매. 『대일경』 권6(대정장18, p.40a23)에 "(비로자나부처님은) 진언의 왕·진언도사·대위덕자를 삼삼매야에 안주케 하여 삼법을 원만하게 하시니, 이 오묘한 음성으로 대력금강수에게 말씀하신다. '부지런한 용사여! 일심으로 모든 진언 자세히 들어라'. 진언도사는 즉시 지생삼매에 안주하여 갖가지 방편지혜의 백광변조진언을 설하였다. 眞言之王 眞言導師 大威德者 安住三三昧耶 圓滿三法故 以妙音聲 告大力金剛手言 勤勇士 一心諦聽諸眞言 眞言導師 卽時住於智生三昧 而說出生種種巧智 百光遍照眞言", 『대일경소』 권18(대정장39, p.767a26)에 "부처님께서 이것을 설하시니 진언도사는 곧바로 방편지생삼매에 안주한다. 이 삼매는 여래보문의 뛰어난 방편의 지혜를 낳으므로 (지생삼매라고) 이름 붙였다. 백광변조진언을 설한 것은 이 한 자에서 백법광명을 놓아 널리 흘러나왔음을 말한다. 佛將說此 眞言導師 卽住巧智生三昧 謂此三昧 能生如來普門善巧之智 故以爲名也 百光遍照眞言說者 謂從此一字 而放百法光明 遍流而出也"라고 하였다. [참고문헌] 『大日經』, 『大日經疏』. ⇨ 백광변조관 百光遍照觀

지생인 智生因 지(智)가 정해(正解)의 인이라는 말. 인명(因明) 용어. 육인(六因) 중 하나로 입론자가 주장한 말의 뜻으로 타인이 정해(正解)를 일으키기에 언생인(言生因)이라 하지만, 이는 앞서 입론자의 지(智)에 의지했으므로 지생인(智生因)이라 하고 생인(生因)으로 거둔다. 『인명입정리론소』 권상(대정장44, p.101c3)에 "생인에는 세 가지가 있다. 첫째는 언생인이고, 둘째는 지생인이며, 셋째는 의생인이다. … 지생인이란 무엇인가? 입론자의 발언의 근거가 되는 지(智)로서, 타인의 이해(解)를 바르게 일어나게 하는 것은 실제로 많은 말에 있지만, 지란 능히 말을 일으키고 말은 일어난 인의 인이기에 생인이라 한다. 生因有三 一 言生因 二 智生因 三 義生因 … 智生因者 謂立論者發言之智 正生他解 實在多言 智能起言 言生因因 故名生因", 『인명론소명등초』 권1본(대정장68, p.211c23)에 "둘째로 지생인이란, 입론자가 말한 것의 지로서, 능히 일으킨 말 때문에 타인의 바른 앎이 생겨났기에, 언생인의 인을 생인이라고 한다. 二 智生因 謂立論者發言之智 由能起言生他正解 言生因因故名生因", 『인명입정리론의찬요』(대정장44, p.161c25)에 "입론자의 지를 지생인이라 한다. 立者智名爲智生因"라고 하였다. [참고문헌] 『因明入正理論疏』, 『因明論疏明燈鈔』, 『因明入正理論義纂要』. ⇨ 육인 六因[3], 생인 生因[1], 언생인 言生因, 의생인 義生因

지선 之善 송대 임제종 양기파 선승인 묘봉선사(妙峰禪師 1152~1235)의 법명. ⇨ 묘봉 妙峰[2]

지선 止善 그쳐서 선하게 되는 일. 십선(十善)을 알게 해서 십불선(十不善)을 행하지 않게 하는 일이나 계를 가져 그치게 하는(止持) 등의 일을 말한다. 적극적으로 선을 행함은 작선(作善)이라 한다. 『대반열반경의기』 권2(대정장37, p.666b17)에 "능히 십선을 설하면 지선법이고, 공덕을 늘려가면 작선법이다. 이 두 가지 행법과 그 의미가 그 이법이다. 能說十善 是止善法 增上功德 是作善法 此二行法 及其義味 是其理法", 『유가론기』 권3상(한불전13, p.165c15)에 "이를 고르게 아울러 의지하니 모두 그릇된 것을 그치고 막는 것으로서의 계라면 바로 그쳐서 선하게 하니 지선이라 하고, 넓은 의미에서 예불이나 송경 등은 작선이라 한다. 此等竝據 止非遮防之戒 則是止善 汎爾禮佛誦經等 名爲作善"라고 하였다. [참고문헌] 『大般涅槃經義記』, 『瑜伽論記』.

지선 至善 [1] 지극한 선. 『대학』에서 "대학의 도는 밝은 덕을 밝힘에 있고 백성을 가까이 함에 있으며 지극한 선에 있어 그치게 함에 있다. 大學之道 在明明德 在親民 在止於至善"라고 한 구절에 근거한다. 『무량수경기신론』 권하(卍속장32, p.551a7)에 "정토란 바로 지극히 선한 땅이니 정토에 나고자 하는 것은 지극히 선한 공이 그치는 곳이다. 淨土 卽至善之地 求生淨土 乃止於至善之功", 『금강삼매경통종기』 권3(卍속장55, p.487a11)에 "만약 자기의 영명한 성덕을 안다면 지극한 선에 머둔다. 다시 다른 생각 있을 리 없은즉 그친다 한다. 지란 끝내 다함을 이르는 말이다. 선이란 정미함을 이른다. 이는 반드시 극진하고 정미한 명덕의 깊음에 그쳐 있을 뿐일 따름이다. 若知自己靈明性德 而止於至善 更不容有第二念 卽謂之止 至者 極盡之稱 善者 精微之謂 是必當止於極盡精微明德之奧耳"라고 하였다. [참고문헌] 『大學』, 『無量壽經起信論』, 『金剛三昧經通宗記』. [2] 청대 임제종 스님. 호는 동진(童眞) 또는 문옹(汶翁). 철벽혜기(鐵壁慧機)선사 문하에서 공부했다. 1668년 스승의 입적 후 악주(鄂州 : 湖北省) 대별산(大別山) 와운원(臥雲院)에서 법을 부촉 받고 호광덕안부(湖廣德安府) 효감현(孝感縣) 간당원(簡堂院)에 주석했다. 1678년에 같은 현의 고봉사(高峰寺)로 옮겼고 이후 상산(象山) 화엄암(華嚴菴)·용회암(龍會菴) 등에 머물렀다. 『만봉문옹동진화상어록 萬峰汶翁童眞和尙語錄』 8권·『종통송 宗統頌』 1권·『만봉동진화상상산송고 萬峰童眞和尙湘山頌古』 2권 등이 가흥장 39권에 전한다.

지선 志先 고려말 조선초 스님. 나옹혜근(懶翁惠勤 1320~1376)의 제자. 지선이 주석하던 각암(覺菴)에 목은(牧隱) 이색(李穡)이 「각암기 覺菴記」(『목은문고』 권6·한국문집총간5, p.45a4)를 지었고, 여주 신륵사(神勒寺)에 스승의 진당(眞堂)을 건립하고도 이색에게 청탁하여 「여흥신륵사선각진당시병서 驪興神勤寺禪覺眞堂詩幷序」(같은 책 권9·한국문집총간5, p.71a17)를, 각청(覺淸)이 묘향산 윤필암을 중수하여서도 이색에게 청하여 「향산윤필암기 香山潤筆菴記」(같은 책 권2·한국문집총간5, p.13a12)를 짓게 하였다. 같은 책 권4 「지평현미지산윤필암기 砥平縣彌智山潤筆菴記」(한국문집총간5, p.34a15)에 "이 스님 지선과 지수가 분주하여 정안군부인 임씨로 지금 비구니가 된 묘덕이 재물을 희사하자 미지산에 이 암자가 있게 되었다. 此釋志先志守之奔走 與夫定安君夫人任氏 今爲比丘尼 名妙德 德捨財 而彌智之有是菴也", 『양촌집』 권17 「오대산관음암중창기 五臺山觀音菴重創記」(한국문집총간7, p.151b20)에 "도인 지선은 일찍이 힘따라 사우를 건립한 일이 여럿이었다. … 일찍이 강릉부 오대산의 동대에 관음암을 중창하여 마친 공도 있다. 道人志先 嘗以其力營建寺宇者屢矣 … 嘗於江陵府五臺山之東臺 重創觀音庵 訖功", 같은 책 권22 「묘법연화경발 妙法蓮華經跋」(한국문집총간7, p.25b15)에 "영락 2년(1404) 여름에 나의 큰형 우사공이 병을 만나 가을에 더욱 심해지자 도인 지선에게 '만약 내가 일어나지 못하면 『묘법화경』을 조성하여 명복을 빌어달라'고 하였다. 10월 17일에 돌아가시자 중형인 화엄종의 사공(巳公 : 權二巳)이 지선도인과 도모하여 뒤에 복을 짓는 일에 힘을 다하였다. 또 오칠일(五七日 : 사후 35일째) 즈음에 이 경을 인성하여 장정과 배접까지 마쳐 마침내 빈소 곁에 나아가 스님을 모셔와 전독하였다. 永樂二年夏 吾伯兄右使公遘疾 其秋轉篤 謂道人志先曰 若吾不起 爲成妙法華經 以資冥福 冬十月十有七日乃卒 仲兄華嚴巳公 與先道人謀 所以追福者靡不力 又於五七日間 印成此經 粧背已訖 遂就殯側 邀僧轉讀"라고 하였다. 〔참고문헌〕『牧隱文藁』. 『陽村集』.

지선 志璇 조선후기 스님. 호는 호운(浩雲). 해인사 예봉평신(禮峰平信 1819~1896)의 은사이다. 「예봉평신선사행장 禮峰平信禪師行狀」에 "15세에 산에 들어가 호운지선 선사를 스승으로 하여 머리를 깎았다. 十五入山師浩雲志璇禪師削髮"라고 하였다. 〔참고문헌〕 金翰圭 『南泉禪師文集』(人物硏究所, 1978) p.144.

지선 智詵 **1** 539~618. 수(隋)대 스님. 자는 혜성(慧成), 속성은 서(徐)씨. 강소성(江蘇省) 서주 출신. 촉(蜀)에서 계율을 수학하고 북주(北周) 무제(武帝)의 폐불 때 남령(南嶺)에 은신했다. 581년 수(隋) 문제가 즉위하면서 고덕을 초빙하였는데 이 때 승도(僧徒)의 상수(上首)가 되어 장안(長安)에서 율장을 펼쳤다. 법취사(法聚寺)에 머물며 도속(道俗)을 교화하다가 용거산사(龍居山寺)에 은거하였고 후에 촉왕(蜀王)의 청으로 촉 땅으로 돌아갔다. 세수 80세로 입적했다. 〔참고문헌〕『唐高僧傳』 권21(대정장50, p.613b9). **2** 609~702. 당대 스님. 속성은 주(周)씨. 여남(汝南 : 河北省) 출신. 열세 살에 출가하여 현장(玄奘)삼장을 사사(師事)하며 경론을 학습하다가 전향하여 풍무산(馮茂山) 오조홍인(五祖弘忍)의 문하에 들어와 그의 법을 이었다. 자주(資州 : 四川省) 덕순사(德純寺)에 주석했다. 『역대법보기』에서는 696년 측천무후의 칙명으로 내전(內殿)에 들어가 보리달마가 전하여 육조혜능(六祖慧能)에게 상승된 전법가사(傳法袈裟)를 받았다고 기록한다. 이후 덕순사로 돌아와 30년 동안 도속을 교화하고 세수 94세로 입적했다. 입적하기 전에 전법가사를 처적(處寂)에게 전했고 이것이 후에 신라 출신 무상(無相)화상에게 전해졌다고 한다. 『허융관 虛融觀』 3권, 『연기 緣起』 1권, 『반야심경소 般若心經疏』 1권을 찬술했다. 〔참고문헌〕『歷代法寶記』(대정장51, p.184b18), 『宋高僧傳』 권19(대정장50, p.832b14). ⇨ 남신 南侁, 당화상 唐和尙, 무상 無相[2], 역대법보기 歷代法寶記 **3** 824~882. 통일신라대 스님. 선문구산(禪門九山) 중 문경 희양산(曦陽山) 봉암사(鳳巖寺)를 개창한 스님. 호는 도헌(道憲), 속성은 김(金)씨. 아버지의 이름은 찬괴(贊瓌)이고 어머니는 이(伊)씨다. 824년(헌덕왕16) 4월 8일 경주에서 태어났다. 832년 9세 때 아버지가 죽자 49재를 지냈는데, 그때 그 절 스님이 출가를 권하였고 바로 영주 부석사(浮石寺)로 찾아가 범체(梵體)를 은사로 하여 스님이 되었고, 17세 때 경의(瓊儀)율사로부터 비구계를 받았다. 혜은(慧隱)선사에게서 법을 배우고 그의 법을 이어 받았으며, 쌍봉도윤(雙峰道允)의 마지막 법손이 되었다. 계람산(鷄籃山 : 鷄龍山) 수석사(水石寺 : 連山 開泰寺 혹은 尙州 龍興寺)에 토굴을 맺고 정진하였으며, 864년(경문왕4) 경문왕의 누님인 단의장옹주(端儀長翁主)의 두터운 존경을 받았고 현계산(賢溪山) 안락사(安樂寺)를 희사받아 정진하기도 하였다. 그 후 심충(沈忠)이 스님의 높은 이름을 듣고 희양산 중턱 봉암용곡(鳳巖龍谷)에 있는 자신의 토지를 헌납함으로써 봉암사가 개창되었다. 881년(헌강왕7) 왕이 안륜사(安輪寺) 승통(僧統) 준공(俊恭 : 後恭)과 숙정사(肅正史) 배율문(裵聿文)을 파견하여 절의 사방경계를 설정하고, 절 이름을 봉암사라고 사액(賜額)하였다. 그 후 다시 안락사로 옮겼는데 헌강왕이 궁중으로 맞아들여 왕사(王師)로 모시고자 하였으나 끝내 사양하였다. 882년 12월 18일 단정히 앉아 설법이 끝나자마자 세수 59, 법랍 43세를 일기로 입적하였다. 헌강왕이 시호를 '지증대사 智證大師', 탑호(塔號)를 '적조 寂照'라고 추증하였다. 최치원이 비문을 지어 924년(경명왕8)에 세운 비가 문경 봉암사 큰 법당 북쪽에 있는데, 비문에 "잉태함으로부터 열반에 이르기까지 기이한 행적과 비밀스러운 이야기가 신출귀몰해서 붓으로 다 기록할 수 없지만, 이제 그 감응을 요약해서 사람들의 귀에 익은 여섯 가지 이적(異蹟)과 지조·행리로 사람의 마음을 놀라게 한 여섯 가지 시찬(是讚)을 뽑아 나누어 표하겠다. 始孕洎滅 奇蹤秘說 神出鬼沒 筆不加紀 今探其感應 聳人耳者 六異 操履驚 人心者 六是 而分表之"라고 하였다. 문하에는 양부(楊孚)·계휘(繼徽) 등이 있었다. 〔참고문헌〕『朝鮮金石總覽』 권상 p.88, 李智冠 『校勘譯註歷代高僧碑文』 新羅篇 p.280, 『東師列傳』 권1 「智證國師傳」(한불전10, p.998b9). ⇨ 봉암사지증대사적조탑비 鳳巖寺智證大師寂照塔碑, 계휘 繼徽, 양부 楊孚

지선 智禪 **1** 조선중기 스님. 『오종범음집』 2권을 지었는데 벽암각성(碧巖覺性 1575~1660)이 교정을 보고 서문을 썼으니 벽암과 동시대 스님이다. 〔참고문헌〕『五種梵音集』(한불전12, p.157a3). ⇨ 오종범음집 五種梵音集 **2** 조선후기 스님. 호는 반운(伴雲). 허응보우(虛應普雨 1515~1565)가 지은 『수월도량공화불사여환빈주몽중문답 』을 1642년(인조20) 해인사(海印寺)에서 중간하였는데, 발문(한불전7, p.599a3)에 "반운당지선대사는 장차 그것이 다하여 전하지 않게 될 것을 두려워하며, 동지 9명과 함께 해인사에서 중간하였다. 伴雲堂智禪大師 恐其將沒不傳 與同志九人等 重刊於海印寺"라고 하였다. 그 판본은 현재 해인사 사간장경(寺刊藏經) 판전(東齋)에 진장되어 있다. 〔참고문헌〕『水月道場空花佛事如幻賓主夢中問答』. ⇨ 수월도량공화불사여환빈주몽중문답 水月道場空花佛事如幻賓主夢中問答

지성 至誠 ❶ Ⓢ satya, Ⓟ sacca. 끝내 참됨의 뜻. 지극히 진실하여 허망하지 않은 뜻이다. 제(諦 Ⓢ satya)의 한역으로서 성실(誠實)·진실(眞實)·진심(眞心)으로도 한역한다. 『부자수의경』(대정장2, p.502b16)에 "만약 안근을 닫아 지키지 못해 안식이 색에 떨어지면 뜻은 문득 길을 잃고, 이미 뜻이 요동치면 곧 괴롭고, 이미 괴로운즉 고요한 뜻 얻지 못하고, 고요한 뜻 얻지 못하면 지성을 알지 못한다. 그대로 있음(如有 : 眞如) 알지 못하니 있는 그대로를 볼 수 없다. 若眼根不閉守 若眼識墮色意便泆 已意泆便更苦 已更苦便不得定意 已不得定意便不知至誠 如有已不知便不見如有", 『의족경』 권2 「유루륵왕경 維樓勒王經」(대정장4, p.189b24 : *Attadaṇḍa-sutta*, *Sn.*, p.183)에 "지성에 머물러 헛되게 들뜨지 않고, 곧은 행 지녀 두 말 없이 하라. 성냄의 불 끄고 탐냄을 무너뜨리며, 번뇌의 알음알이 버리면 지혜롭게 보아 건너리. 住至誠莫妄擧 持直行空兩舌 滅恚火壞散貪 捨惱解黠見度 sacco siyā appagabbho amāyo ritta-pesuno akkodhano lobhapāpaṃ vevicchaṃ vitare muni", 『법집요송경』 권1(대정장4, p.781c5 : *Udāna-v.*, p.167)에 "지성으로 감로를 설하니 법 설함에 위가 있을 리 없다. 진실 설함에 뜻 또한 여법하니 이것이야말로 도를 세움에 으뜸이다. 至誠甘露說 說法無有上 諦說義如法 是爲立道本 satyā syād amṛtā vācā satya-vācā hy anuttarā, satyam arthe ca dharme ca vācaṃ āhuḥ pratiṣṭhitām", 『관정경』 권12(대정장21, p.535a18)에 "부처님의 말씀은 지성이어서 허위가 있을 수 없으니, 또한 두 갈래 말도 없다. 부처님께서는 믿는 이를 위해 베풀지, 의심하는 이에게는 설하지 않으신다. 佛語至誠 無有虛僞 亦無二言 佛爲信者施 不爲疑者說也", 『증계대승경』 권상(대정장16, p.654c25)에 "그 권속들과 함께 최상으로 존중하며, 여법하게 지성으로 모든 부처님과 성문 그리고 보살에게 공양하였다. 與其部屬最上尊重 如法至誠 同供養佛 及諸聲聞 諸菩薩衆"라고 하였다. 〔참고문헌〕『不自守意經』, 『義足經』, 『法集要頌經』, 『灌頂經』, 『證契大乘經』, *Sn.*, *Udāna-v.* ⇨ 제 諦 ❷ Ⓢ Satya. 과거불(過去佛)의 명호. 살차(薩遮)로 음사한다. 『반주삼매경』 권하(대정장13, p.919a10)에 "부처님께서 그때 게송으로 말씀하셨다. '내가 과거세를 떠올려보니 햇수로 꼬박 6만 년 동안 항시 법사를 따르며 떠나지 않았지만 처음에는 이 삼매에 대해 듣지 못했다. 그 지성이라는 명호의 부처님께서 세간에 계실 때 화륜이라는 이름의 비구를 알았는데 저 불세존께서 열반에 드신 후에도 이 비구는 항시 이 삼매에 들어 있었다'. 佛爾時頌偈言 我自識念往世時 其數具足六萬歲 常隨法師不捨離 初不得聞是三昧 有佛號曰其至誠 時知比丘名和輪 彼佛世尊泥洹後 比丘常持是三昧"라고 하였다. 〔참고문헌〕『般舟三昧經』.

지성 志誠 당대 스님. 길주(吉州 : 江西省) 태화(太和) 출신으로 어린 시절에 형남(荊南) 옥천사(玉泉寺)에서 신수(神秀)에게 사사하였고 후에 육조혜능(六祖慧能)을 찾아가 법을 이었으며 그의 십대제자 중 한 사람이 되었다. 『경덕전등록』 권5 「지성전」(대정장51, p.237b16)에 "육조혜능이 물었다. '그대의 스승은 어떻게 대중을 가르치시는가?' '항상 대중을 가르치되 주심관정과 장좌불와 하게 하십니다' '주심관정은 병이지 선이 아니요, 장좌하여 몸을 구속한들 이치에 무슨 도움이 되겠는가?' 祖曰 汝師若爲示衆 對曰 常指誨大衆 令住心觀靜長坐不臥 祖曰 住心觀靜 是病非禪 長坐拘身 於理何益"라고 하였다. 〔참고문헌〕『景德傳燈錄』.

지성 智性 ❶ Ⓢ paṇḍita-jātīya, prajñākara-gotra. Ⓣ mkhas-pa. 지혜를 내는 바탕. 『법화경』에서는 일체 중생이라면 다 품고 있는 지혜로운 성품이라 하고, 『화엄경』에서는 일체지(一切智)를 출생하는 바탕이라고 하며, 『대승기신론』에서는 염(染)을 따르는 본각의 신령한 알음알이의 성인 자성청정심을 지성이라 한다. 『법화경』 권2(대정장9, p.13b18 : *Saddh-p.*, p.80)에 "사리불이여! 만약 어떤 중생 안에 지성이 있어 불세존을 따라 법을 듣고 믿으며 쉼 없이 정진하면서 삼계를 지체 없이 벗어나고자 스스로 열반을 구한다면 이를 성문승이라 하니, 저 아들들 가운데 양의 수레를 구하려고 불타는 집에서 나온 이와 같다. 舍利弗 若有衆生 內有智性 從佛世尊 聞法信受 慇懃精進 欲速出三界 自求涅槃 是名聲聞乘 如彼諸子爲求羊車出於火宅 śāriputra ye sattvāḥ paṇḍita-jātīyā bhavanti … abhiśraddadhitvā ca tathāgata-śāsane 'bhiyujyante … ucyante śrāvakayānam-ākāṅkṣamāṇāḥ-traidhātukān-nirdhāvanti. tadyathā-api nāma tasmād-ādīptād-agārād-anyatare dārakā mṛga-ratham-ākāṅkṣamāṇā nirdhāvitāḥ", 『법화의소』 권6(대정장34, p.531a24)에 "'안에 지성이 있다'란, 내적인 인에 해당한다. 內有智性者 則是內因也", 60권본 『화엄경』 권45(대정장9, p.685a9)에 "낱낱의 보살 모두에게는 다 아름다운 묘사자좌가 있으니, 모두 저 십불세계가 고르기 대자재심심지혜를 나투어 모두 모든 지에 있어서 명정한 지혜를 얻고, 일체가 지성을 좇아 일어남을 두루 관하여 오로지 일체지를 구하여 무명을 여읜 혜안을 구족히 성취하였다. 一一皆有妙師子座 悉與十佛世界等 現大自在甚深智慧 悉得諸地明淨智慧 普觀一切 從智性生 專求一切智 具足成就離癡慧眼", 『대승기신론』(대정장32, p.576c13)에 "이와 같이 중생의 자성청정심은 무명의 바람으로 인해 움직이는데, 이 마음도 무명도 모두 형상이 없어 서로 떨어져 벗어날 수 없고 마음은 움직이는 성도 아니다. 만약 무명이 사라지면 상속도 바로 사라지지만 지성은 허물어지지 않기 때문이다. 如是衆生自性淸淨心 因無明風動 心與無明俱無形相 不相捨離 而心非動性 若無明滅相續則滅 智性不壞故", 원효(元曉)의 『대승기신론소』 권상(대정장44, p.211b12・한불전1, p.754a20)에 "'지성은 허물어지지 않는다'란, 염을 따르는 본각의 뛰어난 앎의 성품이기에 이름하여 지성이라 하였다. 智性不壞者 隨染本覺神解之性 名爲智性", 『대승기신론의기』 권중(대정장44, p.260b25)에 "'지성은 허물어지지 않는다'란, 염을 따르는 본각의 비추고 살피는 성이다. 智性不壞者 隨染本覺照察之性", 『대승기신론의소』 권상(卍속장71, p.544a5)에 "'지성은 무너지지 않는다'란, 무명은 심을 성으로 삼지 않는다는 것을 다시 보여주는 것이니, 심을 성으로 삼지 않기에 생멸이 스스로 다하더라도 지성은 상존한다. '적시는 성은 무너지지 않는다'는 위의 비유와 부합한다. 智性不壞者 復示無明不以心爲性 由不以心爲性故 生滅自盡 智性常存 合上濕性不壞"라고 하였다. [참고문헌] 『法華經』, 『法華義疏』, 『華嚴經』, 『大乘起信論』, 『大乘起信論疏』, 『大乘起信論義記』, 『大乘起信論義疏』, *Gaṇḍ-vy.30*, *Saddh-p.* ⇨ 본각 本覺, 자성청정심 自性淸淨心 ❷ Ⓢcaitanya. 외도에서 말하는 아트만(Ⓢātman)의 본성을 말한다. 『섭대승론석』 권2(대정장31, p.164c29)에 "[석] 가령 비세사(Ⓢ Vaiśeṣika : 勝論)와 나야수마(Ⓢ Nyāyasuma : 正理)에서는 아를 집착하는데 어떤 상이고 어떤 덕인가? 지성을 삼으로 삼고, 여덟 가지 자재로 덕을 삼는다. 마치 불이 뜨거움을 상으로 하듯이 아 또한 이와 같다. 홀로 있든 섞여 머무르든 지성은 변화하지 않으니, 이 때문에 지성을 상으로 한다. 釋曰 如鞞世師 那耶修摩執我者 何相何德 智性爲相 八自在爲德 如火以熱爲相 我亦如此 若獨存及雜住 智性無改 故以智性爲相"라고 하였다. [참고문헌] 『攝大乘論釋』, *Cat-ś.98.* ❸ 1683~1750. 조선후기 스님. 호는 성월(性月), 속성은 배(裵)씨, 본관은 경주. 아버지의 휘는 진복(進福)이고 어머니는 송(宋)씨다. 1683년(숙종9) 4월 7일 성산(星山 : 경상북도 星州)에서 태어났으나 부모가 모두 세상을 떠나 일찍이 고애자(孤哀子)가 되었다. 15세 때 쌍계사(雙溪寺)로 찾아가 승민(勝敏)을 은사로 하였고 16세 때인 1699년(숙종25) 사미계를 받았다. 그 후 벽암각성(碧巖覺性)의 후손인 덕암(德巖)의 법을 이어 법제자가 되었다. 1731년(영조7) 큰 흉년을 맞아 많은 사람들이 굶어 죽을 때 곡식을 베풀어 휼민(恤民)한 공덕으로 통정(通政)과 가선(嘉善)의 포상을 받았고, 1736년(영조12) 대구성(大邱城)을 축조할 때도 수십 마리의 소를 갖추고 직접 현장에 가서 역사한 공훈으로 순찰사(巡察使)로부터 가선대부(嘉善大夫)의 공직을 받기도 했다. 쌍계사 괘불탱(掛佛幀)을 조성하는가 하면, 쌍계사의 어려운 살림에 10석(石)의 불량답(佛糧畓)을 보태기도 하였다. 1750년(영조26) 4월 9일 김천 청암사(靑巖寺)에서 입적하였으니, 세수 68, 법랍 52세였다. 추파홍유(秋波泓宥 1718~1774)가 비문을 짓고, 이형백(李馨白)이 써서 1769년(영조45)에 세운 비가 김천 청암사에 있다. [참고문헌] 「金泉靑巖寺性月堂智性長老碑文」(智冠 『韓國高僧碑文總集 朝鮮朝・近現代』, pp.420~421).

대공덕가선대부지성장로비
성주 쌍계사 1769년

지성 智城 지혜의 성. 『반야경』에서는 일체지(一切智)를 성취한 뜻에서, 『화엄경』에서는 삼매를 성취한 뜻에서, 『법화경』에서는 불지견(佛知見)을 열어 보여 깨우쳐 드는 뜻에서 지성이라 하였다. 『대반야경』 권505(대정장7, p.576c27)에 "이와 같이 반야바라밀다가 아닌 앞선 다섯 가지 바라밀다란 모든 타고난 눈먼 이들과 같을 뿐이다. 만약 반야바라밀다를 행하는 맑은 눈의 이끎이 없다면 오히려 능히 보살의 바른 길로도 나아갈 수 없거늘 하물며 멀고 먼 일체지의 성엔들 도달할 수 있겠는가! 如是前五波羅蜜多 諸生盲衆 若無般若波羅蜜多 淨眼者導 尙不能趣菩薩正道 況能遠達一切智城", 60권본 『화엄경』 권49(대정장9, p.710b8)에 "보살은 질풍과도 같이 빠르게 중생들로 하여금 삼매를 수습케 하여 일체지의 성에 들게 한다. 菩薩疾風 速令衆生 修習三昧 入一切智城", 『종경록』 권43(대정장48, p.669c23)에 "『법화경』 권1에 '오직 이 하나의 일만이 실다울 뿐이니, 그 나머지 두 가지는 진실이 아니다'라고 하였다. 만약 스스로의 마음 깨우치면 곧바로 지혜의 성이니 어리석어 깜깜한 무명을 떠난다. 法華經云 唯此一事實 餘二卽非眞 若悟自心 卽是智城 離愚癡故"라고 하였다. [참고문헌] 『大般若經』, 『華嚴經』, 『宗鏡錄』, 『法華經』 권1(대정장9, p.8a21). ⇨ 불과 佛果

•

이 한 권의 佛事에는

•

문화체육관광부

•

대한불교조계종

•

백담사 회주 (오현스님)
영화사 회주 (월주스님)
청도 운문사 (명성스님)
대구 은해사 (도명스님)
서울 삼성암 (세민스님)
서울 봉은사 (원명스님)
속초 신흥사 (우송스님)
강화 전등사 (장윤스님)
해인사 지족암 (향적스님)
양양 홍련암 (정념스님)
범어사 금강암 (정만스님)
가평 백련사 (승원스님)
포항 관음사 (임대스님)
춘천 봉덕사 (혜욱스님)
연천 본원사 (자현스님)

•

(재)동국역경사업진흥회
(재)은정불교문화진흥원
(재)홍법문화재단 등의 협찬이 있었습니다.

•

동조스님, 명훈스님(금정사), 미등스님, 법인스님(다연암), 상륜스님(법계사)
운제스님(성불사), 일법스님, 자성스님, 정산스님, 지하스님(법륭사), 지한스님(대원정사)
혜광스님(법화사), 구태회님, 권희선님, 김경숙님, 김수창(정법정사), 김인경님, 김정배님, 김진공님
김진희님, 김한열님, 김희숙님, 묘각화님, 문용호·문용운님, 박은희님, 박정미님, 배재형님
법련화님, 안은경님, 유영숙님, 이정훈님, 이호근님, 장순용님, 정병삼님
지성희님, 지용택님, 진희권님, 최승완님, 칠보화님(가나다 순)
사부대중 여러분의 협찬이 있었습니다.

編著者　伽山智冠大宗師 行狀

編著者 伽山智冠大宗師님은 1932년 慶北 迎日郡 清河面 柳溪里에서 出生, 1947년 慶南 陜川 海印寺에서 慈雲스님을 恩師로 하여 得度하셨다. 1955년 海印寺講院 耘虛스님 講下에서 大教科를 卒業하시고, 1960년부터 1970년까지 海印講院 講主로서 後學을 養成하셨다. 이어 海印寺 住持를 歷任하셨으며, 東國學園 理事, 그리고 東國大學校 教授로 在職하면서 제11대 東國大學校 總長을 歷任하셨으며, 大韓佛教曹溪宗 元老會議 議員을 거쳐 제32대 總務院長을 歷任하셨다.

대종사님은 학인을 지도하시던 해인사 강주시절 일찍이 불교대사전의 필요성을 절감하시고는 편찬의 원력을 내심 키워가셨다. 50세가 되시던 1982년 음력 5월 11일 「불교대사전편찬발원문」을 부처님전에 지어 올리시고는 드디어 至高至難한 편찬작업에 돌입하셨다. 1991년 6월 16일 社團法人 伽山佛教文化研究院을 설립하시고는 열반에 드시기 전까지 不撤晝夜 一路精進하셨다. 1982년~1990년을 제1차 사업기로 하는 基礎作業期間에는 1차 標題語發掘作業을 수행하셨다. 1991년~1993년인 제2차 사업기에는 編修再作業과 추가항목발굴 및 조정작업이 수행되었으며, 基礎原稿作業이 일부 이루어졌다. 제3차 사업기인 1994년~1998년에는 항목재편수 및 執筆作業이 本格化 되었다. 1999년~2008년 제4차 本格出刊사업기에는 매년 1권 출간을 목표로 차질없이 진행하여 1999년 제1권과 제2권 동시 출간을 시작으로 2008년 제10권 출간을 마무리하셨다. 2009년~2019년을 제5차 후반부 전10권(제11권~제20권) 출간을 목표로 2009년 제11권 출간, 2010년 제12권 출간, 2011년 제13권 제작을 마무리 하던 깊은 겨울에 30년을 한결같이 놓치 못하시던 원고 보따리를 머리맡에 놓으신 채로 신묘년 음력 臘月八日(2012년 양력 1월 2일)을 넘기시고 열반에 드셨다. 대종사님은 2005년 대종사님께서 꼭 쓰셔야 할 주요항목 마지막 "ㅎ"표제어를 끝으로 본 항목을 집필하여 마치시고는, 新規項目 發掘執筆과 연구원들의 원고에 대한 證義·證文·潤文 등 監修·校訂작업에 寸陰을 아끼셨다.

열반하시기 6개월 전인 2011년 음력 5월 11일 팔순생신일에 연구원 가족들에게 '대사림 완간을 위해 합심하여 정진하라.'는 간곡한 遺囑을 글로 남기셨다. 연구원들 모두 대종사님의 유촉을 奉戴하고 如一하게 精進하여 2017년 제16권을 출간하였고, 현재 제18권 출간작업을 위해 정진하고 있다. 향후 제6차사업기(2020년~2022년)까지 「보유편」과 「색인부」 작업이 完遂되면 대종사님의 長大한 願行, 哀愍衆生의 大方便인 대사림편찬사업이 世間에 廻向된다.

대종사님은 탁월한 洞察力과 不屈의 修行力으로 한국불교중흥의 초석이 될 後學養成과 教學中興에 독보적이고도 다대한 업적을 창출하셨다. 한국불교와 전통문화의 自尊을 높임은 물론, 후학의 전범이 되는 精進力과 指導力으로 韓國佛教中興을 牽引하셨다. 특히 일천칠백여 년 한국불교사에 있어 최초의 "불교대백과사전"『伽山佛教大辭林』 편찬작업과 일천칠백여 년 한국고승들의 비문 400여 기를 수집·교감·역주하여 회향한『韓國高僧碑文叢書』, 일천여 년 민족불교의 성지 해인사의 역사와 자료를 총집한『伽倻山海印寺誌』, 한국전승불교 교과과정의 문헌들을 총정리하여 집필하신『韓國佛教所依經典研究』, 한국불교의 계맥전통과 수계전승기록을 총합한『韓國佛教戒律傳統』 등 일련의 작업들을 세간에 널리 流通시켜 가시던 중, 2005년 10월 대한불교조계종 총무원장에 취임하셨다. 취임즉시 대사림편찬작업으로 미루어오던 또 하나의 오랜 숙원, 한국불교의 正法遺産을 國內外로 널리 유포시키기 위한 飜譯作業을 '韓國佛教傳統思想叢書 편찬'이라는 이름으로 적극 추진하여, 2011년 한글역 13권과 2013년 초 영역 13권이 출간되었고, 대종사님의 숙원대로 열반을 전후하여 지구촌 곳곳에 널리 流布되었다. 대중들은 뜻하는 대로 이루어지는 佛事들을 수희찬탄하며 '대종사님께서는 如意를 얻으셨다.' 칭송하였다. 이와같이 우리불교와 문화전통의 崇高함을 선양하고 창의적으로 傳承함에 있어 크나큰 偉蹟을 남기셨다.

남겨진 우리들이 해야할 일은 대종사의 위적을 봉대하고 孤軍奮鬪하며 工夫할 따름이다.

伽山大宗師 大願行 遺囑道場 가산불교문화연구원
研究員 모두 焚香三拜올립니다.

著 書

伽山佛教大辭林 권1·2·3·4·5·6·7·8·9·10·11·12·13·14·15·16·17·18
緇門私記, 四集私記, 楞嚴經略解, 韓國佛教所依經典研究, 要經序說, 南北傳六部律藏比較研究, 比丘尼戒律研究, 信行龜鑑, 信行365日, 信行日鑑, 曹溪宗史, 伽倻山海印寺誌, 校勘譯註歷代高僧碑文(新羅篇·高麗篇1~4·朝鮮篇1), 韓國高僧碑文總集(朝鮮朝·近現代), 韓國佛教戒律傳統, 梵網經菩薩戒布薩本, 韓國傳統思想叢書 精選韓國高僧碑文 外 多數

●

編纂道場會主

編著者 伽山智冠大宗師

(主執筆・總監修)

○

作業道場所任

執筆・證義・證文・潤文・編修 等 作業

• 편찬실장　古玉玄元

• 편찬부장 책임연구원　金榮郁

• 수석연구원　崔晶圭

• 상임연구원　馬海崙・韓栽相・孫秀昌・朴貞美慈仁行
朴埈亨・裵宰亨錦芭・金志原般若珠・朴碩香智慧藏・白承道・李容宰・姜秉華・李暻姬修明苑
全甫英如來珠・朴恩壬・徐民知・朴秀眞・李細彬

◦ 원외 주요분과 전문집필위원

〔한국불교〕鄭炳三・張日圭・朴胤珍・〔불교의례〕彌燈스님・〔인도불교〕房貞蘭

● 이외의 소수원고 원외집필자는 마지막 권에 일괄 게재합니다.

가산불교대사림 18

伽山 佛教大辭林 권18
KASAN ENCYCLOPAEDIA OF BUDDHISM *vol.18*

2022년 12월 13일 초판1쇄 인쇄
2022년 12월 13일 초판1쇄 발행

編著者 · 伽山 李智冠
發行人 · 문헌팔
發行處 · 사)가산불교문화연구원출판부
登錄日 · 등록 제6-a116호(1990년 12월 24일)

주소 · 03079 서울시 종로구 창경궁로 26길 15 가산불교문화연구원
전화 · 765-9602
팩스 · 765-5673

인 쇄 · 동화인쇄공사
제 책 · (주)가원
표지제작 · 송운사

ISBN · 978-89-85903-51-6 94220
978-89-85903-08-0(세트) 94220

값 300,000원 [한정판]
